D1672306

Schricker/Loewenheim
Urheberrecht

URHEBERRECHT

UrhG • KUG • VGG

Kommentar

Herausgegeben von

Professor Dr. Dr. h. c. Ulrich Loewenheim
Professor Dr. Matthias Leistner, LL. M.
Professor Dr. Ansgar Ohly, LL. M.

Bearbeitet von

Dr. Christian Frank, Rechtsanwalt in München;
Prof. Dr. Horst-Peter Götting, LL. M., Technische Universität Dresden;
Prof. Dr. Michael Grünberger, LL. M., Universität Bayreuth;
Prof. Dr. Maximilian Haedicke, LL. M, Universität Freiburg i. Br.;
Dr. Paul Katzenberger, Rechtsanwalt in München;
Prof. Dr. Hans Kudlich, Friedrich-Alexander-Universität Erlangen-Nürnberg;
Prof. Dr. Matthias Leistner, LL. M., Ludwig-Maximilians-Universität München;
Prof. Dr. Dr. h. c. Ulrich Loewenheim, Goethe-Universität Frankfurt a. M.;
Prof. Dr. Ferdinand Melichar, Rechtsanwalt in München;
Prof. Dr. Axel Metzger, LL. M., Humboldt-Universität zu Berlin;
Prof. Dr. Ansgar Ohly, LL. M., Ludwig-Maximilians-Universität München;
Prof. Dr. Karl-Nikolaus Peifer, Universität zu Köln;
Prof. Dr. Alexander Peukert, Goethe-Universität Frankfurt a. M.;
Dr. Nikolaus Reber, Rechtsanwalt in München;
Prof. Dr. Jörg Reinbothe, M. C. L., Abteilungsleiter in der
Europäischen Kommission a. D., Brüssel;
Dr. Sabine Rojahn, Rechtsanwältin in München;
Dr. Anke Schierholz, Justitiarin in Bonn;
Prof. Dr. Gerald Spindler, Universität Göttingen;
Prof. Dr. Malte Stieper, Martin-Luther-Universität Halle-Wittenberg;
Dr. Joachim v. Ungern-Sternberg, Richter am BGH a. D., Freiburg i. Br.;
Dr. Martin Vogel, Mitglied der Beschwerdekammern und der
Großen Beschwerdekammer des Europäischen Patentamts a. D., München;
Jörg Wimmers, LL. M., Rechtsanwalt in Hamburg

6., neu bearbeitete Auflage 2020

des von Prof. Dr. Dr. h. c. mult. Gerhard Schricker
bis zur 3. Auflage herausgegebenen Werkes

C.H.BECK

Zitiervorschlag: Schricker/Loewenheim/*Bearbeiter* UrhG § … Rn. …

www.beck.de

ISBN 978 3 406 72096 3

© 2020 Verlag C. H. Beck oHG
Wilhelmstraße 9, 80801 München
Satz, Druck, Bindung und Umschlagsatz: Druckerei C. H. Beck
(Adresse wie Verlag)

chbeck.de/nachhaltig

Gedruckt auf säurefreiem, alterungsbeständigem Papier
(hergestellt aus chlorfrei gebleichtem Zellstoff)

Vorwort zur 6. Auflage

Die rasante Fortentwicklung des Urheberrechts – Gerhard Schricker hatte schon in der 3. Auflage dieses Kommentars von einer Beschleunigung und Intensivierung der Entwicklung gesprochen – hat schon bald nach der letzten Auflage eine Neuauflage erforderlich gemacht. Grundlegende Änderungen sind seitdem eingetreten. Der Gesetzgeber hat zur Umsetzung der EU-Richtlinie über die kollektive Wahrnehmung ein neues Verwertungsgesellschaftengesetz erlassen, die Wissenschaftsschranken neu geordnet und das Urhebervertragsrecht ergänzt. Doch auch die Rechtsprechung hat entscheidend zur Fortentwicklung und Änderung des deutschen Urheberrechts beigetragen. Der Europäische Gerichtshof hat den Werkbegriff weiterentwickelt, traditionelle Begriffe wie den der Parodie neu geformt und mit seinem Urteil „Pelham/Hütter" („Metall auf Metall") das Institut der freien Benutzung (§ 24 UrhG) in seiner jetzigen Form obsolet werden lassen – um nur einige Beispiele zu nennen. Der Bundesgerichtshof hat mit seinem Urteil „Verlegeranteil" eine höchst umstrittene Frage aus dem Recht der Verwertungsgesellschaften entschieden. Rechtsprechung, Gesetzgebung und Wissenschaft werden damit laufend vor neue Aufgaben gestellt, das gilt auch und gerade für die Autoren dieses Kommentars. An seiner Zielsetzung hat sich nichts geändert. Nach wie vor soll auf wissenschaftlicher Basis eine Synthese von Theorie und Praxis gefunden werden; jeder Autor vertritt dabei seine eigene Meinung.

Änderungen haben sich im Kreis der Autoren ergeben. Maximilian Haedicke und Sabine Rojahn sind ausgeschieden. Ihnen sei Dank für ihre langjährige Mitarbeit gesagt. Neu hinzugetreten ist Christian Frank, der das Arbeitnehmerurheberrecht bearbeitet hat. Bei den urheberrechtlichen Schrankenvorschriften hat Malte Stieper nunmehr größere Teile übernommen; §§ 42a, 45, 46–49, 52, 55, 56 haben Ferdinand Melichar und Malte Stieper zusammen bearbeitet. Um den Charakter des Kommentars als einbändiges Werk zu erhalten, mussten teilweise Kürzungen vorgenommen werden, insbesondere bei den Literaturverzeichnissen vor den einzelnen Vorschriften. Gesetzgebung, Rechtsprechung und Schrifttum sind grundsätzlich bis Ende April 2019 berücksichtigt. Das gilt insbesondere für die Vorschriften der DSM-Richtlinie: Die Diskussion um deren Umsetzung ins deutsche Recht hat zwar eben erst begonnen, doch können einige der nun vorgelegten Kommentierungen schon zu ihr beitragen. Späteres Material konnte teilweise noch eingearbeitet werden, vor allem die Trias von EuGH-Urteilen von Ende Juli 2019 in Sachen Pelham/Hütter („Metall auf Metall"), Funke Medien/Deutschland („Afghanistan-Papiere") und Spiegel Online/Volker Beck („Reformistischer Aufbruch").

Wir danken den Mitarbeiterinnen und Mitarbeitern der Lehrstühle Leistner und Ohly, die uns bei der Recherche und Korrektur unterstützt haben.

Im November 2019

Ulrich Loewenheim   Matthias Leistner   Ansgar Ohly

Verzeichnis der aktiven Bearbeiter

Dr. *Christian Frank,* Rechtsanwalt in München §§ 43, 79 (Rn. 98–137)

Prof. Dr. *Horst-Peter Götting, LL. M. (London),* TU Dresden, Honorarprofessor an der Universität Leipzig, ständiger Gastprofessor an der Karls-Universität Prag, Richter am Oberlandesgericht Dresden §§ 95a–95d UrhG; §§ 22–24, 33–50 KUG

Prof. Dr. *Michael Grünberger, LL. M. (NYU),* Universität Bayreuth Vor §§ 73 ff., §§ 73, 77–79 (Rn. 1–97, 138–186), 79a–80, 96, 135, 135a, 137c, 137j, 137m

Dr. *Paul Katzenberger,* Max-Planck-Institut für Innovation und Wettbewerb, Rechtsanwalt in München §§ 32b, 137h

Prof. Dr. *Hans Kudlich,* Friedrich-Alexander-Universität Erlangen-Nürnberg Vor §§ 106 ff., §§ 106–111c, 139

Prof. Dr. *Matthias Leistner, LL. M. (Cambridge),* Ludwig-Maximilians-Universität München Einl. UrhG Rn. 95–107, §§ 2, 4, 55a, Vor §§ 97 ff., §§ 97 (Rn. 1–214), 99, 137g

Prof. Dr. Dr. h. c. *Ulrich Loewenheim,* Goethe-Universität Frankfurt a. M., Richter am Oberlandesgericht Frankfurt a. D., Rechtsanwalt in Frankfurt a. M. Einl. UrhG (Rn. 1–41, 81–94), §§ 1–3, 7–11, 16, 17, 23, 24, 27, 44a, 63a, 70, 71, 129–131, 136, 137e, 137k, 141, 143

Prof. Dr. *Ferdinand Melichar,* Rechtsanwalt in München §§ 42a, 45–49, 52, 55, 56

Prof. Dr. *Axel Metzger, LL. M. (Harvard),* Humboldt-Universität zu Berlin §§ 5, 6, 64–69, Vor §§ 120 ff., §§ 120–128, 137a, 137b, 137f, 140

Prof. Dr. *Ansgar Ohly, LL. M. (Cambridge),* Ludwig-Maximilians-Universität München Einl. UrhG Rn. 42–80, §§ 28–31, 33–35, 132, 137

Prof. Dr. *Karl-Nikolaus Peifer,* Universität zu Köln §§ 7–11, 32, 32a, 32d, 32e, 36–36c, 40a, 134

Prof. Dr. *Alexander Peukert,* Goethe-Universität Frankfurt am Main Vor §§ 12 ff., §§ 12–14, 37–40, 41, 42, 62, 93

Dr. *Nikolaus Reber,* Rechtsanwalt in München Vor §§ 88 ff., §§ 88–92, 94, 95

Prof. Dr. *Jörg Reinbothe, M. C. L. (Michigan),* Abteilungsleiter in der Europäischen Kommission a. D., Honorarprofessor am Europa-Institut der Universität des Saarlandes, Brüssel Einl. VGG, §§ 1–50, 53–139 VGG

Dr. *Anke Schierholz,* Justitiarin in Bonn § 26

Prof. Dr. *Gerald Spindler,* Universität Göttingen §§ 31a, 32c, 51, 61–61c, 63, Vor §§ 69a ff., §§ 69a–69g, 137d, 137l, 137n, 138, 138a UrhG; §§ 51–52a VGG

Prof. Dr. *Malte Stieper,* Martin-Luther-Universität Halle-Wittenberg § 42a, Vor §§ 44a ff., §§ 45, 46–49, 52–55, 56, 60a–60h, 87f–87h, 137o

Verzeichnis der Bearbeiter

Dr. Joachim v. Ungern-Sternberg, Richter am Bundesgerichtshof a. D.	§§ 15, 19, 19a, Vor §§ 20 ff., §§ 20–22, 87
Dr. Martin Vogel, Mitglied der Beschwerdekammern und der Großen Beschwerdekammer des Europäischen Patentamts a. D.	Einl. UrhG (Rn. 108–150), §§ 18, 25, 44, 50, 57–60, 72, 74–76, 81–83, 85, 86, Vor §§ 87a ff., §§ 87a–87e
Jörg Wimmers, LL. M. (NYU), Rechtsanwalt in Hamburg	§§ 97 (Rn. 215–352), 98, 100–105, 112–119, 137i

Verzeichnis der ausgeschiedenen Bearbeiter

Prof. Dr. Dr. h. c. Adolf Dietz	1.–3. Auflage
Dr. Ekkehard Gerstenberg	1. Auflage
Prof. Dr. Maximilian Haedicke, LL. M. (Georgetown)	4., 5. Auflage
Dr. Gerhard Haß	1., 2., 4. Auflage
Dr. Christof Krüger	1.–4. Auflage
Dr. Sabine Rojahn	1.–5. Auflage
Prof. Dr. Dr. h. c. mult. Gerhard Schricker	1.–3. Auflage
PD Dr. Irini E. Vassilaki	3. Auflage
Dr. Gisela Wild	1.–4. Auflage

Inhaltsverzeichnis

**Gesetz über Urheberrecht und verwandte Schutzrechte
(Urheberrechtsgesetz)**

Teil 1. Urheberrecht

Abschnitt 1. Allgemeines

Abschnitt 2. Das Werk

Abschnitt 3. Der Urheber

Abschnitt 4. Inhalt des Urheberrechts

Unterabschnitt 1. Allgemeines

Unterabschnitt 2. Urheberpersönlichkeitsrecht

Unterabschnitt 3. Verwertungsrechte

Inhaltsverzeichnis

Inhaltsverzeichnis

Inhaltsverzeichnis

Inhaltsverzeichnis

Inhaltsverzeichnis

Inhaltsverzeichnis

Gesetz betreffend das Urheberrecht an Werken der bildenden Künste und der Fotografie (KUG)

Gesetz über die Wahrnehmung von Urheberrechten und verwandten Schutzrechten durch Verwertungsgesellschaften (Verwertungsgesellschaftengesetz – VGG)

Teil 1. Gegenstand des Gesetzes; Begriffsbestimmungen

Teil 2. Rechte und Pflichten der Verwertungsgesellschaft

Abschnitt 1. Innenverhältnis

Unterabschnitt 1. Rechtsinhaber, Berechtigte und Mitglieder

Unterabschnitt 2. Geschäftsführung und Aufsicht

Unterabschnitt 3. Einnahmen aus den Rechten

Inhaltsverzeichnis

Inhaltsverzeichnis

Teil 4. Aufsicht

Teil 5. Schiedsstelle und gerichtliche Geltendmachung

Abschnitt 1. Schiedsstelle

Unterabschnitt 1. Allgemeine Verfahrensvorschriften

Unterabschnitt 2. Besondere Verfahrensvorschriften

Inhaltsverzeichnis

Abkürzungsverzeichnis

aA	anderer Ansicht
aaO	am angegebenen Ort
abl.	ablehnend
ABl.	Amtsblatt der Europäischen Gemeinschaft
aE	am Ende
AEUV	Vertrag über die Arbeitsweise der Europäischen Union
aF	alte Fassung
AfP	Archiv für Presserecht
AG	Aktiengesellschaft; Amtsgericht
AGB	– Allgemeine Geschäftsbedingungen
	– Archiv für Geschichte des Buchwesens, Bd.
AIPPI	Association Internationale pour la Protection de la Propriété Industrielle
AJBD-Mitt.	Mitteilungen der Arbeitsgemeinschaft für juristisches Bibliotheks- und Dokumentationswesen
allgA	allgemeine Ansicht
AMMRE	Anstalt für mechanische und musikalische Rechte
AmtlBegr.	Amtliche Begründung
Anm.	Anmerkung
AÖR	Archiv des Öffentlichen Rechts
AP	Arbeitsrechtliche Praxis (Nachschlagewerk des Bundesarbeitsgerichts)
aPR	allgemeines Persönlichkeitsrecht
ArbG	Arbeitsgericht
ArbnErfG	Gesetz über Arbeitnehmererfindungen
ArchPR	– Archiv für Presserecht (1953–1969 als Beilage zu ZV + ZV, seit 1970 AfP)
	– Archiv Presserechtlicher Entscheidungen, Bd. (bis 1977)
ARD	Arbeitsgemeinschaft der öffentlich-rechtlichen Rundfunkanstalten der Bundesrepublik Deutschland
AuR	Arbeit und Recht
AVMD-RL	Richtlinie 2010/13/EU des Europäischen Parlaments und des Rates v. 10.3.2010 zur Koordinierung bestimmter Rechts- und Verwaltungsvorschriften der Mitgliedstaaten über die Bereitstellung audiovisueller Mediendienste ABl. 2010 L 95, 1
AWD	Außenwirtschaftsdienst des BB (seit 1975 Recht der Int. Wirtschaft – RIW)
BAG	Bundesarbeitsgericht
BAGE	Entscheidungen des Bundesarbeitsgerichts
BayObLG	Bayerisches Oberstes Landesgericht
BayVBl.	Bayerische Verwaltungsblätter
BB	Betriebs-Berater
BBl.	Börsenblatt für den Deutschen Buchhandel
BeckRS	Beck'sche Rechtsprechungssammlung (online)
Bek.	Bekanntmachung
BG	Schweizerisches Bundesgericht
BGB	Bürgerliches Gesetzbuch
BGBl.	Bundesgesetzblatt
BGH	Bundesgerichtshof
BGHSt.	Entscheidungen des Bundesgerichtshofes in Strafsachen
BGHZ	Entscheidungen des Bundesgerichtshofes in Zivilsachen
BIEM	Bureau International gérant les Droits de l'Enrégistrement et de la Reproduction Méchanique
BKartA	Bundeskartellamt
BlPMZ	Blatt für Patent-, Muster- und Zeichenwesen
BMJ	Bundesministerium der Justiz
BNotO	Bundesnotarordnung
BOSchG	Bühnenoberschiedsgericht
BPatG	Bundespatentgericht
BRDrucks.	Bundesrats-Drucksache
BRRG	Beamtenrechtsrahmengesetz
BSHG	Bundessozialhilfegesetz
BT-Drs.	Bundestags-Drucksache
BuB	Buch und Bibliothek, Fachzeitschrift des Vereins der Bibliothekare an öffentlichen Büchereien eV
BUrlG	Bundesurlaubsgesetz
BVerfG	Bundesverfassungsgericht

Abkürzungsverzeichnis

BVerfGE	Entscheidungen des Bundesverfassungsgerichts
BVerwG	Bundesverwaltungsgericht
bzgl.	bezüglich
CD	Compact Disk
CD-R	Compact Disk – Recordable
CD-ROM	Compact Disk – Read Only Memory
CD-RW	Compact Disk – Rewriteable
CISAC	Confédération Internationale des Sociétés d'Auteurs et Compositeurs
Computer-programm-RL	Richtlinie 91/250/EWG des Rates v. 14.5.1991 über den Rechtsschutz von Computerprogrammen, ABl. EG Nr. L 122 v. 17.5.1991, S. 42, ersetzt durch Richtlinie 2009/24/EG des Europäischen Parlaments und des Rates v. 23.4.2009 über den Rechtsschutz von Computerprogrammen, ABl. 2009 L 111, 16
CR	Computer und Recht
DAT	Digital Audio Tape
Datenbank-RL	Richtlinie 96/9/EG des Europäischen Parlaments und des Rates v. 11.3.1996 über den rechtlichen Schutz von Datenbanken, ABl. 1996 L 77, 20
DB	Der Betrieb
DdA	Le Droit d'Auteur
ders.	derselbe
DesignG	Gesetz über den rechtlichen Schutz von Design (Designgesetz)
dh	das heißt
dies.	dieselbe/n
DIN-Mitt.	Mitteilungen des Deutschen Instituts für Normung eV
Diss.	Dissertation
DOI	Digital Object Identifier
Dok.	Dokument
DPMA	Deutsches Patent- und Markenamt
DRM	Digital Rights Management
DS-GVO	Verordnung (EU) 2016/679 des Europäischen Parlaments und des Rates v. 27.4.2016 zum Schutz natürlicher Personen bei der Verarbeitung personen-bezogener Daten, zum freien Datenverkehr und zur Aufhebung der Richtlinie 95/46/EG, ABl. 2016 L 119, 1
DSM-RL	Richtlinie (EU) 2019/790 des Europäischen Parlaments und des Rates v. 17.4.2019 über das Urheberrecht und die verwandten Schutzrechte im digitalen Binnenmarkt und zur Änderung der Richtlinien 96/9/EG und 2001/29/EG, ABl. 2019 L 130, 92
DtZ	Deutsch-Deutsche Rechts-Zeitschrift
DVD	Digital Versatile Disk
DVD-ROM	Digital Versatile Disk – Read Only Memory
DVD-RW	Digital Versatile Disk – Rewriteable
DVR	Datenverarbeitung im Recht
DVBl.	Deutsches Verwaltungsblatt
DZWiR	Deutsche Zeitschrift für Wirtschaftsrecht
E	Entwurf
E-Commerce-RL	Richtlinie 2000/31/EG des Europäischen Parlaments und des Rates v. 8.6.2000 über bestimmte rechtliche Aspekte der Dienste der Informationsgesellschaft, insbesondere des elektronischen Geschäftsverkehrs, im Binnenmarkt, ABl. 2000 L 178, 1
ECMS	Electronic Copyright Management System
EG	Einführungsgesetz; Europäische Gemeinschaft
EGBGB	Einführungsgesetz zum Bürgerlichen Gesetzbuch
EGV	Vertrag zur Gründung der Europäischen Gemeinschaft (jetzt AEUV)
Einf.	Einführung
Einl.	Einleitung
EinV	Einigungsvertrag
EIPR	European Intellectual Property Review (GB)
eMTV	einheitlicher Manteltarifvertrag
Enforcement-RL	Richtlinie 2004/48/EG des Europäischen Parlaments und des Rates v. 29.4.2004 zur Durchsetzung der Rechte des geistigen Eigentums, ABl. 2004 L 195, 16
EPA	Europäisches Patentamt
Erwgr.	Erwägungsgrund (bei EU-Rechtsakten)
EU	Europäische Union
EuFSA	Europäisches Fernsehschutzabkommen
EuG	Gericht erster Instanz der Europäischen Union
EuGH	Europäischer Gerichtshof (seit dem 1.12.2009: Gerichtshof der Europäischen Union)
EuGVVO	VO (EU) Nr. 1215/2012 über die gerichtliche Zuständigkeit und die Anerken-nung und Vollstreckung von Entscheidungen in Zivil- und Handelssachen

Abkürzungsverzeichnis

EuGVÜ	Europäisches Gerichtsstands- und Vollstreckungsübereinkommen
EUIPO	Amt der Europäischen Union für Geistiges Eigentum
EWG	Europäische Wirtschaftsgemeinschaft (jetzt EU)
EWGV	Vertrag zur Gründung der Europäischen Wirtschaftsgemeinschaft (von 1957; jetzt AEUV)
EWiR	Entscheidungen zum Wirtschaftsrecht
EWR	Europäischer Wirtschaftsraum
EWS	Europäisches Wirtschafts- und Steuerrecht
f., ff.	folgende
FD GewRS	Beck-Fachdienst Gewerblicher Rechtsschutz
F. I. D. E.	Fédération Internationale pour le Droit Européen
FinG	Finanzgericht
Fn.	Fußnote
Folgerechts-RL	Richtlinie 2001/84/EG des Europäischen Parlaments und des Rates v. 27.9.2001 über das Folgerecht des Urhebers des Originals eines Kunstwerks, ABl. 2001 L 272, 32
Fs.	Festschrift
FSF	Free Software Foundation
FSK	Freiwillige Selbstkontrolle der deutschen Filmwirtschaft
FuR	Film und Recht, seit 1985 Zeitschrift für Urheber- und Medienrecht (ZUM)
GA	Goltdammer's Archiv für Strafrecht
GATT	General Agreement on Tariffs and Trade
GebrMG	Gebrauchsmustergesetz
GEMA	Gesellschaft für musikalische Aufführungs- und mechanische Vervielfältigungsrechte
GEMA-Nachr.	GEMA-Nachrichten
GeschGehG	Gesetz zum Schutz von Geschäftsgeheimnissen
GeschmMG	Gesetz über den rechtlichen Schutz von Mustern und Modellen (Geschmacksmustergesetz), s. jetzt DesignG
GG	Grundgesetz für die Bundesrepublik Deutschland
GMBl.	Gemeinsames Ministerialblatt
GNU	„Gnu's not Unix" (mit dem Betriebssystem Unix kompatible Systemprogramme auf der Basis der General Public License)
GPL	General Public License (v2 = Version 2, v3 = Version 3)
GRCh	Charta der Grundrechte der Europäischen Union
GRUR	Gewerblicher Rechtsschutz und Urheberrecht
GRUR-Fs.	Gewerblicher Rechtsschutz und Urheberrecht in Deutschland, Fs. zum hundertjährigen Bestehen der Deutschen Vereinigung für gewerblichen Rechtsschutz und Urheberrecht und ihrer Zeitschrift
GRUR-Int	Gewerblicher Rechtsschutz und Urheberrecht Internationaler Teil
GRUR-Prax	GRUR-Praxis
GRUR-RR	GRUR-Rechtsprechungsreport
GRUR-RS	GRUR-Digitale Rechtsprechungssammlung
GTA	Genfer Tonträgerabkommen
GÜFA	Gesellschaft zur Übernahme und Wahrnehmung von Filmaufführungsrechten
GVBl.	Gesetz- und Verordnungsblatt
GVL	Gesellschaft zur Verwertung von Leistungsschutzrechten
GWB	Gesetz gegen Wettbewerbsbeschränkungen
GWFF	Gesellschaft zur Wahrnehmung von Film und Fernsehrechten
HABM	Harmonisierungsamt für den Binnenmarkt – Marken, Muster und Modelle, s. jetzt EUIPO
Halbs.	Halbsatz
HdB	Handbuch
hM	herrschende Meinung
Hrsg.	Herausgeber
idF	in der Fassung
idR	in der Regel
idS	in diesem Sinne
IFPI	Internationale Vereinigung der phonographischen Industrie
IIC	International Review of Intellectual Property and Competition Law
InfoSoc-RL	Richtlinie 2001/29/EG des Europäischen Parlaments und des Rates v. 22.5.2001 zur Harmonisierung bestimmter Aspekte des Urheberrechts und der verwandten Schutzrechte in der Informationsgesellschaft, ABl. 2001 L 167, 10
insbes.	insbesondere
IPR	Internationales Privatrecht
IPRax	Praxis des Internationalen Privat- und Verfahrensrechts
iS	im Sinne
iSd (iSv)	im Sinne des/der (von)

Abkürzungsverzeichnis

IuKDG	Gesetz zur Regelung der Rahmenbedingungen für Informations- und Kommunikationsdienste (Informations- und Kommunikationsdienste-Gesetz)
IuR	Informatik und Recht
iVm	in Verbindung mit
JBl.	Juristische Blätter
JCP	Juris-classeur périodique
Jura	Jura/Juristische Ausbildung
JuSchG	Jugendschutzgesetz
JW	Juristische Wochenschrift
JZ	Juristenzeitung
K&R	Kommunikation und Recht, Betriebsberater für Medien, Telekommunikation, Multimedia
Kap.	Kapitel
KG	Kammergericht Berlin; Kommanditgesellschaft
krit.	kritisch
KUG	Gesetz betreffend das Urheberrecht an Werken der bildenden Künste und der Photographie
LAG	Landesarbeitsgericht
LAN	Local Area Network
LG	Landgericht, Landesgesetz
LGPL	Lesser General Public License
lit.	littera
LM	Nachschlagewerk des Bundesgerichtshofes hrsg. von Lindenmaier, Möhring ua.
LMK	Kommentierte BGH-Rechtsprechung Lindenmaier-Möhring
LUG	Gesetz betreffend das Urheberrecht an Werken der Literatur und der Tonkunst
LZ	Leipziger Zeitschrift für Deutsches Recht
MA	Der Markenartikel
MAI	Multilaterales Investitionsabkommen
mAnm	mit Anmerkung
MarkenG	Gesetz über den Schutz von Marken und sonstigen Kennzeichen
MDR	Monatsschrift für Deutsches Recht
MDStV	Mediendienstestaatsvertrag
Mitt.	Mitteilung(en), auch: Mitteilungen der deutschen Patentanwälte
MittHV	Mitteilungen des Hochschulverbandes
MMR	Multimedia und Recht, Zeitschrift für Informations-, Telekommunikations- und Medienrecht
MR	Medien und Recht (Österreich)
MR-Int.	Medien und Recht International
MuW	Markenschutz und Wettbewerb
mwN	mit weiteren Nachweisen
NachrDok.	Nachrichten für Dokumentation
Nachw.	Nachweise
nF	neue Fassung
NJ	Neue Justiz
NJOZ	Neue Juristische Online-Zeitschrift
NJW	Neue Juristische Wochenschrift
NJW-CoR	Computerreport der NJW
NJW-RR	NJW-Rechtsprechungsreport Zivilrecht
NJWE-WettbR	NJW-Entscheidungsdienst Wettbewerbsrecht; jetzt GRUR-RR
NV	Normalvertrag (im Bühnenrecht)
oä.	oder ähnlich
ÖBl.	Österreichische Blätter für gewerblichen Rechtsschutz und Urheberrecht
OEM	Original Equipment Manufacturer (Lizenz für Software, die iVm mit Computern vertrieben wird)
ÖSGRUM	Österreichische Schriftenreihe zum Gewerblichen Rechtsschutz, Urheber- und Medienrecht
öst.	österreichisch(es)
öUrhG	österreichisches UrhG
OGH	Oberster Gerichtshof (Wien)
ÖJZ	Österreichische Juristenzeitung
OLG	Oberlandesgericht
OLGE	Die Rechtsprechung der Oberlandesgerichte auf dem Gebiete des Privatrechts
OLGR	OLG-Report (Zeitschrift)
OLGZ	Entscheidungen der Oberlandesgerichte in Zivilsachen einschließlich der freiwilligen Gerichtsbarkeit
OMPI	Organisation Mondiale de la Propriété Intellectuelle
Online-Satelliten-Kabel-RL	Richtlinie (EU) 2019/789 des Europäischen Parlaments und des Rates v. 17.4. 2019 mit Vorschriften für die Ausübung von Urheberrechten und verwandten

	Schutzrechten in Bezug auf bestimmte Online-Übertragungen von Sendeunternehmen und die Weiterverbreitung von Fernseh- und Hörfunkprogrammen und zur Änderung der Richtlinie 93/83/EWG des Rates, ABl. 2019 L 130, 82
OVG	Oberverwaltungsgericht
OWiG	Gesetz über Ordnungswidrigkeiten
PatG	Patentgesetz
P. L.	Public Law
pma.	post mortem auctoris
Portabilitäts-VO	Verordnung (EU) 2017/1128 des Europäischen Parlaments und des Rates v. 14.6.2017 zur grenzüberschreitenden Portabilität von Online-Inhaltediensten im Binnenmarkt, ABl. 2017 L 168, 1
PR	Persönlichkeitsrecht
PrPG	Gesetz zur Stärkung des Schutzes des geistigen Eigentums und zur Bekämpfung der Produktpiraterie
PVÜ	Pariser Verbandsübereinkunft zum Schutz des gewerblichen Eigentums
RA	Rom-Abkommen
RabelsZ	Zeitschrift für ausländisches und internationales Privatrecht, begr. von Rabel
RBÜ	Revidierte Berner Übereinkunft zum Schutz von Werken der Literatur und der Kunst
RdA	Recht der Arbeit
RdJB	Recht der Jugend und des Bildungswesens
Rn.	Randnummer
RegE	Regierungsentwurf
RDV	Rechentechnik, Datenverarbeitung
RfR	Rundfunkrecht
RG	Reichsgericht
RGBl.	Reichsgesetzblatt
RGSt.	Entscheidungen des Reichsgerichts in Strafsachen
RGZ	Entscheidungen des Reichsgerichts in Zivilsachen
RIDA	Revue Internationale du Droit d'Auteur
RiStBV	Richtlinien für das Strafverfahren und das Bußgeldverfahren
RIW	Recht der Internationalen Wirtschaft (seit 1975)
RL	(EG- bzw. EU-)Richtlinie
Rom II-VO	VO (EG) Nr. 864/2007 über das auf außervertragliche Schuldverhältnisse anzuwendende Recht
Rs.	Rechtssache (EuG, EuGH)
RTD comm.	Revue trimestrielle de droit commercial
S.	Seite
s.	siehe
sa	siehe auch/so auch
SACEM	Société des Auteurs, Compositeurs et Editeurs de Musique
Satelliten-Kabel-RL	Richtlinie 93/83/EWG des Rates v. 27.9.1993 zur Koordinierung bestimmter urheber- und leistungsschutzrechtlicher Vorschriften betreffend Satellitenrundfunk und Kabelweiterverbreitung, ABl. 1993 L 248, 15
SatÜ	Brüsseler Satellitenübereinkommen
Schutzdauer-RL	Richtlinie 93/98/EWG des Rates v. 29.10.1993 zur Harmonisierung der Schutzdauer des Urheberrechts und bestimmter verwandter Schutzrechte, ABl. EG Nr. L 290 v. 24.11.1993, S. 9, ersetzt durch Richtlinie 2006/116/EG des Europäischen Parlaments und des Rates v. 12.12.2006 über die Schutzdauer des Urheberrechts und bestimmter verwandter Schutzrechte, ABl. 2006 L 372, 12
Schweiz.BG	Schweizerisches Bundesgericht
SchweizMitt.	Schweizerische Mitteilungen zum gewerblichen Recht (seit 1985 Schweizerische Mitteilungen zum Immaterialgüterrecht – SMI)
SFA	Straßburger Abkommen zum Schutz von Fernsehsendungen
sic!	Zeitschrift für Immaterialgüter-, Informations- und Wettbewerbsrecht (Schweiz)
SJZ	Süddeutsche Juristenzeitung
SMG	Schuldrechtsmodernisierungsgesetz
SMI	Schweizerische Mitteilungen zum Immaterialgüterrecht
s. o.	siehe oben
STAGMA	Staatlich genehmigte Gesellschaft zur Verwertung musikalischer Urheberrechte
StGB	Strafgesetzbuch
str.	strittig
stRspr	ständige Rechtsprechung
s. u.	siehe unten
TDG	Gesetz über die Nutzung von Telediensten (Teledienstegesetz)
TKG	Telekommunikationsdienstegesetz
TRIPS	Trade-Related Aspects of Intellectual Property Rights
TV	Tarifvertrag
TVG	Tarifvertragsgesetz

Abkürzungsverzeichnis

ua	unter anderem
UFITA	Zeitschrift für Medienrecht und Medienwissenschaft (seit 2018, früher Archiv für Urheber-, Film-, Funk- und Theaterrecht)
UPR	Urheberpersönlichkeitsrecht
URG	Urheberrechtsgesetz (Ausland)
URG-DDR	Urheberrechtsgesetz der DDR
UrhG	Urheberrechtsgesetz
UrhGÄndG	Gesetz zur Änderung des Urheberrechtsgesetzes
UrhWG	Gesetz über die Wahrnehmung von Urheberrechten und verwandten Schutzrechten
UWG	Gesetz gegen den unlauteren Wettbewerb
VerlG	Gesetz über das Verlagsrecht
Vermiet- und Verleih-RL	Richtlinie 2006/115/EG des Europäischen Parlaments und des Rates v. 12.12. 2006 zum Vermietrecht und Verleihrecht sowie zu bestimmten dem Urheberrecht verwandten Schutzrechten im Bereich des geistigen Eigentums, ABl. 2006 L 376, 28
Verwaiste-Werke-RL	Richtlinie 2012/28/EU des Europäischen Parlaments und des Rates v. 25.10.2012 über bestimmte zulässige Formen der Nutzung verwaister Werke, ABl. 2012 L 299, 5
VFF	Verwertungsgesellschaft der Film- und Fernsehproduzenten
VG	Verwaltungsgericht; Verwertungsgesellschaft
VG-RL	Richtlinie 2014/26/EU des Europäischen Parlaments und des Rates v. 26.2.2014 über die kollektive Wahrnehmung von Urheber- und verwandten Schutzrechten und die Vergabe von Mehrgebietslizenzen für Rechte an Musikwerken für die Online-Nutzung im Binnenmarkt, ABl. 2014 L 84, 72
VGF	Verwertungsgesellschaft für Nutzungsrechte an Filmwerken
VGG	Gesetz über die Wahrnehmung von Urheberrechten und verwandten Schutzrechten durch Verwertungsgesellschaften (Verwertungsgesellschaftengesetz)
VG WORT	Verwertungsgesellschaft Wort
vgl.	vergleiche
VO	Verordnung
VOB	Verdingungs- und Vertragsordnung für Bauleistungen
Voraufl.	Vorauflage
VRS	Verkehrsrechts-Sammlung
VS	Verband der deutschen Schriftsteller
WahrnG	s. UrhWG
WAN	Wide Area Network
wbl.	Wirtschaftsrechtliche Blätter (Öst.)
WCT	WIPO Copyright Treaty
WerkeRegV	Verordnung über das Register anonymer und pseudonymer Werke
WIPO	World Intellectual Property Organization
WM	Wertpapier-Mitteilungen Teil IV, Zeitschrift für Wirtschafts- und Bankrecht
WPPT	WIPO Performances and Phonograms Treaty
WRP	Wettbewerb in Recht und Praxis
WUA	Welturheberrechtsabkommen
WuW	Wirtschaft und Wettbewerb
zB	zum Beispiel
ZBR	Zeitschrift für Beamtenrecht
ZBT	Zentralstelle Bibliothekstantieme
ZEuP	Zeitschrift für Europäisches Privatrecht
ZHR	Zeitschrift für das gesamte Handelsrecht und Wirtschaftsrecht
ZIP	Zeitschrift für Wirtschaftsrecht
ZKDSG	Zugangskontrolldiensteschutzgesetz
ZPO	Zivilprozeßordnung
ZPÜ	Zentralstelle für private Überspielungsrechte
ZS	Zivilsenat
ZSR NF	Zeitschrift für Schweizerisches Recht – Neue Folge
ZUM	Zeitschrift für Urheber- und Medienrecht (seit 1985, früher Film und Recht – FuR)
ZUM-RD	Zeitschrift für Urheber- und Medienrecht – Rechtsprechungsdienst
zust.	zustimmend
ZVglRWiss.	Zeitschrift für vergleichende Rechtswissenschaft
ZZP	Zeitschrift für Zivilprozeß

Literaturverzeichnis

Auswahl aus der einschlägigen Literatur in Buchform; weitere Literaturangaben finden sich am Anfang der Kommentierung bei den jeweiligen Paragraphen.

Die Namen bezeichnen vielfach *Herausgeber* oder *Werkbegründer;* ebenso wie der vorliegende Kommentar sind viele der genannten Werke die Schöpfung einer Mehrzahl von Autoren.

BeckOK UrhR	*Ahlberg/Götting,* Beck'scher Online-Kommentar zum Urheberrecht
Allfeld	Das Urheberrecht an Werken der Literatur und der Tonkunst, 2. Aufl. 1928
Allfeld	Kommentar zu dem Gesetze betreffend das Urheberrecht an Werken der bildenden Künste und der Photographie, 1908
Bappert/Wagner	Internationales Urheberrecht, 2. Aufl. 1956
Beier/Götting/ Berger/Wündisch	Urhebervertragsrecht, 2. Aufl. 2015
Bisges	Handbuch Urheberrecht, 2016
Bröcker/Czychowski/ Schäfer	Praxishandbuch geistiges Eigentum im Internet, 2003
Bußmann/Pietzcker/Kleine	Gewerblicher Rechtsschutz und Urheberrecht, 3. Aufl. 1962
Cepl/Voß	Prozesskommentar zum Gewerblichen Rechtsschutz, 2. Aufl. 2018
Delp	Das Recht des geistigen Schaffens in der Informationsgesellschaft, 2. Aufl. 2003
Delp	Kleines Praktikum für Urheber- und Verlagsrecht, 5. Aufl. 2005
Delp	Der Verlagsvertrag, 8. Aufl. 2008
Sammlung Delp	Das gesamte Recht der Publizistik, Bde. 1–5, Loseblattsammlung
Dietz	Das Droit Moral des Urhebers im neuen französischen und deutschen Urheberrecht, 1968 (zitiert: Droit Moral)
Dietz	Das primäre Urhebervertragsrecht in der Bundesrepublik Deutschland und in den anderen Mitgliedstaaten der Europäischen Gemeinschaft, 1984 (zitiert: Urhebervertragsrecht)
Dietz	Das Urheberrecht in der Europäischen Gemeinschaft, 1978
Dreier	Kabelweiterleitung und Urheberrecht, 1991
Dreier/Ohly	Plagiate, 2013
Dreier/Schulze	Urheberrechtsgesetz, Kommentar, 6. Aufl. 2018
Drexl	Entwicklungsmöglichkeiten des Urheberrechts im Rahmen des GATT, 1990
DKMH	*Dreyer/Kotthoff/Meckel/Hentsch,* Heidelberger Kommentar zum Urheberrecht, 4. Aufl. 2018
Ellins	Copyright Law, Urheberrecht und ihre Harmonisierung in der Europäischen Gemeinschaft, 1997
Engels	Patent-, Marken- und Urheberrecht, 10. Aufl. 2018
Ensthaler/Weidert	Handbuch Urheberrecht und Internet, 3. Aufl. 2017
Forkel	Gebundene Rechtsübertragungen, Bd. 1 Patent, Musterrechte, Urheberrecht, 1977
Fromm/Nordemann	Urheberrecht, Kommentar, 12. Aufl. 2018
v. Gamm	Urheberrechtsgesetz, 1968
Gerstenberg	Die Urheberrechte an Werken der Kunst, der Architektur und der Photographie, 1968
Goldbaum	Urheberrecht und Urhebervertragsrecht, 3. Aufl. 1961
Goldhammer/Grünberger/ Klippel	Geistiges Eigentum im Verfassungsstaat, 2016
Grünberger/Leible	Die Kollision von Urheberrecht und Nutzerverhalten, 2014
Haberstumpf	Handbuch des Urheberrechts, 2. Aufl. 2000
Haberstumpf/Hintermeier	Einführung in das Verlagsrecht, 1985
Haertel/Schiefler	Urheberrechtsgesetz und Gesetz über die Wahrnehmung von Urheberrecht und verwandten Schutzrechten, Textausgabe und Materialien, 1967
v. Hartlieb/Schwarz	Handbuch des Film-, Fernseh- und Videorechts, 5. Aufl. 2011

Literaturverzeichnis

Hasselblatt	Münchener Anwaltshandbuch Gewerblicher Rechtsschutz, 5. Aufl. 2017
Haupt/Bergt/Fette	Urheberrecht für Filmschaffende, 2009
Heine/Holzmüller	VGG – Verwertungsgesellschaftengesetz, 2019
Hertin/Wagner	Urheberrecht, 3. Aufl. 2019
Hilty/Peukert	Interessenausgleich im Urheberrecht, 2004
Hoeren/Sieber/Holznagel	Handbuch Multimedia-Recht, Loseblatt
Hubmann	Das Persönlichkeitsrecht, 2. Aufl. 1967
Jaeger/Metzger	Open Source Software, 4. Aufl. 2016
Kilian/Heussen	Computerrechts-Handbuch, Loseblatt
Lehmann	Rechtsschutz und Verwertung von Computerprogrammen, 2. Aufl. 1993
Lehmann	Internet- und Multimediarecht (Cyberlaw), 1997 (zitiert: Multimediarecht)
Leiss	Verlagsgesetz, Kommentar, 1973
Leistner	Der Rechtsschutz von Datenbanken im deutschen und europäischen Recht, 2000
Lettl	Urheberrecht, 3. Aufl. 2018
Löffler	Presserecht, Kommentar, 6. Aufl. 2015
Loewenheim	Handbuch des Urheberrechts, 2. Aufl. 2010
Marwitz/Möhring	Das Urheberrecht an Werken der Literatur und der Tonkunst in Deutschland, 1929
Melichar	Die Wahrnehmung von Urheberrechten durch Verwertungsgesellschaften, 1983
Mestmäcker/Schulze	Urheberrechts-Kommentar, Bd. I–III, Loseblattsammlung
Möhring/Nicolini	Urheberrechtsgesetz, 4. Aufl. 2018
Möhring/Schulze/	
Ulmer/Zweigert	Quellen des Urheberrechts, fortgeführt von *Katzenberger, Puttfarken, Schricker, E. Schulze, M. Schulze, Zweigert,* ab 1961
Moser/Scheuermann/Drücke	
Musikwirtschaft-HdB	Handbuch der Musikwirtschaft, 7. Aufl. 2018
MVHdB III WirtschaftsR II..	*Rieder/Schütze/Weipert,* Münchener Vertragshandbuch, Bd. 3 Wirtschaftsrecht II, 7. Aufl. 2015
Nordemann/Vinck/Hertin	Internationales Urheberrecht und Leistungsschutzrecht der deutschsprachigen Länder unter Berücksichtigung auch der Staaten der Europäischen Gemeinschaft, 1977
Nordemann/Vinck/	
Hertin/Meyer	International Copyright and Neighboring Rights Law, 1990
Ohly/Klippel	Geistiges Eigentum und Gemeinfreiheit, 2007
Osterrieth/Marwitz	Das Urheberrecht an Werken der bildenden Künste und der Photographie, 2. Aufl. 1929
Pierson/Ahrens/Fischer	Recht des geistigen Eigentums, 4. Aufl. 2018
Rehbinder/Peukert	Urheberrecht, 18. Aufl. 2018
Riedel	Urheber- und Verlagsrecht, Loseblattausgabe, ab 1966
Rintelen	Urheberrecht und Urhebervertragsrecht, 1958
Rojahn	Der Arbeitnehmerurheber in Presse, Funk und Fernsehen, 1978
Rossbach	Die Vergütungsansprüche im deutschen Urheberrecht, 1990
Runge	Urheberrecht und Urhebervertragsrecht, 1958
Russ	Verlagsgesetz, Kommentar, 2014
Samson	Urheberrecht, 1973
Schack	Kunst und Recht, 3. Aufl. 2017
Schack	Urheber- und Urhebervertragsrecht, 9. Aufl. 2019
Schmid/Wirth/Seifert	Urheberrechtsgesetz, 2. Aufl. 2008
Schricker	Urheberrecht auf dem Weg zur Informationsgesellschaft, 1997 (Verfasser: *Schricker, Dreier, Katzenberger, v. Lewinski*) (zitiert: Informationsgesellschaft)
Schricker	Verlagsrecht, 3. Aufl. 2001
Schulze	Urhebervertragsrecht, 3. Aufl. 1982
Spindler/Schuster	Recht der elektronischen Medien, Kommentar, 4. Aufl. 2019
Stieper	Rechtfertigung, Rechtsnatur und Disponibilität der Schranken des Urheberrechts, 2010

Literaturverzeichnis

Strömholm .... Le droit moral de l'auteur en droit Allemand, Français et Scandinave, Bd. I und Bd. II, 1 und 2, 1967–1973

Troller .... Immaterialgüterrecht, Patentrecht, Markenrecht, Urheberrecht, Muster- und Modellrecht, Wettbewerbsrecht, Bd. I 3. Aufl. 1983, Bd. II 2. Aufl. 1971, Bd. II 3. Aufl. 1985

Ulmer .... Gutachten zum Urhebervertragsrecht, hrsg. v. Bundesminister der Justiz, 1977 (zitiert: Urhebervertragsrecht)

Ulmer .... Urheber- und Verlagsrecht, 3. Aufl. 1980

Ulmer-Eilfort/Obergfell .... Verlagsrecht, Kommentar, 2013

v. Ungern-Sternberg .... Die Rechte der Urheber an Rundfunk- und Drahtfunksendungen, 1973

Vögele .... Geistiges Eigentum – Intellectual Property, 2014

Voigtländer/Ester/Kleine ...... Die Gesetze betreffend das Urheberrecht an Werken der Literatur und der Tonkunst sowie an Werken der bildenden Kunst und der Photographie, Kommentar, 4. Aufl. 1952

Walter .... Europäisches Urheberrecht, 2001

Wanckel .... Foto- und Bildrecht, 5. Aufl. 2017

Wandtke/Bullinger .... Praxiskommentar Urheberrecht, 5. Aufl. 2019

Wegner/Wallenfels/Kaboth ... Recht im Verlag, 2. Aufl. 2011

Literaturverzeichnis

Gesetz über Urheberrecht und verwandte Schutzrechte (Urheberrechtsgesetz)

vom 9. September 1965 (BGBl. I S. 1273)
zuletzt geändert durch Artikel 1 des Gesetzes vom 28. November 2018 (BGBl. I S. 2014)

Einleitung zum UrhG

Schrifttum: *Ahrens,* Brauchen wir einen Allgemeinen Teil der Rechte des Geistigen Eigentums?, GRUR 2006, 617; *Ann,* Die idealistische Wurzel des Schutzes geistiger Leistungen, GRUR-Int 2004, 597; *Bechtold,* Zur rechtsökonomischen Analyse im Immaterialgüterrecht, GRUR-Int 2008, 484; *Becker,* Verwertungsgesellschaften als Träger öffentlicher und privater Aufgaben, FS Kreile (1994), S. 27; *Becker,* Ein modernes Urheberrecht. Von der Nutzungshandlung zum digitalen Lebensbereich, ZGE 2016 S. 239; *Beier/Schricker,* From GATT to TRIPs – The Agreement on Trade-Related Aspects of Intellectual Property Rights, 1996; *Beier/Straus,* Der Schutz wissenschaftlicher Forschungsergebnisse, 1982; *Bisges,* Die kleine Münze im Urheberrecht, 2014; *ders.,* Ökonomische Analyse des Urheberrechts, ZUM 2014, 930; *Buck,* Geistiges Eigentum und Völkerrecht, 1994; *Cohen Jehoram,* Kritische Überlegungen zur wirtschaftlichen Bedeutung des Urheberrechts, GRUR-Int 1989, 23 ff.; *Delp,* Das Recht des geistigen Schaffens in der Informationsgesellschaft, 2. Aufl., 2003; *Dietz,* Das Urheberrecht in der Europäischen Gemeinschaft, 1978; *ders.,* Die sozialen Bestrebungen der Schriftsteller und Künstler und das Urheberrecht, GRUR 1972, 11; *ders.,* Entwickelt sich das Urheberrecht zu einem gewerblichen Schutzrecht?, Gedenkschrift für Schönherr, 1986, S. 111; *ders.,* Das Urheberrecht in der Europäischen Gemeinschaft, FS zum hundertjährigen Bestehen der deutschen Vereinigung für gewerblichen Rechtsschutz und Urheberrecht, 1991, S. 1445 (zitiert: GRUR-FS); *Dornis,* Urheberrecht, Ökonomik und Evolution, ZGE 2018, 341; *Dreier/Hilty,* Vom Magnettonband zu Social Media, Festschrift 50 Jahre Urheberrechtsgesetz, 2015; *Ellins,* Copyright Law, Urheberrecht und ihre Harmonisierung in der Europäischen Gemeinschaft, 1997; *Erdmann,* Sacheigentum und Urheberrecht, EU-Kommission (Hrsg.), Commission staff working document impact assessment on the modernisation of EU copyright rules vom 14.9.2016, SWD 2016, 301 final, part 1/3; FS Piper (1996), S. 655; *Fechner,* Geistiges Eigentum und Verfassung, 1999; *Fisher,* Property and Contract on the Internet, 73 Chicago-Kent Law Review (1998), 1203; *Geiger,* Der urheberrechtliche Interessenausgleich in der Informationsgesellschaft – Zur Rechtsnatur der Beschränkungen des Urheberrechts, GRUR-Int 2004, 815; *ders.,* Die Schranken des Urheberrechts als Instrumente der Innovationsförderung – Freie Gedanken zur Ausschließlichkeit im Urheberrecht, GRUR-Int 2008, 459; *Geiger/Engelhardt/Hansen/Markowski,* Urheberrecht im deutsch-französischen Dialog – Impulse für eine europäische Rechtsharmonisierung – Bericht von der Abschlussveranstaltung der deutsch-französischen Vortragsreihe zum Urheberrecht am 13. Januar 2006 im Europäischen Patentamt, GRUR-Int 2006, 475; *Götting,* Kulturgüterschutz durch das Urheberrecht?, FS Loewenheim (2009), S. 103; *ders.,* Der Begriff des geistigen Eigentums, GRUR 2006, 353; *Grütters,* Zur kulturpolitischen Bedeutung des Urheberrechts für Kreative, Kreativwirtschaft und kulturelle Vielfalt, ZUM 2016, 224; *Hansen,* Warum Urheberrecht? – Die Rechtfertigung des Urheberrechts unter besonderer Berücksichtigung des Nutzerschutzes, 2009; *ders.,* Für ein Zweitveröffentlichungsrecht für Wissenschaftler – zugleich Besprechung von Marcus Hirschfelder, Anforderungen an eine rechtliche Verankerung des Open Access Prinzips, GRUR-Int 2009, 799; *Harhoff,* Urheberrecht und Innovation in digitalen Märkten, 2016; *Heine/Eisenberg,* Verwertungsgesellschaften im Binnenmarkt – Die kollektive Wahrnehmung von Urheberrechten nach der Dienstleistungsrichtlinie, GRUR-Int 2009, 277; *Hilty,* Europäisches Immaterialgüterrecht, 2018; *ders.,* Ungereimtheiten auf der urheberrechtlichen Wertschöpfungskette. Das Urheberrecht als Prüfstein für die urheberrechtliche Zwangslizenz, FS Loewenheim (2009), S. 119; *ders.,* Renaissance der Zwangslizenzen im Urheberrecht? – Gedanken zu Ungereimtheiten auf der urheberrechtlichen Wertschöpfungskette, GRUR 2009, 633; *ders.,* Vergütungssystem und Schrankenregelungen – Neue Herausforderungen an den Gesetzgeber, GRUR 2005, 819; *ders.,* Das Urheberrecht und der Wissenschaftler, GRUR-Int 2006, 179; *ders.,* Verbotsrecht vs. Vergütungsanspruch: Suche nach den Konsequenzen der tripolaren Interessenlage im Urheberrecht, FS Schricker (2005), S. 325; *Hilty/Peukert* (Hg.), Interessenausgleich im Urheberrecht, 2004; *Hirschfelder,* Anforderungen an eine rechtliche Verankerung des Open Access Prinzips, 2008; *Hofmann,* Grundsatz der Technikneutralität im Urheberrecht? Zugleich Gedanken zu a more technological approach, ZGE 2016, 482; *Hubmann,* Das Persönlichkeitsrecht, 2. Aufl., 1967; *ders.,* Die Idee vom geistigen Eigentum, die Rechtsprechung des Bundesverfassungsgerichts und die Urheberrechtsnovelle von 1985, ZUM 1988, 4; *Hoeren,* Der Kampf um das UrhG 1965, in: Dreier/Hilty (Hrsg.), Vom Magnettonband zu Social Media, FS 50 Jahre Urheberrechtsgesetz, 2015, S. 21; *Hummel/Gluch,* Die volkswirtschaftliche Bedeutung des Urheberrechts, abgedr. in BT-Drs. 11/270, 69 ff.; *International Publishers Association/Börsenverein des Deutschen Buchhandels* (Hg.), Internationales Urheberrechtssymposium, 1986; *Kindermann,* Technik und Urheberrecht – Wechselwirkungen und gegenseitige Abhängigkeiten, ZUM 1987, 219; *Kraßer,* Patentrecht, 6. Aufl., 2009; *Knopp,* Fanfiction – Nutzergenerierte Inhalte und das Urheberrecht, GRUR 2010, 28; *Kreutzer,* Das Modell des deutschen Urheberrechts und Regelungsalternativen, 2008; *Krüger-Nieland,* Der Urheberrechtsschutz im Spannungsfeld der Eigentumsgarantie der Verfassung, FS Oppenhoff (1985), S. 173; *Ladd,* Die Sorge um die Zukunft des Urheberrechts als humanistischer Auftrag, GRUR-Int 1985, 77; *Landes/Posner,* The Economic Structure of Intellectual Property Law, 2003; *Lehmann,* Die Krise des Urheberrechts in der digitalen Welt, FS Loewenheim (2009), S. 167; *Leistner,* Anforderungen an ein umweltsensibles Urheberrecht, in: Grünberger/Leible (Hg.), Die Kollision von Urheberrecht und Nutzerverhalten, 2014, S. 211; *ders.,* Der Beitrag ökonomischer Forschung zum Urheberrecht, ZGE 2009, 403; *Leistner/Hansen,* Die Begründung des Urheberrechts im digitalen Zeitalter, GRUR 2008, 479; *Maracke,* Das Urheberrechtswahrnehmungsgesetz von 1956, in: Dreier/Hilty (Hrsg.), Vom Magnettonband zu Social Media, FS 50 Jahre Urheberrechtsgesetz, 2015, S. 41; *Melichar,* Die Wahrnehmung von Urheberrechten durch Verwertungsgesellschaften. Am Beispiel der VG Wort, 1983; *Möller,* Die Urheberrechtsnovelle '85. Entstehungsgeschichte und verfassungsrechtliche Grundlagen, 1986; *Müller/Stefan,* Rechtewahrnehmung durch Verwertungsgesellschaften bei der Nutzung von Musikwerken im Internet, ZUM 2009, 121; *Nordemann W.,* Nutzungsrechte oder Vergütungsansprüche?, GRUR 1979, 280; *Obergfell,* Big Data und Urheberrecht, FS Büscher (2018), S. 223; *Oberndörfer,* Die philosophische Grundlage des Urheberrechts, UFITA-Schriftenreihe Band 228, 2005; *Ohly,* Geistiges Eigentum?, JZ 2003, 545; *ders.,* Urheberrecht als Wirtschaftsrecht, in Depenheuer/Peifer (Hg.), Geistiges Eigentum: Schutzrecht oder Ausbeutungstitel?, 2008, S. 141 ff.; *ders.,* in Ohly/Klippel (Hg.), Geistiges Eigentum und Gemeinfreiheit, 2007, S. 1 ff.; *Peifer,* Wissenschaftsmarkt und Urheberrecht: Schranken, Vertragsrecht, Wettbewerbsrecht, GRUR 2009, 22; *Peukert,* Der Schutzbereich des Urheberrechts und das Werk als öffentliches Gut. Insbesondere: die urheberrechtliche Relevanz des privaten Werknutzung, in Hilty/Peukert, Interessenausgleich im Urheberrecht, S. 11; *ders.,* Das Sacheigentum in der Informationsgesellschaft, FS Schricker (2005), S. 149; *Reich,* Die ökonomische Analyse des Urheberrechts in der Informationsgesellschaft, 2006; *Riesenhuber,* Die Verwertungsgesellschaft iSv § 1 UrhWahrnG, ZUM 2008, 625; *ders.,* (Hg.), Systembildung im internationalen Urheberrecht, 2007; *Rigamonti,* Geistiges Eigentum als Begriff und Theorie des Urheberrechts, 2001; *ders.,* Wem gebührt das Urheberrecht, dem Schöpfer oder dem Produzenten?, ZUM 1990, 59; *Schack,* Zur Rechtfertigung des Urheberrechts als Ausschließlichkeitsrecht, in Depenheuer/Peifer (Hg.), Geistiges Eigentum: Schutzrecht oder Ausbeutungstitel?, 2008, S. 123 ff.; *Schricker,* Gesetzesverletzung und Sittenverstoß, 1970; *ders.,* Urheberrechtliche Probleme des Kabelrundfunks, 1986; *ders.,* Hundert Jahre Urheberrechtsentwicklung, FS zum hundertjährigen Bestehen der deutschen Vereinigung für gewerblichen Rechtsschutz und Urheberrecht, 1991, S. 1095 (zitiert: GRUR-FS); *ders.,* Urheberrecht zwischen Industrie- und Kulturpolitik, GRUR 1992, 242; *ders.,* Der Urheberrechtsschutz von Werbeschöpfungen, Werbeideen, Werbekonzeptionen und Werbekampagnen, GRUR 1996, 815 ff.; *ders.* (Hg.), Urheberrecht auf dem Weg zur Informationsgesellschaft, 1997; *Schricker/Bastian/Dietz* (Hg.), Konturen eines europäischen Urheberrechts, 1996; *Schricker/Katzenberger,* Die urheberrechtliche Leerkassettenvergütung, GRUR 1985, 87; *M. Schulze,* Leitfaden zum Urheberrecht des Künstlers, 1997; *Spindler,* Urheberrecht in der Wissensgesellschaft – Überlegungen zum Grünbuch der Kommission, FS Loewenheim (2009), S. 287; *ders.,* Text- und Datamining im neuen Urheberrecht und in der europäischen Diskussion, ZGE 2018, 273; *Staats,* Wissenschaftsurheberrecht – Interessenausgleich durch kollektive Rechtswahrnehmung, ZGE 2018, 310; *Stallberg,* Urheberrecht und moralische Rechtfertigung, 2006; *Strömholm,* Was bleibt vom Erbe übrig?, GRUR-Int 1989, 15 ff.; *Ulmer,* Der Rechtsschutz der ausübenden Künstler, der Hersteller von Tonträgern und Sendegesellschaften in internationaler und rechtsvergleichender Sicht, 1957, 3. und 6. Kap.; *Vogel,* Der lange Weg vom LUG und KUG zum UrhG und UrhWG, in: Dreier/Hilty (Hrsg.), Vom Magnettonband zu Social Media, FS 50 Jahre Urheberrechtsgesetz, 2015, S. 3; *ders,* Wahrnehmungsrecht und Verwertungsgesellschaften in der Bundesrepublik Deutschland, GRUR 1993, 524; *Wadle,* Die Entfaltung des Urheberrechts als Antwort auf technische Neuerungen, Technikgeschichte, Bd. 52 (1985) 233 ff. = UFITA 106 (1987) 203; *Wagner-Silva Tarouca,* Der Urheberschutz der ausübenden Künstler und der Tonträgerproduzenten in den USA, 1983; *Wandtke,* Zur kulturellen und sozialen Dimension des Urheberrechts, UFITA 123 (1993) 5; *Wegner/Wallenfels/Kaboth,* Recht im Verlag, 2004.

Siehe auch die Schrifttumsangaben vor → Rn. 42, 81, 95.
Schrifttum zur Geschichte des Urheberrechts vor → Rn. 108.

Übersicht

I. Wesen und Bedeutung des Urheberrechts und der verwandten Schutzrechte
(Loewenheim)

1. Literatur, Wissenschaft und Kunst als Geltungsbereich des Urheberrechts

Klassischer Bereich des Urheberrechts ist die **Literatur und Kunst;**[1] traditionell gilt der Schutz **1** den Werken der Schriftsteller, Komponisten, Maler und Bildhauer. Technische, wirtschaftliche und gesellschaftliche Entwicklungen und ihnen folgend Gesetzgebung und Gerichtspraxis haben diesen Rahmen seit langem gesprengt. Die technische Entwicklung ist inzwischen über Gestaltungsformen wie Lichtbild, Film, Rundfunk, analoge Ton- und Bildaufzeichnung weit hinausgegangen, heute bestimmen digitale Werknutzungen weitgehend die Nutzung urheberrechtlich geschützter Werke. „Big Data und Urheberrecht" ist ein früher nicht gekanntes Thema.[2] Die gesellschaftliche Entwicklung wird zutreffend mit dem Begriff der Informationsgesellschaft gekennzeichnet, dem Transfer von Wissen kommt in der heutigen Gesellschaft eine früher ungeahnte Bedeutung zu, die durch die digitale Datenübertragung im Internet ermöglicht wird. Der Schutz der Urheber und Werkverwerter muss mit den Informationsinteressen von Lehre und Forschung, aber auch der Allgemeinheit in Einklang gebracht werden.[3] Damit hat auch in wirtschaftlicher Hinsicht das Urheberrecht ein Gewicht erlangt, das über das früherer Zeiten weit hinausgeht, hervorzuheben sind das Verlagswesen, die Musik- und Filmindustrie sowie die gesamte Softwarebranche.[4] Auch die zunehmende **Internationalisierung** wirtschaftlicher und gesellschaftlicher Beziehungen hat das Urheberrecht über die Bereiche der reinen Literatur und Kunst hinausgeführt. Schon frühzeitig wurde der Ausbau des nationalen Rechts durch die internationale Rechtsentwicklung, namentlich durch die Berner Übereinkunft und später durch das Rom-Abkommen beeinflusst. Zwar setzt die Berner Übereinkunft – dem Urheberrechtsverständnis des ausgehenden 19. Jahrhunderts folgend – ihre Schwerpunkte noch im Bereich der Literatur und Kunst. Spätestens mit dem 1995 in Kraft getretenen TRIPS-Abkommen fanden aber wirtschaftsrechtliche Aspekte Eingang in das Urheberrecht (→ Rn. 22), und auch die Bemühungen, das Urheberrecht mit den Instrumenten der ökonomischen Analyse des Rechts zu erfassen, weisen in diese Richtung, ebenso wie das heutige Schlagwort vom „Urheberrecht als Wirtschaftsrecht".[5] Heute ist der Urheberrechtsschutz in einem weltumspannenden, differenzierten System völkerrechtlicher Verträge verankert.[6] Auch die Richtlinien der Europäischen Union haben wesentlichen Einfluss auf die Urheberrechtsentwicklung genommen (→ Rn. 95 ff.), nicht nur im Sinne einer europäischen Harmonisierung, sondern auch insofern, als sich in den in Brüssel gefundenen Kompromissen teilweise das anglo-amerikanische Copyrightverständnis widerspiegelt, das in wesentlichen Punkten im Gegensatz zum kontinental-europäischen Urheberrechtsverständnis steht und das Urheberrecht mehr als Wirtschaftsrecht begreift.

Der Begriff der **„Wissenschaft"** wurde vom Gesetzgeber 1965 zu denen der Literatur und Kunst **2** denjenigen hinzugefügt. Damit wurde klargestellt, dass Werke der Wissenschaft in den Schutzbereich einzubeziehen sind. Der Gesetzgeber wollte aber keineswegs die wissenschaftlichen Entdeckungen, Ideen und Erkenntnisse schlechthin schützen, sondern nur wissenschaftliche Werke in ihrer konkreten Gestalt.[7] Geschützte Werksubstanz und freies Gedankengut müssen im Lichte dieses rechtspolitischen Zieles voneinander abgeschichtet werden.[8] Auch insoweit treten aber heute in zunehmendem Maße Probleme auf. Wissenschaft ist heute angesichts der Entwicklung technischer Kommunikationsprozes-

---

[1] Vgl. § 1, § 2 Abs. 1; sa Art. 1, 2 RBÜ.
[2] S. zB *Obergfell,* Big Data und Urheberrecht, FS Büscher, 2018, 223.
[3] S. dazu zB das 4. Josef Kohler-Symposion unter dem Titel „Urheberrecht in der Wissensgesellschaft: Ein neues Urheberrecht für Lehre und Forschung?", ZGE 2018, H. 3.
[4] → Rn. 21.
[5] S. etwa *Ohly* in Depenheuer/Peifer (Hg.), Geistiges Eigentum: Schutzrecht oder Ausbeutungstitel?, 2008, S. 141 ff.; Dreier/Schulze/*Dreier* Einl. UrhR Rn. 13.
[6] Näher dazu → Vor §§ 120 ff. Rn. 27 ff.
[7] So ausdrücklich die AmtlBegr. BT-Drs. 4/270, 37: „insbesondere soll ein Schutz wissenschaftlicher Erkenntnisse und Ideen dadurch nicht begründet werden. Nur die persönliche Formgebung wissenschaftlicher Werke unterliegt dem Urheberrechtsschutz, der Gedankeninhalt bleibt frei".
[8] Dazu näher → § 2 Rn. 82 ff.

se und des internationalen Informationsaustausches in ganz anderem Maße als früher auf den Zugang zu Informationen angewiesen. Das Urheberrecht wird hier vielfach als Hindernis empfunden, insbesondere wenn sich die Rechte in den Händen von Verwertern befinden, die den Informationszugang nur begrenzt oder nur gegen Zahlung teilweise nicht unerheblicher Gebühren gestatten. Gerade im Wissenschaftsbereich werden daher Forderungen nach freiem Zugang zu Informationen immer lauter, die auf eine Zurückdrängung des Urheberrechtsschutzes hinauslaufen und eine Besinnung auf Ziele und Zweckes dieses Schutzes notwendig machen.[9]

3   Diese Entwicklungen haben auch in Gesetzgebung und Rechtsprechung zu einem gegenüber dem klassischen Begriff **veränderten Verständnis des Urheberrechts** geführt. Schon seit langem ist anerkannt, dass nicht nur die „reine" Kunst, die ihren Zweck in sich trägt, Urheberrechtsschutz genießt, sondern dass auch Werke geschützt werden, die Gebrauchszwecken dienen, wie die angewandte Kunst (§ 2 Abs. 1 Nr. 4) und die technischen Zeichnungen, Skizzen und Tabellen (§ 2 Abs. 1 Nr. 7). Ebenso hat sich mit dem Schutz der „kleinen Münze"[10] die Auffassung durchgesetzt, dass der Urheberrechtsschutz nicht auf kulturell hochstehende Schöpfungen beschränkt sein soll; er kommt auch Werken bescheidenen Niveaus zugute, wie der Trivialliteratur, den wenig geschmackvollen Kunstprodukten bis hin zum Kitsch und der anspruchslosen Unterhaltungsmusik. Nach ihrem wirtschaftlichen Gewicht dürften die „kleinen Werke" die „hohe Kunst" sogar bei weitem übertreffen. Die Geschichte des Urheberrechts ist weithin ein Prozess rechtlicher Reaktion auf die Herausforderungen der Technik und die damit verbundenen wirtschaftlichen und gesellschaftlichen Entwicklungen.

4   Entgegen der klassischen Konzeption kann der freischaffende Literat, Komponist, Maler oder Bildhauer allein nicht mehr die maßgebliche **Leitfigur** des Urheberrechts sein. Geschützte Werke werden heute in weitem Umfang von **Arbeitnehmern und Bediensteten** geschaffen, die in Unternehmen und Behörden eingegliedert sind, von Weisungen des Arbeitgebers oder Vorgesetzten geleitet werden und vielfach arbeitsteilig produzieren. Die eher auf den einzelnen Urheber zugeschnittene Regelung des Urheberpersönlichkeitsrechts und die pauschale, leerformelhafte Behandlung der Urheber in Arbeits- und Dienstverhältnissen durch § 43 werden dem kaum gerecht und haben zur Entwicklung eines weitgehenden Fallrechts durch Rechtsprechung und Wissenschaft geführt. Das gilt namentlich für den Bereich der Technik berührende Gestaltungsformen, wie etwa Computerprogramme.[11] Das klassische Konzept des Urheberrechts trägt auch nicht der Tatsache Rechnung, dass sich wesentliche Teile der urheberrechtlichen Produktion im **Verwertungsbereich** abspielen. Dem wird die – vom Verlagsgesetz abgesehen – fragmentarische Regelung des Urhebervertragsrechts kaum gerecht, die trotz in jüngerer Zeit eingefügter Vorschriften wie §§ 31a, 32–32c immer noch eine bruchstückhafte Regelung darstellt[12] und zu einer weitgehenden Kautelarpraxis geführt hat.[13] Auch im Wissenschaftsbereich stieß das klassische Urheberrecht an seine Grenzen; der Gesetzgeber hat dem 2017 durch die Einfügung der §§ 60a–60h (gesetzlich erlaubte Nutzungen für Unterricht, Wissenschaft und Institutionen) Rechnung getragen. Urheberrecht ist heute als das **Recht der Kulturwirtschaft** anzusehen und muss deren mannigfaltigen Produktionsweisen und Marktbedingungen gerecht werden.[14] Dabei ist dieser Begriff nicht zu eng zu fassen, er ist nicht nur im Sinne einer künstlerischen Kultur zu verstehen. Unter Kulturwirtschaft ist die Erwerbswirtschaft zu verstehen, die mit kulturellen Gütern oder Dienstleistungen Gewinne erzielen will. Zur Kulturwirtschaft gehören auch Bereiche wie die Werbung,[15] die Produktion von Gebrauchsgegenständen, die elektronische Datenverarbeitung; auch der produzierende und sein Werk vermarktende Urheber ist hierunter zu zählen.

5   Im Ganzen lässt sich sagen, dass nach heutigem Verständnis den in § 1 und § 2 Abs. 1 dem UrhG vorangestellten **Begriffen der Literatur, Wissenschaft und Kunst** lediglich die Bedeutung einer **ungefähren Abgrenzung des urheberrechtlichen Schutzbereichs** zukommt; die Begriffe sind weit auszulegen.[16] Zur Grenzziehung brauchbar sind die Begriffe insbesondere gegenüber dem Bereich der **Technik**, wie er den Gegenstand des Patentrechts bildet. Technische Lösungen können als Erfindungen patentiert werden; sie sind jedoch nicht urheberrechtsschutzfähig, auch wenn sie in urheberrechtlich geschützten Sprachwerken oder Zeichnungen ausgedrückt werden.

6   Das Wesen des Urheberrechts gewinnt festere Konturen, wenn man sich den **Werkkatalog** des § 2 Abs. 1 vor Augen hält. Er unterstreicht, dass die Kategorien der Literatur, Wissenschaft und Kunst in einem weiten Sinne aufzufassen sind. Der Werkkatalog fixiert freilich nicht die schutzfähigen Werke, sondern ist in zweifacher Hinsicht variabel. Zum einen bleibt die Liste der schutzfähigen Werke offen;

---

[9] S. dazu auch das 4. Josef Kohler-Symposion unter dem Titel „Urheberrecht in der Wissensgesellschaft: Ein neues Urheberrecht für Lehre und Forschung?", ZGE 2018, H. 3.

[10] Dazu → § 2 Rn. 61 ff.

[11] Auch die Vorschrift des § 69b führt insoweit nicht wesentlich weiter.

[12] Zum „Entwurf eines Gesetzes zur verbesserten Durchsetzung des Anspruchs der Urheber und ausübenden Künstler auf angemessene Vergütung" → Vor §§ 31 ff. Rn. 14a ff.

[13] S. zu dieser Praxis Loewenheim/*J. B. Nordemann,* Handbuch des Urheberrechts, §§ 59 ff.

[14] AA *Schack* Rn. 5.

[15] S. dazu *Schricker* GRUR 1992, 242 ff.

[16] Näher dazu → § 2 Rn. 25 ff.

auch nicht genannte Werkarten können Urheberrechtsschutz genießen.[17] Zum anderen ist nicht jedes vom Katalog erfasste Werk geschützt: Den Schutz des Gesetzes können nach § 2 Abs. 2 nur die **„persönlichen geistigen Schöpfungen"** beanspruchen. Die Formel von der „persönlichen geistigen Schöpfung" trägt das Hauptgewicht der Bemühungen um eine Definition des geschützten Werks und damit des Wesens des Urheberrechts. Die Wendung ist wenig präzise und aufschlussreich; bei der Mannigfaltigkeit der in Betracht kommenden Werke ist vom Gesetzgeber auch schwerlich mehr zu verlangen. Klarere Konturen gewinnt sie erst durch die umfangreiche Rechtsprechung, auf die sich die Amtliche Begründung zum Gesetz von 1965 beruft[18] und zu der im Lauf der Jahrzehnte eine Fülle von Anschauungsbeispielen hinzugekommen ist.[19] Der Akzent der Formel von der „persönlichen geistigen Schöpfung" liegt auf der „Geistigkeit" der Produktion oder des Produkts, wobei bald mehr auf den Schöpfungsvorgang und bald mehr auf das Ergebnis des Schaffens abgestellt wird. Was „Geist" sei, wird freilich recht unterschiedlich definiert. Am nächsten liegen Assoziationen zur rationalen Erkenntnis, der Domäne des Intellekts, wie dies die Begriffe der „propriété intellectuelle" und des „intellectual property" bekräftigen. Das bedeutet freilich nicht, dass nur intellektuelle Schöpfungen schutzfähig wären. Nicht nur, was Gedanken vermittelt, rechnet zu den geschützten Werken, sondern auch Produkte, die andere Schichten der Persönlichkeit ansprechen, wie Gefühle, Stimmungen und unbewusste Regungen, sind schutzfähig.[20] Der Begriff des **„Ästhetischen",** durch den man das „Geistige" zu ergänzen sucht, dürfte zu eng sein, um die Vielfalt von Botschaften zu erfassen, die durch Urheberwerke vermittelt werden können, die man als geschützt zu betrachten pflegt. In diese Richtung geht auch der Einfluss des Unionsrechts. Zumindest für Computerprogramme, Photographien und Datenbanken verlangen die Richtlinien einen Standard einfacher Individualität; „andere Kriterien" werden ausgeschlossen.[21]

Will man die Fülle des heutigen Kulturschaffens erfassen, muss man allgemeinere Umschreibungen   **7** wählen. Grundvoraussetzung ist, dass das Werk „etwas" aufweist, das über das bloße sinnlich wahrnehmbare Substrat hinausgeht, eine „Aussage" oder „Botschaft", die dem Bereich der Gedanken, des Ästhetischen oder sonstiger menschlicher Regungen und Reaktionsweisen zugehört. Verknüpft man dieses zentrale Merkmal der „Aussage" mit den übrigen zu § 2 Abs. 2 entwickelten Kriterien, so ergibt sich als Definition des geschützten Werkes die subjektiv neue, individuelle, eine „Aussage" implizierende wahrnehmbare menschliche Gestaltung, die zum Bereich der Literatur, Wissenschaft und Kunst in einem weiten Sinne gehört. Das Urheberrecht, so könnte man zusammenfassend sagen, dient dem **Schutz qualifizierter menschlicher Kommunikation.**[22]

2. Rechtstheoretische Fundierung des Urheberrechts

a) Naturrechtlich-individualistische und utilitaristische Begründungsansätze. Bei den Be-   **8** gründungsansätzen für den Urheberrechtsschutz stehen sich vor allem die naturrechtlich-individualistischen und die utilitaristischen Theorien gegenüber. Bei den **naturrechtlich-individualistischen Begründungsmustern** wird, basierend auf der Naturrechtslehre von John Locke und Thomas Hobbes, der Zweck des Urheberrechts darin gesehen, das Eigentum des Urhebers an dem von ihm geschaffenen Werk zu schützen. Im Mittelpunkt steht die Person des Urhebers; er ist derjenige, den es zu schützen gilt und auf den das Urheberrecht auszurichten ist. Anknüpfend an die Eigentumstheorie John Lockes ist der Urheber in dem zu schützen, was er geschaffen hat; das Ergebnis seiner kreativen Tätigkeit ist das Werk, das ihm als sein geistiges Eigentum zur ausschließlichen Nutzung zuzuweisen ist und von dessen Nutzung andere auszuschließen er berechtigt sein muss.[23]

Utilitaristische Begründungsansätze beruhen wesentlich auf dem Einfluss anglo-amerikani-   **9** schen Rechtsdenkens, dessen Copyrightverständnis sich wesentlich vom kontinental-europäischen Urheberrechtsverständnis unterscheidet. Urheberrecht wird zwar auch als Eigentumsrecht (property right) verstanden, es fehlt aber zum einen die für die naturrechtlich-individualistischen Begründungsmuster typische Ausrichtung auf die Person des Urhebers und es liegt zum anderen der Grund für die Eigentumszuweisung nicht in naturrechtlichen Überlegungen, sondern es soll die Kreativität des Urhebers belohnt und damit ein Anreiz für Werkschöpfungen geschaffen werden; ferner soll die Verwertungsindustrie ermutigt werden, Investitionen in die Produktion von Kulturgütern vorzunehmen.

---

[17] Näher → § 2 Rn. 94; sa *Schricker* in Schricker (Hg.) Informationsgesellschaft S. 19 ff., 37 ff.
[18] BT-Drs. 4/270, 38.
[19] Im Einzelnen → § 2 Rn. 30 ff.
[20] So auch *Dreier/Schulze* UrhG § 1 Rn. 5.
[21] Zum Unionsrecht vgl. → § 2 Rn. 3 ff.; zur Gestaltungshöhe vgl. → § 2 Rn. 51 ff.
[22] S. *Schricker/Schricker* (3. Aufl.) Einl. Rn. 7; zustimmend Dreier/Schulze/*Dreier* Einl. UrhG Rn. 1; *Schack* Rn. 6; s. dazu auch *Strömholm* GRUR-Int 1989, 15 (16 ff.).
[23] S. dazu aus neuerer Zeit *Schack* in Depenheuer/Peifer (Hg.), Geistiges Eigentum: Schutzrecht oder Ausbeutungstitel?, 2008, S. 123 ff., insbes. 127 ff.; *Ohly* in Depenheuer/Peifer (Hg.), Geistiges Eigentum: Schutzrecht oder Ausbeutungstitel?, 2008, S. 141 ff., insbes. 143 ff.; *Ann* GRUR-Int 2004, 597 (598 f.); zur historischen Entwicklung vgl. → Rn. 108 ff.; zur Kritik der naturrechtlich-individualistischen Begründungsansätze vgl. etwa *Leistner/Hansen* GRUR 2008, 479 (480 f.); ferner die Untersuchungen von *Oberndörfer,* Die philosophische Grundlage des Urheberrechts sowie *Stallberg,* Urheberrecht und moralische Rechtfertigung, jeweils mit eingehenden Nachw.

Zweck des Urheberrechts ist es, dem kulturellen und wirtschaftlichen Fortschritt zu dienen. Kennzeichnend ist die Formulierung in der amerikanischen Verfassung, die den Kongress zur Urheberrechtsgesetzgebung ermächtigt mit der Zielsetzung „to promote the progress of science and the useful arts".[24] Aus diesem Begründungsansatz folgt auch, dass das Urheberrecht nicht etwas (naturrechtlich) Vorgegebenes und damit im Grundsatz Unantastbares sein kann, sondern dass es nach dem Nutzen zu beurteilen ist, den es für die Gesellschaft hat. Ökonomietheoretische Ansätze, insbesondere die ökonomische Analyse des Urheberrechts, basieren auf diesen utilitaristischen Begründungsansätzen.[25] Neben die klassische ökonomische Analyse des Urheberrechts, die vom public goods-Charakter immaterieller Güter ausgeht und daraus im Rahmen unterschiedlicher, teils auch mehr transaktionskostenbasierter Ansätze jedenfalls grundsätzlich auf die Notwendigkeit ausgewogener Anreize für geistiges Schaffen schließt (*dynamische Effizienz*[26]),[27] treten letzthin zunehmend mehr normativ-integrative Konzepte[28] sowie die Forderung nach notwendigen Differenzierungen aufgrund neuerer spieltheoretischer und verhaltensökonomischer Forschungsansätze.[29]

10   Heutige Urheberrechtsordnungen beruhen weder auf der naturrechtlich-individualistischen noch der utilitaristischen Theorie in ihrer reinen Form. Vergleicht man die Lehrmeinungen zum Geltungsgrund des Urheberrechts mit denjenigen, die sich zur Rechtfertigung des Patentrechts entwickelt haben, so fällt auf, dass der Urheberschutz in Kontinentaleuropa vorwiegend individualrechtlich begründet wird, während die Patentrechtstheorien neben individualrechtlichen Aspekten vor allem auch das Allgemeininteresse am technischen Fortschritt betonen.[30] Das Urheberrecht als subjektives Recht wie auch als objektivrechtliche Normierung wird in den kontinentaleuropäischen Ländern aus dem **naturrechtlichen Postulat des geistigen Eigentums** des Urhebers an seinem Werk abgeleitet.[31] Auch der Schutz des Urheberrechts als **Grund- und Menschenrecht** knüpft hieran an: Das Urheberrecht ist Eigentum iSv Art. 14 GG. Zusätzlich kann sich die persönlichkeitsrechtliche Komponente auf Art. 1, 2 Abs. 1 GG stützen.[32] Grundlegend für das geistige Schaffen sind die Kommunikationsgrundrechte des Art. 5 GG.[33] Im Urheberrechtsgesetz kommt der naturrechtlich-individualistische Begründungsansatz vor allem in § 1 zum Ausdruck. Er bildet den Ausgangspunkt für den Geltungsgrund des Urheberrechts. Dass das deutsche Urheberrecht auch utilitaristische Aspekte berücksichtigt, zeigt sich schon an seinen Schranken, die in vielfältiger Hinsicht den Urheberrechtsschutz im Hinblick auf seine Auswirkungen in kultureller und sozialer Hinsicht einschränken, wobei sich der naturrechtlich-individualistische Gedanke wiederum insofern durchsetzt, als der Urheber für die im Rahmen der Schranken erlaubte Nutzung grundsätzlich eine Vergütung zu erhalten hat. Grundsätzlich sind aber die kontinental-europäischen Urheberrechtsordnungen, insbesondere das deutsche und das französische Urheberrecht, durch naturrechtlich-individualistisches Gedankengut gekennzeichnet.

---

[24] Article I, Section 8, Clause 8.

[25] Vgl. dazu mwN *Bechtold* GRUR-Int 2008, 484; *Leistner/Hansen* GRUR 2008, 479 (482 ff.); *Leistner* ZGE 2009, 403; *Leistner* in Grünberger/Leible, Die Kollision von Urheberrecht und Nutzerverhalten, 2014, S. 211; *Ohly* in Depenheuer/Peifer, Geistiges Eigentum: Schutzrecht oder Ausbeutungstitel?, 2008, S. 141, 143 ff.; *Schack* in Depenheuer/Peifer, Geistiges Eigentum: Schutzrecht oder Ausbeutungstitel?, 2008, S. 132 ff.

[26] Der dadurch erreichte Gewinn für die *dynamische Effizienz* ist (im einfachsten Modell) dann gegen die resultierenden wohlfahrtsökonomischen Verluste bei der *statischen Effizienz* aufgrund des *deadweight loss* abzuwägen, vgl. zB *Landes/Posner* S. 11 ff., 37 ff. (mit einem mehr transaktionskostenbasierten Ansatz); vgl. im kurzen Überblick auch *Bechtold* GRUR-Int 2008, 484 (484 f.) mwN. Dabei betonen aber die neueren Forschungsansätze zu Recht, dass die Situation weitaus komplexer ist, da auch der urheberrechtliche Schutz seinerseits (insbesondere nachfolgende) Kreativität einschränkt und im Übrigen auch zu *rent seeking*- und zahlreichen anderen Effekten führen kann, die wiederum Wohlfahrtsverluste nach sich ziehen. Entsprechend besteht heute weitgehend Einigkeit, dass die ökonomische Forschung zur „großen" Frage nach dem optimalen Balancepunkt urheberrechtlichen Schutzes keine Antwort geben, sondern vielmehr in erster Linie nur strukturierende Hinweise auf bestimmende Differenzierungs- und Optimierungsbedarf in Einzelfragen geben kann. Vgl. zum Ganzen ausführlicher *Leistner* ZGE 2009, 403; übersichtlich *Bechtold* GRUR-Int 2008, 484 (485 ff.) jeweils mwN.

[27] S. zB *Landes/Posner* S. 11 ff., 37 ff. (mit einem mehr transaktionskostenbasierten Ansatz); vgl. für eine „klassische" ökonomische Analyse des Urheberrechts auch *Reich* Die ökonomische Analyse des Urheberrechts in der Informationsgesellschaft, München 2006.

[28] *Fisher* 73 Chicago-Kent Law Review (1998), 1203 (1216 ff.); *Leistner/Hansen* GRUR 2008, 479; weitergehend *Hansen* Warum Urheberrecht?, München 2009; vgl. auch *Kreutzer* Das Modell des deutschen Urheberrechts und Regelungsalternativen, Baden-Baden 2008 (wenn auch weniger auf der Grundlage einer ökonomischen Analyse).

[29] Vgl. mit einem Überblick und weiteren Nachweisen dazu *Leistner* in Grünberger/Leible, Die Kollision von Urheberrecht und Nutzerverhalten, 2014, S. 211.

[30] Vgl. *Kraßer*, Patentrecht, § 3.

[31] *Ulmer* § 16; *Hubmann* ZUM 1988, 4 ff.; zur geschichtlichen Entwicklung → Rn. 117 ff.

[32] Zum Verfassungsschutz des Urheberrechts und zu den Möglichkeiten der Schrankensetzung → Vor §§ 44a ff. Rn. 14 ff.; s. ferner *Schricker*, Verlagsrecht, Einl. Rn. 16, jeweils mwN; *Schricker/Katzenberger* GRUR 1985, 87 (94 f.); *Krüger-Nieland* FS Oppenhoff, 1985, 173 ff.; *P. Kirchhof*, Der Gesetzgebungsauftrag zum Schutz des geistigen Eigentums gegenüber modernen Vervielfältigungstechniken, 1988, S. 19 ff.; *Lerche* FS Reichardt, 1990, 101; *Krüger-Nieland* FS Simon, 1987, 695 ff.; *Söllner* FS Traub, 1994, 367 ff.; *Schack* Rn. 90 ff.; *Schack* in Depenheuer/Peifer (Hg.), Geistiges Eigentum: Schutzrecht oder Ausbeutungstitel?, 2008, S. 123, 125 f.; umfassend *Fechner*, Geistiges Eigentum und Verfassung, s. auch Loewenheim/*Götting*, Handbuch des Urheberrechts, § 3 Rn. 1 ff.; Dreier/Schulze/*Dreier* Einl. UrhG Rn. 39 ff.

[33] S. *Delp*, Recht des geistigen Schaffens, S. 19 ff.

b) Interessenausgleich im Urheberrecht. Neuere Forschungsrichtungen im Urheberrecht **11** tendieren allerdings zu einer stärkeren Berücksichtigung utilitaristischer Aspekte (näher → Rn. 18). Ausgangspunkt sind die technischen, wirtschaftlichen und sozialen Entwicklungen, mit denen sich das Urheberrecht heute auseinanderzusetzen hat.[34] Vielfach wird eine Legitimationskrise des Urheberrechts beklagt.[35] In grundlegenden Untersuchungen werden die Bedingungen und Abläufe auf den Märkten für urheberrechtlich geschützte Güter unter Heranziehung ökonomischer Maßstäbe analysiert und es wird die Frage gestellt, wie sich die einzelnen urheberrechtlichen Regelungen zu Gunsten beziehungsweise zu Lasten der einzelnen gesellschaftlichen Gruppen auswirken.

So wird darauf hingewiesen, dass sich auf den Märkten für urheberrechtlich geschützte Güter nicht **12** einfach „Urheber" und „Nutzer" gegenüberstehen, sondern dass Urheber und Nutzer lediglich die äußersten Glieder einer längeren Wertschöpfungskette bilden.[36] Insbesondere die Verwertungsindustrie steht zwischen Urheber und Werknutzer, es wird deswegen auch von der **Tripolarität** der Interessengegensätze gesprochen: bei der Interessenlage im Urheberrecht handele es sich nicht lediglich um einen bipolaren Interessengegensatz, nämlich einen solchen zwischen Rechteinhabern auf der einen und Nutzern auf der anderen Seite, sondern um einen tripolaren, nämlich einen zwischen den kreativen Schöpfern (den Urhebern), der Verwertungsindustrie und den Nutzern.[37] In der Tat werden die Rechte gegenüber den Nutzern in der weitaus überwiegenden Mehrzahl der Fälle von der Verwertungsindustrie geltend gemacht, die sie sich von den Kreativen in Form von Nutzungsrechten hat einräumen lassen.[38] Zwar laufen die Interessen der Kreativen und der Verwerter weitgehend parallel; dass dies aber keineswegs immer der Fall ist und dass die Interessen der Kreativen nicht mit denen der Verwerter identifiziert werden dürfen,[39] zeigen nicht nur die zum Schutz der Urheber gegenüber den Verwertern durch das Urhebervertragsgesetz eingeführten Vorschriften, sondern auch Auseinandersetzungen zwischen Urhebern und Verwertern in Verwertungsgesellschaften,[40] ebenso wie die Situation auf dem Wissenschaftsmarkt, auf dem das Interesse der Urheber vielfach auf einen freien Zugang Dritter zu ihren Veröffentlichungen gerichtet ist, während die Verwerter aus vorwiegend finanziellen Gesichtspunkten dem entgegentreten.[41]

Zu den danach **zu berücksichtigenden Interessen** gehören in erster Linie diejenigen der **Urhe-** **13** **ber.** Zweck des Urheberrechts ist der Schutz der schöpferischen Leistung. Der Gesetzgeber hat es als Aufgabe des Urheberrechts bezeichnet, den Schöpfer eines Werkes der Literatur, der Musik oder der bildenden Künste gegen eine unbefugte wirtschaftliche Auswertung seiner schöpferischen Leistung und gegen Verletzungen seiner ideellen Interessen am Werk zu schützen.[42] Dieser Schutz des Urhebers ist bereits durch Art. 14 GG – hinsichtlich der persönlichkeitsrechtlichen Komponente auch durch Art. 1 und 2 Abs. 1 GG – vorgegeben. Dementsprechend bestimmt § 11 S. 1 UrhG, dass das Urheberrecht den Urheber in seinen geistigen und persönlichen Beziehungen zum Werk und in der Nutzung des Werkes schützt. Zum Schutz des Urhebers gehört auch seine **angemessene Beteiligung** bei jeder Form der Auswertung seines Werkes. Dieser Beteiligungsgrundsatz entspricht nicht nur der ständigen Rechtsprechung,[43] er hat durch das Gesetz zur Stärkung der vertraglichen Stellung von Urhebern und ausübenden Künstlern auch in § 11 S. 2 seinen Ausdruck gefunden und ist ebenso durch die internationalen Konventionen, insbesondere durch Art. 9 Abs. 2 RBÜ, auf den Art. 9 Abs. 1 des TRIPS-Abkommens verweist, geschützt.

Mit dem Schutz des Urhebers verbindet sich aber auch die **soziale Funktion,** Urhebern aller **14** Sparten den Lebensunterhalt zu verschaffen und zur Sicherung ihrer Existenz beizutragen.[44] Weite Kreise der Urheber gehören zu den sozial Schwachen; ihr Schutz durch das Urheberrecht ist eine soziale Aufgabe, deren Erfüllung vom **Sozialstaatsprinzip des Grundgesetzes** geboten wird.[45] Es

---

[34] Vgl. → Rn. 1 ff.

[35] Vgl. etwa *Leistner/Hansen* GRUR 2008, 479; *Geiger* GRUR-Int 2008, 459 (468); *Berger* ZUM 2005, 183; *Dietz* ZUM 2006, 964 (965).

[36] *Hilty* FS Loewenheim, 2009, 119 mwN; *Hilty* GRUR 2009, 633.

[37] S. dazu insbesondere *Hilty* GRUR 2005, 819 (820); *Hilty* FS Schricker, 2005, 325; *Hilty* GRUR-Int 2006, 179 ff.; sa in der Sache bereits *Schricker* GRUR 1992, 242 (244).

[38] S. zur Rolle der Verlagsverbände und Medienvertreter auch *Ohly* in Depenheuer/Peifer (Hg.), Geistiges Eigentum: Schutzrecht oder Ausbeutungstitel?, 2008, S. 141.

[39] So auch *Ohly* in Ohly/Klippel S. 1, 6.

[40] Vgl. dazu → 5. Aufl., 2017, § 63a Rn. 5 f.

[41] Dazu *Hilty* FS Loewenheim, 2009, 119 ff.; *Hilty* GRUR-Int 2006, 179 ff.; *Spindler* FS Loewenheim, 2009, 287 ff.; *Peifer* GRUR 2009, 22.

[42] AmtlBegr. BT-Drs. 4/27027.

[43] Vgl. nur BVerfG GRUR 2018, 829 Rn. 25; 2014, 169 Rn. 87 – Übersetzerhonorare; BGH GRUR 2017, 798 Rn. 17; 2011, 714 Rn. 19 – Der Frosch mit der Maske; BGH GRUR 2009, 53 Rn. 22 – PC; BGH GRUR 2008, 993 Rn. 25 – Kopierstationen; BGH GRUR 2008, 245 Rn. 29 – Drucker und Plotter; BGH GRUR 2002, 248 (251) – Spiegel-CD-ROM; BGH GRUR 1999, 707 (712) – Kopienversanddienst; BGH GRUR 1999, 928 (931) – Telefaxgeräte; BGH GRUR 1979, 637 (638) – white christmas; BGH GRUR 1974, 786 (787) – Kassettenfilm; BGHZ 17, 266 (278) – Grundig-Reporter.

[44] S. allgemein zur sozialen Dimension des Urheberrechts *Wandtke* UFITA 123 (1993), 5 ff.; *Schack* Rn. 10 ff.

[45] *Dietz* FS Schricker, 1995, 1 (13); *Dreyer/Kotthoff/Meckel* UrhG § 31 Rn. 6.

ist nicht nur für den Gesetzgeber, sondern auch für den Richter verbindlich. Die Einrichtung von Sozialwerken bei den Verwertungsgesellschaften[46] und das Künstlersozialversicherungsgesetz[47] bedeuten allenfalls eine partielle Entlastung; den Charakter des Urheberrechts als eines Instruments sozialen Schutzes lassen sie unangetastet.[48]

15   Daneben sind auch die **Interessen der Verwertungsindustrie** als einer eigenständigen Interessengruppe zu berücksichtigen. Das Urheberrecht dient, wie schon die Leistungsschutzrechte der §§ 85, 87, 87 f., 94 und 95 zeigen, auch dem Schutz der Werkverwerter, die die schöpferische Leistung der Öffentlichkeit und damit den Werknutzern zugänglich machen. Das Modell des traditionellen, auf den Bereich von Literatur und Kunst beschränkten Urheberrechts, das sich vornehmlich an Einzelurhebern und einfachen Formen der Werkverwertung orientierte, ist heute einer sehr viel komplexeren Situation gewichen,[49] die in weit stärkerem Umfang als früher die Einschaltung der Verwertungsindustrie notwendig macht, um die kreative Schöpfung den Werknutzern zugänglich zu machen. Die Werkverwertung hat angesichts neuer Verwertungstechniken und Nutzungsmöglichkeiten an Vielfalt, Umfang und Gewicht gewonnen, die sie zu einer essentiellen Voraussetzung kreativen Schaffens und der Werknutzung macht. In Bereichen wie Film, Rundfunk und Fernsehen oder der elektronischen Werknutzung wären die heutigen Formen kulturellen Schaffens ohne die dazugehörige Kulturindustrie kaum denkbar. Werkschöpfung und Werkverwertung ergänzen sich nicht nur, sondern gehen vielfach ineinander über. Der Schutz des Urhebers bedingt damit auch einen Schutz der Verwertungsindustrie, weil ihm sonst die wirtschaftlichen Ergebnisse seines Schaffens nicht oder nur in geringerem Umfang zufließen würden.

16   Die dritte Gruppe, deren Interessen es zu berücksichtigen gilt, sind die **Werknutzer.** Das Interesse der Werknutzer besteht darin, einen möglichst umfassenden und ungehinderten Zugang zu urheberrechtlich geschützten Kulturgütern und Informationen zu haben, und diese auch zu einem möglichst niedrigen Preis zu erhalten. Notwendige Begrenzungen dieses Interesses ergeben sich zum einen aus dem Recht des Urhebers an seinem geistigen Eigentum, zum anderen daraus, dass bei einer zu niedrigen Gegenleistung kreatives Schaffen nicht lohnend oder sogar nicht möglich ist.[50] Das Interesse der Werknutzer geht weiter dahin, Verwertungshandlungen vornehmen zu können, beispielsweise Vervielfältigungen urheberrechtlich geschützter Werke herstellen zu dürfen. Das Urheberrechtsgesetz trägt dem durch seine Schrankenregelungen, namentlich durch § 53, Rechnung.

17   Darüber hinaus ist aber auch das **Allgemeininteresse** zu schützen. Das Urheberrecht dient dem Interesse der Allgemeinheit. Indem es Urheber und Werkverwerter schützt und ihnen die Ergebnisse ihres Schaffens und ihrer Investitionen zuordnet, ermöglicht und fördert es die Schaffung und Vermittlung von Kulturgütern und dient damit dem kulturellen Leben und der kulturellen Vielfalt der Gesellschaft.[51] Die Notwendigkeit einer Berücksichtigung des Allgemeininteresses ergibt sich bereits aus Art. 14 GG. Das bedeutet aber auch, dass das Urheberrecht ebenso wie das Sacheigentum einer Sozialbindung unterliegt.[52] Der ungehinderte Zugang zu Kulturgütern, die Freiheit geistigen Schaffens, Rechtspflege und öffentliche Sicherheit sowie die Unterrichtung der Öffentlichkeit über Tagesereignisse erfordern in bestimmten Fällen auch ohne die Zustimmung des Berechtigten die Benutzung geschützter Werke. Das Bundesverfassungsgericht leitet aus Art. 14 GG mögliche Einschränkungen des Eigentumsrechts des Urhebers ab: Die „grundsätzliche Zuordnung des vermögenswerten Ergebnisses der geistig-schöpferischen Leistung an den Urheber" durch Gewährung eines Ausschließlichkeitsrechtes kann bei Vorliegen „schutzwürdiger Interessen der Allgemeinheit" in Anbetracht des „sozialen Bezugs des geistigen Eigentums" zum bloßen Vergütungsanspruch herabgestuft werden, wobei freilich das Gleichheitsgebot zu beachten ist; greift ein „gesteigertes öffentliches Interesse" Platz, dh wiegen die „Erwägungen des Gemeinwohls" so schwer, dass ihnen „auch bei Beachtung des Grundsatzes der Verhältnismäßigkeit der Vorrang vor dem grundrechtlich geschützten Anspruch des Urhebers zukommt", dann kann auch der Vergütungsanspruch entfallen.[53]

18   Um einen **Ausgleich der Interessen** zu finden, bedienen sich neuere Forschungsrichtungen im Urheberrecht vermehrt utilitaristischer Denkansätze. Es werden unter Anwendung ökonomischer und anderer sozialwissenschaftlicher Methoden, insbesondere einer ökonomischen Analyse, die einzelnen Institutionen des Urheberrechts einer Bewertung unterzogen, bei der – auch unter Abstrahierung vom geltenden Recht[54] – nach einer zweckmäßigen Ausgestaltung des Urheberrechts gefragt wird, und die teils auch auf eine grundsätzliche Neuorientierung hinausläuft. US-amerikanische Untersuchungen spielen dabei eine maßgebliche Rolle. Vielfach lässt sich die Tendenz

---

[46] S. die Erl. zu § 32 VGG.
[47] BGBl. 1981 I S. 705.
[48] S. zu den sozialpolitischen Implikationen des Urheberrechts zusammenfassend *Dietz* GRUR 1972, 1 ff.; *Götting* FS Schricker, 1995, 53 (58 ff.).
[49] → Rn. 1 ff.
[50] Vgl. zu den ökonomischen Zusammenhängen den Überblick bei *Peukert* in Hilty/Peukert, Interessenausgleich im Urheberrecht, S. 11, 15 ff. mit eingehenden Nachweisen; sa *Spindler* FS Loewenheim, 2009, 287 ff.
[51] Sa *Schricker* GRUR 1992, 242 ff.
[52] BGH GRUR 1997, 459 (463) – CB-infobank I; näher dazu → Vor §§ 44a ff. Rn. 3 ff.
[53] BVerfG GRUR 1980, 44 (46 f., 48) – Kirchenmusik.
[54] Vgl. etwa *Leistner/Hansen* GRUR 2008, 479 (480).

beobachten, den Urheberrechtsschutz zu Gunsten mehr nutzerfreundlicher Regelungen einzuschränken.[55]

Zielsetzung sollte sein, dass das Urheberrecht so ausgestaltet wird, dass es optimal zum **geistigen,** 19 **kulturellen und kulturwirtschaftlichen Fortschritt** beiträgt. Ein effizient ausgebauter Urheberrechtsschutz und ein die angemessene Ertragsbeteiligung ermöglichendes Urhebervertragsrecht können die Bedingungen schöpferischer Produktion verbessern und die Verwertung der Werke erleichtern; gleichzeitig sind aber auch die Interessen der Werknutzer an einem angemessenen Zugang zu Kulturgütern und Informationen zu berücksichtigen. Untersuchungen und Erfahrungen aus dem mehr wirtschaftlich und weniger idealistisch denkenden amerikanischen Urheberrecht können hier von erheblichem Nutzen sein. Dies müsste keine Aufgabe des naturrechtlichen Fundaments des geistigen Eigentums bedeuten oder weitergehende Einschränkungen rechtfertigen, als sie die Rechtsprechung des BVerfG erlaubt. Der Urheberrechtsschutz könnte vielmehr eine zusätzliche Begründung erfahren; sie spricht für einen Ausbau des Schutzes über das „verfassungsrechtliche Minimum" hinaus und rechtfertigt es, auch die Belange der Verwerterunternehmen angemessen zu berücksichtigen, um so das erwünschte Wachstum der Wirtschaftszweige zu ermöglichen, die Kulturgüter vermitteln. Der „Legitimationskrise des Urheberrechts" (vgl. → Rn. 11) könnte auch auf diese Weise begegnet werden. Wenn es das BVerfG als Aufgabe des Gesetzgebers erklärt, „bei der inhaltlichen Ausprägung des Urheberrechts sachgerechte Maßstäbe festzulegen, die eine der Natur und sozialen Bedeutung des Rechts entsprechende Nutzung und angemessene Verwertung sicherstellen",[56] so kann dies nicht nur als Schrankenvorbehalt verstanden werden, sondern auch als Ermunterung zu dem im Allgemeininteresse erwünschten kulturfördernden Ausbau des Urheberrechts.

3. Kulturelle und wirtschaftliche Bedeutung des Urheberrechts

Das Urheberrecht ist von grundlegender Bedeutung für die Entfaltung der **schöpferischen Per-** 20 **sönlichkeit** und für das kulturelle Leben der Gesellschaft. Es sichert die Existenz der geistig Schaffenden und reguliert die Vermittlung von Kulturgütern. Es ermöglicht durch seine Regelungen den gesamten Schaffens- und Werkverwertungsprozess, der das heutige kulturelle Leben der Gesellschaft ausmacht. Die Art und Weise der Entstehung und der Vermittlung kultureller Güter wird durch das Urheberrecht maßgeblich bestimmt. Auf die Bedeutung der kulturellen Dimension des Urheberrechts hat die Europäische Kommission schon frühzeitig in ihrem Grünbuch „Urheberrecht und verwandte Schutzrechte in der Informationsgesellschaft" hingewiesen.[57]

In **wirtschaftlicher Hinsicht** hat die Bedeutung des Urheberrechts stetig zugenommen. Wichtige 21 Industrien wie Verlage, Film und Fernsehen, die Musikindustrie und die Kommunikationsindustrie sind nicht nur in ihren wirtschaftlichen Möglichkeiten und Grenzen, sondern auch in ihrem Schutz vor Rechtsverletzungen vom Urheberrecht abhängig. Das gleiche gilt für Produktionszweige, die urheberrechtlich geschütztes Design benutzen, wie die Möbelindustrie, die Textilindustrie, Hersteller von Gebrauchsgegenständen und Schmuckstücken oder die Werbeindustrie. Schon in der Richtlinie zur Durchsetzung der Rechte des geistigen Eigentums vom 29.4.2004[58] hat die Europäische Kommission ausgeführt: „Der Schutz geistigen Eigentums ist nicht nur für die Förderung von Innovation und kreativem Schaffen wichtig, sondern auch für die Entwicklung des Arbeitsmarkts und die Verbesserung der Wettbewerbsfähigkeit". Den neuesten Baustein bildet die Richtlinie über das Urheberrecht und die verwandten Schutzrechte im digitalen Binnenmarkt, mit der Europa den Anschluss an die Entwicklungen im Digitalbereich in den USA und asiatischen Staaten gewinnen soll (DSM-RL).[59] Die weltweite wirtschaftliche Bedeutung des Urheberrechts wird auch durch zahlreiche statistische Untersuchungen belegt. Schon 1989 wurde in einem im Auftrag des Bundesministers der Justiz erstellten Gutachten festgestellt, dass „in der Bundesrepublik Deutschland von urheberrechtlich schutzfähigen Werken direkt und indirekt rund 54 Mrd. DM an Einkommen und rund 799 000 Arbeitsplätze abhängen".[60] Dies entspreche einem Anteil von 2,9% an der Bruttowertschöpfung und einem Anteil von 3,1% an den Erwerbstätigen. Damit gehöre die Bundesrepublik Deutschland zu den Staa-

[55] Grundlegend die Analysen in *Hilty*, Europäisches Immaterialgüterrecht, 2018; zur Anbietungspflicht für Urheber an Hochschulen *Pflüger/Ertmann* ZUM 2004, 436 ff.; dagegen *Hansen* GRUR-Int 2005, 378; vgl. zu diesen Forschungsrichtungen insbesondere *Hilty/Peukert* (Hg.), Interessenausgleich im Urheberrecht, 2004; *Spindler* FS Loewenheim, 2009, 287 ff.; *Bechtold* GRUR-Int 2008, 484; *Leistner/Hansen* GRUR 2008, 479; *Bechtold*, Zur rechtsökonomischen Analyse im Immaterialgüterrecht, GRUR-Int 2008, 484; *Geiger* GRUR-Int 2004, 815; *Hansen*, Warum Urheberrecht? – Die Rechtfertigung des Urheberrechts unter besonderer Berücksichtigung des Nutzerschutzes, 2009; zu den Beiträge in Depenheuer/Peifer (Hg.), Geistiges Eigentum: Schutzrecht oder Ausbeutungstitel?, 2008; *Geger/Engelhardt/Hansen/Markowski*, Bericht von der Abschlussveranstaltung der deutsch-französischen Vortragsreihe zum Urheberrecht am 13. Januar 2006 im Europäischen Patentamt, GRUR-Int 2006, 475; sa zur Situation im Urheberrecht auch *Lehmann* FS Loewenheim, 2009, 167 ff.
[56] BVerfG GRUR 1980, 44 (46) – Kirchenmusik.
[57] KOM(95) 382 endg., S. 11.
[58] GRUR-Int 2004, 615, Nr. 1 der Erwägungsgründe.
[59] ABl. 130 v. 17.5.2019.
[60] Sa *Hummel/Gluch*, Die volkswirtschaftliche Bedeutung des Urheberrechts, abgedr. in BT-Drs. 11/4929, 69 ff.

ten, in denen das Urheberrecht ein besonderes wirtschaftliches Gewicht habe.[61] Nach Mitteilung der Europäischen Kommission entfielen zwischen 2008 und 2010 auf die mit der Schöpfung und Produktion urheberrechtlich geschützter Werke befassten Branchen 3,2 % der Arbeitsplätze und 4,2 % des Bruttoinlandsprodukts in der EU.[62] Nach der Studie der International Intellectual Property Alliance (IIPA) von 2018 haben in den USA die total copyright industries[63] im Jahr 2017 mehr als USD 2,2 Billionen bzw. 11,59 % zum Bruttoinlandsprodukt beigetragen; der Beitrag der core copyright industries[64] betrug mehr als USD 1,3 Billionen bzw. 6,85 %.[65] Der Anteil an der Gesamtzahl der Beschäftigten in den USA betrug im Jahr 2017 bei den total copyright industries 7,87 %, bei den core copyright industries 3,85 %.[66] Die Exporte der US copyright industries übertrafen so gewichtige Branchen wie die Landwirtschaft, die Luftfahrt- und die pharmazeutische Industrie.[67]

22   Diese wachsende **handelspolitische Bedeutung** des Urheberrechts hat auch im internationalen Recht ihren Niederschlag gefunden. Während die älteren internationalen Abkommen wie die Berner Übereinkunft und das Rom-Abkommen primär auf den Schutz der Urheber und Leistungsschutzberechtigten ausgerichtet waren, ist der Schutz des geistigen Eigentums durch das TRIPS-Abkommen in einen internationalen handelspolitischen Zusammenhang gestellt worden. Die Verweisung auf die materiell-rechtlichen Vorschriften der RBÜ in Art. 9 Abs. 1 TRIPS und die Vorschriften über den Schutz bestimmter Leistungsschutzberechtigter in Art. 14 TRIPS sind nicht nur um Schutzvorschriften zugunsten eher den technischen Bereich berührender Werkarten wie Computerprogramme und Datenbanken ergänzt worden. Vielmehr wird der handelspolitische Charakter auch durch dem GATT entstammende Instrumente wie die Meistbegünstigungsklausel (Art. 4 TRIPS) und vor allem durch das Instrumentarium der Streitbeilegung betont.

23   Die Zunahme der wirtschaftlichen Bedeutung des Urheberrechts lässt sich maßgeblich durch die **Ausweitung seines Geltungsbereiches** erklären. Mit dem Schutz der Computerprogramme und Datenbanken hat sich das Urheberrecht nicht nur einen neuen Anwendungsbereich erschlossen, sondern auch den Zugang zu und die Nachfrage nach urheberrechtlich geschützten Produkten erheblich erleichtert und ausgedehnt. Die geplante Richtlinie über das Urheberrecht im digitalen Binnenmarkt stellt einen weiteren Schritt in diese Richtung dar. Die Nachfrage nach Information und Unterhaltung ist in ständigem Wachstum begriffen. In einer **„Freizeitgesellschaft"**, wie sie in den westlichen Industrienationen immer deutlicher zur Ausprägung gelangt, steigert sich der Konsum von Gütern, die die Urheberrechtsindustrien anbieten. Das für „Entertainment" im weitesten Sinne zur Verfügung stehende Konsumpotential vergrößert sich; das Bedürfnis nach individueller Selbstverwirklichung lässt die Absatzchancen für künstlerisch gestaltete Konsumerzeugnisse wachsen. Zudem hat der **Wandel zur Informationsgesellschaft** tiefgreifende Änderungen mit sich gebracht. Der Zugang zu Informationen ist heute in nahezu allen Lebensbereichen essentiell; im Wissenschaftsbereich ebenso wie im täglichen Leben, wo es üblich geworden ist, sich die erforderlichen Informationen über das Internet zu beschaffen. Zugleich vermehren sich die Investitionen im Bildungsbereich und das Informationswesen wird weiter ausgebaut.

24   **Rechtspolitisch** darf diese wachsende wirtschaftliche Bedeutung des Urheberrechts nicht übergangen werden. Vom Gesetzgeber ist zu verlangen, dass er das Urheberrecht in einer Weise gestaltet, die seiner wirtschaftlichen Funktion und Bedeutung gerecht wird. Er muss dafür sorgen, dass ein Schutz für alle diejenigen Werke zur Verfügung steht, deren Vermarktung auf einen solchen angewiesen ist. Der Schutz sollte in angemessener Weise erlauben, Investitionen zu amortisieren, ohne das Funktionieren des Wettbewerbs zu behindern. Die gerechte Verteilung der Erträge unter Schöpfer und Verwerter ist zu sichern, den ideellen Interessen der Schöpfer Rechnung zu tragen. Ebenso sind aber auch das Interesse der Werknutzer, insbesondere am Zugang zu Kulturgütern und Informationen, sowie das Interesse der Allgemeinheit (vgl. → Rn. 17) zu berücksichtigen. Ein ausschließliches Recht an Informationen kann Probleme aufwerfen, wenn diese nicht aus anderen Quellen bezogen werden können und auch nicht durch andere Informationen substituiert werden können. Ein Beispiel bildet der Wissenschaftsmarkt, auf dem in zunehmendem Maße Forschungsergebnisse durch Verlage nur online veröffentlicht werden und die Webseite des Verlages damit die einzige Bezugsmöglichkeit darstellt, was insofern problematisch ist, als. bei der Forschung die Berücksichtigung der Forschungsergebnisse anderer unumgänglich ist und Substitutionsmöglichkeiten insoweit nicht bestehen.[68] Die Anwendung des Kartellrechts kann hier Korrekturmöglichkeiten bieten.[69]

---

[61] BT-Drs. 11/4929, 69 ff.

[62] Mitteilung vom 19.12.2015, KOM(2015) 626 final, S. 2 Fn. 2.

[63] Das sind sämtliche mit urheberrechtlich geschützten Produkten befassten Geschäftszweige.

[64] Die core copyright industries sind die direkt an der Produktion und dem Vertrieb urheberrechtlich geschützter Produkte beteiligten Industrien.

[65] International Intellectual Property Alliance, Copyright Industries in the U. S. Economy, The 2018 Report, S. 6.

[66] Mitteilung vom 19.12.2015, KOM(2015) 626 final, S. 10.

[67] Mitteilung vom 19.12.2015, KOM(2015) 626 final, S. 14 ff.

[68] Näher dazu *Hilty* FS Loewenheim, 2009, 119 (121 ff.); sa *Spindler*, Urheberrecht in der Wissensgesellschaft – Überlegungen zum Grünbuch der Kommission, FS Loewenheim, 2009, 287; *Hirschfelder*, Anforderungen an eine rechtliche Verankerung des Open Access Prinzips, 2008, dazu die Besprechung von *Hansen* GRUR-Int 2009, 799.

[69] Sa *Peifer* GRUR 2009, 22 (27 ff.); zurückhaltend gegenüber der Anwendung kartellrechtlicher Vorschriften *Hilty* FS Loewenheim, 2009, 125 f. und GRUR 2009, 633 (638 f.), der urheberrechtlichen Zwangslizenzen den Vorzug gibt.

4. Immaterialgüterrecht, Urheberpersönlichkeitsrecht, Sachenrecht

Nach seiner positivrechtlichen Ausgestaltung ist das subjektive Urheberrecht ein **absolutes Aus-** 25 **schließlichkeitsrecht.** Zumindest hinsichtlich der verwertungsrechtlichen Seite folgt dies aus dem verfassungsrechtlichen Postulat, „das vermögenswerte Ergebnis der schöpferischen Leistung dem Urheber zuzuordnen und ihm die Freiheit einzuräumen, in eigener Verantwortung darüber verfügen zu können";[70] dieser Forderung ist schwerlich anders als durch Gewährung eines Ausschließlichkeitsrechtes zu genügen. Der Charakter des absoluten Rechtes gilt aber auch für die urheberpersönlichkeitsrechtliche Seite.

Das absolute Urheberrecht bildet ein **gegenständliches oder „quasi-dingliches" Recht,** dh es 26 ist auf einen Gegenstand, das Werk, bezogen, ordnet dieses dem Rechtsinhaber zu und unterstellt es seiner Herrschaft. Die rechtliche Herrschaft über das Werk äußert sich in der Befugnis, mit dem Werk nach Gutdünken zu verfahren, insbesondere es zu verwerten **(positives Benutzungsrecht)** und Dritte von der Einwirkung auszuschließen **(negatives Verbietungsrecht).** Das Verbotsrecht kann in der Praxis weiter reichen als das positive Benutzungsrecht. Welche positiven und negativen Befugnisse dem Urheber zustehen, ist im Einzelnen im UrhG definiert.[71]

Zusätzlich zum positiven Nutzungsrecht und negativen Verbotsrecht gewährt das UrhG dem Urhe- 27 ber **Vergütungsansprüche.**[72] Sie sind zur vermögensrechtlichen Seite des Urheberrechts zu rechnen. Teils werden sie zum Entgelt für die Auferlegung einer gesetzlichen Lizenz[73] als Relikt des aufgehobenen absoluten Rechtes gegeben,[74] teils handelt es sich um eigenständige Rechte.[75] Zu unterscheiden ist dabei das Stammrecht, aus dem die Ansprüche fließen, etwa das Folgerecht als solches, und die einzelnen schuldrechtlichen Forderungen.[76]

Seiner Rechtsnatur nach ist das subjektive Urheberrecht mit seiner vermögensrechtlichen Seite 28 **Immaterialgüterrecht,** zusammen mit den gewerblichen Schutzrechten bildet es den Begriff des **geistigen Eigentums.** Hinsichtlich des Schutzes der ideellen Urheberinteressen ist es **Persönlichkeitsrecht.**[77] Das Verhältnis beider Aspekte im Rahmen des UrhG wird am überzeugendsten durch die (herrschende) **monistische Theorie** gedeutet: Der Schutz der beiden Interessengruppen lässt sich nicht trennen, sondern wird durch ein einheitliches Recht verwirklicht; das Urheberrecht ist somit weder reines Vermögensrecht noch reines Persönlichkeitsrecht; es nimmt vielmehr einen besonderen Platz im Rechtssystem ein.[78]

Gegenstand des subjektiven Urheberrechts ist das **Werk** als immaterielle Wesenheit. Zu sinnfälli- 29 ger Erscheinung gelangt es durch **unkörperliche Wiedergabe** (vgl. § 15 Abs. 2) oder durch **Verkörperung im Werkstück.**[79] Werkstücke sind Gegenstände des **Sachenrechts im BGB.** Die urheberrechtliche und die sachenrechtliche Rechtslage müssen auseinandergehalten werden.[80] Selbst bei Veräußerung des Originals wird im Zweifel dem Erwerber kein Nutzungsrecht eingeräumt.[81] Ausnahmsweise können sich sachenrechtliche Vorgänge aber doch auf die urheberrechtliche Rechtslage auswirken: Gemäß § 17 Abs. 2 tritt durch die mit Zustimmung des Berechtigten erfolgende Veräußerung des Werkstücks **Erschöpfung des Verbreitungsrechts** hinsichtlich dieses Exemplars ein; die Weiterverbreitung ist zulässig. Im Interesse des Verkehrsschutzes wird hier dem urheberrechtlichen Verbreitungsrecht eine Grenze gesetzt.[82]

5. Individuelle und kollektive Verwertung. Stufen der Werknutzung

Das subjektive Urheberrecht als Ausschließlichkeitsrecht gibt dem Urheber die Möglichkeit, 30 die Zustimmung zur Werknutzung von der Gewährung einer adäquaten Gegenleistung abhängig

---

[70] BVerfG GRUR 1980, 44 (46) – Kirchenmusik.

[71] §§ 12 ff. Urheberpersönlichkeitsrechte; §§ 15 ff. Verwertungsrechte; §§ 25 ff. sonstige Rechte des Urhebers; mit „Feinabgrenzung" in §§ 44a ff.

[72] S. dazu umfassend *Rossbach,* Die Vergütungsansprüche im deutschen Urheberrecht, 1990.

[73] → Vor §§ 44a ff. Rn. 10 ff.

[74] So zB die Pressespiegelvergütung des § 49.

[75] So zB das Folgerecht des § 26.

[76] Näheres zu den gesetzlichen Vergütungsansprüchen → Vor §§ 44a ff. Rn. 44 ff.

[77] S. zur dogmatischen Grundlegung *Hubmann,* Persönlichkeitsrecht.

[78] Ausführlich *Ulmer* §§ 17, 18; sa *Rehbinder/Peukert* Rn. 22; *Schack* Rn. 343 ff.; s. rechtsvergleichend *Lucas-Schloetter,* Droit Moral et Droits de la Personnalité, 2002.

[79] Original oder Vervielfältigungsstück, vgl. § 15 Abs. 1, § 16.

[80] S. im Einzelnen *Ulmer* § 2; *Schöfer,* Die Rechtsverhältnisse zwischen dem Urheber eines Werkes der bildenden Kunst und dem Eigentümer des Originalwerks, 1984, S. 7 ff.; *Erdmann,* Sacheigentum und Urheberrecht, FS Piper, 1996, 655 ff.; *Peukert,* Das Sacheigentum in der Informationsgesellschaft, FS Schricker, 2005, 149; *Waasen,* Das Spannungsfeld zwischen Urheberrecht und Eigentum im deutschen und ausländischen Recht, 1994; *Schack* Rn. 34 ff.; *Paschke,* Strukturprinzipien eines Urhebersachenrechts, GRUR 1984, 858 ff.; *Wandtke/Bullinger/ Wandtke/Grunert* UrhG Vor §§ 31 ff. Rn. 54. Wer zB ein Buch erwirbt, wird Eigentümer des Werkstücks, aber er erhält kein Recht, von dem darin verkörperten Werk seinerseits eine Ausgabe zu veranstalten; dies steht dem Inhaber der entsprechenden urheberrechtlichen Befugnis zu, Urheber und/oder Verleger.

[81] § 44 Abs. 1 mit Ausnahme in Abs. 2.

[82] Näheres zum Grundsatz der Erschöpfung → § 17 Rn. 35 ff.

zu machen und so eine **marktgerechte Vergütung** zu erzielen. Der Urheber kann die Werknutzung zur Wahrung seiner materiellen und ideellen Interessen **kontrollieren** und gegen jedermann vorgehen, der ohne Zustimmung des Urhebers das Werk auf die dem Urheber vorbehaltene Weise nutzt.

31 Als Instrumente zur rechtlichen Regelung der Werknutzung dienen **schuldrechtliche Verträge** sowie die **Einräumung gegenständlicher Rechte.** Eine **Übertragung** des Urheberrechts unter Lebenden ist grundsätzlich nicht möglich (§ 29). Soweit das Gesetz dem Urheber **Vergütungsansprüche** gewährt, erfolgt deren individuelle Realisierung durch Einziehung der Vergütungsbeträge, etwa im Rahmen des Folgerechts (§ 26). Die Verhandlungsposition des Urhebers ist bei Vergütungsansprüchen freilich schwächer als bei Ausschließlichkeitsrechten. Bei der Verwertung des Urheberrechts wird die **individuelle und die kollektive Verwertung** unterschieden. Als Beispiel für die **individuelle Verwertung** kann das Verlagswesen dienen: Der Autor eines Romans schließt mit dem Verleger einen Verlagsvertrag, der dem Verleger das Verlagsrecht gewährt und ihn zu Vervielfältigung und Verbreitung des Werkes berechtigt und verpflichtet; dem Urheber schuldet der Verleger ein Honorar.

32 Gegenüber der individuellen Verwertung von Urheberrechten gewinnt die **kollektive Verwertung,** insbesondere durch **Verwertungsgesellschaften,** wachsende Bedeutung. Die Urheber übertragen Verwertungsrechte und Vergütungsansprüche treuhänderisch an Verwerterunternehmen, etwa Bühnenverlage, vor allem aber an Verwertungsgesellschaften, die mit den Werknutzern Verträge abschließen, Vergütungen einziehen und an die Berechtigten ausschütten. Bahnbrechend war die Entwicklung im Gebiet der Musik; heute ist die kollektive Rechtswahrnehmung durch Verwertungsgesellschaften in weiten Bereichen des Urheberrechts verbreitet. Charakteristisch ist dabei, dass gleichzeitig die Rechte vieler Rechtsinhaber wahrgenommen werden.

33 Die Rechtewahrnehmung kann sich auf **ausschließliche Verwertungsrechte** des Urhebers beziehen, so etwa auf das Aufführungsrecht bei Werken der Musik (§ 19 Abs. 2) oder auf gesetzliche **Vergütungsansprüche** wie die Bibliothekstantieme (§ 27) oder die Kopiervergütung (§§ 54 ff.); einbezogen werden können auch Hilfsansprüche, wie Auskunftsansprüche. Während die kollektive Wahrnehmung von Ausschließlichkeitsrechten fakultativ ist,[83] hat der Gesetzgeber bei Vergütungsansprüchen zunehmend eine **Verwertungsgesellschaftspflicht** angeordnet, dh die Ansprüche können nur durch Verwertungsgesellschaften geltend gemacht werden.[84]

34 Die kollektive Wahrnehmung ist der einzige gangbare Weg der Rechtsdurchsetzung, wo es sich um Vorgänge einer **diffusen, massenweisen Verwertung** handelt, bei der die Werke vieler Autoren in praktisch nicht mehr unterscheidbarer und berechenbarer Weise einer Vielfalt von Nutzungsvorgängen unterliegen. Hier sind Pauschalierungen sowohl bei der Festsetzung und Erhebung der Vergütung als auch bei der Ausschüttung an die Berechtigten unumgänglich; nur so können die „faktischen Schranken" des individuellen Urheberrechts überwunden werden.[85] Besonders die neuen Techniken der Werknutzung erfordern kollektive Maßnahmen der Rechteverwertung.

35 In einer gewissen Konkurrenz zur pauschalen Rechtewahrnehmung durch Verwertungsgesellschaften stehen durch technische Schutzmaßnahmen abgesicherte **individuelle digitale** Zugangs-, Kontroll-, Lizenzierungs- **und Abrechnungssysteme.**[86] Die EU-Richtlinie zur Informationsgesellschaft hat die Mitgliedstaaten zur Einführung eines unterstützenden Rechtsschutzes verpflichtet, sie wurde durch §§ 95a–d UrhG, § 108b, § 111a umgesetzt. Die Systeme sind freilich noch in der Entwicklung. Dass sie die Verwertungsgesellschaften überflüssig machen könnten, ist nicht anzunehmen. Die Verwertungsgesellschaften mit ihrem Know-how bieten sich im Gegenteil für die Verwaltung solcher Systeme geradezu an.[87]

36 Urheberrechtliche Werke sind häufig einer Sequenz unterschiedlicher, wirtschaftlich mehr oder weniger zusammenhängender Verwertungsvorgängen unterworfen, die technisch aneinander anknüpfen. Ein Werk der Musik etwa wird aufgeführt, die Aufführung auf einen Tonträger aufgezeichnet, die Aufführung mit Hilfe des Tonträgers im Rundfunk gesendet, die Rundfunksendung in einer Gaststätte öffentlich wiedergegeben. Nach der zeitlichen Abfolge kann man dabei Primär-, Sekundär-, Tertiärnutzungen und solche noch späterer Stufe unterscheiden. Urheberrechtlich betrachtet ist grundsätzlich jeder Nutzungsvorgang relevant, soweit er als solcher in die Verwertungsrechte des Urhebers eingreift: Der Urheber soll für jede Nutzung seines Werks eine wirtschaftliche Kompensation erhalten. Das Gesetz sieht dementsprechend **unterschiedliche Verwertungsrechte** vor, die sich **kumulieren;** im angegebenen Beispiel etwa greifen das Aufführungsrecht (§ 19 Abs. 2), Vervielfälti-

---

[83] Wenn sie im Bereich der Musik auch die Regel bildet.
[84] Vgl. etwa § 27 Abs. 1 S. 2, § 45a Abs. 2 S. 2; § 49 Abs. 1 S. 3, §§ 54h Abs. 1 iVm §§ 54, 53, 60a–60f.
[85] *Riklin,* Das Urheberrecht als individuelles Herrschaftsrecht und seine Stellung im Rahmen der zentralen Wahrnehmung urheberrechtlicher Befugnisse sowie der Kunstförderung, 1978, S. 153 ff., 158 f.; Loewenheim/ *Melichar,* Handbuch des Urheberrechts, § 45 Rn. 1 ff.
[86] Electronic Copyright Management Systems – ECMS, Digital Rights Management – DRM.
[87] Zum Standpunkt der Endnutzer s. Dreier/Schulze/*Dreier* Einl. UrhG Rn. 25. Ausführlich geht auf die Möglichkeiten und Probleme der DRM-Systeme die Mitteilung der Kommission zur Wahrnehmung von Urheberrechten und verwandten Schutzrechten vom 16.4.2004 KOM(2004) 261 endg. S. 11 ff. ein. S. ferner *Peukert* in *Hilty/ Peukert,* Interessenausgleich im Urheberrecht, 2004, S. 11 ff.

gungsrecht (§ 16), Senderecht (§ 20) und Recht der Wiedergabe von Funksendungen (§ 22) ein; der Urheber kann sämtliche Rechte ausüben, ohne dass eines von ihnen durch ein anderes konsumiert würde. Man kann darin ein **„Stufensystem zur mittelbaren Erfassung des Endverbrauchers"** erblicken.[88]

6. Die verwandten Schutzrechte

Der Teil 2 des UrhG ist den „verwandten Schutzrechten" gewidmet. Die **Amtliche Begründung** 37 bemerkt hierzu: „Unter den im zweiten Teil des Entwurfs behandelten verwandten Schutzrechten versteht der Entwurf Rechte, die nicht wie das Urheberrecht die schöpferische Leistung schützen, sondern Leistungen anderer Art, die der schöpferischen Leistung des Urhebers ähnlich sind oder in Zusammenhang mit den Werken der Urheber erbracht werden. Einzelne dieser verwandten Schutzrechte sind – wenn auch zum Teil unvollkommen – bereits im geltenden Recht berücksichtigt, wie der Lichtbildschutz und der Schutz des ausübenden Künstlers. Neu ist der für wissenschaftliche Ausgaben und Ausgaben nachgelassener Werke vorgesehene Schutz sowie der Schutz der Tonträgerhersteller und der Sendeunternehmen."[89]

Die Kategorie der verwandten Schutzrechte ist **ohne Vorbild im bisherigen Recht.** Die Praxis 38 versuchte früher, soweit es nicht Ansatzpunkte im Urheberrecht gab, für ausübende Künstler einen Schutz aus dem **Allgemeinen Persönlichkeitsrecht** und dem **UWG** abzuleiten.[90] Bahnbrechend war der Abschluss des Internationalen Abkommens über den Schutz der ausübenden Künstler, der Hersteller von Tonträgern und der Sendeunternehmen im Jahr 1961 **(Rom-Abkommen).**[91] Die verwandten Schutzrechte, namentlich der ausübenden Künstler, sind erheblichen Widerständen von Urheberseite begegnet, da man Schmälerung der Urhebervergütungen fürchtete. Diese Resistenz hat in manchen Ländern lange Zeit die Schaffung eines Schutzes verhindert. Inzwischen ist allerdings eine neue Welle der Einführung verwandter Schutzrechte zu beobachten.[92] Die deutsche Regelung der verwandten Schutzrechte wurde mehrfach modifiziert, insbesondere in Umsetzung von EU-Recht, zuletzt durch das Urheberrechtswissenschaftsgesetz v. 1.9.2017 (BGBl. I S. 3346) und das Gesetz zur Umsetzung der Marrakesch-Richtlinie über einen verbesserten Zugang zu urheberrechtlich geschützten Werken zugunsten von Menschen mit einer Seh- oder Lesebehinderung v. 28.11.2018 (BGBl. I S. 2014).

Die verwandten Schutzrechte werden häufig auch als **„Leistungsschutzrechte"** bezeichnet: Sie 39 beziehen sich auf Leistungen, die nicht persönliche geistige Schöpfungen im Sinne des urheberrechtlichen Werkbegriffes bilden.[93] Ihrer Natur nach sind die verwandten Schutzrechte nicht homogen, sondern sehr unterschiedlich. Man kann sie **rechtssystematisch** einerseits in die vom Rom-Abkommen erfassten sog. „angrenzenden Rechte"[94] der ausübenden Künstler, Presseverleger, Tonträgerhersteller und Sendeunternehmen und andererseits die sonstigen verwandten Schutzrechte gruppieren. Oder man scheidet in einerseits die persönlichkeitsgeprägten Leistungen, bei denen auch ein – zumindest rudimentärer – Schutz des Persönlichkeitsrechts vorgesehen ist[95] und andererseits die technisch-organisatorisch-unternehmerischen Leistungen, bei denen das Gesetz einen Persönlichkeitsschutz nicht gewährt.[96]

Früher wurde gelegentlich noch das **Designrecht** als ein nicht im UrhG geregeltes „kleines Urhe- 40 berrecht" zum Kreis der verwandten Schutzrechte in einem weiteren Sinn gezählt. Die aus der Europäisierung erwachsene Neukonzeption des Geschmacksmusterrechts unter Aufgabe des Erfordernisses einer ästhetischen Gestaltung hat es weiter vom Urheberrecht entfernt. Näher zum Designrecht → Rn. 54, zum Verhältnis des Urheberrechtsschutzes von Werken der angewandten Kunst zum Designrecht → § 2 Rn. 182 ff. Zu Tendenzen, für die kleine Münze des Urheberrechts ein Leistungsschutzrecht einzuführen vgl. → § 2 Rn. 62 ff.

Der **Schutzinhalt** der verwandten Schutzrechte wird zT durch pauschale oder Teilverweisungen 41 auf den Urheberrechtsschutz bestimmt (§ 72, § 70), zT findet sich eine Sonderregelung.[97] In jedem

---

[88] BVerfG GRUR 1997, 123 – Kopierladen I; BVerfGE 31, 255 (267); sa Loewenheim/*Loewenheim,* Handbuch des Urheberrechts, § 19 Rn. 2.
[89] BT-Drs. 4/270, 33 f.
[90] Näheres → Vor §§ 73 ff. Rn. 12 ff.
[91] S. dazu *Ulmer* GRUR-Int 1961, 569 und zur Vorgeschichte *Ulmer,* Der Rechtsschutz der ausübenden Künstler, S. 1 ff.
[92] S. insbesondere für Frankreich Gesetz Nr. 85–660 vom 3.7.1985 betreffend die Urheberrechte und die Rechte der ausübenden Künstler, der Hersteller von Tonträgern und Bildtonträgern sowie der Unternehmen der audiovisuellen Kommunikation, GRUR-Int 1986, 36; sa *Schack,* Wem gebührt das Urheberrecht, dem Schöpfer oder dem Produzenten? ZUM 1990, 59.
[93] *Ulmer* § 3 I, III.
[94] Neighboring rights, zur Terminologie *Ulmer* § 3 III.
[95] Wissenschaftliche Ausgaben, § 70; Lichtbilder, § 72; ausübende Künstler, §§ 73 ff.
[96] Ausgaben nachgelassener Werke, § 71; Schutz des Veranstalters der Darbietung ausübender Künstler, § 81; Schutz des Tonträgerherstellers, § 85 f.; Schutz des Sendeunternehmens, § 87; Schutz des Datenbankherstellers, §§ 87a ff.; Schutz des Filmherstellers, § 94 und des Herstellers von Laufbildern, §§ 95 mit 94.
[97] Am ausführlichsten ist diejenige betreffend die ausübenden Künstler, §§ 73 ff.

Fall ist die **Schutzfrist** wesentlich kürzer als diejenige des Urheberrechts. Die **Übertragbarkeit** der verwandten Schutzrechte und die **Verträge** über solche werden in → § 29 Rn. 42 ff. behandelt.

II. Verhältnis des Urheberrechts zu anderen Rechtsgebieten
(Ohly / Loewenheim / Leistner)

1. Bürgerliches Recht *(Ohly)*

Schrifttum: *Berberich,* Virtuelles Eigentum, 2010; *Dreier,* Lässt sich das Spiel in der Nachspielzeit noch drehen? – Zum Zusammenwirken von „Hartplatzhelden.de" und „Preußische Gärten und Parkanlagen", FS Pfennig (2012), S. 15; *Flöter/Königs,* Verletzung des Rechts am grundstücksinternen Bild der eigenen Sache und Übertragbarkeit der dreifachen Schadensberechnung auf deliktische Schadensersatzansprüche aus Eigentumsverletzung, ZUM 2012, 383; *Hofmann,* Immaterialgüterrechtliche Anwartschaftsrechte, 2009; *H. Lehment,* Das Fotografieren von Kunstgegenständen, 2008; *Leible/Lehmann/Zech,* Unkörperliche Güter im Zivilrecht, 2012; *Schulze,* Fotos von gemeinfreien Werken der bildenden Kunst, GRUR 2019, 779; *Stang,* Das urheberrechtliche Werk nach Ablauf der Schutzfrist, 2011; *Stephanblome,* Die Einordnung des subjektiven Urheberrechts in das System der bürgerlichen Rechte, 2008; *Zech,* Information als Schutzgegenstand, 2012; *ders.,* Die „Befugnisse des Eigentümers" nach § 903 Satz 1 BGB-Rivalität als Kriterium für eine Begrenzung der Eigentumswirkung, AcP 219 (2019), 488.
S. auch die Nachw. Vor §§ 31 ff.

42   **a) Vertragsrecht.** Auf Urheberverträge sind die Vorschriften des **Allgemeinen Teils des BGB** über den Vertragsschluss ebenso anwendbar wie die Regelungen des **Schuldrechts,** insbesondere über die **AGB-Kontrolle** und über **Leistungsstörungen.**[98] Das Urhebervertragsrecht (§§ 31 ff.) enthält nur wenige Sondervorschriften, die das allgemeine Bürgerliche Recht insoweit modifizieren, insbesondere den Übertragungszweckgedanken (§ 31 Abs. 5) als spezielle Auslegungsregel, die Bestimmungen über eine angemessene Vergütung (§§ 32, 32a) und wenige Bestimmungen, die im Ausnahmefall Schriftform anordnen (§§ 31a Abs. 1 S. 1; 40 Abs. 1 S. 1). Daneben sind die dispositiven Normen des VerlG zu beachten. Für Einzelheiten sei auf die **Vorbemerkungen zu §§ 31 ff.** verwiesen. Zum Verhältnis zwischen Urheber- und Arbeitsrecht s. die Erläuterungen zu § 43.

43   **b) Deliktsrecht.** Das Urheberrecht stellt ein **privatrechtliches Sondergebiet** neben dem bürgerlichen Recht dar. Als absolutes subjektives Recht ist das Urheberrecht aber auch ein „sonstiges Recht" iSd **Deliktsvorschrift des § 823 Abs. 1 BGB.** Sein Schutz hat jedoch im UrhG eine eigene Regelung erfahren; das UrhG kann insofern als spezielles Deliktsrecht betrachtet werden. Zum allgemeinen Deliktsrecht steht es im Verhältnis der Spezialität und Subsidiarität:[99] Soweit die Regelung im Urheberrechtsgesetz reicht, geht sie dem Schutz nach § 823 Abs. 1 BGB vor; das allgemeine Deliktsrecht ist auf eine subsidiäre, ergänzende Rolle beschränkt. Hierauf deutet zum einen § 1 hin, der „Schutz nach Maßgabe dieses Gesetzes" gewährt, zum anderen § 102a, der Ansprüche aus anderen gesetzlichen Vorschriften unberührt lässt. Dabei sind die dem Urheberrechtsgesetz immanenten Schutzgrenzen zu beachten; so kann zB gegen die Verwertung eines Werks nach Ablauf der Schutzfrist (§ 64) oder die Verbreitung eines Werkstücks, hinsichtlich dessen Erschöpfung eingetreten ist (§ 17 Abs. 2), auch nicht nach § 823 Abs. 1 BGB vorgegangen werden. Angesichts des umfassenden Charakters der Regelung im Urheberrechtsgesetz sind Fälle einer ergänzenden Heranziehung des §§ 823 ff. Abs. 1 BGB schwer denkbar. Dagegen können im Urheberrecht die Vorschriften über die Durchführung der Deliktshaftung zum Zuge kommen,[100] insbesondere die Bestimmungen zur Zurechnungsfähigkeit (§§ 827 f. BGB), zur Täterschaft und Haftung für Verrichtungsgehilfen (§ 830 f. BGB) und zur Herausgabe einer ungerechtfertigten Bereicherung nach Eintritt der Verjährung (§ 852 BGB). Auf Schäden an Rechten und Rechtsgütern außerhalb des Immaterialgüterrechts sind die §§ 823 ff. BGB und die ergänzenden Sondergesetze uneingeschränkt anwendbar.[101] Zur Abgrenzung von Urheberpersönlichkeitsrecht und **allgemeinem Persönlichkeitsrecht** → Vor §§ 12 ff. Rn. 29 ff. Das **Recht am eigenen Bild** wird in der Kommentierung zum KUG erläutert.

44   **c) Bereicherungsrecht.** Von großer praktischer Bedeutung sind **bereicherungsrechtliche Ansprüche nach §§ 812 ff. BGB** bei rechtsgrundlosem Eingriff in Urheberrechte; sie können gemäß § 102a auch im Urheberrecht geltend gemacht werden.[102] Die Bereicherungshaftung ergänzt das Sanktionsinstrumentarium der §§ 97 ff. Das Urheberrecht ist als Recht des geistigen Eigentums ein klassisches Recht mit Zuweisungsgehalt, dessen rechtsgrundlose Inanspruchnahme Ansprüche aus Eingriffskondiktion (§ 812 Abs. 1 S. 1 Alt. 2 BGB) auslöst. Von Schadensersatzansprüchen unterscheiden sich Bereicherungsansprüche dadurch, dass sie ein Verschulden nicht voraussetzen; anderer-

---

[98] Vgl. → Vor §§ 31 ff. Rn. 36 ff., 65 ff.
[99] BGH GRUR 1958, 354 (356) – Sherlock Holmes; Dreier/Schulze/*Dreier* Einl. Rn. 33; DKMH/*Dreyer* Einl. Rn. 157; Loewenheim/*Götting,* Handbuch des Urheberrechts, § 3 Rn. 7.
[100] Fromm/Nordemann/*J. B. Nordemann* § 97 Rn. 3.
[101] Zur Produkthaftung für fehlerhafte Werkstücke, insbesondere Verlagserzeugnisse s. *Schricker,* Verlagsrecht, VerlG § 31 Rn. 23; *Höckelmann* UFITA 1997, 81 ff.
[102] → § 102a Rn. 2 f.

seits ist der Anspruch im Umfang auf den objektiven Verkehrswert des Erlangten und gemäß § 818 Abs. 3 BGB grundsätzlich auf die noch vorhandene Bereicherung beschränkt.[103]

d) Sachenrecht. Urheberrecht und Sacheigentum verbindet, dass es sich jeweils um **absolute** **45** **subjektive Rechte** an einem Gegenstand handelt. Allerdings sind die **Rechtsobjekte unterschiedlicher Natur.** Das Objekt des Sacheigentums (§ 903 BGB) ist ein körperlicher Gegenstand (§ 90 BGB), das Objekt des Urheberrechts ist das Werk als unkörperlicher Gegenstand. Auch wenn das Werk in einer Sache (einem Buch, einer Leinwand, einem Datenträger) verkörpert ist, sind die **sachenrechtliche und die urheberrechtliche Ebene doch strikt voneinander zu trennen.** Die Übereignung des Werkstücks verleiht dem Erwerber im Zweifel kein urheberrechtliches Nutzungsrecht (§ 44 Abs. 1), umgekehrt berechtigt das Urheberrecht nicht zum Eigentum am Werkstück. Das Schaffen eines Werks kann aber sachenrechtlich zum originären Eigentumserwerb am Material durch Verarbeitung (§ 950 BGB) führen.[104]

Umstritten ist, ob das **Sacheigentum** auch die Berechtigung umfasst, **Dritten unkörperliche** **46** **Nutzungen,** beispielsweise die **Fotografie eines Gebäudes zu verbieten.** Der V. ZS. des BGH[105] differenziert zwischen unbeweglichen und beweglichen Sachen. Zwar gibt es kein aus dem Eigentum folgendes „Recht am Bild der eigenen Sache",[106] doch soll der Grundstückseigentümer unabhängig von urheberrechtlichen Wertungen **die Verwertung von Fotografien seiner Gebäude kontrollieren können,** sofern sie von seinem Grundstück aus angefertigt wurden.[107] Zum Zuweisungsgehalt des Grundeigentums gehöre „das Recht, darüber zu entscheiden, wer das Grundstück betreten darf und zu welchen Bedingungen dies ermöglicht werden soll" und „das Recht des Grundstückseigentümers, darüber zu entscheiden, wer die wirtschaftlichen Vorteile ziehen darf, die das Betreten oder Benutzen des Grundstücks eröffnet".[108] Die wirtschaftlichen Erträge aus der Verwertung von Abbildungen seien als mittelbare Sachfrüchte (§ 99 Abs. 3 BGB) dem Eigentümer zugewiesen.[109] Daher sollen ihm gegen einen Fotografen, der ohne Zustimmung des Eigentümers auf dem Grundstück Fotos anfertigt, Unterlassungsansprüche (§ 1004 BGB), Schadensersatzansprüche (§ 823 Abs. 1 BGB)[110] und Bereicherungsansprüche unter dem Gesichtspunkt der Eingriffskondiktion (§ 812 Abs. 1 S. 1 Alt. 2 BGB) zustehen. Offengelassen hat der BGH bisher, ob das Fotografieren von in fremdem Eigentum stehenden beweglichen Sachen, insbesondere Kunstwerken, als Eigentumsverletzung anzusehen ist.[111]

Diese Rechtsprechung wird in der urheberrechtlichen Literatur **nahezu einhellig und zu Recht** **47** **abgelehnt.**[112] Sie beruht auf einer Kategorienverwechslung.[113] Das Urheberrecht weist dem Rechtsinhaber innerhalb bestimmter Schranken die Nutzung des Werks als eines unkörperlichen Gegenstands zu, der den Grundsätzen der Nicht-Ausschließbarkeit und Nicht-Rivalität unterliegt. Das Sacheigentum hingegen regelt den körperlichen Umgang mit der Sache, etwa das Betreten, die Zerstörung oder die Wegnahme. Das Recht zur Gestattung oder zum Verbot einer Abbildung der Sache ist nicht vom Schutzbereich des Eigentums umfasst.[114] Eine Kontrolle der Vervielfältigung, Verbreitung und öffentlichen Wiedergabe von Abbildungen durch das Sachenrecht ginge einerseits zu weit, andererseits nicht weit genug. Zu weit gehen ein unbefristetes Verbietungsrecht der Abbildung auch gemeinfreier Werke und ein absolutes Recht, das nicht den Schranken des Urheberrechts unterliegt.[115] Zudem gelingt keine überzeugende Lösung, wenn das Eigentum am Grundstück, von dem aus die Fotografie angefertigt wird, und am abgebildeten Gegenstand auseinander fallen. Nicht weit genug geht das Sachenrecht, weil es nur Verwertungshandlungen erfassen kann, die mit dem Betreten

---

[103] Im Einzelnen → § 102a Rn. 2 f.

[104] BGH GRUR 1991, 523 (525 f.). – Grabungsmaterialien.

[105] BGH GRUR 2011, 323 – Preußische Gärten und Parkanlagen mAnm *H. Lehment;* BGH GRUR 2013, 623 – Preußische Gärten und Parkanlagen II mAnm *Elmenhorst;* so bereits BGH GRUR 1975, 500 – Schloss Tegel; → § 59 Rn. 6 ff.

[106] BGH GRUR 2011, 323 Rn. 13 – Preußische Gärten und Parkanlagen; OLG Köln GRUR 2003, 1066 – Wayangfiguren; OLG München GRUR-Prax 2019, 395; aA OLG Stuttgart GRUR 2017, 905 (909 f.) – Reiss-Engelhorn-Museen.

[107] Hingegen ist das Fotografieren von allgemein zugänglichen Stellen erlaubt. Hier wird das Grundstück nicht betreten, außerdem streitet die Wertung des § 59 UrhG für eine Abbildungsfreiheit; vgl. BGH GRUR 1990, 390 – Friesenhaus, vgl. auch → § 59 Rn. 5.

[108] BGH GRUR 2013, 623 Rn. 14 – Preußische Gärten und Parkanlagen II.

[109] Zur Kritik daran *Elmenhorst* GRUR 2013, 626 (627); *Stieper* ZUM 2011, 331 (332).

[110] Nicht abschließend geklärt ist bisher, ob auch die Grundsätze der dreifachen Schadensberechnung anwendbar sind; dafür *Flöter/Königs* ZUM 2012, 383 (387 f.); krit. *H. Lehment* GRUR 2011, 327 (328).

[111] BGH GRUR 2015, 578 – Preußische Kunstwerke mAnm *Stang;* BGH GRUR 2019, 284 Rn. 34 – Museumsfotos mAnm *Zech;* für Eigentumsschutz als Vorinstanz OLG Stuttgart GRUR 2017, 905 (909 f.) – Reiss-Engelhorn-Museen.

[112] *Dreier* FS Pfennig (2012), 15 (20 ff.); *Elmenhorst* GRUR 2013, 626; *H. Lehment* GRUR 2011, 327; *Schack* JZ 2011, 375; *Stieper* ZUM 2011, 331; *Zech* S. 283 ff. und AcP 219 (2019), 488 (547 ff.), alle mwN; zust. aber *Flöter/Königs* ZUM 2012, 383 (386 f.); *Schabenberger/Nemeczek* GRUR-Prax 2011, 139; *Schulze* GRUR 2019, 779 (782 f.).

[113] *Zech* S. 286.

[114] So zutreffend BGH (I. ZS) GRUR 1990, 390 (391) – Friesenhaus; *Elmenhorst* GRUR 2013, 626 (627); *Schack* ZEuP 2006, 149 (155 f.); *Stieper* ZUM 2011, 331 (332); *Zech* AcP 2019 (2019), 488 (582 ff.) mwN.

[115] *Elmenhorst* GRUR 2013, 626 (627); *Schack* ZEuP 2006, 149 (156); *Stieper* ZUM 2011, 331 (333).

des Grundstücks zusammenhängen. Jedenfalls die Verwertung der Abbildung durch Dritte greift keinesfalls ins Grundstückseigentum ein. Zutreffender Kern der Rechtsprechung des BGH ist immerhin, dass Eigentümer (einer Parkanlage, eines Stadions, eines Museums oÄ) oder berechtigte Besitzer ihre Erlaubnis zum Betreten eines Grundstücks an den Abschluss eines Vertrags binden können.[116] Enthält dieser Vertrag ein Verbot gewerblicher Fotografien, so bestehen vertragliche Ansprüche[117] auf Unterlassung und Schadensersatz.[118]

2. Gewerblicher Rechtsschutz *(Ohly)*

Schrifttum: *Ahrens,* Brauchen wir einen Allgemeinen Teil der Rechte des Geistigen Eigentums?, GRUR 2006, 617; *Ahrens/McGuire,* Modellgesetz für geistiges Eigentum, 2011 (Normtext) und 2012 (Normtext und Begründung); *Barudi,* Europäischer Werkbegriff und besondere Gestaltungshöhe: Eine Betrachtung des BGH-Urteils Geburtstagszug, UFITA 2014, 49; *Böckenholt,* Kommerz in der Kunst, Kunst im Kommerz: Zur Abgrenzung von Werk und Marke, 2003; *Derclaye* (Hrsg.), The Copyright/Design Interface – Past, Present and Future, 2018; *Derclaye/Leistner,* Intellectual Property Overlaps – A European Perspective, 2011; *Fiedler,* Der Computerprogrammschutz und die Schutzrechtskumulation von Urheber- und Patentrecht, 2013; *Geier,* Schutzkumulationen, 2015; *Götting,* Der Begriff des geistigen Eigentums, GRUR 2006, 353; *Hahn,* „Glückstein", In neuem Licht – das Urheberrecht des Designers, ZUM 2014, 380; *Haupt/Marschke,* Berührungspunkte von Urheber- und Markenrecht, MarkenR 2005, 249; *Hoffmann,* Mehrfachschutz geistigen Eigentums im deutschen Rechtssystem, 2008; *Ingerl/Rohnke,* MarkenG, 3. Aufl. 2010; *Jacobs,* Die Himmelsscheibe von Nebra – Gedanken zum Verhältnis von Urheberrechtsschutz und Markenschutz, in: FS Schricker (2005), S. 801; *Jänich,* Geistiges Eigentum – Eine Komplementärerscheinung zum Sacheigentum?, 2002; *Kouker,* Markenrechtlicher Schutz gemeinfreier Werke, FS Nordemann (2004), S. 381; *Kraßer/Ann,* Lehrbuch des Patentrechts, 7. Aufl. 2016; *Kur,* Gemeinfreiheit und Markenschutz, GRUR 2017, 1082; *Loewenheim,* Höhere Schutzuntergrenze des Urheberrechts bei Werken der angewandten Kunst?, GRUR-Int 2004, 765; *McGuire,* Kumulation und Doppelschutz – Ursachen und Folgen des Schutzes einer Leistung durch mehrere Schutzrechte, GRUR 2011, 767; *McGuire/Wagner,* Verbraucherschutz durch Geistiges Eigentum? – Über die Zweckmäßigkeit den Schutzzweck zu erweitern, ZGE 2012, 259; *Obergfell,* Abschied von der „Silberdistel": Zum urheberrechtlichen Schutz von Werken der angewandten Kunst, GRUR 2014, 621; *Ohly,* Geistiges Eigentum?, JZ 2003, 545; *ders.,* Gibt es einen Numerus clausus der Immaterialgüterrechte?, FS Schricker (2005), S. 105; *ders.,* Designschutz im Spannungsfeld von Geschmacksmuster-, Kennzeichen- und Lauterkeitsrecht, GRUR 2007, 731; *ders.,* Schutz von Kulturgütern durch das Markenrecht, FS Ströbele, S. 325; *Pahlow,* „Intellectual property", „propriété intellectuelle" und kein „Geistiges Eigentum"? – Historisch kritische Anmerkungen zu einem umstrittenen Rechtsbegriff, UFITA 2006, 705; *Rauer/Ettig,* Urheberrechtsschutz für Werke angewandter Kunst – BGH gibt ständige Rechtsprechung auf, WRP 2014, 135; *Rigamonti,* Geistiges Eigentum als Begriff und Theorie des Urheberrechts, 2001; *Schöttle,* Der Allgemeine Teil des Rechts des geistigen Eigentums im Zivilgesetzbuch der Russischen Föderation, 2013; *Stang,* Das urheberrechtliche Werk nach Ablauf der Schutzfrist, 2011; *Stieper,* Geistiges Eigentum an Kulturgütern – Möglichkeiten und Grenzen der Remonopolisierung gemeinfreier Werke, GRUR 2012, 1083; *Zentek,* Die Geschichte des Schutzes von Gebrauchsprodukten und die Auswirkungen des Nationalsozialismus auf die urheberrechtlichen Schutzkriterien, UFITA 2016, 35; *Zypries,* Hypertrophie der Schutzrechte?, GRUR 2004, 977.

48   **a) Verhältnis zum Urheberrecht im Allgemeinen.** Traditionell wird in kontinentaleuropäischen Rechtsordnungen zwischen dem Urheberrecht und dem gewerblichen Rechtsschutz unterschieden, der geistige Schöpfungen auf gewerblichem Gebiet und Kennzeichen schützt. Die großen völkerrechtlichen Übereinkommen des 19. Jahrhunderts – RBÜ und PVÜ – reflektieren diese Unterscheidung. Der **gewerbliche Rechtsschutz** ist **reines Wirtschaftsrecht**, persönlichkeitsrechtliche Aspekte spielen, wenn überhaupt, dann nur eine sehr untergeordnete Rolle.[119] Hingegen ist das **Urheberrecht** nach klassischer Auffassung[120] **Kulturrecht**; nach dem in Deutschland herrschenden monistischen Verständnis verbindet es vermögens- und persönlichkeitsrechtliche Aspekte.[121] Die **Gegenstände gewerblicher Schutzrechte** sind **technische und unternehmerische Leistungen,** während **Gegenstände des Urheberrechts** die **Ergebnisse persönlicher Kreativität** sind. Gewerbliche Schutzrechte können nur durch **Handlungen im geschäftlichen Verkehr** verletzt werden,[122] während auch **Handlungen zu privaten Zwecken** in den Schutzbereich des Urheberrechts eingreifen können.

49   Dennoch bestehen zwischen beiden Rechtsgebieten **erhebliche Gemeinsamkeiten,**[123] die es rechtfertigen, das Urheberrecht und den gewerblichen Rechtsschutz im Einklang mit dem **TRIPS-**

---

[116] BGH GRUR 2013, 623 Rn. 14 – Preußische Gärten und Parkanlagen II; BGH GRUR 2019, 284 Rn. 34 ff. – Museumsfotos; BGH GRUR 2011, 436 Rn. 27 – Hartplatzhelden.de mAnm *Ohly.*

[117] *Schack,* Kunst und Recht, Rn. 206; *Stieper* ZUM 2011, 331 (332); Wandtke/Bullinger/*Bullinger* UrhG § 2 Rn. 164.

[118] BGH GRUR 2019, 284 Rn. 71 ff. – Museumsfotos; zur Frage der Gewinnherausgabe in diesen Fällen *Hofmann* AcP 213 (2013), 469 ff.

[119] Im Patentrecht weist das Erfinderrecht eine persönlichkeitsrechtliche Komponente (Erfinderpersönlichkeitsrecht) auf, insbes. ist der Erfinder in der Patentanmeldung und auf der Patentschrift zu nennen, s. §§ 37; 62 PatG; näher hierzu *Kraßer/Ann* Rn. 121 ff.

[120] Aber → Rn. 21 ff.

[121] § 11 S. 1 UrhG; näher hierzu → Rn. 28 und → Vor §§ 12 ff. Rn. 6.

[122] Teilweise stellen nur Handlungen im geschäftlichen Verkehr Verletzungen dar, so zB §§ 14 Abs. 2; 15 Abs. 2 MarkenG, teilweise werden private Handlungen durch Schranken privilegiert, so § 11 Nr. 1 PatG; § 12 Nr. 1 GebrMG; § 40 Nr. 1 DesignG.

[123] Vgl. *Ahrens* GRUR 2006, 617 (621 ff.); *Ahrens/McGuire,* Modellgesetz für Geistiges Eigentum, Normtext und Begründung, 2012, S. 3 ff.; *Götting* GRUR 2006, 353 (358); *Ohly* JZ 2003, 545 (550 ff.); ausführlich zu Unterschieden und Gemeinsamkeiten *Jänich* S. 349 ff. und passim.

Übereinkommen,[124] verschiedenen unionsrechtlichen Rechtsakten[125] und der internationalen Praxis[126] als **ein einheitliches Rechtsgebiet** mit verschiedenen Unterbereichen zu betrachten und als solches vom Sacheigentum sowie vom Lauterkeits- und Kartellrecht abzugrenzen. Jeweils handelt es sich um **subjektive absolute Rechte,** mit denen ein unkörperlicher Gegenstand einer Person zugeordnet wird. Jeweils definiert das Recht **Verletzungshandlungen** und einen **Schutzbereich,** der nur konkrete Gestaltungen umfasst und **allgemeine Ideen ausschließt.** Mit dem Erschöpfungsgrundsatz und den kartellrechtlichen Grundsätzen über den Missbrauch marktbeherrschender Stellungen bestehen **gemeinsame Schranken.** Erhebliche Gemeinsamkeiten bestehen im **Lizenzvertragsrecht.** Die **Ansprüche bei Verletzung** des Urheberrechts und des gewerblichen Rechtsschutzes werden im Unionsrecht einheitlich und querschnittartig für alle Schutzrechte geregelt. Daher finden die §§ 97 ff. Entsprechungen in den Gesetzen des gewerblichen Rechtsschutzes.[127]

Als gemeinsame Oberbegriffe bieten sich „**Immaterialgüterrecht**" und „**geistiges Eigentum**" **50** an. Der erstgenannte Begriff, der auf *Josef Kohler* zurückgeht,[128] ist auch in Deutschland in seiner Berechtigung unumstritten. Er betont die Natur des Schutzgegenstands, der im Gegensatz zum Eigentum der §§ 903 ff. BGB keine Sache, sondern ein Immaterialgut, also einen unkörperlichen Gegenstand mit wirtschaftlichem Wert, darstellt.[129] Doch auch der Begriff des „**geistigen Eigentums**", der sich international nicht nur in der englischen, sondern auch in der französischen Rechtssprache durchgesetzt hat,[130] hat **in der deutschen Rechtsterminologie seinen legitimen Platz.**[131] Das ist allerdings umstritten. Kritiker[132] wenden erstens ein, dass das BGB das Eigentum abschließend als Sacheigentum definiere und dass die begriffliche Gemeinsamkeit Unterschiede verdecken könne. Zweitens verweisen sie auf die Unterschiede zwischen dem Urheberrecht und dem gewerblichen Rechtsschutz, insbesondere auf die persönlichkeitsrechtliche Prägung des Urheberrechts, wegen derer sich eine Einordnung als reines Eigentumsrecht verbiete. Drittens sei der Begriff des „geistigen Eigentums" ideologisch belastet, weil die „Eigentumslogik" für einen starken Schutz streite und Schranken als eng auszulegende Ausnahmebestimmungen erscheinen lasse. Diese Argumente überzeugen nicht.[133] Erstens schließen die §§ 903 ff. BGB nicht aus, dass andere Gesetze andere Formen von Eigentum ausgestalten; Verwechslungen dürften angesichts der Prominenz des Urheberrechts in der öffentlichen Diskussion selbst juristischen Laien kaum unterlaufen. Zweitens schließt der Eigentumsbegriff persönlichkeitsrechtliche Einschläge nicht aus, zumal bei aller Wichtigkeit des Urheberpersönlichkeitsrechts wirtschaftsrechtliche Sachverhalte den urheberrechtlichen Alltag dominieren. Drittens ist unter Geltung des Grundgesetzes unbestreitbar, dass jede Art von Eigentum der Sozialbindung (Art. 14 Abs. 2 GG) unterliegt und vom Gesetzgeber durch Inhalts- und Schrankenbestimmungen (Art. 14 Abs. 1 S. 2 GG) ausgestaltet werden kann.[134] Kein Eigentum ist unbeschränkt, daher lässt sich der Eigentumsbegriff durchaus rechtspolitisch neutral und wertungsoffen verwenden. Da der Begriff des „geistigen Eigentums" prägnanter ist als der etwas farblose Begriff des „Immaterialgüterrechts", da er das Wesen der Ausschließlichkeitsrechte zutreffend betont und da er international anschlussfähig ist, eignet er sich – als Synonym zu „Immaterialgüterrecht" – gut als Oberbegriff für den gewerblichen Rechtsschutz und das Urheberrecht.

b) Technische Schutzrechte. Technische Schutzrechte sind das **Patent,** das **Gebrauchsmuster 51** und der **Sortenschutz.** Sie schützen die **Ergebnisse geistiger Leistungen**[135] auf **technischem**

---

[124] Es gilt für alle Arten des geistigen Eigentums, s. Art. 1 Abs. 2 TRIPS.

[125] Hier sind insbes. die Enforcement-RL und die GrenzbeschlagnahmeVO Nr. 608/2013 v. 12.6.2013, ABl. L 181, S. 15 zu nennen.

[126] Im anglo-amerikanischen Raum hatte die Unterscheidung zwischen gewerblichem Rechtsschutz und Urheberrecht nie besondere Bedeutung, weil das copyright den gewerblichen Schutzrechten näherstellt als das Urheberrecht kontinentaler Prägung, vgl. zum britischen Recht *Bently/Sherman/Gangjee/Johnson,* Intellectual Property Law, 5. Aufl. 2018. Aber selbst in kontinentaleuropäischen Rechtsordnungen werden die Schutzrechte zunehmend zusammengefasst, etwa im französischen Code de la propriété intellectuelle, dazu *Binctin,* Droit de la propriété intellectuelle, 5. Aufl. 2018. Vgl. auch zum Allgemeinen Teil des Rechts des geistigen Eigentums im russischen ZGB *Schöttle* S. 86 ff.

[127] Vgl. §§ 14 ff. MarkenG; §§ 139 ff. PatG; §§ 42 ff. DesignG.

[128] *Kohler* AcP 82 (1894), 141 ff.; dazu *Rehbinder/Peukert* Rn. 48 ff.; *Schack* Rn. 20 f.; aus rechtshistorischer Sicht *Dölemeyer/Klippel* FS GRUR Bd. 1 (1991), 185 (227 ff.); → Rn. 28.

[129] Das Immaterialgut verhält sich zum Immaterialgüterrecht wie die Sache zum Eigentum: Ersteres ist ein faktisches Gut, Letzteres ein Recht. Allerdings ist nicht jedes Immaterialgut Gegenstand eines Immaterialgüterrechts; beispielsweise kann eine Geschäftsidee ein Immaterialgut sein, an ihr besteht aber kein Ausschließlichkeitsrecht. Vgl. dazu *Schack* Rn. 20 f. und *Troller,* Immaterialgüterrecht, 3. Aufl. 1983, § 5 I.

[130] → Rn. 49 (Rn. 126).

[131] *Götting* GRUR 2006, 353 (358); *Jänich* S. 173 f., 368; *Ohly* JZ 2003, 545 ff.; *Pahlow* UFITA 2006, 705 ff.; *Troller* S. 91 ff.

[132] *Rehbinder/Peukert* Rn. 33, noch deutlicher *Rehbinder* in der 12. Aufl. 2002, Rn. 79; *Rigamonti* S. 144; so bereits *Kohler* AcP 82 1894, 141 (161); differenzierend *Schack* Rn. 23.

[133] Hierzu im Einzelnen *Ohly* JZ 2003, 545 (546 ff.).

[134] Grundlegend BVerfGE 58, 300 – Naßauskiesung.

[135] Die man durchaus als schöpferisch bezeichnen kann, auch wenn der Spielraum des Erfinders durch Sachzwänge stärker eingeschränkt ist als der des Urhebers, zutreffend *Kraßer/Ann* § 2 Rn. 73; aA *Rehbinder/Peukert* Rn. 171.

Gebiet. Die Voraussetzungen und der Schutzbereich des Patents reflektieren, dass sein Ziel die Förderung der technischen Innovation ist. Erforderlich ist eine **Erfindung** im Sinne einer technischen Lehre, die objektiv neu ist, auf erfinderischer Tätigkeit beruht und gewerblich anwendbar ist,[136] während das Urheberrecht eine nur subjektiv neue **persönliche geistige Schöpfung** auf künstlerischem, literarischem oder wissenschaftlichem Gebiet voraussetzt. Während das Urheberrecht **formlos** entsteht, setzt die Patenterteilung eine vorherige **Anmeldung und Prüfung** durch das EPA oder das DPMA voraus. Die Erfindung ist nicht Selbstzweck, sondern Mittel.[137] Daher wird das Patent durch die Anwendung der geschützten technischen Lehre verletzt, nicht durch die bloße Vervielfältigung oder Wiedergabe.[138] Die erheblich kürzere patentrechtliche Schutzdauer von 20 Jahren ist Ausdruck sowohl der geringeren persönlichen Prägung der Erfindung als auch des Umstands, dass sich ein Ausschließlichkeitsrecht an neuen Technologien stärker auf den Wettbewerb auswirkt als ein Urheberrecht an einem Werk.

52   Zwischen den **Kernbereichen beider Rechtsgebiete** bestehen **kaum Überschneidungen.** Werke sind schon keine technischen Lehren, außerdem sind ästhetische Formgestaltungen vom patentrechtlichen Erfindungsbegriff ausgenommen.[139] Auf der anderen Seite sind rein technisch bedingte Merkmale dem urheberrechtlichen Schutz nicht zugänglich.[140] Zwar kann eine Sache, beispielsweise ein ebenso funktionales wie individuell gestaltetes Möbelstück,[141] sowohl technische, dem Patentschutz zugängliche als auch ästhetisch-schöpferische Elemente aufweisen; deren Schutz ist aber getrennt voneinander nach den Erfordernissen der jeweiligen Rechtsgebiets zu beurteilen. Auch können die Werkzeuge des Urhebers – ein Computer, eine neue Farbe oder Aufnahmetechnik – patentierbar sein, doch das Werk als Ergebnis ist dem Patentschutz nicht zugänglich. Darstellungen technischer Art (§ 2 Abs. 2 Nr. 7), beispielsweise technische Zeichnungen, können Erfindungen abbilden, doch richtet sich der urheberrechtliche Schutz gegen die Vervielfältigung,[142] Verbreitung und öffentliche Wiedergabe der Darstellung, während das Patentrecht die Ausführung der in der Darstellung enthaltenen technischen Information, etwa durch Herstellung der gezeichneten Maschine, betrifft.

53   Zu Überlagerungen kommt es allerdings beim **Schutz von Computerprogrammen.**[143] Sie sind als Sprachwerke urheberrechtlich geschützt.[144] Zugleich können computerimplementierte Erfindungen patentiert werden.[145] Zwar sind nach europäischem und deutschem Patentrecht „Programme für Datenverarbeitungsanlagen" keine Erfindungen, das gilt aber nur für Programme „als solche".[146] Zur Auslegung dieses rätselhaften Begriffs hat sich eine umfassende und nicht immer widerspruchsfreie Rechtsprechung entwickelt, nach der auch ein Computerprogramm selbst dem Patentschutz zugänglich ist, wenn es den über den bloßen Betrieb des Computers hinausgehenden konkreten technischen Problems dient[147] und die erfinderische Tätigkeit auf technischem Gebiet liegt.[148] Immerhin liegt der Akzent des urheberrechtlichen Schutzes auf dem Computerprogramm als sprachlicher Ausdrucksform, die Funktionalität des Programms unterfällt nicht dem Schutz.[149] Das Patentrecht hingegen schützt die technische Lehre gerade in ihrer praktischen Funktion. Rechtspolitisch sinnvoller wäre es gewesen, bei Aufkommen moderner Computerprogramme einen sui generis-Schutz unter Ausschluss des Patent- und Urheberrechts zu schaffen,[150] doch angesichts der verfestigten Rechtsentwicklung ist eine gewisse Überlagerung hinzunehmen. Aufgabe der Rechtsanwendung ist es, Wertungswidersprüche zwischen beiden Schutzregimen zu vermeiden. Das Übereinkommen über ein Einheitliches Patentgericht,[151] das 2013 unterzeichnet wurde und derzeit zur Ratifikation

---

[136] § 1 PatG; Art. 52 EPÜ.

[137] *Troller* § 3 IV 1; *Kraßer/Ann* § 2 Rn. 74.

[138] *Kraßer/Ann* § 2 Rn. 74 f.

[139] § 1 Abs. 3 Nr. 2 PatG; Art. 52 Abs. 2 lit. b EPÜ.

[140] BGH GRUR 2012, 58 Rn. 19 ff. – Seilzirkus mwN; EuGH GRUR 2011, 220 Rn. 49 – BSA/Kulturministerium; EuGH GRUR 2012, 386 Rn. 39 – Football Dataco/Yahoo.

[141] Beispiel: Der Tripp-Trapp-Kinderhochstuhl ist als Werk der angewandten Kunst urheberrechtlich geschützt, s. OLG Hamburg ZUM-RD 2002, 181; BGH GRUR 2009, 856 Rn. 21 – Tripp-Trapp-Stuhl, einige seiner Formelemente waren aber auch Gegenstand von Patentanmeldungen, s. OLG Hamburg ZUM-RD 2002, 181 (182).

[142] Nicht gegen den Nachbau, → § 2 Rn. 228.

[143] Vgl. *Derclaye/Leistner* S. 89 ff.; *Hilty/Geiger* [2005] EIPR 615 ff.; *Fiedler* S. 61 ff.

[144] §§ 2 Abs. 1 Nr. 1, 69a ff.; näher hierzu die Kommentierungen der genannten Vorschriften.

[145] Vgl. hierzu *Kraßer/Ann* § 12 Rn. 22 ff.; *Moufang* FS Kolle/Stauder (2005), 225 ff.; *Ohly* CR 2001, 809 ff.; *Wiebe/Heidinger* GRUR 2006, 177 ff.; *Blind/Edler/Nack/Straus,* Software-Patente, 2003; *Nack,* Die patentierbare Erfindung unter den sich wandelnden Bedingungen von Wissenschaft und Technologie, 2002.

[146] § 1 Abs. 3 Nr. 3, Abs. 4 PatG; Art. 52 Abs. 2 lit. c, Abs. 3 EPÜ.

[147] So die Auslegung des § 1 Abs. 2 Nr. 3 PatG durch den BGH, s. BGH GRUR 2004, 667 – elektronischer Zahlungsverkehr; BGH GRUR 2010, 613 Rn. 22 – Dynamische Dokumentengenerierung. Nach der Rspr. des EPA ist hingegen jedes Computerprogramm eine potentielle Erfindung, der Ausschluss nicht-technischer Innovationen erfolgt im Bereich der erfinderischen Tätigkeit, s. folgende Fn. und *Kraßer/Ann* § 12 Rn. 25 ff.

[148] BGH GRUR 2010, 613 Rn. 23 – Dynamische Dokumentengenerierung; EPA GrBK GRUR-Int 2010, 608 (613 ff.).

[149] EuGH GRUR 2012, 814 Rn. 39 – SAS Institute/World Programming; *Fiedler* S. 115 ff.

[150] Vgl. die von der WIPO vorgelegten Mustervorschriften für den Schutz von Computersoftware GRUR-Int 1978, 286 und *Kraßer/Ann* § 12 Rn. 23 f.

[151] ABl. 2013 C 175, S. 1.

aufliegt, zieht daraus die Konsequenz, indem es erstmals die spezifischen urheberrechtlichen Schranken für Computerprogramme (§ 69d), insbesondere diejenige für Dekompilierung und zur Herstellung der Interoperabilität, ins Patentrecht übernimmt.[152]

c) Designrecht. In stärkerem Maße überschneidet sich das Urheberrecht mit dem Designrecht, **54** das früher als Geschmacksmusterrecht bezeichnet wurde. Es schützt die zwei- oder dreidimensionale Erscheinungsform eines Erzeugnisses oder eines Teils davon, wenn sie neu ist und Eigenart aufweist.[153] Ein nationales Design und ein EU-weit geltendes, autonom unionsrechtliches Gemeinschaftsgeschmacksmuster[154] entstehen durch Eintragung; das **eingetragene Design** gewährt absoluten Schutz für bis zu 25 Jahre. Daneben sieht das Unionsrecht aber auch ein **nicht eingetragenes Gemeinschaftsgeschmacksmuster** vor, das für die Zeit von drei Jahren gegen Nachahmung schützt.[155] Vor allem beim **Schutz von Werken der angewandten Kunst** besteht **Überschneidungspotential.**[156] Für künstlerisch gestaltete Gebrauchsgegenstände wie Möbel, Schmuck, Spielzeug oder Kleidungsstücke kommt neben dem Designschutz unter gewissen Voraussetzungen auch urheberrechtlicher Schutz in Betracht. Er ist für Urheber wegen der längeren Schutzdauer und den urhebervertraglichen Bestimmungen zum Schutz einer angemessenen Beteiligung[157] attraktiv. Das Unionsrecht verbietet es den Mitgliedstaaten ausdrücklich, urheberrechtlichen Schutz auszuschließen,[158] überlässt es ihnen aber, die erforderliche Gestaltungshöhe festzulegen.[159]

Allerdings ist diese Überlagerung problematisch. Ein uneingeschränkter Schutz auch der „kleinen **55** Münze" der angewandten Kunst würde die zeitlichen Grenzen des Designrechts, das aus gutem Grund zwischen der Schutzdauer eingetragener und nicht eingetragener Rechte differenziert,[160] unterlaufen. Eine gewisse Abgrenzung beider Rechtsgebiete ist daher erforderlich.[161] Das frühere deutsche GeschmMG von 1876 verwendete urheberrechtliche Terminologie, dementsprechend galt das Geschmacksmusterrecht verbreitet als Unterbau des Urheberrechts im Bereich der angewandten Kunst. Nach der maßgeblich von *Ulmer*[162] geprägten **Stufentheorie** galt aus Abgrenzungsgründen für Werke der angewandten Kunst das Erfordernis einer besonderen Gestaltungshöhe: Das Werk musste sich in deutlicher Weise vom durchschnittlichen Schaffen auf dem betreffenden Gebiet absetzen.[163] Ob dieser Ansatz noch mit dem vom EuGH richterrechtlich entwickelten unionsrechtlichen Werkbegriff vereinbar ist, ist fraglich.[164] Jedenfalls hat sich das Designrecht im Zuge seiner europäischen Harmonisierung[165] aber vom Urheberrecht gelöst und beruht auf einem eigenständigen „design approach".[166] Diese Rechtsentwicklung hat der BGH zum Anlass dafür genommen, seine frühere Rechtsprechung aufzugeben. Seit dem Grundsatzurteil **„Geburtstagszug"**[167] wird für Werke der angewandten Kunst **keine besondere Schöpfungshöhe** mehr vorausgesetzt. Damit besteht Anlass zu der Befürchtung, dass es in Zukunft zu einer problematischen verstärkten Kumulation beider Rechtsgebiete kommt.[168] Immerhin setzt der BGH „eine persönliche Schöpfung individueller Prägung" voraus, „deren ästhetischer Gehalt einen solchen Grad erreicht hat, dass nach Auffassung der für Kunst empfänglichen und mit Kunstanschauungen einigermaßen vertrauten Kreise von einer „künstlerischen" Leistung gesprochen werden

---

[152] Art. 27 lit. k; dazu *Fiedler* S. 211 ff.

[153] §§ 1 Nr. 1; 2 Abs. 1 DesignG.

[154] Verordnung (EG) Nr. 6/2002 des Rates vom 12.12.2001 über das Gemeinschaftsgeschmacksmuster, ABl. L 3, S. 1 ff.

[155] Art. 11; 19 Abs. 2 GGVO.

[156] Vgl. *Ohly* GRUR 2007, 731 (732 f.) mwN.

[157] Vor allem §§ 32, 32a, um deren Anwendbarkeit es in der Leitentscheidung BGH GRUR 2014, 175 – Geburtstagszug ging.

[158] Art. 17 S. 1 der GeschmacksmusterRL 98/71/EG, dazu EuGH GRUR 2011, 216 – Flos/Semeraro; *Derclaye/Leistner* S. 32 ff.

[159] Art. 17 S. 2 der GeschmacksmusterRL 98/71/EG.

[160] → Rn. 54.

[161] *Ohly* GRUR 2007, 731 (733); *Rehbinder/Peukert* Rn. 178; *Schack* Rn. 237; Das gilt auch für ausländische Rechtsordnungen, grundlegend zum Abgrenzungsproblem im britischen Recht *Bently* [2012] EIPR 654 ff.; rechtsvergleichend die Beiträge in *Derclaye*, The Copyright/design Interface, 2018.

[162] *Ulmer* § 25 III 3 f.

[163] BGH GRUR 1995, 581 (582) – Silberdistel; zust. *Ohly* GRUR 2007, 731 (733); krit. *Loewenheim* GRUR-Int 2004, 765; *Nordemann/Heise* ZUM 2001, 128; *Schricker* GRUR 1996, 815 (818 f.).

[164] Dafür BGH GRUR 2014, 175 Rn. 32 – Geburtstagszug; in der Tendenz auch *Leistner* ZGE 5 2013, 4 (38 f.); dagegen etwa *Barudi* UFITA 2014, 49; *Obergfell* GRUR 2014, 621 (626); vgl. auch → § 2 Rn. 12 ff. Der EuGH hat sich in dem nach Redaktionsschluss ergangenen Urteil GRUR 2019, 1185 – Cofemel/G-Star gegen die Zulässigkeit zusätzlicher Schutzvoraussetzungen für Werke der angewandten Kunst ausgesprochen, will aber zugleich eine Kumulierung von Urheberrecht und Design auf „bestimmte Fälle" beschränken; dazu *Leistner* GRUR 2019, 1114.

[165] Durch die Verordnung (EG) Nr. 6/2002 des Rates vom 12.12.2001 über das Gemeinschaftsgeschmacksmuster, ABl. L 003, S. 1 ff. und die Richtlinie 98/71/EG des Europäischen Parlaments und des Rates vom 13.10.1998 über den rechtlichen Schutz von Mustern und Modellen, ABl. L 289, S. 28 ff.

[166] Dazu *Kur* [1993] EIPR 374; *Ritscher* GRUR-Int 1990, 559 (560); *Obergfell* GRUR 2014, 621; *Wandtke/Ohst* GRUR-Int 2005, 91 (93).

[167] BGH GRUR 2014, 175 – Geburtstagszug; OLG Schleswig GRUR-RR 2015, 1 – Geburtstagszug II.

[168] *Barudi* UFITA 2014, 49 (68); vgl. auch *Hahn/Glückstein* ZUM 2014, 380, zust. dagegen → § 2 Rn. 185.

kann".[169] Es bleibt abzuwarten, ob dieses Kriterium leistungsfähig genug ist, um auf handwerklicher Routinetätigkeit beruhende Designs vom Urheberschutz auszunehmen.[170]

56   **d) Kennzeichenrecht.** Das **Kennzeichenrecht**, das einheitlich im **MarkenG** geregelt ist und auf EU-Ebene in weiten Teilen vereinheitlicht wurde,[171] schützt **eingetragene wie nicht eingetragene Marken, Unternehmenskennzeichen, Werktitel und geographische Herkunftsangaben.** Zwischen einem Werk und einem Kennzeichen besteht ein **grundlegender Unterschied:** Das Werk ist als Ergebnis schöpferischer Tätigkeit geschützt und ist insoweit Selbstzweck, als es zum Genuss durch Werknutzer dient. Hingegen ist es unerheblich, ob eine Marke schöpferischen Gehalt aufweist. Sie ist als Kennzeichen geschützt, das den Marktbeteiligten die Unterscheidung von Produkten und Unternehmen ermöglicht. Der Kennzeichenschutz gehört zu den Funktionsbedingungen einer auf Wettbewerb beruhenden Marktwirtschaft. Daher geht der Kennzeichenschutz teils weiter, teils weniger weit als der Schutz des Urheberrechts. **Kennzeichenrechte sind unbefristet,**[172] ihr Schutz unterliegt nur wenigen Schranken. Andererseits verleiht ein Kennzeichenrecht **kein vollständiges Ausschließlichkeitsrecht** an einem Wort, einem Bild oder einer Form, sondern schützt das Symbol nur „als Kennzeichen"; der Schutz ist also auf bestimmte Markenfunktionen beschränkt.[173]

57   Dennoch bestehen **Überschneidungen.** Werke der Kunst können grundsätzlich als Bild-[174] oder Formmarken,[175] Werke der Musik als Hörmarken[176] geschützt werden.[177] Im Bereich der angewandten Kunst überschneiden sich sogar das Urheber-, das Design-, das Marken- und das Lauterkeitsrecht.[178] Allerdings kann die Eintragung dreidimensionaler Kunstwerke an den **Ausschlussgründen für Formmarken** (§ 3 Abs. 2 MarkenG) scheitern. Insbesondere kann eine Form nicht markenrechtlich geschützt werden, wenn sie der Ware einen wesentlichen Wert verleiht.[179] Auch kann gerade bekannten Werken die **Unterscheidungskraft** für einzelne Waren- oder Dienstleistungsklassen oder sogar für sämtliche Produkte fehlen.[180] Umgekehrt können individuell gestaltete Bildmarken oder dreidimensionale Marken als Werke der angewandten Kunst (§ 2 Abs. 1 Nr. 4) urheberrechtlich geschützt sein.[181] Während früher das Erfordernis einer besonderen Gestaltungshöhe in diesem Bereich die Schutzfähigkeit einschränkte,[182] ist es denkbar, dass nach der Änderung der BGH-Rechtsprechung zur Schöpfungshöhe bei Werken angewandter Kunst[183] urheberrechtlicher Schutz hier in weitergehendem Maße möglich sein wird.

58   Bestehen beide Rechte parallel und stehen sie unterschiedlichen Inhabern zu, so entscheidet die **Priorität:**[184] Ein älteres Urheberrecht kann gegenüber einer Markenanmeldung als **relatives Schutzhindernis** vorgebracht werden und zur Löschung der Marke führen,[185] umgekehrt wird einer Formgestaltung, die sich in einer bereits bestehenden Marke erschöpft, regelmäßig die urheberrechtliche Schöpfungshöhe fehlen. Befinden sich allerdings **beide Rechte in einer Hand,** so besteht die Gefahr, dass Freiheitsräume, die das eine Rechtsgebiet bewusst eröffnet, durch das andere Schutzrecht verschlossen werden. Insbesondere wird darüber diskutiert, ob **urheberrechtlich gemeinfreie**

---

[169] BGH GRUR 2014, 175 – Geburtstagszug; näher hierzu → § 2 Rn. 184 f.

[170] Vgl. *Obergfell* GRUR 2014, 621 (626); *Rauer/Ettig* WRP 2014, 135 (139 f.).

[171] Durch die MarkenrechtsRL von 1988, neu gefasst durch Richtlinie (EU) 2015/2436, ABl. L 336, S. 1, wurde das Markenrecht der Mitgliedstaaten aneinander angeglichen, auf der Grundlage der UnionsmarkenVO von 1993, neu gefasst durch VO 1001/2017, ABl. L 154, S. 1, werden unionsweit einheitliche Markenrechte eingetragen.

[172] Die Schutzdauer der eingetragenen Marke ist zwar auf zehn Jahre begrenzt, sie kann aber beliebig lange verlängert werden, s. § 47 MarkenG.

[173] Egrd. 11 MarkenRL; EuGH GRUR 2009, 756 Rn. 58 – L'Oréal/Bellure; BGH GRUR 2010, 726 Rn. 16 – Opel-Blitz II; BGH GRUR 2012, 618 Rn. 17 – Medusa; *Kur* GRUR-Int 2008, 1 ff.; *Sack* WRP 2010, 198 (206 ff.).

[174] Beispiele: BGH GRUR 2012, 618 – Medusa; BGH GRUR 2008, 1093 – Marlene-Dietrich-Bildnis I mAnm *Götting.*

[175] Vgl. zum Schutz des (urheberrechtlich geschützten, → Rn. 52) Tripp-Trapp-Stuhls als Formmarke EuGH GRUR 2014, 1097 – Hauck/Stokke mAnm *Kur.*

[176] EuGH GRUR 2004, 54 – Shield Mark/Kist: Markenschutz für die ersten neun Töne des Musikstücks „Für Elise".

[177] Vgl. auch den Überblick bei Loewenheim/*A. Nordemann*, Handbuch des Urheberrechts, § 83 Rn. 41 ff. und *Ohly* GRUR-Int 2007, 704 Rn. 11 ff.

[178] Paradebeispiel ist erneut der Tripp-Trapp-Stuhl, dazu EuGH GRUR 2014, 1097 – Hauck/Stokke mAnm *Kur;* zum Ganzen *Ohly* GRUR 2007, 731 ff. mnN.

[179] § 3 Abs. 2 Nr. 3 MarkenG, dazu EuGH GRUR 2014, 1097 – Hauck/Stokke mAnm *Kur;* EuG GRUR-Int 2012, 560 – Bang & Olufsen II.

[180] § 8 Abs. 2 Nr. 1 MarkenG. Vgl. BPatG GRUR 1998, 1021 – Mona Lisa (Unterscheidungskraft eines aus der „Mona Lisa" bestehenden Zeichens fehlt allgemein); BGH GRUR 2008, 1093 – Marlene-Dietrich-Bildnis I mAnm *Götting;* BGH GRUR 2010, 825 – Marlene-Dietrich-Bildnis II (Unterscheidungskraft fehlt für einige Waren- und Dienstleistungsklassen).

[181] Vgl. → § 2 Rn. 195 und Dreier/Schulze/*Schulze* § 2 Rn. 158 f.; *Wandtke/Bullinger* GRUR 1997, 573 ff.

[182] Vgl. OLG Köln GRUR 1986, 889 – ARD-1; LG Hamburg GRUR-RR 2005, 106 – SED-Emblem; andererseits aber LG München I ZUM-RD 2007, 498 (501) – Vereinslogo.

[183] → Rn. 55 und → § 2 Rn. 184 f.

[184] Loewenheim/*A. Nordemann*, Handbuch des Urheberrechts, § 83 Rn. 33.

[185] § 13 Abs. 2 Nr. 3 MarkenG.

Werke[186] dem unbefristeten Markenschutz zugänglich sein sollten. Eine kategorische Ausschlussregel[187] wäre allerdings wenig sachgerecht,[188] weil der Markenschutz die Werknutzung in der Regel nicht verhindert. Selbst wenn beispielsweise die Mona Lisa als Bildmarke geschützt wird, so geschieht ihre Ausstellung und Abbildung nicht markenmäßig, also „zur Unterscheidung von Waren und Dienstleistungen" und beeinträchtigt keine der geschützten Markenfunktionen.[189] Außerdem kann die Verwendung einer Abbildung des Werks in der Werbung für eine Ausstellung oder Aufführung als beschreibende Benutzung (§ 23 Abs. 1 Nr. 2 MarkenG) freigestellt sein. Schließlich wäre es nicht sachgerecht, alten, seit langem im Verkehr durchgesetzten Marken 70 Jahre nach dem Tod ihres Schöpfers deshalb den Schutz zu entziehen, weil sie neben den markenrechtlichen auch die urheberrechtlichen Schutzvoraussetzungen erfüllen.

Eine besondere Beziehung zum Urheberrecht weist der **Werktitelschutz** auf. Werktitel sind meist   59 zu kurz, um die Voraussetzung einer „persönlichen geistigen Schöpfung" zu erfüllen, und daher für sich genommen urheberrechtlich in der Regel nicht geschützt.[190] Diese Lücke schließt **§ 5 Abs. 3 MarkenG**, nach dem die „Namen oder besonderen Bezeichnungen von Druckschriften, Filmwerken, Tonwerken, Bühnenwerken oder sonstigen vergleichbaren Werken" formlos als geschäftliche Bezeichnungen geschützt werden und damit den vollständigen kennzeichenrechtlichen Schutz des § 15 MarkenG genießen. Weist der Werktitel **originäre Unterscheidungskraft** auf, so wird er ab Aufnahme seiner Benutzung im geschäftlichen Verkehr geschützt.[191] Ein Fehlen der originären Unterscheidungskraft kann durch den Erwerb von **Verkehrsgeltung** kompensiert werden.[192] **Inhaber** des Titelrechts ist grundsätzlich der Urheber, weil die Zuordnung der Inhaberschaft am Werktitel der Werkzuordnung folgt.[193] Das Titelrecht ist allerdings frei übertragbar und kann daher in dem Umfang, in dem ausschließliche Nutzungsrechte eingeräumt werden, auf den Verlag übergehen.[194] Konsequenterweise fallen die Titelrechte üblicherweise bei Beendigung des Nutzungsvertrags an den Urheber zurück. Wird allerdings durch die Produktion, die Vermarktung oder den Vertrieb ein eigenständiges Immaterialgut geschaffen, so ist der Werktitel dessen Schöpfer zuzuordnen. Bei Zeitungen und Zeitschriften ist daher in der Regel der Verlag Inhaber der Titelrechte.[195] Durch das praeter legem entwickelte Institut der **Titelschutzanzeige** kann der Schutzbeginn vorverlagert werden. Wird der Titel in üblicher Weise, insbesondere im Titelschutzanzeiger, angekündigt und folgt die Benutzung innerhalb eines angemessenen Zeitraums nach, so wirkt der Schutz auf den Zeitpunkt der Titelschutzanzeige zurück.[196] Gewisse Schwierigkeiten bereitet der kennzeichenrechtliche Titelschutz, wenn das Werk urheberrechtlich **gemeinfrei** geworden ist. Der Werktitel (§ 5 Abs. 3 MarkenG) besteht trotz Gemeinfreiheit fort,[197] aber er verweist als Kennzeichen nur auf das Werk, nicht auf den dahinterstehenden Geschäftsbetrieb. Er darf daher für das zugehörige Werk von jedermann verwendet werden, sobald das Werk gemeinfrei ist.[198] Allerdings werden die Titel bekannter Werke zunehmend auch als Marke angemeldet, nicht zuletzt als Grundlage für das Geschäft mit Merchandising-Artikeln. Die hM[199] hält diesen Schutz für zulässig, obwohl gute Gründe dafür sprechen, ihn jedenfalls für diejenigen Waren und Dienstleistungen, die mit der Primärverwertung zusammenhängen (Bücher, Filme, Online-Nutzungen) am absoluten Eintragungshindernis für beschreibende Angaben (§ 8 Abs. 2 Nr. 2 MarkenG) scheitern zu lassen.[200] Doch kann sich derjenige, der ein gemeinfreies Werk herausgibt, auf die Schranke der Benutzung nicht unterscheidungskräftiger oder beschreibender Zeichen (§ 23 Abs. 1 Nr. 2 MarkenG) berufen.[201]

---

[186] Etwa die rund 3.600 Jahre alte Himmelsscheibe von Nebra, an der sich das Leistungsschutzrecht an nachgelassenen Werken (§ 71) und Markenschutz überlagern sollen: LG Magdeburg GRUR 2004, 627; dazu *Eberl* GRUR 2006, 1009; *Götting/Lauber-Rönsberg* GRUR 2006, 638; 2007, 303.

[187] Hierfür de lege ferenda *Wandtke/Bullinger* GRUR 1997, 573 (578). De lege lata wäre das absolute Schutzhindernisses eines Verstoßes gegen die öffentliche Ordnung (§ 8 Abs. 2 Nr. 5 MarkenG) ein Ansatzpunkt, dafür EFTA-Gerichtshof GRUR-Int 2017, 762 – Vigeland; *Klinkert/Schwab* GRUR 1999, 1067 (1073), dagegen aber BPatG GRUR 1998, 1021 (1023) – Mona Lisa.

[188] *Loewenheim/A. Nordemann,* Handbuch des Urheberrechts, § 83 Rn. 50 f.; *Kur* GRUR 2017, 1082 (1084 ff.); *Ohly,* FS Ströbele (2019), S. 325 (331 ff.); *Seifert* WRP 2000, 1014 (1018 f.).

[189] BGH GRUR 2012, 618 Rn. 17 ff. – Medusa; OLG Dresden NJW 2001, 615 (616); *Götting* GRUR 2001, 615 ff.; Loewenheim/A. Nordemann, Handbuch des Urheberrechts, § 83 Rn. 50 f.

[190] → § 2 Rn. 88 ff.

[191] BGH GRUR 2019, 535 Rn. 30 ff. – Das Omen; *Ingerl/Rohnke* § 5 Rn. 83, 92 ff.

[192] BGH GRUR 2001, 1050 (1051) – Tagesschau; *Ingerl/Rohnke* § 5 Rn. 101.

[193] BGH GRUR 2005, 264 (265) – Das Telefon-Sparbuch; *Ingerl/Rohnke* § 5 Rn. 102.

[194] BGH ZUM 1989, 301 – Verschenktexte; *Ingerl/Rohnke* § 5 Rn. 102.

[195] BGH GRUR 1997, 661 (662) – B. Z./Berliner Zeitung; BGH GRUR 2019, 535 Rn. 33 – Das Omen.

[196] BGH GRUR 2001, 1054 (1055) – Tagesreport; BGH GRUR 2009, 1055 Rn. 43 – airdsl; *Ingerl/Rohnke* § 5 Rn. 84 ff.

[197] BGH GRUR 2003, 440 (441) – Winnetous Rückkehr; aA zuvor *Goldbaum* GRUR 1926, 927 (303); *Hertin* WRP 2000, 889 (896).

[198] BGH GRUR 2003, 440 (441) – Winnetous Rückkehr.

[199] BGH GRUR 2003, 342 (343) – Winnetou; aA *Ingerl/Rohnke* § 5 Rn. 111; *Ohly* GRUR-Int 2007, 704 Rn. 22.

[200] BGH GRUR 2003, 342 (343) – Winnetou; aA *Ingerl/Rohnke* § 5 Rn. 111; *Ohly* GRUR-Int 2007, 704 Rn. 22.

[201] OLG München GRUR-RR 2009, 307 (308) – Der Seewolf.

3. Lauterkeitsrecht (*Ohly*)

Beater, Nachahmen im Wettbewerb, 1995; *Beyerlein*, Ergänzender Leistungsschutz gemäß § 4 Nr. 9 UWG als „geistiges Eigentum" nach der Enforcement-Richtlinie (2004/48/EG)?, WRP 2005, 1354; *Bornkamm*, Die Schnittstelle zwischen gewerblichem Rechtsschutz und UWG, GRUR 2011, 1; *Büscher*, Schnittstellen zwischen Markenrecht und Wettbewerbsrecht, GRUR 2009, 230; *Fezer*, Imitationsmarketing als irreführende Produktvermarktung, GRUR 2009, 451; *Fuchs/Farkas*, Kann der EUGH dem Paperboy das (Best)Water reichen? ZUM 2015, 110; *Götting/A. Nordemann*, UWG, 2. Aufl. 2013; *Harte-Bavendamm/Henning-Bodewig*, UWG, 4. Aufl. 2016; *Köhler*, Das Verhältnis des Wettbewerbsrechts zum Recht des geistigen Eigentums – Zur Notwendigkeit einer Neubestimmung auf Grund der Richtlinie über unlautere Geschäftspraktiken, GRUR 2007, 548; *ders.*, Der Schutz vor Produktnachahmung im Markenrecht, Geschmacksmusterrecht und neuen Lauterkeitsrecht, GRUR 2009, 445; *ders.*, Das Verhältnis des Rechts des geistigen Eigentums zum Lauterkeitsrecht im Lichte der Richtlinie über unlautere Geschäftspraktiken, in: Lange/Klippel/Ohly, Geistiges Eigentum und Wettbewerb, 2009, S 89; *Köhler/Bornkamm/Feddersen*, UWG, 37. Aufl., 2019; *Körner*, Das allgemeine Wettbewerbsrecht des UWG als Auffangtatbestand für fehlgeschlagenen oder abgelaufenen Sonderrechtsschutz, FS Ullmann (2006), 701; *Leistner*, Rechtsvergleichende und ökonomische Bemerkungen zur Diskussion um den wettbewerbsrechtlichen Leistungsschutz, FS Pfenning (2011), S. 41; *Lubberger*, Grundsatz der Nachahmungsfreiheit?, FS Ullmann (2006), 737; *Nemeczek*, Gibt es einen unmittelbaren Leistungsschutz im Lauterkeitsrecht?, WRP 2010, 1204; *ders.*, Wettbewerbliche Eigenart und die Dichotomie des unmittelbaren Leistungsschutzes, WRP 2010, 1315; *Ohly*, Gibt es einen Numerus clausus der Immaterialgüterrechte?, FS Schricker (2005), 105; *ders.*, Klemmbausteine im Wandel der Zeit – ein Plädoyer für eine strikte Subsidiarität des UWG-Nachahmungsschutzes, FS Ullmann (2006), 795; *ders.*, Designschutz im Spannungsfeld von Geschmacksmuster-, Kennzeichen- und Lauterkeitsrecht, GRUR 2007, 731; *ders.*, Nachahmungsschutz versus Wettbewerbsfreiheit, in: Lange/Klippel/Ohly, Geistiges Eigentum und Wettbewerb, 2009, S 99; *ders.*, Hartplatzhelden.de oder: Wohin mit dem unmittelbaren Leistungsschutz?, GRUR 2010, 487; *ders.*, Urheberrecht und UWG, GRUR-Int 2015, 693; *Ohly/Sosnitza*, UWG, 7. Aufl. 2016; *Peukert*, Güterzuordnung als Rechtsprinzip, 2008; *ders*, hartplatzhelden.de – Eine Nagelprobe für den wettbewerbsrechtlichen Leistungsschutz, WRP 2010, 316; *Raue*, Nachahmungsfreiheit nach Ablauf des Immaterialgüterrechtsschutzes?, 2010; *Schröer*, Der unmittelbare Leistungsschutz, 2010; *Stang*, Das urheberrechtliche Werk nach Ablauf der Schutzfrist, 2011; *Steinbeck*, Zur These vom Vorrang des Markenrechts, FS Ullmann (2006), 409; *Stieper*, Das Verhältnis von Immaterialgüterrechtsschutz und Nachahmungsschutz nach neuem UWG, WRP 2006, 291; *ders.*, Urheber- und wettbewerbsrechtlicher Schutz von Werbefiguren, GRUR 2017, 649, 765; *Teplitzky/Leistner/Peifer*, Großkommentar UWG, 2. Aufl. 2013; *Wiebe*, Unmittelbare Leistungsübernahme im neuen Wettbewerbsrecht, FS Schricker (2005), 773.

60   **a) Verhältnis zum Urheberrecht im Allgemeinen.** Das im UWG geregelte Recht gegen unlauteren Wettbewerb wurde früher meist als „Wettbewerbsrecht" bezeichnet, während sich mittlerweile immer häufiger in Abgrenzung zu dem (im Unionsrecht ebenfalls als Wettbewerbsrecht bezeichneten) Kartellrecht[202] der Begriff „Lauterkeitsrecht" durchsetzt. Anders als die Gesetze des geistigen Eigentums schafft das Lauterkeitsrecht **keine absoluten Rechte,** sondern stellt **als Sonderdeliktsrecht Marktverhaltensregeln** auf und knüpft dabei nicht an die unerlaubte Werknutzung als solche, sondern an die Modalitäten des Verhaltens an. Im Unterschied zu §§ 823ff. BGB können die Verbote und Gebote des UWG nicht nur vom unmittelbar Verletzten durchgesetzt werden: Das UWG schützt Mitbewerber, Abnehmer und die Allgemeinheit (§ 1 UWG), und der **lauterkeitsrechtliche Beseitigungs- und Unterlassungsanspruch** steht auch allen **Mitbewerbern,** gewerblichen **Verbänden, Verbraucherschutzeinrichtungen** und den Industrie- und Handelskammern zu (§ 8 Abs. 3 UWG). Insoweit weist das Lauterkeitsrecht ein **kollektivrechtliches Element** auf, das dem Urheberrecht fehlt.

61   Zentralnorm des UWG war bis 2004 die Generalklausel des § 1 aF UWG, die einen Abwehr- und Schadensersatzanspruch gegen Personen begründete, die „im geschäftlichen Verkehr zu Zwecken des Wettbewerbs Handlungen vornehmen, die gegen die guten Sitten verstoßen". Der Begriff der Sittenwidrigkeit wurde durch Richterrecht ausgefüllt, wobei den von den Gerichten entwickelten und von der Wissenschaft systematisierten Fallgruppen erhebliche Bedeutung zukam.[203] So war Stärke des UWG seine Flexibilität, Schwäche seine Unbestimmtheit. Mit der **UWG-Reform von 2004** hat sich die **Methodik dieses Rechtsgebiets gewandelt.** Der Gesetzgeber hat die wesentlichen Fallgruppen im Beispielskatalog des **§ 4 UWG** und den Spezialnormen über irreführende und aggressive Praktiken, vergleichende Werbung und Belästigungen (§§ 3a–7 UWG) kodifiziert. Seitdem ist es üblich geworden, bei der Rechtsanwendung unter die Fälle der §§ 3a–7 UWG zu subsumieren. Eine ergänzende Anwendung der Generalklausel (§ 3 Abs. 1, 2 UWG) bleibt daneben möglich, sie kommt aber nur in Konstellationen in Betracht, die nicht schon von den Beispielstatbeständen erfasst werden.[204] Praktisch gibt es seit 2004 nur noch wenige Urteile, in denen § 3 UWG unmittelbar und ohne Bezug zu §§ 3a–7 UWG angewandt wird.

62   Mittlerweile wurde das verbraucherschützende Lauterkeitsrecht durch die Richtlinie über unlautere Geschäftspraktiken von 2005 (UGP-RL)[205] in der EU vollständig harmonisiert. Zur Umsetzung der

---

[202] Außerdem erfasst das UWG mittlerweile nicht mehr nur noch Handlungen im Wettbewerb um den Vertragsschluss, sondern auch nachvertragliches Verhalten.
[203] Hierzu im Einzelnen *Ohly*, Richterrecht und Generalklausel, 1996, S. 253 ff.
[204] *Harte/Henning/Podszun* UWG § 3 Rn. 110 ff.; *Ohly/Sosnitza/Sosnitza* UWG § 3 Rn. 13, *Schünemann* GRUR 2004, 925 (927 f.).
[205] Richtlinie 2005/29/EG über unlautere Geschäftspraktiken, ABl. 2005 L 149, S. 22.

Richtlinie wurde das UWG in den Jahren 2008 und 2015[206] erneut geändert. Der Schutz von Mitbewerbern, der im Verhältnis zum Urheberrecht im Vordergrund steht, kann, abgesehen von der Regelung der vergleichenden Werbung und einem Mindeststandard beim Irreführungsschutz, von den Mitgliedstaaten bisher selbständig ausgestaltet werden.[207]

Das **Verhältnis des UWG zum Recht des geistigen Eigentums** gehört seit rund 100 Jahren zu **63** den umstrittensten Problemen dieses Rechtsgebiets.[208] Dabei fragt sich zum einen, ob eine **Urheberrechtsverletzung zugleich als unlautere geschäftliche Handlung** anzusehen ist, so dass neben urheberrechtlichen auch lauterkeitsrechtliche Ansprüche, insbesondere Abwehransprüche von Mitbewerbern und Verbänden, bestehen (dazu → Rn. 64 f.). Zum anderen stellt sich die praktisch wichtigere Frage, ob und unter welchen Voraussetzungen auf UWG-Grundlage Leistungsergebnisse auch dann gegen Nachahmung geschützt werden können, wenn das Urheberrecht oder die verwandten Schutzrechte nicht verletzt wurden (dazu → Rn. 66 ff.). Lange glaubte man, das Verhältnis durch die „Vorrangthese" klären zu können, also durch die Annahme eines allgemeinen Vorrangs des geistigen Eigentums gegenüber dem Lauterkeitsrecht.[209] Diese These galt allerdings nie lückenlos und war auch theoretischen Einwänden ausgesetzt.[210] Mittlerweile wurde sie von der Rechtsprechung für das Verhältnis zwischen dem UWG und dem Marken-[211] und Designrecht[212] ausdrücklich aufgegeben. Auch in der Literatur besteht inzwischen weitgehend Einigkeit, dass eine holzschnittartige Konkurrenzregel die schwierige Überlagerungsproblematik nicht differenziert genug lösen kann. Das bedeutet aber nicht, dass UWG und geistiges Eigentum unreflektiert parallel angewandt werden könnten. Anzustreben ist Wertungseinheit zwischen beiden Rechtsgebieten.[213]

b) Urheberrechtsverletzung als unlautere geschäftliche Handlung? Liegt eine Verletzung **64** eines Urheber- oder Leistungsschutzrechts vor, so stehen dem Rechtsinhaber Ansprüche nach §§ 97 ff. UrhG zu. Ob daneben auch Ansprüche gem. §§ 8, 9 iVm 3 Abs. 1, 3a ff. UWG bestehen, ist **für den Rechtsinhaber praktisch unerheblich,** weil die UWG-Ansprüche in verschiedener Hinsicht weniger weit gehen als die urheberrechtlichen.[214] Allerdings ist der **Kreis der Anspruchsberechtigten** beim Unterlassungs- und Beseitigungsanspruch nach UWG weiter (§ 8 Abs. 3 UWG), so dass insoweit die Konkurrenzfrage eine gewisse Bedeutung erlangt. Ansatzpunkt ist in erster Linie § 3a UWG, mit dem der Gesetzgeber 2004 die zuvor richterrechtlich anerkannte Fallgruppe des **Rechtsbruchs** kodifiziert hat. Nach § 3a UWG handelt unlauter, wer einer gesetzlichen Vorschrift zuwiderhandelt, die auch dazu bestimmt ist, im Interesse der Marktteilnehmer das Marktverhalten zu regeln. Nach hM stellen die Vorschriften des Urheberrechts keine Marktverhaltensregeln dar, weil sie nicht sämtlichen Marktteilnehmern, sondern nur dem Schutz des Urhebers oder Leistungsschutzberechtigten dienen.[215] Dieser Ansicht ist im Ergebnis, wenn auch nicht in der Begründung zuzustimmen. Es ist sachgerecht, dass im Fall der Urheberrechtsverletzung **parallele UWG-Ansprüche** wegen der Verletzung als solcher ausgeschlossen sind.[216] Das Urheberrecht ist ein Ausschließlichkeitsrecht, das dem Urheber die autonome Entscheidung darüber vorbehält, ob und wie das Werk zu nutzen ist, aber auch ob und wie gegen Verletzungen vorgegangen wird. Der Urheber kann gute Gründe haben, von einer Durchsetzung seiner Rechte ganz abzusehen oder eine bestimmte Prozessstrategie zu verfolgen. Diese Autonomie würde eingeschränkt, wenn parallel auch Mitbewerber und Verbände Abwehransprüche geltend machen könnten. Konstruktiv lässt sich dieses Ergebnis allerdings nicht über das Tatbestandsmerkmal der Marktverhaltensregelung erreichen, weil das Urheberrecht durch Verbote und Schranken fraglos das Marktverhalten regelt und dabei neben dem Interesse des Urhebers auch das Interesse der Verwerter, der Nutzer und der Allgemeinheit im Blick hat. § 3a UWG greift aber auch dann nicht ein, wenn das **jeweilige Rechtsgebiet die Folgen einer**

---

[206] BGBl. I S. 2158; sa. den Referentenentwurf des BMJV, abgedr. in GRUR 2014, 1180, dazu *Köhler* WRP 2014, 1410 ff.; *Glöckner* WRP 2014, 1399 ff.; *Ohly* GRUR 2014, 1137 ff.; und den Entwurf der Bundesregierung, abgedr. in GRUR 2015, 341, dazu *Köhler* WRP 2015, 275; *Sosnitza* GRUR 2015, 318.

[207] Egrd. S. 3 UGP-RL.

[208] Vgl. statt vieler *Bornkamm* GRUR 2011, 1; *Büscher* GRUR 2009, 230; *Köhler* GRUR 2007, 548; *Ohly* GRUR 2007, 731 und GRUR-Int 2015, 693; *Peukert*, Güterzuordnung als Rechtsprinzip, 2008, S. 313 ff.; *Raue*, Nachahmungsfreiheit nach Ablauf des Immaterialgüterrechtsschutzes?, 2010, S. 123 ff.; *Schröer*, Der unmittelbare Leistungsschutz, 2010, S. 9 ff. und passim; *Stang*, Das urheberrechtliche Werk nach Ablauf der Schutzfrist, 2011, S. 258 ff.

[209] Sie entsprach vor allem für das Verhältnis zwischen Marken- und Lauterkeitsrecht stRspr, grundlegend BGH GRUR 1999, 161 (162) – MacDog; weitere Nachw. zur „Vorrangthese" bei *Köhler/Bornkamm/Feddersen/Köhler* UWG § 4 Rn. 3.6 f.; Ohly/Sosnitza/*Ohly* Einf. D Rn. 82.

[210] Vgl. etwa *Fezer*, Markenrecht, 4. Aufl. 2009, MarkenG § 2 Rn. 1, 4, 16; *Sack* WRP 2004, 1405 (1414); *Steinbeck* FS Ullmann (2006), 409.

[211] BGH GRUR 2013, 1161 Rn. 60 – Hard Rock Café.

[212] BGH GRUR 2006, 79 Rn. 18 – Jeans I; GRUR 2010, 80 Rn. 18 – LIKEaBIKE.

[213] *Ohly*, FS Bornkamm (2014), 423 ff.; Ohly/Sosnitza/*Ohly* Einf. D Rn. 81.

[214] Insbesondere wird die „dreifache Schadensberechnung" im UWG nur in Ausnahmefällen gewährt, auch sind die Auskunfts- und Besichtigungsansprüche schwächer ausgestaltet.

[215] Köhler/Bornkamm/Feddersen/*Köhler* UWG § 3a Rn. 1.72; *Stieper* WRP 2006, 291 (293); ebenso zu § 1 aF UWG BGH GRUR 1999, 325 (326) – Elektronische Pressearchive; vgl. auch ÖOGH GRUR-Int 2007, 167 (170) – Werbefotos.

[216] AA unter Bezug auf § 1 aF UWG 4. Aufl. *Schricker/Loewenheim* Einl. Rn. 53; *Schricker* JZ 1999, 635 f.

Rechtsverletzung abschließend regelt.[217] Eine solche **im Wesentlichen abschließende Regelung** treffen die §§ 97 ff. UrhG. Hätte der Gesetzgeber eine Verbandsklage vorsehen wollen, so wäre dies bei der Neuregelung der Verletzungsfolgen im Jahre 2008 ohne weiteres möglich gewesen, wie die ausnahmsweise Zulassung der Verbandsklage beim Schutz geographischer Herkunftsangaben zeigt (§ 128 MarkenG).

65   Allerdings kann eine **Urheberrechtsverletzung** mit einer **unlauteren geschäftlichen Handlung einhergehen,** wenn das Verhalten, von der unerlaubten Werknutzung abgesehen, **zusätzliche Unlauterkeitsmerkmale** aufweist. Eine parallele Anwendung von Urheberrecht und UWG führt hier nicht zu Wertungswidersprüchen, weil die Unlauterkeit mit Aspekten begründet wird, die im Urheberrecht nicht berücksichtigt werden. Das Angebot von Werkexemplaren oder einer Werknutzung im Internet unter einer unzutreffenden Verfasserangabe kann als **irreführende Handlung** den Tatbestand des § 5 UWG erfüllen.[218] Werden bei einem Geheimnisverrat oder einer Betriebsspionage geheime Dateien wie technische Zeichnungen oder Datenbanken kopiert, so liegt gleichzeitig eine unerlaubte Vervielfältigung und eine **Verletzung von Geschäftsgeheimnissen** vor, die früher nach § 17 Abs. 2 Nr. 1 UWG zu beurteilen war[219] und mittlerweile Ansprüche gem. §§ 4, 6 ff. des Gesetzes zum Schutz von Geschäftsgeheimnissen (GeschGehG) auslöst.[220]

66   **c) Ergänzender UWG-Leistungsschutz? aa) Entwicklung und Grundsatz.** Nach einer früher verbreiteten Ansicht ist die **Ausbeutung fremder Leistungen,** das „Pflügen mit fremdem Kalbe",[221] unlauter. Nach dieser Ansicht kann das Lauterkeitsrecht den Schutz des Urhebers und der Leistungsschutzberechtigten in flexibler Weise ergänzen. Auf der Grundlage des § 1 UWG 1909 schützte die Rechtsprechung immer wieder schöpferische Leistungen oder unternehmerische Leistungen im Zusammenhang mit der Werkvermittlung und schloss so Lücken im Immaterialgüterrecht.[222] Gelegentlich übernahm der Gesetzgeber die Grundsätze später. *Ulmer* sprach daher von der **„Schrittmacherfunktion" des UWG.**[223] Vor Einführung spezialgesetzlicher Bestimmungen zunächst auf der Grundlage von § 1 UWG 1909 geschützt wurden beispielsweise Konzertveranstalter,[224] Computerprogramme[225] und Datenbanken.[226] Die Rechtsprechung war sich zwar durchweg der Bedeutung der urheberrechtlichen Gemeinfreiheit bewusst, verwendete gelegentlich das Lauterkeitsrecht aber als Instrument der Lückenfüllung.[227]

67   Spätestens seit der **UWG-Reform von 2004** hat sich aber der zuvor bereits anerkannte **Grundsatz der Nachahmungsfreiheit** durchgesetzt, dem zufolge die **Nachahmung nicht sondergesetzlich geschützter Erzeugnisse als solche frei** ist.[228] „Ansprüche aus ergänzendem wettbewerbsrechtlichem Leistungsschutz wegen der Verwertung eines fremden Leistungsergebnisses unabhängig vom Bestehen von Ansprüchen aus einem Schutzrecht" können nach ständiger Rechtsprechung nur gegeben sein, „wenn besondere Begleitumstände vorliegen, die außerhalb des sondergesetzlichen Tatbestands liegen."[229] Dieser Grundsatz trägt dem Umstand Rechnung, dass der Gesetzgeber Inhalt und Schranken der Immaterialgüterrechte im Einzelnen ausgestaltet hat und dass diese demokratisch legitimierte Entscheidung unterlaufen würde, wenn ohne weiteres Leistungen, die den Schutzvoraussetzungen nicht genügen oder die von Schranken der Rechte gedeckt werden, als unlautere geschäftliche Handlungen verboten würden. Zudem sind Rechte des geistigen Eigentums rechtfertigungsbedürftige Ausnahmen von der Wettbewerbsfreiheit, die ökonomisch sinnvoll ist und zu den Grundätzen der Marktwirtschaft gehört.[230] Sofern das Unionsrecht bestimmte Aspekte des Urheberrechts abschließend harmonisiert, darf diese Entscheidung des EU-Normgebers nicht unterlaufen werden, indem die schöpferische Leistung des Urhebers oder die Investition des Verwerters als solche unter der „falschen Flagge" des UWG geschützt wird.[231] Es ist daher außerhalb der Grenzen des Urheberrechts und der übrigen Rechte des geistigen Eigentums „weder wettbewerbsrechtlich noch zum Schutz des Rechts am eingerichteten und ausgeübten Gewerbebetrieb geboten, denjenigen, der eine

---

[217] BGH GRUR 2006, 773 Rn. 13 – Probeabonnement; Köhler/Bornkamm/Feddersen/*Köhler* § 3a Rn. 1.34; Ohly/Sosnitza/*Ohly* § 3a Rn. 9 f.
[218] Näher hierzu *Ohly* GRUR-Int 2015, 693 (699). Beispiel: Vertrieb eines Buchs, das im Wesentlichen ein Plagiat darstellt, hierzu *Apel/John* UFITA 2012, 665 ff.
[219] Vgl. hierzu *Dorner* CR 2014, 617 (622).
[220] Vgl. den Überblick über das GeschGehG bei *Ohly* GRUR 2019, 441.
[221] *Lobe* MuW XVI (1916–17) 129.
[222] Überblick bei *Ohly* FS Ullmann (2006), 795 ff.; *Schröer* S. 9 ff., 85 ff.
[223] *Ulmer* § 7 I 5.
[224] BGH GRUR 1963, 575 – Vortragsabend mAnm *Kleine*.
[225] OLG Frankfurt a. M. GRUR 1983, 757 – Donkey Kong Junior.
[226] BGH GRUR 1999, 923 (926 ff.) – Tele-Info-CD.
[227] Beispiel: BGH GRUR 1986, 895 (896) – Notenstichbilder mAnm *Schulze*: kein Schutz gegen fotomechanischen Nachdruck gemeinfreier Werke, zugleich aber Hinweis, dass bei Nachdruck vor Ablauf eines angemessenen Amortisationszeitraums UWG-Nachahmungsschutz in Betracht gekommen wäre.
[228] BGH GRUR 2017, 79 Rn. 96 – Segmentstruktur mAnm *Ohly*; vgl. auch GroßkommUWG/*Leistner*, Bd. 2, 2013, § 4 Rn. 40 ff.; *Beater*, Unlauterer Wettbewerb, 2011, Rn. 1964 ff.; Ohly/Sosnitza/*Ohly* UWG § 4 Rn. 3, 12 ff., alle mwN.
[229] BGH GRUR 2012, 58 Rn. 41 – Seilzirkus; GRUR 2010, 80 Rn. 19 – LIKEaBIKE mwN.
[230] Hierzu umfassend *Peukert*, Die Gemeinfreiheit, 2012, S. 55 ff. und passim.
[231] *Ohly* GRUR-Int 2015, 693 (697).

Leistung erbringt, grundsätzlich auch an allen späteren Auswertungsarten seiner Leistung zu beteiligen."[232]

Der Grundsatz der Nachahmungsfreiheit liegt seit 2004 dem **§ 4 Nr. 3 (= § 4 Nr. 9 aF) UWG** **68** zugrunde. Dieser Bestimmung zufolge handelt nicht schon unlauter, wer ein nachgeahmtes Produkt anbietet. Vielmehr müssen besondere Unlauterkeitsumstände hinzutreten, deren wichtigste § 4 Nr. 3 UWG aufführt. § 4 Nr. 3 UWG bietet mithin **mittelbaren Leistungsschutz,** wendet sich also nicht gegen die Nachahmung selbst, sondern gegen das mit ihrem Angebot verbundene unlautere Verhalten (dazu → Rn. 73). Da der Gesetzgeber der Auffassung war, damit die Fallgruppe des UWG-Leistungsschutzes weitgehend erfasst zu haben, kommt ein **unmittelbarer Leistungsschutz** nach dem Vorbild älterer Urteile, der nicht an zusätzliche Verhaltensmerkmale, sondern an die Leistungsübernahme selbst anknüpft, wenn überhaupt, nur in wenigen Ausnahmefällen in Betracht (→ Rn. 79 ff.).

bb) § 4 Nr. 3 UWG. Nach § 4 Nr. 3 UWG stellt das Angebot nachgeahmter Waren oder Dienst- **69** leistungen, die wettbewerbliche Eigenart aufweisen, dann eine unlautere geschäftliche Handlung dar, wenn zusätzliche Unlauterkeitsmerkmale vorliegen. Daraus ergeben sich die im Folgenden erläuterten Voraussetzungen. Zwischen dem Grad der wettbewerbliche Eigenart (→ Rn. 72), der Nähe der Nachahmung (→ Rn. 73) und der Stärke der zusätzlichen unlauterkeitsbegründenden Umstände (→ Rn. 74 ff.) besteht eine **Wechselwirkung: Die Stärke des einen kann die Schwäche des anderen kompensieren.**[233]

Gegenstand der Nachahmung sind **Waren oder Dienstleistungen.** Beide Begriffe werden weit **70** verstanden, sie erfassen **Leistungsergebnisse jeder Art.**[234] Unter den Warenbegriff fallen Sachen wie Kleidungsstücke, Möbel, Spielzeug, Gebrauchsgegenstände oder Verpackungen. Auch immaterielle Gegenstände wie Bildmotive,[235] Datenbanken,[236] Web-Layouts,[237] fiktive Charaktere[238] oder ein Nummernsystem für Briefmarkensammlungen[239] können erfasst sein. **Nicht** geschützt sind allerdings, ebenso wie unter § 2 UrhG, **bloße Ideen,** etwa die Idee, Puppen mit bestimmten Ausstattungen anzubieten.[240]

Originalhersteller muss ein **Mitbewerber** sein, zum Nachahmer muss also ein **konkretes Wett- 71 bewerbsverhältnis** bestehen **(§ 2 Abs. 1 Nr. 3 UWG).** Das ist jedenfalls dann der Fall, wenn die von beiden Unternehmen angebotenen Produkte aus Abnehmersicht substituierbar sind. Auch zwischen Anbietern verschiedener Wirtschaftsstufen (zB Hersteller und Einzelhändler) kann ein Wettbewerbsverhältnis bestehen, ebenso zwischen dem Rechtsinhaber, der ein Produkt lizenziert, und einem Unternehmer, der dem Schutzrecht entsprechende Produkte vertreibt.[241] Nach wohl hM kann auch bei andersartigen Endprodukten ein Wettbewerbsverhältnis zwischen einem Unternehmen bestehen, dessen Produkt über einen (lizenzierbaren) guten Ruf verfügt, und einem anderen Unternehmen, das diesen Ruf für ein andersartiges Produkt verwenden möchte.[242]

Das nachgeahmte Erzeugnis muss über **wettbewerbliche Eigenart** verfügen. Das ist der Fall, **72** wenn die konkrete Ausgestaltung oder bestimmte Merkmale des Erzeugnisses geeignet sind, die angesprochenen Verkehrskreise auf die **betriebliche Herkunft** oder die **Besonderheiten des Produkts hinzuweisen.**[243] In einer den immaterialgüterrechtlichen Schutzvoraussetzungen vergleichbaren Weise grenzt dieses Merkmal Allerweltserzeugnisse von originellen Produkten ab. Die wettbewerbliche Eigenart liegt nicht schon immer dann vor, wenn eine persönliche geistige Schöpfung gegeben ist. So verleiht die literarische oder journalistische Qualität eines Textes diesem noch keine wettbewerbliche Eigenart, weil sie weder die Herkunft des Textes aus einem bestimmten Verlag erkennen lässt noch ein Unterscheidungsmerkmal zu anderen qualitativ vergleichbaren Texten darstellt.[244]

§ 4 Nr. 3 UWG betrifft das **Angebot nachgeahmter Produkte.** Die bloße Nachahmung selbst **73** ist also im Gegensatz zur unerlaubten Vervielfältigung eines urheberrechtlich geschützten Werks (§ 16

---

[232] BGH GRUR 2011, 436 Rn. 28 – Hartplatzhelden.de.

[233] BGH GRUR 2012, 58 Rn. 42 – Seilzirkus; BGH GRUR 2013, 951 Rn. 14 – Regalsystem; Ohly/Sosnitza/ *Ohly* UWG § 4 Rn. 3, 26 mwN.

[234] Hierzu mwN Köhler/Bornkamm/Feddersen/*Köhler* UWG § 4 Rn. 3.22; Ohly/Sosnitza/*Ohly* UWG § 4 Rn. 3, 27.

[235] OLG Köln GRUR-RR 2007, 388 (390) – Ohne Dich ist alles doof.

[236] BGH GRUR 2017, 79 Rn. 45 – Segmentstruktur mAnm *Ohly.*

[237] OLG Karlsruhe GRUR-RR 2010, 234 (236) – Reisebürosoftware.

[238] BGH GRUR 2016, 725 Rn. 15 – Pippi-Langstrumpf-Kostüm II mAnm *Nemeczek; Stieper* GRUR 2017, 649.

[239] BGH GRUR 2011, 79 Rn. 27 – Markenheftchen.

[240] BGH GRUR 2005, 166 (168 ff.) – Puppenausstattungen; Ohly/Sosnitza/*Ohly* UWG § 4 Rn. 9, 30 mwN.

[241] BGH GRUR 2014, 1114 – nickelfrei.

[242] OLG Köln GRUR-RR 2014, 393 (394) – Pippi Langstrumpf II; Köhler/Bornkamm/Feddersen/*Köhler* UWG § 2 Rn. 108 ff., 111b; Ohly/Sosnitza/*Sosnitza* UWG § 2 Rn. 66. Allgemein zum weiten Mitbewerberbegriff des BGH unter §§ 2 Abs. 1 Nr. 3, 8 Abs. 3 UWG BGH GRUR 2018, 1251 Rn. 17 f. – Werbeblocker II.

[243] BGH GRUR 2011, 134 Rn. 67 – Perlentaucher; BGH GRUR 2019, 311 Rn. 14 – Handfugenpistole; Köhler/Bornkamm/Feddersen/*Köhler* UWG § 4 Rn. 3.24; Ohly/Sosnitza/*Ohly* UWG § 4 Rn. 3, 32, beide mwN.

[244] BGH GRUR 2011, 134 Rn. 67 – Perlentaucher.

UrhG) noch nicht tatbestandlich, es **muss ein Angebot erfolgen.**[245] Bei der **Nachahmung** besteht eine **Stufenleiter,** die von der identischen Leistungsübernahme mit technischen Mitteln über die fast identische Nachbildung bis zur nachschaffenden Übernahme reicht.[246] Eine **eigene Leistung,** die lediglich an ein fremdes Leistungsergebnis anknüpft, ist **keine Nachahmung;**[247] die Abgrenzung folgt ähnlichen Grundsätzen wie diejenige zwischen Bearbeitung (§ 23 UrhG) und freier Benutzung (§ 24 UrhG).[248] Keine Nachahmungen sind die Erleichterung des Zugangs zu fremden Angeboten durch Linking[249] oder die Bereitstellung der Möglichkeit, eine Konkordanzliste mit der Briefmarken-Nummerierung eines Mitbewerbers zu erstellen.[250]

74   Zum Angebot eines nachgeahmten Produkts müssen **zusätzliche Unlauterkeitsmerkmale** hinzutreten, deren wichtigste in § 4 Nr. 3 UWG genannt sind.

75   Unlauter ist erstens die **vermeidbare Herkunftstäuschung (§ 4 Nr. 3a UWG).** Eine **Herkunftstäuschung** liegt vor, wenn das durchschnittliche Mitglied der angesprochenen Verkehrskreise annehmen kann, das nachgeahmte Produkt stamme vom Hersteller des Originals oder einem mit diesem beispielsweise lizenzrechtlich verbundenen Unternehmen.[251] Die Täuschung ist **vermeidbar,** wenn sie durch geeignete und zumutbare Maßnahmen verhindert werden kann. Oft lässt sich die Fehlvorstellung durch eine geeignete Kennzeichnung ausräumen. Mögliche Fälle einer vermeidbaren Herkunftstäuschung mit urheberrechtlichem Bezug sind Plagiate, aber auch die Einbindung von Dateien auf einer Website in einer Weise, die aus Nutzersicht nicht erkennen lässt, dass es sich um fremde Inhalte handelt.[252] Im Fall des Embedding fehlt es allerdings an einer Nachahmung, so dass lediglich eine Beanstandung wegen Irreführung (§ 5 UWG) in Betracht kommt,[253] auch eine ergänzende Anwendung des § 3 Abs. 1 UWG ist denkbar, wenn das Verhalten wegen der Täuschung den gleichen Unwertgehalt aufweist wie eine Handlung iSd § 4 Nr. 3a UWG, während unmittelbarer Leistungsschutz[254] ausscheidet.[255]

76   Zweite Fallgruppe der Unlauterkeit ist die **Rufausbeutung oder –schädigung (§ 4 Nr. 3b UWG).** Das nachgeahmte Produkt verfügt über **Wertschätzung,** wenn es positive Assoziationen aufweist, die über den bloßen Nutzungswert hinausgehen. Dieser gute Ruf wird **ausgenutzt,** wenn er auf das nachgeahmte Produkt übertragen wird (Imagetransfer).[256] Das kann bei der identischen Nachahmung eines bekannten Luxusprodukts der Fall sein,[257] scheidet aber aus, wenn der Verkehr die Unterschiede zwischen dem teuren Original und der billigen Nachahmung ohne weiteres erkennt.[258] Es genügt nicht, dass lediglich eine Assoziation zum Originalprodukt hervorgerufen oder die Aufmerksamkeit der Abnehmer geweckt wird.[259] Die Ausnutzung muss **unangemessen** sein. Das ist umso mehr der Fall, je mehr dem Nachahmer ein Ausweichen auf andere Gestaltungen zumutbar ist. Eine Nachahmung, die erforderlich ist, um Kompatibilität mit anderen Produkten herzustellen oder eine optimale technische Lösung zu realisieren, ist nicht unangemessen.[260]

77   **Unredlich erlangt (§ 4 Nr. 3c UWG)** werden in erster Linie Vorlagen, die unter Verletzung von Betriebs- und Geschäftsgeheimnissen oder unter Verletzung eines vertraglichen oder vorvertraglichen Vertrauensverhältnisses erlangt wurden. Diese Fälle werden mittlerweile von §§ 2, 4 GeschGehG erfasst. Ob für § 4 Nr. 3c UWG daneben ein eigenständiger Anwendungsbereich verbleibt, ist zweifelhaft. Jedenfalls ist die Vorschrift in Einklang mit der EU-Richtlinie 2016/943 zum Schutz von Geschäftsgeheimnissen auszulegen.

78   Daneben kann sich die Unlauterkeit auch aus unbenannten Unlauterkeitsumständen, insbesondere einer **Behinderung (§ 4 Nr. 4 UWG)** ergeben. Allerdings darf die Behinderung nicht als „Sammelbecken für Missbilligungen verschiedenster Art"[261] einen Auffangtatbestand für Nachahmungen

---

[245] Köhler/Bornkamm/Feddersen/*Köhler* UWG § 4 Rn. 3.39; Ohly/Sosnitza/*Ohly* UWG § 4 Rn. 3, 50.

[246] Vgl. Köhler/Bornkamm/Feddersen/*Köhler* UWG § 4 Rn. 3.34; Ohly/Sosnitza/*Ohly* UWG § 4 Rn. 3, 45, beide mwN.

[247] BGH GRUR 2011, 436 Rn. 16 – Hartplatzhelden.de für die Filmaufzeichnung eines Fußballspiels. Daraus dürfte allerdings nicht allgemein folgen, dass Aufnahmen von Gegenständen oder Ereignissen niemals eine Nachahmung sein können, s. *Ohly* GRUR 2011, 439.

[248] Götting/*A. Nordemann*, UWG, 2. Aufl. 2013, § 4 Rn. 9.47; GroßkommUWG/*Leistner* UWG § 4 Rn. 138.

[249] BGH GRUR 2003, 958 (963) – Paperboy.

[250] BGH GRUR 2006, 493 Rn. 28 – Michel-Nummern.

[251] Köhler/Bornkamm/Feddersen/*Köhler* UWG § 4 Rn. 3.41; Ohly/Sosnitza/*Ohly* UWG § 4 Rn. 3, 52.

[252] Eine Verletzung des Urheberrechts scheidet nach EuGH GRUR 2014, 1196 – BestWater aus. Zur Frage des ergänzenden UWG-Schutzes gegen das Embedding fremder Inhalte *Fuchs/Farkas* ZUM 2015, 110 (122 ff.); *Ohly* GRUR-Int 2015, 693 (703 f.).

[253] *Fuchs/Farkas* ZUM 2015, 110 (124); allerdings kann die Verbraucherrelevanz der Irreführung fraglich sein, s. *Ohly* GRUR-Int 2015, 693 (703 m. Fn. 111).

[254] Hierzu → Rn. 79 ff.

[255] *Ohly* GRUR-Int 2015, 693 (703 f.).

[256] Köhler/Bornkamm/Feddersen/*Köhler* UWG § 4 Rn. 3.53; Ohly/Sosnitza/*Ohly* UWG § 4 Rn. 3, 66 ff.

[257] BGH GRUR 1985, 876 (878) – Tchibo/Rolex I.

[258] BGH GRUR 2007, 795 Rn. 44 – Handtaschen.

[259] BGH GRUR 2007, 795 Rn. 44 – Handtaschen; OLG Köln GRUR-RR 2014, 393 (395) – Pippi Langstrumpf II.

[260] BGH GRUR 2013, 1052 Rn. 42 – Einkaufswagen III; Ohly/Sosnitza/*Ohly* UWG § 4 Rn. 3, 68.

[261] Harte-Bavendamm/Henning-Bodewig/*Sambuc* UWG § 4 Rn. 179.

darstellen, die sich nicht unter § 4 Nr. 3a–c UWG subsumieren lassen. Eine Behinderung liegt nur vor, wenn das Verhalten des Nachahmers in erster Linie auf eine Beeinträchtigung der wettbewerblichen Entfaltungsmöglichkeiten eines Mitbewerbers zielt oder wenn die Behinderung derart ist, dass der beeinträchtigte Mitbewerber **seine eigene Leistung** am Markt durch eigene Anstrengungen **nicht mehr in angemessener Weise zur Geltung bringen kann.**[262] Das bloße Angebot nachgeahmter Produkte zum (naturgemäß) niedrigeren Preis ist für sich genommen bei Fehlen sonderrechtlichen Schutzes wettbewerbskonform und stellt daher noch keine unlautere Behinderung dar.

cc) Unmittelbarer Leistungsschutz auf der Grundlage der Generalklausel (§ 3 UWG)? 79
Unter § 1 UWG 1909 haben die Gerichte verschiedentlich auch ohne zusätzliche Unlauterkeitsumstände die Gewährung von Leistungsschutz auch dann für möglich gehalten, wenn dem Originalhersteller durch die Nachahmung unter Berücksichtigung aller Fallumstände drohte „in unbilliger Weise um die Früchte seiner Arbeit" gebracht zu werden.[263] Ob eine solche Gewährung **unmittelbaren Leistungsschutzes,** der nicht an zusätzliche Unlauterkeitsmerkmale, sondern an die Übernahme der Leistung selbst anknüpft und diese einer Interessenabwägung unterzieht, auch unter dem heutigen UWG **auf der Grundlage der Generalklausel (§ 3 Abs. 1 UWG)** noch gewährt werden kann, ist **umstritten.** Nach verbreiteter Ansicht schließt § 4 Nr. 3 UWG einen Rückgriff auf § 3 UWG aus, weil der Gesetzgeber sich in diesem Beispielstatbestand zum Grundsatz der Nachahmungsfreiheit bekannt hat und das Vorliegen zusätzlicher Unlauterkeitsmerkmale gerade zwingend voraussetzen wollte.[264] Die Gegenansicht hält § 4 Nr. 3 UWG nicht für abschließend, ist sich aber nicht einig, ob den Grundsatz der Nachahmungsfreiheit insgesamt abzulehnen ist[265] oder ob ein unmittelbarer Leistungsschutz nur dann in Betracht kommt, wenn im System des geistigen Eigentums eine Lücke besteht und eine Abwägung aller relevanter Interessen (§ 1 UWG) für den Schutz spricht.[266]

Der **BGH** hat die Frage **bisher nicht abschließend** beantwortet, tendiert aber zur letztgenannten 80 Auffassung. Im Fall *Hartplatzhelden.de,* in dem ein Sportverband auf lauterkeitsrechtlicher Grundlage gegen den Anbieter einer Website vorging, auf der Videoclips von Amateurfußballspielen hochgeladen werden konnten, hielt der BGH einen ergänzenden Leistungsschutz nicht für schlechthin ausgeschlossen.[267] Das erscheint **zutreffend:** Erstens ist der angebliche Gegensatz zwischen dem Schutz von Ausschließlichkeitsrechten und lauterkeitsrechtlichem Verhaltensunrecht ein scheinbarer; zwischen beiden besteht eine Grauzone. Zweitens besteht kein zwingender Grund dafür, die bis 2004 bewährte Möglichkeit einer flexiblen Lückenfüllung im Fall neuartiger, vom Gesetzgeber nicht vorhergesehener Entwicklungen aufzugeben. Drittens kann enger oder kurzfristiger UWG-Schutz den Wettbewerb weniger stark belasten als ein umfassendes oder lang andauerndes Ausschließlichkeitsrecht. Das bedeutet allerdings **keineswegs,** dass **jede Übernahme einer fremden Leistung gem. § 3 Abs. 1 UWG unlauter** wäre. Zu Recht versagte der BGH im Fall *Hartplatzhelden.de* Leistungsschutz aufgrund der Umstände des Einzelfalls:[268] Erstens seien Sportveranstalter hinreichend durch das Hausrecht geschützt, zweitens falle bei einer Interessenabwägung die Meinungs- und Informationsfreiheit der Nutzer besonders ins Gewicht. Daraus lassen sich verallgemeinernd die folgenden Voraussetzungen für die Gewährung unmittelbaren Leistungsschutzes ableiten.
– Der betreffende **Interessenkonflikt** darf **nicht bereits anderweitig,** insbesondere im Recht des geistigen Eigentums oder im Sachenrecht, **erschöpfend** geregelt sein. Ein ergänzender Schutz persönlicher Gestaltungen unterhalb der urheberrechtlichen Schutzschwelle oder im Geltungsbereich der Schrankenregelungen kommt daher nur unter den Voraussetzungen des § 4 Nr. 3 UWG in Betracht. Das gilt auch im Verhältnis zum Unionsrecht: Sofern es eine abschließende Harmonisierung vornimmt, darf das deutsche Recht diese Entscheidung nicht unterlaufen, indem die betreffende schöpferische Leistung oder Investition als solche lauterkeitsrechtlich geschützt wird.[269]
– Leistungsschutz ist nicht schon dann berechtigt, wenn die Interessen des Originalherstellers dafür sprechen. Erforderlich ist vielmehr eine **umfassende, an § 1 UWG orientierte Interessenabwägung,** in die neben den Interessen des Originalherstellers und des Nachahmers auch die Interessen der Allgemeinheit an Wettbewerbs-, Meinungs- und Informationsfreiheit einzustellen sind. Für die Gewährung von Leistungsschutz spricht insbesondere die **Gefahr eines Marktversagens,** die zu bejahen ist, wenn (a) die Herstellung des Originalprodukts wesentliche Investitionen erfordert, (b) das Produkt durch technische Mittel zu minimalen Kosten vervielfältigt werden kann, (c) der

---

[262] BGH GRUR 2007, 800 Rn. 23 – Außendienstmitarbeiter; BGH GRUR 2014, 785 Rn. 23 – Flugvermittlung im Internet; BGH GRUR 2017, 79 Rn. 82 – Segmentstruktur mAnm *Ohly*; Ohly/Sosnitza/*Ohly* UWG § 4 Rn. 4, 9 ff. mwN.
[263] BGH GRUR 1969, 186 (188) – Reprint; einschränkend aber bereits BGH GRUR 1986, 895 (896) – Notenstichbilder mAnm *Schulze.*
[264] Köhler/Bornkamm/Feddersen/*Köhler* UWG § 4 Rn. 3.5c; *Körber/Ess* WRP 2011, 697 (702); *Nemeczek* WRP 2010, 1204.
[265] *Fezer* WRP 2008, 1 (9); *Götting/Hetmank* WRP 2013, 421 (425); *Lubberger* FS Ullmann (2006), 737 ff.
[266] *Ohly* GRUR 2010, 487 (490 ff.); *Schröer* S. 185 ff.; mit Einschränkungen auch *Peukert* WRP 2010, 316 (320).
[267] BGH GRUR 2011, 436 Rn. 19 ff. mAnm *Ohly.*
[268] BGH GRUR 2011, 436 Rn. 19 ff. – Hartplatzhelden.de; ebenso BGH GRUR 2016, 725 Rn. 24 f. – Pippi-Langstrumpf-Kostüm II; BGH GRUR 2017, 79 Rn. 97 – Segmentstruktur.
[269] *Ohly* GRUR-Int 2015, 98 ff.

Originalhersteller weder die Leistungsübernahme rechtlich oder faktisch verhindern noch seine Kosten anderweitig amortisieren kann und (d) dadurch die Gefahr entsteht, dass weder der Originalhersteller noch Konkurrenten in diesen Markt investieren.[270]

4. Recht gegen Wettbewerbsbeschränkungen *(Loewenheim)*

Literatur: *Buhrow/J. B. Nordemann,* Grenzen ausschließlicher Rechte geistigen Eigentums durch Kartellrecht, GRUR-Int 2005, 407; *Conde Gallego,* Die Anwendung des kartellrechtlichen Missbrauchsverbots auf „unerlässliche" Immaterialgüterrechte im Lichte der IMS Health- und Standard-Spundfass-Urteile, GRUR-Int 2006, 16; *Erdmann,* Kartellrecht und Urhebervertragsrecht, in FS Odersky (1996), S. 959; *Gaster,* Kartellrecht und geistiges Eigentum – Unüberbrückbare Gegensätze im EG-Recht?, CR 2005, 247; *Gotzen,* A New Perspective for the Management of Copyright and Competition Law in the Internal Market, FS Schricker (2005), S. 299; *Fikentscher,* Urhebervertragsrecht und Kartellrecht, in FS Schricker (1995), S. 149; *Heinemann,* Immaterialgüterschutz in der Wettbewerbsordnung, 2002; *ders.,* Kartellrecht und Informationstechnologie, CR 2005, 715; *ders.,* Interne und externe Begrenzungen des Immaterialgüterschutzes am Beispiel des IMS-Health-Falls, in Hilty/Peukert (Hrsg.), Interessenausgleich im Urheberrecht, 2004, S. 207; *Höppner,* Missbräuchliche Verhinderung „neuer" Produkte durch Immaterialgüterrechte – Zur Anwendung von Art. 82 EG auf Lizenzverweigerungen, GRUR-Int 2005, 457; *Kaestner,* Missbrauch von Immaterialgüterrechten, 2005; *Käller,* Die Verweigerung einer immaterialgüterrechtlich geschützten Leistung und das Missbrauchsverbot des Art. 82 EG, 2006; *Kreutzmann,* Neues Kartellrecht und geistiges Eigentum, WRP 2006, 453; *Leistner,* Intellectual property and competition law – the European development from Magill to IMS Health compared to recent German and US case law, Zeitschrift für Wettbewerbsrecht 2005, 138; *Loewenheim,* Urheberrecht und Kartellrecht, FS Samson, UFITA Band 79 (1977) S. 175; *Meinberg,* Zwangslizenzen im Patent- und Urheberrecht als Instrument der kartellrechtlichen Missbrauchsaufsicht im deutschen und europäischen Recht, 2006; *J. B. Nordemann,* Urhebervertragsrecht und neues Kartellrecht gem. Art. 81 EG und § 1 GWB, GRUR 2007, 203; *J. B. Nordemann/Wolters,* Google, das Leistungsschutzrecht für Presseverleger und das Kartellrecht, ZUM 2016, 846; *Schmidt,* Lizenzverweigerung als Missbrauch einer marktbeherrschenden Stellung, 2005; *Schumacher,* Marktaufteilung und Urheberrecht im EG-Kartellrecht, GRUR-Int 2004, 487; *Spindler/Apel,* Urheber- versus Kartellrecht? – Auf dem Wege zur Zwangslizenz?, JZ 2005, 133; *v. Westernhagen,* Zugang zu geistigem Eigentum nach europäischem Kartellrecht, 2006; *Wilhelmi,* Lizenzverweigerung als Missbrauch einer marktbeherrschenden Stellung in der Gemeinschaftsrechtsprechung. Von Volvo über Magill zu IMS Health – und Microsoft?, WRP 2009, 1431; *Wolf,* Zwangslizenzen im Immaterialgüterrecht, 2005.

81   **a) Allgemeines.** Ebenso wie andere Immaterialgüterrechte steht das Urheberrecht zum Recht gegen Wettbewerbsbeschränkungen in einem grundsätzlichen **Spannungsverhältnis.** Das Urheberrecht begründet Ausschließlichkeitsrechte, es entsteht eine Art Monopolsituation, indem urheberrechtlich geschützte Werke nicht frei benutzt werden können. Allerdings darf dieses Spannungsverhältnis nicht als diametraler Gegensatz zwischen den beiden Rechtsbereichen verstanden werden. Vielmehr dienen sowohl das Immaterialgüterrecht als auch das Recht gegen Wettbewerbsbeschränkungen der Steuerung des Wettbewerbs insofern, als sie die Produktion und Verteilung innovativer Güter und Dienstleistungen fördern wollen. Dem Immaterialgüterrecht wohnt eine Wettbewerbssteuerung insofern inne, als die Zuweisung der ausschließlichen Nutzungsberechtigung an einen Marktteilnehmer andere Marktteilnehmer tendenziell initiiert, ihrerseits konkurrierende Erzeugnisse zu kreieren. Gleichwohl können Konfliktsituationen auf verschiedenen Ebenen entstehen. Sowohl in horizontalen als auch vertikalen Verträgen über Urheberrechte können Bindungen kartellrechtlicher Relevanz vereinbart werden, etwa Gebietsaufteilungen oder Preisabreden. Wichtige Ausschließlichkeitsrechte können, besonders wenn sie kumuliert werden, zu marktmächtigen oder sogar marktbeherrschenden Stellungen führen. Auch die kollektive Wahrnehmung von Urheberrechten kann Fragen des Kartellrechts aufwerfen.[271] Vor allem hat das Verhältnis von Immaterialgüterrechten und freiem Warenverkehr in der Europäischen Union Gerichte und Behörden immer wieder beschäftigt. Schon in den sechziger Jahren des vorigen Jahrhunderts ergab sich das Problem, dass die nationalen Erschöpfungsregelungen der Mitgliedstaaten – dem Territorialitätsprinzip entsprechend – dem Grundsatz der nationalen Erschöpfung folgten, wodurch Reimporte von in einem anderen Mitgliedstaat in Verkehr gebrachten Waren unter Schutzrechtsgesichtspunkten verhindert werden konnten. In zahlreichen Entscheidungen entwickelte der EuGH daraufhin den Grundsatz der gemeinschaftsweiten Erschöpfung, wonach in einem Mitgliedstaat mit Zustimmung des Rechtsinhabers in Verkehr gebrachte Werkstücke innerhalb der Gemeinschaft frei zirkulieren können.[272] Zur Unterscheidung von Bestand und Ausübung gewerblicher Schutzrechte durch den europäischen Gerichtshof und zum spezifischen Gegenstand des Urheberrechts vgl. → Rn. 99.

82   Das Verhältnis von Immaterialgüterrechten und Recht gegen Wettbewerbsbeschränkungen wurde in Deutschland anfänglich nach der sog. **Inhaltstheorie** bestimmt, die in ihrem Kern besagte, dass der Inhalt des Schutzrechts vom Recht gegen Wettbewerbsbeschränkungen freigestellt sein soll, dass also für jedes Immaterialgüterrecht ein kartellrechtsfreier Raum besteht. Diese Inhaltstheorie ist über-

---

[270] *Peukert* WRP 2010, 316 (320).
[271] S. zu diesen Fragen etwa *J. B. Nordemann* in Loewenheim/Meessen/Riesenkampff/Kersting/Meyer-Lindemann, Kartellrecht, 3. Aufl. 2016, 3. Teil (Gewerblicher Rechtsschutz und Urheberrecht), Rn. 14 ff.; grundlegend zum Verhältnis des Kartellrecht zu den Immaterialgüterrechten *Heinemann,* Immaterialgüterschutz in der Wettbewerbsordnung, 2002.
[272] Dazu näher → Rn. 98 ff.

holt.[273] Heute ist allgemein anerkannt, dass das **Urheberrecht der Anwendung des Rechts gegen Wettbewerbsbeschränkungen zugänglich** ist. Beide Rechtsbereiche wirken aber aufeinander ein; im Immaterialgüterrecht sind kartellrechtliche Grundsätze zu berücksichtigen, die der Ausübung der Ausschließlichkeitsrechte Grenzen setzen können, umgekehrt hat das Recht gegen Wettbewerbsbeschränkungen den Prinzipien und Wertungen des Immaterialgüterrechts Rechnung zu tragen.[274] Für das Urheberrecht bedeutet das, dass in seinen einzelnen Fallkonstellationen die jeweiligen Prinzipien und Wertungen des Urheberrechts und des Rechts gegen Wettbewerbsbeschränkungen zu analysieren, gegeneinander abzuwägen und miteinander in Einklang zu bringen sind. Diese Interessenabwägung hat unter Berücksichtigung des **spezifischen Gegenstands des Urheberrechts** zu erfolgen, wie ihn der EuGH in seine Rechtsprechung herausgearbeitet hat, nämlich den Schutz der Persönlichkeitsrechte und der wirtschaftlichen Rechte ihrer Inhaber zu gewährleisten. Der Schutz der Persönlichkeitsrechte ermögliche es den Urhebern und ausübenden Künstlern insbesondere, sich jeder Entstellung, Verstümmelung oder sonstigen Änderung des Werkes zu widersetzen, die ihrer Ehre oder ihrem Ruf nachteilig sein könnten. Das Urheberrecht und die verwandten Schutzrechte hätten außerdem wirtschaftlichen Charakter, da sie die Befugnis vorsähen, das Inverkehrbringen des geschützten Werkes kommerziell, insbesondere in Form von Lizenzen, die gegen Zahlung einer Vergütung erteilt werden, zu nutzen.[275]

Einschlägige kartellrechtliche Rechtsvorschriften sind in Deutschland das Gesetz gegen **83** Wettbewerbsbeschränkungen (GWB); im europäischen Recht die Art. 101, 102 AEUV als grundlegende kartellrechtliche Normen, einschließlich der dazu ergangenen Gruppenfreistellungsverordnungen, sowie Art. 34–36 AEUV, wonach an sich unzulässige Beschränkungen des zwischenstaatlichen Warenverkehrs aus Gründen des gewerblichen und kommerziellen Eigentums gerechtfertigt sein können. Das GWB hat heute gegenüber dem europäischen Recht gegen Wettbewerbsbeschränkungen weitgehend an Bedeutung verloren. Durch Art. 3 der Verordnung (EG) Nr. 1/2003 des Rates vom 16.12.2002,[276] dessen Bestimmungen als § 22 durch die 7. GWB-Novelle in das GWB eingearbeitet wurden, ist das Verhältnis zwischen den Art. 101, 102 AEUV einerseits und dem einzelstaatlichen Wettbewerbsrecht andererseits neu geregelt worden. Danach werden die nationalen Gerichte und Wettbewerbsbehörden durch Art. 3 VO 1/2003 unmittelbar gebunden. Die Anwendung einzelstaatlichen Rechts bleibt zwar möglich, jedoch ist dann die gleichzeitige Anwendung von Art. 101 bzw. 102 AEUV vorgeschrieben.[277] Das hat dazu geführt, dass aus prozessökonomischen Gesichtspunkten vielfach nur noch das europäische Recht angewandt wird. Zusätzlich dürfen in Fällen, die in den Bereich von Art. 101 AEUV fallen, die Entscheidungen nationaler Behörden und Gerichte nicht vom europäischen Recht abweichen. Für Fälle, in denen das deutsche Kartellrecht strenger und das europäische Wettbewerbsrecht milder ist, ist dies ausdrücklich in Art. 3 Abs. 2 S. 1 der VO 1/2003 und dementsprechend in § 22 Abs. 2 S. 1 GWB geregelt. Für Fälle, in denen das deutsche Kartellrecht milder und das europäische Wettbewerbsrecht strenger ist, entsprach das schon der bisherigen Rechtslage und ist nunmehr ausdrücklich in § 22 Abs. 2 S. 3 GWB geregelt. Für einseitige Wettbewerbshandlungen sieht Art. 3 Abs. 2 S. 2 der VO 1/2003 vor, dass das nationale Recht strengere Vorschriften als das europäische Recht haben darf. Diese Vorschrift ist in § 22 Abs. 2 S. 2 GWB dahingehend umgesetzt, dass die Vorschriften des zweiten Abschnitts (§§ 19–21 GWB) unberührt bleiben sollen.[278] Diese Regelungen gelten nicht für die Fusionskontrolle und für Vorschriften, die überwiegend ein von Art. 101 und 102 AEUV abweichendes Ziel verfolgen.[279]

Vorrangig kommen damit für die Anwendung auf das Urheberrecht **Art. 101 und 102 AEUV** in **84** Betracht. **Art. 101 Abs. 1 AEUV** enthält für den Bereich des zwischenstaatlichen Handels das Verbot wettbewerbsbeschränkender Vereinbarungen und Verhaltensweisen. Dabei stellt sich (ebenso wie bei § 1 GWB) vornehmlich die Frage, ob es sich bei den Urhebern und anderen Rechtsinhabern um **Unternehmen** handelt. Die rein künstlerische Tätigkeit erfüllt zwar nicht den Unternehmensbegriff, wohl aber ihre wirtschaftliche Verwertung.[280] Insoweit sind Urheber, Inhaber von Nutzungsrechten und Leistungsschutzberechtigte grundsätzlich als Unternehmer anzusehen; anders ist es lediglich, wenn Urheber ihre kreative Leistung im Rahmen eines Arbeit- oder Dienstverhältnisses erbringen.[281]

[273] S. für das Urheberrecht auch EuGH GRUR-Int 1995, 490 Rn. 48 – Magill TV Guide.
[274] Grundlegend *Heinemann*, Immaterialgüterschutz in der Wettbewerbsordnung, s. insbesondere die Zusammenfassung auf S. 619 ff.; sa. *Ullrich* in Immenga/Mestmäcker, Wettbewerbsrecht, 5. Aufl. Bd. 1. EU/Teil 2, Abschnitt VII (GRUR) Rn. 18 ff.
[275] Grundlegend EuGH GRUR 1994, 280 Rn. 20 – Phil Collins; näher dazu → Rn. 102 ff.
[276] ABl. L 1 2001, S. 1.
[277] § 22 Abs. 1 und 3 GWB.
[278] Vgl. dazu näher *Loewenheim* in Loewenheim/Meessen/Riesenkampff, Kartellrecht, 3. Aufl., GWB § 22 Rn. 9.
[279] Art. 3 Abs. 3 VO 1/2003 und § 22 Abs. 4.
[280] BGH GRUR 1971, 171 (172) – Hamburger Volksbühne; *Bechtold/Bosch*, GWB, 9. Aufl. 2018, GWB § 1 Rn. 12; *J. B. Nordemann* in Loewenheim/Meessen/Riesenkampff/Kersting/Meyer-Lindemann, Kartellrecht, 3. Aufl. 2016, 3. Teil (Gewerblicher Rechtsschutz und Urheberrecht), Rn. 75 mwN.
[281] *J. B. Nordemann* in Loewenheim/Meessen/Riesenkampff/Kersting/Meyer-Lindemann, Kartellrecht; Emmerich in Immenga/Mestmäcker, Wettbewerbsrecht, 5. Aufl. Bd. 1. EU/Teil 1, AEUV Art. 101 Rn. 24.

Verwertungsgesellschaften stellen Vereinigungen von Unternehmen dar.[282] § 30 GWB aF, der Verwertungsgesellschaften vom Kartellverbot des § 1 GWB ausnahm, wurde durch die 7. GWB-Novelle 2005 aufgehoben. **Art. 101 Abs. 3** sieht unter den dort genannten Voraussetzungen die Möglichkeit der Freistellung vom Verbot des Abs. 1 vor. Diese Freistellungen können in Form von Einzelfreistellungen und von Gruppenfreistellungen (Freistellungen für bestimmte Gruppen von Fällen) erfolgen, was durch eine Reihe von Gruppenfreistellungsverordnungen erfolgt ist. Im deutschen Recht entsprechen dem Art. 101 AEUV die §§ 1 und 2 GWB. **Art. 102 AEUV** untersagt den Missbrauch marktbeherrschender Stellungen. Tatbestandsvoraussetzungen sind das Bestehen einer marktbeherrschenden Stellung und deren missbräuchliche Ausnutzung. Die Vorschrift wurde unter anderem auf Verwertungsgesellschaften betreffende Fälle angewendet und war auch die Grundlage von der Europäischen Kommission gegen Microsoft eingeleiteter Verfahren wegen des Missbrauchs sich aus Urheberrechten ergebender Machtpositionen. Im deutschen Recht entspricht dem § 19 GWB; zusätzlich regeln §§ 20 und 21 GWB weitere Fälle einseitigen wettbewerbsbeschränkenden Verhaltens.

85   Die zu Art. 101 Abs. 3 AEUV erlassenen **Gruppenfreistellungsverordnungen** einschließlich der von der Kommission dazu veröffentlichten **Leitlinien** sind auch für das Urheberrecht, vor allem für Softwarelizenzen, von Bedeutung, wenngleich ihr Hauptanwendungsbereich die gewerblichen Schutzrechte betrifft. Hervorzuheben ist die **Vertikal-GVO,** durch die vertikale Vereinbarungen, die an sich Art. 101 Abs. 1 AEUV unterfallen, unter den Voraussetzungen der Art. 2 ff. der GVO freigestellt werden. Nach Art. 2 Abs. 3 der GVO gilt die Freistellung auch für vertikale Vereinbarungen, die Bestimmungen enthalten, die die Übertragung von Rechten des geistigen Eigentums auf den Abnehmer oder die Nutzung solcher Rechte durch den Abnehmer betreffen, sofern diese Bestimmungen nicht Hauptgegenstand der Vereinbarung sind und sofern sie sich unmittelbar auf die Nutzung, den Verkauf oder den Weiterverkauf von Waren oder Dienstleistungen durch den Abnehmer oder seine Kunden beziehen. Darunter können auch Urheberrechte fallen. Es muss sich aber um eine Nebenabrede zu den Vertriebs- oder Bezugsvereinbarungen handeln; in Betracht kommen also vornehmlich Fälle, in denen geistige Eigentumsrechte im Rahmen einer Bezugs- oder Lieferbeziehung übertragen oder lizenziert werden. In den Leitlinien für vertikale Beschränkungen werden als Beispiele zulässigen Verhaltens der Fall genannt, dass Wiederverkäufer von Waren, an denen ein Urheberrecht besteht, wie Bücher oder Software, vom Rechtsinhaber verpflichtet werden, die Waren nur unter der Bedingung weiterzugeben, dass der Abnehmer das Urheberrecht nicht verletzt,[283] sowie der Fall, dass ein Abnehmer von Hardware, die mit urheberrechtlich geschützter Software geliefert wird, vom Urheberrechtsinhaber dazu verpflichtet wird, nicht gegen das Urheberrecht zu verstoßen, und daher die Software nicht zu kopieren oder weiterzuverkaufen oder in Verbindung mit einer anderen Hardware zu verwenden.[284] Auch Franchisevereinbarungen, in denen urheberrechtliche Nebenabreden getroffen werden, fallen hierunter. Die Einräumung von Nutzungsrechten für die Herstellung von Waren wird jedoch nicht von Art. 2 Abs. 3 erfasst, so gilt die Freistellung beispielsweise nicht für Urheberrechtslizenzen im Rundfunkbereich und für das Recht, Veranstaltungen aufzunehmen oder zu übertragen.[285] Zu beachten sind ferner die Marktanteilsschwelle nach Art. 3 Vertikal-GVO, die Kernbeschränkungen nach Art. 4, die zum Ausschluss der Freistellung führen und die nicht freigestellten Beschränkungen nach Art. 5.

86   Die **Technologietransfer-GVO**[286] stellt unter den Voraussetzungen der Art. 3 ff. Technologietransfer-Vereinbarungen[287] zwischen zwei Unternehmen, die die Produktion der Vertragsprodukte ermöglichen, von der Anwendung des Art. 81 Abs. 1 EG frei. Nach Art. 2 Abs. 3 der GVO gilt die Freistellung auch für Bestimmungen in Technologietransfer-Vereinbarungen, die sich auf den Erwerb von Produkten durch den Lizenznehmer oder aber auf die Lizenzierung oder die Übertragung von Rechten des geistigen Eigentums oder von Know-how auf den Lizenznehmer beziehen, soweit diese Bestimmungen unmittelbar mit der Produktion oder dem Verkauf von Vertragsprodukten verbunden sind. Damit wird die Einräumung oder Übertragung von Nutzungsrechten an Urheberrechten von der Technologietransfer-GVO grundsätzlich nicht erfasst, es sei denn sie sind unmittelbar mit der Nutzung der lizenzierten Technologie verbunden.[288] Eine Ausnahme bilden Software-Urheberrechte.[289] Die Kommission ist davon ausgegangen, dass sich bei der Lizenzierung von Wiedergabe- und anderen Rechten im Zusammenhang mit dem Urheberrecht ganz spezielle Fragen stellen, die nicht nach der Technologietransfer-GVO beurteilt werden sollen.[290] Soweit die Technologietransfer-GVO

---

[282] Vgl. etwa EuG WuW 2013, 662.

[283] Tz. 40 der Leitlinien zur Vertikal-GVO, ABl. 2010 C 130, S. 1.

[284] Tz. 42 der Leitlinien zur Vertikal-GVO.

[285] Tz. 33 der Leitlinien zur Vertikal-GVO.

[286] Verordnung (EU) Nr. 316/2014 der Kommission vom 21.3.2014 über die Anwendung von Art. 101 Abs. 3 des Vertrags über die Arbeitsweise der Europäischen Union auf Gruppen von Technologietransfer-Vereinbarungen, ABl. 2014 L 93, S. 17.

[287] Zum Begriff der Technologietransfer-Vereinbarung s. Art. 1 (1) (c) der Technologietransfer-GVO.

[288] Tz. 47 f. der Leitlinien zur Technologietransfer-GVO, ABl. 2014 C 89, S. 13.

[289] Tz. 48 der Leitlinien zur Technologietransfer-GVO, ABl. 2014 C 89, S. 13.

[290] Tz. 49 der Leitlinien zur Technologietransfer-GVO, ABl. 2014 C 89, S. 13.

anwendbar ist, sind die Kernbeschränkungen nach Art. 4, die zum Ausschluss der Freistellung führen und die nicht freigestellten Beschränkungen nach Art. 5 zu beachten.

Die **Gruppenfreistellungsverordnung über Vereinbarungen über Forschung und Ent-** **87** **wicklung**[291] stellt Vereinbarungen über die gemeinsame Forschung und Entwicklung und die gemeinsame Verwertung von deren Ergebnissen von der Anwendung des Art. 101 Abs. 1 AEUV frei. Urheberrechte werden in Art. 1 (h) der GVO zwar als zum geistigen Eigentum gehörende Rechte aufgeführt, da die GVO aber die Forschung und technische Entwicklung zum Gegenstand hat und das Urheberrecht sich auf den Schutz von Werken der Literatur, Wissenschaft und Kunst bezieht, können nur Rechte an Computerprogrammen und technischen Darstellungen in den Anwendungsbereich der GVO fallen. In diesem Rahmen gehören zu den „Forschungs- und Entwicklungsarbeiten" auch die Erlangung von Rechten an geistigem Eigentum an den Ergebnissen, zur „Verwertung der Ergebnisse" auch die Abtretung der Rechte und die Vergabe von Lizenzen. Hier sind gleichfalls die Marktanteilsschwellen nach Art. 4, die Kernbeschränkungen nach Art. 5, die zum Ausschluss der Freistellung führen und die nicht freigestellten Beschränkungen nach Art. 6 zu beachten

b) Einzelfragen. Urheberrechtliche **Lizenzverträge** (Einräumung von Nutzungsrechten) sind **88** in §§ 31 ff. UrhG ausdrücklich vorgesehen und fallen als solche nicht unter Art. 101 Abs. 1 AEUV. Das gilt auch für **ausschließliche Lizenzen,** die Dritte von der Nutzung des ausschließlichen Rechts ausschließen.[292] Ebenso ist die spätere **Übertragung von Nutzungsrechten** (Tochter- und Enkelrechten) zu beurteilen. Die Übertragung von Vermögenswerten ist immanenter Bestandteil der Privatrechtsordnung, die durch das Wettbewerbsrecht gerade geschützt wird.[293] Wettbewerbliche Relevanz gewinnen solche Verträge erst dann, wenn sie Vereinbarungen enthalten, die über den eigentlichen Zweck der Rechtsübertragung hinausgehen und die wettbewerbliche Handlungsfreiheit der Vertragsparteien oder Dritter beeinträchtigen. **Gebietsaufteilungen** können sich aus räumlich ausschließlichen Lizenzen ergeben, wenn ausschließliche Nutzungsrechte am gleichen Gegenstand verschiedenen Lizenznehmern für unterschiedliche Gebiete eingeräumt werden. Soweit solche Lizenzen urheberrechtlich zulässig sind,[294] sind sie kartellrechtlich grundsätzlich nicht zu beanstanden.

Bei **Nebenabreden in Urheberrechtslizenzverträgen** sind die Kernbeschränkungen insbeson- **89** dere des Art. 4 der Vertikal-GVO zu beachten. Die die Übertragung oder Nutzung von Rechten des geistigen Eigentums betreffende generelle Freistellung des Art. 2 Abs. 3 ist nur dann anwendbar, wenn es sich bei der Übertragung oder Lizenzierung der Schutzrechte nicht um den Hauptgegenstand der Vereinbarung handelt (vgl. → Rn. 85). So sind **Preisbindungen** grundsätzlich unzulässig (Art. 4 lit. a); eine Ausnahme bildet die **Buchpreisbindung** in Deutschland. Vertikale Preisbindungen für Verlagserzeugnisse waren zunächst in § 16 GWB aF geregelt, der eine Ausnahme vom Preisbindungsverbot des § 15 GWB aF vorsah. Nach Gemeinschaftsrecht sind Preisbindungen für Verlagserzeugnisse nicht zu beanstanden, solange sie nicht den Warenverkehr in der Gemeinschaft beeinträchtigen; dies ist dann der Fall, wenn der Importeur von aus einem anderen Mitgliedstaat stammenden Verlagserzeugnissen deren vom Verleger festgesetzten Endverkaufspreis einzuhalten oder diesen selbst festzulegen hat.[295] Nach Beanstandung der Handhabung der Preisbindung durch einen Sammelrevers im Verhältnis Deutschland-Österreich durch die Europäische Kommission wurde die Preisbindung in Deutschland neu gestaltet. Die Buchpreisbindung wurde aus dem Anwendungsbereich des § 15 GWB aF herausgenommen und durch das Buchpreisbindungsgesetz v. 2.9.2002[296] geregelt; § 15 GWB aF wurde auf Preisbindungen bei Zeitungen und Zeitschriften beschränkt. Mit der 7. GWB-Novelle wurde die Regelung des § 15 GWB aF in den heutigen § 30 GWB übernommen. Die Kommission geht heute davon aus, dass die deutsche Buchpreisbindung keine grenzüberschreitende Wirkung hat. Bei **Gebiets- und Kundengruppenbeschränkungen** ist Art. 4 lit. b Vertikal-GVO zu beachten. Eine Beschränkung der Absatzgebiete kann sich allerdings auch daraus ergeben, dass das urheberrechtliche Nutzungsrecht nur für einen bestimmten territorialen Bereich eingeräumt wurde; insoweit hat das Recht gegen Wettbewerbsbeschränkungen den Prinzipien und Wertungen des Urheberrechts Rechnung zu tragen.[297] Die Zulässigkeit von **Abgabebeschränkungen** kann sich gleichfalls aus einer eingeschränkten Nutzungsrechtseinräumung ergeben, etwa indem die Einräumung des Verbreitungsrechts inhaltlich beschränkt auf Buchgemeinschaften erfolgt.[298] Zu **Nichtangriffsverpflichtungen** vgl. → Rn. 85.

---

[291] Verordnung (EU) Nr. 1217/2010 der Kommission vom 14.12.2010 über die Anwendung von Art. 101 Abs. 3 des Vertrags über die Arbeitsweise der Europäischen Union auf bestimmte Gruppen von Vereinbarungen über Forschung und Entwicklung, ABl. 2010 L 335, S. 36.

[292] S. zB *J. B. Nordemann* in Loewenheim/Meessen/Riesenkampff/Kersting/Meyer-Lindemann, „Kartellrecht, 3. Aufl. 2016, 3. Teil (Gewerblicher Rechtsschutz und Urheberrecht), Rn. 23.

[293] *Wolf* in Münchener Kommentar europäisches und deutsches Wettbewerbsrecht Bd. 1, 2. Aufl. 2015 Einleitung Rn. 1345.

[294] Dazu → § 31 Rn. 35 ff.

[295] EuGH GRUR-Int 1985, 190 – Centres Leclerc; EuGH GRUR 2009, 792 – Fachverband/Libro.

[296] BGBl. I S. 3448, ber. S. 3670.

[297] Vgl. → Rn. 82.

[298] Dazu → § 17 Rn. 29.

90 Die Anwendung von **Art. 102 AEUV** setzt das Bestehen einer beherrschenden Stellung auf dem Gemeinsamen Markt und deren missbräuchliche Ausnutzung voraus. Eine **marktbeherrschende Stellung** kann sich noch nicht aus der bloßen Innehabung eines Immaterialgüterrechts ergeben.[299] So nimmt ein Tonträgerhersteller noch nicht deshalb eine marktbeherrschende Stellung ein, weil er von seinem ausschließlichen Recht Gebrauch macht, die geschützten Gegenstände in Verkehr zu bringen.[300] Wohl aber kann sich aus der beherrschenden Stellung einer urheberrechtlichen Position in einem bestimmten Markt ein faktisches Monopol ergeben, beispielsweise wenn auf dem Markt für die Herstellung von Programmzeitschriften lediglich ein Unternehmen aufgrund seiner Urheberrechte über die dafür erforderlichen Informationen verfügt.[301] Bei Verwertungsgesellschaften ist eine marktbeherrschende Stellung angenommen worden, wenn sie sich in einem Mitgliedstaat als einzige mit der Verwertung von bestimmten Urheber- und Leistungsschutzrechten befassen.[302] Andere Beispiele bilden der Markt für urheberrechtlich geschützte Normen, bei denen die Rechte in der Hand von Normungsorganisationen liegen und § 5 Abs. 3 UrhG ein Recht auf Zugang statuiert, oder der Markt für wissenschaftliche Publikationen, die lediglich im Internet publiziert werden und bei denen der Zugang zu ihnen von der Zustimmung des Verlags abhängt.[303] Im künstlerischen Bereich kann die für die Feststellung einer beherrschenden Stellung erforderliche Marktabgrenzung Schwierigkeiten aufwerfen, weil dort die geschützten Werke im allgemeinen Unikate sind und sich damit die Frage stellt, ob und wie weit sie mit anderen Unikaten austauschbar sind.[304] Es lassen sich allenfalls Kategorien ähnlicher Werke bilden, zB Unterhaltungsmusik oder Filme eines bestimmten Genres.[305]

91 Besteht eine marktbeherrschende Stellung, so ist weitere Tatbestandsvoraussetzung des Art. 102 AEUV deren **missbräuchliche Ausnutzung.** Die **Verweigerung einer Lizenz** (Einräumung von Nutzungsrechten) begründet grundsätzlich noch keinen Missbrauch, auch wenn sie durch ein marktbeherrschendes Unternehmen erfolgt.[306] Unter außergewöhnlichen Umständen kann jedoch auch die Ausübung des Ausschließlichkeitsrechts einen Missbrauch darstellen.[307] Das ist dann anzunehmen, wenn die Erteilung der Lizenz für die geschäftliche Tätigkeit des Lizenzsuchenden unentbehrlich ist und drei Bedingungen erfüllt sind: (1) die Lizenzverweigerung muss das Erscheinen eines neuen Erzeugnisses, nach dem eine potentielle Nachfrage der Verbraucher besteht, verhindern, (2) die Lizenzverweigerung darf nicht gerechtfertigt sein und (3) die Lizenzverweigerung muss geeignet sein, jeglichen Wettbewerb auf dem abgeleiteten Markt auszuschließen.[308] Beispiele bilden der Fall, dass auf dem Markt für die Herstellung von Programmzeitschriften ein Unternehmen die dafür erforderlichen Informationen nicht erhält[309] oder die willkürlichen Weigerung, unabhängige Autoreparaturwerkstätten mit Ersatzteilen zu beliefern bzw. die Festsetzung unangemessener Ersatzteilpreise.[310] Bei **Verwertungsgesellschaften** ist die missbräuchliche Ausnutzung einer marktbeherrschenden Stellung in der Erzwingung unangemessener Geschäftsbedingungen erblickt worden, beispielsweise in der Forderung überhöhter Gebühren,[311] in der Auferlegung von Verpflichtungen, die zur Erreichung des Gesellschaftszwecks nicht unentbehrlich sind und die Freiheit der Mitglieder, ihr Urheberrecht auszuüben, unbillig beeinträchtigen,[312] ferner in der Weigerung, mit ausländischen Künstlern ohne Wohnsitz in Deutschland Wahrnehmungsverträge abzuschließen.[313]

92–94 *(unbesetzt)*

5. Recht der Europäischen Union *(Leistner)*

Schrifttum: *Asmus,* Die Harmonisierung des Urheberpersönlichkeitsrechts in Europa, 2004; *Beckstein,* Einschränkungen des Schutzlandprinzips – die kollisionsrechtliche Behandlung von Immaterialgüterrechtsverletzungen im Internet, 2010; *Beier,* Gewerblicher Rechtsschutz und freier Warenverkehr im europäischen Binnenmarkt und

---

[299] Grundlegend EuGH GRUR-Int 1995, 490 Rn. 46 – Magill TV Guide; EuGH GRUR-Int 1990, 141 Rn. 7 ff. – Volvo.

[300] EuGH GRUR-Int 1971, 450 (454) – Polydor.

[301] EuGH GRUR-Int 1995, 490 Rn. 47 – Magill TV Guide.

[302] Vgl. insbes. EuGH GRUR-Int 1973, 86 – GEMA; EuGH GRUR-Int 1974, 342 – SABAM; EuGH GRUR-Int 1990, 622 – Ministère Public/Tournier; Kommission der Europäischen Gemeinschaften GRUR-Int 1982, 242 – GVL.

[303] Vgl. dazu etwa *Hilty* GRUR 2009, 633.

[304] S. dazu *J. B. Nordemann* in Loewenheim/Meessen/Riesenkampff/Kersting/Meyer-Lindemann, Kartellrecht, 3. Aufl. 2016, 3. Teil (Gewerblicher Rechtsschutz und Urheberrecht), Rn. 133.

[305] Vgl. zB OLG München GRUR-RR 2003, 225 – Filmverleiher (relevanter Markt ist der Markt mit neuen, erstmalig in die Filmtheater kommenden Filmen).

[306] EuGH GRUR-Int 2004, 644 Rn. 35 – IMS Health; EuGH GRUR-Int 1995, 490 Rn. 50 – Magill TV Guide; EuGH GRUR-Int 1990, 141 Rn. 8 – Volvo.

[307] EuGH GRUR-Int 2004, 644 Rn. 34 – IMS Health; EuGH GRUR-Int 1995, 490 Rn. 49 – Magill TV Guide; EuGH GRUR-Int 1990, 141 Rn. 9 – Volvo.

[308] EuGH GRUR-Int 2004, 644 Rn. 38 – IMS Health.

[309] EuGH GRUR-Int 1995, 490 Rn. 49 – Magill TV Guide.

[310] EuGH GRUR-Int 1990, 141 Rn. 9 – Volvo.

[311] EuGH GRUR-Int 1990, 622 – Ministère Public/Tournier; EuGH GRUR-Int 2017, 1100 – Lettische Autorenvereinigung; sa. EuGH GRUR-Int GRUR-Int 2018, 850 – Serviços de Comunicações e Multimédia SA.

[312] EuGH GRUR-Int 1974, 342 – SABAM.

[313] Kommission der Europäischen Gemeinschaften GRUR-Int 1982, 242 – GVL.

im Verkehr mit Drittstaaten, GRUR-Int 1989, 603; *Berger,* Aktuelle Entwicklungen im Urheberrecht – Der EuGH bestimmt die Richtung, ZUM 2012, 353; *Bernhard/Nemeczek,* Grenzüberschreitende Fußballübertragungen im Lichte von Grundfreiheiten, geistigem Eigentum und EU-Wettbewerbsrecht, GRUR-Int 2012, 293; *Dietz,* Das Urheberrecht in der Europäischen Gemeinschaft, FS GRUR (1991), S. 1445; *ders.,* Das Urheberrecht in Spanien und Portugal, 1990; *ders.,* Das primäre Urhebervertragsrecht in der Bundesrepublik Deutschland und in den anderen Mitgliedstaaten der Europäischen Gemeinschaft, 1984; *ders.,* Das Urheberrecht in der Europäischen Gemeinschaft, 1978; *Doutrelepont,* Das droit moral in der Europäischen Union, GRUR-Int 1997, 293; *Dreier,* Grundrechte und die Schranken des Urheberrechts – Anmerkung zu EuGH Rs. C–469/17 – Funke Medien NRW und C–516/17 – Spiegel Online, GRUR 2019, 1003; *Dreier/Hugenholtz,* Concise European Copyright Law, 2006; *Ellins,* Copyright Law, Urheberrecht und ihre Harmonisierung in der Europäischen Gemeinschaft, 1997; *Fikentscher,* Urhebervertragsrecht und Kartellrecht, FS Schricker (1995), S. 149; *Fischer,* Perspektiven für ein Europäisches Urheberrecht, 2014; *Gaster,* Das urheberrechtliche Territorialitätsprinzip aus der Sicht des Europäischen Gemeinschaftsrechts, ZUM 2006, 8; *Grünberger,* Bedarf es einer Harmonisierung der Verwertungsrechte und Schranken?, ZUM 2015, 273; *Hädrich,* Regelungen vertraglicher Beziehungen im Rahmen der EU-Richtlinien auf dem Gebiet des Urheberrechts, 2005; *Heimsoeth,* Der Schutz ausländischer Urheber nach dem deutschen Urheberrechtsgesetz, 1997; *Heinemann,* Gebietsschutz im Binnenmarkt, FS Schricker (2005), S. 53; *Hilty/Geiger (Hg.),* Impulse für eine europäische Harmonisierung des Urheberrechts – Perspectives d'harmonisation du droit d'auteur en Europe, 2007; *Kaiser,* Geistiges Eigentum und Gemeinschaftsrecht, 2004; *Klass,* Werkgenuss und Werknutzung in der digitalen Welt: Bedarf es einer Harmonisierung des Urheberpersönlichkeitsrechts?, ZUM 2015, 290; *König,* Der Werkbegriff in Europa – Eine rechtsvergleichende Untersuchung des britischen, französischen und deutschen Urheberrechts, 2015; *Kreile,* Ende territorialer Exklusivität – Der EuGH als Totengräber? Welche Folgen hat der „Karen-Murphy-Case"?, ZUM 2012, 177; *Leistner,* „Ende gut, alles gut" … oder „Vorhang zu und alle Fragen offen"? Das salomonische Urteil des EuGH in Sachen Pelham/Hütter (Metall auf Metall), GRUR 2019, 1008; *ders.,* Das Urteil des EuGH in Sachen Funke Medien/Deutschland – gute Nachrichten über ein urheberrechtliches Tagesereignis, ZUM 2019, 720; *ders.,* Die „Metall auf Metall"-Entscheidung des BVerfG – Oder: Warum das Urheberrecht in Karlsruhe in guten Händen ist, GRUR 2016, 772; *ders.,* Urheberrecht in der digitalen Welt, JZ 2014, 846; *ders.,* Europe's Copyright Law Decade: Recent Case Law of the European Court of Justice and Policy Perspectives, 51 CMLRev (2014), 559; *ders.,* Die Methodik des EuGH und die Garantenfunktion der nationalen Gerichte bei der Fortentwicklung des europäischen Urheberrechts, FS Bornkamm (2014), S. 859; *ders.,* Urheberrecht an der Schnittstelle zwischen Unionsrecht und nationalem Recht, GRUR 2014, 1145; *ders.,* Der europäische Werkbegriff, ZGE 2013, 4; *ders.,* Das Murphy-Urteil des EuGH: Viel Lärm um nichts oder Anfang vom Ende des Territorialitätsgrundsatzes im Urheberrecht? Zum Urteil der Großen Kammer des EuGH vom 4.10.2011, JZ 2011, 1140; *ders.,* Copyright Law in the EC: Status Quo, Recent Case Law and Policy Perspectives, 46 CMLRev (2009), 847; *ders.,* Konsolidierung und Entwicklungsperspektive des Europäischen Urheberrechts, 2008; *Leistner/Roder,* Die Rechtsprechung des EuGH zum Unionsurheberrecht aus methodischer Sicht – zugleich ein Beitrag zur Fortentwicklung des europäischen Privatrechts im Mehrebenensystem, ZfPW 2016, 129; *Loewenheim,* Konturen eines europäischen Urheberrechts, FS Kraft (1998), S. 359; *ders.,* Harmonisierung des Urheberrechts in Europa, GRUR-Int 1997, 285; *ders.,* Gemeinschaftsrechtliches Diskriminierungsverbot und nationales Urheberrecht, NJW 1994, 1046; *ders.,* Der Schutz ausübender Künstler aus anderen Mitgliedstaaten der Europäischen Gemeinschaft im deutschen Urheberrecht, GRUR-Int 1993, 105; *Loewenheim/Meessen/Riesenkampff (Hg.),* Kartellrecht, 2. Aufl. 2009; *Metzger,* Der Einfluss des EuGH auf die gegenwärtige Entwicklung des Urheberrechts, GRUR 2012, 118; *Mestmäcker/Schweitzer,* Europäisches Wettbewerbsrecht, 3. Aufl. 2014; *Mogel,* Europäisches Urheberrecht, 2001; *Nordemann A.,* Neuere Entwicklungen in der Rechtsprechung des europäischen Gerichtshofs zum Werkbegriff und ihre Auswirkungen auf die Rechtslage in Deutschland, FS Bornkamm (2014), S. 895; *Ohly,* Urheberrecht in der digitalen Welt – Brauchen wir neue Regelungen zum Urheberrecht und zu dessen Durchsetzung? – Gutachten F zum 70. Deutschen Juristentag, 2014; *ders.,* Anmerkung zu einer Entscheidung des EuGH, Urteil vom 3.7.2012 (C-128/11; NJW 2012, 2565) – Zur Erschöpfung im Urheberrecht bei der Online-Übertragung, JZ 2013, 42; *ders. (Hg.),* Common Principles of European Intellectual Property Law, 2012; *Paulus/Wesche,* Rechtsetzung und Rechtsprechung fachfremder Gerichte, GRUR 2012, 112; *Peifer,* Territorialität und Dienstleistungsfreiheit: Der Fall „Karen Murphy" vor dem EuGH, GRUR-Prax 2011, 435; *ders.,* Veranstalterschutz und die Grenzen der Vermarktung von Exklusivrechten im Veranstaltungsbereich, AfP 2011, 540; *ders.,* Das Territorialitätsprinzip im Europäischen Gemeinschaftsrecht vor dem Hintergrund der technischen Entwicklungen, ZUM 2006, 1; *Perner,* Grundfreiheiten, Grundrechte-Charta und Privatrecht, 2013; *Raue,* Die Verdrängung deutscher durch europäische Grundrechte im gewerblichen Rechtsschutz und Urheberrecht, GRUR-Int 2012, 402; *Reinbothe,* Der acquis communautaire des Europäischen Urheberrechts: Stand und Entwicklung der Rechtsangleichung und Harmonisierungskonzept, EWS 2007, 193; *ders.,* Hat die Europäische Gemeinschaft dem Urheberrecht gut getan? – Eine Bilanz des europäischen Urheberrechts, FS Schricker (2005), S. 483; *Riesenhuber (Hg.),* Systembildung im Europäischen Urheberrecht, 2007; *Schack,* Europäische Urheberrechts-Verordnung: erwünscht oder unvermeidlich?, in: Leistner (Hg.), Europäische Perspektiven des Geistigen Eigentums, 2010, S. 173; *ders.,* Europäisches Urheberrecht im Werden, ZEuP 2000, 799; *Schieble,* Die Kompetenz der Europäischen Gemeinschaft für die Harmonisierung des Urheberrechts im Zeitalter der Informationsgesellschaft, 2003; *Schricker,* Zur Harmonisierung des Urheberrechts in der Europäischen Gemeinschaft, FS Steindorff (1990), S. 1437; *Schricker/Bastian/Dietz (Hg.),* Konturen eines Europäischen Urheberrechts, 1996; *Stamatoudi/Torremans (Hg.),* EU Copyright Law: A Commentary, 2014; *Senftleben,* Die Fortschreibung des urheberrechtlichen Erschöpfungsgrundsatzes im digitalen Umfeld – Die UsedSoft-Entscheidung des EuGH: Sündenfall oder Befreiungsschlag?, NJW 2012, 2924; *Stieper,* Harmonisierung der Urheberrechtsschranken durch den EuGH?, ZGE 2012, 443; *Synodinou (Hg.),* Codification of European copyright law – challenges and perspectives, 2012; *Ullrich,* Die wettbewerbspolitische Behandlung gewerblicher Schutzrechte in der EWG, GRUR-Int 1984, 89; *v. Eechoud/Hugenholtz/Guibault/v. Gompel/Helberger,* Harmonizing European Copyright Law: The Challenges of Better Lawmaking, 2009; *v. Ungern-Sternberg,* Die Bindungswirkung des Unionsrechts und die urheberrechtlichen Verwertungsrechte, FS Bornkamm (2014), S. 1007; *ders.,* Urheberrechtliche Verwertungsrechte im Lichte des Unionsrechts, GRUR 2012, 1198; *Walter (Hg.),* Europäisches Urheberrecht, 2001; *Walter/v. Lewinski (Hg.),* European Copyright Law: A Commentary, 2010; *Winghardt,* Gemeinschaftsrechtliches Diskriminierungsverbot und Inländergleichbehandlungsgrundsatz in ihrer Bedeutung für urheberrechtliche Vergütungsansprüche innerhalb der Staaten der EU, 2001; *Würfel,* Europarechtliche Möglichkeiten einer Gesamtharmonisierung des Urheberrechts, 2005.

Das deutsche Urheberrecht ist in vielfältiger Weise durch das Unionsrecht beeinflusst und gestaltet **95** worden. Eine solche Gestaltung erfolgt vornehmlich durch den Erlass europäischer Richtlinien mit dem Ziel der Harmonisierung der nationalen Urheberrechtsordnungen (→ Rn. 97). Erheblichen Einfluss hat auch die Rechtsprechung des EuGH zum Verhältnis von Immaterialgüterrechten und freiem Warenverkehr mit der Entwicklung des Prinzips der unionsweiten Erschöpfung des Verbreitungsrechts ausgeübt (dazu → Rn. 99 ff.). Das betrifft nicht nur die Art. 34, 36 AEUV (dazu → Rn. 99 f.), sondern auch die **Dienstleistungsfreiheit,** die sich vor allem im Hinblick auf den Rundfunksendeverkehr ausgewirkt hat (dazu → Rn. 106).[314] Auch die Anwendung des **Diskriminierungsverbotes** hat die Urheberrechtsentwicklung beeinflusst. Wie der EuGH entschieden hat,[315] fallen das nationale Urheberrecht und die verwandten Schutzrechte in den Anwendungsbereich des allgemeinen Diskriminierungsverbots (Art. 7 Abs. 1 EWGV, jetzt Art. 18 AEUV).[316] Danach verstößt es gegen dieses Verbot, wenn durch die Rechtsvorschriften eines Mitgliedstaates bestimmte Rechte nur Urhebern und ausübenden Künstlern aus dem Inland, nicht aber aus anderen Mitgliedstaaten gewährt werden. Urheber und ausübende Künstler eines anderen Mitgliedstaats können sich vor nationalen Gerichten unmittelbar auf das Diskriminierungsverbot berufen, um den Schutz zu verlangen, der den inländischen Urhebern und ausübenden Künstlern gewährt wird. Wichtige Funktionsmechanismen der Berner Übereinkunft sind damit für den Bereich der Europäischen Union und des EWR außer Kraft gesetzt worden.[317] Durchgreifende verfassungsrechtliche Bedenken gegen diese Auslegung bestehen nicht;[318] der Grundsatz greift auch zugunsten von Autoren ein, die schon vor Inkrafttreten der EWG verstorben sind.[319] Der deutsche Gesetzgeber hat dieser Entscheidungspraxis durch die Neufassung der §§ 120 ff. UrhG Rechnung getragen. Schließlich ist hier auf den Einfluss des europäischen **Rechts gegen Wettbewerbsbeschränkungen** hinzuweisen (dazu → Rn. 81 ff.).

96   **a) Harmonisierung des nationalen Urheberrechts.** Die Arbeiten zur Harmonisierung des nationalen Urheberrechts wurden erst relativ spät aufgenommen. 1988 wurde von der Kommission das „**Grünbuch über Urheberrecht und die technologische Herausforderung** – Urheberrechtsfragen, die sofortiges Handeln erfordern"[320] veröffentlicht. Dieses Grünbuch verfolgte allerdings einen eher industriepolitischen Ansatz; es wurde auch als „Urheberrecht ohne Urheber" bezeichnet.[321] Die zahlreichen kritischen Reaktionen bewirkten dann aber bei der Kommission ein grundsätzliches Umdenken. In den 1990 vorgelegten „Initiativen zum Grünbuch",[322] in denen die Kommission ihr Arbeitsprogramm auf dem Gebiet des Urheberrechts und der verwandten Schutzrechte vorstellte, wurde der urheberrechtliche Schutz als Schutz „der schöpferischen Tätigkeit im Interesse der Urheber, der Unternehmen des Kultursektors, der Verbraucher und letztlich der ganzen Gesellschaft" definiert.

97   Anders als im Markenrecht ist es im Urheberrecht nicht zu einem „Europäischen Urheberrecht" oder einer Harmonisierung der nationalen Rechtsordnungen in Gänze gekommen. Die Ursachen dafür sind vor allem in den Gegensätzen von kontinentaleuropäischem Droit d'auteur-System und angelsächsischem Copyright-System zu suchen, die in vielen Fragen eine Einigung auf Gemeinschaftsebene nicht zuließen. Stattdessen wurde eine **schrittweise Harmonisierung durch Richtlinien** vorgenommen, deren Umsetzung jeweils eine Teilangleichung des nationalen Rechts bewirkte. Inzwischen sind wichtige Teile des Urheberrechts harmonisiert; dabei lässt sich ein Fortschritt auch insofern beobachten, als die Richtlinien von anfänglichen Randthemen später zu zentrale Fragen des Urheberrechts zubewegten.[323] Folgende Richtlinien sind inzwischen erlassen worden:
– Richtlinie 91/250/EWG vom 14.5.1991 über den Rechtsschutz von **Computerprogrammen,**[324] ersetzt durch die gleichnamige Richtlinie 2009/24/EG vom 23.4.2009;[325]
– Richtlinie 92/100/EWG vom 19.11.1992 zum **Vermietrecht und Verleihrecht** sowie zu bestimmten dem Urheberrecht verwandten Schutzrechten im Bereich des geistigen Eigentums,[326] ersetzt durch die gleichnamige Richtlinie 2006/115/EG vom 27.12.2006;[327]
– Richtlinie 93/83/EWG vom 27.9.1993 betreffend **Satellitenrundfunk und Kabelweiterverbreitung;**[328] geändert durch die Richtlinie (EU) 2019/789 des Europäischen Parlaments und des Rates vom 17.4.2019 mit Vorschriften für die Ausübung von Urheberrechten und verwandten Schutzrechten in Bezug auf bestimmte Online-Übertragungen von Sendeunternehmen und die

---

[314] S. dazu im Übrigen auch → 2. Aufl. 1999, Rn. 48.
[315] EuGH GRUR 1994, 280 – Phil Collins/Imtrat.
[316] Sa EuGH GRUR-Int 2005, 816 – Tod's und Tod's France/Heyraud.
[317] Sa *Loewenheim* GRUR-Int 1993, 105; *Loewenheim* NJW 1994, 1046; sa *Winghardt.*
[318] BGH GRUR-Int 1995, 65 (68) – Rolling Stones.
[319] EuGH GRUR 2002, 689 – Ricordi; OLG Frankfurt aM GRUR 1998, 47 – La Bohème.
[320] KOM (88) 172 endg.
[321] S. zur Kritik etwa die Stellungnahme der *Deutschen Vereinigung für gewerblichen Rechtsschutz und Urheberrecht* GRUR 1989, 183; *Schricker* FS Steindorff, 1990, 1437.
[322] KOM (90) 584 endg., abgedr. auch in GRUR-Int 1991, 359.
[323] Vgl. zur Entwicklung insbes. die Beiträge in *Schricker/Bastian/Dietz.* Zum unionsrechtlichen Acquis s. insbes. die Beiträge in *Walter/v. Lewinski* sowie *Stamatoudi/Torremans.*
[324] ABl. EG L 122 S. 42, abgedr. in GRUR-Int 1991, 545; zur Umsetzung vgl. → Vor §§ 69a ff. Rn. 4.
[325] ABl. EG L 111 S. 16, abgedr. in GRUR-Int 2009, 677.
[326] ABl. EG L 346 S. 61, abgedr. in GRUR-Int 1993, 144; zur Umsetzung vgl. → § 17 Rn. 59; → § 27 Rn. 4.
[327] ABl. EG L 376 S. 28, abgedr. in GRUR-Int 2007, 219.
[328] ABl. EG L 248 S. 15, abgedr. in GRUR-Int 1993, 936; zur Umsetzung vgl. → Vor §§ 20 ff. Rn. 43 f.

Weiterverbreitung von Fernseh- und Hörfunkprogrammen und zur Änderung der Richtlinie 93/83/EWG des Rates;[329]
- Richtlinie 93/98/EWG vom 29.10.1993 über die Harmonisierung der **Schutzdauer** des Urheberrechts und bestimmter verwandter Schutzrechte,[330] ersetzt durch die Richtlinie 2006/116/EG vom 12.12.2006 über die **Schutzdauer** des Urheberrechts und bestimmter verwandter Schutzrechte,[331] geändert durch die Richtlinie 2011/77/EU vom 27.9.2011;[332]
- Richtlinie 96/9/EG vom 11.3.1996 über den rechtlichen Schutz von **Datenbanken;**[333] geändert durch Richtlinie (EU) 2019/790 des Europäischen Parlaments und des Rates vom 17.4.2019 über das Urheberrecht und die verwandten Schutzrechte im digitalen Binnenmarkt und zur Änderung der Richtlinien 96/9/EG und 2001/29/EG;[334]
- Richtlinie 2001/29/EG vom 22.5.2001 zur Harmonisierung bestimmter Aspekte des **Urheberrechts und der verwandten Schutzrechte in der Informationsgesellschaft;**[335] zuletzt geändert durch Richtlinie (EU) 2019/790 des Europäischen Parlaments und des Rates vom 17.4.2019 über das Urheberrecht und die verwandten Schutzrechte im digitalen Binnenmarkt und zur Änderung der Richtlinien 96/9/EG und 2001/29/EG;[336]
- Richtlinie 2001/84/EG vom 27.9.2001 zur Harmonisierung des **Folgerechts des Urhebers des Originals eines Kunstwerks;**[337]
- Richtlinie 2004/48/EG vom 29.4.2004 zur **Durchsetzung der Rechte des geistigen Eigentums;**[338]
- Richtlinie 2012/28/EU vom 25.10.2012 über bestimmte zulässige Formen der Nutzung **verwaister Werke;**[339]
- Richtlinie 2014/26/EU vom 26.2.2014 über die **kollektive Wahrnehmung von Urheber- und verwandten Schutzrechten und die Vergabe von Mehrgebietslizenzen** für die Rechte an Musikwerken für die Online-Nutzung im Binnenmarkt;[340]
- Richtlinie (EU) 2019/790 des Europäischen Parlaments und des Rates vom 17.4.2019 über das **Urheberrecht und die verwandten Schutzrechte im digitalen Binnenmarkt** und zur Änderung der Richtlinien 96/9/EG und 2001/29/EG.[341]

Ziel dürfte eine vollständige Harmonisierung des Urheberrechts oder sogar eine künftige Vereinheitlichung im Wege einer europäischen Urheberrechtsverordnung sein, die jedoch zurzeit rechtspolitisch noch in einiger Ferne zu liegen scheint.[342]

b) Urheberrecht und Grundfreiheiten. Das Verhältnis von Immaterialgüterrechten und frei- **98** em Warenverkehr in der Europäischen Gemeinschaft bildete schon frühzeitig eines der zentralen Probleme bei der Durchsetzung des gemeinsamen Marktes. Die sich aus dem territorialen Charakter des Urheberrechts[343] ergebende Möglichkeit, Nutzungsrechte staatenweise gesondert, also auch für das Ausland und das Inland getrennt einzuräumen, hatte es ursprünglich auch innerhalb der EU erlaubt, Lieferungen geschützter Werkstücke zwischen den Mitgliedstaaten zu untersagen, weil die

---

[329] ABl. EU L 130 S. 82.
[330] ABl. EG L 290 S. 9, abgedr. in GRUR-Int 1994, 141.
[331] ABl. EU L 372 S. 12, abgedr. in GRUR-Int 2007, 223.
[332] ABl. EU L 265 S. 1, abgedr. in GRUR-Int 2011, 1042.
[333] ABl. EG L 77 S. 20, abgedr. in GRUR-Int 1996, 806; zur Umsetzung vgl. → § 4 Rn. 4, 44, → Vor §§ 87a ff. Rn. 6, 16.
[334] ABl. EU L 130 S. 92.
[335] ABl. EG L 167 S. 10, abgedr. in GRUR-Int 2001, 745. Dieser Richtlinie kommt besondere Bedeutung zu, weil sie grundlegende Institutionen des Urheberrechts regelt, nämlich das Vervielfältigungsrecht (Art. 2 InfoSoc-RL), das Verbreitungsrecht (Art. 4 InfoSoc-RL), das Recht der öffentlichen Wiedergabe einschließlich des Rechts der öffentlichen Zugänglichmachung (Art. 3 InfoSoc-RL), Ausnahmen und Beschränkungen vom Vervielfältigungsrecht und vom Recht der öffentlichen Wiedergabe (Art. 5 InfoSoc-RL), ferner ist der Schutz von technischen Maßnahmen (Art. 6 InfoSoc-RL) und von Informationen für die Rechtewahrnehmung (Art. 7 InfoSoc-RL) geregelt. Die Umsetzung in Deutschland erfolgte durch das Gesetz zur Regelung des Urheberrechts in der Informationsgesellschaft v. 10.9.2003 (BGBl. I S. 1774). Wichtigste Neuerungen sind die Einführung des Rechts der öffentlichen Zugänglichmachung (§ 19a UrhG), die Neuordnung der Schrankenvorschriften (§§ 44a ff. UrhG) und des Rechts der ausübenden Künstler (§§ 73 ff. UrhG) sowie die Vorschriften zum Schutz technischer Maßnahmen und der zur Rechtewahrnehmung erforderlichen Informationen (§§ 95a ff. UrhG).
[336] ABl. EU L 130 S. 92.
[337] ABl. EG L 272 S. 32, abgedr. in GRUR-Int 2002, 238.
[338] ABl. EU L 157 S. 45, abgedr. in GRUR-Int 2004, 615. Diese Richtlinie regelt keine Fragen des materiellen Urheberrechts, sondern dient der verbesserten Durchsetzung der Rechte, s. dazu *Drexl/Hilty/Kur* GRUR-Int 2003, 605 ff.; *v. Ungern-Sternberg* FS Loewenheim, 2009, 351. Die Richtlinie ist in Deutschland umgesetzt durch das Gesetz zur Verbesserung der Durchsetzung von Rechten des geistigen Eigentums v. 7.7.2008, BGBl. I S. 1191, ber. S. 2070.
[339] ABl. EU L 299 S. 5.
[340] ABl. EU L 84 S. 72. Die Richtlinie ist in Deutschland umgesetzt durch das Verwertungsgesellschaftsgesetz (VGG) vom 24.5.2016, BGBl. I S. 1190.
[341] ABl. EU L 130 S. 92.
[342] *Schack* in Leistner, Europäische Perspektiven des Geistigen Eigentums, 2010, S. 173 ff.; *Leistner* S. 63 ff.; *Ohly* F 16 ff. und wieder die Reaktion darauf bei *Leistner* JZ 2014, 846 (847).
[343] Dazu → Vor §§ 120 ff. Rn. 109 ff.

Erschöpfung des Verbreitungsrechts nur für das Gebiet des Staates eintrat, in dem die Werkstücke in Verkehr gebracht worden waren und ein Export in andere Staaten, in denen ein (paralleles) Urheberrecht bestand, eine Urheberrechtsverletzung darstellte. Das bedeutete naturgemäß einen **Konflikt mit den Zielsetzungen des Unionsrechts,** dessen erklärte Aufgabe es ist, einen einheitlichen Wirtschaftsraum zu schaffen und Handelsschranken zwischen den Mitgliedstaaten zu beseitigen.

99 Dieses Problem war nicht auf das Urheberrecht beschränkt, sondern trat vor allem auch bei Warenzeichen und Patenten auf. Anfängliche Versuche, das Problem über eine Anwendung der Art. 85, 86 EGV (jetzt Art. 101, 102 AEUV) zu lösen,[344] scheiterten, wie bald erkannt wurde, in allen Fällen, in denen die nach diesen Vorschriften erforderliche Vereinbarung bzw. abgestimmte Verhaltensweise oder marktbeherrschende Stellung nicht vorlag. In der Polydor-Entscheidung,[345] die zugleich die erste Entscheidung auf urheberrechtlichem Gebiet darstellte, griff der Gerichtshof stattdessen erstmalig auf **Art. 30, 36 EGV (jetzt Art. 34, 36 AEUV)** zurück, die auch für die Zukunft die Beurteilungsgrundlage für solche Fälle bilden sollten. Bereits in seinen ersten Entscheidungen hatte der Gerichtshof die **Unterscheidung von Bestand und Ausübung** des Schutzrechts eingeführt: Während die Schutzrechte in ihrem Bestand durch den Vertrag nicht berührt würden, könne ihre Ausübung unter die im Vertrag ausgesprochenen Verbote fallen.[346] Diese Unterscheidung wurde in der Polydor-Entscheidung verfeinert: Beschränkungen der Freiheit des Handels seien nur insoweit zulässig, als sie zur Wahrung der Rechte erforderlich seien, die den **spezifischen Gegenstand** des Schutzrechts ausmachten.[347] Damit waren die Grundlagen für die spätere Rechtsprechung gelegt: Art. 30, 36 EGV (jetzt Art. 34, 36 AEUV) waren zur grundlegenden Norm für die Beurteilung des Verhältnisses von nationalen Schutzrechten und Gemeinschaftsrecht geworden. Art. 85 EGV (jetzt Art. 101 AEUV) konnte nur bei Vorliegen einer Vereinbarung, Art. 86 EGV (jetzt Art. 102 AEUV) nur bei Vorliegen einer marktbeherrschenden Stellung Anwendung finden, die sich aber noch nicht aus dem bloßen Ausschließlichkeitsrecht ergab.[348]

100 **Beurteilungsgrundlage für Beschränkungen des freien Warenverkehrs durch die Ausübung von Schutzrechten** bilden damit **Art. 34, 36 AEUV.** Diese Vorschriften stehen im Verhältnis von Regel und Ausnahme. Art. 34 AEUV untersagt alle Maßnahmen, die die gleiche Wirkung wie mengenmäßige Beschränkungen haben. Darunter fallen nach ständiger Rechtsprechung des EuGH auch die Rechte zum Schutz des geistigen Eigentums.[349] Art. 36 AEUV lässt Ausnahmen von diesem Verbot zu, die zum Schutz des gewerblichen und kommerziellen Eigentums – womit die Rechte zum Schutz des geistigen Eigentums gemeint sind – gerechtfertigt sind. In der Auslegung dieser Vorschrift durch den EuGH sind danach Beschränkungen des freien Warenverkehrs nur insoweit erlaubt, als sie zur Wahrung des spezifischen Gegenstandes der Schutzrechte gerechtfertigt sind. Was der spezifische Gegenstand des Schutzrechts ist, wird von Schutzrecht zu Schutzrecht je nach seinem Charakter unterschiedlich bestimmt.[350]

101 In diesem Rahmen entwickelte der Gerichtshof auch seinen Grundsatz von der **gemeinschaftsweiten Erschöpfung.** Danach erschöpft sich das Verbreitungsrecht für das gesamte Gebiet der Europäischen Union mit dem ersten Inverkehrbringen von Waren, das durch den Rechtsinhaber oder mit seiner Zustimmung innerhalb der Union erfolgt; die weitere Verbreitung der Werkstücke innerhalb der Union kann nicht mehr untersagt werden: „Nach ständiger Rechtsprechung des Gerichtshofs stellt die Ausübung eines gewerblichen und kommerziellen Eigentumsrechts durch seinen Inhaber – die die kommerzielle Verwertung eines Urheberrechts umfasst –, um die Einfuhr eines Erzeugnisses aus einem Mitgliedstaat, in dem das Erzeugnis von diesem Inhaber oder mit seiner Zustimmung rechtmäßig in den Verkehr gebracht worden ist, in einen anderen Mitgliedstaat zu verhindern, eine Maßnahme gleicher Wirkung wie eine mengenmäßige Beschränkung gemäß Art. 30 des Vertrages [jetzt Art. 34 AEUV] dar, die nicht zum Schutz des gewerblichen und kommerziellen Eigentums im Sinne von Art. 36 des Vertrags [jetzt Art. 36 AEUV] gerechtfertigt ist".[351] Im Ergebnis wird damit

[344] EuGH GRUR-Int 1966, 580 – Grundig/Consten; EuGH GRUR-Int 1968, 99 – Parke Davis; EuGH GRUR-Int 1971, 279 – Sirena.
[345] EuGH GRUR-Int 1971, 450 (453) – Polydor.
[346] Zuerst: EuGH GRUR-Int 1966, 580 (583) – Grundig/Consten; EuGH GRUR-Int 1968, 99 (100) – Parke Davis; EuGH GRUR-Int 1971, 279 (280) – Sirena.
[347] EuGH GRUR-Int 1971, 450 (454) – Polydor.
[348] EuGH GRUR-Int 1971, 279 (281) – Sirena; EuGH GRUR-Int 1978, 599 (604) – Hoffmann-LaRoche/Centrafarm; EuGH GRUR-Int 1995, 490 (492) – Magill TV Guide.
[349] Vgl. insbes. EuGH GRUR-Int 1971, 450 (454) – Polydor; EuGH GRUR-Int 1974, 338 (339) – HAG I; EuGH GRUR-Int 1981, 229 (232) – Gebührendifferenz II; EuGH GRUR-Int 1989, 319 (320) – Schutzfristenunterschiede; EuGH GRUR-Int 1994, 614 (616 f.) – Ideal Standard II; EuGH GRUR-Int 2001, 55 (60) – Geffroy/Casino France; EuGH GRUR-Int 2002, 739 (741) – Boehringer; zur Interpretation des Art 28 EG (jetzt Art 34 AEUV) nach der Dassonville-Formel, der Cassis-de-Dijon-Entscheidung und der Keck-Entscheidung vgl. Loewenheim/Meessen/Riesenkampff/Axster/Schütze GRUR Rn. 41 ff.
[350] S. für das Urheberrecht → Rn. 102 ff.
[351] EuGH GRUR-Int 1981, 229 (230) – Gebührendifferenz II; EuGH GRUR-Int 1981, 393 (396) – Imerco Jubiläum; EuGH GRUR-Int 1982, 372 (376) – Polydor/Harlequin; EuGH GRUR-Int 1988, 243 (245) – Vorführungsgebühr; EuGH GRUR-Int 1989, 668 (669) – Warner Brothers/Christiansen; EuGH GRUR-Int 1989, 319 (320) – Schutzfristenunterschiede; EuGH GRUR-Int 1994, 614 (616 f.) – Ideal Standard II.

das Gebiet der Europäischen Union als einheitliches Gebiet behandelt, in dem das Prinzip der territorialen Begrenzung der Schutzrechte auf das Gebiet des sie gewährenden Staates insoweit nicht gilt. Eine **internationale Erschöpfung** ist demgegenüber durch Art. 4 Abs. 2 InfoSoc-RL ausgeschlossen.[352]

Während bei anderen Schutzrechten, namentlich bei Marken, der **spezifische Gegenstand des** **102** **Schutzrechts** vom EuGH relativ klar bestimmt werden konnte, liegt beim Urheberrecht die Schwierigkeit darin, dass sich sein spezifischer Gegenstand nur sehr allgemein definieren lässt. Nach dem EuGH besteht der spezifische Gegenstand des Urheberrechts und der Leistungsschutzrechte darin, „den Schutz der Persönlichkeitsrechte und der wirtschaftlichen Rechte ihrer Inhaber zu gewährleisten. Der Schutz der Persönlichkeitsrechte ermöglicht es den Urhebern und ausübenden Künstlern insbesondere, sich jeder Entstellung, Verstümmelung oder sonstigen Änderung des Werkes zu widersetzen, die ihrer Ehre oder ihrem Ruf nachteilig sein könnte. Das Urheberrecht und die verwandten Schutzrechte haben außerdem wirtschaftlichen Charakter, da sie die Befugnis vorsehen, das Inverkehrbringen des geschützten Werkes kommerziell, insbesondere in Form von Lizenzen, die gegen Zahlung einer Vergütung erteilt werden, zu nutzen".[353] Will man den spezifischen Gegenstand konkreter definieren, so ist zu berücksichtigen, dass das Urheberrecht in den einzelnen Rechtsordnungen und für die einzelnen Verwertungsformen recht unterschiedlich ausgestaltet ist.[354] Bei der Frage, in welchen Fällen Beschränkungen des freien Warenverkehrs durch Art. 36 AEUV gedeckt sind, unterscheidet der Gerichtshof zwischen der Verwertung in körperlicher Form und in unkörperlicher Form.

Bei der **Verwertung in körperlicher Form** geht es in erster Linie um die grenzüberschreitende **103** Verbreitung von Werkstücken, also beispielsweise um die Lieferung von Tonträgern. Anders als in seinen patent- und markenrechtlichen Entscheidungen stützte sich der EuGH hier nicht auf eine Definition des spezifischen Gegenstands des Urheberrechts, sondern wandte unmittelbar das Prinzip der **gemeinschaftsweiten Erschöpfung** an. „Wird ein dem Urheberrecht verwandtes Schutzrecht benützt, um in einem Mitgliedstaat den Vertrieb von Waren, die vom Rechtsinhaber oder mit seiner Zustimmung im Hoheitsgebiet eines anderen Mitgliedstaates in Verkehr gebracht worden sind, allein deshalb zu verbieten, weil dieses Inverkehrbringen nicht im Inland erfolgt ist, so verstößt ein solches die Isolierung der nationalen Märkte aufrecht erhaltendes Verbot gegen das wesentliche Ziel des Vertrags, den Zusammenschluss der nationalen Märkte zu einem einheitlichen Markt. Dieses Ziel wäre nicht zu erreichen, wenn Privatpersonen aufgrund der verschiedenen Rechtssysteme der Mitgliedsstaaten die Möglichkeit hätten, den Markt aufzuteilen und willkürliche Diskriminierungen oder verschleierte Beschränkungen im Handel zwischen den Mitgliedsstaaten herbeizuführen".[355] Eine andere Entscheidung traf der EuGH nur im Fall von **Schutzfristenunterschieden.** War in einem Mitgliedstaat der Urheberrechtsschutz abgelaufen, so konnte die Einfuhr in einen Mitgliedstaat, in dem aufgrund der längeren Schutzfrist Urheberrechtsschutz noch bestand, untersagt werden. Die Begründung dafür entnahm der Gerichtshof aber auch hier nicht dem spezifischen Gegenstand des Urheberrechts, sondern stützte sich darauf, dass das Erlöschen des Urheberrechtsschutzes nicht darauf beruhte, dass die Ware vom Rechtsinhaber oder mit seiner Zustimmung in Verkehr gebracht worden war.[356] Ebensowenig untersagte der EuGH die Ausübung des Verbreitungsrechts, wenn es nicht um die grenzüberschreitende Verbreitung von Werkstücken, sondern um den **innerstaatlichen Vertrieb** rechtmäßig eingeführter Werkstücke ging. So konnte die Vermietung veräußerter Videokassetten untersagt werden;[357] ebenso die Verbreitung von Filmen auf Videokassetten während der Laufzeit des Films in Filmtheatern durch die Vergabe zeitlich gestaffelter Lizenzen.[358]

Der so in der Rechtsprechung entwickelte Erschöpfungsgrundsatz im Bereich körperlichen Vertriebs fand Eingang zuerst in die bereichsspezifischen **Urheberrechtsrichtlinien** und in der Folge **104** auch allgemein werkartübergreifend in die InfoSoc-RL (vgl. Art. 4 Abs. 2 InfoSoc-RL, § 17 Abs. 2 UrhG). Mit seiner aufsehenerregenden **UsedSoft-Entscheidung** von 2012[359] hat der EuGH spezifisch für die Erschöpfungsvorschrift in der Computerprogramm-RL (vgl. Art. 4 Abs. 2 Computerprogramm-RL, § 69c Nr. 3 S. 2 UrhG) entschieden, dass Erschöpfung auch bei **Online-Veräußerung** **unkörperlicher Programmkopien im Wege des Verkaufs** eintritt. In diesem Zusammenhang hat der EuGH neben der grammatikalischen und systematischen Interpretation der Computerprogramm-

---

[352] EuGH GRUR-Int 2007, 237 Rn. 17 ff. – Laserdisken.

[353] EuGH GRUR-Int 1994, 53 (55) – Phil Collins.

[354] Sa *Fikentscher* FS Schricker, 1995, 149 (157 f.) der davon spricht, dass das Urheberrecht keinen eigentlichen spezifischen Gegenstand kennt.

[355] EuGH GRUR-Int 1971, 450 (455) – Polydor; sa EuGH GRUR-Int 1981, 229 (232) – Gebührendifferenz II; EuGH GRUR-Int 1981, 393 (396) – Imerco Jubiläum; EuGH GRUR-Int 1989, 319 Rn. 7 ff. – Schutzfristenunterschiede; EuGH GRUR-Int 1990, 622 (623) – Ministère Public/Tournier; EuGH GRUR-Int 1998, 596 Rn. 14 ff. – Metronome Musik/Music Point Hokamp; EuGH GRUR-Int 1998, 878 Rn. 13 ff. – Videogramdistributorer.

[356] EuGH GRUR-Int 1989, 319 Rn. 7 ff. – Schutzfristenunterschiede.

[357] EuGH GRUR-Int 1989, 668 – Warner Brothers/Christiansen; sa EuGH GRUR-Int 1998, 596 Rn. 14 ff. – Metronome Musik/Music Point Hokamp; EuGH GRUR-Int 1998, 878 Rn. 13 ff. – Videogramdistributorer.

[358] EuGH GRUR-Int 1986, 114 – Cinéthèque.

[359] EuGH GRUR 2012, 904 – Usedsoft mAnm *Ohly* JZ 2013, 42; *Senftleben* NJW 2012, 2924.

RL insbesondere auch wiederum teleologisch-primärrechtsorientiert mit dem spezifischen Gegenstand des Urheberrechts argumentiert, zu dessen Wahrung es auch beim Online-Vertrieb von Computerprogrammen durch Verkauf genüge, dass der Rechteinhaber beim Erstverkauf der betreffenden Kopie die Möglichkeit hatte, eine angemessene Vergütung zu erzielen.[360] Da der EuGH in seinem Urteil einerseits den lex specialis-Charakter der Computerprogramm-RL im Verhältnis zur InfoSoc-RL betont hat, andererseits die mehr teleologische Argumentation mit dem spezifischen Gegenstand des geistigen Eigentums werkartübergreifender Natur ist, muss die Frage nach einer **Verallgemeinerung des Online-Erschöpfungsgrundsatzes** auf europäischer Ebene einstweilen als offen angesehen werden.[361] Möglicherweise wird der EuGH auf Vorlage der Rechtbank Den Haag (Niederlande) vom 16.4.2018 in der Sache „Tom Kabinet"[362] die Gelegenheit zur Klarstellung nutzen.

105   Bei den älteren vom EuGH entschiedenen Fällen der **Verwertung in unkörperlicher Form** ging es vor allem um Vorführungs-, Aufführungs- und Senderechte. Hier wendet der EuGH nicht die Vorschriften über den Warenverkehr (Art. 34 ff. AEUV) an, sondern die Vorschriften über den Dienstleistungsverkehr,[363] unterstellt sie aber gleichfalls den zu Art. 36 EGV bzw. Art. 30 EG (jetzt Art. 36 AEUV) entwickelten Grundsätzen.[364] Bei solchen Dienstleistungen stellten sich die Probleme des Verhältnisses zwischen der Beachtung des Urheberrechts und den Erfordernissen des EG-Vertrages allerdings anders, als wenn das Werk in körperlicher Form in Verkehr gebracht werde. Anders als beim Buch oder der Schallplatte werde hier das Werk der Allgemeinheit durch beliebig oft wiederholbare Vorführungen (bzw. Aufführungen, Sendungen) zugänglich gemacht. Unter diesen Umständen habe der Rechtsinhaber ein berechtigtes Interesse daran, die ihm für die Zustimmung zur Aufführung des Werks zustehende Vergütung anhand der tatsächlichen oder wahrscheinlichen Zahl der Aufführungen zu berechnen.[365] Die räumlich und zeitlich begrenzte Lizenzvergabe an Vorführungs-, Aufführungs- und Senderechten ist daher vom EuGH als zulässig angesehen worden.[366]

106   In seinem grundlegenden **Murphy-Urteil**[367] hat der EuGH diese ältere Rechtsprechung entscheidend begrenzt, dabei aber das urheberrechtliche Territorialitätsprinzip nicht grundlegend aufgegeben.[368] Jedenfalls für grenzüberschreitende **Satellitensendungen** (von Sportereignissen), für die die Satelliten- und Kabel-RL bereits einen einheitlichen Markt auf der Grundlage des Sendelandprinzips etabliert hat, sei eine **territorial aufgespaltene Vergabe von Exklusivlizenzen grundsätzlich unzulässig.** Vorschriften mitgliedstaatlichen Rechts, die eine solche gespaltene Lizenzvergabe absicherten, verstießen gegen die Dienstleistungsfreiheit (Art. 56 AEUV), da die Rechtsinhaber im Rahmen der einheitlichen Vergabe der Rechte für das Sendeland (unter Einpreisung der Auslandssendungen) grundsätzlich eine angemessene, an der Zahl der Empfänger orientierte Vergütung erzielen könnten. Ein zusätzlicher Aufschlag, der über die Erteilung je exklusiver Lizenzen für nationale Territorien im einheitlichen Markt erzielt werde, gehe demgegenüber über das hinaus, was erforderlich sei, um eine angemessene Vergütung zu gewährleisten und sei deshalb nicht vom spezifischen Gegenstand des Urheberrechts gedeckt. Daher sei die resultierende Beschränkung des freien Dienstleistungsverkehrs in dieser Situation nicht gerechtfertigt.[369] Einer gespaltenen Lizenzvergabe in dieser Konstellation zugrunde liegende Verträge verstießen gegen Art. 101 AEUV.[370]

106a   **c) Urheberrecht und europäische Grundrechte.** Die Grundrechte der **Charta der Grundrechte der Europäischen Union** (und auch der **EMRK**) spielen bei der Interpretation der urheberrechtlichen Richtlinien durch den EuGH eine stark zunehmende, überaus wesentliche Rolle. Der EuGH hat die diesbezüglichen Grundsätze seiner bisherigen Rechtsprechung zuletzt in den Urteilen in Sachen Pelham/Hütter (Metall auf Metall)[371], Funke Medien/Deutschland[372] sowie Spiegel Online/Volker Beck[373] konsolidiert und zudem das **Verhältnis der europäischen zu den deutschen Grundrechten bei der Umsetzung europäischen Richtlinienrechts** aus seiner Sicht geklärt.[374]

---

[360] EuGH GRUR 2012, 904 Rn. 62 f. – Usedsoft; dazu *Ohly* JZ 2013, 42 (43 f.).
[361] S. ausführlich zum Ganzen → § 69c Rn. 34 ff.
[362] Rs. C-263/18, Vorlage unter BeckEuRS 2018, 571553.
[363] Art 56 ff. AEUV (früher Art 59 ff. EGV), vgl. EuGH GRUR-Int 1980, 602 (607) – Le Boucher I; EuGH GRUR-Int 1983, 175 (176) – Le Boucher II; EuGH GRUR-Int 1990, 622 (623) – Ministère Public/Tournier.
[364] EuGH GRUR-Int 1983, 175 (176) – Le Boucher II.
[365] EuGH GRUR-Int 1980, 602 (607) – Le Boucher I; EuGH GRUR-Int 1983, 175 (176) – Le Boucher II; EuGH GRUR-Int 1990, 622 (623) – Ministère Public/Tournier.
[366] EuGH GRUR-Int 1980, 602 (607) – Le Boucher I; EuGH GRUR-Int 1983, 175 (176) – Le Boucher II; EuGH GRUR-Int 1990, 622 (623) – Ministère Public/Tournier.
[367] EuGH GRUR 2012, 156 – Murphy.
[368] *Leistner* JZ 2011, 1140 (1147 f.); *Peifer* GRUR-Prax 2011, 435; *Kreile* ZUM 2012, 177; *Bernhard/Nemeczek* GRUR-Int 2012, 293.
[369] EuGH GRUR 2012, 156 Rn. 111 ff. – Murphy; → § 31 Rn. 37.
[370] EuGH GRUR 2012, 156 Rn. 134 ff. – Murphy.
[371] EuGH GRUR 2019, 929 – Pelham/Hütter u.a. [Metall auf Metall III].
[372] EuGH GRUR 2019, 934 – Funke Medien/Deutschland [Afghanistan Papiere].
[373] EuGH GRUR 2019, 940 – Spiegel Online/Volker Beck [Reformistischer Aufbruch].
[374] Vgl. dazu näher *Dreier* GRUR 2019, 1003; *Leistner* GRUR 2019, 1008; *Leistner* ZUM 2019, 720; *Leistner* GRUR 2016, 772 (775 f.); *Leistner/Roder* ZfPW 2016, 129 (162 ff.); *Paulus/Wesche* GRUR 2012, 112 (117 f.); *Raue* GRUR-Int 2012, 402 ff.

III. Sonstige allgemeine Fragen *(Leistner)*

Weitere einführende, grundsätzliche und sonstige allgemeine Erörterungen finden sich an folgen- 107
den Stellen:
– Zum Werkbegriff → § 2 Rn. 30 ff.;
– Zum Urheberpersönlichkeitsrecht → Vor §§ 12 ff.;
– Zu den Verwertungsrechten → § 15 Rn. 1 ff., 166 ff.;
– Zum Rechtsverkehr im Urheberrecht, insbesondere zur Übertragung des Urheberrechts, zur Ein-
räumung von Nutzungsrechten und zum Urhebervertragsrecht → § 29 Rn. 1 ff., → Vor §§ 31 ff.;
– Zu den Urhebern in Arbeits- oder Dienstverhältnissen → § 43 Rn. 1 ff.;
– Zu den Schranken des Urheberrechts, zur gesetzlichen und Zwangslizenz → Vor §§ 44a ff.;
– Zum Schutz von Computerprogrammen → Vor §§ 69a ff.;
– Zum Schutz der ausübenden Künstler → Vor §§ 73 ff.;
– Zum zivilrechtlichen Schutz des Urheberrechts → Vor §§ 97 ff.;
– Zum Urheberstrafrecht → Vor §§ 106 ff.;
– Zum Internationalen Urheberrecht → Vor §§ 120 ff.;
– Zum Urheberrecht in der deutschen Einigung → Vor §§ 120 ff. Rn.173 ff.;
– Zum Recht der Verwertungsgesellschaften → Einl. VGG.

IV. Geschichte des Urheberrechts *(Vogel)*

Schrifttum: *Baldwin,* The Copyright Wars; Three Centuries of Trans-Atlantic Battle, 2014; *Bappert,* Wege zum Urheberrecht, 1962; *ders.,* Wider und für den Urhebergeist des Privilegienzeitalters, GRUR 1961, 441, 503, 553; *Beier/Kraft/Schricker/Wadle* (Hrsg.), Gewerblicher Rechtsschutz und Urheberrecht in Deutschland, FS zum hundertjährigen Bestehen der deutschen Vereinigung für gewerblichen Rechtsschutz und Urheberrecht, 1991 (zitiert: FS GRUR (1991)); *Bosse,* Autorschaft ist Werkherrschaft, 1981; *Becker-Bender,* Zur Wende der Geschichtsbeurteilung im Urheberrecht, UFITA 40 (1963) 293; *Boytha,* Urheber- und Verlegerinteressen im Entstehungsprozeß des internationalen Urheberrechts, UFITA 85 (1979) 1; *ders.,* Whose Right is Copyright?, GRUR-Int 1983, 379; *Coing* (Hrsg.), Handbuch der Quellen und Literatur der neueren europäischen Privatrechtsgeschichte, Bde. I bis III, 1973 ff.; *Czychowski,* Das Gesetz zur Verbesserung der Durchsetzung von Rechten des Geistigen Eigentums – Teil II: Änderungen im Urheberrecht, GRUR-RR 2008, 265; *ders.,* „Wenn der dritte Korb aufgemacht wird ...", GRUR 2008, 586; *Davies,* The Origins of the Rome Convention – 1926–1961, in: Martin Vogel zum 70. Geburtstag, ZGE Bd. 9 2017, 125; *Dittrich* (Hrsg.), Woher kommt das Urheberrecht und wohin geht es?, 1988; *ders.* (Hrsg.), Die Notwendigkeit des Urheberrechtsschutzes im Lichte seiner Geschichte, 1991; *Dölemeyer/Klippel,* Der Beitrag der deutschen Rechtswissenschaft zur Theorie des gewerblichen Rechtsschutzes und Urheberrechts, FS GRUR (1991), 1991, S. 185; *dies.,* Urheberrecht- und Verlagsrecht, in *Coing* (Hrsg.), Handbuch der Quellen und Literatur der neueren europäischen Privatrechtsgeschichte, Bd. III/3, 1986, S. 3956; *dies.,* „Das Urheberrecht ist ein Weltrecht" – Rechtsvergleichung und Immaterialgüterrecht bei Josef Kohler, in Wadle (Hrsg.), Historische Studien zum Urheberrecht in Europa, 1993, S. 139; *dies.,* Karl Anton Mittermaier und seine Verleger, UFITA 2000/II, S. 471; *dies.,* Hessen-Homburgs Nachdruckprivileg für Goethe, in: Martin Vogel zum 70. Geburtstag, ZGE Bd. 9 2017, 149; *Dommann,* Autoren und Apparate – Die Geschichte des Copyright im Medienwandel, *Eggert,* Der Rechtsschutz der Urheber in der römischen Antike, UFITA 138 (1999) 183; EU-Kommission (Hrsg.), Commission staff working document impact assessment on the modernisation of EU copyright rules vom 14.9.2016, SWD 2016, 301 final, part 1/3; *Fichte,* Beweis der Unrechtmäßigkeit des Büchernachdrucks, Berlinische Monatsschrift Bd. 21 (1793) 443; *Flechsig,* Schottus adversus Egenolphum, Der erste Urheberrechtsstreit vor dem Reichskammergericht 1533/34, Nachdruckschutz gestern und heute, 2017; *ders.,* Ad publico Edicto cautum esse volumus. Die Verlautbarung Kaiser Karls V. vom 14. September 1535 zum Schutze der Autorenrechte des kaiserlichen Sekretärs Jakob Spiegel, FS Vogel, 2017, S. 21; *Frohne,* Briefschulden als immaterialgüterrechtliche Verpflichtungen. Senecas Gedanken zum geistigen Eigentum, UFITA 2000/I, S. 173; *dies.,* Der Tod des Autors. Oder doch: der Autor als Bezugsperson?, UFITA 2000/I, S. 19; *dies.,* Der Danziger Gelehrte Michael Christoph Hanov beschreibt und erläutert 1741/1742 die Rechte der Autoren, FS Vogel, 2017, S. 51; *Gergen,* Die Nachdruckprivilegienpraxis Württembergs im 19. Jahrhundert und seine Bedeutung für das Urheberrecht im Deutschen Bund, 2007; *Gieseke,* Vom Privileg zum Urheberrecht, 1995; *ders.,* Günther Heinrich von Berg und der Frankfurter Urheberrechtsentwurf von 1819, UFITA 138 (1999) 117; *ders.,* Erinnerungen an den Bonner Bergrat und Professor Rudolf Klostermann (1826–1886), UFITA 2002/I, S. 133; *ders.,* Der Wiener Kongress und die Bemühungen deutscher Buchhändler um zeitgemäße Regelungen für den Buchhandel, in: Martin Vogel zum 70. Geburtstag, ZGE Bd. 9 2017, 173; *Götz v. Olenhusen,* Karl May und das Urheber- und Verlagsrecht im 19. Jahrhundert, UFITA 2002/II, S. 427; *ders.,* Karl Mays Erbe und die Gründung des Karl May-Verlages, UFITA 2001/II, S. 535; *ders.,* Der Code Littéraire des Honoré de Balzac, UFITA 2000/III, S. 809; *ders.,* Das Droit Moral des Urhebers und der Film der Zwanziger Jahre. Der Dreigroschenprozess von Bertolt Brecht und Kurt Weiss Revisited, in: Martin Vogel zum 70. Geburtstag, ZGE Bd. 9 2017, 210; *ders.,* Georg Roeber, das Filmrecht in der Zwischenkriegszeit und die Kontroverse Georg Roeber vs. Carl Schmitt, FS Vogel, 2017, S. 85; *Hauser,* Sozialgeschichte der Kunst und Literatur, 1969; *Hefti,* Das Urheberrecht im Nationalsozialismus, in *Dittrich* (Hrsg.), Woher kommt das Urheberrecht und wohin geht es?, 1988, S. 165; *Helmensdorfer,* „Heilig sey das Eigenthum!". Urheberrecht in Wien um 1850, UFITA 2001/II, S. 457; *ders.,* Die Bühne als Nachdruckerin. Nestroy und das Autorrecht, UFITA 2002/II, S. 825; *Heymann,* Die zeitliche Begrenzung des Urheberrechts, Sitzungsberichte der preußischen Akademie der Wissenschaften, phil.-hist. Klasse, Nr. 9/1927, S. 49; *Hitzig,* Das Königlich Preußische Gesetz vom 11. Juni 1837 zum Schutze des Eigenthums an Werken der Wissenschaft und Kunst gegen Nachdruck und Nachbildung, 1838; *Hoeren,* Der „Zweite Korb" – Eine Übersicht zu den geplanten Änderungen im Urheberrechtsgesetz, MMR 2007, 616; *ders.,* Der Kampf um das UrhG 1965, FS 50 Jahre UrhG (2015), S. 21; *Höffner,* Geschichte und Wesen des Urheberrechts, 2 Bde., 2010; *Hoeren,* Der Kampf um das UrhG 1965, in: Dreier/Hilty

(Hrsg.), Vom Magnettonband zu Social Media, FS 50 Jahre Urheberrechtsgesetz, 2015, S. 21; *Hoffmann,* Von denen ältesten Kayserlichen und Landesherrlichen Bücher-, Druck- oder Verlag-Privilegien, 1777; *Hubmann,* Hundert Jahre Berner Übereinkunft – Rückblick und Ausblick, UFITA 103 (1986) 5; *Kant,* Von der Unrechtmäßigkeit des Büchernachdrucks, Berlinische Monatsschrift Bd. 5 (1785) 403; *Kapp/Goldfriedrich,* Geschichte des deutschen Buchhandels, 4 Bde. 1886–1913; *Katzenberger,* Vom Kinofilm zum Videogramm, FS GRUR (1991), 1991, S. 1409; *Kern,* Aspekte des Urheberrechts bei Rossini, UFITA 2000/I, S. 205; *Klass,* Die deutsche Gestzesnovelle zur „Nutzung verwaister und vergriffener Werke und einer weiteren Änderung des Urheberrechtsgesetzes" im Kontext der Retrodigitalisierung in Europa, GRUR-Int 2013, 881; *Klingenberg,* Vom persönlichen Recht zum Persönlichkeitsrecht, ZRG Germ. Abt. Bd. 96 (1979) 183; *Klippel,* Historische Wurzeln und Funktionen von Immaterialgüter- und Persönlichkeitsrechten im 19. Jahrhundert, ZNR 1982, 132; *ders.,* Die Idee des geistigen Eigentums in Naturrecht und Rechtsphilosophie des 19. Jahrhunderts, in Wadle (Hrsg.), Historische Studien, S. 121; *ders.,* Die Theorie der Persönlichkeitsrechte bei Karl Gareis, FS Traub, 1995, S. 211; *ders.,* „Über die Zulässigkeit des Büchernachdrucks nach dem natürlichen Zwangsrecht". Der Diskurs über den Büchernachdruck im Jahre 1784, FS Wadle, 2008, S. 477; *Klostermann,* Das geistige Eigentum an Schriften, Kunstwerken und Erfindungen, 1867; *ders.,* Das Urheberrecht an Schriftwerken, Abbildungen, musikalischen Compositionen und dramatischen Werken, 1871; *ders.,* Das Urheberrecht an Schrift- und Kunstwerken, 1876; *Kohler,* Autorrecht, 1880; *ders.,* Urheberrecht an Schriftwerken und Verlagsrecht, 1907; *Koppitz,* Prager Privilegien Kaiser Rudolfs II, UFITA 2003/II, S. 347; *Lehne,* Zur Rechtsgeschichte der kaiserlichen Druckprivilegien, Mitteilungen des Österreichischen Instituts für Geschichtsforschung, Bd. 53 (1939) 323; *Luf,* Philosophische Strömungen in der Aufklärung und ihr Einfluß auf das Urheberrecht, in Dittrich (Hrsg.), Woher kommt das Urheberrecht und wohin geht es?, 1988, S. 9; *Maracke,* Das Urheberrechtswahrnehmungsgesetz von 1956, in: Dreier/Hilty (Hrsg.), Vom Magnettonband zu Social Media, FS 50 Jahre Urheberrechtsgesetz, 2015, S. 41; *Melliger,* Das Verhältnis des Urheberrechts zu den Persönlichkeitsrechten, Diss. Bern 1929; *Neuenfeld,* Anfänge eines Urheberrechts an Bauwerken, UFITA 2000/II, S. 409; *Neustetel,* Der Büchernachdruck nach Römischem Recht betrachtet, 1824; *Nomine,* Der Königlich Preußische Literarische Sachverständigen-Verein von 1838 bis 1870, 2001; zu demselben Thema *ders.* UFITA 2001/II, S. 497; *ders.,* Der Entwurf eines preußischen Gesetzes über den Verlagsvertrag (1838–1846). Ein gescheiterter Versuch zur Neuregelung der vertraglichen Stellung von Urhebern, UFITA 2003/II, S. 365; *ders.,* Plus valet favor iudicis quam omnes leges codicis? Schelling gegen Paulus: Aktenmäßige Darstellung des Streit um den Nachdruck der in Berlin gehaltenen Vorlesung über die Philosophie der Offenbarung, FS Vogel, 2017, S. 149; *Osterrieth,* Altes und Neues zur Lehre vom Urheberrecht, 1892; *ders.,* Die Geschichte des Urheberrechts in England, 1895; *Pohlmann,* Das neue Geschichtsbild der deutschen Urheberrechtsentwicklung, 1961; *ders.,* Die Frühgeschichte des musikalischen Urheberrechts, 1962; *ders.,* Neue Materialien zum deutschen Urheberrecht im 16. Jahrhundert, AGB IV (1963) Sp. 89; *ders.,* Zur neuen Sicht der Musikurheberrechtsentwicklung vom 15. bis 18. Jahrhundert, Die Musikforschung 14 (1961) 259; *ders.,* Zur notwendigen Revision unseres bisherigen Geschichtsbildes auf dem Gebiet des Urheberrechts und des gewerblichen Rechtsschutzes, GRUR 1962, 9; *Püschel,* 100 Jahre Berner Union, 1986; *ders.,* Zur Entstehungsgeschichte des Urheberrechts in der DDR, UFITA 2000/II, S. 491; *ders.,* Die letzten Etappen der Gesetzgebungsarbeit bis zur Verabschiedung des Urheberrechtsgesetzes der DDR, UFITA 2003/III, 769; *Pütter,* Der Büchernachdruck nach ächten Grundsätzen des Rechts geprüft, 1774; *Rehbinder,* Kein Urheberrecht ohne Gesetzesrecht. Zum Urheberrechtsschutz um die Mitte des 19. Jahrhunderts, in Dittrich (Hrsg.), Woher kommt das Urheberrecht und wohin geht es?, 1988, S. 99; *ders.,* Johann Caspar Bluntschlis Beitrag zur Theorie des Urheberrechts, UFITA 123 (1993) 29; *ders.,* Zum rechtlichen Schutz der Nachrichtenagenturen am Beispiel der Schweizer Depeschenagentur, UFITA 139 (1999) 123; *Schickert,* Der Schutz literarischer Urheberschaft im Rom der klassischen Antike, 2005; *Seifert,* Kleine Geschichte(n) des Urheberrechts, 2014; *Schottenloher,* Die Druckprivilegien des 16. Jahrhunderts, Gutenberg-Jahrbuch 8 (1933) 89; *Schürmann,* Der deutsche Buchhandel der Neuzeit und seine Krisis, 1895; *ders.,* Die Rechtsverhältnisse der Autoren und Verleger, sachlich-historisch, 1889; *Strömholm,* Le droit moral de l'auteur en droit Allemand, Français et Scandinave avec un aperçu de l'évolution internationale, 3 Bde. 1967–1973; *v. Ungern-Sternberg, W.,* Christoph Martin Wieland und das Verlagswesen seiner Zeit, AGB XIV (1974) Sp. 1211; *Vogel,* Der lange Weg vom LUG und KUG zum UrhG und UrhWG, in: Dreier/Hilty (Hrsg.), Vom Magnettonband zu Social Media, FS 50 Jahre Urheberrechtsgesetz, 2015, S. 3; *ders.,* Deutsche Urheber- und Verlagsrechtsgeschichte zwischen 1450 und 1850, AGB XIX (1978) Sp. 1 (zitiert *Vogel*); *ders.,* Urhebervertragsrechtsprobleme am Ende des 18. Jahrhunderts, FS Roeber, 1982, S. 423; *ders.,* Die Geschichte des Urheberrechts im Kaiserreich, GRUR 1987, 873; *ders.,* Grundzüge der Geschichte des Urheberrechts in Deutschland vom letzten Drittel des 18. Jahrhunderts bis zum preußischen Urheberrechtsgesetz vom 11. Juni 1837, in Dittrich (Hrsg.), Woher kommt das Urheberrecht und wohin geht es?, 1988, S. 219; *ders.,* Die Entwicklung des Verlagsrechts, FS GRUR (1991), S. 1211; *ders.,* Die Entfaltung des Übersetzungsrechts im deutschen Urheberrecht des 19. Jahrhunderts, in Dittrich (Hrsg.), Die Notwendigkeit des Urheberrechtsschutzes im Lichte seiner Geschichte, 1991, S. 202 = GRUR 1991, 16; *ders.,* Urheberpersönlichkeitsrecht und Verlagsrecht im letzten Drittel des 19. Jahrhunderts, in Wadle (Hrsg.), Historische Studien zum Urheberrecht in Europa, 1993, S. 191; *ders.,* Auf Kosten der Künstler, FAZ vom 25. Oktober 2004, S. 35; *ders.,* Elmar Wadle und die Geschichte des Urheberrechts, FS Wadle, 2008, S. 1; *ders.,* Der lange Weg vom LUG und KUG zum UrhG und UrhWG, in: Dreier/Hilty (Hrsg.), Vom Magnettonband zu Social Media, FS 50 Jahre UrhG (2015), S. 3; *Wadle,* Die Abrundung des deutschen Urheberrechts im Jahr 1876, JuS 1976, 771; *ders.,* Vor- und Frühgeschichte des Urheberrechts?, UFITA 106 (1987) 95; *ders.,* Das Preußische Urheberrechtsgesetz von 1837 im Spiegel seiner Vorgeschichte, in Dittrich (Hrsg.), Woher kommt das Urheberrecht und wohin geht es?, 1988, S. 55; *ders.,* Die Entfaltung des Urheberrechts als Antwort auf technische Neuerungen, Technikgeschichte, Bd. 52 (1985) 233 ff.; *ders.,* Savignys Beitrag zum Urheberrecht, FS Lüke, 1989, S. 95; *ders.,* Der Bundesbeschluß vom 9. November 1837 gegen den Nachdruck, ZRG Germ. Abt. 106 (1989) 189; *ders.,* Der Streit um den Schutz der „Kunstindustrie", FS Niederländer, 1991, S. 435; *ders.,* Der Weg zum gesetzlichen Schutz des geistigen und gewerblichen Schaffens – Die deutsche Entwicklung im 19. Jahrhundert, FS GRUR (1991), 1991, S. 93; *ders.,* Fotografie und Urheberrecht im 19. Jahrhundert, in Dittrich (Hrsg.), Die Notwendigkeit des Urheberrechtsschutzes im Lichte seiner Geschichte, 1991, S. 179; *ders.,* Der Frankfurter Entwurf eines deutschen Urheberrechtsgesetzes von 1864, UFITA 120 (1992) 33; *ders.,* Nachdruck als Injurie, FS Jahr, 1993, S. 517; ders. (Hrsg.), Historische Studien zum Urheberrecht in Europa, 1993; *ders.,* Das Scheitern des Frankfurter Urheberrechtsentwurfs von 1819 – Näheres zur Haltung einzelner Bundesstaaten, UFITA 138 (1999) 153; *ders.,* Rechtsprobleme um Nachdruck und geistiges Eigentum in Goethes Praxis, UFITA 2003/III, S. 845; *Wandtke,* Zu einigen theoretischen Grundlagen des Urheberrechts in der DDR – Historischer Einblick, in Wadle (Hrsg.), Historische Studien zum Urheberrecht in Europa, 1993, S. 225; *ders.,* Goethe und das Urheberrecht, UFITA 2000/II, S. 453; *ders.,* Einige Aspekte zur Urheberrechtsreform im Dritten Reich, UFITA 2002/II, S. 451; *Wächter,* Autorrecht, 1875; *Widmann,* Geschichte des Buchhandels vom

Altertum bis zur Gegenwart, 1952, 2. Aufl., Teil I, 1975; *Wittmann,* Geschichte des deutschen Buchhandels, 1991; *Würtenberger,* Das Kunstfälschertum, 1940.

Weitere Literatur zur Geschichte des deutschen, ausländischen und internationalen Urheberrechts findet sich in den oben mit vollständigen bibliographischen Angaben aufgeführten Werken von Beier ua. (Hrsg.), FS GRUR (1991), 1991; Dittrich (Hrsg.), Woher kommt das Urheberrecht?; ders. (Hrsg.), Die Notwendigkeit des Urheberrechtsschutzes; *Wadle,* Geistiges Eigentum, 2 Bde. 1996, 2003; *ders.,* Beiträge zur Geschichte des Urheberrechts, 2011; ders. (Hrsg.), Historische Studien, sowie in den Bänden UFITA 106 (1987); UFITA 123 (1993); UFITA 129 (1995) und UFITA 130 (1996) und den weiteren Bänden der UFITA seit dem Jahr 2000, die in unregelmäßigem Umfang Aufsätzen zur Urheberrechtsgeschichte und Reprints historischer Texte gewidmet sind. Weitere Literaturhinweise auch bei *Wadle,* Neuere Forschungen zur Geschichte des Urheber- und Verlagsrechts, ZNR 1990, 51.

1. Antike und Mittelalter

Trotz einer umfangreichen Literatur und eines regen Handschriftenhandels kannte die **Antike kein** **108** **Urheberrecht,** das dem Schöpfer die Herrschaft über sein Werk gesichert hätte.[375] Gleichwohl sind schon aus jener Zeit Autor-Verleger-Beziehungen überliefert, in denen die Honorierung des Urhebers eine Rolle spielte. Auch der geistige Diebstahl fand bereits den Tadel der Autoren. *Martial* nannte diejenigen, welche seine Gedichte als eigene ausgaben, Menschenräuber (plagiarii), weil sie die – eigenen Kindern vergleichbaren – Geisteswerke versklavten, und gab mit diesem Vergleich dem heutigen Plagiatsbegriff seinen urheberrechtlichen Sinngehalt. Dennoch verstand die Antike künstlerisches Schaffen nicht als individuellen Schöpfungsakt des Urhebers, sondern lediglich als Nachahmung einer unveränderlichen Idee des Schönen oder als die Verwirklichung einer Eingebung der Musen. Ein Bewusstsein, dass dem Urheber in materieller wie in ideeller Hinsicht ein Recht an seinem Werk zuzuordnen sei, war jener Zeit fremd.[376]

Auch im **Mittelalter** galt der Künstler noch als Ausführender im Rahmen einer göttlichen Ord- **109** nung. Seit dem 12. Jahrhundert freilich mehrten sich die Zeugnisse, die ein persönliches Interesse des Urhebers an seinem Werk bekundeten, sei es im Hinblick auf dessen Veröffentlichung, sei es, dass er namentlich mit seinem Werk in Verbindung gebracht zu werden wünschte, sei es, dass ihm die **Werkintegrität** von Bedeutung war.[377] Neben dem aufkommenden ideellen Bezug des Autors zu seiner Schöpfung können für jene Zeit materielle Interessen an der Werkverwertung in nennenswertem Umfang allerdings noch nicht belegt werden.

2. Das Privilegienzeitalter

Der Beginn der Geschichte des Schutzes von Geisteswerken wird deshalb ganz überwiegend im **110** weiteren Zusammenhang mit der **Erfindung des Buchdrucks** um das Jahr 1450 gesehen, die jedoch nicht als allein ursächlich für seine Entstehung gelten kann.[378] Denn diese technische Neuerung fiel in jene Epoche, in der unter dem Einfluss von Humanismus und Renaissance ein Werk zunehmend als Ausdruck der schöpferischen Persönlichkeit seines Urhebers verstanden wurde und nicht mehr, wie es noch mittelalterlichen Vorstellungen entsprach, als der Ausdruck eines göttlichen Willens. Folglich wuchs bei den Autoren auch das Bewusstsein für persönliche Interessen in Bezug auf ihr Werk.[379] Mit diesem Bewusstseinswandel gingen ökonomische und gesellschaftliche Veränderungen einher, die wiederum zu wirtschaftlichem und politischem Machtgewinn des Bürgertums führten.

Noch in den ersten Jahrzehnten des Buchdrucks, etwa **bis 1480,** wurden die unter großem finan- **111** ziellem Aufwand hergestellten **Buchdrucke wie jede andere Handelsware** vertrieben. Die Produktion war derart mühsam und die Nachfrage so groß, dass der Büchernachdruck nicht als sonderlich verwerflich galt.[380]

Dies änderte sich bald, als mit wachsender Konkurrenz der Absatz der Bücher und die **Amortisa-** **112** **tion der mit ihrer Herstellung verbundenen Investitionen** keine Selbstverständlichkeit mehr waren. Als erster erhielt *Johann von Speyer* zum Schutz seiner Verlagsproduktion von der Signoria Venedigs 1469 ein Privileg, das ihm auf fünf Jahre zusicherte, alleiniger Drucker der Stadt bleiben zu können. Derart umfassende Monopole und Generalprivilegien blieben in der Folgezeit jedoch eine Seltenheit. Im Heiligen Römischen Reich Deutscher Nation, wo die ersten Privilegien erst nach 1500 erteilt wurden,[381] schützten vorwiegend kaiserliche, nach dem Westfälischen Frieden in der Mehrzahl landesherrliche Druckprivilegien die literarische Produktion vor unberechtigtem Nachdruck.[382] Der Kaiser verlieh als „milder Protector aller redlichen Künste" in Erfüllung einer traditio-

---

[375] Differenzierend *Schickert* passim.
[376] Dazu ausführlich *Bappert* S. 13, 23, 26; Schricker/*Schricker* (3. Aufl.), Einl. Rn. 5; *Ulmer* § 9 I; *Kohler,* Autorrecht, S. 328.
[377] S. *Bappert* S. 83; *Gieseke* S. 8 ff.; *Ulmer* § 9 I.
[378] *Gieseke* S. 13 ff.; *Wächter* Sp. 19 ff.; *Vogel* Sp. 9 ff.; *Boytha* GRUR-Int 1983, 379.
[379] S. *Bappert* S. 105 ff.; *Gieseke* S. 19 ff.; *Hauser* S. 346 ff.
[380] S. *Gieseke* S. 13 f.; *Vogel* Sp. 14; *Wittmann* S. 24 ff.
[381] S. *Hoffmann* passim; ausführlich *Gieseke* S. 40 ff.
[382] *Kohler,* Urheberrecht, S. 32 ff.; *Gieseke* S. 77 ff. mwN.

nell kaiserlichen Aufgabe demjenigen, der mit „Mühe, Arbeit und Kosten" ein neues und gemeinnützziges Buch auf gutem Papier und in sauberem Druck herausbrachte, für meist 10 Jahre das unmittelbar vollstreckbare Recht, dieses Buch allein vertreiben zu können; Schutzvoraussetzung war jedoch – dies wurde regelmäßig bei Verlängerungsanträgen geprüft – die stetige Ausübung des gewährten Rechts.[383]

113   Es mag in der rechtlichen Erscheinungsform des Privilegs als Einzelfallregelung begründet sein, dass trotz seiner 300-jährigen Geschichte sich **kein einheitlicher Privilegientyp** herausgebildet hat. Je nach Sachlage und historischer Situation diente es der Gewerbeförderung, dem Investitions- oder dem Gewerbeschutz, dem Leistungsanreiz oder der Belohnung. An Drucker, Verleger oder Autoren adressiert, erging es als kaiserliches, reichsständisches oder kirchliches Monopol-, General- oder Spezialprivileg, damit zumeist für nützlich gehaltene Literatur im Druck erschien. In den ersten zwei Jahrhunderten war eine Privilegienurkunde üblich, die in allgemeinen Beweggründe für die Privilegienvergabe (arrenga), die Wiedergabe des Gesuchs des Antragstellers (narratio) und die eigentlichen Festlegungen des Privilegs (dispositio) gliederte.[384] Erst im Zuge einer strikten merkantilistischen Wirtschaftspolitik Sachsens wurden die kursächsischen Messprivilegien bzw. die in ihrer Rechtswirkung gleichgestellte Einzeichnung in das Protokoll der Leipziger Bücherkommission auf der Grundlage der kursächsischen Mandate von 1686 und 1773 in standardisierter Form ohne fallbezogene Begründung und lediglich auf einem vereinheitlichten Formblatt bewilligt.[385]

114   Dem Leistungsschutzgedanken der Privilegien entsprach es, dass sie gleichermaßen **Verlegern und Autoren** zuteil wurden. Dabei enthielt nach derzeitigem Erkenntnisstand das den Autoren bewilligte Schutzrecht kein selbständiges Vermögensrecht heutiger Prägung, welches bereits mit der Schöpfung des Werks zur Entstehung kam. Vielmehr wurde das Autorenprivileg **in Ansehung einer** – nicht notwendig im Selbstverlag – beabsichtigten oder bereits vollendeten **Drucklegung** erteilt. Dennoch lässt sich nicht übersehen, dass gerade die Autorenprivilegien des 16. Jahrhunderts, deren weitgehende Erschließung den Forschungen *Pohlmanns* zu verdanken ist, Ansätze enthielten, die Autoren materiell zu belohnen, freilich nur im Hinblick auf den ins Auge gefassten Druck eines privilegienwürdigen Werkes.[386]

115   Ausgeprägt war dagegen bereits seit dem 16. Jahrhundert das **Bewusstsein vom Veröffentlichungsrecht des Autors.** Aus dem Jahre 1544 ist eine venezianische Verordnung bekannt, die die Schutzrechterteilung an die Zustimmung des Autors zur Veröffentlichung seines Werkes knüpfte.[387] Für die Rechtslage in Deutschland belegt der häufige Vermerk „cum consensu auctoris", dass auch dort bei der Werkveröffentlichung die ideellen Interessen des Autors an einem Schutz vor Verfälschung, Entstellung und Plagierung des Textes zu respektieren waren. Von den Professoren *Lagus* (1563), *Christian Thomasius* (1694) und *Boerhave* (1726) sind Klagen über die ungenehmigte, teils entstellende, teils fehlerhafte Veröffentlichung ihrer Werke ebenso bekannt wie von *Sebastian Brant* (1499), welcher in der dritten Ausgabe seines Narrenschiffs unautorisierte, entstellende Nachdrucke der vorhergehenden Ausgaben beklagte. Nicht zuletzt Martin Luther musste sich in der „Vorrede und Vermanunge an die Drucker" seiner 1525 erschienenen Fastenpostille gegen Verfälschung der Texte zur Wehr setzen, allerdings auch, weil die Veränderung der Vorlage die Gefahr der Konfiskation durch die Zensurbehörde heraufbeschwor.[388]

116   Ab der zweiten Hälfte des 16. Jahrhunderts hatte sich – als Motivation der Privilegienvergabe – in den Zentren des Buchdrucks das **Bewusstsein eines Verlagseigentums** herausgebildet, wie *Gieseke* dieses frühe Verständnis der Verleger von ihren Rechten benannt hat. Danach vermochten sowohl der Erwerb des Manuskripts vom Autor „cum titulo onoroso" als auch – namentlich bei älteren Werken – der erstmalige und langjährige Druck sowie die getätigten Investitionen für Druck, Papier und Vertrieb ein ausschließliches originäres Recht zu begründen, das als „ius quaesitum" einem späteren Privileg entgegengehalten werden konnte. Dieses Verlegerrecht stand unter dem Vorbehalt ständiger Ausübung. Es ging verloren, wenn der Verleger nicht in regelmäßiger Folge für neue Drucke sorgte.[389] Die Lehre vom Verlagseigentum bildete die Grundlage mehrerer regional gültiger Verordnungen und Gesetze des 16. und 17. Jahrhunderts, die sich gegen den Büchernachdruck richteten.[390] Beherrschend zumindest bis 1648 blieb gleichwohl das kaiserliche Privileg, das als ein im gesamten Reichsgebiet vollstreckbarer Titel den wirksamsten Rechtsschutz bot.

---

[383] S. *Gieseke* S. 60 ff.

[384] S. *Lehne* S. 323 (339); *Gieseke* S. 60 ff.; *Vogel* Sp. 16 f. mwN.

[385] Zum kursächsischen Mandat s. *Vogel* Sp. 78 ff.; *Gieseke* S. 150 ff.; *Boytha* UFITA 85 (1979) 1 (3 f.).

[386] Zur Frage des urheberrechtlichen Charakters der Autorenprivilegien des 16. Jahrhunderts siehe die im Schrifttumsverzeichnis angeführten Titel *Pohlmanns*; dagegen *Bappert* S. 183 ff. sowie GRUR 1961, 441 ff., 503 ff., 553 ff.; *Vogel* Sp. 22 ff.; *Gieseke* S. 69 ff.; kritisch *Wadle* UFITA 106 (1987) 95 (insb. 100 ff.).

[387] S. *Kohler*, Urheberrecht, S. 39 f.

[388] Einzelheiten *Pohlmann*, Frühgeschichte, S. 155 ff.; *Bappert* S. 151 ff.; *Vogel* Sp. 27 ff.; *Gieseke* S. 19 ff.

[389] Einzelheiten *Gieseke* S. 93 ff.; *Bappert* S. 217 ff.

[390] Nach ersten Verordnungen mit gewerbeschützendem Charakter in Basel 1531, Nürnberg 1561, Frankfurt 1573, Straßburg 1619 vor allem die Frankfurter (1588 und 1660) und die Nürnberger (1673) Buchdruckerordnungen; vgl. *Gieseke* S. 72 ff., 99; *Coing* (Hrsg.), Bd. II/21976, S. 621, 741 ff. für den dt. Rechtskreis.

3. Die Anfänge eigenständiger, aus dem geistigen Eigentum begründeter Urheberrechte

Nach dem Dreißigjährigen Krieg wurden vielfach landesherrliche Privilegien als gegenüber kaiser- **117** lichen Privilegien vorrangig erachtet.[391] Damit verloren die kaiserlichen Privilegien an rechtlicher und die Messestadt Frankfurt an wirtschaftlicher Bedeutung für den Buchhandel. An ihre Stelle traten zunehmend **kursächsische Schutzrechte** und das in ihrem Geltungsbereich gelegene **Leipzig.** Der damals herrschende **Tauschhandel,** bei dem Druckbogen gegen Druckbogen getauscht und nur der Saldo in Geld ausgeglichen wurde, machte den Besuch der Leipziger Messe und den Erwerb der dort gültigen kursächsischen Privilegien bzw. die ihnen gleichgestellte Einzeichnung bei der Leipziger Bücherkommission unerlässlich, soweit nicht nach den Mandaten von 1686 und 1773 eine – allerdings sehr seltene – Gegenseitigkeitsvereinbarung zwischen dem Herkunftsland und Sachsen über die gegenseitigen Schutz ihrer Verlagsproduktion bestand, das Buch in Sachsen gedruckt wurde und der Verleger „das Verlagsrecht an dem Buche, der Übersetzung oder sonstigen Schrift, wovon die Frage ist, von dem Schriftsteller redlicher Weise an sich gebracht".[392] Standortvorteil und staatliche Förderung führten bald zu einer Vormachtstellung des sächsischen Buchhandels. Im letzten Drittel des 18. Jahrhunderts ging er, seine wirtschaftliche Stärke ausnützend, dazu über, mit für die damalige Zeit ungewöhnlich hohen Honoraren vornehmlich diejenigen Autoren an sich zu binden, die dem eigenständigen Geschmack des als neues Lesepublikum herangewachsenen Bürgertums am meisten entsprachen.[393] Gleichzeitig stellten die sächsischen Verlage den Tausch ihrer Bücher gegen die häufig uninteressant gewordene traditionelle Erbauungsliteratur meist süddeutscher Verleger weitgehend ein und ließen sich ihre Bücher in bar bezahlen.[394] Was zu Beginn des Jahrhunderts gelegentlich Anlass zur Entrüstung gegeben hatte und Gegenstand juristischer Erörterungen gewesen war, ohne jedoch das Verlagswesen nachhaltig zu erschüttern, schien nun den Buchhandel in Deutschland in zwei Lager zu spalten: **der Büchernachdruck.** Um über ihre eigenen Bücher hinaus verkäufliche Waren zu erhalten, begannen die süddeutschen Buchhändler teils mit hoheitlicher Unterstützung, die begehrte Literatur der norddeutschen Verlagshäuser systematisch nachzudrucken und unter Umgehung des Messeplatzes Leipzig zu vertreiben. Der Schutz der originalen Verlagsproduktion verlangte eine Rechtsgrundlage, die unabhängig von regional geltenden Privilegien den Nachdrucker ins Unrecht setzte.[395]

Unter dem Einfluss des in ganz Europa aufblühenden **Naturrechts** (*Grotius, Pufendorf*) wurde diese **118** Rechtsgrundlage zunehmend im **Vertrag zwischen Verleger und** dem sich immer nachdrücklicher als Inhaber eigener Rechte verstehenden **Autor** gesehen. Um die Wende vom 17. zum 18. Jahrhundert häufte sich die juristische Literatur, die ein Verlagsrecht, später ein Autorrecht, auch ohne besondere Privilegienvergabe rechtfertigte.[396]

Bei der Leipziger Juristenfakultät (1685) und bei *Adrian Beier* (1690) fand das vom Privileg unab- **119** hängige Recht seine Begründung noch im gewerblichen Aufwand, während *Böhmer* (1718), *Gundling* (1726), *Birnbaum* (1733) und *Thurneysen* (1738) die Verlegerrechte schon als vom Autor abgeleitet verstanden.[397] *Böhmer* wertete den Verlagsvertrag als Manuskriptkauf;[398] *Gundling* hingegen unterschied schon genauer: „Immittelst aber ist doch das Buch ihr Eigenthum, nicht nur in Ansehung ihrer eigenen Gedancken, sondern auch des Werths, welchem sie dasselbe verhandeln können, wann solches iemand verlangen, und damit trafiquiren will."[399]

Die philosophische Durchdringung der Rechte des Urhebers und ihre naturrechtliche Begründung **120** als **geistiges Eigentum**[400] vollzog sich freilich erst im letzten Drittel des 18. Jahrhunderts, als das Selbstverständnis des Originalverlags durch den Büchernachdruck aufs äußerste herausgefordert wurde. In einer heftig geführten Auseinandersetzung über die Rechtmäßigkeit des Büchernachdrucks ging es darum, welche Rechte der Autor hat, welche er im Verlagsvertrag dem Verleger überträgt, welche bei ihm verbleiben und welche Rechte der Käufer eines Buches erwirbt. Aus der Flut von Publikationen bedeutender Autoren wie *Feder, Ehlers, Cella, Wieland, Becker, Knigge, Müller* und vieler anderer[401] sei beispielhaft auf die Arbeiten von *Johann Stephan Pütter* „Der Büchernachdruck nach ächten Grundsätzen des Rechts geprüft" (1774) und *Johann Gottlieb Fichte* „Beweis der Unrechtmäßigkeit des Büchernachdrucks" (1793) näher eingegangen. Die Bedeutung der Schrift *Pütters*, die auf Anregung des Buchhandels zustande kam, liegt in der einzigartigen juristischen, ökonomischen und soziologischen Bestandsaufnahme der Verhältnisse im Buchhandel der damaligen Zeit.[402] Beeinflusst

---

[391] *Gieseke* S. 147 ff.

[392] Mandat von 1773 Ziff. 1.

[393] *Vogel* Sp. 51 ff.; zur Entwicklung des Autorenhonorars ausführlich *Bosse* S. 87 ff.

[394] *Schürmann,* Buchhandel, S. 8 ff.

[395] *Kapp/Goldfriedrich* Bd. 3 S. 55 ff.; *Gieseke* S. 157 ff.; *Vogel* Sp. 51 ff., 59 ff. jeweils mwN.

[396] S. *Gieseke* S. 161 ff.; *Vogel* Sp. 48 ff.; *Bappert* S. 251 ff.; abweichend *Bosse* S. 25 ff.

[397] S. *Bappert* S. 256 ff.; *Gieseke* S. 103 f., 121 ff.; *Kohler,* Urheberrecht, S. 69 ff.; *Bosse* S. 32 f.

[398] Zum Manuskriptkauf vgl. *Bappert* S. 252 f.

[399] Zit. nach *Bosse* S. 33.

[400] Ausführlich dazu *Luf* S. 9 (13 ff.).

[401] Einzelheiten bei *Klippel* FS Wadle, S. 477 passim; *Gieseke* S. 90 ff.; *Bappert* S. 266 ff.; *Kohler,* Urheberrecht, S. 74 ff.; *Vogel* Sp. 60 f. mwN; zum geistesgeschichtlichen Hintergrund *Luf* S. 9 ff.

[402] Zu *Pütter* s. *Gieseke* S. 169 ff.; *Vogel* S. 63 ff.; *Vogel* FS Roeber (1982), S. 423 jeweils mwN.

vom philosophisch-historischen Denken des späten Vernunftrechts begründete er die Rechte des Autors aus der **Natur der Sache:** Werke, die ein Gelehrter ausgearbeitet hat, „sind gleich ursprünglich ein wahres Eigenthum ihres Verfassers, so wie ein jeder das, was seiner Geschicklichkeit und seinem Fleisse sein Daseyn zu verdanken hat, als sein Eigenthum ansehen kann" (*Pütter* S. 25). Damit war schon das geistige Eigentum gemeint, eine eingehendere Betrachtung der Autorenrechte leistete *Pütter* jedoch noch nicht.[403] Im Verlagsvertrag, „durch den das Eigenthum des Manuskripts an den Verleger übergeht", erwirbt der Verleger, soweit keine besonderen Einschränkungen gemacht sind und er es nicht an neuen Auflagen fehlen ließ (*Pütter* S. 73), ein **ewiges Verlagsrecht.**[404]

121   Kaum 20 Jahre später unterschied *Fichte* in der damals differenziertesten Betrachtung der Autor-Verleger-Beziehung zwei Wesensmerkmale des Buches: „das Körperliche desselben, das bedruckte Papier; und sein Geistiges" (S. 447). Letzteres zerfällt wiederum „in das Materielle, den Inhalt des Buches, die Gedanken, die es vorträgt; und in die Form dieser Gedanken, die Art wie, die Verbindung in welcher, die Wendungen und die Worte, mit denen er es vorträgt" (S. 447). Nach der Veröffentlichung des Buches erwerbe der Käufer, so *Fichte,* die materielle Substanz des Buches, also das bedruckte Papier, als sein ausschließliches Eigentum. Sein geistiger Inhalt höre mit der Bekanntmachung auf, alleiniges Eigentum des Verfassers zu sein, „bleibt aber sein mit vielen gemeinschaftliches Eigenthum" (S. 450). Was aber schlechterdings sich nie jemand zueignen könne, weil dies physisch unmöglich sei, das sei **die Form dieser Gedanken** „die Ideenverbindung, in der und die Zeichen, mit denen sie vorgetragen werden" (S. 450). Dies bleibe ausschließliches Eigentum des Verfassers, denn es sei „ein natürliches, angeborenes, unzuveräußerndes Eigenthumsrecht", das der Autor nicht nur deshalb noch besitze, weil er es sich vertraglich gegenüber dem Publikum vorbehalten habe (S. 460 f.). Der Verleger dagegen erlangt nach *Fichte* vertraglich kein Eigentumsrecht, sondern „unter gewissen Bedingungen nur das Recht eines gewissen Nießbrauchs des Eigenthums des Verfassers, d. i. seine Gedanken in ihre bestimmte Form eingekleidet" (S. 457).

122   Zwischen den Veröffentlichungen von *Pütter* und *Fichte* erschien 1785 *Immanuel Kants* Aufsatz „Von der Unrechtmäßigkeit des Büchernachdrucks", der weithin als der Beginn eines persönlichkeitsrechtlichen Verständnisses vom Urheberrecht gewertet wird.[405] *Klingenberg* hat im Anschluss an *Melliger* in einem Beitrag die Auffassung vertreten, dass *Kants* Begriff des „persönlichen Rechts" nichts mit Persönlichkeitsrechten des Urhebers zu tun habe, sondern vielmehr das Forderungsrecht des Verlegers, dh. das aus dem Verlagsvertrag fließende Recht gegen den Autor auf Ablieferung des Manuskripts, bezeichne. Erst um 1800 sei der Begriff des persönlichen Rechts auch zur Bezeichnung höchstpersönlicher, von der Person nicht ablösbarer Rechte verwendet worden.[406] Damit bleibe als persönlichkeitsrechtliches Element in der Abhandlung *Kants* lediglich das unveräußerliche Recht des Urhebers (ius personalissimum), „das niemand die selbe Rede zum Publicum anders als in seinem (des Urhebers) Namen halten darf". Die Veränderung, Umarbeitung oder Übersetzung des Werkes zu untersagen, schließe dieses Verbotsrecht jedoch nicht ein. **Ein personalistisches Verständnis des Urheberrechts,** das mit der Person des Autors verknüpft ist, begründete erst 1824 *Leopold Joseph Neustetel,* für den das Recht, „Gedanken zu äußern und mitzuteilen", in der Rechtsfähigkeit wurzelte: „Unsere Sprache umfasst die Rechtsfähigkeit mit ihren unmittelbaren und mittelbaren Ausflüssen, mit ihren Grundlagen und der Ehre, unter diese sich reflektieren in dem Worte: Persönlichkeit".[407] Der Nachdruck stellte für *Neustetel* deshalb eine Persönlichkeitsverletzung des Verfassers dar. Allerdings gelang es *Neustetel* noch nicht, alle persönlichkeitsrechtlichen Bezüge des Autors zu seinem Werk herauszuarbeiten. Dies sollte in der Folgezeit *Bluntschli* (1853/54),[408] *Gareis* (1877)[409] und schließlich *von Gierke* (1895) vorbehalten bleiben.[410]

123   Trotz der fortgeschrittenen theoretischen Einsichten in das Wesen des Urheberrechts blieben **Rechtsprechung und Gesetzgebung** ebenso wie das bis in die Mitte des 19. Jahrhunderts praktizierte Privilegienwesen der Begrifflichkeit des Nachdrucks und der Eigentumsdogmatik mit all ihren Schwächen verhaftet.[411] Um die Jahrhundertwende konzentrierte sich vorrangig noch auf Probleme des Verlags- und nicht des Urheberrechts, wobei die Frage nach dem Umfang der im Verlagsvertrag übertragenen Rechte im Mittelpunkt des Interesses stand. Das **Allgemeine Landrecht für die Preußischen Staaten von 1794** enthielt die erste detaillierte Regelung der Autor-Verleger-beziehung, ohne allerdings zu bestimmen, worin das Recht des Autors besteht.[412] In einer seiner

---

[403] Vgl. *Gieseke* S. 166.
[404] S. dazu *Vogel* FS Roeber (1982), S. 423 (428 f.); gegen ein ewiges Autorenrecht bei *Pütter, Heymann* S. 49 (76).
[405] Vgl. *Ulmer* §§ 9 III 3, 17 I; *Rehbinder* (9. Aufl.), § 3 V; im Ergebnis ebenso, jedoch abweichend in der Begründung *Gieseke* S. 169 f. und *Bappert* S. 245.
[406] *Klingenberg* ZRG Germ. Abt. 96 (1979) 183 (193); kritisch dazu *Dölemeyer/Klippel* FS GRUR (1991), S. 185 (196) Fn. 54.
[407] *Neustetel* S. 30; dazu *Klingenberg* ZRG Germ. Abt. 96 (1979) 183/194 f. sowie *Wadle* FS Jahr (1998), S. 517 ff.
[408] Ausführlich *Rehbinder* UFITA 123 (1993) 29 ff.
[409] Ausführlich *Klippel* FS Traub (1995), S. 211 ff.
[410] S. *Strömholm* Bd. I S. 313 ff.; *Klingenberg* ZRG Germ. Abt. 96 (1979) 183 (197 ff.); *Dölemeyer/Klippel,* FS GRUR (1991), S. 185 (224 ff.).
[411] Vgl. *Boytha* GRUR-Int 1983, 379 (381 f.).
[412] Mit einer ähnlichen Regelung folgte 1811 das österreichische AGBG.

Einl. UrhG

wichtigsten verlagsrechtlichen Vorschriften behielt das ALR dem Autor ein Einwilligungsrecht vor, wenn nach einer limitierten Erstauflage eine Neuauflage veranstaltet werden sollte und wenn der Verleger eine neue Ausgabe beabsichtigte.[413] Diese Regel fand ein Jahr später Berücksichtigung in der Entscheidung des wohl bedeutendsten Verlagsrechtsstreits des ausgehenden 18. Jahrhunderts, als es zwischen der Weidmann'schen Buchhandlung und Göschen um das Recht zur Herausgabe der Werke *Christoph Martin Wielands* ging. Nach dem Urteil des sächsischen Oberappellationsgerichts hatte der Autor dem Verleger idR nur das Recht zur Veranstaltung einer einzigen Ausgabe übertragen.[414]

4. Von der Wiener Schlussakte zu einem einheitlichen Nachdruckverbot in Deutschland

Neben dem **Napoleonischen Dekret vom 5. Februar 1810, das Druck- und Buchhandels-** 124 **wesen betreffend**[415] und dem **Badischen Landrecht von 1809,** welches das ursprüngliche Eigentum des Verfassers an seiner niedergeschriebenen Abhandlung schützte, ohne allerdings strikt der Dogmatik des römisch-rechtlichen Sacheigentums verpflichtet geblieben zu sein,[416] kam der Aufnahme des **Artikels 18d in die Wiener Schlussakte** für die urheberrechtliche Gesetzgebung des frühen 19. Jahrhunderts besondere Bedeutung zu. Art. 18d gab der Bundesversammlung auf, sich mit der Sicherstellung der Rechte der Schriftsteller und Verleger gegen den Nachdruck zu beschäftigen.[417] Der daraufhin im Auftrag der Bundesversammlung am 18. Juni 1818 erstattete **Bericht des Gesandten *v. Berg*** ging rechtlich eindeutig von der schutzwürdigen Leistung des Urhebers aus. Er empfahl im Hinblick auf eine veränderte Nachdruckpraxis die Ausdehnung des Rechtsschutzes auch auf unwesentlich veränderte Texte und – in Abkehr vom „ewigen Verlagsrecht" – **eine Befristung des Rechtsschutzes literarischer Werke auf 10 Jahre nach dem Tode des Verfassers.** Letzterer Vorschlag war wirtschaftlich bedeutsam, seitdem wenige Verlagshäuser unter Berufung auf ein aus dem geistigen Eigentum abgeleitetes ewiges Verlagsrecht die Konkurrenz an der Herausgabe umfangreicher, vom bürgerlichen Lesepublikum begehrter Klassikerausgaben, die die fortentwickelte Drucktechnik zwischenzeitlich ermöglichte, zu verhindern vermochten. Aus dem *von Berg'schen* Bericht ging 1819 ein Gesetzentwurf hervor, dessen Beratung die Bundesversammlung 1823 jedoch ergebnislos einstellte.[418] Zu unterschiedliche Interessen und Auffassungen – in Württemberg war noch in den zwanziger Jahren ein Nachdruckverbot heftig umstritten – sowie wachsender Überzeugungsverlust der Theorie vom geistigen Eigentum als einem dem Sacheigentum nachempfundenen Recht verhinderten zunächst noch den Durchbruch zu einer bundeseinheitlichen Lösung.

Auf **Initiative Preußens,** das zwischenzeitlich 31 Gegenseitigkeitsverträge mit anderen deutschen 125 Staaten zum Schutz literarischer Werke gegen den Nachdruck geschlossen hatte, kam es am 6. September 1832 zu einem Beschluss der Bundesversammlung, der sämtliche Staaten verpflichtete, ihre Nachdruckgesetze auch auf Angehörige der übrigen Bundesstaaten anzuwenden. Angesichts unterschiedlicher territorialer Nachdruckregelungen führte dies jedoch noch nicht zu einem einheitlichen Nachdruckverbot innerhalb des Deutschen Bundes. Es wurde erst erreicht, als am 2. April 1835 die Bundesversammlung in einem weiteren Beschluss eine ministerielle Vereinbarung des Vorjahres bestätigte, nach der der Nachdruck im gesamten Bundesgebiet zu verbieten und das schriftstellerische Eigentum nach gleichförmigen Grundsätzen festzustellen und zu schützen sei. Damit verlor auch in Württemberg das Privileg seine konstitutive Wirkung für den Schutz des Verlegers. Nur zwei Jahre später, am 9. November 1837, entsprach die Bundesversammlung einem Antrag Preußens auf Einführung einer weitergehenden Regelung, die dem Urheber bzw. seinem Rechtsnachfolger auf 10 Jahre das Recht vorbehielt, seine literarischen Erzeugnisse und Werke der Kunst auf mechanischem Wege zu vervielfältigen.[419] Sie ging auf das ausführlichste und zugleich modernste Urheberrechtsgesetz seiner Zeit, das **Preußische Gesetz zum Schutze des Eigenthums an Werken der Wissenschaft und Kunst gegen Nachdruck und Nachbildung vom 11. Juni 1837** zurück.[420] In der Ausgestaltung blieb dieses Gesetz nicht mehr streng am Tatbestand des Nachdrucks orientiert, denn es stellte auch unveröffentlichte Werke unter Schutz. Überdies erkannte es ein Veröffentlichungsrecht des Autors an und gewährte Rechtsschutz 30 Jahre über seinen Tod hinaus. Mit dem erstmals in Deutschland gesetzlich verankerten, jedoch noch auf ungedruckte dramatische und musikalische Werke beschränkten Aufführungsrecht (§ 32) wurde der Weg gewiesen, der über das vom Verleger benötigte

---

[413] Zum ALR s. *Vogel* Sp. 89 ff.; *Strömholm* Bd. I S. 217 ff.
[414] Zu diesem Rechtsstreit *W. v. Ungern-Sternberg* Sp. 1211 (1463 ff.); *Vogel* FS Roeber (1982), S. 423.
[415] Dazu *Vogel* Sp. 119 f.
[416] S. *Strömholm* Bd. I S. 221 f.; *Gieseke* S. 191 ff.; *Vogel* Sp. 121 ff.
[417] *Gieseke* S. 203 ff.; *Vogel* Sp. 131 ff.; *Vogel* FS Wadle (2008), S. 1 (3 ff.); *Wadle* FS GRUR (1991), S. 93 (118 ff.) jeweils mwN.
[418] Einzelheiten s. *Kapp/Goldfriedrich* Bd. 4 S. 55 ff., 100 ff.; *Vogel* Sp. 136 ff.; *Gieseke* S. 206 ff.
[419] Ausführlich dazu *Wadle* FS GRUR (1991), S. 93 (120 ff.); *Wadle* ZRG Germ. Abt. 106 (1989) 189 ff.; *ders. Wadle,* Das preußische Urheberrechtsgesetz von 1837, S. 55 ff.; *Hitzig* S. 27 ff.; *Gieseke* S. 227 ff.; sa. *Vogel* FS Wadle (2008), S. 1 ff.
[420] Vgl. *Strömholm* Bd. I S. 219 f.; *Heymann* S. 49 (85).

Vervielfältigungsrecht hinaus zu einer umfassenderen Beteiligung des Urhebers an dem aus seinem Werk gezogenen wirtschaftlichen Nutzen führte.[421]

126   Dem preußischen Gesetz folgten weitere, allerdings weniger ausführliche Gesetze in Hamburg (1838), Sachsen-Weimar (1839), Bayern (1840), Braunschweig (1842) und Sachsen (1844). Unter ihrem Eindruck dehnte die Bundesversammlung 1841 den Rechtsschutz an Schriftwerken auf das Aufführungsrecht aus. Außerdem erweiterte sie bundesweit die Schutzdauer des Urheberrechts auf 30 Jahre nach dem Tode des Urhebers, nachdem für so bedeutende Autoren wie Schiller, Goethe, Jean Paul, Wieland und Herder noch einmal ausdrücklich durch Beschluss die Schutzfrist bis zum Jahre 1867 verlängert worden war.[422]

5. Urheberrechtslehre und –gesetzgebung von der Mitte des 19. Jahrhunderts bis zum Urheberrechtsgesetz von 1965

127   Die zahlreichen gesetzlichen Regelungen des Nachdrucks innerhalb des Deutschen Bundes beruhten keineswegs auf einem einheitlichen theoretischen Verständnis von den Rechten der Werkschöpfer, Werkmittler und Werknutzer. Noch in der Mitte des 19. Jahrhunderts fand das Urheberrecht durch die **Krise der Theorie vom geistigen Eigentum**[423] in der rechtswissenschaftlichen Literatur Begründungen, die die Herkunft des Urheberrechts aus dem Gewerberecht noch einmal deutlich werden ließen. So verstanden die einen das Recht des Urhebers als bloßen **Reflex gesetzlicher Nachdruckverbote** *(Jolly, Maurenbrecher, Gerber, Laband),* andere als ein **generalisiertes Privileg,** dh. als ein lediglich aus wirtschaftlichen oder kulturellen Zweckmäßigkeitserwägungen hervorgegangenes Monopolrecht,[424] und wieder andere sahen das Urheberrecht in seinem Wesensgehalt auf die verlegerische Befugnis der Werkvervielfältigung und das Nachdruckverbot **(Verlagsrechtstheorie)** beschränkt.[425]

128   Richtungsweisend blieben jedoch die Theorien, die zwar nicht die dogmatische Begründung, wohl aber den Gerechtigkeitsgehalt der Lehre vom geistigen Eigentum aufnehmend das Wesen des Urheberrechts dogmatisch überzeugender auszuloten versuchten. In idealistischer Deutung des Urheberrechts ordnete *Otto von Gierke,*[426] mit dem die **persönlichkeitsrechtliche Theorie** ihre vollendete Ausprägung erfuhr, die individuelle Schöpfung der Persönlichkeitssphäre ihres Urhebers zu. Er sah den Kern des Rechts in der Befugnis des Schöpfers, über die Wiedergabe seines Werkes zu entscheiden. *Von Gierke* leugnete zwar nicht die vermögensrechtliche Komponente des Urheberrechts, verstand sie jedoch als bloße Ausstrahlung seines personenrechtlichen Herrschaftsbereichs.[427] Deshalb musste – ungeachtet der national wie international wachsenden Anerkennung des droit moral – *von Gierkes* Antwort auf die Frage des Verhältnisses der gewichtigen materiellen zu den ideellen Interessen des Urhebers im Hinblick auf sein Werk unbefriedigend bleiben.

129   *Josef Kohler,* Begründer und Hauptvertreter der sog. **dualistischen Theorie,** dagegen erklärte in Anknüpfung an die Überlegungen *Fichtes, Hegels und Schopenhauers* das Urheberrecht als ausschließliches Recht an einem vermögenswerten immateriellen Gut **(Immaterialgüterrecht),** neben dem unabhängig, gleichwohl mit wechselseitigem Bezug ein Individualrecht ohne spezifisch urheberrechtlichem Gehalt besteht.[428]

130   Der Rechtswissenschaft des 20. Jahrhunderts blieb es vorbehalten, das Urheberrecht als ein einheitliches Recht zu deuten, das sowohl materielle wie ideelle Elemente aufweist, ohne in einen vermögensrechtlichen und einen persönlichkeitsrechtlichen Teil zu zerfallen. Vielmehr fließen nach dieser als **monistische Theorie** bezeichneten Lehre aus dem einheitlichen Recht sowohl vermögens- wie persönlichkeitsrechtliche Befugnisse. Schon früh vertreten von *Allfeld*[429] und *de Boor,*[430] setzte sich die monistische Theorie insbesondere durch die Arbeiten von *Ulmer* und *Hubmann* in der deutschen Urheberrechtswissenschaft nach dem Zweiten Weltkrieg durch und bildete die Grundlage des Urheberrechtsgesetzes von 1965.[431]

131   Die **Gesetzgebung** griff die Erkenntnisse der Wissenschaft nur zögernd auf.[432] Am 11. Juni 1870 erließ der Norddeutsche Bund das **Gesetz betr. das Urheberrecht an Schriftwerken, Abbildungen, musikalischen Kompositionen und dramatischen Werken,** das auf einen Entwurf des

---

[421] Einzelheiten zu diesem Gesetz bei *Hitzig* S. 47 ff.; zur persönlichkeitsrechtlichen Deutung des Urheberrechts s. *Heymann* S. 49 (86 ff.); zum Einfluss *Savignys* auf die Gesetzesberatungen *Wadle* FS Lüke (1989), S. 95 ff.
[422] S. *Gieseke* S. 229; *Wadle* FS GRUR (1991), S. 93 (123 f.).
[423] S. *Klippel,* Idee, S. 121 (136).
[424] Kritisch dazu *Kohler* Autorrecht S. 63 ff.
[425] Dazu ausführlich *Dölemeyer/Klippel* FS GRUR (1991), S. 185 (206 ff.); *Bappert* S. 288 f.
[426] Deutsches Privatrecht I (1895) S. 762 ff.
[427] Dazu ausführlich *Klingenberg* ZRG Germ. Abt. 96 (1979) 183 (205 ff.); *Dölemeyer/Klippel* FS GRUR (1991), S. 185 (226 f.).
[428] S. *Kohler* Urheberrecht S. 128 ff.; zu *Kohler* s. *Dölemeyer* S. 139 ff.; *Püschel* S. 23 ff.; zur Kritik der dualistischen Theorie *Ulmer* § 17 II.
[429] *Allfeld,* LUG (1. Aufl.), 1902 Einl. S. 23; vgl. auch *Strömholm* Bd. I S. 330 f.
[430] *De Boor,* Vom Wesen des Urheberrechts, 1933.
[431] Einzelheiten s. *Ulmer* §§ 16 ff.; *Hubmann* (6. Aufl.) § 8; *Boytha* GRUR-Int 1983, 379 (383); ferner → Vor §§ 12 ff. Rn. 6 ff.
[432] Vgl. *Vogel* FS GRUR (1991), S. 1211 (1216 ff.).

Börsenvereins des Deutschen Buchhandels aus dem Jahre 1857 zurückging.[433] Das Deutsche Reich übernahm dieses Gesetz, nachdem die Reichsverfassung vom 16. April 1871 den „Schutz des geistigen Eigentums" der Gesetzgebungskompetenz des Reiches zugewiesen hatte. Die ursprünglich beabsichtigte gleichzeitige Regelung des Kunst- und Fotografieschutzes war schon 1870 in zweiter Lesung fallengelassen und den **Gesetzen vom 9. Januar 1876 betr. das Urheberrecht an Werken der bildenden Künste und vom 10. Januar 1876 betr. den Urheberrechtsschutz an Werken der Photographie** vorbehalten worden.[434]

Das Urheberrechtsgesetz von 1870 war in seiner Begrifflichkeit noch der Nachdruckgesetzgebung verpflichtet, wenngleich es wie das bayerische Gesetz von 1865 schon offiziell den Titel „Urheberrechtsgesetz" führte.[435] Die Rechte des Urhebers wurden noch nicht als positive Nutzungs- und negative Verbotsrechte begriffen, sondern ergaben sich nach Umfang, Dauer (30 Jahre pma) und Durchsetzungsmöglichkeit − von der positiven Normierung des mechanischen Vervielfältigungsrechts (§ 1) abgesehen − als Folge der Regelung des Nachdruckverbots. Der Verletzungstatbestand des Nachdrucks als Grundlage des Urheberrechtsschutzes zwang dazu, dem Urheber vorbehaltene Nutzungen als fiktive Nachdrucktatbestände zu behandeln (§ 5 „als Nachdruck ist auch anzusehen") und die Schranken des Urheberrechts als Lockerungen des Nachdruckverbots zu regeln (§ 7). Das Verbreitungsrecht fand Erwähnung nur im Rahmen der Strafbestimmungen, denen wegen der noch nicht anerkannten Unterlassungs- und Beseitigungsansprüche neben den Schadensersatzansprüchen zentrale Bedeutung bei der Durchsetzung der Rechte zukam. Endlich gewährte dieses Gesetz auch Urheberpersönlichkeitsrechte nur ansatzweise.[436] Die Rechte an technischen, naturwissenschaftlichen und ähnlichen Abbildungen sowie musikalischen Kompositionen waren in gesonderten Abschnitten, jedoch weitgehend durch Verweis auf die für Schriftwerke geltenden Vorschriften geregelt (§§ 43 f. und 45 ff.). Das Recht der öffentlichen Aufführung dramatischer, musikalischer und dramatisch-musikalischer Werke[437] stand dem Urheber zu, bei gedruckten musikalischen Werken allerdings nur, wenn der Komponist sich dieses Recht durch einen entsprechenden Vermerk auf dem Titelblatt seiner Komposition vorbehalten hatte (§ 50 Abs. 2). Auch ein Übersetzungsrecht kannte das Gesetz nur in engen Grenzen.[438]

Unter den gleichen Mängeln litt auch das Gesetz **betr. das Urheberrecht an Werken der bildenden Künste vom 9. Januar 1876,** das wie das Urheberrechtsgesetz von 1870 eine sorgfältige materielle Regelung von Schutzvoraussetzungen, Urheberschaft, Nutzungsbefugnissen und Schrankenregelungen vermissen ließ und statt dessen auf einer detaillierten Ausgestaltung des Begriffes der „Nachbildung" beruhte. Neben den dogmatischen Unzulänglichkeiten dieses Gesetzes stieß die Schutzlosigkeit von Werken der Baukunst (§ 3) und solcher Werke der bildenden Kunst, die mit Zustimmung ihres Urhebers gewerblich nachgebildet worden sind, auf besondere Kritik.[439] Auch das − anders als das bayerische Gesetz von 1865 − nicht auf urheberrechtlichen, sondern gewerblichen Grundsätzen basierende **Photographieschutzgesetz vom 10. Januar 1876** blieb durch die Versagung des Nachbildungsschutzes bei der Benutzung von Fotografien für industrielle Produkte (Postkarten, Bucheinbände, Reklameschilder, Gebrauchsgegenstände etc.) hinter den Bedürfnissen der Berechtigten zurück. Es gewährte im Übrigen dem Verfertiger der Fotografie für fünf Jahre nach dem Erscheinen ein ausschließliches, vererbliches und übertragbares Nachbildungsrecht.[440]

Die Fortschritte der Rechtswissenschaft, die Entstehung eines internationalen Urheberrechts mit der **Gründung der Berner Union**[441] und eine das Urheberrecht weiterentwickelnde Rechtsprechung ließen schon bald die Mängel dieser Urheberrechtsgesetze offenbar werden und Reformarbeiten in Gang kommen, die − befördert durch die rege Beteiligung der an einem starken Urheberrechtsschutz interessierten Gruppen − schon nach kurzer Zeit mit dem **Gesetz betr. das Urheberrecht an Werken der Literatur und der Tonkunst vom 19. Juni 1901 (LUG), dem Gesetz betr. das Urheberrecht an Werken der bildenden Künste und der Photographie vom 9. Januar 1907 (KUG)** und dem **Gesetz über das Verlagsrecht vom 19. Juni 1901,** dem seit dem ALR einzigen deutschen Urhebervertragsgesetz,[442] erfolgreich abgeschlossen werden konnten.

Gegenüber dem Gesetz von 1870 brachte das LUG wesentliche Verbesserungen. Zwar blieb der Kreis der geschützten Werke gleich, die **Verwertungsrechte des Urhebers** wurden dagegen ent-

132

133

134

---

[433] Zur Vorgeschichte s. *Klostermann,* Urheberrecht, 1876, S. 14 ff.; *Klostermann,* Urheberrecht, 1871, S. 1 ff.
[434] *Strömholm* Bd. I S. 228; *v. Gamm* Einf. Rn. 4; *Wadle* JuS 1976, 771 (774); *Wadle,* Technikgeschichte 52 (1985), 233 (240); zur Entstehung des Fotografieschutzes s. *Wadle,* Photographie und Urheberrecht, S. 179 ff.; *Klostermann,* Urheberrecht, 1871, S. 3.
[435] Zum Begriffswandel *Boytha* GRUR-Int 1983, 379 (381).
[436] Einzelheiten bei *Strömholm* Bd. I S. 229 ff.; *v. Gamm* Einf. Rn. 5; *Vogel* GRUR 1987, 873 (877).
[437] Abschnitt IV des Gesetzes.
[438] Dazu *Vogel* GRUR 1991, 16 (22).
[439] Einzelheiten s. *Wadle* JuS 1976, 771 (774 f.); *v. Gamm* Einf. Rn. 6.
[440] § 72 Rn. 2; *Wadle* JuS 1976, 771 (775); *v. Gamm* Einf. Rn. 7.
[441] Dazu ausführlich *Boytha* UFITA 85 (1979) 1 ff.; *Hubmann* UFITA 103 (1986) 5 ff.; *Püschel* S. 44 ff.; *Vogel* GRUR 1987, 873 (879 f.); *Vogel* GRUR 1991, 16 ff. zum Übersetzungsrecht.
[442] Ausführlich zum Verlagsgesetz und seiner Entstehungsgeschichte *Vogel* FS GRUR (1991), S. 1211 ff.; *Bappert/Maunz/Schricker* (2. Aufl.), Einl. Rn. 1 f.

scheidend erweitert. Das Vervielfältigungsrecht bezog sich nicht mehr allein auf die mechanische Vervielfältigung, das Verbreitungsrecht – nun im Abschnitt über die Befugnisse des Urhebers geregelt – bestand fortan unabhängig von der Rechtmäßigkeit der Vervielfältigungsstücke, und das Recht zur öffentlichen Aufführung eines Bühnenwerkes oder Werkes der Tonkunst wurde auch ohne urheberrechtlichen Vorbehalt anerkannt. Das neu eingeführte Vortragsrecht erstreckte sich allerdings allein auf nicht erschienene Werke. Ausdrückliche Anerkennung fanden jetzt auch das Veröffentlichungsrecht, das Abänderungsrecht und in erweitertem Umfang auch das Bearbeitungsrecht einschließlich des Rechts der Übersetzung (§ 12). Nur in sehr engen Grenzen wurden Einschränkungen des Urheberrechts zugunsten der Allgemeinheit zugelassen. Strafverfolgung und Schadenersatz blieben freilich auch im LUG noch die Mittel der Rechtsdurchsetzung.[443]

Das **KUG von 1907** galt nun auch dem Fotografieschutz, gewährte diesen jedoch unabhängig von einem schöpferischen Gehalt nur einen 25-jährigen Schutz ab ihrem Erscheinen bzw. ab ihrer Herstellung. Als wichtigste Neuerung wurden Bauwerke in den Kunsturheberrechtsschutz einbezogen. Die Regelungen über den Bildnisschutz in §§ 22–24 KUG blieben auch nach Inkrafttreten des Urheberrechtsschutzes von 1965 gültig.[444]

135   **Neue technische Möglichkeiten der Werkreproduktion und Werkwiedergabe** zwangen in der Folgezeit zu immer rascherer Anpassung des Urheberrechts an die Bedürfnisse des Marktes. Die Beschlüsse der **Berliner Revisionskonferenz der Berner Übereinkunft von 1908** veranlassten die Angleichung des LUG an das internationale Recht durch die **Novelle von 1910,** mit der das Recht des Urhebers auf die Übertragung seines Werkes auf Tonträger,[445] das Verfilmungsrecht[446] und das Filmurheberrecht, einschließlich der Befugnis zur öffentlichen Vorführung, Vervielfältigung und Verbreitung des Filmwerkes, anerkannt wurden (§ 15a KUG).[447] Sie war – sieht man von der **1934 in Kraft getretenen Verlängerung der Schutzfrist von 30 auf 50 Jahre pma** ab – die einzige Novellierung des LUG. Lehre und Rechtsprechung blieb es vorbehalten, verschiedene bedeutende Prinzipien und Rechte zu entwickeln, die für das Urheberrechtsgesetz von 1965 grundlegend wurden: So erweiterte die Rechtsprechung die urheberpersönlichkeitsrechtlichen Befugnisse,[448] anerkannte die von der Rechtswissenschaft *(Goldbaum)* begründete Lehre von der Zweckübertragung[449] und ordnete dem Urheber das Recht zu, die Rundfunksendung[450] und die kinematographische Werkwiedergabe zu gestatten.[451] Die gesetzlich freigegebene öffentliche Wiedergabe musikalischer Werke mittels Tonträger (§§ 22, 26 LUG 1901; § 22a LUG idF der Novelle vom 22. Mai 1910) beschränkte das RG auf die im Zeitpunkt der Novelle von 1910 bekannten Wiedergabetechniken und sicherte dem Urheber das ausschließliche Recht der Schallplattenwiedergabe im Rundfunk[452] und – später der BGH – das Recht der öffentlichen Wiedergabe einer Schallplatte über Lautsprecher.[453]

136   Die **Kritik des fiktiven Bearbeiterurheberrechts,** das das LUG dem ausübenden Künstler gewährte (§ 2 Abs. 2), führte Ende der zwanziger Jahre in der Rechtswissenschaft zu einer genaueren **Unterscheidung zwischen schöpferischem Urheber und nachschaffendem Interpreten.**[454] Seit der Revision der RBÜ in Rom (1928) wurden von privater und von offizieller Seite zunehmend Vorschläge zur Reform des Urheberrechts unterbreitet, die selbständige Leistungsschutzrechte vorsahen. Entwürfen von *Goldbaum/Wolff,*[455] *Elster,*[456] *Hoffmann*[457] und *Marwitz*[458] folgten 1932 der amtliche Entwurf des RJM, 1933 ein weiterer Entwurf von *W. Hoffmann*[459] und 1939 der Entwurf der Akademie für Deutsches Recht.[460]

137   **Nach der Zeit der nationalsozialistischen Herrschaft,** in der das Urheberrecht ideologischen Verzerrungen ausgesetzt war, viele seiner vornehmsten Vertreter totgeschwiegen, vertrieben oder umgebracht worden waren (*Goldbaum, Marwitz* ua.), und die jüdischen Autoren ihre urheberrechtli-

---

[443] Zum UPR in LUG und KUG → Vor §§ 12 ff. Rn. 1 mwN.
[444] S. die Kommentierung zum KUG.
[445] § 12 Abs. 2 Nr. 5 LUG.
[446] § 12 Abs. 2 Nr. 6 LUG.
[447] Einzelheiten bei *Katzenberger* FS GRUR (1991), S. 1401 (1410 ff.) sowie → Vor §§ 73 ff. Rn. 14 f.; → § 85 Rn. 3 ff.; ferner *Vogel* FS 50 Jahre UrhG (2015), S. 3 (7 ff.).
[448] RGZ 79, 397 – Felseneiland mit Sirenen (Werkentstellung) und RGZ 110, 393 – Riviera (Urheberbenennung); auch → Vor §§ 12 ff. Rn. 1 ff.
[449] RGZ 118, 282 (285) – Musikantenmädel; zur weiteren Rechtsprechung zum Urhebervertragsrecht s. *Vogel* FS GRUR (1991), S. 1211 (1246 f.).
[450] RGZ 113, 413 – Der Tor und der Tod; RGZ 123, 312 – Wilhelm Busch.
[451] RGZ 140, 231 – Tonfilm.
[452] RGZ 153, 1 – Rundfunksendung von Schallplatten.
[453] BGHZ 11, 135 – Lautsprecherübertragung.
[454] → Vor §§ 73 ff. Rn. 14 f.; ausführlich zu den wissenschaftlichen Auseinandersetzungen namentlich zur UFITA, *Baldwin* passim.
[455] UFITA 2 (1929) 185.
[456] UFITA 2 (1929) 652.
[457] UFITA 2 (1929) 659.
[458] UFITA 2 (1929) 668.
[459] Ein deutsches Urheberrechtsgesetz, 1933.
[460] Einzelheiten s. *Ulmer* (2. Aufl.), § 10 II.

chen Befugnisse verloren hatten,[461] führte der BGH die Rechtsprechung des RG fort, wonach der Urheber tunlichst an dem wirtschaftlichen Nutzen zu beteiligen ist, der aus seinem Werk gezogen wird.[462] Unter Berufung auf ein naturrechtlich begründetes geistiges Eigentum und in Achtung des schöpferischen Individuums wies er – die Spruchpraxis des RG und die Erkenntnisse der Urheberrechtslehre fortentwickelnd – ua. mit seiner Entscheidung zur privaten Ton- und Bildaufzeichnung[463] und den vier Leistungsschutzurteilen[464] dem Gesetzgeber den Weg, der nach dem RefE 1954, dem MinE 1959 und dem RegE 1962 in das Urheberrechtsgesetz vom 9. September 1965 mündete, welches nicht nur umfassende Urheberpersönlichkeitsrechte verbriefte,[465] sondern überdies darauf ausgerichtet war, die ausschließlichen vermögensrechtlichen Befugnisse des Urhebers so weitgehend auszugestalten, dass er möglichst jede Art der Werknutzung von der Zahlung einer Vergütung abhängig machen kann.[466] In der **DDR**, in der zunächst ebenfalls noch das LUG galt, ging die Urheberrechtsentwicklung allmählich eigene Wege. Sie führten nahezu gleichzeitig wie in der Bundesrepublik Deutschland am **13. September 1965** zu einem **Gesetz über das Urheberrecht,** das von sozialistischen Vorstellungen geprägt war und bis zur Wiedervereinigung galt.[467] Die Berücksichtigung weiterer urheberrechtsgeschichtlicher Forschungen soll der nächsten Auflage vorbehalten bleiben.

6. Die Entwicklung des Urheberrechts nach 1965

In den ersten Jahren nach Inkrafttreten des Urheberrechtsgesetzes der Bundesrepublik Deutschland **138** richtete sich die Aufmerksamkeit der interessierten Öffentlichkeit auf seine **verfassungsrechtliche Überprüfung,** insbesondere seiner Schrankenregelungen zugunsten der Allgemeinheit. Dabei hat das BVerfG die ursprünglich gemäß § 46 vergütungsfrei zulässige Nutzung von Werken für den Kirchen- und Schulgebrauch für unvereinbar mit der Eigentumsgarantie des Art. 14 GG erklärt,[468] während es die nach § 47 erlaubnisfreie Aufnahme von Schulfunksendungen als verfassungsrechtlich unbedenkliche Inhaltsbestimmung der Eigentumsgarantie ansah.[469] Auch das vergütungsfreie Ausleihen von geschützten Werken blieb unbeanstandet.[470] Die Schutzfristregel für die Leistungsschutzrechte der Interpreten und Tonträgerhersteller, die eine erhebliche Verkürzung gegenüber der des vordem geltenden fiktiven Bearbeiterurheberrechts bedeutete, hielt ebenfalls im Grundsatz der Überprüfung stand.[471]

Die erste **Urheberrechtsnovelle von 1972** trug im Wesentlichen den Monita dieser Spruchpraxis **139** Rechnung und führte außerdem die Bibliothekstantieme gemäß § 27 ein.[472] Die folgende **Novelle von 1985** galt der Neuregelung der privaten Vervielfältigung durch die Einführung der kombinierten Geräte- und Leerkassettenvergütung sowie der Reprographievergütung auf der Grundlage der Großbetreiber- und Geräteabgabe, der Einführung der Vergütungspflicht bei gesetzlich zulässiger, nichtgewerblicher öffentlicher Werkwiedergabe im Anschluss an die Kirchenmusik-Entscheidung des BVerfG,[473] der Erstreckung der urheberrechtlichen Schutzfrist von 70 Jahren pma. auch auf Lichtbildwerke durch die Streichung von § 68 und schließlich der Erweiterung der Zuständigkeit der Schiedsstelle nach dem UrhWG. Die **Novellierung von 1990** brachte schließlich die Schutzfristverlängerung der Rechte der wissenschaftlichen Herausgeber sowie der Herausgeber nachgelassener Werke (§§ 70, 71) auf 25 Jahre und insbesondere der Interpretenrechte auf 50 Jahre. Im Zuge der Wiedervereinigung wurde gemäß Art. 8, 11 des **Einigungsvertrages** mit dem Tag der Deutschen Einheit das UrhG auf das Staatsgebiet der früheren DDR nach Maßgabe einiger weniger Überleitungsvorschriften erstreckt.[474]

7. Urheberrecht im Zeichen der Internationalisierung und Europäisierung

Die letzte Dekade des 20. Jahrhunderts stand urheberrechtlich im Zeichen einer **weitreichenden 140 Internationalisierung.** Die **Europäische Gemeinschaft** erließ seit 1991 mittlerweile **Harmonisierungsrichtlinien** zu Einzelaspekten des Urheber- und Leistungsschutzrechts, die der deutsche Gesetzgeber in den Jahren 1992 bis heute in nationales Recht umgesetzt hat.[475] Seit Ende 1994 gilt nahezu weltweit das **TRIPS-Übereinkommen** – ein Teilabkommen des WTO-Abkommens –, welches die Vertragsstaaten zur Einführung eines hohen urheberrechtlichen Schutzniveaus verpflich-

---

[461] Näheres *Hefti* S. 165 ff.; *Vogel* FS GRUR (1991), S. 1211 (1250); *Vogel* FS 50 Jahre UrhG (2015) S. 3 (16).
[462] S. RGZ 128, 102 (113) – Schlagerliederbuch; RGZ 134, 198 (201) – Schallplattenrechte; BGHZ 11, 135 (143) – Lautsprecherübertragung, → Rn. 134.
[463] BGHZ 17, 266 – Magnettongeräte.
[464] BGHZ 33, 1 ff. – Künstlerlizenz Schallplatten ua.; Einzelheiten vgl. → Vor §§ 73 ff. Rn. 18.
[465] → 3. Aufl. 2006, Vor §§ 12 ff. Rn. 8; aA nun → Vor §§ 12 ff. Rn. 5.
[466] S. AmtlBegr. UFITA 45 (1965) 240 (260).
[467] Einzelheiten bei *Püschel* UFITA 2000/II S. 491 ff.; *Püschel* UFITA 2003/III S. 769 ff.; *Wandtke* S. 225 passim.
[468] BVerfGE 31, 229 – Kirchen- und Schulgebrauch.
[469] BVerfGE 31, 270 – Schulfunksendungen.
[470] BVerfG GRUR 1972, 485 – Bibliotheksgroschen.
[471] Dazu → § 82 Rn. 3 ff.
[472] Einzelheiten → § 27 Rn. 3 f.
[473] BVerfGE 49, 382.
[474] Dazu *Katzenberger* GRUR-Int 1993, 2.
[475] → Rn. 97.

tet.[476] Im Rahmen der WIPO wurde der internationale Schutz des Urheberrechts im Hinblick auf neue digitale Kommunikationstechnologien und Leistungsschutzrechte fortentwickelt. Die dabei am 21. Dezember 1996 geschlossenen Verträge (**WCT** und **WPPT**) traten 2002 in Kraft.[477] Die EU und die meisten ihrer Mitgliedstaaten haben beide Verträge am 14. Dezember 2009 ratifiziert, so dass sie für diese Staaten und die EU am 14. Mai 2010 in Kraft getreten sind.[478]

8. Das Urheberrecht im Zeichen des Urhebervertragsrechts

141   Noch bevor das Jahrhundert zu Ende ging, öffnete sich das kleine Zeitfenster der Amtszeit der ersten Justizministerin der 1998 gewählten rot-grünen Koalition, *Herta Däubler-Gmelin,* während dessen sich im nationalen Kontext urheberrechtlich Bahnbrechendes ereignete. Bereits wenige Monate nach ihrem Amtsantritt stellte sie in einer Grundsatzrede ihr urheberrechtliches Programm für die folgenden vier Jahre vor.[479] Dazu zählte vorrangig die **Erarbeitung eines Urhebervertragsgesetzes,** das seit dem Inkrafttreten des Urheberrechtsgesetzes vom 9. September 1965 ein uneingelöstes Versprechen aller Regierungen gegenüber den Kreativen als der regelmäßig schwächeren Vertragspartei geblieben war. Um dies zu bewerkstelligen, bat die Ministerin einige ausgewiesene Wissenschaftler, ihre Vorstellungen von einem Urhebervertragsgesetz in Form eines Gesetzentwurfs zu Papier zu bringen. Nach einer umfassenden Anhörung der beteiligten Kreise wurde dieser **Entwurf eines Gesetzes zur Stärkung der vertraglichen Stellung von Urhebern und ausübenden Künstlern** – verfasst von *Dietz, Loewenheim, Nordemann, Schricker und Vogel* – als „Professoren-Entwurf" am 22. Mai 2000 der Öffentlichkeit vorgestellt und mit geringfügigen Änderungen sowie einem Vorwort der Ministerin in der August-Nummer der Zeitschrift GRUR abgedruckt.[480] Die Folgemonate dienten seiner intensiven Erörterung mit Urheber- und Verwerterorganisationen, bis eine überarbeitete, zahlreichen Einwänden namentlich des Verlagswesens und der Filmproduzenten Rechnung tragende Version im Kabinett gebilligt und auf den parlamentarischen Weg gebracht werden konnte.

142   Die Erarbeitung des **Professoren-Entwurfs** gestaltete sich – nicht allein wegen der kurzen zur Verfügung stehenden Zeit – verhältnismäßig schwierig. In den zahlreichen Bereichen kultureller Produktion hatten sich im Laufe ihrer Entwicklung eigene Verwertungsstrukturen herausgebildet, die zudem in jüngerer Zeit durch immer neue Reproduktions- und Wiedergabetechniken raschen Wandlungen unterworfen waren. Alle Branchenspezifika in einem besonderen Urhebervertragsgesetz zu berücksichtigen, erwies sich von vorneherein als undurchführbar. Denn Schutzbestimmungen zugunsten der schwächeren Vertragspartei bedürfen naturgemäß einer zwingenden Ausgestaltung, die es wiederum verbietet, für jeden einzelnen Verwertungsbereich auf seine Besonderheiten zugeschnittene Regelungen vorzuschlagen. Sie hätten sich angesichts der Schnelllebigkeit der Branchen schon bald als sachfremde Fesseln und als wirtschaftlich hinderlich erwiesen. Der Prof-E wählte deshalb eine flexible „kleine Lösung", die mit wenigen, für das gesamte Urhebervertragsrecht geltenden Regeln auszukommen versuchte. Diese vom Gesetzgeber modifiziert übernommene Grundkonzeption sah neben dem Anspruch des Urhebers auf eine angemessene Vergütung für jede Nutzung seines Werkes – rechtlich ausgestaltet als ein mit der vertraglich vereinbarten Vergütung korrespondierender gesetzlicher Vergütungsanspruch – ein Instrumentarium für die branchenbezogene kollektive Vereinbarung angemessener Vergütungen und deren bindende schiedsgerichtliche Festlegung beim Scheitern der Verhandlungen vor. Von dieser Regelung sollten nach dem Prof-E all diejenigen Verträge unberührt bleiben, die bereits eine angemessene Vergütung des Urhebers vorsehen. Diese Vorschriften flankierte der Prof-E mit Beschränkungen der Abtretbarkeit gesetzlicher Vergütungsansprüche, mit der Beschränkung der Einräumung der Übertragbarkeit von Nutzungsrechten und mit Regeln über das Filmurhebervertragsrecht, letztere in der Fassung von *Nordemanns* Vorschlag eines Urhebervertragsgesetzes von 1991.[481] Damit sollten im Wesentlichen all diejenigen Verträge von der gesetzlichen Regelung unberührt bleiben, nach denen der kreative Part bereits angemessen vergütet wird.

143   Der RegE[482] enthielt demgegenüber verschiedene Änderungen, die der Kritik der Verwerterseite entgegenkamen, ohne diese freilich von ihrer grundsätzlichen Ablehnung des Gesetzentwurfs abbringen zu können. Im Gegenteil: in einer Kampagne, wie es sie nach den Worten eines altgedienten Parlamentariers seit der Mitbestimmungsdebatte nicht mehr gegeben hatte, übten Zeitungs- und Buchverleger, aber auch private Fernsehanstalten und andere Verwerter geschützter Werke allein und im Verbund sowie unter Einsatz ihren medialen Macht Druck auf die Bundesregierung aus, zur Rettung des Kultursektors das Gesetzesvorhaben fallen zu lassen. Es ist bekannt, dass der Bundeskanzler die monatelangen Anzeigenkampagnen der Verleger beendet sehen wollte, und es nur dem Durchsetzungsvermögen der Justizministerin zu verdanken ist, dass dieses Gesetz, wenngleich mit gewissen Einschränkungen gegenüber dem RegE, das Parlament passierte. Die letztlich verabschiedete Fassung

---

[476] → Vor §§ 120 ff. Rn. 14 ff.
[477] Einzelheiten dazu → Vor §§ 120 ff. Rn. 36 ff., 69 ff.
[478] Art 30 WCT bzw. WPPT.
[479] *Däubler-Gmelin* ZUM 1999, 265.
[480] GRUR 2000, 765.
[481] GRUR 1991, 1.
[482] BT-Drs. 14/6433 vom 26. Juni 2001 und 14/564 vom 23. November 2001.

fand bis in die Reihen der Opposition hinein Zustimmung. Abgesehen von diesem Abstimmungsergebnis spiegelt das Gesetz einen breiten gesellschaftlichen Konsens darüber wider, dass Urhebern und ausübenden Künstlern zumindest eine angemessene Entlohnung für ihre Arbeit gebührt.

Gegenüber dem weitgehend vom Grundsatz der Vertragsfreiheit geprägten früheren Recht, das **144** zum Schutze der Urheber im Wesentlichen nur die Unwirksamkeit von Vereinbarungen und Verfügungen über unbekannte Nutzungsarten (§ 31 Abs. 4) und die durch die Vertragspraxis freilich stark entwertete Zweckübertragungslehre (§ 31 Abs. 5) vorsah, steht nach der **Neuregelung** nunmehr bei Unangemessenheit der vereinbarten Vergütung dem Urheber gegen seinen Vertragspartner ein unabdingbarer **Anspruch auf Einwilligung in eine Vertragsänderung** zu, die eine **angemessene Vergütung** zum Gegenstand hat.[483] Einen weiteren Anspruch auf Einwilligung in eine Vertragsänderung mit dem Ziel einer angemessenen Vergütung hat der Urheber bei einem „auffälligen Missverhältnis" der aus der Werknutzung gezogenen Erträge und Vorteile und der vereinbarten Vergütung, und zwar – anders als noch nach § 36 aF – unabhängig von der Vorhersehbarkeit der erzielten Erträge und Vorteile (§ 32a Abs. 1). Was als angemessen anzusehen ist, legen fortan Tarifverträge oder von Urheber- und Verwertervereinigungen gemeinsam vereinbarte Vergütungsregeln fest, deren Existenz einen Anspruch auf angemessene Vergütung nach § 32 ausschließt (§ 32 Abs. 2). Kommt es bei den Verhandlungen solcher Kollektivverträge zu keiner Einigung, findet nach § 36 Abs. 3 und 4 ein **Schiedsverfahren** über die Aufstellung gemeinsamer Vergütungsregeln statt, das mit einem nicht bindenden Beschluss einer nach § 36a einzusetzenden Schiedsstelle endet, welche die Angemessenheit der Vergütung festgelegt (§ 32 Abs. 2 S. 1). Die zweite vermögenswerte Säule des Urhebervertragsgesetzes von 2002 bildet **die Abtretbarkeit gesetzlicher Vergütungsansprüche im Voraus nur noch an eine Verwertungsgesellschaft** (§ 63a). Diese Vorschrift soll verhindern, dass Dritte sich diese Ansprüche übertragen und sich so am Aufkommen der Verwertungsgesellschaften beteiligen lassen. Für ausübende Künstler gelten diese Regelungen entsprechend. Allerdings hat der Gesetzgeber ihnen die Berufung auf § 31 Abs. 4 ausdrücklich verweigert.[484]

9. Anpassung des Urheberrechtsgesetzes an die Erfordernisse der Informationsgesellschaft unter europäischem Vorzeichen

Eine weitere alsbaldige Änderung des Urheberrechtsgesetzes brachte das **Gesetz zur Regelung** **145** **des Urheberrechts in der Informationsgesellschaft vom 10. September 2003** (BGBl. I S. 2863), das der Umsetzung der entsprechenden EU-Richtlinie diente.[485] Es führte im wesentlichen das Recht der öffentlichen Zugänglichmachung (§ 19a), den Schutz technischer Maßnahmen (§ 95a) und den Schutz der zur Rechtewahrung erforderlichen Informationen (§ 95b) ein, passte – soweit durch die Richtlinie geboten – die Schrankenregelungen an die neuen Formen der Werknutzung an und ordnete das Recht des ausübenden Künstlers neu, wobei dieses insgesamt eine stärkere Angleichung an die Dogmatik des Urheberrechts erfuhr und um das Recht auf Anerkennung sowie auf Namensnennung in Angleichung an Art. 5 WPPT ergänzt wurde.

Alle notwendigen Anpassungen des UrhG an die Erfordernisse der Informationsgesellschaft waren **146** damit freilich noch nicht vorgenommen, so dass die Vorbereitungsarbeiten für weitere Gesetzesänderungen bereits kurz nach Inkrafttreten des 1. InformationsgesG in Angriff genommen wurden.[486] Sie mündeten in das **Zweite Gesetz zur Regelung des Urheberrechts in der Informationsgesellschaft vom 26. Oktober 2007** (BGBl. I S. 2513). Im Wesentlichen ging es dort um nicht durch die InfoSoc-RL gebotene Änderungen wie die Neuregelung der §§ 53 ff. über die private Vervielfältigung und deren Vergütung,[487] um die Aufhebung des strikten Verbots der Verfügung über Rechte an unbekannten Werknutzungsarten nach § 31 Abs. 4 (aF) und um ihren Ersatz durch eine mit allerlei Vorsichtsmaßnahmen zugunsten des Urhebers versehenen Vorschrift, die nunmehr auch Verträge und Verfügungen über im Zeitpunkt des Vertragsschlusses noch unbekannte Nutzungsarten gestatten. Verbunden ist diese Vorschrift mit einer Verpflichtung zur Zahlung einer angemessenen Vergütung (§ 32c) und mit einer verfassungsrechtlich problematischen Übergangsregelung in § 137l für Altwerke, deren Nutzung auf bei Vertragsschluss noch unbekannte Nutzungsarten nunmehr gesetzlich möglich ist. Sodann wurde § 63a geändert, wovon freilich die dadurch angestrebte Beteiligung der ohne ein eigenes Leistungsschutzrecht ausgestatteten Verleger erreicht wurde,[488] und die wissenschaftliche Arbeit durch Modifizierungen der einschlägigen Schranken erleichtert.[489]

Dieser Novellierung gingen ohne großes Aufsehen die nicht ganz pünktliche **Umsetzung der** **147** **FolgerechtsRL 2001/84/EG** vom 27. September 2001 durch das 5. UrhGÄndG vom 29. Juni

---

[483] § 32 Abs. 1 S. 3, Abs. 3 S. 1.

[484] § 79 Abs. 2 idF des Gesetzes zur Regelung des Urheberrechts in der Informationsgesellschaft vom 10. September 2003 im Anschluss an BGH GRUR 2003, 234 – Eroc III.

[485] InfoSoc-RL.

[486] Zu den Vorbereitungsarbeiten → 3. Aufl. 2006, Einl. Rn. 88; *Vogel,* Auf Kosten der Künstler, FAZ vom 25. Oktober 2004, S. 35.

[487] Dazu ausführlich die Erläuterungen zu → § 53 und → § 63a.

[488] → § 63a Rn. 7; → § 72 Rn. 84 ff.

[489] Zum sog. 2. Korb *Czychowski* GRUR 2008, 586; *Hoeren,* Der „Zweite Korb" – Eine Übersicht zu den geplanten Änderungen im Urheberrechtsgesetz, MMR 2007, 616.

2006[490] und die **Umsetzung der Enforcement-RL 2004/48/EG** vom 29. April 2004 mit dem Gesetz zur Verbesserung der Durchsetzung von Rechten des Geistigen Eigentums vom 7. Juli 2008 voraus.[491] Nach einer kleinen Atempause ging es national weiter mit der **Umsetzung der EU-Richtlinie zur Schutzfristenverlängerung für ausübende Künstler und Tonträgerhersteller** (2011/77/EU) durch das **am 6. Juli 2013 in Kraft getretene Umsetzungsgesetz** (BGBl. 2013 I S. 1940). Es brachte eine Verlängerung der Schutzfrist auf 70 Jahre, im Einzelnen nach Maßgabe des § 82 bzw. bei Tonträgerherstellern nach Maßgabe des § 85 Abs. 3. Das Gesetz war gekennzeichnet durch die Unterscheidung zwischen solchen Darbietungen, die auf einem Tonträger aufgezeichnet worden sind, und anderweitig aufgezeichneter Darbietungen, womit nur auf Bildtonträger aufgezeichnete Darbietungen gemeint sein können. Dabei kommt die Verlängerung der Schutzfrist nur den auf Tonträgern aufgenommen Darbietungen zugute.

148   Der Erwähnung bedürfen ferner folgende Änderungen des Urheberrechtsgesetzes: zunächst das **Gesetz zur Nutzung verwaister und vergriffener Werke** und einer weiteren Änderung des Urheberrechtsgesetzes vom 11. April 2013 (BT-Drs. 17/13423), veranlasst durch die notwendig gewordene Umsetzung der Richtlinie 2012/28/EU des Europäischen Parlaments und des Rates über bestimmte zulässige Formen der Nutzung verwaister Werke vom 25. Oktober 2012.[492] Sie hat sich in den §§ 61–61c niedergeschlagen und ermöglicht in Zukunft insbesondere die digitale Nutzung solcher Werke, deren Rechteinhaber auch durch eine sorgfältige Suche nicht festgestellt oder ausfindig gemacht werden konnten.[493] Es folgte auf EU-Ebene die **Richtlinie 2014/26/EU der Europäischen Parlaments und des Rates vom 26. Februar 2014 über die kollektive Wahrnehmung von Urheber- und verwandten Schutzrechten und die Vergabe von Mehrgebietslizenzen für Rechte an Musikwerken für die Online-Nutzung im Binnenmarkt,**[494] deren Umsetzung in das nationale deutsche Recht durch das Gesetz zur Umsetzung der Richtlinie 2014/26/EU über die kollektive Wahrnehmung von Urheber- und verwandten Schutzrechten und die Vergabe von Mehrgebietslizenzen für die Rechte an Musikwerken für die Online-Nutzung im Binnenmarkt sowie zur Änderung des Verfahrens betreffend die Geräte- und Speichermedienvergütung (**VG-RL-Umsetzungsgesetz**) vom 24. Mai 2016 erfolgt ist.[495]

149   Doch auch damit fand die jüngste Gesetzgebung auf dem Gebiet des Urheberrechts noch kein Ende. Das überhastet am 20. Dezember 2016 verabschiedete **Gesetz zur verbesserten Durchsetzung des Anspruchs der Urheber und ausübenden Künstler auf angemessene Vergütung und zur Regelung von Fragen der Verlegerbeteiligung**[496] (BGBl. I S. 3037) enthält eine – freilich moderate – Verbesserung des Urhebervertragsrechts und durch die Einfügung der §§ 27 Abs. 2, 27a in das VGG eine nicht nur unionsrechtlich problematische Regelung[497] der Verlegerbeteiligung am Aufkommen der Urheber aus der Geräte und Speichermedienvergütung, nachdem der BGH in seiner Verlegeranteil-Entscheidung die pauschale Beteiligung der Verleger ohne Rechteeinbringung nach dem Verteilungsplan der VG Wort für rechtswidrig erklärt hat.[498] Kurz vor Ende der 18. Legislaturperiode verabschiedete der Deutsche Bundestag das von Verlegerseite heftig kritisierte **Gesetz zur Angleichung des Urheberrechts an die aktuellen Erfordernisse der Wissensgesellschaft vom 1. September 2017 (Urheberrechts-Wissensgesellschafts-Gesetz – UrhWissG).**[499]

150   Gleichzeitig gingen die Bemühungen der EU-Kommission, das Urheberrecht innerhalb der Union den Anforderungen des digitalen Umfelds anzupassen, unvermindert weiter. Am 14. September 2016 legte sie gleich drei Vorschläge zur unionrechtlichen Regelung verschiedener Teilbereiche des Urheberrechts vor. Es handelte sich um folgende Dokumente:

– Directive of the European Parliament and of the Council on copyright in the Single Digital Market (Com (2016) 593 final);

– Regulation of the European Parliament and of the Council laying down rules on the exercise of copyright and related rights applicable to certain online transmissions of broadcasting organisations and retransmissions of television and radio programs (Com (2016) 594 final);

– Proposal for a Regulation of the European Parliament and of the Council on the cross-border exchange between the Union and third countries of accessible format copies of certain works and

---

[490] BGBl I S. 2587.
[491] Dazu ausführlich *Czychowski* GRUR-RR 2008, 265.
[492] ABl. EU L 299 vom 27. Oktober 2012, S. 5.
[493] Dazu ausführlich *Klass* GRUR-Int 2013, 881.
[494] ABl. EU L 84 vom 20. März 2014, S. 72.
[495] BGBl. 2016 I S. 1190.
[496] Siehe dazu RegE BT-Drs. 18/12329, 18/12379, Bericht des Ausschusses für Recht und Verbraucherschutz BT-Drs. 18/13014.
[497] So *v. Ungern-Sternberg*, Ausschüttungsansprüche von Berechtigten gegen ihre Verwertungsgesellschaft, ZGE 2017, 1/5 ff.; ebenso *Vogel* https://www.perlentaucher.de/essay/die-neuregelung-der-verlegerbeteiligung-eine-irrefuehrung-der-urheber.html unter IV.
[498] BGH GRUR 2016, 596 – Verlegeranteil.
[499] BGBl. I v. 7.9.2017 S. 3346; siehe dazu RegE BT-Drs. 18/12329, 18/12379, Bericht des Ausschusses für Recht und Verbraucherschutz Drs. 18/13014, BR-Drs. 535/17 und BR-Drs. 535/17 (B) sowie im Einzelnen die Kommentierungen zu Abschnitt 6 Unterabschnitt 4 §§ 60a–60h.

other subject-matter protected by copyright and related rights for the benefit of persons who are blind, visually impaired or otherwise print disabled – (COM (2016) 595 final).

Seither wurde der von der EU-Kommission vorgelegte Vorschlag für eine RICHTLINIE DES EUROPÄISCHEN PARLAMENTS UND DES RATES über das Urheberrecht im digitalen Binnenmarkt in der Öffentlichkeit und den parlamentarischen Gremien erörtert. Nach heftigen Auseinandersetzungen über die Einführung eines Presseverlegerleistungsschutzrechts, die Verlegerbeteiligung am Vergütungsaufkommen der Urheber aus gesetzlichen Vergütungsansprüchen und über bestimmte Nutzungen geschützter Inhalte durch Online-Dienste (Art. 15–17 DSM-RL), zuletzt in einem Trilog-Verfahren, wurde die DSM-RL am 26.3.2019 vom EU-Parlament beschlossen und als Richtlinie (EU) 2019/790 am 17. Mai 2019 im Amtsblatt der EU veröffentlicht.[500] Am selben Tag veröffentlicht wurde ebenfalls die **Richtlinie (EU) 2019/789 des Europäischen Parlaments und des Rates vom 17.4.2019 mit Vorschriften für die Ausübung von Urheberrechten und verwandten Schutzrechten in Bezug auf bestimmte Online-Übertragungen von Sendeunternehmen und die Weiterverbreitung von Fernseh- und Hörfunkprogrammen und zur Änderung der Richtlinie 93/83/EWG des Rates,**[501] die die grenzüberschreitende Online-Nutzung von Fernseh- und Hörfunkprogrammen und den entsprechenden Rechteerwerb harmonisieren.[502]

---

[500] ABl. EU 2019 L 130, S. 92.
[501] ABl. EU 2019 L 130, S. 82.
[502] Beschluss 2000/278/EG des Rates vom 16.3.2000, ABl. 2000, L 89, S. 6. Art. 1 Abs. 4 WCT sieht vor, dass die Vertragsparteien den Art. 1 bis 21 und dem Anhang der RBÜ nachkommen; vgl. auch EuGH GRUR 2019, 73 Rn. 7, 38 – Levola Hengelo/Smilde mwN.

Teil 1. Urheberrecht

Abschnitt 1. Allgemeines

§ 1 Allgemeines

Die Urheber von Werken der Literatur, Wissenschaft und Kunst genießen für ihre Werke Schutz nach Maßgabe dieses Gesetzes.

Schrifttum: *Ahrens,* Brauchen wir einen Allgemeinen Teil der Rechte des Geistigen Eigentums?, GRUR 2006, 617; *Heinemann,* Die Relevanz des „more economic approach" für das Recht des geistigen Eigentums, GRUR 2008, 949; *Hoffmann,* Die Begriffe Literatur, Wissenschaft und Kunst (§ 1 UrhG), 1988; *Leistner/Hansen,* Die Begründung des Urheberrechts im digitalen Zeitalter – Versuch einer Zusammenführung von individualistischen und utilitaristischen Rechtfertigungsbemühungen, GRUR 2008, 479.

Übersicht

I. Zweck und Bedeutung der Norm

§ 1 bildet eine präambelartige Einleitung zu dem urheberrechtlichen Teil des Gesetzes von nur sehr **1** allgemeinem Regelungsgehalt. Die Vorschrift legt den sachlichen Geltungsbereich des Urheberrechtsgesetzes fest. Aus ihr ergibt sich zunächst, dass das Gesetz primär auf den **Schutz der Urheber** zielt. „Nicht das Werk, auf das sich der Schutz bezieht, sondern die Person des Urhebers steht im Vordergrund".[1] Urheber ist nach § 7 der Schöpfer des Werkes, also derjenige, auf dessen kreativer Leistung das Werk beruht. Sekundär dient das Gesetz aber auch dem Schutz der **Werkverwerter,** die das Werk der Öffentlichkeit zugänglich machen.[2] Werkverwerter haben keine eigenen Urheberrechte; sie pflegen aber in der Praxis über vom Urheber abgeleitete Rechte (Nutzungsrechte, §§ 31 ff.) zu verfügen, die ihnen die Verwertung des Werks erlauben und es ihnen bei entsprechender Ausgestaltung auch ermöglichen, gegen Verletzungen des Urheberrechts vorzugehen. Zusätzlich können sie Leistungsschutzrechte nach dem zweiten und dritten Teil des Urheberrechtsgesetzes haben.

II. Werke der Literatur, Wissenschaft und Kunst

Nur **Werke der Literatur, Wissenschaft und Kunst** werden geschützt. Was ein **Werk** ist, ergibt **2** sich aus § 2 Abs. 2. Die Begriffe der **Literatur, Wissenschaft und Kunst** sind weit auszulegen[3] und stellen nur eine ungefähre Abgrenzung des urheberrechtlichen Schutzbereichs dar, der sich keineswegs auf die literarische, wissenschaftliche und künstlerische Hochkultur beschränkt. Der Begriff der Literatur geht über die Belletristik weit hinaus und kann auch ausgesprochen triviale Werke einschließen, das Urheberrecht zielt nicht auf den Schutz der qualitativ hoch stehenden Literatur, sondern auf den Schutz der persönlichen geistigen Schöpfung. Der Bereich der Wissenschaft umfasst jedenfalls nicht nur die Forschung und Lehre im engeren verfassungsrechtlichen Sinn,[4] und was Kunst ist, lässt sich urheberrechtlich ohnehin nicht definieren. Kunst unterliegt ihren eigenen Gesetzen; der Begriff ist wandelbar und laufenden Veränderungen unterworfen.[5] Der Beispielkatalog des § 2 Abs. 1 konkretisiert die Begriffe der Literatur, Wissenschaft und Kunst, ist aber keineswegs abschließend.[6] Handelt es sich um eine der Werkarten des § 2 Abs. 1, so ist eine Prüfung, ob ein Werk der Literatur, Wissenschaft und Kunst vorliegt, entbehrlich. Die Begriffe der Literatur, Wissenschaft und Kunst dienen vor allem der Abgrenzung des Urheberrechts gegenüber dem Bereich technischer Leistungen.[7] Eine klare Abgrenzung zwischen den Begriffen der Literatur, Wissenschaft und Kunst lässt sich kaum vorneh-

---

[1] AmtlBegr. BT-Drs. IV/270, 37.
[2] Auch → Einl. UrhG Rn. 15.
[3] Allg. Ansicht, vgl. etwa Dreier/Schulze/*Schulze* UrhG § 1 Rn. 4.
[4] BGH GRUR 1991, 130 (132) – Themenkatalog; vgl. auch OLG Düsseldorf NJW 1989, 1162.
[5] BVerfG GRUR 2007, 1085 (1086) – Esra; BVerfG NJW 1985, 261 (262) – Anachronistischer Zug; BVerfG NJW 1987, 266; BGH NJW 1990, 3026 – Opus Pistorum; BVerfG GRUR 2018, 633 Rn. 13 – Neue Sicht auf Charlottenburg.
[6] Vgl. → § 2 Rn. 94.
[7] Näher → § 2 Rn. 27a.

men, ist aber auch nicht erforderlich, weil es für die Rechtsfolge nicht darauf ankommt, welchem dieser Begriffe ein Werk zuzuordnen ist.[8]

III. Schutz nach Maßgabe dieses Gesetzes

3   Dass „**Schutz nach Maßgabe dieses Gesetzes**" gewährt wird, besagt, dass sich der Schutz der Urheber und Leistungsschutzberechtigten in erster Linie aus dem Urheberrechtsgesetz ergibt. Das bedeutet aber nicht, wie sich schon aus § 102a ergibt, dass andere Schutzvorschriften wie zB § 823 Abs. 1 BGB nicht ergänzend anzuwenden wären. Im Wettbewerbsrecht gilt, dass die frühere Auffassung, lauterkeitsrechtlicher Nachahmungsschutz sei ausgeschlossen, wenn das nachgeahmte Erzeugnis urheberrechtlich geschützt sei, überholt ist.[9] Nach der neueren Rechtsprechung können Ansprüche aus ergänzendem wettbewerbsrechtlichem Leistungsschutz unabhängig vom Vorliegen urheberrechtlicher Ansprüche bestehen, wenn besondere Begleitumstände außerhalb der urheberrechtlichen Schutztatbestände gegeben sind.[10]

4   Aus § 1 dürfte allerdings keine allgemeine **Auslegungsregel „in dubio pro auctore"** herauszulesen sein.[11] Der im Gesetz vielfach eingefügten Auslegungsregeln zugunsten des Urhebers mit ihren speziellen Voraussetzungen bedürfte es dann nicht; ihre Existenz spricht gegen eine generelle Auslegungsmaxime.[12] Im Übrigen dient das Urheberrechtsgesetz sekundär dem Schutz **Verwerterindustrien**,[13] so dass deren Interessen in Zweifelsfällen nicht von vornherein hinter dem Schutz des Urhebers zurücktreten können.

Abschnitt 2. Das Werk

§ 2 Geschützte Werke

(1) **Zu den geschützten Werken der Literatur, Wissenschaft und Kunst gehören insbesondere:**
1. **Sprachwerke, wie Schriftwerke, Reden und Computerprogramme;**
2. **Werke der Musik;**
3. **pantomimische Werke einschließlich der Werke der Tanzkunst;**
4. **Werke der bildenden Künste einschließlich der Werke der Baukunst und der angewandten Kunst und Entwürfe solcher Werke;**
5. **Lichtbildwerke einschließlich der Werke, die ähnlich wie Lichtbildwerke geschaffen werden;**
6. **Filmwerke einschließlich der Werke, die ähnlich wie Filmwerke geschaffen werden;**
7. **Darstellungen wissenschaftlicher oder technischer Art, wie Zeichnungen, Pläne, Karten, Skizzen, Tabellen und plastische Darstellungen.**

(2) **Werke im Sinne dieses Gesetzes sind nur persönliche geistige Schöpfungen.**

Schrifttum:
Älteres Schrifttum (bis 1999): *Altenpohl,* Der urheberrechtliche Schutz von Forschungsresultaten, 1987; *Bechtold,* Multimedia und Urheberrecht – einige grundsätzliche Anmerkungen, GRUR 1998, 18; *Bornkamm,* Ungeschriebene Schranken des Urheberrechts? Anmerkungen zum Rechtsstreit Botho Strauß/Theater Heute, FS Piper (1996), S. 641; *Dreier,* Urheberrecht auf dem Weg zur Informationsgesellschaft – Anpassung des Urheberrechts an die Bedürfnisse der Informationsgesellschaft, GRUR 1997, 859; *Erdmann,* Schutz der Kunst im Urheberrecht, FS v. Gamm (1990), S. 389; *Haberstumpf,* Urheberrechtlich geschützte Werke und verwandte Schutzrechte, FS GRUR (1991), S. 1125; *ders.,* Zur Individualität wissenschaftlicher Sprachwerke, 1982; *Hubmann,* Der Schutz wissenschaftlicher Werke und der wissenschaftlichen Leistung durch das Urheberrecht nach der Rechtsprechung des Deutschen Bundesgerichtshofs, FS Uchtenhagen (1987), S. 175; *ders.,* Der Rechtsschutz der Idee, UFITA 24 (1957), 1; *Jacobs,* Photographie und künstlerisches Schaffen, FS Quack (1991), S. 33; *Kummer,* Der Werkbegriff und das Urheberrecht als subjektives Privatrecht, FS zum einhundertjährigen Bestehen eines eidgenössischen Urheberrechtsgesetzes (1983), S. 123; *ders.,* Die Entgrenzung der Kunst und das Urheberrecht, FS Troller (1976), S. 89; *ders.,* Das urheberrechtlich schützbare Werk, 1968; *Letzgus,* Konturen eines europäischen Urheberrechts, FS Kraft (1998), 359; *ders.,* Probleme bei Multimediaanwendungen, GRUR 1996, 830; *Nirk,* Zum Spannungsverhältnis zwischen Urheberrecht und Sacheigentum – Marginalien zur BGH-Entscheidung „Mauer-Bilder", FS Brandner (1996), S. 417; *W. Nordemann,* Ist Martin Luther noch geschützt?, FS Vieregge (1995), S. 677; *ders.,* Der urheberrechtliche Schutz von Rätseln, FS Traub (1994), S. 315; *Rehbinder,* Zum Urheberrechtsschutz für fiktive Figuren, insbesondere für die Träger von Film- und Fernsehserien, FS Schwarz (1988), S. 163; *Schricker,* Abschied von der Gestaltungshöhe im Urheberrecht?, FS Kreile (1994), S. 715; *ders.,* Hundert Jahre Urheberrechtsentwicklung, FS GRUR (1991), S. 1095; *G. Schulze,* Die kleine Münze und ihre Abgrenzungsproblematik bei den Werkarten des Urheberrechts, 1983; *Sellnick,* Der Gegenstand des Urheberrechts. Der urheberrechtliche Werkbegriff aus Sicht der analytischen Philosophie, Semiotik und Wissenschaftstheorie, 1995; *Troller,* Die Bedeutung der statistischen Einmaligkeit im

---

[8] → § 2 Rn. 29.
[9] Dazu Köhler/Bornkamm/Feddersen/*Köhler* UWG § 4 Rn. 3.6f.; → Einl. UrhG Rn. 63 ff.
[10] BGH GRUR 2011, 134 Rn. 65 – Perlentaucher; BGH GRUR 2012, 58 Rn. 41 – Seilzirkus.
[11] So allerdings Fromm/Nordemann/*A. Nordemann* Urheberrecht UrhG § 1 Rn. 1; Dreier/Schulze/*Schulze* UrhG § 1 Rn. 2; sa. OLG Saarbrücken GRUR 1986, 310 (311) – Bergmannsfigur.
[12] Wie hier OLG Düsseldorf ZUM 2001, 795 (796f.); DKMH/*Dreyer* UrhG § 1 Rn. 10; Büscher/Dittmer/Schiwy/*Obergfell* Kap. 10 UrhG § 1 Rn. 1.
[13] → Rn. 1 und → Einl. UrhG Rn. 15.

urheberrechtlichen Denken, FG Kummer (1980), S. 265; *Ulmer,* Der urheberrechtliche Werkbegriff und die moderne Kunst, GRUR 1968, 527.

Neueres Schrifttum (ab 2000): *Antoine,* Entwurfsmaterial im Schutzsystem der Software-Richtlinie, CR 2019, 1; *Apel,* „Metall auf Metall" und § 24 UrhG im „Trans Europa Express" nach Luxemburg, K&R 2017, 563; *Baronikians,* Der Schutz des Werktitels, 2008; *Barudi,* Autor und Werk – eine prägende Beziehung?, 2013; *Bently,* The return of industrial copyright?, EIPR 2012, 654; *Benz,* Der Teilschutz im Urheberrecht, 2018; *Berger,* Aktuelle Entwicklungen im Urheberrecht – der EuGH bestimmt die Richtung, ZUM 2012, 353; *Bisges,* Die Kleine Münze, der Dreigroschenprozess und der Herstellungsaufwand, GRUR 2015, 540; *ders.,* Der europäische Werkbegriff und sein Einfluss auf die deutsche Urheberrechtsentwicklung, ZUM 2015, 357; *ders.,* Die kleine Münze im Urheberrecht, 2014; *Bleckat,* Urheberrechtsschutz von Browsergames, K&R 2016, 794; *Bullinger/Czychowski,* Digitale Inhalte: Werk und/oder Software? – Ein Gedankenspiel am Beispiel von Computerspielen, GRUR 2011, 19; *Deutsch/Ellerbrock,* Titelschutz, 2. Aufl. 2004; *Dreier,* Grundrechte und die Schranken des Urheberrechts – Anmerkung zu EuGH Rs. C–469/17 – Funke Medien NRW und C–516/17 – Spiegel Online, GRUR 2019, 1003; *Dreier/Leistner,* Urheberrecht im Internet: die Forschungsherausforderungen, GRUR 2013, 881; *Ehinger/Stiemerling,* Die urheberrechtliche Schutzfähigkeit von Künstlicher Intelligenz am Beispiel von Neuronalen Netzen, CR 2018, 761; *Erdmann,* Der urheberrechtliche Schutz von Lichtbildwerken und Lichtbildern, FS Bornkamm (2014), S. 761; *ders.,* Die Relativität des Werkbegriffs, FS Loschelder (2010), S. 61; *ders.,* Urheberrechtliche Grenzen der Informationsvermittlung in Form von abstracts, FS Tilmann (2003), S. 21; *Fröhlich,* Düfte als geistiges Eigentum, 2009; *E.-I. v. Gamm,* Die Problematik der Gestaltungshöhe im deutschen Urheberrecht, 2004; *Geier,* Unterscheidungskraft und Originalität statt Neuheit und Eigenart, ZGE 2018, 81; *Götting,* Der Schutz wissenschaftlicher Werke, FS W. Nordemann (2004), S. 7; *Haberstumpf,* Nichtgegenständliche Werke im Urheberrecht, FS Schulze (2017), S. 3; *ders.,* Das Urheberrecht – Feind der Wissenschaftler und des wissenschaftlichen Fortschritts?, ZUM 2012, 529; *Haffner,* 3D im Urheberrecht, 2016; *Hahn,* Anmerkung zu BGH, Urteil vom 17. Juli 2013 – I ZR 52/12 – Pippi-Langstrumpf-Kostüm, ZUM 2014, 239; *Handig,* Durch „freie kreative Entscheidungen" zum europäischen urheberrechtlichen Werkbegriff, GRUR-Int 2012, 973; *ders.,* Infopaq International A/S v Danske Dagblades Forening (C–5/08): is the „work" of the CDPA 1988 in line with the European Directives?, EIPR 2010, 53; *Heinze,* Software als Schutzgegenstand des Europäischen Urheberrechts, JIPITEC 2 (2011), 97; *Hille,* Das Urheberrecht an Kirchengebäuden, JZ 2017, 133; *Hoeren,* Anmerkung zu BGH Geburtstagszug, MMR 2014, 337; *Hofmann,* Urheberrechtlicher Schutz für Konzepte von Medienprodukten – It's all inside, Tendenzen zur Auflösung des pauschalen Freihaltebedürfnisses für Unterhaltungskonzepte, CR 2013, 485; *ders.,* Die Schutzfähigkeit von Computerspielesystemen nach Urheberrecht, CR 2012, 281; *Jacobs,* Kunstfälschungen, GRUR 2013, 8; *ders.,* Die Urheberrechtsfähigkeit von Sendeformaten, FS Raue (2006), S. 499; *Jotzo,* Der EuGH als Interimsnormgeber im digitalen Urheberrecht, ZGE 2017, 447; *Kainer,* Sportveranstalterrecht – Ein neues Immaterialgüterrecht?, 2014; *Th. Knöbl,* Die „kleine Münze" im System des Immaterialgüter- und Wettbewerbsrechts. Eine rechtsvergleichende Analyse des deutschen, schweizerischen, französischen und US-amerikanischen Rechts, 2002; *König,* Der Werkbegriff in Europa, 2015; *Koch,* Das Schweigen von Marcel Duchamp – Anmerkungen zur BGH-Entscheidung „Beuys-Aktion", FS Bornkamm (2014), S. 835; *Kopp,* Die Freiheit der Idee und der Schutz von Schriftwerken, 2014; *Kuhn,* Die Bühneninszenierung als komplexes Werk, 2005; *Kur,* Typisch englische Skurrilität oder doch mehr? Die Diskussion über den Schutz von Werken der angewandten Kunst im Vereinigten Königreich, FS Bornkamm (2014), S. 849; *Leenen,* Urheberrecht und Geschäftsmethoden, 2005; *Leistner,* „Ende gut, alles gut" … oder „Vorhang zu und alle Fragen offen"? Das salomonische Urteil des EuGH in Sachen „Pelham/Hütter" (Metall auf Metall), GRUR 2019, 1008; *ders.,* Das Urteil des EuGH in Sachen Funke Medien/Deutschland, ZUM 2019, 720; *ders.,* Die „Metall auf Metall"-Entscheidung des BVerfG. Oder: Warum das Urheberrecht in Karlsruhe in guten Händen ist, GRUR 2016, 772; *ders.,* Urheberrecht an der Schnittstelle zwischen Unionsrecht und nationalem Recht – Werkbegriff und Recht der öffentlichen Wiedergabe, GRUR 2014, 1145; *ders.,* Urheberrecht in der digitalen Welt, JZ 2014, 846; *ders.,* Die Methodik des EuGH und die Garantenfunktion der nationalen Gerichte bei der Fortentwicklung des europäischen Urheberrechts, FS Bornkamm (2014), S. 859; *ders.,* Europe's copyright law decade: Recent case law of the European Court of Justice and policy perspectives, 51 CMLRev (2014), S. 559; *ders.,* Der europäische Werkbegriff, ZGE 2013, 4; *ders.,* Das Murphy-Urteil des EuGH: Viel Lärm um nichts oder Anfang vom Ende des Territorialitätsgrundsatzes im Urheberrecht?, JZ 2011, 1140; *ders.,* Bei Spielen nichts Neues?, GRUR 2011, 761; *ders.,* Von Joseph Beuys, Marcel Duchamp und der dokumentarischen Fotografie von Kunstaktionen, ZUM 2011, 468; *Lerach,* Abkehr vom Erfordernis eines deutlichen Überragens der Durchschnittgestaltung für Werke der Gebrauchskunst („Geburtstagszug") – Anmerkung zu BGH Geburtstagszug, jurisPR-WettbR 3/2014 Anm. 1; *Liebenau,* Star Athletica v. Varsity Brands – German Comparative Perspectives and European Harmonization of Copyright for Applied Art – Part II, GRUR-Int 2017, 921; *dies.,* Star Athletica v. Varsity Brands – U. S. Copyright Protection for Applied Art – Part I, GRUR-Int 2017, 843; *Lim,* Spontaneous oral communications, impromptu speeches and fixation in copyright law: A comparative analysis, GRUR-Int 2018, 862; *Ludyga,* Urheberrechtlicher Schutz von Tweets, AfP 2017, 284; *Link,* Der Werktitel als Immaterialgüterrecht, 2016; *A. Nordemann,* Neuere Entwicklungen in der Rechtsprechung des Europäischen Gerichtshofs zum Werkbegriff und ihre Auswirkungen auf die Rechtslage in Deutschland, FS Bornkamm (2014), S. 895; *J. B. Nordemann,* Bearbeitung und Europarecht – Muss die Blässetheorie vor den EuGH?, FS Schwarz (2017), S. 97; *Oehler,* Komplexe Werke im System des Urheberrechts am Beispiel von Computerspeielen, 2016; *Ohly,* Hip Hop und die Zukunft der „freien Benutzung" im EU-Urheberrecht. Anmerkungen zum Vorlagebeschluss des BGH „Metall auf Metall III", GRUR 2017, 964; *ders.,* Gutachten F zum 70. Deutschen Juristentag, Urheberrecht in der digitalen Welt – Brauchen wir neue Regelungen zum Urheberrecht und dessen Durchsetzung?, 2014; *Ory/Sorge,* Schöpfung durch Künstliche Intelligenz?, NJW 2019, 710; *Oswald-Brügel,* Mediale Selbstdarstellung als persönliche geistige Schöpfung, 2013; *Peifer,* Kleine Münze und Kunst – Werkbegriff in Not?, FS Schulze (2017), S. 23; *ders.,* Kleine Münze oder Snippets? – Der urheberrechtliche Werkbegriff und das Leistungsschutzrecht, AfP 2015, 6; *ders.,* „Individualität" or Originality? Core concepts in German copyright law, GRUR-Int 2014, 1100; *ders.,* Appropriation und Fan Art – geknebelte Kreativität oder klare Urheberrechtsverletzung?, FS Wandtke (2013), S. 99; *Pfennig,* Kunstfälschung – eine besondere Art der Werkrezeption, FS Wandtke (2013), S. 79; *Podszun,* Postmoderne Kreativität im Konflikt mit dem Urheberrechtsgesetz und die Annäherung an »fair use«, ZUM 2016, 606; *Raue,* Pippi Langstrumpf, der Karneval, das Urheberrecht, FS Wandtke (2013), S. 287; *Rauer/Ettig,* Zur urheberrechtlichen Schutzfähigkeit der „kleinen Münze" bei Gebrauchstexten, K&R 2015, 452; *dies.,* Urheberrechtsschutz für Werke angewandter Kunst – BGH gibt ständige Rechtsprechung auf, WRP 2014, 135; *Ritscher,* Hält der Geburtstagszug auch in der Schweiz? – Gedanken zur urheberrechtlichen Schutzschwelle und zum Schutzumfang von Produktgestaltungen in Deutschland und in der Schweiz, FS Schulze (2017), S. 31; *Roder,* Die Methodik des EuGH im Urheberrecht, 2016; *Röhl,* Originality in EU copyright – Full harmonization through case law, 2013; *Schack,* Appropriation Art und Urheberrecht, FS W. Nordemann

(2004), S. 107; *Schaefer/A. Nordemann,* Die Neubestimmung des Schutzumfangs urheberrechtlich geschützter Werke der angewandten Kunst nach den Entscheidungen Seilzirkus und Geburtstagszug, FS Schulze (2017), S. 39; *Schlüter,* Die urheber- und persönlichkeitsrechtliche Beurteilung der Erstveröffentlichung persönlicher Aufzeichnungen, 2014; *Schlütter,* Der Begriff des Originals im Urheberrecht, 2012; *G. Schulze,* Urheberrechtsschutz für Parfum und andere Duftkompositionen?, FS Loewenheim (2009), S. 275; *Sommer,* Die Geschichte des Werkbegriffs im deutschen Urheberrecht, 2017; *Stamer,* Der Schutz der Idee unter besonderer Berücksichtigung von Unterhaltungsproduktionen für das Fernsehen, 2007; *Stieper,* Urheber- und wettbewerblicher Schutz von Werbefiguren (Teil 1), GRUR 2017, 649; *Steeneck,* „Geburtstagszug" und Werkbegriff gemäß § 2 Abs. 1 Nr. 4, Abs. 2 UrhG – Bestandsaufnahme sowie Auswirkungen der Entscheidung in der Praxis, FS Büscher (2018), S. 233; *Stieper,* Anmerkung zu BVerfG, Urteil vom 31. Mai 2016, 1 BvR 1585/13, ZUM 2016, 637; *Szalai,* Anmerkung zu BGH, Urteil vom 13. November 2013 – I ZR 143/12 – Geburtstagszug, ZUM 2014, 231; *v. Ungern-Sternberg,* Die Bindungswirkung des Unionsrechts und die urheberrechtlichen Verwertungsrechte, FS Bornkamm (2014), S. 1007; *Verweyen,* Gebrauchskunst nach BGH „Seilzirkus" und „Geburtstagszug", WRP 2019, 293; *Wandtke,* Persönlichkeitsrecht und Satire als urheberrechtlich geschützte Kunstform, ZUM 2019, 308; *Wegmann,* Der Rechtsgedanke der freien Benutzung des § 24 UrhG und die verwandten Schutzrechte, 2013.

Siehe auch die Schrifttumsangaben bei den einzelnen Werkarten vor → Rn. 98, 143, 152, 155, 205, 213, 224.

Übersicht

A. Zweck und Bedeutung der Norm *(Loewenheim/Leistner)*

Während § 1 mit den Begriffen der Literatur, Wissenschaft und Kunst den sachlichen Geltungsbe- **1** reich des Urheberrechts festlegt, regelt § 2 den urheberrechtlichen **Werkbegriff** und bestimmt damit, was als Werk urheberrechtlich geschützt wird. Die Vorschrift grenzt also schutzfähige von nicht schutzfähigen Gestaltungen ab und gehört damit zu den zentralen Vorschriften des Urheberrechts. Sie zählt in dem (nicht abschließenden) Katalog des Abs. 1 die wichtigsten Arten von Werken auf[1] und gibt in Abs. 2 eine – allerdings sehr interpretationsbedürftige – Definition des urheberrechtlich geschützten Werks,[2] die nunmehr in zunehmendem Maße durch die Rechtsprechung des EuGH zu einem europäischen Werkbegriff beeinflusst wird.[3]

Diese Konzentration auf den Werkbegriff als zentrales Element des Urheberrechts[4] steht nicht im **2** Widerspruch dazu, dass der **Zweck des UrhG im Schutz des Urhebers** liegt, dass seine Person und nicht das Werk im Vordergrund steht.[5] Das Gesetz vermittelt nämlich diesen Schutz, indem es an das Ergebnis der Tätigkeit des Urhebers anknüpft: Gegenstand des Urheberrechtsschutzes ist das Werk. Durch den Schutz des Werkes, in dem das urheberische Schaffen seinen Ausdruck findet, wird dem Urheber der Rechtsschutz vermittelt, in persönlicher wie in wirtschaftlicher Hinsicht. **Gegenstand und Umfang des Urheberrechtsschutzes** werden also **durch den Werkbegriff festgelegt.** Das Urheberrecht schützt nicht jedes künstlerische oder literarische Produkt, sondern nur das, was Ausdruck individuellen schöpferischen Schaffens ist; darin verdeutlicht sich wieder die Anknüpfung an die Person des Urhebers. Auf diese Aufgabe, Gegenstand und Umfang des Urheberrechtsschutzes festzulegen, beschränkt sich aber auch die Funktion des Werkbegriffs. Mit ihm ist **kein Urteil über den künstlerischen, literarischen oder wissenschaftlichen Wert einer Gestaltung** verbunden. Insbesondere wird durch den Werkbegriff kein Urteil darüber gefällt, was Kunst ist.[6] Kunst lässt sich urheberrechtlich nicht definieren.[7] Der Begriff wäre auch nicht nur viel zu unbestimmt und zu sehr sich wandelnden Anschauungen unterworfen, um im Urheberrecht verwendet werden zu können;[8] das Urheberrecht kann vielmehr auch ohne eine allgemeingültige Definition von Kunst und ebenso von Literatur und Wissenschaft auskommen.[9] Der **Werkbegriff** ist ein **normativer und kein kunst- oder literaturwissenschaftlicher Begriff.**[10] Die Nichtanerkennung einer Gestaltung als Werk bedeutet nicht die Aberkennung der Kunstqualität, sondern lediglich die Aussage,

---

[1] Dazu näher → Rn. 94 ff.
[2] Dazu näher → Rn. 30 ff.
[3] Dazu näher → Rn. 3 ff.
[4] Vgl. auch EuGH GRUR 2019, 73 Rn. 33 – Levola Hengelo/Smilde Foods.
[5] Amtl. Begr. BT-Drs. IV/270, 37.
[6] Vgl. auch → Rn. 157.
[7] BVerfG GRUR 2007, 1085 (1086) – Esra; BVerfG NJW 1985, 261 (262) – Anachronistischer Zug; BGH NJW 1990, 3026 – Opus Pistorum; Dreier/Schulze/*Schulze* UrhG § 2 Rn. 149; Fromm/Nordemann/*A. Nordemann* UrhG § 2 Rn. 137; Wandtke/Bullinger/*Bullinger* UrhG § 2 Rn. 85; *Schack,* Kunst und Recht, S. 1 f.; *Rehbinder/Peukert* Rn. 207 ff.
[8] Vgl. dazu *Erdmann* FS v. Gamm, 1990, 389; sa *Schack* Rn. 225; *Wandtke* ZUM 2019, 308 (310); vgl. auch → Rn. 157.
[9] Vgl. für den Kunstbegriff *Erdmann* FS v. Gamm, 1990, S. 389 (394 f.).
[10] Vgl. auch *Ulmer* GRUR 1968, 527; *Wandtke* ZUM 2019, 308 (310).

dass sie nach der Rechtsordnung nicht als Ergebnis individuellen schöpferischen Schaffens geschützt sein soll.

B. Unionsrechtlicher Rahmen: Europäischer Werkbegriff und Schutzgegenstand
(Leistner)

I. Ausdrückliche Regelungen der Schutzvoraussetzung im bereichsspezifischen Richtlinienrecht

3   Eine **ausdrückliche Regelung der urheberrechtlichen Schutzvoraussetzung** findet sich im Unionsrecht bereichsspezifisch für **Computerprogramme** (in Art. 1 Abs. 3 Software-RL), **Lichtbildwerke** (Art. 6 Schutzdauer-RL) und **Datenbankwerke** (Art. 3 Abs. 1 Datenbank-RL). Die Schutzschwelle der Individualität wird in diesen Richtlinien auf dem Niveau der **eigenen geistigen Schöpfung** festgelegt; zur Bestimmung der Schutzfähigkeit dürfen keine anderen Kriterien angewendet werden.[11] Der deutsche Gesetzgeber hat diese Schutzvoraussetzung für Computerprogramme in § 69a Abs. 3 UrhG explizit umgesetzt. Für Lichtbildwerke und Datenbankwerke ist demgegenüber keine gesetzliche Umsetzung erfolgt, da nach Auffassung des Gesetzgebers für diese Werkarten der urheberrechtliche Schutz der kleinen Münze schon nach der bestehenden Rechtsprechung gewährleistet war.

II. Verallgemeinerung zum europäischen Werkbegriff auf Grundlage der InfoSoc-RL

4   Ausgehend von der Regelung zum Teilwerkschutz in Art. 2 InfoSoc-RL hat der EuGH (zuerst in seinem grundlegenden **Infopaq-Urteil**) die vorgenannten bereichsspezifischen Regelungen im Wege der Gesamtanalogie verallgemeinert und daraus unter Inbezugnahme des internationalrechtlichen Rahmens einen **allgemeinen, horizontal werkartübergreifenden europäischen Werkbegriff** abgeleitet.[12] Der EuGH geht dabei vom zentralen Begriff des Werks iSd InfoSoc-RL aus.[13] Entscheidend für das Vorliegen eines Werkes in diesem Sinne ist die materielle Schutzschwelle der **eigenen geistigen Schöpfung (Originalität[14] oder Individualität)**.[15]

5   Liegt eine in diesem Sinne eigene geistige Schöpfung in einem **hinreichend genau und objektiv identifizierbaren Schutzobjekt**[16] vor, kommt allgemeiner urheberrechtlicher Schutz auf der Grundlage der InfoSoc-RL in Betracht. Der urheberrechtliche Werkbegriff des europäischen Rechts ist also – wie im deutschen Recht und den meisten kontinentaleuropäischen Rechtsordnungen, aber anders als im englischen und irischen Urheberrecht[17] – ein **offener Werkbegriff** in dem Sinne, dass der urheberrechtliche Schutz nicht von der Einordnung in einen abschließenden Katalog von Werkarten abhängt.[18] Notwendig ist lediglich das Vorliegen eines **Werks der Literatur, Wissenschaft oder Kunst,** also einer **Ausdrucksform** eines urheberrechtlichen Schutzobjekts, die es mit hinreichender Genauigkeit und Objektivität identifizierbar werden lässt, auch wenn diese Ausdrucksform nicht notwendigerweise dauerhaft sein sollte.[19]

---

[11] Dabei ergibt sich aus den kleinen Abweichungen im Wortlaut der jeweiligen Bestimmungen kein inhaltlicher Unterschied im Hinblick auf die jedenfalls allein entscheidende Schutzvoraussetzung der Individualität iS einer eigenen geistigen Schöpfung, vgl. zutr. *Handig* GRUR-Int 2012, 9 (11); *Handig* EIPR 2010, 53 (54).

[12] EuGH GRUR 2009, 1041 Rn. 31 ff. – Infopaq. In der Folge EuGH GRUR 2011, 220 Rn. 45 ff. – BSA/Kulturministerium; EuGH GRUR 2012, 156 Rn. 96 ff. – Football Association Premier League u. Murphy; EuGH GRUR 2012, 166 Rn. 87 ff. – Painer; EuGH GRUR 2012, 386 Rn. 37 ff. – Football Dataco; EuGH GRUR 2012, 814 Rn. 45 – SAS Institute; EuGH GRUR 2014, 255 Rn. 23 – Nintendo/PC Box.

[13] EuGH GRUR 2019, 73 Rn. 33 – Levola Hengelo/Smilde Foods mit insoweit hins. der methodischen Grundlagen krit. Anm. *Schack*.

[14] So in den Formulierungen der einschlägigen EuGH-Urteile, die jew. im Ausgangspunkt von Originalen sprechen, vgl. EuGH GRUR 2009, 1041 Rn. 37 – Infopaq; EuGH GRUR 2011, 220 Rn. 45 – BSA/Kulturministerium; EuGH GRUR 2012, 156 Rn. 97 – Football Association Premier League u. Murphy; EuGH GRUR 2012, 166 Rn. 87 – Painer; EuGH GRUR 2012, 386 Rn. 38 – Football Dataco (unter Bezugnahme auf Erwgr. 16 Datenbank-RL); EuGH GRUR 2019, 73 Rn. 36 – Levola Hengelo/Smilde Foods.

[15] So die vorwiegende Formulierung der dieser Rspr. zugrundeliegenden Richtlinienbestimmungen, vgl. Art. 1 Abs. 3 Software-RL, Art. 6 Schutzdauer-RL: „individuelle Werke", wobei in den Erwgr. der RL zT auch von Originalität gesprochen wird (vgl. etwa Erwgr. 16 Datenbank-RL). Inhaltliche Unterschiede ergeben sich daraus nicht.

[16] S. dazu EuGH GRUR 2019, 73 Rn. 38 ff. – Levola Hengelo/Smilde Foods.

[17] Vgl. Sections 1, 3–8 CDPA 1988.

[18] Eindeutig EuGH GRUR 2011, 220 Rn. 44 ff. – BSA/Kulturministerium; vgl. auch EuGH GRUR 2012, 814 Rn. 45 – SAS Institute. HM in der Lit., s. *Handig* EIPR 2010, 53 (55 f.); *Heinze* JIPITEC 2 (2011), 97 Rn. 26 f.; *Leistner* ZGE 2013, 4 (11 f.); *Leistner* GRUR 2014, 1145; *Rosati* GRUR-Int 2014, 1112; krit. *van Eechoud* JIPITEC 3 (2012), 60 Rn. 82 mwN.

[19] So ausdr. EuGH GRUR 2019, 73 Rn. 40 – Levola Hengelo/Smilde Foods mit im praktischen Erg. zust. Anm. *Schack* im Zusammenhang des zu Recht abgelehnten urheberrechtlichen Schutzes für Geschmack.

Dabei prüft der EuGH in seinen jüngeren Urteilen den urheberrechtlichen Schutz aufgrund bereichsspezifischer Richtlinien (Software-RL,[20] Schutzdauer-RL,[21] Datenbank-RL)[22] jeweils vorab, der **allgemeine urheberrechtliche Schutz aufgrund der InfoSoc-RL** ist **subsidiär.**[23] Liegt ein **komplexes Werk** vor, das eigenständig schutzfähige Elemente mehrerer Werkarten aufweist, sind ggf. sämtliche einschlägigen Regelungen kumulativ zu prüfen.[24] Entscheidende Voraussetzung ist aber jedenfalls stets das Vorliegen eines individuellen Werkes im Sinne einer eigenen geistigen Schöpfung.

Während in diesem Zusammenhang das Infopaq-Urteil noch auf eher sehr niedrige Anforderungen 6 hinzudeuten schien,[25] haben die nachfolgenden Urteile verdeutlicht, dass eine eigene geistige Schöpfung in diesem Sinne einen **Gestaltungsspielraum** für freie, kreative Entscheidungen voraussetzt,[26] in denen sich die **Persönlichkeit** des Urhebers ausdrücken kann („persönliche Note").[27] In diesem Sinne freie, kreative Entscheidungen kommen nicht in Betracht für **technisch oder funktional geprägte Gestaltungen**[28] und können auch nicht allein auf **bedeutendem Arbeitsaufwand oder besonderer Sachkenntnis**[29] beruhen. Insbesondere im Bereich der Computerprogramme ist der Ausschluss der Funktionalität des Computerprogramms als solcher (gleichermaßen wie von Programmiersprachen oder Dateiformaten) vom urheberrechtlichen Schutzgegenstand der Software-RL explizit damit begründet worden, dass ein solcher Schutz von Funktionalitäten einer möglichen Monopolisierung von Ideen zum Schaden des technischen Fortschritts und der industriellen Entwicklung Vorschub leisten könnte.[30] Aber auch bezüglich des allgemeinen urheberrechtlichen Schutzes wird zur Begründung der Nichtberücksichtigung technisch funktionaler Elemente im Rahmen der Individualitätsprüfung zum Teil auf den **Ausschluss von Ideen vom urheberrechtlichen Schutz**[31] rekurriert.[32] Auch auf reiner Sachkenntnis beruhende, gleichsam nur technische Berichte über gemeinfreie Informationen und Fakten sollen vom urheberrechtlichen Schutz ausgeschlossen bleiben, wenn kein hinreichender Spielraum für persönliche Kreativität bestand.[33] Schließlich sollen **regelbasierte Aktivitäten (insbesondere Sportereignisse)** vom urheberrechtlichen Schutz ausgeschlossen sein, wo insbesondere **Spielregeln** für eine Entfaltung künstlerischer Freiheit im Sinne des Urheberrechts keinen Raum lassen.[34] Alles in allem wird die tendenziell eher niedrige Schutzschwelle dem-

---

[20] Vgl. EuGH GRUR 2012, 814 Rn. 30 ff. – SAS Institute.

[21] Vgl. EuGH GRUR 2012, 166 Rn. 87 ff. – Painer.

[22] Vgl. EuGH GRUR 2012, 386 Rn. 29 ff. – Football Dataco.

[23] Vgl. EuGH GRUR 2012, 814 Rn. 45 – SAS Institute (Prüfung allg. urheberrechtlichen Schutzes auf Grdl. der InfoSoc-RL für eine Programmiersprache und ein Dateiformat nach schutzgegenstandsbezogener Ablehnung des zuerst geprüften spezifischen urheberrechtlichen Schutzes auf Grdl. der Software-RL).

[24] Vgl. EuGH GRUR 2014, 255 Rn. 23 – Nintendo/PC Box.

[25] In EuGH GRUR 2009, 1041 Rn. 47 f. – Infopaq, hatte es der EuGH als nicht ausgeschlossen angesehen, dass einzelne Sätze oder sogar Satzteile eines Zeitungsartikels (selbst in einem Umf. von nur 11 Wörtern) urheberrechtlich geschützt sein könnten, wenn in ihnen eine eigene geistige Schöpfung des Urhebers zum Ausdruck komme, was vom vorlegenden nationalen Gericht zu prüfen sei. Daraus war in der Lit. zT auf eine sehr niedrige Schutzvoraussetzung im eur. Recht geschlossen worden, s. zB (deshalb krit.) *Metzger* GRUR 2012, 118 (121). Demgegenüber war schon die damalige Aussage des EuGH wohl lediglich Ausdruck der Abgrenzung von Auslegung (durch den EuGH) und Anwendung der eur. Schutzvoraussetzung (durch die mitgliedstaatlichen Gerichte) und damit kompetenzieller Zurückhaltung im Verhältnis zum vorlegenden Gericht, dem der EuGH die weitere sachverhaltsbezogene Konkretisierung des Maßstabs überließ und hierfür iS eines eingeräumten Manövrierspielraums eben auch eine Bejahung urheberrechtlichen Schutzes (nur) nicht für ausgeschlossen erachtete, s. *Berger* ZUM 2012, 353 (354); *Handig* GRUR-Int 2012, 973 (976); *van Eechoud* JIPITEC 3 (2012), 60 Rn. 63; *Leistner* ZGE 2013, 4 (14 f.); *Büscher/Dittmer/Schiwy/Obergfell* Kap. 10 UrhG § 2 Rn. 8. Ebenso iErg BGH GRUR 2011, 134 Rn. 54 – Perlentaucher; BGH ZUM 2011, 242 Rn. 54 – Abstracts (Parallelentscheidung vom selben Tag).

[26] Angedeutet schon in EuGH GRUR 2011, 220 Rn. 49 f. – BSA/Kulturministerium; EuGH GRUR 2012, 156 Rn. 98 – Football Association Premier League u. Murphy.

[27] So eindeutig zuerst EuGH GRUR 2012, 166 Rn. 88 ff. – Painer (dort spezifisch für Fotografien auf der Basis von Erwgr. 17 Schutzdauer-RL, der für ein individuelles Werk iS einer eigenen geistigen Schöpfung voraussetzt, dass darin die Persönlichkeit des Urhebers zum Ausdruck kommt). Seitdem verallgemeinert in EuGH GRUR 2012, 386 Rn. 38 f. – Football Dataco. Vgl. für eine zutr. Einordnung der EuGH-Rspr. in dieser Hinsicht zul. *Metzger* ZEuP 2017, 836 (851 f.).

[28] EuGH GRUR 2011, 220 Rn. 48 ff. – BSA/Kulturministerium (für den allg. urheberrechtlichen Schutz der grafischen Benutzeroberfläche eines Computerprogramms).

[29] EuGH GRUR 2019, 934 Rn. 21 ff. – Funke Medien/Deutschland [Afghanistan Papiere]; EuGH GRUR 2012, 386 Rn. 42 – Football Dataco.

[30] EuGH GRUR 2012, 814 Rn. 40 – SAS Institute, im Anschluss an GA *Bot*, SchlA v. 29.11.2011 in SAS Institute, BeckRS 2011, 81702 Rn. 57.

[31] Dazu näher → Rn. 73.

[32] EuGH GRUR 2011, 220 Rn. 49 – BSA/Kulturministerium (in Bezug auf allg. urheberrechtlichen Schutz der Benutzeroberfläche eines Computerprogramms). Sa EuGH GRUR 2019, 73 Rn. 39 – Levola Hengelo/Smilde Foods: kein Schutz von Ideen, Verfahren, Arbeitsweisen oder mathematischen Konzepten; insoweit zust. *Schack* GRUR 2019, 75.

[33] EuGH GRUR 2019, 934 – Funke Medien/Deutschland [Afghanistan Papiere]. Näher *Leistner* ZUM 2019, 720.

[34] So EuGH GRUR 2012, 156 Rn. 98 – Football Association Premier League u. Murphy (für Fußballspiele). Entscheidend war dabei, dass natürlich nicht jede regelbasierte Gestaltung vom urheberrechtlichen Schutz ausgeschlossen ist, sondern vielmehr nur Gestaltungsformen, die für eine Entfaltung künstlerischer Freiheit keinen Raum lassen; bei einer Verallgemeinerung dieser Aussage ist also Vorsicht geboten, s. *Handig* GRUR-Int 2012, 973 (977); *Leistner* ZGE 2013, 4 (19 f.). Daher insges. krit. zur Murphy-Entsch. *van Eechoud* JIPITEC 3 (2012), 60 Rn. 80. Aus der Sicht des dt. Rechts dürfte der (iErg zutr., s. *Leistner* JZ 2011, 1140 (1144); *Peifer* GRUR-Prax 2011, 435

nach durch die Voraussetzung eines auf persönliche Kreativität bezogenen Gestaltungsspielraums ergänzt und auf dieser Basis durch den resultierenden **Ausschluss technisch oder funktional geprägter sowie insgesamt rein praktisch regel- oder sachzwangorientierter Formen von Kreativität** gleichsam ausbalanciert.

7   In der **Literatur** ist die vorstehend nachgezeichnete Rechtsprechung des EuGH zum Teil begrüßt oder jedenfalls akzeptiert worden;[35] zum Teil ist sie – insbesondere unter Hinweis auf den eindeutig fehlenden historischen Willen der Mitgliedstaaten, in der InfoSoc-RL die allgemeine urheberrechtliche Schutzvoraussetzung zu harmonisieren – als eine Kompetenzüberschreitung des EuGH kritisiert worden.[36] Schließlich ist (zumeist auf der ursprünglich noch begrenzten Basis des Infopaq-Urteils) der Versuch unternommen worden, die Rechtsprechung des EuGH in einem sozusagen engführenden Sinne als bloße Mindestharmonisierung für bestimmte Bereiche aufzufassen bzw. den deutschen Gerichten vollumfänglich die weitere Konkretisierung der als Vorfrage demnach nur terminologisch fixierten allgemeinen europäischen Schutzvoraussetzung vorzubehalten.[37] Auf dieser Basis wird in der Literatur zum Teil auch weiterhin von einem nur bereichsspezifisch harmonisierten Werkbegriff ausgegangen, so dass im deutschen Urheberrecht **zwei verschiedene Werkbegriffe** koexistierten – nämlich einerseits die (strengere) persönliche geistige Schöpfung des angestammten deutschen Urheberrechts und andererseits (für Computerprogramme, Lichtbildwerke und Datenbanken) die eigene geistige Schöpfung europäischer Provenienz, bei welcher nur geringe Anforderungen an die Individualität zu stellen seien.[38]

8   **Stellungnahme:** Nach den Folgeurteilen zur Infopaq-Entscheidung kann kein Zweifel bestehen, dass in der Rechtsprechung des EuGH eine **horizontale, werkartübergreifende Festlegung der Schutzschwelle auf dem Niveau der eigenen geistigen Schöpfung** erfolgt ist. Vor dem Hintergrund der Zielsetzung der InfoSoc-RL, harmonisierte Maßstäbe für die Verwertung urheberrechtlich geschützter Werke im Netz zu schaffen, erscheint diese autonome Ableitung und Auslegung des Werkbegriffs im Wege der Gesamtanalogie zu den bestehenden Richtlinienregelungen als zwar **methodisch** kühner, aber durchaus **nachvollziehbarer Lückenschluss** im europäischen Recht.[39] Entscheidend ist daher weniger die grundsätzlich zu akzeptierende autonome Bildung und Auslegung der urheberrechtlichen Schutzvoraussetzung, sondern vielmehr die Frage nach dem **Konkretisierungsgrad der EuGH-Rechtsprechung** im Verhältnis zur verbleibenden Kompetenz der mitgliedstaatlichen Gerichte bei der konkretisierenden Anwendung der autonomen europäischen Schutzvoraussetzung auf die ihnen vorliegenden Sachverhalte **(Rechtsanwendungsermessen).**[40]

9   Dabei deutet sich hinsichtlich der Konkretisierung des Werkbegriffs – wie insgesamt im europäischen Urheberrecht – ein vergleichsweise eher engmaschig konkretisierender Zugriff an.[41] Der Gerichtshof hat in seinen bisherigen Urteilen nicht nur die **Schutzschwelle** auf der europäischen Ebene durch autonome Begriffsbildung festgelegt, sondern darüber hinaus durch die notwendige Voraussetzung eines Spielraums für persönliche, freie kreative Entscheidungen auch die **Grundstruktur der Prüfung** vorgegeben und schließlich durch ansatzweise Festlegung in diesem Zusammenhang berücksichtigungsfähiger bzw. nicht berücksichtigungsfähiger Leistungen auch in gewissem Umfang schon den urheberrechtlichen **Schutzgegenstand** konkretisiert.

10   Den mitgliedstaatlichen Gerichten sind in diesem Zusammenhang neben allgemeinen Leitlinien jeweils auch Vorgaben für die Konkretisierung der **spezifischen Anknüpfungspunkte** für freie, kreative Entscheidungen, also den eigentlichen urheberrechtlichen Schutzgegenstand bei den einzelnen Werkarten, gemacht worden. So hat der EuGH Spielräume für Individualität bei einem journalistischen Sprachwerk in der Art und Weise der Darstellung sowie dem sprachlichen Ausdruck (darüber hinaus etwas mechanistisch: der „Auswahl, der Anordnung und der Kombination [der] Wörter") er-

---

(436)) Ausschluss von Sportspielen und Sportereignissen vom urheberrechtlichen Schutz ohnedies eher auf die fehlende Voraussetzung des geistigen Gehalts (→ Rn. 21) zurückzuführen sein, s. *Leistner* ZGE 2013, 4 (19 f.).

[35] *Berger* ZUM 2012, 353 (353 ff.); *Metzger* GRUR 2012, 118 (120 ff.); *Leistner* ZGE 2013, 4 (6 ff.); *Leistner* GRUR 2014, 1145; *Derclaye* EIPR 2010, 247; *Obergfell* GRUR 2014, 621 (625 f.); *Rosati* GRUR-Int 2014, 419 (422 f.); *Steinbeck* EuZW 2014, 329 (329 f.); *Lachenmaier* KSzW 2014, 35; vgl. auch *Peifer* GRUR-Int 2014, 1100; *Grünberger/Podszun* GPR 2015, 11 (13); *Jotzo* ZGE 2017, 447 (456 ff.); ausführlich *Kopp* S. 87 ff.; *Rosati*, Originality in EU copyright, 2013, passim; Fromm/Nordemann/*A. Nordemann* UrhG § 2 Rn. 7; *Rehbinder/Peukert* Rn. 202; diff. (und mit einem etwas engeren Verständnis der Reichweite der EuGH-Rspr.) *Roder* S. 359 ff. Vgl. rechtsvergleichend aus holländischer Sicht *Quaedvlieg* GRUR-Int 2014, 1105.

[36] *van Eechoud* JIPITEC 3 (2012), 60 Rn. 90 ff. mwN; *v. Lewinski* GRUR-Int 2014, 1098 (1099 f.); mit methodologischer Kritik auch *Peifer* AfP 2011, 540 (542); Spindler/Schuster/*Wiebe*, Recht der elektronischen Medien, UrhG § 2 Rn. 3.

[37] Dreier/Schulze/*Schulze* UrhG § 2 Rn. 22; *Schack* Rn. 182; *Schulze* GRUR 2009, 1019 (1021 f.); *v. Ungern-Sternberg* GRUR 2010, 273; *Erdmann* FS Loschelder, 2010, S. 61 (65 ff.); ursprünglich in diese Richtung auch *Leistner* GRUR 2011, 761 (764).

[38] Dreier/Schulze/*Schulze* UrhG § 2 Rn. 23.

[39] S. näher *Leistner* ZGE 2013, 4 (6 ff.); *Leistner* GRUR 2014, 1145; *Jotzo* ZGE 2017, 447 (456 ff.).

[40] S. *Leistner* JZ 2011, 1140 (1144); näher *Leistner* ZGE 2013, 4 (9 ff.); *Leistner* GRUR 2014, 1145 f.; vgl. mit einer gründlichen methodischen und rechtspolitischen Analyse auch *Jotzo* ZGE 2017, 447 (456 ff.).

[41] Dies insbes. auch im Vergleich zum sonstigen Unionsprivatrecht etwa in den Verbraucherschutzrichtlinien, vgl. *Leistner* ZGE 2013, 4 (10).

blickt;[42] bei der Ausgestaltung der Benutzeroberfläche eines Computerprogramms soll jedenfalls potentiell die Anordnung oder spezifische Konfiguration aller Komponenten, die diese Oberfläche bilden, einen denkbaren Spielraum für Originalität lassen, wenn die Komponenten nicht durch ihre technische Funktion gekennzeichnet sind;[43] bei einer Porträtfotografie sollen sich Spielräume für Kreativität aus der Gestaltung, Haltung der zu fotografierenden Person, Beleuchtung, der Auswahl des Bildausschnitts, Blickwinkels oder auch der Atmosphäre und den unterschiedlichen Entwicklungstechniken, gegebenenfalls unter Verwendung von Software, ergeben;[44] bei einem Datenbankwerk sollen entsprechend der Datenbank-RL Auswahl oder Anordnung der Daten Anknüpfungspunkt der notwendigen freien, kreativen Entscheidungen sein.[45]

Deutlich wird jedenfalls, dass der EuGH sich gerade nicht darauf beschränkt, den mitgliedstaatlichen Gerichten die rein begriffliche Struktur der Prüfung der eigenen geistigen Schöpfung (Individualität) vorzugeben und ihnen im Übrigen die Anwendung der einzelnen Prüfungskriterien vollkommen frei zu überlassen. Vielmehr werden auch für die Prüfung des entscheidenden Spielraumkriteriums Leitlinien vorgezeichnet, womit zugleich die jeweiligen Anknüpfungspunkte für die Prüfung des Kriteriums eigener geistiger Schöpfung (Individualität) teilweise festgelegt werden.

Nur die Justierung dieses Maßstabs bei der Subsumtion des Einzelfalls bleibt dann tendenziell[46] der **11** Beurteilung der mitgliedstaatlichen Gerichte überlassen.[47] Nur innerhalb der demnach durch den EuGH festgelegten **Interpretationsleitlinien** bleibt dabei ein (dennoch naturgemäß nicht unerheblicher) **Spielraum für das Rechtsanwendungsermessen der mitgliedstaatlichen Gerichte** bei der Anwendung der europäischen Schutzvoraussetzung auf die ihnen vorliegenden Sachverhalte.[48]

III. Geltung auch im Bereich der angewandten Kunst?

Die in der deutschen Literatur bisher am meisten diskutierte Frage lautete, ob die solcherart festgelegte allgemeine Schutzvoraussetzung der eigenen geistigen Schöpfung auch im Bereich der **Werke** **12** **der angewandten Kunst** Geltung beansprucht.[49] Ein Vorbehalt für das nationale Recht ist hier in Art. 17 S. 2 Geschmacksmuster-RL an sich ausdrücklich vorgesehen, der gemäß Art. 9 InfoSoc-RL durch die nachfolgende InfoSoc-RL auch unberührt bleiben müsste. Allerdings legte schon das ältere **Flos-Urteil** des EuGH[50] betreffend das Verhältnis der urheberrechtlichen Schutzdauer-RL zum Geschmacksmusterschutz nahe, dass der EuGH den Vorbehalt mitgliedstaatlicher Regelungen hinsichtlich der Voraussetzungen und des Umfangs urheberrechtlichen Schutzes für Designs stets nur insoweit gelten lassen will, wie nicht eine entsprechende allgemeine Harmonisierung der jeweils betroffenen urheberrechtlichen Regelungen erfolgt ist.[51] Im Hinblick auf die ausdrückliche „Unberührt"-Regelung in Art. 9 InfoSoc-RL und insbesondere auch die Tatsache, dass der Regelungsvorbehalt für die Mitgliedstaaten selbst *nach* Erlass der InfoSoc-RL für das Gemeinschaftsgeschmacksmuster in der zeitlich nachfolgenden Gemeinschaftsgeschmacksmuster-VO (dort in Art. 96 Abs. 2 S. 2) aufrechterhalten wurde, schien die europarechtlich zutreffende Auffassung zu sein, dass den Mitgliedstaaten die

---

[42] EuGH GRUR 2009, 1041 Rn. 44 f. – Infopaq.

[43] EuGH GRUR 2011, 220 Rn. 48 – BSA/Kulturministerium. Krit. (und näher zum möglichen Hintergrund der Entsch. in Konzepten der frz. Urheberrechtslehre) *Vousden* JIPLP 6 (2011), 728 (732 ff.).

[44] EuGH GRUR 2012, 166 Rn. 89–93 – Painer.

[45] EuGH GRUR 2012, 386 Rn. 30–32 – Football Dataco.

[46] Im Einzelfall ist der EuGH inzwischen auch schon so weit gegangen, den zugrundeliegenden Sachverhalt, wie er vom mitgliedstaatlichen Gericht festgestellt wurde, schon unter die konkretisierten Anknüpfungspunkte der Voraussetzung eigener geistiger Schöpfung zu subsumieren s. EuGH GRUR 2012, 386 Rn. 44 – Football Dataco.

[47] Vgl. für eine diff. rechtsvergleichende Analyse zum brit., frz. und dt. Recht auf der Basis der neuen eur. Rspr. *König* S. 35 ff. und S. 344 ff. (dort mit Hauptgewichte zum dt. Recht).

[48] So wohl auch BGH GRUR 2014, 175 Rn. 31 – Geburtstagszug: Prüfung der Schutzvoraussetzung nach den vom EuGH aufgestellten Maßstäben Sache der nationalen Gerichte, wobei aber auch weiterhin die Prüfung einer bestimmten Gestaltungshöhe möglich sein soll. Vgl. auch *Leistner* JZ 2014, 846 (848); *Leistner* GRUR 2014, 1145 (1146 ff.); *Lerach* jurisPR-WettbR 3 (2014) Anm. 1, Gliederungspunkt D; iErg auch *Obergfell* GRUR 2014, 621 (625 f.); demgegenüber mit einer anderen Lesart des BGH-Urteils *Schulze* NJW 2014, 475; ähnlich auch *Hoeren* MMR 2014, 337 (338): zwingende europarechtliche Sonderbestimmungen weiterhin nur für Software, Datenbanken und Lichtbildwerke; ausf. zul. *Roder* S. 359 ff.

[49] S. in diesem Zusammenhang einen einheitlichen eur. Werkbegriff verneinend *Erdmann* FS Loschelder, 2010, S. 61 (65 f.) und spezifisch bzgl. Art. 17 S. 2 Geschmacksmuster-RL auch S. 72; *Schack* GRUR 2019, 75; für die Beibehaltung (strengerer) Maßstäbe bei den Werken der angewandten Kunst ursprünglich auch *Leistner* GRUR 2011, 761 (764) unter Hinweis auf Art. 17 S. 2 Geschmacksmuster-RL; seitdem im Lichte der mittlerweile diff. EuGH-Rspr. zum Werkbegriff, trotz der insoweit nicht zwingenden Vorgabe des eur. Rechts für eine Aufgabe des Merkmals der Gestaltungshöhe und Etablierung diff. Maßstäbe in diesem Bereich auf Grdl. der europäischen Terminologie *Leistner* ZGE 2013, 4 (35 ff.); ähnlich Fromm/Nordemann/*A. Nordemann* UrhG § 2 Rn. 146 ff.; Büscher/Dittmer/Schiwy/*Obergfell* Kap. 10 UrhG § 2 Rn. 47. Vgl. im Übrigen bzgl. der allg. Diskussion um die einheitliche Schutzuntergrenze bei den Werken der angewandten Kunst auch die Nachw. → Rn. 59 f., 184 ff. Vgl. mit einer rechtsvergleichenden Untersuchung zum US-Recht, die in allg. formulierte Vorschläge für eine Neustrukturierung der Prüfung der Schutzvoraussetzung im eur. Recht mündet *Liebenau* GRUR-Int 2017, 843 und *Liebenau* GRUR-Int 2017, 921.

[50] EuGH GRUR 2011, 216 – Flos.

[51] S. ausf. *Bently* EIPR 2012, 654 (660 f.); *Leistner* ZGE 2013, 4 (35 ff.).

Kompetenz zur Beibehaltung strengerer Maßstäbe bei der Schutzvoraussetzung im Überschneidungsbereich zur angewandten Kunst weiterhin vorbehalten ist.[52] In der Logik des Flos-Urteils in seinem Zusammenspiel mit der Infopaq- und insbesondere der BSA-Rechtsprechung lag es freilich seit jeher näher, wegen der nunmehr allgemeinen Angleichung der urheberrechtlichen Schutzvoraussetzung insoweit keine besonderen Regelungsspielräume der Mitgliedstaaten mehr anzunehmen.[53]

13   Die Frage war daher für das Europarecht jedenfalls nicht acte clair, da die Flos-Entscheidung an dieser Stelle rechtliche Unsicherheit geschaffen und der EuGH seither keine Gelegenheit ausgelassen hatte, zu verdeutlichen, dass er einen autonomen, EU-einheitlichen allgemeinen Werkbegriff postuliert.[54] Aus rechtspolitischer und teleologischer Sicht auf das Binnenmarktziel insbesondere der Info-Soc-RL sprach daher jedenfalls die **europarechtliche Tendenz** zur Etablierung eines allgemeinen Werkbegriffs dafür, auch im Bereich der Designs von der **einheitlichen Schutzvoraussetzung** der eigenen geistigen Schöpfung (Individualität) auszugehen.[55] Nunmehr ist eine entsprechende Klärung durch das **EuGH-Urteil Cofemel/G-Star Raw** erfolgt, demzufolge der allgemeine Werkbegriff mit dem **zentralen Element der eigenen geistigen Schöpfung aufgrund freier kreativer Entscheidungen, in denen sich die Persönlichkeit des Urhebers widerspiegelt,** auch im Bereich der Werke der angewandten Kunst uneingeschränkt Geltung beansprucht.[56] Dabei stellt der EuGH allerdings klar, dass trotz der grundsätzlichen Kumulation von Designschutz und Urheberrechtsschutz für Werke der angewandten Kunst im Unionsrecht zugleich auch die grundlegend unterschiedliche Zielsetzung und Ausgestaltung beider Schutzsysteme zu berücksichtigen ist. Daher darf Gestaltungen im Bereich der angewandten Kunst jedenfalls nicht allein aufgrund ihrer ästhetischen Elemente stets zugleich Urheberrechtsschutz zugestanden werden. Vielmehr ist zusätzlicher Urheberrechtsschutz strikt auf diejenigen **bestimmten Fälle** und Elemente zu begrenzen, für die tatsächlich die Voraussetzung **freier kreativer Gestaltungsentscheidungen** vorliegt, wobei es nach Auffassung des EuGH auf ästhetische Erwägungen insoweit nicht ankommen darf.[57] Bedauerlich ist allein, dass der EuGH – statt des verworfenen Kriteriums besonderer ästhetischer Originalität – keinerlei weitere Ausführungen macht, wie diese bestimmten Fälle in der mitgliedstaatlichen Rechtsanwendung identifiziert werden sollen. Man wird dies so verstehen müssen, dass an dieser Stelle nunmehr gewisse Spielräume für die mitgliedstaatliche Rechtsanwendung bleiben, solange nur im Ergebnis garantiert ist, dass die insbesondere hinsichtlich der Schutzdauer schwächere Ausgestaltung des Designschutzes nicht durch eine weitgehende Kumulierung mit urheberrechtlichem Schutz faktisch unterlaufen wird.[58] Eine unangemessene Ausdehnung urheberrechtlichen Schutzes im Bereich der angewandten Kunst ist mit dieser Rechtsprechung keinesfalls beabsichtigt, auch wenn der EuGH konkrete bereichsspezifische Kriterien schuldig bleibt. Das ist aber zu verschmerzen. Denn insbesondere gestattet es auch schon die aufgrund früherer Urteile bestehende europäische Begriffsstruktur mit ihrem **Ausschluss funktional oder technisch geprägter Gestaltungsmerkmale,** denen kein hinreichender Spielraum für freie, kreative und damit persönliche Entscheidungen zugrunde liegt, in hinreichendem Maße, den besonderen **Freihaltebedürfnissen** in diesem Bereich Rechnung zu tragen.[59]

14   Die neuere **Rechtsprechung des BGH,** der die Aufrechterhaltung der Voraussetzung besonderer **Gestaltungshöhe** für Werke der angewandten Kunst im deutschen Recht zuerst offen gelassen[60] und schließlich in der **Geburtstagszug-Entscheidung** ganz **aufgegeben** hatte, wobei zur Begründung allerdings nicht explizit die Entwicklung des europäischen Werkbegriffs herangezogen, sondern vielmehr auf das aufgrund der Reform des Geschmacksmusterrechts entfallene Stufenverhältnis zum Urheberrecht verwiesen wurde,[61] ist mit den neuen Vorgaben des EuGH jedenfalls im Grundsatz vereinbar. Hinsichtlich der europäischen Vorgabe war der BGH zwar – damals noch vertretbar – der Auffassung, dass diese den **Bereich der angewandten Kunst wegen Art. 17 S. 2 Geschmacksmuster-RL nicht erfasst.**[62] Zu einer angemessenen **Differenzierung der Maßstäbe** mit Blick auf

---

[52] *Leistner* ZGE 2013, 4 (30 ff.); *Leistner* EuZW 2016, 166 (167); *Jotzo* ZGE 2017, 447 (456 f.); *Geier* ZGE 2018, 81 (91); *Steeneck* FS Büscher, 2018, S. 233 (235 f.); *Schack* GRUR 2019, 75.
[53] S. zum Ganzen *Leistner* CMLRev 51 (2014), 559 (566 ff.); ebenso iErg *Obergfell* GRUR 2014, 621 (625 f.); für eine Anpassung bei Werken der angewandten Kunst gerade aufgrund des eur. Rechts auch *Kriesel,* Einheitlicher europäischer Werkbegriff und Herabsenkung der Anforderungen an die Gestaltungshöhe bei Werken der angewandten Kunst, 2014, S. 197 ff.
[54] Vgl. zuletzt EuGH GRUR 2019, 73 – Levola Hengelo/Smilde Foods und dazu *Schack* GRUR 2019, 75.
[55] So auch schon *Leistner* in der Vorauflage → 5. Aufl. 2017, Rn. 13; demgegenüber kritisch gegenüber dieser Rechtsprechung *Schack* GRUR 2019, 75.
[56] EuGH GRUR 2019, Rn. 29 ff. – Cofemel/G-Star Raw. Dazu *Leistner* GRUR 2019, 1114.
[57] EuGH GRUR 2019, Rn. 43 ff. – Cofemel/G-Star Raw. Vgl. schon zuvor im Zusammenhang des BGH-Urteils Geburtstagszug mit Kritik am Kriterium eines besonderen „ästhetischen Gehalts" *Schack* JZ 2014, 207.
[58] Vgl. näher auch *Leistner* GRUR 2019, 1114.
[59] *Leistner* ZGE 2013, 4 (39 ff.), insbes. 41 ff.; *Leistner* JZ 2014, 846 (848); *Leistner* GRUR 2014, 1145 (1146 ff.); *Obergfell* GRUR 2014, 621 (625 f.); *Rauer/Ettig* WRP 2014, 135 (139 f.); für eine bereichsspezifische urheberrechtliche Sonderregelung bei den Werken der angewandten Kunst *Kur* FS Bornkamm, 2014, S. 849 (856 ff.).
[60] S. BGH GRUR 2012, 58 Rn. 36 – Seilzirkus.
[61] BGH GRUR 2014, 175 Rn. 26 ff., 33 ff., insbes. Rn. 34 – Geburtstagszug. Zur nicht länger tragfähigen Stufentheorie näher → Rn. 182 mwN.
[62] BGH GRUR 2014, 175 Rn. 27, 32 – Geburtstagszug. Dies ist gut vertretbar, dennoch wäre eine Vorlage zum EuGH aufgrund der dadurch ermöglichten europaweiten Etablierung der vom BGH angestrebten, ausgewogenen

die Prüfung der **einheitlichen Schutzvoraussetzung der Individualität** gelangte der BGH aber dennoch über das Erfordernis einer künstlerisch-ästhetischen Ausformung (Leistung), für die der **Spielraum** regelmäßig eingeschränkt ist, wenn die zugrundeliegenden Gestaltungselemente technisch-funktional geprägt sind.[63] An dieser Stelle rekurrierte der BGH dann auch wiederum umfänglich auf die diesbezügliche europäische Rechtsprechung.[64] Im Detail wird hier nunmehr nachjustiert werden müssen.[65] Denn auf ein Kriterium eines besonderen „ästhetischen Gehalts" darf es insoweit nach der Rechtsprechung des EuGH nicht mehr ankommen. Entscheidend ist vielmehr allein, dass hinreichende **Spielräume** für **freie, kreative Entscheidungen,** in denen sich die **Persönlichkeit** widerspiegelt, bestanden und vom Urheber in individueller Weise ausgefüllt wurden. Dabei sind die Maßstäbe nach der Vorgabe der EuGH-Rechtsprechung jedenfalls nicht zu niedrig anzusetzen. Zutreffend wird man in der Terminologie und Tradition des deutschen Rechts voraussetzen müssen, dass bestehende Spielräume „auf künstlerische Weise, also nicht nur handwerksmäßig, sondern als „freier, kreativer Ausdruck" der schöpferischen Persönlichkeit des Künstlers genutzt worden sind".[66]

Berücksichtigt man diese Vorgabe, sind die Maßstäbe des deutschen Rechts in diesem Bereich im **15** Ergebnis **europarechtskonform ausgestaltet.** Denn die neuere BGH-Rechtsprechung steht grundsätzlich mit der Voraussetzung der Ausfüllung eines **Gestaltungsspielraums durch freie, kreative („persönliche") Entscheidungen** (in Abgrenzung von mehr technisch-funktionalen, durch Sachkenntnis geprägten Entscheidungen) im Einklang[67] und die nunmehr erforderlichen, vorstehend beschriebenen Anpassungen betreffen letztlich nur Begrifflichkeiten.

IV. Schutzgegenstand, Teilwerkschutz und freie Benutzung

In seiner Rechtsprechung zum Werkbegriff im Zusammenhang des **Teilwerkschutzes** hatte der **16** EuGH wegen des Bezugs auf das Vervielfältigungsrecht nach Art. 2 InfoSoc-RL bisher keine Gelegenheit, sich eindeutig zur Abgrenzung des europäisch harmonisierten Vervielfältigungsrechts vom Bearbeitungsrecht und insbesondere zur Entwicklung einer Doktrin **freier Benutzung** im europäischen Urheberrecht zu äußern. Nach dem **Infopaq-Urteil** geht der EuGH davon aus, dass der urheberrechtliche Schutzgegenstand im Falle von Teilnutzungen dann berührt ist, wenn diese ihrerseits einen für sich zumindest gerade urheberrechtlich schutzfähigen Teil betreffen.[68]

Für den **urheberrechtlichen Schutzgegenstand** im Falle von bearbeitenden Nutzungen ist aber **17** (auch unter rechtsvergleichender Perspektive) in den mitgliedstaatlichen Rechtsordnungen darüber hinaus das Verständnis der Proportionalität zwischen Grad der individuellen Ausgestaltung und Schutzumfang entscheidend – demzufolge bei nur ganz gering ausgeprägter Individualität auch ein vergleichsweise geringerer Überformungsgrad bei der Schaffung eines neuen, abgeleiteten Werkes für eine **freie Benutzung** (wobei diese letztgenannte Doktrin als eigenständiges Institut unter rechtsvergleichender Perspektive eher eine deutsche (§ 24 UrhG) und österreichische[69] Besonderheit ist) genügen kann.[70]

In der **Literatur war dementsprechend** vereinzelt der Versuch eines Abgleichs der Doktrin freier **18** Benutzung im nationalen Recht mit den Vorgaben des europäischen Rechts und insbesondere der jüngeren EuGH-Rechtsprechung unternommen worden. Das insgesamt mehr ökonomisch (vergütungsbezogene), funktionale und damit tendenziell flexibler einzelfallorientierte Verständnis der Verwertungsrechte in der bisherigen Rechtsprechung des EuGH sollte es ermöglichen, auf der europäischen Ebene gegebenenfalls schon **innerhalb des Zuschnitts der Verwertungsrechte** den Ge-

---

Konkretisierung durchaus zu wünschen gewesen, s. *Leistner* JZ 2014, 846 (848); *Leistner* GRUR 2014, 1145 (1146 ff.); *Rauer/Ettig* WRP 2014, 135 (140).

[63] BGH GRUR 2012, 58 Rn. 22, 25, 29 f. – Seilzirkus; BGH GRUR 2014, 175 Rn. 41 – Geburtstagszug; OLG Schleswig GRUR-RR 2015, 1 Rn. 14, 21 f., 31 – Geburtstagszug II. Zust. de lege lata (wenn auch für Erweiterung des Urheberrechtsschutzes für Designs de lege ferenda) Fromm/Nordemann/*A. Nordemann* UrhG § 2 Rn. 150 f.; Büscher/Dittmer/Schiwy/*Obergfell* Kap. 10 UrhG § 2 Rn. 46; teilw. krit. hins. der Heranziehung gerade auch eines notwendigen „ästhetischen" Gehalts *Schack* JZ 2014, 207 f.; mit einer (auch rechtsvergleichenden) Analyse der Folgeentscheidungen, die weiterhin durchaus strenge Maßstäbe anlegen, *Liebenau* GRUR-Int 2017, 921; vgl. auch die Analyse der Folgeentscheidungen bei *Steeneck* FS Büscher, 2018, S. 233 (245 ff.).

[64] BGH GRUR 2014, 175 Rn. 41 – Geburtstagszug.

[65] Näher *Leistner* GRUR 2019, 1114.

[66] So schon vor dem EuGH-Urteil zu Recht *Schack* JZ 2014, 207 (208).

[67] Vgl. näher *Leistner* GRUR 2019, 1114; *Leistner* ZGE 2013, 4 (41 ff.); *Leistner* JZ 2014, 846 (848); *Leistner* GRUR 2014, 1145 (1146 ff.); *Obergfell* GRUR 2014, 621 (625 f.); *Ohly* F 29 ff.; vgl. mit Blick auf die Geburtstagszug-Entscheidung auch *Lerach* jurisPR-WettbR 3/2014 Anm. 1, Gliederungspunkt D; *Peifer* AfP 2015, 6 (8 f.) (mit Übertragung auf Sprachwerke).

[68] EuGH GRUR 2009, 1041 Rn. 39, 48 – Infopaq; bestätigt in EuGH GRUR 2012, 156 Rn. 156 ff. – Football Association Premier League u. Murphy.

[69] Vgl. § 5 Abs. 2 öst. UrhG.

[70] Vgl. für das dt. Recht nur → Rn. 93; iErg für das engl. Recht durchaus ähnlich die Leitentscheidung „Kenrick v. Lawrence" L. R. 25 QBD 99 (1890).

danken freier Benutzung zu berücksichtigen.[71] Auf dieser Basis war das Institut der freien Benutzung (§ 24 UrhG) trotz bestehender Zweifel als europarechtskonform verteidigt worden.[72]

18a   Hier hat nunmehr das Urteil des EuGH in Sachen Pelham/Hütter (Metall auf Metall)[73] Klärung gebracht. In diesem Urteil (das unmittelbar das Tonträgerherstellerrecht betrifft) geht der EuGH bezüglich des Vervielfältigungsrechts nach Art. 2 InfoSoc-RL von einem objektiv-strengen Ansatz aus (insoweit soll beim Tonträgerherstellerrecht Wiedererkennbarkeit des übernommenen Teils genügen), während er den notwendigen Rechts- und Interessenausgleich bei künstlerisch-kreativen Nutzungen eher auf der Ebene der Schranken (insbesondere beim Zitatrecht) verortet.[74] Die bisherige freie Benutzung im deutschen Recht (§ 24 UrhG) wird vom EuGH dem Bereich urheberrechtlicher Beschränkungen und Ausnahmen zugeordnet und auf dieser Basis, weil sie im abschließenden Schrankenkatalog des Art. 5 InfoSoc-RL nicht vorgesehen ist, als europarechtswidrig eingeordnet.[75] Dieses Ergebnis ist, trotz gewisser Zweifel an seiner Begründung,[76] für den Gesetzgeber und für die Praxis eindeutig. Am Institut freier Benutzung (§ 24 UrhG) kann nicht festgehalten werden. Stattdessen werden neben der bestehenden Zitatschranke (§ 51 UrhG) nunmehr für Parodien, Karikaturen und Pastiches ggf. auf gesetzgeberischem Wege so schnell wie möglich neue (ggf. kollektiv vergütete) Schrankenbestimmungen zu schaffen sein.[77]

V. Lückenhaftigkeit des europäischen Werkbegriffs und Schutzgegenstands

19   Der entsprechend den zugrundeliegenden punktuellen Richtlinienvorgaben auf das Kriterium der eigenen geistigen Schöpfung konzentrierte europäische Werkbegriff ist derzeit lückenhaft in dem Sinne, dass einige der in den meisten Mitgliedstaaten systematisch eigenständig geprüften **weiteren Voraussetzungen urheberrechtlichen Schutzes** – so zB das Erfordernis einer Fixierung für einzelne Werkarten im englischen Urheberrecht[78] oder das Erfordernis einer wahrnehmbaren Formgestaltung im deutschen Urheberrecht – bisher nur teilweise adressiert wurden.[79] So ist neben der zentralen Voraussetzung der eigenen geistigen Schöpfung bisher nur das Erfordernis einer hinreichend genau und objektiv identifizierbaren **Ausdrucksform** (oder im Verständnis des deutschen Rechts: einer **wahrnehmbaren Formgestaltung**) – im Zusammenhang des zu Recht abgelehnten urheberrechtlichen Schutzes für Geschmack – in der EuGH-Rechtsprechung angesprochen worden.[80] Man wird die Lückenhaftigkeit des *acquis* und der bisherigen Rechtsprechung im Übrigen zum Teil auch schlicht darauf zurückführen können, dass diese weiteren Elemente des Werkbegriffs in urheberrechtlich strittigen Sachverhalten eher selten wirklich problematisch sind und daher nicht nur eine – selbst bereichsspezifische – Harmonisierung ursprünglich für überflüssig erachtet wurde, sondern auch diesbezügliche Vorlagefragen vergleichsweise rar gesät sind. Für den Augenblick ergibt sich daraus für die Praxis kein größeres Problem, zumal der EuGH, wenn derartige Aspekte des Werkbegriffs wie im Falle des Schutzes für Geschmack problematisch werden, ersichtlich gewillt ist, Schritt für Schritt die weitere notwendige Harmonisierung vorzunehmen.[81]

20   Zu unterscheiden sind die verbleibenden „Lücken" des europäischen Werkbegriffs jedenfalls von den Bereichen, in denen sich den vorliegenden Urteilen bereits eine Entscheidung dahingehend entnehmen lässt, an bestimmten Voraussetzungen urheberrechtlichen Schutzes nach dem Recht einzelner Mitgliedstaaten nicht mehr festzuhalten. Dies betrifft insbesondere den **offenen Charakter des europäischen Werkbegriffs,** der nicht (wie im englischen Recht) an einen **geschlossenen Werkkatalog** gebunden ist.[82]

---

[71] *v. Ungern-Sternberg* GRUR 2015, 533; vgl. auch *Leistner* ZGE 2013, 4 (28 ff.); *v. Ungern-Sternberg* FS Bornkamm, 2014, S. 1007 (1018 f.); *Leistner* JZ 2014, 846 (848 f.).

[72] *Leistner* ZGE 2013, 4 (29 f.); näher *Leistner* GRUR 2014, 1145 (1148 f.); vgl. iErg ähnlich *v. Ungern-Sternberg* GRUR 2015, 533, demzufolge künftig bestimmte Wertungen, die im dt. Recht iRd Prüfung freier Benutzung nach § 24 UrhG erfolgen, aufgrund entsprechender Vorgaben des Gerichtshofs ggf. im Wege unionsrechtskonformer Auslegung schon iRd Tatbestände der Verwertungsrechte begrenzend zu berücksichtigen sein könnten. Etwas abw. *Rosati* GRUR-Int 2014, 419 (427 f.); Bearbeitungen ieS (zB Dramatisierungen uÄ) nicht harmonisiert, demgegenüber für *transformative use* – zumindest im Ansatz ähnlich wie hier – Orientierung an der vollharmonisierenden EuGH-Rspr.; ähnlich Dreier/Schulze/*Schulze* UrhG § 24 Rn. 1a; vgl. zum Ganzen auch → 5. Aufl. 2017, Rn. 17 ff. mwN.

[73] EuGH GRUR 2019, 929 – Pelham/Hütter ua [Metall auf Metall III].

[74] Vgl. zum Ganzen *Leistner* GRUR 2019, 1008.

[75] EuGH GRUR 2019, 929 – Pelham/Hütter ua [Metall auf Metall III].

[76] Vgl. dazu → 5. Aufl. 2017, Rn. 17 ff. mwN.

[77] S. *Leistner* GRUR 2019, 1008.

[78] Vgl. *Bently*, The IPKat, Blog-Eintrag vom 11.1.2011, „The Lionel, the Bezpečnostní softwarová asociace and the Wandering Court of Justice", http://ipkitten.blogspot.de/2011/01/lionel-bezpecnostni-softwarova-asociace.html.

[79] Daher krit. *van Eechoud* JIPITEC 3 (2012), 60 Rn. 79 ff.

[80] EuGH GRUR 2019, 73 Rn. 40 ff. – Levola Hengelo/Smilde Foods.

[81] EuGH GRUR 2019, 73 Rn. 40 ff. – Levola Hengelo/Smilde Foods.

[82] S. eindeutig EuGH GRUR 2011, 220 Rn. 44 ff. – BSA/Kulturministerium, da hiernach eben auch für eine Computerprogramm-Oberfläche (für die eine Einordnung in den engl. Werkkatalog jedenfalls nicht selbstevident ist) ohne Weiteres der mögliche allg. urheberrechtliche Schutz auf Grdl. der InfoSoc-RL geprüft wird. Auch → Rn. 5.

Schließlich finden sich einzelne weitere urheberrechtliche Schutzvoraussetzungen, die im nationa- **21** len Recht systematisch eigenständig geprüft werden, in zum Teil **abweichender terminologischer Einkleidung** bereits in der Rechtsprechung des EuGH wieder. So lässt sich etwa der im Ergebnis zutreffende Ausschluss regelgebundener sportlicher Aktivitäten vom urheberrechtlichen Schutz in der Murphy-Entscheidung nach deutschem Recht systematisch richtig über das fehlende geistigen Gehalt einer rein regelgebundenen sportlichen Aktivität begründen.[83] Hier geht es also nicht um Lücken, sondern um die Entwicklung bestimmter zutreffender Elemente des Werkbegriffs, die begrifflich besser außerhalb der Voraussetzung eigener geistiger Schöpfung systematisiert würden. Diese Systematisierungsleistung kann aber auf der Grundlage der ergangenen und noch zu erwartenden Urteile auch die Rechtswissenschaft einbringen.

VI. Rezeption durch die deutschen Gerichte

Eine explizite Rezeption des europäischen Werkbegriffs durch die deutschen Gerichte ist bisher **22** eher zurückhaltend erfolgt. In der höchstrichterlichen Rechtsprechung findet sich ein ausdrücklicher Hinweis auf das Infopaq-Urteil zuerst im **Perlentaucher-Urteil des BGH** im Zusammenhang mit dem Teilwerkschutz bei Sprachwerken, wonach der demnach grundsätzlich mögliche urheberrechtliche Schutz für knappe Wortfolgen dennoch mangels Individualität zumeist zu verneinen sein wird.[84]

Indirekten Einfluss hat die Rechtsprechung des EuGH zum allgemeinen europäischen Werkbe- **23** griff allerdings insofern entfaltet, als entsprechend der Tendenz des europäischen Rechts die Anforderung einer besonderen Gestaltungshöhe im Bereich der Werke der angewandten Kunst vom BGH nunmehr aufgegeben wurde,[85] sodass für das deutsche Recht von einem **einheitlichen Werkbegriff** auf dem **mittleren Niveau einer eigenen geistigen Schöpfung** auszugehen ist.

Soweit darüber hinaus eine ausdrückliche Rezeption in der **instanz- und obergerichtlichen** **24** **Rechtsprechung** teilweise erfolgt ist, wird diese im Zusammenhang der jeweils konkret betroffenen Werkarten näher dargestellt.[86]

C. Werke der Literatur, Wissenschaft und Kunst *(Loewenheim / Leistner)*

Mit der Wiederaufnahme der Begriffe der **Literatur, Wissenschaft und Kunst** aus der präambel- **25** artigen Einleitung des § 1 in § 2 wird noch einmal klargestellt, dass die in § 2 Abs. 2 als persönliche geistige Schöpfungen definierten Werke nur innerhalb der Werkkategorien der Wissenschaft, Literatur

---

[83] *Leistner* ZGE 2013, 4 (19 f.). Auch → Rn. 6.
[84] BGH GRUR 2011, 134 Rn. 54 – Perlentaucher; BGH ZUM 2011, 242 Rn. 54 – Abstracts (Parallelentscheidung vom selben Tag). Nach Zurückverweisung wertete das Instanzgericht einige sehr kurze Wortfolgen als eigenschöpferisch geprägte Formulierungen, OLG Frankfurt a. M. ZUM 2012, 152 (156 ff.). – Perlentaucher II.
[85] S. BGH GRUR 2014, 175 Rn. 33 ff. – Geburtstagszug (näher → Rn. 11 und 14 f.). Vgl. auch BGH GRUR 2015, 1189 Rn. 44 – Goldrapper: eindeutig einheitliche Maßstäbe, da Verweis auf Geburtstagszug-Entscheidung im Zusammenhang eines Musikwerks. Reaktion der Instanzgerichte auf BGH Geburtstagszug: OLG Schleswig GRUR-RR 2015, 1 Rn. 9 ff. – Geburtstagszug II: Schutz allein der Geburtstagskarawane; OLG Düsseldorf ZUM-RD 2015, 95 (97 f.): deutliches Überragen des Alltäglichen bei Gebrauchstexten notwendig – durch Werbetext für Roben erfüllt; vgl. OLG Frankfurt a. M. ZUM-RD 2014, 632 (636); OLG Köln GRUR-RR 2015, 275 Rn. 14 ff. – Airbrush-Urnen: Urne mit Hirschmotiv schutzfähig; OLG Nürnberg GRUR 2014, 1199 (1201 f.) – Kicker-Stecktabelle: zw., ob eine Fußball-Stecktabelle die notwendige Gestaltungshöhe erreiche, jedenfalls bestehe ein entspr. geringer Schutzumfang; OLG München ZUM-RD 2015, 190: kein deutliches Überragen der Durchschnittsgestaltung notwendig; LG München I BeckRS 2014, 16896 Rn. 40: Schutz einer Brosche Dalís gegen Übernahme des betroffenen Motivs in einen Ring; LG München I ZUM 2015, 423: keine die Durchschnittsgestaltung deutlich überragende Leistung mehr erforderlich; LG Hamburg ZUM-RD 2017, 227: urheberrechtlicher Schutz für das „puristische, reine, unverfälschte Design" der Produktgestaltung bestimmter Bierflaschen und Bierdosen (nebst Etiketten) bejaht. Vgl. für eine rechtsvergleichende Analyse insbes. zum US-amerikanischen Urheberrecht und mit einer Auswertung der bisherigen Folgeurteile in der dt. Rspr. *Liebenau* GRUR-Int 2017, 843 und *Liebenau* GRUR-Int 2017, 921; iÜ → Rn. 184.
[86] S. im auswahlartigen Überbl.: OLG Frankfurt a. M. BeckRS 2012, 18777: Beibehaltung der Voraussetzung der Gestaltungshöhe für Werke der angewandten Kunst trotz des Infopaq-Urteils auf Basis von Art. 17 S. 2 Geschmacksmuster-RL (vgl. demgegenüber BGH GRUR 2014, 175 Rn. 32 – Geburtstagszug, vgl. näher → Rn. 162 und 184 f.); KG ZUM-RD 2012, 321 (324): weiterhin strenge Beurteilung dokumentarischer Filmaufnahmen anhand des Maßstabs der Painer-Entsch. (die Revisionsentscheidung, BGH GRUR 2014, 363 – Peter Fechter, bestätigt dies iErg, ohne auf die Begr. einzugehen); LG Hamburg BeckRS 2014, 05514 I. 1. c): keine Übertragung der Infopaq-Entsch. auf einen Fragenkatalog; LG Köln ZUM-RD 2015, 279: Text einer Ausschreibung erreicht Schöpfungshöhe nicht; LG München I ZUM 2011, 685 (688 f.); LG München I ZUM-RD 2011, 562 (564 f.): jew. tendenziell sehr niedrige Anforderungen für den urheberrechtlichen Schutz kurzer Auszüge (35–50 Wörter) aus Zeitungsartikeln bzw. origineller Überschriften; LG München I ZUM 2013, 230 (235): Ausschnitte bestehend aus ca. 60 Wörtern geschützt; LG München I ZUM 2014, 596 (599): für längere Wortfolgen aus Buchrezensionen im Umf. von 15–30 Textzeilen (aus anderen Gründen aufgeh. und zur erneuten Entsch. über jede einzelne Rezension zurückverwiesen durch OLG München GRUR-RR 2015, 331); LG Hamburg GRUR-RS 2015, 13218 Rn. 37: keine gesonderten Anforderungen bei Sprachwerken (DIN-EN-Normen).

oder Kunst geschützt sind. Gegenüber der früheren Regelung in LUG und KUG ist die Wissenschaft als neue Werkkategorie hinzugetreten. Der Gesetzgeber wollte damit eine Angleichung an die Terminologie der internationalen Abkommen (Art. 2 Abs. 1 RBÜ und Art. I WUA) herbeiführen, aber keine Änderung der bisherigen Rechtslage bewirken.[87]

26   Nach allgemeiner und zutreffender Ansicht sind die Begriffe der Literatur, Wissenschaft und Kunst **weit auszulegen**[88] und stellen nur eine **ungefähre Abgrenzung des urheberrechtlichen Schutzbereichs** dar. Eine gewisse Erläuterung finden die Begriffe der Literatur, Wissenschaft und Kunst durch den (nicht abschließenden) Beispielskatalog in § 2 Abs. 1 Nr. 1–7. Handelt es sich um eine der Werkarten des § 2 Abs. 1, so ist eine Prüfung, ob ein Werk der Literatur, Wissenschaft und Kunst vorliegt, entbehrlich. Auch Werke in digitaler Form und Multimediawerke können der Literatur, Wissenschaft und Kunst zuzuordnen sein, wie schon die §§ 69a ff. zeigen.[89] Umgekehrt hängt die Urheberrechtsschutzfähigkeit eines Werkes aber **nicht von seiner klaren Einordnung in eine der in Abs. 1 aufgezählten Werkarten** ab, da der Werkartenkatalog **nicht abschließend ist („insbesondere")**, so dass auch **unbenannte Werkarten** in Betracht kommen.[90]

27   Die **Rechtsprechung des EuGH** zum europäischen Werkbegriff hat aus der Festlegung auf Werke der Literatur, Wissenschaft oder Kunst das Erfordernis einer **hinreichend genau und objektiv identifizierbaren Ausdrucksform eines urheberrechtlichen Schutzobjekts** abgeleitet, so dass Gestaltungen, die im Wesentlichen durch eine rein subjektiv sinnliche Wahrnehmung charakterisiert sind – wie beispielsweise **Geschmacks-** oder folglich auch **Geruchsgestaltungen** – für urheberrechtlichen Schutz nicht in Betracht kommen.[91]

27a   Darüber hinaus dienen die Werkkategorien der Literatur, Wissenschaft und Kunst vor allem der **Abgrenzung des Urheberrechts** gegenüber dem Bereich **technischer Leistungen.**[92] So geht auch der **EuGH** davon aus, dass technische Gestaltungen außerhalb des Bereichs urheberrechtlichen Schutzes liegen.[93] Technische Leistungen werden durch das Patent- oder Gebrauchsmusterrecht, nicht aber durch das Urheberrecht erfasst.[94] Urheberrechtlich schutzfähig kann nur die konkrete Darstellung der technischen Leistung in Wort oder Bild sein; sind diese urheberrechtlich geschützt, so erstreckt sich der Schutz aber nicht auf die in der Abhandlung oder Zeichnung verkörperte technische Leistung oder Idee. So können beispielsweise Patentanmeldungen urheberrechtlich geschützt sein (mit der ersten patentamtlichen Veröffentlichung werden sie freilich zu nicht geschützten amtlichen Werken iSd § 5 Abs. 2).[95] Patentschutz und Urheberrechtsschutz schließen sich nicht notwendig aus;[96] trotz des unterschiedlichen Schutzgegenstandes kann es zu Überschneidungen kommen, wie der grundsätzliche Schutz von Computerprogrammen durch das Urheberrecht (§ 2 Abs. 1 Nr. 1, §§ 69a ff.) und deren teilweiser Schutz durch das Patentrecht zeigt.[97]

28   Die Begrenzung auf Werke der Literatur, Wissenschaft oder Kunst verdeutlicht zugleich, dass es sich bei urheberrechtlichem Werkschaffen stets um **qualifizierte menschliche Kommunikation** im Sinne der Formung eines bestimmten Stoffs handeln muss.[98] Das schließt vor allem reine **Anweisungen an den menschlichen Geist** aus, das heißt Handlungsanweisungen, sich in einer bestimmten Situation oder unter bestimmten Voraussetzungen in einer bestimmten Weise zu verhalten.[99] Ausgeschlossen sind ferner nach herrschender Meinung **wirtschaftliche und kaufmännische Organisationsmethoden oder –systeme,** Werbemethoden oder Werbekonzepte,[100] Buchhaltungssysteme, Nummerierungssysteme,[101] **sonstige Konzepte,** etwa von Raum- und Verkehrsplanung[102] sowie soziale Ordnungssysteme; schutzfähig sind hier jeweils nicht die Methode oder das System als solches,[103] sondern – soweit die Voraussetzungen des § 2 Abs. 2 erfüllt sind – lediglich ihre **konkrete**

[87] Amtl. Begr. BT-Drs. IV/270, 37. Vgl. umfassend zur Geschichte des Werkbegriffs *Sommer* passim.
[88] Dreier/Schulze/*Schulze* UrhG § 1 Rn. 4; DKMH/*Dreyer* UrhG § 2 Rn. 190; Büscher/Dittmer/Schiwy/*Obergfell* Kap. 10 UrhG § 1 Rn. 2; *Schricker* GRUR 1996, 815 (816).
[89] *Schricker* in Schricker (Hg.), Urheberrecht auf dem Weg zur Informationsgesellschaft, 1997, S. 28 f.
[90] BGH GRUR 1985, 529 – Happening; *Rehbinder/Peukert* Rn. 183.
[91] EuGH GRUR 2019, 73 Rn. 38 ff. – Levola Hengelo/Smilde Foods mit insoweit zust. Anm. *Schack.* Vgl. zum Schutz von Geschmacks- und Geruchsgestaltungen, wie Parfums, in der Lit. eing. *Schulze* FS Loewenheim, 2009, S. 275; *Fröhlich* passim; *Fehlbaum* UFITA 2009/I, 23; DKMH/*Dreyer* UrhG § 2 Rn. 191; *Rehbinder/Peukert* Rn. 191.
[92] Fromm/Nordemann/*A. Nordemann* UrhG § 2 Rn. 2; Dreier/Schulze/*Schulze* UrhG § 1 Rn. 6; DKMH/*Dreyer* UrhG § 2 Rn. 191; *Schricker* GRUR 1996, 815 (816).
[93] Näher dazu → Rn. 6; *Leistner* ZGE 2013, 4 (12, 18 ff.).
[94] OLG Hamburg GRUR-RR 2001, 289 (290) – Faxkarte.
[95] Vgl. → § 5 Rn. 65.
[96] BGH GRUR 1991, 449 (450) – Betriebssystem.
[97] Dazu → Vor §§ 69a ff. Rn. 8 ff.
[98] Vgl. BGH GRUR 2003, 876 (878) – Sendeformat.
[99] BGH GRUR 2003, 876 (878) – Sendeformat; LG Mannheim NJOZ 2008, 3551 (3553).
[100] OLG Köln GRUR-RR 2010, 140 (140) – DHL im All; aA *Schricker* GRUR 1996, 815; dagegen *Hertin* GRUR 1997, 799.
[101] OLG München CR 2003, 564.
[102] Vgl. BGH GRUR 1979, 464 (465) – Flughafenpläne.
[103] Vgl. auch EuGH GRUR 2012, 814 Rn. 33 – SAS Institute; verallgemeinert in EuGH GRUR 2019, 73 Rn. 39 – Levola Hengelo/Smilde Foods; GA *Wathelet,* SchlA v. 25.7.2018 in Levola Hengelo/Smilde Foods, BeckRS 2018, 16361 Rn. 55.

Darstellung oder Umsetzung in Wort (beispielsweise auch in Form von schöpferischen Computerprogrammen, §§ 69a ff.), Bild, Ton oder Ähnlichem.[104]

Das Gleiche gilt nach herrschender Meinung für **Spielsysteme für Gesellschafts- und sonstige Spiele** und die Ideen, auf denen diese Spiele beruhen. Spielsystem und Spielidee sind als solche nicht schutzfähig.[105] In seiner **konkreten Ausformung** kann ein Spiel dagegen schutzfähig sein.[106] Es kommt darauf an, wieweit sich in der konkreten Ausformung schutzfähige Elemente finden, die über die bloße Idee oder das System hinausgehen. Ein Schutz kann dann als Sprachwerk, Werk der angewandten Kunst oder als wissenschaftliche oder technische Darstellung[107] erfolgen (im Einzelnen → Rn. 98 ff., 181 ff., 226 ff.).

Entscheidend ist also, jedenfalls nach der hier vertretenen Auffassung, letztlich immer die **Individualisierung des Systems oder der Konzeption,** so dass an einem urheberrechtlichen Dogma, Systeme, Regeln oder Konzeptionen seien prinzipiell nie urheberrechtsschutzfähig, jedenfalls so allgemein nicht festgehalten werden sollte.[108] Wesentlich ist in erster Linie die Abgrenzung von den technischen Schutzrechten sowie von rein technisch, funktional, sachzweckbestimmter Kreativität.[109] In bestimmten Bereichen sind darüber hinaus auch **Freihaltebedürfnisse** zur Sicherung angemessener Freiräume für einen freien, unverfälschten Wettbewerb zu berücksichtigen. Doch sollten diese dann transparent gemacht und gegebenenfalls durch strenge Anforderungen bei der Schutzvoraussetzung und spiegelbildliche Begrenzung des Schutzumfangs berücksichtigt werden.[110]

Schließlich sind nach den vorstehenden Grundsätzen – und auch mangels vermittelten geistigen Gehalts, → Rn. 45 f. – **Sportereignisse** als solche urheberrechtlich nicht geschützt.[111]

Eine klare **Abgrenzung zwischen den Begriffen der Literatur, Wissenschaft und Kunst** 29 lässt sich kaum vornehmen. Die Begriffe überschneiden sich; ein Werk kann mehreren Werkkategorien angehören. Wissenschaftliches Schrifttum fällt beispielsweise sowohl unter die Kategorie der Literatur wie die der Wissenschaft; Romane und Gedichte werden häufig nicht nur der Literatur, sondern auch der Kunst zuzurechnen sein. Eine solche Abgrenzung ist aber auch entbehrlich. Es kommt lediglich darauf an, dass ein Schutzobjekt in den Bereich von Literatur, Wissenschaft und Kunst und damit in den sachlichen Geltungsbereich des Urheberrechts fällt; ob es der einen oder der anderen dieser Kategorien zuzurechnen ist, bleibt unerheblich.

D. Werkbegriff *(Loewenheim / Leistner)*

I. Allgemeines

Abs. 2 definiert das urheberrechtliche Werk als persönliche geistige Schöpfung. Damit sollte der 30 von Rechtsprechung und Lehre erarbeitete Werkbegriff in einer **gesetzlichen Begriffsbestimmung** seinen Niederschlag finden.[112] Diese gesetzliche Definition ist außerordentlich weit formuliert und damit wenig aussagekräftig.[113] Letztlich entscheidend kommt es darauf an, dass die **individuelle Kreativität des Schöpfers (eigene geistige Schöpfung)** im Werk zum Ausdruck kommt, dass also ein hinreichender **Spielraum für frei kreative Entscheidungen** bestand und genutzt wur-

---

[104] OLG Köln GRUR-RR 2010, 147 (148) – bambinoLÜK; insoweit wohl nicht berührt von der Revisionsentscheidung des BGH GRUR 2011, 803 – Lernspiele. Zur dennoch an dieser Stelle spürbaren Spannung, die künftig zu einem erweiterten Schutz konkreter, individuell kreativer Konzepte sowie Spiele im Urheberrecht führen sollte, *Leistner* GRUR 2011, 761 (764 ff.).

[105] BGH GRUR 1962, 51 (52) – Zahlenlotto; OLG Hamburg ZUM 1996, 245 – Goldmillion; OLG Frankfurt a. M. ZUM 1995, 795 (796) – Golfregeln; OLG München ZUM 1995, 48; GRUR 1992, 510 – Rätsel; LG Köln ZUM-RD 2010, 482 (485); LG Mannheim ZUM-RD 2009, 96 (98 f.); LG Düsseldorf NJOZ 2007, 4356 (4361); DKMH/*Dreyer* UrhG § 2 Rn. 192; *Schack* Rn. 196; *Ulmer,* Urheber- und Verlagsrecht, § 21 III; einschränkend OLG Düsseldorf GRUR 1990, 263 (265) – Automaten-Spielplan; Wandtke/Bullinger/*Bullinger* UrhG § 2 Rn. 52; *Leistner* GRUR 2011, 761 (764 ff.); sa Dreier/Schulze/*Schulze* UrhG § 2 Rn. 104; *Risthaus* WRP 2009, 698.

[106] OLG Hamburg GRUR 1983, 436 (438) – Puckman; LG Köln ZUM-RD 2010, 482 (485); *Schricker* GRUR-Int 2008, 200; *Schricker* in Schricker (Hg.), Urheberrecht auf dem Weg zur Informationsgesellschaft, 1997, S. 26 f.; Dreier/Schulze/*Schulze* UrhG § 2 Rn. 104; Fromm/Nordemann/*A. Nordemann* UrhG § 2 Rn. 50; aA *Henkenborg,* Der Schutz von Spielen, 1995, S. 206 ff.; wohl weitergehend auch OLG Düsseldorf GRUR 1990, 263 (264) – Automaten-Spielplan, das den Gedankeninhalt des Spiel- und Gewinnplans eines Spielautomaten für schutzfähig hält.

[107] Dazu *Schricker* GRUR-Int 2008, 200 (202).

[108] So auch *Hofmann* S. 180 ff., der die notwendigen Freihaltebedürfnisse dann durch entsprechende Schutzausschlüsse auf Grdl. des § 1 UrhG berücksichtigen will.

[109] Vgl. → Rn. 27.

[110] *Leistner* GRUR 2011, 761 (764) mwN; vgl. auch *Leistner* FS Loschelder, 2010, S. 189 (195 ff.).

[111] EuGH GRUR 2012, 156 Rn. 98 f. – Football Association Premier League u. Murphy (wenn auch mit unzutr. Begr. auf Grdl. der Regelbasiertheit von Sportereignissen); OGH (Österreich) GRUR-Int 2014, 697 (dort auch mit Abgrenzung von ggf. demgegenüber natürlich möglichem Filmwerkschutz für die Aufzeichnungen und Übertragungen derartiger Ereignisse); *Kainer* S. 89 ff.; → Rn. 6.

[112] Amtl. Begr. BT-Drs. IV/270, 38.

[113] *Rehbinder/Peukert* Rn. 187: „gesetzliche Definition ist nicht glücklich".

de.[114] Grundsätzlich abweichende Auffassungen in der älteren Literatur zu modernen Kunstformen[115] haben sich nicht durchgesetzt.[116]

Letztlich steht damit **das Werk** im Mittelpunkt der Definition. Dabei liegt der Vorteil der sehr offenen Definition darin, dass sie flexibel genug ist, um auch **neue Erscheinungsformen** urheberrechtlich zu schützender Werke zu erfassen. So sind beispielsweise auch Happenings, Computerprogramme, Datenbankwerke, Multimediawerke oder Websites bei Vorliegen der entsprechenden urheberrechtlichen Voraussetzungen ohne Weiteres schutzfähig.[117]

31   Der Werkbegriff wird nunmehr durch die Rechtsprechung des EuGH beeinflusst und gestaltet, der in seiner Rechtsprechung in zunehmendem Maße einen **europäischen Werkbegriff** herausbildet.[118] Diese Konzeption gibt keinen grundlegenden Anlass, vom gegenwärtigen Werkbegriff des deutschen Rechts abzugehen. Vielmehr genügt es, diesen in der Rechtsanwendung im Wechselspiel mit den **durch den EuGH konkretisierten zwingenden Interpretationsleitlinien** auf der Grundlage europäischen Rechts fortzuentwickeln;[119] die wesentlichste (indirekte) Folge dieser Entwicklung ist, dass der BGH seine langjährige Rechtsprechung zur höheren Schutzuntergrenze bei Werken der angewandten Kunst zwischenzeitlich aufgegeben hat.[120]

32   Die notwendige **Konkretisierung des Werkbegriffs** erfolgt dadurch, dass man verschiedene Elemente bildet, aus denen sich dieser Begriff zusammensetzt. Wenn hier auch in manchen Punkten keine Einigkeit besteht, vor allem auch Unterschiede terminologischer Art bestehen, so werden überwiegend doch **vier Elemente** des Werkbegriffs unterschieden.[121] Es muss sich erstens um eine **persönliche Schöpfung** des Urhebers handeln.[122] Zweitens muss diese Schöpfung einen **geistigen Gehalt** aufweisen.[123] Drittens muss sie eine wahrnehmbare **Formgestaltung** gefunden haben,[124] viertens – und entscheidend – muss in der Schöpfung die **Individualität** des Urhebers zum Ausdruck kommen.[125]

33   Eine solche Konkretisierung des Werkbegriffs lässt sich mit den Vorgaben vereinbaren, die sich aus der **Rechtsprechung des EuGH** zum europäischen Werkbegriff ergeben.[126]

34   Auch die **deutsche Rechtsprechung** geht – mit leichten terminologischen Abweichungen im Detail – strukturell von den vier genannten Elementen des Werkbegriffs aus.[127] Die entscheidende Entwicklung in jüngerer Zeit liegt darin, dass nunmehr auch die deutsche Rechtsprechung nicht länger von einem schöpferischen Eigentümlichkeitsgrad spricht, der als urheberrechtliche Schutzuntergrenze bei verschiedenen Werkarten unterschiedlich hoch anzusetzen wäre. Vielmehr wurde insbesondere bei den Werken der angewandten Kunst die Voraussetzung einer **besonderen** Gestaltungshöhe im Sinne eines deutlichen Überragens durchschnittlicher Gestaltungen aufgegeben und es wird stattdessen eine **einheitliche für den urheberrechtlichen Schutz erforderliche Gestaltungshöhe** verlangt.[128] Das lässt sich als eine **einzelfallbezogene** Abgrenzung und rechtsanwendende Konkretisierung des **Grades der Individualität** auffassen,[129] was sowohl der Vorgabe der europäischen Rechtsprechung als auch der hier vorgenommenen **Systematisierung in vier Elementen** entspricht.

35   Diese vier Elemente werden auch als **Schutzvoraussetzungen** bezeichnet. Für sie besteht im Urheberrechtsverletzungsprozess eine **Darlegungs- und Beweislast** des Klägers, die die konkrete Darlegung der für die Urheberrechtsschutzfähigkeit begründenden Elemente erfordert.[130] Macht der Verletzer geltend, der Urheber habe bei seiner Schöpfung auf vorbekanntes Formgut zurückgegriffen, so muss er dies im Einzelnen darlegen und beweisen. Allerdings sind nähere Darlegungen dann entbehrlich, wenn sich die die Schutzfähigkeit begründenden Elemente bereits bei bloßem Augenschein wahrnehmen lassen; in solchen Fällen kann die Vorlage des Werkes oder von Fotografien davon ausreichen.[131]

---

[114] EuGH GRUR 2009, 1041 Rn. 35 – Infopaq; EuGH GRUR 2012, 166 Rn. 89 ff. – Painer; zur Grundstruktur der Prüfung in der dt. Rspr. → Rn. 34 ff.; ähnlich wie hier *Rehbinder/Peukert* Rn. 187.

[115] Näher → Rn. 43 und → Rn. 58.

[116] Vgl. zur Geschichte des Werkbegriffs *Sommer* passim.

[117] *Rehbinder/Peukert* Rn. 183; zur Abgrenzung bei computergenerierten Werken und unterschiedlichen Erscheinungsformen künstlicher Intelligenz (KI) noch → Rn. 41.

[118] Dazu eing. → Rn. 3 ff.

[119] *Leistner* ZGE 2013, 4 (10 ff.); vgl. grdl. *Roder* S. 359 ff.

[120] BGH GRUR 2014, 175 – Geburtstagszug; dazu näher → Rn. 162.

[121] Wie hier oder ähnlich Fromm/Nordemann/*A. Nordemann* UrhG § 2 Rn. 20; Büscher/Dittmer/Schiwy/*Obergfell* Kap. 10 UrhG § 2 Rn. 3 ff.; Dreier/Schulze/*Schulze* UrhG § 2 Rn. 8 ff.; DKMH/*Dreyer* UrhG § 2 Rn. 18 ff.; Wandtke/Bullinger/*Bullinger* UrhG § 2 Rn. 15 ff.; *Schack* Rn. 181; *Rehbinder/Peukert* Rn. 188 ff.

[122] Dazu → Rn. 38 ff.

[123] Dazu → Rn. 45 f.

[124] Dazu → Rn. 47 ff.

[125] Dazu → Rn. 50 ff.

[126] Vgl. → Rn. 4 ff., → Rn. 19 ff.; sa *Leistner* ZGE 2013, 4 (30 ff.).

[127] Vgl. dazu *Erdmann* FS v. Gamm, 1990, S. 389 (396 ff.).

[128] Vgl. BGH GRUR 2014, 175 (177) – Geburtstagszug. Näher → Rn. 50 ff., → Rn. 59 ff.

[129] Ähnlich *Steeneck* FS Büscher, 2018, S. 233 (248).

[130] BGH GRUR 2012, 58 Rn. 24 – Seilzirkus; Dreier/Schulze/*Schulze* UrhG § 2 Rn. 70; Fromm/Nordemann/ *A. Nordemann* UrhG § 2 Rn. 236; *Steeneck* FS Büscher, 2018, S. 233 (241 ff.) mit weiteren nützlichen Einzelheiten und Nachw.

[131] BGH GRUR 2012, 58 Rn. 25 – Seilzirkus.

Die **Schutzfähigkeit** eines Werkes **kann nicht vereinbart werden**. Sie unterliegt nicht der Dispositionsbefugnis der Parteien. Die Schutzvoraussetzungen liegen entweder vor oder sie liegen nicht vor. Die Schutzfähigkeit ist von Amts wegen zu prüfen.[132] **36**

Vom urheberrechtlichen Werk ist das **Werkstück** zu unterscheiden. Während das Werk die immaterielle Schöpfung des Urhebers darstellt, ist das Werkstück dessen körperliche Ausdrucksform, wie etwa im Falle von Roman und Buch. Dem Urheberrechtsschutz unterliegt nur das Werk, Werkstücke können vom Urheberrechtsschutz nur betroffen werden, wenn sich eine Beeinträchtigung des Werks in ihnen dokumentiert, beispielsweise bei Entstellungen des Werks (§ 14). Werkstücke unterliegen im Gegensatz zum Werk den Vorschriften des Sachenrechts, sie können, anders als das Werk, veräußert werden.[133] Ob und in welchem Umfang Werkstücke existieren, hängt von der Werkart ab; bei Schriftwerken (etwa Romane, Lehrbücher) pflegt es zahlreiche Werkstücke zu geben, bei Werken der bildenden Kunst oft nur das Original, bei mündlichen oder pantomimischen Darbietungen existiert vielfach überhaupt kein Werkstück. **37**

II. Schutzvoraussetzungen

1. Persönliche Schöpfung

Eine persönliche geistige Schöpfung setzt zunächst voraus, dass das Werk auf einer **menschlich-gestalterischen Tätigkeit** des Urhebers beruht. Das wird zwar nicht immer zum Ausdruck gebracht, ist aber heute praktisch unbestritten.[134] Das Erfordernis lässt sich nicht nur den Formulierungen der „persönlichen" geistigen Schöpfung in § 2 Abs. 2 und der „eigenen" geistigen Schöpfung des europäischen Werkbegriffs[135] entnehmen, sondern entspricht auch dem Zweck des Urheberrechts, den Schutz des Urhebers, seine Person, und nicht das Werk in den Vordergrund des Urheberrechtsschutzes zu stellen.[136] Die praktische Bedeutung dieser Voraussetzung liegt vor allem in ihrer **Abgrenzungsfunktion**. Sie schließt zum einen aus, dass lediglich durch Maschinen, Apparate oder Computerprogramme erstellte Produkte,[137] aber auch durch Tiere geschaffene Erzeugnisse[138] Urheberrechtsschutz genießen, und lässt es zum anderen nicht ausreichen, dass lediglich vorgefundene Gegenstände (objets trouvés) als Kunstwerk präsentiert werden.[139] **38**

Maschinen und **Apparate** oder **Computerprogramme** können als solche keine Werkschöpfung erbringen; es fehlt an der menschlich-gestalterischen Tätigkeit des Urhebers.[140] Auch wenn sich die Ergebnisse menschlichen Schaffens und maschineller Tätigkeit manchmal nicht unterscheiden lassen, so schützt das UrhG doch nur die **menschliche** schöpferische Leistung und nicht die maschinelle Produktion. Werkschöpfer kann daher nur eine **natürliche Person** sein.[141] Aus diesem Grunde sind Übersetzungen in eine andere Sprache, die durch **Übersetzungscomputer** erstellt werden, keine schutzfähigen Werke,[142] es sei denn Vor- und Nachbearbeitung, Abwandlungen, Korrekturen und dgl. nehmen in einem solchen Grad an, dass die Übersetzung ihre Prägung durch diese menschlich-gestaltende Tätigkeit erhält.[143] Auch bei vollautomatisch aufgenommenen **Fotografien** kommt es darauf an, ob die Bildgestaltung auf einer menschlich-gestalterischen Tätigkeit beruht.[144] **39**

Andererseits steht es der Schutzfähigkeit nicht entgegen, dass der Urheber sich einer **Maschine als Hilfsmittel** bedient. Wird in solchen Fällen das Ergebnis durch entsprechende Anweisungen an die Maschine eindeutig geplant und festgelegt, so können Zweifel am menschlichen Schaffen nicht bestehen.[145] Die Tatsache, dass der Urheber sich eines technischen Hilfsmittels zur Schaffung des Werks bedient, steht der menschlich-gestalterischen Tätigkeit ebenso wenig entgegen wie die Benutzung eines Fotoapparats bei der Schaffung von Lichtbildwerken. Die Maschine dient hier als Werkzeug, das dem Urheber bei seinem schöpferischen Schaffen zeitlichen und technischen Aufwand erspart. Prakti- **40**

---

[132] BGH GRUR 1991, 533 – Brown Girl II.

[133] Einzelheiten → Einl. UrhG Rn. 29.

[134] Praktisch allA: Dreier/Schulze/*Schulze* UrhG § 2 Rn. 8; Fromm/Nordemann/*A. Nordemann* UrhG § 2 Rn. 21; Wandtke/Bullinger/*Bullinger* UrhG § 2 Rn. 15; DKMH/*Dreyer* UrhG § 2 Rn. 19; *Schack* Rn. 183 f.; *Rehbinder/Peukert* Rn. 188; *Erdmann* FS v. Gamm, 1990, S. 389 (396).

[135] Vgl. → Rn. 4.

[136] Für eine Neukonzeption des Werkbegriffs, die für die Bestimmung der Individualität den Werkbezug (und damit konsequenterweise den Vergleich zu vorbestehenden Gestaltungen) mehr in den Mittelpunkt rücken würde *Barudi* S. 193 ff.

[137] Dazu näher → Rn. 39.

[138] Dazu näher → Rn. 43.

[139] Dazu näher → Rn. 44.

[140] EinhM, vgl. etwa Dreier/Schulze/*Schulze* UrhG § 2 Rn. 8; Fromm/Nordemann/*A. Nordemann* UrhG § 2 Rn. 21; DKMH/*Dreyer* UrhG § 2 Rn. 27; Büscher/Dittmer/Schiwy/*Obergfell* Kap. 10 UrhG § 2 Rn. 3; *Schack* Rn. 184; *Rehbinder/Peukert* Rn. 188.

[141] LG Berlin GRUR 1990, 270 – Satellitenfoto.

[142] Dreier/Schulze/*Schulze* UrhG § 2 Rn. 8; DKMH/*Dreyer* UrhG § 2 Rn. 34; *Schack* Rn. 184.

[143] Vgl. dazu *Noll* ÖBl. 1993, 145 (149).

[144] Vgl. zu Satellitenfotos LG Berlin GRUR 1990, 270 – Satellitenfoto.

[145] DKMH/*Dreyer* UrhG § 2 Rn. 26; Wandtke/Bullinger/*Bullinger* UrhG § 2 Rn. 16; Büscher/Dittmer/Schiwy/*Obergfell* Kap. 10 UrhG § 2 Rn. 3; *Schack* Rn. 184; *Rehbinder/Peukert* Rn. 188.

sche Bedeutung gewinnt das vor allem bei **computerunterstützten Werken** (computer-aided works). Dass der Autor, der sich bei der Abfassung seines Werks eines **Textverarbeitungsprogramms** bedient, menschlich-gestalterisch tätig wird, bedarf keiner besonderen Betonung. Aber auch die Erstellung von **Plänen, Graphiken oder Designs** mit Hilfe von CAD-, Zeichen- oder Malprogrammen stellt ein menschlich- gestalterisches Tätigwerden dar.[146] Anders ist es freilich, wenn im Computerprogramm vorgegebene **Gestaltungsmöglichkeiten**, Optionen oder Symbole lediglich abgerufen werden, ohne dass eine eigene gestaltende Tätigkeit hinzutritt. Letztere kann jedoch in der originellen Auswahl, Kombination und räumlichen Anordnung vorhandener Gestaltungsoptionen liegen. Allerdings sind dann auch nur jeweils hinreichend individuelle Teile einer solchen Gestaltung geschützt. Die gleichen Grundsätze gelten für computerunterstützte **Musikkompositionen.** Die Benutzung des Computers als **Hilfsmittel** steht der menschlich-gestalterischen Tätigkeit nicht entgegen. Beim Einsatz im Programm vorgegebener Gestaltungsmittel (etwa Begleitrhythmen) wird der Auswahl und Zusammenstellung durch den Komponisten aber meist erhebliches Gewicht zukommen, so dass in der Regel von einer menschlich-gestalterischen Tätigkeit auszugehen ist.[147]

41   In letzter Zeit wird zunehmend die Frage aufgeworfen, ob an den vorstehend umrissenen Grundsätzen auch für Gestaltungen festgehalten werden kann, die insbesondere durch **selbstlernende Algorithmen (machine learning)** im Rahmen sog. künstlicher Intelligenz (KI, auch Artificial Intelligence [AI]) weitgehend **autonom** geschaffen werden.[148] Dabei wird der schillernde Begriff der KI in der bisherigen rechtswissenschaftlichen Literatur selten präzise genutzt, sondern ist zu einer Art Platzhalter für zahlreiche unterschiedliche Phänomene geworden; richtigerweise dürfte es bei den derzeitigen Diskussionen im Wesentlichen um **machine learning Algorithmen** gehen, die in den kybernetischen Grundzügen seit den sechziger Jahren des vergangenen Jahrhunderts bekannt sind.[149] Diese ermöglichen angesichts der exponentiell gestiegenen Rechenleistung bereits heute quasi-autonome Ansätze zB zum **automated reporting, der Programmierung von Computerprogrammcode** sowie vereinzelt auch bei der **Schaffung von Werken der Musik,**[150] **der bildenden, insbesondere der angewandten Kunst,**[151] der **Architektur** ua. Hinzu kommt, dass bereits seit Jahrzehnten Werke auf der Basis von **Zufallsgeneratoren, Fraktalgeneratoren** oÄ erstellt wurden, die ebenfalls bereits von einem erheblichen Maß an Quasi-Autonomie geprägt waren.

De lege lata ist hier richtigerweise zu unterscheiden wie bisher. Dass eine von einem Algorithmus geschaffene Gestaltung von einer menschlichen Schöpfung praktisch nicht unterschieden werden kann, ändert nichts daran, dass Schutz mangels einer **menschlichen** schöpferischen Leistung zu **verneinen** ist. Insbesondere kann der urheberrechtliche Schutz einer von einem Computerprogramm geschaffenen Gestaltung (downstream) nicht (upstream) dem Schöpfer des Computerprogramms zugerechnet werden, wenn diesen ein weitgehend autonom gestaltender Algorithmus zugrunde liegt. Geschützt ist dann möglicherweise das Computerprogramm, nicht aber die resultierende Gestaltung, die ihrerseits nicht auf individuell kreativen Entscheidungen eines Menschen beruht. Etwas anderes kann nur gelten, wenn ein Mensch das wesentliche **Grundmuster** des Werks geschaffen hat **und** bei mehreren vom Computer erzeugten Versionen eine **Auswahl** vornimmt.[152]

41a   Komplexer könnte die Fragestellung allerdings künftig bei Entwicklungen durch **neuronale Netzwerke** werden, die aufgrund ihrer eigenständigen Fortentwicklung durch ein noch deutlich höheres Maß an Autonomie bestimmt sind. Das urheberrechtliche Schutzinstrumentarium könnte hier nach ersten Überlegungen in der deutschen Literatur de lege lata vergleichsweise begrenzt sein,[153] der Schwerpunkt möglicherweise mehr auf einem Schutz aufgrund des neuen Gesetzes zum Schutz von **Geschäftsgeheimnissen** (GeschGehG) liegen.[154]

---

[146] Sa *Schlatter* in: Lehmann (Hg.), Rechtsschutz und Verwertung von Computerprogrammen, 2. Aufl. 1993, Kap. III Rn. 96; dies gilt auch für den Einsatz von 3D-Druckern, s. Wandtke/Bullinger/*Bullinger* UrhG § 2 Rn. 16a.

[147] Vgl. auch → Rn. 151.

[148] Vgl. für das US-amerikanische Urheberrecht *Denicola* Rutgers U.L. Rev. 69 (2016), 251 (264 ff.); *Ginsburg/ Budiardjo*, Authors and Machines, https://ssrn.com/abstract=3233885 (S. 52 ff.); in der dt. Lit. zul. mit einem Überbl. *Hetmank/Lauber-Rönsberg* GRUR 2018, 574 (577 ff.).

[149] Vgl. lehrreich *Jordan*, Blogeintrag vom 16.4.2018, Artificial Intelligence – The Revolution Hasn't Happened Yet, https://medium.com/@mijordan3/artificial-intelligence-the-revolution-hasnt-happened-yet-5e1d5812e1e7.

[150] Vgl. für lediglich ein illustratives Bsp. die Plattform https://www.aiva.ai/.

[151] Vgl. für Ansätze zu algorithmengeleiteter Kreativität im Bereich der Modeindustrie *Rosati* Fashion, algorithms, and copyright, http://ipkitten.blogspot.com/2018/09/fashion-algorithms-and-copyright-is-it.html.

[152] *Erdmann* FS v. Gamm, 1990, S. 389 (396 f.); wohl auch Dreier/Schulze/*Schulze* UrhG § 2 Rn. 8 (dort aber missverständlich auf die Voraussetzung der Schaffung des Grundmusters verzichtet); *Hetmank/Lauber-Rönsberg* GRUR 2018, 574 (577); *Ory/Sorge* NJW 2019, 710 (711 f.); zu weitgehend Wandtke/Bullinger/*Bullinger* UrhG § 2 Rn. 17.

[153] Vgl. mit einer ersten zurückhaltenden Analyse *Ehinger/Stiemerling* CR 2018, 761 ff.; zum Zusammenhang mit Schutz aufgrund der Computerprogramm-RL für bestimmte Vor- und Entwurfsstufen von Computerprogrammen im eur. Recht auch *Antoine* CR 2019, 1 ff.

[154] Beruhend auf Richtlinie (EU) 2016/943 des Europäischen Parlaments und des Rates vom 8.6.2016 über den Schutz vertraulichen Know-hows und vertraulicher Geschäftsinformationen (Geschäftsgeheimnisse) vor rechtswidrigem Erwerb sowie rechtswidriger Nutzung und Offenlegung ABl. 2016 L 157, S. 1–18.

De lege ferenda wird dies-[155] und jenseits[156] des Atlantiks in Teilen der Literatur ein Schutzbe- **42** dürfnis für die von sog. KI erzeugten immateriellen Ergebnisse erwogen. Wird ein derartiges Schutzrecht gefordert, so wäre allerdings zuvörderst der Nachweis zu führen, dass hinsichtlich der Schaffung von KI, KI-generierter Gestaltungen oder der Verbreitung derartiger Gestaltungen (also der Etablierung entsprechender Märkte) tatsächlich in bestimmten Bereichen ein **Marktversagen** droht, dem gerade mit Schutz für die von KI erzeugten Gestaltungen *downstream* angemessen vorgebeugt werden könnte.[157] Derzeit ist dies wohl kaum erkennbar, geschweige denn empirisch belegt.

Tatsächlich sprechen auch – selbst bei a priori vollkommener Ununterscheidbarkeit der von Algorithmen geschaffenen Gestaltungen von vergleichbaren menschlichen Gestaltungen – bei aller derzeitiger Unsicherheit doch gute **utilitaristische Gründe** wohl eher **gegen Schutzgewährung:** So könnten zusätzliche Anreize für von machine learning-Algorithmen geschaffene Gestaltungen möglicherweise zu einem *crowding out* menschlich geschaffener Werke in bestimmten Bereichen führen. Geht man davon aus, dass echte kreative Quantensprünge jedoch nach derzeitigem Stand weiterhin nur aufgrund menschlicher Kreativität möglich sind,[158] könnte auf diese Weise eine für den dynamischen Wettbewerb und damit für die Gesamtwohlfahrt kontraproduktive **Uniformisierung** kreativen Schaffens in den betroffenen Bereichen drohen. Hier darf die verkürzte Orientierung auf die Quantität kreativen Outputs nicht den notwendigen Fokus auf dessen Qualität (dh insbesondere dessen kreative **Diversität**) dominieren.[159]

Ebenso wenig wie durch Maschinen und Apparate können Werke im Übrigen durch die **Tätigkeit** **43** **von Tieren** geschaffen werden. Ein von einem Schimpansen gemaltes Bild oder das Selfie eines Makaken[160] sind daher keine Kunstwerke,[161] Bewegungen dressierter Tiere sind keine Pantomime.[162]

Von wesentlich anderen Voraussetzungen ging die von dem Schweizer Rechtslehrer *Kummer* be- **44** gründete Lehre vom Werkbegriff aus. Nach *Kummer* ist menschlich-gestalterisches Schaffen nicht Voraussetzung für die Entstehung eines Werks. Neben dem Erfordernis der Individualität, die *Kummer* aber im Sinne statistischer Einmaligkeit des Werks versteht, soll es ausreichen, dass **etwas Vorgefundenes als Werk präsentiert** wird. Der Urheber müsse nur durch besondere Vorkehrungen kundtun, dass er etwas als Werk verstanden haben wolle und dafür Rechtsschutz begehre.[163] Diese sog. **Präsentationslehre** wird aber von der heute fast einhelligen Auffassung zu Recht abgelehnt.[164]

Selbst für die Kunstrichtungen des **Fluxus** und der **Konzeptkunst** erscheint es ausgewogener, einen Schutz entweder (sozusagen traditionell) bei entsprechendem Vorliegen dieser Voraussetzungen durch die schöpferische **Auswahl, Kombination und/oder Anordnung** bestimmter Objekte zu begründen (also zB die Materialien Filz und Fett bei *Beuys* in bestimmter schöpferischer Kombination)[165] oder aber die insoweit zugrunde liegenden, häufig theoretisch hochkomplexen und damit hinreichend individuellen **Konzeptionen,** die sich in einem konkreten Werk der Konzeptkunst individualisieren können, mehr in den urheberrechtlichen Blick zu nehmen als bisher.[166] Nur ist dann stets sorgsam darauf zu achten, auch den **Schutzumfang** entsprechend strikt auf die demnach die – letztlich stets entscheidende – **Individualität** des Werks begründenden Gestaltungselemente zu begrenzen.

2. Geistiger Gehalt

§ 2 Abs. 2 verlangt eine „geistige" Schöpfung, das Werk muss einen **geistigen Gehalt** aufwei- **45** sen.[167] Es muss etwas haben, das „über das bloße sinnlich wahrnehmbare Substrat hinausgeht, eine

---

[155] So in der vorsichtigen Tendenz wohl *Hetmank/Lauber-Rönsberg* GRUR 2018, 574 (579 ff.) für „forschungsintensive [...] Bereiche [...] und bei Entwicklungen, die von Nachahmern ohne nennenswerte Hindernisse und ohne zeitliche Verzögerung übernommen werden können".

[156] Vgl. für das US-Recht *Denicola* Rutgers U.L. Rev. 69 (2016), 251 (264 ff.).

[157] Ähnlich (wenn auch etwas allgemeiner) *Hetmank/Lauber-Rönsberg* GRUR 2018, 574 (579 f.).

[158] *Bridy,* Coding Creativity: Copyright and the Artificially Intelligent Author, http://ssrn.com/abstract= 1888622, Rn. 22 ff.; ähnlich zur Einordnung der Arbeitsergebnisse von KI/ML *Jordan,* Blogeintrag vom 16.4.2018, Artificial Intelligence – The Revolution Hasn't Happened Yet, https://medium.com/@mijordan3/artificial-intelligence-the-revolution-hasnt-happened-yet-5e1d5812e1e7; *Surden* Wash. L. Rev. 89 (2014), 87 (95 ff.).

[159] Vgl. dazu allg. (und zT in anderem Zusammenhang) *Fisher III.* 73 Chicago-Kent Law Review (1998), 1203 (1216 ff.); *Cohen* Vand. L. Rev. 53 (2000), 1799; *Benkler,* Intern. Rev. L. & Econ. 22 (2002), 81; *Ramello,* Liuc Papers n. 141, Serie Economia e Impresa 35 (2004), 12.

[160] N. D. Cal. 2016 15-cv-04324-WHO – Naruto v. David John Slater (monkey selfie).

[161] Fromm/Nordemann/*A. Nordemann* UrhG § 2 Rn. 21; Dreier/Schulze/*Schulze* UrhG § 2 Rn. 10; Wandtke/ Bullinger/*Bullinger* UrhG § 2 Rn. 15; DKMH/*Dreyer* UrhG § 2 Rn. 26; *Schack* Rn. 184; *Rehbinder/Peukert* Rn. 188.

[162] LG München I UFITA 54 (1969), 320.

[163] *Kummer* S. 75 f.

[164] Fromm/Nordemann/*A. Nordemann* UrhG § 2 Rn. 16; Wandtke/Bullinger/*Bullinger* UrhG § 2 Rn. 15; DKMH/*Dreyer* UrhG § 2 Rn. 24; Büscher/Dittmer/Schiwy/*Obergfell* Kap. 10 UrhG § 2 Rn. 4; *Schack* Rn. 183; gegen die statistische Einmaligkeit auch OLG Hamburg GRUR-RR 2002, 217 (218) – CT-Klassenbibliothek; näher → 5. Aufl. 2017, Rn. 43 f.; zweifelnd nur *Schulze* FS GRUR, 1991, S. 1303 (1324); Dreier/Schulze/*Schulze* UrhG § 2 Rn. 9 (dabei jedoch eher iSd nachstehend auch hier vertretenen Differenzierung).

[165] In diese Richtung Dreier/Schulze/*Schulze* UrhG § 2 Rn. 9.

[166] So bspw. *Schlütter* S. 64 ff., 319 ff.

[167] Ausf. *Haberstumpf* FS Schulze, 2017, S. 3 mwN.

Aussage oder Botschaft, die dem Bereich der Gedanken, des Ästhetischen oder sonstiger menschlicher Regungen und Reaktionsweisen zugehört".[168] Der **menschliche Geist** muss **im Werk zum Ausdruck kommen;** das Werk muss einen kommunikativen Gehalt haben,[169] ein Gedanken- oder Gefühlsinhalt muss durch das Werk mitgeteilt werden;[170] im Schrifttum wird auch davon gesprochen, dass das Werk eine geistig-anregende Wirkung ausüben müsse, indem das Werk zB unterhaltend, belehrend, veranschaulichend oder erbauend auf den Benutzer wirkt.[171] Bei zutreffender Einordnung beruht auf diesem Gedanken wohl auch die **Murphy-Entscheidung des EuGH,** in der es heißt, dass Spielregeln im Sport keinen Raum für die Entfaltung künstlerischer Freiheit lassen.[172]

Ein **ästhetischer Gehalt** im Sinne einer den Schönheitssinn ansprechenden Wirkung ist **nicht** erforderlich.[173] Bei manchen Werkarten, etwa bei Werken der bildenden Kunst, wird der geistige Gehalt zwar regelmäßig eine ästhetische Komponente aufweisen, bei anderen Werken, etwa wissenschaftlichen oder technischen Sprachwerken dagegen im Allgemeinen nicht. § 2 Abs. 2 stellt jedenfalls keine dahingehende Voraussetzung auf.[174] Der geistige Gehalt muss **im Werk selbst zum Ausdruck kommen,** es reicht nicht aus, dass er sich erst aus zusätzlichen Lehren oder Anweisungen ergibt.[175] Dagegen braucht der geistige Gehalt nicht in einer für die Allgemeinheit verständlichen Form zum Ausdruck zu kommen, es genügt, dass er sich Fachleuten erschließt, etwa bei Verwendung nur diesen verständlicher Zeichen oder Symbole.[176]

46   Der geistige Gehalt tritt **bei den einzelnen Werkarten in unterschiedlicher Form** zutage. Bei **Sprachwerken** muss ein durch das Mittel der Sprache ausgedrückter Gedanken- und/oder Gefühlsinhalt vorliegen.[177] Dieser geistige Inhalt findet seinen Niederschlag und Ausdruck in der Gedankenformung und -führung des dargestellten Inhalts und/oder der geistvollen Form und Art der Sammlung, Einteilung und Anordnung des dargebotenen Stoffs.[178] Dabei ist zu berücksichtigen, dass nach der Rechtsprechung des BGH bei wissenschaftlichen und technischen Werken nicht nur inhaltliche Elemente schutzunfähig sein können, sondern auch der in der Gedankenführung und -formung liegende geistige Gehalt für die Beurteilung der Schutzfähigkeit ausscheiden kann, weil diese Art der Gedankenführung und -formung wissenschaftlich notwendig und üblich ist.[179] Bei **Werken der Musik** liegt der geistige Gehalt in der durch Hören erfassbaren Tonfolge, in dem in Tönen ausgedrückten musikalischen Erlebnis, der Stimmung und dem Gefühlswert.[180] Bei **Werken der bildenden Künste** wird der geistige Gehalt mit den Darstellungsmitteln der Kunst durch formgebende Tätigkeit hervorgebracht und ist vorzugsweise für die Anregung des ästhetischen Gefühls durch Anschauung bestimmt.[181] Bei Kunst- und Musikwerken lässt sich der geistige Gehalt auch dahin umschreiben, dass er bestimmt und geeignet ist, die Sinne anzuregen und damit auf das durch Auge bzw. Gehör vermittelte menschliche Empfinden in hinreichend verobjektivierbarer Weise[182] einzuwirken.[183]

Insgesamt kommt dem Kriterium des geistigen Gehalts damit in erster Linie eine gewisse **Vorfilterfunktion** im Verhältnis zur Individualität zu. Die Fälle, in denen diese Ausschlusswirkung zum Tragen kommt, sind eher selten. Doch bilden beispielsweise neue Kunstformen, wie die appropriation art

---

[168] → 3. Aufl. 2006, Einl. Rn. 7.

[169] *Schricker* GRUR-Int 2008, 200 (202).

[170] Dreier/Schulze/*Schulze* UrhG § 2 Rn. 12; Fromm/Nordemann/*A. Nordemann* UrhG § 2 Rn. 25; Büscher/Dittmer/Schiwy/*Obergfell* Kap. 10 UrhG § 2 Rn. 5; *Schack* Rn. 185 f.; *Rehbinder/Peukert* Rn. 189; sa BGH GRUR 1998, 916 (917) – Stadtplanwerk; BGH GRUR 1999, 923 (924) – Tele-Info-CD; OLG Nürnberg GRUR-RR 2001, 225 (227) – Dienstanweisung; LG Stuttgart ZUM-RD 2011, 649 (651).

[171] Dreier/Schulze/*Schulze* UrhG § 2 Rn. 12.

[172] EuGH GRUR 2012, 156 Rn. 98 – Football Association Premier League u. Murphy. Vgl. → Rn. 6; näher *Leistner* ZGE 2013, 4 (19 ff.).

[173] DKMH/*Dreyer* UrhG § 2 Rn. 48; iErg wie hier wohl auch Dreier/Schulze/*Schulze* UrhG § 2 Rn. 12.

[174] BGH GRUR 1985, 1041 (1047) – Inkasso-Programm; BAG GRUR 1984, 429 (431) – Statikprogramme; OLG Karlsruhe GRUR 1983, 300 (306) – Inkasso-Programm; *Schack* Rn. 186; *Ulmer,* Urheber- und Verlagsrecht, § 21 IV 1; *Erdmann* FS v. Gamm, 1990, S. 389 (399); eing. Nachw. bei *Ulmer/Kolle* GRUR-Int 1982, 489 (492 f.); aA noch LG Mannheim BB 1981, 1543.

[175] BGH GRUR 1963, 633 (634) – Rechenschieber; BGH GRUR 1959, 251 f. – Einheitsfahrschein; OLG München GRUR 1992, 510 (511) – Rätsel; DKMH/*Dreyer* UrhG § 2 Rn. 49; Büscher/Dittmer/Schiwy/*Obergfell* Kap. 10 UrhG § 2 Rn. 5; *Schack* Rn. 186.

[176] BGH GRUR 1985, 1041 (1046) – Inkasso-Programm; OLG Düsseldorf ZUM-RD 2015, 95 (97); DKMH/*Dreyer* UrhG § 2 Rn. 49.

[177] BGH GRUR 1955, 598 (599) – Werbeidee; BGH GRUR 1963, 633 (634) – Rechenschieber; OLG Hamburg ZUM-RD 2010, 467; DKMH/*Dreyer* UrhG § 2 Rn. 50.

[178] BGH GRUR 1985, 1041 (1047) – Inkasso-Programm; BGH GRUR 1986, 739 (740) – Anwaltsschriftsatz; BGH GRUR 1997, 459 (460) – CB-infobank I; BGH GRUR 2002, 958 (959) – Technische Lieferbedingungen; BGH GRUR 1984, 659 (660) – Ausschreibungsunterlagen; BGH GRUR 1982, 37 (39) – WK-Dokumentation; BGH GRUR 1998, 916 (917) – Stadtplanwerk; BGH GRUR 1999, 923 (924) – Tele-Info-CD.

[179] BGH GRUR 1985, 1041 (1047) – Inkasso-Programm; BGH GRUR 1986, 739 (740) – Anwaltsschriftsatz.

[180] DKMH/*Dreyer* UrhG § 2 Rn. 51; vgl. auch OLG Düsseldorf GRUR 1978, 640 (641) – fahr'n auf der Autobahn: Herausstellen der Monotonie des Fahrens als geistiger Gehalt einer Melodie.

[181] BGH GRUR 1979, 332 (336) – Brombeerleuchte; vgl. auch Dreier/Schulze/*Schulze* UrhG § 2 Rn. 12; DKMH/*Dreyer* UrhG § 2 Rn. 47; *Erdmann* CR 1986, 249 (252).

[182] EuGH GRUR 2019, 73 Rn. 40 ff. – Levola Hengelo/Smilde Foods.

[183] *Erdmann* FS v. Gamm, 1990, S. 389 (399 f.).

oder auch bestimmte Formen rein seriellen Musik- oder Literaturschaffens (*John Cages* 4'33" oder *Gerhard Rühms* dokumentarische sonette) an dieser Stelle Beispiele.[184]

3. Wahrnehmbare Formgestaltung (genau und objektiv identifizierbare Ausdrucksform)

Die Werkschöpfung muss eine **Ausdrucksform** angenommen haben, in der sie bereits der **Wahr-** **47** **nehmung durch die menschlichen Sinne zugänglich** geworden und dabei **genau und objektiv identifizierbar**[185] ist.[186] Der ungestaltete, noch nicht geäußerte Gedanke ist nicht schutzfähig und bedarf auch keines Schutzes.[187] Ebenso wenig kommen Gestaltungsformen in Betracht, deren Wahrnehmung in erster Linie subjektiv geprägt ist und die daher nicht hinreichend genau und objektiv identifiziert werden können, wie beispielsweise **Geruchs- oder Geschmacksgestaltungen.**[188] Eine **körperliche Festlegung** ist **nicht erforderlich,** ebenso wenig braucht es sich um eine **dauerhafte** Festlegung zu handeln.[189] Schutzfähig sind daher bereits die schriftlich noch nicht fixierte Rede, das Stegreifgedicht oder das improvisierte Musikstück,[190] ein „Happening"[191] sowie Werke, die aus sich verändernden oder sich auflösenden Materialien hergestellt sind.[192] Die Aufnahme solcher improvisierten Werke auf Bild- oder Tonträger ist deshalb nicht erste Festlegung, sondern bereits Vervielfältigung nach § 16 Abs. 2.

Unerheblich ist ferner, ob das Werk durch die menschlichen Sinne unmittelbar oder nur **mittelbar** **48** **unter Zuhilfenahme technischer Einrichtungen wahrgenommen** werden kann.[193] Ausreichend ist daher die Speicherung auf einem **Datenträger,** und zwar sowohl in **analoger** als auch in **digitaler Form.** Ein durch eine Digital- oder Videokamera aufgenommenes Lichtbild- oder Filmwerk entsteht bereits mit seiner Speicherung in der Kamera.[194] Bei einem mit Hilfe eines Textverarbeitungsprogramms erstellten Sprachwerk oder einer mit einem Bildverarbeitungsprogramm geschaffenen Graphik genügt bereits die Wiedergabe auf dem Bildschirm.[195] Ein Werk ist aber auch bereits die unmittelbar, dh ohne vorherige Festlegung auf einen Bildträger, ausgestrahlte Fernsehaufnahme, die erst durch ein Empfangsgerät sichtbar gemacht werden kann.[196] Der Rechtsschutz beginnt in solchen Fällen nicht erst zu dem Zeitpunkt, in dem das Werk von menschlichen Sinnesorganen tatsächlich wahrgenommen wird, sondern bereits dann, wenn es wahrnehmbar gemacht werden kann.[197]

Eine **Vollendung des Werks** ist für den Rechtsschutz **nicht erforderlich.** Auch **Vor- und Zwi-** **49** **schenstufen** eines Werks wie **Skizzen, Entwürfe** und dgl. sowie **unvollendete Werke** und **Fragmente** sind – bei Vorliegen der urheberrechtlichen Schutzvoraussetzungen (insbesondere geistigem Gehalt und Individualität) – schutzfähig.[198] Das ist zwar nur für Werke der bildenden Künste ausdrücklich geregelt (§ 2 Abs. 1 Nr. 4), gilt jedoch selbstverständlich für alle Werkarten. Dies gilt grundsätzlich auch für vorgespurte Angebote zur **interaktiven Gestaltung,** namentlich bei multimedialen Werken (wie Computerspielen), die im Rahmen vorgegebener, ihrerseits bereits schöpferisch individualisierter Strukturen durch weitere interaktive Interventionen und Beiträge der Nutzer ihre Gestaltung oder Veränderung erfahren. Geschützt ist in allen diesen Fällen das, was schon in der jeweiligen Vor- oder Zwischenstufe an **schöpferischer Leistung** zum Ausdruck kommt. Erst später

[184] Vgl. auch diff. *Haberstumpf* FS Schulze, 2017, S. 3 (10 f.).
[185] EuGH GRUR 2019, 73 Rn. 40 ff. – Levola Hengelo/Smilde Foods.
[186] BGH GRUR 1985, 1041 (1046) – Inkasso-Programm; Dreier/Schulze/*Schulze* UrhG § 2 Rn. 13; Wandtke/Bullinger/*Bullinger* UrhG § 2 Rn. 19; Fromm/Nordemann/*A. Nordemann* UrhG § 2 Rn. 23; DKMH/*Dreyer* UrhG § 2 Rn. 35; Büscher/Dittmer/Schiwy/*Obergfell* Kap. 10 UrhG § 2 Rn. 6; *Schack* Rn. 187; *Rehbinder/Peukert* Rn. 192 f.; *Erdmann* FS v. Gamm, 1990, S. 389 (398 f.).
[187] OLG München ZUM 1989, 588; *Ulmer,* Urheber- und Verlagsrecht, § 21 II 1.
[188] EuGH GRUR 2019, 73 Rn. 40 ff. – Levola Hengelo/Smilde Foods.
[189] EuGH GRUR 2019, 73 Rn. 40 – Levola Hengelo/Smilde Foods; BGH GRUR 1962, 470 (472) – AKI; Fromm/Nordemann/*A. Nordemann* UrhG § 2 Rn. 23; DKMH/*Dreyer* UrhG § 2 Rn. 37; Wandtke/Bullinger/*Bullinger* UrhG § 2 Rn. 20; Büscher/Dittmer/Schiwy/*Obergfell* Kap. 10 UrhG § 2 Rn. 6. Vgl. unter rechtsvergleichender Perspektive zum strengeren fixation-Erfordernis des common law (insbes. bei Stegreifreden) *Lim* GRUR-Int 2018, 862 mwN.
[190] LG München GRUR-Int 1993, 82 (83) – Duo Gismonti-Vasconcelos; *Schack* Rn. 187.
[191] BGH GRUR 1985, 529 – Happening; KG GRUR 1984, 507 (508) – Happening; vgl. zur abw. Rechtslage nach altem Recht (also vor Inkrafttreten des UrhG von 1965) BGH GRUR 2014, 65 (69 f.) – Beuys-Aktion.
[192] *Erdmann* FS v. Gamm, 1990, S. 389 (398); vgl. ebenso iErg (wenn auch in der Begr. allein auf die Anwendbarkeit des § 59 UrhG auf derartige works in progress ausgerichtet, wenn sie in der Öffentlichkeit ausgestellt sind) LG Frankenthal GRUR 2005, 577 – Grassofa.
[193] BGH GRUR 1962, 470 (472) – AKI; Dreier/Schulze/*Schulze* UrhG § 2 Rn. 13; DKMH/*Dreyer* UrhG § 2 Rn. 37; Büscher/Dittmer/Schiwy/*Obergfell* Kap. 10 UrhG § 2 Rn. 6.
[194] Vgl. auch → Rn. 208.
[195] Vgl. OLG Köln GRUR-RR 2010, 141; Dreier/Schulze/*Schulze* UrhG § 2 Rn. 13; sa OLG Hamm GRUR-RR 2005, 73 – Web-Grafiken.
[196] BGH GRUR 1962, 470 (472) – AKI.
[197] BGH GRUR 1962, 470 (472) – AKI.
[198] BGH GRUR 1999, 230 (231) – Treppenhausgestaltung; BGH GRUR 2002, 799 – Stadtbahnfahrzeug; BGH GRUR 2005, 854 (856) – Karten-Grundsubstanz; OLG Düsseldorf GRUR-RR 2008, 117 (120) – Engelsfigur; Dreier/Schulze/*Schulze* UrhG § 2 Rn. 15; Wandtke/Bullinger/*Bullinger* UrhG § 2 Rn. 41; DKMH/*Dreyer* UrhG § 2 Rn. 42; *Schack* Rn. 197; *Rehbinder/Peukert* Rn. 192. Vgl. auch zur aktuellen Lage im eur. Recht *Antoine* CR 2019, 1 (mit Bezug auf die anhängige Vorlage in Sachen C-313/18, – Dacom).

– gegebenenfalls bei kooperativen oder interaktiven Gestaltungen auch durch Dritte – geschaffene Züge des Werks unterliegen dem Schutz demgegenüber noch nicht. Andererseits bleibt der Schutz auch für solche schöpferischen Leistungen bestehen, die im späteren Werk nicht mehr zur Ausführung kommen. Wenn auch Vor- und Zwischenstufen später im vollendeten Werk aufgehen, so bleibt ihr Schutz doch dann von Bedeutung, wenn sich die Verletzungshandlung auf die Vor- und Zwischenstufen bezieht oder wenn in den einzelnen Werkstadien unterschiedliche Urheber mitgewirkt haben.[199] Zur Schutzfähigkeit von Ideen vgl. → Rn. 73 ff.

4. Individualität

50   **a) Begriff und Funktion.** Die **Individualität** ist das **zentrale Kriterium** des Werkbegriffs. Aus der Voraussetzung der persönlichen Schöpfung in § 2 Abs. 2 ergibt sich, dass das Werk vom individuellen Geist des Urhebers geprägt sein muss. Die eigene geistige Schöpfung muss sich also als Ergebnis eines individuellen geistigen Schaffens darstellen,[200] es muss eine persönliche Schöpfung von individueller Ausdruckskraft sein.[201]

Dieses Erfordernis wird mit dem Begriff der **Individualität** zum Ausdruck gebracht. Der Begriff der Individualität ist auch zentraler Bestandteil des europäischen Werkbegriffs, was dadurch zum Ausdruck kommt, dass der EuGH für den Begriff der **eigenen geistigen Schöpfung** verlangt, dass in dieser Schöpfung die Persönlichkeit des Urhebers zum Ausdruck kommen muss.[202] Entscheidend ist, dass ein **Gestaltungsspielraum**[203] für **freie, kreative Entscheidungen** genutzt wurde, so dass sich die **Persönlichkeit des Urhebers** ausdrücken kann, wobei – aus systematischen und teleologischen Gründen (insbesondere auch aufgrund bestimmter Freihaltebedürfnisse) – rein **technisch oder funktional geprägte Ideen oder Gestaltungen, Arbeitsaufwand oder bloße Sachkenntnis nicht** als Grundlage urheberrechtlichen Schutzes in Betracht kommen.[204]

In der Sache ist man sich über die Individualität als notwendigen Bestandteil des Werkbegriffs einig. Schwankungen gibt es nur in der deutschen Terminologie, der BGH spricht auch von schöpferischer Eigentümlichkeit,[205] schöpferischer Eigenart[206] oder eigenschöpferischer Prägung,[207] ohne dass dem ein Unterschied in der Sache zukommt.[208] Im Merkmal der Individualität manifestiert sich der Zweck des Urheberrechts, die individuelle geistige oder künstlerische Leistung zu schützen und dem Urheber einen angemessenen Anteil an der Verwertung seiner Werke zu sichern.

51   Die Individualität des Urhebers kann im Werk in sehr unterschiedlichem Maße zutage treten. Sie kann so stark ausgeprägt sein, dass das Werk gewissermaßen den Stempel der Persönlichkeit des Urhebers trägt[209] und es sich aufgrund seiner Stilmerkmale ohne Weiteres seinem Schöpfer zuordnen lässt. Das ist aber für den Urheberrechtsschutz nicht erforderlich;[210] die Individualität kann auch, wie bei der kleinen Münze,[211] auf ein Minimum beschränkt sein. Bei diesem unterschiedlichen Niveau wird im Allgemeinen von **Gestaltungshöhe** gesprochen.[212] Auch hier schwankt die Terminologie; man

---

[199] Vgl. für den Schutz von Vor- und Zwischenstufen bei Computerprogrammen BGH GRUR 1985, 1041 (1047) – Inkasso-Programm.
[200] BGH NJW 1953, 1258 (1260) – Lied der Wildbahn I.
[201] BGH GRUR 1995, 673 (675) – Mauerbilder.
[202] Vgl. → Rn. 4 ff.
[203] Vgl. grdl. und rechtsvergleichend *Strömholm* GRUR-Int 1989, 15 (17 ff.).
[204] Vgl. → Rn. 6. Wie hier *Peifer* AfP 2015, 6 (8 f.).
[205] Vgl. etwa BGH GRUR 2005, 854 (856) – Karten-Grundsubstanz; BGH GRUR 2004, 855 (857) – Hundefigur; BGH GRUR 1998, 916 (917) – Stadtplanwerk; BGH GRUR 1994, 206 (207 f.) – Alcolix; BGH GRUR 1991, 449 (451) – Betriebssystem; BGH GRUR 1987, 704 (705) – Warenzeichenlexika; BGH GRUR 1986, 739 (740) – Anwaltsschriftsatz.
[206] BGH GRUR 1992, 382 (385) – Leitsätze; BGH GRUR 1985, 1041 (1047) – Inkasso-Programm; BGH GRUR 1984, 659 (661) – Ausschreibungsunterlagen; BGH GRUR 1981, 352 (353) – Staatsexamensarbeit.
[207] BGH GRUR 2002, 958 (960) – Technische Lieferbedingungen; BGH GRUR 1993, 34 (36) – Bedienungsanweisung; BGH GRUR 1991, 529 (530) – Explosionszeichnungen; BGH GRUR 1985, 1041 (1047) – Inkasso-Programm.
[208] Sa Dreier/Schulze/*Schulze* UrhG § 2 Rn. 18; Fromm/Nordemann/*A. Nordemann* UrhG § 2 Rn. 22; Büscher/Dittmer/Schiwy/*Obergfell* Kap. 10 UrhG § 2 Rn. 7; *Erdmann* FS v. Gamm, 1990, S. 389 (400); zu Recht krit. zum Begriff der schöpferischen Eigentümlichkeit und entschieden für den Begriff der Individualität als Zentralbegriff *Schack* Rn. 189.
[209] *Ulmer*, Urheber- und Verlagsrecht, § 19 V 2; vgl. EuGH GRUR 2012, 166 Rn. 92, 94 – Painer: „persönliche Note", Persönlichkeit des Autors müsse zum Ausdruck kommen. S. auch die zutr. Lesart von „Painer" bei *Metzger* ZEuP 2017, 836 (851 f.); und unter Hinweis auf die Prägetheorie und die Lehre vom Gestaltungsspielraum bei *Strömholm* GRUR-Int 1989, 15 (17 ff.); für einen Verzicht auf die Prägetheorie *Barudi* S. 185 ff.
[210] Vgl. auch BT-Drs. 13/781, 10; die Prägetheorie gänzlich abl. und mit alternativen (werkbezogenen) Bausteinen für einen einheitlichen Werkbegriff *Barudi* S. 191 ff.
[211] Dazu → Rn. 61 ff.
[212] So etwa BVerfG GRUR 2005, 410 – Laufendes Auge; BGH GRUR 2013, 509 Rn. 24; BGH GRUR 2012, 58 Rn. 31 ff.; BGH GRUR 2008, 984 (986) – St. Gottfried; BGH GRUR 2008, 693 (694 f.) – TV-Total; BGH GRUR 2007, 685 (687) – Gedichttitelliste I; BGH GRUR 2004, 855 (857) – Hundefigur; BGH GRUR 1983, 377 (378) – Brombeer-Muster; KG ZUM-RD 2012, 321; OLG Dresden GRUR-RR 2013, 51 (52 f.); OLG Hamburg ZUM-RD 2013, 121; OLG Köln GRUR-RR 2013, 5 (10); OLG Hamburg ZUM-RD 2012, 664 (665); OLG Jena GRUR-RR 2008, 223 – Thumbnails; OLG Rostock GRUR-RR 2008, 1 (2) – Urheberrechtsschutz von Webseiten; OLG Nürnberg GRUR-RR 2001, 225 (227) – Dienstanweisung; OLG Hamburg GRUR-

spricht auch von Schöpfungshöhe oder Leistungshöhe.[213] Die Gestaltungshöhe gibt an, in welchem Maß die Individualität im Werk ausgeprägt ist, sie beschreibt den **quantitativen Aspekt** der Individualität.[214]

Im Schrifttum ist der **Begriff der Gestaltungshöhe** seit Mitte der neunziger Jahre des vergangenen Jahrhunderts grundsätzlich **in Frage gestellt** worden, jedenfalls für Bereiche außerhalb der angewandten Kunst. Im UrhG finde sich kein Anhaltspunkt für diesen Begriff; von der angewandten Kunst sei er auf andere Werkarten übertragen und unreflektiert zum generellen Schutzfähigkeitsmerkmal erhoben worden. Auf diese Weise habe er das Tor für die Einführung strengerer Schutzanforderungen bei bestimmten Werkarten geöffnet. Dies stehe im Widerspruch zur Fließrichtung der europäischen Harmonisierung, die gerade bei bestimmten gewerblich geprägten Schutzgegenständen eine Voraussetzung besonderer Gestaltungshöhe ausschließe.[215] Daran ist zutreffend, dass der Gestaltungshöhe keine neben der Individualität selbständige schutzbegründende Funktion zukommt; ist Individualität vorhanden, so braucht die **Gestaltungshöhe nicht** mehr als **zusätzliches Element** hinzuzutreten.[216] Die zwischenzeitliche Entwicklung des europäischen Werkbegriffs lässt die diesbezüglich frühe Kritik in der Literatur geradezu als prophetisch erscheinen. **52**

Gleichwohl kann es eine Rolle spielen, in welchem **Ausmaß** die Individualität des Urhebers im Werk zum Ausdruck kommt. Dies ist nämlich nicht nur notwendig, um eine einzelfallbezogene Differenzierung des jeweils konkret vorausgesetzten Maßes an Individualität auszudrücken, da diese Voraussetzung bei unterschiedlichen Werkarten ja weiterhin tatrichterlich durchaus differenziert angewendet werden kann.[217] Es spielt auch insofern eine – sogar wichtigere – Rolle, als Individualität nicht nur als tatbestandliche Voraussetzung des Werkbegriffs schutzbegründend ist und damit schutzfähige Werke von nicht schutzfähigen Gestaltungen abgrenzt, sondern als ihr Grad gleichzeitig den **Schutzumfang im Verletzungsfall** bestimmt. Je stärker die Individualität des Urhebers im Werk vorhanden ist, desto größer ist auch der Schutzumfang.[218] Das zeigt sich auch bei der freien Benutzung: Je ausgeprägter die Individualität des benutzten Werks ist, desto weniger wird es gegenüber dem neugeschaffenen Werk verblassen, umgekehrt wird es umso eher verblassen, je stärker die Individualität des neuen Werks ist.[219] Diese Unterschiede im Grad der im Werk vorhandenen Individualität lassen sich durch den Begriff der Gestaltungshöhe veranschaulichen, der besagt, in welchem Maß ein Werk durch die Individualität seines Urhebers gekennzeichnet ist. Insofern hat die Gestaltungshöhe eine **deskriptive Funktion,** sie beschreibt den **quantitativen Aspekt** der Individualität.[220]

b) Inhalt und Beurteilungskriterien. Durch die Individualität unterscheidet sich das urheberrechtlich geschützte Werk von der nicht geschützten **Masse des Alltäglichen,** des Banalen, der sich im üblichen Rahmen haltenden Erzeugnisse. Die **rein handwerkliche oder routinemäßige Leistung,** mag sie auch noch so solide und fachmännisch erbracht sein, trägt nicht den Stempel der Individualität;[221] auch die reine Fleißarbeit reicht nicht aus.[222] Das bedeutet kein Urteil über die Qualität; auch das schlechte oder kitschige Erzeugnis kann von der Individualität seines Urhebers geprägt sein.[223] Aber was jeder so machen würde oder was von der Sache her vorgegeben ist, ist eben nicht Ergebnis individuellen Schaffens. **53**

Die Individualität kann sich prinzipiell sowohl aus der **Konzeption** des Werks wie aus seiner **Formgestaltung** ergeben. Seine Ausprägung im Einzelnen erfährt dieser Grundsatz bei den einzelnen Werkarten, die jeweils dort unter dem Stichwort der persönlichen geistigen Schöpfung erörtert **54**

RR 2001, 289 (290) – Faxkarte; im Schr. s. etwa Fromm/Nordemann/*A. Nordemann* UrhG § 2 Rn. 30; Dreier/Schulze/*Schulze* UrhG § 2 Rn. 20.

[213] Vgl. etwa BVerfG GRUR 2012, 53 Rn. 84 – Le-Corbusier-Möbel; BGH GRUR 2008, 984 (985 f.) – St. Gottfried; BGH GRUR 2000, 144 (145) – Comic-Übersetzungen II; BGH GRUR 1995, 581 (582) – Silberdistel; OLG Rostock GRUR-RR 2008, 1 – Urheberrechtsschutz von Webseiten; OLG Köln GRUR-RR 2007, 263; KG GRUR-RR 2001, 292 – Bachforelle; *Erdmann/Bornkamm* GRUR 1991, 877 (878).

[214] Fromm/Nordemann/*A. Nordemann* UrhG § 2 Rn. 30; Wandtke/Bullinger/*Bullinger* UrhG § 2 Rn. 23; Büscher/Dittmer/Schiwy/*Obergfell* Kap. 10 UrhG § 2 Rn. 8; *Bullinger/Garbers-von Boehm* GRUR 2008, 24 (28); *A. Nordemann* FS Bornkamm, 2014, S. 895 (896).

[215] *Schricker* FS Kreile, 1994, S. 715; dort auch zur Genese dieses Begriffs; sa *Schricker* GRUR 1996, 815 (817 f.).

[216] Sa mit grds. Kritik auf empirischer Basis *Bisges* GRUR 2015, 540, wobei das von diesem alternativ als ergänzendes Kriterium vorgeschlagene Abstellen auf den Herstellungsaufwand zwar den Vorteil gewisser Verobjektivierbarkeit haben mag, jedoch mit dem urheberrechtlichen Schutzzweck kaum vereinbar erscheint; näher *Bisges* passim.

[217] Vgl. zutr. *Steeneck* FS Büscher, 2018, S. 233 (243 f.). Vgl. → Rn. 182 ff.; zur Rspr., die bisher auch bei nicht rein literarischen Schriftwerken höhere Anforderungen stellt, vgl. → Rn. 59; zur Kritik an dieser Auff. → Rn. 60.

[218] Näher → Rn. 93; zum eur. Hintergrund vgl. → Rn. 16.

[219] Dazu → § 24 Rn. 10. Zur Zulässigkeit der Doktrin freier Benutzung vor dem Hintergrund des eur. Werkbegriffs vgl. → Rn. 16 ff.

[220] Fromm/Nordemann/*A. Nordemann* UrhG § 2 Rn. 30; Wandtke/Bullinger/*Bullinger* UrhG § 2 Rn. 23; Rehbinder/Peukert Rn. 201; *Bullinger/Garbers-von Boehm* GRUR 2008, 24 (28).

[221] BGH GRUR 1993, 34 (36) – Bedienungsanweisung; BGH GRUR 1991, 449 (452) – Betriebssystem; BGH GRUR 1986, 739 (741) – Anwaltsschriftsatz; BGH GRUR 1991, 529 (530) – Explosionszeichnungen; BGH GRUR 1981, 267 (268) – Dirlada; OLG München GRUR 2008, 337 – Presserechtliches Warnschreiben; OLG Rostock GRUR-RR 2008, 1 (2) – Urheberrechtsschutz von Webseiten; Fromm/Nordemann/*A. Nordemann* UrhG § 2 Rn. 24; *Schack* Rn. 193. → Rn. 6 zu den Grdl. im eur. Recht.

[222] OLG Hamburg ZUM 1989, 43 (45) – Gelbe Seiten; → Rn. 6 zu den Grdl. im eur. Recht.

[223] OLG München GRUR-RR 2002, 281 – Conti; vgl. näher → Rn. 67.

werden.[224] Es ist jedoch nicht nur auf einzelne Gestaltungsmerkmale abzustellen, sondern es bedarf stets einer sorgfältigen **zusammenfassenden Beurteilung aller gestalterischen Elemente.**[225] Es ist immer das konkrete Werk auf seine Qualifikation als persönliche geistige Schöpfung hin zu überprüfen; eine bestimmte Werkart als solche ist – selbst wenn sie als eine neue Art entwickelt würde – nie urheberrechtsschutzfähig.[226] Die Beurteilung bemisst sich nach dem Urteil der für die jeweilige Gestaltungsart **einigermaßen vertrauten und aufgeschlossenen Verkehrskreise.**[227] Maßgeblicher **Zeitpunkt** für diese Beurteilung sind die Verhältnisse zur Zeit der Schöpfung des Werkes.[228]

55   Bei der Feststellung, ob die Schutzvoraussetzungen bei einer Gestaltung vorliegen, sind zwar die einzelnen gestalterischen Elemente daraufhin zu würdigen, ob sie zur Individualität der Gestaltung beitragen. Entscheidend bleibt jedoch der **Gesamteindruck** der Gestaltung.[229] Auch wenn die einzelnen Elemente für sich gesehen nur eine geringe Individualität aufweisen, kann sich aus dem Gesamteindruck, der auf dem Zusammenspiel der verschiedenen Elemente beruht, eine ausreichende Individualität ergeben.[230] Es kann daher zB bei Werken der angewandten Kunst fehlerhaft sein, nicht auf den ästhetischen Gesamteindruck abzustellen, sondern eine getrennte Betrachtung nach Formgestalt und Material vorzunehmen.[231]

56   Das Vorhandensein von Individualität setzt voraus, dass beim Werkschaffen **Spielraum für die Entfaltung persönlicher Züge** besteht.[232] Was bereits **literarisches oder künstlerisches Gemeingut** ist, kann nicht mehr den Stempel der Individualität tragen. Aber auch wo sich Gestaltung oder Darstellung bereits aus der **Natur der Sache** ergeben oder durch Gesetze der **Zweckmäßigkeit** oder der **Logik** oder durch – auch technische – **Notwendigkeiten** vorgegeben sind, ist individuelles Schaffen nicht möglich.[233] Auch wo eine Gestaltung aus zwar frei wählbaren oder austauschbaren, aber durch ihren technischen Zweck (mit) geprägten Merkmalen besteht, und insofern eine kreative Leistung nicht erkennen lässt, scheidet Urheberrechtsschutz aus.[234] Das gilt auch für die Verwendung einer bestimmten **Fachterminologie** oder eines bestimmten Aufbaus bei Sprachwerken. Sind eine bestimmte Ausdrucksweise oder ein bestimmter Aufbau durch Üblichkeit oder Zweckmäßigkeit vorgegeben, so kann deren Verwendung nicht Ausdruck von Individualität sein.[235] In anderen Fällen kann der Raum für die Entfaltung individuellen Schaffens stark eingeschränkt sein, etwa bei der Abfassung alphabetisch geordneter Verzeichnisse,[236] bei Fahrplänen oder bei Kartenwerken.[237] Im Bereich der angewandten Kunst kann der Raum für individuelle Gestaltung durch technische Erfordernisse eingeengt sein, beispielsweise bei der Gestaltung von Büromöbeln durch technische und ergonomische Anforderungen[238] oder bei Kinderklettergerüsten durch technische Vorgaben.[239] Soweit kein Raum für individuelles Schaffen besteht, stellt eine Benutzung durch Dritte auch keine Urheberrechtsverletzung dar.[240]

57   Umgekehrt können die **Anforderungen** an Individualität und Gestaltungshöhe **niedriger** anzusetzen sein, wenn der **Spielraum für eine individuelle Gestaltung sehr eng** und individuelles

---

[224] Vgl. → Rn. 94 ff.
[225] BGH GRUR 1990, 669 (673) – Bibelreproduktion; Dreier/Schulze/*Schulze* UrhG § 2 Rn. 57, 67.
[226] BGH GRUR 1991, 529 (530) – Explosionszeichnungen; *Rehbinder/Peukert* Rn. 182.
[227] BGH GRUR 2014, 175 Rn. 15 – Geburtstagszug; BGH GRUR 2012, 58 Rn. 17 – Seilzirkus; BGH GRUR 2011, 803 Rn. 31 – Lernspiele; BGH GRUR 1987, 903 (904) – Le-Corbusier-Möbel; BGH GRUR 1983, 377 (378) – Brombeer-Muster; BGH GRUR 1981, 267 (268) – Dirlada; Dreier/Schulze/*Schulze* UrhG § 2 Rn. 58; *Erdmann* FS v. Gamm, 1990, S. 389 (400) mwN.
[228] BGH GRUR 1987, 903 (905) – Le Corbusier-Möbel; BGH GRUR 1961, 635 (638) – Stahlrohrstuhl.
[229] Vgl. für Sprachwerke BGH GRUR 1993, 34 (36) – Bedienungsanweisung; BGH GRUR 1986, 739 (740) – Anwaltsschriftsatz; für Werke der Musik BGH GRUR 1991, 533 (535) – Brown Girl II; BGH GRUR 1981, 267 (268) – Dirlada; BGH GRUR 1968, 321 (325) – Haselnuß; für Werke der bildenden Künste BGH GRUR 2004, 855 (856) – Hundefigur; BGH GRUR 1952, 516 (517) – Hummelfiguren I; für Bauwerke BGH GRUR 1989, 416 – Bauaußenkante; für Werke der angewandten Kunst BGH GRUR 1995, 581 (582) – Silberdistel; BGH GRUR 1981, 820 (822) – Stahlrohrstuhl II; für Darstellungen wissenschaftlicher oder technischer Art BGH GRUR 1998, 916 (918) – Stadtplanwerk; OLG Hamburg ZUM-RD 2013, 428 (433 f.); OLG Nürnberg GRUR-RR 2001, 225 (226) – Dienstanweisung; im Schr. – für alle Werkarten – Dreier/Schulze/*Schulze* UrhG § 2 Rn. 57, 67; Büscher/Dittmer/*Obergfell* Kap. 10 UrhG § 2 Rn. 7; wohl einschränkend Fromm/Nordemann/*A. Nordemann* UrhG § 2 Rn. 237.
[230] BGH GRUR 1991, 533 (535) – Brown Girl II.
[231] BGH GRUR 1988, 690 (692) – Kristallfiguren.
[232] EuGH GRUR 2012, 166 Rn. 89 ff. – Painer; BGH GRUR 2014, 175 Rn. 41 – Geburtstagszug.
[233] EuGH GRUR 2011, 220 Rn. 48 ff. – BSA/Kulturministerium; EuGH GRUR 2012, 1245 Rn. 42 – Football Dataco; BGH GRUR 2012, 58 Rn. 19 ff. – Seilzirkus; OLG Frankfurt a. M. MMR 2003, 45 (46) – IMS Health; LG Stuttgart ZUM-RD 2011, 649 (651); *Rehbinder/Peukert* Rn. 204; *Schricker* GRUR 1991, 563 (567).
[234] BGH GRUR 2012, 58 Rn. 30 – Seilzirkus.
[235] BGH GRUR 1981, 352 (353) – Staatsexamensarbeit; BGH GRUR 1984, 659 (661) – Ausschreibungsunterlagen; BGH GRUR 1986, 739 (741) – Anwaltsschriftsatz; zum Schutz wissenschaftlicher Werke vgl. auch → Rn. 82 ff.; vgl. diff. zum Schutz von AGB *Zurth/McColgan* ZUM 2018, 762 (764 f.).
[236] Vgl. zB BGH GRUR 1999, 923 (924) – Tele-Info-CD.
[237] BGH GRUR 1987, 360 (361) – Werbepläne; BGH GRUR 1965, 45 – Stadtplan.
[238] BGH GRUR 1982, 305 (307) – Büromöbelprogramm.
[239] BGH GRUR 2012, 58 – Seilzirkus.
[240] BGH GRUR 1961, 631 (633) – Fernsprechbuch; BGH GRUR 1965, 45 (47) – Stadtplan; BGH GRUR 1981, 267 – Dirlada.

Schaffen deshalb besonders schwierig ist, beispielsweise bei Bearbeitungen, bei denen eine enge An-lehnung an Gliederung und Formulierung des Originaltextes sachlich geboten ist,[241] bei der Formu-lierung von Leitsätzen zu juristischen Entscheidungen, die eine enge Anlehnung an die Entscheidung verlangen[242] oder bei Karten und Stadtplänen, die gleichfalls nur wenig Raum für individuelle Gestal-tung lassen.[243] Dieser Gesichtspunkt spielt vor allem für die Individualität bei Darstellungen wissen-schaftlicher oder technischer Art eine Rolle,[244] ansonsten werden solche Fälle eher die Ausnahme bilden. Zum Einfluss der niedrigeren Gestaltungshöhe auf den Schutzumfang vgl. → Rn. 93.

Kummers Mindermeinung, nach der Individualität als **statistische Einmaligkeit** zu verstehen **58** ist,[245] wird von der heute ganz hM abgelehnt.[246]

c) Schutzuntergrenze. Das für Urheberrechtsschutz erforderliche Maß an Individualität ist viel- **59** fach unterschiedlich hoch angesetzt worden. Die Rechtsprechung hat bei bestimmten Werkarten ein **höheres, das durchschnittliche Werkschaffen deutlich überragendes Schutzniveau** verlangt. Das gilt seit der Geburtstagszug-Entscheidung[247] zwar nicht mehr für Werke der angewandten Kunst,[248] jedenfalls bisher aber möglicherweise noch für **Schriftwerke, die keine rein literarischen Werke**[249] sind, sondern einem praktischen Gebrauchszweck dienen.[250]

So hat der BGH in seiner **älteren Rechtsprechung** beispielsweise bei Bedienungsanleitungen,[251] Anwaltsschriftsätzen,[252] Lexika[253] und Ausschreibungsunterlagen[254] die Schutzuntergrenze höher an-gesetzt. Die instanzgerichtliche Rechtsprechung ist dem gefolgt.[255] Bei einem Lehrplan für sozialthe-rapeutische Fortbildungskurse und bei juristischen Leitsätzen wurden dagegen diese Anforderungen nicht aufgestellt.[256] Dabei geht der BGH so vor, dass er im Rahmen eines Gesamtvergleichs mit dem Vorbekannten eine graduelle Abstufung vornimmt. Danach sollen die Durchschnittsgestaltung, das rein Handwerksmäßige, Alltägliche und Banale außerhalb jeder Schutzfähigkeit liegen. Es soll aber noch nicht das bloße Überragen des rein Handwerklichen und Alltäglichen ausreichen, sondern die untere Grenze der Urheberrechtsschutzfähigkeit soll erst in einem erheblichen weiteren Abstand begin-nen; sie soll ein **deutliches Überragen** der Gestaltungstätigkeit gegenüber der Durchschnittsgestal-tung erfordern.[257] Zur **Begründung** ist vor allem darauf hingewiesen worden, dass höhere Anforde-rungen gestellt werden müssten, weil – ebenso wie im Bereich der angewandten Kunst – hier ein weiter Bereich von Formen liege, die jedem zugänglich bleiben müssten.[258]

Im Schrifttum ist diese Rechtsprechung auf vielfältige **Kritik** gestoßen.[259] Im Wesentlichen läuft die Kritik darauf hinaus, dass bei einer höheren Schutzuntergrenze für nicht rein literarische Werke zahlreiche Gestaltungen schutzlos bleiben würden, die aus rechtlichen und wirtschaftlichen Überle-gungen Schutz verdienen. Dem ist zu folgen. Warum einem praktischen Gebrauchszweck dienende Schriftwerke schutzlos bleiben sollen, wenn sie das Niveau des Vorbekannten nicht deutlich überra-gen, literarische Werke hingegen nicht, ist schwer einzusehen. Das Argument, dass höhere Anforde-rungen gestellt werden müssten, weil hier ein weiter Bereich von Formen liege, die jedem zugänglich

---

[241] BGH GRUR 1981, 520 (521 f.) – Fragensammlung.

[242] BGH GRUR 1992, 382 (385) – Leitsätze.

[243] BGH GRUR 2005, 854 (856) – Karten-Grundsubstanz; vgl. auch → Rn. 240.

[244] Vgl. BGH ZUM-RD 2011, 457 (463) – Lernspiele.

[245] *Kummer* S. 30 ff.

[246] Vgl. etwa Fromm/Nordemann/*A. Nordemann* UrhG § 2 Rn. 29; Dreier/Schulze/*Schulze* UrhG § 2 Rn. 20; *Schack* Rn. 190. Näher → 5. Aufl. 2017, Rn. 58 mwN.

[247] BGH GRUR 2014, 175 – Geburtstagszug.

[248] Dazu näher → Rn. 182 ff.; zum Hintergrund im eur. Recht → Rn. 12 ff.

[249] Zu rein literarischen Werken vgl. BGH GRUR 2000, 144 (145) – Comic-Übersetzungen II.

[250] Für Computerprogramme und Lichtbildwerke hatte der BGH die höheren Schutzuntergrenzen schon früher angesichts der europäischen Richtlinien aufgegeben, vgl. zu Computerprogrammen BGH GRUR 1994, 39 – Buchhaltungsprogramm; zu Lichtbildwerken BGH GRUR 2000, 317 – Werbefotos.

[251] BGH GRUR 1993, 34 (36) – Bedienungsanweisung.

[252] BGH GRUR 1986, 739 (740 f.) – Anwaltsschriftsatz.

[253] BGH GRUR 1987, 704 (706) – Warenzeichenlexika.

[254] BGH GRUR 1984, 659 (661) – Ausschreibungsunterlagen.

[255] Vgl. etwa OLG Düsseldorf ZUM-RD 2015, 95 (97); KG ZUM 2011, 566; OLG Stuttgart GRUR-RR 2010, 369 f.; OLG Brandenburg GRUR-RR 2010, 273 – Dienstleistungsvertrag.

[256] BGH GRUR 1991, 130 (133) – Themenkatalog; BGH GRUR 1992, 382 (385) – Leitsätze.

[257] BGH GRUR 1985, 1041 (1047 f.) – Inkasso-Programm; BGH GRUR 1986, 739 (740 f.) – Anwaltsschrift-satz; BGH GRUR 1987, 704 (706) – Warenzeichenlexika; BGH GRUR 1991, 449 (450, 452) – Betriebssystem; BGH GRUR 1993, 34 (36) – Bedienungsanweisung; BGH GRUR 1998, 916 (918) – Stadtplanwerk; ferner OLG Düsseldorf ZUM-RD 2015, 95 (97); OLG München GRUR 2008, 337 – Presserechtliches Warnschreiben; OLG Düsseldorf NJOZ 2002, 2456; aus dem Schr. vgl. va *Erdmann/Bornkamm* GRUR 1991, 877 (878); *Erdmann* FS v. Gamm, 1990, S. 389 (400 f.).

[258] *Erdmann* FS v. Gamm, 1990, S. 389 (400 f.).

[259] Vgl. insbes. *Schricker* FS GRUR, 1991, S. 1095 Rn. 31 ff.; Fromm/Nordemann/*A. Nordemann* UrhG § 2 Rn. 64; Loewenheim/*A. Nordemann* § 9 Rn. 22 ff.; *Haberstumpf* FS GRUR, 1991, S. 1125 Rn. 29 ff.; *Loewenheim* GRUR-Int 2004, 765; *Katzenberger* GRUR 1990, 94 (99 f.); zul. mit der Forderung nach Übertragung der Entsch. „Geburtstagszug" auch auf Sprachwerke mit Gebrauchszweck (und daraus bemerkenswerterweise abgeleiteter *Erhö-hung* der Schutzuntergrenze in diesem Bereich) *Peifer* AfP 2015, 6 (8 f.).; demgegenüber wollen *Zurth/McColgan* ZUM 2018, 762 (766) für die Gewährung urheberrechtlichen Schutzes nach einzeln zu analysierenden Märkten differenzieren.

bleiben müssten, hat bei Sprachwerken wenig Überzeugungskraft. Auch bei Sprachwerken, die einem praktischen Gebrauchszweck dienen, ist die Formenvielfalt der Sprache so reich, dass die Gefahr einer Monopolisierung kaum besteht. Wo es aber um einen bestimmten Aufbau oder den Gebrauch einer bestimmten Fachterminologie geht, wird dem bereits durch den Grundsatz Rechnung getragen, dass sich Individualität dort nicht entfalten kann, wo ein solcher Aufbau oder eine solche Terminologie üblich oder zweckmäßig sind.

60 Insgesamt sind unterschiedliche Schutzuntergrenzen für die verschiedenen Werkarten daher abzulehnen. Das entscheidende **Argument für eine einheitliche Schutzuntergrenze** bildet die **europäische Urheberrechtsentwicklung.** Aufgrund der europäischen Rechtsentwicklung gilt richtigerweise bereits heute eine **einheitliche Schutzuntergrenze auch im deutschen Recht.**[260]

Der europäischen Entwicklung folgend hat der BGH seine früher aufgestellten Grundsätze, nach denen eine besondere Gestaltungshöhe in einem deutlichen Überragen über die durchschnittliche Gestaltungstätigkeit zum Ausdruck kommen müsse,[261] nach Inkrafttreten der europäischen Richtlinien jedenfalls für Computerprogramme und Lichtbildwerke[262] und nunmehr auch für Werke der angewandten Kunst[263] aufgegeben. Für den Bereich der Gebrauchszwecken dienenden Sprachwerke lässt sich die **Perlentaucher-Entscheidung** durchaus so lesen, dass an einer abweichenden Schutzuntergrenze im Sinne eines deutlichen Überragens durchschnittlicher Gestaltungen auch vom BGH nicht länger festgehalten und stattdessen – zutreffend – auf einfache **Individualität** abgestellt wird.[264] Auch die **instanzgerichtliche Rechtsprechung** weist seitdem in diese Richtung, wobei dieser Trend derzeit noch nicht als vollständig gesichert angesehen werden kann.[265] Entsprechend mehren sich auch im Schrifttum die Stimmen, die die Untergrenze der Schutzfähigkeit bei allen Werkarten in gleicher Höhe ansetzen wollen.[266]

Nachdem die europäische Entwicklung alternativlos in Richtung einer **einheitlichen Schutzuntergrenze** weist,[267] sind demnach notwendige Freihaltebedürfnisse – bei sämtlichen Werkarten und damit auch bei Gebrauchszwecken dienenden Sprachwerken – zutreffend nicht länger im Rahmen einer Prüfung der Überdurchschnittlichkeit der Gestaltung zu berücksichtigen, sondern vielmehr systematisch genauer nunmehr über den **Schutzausschluss für rein technisch, funktional oder sonst sachzweckbestimmte Gestaltungselemente,** die allein auf Sachkenntnis und Arbeitsaufwand beruhen. Dies lässt auch weiter Raum für die notwendigen tatrichterlichen Differenzierungen[268] und muss insofern durchaus nicht stets zu einer Erweiterung des Schutzes führen; vielmehr wird die urheberrechtliche Abbildung notwendiger Freihaltebedürfnisse gleichsam nur systematisch verlagert und dadurch terminologisch präzisiert, was insbesondere bei Gebrauchszwecken dienenden Sprachwerken aufgrund des **Ausschlusses funktional sachzweckbestimmter Gestaltungselemente** im Einzelfall auch zu strengeren Voraussetzungen führen kann, als der vormalige Maßstab einer besonderen, überdurchschnittlichen Gestaltungshöhe.[269]

61 **d) Schutz der kleinen Münze.** An der untersten Grenze der Schutzfähigkeit liegt die sog. kleine Münze.[270] Der auf *Elster*[271] zurückgehende Begriff, unter dem man diejenigen Gestaltungen versteht, die bei einem Minimum an Gestaltungshöhe **gerade noch urheberrechtsschutzfähig** sind, also einfache, aber soeben noch geschützte geistige Schöpfungen,[272] hat heute angesichts der europäischen Entwicklung zur einheitlichen Schutzuntergrenze nach der hier vertretenen Auffassung praktisch nur noch **historische Bedeutung.** Anders als bei den Gebrauchszwecken dienenden Sprachwerken (und früher im Bereich der angewandten Kunst) hat die Rechtsprechung die „kleine Münze" ua im Be-

---

[260] → Rn. 6 ff., → Rn. 22 ff. mwN; spezifisch hins. der Übertragung der einheitlichen Schutzuntergrenze aus der Entscheidung „Geburtstagszug" auch auf Gebrauchszwecken dienende Sprachwerke sa *Peifer* AfP 2015, 6 (8 f.).

[261] Vgl. insbes. BGH GRUR 1985, 1041 (1048) – Inkassoprogramm.

[262] BGH GRUR 1999, 39 – Buchhaltungsprogramm; BGH GRUR 2000, 317 (318) – Werbefotos; weitergehend für wissenschaftliche Werke OLG Nürnberg GRUR-RR 2001, 225 (226) – Dienstanweisung; anders noch OLG Köln GRUR 2000, 1022 (1023) – Technische Regelwerke.

[263] BGH GRUR 2014, 175 – Geburtstagszug.

[264] BGH GRUR 2011, 134 Rn. 54 – Perlentaucher.

[265] Die Nachw. in → Rn. 22 ff.

[266] Dreier/Schulze/*Schulze* UrhG § 2 Rn. 32 (unter Berücksichtigung der Eigenart der jeweiligen Werkarten); Fromm/Nordemann/*A. Nordemann* UrhG § 2 Rn. 31; Wandtke/Bullinger/*Bullinger* UrhG § 2 Rn. 97 für Werke der angewandten Kunst; Büscher/Dittmer/Schiwy/*Obergfell* Kap. 10 UrhG § 2 Rn. 8; für die Übertragung auf Sprachwerke auch *Peifer* AfP 2015, 6 (8 f.); *Rauer/Ettig* K&R 2015, 452; zu den eur. Grdl. → Rn. 4 ff., → Rn. 22 ff.; zur älteren Lit. die Nachw. → 5. Aufl. 2017, Rn. 60.

[267] → Rn. 4 ff. mwN.

[268] Vgl. für den Bereich der angewandten Kunst, wo aufgrund des „Geburtstagszug"-Urteils nunmehr bereits der einheitliche Maßstab der Individualität gilt, zutr. *Steeneck* FS Büscher, 2018, S. 233 (235 ff.); für den Bereich der Sprachwerke mit Gebrauchszweck (am konkreten Bsp. der AGB) insoweit zutr. auch *Zurth/McColgan* ZUM 2018, 762 (764 f.).

[269] *Peifer* AfP 2015, 6 (8 f.).

[270] S. mit einem kurzen, aber grdl. Beitrag zum aktuellen Stand der Debatte um die kleine Münze *Peifer* FS Schulze, 2017, S. 23; vgl. auch *Bisges* S. 95 ff. mit einer ökonomisch-theoretischen Analyse.

[271] *Elster,* Gewerblicher Rechtsschutz, 1921, S. 40.

[272] BGH GRUR 1995, 581 (582) – Silberdistel; BGH GRUR 1981, 267 (268) – Dirlada; KG ZUM-RD 2012, 321 (323) – Dokumentaufnahmen; OLG Hamburg GRUR-RR 2010, 409 (410) – Konzertfilm; vgl. zum Begriff auch *G. Schulze* S. 1 f.

reich der Musikwerke, der Computerprogramme, Lichtbild-, Datenbank-[273] und Sammelwerke (wie Kataloge und Preislisten, Sammlungen von Kochrezepten etc) sowie der wissenschaftlich-technischen Darstellungen stets ausdrücklich anerkannt; uneinheitlich ist die Rechtsprechung allerdings bei Werken der Baukunst geblieben, wo vereinzelt höhere Anforderungen gestellt wurden.[274] In einzelnen der vormalig strengeren Urteile – insbesondere bei Schriftwerken zu Gebrauchszwecken – waren es aber wohl teilweise eher spezifische Freihaltebedürfnisse, die aus unterschiedlichen Gründen nicht im Rahmen des Schrankensystems erfasst waren, und so im Einzelfall zur Anlegung strengerer Maßstäbe verführt haben.

Der Schutz der kleinen Münze wurde ganz überwiegend auch im **Schrifttum** anerkannt, wenngleich dies zum Teil auch mit deutlich restriktiven, allerdings auch mit extensiven Tendenzen geschieht.[275] Gleichwohl ist am Schutz der kleinen Münze immer wieder **Kritik** laut geworden. Man will zwar die Gegenstände der kleinen Münze nicht schutzlos lassen, meint aber, dieser Schutz solle von anderen Rechtsgebieten, vornehmlich vom Wettbewerbsrecht oder von einem de lege ferenda zu schaffenden Leistungsschutzrecht übernommen werden.[276] **62**

Trotz dieser Kritik ist **am Schutz der kleinen Münze durch das Urheberrecht festzuhalten.** Dafür spricht nicht nur die Absicht des Gesetzgebers,[277] sondern vor allem auch zwingend die europäische Rechtsentwicklung.[278] Ebenso zu berücksichtigen ist aber das auch von den Kritikern anerkannte Schutzbedürfnis für Gestaltungen bescheidenen Niveaus, dem durch einen – in der lauterkeitsrechtlichen Rechtsprechung zunehmend eindeutig auf die Sonderfälle des § 4 Nr. 3 UWG reduzierten[279] – Lauterkeitsschutz nicht ausreichend Rechnung getragen würde und für das ein Sonderrechtsschutz nicht in Sicht ist.[280] Wenn die Rechtsprechung, besonders die des Reichsgerichts, in der Schutzgewährung verschiedentlich zu großzügig gewesen ist, sollten Korrekturen nunmehr auf der **Grundlage des europäischen Werkbegriffs mit seinem Ausschluss technischer, funktionaler und sachzweckorientierter Gestaltungen im Einzelfall** und insbesondere insoweit auch **beim Schutzumfang** ansetzen, nicht aber den Urheberrechtsschutz der kleinen Münze zur Gänze verneinen.[281] **63**

III. Unerhebliche Merkmale

1. Neuheit

Auf die **objektive Neuheit** der Gestaltung kommt es urheberrechtlich grundsätzlich nicht an.[282] Das Urheberrecht schützt nicht das neue Ergebnis, sondern das individuelle Schaffen; § 2 Abs. 2 UrhG stellt im Gegensatz zu § 2 Abs. 1 DesignG die Neuheit gerade nicht als Schutzvoraussetzung auf. Für den Urheber muss es sich bei seinem Schaffen allerdings um etwas Neues handeln, er darf eine etwa schon vorhandene Gestaltungsform nicht kennen. Anderenfalls würde keine individuelle Schöpfung vorliegen; was jemand von anderer Seite übernimmt, kann nicht Ausdruck seines individuellen Geistes sein. Insofern spricht man davon, dass **subjektive Neuheit** erforderlich ist.[283] Dabei spielt es keine Rolle, ob die Übernahme bewusst oder unbewusst erfolgt, auch die unbewusste Verwendung fremden Geistesgutes ist nicht Ausdruck eigener Individualität.[284] **64**

---

[273] Hier ist die Schutzvoraussetzung einfacher Individualität ohnedies ausdr. in Art. 1 Abs. 3 Software-RL, Art. 6 Schutzdauer-RL und Art. 3 Abs. 1 Datenbank-RL festgelegt. Zum Ganzen → Rn. 3 ff.

[274] Für Nachw. zur Entwicklung der Rspr. → 5. Aufl. 2017, Rn. 61 ff. Im Übrigen noch iRd Darst. der einzelnen Werkarten → Rn. 94 ff.

[275] Dreier/Schulze/*Schulze* UrhG § 2 Rn. 4; Fromm/Nordemann/*A. Nordemann* UrhG § 2 Rn. 34; Büscher/Dittmer/Schiwy/*Obergfell* Kap. 10 UrhG § 2 Rn. 7; eing. Übersicht bei *G. Schulze* S. 62 ff.; *Thoms,* Der Urheberrechtliche Schutz der kleinen Münze, 1980, S. 117 ff.; *König* S. 344 ff.; im Anschluss an *Schulzes* Vorarbeiten zu den heutigen Abgrenzungsproblemen auf Grdl. der (neuen?) Zentralbegriffe der Individualität und Gestaltungsfreiheit *Peifer* FS Schulze, 2017, S. 23 (27 ff.); vgl. mit einem grds. abw. Ansatz zur Abgrenzung *Bisges* GRUR 2015, 540; ausführlicher *Bisges* S. 63 ff.

[276] Vgl. insbes. *Schack* Rn. 292 ff.; *Rehbinder/Peukert* Rn. 201; *G. Schulze* Rn. 283 ff.; *G. Schulze* GRUR 1987, 769; *Thoms,* Der Urheberrechtliche Schutz der kleinen Münze, 1980, S. 316 ff.; *Köhn* ZUM 1994, 278 (285 ff.); *Knöbl* S. 159 ff., 308 ff.; einschränkend auch *Schraube* UFITA 61 (1971), 127 (141 ff.); *Hanser-Strecke,* Das Plagiat in der Musik, 1968, S. 46 ff.; *Dietrich/Szalai* DZWiR 2014, 158; *Szalai* ZUM 2014, 231 (232 f.).

[277] Vgl. → Rn. 61.

[278] Vgl. → Rn. 4 ff.

[279] Vgl. statt aller zur Überbl. zur Rechtsprechungsentwicklung bei *Büscher* GRUR 2018, 1 ff.

[280] Näher dazu *Loewenheim* GRUR 1987, 761 (764 ff.); vgl. auch *Schricker* FS GRUR, 1991, S. 1095 Rn. 27.

[281] Vgl. zutr. BGH GRUR 2014, 175 Rn. 41 – Geburtstagszug mwN.

[282] BGH GRUR 1982, 305 (307) – Büromöbelprogramm; BGH GRUR 1979, 332 (336) – Brombeerleuchte; Fromm/Nordemann/*A. Nordemann* UrhG § 2 Rn. 26; Dreier/Schulze/*Schulze* UrhG § 2 Rn. 17; Wandtke/Bullinger/*Bullinger* UrhG § 2 Rn. 22; DKMH/*Dreyer* UrhG § 2 Rn. 82; Büscher/Dittmer/Schiwy/*Obergfell* Kap. 10 UrhG § 2 Rn. 12; *Schack* Rn. 189; *Rehbinder/Peukert* Rn. 212.

[283] Fromm/Nordemann/*A. Nordemann* UrhG § 2 Rn. 26; Büscher/Dittmer/Schiwy/*Obergfell* Kap. 10 UrhG § 2 Rn. 12; *G. Schulze* GRUR 1984, 400 (410).

[284] BGH GRUR 1971, 266 (268) – Magdalenenarie; BGH GRUR 1988, 810 (811) – Fantasy; BGH GRUR 1988, 812 (813 f.) – Ein bißchen Frieden (dort auch zur Reichweite des diesbzgl. Anscheinsbeweises für eine Entnahme).

65   Dies bedeutet allerdings nicht, dass alles, was für den Urheber subjektiv neu ist, auch schutzfähig wäre. Die **Verwendung literarischen und künstlerischen Gemeinguts**[285] ist nicht schutzfähig, selbst wenn es im Einzelfall dem Nachschaffenden unbekannt gewesen sein sollte. Die Rechtsprechung geht davon aus, dass zwischen Neuheit und schöpferischer Eigentümlichkeit insofern eine gewisse Relation besteht, als einer objektiv vorbekannten Gestaltung keine schöpferische Eigentümlichkeit zuerkannt werden kann.[286] Möglich, wenn auch selten, bleibt aber die sog. **Doppelschöpfung,** bei der ein Urheber ein bereits bestehendes Werk ein zweites Mal schafft, ohne bewusst oder unbewusst auf das erste Werk zurückzugreifen.[287] In einem solchen Fall beruht die Zweitschöpfung auf der Individualität des Zweitschöpfers; sie wird, wenn auch nicht gegenüber dem Erstschöpfer, urheberrechtlich geschützt und stellt gegenüber dem Erstschöpfer keine Urheberrechtsverletzung dar.[288]

2. Zweck der Gestaltung

66   Unerheblich ist, ob das Werk zu einem Zweck bestimmt ist bzw. zu welchem Zweck es bestimmt ist. Das Urheberrecht ist **zweckneutral.**[289] Insbesondere kommt es, wie schon die Einbeziehung der angewandten Kunst in Abs. 1 Nr. 4 zeigt, nicht darauf an, ob das Werk neben dem künstlerischen Zweck einem **Gebrauchszweck** dient.[290] Auch auf die **gewerbliche Verwertbarkeit** eines Werks kommt es nicht an.[291] Ebenso wenig spielt es eine Rolle, ob bzw. für welche **Adressaten** ein Werk bestimmt ist. Auch Tagebücher, in denen man eigene Empfindungen und Erlebnisse festhalten will, ohne dass sie von anderen gelesen werden sollen, können urheberrechtlich geschützte Werke sein.[292]

3. Qualität und Quantität

67   Unerheblich für die Werkeigenschaft ist ferner die **literarische, künstlerische oder wissenschaftliche Qualität** einer Gestaltung.[293] Das Gesetz schützt das individuelle geistige Schaffen und stellt nicht die Frage, ob das Ergebnis von gutem oder von schlechtem Geschmack zeugt. Das bedeutet allerdings nicht, dass im Urheberrecht auf jedes Werturteil zu verzichten wäre. In Grenzbereichen, insbesondere bei der kleinen Münze,[294] ist eine wertende Beurteilung erforderlich, die danach fragt, welches Maß an schöpferischer Leistung in der Gestaltung zum Ausdruck gekommen ist.[295] Ebenso stellt bei der angewandten Kunst die Rechtsprechung eine Wertung an, wenn sie (weiterhin) davon ausgeht, dass der ästhetische Gehalt einen solchen Grad erreicht haben muss, dass nach Auffassung der für Kunst empfänglichen und mit Kunstanschauungen einigermaßen vertrauten Kreise von einer künstlerischen Leistung gesprochen werden kann.[296] In diesen Fällen geht es aber nicht um eine Bewertung der literarischen oder künstlerischen Qualität, sondern um die Frage, ob die für die Bejahung von **Individualität** erforderliche Gestaltungshöhe erreicht worden ist.

68   Grundsätzlich spielt auch der **quantitative Umfang** eines Werkes keine Rolle.[297] Auch kürzeste Gebilde können schutzfähig sein, etwa ein aus wenigen Zeilen bestehendes Gedicht. So kann beispielsweise auch ein relativ kurzer Werbetext geschützt sein.[298] Schutz wurde auch dem Zitat „Mögen hätte ich schon wollen, aber dürfen habe ich mich nicht getraut" von Karl Valentin zuerkannt.[299] In ähnliche tendenziell schutzerweiternde Richtung weisen zuletzt – nach dem **EuGH Infopaq-Urteil** – auch Teile der instanzgerichtlichen Rechtsprechung.[300] Eine Untergrenze ergibt sich aber jedenfalls

---

[285] Vgl. dazu auch → § 24 Rn. 6 ff.

[286] BGH GRUR 1982, 305 (307) – Büromöbelprogramm; BGH GRUR 1983, 377 (378) – Brombeer-Muster.

[287] Vgl. zur Beweislast bei Doppelschöpfungen (Anscheinsbeweis gegen denjenigen, der sich auf eine Doppelschöpfung beruft) BGH GRUR 1988, 812 (813 f.) – Ein bißchen Frieden; vgl. OGH (Österreich) GRUR-Int 2017, 1087 – Werbekampagne.

[288] Näher dazu → § 23 Rn. 34 ff.

[289] Fromm/Nordemann/*A. Nordemann* UrhG § 2 Rn. 13; Wandtke/Bullinger/*Bullinger* UrhG § 2 Rn. 29; Büscher/Dittmer/Schiwy/*Obergfell* Kap. 10 UrhG § 2 Rn. 10.

[290] So bereits RGZ 121, 357 (358) – Rechentabellen; stRspr, vgl. etwa zul. BGH GRUR 2012, 58 Rn. 22 – Seilzirkus; Dreier/Schulze/*Schulze* UrhG § 2 Rn. 47; Wandtke/Bullinger/*Bullinger* UrhG § 2 Rn. 29.

[291] BGH GRUR 1986, 739 (741) – Anwaltsschriftsatz.

[292] BGH GRUR 1955, 201 (203) – Cosima Wagner (dort auch zur Inhaberschaft der Urheberrechte an Tagebüchern und zum Veröffentlichungsrecht nach dem Tode); ausf. *Schlüter* S. 36 ff.

[293] BGH GRUR 1959, 289 (290) – Rosenthal-Vase; BGH GRUR 1981, 267 (268) – Dirlada; OLG München GRUR-RR 2002, 281 – Conti; OLG München GRUR 1990, 674 (675) – Forsthaus Falkenau; Büscher/Dittmer/Schiwy/*Obergfell* Kap. 10 UrhG § 2 Rn. 11; *Schack* Rn. 193; *Ulmer,* Urheber- und Verlagsrecht, § 21 IV 2; *Schricker* GRUR 1991, 563 (570).

[294] Dazu → Rn. 61 ff.

[295] *Ulmer* GRUR 1968, 527 (529).

[296] BGH GRUR 2014, 175 Rn. 15 – Geburtstagszug; BGH GRUR 2012, 58 Rn. 23 – Seilzirkus; sa die Nachw. zur älteren Rspr. → 5. Aufl. 2017, Rn. 67.

[297] BGH GRUR 1991, 449 (452) – Betriebssystem; Dreier/Schulze/*Schulze* UrhG § 2 Rn. 55; DKMH/*Dreyer* UrhG § 2 Rn. 101; Büscher/Dittmer/Schiwy/*Obergfell* Kap. 10 UrhG § 2 Rn. 13; Wandtke/Bullinger/*Bullinger* UrhG § 2 Rn. 27.

[298] LG Berlin GRUR 1974, 412 – Werbeprospekt.

[299] LG München I ZUM 2011, 944 (945).

[300] S. im Überbl.: OLG Frankfurt a. M. BeckRS 2012, 18777: Beibehaltung der Voraussetzung der Gestaltungshöhe für Werke der angewandten Kunst trotz des Infopaq-Urteils auf Basis von Art. 17 S. 2 Geschmacksmuster-RL (vgl. demgegenüber BGH GRUR 2014, 175 Rn. 32 – Geburtstagszug, vgl. näher → Rn. 162 und 184 f.); KG

daraus, dass das Werk geistigen Gehalt und **Individualität** aufweisen muss. Das wird bei aus wenigen Worten oder Noten bestehenden Gebilden meist nicht mehr möglich sein.[301] Bei „Snippets", wie sie von Suchmaschinen geliefert werden, wird es daher an der Schutzfähigkeit meist fehlen.[302] Aus diesem Grunde ist zB die Urheberrechtsschutzfähigkeit bei Werbeslogans wie „Hamburg geht zu E ..."[303] oder „JA ... JACoBI",[304] ferner für eine Liedzeile „alles ist gut solange du wild bist"[305] sowie bei der Bezeichnung „Glücksspirale" für eine Fernsehlotterie[306] oder auch für kurze Ansagen eines Schaustellers[307] verneint worden. Andererseits können auch sehr kurze Gebilde noch die erforderliche Individualität aufweisen, zB Buchstabenschüttler (Anagramme, etwa die Umstellung von „Adolf Hitler" zu „Folterhilda").[308] Diese gesamten Abgrenzungsfragen spielen auch beim urheberrechtlichen Titelschutz[309] und beim Teileschutz[310] eine Rolle.[311]

4. Aufwand und Kosten

Unerheblich sind ferner nach europäischer und deutscher Rechtsprechung **Aufwand und Kos-**   **69** **ten,** mit denen eine Leistung erbracht worden ist.[312] Als urheberrechtliches Werk werden nicht die Investitionen geschützt.[313] Selbst ein erheblicher, langjähriger Zeitaufwand trägt nicht zur Begründung von Urheberrechtsschutz bei.[314] Auch der Umstand, dass bei gleicher Aufgabenstellung eine Vielzahl von Werkschaffenden unterschiedliche Gestaltungsformen entwickelt hätten, begründet noch nicht die schöpferische Individualität.[315] Denn mit der Verschiedenheit der Entwicklungen ist noch nicht gesagt, dass sie über das rein Handwerkliche hinausgehen und das erforderliche Maß an Gestaltungshöhe aufweisen.

5. Gesetz- und Sittenwidrigkeit

Unerheblich ist auch, ob die Herstellung des Werkes **gesetz- oder sittenwidrig** ist.[316] Ein Ur-   **70** heberrecht entsteht auch an Werken, die aus fremdem Material oder an fremdem Eigentum hergestellt werden, zB an auf die Berliner Mauer gemalten Bildern.[317] Auch Kunstfälscher können Urheberrechtsschutz genießen.[318] Der Auffassung, dass bei Werken unsittlichen Inhalts (zB Verstoß gegen § 184 StGB) kein volles, sondern nur ein auf die Verbotsbefugnisse eingeschränktes Urheberrecht entstehe,[319] ist nicht zu folgen. Das Urheberrecht entsteht, lediglich seine Ausübung ist aufgrund

---

ZUM-RD 2012, 321 (324): weiterhin strenge Beurteilung dokumentarischer Filmaufnahmen anhand des Maßstabs der „Painer"-Entsch. (die Revisionsentscheidung, BGH GRUR 2014, 363 – Peter Fechter, bestätigt dies iErg, ohne auf die Begr. einzugehen); LG Hamburg BeckRS 2014, 05514 unter I. 1. c): keine Übertragung der „Infopaq"-Entsch. auf einen Fragenkatalog; LG Köln ZUM-RD 2015, 279: Text einer Ausschreibung erreicht Schöpfungshöhe nicht; LG München I ZUM 2011, 685 (688 f.); ZUM-RD 2011, 562 (564 f.): jew. tendenziell sehr niedrige Anforderungen für den urheberrechtlichen Schutz kurzer Auszüge (35–50 Wörter) aus Zeitungsartikeln bzw. originelem Liedtext; LG München I ZUM 2013, 230 (235): Ausschnitte bestehend aus ca. 60 Wörtern geschützt; LG München I ZUM 2014, 596 (599) für längere Wortfolgen aus Buchrezensionen im Umf. von 15–30 Textzeilen (aufgeh. und zur erneuten Entsch. über jede einzelne Rezension zurückverwiesen durch OLG München AfP 2015, 161); LG Hamburg GRUR-RS 2015, 13218 Rn. 37: keine gesonderten Anforderungen bei Sprachwerken (DIN-EN-Normen).
[301] BGH GRUR 2011, 134 Rn. 54 – Perlentaucher; KG GRUR 1973, 602 (604) – Hauptmann-Tagebücher; OLG Hamburg GRUR-RR 2004, 285 (286) – Markentechnik; OLG Köln ZUM-RD 2016, 470 (471) – Wenn das Haus nasse Füße hat; LG Köln ZUM-RD 2010, 359 (361); Wandtke/Bullinger/*Bullinger* UrhG § 2 Rn. 28; Dreier/Schulze/*Schulze* UrhG § 2 Rn. 76 f.
[302] Sa BGH GRUR 2003, 958 (961) – Paperboy; näher *Peifer* AfP 2015, 6 (8 ff.).
[303] OLG Braunschweig GRUR 1955, 205 (206).
[304] OLG Stuttgart GRUR 1956, 481 (482).
[305] OLG Hamburg ZUM-RD 2010, 467.
[306] OLG Hamburg *Schulze* OLGZ 134, 4 – Glücksspirale.
[307] LG München I ZUM 2018, 386: „Ja und jetzt, jetzt bring ma wieder Schwung in die Kiste, hey, ab geht die Post, let's go, let's fetz, volle Pulle, volle Power, wow, super!".
[308] KG GRUR 1971, 368 (370).
[309] Dazu → Rn. 88 ff.
[310] Näher → Rn. 87.
[311] Näher zu diesen Fragen *Raue* GRUR 2011, 1088.
[312] Ganz hM: BGH GRUR 1985, 1041 (1041) – Inkasso-Programm; BGH GRUR 1980, 227 (231) – Monumenta Germaniae Historica; OLG Hamburg GRUR 2000, 319 (320) – Börsendaten; LG Köln MMR 2008, 556 (558) – Virtueller Dom in Second Life; Dreier/Schulze/*Schulze* UrhG § 2 Rn. 53; Wandtke/Bullinger/*Bullinger* UrhG § 2 Rn. 26; DKMH/*Dreyer* UrhG § 2 Rn. 101; *Rehbinder/Peukert* Rn. 206; näher zum eur. Recht → Rn. 6 mwN; aA *Bisges* GRUR 2015, 540 (Herstellungsaufwand als Kriterium).
[313] Etwas anderes gilt für Leistungsschutzrechte, insbes. Datenbanken nach § 87a.
[314] OLG Hamburg ZUM 1989, 43 (45) – Gelbe Seiten.
[315] BGH GRUR 1985, 1041 (1048) – Inkasso-Programm; BGH GRUR 2012, 58 Rn. 30 – Seilzirkus; OLG Frankfurt a. M. GRUR 1983, 753 (755) – Pengo; OLG Frankfurt a. M. WRP 1984, 79 (84) – Donkey Kong Junior II.
[316] BGH GRUR 1995, 673 (675) – Mauerbilder; Wandtke/Bullinger/*Bullinger* UrhG § 2 Rn. 31; DKMH/*Dreyer* UrhG § 2 Rn. 107.
[317] BGH GRUR 1995, 673 (675) – Mauerbilder; Wandtke/Bullinger/*Bullinger* UrhG § 2 Rn. 32.
[318] Zur Kunstfälschung s. *Jacobs* GRUR 2013, 8; *Pfennig* FS Wandtke, 2013, S. 79; zu Verfälschungen des Persönlichkeitsbildes in der Kunst *Loschelder* GRUR 2013, 14.
[319] *Rehbinder/Peukert* Rn. 186.

anderer Rechtsvorschriften in einzelnen Befugnissen nicht zulässig; so kann bei einem gewaltpornographischen Film das Rechtsschutzinteresse für urheberrechtliche Auskunftsansprüche fehlen.[320]

E. Schutzgegenstand *(Loewenheim/Leistner)*

I. Kein Schutz der Methode des Schaffens

71   Gegenstand urheberrechtlichen Schutzes ist das Werk. **Nicht schutzfähig** ist dagegen die **Methode** des Schaffens, der **Stil**, die **Manier** und die **Technik** der Darstellung.[321] Es würde eine Hemmung der literarischen und künstlerischen Entwicklung bedeuten, wenn Methoden und Stilmittel nicht der allgemeinen Benutzung zugänglich blieben.[322] Schutzunfähig sind daher beispielsweise Computersprachen und Dateiformate,[323] Versformen, Versmaß und -metrik, musikalische Tonskalen und Klangfärbungen, Melodik, Rhythmus und Harmonik, Maltechniken und Pinselführung,[324] eine Sprache wie Esperanto, eine Schrift wie die Stenographie, ebenso die Idee, einen bestimmten Werkstoff[325] oder bestimmte Darstellungsmittel[326] zu verwenden, zB ein medizinisches Fachbuch mit einem Fragenkatalog zur Arbeitskontrolle zu versehen[327] oder Tierfiguren aus Kristallglassteinen zusammenzusetzen.[328] Ebenso wenig stellt die Übernahme der Idee, der Technik oder des Stils einer Lampe[329] oder des Stils, der Manier, der Vorgehensweise oder des Einsatzes einer bestimmten fotografischen Technik[330] eine Urheberrechtsverletzung dar. Auch neue Typen des Schaffens als solche, wie Lehrbriefe, Kurzkommentare, Hör- und Fernsehspiele sind urheberrechtlichem Schutz nicht zugänglich,[331] ebenso wenig didaktische Methoden als solche.[332] In der Übereinstimmung solcher Methoden und Stilmittel kann daher keine Urheberrechtsverletzung liegen. Ebenso wenig ist die Art und Weise zu singen oder zu sprechen schutzfähig.[333]

72   Davon abzugrenzen ist die **konkrete Anwendung dieser Methoden in einer bestimmten Werkgestaltung,** die konkrete Ausformung einer Konzeption in einem Werk.[334] Diese Werkgestaltung kann schutzfähig sein (vorausgesetzt es handelt sich um eine persönliche geistige Schöpfung), beispielsweise die konkrete Anwendung bestimmter Ordnungsprinzipien bei Lexika[335] oder die konkrete Konzeption eines Registers zu einer Sammlung mittelalterlicher Briefe.[336] Die Anwendung bekannter Methoden und Stilmittel schließt individuelles Schaffen nicht aus.[337] Das bedeutet aber nicht den Schutz der Methode oder Konzeption als solche, diese können in einer anderen konkreten Ausgestaltung wieder benutzt werden.

II. Schutz der Idee

73   Die bloße **Idee** kann grundsätzlich **nicht Gegenstand urheberrechtlichen Schutzes** sein.[338] Abstrakte Gedanken und Ideen müssen prinzipiell im Interesse der Allgemeinheit frei bleiben und

---

[320] OLG Köln GRUR-RR 2013, 324 – Extreme Pervers Nr. 1.
[321] BGH GRUR 1952, 516 (518 f.) – Hummel-Figuren I; BGH GRUR 1970, 250 f. – Hummel III; OLG Köln GRUR-RR 2010, 147 (148); OLG München ZUM-RR 2008, 149; LG München I ZUM 2010, 993 (997); Dreier/Schulze/*Schulze* UrhG § 2 Rn. 45; Büscher/Dittmer/Schiwy/*Obergfell* Kap. 10 UrhG § 2 Rn. 15; DKMH/*Dreyer* UrhR § 2 Rn. 56; Wandtke/Bullinger/*Bullinger* UrhR § 2 Rn. 40; Fromm/Nordemann/*A. Nordemann* UrhR § 2 Rn. 45.
[322] BGH GRUR 1952, 516 (517) – Hummel-Figuren I.
[323] EuGH GRUR 2012, 814 Rn. 39 ff. -SAS Institute.
[324] *Ulmer,* Urheber- und Verlagsrecht, § 21 I.
[325] *Erdmann* FS v. Gamm, 1990, S. 389 (398).
[326] BGH GRUR 1987, 704 (705) – Warenzeichenlexika.
[327] BGH GRUR 1981, 520 (521) – Fragensammlung.
[328] BGH GRUR 1988, 690 (693) – Kristallfiguren.
[329] KG GRUR 2006, 54 – Bauhaus-Glasleuchte II.
[330] OLG Hamburg ZUM-RD 1997, 217.
[331] *Ulmer,* Urheber- und Verlagsrecht, § 21 I; KG GRUR-RR 2003, 91 – Memokartei, zu einer Methode zum systematischen Erlernen des Tastaturschreibens.
[332] OLG Köln GRUR-RR 2010, 147 (148) und ZUM 2012, 975 (979) – bambinoLÜK; insoweit wohl unberührt von der Revisionsentscheidung BGH GRUR 2011, 803 – Lernspiele; dazu diff. im Hinblick auf den Schutz von Lern- und anderen Konzepten (schlussendlich Individualisierung in einem konkreten Werk entscheidend) *Leistner* GRUR 2011, 761 (764 ff.).
[333] Vgl. dazu OLG Hamburg GRUR 1989, 666 – Heinz Erhardt; ferner den amerikanischen Bette Midler-Fall, *Midler v. Ford Motor Co., 849 F.2d 460 (9th Cir.) GRUR-Int 1989, 338; näher Schwarz/Schierholz* FS Kreile, 1994, S. 723 (733 f.).
[334] Vgl. im Zusammenhang des „Lernspiele"-Urt. auch *Leistner* GRUR 2011, 761 (764 ff.) mwN.
[335] BGH GRUR 1987, 704 (705) – Warenzeichenlexika.
[336] BGH GRUR 1980, 227 (231) – Monumenta Germaniae Historica.
[337] BGH GRUR 1988, 690 (692) – Kristallfiguren; OLG Oldenburg GRUR-RR 2009, 6 – Blockhausbauweise; OLG Hamburg GRUR 2002, 419 (420) – Move; LG Köln ZUM-RD 2009, 33 (36); LG München I ZUM-RD 2008, 493 (494).
[338] So auch in vielen anderen Rechtsordnungen. Im US-amerikanischen Recht 17 U.S. Code § 102(b): „In no case does copyright protection for an original work of authorship extend to any idea, procedure, process, system,

können nicht durch das Urheberrecht monopolisiert werden.[339] Auch andere Gründe können dem Schutz von Ideen entgegenstehen. So kann ihnen der Schutz auch deswegen zu versagen sein, weil sie sich überhaupt **nicht auf einen urheberrechtlich schutzfähigen Gegenstand beziehen;** beispielsweise sind Ideen zur Verkehrsführung bei Flughäfen nicht schutzfähig,[340] ebenso wenig der Plan, ein Sprachlehrbuch zu schreiben oder sozialpsychologische Untersuchungen anzustellen.[341] Solange es sich um einen **nicht geäußerten Gedanken** oder **eine nicht hinreichend eindeutig identifizier- und abgrenzbare Gestaltung** handelt, fehlt es auch schon an der erforderlichen wahrnehmbaren **Formgestaltung.**[342]

Wenn die Idee eine Formgestaltung gefunden hat, etwa in Form einer schriftlichen Notiz oder der Äußerung einem Dritten gegenüber, ermangelt sie oft der für den Werkschutz notwendigen **Individualität.** Viele, selbst Meisterwerken zugrundeliegende Ideen sind schon von vornherein dem **Gemeingut** zuzurechnen, beispielsweise historische Figuren oder Begebenheiten, Gegenstände oder Vorgänge der Natur, alltägliche Ereignisse oder in Literatur oder Kunst schon oft behandelte Sujets.[343] Auch dem Gemeingut nicht zuzurechnende Ideen sind aber oft zu ungestaltet, zu sehr Gedankensplitter, als dass in ihnen der individuelle Geist des Urhebers zum Ausdruck kommen könnte. Ein Einfall oder Gedanke mag noch so originell sein – ohne nähere Ausformung ist er regelmäßig nicht durch schöpferische Individualität geprägt.[344] Ist aber eine Idee bereits zu einer Konzeption weiterentwickelt und bildet sie mit ihren einzelnen Elementen eine Einheit, die mehr als die Summe ihrer Bestandteile darstellt und die erforderliche **Individualität** aufweist, so kann sie eine persönliche geistige Schöpfung darstellen.[345] Allerdings ist dann in der Verletzungsprüfung sorgsam darauf zu achten, dass in diesen Fällen in der Tat auch nur die Nutzung **dieser individualisierten Gestaltungselemente** des Werks einen Eingriff in das in seinem **Schutzumfang** entsprechend beschränkte Urheberrecht begründen kann, während der bloße Rückgriff auf die zugrunde liegende allgemeine Idee frei bleibt.

Die gleichen Grundsätze gelten für das noch ungestaltete **künstlerische Motiv.**[346] Auch dieses **74** kann als solches grundsätzlich nicht Gegenstand urheberrechtlichen Schutzes sein, sondern gewinnt seine individuelle Prägung erst durch die konkrete künstlerische Ausgestaltung.[347]

Anders ist es dagegen, wenn sich **Idee oder Motiv bereits zu einer individualisierten Figur,**[348] **Fabel**[349] **oder Skizze**[350] **verdichtet** haben. Diese bieten Raum für die Entfaltung schöpferischer Individualität, so dass bereits eine schutzfähige Gestaltung vorliegen kann.[351]

III. Form und Inhalt

Eine alte Kontroverse betraf die Frage, ob **Gegenstand des Urheberschutzes nur die Form eines Werks oder auch dessen Inhalt** sein kann. Zwar stellt sich bei manchen Werkarten diese Frage nicht, weil Form und Inhalt untrennbar miteinander verknüpft sind; vor allem bei Werken der Musik, **76**

---

method of operation, concept, principle, or discovery, regardless of the form in which it is described, explained, illustrated, or embodied in such work." Dort werden *ideas* der *expression* gegenübergestellt, vgl. *Peukert* GRUR-Int 2002, 1012 (1017) (sog. *idea-expression dichotomy*); umfassend dazu *Wiebe* GRUR-Int 1990, 21 (22 f.); ähnlich etwa Art. 9 Abs. 2 TRIPS.

[339] BGH GRUR 2011, 134 Rn. 36 – Perlentaucher; BGH GRUR 2003, 231 (233) – Staatsbibliothek; BGH GRUR 2003, 876 (878) – Sendeformat; sa die Nachw. zur älteren Rspr. → 5. Aufl. 2017, Rn. 73; Dreier/Schulze/*Schulze* UrhG § 2 Rn. 37; Fromm/Nordemann/*A. Nordemann* UrhG § 2 Rn. 44; Büscher/Dittmer/Schiwy/*Obergfell* Kap. 10 UrhG § 2 Rn. 14; Wandtke/Bullinger/*Bullinger* UrhG § 2 Rn. 39; DKMH/*Dreyer* UrhG § 2 Rn. 57; *Schack* Rn. 194; *Rehbinder/Peukert* Rn. 194; *Erdmann* GRUR 1996, 550 (551); zum Schutz von Werbeideen vgl. diff. *Schricker* GRUR 1996, 815 und dagegen *Hertin* GRUR 1997, 799; dazu zul. auch *Stieper* GRUR 2017, 649 (651 ff.) im Hinblick auf den Schutz von Werbefiguren; sa diff. (im Zusammenhang von Ideen und Konzeptionen für Spiele) *Leistner* GRUR 2011, 761 (764 ff.); zum Ideenschutz insges. *Oechsler* GRUR 2009, 1101.
[340] BGH GRUR 1979, 464 (465) – Flughafenpläne.
[341] KG *Schulze* KGZ 66, 10.
[342] Vgl. EuGH GRUR 2019, 73 Rn. 42 f. – Levola Hengelo/Smilde Foods. Zum Ganzen auch → Rn. 47 ff.
[343] Vgl. zB OLG München GRUR 1956, 432 (434) – Solange Du da bist – für „die Darstellung eines Festes mit Krinolinen, Walzer, Uniformen, Fröhlichkeit".
[344] IdS BGH GRUR 1959, 379 (381) – Gasparone; BGH GRUR 1981, 520 (521) – Fragensammlung; sa die wN zur Rspr. → 5. Aufl. 2017, Rn. 73.
[345] *Schricker* GRUR 2004, 923 ff.; *Schricker* GRUR 1996, 815 ff.; *Dreier/Leistner* GRUR 2013, 881 (882); *Leistner* GRUR 2011, 761 (764 ff.); aA noch BGH GRUR 2003, 876 (878) – Sendeformat; sa *Handig* GRUR-Int 2012, 973 (978).
[346] Vgl. aber zum musikalischem Motiv → Rn. 149, zu fotografischen Motiven → Rn. 213.
[347] Vgl. dazu BGH GRUR 1952, 516 (517) – Hummel-Figuren I; BGH GRUR 1970, 250 (251) – Hummel III; BGH GRUR 1977, 547 (550) – Kettenkerze; OLG München ZUM-RR 2008, 149; Dreier/Schulze/*Schulze* UrhG § 2 Rn. 39; Büscher/Dittmer/Schiwy/*Obergfell* Kap. 10 UrhG § 2 Rn. 14; Wandtke/Bullinger/*Bullinger* UrhG § 2 Rn. 39; *Rehbinder/Peukert* Rn. 193; *Erdmann* FS v. Gamm, 1990, S. 389 (398).
[348] BGH GRUR 2014, 258 Rn. 25 ff. – Pippi Langstrumpf-Kostüm.
[349] BGH GRUR 1999, 984 (987) – Laras Tochter.
[350] Zum Schutz von Skizzen, Entwürfen und dgl. vgl. auch → Rn. 49.
[351] Vgl. auch BGH GRUR 2011, 134 Rn. 36 – Perlentaucher; KG GRUR-RR 2002, 313 (314) – Das Leben, dieser Augenblick.

der Lyrik und der abstrakten bildenden Kunst ist dies der Fall.[352] In anderen Fällen lassen sich dagegen Form und Inhalt jedenfalls schwerpunktmäßig unterscheiden, insbesondere lässt sich bei Romanen, Erzählungen, Filmen oder Comics und dergleichen der Inhalt (Figuren und Handlungsablauf) von dessen Darstellung trennen; ebenso kann man bei Schriftwerken und Darstellungen wissenschaftlicher und technischer Art zwischen Darstellungsinhalt und Darstellungsform unterscheiden. Abgrenzungsschwierigkeiten und Überschneidungen sind freilich die Regel, eine brauchbare Grenzziehung ist – soweit sie überhaupt möglich ist – bislang nicht gelungen.[353] Diese Kontroverse spielt vor allem beim Schutz wissenschaftlicher Werke[354] eine Rolle, aber auch dann, wenn ein Werk lediglich in seinem Inhalt, nicht aber in seiner Form übernommen wird, beispielsweise wenn der Inhalt eines Bühnenstücks einem anderen Stück in geänderter Fassung zugrunde gelegt wird,[355] wenn zu einem Roman ein Fortsetzungsroman geschrieben wird[356] oder wenn lediglich besonders individuell ausgearbeitete literarische[357] oder Comic-Figuren[358] übernommen werden.

77   Das **ältere Schrifttum** ging davon aus, dass ein Werk nur in seiner Form, nicht dagegen in seinem Inhalt Gegenstand des Urheberschutzes sein könne,[359] wollte insoweit allerdings auch die sog. innere Form schützen.[360]

78   **Heute** ist praktisch allgemein anerkannt, dass jedenfalls im Grundsatz auch **inhaltliche Werkelemente dem Urheberrechtsschutz zugänglich** sind.[361] Der BGH geht beispielsweise bei Sprachwerken in ständiger Rechtsprechung davon aus, dass die persönliche geistige Schöpfung grundsätzlich sowohl in der Gedankenformung und -führung des dargestellten Inhalts als auch in der besonders geistvollen Form und Art der Sammlung, Einteilung und Anordnung des dargebotenen Stoffs liegen kann.[362] Bei Romanen sind nicht nur die konkrete Textfassung oder die unmittelbare Formgebung eines Gedankens urheberrechtlich schutzfähig, sondern auch die individuell geprägten Bestandteile und formbildenden Elemente des Werkes, die im Gang der Handlung, in der Charakteristik und Rollenverteilung der handelnden Personen, der Ausgestaltung von Szenen und in der „Szenerie" des Romans (sog. **Fabel**) sowie – unter strengen Voraussetzungen – auch in den **Romanfiguren** als solchen liegen können.[363] Auch im Schrifttum geht man – zum Teil mit Ausnahmen für wissenschaftliche und technische Sprachwerke – von der grundsätzlichen Schutzfähigkeit des Werkinhalts aus.[364]

79   *(unbesetzt)*

80   Bei der Schutzfähigkeit des Werkinhalts sind **zwei Einschränkungen** zu machen. Die erste – eigentlich selbstverständliche – Einschränkung ergibt sich daraus, dass nur die **individuell-schöpferische Leistung** geschützt ist. Das führt zum einen dazu, dass unterliegendes **freies Gemeingut** (beispielsweise einem fiktionalen Roman zugrundeliegende Tatsachen, bloße Ideen[365] oder gar schutzfähige Werke Dritter[366] uÄm) als solches keinen urheberrechtlichen Schutz begründen kann und daher auch im Einzelfall keine Urheberrechtsverletzung in Betracht kommt, wenn lediglich derartige gemeinfreie Gestaltungselemente übernommen sind.[367] Die stets sorgsam zu prüfende Voraussetzung der **Individualität** führt darüber hinaus auch praktisch zu umso strengeren Maßstäben und insbesondere einem umso engeren **Schutzumfang**, je **abstrakter** die übernommenen Gestaltungselemente sind;

---

[352] *Ulmer,* Urheber- und Verlagsrecht, § 19 III.
[353] Vgl. auch LG Köln ZUM-RD 2010, 482 (485); Dreier/Schulze/*Schulze* UrhG § 2 Rn. 43; *Haberstumpf* FS GRUR, 1991, S. 1125 Rn. 14 ff.
[354] Dazu näher → Rn. 82 ff.
[355] KG GRUR 1926, 441 – Alt-Heidelberg – Jung-Heidelberg.
[356] BGH GRUR 1999, 984 – Laras Tochter.
[357] BGH GRUR 2014, 258 Pippi-Langstrumpf-Kostüm; enger noch BGH GRUR 1958, 354 (356) – Sherlock Holmes.
[358] BGH GRUR 1994, 206 – Alcolix; vgl. auch BGH GRUR 1994, 191 – Asterix-Persiflagen.
[359] Vgl. va *Kohler,* Urheberrecht an Schriftwerken und Verlagsrecht, 1907, S. 128; *de Boor,* Urheberrecht und Verlagsrecht, 1917, S. 73; Einzelheiten und wN bei *Ulmer,* Urheber- und Verlagsrecht, § 19 II.
[360] Dazu näher *Ulmer,* Urheber- und Verlagsrecht, § 19 II; *Knap* FS Troller, 1976, S. 117 (127), jew. mwN; auch → 5. Aufl. 2017, Rn. 77 mwN zur älteren Rspr.
[361] Vgl. insoweit auch schon die Stellungnahmen bei *Loewenheim* in den Vorauflagen, zul. → 5. Aufl. 2017, Rn. 80 mwN.
[362] BGH GRUR 2002, 958 (959) – Technische Lieferbedingungen; BGH GRUR 1980, 227 (230) – Monumenta Germaniae Historica; vgl. auch die wN → 5. Aufl. 2017, Rn. 78.
[363] BGH GRUR 1999, 984 (987) – Laras Tochter; BGH GRUR 2014, 258 Rn. 25 ff. – Pippi-Langstrumpf-Kostüm (für literarische Figur als solche); BGH GRUR 2011, 134 Rn. 36 – Perlentaucher (zur Abgrenzung bei Gebrauchstexten); KG ZUM 2015, 696 (697 f.); OLG Köln ZUM 2012, 407 (408); ZUM-RD 2012, 256 (257) – Pippi Langstrumpf; OLG München ZUM-RD 2010, 37 (41) – Tanöd; LG Köln ZUM 2011, 871 (873) – Pippi Langstrumpf; LG Berlin ZUM 2010, 69 (70 f.) – Pippi Langstrumpf; wN → 5. Aufl. 2017, Rn. 78.
[364] Dreier/Schulze/*Schulze* UrhG § 2 Rn. 43; Fromm/Nordemann/*A. Nordemann* UrhG § 2 Rn. 47 ff.; Wandtke/Bullinger/*Bullinger* UrhG § 2 Rn. 38; DKMH/*Dreyer* UrhG § 2 Rn. 117; Büscher/Dittmer/Schiwy/*Obergfell* Kap. 10 UrhG § 2 Rn. 19; Loewenheim/*A. Nordemann* § 9 Rn. 14; *Schack* Rn. 188; *Rehbinder/Peukert* Rn. 196; vgl. zul. zum Schutz von fiktiven Figuren *Raue* FS Wandtke, 2013, S. 287; *Graef* ZUM 2012, 108; *Stieper* GRUR 2017, 649 (651 ff.); sa (noch in Form von Stellungnahmen) die Vorauflagen, zul. → 5. Aufl. 2017, Rn. 80.
[365] Vgl. zu gemeinfreiem Ausgangsmaterial und bloßen Ideen instruktiv LG München ZUM 2008, 709 (717 ff.) – Tanöd.
[366] Vgl. zB LG München I ZUM 2007, 164 (165).
[367] Dazu eing. auch *Ulmer,* Urheber- und Verlagsrecht, § 19 IV sowie die vorstehenden Beispiele aus der Rspr.

das resultiert beispielsweise in besonders strengen Voraussetzungen für den Schutz und insbesondere für die Annahme einer Urheberrechtsverletzung durch Bearbeitung bei **literarischen Figuren.**[368]

Die zweite Einschränkung ergibt sich insbesondere aus dem **Grundsatz der Freiheit der Gedanken und Lehren** und – verallgemeinert – letztlich aus bestimmten besonderen **Freihaltebedürfnissen** im Interesse der Informations- und Wettbewerbsfreiheit in einzelnen Bereichen.[369] Insbesondere die Rücksicht auf die **Freiheit des geistigen Lebens,** wie sie auch in Art. 11, 13 Grundrechte-Charta und Art. 5 GG fundiert ist, fordert es, dass Gedanken und Lehren in ihrem Kern, ihrem gedanklichen Inhalt, in ihrer politischen, wirtschaftlichen oder gesellschaftlichen Aussage Gegenstand der freien geistigen Auseinandersetzung bleiben, dass ihre Diskussion und Kritik nicht urheberrechtlich untersagt werden kann.[370] Das gilt auch dann, wenn sie erst vom Urheber erdacht worden sind.[371] Sie müssen insoweit dem Gemeingut, das allen zur Verfügung steht, zugerechnet werden; der Begriff des Gemeinguts ist insofern ein normativer Begriff.[372] Aus dem Zweck dieser Einschränkung ergeben sich aber auch ihre Grenzen. Nur der **gedankliche Inhalt** hat frei zu bleiben, ihre **Darstellung** bleibt prinzipiell schutzfähig (kann allerdings zB unter dem Gesichtspunkt des Zitatrechts benutzt werden). Politische und wirtschaftliche Programme, Gedanken und Auffassungen allgemeinen Inhalts, weltanschauliche Theorien, Glaubenslehren und dgl. können demzufolge in der **Struktur ihrer Darstellung oder Ausformulierung** geschützt sein, ihre zugrundeliegenden Thesen bleiben aber der freien Diskussion und Benutzung zugänglich.

Bei **Sprachwerken wissenschaftlichen und technischen Inhalts** gelten insoweit mit Blick auf **81** den Gesichtspunkt der Freiheit von Gedanken und Lehren strenge Maßstäbe. Die **ältere Rechtsprechung** ging in diesem Bereich sogar davon aus, dass die Gedankenformung und -führung des dargestellten Inhalts für eine persönliche geistige Schöpfung weitgehend ausscheidet und für den Urheberrechtsschutz regelmäßig nur die **Form** und Art der Sammlung, Einteilung und Anordnung des Materials in Betracht kommt.[373]

Im **Schrifttum** ist diese Eingrenzung auf **Kritik** gestoßen, die im Wesentlichen darauf hinausläuft, dass es zwar im Interesse der Wissenschaftsfreiheit für den Urheberrechtsschutz wissenschaftlicher Erkenntnisse Grenzen geben müsse, dass aber mit einer Unterscheidung von Form und Inhalt das Problem nicht zu lösen sei und dass es vielmehr auf die konkreten Bedürfnisse der wissenschaftlichen Kommunikation ankomme.[374] Das weist in die Richtung der hier vertretenen Auffassung, dass letztlich **spezifische Freihaltebedürfnisse** in einzelnen Bereichen – insbesondere im Bereich der Wissenschaft und Technik – gegebenenfalls im Rahmen der Schutzvoraussetzung so transparent wie möglich zu berücksichtigen sind.[375]

In der **jüngeren Rechtsprechung** ist der kategorische Ausschluss der Gedankenformung und -führung dementsprechend auch zumeist deutlich relativiert worden.[376]

Richtigerweise ist also zu differenzieren. Unumstrittener Ausgangspunkt ist, dass **wissenschaftli- 82 che Werke dem Urheberrechtsschutz unterliegen** können,[377] wobei die diesbezüglichen Maß-

---

[368] Vgl. BGH GRUR 2014, 258 Rn. 32 ff. – Pippi-Langstrumpf-Kostüm, wo eine Urheberrechtsverletzung der grds. schutzfähigen literarischen Figur „Pippi Langstrumpf" im zugrundeliegenden Sachverhalt zutr. und folgerichtig verneint wurde. Näher → § 24 Rn. 4.

[369] Vgl. etwa zu spezifischen Freihaltebedürfnissen bei Sendefolgen mit der Forderung, diese so transparent wie möglich iRd urheberrechtlichen Schutzvoraussetzung zu berücksichtigen *Leistner* FS Loschelder, 2010, S. 189 (195 ff.); ähnlich im Zusammenhang mit dem urheberrechtlichen Schutz von AGB *Zurth/McColgan* ZUM 2018, 762 (766 ff.).

[370] BGH GRUR 2011, 134 Rn. 36 – Perlentaucher; KG ZUM 2014, 969 (970); LG Köln ZUM-RD 2015, 279 (282); Dreier/Schulze/*Schulze* UrhG § 2 Rn. 41.

[371] *Ulmer,* Urheber- und Verlagsrecht, 1980, § 19 I; sa *Schack* Rn. 195.

[372] *Ulmer,* Urheber- und Verlagsrecht, 1980, § 19 IV 1.

[373] BGH GRUR 1994, 39 – Buchhaltungsprogramm; BGH GRUR 1993, 34 (36) – Bedienungsanweisung; BGH GRUR 1987, 704 (705) – Warenzeichenlexika; BGH GRUR 1986, 739 (740) – Anwaltsschriftsatz; BGH GRUR 1981, 352 (353) – Staatsexamensarbeit; BGH GRUR 1991, 130 (132) – Themenkatalog; vgl. auch mwN → 5. Aufl. 2017, Rn. 79.

[374] Vgl. bes. *Schricker* FS GRUR, 1991, S. 1095 Rn. 43 f.; *Haberstumpf* FS Schulze, 2017, S. 3 Rn. 84 ff.; *Hubmann* FS Uchtenhagen, 1987, S. 175; der Rspr. zust. dagegen DKMH/*Dreyer* UrhG § 2 Rn. 118.

[375] → Rn. 80 mwN.

[376] Nach BGH GRUR 1997, 459 (461) – CB-infobank I – soll die Form und Art der Sammlung und Anordnung des dargebotenen Stoffs „vornehmlich" die Individualität begründen; ähnlich BGH GRUR 2002, 958 (959) – Technische Lieferbedingungen, wonach bei der sprachlichen und zeichnerischen Darst. eines technischen Regelwerks die urheberrechtlich geschützte Leistung „in erster Linie" in der Art der Sammlung, Auswahl, Einteilung und Anordnung des Stoffs liegen könne. Nach OLG Köln GRUR 2000, 414 (416) – GRUR/GRUR Int, ist zur Beurteilung der Urheberrechtsfähigkeit eines wissenschaftlichen Schriftwerks „auch und gerade" auf die Formgestaltung zurückzugreifen; einschränkend dann wohl wieder KG ZUM 2011, 566: „Bei Schriftwerken wissenschaftlicher oder technischer Art findet der für einen Urheberrechtsschutz erforderliche geistig-schöpferische Gehalt seinen Niederschlag und Ausdruck in erster Linie in der Form und Art der Sammlung, Einteilung und Anordnung des dargebotenen Stoffs und nicht ohne Weiteres auch – wie meist bei literarischen Werken – in der Gedankenformung und -führung des dargebotenen Inhalts"; s. aber auch wiederum KG ZUM 2014, 969 (970): inhaltliche Elemente berücksichtigungsfähig, soweit Gedanken und Lehren in ihrem Kern, ihrem gedanklichen Inhalt der freien geistigen Auseinandersetzung zugänglich bleiben (im ausdr. Anschluss an → 4. Aufl. 2010, Rn. 59, entspricht → Rn. 80).

[377] Vgl. etwa BGH GRUR 1991, 523 (525) – Grabungsmaterialien; BGH GRUR 1986, 739 (740) – Anwaltsschriftsatz; KG ZUM 2011, 566; OLG München GRUR 2008, 337 – Presserechtliches Warnschreiben; OLG

stäbe aufgrund des **Ausschlusses technischer, funktional oder sonst sachzweckgeprägter Elemente** vom urheberrechtlichen Schutz im Rahmen des **europäischen Werkbegriffs** an dieser Stelle durchaus künftig auch wieder **strenger** ausfallen könnten, zumal der EuGH insoweit – wenn auch bisher nur im spezifischen Bereich der Computerprogramme – Gesichtspunkte der **Wettbewerbsfreiheit und technisch-industriellen Fortentwicklung** ausdrücklich als mögliche Rechtfertigung für immanente Begrenzungen des urheberrechtlichen Werkbegriffs und Schutzgegenstands anerkannt hat.[378]

83   Vor diesem Hintergrund des europäischen Werkbegriffs und auch aus teleologischen Gesichtspunkten ist demzufolge eine kategorische Unterscheidung zwischen dem (urheberrechtsfreien) **Inhalt** und der (dem Urheberrechtsschutz zugänglichen) **Form** jedenfalls **kein geeigneter Ansatzpunkt** um das Problem besonderer Freihaltebedürfnisse im technisch-wissenschaftlichen Bereich zu lösen.[379]

Schon die ältere Literatur hatte insoweit herausgearbeitet, dass im Interesse freier (wissenschaftlicher) Kommunikation zwar die im Werk enthaltenen Gedanken und Lehren frei bleiben müssten, dass der urheberrechtliche Schutz demgegenüber aber auch im wissenschaftlichen Bereich durchaus an die Kombination der einzelnen inhaltlichen Elemente, der Vielheit der Gesichtspunkte in ihrer Beziehung zueinander und der diesbezüglichen inneren Art der Darstellung, gleichsam an ihrem „**Gewebe**" anknüpfen könne.[380] *Schricker* hat dies dahingehend konkretisiert, dass neben der **Formgebung** bei der Beurteilung der Schutzfähigkeit von wissenschaftlichen Werken auch die **inhaltliche Verarbeitung der Erkenntnisse, die Gedankenführung, die Art der Sammlung, Auswahl, Einteilung und Anordnung des dargebotenen Stoffes** zu berücksichtigen ist. Komme insoweit eine persönliche geistige Leistung, wenn auch bescheidenen Niveaus (heute würde man im Sinne des europäischen Werkbegriffs von **einfacher Individualität** sprechen), zum Ausdruck, so sei der Urheberrechtsschutz des Werkes zu bejahen, auch wenn die angewendeten Regeln und Lehren und die zugrundeliegenden Befunde und Daten als solche dem Schutz nicht zugänglich seien.[381]

84   *(unbesetzt)*
85   Im Übrigen sind die besonderen **Freihaltebedürfnisse im Interesse freier wissenschaftlicher Kommunikation** im jeweiligen Einzelfall bzw. in einzelnen Fallgruppen näher zu bestimmen und insbesondere auf der Grundlage des **Ausschlusses rein technischer, funktionaler oder sachzweckbezogener Kreativität und bloßen Sachverstandes** vom urheberrechtlichen Individualitätsbegriff als immanente **Begrenzungen des Schutzgegenstands** zu berücksichtigen. Das dürfte im Wesentlichen darauf hinauslaufen, **wissenschaftliche Lehren in ihrem Kern,** ihrem gedanklichen Inhalt als solchem, also den **reinen Theorien, Entdeckungen, Daten, Aussagen und Ergebnissen,** vom urheberrechtlichen Schutz auszuschließen, wenn und soweit dies für die **freie wissenschaftliche Kommunikation erforderlich ist.**[382] Insoweit ist auch – ergänzend – zu berücksichtigen, dass gegebenenfalls insbesondere auch eine entsprechende Auslegung der Verwertungsrechte[383] und Schranken (insbesondere des Zitatrechts) dazu dienen kann, die Freiheit technischer und wissenschaftlicher Auswertung, Fortentwicklung und Kommunikation zu sichern.[384]

86   Soweit wissenschaftliche Aussagen und Darstellungen danach nicht vom Urheberrechtsschutz ausgeschlossen sind, gelten richtigerweise die allgemeinen Maßstäbe der Prüfung der **Individualität.** Demzufolge kann für die Schutzbegründung nicht nur die **Form** und Art der Sammlung, Einteilung und Anordnung des Materials in Betracht kommen, sondern es ist auch die selbst von der deutschen Rechtsprechung in diesem Bereich jedenfalls nicht prinzipiell ausgeschlossene[385] **Gedankenführung und die Formung** des dargestellten Inhalts zu berücksichtigen.

Dabei ist auch im Bereich der Wissenschaft von **keiner höheren Schutzuntergrenze** auszugehen.[386] Schutzfähig können also auch wissenschaftliche Werke der kleinen Münze sein; gerade hier

---

Nürnberg GRUR-RR 2001, 225 (226) – Dienstanweisung; LG München I GRUR-RR 2008, 74 (75) – Biogas Fonds; *Dreier/Schulze/Schulze* UrhG § 2 Rn. 26 u. 93; *Büscher/Dittmer/Schiwy/Obergfell* Kap. 10 UrhG § 2 Rn. 16; Loewenheim/*A. Nordemann* § 9 Rn. 16 f.; *Heermann* GRUR 1999, 468 (470); vgl. ferner die Nachw. in → Rn. 81.
[378] Näher → Rn. 6 mwN.
[379] Vgl. schon *Schricker* FS GRUR, 1991, S. 1095 Rn. 43: für eine konkrete Wertung, was im Lichte des Bedürfnisse der wissenschaftlichen Kommunikation frei bleiben müsste
[380] *Ulmer,* Urheber- und Verlagsrecht, § 19 III 2, IV 2; zust. *Reimer* GRUR 1980, 572 (578); *Beier/Straus,* Der Schutz wissenschaftlicher Forschungsergebnisse, 1982, S. 32; *Schricker* FS GRUR, 1991, S. 1095 Rn. 37; *Schricker* in Schricker (Hg.), Urheberrecht auf dem Weg zur Informationsgesellschaft, 1997, S. 33 f.; *Katzenberger,* Urheberrecht und Naturwissenschaften, Die Naturwissenschaften 62, 1975, 555 ff.; iErg auch *Hubmann* FS Uchtenhagen, 1987, S. 175 (184 f.); zum Schutz des „Gewebes" vgl. allerdings auch BGH GRUR 1991, 449 (453) – Betriebssystem.
[381] *Schricker* FS GRUR, 1991, S. 1095 Rn. 43.
[382] Ähnlich schon *Schricker* FS GRUR, 1991, S. 1095 Rn. 43; näher → 5. Aufl. 2017, Rn. 82 ff.
[383] Vgl. in der älteren Lit. *v. Moltke,* Das Urheberrecht an den Werken der Wissenschaft, 1992, S. 110 ff., 146 ff.; aus heutiger Sicht bietet insbes. die Rspr. des EuGH zum Recht der öffentl. Wiedergabe Anlass, nach derartigen Begrenzungen auf ökonomisch und mit Blick auf die individuellen Elemente des Werks relevante Nutzungen nachzudenken.
[384] Vgl. *Haberstumpf,* Zur Individualität wissenschaftlicher Sprachwerke, 1982, S. 77 ff.; *Haberstumpf* HdB des Urheberrechts Rn. 89; *Haberstumpf* ZUM 2012, 529; *Altenpohl,* Der urheberrechtliche Schutz von Forschungsresultaten, 1987, S. 77 ff., 214 ff.
[385] Vgl. → Rn. 81.
[386] Für einem Gebrauchszweck dienende wissenschaftliche Werke ausdr. OLG Nürnberg GRUR 2002, 607 – Stufenaufklärung nach Weissauer; sa OLG Nürnberg GRUR-RR 2001, 225 (227) – Dienstanweisung. Näher → Rn. 141.

besteht ein erhebliches Schutzbedürfnis.[387] Etwaigen Freihaltebedürfnissen ist in erster Linie auf Grundlage des **Ausschlusses rein technischer, funktionaler und lediglich durch sachzweckbezogene Sachkenntnis geprägter Gestaltungsformen** zu begegnen. Insbesondere kommt nach diesen allgemeinen Grundsätzen kein Schutz in Betracht, soweit sich der Autor einer in dem fraglichen Fachgebiet notwendigen oder üblichen Darstellungsweise, insbesondere einer bestimmten **Fachterminologie** bedient. Dann ist seine Darstellung nicht schutzfähig, weil eine bestimmte Ausdrucksweise oder ein bestimmter Aufbau durch **Notwendigkeit, Üblichkeit oder Zweckmäßigkeit** vorgegeben sind und deswegen kein Spielraum für die Entfaltung von Individualität besteht.[388]

IV. Schutz von Werkteilen

Auch Teile von Werken sind gegen Verletzungshandlungen geschützt. Voraussetzung für den Schutz **87** ist, dass **der entlehnte Teil** auch für sich genommen **den Schutzvoraussetzungen genügt,** also eine persönliche geistige Schöpfung darstellt.[389] Dabei braucht sich nicht die besondere Eigenart des Werkes als Ganzes in dem Werkteil zu offenbaren, es reicht aus, dass der Werkteil als solcher eine persönliche geistige Schöpfung darstellt.[390] Soweit Werkteile **keine persönliche geistige Schöpfung** darstellen, ist ihre Benutzung urheberrechtlich erlaubt.[391] Soweit der entlehnte Teil eine persönliche geistige Schöpfung darstellt, können **auch kleinste Teile** eines Werks geschützt sein, selbst wenn sie für seinen gedanklichen Inhalt bedeutungslos sind.[392] Allerdings wird bei sehr kleinen Teilen wie einzelnen Wörtern, Sätzen oder Satzteilen Urheberrechtsschutz meist daran scheitern, dass sie nicht ausreichend Raum für die Entfaltung von Individualität bieten.[393] Auf das quantitative oder qualitative Verhältnis des entlehnten Teils zum Werkganzen kommt es nicht an.[394]

V. Schutz des Werktitels

Der Titel eines Werks ist einerseits Teil des urheberrechtlichen Schaffens, es ist der Name, den der **88** Urheber seinem Werk gibt und mit dem oft schon ein bestimmter Aussagegehalt verbunden ist. Andererseits wird das Werk unter seinem Titel der Öffentlichkeit vorgestellt, der Titel soll das Werk im Geschäftsverkehr kennzeichnen und von anderen Werken unterscheiden. Der Werktitel hat also sowohl einen urheberrechtlichen als auch einen kennzeichenrechtlichen Gehalt. Das wirkt sich auch beim Schutz des Werktitels vor Verletzungen aus.

Neben dem **urheberrechtlichen Titelschutz** gibt es den Titelschutz durch das Markengesetz, bei dem es sich um den Schutz eines Titels als **Marke** (§ 3 MarkenG) oder als **geschäftliche Bezeichnung** (Werktitelschutz nach § 5 Abs. 1 und 3 MarkenG) handeln kann.[395] Diese Schutzformen stehen selbständig nebeneinander und schließen sich nicht gegenseitig aus.[396] Das regelt nicht nur § 2 MarkenG, sondern es entspricht auch der früheren Rechtsprechung,[397] deren Änderung insoweit durch das Markengesetz nicht beabsichtigt war.[398] Beim urheberrechtlichen Titelschutz unterscheidet man den **inneren** und den **äußeren Titelschutz.** Beim inneren Titelschutz geht es um den Schutz des Werktitels gegen Änderungen durch den Nutzungsberechtigten (Verleger) bei der Verwertung des Werks, also weitgehend um verlagsrechtliche Fragen.[399] Hier ist nur der äußere Titelschutz zu behan-

---

[387] *Schricker* FS GRUR, 1991, S. 1095 Rn. 34.

[388] Vgl. → Rn. 56.

[389] EuGH GRUR 2012, 156 Rn. 156 – Football Association Premier League u. Murphy; EuGH GRUR 2009, 1041 Rn. 39 – Infopaq; BGH ZUM-RD 2013, 241 (242); GRUR 2011, 134 Rn. 54 – Perlentaucher; BGH GRUR 2009, 403 (405) – Metall auf Metall; BGH GRUR 2002, 799 (800) – Stadtbahnfahrzeug; OLG Hamburg ZUM-RD 2010, 467 (468) – Solange du weißt bist; OLG München ZUM 2009, 970; LG Köln ZUM-RD 2015, 279 (282); LG Braunschweig ZUM-RD 2013, 187 (189) – Loriot; Fromm/Nordemann/*A. Nordemann* UrhG § 2 Rn. 51; Dreier/Schulze/*Schulze* UrhG § 2 Rn. 76; Büscher/Dittmer/Schiwy/*Obergfell* Kap. 10 UrhG § 2 Rn. 13; Wandtke/Bullinger/*Bullinger* UrhG § 2 Rn. 42; DKMM/*Dreyer* UrhG § 2 Rn. 39; *Schack* Rn. 198; *Rehbinder*/*Peukert* Rn. 182; *Ohly* F 32; zur Reichweite der Vollharmonisierung in diesem Bereich näher *Benz* S. 13 ff. und zum dt. Recht S. 73 ff.; → 5. Aufl. 2017, Rn. 87 mwN zur älteren Rspr.

[390] BGH GRUR 2008, 1081 (1082) – Musical Starlights.

[391] BGH GRUR 1953, 299 (301) – Lied der Wildbahn I; BGH GRUR 1981, 267 – Dirlada. Vgl. auch die Nachw. zur älteren Rspr. → 5. Aufl. 2017, Rn. 87.

[392] BGH GRUR 2011, 134 Rn. 54 – Perlentaucher; Dreier/Schulze/*Schulze* UrhG § 2 Rn. 76; Fromm/Nordemann/*A. Nordemann* UrhG § 2 Rn. 51; *Schack* Rn. 198; sa *Raue* GRUR 2011, 1088. Vgl. auch die Nachw. zur älteren Rspr. → 5. Aufl. 2017, Rn. 87.

[393] Allg. dazu → Rn. 68; zum Schutz von Werktiteln → Rn. 88, von Werbesprüchen und Werbeslogans → Rn. 140, von Werkteilen bei Musikwerken → Rn. 149; zum Sound-Sampling bei Musikwerken vgl. → Rn. 150.

[394] BGH GRUR 2008, 1081 (1082) – Musical Starlights; BGH GRUR 1959, 197 (198) – Verkehrskinderlied; BGH GRUR 1953, 299 (301) – Lied der Wildbahn I; Büscher/Dittmer/Schiwy/*Obergfell* Kap. 10 UrhG § 2 Rn. 13.

[395] S. zum Ganzen auch *Baronikians* passim; *Link* S. 51 ff.

[396] Vgl. zu den Einzelheiten *Link* S. 88 ff.

[397] BGH GRUR 1958, 354 (357 f.) – Sherlock Holmes.

[398] Amtl. Begr. zum MarkenG, BT-Drs. 12/6581, 67.

[399] Dazu §§ 39 und 62 UrhG; sa BGH GRUR 1990, 218 (219) – Verschenktexte.

deln, dh der urheberrechtliche Schutz des Werktitels vor einer Benutzung in gleicher oder ähnlicher Form für fremde Werke.

89   **Urheberrechtlicher Titelschutz** wird von der ganz herrschenden Meinung als **grundsätzlich möglich** anerkannt, im **konkreten Fall** aber mangels Erfüllung der Schutzvoraussetzungen **meist versagt.**[400] Der **BGH** hat die Frage bislang nicht grundsätzlich entschieden, da in keinem der ihm vorgelegten Fälle die Schutzvoraussetzungen vorlagen.[401] Von den **Instanzgerichten** ist die Möglichkeit urheberrechtlichen Titelschutzes zwar grundsätzlich bejaht, im konkreten Fall aber meist kein Schutz zugebilligt worden.[402] Als urheberrechtlich schutzfähig wurde der Titel „Der Mensch lebt nicht vom Lohn allein" beurteilt.[403] Auch das **Schrifttum** steht überwiegend auf dem Standpunkt, dass sich urheberrechtlicher Titelschutz zwar nicht grundsätzlich ausschließen lasse, im Regelfall jedoch die Schutzvoraussetzungen nicht erfüllt seien.[404]

90   Mit der hM ist davon auszugehen, dass **Urheberrechtsschutz von Werktiteln grundsätzlich möglich** ist. Dabei kommt entweder ein Schutz als selbständiges Sprachwerk oder als Werkteil in Betracht.[405] Das gilt auch, wenn es sich um Titel von Musikwerken oder Werken der bildenden Künste handelt.[406] Sowohl für einen Schutz als selbständiges Werk als auch für einen Schutz als Werkteil[407] ist aber Voraussetzung, dass der **Werktitel** eine **persönliche geistige Schöpfung** darstellt. Diese Voraussetzung wird, was durch die bisherige Rechtsprechung belegt wird, **nur in Ausnahmefällen erfüllt** sein. Vielen Titeln fehlt die erforderliche **Individualität** schon deswegen, weil sie rein beschreibender Natur sind, etwa „Sachenrecht" für ein juristisches Lehrbuch. Aber selbst originelle und geistreiche Titel erreichen meist nicht die notwendige Gestaltungshöhe. Auch wenn es für die Schutzfähigkeit auf den quantitativen Umfang eines Sprachgebildes grundsätzlich nicht ankommt,[408] lassen sich doch in wenigen Worten meist nicht geistiger Gehalt und Individualität im erforderlichen Maß zum Ausdruck bringen.[409] Dem fraglos vorhandenen Schutzbedürfnis für Werktitel ist durch § 5 MarkenG ausreichend Rechnung getragen.[410]

91   Vom Schutz des Wortgebildes als Titel ist dessen **graphische Ausgestaltung** zu unterscheiden. Diese kann, etwa bei Titelbildern, Ornamenten, Vignetten usw künstlerische Gestaltungshöhe erreichen und ist dann nach Abs. 1 Nr. 4 schutzfähig, außerdem kommt Designschutz in Betracht.[411] Geschützt ist dann aber nur die bildliche Ausgestaltung des Titels, nicht dagegen die Wortfolge.

F. Schutzumfang (*Loewenheim / Leistner*)

92   Der Schutzumfang von Urheberrechten bestimmt sich gegenständlich, räumlich und zeitlich. Der gegenständliche Schutzbereich ist durch die dem Urheber gewährten positiven Benutzungs- und negativen Verbietungsrechte vorgegeben, für den räumlichen Schutzbereich ist das Territorialitätsprinzip

---

[400] Vgl. die Nachw. zur älteren Rspr. des KG und des RG → 5. Aufl. 2017, Rn. 89.

[401] Vgl. BGH GRUR 1958, 354 (356 f.) – Sherlock Holmes; BGH GRUR 1960, 346 (347) – Naher Osten; BGH GRUR 1977, 543 – Der 7. Sinn; BGH GRUR 1990, 218 (219) – Verschenktexte.

[402] So etwa OLG Nürnberg *Schulze* OLGZ 9, 12 f. – Texas Bill; OLG München UFITA 22 (1956), 235 (236 f.) – Der Herrscher; OLG Hamburg GRUR 1956, 475 (476) – Bericht einer Siebzehnjährigen; OLG Celle GRUR 1961, 141 – La Chatte; OLG Frankfurt a. M. UFITA 26 (1958), 105 (106 f.) – Stunde der Vergeltung; OLG Frankfurt a. M. *Schulze* OLGZ 203, 2 – Das bißchen Haushalt; OLG Hamburg *Schulze* OLGZ 154, 1 f. – Herzen haben keine Fenster; KG *Schulze* KGZ 55, 20 ff. – Puppenfee; KG *Schulze* KGZ 58, 8 – Die Nichten der Frau Oberst; OLG Köln UFITA 95 (1983), 344 (345) – Film als Film; OLG München *Schulze* OLGZ 134, 4 – Glücksspirale; OLG München CR 1997, 20 für Überschriften von Paragraphen einer Gesetzessammlung auf CD-ROM; OLG Köln ZUM-RD 2016, 470 (471) – Wenn das Haus nasse Füße hat; LG Mannheim ZUM-RD 2009, 96 (100); LG München I GRUR-RR 2007, 226 (229) – Pumuckl; LG Hamburg ZUM 2003, 403 (415) – Die Päpstin; für die kurze Ansage eines Schaustellers Individualität verneinend LG München I ZUM 2018, 386; wN bei *Schricker*, Verlagsrecht, UrhG § 13/§ 39 Rn. 19; *Röder*, Schutz des Werktitels, 1970, S. 123.

[403] OLG Köln GRUR 1962, 534 (535 f.).

[404] *Dreier/Schulze/Schulze* UrhG § 2 Rn. 110; *Fromm/Nordemann/A. Nordemann* UrhG § 2 Rn. 53; *Büscher/Dittmer/Schiwy/Obergfell* Kap. 10 UrhG § 2 Rn. 27; *Wandtke/Bullinger/Bullinger* UrhG § 2 Rn. 65 f.; *Schricker*, Verlagsrecht, UrhG § 13/§ 39 Rn. 20; *Schack* Rn. 203; *Rehbinder/Peukert* Rn. 111; *Jacobs* GRUR 1996, 601 (606 f.); *Röder*, Schutz des Werktitels, 1970, S. 133 ff.; *Schwedler* S. 84 ff. Vgl. auch mwN → 5. Aufl. 2017, Rn. 89.

[405] Von dieser Alt. geht auch der BGH aus, vgl. BGH GRUR 1958, 354 (356 f.) – Sherlock Holmes; BGH GRUR 1977, 543 – Der 7. Sinn; BGH GRUR 1990, 218 (219) – Verschenktexte; sa *Reupert* UFITA 125 (1994), 27 (47 ff.); *Oelschlägel*, Der Titelschutz von Büchern, Bühnenwerken, Zeitungen und Zeitschriften, 1997, S. 48 ff., 51 ff.

[406] *Schricker*, Verlagsrecht, UrhG § 13/§ 39 Rn. 20 spricht hier von „mit dem Werk verbundenen akzessorischen Sprachgebilden".

[407] Dazu → Rn. 87.

[408] Vgl. → Rn. 68.

[409] → Rn. 68; OLG Köln ZUM-RD 2016, 470 (471) – Wenn das Haus nasse Füße hat; ebenso *Ulmer*, Urheber- und Verlagsrecht, § 31 III 2; *Schricker*, Verlagsrecht, UrhG § 13/§ 39 Rn. 20; *Röder*, Schutz des Werktitels, 1970, S. 137; *Reupert* UFITA 125 (1994), 27 (45); *Oelschlägel*, Der Titelschutz von Büchern, Bühnenwerken, Zeitungen und Zeitschriften, 1997, S. 50.

[410] Sa BGH CR 1998, 5 – Power Point.

[411] *Schricker*, Verlagsrecht, UrhG § 13/§ 39 Rn. 20; zum Urheberrechtsschutz von Schriftzeichen vgl. → Rn. 200.

maßgeblich,[412] der zeitliche Schutzbereich beginnt mit der Entstehung des schutzfähigen Werkes und endet mit Ablauf der Schutzfrist (§§ 64 ff.). Davon ist hier nicht zu handeln. Im Rahmen des § 2 stellt sich aber die Frage nach dem **Einfluss von Individualität und Gestaltungshöhe auf den Schutzumfang** des einzelnen Werkes.

Gegenstand des Urheberrechtsschutzes sind die **individuellen Züge** eines Werks, nur sie sind vor   93
Benutzung und Nachahmung geschützt.[413] Eine **Urheberrechtsverletzung** kann **nur bei Benutzung** individueller, dh **schöpferischer Werkbestandteile** vorliegen;[414] die Beurteilung der Frage unzulässiger Benutzung setzt daher grundsätzlich die Prüfung voraus, aus welchen Merkmalen sich die Individualität des Werkes ergibt.[415] Dabei wird der **Schutzumfang** eines Werks durch den Grad seiner **Individualität,** dh durch seine Gestaltungshöhe[416] **bestimmt.**[417] Je stärker die Individualität des Urhebers im Werk zum Ausdruck kommt, dh je größer die Gestaltungshöhe ist, desto größer ist der Schutzumfang; umgekehrt folgt einem nur geringen Grad an schöpferischer Eigentümlichkeit auch ein entsprechend enger Schutzumfang bei dem betreffenden Werk.[418] Ein enger Schutzumfang besteht zB dann, wenn der Gestaltungsspielraum durch von der Sache her vorgegebene Darstellungsprinzipien eingeschränkt ist,[419] beispielsweise bei einer durch den Forschungsgegenstand vorgegebenen Gliederung und Fachsprache[420] oder bei einer Darstellung bestimmter historischer Ereignisse.[421] Auch bei Darstellungen wissenschaftlicher oder technischer Art, bei denen nach der Rechtsprechung eine geringe Gestaltungshöhe ausreicht,[422] ist bei entsprechend niedriger Gestaltungshöhe der Schutzumfang vielfach enger. Der unterschiedliche Schutzumfang wirkte sich bisher nach deutschem Recht insbesondere bei der Frage aus, ob eine **freie oder unfreie Benutzung** vorliegt: Insoweit war der Grad der Individualität des benutzten und des neu geschaffenen Werkes zu berücksichtigen; je ausgeprägter die Individualität des benutzten Werkes ist, desto weniger konnte es gegenüber dem neu geschaffenen Werk verblassen, umgekehrt konnte es umso eher verblassen, je stärker die Individualität des neuen Werks war.[423] Nach der Entscheidung des EuGH in Sachen Pelham/Hütter (Metall auf Metall) ist das Institut der **freien Benutzung** im deutschen Recht (§ 24) allerdings nicht mehr ohne Weiteres mit der zwingenden europarechtlichen Maximalharmonisierung der Schranken zu vereinbaren;[424] entsprechende Überlegungen müssten nunmehr demnach systematisch beim Teilwerkschutz sowie ggf. im Rahmen gesetzgeberisch neu zu schaffender Schranken für Karikaturen, Parodien und Pastiches verortet werden.

G. Die einzelnen Werkarten *(Loewenheim/Leistner)*

In **Abs. 1 Nr. 1–7** zählt das Gesetz die wichtigsten Werkarten auf. Wie mit der Formulierung   94
„insbesondere" zum Ausdruck gebracht wird, ist der Katalog **beispielhaft** und nicht abschließend.[425] Neue Werkarten können also hinzutreten,[426] bisher ist allerdings eher die Tendenz erkennbar geworden, neuartige Gestaltungen einer der in Abs. 1 genannten Werkarten unterzuordnen. Die Urheberrechtsschutzfähigkeit eines Werkes hängt nicht von seiner klaren Einordnung in eine der in Abs. 1 aufgezählten Werkarten ab.[427] Die **Digitalisierung** von Werken begründet keine neue Werkart. Es wird lediglich die äußere Erscheinungsform des Werkes, die Art seiner Verkörperung oder unkörperlichen Wiedergabe berührt; das Werk als geistige Wesenheit bleibt unverändert.[428] Ein Werk verliert

---

[412] Dazu → Vor §§ 120 ff. Rn. 109 f.
[413] BGH GRUR 1988, 36 (38) – Fantasy; BGH GRUR 1988, 812 (814) – Ein bißchen Frieden; OLG München ZUM 1989, 588 (590); OLG Frankfurt a. M. GRUR 1990, 124 (126) – Unternehmen Tannenberg.
[414] → Rn. 87.
[415] BGH GRUR 1991, 533 (534) – Brown Girl II; BGH GRUR 1988, 810 (811) – Fantasy; BGH GRUR 1988, 812 (814) – Ein bißchen Frieden; BGH GRUR 1987, 704 (705) – Warenzeichenlexika.
[416] Dazu → Rn. 51 f.
[417] BGH GRUR 2005, 854 (856) – Karten-Grundsubstanz; BGH GRUR 2004, 855 (857) – Hundefigur; BGH GRUR 1991, 533 (534) – Brown Girl II.
[418] BGH GRUR 2014, 175 Rn. 41 – Geburtstagszug; BGH GRUR 1998, 916 – Stadtplanwerk; BGH GRUR 1993, 34 (35) – Bedienungsanweisung; BGH GRUR 1991, 449 (452) – Betriebssystem; BGH GRUR 1991, 529 (530) – Explosionszeichnungen; BGH GRUR 1991, 531 – Brown Girl I; BGH GRUR 1988, 810 (812) – Fantasy; BGH GRUR 1988, 812 (815) – Ein bißchen Frieden; BGH GRUR 1988, 690 (693) – Kristallfiguren; Dreier/Schulze/*Schulze* UrhG § 2 Rn. 34.
[419] Vgl. dazu auch → Rn. 56.
[420] BGH GRUR 1981, 352 (355) – Staatsexamensarbeit.
[421] OLG Frankfurt a. M. GRUR 1990, 124 (126) – Unternehmen Tannenberg.
[422] Vgl. → Rn. 231.
[423] Vgl. näher → § 24 Rn. 10.
[424] → Rn. 18a.
[425] BGH GRUR 2003, 876 (877) – Sendeformat; BGH GRUR 1985, 529 – Happening.
[426] Vgl. auch AmtlBegr. BT-Drs. IV/270, 37.
[427] BGH GRUR 1985, 529 – Happening.
[428] *Schricker* in: Schricker (Hg.), Urheberrecht auf dem Weg zur Informationsgesellschaft, 1997, S. 31, 39; *Loewenheim* GRUR 1996, 830 (831 f.); *Koch* GRUR 1997, 417; BeckOK UrhR/*Ahlberg/Götting* UrhG § 2 Rn. 46; OLG Rostock GRUR-RR 2008, 1 – Urheberrechtsschutz von Webseiten; OLG Frankfurt a. M. GRUR-RR 2005, 299 (300) – Online-Stellenmarkt.

seine Zugehörigkeit zu einer bestimmten Werkart nicht durch die Art der Festlegung; ein Sprachwerk oder Musikwerk bleibt auch bei seiner Festlegung in digitaler Form noch ein Sprach- bzw. Musikwerk.

95   Bei vielen Gestaltungen **treffen mehrere Werkarten zusammen,** etwa bei Opern, Operetten, Musicals oder Liedern (Sprachwerke und Werke der Musik); naturwissenschaftliche Lehrbücher sind Sprachwerke, enthalten aber meist auch Darstellungen wissenschaftlicher oder technischer Art. Jeder dieser Teile ist dann einem gesonderten Schutz nach den für die jeweilige Werkart geltenden Maßstäben zugänglich.[429] Lassen sich die einzelnen Teile nicht trennen (eine Gestaltung ist zB Sprachwerk und Darstellung wissenschaftlicher oder technischer Art),[430] so ist die Schutzfähigkeit auch hier nach den Maßstäben aller in Frage kommenden Werkarten zu prüfen.[431] Praktische Bedeutung hat das dann, wenn man der früheren Rechtsprechung folgt, dass bei den jeweiligen Werkarten die Anforderungen an den Grad der Individualität, dh an die Gestaltungshöhe unterschiedlich sind.[432] Auch für die Schranken des Urheberrechts (§§ 44a ff.) kann es von Bedeutung sein, welcher Werkart ein Werk zuzuordnen ist.

96   Ein Zusammentreffen mehrerer Werkarten in einem **komplexen Werk** findet sich ganz besonders deutlich auch bei **Computerspielen und Multimediawerken.**[433] Grundsätzlich kann an dieser Stelle gegebenenfalls **Kumulation** von Schutz für die **Umsetzung in einem Computerprogrammcode** nach §§ 69a ff. sowie für sämtliche **sprachlichen und audiovisuellen Bestandteile** gegebenenfalls ua[434] nach § 2 Abs. 1 Nr. 1 (Sprachwerke), Nr. 2 (Musikwerke), Nr. 4 (Werke der bildenden Kunst), Nr. 5 (Lichtbildwerke), Nr. 6 (Filmwerke), § 72 (einfache Lichtbilder), § 95 (einfache Laufbilder), § 4 (Datenbankwerke), §§ 87a ff. (einfache Datenbanken) in Betracht kommen, wobei je nach Einzelfall ein **Einzelschutz** und/oder eine **Teilhabe an der Originalität des Gesamtwerks**[435] denkbar ist.[436]

97   Hinsichtlich des **Computerspiels als Gesamtwerk** geht die herrschende Meinung von einem Schutz von Computerspielen und Multimediawerken als **filmähnliche Werke** nach § 2 Abs. 1 Nr. 6 aus.[437] Soweit dagegen eingewendet wird, die interaktiven Gestaltungsmöglichkeiten hinsichtlich des Spielablaufs sprächen gegen eine Einordnung bei den Filmwerken, die sich durch einen in der Regel linearen Ablauf auszeichneten,[438] unterschätzt dies (jedenfalls nach bisherigem technischen Stand), dass die unterschiedlichen Spielentwicklungsmöglichkeiten jedenfalls ganz weitgehend durch entsprechende Pfade vorgezeichnet sind, so dass die Eingriffsmöglichkeiten des Spielers letztlich – so vielfältig sie sein mögen – nur eine Art Wahl zwischen zahlreichen, vom Spieleentwickler vorgespurten, Ablaufmöglichkeiten darstellen. Daher stehen diese „Weichenstellungen" durch den Spieler jedenfalls einer Einordnung als filmähnliches Werk nicht entgegen. Soweit sich Spieler in virtuellen Welten weitgehend frei bewegen können, ist zu bedenken, dass auch die Rahmenbedingungen dieser virtuellen Welten letztlich – ähnlich wie ein Film – hinsichtlich der visuellen Gestaltung, der an einzelnen Stellen zur Interaktion bereitstehenden Figuren, der Beleuchtung oÄ in erheblichem Umfang festgelegt sind. Als Anknüpfungspunkt für Schutz als ein Werk, das ähnlich wie

---

[429] BGH GRUR 1993, 34 (35) – Bedienungsanweisung.

[430] Vgl. zB → Rn. 237.

[431] *Schricker* GRUR 1991, 563 (569).

[432] Dazu → Rn. 59 ff.

[433] EuGH GRUR 2014, 255 Rn. 23 – Nintendo/PC Box; BGH GRUR 2017, 266 Rn. 34 – World of Warcraft I mwN. Vgl. umfassend *Oehler* passim; weitere Bsp. für Multimediawerke auch bei *Schack* Rn. 248.

[434] Praktisch dürften sogar sämtliche Werkarten zumindest theoretisch in Betracht kommen – so zB möglicherweise auch tanzkunstähnliche Werke für bestimmte choreografierte Kampfszenen, ggf. Werke der Baukunst bzw. Entwürfe dazu für bestimmte Phantasiegebäude in der Spielwelt, wiss.-technische Darstellungen für bestimmte komplexere Bildschirmoberflächen etc.

[435] Vgl. zur diesbzgl. Abgrenzung und insbes. zur insoweit mit entscheidenden Frage nach der Anwendbarkeit der (für Filmwerke entwickelten und umstr.) Lehre vom Doppelcharakter bei Computerspielen *Oehler* S. 43 ff. (aufgrund einer ausführlichen, differenzierten, einzelfallorientierten Betrachtung iErg auch für Computerspiele gegen die pauschale Anwendung der Lehre vom Doppelcharakter).

[436] BGH GRUR 2017, 266 Rn. 34 – World of Warcraft I; BGH GRUR 2013, 1035 Rn. 20 – Videospielkonsolen I; BGH GRUR 2015, 672 Rn. 43 – Videospielkonsolen II; vgl. auch EuGH GRUR 2014, 255 Rn. 23 – Nintendo/PC Box; *Bullinger/Czychowski* GRUR 2011, 19 (22–24). Umfassend *Oehler* S. 39 ff., 385 ff.

[437] BGH GRUR 2013, 370 Rn. 14 – Alone in the Dark; vgl. schon zuvor zB OLG Hamburg GRUR 1983, 436 (437) – Puckman; OLG Hamburg GRUR 1990, 127 – Super Mario III; OLG Köln GRUR 1992, 312 (313) – Amiga-Club; s. aus der Lit. Dreier/Schulze/*Schulze* UrhG § 2 Rn. 243; DKMH/*Dreyer* UrhG § 2 Rn. 308 f.; *Wiebe* in Spindler/Schuster, Recht der elektronischen Medien, UrhG § 2 Rn. 13; Berger/Wündisch/*Oehler*/*Wündisch* § 34 Rn. 27 ff. mit umfassenden Nachw. zum Ganzen; aA Fromm/Nordemann/*A. Nordemann* UrhG § 2 Rn. 231; Wandtke/Bullinger/*Bullinger* UrhG § 2 Rn. 129, 155; BeckOK UrhR/*Ahlberg/Götting* UrhG § 2 Rn. 48; *Schack* Rn. 248; sa OLG Hamburg ZUM-RD 2012, 664 (667 f.) wohl auch Büscher/Dittmer/Schiwy/*Obergfell* Kap. 10 UrhG § 2 Rn. 62: neue, unbenannte Werkart. Teilw. wurden in der älteren Lit. auch gesetzliche Regelungen vorgeschlagen, die spezifisch Multimediawerke ähnlich wie Filmwerke als eigenständige Werkart aufführen oder allg. klarstellen würden, dass ein Werk auch aus der Verschmelzung unterschiedlicher Werkart zugehöriger Elemente bestehen kann, s. *Wandtke* GRUR 2002, 1 (8); näher dazu *Schricker* in Schricker (Hg.), Urheberrecht auf dem Weg zur Informationsgesellschaft, 1997, S. 41 ff., insbes. S. 49; vgl. auch Dreier/Schulze/*Schulze* UrhG § 2 Rn. 243.

[438] *Schack* Rn. 248 mwN.

ein Filmwerk geschaffen wird, dürfte dies jedenfalls nach derzeitigem Stand der Technik in aller Regel genügen.[439]

Zu einem möglichen (und wesentlichen) Schutz der **game mechanics,** also der zugrundeliegenden mehr oder weniger regelhaften **Interaktions- und Entwicklungsmöglichkeiten** und insbesondere des diesbezüglichen sog. **balancing,** das mit seiner Gewichtung der unterschiedlichen Aufgaben, Eigenschaften und Entwicklungsmöglichkeiten den eigentlichen aleatorischen Kern der meisten Computerspiele ausmacht vgl. noch → Rn. 217.

I. Sprachwerke

Schrifttum: *Barnitzke/Möller/Nordmeyer,* Die Schutzfähigkeit graphischer Benutzeroberflächen nach europäischem und deutschem Recht, CR 2011, 277; *Bornkamm,* Ungeschriebene Schranken des Urheberrechts? Anmerkungen zum Rechtsstreit Botho Strauß/Theater Heute, FS Piper (1996), S. 641; *Erdmann,* Urheberrechtliche Grenzen der Informationsvermittlung in Form von abstracts, FS Tilmann (2003), S. 21; *Götting,* Der Schutz wissenschaftlicher Werke, FS W. Nordemann (2004), S. 7; *Gounalakis,* Urheberrechtsschutz für die Bibel?, GRUR 2004, 996; *Graef,* Die fiktive Figur im Urheberrecht, ZUM 2012, 108; *Hauck,* Urheberrechtsschutz für Wertermittlungsgutachten?, ZUM 2011, 542; *Heermann,* Rechtlicher Schutz von Slogans, WRP 2004, 263; *Hertin,* Zur urheberrechtlichen Schutzfähigkeit von Werbeleistungen unter besonderer Berücksichtigung von Werbekonzeptionen und Werbeideen – Zugleich eine Auseinandersetzung mit *Schricker,* GRUR 1996, 815 –, GRUR 1997, 799; *Kitz,* Die Herrschaft über Inhalt und Idee beim Sprachwerk – Anmerkung zu LG München I, GRUR-RR 2007, 226 – Eine Freundin für Pumuckl, GRUR-RR 2007, 217; *Leydecker,* Das Urheberrecht am Tarifvertrag, GRUR 2007, 1030; *Ludyga,* Urheberrechtlicher Schutz von Tweets, AfP 2017, 284; *Marly,* Der Urheberrechtsschutz grafischer Benutzeroberflächen von Computerprogrammen – Zugleich Besprechung der EuGH-Entscheidung „BSA/Kulturministerium", GRUR 2011, 204; *A. Nordemann,* Die Geschichte vom fliegenden A. und andere Büsumer Geschichten – Anmerkungen zum Urheberrechtsschutz von Gebrauchszwecken dienenden Schriftwerken, FS W. Nordemann (2004), S. 60; *Peifer,* Kleine Münze oder Snippets? – Der urheberrechtliche Werkbegriff und das Leistungsschutzrecht, AfP 2015, 6; *Pleister/v. Einem,* Zur urheberrechtlichen Schutzfähigkeit der Sendefolge, ZUM 2007, 904; *Schricker,* Der Urheberrechtsschutz von Werbeschöpfungen, Werbeideen, Werbekonzeptionen und Werbekampagnen, GRUR 1996, 815; *ders.,* Werbekonzeptionen und Fernsehformate, GRUR-Int 2004, 923; *Schwintowski,* Urheberrechtsschutz für Allgemeine Versicherungsbedingungen, FS Wandtke (2013), S. 297; *Stieper,* Urheber- und wettbewerbsrechtlicher Schutz von Werbefiguren (Teil 1), GRUR 2017, 649; *Stollwerck,* Der rechtliche Schutz von Werbeslogans, ZUM 2015, 867; *Ullmann,* Der amtliche Leitsatz, FS Juris (1995), S. 133; *Wandtke/Bullinger,* Die Marke als urheberrechtlich schutzfähiges Werk, GRUR 1997, 573; *Wandtke/v. Gerlach,* Urheberrechtlicher Schutz von Werbesprüchen in der Vergangenheit und Gegenwart, ZUM 2011, 788; *Zurth/McColgan,* Urheberrechtliches Dilemma allgemeiner Geschäftsbedingungen, ZUM 2018, 762.

1. Allgemeines

Das UrhG geht vom Begriff des Sprachwerks als Oberbegriff aus und nennt als Unterbegriffe beispielhaft Schriftwerke, Reden und Computerprogramme. **Sprachwerke** sind alle persönlichen geistigen Schöpfungen, bei denen der **Werkinhalt durch das Ausdrucksmittel der Sprache ausgedrückt** wird.[440] **Unerheblich** ist, um **welche Sprache** es sich handelt,[441] auch Fremdsprachen, tote Sprachen, Kunstsprachen wie Esperanto oder Computersprachen und Bildersprachen kommen als Ausdrucksmittel in Betracht, ebenso Sprachsymbole, mathematische Zeichen oder Zahlen,[442] ferner Lautzeichen wie Pfeif- oder Trompetensignale, Gebärden (Taubstummensprache) oder Flaggensignale in der Seefahrt. Auch soweit Sprachwerke in **digitaler Form** wiedergegeben werden, handelt es sich um Sprachwerke.[443] Es ist nicht erforderlich, dass die Sprache oder die Sprachsymbole allgemeinverständlich sind, sie müssen nur eine einheitliche, Dritten sinnlich wahrnehmbare Formgebung aufweisen.[444] Sprache zeichnet sich durch ein System von Mitteilungssymbolen aus, die nach einer Konvention unter den Beteiligten einen bestimmten Bedeutungsinhalt haben.[445] Fehlt es an jeglichen Sprachsymbolen, wird aber der gedankliche Inhalt durch graphische oder zeichnerische Mittel zum

98

---

[439] Praktisch ist das insbes. insofern wesentlich, als auf dieser Grdl. die Vorschriften zur Rechteeinräumung nach §§ 88 ff. UrhG (zumindest analog) anwendbar sind, vgl. §§ 88 ff. Zu sämtlichen Einzelheiten sowie dem in der Praxis häufig hilfsweisen Rückgriff auf das Leistungsschutzrecht für Laufbilder nach § 95 noch → Rn. 217.

[440] So bereits RGZ 143, 412 (414); BGH GRUR 1963, 633 (634) – Rechenschieber; BGH GRUR 1961, 85 (87) – Pfiffikus-Dose; BGH GRUR 1959, 251 – Einheitsfahrscheine; OLG Köln GRUR-RR 2010, 143 – Wie ein Tier in einem Zoo; OLG Frankfurt a. M. GRUR 1983, 753 (755) – Pengo und WRP 1984, 79 (83) – Donkey Kong Junior II; OLG Karlsruhe GRUR 1983, 300 (305) – Inkasso-Programm; vgl. auch OLG Düsseldorf GRUR 1990, 263 (265) – Automaten-Spielplan; allgA auch im Schr., vgl. etwa Dreier/Schulze/*Schulze* UrhG § 2 Rn. 81; Fromm/Nordemann/*A. Nordemann* UrhG § 2 Rn. 54; Wandtke/Bullinger/*Bullinger* UrhG § 2 Rn. 45; Büscher/Dittmer/Schiwy/*Obergfell* Kap. 10 UrhG § 2 Rn. 22; *Rehbinder/Peukert* Rn. 224.

[441] OLG Düsseldorf GRUR 1990, 263 (265) – Automatenspielplan; Dreier/Schulze/*Schulze* UrhG § 2 Rn. 81; Wandtke/Bullinger/*Bullinger* UrhG § 2 Rn. 46; DKMH/*Dreyer* UrhG § 2 Rn. 205; Büscher/Dittmer/Schiwy/*Obergfell* Kap. 10 UrhG § 2 Rn. 22; *Rehbinder/Peukert* Rn. 224.

[442] Zu Zahlenwerken als Sprachwerke vgl. RGZ 121, 357 (358) – Rechentabellen; BGH GRUR 1959, 251 – Einheitsfahrschein.

[443] Dazu *Loewenheim* GRUR 1996, 830 (832); *Koch* GRUR 1997, 417 (418).

[444] OLG Frankfurt a. M. GRUR 1983, 753 (755) – Pengo, und WRP 1984, 79 (83) – Donkey Kong Junior II.

[445] OLG Düsseldorf GRUR 1990, 263 (265) – Automatenspielplan; vgl. auch *Haberstumpf* GRUR 1982, 142 (144) mit sprachphilosophischen Nachw.

Ausdruck gebracht, so kann eine Darstellung wissenschaftlicher oder technischer Art nach Abs. 1 Nr. 7 vorliegen.[446]

99 Erforderlich ist die **Mitteilung eines Gedankeninhalts** durch das Sprachwerk.[447] Ein Sprachwerk liegt dort nicht vor, wo Sprache oder Sprachsymbole nicht zur Informationsvermittlung, sondern ausschließlich zu anderen Zwecken, etwa als Ornamente, verwendet werden. Künstlerisch gestaltete Initialen und Vignetten hingegen sind sowohl Kunstwerk als auch Teil eines Sprachwerks. An der Mitteilung eines gedanklichen Inhalts fehlt es auch dann, wenn sich dieser Inhalt nicht durch das Gebilde, für das Schutz beansprucht wird, selbst erschließt, sondern aus zusätzlichen, außerhalb dieses Gebildes liegenden Anweisungen.[448] Daher ist zB ein Rechenschieber kein Sprachwerk.[449] Auf den **sachlichen Inhalt** des Sprachwerks kommt es hingegen nicht an.

2. Schriftwerke und Reden

100 **a) Begriff. Schriftwerke** sind Sprachwerke, bei denen der sprachliche Gedankeninhalt durch Schriftzeichen oder andere Zeichen äußerlich erkennbar gemacht wird.[450] Hierher zählen beispielsweise Romane, Erzählungen, Novellen, Gedichte, Liedertexte, Schauspiel-, Opern- und Operettentexte, Hörspiele, Drehbücher, Abhandlungen wissenschaftlichen, politischen oder religiösen Inhalts, Zeitschriftenaufsätze und Zeitungsartikel,[451] technische Vorschriften,[452] Resolutionen[453] sowie belehrende und unterhaltende Literatur aller Art. Schriftwerke können aber auch dann vorliegen, wenn es sich nicht um Texte mit fortlaufender Satzfolge handelt, beispielsweise bei Listen und Tabellen, Kombinationen aus Wörtern, Ziffern und sonstigen Zeichen, selbst bei reinen Buchstaben- und Zahlenanordnungen, soweit sie noch die Mitteilung eines gedanklichen Inhalts[454] darstellen;[455] auch das Spielfeld eines Spielautomaten kann ein Schriftwerk darstellen.[456]

101 Bei **Reden** wird demgegenüber der sprachliche Gedankeninhalt nicht durch Zeichen erkennbar gemacht, sondern **mündlich** zum Ausdruck gebracht.[457] Der Unterschied zum Schriftwerk liegt also in der Art der Wahrnehmbarmachung des Sprachwerks. Beispiele bilden Vorträge, Ansprachen, Vorlesungen, Predigten, Stegreifreden, Interviews und Reportagen, soweit es sich um persönliche geistige Schöpfungen handelt.

102 **b) Persönliche geistige Schöpfung.** Die für die Schutzfähigkeit erforderliche **Individualität** kann sich bei Schriftwerken und Reden grundsätzlich nicht nur aus der **Form** der Darstellung, sondern auch aus ihrem **Inhalt** ergeben.[458] Der BGH formuliert, dass die individuelle geistige Schöpfung sowohl in der von der Gedankenführung geprägten Gestaltung der Sprache als auch in der Sammlung, Auswahl, Einteilung und Anordnung des Stoffes zum Ausdruck kommen.[459] Einfache, banale Aneinanderreihungen, denen in ihrer Belanglosigkeit jedwede Doppeldeutigkeit oder Originalität fehlt, kommen – selbst bei Zugrundelegung der hier vertretenen einheitlichen Schutzuntergrenze – für urheberrechtlichen Schutz nicht in Betracht.[460] Auch ein innovativer Charakter des Inhalts allein kann die Schutzfähigkeit nicht begründen.[461]

Einschränkungen bestehen für die **Form der Darstellung** im Übrigen insofern, als dort, wo die Darstellung aus der Natur der Sache folgt oder durch Zweckmäßigkeit, Logik oder sachliche Erfordernisse vorgegeben ist, ein individuelles Schaffen ausscheidet; das gilt insbesondere auch für die Verwendung einer für die Darstellung notwendigen oder üblichen Fachterminologie.[462] Jedoch schließen die Anwendung von Denkgesetzen und Fachkenntnissen sowie die Berücksichtigung von Erfahrungen den Urheberrechtsschutz nicht ohne Weiteres aus, sie gehören vielmehr zum Wesen wissenschaftlicher, etwa rechtswissenschaftlicher, Tätigkeit.[463]

---

[446] Zur Abgrenzung BGH GRUR 2011, 803 Rn. 39 – Lernspiele; vgl. auch OLG Frankfurt a. M. GRUR 1983, 753 (755) – Pengo; OLG Karlsruhe GRUR 1983, 300 (306) – Inkasso-Programm.

[447] BGH GRUR 1959, 251 – Einheitsfahrschein.

[448] BGH GRUR 1959, 251 f. – Einheitsfahrschein; vgl. auch BGH GRUR 2011, 803 Rn. 40 – Lernspiele.

[449] BGH GRUR 1963, 633 (634) – Rechenschieber.

[450] BGH GRUR 1981, 352 (353) – Staatsexamensarbeit.

[451] OLG Köln GRUR 2000, 414 (415) – GRUR/GRUR-Int.

[452] BGH GRUR 2002, 958 (959) – Technische Lieferbedingungen.

[453] Dazu *Hertin* GRUR 1975, 246.

[454] Vgl. → Rn. 99.

[455] BGH GRUR 1959, 251 – Einheitsfahrschein.

[456] OLG Düsseldorf GRUR 1990, 263 (265) – Automatenspielplan.

[457] Vgl. für ein Bsp. LG München I ZUM 2018, 386.

[458] Dazu näher → Rn. 78 ff.

[459] BGH GRUR 2011, 134 Rn. 36 – Perlentaucher; BGH GRUR 1999, 923 (924) – Tele-Info-CD; BGH GRUR 1997, 459 (460 f.) – CB-infobank I; BGH GRUR 1992, 382 (384) – Leitsätze; BGH GRUR 1981, 352 (353) – Staatsexamensarbeit; BGH GRUR 1981, 520 (521) – Fragensammlung.

[460] Instruktiv zur Untergrenze LG München I ZUM 2018, 386 (390 ff.) mwN; vgl. auch die Beispiele bei *Peifer* AfP 2015, 6 (9).

[461] BGH GRUR 2011, 134 Rn. 36 – Perlentaucher; BGH GRUR 2002, 958 (959) – Technische Lieferbedingungen; LG Köln ZUM-RD 2015, 279 (282).

[462] Vgl. näher → Rn. 56.

[463] BGH GRUR 1986, 739 (741) – Anwaltsschriftsatz.

Bei der **Schutzfähigkeit des Inhalts** ist zu berücksichtigen, dass diejenigen Teile schutzunfähig sind, die der Urheber nicht selbst geschaffen, sondern übernommen hat, sei es, dass es sich um freies Gemeingut, sei es, dass es sich um fremde Schöpfungen handelt.[464] Zum Gemeingut sind in ihrem Kern auch Gedanken und Lehren zu rechnen, die in ihrem gedanklichen Inhalt, in ihrer politischen, wirtschaftlichen oder gesellschaftlichen Aussage Gegenstand der freien geistigen Auseinandersetzung bleiben müssen.[465]

Aus der Schutzfähigkeit des Inhalts folgt insbesondere, dass bei Romanen, Bühnenwerken und dgl. **103** nicht nur ihre Form, sondern auch die ihnen zugrundeliegende vom Dichter ersonnene **Fabel** schutzfähig ist, soweit sie auf der schöpferischen Phantasie des Urhebers beruht und nicht die Benutzung freien Gemeinguts oder fremder Schöpfungen darstellt.[466] Geschützt sind daher auch die eigenpersönlich geprägten Bestandteile und formbildenden Elemente des Werkes, die im Gang der Handlung, in der Charakteristik und Rollenverteilung der handelnden Personen, der Ausgestaltung von Szenen und in der „Szenerie" des Romans liegen,[467] die vom Dichter ersonnenen Charaktere und ihr Beziehungsgeflecht, das Milieu und das Handlungsgefüge einer Dichtung.[468] Auch einzelne **Charaktere** aus Romanen können unter **strengen Voraussetzungen** Schutz genießen, wenn sie aufgrund einer Kombination von ausgeprägten Charaktereigenschaften und besonderen äußeren Merkmalen eine **unverwechselbare Persönlichkeit** aufweisen. So wurde beispielsweise Astrid Lindgrens Romanfigur Pippi Langstrumpf als grundsätzlich schutzfähig angesehen.[469] Insbesondere bei umgestaltenden Übernahmen ist dann aber auch der **Schutzumfang** grundsätzlich entsprechend eng zu bemessen.

Bei **Sprachwerken wissenschaftlichen und technischen Inhalts** ging die ältere Rechtsprechung **104** davon aus, dass die Gedankenformung und -führung des dargestellten Inhalts für eine persönliche geistige Schöpfung weitgehend ausscheidet und für den Urheberrechtsschutz regelmäßig nur die Form und Art der Sammlung, Einteilung und Anordnung des Materials in Betracht kommt.[470] In dieser Allgemeinheit ist dem nicht zu folgen. Grundsätzlich ist davon auszugehen, dass auch die Gedankenformung und -führung des Inhalts schutzbegründend sein kann. Zutreffend ist aber, dass sich aus dem Grundsatz der Freiheit der Gedanken und Lehren Einschränkungen ergeben können und dass dieser Grundsatz seine besondere Ausprägung im Bereich der Wissenschaft und Technik findet.[471]

Die **Rechtsprechung** hat bei **Sprachwerken wissenschaftlichen und technischen Inhalts** die **105** **Schutzfähigkeit** beispielsweise **bejaht** bei einem **wissenschaftlichen Register** zu historisch und geisteswissenschaftlich bedeutsamen Texten des deutschen Mittelalters, weil die Anordnung und Darbietung auf einer Konzeption beruhte, welche die wissenschaftliche Bearbeitung der gesammelten und kommentierten Texte unter den verschiedensten Gesichtspunkten bereits berücksichtigte.[472] Ebenso ist eine Sammlung von 1220 **Kontrollfragen zu einem medizinischen Lehrbuch** als schutzfähig angesehen worden, weil es sich trotz eines eingeengten Gestaltungsspielraums nicht um eine bloß mechanische und routinemäßige Zusammenstellung vorgegebener Fakten in Frageform handelte, sondern um eine Auswahl aus dem Lehrbuch, die neben einer Durchdringung von dessen Inhalt die Fähigkeit voraussetzte, zwischen Wichtigem und Unwichtigem zu unterscheiden, so dass sich die Fragensammlung im Ergebnis als eine Fortsetzung des Lehrwerks selbst darstellte.[473] Bei der Schutzfähigkeit eines **Anwaltsschriftsatzes** kam es darauf an, ob der Schriftsatz sich vom alltäglichen, mehr oder weniger auf Routine beruhenden Anwaltsschaffen deutlich abhob,[474] was jedenfalls dann zu bejahen war, wenn der Anwalt bei der Darstellung umfangreiches Material unter individuellen Ordnungs- und Gestaltungsprinzipien ausgewählt, angeordnet und in das Einzel- und Gesamtgesche-

---

[464] Dazu → Rn. 80; s. als Bsp. LG München I ZUM 2007, 164.

[465] BGH GRUR 2011, 134 Rn. 36 – Perlentaucher; → Rn. 80.

[466] Dreier/Schulze/*Schulze* UrhG § 2 Rn. 88; Fromm/Nordemann/*A. Nordemann* UrhG § 2 Rn. 57; Büscher/Dittmer/Schiwy/*Obergfell* Kap. 10 UrhG § 2 Rn. 19; DKMH/*Dreyer* UrhG § 2 Rn. 117; Wandtke/Bullinger/*Bullinger* UrhG § 2 Rn. 48; *Rehbinder/Peukert* Rn. 196.

[467] BGH GRUR 2014, 258 Rn. 25 ff. – Pippi-Langstrumpf-Kostüm; BGH GRUR 2011, 134 Rn. 36 – Perlentaucher; BGH GRUR 1999, 984 (987) – Laras Tochter; OLG München NJW-RR 2000, 268 (269) – Das doppelte Lottchen; LG München I ZUM 2008, 709 (717); GRUR-RR 2007, 226 (228) – Eine Freundin für Pumuckl.

[468] OLG Karlsruhe ZUM 1997, 810 (815 f.) – Laras Tochter; OLG Karlsruhe GRUR 1957, 395 – Trotzkopf.

[469] BGH GRUR 2014, 258 Rn. 26 ff. – Pippi-Langstrumpf-Kostüm; ein Schutz wurde iErg nur deswegen nicht gewährt, weil es sich im konkreten Fall nicht um eine ausreichende Wiedergabe der Charakterzüge von Pippi Langstrumpf handelte (BGH GRUR 2014, 258 Rn. 46); zum Wettbewerbsschutz BGH GRUR 2016, 725 – Pippi-Langstrumpf-Kostüm II.

[470] Vgl. zum Ganzen → Rn. 81 mwN.

[471] Zum Ganzen → Rn. 81 ff.

[472] BGH GRUR 1980, 227 (231) – Monumenta Germaniae Historica; vgl. auch BGH GRUR 1987, 704 – Warenzeichenlexika; ferner KG GRUR 1991, 596 (597) – Schopenhauer-Ausgabe, zur Werkqualität des wissenschaftlichen Apparates einer Text-Ausgabe.

[473] BGH GRUR 1981, 520 (522) – Fragensammlung; vgl. auch BGH GRUR 1991, 130 (133) – Themenkatalog.

[474] Vgl. zur grundsätzlichen Frage, ob eine solche bes. Schöpfungshöhe im Bereich der Gebrauchszwecken dienenden Sprachwerke noch aufrecht erhalten werden kann → Rn. 28 (zum eur. Hintergrund) und → Rn. 81 ff. (zur dementsprechend heute einheitlichen Schutzuntergrenze im dt. Recht und den diesbzgl. weiterhin möglichen tatrichterlichen Differenzierungen).

hen eingeordnet hatte und dabei nicht nur ein hohes Maß an geistiger Energie und Kritikfähigkeit, sondern auch an schöpferischer Phantasie und Gestaltungskraft gezeigt hatte.[475]

106   Grundsätzlich schutzfähig ist auch die „kleine Münze" bei Gebrauchstexten.[476] So wurde einem **Merkblatt mit einer Zusammenstellung sozialversicherungsrechtlicher Regelungen** Schutz zuerkannt.[477] Bei der **Bedienungsanweisung** zu einer Motorsäge hielt es der BGH für möglich, dass auch ein inhaltlich anspruchsloser und durch technische Gegebenheiten weitgehend vorgegebener Text durch Auswahl und Anordnung der ihn ergänzenden Zeichnungen und Bilder mit der wechselseitigen Aufgabenzuweisung der Text- und Bildinformationen eine eigenschöpferische Komponente enthielt.[478] Bejaht wurde die Schutzfähigkeit auch bei **technischen Lieferbedingungen,**[479] den **Deutschen Rechnungslegungsstandards;**[480] **technischen Normen,**[481] bei einer **medizinischen Dienstanweisung,**[482] bei **Werbetexten,** die Eigenschaften und Beschaffenheit verschiedener Produktarten beschreiben und dabei einem bestimmten Stil folgen, der in seiner Ausdrucksart eine bestimmte Käuferschicht ansprechen soll und keine alltägliche Umgangssprache enthält,[483] sowie bei einer **Mietspiegelbroschüre.**[484]

107   Auf der anderen Seite ist die **Schutzfähigkeit verneint** worden bei **Ausschreibungsunterlagen** für den Bau einer Pipeline, die lediglich durch die Zusammenstellung technischer Tatsachenangaben, Beschreibungen und Anweisungen geprägt waren und keine das durchschnittliche Ingenieurschaffen beim Pipelinebau überragende Eigenart aufwiesen.[485] Stark eingeschränkt wurde der Urheberrechtsschutz für eine **Staatsexamensarbeit** über eine Calamitenspezies, weil bei gleichem Material und Thema und damit gleicher Fachsprache nur ein verhältnismäßig geringer Freiraum für eine erneute eigenschöpferische Darstellung und Formulierung bestand;[486] eine **historische wissenschaftliche Untersuchung** wurde im Hinblick auf die durch die historischen Gegebenheiten vorgegebene Darstellungsfolge und übliche Ausdrucksweise als teilweise nicht schutzfähig angesehen.[487] Verneint wurde Sprachwerkschutz auch für eine kurze **Beschreibung elektronischer Schaltungen,**[488] ferner für ein Sachverständigengutachten (über Verkehrswerte für Grundstücke);[489] zum Schutz von AGB und sonstigen Vertragsformularen → Rn. 109.

108   **c) Einzelfälle. Abstracts** (Kurzfassungen von Publikationen) sind schutzfähig, wenn sie das Niveau einer **persönlichen geistigen Schöpfung** erreichen.[490] Bei abstracts kann die schöpferische Leistung insbesondere in der Wiedergabe des wesentlichen Inhalts der Publikation auf knappem Raum liegen.[491] Lehnt sich ein abstract aber zu nahe an das Originalwerk an, so besteht die Gefahr, dass es sich um eine unzulässige Bearbeitung des Originalwerks handelt.[492]

109   **Allgemeine Geschäftsbedingungen** können grundsätzlich eine persönliche geistige Schöpfung darstellen.[493] Ob hinreichende **Individualität** vorliegt, ist anhand einer Beurteilung des jeweiligen Einzelfalls festzustellen. Nicht geschützt ist jedenfalls der **Inhalt** von AGB oder sonstigen Vertragswerken; die rechtliche Regelung, die sie zum Ausdruck bringen, bleibt frei.[494] Im Übrigen kommt es

---

[475] BGH GRUR 1986, 739 (741) – Anwaltsschriftsatz; sa OLG Hamburg GRUR 2000, 146 (147) – Berufungsschrift; OLG München GRUR 2008, 337 – Presserechtliches Warnschreiben; ferner → Rn. 110.

[476] Vgl. zul. *Rauer/Ettig* K&R 2015, 452 mwN.

[477] BGH GRUR 1987, 166 – AOK-Merkblatt.

[478] BGH GRUR 1993, 34 (36) – Bedienungsanweisung.

[479] BGH GRUR 2002, 958 (959) – Technische Lieferbedingungen; sa LG München I GRUR-RR 2008, 74 – Biogas Fonds.

[480] OLG Köln GRUR-RR 2002, 161 – DRS.

[481] BGH GRUR 1990, 1003 – DIN-Normen; zur Anwendbarkeit von § 5 vgl. § 5 Abs. 3.

[482] OLG Nürnberg GRUR-RR 2001, 225 (227) – Dienstanweisung.

[483] LG Köln ZUM-RD 2012, 45; vgl. auch LG Stuttgart ZUM-RD 2011, 649 (652).

[484] LG Stuttgart ZUM-RD 2011, 20.

[485] BGH GRUR 1984, 659 (661) – Ausschreibungsunterlagen.

[486] BGH GRUR 1981, 352 (354 ff.) – Staatsexamensarbeit.

[487] OLG Frankfurt a. M. GRUR 1990, 124 – Unternehmen Tannenberg.

[488] LG München I ZUM 1996, 709 (711).

[489] KG ZUM 2011, 566.

[490] BGH GRUR 2011, 134 – Perlentaucher; vgl. für die nachf. Entsch. der Berufungsinstanz OLG Frankfurt a. M. ZUM 2012, 146 – Perlentaucher; Fromm/Nordemann/*A. Nordemann* UrhG § 2 Rn. 67; Dreier/Schulze/*Schulze* UrhG § 3 Rn. 17; Wandtke/Bullinger/*Bullinger* UrhR § 3 Rn. 24; eing. dazu *Erdmann* FS Tilmann, 2003, S. 21; *Obergfell* GRUR 2011, 208.

[491] BGH GRUR 2011, 134 Rn. 27 – Perlentaucher; vgl. für die nachf. Entsch. der Berufungsinstanz OLG Frankfurt a. M. ZUM 2012, 146 – Perlentaucher; zuvor OLG Frankfurt a. M. GRUR 2008, 249 (251) – Abstracts; sa LG Frankfurt a. M. ZUM 2007, 65 (67); vgl. auch → § 3 Rn. 17.

[492] S. dazu insbes. BGH GRUR 2011, 134 – Perlentaucher; OLG Frankfurt a. M. ZUM 2012, 146 – Perlentaucher.

[493] OLG Celle ZUM-RD 2009, 14; OLG Köln CR 2009, 568; LG München I GRUR 1991, 50 (51) – Geschäftsbedingungen; Fromm/Nordemann/*A. Nordemann* UrhG § 2 Rn. 115; Wandtke/Bullinger/*Bullinger* UrhG § 2 Rn. 59; Dreier/Schulze/*Schulze* UrhG § 2 Rn. 93; DKMH/*Dreyer* UrhG § 2 Rn. 225; Büscher/Dittmer/Schiwy/*Obergfell* Kap. 10 UrhG § 2 Rn. 24; *Schack* Rn. 204; *Rauer/Ettig* K&R 2015, 452 (455); zum Urheberrechtsschutz für Allgemeine Versicherungsbedingungen s. *Schwintowski* FS Wandtke, 2013, S. 297; vgl. allerdings zu den bes. Freihaltebedürfnissen in diesem Bereich (auch aufgrund einer ökonomischen Analyse) *Zurth/McColgan* ZUM 2018, 762 (763, 766 ff.) mwN zur instanzgerichtlichen Rspr.

[494] LG München I GRUR 1991, 50 (51) – Geschäftsbedingungen.

darauf an, ob es um **kürzeste Standardklauseln** geht, die schon aus Freihaltebedürfnissen keiner urheberrechtlichen Monopolisierung unterliegen dürfen,[495] oder ob in der sprachlichen Formulierung oder der gedanklichen Gesamtkonzeption nebst Auswahl, Aufbau und Kombination der einzelnen Klauseln eine hinreichende **Gestaltungshöhe** zum Ausdruck kommt, die über lediglich rein routinemäßige, durch bloße Sachkenntnis geprägte Gestaltungen hinausgeht.[496]

Problematisch ist allerdings, dass durch eine urheberrechtliche Monopolisierung – selbst bei originelleren Klauselwerken – der eigentliche ökonomische Zweck von AGB, durch gewisse Standardisierung soweit möglich Informationsasymmetrien einzuebnen, unterlaufen zu werden droht.[497] Dies kann nach zutreffender Auffassung **besondere Freihaltebedürfnisse** begründen, die ggf. im Rahmen des Ausschlusses rein funktional-sachbezogener Erwägungen, bloßer Sachkenntnis und Mühe vom Begriff der Individualität zu berücksichtigen sind; der europäische Werkbegriff mit seinen diesbezüglichen Ansatzpunkten[498] ermöglicht dies gerade.[499] Demgegenüber kommt eine analoge Anwendung von § 5 Abs. 1 (für amtliche Werke) auf AGB nicht in Betracht, es sei denn, sie sind im Verordnungsweg festgelegt oder für allgemeinverbindlich erklärt.[500]

Anwaltliche Schriftsätze können urheberrechtlich schutzfähig sein.[501] Voraussetzung ist allerdings, dass sie eine persönliche geistige Schöpfung darstellen; die in ihnen zutage tretende Leistung muss über das Alltägliche, das bloß routinemäßige Schaffen hinausgehen.[502] Schriftsätze, in denen zu komplizierten Tat- oder Rechtsfragen Stellung genommen wird, bieten ausreichend Raum für schöpferische Individualität; anders wird es mit Angelegenheiten wie Mahnbescheiden, einfachen prozessualen Anträgen, kurzen Mitteilungen an den Mandanten und dgl. sein. Auf die juristische Qualität der Ausführungen kommt es nicht an; die Anwendung von Denkgesetzen und Fachkenntnissen sowie die Berücksichtigung von Erfahrungen schließen den Urheberrechtsschutz nicht aus, sie gehören vielmehr zum Wesen rechtswissenschaftlicher Tätigkeit.[503] Da Anwaltsschriftsätze dem wissenschaftlichen und nicht dem rein literarischen Bereich zuzurechnen sind,[504] geht der BGH bisher von einer höheren Schutzuntergrenze aus.[505] Der BGH stellt darauf ab, ob sich der Schriftsatz vom alltäglichen, mehr oder weniger auf Routine beruhenden Anwaltsschaffen deutlich abhebt, was er jedenfalls dann bejaht, wenn der Anwalt bei der Darstellung umfangreiches Material unter individuellen Ordnungs- und Gestaltungsprinzipien ausgewählt, angeordnet und in das Einzel- und Gesamtgeschehen eingeordnet hat und dabei nicht nur ein hohes Maß an geistiger Energie und Kritikfähigkeit, sondern auch an schöpferischer Phantasie und Gestaltungskraft gezeigt hat.[506] Der Anwaltsschriftsatz braucht nicht an ein Gericht oder eine Behörde gerichtet zu sein.[507] Wird ein Anwaltsschriftsatz durch ausdrückliche Bezugnahme Bestandteil einer gerichtlichen Entscheidung, so entfällt nach § 5 Abs. 1 der Urheberrechtsschutz.[508]

110

Bedienungsanleitungen und **Gebrauchsanweisungen** können ebenfalls als Schriftwerke urheberrechtlich geschützt sein.[509] Ihr Inhalt wird sich zwar meist auf Handlungsanweisungen und Mitteilungen tatsächlicher Art beschränken und daher nicht schutzfähig sein.[510] Die Darstellung ist dagegen dem Urheberrechtsschutz zugänglich, sie muss eine persönliche geistige Schöpfung sein. Angesichts des praktischen Unterweisungszwecks bleibt hierfür allerdings regelmäßig nur ein **geringer Gestaltungsspielraum**, zumal technische, funktional-sachbezogene Gestaltungsentscheidungen außer Betracht bleiben müssen. Der BGH hat in seiner älteren Rechtsprechung bei der Bedienungsanweisung für eine Motorsäge Schriftwerksschutz für grundsätzlich möglich erachtet (im Ergebnis wurde die

111

---

[495] OLG Köln K&R 2009, 488 (489); vgl. auch OLG Brandenburg ZUM-RD 2010, 596 (598 f.): dort allerdings noch auf Grdl. der Forderung nach einer beso., überdurchschnittlichen Gestaltungshöhe, die sich auf Grdl. des eur. Werkbegriffs so begrifflich nicht mehr aufrechterhalten lassen dürfte.

[496] Vgl. eher großzügig OLG Köln K&R 2009, 488 (489); LG Köln BeckRS 2012, 11176; LG München I GRUR 1991, 50 (51) – Geschäftsbedingungen; vgl. für eine komplexere Widerrufsbelehrung in AGB OLG Celle ZUM-RD 2009, 14.

[497] Zurth/McColgan ZUM 2018, 762 (765 ff.).

[498] Näher → Rn. 4 ff., insbes. → Rn. 10.

[499] Zutr. Peifer AfP 2015, 6 (9).

[500] Vgl. näher → § 5 Rn. 51 ff. S. zu möglichen rechtsgeschäftlichen oder urheberrechtlichen Alternativen, um zu einer erweiterten Nutzbarkeit und Netzwerkbildung bei AGB zu gelangen, Zurth/McColgan ZUM 2018, 762 (769 f.).

[501] BGH GRUR 1986, 739 (740) – Anwaltsschriftsatz; OLG München GRUR 2008, 337 – Presserechtliches Warnschreiben; OLG Hamburg GRUR 2000, 146 (147) – Berufungsschrift; Fromm/Nordemann/A. Nordemann UrhG § 2 Rn. 71; DKMH/Dreyer UrhG § 2 Rn. 225; Büscher/Dittmer/Schiwy/Obergfell Kap. 10 UrhG § 2 Rn. 24.

[502] S. auch LG Stuttgart NJOZ 2008, 2776 (2778).

[503] BGH GRUR 1986, 739 (741) – Anwaltsschriftsatz.

[504] BGH GRUR 1986, 739 (740) – Anwaltsschriftsatz.

[505] Näher → Rn. 59, krit. dazu → Rn. 60.

[506] BGH GRUR 1986, 739 (741) – Anwaltsschriftsatz.

[507] OLG München GRUR 2008, 337 – Presserechtliches Warnschreiben. S. weiterhin die Stichworte Verträge (→ Rn. 137), Patentanmeldungen (→ Rn. 128), Entscheidungsleitsätze (→ Rn. 122).

[508] LG Köln GRUR-RR 2011, 4 – Antragsschrift.

[509] BGH GRUR 1993, 34 (36) – Bedienungsanweisung; OLG Köln GRUR-RR 2015, 525; OLG Frankfurt a. M. ZUM 2015, 813 (815) – Bedienungsanleitung.

[510] Dreier/Schulze/Schulze UrhG § 2 Rn. 97; großzügiger Fromm/Nordemann/A. Nordemann UrhG § 2 Rn. 73.

Bedienungsanweisung aber nur nach § 2 Abs. 1 Nr. 7 mit seinen diesbezüglich grundsätzlich geringeren Anforderungen geschützt); maßgeblich dafür war die Auswahl und Anordnung der Zeichnungen und Bilder, die den an sich inhaltlich anspruchslosen und in der Darstellung durch die technischen Gegebenheiten weitgehend vorgegebenen Text ergänzten und zu einer wechselseitigen Aufgabenzuweisung der **Text- und Bildinformationen** führten. Dadurch hob sich die Bedienungsanweisung deutlich von der Mehrzahl alltäglicher Bedienungsanweisungen ab.[511] Eine „Dienstanweisung zur Durchführung von Injektionen, Infusionen und Blutentnahmen durch das Krankenpflegepersonal" wurde im Hinblick auf die dabei getroffenen Auswahlentscheidungen für schutzfähig erachtet.[512] Die gleichen Grundsätze gelten für **technische Handbücher,** beispielsweise für Begleitdokumentationen zu Computerprogrammen. Diese gehören nicht zum Programm und genießen daher keinen Schutz nach §§ 69a ff.[513]

112   Berichte, insbesondere bestimmte **Berichte im administrativen und politischen Prozess,** so zB ein sog. Bericht zur Unterrichtung des Parlaments (UdP) in Form eines militärischen Lageberichts, können nach allgemeinen Grundsätzen urheberrechtlich schutzfähig sein, wenn sie hinreichend **individuell** sind; Voraussetzung ist aber jedenfalls die tatrichterliche Feststellung durch welche konkreten Merkmale die schöpferische Eigentümlichkeit bestimmt wird.[514] GA *Szpunar* bezweifelt in der Rechtssache **Funke Medien/Deutschland** (Afghanistan Papiere) die Schutzfähigkeit für einen militärischen Lagebericht, da es sich hierbei um ein rein informatives und zwangsläufig sprachlich einfach und neutral gehaltenes Dokument handle, dessen Inhalt vollständig durch die in ihm enthaltenen Informationen bestimmt werde.[515] Der EuGH hat sich diesen Zweifeln in seinem Urteil **Funke Medien/Deutschland** (Afghanistan Papiere) nunmehr ausdrücklich angeschlossen.[516]

113   **Briefe** stellen nur dann eine persönliche geistige Schöpfung dar, wenn sie sich von der Masse des Alltäglichen abheben. Das ist bei gewöhnlichen Briefen, die sich auf Mitteilungen persönlicher und alltäglicher Art, Besprechung geschäftlicher Angelegenheiten und dgl. beschränken, regelmäßig zu verneinen.[517] Eine persönliche geistige Schöpfung kann aber in der originellen Art des gedanklichen Inhalts oder in der eigenständigen persönlichen Formgebung liegen,[518] was zB in der Sprachgestaltung oder der Auseinandersetzung mit wissenschaftlichen, kulturellen, politischen oder sonstigen Fragen zum Ausdruck kommen kann,[519] ferner in der bildhaften Sprache, den verwendeten Stilmitteln und der inhaltlichen Auseinandersetzung.[520] Soweit Urheberrechtsschutz nicht eingreift, können Briefe aufgrund des allgemeinen Persönlichkeitsrechts geschützt sein.[521]

114   **Buchrezensionen** sind in der Regel urheberrechtlich geschützte Werke,[522] jedenfalls wenn sie eine Auseinandersetzung mit dem besprochenen Buch darstellen. Anders dagegen, wenn sie im Wesentlichen nur aus bibliografischen Angaben oder der Übernahme von Klappentexten bestehen.

115   **Bühnenwerke** sind keine besondere Werkart, sondern entweder als dramatische Werke reine Sprachwerke (zB Schauspiele oder auch Puppenspiele), choreographische Werke nach Abs. 1 Nr. 3 oder Werkverbindungen iSd § 9, bei denen die verbundenen Werke verschiedenen Werkarten angehören (zB Opern, Operetten usw als Verbindung von Sprachwerken und Musikwerken, Ballette als Verbindung von Werken der Musik und Werken der Tanzkunst).[523] Bühnenwerke sind Gegenstand des Aufführungsrechts nach § 19 Abs. 2.[524] Zum Urheberrechtsschutz des Bühnenregisseurs vgl. → § 3 Rn. 21, zu Bühnenbildern → Rn. 169.

116   Bei **Fernsprechbüchern** und **Adressbüchern** stellen die darin enthaltenen tatsächlichen Angaben freies Gemeingut dar und sind urheberrechtlich nicht schutzfähig.[525] Eine Schutzfähigkeit kann sich indessen aus der Art und Weise, in der das vorhandene (gemeinfreie) Material ausgewählt, eingeteilt

---

[511] BGH GRUR 1993, 34 (36) – Bedienungsanweisung.
[512] OLG Nürnberg GRUR-RR 2001, 225 (227) – Dienstanweisung; sa OLG Frankfurt a. M. CR 2016, 20 f.
[513] Vgl. → § 69a Rn. 6.
[514] BGH GRUR 2017, 901 Rn. 13 – Afghanistan Papiere (Vorlagebeschluss); demgegenüber noch zu pauschal den urheberrechtlichen Schutz bejahend die Vorinstanz OLG Köln ZUM-RD 2015, 515 – Afghanistan-Papiere.
[515] GA *Szpunar,* SchlA v. 25.10.2018 in Funke Medien/Deutschland (Rs. C-469/17), BeckRS 2018, 26149 Rn. 19.
[516] EuGH GRUR 2019, 934 – Funke Medien/Deutschland [Afghanistan Papiere]. S. dazu *Dreier* GRUR 2019, 1003; *Leistner* ZUM 2019, 720.
[517] So bereits RGZ 41, 43 (49) – Richard Wagner-Brief; BGH GRUR 1986, 739 (741) – Anwaltsschriftsatz; BGHZ 36, 77 (83) – Waffenhandel; BGHZ 31, 308 (311) – Alte Herren; KG NJW 1995, 3392 – Botho Strauß; KG GRUR-RR 2002, 313 (314) – Das Leben, dieser Augenblick; KG ZUM 2008, 329; LG Berlin ZUM-RD 2007, 423; LG München I ZUM-RD 2007, 318 (320); Fromm/Nordemann/*A. Nordemann* UrhG § 2 Rn. 74; Dreier/Schulze/*Schulze* UrhG § 2 Rn. 89; Wandtke/Bullinger/*Bullinger* UrhG § 2 Rn. 56; Büscher/Dittmer/ Schiwy/*Obergfell* Kap. 10 UrhG § 2 Rn. 23.
[518] BGHZ 31, 308 (311) – Alte Herren; RGZ 69, 401 (405) – Nietzsche-Briefe; KG GRUR-RR 2016, 106 – Strittmatter-Brief.
[519] *Ulmer,* Urheber- und Verlagsrecht, § 22 I 5; vgl. als Bsp. LG Berlin UFITA 56 (1970), 349 (352 ff.) – Alfred Kerr-Briefe.
[520] LG Berlin ZUM-RD 2007, 423.
[521] BGH GRUR 1955, 197 – Hjalmar Schacht; OLG München ZUM-RD 2015, 469 (472).
[522] S. zB BGH GRUR 2011, 134 Rn. 23 – Perlentaucher.
[523] S. zu Bühnenwerken auch Wandtke/Bullinger/*Bullinger* UrhG § 2 Rn. 55.
[524] Dazu näher → § 19 Rn. 31.
[525] BGH GRUR 1999, 923 (924) – Tele-Info-CD.

und angeordnet worden ist sowie aus begleitenden Texten ergeben; die für sich genommen dem Urheberrechtsschutz nicht zugänglichen Ordnungsprinzipien können in dem Nachschlagewerk eine konkrete Ausformung erfahren und ihren schöpferischen Niederschlag gefunden haben.[526] Im Allgemeinen kommt Telefon- und Adressbüchern trotz des komplexen Regelwerks, das ihrer Erstellung zugrunde liegt, kein urheberrechtlicher Schutz zu.[527] An einer persönlichen geistigen Schöpfung fehlt es jedenfalls, wenn ausschließlich nach allgemein bekannten und gängigen Prinzipien vorgegangen wird, etwa bei einer Anordnung nach dem Alphabet, nach Wohnorten, Branchen, Behörden usw; auch die Hervorhebung bestimmter Eintragungen durch Fett- oder Kursivdruck, Sternchen und dgl. oder die Verwendung farbiger Einschaltkartons stellt noch keine schutzfähige Leistung dar.[528] In der Disposition von Haupt- und Nebeneinträgen, Verweisungen, Behandlung von Ortsteilen, Durchmischung mit Werbeeinträgen und dgl. kann aber eine schöpferische Gestaltung liegen.[529] Daneben kommt Schutz für wesentliche Investitionen in derartige **Datenbanken nach §§ 87aff.** in Betracht.

Literarische **Figuren** können auch außerhalb des Werkes, in dem sie beschrieben werden, selbständigen Urheberrechtsschutz genießen.[530] Bei Werken der Literatur ist nicht nur die konkrete Textfassung geschützt, sondern auch „eigenpersönlich geprägte Bestandteile und formbildende Elemente des Werkes",[531] zu denen auch die handelnden Personen gehören können. Voraussetzung für einen Schutz ist eine **typische Charakteristik der Figur, die sie auch außerhalb des Werkes als solche erkennbar macht,** die Figur solle „eine unverwechselbare Kombination äußerer Merkmale sowie von Eigenschaften, Fähigkeiten und typischen Verhaltensweisen besitzen, aus denen besonders ausgeprägte Persönlichkeit geformt sind, die jeweils in charakteristischer Weise auftreten".[532] Ein solcher Schutz kann auch „unabhängig vom konkreten Beziehungsgeflecht und dem Handlungsrahmen bestehen, wie sie in der Fabel des Romans ihren Ausdruck gefunden haben".[533] Der Schutz besteht nicht nur gegen die Benutzung der Figuren in anderen literarischen Werken wie Fortsetzungsromanen,[534] Drehbüchern[535] oder Filmen, sondern auch gegen Nachahmungen durch Figuren, grafische Darstellungen, Kostüme[536] und Ähnliches.[537]   **117**

Formulare, Tabellen, Vordrucke, Merkblätter usw sind vor allem in der reichsgerichtlichen Rechtsprechung als kleine Münze des Urheberrechts verschiedentlich als schutzfähig angesehen worden.[538] Der BGH hat bei einem sozialversicherungsrechtlichen **Merkblatt** die besondere „Form und Art der Sammlung, Einteilung, Anordnung und Erläuterung der für den Arbeitgeber wichtigsten Regelungen zur Abführung der Sozialversicherungsbeiträge" ausreichen lassen, wobei die schöpferische Leistung „in der Auswahl der für den Arbeitgeber wesentlichen sozialversicherungsrechtlichen Regelungen aus einem besonders umfangreichen und für den Nichtfachmann kaum zu überblickenden Material sowie in der systematischen, übersichtlichen und vereinfachten Darstellung" erblickt wurde.[539] Kein Urheberrechtsschutz wurde beispielsweise gewährt für einen in einem Anlagemagazin erscheinenden Statistik-Teil mit Tabellen über Kurse, Kennzahlen, Prognosen und Bewertungen für   **118**

---

[526] BGH GRUR 1999, 923 (924) – Tele-Info-CD.

[527] BGH GRUR 1999, 923 (924) – Tele-Info-CD; Fromm/Nordemann/*A. Nordemann*. UrhG § 2 Rn. 67a; Dreier/Schulze/*Schulze* UrhG § 2 Rn. 100; Wandtke/Bullinger/*Bullinger* UrhG § 2 Rn. 61.

[528] BGH GRUR 1999, 923 (924f.) – Tele-Info-CD; OLG Hamburg ZUM 1989, 43 (45) – Gelbe Seiten.

[529] Vgl. auch *Hubmann* FS Preu, 1988, S. 77 (83).

[530] BGH GRUR 2014, 258 Rn. 26ff. – Pippi-Langstrumpf-Kostüm; OLG Köln ZUM 2012, 407 (408) sowie ZUM-RD 2012, 256 (257) – Pippi Langstrumpf; LG Köln ZUM 2011, 871 (873); Fromm/Nordemann/*A. Nordemann* UrhG § 2 Rn. 102; DKMH/*Dreyer* UrhG § 2 Rn. 225; *Graef* ZUM 2012, 108; diff. *Raue* FS Wandtke, 2013, S. 287; krit. ggü. der Einordnung des selbständigen Figurenschutzes bei den Sprachwerken und für Anerkennung einer entsprechenden unbenannten Werkart *Stieper* GRUR 2017, 649 (653f.) im Zusammenhang des grds. möglichen Schutzes von Werbefiguren (bedenkenswert).

[531] BGH GRUR 2014, 258 Rn. 28 – Pippi-Langstrumpf-Kostüm; BGH GRUR 1999, 984 (987) – Laras Tochter; OLG Köln ZUM 2012, 407 (408) sowie ZUM-RD 2012, 256 (257) – Pippi Langstrumpf; sa *Graef* ZUM 2012, 108.

[532] BGH GRUR 2014, 258 – Pippi-Langstrumpf-Kostüm; OLG Köln ZUM 2012, 407 (408) sowie ZUM-RD 2012, 256 (257) – Pippi Langstrumpf (Übernahme der Formulierung aus Fromm/Nordemann/*A. Nordemann* UrhG, 10. Aufl. 2008, § 2 Rn. 102, in der 12. Aufl. unverändert).

[533] BGH GRUR 2014, 258 Rn. 28 – Pippi-Langstrumpf-Kostüm.

[534] BGH GRUR 1999, 984 – Laras Tochter.

[535] LG Hamburg GRUR-RR 2003, 233 – Die Päpstin.

[536] BGH GRUR 2014, 258 – Pippi-Langstrumpf-Kostüm; OLG Köln ZUM 2012, 407 (408) sowie ZUM-RD 2012, 256 (257) – Pippi Langstrumpf; LG Köln ZUM 2011, 871 (873). Krit. und hins. lediglich „äußerlicher" Nutzungen abl. *Raue* FS Wandtke, 2013, S. 287 (295f.).

[537] Vgl. zur Verwendung von Figuren und Symbolen aus Joanne K. Rowlings Harry Potter-Romanen LG Köln GRUR-RR 2002, 3 – Harry Potter (überholt; Schutz wurde damals verneint, weil sich aus den damals vier erschienenen Bänden der Harry Potter-Romane kein einheitliches visuelles literarisches Bild der Romanfigur herausgebildet habe). Vgl. zum Schutz von Werbefiguren *Stieper* GRUR 2017, 649 (654ff.); zur Übertragbarkeit auf weitere vergleichbare Konstellationen, zB Filmfiguren, diesbzgl. Merchandising etc, *Hahn* ZUM 2014, 239 (241f.).

[538] RGZ 121, 357 (361f.) – Rechentabellen; RGZ 143, 412 (416ff.); RGSt 43, 229 (230); 46, 159 (160); 48, 330 (333).

[539] BGH GRUR 1987, 166 – AOK-Merkblatt; vgl. zu einer eigenständigen Auswahl und bes. knappen übersichtlichen Gliederung OLG Nürnberg GRUR-RR 2001, 225 (227) – Dienstanweisung; Schutz bejahend für einen umfänglichen Mietspiegel OLG Stuttgart ZUM-RD 2011, 20 (28); Schutz bejahend für standesamtliche Formulare mit Gliederung und Zusammenfassung der einschlägigen gesetzlichen Bestimmungen in eigener Sprache OLG Nürnberg GRUR 1972, 435.

über 500 deutsche Aktiengesellschaften.[540] Die Zubilligung von Urheberrechtsschutz für reine Formulare und dgl. sollte allerdings nur zurückhaltend erfolgen; dies gilt erst Recht vor dem Hintergrund des europäischen Werkbegriffs mit seinem Ausschluss rein funktional-sachbezogener Entscheidungen aufgrund bloßen handwerklichen Könnens oder bloßer Sachkenntnis vom Individualitätsbegriff.[541] So sind übliche Tabellenformen, die Einteilung in Haupt- und Nebenspalten, die Verwendung von Strichen, Nummern, Code-Zeichen und dgl. jedenfalls gemeinfrei und begründen die Schutzfähigkeit nicht.[542] Zu beachten ist auch, dass die schöpferische Leistung im Formular selbst ihren Niederschlag gefunden haben muss und dass nicht erst besondere, außerhalb des Formulars liegende Anweisungen erforderlich sein müssen, um dessen geistigen Inhalt zu erschließen.[543] Formulare und dgl. können auch Schutz als **Darstellungen wissenschaftlicher oder technischer Art** genießen,[544] an die die Rechtsprechung hinsichtlich der Gestaltungshöhe geringere Anforderungen stellt.[545]

119   **Gutachten** s. wissenschaftliche Gutachten (→ Rn. 141).

120   **Interviews** wurden in der Rechtsprechung geschützt, wenn sie einen darstellerischen und inhaltlichen Spielraum aufweisen und von diesem Spielraum ausreichend Gebrauch gemacht wurde.[546]

121   **Kataloge, Preislisten** und dgl. enthalten weitgehend tatsächliche Mitteilungen, die als solche dem Urheberrechtsschutz nicht zugänglich sind.[547] Ihre Schutzfähigkeit wird daher die Ausnahme bilden.[548] Die Frage der Schutzfähigkeit des Michel-Briefmarkenkatalogs wurde vom BGH[549] offen gelassen, vom OLG München verneint.[550] Eine persönliche geistige Schöpfung kann sich in seltenen Fällen aus der besonders geistvollen Darstellung und Anordnung des Stoffs sowie aus der Kombination mit begleitenden Texten und Abbildungen ergeben.[551] Zum Schutz als **Darstellungen wissenschaftlicher oder technischer Art** vgl. → Rn. 238.

122   Nichtamtliche **Leitsätze** zu Gerichtsentscheidungen können die Voraussetzungen einer persönlichen geistigen Schöpfung erfüllen, dann allerdings regelmäßig unter dem Gesichtspunkt des § 3, da es sich um eine Bearbeitung der zugrundeliegenden Entscheidung handelt.[552] Dabei kann ein bescheideneres Maß an schöpferischer Tätigkeit genügen, weil die Leitsätze sich sachnotwendig eng an die bearbeitete Entscheidung anlehnen müssen.[553] Die Individualität kann insbesondere in der Sammlung, Anordnung und Einteilung der tragenden Gründe der Entscheidung, namentlich in ihrer prägnanten Erfassung und Gliederung, zum Ausdruck kommen; ein Hinweis auf das erörterte Problem oder die wörtliche Wiedergabe von Entscheidungssätzen ohne eigene Gliederungsstruktur reicht freilich nicht.[554] Raum für eine individuelle Gestaltung besteht auch, wenn die Entscheidung nicht stringent untergliedert ist und keine eigenen Leitsätze aufweist; anders formulierte Leitsätze anderer Verfasser können den Gestaltungsspielraum aufzeigen.[555] Die gleichen Grundsätze gelten für die **Aufbereitung von Entscheidungen für Dokumentationszwecke.**[556]

     Amtliche Leitsätze fallen hingegen unter § 5 Abs. 1 und sind nicht schutzfähig.[557] **Paragraphenüberschriften** werden in aller Regel nicht schutzfähig sein. In ihrer (notwendigen) Kürze kann sich schöpferische Individualität idR nicht entfalten können; zudem wird ihre Formulierung bereits weitgehend durch den Paragrapheninhalt bestimmt.[558]

123   **Lexika** und **Wörterbücher** können grundsätzlich urheberrechtlich geschützt sein.[559] Zwar gilt auch hier, dass die in ihnen enthaltenen tatsächlichen Daten und Informationen nicht schutzfähig

---

[540] OLG Hamburg GRUR 2000, 319 – Börsendaten.

[541] Näher → Rn. 6.

[542] Vgl. auch BGH GRUR 1987, 704 (705) – Warenzeichenlexika; OLG Stuttgart ZUM-RD 2011, 20 (27 f.).

[543] BGH GRUR 1959, 251 (251 f.) – Einheitsfahrschein.

[544] Dazu → Rn. 238.

[545] Vgl. → Rn. 231.

[546] LG Berlin ZUM-RD 2012, 37 f.

[547] DKMH/*Dreyer* UrhG § 2 Rn. 226.

[548] OLG Hamm GRUR 1981, 130 (131): Schutzfähigkeit einer Preislisten-Druckvorlage verneint; vgl. auch LG München I *Schulze* LGZ 149, 3 f. zur Schutzfähigkeit eines Verkaufskatalogs; Dreier/Schulze/*Schulze* UrhG § 2 Rn. 97 ff.; Wandtke/Bullinger/*Bullinger* UrhG § 2 Rn. 62; Büscher/Dittmer/Schiwy/*Obergfell* Kap. 10 UrhG § 2 Rn. 24.

[549] BGH ZUM 2006, 562 (564).

[550] OLG München ZUM-RD 2003, 306 (310); sa OLG München BeckRS 2010, 28272.

[551] Zum Schutz als Darstellungen wissenschaftlicher oder technischer Art vgl. → Rn. 238.

[552] BGH GRUR 1992, 382 (384 f.) – Leitsätze; OLG Köln ZUM 2009, 243; GRUR 2000, 414 (416) – GRUR/GRUR Int; OLG Köln GRUR 1989, 821 (822) – Entscheidungsleitsätze; Fromm/Nordemann/*A. Nordemann* UrhG § 2 Rn. 88; Dreier/Schulze/*Schulze* UrhG § 2 Rn. 96; Wandtke/Bullinger/*Bullinger* UrhG § 2 Rn. 63; *Ullmann* FS juris, 1995, S. 133 (134 ff.); *Fischer* NJW 1993, 1228; vgl. auch → § 3 Rn. 17.

[553] BGH GRUR 1992, 382 (384 f.) – Leitsätze; *Ullmann* FS juris, 1995, S. 133 (135).

[554] BGH GRUR 1992, 382 (384 f.) – Leitsätze.

[555] OLG Köln ZUM 2009, 243.

[556] BGH GRUR 1992, 382 (384 f.) – Leitsätze, mN.

[557] Vgl. → § 5 Rn. 33.

[558] Zur Schutzfähigkeit von Paragraphenüberschriften s. OLG München NJW 1997, 1931 (1932); *Stieper* GRUR 2003, 398.

[559] BGH GRUR 1987, 704 (705) – Warenzeichenlexika; OLG Köln GRUR-RR 2002, 265 – Wanderführer; OLG Frankfurt a. M. MMR 2002, 687 – IMS-Health; Büscher/Dittmer/Schiwy/*Obergfell* Kap. 10 UrhG § 2 Rn. 23.

sind.[560] Individuelle Züge können aber in der Konzeption der Informationsauswahl und -vermittlung, in der Art und Weise der Auswahl, Einteilung und Anordnung des Materials liegen.[561]

Liedtexte werden im Allgemeinen urheberrechtlich schutzfähig sein, da sie ausreichend Gestal- 124 tungsspielraum für die Entfaltung von Individualität bieten.[562] Geschützt ist hier auch die kleine Münze des Urheberrechts. Alltäglichen, banalen Texten bleibt jedoch der Schutz versagt;[563] die Entfaltung von Individualität kann auch wegen der Kürze des Textes ausscheiden.[564]

Marken: Urheberrechtsschutz von Wortmarken wird in der Regel ausscheiden, weil es sich bei 125 Wortmarken üblicherweise um einzelne Worte handelt, die nicht genug Raum für die Entfaltung schöpferischer Individualität lassen. Bildmarken können dagegen ausreichend Spielraum für eine schöpferische Gestaltung bieten.[565]

Materialien für den Unterricht, Kurs- und Seminarunterlagen können – unabhängig 126 von etwa bestehendem urheberrechtlichen Schutz für die Einzelbestandteile – als solche urheberrechtlichen Schutz als **Sammelwerk** (iSd § 4) genießen, wenn ihre Auswahl und konkrete Anordnung Individualität aufweist, die über die bloße Summe der Inhalte der Einzelelemente hinausgeht.[566]

Private technische **Normenwerke** wie DIN-Normen, VDE-Vorschriften, VOB und dgl. erfüllen 127 die Voraussetzung einer persönlichen geistigen Schöpfung.[567] Das Urheberrecht an ihnen wird nicht dadurch ausgeschlossen, dass Gesetze und dgl. auf sie verweisen, solange nicht ihr Wortlaut wiedergegeben wird (§ 5 Abs. 3).[568] Zum Schutz als Darstellungen wissenschaftlicher oder technischer Art vgl. → Rn. 237.

Bei **Patentanmeldungen** ist die mitgeteilte technische Lehre als solche nicht schutzfähig. Ihre 128 Darstellung in der Erfindungsbeschreibung ist dagegen dem Urheberrechtsschutz zugänglich.[569] Der Schutz erlischt aber nach § 5 Abs. 2 mit der amtlichen Veröffentlichung durch das Patentamt.[570]

Bei **Programmen,** wie Theaterprogrammen, Rundfunk- und Fernsehprogrammen, Sportpro- 129 grammen und dgl., ist der mitgeteilte Inhalt tatsächlicher Art nicht schutzfähig; lediglich aus seiner Darbietung, aus der Einteilung und Anordnung des Stoffs sowie aus begleitenden Texten und Abbildungen kann sich die Schutzfähigkeit ergeben.[571] Oft enthalten Programme eingehende Ausführungen über Verfasser, Komponisten, Stücke, Darsteller und Ähnliches, die urheberrechtlich schutzfähig sind. Urheberrechtsschutz ist bejaht worden für **programmbegleitendes Material,** das die Sendeunternehmen in sog. Presselounges bereitstellen.[572] Zum möglichen urheberrechtlichen Schutz der **Sendefolge** als solcher als Sammelwerk → § 4 Rn. 32.

Prüfungsaufgaben können die für Urheberrechtsschutz erforderliche **Individualität** aufweisen. 130 So ist mit Recht die Aufgabenstellung für eine BGB-Hausarbeit geschützt worden,[573] ebenso eine Fragensammlung, die als Arbeitskontrolle zu einem medizinischen Fachbuch diente.[574] Auch Multiple-Choice-Klausuren können schutzfähig sein.[575]

Auch **Rätsel** können schutzfähig sein, sie können durchaus Spielraum zur Entfaltung schöpferi- 131 scher Individualität bieten.[576] Kreuzwort- und Silbenrätseln wurde vom OLG München Schutz zuerkannt.[577]

Zum Urheberrechtsschutz von **Resolutionen** vgl. *Hertin* GRUR 1975, 246 ff. 132

---

[560] BGH GRUR 1987, 704 (705) – Warenzeichenlexika.

[561] BGH GRUR 1987, 704 (706) – Warenzeichenlexika; OLG Köln GRUR-RR 2002, 265 – Wanderführer; LG Berlin AfP 1994, 62 (63); Wandtke/Bullinger/*Bullinger* UrhG § 2 Rn. 64.

[562] Fromm/Nordemann/*A. Nordemann* UrhG § 2 Rn. 90; Büscher/Dittmer/Schiwy/*Obergfell* Kap. 10 UrhG § 2 Rn. 23; s. zB BGH GRUR 1978, 305 (306) – Schneewalzer.

[563] BGH GRUR 1991, 531 – Brown Girl I; OLG Hamburg ZUM 1998, 1041 – Samba de Janeiro.

[564] OLG Hamburg ZUM-RD 2010, 467 – Solange du wild bist; LG Hamburg ZUM 2010, 541.

[565] Eing. zum Urheberrechtsschutz von Marken *Wandtke/Bullinger* GRUR 1997, 573.

[566] OLG Frankfurt a. M. GRUR-RR 2015, 200 – Seminarunterlagen.

[567] Zu DIN-Normen BGH GRUR 1990, 1003 – DIN-Normen; LG Berlin CR 2016, 223; LG Hamburg CR 2016, 223 (224 ff.) – Urheberrechtsschutz für DIN-Normen; zu VOB Teil C BGH GRUR 1984, 117 (118) – VOB/C; vgl. auch BGH GRUR 2002, 958 (959) – Technische Lieferbedingungen; OLG Köln GRUR-RR 2002, 161; GRUR 2000, 1022 (1022 f.) – Technische Regelwerke; OLG Köln ZUM-RD 1998, 110; Fromm/Nordemann/*A. Nordemann* UrhG § 2 Rn. 77; Wandtke/Bullinger/*Bullinger* UrhG § 2 Rn. 64; *Loewenheim* FS Sandrock, 2000, S. 609.

[568] BGH GRUR 1990, 1003 – DIN-Normen; sa BVerfG GRUR 1999, 226 – DIN-Normen.

[569] BGH GRUR 1985, 129 – Elektrodenfabrik; Fromm/Nordemann/*A. Nordemann* UrhG § 2 Rn. 93; DKMH/*Dreyer* UrhG § 2 Rn. 214; eing. *Kronz* Mitt. 1976, 181.

[570] Vgl. → § 5 Rn. 37.

[571] RGZ 66, 227 (230); 140, 137 (138 ff.); RGSt 39, 282 (284); Wandtke/Bullinger/*Bullinger* UrhG § 2 Rn. 51; DKMH/*Dreyer* UrhG § 2 Rn. 226. Zum Wettbewerbsschutz von Programmen vgl. BGHZ 27, 264 = GRUR 1958, 549 – Box-Programmheft.

[572] LG Leipzig ZUM 2009, 980.

[573] LG Köln GRUR 1993, 901 (902) – BGB-Hausarbeit.

[574] BGH GRUR 1981, 520 (522) – Fragensammlung.

[575] LG Köln GRUR 2001, 152 – Multiple-Choice-Klausuren.

[576] Dreier/Schulze/*Schulze* UrhG § 2 Rn. 105; Fromm/Nordemann/*A. Nordemann* UrhG § 2 Rn. 95; *W. Nordemann* FS Traub, 1994, S. 315.

[577] OLG München GRUR 1992, 510 – Rätsel.

133   **Rezepte** wie beispielsweise Kochrezepte enthalten ebenso wie Gebrauchsanweisungen[578] weitgehend Handlungsanweisungen und Mitteilungen tatsächlicher Art, die als solche nicht schutzfähig sind. Nur ihre Darstellung ist dem Urheberrechtsschutz zugänglich. Auch bei Rezepten bleibt aber angesichts des praktischen Unterweisungszwecks für eine persönliche geistige Schöpfung oft wenig Raum. Allerdings kann durch eine besonders originelle Art der Darstellung, evtl. mit Abbildungen, die untere Grenze der Schutzfähigkeit (kleine Münze) erreicht werden.[579] Urheberschutz ist eher möglich beim Hinzutreten von Ausführungen über Herkunft, Geschichte und Zusammensetzung der Speisen.[580] Breiteren Raum für die Entfaltung von Individualität bieten **Kochbücher.**[581]

134   Gesellschafts- und sonstige **Spiele** können in ihrer konkreten Ausformung Urheberrechtsschutz genießen. Insoweit kommen dann – je nach konkreter Ausgestaltung – praktisch fast sämtliche Werkarten in Betracht;[582] die Spielidee als solche ist dagegen nicht schutzfähig,[583] ebenso wenig das Spielsystem.[584]

            Computerspiele sind – neben dem Schutz der Einzelbestandteile – bei Vorliegen der Schutzvoraussetzungen idR als filmähnliches Werk urheberrechtsschutzfähig.[585] Eine offene Frage besteht hinsichtlich des Schutzes der **game mechanics,** also der zugrundeliegenden mehr oder weniger regelhaften **Interaktions- und Entwicklungsmöglichkeiten** und insbesondere des diesbezüglichen sog. **balancing,** das mit seiner Gewichtung der unterschiedlichen Aufgaben, Eigenschaften und Entwicklungsmöglichkeiten den eigentlichen aleatorischen Kern der meisten Computerspiele ausmacht.[586] Die urheberrechtliche Ausgangslage dürfte hier ähnlich liegen, wie grundsätzlich bei den Spielsystemen.[587] Dh, jedenfalls die Spielidee, auch die insoweit abgeleiteten Konzeptionen und abstrahierten Regeln sind als solche nicht schutzfähig. Das eigentliche **balancing** als solches dürfte sich damit angesichts seines durch funktionale Gesichtspunkte, entsprechende Sachkenntnis und handwerkliche Erfahrung geprägten Charakters trotz der sicherlich erheblichen involvierten Kreativität eher **am Rande möglichen urheberrechtlichen Schutzes** bewegen. Je mehr allerdings die regelhaften Interaktions- und Entwicklungsmöglichkeiten nebst ihrer Gewichtung konkretisiert und insbesondere dem individuellen Charakter des Spiels sowie der Figuren im Übrigen angepasst – also mit deren individualisierenden Elementen verwoben – sind, desto eher könnte ein Schutz in Betracht kommen. Angesichts des selektierenden, kombinatorischen, gewichtenden Charakters der betroffenen geistigen Leistung (insbesondere bei Rollenspielen uÄ) dürfte insoweit als Werkart entweder ein Schutz im Rahmen der Datenbankwerke einschlägig sein (sofern und soweit Unabhängigkeit der einzelnen Herausforderungen, Entwicklungskategorien etc gegeben ist) oder möglicherweise doch Schutz im Rahmen einer unbenannten Werkart.[588] Derzeit bleiben hier noch Fragen offen.

            Der **Spiel- und Gewinnplan eines Spielautomaten** ist in seiner graphischen Ausgestaltung auf dem Spielfeld vom OLG Düsseldorf als schutzfähig angesehen worden.[589]

135   Bei **Tarifverträgen** ist die Schutzfähigkeit in der Regel zu bejahen.[590]

136   **Tagebücher** sind urheberrechtlich geschützt, wenn sie eine persönliche geistige Schöpfung darstellen.[591] Ähnlich wie bei Briefen[592] reicht das bloße Festhalten von Ereignissen und alltäglichen Gedanken nicht aus; eine persönliche geistige Schöpfung kann aber in der Originalität des Inhalts und in der individuellen Art der Darstellung zum Ausdruck kommen; etwa durch die Sprachgestaltung oder die Auseinandersetzung mit wissenschaftlichen, kulturellen, politischen oder sonstigen Fragen.[593]

136a   **Tweets** können nach den allgemeinen urheberrechtlichen Grundsätzen schutzfähig sein, wenn sie hinreichende **Individualität** aufweisen.[594] Allein die maximale Längenbegrenzung von 180 Zeichen schließt diese Möglichkeit nicht prinzipiell aus.[595] Häufig wird es bei derart kurzen Nachrichten aber

---

[578] Dazu → Rn. 111.
[579] Urheberrechtsschutz für Kochrezepte gewährt in RGZ 81, 120 (123); Fromm/Nordemann/*A. Nordemann* UrhG § 2 Rn. 73.
[580] Dreier/Schulze/*Schulze* UrhG § 2 Rn. 102.
[581] Dazu näher *G. Schulze* S. 197 f.
[582] Für Schutz eines Lernspiels iRd § 2 Abs. 1 Nr. 7 BGH GRUR 2011, 803 – Lernspiele. Vgl. auch → Rn. 96 f.
[583] Dreier/Schulze/*Schulze* UrhG § 2 Rn. 104; Fromm/Nordemann/*A. Nordemann* UrhG § 2 Rn. 106; Wandtke/Bullinger/*Bullinger* UrhG § 2 Rn. 52.
[584] Näher und diff. dazu → Rn. 28.
[585] Näher → Rn. 96 f. Zum Schutz von Browsergames *Bleckat* K&R 2016, 794.
[586] Vgl. in der Lit. *Hofmann* CR 2012, 281; Berger/Wündisch/*Oehler/Wündisch* § 34 Rn. 19 ff.; *Oehler* S. 399 ff.
[587] Vgl. allg. → Rn. 28.
[588] So sehr umfassend und bedenkenswert *Hofmann* S. 143 ff.
[589] OLG Düsseldorf GRUR 1990, 263 (265) – Automatenspielplan.
[590] DKMH/*Dreyer* UrhG § 2 Rn. 225; *Leydecker* GRUR 2007, 1030; zur Anwendbarkeit von § 5 vgl. → § 5 Rn. 50.
[591] BGH GRUR 1955, 201 (203) – Cosima Wagner; KG GRUR-RR 2002, 313 (314) – Das Leben, dieser Augenblick; KG GRUR 1973, 602 (604) – Hauptmann-Tagebücher; Dreier/Schulze/*Schulze* UrhG § 2 Rn. 90; Fromm/Nordemann/*A. Nordemann* UrhG § 2 Rn. 74; Büscher/Dittmer/Schiwy/*Obergfell* Kap. 10 UrhG § 2 Rn. 23; sa *W. Nordemann* FS Quack, 1991, S. 73 (82 ff.). Für tendenziell niedrige Anforderungen *Schlüter* S. 72 f.
[592] Dazu → Rn. 113.
[593] Vgl. die Nachw. in → Rn. 113.
[594] Näher *Ludyga* AfP 2017, 284.
[595] Näher → Rn. 6 zur insoweit maßgeblichen Rspr. des EuGH.

natürlich am notwendigen Gestaltungsspielraum für hinreichend freie, kreative und damit individuelle Gestaltungsentscheidungen fehlen.[596]

Verträge und **Vertragsentwürfe** sind ähnlich wie Allgemeine Geschäftsbedingungen[597] und An- **137** waltsschriftsätze[598] zu beurteilen. Sie können grundsätzlich eine persönliche geistige Schöpfung darstellen.[599] Nicht geschützt ist der Inhalt, die im Vertrag enthaltene rechtliche Regelung; problematisch daher die Begründung des LG Hamburg,[600] das den Urheberrechtsschutz mit der Entwicklung einer neuen rechtlichen Konzeption begründet. Individualität kann nur im gedanklichen Konzept der umsetzenden Vertragsausgestaltung, im Aufbau und in der Formulierung zum Ausdruck kommen.[601] Nicht schutzfähig sind dabei das Alltägliche und Routinemäßige, dasjenige, was sich von der Sache her anbietet oder allgemein üblich ist,[602] die Verwendung juristischer Standardformulierungen und das, was aus juristischen Formularbüchern übernommen worden ist, also nicht vom Verfasser des Vertrags stammt.[603]

Recht weitgehend nimmt das OLG Brandenburg an, dass Verträge regelmäßig auf Standardformulierungen beruhen und durchschnittliche alltägliche Schriftstücke seien, und dass lediglich für besonders komplexe, aufwändige und umfangreiche Verträge etwas anderes gelten könne.[604] Letztlich kommt es immer auf die Umstände des Einzelfalls an. Die Anwendung von Denkgesetzen und Fachkenntnissen sowie die Berücksichtigung von Erfahrungen schließen den Urheberrechtsschutz nicht ohne Weiteres aus.[605] Zu beachten bleibt allerdings, dass das Urheberrecht nicht die Verwendung treffender und präziser rechtlicher Formulierungen und Regelungen blockieren darf.[606] Als nicht schutzfähig wurde beispielsweise ein Mustervertrag zur Vermittlung von polnischen Pflegekräften an deutsche Senioren angesehen, der sich weder im Hinblick auf die besondere Regelungsmaterie noch auf einzelne, ungewöhnliche Formulierungen von vergleichbaren Verträgen abhob.[607]

Webseiten und **Benutzeroberflächen** bei Computerprogrammen können – im europäischen **138** Recht auf Grundlage allgemeinen urheberrechtlichen Schutzes nach der InfoSoc-RL und im deutschen Recht ua als Sprachwerk (oder auch Werk der angewandten Kunst, wissenschaftlich-technische Darstellung)[608] – geschützt sein.[609] Entscheidend ist, dass sie die erforderliche **Individualität** aufweisen. Diese kann sich insbesondere aus der übersichtlichen, verständlichen und benutzerfreundlichen Textgestaltung ergeben, die die Kommunikation (den Dialog) mit dem Benutzer erleichtert, ihn anschaulich durch die verschiedenen Ebenen und Funktionen des Programms führt und die Programmbedienung vereinfacht. Was üblich oder durch technische Notwendigkeiten vorgegeben ist, kann zur Individualität nicht beitragen;[610] andererseits ist aber zu berücksichtigen, dass bei eingeschränktem Spielraum für individuelles Schaffen die Anforderungen an die Individualität herabgesetzt sein können.[611] Benutzeroberflächen sind dagegen keine Computerprogramme.[612] Zum Schutz von Benutzeroberflächen als Werke der angewandten Kunst vgl. → Rn. 203, als Darstellungen wissenschaftlicher oder technischer Art vgl. → Rn. 246.

Werbeprospekte sind dem Urheberrechtsschutz grundsätzlich zugänglich.[613] Der Schutz kann sich **139** allerdings nicht aus Mitteilungen tatsächlichen Inhalts ergeben, sondern nur aus der Art der Darstellung des Stoffs, seiner Auswahl, Anordnung und Einteilung, soweit hierin eine schöpferische Leistung

---

[596] LG Bielefeld MMR 2017, 641; vgl. allg. BGH GRUR 2011, 134 Rn. 54 – Perlentaucher.

[597] Dazu → Rn. 109.

[598] Dazu → Rn. 110.

[599] LG Hamburg GRUR 1987, 167 (168) – Gesellschaftsvertrag; LG Hamburg GRUR 1987, 197 – Gesellschaftsvertrag; LG Köln GRUR 1987, 905 (906) – Vertragswerk; Fromm/Nordemann/*A. Nordemann* UrhG § 2 Rn. 115; DKMH/*Dreyer* UrhG § 2 Rn. 225, 228; Büscher/Dittmer/Schiwy/*Obergfell* Kap. 10 UrhG § 2 Rn. 24.

[600] LG Hamburg GRUR 1987, 167 – Gesellschaftsvertrag.

[601] Eing. zu den Voraussetzungen LG Berlin ZUM 2005, 842 (842 f.).

[602] Vgl. → Rn. 53.

[603] Zur Verwendung von Texten aus Formularbüchern vgl. auch LG Hamburg GRUR 1987, 167 (168) – Gesellschaftsvertrag und LG Köln GRUR 1987, 905 (906) – Vertragswerk.

[604] OLG Brandenburg GRUR-RR 2010, 273 – Dienstleistungsvertrag; zust. *Zurth/McColgan* ZUM 2018, 762 (764).

[605] BGH GRUR 1986, 739 (741) – Anwaltsschriftsatz.

[606] LG Stuttgart ZUM-RD 2008, 501 (502); vgl. zu den andernfalls drohenden Dysfunktionalitäten insbes. bei AGB *Zurth/McColgan* ZUM 2018, 762 (767 f.).

[607] LG Stuttgart ZUM-RD 2008, 501.

[608] Vgl. zur Einordnung in den Werkartenkatalog bei komplexen Werken näher → Rn. 96.

[609] EuGH GRUR 2011, 220 Rn. 46, 56; OLG Hamburg ZUM-RD 2012, 664 (667) (Verneinung des Schutzes nur im konkreten Fall); OLG Karlsruhe GRUR-RR 2010, 234 (235) – Reisebürosoftware; OLG Rostock GRUR-RR 2008, 1 (2) – Urheberrechtsschutz von Webseiten; OLG Frankfurt a. M. GRUR-RR 2005, 299 (300) – Online-Stellenmarkt; OLG Düsseldorf CR 2000, 184; LG Köln CR 2008, 61; Dreier/Schulze/*Schulze* UrhG § 2 Rn. 101; Fromm/Nordemann/*A. Nordemann* UrhG § 2 Rn. 116; DKMH/*Dreyer* UrhG § 2 Rn. 225; für eine tendenziell großzügigere Gewährung urheberrechtlichen Schutzes nach Geburtstagszug *Rauer/Ettig* K&R 2015, 452 (456) mwN; vgl. auch *Kühn/Koch* CR 2018, 648.

[610] Vgl. → Rn. 56.

[611] Vgl. → Rn. 57.

[612] EuGH GRUR 2011, 220 Rn. 28 ff. – BSA/Kulturministerium; OLG Karlsruhe GRUR-RR 2010, 234 (235) – Reisebürosoftware (unter Aufgabe der Entsch. in GRUR 1994, 176); OLG Hamburg GRUR-RR 2001, 289 (290), LG Frankfurt a. M. CR 2007, 424 (425); *Marly* GRUR 2011, 204.

[613] BGH GRUR 1961, 85 (87 f.) – Pfiffikus-Dose; OLG Düsseldorf ZUM-RD 2009, 63 (65); ZUM 1998, 65 (67); OLG Frankfurt a. M. GRUR 1987, 44 – WM-Slogan; LG Köln ZUM-RD 2012, 45 (47), bestätigt durch

liegt. Nach dem OLG Düsseldorf kann sich bei Werbe- und Informationstexten die erforderliche Individualität aus der Länge, der Reihenfolge der Informationen sowie aus einer besonderen Formulierung ergeben.[614] Bei **Werbeanzeigen** hängt es von Inhalt und Umfang ab, ob sie individuelle Züge aufweisen, bei größeren Werbeanzeigen erscheint das nicht ausgeschlossen.[615] **Zeitungsannoncen** werden dagegen nur selten Raum für individuelle Gestaltung bieten; schon aus Platz- und Kostengründen sind sie meist auf tatsächliche Mitteilungen in knapper Form beschränkt; aus der sprachlichen und optischen Aufmachung kann sich jedoch die Schutzfähigkeit ergeben.[616]

140   Bei **Werbesprüchen** und **Werbeslogans** ist Urheberrechtsschutz nicht grundsätzlich auszuschließen, wird aber praktisch meist daran scheitern, dass Werbesprüche im Hinblick auf ihre werbliche Wirksamkeit so kurz gehalten sind, dass sie keinen Raum für die Entfaltung schöpferischer Individualität lassen.[617] Abgeleitet wurde beispielsweise ein Schutz für „Thalia verführt zum Lesen" in der Werbung für eine Buchhandlung,[618] „Hamburg geht zu E ...",[619] für „JA ... JACoBI",[620] für den bei der Fußballweltmeisterschaft benutzten Slogan „das aufregendste Ereignis des Jahres"[621] und für den Slogan „Eduard K., benannt: Die Katze von Pinneberg" als Bestandteil einer Werbeanzeige für Dachfenster, bestehend aus Bild, Text und dem Slogan.[622] Beim Slogan „Ein Himmelbett als Handgepäck" als Werbung für Schlafsäcke wurde die Schutzfähigkeit vom BGH offengelassen.[623] Die Schutzfähigkeit bejaht wurde für „wir fahr'n, fahr'n, fahr'n auf der Autobahn",[624] für den Text „Eine blitzblanke Idee oder wie Sie das ewige Problem, Ihr Haus innen & außen sauberzuhalten, ein für allemal lösen!"[625] sowie für den Vers „Biegsam wie ein Frühlingsfalter bin ich im Forma-Büstenhalter".[626] Auch **Werbekonzeptionen** können schutzfähig sein.[627]

141   **Wissenschaftliche Untersuchungen** und **wissenschaftliche Gutachten** sind in der Regel urheberrechtlich schutzfähig.[628] Das gilt jedenfalls, soweit zu wissenschaftlichen Streitfragen Stellung genommen wird, die die Berücksichtigung bisheriger Stellungnahmen und eine detaillierte Auseinandersetzung mit der Problematik erfordern. Ausreichender Spielraum für eine individuelle schöpferische Gestaltung ist hier im Allgemeinen gegeben. Zu beachten bleibt freilich, dass die dem wissenschaftlichen Werk zugrundeliegenden oder in ihm entwickelten wissenschaftlichen Entdeckungen, Daten, Lehren und Theorien in ihrem Kern nicht schutzfähig sind[629] und dass auch die Verwendung notwendiger oder üblicher Darstellungsprinzipien, insbesondere in Aufbau und Terminologie, nicht schutzbegründend wirkt.[630] Von der Rechtsprechung ist der Schutz von Gutachten teilweise mit der Begründung, bei wissenschaftlichen Werken sei die Schutzuntergrenze höher anzusetzen,[631] verneint worden.[632]

142   **Zeitungsartikel** und **Zeitschriftenartikel** und substantielle Teile hiervon stellen in der Regel persönliche geistige Schöpfungen dar.[633] Die vielfältigen Möglichkeiten, ein Thema darzustellen, die

---

OLG Köln ZUM-RD 2012, 35; LG Stuttgart ZUM-RD 2011, 649 (652); LG München I GRUR 1984, 737 – Bauherrenmodell-Prospekt; LG Berlin GRUR 1974, 412 f. – Werbeprospekt; Dreier/Schulze/*Schulze* UrhG § 2 Rn. 108; Fromm/Nordemann/*A. Nordemann* UrhG § 2 Rn. 117; DKMH/*Dreyer* UrhG § 2 Rn. 225; eing. zum Schutz von Werbeprospekten *Schricker* GRUR 1996, 815.

[614] OLG Düsseldorf ZUM-RD 2015, 95 (97 f.).

[615] Zur Schutzfähigkeit von Werbeanzeigen sa OLG Düsseldorf AfP 1997, 645 (646).

[616] OLG München NJW-RR 1994, 1258. Zum Schutz von Partnerschaftsanzeigen s. LG München I ZUM-RD 2009, 161.

[617] LG Stuttgart ZUM-RD 2011, 649 (652); LG Mannheim GRUR-RR 2010, 462 (463); Dreier/Schulze/*Schulze* UrhG § 2 Rn. 106 f.; Fromm/Nordemann/*A. Nordemann* UrhG § 2 Rn. 117; DKMH/*Dreyer* UrhG § 2 Rn. 225; Wandtke/Bullinger/*Bullinger* UrhG § 2 Rn. 53; *Schricker* GRUR 1996, 815 (820); *Erdmann* GRUR 1996, 550 (552); *Heermann* WRP 2004, 263 (264 f.); eing. *Wandtke/von Gerlach* ZUM 2011, 788; tendenziell großzügig *Rauer/Ettig* K&R 2015, 452 (455). Zum Wettbewerbsschutz und Markenschutz von Werbeslogans sa *Heermann* WRP 2004, 263; zum Schutz von Wortkreationen vgl. *Gabel/Lackum* ZUM 1999, 629.

[618] LG Mannheim GRUR-RR 2010, 462.

[619] OLG Braunschweig GRUR 1955, 205 (206).

[620] OLG Stuttgart GRUR 1956, 481 (482).

[621] OLG Frankfurt a. M. GRUR 1987, 44 – WM-Slogan.

[622] OLG Düsseldorf AfP 1997, 645 (646); vgl. ferner OLG Hamburg ZUM 2001, 240; OLG Köln ZUM-RD 2001, 180 (184); LG München I ZUM 2001, 722 (724).

[623] BGH GRUR 1966, 691 (692) – Schlafsäcke, von der Vorinstanz bejaht (OLG Düsseldorf DB 1964, 617).

[624] OLG Düsseldorf GRUR 1978, 640 (641).

[625] LG Berlin GRUR 1974, 412 – Werbeprospekt.

[626] OLG Köln GRUR 1934, 758 (759).

[627] Dazu *Schricker* GRUR 1996, 815 (821 ff.); *Schricker* GRUR 2004, 923; Dreier/Schulze/*Schulze* UrhG § 2 Rn. 244; s. aber OLG Köln GRUR-RR 2010, 140 – DHL im All; krit. *Hertin* GRUR 1997, 799; ohne nähere Stellungn. BGH WRP 2000, 203 (204).

[628] BGH GRUR 1991, 523 (525) – Grabungsmaterialien; LG Hamburg ZUM-RD 2010, 80; Fromm/Nordemann/*A. Nordemann* UrhG § 2 Rn. 82; DKMH/*Dreyer* UrhG § 2 Rn. 25.

[629] Vgl. näher → Rn. 85.

[630] Vgl. → Rn. 56.

[631] Dazu → Rn. 79; zur Kritik → Rn. 80.

[632] KG ZUM 2011, 566 (Sachverständigengutachten über Verkehrswerte für Grundstücke), dazu *Hauck* ZUM 2011, 542; LG Berlin ZUM-RD 2013, 131 (Kfz-Sachverständigengutachten); zur Zulässigkeit der Benutzung von Bildern aus einem Sachverständigengutachten vgl. BGH GRUR 2010, 623.

[633] BGH GRUR 1997, 459 (460 f.) – CB-infobank I; OLG Karlsruhe ZUM 2012, 49 f.; KG GRUR-RR 2004, 228 (229) – Ausschnittdienst; vgl. mit tendenziell niedrigen Anforderungen zum Schutz kürzerer Ausschnitte auch

fast unerschöpfliche Vielzahl der Ausdrucksmöglichkeiten führen dazu, dass ein solcher Artikel nahezu unvermeidlich die individuelle Prägung seines Autors erhält. Dies gilt nicht nur für Artikel, in die die eigene Meinung des Autors einfließt, wie etwa Kommentare, sondern auch für die reine Berichterstattung.[634] Auch dort wird die Darstellung regelmäßig durch die individuelle Gedankenformung und -führung des Verfassers geprägt sein. Aber selbst soweit das nicht der Fall ist, kann sich eine individuelle Prägung immer noch aus der besonders geistvollen Form der Sammlung, Einteilung und Anordnung des dargebotenen Stoffes ergeben. Das wird insbesondere für die Tatsachenberichterstattung zu gelten haben.[635] Dass auch der Gesetzgeber von der prinzipiellen Schutzfähigkeit von Zeitungs- und Zeitschriftenartikeln ausgegangen ist, zeigt bereits die Vorschrift des § 49 UrhG. Eine Grenze der Schutzfähigkeit ist erst dort zu ziehen, wo es sich um kurze Artikel rein tatsächlichen Inhalts handelt, etwa um kurze Meldungen oder Informationen. Hier wird es in der Regel so sein, dass die Darstellung im Bereich des Routinemäßigen bleibt;[636] allerdings kann sich eine eigenschöpferische Formgestaltung auch in solchen Fällen aus einer kurzen und verständlichen Darstellung eines Vorgangs vor einem komplexen Hintergrund ergeben.[637]

3. Computerprogramme

Zu den Sprachwerken gehören auch Computerprogramme, es handelt sich bei ihnen um **techni-** 143 **sche Sprachwerke**. S. näher Vor §§ 69a ff.

II. Werke der Musik

Schrifttum: *Alpert,* Zum Werk- und Werkteilbegriff bei elektronischen Musiktracks, Basslines, Beats, Sounds, Samples, Remixes und DJ-Sets, ZUM 2002, 525; *Canaris,* Melodie, Klangfarbe und Rhythmus im Urheberrecht, 2012; *Dieth,* Musikwerk und Musikplagiat im deutschen Urheberrecht, 2000; *Gelke,* Mashups im Urheberrecht, 2013; *Häuser,* Sound und Sampling, 2002; *Hoeren,* Sounds von der Datenbank – zum Schutz des Tonträgerherstellers gegen Sampling, FS Hertin (2000), S. 113; *Liebscher,* Der Schutz der Melodie im deutschen und im amerikanischen Recht, 2007; *v. Rauscher auf Weeg,* Das Urheberrecht der Musik und seine Verwertung, FS GRUR (1991), S. 1265; *Reinfeld,* Der Schutz von Rhythmen im Urheberrecht, 2006; *Röhl,* Die urheberrechtliche Zulässigkeit des Tonträger-Sampling, K&R 2009, 172; *Salagean,* Sampling im deutschen, schweizerischen und US-amerikanischen Urheberrecht, 2008; *Schuldt,* Werbejingles – schützenswerte Kompositionen?, 2012; *G. Schulze,* Urheberrecht und neue Musiktechnologien, ZUM 1994, 15; *ders.,* Urheberrechtliche Fragen der „kleinen Münze" in der Popmusik, ZUM 1996, 584; *Wegener,* Sound-Sampling. Der Schutz von Werk- und Darbietungsteilen der Musik nach schweizerischem Urheberrechtsgesetz, 2007.

1. Begriff

Werke der Musik sind alle persönlichen geistigen Schöpfungen, die sich der **Töne als Aus-** 144 **drucksmittel** bedienen. Der Begriff ist umfassend, es kann sich um Töne jeglicher Art handeln.[638] Es kommt nicht darauf an, auf welche Weise der Ton erzeugt wird;[639] nicht nur Instrumente oder die menschliche Stimme, sondern auch elektronisch erzeugte Klänge, Naturgeräusche und Schallquellen aller Art können zu musikalischen Schöpfungen benutzt werden. Es ist auch nicht erforderlich, dass bestimmte Gesetze der Melodik, Harmonik oder Rhythmik eingehalten werden, auch davon abweichende Tonfolgen können Musikwerke darstellen. Zu den Musikwerken zählen Opern, Operetten, Symphonien, Kammermusik, Lieder, Unterhaltungsmusik aller Art usw. Am Charakter einer Melodie als Musikwerk ändert sich nichts dadurch, dass sie als Signalton oder Klingelzeichen zur Aufmerksamkeitserregung verwendet wird,[640] allerdings kann darin eine Entstellung liegen.[641] Eine körperliche **Festlegung,** etwa in Noten oder auf Tonträgern, ist nicht erforderlich, auch die Improvisation ist schutzfähig,[642] ebenso wenig steht die digitale Festlegung der Schutzfähigkeit im Wege. Keine Musikwerke sind Voreinstellungen (Presets) von Synthesizern oder anderen klangerzeugenden Modulen,

LG München I ZUM-RD 2011, 562 (564 f.); ZUM 2013, 230 (235); 2014, 596 (599) (aus anderen Gründen aufgeh. und zur erneuten Entsch. zurückverwiesen durch OLG München GRUR-RR 2015, 331 ff.); abl. für Schutz lediglich kürzerer, routinemäßig beschreibender Textpassagen in einem journalistischen Gebrauchstext für eine Computerzeitschrift noch OLG Düsseldorf ZUM 2003, 496; Fromm/Nordemann/*A. Nordemann* UrhG § 2 Rn. 121; Wandtke/Bullinger/*Bullinger* UrhG § 2 Rn. 54; Dreier/Schulze/*Schulze* UrhG § 2 Rn. 92.

[634] Zu Pressemitteilungen im Internet LG Hamburg ZUM 2007, 871.

[635] KG GRUR-RR 2004, 228 (229) – Ausschnittdienst.

[636] KG GRUR-RR 2004, 228 (229) – Ausschnittdienst, eing. dazu *Loewenheim,* Urheberrechtliche Grenzen der Verwendung geschützter Dokumente in Datenbanken, 1999, S. 23 ff.; zum urheberrechtlichen Schutz von Tweets → Rn. 136a.

[637] KG GRUR-RR 2004, 228 (229) – Ausschnittdienst.

[638] Fromm/Nordemann/*A. Nordemann* UrhG § 2 Rn. 122; Dreier/Schulze/*Schulze* UrhG § 2 Rn. 134; Wandtke/Bullinger/*Bullinger* UrhG § 2 Rn. 68; *Ulmer,* Urheber- und Verlagsrecht, § 23 I 1; Loewenheim/*Czychowski* § 9 Rn. 59 ff.; *Rehbinder/Peukert* Rn. 238.

[639] *Schack* Rn. 215.

[640] OLG Hamburg GRUR-RR 2002, 249 – Handy-Klingeltöne; sa OLG Hamburg GRUR 2006, 323 – Handy-Klingeltöne; OLG Hamburg GRUR-RR 2008, 282 – Anita.

[641] BGH GRUR 2009, 395 – Klingeltöne für Mobiltelefone.

[642] Vgl. auch → Rn. 47.

die die Klangfarbe von Tönen (den Sound) gestalten.[643] Textteile in Klavier- und Violinschulen, musikwissenschaftliche Abhandlungen oder Lehrbücher und dgl. sind Sprachwerke, lediglich die in ihnen enthaltenen Noten stellen Vervielfältigungen von Musikwerken dar.

2. Persönliche geistige Schöpfung

145   Entscheidend ist, dass die Tonfolge eine **persönliche geistige Schöpfung** darstellt. Sie muss auf einer menschlich-gestalterischen Tätigkeit des Urhebers beruhen,[644] sie muss einen geistigen Gehalt aufweisen, dh durch Töne ein musikalisches Erlebnis, eine Stimmung oder einen Gefühlswert ausdrücken,[645] eine wahrnehmbare Form gefunden haben[646] und vor allem von der **Individualität** des Komponisten geprägt sein.[647] Bei Werken der Musik ergibt sich die schöpferische Eigenart aus ihrer individuellen ästhetischen Ausdruckskraft.[648] Auf den künstlerischen Wert kommt es dagegen nicht an.[649] Die schöpferische Leistung kann sich nicht nur aus der Melodie, sondern auch aus deren Verarbeitung ergeben, beispielsweise aus Aufbau der Tonfolgen, Rhythmisierung sowie aus der Instrumentierung und Orchestrierung.[650] Kriterien sind vor allem die Auswahl der Töne, deren Anordnung, ihr Verhältnis zur Tonart des Stücks und die zugrundeliegenden Harmonien. Entscheidend ist der sich aus dem Zusammenspiel dieser Elemente ergebende **Gesamteindruck;**[651] aus ihm kann sich die Schutzfähigkeit auch dann ergeben, wenn die einzelnen Elemente für sich genommen nur eine geringe Individualität aufweisen, etwa durch die Verknüpfung üblicher Stilmittel.[652] Die Beurteilung bemisst sich dabei nach der Auffassung der mit musikalischen Fragen einigermaßen vertrauten und hierfür aufgeschlossenen Verkehrskreise.[653]

146   **Nicht schutzbegründend** ist die Verwendung dessen, was zum **musikalischen Allgemeingut** gehört. Dazu zählen beispielsweise die formalen Gestaltungselemente, die auf den Lehren von der Harmonik, Rhythmik und Melodik beruhen oder sich im Wechselgesang zwischen Solist und Chor ausdrücken,[654] die ein- oder mehrfache Wiederholung einer Tonfolge, die Verwendung einer aufsteigenden Terz[655] und die irreguläre Unterteilung eines Taktes anstelle der mechanischen Unterteilung.[656] An einer persönlichen geistigen Schöpfung fehlt es aber auch bei bloßen ungestalteten Tonaneinanderreihungen,[657] bloßen Fingerübungen für das Klavier oder bei reinen oder akustischen Signalen. Umgekehrt können aber schutzfähige Melodien als akustische Signale verwendet werden, zB als Handy-Klingeltöne.[658]

147   Außerhalb des Urheberrechtsschutzes liegen **Gestaltungsgrundsätze** und **Methoden** des musikalischen Schaffens wie Tonskalen, Rhythmen, Klangfärbungen, Akkorde, die Wahl einer bestimmten Tonart, die Art der Instrumentierung oder das Prinzip des Wechselgesangs von Solist und Chor, ganz generell die Lehren von Harmonik, Rhythmik und Melodik.[659] Lediglich die individuelle Anwendung und Zusammenstellung solcher Gestaltungsgrundsätze kann Urheberrechtsschutz begründen.[660]

---

[643] LG Rottweil ZUM 2002, 490 (491).

[644] Vgl. → Rn. 38; zu computererstellten und -unterstützten Musikkompositionen → Rn. 40.

[645] OLG Hamburg ZUM-RD 2013, 428 (433 f.); vgl. → Rn. 45.

[646] Vgl. → Rn. 47.

[647] Dazu → Rn. 50 ff.

[648] BGH GRUR 2015, 1189 Rn. 44 – Goldrapper.

[649] BGH GRUR 1991, 533 – Brown Girl II; BGH GRUR 1988, 810 (811) – Fantasy; BGH GRUR 1988, 812 (814) – Ein bißchen Frieden; BGH GRUR 1981, 267 (268) – Dirlada; BGH GRUR 1968, 321 (325) – Haselnuß; OLG München GRUR-RR 2002, 281 – Conti; OLG München ZUM 2000, 408 (409); OLG München ZUM 1992, 202 (203).

[650] BGH GRUR 2015, 1189 Rn. 44 – Goldrapper; BGH GRUR 1991, 533 (535) – Brown Girl II; BGH GRUR 1968, 321 (324) – Haselnuß; OLG Hamburg ZUM-RD 2013, 428 (435); OLG München GRUR-RR 2002, 282 – Conti; OLG München ZUM 1992, 202 (203 f.); LG München I ZUM-RD 2009, 101 (107) – Nordrach; Dreier/Schulze/*Schulze* UrhG § 2 Rn. 138; Wandtke/Bullinger/*Bullinger* UrhG § 2 Rn. 70; Fromm/Nordemann/*A. Nordemann* UrhG § 2 Rn. 128; Loewenheim/*Czychowski* § 9 Rn. 62; zur Popmusik vgl. *Schwenzer* ZUM 1996, 584 (586 f.).

[651] BGH GRUR 2015, 1189 Rn. 45 – Goldrapper; BGH GRUR 1991, 533 (535) – Brown Girl II; BGH GRUR 1981, 267 (268) – Dirlada; OLG Hamburg ZUM-RD 2013, 428 (433 f., 435); OLG München GRUR-RR 2002, 282 – Conti; OLG München ZUM 1992, 202 (203); OLG Hamburg ZUM 1991, 589 (592); vgl. auch → Rn. 55.

[652] BGH GRUR 1991, 533 (535) – Brown Girl II.

[653] BGH GRUR 1981, 267 (268) – Dirlada.

[654] BGH GRUR 2015, 1189 Rn. 44 – Goldrapper; BGH GRUR 1981, 267 (268) – Dirlada.

[655] BGH GRUR 1988, 810 (811) – Fantasy.

[656] OLG München ZUM 2000, 408 (409); sa LG München I ZUM-RD 2009, 101 (107); LG München ZUM 2003, 245 (247); ferner Loewenheim/*Czychowski* § 9 Rn. 68.

[657] OLG Karlsruhe *Schulze* OLGZ 202, 3.

[658] S. nur BGH ZUM 2009, 395 – Klingeltöne für Mobiltelefone; OLG Hamburg GRUR-RR 2008, 282 – Anita; OLG Hamburg ZUM 2008, 967; vgl. auch → Rn. 144.

[659] BGH GRUR 2015, 1189 Rn. 44 – Goldrapper; BGH GRUR 1981, 267 (268) – Dirlada; OLG München GRUR-RR 2002, 281 – Conti; Fromm/Nordemann/*A. Nordemann* UrhG § 2 Rn. 130; Wandtke/Bullinger/*Bullinger* UrhG § 2 Rn. 73; *Rehbinder/Peukert* Rn. 239.

[660] LG München I ZUM-RD 2009, 101 ZUM-RD 2009, 101 (115) – Nordrach; zu Rhythmen s. *Reinfeld* S. 60 ff.

Auch der **musikalische Stil** ist nicht schutzfähig,[661] ebenso wenig der **Sound** als von einem musikalischen Werk losgelöste Stilrichtung[662] oder die Verwendung bestimmter Klänge oder Geräusche.[663] Geschützt kann nur das konkrete Werk sein, in dem diese Gestaltungsgrundsätze und Methoden ihre Anwendung gefunden haben.

An die **Individualität** dürfen keine zu hohen Anforderungen gestellt werden. Gerade bei Werken **148** der Musik wird traditionell auch die **kleine Münze**[664] geschützt, es reicht aus, dass die formgebende Tätigkeit des Komponisten einen nur geringen Schöpfungsgrad aufweist.[665] Die rein handwerksmäßige Anwendung musikalischer Lehren ist dagegen schutzunfähig;[666] insbesondere ist nach dem Geburtstagszug-Urteil des BGH zur einheitlichen Schutzuntergrenze auch im Hinblick auf Musikwerke zu beachten, dass für einen urheberrechtlichen Schutz eine nicht zu geringe Gestaltungshöhe zu fordern ist.[667] Abgrenzungsprobleme sind in der Praxis namentlich bei Bearbeitungen aufgetreten; schutzfähig können auch Arrangements und Potpourris sein.[668]

Nach diesen Grundsätzen beurteilt sich auch die Schutzfähigkeit von **Werkteilen.** Sie hängt davon **149** ab, ob in ihnen noch die Individualität des Komponisten zum Ausdruck kommt.[669] Das kann bei sehr kurzen Werkteilen zu verneinen sein. Schutzfähig werden häufig noch das musikalische **Thema** und das musikalische **Motiv** sein; trotz ihrer Kürze haben sie meist eine das Gesamtwerk prägende Ausdruckskraft. Die Unbestimmtheit dieser Begriffe erlaubt aber keine generelle Antwort; es kommt auch auf den Einzelfall an.[670] Tonfolgen, die aus nur wenigen Tönen bestehen, wird dagegen die Individualität meist fehlen,[671] erst recht einem einzelnen **Ton** oder **musikalischen Akkord.**[672] Das gilt auch dann, wenn der Ton oder Akkord durch Verwendung bestimmter Instrumente eine bestimmte Klangfarbe erhält;[673] es muss jedem freistehen, bestimmte Töne oder Akkorde mit bestimmten Instrumenten und in bestimmten Klangbildern zu spielen.[674]

Die Frage hat vor allem für das **Sound-Sampling**[675] Bedeutung, bei dem unter Umständen kleinste Teile eines Musikstückes übernommen werden. Im einzelnen Ton oder Akkord wird der für eine Musikgruppe charakteristische „Sound" in der Regel noch nicht in einer Weise zutage treten, dass Ton oder Akkord von der Individualität des Urhebers geprägt sind; auch das Freihaltebedürfnis ist dabei zu berücksichtigen.[676] Die Bausteine musikalischer Gestaltung müssen frei bleiben, wenn man nicht eine inakzeptable Behinderung schöpferischen Schaffens hinnehmen will.[677] Anders ist es dagegen bei Tonfolgen; bereits in kürzeren Sequenzen kann der typische Sound (als Tonfolge, nicht als Stilrichtung) in individualitätsbegründender Weise zum Ausdruck kommen.[678] Tonfolge oder Klang-

[661] Fromm/Nordemann/*A. Nordemann* UrhG § 2 Rn. 130; Büscher/Dittmer/Schiwy/*Obergfell* Kap. 10 UrhG § 2 Rn. 32; *Hertin* GRUR 1989, 159 (160 f.); Loewenheim/*Czychowski* § 9 Rn. 68; → Rn. 71; zur Falsetttechnik KG GRUR-RR 2004, 129 (130) – Modernisierung einer Liedaufnahme.

[662] Fromm/Nordemann/*A. Nordemann* UrhG § 2 Rn. 130; Dreier/Schulze/*Schulze* UrhG § 2 Rn. 136; Büscher/Dittmer/Schiwy/*Obergfell* Kap. 10 UrhG § 2 Rn. 32; *Tenschert* ZUM 1987, 612 (615); *Weßling*, Der zivilrechtliche Schutz gegen digitales Sound Sampling, 1995, S. 53 ff., 74.

[663] *G. Schulze* ZUM 1994, 15 (17).

[664] Dazu → Rn. 61 ff.

[665] BGH GRUR 2015, 1189 Rn. 44 – Goldrapper; BGH GRUR 1988, 810 (811) – Fantasy; BGH GRUR 1988, 812 (814) – Ein bißchen Frieden; BGH GRUR 1981, 267 (268) – Dirlada; OLG Hamburg ZUM-RD 2013, 428 (435); OLG München ZUM 2011, 928 (929); LG München ZUM 2010, 913 (914); LG München I ZUM-RD 2009, 101 (107); Dreier/Schulze/*Schulze* UrhG § 2 Rn. 139; Fromm/Nordemann/*A. Nordemann* UrhG § 2 Rn. 131; DKMH/*Dreyer* UrhG § 2 Rn. 235; *Münker*, Urheberrechtliche Zustimmungserfordernisse beim Digital Sampling, 1995, S. 43; *Schwenzer* ZUM 1996, 584 ff.; zur älteren Rspr. und Lit. vgl. die Nachw. → 5. Aufl. 2017, Rn. 148.

[666] BGH GRUR 1981, 267 (268) – Dirlada; OLG München ZUM 2011, 928 (929); GRUR-RR 2002, 281 – Conti.

[667] BGH GRUR 2015, 1189 Rn. 44 – Goldrapper.

[668] Vgl. dazu näher → § 3 Rn. 26.

[669] BGH GRUR 2015, 1189 Rn. 43 – Goldrapper; vgl. auch → Rn. 87 f.

[670] Fromm/Nordemann/*A. Nordemann* UrhG § 2 Rn. 131; Wandtke/Bullinger/*Bullinger* UrhG § 2 Rn. 71; einschränkend *Schack* Rn. 219.

[671] OLG München ZUM 2011, 928 (929), für eine Tonfolge, die mit einer aufsteigenden Terz beginnt und an die sich zwei Sekundschritte anschließen; LG München I ZUM 2010, 913; LG München ZUM 2003, 245 (247).

[672] Dreier/Schulze/*Schulze* UrhG § 2 Rn. 136; Wandtke/Bullinger/*Bullinger* UrhG § 2 Rn. 71; Büscher/Dittmer/Schiwy/*Obergfell* Kap. 10 UrhG § 2 Rn. 32; DKMH/*Dreyer* UrhG § 2 Rn. 234; *Schack* Rn. 219; *G. Schulze* ZUM 1994, 15 (17); *Schlingloff*, Unfreie Benutzung und Zitierfreiheit bei urheberrechtlich geschützten Werken der Musik, 1990, S. 26; *Spieß* ZUM 1991, 524 (532 ff.); eing. *Münker*, Urheberrechtliche Zustimmungserfordernisse beim Digital Sampling, 1995, S. 45 ff.; einschränkend *Häuser* S. 46 ff., 59 im Hinblick auf die Klangfarbe; anders auch *Jörger*, Das Plagiat in der Popularmusik, 1992, S. 95.

[673] Zur Technik vgl. *Köhn* ZUM 1994, 278 (279).

[674] *G. Schulze* ZUM 1994, 15 (19).

[675] Zum Urheberrechtsschutz der durch Sound-Sampling erfolgten Tonfolgen vgl. → Rn. 150.

[676] Dreier/Schulze/*Schulze* UrhG § 2 Rn. 136; Wandtke/Bullinger/*Bullinger* UrhG § 2 Rn. 71; *Schack* Rn. 219; vgl. auch die Nachw. zur älteren Lit. → 5. Aufl. 2017, Rn. 149.

[677] *Schricker* in Schricker (Hg.), Urheberrecht auf dem Weg zur Informationsgesellschaft, 1997, S. 32.

[678] *Weßling*, Der zivilrechtliche Schutz gegen digitales Sound Sampling, 1995, S. 81 ff.; *Münker*, Urheberrechtliche Zustimmungserfordernisse beim Digital Sampling, 1995, S. 84 ff.; zu den individualitätsbegründenden Strukturen und Klangbildern eing. *Münker*, Urheberrechtliche Zustimmungserfordernisse beim Digital Sampling, 1995, S. 61 ff.

bilder, die aufgrund ihres Umfangs, ihrer Vielfalt, des Rhythmus sowie der Auswahl und Zusammenstellung bereits individuelle Züge aufweisen, sind gegen die Übernahme, auch im Wege des Samplings, geschützt.[679]

Soweit ein Sample von einem Tonträger kopiert wird, kann das **Tonträgerherstellerrecht des Produzenten** nach § 85 Abs. 1 S. 1 betroffen sein. Selbst wenn nur kleine Partikel einer fremden Tonaufnahme verwendet werden, kann nach der BGH-Rechtsprechung eine Verletzung vorliegen, wobei dies nunmehr vom EuGH in Sachen Pelham/Hütter (Metall auf Metall) grundsätzlich bestätigt wurde.[680] Voraussetzung ist nach dem Urteil des EuGH lediglich die **Wiedererkennbarkeit** des übernommenen Teils.[681]

150 Für den **Urheberrechtsschutz** von im Wege des **Sound-Samplings** erzeugten Musikstücken oder sonstigen Klanggebilden kommt es nicht darauf an, auf welche Weise der Ton technisch erzeugt worden ist.[682] Der Schutz hängt alleine davon ab, ob es sich um eine persönliche geistige Schöpfung mit hinreichender **Individualität** handelt.[683] Dabei dürfen auch hier an die Individualität keine zu hohen Anforderungen gestellt werden.[684] Angesichts der Vielfalt der Ausdrucksformen besteht beim Sampling durchaus breiter **Gestaltungsspielraum** für die Entfaltung von Individualität. Werden bei der Komposition im Wege des Samplings ganze Tonfolgen übernommen, die ihrerseits schutzfähig sind, so handelt es sich insoweit nicht um ein originäres Werkschaffen, sondern um eine **Bearbeitung;** das entstehende Urheberrecht ist ein Bearbeiterurheberrecht nach § 3.[685]

151 Die **Verwendung von Computern** bei Musikschöpfungen schließt einen Urheberrechtsschutz nicht aus. Entscheidend ist aber, dass das Werk auf einer **menschlich-gestalterischen Tätigkeit** des Urhebers beruht. Was ohne menschlich-schöpferisches Zutun lediglich durch einen Computer erzeugt wird, ist urheberrechtlich nicht schutzfähig. Wo die Klangfolge nicht mehr vom Komponisten gestaltet, sondern durch ein Computerprogramm erzeugt wird, liegt eine persönliche geistige Schöpfung nicht vor. Das gilt grundsätzlich auch für die **aleatorische Musik,** bei der die Klangfolge durch den Zufallsgenerator des Computers erzeugt wird,[686] eine persönliche geistige Schöpfung ist allenfalls denkbar, wenn der Komponist das wesentliche Grundmuster des Werkes schafft und bei mehreren vom Computer erzeugten Versionen eine oder einige als definitiv bestimmt.[687]

Davon zu unterscheiden ist die Situation, dass sich der Komponist eines **Computers als Hilfsmittel** bedient.[688] So steht die Verwendung computererzeugter Begleitrhythmen oder der Einsatz von Composerprogrammen[689] der Schutzfähigkeit nicht entgegen. Allerdings ist nur das schutzfähig, was vom Komponisten stammt. Dazu gehören die computererzeugten Bestandteile für sich genommen nicht, jedoch können sie in ihrer Auswahl, Zusammenstellung und der Kombination mit den vom Komponisten geschaffenen Teilen des Musikwerks schutzfähig sein.

152 Letztlich kommt es stets darauf an, ob vom Komponisten ein hinreichend **individueller** Rahmen gesetzt wurde oder ob zumindest eine individuelle Auswahl und Kombination der einzelnen Bestandteile vorgenommen wurde.[690]

III. Pantomimische Werke

Schrifttum: *Battis/Reese,* Tanz und Urheberrecht, FS Wandtke (2013), S. 55; *Murza,* Urheberrecht von Choreografen, 2012; *Obergfell,* Das Zitat im Tanz, FS Wandtke (2013), S. 71; *dies.,* Tanz als Gegenwartskunstform im 21. Jahrhundert, Urheberrechtliche Betrachtungen einer vernachlässigten Werkart, ZUM 2005, 621; *v. Ungern-Sternberg,* Das choreografische Werk und die VG Bild-Kunst, FS Pfennig (2012), S. 255; *Wandtke,* Das choreografische Werk und die VG Bild-Kunst, FS Pfennig (2012), S. 255; *ders.,* Choreografische und pantomimische Werke und deren Urheber, FS Raue (2006), S. 745.

---

[679] *G. Schulze* ZUM 1994, 15 (19).

[680] EuGH GRUR 2019, 929 – Pelham/Hütter ua [Metall auf Metall III]; BGH GRUR 2013, 614 (615) – Metall auf Metall II; BGH GRUR 2009, 403 – Metall auf Metall; vgl. auch BVerfG GRUR 2016, 690 – Metall auf Metall und die Vorlageentscheidung BGH GRUR 2017, 895 Metall auf Metall III.

[681] EuGH GRUR 2019, 929 Rn. 28 ff. – Pelham/Hütter ua [Metall auf Metall III]. Zum nicht unproblematischen Kriterium der Wiedererkennbarkeit näher *Leistner* GRUR 2019, 1008.

[682] S. insoweit die nähere Darst. → 5. Aufl. 2017, Rn. 150 mwN.

[683] Dazu → Rn. 148.

[684] Vgl. → Rn. 148.

[685] Zur Abgrenzung eing. *Schwenzer,* Die Rechte des Musikproduzenten, 2001, S. 92 ff.; vgl. als Bsp. auch OLG München ZUM 1992, 202.

[686] Dazu Loewenheim/*Czychowski* § 9 Rn. 64; *Weisshanner,* Urheberrechtliche Probleme neuer Musik, 1974, S. 25 ff.; *Hartmann* UFITA 122 (1993), 57 (81 ff.).

[687] → Rn. 41.

[688] Fromm/Nordemann/*A. Nordemann* UrhG § 2 Rn. 128; Loewenheim/*Czychowski* § 9 Rn. 65; *Hartmann* UFITA 122 (1993), 57 (81 ff.).

[689] Dazu *Köhn* ZUM 1994, 278 (280).

[690] Zu weiteren Kompositionsformen, wie der **konkreten Musik** oder der **Entwurfsmusik** näher → 5. Aufl. 2017, Rn. 152 mwN. Zur Entwicklung der neuen Musik, die sich nach dem zwischenzeitlichen Trend zu kategorisch regelgebundener serieller Musik uA zwischenzeitlich wieder mehr in Richtung tonaler Motive bewegt, *Haberstumpf* FS Schulze, 2017, S. 3 (9 ff.) mwN.

Das UrhG verwendet den **Begriff** der pantomimischen Werke als Oberbegriff, zu dem die choreo- **153** graphischen Werke einen Unterfall bilden. Begrifflich ist das zwar nicht zutreffend.[691] Während bei der Pantomime stummes Gebärden- und Mienenspiel als Ausdrucksmittel vorherrscht und meist eine Szene oder ein Vorgang wiedergegeben werden soll,[692] geht es bei den choreographischen Werken um die tänzerische Darstellung von Musikstücken mit den Mitteln der Bewegung, Schritttechnik, Grazie und Gebärden.[693] Für die Rechtsfolgen kommt es aber auf eine Abgrenzung nicht an.

Pantomimen und choreographischen Werken ist gemeinsam, dass der geistige Gehalt durch das **Ausdrucksmittel der Körpersprache,** also durch Bewegungen, Gebärden und Mimik wiedergege- ben wird.[694] Eine körperliche **Festlegung,** etwa schriftlich oder auf Bildträger, ist nicht Schutzvor- aussetzung. Die pantomimische bzw. tänzerische Darstellung reicht aus, geschützt ist auch die Impro- visation.[695] Schutzfähig ist aber nur die choreographische Formgestaltung, nicht dagegen der mit den Mitteln des Tanzes oder der Pantomime dargestellte Handlungsinhalt.[696] Pantomimische Werke sind Bühnenwerke,[697] sie fallen unter § 19 Abs. 2.[698] **Nicht schutzfähig** ist die **Choreographie als sol- che,** dh als Lehre, Tanz durch festgelegte Zeichen und Bewegungen zu bestimmen; nur das choreo- graphische Werk, dh die tänzerische Gestaltung ist dem Urheberrechtsschutz zugänglich.[699]

Pantomimische Werke sind nur geschützt, wenn sie **eine persönliche geistige Schöpfung** dar- **154** stellen. Daran wird es bei **sportlichen** und **akrobatischen Leistungen** im Allgemeinen fehlen. Hier wird nicht ein bestimmter geistiger Gehalt – Gedanken, Empfindungen oder Gefühle – zum Aus- druck gebracht, sondern es geht darum, dem Körper eine bestimmte Leistung abzuverlangen, es do- minieren Kraft, Geschicklichkeit und Perfektion.[700] Rein **kontorsionistische Darbietungen,** also solche, bei denen der Körper extrem verbogen und verdreht wird, genießen daher keinen Schutz als Werke der Tanzkunst.[701] Regelmäßig wollen der Sportler und der Akrobat auch keine Leistung indi- vidueller Prägung erbringen, sondern eine als solche bekannte Leistung (etwa bestimmte Sprungfigu- ren beim Eiskunstlauf) möglichst perfekt nachvollziehen. Aus den gleichen Gründen stellen **artisti- sche Tierdressuren** keine pantomimischen Werke dar.[702] Eine Eisrevue oder ein Eistanz können dagegen ein pantomimisches Werk sein, wenn der künstlerisch-tänzerische Charakter der Darbie- tung im Vordergrund steht und sportliche Gesichtspunkte demgegenüber zurücktreten.[703] **Volks- und Gesellschaftstänze** sind meist überliefertes Kulturgut und damit gemeinfrei, sie sind da- mit keine persönlichen geistigen Schöpfungen.[704] Ob die Gestaltung eines **Happenings** nach einem alten Gemälde ein pantomimisches Werk darstellt, hat der BGH offengelassen;[705] bei einer künstleri- schen Aktion kann es sich um ein pantomimisches oder choreografisches Werk handeln.[706] Zum Schutz **fotografischer Motive** in Form bestimmter individuell gestalteter **Posen** näher → Rn. 213 mwN.

Die für Urheberrechtsschutz erforderliche **Individualität** ist bei pantomimischen Werken beson- **155** ders schwierig zu beurteilen. Geschützt ist auch hier die **kleine Münze;**[707] ein rein handwerkliches Können reicht aber nicht aus. Die Verwendung einfacher, üblicher Tanzschritte, aber auch schwieri- ger, jedoch allgemein bekannter Figuren, gängiger Gebärden und Mimik als Ausdruck bestimmter

---

[691] Krit. zur gesetzlichen Formulierung DKMH/*Dreyer* UrhG § 2 Rn. 239; *Wandtke* FS Pfennig, 2012, S. 255 (256).

[692] Vgl. rechtsvergleichend zum Schutz von Elementen einer Modenschau (ua Posen und Gestik) als Werk der Pantomime Obergericht für Geistiges Eigentum (Japan) GRUR-Int 2016, 474.

[693] S. auch *Wandtke* FS Pfennig, 2012, S. 255 (259 ff.).

[694] LG München I GRUR 1979, 852 (853) – Godspell; Wandtke/Bullinger/*Bullinger* UrhG § 2 Rn. 74; Dreier/ Schulze/*Schulze* UrhG § 2 Rn. 143; Fromm/Nordemann/*A. Nordemann* UrhG § 2 Rn. 132; DKMH/*Dreyer* UrhG § 2 Rn. 239; Büscher/Dittmer/Schiwy/*Obergfell* Kap. 10 UrhG § 2 Rn. 38; Loewenheim/*Schlatter* § 9 Rn. 88; *Schack* Rn. 223; *Rehbinder/Peukert* Rn. 240.

[695] Vgl. auch → Rn. 47.

[696] LG Essen UFITA 18 (1954), 243 (247).

[697] *Schlatter-Krüger* GRUR-Int 1985, 299 (306).

[698] Vgl. → § 19 Rn. 31.

[699] LG München I GRUR 1979, 852 (853) – Godspell.

[700] OLG Köln GRUR-RR 2007, 263 (264) – Arabeske; Loewenheim/*Schlatter* § 9 Rn. 90; Wandtke/Bullinger/ *Bullinger* UrhG § 2 Rn. 78 f.; Dreier/Schulze/*Schulze* UrhG § 2 Rn. 146; Fromm/Nordemann/*A. Nordemann* UrhG § 2 Rn. 134; *Rehbinder/Peukert* Rn. 240; *Wandtke* FS Pfennig, 2012, 264; *Wandtke* ZUM 1991, 115 (118).

[701] OLG Köln GRUR-RR 2007, 263 f. – Arabeske. In dem von ihm entschiedenen Fall hat das OLG Köln aber Schutzfähigkeit angenommen, weil es sich „um eine ins geschlossene Darbietung einer Folge ausdrucksstarker Bewegungselemente" handelte, in denen zumindest kundige Betrachter entspr. der Intention der Gruppe künstle- risch stilisierte Anspielungen auf das Bild der hinduistischen Gottheit Vishnu, die vier Köpfe und acht Arme auf- weist, erkennen konnten.

[702] LG München I UFITA 54 (1969), 320 (322).

[703] Dreier/Schulze/*Schulze* UrhG § 2 Rn. 147; DKMH/*Dreyer* UrhG § 2 Rn. 243; vgl. auch BGH GRUR 1960, 604 (605) – Eisrevue I; BGH GRUR 1960, 606 – Eisrevue II; eing. Büscher/Dittmer/Schiwy/*Obergfell* Kap. 10 UrhG § 2 Rn. 40 f.

[704] *Schlatter-Krüger* GRUR-Int 1985, 299 (307); Wandtke/Bullinger/*Bullinger* UrhG § 2 Rn. 80.

[705] BGH GRUR 1985, 529 – Happening; in der Vorinstanz wurde ein Werk der bildenden Künste angenom- men, vgl. KG GRUR 1984, 507 – Happening.

[706] BGH GRUR 2014, 65 Rn. 32 – Beuys-Aktion.

[707] Dazu → Rn. 61 ff.

Gedanken, Empfindungen oder Gefühle führt noch nicht zum Urheberrechtsschutz.[708] Bei der Beurteilung sind diejenigen Formungselemente nicht zu berücksichtigen, die auf bekannte Vorbilder zurückgehen, es sei denn, dass in ihrer Kombination eine künstlerische Leistung zu erblicken ist.[709] Das Urteil des Sachverständigen wird oft von wesentlicher Bedeutung sein.

IV. Werke der bildenden Künste

Schrifttum: *Barnitzke/Möller/Nordmeyer,* Die Schutzfähigkeit graphischer Benutzeroberflächen nach europäischem und deutschen Recht, CR 2011, 277; *Czernik,* Die Collage in der urheberrechtlichen Auseinandersetzung zwischen Kunstfreiheit und Schutz des geistigen Eigentums, 2008; *Eichmann,* Mode und Recht, Festgabe für Beier, 1996, S. 459; *Fierdag,* Die Aleatorik in der Kunst und das Urheberrecht, 2005; *Fischer,* Digitale Kunst und freie Benutzung, 2018; *Geier,* Unterscheidungskraft und Originalität statt Neuheit und Eigenart, ZGE 2018, 81; *Goldmann,* Das Urheberrecht an Bauwerken – Urheberpersönlichkeitsrechte des Architekten im Konflikt mit Umbauvorhaben, GRUR 2005, 639; *Graef,* Die fiktive Figur im Urheberrecht, ZUM 2012, 108; *Hackenberg,* Der urheberrechtliche Schutz von Designleistungen in Deutschland, FS W. Nordemann (2004), S. 25; *Hille,* Das Urheberrecht an Kirchengebäuden, JZ 2017, 133; *P. Hofmann,* Die Schutzfähigkeit von Computerspielesystemen nach Urheberrecht, CR 2012, 281; *Huttenlauch,* Appropriation Art – Kunst an den Grenzen des Urheberrechts, 2010; *Koschtial,* Zur Notwendigkeit der Absenkung der Gestaltungshöhe für Werke der angewandten Kunst im deutschen Urheberrecht, GRUR 2004, 555; *Kreutzer,* Computerspiele im System des deutschen Urheberrechts, CR 2007, 1; *Leistner,* Von Joseph Beuys, Marcel Duchamp und der dokumentarischen Fotografie von Kunstaktionen, ZUM 2011, 468; *Liebenau,* Star Athletica v. Varsity Brands – German Comparative Perspectives and European Harmonization of Copyright for Applied Art – Part II, GRUR-Int 2017, 921; *dies.,* Star Athletica v. Varsity Brands – U.S. Copyright Protection for Applied Art – Part I, GRUR-Int 2017, 843; *Loewenheim,* Höhere Schutzuntergrenze bei Werken der angewandten Kunst?, GRUR-Int 2004, 765; *Lubberger,* Technische Konstruktion oder künstlerische Gestaltung? – Design zwischen den Stühlen, FS Erdmann (2002), S. 145; *Neuenfeld/Baden/Dohna/Groscurth,* Handbuch des Architektenrechts, Band 1: Allgemeine Grundlagen, Stand: April 2012; *Neumeister/v. Gamm,* Ein Phönix: Das Urheberrecht der Architekten, NJW 2008, 2678; *Obergfell,* Abschied von der „Silberdistel": Zum urheberrechtlichen Schutz von Werken der angewandten Kunst, GRUR 2014, 621; *Ott,* Zulässigkeit der Erstellung von Thumbnails durch Bilder- und Nachrichtensuchmaschinen?, ZUM 2007, 119; *Peifer,* Appropriation und Fan Art – geknebelte Kreativität oder klare Urheberrechtsverletzung?, FS Wandtke (2013), S. 99; *Raue,* Ready-Mades und Appropriation Art – „Werke" im Sinne des Urhebergesetzes?, FS Pfennig (2012), S. 199; *ders.,* EVA & ADELE, Der Mensch als „Werk" im Sinne des Urheberrechts, GRUR 2000, 951; *Schack,* Kunst und Recht, 2009; *ders.,* Appropriation Art und Urheberrecht, FS Nordemann (2004), S. 107; *Schildt-Lutzenburger,* Der urheberrechtliche Schutz von Gebäuden, 2004; *ders.,* Was ist Kunst? – Erläuterung anhand der Begriffsbestimmung des Werks der bildenden Künste im Sinne von § 2 I Nr. 4 UrhG, KUR 2004, 81; *v. Schoenebeck,* Moderne Kunst und Urheberrecht, 2003; *Schramm,* Werbekonzeptionen und Fernsehformate, GRUR 2004, 923; *G. Schulze,* Urheberrecht der Architekten – Teil 2, NZBau 2007, 611; *ders.,* Das Urheberrecht und die bildende Kunst, FS GRUR (1991), S. 1303; *Steeneck,* „Geburtstagszug" und Werkbegriff gemäß § 2 Abs. 1 Nr. 4, Abs. 2 UrhG – Bestandsaufnahme sowie Auswirkungen der Entscheidung in der Praxis, FS Büscher (2018), S. 233; *Stelzenmüller,* Von der Eigentümlichkeit zur Eigenart – Paradigmenwechsel im Geschmacksmusterrecht?, 2007; *Stieper,* Urheber- und wettbewerbsrechtlicher Schutz von Werbefiguren (Teil 1), GRUR 2017, 649; *Ulmer,* Der urheberrechtliche Werkbegriff und die moderne Kunst, GRUR 1968, 527; *Wandtke,* Grenzenlose Freiheit der Kunst und Grenzen des Urheberrechts, ZUM 2005, 769; *Wandtke/Czernik,* Der urheberrechtliche Integritätsschutz von Bau(kunst)-werken und dessen Probleme in der Rechtsanwendung, GRUR 2014, 835; *Wöhrn,* Das Architektenurheberrecht und das Regelungsinteresse des Eigentümers in Kaufverträgen, FS Wandtke (2013), S. 269; *S. Zech,* Der Schutz von Werken der angewandten Kunst im Urheberrecht Frankreichs und Deutschlands, 1999.

1. Allgemeines

156   Abs. 1 Nr. 4 verwendet den Begriff der bildenden Künste als **Sammelbegriff;** darunter fällt die reine Kunst (oder bildende Kunst im engeren Sinne), die sich von der angewandten Kunst durch ihre Zweckfreiheit unterscheidet, also Bildhauerei, Malerei und Graphik,[710] ferner die Baukunst[711] und schließlich die (einem Gebrauchszweck dienende) angewandte Kunst.[712] Die Regelung, dass auch **Entwürfe** von Werken der bildenden Künste geschützt sind, stellt keine Besonderheit dar, sondern entspricht nur dem allgemeinen Grundsatz, dass Werke auch in ihren Entwicklungsstadien geschützt sind, sobald sie eine persönliche geistige Schöpfung darstellen.[713] Sie hat ihre Bedeutung vor allem für Werke der Baukunst, bei denen die Gefahr einer unzulässigen Verwendung von Plänen und Entwürfen in besonderem Maße besteht. Sie bedeutet dagegen nicht, dass Entwürfe schutzfähig sind, die den Anforderungen einer persönlichen geistigen Schöpfung nicht entsprechen.

157   Die **Begriffsbestimmung** des Werkes der bildenden Künste steht vor dem Problem, dass sich der Begriff der Kunst nicht mit rechtlich ausreichender Genauigkeit definieren lässt.[714] Im Urheberrecht geht es aber auch nicht um die Frage, was Kunst ist, sondern darum, was als das Ergebnis persönlich-

---

[708] Eing. *Obergfell* ZUM 2005, 621 (622 ff.).
[709] OLG München UFITA 74 (1975), 320 (322) – Brasiliana.
[710] Dazu → Rn. 169 ff.
[711] Dazu → Rn. 174 ff.
[712] Dazu → Rn. 181.
[713] BGH GRUR 2014, 175 Rn. 15 – Geburtstagszug; BGH GRUR 2005, 854 (856) – Karten-Grundsubstanz → Rn. 49.
[714] BVerfG GRUR 2007, 1085 (1086) – Esra; BVerfG NJW 1985, 261 (262) – Anachronistischer Zug; BGH NJW 1990, 3026 – Opus Pistorum; Wandtke/Bullinger/*Bullinger* UrhG § 2 Rn. 85; *Schack* S. 1 f.; anders wohl *Fallert* GRUR 2014, 719.

geistigen Schaffens urheberrechtlich geschützt sein soll. Diese Frage lässt sich auch ohne eine Begriffsbestimmung der Kunst beantworten: ausschlaggebend ist, ob das Werk von der **Individualität** seines
Schöpfers geprägt ist. Das bedeutet, dass nicht alles, was als Kunst akzeptiert wird, urheberrechtlich
geschützt sein muss – wenn auch solche Divergenzen eher Randerscheinungen sind. Der Begriff des
Werkes der bildenden Künste ist kein kunstwissenschaftlicher, sondern ein normativer Begriff, der
durch die Tatbestandsvoraussetzung der persönlichen geistigen Schöpfung geprägt wird.[715]

Für die **urheberrechtliche Einordnung** einer Gestaltung als Werk der bildenden Künste sind **158**
damit zwei Fragen zu beantworten: Zum einen, ob es sich um eine Gestaltungsform handelt, die in
den Bereich des § 2 Abs. 1 Nr. 4 fällt, zum anderen, ob die Voraussetzungen einer persönlichen geistigen Schöpfung erfüllt sind. Das bringt auch die Rechtsprechung mit ihrer früher formelhaft verwendeten und verschiedentlich kritisierten Definition zum Ausdruck, dass es sich um eine eigenpersönliche geistige Schöpfung handeln müsse, die mit den Darlegungsmitteln der Kunst durch
formgebende Tätigkeit hervorgebracht und vorzugsweise für die Anregung des ästhetischen Gefühls
durch Anschauung bestimmt sei, und deren ästhetischer Gehalt einen solchen Grad erreicht habe, dass
nach Auffassung der für Kunst empfänglichen und mit Kunstanschauungen einigermaßen vertrauten
Verkehrskreise von einer künstlerischen Leistung gesprochen werden könne.[716]

Die **Werkart der bildenden Künste** setzt eine Gestaltungsform voraus, bei der der Künstler sei- **159**
nem Ausdruckswillen in **Formen** (im weitesten Sinne) oder in **Formen und Farben** Gestalt verliehen hat.[717] Nach der Rechtsprechung besteht „das Wesentliche der künstlerischen Betätigung" in der
„freien schöpferische Gestaltung, in der Eindrücke, Erfahrungen, Erlebnisse des Künstlers durch das
Medium einer bestimmten Formensprache zu unmittelbarer Anschauung gebracht werden".[718] Die
ältere Rechtsprechung bringt das auch mit ihrer Formulierung zum Ausdruck, dass die Gestaltung mit
den Darlegungsmitteln der Kunst durch formgebende Tätigkeit hervorgebracht und vorzugsweise für
die Anregung des ästhetischen Gefühls durch Anschauung bestimmt sein müsse.[719] In der Praxis bereitet die Frage, ob ein Werk der bildenden Künste oder eine andere Werkart in Betracht kommt, meist
keine Schwierigkeiten. Nach der Rechtsprechung kann sie in Grenzfällen auch offen bleiben, weil die
Urheberrechtsschutzfähigkeit eines Werkes nicht von seiner klaren Einordnung in eine der in Abs. 1
genannten Werkarten abhängt;[720] dabei ist allerdings zu bedenken, dass die Einordnung in eine bestimmte Werkart zumindest nach der Rechtsprechung im Einzelfall für die Schutzuntergrenze,[721]
darüber hinaus aber auch für die Schranken des Urheberrechts (§§ 44a ff.) und Einzelfragen bei § 23
maßgeblich sein kann.[722] Zur Abgrenzung von Werken der bildenden Künste und Darstellungen
wissenschaftlicher oder technischer Art vgl. → Rn. 226.

Eine **persönliche geistige Schöpfung** wird noch nicht durch den bloßen Einsatz einer künstleri- **160**
schen Technik begründet.[723] Erforderlich ist vielmehr, dass die Gestaltungsform auf der menschlich-
gestalterischen Tätigkeit des Urhebers beruht, geistigen Gehalt aufweist, eine wahrnehmbare Formgestaltung gefunden hat und in ihr die Individualität des Urhebers zum Ausdruck kommt.[724] In der
Formulierung des BGH ist eine persönliche geistige Schöpfung „eine Schöpfung individueller Prägung, deren ästhetischer Gehalt einen solchen Grad erreicht hat, dass nach Auffassung der für Kunst
empfänglichen und mit Kunstanschauungen einigermaßen vertrauten Kreise von einer ‚künstlerischen' Leistung gesprochen werden kann".[725] An der **menschlich-gestalterischen Tätigkeit** kann
es vor allem bei **maschinell oder durch Computer geschaffenen Kunstwerken** fehlen. Dazu
gehören beispielsweise Computerdesigns, bewegte und unbewegte Computergraphiken,[726] die Tätigkeit durch Computer als solche bei der Herstellung von Trickfilmen, Comics und dgl. sowie die Veränderung, Verfremdung oder Manipulation von Kunstwerken oder Darstellungen mit Hilfe des Computers,[727] ferner Computersimulationen, die Kunstwerkcharakter aufweisen. Als Grundsatz gilt auch
hier, dass lediglich auf der Tätigkeit des Computers beruhende Gestaltungen mangels menschlicher

---

[715] *Erdmann* FS v. Gamm, 1990, S. 389 (394); *Ulmer* GRUR 1968, 527.
[716] Vgl. etwa RGZ 124, 68 (71 f.); BGH GRUR 1957, 391 (393) – Ledigenheim; BGH GRUR 1979, 332 (336)
– Brombeerleuchte; BGH GRUR 2008, 984 (986) – St. Gottfried; OLG Hamburg ZUM-RD 2007, 59; wN →
5. Aufl. 2017, Rn. 158.
[717] OLG Schleswig GRUR-RR 2015, 1 Rn. 8 – Geburtstagszug II.
[718] BVerfG GRUR 1971, 461 (463) – Mephisto; BVerfG NJW 1985, 261 (262) – Anachronistischer Zug;
BVerfG NJW 1991, 1471 – Josefine Mutzenbacher; BVerfG GRUR 2007, 1085 (1086) – Esra; BGH GRUR 2012,
819 Rn. 17 – Blühende Landschaften.
[719] Vgl. etwa BGH GRUR 1979, 332 (336) – Brombeerleuchte; BGH GRUR 1992, 697 (698) – ALF; KG
GRUR-RR 2001, 292 (293) – Bachforelle.
[720] BGH GRUR 1985, 529 – Happening.
[721] Vgl. → Rn. 59.
[722] Vgl. auch → Rn. 93.
[723] BGH GRUR 2012, 819 (821) – Blühende Landschaften zu § 5 Abs. 3 GG mN zur Rspr. des BVerfG.
[724] Dazu → Rn. 38 ff.
[725] BGH GRUR 2014, 175 Rn. 15 – Geburtstagszug; BGH GRUR 2012, 58 Rn. 17 – Seilzirkus; BGH GRUR
2011, 803 Rn. 31 – Lernspiele; BGH GRUR 1987, 903 (904) – Le-Corbusier-Möbel; BGH GRUR 1983, 377
(378) – Brombeer-Muster.
[726] OLG Hamm GRUR-RR 2005, 73.
[727] Näher dazu *Schlatter* in Lehmann (Hg.), Rechtsschutz und Verwertung von Computerprogrammen, 2. Aufl.
1993, Kap. III Rn. 89 ff., mwN.

Schöpfungstätigkeit nicht schutzfähig sind.[728] Die Schutzfähigkeit wird dagegen nicht dadurch ausgeschlossen, dass man sich einer Maschine als Hilfsmittel bedient;[729] hierher ist beispielsweise die computerunterstützte Herstellung von Trickfilmen oder Comics zu zählen, die genügend Raum für menschliches Schaffen lässt. Beim Einsatz von Zufallsgeneratoren reicht es aus, dass der Urheber das wesentliche Grundmuster des Werkes schafft und bei mehreren vom Computer erzeugten Versionen eine oder einige als definitiv bestimmt.[730] Zu Sonderfragen im Zusammenhang der sog. Künstlichen Intelligenz (KI) näher → Rn. 41 f.

Bei Werken, die durch die **Tätigkeit von Tieren** geschaffen werden, fehlt es an der menschlich-gestalterischen Tätigkeit, ein von einem Schimpansen gemaltes Bild oder das Selfie eines Makaken sind daher keine Kunstwerke im urheberrechtlichen Sinn.[731]

161   Die Voraussetzungen des **geistigen Gehalts** und der **wahrnehmbaren Formgestaltung** werfen bei Werken der bildenden Künste meist keine Probleme auf. Der geistige Gehalt liegt in der künstlerischen Aussage des Werkes und ist, wie die Rechtsprechung formuliert, vorzugsweise für die Anregung des ästhetischen Gefühls durch Anschauung bestimmt.[732] Bei der wahrnehmbaren Formgestaltung ist zu beachten, dass weder eine körperliche noch eine dauerhafte Festlegung des Werkes erforderlich sind, so dass auch Werke, die aus sich verändernden oder sich auflösenden Materialien hergestellt sind, „Happenings",[733] Aktionen[734] oder vorübergehend auf dem Bildschirm erscheinende Computergraphiken und -bilder schutzfähig sein können.[735]

162   Bei der **Individualität** legt der BGH nicht länger unterschiedliche Maßstäbe an Werke der reinen Kunst und Bauwerke einerseits und Werke der angewandten Kunst andererseits an. Die Rechtsprechung, nach der bei der angewandten Kunst die Schutzuntergrenze höher liegen soll, hat er mit der **Geburtstagszug-Entscheidung** aufgegeben.[736] Ob die **erforderliche Individualität erreicht** ist, beurteilt die Rechtsprechung „nach Auffassung der für Kunst empfänglichen und mit Kunstanschauungen einigermaßen vertrauten Verkehrskreise".[737] Es wird also nicht auf das Urteil des Fachmanns, sondern auf das des für Kunst empfänglichen **Durchschnittsbetrachters**,[738] auf die im Leben herrschenden Anschauungen[739] abgestellt.

163   Bei der Feststellung, ob die für Urheberrechtsschutz erforderliche Individualität bei einer Gestaltung gegeben ist, sind zwar die einzelnen gestalterischen Elemente daraufhin zu würdigen und es ist grundsätzlich **die konkrete Darlegung der die Urheberrechtsschutzfähigkeit begründenden Elemente** notwendig.[740] Entscheidend bleibt jedoch der **Gesamteindruck** der Gestaltung.[741]

164   Der Individualität des künstlerischen Werkschaffens steht es nicht entgegen, dass das Werk auf Veranlassung eines **Auftraggebers** entsteht und dieser zu der von ihm erwarteten Gestaltung Vorschläge macht, Grenzen setzt oder in anderer Weise auf die Gestaltung Einfluss nimmt. Solche Umstände haben künstlerisches, insbesondere mäzenatisch gefördertes Schaffen seit jeher begleitet.[742]

165   Wie schon die Einbeziehung der angewandten Kunst in § 2 Abs. 1 Nr. 4 zeigt, ist es **unerheblich,** ob ein Werk der bildenden Künste zu einem rein künstlerischen Zweck gestaltet worden ist oder

---

[728] Vgl. → Rn. 39; sa *Schlatter* in Lehmann (Hg.), Rechtsschutz und Verwertung von Computerprogrammen, 2. Aufl. 1993, Kap. III Rn. 96 f.

[729] Vgl. → Rn. 40; *Schlatter* in Lehmann (Hg.), Rechtsschutz und Verwertung von Computerprogrammen, 2. Aufl. 1993, Kap. III Rn. 92 f.; *Schulze* ZUM 1997, 77 (80). Selbstverständlich kann es aber auch in solchen Fällen dann bei Benutzung von Vorlagen nach allgemeinen Grundsätzen an der Individualität fehlen, vgl. für ein Bsp. LG Frankfurt a. M. ZUM 2018, 297 (298); näher → Rn. 53 ff.

[730] Vgl. → Rn. 41.

[731] Vgl. → Rn. 42.

[732] BGH GRUR 1992, 697 (698) – ALF; BGH GRUR 1979, 332 (336) – Brombeerleuchte; OLG Düsseldorf GRUR-RR 2008, 117 (119) – Engelsfigur.

[733] BGH GRUR 1985, 529 – Happening; KG GRUR 1984, 507 (508) – Happening.

[734] OLG Düsseldorf GRUR 2012, 173 (174) – Beuys-Fotoreihe; LG Düsseldorf GRUR-RR 2011, 203 (204 f.) – Beuys-Aktion, zur Schutzfähigkeit einer „Aktion"; sa BGH GRUR 2014, 65; *Koch* FS Bornkamm, 2014, S. 835 (839).

[735] S. dazu OLG Köln GRUR-RR 2010, 141 (142); OLG Hamm GRUR-RR 2005, 73; → Rn. 47.

[736] BGH GRUR 2014, 175 Rn. 26 ff. – Geburtstagszug; näher dazu → Rn. 184.

[737] BGH GRUR 2014, Rn. 15 – Geburtstagszug; BGH GRUR 2012, 58 Rn. 17 – Seilzirkus; BGH GRUR 2011, 803 Rn. 31 – Lernspiele; BGH GRUR 1988, 690 (692) – Kristallfiguren; BGH GRUR 1988, 533 (535) – Vorentwurf II; OLG Schleswig GRUR-RR 2015, 1 Rn. 8 – Geburtstagszug II; OLG Frankfurt a. M. BeckRS 2019, 15321 Rn. 29; OLG Karlsruhe GRUR 2004, 233 – Kirchenchorraum; KG GRUR-RR 2001, 292 (293) – Bachforelle.

[738] BGH GRUR 1988, 690 (692) – Kristallfiguren; BGH GRUR 1988, 533 (535) – Vorentwurf II; OLG Karlsruhe GRUR 2004, 233 – Kirchenchorraum; KG GRUR-RR 2001, 292 (293) – Bachforelle.

[739] BGH GRUR 1987, 903 (904) – Le Corbusier-Möbel; OLG Frankfurt a. M. GRUR 1988, 302 (303) – Le Corbusier-Sessel; OLG Frankfurt a. M. AfP 1997, 547 (548) – Le Corbusier-Möbel; OLG Hamburg ZUM 2004, 386.

[740] Näher → Rn. 167.

[741] BGH GRUR 2011, 803 Rn. 44 – Lernspiele; BGH GRUR 1989, 416 – Bauaußenkante; BGH GRUR 1988, 690 (692) – Kristallfiguren; BGH GRUR 1981, 820 (822) – Stahlrohrstuhl II; BGH GRUR 1952, 516 (517) – Hummel-Figuren; OLG München GRUR-RR 2011, 54 (55) – Eierkoch; OLG Köln NJW-RR 2000, 229 (230) – Minidress III; OLG Hamburg GRUR 2002, 419 (420 f.) – Move; OLG Düsseldorf GRUR-RR 2001, 294 (296) – Spannring; LG Düsseldorf GRUR-RR 2011, 203 (204) – Beuys-Aktion. Näher → Rn. 167.

[742] OLG Saarbrücken GRUR 1986, 310 (311) – Bergmannsfigur.

einem **Gebrauchszweck** dient.[743] Allerdings unterscheidet der Gebrauchszweck die reine (bildende) Kunst von der angewandten Kunst.[744]

Maßgeblicher **Zeitpunkt** für die Beurteilung der Schutzfähigkeit ist die Zeit der Schaffung des **166** Werks.[745]

Für die schutzbegründenden Voraussetzungen, insbesondere das Vorliegen einer persönlichen geis- **167** tigen Schöpfung, trifft im Urheberrechtsverletzungsprozess die **Darlegungs- und Beweislast** den Kläger.[746] Grundsätzlich ist **die konkrete Darlegung der die Urheberrechtsschutzfähigkeit begründenden Elemente** notwendig.[747] Jedoch sind bei Kunstwerken **keine überhöhten Anforderungen** an die Darlegungslast zu stellen, da bei ihnen die Schwierigkeit besteht, ästhetisch wirkende Formen überhaupt mit den Mitteln der Sprache auszudrücken.[748] Die für den ästhetischen Eindruck wesentlichen Formmerkmale einer schöpferischen Leistung entziehen sich oft der genauen Wiedergabe durch Worte, so dass eine erschöpfende Einzelaufgliederung der künstlerischen Elemente in der Regel nicht erwartet werden kann.[749] Wesentlich ist bei solchen Werken der sich aufgrund der Betrachtung des Objekts ergebende **Gesamteindruck**.[750] Wer sich darauf beruft, der Künstler habe auf **vorbekanntes Formengut** zurückgegriffen, ist dafür darlegungs- und beweispflichtig.[751]

Die Beurteilung, ob einer Gestaltung Kunstwerkqualität zukommt, insbesondere ob die erforderli- **168** che **Individualität** gegeben ist, wird von der Rechtsprechung weitgehend als eine **Frage tatrichterlicher Würdigung** angesehen.[752] Es ist jedoch im Revisionsverfahren nachprüfbar, ob der Tatrichter bei seiner Würdigung von rechtlich zutreffenden Maßstäben ausgegangen ist und ob seine Feststellungen die Bejahung bzw. Verneinung des Rechtsbegriffs des Kunstwerks tragen.[753]

2. Reine (bildende) Kunst

Werke der reinen Kunst (oder bildenden Kunst im engeren Sinne) unterscheiden sich von der an- **169** gewandten Kunst durch ihre Zweckfreiheit; es fehlt der die Werke der angewandten Kunst charakterisierende Gebrauchszweck.[754] Sie umfassen die Werke der **Bildhauerei, Malerei** und **Graphik**. In Betracht kommen Statuen,[755] Plastiken, Gemälde, Fresken, Aquarelle, Collagen,[756] Zeichnungen, Computergraphiken,[757] insbesondere Figuren, Gebäude und sonstige Gestaltungselemente grafischer Art in Computerspielen,[758] Holzschnitte, Lithographien, Radierungen, Stiche usw., aber auch künstlerisch strukturierte Wandplatten[759] oder Totenmasken.[760] Auch die Zusammenstellung und das Arrangement mehrerer Gegenstände und Stoffe kann ein Kunstwerk sein,[761] deshalb können auch Inneneinrichtungen[762] Bühnenbilder[763] Kunstwerkschutz genießen. Ob die Gestaltung eines Happenings nach einem alten Gemälde ein Kunstwerk darstellt, hat der BGH offengelassen,[764] die Gestaltung

---

[743] BGH GRUR 2014, 175 Rn. 16 – Geburtstagszug; BGH GRUR 1957, 391 (392) – Ledigenheim; vgl. auch → Rn. 66 sowie die wN zur älteren Rspr. → 5. Aufl. 2017, Rn. 165.

[744] BGH GRUR 2014, 175 Rn. 16 – Geburtstagszug, näher → Rn. 181.

[745] BGH GRUR 1987, 903 (905) – Le Corbusier-Möbel; BGH GRUR 1961, 635 (638) – Stahlrohrstuhl; OLG Köln GRUR 1990, 356 (357) – Freischwinger; OLG Frankfurt a.M. AfP 1997, 547 (549) – Le Corbusier-Möbel; OLG Frankfurt a.M. GRUR 1988, 302 (303) – Le Corbusier-Sessel; OLG Schleswig GRUR 1985, 289 (290) – Tonfiguren; OLG Düsseldorf GRUR 1971, 415 (416) – Studio 2000.

[746] Vgl. → Rn. 35.

[747] BGH GRUR 1974, 740 (741) – Sessel.

[748] BGH GRUR 1991, 449 (450) – Betriebssystem; BGH GRUR 1974, 740 (741) – Sessel mwN; sa BGH GRUR 2012, 58 Rn. 24 – Seilzirkus.

[749] BGH GRUR 1991, 449 (450) – Betriebssystem; BGH GRUR 1952, 516 (517) – Hummel-Figuren.

[750] BGH GRUR 1991, 449 (450) – Betriebssystem; vgl. auch → Rn. 163.

[751] BGH GRUR 2008, 984 (985) – St. Gottfried; BGH GRUR 1981, 820 (822) – Stahlrohrstuhl II; vgl. auch BGH GRUR 2002, 958 (960) – Technische Lieferbedingungen.

[752] BGH GRUR 1995, 581 (582) – Silberdistel; BGH GRUR 1987, 903 (904) – Le Corbusier-Möbel; BGH GRUR 1983, 377 (378) – Brombeer-Muster; vgl. auch die wN zur älteren Rspr. → 5. Aufl. 2017, Rn. 168; näher *Steeneck* FS Büscher, 2018, S. 233 (243 ff.) mwN.

[753] BGH GRUR 1995, 581 (582) – Silberdistel; BGH GRUR 1987, 903 (904) – Le Corbusier-Möbel; BGH GRUR 1961, 635 (636) – Stahlrohrstuhl I; sa BGH GRUR 2008, 984 (985) – St. Gottfried.

[754] BGH GRUR 2014, 175 Rn. 15 – Geburtstagszug; BGH GRUR 2012, 58 Rn. 17 – Seilzirkus; BGH GRUR 2011, 803 Rn. 31 – Lernspiele; BGH GRUR 1995, 581 (582) – Silberdistel.

[755] S. zB OLG Düsseldorf GRUR-RR 2008, 117 (120) – Engelsfigur.

[756] OLG Hamburg ZUM-RD 2013, 121.

[757] OLG Köln GRUR-RR 2010, 141.

[758] Umfassend *Oehler* S. 389 ff.

[759] OLG München GRUR 1974, 484 ff. – Betonstrukturplatten.

[760] KG GRUR 1981, 742 – Totenmaske I; KG GRUR 1983, 507 (508) – Totenmaske II.

[761] *Rehbinder/Peukert* (7. Aufl.) Rn. 276.

[762] Eing. *Schaefer*, Die urheberrechtliche Schutzfähigkeit von Werken der Gartengestaltung, 1992, S. 98 ff.; regelmäßig wird bei Inneneinrichtungen allerdings ein Schutz als Bauwerk in Betracht kommen, dazu → Rn. 175.

[763] BGH GRUR 1986, 458 – Oberammergauer Passionsspiele I; sa BGH GRUR 1989, 106 – Oberammergauer Passionsspiele II mAnm *Loewenheim* GRUR 1989, 108; vgl. ferner BOSchG UFITA 16 (1943), 148; LG Köln GRUR 1949, 303; LG Düsseldorf UFITA 77 (1976), 282; LAG Berlin GRUR 1952, 100 (101 f.); eing. *Heker*, Der urheberrechtliche Schutz von Bühnenbild und Kulisse, insbes. S. 19 ff., 48 ff., mit zahlreichen wN; *Rehbinder* FS Uchtenhagen, 1987, S. 189 mwN.

[764] BGH GRUR 1985, 529 – Happening; vom KG in der Vorinstanz bejaht, vgl. GRUR 1984, 507 – Happening.

einer „Fettecke" durch Joseph Beuys wurde dagegen als Kunstwerk („Aktionskunst") geschützt.[765] Der durch Christo „verhüllte Reichstag" wurde als urheberrechtlich geschützt angesehen.[766] Werke der bildenden Kunst können ferner sein verfremdete Fotografien,[767] Graffiti auf Wänden oder Mauern,[768] oder Tätowierungen.[769]

170   Auf das **Material** kommt es nicht an. Auch aus nicht dauerhaftem Material (Eis und Schnee, essbares Material wie Marzipan oder Schokolade) können Kunstwerke bestehen, ebenso aus organischen Stoffen.[770] Deshalb ist auch die Schutzfähigkeit von Gartengestaltungen[771] oder „lebenden" Kunstwerken als „work in progress"[772] nicht grundsätzlich ausgeschlossen. Auch **naturalistische Gestaltungen** sind dem Kunstwerksschutz zugänglich.[773] Ebenso ist die **Art der Herstellung** bedeutungslos, genauso wie traditionelle Techniken (malen, zeichnen, modellieren, schnitzen usw) kommen neuartige Techniken in Betracht.

171   Schutzfähig ist immer nur das Werk selbst, nicht dagegen **Stil, Technik** oder **Manier** des Schaffens.[774] Die Schutzfähigkeit wird aber nicht dadurch ausgeschlossen, dass sich der Künstler an einen bestimmten Stil hält und ausschließlich Formelemente dieses Stils benutzt.[775] Die rein handwerkliche **Abbildung der Natur** begründet regelmäßig keinen Urheberrechtsschutz.[776] Ebenso ist auch im Bereich der bildenden Kunst die bloße **Idee** nicht schutzfähig, wohl aber ihre konkrete Ausgestaltung in einem Kunstwerk.[777]

172   Zu den Werken der bildenden Kunst zählen auch **Figuren.**[778] Schutz wurde beispielsweise gewährt für die Hummel-Figuren,[779] für den Mecki-Igel,[780] für die Walt Disney-Figur „Bambi",[781] die Zeichentrickfigur „Pillhuhn",[782] für die Figur des Kobolds „Pumuckl",[783] für einen Bronzeengel,[784] für eine in der Werbung verwendeten Figur eines Handwerkers,[785] für eine Bildmarke in Form eines „Moorhuhns",[786] für Bären in verschiedenen Posen.[787] Schutz wurde verneint für Nachbildungen von Puttenplastiken aus Barock und Rokoko.[788]

Kunstschutz genießen in aller Regel auch **Comic-Figuren;** sie haben nicht den Werke der angewandten Kunst kennzeichnenden Gebrauchszweck. Die üblichen Comic-Figuren weisen in aller Regel die für Kunstwerkschutz erforderliche Individualität auf und sind urheberrechtlich geschützt.[789] Das gilt besonders, wenn die Figuren durch eine unverwechselbare Kombination äußerer Merkmale sowie von Eigenschaften, Fähigkeiten und typischen Verhaltensweisen zu besonders ausgeprägten

---

[765] BGH GRUR 2014, 65 – Beuys-Aktion; OLG Düsseldorf GRUR 2012, 173 – Beuys-Fotoreihe; LG Düsseldorf GRUR-RR 2011, 203 – Beuys-Aktion; dazu *Leistner* ZUM 2011, 468.

[766] KG GRUR 1997, 128 – Verhüllter Reichstag I; LG Berlin NJW 1996, 2380; sa *Pöppelmann* ZUM 1996, 293; *Müller-Katzenburg* NJW 1996, 2341.

[767] OLG Koblenz GRUR 1987, 435 sowie OLG Hamm ZUM 2004, 92; nicht aber mangels eines Mindestmaßes an Individualität die bloße Abzeichnung der Umrisse einer Fotografie als Bleistift- oder Kohlezeichnung vermittels Photoshop, LG Frankfurt a. M. ZUM 2018, 297 (298).

[768] BGH GRUR 1995, 673 (675) – Mauerbilder; BGH GRUR 2007, 691 – Staatsgeschenk; *Nirk* FS Brandner, 1996, S. 417 (438 ff.).

[769] Dazu *Duvigneau* ZUM 1998, 535.

[770] Heute anerkannt, vgl. etwa KG ZUM 2001, 590 (591); *Schack* Rn. 227; *Erdmann* FS v. Gamm, 1990, S. 389 (398); anders noch RGZ 124, 68 (71); 135, 385 (387).

[771] OLG Düsseldorf GRUR 1990, 189 (191) – Grünskulptur; eing. *Schaefer,* Die urheberrechtliche Schutzfähigkeit von Werken der Gartengestaltung, 1992, insbes. S. 65 ff.

[772] LG Frankenthal ZUM-RD 2005, 408 – Grassofa.

[773] BGH GRUR 1986, 458 (459) – Oberammergauer Passionsspiele; BGH GRUR 1995, 581 (582) – Silberdistel; OLG Hamburg NJOZ 2005, 124 (125) – Weinlaubblatt.

[774] Vgl. → Rn. 71.

[775] LG München I *Schulze* LGZ 120, 4 f.; *Dietz* UFITA 72 (1975), 1 (32 f.); aA OLG Koblenz GRUR 1967, 262 (263 f.) – Barockputten; vgl. aber auch LG Berlin GRUR 1977, 47 – Barockspiegel.

[776] OLG Hamburg NJOZ 2005, 124 (125) – Weinlaubblatt; BGH GRUR 1995, 581 (582) – Silberdistel, für angewandte Kunst.

[777] Vgl. als Bsp. LG München I ZUM-RD 2006, 139 – Unanständige Bären.

[778] Mit übergeordneten Grundsätzen bzgl. des Figurenschutzes (am Bsp. von Werbefiguren) *Stieper* GRUR 2017, 649 mwN; zu Figuren der angewandten Kunst vgl. → Rn. 191.

[779] BGH GRUR 1952, 516 – Hummel-Figuren.

[780] BGH GRUR 1958, 500 (501 ff.) – Mecki-Igel I; BGH GRUR 1960, 251 (252) – Mecki-Igel II.

[781] BGH GRUR 1960, 144 – Bambi.

[782] OLG Hamburg ZUM 1989, 359 (360) – Pillhuhn.

[783] OLG München GRUR-RR 2008, 37 – Pumuckl-Illustrationen II; LG Berlin ZUM-RD 2002, 252 (253) – Pumuckl-Figur; LG München I GRUR-RR 2008, 44 – Eine Freundin für Pumuckl.

[784] OLG Düsseldorf ZUM 2008, 140.

[785] LG Oldenburg GRUR 1987, 636 – Emil.

[786] LG München I ZUM-RD 2004, 373 (376) – Moorhuhn.

[787] LG München I ZUM-RD 2006, 139 – Unanständige Bären.

[788] OLG Koblenz GRUR 1967, 262 – Barockputten.

[789] Vgl. zB BGH GRUR 1994, 191 – Asterix-Persiflagen; BGH GRUR 1994, 206 – Alcolix; BGH GRUR 1960, 144 (145) – Bambi; BGH GRUR 1958, 500 (501 f.) – Mecki-Igel I; BGH GRUR 1960, 251 (252) – Mecki-Igel II; BGH GRUR 2004, 855 (856) – Hundefigur; OLG Frankfurt a.M. GRUR 1984, 520 – Schlümpfe; OLG Bremen GRUR 1985, 536 – Asterix-Plagiate; OLG Hamburg ZUM 1989, 305 (306) – Schlümpfe-Parodie; OLG Hamburg ZUM 1989, 359 – Pillhuhn; OLG München GRUR-RR 2008, 37 – Pumuckl-Illustrationen II; LG Berlin ZUM-RD 2002, 252 (253) – Pumuckl-Figur; LG München I GRUR-RR 2008, 44 – Eine Freundin für Pumuckl; zul. ausführlicher *Stieper* GRUR 2017, 649 mwN.

Comic-Persönlichkeiten geformt sind und dementsprechend jeweils in charakteristischer Weise auftreten.[790] Der Schutz der Comic-Figuren beschränkt sich nicht auf den Schutz konkreter zeichnerischer Darstellungen in verschiedener Körperhaltungen mit der jeweils gleichbleibenden und das Äußere in schöpferischer Weise prägenden Kostümierung und Haartracht. Schutz genießen vielmehr auch die allen Einzeldarstellungen zugrundeliegenden Gestalten als solche.[791] Auch **virtuelle Figuren** können geschützt sein, beispielsweise in Computerspielen oder virtuellen Welten wie second life.

Grenzfragen der Schutzfähigkeit können bei **modernen Kunstrichtungen** auftauchen.[792] Zu den **173** Erscheinungsformen, bei denen sich solche Fragen stellen, gehören Kunstrichtungen, wie die sog. ready-mades, bei der fertige Gegenstände vom Künstler nicht gestaltet, sondern lediglich als Kunstwerk präsentiert werden (Beispiele: Duchamps Flaschentrockner, Warhols Suppendose), ferner der Bereich der Minimal-Art, bei der die Darstellung auf ein Minimum reduziert wird, das bis zum bloßen Nichts gehen kann, etwa bei der Darstellung eines schwarzen Quadrats auf weißem Grund (Malewitsch), monochromen Bildern, die lediglich eine einzige Farbe, zB Blau, darstellen (Yves Klein, Ferrari, Manzoni) oder leeren, unbemalten Blättern (Rauschenberg), ferner die Appropriation Art, bei der sich jemand das Werk eines anderen aneignet und in veränderter Form präsentiert sowie die damit verwandte Fan Art, bei der sich jemand mit dem Werk eines anderen kreativ auseinandersetzt, um ihm eine Ehrung zu erweisen.[793] Bei aleatorischen Kunstrichtungen wird der Zufall als Gestaltungsmittel eingesetzt. Bei der Conceptual-Art steht nicht die individuelle Gestaltung eines Werks im Vordergrund, sondern die Gestaltungsidee und ihre Formulierung in einem Konzept; die Realisierung des Konzepts hat demgegenüber nur untergeordnete Bedeutung.[794] Urheberrechtlich geht es nicht um ein Urteil über den künstlerischen Wert einer Gestaltung, sondern darum, was nach der Rechtsordnung als Ergebnis individuellen schöpferischen Schaffens geschützt werden soll.[795] Dabei stellen sich vor allem zwei Fragen: zum einen, ob die Gestaltung auf der menschlich-gestalterischen Tätigkeit des Urhebers beruht,[796] zum anderen, ob in ihr die **Individualität** des Urhebers zum Ausdruck kommt.[797] So manches, was von den Beteiligten als Kunst bezeichnet wird, verdient keinen urheberrechtlichen Schutz.[798] Jedoch sollten bei der Individualität eher großzügige Maßstäbe angelegt werden. Einer unerwünschten Monopolisierung bestimmter Gestaltungen lässt sich durch eine entsprechende Begrenzung des **Schutzumfangs** begegnen, der umso enger ist, je geringer die im Werk zum Ausdruck kommende Individualität des Urhebers ist.[799] Der Schutz des monochromen Bildes oder des leeren Blattes reicht nicht so weit, dass anderen die Herstellung gleicher Bilder oder Blätter, die in der Benutzung des gleichen Farbtons oder der Leere besteht, untersagt werden könnte; auf der anderen Seite muss der Künstler die Vervielfältigung und Verbreitung seines Werkes, etwa durch den Verkauf von Postkarten, verhindern können.

3. Baukunst

Als Werke der Baukunst kommen **Bauten jeglicher Art** in Betracht, sofern sie eine persönliche **174** geistige Schöpfung darstellen.[800] Auf die Art der Konstruktion und Herstellung sowie auf das Material, aus dem sie errichtet sind, kommt es nicht an.[801] Auch der **Zweck** des Baus ist unerheblich, insbesondere spielt es keine Rolle, ob Bauwerke einen bestimmten Gebrauchszweck haben, wie Wohnoder Geschäftshäuser,[802] oder ob dies nicht der Fall ist (zB bei Denkmälern). Schon die in § 2 KUG enthaltene Formulierung, dass ein Bauwerk künstlerische Zwecke verfolgen müsse, war dahingehend ausgelegt worden, dass ein Gebrauchszweck dem Urheberrechtsschutz nicht entgegenstehe,[803] umso

---

[790] BGH GRUR 1994, 206 (207) – Alcolix.
[791] BGH GRUR 1994, 191 (192) – Asterix-Persiflagen; BGH GRUR 1994, 206 (207) – Alcolix; BGH GRUR 1995, 47 (48) – Rosaroter Elefant.
[792] Vgl. *Schlütter* passim; *Fischer* S. 29.
[793] Zur Appropriation Art s. *Schack* FS W. Nordemann, 2003, S. 107; zur Appropriation und Fan Art *Peifer* FS Wandtke, 2013, S. 99 (100 f.); vgl. allg. zu ungegenständlichen Werken der modernen Kunst *Haberstumpf* FS Schulze, 2017, S. 3 (9 ff.).
[794] Zur urheberrechtlichen Einordnung solcher Kunstrichtungen näher mwN Loewenheim/*Schulze* § 9 Rn. 103; *Raue* FS Pfennig, 2012, S. 199; *Erdmann* FS v. Gamm, 1990, 389 (396 ff.); *G. Schulze* GRUR, 1991, S. 1303 (1323 ff.); *Degginger*, Beiträge zum urheberrechtlichen Schutz der Gegenwartskunst, 1987, S. 34 ff.; *Thomaschki, Das schwarze Quadrat*, 1995, S. 27 ff.; *Schmid*, Urheberrechtliche Probleme moderner Kunst und Computerkunst in rechtsvergleichender Darstellung, 1995, S. 17 ff.; *Kehrli*, Der urheberrechtliche Werkbegriff im Bereich der bildenden Kunst, 1989, S. 62 ff.; *Vischer* FG Kummer, 1980, S. 277 (282 ff.); zum Ganzen sa *Huttenlauch* passim; *Schlütter* passim.
[795] Dazu eing. *Peifer* FS Wandtke, 2013, S. 99; vgl. auch → Rn. 2, 157.
[796] Dazu näher → Rn. 38 ff., 160.
[797] Dazu näher → Rn. 50 ff., 161 ff.
[798] Zu Recht abgelehnt wurde Urheberrechtsschutz für eine Künstlerin, die auf Anweisung eines Galeristen eine Leinwand schwarz zu grundieren hatte, indem sie von ihr leicht angekaute Kaugummis „in geordneter Weise" auf die Leinwand aufklebte, vgl. LG Düsseldorf ZUM-RD 2010, 696.
[799] Vgl. → Rn. 93.
[800] OLG Oldenburg GRUR-RR 2009, 6 – Blockhausbauweise.
[801] OLG Oldenburg GRUR-RR 2009, 6 – Blockhausbauweise; LG München I ZUM-RD 2008, 493 (494).
[802] OLG Oldenburg GRUR-RR 2009, 6 – Blockhausbauweise; LG München I ZUM-RD 2008, 493 (494).
[803] BGH GRUR 1957, 391 (392) – Ledigenheim.

mehr gilt dies für § 2 Abs. 1 Nr. 4, der keine solche Einschränkung enthält.[804] Ebenso wenig ist erforderlich, dass ein künstlerischer Zweck gegenüber dem Gebrauchszweck den Vorrang hat.[805] Werke der Baukunst können daher nicht nur Gebäude, zB Wohnhäuser, Geschäftshäuser, Schulen,[806] Kirchen,[807] Schlösser, Amtsgebäude,[808] Bahnhöfe,[809] Fabriken usw sein, sondern auch Türme, Brücken, Denkmäler oder Plätze.[810]

175   Auch die **Raumgestaltung** kann Gegenstand des Bauwerksschutzes sein. Das gilt insbesondere für Rauminstallationen[811] und die **Innenarchitektur**.[812] In Sonderfällen können innenarchitektonische Gestaltungen auch als Kunstwerk geschützt sein; die räumliche Anordnung der gestalterischen Einzelelemente in einer Kirche wurde allerdings nicht als „Gesamtkunstwerk" angesehen.[813] Auch bei Gartengestaltungen kann ein Schutz als Bauwerk in Betracht zu ziehen sein.[814]

176   Nicht nur das Bauwerk als Ganzes, sondern auch **Teile eines Bauwerks** können Gegenstand des Urheberrechtsschutzes sein, sofern sie auch für sich genommen eine persönliche geistige Schöpfung darstellen. Das gilt beispielsweise für Fassaden, Innenräume, Treppenhäuser, Dachgiebel, Eingänge, aber auch für Grundrisse, sofern sie die Raumform des Bauwerks (Baukörperform, Raumzuordnung, Tür- und Fensteranordnung, Lichtzuführung, Blickrichtung usw) erkennen lassen.[815] Auch bei Fußbodengestaltungen ist Urheberrechtsschutz nicht ausgeschlossen.[816]

177   Die für eine persönliche geistige Schöpfung notwendige **Individualität** erfordert nach der bisherigen Rechtsprechung, dass sich das Bauwerk nicht als das Ergebnis rein handwerklichen oder routinemäßigen Schaffens darstellt, sondern dass es aus der Masse alltäglichen Bauschaffens herausragt.[817] Dies beurteilt sich, wie der BGH formuliert, nach dem ästhetischen Eindruck, den das Bauwerk nach dem Durchschnittsurteil des für Kunst empfänglichen und mit Kunst einigermaßen vertrauten Menschen vermittelt.[818] Werke der Baukunst können beispielsweise geprägt sein durch ihre Größe, ihre Proportion, Einbindung in das Gelände, die Umgebungsbebauung, Verteilung der Baumassen, konsequente Durchführung eines Motivs,[819] Ausgestaltung und Gliederung einzelner Bauteile wie der Fassade[820] oder des Daches[821] sowie dadurch, dass alle einzelnen Teile des Bauwerks aufeinander bezogen sind, so dass sie zu einer Einheit verschmelzen.[822] Die architektonische Leistung muss über die Lösung einer fachgebundenen technischen Aufgabe durch Anwendung der einschlägigen technischen Lösungsmittel hinausgehen.[823] Gestaltungen, die durch den Gebrauchszweck vorgegeben sind, können

---

[804] AllgA, vgl. OLG Dresden GRUR-RR 2013, 51 – Kulturpalast Dresden; OLG Schleswig GRUR 1980, 1072 (1073) – Louisenlund; OLG Hamburg UFITA 79 (1977), 343 (351); OLG München GRUR 1987, 920 – Wohnanlage; im Schr. zB DKMH/*Dreyer* UrhG § 2 Rn. 258; Wandtke/Bullinger/*Bullinger* UrhG § 2 Rn. 108; Büscher/Dittmer/Schiwy/*Obergfell* Kap. 10 UrhG § 2 Rn. 48; *Ulmer*, Urheber- und Verlagsrecht, § 25 II; *Schack* Rn. 229.

[805] BGH GRUR 1957, 391 (392) – Ledigenheim; OLG München *Schulze* OLGZ 96, 11 – Einfamilienhaus.

[806] OLG Schleswig GRUR 1980, 1072 – Louisenlund: Internatsgebäude.

[807] Näher *Hille* JZ 2017, 133 mwN; *Müller*, Religiöse Kunst im Konflikt zwischen Urheberrecht und Sacheigentum, 2017, S. 61 ff.

[808] OLG Oldenburg GRUR-RR 2009, 6 – Blockhausbauweise; OLG Frankfurt a. M. GRUR 1986, 244 – Verwaltungsgebäude.

[809] LG Stuttgart ZUM-RD 2010, 491 – Stuttgarter Hauptbahnhof; OLG Stuttgart GRUR-RR 2011, 56 – Stuttgarter Hauptbahnhof.

[810] DKMH/*Dreyer* UrhG § 2 Rn. 258; Fromm/Nordemann/*A. Nordemann* UrhG § 2 Rn. 140; Büscher/Dittmer/Schiwy/*Obergfell* Kap. 10 UrhG § 2 Rn. 48.

[811] BGH GRUR 2019, 619 Rn. 9 – Minigolfanlage; BGH GRUR 2019, 609 Rn. 24 – Hhole for Mannheim.

[812] BGH GRUR 2008, 984 – St. Gottfried; BGH GRUR 1982, 107 (109) – Kirchen-Innenraumgestaltung; BGH GRUR 1999, 230 (231) – Treppenhausgestaltung; OLG Dresden GRUR-RR 2013, 51 – Kulturpalast Dresden; OLG Hamm ZUM 2006, 641 (643); Fromm/Nordemann/*A. Nordemann* UrhG § 2 Rn. 140; *Schack* Rn. 230; *Rehbinder/Peukert* Rn. 245.

[813] OLG Karlsruhe GRUR 2004, 233 – Kirchenchorraum.

[814] *Schaefer*, Die urheberrechtliche Schutzfähigkeit von Werken der Gartengestaltung, 1992, S. 60 ff.

[815] BGH GRUR 1999, 230 (231) – Treppenhausgestaltung; BGH GRUR 1989, 416 – Bauaußenkante; BGH GRUR 1988, 533 (534) – Vorentwurf II; BGH GRUR 1973, 663 (664) – Wählamt; BGH GRUR 1957, 391 (393 f.) – Ledigenheim; OLG Dresden GRUR-RR 2013, 51 – Kulturpalast Dresden; LG Leipzig GRUR-RR 2012, 273 – Kulturpalast Dresden; LG Berlin GRUR 2007, 964 (966 f.) – Berlin Hauptbahnhof; LG München I ZUM-RD 2008, 493 (494); s. andererseits LG Leipzig ZUM 2012, 821; *Rehbinder/Peukert* Rn. 245.

[816] LG Leipzig ZUM 2005, 487 (492).

[817] BGH GRUR 1982, 107 (109) – Kirchen-Innenraumgestaltung; OLG Karlsruhe GRUR-RR 2013, 423 (425 f.); OLG Dresden GRUR-RR 2013, 51 – Kulturpalast Dresden; OLG Celle ZUM-RD 2011, 339 (341); OLG Oldenburg GRUR-RR 2009, 6 – Blockhausbauweise; OLG Hamm ZUM 2006, 641 (644 f.); LG München I ZUM-RD 2008, 493 (494); LG Köln ZUM-RD 2008, 88 (89). S. dazu und zum Folgenden auch Wandtke/*Czernik* GRUR 2014, 835.

[818] BGH GRUR 2008, 984 (986) – St. Gottfried; BGH GRUR 1982, 107 (109) – Kirchen-Innenraumgestaltung; BGH GRUR 1974, 675 (677) – Schulerweiterung; OLG Karlsruhe GRUR-RR 2013, 423 (426); OLG Dresden GRUR-RR 2013, 51 – Kulturpalast Dresden; sa BGH GRUR 2014, 175 Rn. 15 – Geburtstagszug; BGH GRUR 2012, 58 Rn. 17 – Seilzirkus.

[819] OLG Karlsruhe GRUR-RR 2013, 423 (426); LG Berlin GRUR 2007, 964 (966 f.) – Berlin Hauptbahnhof.

[820] OLG Karlsruhe GRUR-RR 2013, 423 (426); OLG München GRUR-RR 2001, 177 (178) – Kirchenschiff; LG München I ZUM-RD 2008, 158 (164 f.); LG München I ZUM-RD 2008, 493 (494).

[821] OLG Karlsruhe GRUR-RR 2013, 423 (426); LG München I ZUM 2007, 69 (70 f.).

[822] OLG Karlsruhe GRUR-RR 2013, 423 (426); OLG Hamm ZUM 2006, 641 (644).

[823] OLG Karlsruhe GRUR-RR 2013, 423 (426); GRUR 1985, 534 (535) – Architektenplan.

die Schutzfähigkeit nicht begründen; das gilt namentlich für die äußere und innere Gestaltung sowie für die Raumaufteilung.[824] In der Verwendung allgemeinbekannter, gemeinfreier Gestaltungselemente kann aber dann eine schutzfähige Leistung liegen, wenn durch sie eine besondere eigenschöpferische Wirkung und Gestaltung erzielt wird.[825] Die Anpassung von Bauwerken an ihre Umgebung und ihre Einfügung in die Landschaft kann Ausdruck individuellen Schaffens sein.[826] Bloße Wirkungen in städtebaulicher und verkehrstechnischer Hinsicht haben jedoch bei § 2 Abs. 1 Nr. 4 außer Betracht zu bleiben und können lediglich im Rahmen des Abs. 1 Nr. 7 Berücksichtigung finden.[827]

Insgesamt sind die Maßstäbe der bisherigen Rechtsprechung bei den Werken der Baukunst von **gewisser Uneinheitlichkeit** geprägt. Der Forderung nach strengen Maßstäben und einem aus der alltäglichen Masse herausragenden Schaffen stehen Entscheidungen gegenüber, in denen im Ergebnis eher großzügige Maßstäbe angelegt wurden.[828] Richtigerweise sollten nach der BGH-Entscheidung Geburtstagszug insoweit **einheitliche Maßstäbe** im Sinne einer durchschnittlichen Gestaltungshöhe angelegt werden;[829] notwendige Freihaltebedürfnisse lassen sich im Rahmen des europäischen Werkbegriffs über den Ausschluss rein technisch geprägter, funktional oder sachzweckbezogener Elemente und durch einen entsprechend engen Schutzumfang berücksichtigen. Zu fordern ist demnach kein deutliches Überragen durchschnittlicher Gestaltungen, sondern lediglich eine Gestaltung, die über die technisch, sachzweckgebundenen Elemente hinaus eine individuell ästhetische Prägung erkennen lässt, weil Gestaltungsspielräume für persönliche Kreativität mit der hinreichenden Individualität ausgestaltet wurden.[830]

Eine aus der Masse des alltäglichen Bauschaffens herausragende und damit urheberrechtlich schutz- **178** fähige Gestaltung wird sich bei **Repräsentativbauten** (wie Schlössern, Denkmälern) eher finden als bei reinen **Zweckbauten**.[831] Auch diese können aber Ausdruck individuellen Schaffens sein.[832] Allerdings sind bei ihnen die architektonischen Möglichkeiten zur Entfaltung individuellen Schaffens meist begrenzter. Übliche **Wohnhäuser** und vergleichbare Zweckbauten sind daher oft nicht schutzfähig.[833] Das Gleiche gilt für **technische Konstruktionen.** Was technisch-konstruktiv notwendig oder üblich ist, ist nicht Ausdruck individuellen Schaffens; manche ästhetisch gelungene Brücken- oder Turmkonstruktion ist aus diesem Grunde nicht urheberrechtsschutzfähig. Es müssen vielmehr besondere gestalterische Elemente vorliegen, die über das vom Technisch-Konstruktiven oder vom Gebrauchszweck her Vorgegebene oder Übliche hinausgehen und die Individualität zum Ausdruck bringen.[834] Das ist freilich nicht in dem Sinne zu verstehen, dass das künstlerische Element stets im Ornament oder schmückenden Beiwerk liegen muss; gerade auch die klare Linienführung und schlichte Gestaltung können ein schöpferische Leistung begründen.[835]

Einzelbeispiele:[836] Die schöpferische Prägung kann in der Außenflächen- und Fassadengestaltung **179** zutage treten,[837] in der Aufgliederung der Baukörper[838] oder der Innenraumgestaltung.[839] Geschützt wurde der Dresdener Kulturpalast als „Gebäude, das die Formenwelt der internationalen Moderne ins Stadtbild von Dresden transformierte", wobei „der breite und relativ flache, dabei wohl proportionierte und mit seinem städtebaulichen Umfeld korrespondierende Kubus mit Flachdach, vorgehängter

---

[824] OLG Karlsruhe GRUR-RR 2013, 423 (426); GRUR 1985, 534 (535) – Architektenplan; OLG Schleswig GRUR 1980, 1072 (1073) – Louisenlund.

[825] BGH GRUR 1989, 416 (417) – Bauaußenkante; BGH GRUR 1988, 690 (692) – Kristallfiguren; OLG Oldenburg GRUR-RR 2009, 6 f. – Blockhausbauweise.

[826] BGH GRUR 1989, 416 (417) – Bauaußenkante; BGH GRUR 1957, 391 (393 f.) – Ledigenheim; OLG Schleswig GRUR 1980, 1072 (1073) – Louisenlund; OLG München GRUR 1987, 290 – Wohnanlage; LG München I ZUM-RD 2008, 493 (494).

[827] BGH GRUR 1989, 416 (417) – Bauaußenkante.

[828] BGH GRUR 1982, 369 (370) – Allwetterbad; BGH GRUR 1973, 663 (664) – Wählamt; BGH GRUR 1957, 391 (392 f.) – Ledigenheim; sa *Steeneck* FS Büscher, 2018, S. 233 (238).

[829] Wie hier *Steeneck* FS Büscher, 2018, S. 233 (239); Dreier/Schulze/*Schulze* UrhG § 2 Rn. 182; Fromm/Nordemann/*A. Nordemann* UrhG § 2 Rn. 151.

[830] Ähnlich *Steeneck* FS Büscher, 2018, S. 233 (240); Fromm/Nordemann/*A. Nordemann* UrhG § 2 Rn. 151.

[831] OLG Karlsruhe GRUR-RR 2013, 423 (426).

[832] BGH GRUR 1957, 391 (392 f.) – Ledigenheim; OLG Schleswig GRUR 1980, 1072 (1073) – Louisenlund.

[833] OLG Karlsruhe GRUR-RR 2013, 423 (426); OLG Oldenburg GRUR-RR 2009, 6 – Blockhausbauweise; OLG München GRUR 1987, 290 – Wohnanlage; OLG Karlsruhe GRUR 1985, 534 (535) – Architektenplan; aA OLG München *Schulze* OLGZ 96, 11 – Einfamilienhaus; vgl. aber auch BGH GRUR 1988, 533 (534) – Vorentwurf II – für den Grundriss eines Einfamilienhauses; OLG Celle ZUM-RD 2011, 339 (341).

[834] OLG Karlsruhe GRUR 1985, 534 (535) – Architektenplan; vgl. allg. BGH GRUR 2012, 58 Rn. 21 – Seilzirkus.

[835] *Ulmer*, Urheber- und Verlagsrecht, § 24 I 2; vgl. auch BGH GRUR 1957, 291 (292 f.) – Europapost; und (recht weitgehend) LG Hamburg ZUM-RD 2017, 227 Rn. 51 ff. – jew. zu Werken der angewandten Kunst).

[836] Die Nachw. in → Rn. 177.

[837] BGH GRUR 1989, 416 f. – Bauaußenkante; BGH GRUR 1973, 663 (664) – Wählamt; OLG Hamburg UFITA 79 (1977), 343 (351); OLG München GRUR-RR 2001, 177 (178) – Kirchenschiff; LG München I ZUM-RD 2008, 158 (164 f.).

[838] BGH GRUR 1957, 391 (393) – Ledigenheim; OLG Hamburg UFITA 79 (1977), 343 (351); OLG Frankfurt a. M. GRUR 1986, 244 – Verwaltungsgebäude.

[839] BGH GRUR 1982, 107 (109) – Kirchen-Innenraumgestaltung; BGH GRUR 1999, 230 (231) – Treppenhausgestaltung; OLG Hamm ZUM 2006, 641 (643); LG Berlin GRUR 2007, 964 (966 f.) – Berlin Hauptbahnhof.

transparenter Glashaut und seinen kontrastierenden Farben und Materialien dem Betrachter einen ästhetischen Eindruck [vermittelte], der den Kulturpalast die architektonische Durchschnittsgestaltung von Gebäuden ähnlicher Funktion weit überragen" ließ.[840] Als Ausdruck schöpferischer Individualität wurden auch angesehen ein Ensemble von Kirchenschiff, Turm, Pfarrhaus, Platz und Höfen;[841] bei einem Schwimmbad ein charakteristisches Zeltdach verbunden mit einer individuellen Raumauftei-lung[842] sowie bei einem Einfamilienhaus eine Vielzahl unterschiedlich geneigter und zueinander angeordneter verschieden großer Dachflächen, verbunden mit der Verwendung unterschiedlichen Baumaterials, so dass sich für den Betrachter eine Vielfalt senkrechter, waagrechter und in den unter-schiedlichsten Winkeln geneigter Flächen und vielfältig ineinander geschachtelter Baukörper ergab,[843] ebenso bei einem Einfamilienhaus eine gekrümmte Form der Halle, verbunden mit bogenförmigen Stahlträgern im Innern und einem Oberlichtband[844] sowie ein einem Hausboot nachempfundenes Wohn- und Geschäftshaus.[845] Bei einem Verwaltungsgebäude legten die straffe Gliederung, die kubi-sche Gestaltung, die besondere Ausgestaltung der Balkone, die Anordnung der Fensterflächen und die Abstimmung des Bauwerkkörpers mit dem Gesamtkonzept eine schöpferische Leistung nahe.[846]

180   Werke der Baukunst sind, wie die anderen Werke nach § 2 Abs. 1 Nr. 4, bereits als **Entwürfe** ge-schützt.[847] Darin liegt zwar keine Besonderheit gegenüber anderen Werken, die praktische Bedeutung ist aber bei Bauwerken besonders groß, weil die Entwürfe in Form von Bauplänen durch zahlreiche Hände zu gehen pflegen. Voraussetzung ist, dass die individuellen Züge, die das Bauwerk als persönli-che geistige Schöpfung qualifizieren, bereits im Entwurf ihren Niederschlag gefunden haben.[848] Die (erstmalige) Ausführung eines Baues durch einen anderen nach den Entwürfen des Urhebers ist urhe-berrechtlich als Vervielfältigung (§ 16 Abs. 1) zu werten.[849] Wesentlich ist dies auch, weil die unbe-rechtigte Abweichung von genehmigten Bauplänen in der Ausführung gegebenenfalls zu einem rechtswidrigen Eingriff in §§ 14, 39 (Änderungs- und Entstellungsverbot) führen kann.[850] Entwürfe und Baupläne können außerdem nach Abs. 1 Nr. 7 geschützt sein;[851] anders als Abs. 1 Nr. 4 gewährt aber Abs. 1 Nr. 7 keinen Schutz gegen die Ausführung der Pläne, also gegen den Nachbau.[852]

4. Angewandte Kunst

181   **a) Allgemeines.** Bei Werken der angewandten Kunst handelt es sich **um Bedarfs- und Ge-brauchsgegenstände mit künstlerischer Formgebung.** Zu Werken der angewandten Kunst zäh-len **kunstgewerbliche Gegenstände** jeglicher Art, Gegenstände industrieller Formgebung, Gebrauchsgraphik, Modeschöpfungen, Möbel und dgl.; nach der Rechtsprechung auch Bühnenbilder.[853] Von den Werken der reinen Kunst (bildenden Kunst im engeren Sinne) **unterscheiden** sich Werke der angewandten Kunst durch ihren **Gebrauchszweck.**[854]

182   **b) Verhältnis zum Designschutz/Geschmacksmusterschutz.** Der Designschutz (bis Ende 2013: Geschmacksmusterschutz) steht dem Urheberrechtsschutz von Werken der angewandten Kunst insofern nahe, als nach beiden Schutzsystemen eine selbständige schöpferische Leistung geschützt wird.[855] Ursprünglich war der **Unterschied zwischen Geschmacksmusterschutz und Urhe-berrechtsschutz** lediglich graduueller Natur: Das Geschmacksmusterrecht wurde als Unterbau

---

[840] OLG Dresden GRUR-RR 2013, 51 – Kulturpalast Dresden.
[841] OLG München GRUR-RR 2001, 177 (178) – Kirchenschiff.
[842] BGH GRUR 1982, 369 (370) – Allwetterbad.
[843] BGH GRUR 1980, 853 (854) – Architektenwechsel; vgl. ferner BGH GRUR 1988, 533 (534) – Vorent-wurf II; LG München I *Schulze* LGZ 157, 3 f.; LG Hamburg GRUR 2005, 672 – Astra-Hochhaus.
[844] OLG Celle ZUM-RD 2011, 339 (341).
[845] LG Oldenburg GRUR-RR 2014, 1418, dazu *Rieken* GRUR-Prax 2013, 545.
[846] OLG Frankfurt a. M. GRUR 1986, 244 – Verwaltungsgebäude.
[847] → Rn. 156.
[848] BGH GRUR 1979, 464 (465) – Flughafenpläne; BGH GRUR 1982, 369 (370) – Allwetterbad; BGH GRUR 1980, 853 (854) – Architektenwechsel; BGH GRUR 1988, 533 (534 f.) – Vorentwurf II; OLG Celle ZUM-RD 2011, 339 (340 f.); OLG Oldenburg GRUR-RR 2009, 6 – Blockhausbauweise; OLG München GRUR 1987, 290 – Wohnanlage; OLG Karlsruhe GRUR 1985, 534 f. – Architektenplan; OLG Hamburg UFITA 79 (1977), 343 (353); OLG Schleswig GRUR 1980, 1072 (1073) – Louisenlund; LG Köln ZUM-RD 2008, 88 (90); LG Berlin GRUR 2007, 964 (967) – Berlin Hauptbahnhof; sa BGH GRUR 1999, 230 (231) – Treppenhaus-gestaltung.
[849] BGH GRUR 1999, 230 (231) – Treppenhausgestaltung; BGH GRUR 1957, 391 (394 f.) – Ledigenheim; BGH GRUR 1985, 129 (131) – Elektroldenfabrik; OLG Nürnberg GRUR 2014, 1199 (1201); LG Berlin GRUR 2007, 964 (967) – Berlin Hauptbahnhof.
[850] KG ZUM 1997, 208 (210) – Transparenter Fahrstuhlschacht; LG Berlin GRUR 2007, 964 (967) – Berlin Hauptbahnhof; vgl. auch (auf vertragsrechtlicher Grdl.) BGH NJW 1971, 556 – Hausanstrich.
[851] BGH GRUR 1979, 464 (465) – Flughafenpläne; vgl. auch → Rn. 234.
[852] BGH GRUR 1989, 416 (417) – Bauaußenkante; näher → Rn. 228.
[853] BGH GRUR 1986, 458 – Oberammergauer Passionsspiele.
[854] BGH GRUR 2014, 175 Rn. 16 – Geburtstagszug; BGH GRUR 2012, 58 Rn. 17 – Seilzirkus; BGH GRUR 2011, 803 Rn. 31 – Lernspiele.
[855] BGH GRUR 1969, 90 (93) – Rüschenhaube. Vgl. insges. zur faktischen Überschneidung der verschiedenen Schutzsysteme im Bereich des Designschutzes trotz unterschiedlicher Zwecksetzung *Ohly* GRUR 2007, 731; rechtsvergleichend zum US-amerikanischen Recht zul. *Liebenau* GRUR-Int 2017, 843; *Liebenau* GRUR-Int 2017, 921; zur Überschneidung von Urheber- und Markenrecht *Geier* ZGE 2018, 81.

zum Schutz von Werken der angewandten Kunst durch das Urheberrecht angesehen (Stufentheorie).[856] Nach der Neugestaltung durch das am 1.7.2014 in Kraft getretene DesignG trifft das nicht mehr zu; das neue Designrecht bildet keinen bloßen Unterbau zum Urheberrecht mehr; der Gesetzgeber wollte vielmehr ein eigenständiges gewerbliches Schutzrecht schaffen und den engen Bezug des Geschmacksmusterrechts zum Urheberrecht beseitigen.[857] Während Urheberrechtsschutz eine persönliche geistige Schöpfung voraussetzt, erfordert Designschutz, dass das Design neu ist und **Eigenart** hat (§ 2 Abs. 1 DesignG). **Urheberrechtsschutz und Designschutz schließen sich** demnach **nicht aus,** sondern können nebeneinander bestehen.[858]

Bei Werken der angewandten Kunst war von der Rechtsprechung früher die **Schutzuntergrenze**   183 **höher** angesetzt worden;[859] das wurde vor allem damit begründet, dass bei Werken der angewandten Kunst der Urheberrechtsschutz seinen Unterbau durch den Geschmacksmusterschutz finde, dem der Schutz vor allem kunstgewerblicher Gegenstände mit geringem Individualitätsgrad überlassen bleiben könne. Die **kleine Münze** des Urheberrechts[860] sollte damit im Bereich der angewandten Kunst urheberrechtlich nicht geschützt, sondern nur dem Geschmacksmusterschutz zugänglich sein. Vom BVerfG war dies nicht beanstandet worden.[861]

Diese Rechtsprechung hat der BGH in der **Geburtstagszug-Entscheidung**[862] ausdrücklich **auf-**   184 **gegeben;** die Weichen dafür hatte er bereits in der Seilzirkus-Entscheidung gestellt.[863] Zur Begründung hat der BGH darauf verwiesen, dass das Unionsrecht der Annahme einer höheren Schutzuntergrenze bei Werken der angewandten Kunst zwar nicht entgegenstehe.[864] Nach der Neufassung des Geschmacksmusterrechts durch das DesignG[865] bestehe aber zwischen Urheberrecht und Designrecht kein Stufenverhältnis mehr in dem Sinne, dass das Designrecht den Unterbau eines wesensgleichen Urheberrechts bilde. Vielmehr habe der Gesetzgeber ein eigenständiges gewerbliches Schutzrecht geschaffen und den engen Bezug zum Urheberrecht beseitigt.[866] Damit war für den BGH die Grundlage seiner Rechtsprechung entfallen; auch auf instanzgerichtlicher Ebene wird jetzt keine höhere Schutzuntergrenze mehr verlangt.[867]

Die Entscheidung ist zu **begrüßen.**[868] In der Tat ist mit der Umgestaltung des Geschmacksmuster-   185 rechts zum Designrecht die tragende Grundlage für die bisherige Rechtsprechung entfallen. Schon bisher war sie auf erhebliche Kritik gestoßen.[869] Zwischenzeitlich hat der **EuGH** ohnedies in seinem

---

[856] BGH GRUR 1995, 581 (582) – Silberdistel; wN → 5. Aufl. 2017, Rn. 182; ebenso schon die reichsgerichtliche Rspr. seit RGZ 76, 339 (344); im Schr. *Ulmer*, Urheber- und Verlagsrecht, § 25 III 3.

[857] AmtlBegr. zum Geschmacksmusterreformgesetz, BT-Drs. 15/1075, 69.

[858] BGH GRUR 2014, 175 Rn. 39 – Geburtstagszug; Wandtke/Bullinger/*Bullinger* UrhG § 2 Rn. 98; *Schack* Rn. 232.

[859] BGH GRUR 2004, 941 (942) – Metallbett; BGH GRUR 1995, 581 (582) – Silberdistel; BGH GRUR 1983, 377 (378) – Brombeer-Muster; BGH GRUR 1979, 332 (336) – Brombeerleuchte; BGH GRUR 1974, 669 (671) – Tierfiguren; BGH GRUR 1972, 38 (39) – Vasenleuchter; BGH GRUR 1967, 315 (316) – skai-cubana; BGH GRUR 1969, 90 (93) – Rüschenhaube; OLG Hamburg ZUM-RD 2012, 664 (667); OLG Köln ZUM 2012, 52 (54) – Cremetiegel bei QVC; OLG Köln ZUM-RD 2009, 603 (604) – Kaminofen; OLG Köln GRUR-RR 2010, 141 (142) – 3D-Messstände; OLG Frankfurt a. M. GRUR-RR 2006, 43 (44) – Panther mit Smaragdauge; OLG Hamburg GRUR 2002, 419 – Move; OLG Nürnberg GRUR-RR 2001, 225 (227) – Dienstanweisung; OLG Düsseldorf ZUM 1998, 61 (64); GRUR-RR 2001, 294 (296) – Spannring; KG GRUR-RR 2001, 292 (293) – Bachforelle; KG AfP 1997, 924 (925); LG Köln ZUM-RD 2009, 613 (614) – Weißbiergläser.

[860] Dazu → Rn. 61 ff.

[861] BVerfG GRUR 2005, 410 – Laufendes Auge.

[862] BGH GRUR 2014, 175 Rn. 26 ff. – Geburtstagszug.

[863] BGH GRUR 2012, 58 Rn. 36 – Seilzirkus.

[864] BGH GRUR 2014, 175 Rn. 27 ff. – Geburtstagszug. Vgl. insoweit nunmehr allerdings ohnedies anderer Auffassung der EuGH in seinem Urteil Cofemel/G-Star Raw (dazu → Rn. 12 f.).

[865] Vgl. → Rn. 182.

[866] BGH GRUR 2014, 175 Rn. 34 f. – Geburtstagszug.

[867] Vgl. etwa OLG Frankfurt a. M. BeckRS 2019, 15321 Rn. 29 ff.; OLG Schleswig GRUR-RR 2015, 1 Rn. 9 ff. – Geburtstagszug II; OLG Nürnberg GRUR 2014, 1199 (1201) – Kicker-Stecktabelle; OLG Frankfurt a. M. BeckRS 2018, 39892 Rn. 56 f.; OLG Frankfurt a. M. ZUM-RD 2014, 632 (636); OLG Köln GRUR-RR 2015, 275 – Airbrush-Urnen; OLG München ZUM-RD 2015, 190; LG München I ZUM 2015, 423 (428); zur instanzgerichtlichen Rspr. iÜ → Rn. 23 f.; vgl. zum Ganzen auch *Steeneck* FS Büscher, 2018, S. 233; *Verweyen/Richter* MMR 2015, 156; umfassend zur neueren Rspr. *Verweyen* WRP 2019, 293. Nach Auffassung des LG Braunschweig BeckRS 2019, 12528 Rn. 113 ist die neue Rspr. aber nicht anwendbar auf Schöpfungen vor Inkrafttreten des UrhG am 1.1.1966.

[868] Eing. dazu *Obergfell* GRUR 2014, 621. Im Schr. wird allerdings auch darauf hingewiesen, dass im Bereich der angewandten Kunst die Benutzung vorbestehender Gestaltungen durch das Bestehen von Urheberrechten erschwert wird, vgl. *v. Ungern-Sternberg* GRUR 2014, 209. Vgl. mit einer rechtsvergleichenden Darst. der Gerichtspraxis in der Schweiz *Ritscher* FS Schulze, 2017, S. 31 (34 ff.).

[869] Fromm/Nordemann/*A. Nordemann* (10. Aufl.) UrhG § 2 Rn. 146 ff.; Büscher/Dittmer/Schiwy/*Obergfell* Kap. 10 UrhG § 2 Rn. 47; Wandtke/Bullinger/*Bullinger* (3. Aufl.) UrhG § 2 Rn. 97; BeckOK UrhR/*Ahlberg*/*Götting* UrhG § 2 Rn. 107; Loewenheim/*Schulze* § 9 Rn. 99; *Loewenheim* GRUR-Int 2004, 765; *Koschtial* GRUR 2004, 555; *Schricker* GRUR 1996, 815 (818 f.); *Schricker* FS GRUR, 1991, S. 1095 Rn. 28 ff.; *Schricker* FS Kreile, 1994, S. 715 (721); *Habertumpf* FS GRUR, 1991, S. 1125 Rn. 53 ff., 63; *A. Nordemann/Heise* ZUM 2001, 128 (139); *G. Schulze* FS GRUR, 1991, S. 1303 Rn. 40; *G. Schulze* S. 132 ff.; *G. Schulze* GRUR 1987, 769 (772 f.); *Wandtke/Ohst* GRUR-Int 2005, 91 (91 f.); *E.-I. v. Gamm* S. 88 ff., 233; *Hackenberg* FS Nordemann, 2004, S. 25; *Kuhmann* S. 50; *Zech* S. 246 ff., 251; zum Ganzen jetzt eing. Fromm/Nordemann/*A. Nordemann* UrhG § 2 Rn. 146 ff.

Urteil **Cofemel/G-Star Raw** klargestellt, dass der allgemeine und einheitliche europäische Werkbegriff auch im Bereich der angewandten Kunst uneingeschränkt Geltung beansprucht.[870]

186   **c) Persönliche geistige Schöpfung.** Damit ist bei Werken der angewandten Kunst die Gestaltungshöhe nicht höher anzusetzen, sondern beurteilt sich nach den allgemeinen Grundsätzen.[871] Unter einer persönlichen geistigen Schöpfung versteht der BGH „eine Schöpfung individueller Prägung, deren ästhetischer Gehalt einen solchen Grad erreicht hat, dass nach Auffassung der für Kunst empfänglichen und mit Kunstanschauungen einigermaßen vertrauten Kreise von einer ‚künstlerischen' Leistung gesprochen werden kann".[872] Es ist erforderlich, dass sich die Leistung aus der Masse des Alltäglichen heraushebt und vom individuellen Geist des Künstlers geprägt ist. Ausschlaggebend ist der Gesamteindruck der Gestaltung.[873] Ein Indiz kann bei Werken der angewandten Kunst die Präsentation in Kunstmuseen und auf Kunstausstellungen sein; ebenso die Beachtung, die das Werk als Kunstwerk in Fachkreisen und in der Öffentlichkeit gefunden hat.[874] Nicht schutzfähig sind **Stil, Motiv, Manier, Technik** oder **„gestaltprägende Erfindungen"** als solche.[875] Allerdings schließt die Verwendung bekannter Stilmittel individuelles Schaffen nicht aus; in der Kunst wird sogar im Regelfall auf bekannte Stilmittel zurückgegriffen.[876]

187   Auf den **künstlerischen Wert** der Gestaltung kommt es nicht an,[877] auch Kitsch kann urheberrechtlich geschützt sein. Künstlerische Individualität kann sich aber dort nicht entfalten, wo eine bestimmte **Formgebung** durch den Gebrauchszweck oder aufgrund technischer Gegebenheiten **vorgegeben** oder **üblich** ist.[878] Die ästhetische Wirkung der Gestaltung darf sich nicht aus dem Gebrauchszweck ergeben, sondern muss auf der künstlerischen Leistung beruhen. Durch den Gebrauchszweck ist der zur Verfügung stehende Gestaltungsspielraum regelmäßig eingeschränkt, es ist daher stets zu fragen, ob die künstlerische Leistung über die sich aus der Gebrauchsfunktion ergebende Gestaltung hinausgeht; was dem Gebrauchszweck dient, kann eine schöpferische Leistung nicht begründen.[879] Individuelles Werkschaffen setzt voraus, dass **Gestaltungsspielraum** für die Entfaltung persönlicher Züge besteht.[880] Das bedeutet allerdings nicht, dass das künstlerische Element im schmückenden Beiwerk – im Zierrat oder Ornament – liegen müsse. Gerade die in **klarer Linienführung** ohne schmückendes Beiwerk gestaltete Gebrauchsform kann (man denke an die Ziele des Bauhauses oder des Werkbunds) Ausdruck individuellen Schaffens sein.[881] Kunst entsteht nicht erst durch funktionslosen Zierrat. Nur stellt sich bei einer an sachlicher Funktionalität ausgerichteten Formgestaltung in besonderem Maß die Frage, ob die gewählte Form im Hinblick auf Gebrauchszweck oder technische Gegebenheiten notwendig oder üblich war.

188   Bei der Prüfung, ob ein Werk der angewandten Kunst die erforderliche Individualität aufweist, müssen alle Formungselemente, die auf **bekannte Vorbilder** zurückgehen, ausscheiden, soweit nicht gerade in ihrer **Kombination** untereinander oder mit neuen Elementen eine schöpferische Leistung zu erblicken ist.[882] Diejenigen **Formungselemente,** aus denen sich der Urheberrechtsschutz ergibt

---

[870] Dazu → Rn. 12 ff.

[871] Vgl. → Rn. 30 ff., 160 ff.

[872] BGH GRUR 2014, 175 Rn. 15 – Geburtstagszug; BGH GRUR 2012, 58 Rn. 17 – Seilzirkus; BGH GRUR 2011, 803 Rn. 31 – Lernspiele; BGH GRUR 1987, 903 (904) – Le-Corbusier-Möbel; BGH GRUR 1983, 377 (378) – Brombeer-Muster; OLG Köln GRUR-RR 2015, 275 (276) – Airbrush-Urnen; OLG Schleswig GRUR-RR 2015, 1 Rn. 8 – Geburtstagszug II; OLG Nürnberg GRUR 2014, 1199 (1201); LG Berlin ZUM 2017, 955.

[873] BGH GRUR 2011, 803 Rn. 48 – Lernspiele; BGH GRUR 1988, 690 (692) – Kristallfiguren; BGH GRUR 1981, 820 (822) – Stahlrohrstuhl II; BGH GRUR 2004, 855 (856) – Hundefigur; KG ZUM 2011, 566 (566 f.); OLG München GRUR-RR 2011, 54 (55 f.) – Eierkoch; KG ZUM 2006, 53 (54) – Bauhaus-Glasleuchte II; LG Köln ZUM-RD 2012, 45 (48); LG Düsseldorf ZUM 2011, 77 (79).

[874] BGH GRUR 1987, 903 (905) – Le Corbusier-Möbel; OLG Düsseldorf ZUM-RD 2002, 419 (422); OLG Frankfurt a. M. AfP 1997, 547 (549) – Le Corbusier-Möbel; OLG Frankfurt a. M. GRUR 1993, 116 – Le Corbusier-Möbel; s. aber auch OLG Hamburg GRUR 2002, 419 (420).

[875] BGH GRUR 1970, 250 (250 f.) – Hummel III; näher *Schaefer/A. Nordemann* FS Schulze, 2017, S. 39 (40 ff.); wN in → Rn. 71.

[876] BGH GRUR 1988, 690 (692) – Kristallfiguren; OLG Hamburg GRUR 2002, 419 (420) – Move; LG Köln ZUM-RD 2009, 33 (36).

[877] BGH GRUR 1959, 289 (290) – Rosenthal-Vase; OLG Schleswig GRUR 1985, 289 (290) – Tonfiguren; → Rn. 67.

[878] BGH GRUR 2012, 58 Rn. 22 – Seilzirkus; OLG Schleswig GRUR-RR 2015, 1 Rn. 22 – Geburtstagszug II; LG Nürnberg-Fürth GRUR 1995, 407 (408) – playmobil-Figur; vgl. auch OLG Köln GRUR 1986, 889 (890) – ARD-1 sowie → Rn. 56.

[879] BGH GRUR 2014, 175 Rn. 41 – Geburtstagszug; BGH GRUR 2012, 58 Rn. 25, 36 – Seilzirkus; OLG Nürnberg GRUR 2014, 1199 (1201) – Kicker-Stecktabelle; LG Berlin ZUM 2017, 955 (958) – Packshots.

[880] Vgl. → Rn. 56.

[881] BGH GRUR 2012, 58 Rn. 22 – Seilzirkus; BGH GRUR 1957, 291 (292 f.) – Europapost; vgl. auch OLG Düsseldorf GRUR 1993, 903 (906 f.) – Bauhaus-Leuchte; LG Hamburg ZUM-RD 2017, 227.

[882] BGH GRUR 1991, 529 (530) – Explosionszeichnungen; BGH GRUR 1987, 360 (361) – Werbepläne; BGH GRUR 1979, 332 (336) – Brombeerleuchte; BGH GRUR 1974, 740 (742) – Sessel; BGH GRUR 1972, 38 (39) – Vasenleuchter; BGH GRUR 1961, 635 (637) – Stahlrohrstuhl; BGH GRUR 1959, 289 (290) – Rosenthal-Vase; BGH GRUR 1958, 562 – Candida-Schrift; OLG Schleswig GRUR-RR 2015, 1 Rn. 18 – Geburtstagszug II; OLG Köln GRUR-RR 2013, 5 (8) – bambinoLÜK II; OLG Köln GRUR-RR 2010, 147 (148) – bambinoLÜK; OLG Frankfurt a. M. GRUR 1984, 520 – Schlümpfe; LG Köln ZUM 2008, 533 (535) – Virtueller Kölner Dom; LG Nürnberg-Fürth GRUR 1995, 407 (408) – playmobil-Figur; LG Frankfurt a. M. ZUM 2018, 297 (298): Mindestmaß an Individualität fehlt bei Bleistiftzeichnung, die iW lediglich die Umrisse aus einer Fotografie mithilfe eines Computers in eine Bleistift- oder Kohlezeichnung umsetzt.

(und in deren Nachbildung allein eine Urheberrechtsverletzung liegen kann), müssen **aufgezeigt und beschrieben** werden.[883] Tritt hingegen das Fehlen der Individualität deutlich zutage, so kann eine in Einzelheiten gehende Auseinandersetzung mit den Formelementen entfallen;[884] umgekehrt sind nähere Darlegungen entbehrlich, wenn sich die die Schutzfähigkeit begründenden Elemente bereits bei bloßem Augenschein wahrnehmen lassen.[885] Geben die Sachkenntnis des Tatrichters und der Vortrag der Parteien keine ausreichende Bewertungsgrundlage ab, so kann die Einholung eines Sachverständigengutachtens in Betracht kommen.[886]

Hinsichtlich des **Schutzumfangs** gelten bei Werken der angewandten Kunst die allgemeinen Grundsätze. Dh insbesondere, dass eine Gestaltungshöhe am unteren Rande der – nunmehr einheitlichen – Urheberrechtsschutzgrenze auch einen nur entsprechend **engen Schutzumfang** genießt.[887] Zugleich ist zu berücksichtigen, dass insoweit wegen der **Notwendigkeit der Übernahme eigenständig schutzfähiger Teile** die Übernahme lediglich technisch geprägter Gestaltungselemente keine Urheberrechtsverletzung begründen kann.[888] **188a**

d) Einzelfälle. Zu **Benutzeroberflächen** bei Computerprogrammen → Rn. 203. **189**

Computergraphiken können bei entsprechender Gestaltungshöhe nach § 2 Abs. 1 Nr. 4 schutz- **190** fähig sein.[889] Die bloße Umsetzung der Umrisse einer Fotografie in eine Bleistift- oder Kohlezeichnung mit Hilfe von Photoshop weist nicht die notwendige Individualität auf.[890] Sog. **packshots,** also **computergenerierte Bilder von Produktverpackungen** zur Verwendung auf Online-Marktplätzen oder Verkaufsplattformen, genießen – mangels hinreichenden Gestaltungsspielraums – weder Schutz als Lichtbildwerk noch als Werk der angewandten Kunst.[891]

Fahrzeuggestaltungen können Werke der angewandten Kunst sein, wenn sie markante Eigen- **190a** schaften aufweisen, wie runde, in hochgezogene Kotflügel eingelassene Scheinwerfer, die über den Gebrauchszweck als Fahrzeug hinausgehen.[892]

Figuren sind, soweit sie einem Gebrauchszweck dienen, der angewandten Kunst zuzurechnen. **191** Bei Tierfiguren kann sich die künstlerische Individualität insbesondere aus der originellen Darstellung ihrer Physiognomie ergeben.[893] Schutz wurde bejaht für stilisierte Tierfiguren trotz ihrer „relativen Anspruchslosigkeit",[894] für eine Spardose in Form einer Hundefigur,[895] für die Plüschfigur „Alf",[896] die „Schlümpfe",[897] für eine menschliche Spielzeugfigur,[898] für vermenschlichte Tierfiguren,[899] für eine in der Werbung verwendeten Figur eines Handwerkers,[900] für eine Bildmarke in Form eines „Moorhuhns",[901] für Bären in verschiedenen Posen,[902] für den rosaroten Elefanten der Bundesbahn.[903] Schutz wurde verneint für Tierfiguren aus Ton und auf Tonkacheln angeordneten Tiergruppen.[904] Bei der früheren Rechtsprechung ist allerdings zu berücksichtigen, dass sie bei Werken der angewandten Kunst die Schutzuntergrenze höher angesetzt hat, was heute nicht mehr gilt.[905] Zu literarischen Figuren vgl. → Rn. 116, zu Comic-Figuren und virtuellen Figuren → Rn. 172.

Geschirr, Gläser: Geschützt wurde ein Weißbierglas mit Fußballkugel,[906] Glas-Dekore[907] sowie **192** der von Wilhelm Wagenfeld entworfene „Eierkoch".[908]

---

[883] BGH GRUR 1974, 740 (741) – Sessel.
[884] BGH GRUR 1981, 517 (519) – Rollhocker.
[885] BGH GRUR 2012, 58 Rn. 25 – Seilzirkus.
[886] BGH GRUR 1987, 903 (905) – Le Corbusier-Möbel.
[887] BGH GRUR 2014, 175 Rn. 41 – Geburtstagszug.
[888] Näher *Schaefer/A. Nordemann* FS Schulze, 2017, S. 39 (40 ff.).
[889] OLG Köln GRUR-RR 2010, 141; sa OLG Hamm GRUR-RR 2005, 73.
[890] LG Frankfurt a. M. ZUM 2018, 297 (298).
[891] Und nach Auff. des LG Berlin auch keinen Schutz als einfaches Lichtbild nach § 72, s. LG Berlin ZUM 2017, 955.
[892] LG Stuttgart GRUR-RR 2019, 241 Rn. 89 ff. – Porsche 911. Siehe auch LG Braunschweig BeckRS 2019, 12528 Rn. 118 ff. (welches allerdings die Schutzfähigkeit auf Grdl. des alten Rechtes beurteilt).
[893] BGH GRUR 1992, 697 (698) – ALF; BGH GRUR 1960, 251 (252) – Mecki-Igel II; OLG Hamburg GRUR 1991, 207 (208) – ALF; OLG Hamburg ZUM 1989, 359 (360) – Pillhuhn; LG Berlin ZUM-RD 2002, 252 (253) – Pumuckl-Figur; zur urheberrechtlichen Schutzfähigkeit von Puppen und Tierfiguren eing. *Schramm* UFITA 77 (1976), 113.
[894] BGH GRUR 1974, 669 (671) – Tierfiguren.
[895] BGH GRUR 2004, 855 (856) – Hundefigur.
[896] BGH GRUR 1992, 697 – ALF; OLG Hamburg GRUR 1991, 207 (208) – ALF.
[897] OLG Frankfurt a. M. GRUR 1984, 520.
[898] LG Nürnberg-Fürth GRUR 1995, 407 (408) – playmobil-Figur.
[899] LG Mannheim NJW-RR 1998, 45.
[900] LG Oldenburg GRUR 1987, 636 – Emil.
[901] LG München I ZUM-RD 2004, 373 (376) – Moorhuhn.
[902] LG München I ZUM-RD 2006, 139 – Unanständige Bären.
[903] BGH GRUR 1995, 47 (48) – Rosaroter Elefant. Zum Schutz einer Urne mit röhrendem Hirsch s. OLG Köln GRUR-RR 2015, 275 – Airbrush-Urnen.
[904] OLG Schleswig GRUR 1985, 289 (290 f.) – Tonfiguren.
[905] Dazu → Rn. 183 ff.
[906] OLG Köln GRUR-RR 2010, 139.
[907] OLG München ZUM-RD 2011, 97.
[908] OLG München ZUM 2011, 170.

193   **Handy-Logos** können im Grundsatz nach § 2 Abs. 1 Nr. 4 schutzfähig sein, werden aber nur selten die erforderliche Gestaltungshöhe aufweisen.[909]

194   Bei **Lampen** und Beleuchtungskörpern wurde einem gläsernen Leuchter, der der Aufnahme einer Kerze und gleichzeitig der Anordnung von Blumen diente, im Hinblick auf seine von den vorbekannten Formen abweichende, elegante, gekonnte Formgestaltung Urheberrechtsschutz zuerkannt.[910] Ebenso wurde Wagenfeld-Leuchten Urheberrechtsschutz zuerkannt,[911] desgleichen Lampen von Eileen Gray.[912] Dagegen wurde bei einer Serie von Leuchtengläsern, die an der Oberfläche blasenartig in Form von Brombeeren gestaltet waren, die Schutzfähigkeit verneint,[913] ebenso bei Lampen mit gefalteten Papierschirmen.[914]

195   Auch **Logos** und **Signets** können Werke der angewandten Kunst darstellen.[915] Das wird allerdings nicht oft der Fall sein. Schutz wurde abgelehnt für ein Handy-Logo,[916] das ARD-1 Signet,[917] das Signet „JPS" der Zigarettenmarke „John Player",[918] das SED-Emblem[919] und für ein Logo bestehend aus dem Wort „Match" und einem vorangestellten in Schreibrichtung ausgerichteten Doppeldreieck in Standardfarbe und -schrifttyp,[920] bejaht hingegen für die Gestaltung einer Buchstaben- und Zahlenfolge im Stile eines Graffitis.[921]

196   **Modeschöpfungen** können als Werke der angewandten Kunst geschützt sein, und zwar nicht nur Modelle der Haute-Couture, sondern auch Konfektionsmodelle.[922] Auch Zeichnungen, Entwürfe und Schnittmuster sind schutzfähig, soweit in ihnen bereits die schöpferische Leistung zutage tritt.[923] Verneint wurde Urheberrechtsschutz für Modellzeichnungen in einem Werbekatalog für Berufskleidung.[924] Handgroße Bildflicken auf einer Jeansjacke (gestickte Kombinationen von farbigen Flächen, fratzenartigen Gesichtern, teils lesbaren, teils verfremdeten Schriftzügen) sollen Schutz genießen können.[925] Die Anforderungen an die **künstlerische Gestaltungshöhe** dürfen aber trotz der neuen Geburtstagszug-Rechtsprechung **nicht zu niedrig** angesetzt werden.[926] Was sich an Vorhandenem orientiert und im Ergebnis nur im Beherrschen des Schneiderhandwerks erkennen lässt, ist nicht urheberrechtsschutzfähig; auch eine Kombination von bekannten und modisch bedingten Elementen, selbst wenn sie im Ergebnis geschmackvoll, eigenartig und gelungen ist, ist noch nicht als schutzfähiges Werk einzustufen.[927] Soweit Urheberrechtsschutz ausscheidet, kommen Markenschutz, Designschutz und bisher auch Wettbewerbsschutz in Betracht; die Rechtsprechung zum UWG hat oft Schutz für einen begrenzten Zeitraum, etwa für ein bis zwei Modesaisons gewährt;[928] doch sollte an dieser Rechtsprechung nicht festgehalten werden.[929]

197   Bei **Möbeln** hat die Rechtsprechung unter anderem künstlerisch gestalteten Sitzmöbeln Urheberrechtsschutz zuerkannt.[930] Bei Sofas und Liegen wurde Schutzfähigkeit bejaht,[931] ebenso bei An-

---

[909] LG Hamburg ZUM-RD 2002, 300.
[910] BGH GRUR 1972, 38 (39) – Vasenleuchter.
[911] KG GRUR 2006, 53 (54) – Bauhaus-Glasleuchte II; OLG Hamburg GRUR 1999, 714 (715 f.) – Bauhaus-Glasleuchte; OLG Düsseldorf GRUR 1993, 903 (906 f.) – Bauhaus-Leuchte. Vgl. zum Vertrieb von Wagenfeld-Leuchten aus dem urheberrechtsfreien Ausland BGH GRUR 2016, 487 – Wagenfeld-Leuchte II; OLG Hamburg BeckRS 2013, 3665; LG Hamburg BeckRS 2013, 3666.
[912] OLG Karlsruhe GRUR 1994, 283 – Eileen Gray.
[913] BGH GRUR 1979, 332 (336) – Brombeerleuchte.
[914] OLG Düsseldorf GRUR 1954, 417 – Knickfaltlampe.
[915] OLG Hamburg ZUM 2004, 386; LG München I ZUM 2015, 423 (428); Fromm/Nordemann/*A. Nordemann* UrhG § 2 Rn. 172; sa BVerfG GRUR 2005, 410 – Laufendes Auge.
[916] OLG Hamburg ZUM 2004, 386.
[917] OLG Köln GRUR 1986, 889 (890) – ARD-1.
[918] OLG München GRUR-Int 1981, 180 (183).
[919] LG Hamburg GRUR-RR 2005, 106 (109) – SED-Emblem.
[920] OLG Frankfurt a. M. BeckRS 2019, 15321 Rn. 33 ff.
[921] OLG München ZUM-RD 2015, 190.
[922] BGH GRUR 1984, 453 – Hemdblusenkleid; BGH GRUR 1973, 478 (479) – Modeneuheit; BGHZ 16, 4 = GRUR 1955, 445 (445 f.) – Mantelmodell; LG Leipzig GRUR 2002, 424 (425) – Hirschgewand; *Eichmann* FG Beier, 1996, S. 459. Vgl. auch EuGH GRUR 2019, 1185 – Cofemel/G-Star Raw (→ Rn. 12).
[923] BGH GRUR 1955, 445 – Mantelmodell.
[924] OLG Hamburg *Schulze* OLGZ 89.
[925] OLG Hamm GRUR 1989, 107.
[926] → Rn. 13 ff.
[927] BGH GRUR 1984, 453 – Hemdblusenkleid; LG Leipzig GRUR 2002, 424 (425) – Hirschgewand.
[928] S. dazu BGH GRUR 2006, 79 (81) – Jeans; BGH GRUR 1984, 453 – Hemdblusenkleid; BGH GRUR 1973, 478 (479) – Modeneuheit.
[929] Ohly/Sosnitza/*Ohly* UWG § 4 Rn. 3/76 und 3/82 mwN.
[930] BGH GRUR 2017, 793 (794 f.) – Mart-Stam-Stuhl; BGH GRUR 1987, 903 – Le Corbusier-Möbel; BGH GRUR 1961, 635 (637) – Stahlrohrstuhl; BGH GRUR 1974, 740 (741 f.) – Sessel; OLG Hamburg GRUR 2002, 419 – Move; OLG Hamburg ZUM-RD 2002, 181 (187 ff.) – Kinder-Hochstuhl; OLG Düsseldorf ZUM-RD 2002, 419 (422 ff.) – Breuer-Hocker; KG GRUR 1996, 968 – Möbel-Nachbildungen; OLG Karlsruhe GRUR 1994, 283 – Eileen Gray; OLG München ZUM 1992, 305 – Le Corbusier-Möbel; OLG Frankfurt a.M. GRUR 1988, 302 – Le Corbusier-Sessel; OLG Frankfurt a.M. GRUR 1981, 739 (740 f.) – Lounge Chair; OLG Frankfurt a.M. AfP 1997, 547 (548 f.) – Le Corbusier-Möbel; OLG Düsseldorf ZUM 1998, 61 (64); GRUR 1971, 415 (415 f.) – Studio 2000. Vgl. auch BGH GRUR 2016, 490 (492) – Marcel-Breuer-Möbel II.
[931] OLG Frankfurt a. M. GRUR 1993, 116 – Le Corbusier-Möbel.

bauschränken.[932] Bei Möbelprogrammen wurde die Schutzfähigkeit teils bejaht,[933] teils verneint.[934] Als nicht schutzfähig wurden ein Bett[935] und ein Treppenhocker auf Rollen angesehen, der lediglich ästhetisch gefällig gestaltet und besonders gut gelungen war, aber keine künstlerische Gestaltungshöhe aufwies.[936] Bei einem in den Stilelementen des Barock ausgeführten Glasspiegel wurde die Schutzfähigkeit verneint, weil die Einzelteile des Rahmens den Vorbildern der Epoche entlehnt und für diese typisch waren.[937] Bei der Beurteilung von Möbeln ist zu berücksichtigen, dass die Möglichkeiten künstlerischer Gestaltung durch technische und ergonomische Anforderungen, die an die Möbel gestellt werden, eingeschränkt sein können.[938] Einem Kaminofen wurde Schutz zuerkannt.[939]

Ein Schutz von **Notenbildern** ist im Schrifttum gelegentlich befürwortet worden.[940] Für den Regelfall wird ein solcher Schutz aber zu verneinen sein.[941] Allenfalls kann eine außergewöhnliche künstlerische Ausgestaltung schutzfähig sein, es wird sich dann aber eher um eine ornamentale Gestaltung als um ein spielbares Notenbild handeln. **198**

In Serie hergestellte **Schmuckstücke** fallen regelmäßig in den Bereich der angewandten Kunst,[942] so dass die Rechtsprechung bisher auch hier von einer höheren Schutzuntergrenze ausgegangen ist.[943] Das ist heute anders zu beurteilen.[944] Allerdings wird es sich bei Modeschmuck vielfach um eher kunsthandwerkliche Leistungen handeln, die zwar design-, aber nicht urheberrechtsschutzfähig sind. Urheberrechtsschutz wurde bejaht bei einer aus Colliers, Armreifen, Ringen und Ohrsteckern bestehenden Schmuckkollektion,[945] für einen Platinring mit eingespanntem Brillanten,[946] ebenso für einen lebensnah nachgebildeten Panther mit einem kleinen grünen Smaragdauge, als Kette, Anhänger, Brosche oder Armreif, einzeln oder in einer Serie von eng hintereinander laufenden Tieren.[947] Bei einem Ohrclip in Form einer Silberdistel hat es der BGH aufgrund seiner früheren Rechtsprechung[948] nicht ausreichen lassen, dass es sich um eine in ihren Details fein ausgeformte und nur marginal veränderte Naturnachbildung handelte.[949] **199**

Bei **Schriftzeichen**[950] hat sich die Rechtsprechung mit der Zuerkennung von Urheberrechtsschutz zurückhaltend gezeigt. Während das RG in einem Fall die Schutzfähigkeit bejaht hatte,[951] hat sie der BGH in den von ihm entschiedenen Fällen mit Recht verneint.[952] Verneint wurde Urheberrechtsschutz auch für das Signet des Ersten Deutschen Fernsehens, die „ARD-1",[953] für das Signet „JPS" der Zigarettenmarke „John Player"[954] und für den unter Verwendung bestimmter Schrifttypen graphisch gestalteten Namenszug „Die Grünen" in Verbindung mit der Darstellung einer Sonnenblume.[955] Grundsätzlich können zwar nicht nur Zierschriften, sondern auch Gebrauchsschriften (sog. Brotschriften) schutzfähig sein; jedoch wird Gebrauchsschriften die erforderliche künstlerische Gestaltungshöhe meist schon deswegen fehlen, weil der Gebrauchszweck eine einfache, klare und leicht lesbare Linienführung voraussetzt, die bereits weitgehend durch die vorgegebenen Buchstabenformen bedingt ist.[956] **200**

Auch **Textil- und Papiermuster** können grundsätzlich urheberrechtlich geschützt sein.[957] Entscheidend ist, ob die erforderliche künstlerische Gestaltungshöhe erreicht wird. Diese wird sich aller- **201**

---

[932] OLG Frankfurt a. M. ZUM 1990, 35.
[933] OLG Frankfurt a. M. GRUR 1990, 121 – USM-Haller.
[934] BGH GRUR 1982, 305 (306 f.) – Büromöbelprogramm.
[935] BGH GRUR 2004, 241 (242) – Metallbett.
[936] BGH GRUR 1981, 517 (519) – Rollhocker.
[937] LG Berlin GRUR 1977, 47 (48) – Barockspiegel.
[938] BGH GRUR 1982, 305 (307) – Büromöbelprogramm.
[939] OLG Köln GRUR-RR 2010, 89 – Kaminofen.
[940] *Hanser-Strecker* UFITA 93 (1982), 13 (15 ff.); vgl. auch *Hanser-Strecker* FS Kreile, 1994, S. 269.
[941] Vgl. BGH GRUR 1986, 895 – Notenstichbilder; *Stroh,* Der Rechtsschutz von Musiknoten vor unerlaubter Vervielfältigung, 1995, S. 61 ff.; sa Fromm/Nordemann/*A. Nordemann* UrhG § 2 Rn. 179.
[942] Diff. Dreier/Schulze/*Schulze* UrhG § 2 Rn. 172.
[943] BGH GRUR 1995, 581 (582) – Silberdistel; OLG Frankfurt a. M. GRUR-RR 2006, 43 (44) – Panther mit Smaragdauge.
[944] Vgl. → Rn. 183 ff. Explizit auch OLG Frankfurt a. M. BeckRS 2018, 39892 Rn. 56 f.
[945] OLG Zweibrücken ZUM-RD 1998, 13 (16) – Pharaon-Schmucklinie.
[946] OLG Düsseldorf GRUR-RR 2001, 294 (296) – Spannring.
[947] OLG Frankfurt a. M. GRUR-RR 2006, 43 (44) – Panther mit Smaragdauge. Siehe auch OLG Frankfurt a. M. BeckRS 2018, 39892 Rn. 58 f.
[948] Vgl. → Rn. 183 ff.
[949] BGH GRUR 1995, 581 – Silberdistel; anders noch die Vorinstanz OLG München ZUM 1994, 515 – Ohrclip; sa für bildende Kunst: OLG Hamburg NJOZ 2005, 124 (125) – Weinlaublatt.
[950] Zum urheberrechtlichen Schutz des Schriftbildes vgl. eing. (auch zu anderen Schutzinstrumenten) *Kelbel,* Der Schutz typographischer Schriftzeichen, 1984, S. 194 ff.
[951] RG GRUR 1943, 65.
[952] BGH GRUR 1957, 291 – Europapost; BGH GRUR 1958, 562 – Candida-Schrift; BGH GRUR 1999, 923 (924) – Tele-Info-CD, für Schriftzeichen des Schrifttyps „Galfra".
[953] OLG Köln GRUR 1986, 889 (890) → ARD-1.
[954] OLG München GRUR-Int 1981, 180 (183).
[955] OLG München ZUM 1989, 423.
[956] BGH GRUR 1958, 562 (563) – Candida-Schrift.
[957] BGH GRUR 1973, 478 (479) – Modeneuheit; BGH GRUR 1983, 377 (378) – Brombeer-Muster.

dings noch nicht aus einer geschickten Anpassung an Modeströmungen ergeben.[958] Ebenso wenig reicht der Einsatz vorbekannter Gestaltungsmittel, wozu auch die Darstellung nebeneinanderliegender Früchte und Blätter zählt.[959] Verneint wurde Urheberrechtsschutz auch für ein lederähnliches Muster auf Kunstleder,[960] für Ziertücher mit Blumenmustern[961] und für Einwickelpapier mit aufgedruckten Blumenmotiven.[962] Bejaht wurde Urheberrechtsschutz für ein Stoffmuster nach Motiven von Henri Rousseau.[963] In der Regel kommt für solche Gestaltungen Schutz nach Designrecht oder Wettbewerbsrecht in Betracht.

202   Im Grundsatz können bei entsprechender Gestaltungshöhe auch **Staatswappen** und **staatliche Embleme** Urheberrechtsschutz genießen. Für das Staatswappen der DDR und das SED-Emblem wurde die Schutzfähigkeit jedoch verneint, weil es sich um die Benutzung vorbekannter Gestaltungsformen handelte und die erforderliche Gestaltungshöhe nicht gegeben war.[964]

203   **Webseiten** und **Benutzeroberflächen** bei Computerprogrammen können als Werke der angewandten Kunst schutzfähig sein, soweit sie die Voraussetzungen einer persönlichen geistigen Schöpfung erfüllen.[965]

204   Auch **Werbegrafiken** können die für Urheberrechtsschutz erforderliche Individualität aufweisen, häufig wird es jedoch daran fehlen.[966] **Urheberrechtsschutz** wurde **zuerkannt** für den rosaroten Elefanten der Bundesbahn,[967] die Gestaltung eines Werbeplakats,[968] eine Sonnengrafik,[969] die Darstellung eines roten Weinlaubblattes[970] sowie für ein Fußball-Piktogramm, bei dem der Kopf als Fußball verwendet und das mit dem Spruch „Fußball ist Kopfsache" verbunden wird;[971] bedenklich ist der Schutz für die Bildmontage der in eine Berg- und Waldlandschaft hineinragenden überdimensionalen Motorsäge.[972] **Abgelehnt** wurde Urheberrechtsschutz für eine für die Fußballweltmeisterschaft benutzte Abbildung, auf der schräg gestellt eine Anzahl von Flaggen verschiedener Nationen dargestellt und worin ein Fußball mit umlaufender Schrift „Fußball-Weltmeisterschaft 1986 in Mexiko" abgebildet war,[973] für den unter Verwendung bestimmter Schrifttypen graphisch gestalteten Namenszug „Die Grünen" in Verbindung mit der Darstellung einer Sonnenblume,[974] für eine Telefonkarte, die die Darstellung einer Weltkarte in Form einer gängigen zweidimensionalen Darstellung der Erde enthielt,[975] für eine Graphik, die in großen Buchstaben das Wort „Preis-Hammer" zeigt, auf das ein Holzhammer einschlägt, so dass kleine Pufferwölkchen entstehen und einige Buchstaben aus ihrer Lage geraten,[976] für eine btx-Grafik bestehend aus Dorfkirche und zwei Häusertypen.[977]

205   Auch **Zeitschriftenlayouts** können schutzfähig sein; konkret wurde jedoch Urheberrechtsschutz mangels entsprechender Gestaltungshöhe abgelehnt.[978]

V. Lichtbildwerke

Schrifttum: *Büchner*, Schutz von Computerbildern als Lichtbild(werk), ZUM 2011, 549; *Bullinger/Garbers-von Boehm*, Der Blick ist frei – Nachgestellte Fotos aus urheberrechtlicher Sicht, GRUR 2008, 24; *Erdmann*, Der urheberrechtliche Schutz von Lichtbildwerken und Lichtbildern, FS Bornkamm (2014), S. 761; *Heitland*, Der Schutz der Fotografie im Urheberrecht Deutschlands, Frankreichs und der USA, 1995; *Herbort*, Digitale Bildnisse, 2017; *Jacobs*, Photographie und künstlerisches Schaffen, FS Quack (1991), S. 33; *A. Nordemann*, Die künstlerische Fotografie als urheberrechtlich geschütztes Werk, 1992; *Talke*, Lichtbildschutz für digitale Bilder von zweidimensionalen Vorlagen, ZUM 2010, 846; *Schlütter*, Der Begriff des Originals im Urheberrecht, 2012.

---

[958] So bereits RGZ 155, 199 (204).
[959] BGH GRUR 1983, 377 (378) – Brombeer-Muster; OLG Frankfurt a. M. ZUM-RD 2015, 589 (590).
[960] BGH GRUR 1967, 315 (316) – skai-cubana; OLG Celle GRUR 1958, 405 – Teppichmuster.
[961] LG München I *Schulze* LGZ 100, 3 ff.
[962] LG Berlin *Schulze* LGZ 122, 3 f.
[963] LG München I *Schulze* LGZ 127, 5 f. sowie *Schulze* LGZ 156, 3 f.
[964] LG Hamburg GRUR-RR 2005, 106 – SED-Emblem.
[965] EuGH GRUR 2011, 220 Rn. 44 ff. – BSA/Kulturministerium; OLG Hamburg ZUM-RD 2012, 664 (667); LG Köln ZUM-RD 2008, 489 (491); ZUM 2005, 910 (913); LG Düsseldorf ZUM 2007, 559 (562); eing. *Marly* GRUR 2011, 204; *Barnitzke/Möller/Nordmeyer* CR 2011, 277. Zu Computergrafiken s. OLG Köln ZUM-RD 2010, 72. Zum Schutz als Sprachwerke vgl. → Rn. 138, zum Schutz als Darstellungen wissenschaftlicher oder technischer Art. → Rn. 246.
[966] S. zum urheberrechtlichen Schutz von Werbefiguren *Stieper* GRUR 2017, 649; vgl. zum Wettbewerbsrecht *Stieper* GRUR 2017, 765.
[967] BGH GRUR 1995, 47 (48) – Rosaroter Elefant.
[968] OLG Jena GRUR-RR 2002, 380 – Rudolstädter Vogelschießen.
[969] OLG München ZUM 1993, 490.
[970] OLG Hamburg NJOZ 2005, 124 – Weinlaubblatt, als Werk der bildenden Kunst.
[971] LG Frankenthal BeckRS 2019, 9139 Rn. 22 ff.
[972] LG Oldenburg GRUR 1989, 49 (53).
[973] OLG Frankfurt a. M. GRUR 1987, 44 – WM-Slogan.
[974] OLG München ZUM 1989, 423.
[975] BGH GRUR 2001, 755 (757) – Telefonkarte.
[976] LG Oldenburg GRUR 1987, 235.
[977] LG Berlin CR 1987, 584.
[978] KG ZUM-RD 1997, 466 (468).

1. Allgemeines

Fotografien unterscheiden sich von anderen Werkarten wie Dichtungen, Werken der Musik oder **206** Werken der bildenden Künste durch die **Art des Schaffens.** Während dort den inneren Vorstellungen des Urhebers eine Gestalt gegeben wird, geht es bei der Fotografie in weitem Umfang um die Wiedergabe von etwas in der Natur Vorgegebenem unter Zuhilfenahme technischer Mittel. Gewiss wird bei der künstlerischen Fotografie die Bildgestaltung auch von den subjektiven Vorstellungen des Fotografen geprägt, die Gestaltungsmöglichkeiten sind aber wesentlich begrenzter als bei der Dichtung, Musik oder bildenden Kunst, überdies steht neben der künstlerischen Fotografie die Masse anspruchsloser Routine- und Amateuraufnahmen, bei denen man anschaulich von bloßem „Knipsen" spricht und damit zum Ausdruck bringt, dass es sich um kaum mehr als die technische Bedienung der Kamera handelt. Urheberrechtlich warf das schon früh die Frage auf, ob es gerechtfertigt sei, die Fotografie den Werken der Kunst an die Seite zu stellen oder ob ein Schutz anderer Art vorzusehen sei.

Im heutigen Urheberrechtsgesetz sind nunmehr[979] – auch aufgrund des Art. 6 Schutzdauer-RL – **207** Fotografien, die **eigene geistige Schöpfungen** darstellen **(Lichtbildwerke),** vollumfänglich urheberrechtlich geschützt.[980] Daneben kommt für **einfache Lichtbilder** Leistungsschutz mit 50-jähriger Schutzdauer nach § 72 in Betracht, der den gleichen Schutzumfang aufweist wie urheberrechtlicher Schutz, wobei beide Schutzinstrumentarien einen **einheitlichen Streitgegenstand** bilden.[981] Deshalb können es die Gerichte häufig dahinstehen lassen, ob die strengeren Voraussetzungen für Lichtbildwerkschutz erfüllt sind;[982] nur wenn die kürzere Schutzdauer des Leistungsschutzes abgelaufen ist, muss geprüft werden, ob das Lichtbild die notwendige **Individualität** aufweist.[983]

2. Begriff

Die Versuche, den Begriff des Lichtbildwerks bzw. des Lichtbildes zu definieren, sind vielfältig. **208** Letztlich ist entscheidend, dass ein **vorhandener Bildgegenstand** im weitesten Sinne durch ein **beliebiges technisches Verfahren** aufgezeichnet oder wiedergegeben wird.[984] Negativ sind von Lichtbildwerken **Fotokopien** abzugrenzen, die Vervielfältigungen (§ 16), aber keine Werkschöpfung (und auch nicht die Schaffung eines Lichtbildes) sind;[985] das Gleiche gilt für die Herstellung von Druckträgern auf mechanisch-reprographischem Wege und die Foto- und Lichtsatztechnik. **Retuschen** und **Fotomontagen** ändern am Charakter der Lichtbildwerke bzw. Lichtbilder grundsätzlich nichts, anders ist es jedoch, wenn Fotografien in einem Umfang verändert werden, dass sie in der Gesamtgestaltung nur noch eine untergeordnete Rolle spielen, was bei Collagen oder weitgehenden Übermalungen der Fall sein kann; auf diese Weise kann ein Werk der bildenden Künste entstehen.[986] Als Lichtbildwerke schutzfähig sind auch **Einzelbilder aus Filmen,** soweit das aus dem Bewegungsablauf herausgerissene Einzelbild noch Individualität aufweist.[987] Ebenso sind **3D-Bilder (also stereoskopische Fotografien)** erfasst und nach den allgemeinen Grundsätzen zu behandeln.[988]

Geschützt sind Lichtbildwerke einschließlich der Werke, die **ähnlich wie Lichtbildwerke geschaffen** werden. Damit wird klargestellt, dass der Lichtbildbegriff weit zu fassen ist. Eine begriffliche **209** Unterscheidung zwischen Lichtbildwerken und Werken, die ähnlich wie Lichtbildwerke geschaffen werden, ist nicht sinnvoll und hätte auch keine rechtlichen Konsequenzen.[989] In Rechtsprechung und Schrifttum wird als fotografieähnliches Verfahren jedes Verfahren bezeichnet, bei dem ein **Bild unter Benutzung strahlender Energie erzeugt** wird.[990] Entscheidend ist jedenfalls, dass **ein in Wir-**

---

[979] Vgl. zur Rechtsentwicklung → 5. Aufl. 2017, Rn. 207; *Erdmann* FS Bornkamm, 2014, S. 761 f. mwN.

[980] Art. 6 hatte hins. der Schutzdauer von Fotografien unter der genannten Bedingung urheberrechtlichen Schutz zugewiesen. Zum Wiederaufleben des Schutzes von Lichtbildwerken, deren Schutz aufgrund der bis 1985 geltenden 25-jährigen Schutzfrist erloschen war, vgl. § 137 f.

[981] S. grundlegend zum Ganzen BGH GRUR 2019, 284 Rn. 13 ff. – Museumsfotos mAnm *Zech* GRUR 2019, 291: Lichtbildwerkschutz und Lichtbildschutz (Leistungsschutz nach § 72) als einheitlicher Streitgegenstand, so dass seitens des Klägers keine Reihenfolge der Geltendmachung festgelegt werden muss.

[982] Vgl. BGH GRUR 1993, 34 (35) – Bedienungsanweisung.

[983] Dreier/Schulze/*Schulze* UrhG § 2 Rn. 189.

[984] Dreier/Schulze/*Schulze* UrhG § 2 Rn. 189. Näher *Erdmann* FS Bornkamm, 2014, S. 761 und → 5. Aufl. 2017, Rn. 208 mwN. Umfassend zu digitalen Bildnissen *Herbst* S. 53 ff.

[985] Vgl. dazu OLG Köln GRUR 1987, 42 (43) – Lichtbildkopien; bestätigt durch BGH GRUR 1990, 669 (673 f.) – Bibelreproduktion; zur Herstellung von Druckträgern auf fotografischem Wege vgl. *Katzenberger* GRUR-Int 1989, 116 (117). Demgegenüber handelt es sich bei möglichst exakten Fotografien eines Gemäldes um Lichtbilder, die eigenständig nach § 72 UrhG geschützt sind, doch wenn es sich im Abbildungen gemeinfreier Gemälde handelt, eine teleologische Reduktion geboten wäre, s. BGH GRUR 2019, 284 Rn. 21 ff. – Museumsfotos.

[986] Vgl. dazu OLG Koblenz GRUR 1987, 435 – Verfremdete Fotografien; Dreier/Schulze/*Schulze* UrhG § 2 Rn. 201; DKMH/*Dreyer* UrhG § 2 Rn. 264; sa *Jacobs* FS Quack, 1991, S. 33 (39). Eine naturgetreue Zeichnung nach einer Fotografie stellt jedenfalls kein Lichtbildwerk oder lichtbildähnliches Werk dar, s. zutr. LG Frankfurt a. M. ZUM 2018, 297 (298).

[987] BGH GRUR 1962, 470 (473) – AKI; KG ZUM-RD 2012, 321 (325); Fromm/Nordemann/*A. Nordemann* UrhG § 2 Rn. 194 f.; Dreier/Schulze/*Schulze* UrhG § 2 Rn. 197; *Schack* Rn. 239; *Staehle* GRUR 1974, 205.

[988] *Haffner* S. 182 ff.

[989] S. auch *A. Nordemann* S. 63 f.

[990] BGH GRUR 1962, 470 (472) – AKI; LG Frankfurt a. M. ZUM 2018, 297 (298); Dreier/Schulze/*Schulze* UrhG § 2 Rn. 199; DKMH/*Dreyer* UrhG § 2 Rn. 265; krit. *Büchner* ZUM 2011, 549 (550).

kungsweise und Ergebnis dem fotografischen Schaffen ähnliches Schaffen einbezogen wird.[991] Charakteristisch für das fotografische Schaffen ist die Abbildung von etwas in der Natur Vorgegebenem mit den Mitteln der Bildgestaltung durch Motivwahl, Bildausschnitt, Licht- und Schattenverteilung und dgl.,[992] nicht dagegen die Technik, mit der das Bild erzeugt oder festgehalten wird.[993] Lichtbildwerke können auch ohne eine **körperliche Festlegung** des Bildes entstehen.[994] Schutzfähig sind daher auch **Live-Sendungen.**[995]

210   Unterschiedlich wird beurteilt, ob auch **auf dem Bildschirm mit Hilfe von Computern entstehende Bilder** ähnlich wie Lichtbildwerke geschaffen sind.[996] Man wird zu unterscheiden haben: Handelt es sich um digital aufgenommene oder herkömmlich aufgenommene und digitalisierte Bilder, so stellen diese bereits unmittelbar Lichtbildwerke bzw. Lichtbilder dar.[997] Soweit es um Bilder geht, die durch einen Computer und Computerprogramme erzeugt werden, handelt es sich nicht um die Abbildung von etwas in der Natur Vorgegebenem; ein Schutz kommt daher nicht als Lichtbildwerk bzw. Lichtbild in Betracht, wohl aber kann ein Werk der bildenden Künste nach Abs. 1 Nr. 4 oder eine Darstellung wissenschaftlicher oder technischer Art nach Abs. 1 Nr. 7 vorliegen.[998] Dem steht nicht entgegen, dass Bildfolgen von solchen Bildern als Filmwerke geschützt sein können;[999] der Begriff des Filmwerks setzt nicht die Abbildung von etwas in der Natur Vorgegebenem voraus.[1000]

3. Persönliche geistige Schöpfung

211   Lichtbildwerke unterscheiden sich von bloßen Lichtbildern (§ 72) dadurch, dass sie eine **persönliche geistige Schöpfung** darstellen.[1001] Das ist nach dem insoweit vollharmonisierenden **Art. 6 Schutzdauer-RL** dann der Fall, wenn sie individuelle Werke in dem Sinne darstellen, dass sie das Ergebnis der eigenen geistigen Schöpfung ihres Urhebers sind. Maßgeblich ist die **EuGH-Rechtsprechung.** Entscheidend ist also, dass eine **eigene geistige Schöpfung vorliegt,** die sich dadurch auszeichnet, dass ein hinreichender **Gestaltungsspielraum für freie kreative Entscheidungen** vorlag und genutzt wurde.[1002] Liegt diese Voraussetzung vor, kann ggf. auch die sog. kleine Münze geschützt sein.[1003] Diese einheitliche Schutzuntergrenze gilt auch für Werke, die vor der Umsetzung der Richtlinie (23.6.1995) geschaffen worden sind.[1004]

212   Das Vorliegen einer persönlichen geistigen Schöpfung erfordert auch bei Lichtbildwerken, dass sie auf **menschlichem Schaffen** beruhen.[1005] Daran können Zweifel entstehen bei vollautomatisch ablaufenden Aufnahmen, etwa bei vollautomatischen Luftaufnahmen, Satellitenfotos oder durch Lichtschranken oder auf ähnliche Weise ausgelösten Aufnahmen. Man wird aber eine vorbereitende menschliche Tätigkeit, die über Motiv, Aufnahmeort, Blickwinkel, Entfernung und Zeitpunkt der Aufnahme entscheidet, als ausreichend ansehen können.[1006] An einer individualitätsbegründenden künstlerischen Bildgestaltung wird es freilich meist fehlen; jedoch kann durch nachträgliche Bildbearbeitung ein Lichtbildwerk entstehen.[1007] Vgl. zum Streit um den einfachen Lichtbildschutz nach § 72 bei neuen **Reproduktionsfotografien** → § 72 Rn. 33 ff.

213   Vor allem erfordert die persönliche geistige Schöpfung, dass Lichtbildwerke von der **Individualität**[1008] ihres Urhebers im Sinne einer **eigenen geistigen Schöpfung** geprägt sind. Lichtbildwerke genießen also Urheberrechtsschutz bereits dann, wenn sie lediglich Individualität aufweisen, ohne dass es eines besonderen Maßes an schöpferischer Gestaltung bedarf. Es sind keine allzu hohen Anforderungen zu stellen,[1009] geschützt ist auch die kleine Münze.[1010] Lichtbildwerke müssen damit eine

---

[991] Fromm/Nordemann/*A. Nordemann* UrhG § 2 Rn. 193.

[992] Das Lichtbild muss als solches originär, dh als Urbild, geschaffen worden sein, s. BGH GRUR 2019, 284 Rn. 23 – Museumsfotos. Vgl. auch → Rn. 213 und § 72.

[993] *Büchner* ZUM 2011, 549 (550).

[994] BGH GRUR 1962, 470 (472) – AKI; Loewenheim/*A. Nordemann* § 9 Rn. 128; vgl. auch → Rn. 47.

[995] BGH GRUR 1962, 470 (472) – AKI.

[996] Dafür Dreier/Schulze/*Schulze* UrhG § 2 Rn. 200; Wandtke/Bullinger/*Thum* UrhG § 72 Rn. 46; Büchner ZUM 2011, 549; *G. Schulze* CR 1988, 181 (190 ff.); *Koch* GRUR 1991, 180 (184); *Wiebe* GRUR-Int 1990, 21 (32); abl. OLG Köln GRUR-RR 2010, 141 (142); OLG Hamm GRUR-RR 2005, 73; Fromm/Nordemann/*A. Nordemann* UrhG § 2 Rn. 193; DMKH/*Dreyer* UrhG § 2 Rn. 265; *A. Nordemann* S. 65; *Heitland* S. 25; *Maaßen* ZUM 1992, 338 (340); *Reuter* GRUR 1997, 23 (27); dagegen auch → § 72 Rn. 21.

[997] Vgl. → Rn. 208.

[998] OLG Köln GRUR-RR 2010, 141; *Erdmann* FS Bornkamm, 2014, S. 761 (763).

[999] Vgl. → Rn. 217.

[1000] Vgl. → Rn. 215.

[1001] OLG Hamburg GRUR 1999, 717 – Wagner-Familienfotos.

[1002] EuGH GRUR 2012, 166 Rn. 87 ff. – Painer.

[1003] OLG Düsseldorf GRUR-RR 2009, 45 (46) – Schaufensterdekoration; zur kleinen Münze vgl. → Rn. 61 ff.

[1004] Amtl. Begr. zum 4. UrhGÄndG BT-Drs. 13/781, 10; offengelassen in BGH GRUR 2000, 317 (318) – Werbefotos; zum Meinungsstand auch *Heitland* S. 62 f.

[1005] Vgl. LG Berlin GRUR 1990, 270 – Satellitenfoto; Fromm/Nordemann/*A. Nordemann* UrhG § 2 Rn. 196; → Rn. 38 ff.

[1006] *Katzenberger* GRUR-Int 1989, 116 (118 f.); sa *Heitland* S. 32 f.

[1007] Fromm/Nordemann/*A. Nordemann* UrhG § 2 Rn. 196.

[1008] Dazu näher → Rn. 50 ff.

[1009] *Erdmann* FS Bornkamm, 2014, S. 761 (764).

[1010] Dazu → Rn. 61 ff.

individuelle Betrachtungsweise oder künstlerische Aussage des Fotografen zum Ausdruck bringen, die sie von der lediglich gefälligen Abbildung abhebt. Das kann beispielsweise durch die Gestaltung oder Wahl des Motivs, eines ungewöhnlichen Bildausschnitts oder durch eine ungewöhnliche Perspektive, durch die Verteilung von Licht und Schatten, die Kontrastgebung, die Bildschärfe, die Wahl des richtigen Moments bei Bewegungsvorgängen oder Porträts, aber auch durch nachträgliche Maßnahmen wie Retuschen, Fotomontagen und dgl. geschehen.[1011] Die Masse alltäglicher Bilder, die rein handwerkliche Abbildung des Fotografierten, zählt jedenfalls nicht zu den Lichtbildwerken.[1012] Dazu gehören zB die sog. **Gegenstandsfotografie,** die darauf abzielt, die Vorlage möglichst unverändert naturgetreu wiederzugeben,[1013] weiter durchschnittliche Amateurfotos, Urlaubsbilder und dgl. Die fotografische Wiedergabe von Zeichnungen lässt meist keinen Raum für individuelle Gestaltung.[1014] Auch die wissenschaftliche Fotografie, die wissenschaftliche oder technische Befunde möglichst präzise wiedergeben will, stellt keine schöpferische Leistung dar, mag sie auch ein noch so hohes technisches Können voraussetzen. Ebenso ist die Bildberichterstattung über Tagesereignisse meist handwerkliches und kein künstlerisches Schaffen.[1015]

Auch das **fotografische Motiv** kann geschützt sein. Dies ist dann angenommen worden, wenn „der Fotograf das Motiv selbst in einer urheberrechtlichen Schutz begründenden besonderen Weise arrangiert hat und dieses Arrangement mit seinen prägenden schutzbegründenden Gestaltungselementen nachgestellt worden ist mit der Folge, dass der künstlerische Gehalt des nachgemachten Fotos mit dem der Vorlage übereinstimmt".[1016]

VI. Filmwerke

Schrifttum: *Berking,* Kein Urheberrechtsschutz für Fernsehshowformate?, GRUR 2004, 109; *Büchner,* Schutz von Computerbildern als Lichtbild(werk), ZUM 2011, 549; *Bullinger/Czychowski,* Digitale Inhalte: Werk und/oder Software? – Ein Gedankenspiel am Beispiel von Computerspielen, GRUR 2011, 19; *Eickmeier/v. Fischer-Zernin,* Ist der Formatschutz am Ende? Der gesetzliche Schutz des Fernsehshowformats nach der „Sendeformat"-Entscheidung des BGH, GRUR 2008, 755; *Heinkelein,* Der Schutz der Urheber von Fernsehshows und Fernsehshowformaten, 2004; *Heinkelein/Fey,* Der Schutz von Fernsehformaten im deutschen Urheberrecht – Zur Entscheidung des BGH: „Sendeformat", GRUR-Int 2004, 378; *Jacobs,* Die Urheberrechtsfähigkeit von Sendeformaten, FS Raue (2006), S. 499; *Katko/Maier,* Computerspiele – die Filmwerke des 21. Jahrhunderts?, MMR 2009, 306; *Lambrecht,* Der urheberrechtliche Schutz von Bildschirmspielen, 2006; *Loewenheim,* Trade Mark Law and Copyright Law in Virtual Worlds: Some Reflections under German Trade Mark and Copyright Law, in FS Ullrich (2009), S. 231; *Maaß,* Der Dokumentarfilm, 2006; *Obergfell,* Filmverträge im deutschen materiellen und internationalen Privatrecht, 2001; *Oehler,* Komplexe Werke im System des Urheberrechts am Beispiel von Computerspeielen, 2016; *Pfennig,* Die Berechtigten am Filmwerk, ZUM 1999, 36; *Poll,* Urheberschaft und Verwertungsrechte am Filmwerk, ZUM 1999, 29; *Reber,* Die Beteiligung von Urhebern und ausübenden Künstlern an der Verwertung von Filmwerken in Deutschland und den USA, 1998; *Schricker,* Werbekonzeptionen und Fernsehformate – Eine Herausforderung für den urheberrechtlichen Werkbegriff?, GRUR-Int 2004, 923; *G. Schulze,* Urheber- und Leistungsschutzrechte des Kameramanns, GRUR 1994, 855; *Schwarz/Hansen,* Der Produzent als (Mit-)Filmurheber – Plädoyer für die Anerkennung eines Urheberrechts des Kreativproduzenten, GRUR 2011, 109; *Veit,* Filmrechtliche Fragestellungen im digitalen Zeitalter, 2003.

1. Rechtsentwicklung

Der Schutz von Filmwerken fand seinen Eingang in das Urheberrecht erst 1910, als im Anschluss **214** an die Berliner Revisionskonferenz zur RBÜ von 1908 in das **KUG** die Bestimmung des § 15a eingefügt wurde, die Filmwerke gegen die bildliche Wiedergabe der dargestellten Handlung auch in veränderter Gestaltung schützte. Ein Schutz gegen die literarische Wiedergabe, etwa in Form einer Erzählung oder Dramatisierung sowie gegen die öffentliche Wiedergabe des Inhalts, war damit nicht verbunden, dieser ergab sich erst daraus, dass ergänzend das LUG herangezogen wurde.[1017] Weitere Probleme brachte das Aufkommen des Tonfilms mit sich.[1018] Das **UrhG** bereitete dieser uneinheitli-

---

[1011] EuGH GRUR 2012, 166 Rn. 91 – Painer; BGH GRUR 2003, 1035 (1037) – Hundertwasser-Haus; KG ZUM-RD 2012, 321 (325); OLG Köln GRUR 2000, 43 (44) – Klammerpose; OLG Hamburg GRUR 1999, 717 – Wagner-Familienfotos; LG Hamburg ZUM-RD 2008, 30 (31); LG München I GRUR-RR 2009, 92; LG Mannheim ZUM 2006, 886 – Karlssteg mit Münster; LG Stuttgart ZUM 2014, 824 (826 f.); *Erdmann* FS Bornkamm, 2014, S. 764; vgl. eing. zu den Gestaltungsmitteln Loewenheim/*A. Nordemann* § 9 Rn. 135 ff.; Fromm/Nordemann/*A. Nordemann* UrhG § 2 Rn. 197; *A. Nordemann* S. 135 ff.; sa OLG Hamburg ZUM 1996, 315 (316); OLG München ZUM 1997, 388 (390); *Heitland* S. 31 ff., 70 ff.; *Jacobs* FS Quack, 1991, S. 33 (36 ff.).

[1012] *Erdmann* FS Bornkamm, 2014, S. 761 (764).

[1013] BGH GRUR 1967, 315 (316) – skai-cubana; OLG Hamburg GRUR 1999, 717 – Wagner-Familienfotos; s. aber LG Mannheim GRUR-RR 2007, 265 – Karlssteg mit Münster. Vgl. zum Streit um den (vom BGH bejahten) Leistungsschutz für reine Reproduktionsfotografien BGH GRUR 2019, 284 Rn. 22 ff. – Museumsfotos; näher bei → § 72 Rn. 25.

[1014] OLG Düsseldorf GRUR 1997, 49 (51) – Beuys-Fotografien.

[1015] S. zum Ganzen auch Fromm/Nordemann/*A. Nordemann* UrhG § 2 Rn. 197 ff. Zu Web-Grafiken s. OLG Hamm GRUR-RR 2005, 73.

[1016] LG Hamburg ZUM 2009, 165; vgl. schon zuvor ausführlich OLG Köln GRUR 2000, 43 (43 f.) – Klammerpose (zum Schutz einer individuell gestalteten Pose als fotografisches Motiv und zum diesbzgl. Schutzumfang); kurz auch EuGH GRUR 2012, 166 Rn. 91 – Painer.

[1017] Dazu näher *Ulmer,* Urheber- und Verlagsrecht, § 26 I 2 mwN.

[1018] Vgl. RGZ 140, 231.

chen Rechtslage ein Ende, indem es den Film als einheitliches Werk ansieht, der als besondere Werkart in den Katalog des Abs. 1 aufgenommen ist.[1019] Ebenso wie das Gesetz zwischen Lichtbildwerken und Lichtbildern unterscheidet, differenziert es zwischen Filmwerken, die eine persönliche geistige Schöpfung darstellen und **Laufbildern,** bei denen dies nicht der Fall ist und deren Schutz als Leistungsschutz (§ 95) ausgestaltet ist.[1020]

2. Begriff und Rechtsnatur

215   **Film** ist die bewegte Bild- oder Bild-Tonfolge, die durch Aneinanderreihung fotografischer oder fotografieähnlicher[1021] Einzelbilder den Eindruck des bewegten Bildes entstehen lässt.[1022] Auf den **Inhalt** des Filmes kommt es nicht an.[1023] Auch setzt der Film anders als das Lichtbild nicht die Abbildung von etwas in der Natur Vorgegebenem voraus; anderenfalls könnten die in Rechtsprechung und Schrifttum als Filmwerke anerkannten Zeichentrickfilme und Computerspiele nicht unter Abs. 1 Nr. 6 fallen.[1024] **Aufnahmeverfahren** und **Trägermaterial** sind für den Begriff des Filmes unerheblich.[1025] Eine **elektromagnetische** Festlegung auf Magnetband oder Bildplatte sowie eine **digitale Festlegung** erfüllen die Voraussetzungen des Abs. 1 Nr. 6 ebenso wie die Festlegung auf fotochemischem Wege,[1026] so dass auch **Fernsehfilme** durch den Filmbegriff erfasst werden. Auch virtuelle Bildfolgen können Filmwerkschutz genießen.[1027] Ebenso wenig ist eine körperliche Festlegung des Filmwerks erforderlich; schutzfähig sind daher auch **Live-Sendungen.**[1028] Auch auf eine Vertonung kommt es nicht an, **Stummfilme** fallen ebenso wie Tonfilme unter Abs. 1 Nr. 6.[1029] Ebenso sind **3D-Filme** unproblematisch über Abs. 1 Nr. 6 erfasst.[1030] Eine **Tonbildschau, Diavorführung** oder **Bildpräsentation** etwa mit Microsoft Powerpoint ist kein Filmwerk, da sie nicht den Eindruck des bewegten Bildes entstehen lässt.[1031] Die **Einzelbilder** eines Filmwerks sind nicht nach Abs. 1 Nr. 6 schutzfähig, können aber als Lichtbildwerke nach Abs. 1 Nr. 5 oder als Lichtbilder nach § 72 geschützt sein.[1032] Vom Film ist der **Filmträger** zu unterscheiden, also der Bild- bzw. Bild- und Tonträger, auf dem das Filmwerk aufgezeichnet ist. An ihm steht dem Filmhersteller ein Leistungsschutzrecht nach § 94 zu.

216   Nicht zum Filmwerk gehören die **vorbestehenden Werke,** die dem Film zugrunde liegen, wie Romane, Erzählungen, Opern oder Operetten, und die für den Film geschaffenen Werke, wie Drehbuch, Exposé oder Treatment. Soweit sie das Niveau einer persönlichen geistigen Schöpfung erreichen, sind sie aber als Sprachwerk geschützt. Die bloße **Idee** zu einem Film oder seine bloße **Konzeption** sind freilich nicht schutzfähig.[1033] Strittig ist die Schutzfähigkeit des **Sendeformats** einer Fernsehshow.[1034] Vom BGH wurde die Schutzfähigkeit verneint; es gehe hier nicht um die schöpferische Formung eines bestimmten Stoffs wie den Handlungsablauf und die Szenerie eines Romans oder eines Films, sondern um eine vom Inhalt losgelöste bloße Anleitung zur Formgestaltung gleichartiger anderer Stoffe.[1035] Man wird die Schutzfähigkeit von Sendeformaten nicht von vornherein ausschlie-

---

[1019] Zur Vorgeschichte → Vor §§ 88 ff. Rn. 4 ff.; vgl. ferner Loewenheim/*A. Nordemann* § 9 Rn. 158 ff.; *Roeber* FS Bappert, 1964, S. 189; *Reupert,* Der Film im Urheberrecht, 1995, S. 29 ff.
[1020] Vgl. dazu auch *Straßer,* Die Abgrenzung der Laufbilder vom Filmwerk, 1995, passim.
[1021] Vgl. → Rn. 209.
[1022] Dazu näher → Vor §§ 88 ff. Rn. 20; sa Dreier/Schulze/*Schulze* UrhG § 2 Rn. 204; Fromm/Nordemann/ *A. Nordemann* UrhG § 2 Rn. 203; Wandtke/Bullinger/*Bullinger* UrhG § 2 Rn. 120; Loewenheim/*A. Nordemann* § 9 Rn. 161; *Rehbinder/Peukert* Rn. 248; *v. Hartlieb/Schwarz* Kap. 34 Rn. 2.
[1023] Loewenheim/*A. Nordemann* § 9 Rn. 162. Vgl. zB für die Live-Übertragung von Sportereignissen Oberster Gerichtshof (Österreich) GRUR-Int 2014, 697.
[1024] Loewenheim/*A. Nordemann* § 9 Rn. 161.
[1025] Dreier/Schulze/*Schulze* UrhG § 2 Rn. 205; Loewenheim/*A. Nordemann* § 9 Rn. 162; *v. Hartlieb/Schwarz* Kap. 34 Rn. 2.
[1026] AllgA vgl. etwa Dreier/Schulze/*Schulze* UrhG § 2 Rn. 205; Fromm/Nordemann/*A. Nordemann* UrhG § 2 Rn. 203; DKMH/*Dreyer* UrhG § 2 Rn. 275; Büscher/Dittmer/Schiwy/*Obergfell* Kap. 10 UrhG § 2 Rn. 54.
[1027] LG Köln MMR 2008, 556 (560) – Virtueller Dom in Second Life.
[1028] Amtl. Begr. BT-Drs. IV/270, 98; BGH GRUR 1962, 470 (472) – AKI; Oberster Gerichtshof (Österreich) GRUR-Int 2014, 697.
[1029] Dreier/Schulze/*Schulze* UrhG § 2 Rn. 206; s. zum Ganzen auch Fromm/Nordemann/*A. Nordemann* UrhG § 2 Rn. 203.
[1030] *Haffner* S. 44 ff.
[1031] BayObLG GRUR 1992, 508 (508 f.) – Verwertung von Computerspielen; vgl. auch → Vor §§ 88 ff. Rn. 45; großzügiger OLG Frankfurt a. M. UFITA 90 (1981), 192 (196); diff. Dreier/Schulze/*Schulze* UrhG § 2 Rn. 207.
[1032] BGH NJW 1953, 1258 (1259) – Lied der Wildbahn I; Dreier/Schulze/*Schulze* UrhG § 2 Rn. 213; *Staehle* GRUR 1974, 205 (205 f.); *Merker,* Das Urheberrecht des Chefkameramannes am Spielfilmwerk, 1996, S. 181 ff.
[1033] Sa LG München I ZUM-RD 2009, 134 (157).
[1034] Vgl. zum Begriff auch *Eickmeier/v. Fischer-Zernin* GRUR 2008, 755 (755 f.).
[1035] BGH GRUR 2003, 876 (877) – Sendeformat; ebenso Dreier/Schulze/*Schulze* UrhG § 2 Rn. 216; Fromm/Nordemann/*A. Nordemann* UrhG § 2 Rn. 232; Wandtke/Bullinger/*Bullinger* UrhG § 2 Rn. 124; *Berking* GRUR 2004, 109; aA High Court (England) GRUR-Int 2018, 53 – Banner Universal Pictures v. Endemol Shine Group & Anor; Oberster Gerichtshof (Italien) GRUR-Int 2018, 181; *Schricker* GRUR 2004, 922 (923 ff.); *Jacobs* FS Raue, 2006, S. 499 (511); *Heinkelein* S. 216 ff.; *Heinkelein/Fey* GRUR-Int 2004, 378 (384 ff.); *Eickmeier/v. Fischer-Zernin* GRUR 2008, 755 (758 f.); *Leistner* GRUR 2011, 761 (765 f.); *Schwarz* FS Reichardt, 1990, S. 203 (220 f.); *v. Have/Eickmeier* ZUM 1994, 269 (272 f.); *Litten,* Der Schutz von Fernsehshow- und Fernsehserienformaten, 1997,

ßen können, es kommt vielmehr im Einzelfall darauf an, ob das Sendeformat urheberrechtsschutzfähige Elemente aufweist; jedenfalls kann aber wettbewerbsrechtlicher oder kennzeichenrechtlicher Schutz bestehen.[1036]

Ebenso wie bei Lichtbildwerken sind auch Filmwerke einschließlich der Werke, die **ähnlich wie** **217** **Filmwerke geschaffen** werden, geschützt. Auch bei Filmwerken wird damit klargestellt, dass der Filmbegriff weit zu fassen ist. Eine begriffliche Unterscheidung von Filmwerken und Werken, die ähnlich wie Filmwerke geschaffen werden, ist nicht sinnvoll und hätte keine rechtlichen Konsequenzen.[1037] Damit zählen zu den Filmwerken insbesondere auch **Computerspiele**.[1038] Dabei geht es im Rahmen des § 2 Abs. 1 Nr. 6 nicht um den Schutz der den Spielverlauf umsetzenden Computerprogramme,[1039] sondern um das Erscheinungsbild und den Spielablauf auf dem Bildschirm, also um den Schutz gegen gleichartige Darstellungen, auch wenn diese durch ein unterschiedliches Computerprogramm bewirkt werden sollten.[1040]

Der Schutz von Computerspielen als Filmwerk setzt eine persönliche geistige Schöpfung voraus. Die Rechtsprechung hat sich häufig mit einem **Laufbildschutz** nach §§ 94, 95 begnügt,[1041] weil die zivil- bzw. strafrechtliche Rechtsverfolgung auf die Herstellerrechte (§ 94 bzw. 95) gestützt wurde, für deren Anwendung es nicht darauf ankam, ob das Urheberrecht oder das Leistungsschutzrecht verletzt war, und somit unter prozessökonomischen Gründen der Nachweis der persönlichen geistigen Schöpfung, besonders der Individualität, erspart werden konnte.

Einstweilen als offen anzusehen ist die (bedeutsame) Frage, ob und inwieweit ein urheberrechtlicher Schutz der **Spielmechanik (game mechanics),** also der den Spielen zugrundeliegenden mehr oder weniger regelhaften **Interaktions- und Entwicklungsmöglichkeiten** in Betracht kommt.[1042] Im Gamedesign spielt das diesbezügliche sog. **balancing** mit seiner möglichst attraktiven und den Spieltrieb dauerhaft herausfordernden **Kombination und Gewichtung** der unterschiedlichen Aufgaben, Eigenschaften und Entwicklungsmöglichkeiten eine entscheidende Rolle, da die diesbezüglich optimale Gestaltung den eigentlichen aleatorischen Kern der meisten Computerspiele ausmacht. Zweifellos wird an dieser Stelle auch erhebliche persönliche Kreativität aufgebracht. Fraglich ist aber, ob und inwieweit diese Kreativität, die mindestens teilweise gerade auf die Entwicklung von Konzepten und Regeln gerichtet ist, als technisch, funktional, sachbezogene Kreativität für die Prüfung der Individualität überhaupt in Betracht kommt; das Problem ist also grundsätzlich mit der Abgrenzungsproblematik bei klassischen **Spielregeln** vergleichbar. Nach zutreffender Auffassung führt insoweit jedenfalls ein kategorischer Ausschluss jeglicher Spielregeln im Sinne eines diesbezüglichen Dogmas nicht weiter.[1043] Letztlich ist die Schutzfähigkeit der **game mechanics** daher eine Frage vorliegender (nicht rein technisch, funktional, sachzweckbezogener) **Individualität** im Einzelfall, wobei die diesbezügliche differenzierte Begrenzung des Schutzgegenstands insbesondere auch auf der Ebene des **Schutzumfangs** durchzuhalten ist:[1044] jedenfalls wo die Kombination und Gewichtung der einzelnen unabhängigen Aufgaben, Eigenschaften und Entwicklungsmöglichkeiten der Charaktere individuell auf die sonstigen Eigenheiten des Spiels (wie Figuren, Plot, audiovisuelle Ausgestaltung etc) abgestimmt ist, kann daher nach hier vertretener Auffassung ein Schutz insbesondere als **Datenbankwerk nach § 4**[1045] oder möglicherweise insoweit auch im Rahmen einer **unbenannten Werkart**[1046] in Betracht kommen.

Zu den Werken, die ähnlich wie Filmwerke geschaffen werden, gehören ferner **Zeichentrickfil-** **218** **me;**[1047] auch **Multimedia-Produkte**[1048] können dazu zählen. Ebenso wie bei Comic-Figuren[1049] ist

---

S. 11 ff., 38 f.; *Litten* MMR 1998, 412; *Lausen,* Der Rechtsschutz von Sendeformaten, 1998, S. 24 ff.; sa LG München I ZUM 2010, 993.

[1036] Dreier/Schulze/*Schulze* UrhG § 2 Rn. 216; sa OLG München ZUM 1999, 244; LG München I ZUM-RD 2002, 17; LG München I ZUM 2010, 993.

[1037] Für Lichtbildwerke → Rn. 209.

[1038] BGH GRUR 2013, 370 Rn. 14 – Alone in the Dark; *Bullinger/Czychowski* GRUR 2011, 19 (22); *Schlatter* in Lehmann (Hg.), Rechtsschutz und Verwertung von Computerprogrammen, 2. Aufl. 1993, Kap. III Rn. 8 ff. mwN; *Hofmann* GRUR 2012, 281; *Oehler* S. 434 ff.; näher dazu → Vor §§ 88 ff. Rn. 44. → Rn. 97 mwN (dort auch zum Streit, ob der interaktive Charakter der Spiele etwas an der Einordnung als filmähnliches Werk ändert).

[1039] Vgl. → § 69a Rn. 27; *Henkenborg* S. 179 ff.; sa *Lehmann/Schneider* NJW 1990, 3181.

[1040] S. zum Unterschied zu LG Düsseldorf NJOZ 2007, 4356 (4361).

[1041] OLG Hamm NJW 1991, 2161 (2162); OLG Karlsruhe CR 1986, 723 (725) – „1942"; LG Bochum CR 1995, 274; LG Braunschweig CR 1991, 223; LG Hannover CR 1988, 826.

[1042] S. für eine konzise, ausgewogene Darst. dieser in der bisherigen Lit. immer hinreichend gesehenen Problematik Berger/Wündisch/*Oehler/Wündisch* § 34 Rn. 19 ff.; sa *Oehler* S. 399 ff. jew. mwN.

[1043] Vgl. allg. *Schricker* GRUR 1996, 815; *Schricker* GRUR-Int 2004, 923 (jew. zu Werbekonzeptionen und -ideen); für eine krit. Replik insoweit *Hertin* GRUR 1997, 799; spezifisch zu Spiel- und anderen Konzepten s. aktueller für eine diff. Behandlung auch *Oechsler* GRUR 2009, 1101; *Leistner* GRUR 2011, 761 (764 ff.); *Hofmann* S. 143 ff. jew. mwN → Rn. 96 f., 134.

[1044] Vgl. schon allg. → Rn. 96 f.

[1045] → Rn. 96.

[1046] So zul. *Hofmann* S. 242 ff.

[1047] Dreier/Schulze/*Schulze* UrhG § 2 Rn. 206; Fromm/Nordemann/*A. Nordemann* UrhG § 2 Rn. 203; Wandtke/Bullinger/*Bullinger* UrhG § 2 Rn. 122.

[1048] Dreier/Schulze/*Schulze* UrhG § 2 Rn. 207; *Hoeren* CR 1994, 390 (391 f.); *Koch* GRUR 1995, 459 (463).

[1049] Dazu → Rn. 172.

auch bei Computerspielen **Figurenschutz** zu gewähren. Der Schutz der Figuren in Computerspielen beschränkt sich also nicht auf den Schutz der konkreten Darstellungen, Schutz genießen vielmehr auch die allen Einzeldarstellungen zugrundeliegenden Gestalten als solche.[1050] Auch Figuren, Szenerien sowie Handlungs- und Bewegungsabläufe in **virtuellen Welten** können dem Urheberrechtsschutz unterliegen.[1051] Bei hochkomplexen virtuellen Welten wie etwa Second Life ist dies regelmäßig anzunehmen.

219   Filmwerke bilden ihrer Natur nach eine **eigenständige Werkart.** Sie lassen sich weder den Sprachwerken[1052] noch den Werken der bildenden Kunst zurechnen und stellen auch keine Werkverbindung der zu ihrer Herstellung benutzten Werke (Drehbuch, Filmmusik usw) dar.[1053] Beim Filmwerk handelt es sich nicht nur um die auf dem Filmstreifen festgehaltene Aufführung des Drehbuchs, sondern es findet durch die schöpferischen Leistungen der an der Filmherstellung beteiligten Personen eine Verschmelzung der bei der Verfilmung benutzten Werke zu einer neuen Einheit, ihre Umwandlung in das Bildliche statt.[1054] Der BGH bezeichnet die Verfilmung eines Werks als seine Umsetzung in eine bewegte Bilderfolge mit Hilfe filmischer Gestaltungsmittel.[1055] In dieser Gestaltung der Bild- und Tonfolge liegt die persönliche geistige Schöpfung beim Filmwerk. Daraus folgt auch, dass – anders als bei Bühnenwerken – der Schöpfungsvorgang nicht bereits mit der Dichtung oder Komposition abgeschlossen ist, sondern erst in der filmischen Gestaltung, der Realisation des Filmwerkes unter der verantwortlichen Leitung des Regisseurs liegt.[1056] Die zur Herstellung benutzten Werke wie Exposé, Treatment, Drehbuch, Filmmusik usw sind zwar einerseits selbständige (Sprach- bzw. Musik)Werke und genießen als solche selbständigen Urheberrechtsschutz, stellen aber andererseits auch Entwürfe zum Filmwerk dar.[1057]

3. Persönliche geistige Schöpfung

220   Filmwerke unterscheiden sich von Laufbildern (§ 95) dadurch, dass sie eine **persönliche geistige Schöpfung** darstellen.[1058] Diese kommt durch die kollektive Leistung der an der Filmherstellung beteiligten Urheber unter Ausnutzung der filmischen Gestaltungsmöglichkeiten, insbesondere Handlungsablauf, Regie, Kameraführung, Tongestaltung, Schnitt, Filmmusik, Szenenbild, Kostümgestaltung[1059] zustande. Das Ergebnis, also der Film, muss sich durch Auswahl, Anordnung und Sammlung des Stoffs sowie durch die Art der Zusammenstellung der einzelnen Bildfolgen als das Ergebnis individuellen geistigen Schaffens darstellen.[1060] Dabei beschränkt sich die Möglichkeit schöpferischer filmischer Gestaltung nicht auf die Aufnahmephase, sondern erstreckt sich auf die Post-Production-Phase, insbesondere den Schnitt, die Zusammenstellung der einzelnen Bildfolgen.[1061] Diese Voraussetzungen werden bei Spielfilmen in der Regel gegeben sein,[1062] können aber auch bei Filmen vorliegen, die darauf abzielen, ein wirkliches Geschehen im Bild festzuhalten, namentlich bei **Kultur- und Dokumentarfilmen.**[1063] So kann bei einem Naturfilm, der die Lebensweise von Tieren in der freien Wildbahn nach einer bestimmten Gestaltungsidee wiedergibt, die schöpferische Leistung in der Auswahl der besonders charakteristischen Lebensformen des Wildes aus der Fülle der sich bietenden Beobachtungen liegen, wie auch in der Wahl des Hintergrundes, des gesamten Bildrahmens und der zeitlichen Folge der einzelnen Bildmotive.[1064] Bei der filmischen Dokumentation einer Herzoperation kann durch eingeblendete Erläuterungen, Interviews mit den Beteiligten und Gespräche, also durch die Verbindung der Dokumentation eines tatsächlichen Geschehens mit Einblendungen gezielt ausgewählter Begleitumstände, der Grad einer persönlichen geistigen Schöpfung, wenn auch im unteren

---

[1050] Vgl. → Rn. 172.

[1051] Vgl. dazu *Loewenheim* FS Ullrich, 2009, S. 231; *Rippert/Weimer* ZUM 2007, 272 (276 f.); *Habel* MMR 2008, 71 (74 f.); *Klickermann* MMR 2007, 766 (767 ff.); *Geis/Geis* CR 2007, 721 (723); sa LG Köln MMR 2008, 556 – Virtueller Dom in Second Life mAnm *Pszolla* MMR 2008, 558.

[1052] BGH GRUR 1987, 362 (363) – Filmzitat.

[1053] *Ulmer,* Urheber- und Verlagsrecht, § 35 II; Fromm/Nordemann/*A. Nordemann* UrhG § 2 Rn. 201; Wandtke/Bullinger/*Bullinger* UrhG § 2 Rn. 121; *Rehbinder/Peukert* Rn. 248; vgl. auch → § 9 Rn. 6.

[1054] Amtl. Begr. BT-Drs. IV/270, 38; sa bereits RGZ 107, 62 (65).

[1055] BGH GRUR 1958, 354 (355) – Sherlock Holmes.

[1056] *Ulmer,* Urheber- und Verlagsrecht, § 27 V 1.

[1057] Vgl. zum Schutz des Exposés auch BGH GRUR 1963, 40 (41 f.) – Straßen – gestern und morgen; zum Schutz von Entwürfen → Rn. 49.

[1058] OLG München GRUR-RR 2017, 417 Rn. 22 – Marlene Dietrich.

[1059] Näher zu den Gestaltungsmöglichkeiten Loewenheim/*A. Nordemann* § 9 Rn. 168 ff.

[1060] BGH NJW 1953, 1258 (1260) – Lied der Wildbahn; BGH GRUR 1984, 730 (732) – Filmregisseur mit zust. Anm. *Schricker;* OLG München GRUR-RR 2017, 418 Rn. 22 – Marlene Dietrich. S. zu 3D-Filmen (gleiche Grundsätze und Kriterien, funktional-technischer Charakter einzelner Vorgaben der 3D-Technik zu berücksichtigen) *Haffner* S. 44 ff.

[1061] OLG Hamburg GRUR-RR 2010, 409 (410) – Konzertfilm.

[1062] LG Berlin GRUR 1962, 207 (208) – Maifeiern.

[1063] BGH GRUR 1984, 730 (732) – Filmregisseur; OLG München GRUR-RR 2017, 419 Rn. 22 – Marlene Dietrich; KG ZUM-RD 2012, 321 (323) – Dokumentaraufnahmen; Dreier/Schulze/*Schulze* UrhG § 2 Rn. 209; DKMH/*Dreyer* UrhG § 2 Rn. 284; Büscher/Dittmer/Schiwy/*Obergfell* Kap. 10 UrhG § 2 Rn. 56; *Schricker* GRUR 1984, 733; eing. *Hoeren* GRUR 1992, 145 (145 ff.); *Reupert,* Der Film im Urheberrecht, 1995, S. 53 ff.

[1064] BGH NJW 1953, 1258 (1260) – Lied der Wildbahn.

Bereich, erreicht werden.[1065] Bei der Darstellung der politischen, sozialen, wirtschaftlichen und kulturellen Aspekte Griechenlands durch die Dokumentation von Szenen aus dem Leben eines einfachen Mädchens kann die schöpferische Leistung darin liegen, dass die dokumentarischen und informativen Teile in eine dramaturgisch durchgearbeitete Handlung eingebaut sind, die sich für den Zuschauer als das beherrschende Element des Films darstellt,[1066] bei Interviewsendungen in phantasievollen Fragen, Überleitungen und Einwürfen, die sich deutlich von einem alltäglichen Geplauder abheben,[1067] bei der Verfilmung einer Konzertaufzeichnung in der Verbindung von Musikwerk und begleitenden Bildern der Aufführung, durch die den Betrachtern neben dem Kunstgenuss ein unmittelbarer Eindruck von der Konzertatmosphäre durch Einblendung einerseits des Publikums, andererseits des Musikerensembles vermittelt wurde.[1068] Auch ein Film, der überwiegend aus Konzertmitschnitten besteht, kann bei künstlerischer Ausgestaltung durch Perspektivwechsel, Überblendungen, eingestreute Interviews und dgl. ein Filmwerk sein,[1069] ebenso ein Film über die historische Entwicklung des Tonfilms, der neben Ausschnitten aus alten Tonfilmen Kommentare und Interviews enthält.[1070] Einer Filmsequenz, in der der Abtransport des an der Berliner Mauer bei einem Fluchtversuch tödlich verwundeten DDR-Bürgers Peter Fechter in aller Eile aufgenommen worden war, wurde dagegen der Schutz versagt, weil lediglich ein tatsächliches, nicht beinflussbares Geschehen abgelichtet worden war.[1071] Auch kurze Abschnitte aus Spielfilmen können aufgrund von Beleuchtung, Kameraeinstellung, Schnitt und weiterer Stilmittel eine persönliche geistige Schöpfung darstellen.[1072] Dagegen stellt die bloß schematische Aneinanderreihung von Bildfolgen noch keine persönliche geistige Schöpfung dar.[1073]

In der Regel **keine Filmwerke** sind Tages- oder Wochenschauen, die lediglich über politische, wirtschaftliche oder kulturelle Ereignisse berichten,[1074] bloße Bildreportagen, Filmaufnahmen von Theateraufführungen,[1075] wissenschaftliche Aufnahmen von naturwissenschaftlichen oder technischen Vorgängen. Auch anspruchslose Amateurfilme sind keine Filmwerke. In solchen Fällen kommt nur Laufbildschutz nach § 95 in Betracht. Filmwerkschutz wurde auch verneint beim Signet „ARD-1" des Ersten Deutschen Fernsehens für die durch Drehung der 1 herbeigeführte Wandlung in die einzelnen Senderzeichen sowie das Herabfliegen der Buchstabenfolge „ARD" und der Senderkennungen.[1076] **221**

An die **Individualität** sind **geringe Anforderungen** zu stellen, auch die **kleine Münze**[1077] ist schutzfähig.[1078] Das ist schon im Hinblick auf Art. 6 der europäischen Schutzdauerrichtlinie anzunehmen, der für Fotografien vorsieht, dass sie nur das Ergebnis der eigenen geistigen Schöpfung ihres Urhebers zu sein brauchen und dass andere Kriterien für die Bestimmung der Schutzfähigkeit nicht anzuwenden sind.[1079] Für Filmwerke die Schutzuntergrenze höher anzusetzen als für Lichtbildwerke, erscheint nicht sinnvoll, zumal die Film aus einer Aneinanderreihung fotografischer oder fotografieähnlicher Einzelbilder besteht.[1080] **222**

4. Urheberschaft

Urheber beim Filmwerk sind diejenigen, die bei seiner Herstellung **die schöpferische Leistung** **223** **erbringen.** Das Gesetz unterscheidet in §§ 88, 89 zwischen den Urhebern der zur Herstellung des Filmwerks benutzten Werke und den eigentlichen Filmurhebern; Exposé, Treatment, Drehbuch und Filmmusik zählen nach der Konzeption des UrhG (vgl. insbes. § 89 Abs. 3) ebenso wie als Vorlage dienende Romane oder Bühnenwerke zu den zur Herstellung benutzten Werken. Mehrere an der

---

[1065] BGH GRUR 1984, 730 (732) – Filmregisseur.
[1066] BGH GRUR 1984, 730 (733) – Filmregisseur.
[1067] OLG Köln GRUR 1994, 47 (48) – Filmausschnitt.
[1068] OLG München GRUR 2003, 420 (421) – Alpensinfonie; instruktiv OLG München GRUR-RR 2017, 417 Rn. 23 ff. – Marlene Dietrich.
[1069] OLG Hamburg GRUR-RR 2010, 409 (410) – Konzertfilm.
[1070] LG München I FuR 1983, 668 (669); dazu Revisionsentscheidung BGH GRUR 1987, 362 (363) – Filmzitat.
[1071] KG ZUM-RD 2012, 321 – Dokumentaraufnahmen; insoweit kurz bestätigt in BGH GRUR 2014, 363 Rn. 13 – Peter Fechter.
[1072] OLG München ZUM 2008, 520 (522); OLG Hamburg GRUR 1997, 822 (825) – Edgar-Wallace-Filme.
[1073] BGH NJW 1953, 1258 (1260) – Lied von der Wildbahn; BGH GRUR 1984, 730 (732) – Filmregisseur. Eing. zur Abgrenzung von Filmwerk und Laufbildern Straßer, Die Abgrenzung der Laufbilder vom Filmwerk, 1995, passim.
[1074] LG Berlin GRUR 1962, 207 (208) – Maifeiern; DKMH/*Dreyer* UrhG § 2 Rn. 288; Büscher/Dittmer/Schiwy/*Obergfell* Kap. 10 UrhG § 2 Rn. 56; *v. Hartlieb/Schwarz* Kap. 35 Rn. 7; *Wandtke* UFITA 132 (1996), 31 (35 ff.); eing. *Reupert*, Der Film im Urheberrecht, 1995, S. 56 ff.; s. aber LG München I ZUM 1993, 370 und ZUM-RD 1998, 89 (93); großzügiger Dreier/Schulze/*Schulze* UrhG § 2 Rn. 209; Wandtke/Bullinger/*Bullinger* UrhG § 2 Rn. 123.
[1075] OLG Koblenz *Schulze* OLGZ 93, 6 f.
[1076] OLG Köln GRUR 1986, 889 (890) – ARD-1.
[1077] Dazu → Rn. 61 ff.
[1078] OLG München GRUR-RR 2017, 417 Rn. 22 – Marlene Dietrich; KG ZUM-RD 2012, 321 (323) – Dokumentaraufnahmen; OLG Hamburg GRUR-RR 2010, 409 (410) – Konzertfilm; allgA auch im Schr., vgl. etwa Dreier/Schulze/*Schulze* UrhG § 2 Rn. 211; Fromm/Nordemann/*A. Nordemann* UrhG § 2 Rn. 207; DKMH/*Dreyer* UrhG § 2 Rn. 282.
[1079] Vgl. → Rn. 211.
[1080] Vgl. → Rn. 215.

Herstellung des Filmes beteiligte Urheber sind Miturheber; in ihrem Verhältnis zueinander hat allerdings § 89 Vorrang vor der Regelung des § 8 Abs. 2–4.

224 **Filmurheber** ist, wie sich schon aus Art. 2 Abs. 1 der Schutzdauer-RL[1081] und Art. 2 Abs. 2 der Vermiet- und Verleihrechtsrichtlinie[1082] ergibt, in erster Linie der **Hauptregisseur;** von ihm geht der entscheidende Einfluss auf die filmische Gestaltung des Stoffs aus.[1083] Es gibt aber keine Vermutung für seine Alleinurheberschaft.[1084] Bei den anderen Beteiligten kommt es darauf an, wie weit sie im einzelnen Fall eine eigene (also nicht schon vom Regisseur vorgezeichnete) schöpferische Leistung erbringen. In Betracht kommen in erster Linie **Kameramann,**[1085] **Cutter, Darsteller, Filmarchitekten, Szenen- und Kostümbildner** sowie **Tonmeister.**[1086] Sie wirken im Allgemeinen in schöpferischer Weise an der filmischen Gestaltung des Stoffs mit; ihre Tätigkeit beschränkt sich nicht auf eine handwerklich-routinemäßige Leistung und ist in der Regel auch nicht durch Anweisungen des Regisseurs so weit vorgezeichnet, dass kein Freiraum mehr für eine schöpferische Leistung bestünde.[1087] Zwischen den Urhebern am Filmwerk besteht Miturheberschaft.

VII. Darstellungen wissenschaftlicher oder technischer Art

Schrifttum: *Barnitzke/Möller/Nordmeyer,* Die Schutzfähigkeit graphischer Benutzeroberflächen nach europäischem und deutschem Recht, CR 2011, 277; *Eggert,* Urheberrechtsschutz bei Landkarten, 1999; *Leistner,* Die Landkarte als Datenbank, GRUR 2014, 528; *ders.,* Bei Spielen nichts Neues?, GRUR 2011, 761; *G. Schulze,* Der Schutz von technischen Zeichnungen und Plänen, CR 1988, 181.

1. Rechtsentwicklung

225 Einen Schutz für „geographische, topographische, naturwissenschaftliche, architektonische, technische und ähnliche Zeichnungen oder Abbildungen, welche nach ihrem Hauptzweck nicht als Kunstwerke zu betrachten sind" enthielt bereits das Urhebergesetz von 1870.[1088] Dieser Schutz wurde 1907 in § 1 Nr. 3 LUG übernommen. Mit dem Urheberrechtsgesetz von 1965 sollte am bisherigen Schutz nichts geändert werden.[1089] Rechtsprechung und Schrifttum aus der Zeit vor 1965 können damit weiterhin zur Auslegung der Vorschrift herangezogen werden.

2. Begriff

226 Darstellungen wissenschaftlicher oder technischer Art lassen sich dahin kennzeichnen, dass sie der **Informationsvermittlung** über den dargestellten Gegenstand mit dem Ausdrucksmittel der **graphischen oder räumlichen Darstellung** dienen.[1090] Erforderlich ist also zum einen die **Vermittlung von Informationen** im Sinne einer **Belehrung** oder **Unterrichtung.** Das Gesetz bringt dies dadurch zum Ausdruck, dass die Darstellung „wissenschaftlicher oder technischer Art" sein müsse. Dieser Begriff ist weit auszulegen;[1091] er verlangt nicht, dass der dargestellte Gegenstand oder Inhalt ein wissenschaftlicher oder technischer sein müsse, sondern zielt auf den Vorgang der Informationsver-

---

[1081] RL 93/98/EWG des Rates vom 29.10.1993 zur Harmonisierung der Schutzdauer des Urheberrechts und bestimmter verwandter Schutzrechte, abgedr. in GRUR-Int 1994, 141; sa EuGH GRUR 2012, 489 (491) – Luksan/van der Let.

[1082] RL des Rates vom 19.11.1992 zum Vermietrecht und Verleihrecht sowie zu bestimmten dem Urheberrecht verwandten Schutzrechten im Bereich des geistigen Eigentums, abgedr. in GRUR-Int 1993, 144.

[1083] BGH GRUR-Int 2001, 873 (874) – Barfuß im Bett; BGH GRUR 1991, 133 (135) – Videozweitauswertung; OLG Köln GRUR-RR 2009, 208 (211); auch im Schr. allgA, vgl. etwa Dreier/Schulze/*Schulze* UrhG § 2 Rn. 218; Loewenheim/*A. Nordemann* § 9 Rn. 179; DKMH/*Dreyer* UrhG § 2 Rn. 280; Büscher/Dittmer/Schiwy/*Obergfell* Kap. 10 UrhG § 2 Rn. 57; *Schack* Rn. 335.

[1084] OLG Köln GRUR-RR 2009, 208 (211) – Frosch mit der Maske.

[1085] LG München I GRUR-RR 2009, 385 (386).

[1086] Sa OLG Köln GRUR-RR 2009, 208 (211).

[1087] BGH GRUR 2002, 961 (962) – Mischtonmeister; Dreier/Schulze/*Schulze* UrhG § 2 Rn. 218; Fromm/Nordemann/*A. Nordemann* UrhG § 2 Rn. 201; Loewenheim/*A. Nordemann* § 9 Rn. 180; DKMH/*Dreyer* UrhG § 2 Rn. 289; Büscher/Dittmer/Schiwy/*Obergfell* Kap. 10 UrhG § 2 Rn. 57; *Schack* Rn. 336; eing. *v. Hartlieb/Schwarz* Kap. 36 Rn. 9 ff.; *Merker,* Das Urheberrecht des Chefkameramannes am Spielfilmwerk, 1996, S. 115 ff.; *Reupert,* Der Film im Urheberrecht, 1995, S. 72 ff., 81 ff.; zum Kameramann eing. *G. Schulze* GRUR 1994, 855; *Prümm* UFITA 118 (1992), 23 ff.; *Hertin* UFITA 118 (1992), 57 ff. und *Merker,* Das Urheberrecht des Chefkameramannes am Spielfilmwerk, 1996, S. 81 ff., 120 ff.; zu Filmarchitekten, Szenen- und Kostümbildnern eing. *Kanzog* UFITA 126 (1994), 31 ff. und *Loewenheim* UFITA 126 (1994), 99 sowie *Katzenberger* ZUM 1988, 545; insoweit aA *Schack* Rn. 337; zu den Urhebern vorbestehender Werke als Filmheber vgl. → Vor §§ 88 ff. Rn. 57 ff. Für eine Einbeziehung (kreativer) Produzenten in den Kreis der Filmurheber *Schwarz/Hansen* GRUR 2011, 109.

[1088] Näher zur Entwicklung *Reimer* GRUR 1980, 572 (573); *Moser,* Der Schutz von wissenschaftlich-technischen Werken in Deutschland und Großbritannien, 1986, S. 27 ff.

[1089] Amtl. Begr. BT-Drs. IV/270, 38.

[1090] So etwa BGH GRUR 2011, 803 Rn. 39 – Lernspiele; OLG Köln ZUM 2012, 975 (978) – Lernspiel-Kontrollgerät; OLG Hamburg ZUM-RD 2012, 664 (667).

[1091] AllgA; vgl. etwa BGH GRUR 2011, 803 Rn. 43 – Lernspiele; KG GRUR-RR 2003, 91 (92) – Memokartei; OLG Köln ZUM 1999, 404 (408); LG Köln ZUM-RD 2015, 279 (282); Fromm/Nordemann/*A. Nordemann* UrhG § 2 Rn. 210; Wandtke/Bullinger/*Bullinger* UrhG § 2 Rn. 132; DKMH/*Dreyer* UrhG § 2 Rn. 292; *Schack* Rn. 212.

mittlung.[1092] Damit werden Darstellungen wissenschaftlicher oder technischer Art gegenüber Werken der bildenden Künste abgegrenzt, die lediglich das ästhetische Empfinden ansprechen sollen,[1093] aber nicht der Belehrung oder Unterrichtung dienen. Deswegen fällt die Abbildung eines Bauwerks in einem Lehrbuch über Architektur unter Abs. 1 Nr. 7, die Darstellung desselben Bauwerks in einem Gemälde unter Abs. 1 Nr. 4. Überschneidungen sind freilich möglich.[1094] Ausreichend ist die **objektive Eignung** zur Informationsvermittlung, auf die subjektive Absicht des Darstellenden kommt es nicht an. Zum anderen muss die Informationsvermittlung mit dem Ausdrucksmittel der **graphischen oder räumlichen Darstellung** bewirkt werden. Dadurch unterscheiden sich Darstellungen wissenschaftlicher oder technischer Art von Sprachwerken, bei denen das Ausdrucksmittel die Sprache ist.[1095] Die bloße Beschriftung graphischer oder räumlicher Darstellungen macht diese allerdings noch nicht zum Sprachwerk; entscheidend ist, welches Ausdrucksmittel im Vordergrund steht.[1096]

Darstellungen wissenschaftlicher oder technischer Art können, wie sich schon aus den gesetzlichen Beispielen ergibt, **zwei- oder dreidimensional** sein. **Zweidimensionale Darstellungen** sind zB Konstruktionszeichnungen, Baupläne, Stadtpläne, Land-, See- oder astronomische Karten, medizinische und naturwissenschaftliche Abbildungen, Formulare, Zeichnungen von Gegenständen wie Möbeln, Münzen, Schmuck und dgl., Anschauungsbilder in Lehr- und Kinderbüchern, Anleitungszeichnungen für Handarbeiten, Darstellungen von Körperübungen und Körperstellungen; die AmtlBegr. nennt auch wissenschaftliche Schemata und graphische Darstellungen.[1097] Als **dreidimensionale Darstellungen** kommen Reliefkarten sowie Modelle von Maschinen, Fahrzeugen, technischen Anlagen, Bauten, Städten, Gartenanlagen usw in Betracht. Darstellungen iSd Abs. 1 Nr. 7 können an sich auch **Fotografien** von Gegenständen sein; allerdings fehlt es bei der bloßen Ablichtung regelmäßig am Tatbestandsmerkmal der persönlichen geistigen Schöpfung, so dass lediglich Lichtbildschutz nach § 72 in Frage kommt.[1098]

3. Schutzgegenstand

Schutzgegenstand ist **nur die Darstellung** als solche, nicht aber der **dargestellte Gegenstand oder Inhalt.**[1099] Das in der Darstellung enthaltene technische und wissenschaftliche Gedankengut wird durch Abs. 1 Nr. 7 nicht geschützt; Abs. 1 Nr. 7 gewährt **keinen Schutz gegen Nachbau oder sonstige Übernahme des Inhalts.**[1100] Deshalb stellt es unter dem Aspekt des Abs. 1 Nr. 7 keine Urheberrechtsverletzung dar, wenn Gestaltungspläne realisiert werden, zB wenn jemand nach Konstruktionszeichnungen eine Maschine baut. Auch die erneute Darstellung des abgebildeten Gegenstandes verstößt nicht gegen Abs. 1 Nr. 7, solange sie selbständig, dh ohne Benutzung der ersten Darstellung erfolgt; anders dagegen bei deren Benutzung, zB beim nicht genehmigten Kopieren oder Abzeichnen. Ebenso ist es bei Entwürfen für ein **Bauwerk:** der Bau nach fremden Bauplänen stellt keinen Verstoß gegen das sich aus Abs. 1 Nr. 7 ergebende Urheberrecht dar, wohl aber einen Verstoß gegen Abs. 1 Nr. 4. Hierin liegt ein wesentlicher Unterschied zwischen dem Schutz von Darstellungen wissenschaftlicher und technischer Art und dem Schutz von Entwürfen zu Werken der bildenden Künste: bei diesen ist Schutzobjekt das im Entwurf dargestellte Werk, bei jenen nur die Darstellung als solche.[1101]

4. Persönliche geistige Schöpfung

Darstellungen wissenschaftlicher und technischer Art sind urheberrechtlich nur geschützt, wenn sie eine persönliche geistige Schöpfung darstellen. Die **schöpferische Leistung** muss **in der Darstellung selbst** liegen, sie muss sich aus der **Formgestaltung** ergeben. Der dargestellte Gegenstand oder Inhalt kann für die Begründung der Schöpfungsqualität nicht herangezogen werden.[1102] Maßgebend ist nicht was, sondern wie es dargestellt wird.[1103]

227

228

229

[1092] OLG Nürnberg GRUR 2014, 1199 (1200 f.) – Kicker-Stecktabelle.
[1093] BGH GRUR 2011, 803 Rn. 39 – Lernspiele; OLG Hamburg ZUM-RD 2012, 664 (667); vgl. auch → Rn. 159, bei Werken der angewandten Kunst tritt der Gebrauchszweck hinzu, vgl. → Rn. 181.
[1094] Zum Zusammentreffen mehrerer Werkarten vgl. → Rn. 95.
[1095] Vgl. → Rn. 98.
[1096] OLG Hamburg ZUM-RD 2012, 664 (667); LG Köln ZUM-RD 2015, 279 (282).
[1097] Amtl. Begr. BT-Drs. IV/270, 38.
[1098] Vgl. näher → Rn. 239.
[1099] BGH GRUR 2011, 803 Rn. 50 – Lernspiele.
[1100] StRspr BGH GRUR 2014, 175 Rn. 12 – Geburtstagszug; BGH GRUR 2011, 803 Rn. 50 – Lernspiele; BGH GRUR 1998, 916 (917) – Stadtplanwerk; BGH GRUR 1989, 416 (417) – Bauaußenkante; BGH GRUR 1979, 464 (465) – Flughafenpläne; allgA auch im Schr., vgl. Dreier/Schulze/*Schulze* UrhG § 2 Rn. 223; Wandtke/*Bullinger* UrhG § 2 Rn. 135; DKMH/*Dreyer* UrhG § 2 Rn. 301; Büscher/Dittmer/Schiwy/*Obergfell* Kap. 10 UrhG § 2 Rn. 61; *Schack* Rn. 213; *Rehbinder/Peukert* Rn. 255.
[1101] BGH GRUR 2014, 175 Rn. 12 – Geburtstagszug mwN; Dreier/Schulze/*Schulze* UrhG § 2 Rn. 223; Wandtke/Bullinger/*Bullinger* UrhG § 2 Rn. 135 f.; *Schack* Rn. 213.
[1102] BGH GRUR 2011, 803 Rn. 50 – Lernspiele; stRspr seit BGH GRUR 1979, 464 (465) – Flughafenpläne (wN → 5. Aufl. 2017, Rn. 229); Fromm/Nordemann/*A. Nordemann* UrhG § 2 Rn. 212; Wandtke/Bullinger/*Bullinger* UrhG § 2 Rn. 137; DKMH/*Dreyer* UrhG § 2 Rn. 301.
[1103] LG Köln ZUM 2006, 961 (962); Dreier/Schulze/*Schulze* UrhG § 2 Rn. 223.

230 Eine schöpferische Leistung bei der Darstellung kann sich nur dort entfalten, wo ein ausreichender **Spielraum für schöpferisches Schaffen** besteht.[1104] Dieser kann bei wissenschaftlichen und technischen Darstellungen stark eingeschränkt sein, weil sich eine bestimmte Art der Darstellung aus der Natur der Sache ergibt und deswegen notwendig oder üblich ist. Das ist beispielsweise der Fall bei technischen Zeichnungen oder Bauplänen, die in der Darstellung gängigen Darstellungsmethoden oder DIN-Normen folgen; hier verbleibt kaum Raum für die Entfaltung von Individualität.[1105] Ein eingeengter Spielraum für individuelles Schaffen besteht auch bei wissenschaftlichen Zeichnungen, etwa von medizinischen oder naturwissenschaftlichen Objekten, bei denen es auf größtmögliche Genauigkeit der Wiedergabe ankommt. Bei Kartenwerken ist die Darstellung durch die topographischen Gegebenheiten schon weitgehend festgelegt.[1106] Je kleiner der Spielraum für die individuelle Darstellung ist, desto enger sind die Grenzen, die dem Urheberrechtsschutz gezogen sind. Auch die im einschlägigen wissenschaftlichen Bereich übliche oder gebotene Ausdrucksweise, Aufbau und Darstellungsart engen den Spielraum für schöpferische Gestaltung ein.[1107]

231 Auf der anderen Seite wird aus dem regelmäßig engen Gestaltungsspielraum, der bei Darstellungen wissenschaftlicher oder technischer Art besteht, gefolgert, dass die **Anforderungen an die Individualität nicht zu hoch** angesetzt werden dürfen; derartige Darstellungen sind unter den Schutz des Urheberrechtsgesetzes gestellt, obwohl sie regelmäßig einem praktischen Zweck dienen, der den Spielraum für eine individuelle Gestaltung einengt. Von der Rechtsprechung wird es als ausreichend angesehen, dass eine individuelle, sich vom alltäglichen Schaffen abhebende Geistestätigkeit in der Darstellung zum Ausdruck kommt, auch wenn das Maß an individueller Prägung gering ist.[1108] Geschützt ist auch die **kleine Münze**.[1109] Auch mit herkömmlichen Darstellungsmitteln, insbesondere durch eine individuelle Auswahl und Kombination bekannter Methoden, kann in der Gesamtschau eine ausreichende individuelle Gestaltung erzielt werden.[1110] Ist aber nur ein geringer Grad an Individualität vorhanden, so ist auch der **Schutzumfang** des Werks entsprechend enger.[1111]

232 Keine **schöpferische Leistung** stellt die rein **routinemäßige** oder **handwerkliche Leistung** dar.[1112] So sind zB rein mechanische Abbildungen und Abgüsse nicht schutzfähig; ebenso wenig eine Darstellung, die sich auf die bloße Mitteilung von Tatsachen beschränkt, zB ein Fahrplan, der lediglich die Ankunfts- und Abfahrtszeiten wiedergibt.[1113]

233 Für die schöpferische Leistung bei Darstellungen wissenschaftlicher und technischer Art kommt es nicht darauf an, ob der dargestellte **Gegenstand oder Inhalt neu** ist; auch die schöpferische Darstellung bekannter Gegenstände ist urheberrechtlich schutzfähig.[1114] Ebenso wenig kann sich die persönliche geistige Schöpfung aus der **Methode oder Technik der Darstellung** ergeben, etwa aus einer bestimmten Zeichentechnik oder einer bestimmten Aufgliederungsmethode bei Tabellen.[1115] Die bloße Verwendung bekannter Methoden oder Techniken steht allerdings der individuell-schöpferischen Leistung nicht entgegen; auch mit herkömmlichen Darstellungsmitteln lässt sich eine individuelle Gestaltung erzielen.[1116]

5. Einzelfälle

234 **Baupläne** und **Bebauungspläne** sind grundsätzlich nach Abs. 1 Nr. 7 schutzfähig.[1117] Die persönliche geistige Schöpfung muss aber in der Darstellung selbst liegen, der Inhalt der Darstellung kann

---

[1104] Vgl. auch → Rn. 56.
[1105] OLG München ZUM 1994, 728 (729); OLG Hamm GRUR 1989, 501 (502) – Sprengzeichnungen; OLG Hamm GRUR 1981, 130 (131) – Preislisten-Druckvorlage; Dreier/Schulze/*Schulze* UrhG § 2 Rn. 228; Wandtke/Bullinger/*Bullinger* UrhG § 2 Rn. 138. Näher → Rn. 234.
[1106] Dazu näher → Rn. 240.
[1107] OLG Köln GRUR 2000, 1022 (1023) – Technische Regelwerke; → Rn. 56.
[1108] BGH ZUM-RD 2011, 457 Rn. 62 – Lernspiele; BGH GRUR 2005, 854 (856) – Karten-Grundsubstanz; BGH GRUR 2002, 958 (959) – Technische Lieferbedingungen; BGH GRUR 1998, 916 (918) – Stadtplanwerk; BGH GRUR 1993, 34 (35) – Bedienungsanweisung; BGH GRUR 1991, 529 (530) – Explosionszeichnungen; BGH GRUR 1988, 33 (35) – Topographische Landeskarten; BGH GRUR 1987, 360 (361) – Werbepläne; OLG Hamburg ZUM-RD 2012, 664 (667); OLG Stuttgart GRUR 2008, 1084; Dreier/Schulze/*Schulze* UrhG § 2 Rn. 228; Loewenheim/*Schulze* § 9 Rn. 197; Wandtke/Bullinger/*Bullinger* UrhG § 2 Rn. 139; DKMH/*Dreyer* UrhG § 2 Rn. 193; Fromm/Nordemann/*A. Nordemann* UrhG § 2 Rn. 213.
[1109] OLG München GRUR 1992, 510 (511) – Rätsel; *Schricker* GRUR 1991, 563 (569); zur kleinen Münze vgl. → Rn. 61 ff.
[1110] BGH GRUR 1998, 916 (918) – Stadtplanwerk; BGH GRUR 1991, 529 (530) – Explosionszeichnungen; BGH GRUR 1987, 360 (361) – Werbepläne.
[1111] BGH ZUM-RD 2011, 457 Rn. 63 – Lernspiele; BGH GRUR 1998, 916 (918) – Stadtplanwerk; BGH GRUR 1993, 34 (35) – Bedienungsanweisung; BGH GRUR 1991, 529 (530) – Explosionszeichnungen; Dreier/Schulze/*Schulze* UrhG § 2 Rn. 229; Wandtke/Bullinger/*Bullinger* UrhG § 2 Rn. 139; DKMH/*Dreyer* UrhG § 2 Rn. 305; vgl. näher → Rn. 93 mwN.
[1112] BGH GRUR 1998, 916 (918) – Stadtplanwerk; vgl. auch → Rn. 53.
[1113] OLG Hamburg UFITA 51 (1968), 383 (391) – Flugpläne.
[1114] BGH GRUR 1956, 88 (89 f.) – Bebauungsplan; Dreier/Schulze/*Schulze* UrhG § 2 Rn. 223.
[1115] OLG Hamm GRUR 1980, 287 (288) – Prüfungsformular; Wandtke/Bullinger/*Bullinger* UrhG § 2 Rn. 140.
[1116] BGH GRUR 1991, 529 (530) – Explosionszeichnungen.
[1117] BGH GRUR 1989, 416 (417) – Bauaußenkante; BGH GRUR 1988, 533 (534) – Vorentwurf II; BGH GRUR 1979, 464 (465) – Flughafenpläne; BGH GRUR 1956, 88 (89 f.) – Bebauungsplan; Dreier/Schulze/*Schulze* UrhG § 2 Rn. 231; Loewenheim/*Schulze* § 9 Rn. 199; Wandtke/Bullinger/*Bullinger* UrhG § 2 Rn. 141.

dafür nicht herangezogen werden.[1118] Unter diesem Gesichtspunkt hat der BGH es bei Plänen für die Anlage eines Flughafens als schöpferische Leistung nicht ausreichen lassen, dass die Pläne eine (nach Auffassung des Berufungsgerichts neuartige und schöpferische) Problemlösung für eine ungestörte Verkehrszuführung zu den Abfertigungsgebäuden zum Inhalt hatten.[1119] Ergibt sich eine bestimmte Art der Darstellung aus der Natur der Sache und ist sie deswegen notwendig oder üblich (zB bei DIN-Normen), so liegt in ihrer Benutzung keine schöpferische Leistung.[1120] Größere praktische Bedeutung als Abs. 1 Nr. 7 hat der Schutz nach Abs. 1 Nr. 4 (Entwürfe von Bauwerken), zumal er im Gegensatz zu Abs. 1 Nr. 7 einen Schutz gegen Nachbau gewährt.[1121] Der Schutz nach Abs. 1 Nr. 4 ergibt sich aus der Schutzfähigkeit des Bauwerks und erstreckt sich auf dessen planerische Darstellung, der Schutz nach Abs. 1 Nr. 7 ergibt sich aus der Schutzfähigkeit der Darstellung als solcher.

Zu **Benutzeroberflächen** bei Computerprogrammen → Rn. 246.   **235**

Bildzeichen und **Piktogramme** sind schutzfähig, soweit sie die erforderliche Individualität aufweisen.[1122] Der Gestaltungsspielraum ist aber oft dadurch eingeschränkt, dass solche Zeichen den dargestellten Gegenstand auf wenige klare Formen reduzieren müssen, um die erforderliche graphische Prägnanz und visuelle Eindeutigkeit zu erreichen. Gleichwohl sind persönliche geistige Schöpfungen möglich. So sind beispielsweise Bildzeichen, die in einem Stadtplan auf bekannte Bauwerke hinweisen, als schutzfähig angesehen worden; die schöpferische Leistung wurde dabei in der Herausstellung einiger kennzeichnender Merkmale der Bauwerke und der Fortlassung alles Übrigen erblickt.[1123] Nicht schutzfähig sind dagegen allgemein bekannte Symbole, zB Richtungspfeile, ein Anker als Symbol für einen Hafen, ein Flugzeug als Symbol für einen Flugplatz und dgl.   **236**

DIN-Normen und andere **technische Normen** können als Sprachwerke nach Abs. 1 Nr. 1,[1124] aber auch als Darstellungen wissenschaftlicher oder technischer Art nach Abs. 1 Nr. 7 schutzfähig sein.[1125] Die Einordnung hängt davon ab, ob das Ausdrucksmittel der Sprache oder das der graphischen oder räumlichen Darstellung im Vordergrund steht; ggf. kann auch eine kumulative Anwendbarkeit beider Werkarten vorliegen.[1126] Das Urheberrecht an ihnen wird nicht dadurch ausgeschlossen, dass Gesetze und dgl. auf sie verweisen, solange nicht ihr Wortlaut wiedergeben wird (§ 5 Abs. 3). Die frühere Rechtsprechung[1127] ist insoweit überholt. **Technische und sonstige Anleitungen und Regelwerke** können als Sprachwerke nach Abs. 1 Nr. 1,[1128] aber auch als Darstellungen wissenschaftlicher oder technischer Art nach Abs. 1 Nr. 7 schutzfähig sein.[1129] Die schöpferische Leistung kann sich, soweit § 2 Abs. 1 Nr. 7 einschlägig ist, nicht aus dem dargestellten Inhalt, sondern nur aus der Form der Darstellung ergeben.[1130] Bei technischen Regelwerken kann die Urheberrechtsschutz begründende Leistung in erster Linie in der Art der Sammlung, Auswahl, Einteilung und Anordnung des Stoffs liegen, insbesondere darin, dass sie technische Vorgaben nicht nur als solche wiedergeben, sondern im Einzelnen verständlich beschreiben; Ausdrucksvermögen und Klarheit der sprachlichen Form können hier ins Gewicht fallen.[1131]   **237**

Formulare, Tabellen, Vordrucke und dgl. können bereits als Sprachwerke geschützt sein, soweit die persönliche geistige Schöpfung in der sprachlichen Gestaltung zum Ausdruck kommt.[1132] Ein Schutz nach Abs. 1 Nr. 7 kommt für die graphische Darstellung, die Aufmachung, in Betracht.[1133] Die schöpferische Leistung kann sich, soweit § 2 Abs. 1 Nr. 7 einschlägig ist, nicht aus dem dargestellten Inhalt, sondern nur aus der Form der Darstellung ergeben.[1134] Nicht geschützt sind daher Tabellen, die sich auf die routinemäßige Wiedergabe bestimmter Fakten beschränken, zB übliche Logarithmentafeln, Ankunfts- oder Abfahrtspläne.[1135] Allgemein übliche Gestaltungsformen sind nicht schutzfähig, beispielsweise die Aufteilung eines Blattes in Spalten und Reihen oder die drucktechni-   **238**

[1118] Vgl. → Rn. 228.
[1119] BGH GRUR 1979, 464 (465) – Flughafenpläne.
[1120] Vgl. → Rn. 230.
[1121] Vgl. → Rn. 228.
[1122] OLG Braunschweig GRUR 1955, 205; Dreier/Schulze/*Schulze* UrhG § 2 Rn. 233; Fromm/Nordemann/ *A. Nordemann* UrhG § 2 Rn. 214; Wandtke/Bullinger/*Bullinger* UrhG § 2 Rn. 145; weitere Einzelheiten bei *G. Schulze* S. 251.
[1123] OLG Braunschweig GRUR 1955, 205; zu Piktogrammen vgl. die Beispiele bei *G. Schulze* S. 249 ff.
[1124] Vgl. → Rn. 127.
[1125] BGH GRUR 1990, 1003 – DIN-Normen; Wandtke/Bullinger/*Bullinger* UrhG § 2 Rn. 146; DKMH/*Dreyer* UrhG § 2 Rn. 306.
[1126] BGH GRUR 1993, 34 (35) – Bedienungsanweisung. Zum Zusammentreffen mehrerer Werkarten vgl. → Rn. 95.
[1127] BGH GRUR 1990, 1003 – DIN-Normen; sa BVerfG GRUR 1999, 226 – DIN-Normen.
[1128] Vgl. → Rn. 111.
[1129] BGH GRUR 2002, 958 (959) – Technische Lieferbedingungen; OLG Köln GRUR 2004, 142 – Handbuch Vergaberichtlinien. Zum parallelen Vorliegen beider Werkarten BGH GRUR 1993, 34 (35) – Bedienungsanweisung.
[1130] BGH GRUR 2002, 958 (959) – Technische Lieferbedingungen; OLG Köln GRUR 2000, 1022 (1022) – Technische Regelwerke; vgl. auch → Rn. 228.
[1131] BGH GRUR 2002, 958 (959) – Technische Lieferbedingungen.
[1132] Zum Schutz als Sprachwerk vgl. → Rn. 118.
[1133] Dreier/Schulze/*Schulze* UrhG § 2 Rn. 235; zum Zusammentreffen mehrerer Werkarten vgl. → Rn. 95.
[1134] Vgl. → Rn. 228.
[1135] Dazu OLG Hamburg UFITA 51 (1968), 383 – Flugpläne.

sche oder farbliche Hervorhebung einzelner Begriffe und bestimmter Fakten.[1136] **Urheberrechts-schutz verneint** wurde daher bei einem nach diesen Grundsätzen gestalteten Prüfungsformular,[1137] ferner bei einem Fahrscheinformular, das sich auf die vorwiegend mechanische Wiedergabe einer mit Stichworten, Zahlen und Buchstaben versehenen einfachen Linienzusammenstellung beschränkte,[1138] bei Tastatur-Tabellen zum Erlernen des Tastaturschreibens an Schreibmaschinen bzw. Arbeitsplatz-computern.[1139] **Kataloge, Preislisten** und dgl. enthalten weitgehend tatsächliche Mitteilungen, die als solche dem Urheberrechtsschutz nicht zugänglich sind. Ihre Schutzfähigkeit wird daher auch als Darstellung wissenschaftlicher oder technischer Art die Ausnahme bilden.[1140]

239   **Fotografien** können Darstellungen wissenschaftlicher oder technischer Art sein, wenn sie der Belehrung oder Unterrichtung dienen.[1141] In der Regel wird es aber an der schöpferischen Leistung fehlen. Bei der fotografischen Darstellung, die der Vermittlung von Informationen über den dargestellten Gegenstand dient, geht es meist um eine möglichst genaue, wirklichkeitsgetreue Abbildung, die keinen hinreichenden Spielraum für individuelles Schaffen lässt. Es kommt dann nur ein Lichtbildschutz nach § 72 in Betracht.[1142] Dagegen greift der Schutz nach Abs. 1 Nr. 7 ein, wenn eine Fotografie durch Retuschen oder in anderer Weise so umgestaltet wird, dass sich bei der Darstellung eine schöpferische Leistung entfaltet.

240   **Karten, Stadtpläne, Atlanten** und dgl. sind nach Abs. 1 Nr. 7 schutzfähig, wenn sie eine persönliche geistige Schöpfung darstellen.[1143] Der Raum für die Entfaltung einer schöpferischen Leistung ist bei Kartenwerken allerdings insofern eingeschränkt, als die Darstellung durch die topographischen Gegebenheiten wie Verlauf von Gebirgszügen, Flüssen, Straßen usw bereits weitgehend festgelegt ist. Soweit die Darstellung in einer Karte sich auf deren Wiedergabe beschränkt, also unmittelbar auf der Bodenvermessung und den Ergebnissen daraus beruht und sich auf die bloße Aussage über geographische Tatsachen beschränkt, ist sie nicht schutzfähig und die Benutzung durch Dritte urheberrechtlich nicht zu beanstanden.[1144]

Die schöpferische Leistung kann nur in einer darüber hinausgehenden **Darstellung** liegen. Die Anforderungen an die Gestaltungshöhe sind bei kartographischen Gestaltungen allerdings gering; es darf kein zu strenger Maßstab angelegt werden.[1145] Die Leistung eines selbständig arbeitenden Kartographen erschöpft sich nicht in der bloßen Mitteilung geographischer und topographischer Tatsachen, weil Karten auf einen bestimmten Benutzerzweck hin gestaltet werden müssen. Die schöpferische Eigentümlichkeit einer Karte kann sich demgemäß bereits daraus ergeben, dass die Karte nach ihrer Konzeption von einer individuellen kartographischen Darstellungsweise geprägt ist, die sie zu einer in sich geschlossen eigentümlichen Darstellung des betreffenden Gebiets macht.[1146] Auch insoweit sind aber bestimmte Darstellungstechniken notwendig oder allgemein üblich und können deshalb eine schöpferische Leistung nicht begründen, beispielsweise die Verwendung von Höhenlinien, die Darstellung von Waldflächen in grüner und von Gewässern in blauer Farbe; auch kann bei Spezialkarten wie Auto-, Wander- oder Seekarten deren Zweck eine bestimmte Darstellung vorschreiben, wie zB die Hervorhebung von Hauptstraßen durch stärkeren Druck oder die Kenntlichmachung von Wanderwegen in einer Wanderkarte durch rote Farbgebung.[1147]

Ein Spielraum für schöpferische Gestaltung besteht vor allem bei der **Generalisierung,** der Auswahl und Hervorhebung des Darzustellenden, die geographisches Einfühlungsvermögen verlangt, um die jeweilige Generalisierungsmaßnahme mit der Fülle der anderen zu vermittelnden Informationen abzustimmen und eine möglichst umfassende Information mit guter Übersichtlichkeit und Lesbarkeit der Karte zu vereinbaren.[1148] Im Übrigen kann sich auch bei der Verwendung bekannter Darstellungsmethoden aus deren individueller Auswahl und Kombination in der Gesamtschau eine schöpferi-

---

[1136] KG GRUR-RR 2003, 91 (92) – Memokartei; OLG Hamm GRUR 1980, 287 (288) – Prüfungsformular; G. *Schulze* S. 255; vgl. auch → Rn. 230.

[1137] OLG Hamm GRUR 1980, 287.

[1138] BGH GRUR 1959, 251 (252) – Einheitsfahrschein.

[1139] KG GRUR-RR 2003, 91 – Memokartei.

[1140] Sa OLG Hamm GRUR 1981, 131 – Preislisten-Druckvorlage; zum Schutz als Sprachwerk vgl. → Rn. 121.

[1141] Vgl. → Rn. 226.

[1142] Vgl. für eine Kombination von Sprachwerkschutz, Schutz als wiss.-technische Darst. und Lichtbildschutz BGH GRUR 1993, 34 (35) – Bedienungsanweisung.

[1143] BGH GRUR 2014, 772 Rn. 14, 16 – Online-Stadtplan; BGH GRUR 2005, 854 (856) – Karten-Grundsubstanz; BGH GRUR 1998, 916 (918) – Stadtplanwerk; BGH GRUR 1988, 33 (35) – Topographische Landeskarten; BGH GRUR 1987, 360 (361) – Werbepläne; BGH GRUR 1965, 45 (46) – Stadtplan; OLG Stuttgart GRUR 2008, 1084 – TK 50; OLG Hamburg GRUR-RR 2006, 355 (356) – Stadtkartenausschnitt; OLG Frankfurt a. M. GRUR 1988, 816 – Stadtpläne; LG München I GRUR-RR 2007, 145 – Kartografien; LG München I GRUR-RR 2009, 332; sa OGH (Österreich) GRUR-Int 1991, 745 – Stadtplan Innsbruck; allgA auch im Schr., vgl. etwa Dreier/Schulze/*Schulze* UrhG § 2 Rn. 236; Fromm/Nordemann/*A. Nordemann* UrhG § 2 Rn. 220; Wandtke/Bullinger/*Bullinger* UrhG § 2 Rn. 143; DMKH/*Dreyer* UrhG § 2 Rn. 306.

[1144] BGH GRUR 1965, 45 (47) – Stadtplan; OLG Stuttgart GRUR 2008, 1084 – TK 50.

[1145] BGH GRUR 2005, 854 (856) – Karten-Grundsubstanz.

[1146] BGH GRUR 2014, 772 Rn. 16 – Online-Stadtplan; BGH GRUR 1965, 45 (46) – Stadtplan; BGH GRUR 1998, 916 (917) – Stadtplanwerk; LG München I GRUR-RR 2007, 145 – Kartografien.

[1147] OLG Stuttgart GRUR 2008, 1084 (1084 f.) – TK 50; eing. G. *Schulze* S. 247 ff.

[1148] BGH GRUR 1988, 33 (35) – Topographische Landeskarten; OLG Stuttgart GRUR 2008, 1084 (1085) – TK 50; LG München I GRUR-RR 2007, 145 – Kartografien.

sche Leistung ergeben, etwa bei der Farbgebung, der Beschriftung, der Verwendung eines gleitenden Maßstabs oder bestimmter Bildzeichen und Symbole.[1149] Bloße Weglassungen und Vergröberungen reichen dazu freilich nicht aus.[1150]

Auch die in einem **digitalen Datenbestand** verkörperte Vorstufe für ein Kartenwerk (sog. Grundsubstanz) kann schutzfähig sein.[1151] Näher zum Schutz von Landkarten als Datenbank[1152] → § 87a Rn. 17 ff.

Bei **Konstruktionszeichnungen** und anderen **technischen Zeichnungen** kommt es gleichfalls **241** darauf an, dass sich die schöpferische Leistung aus der Darstellung selbst ergibt,[1153] der dargestellte Inhalt kann hierbei nicht berücksichtigt werden.[1154] Ob der Konstruktionsgedanke schöpferisch ist, ist nicht maßgeblich; das ist eine Frage der technischen Schutzrechte und nicht des Urheberrechts.[1155] Bei der Darstellung ist aber der Spielraum für schöpferisches Schaffen dadurch eingeschränkt, dass die Zeichnung gängigen Darstellungsmethoden oder DIN-Normen folgt, insoweit kann Urheberrechtsschutz nicht begründet werden.[1156] Auch Sorgfalt und Genauigkeit bei der Darstellung bedeuten noch keine schöpferische Leistung,[1157] sondern sind dem Bereich handwerklichen Schaffens zuzurechnen. Eine schutzfähige Leistung wurde zB verneint bei der zeichnerisch einfachen schablonenhaften perspektivischen Darstellung einfacher genormter technischer Erzeugnisse wie Rohrschellen, Schrauben und Anschweißplatten,[1158] ferner bei einfachen Schemazeichnungen zu einem Verfahren der Mauertrockenlegung.[1159] Dagegen wurde Urheberrechtsschutz gewährt für die Zeichnungen und die schematische Darstellung des Aufbaus einer Elektrodenfabrik in der Art eines Datenflussplans und die übersichtliche Auflistung technischer Daten, die eine rasche Information gewährleisteten,[1160] für Explosionszeichnungen,[1161] für die Darstellung von Eiweißkörpern[1162] und für die Perspektivzeichnung eines Motors anhand von Konstruktionsplänen.[1163]

Lehrmittel wie zB die Darstellung von politischen, wirtschaftlichen, historischen oder kulturellen **242** Zusammenhängen durch **Schaubilder,** medizinische, biologische oder mathematische **Modelle** oder **Lernspiele** sind nach Abs. 1 Nr. 7 geschützt, sofern sie eine persönliche geistige Schöpfung darstellen.[1164] Angesichts der vielfältigen Möglichkeiten zur Darstellung besteht hierfür grundsätzlich ein größerer Spielraum als etwa bei technischen Zeichnungen oder Bauplänen. Allerdings kann sich auch hier der Schutz nicht aus Darstellungsmethoden oder -techniken ergeben, die allgemein üblich oder zur Darstellung notwendig sind. Geschützt wurden beispielsweise Schaubilder, die in einer Loseblattsammlung jeweils einen bestimmten aktuellen Vorgang oder einen politischen, wirtschaftlichen oder kulturellen Zusammenhang graphisch darstellten und veranschaulichten[1165] sowie die bildliche Darstellung des Zusammenwirkens von Eiweißkörpern mit anderen chemisch-biologischen Faktoren.[1166] Bei Lernspielen ist der BGH davon ausgegangen, dass Kontrollgeräte und die zugehörigen Übungshefte urheberrechtlich schutzfähig sein können.[1167] Die Kontrollgeräte für sich genommen wurden dagegen nicht als Darstellungen wissenschaftlicher Art angesehen, da sie selbst keine Informationen vermittelten.[1168] Die **Lehrmethode** als solche ist **nicht schutzfähig.** Mit Recht wurde deshalb kein Schutz sog. Merkmalklötzen zuerkannt, die aus Kreisen, Dreiecken, Quadraten und Rechtecken in verschiedenen Farben, Größen und Stärken bestanden und Kindern im Grundschulalter als Anschau-

---

[1149] BGH GRUR 2014, 772 Rn. 16 – Online-Stadtplan; BGH GRUR 1998, 916 (918) – Stadtplanwerk; OLG Stuttgart GRUR 2008, 1084 (1085) – TK 50; OLG Frankfurt a. M. GRUR 1988, 816 – Stadtpläne; OLG Braunschweig GRUR 1955, 205; eing. G. *Schulze* S. 248 f.

[1150] BGH GRUR 1965, 45 (48) – Stadtplan.

[1151] BGH GRUR 2005, 854 (856) – Karten-Grundsubstanz.

[1152] S. hier nur BGH GRUR 2014, 1197 – TK 50; EuGH GRUR 2015, 1187 – Freistaat Bayern/Esterbauer; BGH GRUR 2016, 930 – TK 50 II; *Leistner* GRUR 2014, 528 mwN.

[1153] Wandtke/Bullinger/*Bullinger* UrhG § 2 Rn. 144; Fromm/Nordemann/*A. Nordemann* UrhG § 2 Rn. 229: idR Werkqualität; Dreier/Schulze/*Schulze* UrhG § 2 Rn. 240: Gestaltungsspielraum bes. klein.

[1154] Vgl. → Rn. 228.

[1155] *Ulmer,* Urheber- und Verlagsrecht, § 22 II 1.

[1156] Dreier/Schulze/*Schulze* UrhG § 2 Rn. 240; Loewenheim/*Schulze* § 9 Rn. 206.

[1157] BGH GRUR 1956, 284 (285 f.) – Rheinmetall-Borsig II.

[1158] OLG Hamm GRUR 1981, 130 – Preislisten-Druckvorlage.

[1159] OLG München ZUM 1994, 728.

[1160] BGH GRUR 1985, 129 (130) – Elektrodenfabrik.

[1161] BGH GRUR 1991, 529 – Explosionszeichnungen; anders noch in der Vorinstanz OLG Hamm GRUR 1989, 501 – Sprengzeichnungen.

[1162] OLG Frankfurt a. M. GRUR 1989, 589 – Eiweißkörper.

[1163] LG München I GRUR 1989, 503 – BMW-Motor. Vgl. ferner G. *Schulze* S. 252 f.; *Hereth* NJW 1963, 2256; *Heiseke* NJW 1966, 1301.

[1164] BGH GRUR 2011, 803 Rn. 31 – Lernspiele; OLG Köln ZUM 2012, 975 (979) – Lernspiele; OLG Frankfurt a. M. GRUR 1989, 589 – Eiweißkörper; LG Berlin *Schulze* LGZ 125; Dreier/Schulze/*Schulze* UrhG § 2 Rn. 237; Fromm/Nordemann/*A. Nordemann* UrhG § 2 Rn. 221; DKMH/*Dreyer* UrhG § 2 Rn. 306; G. *Schulze* S. 253 f.; *W. Nordemann* NJW 1970, 881 ff.

[1165] LG Berlin *Schulze* LGZ 125.

[1166] OLG Frankfurt a. M. GRUR 1989, 589 – Eiweißkörper.

[1167] BGH GRUR 2011, 803 Rn. 43 f. – Lernspiele; mangels näherer Feststellungen des Berufungsgerichts hatte der BGH im Revisionsverfahren vom Vorliegen der Schutzvoraussetzung auszugehen → Rn. 44. Näher *Leistner* GRUR 2011, 761.

[1168] BGH GRUR 2011, 803 Rn. 40 – Lernspiele.

ungsmaterial und Hilfsmittel zur Einführung in das mathematisch-abstrakte Denken dienen sollten.[1169] Die Klötze als solche stellten im Hinblick auf ihre einfache Gestaltung in geometrischen Grundformen keine schöpferische Leistung dar, und die Methode, mit ihrer Hilfe in mathematisches Denken einzuführen, ist nicht urheberrechtsschutzfähig.

243 **Medizinische Darstellungen:** Statistiken über Diagnosen und Therapien der Ärzte in der Bundesrepublik wurden als schutzfähig angesehen.[1170]

244 Bei **Postwertzeichen** wird eine Informationsvermittlung – sofern sie beabsichtigt sein sollte – häufig am kleinen Format der Postwertzeichen scheitern.[1171]

245 Bei **Rätseln** (Kreuzwort- und Silbenrätseln) wurde angenommen, dass die Darlegung eines geistigen Gedankeninhalts belehrenden oder unterrichtenden Inhalts in den grafischen Elementen der Anordnung der Lösungswörter liege.[1172]

246 **Webseiten** und **Benutzeroberflächen** bei Computerprogrammen können auch als wissenschaftlich-technische Darstellungen geschützt sein.[1173] Entscheidend ist, ob sie die erforderliche Individualität aufweisen. Diese kann sich insbesondere aus der übersichtlichen, verständlichen und benutzerfreundlichen Gestaltung der Bildschirmoberfläche ergeben, die den Benutzer anschaulich durch die verschiedenen Ebenen und Funktionen des Programms führt und die Programmbedienung vereinfacht. Was üblich oder durch technische Notwendigkeiten vorgegeben ist, kann zur Individualität nicht beitragen; andererseits ist aber zu berücksichtigen, dass bei eingeschränktem Spielraum für individuelles Schaffen die Anforderungen an die Individualität herabgesetzt sein können.[1174] Der Umstand, dass bekannte Gestaltungsmittel verwendet werden, steht der Annahme einer individuellen Leistung nicht entgegen, weil auch mit herkömmlichen Gestaltungsmitteln, insbesondere durch eine individuelle Auswahl und Kombination bekannter Methoden, insgesamt eine hinreichend eigentümliche Formgestaltung erzielt werden kann.[1175] Auch **Overlays** (auf dem Bildschirm mit charakteristischen Merkmalen dargestellte Verkaufsobjekte) können schutzfähig sein.[1176]

§ 3 Bearbeitungen

Übersetzungen und andere Bearbeitungen eines Werkes, die persönliche geistige Schöpfungen des Bearbeiters sind, werden unbeschadet des Urheberrechts am bearbeiteten Werk wie selbständige Werke geschützt. Die nur unwesentliche Bearbeitung eines nicht geschützten Werkes der Musik wird nicht als selbständiges Werk geschützt.

Schrifttum: *Boddien,* Alte Musik in neuem Gewand, 2006; *Brockmann,* Volksmusikbearbeitung und Volksmusikschutz, 1998; *Cebulla,* Das Urheberrecht der Übersetzer und Dolmetscher, 2007; *Erdmann,* Werktreue des Bühnenregisseurs aus urheberrechtlicher Sicht, FS Nirk (1992), S. 209; *Gounalakis,* Urheberrechtsschutz für die Bibel? GRUR 2004, 996; *Grossmann,* Die Schutzfähigkeit von Bearbeitungen gemeinfreier Musikwerke, UFITA-Schriftenreihe Bd. 129 (1995); *Grunert,* Werkschutz contra Inszenierungskunst – Der urheberrechtliche Gestaltungsspielraum der Bühnenregie, 2002; *ders.,* Götterdämmerung, Iphigenie und die amputierte Czárdásfürstin – Urteile zum Urheberrecht des Theaterregisseurs und die Folgen für die Verwertung seiner Leistung, ZUM 2001, S. 210; *Gutsche,* Urheberrecht und Volksmusik, 1996; *Hertin,* Zum Umgang mit Musikbearbeitungen bei der Cover-Version – zugleich eine kritische Befassung mit BGH GRUR 1998, 376 – Cover-Version, FS W. Nordemann (2004), S. 35; *Hieber,* Für den Urheberschutz des Theaterregisseurs – die Inszenierung als persönliche geistige Schöpfung, ZUM 1997, S. 17; *Hörnig,* Das Bearbeitungsrecht und die Bearbeitung im Urheberrecht unter besonderer Berücksichtigung von Werken der Literatur, UFITA 99 (1985) S. 13; *Koch,* Das Schweigen von Marcel Duchamp, FS Bornkamm (2014), S. 835; *Leinveber,* Urheberrechtsschutz des Regisseurs, GRUR 1971, S. 149; *Loschelder,* Vervielfältigung oder Bearbeitung? – Zum Verhältnis des § 16 UrhG zu § 23 UrhG, GRUR 2011, 1078; *Lührig,* Die Revision der Lutherbibel – eine schöpferische Leistung?, WRP 2003, S. 1269; *Obergfell,* Neuauflage von Comic-Übersetzungen – eine Neuauflage der Rechtsprechung des BGH?, ZUM 2000, S. 142 ff.; *dies.,* Konkretisierung der urheberrechtlichen Bewertung von Abstracts durch den BGH, GRUR 2011, 208; *Raschèr,* Für ein Urheberrecht des Bühnenregisseurs, 1989; *v. Rauscher auf Weeg,* Das Urheberrecht der Musik und seine Verwertung, FS zum hundertjährigen Bestehen der Deutschen Vereinigung für Gewerblichen Rechtsschutz und Urheberrecht (1991), S. 1265 (zitiert: GRUR-FS); *v. Rom,* Der Schutz des Übersetzers im Urheberrecht, 2007; *Schulz,* „Remixes" und „Coverversionen", FS Hertin (2000), S. 213; *G. Schulze,* Die kleine Münze und ihre Abgrenzungsproblematik bei den Werkarten des Urheberrechts, 1983; *Schunke,* Das Bearbeitungsrecht in der Musik und dessen Wahrnehmung durch die GEMA, 2008; *Ullmann,* Schutz für die maschinelle Übersetzung als immaterielles

---

[1169] BGH GRUR 1976, 434 (435) – Merkmalklötze.

[1170] LG Frankfurt a. M. GRUR 1987, 168 – Krankheit auf Rezept; sa *Lippert* MedR 1994, 135.

[1171] Vgl. aber *Schicker* GRUR 1991, 563 (564 ff.).

[1172] OLG München GRUR 1992, 510 – Rätsel; dazu *W. Nordemann* FS Traub, 1994, S. 315 (319).

[1173] EuGH GRUR 2011, 220 Rn. 46 – BSA/Kulturministerium; OLG Hamburg ZUM-RD 2012, 664 (667); OLG Karlsruhe GRUR-RR 2010, 234 – Reisebürosoftware; OLG Düsseldorf CR 2000, 184; Dreier/Schulze/*Schulze* UrhG § 2 Rn. 30; Wandtke/Bullinger/*Bullinger* UrhG § 2 Rn. 142; Fromm/Nordemann/*A. Nordemann* UrhG § 2 Rn. 227; zum Schutz von Webseiten und Benutzeroberflächen als Sprachwerke → Rn. 138, als Werke der angewandten Kunst → Rn. 203; zu Präsentationen der Ergebnisse von Auswertungen einer Datenbank *Koch* GRUR 1997, 417 (419).

[1174] Vgl. → Rn. 57.

[1175] Vgl. BGH GRUR 1991, 529 (530) – Explosionszeichnungen; zum Ganzen näher *Koch* GRUR 1991, 180 (185).

[1176] OLG Köln ZUM 1999, 404 (408) – Overlays; vgl. aber auch gegenteilig für sog. Packshots, dh computergenerierte Verpackungsabbildungen LG Berlin ZUM 2017, 955 (zu § 2 Abs. 1 Nr. 4 und 5).

Gut?, FS Erdmann (2002), S. 221; *Wandtke,* Werktreue, Nibelungentreue des Theaterregisseurs?, UFITA 2016/I, 135.
Weiteres Schrifttum in der 5. Aufl.

Übersicht

A. Allgemeines

I. Zweck und Bedeutung der Norm

Schöpferische Leistungen können nicht nur in der Schaffung von Originalwerken, sondern auch in **1**
der **Bearbeitung** bereits vorhandener Werke liegen, beispielsweise in ihrer Übersetzung in andere
Sprachen, in der Dramatisierung, Instrumentalisierung oder Verfilmung. Solche Leistungen bauen auf
fremder Leistung auf; der Bearbeiter benutzt das Originalwerk und zieht wirtschaftliche Vorteile daraus. Auch für den Urheber des Originalwerkes kann die Bearbeitung vorteilhaft sein, sie erweitert die
Verwertungsmöglichkeiten des Werkes und erlaubt damit eine intensivere Nutzung. Mit Bearbeitungen können aber auch Nachteile verbunden sein: Inhalt und Aussage des Werkes können in unerwünschter Weise verfremdet werden, schlechte Bearbeitungen, etwa schlechte Übersetzungen, können Werk und Autor schaden.

Aus dieser Interessenlage ergibt sich rechtlich eine **doppelte Regelungsaufgabe.** Einmal ist das **2**
Bearbeitungsrecht zu regeln: Wer hat das Recht ein anderes Werk zu bearbeiten, in welchen Fällen
muss dessen Urheber der Bearbeitung zustimmen? Diese Frage ist Regelungsgegenstand der §§ 23
und 24, nicht des § 3. Zum anderen ist der Bearbeiter gegen eine unberechtigte Benutzung seiner
Bearbeitungsleistung durch Dritte zu schützen. Dies wird durch die Zuerkennung eines eigenen **Bearbeiterurheberrechts** erreicht. Nur mit diesem Bearbeiterurheberrecht befasst sich § 3. Die Zuordnung zu unterschiedlichen Abschnitten des Gesetzes ergibt sich daraus, dass das Bearbeitungsrecht
zu den Verwertungsrechten zählt, die schutzfähige Bearbeitung dagegen zum Kreis der geschützten
Werke. Der Schutz des bearbeiteten Werkes wird durch § 3 nicht berührt.

II. Entstehungsgeschichte

Sachlich hat sich gegenüber der früheren Regelung in § 2 Abs. 1 S. 2 LUG, § 15 Abs. 2 KUG **3**
nichts geändert, lediglich die verfehlte Vorschrift des § 2 Abs. 2 KUG ist aufgegeben worden.[1] Das
bedeutet, dass auch die vor 1965 ergangene Rechtsprechung und Literatur bei der Auslegung des § 3
berücksichtigt werden kann. Durch die Novelle 1985 wurde S. 2 eingefügt.[2] In den europäischen

---

[1] AmtlBegr. BT-Drs. IV/270, 38; BGH GRUR 1968, 321 (325) – Haselnuß.
[2] Dazu → Rn. 28 f.

Richtlinien wurde eine Regelung zum Urheberrechtsschutz von Bearbeitungen bisher nicht getroffen; es ist jedoch als selbstverständlich davon auszugehen, dass auch nach europäischen Maßstäben der Urheberrechtsschutz sich auf (schutzfähige) Bearbeitungen erstreckt. Die in § 3 getroffene Regelung entspricht der Vorschrift des Art. 2 Abs. 3 RBÜ, nach der Übersetzungen, Bearbeitungen, musikalische Arrangements und andere Umarbeitungen den gleichen Schutz wie Originalwerke genießen und ebenso dem TRIPS-Abkommen, dessen Art. 9 Abs. 1 die Regelung des Art. 2 Abs. 3 RBÜ einbezieht.

III. Anwendungsbereich

4   § 3 regelt nur den Schutz von Bearbeitungen. Auch **andere Werkumgestaltungen** iSd § 23 können aber eine schöpferische Leistung darstellen. Angesichts der gleichen Interessenlage[3] ist diesen Schöpfungen in entsprechender Anwendung des § 3 Urheberschutz zuzuerkennen.[4]

B. Begriff der Bearbeitung

5   Die Bearbeitung ist eine von einem anderen Werk **abhängige Schöpfung,** die wesentliche Züge des Originalwerkes übernimmt und **dem Originalwerk dient.**[5] Bearbeitungen haben nach der Amtlichen Begründung zu § 23, der zwischen Bearbeitung und anderen Umgestaltung unterscheidet, den Zweck, „das Originalwerk bestimmten Verhältnissen anzupassen, es zum Beispiel in eine andere Sprache oder in eine andere Kunstform zu übertragen oder es für andere Ausdrucksmittel einzurichten. Der Bearbeiter will hierbei die Identität des Originalwerkes unberührt lassen; er will nur dessen Verwertungsmöglichkeiten erweitern".[6] Ob eine Bearbeitung diesen Zweck verfolgt, ist objektiv nach den jeweiligen Umständen zu bestimmen, auf die Vorstellung des Bearbeiters kommt es nicht an. Dem steht allerdings ein **Bearbeitungsbegriff** gegenüber, nach dem als Bearbeitungen **nur solche Änderungen** eines Werkes angesehen werden, bei denen der **Grad einer persönlichen geistigen Schöpfung erreicht** wird, während Änderungen des Werks, bei denen dies nicht der Fall ist, unter den Begriff der anderen Umgestaltung iSd § 23 fallen sollen.[7] Diese Auffassung steht aber weder mit dem Willen des Gesetzgebers noch mit der Gesetzestechnik in Einklang.[8] Da andere Werkumgestaltungen, die eine schöpferische Leistung darstellen, in entsprechender Anwendung des § 3 zu schützen sind,[9] kommt es für das Ergebnis nicht darauf an, wie man den Begriff der Bearbeitung bestimmt.[10]

6   Eine Bearbeitung nach § 3 liegt nur vor, wenn ein **schutzfähiges Werk** (das nicht notwendig geschützt sein muss) bearbeitet wird;[11] die „Bearbeitung" ungeschützten Materials ist keine Bearbeitung nach § 3, sondern originäres Schaffen, dass nach § 2 zu beurteilen ist. Es muss sich um eine Umgestaltung des Originalwerkes handeln (§ 23 S. 1 spricht von „Bearbeitungen und anderen Umgestaltungen"); die unveränderte oder nur unwesentlich veränderte Wiedergabe ist nicht Bearbeitung, sondern Vervielfältigung.[12]

7   Die Bearbeitung ist ein **Unterfall der unfreien Benutzung;** bei der Bearbeitung bleibt, anders als bei der freien Benutzung,[13] das benutzte Originalwerk auch in der Bearbeitungsfassung erkennbar, scheint also mit seinen Wesenszügen und Eigenheiten durch.[14] Der Begriff der Bearbeitung wird **in doppelter Hinsicht gebraucht:** Unter Bearbeitung versteht man einmal den Vorgang des Bearbeitens, das Erbringen der umgestaltenden Leistung (zB beim Recht zur Bearbeitung nach § 23), zum anderen das Ergebnis des Bearbeitens, dh das bearbeitete Werk (zB beim Recht an der Bearbeitung).

---

[3] Dazu Büscher/Dittmer/Schiwy/*Haberstumpf* Kap. 10 UrhG § 23 Rn. 5.

[4] *Ulmer* § 28 V 1.

[5] KG GRUR-RR 2004, 129 (131) – Modernisierung einer Liedaufnahme; OLG Dresden ZUM 2000, 955 (957); OLG Düsseldorf GRUR 1990, 263 (266); BeckOK UrhR/*Ahlberg*/Götting UrhG § 3 Rn. 6; *Ulmer* § 28 V 1; *Koch* FS Bornkamm, 2014, 835 (841 f.); zum Bearbeitungsbegriff sa. *Grossmann* S. 13 ff.; → § 23 Rn. 4 f.

[6] AmtlBegr. BT-Drs. IV/270, 51.

[7] LG Köln GRUR 1973, 88 – Kinder in Not; Wandtke/Bullinger/*Bullinger* UrhG § 23 Rn. 3 ff.; Fromm/Nordemann/*A. Nordemann* §§ 23/24 Rn. 10; Büscher/Dittmer/Schiwy/*Obergfell* Kap. 10 UrhG § 3 Rn. 2; *Schack* Rn. 268.

[8] Eine Bearbeitung verfolgt nach dem Willen des Gesetzgebers den Zweck, das Originalwerk bestimmten Verhältnissen anzupassen, ihm also zu dienen, und die Regelung des § 3 ist so ausgestaltet, dass eine Bearbeitung Urheberrechtsschutz genießt, wenn sie eine persönliche geistige Schöpfung des Bearbeiters ist. Diese Regelung wäre überflüssig, wenn eine Bearbeitung schon per definitionem eine persönliche geistige Schöpfung des Bearbeiters sein müsste. Näher dazu → § 23 Rn. 3 ff.

[9] Vgl. → Rn. 4.

[10] So auch Dreier/Schulze/*Schulze* UrhG § 3 Rn. 8.

[11] Allg. Ansicht, vgl. etwa Dreier/Schulze/*Schulze* UrhG § 3 Rn. 7; Fromm/Nordemann/*A. Nordemann* UrhG § 3 Rn. 8.

[12] Vgl. → Rn. 9.

[13] Dazu → § 24 Rn. 11 ff.

[14] BGH GRUR 1972, 143 (144) – Biografie: Ein Spiel.

Eine Bearbeitung ist in der Regel die **Übertragung in eine andere Werkart.**[15] **Keine Bear- 8 beitung** ist die **Digitalisierung** von Werken; der Text wird hierbei lediglich in ein anderes Format übertragen, es liegt keine abhängige Umgestaltung vor.[16] Auch die bloße **Vervielfältigung** ist keine Bearbeitung, bei ihr wird das Werk im Gegensatz zur Bearbeitung nicht umgestaltet.[17] Das Gleiche gilt im Regelfall für die Wahl eines **anderen Werkstoffs.**[18] Auch eine **Veränderung der Größenverhältnisse** führt noch nicht zur Bearbeitung, sondern ist Vervielfältigung.[19] Ebenso wenig stellt die Aneinanderreihung oder Sammlung von mehreren Originalarbeiten eine Bearbeitung der Einzelwerke dar,[20] das gleiche gilt für die Wiedergabe von Ausschnitten aus einem Werk.[21]

Abgrenzungen. Die Abhängigkeit vom Originalwerk unterscheidet die Bearbeitung von der 9 **Miturheberschaft,** die durch die gemeinschaftliche Schöpfung eines einheitlichen Werkes gekennzeichnet ist, während die Bearbeitung ein bereits bestehendes Werk umgestaltet;[22] allerdings kann eine Bearbeitung auch in Miturheberschaft erfolgen. Von der **Vervielfältigung** unterscheidet sich die Bearbeitung durch die Umgestaltung eines anderen Werkes, die Vervielfältigung gibt das andere Werk identisch oder weitgehend identisch wieder.[23] Nur unwesentliche Veränderungen einer Vorlage sind Vervielfältigungen, eine Bearbeitung setzt eine wesentliche Veränderung der Vorlage voraus.[24] Daher können sogar in einem weiteren Abstand von der Vorlage liegende Veränderungen vom Vervielfältigungsrecht erfasst werden, die keine schöpferische Gestaltung darstellen und noch im Schutzbereich der Vorlage liegen.[25] Die Abgrenzung ist im Hinblick auf die Zulässigkeit der Herstellung von Bearbeitungen im Rahmen des § 23 S. 1 von Bedeutung, die für Vervielfältigungen nicht gilt. Von den **sonstigen Umgestaltungen** iSd § 23 unterscheidet sich die Bearbeitung dadurch, dass sie, wie Übersetzungen, Neubearbeitungen usw, dem Originalwerk dient und es einem bestimmten Zweck anpassen will.[26] Zur Abgrenzung gegenüber der freien Benutzung → § 24 Rn. 11 ff., zu **Werkinterpretation** und **Regie** vgl. → Rn. 20 f.

C. Das bearbeitete Werk

Von einer Bearbeitung iSd § 3 lässt sich nur dann sprechen, wenn es sich bei dem bearbeiteten 10 Werk um eine persönliche geistige Schöpfung handelt, wenn es also **urheberrechtsschutzfähig** ist.[27] Das bearbeitete Werk braucht **nicht geschützt** zu sein. Der Urheberrechtsschutz kann infolge Ablaufs der Schutzfrist entfallen sein; es können aber auch gemeinfreie, jedoch von ihrer Individualität her schutzfähige Werke bearbeitet werden,[28] beispielsweise gemeinfreie Volkslieder[29] oder alte Sagen.[30] Dem Urheberrechtsschutz unterliegt dann die bearbeitete Fassung, während das Originalwerk als solches nach wie vor frei bleibt, also auch von anderen bearbeitet werden kann. Fehlt es beim Originalwerk an der Voraussetzung der Urheberrechtsschutzfähigkeit, so liegt keine Bearbeitung, sondern originäres Schaffen vor, dessen Schutz sich unmittelbar nach § 2 beurteilt. So ist die Gestaltung eines Werks aus Notizen, Zeitungsmeldungen, alltäglichen Briefen und dgl. (zB Arno Schmidt, Zettels Traum) oder aus Tierstimmen und ähnlichen Geräuschen keine Bearbeitung, sondern bei Vorliegen der Voraussetzungen des § 2 Abs. 2 originäre Schöpfung.

Auch bei der **Vollendung von Fragmenten oder Vorstufen** eines Werks kann eine Bearbeitung 11 vorliegen.[31] Fragment oder Vorstufe müssen jedoch bereits einen solchen Grad an Individualität und Formgebung erreicht haben, dass sie ihrerseits schutzfähig sind. Die Bearbeitung liegt dann aber nur in der Ausgestaltung des bereits Vorhandenen, während dessen Weiterführung originäres Schaffen

---

[15] OLG München GRUR-RR 2008, 37 – Pumuckl-Illustrationen II; OLG München GRUR 2003, 420 (421) – Alpensinfonie.

[16] Wandtke/Bullinger/*Bullinger* UrhG § 3 Rn. 24; DKMH/*Dreyer*, Urheberrecht, UrhG § 3 Rn. 14.

[17] Näher → Rn. 9.

[18] → Rn. 30.

[19] BGH GRUR 2002, 532 (534) – Unikatrahmen; BGH GRUR 1990, 669 (673) – Bibelreproduktion; BGH GRUR 1966, 503 (505) – Apfelmadonna; → Rn. 30.

[20] BGH GRUR 1990, 669 (673) – Bibelreproduktion; OLG Köln GRUR 1987, 42 (44) – Lichtbildkopien.

[21] OLG Köln GRUR-RR 2001, 97 (99) – Suchdienst für Zeitungsartikel.

[22] KG GRUR-RR 2004, 129 (130) – Modernisierung einer Liedaufnahme; Dreier/Schulze/*Schulze* UrhG § 3 Rn. 6.

[23] BGH GRUR 1988, 533 (535) – Vorentwurf II; Dreier/Schulze/*Schulze* UrhG § 3 Rn. 5.

[24] BGH GRUR 2017, 390 Rn. 45 – East Side Gallery; BGH GRUR 2015, 1189 Rn. 41 – Goldrapper; BGH GRUR 2014, 65 Rn. 37 – Beuys-Aktion; BGH GRUR 1990, 669 (673) – Bibelreproduktion.

[25] BGH GRUR 2014, 65 Rn. 36 – Beuys-Aktion; BGH GRUR 2010, 628 – Vorschaubilder I; BGH GRUR 1988, 533 (535) – Vorentwurf II; s. zum Ganzen auch *Loschelder* GRUR 2011, 1078.

[26] Dazu näher → Rn. 5 und → § 23 Rn. 3 ff.

[27] OLG München GRUR-RR 2002, 281 – Conti; allg. Ansicht auch im Schrifttum, vgl. etwa Dreier/Schulze/*Schulze* UrhG § 3 Rn. 7; Fromm/Nordemann/*A. Nordemann* UrhG § 3 Rn. 8.

[28] BGH GRUR 1991, 533 – Brown Girl II; BGH GRUR 1991, 456 (457 f.) – Goggolore; BGH UFITA 51 1968, 315 (317) – Gaudeamus igitur; *Schack* Rn. 268; aA Wandtke/Bullinger/*Bullinger* UrhG § 3 Rn. 12.

[29] BGH GRUR 1991, 533 – Brown Girl II.

[30] BGH GRUR 1991, 456 (457 f.) – Goggolore.

[31] *Ulmer* § 28 V 2.

ist.[32] Die Vollendung eines teilweise geschriebenen Buches ist daher idR keine Bearbeitung; anders können die Dinge bei der Ausgestaltung eines bloßen Entwurfs oder einer Skizze liegen. Aus dem gleichen Grunde ist die **Fortsetzung** eines Werkes durch einen anderen Autor keine Bearbeitung; sie wirft meist die Frage auf, ob es sich um eine freie oder eine unfreie Benutzung des Grundwerkes handelt.[33]

12   Bearbeitetes Werk kann auch eine Bearbeitung sein, die nun ihrerseits ein weiteres Mal bearbeitet wird. Es handelt sich dann um eine **mehrstufige Bearbeitung.**[34] Jeder der Bearbeiter erwirbt ein Bearbeiterurheberrecht an der von ihm vorgenommenen Bearbeitung. Der Verwertung der Endstufe müssen somit deren Bearbeiter, die Bearbeiter der Vorstufen und der Urheber des Originalwerks zustimmen. Die mehrstufige Bearbeitung ist zu unterscheiden von der **Zweitbearbeitung,** bei der nicht eine Bearbeitung, sondern die Originalfassung, und zwar ein zweites Mal, bearbeitet wird.

D. Werkqualität der Bearbeitung

I. Grundsatz

13   Der Schutz der Bearbeitung nach § 3 setzt voraus, dass sie eine **persönliche geistige Schöpfung** des Bearbeiters ist. Die Bearbeitung muss zwar das Originalwerk erkennen lassen, sich aber durch eine eigene schöpferische Ausdruckskraft von ihm abheben. Die danach zu stellenden Anforderungen sind grundsätzlich die gleichen wie bei einem Originalwerk.[35] Sie bestimmen sich nach § 2 Abs. 2; erforderlich sind also eine persönliche Schöpfung, geistiger Gehalt, Formgebung und Individualität.[36]

14   An die **Individualität** von Bearbeitungen sind zwar grundsätzlich keine zu hohen Anforderungen zu stellen.[37] Sie ist aber abhängig vom Charakter und der schöpferischen Eigenart des Originalwerks. Denn die für eine schutzfähige Bearbeitung erforderliche eigene schöpferische Ausdruckskraft ist bei einem Originalwerk von erheblicher Eigenprägung schwerer zu erzielen als bei einem Werk von geringerer Individualität;[38] je auffallender die Eigenart des als Vorlage benutzten Werkes ist, desto weniger werden dessen übernommene Eigenheiten in dem danach geschaffenen Werk verblassen.[39] Muss sich die Bearbeitung notwendigerweise eng an die Originalfassung anlehnen (wie zB bei Entscheidungsleitsätzen), so kann ein bescheideneres Maß an geistig schöpferischer Tätigkeit ausreichen.[40] Daher ist zB bei der Bearbeitung von Bühnenwerken ein strengerer Maßstab anzulegen als bei der Bearbeitung von Werken der kleinen Münze.[41] Der **Beurteilungsmaßstab** für die Individualität ist auch bei der Bearbeitung ein objektiver; er bemisst sich nach der Auffassung der mit literarischen und künstlerischen Fragen einigermaßen vertrauten und hierfür aufgeschlossenen Verkehrskreise, auf die subjektive Meinung und Willensrichtung des Bearbeiters kommt es nicht an.[42]

15   Sehr viel weiter als von der hM wird der Kreis schutzfähiger Bearbeitungen von *Kummer* aufgrund des von ihm vertretenen Werkbegriffs gezogen. Nach seiner Lehre von der statistischen Einmaligkeit ist „kaum eine Bearbeitung denkbar, die nicht individuellen Charakter aufweist"; diese Auffassung ist jedoch abzulehnen.[43]

II. Einzelfragen

1. Kürzungen und Erweiterungen

16   Bei **Kürzungen, Streichungen** oder dem Herstellen von **Auszügen** kommt es darauf an, ob sie eine bloß quantitative Änderung des Werkes bewirken. Oft dienen sie nur dem Zweck, die Aufnahme

---

[32] *Ulmer* § 28 V 2.
[33] Vgl. dazu → § 24 Rn. 25.
[34] Beispiele: BGH GRUR 1991, 533 – Brown Girl II; OLG Hamburg ZUM 2002, 647.
[35] Vgl. aus der Rechtsprechung insbes. BGH GRUR 2000, 144 (145) – Comic-Übersetzungen II; BGH GRUR 1991, 533 – Brown Girl II; BGH GRUR 1972, 143 (144) – Biografie: Ein Spiel; BGH GRUR 1968, 321 (324) – Haselnuß; BGH UFITA 51 (1968), 315 (318) – Gaudeamus igitur; ebenso das Schrifttum, vgl., etwa Fromm/Nordemann/*A. Nordemann* § 3 Rn. 18; Dreier/Schulze/*Schulze* UrhG § 3 Rn. 11.
[36] Vgl. im Einzelnen → § 2 Rn. 38 ff.
[37] OLG Dresden ZUM 2000, 955 (957) – Die Czárdásfürstin; Dreier/Schulze/*Schulze* UrhG § 3 Rn. 11; kritisch BeckOK UrhR/*Ahlberg*/Götting UrhG § 3 Rn. 10.
[38] BGH GRUR 1972, 143 (144) – Biografie: Ein Spiel; BGH GRUR 1959, 379 (381) – Gasparone; Dreier/Schulze/*Schulze* UrhG § 3 Rn. 11; Loewenheim/*Hoeren* § 9 Rn. 215; DKMH/*Dreyer* UrhG § 3 Rn. 27; *Lührig* WRP 2003, 1269 (1283); aA Fromm/Nordemann/*A. Nordemann,* Urheberrecht, UrhG § 3 Rn. 19; Wandtke/Bullinger/*Bullinger* UrhG § 3 Rn. 17; kritisch Büscher/Dittmer/Schiwy/*Obergfell* Kap. 10 UrhG § 3 Rn. 5; *Dietz* UFITA 72 (1975), 1 (39).
[39] BGH GRUR 1991, 531 (532) – Brown Girl I; zum Ganzen *Rauscher auf Weeg* FS GRUR, 1991, 1265, Rn. 41 ff.
[40] BGH GRUR 1992, 382 (385) – Leitsätze; LG Stuttgart GRUR 2004, 325 (326) – Lutherbibel 1984.
[41] BGH GRUR 1972, 143 (144) – Biografie: Ein Spiel; BGH GRUR 1959, 379 (381) – Gasparone; OLG Dresden ZUM 2000, 955 (957) – Die Czárdásfürstin; sa. BGH GRUR 1991, 533 – Brown Girl II; aA *G. Schulze* S. 262.
[42] BGH GRUR 1972, 143 (144) – Biografie: Ein Spiel.
[43] Nachweise und Kritik in → § 2 Rn. 44, 58.

des Werkes in eine Publikation zu ermöglichen und die für die Leser unwesentlichen Teile zu eliminieren. Aussage und Charakter des Werkes sollen dabei gerade nicht verändert werden. In solchen Fällen fehlt es an einer persönlichen geistigen Schöpfung,[44] es handelt sich vielmehr um eine Teilverwertung des Originalwerks. Keine schutzfähigen Bearbeitungen sind daher idR Kürzungen von Texten zum Schulgebrauch, von Romanen, Reden, Berichten, Protokollen, Abstracts[45] und dgl. zur Veröffentlichung oder Streichungen in Dramen zur Vereinfachung der Aufführung. Das Gleiche gilt für die Kürzung von Gerichtsentscheidungen zur Publikation.[46] Anders ist es dagegen, wenn die Streichung gleichzeitig zu einer qualitativen Änderung des Charakters, Inhalts oder Aussagegehalts des Originalwerks führt oder eine eigenständige gedankliche Struktur aufweist. Hier kann in der Änderung eine eigene schöpferische Ausdruckskraft liegen.[47]

Unter diesem Aspekt kann auch die Erstellung von (nichtamtlicher) **Leitsätze** zu Entscheidungen eine 17 schutzfähige Bearbeitung sein, soweit diese über die bloße auszugsweise Wiedergabe der Entscheidung hinaus eine eigenschöpferische Ausdruckskraft in der inneren oder äußeren Formgestaltung aufweisen.[48] Maßgeblich ist, ob die Sammlung, Anordnung und Einteilung der tragenden Gründe der Entscheidung, insbesondere wegen ihrer prägnanten Erfassung und Gliederung, von schöpferischer Eigenart ist; dabei kann bei Leitsätzen, die sich notwendigerweise eng an die bearbeitete Entscheidung anlehnen müssen, ein bescheideneres Maß an geistig schöpferischer Tätigkeit ausreichen.[49] Ebenso ist die Erstellung von **abstracts** von Publikationen für die Aufnahme in Datenbanken oder andere Sammlungen zu beurteilen; es kommt darauf an, ob es sich um eine bloße Kürzung bzw. Zusammenfassung oder um eine eigenständige Darstellung handelt, die die Voraussetzungen des § 2 erfüllt.[50] Bei der **Filmregie** liegt eine Bearbeitung hinsichtlich der verfilmten Werke vor;[51] zur **Bühnenregie** vgl. → Rn. 21.

Erweiterungen und teilweise **Abänderungen** können sehr viel eher als Kürzungen Bearbeitungs- 18 charakter aufweisen, da positive Formung und Gestaltung eher als bloßes Weglassen Ausdrucksmittel schöpferischen Schaffens sind. Bloße redaktionelle Änderungen, Hinweise oder Zusätze reichen allerdings nicht aus, Erweiterung oder Abänderung müssen Ausdruck eigenschöpferischer Gestaltung sein.[52] Die bloße **Aneinanderreihung** von Originalwerken ist noch keine Bearbeitung.[53] Zur **Vollendung** oder **Fortsetzung** eines Werks vgl. → Rn. 11.

2. Änderungen von Größe, Dimension oder Werkstoff

Keine Bearbeitung, sondern bloße Vervielfältigung ist die **Änderung der Größenverhältnisse** ei- 19 nes Werks, und zwar auch dann, wenn sie nicht nur mechanisch-maschinell erfolgt, sondern auf handwerklichem Können beruht.[54] Das gleiche gilt grundsätzlich für die **Übertragung in eine andere Dimension** (zB Dürers „Hände" als Relief) oder in einen **anderen Werkstoff**.[55] Regelmäßig handelt es sich dabei weder um eine geistige Schöpfung noch kommt in der Übertragung Individualität zum Ausdruck. Auch wenn durch die Übertragung ein anderer ästhetischer Gesamteindruck entsteht, liegt keine schöpferische Leistung vor, solange der neue Gesamteindruck lediglich technisch bedingte Folge der Übertragung ist (zB der Lichteffekt bei der Wiedergabe eines Gemäldes als Glasfenster). Ausnahmen sind eng zu begrenzen und allenfalls für den Fall denkbar, dass durch die Übertragung ein eigenständiger ästhetischer Effekt entsteht.[56] Es geht nicht an, dass auf diese Weise aus

---

[44] Dreier/Schulze/*Schulze* UrhG § 3 Rn. 17; Loewenheim/*Hoeren* § 9 Rn. 217; Fromm/Nordemann/*A. Nordemann* UrhG § 3 Rn. 26; BeckOK UrhR/*Ahlberg*/Götting UrhG § 3 Rn. 12.
[45] BGH GRUR 2011, 134 Rn. 41 – Perlentaucher.
[46] BGH GRUR 1992, 382 (384) – Leitsätze, wonach es jedenfalls keinen Erfahrungssatz gibt, dass die Kürzung und redaktionelle Aufbereitung von Entscheidungen eine schutzfähige Bearbeitung sei; zu Entscheidungsleitsätzen, die lediglich einen Hinweis auf das erörterte Problem oder in der wörtlichen Wiedergabe von Entscheidungssätzen ohne eigene Gliederungsstruktur bestehen s. BGH GRUR 1992, 382 (385); s. ferner *Nordemann*/*Hertin* NJW 1971, 688 gegen KG UFITA 2 1929, 557; aA *Katzenberger* GRUR 1973, 629 (631).
[47] BGH GRUR 1972, 143 (145) – Biografie: Ein Spiel; RGZ 121, 357 (364) – Rechentabellen; sa. LG München I ZUM 2014, 596 zur Schutzfähigkeit von Ausschnitten aus Buchrezensionen.
[48] BGH GRUR 1992, 382 (384 f.) – Leitsätze; OLG Köln GRUR 2000, 141 (416) – GRUR/GRUR Int; OLG Köln GRUR 1989, 821 (822) – Entscheidungsleitsätze; Fromm/Nordemann/*A. Nordemann* UrhG § 3 Rn. 24.
[49] BGH GRUR 1992, 382 (385) – Leitsätze.
[50] BGH GRUR 2011, 134 Rn. 38 ff. – Perlentaucher; Parallelentscheidung: BGH ZUM 2011, 242; dazu Anm. Haberstumpf ZUM 2011, 158; Vorentscheidung dazu OLG Frankfurt a. M. ZUM 2008, 233; OLG Frankfurt a. M. ZUM 2012, 146; OLG Frankfurt a. M. ZUM 2012, 152 – Perlentaucher; OLG Frankfurt a. M. GRUR 2008, 249 (251) – Abstracts; Wandtke/Bullinger/*Bullinger* UrhG § 3 Rn. 25; eingehend *Obergfell* GRUR 2011, 208.
[51] Näher → Rn. 32.
[52] BGH GRUR 1972, 143 (145) – Biografie: Ein Spiel; BGH GRUR 1959, 379 (381) – Gasparone.
[53] BGH GRUR 1990, 669 (673) – Bibelreproduktion.
[54] BGH GRUR 2010, 628 Rn. 24 – Vorschaubilder; BGH GRUR 2002, 532 (534) – Unikatrahmen; BGH GRUR 1990, 669 (673) – Bibelreproduktion; BGH GRUR 1966, 503 (505) – Apfelmadonna; Dreier/Schulze/*Schulze* UrhG § 3 Rn. 31; Fromm/Nordemann/*A. Nordemann* UrhG § 3 Rn. 28; Büscher/Dittmer/Schiwy/*Obergfell* Kap. 10 UrhG § 3 Rn. 11.
[55] Dreier/Schulze/*Schulze* UrhG § 3 Rn. 32, 35; Fromm/Nordemann/*A. Nordemann* UrhG § 3 Rn. 28; Büscher/Dittmer/Schiwy/*Obergfell* Kap. 10 UrhG § 3 Rn. 11; Loewenheim/*Hoeren* § 9 Rn. 219; *Traub* UFITA 80 (1977), 159 ff.; *G. Schulze* S. 271 ff.
[56] *Traub* UFITA 80 (1977), 159 (166); zustimmend *G. Schulze* S. 271.

längst gemeinfreien Werken tantiemepflichtige Bearbeitungen gemacht werden. Soweit Änderungen, Weglassungen oder Zusätze, die bei einer solchen Übertragung vorgenommen werden, **technisch bedingt** sind, begründen sie keine schöpferische Leistung.

3. Werkinterpretation und Regie

20   Strittig ist, ob die **Interpretation eines Werks durch ausübende Künstler** eine Bearbeitung iSd § 3 sein kann; die Frage tritt auch bei Diskjockeys auf, die in Diskotheken Tonträger nicht lediglich abspielen, sondern durch technische Eingriffe Klangfarbe oder Geschwindigkeit verändern, Teile des Stücks wiederholen und dgl. Es handelt sich um die alte Kontroverse des Verhältnisses von Schöpfung und Interpretation.[57] Der BGH hat die umgekehrte Fragestellung, ob ein Urheber gleichzeitig Leistungsschutzrechte erwerben kann, für den Fall des Filmregisseurs verneint, hierbei aber auf die besonderen Umstände des Streitfalls abgestellt.[58] Im Regelfall wird man zwar davon auszugehen haben, dass die Interpretation eines Werks noch keine Bearbeitung ist;[59] der Gesetzgeber von 1965 hat das fiktive Bearbeiterurheberrecht des § 2 Abs. 2 KUG gerade abgeschafft.[60] Gleichwohl lässt sich ein Zusammentreffen von Leistungsschutz und (Bearbeitungs-)urheberrechtsschutz, etwa bei einem Solistenpart klassischer Symphonien, nicht ausschließen.[61] Das gilt nicht nur phänomenologisch; auch normativ besteht kein Grund, den schöpferisch tätig werdenden Interpreten vom Urheberrechtsschutz auszuschließen.

21   Bei **Regieleistungen** ist zwischen Filmregisseur und Theaterregisseur zu unterscheiden. Der **Filmregisseur** ist (Mit-)urheber des von ihm geschaffenen Filmwerks;[62] hinsichtlich der verfilmten Werke liegt eine Bearbeitung vor.[63] Beim **Theaterregisseur** kommt es auf die jeweilige Situation an. Im Gegensatz zum Filmregisseur schafft der Theaterregisseur kein neues, eigenständiges Werk, sondern interpretiert ein bereits bestehendes Werk.[64] In vielen Fällen ist die Bühnenregie daher Werkinterpretation, der Theaterregisseur ausübender Künstler iSd §§ 73 ff.[65] Auf der anderen Seite bietet die Bühnenregie zahlreiche Möglichkeiten zur schöpferischen Gestaltung. Dabei ist auch zu berücksichtigen, dass sich das Selbstverständnis vieler Theaterregisseure und die Erwartungshaltung eines guten Teils des Publikums gewandelt haben. Der Weg, der von der klassischen werkgetreuen Inszenierung weg und zu einer eigenschöpferischen Gestaltung hin führt, die sogar mit dem ursprünglichen Werk nicht mehr allzu viel zu tun haben mag, wird immer häufiger beschritten. Es gibt daher heute auch zahlreiche Inszenierungen, die eine schöpferische Leistung darstellen und sich mit dem Begriff der Interpretation nicht mehr erfassen lassen; in diesen Fällen ist von einer nach § 3 schutzfähigen Bearbeitung auszugehen. Diese Sicht setzt sich in zunehmendem Maße auch in Rechtsprechung und Literatur durch.[66]

III. Besonderheiten bei einzelnen Werkarten

1. Sprachwerke

22   § 3 nennt **Übersetzungen** als Beispiel für Bearbeitungen. Sie stellen in aller Regel eine eigenschöpferische Leistung dar, da die neue Sprachform Einfühlungsvermögen und stilistische Fähigkeiten

---

[57] Dazu näher mwN *Krüger* FS Klaka, 1987, 139 ff.; *Ulmer* § 28 III.
[58] BGH GRUR 1984, 730 (732) – Filmregisseur mit krit. Anm. *Schricker.*
[59] Dreier/Schulze/*Schulze* UrhG § 3 Rn. 27; sa. KG GRUR-RR 129 (130) – Modernisierung einer Liedaufnahme.
[60] Dazu Loewenheim/*Vogel* § 38 Rn. 3 ff. mwN; → Rn. 3.
[61] Fromm/Nordemann/*A. Nordemann* UrhG § 3 Rn. 30.
[62] Vgl. → § 2 Rn. 224.
[63] Vgl. → Rn. 32.
[64] *Schack* Rn. 678.
[65] Davon gehen die ältere Rechtsprechung und überwiegend insbesondere das ältere Schrifttum aus, vgl. OLG München ZUM 1996, 598 (600 ff.); OLG Koblenz UFITA 70 (1974), 331 (335) – Liebeshändel in Chioggia; *Ulmer* § 28 IV 2; *Krüger-Nieland* UFITA 64 (1972), 129 ff.; *Nordemann* FuR 1970, 73; *Depenheuer* ZUM 1997, 17 ff.; *Dünnwald* FuR 1976, 804; weitere ältere Schrifttumsnachweise bei *Samson* FuR 1976, 686 (687); s. aber aus neuerer Zeit *Bolwin* ZUM 2015, 963 (968). Vom BGH ist die Frage bisher offengelassen worden, vgl. BGH GRUR 1972, 143 (144) – Biografie: Ein Spiel; BGH GRUR 1971, 35 (37) – Maske in Blau.
[66] LG Frankfurt a. M. UFITA 77 (1976), 278 – Götterdämmerung; LG Leipzig ZUM 2000, 331 (333) – Die Czárdásfürstin; nach dem OLG Frankfurt a. M. – GRUR 1976, 199 (201) – Götterdämmerung – kann der Theaterregisseur ausnahmsweise ein Urheberrecht an seiner Regieleistung erwerben, wenn es sich um eine grundlegende schöpferische Neugestaltung der bühnenmäßigen Ausdrucksmittel handelt und die Inszenierung dadurch über eine bloße Interpretenleistung hinaus einen selbständigen Aussagewert erhält; das OLG Dresden – ZUM 2000, 955 (958) – Die Czárdásfürstin – ist bei der von ihm zu beurteilenden Inszenierung davon ausgegangen, dass „einiges dafür spricht", der Regieleistung Urheberrechtsschutz zuzuerkennen. Im Schrifttum vgl. insbes. Dreier/Schulze/*Schulze* UrhG § 3 Rn. 23; Büscher/Dittmer/Schiwy/*Obergfell* Kap. 10 UrhG § 3 Rn. 8; Wandtke/Bullinger/*Bullinger* § 3 Rn. 25; Fromm/Nordemann/*A. Nordemann* UrhG § 3 Rn. 31; Loewenheim/*Hoeren* § 9 Rn. 218; *Schack* Rn. 678 ff.; *Erdmann* FS Nirk, 1992, 209 (228 f.); *Grunert,* Werkschutz contra Inszenierungskunst, 2002, S. 131 ff.; *Grunert,* ZUM 2001, 210 (213 ff.); *v. Foerster* S. 71 ff.; *Winckler-Neubrand* S. 116 ff., *Raschèr* S. 91 ff.; *Wandtke* GRUR 2002, 1 (3); *Wandtke* ZUM 2015, 488 (491); *Hieber* ZUM 1997, 17 ff., jeweils mwN; *Schmieder* UFITA 63 (1972), 133 (147); *Rogger* S. 81 ff.; vgl. auch *Wandtke* UFITA 2016/I, 135 (160 ff., 167); *Dietz* FuR 1976, 816 (819 f.); *Flechsig* FuR 1976, 829 ff.

---

erfordert und damit den individuellen Geist des Übersetzers zum Ausdruck bringt.[67] Eine anspruchsvolle Übersetzung lässt sich nicht allein durch eine mechanische Übertragung der einzelnen Begriffe bewerkstelligen, sondern muss den Sinngehalt vollständig erfassen und auch Zwischentöne des Originals wiederzugeben versuchen.[68] Übersetzung ist nicht nur die Übertragung in eine andere Sprache, sondern auch in eine andere Mundart oder in die Sprache einer anderen Sprachepoche.[69] Auf die Qualität und Richtigkeit der Übersetzung kommt es dabei nicht an; selbst eine unbrauchbare Übersetzung kann urheberrechtlich geschützt sein.[70] Die Untergrenze wird auch hier durch das rein Handwerkliche bestimmt: Keine Werkqualität haben rein routinemäßige Übersetzungen, bei denen die Übersetzung auf der Hand liegt, etwa von Speisekarten, Theaterprogrammen, einfachen Geschäftsbriefen oder Gebrauchsanweisungen;[71] das Gleiche gilt für die Übersetzung solcher Texte, bei denen der Übersetzer für seine Gestaltung keinen nennenswerten Spielraum hat.[72] Ist der übersetzte Text nicht schutzfähig, so genießt im allgemeinen auch die Übersetzung keinen Schutz; anders kann es zB sein, wenn die Übersetzung besondere kulturgeschichtliche Kenntnisse erfordert.[73] Bei Übersetzungen durch Übersetzungscomputer fehlt es grundsätzlich bereits an der persönlichen Schöpfung; anders kann es sein, wenn der Computer bloßes Hilfsmittel bleibt und die Übersetzung im Wesentlichen auf der Gestaltung des Übersetzers beruht.[74] In der Rechtsprechung wurden beispielsweise als schutzfähig angesehen die Übersetzung von literarischen Werken,[75] die Übersetzung von Sprechblasen von Comic-Serien, bei der sich der Übersetzer an die für Bildgeschichten typische Diktion halten musste,[76] die Übersetzung von Grabinschriften, die besondere kulturgeschichtliche Kenntnisse voraussetzte.[77] Urheberrechtsschutz wurde verneint für die Übersetzung von Golfregeln[78] sowie für Korrekturen fremder Übersetzungen.[79]

Weitere Beispiele für schutzfähige Bearbeitungen sind die Dramatisierung eines Romans, die Epi   **23**
sierung eines Bühnenwerks, die Umgießung einer Erzählung in Versform und umgekehrt, die Erstellung eines Drehbuchs nach einem Roman oder einer Erzählung, die Umarbeitung eines Computerprogramms. Auch die Erstellung einer Sammlung von Prüfungsfragen anhand eines Lehrbuchs kann eine eigenschöpferische Leistung sein, wenn es sich nicht bloß um eine mechanische und routinemäßige Zusammenstellung vorgegebener Fakten in Frageform handelt, sondern um eine Auswahl, die neben einer Durchdringung des Inhalts des Originalwerks die Fähigkeit voraussetzt, zwischen Wichtigem und Unwichtigem zu unterscheiden,[80] ferner wurde Urheberrechtsschutz zuerkannt dem Verfassen nichtamtlicher Leitsätze zu gerichtlichen Entscheidungen[81] sowie der Revisionsfassung des Neuen Testaments der Lutherbibel.[82] Grundsätzlich **keine Bearbeitungen** sind Textrevisionen und kleinere redaktionelle Arbeiten an Manuskripten; ebenso ist die **Digitalisierung** eines Werks keine Bearbeitung.[83]

An die **Individualität** der Bearbeitung sind bei Sprachwerken grundsätzlich keine zu hohen An   **24**
forderungen zu stellen;[84] muss sich eine Bearbeitung der Natur der Sache nach eng an das Original anlehnen, kann sogar ein bescheidenes Maß geistiger Tätigkeit genügen.[85] Bei der Bearbeitung von Bühnenwerken legt der BGH aber strengere Voraussetzungen an als beim Schutz der kleinen Mün

---

[67] BGH GRUR 2000, 144 – Comic-Übersetzungen II; OLG München ZUM 2004, 845 (847); OLG Zweibrücken GRUR 1997, 363 – Jüdische Friedhöfe; LG Stuttgart GRUR 2004, 325 (326) – Lutherbibel 1984; Dreier/Schulze/*Schulze* UrhG § 3 Rn. 12; Wandtke/Bullinger/*Bullinger* UrhG § 3 Rn. 7; *Schack* Rn. 269; einschränkend BeckOK UrhR/*Ahlberg*/Götting UrhG § 3 Rn. 15.
[68] BGH GRUR 2000, 144 – Comic-Übersetzungen II.
[69] Dreier/Schulze/*Schulze* UrhG § 3 Rn. 15; BeckOK UrhR/*Ahlberg*/Götting UrhG § 3 Rn. 14. Zur Textrevision alter Originaltexte s. LG Stuttgart GRUR 2004, 325 (326) – Lutherbibel 1984; *W. Nordemann* FS Vieregge, 1995, 677 (684 ff.).
[70] Dreier/Schulze/*Schulze* UrhG § 3 Rn. 14; sa. BGH GRUR 1968, 152 (153) – Angélique; OLG München ZUM 2001, 427 (431 f.).
[71] OLG München ZUM 2004, 845 (847); Dreier/Schulze/*Schulze* UrhG § 3 Rn. 13.
[72] OLG München ZUM 2004, 845 (847).
[73] OLG Zweibrücken GRUR 1997, 363 – Jüdische Friedhöfe; Wandtke/Bullinger/*Bullinger* § 3 Rn. 7.
[74] Dreier/Schulze/*Schulze* UrhG § 3 Rn. 13; Fromm/Nordemann/*A. Nordemann* UrhG § 3 Rn. 16; *Ullmann* FS Erdmann, 2002, 221 (230 f.).
[75] OLG Hamburg ZUM-RD 2016, 576 (599) – Anne Frank-Tagebuch; OLG München ZUM 2004, 845 (847); 2001, 427 (431 f.).
[76] BGH GRUR 2000, 144 – Comic-Übersetzungen II.
[77] OLG Zweibrücken GRUR 1997, 363 – Jüdische Friedhöfe.
[78] OLG Frankfurt a. M. ZUM 1995, 795 (798).
[79] OLG Hamburg ZUM-RD 2004, 75 (79).
[80] BGH GRUR 1981, 520 (522) – Fragensammlung.
[81] BGH GRUR 1992, 382 (384 f.) – Leitsätze; LG Köln GRUR 1989, 821 (822) – Entscheidungsleitsätze; nicht schutzfähig aber der bloß Hinweis auf das erörterte Problem oder die wörtliche Wiedergabe von Entscheidungssätzen; s. ferner OLG Köln GRUR-RR 2009, 164 (165) – Nichtamtlicher Leitsatz.
[82] LG Stuttgart GRUR 2004, 325 (326); dazu *W. Nordemann* FS Vieregge, 1995, 677; *Gounalakis* GRUR 2004, 996.
[83] Vgl. → Rn. 8.
[84] BGH GRUR 1968, 321 (324) – Haselnuß; BGH GRUR 2000, 144 (145) – Comic-Übersetzungen II – für Übersetzungen literarischer Schriftwerke; Dreier/Schulze/*Schulze* UrhG § 3 Rn. 12.
[85] BGH GRUR 1981, 520 (521) – Fragensammlung; BGH GRUR 1992, 382 (385) – Leitsätze; vgl. auch → Rn. 14.

ze.[86] Als rein handwerksmäßige Änderungen sieht er beispielsweise an eine reine Textrevision oder Sprachglättung, technisch bedingte und jedem Regisseur ohne Weiteres geläufige Änderungen (etwa Werkgehalt und Werkgestalt unberührt lassende Abweichungen von Regieanweisungen des Originals), einfache Streichungen von für die Gedankenführung und Formgestaltung unwesentlichen Teilen.[87] Als nicht schutzfähig wurde ferner die Formulierung von Entscheidungsleitsätzen angesehen, die lediglich aus einem Hinweis auf das erörterte Problem oder in der wörtlichen Wiedergabe von Entscheidungssätzen ohne eigene Gliederungsstruktur bestanden.[88]

2. Musikwerke

25   Auch bei musikalischen Bearbeitungen sind an die Individualität **keine zu hohen Anforderungen** zu stellen. Auf den künstlerischen Wert kommt es nicht an, vor allem bei Schlager- und Unterhaltungsmusik kann eine formgebende Tätigkeit geringen künstlerischen Ranges ausreichen.[89] Insoweit sind die Schutzvoraussetzungen die gleichen wie für originär geschaffene Werke.[90] Allerdings genügt auch hier nicht eine rein handwerksmäßige Anwendung musikalischer Lehren, die kein geistiges Schaffen ist.[91] Eine schutzfähige Bearbeitung setzt voraus, dass musikalisch ein **nicht schon im Originalwerk vorgegebener ästhetischer Gesamteindruck** entsteht und nicht nur im Originalwerk bereits Vorhandenes, wenn auch in abgewandelter Form, wiederholt wird. Die schöpferische Eigenart der Bearbeitung kann zB in der Instrumentierung und Orchestrierung, in der Rhythmisierung und im Einsatz der Klangmittel zum Ausdruck kommen.[92] Dabei kann auch die Verwendung bekannter Mittel der Formgebung ausreichen, wenn in der Art und Weise der Verwendung dieser Mittel, etwa in ihrer Verbindung, eine persönliche geistige Schöpfung zu Tage tritt.[93]

26   Zu den **schutzfähigen Bearbeitungen** zählen idR Variationen, Einrichtungen für andere Instrumente, zB Klavierauszüge, Instrumentalisierung von Vokalmusik und dgl., da sie grundsätzlich kompositorische Fähigkeiten voraussetzen und der Individualität genügend Spielraum lassen,[94] auch Coverversionen.[95] Bei **Arrangements** und **Potpourris** kommt es darauf an, ob es sich um bloße Zusammenstellungen mit landläufigen Abweichungen und Überleitungen handelt oder ob durch den Einsatz musikalischer Gestaltungsmittel ein Werk schöpferischer Eigenart entsteht. Selbst ein Arrangement, das sich üblicher Stilmittel bedient, kann eigenschöpferisch sein, weil in der Verknüpfung jene schöpferische Gestaltung liegen kann, die gerade bei Schlagermusik nicht übermäßig groß sein muss, um sie trotzdem in den Schutzbereich des Urheberrechts zu bringen.[96] Der BGH hat zB eine schutzfähige Bearbeitung bejaht bei einem Potpourri aus Studentenliedern, das durch Aufbau, Instrumentierung und Orchestrierung ein eigenartiges Klangbild aufwies,[97] bei der Bearbeitung eines aus der Karibik stammenden gemeinfreien Volksliedes[98] und bei der Einrichtung eines gemeinfreien Volksliedes für Blasmusik und Männerchor, das durch die Kombination der einzelnen Gestaltungselemente wie Einsatz der Instrumente, Wirkung ihrer Klangfarbe und andersartige Rhythmisierung einen eigenständigen Charakter gewonnen hatte.[99]

27   **Keine schutzfähige Bearbeitung,** sondern bloß handwerksmäßige Anwendung musikalischer Lehren liegt regelmäßig vor bei der Transposition eines Musikstücks in eine andere Tonart oder Stimmlage, in der Verschiebung einer Melodie um eine Oktave,[100] im unveränderten Spielen eines Musikstücks auf einem anderen Instrument (zB Orgel statt Klavier) oder in der Umstellung einzelner Sätze oder Teile oder Veränderungen der Dynamik oder der Artikulation.[101] Ebenso ist die Umsetzung eines Liedes in den Walzertakt zu beurteilen.[102] Auch kleinere Änderungen in Melodie, Rhythmus oder Harmonie bleiben im Bereich des Handwerklichen, wenn sie aus Gründen besserer Spiel-

[86] BGH GRUR 1972, 143 (145 f.) – Biografie: Ein Spiel; kritisch G. *Schulze* S. 262.
[87] BGH GRUR 1972, 143 (145) – Biografie: Ein Spiel, mwN; BGH GRUR 1971, 35 (37) – Maske in Blau.
[88] BGH GRUR 1992, 382 (385) – Leitsätze; OLG Köln GRUR 1989, 821 (822) – Entscheidungsleitsätze.
[89] BGH GRUR 1991, 533 – Brown Girl II; BGH GRUR 1968, 321 (324) – Haselnuß; BGH UFITA 51 (1968), 315 (319) – Gaudeamus igitur; vgl. auch BGH GRUR 1981, 267 (268) – Dirlada; OLG München GRUR-RR 2002, 281 f. – Conti; Dreier/Schulze/*Schulze* UrhG § 3 Rn. 24; Büscher/Dittmer/Schiwy/*Obergfell* Kap. 10 UrhG § 3 Rn. 9; *Rauscher auf Weeg* FS GRUR, 1991, 1265, Rn. 41 ff.
[90] BGH GRUR 1991, 533 – Brown Girl II; OLG München ZUM 1992, 202 (203); s. aber zur Abhängigkeit der für die Bearbeitung erforderlichen Individualität von der Individualität des bearbeiteten Werks → Rn. 14.
[91] OLG München GRUR-RR 2002, 281 f. – Conti.
[92] BGH GRUR 1968, 321 (324) – Haselnuß; BGH UFITA 51 (1968), 315 (320, 322) – Gaudeamus igitur; vgl. auch BGH GRUR 1981, 267 (268) – Dirlada; OLG München GRUR-RR 2002, 281 (282) – Conti.
[93] BGH UFITA 51 (1968), 315 (323) – Gaudeamus igitur.
[94] Dreier/Schulze/*Schulze* UrhG § 3 Rn. 25; Büscher/Dittmer/Schiwy/*Obergfell* Kap. 10 UrhG § 3 Rn. 9; BeckOK UrhR/*Ahlberg*/Götting UrhG § 3 Rn. 20; zu Einzelfragen eingehend *Riedel* UFITA 58 1970, 141 (164 ff.); vgl. auch BGH GRUR 1991, 533 – Brown Girl II: schutzfähige Bearbeitung eines Volksliedes.
[95] BGH GRUR 1998, 376 (378) – Coverversion.
[96] BGH GRUR 1991, 535 – Brown Girl II.
[97] BGH UFITA 51 (1968), 315 – Gaudeamus igitur.
[98] BGH GRUR 1991, 533 – Brown Girl I.
[99] BGH GRUR 1968, 321 – Haselnuß; vgl. auch BGH Schulze BGHZ 163, 5 f.
[100] OLG Hamburg ZUM-RD 2007, 71 (75).
[101] LG Berlin ZUM 1999, 252 (254 f.); Dreier/Schulze/*Schulze* UrhG § 3 Rn. 25.
[102] Offengelassen in BGH UFITA 51 (1968), 315 (328) – Gaudeamus igitur.

barkeit vorgenommen werden und den Charakter des Stückes unverändert lassen.[103] Entscheidend bleibt freilich immer der Gesamteindruck.[104] Zur **Werkinterpretation** durch ausübende Künstler und zu Diskjockeys vgl. → Rn. 20; zum **Sound-Sampling** vgl. → § 2 Rn. 150.

3. Unwesentliche Bearbeitung nicht geschützter Werke der Musik (§ 3 S. 2)

Keine schutzfähige Bearbeitung (und ebenso wenig nach § 2 schutzfähig) ist die nur unwesentliche **28** Bearbeitung eines nicht geschützten Werks der Musik (§ 3 S. 2). Mit dieser durch die Novelle 1985 eingefügten Bestimmung wollte der Gesetzgeber die **Pflege alten Volksmusikguts** in Heimatvereinen, Trachtengruppen usw schützen.[105] Solche Musikstücke (Lieder und Instrumentalmusik) bestehen aus bestimmten Zusammensetzungen von melodischen, rhythmischen und harmonischen Grundmustern, die als überlieferte Motive, Modelle und Kombinationen im Laufe von Jahrhunderten gewachsen sind und von Generation zu Generation weitervererbt werden. Bei der im traditionellen Rahmen bleibenden Wiedergabe dieser Musik wird jeweils nur eine von mehreren gängigen Abwandlungen aufgegriffen. Diese Pflege alter Volksmusik soll nicht dadurch beeinträchtigt werden, dass bereits geringfügige Umgestaltungen gemeinfreier Weisen den Volksmusikgruppen entgegengehalten werden. Die Vorschrift kann nicht als verfassungswidrig angesehen werden;[106] noch bestehenden Bedenken[107] lässt sich durch eine verfassungskonforme Auslegung Rechnung tragen, nach der § 3 S. 2 das besagt, was ohnehin gilt, dass nämlich unwesentliche Umgestaltungen keinen Urheberrechtsschutz begründen.[108]

Eine **unwesentliche** Bearbeitung liegt vor, wenn es bei dem überlieferten melodischen, harmoni- **29** schen und rhythmischen Grundmuster der Weise verbleibt.[109] Bei Veranstaltungen mit ausschließlich volksmusikalischem Programm kann es daher nach dem Bericht des Rechtsausschusses eine Vermutung für die Wahrnehmungsbefugnis einer Verwertungsgesellschaft nicht geben.[110]

4. Bildende Kunst, angewandte Kunst

Beispiele für schutzfähige Bearbeitungen in der bildenden Kunst sind nicht nur Abänderungen des **30** Originals, sondern auch **Wiedergaben in einer anderen Kunstform,** zB Radierungen, Kupferstiche oder Holzschnitte nach Gemälden oder Plastiken. Auch die bildliche Darstellung in der Literatur beschriebener Charaktere kann Bearbeitung sein,[111] ebenso die bildliche, sich der Stilmitteln eines Comics bedienende Darstellung eines Tagebuchs.[112] Die Bearbeitung setzt nicht notwendig einen **Substanzeingriff** in das bearbeitete Werk voraus, sie kann auch dann vorliegen, wenn die Bearbeitung das benutzte Werk unverändert wiedergibt. Der BGH hat das in einem Fall angenommen, in dem Reproduktionen von Bildern in Bildrahmen integriert wurden, deren Bemalung sich als Fortsetzung und Vergrößerung der Bilder darstellte; hier werde ein geschütztes Werk in ein neues „Gesamtkunstwerk" derart integriert, dass es als dessen Teil erscheine.[113] Voraussetzung für einen Schutz als Bearbeitung ist aber immer, dass die Wiedergabe nicht rein routinemäßig oder handwerklich erfolgt, sondern eine eigenschöpferische Leistung darstellt. Dagegen stellt die **Änderung der Größenverhältnisse** keine schutzfähige Bearbeitung dar.[114] Das Gleiche gilt für die **Übertragung in** einen **anderen Werkstoff** (zB Metall statt Holz); das **Nachschnitzen einer Skulptur** ist vom BGH mit Recht nicht als eigenschöpferische Leistung angesehen worden, hierbei werde nicht aus eigener Vorstellung ein eigenes Werk geschaffen, sondern lediglich wiederholt, was der Schöpfer des Originalwerkes aufgrund seiner schöpferischen Tätigkeit geschaffen habe.[115] Bei der **Übertragung in eine andere Dimension** (zB Dürers Graphik „Hände" als Relief) wird man zu unterscheiden haben, ob das Werk maßstabsgetreu umgesetzt wurde oder die Hinzufügung der weiteren Dimension für eine schöpferische Gestaltung genutzt wurde.[116]

---

[103] Einzelheiten und Beispiele bei *Riedel* UFITA 58 1970, 141 (166 ff.); sa. LG Berlin ZUM 1999, 252 (254 ff.).

[104] BGH GRUR 1991, 534 – Brown Girl II.

[105] Zur Entstehungsgeschichte vgl. *Brockmann* S. 59 ff.; *Gutsche* S. 72 ff.

[106] Fromm/Nordemann/*A. Nordemann* UrhG § 3 Rn. 32; wie hier auch Wandtke/Bullinger/*Bullinger* UrhG § 3 Rn. 31; Dreier/Schulze/*Schulze* UrhG § 3 Rn. 28; eingehend *Grossmann* S. 27 ff.; *Gutsche* S. 79 ff.

[107] *W. Nordemann* GRUR 1985, 837 f.

[108] Ebenso Dreier/Schulze/*Schulze* UrhG § 3 Rn. 28; Fromm/Nordemann/*A. Nordemann* UrhG § 3 Rn. 32; *Schack* Rn. 273, will die Vorschrift auf Volksmusik beschränken; aA (für einen umfassenden Anwendungsbereich) *Rauscher auf Weeg* FS GRUR, 1991, 1265, Rn. 43.

[109] Schriftl. Bericht des Rechtsausschusses, BT-Drs. 10/3360, 18; eingehend zur Abgrenzung von wesentlichen und unwesentlichen Bearbeitungen *Grossmann* S. 51 ff.

[110] Schriftl. Bericht des Rechtsausschusses, BT-Drs. 10/3360, 18.

[111] BGH GRUR 2014, 258 Rn. 37 ff. – Pippi-Langstrumpf-Kostüm; Dreier/Schulze/*Schulze* UrhG § 3 Rn. 34; im konkreten Fall verneint von LG Köln GRUR-RR 2002, 3 (4) – Harry Potter.

[112] OLG Hamburg ZUM-RD 2016, 576 (589) – Anne Frank-Tagebuch.

[113] BGH GRUR 2002, 532 (534) – Unikatrahmen; zustimmend Dreier/Schulze/*Schulze* UrhG § 3 Rn. 37; Wandtke/*Bullinger* UrhG § 3 Rn. 26; DKMH/*Dreyer* UrhG § 3 Rn. 13; Büscher/Dittmer/Schiwy/*Obergfell* Kap. 10 UrhG § 3 Rn. 11; *Loewenheim* in Anm. LM UrhG § 14 Nr. 5.

[114] BGH GRUR 1990, 669 (673) – Bibelreproduktion; BGH GRUR 1966, 503 (505) – Apfelmadonna; allg. Ansicht auch im Schrifttum, vgl. statt vieler Dreier/Schulze/*Schulze* UrhG § 3 Rn. 31; → Rn. 19.

[115] BGH GRUR 1966, 503 (505) – Apfelmadonna.

[116] Näher → Rn. 19; Dreier/Schulze/*Schulze* UrhG § 3 Rn. 32; eine schöpferische Gestaltung wird bejaht von Büscher/Dittmer/Schiwy/*Obergfell* Kap. 10 UrhG § 3 Rn. 11; DKMH/*Dreyer* UrhG § 3 Rn. 41.

5. Lichtbildwerke

31   Bei Lichtbildwerken stellt das **Vergrößern und Verkleinern** des Formats einen rein technischen Vorgang dar und ist keine Bearbeitung, das gleiche gilt für die Wiedergabe von Ausschnitten aus Lichtbildwerken.[117] **Retuschen** beschränken sich im Allgemeinen auf optische Korrekturen und werden die erforderliche Gestaltungshöhe für Bearbeitungsschutz meist nicht erreichen. In Sonderfällen können aber Retuschen und andere Veränderungen mit fotografischen oder nicht-fotografischen Mitteln eine derartige „Verfremdung" des Ausgangswerkes bewirken, dass eine schutzfähige Bearbeitung vorliegt;[118] das gilt insbesondere für die **digitale Bildbearbeitung** (Picture-Sampling). Häufig wird in solchen Fällen ein Werk der bildenden Kunst vorliegen;[119] ebenso bei **Collagen. Wiedergaben in einer anderen Werkart,** zB das Malen von Gemälden nach Lichtbildwerken, sind meist Bearbeitungen.[120] Nicht schutzfähig ist das **Aufbringen von Vorlagen auf Objekte in virtuellen Welten,** selbst wenn dafür perspektivische Korrekturen, Helligkeitsanpassungen oder die Wahl eines entsprechenden Bildausschnitts erforderlich sind.[121]

6. Filmwerke

32   Die **Verfilmung** eines Werks sieht das Gesetz, wie § 23 S. 2 zeigt, als Bearbeitung an, soweit nicht freie Benutzung vorliegt.[122] Die Herstellung eines Spielfilms ist damit nicht nur originäre Werkschöpfung nach § 2 Abs. 1 Nr. 6, sondern auch Bearbeitung des verfilmten Drehbuchs bzw. des zugrundeliegenden Romans. Durch die Verfilmung erfährt das Werk jedenfalls eine veränderte Gestaltung und vermittelt einen geänderten Gesamteindruck, so dass von einer Bearbeitung auszugehen ist. Die **unveränderte oder nur unwesentlich veränderte Übernahme** eines Werks bei der Herstellung eines Films (etwa die Filmaufnahme eines Konzerts) ist aber keine Bearbeitung, sondern Vervielfältigung, auch wenn durch die Verbindung mit Bildfolgen das Musikwerk in einen neuen Zusammenhang gestellt wird.[123] Der Bearbeitungscharakter einer Verfilmung hat für diese selbst nur insofern praktische Bedeutung, als nach § 23 S. 2 bereits ihre Herstellung (und nicht erst ihre Veröffentlichung oder Verbreitung) der Einwilligung des Urhebers des verfilmten Werks bedarf. Die Schutzfähigkeit des Filmwerks ergibt sich schon aus § 2 Abs. 1 Nr. 6; § 3 braucht insoweit nicht herangezogen zu werden. Für die **Vorstufen** des Films behält dagegen der Bearbeitungsschutz seine Bedeutung; insbesondere stellt die Erstellung eines Drehbuchs nach einem Roman oder einer Erzählung in aller Regel eine schutzfähige Bearbeitung dar, da sie ohne eigenschöpferische Gestaltung durch den Drehbuchautor kaum denkbar ist.

33   Auch **Filmwerke** können **bearbeitet** werden. Solche Bearbeitungen stellen zB die Nachsynchronisation oder die Kolorierung alter Schwarz-Weiß-Filme dar, auch das Schneiden einer neuen Fassung oder die Umstellung von Szenen mittels Digitaltechnik.[124] Die für § 3 erforderliche Gestaltungshöhe wird hier meist erreicht. Mittels DVD-Technik ermöglichte Bearbeitungen wie „Director's Cut", vom eigentlichen Filmwerk abweichende Filmversionen und dgl. können gleichfalls schutzfähig sein.[125] Zu **Kürzungen, Erweiterungen** und **Abänderungen** vgl. → Rn. 16, 18. Die Herstellung von Auszügen aus einem Film für Werbezwecke wird im Allgemeinen keine schutzfähige Bearbeitung darstellen. Eine Neuverfilmung von Werken ist in der Regel keine Bearbeitung der Erstverfilmung, sondern eine weitere (Zweit-)Bearbeitung der vorbestehenden Werke.

7. Darstellungen wissenschaftlicher oder technischer Art

34   Bei Darstellungen wissenschaftlicher und technischer Art können Bearbeitungen vor allem in der Abänderung, Umgestaltung oder Ausarbeitung von Zeichnungen, Skizzen, Plänen, Karten u. dgl. liegen. Auch bei einer Bearbeitung dürfen die Anforderungen an die **Individualität** nicht zu hoch angesetzt werden.[126] Dem geringeren Maß an Individualität entspricht dann aber auch ein engerer Schutzumfang für das betreffende Werk.[127] Häufig wird allerdings die erforderliche Gestaltungshöhe nicht erreicht werden, insbesondere dann nicht, wenn sich die bei der Bearbeitung vorgenommenen Änderungen aus technischen Erfordernissen oder dem Zweck der Darstellung ergeben. Keine schutzfähige Bearbeitung sind daher die Markierung von Wegen in Wanderkarten oder Weglassungen und

[117] Dreier/Schulze/*Schulze* UrhG § 3 Rn. 39; sa. Büscher/Dittmer/Schiwy/*Obergfell* Kap. 10 UrhG § 3 Rn. 12.
[118] OLG Koblenz GRUR 1987, 435 – Verfremdete Fotos.
[119] Dreier/Schulze/*Schulze* UrhG § 3 Rn. 40; Büscher/Dittmer/Schiwy/*Obergfell* Kap. 10 UrhG § 3 Rn. 12.
[120] So zB LG München I GRUR 1988, 36 (37) – Hubschrauber mit Damen; → § 23 Rn. 7.
[121] LG Köln MMR 2008, 556 (557) – Virtueller Dom in Second Life.
[122] Vgl. auch BGH GRUR 1952, 530 (531) – Parkstraße 13; BGH GRUR 1958, 354 (355) – Sherlock Holmes; BGH GRUR 1958, 504 (506 f.) – Privatsekretärin.
[123] BGH GRUR 2006, 319 (321 f.) – Alpensinfonie; BGH GRUR 1994, 41 (42 f.) – Videozweitauswertung II; dazu kritisch Dreier/Schulze/*Schulze* UrhG § 3 Rn. 43.
[124] Dreier/Schulze/*Schulze* UrhG § 3 Rn. 45.
[125] Vgl. dazu *Loewenheim* GRUR 2004, 36 (37).
[126] Vgl. → § 2 Rn. 231; sa. für kartographische Gestaltungen BGH GRUR 2005, 854 (856) – Kartengrundsubstanz; BGH GRUR 1998, 916 (917) – Stadtplanwerk; BGH GRUR 1988, 33 (35) – Topographische Landeskarten.
[127] BGH GRUR 1998, 916 (917) – Stadtplanwerk; BGH GRUR 1988, 33 (35) – Topographische Landeskarten; → § 2 Rn. 231.

Vergröberungen bei Stadtplänen.[128] Die Ausführung einer Darstellung wissenschaftlicher und technischer Art (**Nachbau,** Bau eines **Modells** nach einem Plan) stellt keine Bearbeitung dar, da nach § 2 Abs. 1 Nr. 7 nur die Darstellung als solche, nicht aber der dargestellte Gegenstand oder Inhalt geschützt ist.[129]

E. Das Bearbeiterurheberrecht

I. Grundsatz und Rechtsnatur

Aus dem Schutz von Bearbeitungen „wie selbständige Werke" folgt, dass der Bearbeiter für seine **35** Leistung **vollen Urheberrechtsschutz** genießt. Ihm stehen hinsichtlich der Bearbeitung sowohl die Urheberpersönlichkeitsrechte der §§ 12–14 als auch die Verwertungs- und sonstigen Rechte der §§ 15 ff. zu, insbesondere kann er die Benutzung der bearbeiteten Fassung des Originalwerks anderen untersagen. Das Bearbeiterurheberrecht besteht gegenüber jedermann, auch **gegenüber dem Urheber des bearbeiteten Werks;**[130] dieser darf also die bearbeitete Fassung nur mit Zustimmung des Bearbeiters verwerten.

Trotz dieser Abhängigkeit vom Originalwerk ist das Bearbeiterurheberrecht kein abgeleitetes **36** Recht, sondern ein originär entstandenes **selbständiges Ausschließlichkeitsrecht.**[131] Der Bearbeiter hat daher hinsichtlich der Bearbeitung ein selbständiges Verbietungsrecht,[132] das er unabhängig vom Originalurheber geltend machen kann. Ebenso kann er unabhängig vom Originalurheber Nutzungsrechte an der Bearbeitung einräumen;[133] dieser muss dann allerdings der Verwertung selbst zustimmen, insofern zeigt sich wieder die Abhängigkeit. Wer also ein bearbeitetes Werk (etwa die Übersetzung eines Romans) verwerten will, benötigt sowohl die Zustimmung des Originalurhebers als auch die des Bearbeiters.

II. Entstehung und Schutzdauer

Das Bearbeiterurheberrecht **entsteht mit der Bearbeitung,** und zwar auch dann, wenn der Ur- **37** heber des Originalwerks eine nach § 23 S. 2 erforderliche Einwilligung zur Bearbeitung nicht gegeben hat. Als selbständiges Urheberrecht ist es vom Schicksal des Urheberrechts am Originalwerk unabhängig und besteht auch dann weiter, wenn dieses erlischt. Es ist also zwischen der Schutzdauer des Urheberrechts am bearbeiteten Werk und der Schutzdauer des Bearbeiterurheberrechts zu unterscheiden. In seiner bearbeiteten Form wird das Werk erst dann frei, wenn sowohl das Urheberrecht am bearbeiteten Werk als auch das Bearbeiterurheberrecht erloschen sind. Erlischt das Urheberrecht am bearbeiteten Werk früher als das Bearbeiterurheberrecht, so bleibt die Zustimmung des Bearbeiters zur Benutzung erforderlich, erlischt das Bearbeiterurheberrecht früher als das Urheberrecht am bearbeiteten Werk, so muss noch der Urheber des Originalwerks der Benutzung zustimmen.

Die **Schutzdauer** des Bearbeiterurheberrechts beläuft sich nach den allgemeinen Grundsätzen **38** (§ 64) auf 70 Jahre nach dem Tod des Bearbeiters. § 65 Abs. 1 findet keine Anwendung, da die Bearbeitung keinen Fall der Miturheberschaft darstellt.[134]

III. Schutzumfang

Da Bearbeitungen „wie selbständige Werke" geschützt sind, entspricht auch der Schutzumfang dem **39** eines selbständigen Werks; der Bearbeiter genießt vollen Urheberrechtsschutz. Es bleibt auf den Schutzumfang ohne Einfluss, ob eine Schöpfung als selbständiges Werk nach § 2 oder als Bearbeitung nach § 3 geschützt wird.[135]

Da Schutzgegenstand aber nur die Bearbeitung als solche ist, ist der Bearbeiter auch nur gegen die **40** unfreie **Benutzung seiner Bearbeitung** geschützt, die Benutzung des Originalwerks kann er nicht verhindern, insbesondere nicht dessen erneute Bearbeitung (Zweitbearbeitung). Hinsichtlich seiner Bearbeitung hat er dagegen auch die Bearbeitungsrechte des § 23; die Verwertung (im Rahmen des § 23 S. 2 auch die Herstellung) mehrstufiger Bearbeitungen bedarf daher seiner Zustimmung.

---

[128] BGH GRUR 1965, 45 (48) – Stadtplan.
[129] Vgl. → § 2 Rn. 228.
[130] BGHZ 15, 338 (347) – Indeta; BGH GRUR 1962, 370 (373) – Schallplatteneinblendung; BGH GRUR 1972, 143 (146) – Biografie: Ein Spiel; Dreier/Schulze/*Schulze* UrhG § 3 Rn. 50; Fromm/Nordemann/*A. Nordemann* UrhG § 3 Rn. 36; sa. LG München I GRUR-RR 2012, 246 (247).
[131] BGH GRUR 1962, 370 (374) – Schallplatteneinblendung.
[132] BGHZ 15, 338 (347) – Indeta; OLG Hamburg GRUR-Prax 2016, 406.
[133] BGH GRUR 1962, 370 (374) – Schallplatteneinblendung,
[134] Vgl. → Rn. 9.
[135] OLG Hamburg ZUM 1989, 523 (524).

§ 4 Sammelwerke und Datenbankwerke

(1) Sammlungen von Werken, Daten oder anderen unabhängigen Elementen, die aufgrund der Auswahl oder Anordnung der Elemente eine persönliche geistige Schöpfung sind (Sammelwerke), werden, unbeschadet eines an den einzelnen Elementen gegebenenfalls bestehenden Urheberrechts oder verwandten Schutzrechts, wie selbständige Werke geschützt.

(2) [1]Datenbankwerk im Sinne dieses Gesetzes ist ein Sammelwerk, dessen Elemente systematisch oder methodisch angeordnet und einzeln mit Hilfe elektronischer Mittel oder auf andere Weise zugänglich sind. [2]Ein zur Schaffung des Datenbankwerkes oder zur Ermöglichung des Zugangs zu dessen Elementen verwendetes Computerprogramm (§ 69a) ist nicht Bestandteil des Datenbankwerkes.

Schrifttum: *Bartmann,* Grenzen der Monopolisierung durch Urheberrechte am Beispiel von Datenbanken und Computerprogrammen, 2005; *Bensinger,* Sui-generis-Schutz für Datenbanken, 1999; *Castendyk,* Programminformationen der Fernsehsender im EPG – auch ein Beitrag zur Auslegung von § 50 UrhG, ZUM 2008, 916; *Davison,* The Legal Protection of Databases, 2003; *Derclaye,* The Legal Protection of Databases, 2008; *Ehinger/Stiemerling,* Die urheberrechtliche Schutzfähigkeit von Künstlicher Intelligenz am Beispiel von Neuronalen Netzen, CR 2018, 761; *Gaster,* Der Rechtsschutz von Datenbanken – Kommentar zur Richtlinie 96/9/EG mit Erläuterungen zur Umsetzung in das deutsche und das österreichische Recht, 1999; *ders.,* Zur anstehenden Umsetzung der EG-Datenbankrichtlinie (Teil I), CR 1997, 669; *ders.,* Zur anstehenden Umsetzung der EG-Datenbankrichtlinie (Teil II), CR 1997, 717; *ders.,* Der Rechtsschutz von Datenbanken im Lichte der Diskussion zu den urheberrechtlichen Aspekten der Informationsgesellschaft, in: Dittrich (Hg.), Beiträge zum Urheberrecht IV, ÖSGRUM 19 (1995) 201; *Große Ruse-Khan,* Der europäische Investitionsschutz für Datenbanken vor dem Hintergrund internationaler Abkommen, 2004; *Grützmacher,* Urheber-, Leistungs- und Sui-generis-Schutz von Datenbanken – eine Untersuchung des europäischen, deutschen und britischen Rechts, 1999; *Hertin,* Der Elementenschutz für Darstellungen wissenschaftlicher und technischer Art ist eröffnet – Die Konsequenz aus der Rechtsprechung des EuGH zum Datenbankschutz für analoge Kartografie, FS Schulze (2017), S. 13; *ders.,* Datenbankschutz für topografische Landkarten?, GRUR 2004, 646; *Hoeren,* Genießt die Sendefolge urheberrechtlichen Schutz?, ZUM 2008, 271; *Hugenholtz,* Something Completely Different: Europe's Sui Generis Database Right in: Frankel/Gervais (Hg.), The Internet and the emerging importance of new forms of Intellectual Property, 2016, S. 205; *Hofmann,* Die Schutzfähigkeit von Computerspielesystemen nach Urheberrecht, CR 2012, 281; *Joint Institute for Innovation Policy,* Study in Support of the Database Directive, 2018; *Leistner,* Big Data and the EU Database Directive 96/9/EC: Current Law and Potential for Reform in: Lohsse/Schulze/Staudenmayer (Hg.), Trading Data in the Digital Economy: Legal Concepts and Tools, 2017, S. 27; *ders.,* Was lange währt …: EuGH entscheidet zur Schutzfähigkeit geografischer Karten als Datenbanken, GRUR 2016, 42; *ders.,* Die Landkarte als Datenbank, GRUR 2014, 528; *ders.,* Der urheberrechtliche Schutz der Sendefolge, FS Loschelder (2010), S. 189; *ders.,* „Last exit" withdrawal? Die Zukunft des europäischen Datenbankschutzes nach der EuGH-Entscheidung in Sachen BHB v. Hill und dem Evaluierungsbericht der Kommission, K&R 2007, 457; *ders.,* Der Rechtsschutz von Datenbanken im deutschen und europäischen Recht, 2000; *ders.,* Der neue Rechtsschutz des Datenbankherstellers, GRUR-Int 1999, 819; *Leistner/Antoine,* Exhaustion and Second-Hand Digital Goods/Contents in: Heath/Kamperman/Sanders (Hg.), Intellectual Property Rights as Obstacles to Legitimate Trade?, 2018, S. 159; *Leistner/Bettinger,* Creating Cyberspace, Beilage CR 12/1999; *Loewenheim,* Urheberrecht, in: Loewenheim/Koch (Hg.), Praxis des Online-Rechts, 1998, Kap. 7; *Moufang,* Datenbankverträge, FS Schricker (1995), S. 571; *Nippe,* Urheber und Datenbank – Der Schutz des Urhebers bei der Verwendung seiner Werke in elektronischen Datenbanken, 2000; *Pleister/v. Einem,* Zur urheberrechtlichen Schutzfähigkeit der Sendefolge, ZUM 2007, 904; *Rieger,* Der rechtliche Schutz wissenschaftlicher Datenbanken, 2010; *Sagstetter,* Digitaler Strukturwandel und Privatrecht – Neue Regeln für Big Data & Co.?, in: Husemann/Korves/Rosenkranz et al. (Hg.), Jahrbuch Junger Zivilrechtswissenschaftler, 2018, S. 249; *Schierholz/Müller,* Der Herausgeber im Urheberrecht, FS W. Nordemann (2004), S. 115; *Waitz,* Die Ausstellung als urheberrechtlich geschütztes Werk, 2009; *Westkamp,* Der Schutz von Datenbanken und Informationssammlungen im britischen und deutschen Recht – eine vergleichende Untersuchung des Rechtszustandes nach Umsetzung der europäischen Datenbankrichtlinie unter Berücksichtigung des Urheberrechts, des Datenbankherstellerrechts und des Wettbewerbsrechts, 2003; *Wiebe,* Der Schutz von Maschinendaten durch das sui-generis-Schutzrecht für Datenbanken, GRUR 2017, 338; *ders.,* Der Schutz von Datenbanken – ungeliebtes Stiefkind des Immaterialgüterrechts, CR 2014, 1; *Wolf,* Social Bots im Wahlkampf – Das UrhG als Handhabe gegen „Meinungsroboter"?, WRP 2019, 440; *Yarayan,* Der Schutz von Datenbanken im deutschen und türkischen Recht, 2005.

Siehe auch die Schrifttumsangaben Vor §§ 87a ff.

Übersicht

A. Zweck und Bedeutung der Norm[*]

Regelungsgegenstand des § 4 sind **Sammelwerke,** dh Sammlungen von Beiträgen, Daten oder **1** anderen Elementen, bei denen die Art ihrer Auswahl oder Anordnung eine persönliche geistige Schöpfung darstellt und damit das Niveau urheberrechtlicher Schutzfähigkeit erreicht. Sammelwerke wurden bereits durch § 4 LUG und § 6 KUG als selbständige Werke geschützt, ebenso genießen sie Schutz nach Art. 2 Abs. 5 RBÜ, Art. 10 Abs. 2 TRIPS sowie Art. 5 WCT. Der Gesetzgeber von 1965 dachte bei Sammelwerken an Schutzgegenstände wie Lexika, Enzyklopädien, Anthologien, Koch- und Adressbücher.[1] Mittlerweile ist aufgrund **europäischen Rechts** eindeutig klargestellt, dass die einzelnen Elemente der Sammlung ihrerseits keine Werkqualität aufweisen müssen, so dass insbesondere auch elektronische Datenbanken jeglicher Couleur erfasst werden können, selbst wenn es sich bei deren einzelnen Elementen nicht um Werke handelt.

§ 4 regelt die **Schutzfähigkeit von Sammelwerken** als eigenständige Werkart. Das Sammelwerk **2** ist aufgrund der in der Auswahl oder Anordnung zutage tretenden schöpferischen Leistung mehr als die bloße Summe seiner einzelnen Elemente, es ist ein zusätzliches Etwas, das rechtlich als **selbständiges Werk** neben den Beiträgen, die es enthält, behandelt wird. Sammelwerke bilden eine **einheitliche Werkkategorie,** die insbesondere nicht durch die Werkgattung der aufgenommenen Werke bestimmt wird.[2] Vielmehr bezieht sich der urheberrechtliche Schutz hier auf die kreativen Auswahl- oder Anordnungsentscheidungen, wobei aufgrund des offenen Werkkatalogs des § 2 Abs. 2 eine Zuordnung zu einer der dort geregelten Werkarten nicht notwendig ist. § 4 hat insofern nur klarstellende Bedeutung.[3]

B. Unionsrechtlicher Rahmen, Systematik der Norm und weitere Entwicklung

Mit der Entwicklung der **Datenbanken** wurden auch diese als nach § 4 schutzfähige Sammelwer- **3** ke angesehen, sofern sie sich in Auswahl oder Anordnung der in ihnen enthaltenen Elemente als persönliche geistige Schöpfung qualifizierten.[4] Soweit urheberrechtliches Niveau nicht erreicht wurde, kam lediglich Wettbewerbsschutz in Betracht.[5]

Die damit zutage getretenen Schutzdefizite und die Divergenzen, die sich beim Urheberrechts- **4** schutz aus den unterschiedlichen Rechtsordnungen der EG-Mitgliedstaaten ergaben, führten zum **Erlass der europäischen Datenbank-RL,** die einen **Urheberrechtsschutz** von schöpferischen Datenbanken und einen **Schutz sui generis** von nichtschöpferischen Datenbanken vorsieht, sofern diese das Ergebnis einer quantitativ oder qualitativ **wesentlichen Investition** des Datenbankherstellers sind.[6] Die Umsetzung in deutsches Recht erfolgte durch Art. 7 IuKDG vom 13.6.1997,[7] der nach einer wechselvollen Entwicklung schließlich den in Art. 3 Datenbank-RL vorgesehenen Urheberrechtsschutz in § 4 als neuen Abs. 2 einfügte. Urheberrechtsschutzfähige Datenbanken stellen da-

---

[*] Die vorliegende Kommentierung beruht teilweise auf der Kommentierung von *Loewenheim.*
[1] AmtlBegr. BT-Drs. 4/270, 39.
[2] Insoweit allgA, s. Dreier/Schulze/*Dreier* UrhG § 4 Rn. 1, 4; Fromm/Nordemann/*Czychowski* UrhG § 4 Rn. 11; Wandtke/Bullinger/*Marquardt* UrhG § 4 Rn. 1.
[3] *Schierholz/Müller* FS W. Nordemann, 2004, 115 (118); Dreier/Schulze/*Dreier* UrhG § 4 Rn. 1; Fromm/Nordemann/*Czychowski* UrhG § 4 Rn. 1; insoweit aA → 4. Aufl. 2010, § 4 Rn. 2. Vgl. zu den praktischen Konsequenzen für Sammlungen von Realobjekten, wie insbes. Ausstellungen oä → Rn. 14.
[4] → Vor §§ 87a ff. Rn. 3.
[5] Dazu → Vor §§ 87a ff. Rn. 5.
[6] Einzelheiten zur Entwicklung → Vor §§ 87a ff. Rn. 8. Vgl. im Übrigen aus der Sicht des englischen Rechts *Davison* passim sowie *Derclaye* passim mit einem Rechtsvergleich zum türkischen Recht *Yarayan.*
[7] BGBl. I S. 1870.

mit einen Unterfall der Sammelwerke dar und werden als **Datenbankwerke** bezeichnet.[8] Auch der Oberbegriff des Sammelwerks nach § 4 Abs. 1 wurde dabei den Erfordernissen der Richtlinie angepasst.

5 Der Schutz nicht urheberrechtsschutzfähiger Datenbanken aufgrund des neuen **sui generis-Schutzrechtes** für wesentliche Investitionen erfolgte durch Einfügung der §§ 87a–87e.[9] Beide Rechte können **nebeneinander** bestehen[10] und stehen häufig auch in der Praxis **unterschiedlichen Rechtsinhabern** zu (nämlich dem Datenbankurheber einerseits und dem Datenbankhersteller andererseits).[11]

6 Dabei wird der **Datenbankbegriff der Richtlinie** als Oberbegriff – entsprechend der Richtlinienvorgabe – in § 4 und § 87a einheitlich definiert, wobei sich dann jeweils nur die materiellen Schutzvoraussetzungen (der eigenen (persönlichen) geistigen Schöpfung für den Urheberrechtsschutz des Datenbankurhebers bzw. der wesentlichen Investition für den sui generis-Schutz des Datenbankherstellers) unterscheiden.

Innerhalb der **Systematik des § 4** finden sich die allgemeinen Voraussetzungen einer Einordnung als möglicherweise urheberrechtsschutzfähige Datenbank zum Großteil schon in der allgemeinen Vorschrift des § 4 Abs. 1 zu Sammelwerken umgesetzt, wobei insbesondere klargestellt wurde, dass Sammlungen jedweder unabhängiger Elemente geschützt sind.[12] Die eigenständige Regelung des Datenbankwerks in § 4 Abs. 2 bringt dann lediglich die in der Praxis weniger bedeutsamen zusätzlichen Voraussetzungen der systematischen oder methodischen Anordnung sowie der Einzelzugänglichkeit der Elemente.[13] Die eigenständige Regelung für Datenbankwerke in Abs. 2 wäre vor dem Hintergrund der Umsetzung der wesentlichen Definitionselemente schon in der allgemeinen Regelung des Abs. 1 nicht zwingend notwendig gewesen,[14] kann aber auf diese Weise immerhin als begrifflicher Anknüpfungspunkt für einzelne spezifisch datenbankwerkbezogene Vorschriften im Urheberrechtsgesetz (vgl. §§ 23 S. 2, 53 Abs. 5, 55a, 137g) dienen.

7 In seiner **Football Dataco ./. Yahoo-Entscheidung** vom 1.3.2012 hat der **EuGH** grundlegende Aussagen zur **materiellen Schutzvoraussetzung der eigenen geistigen Schöpfung** bei der Auswahl oder Anordnung der Elemente urheberrechtsschutzfähiger Datenbankwerke nach Art. 3 Abs. 1 Datenbank-RL getroffen,[15] die bei der Auslegung der Schutzvoraussetzung der persönlichen geistigen Schöpfung nach § 4 zwingend zu berücksichtigen sind.[16] Im Übrigen betrifft die **Rechtsprechung des EuGH** zur Datenbank-RL bisher vornehmlich das Datenbankherstellerrecht.[17] Diese Rechtsprechung hat aber **Bedeutung für § 4,** soweit allgemeine Ausführungen zur **Definition der Datenbanken als Oberbegriff** für Sammelwerk- und Herstellerschutz enthalten sind.

8 Beide Absätze des § 4 sind im Hinblick auf diese Vorgaben **richtlinienkonform auszulegen.**[18] Für Abs. 2 sowie für die Änderungen des Abs. 1, die unmittelbar auf die Datenbank-RL zurückgehen, ist dies unumstritten. Aber auch für die allgemeine Regelung der Schutzvoraussetzung in Abs. 1 besteht aufgrund der neueren Rechtsprechung des EuGH zum europäischen Werkbegriff[19] nunmehr insgesamt eine Pflicht zur Auslegung im Einklang mit den Vorgaben des europäischen Richtlinienrechts.[20]

---

[8] Vgl. auch → Rn. 32 und → Rn. 44.

[9] Für weitere Einzelheiten zur Entstehungsgeschichte sowie zu Zweck und Bedeutung der Datenbank-RL → Vor §§ 87a ff. Rn. 8 ff., 20 ff.

[10] AmtlBegr. BT-Drs. 13/7934, 42; BR-Drs. 966/96, 41; Dreier/Schulze/*Dreier* UrhG § 4 Rn. 3; Büscher/Dittmer/Schiwy/*Obergfell* UrhG § 4 Rn. 11.

[11] BGH GRUR 2007, 685 Rn. 27 – Gedichttitelliste I. Im Einzelfall kann diese Schutzrechtsüberschneidung zu praktischen Problemen führen, insbes. da die Verwertung einer nach § 4 Abs. 2 UrhG und §§ 87a ff. UrhG geschützten Datenbank dann stets nur mit Zustimmung beider Rechtsinhaber möglich ist. Jedenfalls sollte das Urheberrecht am Datenbankwerk hier vom Datenbankherstellerrecht unberührt bleiben, insbes. das Datenbankherstellerrecht nicht zum Nachteil des Urhebers geltend gemacht werden können (vgl. auch § 87g Abs. 3 UrhG für ein vergleichbares Problem beim Presseverlegerleistungsschutzrecht). Hins. der Werkverwertung dürften dem Datenbankhersteller ohnedies typischerweise die entspr. Nutzungsrechte durch den Datenbankurheber eingeräumt sein; iÜ könnte über eine analoge Anwendung des § 9 UrhG auf das Verhältnis von Datenbankhersteller und Urheber des Datenbankwerks nachgedacht werden.

[12] → Rn. 9 ff.

[13] → Rn. 51 ff.

[14] Vgl. Fromm/Nordemann/*Czychoswki* UrhG § 4 Rn. 4.

[15] EuGH GRUR 2012, 386 Rn. 25 ff. – Football Dataco/Yahoo.

[16] Näher → Rn. 20.

[17] Näher → § 87a Rn. 33.

[18] Daher erfolgt hier insbes. die Behandlung der Schutzvoraussetzung der persönlichen geistigen Schöpfung einheitlich für § 4 Abs. 1 und 2 UrhG, → Rn. 19 ff., 50. Etwas enger Dreier/Schulze/*Dreier* UrhG § 4 Rn. 2; Fromm/Nordemann/*Czychowski* UrhG § 4 Rn. 6: Abs. 1 nur für Änderungen auf eur. Recht zurückgehend. Dies würde aber gerade die entscheidende Frage der Schutzvoraussetzung ausschließen, die nach der hier vertretenen Auffassung in den Grundzügen aufgrund eur. Rechts determiniert ist; in ähnliche Richtung wie hier aber schon → 4. Aufl. 2010, UrhG § 4: richtlinienkonforme Auslegung, soweit Änderungen auf eur. Recht zurückgehen, auch im Übrigen empfehle sich die einheitliche Anwendung der Vorschrift.

[19] → § 2 Rn. 3 ff. sowie → Rn. 20 und 50.

[20] Insoweit wie hier Dreier/Schulze/*Dreier* UrhG § 4 Rn. 19; aA wohl Fromm/Nordemann/*Czychowski* UrhG § 4 Rn. 31 ff. mwN (andererseits offen gelassen in Rn. 6).

Die europäische Konzeption mit ihrer zweigliedrigen Systematik und der Einführung des neuen sui **8a**
generis-Rechts ist ihrer intendierten globalen Vorreiterrolle[21] nicht gerecht geworden. Im **internationalen Vergleich ist die Einführung des sui generis-Rechts ein Einzelphänomen geblieben.**[22] Auch auf europäischer Ebene wird das sui generis-Recht mittlerweile eher **kritisch beurteilt.**[23] Von seinen Zielen, einerseits für effektive Harmonisierung zu sorgen und andererseits die
Entwicklung der europäischen Datenbankindustrie zu stärken, hat es wohl allenfalls das Harmonisierungsziel effektiv erreicht.[24] Entsprechend steht inzwischen auf europäischer Ebene eher die Diskussion zum **Reformbedarf bei der Datenbank-RL,** insbesondere im Hinblick auf eine effektive Regulierung der Datenökonomie und von big data-Konstellationen, im Mittelpunkt.[25]

C. Sammelwerke

I. Begriff und Schutzvoraussetzungen

Sammelwerke sind nach der Legaldefinition des **§ 4 Abs. 1** durch zwei Merkmale gekennzeichnet: **9**
Zum einen muss es sich um **Sammlungen von Werken, Daten oder anderen unabhängigen
Elementen** handeln (einheitliche allgemeine Voraussetzung auch des Datenbank(werk)begriffs nach
§ 4 Abs. 2 und § 87a), zum anderen muss spezifisch als Voraussetzung des urheberrechtlichen Schutzes
in der Auswahl oder Anordnung der Elemente eine **persönliche geistige Schöpfung** liegen.

1. Sammlungen von Werken, Daten oder anderen unabhängigen Elementen

a) Sammlung. Im Ausgangspunkt muss eine **Sammlung** von Werken, Daten oder anderen un- **10**
abhängigen Elementen vorliegen. Eine **Mindestanzahl** von Elementen ist hierfür jedenfalls auf der
Ebene des allgemeinen Sammlungsbegriffs nicht vorausgesetzt.[26] Auch hinsichtlich der materiellen
Schutzvoraussetzung ist für den urheberrechtlichen Schutz allein das Vorliegen einer persönlichen
geistigen Schöpfung bei Auswahl oder Anordnung der Elemente mit Blick auf den im jeweiligen
Einzelfall hierfür bestehenden Gestaltungsspielraum entscheidend,[27] welches sich einer Bewertung
anhand des schematischen Kriteriums einer bestimmten Mindestzahl von Elementen entzieht.[28]

b) Werke, Daten oder andere Elemente. Sammelwerke können sowohl urheberrechtlich **ge- 11
schützte** als auch **nicht geschützte** Gestaltungen umfassen.[29] Mit dem Begriff der **Werke** nimmt
§ 4 Abs. 1 auf § 2 Bezug. Auf den tatsächlich bestehenden urheberrechtlichen Schutz kommt es dabei
nicht an, vielmehr kommen auch im konkreten Fall (zum Beispiel nach § 5 oder wegen Schutzfristab-
laufs) ungeschützte Werke als Einzelbeiträge in Betracht.[30]

Nicht schutzfähige Gestaltungen fallen unter den Begriff der **Daten oder anderen unabhängi- 12
gen Elemente.** Unabhängig von dem in der Literatur geführten Streit um die Einzelheiten des Begriffs der **Daten**[31] ist damit aufgrund des **Auffangcharakters** des Begriffs der **anderen unabhängigen Elemente** klargestellt, dass neben Werken im Sinne des Urheberrechts jegliches andere für

---

[21] *Leistner,* Big Data and the EU Database Directive 96/9/EC, S. 60.
[22] *Leistner,* Big Data and the EU Database Directive 96/9/EC, S. 60.
[23] Vgl. die beiden Evaluierungsberichte der Europäischen Kommission. Der Bericht zur ersten Evaluation samt
Begleitmaterialien ist abrufbar unter: http://ec.europa.eu/internal_market/copyright/prot-databases/index_de.htm;
vgl. dazu ausführlicher *Leistner* K&R 2007, 457. Der Bericht zur zweiten Evaluation samt Begleitmaterialien findet
sich unter: https://ec.europa.eu/digital-single-market/en/news/staff-working-document-and-executive-summary-
evaluation-directive-969ec-legal-protection; vgl. dazu ausführlicher *Sagstetter* JbJZivRWiss 2018, 249 (253 ff.).
[24] *Hugenholtz,* Something Completely Different: Europe's Sui Generis Database Right, S. 221; *Leistner* K&R
2007, 457 (464); zurückhaltender jüngst Joint Institute for Innovation Policy, Study in Support of the Database
Directive, Annex 1: Legal Analysis, S. 8 ff. mwN.
[25] S. ausführlich *Leistner,* Big Data and the EU Database Directive 96/9/EC mwN; *Sagstetter* JbJZivRWiss 2018,
249 (252 ff.); *Specht* CR 2016, 288; *Wiebe* GRUR 2017, 338; *Zech* GRUR 2015, 1151; vgl. auch den zweiten
Evaluierungsbericht der Europäischen Kommission (SWD (2018) 147 endg.) sowie die begleitende Studie des Joint
Institute for Innovation Policy; die Europäische Kommission plant derzeit iErg keine Veränderung des status quo, s.
SWD(2018) 147 endg. S. iÜ ausf. zur gesamten Entwicklung auch → Vor § 87a ff.
[26] EuGH GRUR 2005, 254 Rn. 24 – Fixtures-Fußballspielpläne II; *Leistner* S. 45; auch → § 87a Rn. 6 jew.
mwN.
[27] → Rn. 19 ff.
[28] *Leistner* S. 45 (dort in Fn. 112); *Hornung* S. 73; aA Fromm/Nordemann/*Czychowski* UrhG § 4 Rn. 30, insbes.
im Zusammenhang mit dem urheberrechtlichen Schutzgegenstand bei Teilnutzungen eines Datenbankwerks, der
dann aber auch seinerseits selbst bei nur vier Elementen einen urheberrechtlichen Schutz jedenfalls nicht als prinzipiell ausgeschlossen ansieht.
[29] S. schon vor der gesetzgeberischen Klarstellung BGH GRUR 1992, 382 (384) – Leitsätze.
[30] Dreier/Schulze/*Dreier* UrhG § 4 Rn. 9; Fromm/Nordemann/*Czychowski* UrhG § 4 Rn. 16.
[31] Vgl. mit einem weiten Verständnis des Datenbegriffs *Bensinger* S. 125: formalisierte, zur menschlichen oder
maschinellen Kommunikation geeignete Darstellungen von Fakten, Konzepten oder Instruktionen; im Anschluss
daran Dreier/Schulze/*Dreier* UrhG § 4 Rn. 9; enger Fromm/Nordemann/*Czychowski* UrhG § 4 Rn. 17 ff.: kleinste Bestandteile mit informationstechnologisch prozessierbarem Informationswert eines zur Informationsverarbeitung gedachten Sammelwerks.

Menschen wahrnehmbare Material (also zum Beispiel Texte, Töne, Bilder, Zahlen und insbesondere auch bloße Fakten) in Betracht kommt.[32] Auch Untergruppen von Datenbanken, die ihrerseits Sub-Datenbanken darstellen, können Einzelelemente der übergeordneten Sammlung sein.[33]

13   Unerheblich ist die **Quelle,** aus der die Elemente der Sammlung stammen. Die Elemente können also von der Person stammen, die auch die Sammlung erstellt, oder aus beliebigen anderen Quellen.[34]

14   Praktisch wesentlich ist die Frage, ob auch Sammlungen von **Realobjekten,** wie eine Bibliothek, eine Kunst- oder Geschichtsausstellung oder ähnliche „Sammlungen" im weitesten Sinne, wie beispielsweise sogar die Aufteilung eines Zoos, unter den Begriff des Sammelwerks fallen können. Diese Frage wird in der deutschen Rechtsprechung tendenziell bejaht[35] und ist in der Literatur umstritten.[36] Richtigerweise erfasst der weite Auffangbegriff der „anderen unabhängigen Elemente" jedenfalls grundsätzlich auch Realobjekte, so dass insoweit auch Ausstellungen oder Sammlungen von physischen Objekten jeglicher Couleur erfasst werden können.[37]

15   Entscheidend für die Abgrenzung ist auf dieser Grundlage, ob hinsichtlich der Auswahl oder Anordnung der Elemente eines Sammelwerks lediglich im weitesten Sinne wissenschaftlich-literarisch systematisierende Leistungen oder aber auch rein ästhetische Auswahl- oder Anordnungsentscheidungen vom Sammelwerkbegriff erfasst werden.[38] Liegt eine im weitesten Sinne **systematisierende Auswahl- oder Anordnungsleistung** vor, wie dies etwa bei dokumentierenden Ausstellungen, einer möglichst besucherfreundlichen Einteilung oder einem systematisch stimmigen Anordnungskonzeption der Fall sein kann, kommt ein Schutz als Sammelwerk jedenfalls in Betracht.[39] Bestritten wird dies aber teilweise grundsätzlich für Sammlungen, die von einer **rein künstlerisch (insbesondere ästhetisch)** geprägten Auswahl oder Anordnung geprägt sind, da es sich dann nicht um literarisch-wissenschaftliches Schaffen handle.[40] Da die spezifische Schutzvoraussetzung des Urheberrechtsschutzes in diesem Bereich nach der neueren EuGH-Rechtsprechung aber gerade schwerpunktmäßig auf Spielräume für nicht praktisch-methodische, sondern mehr kreativ-persönliche (künstlerische) Auswahl- oder Anordnungsentscheidungen zielt, würde ein prinzipieller Ausschluss derartiger Sammlungen den verbleibenden Anwendungsspielraum für urheberrechtlichen Schutz zu sehr beschränken. Daher sollten auch Sammlungen, die aufgrund rein künstlerischer Auswahl- oder Anordnungsleistungen zusammengestellt wurden, grundsätzlich für urheberrechtlichen Schutz nach § 4 in Betracht kommen.[41]

16   Entscheidend bleibt aber natürlich im Übrigen stets, dass aufgrund der Auswahl oder Anordnung der Ausstellungsbeiträge oder ähnlicher Objekte überhaupt eine **persönliche geistige Schöpfung** vorliegt, was aufgrund des in diesem Bereich ersichtlich durch vorbestehende Gestaltungsentscheidungen und insgesamt wohl typischerweise mehr praktisch-zweckorientierte Einteilungsmuster sehr **beschränkten Gestaltungsspielraums** häufig zu verneinen sein dürfte.[42] Noch wesentlicher ist, dass bei lediglich anlehnenden Teilnutzungen auch der urheberrechtliche **Schutzumfang** entsprechend streng begrenzt ist,[43] so dass für diese Fälle eine Urheberrechtsverletzung in der Praxis eher selten sein dürfte.[44]

17   **c) Unabhängigkeit der Elemente.** Mit dem Begriff der **Unabhängigkeit** soll klargestellt werden, dass einheitliche Ausdrucksformen menschlicher Kreativität, wie Bücher, Filme oder Musikstü-

---

[32] So auch Erwgr. 17 S. 1 Datenbank-RL; näher *Leistner* GRUR-Int 1999, 819 (820);→ § 87a Rn. 6.

[33] EuGH GRUR-Int 2009, 501 Rn. 61 ff. – Apis-Hristovich; → § 87a Rn. 7.

[34] EuGH GRUR 2005, 254 Rn. 25 – Fixtures-Fußballspielpläne II.

[35] Bejahend LG München I ZUM-RD 2003, 492 (498 f.) (für die Auswahl und Anordnung der Ausstellungsobjekte einer archäologischen Ausstellung mit einer Vielzahl ausgestellter Objekte und Texttafeln und die diesbzgl. Verbindung zu einem schlüssigen Gesamtkonzept); LG München I ZUM-RD 2018, 427 Rn. 20 ff.

[36] Umfassend bejahend *Bensinger* S. 127; Dreier/Schulze/*Dreier* UrhG § 4 Rn. 10; diff. → 4. Aufl. 2010, Rn. 2 und 14; Fromm/Nordemann/*Czychowski* UrhG § 4 Rn. 29. Vgl. ausführlich *Waitz* S. 42 ff. (iErg bejahend für Sammlungen reiner Realobjekte).

[37] *Bensinger* S. 127; Dreier/Schulze/*Dreier* UrhG § 4 Rn. 10; *Waitz* S. 61; aA → 4. Aufl. 2010, Rn. 7; Fromm/Nordemann/*Czychowski* UrhG § 4 Rn. 29 unter Hinweis auf die begrenzteren Beispiele in Erwgr. 17 Datenbank-RL.

[38] So schon → 4. Aufl. 2010, Rn. 2 und 14, wobei auf dieser Grundlage für rein ästhetische Auswahl- oder Anordnungsleistung das Vorliegen eines Sammelwerks iErg verneint wird.

[39] LG München I ZUM-RD 2003, 492 (498 f.); 2018, 427 Rn. 20 ff.; Dreier/Schulze/*Dreier* UrhG § 4 Rn. 10; insoweit auch → 4. Aufl. 2010, Rn. 14, wobei dort andererseits in Rn. 7 Sammlungen von reinen Realobjekten ohne geistigen Gehalt (zB Münzen, Briefmarken, Mineralien, Blumen, Schmetterlingen, Käfern) ausgeschlossen werden sollen. Nach der hier vertretenen Auffassung kommt bei diesen Bsp. zum Teil aber durchaus einen geistigen Gehalt, zum anderen Teil kommt jedenfalls erkennbar eine systematisierende Einteilung in Betracht.

[40] So → 4. Aufl. 2010, Rn. 3 und 14; ebenso Fromm/Nordemann/*Czychowski* UrhG § 4 Rn. 29: dann nur Kunstwerkschutz nach § 2 Abs. 1 Nr. 4 UrhG. Vgl. auch → Rn. 2 zur Einordnung des Sammelwerks in die Werkkategorien.

[41] Ebenso iErg *Schierholz*/*Müller* FS W. Nordemann, 2004, 115 (117 ff.); Dreier/Schulze/*Dreier* UrhG § 4 Rn. 10; ausführlich *Waitz* S. 49 ff. Vgl. zu der Frage, wann in derartigen Fällen dann auch spezifisch ein Datenbankwerk iSd § 4 Abs. 2 UrhG vorliegen kann, → Rn. 55.

[42] *Schack* Rn. 251.

[43] Allg. → Rn. 34 ff.

[44] Zu den Voraussetzungen einer Urheberrechtsverletzung bei anlehnenden Übernahmen hins. der Auswahl und Anordnung der Elemente einer Ausstellung LG München I ZUM-RD 2018, 427 Rn. 29 ff. (öffentl. Zugänglichmachung einer Umgestaltung (§ 23 UrhG) bejaht).

cke, nicht als Sammelwerke ihrer einzelnen Bestandteile verstanden werden dürfen;[45] Erwägungsgrund 17 Datenbank-RL schließt dementsprechend die „Aufzeichnung eines audiovisuellen, kinematographischen, literarischen oder musikalischen Werkes" vom Anwendungsbereich der Datenbank-RL aus.[46]

Im Hinblick auf die im Übrigen weiten Voraussetzungen des Sammelwerkbegriffs kommt dem Kriterium der **Unabhängigkeit** entscheidende **tatbestandsbegrenzende Funktion** zu. Die einzelnen Elemente sind **unabhängig, wenn sie voneinander getrennt werden können, ohne dass der Wert ihres** informativen, literarischen, künstlerischen, musikalischen oder sonstigen **Inhalts dadurch beeinträchtigt wird.**[47] Dementsprechend muss es sich um eine Zusammenstellung von Elementen handeln, die nicht von vornherein in einem einheitlichen Schaffensprozess miteinander verschmolzen wurden, wie dies etwa bei einem **Film** oder auch einem audiovisuellen **Multimediawerk** der Fall ist, selbst wenn Bild und Ton auch weitere Elemente rein technisch in getrennten Dateien abgelegt sein sollten.[48] Lediglich bestehende **Zusammenhänge** zwischen den Elementen, die sich daraus ergeben, dass sie zu einem gemeinsamen Themenkreis gehören und die insofern sozusagen „von außen" an die unabhängigen Elemente anknüpfen, stehen demgegenüber der Unabhängigkeit nicht entgegen.[49] Der EuGH hat das Unabhängigkeitsmerkmal in seiner Entscheidung Freistaat Bayern/Verlag Esterbauer GmbH[50] zur Einordnung gedruckter topografischer Landkarten als Datenbanken[51] sogar noch **weiter ausgelegt,** so dass letztlich jede Gestaltung, aus der sich vom einzelnen Nutzer durch selektives Herausgreifen überhaupt je unabhängig sinnvolle Informationselemente entnehmen lassen, als Datenbank in Betracht kommen könnten; die im Ergebnis für Landkarten zutreffende Entscheidung ist insofern in ihrer Begründung für andere Sachverhaltsgestaltungen möglicherweise zu weitreichend und daher dahingehend zu verstehen, dass eine solche Entnahme einzelner Informationen jedenfalls gerade auch der Konzeption der Datenbank entsprechen muss.[52]

2. Persönliche geistige Schöpfung aufgrund der Auswahl oder Anordnung

Ein Sammelwerk liegt nur vor, wenn die Auswahl oder Anordnung der einzelnen Elemente eine **persönliche geistige Schöpfung** darstellt. Das Sammelwerk muss aufgrund der Auswahl oder der Anordnung der Elemente durch die **Individualität** des Urhebers gekennzeichnet sein.[53]

Dies bezieht sich nach der **EuGH-Rechtsprechung im Football Dataco-Urteil** auf die **Auswahl oder Anordnung,** durch die der Urheber dem Sammelwerk seine **Struktur** verleiht.[54] Entscheidend ist im Einklang mit der allgemeinen Rechtsprechung des EuGH zum Werkbegriff,[55] dass das Sammelwerk **Originalität** im Sinne einer **eigenen geistigen Schöpfung**[56] aufweist. Das setzt voraus, dass der Urheber bei der Auswahl oder Anordnung der Elemente **freie und kreative Entscheidungen** getroffen hat, die seine schöpferischen Fähigkeiten in eigenständiger Weise zum Ausdruck bringen und so dem Sammelwerk seine **„persönliche Note"** verleihen.[57] Notwendig ist also ein hinreichender **Gestaltungsspielraum,** der nicht vorhanden ist, wenn die Erstellung des Sam-

18

19

20

---

[45] *Leistner* GRUR-Int 1999, 819 (820); Dreier/Schulze/*Dreier* UrhG § 4 Rn. 10; Mestmäcker/Schulze/*Haberstumpf* UrhG § 4 Rn. 13. → § 87a Rn. 8.

[46] Vgl. auch LG München I MMR 2000, 431 (433) (kein Schutz für MIDI-Files, da die insoweit enthaltenen einzelnen Musik- und Tonspuren nicht unabhängig sind, sondern vielmehr die codierte Musik verkörpern).

[47] EuGH GRUR 2005, 254 Rn. 29 – Fixtures-Fußballspielpläne II; BGH GRUR 2005, 857 (858) – HIT BILANZ; BGH GRUR 2005, 940 (941) – Marktstudien. Vgl. ausführlicher erläuternd *Leistner* GRUR-Int 1999, 819 (820 f.); *Wiebe* GRUR 2017, 338 (339 f.); Fromm/Nordemann/*Czychowski* UrhG § 4 Rn. 24 ff.; Dreier/Schulze/*Dreier* UrhG § 87a Rn. 6. Zu den geografischen Daten in einer analogen Landkarte als unabhängige Elemente → Rn. 29.

[48] LG München I MMR 2000, 431 (433); *Leistner* S. 50 f.; s. auch die weiteren Nachweise bei → § 87a Rn. 10 f.; unzutreffend *Wiebe/Funkat* MMR 1998, 69 (71 ff.) (Datenbankschutz komme idR in Betracht); im Anschluss daran auch LG Köln ZUM 2005, 910 (913) für eine Multimediapräsentation (Schutz als Sammelwerk geprüft, dann aber wegen Fehlens einer persönlichen geistigen Schöpfung abgelehnt). Vgl. näher sowie zu Multimediawerken mit Referenzcharakter, bei denen Datenbank(werk)schutz in Betracht kommen kann, → § 87a Rn. 11 mwN; insgesamt zu weiteren Einzelfällen → Rn. 27 ff.

[49] *Leistner* GRUR-Int 1999, 819 (821 f.).

[50] EuGH GRUR 2015, 1187 – Freistaat Bayern/Verlag Esterbauer GmbH.

[51] Zur Bedeutung für diese Einzelfallgruppe noch → Rn. 29 sowie → § 87a Rn. 17 ff.

[52] *Leistner* GRUR 2016, 42 (43 f.); ausführlicher zu diesem Problem und dabei teilweise aA, insbes. krit. zur EuGH-Rspr. auch iErg *Hertin* FS Schulze, 2017, 13; vgl. zum Problem auch *Wiebe* GRUR 2017, 338 (340).

[53] Vgl. zur Individualität → § 2 Rn. 50 ff.

[54] EuGH GRUR 2012, 386 Rn. 32 – Football Dataco/Yahoo. Dabei ist es nicht notwendig, dass den Daten selbst durch die Auswahl oder Anordnung eine wesentliche Bedeutung hinzugefügt wird, s. EuGH GRUR 2012, 386 Rn. 41 – Football Dataco/Yahoo. Die EuGH-Rechtsprechung bezog sich auf ein Datenbankwerk iSd Art. 3 Abs. 1 Datenbank-RL, ist insoweit aber für Sammelwerke verallgemeinerbar (→ Rn. 8; aA Fromm/Nordemann/*Czychowski* UrhG § 4 Rn. 31 f.; wie hier Dreier/Schulze/*Dreier* UrhG § 4 Rn. 19). Vgl. mit einem rechtsvergleichenden Überblick zur Rezeption in den Mitgliedstaaten *Joint Institute for Innovation Policy,* Study in Support of the Database Directive, Annex 1: Legal Analysis, 22 ff. mwN. Zur Rezeption der EuGH-Rechtsprechung in England, die dort tendenziell zur Aufgabe des skill, judgment and labour Tests führt, zuletzt den Rechtsprechungsbericht von *Lee* IIC 2018, 324 (325 ff.) mwN.

[55] → § 2 Rn. 3 ff.

[56] S. Art. 3 Abs. 1 Datenbank-RL.

[57] EuGH GRUR 2012, 386 Rn. 37 ff. – Football Dataco/Yahoo.

melwerks durch organisatorische Erfordernisse oder „technische Erwägungen, Regeln oder Zwänge" bestimmt wird.[58] Daher genügen insbesondere **bedeutender Arbeitsaufwand** oder **bedeutende Sachkenntnis** als solche nicht, um den urheberrechtlichen Schutz des Sammelwerks zu begründen, wenn sie sich nicht in einer originellen Datenbankstruktur niederschlagen.[59]

21   Die **deutsche Rechtsprechung** entspricht diesen Vorgaben. Auch nach der Rechtsprechung des BGH muss die Kombination der im Sammelwerk enthaltenen Elemente zumindest besondere Strukturen in deren Auswahl oder Anordnung und das Gewebe einer persönlichen geistigen Schöpfung erkennen lassen.[60] Ob das der Fall ist, beurteilt sich nach dem **Maßstab des § 2 Abs. 2.**[61] Geschützt ist in diesem Bereich seit jeher auch die **kleine Münze,** also diejenigen Gestaltungen, die ohne eine besondere Gestaltungshöhe aufzuweisen, als **eigene geistige Schöpfung** gerade noch urheberrechtsschutzfähig sind.[62]

22   Im Einklang mit den europäischen Vorgaben reicht dabei aber die **rein handwerkliche, schematische oder routinemäßige Auswahl oder Anordnung** nicht aus.[63] Diejenige Auswahl oder Anordnung, die jeder so vornehmen würde, stellt kein individuelles Schaffen dar.[64] Insbesondere wenn Auswahl oder Anordnung sich aus der **Natur der Sache** ergeben oder durch **Zweckmäßigkeit oder Logik** vorgeprägt sind, ist individuelles Schaffen nicht möglich.[65] Rein mechanische Zusammenstellungen von Adressen-, Fernsprech- oder Branchenverzeichnissen, Fahrplänen, Gewinn- oder Hitlisten und dergleichen, die auf vorbekannten oder durch die Sachgerechtigkeit vorgegebenen Auswahl- oder Anordnungsprinzipien beruhen, sind daher keine schutzfähigen Sammelwerke.[66] Dies kann selbst dann gelten, wenn das bekannte Prinzip auf dem fraglichen Sachgebiet zum ersten Mal angewendet wird.[67] Auch die einheitliche äußere Gestaltung der einzelnen Elemente, beispielsweise die Anordnung von Abbildungen in einem Buch jeweils in der rechten oberen Ecke, begründet allein noch kein schutzfähiges Sammelwerk.[68]

23   Die persönliche geistige Schöpfung kann sich **in Auswahl oder Anordnung** manifestieren. Unter „Auswahl" ist der Vorgang des Sammelns und Aufnehmens zu verstehen, unter „Anordnung" die Einteilung, Präsentation und Zugänglichmachung.[69] Die beiden Kriterien stehen in einem Verhältnis der **Alternativität.** Daher kann einem Sammelwerk nicht allein deshalb der Schutz versagt werden, weil es hinsichtlich der zugrunde liegenden Auswahl auf Vollständigkeit angelegt ist.[70] Umgekehrt liegt zum Beispiel bei einer Festschrift ein Sammelwerk vor, wenn die Auswahl der Beiträge schöpferisch ist, mag auch deren Anordnung alphabetisch nach den Autorennamen erfolgen und damit keine schöpferische Leistung darstellen.

24   Bei umfassenden **dokumentierenden Sammlungen** oder **Fachdatenbanken** kann sich die schöpferische Leistung auch aus der besonderen **Konzeption** der Informationsauswahl, -einteilung und -vermittlung ergeben.[71] Die Auswahl verlangt hier ein aufwendiges Sammeln, Sichten, Bewerten und Zusammenstellen unter Berücksichtigung besonderer Auslesekriterien. Wird hier etwa für eine umfassende Anthologie ein originelles statistisches Konzept für die Auswertung und differenzierte Gewichtung einer Vielzahl zugrunde liegender Quellen (auch als Grundlage weiterer Einteilung der so ausgewählten Gedichte) entwickelt, kann darin eine schöpferische Auswahl- und Anordnungsleistung liegen.[72]
    Voraussetzung ist aber auch hier stets ein entsprechender **Gestaltungsspielraum,** der beispielsweise bei Fachdatenbanken fehlt, wenn der Themenkreis schon fachlich-zweckgebunden vorgegeben ist

---

[58] EuGH GRUR 2012, 386 Rn. 35, 39 – Football Dataco/Yahoo.
[59] EuGH GRUR 2012, 386 Rn. 42 – Football Dataco/Yahoo.
[60] BGH GRUR 1992, 382 (384) – Leitsätze; OLG Hamburg GRUR 2000, 319 (320) – Börsendaten.
[61] Vgl. dazu → § 2 Rn. 30 ff.
[62] BGH GRUR 2007, 685 Rn. 10 ff. – Gedichttitelliste I (zu einem Datenbankwerk in Umsetzung der Richtlinienvorgaben). Vgl. zum schon zuvor anerkannten Schutz der kleinen Münze bei typischen Sammelwerken → § 2 Rn. 61.
[63] BGH GRUR 1954, 129 (130) – Besitz der Erde; OLG Hamburg GRUR 2000, 319 (320) – Börsendaten; LG Köln MMR 2006, 52 (54).
[64] Vgl. → § 2 Rn. 53.
[65] BGH GRUR 1999, 923 (924 f.) – Tele-Info-CD; demgegenüber recht weitgehend OLG Frankfurt a. M. MMR 2003, 45 (46) – IMS Health: Individualität aufgrund der Segmentbildung (einer Datenbank mit Vertriebsstatistiken bzgl. Pharmaprodukten), die zwar weitgehend Zweckmäßigkeitsgesichtspunkten folgte, bei deren genauer Erstellung aber zahlreiche schwierige Abwägungsentscheidungen im Lichte der genauen Kundenbedürfnisse erforderlich waren; vgl. auch den englische High Court in der Entscheidung *Technomed Ltd. v. Bluecrest Health Screening Ltd.* [2017] EWHC 2142 (Ch): urheberrechtlicher Schutz eines systematisch-methodischen Analyse- und Berichtsformats für Elektrokardiogramme (EKGs) als Datenbankwerk bejaht; vgl. näher auch → § 2 Rn. 56.
[66] BGH GRUR 1999, 923 (924) – Tele-Info-CD; BGH GRUR 2005, 857 (858) – HIT BILANZ.
[67] LG Düsseldorf *Schulze* LGZ 104, 5.
[68] BGH GRUR 1990, 669 (673) – Bibelreproduktion (s. auch die Vorinstanz OLG Köln GRUR 1987, 42 (43)); vgl. auch OLG Nürnberg GRUR 2002, 607 – Stufenaufklärung nach Weissauer.
[69] LG Köln MMR 2006, 52 (54); Dreier/Schulze/*Dreier* UrhG § 4 Rn. 11.
[70] BGH GRUR 2011, 79 Rn. 38 – Markenheftchen.
[71] S. schon BGH GRUR 1980, 227 (231) – Monumenta Germaniae Historica; BGH GRUR 1987, 704 – Warenzeichenlexika.
[72] BGH GRUR 2007, 685 Rn. 19 – Gedichttitelliste I (dort auch am Rande zur Abgrenzung von nicht schutzfähigen Ideen).

und die Datenbank im Übrigen auf eine möglichst vollständige Dokumentation abzielt und dabei nach rein praktischen, vorbekannten Kriterien (beispielsweise alphabetischen, numerischen oder chronologischen Prinzipien folgend) geordnet und durchsuchbar ist.[73] Auch bei einer **vollständigen Sammlung** für einen bestimmten Bereich kann aber ein schöpferischer Auswahlakt gegebenenfalls in der Umschreibung des für die Sammeltätigkeit gewählten und näher definierten Bereichs (im Sinne der Auswahl eines individuellen Themenkreises als Sammlungsschwerpunkt) liegen.[74]

Im Übrigen ist bei **elektronischen Datenbanken** für die **Datenanordnung** bei der Beurteilung   25 weniger auf die interne Datenorganisation als vielmehr auf das **Zugangs- und Abfragesystem** abzustellen, bei dessen Ausgestaltung Raum für schöpferische Leistungen durch besondere Leichtigkeit, Eleganz oder Benutzerfreundlichkeit bestehen kann.[75] Die Verwendung **notwendiger oder üblicher Zugangs- oder Abfragemethoden und -mittel** (wie übliche Suchmasken, logische Kombinationsmöglichkeiten und entsprechende Symbole etc) kann freilich auch hier wiederum keine individuelle Leistung begründen.

Liegt der **Schwerpunkt der schöpferischen Leistung außerhalb des Bereichs von Auswahl**   26 **oder Anordnung der Beiträge,** etwa in **eigenen textlichen Ausführungen,** so handelt es sich um ein nach § 2 Abs. 1 geschütztes Werk (Sprachwerk), allerdings mit einer sammelwerklichen Komponente. Ist diese ganz geringfügig, so geht sie im Sprachwerk auf, genauso wie im umgekehrten Fall ein Sammelwerk auch dann ein solches bleibt (und nicht zum Sprachwerk wird), wenn es einige verbindende Texte enthält. Anderenfalls kommt ein Rechtsschutz sowohl nach § 2 als auch nach § 4 in Betracht.[76] Überschneidungen dieser Vorschriften können sich daraus ergeben, dass die Rechtsprechung auch im Rahmen des § 2 die „Sammlung, Auswahl, Einteilung und Anordnung vorhandenen Stoffs" als Kriterium zur Feststellung einer persönlichen geistigen Schöpfung heranzieht.[77]

3. Einzelfälle

Lexika, Enzyklopädien, Anthologien,[78] Liederbücher, Kunstbände, Bildatlanten, Kochbü-   27 cher,[79] Seminarunterlagen[80] und ähnliche Sammlungen sind typische Sammelwerke, bei denen häufig eine persönliche geistige Schöpfung anzunehmen sein wird. Dies gilt auch für online zur Verfügung gestellte **Lexika im Internet.**[81] Allerdings sind in diesem Zusammenhang für Sammlungen mehr praktisch faktenbezogenen Charakters, wie beispielsweise Warenzeichenlexika oder ähnliche Zusammenstellungen, auch keine zu geringen Anforderungen an den individuellen Gestaltungsspielraum zu stellen, zumal der Schutz der solchen Werken zugrunde liegenden Konzeptionen auch nicht zu einer Monopolisierung führen und Dritten nicht den Markt für vergleichbare Angebote versperren sollte.[82] Deshalb wird es bei rein **faktenbezogenen Zusammenstellungen,** wie Adress- und Telefonverzeichnissen,[83] Ansetzungen und Ergebnissen von Sportveranstaltungen,[84] Börsendaten,[85] Chart-Listen,[86] Gesetzes- und Entscheidungssammlungen,[87] Web-Sites mit Produktübersichten,[88] und Ähn-

---

[73] Vgl. OLG Düsseldorf MMR 1999, 729 (731) – Zulässigkeit von Frames; OLG Nürnberg GRUR 2002, 607 (608) – Stufenaufklärung nach Weissauer; OLG Hamburg GRUR 2000, 319 (320) – Börsendaten.

[74] Vgl. KG NJW-RR 1996, 1066 (1067) – Poldok; LG Frankfurt a.M. ZUM 2013, 151 (154 f.); Dreier/ Schulze/*Dreier* UrhG § 4 Rn. 12; Fromm/Nordemann/*Czychowski* UrhG § 4 Rn. 14.

[75] OLG Frankfurt a.M. GRUR-RR 2005, 299 (301) – Online-Stellenmarkt; OLG Düsseldorf MMR 1999, 729 (730) – Zulässigkeit von Frames; LG Köln ZUM 2005, 910 (914). Vgl. auch Erwgr. 20 Datenbank-RL, demzufolge Thesaurus, Index und ähnliche Abfragesysteme zum geschützten Bestandteil einer Datenbank gehören können; zur Abgrenzung von den demgegenüber nicht erfassten Computerprogrammen → Rn. 58.

[76] BGH GRUR 1982, 37 (39) – WK-Dokumentation; KG GRUR 1973, 602 (603) – Hauptmann-Tagebücher.

[77] Vgl. BGH GRUR 2002, 958 (959) – Technische Lieferbedingungen mwN.

[78] BGH GRUR 2007, 685 – Gedichttitelliste I; BGH GRUR 1980, 227 (231) – Monumenta Germaniae Historica (für eine Sammlung mittelalterlicher Texte); BGH GRUR 1954, 129 – Besitz der Erde (für eine Sammlung bedeutender Werke der Weltliteratur).

[79] S. LG Frankfurt a.M. ZUM 2013, 151 (154 f.) (Rezeptsammlung spezifisch für Tupperware-Produkte aufgrund der Auswahl geeigneter Rezepte schutzfähig nach § 4 Abs. 1 UrhG, da wegen der erstmaligen Entwicklung derartiger Sammlungen nicht nur handwerklich, schematisch routinemäßige Auswahl).

[80] OLG Frankfurt a.M. ZUM 2015, 257.

[81] OLG Hamburg GRUR 2001, 831 – Roche Lexikon Medizin (Schutz als Datenbankwerk nach § 4 Abs. 2 UrhG).

[82] BGH GRUR 1987, 704 (706) – Warenzeichenlexika. Vgl. andererseits OLG Düsseldorf NJW-RR 1998, 116 (117 f.) (Schutz eines von einer Finanz- und Steuerverwaltungsbehörde für den internen Dienstgebrauch herausgegebenes Veranlagungshandbuchs als Sammelwerk).

[83] BGH GRUR 1999, 923 (924) – Tele-Info-CD.

[84] EuGH GRUR 2012, 386 – Football Dataco/Yahoo; vgl. schon RGZ 144, 75 (76 ff.) – Rennvoraussagen.

[85] OLG Hamburg GRUR 2000, 319 (320) – Börsendaten.

[86] BGH GRUR 2005, 857 (858) – HIT BILANZ.

[87] OLG München NJW 1997, 1931 (für eine Sammlung von 21 Gesetzen und Verordnungen auf CD-ROM als bloße „lose Zusammenstellung"); sa Schutz für Entscheidungssammlungen ablehnend *Rolfes/Wendel* ZUM 2018, 590 (593). S. aber auch andererseits OLG Frankfurt a.M. GRUR 1986, 242 – Gesetzessammlung für eine schöpferische Leistung bei der Auswahl und Zusammenstellung der in die Sammlung aufzunehmenden Gesetze und Verordnungen (für eine spezifische Gesetzessammlung zum Apotheken- und Arzneimittelrecht).

[88] OLG Düsseldorf MMR 1999, 729 (731) – Zulässigkeit von Frames.

lichem,[89] häufig an einer individuellen Auswahl oder Anordnung fehlen. Anderes kann freilich gelten, wenn hinsichtlich besonders umfassender oder komplexer Daten- oder Faktensammlungen zur Darstellung der Information aufgrund zahlreicher individueller Abwägungsentscheidungen ein dementsprechend individuelles **Strukturierungssystem nach Art eines Schlüssels oder eines Formats** entwickelt wird. Dies wurde beispielsweise für eine besonders durchdacht strukturierte **Pharmavertriebsdatenbankstruktur**[90] oder ein systematisch-methodisches Analyse- und Berichtsformat für **Elektrokardiogramme (EKGs)**[91] bejaht; auch sonstige besonders komplexe Katalogstrukturen, die für einzelne Fachbereiche einen regelrechten **Index oder Schlüssel** entwickeln, können insofern möglicherweise für Sammelwerkschutz in der Form des Datenbankwerkschutzes in Betracht kommen.[92] Aus kartellrechtlicher Sicht kann das problematisch sein, wenn eine solche Struktur sich in der Folge zu einem faktischen Standard entwickelt.[93] Ein Schutz für **Bibliographien,** Festschriften und vergleichbare Zusammenstellungen kommt jedenfalls dann nicht in Betracht, wenn keine erkennbaren konzeptionellen Leistungen zugrunde liegen.[94] Bei **Serienwerken,** also etwa Schriftenreihen, Serienausgaben oder Gesamtausgaben der Werke eines Autors oder der Gesetze zu einem bestimmten Bereich, kann es an der notwendigen Individualität fehlen, wenn es sich um lediglich lose oder vollständige Zusammenstellungen zu einem Themenbereich handelt.[95] Bei **Loseblattsammlungen** ist zwar eine feste Verbindung der einzelnen Blätter nicht erforderlich; jedoch ist, wie stets, zumindest vorauszusetzen, dass die einzelnen Beiträge nach individuellen Kriterien ausgewählt oder angeordnet (also zumindest nach irgendeinem Ordnungsprinzip in einen Zusammenhang gestellt) sind.[96]

28   **Zeitungen** oder **Zeitschriften** können schutzfähige Sammelwerke darstellen. Die schöpferische Leistung liegt gegebenenfalls in der Sichtung und Anordnung der Beiträge durch Herausgeber oder Redaktion.[97] Wo allerdings die bloße thematische Zuordnung von Beiträgen zu einem Untersachgebiet in einer Zeitschrift rein objektiven Kriterien folgt, liegt keine hinreichende persönliche geistige Schöpfung vor.[98] Insgesamt sind die Maßstäbe der vorstehend genannten **obergerichtlichen Rechtsprechung** an dieser Stelle noch uneinheitlich. Jedenfalls wird zukünftig die europäische Vorgabe dahingehend zu berücksichtigen sein, dass rein technische oder organisatorische Regeln, Parameter und Zwänge selbst in ihrer komplexen Gesamtheit jedenfalls keine eigene geistige Schöpfung zu begründen vermögen, wo es an hinreichenden Spielräumen für freie, kreative Entscheidungen bei der Auswahl oder Anordnung fehlt.[99] Bisher wenig Beachtung hat die in diesem Bereich zum Teil ebenfalls einschlägige **finanzgerichtliche Rechtsprechung** (im Zusammenhang der Besteuerung von Ärzteblättern) gefunden. Nach dieser Rechtsprechung soll es sich bei Mitgliederzeitschriften der Ärztekammern um urheberrechtlich geschützte Sammelwerke im Sinne von § 4 Abs. 1 handeln.[100] Zu beachten ist, dass die Text- und Bildbeiträge von Zeitungen oder Zeitschriften (unabhängig von der Diskussion um den Sammelwerkschutz) natürlich als solche ohne Weiteres urheberrechtlichen Schutz nach § 2 Abs. 1 Nr. 1, 4, 5 oder 7, Abs. 2 genießen können, wenn deren Voraussetzungen vorliegen.

29   **Geographische oder meteorologische Datenbanken** kommen grundsätzlich für Schutz nach § 4 Abs. 2, Abs. 1 oder §§ 87a ff. in Betracht; es kommt dann auf die Originalität der Such- und Abfragesysteme an.[101] Umstritten war die Frage, ob auch **analoge Landkarten** Datenbanken darstellen

---

[89] Vgl. insges. zu wissenschaftlichen Datenbanken *Rieger* mit einer Analyse der urheberrechtlichen Lage de lege lata (hins. des urheberrechtlichen Schutzes allerdings auf dem Stand vor der neueren EuGH-Rechtsprechung im Bereich des Werkbegriffs) und einzelnen Änderungsvorschlägen für den Wissenschaftsbereich de lege ferenda.

[90] So recht weitgehend OLG Frankfurt a. M. MMR 2003, 45 (46) – IMS Health.

[91] So der englische High Court in der Entscheidung *Technomed Ltd. v. Bluecrest Health Screening Ltd.* [2017] EWHC 2142 (Ch).

[92] Vgl. für ein Bsp. den der Entscheidung OLG Hamburg CR 2018, 22 zugrundeliegenden Sachverhalt und dazu (allerdings im Zusammenhang des sui generis-Schutzes) *Leistner* CR 2018, 17 ff.

[93] S. im Anschluss an die möglicherweise zu weitgehende Entscheidung des OLG Frankfurt a. M. MMR 2003, 45 (46) prompt grdl. zur Möglichkeit einer kartellrechtlichen Zwangslizenz EuGH GRUR 2004, 524 – IMS Health.

[94] OLG Hamburg ZUM 1997, 145 (146) – Hubert Fichte Bibliographie.

[95] Vgl. OLG Köln GRUR 1950, 579 (582); OLG München NJW 1997, 1931.

[96] OLG Nürnberg GRUR 2002, 607 – Stufenaufklärung nach Weissauer.

[97] KG NJW-RR 1996, 1066 (1067) – Poldok (für eine periodische Zusammenstellung von Abstracts von Fachzeitschriftsartikeln mit weiteren Angaben); OLG Hamm GRUR-RR 2008, 276 – Online-Veröffentlichung (für eine Fachzeitschrift mit Begutachtungsverfahren und Anordnung nach einem bestimmten Gliederungssystem); vgl. kurz auch KG GRUR 2002, 252 (256) – Mantellieferung (für Tageszeitungen); andererseits abl. OLG München MMR 2007, 525 (526) – Subito (für wissenschaftliche Zeitschriften); zweifelnd auch KG GRUR-RR 2004, 228 (235) – Ausschnittdienst (für eine Wirtschaftstageszeitung und ein wöchentliches Wirtschaftsmagazin, wobei im entschiedenen Sachverhalt die allenfalls potentiell schutzfähige Auswahl oder Anordnung der einzelnen Beiträge ohnedies nicht betroffen war); s. zu den Anforderungen an eine hinreichend spezifischen, schlüssigen Vortrag bzgl. des Online-Angebots einer Tageszeitung LG Hamburg CR 2016, 782 Rn. 33 f. (im Zusammenhang der urheberrechtlichen Beurteilung eines Werbeblockers).

[98] OLG München MMR 2007, 525 (526) – Subito.

[99] → Rn. 20.

[100] FG Sachsen BeckRS 2011, 96559; offengelassen von BFH DStR 2013, 33 Rn. 31; vgl. auch FG München BeckRS 2012, 94380 (Kundenzeitschrift als nach §§ 2, 4 UrhG geschütztes Werk).

[101] S. für meteorologische Daten OLG Köln ZUM 2007, 548 (552) – Wetterdaten; unumstr. auch für geographische Datenbanken, wie das geographische Informationssystem ATKIS, vgl. *Hertin* GRUR 2004, 646 (649); *Leistner* GRUR 2014, 528 (529 f.).

können.[102] Dies betrifft insbesondere die Praxis des Abdigitalisierens von analogen Landkarten mit dem Ziel, die in ihnen verkörperten Daten zu extrahieren und daraus eine eigene Karte zu generieren. In diesem Zusammenhang hat der EuGH nun entschieden, dass auch die geografischen Daten in einer analogen Landkarte „unabhängige Elemente" darstellen, so dass der Datenbankschutz greift.[103]

Bei **Web-Sites** und ähnlichen Werken ist zu differenzieren.[104] Die einheitliche Gestaltung (und **30** Programmierung) der einzelnen Bildschirmseiten, die urheberrechtlichen Schutz unter §§ 2 Abs. 1 Nr. 4 oder 7, Abs. 2 (und gegebenenfalls unter §§ 69a ff. für eine originelle programmiererische Umsetzung)[105] genießen kann, kommt mangels **Unabhängigkeit** der insoweit zu einer einheitlichen Oberfläche verschmolzenen Gestaltungselemente für einen Sammelwerk- bzw. Datenbankwerkschutz nicht in Betracht, selbst wenn die einzelnen Elemente rein technisch in einzelnen Dateien abgelegt sein sollten.[106] Demgegenüber kann die Vernetzung der einzelnen Bildschirmseiten innerhalb der hierarchischen **Gesamtstruktur der Web-Site** nach § 4 Abs. 1, Abs. 2 schutzfähig sein.[107] Ebenso kommen natürlich einzelne Elemente der Web-Site, wie **Link-Sammlungen**[108] oder Informationssammlungen jeglicher Couleur, bei denen es sich um Sammlungen unabhängiger Elemente handelt,[109] für Schutz nach § 4 Abs. 1, Abs. 2 in Betracht; hier kann sich der Datenbankwerkschutz vor allem auch auf originelle Zugangs- und Abfragemöglichkeiten beziehen.[110] Zumeist wird es allerdings an der Voraussetzung der eigenen geistigen Schöpfung fehlen.[111] Dies gilt insbesondere für vorbekannte, übliche Website-Strukturen, wie sie auch in entsprechenden Softwareangeboten für die Gestaltung von Websites vorgehalten werden, und für die Verwendung lediglich gängiger Einteilungs-, Zugangs- und Abfragestrategien (Suchstrategien).[112] Zudem ist wiederum die strenge Begrenzung des **Schutzumfangs** auf die Übernahme bzw. Umarbeitung der tatsächlich originellen Strukturelemente zu berücksichtigen; so hat etwa die Einbindung von Werbebannern auf einer im Übrigen möglicherweise schutzfähigen Seite gegebenenfalls nicht am Schutz teil, wenn sie nicht ihrerseits auf individuellen Auswahl- oder Anordnungsentscheidungen des Seiteninhabers oder seiner Mitarbeiter beruht.[113] Auch für die **Blockchain** einer bestimmten Anwendung als Datenbankwerk dürfte es in aller Regel an der Schutzvoraussetzung der Individualität fehlen.[114]

---

[102] Vgl. BGH GRUR 2014, 1197 – TK 50: Vorlage zum EuGH; ausf. und befürwortend dazu *Leistner* GRUR 2014, 528 ff. mwN zur instanz- und obergerichtlichen Rechtsprechung im Vorfeld der BGH-Entscheidung; dagegen *Hertin* GRUR 2004, 646 (647 ff.).

[103] EuGH GRUR 2015, 1187 – Freistaat Bayern/Verlag Esterbauer GmbH: Analoge topografische Landkarte als Datenbank im Rechtssinne; zust. *Leistner* GRUR 2016, 42 ff.; krit. *Hertin* FS Schulze, 2017, 13. Vgl. zu den Folgen des der EuGH-Entscheidung zugrundeliegenden weiten Unabhängigkeitsbegriffs insbes. für big data-Sachverhalte auch *Leistner*, Big Data and the EU Database Directive 96/9/EC, S. 27 f.; *Wiebe* GRUR 2017, 338 (339 f.).

[104] Vgl. ausf. → § 87a Rn. 11, 32 f.; Wandtke/Bullinger/*Marquardt* UrhG § 4 Rn. 14 ff., jew. mwN.

[105] Dies aber nicht, wenn ein einfacher html-Code lediglich die im Rahmen anderer Werkkategorien gegebenenfalls schutzfähigen gestalterischen Entscheidungen im Wege gängiger, vorbekannter programmiererischer Lösungen umsetzt, s. OLG Düsseldorf MMR 1999, 729 – Zulässigkeit von Frames; OLG Frankfurt a. M. GRUR-RR 2005, 299 (300) – Online-Stellenmarkt.

[106] OGH GRUR-Int 2002, 349 (350) – Schutz des Layouts einer Web-Site als Werk der bildenden Kunst; OGH GRUR-Int 2002, 452 (453) – C-Villas; OLG Frankfurt a. M. GRUR-RR 2005, 299 (300 f.) – Online-Stellenmarkt; ausf. *Leistner/Bettinger* CR-Beilage 12/1999, 16; iErg auch *Cichon* ZUM 1998, 897 ff.; aA *Wiebe/Funkat* MMR 1998, 69 (71 ff.) (im Zusammenhang mit Multimedia-Werken).

[107] OGH GRUR-Int 2002, 452 (453) – C-Villas (Schutz als Datenbankwerk); *Cichon* ZUM 1998, 897 (901) (Schutz als Sammelwerk nach § 4 Abs. 1 UrhG); *Leistner/Bettinger* Beilage CR 12/1999, 1 (8 ff.) (Schutz als Datenbankwerk nach § 4 Abs. 2 UrhG); ähnlich im prinzipiellen Ansatz OLG Düsseldorf MMR 1999, 729 (730 f.) – Zulässigkeit von Frames (wobei dann in der Folge die Voraussetzung der persönlichen geistigen Schöpfung abgelehnt; offengelassen bei LG München I MMR 2015, 660 (666) (in der Folge ebenfalls die nötige Schöpfungshöhe abgelehnt); vgl. zur diesbzgl. Darlegungs- und Beweislast auch *Haberstumpf* GRUR 2003, 14 (22).

[108] LG Köln ZUM-RD 2000, 304 – kidnet.de.

[109] LG Köln ZUM 2001, 714 (715) (einfacher Datenbankschutz nach §§ 87a ff. UrhG gegen Frame-Linking für eine Sammlung lyrischer Textbeiträge auf einer Web-Site); LG München I MMR 2002, 58 f. (einfacher Datenbankschutz nach §§ 87a ff. UrhG gegen Frame-Linking einer News-Seite mit nach bestimmten Rubriken geordneten Schlagzeilen und Links auf regionale Nachrichten). Vgl. zum sog. Screen-Scraping von Online-Datenbanken und den unterschiedlichen Meta-Suchmaschinen → § 87b Rn. 27 ff.

[110] OLG Düsseldorf MMR 1999, 729 (731) – Zulässigkeit von Frames. Vgl. im Übrigen die umfassenden Nachweise bei → § 87a Rn. 31.

[111] Vgl. (iErg offengelassen, aber mit tendenziell strengen Anforderungen an einen diesbzgl. spezifischen Vortrag) LG Hamburg CR 2016, 782 Rn. 33 f. (im Zusammenhang der urheberrechtlichen Beurteilung eines Werbeblockers).

[112] Für strenge Anforderungen OLG Düsseldorf MMR 1999, 729 (731) – Zulässigkeit von Frames; OLG Frankfurt a. M. GRUR-RR 2005, 299 (300 f.) – Online-Stellenmarkt; ablehnend auch LG München I MMR 2015, 660 (666); LG Hamburg BeckRS 2016, 17373. Vgl. zum einfachen Datenbankschutz → § 87a Rn. 31.

[113] So LG Hamburg CR 2016, 782 Rn. 36 im Zusammenhang der urheberrechtlichen Beurteilung eines Werbeblockers; abl. insoweit auch *Kreutzer* MMR 2018, 639 (641); offen gelassen für Datenbankschutz von OLG München MMR 2017, 756 (759 f.), da jedenfalls keine Verletzung (iErg zum Urheberrecht).

[114] So zu Recht *Willecke* in Taeger, Recht 4.0 (2017) S. 833, 836–838 aufgrund einer Differenzierung der die Blockchain erstellenden Client-Software (urheberrechtlicher Schutz nach allg. Grundsätzen möglich) und der durch diese aufgrund bestimmter Regeln erstellten Blockchain-Kette; sui generis-Schutz für die Blockchain erscheint demgegenüber wohl denkbar, wobei dies in der Praxis eher zu Problemen (insbes. mit Blick auf Freihaltebedürfnisse und die Identifizierung des Schutzrechtsinhabers) führen dürfte; ebenso *Hohn-Hein/Barth* GRUR 2018, 1089 (1091).

31   Bei einer komplexeren **Firmware** (im konkreten Fall für handelsübliche DSL-Router) soll es sich wegen der eigenschöpferischen Zusammenstellung und Anordnung der Einzelmodule der Software, die ganz unterschiedliche Funktionen erfüllen, um ein schutzfähiges Sammelwerk im Sinne des § 4 Abs. 1 handeln können.[115] Für **neuronale Netzwerke** wurde die Unabhängigkeitsvoraussetzung in der bisher nur vereinzelten Literatur verneint;[116] richtigerweise dürfte es insoweit auf den jeweils genau betroffenen Schutzgegenstand und die Umstände des Einzelfalls ankommen.

32   Umstritten ist der Schutz des **Fernseh- oder Radioprogramms** sowie zugehöriger **Electronic Program Guides** (EPGs) als Sammelwerk. Hierbei ist zu unterscheiden. Bei der **einzelnen Sendung** kann es sich um ein Sammelwerk handeln, etwa dann, wenn an der Sendung mehrere Urheber mitwirken und der Redakteur als Urheber des Sammelwerks die Beiträge teils im Wortlaut verwendet, teils verwirft, teils kürzt, verändert oder nur dem Sinn nach benutzt und in einer bestimmten Reihenfolge anordnet; insoweit gelten die gleichen Grundsätze wie für den Schutz einer Zeitung oder einer Zeitschrift als Sammelwerk.[117]

Hinsichtlich des **Programms in seinem Gesamtablauf** ist die Schutzfähigkeit als Sammelwerk umstritten.[118] Zutreffend ist eine Unabhängigkeit der einzelnen Sendungen als Elemente durchaus zu bejahen. Auch ist anzuerkennen, dass der Anordnung dieser Sendungen im Tages- und Wochenverlauf hinsichtlich der Ansprache einer möglichst großen Menge potentieller Zuschauer durch spezifische Sendeangebote zu einem bestimmten Zeitpunkt sowie hinsichtlich der Gewährleistung eines möglichst effektiven *audience flow*, einer weichen Mitnahme werberelevanter Zuschauergruppen von einer Sendung zur nächsten, überaus differenzierte, sachkundige Überlegungen zugrunde liegen.[119] Andererseits droht ein urheberrechtlicher Schutz in diesem Bereich ersichtlich in besonderem Maße, abgeleitete Märkte zu monopolisieren und dadurch erwünschte neue Angebote in solchen Märkten möglicherweise zu verhindern.[120] Richtigerweise lässt sich diese wettbewerbsfunktionale Überlegung dadurch berücksichtigen, dass bei der urheberrechtlichen Beurteilung des Fernsehprogrammablaufs gestalterische Leistungen, die durch technisch-organisatorisch zweckorientierte Parameter vorgeprägt sind und Leistungen, die auf bloßem Arbeitsaufwand und bloßer Sachkenntnis beruhen, konsequent außer Betracht gelassen werden. Dies entspricht den allgemeinen Grundsätzen der EuGH-Rechtsprechung zu Datenbankwerken.[121] Bedenkt man weiter, dass sich die demnach notwendige, von derlei nur zweckbestimmten Überlegungen freie, kreative Leistung darüber hinaus in dem letztlich resultierenden (originellen) Gesamtprogramm auch niederschlagen muss, so wird deutlich, dass der Programmablauf als solcher in der Regel nicht die für den urheberrechtlichen Schutz notwendige **Originalität bei der Auswahl oder Anordnung der Sendungen** aufweisen wird.

Hiervon wiederum zu unterscheiden ist der urheberrechtliche Schutz von **Electronic Program Guides** (EPGs). Dieser wird sich häufig schon aufgrund des eingebundenen Text- und Bildmaterials ergeben, weshalb sich die einschlägige Rechtsprechung zur Übernahme von EPGs im Wesentlichen auf die Einschlägigkeit der Schranke des § 50 fokussiert hat.[122] Ist ein EPG im Einzelfall mit einer originellen, kreativen Abfrage- oder Suchfunktion versehen, mag dies darüber hinaus gegebenenfalls einen Schutz als Datenbankwerk nach § 4 Abs. 2, Abs. 1 begründen.

33   Der **Schutz von Ausstellungen** und vergleichbaren Sammlungen von Realobjekten wurde oben[123] im Zusammenhang mit der Tatbestandsvoraussetzung anderer unabhängiger Elemente behandelt.[124] Ein Schutz von **Spielekonzeptionen** als Sammelwerk wird in der Regel am Tatbestandsmerkmal der Unabhängigkeit der Elemente scheitern.[125] Ein Schutz der einzelnen Elemente einer **Werbekampagne** kommt in aller Regel wegen Fehlens einer persönlichen geistigen Schöpfung bei der Auswahl oder Anordnung der einzelnen Beiträge nicht in Betracht;[126] daran hat sich auch auf-

---

[115] LG Frankfurt a. M. GRUR-RR 2012, 107 (109) – Surfsitter (wobei im Sachverhalt keine Verletzung vorlag, weil der Kernel der Firmware der GPL unterlag, nach der sämtliche Teile/Module des Sammelwerks entspr. dem Copyleft-Prinzip freizugeben waren). Vgl. aber auch OLG Hamburg ZUM 2002, 558 (561) – CT-Klassenbibliothek (wonach die Zusammenstellung der einzelnen Software-Module in einer Programmbibliothek, einem sog. Ctoolkit, jedenfalls nicht als Datenbank iSd §§ 4 Abs. 2, 87a ff. UrhG anzusehen ist, weil es an der methodischen Anordnung fehle).

[116] *Ehinger/Stiemerling* CR 2018, 761 (768 f.).

[117] OLG Hamburg GRUR 1952, 486.

[118] Offengelassen von BGH GRUR 2004, 877 (880) – Werbeblocker (tendenziell wohl bejahend die Berufungsinstanz KG MMR 2002, 483 (486) – Werbeblocker, wobei auch nach Auff. des KG die Frage letztlich offenbleiben konnte, weil es jedenfalls an einem widerrechtlichen Eingriff fehlte); Schutz verneinend RGZ 140, 137 (140 f.) – Rundfunkprogramme; SchweizBG GRUR-Int 1981, 642 (643) – Kabelfernsehanlage Rediffusion II; LG Köln ZUM-RD 2010, 283 (296); *Hoeren* ZUM 2008, 271; *Leistner* FS Loschelder, 2010, 189 (198) (für den Regelfall keine eigene geistige Schöpfung); Schutz bejahend tendenziell *Castendyk* ZUM 2008, 916; diff. auch *Pleister/v. Einem* ZUM 2007, 904.

[119] *Castendyk* ZUM 2008, 916 (919); vgl. auch *Pleister/v. Einem* ZUM 2007, 904 (906).

[120] Vgl. exemplarisch EuGH GRUR-Int 1995, 490 – Magill. Umfassend zum Verhältnis zum Kartellrecht *Bartmann*.

[121] Vgl. → Rn. 20.

[122] Vgl. daher die Rechtsprechungsnachweise → § 50 Rn. 15.

[123] → Rn. 14 ff.

[124] Vgl. auch → Rn. 55 zu den spezifischen Voraussetzungen eines Datenbankwerks in diesen Fällen.

[125] *Hofmann* CR 2012, 281 (284) (für Spielesysteme).

[126] *Schricker* GRUR 1996, 815 (822 f.).

grund der niedrigen Schutzschwelle des europäischen Rechts nichts geändert, weil auch hier rein routinemäßig zweckbestimmte, auf bloßer Sachkunde beruhende Auswahl- oder Anordnungsleistungen ausgeschlossen sind. Im Einzelfall soll Sammelwerkschutz für eine **Werbekonzeption** denkbar sein, innerhalb derer einzelne der geplanten Werbung in Form von Skizzen in einen Zusammenhang gebracht werden; doch ist der Schutz dann gegebenenfalls durch das Erfordernis der Übernahme selbständig schutzfähiger Teile in seinem Umfang ganz begrenzt.[127]

II. Das Urheberrecht am Sammelwerk

1. Gegenstand des Urheberrechts am Sammelwerk

Das **Urheberrecht am Sammelwerk** hat **nur die Sammlung** als solche zum Gegenstand. Nur   **34** die in der Auswahl oder Anordnung liegende Leistung wird durch das Urheberrecht am Sammelwerk geschützt, der Schutz erstreckt sich nicht auf die einzelnen Beiträge oder Elemente.[128] Handelt es sich bei diesen um geschützte Werke, so ist zwischen dem Urheberrecht am Sammelwerk und den Urheberrechten an den einzelnen Beiträgen zu unterscheiden; beide stehen selbständig nebeneinander.[129]

Deshalb kommt eine **Verletzung des Urheberrechts am Sammelwerk** auch in Betracht, wenn lediglich die **Auswahl- oder Anordnungsstruktur** übernommen ist, während der eigentliche Inhalt der Sammlung (die einzelnen Elemente) vom Verletzer aus Drittquellen oder eigenen Beständen unabhängig beschafft wird.[130] Eine Verletzung des Rechts an einem Sammelwerk liegt umgekehrt aber auch nur dann vor, wenn diejenigen Strukturen hinsichtlich der Auswahl oder Anordnung des Stoffs übernommen werden, die die persönliche geistige Schöpfung begründen.[131] Wird aus einem Sammelwerk ein einzelner Beitrag unerlaubt nachgedruckt, so liegt darin keine Verletzung des Urheberrechts am Sammelwerk. Handelt es sich um den Nachdruck mehrerer Beiträge, so kommt es darauf an, ob die Kombination dieser Beiträge bereits auf der in der Auswahl oder Anordnung liegenden Leistung des Herausgebers beruht, dh ob der übernommene Teil so weitgehend Ausdruck der individuellen Auswahl- oder Anordnungskonzeption des Urhebers ist, dass er einen **selbständig schutzfähigen Teil** des Sammelwerks darstellt.[132]

Eine Verletzung des Urheberrechts am Sammelwerk wird daher zum Beispiel beim Nachdruck von   **35** größeren Teilen eines Konversationslexikons zu bejahen sein.[133] Ebenso hat der **BGH** für die Übernahme von ca. 75 % der Titel aus einer individuell zusammengestellten **Gedichttitelliste** besonders bedeutender Gedichte für den Zeitraum von 1720–1900 entschieden, wobei die betroffenen 856 Gedichte innerhalb des (insgesamt einen größeren Zeitraum abdeckenden) Datenbankwerks des Verletzers (das ebenfalls auf eine Auswahl nach der Bedeutung zielte)[134] sogar ca. 98 % der für diesen Zeitraum enthaltenen Gedichte (und innerhalb der Gesamtdatenbank des Verletzers ca. 85 %) ausmachten.[135]

Dagegen hat der BGH für die Übernahme einer größeren Zahl von Fotos aus mehreren thematisch konzipierten Bildbänden eine Verletzung verneint, weil die übernommenen Fotos im Rahmen eines **abweichenden Konzepts** zusammen mit anderen Bildern in einer thematisch vollkommen anders ausgerichteten Sammlung abweichend zusammengestellt wurden.[136] Ebenso wäre zu entscheiden, wenn aus einer umfangreichen Sammlung lediglich zwei oder drei Elemente entnommen würden, in denen sich ein selbständig schutzfähiger Teil der Auswahl- oder Anordnungsstruktur noch nicht verkörpert.

Eine **Untergrenze** im Sinne einer **Mindestanzahl** betroffener Elemente lässt sich in diesem Zusammenhang nicht sinnvoll bestimmen;[137] stets kommt es auf das Betroffensein eines selbständig schutzfähigen Teils im Einzelfall an.

Da ein Urheberrecht nur entsteht, wenn der individuelle Gedanke bereits eine gewisse Gestalt ge-   **36** funden hat,[138] besteht das Urheberrecht am Sammelwerk grundsätzlich nur an den **bereits vorliegenden Auflagen und Ausgaben.** Das gilt insbesondere für periodische Sammelwerke; das Urheberrecht an ihnen bezieht sich nicht auf künftige, von einem anderen Herausgeber gestaltete Folgen.[139] Davon ist der Fall zu unterscheiden, dass bei einer späteren, von einem anderen Herausge-

---

[127] *Schricker* GRUR 1996, 815 (823).
[128] BGH GRUR 1992, 382 (384) – Leitsätze (für ein Sammelwerk nach altem Recht); BGH GRUR 2007, 685 Rn. 16 – Gedichttitelliste I (für ein Datenbankwerk).
[129] *Schack* Rn. 289; auch → Rn. 40 ff. Vgl. zur Frage, auf welchen Maßstab die Prozentgrenzen der Bildungs- und Wissenschaftsschranken bei Sammelwerken zu beziehen sind, *Wandtke* NJW 2018, 1129 (1133 f.).
[130] BGH GRUR 2007, 685 Rn. 26 – Gedichttitelliste I.
[131] BGH GRUR 2007, 685 Rn. 25 – Gedichttitelliste I; BGH GRUR 2013, 1213 Rn. 57 – SUMO; OLG Hamm ZUM 2008, 598 (601).
[132] GRUR 2007, 685 Rn. 25 – Gedichttitelliste I; BGH GRUR 2013, 1213 Rn. 57 – SUMO.
[133] Vgl. RGSt 38, 241.
[134] Der Titel der Sammlung des Verletzers lautete „1000 Gedichte, die jeder haben muss".
[135] BGH GRUR 2007, 685 Rn. 26 – Gedichttitelliste I.
[136] BGH GRUR 2013, 1213 Rn. 57 – SUMO.
[137] AA Fromm/Nordemann/*Czychowski* UrhG § 4 Rn. 30.
[138] Ungestaltete Ideen sind nicht schutzfähig, vgl. → § 2 Rn. 73.
[139] *Rehbinder/Peukert* Rn. 275.

ber gestalteten Auflage oder Folge des Sammelwerks die in der Auswahl oder Anordnung liegende schöpferische Leistung des früheren Herausgebers ganz oder teilweise weiterbenutzt wird. Hier liegt ein Eingriff in das an der früheren Auflage oder Folge des Sammelwerks bestehende Urheberrecht vor; in einem solchen Fall kann der ausgeschiedene Herausgeber auch einen Anspruch auf Urheberbenennung bei künftigen Auflagen haben.[140] Auf den **Titel** des Sammelwerks bezieht sich das Urheberrecht am Sammelwerk aber nicht, dieser fällt vielmehr[141] unter das Recht am Sammelwerk als Unternehmen.[142]

2. Inhaberschaft des Urheberrechts am Sammelwerk und Verwertung

37   **Inhaber des Urheberrechts am Sammelwerk** ist derjenige, der die persönliche geistige Schöpfung durch Auswahl oder Anordnung der Elemente des Sammelwerks erbracht hat (§ 7). Sind dies mehrere, so liegt unter den Voraussetzungen des § 8 Miturheberschaft vor. Setzen allerdings Hilfskräfte lediglich im Rahmen einer aufwendigen statistischen Auswertung ohne eigene schöpferische Beiträge die **schöpferische Konzeption** einer anderen Person um, so ist der Autor dieser schöpferischen Konzeption Urheber, selbst wenn er die zur Umsetzung notwendigen nichtschöpferischen Arbeiten nicht selbst erbracht hat.[143] Üblicherweise wird der Urheber des Sammelwerks als Herausgeber bezeichnet.[144] Zur **Urhebervermutung** bei Sammelwerken vgl. → § 10 Rn. 16.

38   Für **in Arbeitsverhältnissen geschaffene Sammelwerke (auch für Datenbankwerke)**[145] gelten die allgemeinen Grundsätze des deutschen Urheberrechts. Damit finden die zu § 43 entwickelten Grundsätze Anwendung. Das KG hat bei einem im Rahmen eines Dienstverhältnisses (vom Leiter der Dokumentationsstelle eines Universitätsinstituts) entwickelten Datenbankwerk, in dem fachspezifische Zeitschriftenartikel zusammengestellt waren, die stillschweigende Einräumung von Nutzungsrechten an den Dienstherrn bejaht.[146]

3. Schutzfristen

39   Die Selbständigkeit des Urheberrechts am Sammelwerk gegenüber den Urheberrechten an den Einzelwerken[147] führt dazu, dass die **Schutzfristen** getrennt laufen. Die Schutzfrist für das Sammelwerk endet 70 Jahre nach dem Tod von dessen Urheber, die Schutzfristen für die Einzelwerke berechnen sich nach dem Tod von deren jeweiligem Urheber. Sind einzelne Schutzfristen abgelaufen, so bleibt für die weitere Verwertung des Sammelwerks die Zustimmung der noch verbleibenden Urheber bzw. ihrer Rechtsnachfolger erforderlich.

III. Urheber- und Leistungsschutzrechte an den einzelnen Elementen

40   Durch das Urheberrecht am Sammelwerk werden **Urheberrechte und Leistungsschutzrechte an den Einzelelementen** nicht berührt. § 4 Abs. 1 bringt das durch die „unbeschadet"-Klausel klarstellend zum Ausdruck. Anlässlich der Umsetzung der Datenbank-RL[148] wurden die verwandten Schutzrechte in die „unbeschadet"-Klausel mit aufgenommen;[149] in der Sache brachte das keine Änderung, weil auch schon vorher die Aufnahme von Beiträgen in ein Sammelwerk weder Urheber- noch Leistungsschutzrechte an diesen Beiträgen berührte.

41   Rechte an den im Sammelwerk enthaltenen Werken werden demnach durch den Urheberrechtsschutz am Sammelwerk oder einen zusätzlich bestehenden Datenbankschutz nach §§ 87a ff.[150] **in keiner Weise beeinträchtigt.**[151] Soweit solche Rechte an den Einzelelementen bestehen, darf daher die **Aufnahme in ein Sammelwerk** angesichts der damit verbundenen Vervielfältigungs- und Bearbeitungsvorgänge[152] **nur mit Zustimmung des Urhebers** oder sonstigen Berechtigten an den Ein-

[140] OLG Frankfurt a. M. *Schulze* OLGZ 107, 7 f. = OLGZ 1971, 171 – Taschenbuch für Wehrfragen; in der Praxis wird diese Frage allerdings meist verlagsvertraglich geregelt.
[141] Soweit nicht urheberrechtlicher Titelschutz besteht, dazu → § 2 Rn. 88 ff.
[142] Vgl. → Rn. 67 ff.
[143] BGH GRUR 2007, 685 Rn. 23 – Gedichttitelliste I.
[144] Vgl. AmtlBegr. BT-Drs. 4/270, 43; OLG Nürnberg GRUR 2002, 608 – Stufenaufklärung nach Weissauer.
[145] Erwgr. 29 DatenbankRL stellt den Mitgliedstaaten ausdrücklich frei, ob sie eine *work made for hire*-Regelung nach Vorbild des anglo-amerikanischen Rechts für Datenbankwerke, die in Arbeitsverhältnissen geschaffen wurden, einführen wollen. Damit geht die eur. Vorgabe in diesem Bereich weniger weit als die noch in Art. 2 Abs. 3 Computerprogramm-RL vorgesehene *work made for hire*-Regelung für Computerprogramme (vgl. § 69b UrhG). Weitergehend auch noch der ursprüngliche Richtlinienvorschlag der Kommission für die Datenbank-RL, Dok. KOM(92) 24 endg., ABl. C 156, S. 4 ff., abgedr. in GRUR-Int 1992, 759.
[146] KG NJW-RR 1996, 1066 (1067 f.) – Poldok.
[147] → Rn. 40 ff.
[148] Vgl. Art. 3 Abs. 2 Datenbank-RL, demzufolge sich der Urheberrechtsschutz von Datenbanken nicht auf deren Inhalt erstreckt und Rechte an diesem Inhalt unberührt lässt.
[149] Dazu AmtlBegr. BT-Drs. 13/7934, 43.
[150] Vgl. zum Verhältnis des Urheberrechts am Sammelwerk zum sui generis-Rechtsschutz des Datenbankherstellers → Rn. 5.
[151] Vgl. auch Erwgr. 27 Datenbank-RL.
[152] Vgl. → § 16 Rn. 16 ff.

zelelementen erfolgen.[153] Das Gleiche gilt für die **Ausgabe** geschützter Elemente aus einem Sammelwerk, insbesondere einem Datenbankwerk, oder die teilweise oder komplette **Übernahme** geschützter Elemente eines Sammelwerks durch einen Dritten. Sofern nicht Schrankenregelungen bezüglich der Verwertungsrechte an den Einzelelementen greifen, liegt in diesen Nutzungen regelmäßig eine Vervielfältigung, öffentliche Wiedergabe oder Verbreitung der einzelnen Elemente.[154]

In der Praxis wird die Einwilligung zur Verwertung der Einzelwerke meist in der Form erteilt, **42** dass dem Herausgeber oder – häufiger – unmittelbar dem Verleger oder Datenbankhersteller **Nutzungsrechte** an den Einzelwerken von deren Urhebern eingeräumt werden, entweder als einfache Nutzungsrechte (zum Beispiel wenn das Einzelwerk bereits veröffentlicht ist oder noch an anderer Stelle veröffentlicht werden soll) oder als ausschließliche Nutzungsrechte (insbesondere wenn das Einzelwerk für das Sammelwerk geschaffen wird).[155] Dabei ist die **Auslegungsregel des § 38** zu beachten.[156]

Die Einwilligung bezieht sich in der Regel nur auf die Verwertung innerhalb des Sammelwerks, nicht dagegen auf eine gesonderte Verwertung, so dass die Einzelwerke prinzipiell **gesondert verwertbar** bleiben,[157] sofern nicht abweichende Vereinbarungen mit dem Herausgeber oder Verleger bzw. Datenbankhersteller getroffen sind, wie etwa insbesondere eine ausschließliche Nutzungsrechtseinräumung. Eine Übertragung des ausschließlichen Nutzungsrechts berechtigt den Herausgeber oder Verleger bzw. Datenbankhersteller gegebenenfalls zur Geltendmachung der Abwehrrechte an den Einzelwerken gegenüber Rechtsverletzungen.

Zur **Weiterübertragung der Nutzungsrechte** am Sammelwerk und an den Einzelwerken genügt nach § 34 Abs. 2 die Zustimmung des Urhebers des Sammelwerks;[158] im Falle des § 34 Abs. 3 **43** ist auch dessen Zustimmung entbehrlich.[159]

D. Datenbankwerke

I. Übersicht

Elektronische oder nichtelektronische Datenbankwerke genießen nach § 4 Abs. 2 als Sammelwerke **vollen Urheberrechtsschutz.** Der deutsche Gesetzgeber hat damit die diesbezügliche **44** Vorgabe der Datenbank-RL von 1996 umgesetzt.[160] Die Einordnung als Unterfall der Sammelwerke in § 4 Abs. 2 erlaubte es, die Gesetzesänderungen auf ein Minimum zu beschränken, ohne dass dadurch die Umsetzung der Richtlinie beeinträchtigt wurde. Die Umsetzung erfolgte durch **Art. 7 IuKDG vom 13.6.1997 zum 1.1.1998.**[161] Eine **Übergangsregelung** für vor dem 1.1.1998 geschaffene Datenbankwerke findet sich in § 137g.

Insbesondere konnte die Umsetzung von Art. 4 Datenbank-RL (Urheberschaft) auf §§ 7 ff., **45** von Art. 5 Datenbank-RL (Rechte des Urhebers) auf die Verwertungsrechte der §§ 15 ff. und von Art. 6 Datenbank-RL (Rechte des Benutzers) auf die Schrankenbestimmungen des Urheberrechts (§§ 44 a ff.) zurückgreifen und sich daher auf wenige datenbankwerkspezifische Sonderregelungen beschränken. Datenbankwerke unterliegen damit den Vorschriften des 1., 4. und 5. Teils des UrhG. Insbesondere stehen dem Urheber die **allgemeinen Urheberpersönlichkeits- und Verwertungsrechte** zu.

Sonderregelungen bestehen in **§ 23 S. 2,** wonach bereits die Herstellung der Bearbeitung eines **46** Datenbankwerkes ohne Zustimmung des Urhebers nicht erfolgen darf,[162] in **§ 53 Abs. 5,** wonach die Vervielfältigung zum eigenen Gebrauch ohne Zustimmung des Urhebers bei elektronischen Datenbankwerken weitgehend eingeschränkt ist,[163] und in **§ 55a,** durch den die normale Benutzung eines Datenbankwerkes für den rechtmäßigen Benutzer sichergestellt werden soll.[164]

Der **internationale Schutz** vom Datenbankwerken beurteilt sich nach §§ 120 ff.[165] In den **inter- 47 nationalen Abkommen** ist ein Schutz von Datenbanken ausdrücklich vorgesehen in Art. 10 Abs. 2

---

[153] Vgl. auch Erwgr. 26 Datenbank-RL.
[154] Dazu → § 16 Rn. 16 ff.
[155] Vgl. zur Einräumung notwendiger Nutzungsrechte an Computerprogrammen, die zum Betrieb eines Datenbankwerks erforderlich sind, → Rn. 58.
[156] Vgl. zum Verlagsrecht → Rn. 65 f.
[157] *Ulmer* § 29 II 2a.
[158] Vgl. dazu → § 34 Rn. 30.
[159] Vgl. dazu → § 34 Rn. 36.
[160] → Rn. 4 f.
[161] Im Überblick → Rn. 4; vgl. auch ausf. → Vor §§ 87a ff. Rn. 6.
[162] Vgl. dazu → § 23 Rn. 21.
[163] Vgl. dazu → § 53 Rn. 60 f.
[164] Zur divergierenden Interpretation des Begriffs des „rechtmäßigen Benutzers" in den mitgliedstaatlichen Umsetzungsgesetzen und der daraus resultierenden Rechtsunsicherheit *Joint Institute for Innovation Policy,* Study in Support of the Database Directive, Annex 1: Legal Analysis, S. 27–36 mwN.
[165] § 127a UrhG gilt nur für Datenbanken iSd §§ 87a ff. UrhG.

TRIPS und in Art. 5 des WIPO Copyright Treaty (WCT); im Übrigen kommt eine Einstufung als Sammlung nach Art. 2 Abs. 5 RBÜ in Betracht.[166]

48   Ebenso wie bei §§ 69a ff.[167] handelt es sich bei § 4 Abs. 2 der Sache nach um Unionsrecht, „um **ein Stück europäisches Urheberrecht** innerhalb des UrhG".[168] Das bedeutet, dass seine **Auslegung richtlinienkonform** zu erfolgen hat, also unter Berücksichtigung der Vorschriften und Erwägungsgründe der Datenbank-RL.[169] Für die Auslegung des § 4 Abs. 2 ist neben der AmtlBegr. zu Art. 7 der Endfassung des IuKDG[170] auch die AmtlBegr. zum (durch die Endfassung abgeänderten) Gesetzentwurf der Bundesregierung[171] heranzuziehen, soweit konkret keine Abänderungen mehr durch die Endfassung erfolgt sind.[172]

II. Begriff und Schutzvoraussetzungen

1. Sammelwerk

49   Der Begriff des Datenbankwerks setzt zunächst voraus, dass es sich um ein Sammelwerk handelt. Es müssen also die Tatbestandsmerkmale des § 4 Abs. 1 erfüllt sein. Das heißt, es muss eine **Sammlung von Werken, Daten oder anderen unabhängigen Elementen** vorliegen.[173]

50   Weiter ist erforderlich, dass die Datenbank in Auswahl oder Anordnung ihrer einzelnen Elemente eine **persönliche geistige Schöpfung** darstellt.[174] Das ergibt sich bereits aus der Unterordnung des Begriffs „Datenbankwerk" unter den Begriff „Sammelwerk".[175]

Die Datenbank-RL spricht von „eigener geistiger Schöpfung",[176] ein sachlicher Unterschied liegt hierin nicht.[177] Bei der Schutzbestimmung dürfen **keine anderen Kriterien** herangezogen werden.[178] Diese mit Art. 1 Abs. 3 S. 2 der Computerprogramm-RL übereinstimmende Formulierung hat der deutsche Gesetzgeber im Gegensatz zu § 69a Abs. 3 S. 2 nicht in den Gesetzestext aufgenommen. Der Grund dafür liegt darin, dass das bei der Umsetzung der Computerprogramm-RL angestrebte Harmonisierungsziel, die von der deutschen Rechtsprechung bei Computerprogrammen aufgestellten hohen Anforderungen an die Gestaltungshöhe[179] abzusenken, bei Datenbanken nicht in vergleichbarer Weise bestand. Vielmehr war in diesem Bereich auch aufgrund der deutschen Rechtsprechung seit jeher der Schutz der kleinen Münze gewährleistet.[180] Damit kommt der unterschiedlichen Formulierung von § 4 gegenüber § 69a Abs. 3 S. 2 keine sachliche Bedeutung zu; ebenso wie bei Computerprogrammen dürfen auch bei Datenbankwerken keine anderen Kriterien als die eigene bzw. persönliche geistige Schöpfung berücksichtigt werden.

Die diesbezügliche **Rechtsprechung des EuGH und der deutschen Gerichte** wurde oben[181] dargestellt, da nach der hier vertretenen Auffassung insbesondere aufgrund des europäischen Kriteriums **eigener geistiger Schöpfung** ein einheitlicher Maßstab für § 4 Abs. 1 und Abs. 2 gilt.[182]

2. Systematische oder methodische Anordnung der Elemente und einzelne Zugänglichkeit mit Hilfe elektronischer Mittel oder auf andere Weise

51   Die spezifisch zusätzlichen Voraussetzungen für Datenbankwerke iSd Abs. 2 sind die **systematische oder methodische Anordnung** und die **einzelne Zugänglichkeit** der Elemente.[183] Die Voraussetzung der systematischen oder methodischen Anordnung besagt, dass die einzelnen Elemente der Datenbank nach bestimmten **Ordnungsgesichtspunkten** zusammengestellt sein müssen. Systematische Anordnung bedeutet die Anordnung nach einem System, einer Klassifizierung oder einem Ordnungsschema.[184] Eine methodische Anordnung liegt vor, wenn sie einer bestimmten ordnenden Handlungsanweisung oder einem bestimmten Plan folgt.[185]

---

[166] Vgl. auch → Rn. 1. Vgl. zum Investitionsschutz des Datenbankherstellers vor dem Hintergrund der int. Abkommen *Große Ruse-Khan.*

[167] Vgl. → Vor §§ 69a ff. Rn. 6.

[168] Vgl. zu §§ 69a ff. UrhG AmtlBegr. BT-Drs. 12/4022, 8.

[169] BGH GRUR 2007, 685 Rn. 21 – Gedichttitelliste I; Dreier/Schulze/*Dreier* UrhG § 4 Rn. 2; Fromm/Nordemann/*Czychowski* UrhG § 4 Rn. 6; vgl. insg. zur richtlinienkonformen Auslegung des § 4 UrhG → Rn. 8.

[170] Beschlussempfehlung und Bericht des Bundestagsausschusses, BT-Drs. 13/7934, 50 ff.

[171] BR-Drs. 966/96, 41 ff.

[172] Zur Entstehungsgeschichte näher → Vor §§ 87a ff. Rn. 15.

[173] → Rn. 9 ff.

[174] BGH GRUR 2007, 685 – Gedichttitelliste I.

[175] AmtlBegr. BT-Drs. 13/7934, 42 f.

[176] Art. 3 Abs. 1 S. 1 sowie Erwgr. 15. Datenbank-RL.

[177] AmtlBegr. BT-Drs. 13/7934, 43; vgl. auch BGH GRUR 2007, 685 Rn. 18 – Gedichttitelliste I, der ohne Weiteres den Begriff der persönlichen geistigen Schöpfung verwendet; Dreier/Schulze/*Dreier* UrhG § 4 Rn. 19.

[178] Art. 3 Abs. 1 S. 2 Datenbank-RL.

[179] → Vor §§ 69a ff. Rn. 3.

[180] Begr. zum Regierungsentwurf des IuKDG, BR-Drs. 966/96, 45.

[181] → Rn. 19 ff.

[182] → Rn. 7 f. (umstr.).

[183] Vgl. → § 87a Rn. 21 f.

[184] ZB alphabetisch, s. LG Köln ZUM-RD 2000, 304 (306) – kidnet.de.

[185] Dreier/Schulze/*Dreier* UrhG § 4 Rn. 17; Wandtke/Bullinger/*Marquardt* UrhG § 4 Rn. 10.

Nach der **EuGH-Rechtsprechung** setzt die einzelne Zugänglichkeit und systematische oder me- **52** thodische Anordnung der unabhängigen Elemente voraus, dass die Sammlung ein technisches Mittel, wie ein elektronisches, elektromagnetisches, elektrooptisches oder sonstiges Abfragesystem, bzw. ein sonstiges Mittel, wie einen Index, ein Inhaltsverzeichnis, eine Gliederung oder eine besondere Art der Einteilung, umfasst, die es ermöglichen, jedes in der Sammlung enthaltene unabhängige Element zu lokalisieren.[186] Es muss also eine wie auch immer geartete **Methode** oder ein **System zur Verarbeitung der einzelnen Elemente** zugrunde liegen, mit dessen Hilfe sich jeder der einzelnen Bestandteile auffinden lässt.[187] Der Begriff der Datenbank leitet seine Spezifität im Rahmen einer grundsätzlich gebotenen weiten Auslegung demnach aus einem **funktionalen Kriterium** dahingehend her, dass die Entwicklung von Systemen gefördert werden soll, die eine „Datenspeicher-" und „Datenverarbeitungs-Funktion" übernehmen.[188]

Dementsprechend stellt die reine Anhäufung von Daten (sogenannte **Rohdaten** oder Datenhaufen) **53** nach allgemeiner Auffassung keine Datenbank dar.[189] Die ungeordnete Ablage im physischen Speicher steht einer **systematischen oder methodischen Anordnung** demgegenüber nicht entgegen,[190] wenn der Datenbestand mit einem **Abfragesystem** verbunden ist, das zielgerichtete Recherchen nach Einzelelementen in dem Datenbestand ermöglicht.[191] Im Übrigen kann die Anordnung alphabetischen, numerischen oder chronologischen Prinzipien folgen, was besonders bei nichtelektronischen Datenbanken häufig der Fall sein wird. Nötig ist das aber nicht. Entscheidend ist allein die wie auch immer geartete systematische oder methodische Anordnung der Elemente als Voraussetzung für die Zugänglichkeit. Ausreichend ist daher jede Zusammenstellung nach Ordnungsgesichtspunkten, die den Zugriff auf die einzelnen Elemente ermöglicht.

In weiteren **Einzelfällen der deutschen Rechtsprechung** wurde der Schutz als Datenbankwerk **54** für eine **Softwarebibliothek** (CT-Klassenbibliothek)[192] abgelehnt, weil die einzelnen Module (Dateien) schon nicht in ausreichender Weise methodisch angeordnet waren.[193] Dasselbe gilt für allenfalls ganz grob eingeteilte, im Übrigen völlig ungeordnete **Stellenmärkte** mit Kleinanzeigen, gleich ob online im Internet[194] oder in gedruckter Form (zum Beispiel in einer Tageszeitung).[195] Ebenso wenig sollen **Fachzeitschriften** als Datenbanken anzusehen sein, wenn die Anordnung der Beiträge innerhalb nur ganz grober Rubriken rein chronologisch erfolgt, wobei der jährliche Index einer solchen Zeitschrift freilich als Datenbank in Betracht kommt, nur insoweit nicht schutzfähig sein soll.[196] Dies scheint aber in unzulässiger Weise die Ausgangsvoraussetzungen des Vorliegens einer möglicherweise schutzfähigen Datenbank mit der weiteren Prüfung der materiellen Schutzvoraussetzungen zu vermengen; nach der hier vertretenen Auffassung kommt eine Zeitschrift grundsätzlich schon deshalb als Datenbank in Betracht, weil die in ihr enthaltenen Beiträge auf Grundlage der Inhaltsverzeichnisse der einzelnen Hefte und gegebenenfalls des Jahresindex jedenfalls nach einem systematischen Kriterium (der Seitenzahl ihres Beginns als einem numerisch-chronologischen Anordnungsprinzip) einzeln zugänglich sind.[197] In der **englischen Rechtsprechung** wurde zuletzt vom High Court die Datenbankwerkeigenschaft eines systematisch-methodischen Analyse- und Berichtsformats für **Elektrokardiogramme (EKGs)** bejaht.[198]

Teilweise neu zu beurteilen ist vor dem Hintergrund der mittlerweile vorliegenden EuGH- **55** Rechtsprechung der Meinungsstreit um die Frage, ob der Begriff des Datenbankwerks auch rein **ästhetisch-künstlerisch** angeordnete Sammlungen erfasst.[199] Sofern solche Sammlungen durch ein wie auch immer geartetes Mittel (beispielsweise einen Katalog, ein Inhaltsverzeichnis bzw. einen Index oder einen Raumplan bezüglich der Einteilung und Abfolge mehrerer Räume) zugleich in systematischer oder methodischer Weise einen Einzelzugang zu den Elementen ermöglichen, kann entsprechend der schon bisher herrschenden Meinung ein Datenbankwerk bzw. eine Datenbank vorliegen. Für eine tatsächlich **rein ästhetisch-künstlerische Anordnung,** die nicht zugleich sys-

---

[186] EuGH GRUR 2005, 254 Rn. 30 – Fixtures-Fußballspielpläne II.
[187] EuGH GRUR 2005, 254 Rn. 31 – Fixtures-Fußballspielpläne II.
[188] EuGH GRUR 2005, 254 Rn. 27 f. – Fixtures-Fußballspielpläne II unter Hinweis auf die Erwgr. 10 und 12 DatenbankRL.
[189] Dreier/Schulze/*Dreier* UrhG § 4 Rn. 17; Fromm/Nordemann/*Czychowski* UrhG § 4 Rn. 35.
[190] S. Erwgr. 21 Datenbank-RL; vgl. auch EuGH GRUR 2005, 254 Rn. 30 – Fixtures-Fußballspielpläne II (systematische oder methodische Anordnung muss nicht physisch sichtbar sein).
[191] OLG Köln ZUM 2007, 548 (549 f.) – Wetterdaten.
[192] Klassenbibliotheken dienen der Erstellung von Computeranwendungen, es handelt sich um eine Mehrzahl von Programm-Modulen mit regelmäßig benötigten Funktionen, auf die der Programmierer wie auf einen „Baukasten" zurückgreifen kann.
[193] OLG Hamburg GRUR-RR 2002, 217 – CT-Klassenbibliothek.
[194] OLG München GRUR-RR 2001, 228 (229) – Übernahme fremder Inserate.
[195] KG GRUR-RR 2001, 102 – Stellenmarkt.
[196] OLG München MMR 2007, 525 (526) – Subito.
[197] Vgl. für weitere Einzelheiten und Fälle → § 87a Rn. 16, 26, 33.
[198] *Technomed Ltd. v. Bluecrest Health Screening Ltd.* [2017] EWHC 2142 (Ch).
[199] S. zum ursprünglichen Ausgangspunkt des Streits ausf. *Leistner* S. 53 ff.; *Leistner* GRUR-Int 1999, 819 (822 f.) (jew. für Einbeziehung rein ästhetisch angeordneter Datenbanken). Für eine Einbeziehung auch nach ästhetischen Kriterien geordneter Datenbanken die hM, Fromm/Nordemann/*Czychowski* UrhG § 4 Rn. 35; auch → § 87a Rn. 21 mwN; aA *Raue/Bensinger* MMR 1998, 507 (508). Für die Beurteilung unter § 4 → Rn. 14 ff.

tematisch oder methodisch erschlossen werden kann (also zum Beispiel die rein ästhetischen Prinzipien folgende Anordnung der Gemälde in ein und demselben Ausstellungsraum), kommt demgegenüber ein Schutz als Datenbankwerk nicht in Betracht (wohl aber nach der hier vertretenen Auffassung gegebenenfalls Schutz nach § 4 Abs. 1 als Sammelwerk, falls die diesbezüglichen Voraussetzungen erfüllt sind).[200]

56   In der Voraussetzung der **Zugänglichkeit der Einzelelemente** kommt zunächst das Kriterium des § 4 Abs. 1 zum Ausdruck, dass ein Sammelwerk (bzw. eine Datenbank) aus voneinander unabhängigen Elementen bestehen muss.[201] Sodann müssen die Elemente **zugänglich** sein, es muss also die Möglichkeit bestehen, unter Berücksichtigung der systematischen oder methodischen Anordnungsprinzipien auf sie zuzugreifen und sie abzufragen. Der EuGH prüft in diesem Zusammenhang die Voraussetzungen der systematischen und methodischen Anordnung und der einzelnen Zugänglichkeit einheitlich unter einem weiten, funktional-teleologischen Blickwinkel.[202]

57   Für den Zugriff können **elektronische oder andere Mittel** eingesetzt werden. Der Zugang kann also ebenso durch eine Recherche oder ein anderes Ansteuern von Daten bei einer elektronischen Datenbank (online oder offline) erfolgen wie durch das Aufsuchen einer Karteikarte in einer herkömmlichen alphabetisch geordneten Kartei oder eines Eintrags im Telefonbuch.[203] In Erwägungsgrund 13 der Datenbank-RL werden für den Zugang elektronische, elektromagnetische, elektrooptische oder ähnliche Verfahren genannt, ohne dass diese Aufzählung abschließend wäre.[204] Das Tatbestandsmerkmal der Zugänglichkeit mit Hilfe elektronischer Mittel oder auf andere Weise verdeutlicht zugleich, dass sowohl **elektronische als auch nichtelektronische Datenbanken** geschützt werden.[205] Vgl. für weitere Einzelheiten → § 87a Rn. 28 f.

3. Keine Erstreckung auf Computerprogramme

58   Keine Bestandteile des Datenbankwerkes sind die zu seiner Schaffung oder zur Ermöglichung des Zugangs zu den einzelnen Elementen verwendeten Computerprogramme (Abs. 2 S. 2). Das sind diejenigen Programme, die **zur Herstellung und zum Betrieb der Datenbank** benötigt werden.[206] Auf diese Programme ist nicht § 4 Abs. 2 anzuwenden, sie fallen vielmehr unter §§ 69a ff.[207] Der Richtliniengesetzgeber wollte auf diese Weise Kollisionen mit den unionsrechtlichen Bestimmungen über Computerprogramme vermeiden;[208] der Datenbankwerkschutz soll sich nur auf die Struktur der Datenbank beziehen.[209] Abgrenzungsschwierigkeiten können sich insofern ergeben, als auch **Thesaurus sowie Index- und Abfragesysteme,** die nach der Datenbank-RL zum geschützten Inhalt des Datenbankwerkes gehören,[210] Bestandteil der zum Zugriff auf die Daten verwendeten Computerprogramme sein können.[211] Richtigerweise kommt hier die diesen Elementen zugrunde liegende Auswahl- oder Anordnungsstruktur für Datenbankwerkschutz in Betracht; eigene geistige Schöpfungen bei der programmiererischen Umsetzung dieser Struktur unterfallen den §§ 69a ff.[212] Die urheberrechtliche Abgrenzung von Datenbankwerk und Computerprogramm hat auch zur Folge, dass für die Nutzung der Datenbank neben den Nutzungsrechten am Datenbankwerk gegebenenfalls auch Nutzungsrechte an der Zugriffssoftware eingeräumt werden müssen; hierfür ist der Anbieter der Datenbank verantwortlich, der sich seinerseits, wenn er Datenbank-Shells oder ähnliche Hilfsmittel von Drittherstellern verwendet, die entsprechenden Rechte mit übertragen lassen muss.[213]

III. Das Urheberrecht am Datenbankwerk

59   **Gegenstand des Urheberrechtsschutzes** von Datenbanken ist, wie allgemein bei den Sammelwerken, die **Struktur der Datenbank.**[214] Der Schutz erstreckt sich **nicht auf den Inhalt** der Datenbank;[215] die den Inhalt bildenden Werke, Daten und anderen Elemente nehmen also am Daten-

---

[200] Umstr., → Rn. 14 ff.
[201] → Rn. 17 ff.
[202] → Rn. 52.
[203] Näher Loewenheim/*Koch* § 77 Rn. 18 f.
[204] S. auch EuGH GRUR 2005, 254 Rn. 30 – Fixtures-Fußballspielpläne II.
[205] S. eindeutig schon BGH GRUR 1999, 923 (925) – Tele-Info-CD.
[206] Vgl. Art. 1 Abs. 3 sowie Erwgr. 23 Datenbank-RL.
[207] Büscher/Dittmer/Schiwy/*Obergfell* UrhG § 4 Rn. 10.
[208] Vgl. Art. 2 lit. a Datenbank-RL.
[209] Erwgr. 15 Datenbank-RL.
[210] S. Erwgr. 20 DatenbankRL.
[211] S. iE *Westkamp* S. 49 ff.
[212] Vgl. für dennoch bestehende Abgrenzungsschwierigkeiten bei Bearbeitung eines einer elektronischen Datenbank zugrunde liegenden Datenbankmodells durch teilw. Umgruppierung, aber auch programmiererische Vereinfachungen OGH ZUM-RD 2001, 544.
[213] Dreier/Schulze/*Dreier* UrhG § 4 Rn. 21; Fromm/Nordemann/*Czychowski* UrhG § 4 Rn. 37 und UrhG § 87e Rn. 11 ff.
[214] Erwgr. 15 Datenbank-RL. Näher → Rn. 34 ff.
[215] Art. 1 Abs. 2 Datenbank-RL.

bankwerkschutz nach § 4 Abs. 2 nicht teil.[216] Soweit sie die Voraussetzungen dafür erfüllen, genießen sie den allgemeinen Urheberrechts- und Leistungsschutz, der durch den Datenbankschutz nicht berührt wird.[217] Eine Verletzung des Urheberrechts an einem Datenbankwerk liegt demnach nur vor, wenn das verletzende Werk diejenigen Strukturen hinsichtlich der Auslese und Anordnung des Stoffs aufweist, die die persönliche geistige Schöpfung des Sammelwerks begründen.[218] Bei elektronischen Datenbanken kommen insoweit insbesondere auch **Thesaurus** sowie **Index- und Abfragesysteme** in Betracht.[219]

Hinsichtlich der **Rechte des Urhebers** am Datenbankwerk und der diesbezüglichen **Schranken** **60** gelten im Grundsatz die allgemeinen Regeln mit wenigen Sonderregelungen spezifisch für Datenbankwerke, die sämtlich auf die Umsetzung der Datenbank-RL zurückgehen.[220]

Praktisch wesentliche Besonderheiten gegenüber den allgemeinen Grundsätzen könnten sich künf- **61** tig möglicherweise hinsichtlich der **Erschöpfung des Verbreitungsrechts beim Online-Vertrieb von Datenbanken** ergeben. Hier stellt sich die Frage, ob die in der **UsedSoft-Rechtsprechung des EuGH**[221] entwickelten Grundsätze zur Erschöpfung des Verbreitungsrechts beim Online-Vertrieb in „download to own"-Konstellationen auch auf elektronische Datenbankwerke anzuwenden sind. Dafür könnte spezifisch bei Datenbankwerken sprechen, dass mit § 55a[222] eine Sonderregelung zur Verfügung steht, welche entsprechend § 69d zu den Computerprogrammen bestimmte Nutzungshandlungen freistellt, die für die **übliche Benutzung des Datenbankwerks** durch den **rechtmäßigen Benutzer** erforderlich sind. Wie im Falle des Downloads von Computerprogrammen könnte sich daher der Erwerber einer Kopie der Datenbank, an der das Verbreitungsrecht erschöpft ist, für die von ihm vorgenommenen Nutzungshandlungen auf diese Vorschrift berufen. Gegen die Annahme einer Übertragbarkeit der UsedSoft-Rechtsprechung spricht allerdings hinsichtlich der systematisch vorgelagerten Frage der Erschöpfungswirkung, dass Erwägungsgrund 33 der Datenbank-RL (ähnlich wie Erwägungsgrund 29 der InfoSoc-RL) schon die Erschöpfung des Verbreitungsrechts für sämtliche Online-Konstellationen ausschließt und diesen Ausschluss der Erschöpfungswirkung ausdrücklich auch auf Kopien bezieht, die nach einem Download vom Nutzer selbst angefertigt wurden.[223a]

Andere **datenbankspezifische Besonderheiten,** wie beispielsweise die Behandlung der neuarti- **62** gen Geschäftsmodelle des sogenannten **Screen Scraping und der unterschiedlichen Meta-Such-maschinen** im Internet in der Rechtsprechung des EuGH ua, beziehen sich primär auf §§ 87a ff. und werden daher in diesem Zusammenhang behandelt.

E. Abgrenzungen und Verhältnis zu anderen Normen

I. Abgrenzungen im Urheberrechtsgesetz

Von der **Miturheberschaft** unterscheidet sich das Sammelwerk dadurch, dass bei der Miturheber- **63** schaft die Beteiligten ein einheitliches Werk schaffen, dessen einzelne Beiträge sich nicht gesondert verwerten lassen.[223] Beim Sammelwerk entsteht zwar auch ein neues Werk, das aber in der Auswahl oder Anordnung der Einzelbeiträge besteht und nicht mit diesen ein einheitliches Werk bildet, sondern neben sie tritt. Die Verfasser der Einzelbeiträge eines Sammelwerks sind weder untereinander durch Miturheberschaft verbunden noch liegt im Verhältnis zum Urheber des Sammelwerks eine solche vor.[224] Dagegen können sowohl die einzelnen Beiträge zum Sammelwerk als auch dieses selbst in Miturheberschaft entstehen.[225] Zwischen den Verfassern der Einzelbeiträge liegt in der Regel auch keine **Werkverbindung** vor,[226] ebenso wenig ist dies in ihrem Verhältnis zum Urheber des Sammelwerks der Fall.

Von den **wissenschaftlichen Ausgaben** nach § 70 unterscheiden sich Sammelwerke dadurch, dass **64** die Auswahl oder Anordnung der Beiträge beim Sammelwerk eine persönliche geistige Schöpfung im

---

[216] Auch → Rn. 34 und 40 ff. (zu Rechten an den einzelnen Elementen).
[217] Art. 1 Abs. 2 Datenbank-RL.
[218] BGH GRUR 2007, 685 Rn. 25 – Gedichttitelliste I. Näher → Rn. 34 ff.
[219] Erwgr. 20 Datenbank-RL. Näher → Rn. 25; vgl. zu den Begriffen → § 87a Rn. 35 ff.; zu Abgrenzungsschwierigkeiten ggü. den zum Zugriff auf die Daten verwendeten Computerprogrammen → Rn. 58.
[220] → Rn. 46.
[221] EuGH GRUR-Int 2012, 759 Rn. 38 ff. – UsedSoft. → § 69c Rn. 34.
[222] Der auf Art. 6 Abs. 1 Datenbank-RL zurückgeht.
[223a] Offen *Wiebe* CR 2014, 1 (5 f.); eher zurückhaltend auch *Leistner/Antoine,* Exhaustion and Second-Hand Digital Goods/Contents, S. 159 ff.
[223] Vgl. → § 8 Rn. 5 ff.
[224] Vgl. → § 8 Rn. 2. Zum Verhältnis von Datenbankwerkurheber und Datenbankhersteller → Vor §§ 87a ff. Rn. 7.
[225] Vgl. zB KG *Schulze* KGZ 80, 7; OLG Frankfurt a. M. *Schulze* OLGZ 107, 5 = OLGZ 1971, 171 – Taschenbuch für Wehrfragen.
[226] Vgl. näher → § 9 Rn. 6.

Sinne des § 2 Abs. 2 darstellt, während die wissenschaftliche Edition nachgelassener Werke oder Texte keine schöpferische Leistung erfordert.[227]

II. Verlags- und Urhebervertragsrecht

65   Auf Sammelwerke finden neben § 4 die **Vorschriften des § 38 UrhG und der §§ 41, 43–46 VerlG** Anwendung, die aber nicht die Schutzfähigkeit, sondern die Rechtsbeziehungen zwischen den Urhebern der Einzelbeiträge und dem Herausgeber bzw. Verleger betreffen. Diese Vorschriften unterscheiden zwischen periodisch und nicht periodisch erscheinenden Sammelwerken. **Periodische Sammelwerke** sind solche, die darauf angelegt sind, in ständiger und unbegrenzter regelmäßiger oder unregelmäßiger Folge zu erscheinen, ohne je als Ganzes zu einem einheitlichen Abschluss zu gelangen.[228] Die wichtigsten Fälle sind Zeitungen und Zeitschriften.[229] **Nichtperiodische Sammelwerke** sind zum Beispiel Festschriften, Enzyklopädien oder Lexika.[230] Das Erscheinen in einzelnen Lieferungen macht sie noch nicht zum periodischen Sammelwerk.[231] Für § 4 hat die Unterscheidung keine unmittelbare Bedeutung.

66   Schließlich sieht **§ 34 Abs. 2** eine Erleichterung des Rechtsverkehrs für den Fall vor, dass der Inhaber der Nutzungsrechte am Sammelwerk und den aufgenommenen Einzelbeiträgen diese weiter übertragen will.[232]

III. Recht am Sammelwerk als Unternehmen

67   Vom Urheberrecht am Sammelwerk ist das gegenüber dem Urheberrecht selbständige Recht am **Sammelwerk als Unternehmen** zu unterscheiden. Das Erscheinenlassen eines Sammelwerks erfordert neben der Auslese und Anordnung der Beiträge, also neben der urheberrechtlichen Schöpfung, noch eine **wirtschaftlich-organisatorische Leistung,** die in der Planung, Finanzierung, Herstellung, Vervielfältigung und Verbreitung besteht.[233] Diese wirtschaftlich-organisatorische Leistung wird als Recht am Unternehmen geschützt.[234] Das Recht am Unternehmen besteht in der **Möglichkeit der gewinnbringenden Fortführung des Sammelwerks,** dh in der Möglichkeit des Erscheinenlassens weiterer Lieferungen bei periodischen, von Neuauflagen bei nichtperiodischen Sammelwerken.[235] Es handelt sich angesichts der Beziehungen zu Mitarbeitern und Bestellern um eine in die Zukunft weisende Einheit, die alle vermögenswerten Rechte und Interessen umfasst, die an die Tätigkeit des Herausbringens eines Sammelwerkes geknüpft sind.[236] Seine **Bedeutung** hat das Recht am Sammelwerk als Unternehmen in erster Linie beim Verkauf von Zeitungen, Zeitschriften und Buchreihen; es geht dann im Allgemeinen um die Frage, ob der Herausgeber oder der Verlag zur Veräußerung berechtigt sind.

68   Das Recht am Sammelwerk als Unternehmen ist kein einheitliches fest umgrenztes Recht (wie etwa die dinglichen Rechte), sondern umfasst – wie das Handelsunternehmen – die Inhaberschaft an einem Inbegriff von Vermögensgegenständen (Rechte und/oder Sachen) unterschiedlichster Art.[237]

69   Das Recht am Sammelwerk als Unternehmen kann **Gegenstand obligatorischer Rechtsgeschäfte** sein, insbesondere also verkauft oder verpachtet werden. Es kann dagegen **nicht** das Objekt **dinglicher Geschäfte** wie Eigentumsübertragung, Sicherungsübereignung oder Verpfändung bilden; insoweit ist nur die Verfügung über die einzelnen zum Unternehmen gehörenden Sachen und Rechte möglich.[238]

70   Wer der **Herr (Inhaber) des Sammelwerks als Unternehmen** ist, bestimmt sich in erster Linie nach den **vertraglichen Vereinbarungen** zwischen den Beteiligten.[239] Auch **schlüssig** kann zum Ausdruck gebracht werden, ob Verlag oder Herausgeber Herr des Unternehmens sein soll; für den Verlag als Unternehmensinhaber spricht beispielsweise die Herausgabe des Sammelwerks im Auftrag

---

[227] Vgl. → § 70 Rn. 1.

[228] Ulmer-Eilfort/Obergfell/*Obergfell* VerlG § 41 Rn. 4, § 44 Rn. 4.

[229] Zu Archiven vgl. OLG Frankfurt a. M. GRUR 1967, 151.

[230] Dazu *Rehbinder/Peukert* Rn. 272.

[231] *v. Gamm* UrhG § 4 Rn. 9; vgl. Dreier/Schulze/*Schulze* UrhG § 38 Rn. 10.

[232] → Rn. 43.

[233] BGH GRUR 1968, 329 (331) – Der kleine Tierfreund mwN; OLG Frankfurt a. M. GRUR 1986, 242 (242 f.) – Gesetzessammlung; Dreier/Schulze/*Dreier* UrhG § 4 Rn. 22.

[234] BGH GRUR 1968, 329 (331) – Der kleine Tierfreund mwN; OLG Frankfurt a. M. GRUR 1986, 242 (242 f.) – Gesetzessammlung; vgl. OLG Nürnberg GRUR 2002, 607 (608) – Stufenaufklärung nach Weissauer; im Schrifttum *Schricker* VerlG § 41 Rn. 13 ff.; Dreier/Schulze/*Dreier* UrhG § 4 Rn. 22; Fromm/Nordemann/*Czychowski* UrhG § 4 Rn. 44; zum Ganzen eingehend *v. Hülsen* passim.

[235] BGH GRUR 1968, 329 (331) – Der kleine Tierfreund; *Schricker* VerlG § 41 Rn. 14.

[236] OLG Frankfurt a. M. GRUR 1986, 242 (242 f.) – Gesetzessammlung.

[237] *Schricker* VerlG § 41 Rn. 14; für weitere Einzelheiten → 4. Aufl. 2010, Rn. 68.

[238] BGH GRUR 1968, 329 (331) – Der kleine Tierfreund mwN; *Schricker* VerlG § 41 Rn. 14; Dreier/Schulze/*Dreier* UrhG § 4 Rn. 23; eingehend *v. Hülsen* S. 83 ff.

[239] OLG Frankfurt a. M. GRUR 1986, 242 (243) – Gesetzessammlung; *Schricker* VerlG § 41 Rn. 15; *Ulmer* § 29 III 2; Mestmäcker/Schulze/*Haberstumpf* UrhG § 4 Rn. 25.

des Verlags und das Entscheidungsrecht des Verlags über die wirtschaftliche Seite des Unternehmens, über sachliche Fragen wie Titel, Ausstattung, Aufmachung, ferner das alleinige Bestimmungsrecht hinsichtlich Planung, Arbeitsteilung und Zusammenarbeit.[240] Lässt sich den Vereinbarungen nichts entnehmen, so kommt es auf die **tatsächlichen Verhältnisse** an.[241] Maßgebend ist dann weniger, in wessen Händen die geistige Leitung des Sammelwerks liegt, sondern zum Beispiel, wer den Plan fasste, bei periodischen Sammelwerken die Zeitung oder Zeitschrift gründete, den Titel ersann, die Mitarbeiter warb und das wirtschaftliche Risiko trug.[242]

IV. Schutz nach UWG

Für Sammelwerke kann auch **lauterkeitsrechtlicher Nachahmungsschutz** nach §§ 3, 4 Nr. 3 **71** UWG in Betracht kommen.[243] Die bisherige Rechtsprechung ging davon aus, dass bei Bestehen urheberrechtlichen Schutzes vor Nachahmung ein zusätzlicher lauterkeitsrechtlicher Nachahmungsschutz ausscheidet. Lauterkeitsschutz kam also nur in Betracht, wenn ein Sammelwerk oder Datenbankwerk urheber- oder leistungsschutzrechtlich nicht geschützt war (Subsidiarität).[244] Demgegenüber findet sich in der jüngeren Rechtsprechung die Aussage, lauterkeitsrechtlicher Nachahmungsschutz komme unabhängig vom Bestehen urheberrechtlichen Schutzes in Betracht.[245] Der lauterkeitsrechtliche Schutz darf aber den Wertungen des Urheberrechts nicht widersprechen.[246] So darf der lauterkeitsrechtliche Nachahmungsschutz grundsätzlich nicht herangezogen werden, um die zeitliche Befristung[247] des urheberrechtlichen Schutzes oder die urheberrechtlichen Schrankenregelungen zu unterlaufen.[248] Für einen lauterkeitsrechtlichen Schutz müssen **besondere Umstände (Unlauterkeitsmerkmale)** hinzutreten, die im urheberrechtlichen Verletzungstatbestand noch nicht berücksichtigt sind,[249] insbesondere eine vermeidbare Herkunftstäuschung, Rufausbeutung oder -schädigung[250] oder eine **unlautere Behinderung** unter den strengen Voraussetzungen des § 4 Nr. 4 UWG.[251]

Bei **Datenbanken,** die nach §§ 87a ff. geschützt sind, besteht insofern eine Besonderheit, als das **72** sui generis-Recht des Datenbankherstellers bereits einen eigenständigen Investitionsschutz leistet. Daher müssen hier nach zutreffender Auffassung noch strengere Maßstäbe gelten, weil die Investitionsschutzinteressen der Hersteller in der grundsätzlich abschließenden urheberrechtlichen Wertung insoweit schon eigenständig berücksichtigt sind. UWG-Schutz sollte hier nur noch aufgrund der genuinen Beeinträchtigung von Verbraucherinteressen, insbesondere bei Irreführung auf Grundlage der §§ 5 Abs. 1 S. 2 Nr. 1 und Abs. 2 UWG in Betracht kommen.[252] Demgegenüber geht der BGH auch insoweit von den allgemeinen Grundsätzen aus.[253]

---

[240] OLG Hamm GRUR 1967, 153 (155) – Deutsche Bauzeitschrift.

[241] BGH GRUR 1955, 199 (200) – Sport-Wette; OLG Frankfurt a. M. GRUR 1986, 242 (243) – Gesetzessammlung; Dreier/Schulze/*Dreier* UrhG § 4 Rn. 23.

[242] OLG Frankfurt a. M. GRUR 1986, 242 (243) – Gesetzessammlung; vgl. auch OLG Nürnberg GRUR 2002, 607 (608) – Stufenaufklärung nach Weissauer. Zum Ganzen eingehend *Schricker* VerlG § 41 Rn. 15 ff.; *v. Hülsen* S. 107 ff.

[243] S. für Bsp. betr. Datenbanken BGH GRUR 1999, 923 (927) – Tele-Info-CD; eingrenzend BGH GRUR 2011, 79 Rn. 22 ff. – Markenheftchen; Behinderungsaspekte können demgegenüber nach der neueren BGH-Rspr. nur noch im Rahmen des § 4 Nr. 4 UWG berücksichtigt werden, s. BGH GRUR 2017, 79 – Segmentstruktur. Vgl. auch → Vor §§ 87a ff. Rn. 47 f. bzgl. Datenbanken.

[244] BGH GRUR 1999, 325 (326) – Elektronische Pressearchive; vgl. aber auch → Rn. 72 zur teilw. abw. Rspr. zum sui generis-Recht nach §§ 87a ff. UrhG.

[245] BGH GRUR 2011, 134 Rn. 65 – Perlentaucher; BGH GRUR 2012, 58 Rn. 41 – Seilzirkus; ähnlich schon OGH GRUR-Int 2007, 167 (170) – Werbefotos für einen Fall „glatte(r) Übernahme von Arbeitsergebnissen".

[246] Vgl. zum Ganzen Teplitzky/Peifer/*Leistner* UWG § 4 Rn. 46 ff., 79 ff.; Köhler/Bornkamm/Feddersen/*Köhler* UWG § 4 Rn. 3.6a mwN; Ohly/Sosnitza/*Ohly* UWG § 3/12 ff., 3/17 jew. mwN.

[247] S. insoweit BGH GRUR 1986, 895 (896) – Notenstichbilder.

[248] Näher Teplitzky/Peifer/*Leistner* UWG § 4 Rn. 81 f. mwN.

[249] Vgl. kurz BGH GRUR 2006, 493 Rn. 28 – Michel-Nummern.

[250] BGH GRUR 1999, 923 (927) – Tele-Info-CD (unlautere Rufausbeutung, laufende systematische Übernahme); eingrenzend BGH GRUR 2011, 79 Rn. 22 ff. – Markenheftchen (Rufausbeutung verneint).

[251] Vgl. zu weiteren Unlauterkeitsmerkmalen und insbes. der Diskussion um einen unmittelbaren wettbewerbsrechtlichen Leistungsschutz Köhler/Bornkamm/Feddersen/*Köhler* UWG § 4 Rn. 3.40 und § 4 Rn. 4.1 ff.; Ohly/Sosnitza/*Ohly* UWG § 4 Rn. 3, 74 ff.; Teplitzky/Peifer/*Leistner* UWG § 4 Rn. 209 ff.

[252] Teplitzky/Peifer/*Leistner* UWG § 4 Rn. 84; vgl. → Vor §§ 87a ff. Rn. 47 f.

[253] In einem älteren Urteil wurde (insoweit selbst auf Grdl. der alten Grundsätze unzutr.) Nachahmungsschutz gegen die systematische, fortlaufende Übernahme von Telefonbuchdaten aufgrund einer angenommenen Rufausbeutung sogar *kumulativ* zum Schutz nach §§ 87a ff. UrhG gewährt, s. BGH GRUR 1999, 923 (927) – Tele-Info-CD; krit. *Leistner* MMR 1999, 636 (641 f.). Eingrenzend und mit strengeren Maßstäben bzgl. der Unlauterkeitsmerkmale in einem Fall, in dem kein Datenbankherstellerschutz bestand, seitdem BGH GRUR 2011, 79 Rn. 22 ff. – Markenheftchen. Vgl. näher → Vor §§ 87a ff. Rn. 47 f.

§ 5 Amtliche Werke

(1) Gesetze, Verordnungen, amtliche Erlasse und Bekanntmachungen sowie Entscheidungen und amtlich verfaßte Leitsätze zu Entscheidungen genießen keinen urheberrechtlichen Schutz.

(2) Das gleiche gilt für andere amtliche Werke, die im amtlichen Interesse zur allgemeinen Kenntnisnahme veröffentlicht worden sind, mit der Einschränkung, daß die Bestimmungen über Änderungsverbot und Quellenangabe in § 62 Abs. 1 bis 3 und § 63 Abs. 1 und 2 entsprechend anzuwenden sind.

(3) [1]Das Urheberrecht an privaten Normwerken wird durch die Absätze 1 und 2 nicht berührt, wenn Gesetze, Verordnungen, Erlasse oder amtliche Bekanntmachungen auf sie verweisen, ohne ihren Wortlaut wiederzugeben. [2]In diesem Fall ist der Urheber verpflichtet, jedem Verleger zu angemessenen Bedingungen ein Recht zur Vervielfältigung und Verbreitung einzuräumen. [3]Ist ein Dritter Inhaber des ausschließlichen Rechts zur Vervielfältigung und Verbreitung, so ist dieser zur Einräumung des Nutzungsrechts nach Satz 2 verpflichtet.

Schrifttum: *v. Albrecht,* Amtliche Werke und Schranken des Urheberrechts zu amtlichen Zwecken in fünfzehn europäischen Ländern, 1992; *Arnold,* Amtliche Werke im Urheberrecht: Zur Verfassungsmäßigkeit und analogen Anwendbarkeit des § 5 UrhG, 1994; *Beyerlein,* Verbraucherinformationsgesetz (VIG) und Geistiges Eigentum, WRP 2009, 714; *Breschendorf,* Zweiteilung der Belegschaft, 2009; *Bretthauer,* Schutz der Forschungsfreiheit nach dem Informationsfreiheitsgesetz (IFG), NVwZ 2012, 1144; *Dreier/Fischer/von Raay/Spiecker gen. Döhmann,* Informationen der öffentlichen Hand – Zugang und Nutzung, 2016; *Dünnwald,* Der Urheber im öffentlichen Dienst, 1999; *Elmenhorst,* Zum Anspruch auf Zuverfügungstellen von Gerichtsentscheidungen in amtlicher Form, ZUM 2013, 826; *Fuchs,* Die Gemeinfreiheit von amtlichen Datenbanken, UFITA 2008, 27; *Gaster,* Anmerkung zu öOGH, Urteil vom 9.4.2002, 4 Ob 17/02g, CR 2002, 602; *v. Gierke,* Amtliche Datenbanken?, FS Michael Loschelder (2010), S. 87; *Goose,* Die urheberrechtliche Beurteilung von elektronischen und Mikrofilm-Datenbanken, 1975; *Hauck,* Urheberrechtsschutz für Wertermittlungsgutachten?, ZUM 2011, 542; *Kraßer/Schricker,* Patent- und Urheberrecht an Hochschulen, 1988; *Kübel,* Zwangslizenzen im Immaterialgüter- und Wettbewerbsrecht. Eine Untersuchung zu Patenten und Urheberrechten bei technischen Normen, 2004; *Kur/Hilty/Geiger/Leistner,* First Evaluation of Directive 96/9/EC on the Legal Protection of Databases – Comment by the Max Planck Institute for Intellectual Property, Competition and Tax Law, Munich, 37 IIC 551 (2006); *Larenz,* Methodenlehre der Rechtswissenschaft, 6. Auflage 1991; *Leistner,* Anmerkung zu BGH, Beschluss vom 28.9.2006, I ZR 261/03 – Sächsischer Ausschreibungsdienst, GPR 2007, 190; *Leuze,* Urheberrecht der Beschäftigten im öffentlichen Dienst, 3. Aufl. 2008; *Leydecker,* Das Urheberrecht am Tarifvertrag, GRUR 2007, 1030; *Lobinger/Hartmann,* Die Arbeitsvertrags- und Wettbewerbsfreiheit als Grenze tarifvertraglicher Vorteilsregelungen, NZA 2010, 421; *Loewenheim,* Amtliche Bezugnahmen auf private Normenwerke und § 5 Urheberrechtsgesetz, FS Sandrock (2000), S. 609; *ders.,* Auslegungsfragen des neuen § 5 Abs. 3 UrhG, FS Nordemann (2004), S. 51; *Maaßen,* Bildzitate in Gerichtsentscheidungen und juristischen Publikationen, ZUM 2003, 830; *Nennen,* Urheberrechtsschutz für nichtamtliche Leitsätze, ZUM 2009, 243; *Püschel,* Informationen des Staates als Wirtschaftsgut, 2006; *Schnabel,* Geistiges Eigentum als Grenze der Informationsfreiheit, K&R 2011, 626; *ders.,* Anmerkung zu VG Berlin, VG 2 K 91.11, K&R 2012, 143; *Schoch,* Aktuelle Fragen des Informationsfreiheitsgesetzes, NJW 2009, 2987; *Schreiber,* Wettbewerbsrecht und Kennzeichenrechte?, GRUR 2009, 113; *Rehbinder,* Die Beschränkungen des Urheberrechts zugunsten der Allgemeinheit, FS 100 Jahre URG (1983), S. 353; *ders.,* Die Beschränkungen des Urheberrechts zugunsten der Allgemeinheit in der Berner Übereinkunft, FS 100 Jahre Berner Übereinkunft (1986), S. 357; *Rolfes/Wendel,* Die Veröffentlichung von Korpora amtlicher Werke zu Forschungszwecken aus urheber- und datenbankrechtlicher Sicht, ZUM 2018, 580; *Schmidt,* Amtliche Werke und ihr Urheberrechtsschutz, FuR 1984, 245; *Schricker,* Kurzkommentar zu BGH, Urteil vom 6.7.2006, EWiR 2007, 91; *Schulze-Hagen/Fuchs,* Die Gemeinfreiheit von DIN-Normen, dargestellt am Beispiel der DIN V 4108-6, BauR 2005, 1; *Stieper,* Amtlich wider Willen – Zur gesetzlichen Übernahme nichtamtlicher Paragrafenüberschriften, GRUR 2003, 398; *v. Ungern-Sternberg,* Die Rechtsprechung des Bundesgerichtshofs zum Urheberrecht und zu den verwandten Schutzrechten in den Jahren 2006 und 2007 (Teile 1, 2), GRUR 2008, 193, 291; *Waechter,* Der Umgang mit privaten Normen (DIN etc.) am Beispiel des Baurechts, NVwZ 2013, 1251; *Werner,* Zum urheberrechtlichen Schutz rechtswissenschaftlicher Texte, UFITA 2008, 7; *Zentner,* Die Ausnahme vom Urheberrechtsschutz für amtliche Werke, ZGE 2009, 94; *Zurth/McColgan,* Urheberrechtliches Dilemma allgemeiner Geschäftsbedingungen, ZUM 2018, 762.

Übersicht

A. Allgemeines

I. Amtliche Werke als Werke im Sinne des Urheberrechts

1. § 5 spricht in der amtlichen Überschrift und in Abs. 2 von amtlichen „Werken" und setzt damit **1** voraus, dass auch amtliche Werke **Werke iSd Urheberrechts** sind, wenn sie den allgemeinen Anforderungen genügen, die an urheberrechtlich schutzfähige Werke zu stellen sind. Dasselbe folgt aus der Gesetzessystematik: § 5 regelt die amtlichen Werke als eine besondere Art von Werken,[1] im Anschluss an andere besondere Werkarten, nämlich Bearbeitungen (§ 3) sowie Sammelwerke und Datenbankwerke (§ 4).

2. Auch amtliche Werke sind daher im Rahmen der allgemeinen inhaltlichen und zeitlichen Grenzen des Urheberrechts geschützt, wenn nicht die besonderen Voraussetzungen erfüllt sind, unter denen § 5 solche Werke vom Urheberrechtsschutz ausschließt. **2**

II. Sinn und Zweck

1. Die Materialien zum UrhG[2] verweisen zur Begründung des § 5 auf die Argumente, mit denen **3** auch schon die entsprechenden Bestimmungen des LUG von 1901 (§§ 16, 26) gerechtfertigt wurden. Sie machen sich diese Argumente damit zu eigen und modifizieren sie insoweit, als dies in Änderungen bei den Voraussetzungen und Rechtsfolgen des § 5 zum Ausdruck kommt.

Danach ist der **Sinn und Zweck** des Ausschlusses bestimmter amtlicher Werke vom Urheber- **4** rechtsschutz darin zu sehen, „daß das öffentliche Interesse die möglichst weite Verbreitung solcher Werke erfordere und daß die kraft ihres Amtes zur Schaffung solcher Werke berufenen Verfasser entweder überhaupt kein Interesse an der Verwertung ihrer Leistungen hätten oder ihre Interessen hinter denen der Allgemeinheit zurücktreten müssten".[3] Zweifelhaft an dieser Begründung ist, dass es für Anbieter entsprechender Informationsdienste durchaus ein Interesse an einer exklusiven Verwertung gibt, die durch § 5 jedoch ausgeschlossen wird.[4]

(einstweilen frei) **5**

2. Das **öffentliche Interesse** als Grund für den Ausschluss bestimmter amtlicher Werke vom Ur- **6** heberrechtsschutz darf nicht in dem weiten Sinne eines beliebigen Interesses der Allgemeinheit an allen von öffentlichen Institutionen geschaffenen oder veröffentlichten Werken verstanden werden. § 5 versagt amtlichen Werken den Schutz nicht deshalb, weil sie einem beliebigen Gemeinschaftszweck dienen[5] oder „weil sie ihrer Herkunft nach aus dem Dienst für die Allgemeinheit erwachsen und auch für diese bestimmt sind".[6] Zu fordern ist vielmehr **ein qualifiziertes öffentliches Interesse,** welches jedenfalls in Bezug auf § 5 Abs. 2, wie schon dessen Wortlaut zeigt, ein bestimmtes

---

[1] Im gleichen Sinne *v. Albrecht* S. 19 ff.
[2] RegE BT-Drs. IV/270, 39.
[3] RegE BT-Drs. IV/270, 39; von der Begründung des RegE geht BGH GRUR 1984, 117 (119) – VOB/C, BGH GRUR 1988, 33 (35) – Topographische Landkarten und BGHZ 116, 136 (146) – Leitsätze aus.
[4] Vgl. BeckOK/Ahlberg UrhG § 5 Rn. 1.
[5] So aber zu §§ 16, 26 LUG von 1901 *Voigtländer/Elster/Kleine* LUG § 16 Anm. 2.
[6] So aber zum früheren Recht, *Runge* S. 141. Ähnlich auch *Goose* S. 31 f.; dagegen insoweit wie hier *v. Ungern-Sternberg* GRUR 1977, 766 (768); siehe auch BGH GRUR 2007, 137 Rn. 17 – Bodenrichtwertsammlung; im Einzelnen → Rn. 70.

amtliches Interesse sein muss.[7] Dem entspricht es, dass auch ein Recht der Allgemeinheit auf nicht-diskriminierende Weiterverwendung von Informationen öffentlicher Stellen nach dem **Informationsweiterverwendungsgesetz** (IWG) vom 13.12.2006 (BGBl. 2006 I S. 2913), das die europäische Richtlinie 2003/98/EG,[8] zuletzt geändert durch die Richtlinie (EU) 2019/1024 vom 20.6.19, umsetzt, nicht zum Ausschluss eines betroffenen amtlichen Werkes vom Urheberrechtsschutz nach § 5 Abs. 2 UrhG führt. Gesetz und Richtlinie gelten nicht für Informationen, die von Urheberrechten oder verwandten Schutzrechten Dritter oder einer Behörde selbst erfasst werden.[9] Dasselbe muss für amtliche Werke gelten, zu denen ein Zugangsrecht der Allgemeinheit insbes. nach dem **Informationsfreiheitsgesetz** (IFG) vom 5.9.2005 (BGBl. 2005 I S. 2722) besteht.[10]

III. Entstehungsgeschichte des § 5 und Gesetzessystematik

7   **1.** Die Tragweite des § 5 ist letztlich nur vor dem Hintergrund der **Entstehungsgeschichte** dieser Vorschrift und unter Berücksichtigung der Gesetzessystematik zutreffend zu beurteilen.[11]

8   **a)** § 5 entspricht den §§ 16, 26 LUG von 1901. Dabei war in § 16 LUG der Kreis der amtlichen Werke umschrieben, die frei abgedruckt bzw. nach § 26 LUG frei verbreitet und öffentlich wiedergegeben werden durften: „Gesetzbücher, Gesetze, Verordnungen, amtliche Erlasse und Entscheidungen" sowie „andere zum amtlichen Gebrauch hergestellte amtliche Schriften". Zu den amtlichen „Schriften" waren auch amtliche Abbildungen wissenschaftlicher oder technischer Art zu rechnen.[12] „Zum amtlichen Gebrauch" waren einschränkend nur solche Schriften etc hergestellt, die „aufgrund amtlicher Verpflichtung verfasst und ausschließlich oder überwiegend zum amtlichen Gebrauch bestimmt" waren.[13] Amtliche Werke, die auch zur privaten Unterrichtung des Publikums bestimmt waren, sollten nur dann als amtliche Werke frei verwertet werden dürfen, wenn für diese Unterrichtung ein „unabweisbares amtliches Bedürfnis" und an der freien Verwertung somit ein „unmittelbares und dringendes öffentliches Interesse" bestand.[14]

9   **b)** § 5 bestimmt nicht nur in Abs. 1 die einzeln genannten, vom Schutz ausgeschlossenen Gegenstände teilweise neu, er enthält vielmehr in Abs. 2 zwei wesentliche Änderungen gegenüber dem früheren Recht: Zum einen begrenzt § 5 Abs. 2 den Ausschluss des Schutzes nicht auf bestimmte Werkkategorien, wie amtliche Schriften, erstreckt ihn vielmehr auf alle Arten amtlicher Werke, also zB auch auf amtliche Werke der bildenden Künste und amtliche Filmwerke. Dies bedeutet eine wesentliche Ausdehnung der Wirkungen des § 5. Eine wesentliche Einschränkung des Kreises der vom Schutz ausgeschlossenen amtliche Werke bezweckt zum anderen die zweite Änderung: Der Urheberrechtsschutz bleibt für alle amtlichen Werke erhalten, die nur zum inneramtlichen Gebrauch bestimmt sind. Aus dem Merkmal „zum amtlichen Gebrauch hergestellt" in § 16 LUG von 1901 wurde daher das Merkmal „im amtlichen Interesse zur allgemeinen Kenntnisnahme veröffentlicht" in § 5 Abs. 2.[15]

10   **c)** Weitergehende wesentliche Änderungen, insbesondere in Richtung auf eine Erweiterung des Kreises der vom Urheberrechtsschutz ausgeschlossenen Werke, wurden ausweislich der Materialien nicht bezweckt. Damit bleibt insbesondere auch die im RegE[16] zitierte einschränkende Auslegung des Merkmals „zum amtlichen Gebrauch" in § 16 LUG von 1901 durch die hL, die nachträglich durch den BGH[17] bestätigt wurde, von Bedeutung auch für die Auslegung und Anwendung des § 5 Abs. 2, zumal der RegE dies am Beispiel der amtlichen Kartenwerke selbst demonstriert.[18]

11   **2.** Auf eine dem Gesetzeswortlaut nicht ohne Weiteres zu entnehmende Beschränkung des Kreises der durch § 5 vom Schutz ausgeschlossenen Werke deutet die **Systematik des Gesetzes** hin. Meh-

---

[7] Dazu → Rn. 58 ff.

[8] ABl. 2003 L 345, S. 90.

[9] Siehe § 1 Abs. 2 Nr. 4 IWG und die AmtlBegr. BT-Drs. 16/2453, 13; Art. 1 Abs. 2 lit. b und Erwägungsgründe 22 und 24 der Richtlinie; zum Letzteren s. BGH GRUR 2007, 137 Rn. 21 – Bodenrichtwertsammlung.

[10] Siehe § 6 IFG und die AmtlBegr. BT-Drs. 15/4493, 14; ebenso OLG Köln ZUM 2007, 548 (552) – Wetterdaten zum grundsätzlichen Vorrang von Urheberrechten und anderen Rechten des geistigen Eigentums gemäß § 9 Abs. 1 Nr. 2 des Umweltinformationsgesetzes UIG vom 22.12.2004 (BGBl. 2004 I S. 3704) und gemäß Art. 4 Abs. 1 lit. e der zugrundeliegenden europäischen Richtlinie 2003/4/EG vom 28.1.2003 (ABl. 2003 L 41, S. 26) gegenüber dem Recht der Allgemeinheit auf Zugang zu Umweltinformationen nach § 3 UIG bzw. Art. 3 der Richtlinie; zum IFG allgemein und dessen Verhältnis zum UrhG VG Berlin K&R 2012, 141 mAnm *Schnabel; Schnabel* K&R 2011, 626; *Schoch* NJW 2009, 2987; *Bretthauer* NVwZ 2012, 1144; siehe auch. § 3 Nr. 2 lit. b des Verbraucherinformationsgesetzes (VIG) vom 5.11.2007, (BGBl. 2007 I S. 2558) und dazu *Beyerlein* WRP 2009, 714.

[11] Vgl. dazu im Einzelnen *Katzenberger* GRUR 1972, 686 (688 f.); historisch weiter zurückgehend *v. Albrecht* S. 5 ff.

[12] Vgl. BGH GRUR 1965, 45 (46) – Stadtplan.

[13] So die hL zusammenfassend der RegE BT-Drs. IV/270, 39.

[14] So BGH GRUR 1965, 45 (46) – Stadtplan.

[15] Vgl. RegE BT-Drs. IV/270, 39.

[16] BT-Drs. IV/270, 39.

[17] BGH GRUR 1965, 45 – Stadtplan.

[18] Dazu → Rn. 69 sowie auch 60; aA *v. Albrecht* S. 77, 84 f.; *Arnold* S. 25 f.; *Goose* S. 25 ff.

rere Bestimmungen über die Schranken des Urheberrechts enthalten Regelungen über Werke, die öffentlich-rechtlichen Institutionen zugerechnet und als amtliche Werke qualifiziert werden können. Dazu zählen etwa Schulfunksendungen (§ 47) der öffentlich-rechtlichen Rundfunkanstalten, Reden bei öffentlichen Verhandlungen vor staatlichen, kommunalen oder kirchlichen Organen sowie wiederum im Rundfunk (§ 48) und Rundfunkkommentare (§ 49). Solchen Werken und Werken, die aus der Sicht des Interesses der Allgemeinheit gleich zu bewerten sind, kann nicht über § 5 der Schutz generell versagt werden.[19]

3. Der Abs. 3 ist § 5 erst durch das Gesetz zur Regelung des Urheberrechts in der Informationsge- **12** sellschaft vom 10.9.2003, verkündet am 12.9.2003 (BGBl. 2003 I S. 1774), hinzugefügt worden; er ist mit dem Hauptteil dieses Gesetzes[20] am 13.9.2003 in Kraft getreten. Die neue Bestimmung ist eine korrigierende Reaktion des Gesetzgebers auf die Rechtsprechung des BGH. Dieser hatte entschieden, dass § 5 Abs. 1 UrhG auf private Normwerke, wie DIN-Normen, anwendbar ist, wenn in Gesetzen, Rechtsverordnungen oder Verwaltungsvorschriften auf sie derart verwiesen oder Bezug genommen wird, dass sie dadurch einen die Verweisungsnorm ergänzenden (Rechts-)Charakter bzw. eine rechtssatzähnliche Bedeutung mit einer gewissen Außenwirkung erlangen.[21] Dies bedeutete den Verlust des Urheberrechts an den betreffenden Normwerken. Die von dem betroffenen Deutschen Institut für Normung eV (DIN) gegen das BGH-Urteil eingelegte Verfassungsbeschwerde war vom BVerfG nicht zur Entscheidung angenommen worden.[22] Der Gesetzgeber hat diese Rechtsprechung durch die Neuregelung korrigiert.[23]

IV. Europarecht, Verfassungsrecht, Recht der Konventionen und Rechtsvergleichung

1. Der Schutz amtlicher Werke ist bislang **nicht Gegenstand der Harmonisierungsbestrebun-** **12a** **gen** der Europäischen Union gewesen. Der Grund hierfür dürfte im Fehlen allgemeiner Regelungen zum Schutzgegenstand und zu den Schutzvoraussetzungen auf europäischer Ebene liegen.[24] Bekanntlich sind die Schutzvoraussetzungen bislang nur für spezielle Werkkategorien harmonisiert, und zwar für Computerprogramme, Datenbankwerke und Fotografien. Der EuGH hat die dort genannten Schutzvoraussetzungen auch für andere Werkarten herangezogen, namentlich für Sprachwerke und grafische Benutzeroberflächen von Computerprogrammen. Diese judikative Rechtsangleichung wurde bislang aber nicht in eine allgemein anwendbare Richtlinie übernommen, die auch andere grundsätzliche Fragen zur Schutzfähigkeit von Werken regeln würde. Zu diesen ungeregelten Fragen zählt auch die Schutzausnahme für amtliche Werke. Die Schutzausnahme für amtliche Werke wird auf der Ebene der internationalen Konventionen[25] und bei rechtsvergleichender Betrachtung[26] als Frage des Schutzgegenstands qualifiziert. Es spricht deswegen einiges dafür, die Frage auch auf europäischer Ebene entsprechend zu qualifizieren. Hieraus folgt, dass der rechtmäßige Umgang mit amtlichen Werken nicht von den Voraussetzungen einzelner Urheberrechtsschranken abhängig gemacht werden kann, bspw. von der Verwendung in oder der Berichterstattung über Verwaltungsverfahren, parlamentarischen Verfahren oder Gerichtsverfahren im Sinne von Art. 5 Abs. 3 lit. e der Richtlinie 2001/29 zum Urheberrecht in der Informationsgesellschaft oder vom Eingreifen „traditioneller" mitgliedstaatlicher Schranken gemäß Art. 6 Abs. 2 lit. d der Richtlinie 96/9/EG über den rechtlichen Schutz von Datenbanken.[27] Die Frage nach einer Schutzausnahme für amtliche Werke liegt auf einer anderen Ebene. Mangels europäischer Regelung sind **einstweilen die mitgliedstaatlichen Prinzipien maßgeblich.**[28]

2. § 5 bedarf unter mehreren Gesichtspunkten der Überprüfung am Maßstab der **Verfassung.**[29] **13** Das Urheberrecht ist als Persönlichkeitsrecht durch Art. 1 Abs. 1 GG (Menschenwürde) und durch Art. 2 Abs. 1 GG (Freie Entfaltung der Persönlichkeit) sowie als Vermögensrecht durch Art. 14 GG (Schutz des Eigentums) verfassungsrechtlich geschützt.[30] Indem § 5 bestimmte, an sich schutzfähige

---

[19] *Katzenberger* GRUR 1972, 686 (691); grundsätzlich zustimmend, aber zurückhaltend in den Folgerungen *Goose* S. 27 f.; vgl. auch *v. Albrecht* S. 17 ff., 78; BGH GRUR 1986, 739 (740) – Anwaltsschriftsatz zu § 48 Abs. 1 Nr. 2.
[20] Siehe dessen Art. 6 Abs. 1.
[21] BGH GRUR 1990, 1003 (1005) – DIN-Normen.
[22] Siehe BVerfG GRUR 1999, 226 – DIN-Normen, und dazu → Rn. 19, 38 f., 54 ff.
[23] Zu den Einzelheiten der Neuregelung → Rn. 76 ff., zum zeitlichen Übergangsrecht → § 137j Rn. 8.
[24] Siehe hierzu im Einzelnen die Kommentierung zu § 2.
[25] Art. 2 Abs. 4 RBÜ, → Rn. 20.
[26] → Rn. 21a.
[27] Wie hier Dreier/Schulze/*Dreier* UrhG § 87c Rn. 1; Spindler/Schuster/*Wiebe* UrhG § 5 Rn. 3 f.; anders Loewenheim/*Götting,* Handbuch des Urheberrechts, § 31 Rn. 1; BeckOK/*Ahlberg* UrhG § 5 Rn. 1 ff. spricht von einer „besonderen Schrankenbestimmung".
[28] Dies kann mittelbar auch EuGH Slg. 2009, I-1627 = GRUR 2009, 572 Rn. 69–71 – Apis-Hristovich/Lakorda entnommen werden, da hier die Schutzausnahme für amtliche Werke im bulgarischen Recht nicht beanstandet wurde; zur Reichweite des § 5 UrhG nach deutschem und europäischem Recht s. *Zentner* ZGE 2009, 94; zur Schutzausnahme bei verwandten Schutzrechten, insbesondere bei Datenbanken, → Rn. 27.
[29] Siehe dazu insbesondere *Arnold* S. 10 ff.
[30] → Einl. UrhG Rn. 13.

Werke vom Urheberrechtsschutz gänzlich ausschließt,[31] bzw. ihnen nur einen rudimentären Schutz zugesteht,[32] bedarf dies mehr noch als die gesetzlichen Schranken des Urheberrechts (§§ 44a ff.) der Rechtfertigung durch entsprechend gewichtige Interessen der Allgemeinheit.[33] Die §§ 44a ff. nämlich schränken die urheberrechtlichen Verwertungsrechte nur in Bezug auf bestimmte, begrenzte Formen der Werkverwertung ein, gewähren den Urhebern in vielen Fällen anstelle eines Verbotsrechts jedenfalls gesetzliche Vergütungsansprüche und lassen den Schutz der urheberpersönlichkeitsrechtlichen Befugnisse grundsätzlich unberührt.[34]

14 Im Zusammenhang mit § 5 kommt der verfassungsrechtliche Schutz der Grundrechte vor allem dort zum Zug, wo **Werke privater Urheber** als amtliche Werke iSd § 5 in Frage stehen,[35] weniger im Hinblick auf Werke, die von Angehörigen des öffentlichen Dienstes im Rahmen ihrer dienstlichen Verpflichtungen geschaffen werden.[36] Verfassungsrechtlich geschützt unter dem Aspekt des Art. 14 GG sind dabei auch die Interessen privatwirtschaftlich tätiger Unternehmen als Arbeit- und Auftraggeber privater Urheber, soweit sie von diesen vertraglich urheberrechtliche Nutzungsrechte erwerben,[37] während der öffentlichen Hand die Grundrechte der Verfassung im Prinzip nicht zustehen.[38]

15 *(einstweilen frei)*
16 *(einstweilen frei)*
17 Trotz des von ihm angeordneten fast vollständigen Ausschlusses bestimmter amtlicher Werke vom Urheberrechtsschutz ist § 5 **kein Enteignungsgesetz** iSd Art. 14 Abs. 3 S. 2 GG und daher nicht deshalb nichtig, weil es entgegen der sog. Junktimklausel dieser Verfassungsbestimmung nicht zugleich Art und Ausmaß der Entschädigung regelt.[39] § 5 ist vielmehr als eine Bestimmung über **Inhalt und Schranken des Eigentums** (Urheberrechts) iSd Art. 14 Abs. 1 S. 2 GG zu werten. Als solche ist § 5 verfassungsrechtlich zulässig, soweit seine für den Urheber und sonstigen Rechtsinhaber nachteiligen Rechtsfolgen durch Interessen der Allgemeinheit[40] gerechtfertigt sind.

18 Was die Qualität der § 5 rechtfertigenden **Interessen der Allgemeinheit** betrifft, so ist für deren Bestimmung von dem besonders weitreichenden Schutzausschluss auszugehen, den § 5 bewirkt und der dem Urheber sowohl verwertungsrechtliche als auch weitgehend persönlichkeitsrechtliche Befugnisse vorenthält. In ersterer Hinsicht entfällt ein Schutz sowohl durch Verbotsrechte als auch durch Vergütungsansprüche, so dass es sich bei den Interessen der Allgemeinheit zumindest um gesteigerte öffentliche Interessen iSd Rechtsprechung des BVerfG zu den entsprechenden gesetzlichen Schranken des Urheberrechts im Rahmen der §§ 44a ff.[41] handeln muss.[42] Darüber hinaus sind der hohe Rang der Grundrechte der Menschenwürde (Art. 1 Abs. 1 GG) und auf freie Entfaltung der Persönlichkeit (Art. 2 Abs. 1 GG) als verfassungsrechtliche Grundlagen des Urheberpersönlichkeitsrechts[43] sowie der Umstand zu beachten, dass § 5 dieses Recht dem Urhebern allenfalls partiell und mittelbar belässt.[44] Dies legt es nahe, an die § 5 rechtfertigenden Interessen der Allgemeinheit zusätzliche Anforderungen zu stellen: Sie müssen entsprechend hochrangig,[45] deutlich überwiegend bzw. unabweisbar dringend,[46] überragend wichtig[47] sein. Tendenziell gilt dies im Hinblick auf die Unterschiede in den Rechtsfolgen[48] mehr noch für § 5 Abs. 1 als für § 5 Abs. 2.[49]

19 Die **Gerichte** haben bisher zur verfassungsrechtlichen Problematik des § 5 lediglich Art. 14 GG angesprochen und sich dabei zunächst auch nur auf die Aussage beschränkt, dass es für die urheberrechtliche Beurteilung unerheblich sei, ob die Maßnahme, die ein Werk zu einem amtlichen Werk iSd § 5 mache, verfassungs- und verwaltungsrechtlich zulässig sei.[50] Dies besagt nichts über die Verfassungsmäßigkeit einer Auslegung des § 5, die einem Werk ohne wirklich zwingende Gründe des Gemeinwohls den an sich verdienten Urheberrechtsschutz nimmt. Im erstgenannten Fall waren sogar ca.

---

[31] § 5 Abs. 1, → Rn. 88.
[32] § 5 Abs. 2, → Rn. 89 f.
[33] Dazu allgemein → Einl. UrhG Rn. 17; → Vor §§ 44a ff. Rn. 7 ff.
[34] Siehe insbesondere §§ 62, 63.
[35] → Rn. 34, 35.
[36] Siehe *v. Albrecht* S. 30 f.; *Katzenberger* DIN-Mitt. 1985, 279 (287).
[37] Siehe BVerfGE 31, 275 (280 f., 294); *Katzenberger* DIN-Mitt. 1985, 279 (287); zustimmend *v. Albrecht* S. 74.
[38] Siehe BVerfGE 21, 362 (369 ff.); 61, 82 (100 ff.); 75, 192 (197); iVm § 5 *Arnold* S. 37, 53; *Katzenberger* DIN-Mitt. 1985, 279 (287); zur verfassungsrechtlichen Problematik des zeitlichen Übergangsrechts (§ 129 Abs. 1 S. 1) im Hinblick auf den erweiterten Kreis amtlicher Werke iSd § 5 Abs. 2 im Vergleich mit dem vor 1966 geltenden Recht (→ Rn. 9) siehe *Arnold* S. 37 ff., 42 ff.
[39] Siehe Näheres bei *v. Albrecht* S. 27 f.; *Arnold* S. 29 ff.; im Ergebnis auch *v. Ungern-Sternberg* GRUR 1977, 766 (773) Fn. 65.
[40] Siehe Art. 14 Abs. 2 S. 2 GG.
[41] → Vor §§ 44a ff. Rn. 11.
[42] Siehe *Katzenberger* DIN-Mitt. 1985, 279 (286 f.).
[43] → Rn. 13.
[44] → Rn. 88, 89 f.
[45] So *Arnold* S. 57 ff., 59, 65 als Ausgangspunkt zu S. 71 ff.
[46] So *v. Albrecht* S. 27, 30 ff.
[47] So *Schricker* GRUR 1991, 645 (646 f.).
[48] → Rn. 88, 89 f.
[49] So *Schricker* GRUR 1991, 645 (647).
[50] So. BGH GRUR 1990, 1003 (1005) – DIN-Normen; siehe zu Letzterem auch BGH GRUR 1984, 117 (119) – VOB/C; BGHZ 168, 266 Rn. 15 – Vergaberichtlinien.

400 bauaufsichtlich eingeführte DIN-Normen von der vom BGH bejahten Anwendbarkeit des § 5 Abs. 1 betroffen. Die von dem Deutschen Institut für Normung eV (DIN) gegen dieses Urteil einge-legte Verfassungsbeschwerde ist allerdings durch das BVerfG[51] wegen Zustimmung des DIN zur amtlichen Verweisung auf seine Normen mangels Aussicht auf Erfolg nicht zur Entscheidung angenommen worden.[52] Das Ergebnis wurde vom Gesetzgeber im Jahre 2003 korrigiert.[53] Verfassungsrechtlich bedenklich ist auch die Beurteilung von Briefmarken als amtliche Werke iSd § 5 Abs. 1.[54] Das ebenfalls in der Anwendung des § 5 Abs. 1 sehr weitgehende Leitsätze-Urteil[55] des BGH lässt immerhin Raum für einen effektiven Urheberrechtsschutz auch solcher Leitsätze, die von einem als Berichterstatter fungierenden Richter in privater Eigenschaft formuliert werden, so dass die Auswirkungen des Urteils tragbar erscheinen. In allen übrigen Fällen hat der BGH § 5 zu Recht restriktiv[56] gehandhabt und dadurch einen Konflikt mit den Grundrechten der Verfassung vermieden.

3. Eine restriktive Anwendung des § 5 wird auch durch das **Recht der internationalen urhe-** **20** **berrechtlichen Konventionen** nahe gelegt.

Eine spezielle Bestimmung über amtliche Werke enthält die **RBÜ** seit ihrer Brüsseler Fassung von 1948. In Art. 2 Abs. 2 S. 2 dieser Konventionsfassung heißt es, dass es „den Gesetzgebungen der Verbandsländer vorbehalten" bleibt, „den Schutz für Übersetzungen offizieller Texte auf dem Gebiet der Gesetzgebung, der Verwaltung und der Rechtsprechung zu bestimmen". In der Stockholmer und Pariser Fassung der RBÜ von 1967 bzw. 1971 werden in Art. 2 Abs. 4 die „amtlichen Texte" den amtlichen Übersetzungen solcher Texte gleichgestellt. Wenn auch nicht anzunehmen ist, dass unter „Texten" iSd Bestimmung nur Sprach- bzw. Schriftwerke zu verstehen sind,[57] so ist doch bei Anwendung der Bestimmung auf andere Werkarten als Schriftwerke und Darstellungen wissenschaftlicher oder technischer Art besondere Zurückhaltung angezeigt.[58] Im Bericht über die Arbeit der Hauptkommission I der Stockholmer Konferenz[59] heißt es, dass Art. 2 Abs. 4 es den Verbandsländern nicht gestattet, allen Regierungsveröffentlichungen, zB „textbooks", den Schutz zu versagen. Für **TRIPS** gilt das zur Pariser Fassung der RBÜ Gesagte, weil Art. 9 Abs. 1 S. 1 TRIPS den Grundsatz statuiert, dass der materielle Schutzgehalt dieser Fassung der RBÜ auch für die TRIPS-Mitglieder verbindlich ist.[60]

Indizien für den Schutz auch amtlicher Werke zumindest in gewissem Umfang ergeben **21** **sich auch aus dem WUA.** Das Zusatzprotokoll 2 zur Pariser Fassung des Übereinkommens bezieht unter Nr. 1 Werke positiv in den konventionsrechtlichen Schutz ein, die als amtliche Werke bezeichnet werden können, nämlich Werke, „die zum ersten Mal durch die Organisation der Vereinten Nationen, durch die mit ihr verbundenen Sonderorganisationen oder durch die Organisation der amerikanischen Staaten veröffentlicht worden sind".

4. Der Vorbehalt für den Schutz „amtlicher Texte" in Art. 2 Abs. 4 RBÜ wurde in den **RBÜ-** **21a** **Mitgliedstaaten** durch entsprechende **Ausnahmebestimmungen** umgesetzt. Oft sind die Regelungen auf amtliche Gesetze, Verordnungen, Entscheidungen etc und damit im Wesentlichen auf Schriftwerke begrenzt, so etwa die Regelungen in den Niederlanden,[61] in Dänemark,[62] Italien[63] und in der Schweiz.[64] Es finden sich aber auch weiter gefasste Bestimmungen, die andere Werkarten einbeziehen, so etwa die Regelungen in Österreich,[65] Belgien,[66] Polen,[67] Rumänien[68] und in den USA.[69] Eine Besonderheit findet sich im britischen Urheberrecht, welches auch für Gesetze und andere von Amtsträgern geschaffene Werke Rechtsschutz gewährt und das Urheberrecht entweder der Krone oder dem Parlament zuweist.[70]

[51] BVerfG GRUR 1999, 226 – DIN-Normen.
[52] Siehe dazu *Schricker* EWiR 1998, 997.
[53] → Rn. 12, 76 ff.
[54] So LG München I GRUR 1987, 436 ff. – Briefmarke; dazu kritisch auch aus der Sicht des Art. 14 GG *Katzenberger* Anm. in *Schulze* LGZ 203, 8 ff.; ferner → Rn. 68.
[55] BGHZ 116, 136 (145 ff.); dazu auch → Rn. 47 ff.
[56] → Rn. 21b.
[57] Vgl. *v. Albrecht* S. 34; *Rehbinder* FS 100 Jahre Berner Übereinkunft, 1986, 357 (360).
[58] So zutreffend *v. Albrecht* S. 34.
[59] Records of the Intellectual Property Conference of Stockholm II 11.6.–14.7.1967 1131/1153 f.
[60] Dazu → Vor §§ 120 ff. Rn. 18.
[61] Art. 11 Wet van 23 september 1912, houdende nieuwe regeling van het auteursrecht, Stb. 1912, 308.
[62] Art. 9 Lov om ophavsret, jf. Lovbekendtgørelse nr. 587 af 20.6.2008, LBK nr 202 af 27/02/2010 Gældende.
[63] Art. 5 Legge 22 aprile 1941 n. 633 Protezione del diritto d'autore e di altri diritti connessi al sui esercizio, G. U. n. 166 del 16 luglio 1941.
[64] § 5 Bundesgesetz über das Urheberrecht und verwandte Schutzrechte v. 9.10.1992, AS 1993, 1798.
[65] §§ 7, 2 Nr. 1 und 3 Bundesgesetz über das Urheberrecht an Werken der Literatur und der Kunst und über verwandte Schutzrechte (Urheberrechtsgesetz), BGBl. 1936 Nr. 111/1936.
[66] Art. 8 Loi du 30 juin 1994 relative au drout d'auteur et aux droits voisins, MB. 27.7.1994.
[67] Art. 4 Ustawa z dnia 4 lutego 1994 roku o prawie autorskim i prawach prokrewnychm Dz. U. z 1994 r. Nr. 24, poz 83.
[68] Art. 9 Legea nr 8 din 14 martie 1996 privind dreptul de autor si drepturile conexe, M. Of. Nr. 60/26 mar. 1996.
[69] Section 105 Copyright Act, Public Law 94–553 of October 19, 1976, 90 Stat. 2541.
[70] Sections 163–167 Copyright, Designs and Patents Act 1988 (Chapter 48).

V. Restriktive Auslegung

21b   Der weitreichende Eingriff in das Urheberrecht durch eine Qualifikation von Werken als „amtlich" im Sinne des § 5 UrhG gebietet eine **restriktive Auslegung und Anwendung der Vorschrift.** Der Grund für die restriktive Auslegung liegt dabei weniger in dem Charakter der Regelung als Ausnahmevorschrift; der Maxime *exceptiones sunt strictissimae interpretationis* ist methodisch mit Vorsicht zu begegnen, weil die Qualifikation als Ausnahme bereits das Auslegungsergebnis vorwegnimmt.[71] Vielmehr ergibt sich das Gebot der Zurückhaltung beim Umgang mit der Vorschrift daraus, dass § 5 zu einem nahezu vollständigen Wegfall des Urheberrechts für die betroffenen Werke führt, so dass die Grundrechte der betroffenen Urheber[72] sowie der engere Wortlaut von Art. 2 Abs. 4 RBÜ[73] gegen eine Ausdehnung der Vorschrift über ihren Wortlaut hinaus sprechen. Eine **analoge Anwendung** der Vorschrift dürfte **in aller Regel nicht in Betracht** kommen, weil der Anwendungsbereich der Vorschrift bereits weit gefasst ist, insbesondere durch die offene Formulierung des Abs. 2. Wie die Diskussion um amtliche Datenbanken[74] zeigt, sollte jedoch eine analoge Anwendung der Vorschrift **nicht von vornherein ausgeschlossen** werden.

VI. Bedeutung des § 5 für die Praxis

22   **1.** Im Ergebnis ist der Kreis der Werke, die durch § 5 vom Urheberrechtsschutz ausgeschlossen werden, bei der gebotenen restriktiven Anwendung der Bestimmung nicht allzu groß. Die Frage, ob § 5 den Schutz ausschließt, stellt sich jedoch bei einer sehr großen Zahl von Werken. Ursache hierfür ist vor allem der Umstand, dass öffentliche Einrichtungen in ständig zunehmendem Umfang publizistisch tätig werden. Neben die bereits zahlreichen herkömmlichen amtlichen Werke ist eine intensive staatliche Informationstätigkeit auf vielen Gebieten getreten.[75] Daneben bedient sich auch die öffentliche Hand heute der Werbung und der Öffentlichkeitsarbeit in allen Medien.[76]

23   **2.** Ein weiterer Grund für die zunehmende Bedeutung des § 5 liegt in neuartigen Bedürfnissen zur Nutzung und Verwertung amtlicher Schriften, vom Enthüllungsjournalismus über die Dokumentation in Rechts-, Regierungs-, Wirtschafts-, Rundfunk- und Pressedatenbanken[77] bis zum allgemeinen gesellschaftlichen Interesse an Informationen über die Tätigkeit öffentlicher Stellen.

B. Amtliche Werke

I. Unmittelbare Geltung des § 5 nur für amtliche Werke. Analoge Anwendung des § 5 auf nichtamtliche Werke und Gegenstände verwandter Schutzrechte?

24   **1.** Wie die amtliche Überschrift des § 5 sowie der Wortlaut sowohl des Abs. 1 als auch des Abs. 2 zeigen, gilt § 5 jedenfalls unmittelbar nur für **amtliche** Werke. Im Hinblick auf Gesetze, Verordnungen und Entscheidungen setzt § 5 Abs. 1 dies stillschweigend voraus.

25   **2.** Wie bereits dargelegt, ist bei der Auslegung und Anwendung von § 5 Zurückhaltung geboten, ein **generelles Analogieverbot besteht jedoch nicht.**[78] In Rechtsprechung und Literatur wird ein solches Verbot jedoch vielfach vertreten, und zwar sowohl hinsichtlich § 5 Abs. 1[79] als auch in Bezug auf § 5 Abs. 2.[80] Andere Stimmen lassen – so wie hier vertreten – jedenfalls in bestimmten Fällen eine analoge Anwendung des § 5 zu, und zwar wiederum sowohl des § 5 Abs. 1[81] als auch des § 5 Abs. 2.[82]

---

[71] Siehe nur *Larenz* S. 355.

[72] → Rn. 13–18.

[73] → Rn. 20.

[74] → Rn. 27.

[75] Vgl. die Beiträge in *Dreier* u. a. (Hg.), Informationen der öffentlichen Hand, 2016.

[76] Vgl. BGH GRUR 1972, 713 – Im Rhythmus der Jahrhunderte (Werbefilm für die Bundeswehr); Katzenberger GRUR 1972, 686 (693 f.).

[77] Dazu *Goose* S. 17; *Katzenberger* GRUR 1972, 686; auch → § 87b Rn. 58 f.

[78] BGH GRUR 2007, 500 Rn. 17 – Sächsischer Ausschreibungsdienst.

[79] So BGH GRUR 1984, 117 (119) – VOB/C; siehe auch. OLG Köln ZUM-RD 1998, 110 (112) – TL BSWF 96; tendenziell HK-UrhR/*Dreyer* UrhG § 5 Rn. 10 f.; *v. Albrecht* S. 57 ff., 72 im Grundsatz mit für allgemein verbindlich erklärten AGB als einzige Ausnahme, für die aber § 5 Abs. 1 bereits unmittelbar gilt (→ Rn. 51).

[80] So das KG als Vorinstanz in dem vom BGH GRUR 1984, 117 – VOB/C – entschiedenen Fall, vom BGH S. 119 offengelassen; *v. Albrecht* S. 73 DKMH/*Dreyer* UrhG § 5 Rn. 42 ff.; BeckOK/*Ahlberg* UrhG § 5 Rn. 3.

[81] So *Arnold* S. 117 ff. im Hinblick auf Gegenstände bestimmter verwandter Schutzrechte, völkerrechtliche Verträge und EG-Richtlinien, verbindliche behördliche Rechtsauskünfte, tarifvertragliche Rechtsnormen, in Gesetzen oder Verwaltungsvorschriften in Bezug genommene technische Normen und ebensolche oder zur Verwendung vorgeschriebene sowie bestimmte behördlich genehmigte AGB; *Rehbinder* UFITA 80 1977, 73 (78 f.) in Bezug auf AGB; später auch *Rehbinder* FS 100 Jahre URG, 1983, 353 (362 ff.); *v. Ungern-Sternberg* GRUR 1977, 766 (770) zu AGB und dem normativen Teil von Tarifverträgen; in Ausnahmefällen so auch *Fromm/Nordemann/J. B. Nordemann* UrhG § 5 Rn. 3; Wandtke/Bullinger/*Marquardt* UrhG § 5 Rn. 3.

[82] VGH Mannheim NJW 2013, 2045 – Juris-Monopol; siehe auch. *Arnold* S. 140 ff. zu Gesetzesmaterialien von Abgeordneten und Fraktionen, Patent- und Offenlegungsschriften; siehe auch Dreier/Schulze/*Dreier* UrhG § 5 Rn. 3, nach dem auch IFG, VIG und IWG dem nicht entgegenstehen; Wandtke/Bullinger/*Marquardt* UrhG § 5 Rn. 3.

Bei der Prüfung der analogen Anwendung des § 5 ist allerdings zu beachten, dass in vielen Fällen, **26** in denen eine analoge Anwendung vorgeschlagen wird, bereits die **unmittelbare Anwendung** des § 5 Abs. 1 oder 2 möglich ist. Dies gilt etwa für völkerrechtliche Verträge und EU-Richtlinien[83] Tarifvertragsnormen,[84] bestimmte AGB[85] und technische Normen in Ausnahmefällen,[86] Gesetzesmaterialien ganz allgemein[87] sowie Patent- und Offenlegungsschriften.[88]

3. Praktisch relevant ist vor allem die Frage, ob eine analoge Anwendung des § 5 auf **Gegenstände** **27** **verwandter Schutzrechte,** deren gesetzliche Regelungen keine ausdrückliche Verweisung auf diese Bestimmung enthalten,[89] zulässig ist. Der BGH hat aus der Sicht des deutschen Rechts eine analoge Anwendung des § 5 auf **Datenbanken** iSd **§ 87a dezidiert bejaht.**[90] Es ist insoweit jedoch strittig, ob dies mit der europäischen **Datenbankrichtlinie** vereinbar ist.[91] Die Frage wurde vom BGH dem EuGH zur Vorabentscheidung vorgelegt,[92] das Vorabentscheidungsersuchen dann allerdings vom BGH zurückgezogen und die betreffende Rechtssache C-215/07 durch Beschluss des Gerichtshofs aus dem Register gestrichen.[93] In Anbetracht von Art. 13 der Datenbankrichtlinie, wonach die Richtlinie Vorschriften unberührt lässt, die den „Zugang zu öffentlichen Dokumenten" betreffen, steht auch das europäische Recht einer analoge Anwendung von § 5 Abs. 2 UrhG nicht entgegen. Andernfalls wären widersprüchliche Ergebnisse unvermeidbar.[94] Eine Einordnung von Datenbanken als amtliche Werke setzt allerdings voraus, dass auch die Datenbank selbst im amtlichen Interesse zur allgemeinen Kenntnisnahme veröffentlicht worden ist. Es ist also keineswegs jede Sammlung amtlicher Werke zugleich auch eine amtliche Datenbank.[95] Das OLG Düsseldorf bejaht die Anwendung des § 5 auf den **Lichtbildschutz** nach § 72.[96]

II. Zurechenbarkeit amtlicher Werke zu einem Amt

1. Amtliche Werke sind Werke, die aus einem **Amt** herrühren oder einem Amt sonst zuzurechnen **28** sind.[97] Dafür, was unter einem Amt zu verstehen ist, gilt der weite objektive öffentlich-rechtliche Amtsbegriff.[98] Als Amt kann danach jede mit Verwaltungskompetenzen und Hoheitsbefugnissen betraute Behörde oder Institution bezeichnet werden.[99] Auch ein (staatliches) Gericht ist in diesem Sinne ein Amt.[100]

Wird von einem Hoheitsträger, wie einem Ministerium, ein Werk herausgegeben, das nicht von **29** diesem selbst herrührt, sondern von einem **Ausschuss** erarbeitet worden ist, in dem auch Bedienstete anderer Hoheitsträger oder Privatpersonen mitgewirkt haben, so steht dies der Qualifikation des Werkes als amtlich iSd § 5 nicht entgegen; entscheidend ist, ob es dem Hoheitsträger als eigenverantwortliche Willensäußerung zuzurechnen ist.[101] Diese Voraussetzung ist auch bei einer Sammlung von Bodenrichtwerten erfüllt, die eine Gemeinde auf der Grundlage der von einem **Gutachterausschuss** nach § 193 Abs. 3 Baugesetzbuch (BauGB) geführten Kaufpreissammlung gemäß § 196 Abs. 1, 3 BauGB zu ermitteln und zu veröffentlichen hat.[102]

---

[83] → Rn. 41.
[84] → Rn. 50.
[85] → Rn. 51.
[86] → Rn. 55.
[87] → Rn. 62.
[88] → Rn. 65.
[89] Siehe dazu *Arnold* S. 117 ff.
[90] BGH GRUR 2007, 500 Rn. 17 – Sächsischer Ausschreibungsdienst; so auch VGH Mannheim NJW 2013, 2045 – Juris-Monopol; in diesem Sinne schon *Leistner* GPR 2007, 190 (192).
[91] Frage offen gelassen in BGHZ 141, 329 (339) – Tele-Info-CD; OLG Stuttgart GRUR-RR 2010, 369 (372); verneint durch OLG Dresden ZUM 2001, 595 (597 f.) – Sächsisches Ausschreibungsblatt; OLG Köln ZUM 2006, 234 (238) – EZT; OLG Köln ZUM 2007, 548 (551) – Wetterdaten; öOGH GRUR-Int 2004, 66 (68 ff.) – EDV-Firmenbuch I; OGH ÖBl. 2007, 291 (293 f.) – EDV-Firmenbuch III; *v. Gierke* FS Loschelder, 2010, 87 (93 ff.); Mestmäcker/Schulze/*Obergfell* UrhG § 5 Rn. 50; w. Nachw. bei BGH GRUR 2007, 500 Rn. 21; Frage bejaht durch *Fuchs* UFITA 2008, 27 (43 ff.); *Leistner* GPR 2007, 190 (193); de lege ferenda *Kur/Hilty/Geiger/Leistner* 37 IIC 551 (557) 2006.
[92] Siehe BGH GRUR 2007, 500 – Sächsischer Ausschreibungsdienst.
[93] Zugänglich über http://curia.europa.eu.
[94] So auch VGH Mannheim NJW 2013, 2045 – Juris-Monopol mAnm *Elmenhorst* ZUM 2013, 826.
[95] Siehe EuGH Slg. 2009, I-1627 = GRUR 2009, 572 – Apis-Hristovich/Lakorda; zum Ganzen zudem → § 87b Rn. 65 ff.
[96] OLG Düsseldorf ZUM-RD 2007, 521 – Fahrradausrüstung.
[97] BGH GRUR 1972, 713 (714) – Im Rhythmus der Jahrhunderte; BGH GRUR 1982, 37 (40) – WK-Dokumentation; BGH GRUR 1984, 117 (118) – VOB/C; BGH GRUR 1987, 166 (167) – AOK-Merkblatt; BGH GRUR 1988, 33 (35) – Topographische Landeskarten; BGH GRUR 1990, 1003 f. – DIN-Normen; BGHZ 116, 136 (145) – Leitsätze; OLG Köln ZUM-RD 1998, 110 (111) – TL BSWF 96 – und OLG Köln ZUM 2001, 527 (528) – DRS.
[98] Vgl. *Katzenberger* GRUR 1972, 686 f. mwN; zustimmend *v. Albrecht* S. 36.
[99] Vgl. BGH GRUR 1984, 117 (118) – VOB/C; BGH GRUR 1987, 166 (167) – AOK-Merkblatt – zu den Allgemeinen Ortskrankenkassen als Körperschaften des öffentlichen Rechts.
[100] Siehe BGHZ 116, 136 (145) – Leitsätze.
[101] BGHZ 168, 266 Rn. 15 – Vergaberichtlinien.
[102] Siehe BGH GRUR 2007, 137 Rn. 16 – Bodenrichtwertsammlung.

30   Dabei ist es sowohl für den Begriff des Amtes als auch für den Begriff des amtlichen Werkes iSd § 5 unerheblich, ob ein Träger öffentlicher Verwaltung obrigkeitlich, schlicht hoheitlich oder fiskalisch handelt.[103] Auch einer **beliehenen Institution** können Verwaltungskompetenzen und Hoheitsbefugnisse übertragen sein, so dass sie insoweit als Amt tätig wird und aus ihr amtliche Werke herrühren können.[104] Jedoch sind zB das Deutsche Institut für Normung eV (DIN) und ähnliche Normungseinrichtungen weder Ämter oder Behörden noch beliehene Unternehmen.[105] Dem amtlichen Charakter eines Werkes steht es aber nicht entgegen, wenn ein staatliches Organ etc eine ihm gesetzlich obliegende Veröffentlichung vertraglich zB einem **privaten Verlag** überträgt.[106]

31   Als **amtliche Werke** können demzufolge alle Werke bezeichnet werden, die von einem Organ, einem Gericht, einer Behörde oder einem „Amt" des Staates (Bund und Länder), einer sonstigen Körperschaft, Anstalt oder Stiftung des öffentlichen Rechts oder einer beliehenen Institution im Rahmen der Erfüllung öffentlicher Angelegenheiten herrühren oder einer der genannten Institutionen sonst zuzurechnen sind.[107] Als amtliche Werke kommen daher zB auch wissenschaftliche Publikationen von Universitäten und staatlichen Akademien, Kataloge staatlicher und kommunaler Museen und Bibliotheken, Programme, sonstige Druckschriften und gesendete Kommentare der öffentlich-rechtlichen Rundfunkanstalten, Programme staatlicher und städtischer Bühnen, Zeichnungen und Pläne von Bau- und Planungsämtern sowie Kartenwerke staatlicher Vermessungsämter in Betracht.[108]

32   **2.** Ein Werk erhält aber nur dann den Charakter eines amtlichen Werkes, wenn es **von einem Amt erkennbar herrührt,** insbesondere ein Amt für das Werk erkennbar verantwortlich zeichnet,[109] ein Werk dem gesetzlichen Informationsauftrag an ein Amt entspringt[110] oder wenn das Werk sonst nach seiner Form, seinem Inhalt oder seinem Zweck **einem Amt eindeutig zuzurechnen** ist.[111] Die Zurechenbarkeit eines Werkes zu einem Amt kann sich dabei auch aus einer Bezugnahme eines Amtes auf ein privates Werk ergeben.[112] Nicht ausreichend für die Annahme eines amtlichen Werkes ist aber das **bloße amtliche Interesse** an der Erstellung eines Werkes, auch wenn Privatpersonen ein entsprechender Forschungsauftrag erteilt und die Arbeit an dem Werk aus öffentlichen Mitteln finanziert wird und das Werk auch, aber nicht ausschließlich für den internen Dienstgebrauch dienen soll. Vielmehr muss der Inhalt selber dem Amt zugerechnet werden. Dies ist nicht der Fall bei Wertermittlungsgutachten für anstehende Zwangsversteigerungen.[113] Auch der Umstand, dass sich die betreffende amtliche Stelle die Entscheidung über das Ob und Wann der Veröffentlichung des in Auftrag gegebenen Werkes vorbehält, spricht nicht für die amtliche Verantwortung für den Inhalt des Werkes.[114] Um ein von einem (bestimmten) Amt herrührendes Werk handelt es sich regelmäßig, wenn ein Werk von einem **Bediensteten** dieses oder eines anderen Amtes in dienstlicher Eigenschaft geschaffen worden ist.[115] Die zusätzliche Beauftragung eines nichtbediensteten Miturhebers durch das Amt ändert daran nichts.[116] In Fällen von Werken Bediensteter eines Amtes kommt es für die Amtlichkeit eines Werkes nicht darauf an, ob eine amtliche oder dienstliche Verpflichtung zur Schaffung des Werkes bestanden hat.[117]

33   Sind nur eine oder mehrere **Privatpersonen** oder Amtsbedienstete in privater Funktion Urheber eines Werkes, so kann dieses Werk gleichwohl ein amtliches Werk sein; Entsprechendes gilt, wenn ein privatwirtschaftlich tätiger **Verlag** im amtlichen Auftrag eine nach §§ 87a ff. geschützte Datenbank erstellt und veröffentlicht.[118] In solchen Fällen spricht eine amtliche Veranlassung des Werkschaffens, verbunden mit der Finanzierung aus öffentlichen Mitteln und der auch äußerlich erkennbaren **Verantwortung eines Amtes** für das Werk ohne weiteres für dessen amtlichen Charakter.[119] Fehlt es an

---

[103] *Katzenberger* GRUR 1972, 686 (687); zustimmend *Arnold* S. 22.

[104] Vgl. BGH GRUR 1984, 117 (118) – VOB/C; BGH GRUR 1987, 166 (167) – AOK-Merkblatt und allgemeine Auffassung des Schrifttums.

[105] → Rn. 54.

[106] Siehe. BGH GRUR 2007, 500 Rn. 13 – Sächsischer Ausschreibungsdienst.

[107] Ähnlich Fromm/Nordemann/*J. B. Nordemann* UrhG § 5 Rn. 11; BeckOK/*Ahlberg* UrhG § 5 Rn. 6; vgl. HK-UrhR/*Dreyer* UrhG § 5 Rn. 21; Mestmäcker/Schulze/*Obergfell* UrhG § 5 Rn. 17; Wandtke/Bullinger/ *Marquardt* UrhG § 5 Rn. 6.

[108] Vgl. mwN *Katzenberger* GRUR 1972, 686 (687); zustimmend *v. Albrecht* S. 36.

[109] Siehe zu § 5 Abs. 1 BGH GRUR 1984, 117 (118 f.) – VOB/C; BGH GRUR 1990, 1003 – DIN-Normen; BGHZ 116, 136 (145) – Leitsätze; zu § 5 Abs. 2 BGH GRUR 1972, 713 (714) – Im Rhythmus der Jahrhunderte; BGH GRUR 1982, 37 (40) – WK-Dokumentation; BGH GRUR 1987, 166 (167) – AOK-Merkblatt; BGH GRUR 1988, 33 (35) – Topographische Landeskarten; OLG Frankfurt a. M. Schulze OLGZ 107, 6 f. – Taschenbuch für Wehrfragen; *v. Gierke* FS Loschelder, 2010, 87 ua zur Datenbank ELENA.

[110] Siehe BGH GRUR 2007, 500 Rn. 11 ff. – Sächsischer Ausschreibungsdienst.

[111] BGH GRUR 1982, 37 (40) – WK-Dokumentation; BGHZ 116, 136 (145) – Leitsätze setzt das Herrühren und die Zurechenbarkeit gleich; anders BGHZ 168, 266 Rn. 15 – Vergaberichtlinien.

[112] Näheres → Rn. 38.

[113] *Hauck* ZUM 2011, 542 (547 f.).

[114] Vgl. BGH GRUR 1982, 37 (40) – WK-Dokumentation.

[115] So BGH GRUR 1987, 166 (167) – AOK-Merkblatt; BGHZ 116, 136 (147) – Leitsätze.

[116] So die Situation im Fall BGH GRUR 1972, 713 (714) –Im Rhythmus der Jahrhunderte.

[117] So BGHZ 116, 136 (145) – Leitsätze.

[118] → Rn. 34.

[119] Siehe BGH GRUR 1972, 713 (714) – Im Rhythmus der Jahrhunderte.

dieser Verantwortung, so handelt es sich im Allgemeinen auch dann nicht um ein amtliches Werk, wenn die Initiative von einem Amt ausging, das Werk aus dem Staatshaushalt finanziert wurde und auch, aber nicht ausschließlich für den Dienstgebrauch von Behörden bestimmt war.[120] Im Einzelfall kann bei Fehlen einer äußerlich erkennbaren Verantwortung eines Amtes für ein Werk, wie bei der Publikation von nicht als amtlich gekennzeichneten Entscheidungsleitsätzen in einer Fachzeitschrift, dennoch ein amtliches Werk vorliegen; über die Abgrenzung von amtlichen und privaten Werken entscheiden dann die **amtsinternen Verhältnisse.**[121] Dasselbe gilt für den Aspekt der amtlichen oder privaten Veranlassung des Werkschaffens, wie im Falle einer richterlichen Nebentätigkeit.[122] Umgekehrt kann es sich auch bei einem Werk, für welches ein Amt zB durch eine entsprechende Herausgeberbezeichnung und Angabe im Vorwort äußerlich erkennbar die Verantwortung übernimmt, um ein nichtamtliches, privates Werk handeln, wenn dieses auf rein private Initiative hin und ohne wesentliches Zutun des Amtes geschaffen worden ist.[123] Letztlich entscheiden somit in manchen Fällen nur die jeweiligen **Umstände des Einzelfalls,** einschließlich interner, für Außenstehende nicht erkennbarer Vorgänge, bereits über die Frage, ob es sich bei einem Werk um ein amtliches oder ein nichtamtliches Werk handelt.[124] Unter dem Gesichtspunkt der **Rechtssicherheit** ist dies nicht unbedenklich.[125]

III. Werke privater Urheber als amtliche Werke

1. Entgegen einer zu §§ 16, 26 LUG von 1901 allgemein[126] und zu § 5 des geltenden Gesetzes **34** verbreitet[127] vertretenen Ansicht steht es der Annahme eines amtlichen Werkes nicht entgegen, wenn ein Werk von einem **privaten Urheber** geschaffen worden ist.[128] Auch der BGH[129] geht ohne Weiteres davon aus, dass ein von der Bundeswehr bei einem privaten Autor in Auftrag gegebenes Filmdrehbuch ein amtliches Werk sein kann. Der Beurteilung amtlicher, von privaten Urhebern geschaffener Werke entspricht es, dass wesentliche Investitionen eines **privatwirtschaftlich,** aber im amtlichen Auftrag tätigen **Datenbankherstellers,** wie zB des **Verlags** eines gedruckten und online zugänglichen Ausschreibungsblatts, dazu führen können, eine nach §§ 87a ff. schutzfähige Datenbank als amtliche Datenbank zu qualifizieren, für die ein Schutzausschluss in entsprechender Anwendung des § 5 in Betracht kommt.[130]

Ein amtliches Werk kann daher auch bei **Umwidmung eines privaten Werks** vorliegen, wie **35** wenn zB bei privaten Gesetzentwürfen im Ministerium oder die Regierung von dem stillschweigenden Zustimmung des Verfassers zur Übernahme in einen amtlichen Entwurf ausgehen kann[131] oder wenn ein Amt oder eine Behörde ein privates Werk ohne Einverständnis des Urhebers zu einem amtlichen Werk werden lässt.[132]

2. Verwertet ein Amt iSd § 5 bzw. ein Angehöriger eines solchen Amtes ein privates Werk auf eine **36** Art und Weise, die als **Urheberrechtsverletzung** zu beurteilen ist, zB durch widerrechtlichen, weil vom Urheber oder sonstigen Rechtsinhaber nicht genehmigten Nachdruck, und wird dadurch zugleich bewirkt, dass das verwertete Werk den Urheberrechtsschutz nach § 5 verliert, so ist dies eine Amtspflichtverletzung, die bei Vorliegen von Vorsatz oder Fahrlässigkeit die Anstellungskörperschaft nach § 839 BGB iVm Art. 34 GG zum **Schadensersatz** verpflichtet;[133] daneben ist eine Schadensersatzhaftung des verantwortlichen Bediensteten nach § 97 UrhG ausgeschlossen, auf Unterlassung kann

---

[120] So BGH GRUR 1982, 37 (40) – WK-Dokumentation.
[121] Siehe BGHZ 116, 136 (147 ff.) – Leitsätze.
[122] Siehe ebenfalls BGHZ 116, 136 (148 f.) – Leitsätze.
[123] So BGH GRUR 1987, 166 (167) – AOK-Merkblatt mit im Ergebnis zustimmender Anm. von *Seydel* in Schulze BGHZ 35, 8 ff.
[124] So auch ausdrücklich BGH GRUR 1984, 117 (119) – VOB/C; BGH GRUR 1987, 166 (167) – AOK-Merkblatt; BGH GRUR 2007, 137 Rn. 18 – Bodenrichtwertsammlung.
[125] Siehe hierzu auch die Kritik von *v. Albrecht* S. 37; *Seydel* Anm. zu BGH – AOK-Merkblatt – in Schulze BGHZ 355, 8 (9).
[126] Nachweise bei *v. Ungern-Sternberg* GRUR 1977, 766 (767) Fn. 5.
[127] *Rehbinder* FS 100 Jahre URG, 1983, 353 (359) Fn. 24; BeckOK/*Ahlberg* UrhG § 5 Rn. 7.
[128] So auch BGH GRUR 1982, 37 (40) – WK-Dokumentation; siehe auch BGH GRUR 1987, 166 (167) – AOK-Merkblatt; BGH GRUR 1984, 117 (119) – VOB/C; BGH GRUR 1990, 1003 (1004) – DIN-Normen; BGHZ 116, 136 (148) – Leitsätze; BGHZ 168, 266 Rn. 15 – Vergaberichtlinien; *Arnold* S. 69 und dazu auch bereits → Rn. 33.
[129] BGH GRUR 1972, 713 (714) – Im Rhythmus der Jahrhunderte.
[130] Siehe BGH GRUR 2007, 500 Rn. 19 – Sächsischer Ausschreibungsdienst; dazu auch → Rn. 27.
[131] Dazu *v. Ungern-Sternberg* GRUR 1977, 766 (773).
[132] So *v. Albrecht* S. 39 f.; *Arnold* S. 70; *Stieper* GRUR 2003, 398 (403); wohl auch *Goose* S. 29; so wohl auch für den Fall der Übernahme von privat geschaffenen Tabellen und Fotos über die gesetzlichen Anforderungen an die Fahrradausrüstung in die Internetseite einer Polizeibehörde OLG Düsseldorf ZUM-RD 2007, 521 – Fahrradausrüstung; aA:BeckOK/*Ahlberg* UrhG § 5 Rn. 29 plädiert für Erlöschen des Urheberrechts erst nach Vereinbarung einer angemessenen Vergütung; *Loewenheim* FS Sandrock, 2000, 609 (618); *Seydel* Anm. zu BGH – AOK-Merkblatt – in Schulze BGHZ 355, 8 (10 f.); offen gelassen BGH GRUR 1987, 166 (167) – AOK-Merkblatt, BGH GRUR 1990, 1003 (1004) – DIN-Normen, sowie BGHZ 168, 266 Rn. 19 – Vergaberichtlinien.
[133] Ebenso *Stieper* GRUR 2003, 398 (404 f.).

er aber in Anspruch genommen werden.[134] Bei der Berechnung des Schadensersatzes kann auch der durch § 5 bewirkte Rechtsverlust berücksichtigt werden.[135] Dasselbe gilt, wenn der Rechtsverlust ohne Werkverwertung durch eine nicht gestattete Bezugnahme auf ein privates Werk bewirkt wird.[136] Im Übrigen ist an eine **Entschädigung** nach den Grundsätzen zu denken, die auf **enteignungsgleiche Eingriffe** anzuwenden sind.[137]

IV. Zitate aus privaten Werken und Bezugnahmen auf private Werke in amtlichen Werken

37 **1.** Werden private Werke in nach § 5 schutzlosen amtlichen Werken **zitiert,** wie zB Auszüge aus einem rechtswissenschaftlichen Schriftwerk in einer gerichtlichen Entscheidung, und wird dabei das Zitat als solches kenntlich gemacht, so verlieren die zitierten Passagen nicht den urheberrechtlichen Schutz; sie dürfen von Dritten ohne Zustimmung des Urhebers nur wiederum als Zitate (§ 51) bzw. im Rahmen der sonstigen gesetzlichen Schranken des Urheberrechts[138] oder aber als Teil des zitierenden, nach § 5 schutzlosen amtlichen Werkes verwertet werden.[139] Anders liegt es, wenn ein zunächst privates Werk als solches zu einem amtlichen, nach § 5 schutzlosen Werk wird, wie zB bei der amtlichen Bekanntmachung von Patentanmeldungen durch Offenlegungs- und Patentschriften.[140] Hier verliert das zunächst private, nichtamtliche Werk den Schutz insgesamt.[141] Dieser Rechtsfolge unterwirft sich zB der Verfasser einer Patentanmeldung mit der Einreichung der Anmeldung beim Patentamt, so dass er keinen Schadensersatz- oder Entschädigungsanspruch für den Rechtsverlust geltend machen kann.[142]

38 **2.** In einigen Rechtsgebieten, wie im Baurecht, im Recht der technischen Sicherheit und im Immissionsschutzrecht, sind **Hinweise** oder **Bezugnahmen** in Rechts- und Verwaltungsvorschriften sowie amtlichen Bekanntmachungen auf nichtamtliche, private Werke,[143] wie insbesondere auf DIN-Normen und VDE-Vorschriften als technische Normen[144] und auch auf AGB,[145] verbreitet.[146] Solche Hinweise und Bezugnahmen führten nach dem BGH[147] dann nicht zu einem Verlust des Urheberrechts nach § 5 Abs. 1 an den privaten Werken, wenn sich die betreffende Behörde diese Werke damit nicht inhaltlich zu eigen macht und ihr diese Werke daher auch nicht in einer Art und Weise zugerechnet werden können, die zur Freistellung vom Urheberrechtsschutz führt;[148] eine Freistellung vom Urheberrechtsschutz nach § 5 Abs. 2 scheiterte in Fällen bloßer Hinweise oder Bezugnahmen auch an der fehlenden amtlichen Veröffentlichung der Texte als solcher.[149] In beiderlei Hinsicht verhält es sich so insbesondere dann, wenn zB in einer amtlichen Bekanntmachung lediglich auf die Neuausgabe bestimmter DIN-Normen bzw. AGB, wie der Verdingungsordnung für Bauleistungen (VOB), hingewiesen wird.[150] Dasselbe gilt sogar für den Fall, dass die Behörde zugleich **nachgeordnete Behörden anweist,** die betreffenden technischen Normen bzw. AGB in ihrem Bereich anzuwenden.[151] Das vorgenannte Ergebnis zeigt, dass das Sichzueigenmachen eines privaten Werkes durch eine Behörde bzw. ein Amt qualifizierter Art nach der Rechtsprechung sein musste, um den Verlust des Urheberrechtsschutzes nach § 5 rechtfertigen zu können.

39 Um ein solches **qualifiziertes Sichzueigenmachen** soll es sich nach einer früher verbreiteten Auffassung auch handeln, wenn in **Gesetzen** oder **Rechtsverordnungen** auf technische Normen derart verwiesen wird, dass diese dadurch einen die Verweisungsnorm ergänzenden (Rechts-)Charakter erhalten.[152] Die vorstehend behandelte Rechtsprechung ist jedoch inzwischen durch **§ 5 Abs. 3** überholt.[153]

---

[134] Siehe BGH GRUR 1993, 37 (38 f.) – Seminarkopien.
[135] Ebenso *v. Albrecht* S. 45 f.; *Arnold* S. 70, 128; siehe aber *Stieper* GRUR 2003, 398 (404 f.).
[136] → Rn. 38 f.; zum Ergebnis siehe *v. Albrecht* S. 45 f.
[137] Siehe *v. Albrecht* S. 44 ff.; *Stieper* GRUR 2003, 398 (405).
[138] §§ 44a ff.; siehe dazu *Arnold* S. 133 f.
[139] So richtig *v. Albrecht* S. 40; *Arnold* S. 133; *Maaßen* ZUM 2003, 830 (833 f., 838).
[140] → Rn. 65.
[141] *V. Albrecht* S. 90; *Arnold* S. 142 ff.
[142] Ebenso *V. Albrecht* S. 43, 90.
[143] Zu diesen → Rn. 33 f.
[144] → Rn. 54.
[145] → Rn. 52.
[146] Gerade am Beispiel des Baurechts *Waechter* NVwZ 2013, 1251.
[147] BGH GRUR 1984, 117 (119) – VOB/C, Problematik inhaltlich geregelt in § 5 Abs. 3.
[148] Zum Kriterium der Zurechenbarkeit → Rn. 32.
[149] Siehe BGH GRUR 1984, 117 (119) – VOB/C.
[150] Siehe BGH GRUR 1984, 117 (119) – VOB/C.
[151] So BGH GRUR 1984, 117 (119) – VOB/C; siehe auch. OLG Köln ZUM-RD 1998, 110 (111 f.) – TL BSWF 96, und GRUR 2000, 1022 – Technische Regelwerke; bestätigt durch BGH GRUR 2002, 958 (960) – Technische Lieferbedingungen; siehe auch. OLG Köln ZUM 2001, 527 (528 f.) – DRS; zur Abgrenzung siehe BGH GRUR 2002, 958 – Technische Lieferbedingungen und OLG Köln GRUR 2004, 142 (144) – Handbuch Vergaberichtlinien.
[152] Siehe die diesbezüglichen obiter dicta in BGH GRUR 1984, 117 (119) – VOB/C, und BGH GRUR 1990, 1003 (1005) – DIN-Normen; zur Abgrenzung s. BGH GRUR 2002, 958 (960) – Technische Lieferbedingungen.
[153] Dazu → Rn. 12, 76–87.

C. Amtliche Werke im Sinne des § 5 Abs. 1

I. Gesetze, Verordnungen, amtliche Erlasse und Bekanntmachungen, Entscheidungen und amtlich verfasste Leitsätze zu Entscheidungen

1. § 5 Abs. 1 schützt das **Interesse der Allgemeinheit** an ungehinderter, durch freie Verwertung **40** vermittelter Information über alle Äußerungen hoheitlicher Gewalt,[154] seien sie generell regelnd oder in Einzelfällen anordnend, entscheidend, feststellend oder gestaltend. Diesem gesetzgeberischen Zweck muss auch die Auslegung des Abs. 1 hinsichtlich der dort genannten Gegenstände gerecht werden, deren Bezeichnungen im Wesentlichen aus § 16 LUG vor 1901 übernommen worden sind[155] und daher nicht voll dem gegenwärtigen Stand und der Terminologie des Staats- und Verwaltungsrechts und der Rechtsquellen- und Verwaltungslehre entsprechen.[156] Bei den in § 5 Abs. 1 bezeichneten Gegenständen handelt es sich nicht um verwaltungsrechtliche, sondern um **urheberrechtliche Begriffe.**[157] Unbeschadet der restriktiven Auslegung[158] des § 5 darf daher bei der Deutung der in Abs. 1 bezeichneten Gegenstände grundsätzlich nicht sklavisch am Wortlaut gehaftet werden. Außerdem ist zu berücksichtigen, dass der deutsche Urheberrechtsgesetzgeber sich bei Formulierung des § 5 Abs. 1 offensichtlich an den deutschen Verhältnissen orientiert hat, jedoch kein Anlass besteht, zB (noch) nicht in deutsches Recht umgesetzte internationale Abkommen als Völkerrecht und supranationales Recht, wie EU-Richtlinien, von der unmittelbaren Anwendung des § 5 auszunehmen.[159]

2. Mit den in Abs. 1 genannten **Gesetzen** und **Verordnungen** werden alle Rechtsnormen als all- **41** gemeinverbindliche Regelungen und Anordnungen erfasst, einschließlich von Satzungen der Körperschaften, Anstalten und Stiftungen des öffentlichen Rechts[160] sowie von noch nicht in deutsches Recht umgesetzten internationalen Abkommen und EU-Richtlinien, ohne dass es dazu einer Analogie zu § 5 Abs. 1 bedarf.[161] Es kann daher im Allgemeinen dahinstehen, ob Abs. 1 unter Gesetzen solche im formellen Sinne[162] oder auch Gesetze im materiellen Sinne versteht.[163] Von Bedeutung ist eine Entscheidung dieser Frage im Wesentlichen nur für die Beurteilung von Tarifverträgen.[164] Insoweit ist der Auffassung der Vorzug zu geben, die unter Gesetzen iSd Abs. 1 solche im materiellen Sinne versteht, da nur dann der gesetzgeberische Zweck dieser Bestimmung voll erreicht werden kann.

Gesetze und (Rechts-)Verordnungen verlieren den Urheberrechtsschutz nach Abs. 1 mit dem **42** **Zeitpunkt** ihres Wirksamwerdens, dh grundsätzlich mit Verkündung oder öffentlicher Bekanntmachung,[165] nicht bereits mit der Fassung des Gesetzes- oder Verordnungsbeschlusses.[166] Allerdings sind bereits Gesetzentwürfe, die in Drucksachen der Gesetzgebungsorgane auf amtliche Veranlassung veröffentlicht sind, nach Abs. 2 zu beurteilen.[167] Für die Anwendung des Abs. 1 kommt es im Übrigen nicht darauf an, ob eine Rechtsnorm verfassungsgemäß und rechtswirksam ist oder nicht.[168]

3. Verwaltungsvorschriften aller Art, wie Verwaltungsverordnungen, Anordnungen, Anstalts- **43** oder Dienstordnungen, Erlasse, Entschließungen, Richtlinien und nicht auf Einzelfälle beschränkte Anweisungen, fallen ebenfalls unter Abs. 1. Sie werden hier durch **„Verordnungen"** und **„amtliche Erlasse"** stellvertretend genannt.[169] Verwaltungsvorschriften enthalten zwar keine gegenüber der Allgemeinheit der Staatsbürger unmittelbar rechtserheblichen Wirkungen, mittelbar wird die Rechtsstellung der Bürger durch sie aber ebenfalls berührt, weil sie das künftige Verwaltungshandeln bestimmen und für die Anwendung und Auslegung von Rechtsvorschriften von Bedeutung sein können.[170]

---

[154] IdS auch *v. Albrecht* S. 47; zu den historischen Zusammenhängen *v. Albrecht* S. 5 ff.

[155] → Rn. 7 f.

[156] Zustimmend *v. Albrecht* S. 47 f.

[157] Siehe BGHZ 168, 266 Rn. 14 – Vergaberichtlinien; BGH GRUR 2007, 137 Rn. 14 – Bodenrichtwertsammlung.

[158] → Rn. 21b.

[159] Zu ausländischen amtlichen Werken → Rn. 95 f.

[160] So auch *v. Albrecht* S. 47, 49.

[161] Zu Letzterem aA *Arnold* S. 119 f.; zu amtlichen Werken internationaler Organisationen offensichtlich wie hier *v. Albrecht* S. 101 ff.

[162] So *Goose* S. 33.

[163] So *v. Albrecht* S. 48; Fromm/Nordemann/*J. B. Nordemann* UrhG § 5 Rn. 19; *Samson* DVR 1977, 201 (204 f.).

[164] → Rn. 50.

[165] So richtig die hM: *v. Albrecht* S. 48; *Arnold* S. 92; Fromm/Nordemann/*J. B. Nordemann* UrhG § 5 Rn. 19.

[166] So aber *v. Ungern-Sternberg* GRUR 1977, 766 (770).

[167] → Rn. 62.

[168] Siehe BGH GRUR 1984, 117 (119) VOB/C zur parallelen Frage der Rechtmäßigkeit eines Verweises auf technische Normen.

[169] So auch *v. Albrecht* S. 49; *Arnold* S. 93; AG Düsseldorf AfP 1990, 231 f.; zu einem amtlichen Erlass in Form eines behördenintern verbindlichen Handbuchs siehe OLG Köln GRUR 2004, 142 (143) – Handbuch Vergaberichtlinien; bestätigt durch BGHZ 168, 266 Rn. 13 f. – Vergaberichtlinien.

[170] Siehe BGH GRUR 1990, 1003 (1004) – DIN-Normen.

In Verbindung mit entsprechenden gesetzlichen Grundlagen können sie auch zu einer Selbstbindung der Behörden mit Außenwirkung führen.[171] Verwaltungsvorschriften sind nach Abs. 1 zu beurteilen, wenn sie die genannte gewisse Außenwirkung besitzen[172] und sobald sie wirksam werden; auf eine Veröffentlichung kommt es insoweit nicht an.[173] Zu den amtlichen Erlassen sind auch **Hirtenbriefe der Kirchen** zu rechnen.[174] Unerheblich für die Rechtsfolge nach § 5 Abs. 1 ist, ob die Verweisung auf eine Verwaltungsvorschrift **verfassungs- und verwaltungsrechtlich zulässig** ist.[175] Dies verkennt das OLG Düsseldorf,[176] das insbesondere unter Hinweis auf die fehlende eigenständige Weisungs- und Richtlinienkompetenz der betreffenden Finanzbehörde die Qualifizierung auch der „Arbeitshinweise" in einem internen **Veranlagungshandbuch** als Verwaltungsvorschriften iSd § 5 Abs. 1 ablehnt.[177]

44   **4. Amtliche Bekanntmachungen** sind im Allgemeinen entweder Rechts- oder Verwaltungsvorschriften oder aber informatorische Mitteilungen von Behörden an die Allgemeinheit.[178] Dabei sollen Bekanntmachungen informatorischer Art faktisch sogar überwiegen.[179] Ob § 5 Abs. 1 sich auch auf amtliche Bekanntmachungen der letzteren Art bezieht, ist streitig. Die älteren Vorauflagen haben die Frage bejaht, jedoch einschränkend angenommen, dass amtliche Informationen nur dann unter § 5 Abs. 1 fallen, wenn sie ausdrücklich als amtliche Bekanntmachungen bezeichnet sind.[180] Zur Begründung dieser Einschränkung wurde darauf hingewiesen, dass nach der Entstehungsgeschichte und den amtlichen Materialien[181] mit der erstmaligen ausdrücklichen Erwähnung der amtlichen Bekanntmachungen im Kreis der vom Urheberrechtsschutz ausgeschlossenen amtlichen Werke offensichtlich nicht beabsichtigt war, diesen Kreis über die seit jeher ausdrücklich benannten Rechts- und Verwaltungsvorschriften hinaus wesentlich zu erweitern. Weniger diese Einschränkung als vielmehr der formale Ansatz der Vorauflagen ist auf verbreitete Kritik gestoßen.[182] Für das Vorliegen einer amtlichen Bekanntmachung iSd § 5 Abs. 1 kommt es nach dem BGH nicht auf die Bezeichnung, sondern darauf an, dass eine amtliche Verlautbarung eine normative oder einzelfallbezogene **rechtliche Regelung** enthält;[183] eine nur informatorische Äußerung genügt gerade nicht. Daher kann auch einem qualifizierten Mietspiegel mangels amtlicher, rechtlicher Regelung kein Urheberrechtsschutz zukommen.[184] Auch eine kommunale Sammlung von Bodenrichtwerten nach dem BauGB kommt daher zwar als amtliche Bekanntmachung in Betracht, es fehlt ihr jedoch ein regelnder Inhalt.[185]

45   Der Auffassung des BGH ist zuzustimmen. Abzulehnen ist aber weiterhin die in die andere Richtung wesentlich zu weit gehende Auffassung, die über den Begriff der amtlichen Bekanntmachungen bereits mit § 5 Abs. 1 alle Mitteilungen von Behörden an die Allgemeinheit mit rechtlich relevantem Inhalt erfassen will.[186] Solche Mitteilungen sind ein typischer Anwendungsfall des § 5 Abs. 2.[187]

46   **5. Entscheidungen** iSd Abs. 1 sind nur solche von staatlichen Gerichten oder von Verwaltungsbehörden, die als Urteile, Beschlüsse, Verfügungen, Bescheide uÄ in Einzelfällen streitentscheidend, feststellend oder gestaltend verbindliche Regelungen enthalten.[188] Urheberrechtlich frei ist dabei der gesamte Entscheidungstext, einschließlich der Begründung.[189] Auch Anwaltsschriftsätze fallen unter diese Regelung, wenn sie Teil der Urteilsbegründung werden;[190] ebenso Explosionszeichnungen.[191]

---

[171] → Rn. 39.

[172] Siehe BGH GRUR 1984, 114 (119) – VOB/C; BGH GRUR 1990, 1003 (1004) – DIN-Normen; BGHZ 168, 266 Rn. 14 – Vergaberichtlinien.

[173] *V. Albrecht* S. 50; im Grundsatz auch *Arnold* S. 93.

[174] *Fromm/Nordemann/J. B. Nordemann* UrhG § 5 Rn. 16; *Leuze* ZBR 1997, 37 (39) rechnet sie zu den amtlichen Bekanntmachungen.

[175] Siehe BGH GRUR 1984, 117 (119) – VOB/C; BGH GRUR 1990, 1003 (1005) – DIN-Normen; BGHZ 168, 266 Rn. 15 – Vergaberichtlinien.

[176] OLG Düsseldorf ZUM-RD 1997, 373 (378) – Veranlagungshandbuch.

[177] Zur Beurteilung nach § 5 Abs. 2 → Rn. 63; siehe auch. die strafrechtliche Entscheidung des AG Düsseldorf AfP 1990, 231 f., die vermutlich dasselbe behördeninterne Werk betrifft, dieses als Verwaltungsvorschrift iSd § 5 Abs. 1 qualifiziert und die wegen Verletzung des Urheberrechts an diesem Werk Angeklagten auch aus diesem Grunde freispricht.

[178] Siehe dazu *Katzenberger* GRUR 1972, 686 (688).

[179] So *Leuze* ZBR 1997, 37 (39).

[180] Zustimmend *v. Albrecht* S. 51 f.

[181] Siehe dazu *Katzenberger* GRUR 1972, 686 (688).

[182] *Arnold* S. 27; siehe ferner BeckOK/*Ahlberg* UrhG § 5 Rn. 15; Mestmäcker/Schulze/*Obergfell* UrhG § 5 Rn. 26; LG München I GRUR 1987, 436 – Briefmarke.

[183] BGH GRUR 2007, 137 Rn. 13 f. – Bodenrichtwertsammlung; LG München ZUM 2018, 461 – Rechtswidrige Nutzung der Bodenrichtwertsammlung der Stadt München. auch → Rn. 29.

[184] OLG Stuttgart GRUR-RR 2010, 369.

[185] → Rn. 29.

[186] In diesem Sinne LG München I GRUR 1987, 436 (437) – Briefmarke; kritisch hierzu wie hier *Schricker* GRUR 1991, 645 (649).

[187] → Rn. 63.

[188] Vgl. *Arnold* S. 94; BeckOK/*Ahlberg* UrhG § 5 Rn. 16; Mestmäcker/Schulze/*Obergfell* UrhG § 5 Rn. 28.

[189] Siehe *Arnold* S. 94; Mestmäcker/Schulze/*Obergfell* UrhG § 5 Rn. 28.

[190] LG Köln GRUR-RR 2011, 4.

[191] OLG Braunschweig BeckRS 2013, 06563.

Nicht unter Abs. 1[192] fallen Entscheidungen privater Schiedsgerichte.[193] Eine Entscheidung iSd Abs. 1 ist die **Patenterteilung** durch das Patentamt als Verwaltungsakt, während die Offenlegungs-, Auslege- und Patentschriften des Patentamts nach Abs. 2 zu beurteilen sind.[194] Entscheidungen können im Entwurfsstadium auch unter dem Gesichtspunkt des § 5 Abs. 2 als amtsinterne Werke durchaus urheberrechtlich geschützt sein.[195] Der maßgebliche **Zeitpunkt,** zu dem sie diesen Schutz nach § 5 Abs. 1 verlieren, ist derjenige, zu dem sie wirksam werden.[196] Entscheidend sind dafür je nach Art der Entscheidung in erster Linie Verkündung oder Zustellung.[197] Wirksamkeit bedeutet im Übrigen nicht Rechtsbeständigkeit, so dass auch auf Rechtsmittel hin aufgehobene und selbst von Anfang an nichtige Entscheidungen von § 5 Abs. 1 erfasst werden.[198]

6. Die ausdrückliche Erwähnung der **amtlich verfassten Leitsätze zu Entscheidungen** in § 5   **47** Abs. 1 neben den Entscheidungen selbst trägt dem Umstand Rechnung, dass solche Leitsätze in der Regel[199] nicht Bestandteil der Entscheidungen sind,[200] im Interesse der Allgemeinheit aber wie diese frei verwertet werden können sollen.[201] Die Reichweite des Ausschlusses solcher Leitsätze vom Urheberrechtsschutz folgt aus der Publizitätspflicht des staatlichen und auch des gerichtlichen Handelns in einer Demokratie, die auch von § 5 Abs. 1 vorausgesetzt wird,[202] sowie aus der Funktion eines amtlichen Leitsatzes als Mittel zur raschen und sachgerechten Information der Öffentlichkeit über die Kernaussage einer Entscheidung und den die Rechtsfindung leitenden Satz.[203]

„Amtlich verfasst" sind nur die von den Gerichten oder Behörden selbst verfassten Leitsätze zu   **48** ihren eigenen Entscheidungen.[204] Verfasser solcher Leitsätze zu gerichtlichen Entscheidungen können sein: einzelne Richter, wie der Berichterstatter eines Senats[205] oder einer Kammer, einzelne mit der Leitsatzformulierung beauftragte Richter eines Gerichts, die Mitglieder des „Spruchkörpers" insgesamt, eine Veröffentlichungskommission oder die Verwaltung eines Gerichts.[206] Für den amtlichen Charakter eines Leitsatzes unerheblich ist,[207] ob der Leitsatzbildung und -veröffentlichung eine dienstliche Verpflichtung oder, wie im Fall der Geschäftsordnungen oberster Gerichte des Bundes, eine entsprechende verwaltungsinterne Regelung zugrunde liegt oder, wie bei den unteren Instanzen, ob der Leitsatz den Parteien zusammen mit der Entscheidung zugestellt worden ist oder bei der Verkündung oder Zustellung der Entscheidung schon verfasst war: Maßgeblich ist vielmehr ähnlich wie bei amtlichen Werken iSd § 5 Abs. 2, ob der Leitsatz dem Gericht bzw. dem „Spruchkörper" zuzuordnen[208] ist, von ihm herrührt. Dies ist der Fall bei von der Gerichtsverwaltung verfassten Leitsätzen[209] zu Zwecken der Veröffentlichung sowie bei von einem Richter verfassten und mit Billigung des „Spruchkörpers" zur Veröffentlichung freigegebenen Leitsätzen, auch wenn der Richter dabei dienstrechtlich eine Nebentätigkeit ausübt und zB von einem Verlag eine Vergütung erhält[210] oder der „Spruchkörper" die Veröffentlichung nur stillschweigend billigt oder sie nicht für eine „amtliche" Sammlung vorsieht.[211]

Von „amtlich verfassten" Leitsätzen **zu unterscheiden** und nicht durch § 5 Abs. 1 (oder Abs. 2)   **49** vom Urheberrechtsschutz ausgeschlossen sind Leitsätze auch zu eigenen Entscheidungen, die ein Richter in privater Funktion zB zu wissenschaftlichen Zwecken oder im Auftrag eines Verlags und ohne Abstimmung mit bzw. Billigung durch den zuständigen „Spruchkörper" formuliert und veröffentlicht.[212] Dies gilt erst recht auch für Leitsätze zu Entscheidungen, die von Wissenschaftlern oder

---

[192] Und auch nicht unter Abs. 2.
[193] *V. Albrecht* S. 52; BeckOK/*Ahlberg* UrhG § 5 Rn. 16; Mestmäcker/Schulze/*Obergfell* UrhG § 5 Rn. 28.
[194] → Rn. 65.
[195] → Rn. 73.
[196] S. *v. Albrecht* S. 53; *Arnold* S. 54 f.; Fromm/Nordemann/*J. B. Nordemann* UrhG § 5 Rn. 19.
[197] Fromm/Nordemann/*J. B. Nordemann* UrhG § 5 Rn. 19; weitere Einzelheiten bei *Arnold* S. 96 ff.
[198] Siehe im Einzelnen *Arnold* S. 94 f.
[199] Ausnahme: § 31 Abs. 2 BVerfGG.
[200] So zu gerichtlichen Entscheidungen BGHZ 116, 136 (146) – Leitsätze.
[201] Siehe RegE BT-Drs. IV/270, 39.
[202] So im Hinblick auf die Pflicht der Gerichtsverwaltung zur Publikation veröffentlichungswürdiger Gerichtsentscheidungen und Leitsätze BVerwG NJW 1997, 2694 (2695).
[203] So BGHZ 116, 136 (148) – Leitsätze; im gleichen Sinne *Ullmann* FS juris, 1996, 133 (141); kritisch *Vinck* Anm. in LM UrhG § 3 Nr. 6, der § 5 Abs. 1 nur auf solche Entscheidungsleitsätze anwenden will, zu deren Abfassung eine amtliche oder dienstliche Verpflichtung bestand.
[204] BeckOK/*Ahlberg* UrhG § 5 Rn. 17; Mestmäcker/Schulze/Obergfell UrhG § 5 Rn. 29.
[205] S. BGHZ 116, 136 (147) = GRUR 1992, 382 – Leitsätze.
[206] Siehe *Ullmann* FS juris, 1996, 133 (139, 143).
[207] BGHZ 116, 136 (145 ff.) – Leitsätze; Zustimmend *Ullmann* FS juris, 1996, 133 (140 ff.); aA als Vorinstanz OLG Köln GRUR 1989, 821 (822) – Entscheidungsleitsätze; kritisch *Vinck* Anm. in LM UrhG § 3 Nr. 6.
[208] → Rn. 32.
[209] So *Ullmann* FS juris, 1996, 133 (139 f.).
[210] So BGHZ 116, 136 (147 f.) – Leitsätze; aA als Vorinstanz OLG Köln GRUR 1989, 821 (822) – Entscheidungsleitsätze.
[211] So *Ullmann* FS juris, 1996, 133 (142 f.); zum Zeitpunkt, in dem der Ausschluss amtlich verfasster Entscheidungsleitsätze wirksam wird, s. *Arnold* S. 101 ff.
[212] BGHZ 116, 136 (148) – Leitsätze; Mestmäcker/Schulze/*Obergfell* UrhG § 5 Rn. 30; *Ullmann* FS juris, 1996, 133 (142); zur Schöpfungshöhe solcher Leitsätze siehe OLG Köln ZUM 2009, 243 mAnm *Nennen* sowie VG Karlsruhe ZUM-RD 2012, 299.

Redaktionen juristischer Fachzeitschriften formuliert werden.[213] Dem Prinzip der engen Auslegung[214] des § 5 und der Orientierung des Schutzausschlusses amtlich verfasster Entscheidungsleitsätze durch § 5 Abs. 1 an einer gerichtlichen Veröffentlichungstätigkeit entsprechend sind zu den amtlich verfassten Leitsätzen iSd § 5 Abs. 1 auch nicht zu rechnen Leitsätze in gerichts- oder verwaltungsintern geführten Entscheidungsdokumentationen,[215] deren Urheberrechtsschutz schon mangels Veröffentlichung auch nicht an § 5 Abs. 2 scheitert, und die Leit- und Orientierungssätze zu Entscheidungen, die im Rahmen des JURIS-Rechtsinformationssystems im Auftrag des BMJ in der Vorbereitungsphase dieses Systems geschaffen wurden. Seit Überführung dieses Systems in private Trägerschaft im Jahre 1985 scheidet eine Anwendung des § 5 auf im Rahmen von JURIS neu verfasste Leit- bzw. Orientierungssätze ohnehin aus.[216] Für die Leitsätze der Dokumentare der obersten Gerichte gilt nunmehr § 5 Abs. 1, da diese amtlich verfasst sind.[217]

II. Tarifverträge, Allgemeine Geschäftsbedingungen, technische Normen

50   **1. Tarifverträge** als solche sind keine Äußerungen hoheitlicher Gewalt und fallen daher nicht insgesamt unter Abs. 1.[218] Rechtsnormen in Tarifverträgen dagegen gelten kraft gesetzlicher Anordnung (§ 4 Abs. 1, 2 TVG) unmittelbar und zwingend und sind daher Gesetze im materiellen Sinne.[219] Als solche sind sie auch Gesetze iSd § 5 Abs. 1,[220] und zwar unabhängig von einer Allgemeinverbindlicherklärung nach § 5 TVG.[221]

51   **2. Allgemeine Geschäftsbedingungen** (AGB) sind im Allgemeinen keine Rechtsnormen und daher grundsätzlich auch keine Gesetze oder Verordnungen, auf die § 5 Abs. 1 unmittelbar angewandt werden könnte.[222] Auch eine analoge Anwendung des § 5 Abs. 1 scheidet aus oder ist jedenfalls nicht generell angezeigt.[223] Etwas anderes gilt und § 5 Abs. 1 ist unmittelbar anwendbar, wenn AGB durch eine Behörde im Verordnungsweg festgelegt[224] oder für allgemeinverbindlich erklärt werden.[225] Dagegen ist § 5 Abs. 1 (und Abs. 2) nicht anwendbar in den in bestimmten Branchen, wie Banken, Versicherungen, Energieversorgung und Verkehr, verbreiteten Fällen, in denen AGB behördlich genehmigt werden (müssen).[226]

52   Auch eine bloße **amtliche Bekanntmachung privater AGB,** wie der Allgemeinen Deutschen Speditionsbedingungen (ADSp) und der Verdingungsordnung für Bauleistungen (VOB),[227] die keinerlei allgemeine Verbindlichkeit der betreffenden AGB zur Folge hat, sondern nur Hinweischarakter besitzt, führt nicht dazu, dass diese AGB nach § 5 Abs. 1 den Urheberrechtsschutz verlieren.[228] Nach dem Prinzip der möglichst weitgehenden Verschonung privater Werke vor den Rechtsfolgen des § 5 ist anzunehmen, dass solche AGB auch nicht in der Weise frei verwertet werden dürfen, wie dies für Zitate aus privaten Werken in Entscheidungen gilt.[229] Das zur amtlichen Bekanntmachung privater AGB Gesagte gilt im Übrigen sogar für den Fall, dass sich mit ihr eine **Weisung an nachgeordnete Behörden** verbindet, die AGB in ihrem Bereich anzuwenden.[230] Wird auf private AGB in Gesetzen, Verordnungen, Erlassen oder amtlichen Bekanntmachungen derart verwiesen, dass ein Rechteverlust nach § 5 Abs. 1 oder 2 eintreten könnte, so ist nunmehr **§ 5 Abs. 3** zu beachten.[231]

---

[213] Mestmäcker/Schulze/*Obergfell* UrhG § 5 Rn. 30; *Samson* DVR 1977, 201 (203); *Ullmann* FS juris, 1996, 133 (139).

[214] → Rn. 21b.

[215] Siehe BGHZ 116, 136 (148) – Leitsätze; *Ullmann* FS juris, 1996, 133 (144).

[216] Ebenso *Ullmann* FS juris, 1996, 133 (139).

[217] VGH Mannheim NJW 2013, 2045 – Juris-Monopol.

[218] *Leydecker* GRUR 2007, 1030 ff.; *Lobinger/Hartmann* NZA 2010, 421; aA *Breschendorf* S. 148 f.

[219] Siehe *ErfK/Franzen,* 19. Aufl. 2019, TVG § 4 Rn. 4.

[220] So BAG NJW 1969, 861 (862) offensichtlich für den normativen, nicht für den schuldrechtlichen Teil eines Tarifvertrags.

[221] So richtig *v. Albrecht* S. 55 f.; Mestmäcker/Schulze/*Obergfell* UrhG § 5 Rn. 22; *Samson* DVR 1977, 201 (204 f.); *Arnold* S. 125 ff.; aA Fromm/Nordemann/*J. B. Nordemann* UrhG § 5 Rn. 15, die Tarifverträge nur bei Allgemeinverbindlicherklärung als Gesetze im materiellen Sinne und iSd Abs. 1 gelten lassen. Für Anwendung des Abs. 2 auf Tarifverträge *Goose* S. 33; mit Ausnahme einer Analogie zu § 5 Abs. 2 gegen jede Anwendung des § 5 auf Tarifverträge *Leydecker* GRUR 2007, 1030 (1031 ff.).

[222] Ebenso *v. Albrecht* S. 56 f.; *Arnold* S. 132; Fromm/Nordemann/*J. B. Nordemann* UrhG § 5 Rn. 12; Mestmäcker/Schulze/*Obergfell* UrhG § 5 Rn. 23; *Samson* DVR 1977, 210 (205);.

[223] → Rn. 26; *v. Albrecht* S. 56 f.; *Arnold* S. 131 ff.; aA *Rehbinder* UFITA 80 1977, 73 (78 f.); später aber anders *Rehbinder* FS 100 Jahre URG, 1983, 353 (362 ff.).

[224] Ebenso *Arnold* S. 132, der dann eine AGB mehr gegeben sieht.

[225] Für analoge Anwendung des § 5 Abs. 1 in diesen Fällen *v. Albrecht* S. 57 f.; *Arnold* S. 139 f.; Mestmäcker/Schulze/*Obergfell* UrhG § 5 Rn. 23.

[226] Ebenso *v. Albrecht* S. 59 f.; aA *Arnold* S. 136 ff. im Sinne analoger Anwendung des § 5 Abs. 1.

[227] Zum AGB-Charakter von deren Teilen B und C s. *Arnold* S. 133.

[228] → Rn. 38 und zum Ergebnis BGH GRUR 1984, 117 (119) – VOB/C; *v. Albrecht* S. 60 f.; *Arnold* S. 134; Mestmäcker/Schulze/*Obergfell* UrhG § 5 Rn. 23; aA *Samson* DVR 1977, 201 (208).

[229] → Rn. 37.

[230] → Rn. 38; zum Ergebnis BGH GRUR 1984, 117 (119) – VOB/C; OLG Köln ZUM-RD 1998, 110 (111 f.) – TL BSWF 96, und GRUR 2000, 1022 – Technische Regelwerke, bestätigt durch BGH GRUR 2002, 958 (960) – Technische Lieferbedingungen; insoweit wohl ebenso *v. Albrecht* S. 70; aA *Arnold* S. 134 ff.

[231] → Rn. 12, 76–87.

Von der Frage der Anwendung des § 5 zu unterscheiden ist die weitere Frage, ob und inwieweit **53** die Inhaber der Rechte an bekannt gemachten privaten AGB der Verwertung in bestimmter Form, zB im Rahmen von wissenschaftlichen Kommentaren oder im Rahmen des Zweckes eines AGB aufstellenden Verbandes, stillschweigend zustimmen.[232]

3. Das zu den AGB Gesagte gilt grundsätzlich entsprechend für private **technische Normenwer-** **54** **ke,** soweit diese, wie die VOB/C, **zugleich AGB** sind und in dieser Funktion in Frage stehen. Im Übrigen gilt, dass die für die technische Normung zuständigen Institutionen, wie das Deutsche Institut für Normung eV (DIN) und der Verband Deutscher Elektrotechniker eV (VDE), in Deutschland in der Regel private Organisationen der Wirtschaft und keine Ämter oder Behörden und auch keine beliehenen Unternehmen sind, mit der Folge, dass jedenfalls eine unmittelbare Anwendung des § 5 (Abs. 1 und 2) auf ihre technischen Normen und Vorschriften mangels Amtlichkeit grundsätzlich ausscheidet.[233] Auch eine analoge Anwendung des § 5 (Abs. 1 und Abs. 2) auf technische Normen ist abzulehnen oder jedenfalls nicht generell angezeigt.[234] Das vorstehend Gesagte gilt auch für die von einem privaten Gremium entwickelten **Grundsätze für die Rechnungslegung.**[235]

Sofern in Gesetzen, Rechtsverordnungen oder auch Verwaltungsvorschriften auf techni- **55** **sche Normen oder vergleichbare andere private, normartige Regeln** derart verwiesen oder Bezug genommen wird, dass diese dadurch einen der Verweisungsnorm **ergänzenden (Rechts-) Charakter** bzw. eine **rechtssatzähnliche Bedeutung** mit einer gewissen Außenwirkung erlangen, ist der speziell auf private **technische oder andere Normenwerke** zugeschnittene **§ 5 Abs. 3** zu beachten.[236]

Bei einer bloßen amtlichen **Bekanntmachung** technischer oder anderer privater oder anderer pri- **56** vater Normen mit oder ohne Textabdruck und **ohne Anwendungsbefehl** greift § 5 Abs. 1 (und Abs. 2) nicht. Wird in einer solchen amtlichen Bekanntmachung der Text der technischen Normen nicht mit abgedruckt, sondern nur auf eine Fundstelle oder eine Bezugsquelle hingewiesen, so scheitert die Anwendung des § 5 Abs. 2 auch am Fehlen einer amtlichen Veröffentlichung.[237]

D. Amtliche Werke im Sinne des § 5 Abs. 2

I. Maßstäbe für die Auslegung des § 5 Abs. 2

§ 5 Abs. 2 schließt den Schutz nur für einen begrenzten Kreis von veröffentlichten amt- **57** **lichen Werken**[238] aus. Umstritten ist, nach welchem Kriterium der Kreis dieser Werke zu bestimmen ist und welche amtlichen Werke im Einzelnen durch Abs. 2 vom Schutz freigestellt werden.

1. Der BGH[239] sieht das entscheidende Kriterium richtig in dem in Abs. 2 genannten **amtlichen** **58** **Interesse,** welches nicht mit jedem beliebigen öffentlichen Interesse gleichgesetzt werden darf, das eine Behörde mit jeder Veröffentlichung eines Werkes verfolgt.[240]

Bei der notwendigen **näheren Bestimmung des amtlichen Interesses** iSd Abs. 2 stellte der **59** BGH[241] ursprünglich in Bezug auf einen Werbefilm für die Bundeswehr darauf ab, ob das betreffende amtliche Interesse „sich unmittelbar auf die Werkveröffentlichung selbst" erstreckt und bereits darin seine Bestimmung und seinen Ausdruck findet oder ob es sich nur auf erhoffte weitere Wirkungen der Veröffentlichung, wie die Information der Staatsbürger über die Geschichte der Militärmusik und die Werbung für die Bundeswehr, bezieht. Nur im ersteren Fall sei ein amtliches Interesse iSd Abs. 2 anzunehmen.[242] Diese Kriterien sind aber nicht geeignet, die von der Urheberrechtsfreistellung des

[232] *Samson* DVR 1977, 201 (205 ff.).
[233] → Rn. 32; BGH GRUR 1984, 117 (118) – VOB/C, zum Deutschen Verdingungsausschuss für Bauleistungen DVA als Rechtsvorgänger des DIN-Institutes hinsichtlich der VOB; zum DIN-Institut selbst BGH GRUR 1990, 1003 – DIN-Normen; siehe auch OLG Köln ZUM-RD 1998, 110 (111) – TLBSWF 96, und GRUR 2000, 1022 – Technische Regelwerke, sowie BGH GRUR 2002, 958 (960) – Technische Lieferbedingungen zu einer als eV betriebenen Forschungseinrichtung; *v. Albrecht* S. 64 f.; *Arnold* S. 127; *Debelius* FS Hubmann, 1985, 41 (46); *Fromm/Nordemann/J. B. Nordemann* UrhG § 5 Rn. 30b.
[234] → Rn. 25 f.; *v. Albrecht* S. 72 f.; sinngemäß *Arnold* S. 128 ff.; aA *Schmidt* FuR 1984, 245.
[235] Siehe OLG Köln ZUM 2001, 527 (528 f.) – DRS; zustimmend und mwN *Mestmäcker/Schulze/Obergfell* UrhG § 5 Rn. 24.
[236] → Rn. 12, 76–87.
[237] → Rn. 57; zum Ergebnis s. BGH GRUR 1984, 117 (119) – VOB/C.
[238] → Rn. 9; zum Begriff der Veröffentlichung → Rn. 74.
[239] BGH GRUR 1972, 713 (714) – Im Rhythmus der Jahrhunderte.
[240] Insoweit zustimmend bzw. schon früher im gleichen Sinne *v. Albrecht* S. 75; *Arnold* S. 18 ff. (20); *Goose* S. 29; *Mestmäcker/Schulze/Obergfell* UrhG § 5 Rn. 31; *aA Samson* DVR 1977, 201 (204), der das amtliche Interesse mit dem öffentlichen gleichsetzt; zu insoweit weitreichenden Deutungen des früheren Rechts → Rn. 6.
[241] BGH GRUR 1972, 713 (714) – Im Rhythmus der Jahrhunderte; Kriterien übernommen vom OLG Düsseldorf ZUM-RD 1997, 373 (378 f.) – Veranlagungshandbuch.
[242] So auch *Schack* Rn. 585; im Ausgangspunkt zustimmend auch *Arnold* S. 20 f.; Kriterien gleichfalls als gültig anerkannt von Mestmäcker/Schulze/Obergfell UrhG § 5 Rn. 31.

§ 5 Abs. 2 betroffenen veröffentlichten amtlichen Werke zuverlässig zu bestimmen und von geschützten amtlichen Werken abzugrenzen.[243]

60 Der **entscheidende Maßstab** ist darin zu sehen, ob nach der Art und Bedeutung des veröffentlichten amtlichen Werkes ein amtliches Interesse daran besteht, dass die allgemeine Kenntnisnahme des Werkes nicht nur durch die amtliche Veröffentlichung selbst, sondern darüber hinaus auch durch die ungehinderte, eine möglichst weite Verbreitung sichernde Verwertung des Werkes durch jedermann gefördert wird.[244] Daher sind qualifizierte Mietspiegel auch von § 5 Abs. 2 nicht erfasst.[245] Teilweise wird dieser Rechtsgedanke dahingehend formuliert, dass für die Anwendung des Abs. 2 ein amtliches Interesse an der Veröffentlichung gerade mit der Rechtsfolge des Abs. 2 vorliegen muss.[246] Die beiden wichtigsten Kriterien, welche die sonach durch § 5 Abs. 2 vom Urheberrechtsschutz ausgeschlossenen veröffentlichten amtlichen Werke kennzeichnen, sind die uneingeschränkte **Publizität aller Äußerungen der Staatsgewalt**[247] und ein **dringendes, unabweisbares amtliches Interesse** an einer möglichst raschen und/oder umfassenden Information der Allgemeinheit auch durch Dritte, wie im Fall besonderer und akuter Gefahrenlagen.[248]

61 2. Bei der **Entscheidung von Zweifelsfragen** über die Anwendung des Abs. 2 sind **alle Umstände des konkreten Falles** abzuwägen.[249] So kann eine bereits behördlicherseits veranlasste Veröffentlichung von ausreichender Reichweite gegen ein amtliches Interesse an der freien Verwertung und damit gegen eine Anwendung des Abs. 2 sprechen.[250] Wo eine solche amtliche Veröffentlichung fehlt, kann andererseits auch der öffentlich bekundete subjektive Wille einer Behörde allein nicht ausreichen, um die Anwendung des Abs. 2 auszuschließen:[251] Der RegE zum UrhG[252] wollte den Behörden die Möglichkeit einräumen, durch einen ausdrücklichen Rechtevorbehalt auf den veröffentlichten amtlichen Werken die Rechtsfolgen des Abs. 2 zu vermeiden. Im Rechtsausschuss des Deutschen Bundestags wurde die betreffende Formulierung gestrichen, um die Aufrechterhaltung des Urheberrechtsschutzes aus rein fiskalischen Gründen auszuschließen.[253] Dies bedeutet aber nicht, dass eine öffentlichrechtliche Institution, wie der Deutsche Wetterdienst als teilrechtsfähige Anstalt des öffentlichen Rechts gemäß § 1 Abs. 1 des Wetterdienstgesetzes (DWD-Gesetz), es hinnehmen müsste, dass seine der bloßen Daseinsvorsorge und einem begrenzten Interessentenkreis, wie Luftverkehrsteilnehmern, dienenden Informationen und Daten durch parallele private, kommerzielle Wetterdienste kostenlos ausgeschlachtet werden.[254]

II. Beurteilung einzelner amtlicher Werke nach § 5 Abs. 2

62 1. **Veröffentlichte amtliche Gesetzesmaterialien,** wie Gesetz- und Verordnungsentwürfe aller initiativberechtigten Organe und der Ministerien, einschließlich sog. Referentenentwürfe, Berichte der Ausschüsse der Gesetzgebungsorgane, Parlamentsprotokolle sowie parlamentarische Anfragen und Antworten zu geltenden oder zu künftigen Gesetzen, zählen wegen ihrer Bedeutung für die Auslegung geltender und geplanter Gesetze und damit für die Rechtsstellung des Bürgers stets zu den durch Abs. 2 grundsätzlich vom Urheberrechtsschutz ausgeschlossenen amtlichen Werken.[255] Dabei kommt es nicht darauf an, ob Bedienstete einer Behörde oder private Sachverständige Urheber amtlicher Gesetzesmaterialien sind.[256] Wohl aber werden mangels Amtlichkeit der Werke private Gesetz-

---

[243] So v. Albrecht S. 75; Goose S. 21 ff.
[244] Mestmäcker/Schulze/Obergfell UrhG § 5 Rn. 31; BGH GRUR 1984, 117 (119) – VOB/C; BGH GRUR 1988, 33 (35) – Topographische Landeskarten; BGH GRUR 2007, 137 Rn. 17 – Bodenrichtwertsammlung; BGH GRUR 2007, 500 Rn. 18 – Sächsischer Ausschreibungsdienst; OLG Köln ZUM-RD 1998, 110 (112) – TL BSWF 96; OLG Köln ZUM 2007, 548 (552) – Wetterdaten.
[245] OLG Stuttgart GRUR-RR 2010, 369.
[246] Goose S. 30.
[247] Siehe dazu Katzenberger GRUR 1972, 686 (691); ähnlich Arnold S. 23 ff.; im Einzelnen → Rn. 62 ff.
[248] Ähnlich Arnold S. 24 ff.: Abwehr von Gefahren für die öffentliche Sicherheit und Ordnung; siehe auch Seydel Anm. zu BGH – AOK-Merkblatt in Schulze BGHZ 355, 8 (10); OLG Köln ZUM-RD 2001, 280 (282) – Gies-Adler; aA Dreier/Schulze/Dreier UrhG § 5 Rn. 9; DKMH/Dreyer UrhG § 5 Rn. 57; BeckOK/Ahlberg UrhG § 5 Rn. 19; Wandtke/Bullinger/Marquardt UrhG § 5 Rn. 17; Fromm/Nordemann/J. B. Nordemann UrhG § 5 Rn. 27.
[249] Siehe BGH GRUR 2007, 137 Rn. 18 – Bodenrichtwertsammlung.
[250] Zustimmend v. Albrecht S. 88; Arnold S. 18 f.; siehe auch BGH GRUR 1984, 117 (119) – VOB/C, hinsichtlich der Praxis des DIN-Instituts bei der Veröffentlichung der VOB; BGH GRUR 2007, 137 Rn. 18 – Bodenrichtwertsammlung.
[251] Im Ergebnis ebenso v. Albrecht S. 77; Goose S. 27.
[252] BT-Drs. IV/270, 39.
[253] Siehe den Bericht des Abg. Reischl UFITA 46 (1966), 174 (176).
[254] So zu Recht OLG Köln ZUM 2007, 548 (552) – Wetterdaten.
[255] Ebenso Arnold S. 24, jedoch nur für analoge Anwendung des § 5 Abs. 2 auf von einzelnen Abgeordneten und von Fraktionen stammende Gesetzesmaterialien auf S. 141 f.; BeckOK/Ahlberg UrhG § 5 Rn. 21 zu amtlichen Gesetzentwürfen; Samson S. 105 zu amtlichen Gesetzentwürfen, Denkschriften und Protokollen; Katzenberger GRUR 1972, 686 (692) zu allen genannten Gegenständen; v. Albrecht S. 95; Mestmäcker/Schulze/Obergfell UrhG § 5 Rn. 35; Schack Rn. 585 allgemein zu Gesetzesmaterialien.
[256] → Rn. 34 f.

entwürfe, Gutachten, Stellungnahmen und Denkschriften zu Gesetzesvorhaben, auch solche privater Verbände und sonstiger privater Organisationen, von Abs. 2 nicht erfasst.[257]

2. Gleich wie amtliche Gesetzesmaterialien zu beurteilen sind sonstige veröffentlichte amtliche **63** Werke, die **rechtserhebliche Informationen** zum Inhalt haben.[258] Durch Abs. 2 vom urheberrechtlichen Schutz ausgeschlossen sind daher veröffentlichte **amtliche Erläuterungen gesetzlicher Bestimmungen,** allgemeinverständliche amtliche Belehrungen über gesetzliche Rechte und Pflichten sowie über gerichtliche und behördliche Verfahren, amtliche Broschüren über Renten-, Sozialversicherungs- und Steuerfragen, wie die sog. Steuerfibeln der Finanzverwaltung, Merkblätter über die Abgabe von Steuererklärungen, **Online-Informationen der Polizei** über die gesetzlichen Anforderungen an die Ausrüstung von Fahrrädern,[259] veröffentlichte **Tätigkeitsberichte** von Behörden, wie diejenigen des BKartA oder der EG-Kommission, sowie **Pressemitteilungen** von Behörden und Gerichten,[260] welche deren Entscheidungstätigkeit zum Gegenstand haben. Ein für den internen Dienstgebrauch einer Finanzbehörde geschaffenes **Steuerveranlagungshandbuch,** welches den Finanzbeamten die Arbeit erleichtern und eine weitestgehende Gleichbehandlung der Steuerpflichtigen gewährleisten soll, ist als unveröffentlichtes, inneramtliches Werk nicht nach § 5 Abs. 2 schutzlos.[261] Wird es aber veröffentlicht, so verliert es wegen seiner Rechtserheblichkeit für die Steuerpflichtigen den Schutz nach § 5 Abs. 2. Selbst nach der engeren Auslegung des Begriffs der Veröffentlichung[262] ist ein solches Werk bereits dann als veröffentlicht anzusehen, wenn es von der Behörde auch nur in je einem Exemplar drei Steuerberaterorganisationen zur Kenntnisnahme und zur Benutzung ausgehändigt wird, und zwar offensichtlich ohne Nutzungsbeschränkung auf bestimmte Personen. Das Resultat für § 5 Abs. 2 muss um der Chancengleichheit aller betroffenen Steuerpflichtigen und ihrer Berater willen erst recht gelten, wenn die an sich beabsichtigte allgemeine Veröffentlichung am Unvermögen der Behörde scheitert. Diese Grundsätze werden von OLG Düsseldorf,[263] unter Berufung auf das für die Anwendung des § 5 Abs. 2 ungeeignete Kriterium des amtlichen Interesses unmittelbar an der Werkveröffentlichung selbst, zu Unrecht übergangen.[264] An der den Schutzausschluss nach § 5 Abs. 2 rechtfertigenden Rechtserheblichkeit fehlt es aber, wenn zB ein **Handbuch für die Zollabfertigung** als Datenbank auf CD-ROM nur der behördlichen Arbeitserleichterung dient[265] oder eine **Bodenrichtwertsammlung** nach dem BauGB lediglich allgemeine Informationen für die Daseinsvorsorge und Fakteninformationen für Finanzämter enthält.[266]

Bei Werken mit rechtserheblichen Informationen als Inhalt muss es sich für eine An- **64** **wendung des § 5 Abs. 2 aber stets um amtliche** Werke handeln. Daran kann es bei von Bediensteten eines Amtes aufgrund privater Initiative geschaffenen und von einem Amt übernommenen Werken auch dann fehlen, wenn sie äußerlich als Werke des Amtes erscheinen.[267]

3. Eine besondere Gruppe rechtserheblicher, durch Abs. 2 vom Schutz ausgenommener veröffent- **65** lichter amtlicher Werke sind **patentamtliche Offenlegungs-, Auslege- und Patentschriften.**[268] Bis zur ersten amtlichen Veröffentlichung können Patentanmeldungen aber urheberrechtlich schutzfähige Werke sein.[269]

4. Von rechtserheblichen amtlichen Materialien und Informationswerken zu unterscheiden sind **66** amtliche Werke, welche der **politischen Information und Meinungsbildung** dienen, wie öffentliche politische Reden von Ministern oder sonstigen Amtsträgern in Versammlungen oder im Rundfunk, Kommentare der öffentlich-rechtlichen Rundfunkanstalten zu politischen Ereignissen, Broschüren der Ministerien im Dienste der politischen Meinungsbildung, Mitteilungen politischer Art durch Presse- und Informationsämter und Filme über die Arbeit parlamentarischer Organe. Solche Werke können grundsätzlich schon deshalb nicht nach § 5 beurteilt werden, weil das UrhG für wichtige Beispiele politischer Information und Meinungsbildung in §§ 48 und 49 Sonderregelungen enthält.[270]

5. Von den die Rechtsstellung des Bürgers betreffenden amtlichen Werken ebenfalls zu unterschei- **67** den sind **Hilfsmittel für die tatsächliche Benutzung öffentlicher Einrichtungen,** die nur dann

[257] → Rn. 28–35; v. Albrecht S. 96; Katzenberger GRUR 1972, 686 (692).
[258] Siehe v. Albrecht S. 80 f.; Arnold S. 24; Katzenberger GRUR 1972, 686 (693); aA Leuze ZBR 1997, 37 (40).
[259] Siehe OLG Düsseldorf ZUM-RD 2007, 521 – Fahrradausrüstung.
[260] Zu letzteren Ullmann FS juris, 1996, 133 (140).
[261] → Rn. 73 f.; zur Beurteilung nach § 5 Abs. 1 → Rn. 43.
[262] → Rn. 74 iVm → § 6 Rn. 7 ff.
[263] OLG Düsseldorf ZUM-RD 1997, 373 (378 f.) – Veranlagungshandbuch.
[264] AA Werner UFITA 2008, 7 (22).
[265] Siehe OLG Köln ZUM 2006, 234 (239) – EZT.
[266] Siehe BGH GRUR 2007, 137 Rn. 20 – Bodenrichtwertsammlung; → Rn. 29.
[267] So BGH GRUR 1987, 166 (167) – AOK-Merkblatt; → Rn. 32, 34.
[268] So die ganz hM: v. Albrecht S. 90; Fromm/Nordemann/J. B. Nordemann UrhG § 5 Rn. 27; BeckOK/Ahlberg UrhG § 5 Rn. 21; nur für analoge Anwendbarkeit des § 5 Abs. 2 Arnold S. 142 f.; aA zum früheren Recht hinsichtlich Ausleschriften Allfeld LUG § 16 Anm. 9; Zur Beurteilung nach Abs. 1 → Rn. 46.
[269] So auch v. Albrecht S. 90; Mestmäcker/Schulze/Obergfell UrhG § 5 Rn. 34; hierzu und zu den Rechtsfolgen der amtlichen Veröffentlichung → Rn. 37.
[270] Zu diesem rechtssystematischen Gesichtspunkt → Rn. 11; zum Ergebnis wie hier Mestmäcker/Schulze/Obergfell UrhG § 5 Rn. 33.

durch Abs. 2 vom urheberrechtlichen Schutz ausgenommen sind, wenn ein dringendes amtliches Interesse an ihrer allgemeinen Kenntnisnahme gerade mit Hilfe der beliebigen Verwertung durch Dritte anzunehmen ist.[271] Nicht entscheidend ist insoweit, ob eine Behörde zur Veröffentlichung solcher Hilfsmittel verpflichtet ist[272] und ob das Hilfsmittel als amtlich bezeichnet ist.[273] Das somit erforderliche qualifizierte amtliche Interesse ist grundsätzlich nicht anzuerkennen bei **Katalogen** und sonstigen **Verzeichnissen öffentlicher Museen und Bibliotheken,**[274] **Programmen des öffentlich-rechtlichen Rundfunks und staatlicher und kommunaler Theater**[275] sowie, angesichts der Reichweite der amtlichen Veröffentlichung bei diesen Werken, bei **amtlichen Fernsprechverzeichnissen** und **Fahrplänen.**[276] Diese Diskussion hat mit der **Privatisierung** der Deutschen Post und der Deutschen Bundesbahn praktisch **an Bedeutung verloren.**[277] Zum früheren Recht ist das RG[278] vom Schutz amtlicher Fernsprechbücher ausgegangen, der BGH[279] hat die Frage ungeklärt gelassen. Ebenfalls zum früheren Recht hat der BGH in einem obiter dictum amtliche Fahrpläne zu den urheberrechtlich frei verwertbaren amtlichen Werken gerechnet.[280]

68   **6.** Das für Abs. 2 zu fordernde spezifische amtliche Interesse an der Vervielfältigung und sonstigen Verwertung durch Dritte ist in der Regel auch nicht zu erkennen bei **amtlichen Bauwerken, Bauentwürfen** und **Modellen für die Stadtplanung.**[281] Dagegen sind amtliche Bebauungspläne, die von den Gemeinden nach § 10 BauGB als Satzungen zu beschließen sind, Gesetze iSd Abs. 1[282] und veröffentlichte Entwürfe dazu wie sonstige veröffentlichte Gesetzesmaterialien durch Abs. 2 vom Schutz ausgenommen.[283] Dem amtlichen Interesse geradezu zuwider liefe eine Anwendung des Abs. 2 auf **Banknoten, Münzen, Postwertzeichen (Briefmarken), Wappen** der öffentlich-rechtlichen Gebietskörperschaften und sonstige künstlerisch gestaltete **Hoheitszeichen.**[284] Auch eine Anwendung des Abs. 1 auf solche Gegenstände scheidet aus, und zwar grundsätzlich sogar dann, wenn sie in amtlichen Bekanntmachungen abgebildet werden:[285] Entsprechend den für Zitate privater Werke in schutzlosen amtlichen Werken geltenden Regeln ist anzunehmen, dass sie nur im Zusammenhang mit und in der Form solcher Bekanntmachungen frei verwertet werden dürfen.[286] Auch für eine unterschiedliche Beurteilung von bekannt gemachten allgemeinen und von nicht bekannt gemachten Sonderbriefmarken ist daher kein Raum.[287] Dagegen ist Abs. 1 anzuwenden auf **amtliche Verkehrszeichen,** die als Teil der StVO an deren Normcharakter teilhaben.[288]

69   **7.** Grundsätzlich nicht anzuerkennen ist das in Abs. 2 geforderte spezifische amtliche Interesse bei **Nationalhymnen**[289] sowie bei **amtlichen Statistiken** und **Kartenwerken** der Vermessungsäm-

[271] → Rn. 60.
[272] So schon zu § 16 LUG von 1901 *Allfeld* LUG § 16 Anm. 12 gegen *Dambach,* Gutachten des preußischen literarischen Sachverständigen-Vereins, Bd. II S. 70, 75.
[273] Ebenso *v. Albrecht* S. 87; aA *Schmidt* FuR 1984, 245 (250).
[274] *Kraßer/Schricker* S. 83; BeckOK/*Ahlberg* UrhG § 5 Rn. 22; Mestmäcker/Schulze/*Obergfell* UrhG § 5 Rn. 38; teilweise aA *v. Albrecht* S. 89.
[275] Mestmäcker/Schulze/*Obergfell* UrhG § 5 Rn. 38; teilweise aA *v. Albrecht* S. 89.
[276] So *Arnold* S. 28; vgl. → Rn. 61; zu amtlichen Fernsprechverzeichnissen zustimmend *v. Albrecht* S. 88, anders jedoch S. 87 f. zu amtlichen Fahrplänen; BeckOK/*Ahlberg* UrhG § 5 Rn. 22;
[277] Siehe dazu *v. Albrecht* S. 88 Fn. 8;Fromm/Nordemann/*J. B. Nordemann* UrhG § 5 Rn. 27; Mestmäcker/Schulze/*Obergfell* UrhG § 5 Rn. 39 mwN.
[278] RG JW 1925, 2777; RGSt 62, 398.
[279] BGH GRUR 1961, 631 (633) – Fernsprechbuch; nunmehr wie hier BGHZ 141, 329 (339) = GRUR 1999, 923 – Tele-Info-CD.
[280] BGH GRUR 1965, 45 (46) – Stadtplan.
[281] Im Ergebnis ebenso *v. Albrecht* S. 92f.; *Kraßer/Schricker* S. 83; Mestmäcker/Schulze/Obergfell UrhG § 5 Rn. 35; aA zu Modellen der Stadtplanungsbehörden Fromm/Nordemann/*J. B. Nordemann* UrhG § 5 Rn. 27.
[282] → Rn. 41 sowie Mestmäcker/Schulze/*Obergfell* UrhG § 5 Rn. 19.
[283] → Rn. 62.
[284] Vgl. dazu auch §§ 146–152a StGB, §§ 124–129 OWiG, §§ 43, 49 PostG sowie zur Beurteilung nach § 5 Abs. 2 LG Berlin ZUM-RD 2012, 399; *v. Albrecht* S. 92; Fromm/Nordemann/*J. B. Nordemann* UrhG § 5 Rn. 27; *Katzenberger* GRUR-Int 1974, 296 f.; Mestmäcker/Schulze/*Obergfell* UrhG § 5 Rn. 36; siehe jetzt zum Urheberrechtsschutz der Euro-Banknoten ABl. 30.4.2013, L 118, S. 37 (EZB/2013/10) und zu der gemeinsamen Seite der Euro-Münzen ABl. 2001 C 318, S. 3 mit einem Katalog zulässiger Reproduktionen; zur freien Nutzung von Euro-Banknotenabbildungen zu Werbe- und anderen Zwecken s. BAnz. 2003 Nr. 71, S. 7378; siehe. die VO EG Nr. 2182/2004 vom 6.12.2004 über Medaillen und Münzstücke mit ähnlichen Merkmalen wie Euro-Münzen ABl. 2004 L 373, S. 1; aA *Schmidt* FuR 1984, 245 (250 f.).
[285] Wie hier LG Berlin ZUM-RD 2012, 399; *v. Albrecht* S. 91 f.; Mestmäcker/Schulze/*Obergfell* UrhG § 5 Rn. 27; *Schack* Rn. 581.
[286] Vgl. → Rn. 37; zustimmend *v. Albrecht* S. 92; aA LG München I GRUR 1987, 436 – Briefmarke, mit ablehnender Anm. von *Katzenberger* in Schulze LGZ 203, 8 ff.
[287] Zum Urheberrechtsschutz einer Abwandlung des Adler-Wappens der BR Deutschland s. OLG Köln ZUM-RD 2001, 280 (282) – Gies-Adler, bestätigt durch BGH GRUR 2003, 956 (957) – Gies-Adler.
[288] Siehe *v. Albrecht* S. 92; BeckOK/*Ahlberg* UrhG § 5 Rn. 21; Mestmäcker/Schulze/*Obergfell* UrhG § 5 Rn. 37; zum möglichen Geschmacksmusterschutz abgewandelter Verkehrszeichen siehe BGH GRUR 2004, 770 (771) – Abgewandelte Verkehrszeichen.
[289] Ebenso *v. Albrecht* S. 92; Mestmäcker/Schulze/*Obergfell* UrhG § 5 Rn. 37; aA *v. Ungern-Sternberg* GRUR 1977, 766 (769).

ter.[290] Eine Ausnahme gilt nur für Kartenwerke, in denen auf **besondere Gefahrenlagen** hingewiesen wird: Hier kann ein unmittelbares und dringendes amtliches Interesse an einer möglichst raschen und umfassenden Unterrichtung der Allgemeinheit angenommen werden.[291] Nur eine solche Deutung des Abs. 2 entspricht auch der Rechtslage unter Geltung des § 16 LUG von 1901[292] und den Motiven des Gesetzgebers des UrhG, der insoweit die Rechtslage nicht ändern wollte, vielmehr nach den Ausführungen des RegE[293] davon ausging, dass der Schutz amtlicher Kartenwerke „nur in Ausnahmefällen" entfallen solle, „zB wenn eine Behörde eine Karte von der Meeresküste veröffentlicht, in der die für Badende gefährlichen Stellen besonders bezeichnet sind". Nach Abs. 1 zu beurteilen sind **Kartenwerke mit Normqualität**, wie Bebauungspläne, Katasterkarten und Karten, die Freihafenteile bestimmen und Teil zollrechtlicher Vorschriften sind.[294]

8. Entsprechend gilt, dass veröffentlichte **amtliche Informationsschriften und Datensamm- 70 lungen ohne rechtserheblichen Inhalt** grundsätzlich nicht nach Abs. 2 vom urheberrechtlichen Schutz ausgeschlossen sind. Eine Ausnahme gilt nur für Schriften und Datensammlungen zu besonders akuten Gefahrenlagen, bei denen ein überwiegendes, dringendes und unabweisbares amtliches Interesse an einer möglichst raschen und umfassenden Information der Allgemeinheit angenommen werden kann. Dazu zählen aber nicht die üblichen, im Rahmen der **staatlichen Daseinsvorsorge** veröffentlichten amtlichen Informationsschriften und Datensammlungen, wie solche über die Gesundheitsvorsorge und Früherkennung von Krankheiten, die Jugenderziehung, den Umweltschutz, Grundstückswerte oder über Gefahren im Straßenverkehr.[295]

9. § 5 Abs. 2 berührt auch nicht den urheberrechtlichen Schutz von **wissenschaftlichen Veröf- 71 fentlichungen** der staatlichen Universitäten, Akademien und Forschungseinrichtungen, einschließlich solcher von staatlich eingesetzten Kommissionen selbst bei staatlicher Finanzierung, Bestimmung auch für den Dienstgebrauch und Entscheidung des Amtes über das Ob und Wann der Veröffentlichung,[296] sowie von staatlicherseits herausgegebenen **Lehr- und Unterrichtsmaterialien**[297] und von **Schulfunksendungen** der öffentlich-rechtlichen Rundfunkanstalten.[298, 299] Verbindliche **amtliche Lehrpläne** dagegen sind nach Abs. 1 vom Schutz ausgeschlossen.[300]

10. Werbende Publikationen staatlicher Einrichtungen oder sonstiger öffentlich-rechtlicher In- 72 stitutionen im Rahmen ihrer allgemeinen Öffentlichkeitsarbeit oder mit dem Ziel, Bedienstete oder Kunden zu gewinnen oder die Erfüllung öffentlicher Aufgaben zu erleichtern, sind generell nicht durch Abs. 2 vom urheberrechtlichen Schutz freigestellt, gleich welches Medium dabei benutzt wird.[301]

III. Kein Schutzausschluss unveröffentlichter inneramtlicher Werke

1. Anders als nach früherem Recht werden **unveröffentlichte amtliche Werke** in keinem Fall 73 durch Abs. 2 vom Urheberrechtsschutz ausgeschlossen.[302] Unveröffentlichte Verwaltungsvorschriften

---

[290] So auch BGH GRUR 1988, 33 (35) – Topographische Landkarten; *v. Albrecht* S. 93; *Arnold* S. 22; *Kraßer/ Schricker* S. 83; BeckOK/*Ahlberg* UrhG § 5 Rn. 20; Mestmäcker/Schulze/*Obergfell* UrhG § 5 Rn. 33; Fromm/ Nordemann/*J. B. Nordemann* UrhG § 5 Rn. 27.
[291] Der BGH in einem obiter dictum, aber unter direkter Berufung auf das Kartenbeispiel der amtlichen Begründung BGH GRUR 1988, 33 (35) – Topographische Landeskarten; ähnlich *Arnold* S. 25 ff., der anstelle dieses Kriteriums das hoheitliche Interesse an der Abwehr von Gefahren für die öffentliche Sicherheit und Ordnung abstellt und damit bei Kartenwerken zu gleichen Ergebnissen kommt, wie sie hier vertreten werden; mwN → Rn. 60.
[292] Siehe BGH GRUR 1965, 45 (46 f.) – Stadtplan; OLG Stuttgart BB 1962, 1135.
[293] BT-Drs. IV/270, 39.
[294] Siehe *Katzenberger* GRUR 1972, 686 (693).
[295] So BGH GRUR 2007, 137 Rn. 18 – Bodenrichtwertsammlung; OLG Köln ZUM 2007, 548 (551) – Wetterdaten, zur Frage der Anwendung des § 5 auf Datenbanken iSd §§ 87a ff. → Rn. 27; *Kraßer/Schricker* S. 83; Mestmäcker/Schulze/*Obergfell* UrhG § 5 Rn. 33; im Ergebnis auch *Arnold* S. 23 ff., der das „amtliche Interesse" iSd § 5 Abs. 2 als hoheitliches, die sozialstaatliche Leistungsverwaltung einschließendes Interesse im Gegensatz zur nichthoheitlichen Daseinsvorsorge versteht und Informationen über Hoheitsakten nur Informationen zur Abwehr von Gefahren für die öffentliche Sicherheit und Ordnung gleichstellt, weil solchen Gefahren auch durch hoheitliche Ge- und Verbote begegnet werden könnte; aA *v. Albrecht* S. 75 ff. (80 ff.) zu amtlichen Informationsschriften insbesondere in den Bereichen Umwelt-, Jugend-, Bevölkerungs- und Gesundheitsschutz aufgrund entsprechender, aus der Verfassung herleitbarer staatlicher Informationspflichten; Fromm/Nordemann/*J. B. Nordemann* UrhG § 5 Rn. 26; *Goose* S. 24, 31 f.; im Ergebnis wie hier zu einem Film über die Geschichte der Militärmusik BGH GRUR 1972, 713 (714) – Im Rhythmus der Jahrhunderte und die vorstehend zitierten neueren Entscheidungen des BGH und des OLG Köln.
[296] Siehe BGH GRUR 1982, 37 (40) – WK-Dokumentationen.
[297] So auch *Kraßer/Schricker* S. 83; Mestmäcker/Schulze/*Obergfell* UrhG § 5 Rn. 37.
[298] Siehe. § 47 und → Rn. 11.
[299] Vgl. *Katzenberger* GRUR 1972, 686 (694).
[300] Siehe LG Stuttgart Schulze LGZ 60, 4 zu § 16 LUG von 1901.
[301] Vgl. BGH GRUR 1972, 713 (714) – Im Rhythmus der Jahrhunderte; Mestmäcker/Schulze/*Obergfell* UrhG § 5 Rn. 33; grundsätzlich zustimmend *v. Albrecht* S. 89.
[302] → Rn. 9.

und Entscheidungen sind aber nach Abs. 1 schutzlos,[303] während die Beschränkung des Abs. 2 auf veröffentlichte amtliche Werke unveröffentlichten inneramtlichen Entwürfen zu Gesetzen, Verwaltungsvorschriften und Entscheidungen den Schutz ebenso belässt wie unveröffentlichten inneramtlichen Gutachten, Stellungnahmen, Protokollen, geheimen diplomatischen Noten, Korrespondenzen, sonstigen Akteninhalten, Rundschreiben informativer Art sowie unveröffentlichten Zeichnungen und Plänen der Bauämter zur Vorbereitung von Bebauungsplänen.[304] Zu den unveröffentlichten amtlichen Werken zählen auch die Unterrichtungen des Parlaments, etwa zur Lage der Auslandseinsätze der Bundeswehr, die ausschließlich an ausgewählte Abgeordnete des Deutschen Bundestages, Bundesministerien sowie nachgeordnete Dienststellen als Verschlusssache übersandt werden.[305] Allerdings stellt der EuGH bereits die Werkeigenschaft solcher Lageberichte in Frage und hält in jeden Fall die Anwendung der Schranke zur Berichterstattung über Tagesereignisse für nicht ausgeschlossen; § 50 UrhG, Art. 5 Abs. 3 lit. c) Var. 2 InfoSoc-RL.[306] Nicht erfasst sind zudem Gutachten und sonstige Ausarbeitungen des wissenschaftlichen Dienstes des Deutschen Bundestags, sofern diese nur für den internen Gebrauch des Parlaments und seiner Mitglieder erstellt werden.[307] Eine Anwendung des Abs. 2 auf an Gerichte oder Behörden gerichtete **Schriftsätze** von Anwälten oder **Eingaben** von Privatpersonen, Unternehmen oder Verbänden scheitert bereits daran, dass es sich insoweit nicht um amtliche Werke handelt.[308]

74   2. Der **Begriff der Veröffentlichung** in Abs. 2 ist derselbe wie in § 6 Abs. 1.[309]

75   3. Die unterschiedliche Beurteilung unveröffentlichter inneramtlicher Werke nach §§ 16, 26 LUG von 1901 einerseits und § 5 Abs. 2 des geltenden Gesetzes andererseits führt zu der Frage, ob solche Werke aus der Zeit vor Inkrafttreten des UrhG auch heute noch schutzlos sind oder nicht. Es ist dies eine Frage des **zeitlichen Übergangsrechts.** Nach § 129 Abs. 1 S. 1 ist das UrhG nicht anzuwenden auf Werke, die im Zeitpunkt des In-Kraft-Tretens dieses Gesetzes nicht geschützt sind. Unter der Geltung des LUG von 1901 war umstritten, ob §§ 16, 26 LUG den Schutz der dort genannten amtlichen Werke überhaupt ausschlossen[310] oder nur den Verwertung freigaben.[311] Der zuerst genannten, wohl überwiegenden Meinung ist der Vorzug zu geben. Nach früherem Recht schutzlose unveröffentlichte, inneramtliche Werke bleiben damit auch unter der Geltung des § 5 Abs. 2 schutzlos.[312]

E. Private Normwerke (§ 5 Abs. 3)

76   § 5 Abs. 3 ist durch das Gesetz zur Regelung des Urheberrechts in der Informationsgesellschaft[313] vom 10.9.2003 (BGBl. 2003 I S. 1774) eingeführt worden. Dieses Gesetz diente ausweislich seiner Materialien[314] der Umsetzung der Richtlinie 2001/29/EG des Europäischen Parlaments und des Rates vom 22.5.2001 zur Harmonisierung bestimmter Aspekte des Urheberrechts und der verwandten Schutzrechte in der Informationsgesellschaft,[315] und diese Richtlinie bezweckte ua die EG-weite gemeinsame Ratifizierung des WIPO-Urheberrechtsvertrags[316] und des WIPO-Vertrags über Darbietungen und Tonträger.[317] Weder die Informationsgesellschafts-Richtlinie, noch WCT oder WPPT enthalten jedoch Vorgaben für die nationale Gesetzgebung über amtliche Werke oder private Normwerke iSd § 5 UrhG.[318] Auch die bisher erlassenen **übrigen europäischen Richtlinien** zur Harmonisierung des Urheberrechts enthalten diesbezüglich keine Regelung.[319]

77   Der deutsche Gesetzgeber nutzte lediglich die **Gelegenheit** des Gesetzes vom 10.9.2003, um § 5 Abs. 3 neu einzuführen und damit die seit längerem geforderte Sicherung des Urheberrechtsschutzes für private Gremien der Normung, wie das Deutsche Institut für Normung eV (DIN), vorzunehmen.[320] **Anlass** waren die DIN-Normen-Entscheidung des BGH aus dem Jahre 1990 und die Erfolg-

---

[303] → Rn. 43, 46.
[304] Vgl. *Katzenberger* GRUR 1972, 686 (689); zustimmend *v. Albrecht* S. 95.
[305] OLG Köln GRUR-Prax 2015, 285 – Afghanistan-Papier; siehe auch BGH NJW 2017, 3450 – Vorabentscheidungsverfahren Afghanistan-Papiere.
[306] EuGH GRUR 2019, 934 – Afghanistan-Papiere.
[307] BVerwG ZD 2016, 142 Rn. 31–34.
[308] BGH GRUR 1986, 739 (740) – Anwaltsschriftsatz.
[309] Zu Einzelheiten vgl. die Kommentierung zu § 6 Abs. 1; zustimmend *v. Albrecht* S. 95; BeckOK/*Ahlberg* UrhG § 5 Rn. 23; Mestmäcker/Schulze/*Obergfell* UrhG § 5 Rn. 32; BGH GRUR 1986, 739 (740) – Anwaltsschriftsatz.
[310] So *Riezler*, Deutsches Urheber- und Erfinderrecht, 1909, S. 240 f.; *Runge* S. 140 f.; *Voigtländer/Elster/Kleine* LUG § 16 Anm. 1.
[311] So *Hubmann* (1. Aufl.) § 34 I; wohl auch *Allfeld* LUG § 16 Anm. 2.
[312] Zustimmend *v. Albrecht* S. 95.
[313] → Rn. 12.
[314] BR-Drs. 648/02, 1; BT-Drs. 15/38, 1.
[315] InfoSoc-RL, ABl. 2001 L 167, S. 10, GRUR-Int 2001, 745.
[316] WCT, → Vor §§ 120 ff. Rn. 36 ff.
[317] WPPT, → Vor §§ 120 ff. Rn. 69 ff.; zur Zielsetzung der Richtlinie s. deren Erwägungsgrund 15.
[318] AA zur Info-Richtlinie Wandtke/Bullinger/*Marquardt* UrhG § 5 Rn. 25.
[319] → Rn. 12a.
[320] S. BT-Drs. 684/02, 35; BT-Drs. 15/38, 16; siehe auch Mestmäcker/Schulze/*Obergfell* UrhG § 5 Rn. 7.

losigkeit der dagegen eingelegten Verfassungsbeschwerde.[321] Nach dieser BGH-Entscheidung konnten Verweisungen oder Bezugnahmen auf private technische und andere Normen in Gesetzen, Rechtsverordnungen und Verwaltungsvorschriften zum Verlust des Urheberrechts an diesen Normen nach § 5 Abs. 1 führen.[322] Dies gefährdete die bisherige Selbstfinanzierung der betroffenen privaten Normungsgremien mittels Veräußerung von Normblättern und Lizenzierung und hätte in der Konsequenz zur Notwendigkeit staatlicher Subventionierung oder zu einer Übernahme der wichtigen technischen Normung in die staatliche Verantwortung geführt.[323] Die Neuregelung der Problematik in § 5 Abs. 3, die den Urheberrechtschutz privater Normwerke in den praktisch wichtigsten Fällen wiederherstellt, sucht die bisher privat erfolgte technische Normierung wirtschaftlich abzusichern.

Im **Gesetzgebungsverfahren** war die Einführung des § 5 Abs. 3 umstritten. Im Regierungsent- **78** wurf[324] war lediglich Satz 1 der Gesetz gewordenen Bestimmung vorgesehen, also die Wiederherstellung des Urheberrechts an staatlich in Bezug genommenen privaten Normwerken. Im Rechtsausschuss des Deutschen Bundestags forderte die Fraktion der CDU/CSU die Streichung der Vorschrift, weil sie zu überhöhten Preisen der Normprodukte und so dazu führen könne, dass ihre allgemeine Kenntnisnahme erschwert werde.[325] Die Fraktion der FDP machte verfassungsrechtliche Bedenken gegen den Entwurfsvorschlag geltend, die von der Bundesregierung zurückgewiesen wurden.[326] Im Ergebnis führten die Erörterungen im Rechtsausschuss des Deutschen Bundestags zur Ergänzung des Entwurfsvorschlags um die Sätze 2 und 3 des § 5 Abs. 3. Dadurch sollte sichergestellt werden, dass die Verbreitung privater Normwerke, an denen nach § 5 Abs. 3 Urheberrechte bestehen, ungehindert möglich bleibt.[327] An diesem Ergebnis änderte es auch nichts, dass der Bundesrat ua auch zu § 5 Abs. 3 den Vermittlungsausschuss anrief.[328]

Von § 5 Abs. 3 begünstigt sind private Normwerke, wie vor allem die **DIN-Normen** des **79** Deutschen Instituts für Normung eV[329] und die diesen zuzurechnenden **VDE-Normen** des Verbandes der Elektrotechnik Elektronik Informationstechnik eV (VDE), erarbeitet durch die DKE Deutsche Kommission Elektrotechnik Elektronik Informationstechnik im DIN und VDE, aber zB auch die **Technischen Lieferbedingungen** der Forschungsgesellschaft für Straßen- und Verkehrswesen eV[330] und die **Deutschen Rechnungslegungsstandards** des Deutschen Rechnungslegungs Standards Committee eV.[331] Von § 5 Abs. 3 erfasst sind aber nur solche privaten Normen, bei denen es sich um Norm-„**Werke**", also um persönliche geistige Schöpfungen iSd § 2 Abs. 2 handelt. Der Urheberrechtsschutz technischer oder anderer privater Normen, die dieses Erfordernis nicht erfüllen, ist und bleibt von vorneherein ausgeschlossen; sie können von jedermann frei verwertet werden. DIN-Normen und ähnliche Regelwerke entsprechen aber regelmäßig den allgemeinen Anforderungen an den Urheberrechtsschutz.[332]

Von der Begünstigung durch § 5 Abs. 3 **ausgeschlossen** sind private Normwerke, auf die in Ge- **80** setzen etc nicht nur verwiesen wird, sondern die dabei zugleich **in ihrem Wortlaut wiedergegeben** werden **(Satz 1).**[333] Es ist insoweit nicht ausreichend, wenn ein solches Werk im Anhang etwa zu einer Verordnung lediglich abgedruckt wird. Eine so einfache Ausweichmöglichkeit etwa für den Landesgesetzgeber oder für Kommunen bei der Einführung zB von technischen Bauvorschriften entspräche nämlich aber nicht dem Gesetzeszweck. Dieser verlangt vielmehr eine Inkorporation in ein amtliches Werk, also die Integration etwa in den Gesetzes- oder Verordnungstext.[334]

§ 5 Abs. 3 **S. 2 und 3** enthalten eine **Zwangslizenzregelung,** die im Rechtsausschuss des Deut- **81** schen Bundestags als Kompromiss im Streit um die Neuregelung des Abs. 3 gefunden wurde und möglichen nachteiligen Folgen der Wiederherstellung des Urheberrechtsschutzes privater, aber amtlich in Bezug genommener Normwerke begegnen soll.[335] Als Vorbild diente § 42a (früher § 61).

---

[321] BGH GRUR 1990, 1003 ff. (1005); vgl. → Rn. 12.

[322] → Rn. 38 f., 54 ff.

[323] Siehe dazu BT-Drs. 15/319, 2 ff.; *Loewenheim* FS Sandrock, 2000, 609 ff.

[324] BR-Drs. 684/02, 1, 35; BT-Drs. 15/38, 5, 16.

[325] S. BT-Drs. 15/837, 27.

[326] S. BT-Drs. 15/248, 1; BT-Drs. 15/319, 5, dort, S. 2 ff., auch ausführlich zu den wirtschaftlichen Implikationen und zu den Zusammenhängen mit der europäischen und internationalen technischen Normungsarbeit.

[327] S. BT-Drs. 15/837, 33.

[328] S. BT-Drs. 15/1066 und 15/1353; zum Gesetzgebungsverfahren insgesamt auch *Loewenheim* FS Nordemann, 2004, 51 (53 f.).

[329] Vgl. BGH GRUR 1984, 117 – VOB/C und GRUR 1990, 1003 – DIN-Normen; BVerfG GRUR 1999, 226 – DIN-Normen.

[330] Siehe dazu BGH GRUR 2002, 958 – Technische Lieferbedingungen und vorgehend OLG Köln ZUM-RD 1998, 110 – TL BSWF 96.

[331] Siehe OLG Köln ZUM 2001, 527 – DRS.

[332] → § 2 Rn. 103; zuletzt BGH GRUR 2002, 958 (959 f.) – Technische Lieferbedingungen; siehe auch OLG Hamburg GRUR-RS 2017, 121111 sowie die kritische Anm. *Penz* GRUR-RR 2018, 58.

[333] Vielmehr ist dann schon § 5 Abs. 1 einschlägig, jedoch uneingeschränkt nur nach vorherigem Kauf der Normen, da es sonst zu verfassungsrechtlichen Problemen kommen kann, siehe *Waechter* NVwZ 2013, 1251 (1255); auch → Rn. 38.

[334] S. BR-Drs. 684/02, 35; BT-Drs. 15/38, 16; wie hier Dreier/Schulze/*Dreier* UrhG § 5 Rn. 15; wohl auch Loewenheim/*Götting* § 31 Rn. 15; DKMH/*Dreyer* UrhG § 5 Rn. 67; Wandtke/Bullinger/*Marquardt* UrhG § 5 Rn. 26.

[335] → Rn. 78.

82   Die Zwangslizenzierung bezieht sich lediglich auf solche privaten Normwerke, deren
Urheberrechtsschutz gerade durch § 5 Abs. 3 S. 1 sichergestellt wird,[336] also auf Normwerke, auf
die in Gesetzen etc derart verwiesen wird, dass ihr Schutz durch § 5 Abs. 1 oder 2 in Frage gestellt
wird. Nicht betroffen sind alle anderen privaten Normwerke[337] und bei bloßer amtlicher Teilbezug-
nahme auf ein privates Normwerk dessen übrige Teile.[338]

83   Die Zwangslizenzierung **begünstigt** ausdrücklich nur **Verleger** (§ 5 Abs. 3 S. 2), denen die weitere Verbreitung amtlich in Bezug genommener privater Normwerke ermöglicht werden sollte.[339] Dies
entspricht dem Umstand, dass technische Regelwerke auch in der Vergangenheit verbreitet von Verlagen nachgedruckt wurden. Auch waren Verlage an den Gerichtsverfahren beteiligt, die zu den einschlägigen BGH-Entscheidungen VOB/C[340] und DIN-Normen[341] geführt haben. Es spricht daher
auch eine gewisse Vermutung dafür, dass es vor allem Verlage waren, die hinter dem politischen Widerstand gegen die Neuregelung des § 5 Abs. 3 standen. Dies rechtfertigt allerdings keine enge Auslegung des Begriffs des Verlegers in § 5 Abs. 3 S. 2, etwa in Anlehnung an den Verlegerbegriff des Verlagsgesetzes.[342] Zwar umfasst dieser Begriff auch den nicht gewerbsmäßig tätigen Verleger und den
bloßen Gelegenheitsverleger,[343] wegen des spezifischen, auf graphische Verfahren beschränkten verlagsrechtlichen Vervielfältigungsbegriffs aber zB nicht Unternehmen und Institutionen, die ausschließlich **elektronische Produkte** anbieten.[344] In Zeiten der elektronischen Medien gibt es keinen vernünftigen Grund, solche Anbieter von der Begünstigung durch die neue Zwangslizenzregelung
auszunehmen. Allerdings scheiden Anbieter von Onlinediensten zB über das Internet aus, weil § 5
Abs. 3 S. 2 und 3 eine Verpflichtung zur Rechtseinräumung nur für die **Vervielfältigung** und die
Verbreitung,[345] nicht aber für die öffentliche Zugänglichmachung (§ 19a) als diejenige Verwertungsform vorsehen, die für die Onlinenutzung von Werken charakteristisch ist.[346] Dasselbe gilt für andere
Formen der öffentlichen unkörperlichen Werkverwertung[347] und auch für Verleger, soweit sie sich
der Online- oder sonstigen unkörperlichen Verwertung bedienen.[348]

84   Gesetzlich zur Rechtseinräumung **verpflichtet** ist der **Urheber** des amtlich in Bezug genommenen Normwerkes (§ 5 Abs. 3 S. 2) oder ein **dritter Inhaber** der ausschließlichen Vervielfältigungs-
und Verbreitungsrechts an einem solchen Werk (§ 5 Abs. 3 S. 3).[349] In der Praxis wird im Regelfall
die jeweilige Normungsinstitution, wie das DIN, Inhaberin dieser Rechte sein, weil deren Mitarbeiter
und die Mitglieder der Normungsgremien ihre Rechte im weitestmöglichen Umfang auf die Institution zu übertragen pflegen.[350] Als solcher Rechtsinhaber in Betracht kommt aber zB auch ein Verlag,
dem die Normungsinstitution das (ausschließliche) Verlagsrecht eingeräumt hat.

85   § 5 Abs. 3 S. 2 und 3 normieren keine gesetzliche Lizenz, sondern nur eine Verpflichtung zur bzw. einen Anspruch auf Rechtseinräumung. Es handelt sich um einen Fall einer
Zwangslizenz entsprechend derjenigen zur Herstellung von Tonträgern gemäß § 42a.[351] Das von
dem begünstigten Verleger begehrte Nutzungsrecht zur Vervielfältigung und Verbreitung ist daher
vertraglich zu erwerben,[352] im Fall der Verweigerung durch den Rechtsinhaber muss der Begünstigte
auf Rechtseinräumung klagen, bzw. diesbezüglich eine einstweilige Verfügung erwirken, und zwar
analog § 42a Abs. 6 S. 2 unter den dort vorgesehenen Erleichterungen.[353] Nutzungen ohne
Rechtseinräumung oder darauf gerichtete gerichtliche Entscheidungen sind Urheberrechtsverletzungen.[354] Denkbar ist allerdings, dass dem Verletzer eine Einwendung gem. § 242 BGB („dolo petit")
zusteht, sofern er einen Anspruch auf Erteilung einer Lizenz hat.

86   Die Rechtseinräumung muss zu **angemessenen Bedingungen** geschehen (§ 5 Abs. 3 S. 2); im
Streitfall entscheidet das Gericht über die Angemessenheit.[355] Diese Verpflichtung bezieht sich auf alle
Bedingungen der Rechtseinräumung, nicht nur auf die Höhe der Vergütung.[356] Dem Regelungs-
zweck entsprechend ist der Rechtsinhaber nur zur Einräumung eines einfachen Nutzungsrechts ver-

---

[336] Siehe die Formulierung „in diesem Fall" zu Beginn von Abs. 3 S. 2.
[337] Ebenso *Loewenheim* FS Nordemann, 2004, 51 (54 f.).
[338] *Loewenheim* FS Nordemann, 2004, 51 (55.).
[339] Siehe BT-Drs. 15/837, 33.
[340] BGH GRUR 1984, 117 – VOB/C.
[341] BGH GRUR 1990, 1003 – DIN-Normen.
[342] AA *Loewenheim* FS Nordemann, 2004, 51 (56); im Ergebnis auch DKMH/*Dreyer* UrhG § 5 Rn. 68.
[343] Siehe *Schricker,* Verlagsrecht, § 1 Rn. 30.
[344] Siehe *Schricker,* Verlagsrecht, § 1 Rn. 51.
[345] §§ 15 Abs. 1, 16, 17.
[346] Im Ergebnis ebenso DKMH/*Dreyer* UrhG § 5 Rn. 68.
[347] §§ 15 Abs. 2, 19, 20 ff.
[348] Ebenso Mestmäcker/Schulze/*Obergfell* UrhG § 5 Rn. 54.
[349] Nach BVerwG NJOZ 2013, 1754 muss diese nicht kostenlos sein, da keine Pflicht zur Veröffentlichung besteht.
[350] Siehe dazu *Katzenberger* DIN-Mitt. 1985, 279 (281), zum DIN.
[351] Siehe BT-Drs. 15/837, 33.
[352] Siehe BT-Drs. 15/837, 33.
[353] Dazu und zu weiteren Aspekten des Verfügungsverfahrens → § 42a Rn. 19.
[354] → § 42a Rn. 8; BGH GRUR 1998, 376 (378) – Coverversion; DKMH/*Dreyer* UrhG § 5 Rn. 69.
[355] Siehe BT-Drs. 15/837, 33.
[356] Siehe *Loewenheim* FS Nordemann, 2004, 51 (56).

pflichtet[357] und, dem Gesetzeswortlaut entsprechend, auch nur in Bezug auf das Vervielfältigungs- und Verbreitungsrecht. Auch erstreckt sich die Verpflichtung nur auf den urheberrechtlich geschützten Gehalt eines Normwerkes, nicht auf dessen graphische Gestaltung und gewährt somit keinen Anspruch auf reprographische Vervielfältigung und Verbreitung unter Benutzung der originalen Normblätter als Druckvorlage[358] oder auf Zurverfügungstellung digitaler Normtexte. Gestattet der Rechtsinhaber solche Übernahmen auf freiwilliger Basis, so kann er dafür eine gesonderte Vergütung in Rechnung stellen, ohne das aus § 5 Abs. 3 S. 2 für die **Vergütungshöhe** geltende Angemessenheitsgebot zu tangieren. Als Maßstab für dieses Gebot scheint sich insbesondere § 32 anzubieten.[359] Jedoch ist zu beachten, dass der Regelungszweck des § 5 Abs. 3 nicht in der Sicherung einer angemessenen Vergütung für die Urheber von Normwerken besteht, sondern in der Finanzierung der Normungsarbeit, und zwar durch in der Regel gemeinnützige Institutionen.[360] Es kann daher grundsätzlich davon ausgegangen werden, dass die von diesen Institutionen üblicherweise geforderten Vergütungen[361] auch angemessen sind.[362]

Die **zeitliche Übergangsregelung** in § 137j enthält keine spezielle Regelung zu § 5 Abs. 3. Deshalb ist die allgemeine Regel des § 129 Abs. 1 anzuwenden.[363] Danach sind zB die für den Wohnungsbau besonders bedeutsame Norm DIN V 4108-6 betr. den Wärmeschutz und die Energieeinsparung in Gebäuden nach wie vor vom Urheberrechtsschutz ausgeschlossen.[364]   **87**

F. Rechtsfolgen. Anwendung nichturheberrechtlicher Bestimmungen

I. Rechtsfolgen

1. Amtliche Werke iSd **§ 5 Abs. 1** sind urheberrechtlich nicht geschützt,[365] so dass an ihnen weder urheberpersönlichkeitsrechtliche noch verwertungsrechtliche oder sonstige Befugnisse (s. §§ 11–27) bestehen und geltend gemacht werden können.[366] Aus verfassungsrechtlichen Gründen wird vertreten, das Änderungsverbot nach §§ 5 Abs. 2, 62 und die Quellenangabe nach §§ 5 Abs. 2, 63 auf die Gegenstände des § 5 Abs. 1 analog anzuwenden.[367]   **88**

2. Für veröffentlichte andere amtliche Werke, welche die Voraussetzungen des **§ 5 Abs. 2** erfüllen, gilt grundsätzlich das gleiche.[368] Einschränkend sieht Abs. 2 vor, dass § 62 Abs. 1–3 über das **Änderungsverbot** und § 63 Abs. 1 und 2 über das **Gebot der Quellenangabe** entsprechend anzuwenden sind. Durch die nur entsprechende Anwendung dieser Bestimmungen wird klargestellt, dass es sich nicht um eine beschränkte Aufrechterhaltung des urheberrechtlichen Schutzes handelt.[369] Demzufolge ist zur Geltendmachung der Rechte aus den §§ 62, 63 auch nicht der Urheber eines amtlichen Werkes iSd Abs. 2, sondern der Rechtsträger der veröffentlichenden **Behörde** befugt.[370] Dies ergibt sich auch aus der Entstehungsgeschichte der Vorschrift: Der RegE zum UrhG[371] hatte vorgesehen, der jeweils betroffenen Behörde die Möglichkeit einzuräumen, die Rechtsfolgen des § 5 Abs. 2 durch einen ausdrücklichen Rechtevorbehalt zu vermeiden. Der Rechtsausschuss des Deutschen Bundestags ist dem nicht gefolgt,[372] hat dafür aber die schließlich Gesetz gewordene Regelung empfohlen, um, im Hinblick auf § 62, „der Behörde" das Recht zu gewähren, Änderungen des Werkes zu verbieten.[373] Für den **Urheber** ergibt sich aus dem Klagerecht der Behörde nur ein vager mittelbarer Schutz seiner persönlichkeitsrechtlichen Interessen.   **89**

3. Das durch den Rechtsausschuss des Deutschen Bundestags in § 5 Abs. 2 eingeführte **Änderungsverbot** hat zwar die im RegE zum UrhG vorgesehene Möglichkeit eines Rechtevorbehalts   **90**

---

[357] Ebenso DKMH/*Dreyer* UrhG § 5 Rn. 68; *Loewenheim* FS Nordemann, 2004, 51 (56); Mestmäcker/Schulze/*Obergfell* UrhG § 5 Rn. 54.

[358] Ebenso *Loewenheim* FS Nordemann, 2004, 51 (55).

[359] So *Loewenheim* FS Nordemann, 2004, 51 (56); siehe auch Loewenheim/*Götting* § 31 Rn. 15d.

[360] Siehe BT-Drs. 15/319, 5.

[361] Zu Beispielen siehe *Katzenberger* DIN-Mitt. 1999, 100 (101).

[362] Ähnlich *Loewenheim* FS Nordemann, 2004, 51 (56 f.).

[363] Dreier/Schulze/*Schulze* § 5 Rn. 17.

[364] So *Schulze-Hagen*/*Fuchs* BauR 2005, 1 ff.

[365] Zum Zeitpunkt, zu dem die Rechtsfolgen des § 5 Abs. 1 eintreten, → Rn. 42–48.

[366] Ebenso die ganz hM; *v. Albrecht* S. 18; Fromm/Nordemann/*J. B. Nordemann* UrhG § 5 Rn. 20; BeckOK/*Ahlberg* UrhG § 5 Rn. 24; Mestmäcker/Schulze/*Obergfell* UrhG § 5 Rn. 44.

[367] So jedenfalls BeckOK/*Ahlberg* UrhG § 5 Rn. 26; einschränkend nur für die analoge Anwendung des § 62 siehe *Arnold* S. 77 ff., 83, 84.

[368] Zum Zeitpunkt, zu dem die Rechtsfolgen des § 5 Abs. 2 eintreten, → Rn. 73.

[369] So auch BeckOK/*Ahlberg* UrhG § 5 Rn. 25.

[370] Ebenso OLG Düsseldorf ZUM-RD 2007, 521 (522) – Fahrradausrüstung; OLG Köln BeckRS 2017, 151600; *Arnold* S. 77; BeckOK/*Ahlberg* UrhG § 5 Rn. 25; Mestmäcker/Schulze/*Obergfell* UrhG § 5 Rn. 45.

[371] BT-Drs. IV/270, 39.

[372] Zu den Gründen → Rn. 90.

[373] Siehe dazu den Bericht des Abg. *Reischl* UFITA 46 (1966), 174 (176); zum Wortlaut des Beschlusses des Rechtsausschusses BT-Drs. IV/3401, 3.

ersetzt, dies aber nur, um auszuschließen, dass von diesem Vorbehalt aus rein fiskalischen Gründen Gebrauch gemacht wird.[374] Damit wurde aber das eigentliche Motiv für den im RegE vorgesehenen Rechtevorbehalt beibehalten: Die Behörden sollten in die Lage versetzt werden, besonders nachteiligen Folgen von Ungenauigkeiten beim Nachdruck amtlicher Werke iSd § 5 Abs. 2 zu begegnen.[375] Dies gebietet eine zurückhaltende Anwendung des § 62 Abs. 1–3 in Bezug auf die im Übrigen freie Verwertung von amtlichen Werken iSd Abs. 2. Zu weiteren Einzelheiten vgl. die Kommentierung der §§ 62, 63.

II. Anwendung nicht urheberrechtlicher Bestimmungen

91   1. Der Ausschluss des Urheberrechtsschutzes durch § 5 lässt die **Anwendung nichturheberrechtlicher Bestimmungen** unberührt, die einer Verwertung amtlicher Werke entgegenstehen oder sie mit Sanktionen bedrohen. Dasselbe gilt im Hinblick auf Werke, wie zB Zahlungsmittel und Briefmarken, die zwar amtliche Werke sind, aber von der Freistellung vom Urheberrecht nach § 5 UrhG nicht umfasst werden. Im Einzelnen handelt es sich hierbei insbesondere um Bestimmungen des Straf- und Ordnungswidrigkeitenrechts.[376]

92   2. Sehen **landesrechtliche Bestimmungen** für amtliche Werke, die durch § 5 vom Urheberrechtsschutz ausgeschlossen sind, aus rein fiskalischen Gründen ein Verwertungsverbot vor, so sind sie nach Art. 31, 71, 73 Abs. 1 Nr. 9 GG nichtig. Dies trifft aber zB auf die wegen ihrer Rechtserheblichkeit § 5 Abs. 1 unterfallenden amtlichen Katasterkarten[377]nicht zu, weil die in den Landes-Vermessungs- und Katastergesetzen für solche Karten vorgesehenen Verwertungsverbote bzw. Genehmigungsvorbehalte[378] nicht nur einem fiskalischen Interesse, sondern auch einem öffentlich-rechtlichen Anliegen dienen, nämlich dazu, die Zuverlässigkeit dieser vor allem für Rechtsgeschäfte bedeutsamen Karten zu gewährleisten.[379] Ob auch topographische Karten der Landesvermessungsämter in gleicher Weise zu beurteilen sind, ist vom BGH[380] in Frage gestellt, letztlich aber offengelassen worden. Aufgrund des Urheberrechtsschutzes solcher Karten ist die Frage von untergeordneter Bedeutung.

93   3. Ein **ergänzender wettbewerbsrechtlicher Schutz** amtlicher Werke, insbesondere unter dem Gesichtspunkt der unlauteren Nachahmung oder Ausbeutung fremder Leistung (§ 4 Nr. 3 UWG), kommt nur insoweit in Betracht, als er den urheberrechtlichen Regelungen nicht widerspricht.[381] Der lauterkeitsrechtliche Schutz ist dann aber nicht nach- sondern gleichrangig.[382] Der Nachdruck oder eine sonstige Verwertung amtlicher Werke, die nach § 5 urheberrechtlich schutzlos sind, ist damit als solcher auch wettbewerbsrechtlich zulässig. Etwas anderes kann gelten, wenn, wie beim fotomechanischen Nachdruck amtlicher Werke oder ihrer Verwertung mittels „Scannens", Leistungen ausgebeutet werden, die mit dem Verlag und der Drucklegung solcher Werke erbracht werden. Insoweit gelten die Grundsätze, die der BGH unter dem Gesichtspunkt der **unmittelbaren Leistungsübernahme** insbesondere in den Entscheidungen Reprint, Formulare, Notenstichbilder, Informationsdienst, Bibelreproduktion, Leitsätze und Tele-Info-CD[383] entwickelt hat.[384] Insoweit gilt, dass auch die unmittelbare Übernahme eines fremden Leistungsergebnisses, das keinem Sonderrechtsschutz unterliegt, nur bei Hinzutreten besonderer Umstände als wettbewerbswidrig zu beurteilen ist. Verneint hat das LG Stuttgart[385] einen Verstoß gegen § 1 UWG aF durch den fotomechanischen Nachdruck amtlicher Lehrpläne aus einem Amtsblatt. Es ist zu berücksichtigen, dass in richtlinienkonformer Auslegung aufgrund **Art. 6 Abs. 2 lit. a** der europäischen **Richtlinie 2005/29/EG** vom 11.5.2005 über unlautere Geschäftspraktiken im binnenmarktinternen Geschäftsverkehr zwischen Unternehmen und Verbrauchern, der sog. **Richtlinie über unlautere Geschäftspraktiken** (UGP-Richtlinie), der Schutz der Verbraucher vor Irreführung keine Einschränkung durch den Sonderrechtsschutz duldet.[386] Bei einer Weiterverwertung eines urheberrechtlich nicht schutzfähigen amtlichen Werkes kommt insoweit etwa eine **Verwechslung** mit der **amtlichen Originalpublikation** zB in einem Gesetzblatt in Betracht, wenn diese den Verbraucher täuschen kann und zu einer geschäftlichen Entscheidung veranlasst oder veranlassen kann. Dies fußt ebenso auf der europäischen Wertung, dass der

---

[374] Siehe den Bericht des Abg. *Reischl* UFITA 46 (1966), 174 (176).
[375] Siehe BT-Drs. IV/270, 39 f.
[376] → Rn. 68 sowie zB § 353d Nr. 3 StGB.
[377] → Rn. 69.
[378] Siehe zB Art. 11 Abs. 4 S. 2 bay. VermKatG, § 17 Abs. 2 S. 1 hess. KatG.
[379] Siehe dazu auch im Ergebnis BVerwG NJW 1962, 2267 f. mit zustimmender Anm. von *Seydel* Schulze VG 4 f.; ebenfalls zustimmend BGH GRUR 1988, 33 (34) – Topographische Landeskarten.
[380] BGH GRUR 1988, 33 (34) – Topographische Landkarten.
[381] Siehe Köhler/Bornkamm/Feddersen/*Köhler* UWG § 4 Rn. 3.6 ff.; zustimmend BGHZ 141, 329 (338 f.) – Tele-Info-CD.
[382] BGH WRP 2013, 1189 Rn. 20 – Regalsystem; Köhler/Bornkamm/Feddersen/*Köhler* UWG § 4 Rn. 3.6a; *Schreiber* GRUR 2009, 113 (115 f.).
[383] BGH 51, 41 = GRUR 1972, 127; BGH GRUR 1986, 895; 1988, 308; 1990, 669; 1992, 382 (383), insoweit in BGHZ 116, 136 nicht abgedruckt, BGHZ 141, 329 (340 ff.).
[384] Siehe dazu auch Köhler/Bornkamm/Feddersen/*Köhler* UWG § 4 Rn. 3.35 ff.
[385] LG Stuttgart Schulze LGZ 60, 5 ff.
[386] Siehe Köhler/Bornkamm/Feddersen/*Köhler* UWG § 4 Rn. 3.6a.

Schutz des Verbrauchers nicht durch den Sonderrechtsschutz, insbesondere den des Urheberrechts, unterlaufen werden soll.[387]

G. Sonstige Fragen

I. Schutz von Bearbeitungen, Übersetzungen und Sammlungen amtlicher Werke

§ 5 lässt den urheberrechtlichen Schutz unberührt, der durch **nichtamtliche Übersetzungen** und **94** andere **Bearbeitungen** amtlicher Werke gemäß § 3 oder durch Auswahl oder Anordnung amtlicher Werke in **Sammelwerken** und **Datenbankwerken** gemäß § 4 begründet werden kann.[388] Gleiches gilt für Datenbanken iSd §§ 87a ff.[389] Urheberrechtlich geschützt sind in aller Regel zB in Fachzeitschriften veröffentlichte nichtamtliche Übersetzungen ausländischer Gesetze und Entscheidungen, und urheberrechtlich geschützt sein können redaktionelle Bearbeitungen gerichtlicher Entscheidungen einschließlich nichtamtlicher Leitsätze zu solchen Entscheidungen,[390] nicht aber amtliche Übersetzungen internationaler Verträge, wie sie zB im BGBl. II veröffentlicht werden.[391] Urheberrechtlich geschützt sein können auch von privaten Autoren oder Verlagen herausgegebene Gesetzessammlungen und von Richtern in nichtamtlicher Funktion herausgegebene Entscheidungssammlungen,[392] zu denen, trotz ihrer Bezeichnung als „amtliche" Sammlungen, auch die als privat einzustufenden Entscheidungssammlungen der obersten Bundesgerichte zählen.[393]

II. Anwendbares Recht und Schutz ausländischer amtlicher Werke

Soweit Verwertungen amtlicher Werke auf deutschem Territorium in Frage stehen, ist die Frage ih- **95** res urheberrechtlichen Schutzes nach dem das Urheberrecht beherrschenden **Territorialitätsprinzip** und dem damit in Zusammenhang stehenden **Schutzlandprinzip** nach dem deutschen UrhG zu beurteilen.[394] § 5 ist demzufolge auch anzuwenden, wenn der Schutz ausländischer amtlicher Werke in Deutschland zu beurteilen ist, was im Wirkungsbereich von RBÜ, WUA, TRIPS und WCT auch aus dem **Grundsatz der Inländerbehandlung** folgt.[395]

Sinngemäß ist anzunehmen, dass § 5 auch mit den älteren Fassungen der RBÜ und mit dem WUA **96** in seinen beiden Fassungen vereinbar ist,[396] die es den Verbandsländern bzw. Vertragsstaaten nicht ausdrücklich gestatten, den Schutz amtlicher Werke auszuschließen.

§ 6 Veröffentlichte und erschienene Werke

(1) **Ein Werk ist veröffentlicht, wenn es mit Zustimmung des Berechtigten der Öffentlichkeit zugänglich gemacht worden ist.**

(2) **¹Ein Werk ist erschienen, wenn mit Zustimmung des Berechtigten Vervielfältigungsstücke des Werkes nach ihrer Herstellung in genügender Anzahl der Öffentlichkeit angeboten oder in Verkehr gebracht worden sind. ²Ein Werk der bildenden Künste gilt auch dann als erschienen, wenn das Original oder ein Vervielfältigungsstück des Werkes mit Zustimmung des Berechtigten bleibend der Öffentlichkeit zugänglich ist.**

Schrifttum: *Bruch/Pflüger,* Das Zweitveröffentlichungsrecht des § 38 Abs. 4 UrhG – Möglichkeiten und Grenzen bei der Anwendung in der Praxis, ZUM 2014, 389; *Götting/Lauber-Rönsberg,* Der Schutz nachgelassener Werke, 2006; *dies.,* Der Schutz nachgelassener Werke, GRUR 2006, 638; *Heinz,* Urheberrechtliche Gleichbehandlung von alten und neuen Medien, 2006; *Hilgert/Hilgert,* Nutzung von Streaming-Portalen – Urheberrechtliche Fragen am Beispiel von Redtube, MMR 2014, 85; *Hoeren/Herring,* WikiLeaks und das Erstveröffentlichungsrecht des Urhebers – Informationsfreiheit als externe Schranke des Urheberrechts?, MMR 2011, 500; *Koch.,* Der Content bleibt im Netz – gesicherte Werkverwertung durch Streaming-Verfahren, GRUR 2010, 574; *Koch,* GRUR 2010, 547; *Maso-*

---

[387] BGH WRP 2013, 1189 Rn. 20 – Regalsystem.
[388] Siehe BGHZ 116, 136 (142, 143 ff.) – Leitsätze; *v. Albrecht* S. 48, 53, 97; Fromm/Nordemann/*J. B. Nordemann* UrhG § 5 Rn. 24; Mestmäcker/Schulze/*Obergfell* UrhG § 5 Rn. 46 f.; *Schack* Rn. 584; *Ullmann* FS juris, 1996, 133 (134 ff., 137 ff.).
[389] So ausdrücklich EuGH Slg. 2009, I-1627 = GRUR 2009, 572 Rn. 69–71 – Apis-Hristovich/Lakorda.
[390] → Rn. 49.
[391] Siehe auch *v. Albrecht* S. 100; *Katzenberger* GRUR 1972, 686 (695).
[392] Zum möglichen Schutz solcher Sammlungen nach § 4 s. BGHZ 116, 136 (142) – Leitsätze.
[393] So zutreffend BeckOK/*Ahlberg* UrhG § 5 Rn. 11; aA *Rolfes/Wendel* ZUM 2018, 590 (591 ff.); *Schack* Rn. 583.
[394] Siehe *Katzenberger* GRUR 1972, 686 (695) sowie allgemein zum Territorialitätsprinzip und zum anwendbaren Recht → Vor §§ 120 ff. Rn. 109 ff.
[395] Hierzu → Vor §§ 120 ff. Rn. 128; zum Ergebnis *Katzenberger* GRUR 1972, 686 (695); zustimmend *v. Albrecht* S. 99.
[396] AA *Bappert/Wagner* RBÜ Art. 8 Rn. 6; zur Vereinbarkeit des § 5 mit der Pariser Fassung der RBÜ und TRIPS → Rn. 20.

uyé, Kommentar zur Berner Übereinkunft, 1981; *Marl,* Der Begriff der Öffentlichkeit im Urheberrecht, 2017; *Metzger,* Rechtsgeschäfte über das Droit moral im deutschen und französischen Urheberrecht, 2002; *Poeppel,* Die Neuordnung der urheberrechtlichen Schranken im digitalen Umfeld, 2005; *Rüberg,* Mo(n)tezumas späte Rache, ZUM 2006, 122; *Schack,* Rechtsprobleme der Online-Übermittlung, GRUR 2007, 639; *Staats,* Regelungen für verwaiste und vergriffene Werke – Stellungnahme zu dem Gesetzentwurf der Bundesregierung, ZUM 2013, 446; *Stieper,* Geistiges Eigentum an Kulturgütern – Möglichkeiten und Grenzen der Remonopolisierung gemeinfreier Werke, GRUR 2012, 1083; *Süßenberger/Czychowski,* Das „Erscheinen" von Werken ausschließlich über das Internet und ihr urheberrechtlicher Schutz in Deutschland. Einige Argumente Pro und Contra, GRUR 2003, 489; *v. Ungern-Sternberg,* Die Rechtsprechung des Bundesgerichtshofs zum Urheberrecht und zu den verwandten Schutzrechten in den Jahren 2008 und 2009 (Teil I), GRUR 2010, 273.

Übersicht

I. Bedeutung der Veröffentlichung und des Erscheinens. Entstehungsgeschichte des § 6

1. Allgemeines

1   Der Schutz, den das Urheberrecht gewährt, ist grundsätzlich unabhängig davon, ob ein Werk unveröffentlicht, veröffentlicht oder erschienen ist. Im Einzelnen knüpft das UrhG jedoch an den entsprechenden **Status eines Werkes** zahlreiche unterschiedliche Rechtsfolgen, so dass den Begriffen der Veröffentlichung und des Erscheinens erhebliche Bedeutung zukommt.

2   Die **Motive** für differenzierende Regelungen je nach Werkstatus der genannten Art sind nicht in allen Regelungszusammenhängen die gleichen, insgesamt betrachtet stehen jedoch die besondere Schutzwürdigkeit der ideellen Interessen des Urhebers in Bezug auf seine noch unveröffentlichten Werke und das gesteigerte Verwertungsinteresse der Allgemeinheit bzw. der Werknutzer an veröffentlichten und erst recht an erschienenen Werken im Vordergrund. Hinzu kommt, dass Veröffentlichung und Erscheinen eines Werkes Zeitpunkte markieren, nach denen sich in bestimmten Fällen die Schutzdauer bestimmen lässt, und dass sich mit dem ersten Erscheinen eines Werkes in einem Land bestimmte kultur- und wirtschaftspolitische Interessen verbinden, die für die Gewährung des Urheberrechtsschutzes auch dann sprechen, wenn es sich um ausländische Werke handelt, denen der Schutz sonst versagt bliebe.

2. Bedeutung der Veröffentlichung für den Urheberrechtsschutz und den Schutz der verwandten Schutzrechte

3   Das UrhG anerkennt in § 12 ein spezielles Veröffentlichungsrecht des Urhebers,[1] das mit der ersten Veröffentlichung ebenso erlischt[2] wie das Ausstellungsrecht an Werken der bildenden Künste und Lichtbildwerken nach § 18. Bestimmte amtliche Werke sind gemäß § 5 Abs. 2 ua nur dann vom

---

[1] Bei Miturhebern iVm § 8 Abs. 2.
[2] Vgl. → § 12 Rn. 7, 23, 26.

Schutz ausgeschlossen, wenn sie veröffentlicht worden sind. Unter den gesetzlichen Schranken des Urheberrechts gestatten §§ 46 Abs. 1, 48 Abs. 1 Nr. 1, 49 Abs. 2, 51 Nr. 1 und Nr. 2, 52 Abs. 1, 60a, 60b und 61 die Werkverwertung ohne Zustimmung des Berechtigten nur in Bezug auf veröffentlichte Werke. Die urheberrechtliche Schutzdauer knüpft in den Fällen der §§ 66 Abs. 1, 67 und 129 Abs. 2 an die Werkveröffentlichung an. Entsprechendes gilt für die Dauer des verwandten Schutzrechts an Datenbanken nach § 87d. Nur hinsichtlich veröffentlichter Werke der bildenden Künste[3] erlauben §§ 114 Abs. 2 Nr. 3 und 116 Abs. 2 Nr. 1 die Zwangsvollstreckung in die dem Urheber oder seinem Rechtsnachfolger gehörenden Originale.

3. Bedeutung des Erscheinens für den Urheberrechtsschutz und den Schutz der verwandten Schutzrechte

Das Erscheinen eines Werkes ist von Bedeutung für die Urheberschaftsvermutung des § 10 Abs. 1   **4** und für die vertragsrechtlichen Verwertungsbefugnisse des Urhebers nach § 38. Mehrere Bestimmungen über gesetzliche Schranken des Urheberrechts gestatten die zustimmungsfreie Verwertung nur von erschienenen Werken: §§ 42a Abs. 1, 51 Nr. 3, 52 Abs. 2 und 53 Abs. 2 Nr. 4 lit. a. An Ausgaben nachgelassener, nicht erschienener Werke anerkennt § 71 Abs. 1 ein spezielles mit dem Urheberrecht verwandtes Schutzrecht, das 25 Jahre ab Erscheinen dauert (§ 71 Abs. 3). Auch die Dauer des Schutzes der meisten anderen verwandten Schutzrechte ist in erster Linie nach dem Erscheinen der betreffenden Erzeugnisse zu bestimmen, vgl. §§ 70 Abs. 3, 72 Abs. 3, 82, 85 Abs. 3, 94 Abs. 3 und 95. Das ausschließliche Senderecht des ausübenden Künstlers, dessen Darbietung erlaubterweise auf Bild- oder Tonträger aufgenommen worden ist, wird nach deren Erscheinen zu einem bloßen Vergütungsanspruch abgeschwächt.[4] Wird ein solcher erschienener Tonträger zu öffentlichen Wiedergaben benutzt, so kann dessen Hersteller vom Künstler eine Beteiligung an dessen Vergütung verlangen.[5] Hinsichtlich erschienener Werke sehen §§ 115 S. 2, 116 Abs. 2 Nr. 2 Erleichterungen für die Zwangsvollstreckung vor. Für den Schutz ausländischer Werke und Leistungen verlangt das UrhG in den Fällen, in denen keine Staatsverträge Platz greifen, grundsätzlich erstes Erscheinen in seinem Geltungsbereich.[6] In gleicher Weise nach Art. 3 Abs. 1 lit. b, Abs. 3 RBÜ (Pariser Fassung)[7] der Konventionsschutz durch das erste Erscheinen eines Werkes in einem Verbandsland begründet werden. Dasselbe gilt für das WUA,[8] für das Rom-Abkommen bezüglich des Schutzes der ausübenden Künstler und der Hersteller von Tonträgern,[9] für TRIPS,[10] für den WIPO Copyright Treaty (WCT) von 1996[11] und für den WIPO Performances and Phonograms Treaty (WPPT) von 1996.[12] Die Konventionen verwenden dabei für den deutschen Begriff des Erscheinens den Begriff der Veröffentlichung (publication).[13] Eine weitere Bestimmung des UrhG, die auf das Erscheinen abstellt, ist § 130.

4. Entstehungsgeschichte des § 6

Das LUG von 1901 und das KUG von 1907 als Vorgänger des UrhG enthielten ebenfalls bereits   **5** zahlreiche Bestimmungen, die an die Veröffentlichung oder das Erscheinen eines Werkes bestimmte Rechtsfolgen knüpften, jedoch keine Definitionen dieser Begriffe. In § 35 LUG und § 30 KUG war lediglich allgemein bestimmt, dass die Rechtsfolgen der Veröffentlichung oder des Erscheinens nur eintreten sollten, wenn sie der Berechtigte bewirkt hat. Die Auslegung der beiden Begriffe blieb somit der Rechtsprechung und der Wissenschaft überlassen. Ihre Ergebnisse sind auch bei der Deutung des § 6 zu berücksichtigen, da die darin enthaltenen Begriffsbestimmungen der früher geltenden Rechtsauffassung folgen.[14]

II. Veröffentlichte Werke (§ 6 Abs. 1)

1. Merkmale der gesetzlichen Definition

Die Definition des veröffentlichten Werkes in § 6 Abs. 1 enthält drei Merkmale: die Öffentlichkeit,   **6** den Umstand, dass das Werk ihr zugänglich gemacht worden ist, und die Zustimmung des Berechtigten zu diesem Vorgang.

---

[3] Außer solchen der Baukunst.
[4] § 78 Abs. 1 Nr. 2, Abs. 2 Nr. 1.
[5] § 86 iVm § 78 Abs. 1 Nr. 2.
[6] Vgl. §§ 121 Abs. 1, 124, 125 Abs. 3, 126 Abs. 2, 128 Abs. 2.
[7] Art. 4 Abs. 1, 4, Art. 6 Abs. 1 RBÜ idF von Berlin, Rom und Brüssel.
[8] Art. II Abs. 1, Art. VI Genfer und Pariser Fassung.
[9] Art. 4 lit. b, Art. 5 Abs. 1 lit. c, Abs. 2, 3 iVm Art. 3 lit. d.
[10] Art. 1 Abs. 3 S. 1, 2 iVm Art. 3 Abs. 1 lit. b, Abs. 3 RBÜ, Pariser Fassung, bzw. Art. 3 lit. d, Art. 4 lit. b, Art. 5 Abs. 1 lit. c Rom-Abkommen.
[11] Art. 3 iVm Art. 3 Abs. 1 lit. b, Abs. 3 RBÜ, Pariser Fassung.
[12] Art. 2 lit. e, Art. 3 Abs. 1, 2 iVm Art. 4 lit. b, Art. 5 Abs. 1 lit. c Rom-Abkommen.
[13] Zu Einzelheiten der konventionsrechtlichen Bestimmungen → Rn. 58.
[14] Vgl. RegE BT-Drs. IV/270, 40; im Ergebnis wohl auch BeckOK/*Ahlberg* UrhG § 6 Rn. 33.

2. Begriff der Öffentlichkeit im deutschen und europäischen Recht

7   **a)** Von zentraler Bedeutung für den Begriff des veröffentlichten Werkes iSd § 6 Abs. 1 ist das Merkmal der **Öffentlichkeit.** Der Begriff der Öffentlichkeit ist Gegenstand **verschiedener Bestimmungen in europäischen Richtlinien** zum Urheberrecht. Zu nennen sind insbesondere Art. 3 (Öffentliche Wiedergabe) und Art. 4 (Verbreitung) der Richtlinie zum Urheberrecht in der Informationsgesellschaft. Der Begriff der Öffentlichkeit wird auch in verschiedenen in Art. 5 Abs. 2 und 3 der 2001/29/EG Richtlinie geregelten Schrankenbestimmungen verwendet, bspw. in lit. d welche das Zitieren aus Werken gestattet, die „der Öffentlichkeit bereits rechtmäßig zugänglich gemacht wurden". Auch die anderen Richtlinien verwenden den Begriff, etwa Art. 4 Abs. 1 lit. c der Computerprogramm-RL 2009/24/EU, Art. 5 lit. c, d und e und 7 Abs. 2 lit. b der Datenbank-RL 96/9/EG, Art. 8 und 9 der Vermiet- und Verleih-RL 2006/115/EG, Art. 1 Abs. 3, Art. 3 Abs. 1, 2, Art. 4, 5 der Schutzdauer-RL 2006/116/EG. Der Begriff der Öffentlichkeit wird zudem **im weiteren medienrechtlichen Kontext** verwendet, insbesondere in der Richtlinie 2010/13/EU über audiovisuelle Mediendienste (AVM-Richtlinie). Der **EuGH** hat sich mehrfach zum Öffentlichkeitsbegriff im Rahmen der Auslegung von Verwertungsrechten geäußert.[15] In der Entscheidung „SGAE/Rafael" befasste sich der Gerichtshof mit dem Begriff der öffentlichen Wiedergabe in Art. 3 der Richtlinie 2001/29/EG und hier insbesondere mit der Frage, ob die Weiterleitung von Fernsehsignalen von einer zentralen Empfangsstelle in die Zimmer der Hotelgäste eine „öffentliche" Wiedergabe darstelle. Der Gerichtshof bejahte diese Frage unter Verweis auf das Argument, wonach die Verwertungsrechte der Richtlinie weit auszulegen seien. Öffentlichkeit setze eine unbestimmte Zahl von Zuschauern voraus, wobei auch Personen, die nacheinander Zugang zum Werk haben, einzubeziehen seien. Der private Charakter der einzelnen Hotelzimmer stehe – auch im Lichte von Art. 8 EMRK – der Annahme der Öffentlichkeit nicht entgegen. Zudem muss nach Auffassung des Gerichtshofs eine Nutzungshandlung, um unter den Begriff „öffentliche Wiedergabe" fallen zu können, für ein „neues Publikum" übertragen werden.[16] In der Entscheidung „SCF/Marco Del Corso"[17] hatte der EuGH die Frage zu beantworten, ob es sich beim Abspielen von Tonträgern in einer privaten Zahnarztpraxis um eine „öffentliche Wiedergabe" im Sinne von Art. 8 Abs. 2 der Richtlinie 92/100 (nunmehr Richtlinie 2006/115/EU) handelt. Der Gerichtshof verneinte diese Frage unter Hinweis auf die sehr begrenzte Zahl von Personen in einer solchen Zahnarztpraxis und den Umstand, dass sich die Patienten nicht wegen der Hintergrundmusik zum Zahnarzt begeben und dementsprechend auch keine höhere Vergütung wegen der Musik erzielt werden könne. In beiden Entscheidungen verwies der Gerichtshof auf ältere Rechtsprechung zum Öffentlichkeitsbegriff in der Fernsehrichtlinie 89/552/EWG, die durch die AVM-Richtlinie 2010/13/EU ersetzt wurde. Der Gerichtshof hat die genannten Kriterien zwischenzeitlich mehrfach bestätigt.[18] Der **EuGH** hat damit die wesentlichen **Elemente eines europäischen Begriffs** der Öffentlichkeit entwickelt, so dass fraglich ist, ob die bisher im Rahmen des deutschen Öffentlichkeitsbegriffs herangezogenen Kriterien noch maßgeblich sind bzw. inwieweit sie durch das europäische Recht überlagert und verdrängt sind. Diese Frage ist vor allem im Rahmen des § 15 Abs. 3 UrhG von Bedeutung.[19] Sie wirkt sich aber auch auf die Auslegung des § 6 Abs. 1 UrhG aus, so dass bei Anwendung der bisherigen Grundsätze und beim Verweis auf ältere Rechtsprechung jeweils zu fragen ist, ob die neuere Entwicklung des europäischen Rechts entgegensteht.

8   **b)** Der EuGH hat sich bislang nicht zu der Frage geäußert, ob dieser Begriff bzw. das ihm entsprechende Adjektiv „öffentlich" im UrhG **einheitlich** oder je nach Regelungsbereich uU **differenzierend** auszulegen ist. In Anbetracht der bislang einheitlichen Judikatur zum Öffentlichkeitsbegriff ist es eher unwahrscheinlich, dass der Gerichtshof unterschiedliche Begriffe der Öffentlichkeit für Verwertungsrechte und Schranken herausbilden wird. Insgesamt sprechen **die besseren Gründe für eine einheitliche Auslegung** des Begriffs der Öffentlichkeit (anders noch → 4. Aufl. 2010, Rn. 9).[20] Für die Einheitlichkeit der Auslegung spricht nicht nur der **Wortlaut** der verschiedenen Vorschriften, die gerade keine Hinweise auf differenzierende Lösungen enthalten. Vielmehr sprechen auch die hinter dem Öffentlichkeitsbegriff stehenden Interessen für eine einheitliche Auslegung. Zwar ist der **Gegenauffassung**[21] zuzugeben, dass es im Interesse eines effektiven Urheberschutzes wünschenswert wäre, die Öffentlichkeit immer dann weit zu verstehen, wenn das Partizipationsinteresse des Urhebers an der wirtschaftlichen Verwertung des Werkes in Frage steht, während es im Urheberinteresse liegt, die Öffentlichkeit eng zu verstehen, wenn die Veröffentlichungsreife in Frage steht. Aus der Sicht der Allgemeinheit stellt sich die Interessenlage aber genau spiegelverkehrt dar. Dies wird deutlich am Bei-

---

[15] EuGH Slg. 2006, I-11519 Rn. 37 ff. = GRUR 2007, 225 – SGAE/Rafael.

[16] EuGH GRUR 2007, 225 – SGAE/Rafael Rn. 40.

[17] EuGH GRUR 2012, 593 Rn. 84–100 – SCF/Del Corso.

[18] Siehe EuGH GRUR 2013, 500 Rn. 32 f. – ITV; EuGH GRUR 2014, 473 Rn. 27–30 – OSA; EuGH GRUR 2016, 684 Rn. 35 ff. – Reha-Training; EuGH GRUR 2018, 911 Rn. 22 ff. – Cordoba.

[19] Siehe hierzu die Kommentierung von *v. Ungern-Sternberg* § 15 Rn. 68 ff.

[20] So HK-UrhR/*Dreyer* UrhG § 6 Rn. 6; *Rehbinder* § 11 III 1; BeckOK/*Ahlberg* UrhG § 6 Rn. 21; Wandtke/Bullinger/*Marquardt* UrhG § 6 Rn. 5, 6; eingehend *Marl* S. 336 ff., insb. 355 f.

[21] Dreier/Schulze/*Dreier* UrhG § 6 Rn. 7; *Schack* Rn. 262; sa die 4. Aufl., 2006 zur älteren Literatur.

spiel der Vorlesung an einer Universität: Einerseits wünschen Urheber eine wirtschaftliche Beteiligung an der Nutzung von Werken, andererseits wollen sie im Hinblick auf nicht anderweitig veröffentlichte Werke nicht zitiert werden. Eine solche, allein auf den Urheber ausgerichtete Sichtweise vernachlässigt aber das legitime Interesse der Allgemeinheit im Hinblick auf das einmal öffentlich gewordene Werk. Aus der Sicht der Nutzer ist es ein nicht hinnehmbarer Widerspruch, während der gleichen Veranstaltung einerseits Teil der Öffentlichkeit zu sein – mit der Folge der Vergütungspflicht des Veranstalters (und uU mittelbar auch der Teilnehmer) – und auf der anderen Seite das Gehörte nicht zitieren zu dürfen. Versteht man es als die Funktion des Urheberrechts, den **Ausgleich der verschiedenen Interessengruppen** herbeizuführen, so kann die Auslegung der Begriffe nicht allein im Interesse der einen Seite erfolgen.

Die **Rechtsprechung** geht von einem **einheitlichen** Begriff der Öffentlichkeit aus.[22] **9**

(einstweilen frei) **10**

c) Für § 6 Abs. 1 ist der Begriff der Öffentlichkeit ausgehend von der Definition des § 15 Abs. 3 zu **11**
bestimmen.[23] Hierbei ist zu beachten, dass diese Bestimmung durch das Gesetz zur Regelung des Urheberrechts in der Informationsgesellschaft vom 10.9.2003 (BGBl. 2003 I S. 1774) neu formuliert worden ist Danach ist die Öffentlichkeit einer Wiedergabe bzw. Werkverwertung vor allem durch zwei Kriterien gekennzeichnet, nämlich die **Mehrzahl von Personen,** für die sie bestimmt ist, und die fehlende Verbundenheit dieser Personen durch persönliche Beziehungen.[24] Im Hinblick auf das erste Merkmal wird man nach der EuGH-Entscheidung „SGAE/Rafael" auch eine sukzessive Öffentlichkeit einbeziehen müssen, bei der mehrere Personen zeitversetzt Zugang zu einem Werk haben.[25] Nach der EuGH-Entscheidung „SCF/Del Corso" wird man die Öffentlichkeit allerdings dort ausschließen müssen, wo wenige Personen Zugang haben und der Zugang nicht mit Gewinnerzielungsabsicht vermittelt wird. Die Grenzen sind hier freilich noch im Fluss. Ältere Rechtsprechung sollte mit Vorsicht herangezogen und stets zunächst auf ihre Vereinbarkeit mit der Rechtsprechung des EuGH geprüft werden. Eine exakte Mindestzahl als Voraussetzung für die Annahme von Öffentlichkeit lässt sich nicht angeben. Jedenfalls stellen alle Veranstaltungen eine Öffentlichkeit her, zu denen grundsätzlich jedermann Zutritt hat, wobei es weder auf die Entgeltlichkeit oder Unentgeltlichkeit[26] noch grundsätzlich darauf ankommt, ob Raumgründe nur einer begrenzten Zahl von Personen den Zutritt gestatten.[27]

In Bezug auf das Kriterium der **fehlenden Verbundenheit durch persönliche Beziehungen** **12**
liegt Öffentlichkeit auch iSd § 6 Abs. 1 jedenfalls bei sehr großen Veranstaltungen vor.[28] Andererseits schließen persönliche Beziehungen unter den Teilnehmern iSd § 15 Abs. 3[29] stets auch die Öffentlichkeit iSd § 6 Abs. 1 aus.[30] Zu weit geht es, wenn *Schiefler*[31] dasselbe Ergebnis auch für den Fall vertritt, dass die Veranstaltungsteilnehmer nicht durch persönliche Beziehungen, sondern durch besondere gemeinsame sachliche Interessen untereinander verbunden sind.[32] Hier ist bei einer hinreichenden Zahl von Teilnehmern von Öffentlichkeit auszugehen.

d) Öffentlichkeit iSd § 6 Abs. 1 ist danach zB anzunehmen bei einer Theateraufführung, auch **13**
wenn es sich um eine **geschlossene Veranstaltung** für eine **Theatergemeinde** handelt, dieser jedoch jedermann beitreten kann,[33] wohl aber nicht bei einer Aufführung des Bühnenstücks eines Betriebsangehörigen anlässlich einer **betriebsinternen Feier,** selbst wenn es sich um einen größeren Betrieb handelt. Eine **Filmvorführung zu Testzwecken** ausschließlich vor Fachleuten, wie Filmverleihern und Kinobesitzern, macht das Filmwerk nicht einer Öffentlichkeit iSd § 6 Abs. 1 zugänglich,[34] wohl aber dann, wenn zusätzlich beliebige Angehörige und Freunde eingeladen werden.[35] Ein **wissenschaftlicher Kongress,** an dem nur geladene Fachwissenschaftler teilnehmen, stellt idR Öffentlichkeit iSd § 6 Abs. 1 her,[36] nicht aber ein engeres **Expertengremium,** das über ein ihm erstattetes Referat berät.[37] **Akademische Lehrveranstaltungen,** zu denen nur Hochschulangehörige Zugang haben, sind im Idealfall nicht öffentlich iSd § 6 Abs. 1; gerade bei großen Lehrveranstaltun-

---

[22] Siehe LG Berlin UFITA 8 (1935), 111; LG Frankfurt a. M. GRUR 1987, 168 (169) – Krankheit auf Rezept; KG NJW 1995, 3392 (3393) – Botho Strauß; OLG Frankfurt a. M. ZUM 1996, 697 (701) – Yellow Submarine; s. im Übrigen zum Begriff der Öffentlichkeit iSd § 17 Abs. 1 → § 17 Rn. 12 f., 16.
[23] AllgM der Vertreter der differenzierenden Auslegung.
[24] → § 15 Rn. 66 f., 73.
[25] EuGH GRUR 2007, 225 – SGAE/Rafael.
[26] *Schiefler* UFITA 48 (1966), 81 (86).
[27] *Schiefler* UFITA 48 (1966), 81 (86).
[28] *Bueb* S. 35 f., 42 nennt als Beispiel eine Veranstaltung von 100 000 Gewerkschaftsmitgliedern im Olympiastadion; zu § 15 Abs. 3 → § 15 Rn. 79.
[29] → § 15 Rn. 73 ff.
[30] *Schiefler* UFITA 48 (1966), 81 (85); *Bueb* S. 41 hält dieses Kriterium bei § 6 Abs. 1 für ungeeignet.
[31] *Schiefler* UFITA 48 (1966), 81 (85).
[32] Dagegen auch → § 15 Rn. 76, BT-Drs. 15/38, 17.
[33] *Schiefler* UFITA 48 (1966), 81 (86).
[34] *Schiefler* UFITA 48 (1966), 81 (86).
[35] Vgl. LG Berlin UFITA 8 (1935), 111 (112).
[36] *Ulmer* § 32; aA *Schiefler* UFITA 48 (1966), 81 (86).
[37] *Ulmer* § 32 I.

gen, bei denen faktisch der Zugang nicht kontrolliert werden kann, ist aber von Öffentlichkeit auszugehen.[38]

14   Entsprechendes gilt für die **Veröffentlichung durch die Verbreitung von Werkstücken.** Ist ein Werk iSd § 6 Abs. 2 erschienen,[39] so ist es stets auch veröffentlicht iSd Abs. 1.[40] Dies gilt auch für die Verbreitung eines Privatdrucks an **Subskribenten,** die untereinander nur durch das Interesse zB an erotischer Literatur verbunden sind.[41] Werden aber das Manuskript eines Werkes oder selbst Abschriften oder Privatdrucke nur einem **ausgewählten Kreis** von Freunden, Experten oder Verlagen zum Zwecke der Kenntnisnahme oder Kritik zugesandt, so wird das Werk noch nicht der Öffentlichkeit iSd § 6 Abs. 1 zugänglich gemacht.[42] Dies ändert sich aber, wenn die Werkexemplare mit Zustimmung des Urhebers weitergegeben oder in einer **Bibliothek** allgemein zugänglich ausgelegt werden;[43] der Aufdruck „als Manuskript gedruckt" oder eines ähnlichen Vorbehalts ändert daran nichts.[44] Der Öffentlichkeit iSd § 6 Abs. 1 nicht zugänglich sind dagegen Werke, die in Form eines Manuskripts einem **Archiv** überlassen werden, das nur bei Nachweis eines besonderen Interesses Einblick gewährt.[45] **Die Versendung von militärischen Lageberichten an ausgewählten Abgeordnete** des Deutschen Bundestages, Referate im Bundesministerium der Verteidigung (BMVg) und in anderen Bundesministerien sowie nachgeordnete Dienststellen stellt keine Veröffentlichung dar.[46]

3. Zugänglichkeit des Werkes: Art und Weise, Ort, Zeitpunkt und Unumkehrbarkeit der Veröffentlichung, Werkteile, Bearbeitungen, Beschreibungen

15   **a)** Ein Werk ist der Öffentlichkeit **zugänglich gemacht worden,** „wenn die Allgemeinheit die Möglichkeit erhalten hat, es mit Auge oder Ohr wahrzunehmen".[47] Dass die Öffentlichkeit bzw. Allgemeinheit das Werk tatsächlich zur Kenntnis genommen hat, ist nicht erforderlich.[48] Nicht ausreichend ist aber ein bloßes Angebot ohne tatsächliche Möglichkeit, das Werk wahrzunehmen, wie das Angebot eines nicht lieferbaren Buches oder die Ankündigung einer Werkaufführung, die dann mangels Publikumsinteresses unterbleibt.[49]

16   **b)** Auf die **Art und Weise,** wie das Werk der Öffentlichkeit zugänglich gemacht wird, kommt es nicht an. In Frage kommen die Verbreitung eines oder mehrerer Werkstücke, die Ausstellung eines Werkes sowie alle Formen der unkörperlichen Werkwiedergabe, wobei – unter Beachtung des besonderen Öffentlichkeitsbegriffs des § 6 Abs. 1[50] – die in § 15 Abs. 1, 2 genannten Verwertungsformen als Anhaltspunkte dienen können.[51] Auch eine Veröffentlichung des Werkes oder von Abbildungen des Werkes im **Internet** genügt.[52] Ein Werk, das iSd § 6 Abs. 2 erschienen ist, ist immer auch der Öffentlichkeit zugänglich gemacht und damit veröffentlicht iSd Abs. 1.[53]

17   Ist ein Werk auf eine bestimmte Art und Weise, zB durch öffentliche Wiedergabe veröffentlicht, so hat dies zur Folge, dass das Werk **insgesamt** veröffentlicht ist und alle daran anknüpfenden Rechtsfolgen Platz greifen. Aus einem Werk, das durch öffentlichen Vortrag veröffentlicht worden ist, darf daher auch in einem Schriftwerk nach § 51 Nr. 2 zitiert werden.[54]

18   **c)** Der **Ort** der Zugänglichkeit ist für den Status eines Werkes als veröffentlichtes Werk unerheblich; auch eine Veröffentlichung im Ausland genügt.[55] Die Frage, ob im letzteren Fall ein Werk veröffentlicht ist, soweit es um Rechtsfolgen in der Bundesrepublik Deutschland geht, nach deutschem Recht, dh nach § 6, zu beurteilen.[56] Eine räumliche Begrenzung der Veröffentlichungswirkung zB auf ein bestimmtes Land ist nicht möglich. Hat der Urheber nur der Veröffentlichung in einem bestimmten Land zugestimmt und ist die Veröffentlichung demgemäß erfolgt, so ist das Werk, vorbe-

---

[38] Enger *Schack* Rn. 262; RGSt 48, 429 (432); wie hier Fromm/Nordemann/*A. Nordemann* UrhG § 6 Rn. 11; → Rn. 8.

[39] → Rn. 30 ff.

[40] Dreier/Schulze/*Dreier* Rn. 1; DKMH/*Dreyer* UrhG § 6 Rn. 26; BeckOK/*Ahlberg* UrhG § 6 Rn. 3.

[41] So OLG München GRUR 1990, 446 (448) – Josefine Mutzenbacher, zu § 31 LUG von 1901; dort auch Abgrenzung zu sog. Samisdat-Ausgaben in der ehem. Sowjetunion, BGHZ 64, 183 (188) – August Vierzehn; → Rn. 35.

[42] RGSt 48, 429 (432) und RGZ 128, 285 (297); LG Frankfurt a. M. GRUR 1987, 168 (169) – Krankheit auf Rezept; KG NJW 1995, 3392 (3393 f.) – Botho Strauß; OGH ÖBl. 1970, 146 (148) – ZahnärztekammerG I; *Rehbinder* § 11 III 1.

[43] Siehe dazu auch BPatG GRUR 1989, 189 f. – Diplomarbeit, zu § 2 S. 1 PatG 1968.

[44] RGSt 48, 429 (433); *Schack* Rn. 263.

[45] OLG Zweibrücken GRUR 1997, 363 (364) – Jüdische Friedhöfe.

[46] OLG Köln GRUR-RR 2016, 59 Rn. 32 – Afghanistan-Papiere; BGH GRUR 2017, 901 Rn. 29 – Afghanistan-Papiere (Vorlagebeschluss zum EuGH).

[47] RegE BT-Drs. IV/270, 40.

[48] BeckOK/*Ahlberg* UrhG § 6 Rn. 16.

[49] Zu letzterem *Schiefler* UFITA 48 (1966), 81 (87 f.).

[50] → Rn. 7 ff.

[51] Vgl. RegE BT-Drs. IV/270, 40 sowie allgM.

[52] Siehe LG Leipzig ZUM 2006, 883 (885) – Glockenzier.

[53] MwN → Rn. 14.

[54] BeckOK/*Ahlberg* UrhG § 6 Rn. 17.

[55] *Schiefler* UFITA 48 (1966), 81 (90).

[56] → Vor §§ 120 ff. Rn. 120 ff.

haltlich national unterschiedlicher Regeln über die Voraussetzungen der Veröffentlichung, überall als veröffentlicht anzusehen.[57]

d) Der **Zeitpunkt** der Zugänglichkeit ist für den Status eines Werkes als veröffentlichtes Werk nur **19** insofern von Bedeutung, als von ihm ab dieser Status gegeben ist. Wird ein Werk später erneut der Öffentlichkeit zugänglich gemacht, zB auch auf andere Weise oder in erweitertem Umfang, so ändert das diesen Status und auch den maßgeblichen Zeitpunkt zB für die Berechnung der Schutzdauer des Werkes in den Fällen der §§ 66 Abs. 1 und 67 nicht.[58]

e) Der **Status** eines Werkes als veröffentlichtes Werk ist **nicht umkehrbar.** Er kann weder durch **20** spätere tatsächliche Ereignisse, wie sein Schwinden aus dem Gedächtnis der Öffentlichkeit, noch durch Maßnahmen des Urhebers, wie einen Widerruf der Zustimmung zur Veröffentlichung, nachträglich wieder beseitigt werden.[59] Ein Werk, das durch Verbreitung von Werkexemplaren veröffentlicht worden ist, kann auch durch Rückerwerb aller Exemplare durch den Urheber nicht wieder zu einem unveröffentlichten Werk werden. Auch durch Befristung der Zustimmung kann dieses Ergebnis für während der Frist veröffentlichte Werke nicht erreicht werden.[60]

f) Ein Werk kann als Ganzes oder hinsichtlich einzelner **Werkteile** der Öffentlichkeit zugänglich **21** gemacht werden; in letzterem Fall wird es auf diese Teile beschränkt zu einem veröffentlichten Werk.[61] Dies ist insbesondere von Bedeutung für mehrbändige Werke sowie für in **Fortsetzung** in Zeitschriften oder Zeitungen veröffentlichte Romane und für im Hörfunk oder Fernsehen in Fortsetzung gesendete Werke. Der Status des veröffentlichten Werkes kommt hier nur den jeweils veröffentlichten Werkteilen zu. Die unterschiedlichen Zeitpunkte der Veröffentlichung[62] können für die Berechnung der Schutzdauer nach § 66 Abs. 1 von Bedeutung sein. Sogar für sog. Lieferungswerke, die in inhaltlich nicht abgeschlossenen Teilen veröffentlicht werden, berechnet sich die Schutzfrist nach dem Zeitpunkt der Veröffentlichung jeder Lieferung gesondert (§ 67).

g) Wird nur eine **Bearbeitung** eines Werkes, zB die **Übersetzung** eines Romans oder ein nach **22** einem Roman hergestelltes Filmwerk, der Öffentlichkeit zugänglich gemacht, so ist jedenfalls die Bearbeitung als ihrerseits schutzfähiges Werk (§ 3) ein veröffentlichtes Werk. Zugleich sind aber auch die in die Bearbeitung übernommenen schutzfähigen Elemente des Originalwerks, zB die schöpferischen inhaltlichen Elemente des Romans, der Öffentlichkeit zugänglich gemacht und daher veröffentlicht; im Falle der Übersetzung wäre lediglich die ursprüngliche Sprachform des Romans noch unveröffentlicht.[63] Vgl. auch → Rn. 45 zur gleichen Frage beim Erscheinen.

h) Entsprechend dem zur Veröffentlichung schutzfähiger Elemente des Originalwerks durch Veröf- **23** fentlichung einer Bearbeitung Gesagten[64] können solche Elemente auch durch eine öffentliche Mitteilung oder **Beschreibung des Inhalts** eines Werkes iSd § 12 Abs. 2 veröffentlicht iSd § 6 Abs. 1 werden.[65] Eine bloße öffentliche **Vorstellung** eines Werkes ohne Mitteilung geschützter Werkelemente und eine Presseberichterstattung über diesen Vorgang führen aber noch nicht zu einer Veröffentlichung des Werkes.[66]

4. Zustimmung des Berechtigten

a) Damit ein Werk zu einem veröffentlichten Werk iSd § 6 Abs. 1 wird, muss es **mit Zustim-** **24** **mung des Berechtigten** der Öffentlichkeit zugänglich gemacht worden sein. Dieses Erfordernis entspricht der Anerkennung des Veröffentlichungsrechts des Urhebers durch § 12. Wie diese Bestimmung dem Urheber das Urheberpersönlichkeitsrecht der Erstveröffentlichung seines Werkes als Grundnorm des Urheberrechtsschutzes[67] zuweist, so dürfen auch die an den Status eines Werkes als veröffentlichtes Werk anknüpfenden Rechtsfolgen[68] nur eintreten, wenn der Urheber der Veröffentlichung zugestimmt hat. An einer Zustimmung zur Veröffentlichung fehlt es, wenn der Urheber nur eine **nicht-öffentliche Verwendung** seines Werkes gestattet hat.[69] **Keiner Zustimmung** bedarf eine Veröffentlichung **nach Ablauf der Schutzdauer.**[70]

b) Die **Zustimmung** kann als Einwilligung iSd § 183 S. 1 BGB vor oder als Genehmigung iSd **25** § 184 Abs. 1 BGB nach dem Zeitpunkt erteilt werden, in dem das Werk der Öffentlichkeit zugäng-

---

[57] *Schiefler* UFITA 48 (1966), 81 (90).
[58] *Schiefler* UFITA 48 (1966), 81 (90).
[59] Vgl. *Schiefler* UFITA 48 (1966), 81 (89 ff.).
[60] *Schiefler* UFITA 48 (1966), 81 (89).
[61] Fromm/Nordemann/*A. Nordemann* UrhG § 6 Rn. 26; zur gleichgelagerten Frage des Erscheinens nur von Werkteilen siehe auch. OLG München UFITA 41 (1964), 211 (215 f.) – Ilja Ehrenburg.
[62] → Rn. 19.
[63] BHGZ 141, 267 (271 f.) – Laras Tochter; Dreier/Schulze/*Dreier* UrhG § 6 Rn. 8; BeckOK/*Ahlberg* UrhG § 6 Rn. 11; Wandtke/Bullinger/*Marquardt* Rn. 17, 20.
[64] → Rn. 22.
[65] Ebenso Dreier/Schulze/*Dreier* UrhG § 6 Rn. 8.
[66] Siehe OLG Zweibrücken GRUR 1997, 363 (364) – Jüdische Friedhöfe.
[67] → § 12 Rn. 1.
[68] → Rn. 3.
[69] Siehe LG Leipzig ZUM 2006, 883 (885) – Glockenzier.
[70] Siehe LG München I ZUM-RD 2007, 212 (214) – Rudolf Steiner-Vorträge.

lich gemacht wird.[71] Im letzteren Falle tritt der Veröffentlichungsstatus des Werkes rückwirkend ein.[72] Eine mündliche oder stillschweigende Zustimmung reicht aus.[73]

26   Werden vom Urheber an die Zustimmung geknüpfte **Bedingungen,** zB hinsichtlich des Ortes, der Zeit oder der Art und Weise, in der das Werk der Öffentlichkeit zugänglich gemacht werden soll, bei der Veröffentlichung nicht beachtet, so fehlt die Zustimmung, und das Werk wird nicht zu einem veröffentlichten Werk iSd § 6 Abs. 1.[74] Das gleiche gilt bei einer **Befristung** der Zustimmung und nach Ablauf der Frist erfolgter Veröffentlichung, nicht aber für während der Frist veröffentlichte Werke.[75] Gibt der Urheber seine Zustimmung nur für die Veröffentlichung von **Teilen eines Werkes,** so bleiben die davon nicht betroffenen Werkteile unveröffentlicht, auch wenn sie der Öffentlichkeit (abredewidrig) tatsächlich zugänglich gemacht werden.[76]

27   **c)** Die Zustimmung muss durch den **Berechtigten** erklärt werden. Berechtigte sind primär der Urheber und im Falle seines Todes seine Rechtsnachfolger iSd §§ 28, 29. Die Frage, ob auch Dritte, insbes. Erwerber von Nutzungsrechten iSd §§ 31 ff., Zustimmungsberechtigte iSd § 6 Abs. 1 sein können, ist zu bejahen, da der Urheber die Zustimmungsbefugnis trotz ihres urheberpersönlichkeitsrechtlichen Charakters Dritten jedenfalls zur Ausübung überlassen kann.[77] Zu beachten ist jedoch, dass der Urheber die Zustimmung iSd § 6 Abs. 1 auch bereits selbst bei Abschluss eines entsprechenden Nutzungsvertrages oder später bei Erklärung der Veröffentlichungsreife des Werkes gegenüber dem Inhaber des Nutzungsrechts erklären kann und – entsprechend dem zur Ausübung des Veröffentlichungsrechts iSd § 12 Abs. 1 Gesagten[78] – idR wird erklärt, so dass eine Überlassung der Zustimmungsbefugnis an Dritte zur Ausübung nur in Ausnahmefällen anzunehmen ist.[79] Bindend sind entsprechende Absprachen allerdings nur, wenn die Absprache ausdrücklich oder durch Auslegung erkennen lässt, in welchem Umfang der Vertragspartner über das „Ob und Wie" der Veröffentlichung entscheiden darf, das heißt, wenn die Modalitäten der Veröffentlichung selbst oder der Ausübung des Zustimmungsrechts dergestalt spezifiziert sind, dass der Urheber die Folgen der Absprache im Voraus erkennen kann.[80]

28   **d)** Stellt der **Eigentümer** eines **Originals eines Werkes der bildenden Künste** dieses in einer dem speziellen Öffentlichkeitsbegriff des § 6 Abs. 1[81] entsprechenden Weise aus und hat der Urheber sich das Ausstellungsrecht bei Veräußerung des Originals nicht ausdrücklich vorbehalten, so wird das betreffende Werk im Hinblick auf § 44 Abs. 2 spätestens durch diese Ausstellung zu einem veröffentlichten Werk.[82] Die vorbehaltlose Veräußerung des Werkoriginals gem. § 44 Abs. 2 impliziert auch die Zustimmung zur Veröffentlichung iSd § 6 Abs. 1.[83]

III. Erschienene Werke (§ 6 Abs. 2 S. 1)

1. Reichweite und Merkmale der gesetzlichen Definition

29   **a)** Die gesetzliche Definition des Erscheinens eines urheberrechtlich schutzfähigen **Werkes** gilt in gleicher Weise für die durch **verwandte Schutzrechte** geschützten Leistungen.[84] Sie ist in Bezug auf alle Bestimmungen des UrhG, in denen auf das Erscheinen abgestellt wird, **einheitlich auszulegen,** und zwar unabhängig davon, ob das Erscheinen nach dem unter → Rn. 4 Gesagten schutzbegründend oder schutzbeschränkend wirkt.[85]

30   **b)** Das Erscheinen eines Werkes iSd § 6 Abs. 2 stellt eine spezielle **qualifizierte Form der Veröffentlichung** iSd § 6 Abs. 1 dar,[86] so dass ein erschienenes Werk stets auch ein veröffentlichtes Werk ist.[87] Hauptmerkmal des Erscheinens ist, dass ein Werk der Öffentlichkeit **in verkörperter Form**

---

[71] RegE BT-Drs. IV/270, 40; BeckOK/*Ahlberg* UrhG § 6 Rn. 25a; Wandtke/Bullinger/*Marquardt* § 6 Rn. 15.
[72] *Schiefler* UFITA 48 (1966), 81 (89).
[73] BeckOK/*Ahlberg* UrhG § 6 Rn. 25a.
[74] Fromm/Nordemann/*A. Nordemann* UrhG § 6 Rn. 29.
[75] → Rn. 20; dort auch zum **Widerruf** der Zustimmung.
[76] Fromm/Nordemann/*A. Nordemann* UrhG § 6 Rn. 27; → Rn. 21.
[77] Mittlerweile so auch BeckOK/*Ahlberg* UrhG § 6 Rn. 22.
[78] → § 12 Rn. 16–21.
[79] Vgl. → § 12 Rn. 16.
[80] Hierzu ausführlich *Metzger* 203 f.
[81] → Rn. 7 ff.
[82] Im Ergebnis übereinstimmend BeckOK/*Ahlberg* UrhG § 6 Rn. 25a.
[83] → § 12 Rn. 20 zur Parallele der Ausübung des Veröffentlichungsrechts des § 12 Abs. 1 im Falle des § 44 Abs. 2.
[84] RegE BT-Drs. IV/270, 40, 92, 97; BGH GRUR 1981, 360 (361) – Erscheinen von Tonträgern, zu §§ 76 Abs. 2, 86 aF; OLG Düsseldorf GRUR 2006, 673 (674) – Motezuma I; OLG Düsseldorf ZUM 2007, 386 (387 f.) – Motezuma II, zu § 71; OLG Hamburg AfP 1983, 347 (348) – Lech Walesa, zu § 72.
[85] Dreier/Schulze/*Dreier* § 71 Rn. 5; *Götting*/Lauber-Rönsberg S. 26 f.; *Götting*/Lauber-Rönsberg GRUR 2006, 638 (640); BeckOK/*Lauber-Rönsberg* UrhG § 71 Rn. 12; *Rüberg* ZUM 2006, 122 (124); Wandtke/Bullinger/*Thum* UrhG § 71 Rn. 10; → § 71 Rn. 8.
[86] RegE BT-Drs. IV/270, 40.
[87] → Rn. 14.

zugänglich gemacht wird. Darin liegt im Vergleich mit einem nur veröffentlichten Werk iSd § 6 Abs. 1 eine stärkere Verselbständigung des Werkes gegenüber dem Urheber. Auch ist die zahlenmäßig ausreichende Verbreitung in verkörperter Form kaum noch rückgängig zu machen. Dies bildet die innere Rechtfertigung dafür, dass das Urheberrecht an erschienenen Werken weitergehenden gesetzlichen Schranken unterliegt als an nur veröffentlichten Werken;[88] auf das Merkmal der öffentlichen Zugänglichkeit in verkörperter Form kann für das Erscheinen auch in den Fällen nicht verzichtet werden, in denen ein Interesse an körperlicher Festlegung eines Werkes fehlt.[89]

Das Erscheinen eines Werkes kann sowohl durch das Inverkehrbringen als auch schon durch das öf- **31** fentliche Angebot von Vervielfältigungsstücken bewirkt werden. Auch im letzteren Fall muss aber die Herstellung der Vervielfältigungsstücke dem öffentlichen Angebot vorausgehen; stets muss es sich um eine „zur Deckung des normalen Bedarfs genügende Anzahl" von Vervielfältigungsstücken handeln.[90] Voraussetzung des Erscheinens ist im Übrigen wie bei der Veröffentlichung iSd § 6 Abs. 1 die Zustimmung des Berechtigten.

2. Angebot an die Öffentlichkeit oder Inverkehrbringen von Vervielfältigungsstücken

a) Vervielfältigungsstücke iSd § 6 Abs. 2 sind nicht nur, dem Ursprung des Begriffs des Erschei- **32** nens im Verlagsbuchhandel entsprechend, die gedruckten Werkexemplare von Schrift-, Kunst- und Musikwerken, sondern Werkverkörperungen jeder Art. Es gilt der umfassende Vervielfältigungsbegriff des § 16. Danach kommt es weder auf das verwendete Vervielfältigungsverfahren noch darauf an, ob die Vervielfältigungsstücke die unmittelbare, geräteunabhängige Wahrnehmung des Werkes durch den Menschen gestatten oder nicht.[91] Daher sind zB auch von Hand gefertigte Abschriften,[92] reprographische Kopien, Mikrofilme, Fotografien und Abzüge davon, Filmkopien,[93] Schallplatten, Tonbänder,[94] elektromagnetische und digitale Bild- und Tonträger, Datenträger etc Vervielfältigungsstücke iSd § 6 Abs. 2 (allgM). Dagegen verlangt Art. VI WUA für eine dem deutschen Rechtsbegriff des Erscheinens entsprechende Veröffentlichung („publication") iS dieses Abkommens[95] öffentliche Zugänglichkeit des Werkes durch Werkstücke („copies"), „die es gestatten, das Werk zu lesen oder sonst mit dem Auge wahrzunehmen".

§ 6 Abs. 2 S. 2 unterscheidet bezüglich des Erscheinens eines Werkes der bildenden Künste zwi- **33** schen dem Original und einem Vervielfältigungsstück.[96] Gleichwohl ist sinngemäß anzunehmen, dass der Begriff der Vervielfältigungsstücke iSd § 6 Abs. 2 S. 1 auch **Mehrfachoriginale** von Werken der Musik,[97] der Druckgraphik sowie von im Abgussverfahren hergestellten plastischen Werken umfasst.[98] Richtiger spricht daher die Parallelbestimmung des § 9 Abs. 1 des öUrhG vom Erscheinen durch Feilhalten oder Inverkehrbringen von „Werkstücken", wie auch weder RBÜ[99] noch WUA (Art. VI) insoweit zwischen Originalen und Vervielfältigungsstücken unterscheiden.[100]

b) Die Begriffe des **Angebots an die Öffentlichkeit** und des **Inverkehrbringens** in § 6 Abs. 2 **34** S. 1 sind grundsätzlich im gleichen Sinne zu verstehen wie in § 17 Abs. 1 für das Verbreitungsrecht.[101] Eine engere und damit von § 17 UrhG abweichende Bestimmung des Begriff der „Öffentlichkeit" ist aus den gleichen Gründen abzulehnen wie bei § 6 Abs. 1.[102]

Nicht erschienen ist demzufolge ein auch für den Buchmarkt geeignetes und bestimmtes Bühnen- **35** stück, wenn Werkexemplare lediglich an Bühnen versandt werden.[103] Bei erheblichem Publikumsinteresse am Erwerb von Vervielfältigungsstücken eines Werkes wird dessen Erscheinen nicht dadurch bewirkt, dass einzelne Werkexemplare bei staatlichen Stellen hinterlegt, in Bibliotheken eingestellt und an Veranstalter und Beteiligte einer Uraufführung versandt werden.[104] Nicht erschienen ist ein Werk mangels freier Zugänglichkeit für die Allgemeinheit auch, wenn die Berufungsschrift eines Anwalts zur Gerichtsakte eingereicht, in einer öffentlichen Verhandlung verlesen und als Stasi-Unterlage

---

[88] → Rn. 3 f.

[89] Vgl. BGHZ 38, 356 (359 f.) – Fernsehwiedergabe von Sprachwerken.

[90] RegE BT-Drs. IV/270, 40; → Rn. 39 ff., 42.

[91] → § 16 Rn. 6 ff., 16 ff., 25 ff.

[92] Vgl. OLG Düsseldorf GRUR 2006, 673 (675) – Motezuma I, bestätigt in OLG Düsseldorf ZUM 2007, 386 (388) – Motezuma II.

[93] Vgl. BGH GRUR-Int 1973, 49 (51) – Goldrausch, zu Art. 4 Abs. 4 RBÜ Berliner Fassung.

[94] Vgl. BGH GRUR 1981, 360 (361 f.) – Erscheinen von Tonträgern.

[95] → Rn. 4.

[96] Zur gleichen Unterscheidung in anderen Bestimmungen des UrhG → § 26 Rn. 25.

[97] Notenmaterial, s. BGH ZUM 2009, 770 (772 f.) – Motezuma.

[98] Zum Originalbegriff insoweit → § 26 Rn. 27–29; im Ergebnis ebenso *Gerstenberg* Anm. 5; aA *Bueb* S. 55; *Schiefler* UFITA 48 (1966), 81 (93).

[99] Art. 3 Abs. 3 Pariser Fassung.

[100] Eine Anpassung des § 6 Abs. 2 S. 1 de lege ferenda empfiehlt *Bueb* S. 156.

[101] → § 17 Rn. 7–16; zum Erscheinen in Form des Angebots an die Öffentlichkeit durch Ausstellung auf einer Messe s. OLG Frankfurt a. M. GRUR 1994, 49 (51) – Mackintosh-Möbel.

[102] → Rn. 8; anders noch → 4. Aufl. 2010, Rn. 34.

[103] RGZ 111, 14 (21 f.) – Strindberg; aber auch → Rn. 37.

[104] OLG München GRUR 1983, 295 (297) – Oper Tosca; vom BGH in BGHZ 95, 229 (237) – Puccini – bestätigt, zu Art. 3 Abs. 3 RBÜ Pariser Fassung.

bei der sog. Gauck-Behörde unter bestimmten Voraussetzungen einsehbar ist[105] oder ein Werk in der ehem. Sowjetunion lediglich im sog. Samisdat zirkulierte.[106]

36   Anders als bei § 17 Abs. 1[107] ist ein Angebot zum Erwerb bzw. ein Inverkehrbringen durch Veräußerung nicht erforderlich. Es genügen Angebote zur **Miete** oder **Leihe** bzw. Vermietungen und Ausleihungen.[108] Ein Werk der Musik kann daher zB auch durch Verleih des Notenmaterials für Aufführungen erscheinen.[109] Filmwerke können durch Inverleihgabe der Filmkopien erscheinen.[110]

37   Aus den soeben zur Leihe und Miete genannten Beispielen folgt zugleich: Es ist kein unabdingbares Erfordernis des Erscheinens, dass die Vervielfältigungsstücke nach dem Vorbild des herkömmlichen Buch-, Zeitschriften und Musikalienhandels unmittelbar der Öffentlichkeit, dh der **Endverbraucherschaft,** angeboten bzw. an sie veräußert oder sonst übergeben werden. Es kann genügen, dass dies gegenüber **Werkvermittlern,** wie Veranstaltern von Aufführungen, Sendeunternehmen oder Filmtheatern, geschieht, wenn hierdurch „die Vervielfältigungsstücke der Verwertung in der Öffentlichkeit zugeführt werden und hierzu alles Erforderliche in die Wege geleitet wird".[111] Daher erscheinen über den Handel an den Endabnehmer verbreitete Werke bereits mit dem Angebot bzw. der Veräußerung von Seiten des Herstellers, zB des Verlags oder Tonträgerproduzenten, an den Handel[112] sowie musikalische Werke auf Tonträgern, die zum Abspielen nur mittels professioneller Geräte geeignet und bestimmt sind, durch „Bemusterung" von Rundfunk- und Fernsehanstalten, Filmherstellern und Werbeunternehmen mit dem Ziel der Vermittlung des Werkes gegenüber der breiteren Öffentlichkeit. Selbst bei auch für den allgemeinen Schallplattenmarkt bestimmten, aber so nur eng begrenzt absetzbaren Platten kann bereits eine derartige Verbreitung an Vermittler das Erscheinen der betreffenden Werke bewirken. Gleiches gilt aber nicht für Vervielfältigungsstücke, die Sendeunternehmen zur Erleichterung ihres eigenen Sendebetriebs herstellen, da es sich hier um einen rein **innerbetrieblichen Vorgang** handelt.[113]

38   Ob ein Werk unter dem Gesichtspunkt eines ausreichenden Angebots an die Öffentlichkeit bzw. Inverkehrbringens von Vervielfältigungsstücken erschienen ist, ist somit für jeden Einzelfall unter Beachtung der Werkart, der Verwertungsart und Vertriebsform zu entscheiden.[114]

3. Genügende Anzahl von Vervielfältigungsstücken

39   Die Umstände des Einzelfalls nach Art des Werkes und seiner Verwertung entscheiden auch darüber, wie viele Vervielfältigungsstücke dem Erfordernis einer **genügenden Anzahl** iSd § 6 Abs. 2 S. 1 entsprechen; entscheidend ist, ob „dem interessierten Publikum ausreichend Gelegenheit zur Kenntnisnahme des Werkes" gegeben wird.[115] Die AmtlBegr.[116] sowie Art. 3 Abs. 3 S. 1 RBÜ (Pariser Fassung) verlangen im gleichen Sinne, dass die Vervielfältigungsstücke „zur Deckung des normalen Bedarfs" ausreichen.

40   So ließ das RG[117] in einer auch rechtlichen Sondersituation sieben Exemplare einer **Notausgabe** von Dramen Strindbergs für das Erscheinen genügen, stellte dem wenige Stücke eines **Liebhaberdrucks** mit besonderer Ausstattung gleich, hielt aber den **Versand** einer größeren Anzahl von Exemplaren eines einzelnen Dramas **nur an Bühnen** nicht für ausreichend.[118] Eine Mehrzahl von Vervielfältigungsstücken, im Gegensatz zu „einer ein förmlichen Ausfolgung einiger weniger Stücke", bestimmt zur Veräußerung an die Lesewelt, forderte das RG[119] für das Erscheinen von **Romanen.** Für das Erscheinen des Romans „August Vierzehn" von Solschenizyn in russischer Sprache in Frankreich genügten jedenfalls zuerst 5000, dann 20 000 Exemplare.[120] **Italienische Opernmusik** konnte

---

[105] So LG Hamburg ZUM-RD 1999, 208 (209) – Der Fall Havemann.
[106] BGHZ 64, 183 (188) – August Vierzehn zu Art. 4 Abs. 4 RBÜ Brüsseler Fassung; s. ferner die Beispiele unter → Rn. 14.
[107] → § 17 Rn. 8, 14.
[108] RegE BT-Drs. IV/270, 40 und allgM.
[109] RegE BT-Drs. IV/270, 40; BGHZ 64, 164 (168) – TE DEUM; sa BGH ZUM 2009, 770 (773) – Motezuma.
[110] RegE BT-Drs. IV/270, 40; BGH GRUR-Int 1973, 49 (51) – Goldrausch zu Art. 4 Abs. 4 RBÜ Berliner Fassung.
[111] BGH GRUR 1981, 360 (362) – Erscheinen von Tonträgern; BGH ZUM 2009, 770 (773) – Motezuma; OLG Frankfurt a. M. ZUM 1996, 697 (701) – Yellow Submarine.
[112] BGH GRUR 1981, 360 (362) – Erscheinen von Tonträgern; OLG Frankfurt a. M. ZUM 1996, 697 (701) – Yellow Submarine.
[113] Zum Vorstehenden insgesamt BGH GRUR 1981, 360 (362) – Erscheinen von Tonträgern; OLG Frankfurt a. M. ZUM 1996, 697 (701) – Yellow Submarine.
[114] BGH GRUR 1981, 360 (362) – Erscheinen von Tonträgern; BGH ZUM 2009, 770 (773) – Motezuma; OLG Frankfurt a. M. ZUM 1996, 697 (701 f.) – Yellow Submarine.
[115] BGH GRUR 1981, 360 (362) – Erscheinen von Tonträgern; ähnlich die Vorinstanz OLG Hamburg GRUR 1979, 114 (116), Tonträgervervielfältigung; OLG München GRUR 1983, 295 (297) – Oper Tosca – bestätigt durch BGHZ 95, 229 (237) = GRUR 1986, 69 – Puccini; OLG Düsseldorf GRUR 2006, 673 (676) – Motezuma I; OLG Düsseldorf ZUM 2007, 386 (387 f.) – Motezuma II; BGH ZUM 2009, 770 (773) – Motezuma; RGZ 111, 14 (18 f.) – Strindberg.
[116] BT-Drs. IV/270, 40.
[117] RGZ 111, 14 (18 f., 21) – Strindberg.
[118] Zu Letzterem → Rn. 35.
[119] RGZ 130, 11 (19) – Emile Zola; zust. OLG München UFITA 41 (1964), 211 – Ilja Ehrenburg.
[120] BGHZ 64, 183 (186 f.) – August Vierzehn.

in der ersten Hälfte des **18. Jahrhunderts** dadurch erscheinen, dass an Interessenten von Hand gefertigte **Abschriften** veräußert wurden. Diese wurden von Kopisten auf Bestellung hergestellt, und zwar auf der Grundlage sog. „Originale", die, ebenfalls handschriftlich, nach den Autografen der Komponisten gefertigt wurden und bei den aufführenden Theatern verblieben. Diese Praxis deckte den entscheidenden Bedarf der interessierten Kreise.[121] Bei **Tonträgern,** die nur für **institutionelle Vermittler** bestimmt sind,[122] genügen für das Erscheinen etwa 50 Stück. Das gleiche gilt für primär solchen Vermittlern angebotene Schallplatten, selbst wenn diese auch auf dem allgemeinen Schallplattenmarkt vertrieben werden,[123] nicht aber, wenn von Tonträgern, die bei erheblicher Nachfrage für ein breites Publikum bestimmt sind, zunächst nur so viele Stücke produziert werden, wie für die „Bemusterung" von Medienvertretern erforderlich sind.[124] Der BGH[125] erachtete für das Erscheinen eines Filmwerks in Kanada im Jahre 1925 acht dort für den Verleih an Filmtheater zur Verfügung stehende **Filmkopien** für ausreichend.[126] Beim Verleih von musikalischem **Aufführungsmaterial** können ebenfalls schon einige wenige Vervielfältigungsstücke genügen,[127] bei selten gespielten großen Orchesterwerken uU sogar schon ein einziges Exemplar.[128] Dem werden gleichgestellt das Angebot eines einzigen oder einiger weniger **Ampex-Bänder eines Filmes** an **Fernsehunternehmen.**[129] Nicht ausreichend aber wäre der Verleih einer einzigen Filmkopie nur zur Vorführung anlässlich eines **Filmfestivals,**[130] die Zurverfügungstellung nur einiger weniger Exemplare von **musikalischen Noten** bei erheblichem Publikumsinteresse an deren Erwerb[131] oder die Einreichung eines Anwaltsschriftsatzes bei Gericht oder einer Behörde.[132]

Das Schrifttum folgt überwiegend der relativierenden Deutung des Merkmals der genügenden Anzahl von Vervielfältigungsstücken durch die Rechtsprechung.[133] Wenn verschiedentlich für **Bücher** und zT auch für **Tonträger** in Anlehnung an die Zahl der wichtigsten zur Ausleihe zur Verfügung stehenden Bibliotheken und die Zahl der sog. Pflichtexemplare von Dissertationen ohne Unterscheidung zwischen den verschiedenen Arten von Schriftwerken, wie belletristischen und wissenschaftlichen Werken, angenommen wird, hier reichten stets etwa **50 Exemplare** für das Erscheinen aus, so ist dies als zu schematisch abzulehnen.[134]   **41**

4. Herstellung der für das Erscheinen erforderlichen Vervielfältigungsstücke vor dem Angebot

Beim Erscheinen eines Werkes durch Inverkehrbringen der erforderlichen Anzahl von Vervielfältigungsstücken geht deren Herstellung dem Inverkehrbringen der Natur der Sache nach voraus. Nach § 6 Abs. 2 S. 1 setzt jedoch auch das Erscheinen eines Werkes durch Angebot an die Öffentlichkeit voraus, dass die Vervielfältigungsstücke **schon hergestellt worden sind.** Diese gesetzliche Regelung entspricht der zum Verbreitungsrecht (§ 17 Abs. 1) häufig vertretenen, in dieser Bestimmung aber nicht gesetzlich niedergelegten und auch nicht mehr haltbaren Auffassung, dass eine Werkverbreitung durch öffentliches Angebot schon vorhandene Werkexemplare voraussetze.[135] Für den Begriff des Erscheinens eines Werkes aber ist von der ausdrücklichen gesetzlichen Regelung auszugehen. Daher führt etwa eine an die Öffentlichkeit gerichtete Werbeaufforderung, Bücher zu subskribieren, mit deren Herstellung aber noch bis zum Eingang einer ausreichenden Anzahl von Bestellungen zugewartet wird, noch nicht zum Erscheinen des betreffenden Werkes.[136] Ein solches Werk erscheint erst, wenn die bestellten Bücher hergestellt sind. Entsprechendes gilt, wenn von Tonträgern, die für ein breites Publikum bestimmt sind und bei denen mit einer erheblichen Nachfrage zu rechnen ist, zunächst nur so viele Exemplare hergestellt werden, wie sie für eine „Bemusterung" von Medienvertretern erforderlich sind.[137]   **42**

---

[121] Siehe OLG Düsseldorf GRUR 2006, 673 (674, 676) – Motezuma I, bestätigt in OLG Düsseldorf ZUM 2007, 386 (387 f.) – Motezuma II; BGH ZUM 2009, 770 (773 f.) – Motezuma.
[122] → Rn. 37.
[123] BGH GRUR 1981, 360 (362) – Erscheinen von Tonträgern.
[124] Siehe OLG Frankfurt a. M. ZUM 1996, 697 (702) – Yellow Submarine.
[125] BGH GRUR-Int 1973, 49 (51) – Goldrausch.
[126] Ebenso das SchweizBG GRUR-Int 1972, 25 (27) – Goldrausch im schweiz. Parallelverfahren.
[127] BGHZ 64, 164 (168) – TE DEUM.
[128] Siehe auch BGH ZUM 2009, 770 (773) – Motezuma.
[129] *Nordemann/Vinck/Hertin* RBÜ Art. 3/4 Rn. 2.
[130] *Masouyé,* Kommentar zur Berner Übereinkunft, 1981, Art. 3 Anm. 3.6.
[131] OLG München GRUR 1983, 295 (297) – Oper Tosca, bestätigt durch BGHZ 95, 229 (237) = GRUR 1986, 69 – Puccini; zur Abgrenzung s. BGH ZUM 2009, 770 (773 f.) – Motezuma.
[132] → Rn. 35.
[133] *Gerstenberg* Anm. 6; BeckOK/*Ahlberg* UrhG § 6 Rn. 30; Dreier/Schulze/*Dreier* UrhG § 6 Rn. 15; HK-UrhR/*Dreyer* UrhG § 6 Rn. 64; Wandtke/Bullinger/*Marquardt* UrhG § 6 Rn. 64.
[134] Wie hier insbes. Dreier/Schulze/*Dreier* UrhG § 6 Rn. 15; BeckOK/*Ahlberg* UrhG § 6 Rn. 32; Wandtke/Bullinger/*Marquardt* UrhG § 6 Rn. 33.
[135] Dazu → § 17 Rn. 10.
[136] BeckOK/*Ahlberg* UrhG § 6 Rn. 29; *Schiefler* zum Printing on Demand; s. auch OLG Frankfurt a. M. BeckRS 2015, 15366 Rn. 9.
[137] Siehe OLG Frankfurt a. M. ZUM 1996, 697 (701 f.) – Yellow Submarine.

5. Sonstige Fragen: Art und Weise, Ort, Zeitpunkt und Unumkehrbarkeit des Erscheinens, Werkteile, Fortsetzungen, Bearbeitungen, Beschreibungen, Zustimmung des Berechtigten

43   **a)** Die hier zusammengefassten Fragen des Erscheinens sind grundsätzlich entsprechend dem zu den veröffentlichten Werken Gesagten[138] zu beantworten. Der **Zeitpunkt** des Erscheinens, der uU auf den Tag genau geklärt werden muss,[139] ist danach zu bestimmen, wann die unter → Rn. 32 ff. genannten Voraussetzungen sämtlich frühestens erfüllt worden sind. Ein Erscheinen vor Inkrafttreten des § 6 Abs. 2 oder **irgendwann** in der **Vergangenheit** genügt.[140]

44   **b)** Wie bei der Veröffentlichung ist auch für das Erscheinen als solches der **Ort**, an dem die Voraussetzungen des § 6 Abs. 2 S. 1 erfüllt werden, grundsätzlich ohne Bedeutung.[141] Etwas anderes gilt für andere Bestimmungen, die an das Erscheinen eines Werkes in einem bestimmten Land besondere Rechtsfolgen knüpfen. Insoweit ergibt sich aus der Formulierung des § 6 Abs. 2 S. 1, dass es nicht auf den Ort der Herstellung der Vervielfältigungsstücke, sondern auf den ihres Inverkehrbringens oder öffentlichen Angebots ankommt.[142] Bei **Büchern** und **Zeitschriften** verlangt die ältere Rechtsprechung für das Erscheinen in einem bestimmten Land einen dort gelegenen **Vertriebsmittelpunkt,** nämlich einen Verlag, einen Kommissionär oder eine sonstige zentrale „Ausfallstelle" für den Buchhandel und die Leser, im Gegensatz zu einer bloßen Verbreitung durch Buchhandlungen, die die Bücher aus dem Ausland beziehen, und zu „bloßen Scheinmaßnahmen, die sich nur als Verbreitung in das Inland hinein und nicht als Vertrieb vom Inland aus erweisen".[143] Entgegen einer Literaturansicht[144] ist diese Rechtsprechung nicht durch BGH-Entscheidung *Monumenta Germaniae Historica*[145] überholt, da hier nicht über die Frage des Erscheinens, sondern über die Verletzung des Verbreitungsrechts durch Import entschieden wurde. Es liegt nahe, das Ergebnis der Rechtsprechung auch auf Tonträger zu übertragen. Ob ihr weiter zu folgen ist, hat der BGH[146] offengelassen; er hat es aber abgelehnt, sie auf das Erscheinen von **Filmwerken** durch Verleih von Filmkopien an Lichtspieltheater[147] zu übertragen, und angenommen, dass es zum Erscheinen des Filmwerkes „Goldrausch" von Charlie Chaplin im Verbandsland Kanada der RBÜ ausreichte, dass der Filmverleih in diesem Land planmäßig und umfassend von den USA aus betrieben wurde.[148]

45   **c)** Ein Werk kann auch in **Teilen** bzw. in **Fortsetzungen** erscheinen, mit der Folge, dass jedem der Teile ein eigenes, sich auf das Erscheinen beziehendes rechtliches Schicksal zuwachsen kann.[149] Desgleichen kann ein Werk auch in Form einer **Bearbeitung** hinsichtlich seiner darin enthaltenen schutzfähigen Elemente erscheinen.[150] Daher konnte auch für den Roman „Dr. Schiwago" des russischen Autors Boris Pasternak der Rechtsschutz durch die RBÜ und das WUA durch erstmaliges Erscheinen des Werkes in Italien in italienischer Übersetzung begründet werden.[151] Eine bloße **Presseberichterstattung** über ein Werk ohne Mitteilung geschützter Werkelemente führt aber weder zu einer Veröffentlichung[152] noch zu einem Erscheinen des Werkes, über das berichtet wird.[153]

46   **d)** Zum Erfordernis der **Zustimmung des Berechtigten** gilt das zur Veröffentlichung Gesagte[154] entsprechend.[155] Erscheint ein Werk erstmals **nach Ablauf** seiner **Schutzdauer,** so kommt es für das Erscheinen iSd § 6 Abs. 2 auf die Zustimmung des Berechtigten nicht mehr an.[156]

---

[138] → Rn. 18–23.

[139] Vgl. BGH GRUR-Int 1973, 49 (51 f.) – Goldrausch; GRUR 1986, 69 (71) (2b aa) – Puccini, insoweit BGHZ 95, 229 (237), nicht abgedruckt; sa OLG Frankfurt a. M. ZUM 1996, 697 (701 f.) – Yellow Submarine.

[140] S. OLG Düsseldorf GRUR 2006, 673 (674) – Motezuma I, bestätigt in OLG Düsseldorf ZUM 2007, 386 (387 f.) – Motezuma II, sowie durch BGH ZUM 2009, 770 (772) – Motezuma, zu Opernmusik des 18. Jahrhunderts.

[141] S. OLG Düsseldorf GRUR 2006, 673 (674) – Motezuma I, bestätigt in OLG Düsseldorf ZUM 2007, 386 (387 f.) – Motezuma II; BGH ZUM 2009, 770 (772) – Motezuma, zu Abschriften von Opernmusik in Italien.

[142] RegE BT-Drs. IV/270, 40 und allgM.

[143] So RGZ 130, 11 (17, 19) – Emile Zola; sa RG GRUR 1909, 339 (340) – Mark Twain.

[144] Fromm/Nordemann/*A. Nordemann* UrhG § 6 Rn. 16.

[145] BGH GRUR 1980, 227 (229 f.) – Monumenta Germaniae Historica.

[146] BGH GRUR-Int 1973, 49 (51) – Goldrausch.

[147] Dazu → Rn. 36, 37.

[148] Im Ergebnis ebenso SchweizBG GRUR-Int 1972, 25 (27) – Goldrausch.

[149] Siehe OLG München UFITA 41 (1964), 211 (214 f.) – Ilja Ehrenburg – zum Erscheinen der Memoiren eines Schriftstellers in einer Literaturzeitschrift; → Rn. 21 zur Parallelfrage bei der Veröffentlichung.

[150] Auch → Rn. 22 sowie RG MuW 1915/16, 50 (51) (Gemälde als erschienenes Werk aufgrund Erscheinens von danach hergestellten Heliogravüren und Radierungen); BGHZ 64, 164 (168) – TE DEUM (Erscheinen eines Chor- und Orchesterwerks in Form einer speziellen Einrichtung für bestimmte Instrumente); BGHZ 95, 229 (237) – Puccini (Erscheinen einer Oper in Form von Klavierauszügen).

[151] Vgl. BHGZ 141, 267 (271 f.) – Laras Tochter.

[152] → Rn. 23.

[153] Siehe OLG Zweibrücken GRUR 1997, 363 (364) – Jüdische Friedhöfe.

[154] → Rn. 24–27.

[155] Zur Wirksamkeit der Zustimmung zum Erscheinen eines Werkes im Ausland (Frankreich) seitens eines russischen Autors (Solschenizyn) durch Vollmacht an einen Anwalt und unter Nichtbeachtung des staatlichen Außenhandelsmonopols der ehem. Sowjetunion s. BGHZ 64, 183 (187, 188 ff.) = GRUR 1975, 561 – August Vierzehn.

[156] Siehe LG München I ZUM-RD 2007, 212 (214) – Rudolf Steiner-Vorträge.

IV. Erschienene Werke der bildenden Künste (§ 6 Abs. 2 S. 2)

1. Für das Erscheinen von Werken der bildenden Künste gelten zunächst die **allgemeinen Regeln** 47 des § 6 Abs. 2 S. 1.[157] Werke der bildenden Künste, einschließlich solcher der Baukunst und der angewandten Kunst,[158] können daher zB auch in Form von Abbildungen in Büchern, von Ansichtskarten und Fotografien erscheinen, da auch diese Vervielfältigungsstücke sind.[159] Zum Problem der Mehrfachoriginale → Rn. 33.

2. Da Werke der bildenden Künste, insbes. solche der „reinen" Kunst, aber auch der Baukunst, üb- 48 licherweise der Öffentlichkeit in erster Linie durch die Ausstellung in Museen bzw. durch ihre Aufstellung an öffentlichen Plätzen auf Dauer zugänglich gemacht werden, bestimmt § 6 Abs. 2 S. 2 für solche Werke einen **zusätzlichen Erscheinenstatbestand.**[160] Sie gelten auch als erschienen, „wenn das Original oder ein Vervielfältigungsstück des Werkes mit Zustimmung des Berechtigten bleibend der Öffentlichkeit zugänglich ist". Es handelt sich hierbei um eine unwiderlegbare gesetzliche Fiktion.[161]

Bleibende **öffentliche Zugänglichkeit** umfasst nicht nur die Ausstellung in Museen, sondern 49 auch die Einstellung in ein Museumsmagazin.[162] Von einer auf Dauer angelegten, **bleibenden** öffentlichen Zugänglichkeit kann aber nicht gesprochen werden bei zeitlich befristeten Ausstellungen in Galerien oder privaten Leihgaben an Museen.[163] Auf die Unterscheidung zwischen **Original** und **Vervielfältigungsstück** (→ Rn. 33) kommt es bei § 6 Abs. 2 S. 2 nicht an, da eine bleibende öffentliche Zugänglichkeit sowohl des einen wie des anderen zum Erscheinen führt.[164]

V. Veröffentlichung, Erscheinen und digitale elektronische Medien

1. Digitale elektronische Medien

Für die modernen digitalen elektronischen Medien ist charakteristisch, dass ihre Inhalte, wie Texte, 50 Grafiken und Bilder aller Art, Musik und Filme, digital erfasst und gespeichert, gegebenenfalls auch digital über Funk oder Kabelnetze übertragen werden. Ihre bekanntesten **Erscheinungsformen** sind Musik-, Text- und Multimedia-CD-ROMs, Film-DVDs, der digitale Hörfunk und das digitale Fernsehen, Bildschirmtext,[165] Videotext,[166] Kabeltext, Online-Datenbanken für den Abruf von Informationen, Musik (music on demand) und Filmen (video on demand), das Internet als globales Computernetzwerk, Intranets als interne Netzwerke sowie die verschiedenen Dienste, die über Mobilfunknetze verbreitet werden. In Bezug auf alle diese und ähnliche Medien kann sich die Frage stellen, ob urheberrechtlich geschützte Werke und durch verwandte Schutzrechte geschützte Leistungen, die durch oder über sie verwertet werden und bis dahin noch nicht veröffentlicht oder erschienen waren, dadurch den Status eines veröffentlichten oder erschienenen Werkes bzw. einer entsprechenden Leistung erlangen. Für die Beurteilung dieser Frage ist es zweckmäßig, zwischen der digitalen Werk- und Leistungsverwertung einerseits in körperlicher Form durch **Vervielfältigung und Verbreitung von Festlegungsexemplaren**[167] und andererseits in unkörperlicher Form durch **Funk- oder Kabelübertragung** zu unterscheiden; im letzteren Fall kann weiter differenziert werden zwischen der Übertragung **zum Zugriff**[168] und **auf Abruf** (Bildschirmtext, Datenbankabruf).[169]

2. Veröffentlichung über digitale elektronische Medien (§ 6 Abs. 1)

Die Beurteilung **sämtlicher digitaler elektronischer Medien** unter dem Aspekt der Veröffentli- 51 chung (§ 6 Abs. 1) begegnet keinen besonderen Schwierigkeiten, weil hierfür lediglich die Zustimmung des Berechtigten[170] und das Zugänglichmachen des Werkes etc gegenüber der Öffentlichkeit[171] erforderlich sind und es nicht darauf ankommt, auf welche Art und Weise die Öffentlichkeit die Möglichkeit erhält, das Werk wahrzunehmen.[172] Es genügt daher auch das Zugänglichmachen mittels

---

[157] BeckOK/*Ahlberg* UrhG § 6 Rn. 40.

[158] Siehe § 2 Abs. 1 Nr. 4.

[159] → Rn. 32; Möhring/Nicolini/*Ahlberg* (2. Aufl.) UrhG § 6 Rn. 31.

[160] Siehe RegE BT-Drs. IV/270, 40; zur Geltung des § 6 Abs. 2 S. 2 auch für Werke der angewandten Kunst s. OLG Frankfurt a. M. GRUR 1994, 49 (51) – Mackintosh-Möbel.

[161] BeckOK/*Ahlberg* UrhG § 6 Rn. 41.

[162] Vgl. den Bericht des Rechtsausschusses des Deutschen Bundestags UFITA 46 (1966), 174 (176 f.).

[163] Fromm/Nordemann/*A. Nordemann* UrhG § 6 Rn. 25.

[164] Vgl. dagegen → Rn. 33 zu § 6 Abs. 2 S. 1.

[165] Interactive videotext.

[166] Non-interactive videotext.

[167] CD-ROMs, DVDs, Disketten, Bandkassetten.

[168] Digitaler Hörfunk, digitales Fernsehen, Videotext, Kabeltext.

[169] Hierzu aus der Sicht des elektronischen Publizierens Fiedler/*Katzenberger* S. 35, 39 ff.; Lehmann/*Katzenberger* Multimediarecht S. 219, 222 f.; 225 ff.

[170] → Rn. 24–28.

[171] → Rn. 6 ff.

[172] → Rn. 15, 16.

körperlicher oder unkörperlicher Medien in digitaler Form.[173] Dies gilt auch für die Einspeicherung in Online-Datenbanken, wenn diese öffentlich zugänglich sind; darauf, ob das in Frage stehende Werk auch tatsächlich abgerufen wird und wie oft dies geschieht, kommt es nicht an.[174]

52   Zweifelhaft unter dem Gesichtspunkt einer ausreichenden Öffentlichkeit sind lediglich die Fälle der digitalen elektronischen Verwertung gegenüber **geschlossenen Benutzergruppen.**[175] Als Richtschnur für die Beurteilung können die Grundsätze dienen, die für die traditionellen Formen der Werkverwertung gelten.[176] Danach hat zB die Eingabe eines Werkes in eine Datenbank, die nur über ein betriebs- oder institutsinternes Intranet nutzbar ist, eine Veröffentlichung nicht zur Folge.[177] Dasselbe gilt für Datenbanken, deren Nutzung auf andere Art und Weise auf ausgewählte Experten oder Interessenten beschränkt ist.[178]

3. Erscheinen über digitale elektronische Medien (§ 6 Abs. 2)

53   **a)** Die **Verbreitung** von digitalen elektronischen Produkten in **körperlichen Festlegungsexemplaren (CDs, CD-ROMs, DVDs etc)** an die Öffentlichkeit unterscheidet sich vom herkömmlichen Angebot und Vertrieb zB von Büchern und Tonträgern nur durch die digitale Form der Festlegung. Diese aber steht der Qualifizierung solcher Festlegungsexemplare als Vervielfältigungsstücke iSd § 6 Abs. 2 S. 1 nicht entgegen.[179] Werden sie nach ihrer Herstellung[180] in genügender Anzahl[181] der Öffentlichkeit angeboten oder in Verkehr gebracht,[182] so führt dies ohne Weiteres zum Erscheinen der darauf digital festgelegten Werke und der Träger selbst als Tonträger, Bildträger oder Bild- und Tonträger.[183]

54   **b)** Werden Werke oder Leistungen in digitaler Form mittels Funk- oder Kabelübertragung zum Zugriff oder auf Abruf **unkörperlich übertragen,** so führt dieser Vorgang als solcher nicht zum Erscheinen iSd § 6 Abs. 2 S. 1.[184] Auch **Ausdrucke beim Empfang durch die Endnutzer** oder sonstige körperliche Festlegungen der übertragenen Werke oder Leistungen solcher Art können selbst dann, wenn sie häufig vorgenommen werden, schon deshalb das Erscheinen nicht zur Folge haben, weil nach § 6 Abs. 2 S. 1 die Herstellung der Vervielfältigungsstücke dem Angebot an die Öffentlichkeit oder dem Inverkehrbringen vorausgehen muss.[185] Die letztere Bedingung kann nur erfüllt sein durch die **vorgängige digitale Speicherung** in der Datenbank oder auf externen Datenträgern, von der aus bzw. mittels derer die Übertragung erfolgt, oder durch eine weitere digitale Festlegung, die der Datenbankspeicherung vorausgeht. Wiederum steht dabei die digitale Form dieser Vorgänge dem nicht entgegen, die betreffenden Datenbankspeicher und Datenträger als Vervielfältigungsstücke iSd § 6 Abs. 2 S. 1 zu qualifizieren.[186]

55   Was dabei die von § 6 Abs. 2 S. 1 geforderte **genügende Anzahl von Vervielfältigungsstücken**[187] betrifft, so geht die allgM in Bezug auf **Online-Datenbanken,** die **der Allgemeinheit zum Abruf** zugänglich sind, dahin, dass grundsätzlich bereits **eine einzige** Vervielfältigung durch Speicherung auf einem Server ausreicht, weil diese in der Regel geeignet ist, die zu erwartende Nachfrage zu befriedigen bzw. den normalen Bedarf zu decken.[188] Darüber hinaus ist bei weitergehender Nachfrage faktisch damit zu rechnen, dass digitale Datensammlungen über mehrere Datenbanken mit dementsprechender Mehrfachspeicherung angeboten werden.[189] **Ähnlich** zu beurteilen mit der Folge, dass grundsätzlich eine einzige Speicherung für das Erscheinen ausreicht, ist ein **bun-**

---

[173] Siehe Fiedler/*Katzenberger* S. 35, 43; Lehmann/*Katzenberger* Multimediarecht S. 219, 226.

[174] → Rn. 15; zum Internet udgl. Dreier/Schulze/*Dreier* UrhG § 6 Rn. 10; HK-UrhR/*Dreyer* UrhG § 6 Rn. 27; Wandtke/Bullinger/*Marquardt* UrhG § 6 Rn. 7 f.; *Poeppel* S. 85; *Schack* Rn. 263; *Schack* GRUR 2007, 639 (644).

[175] Siehe Fiedler/*Katzenberger* S. 35, 43; Lehmann/*Katzenberger* Multimediarecht S. 219, 226.

[176] → Rn. 11–14.

[177] → Rn. 13 zur Parallele betriebsinterner Veranstaltungen.

[178] S. LG Köln BeckRS 2016, 109971 Rn. 57; vgl. auch → Rn. 14 zur Parallele der herkömmlichen Werkverbreitung an einen ausgewählten Personenkreis und der Werküberlassung an ein Archiv mit Zugangsbeschränkung; im Ergebnis wie hier *Poeppel* S. 86.

[179] → Rn. 32.

[180] → Rn. 42.

[181] → Rn. 39–41.

[182] → Rn. 34–38.

[183] Siehe zum Ergebnis Fiedler/*Katzenberger* S. 35, 43 f.; Lehmann/*Katzenberger* Multimediarecht S. 219, 226; ebenso Dreier/Schulze/*Dreier* UrhG § 6 Rn. 16; Wandtke/Bullinger/*Marquardt* UrhG § 6 Rn. 25.

[184] → Rn. 30; Fiedler/*Katzenberger* S. 35, 44; Lehmann/*Katzenberger* Multimediarecht S. 219, 227; sa *Poeppel* S. 87.

[185] → Rn. 42; Fiedler/*Katzenberger* S. 35, 44; Lehmann/*Katzenberger* Multimediarecht S. 219, 227; zust. *Czychowsky* GRUR 2003, 489 (492 f.); sa *Poeppel* S. 87.

[186] *Süßenberger* GRUR 2003, 489 (490 f.).

[187] → Rn. 39–41.

[188] Siehe Dreier/Schulze/*Dreier* UrhG § 6 Rn. 16; DKMH/*Dreyer* UrhG § 6 Rn. 63; *Heinz* S. 250; Fiedler/*Katzenberger* S. 35, 44 f.; Lehmann/*Katzenberger* Multimediarecht S. 219, 237; *Süßenberger* GRUR 2003, 489 (490 f.); für analoge Anwendung des § 6 Abs. 2 Fromm/Nordemann/*A. Nordemann* UrhG § 6 Rn. 21; sa Dreier/Schulze/*Dreier* UrhG § 6 Rn. 16; aA *Schack* GRUR 2007, 639 (644); kritisch auch *Poeppel* S. 88.

[189] *Katzenberger* GRUR-Int 1983, 895 (905); *Katzenberger* in *Bullinger* [Hrsg.], Rechtsfragen der elektronischen Textkommunikation, 1984, S. 99, 110; *Katzenberger* Elektronische Printmedien und Urheberrecht, 1996, S. 7 ff.

desweit zum Zugriff ausgestrahlter Video- oder Kabeltext. Eine **größere Anzahl** von Vervielfältigungsstücken ist aber für das Erscheinen in der Regel zu fordern, wenn zB ein Musikproduzent **digitale Tonträger mit Unterhaltungsmusik über Sendeunternehmen** und andere institutionelle Vermittler, wie Filmproduzenten und Werbeunternehmen, vermarktet; nach der Rechtsprechung zu derartigen Tonträgern in analoger Form[190] genügen hierfür ca. 50 Stück.[191] Für digitale Tonträger kann nichts anderes gelten.

Als **weitere Voraussetzung** des Erscheinens verlangt § 6 Abs. 2 S. 1, dass die **Vervielfältigungs-** **56** **stücke** bzw. bei Online-Datenbanken und ähnlichen digitalen Medien uU ein einziges Vervielfältigungsstück **der Öffentlichkeit angeboten oder in Verkehr gebracht** worden sind bzw. ist.[192] Nach einer im Schrifttum vertretenen Auffassung soll dieses Kriterium bei Online-Datenbanken, deren Datenspeicher als Vervielfältigungsstücke nicht dazu bestimmt sind, die Betriebssphäre zu verlassen, verzichtbar sein, weil die Öffentlichkeit bereits durch die Möglichkeit des Abrufs, des Download oder des Ausdrucks hinreichend Gelegenheit erhalte, die gespeicherten Inhalte zur Kenntnis zu nehmen.[193] Diese Auffassung verdient Zustimmung, da andernfalls die an das Erscheinen des Werks geknüpften Rechtsfolgen bei einer Online-Veröffentlichung abgeschnitten wären (anders die 4. Auflage). Anders als bei sendemäßigen Ausstrahlungen auf der Grundlage von Tonträgern oder Bild- und Tonträgern, die nicht zum Erscheinen der gesendeten Werke führen, besteht bei der öffentlichen Zugänglichmachung von Werken typischerweise die Möglichkeit für den Nutzer, eine dauerhafte Vervielfältigung des Werks herzustellen. Damit ist die für das Erscheinen charakteristische nachhaltige Verkörperung gegeben. Eine andere Frage ist, ob allein durch den Upload eines ausländischen Werkes auf einen Internetserver der Urheberrechtschutz in Deutschland nach § 121 Abs. 1 begründet werden kann. Dies kann nicht ohne Weiteres angenommen werden, selbst wenn sich der Server in Deutschland befindet,[194] und erst recht für den Upload auf einen ausländischen Server.[195] Bei dieser Frage geht es allerdings nicht um das Erscheinen als solches, sondern um die nähere Bestimmung des Ortes des Erscheinens.

c) Werden **Werke der bildenden Künste** (§ 2 Abs. 1 Nr. 4) mit Zustimmung des Berechtigten in **57** einer **der Öffentlichkeit zugänglichen Datenbank auf Dauer digital gespeichert,** so führt dies nach § 6 Abs. 2 S. 2 ebenso zum Erscheinen dieser Werke wie ihre bleibende Aufnahme in Museen oder ihre Aufstellung an öffentlichen Plätzen). Da es sich hierbei um einen zusätzlichen Erscheinenstatbestand handelt,[196] brauchen die allgemeinen Voraussetzungen des Erscheinens über digitale elektronische Medien nach § 6 Abs. 2 S. 1 nicht erfüllt zu sein. Daher ist zB anzunehmen, dass das Erscheinen solcher Werke auch dadurch bewirkt werden kann, dass der Betreiber einer der Öffentlichkeit zugänglichen elektronischen Bilddatenbank die digitale Bilderfassung mit Zustimmung des Berechtigten selbst vornimmt.[197] Nach dem insoweit eindeutigen Gesetzeswortlaut kann dieses Ergebnis aber nicht auf Lichtbildwerke (§ 2 Abs. 1 Nr. 5) und einfache Lichtbilder (§ 72) und damit auf **digitale elektronische Fotoarchive** übertragen werden.

4. Veröffentlichung im Sinne des Konventionsrechts und digitale elektronische Medien

Eine **Veröffentlichung (publication) im Sinne der internationalen Konventionen** auf dem **58** Gebiet des Urheberrechts und der verwandten Schutzrechte entspricht dem deutschen Begriff des Erscheinens. Dies folgt in erster Linie aus Art. 3 Abs. 1 S. 1 RBÜ (Pariser Fassung). Dort heißt es, dass unter veröffentlichten Werken „die mit Zustimmung ihrer Urheber erschienenen Werke zu verstehen" sind, und zwar „ohne Rücksicht auf die Art der Herstellung der Werkstücke, die je nach der Natur des Werkes in einer solchen Weise zur Verfügung der Öffentlichkeit gestellt sein müssen, die deren normalen Bedarf befriedigt". In Art. 3 Abs. 3 S. 2 RBÜ (Pariser Fassung) ist darüber hinaus ausdrücklich klargestellt, dass bestimmte Formen der öffentlichen unkörperlichen Werkwiedergabe keine Veröffentlichung darstellen; dasselbe gilt für die Ausstellung eines Werkes der bildenden Künste und die Errichtung eines Werkes der Baukunst. Nach Art. VI WUA[198] setzt eine Veröffentlichung ebenfalls voraus, dass ein Werk in körperlicher Form vervielfältigt und der Öffentlichkeit durch Werkstücke zugänglich gemacht wird. Einschränkend heißt es dazu jedoch, dass diese Werkstücke es gestatten müssen, „das Werk zu lesen oder sonst mit dem Auge wahrzunehmen". Das Rom-Abkommen (Art. 3 lit. d) versteht unter einer Veröffentlichung „das Angebot einer genügenden Anzahl von Vervielfältigungsstücken eines Tonträgers an die Öffentlichkeit", und der WPPT von 1996 (Art. 2 lit. e) unter der Veröffentlichung einer festgelegten Darbietung oder eines Tonträgers das Angebot von Ver-

---

[190] Tonbändern und Langspielschallplatten.
[191] → Rn. 40.
[192] → Rn. 34–38.
[193] So *Heinz* S. 249 ff.; *Süßenberger* GRUR 2003, 489 (491); Fromm/Nordemann/*A. Nordemann* UrhG § 6 Rn. 21.
[194] Ebenso *Schack* GRUR 2007, 639 (645); wohl auch *Czychowski* GRUR 2003, 489 (492 f.).
[195] Ebenso *Czychowski* GRUR 2003, 489 (493 f.); *Schack* GRUR 2007, 639 (645); aA *Süßenberger* GRUR 2003, 489 (490, 492).
[196] → Rn. 48.
[197] Siehe demgegenüber zu § 6 Abs. 2 S. 1 → Rn. 56 aE.
[198] Genfer und Pariser Fassung.

vielfältigungsstücken davon an die Öffentlichkeit mit Zustimmung des Rechtsinhabers und unter der Voraussetzung, dass Vervielfältigungsstücke der Öffentlichkeit in einer angemessenen Anzahl[199] angeboten werden. TRIPS verweist auf die Pariser Fassung der RBÜ und das Rom-Abkommen, der WCT von 1996 auf die erstere.[200]

59   Aus der Beschränkung des Veröffentlichungsbegriffs des WUA auf Werkstücke, die es gestatten, das Werk zu lesen oder sonst mit dem Auge wahrzunehmen, folgt ohne Weiteres, dass digitale Medien im Sinne dieses Abkommens nicht zu einer Veröffentlichung iSd Erscheinens führen können.[201] Den übrigen internationalen Abkommen ist eine solche oder ähnliche Beschränkung nicht zu entnehmen, so dass grundsätzlich anzunehmen ist, dass auch **digitale Festlegungsexemplare** den Veröffentlichungsstatus jedenfalls insoweit begründen können, als es sich um CD-ROMs, DVDs, Disketten und digitale Magnetbandkassetten handelt, die nach Art von Büchern oder herkömmlichen Tonträgern vertrieben werden.[202] Daran, ob dies auch für uU nur einmalige **Einspeicherungen in Online-Datenbanken zum Abruf** gilt, sind im Schrifttum Zweifel geäußert worden.[203] Gelegenheit für eine positive Klarstellung dieser Frage bot die Diplomatische Konferenz der WIPO 1996 zum Urheberrecht und zu den verwandten Schutzrechten, die zur Unterzeichnung des WCT und des WPPT führte. Die Entwürfe sahen in Art. 3 bzw. Art. 2 lit. e entsprechende, die elektronische Veröffentlichung über Online-Datenbanken betreffende Bestimmungen vor, jedoch konnte sich die Konferenz nicht darauf einigen, diese Regelungen in die endgültigen Abkommenstexte zu übernehmen; mit unterschiedlichen Auslegungen ist daher zu rechnen.[204] Im Ergebnis sind die im Schrifttum geäußerten Zweifel berechtigt. Im Konventionsrecht ist eine primär am Wortlaut orientierte Auslegung geboten. Dies schließt aus, einen bloß internen Speichervorgang als „Herstellung der Werkstücke ... zur Verfügung der Öffentlichkeit" bzw. als „Angebot ... von Vervielfältigungsstücken an die Öffentlichkeit" iSd unter → Rn. 58 zitierten Bestimmungen der RBÜ, des Rom-Abkommens und des WPPT zu deuten. Dasselbe gilt für TRIPS und WCT, die insoweit auf die älteren Abkommen verweisen.

Abschnitt 3. Der Urheber

§ 7 Urheber

Urheber ist der Schöpfer des Werkes.

Schrifttum: *Ahrens,* Der Ghostwriter – Prüfstein des Urheberpersönlichkeitsrechts, GRUR 2013, 21; *Barthes,* Der Tod des Autors (La mort de l'auteur, 1968), in: *Iannidis* ua. (Hrsg), Texte zur Theorie der Autorschaft, 2000, S. 181; *Barudi,* Autor und Werk – eine prägende Beziehung?, 2013; *Boyle,* The Search for an Author: Shakespeare and the Framers, 37 Am. U. L. Rev. 625 (1988); *Bridy,* Coding Creativity: Copyright and the Artificially Intelligent Author, 2012 Stan. Tech. L. Rev. 5; *Dahm,* Der Schutz des Urhebers durch die Kunstfreiheit, 2012; *Demsetz,* Toward a Theory of Property Rights, 57 Am Econ Rev 347 (1967); *Dreier/Ohly* (Hrsg.), Plagiate: Wissenschaftsethik und Recht, 2013; *de la Durantaye,* Der Kampf um die Public Domain, GRUR-Int 2012, 989; *Fierdag,* Alealerik in der Kunst und das Urheberrecht, 2004; *Foucault,* Was ist ein Autor?, in: *ders.,* Schriften zur Literatur, 1988, S. 7 (= ‚Qu'est-ce qu'un auteur?' in Bulletin de la Société française de Philosophie, Juli/September 1969); *Geller,* Must Copyright Be Forever Caught Between Marketplace and Authorship Norms?, in: *Sherman/Strowel* (Hrsg.), Of Authors and Origins, 1994, S. 159; *Groh,* „Mit fremden Federn". Zur Wirksamkeit von Ghostwritervereinbarungen, GRUR 2012, 870; *G. Hansen,* Warum Urheberrecht? Die Rechtfertigung des Urheberrechts unter besonderer Berücksichtigung des Nutzerschutzes, 2009; *Hetmank/Lauber-Rönsberg,* Künstliche Intelligenz – Herausforderungen für das Immaterialgüterrecht, GRUR 2018, 574; *Klass,* Ein interessen- und prinzipienorientierter Ansatz für die urheberkollisionsrechtliche Normbildung: Die Bestimmung geeigneter Anknüpfungspunkte für die erste Inhaberschaft, GRUR-Int 2008, 546; *dies.,* Das Urheberkollisionsrecht der ersten Inhaberschaft – Plädoyer für einen universalen Ansatz, GRUR-Int 2007, 373; *König/Beck,* Die immaterialgüterrechtliche Schutzfähigkeit von „Affen-Selfies", ZUM 2016, 34; *Kreutzer,* Das Modell des deutschen Urheberrechts und Regelungsalternativen, 2008; *Lauber-Rönsberg,* Autonome „Schöpfung" – Urheberschaft und Schutzfähigkeit, GRUR 2019, 244; *Leuze,* Die Urheberrechte der wissenschaftlichen Mitarbeiter, GRUR 2006, 470; *ders.,* Urheberrechte der Beschäftigten im öffentlichen Dienst, 2. Aufl. 2003; *Luethi/Osterloh,* Wikipedia: Ein neues Produktionsmodell und seine rechtlichen Hürden, in: Eifert/Hoffmann-Riem, Innovation, Recht und öffentliche Kommunikation, Band IV, 2011, S. 211; *St. Meyer,* Miturheberschaft bei freier Software: nach deutschem und amerikanischem Sach- und Kollisionsrecht, 2011; *ders.,* Miturheberschaft und Aktivlegitimation bei freier Software, CR 2011, 560; *Metzger,* Vom Einzelurheber zu Teams und Netzwerken, in Leible/Ohly/Zech (Hrsg.), Wissen – Märkte – Geistiges Eigentum, S. 79; *Nordell,* Das Kriterium der Doppelschöpfung im schwedischen Recht – Theorie und Praxis, GRUR-Int 1997, 110; *Oberndörfer,* Die philosophische Grundlage des Urheberrechts, 2005; *Ory/Sorge,* Schöpfung durch künstliche Intelligenz?, NJW 2019, 710; *Peifer,* Festhalten am idealistischen Schöpferbegriff?, in: Vom Magnettonband zu Social Media, FS 50 Jahre Deutsches UrhG, 2015, S. 351; *ders.,* Roboter als Schöpfer – Wird das Urheberrecht im Zeitalter der künstlichen Intelligenz noch gebraucht?, FS. M Walter, 2018 S. 222; *Petry,* Schutzland oder Ursprungsland – Wer bestimmt den Urheber nach der Revidierten Berner Übereinkunft?, GRUR 2014, 536; *Rigamonti,* Geistiges Eigentum als Begriff und Theorie des Urheberrechts, 2001; *Rose,* Authors and Owners: The Invention of Copyright, 1993; *ders.,* The Author as Proprietor: Donaldson v. Beckett and the genealogy of modern authorship, in:

---

[199] Reasonable quantity.
[200] → Rn. 4.
[201] Siehe Fiedler/*Katzenberger* S. 35, 44; Lehmann/*Katzenberger* Multimediarecht S. 219, 226.
[202] Siehe zur RBÜ Fiedler/*Katzenberger* S. 35, 43 f.; Lehmann/*Katzenberger* Multimediarecht S. 219, 226.
[203] Siehe *Czychowski* GRUR 2003, 489 (493 f.) im Hinblick auch auf § 121 Abs. 1.
[204] Siehe hierzu und zu den Gründen für die Nichteinigung *v. Lewinski* GRUR-Int 1997, 667 (672).

Sherman/Strowel, Of Authors and Origins, Oxford 1994, S. 23; Schack, Wem gebührt das Urheberrecht, dem Schöpfer oder dem Produzenten?; ders., Urheber, Miturheber, Anreger und Gehilfen, FS Raue, 2006, S. 649; ders., Weniger Urheberrecht ist mehr, FS Wandtke, 2013, S. 9; Schiesser, Autorschaft nach dem Tode des Autors. Barthes und Foucault Revisited, in: Caduff/Wälchli (Hrsg.), Autorschaft in den Künsten, 2008, S. 20; Schwab, Der Arbeitnehmer als Urheber, NZA-RR 2015, 5; Schwarz/Hansen, Der Produzent als (Mit-)Filmurheber – Plädoyer für die Anerkennung eines Urheberrechts des Kreativproduzenten, GRUR 2011, 109; Sievers, Die Freiheit der Kunst durch Eigentum, 2010; Stalder, Nachahmung, Transformation und Autorfunktion, in Kroeger u. a. (Hrsg.) Geistiges Eigentum und Originalität, 2011, S. 19; Thiele, Die Erstautorenschaft bei wissenschaftlichen Publikationen, GRUR 2004, 392; Thielecke/Freiherr von Bechtolsheim, Urheberrecht für die Mitwirkenden an komplexen Werken?, GRUR 2003, 754; Tupikevics, Die Konstruktion des Autors in der Goethezeit, in: I. Götz von Olenhusen, Geistiges Eigentum und Originalität – Zur Politik der Wissens- und Kulturproduktion, 2011, S. 53; M. Walter, Die Regelung der Filmurheberschaft in der Berner Übereinkunft und die Schutzdauer-RL, MuR 2011, 198; Woodmansee, The Genius and the Copyright: Economic and Legal Conditions of the Emergence of the ‚Author‘, in: Eighteenth-Century Studies, 17 (1984) 4, S. 425; Yanisky-Ravid/Moorhead, Generating Rembrandt: Artificial Intelligence, Accountability and Copyright – The Human-Like Workers Are Already Here – A New Model, Mich. St. L. Rev., 2017, 1–73.

Übersicht

I. Zweck, Bedeutung und unionsrechtlicher Rahmen der Norm

§ 7 UrhG stellt klar, dass Urheber derjenige ist, der die persönliche geistige Schöpfung erbracht **1** hat; in seiner Person entstehen die Rechte, die das UrhG dem Urheber zuweist.[1] § 7 UrhG ist eine der kürzesten, elegantesten und philosophisch am stärksten aufgeladenen Vorschriften nicht nur des deutschen Urheberrechts, sondern des gesamten Zivilrechts.[2] Der Wortlaut wird zurückgeführt auf einen Grundsatz dahingehend, dass dem Schöpfer eines Werks aufgrund des Schöpfungsakts seine Rechte als naturgegebenes geistiges Eigentum zuzuordnen sind.[3] Moderner[4] dürfte die Deutung sein, dass derjenige, dessen persönlich-geistiger Beitrag ein Werk erst entstehen lässt, auch einen persönlichkeitsrechtlich und – aus Sicht der abendländischen Welt und damit kulturgebunden[5] – auch **menschenrechtlich fundierten Anspruch auf die Zuordnung der Urheberschaft** an dem Werk erheben kann.[6] Vom ökonomischen Standpunkt spricht nichts dagegen, dem Schöpfer des Werkes eigentumsrechtliche Befugnisse originär zuzuweisen.[7] Gegenüber dem früheren Recht, das Ausnahmen durch fiktive Urheberrechtszuordnungen etwa für juristische Personen des öffentlichen Rechts (§ 3 LUG, § 5 KUG) und den Bearbeiter (§ 2 Abs. 2 LUG) zuließ, ist heute das Urheberschaftsprinzip lückenlos durchgeführt.[8] Ausdrückliche unionsrechtliche Vorgaben für die Bestimmung der ersten Urheberschaft gibt es bislang nicht, doch hat sich in der jüngeren Rechtsprechung des EuGH ein **europäischer Werkbegriff** herausgebildet, der darauf abstellt, dass eine eigene geistige Schöpfung des Urhebers nur vorliegt, „wenn darin seine Persönlichkeit zum Ausdruck kommt".[9] Daher spricht auch unionsrechtlich nichts dagegen, dem natürlichen Schöpfer die originäre Urheberschaft am Werk zuzuweisen.[10] Soweit im Filmurheberrecht Ansätze eines europäischen Schöpferbegriffs existieren,[11] liegt auch dieses Konzept auf der Linie des deutschen Rechts. Das **Völkerrecht und die internationalen Verträge** geben ebenso wenig Anlass, an dieser Zuweisung zu zweifeln[12] wie eine ökono-

---

[1] **Urheberschaftsprinzip.**
[2] Peifer FS 50 Jahre Deutsches UrhG, 2015, 351.
[3] Vgl. auch → Einl. UrhG Rn. 8 ff.
[4] Vgl. BVerfG GRUR 2014, 169 Rn. 87.
[5] Näher Peifer S. 24; insoweit krit. Sievers S. 75; zur historischen Herleitung vgl. nur Tupikevics S. 53.
[6] Peifer S. 11, 57; → Einl. UrhG Rn. 10. Diese Sichtweise wird überraschenderweise selbst in den USA jüngst verwendet, um die Ausweitung des Urheberschutzes und die Zurückdrängung der public domain zu begründen, vgl. Golan v. Holder, 565 U.S. 10–545 (2012) = 132 S. Ct. 873, 893 = GRUR-Int 2012, 379: Copyright Law gives authors „nothing more than the benefit of their labors during whatever time remains before the normal copyright term expires" (allerdings mit Dissents von J. Breyer und Alito S. 899); in der Entscheidung wird teilweise ein Hinrücken zur einer persönlichkeitsrechtlichen Deutung gesehen, so de la Durantaye GRUR-Int 2012, 989 (994).
[7] Näher Eidenmüller, Effizienz als Rechtsprinzip (1994), S. 62 f. mwN.
[8] Vgl. näher → Rn. 2 ff.
[9] EuGH Slg. 2011, I-12533 = GRUR 2012, 166 Rn. 88 – Painer/Standard; noch weniger klar in EuGH Slg. 2009, I-6569 = GRUR 2009, 1041 Rn. 35, 37 – Infopaq/DDF; EuGH Slg. 2010, I-13990 = GRUR 2011, 220 Rn. 45 – BSA/Kulturministerium; EuGH Slg. 2011, I-9083 = GRUR 2012, 156 Rn. 97 – FAPL/QC Leisure u. Karen Murphy/MPS; näher → § 2 Rn. 4–11.
[10] Zuweisungen an natürliche Schöpfer enthalten Art. 2 Abs. 2 S. 1 Vermiet- und Verleih-RL, Art. 1 Abs. 5 S. 1 Satelliten- und Kabel-RL, Art. 2 Abs. 1 S. 1 Schutzdauer-RL, jeweils zum Hauptregisseur beim Filmwerk.
[11] EuGH GRUR 2012, 489 Rn. 45 – Luksan/van der Let mAnm Obergfell GRUR 2012, 494 (495), die hierin eine inhaltliche Festschreibung sieht, die auch für andere Urhebergruppen Relevanz habe.
[12] Die RBÜ enthält nur Vorgaben über Vermutungen der Rechtsübertragung an Produzenten im Filmbereich (Art. 14bis Abs. 2b und c), das TRIPS-Abkommen und der WIPO-Urheberrechtsvertrag enthalten keine Regeln

mische Betrachtungsweise, die eine Zuweisung an Private bevorzugt, solange das Objekt der Zuweisung handelbar ist.[13] Insbesondere die RBÜ definiert den Begriff des Autoren zwar nicht, verwendet das Prinzip des natürlichen Schöpfers aber geradezu als Leitmotiv.[14]

1a Häufig sind Zweifel daran geäußert worden, dass die Person des Urhebers als Subjekt das Werk maßgeblich prägt.[15] Manche sprechen davon, dass diese Annahme nur eines von mehreren „Narrativen" sei, welche Entwicklung und Ausgestaltung des Urheberrechts erklären,[16] allerdings damit auch interessengeleitet interpretieren.[17] Obgleich die **Theorie vom Ende des Subjekts in der Kunst** auch in den Geisteswissenschaften nicht ohne Gegenstimmen geblieben ist,[18] teilweise gar nur Bedeutung für die Interpretation literarischer Texte hat,[19] wurde die Debatte in der urheberrechtlichen Diskussion aufgegriffen und zum Anlass genommen, die subjektive Deutung des Urheberrechts insgesamt in Frage zu stellen.[20] Zweifel am bisherigen Ansatz wurden genährt durch die Beobachtung, dass das Urheberrecht immer mehr banale und industrielle Erzeugnisse schützt,[21] die Abstimmung der Rechteverwertung in Teams oder Creative-Commons Gemeinschaften immer aufwändiger wird[22] und die dem Schutzansatz zugeschriebene Anreizwirkung eher Verwertern als Urhebern zugutekommt. Solche Zweifel fehlen der Konzeption, die der deutsche Urheberrechtsgesetzgeber umgesetzt hat. Die **Theorie vom Ende des Subjekts in der Kunst** hat in der urheberrechtlichen Praxis bisher keine bedeutsame Rolle gespielt. Die Bindung an die Person des Werkschöpfers ist ein normatives Konzept, das einem individualistischen Autorenkonzept, aber auch einem verfassungsrechtlich abgesicherten Wertkonzept folgt und den Einzelmenschen in den Mittelpunkt der Rechtsordnung stellt. Dieses Wertkonzept wird als empirisch nicht überprüfbar sowie wenig erkenntnisträchtig kritisiert,[23] seine **Ablösung durch eine nutzenorientierte (utilitaristische) Betrachtungsweise** empfohlen.[24] Dem ist entgegenzuhalten, dass normative Konzepte nicht von einem empirischen Nachweis abhängig sind. Die Zuweisung von Rechten in kollektiven Schaffensprozessen lässt sich durch Vermutungen und Fiktionen lösen. Der Vorwurf deontologischer Setzungen muss die Rechtswissenschaft nicht beunruhigen, denn eine Verfassungs- und Rechtsordnung lebt von Wertgrundlagen, die den Zusammenhalt einer Gesellschaft konstituieren. Das subjektzentrierte Urheberrechtsverständnis ist Ausdruck eines solchen verfassungs- und menschenrechtlichen Rahmens, dessen Preisgabe mit Art. 1 Abs. 1, 2 Abs. 1 GG unvereinbar ist. Allerdings spricht der besondere Schutz der Kunstfreiheit in Art. 5 Abs. 3 GG dafür, die persönlichkeitsrechtliche gegenüber der eigentumsrechtlichen Dimension stärker zu betonen mit der Folge, dass Schöpfungen, die wenig oder gar nicht persönlich geprägt sind, aus dem Schutzbereich des Rechtsgebietes herausfallen.[25] Dieser Weg verspricht Entlastung für ein gelegentlich degeneriertes Schutzverständnis.[26] Tatsächlich ist die Krise der Subjektivität nicht Ausdruck eines als fehlerhaft erkannten Wertkonzepts, sondern seiner Verwässerung durch eine stets größer werdende Anzahl von banalen Erzeugnissen, die in den Schutzbereich einbezogen werden. Die personelle Bindung des Rechtsgebiets wegen dieser Fehlentwicklungen aufzugeben, erscheint auch rechtspolitisch wenig sinnvoll vor dem Hintergrund, dass die **Authentizität von Texten im digitalen Zeitalter bedeutsamer denn je** wird,[27] bessere Modelle zur angemessenen Vergütung der Urheber bisher nicht entwickelt wurden, schließlich selbst in alternativen Verbreitungsmodellen wie dem Creative Commons-Lizenzen die personelle Rückkoppelung von Werken nicht in Frage gestellt wird. Praktische Probleme bei kollektiven Schöpfungen sind durch funktionale Auslegung der §§ 7–10 UrhG zu lösen (vgl. → Rn. 6).

---

zur Urheberschaft; vgl. jüngst *Busch* GRUR-Int 2010, 699 (700); *Petry* GRUR 2014, 536 (537); *Walter* MMR 2011, 198.

[13] Vgl. *Demsetz* 57 Am. Econ. Rev. 347, 354 (1967).

[14] So *Ricketson*, 16 Colum.-VLA-J-L. & Arts 1 (1991); zust. *Ginsburg* IIC 2018, 131.

[15] *Foucault*, Was ist ein Autor?, S. 17; ebenso später *Boyle* 37 Am. U. L. Rev. 625, 626 (1988); *Rose*, Authors and Owners, S. 142; *Rose*, The Author as a Proprietor, S. 22; *Woodmansee* Eighteenth-Century Studies 17/4 (1984), S. 425. Dagegen aus literaturwissenschaftlicher Sicht *Stalder* S. 19, 29.

[16] Vgl. *Boyle* 37 Am. U. L. Rev. 625 (1988).

[17] So etwa *Oberndörfer* S. 132; *Rigamonti* S. 155.

[18] *Schiesser* S. 20, 33.

[19] *Terry Eagleton*, Literary Theory, 3. Aufl. 2008, S. 119 mit Hinweis auf *Barthes*.

[20] So *Strömholm* GRUR-Int 1989, 15 (17); *Strömholm* GRUR 1996, 528; *Nordell* GRUR-Int 1997, 110 (111); vgl. auch *Geller*, Copyright Between Marketplace and Authorship, S. 159, 179; *Strowel* ZUM 1990, 387 (390).

[21] *Hansen* S. 46.

[22] *Metzger*, Vom Einzelurheber zu Teams, S. 79, 82, 89.

[23] *Rose*, Authors and Owners, S. 3: Verdunkelung der Erkenntnis über kreative Schöpfungsprozesse.

[24] *Kreutzer* S. 357; *Hansen* S. 295; in diese Richtung gehen zahlreiche rechtspolitische Stellungnahmen, vgl. Deutscher Bundestag, Enquête-Kommission „Internet und Digitale Gesellschaft", Dritter Zwischenbericht der Arbeitsgruppe Urheberrecht, BT-Drs. 17/7899, 78; Beiträge in: Heinrich Böll Stiftung (Hrsg.), Copy.Right.Now! 2010; sa *Peifer* FS 50 Jahre Deutsches UrhG, 2015, 351 (353).

[25] *Dahm* S. 187, aA *Sievers* S. 79, 168, der Art. 5 Abs. 3 eher als Stärkung der eigentumsrechtlichen Position deutet, gleichzeitig auf eine Schwächung der persönlichkeitsrechtlichen Deutung durch Entwicklungen in der modernen Kunst verweist.

[26] *Schack* FS Wandtke, 2013, 9; wohl auch *Barudi* S. 192; aA wiederum *Sievers* S. 81, der darin eine „Elfenbeinturmstrategie" sieht.

[27] Vgl. nur *Stalder* S. 19, 29 für nach wie vor stimmig hält das personalistische Schutzkonzept *Lauber-Rönsberg* GRUR 2019, 244 (2561); zur Plagiatsdebatte in der Wissenschaft vgl. die Beiträge in *Dreier/Ohly* 2013.

II. Der Werkschöpfer

Schöpfer iSd § 7 UrhG ist, wer eine persönliche geistige Schöpfung gemäß § 2 Abs. 2 UrhG er- **2**
bringt.[28] Dafür kommen nur natürliche Personen in Betracht. Durch den Schöpfungsakt findet der
individuelle Geist des Schöpfers seinen Niederschlag im Werk; Schöpfung setzt also individuellen
Geist voraus, den nur der Mensch hat. Juristische Personen können daher keine Urheber sein,[29] ebenso wenig Personengesellschaften. Anderes gilt für bestimmte verwandte Schutzrechte, vgl. zB § 85
Abs. 1 S. 2 UrhG. Der Schöpfungsakt ist **Realakt,** eine Stellvertretung ist ausgeschlossen (→ Rn. 5).
Schöpfung kann nur dort stattfinden, wo ein genügend großer Gestaltungsspielraum besteht.[30] Unterhalb dieser Grenze können allenfalls verwandte Schutzrechte bestehen, nicht aber Urheberschaft im
eigentlichen Sinne.

Aus dem gleichen Grunde können Tiere oder **Maschinen** keine Werkschöpfer im urheberrechtli- **3**
chen Sinne sein.[31] Ein Affe, der eine Kamera bedient und dabei ein Selbstbildnis („Selfie") erstellt, ist
ebenso wenig Urheber wie es der Fotograf ist, der dem Affen die Kamera überlassen hat,[32] das Foto
ist vielmehr gemeinfrei (zur Urheberschaftsvermutung in solchen Fällen → § 10 Rn. 1). Das gilt auch
für **Computer,** die beispielsweise Grafiken oder elektronische Musik erzeugen; anders ist es aber,
wenn sich der Mensch des Computers lediglich als Hilfsmittel bedient. Die Wertung, dass maschinen-
generierte Werke keinen Urheber haben und deshalb auch keinen Urheberschutz genießen, folgt dem
autorenzentrierten Verständnis des deutschen Rechts. Diesem Konzept widerspricht es, Urheberschutz allein an die objektive Eigenart des Werkes oder an die Regelanwendung durch Maschinen
oder Algorithmen anzuknüpfen, wie dies teilweise durch Forderungen nach einem Schutz der Produkte künstlerischer Intelligenz geschieht.[33] Mit der zunehmenden **Bedeutung künstlicher Intelli-**
genz (KI) wird die Frage eines urheberrechtlichen Schutzes für kreative Ergebnisse von Maschinen
verstärkt gestellt.[34] Das britische Urheberrecht sieht vor, dass solche Ergebnisse dem Programmierer
der Software zugerechnet werden.[35] Auch Rechtsordnungen, die den Investitionsschutz als tragende
Begründung für die Zuerkennung von Ausschließlichkeitsrechten ansehen, können diesen Schritt
konzeptionell vollziehen,[36] müssten allerdings sehr sorgfältige wettbewerbspolitische Folgeüberlegun-
gen über die Sinnhaftigkeit, Dauer, Ausgestaltung und Schranken von Ausschließlichkeitsrechten in
diesem Bereich anstellen. Das deutsche Recht mit seiner Fokussierung auf das Urheberschaftsprinzip
kann diesen Weg nicht gehen, weil der natürliche Schöpfer nicht nur Veranlasser eines kreativen Prozesses sein, sondern auch dessen Ergebnis konkret beeinflussen und kontrollieren muss. Bei lernenden
Algorithmen löst sich dagegen die Verbindung des konkreten Ergebnisses vom natürlichen Schöpfer
(Programmierer). Daher bleibt es dabei, dass Maschinen (und Algorithmen) keine Urheber im Sinne
des § 7 UrhG sein können.[37]

Das Urheberschaftsprinzip gilt auch in **Dienst-**[38] **und Arbeitsverhältnissen.**[39] Diese Zuweisung **4**
ist vielfach kritisiert worden. Mehrfach ist darauf hingewiesen worden, dass die individualistische Haltung, die dem § 7 UrhG zugrunde liegt, mit den Bedingungen modernen Werkschaffens, vor allem
aber mit der zunehmend industriellen Organisation des Schöpfungsprozesses kontrastiert, daher eine
originäre Zuweisung des Urheberrechts an einen den Prozess organisierenden Arbeit- oder Auftraggeber konsequent und sinnvoll wäre.[40] Die Argumente in diesem Bereich sind ausgetauscht. § 7 UrhG

---

[28] OLG Hamburg GRUR-RR 2003, 33 (34) – Maschinenmensch; zu den Voraussetzungen dafür vgl. → § 2
Rn. 38 ff.
[29] OLG Karlsruhe GRUR-RR 2013, 423 (425); OLG Koblenz UFITA 70 1974, 331 (334) – Liebeshändel in
Chioggia; LG Berlin GRUR 1990, 270 – Satellitenfoto; ZUM-RD 2011, 416 (bei Lichtbildern Urheberschaft des
Lichtbildners); sa BGH GRUR 1991, 523 (525) – Grabungsmaterialien; beachte aber die Übergangsvorschrift des
§ 134 UrhG iVm §§ 3 LUG und 5 KUG.
[30] BGH GRUR 2014, 772 Rn. 9 – Online-Stadtplan mAnm *Rieken* GRUR-Prax 2014, 307 (verneint für eine
nach genauen Vorgaben erstellte Landkarte).
[31] Vgl. im Einzelnen → § 2 Rn. 39; sa Fromm/Nordemann/*Wirtz* UrhG § 7 Rn. 9; *Schack* Rn. 184, 300.
[32] Vgl. Dreier/Schulze/*Schulze* UrhG § 7 Rn. 2 sowie *König/Beck* ZUM 2016, 34 (38), die allerdings eine Ge-
staltungsleistung des Fotografen für denkbar halten.
[33] So etwa *Bridy* 2012 Stan. Tech. L. Rev. 5 Nr. 33.
[34] Zum Problem bereits *Butler,* Can A Computer be an Author – Copyright Aspects of Artificial Intelligence,
Comm.& Ent. L. J., 1982, 707; WIPO (Hg.), Worldwide Symposium on the intellectual property Aspects of Artificial Intelligence; *Fierdag,* Aleatorik in der Kunst und das Urheberrecht, 2004 S. 98; in neuerer Zeit: *Hetmank/*
Lauber-Rönsberg GRUR 2018, 574; *Yanisky-Ravid/Moorhead,* 2017 Mich. St. L. Rev., 2017, 1; *Cock Buning* EJRR 7
(2016), 310. Vgl. auch die Beiträge *Specht* GRUR 2019, 253; *Lauber-Rönsberg* GRUR 2019, 244 anlässlich der
GRUR-Jahrestagung in Berlin 2018.
[35] Sec. 9 (3) und Sec. 178 CDPA (Copyright, Designs and Patents Act) 1988.
[36] Für die USA für einen Urheberrechtsschutz: *Denicola* Rutgers Univ. L. Rev. 69 (2016), 251; ablehnend aber
mit Hinweis auf die Vorgaben der RBÜ *Ginsburg* IIC 2018, 131 (134).
[37] *Peifer* FS Walter, 2018, 222.
[38] BGH GRUR 2011, 59 f. – Lärmschutzwand (Urheberschaft eines Beamten).
[39] OLG Karlsruhe GRUR-RR 2013, 423 (425) (angestellter Architekt); Dreier/Schulze/*Schulze* UrhG § 7
Rn. 8; Fromm/Nordemann/*Wirtz* UrhG § 7 Rn. 13.
[40] *Larese* FuR 1978, 81; *Frey* UFITA 98 1984, 53 (59); *Auf der Maur* UFITA 118 1992, 87 (114); *Skauradszun*
UFITA 2010-II, 373 (377). Gelegentlich wird das auch mit einer künstlerischen Mitwirkung des Produzenten
begründet *Schwarz/Hansen* GRUR 2011, 109.

hat die Frage für das deutsche Recht auch in Kenntnis der rechtspolitisch motivierten Kritik geklärt. Werkschöpfer und damit Urheber ist der die persönliche geistige Schöpfung erbringende Arbeitnehmer oder Dienstverpflichtete;[41] das gilt auch für in Dienst- oder Arbeitsverhältnissen geschaffene Computerprogramme.[42] Die Nutzungsmöglichkeit der vom Arbeitnehmer bzw. Bediensteten geschaffenen Werke ergibt sich allerdings daraus, dass sich der Arbeitgeber bzw. Dienstherr auf vertraglichem Wege Nutzungsrechte einräumen lässt; meist geschieht dies ausdrücklich oder stillschweigend im Arbeitsvertrag.[43] Das Gleiche gilt bei Werkschöpfungen aufgrund eines **Werkvertrags, Auftrags** oder einer sonstigen **Bestellung**.[44] Werkschöpfer und damit Urheber ist auch der **Ghostwriter**, nicht sein Auftraggeber, der lediglich Nutzungsrechte erwerben kann und das Recht, das Werk unter seinem Namen zu veröffentlichen.[45] Problematisch können Ghostwritervereinbarungen sein, wenn zwischen den Parteien ein strukturelles Ungleichgewicht besteht, so dass die Freiwilligkeit der Nutzungsrechtseinräumung fragwürdig wird.[46] Werden im Rahmen solcher Rechtsverhältnisse dem Urheber **Anregungen, Wünsche** oder **Weisungen** gegeben, so kann ein (Mit-)Urheberrecht des Arbeitgebers usw nur entstehen, wenn darin ein schöpferischer Beitrag liegt.[47] Auch bei der **Filmherstellung** hat das UrhG das Urheberschaftsprinzip konsequent durchgeführt. Urheber wird nur, wer bei der Filmherstellung eine schöpferische Leistung erbringt, nicht dagegen der Produzent;[48] lediglich aus der Anwendung ausländischen Rechts als Recht des Schutzlandes kann sich etwas anderes ergeben.[49] Zur Werkschöpfung bei **Bühnenregisseuren** vgl. → § 3 Rn. 21 f. Auch neuere Entwicklungen wie Multimediawerke oder die Digitalisierung von Werken geben keinen Anlass, von diesen Grundsätzen abzuweichen.[50] Allerdings wird mit Recht vorgebracht, dass **neue Formen des kollaborativen Werkschaffens** im Bereich des Internets die Grenzen der bisherigen gesetzlichen Kategorien sprengen,[51] so etwa bei sukzessiven Schöpfungen im Bereich der Open Source[52] oder der Creative Commons-Bewegung mit ihrem wohl bekanntesten Produkt „Wikipedia".[53] Hier sorgt die Nutzung der „Weisheit vieler" („wisdom of crowds") für eine Art Graswurzelforschung, die zum Teil unkoordiniert und durch spontane Organisationsformen gekennzeichnet ist. Solange hierüber eigenständige Regelungen fehlen, wird man das Phänomen durch funktionale Auslegung der vorhandenen Normen bewältigen müssen, um die Funktionsfähigkeit der Projekte zu erhalten (→ Rn. 6 sowie → § 8 Rn. 9a, 20).

III. Der Schöpfungsakt

5   Das Urheberrecht entsteht mit dem Schöpfungsakt, mit dem Zeitpunkt also, in dem das Werk seine Form angenommen hat.[54] Es handelt sich um einen **originären Rechtserwerb.** Der Schöpfungsakt ist kein Rechtsgeschäft, sondern **Realakt.**[55] Ein auf den Rechtserwerb gerichteter Wille des Urhebers ist weder erforderlich noch kann ein gegenteiliger Wille die Entstehung des Urheberrechts verhindern. Die Vorschriften des Bürgerlichen Rechts über Willenserklärungen sind nicht anwendbar. Das bedeutet unter anderem, dass es auf **Geschäftsfähigkeit** des Urhebers nicht ankommt, auch Geschäftsunfähige können Urheberrechte erwerben,[56] deren Ausübung durch ihre gesetzlichen Vertreter (§§ 1626, 1627, 1629 BGB) oder – im Falle psychisch Kranker – durch den Betreuer erfolgt. Dies gilt auch für die Wahrnehmung persönlichkeitsrechtlicher Befugnisse, etwa die Veröffentlichung eines Minderjährigen, solange dieser nicht ausreichend einsichtsfähig ist, um dieses Recht selbst auszu-

---

[41] Für Hochschulen vgl. auch BGH GRUR 1988, 536 (540) – Hochschulprofessor; sa BGH GRUR 1991, 523 (525) – Grabungsmaterialien.
[42] Näher → § 69b Rn. 1.
[43] RGZ 153, 178 – Rundfunksendung von Schallplatten; BGH GRUR 1952, 257 (258) – Krankenhauskartei; GRUR 1960, 609 (612) – Wägen und Wagen; GRUR 1974, 480 (483) – Hummelrechte; OLG Karlsruhe GRUR-RR 2013, 423 (425); *Schwab* NZA-RR 2015, 5 (7). Vgl. näher → § 43 Rn. 37 ff.; beachte aber die Sonderregelung für Computerprogramme in § 69b UrhG.
[44] Vgl. auch BGHZ 15, 338 (346) – Indeta.
[45] BGH GRUR 2016, 109 – Kanzler Kohls Tonbänder; Dreier/Schulze/*Schulze* UrhG § 7 Rn. 5. Näheres → § 13 Rn. 37; sa *Schack* Rn. 305 f.
[46] OLG Frankfurt a. M. GRUR 2010, 221 mBspr *Ahrens* GRUR 2013, 21 (23); mAnm *Groh* GRUR 2012, 870 (871); *Peifer* GRUR-Prax 2010, 105.
[47] Vgl. näher → Rn. 7.
[48] Einzelheiten → Vor §§ 88 ff. Rn. 52 ff.
[49] Vgl. → Vor §§ 120 ff. Rn. 129.
[50] Dazu näher *Katzenberger* in Schricker [Hrsg.] Informationsgesellschaft S. 70 ff.; *Thielecke/Freiherr von Bechtolsheim* GRUR 2003, 754 (759).
[51] *Dreier/Leistner* GRUR 2013, 881 (885); *Peifer* FS 50 Jahre Deutsches UrhG, 2015, 351 (352).
[52] Dazu *St. Meyer*, 2011 und *St. Meyer* CR 2011, 560.
[53] Vgl. hierzu *Luethi/Osterloh* S. 211, 214.
[54] Vgl. näher → § 2 Rn. 47.
[55] OLG Frankfurt a. M. GRUR 2006, 578 (579) – Erstverwertungsrechte; allg. Ansicht auch im Schrifttum, vgl. etwa Fromm/Nordemann/*Wirtz* UrhG § 7 Rn. 8; Dreier/Schulze/*Schulze* UrhG § 7 Rn. 3; Möhring/Nicolini/*Ahlberg* UrhG § 7 Rn. 2; Wandtke/Bullinger/*Thum* UrhG § 7 Rn. 5; *Rehinder/Peukert* Rn. 282.
[56] Zum urheberrechtlichen Schaffen in psychiatrischen Einrichtungen *Schweizer* (1996) m. Bspr. *Dreier* GRUR-Int 1997, 386.

üben.[57] Ebenso wenig gibt es beim Schöpfungsakt eine **Stellvertretung**,[58] Schöpfer ist derjenige, der die persönliche geistige Schöpfung in eigener Person erbringt. Auf den realen Schaffensvorgang kommt es auch an, wenn derjenige, der das Werk real hervorbringt, selbst die Auffassung äußert, das Werk sei „auf Grund göttlicher Eingebung geschaffen" worden, das Medium dabei nur Gehilfe gewesen.[59]

IV. Mitwirkung mehrerer bei Entstehung des Werkes

Wirken bei der Entstehung eines Werkes mehrere Personen mit, so beurteilt sich die Frage der Ur- **6** heberschaft nach dem Urheberschaftsprinzip (dazu → Rn. 1). Nur wer einen eigenschöpferischen Beitrag iSd § 2 Abs. 2 UrhG leistet, ist Urheber.[60] Andere Beteiligte können Anregungen gegeben haben (dazu → Rn. 7) oder als Gehilfen tätig gewesen sein (dazu → Rn. 8), scheiden aber als Urheber aus. Beruht ein Werk auf schöpferischen Beiträgen mehrerer Personen, so sind diese unter den Voraussetzungen des § 8 UrhG Miturheber; im Übrigen kann eine Bearbeitung nach § 3 UrhG, ein Sammelwerk nach § 4 UrhG oder ein Gruppenwerk vorliegen.[61] – Zum Werkschaffen aufgrund **Bestellung** oder in Arbeitsverhältnissen vgl. → Rn. 4. Für neue Formen der kooperativen Werkschöpfung, sei es durch sukzessiv tätige Mitwirkende in einer „Crowd", etwa in einer Enzyklopädie wie „Wikipedia" oder sonstigen „Wiki-Medien", sei es für kreative Gemeinschaftsprojekte im Bereich der Softwareerstellung **(Open Source)** oder wissenschaftlicher Gruppenprojekte **(Creative Commons),** erweisen sich die Instrumente des deutschen Rechts als wenig passgenau.[62] Hier wird man über Anpassungen oder kreative Auslegungen der letztlich individualistischen Konzeption nachdenken müssen (→ § 8 Rn. 9a, 20). Allerdings kann der Beitrag zu einem Creative Commons-Projekt eine Werkbindung gem. § 9 UrhG begründen. Dann bestehen für die gemeinschaftliche Verwertung Treuebindungen und gesellschaftsähnliche Strukturen.

Bloße **Ideen** und **Anregungen** zu einem Werk stellen meist noch keinen schöpferischen Beitrag **7** dar und begründen keine Urheberschaft an dem auf ihnen beruhenden Werk.[63] Solche dem eigentlichen Schöpfungsakt vorgelagerten Handlungen sind regelmäßig nicht schutzfähig (dazu → § 2 Rn. 73), auch wenn sie dem Urheber wesentliche Inspirationen für sein Schaffen gegeben haben.[64] Hinweise auf ein Motiv für den Maler, auf eine Begebenheit für den Dichter sind keine persönlichen geistigen Schöpfungen; sie haben oft nur freies Gemeingut[65] zum Inhalt und ermangeln jedenfalls der Individualität. So stellt etwa die einem Drehbuchautor von einem Schauspieler gegebene Anregung, den Betrieb bei der Filmherstellung zum Thema eines Drehbuchs zu machen, selbst dann keinen schöpferischen Beitrag dar, wenn die Anregung durch Schilderung eigener Erlebnisse ausgestaltet wird.[66] Ebenso ist es, wenn tatsächliche Begebenheiten zur Grundlage eines Filmwerks gemacht werden, ohne dass deren individuelle Darstellung in einer Biografie unmittelbar in den Film Eingang finden.[67] Das Gleiche gilt für die Idee zu einem Computerspiel.[68] Auch genaue Anweisungen und Ratschläge für die Anordnung und Ausführung von Bildern reichen nicht aus, solange es sich nicht um Skizzen handelt, aus denen Gestalt und Eigenart des geplanten Werkes bereits ersichtlich sind.[69] Anders ist es erst, wenn die Ideen und Anregungen bereits soweit konkretisiert und ausgestaltet sind, dass sie ihrerseits persönliche geistige Schöpfungen darstellen (→ § 2 Rn. 75). Das ist zB anzunehmen, wenn jemand Memoiren erzählt und ein anderer die schriftliche Formulierung vornimmt.[70]

Keine schöpferische Tätigkeit ist die **Gehilfenschaft** beim Werkschaffen anderer, die keine eigene **8** Individualität entfaltet, sondern nur fremde Individualität unterstützt. So liegt es etwa beim Sammeln, Sichten und Ordnen von Material nach Anweisungen des Urhebers, bei der Anfertigung einfacher Register, Übersichten und Auszüge, uU auch noch bei der Ausarbeitung einzelner Stellen nach genauer Weisung des Urhebers,[71] ferner bei redaktionellen Korrekturen und Textglättungen[72] oder bei

---

[57] *Schack* Rn. 302.

[58] Büscher/Dittmer/Schiwy/*Mohme* Kap. 10 UrhG § 7 Rn. 3.

[59] So OLG Frankfurt a. M. WRP 2014, 885 mAnm *Brexl* GRUR-Prax 2014, 308; *Schöttler* jurisPR-ITR 13/2014 Anm. 6. Vgl. auch BGH GRUR 1986, 59 – Geistchristentum; KG OLG-Report 1996, 175; SchwBG ZuM 1991, 237.

[60] BGH GRUR 2014, 772 Rn. 9 – Online-Stadtplan; GRUR 1995, 47 (48) – Rosaroter Elefant; BGH GRUR 1994, 39 (40) – Buchhaltungsprogramm; OLG Hamburg GRUR-RR 2003, 33 (34) – Maschinenmensch.

[61] Zur Abgrenzung vgl. → § 8 Rn. 2 u. 3.

[62] *Sievers* S. 77.

[63] BGH GRUR 1995, 47 (48) – Rosaroter Elefant; OLG Hamburg NJOZ 2010, 1929 (1930) und Vorinstanz LG Hamburg ZUM 2010, 541; Dreier/Schulze/*Schulze* UrhG § 7 Rn. 4; Möhring/Nicolini/*Ahlberg* UrhG § 7 Rn. 10; Wandtke/Bullinger/*Thum* UrhG § 7 Rn. 21; *Ulmer* § 33 IV 1; *Schricker* GRUR 1991, 563 (565 f.).

[64] OLG Hamburg GRUR-RR 2003, 33 (34) – Maschinenmensch.

[65] Dazu → § 24 Rn. 3 ff.

[66] OLG München GRUR 1956, 432 – Solange Du da bist; OLG Hamburg GRUR-RR 2003, 33 (34) – Maschinenmensch.

[67] LG München I ZUM-RD 2019, 270 (274).

[68] LG Düsseldorf ZUM 2007, 559 (562); bestätigt durch OLG Düsseldorf ZUM-RD 2009, 182 (185).

[69] RG MuW 1927/28, 144 (145); OLG Hamburg GRUR-RR 2003, 33 (34) – Maschinenmensch.

[70] OLG Köln GRUR 1953, 499 – Kronprinzessin Cäcilie I.

[71] *Ulmer* § 33 IV 3; zahlreiche Beispiele bei *Schack* FS Raue, 2006, 649 und *Schack* KUR 2012, 155.

[72] → § 3 Rn. 17 ff.; Wandtke/Bullinger/*Thum* UrhG § 7 Rn. 30.

der Eintragung von Wanderwegen in eine Karte,[73] ebenso bei der Umsetzung der Konzeption zu einer Gedichttitelliste durch Hilfskräfte, die das Material gesammelt und für die statistische Auswertung vereinheitlicht haben.[74] Bei der Ausarbeitung von Plänen oder Entwürfen kommt es darauf an, ob es sich nur um eine nicht schöpferische mechanische Durchführung und Ausgestaltung handelt oder ob Freiraum für eigene künstlerische Gestaltung bleibt, was insbesondere in der bildenden Kunst dafür sorgen kann, dass der Anweisende nur als Anregender zu betrachten ist.[75] Der BGH ist für die Ausarbeitung von Entwürfen zu einer Staatsbibliothek davon ausgegangen, dass ein anderer als der Zeichner regelmäßig umso weniger Miturheber oder Alleinurheber sein wird, je mehr ein Entwurf der Anfangsphase eines Gestaltungsprozesses zuzurechnen ist und je individueller die eingesetzten zeichnerischen Mittel sind.[76] Keine schöpferische Leistung vollbringt der Metallgießer, der nach den Gips- und Tonvorlagen des Künstlers die notwendigen Metallformen zur Herstellung von Bronzeplastiken selbständig anfertigt.[77] Die Mitwirkenden an der Gestaltung eines Happenings nach einem alten Gemälde sind Gehilfen und nicht (Mit-)Urheber, soweit sie den Vorstellungen des Urhebers untergeordnet bleiben und lediglich seine Anweisungen ausführen.[78]

9 Auch die Tätigkeit **wissenschaftlicher Assistenten** an Hochschulen beurteilt sich nach diesen Grundsätzen. Sammeln von Material, Durchführung von Versuchen, Anfertigen anatomischer Präparate, Ausarbeitung von Fußnoten, Erstellung von Registern und Literaturverzeichnissen, redaktionelle Korrekturen und dgl. bleiben im Rahmen nichtschöpferischer Gehilfentätigkeit.[79] Ein schöpferischer Beitrag liegt dagegen vor, wenn Mitarbeiter in eigenständiger wissenschaftlicher Arbeit urheberrechtsschutzfähiges Material im Rahmen ihrer Tätigkeit für den Hochschullehrer schaffen,[80] etwa wenn dem Assistenten die Ausarbeitung ganzer Kapitel überlassen wird oder wenn er ein druckreifes Manuskript nach Notizen und einer Gliederung erstellt.[81] In diesem Fall liegt Miturheberschaft vor, die für den Assistenten ua einen Anteil an den Verwertungsrechten und das Recht auf Urheberbenennung (§ 13 UrhG) begründet. Während ein Verzicht auf den Anteil an den Verwertungsrechten zulässig ist (§ 8 Abs. 4 UrhG), kann das Recht auf Urheberbenennung als Teil des Urheberpersönlichkeitsrechts in seinem Kerngehalt nicht abbedungen werden.[82] Vereinbarungen über die Namensnennung bei Ghostwritervereinbarungen bleiben davon unberührt. Eine Sonderregelung sieht § 24 HochschulrahmenG[83] vor, nach der bei der Veröffentlichung von Forschungsergebnissen Mitarbeiter, die einen eigenen wissenschaftlichen oder wesentlichen sonstigen Beitrag geleistet haben, als Mitautoren zu nennen sind. Dabei ist aber zu berücksichtigen, dass an Forschungsergebnissen in ihrem gedanklichen Inhalt kein Urheberrecht entstehen kann.[84] Eine Nennung als Mitautor, dh als Urheber, kommt daher auch nach § 24 HRG nur in Betracht, wenn der Mitarbeiter zu einer Urheberrechte begründenden Tätigkeit, etwa bei der Darstellung der Forschungsergebnisse, einen eigenschöpferischen Beitrag geleistet hat. Davon zu unterscheiden ist die Namensnennung im Hinblick auf die Mitwirkung bei der Forschung, die sich bereits aus persönlichkeitsrechtlichen Gründen ergeben kann.[85] Aus dem Allgemeinen Persönlichkeitsrecht kann sich ein **Anspruch auf Abwehr von Fehlzuschreibungen** der Leistungen wissenschaftlicher Mitarbeiter ergeben, sofern etwa die Mitarbeit an einer brisanten Forschung zu Unrecht behauptet wird und der Mitarbeiter sich hierin in seiner Persönlichkeit beeinträchtigt oder verzerrt dargestellt sieht.[86] Einen persönlichkeitsrechtlichen Anspruch auf Namensnennung gibt es in Absolutheit jedoch nicht. Er greift wiederum erst, wenn zu Unrecht behauptet wird, der Mitarbeiter habe keinen Beitrag an einer wichtigen Forschung erbracht. Hier kann die Unterdrückung des Beitrags das Recht auf Ehre, aber auch auf Individualität (Abwehr wesentlicher Falschdarstellungen) verletzen.[87]

---

[73] RGZ 108, 62 (64); → § 2 Rn. 211; vgl. auch BGH GRUR 2014, 772 Rn. 9 – Online-Stadtplan mAnm *Rieken* GRUR-Prax 2014, 307.

[74] BGH ZUM 2007, 737 Rn. 23 – Gedichttitelliste I.

[75] Vgl. dazu den bei *Schack* GRUR 2012, 155 (156) berichteten Fall *Renoir/Guino,* der in Frankreich und den USA zugunsten des Ausführenden *(Guino),* nicht des Anweisenden *(Renoir)* entschieden wurde; zur „Rubens-Werkstatt" *Kirchmaier* KUR 2010, 175 (177).

[76] BGH GRUR 2003, 231 (233) – Staatsbibliothek.

[77] OLG Köln FuR 1983, 348.

[78] BGH GRUR 1985, 529 – Happening; sa KG GRUR 1984, 507 – Happening.

[79] Fromm/Nordemann/*Wirtz* UrhG § 8 Rn. 4; Wandtke/Bullinger/*Thum* UrhG § 7 Rn. 31 iVm Rn. 30; Dreier/Schulze/*Schulze* UrhG § 7 Rn. 9; Möhring/Nicolini/*Ahlberg* UrhG § 7 Rn. 11; aA *Leuze* GRUR 2006, 552 (555).

[80] BGH GRUR 1988, 536 (540) – Hochschulprofessor; OLG München ZUM 2000, 404 (406) – Literaturhandbuch; eingehend *Schmidt* S. 34 ff.

[81] OLG Hamburg Schulze OLGZ 207, 1 (3).

[82] Vgl. näher → § 13 Rn. 26 ff.

[83] Ebenso die entsprechenden Bestimmungen der Landeshochschulgesetze.

[84] Vgl. → § 2 Rn. 83 ff.

[85] *Ulmer* § 33 IV 3; *Kraßer/Schricker* S. 88 mwN; sa *Leuze* GRUR 2006, 552 (560).

[86] *Peifer* S. 251.

[87] *Peifer* S. 260.

§ 8 Miturheber

(1) **Haben mehrere ein Werk gemeinsam geschaffen, ohne daß sich ihre Anteile gesondert verwerten lassen, so sind sie Miturheber des Werkes.**

(2) [1] **Das Recht zur Veröffentlichung und zur Verwertung des Werkes steht den Miturhebern zur gesamten Hand zu; Änderungen des Werkes sind nur mit Einwilligung der Miturheber zulässig.** [2] **Ein Miturheber darf jedoch seine Einwilligung zur Veröffentlichung, Verwertung oder Änderung nicht wider Treu und Glauben verweigern.** [3] **Jeder Miturheber ist berechtigt, Ansprüche aus Verletzungen des gemeinsamen Urheberrechts geltend zu machen; er kann jedoch nur Leistung an alle Miturheber verlangen.**

(3) **Die Erträgnisse aus der Nutzung des Werkes gebühren den Miturhebern nach dem Umfang ihrer Mitwirkung an der Schöpfung des Werkes, wenn nichts anderes zwischen den Miturhebern vereinbart ist.**

(4) [1] **Ein Miturheber kann auf seinen Anteil an den Verwertungsrechten (§ 15) verzichten.** [2] **Der Verzicht ist den anderen Miturhebern gegenüber zu erklären.** [3] **Mit der Erklärung wächst der Anteil den anderen Miturhebern zu.**

Schrifttum: *Ahlberg,* Rechtsverhältnis zwischen Komponisten und Textdichter, Diss. Hamburg 1968; *Bartsch,* Softwarerechte bei Projekt- und Pflegeverträgen, CR 2012, 141; *v. Becker,* Rechtsprobleme bei Mehr-Autoren-Werkverbindungen, ZUM 2002, 581; *A. Bergmann,* Miturheber als Gesellschafter, FS Bornkamm, 2014, S. 737; *Blobel,* Miturhebergemeinschaft und Miturhebergesellschaft, 2014; *F. Flechsig,* Harmonisierung der Schutzdauer für musikalische Kompositionen mit Text, ZUM 2012, 227; *Gaillard,* Das Neunte Gesetz zur Änderung des Urheberrechtsgesetzes – Überblick und Analyse, GRUR 2013, 1099; *Gebhardt,* Das Rechtsverhältnis zwischen Komponist und Librettist, 1954; *Heidmeier,* Das Urheberpersönlichkeitsrecht und der Film, 1995; *Heussen,* Rechtliche Verantwortungsebenen und dingliche Verfügungen bei der Überlassung von Open Source Software, MMR 2004, 445; *Hirsch Ballin,* Miturheberschaft – Miturheberrecht, UFITA 46 (1966) 52; *Jaeger/Metzger,* Open Content-Lizenzen nach deutschem Recht, MMR 2003, 431; *Kuner,* Gemeinschaft und Abhängigkeit im Urheberrecht, Diss. Freiburg 1956; *Kirchmaier,* Bemerkungen zur Rubens-Werkstatt aus urheberrechtlicher Sicht, KUR 2010, 175; *F. Koch,* Urheberrechtliche und kartellrechtliche Aspekte der Nutzung von Open-Source-Software, CR 2000, 273 und 333; *Krekel,* Die digitale Datenbank, WRP 2011, 436; *Mahmoudi,* Urheberrechtliche Auswirkungen der Mitwirkung eines Assistentenstabs an Werken zeitgenössischer Künstler, FS Siehr, 2010, S. 483; *Omsels,* Open Source und das deutsche Vertrags- und Urheberrecht, FS Hertin, 2000, S. 141; *Orth,* Die Besonderheiten der BGB-Gesellschaften im Urheberrecht, Diss. Erlangen 1981; *Plett,* Urheberschaft, Miturheberschaft und wissenschaftliches Gemeinschaftswerk, 1984; *Reichel,* Das Gruppenwerk im Urheberrecht, GRUR 1959, 172; *ders.,* Zur Problematik des Gruppenwerks und des Rechts der Arbeitnehmer im Verlag in der Urheberrechtsreform, GRUR 1960, 582; *Reupert,* Der Film im Urheberrecht – Neue Perspektiven nach 100 Jahren Film, 1995; *Rieke,* Die Miturhebergemeinschaft, 2012; *Runge,* Das Gruppenwerk als Objekt urheberrechtlichen Schutzes, GRUR 1956, 407; *Schack,* Urheber, Miturheber, Anreger und Gehilfen, FS Raue, 2006, S. 649; *ders.,* Miturheber, Gehilfen und Bearbeiter in der bildenden Kunst, Aktions- und Videokunst, KUR 2012, 155; *F. Schäfer,* Aktivlegitimation und Anspruchsumfang bei der Verletzung der GPL v2 und v3, K&R 2010, 298; *Schmidt,* Die Rechtsverhältnisse in einem Forscherteam, 1997; *Schiffner,* Open Source Software. Freie Software im deutschen Urheber- und Vertragsrecht, 2002; *Schricker,* Musik und Wort – Zur Urheberrechtsschutzfrist dramatisch-musikalischer Werke und musikalischer Kompositionen mit Text, GRUR-Int 2001, 1015; *Schlueter,* The Co-Author Prenup, 44 St. Mary's Law Journal 451 (2013); *Schulze,* Die verschiedenen Interessen der Urheber und der Werkmittler beim Urhebervertragsrecht, FS Schwarz, 2017, S. 3; *Siefert,* Die Abgrenzung von Werkeinheit und Werkmehrheit im Urheberrecht und deren Bedeutung für das Verwertungsrecht, UFITA-Schriftenreihe 157 (1998); *Sontag,* Das Miturheberrecht, 1972; *Spindler,* Miturhebergemeinschaft und BGB-Gesellschaft, FS Schricker, 2005, S. 539; *Steffen,* Die Miturhebergemeinschaft, 1989; *Stroh,* Werkeinheit und Werkmehrheit im Urheberrecht, Diss. München 1969; *Szalai,* Die Rechtsnatur der Miturheberschaft, UFITA 2012-I S. 5; *Thiele,* Die Erstautorenschaft bei wissenschaftlichen Publikationen, GRUR 2004, 392; *Ubertazzi,* Gedanken zur Erfinder- und zur Urhebergemeinschaft, GRUR-Int 2004, 805; *Waldenberger,* Die Miturheberschaft im Rechtsvergleich, 1991; *von Welser,* Rechtsfragen der Open Source Software – über den Versuch, Linux zu monetarisieren, ZGE 4 (2017) 570; *Werner,* Rechtsfragen der Miturhebergemeinschaften, BB 1982, 280; *Wielsch,* Governance of Massive Multiauthor Collaboration, 1 (2010) JIPITEC 96; *ders.,* Die Zugangsregeln der Intermediäre: Prozeduralisierung von Schutzrechten, GRUR 2011, 665.
Siehe auch die Schrifttumsangaben bei § 7.

Übersicht

I. Zweck und Bedeutung der Norm

1   Zahlreiche Werke entstehen durch gemeinsames Schaffen mehrerer Urheber, zB viele wissenschaftliche Publikationen, Computerprogramme, Unterhaltungsmusik und Schlager.[1] Daraus resultiert die
Aufgabe, die rechtlichen Beziehungen der Urheber untereinander sowie ihre Rechtsbeziehungen
gegenüber Dritten zu regeln. Diesem Zweck dient § 8 UrhG. Während LUG und KUG noch von
einer Bruchteilsgemeinschaft nach §§ 741 ff. BGB ausgingen, knüpft § 8 UrhG an die Gesamthandsgemeinschaft des Bürgerlichen Rechts an. Der Gesetzgeber wollte damit der an sich richtigen Erkenntnis Rechnung tragen, dass die auf Verwaltung und Abwicklung von Vermögen gerichteten Vorschriften der §§ 741 ff. BGB wegen der Möglichkeit, die Verbindung einseitig zu lösen (§§ 746, 749
BGB), nicht passen. Denn zum Wesen der Miturheberschaft gehört die „auf gewolltem Zusammenwirken beruhende besonders enge Gemeinschaft".[2] Auch die Deutung als Gesamthandsgemeinschaft
wird aber der durch starke persönlichkeitsrechtliche Elemente geprägten Miturhebergemeinschaft
nicht gerecht. Sie ist vielmehr als **Gemeinschaft besonderer Art** zu qualifizieren, **deren charakteristische Züge durch urheberrechtliche Grundsätze bestimmt** werden,[3] und die in bestimmten
vermögensrechtlichen Beziehungen den Regeln der Gesamthandsgemeinschaft unterstellt ist,[4] allerdings über den Unterlassungs- und Beseitigungsanspruch ausnahmsweise auch die Abwehr von Werkentstellungen ermöglichen kann.[5] Eine analoge Anwendung der §§ 8 ff. UrhG auf gemeinschaftliche
Leistungen im Bereich der verwandten Schutzrechte ist aufgrund der genannten Besonderheiten
grundsätzlich nicht tunlich.[6] Für ausübende Künstler verweist § 80 Abs. 1 S. 1 UrhG auf § 8 UrhG.[7]

2   **Abgrenzung** gegenüber anderen Formen der Mehrurheberschaft: Von der **Werkverbindung** (§ 9
UrhG) unterscheidet sich die Miturheberschaft durch die Einheitlichkeit der Schöpfung, die zur Entstehung eines einheitlichen Werkes führt, während bei der Werkverbindung mehrere Werke zwecks
gemeinsamer Verwertung verbunden werden, ohne dass ein neues einheitliches Werk entsteht (vgl.
→ § 9 Rn. 6). Der Unterschied zur **Bearbeitung** liegt in der Gemeinschaftlichkeit der Schöpfung.
Bei der Miturheberschaft führt die Zusammenarbeit der Urheber zur Entstehung des Werkes, bei der
Bearbeitung wird ein bereits bestehendes Werk umgestaltet, es entsteht eine vom Originalwerk abhängige Schöpfung (vgl. → § 3 Rn. 9). Beim **Sammelwerk** (§ 4 UrhG) kann zwar gleichfalls eine
Mehrzahl von Urhebern beteiligt sein. Die Beteiligten schaffen aber nicht ein einheitliches Werk,
dessen einzelne Beiträge sich nicht gesondert verwerten lassen, sondern es entsteht durch die Zusammenfassung der einzelnen Beiträge ein neues Werk, das als solches neben die Einzelbeiträge tritt und
das durch die Auswahl oder Anordnung der Einzelelemente eine persönliche geistige Schöpfung begründet (näher → § 4 Rn. 2). Da ein Sammelwerk schon seiner gesetzlichen Definition nach aus
mehreren Werken bzw. Beiträgen besteht, bei der Miturheberschaft dagegen nur ein einheitliches
Werk entsteht, können die Urheber der Einzelwerke beim Sammelwerk nicht durch Miturheberschaft
untereinander verbunden sein. Das schließt jedoch nicht aus, dass einzelne Werke bzw. Beiträge zum
Sammelwerk oder auch dieses selbst in Miturheberschaft entstehen können (vgl. → § 4 Rn. 63).
Beim **Filmwerk** stehen dessen Urheber[8] regelmäßig in Miturheberschaft (→ Rn. 6 f.); Besonderheiten ergeben sich aber aus der Nutzungsrechtseinräumung an den Produzenten (vgl. § 89 UrhG).

3   Beim sog. **Gruppenwerk** liegt Miturheberschaft der schöpferisch Mitwirkenden vor. Unter einem
Gruppenwerk ist ein Werk zu verstehen, das mehrere unter Leitung eines Herausgebers geschaffen
haben, ohne dass ihre Anteile daran nach Umfang, Bedeutung oder in sonstiger Weise unterscheidbar
sind, zB Schulbücher oder kartographische Werke.[9] Die Ununterscheidbarkeit der Beiträge bedeutet
gleichzeitig die Unmöglichkeit ihrer gesonderten Verwertung, es findet also § 8 UrhG Anwendung.
Der Herausgeber eines Gruppenwerks, der selbst eine schöpferische Leistung nicht erbracht hat, ist
nicht Urheber,[10] der Gesetzgeber ist auch mit Recht Forderungen[11] nicht nachgekommen, dem Herausgeber das ausschließliche Recht zur Veröffentlichung und Verwertung des Gruppenwerks einzuräumen.[12] Der Herausgeber muss sich vielmehr wie auch in anderen Fällen Nutzungsrechte von den
Urhebern vertraglich einräumen lassen; hat er durch Auswahl oder Anordnung der Beiträge eine
schöpferische Leistung erbracht, so hat er die Rechte aus § 4 UrhG. Dem Gruppenwerk verwandt ist

---

[1] Weitere Beispiele bei Fromm/Nordemann/ *W. Nordemann* (10. Aufl.) UrhG § 8 Rn. 1; *Sontag* S. 3 f.; *Plett*
S. 1 ff.
[2] AmtlBegr. BT-Drs. IV/270, 41.
[3] LG München I ZUM 1999, 333 (336); *Ulmer* § 34 III; Wandtke/Bullinger/ *Thum* UrhG § 8 Rn. 53; *Haberstumpf* HdB des Urheberrechts Rn. 178; *Schack* Rn. 319 ff.; abweichend *Steffen* S. 22 ff.; *K. Schmidt*, MüKo BGB,
Bd. 5, BGB § 741 Rn. 65, sieht die Miturhebergemeinschaft als eine durch Sonderregelung modifizierte Bruchteilsgemeinschaft an; ihm folgend *Szalai* UFITA 2012-I, 5 (55).
[4] OLG Frankfurt a. M. GRUR 2006, 578 (579) – Erstverwertungsrechte; vgl. auch → Rn. 10.
[5] OLG Düsseldorf ZUM-RD 2016, 368 (372).
[6] Wohl auch *Krekel* WRP 2011, 436 (440) im Bereich der Erstellung von Datenbanken.
[7] Dazu AG Hamburg GRUR-RS 2016, 9599 Rn. 22.
[8] Dazu → § 2 Rn. 223 f.
[9] Vgl. AmtlBegr. BT-Drs. IV/270, 42; *Ulmer* § 34 II 4.
[10] LG München I ZUM 2009, 986 (988).
[11] Vgl. *Runge* GRUR 1956, 407; *Reichel* GRUR 1959, 172 und 1960, 582.
[12] Dazu AmtlBegr. BT-Drs. IV 1270, 41.

die **in einem Team hergestellte Leistung,** etwa die Entwicklung einer Software. Mit § 69b UrhG hat der Gesetzgeber hier eine für praktische Bedürfnisse wichtige Erleichterung dahingehend geschaffen, dass der Arbeitgeber, ggf. auch der Auftraggeber, die vermögensrechtlichen Befugnisse an den Programmen ausüben kann. Nicht gelöst werden damit allerdings Probleme, die sich daraus ergeben, dass ein Projekt vor Fertigstellung abgebrochen wird, denn Bearbeitungsrechte hat der Auftraggeber nur, wenn sie ihm eingeräumt wurden. Zudem können urheberpersönlichkeitsrechtliche Befugnisse der Fertigstellung entgegenstehen. Die Praxis empfiehlt daher zu Recht vertragliche Vorsorge.[13]

II. Voraussetzungen der Miturheberschaft

1. Persönliche geistige Schöpfung

Die Miturheberschaft entsteht durch **Schöpfung als Realakt.**[14] Umfang und Bedeutung des mi- 4 turheberschaftlichen Beitrags sind für die bloße Zuordnung des Rechts nicht entscheidend,[15] sie gewinnen erst Bedeutung bei der Verteilung der Erträgnisse. Miturheber kann nur derjenige sein, dessen Beitrag zu dem gemeinschaftlichen Werk eine **persönliche geistige Schöpfung** iSd § 2 Abs. 2 UrhG darstellt[16] und sich nicht in bloßer Anregung (dazu → § 7 Rn. 7) oder Gehilfenschaft (dazu → § 7 Rn. 8) erschöpft. Die einfache Materialsammlung, bloße Hinweise, die allgemeine Material- oder Motivwahl, die Erörterung von Anregungen oder bloßer abstrakter Gestaltungsmöglichkeiten sowie die bloße Überwachung führen noch nicht zur Miturheberschaft.[17] Der Herausgeber eines Gruppenwerks erwirbt kein Urheberrecht (vgl. → Rn. 3). Bei wissenschaftlichen Werken ist zu beachten, dass an wissenschaftlichen Lehren, Theorien und Forschungsergebnissen in ihrem gedanklichen Inhalt kein Urheberrecht entstehen kann (vgl. → § 2 Rn. 79). Miturheber wird also nicht, wer lediglich forscht, sich aber an der Darstellung der Forschungsergebnisse nicht beteiligt.[18] Auf den Umfang des Beitrags kommt es dagegen nicht an, auch ein geringfügiger Beitrag reicht aus,[19] es sei denn, der quantitative Anteil ist so gering, dass er die Voraussetzungen einer persönlichen geistigen Schöpfung nicht erfüllt.[20]

2. Einheitlichkeit der Werkschöpfung

Eine einheitliche Werkschöpfung liegt vor, wenn sich die einzelnen Beiträge der beteiligten Urhe- 5 ber **nicht gesondert verwerten lassen.**[21] Verwertbarkeit bedeutet die **theoretische Möglichkeit der Verwertung.** Sie liegt vor, wenn sich die Anteile an einem Werk, ohne dadurch unvollständig und ergänzungsbedürftig zu werden, aus dem gemeinschaftlichen Werk herauslösen lassen und es denkbar ist, dass sie in irgendeiner Weise wieder Verwendung finden könnten.[22] Dagegen ist es unerheblich, ob die trennbaren Anteile aufgrund der bestehenden Nachfrage nach Werken dieser Art und Qualität eine Verwertungschance haben.[23] Unerheblich ist, ob die Verwertung auf kommerziellen Absatzwegen erfolgt, Miturheberschaft ist daher auch bei sog. „freier Software" möglich.[24] Abzustellen ist also auf die **selbständige Verkehrsfähigkeit** der Beiträge. Ein etwa vertraglich vereinbartes Verbot gesonderter Verwertung begründet keine Miturheberschaft. Die in § 8 Abs. 1 UrhG gesetzlich

---

[13] *Bartsch* CR 2012, 141 (144).

[14] OLG Frankfurt a.M. MMR 2003, 45 (47) – IMS Health, → § 7 Rn. 5.

[15] BGHZ 123, 208 (212) – Buchhaltungsprogramm; BGH ZUM-RD 2013, 241 Rn. 8; *Schack* Rn. 313.

[16] BGH GRUR 1963, 40 (41) – Straßen – gestern und morgen; BGH GRUR 1994, 39 (40) – Buchhaltungsprogramm; BGH GRUR 2003, 231 (233) – Staatsbibliothek; KG ZUM_RD 2012, 321 (323); OLG München GRUR 1956, 432 (434) – Solange Du da bist; OLG Schleswig GRUR 1985, 289 (290) – Tonfiguren; OLG München ZUM 1990, 186 (190); OLG Hamburg GRUR-RR 2003, 33 (34) – Maschinenmensch; OLG Düsseldorf ZUM 2004, 71 (72); KG GRUR-RR 2004, 129 (130) – Modernisierung einer Liedaufnahme; OLG Frankfurt a.M. MMR 2003, 45 (46) – IMS Health; OLG Düsseldorf GRUR-RR 2005, 1 f. – Beuys-Kopf; OLG Hamburg NJOZ 2007, 2071 (2082) – Kranhäuser; LG Düsseldorf ZUM-RD 2010, 696 (697) – Kaugummi-Collage. Vgl. auch KG GRUR 1984, 507 – Happening; BGH GRUR 1985, 529 – Happening; ganz hM auch im Schrifttum, vgl. nur Dreier/Schulze/*Schulze* UrhG § 8 Rn. 6; Fromm/Nordemann/*Wirtz* UrhG § 8 Rn. 2; Wandtke/ Bullinger/*Thum* UrhG § 8 Rn. 15; *Dreyer*/Kotthoff/Meckel UrhG § 8 Rn. 6; *Schack* Rn. 318; aA Möhring/ Nicolini/*Ahlberg* UrhG § 8 Rn. 8; *Szalai* UFITA 2012-I, 5 (14); dazu kritisch Wandtke/Bullinger/*Thum* UrhG § 8 Rn. 18.

[17] OLG Hamburg Schulze OLGZ 207, 7; OLG München ZUM 1990, 186 (190); OLG Düsseldorf GRUR-RR 2001, 294 (296) – Spannring; LG München I ZUM 2002, 748 (752) – Carmina Burana; sa BGH ZUM 2007, 737 Rn. 23 – Gedichttitelliste I; OLG Hamburg GRUR-RR 2002, 6 – Hier ist DEA.

[18] AA *Plett* S. 180 ff., insbes. 184 ff.

[19] BGH GRUR 2009, 1046 Rn. 43 – Kranhäuser; BGH GRUR 1994, 39 (40) – Buchhaltungsprogramm; OLG Karlsruhe GRUR 1984, 812 (813) – Egerlandbuch; Dreier/Schulze/*Schulze* § 8 Rn. 6; aA wohl LG München I ZUM 1999, 333 (338).

[20] Vgl. dazu → § 2 Rn. 68.

[21] BGH GRUR 2015, 1189 Rn. 15 – Goldrapper. Kritisch zu diesem gesetzlichen Kriterium Möhring/Nicolini/ *Ahlberg* UrhG § 8 Rn. 12 ff.

[22] KG Schulze KGZ 55, 12 – Puppenfee.

[23] KG Schulze KGZ 55, 12 – Puppenfee.

[24] Vgl. *St. Meyer* S. 19 ff.

vorgenommene Zuordnung[25] ist nicht disponibel. Vertragliche Vereinbarungen einer Miturheberschaft können allenfalls Indizien dafür begründen, dass die Zusammenarbeit so durchgeführt wird, dass sie die gesetzlichen Voraussetzungen der Miturheberschaft erfüllt.[26] Miturheberschaft liegt nicht allein deswegen vor, weil auf unionsrechtlicher Ebene Schutzfristen für verschiedene Formen der Werkverbindung einheitlich angeknüpft werden. So sieht die 2011 geänderte Schutzdauer-RL[27] vor, dass die Schutzdauer bei Musikkompositionen mit Text bei gemeinsamem Schaffen erst mit dem Tode des Längstlebenden erlischt (Art. 2 RL 2006/116/43 idF der Richtlinie 2011/77/EU).[28] Die Schutzfristregelung sorgt zwar faktisch für eine engere Bindung zwischen Text und Musik und eine Privilegierung gegenüber sonstigen Werkverbindungen, sie sorgt aber nicht dafür, dass aus der Werkverbindung zwischen Musik und Text ein Fall der Miturheberschaft wird (vgl. den insoweit klarstellenden § 65 Abs. 3 S. 2 UrhG).[29] Für die Beurteilung ist der Zeitpunkt der Entstehung des Werkes maßgeblich. Wird ein als nicht selbständig verkehrsfähig anzusehender Beitrag später wider Erwarten doch gesondert verwertet, so verwandelt sich nicht die Miturheberschaft nachträglich in eine Werkverbindung.[30] Eine bei Entstehung vorliegende Werkverbindung kann sich nach der gesetzlichen Konzeption nicht später zu einer Werkeinheit entwickeln.[31]

6   **Unmöglichkeit gesonderter Verwertung** liegt stets dann vor, wenn die einzelnen Beiträge ununterscheidbar sind, etwa wenn mehrere Autoren zusammen einen Text formuliert haben.[32] Lassen sich die Beiträge dagegen unterscheiden,[33] so kommt es darauf an, ob der einzelne Beitrag für sich genommen unvollständig und ohne weitere Ergänzung oder Umgestaltung nicht verkehrsfähig ist.[34] So wird bei juristischen Kommentaren oder Lehrbüchern und anderen Darstellungen darauf abzustellen sein, ob der herausgelöste Teil ein in sich abgeschlossenes Gebiet behandelt und für sich genommen verständlich ist. Unterschiede in den vertretenen Meinungen bei den Einzelbeiträgen stellen kein verlässliches Indiz dar,[35] viele juristische Kommentare müssten sonst als Werkverbindungen eingestuft werden.[36] Selbst wenn theoretisch einzelne Teile eines komplexen Gesamtwerkes gesondert verwertbar sein sollten, dies aber zu einer unorganischen Zergliederung des Gesamtwerks führen würde, ist Miturheberschaft anzunehmen.[37] Wissenschaftliche Festschriften sind grundsätzlich keine einheitlichen Werke, sondern Sammelwerke nach § 4 UrhG oder Werkverbindungen. Bei Filmwerken ist dagegen die Unmöglichkeit gesonderter Verwertung in aller Regel gegeben; die Beiträge etwa des Regisseurs oder des Kameramanns lassen sich nicht gesondert verwerten. Miturheberschaft liegt im Allgemeinen vor, wenn die Beiträge der gleichen Werkart angehören.[38] Gehören sie **unterschiedlichen Werkarten** an,[39] so liegt idR Werkverbindung vor; zB wenn ein Zeichner eine Geschichte bzw. manche Situationen hieraus nur mit einzelnen Zeichnungen illustriert[40] oder wenn Text und Melodie in einem Musikstück verbunden werden.[41]

7   Ein einheitliches Werk kann auch dann vorliegen, wenn die einzelnen Beiträge nicht nebeneinander stehen,[42] sondern **als Vor-, Zwischen- und Endstufe des endgültigen Werkes aufeinander aufbauen.**[43] In solchen Fällen reicht es aus, dass der schöpferische Beitrag eines Miturhebers auf einer der Stufen erbracht wird; eine Beteiligung an den anderen Stufen ist dann nicht erforderlich.[44] Beispiele bilden die Schaffung von Computerprogrammen,[45] der Fall, dass einer der Miturheber Memoren erzählt und der andere die schriftliche Formulierung vornimmt[46] oder bei Filmwerken die Tätig-

---

[25] BGHZ 193, 49 = GRUR 2012, 1022 Rn. 18 – Kommunikationsdesigner.
[26] Vgl. *Schack* KUR 2012, 155 (157) mit dem Hinweis, dass die bloße Zuweisung einer Assistentenstellung nicht die miturheberschaftliche Stellung beseitigt, zu OLG Düsseldorf GRUR 2013, 173 (174).
[27] IdF der RL 2011/77/EU, in Deutschland umgesetzt durch § 65 Abs. 3 UrhG (Gesetz vom 2.7.2013, BGBl. I S. 1940).
[28] So bereits vorgeschlagen von *Schricker* GRUR-Int 2001, 1015 (1016) (Analogie zu § 65 Abs. 2 UrhG); insoweit ebenso Stellungnahme des Max-Planck-Instituts zum Vorschlag der Kommission für eine Richtlinie zur Änderung der Schutzdauer-RL, S. 12 Rn. 10; krit. Stellungnahme der GRUR eV GRUR 2013, 152 mit der Empfehlung, die Schutzfristen bei Kollektivwerken generell an den Tod des Längstlebenden anzuknüpfen.
[29] Vgl. *F. Flechsig* ZUM 2012, 227 (229); *Gaillard* GRUR 2013, 1099 (1102).
[30] Dreier/Schulze/*Schulze* UrhG § 8 Rn. 4; Wandtke/Bullinger/*Thum* UrhG § 8 Rn. 30.
[31] *Fischer* NJW 2000, 2158 (2163); aA nach früherem Recht BGH GRUR 1964, 326 – Subverleger.
[32] Wandtke/Bullinger/*Thum* UrhG § 8 Rn. 26.
[33] ZB einzelne Kapitel eines Buches sind unter den Autoren aufgeteilt.
[34] Wandtke/Bullinger/*Thum* UrhG § 8 Rn. 27; *v. Gamm* UrhG § 2 Rn. 11.
[35] AA Fromm/Nordemann/*Wirtz* UrhG § 8 Rn. 11.
[36] So aber wohl Dreyer/Kotthoff/*Meckel* UrhG § 8 Rn. 17.
[37] OLG Hamburg NJOZ 2007, 2071 (2076 f.) – Kranhäuser; Wandtke/Bullinger/*Thum* UrhG § 8 Rn. 27; sa BGH GRUR 1959, 335 (336) – Wenn wir alle Engel wären.
[38] Fromm/Nordemann/*Wirtz* UrhG § 8 Rn. 13; *Schack* Rn. 316.
[39] Etwa Text und Musik eines Liedes, einer Oper und dgl.
[40] LG München I ZUM-RD 2009, 134 (154) – Die wilden Kerle; vgl. näher → § 9 Rn. 5.
[41] BGH GRUR 2015, 1189 Rn. 15 – Goldrapper.
[42] Horizontale Arbeitsteilung.
[43] Vertikale Arbeitsteilung.
[44] BGH GRUR 2005, 860 (862 f.) – Fash 2000; BGH GRUR 1994, 39 (40) – Buchhaltungsprogramm; Wandtke/Bullinger/*Thum* UrhG § 8 Rn. 9.
[45] BGH GRUR 2005, 860 (862 f.) – Fash 2000.
[46] OLG Köln GRUR 1953, 499 – Kronprinzessin Cäcilie I.

keit der bei den Dreharbeiten Beteiligten und des Cutters.[47] Voraussetzung ist nur, dass den einzelnen Stufen die gesonderte Verwertbarkeit fehlt. Außerdem muss, wie in allen Fällen der Miturheberschaft, der Wille zur Zusammenarbeit zwischen den Urhebern bestehen, anderenfalls läge eine Bearbeitung vor (→ Rn. 2).

3. Gemeinschaftlichkeit der Werkschöpfung

Die Gemeinschaftlichkeit der Werkschöpfung setzt eine **Zusammenarbeit** unter den Beteiligten **8** voraus, das Werk muss in gemeinsamem Schaffen entstehen.[48] Dadurch unterscheidet sich die Miturheberschaft von der Bearbeitung, bei der kein gemeinschaftliches Werk, sondern eine vom Originalwerk abhängige Nachschöpfung entsteht.[49] An der Zusammenarbeit fehlt es auch bei der Vollendung und bei der Fortsetzung eines Werks.[50] Der Schüler, der das Werk seines Meisters nach dessen Tod vollendet, ist daher ebenso wenig Miturheber[51] wie der Meister, der den ausgefeilten Entwurf seines Schülers nur noch geringfügig verändert.[52] Mit einem Gehilfen kann man zwar „zusammenarbeiten", ein Gehilfe erbringt aber keine schöpferische Leistung (vgl. → § 7 Rn. 8), die Zusammenarbeit ist daher nicht auf gemeinschaftliche Werkschöpfung gerichtet. – Subjektiv erfordert die Gemeinschaftlichkeit der Werkschöpfung einen **Willen** zur Zusammenarbeit. Dieser Wille ist ein **natürlicher Handlungswille**, der sich auf das gemeinsame Schaffen richtet, ein rechtsgeschäftlicher Wille ist nicht erforderlich.[53] Auch Geschäftsunfähige können daher Miturheber sein. Eine vertragliche Regelung der Zusammenarbeit wird diesen Willen stets mit einschließen, ist aber zu seiner Begründung nicht erforderlich.[54]

Die Zusammenarbeit setzt eine **Verständigung über die gemeinsame Aufgabe** und eine **ge- 9 genseitige Unterordnung unter die Gesamtidee** voraus.[55] Sie kann in der Form erfolgen, dass die Miturheber das Werk zusammen erarbeiten, etwa Autoren zusammen einen Text formulieren. Zusammenarbeit liegt aber auch dann vor, wenn eine Aufteilung der Beiträge etwa nach Kapiteln oder Akten erfolgt oder wenn die Beiträge auf verschiedenen Stufen der Werkentstehung geleistet werden sollen (dazu → Rn. 7). Auch bei einer zeitlichen Staffelung der Beiträge ist Miturheberschaft nicht ausgeschlossen.[56] Die die Miturheberschaft begründende Klammer liegt in solchen Fällen in der gemeinschaftlichen Konzeption der Aufgabe und der gegenseitigen Unterordnung unter die Gesamtidee.[57] Daran fehlt es, wenn mehrere Künstler eines Happenings sich nicht einem von ihnen unterordnen, sondern nebeneinander schaffen.[58] Die Gesamtidee muss sich auf das Werk selbst beziehen, eine Verständigung nur über den Zweck, dem ein Werk dienen soll,[59] reicht nicht aus.[60]

Das Erfordernis gemeinschaftlicher Werkschöpfung erzeugt Friktionen bei **„freier Software"** und **9a** sonstigen **„freien" Werken**, etwa im Rahmen sukzessiver Fortentwicklung durch Nutzung der sog. „Crowd Wisdom". Charakteristisch für solche Schöpfungen ist, dass die Gesamtidee sich darauf beschränkt, ein stetig wachsendes Archiv an gemeinsamen Wissen anzusammeln, auszuformulieren, mit Belegen anzureichern und dadurch stetig zu vervollkommnen. Die Gesamtidee ist hier oft noch nicht ausdifferenziert, sie wird vielmehr sukzessiv entwickelt und dabei auch noch modifiziert. Solche Schöpfungen stehen zwischen Miturheberschaft und Bearbeitung.[61] Die Regeln über die Bearbeitung passen oft nicht, weil großzügige Bearbeitungslizenzen von den ersten Bearbeitern erteilt werden müssen, die im Hinblick auf § 31 Abs. 5 UrhG bestimmt sein müssen[62] und mit Urheberpersönlichkeitsrechten kollidieren können. Die Regeln über die Miturheberschaft setzen dagegen eine hinrei-

---

[47] Vgl. zum Ganzen auch *Plett* S. 7 ff., 60 ff.; *Reupert* S. 108 ff.
[48] Sa BGH GRUR 1994, 39 (40) – Buchhaltungsprogramm; Wandtke/Bullinger/*Thum* UrhG § 8 Rn. 42.
[49] OLG Düsseldorf GRUR-RR 2005, 2 – Beuys-Kopf; vgl. auch → Rn. 2 sowie → § 3 Rn. 9.
[50] OLG Düsseldorf GRUR-RR 2005, 2 – Beuys-Kopf; *Schack* Rn. 324; dazu auch → § 3 Rn. 12; zur Fortsetzung auch → § 24 Rn. 21.
[51] *Ulmer* § 34 II 3.
[52] *Schack* KUR 2012, 155 (159).
[53] BGH GRUR 2005, 860 (862 f.) – Fash 2000; Wandtke/Bullinger/*Thum* UrhG § 8 Rn. 42.
[54] Vgl. auch *Sontag* S. 10 f.
[55] BGH GRUR 2005, 860 (862 f.) – Fash 2000; OLG Düsseldorf GRUR-RR 2005, 2 – Beuys-Kopf; KG GRUR-RR 2004, 129 (130) – Modernisierung einer Liedaufnahme; LG München I ZUM 2002, 748 (752) – Carmina Burana; OLG Düsseldorf ZUM-RD 2016, 368 (372); Dreier/Schulze/*Schulze* UrhG § 8 Rn. 2; Möhring/Nicolini/*Ahlberg* UrhG § 8 Rn. 4; Wandtke/Bullinger/*Thum* UrhG § 8 Rn. 42; vgl. auch RGZ 82, 333 (336); eingehend zur Zusammenarbeit *Stroh* S. 30 ff.
[56] BGH GRUR 2005, 860 (862 f.) – Fash 2000; → Rn. 7.
[57] RGZ 82, 333 (336); OLG Düsseldorf ZUM-RD 2016, 368 (372); *v. Gamm* UrhG § 2 Rn. 10 mit Beispielen aus der Rspr.; *Plett* S. 44 f.
[58] Vgl. als Bsp. OLG Düsseldorf GRUR 2012, 173 (174) – Beuys-Fotoreihe; insoweit nicht problematisiert im Revisionsverfahren BGH GRUR 2014, 65 – Beuys-Aktion.
[59] Etwa darüber, einen Werbespruch zur Verfügung zu stellen.
[60] OLG Hamburg GRUR-RR 2002, 6 – Hier ist DEA.
[61] Vgl. bei sog. „freier Software" einerseits LG Frankfurt a. M. ZUM-RD 2006, 525 (526) (Bearbeitung), andererseits OLG Düsseldorf ZUM 2004, 71 (73) (Miturheberschaft); abweichend *Wielsch* GRUR 2011, 665 (666), der das gemeinsame Schaffen bei Wikimedien nur zwischen § 3 UrhG und § 9 UrhG ansiedeln möchte; vgl. auch *Jaeger/Metzger* MMR 2003, 431 (435) (§§ 8, 9 UrhG).
[62] Vgl. *Heussen* MMR 2004, 445 (449).

chend konkrete gemeinsame Werkidee voraus. Zu viel Großzügigkeit bei deren Annahme erzeugt die Gefahr einer zwangsweisen „Verhaftung" in einer Urhebergemeinschaft, die konfliktträchtig werden kann, insbesondere auch dazu führen kann, dass einzelne Miturheber aus einer sehr großen Entwicklergemeinschaft Verletzungen abmahnen und dazu nutzen, Unterwerfungserklärungen zu erzwingen, ohne dass ihre Miturheberstellung klar bewiesen wird.[63] Das deutsche Urheberrecht hat für diese Form des kollaborativen Werkschaffens bisher noch keine passgenauen Regeln entwickelt.[64] Die Miturheberregeln kommen dem Ziel solcher Gemeinschaften aber noch am nächsten. Dazu ist die wichtige Entscheidung des BGH im Fall „Fash 2000" zunächst leitend. Sie ermöglicht eine Miturheberschaft auch bei **sukzessivem Werkschaffen,** sofern jeder Beteiligte seinen Beitrag „in Unterordnung unter die gemeinsame Gesamtidee erbracht hat".[65] Das setzt eine gewisse Großzügigkeit voraus, wenn ein Gesamtplan vorhanden ist und einigermaßen sichergestellt wird, dass die Beteiligung nur erfolgt, wenn sich der sukzessiv Tätige diesem Gesamtplan unterordnet,[66] wie dies auch bei Spontanwerken und Improvisationen für möglich gehalten wird.[67] Möglich bleiben getrennte Urheberrechte unterschiedlicher Teams an abschichtbaren Versionen, etwa von Software.[68] Dazu bedarf es einer Projektverwaltung, die den Entwicklungsprozess und die Beteiligten zuverlässig dokumentiert,[69] was generell bei kollaborativem Schaffen zu empfehlen ist.[70] Es bleiben Probleme bei der individuellen Verteidigung des gemeinsam Geschaffenen, insbesondere in Schadensersatzprozessen (→ Rn. 20). Diese Probleme werden durch das Konstrukt der Miturheberschaft aber jedenfalls abgemildert. Bei sehr großen Projekten wäre eine Verwaltung der gemeinsamen Rechte über Verwertungsgesellschaften konzeptionell denkbar,[71] würde aber voraussetzen, dass sich die Verwertungsgesellschaften diesem Thema stärker öffnen.

III. Rechtsfolgen der Miturheberschaft

1. Gesamthandsgemeinschaft

10   Abs. 2 S. 1 bestimmt, dass zwischen den Miturhebern eine Gesamthandsgemeinschaft entsteht, ordnet dies aber nur für das Recht zur Veröffentlichung und Verwertung des Werkes an.[72] Das lässt die Frage offen, ob das Urheberrecht insgesamt, also einschließlich der **urheberpersönlichkeitsrechtlichen Befugnisse,** der gesamthänderischen Bindung unterliegt. Zum Teil wird das bejaht.[73] Die auf Vermögensverwaltung zugeschnittenen Regelungen über die Gesamthandsgemeinschaft eignen sich aber nicht, den Besonderheiten des Urheberpersönlichkeitsrechts gerecht zu werden.[74] Soweit nicht für urheberpersönlichkeitsrechtliche Befugnisse eine ausdrückliche Regelung in § 8 UrhG getroffen worden ist,[75] bleiben daher die persönlichkeitsrechtlichen Befugnisse beim einzelnen Miturheber.[76]

11   Das hat zur Folge, dass insoweit nicht die Vorschriften über die Gesamthandsgemeinschaft anzuwenden sind, sondern die **allgemeinen urheberpersönlichkeitsrechtlichen Normen.** Jeder Miturheber ist also selbständig zur Wahrnehmung seiner ideellen Belange berechtigt; er kann beispielsweise Anerkennung seiner Miturheberschaft oder Zugang zum Werkstück nach § 25 UrhG verlangen.[77] Die **Verwertungsrechte** fallen dagegen kraft der ausdrücklichen Regelung in Abs. 2 S. 1 in

---

[63] Zu einem solchen Fall LG Köln GRUR-RR 2018, 11 (Klagerücknahme im Berufungsverfahren 6 U 162/17); dazu *von Welser* GRUR-Prax 2018, 164; *von Welser* ZGE 9 (2017), 570.

[64] Krit. *Metzger,* Vom Einzelurheber zu Teams, S. 79, 82, 89.

[65] BGH GRUR 2005, 860 (862 f.) – Fash 2000.

[66] Vgl. *St. Meyer* CR 2011, 560 (561).

[67] Dazu *Szalai* UFITA 2012-I, 5 (17).

[68] *St. Meyer* CR 2011, 560 (562) („Bearbeitungsketten").

[69] *Jaeger/Metzger,* Open Source Software, Rn. 43; *Schiffner* S. 121 ff.; *St. Meyer* CR 2011, 560 (562).

[70] *Schack* KUR 2012, 155 (165); *Mahmoudi* FS Siehr, 2010, 483 (499) jeweils mit Blick auf die bildende Kunst; dass die Wirklichkeit oft anders verläuft, wird ebenso eindrucksvoll wie humorvoll beschrieben bei *Schlueter* 44 St. Mary's Law Journal 451 (2013).

[71] So im vergleichbaren Zusammenhang *Schulze* FS Schwarz, 2017, 3 (16).

[72] Vgl. BGHZ 193, 49 = GRUR 2012, 1022 Rn. 18 – Kommunikationsdesigner.

[73] *Sontag* S. 29 ff.; *Steffen* S. 42; *Szalai* UFITA 2012-I, 5 (57); nach *v. Gamm* UrhG § 2 Rn. 12, 15, erwächst zwar das Urheberpersönlichkeitsrecht in der Person jedes Miturhebers, ist aber in seiner Ausübung weitgehend durch eine gesamthänderische Bindung beschränkt; ähnlich *Waldenberger* S. 50 ff.

[74] *Ulmer* § 34 III.

[75] Also für Veröffentlichungsrecht und Änderungsrecht.

[76] OLG Hamburg GRUR-RR 2002, 249 – Handy-Klingeltöne; OLG Nürnberg ZUM 1999, 656 (657); Dreier/Schulze/*Schulze* UrhG § 8 Rn. 12; Wandtke/Bullinger/*Thum* UrhG § 8 Rn. 74; *Schack* Rn. 320; *Rehbinder/Peukert* Rn. 294; *Haberstumpf* HdB des Urheberrechts Rn. 179; *Ulmer* § 34 III; *Heidmeier* S. 117; aA Möhring/Nicolini/*Ahlberg* UrhG § 8 Rn. 19. Vgl. auch BGHZ 146, 341 (344), wonach die Rechtsfähigkeit der Gesamthand nur insoweit anzuerkennen sei, „soweit nicht spezielle Gesichtspunkte entgegenstehen".

[77] OLG Düsseldorf GRUR 1969, 550 (551) – Geschichtsbuch für Realschulen; Wandtke/Bullinger/*Thum* UrhG § 8 Rn. 74 ff.; DKMH/*Dreyer* UrhG § 8 Rn. 35; *Ulmer* § 34 III 3; *Rehbinder/Peukert* Rn. 294; *Schack* Rn. 320; *Heidmeier* S. 117.

das Gesamthandsgut. Auf sie finden die §§ 705 ff. BGB eine den § 8 UrhG ergänzende Anwendung, soweit sie der besonderen Interessenlage des Urheberrechts gerecht werden.[78]

Die Gesamthandsgemeinschaft **entsteht** mit der Entstehung des Werkes von Gesetzes wegen, also **12** auch ohne vertraglichen Bindungswillen, sie **endet** mit Ablauf der Schutzfrist, die gemäß § 65 UrhG nach dem Tod des längstlebenden Miturhebers berechnet wird.[79] Eine vorherige **Auflösung** ist entgegen § 723 BGB nicht möglich; sie müsste durch die rechtlich nicht zulässige (§ 29 Abs. 1 UrhG) Übertragung der Urheberrechte erfolgen.[80] Ein ähnliches Ergebnis lässt sich aber durch Verzicht auf den Anteil an den Verwertungsrechten nach Abs. 4 erreichen oder dadurch, dass die Miturheber die Nutzungsrechte einem Dritten einräumen.[81] Die **Anteile** an der Gesamthandsgemeinschaft sind grundsätzlich **nicht übertragbar**. Das folgt bereits aus § 29 UrhG, auf § 719 BGB braucht insoweit nicht zurückgegriffen zu werden.[82] Nur im Rahmen des § 29 Abs. 1 UrhG kann eine Übertragung erfolgen. Ebenso wenig kann ein Miturheber über seinen schöpferischen Beitrag zum Gesamtwerk verfügen.[83] – Zur **Zwangsvollstreckung** in Miturheberrechte vgl. *Sontag* S. 64 ff. u. 79; *Steffen* S. 110 ff.; *Waldenberger* S. 71 ff.; zur Maßgeblichkeit der Staatsangehörigkeit vgl. § 120 S. 269 ff. sowie *Waldenberger* S. 83 f.

Von der auf der gemeinschaftlichen Werkschöpfung beruhenden Gesamthandsgemeinschaft der **13** Miturheber ist die **Miturhebergesellschaft** zu unterscheiden. Sie entsteht nicht allein durch das gemeinschaftliche Schaffen, sondern erst, wenn mehrere Miturheber eine gemeinsame Verwertung ihrer Werke vereinbaren und sie keine besondere Rechtsform wählen.[84] Diese Trennung zwischen einer von Gesetzes wegen entstehenden Gesamthandsgemeinschaft und einer auf Vertragsschluss beruhenden Gesellschaft bürgerlichen Rechts, wie sie etwa durch die Werkverbindung nach § 9 UrhG begründet wird (→ § 9 Rn. 9), hat gesellschaftsrechtliche Konsequenzen. Die mittlerweile für denkbar gehaltene Rechtsfähigkeit der Gesellschaft bürgerlichen Rechts[85] betrifft nur die Außengesellschaft, nicht dagegen ohne Weiteres die kraft Gesetzes entstehende Gesamthandsgemeinschaft der Miturheber.[86] Im **Innenverhältnis** können die Miturheber zusätzliche Vereinbarungen zur Regelung ihrer Innen- und Außenbeziehungen treffen, beispielsweise über Art und Umfang von Veröffentlichung und Verwertung des Werkes, über die Verteilung der Erträge oder über Art und Weise der internen Beschlussfassung. Grenzen sind solchen Vereinbarungen nur durch das auch von den Miturhebern zu beachtende Urheberpersönlichkeitsrecht gesetzt.[87] Angesichts des damit verfolgten gemeinschaftlichen Zwecks handelt es sich dabei um eine Gesellschaft bürgerlichen Rechts, die den §§ 705 ff. BGB unterliegt.[88] Sie kann Innen- oder Außengesellschaft sein. In das Gesellschaftsvermögen können die Nutzungsrechte am gemeinschaftlichen Urheberrecht überführt werden, im Hinblick auf seine Unübertragbarkeit (§ 29 Abs. 1 UrhG) allerdings nicht dieses selbst.[89] Die Kündigung der Miturhebergesellschaft ist im Gegensatz zur Miturhebergesamthandsgemeinschaft (vgl. → Rn. 12) nach § 723 BGB möglich.[90]

2. Veröffentlichung und Verwertung

Für die Veröffentlichung und für die Verwertung des Werkes ist nach Abs. 2 S. 1 die **Einwilligung 14 aller Miturheber** erforderlich.[91] Das betrifft nach §§ 709, 714 BGB sowohl das Innen- als auch das Außenverhältnis.[92] So kann ein Miturheber durch einen nur von ihm abgeschlossenen Berechtigungsvertrag weder die Nutzungsrechte der Miturhebergemeinschaft noch seinen gesamthänderisch gebun-

---

[78] Dreier/Schulze/*Schulze* UrhG § 8 Rn. 12; Wandtke/Bullinger/*Thum* UrhG § 8 Rn. 54; *Dreyer*/Kotthoff/ Meckel UrhG § 8 Rn. 33; *Haberstumpf* HdB des Urheberrechts Rn. 180; *Steffen* S. 60; auch das OLG Hamburg OLGZ 207, 7 geht von einer ergänzenden Anwendung aus, differenziert dabei aber nicht zwischen Persönlichkeitsrecht und Verwertungsrechten; vgl. ferner *Sontag* S. 37 ff.; *Waldenberger* S. 61 ff.; einschränkend Fromm/Nordemann/*Wirtz* UrhG § 8 Rn. 26.
[79] Einzelheiten bei *Sontag* S. 68 f.; *Waldenberger* S. 74.
[80] Dreier/Schulze/*Schulze* UrhG § 8 Rn. 14; Wandtke/Bullinger/*Thum* UrhG § 8 Rn. 55; Fromm/Nordemann/*Wirtz* UrhG § 8 Rn. 24; *Schack* Rn. 322; *Ulmer* § 34 III 1.
[81] Wandtke/Bullinger/*Thum* UrhG § 8 Rn. 56; *Schack* Rn. 322; *Ulmer* § 34 III 1; *Sontag* S. 70 f.; *Waldenberger* S. 74.
[82] → § 29 Rn. 8 ff.; Dreier/Schulze/*Schulze* UrhG § 8 Rn. 15; Wandtke/Bullinger/*Thum* UrhG § 8 Rn. 55; *Ulmer* § 34 III 1.
[83] So bereits BGH GRUR 1959, 335 (337) – Wenn wir alle Engel wären.
[84] BGHZ 193, 49 = GRUR 2012, 1022 Rn. 19 – Kommunikationsdesigner; insoweit klarstellend *Bergmann* FS Bornkamm, 2014, 737 (744): „formeller Gründungsakt (durch) zusätzliche vertragliche Regelungen"; *Blobel* S. 157 ff.
[85] BGHZ 146, 341 (343); noch etwas zurückhaltender BGHZ 142, 315.
[86] Dazu *Bergmann* FS Bornkamm, 2014, 737 (741); wohl auch *Szalai* UFITA 2012-I, 5 (27).
[87] BGH GRUR 1998, 673 (677) – Popmusik; Wandtke/Bullinger/*Thum* UrhG § 8 Rn. 160; Fromm/Nordemann/*Wirtz* UrhG § 8 Rn. 25; *Schack* Rn. 323; *Ulmer* § 34 III 4.
[88] *Schack* Rn. 323; *Ulmer* § 34 III 4; eingehend zur Miturhebergesellschaft *Sontag* S. 73 ff.; *Waldenberger* S. 75 ff.
[89] Dazu näher *Sontag* S. 73 f.; *Waldenberger* S. 76.
[90] *Ulmer* § 34 III 4.
[91] OLG Frankfurt a. M. GRUR 2006, 578 (579) – Erstverwertungsrechte.
[92] Dreier/Schulze/*Schulze* UrhG § 8 Rn. 16; *Rehbinder*/Peukert Rn. 295; *Haberstumpf* HdB des Urheberrechts Rn. 180; *Sontag* S. 38 ff., 41 ff.; *Steffen* S. 46 ff.

denen Anteil daran einer Verwertungsgesellschaft übertragen.[93] Vereinbarungen, Beschlüsse über Veröffentlichung und Verwertung mit **Stimmenmehrheit** zu fassen, sind nicht grundsätzlich ausgeschlossen, finden ihre Grenze aber jedenfalls dort, wo die Urheberpersönlichkeitsrechte der einzelnen Miturheber berührt werden.[94] Unter den gleichen Einschränkungen ist es möglich, einen oder mehrere Miturheber mit der **Geschäftsführung** zu beauftragen. Auch eine **Vertretung** ist in diesem Rahmen zulässig[95] und kann sich insbesondere für den Abschluss von Verwertungsverträgen mit Dritten empfehlen. Die Regelung über das **Notverwaltungsrecht** des § 744 Abs. 2 BGB findet Anwendung; jeder Miturheber ist also berechtigt, die zur Erhaltung des Gegenstands notwendigen Maßregeln ohne Zustimmung der anderen Teilhaber zu treffen.[96]

15   **Einwilligung** bedeutet **vorherige Zustimmung** (§ 183 S. 1 BGB),[97] die Möglichkeit nachträglicher Genehmigung hat der Gesetzgeber bewusst ausgeschlossen.[98] Im nachträglichen Einverständnis des betroffenen Miturhebers kann aber der Verzicht auf Ansprüche aus der Rechtsverletzung liegen.[99]

16   Die **Einwilligung darf nicht gegen Treu und Glauben verweigert** werden (Abs. 2 S. 2). Ob ein Verstoß gegen Treu und Glauben vorliegt, ist im Wege der Interessenabwägung zu bestimmen.[100] Dabei sind neben etwaigen vertraglichen Abmachungen in erster Linie die Ziele und Zwecke zu berücksichtigen, welche die Urheber mit der gemeinschaftlichen Werkschöpfung verfolgt haben; ein Recht zur Verweigerung der Einwilligung kann sich vor allem aus einer Verletzung des Urheberpersönlichkeitsrechts des betroffenen Miturhebers ergeben.[101] Das gilt in besonderem Maße für die Filmproduktion. Könnte der einzelne Miturheber nach seinem eigenen Ermessen darüber entscheiden, ob der Film veröffentlicht werden darf, so wäre die Herstellung eines Films mit einem nicht kalkulierbaren wirtschaftlichen Risiko verbunden.[102] Der Anspruch auf Einwilligung kann eingeklagt und nach § 894 ZPO vollstreckt werden.

17   Auf seinen **Anteil an den Verwertungsrechten** kann der Miturheber in Abweichung von der allgemeinen Regel des § 29 Abs. 1 UrhG zugunsten der anderen Miturheber **verzichten** (Abs. 4). Damit wollte der Gesetzgeber die Verwertbarkeit von Werken erleichtern, an denen eine große Zahl von Urhebern mit teilweise nur unbedeutenden Beiträgen beteiligt ist.[103] Abs. 4 ist auch auf den Anteil an Vergütungsansprüchen anwendbar, die dem Miturheber aus anderen Vorschriften, etwa aus dem Folgerecht oder dem Vermieten oder Verleihen von Vervielfältigungsstücken zustehen.[104] Für den Zeitraum bis zur Aufhebung des § 31 Abs. 4 UrhG (31.12.2007) war strittig, ob der Verzicht auch zum Zeitpunkt seiner Erklärung noch **unbekannte Nutzungsarten** umfassen kann.[105] Dagegen sprach der mit § 31 Abs. 4 UrhG verfolgte Zweck des Schutzes des Urhebers, der auch im Miturheberschaftsverhältnis nicht aufgeweicht werden sollte. Seit der Aufhebung des § 31 Abs. 4 UrhG ist aber der Verzicht auf zum Zeitpunkt der Erklärung noch unbekannte Nutzungsarten als zulässig anzusehen.[106] Im Interesse des Urheberschutzes wird man aber im Hinblick auf § 31a UrhG Schriftform verlangen müssen.[107] Ansonsten ist ein Verzicht nicht möglich, insbesondere nicht auf das **Urheberpersönlichkeitsrecht** in seinem Kern.[108] Der Verzicht erfolgt durch eine den Regeln über Willenserklärungen unterliegende Erklärung gegenüber den anderen Miturhebern (Abs. 4 S. 2). Mit der Erklärung wächst der Anteil des Verzichtenden den Anteilen der anderen Miturheber nach Abs. 4 S. 3 an, und zwar im Verhältnis von deren bisherigen Anteilen.[109]

[93] OLG Frankfurt a. M. GRUR 2006, 578 (579) – Erstverwertungsrechte.

[94] Wandtke/Bullinger/*Bullinger* UrhG § 8 Rn. 82; Fromm/Nordemann/*Wirtz* UrhG § 8 Rn. 25; *Ulmer* § 34 III 4; *Sontag* S. 76 ff.

[95] Wandtke/Bullinger/*Thum* UrhG § 8 Rn. 159; *Rehbinder/Peukert* Rn. 295.

[96] Sa Möhring/Nicolini/*Ahlberg* UrhG § 8 Rn. 28; Wandtke/Bullinger/*Thum* UrhG § 8 Rn. 138; Fromm/Nordemann/*Wirtz* UrhG § 8 Rn. 20; *Schack* Rn. 320.

[97] Sa BGHZ 193, 49 = GRUR 2012, 1022 Rn. 19 – Kommunikationsdesigner.

[98] AmtlBegr. BT-Drs. IV/270, 41; Wandtke/Bullinger/*Thum* UrhG § 8 Rn. 88; kritisch dazu Möhring/Nicolini/*Ahlberg* UrhG § 8 Rn. 31.

[99] AmtlBegr. BT-Drs. IV/270, 41; *Haberstumpf* HdB des Urheberrechts Rn. 180; Wandtke/Bullinger/*Thum* UrhG § 8 Rn. 83; *Rehbinder/Peukert* Rn. 296.

[100] Wandtke/Bullinger/*Thum* UrhG § 8 Rn. 93; *Sontag* S. 45.

[101] Einzelheiten zur Interessenabwägung bei *Sontag* S. 46 ff.; vgl. auch OLG Frankfurt a. M. *Schulze* OLGZ 107, 16 – Taschenbuch für Wehrfragen.

[102] OLG Köln GRUR-RR 2005, 337 (338) – Dokumentarfilm Massaker.

[103] AmtlBegr. BT-Drs. IV/270, 41.

[104] Wandtke/Bullinger/*Thum* UrhG § 8 Rn. 147; *Ulmer* § 34 III 1; aA Dreier/Schulze/*Schulze* UrhG § 8 Rn. 26.

[105] → 5. Aufl. 2017, Rn. 17.

[106] So auch Dreier/Schulze/*Schulze* UrhG § 8 Rn. 26; Fromm/Nordemann/*Wirtz* UrhG § 8 Rn. 28; Wandtke/Bullinger/*Thum* UrhG § 8 Rn. 144.

[107] Anders wohl Dreier/Schulze/*Schulze* UrhG § 8 Rn. 26.

[108] AmtlBegr. BT-Drs. IV/270, 41 f.; Dreier/Schulze/*Schulze* UrhG § 8 Rn. 26; Wandtke/Bullinger/*Thum* UrhG § 8 Rn. 143; Möhring/Nicolini/*Ahlberg* UrhG § 8 Rn. 41; *Schack* Rn. 321; *Ulmer* § 34 III 1; *Haberstumpf* HdB des Urheberrechts Rn. 178; allgemein zu den Möglichkeiten des Verzichts beim Urheberpersönlichkeitsrecht → Vor §§ 12 ff. Rn. 11 ff.

[109] Dreier/Schulze/*Schulze* UrhG § 8 Rn. 28; Fromm/Nordemann/*Wirtz* UrhG § 8 Rn. 28; Möhring/Nicolini/*Ahlberg* UrhG § 8 Rn. 41; Wandtke/Bullinger/*Thum* UrhG § 8 Rn. 150.

3. Änderungen

Änderungen des Werkes sind ebenfalls nur mit Einwilligung aller Miturheber zulässig.[110] Auch **18** wenn nur die Beiträge einzelner Miturheber geändert werden sollen, müssen die übrigen zustimmen. Anders als bei Veröffentlichung und Verwertung (vgl. → Rn. 14) kann für Werkänderungen **nicht** vereinbart werden, Beschlüsse mit **Stimmenmehrheit** zu fassen; gegen diese Möglichkeit spricht sowohl der Wortlaut des Abs. 2 S. 1 als auch der Umstand, dass Werkänderungen in aller Regel das Urheberpersönlichkeitsrecht berühren. Auch durch die Übertragung der Geschäftsführung auf einzelne Miturheber können andere Miturheber nicht von der Entscheidung über Werkänderungen ausgeschlossen werden. Die Regelung des Abs. 2 S. 2, nach der die Einwilligung nicht gegen Treu und Glauben verweigert werden kann, bildet ein ausreichendes Regulativ. Ob eine Verweigerung gegen Treu und Glauben verstößt, ist im Wege der Interessenabwägung zu bestimmen (dazu → Rn. 16); Änderungen, die für eine Neuauflage oder für eine Bearbeitung erforderlich oder sachdienlich sind, muss grundsätzlich zugestimmt werden.[111] – Zum Charakter der Einwilligung als vorherige Zustimmung vgl. → Rn. 15.

4. Verteilung der Erträgnisse

Die Verteilung der Erträgnisse regelt sich in erster Linie nach einer Vereinbarung unter den Mitur- **19** hebern;[112] eine solche Vereinbarung ist angesichts der Schwierigkeiten und Unwägbarkeiten einer Verteilung nach der gesetzlichen Regelung unbedingt zu empfehlen. Die Vereinbarung kann auch eine von den schöpferischen Anteilen abweichende Verteilung vorsehen.[113] Ist eine Vereinbarung nicht getroffen, so ist nach Abs. 3 der Umfang der Mitwirkung an der Schöpfung des Werkes maßgebend. Während der RegE noch auf die „Bedeutung" der einzelnen Anteile abstellte, erschien dem Rechtsausschuss dieses Kriterium nicht ausreichend justitiabel.[114] Es kommt also auf den Gesamtumfang der Mitarbeit an; dabei sind primär der Umfang der einzelnen Beiträge, aber auch die notwendigen Vorarbeiten, wie die Sichtung von Quellenmaterial, und die abschließende Gesamtredaktion zu berücksichtigen.[115] Lässt sich der Umfang der Mitarbeit nicht mehr ermitteln, so kommt bei Vorliegen ausreichender Anhaltspunkte eine Schätzung nach Billigkeit in Betracht.[116] Im Zweifel nimmt die Rechtsprechung gleiche Anteile an; die Auslegungsregel des § 742 BGB tritt zwar hinter der lex specialis des § 8 Abs. 3 UrhG zurück, soll aber ihrem Rechtsgedanken nach als Beweislastregel herangezogen werden können;[117] besser wäre freilich, auf § 722 BGB abzustellen.[118] Die Vermutung des § 10 UrhG findet auf § 8 Abs. 3 UrhG keine Anwendung (vgl. → § 10 Rn. 2).

5. Verfolgung von Rechtsverletzungen

Verletzungen des gemeinsamen Urheberrechts können nach Abs. 2 S. 3 von jedem Miturheber **20** selbständig ohne Einholung der Einwilligung der anderen Miturheber verfolgt werden. Bei Leistungsansprüchen kann nur **Leistung an alle Miturheber** verlangt werden. Das gilt für Schadensersatzansprüche,[119] nicht dagegen für Ansprüche, die nicht auf Leistung gerichtet sind, namentlich Unterlassungsansprüche, Beseitigungsansprüche,[120] Auskunfts- und Rechnungslegungsansprüche,[121] den Anspruch auf angemessene (weitere) Beteiligung nach §§ 32, 32a Abs. 1, Abs. 2 S. 1 UrhG, wenn aufgrund der getroffenen Vereinbarungen unter mehreren Miturhebern die Beteiligungsquote des Klagenden feststeht,[122] sowie für Ansprüche auf Feststellung einer Schadensersatzpflicht.[123] In diesen Fällen besteht nicht die Gefahr, dass die nicht klagenden Miturheber einen Nachteil erleiden, weil der klagende Urheber zum Nachteil der anderen Leistungen vereinnahmt.[124] Diese Gefahr besteht auch

---

[110] Abs. 2 S. 1 Hs. 2.
[111] *Ulmer* § 34 III 4.
[112] BGH GRUR 2012, 496 Rn. 19 – Das Boot; BGH ZUM 1998, 405.
[113] OLG Frankfurt a.M. WRP 2015, 127 (128); Dreier/Schulze/*Schulze* UrhG § 8 Rn. 25; Wandtke/Bullinger/*Thum* UrhG § 8 Rn. 105; Möhring/Nicolini/*Ahlberg* UrhG § 8 Rn. 40.
[114] BT-Drs. IV/3401, 4.
[115] Begründung des Rechtsausschusses, BT-Drs. IV/3401, 4; LG Mannheim ZUM 2005, 915 (917).
[116] OLG Hamburg Schulze OLGZ 207, 6.
[117] OLG Hamburg Schulze OLGZ 207, 7.
[118] Zum Ganzen auch *Steffen* S. 85 ff.; *Waldenberger* S. 60 f.
[119] BGH GRUR 2011, 714 Rn. 45 – Der Frosch mit der Maske; *von Welser* ZGE 9 (2017), 570 (580).
[120] OLG Düsseldorf ZUM-RD 2016, 368 (372).
[121] BGH GRUR 2012, 496 Rn. 15 – Das Boot; GRUR 2011, 714 Rn. 46 – Der Frosch mit der Maske; BGH GRUR 1995, 212 (213) – Videozweitauswertung III; BGH GRUR 1994, 39 (41) – Buchhaltungsprogramm; KG ZUM 2010, 346 (348); OLG Düsseldorf ZUM-RD 2009, 182 (185); OLG München ZUM 2011, 422 (426) (Tatort-Vorspann); OLG Nürnberg GRUR-RR 2001, 225 (226) – Dienstanweisung; LG Düsseldorf ZUM 2007, 559 (561 f.); Dreier/Schulze/*Schulze* UrhG § 8 Rn. 21; Möhring/Nicolini/*Ahlberg* UrhG § 8 Rn. 35; wohl auch Wandtke/Bullinger/*Thum* UrhG § 8 Rn. 123; hinsichtlich der Auskunfts- und Rechnungslegungsansprüche Fromm/Nordemann/*Wirtz* UrhG § 8 Rn. 19.
[122] Vgl. BGH GRUR 2012, 496 Rn. 19–21 – Das Boot; vgl. auch OLG München ZUM 2011, 422 (426) (Tatort-Vorspann); OLG Düsseldorf ZUM-RD 2009, 182 (184) (bei Verzicht der übrigen Miturheber zugunsten des Klagenden).
[123] BGH GRUR 2011, 714 Rn. 62 – Der Frosch mit der Maske.
[124] BGH GRUR 2011, 714 Rn. 63 – Der Frosch mit der Maske.

nicht, wenn ein einzelner Miturheber, der vorgerichtlich im Wege der Unterlassung vorgeht, für die vorgerichtliche Abmahnung Kostenerstattung nur an sich verlangt.[125] Der Gesetzgeber bezweckte mit der Regelung des Abs. 2 S. 3 die Erleichterung der Rechtsverfolgung.[126] Bei der Geltendmachung der Ansprüche der Miturhebergemeinschaft handelt der Miturheber nicht als Vertreter der Gemeinschaft, sondern macht sie als **fremdes Recht im eigenen Namen** geltend; prozessual liegt ein Fall von **gesetzlicher Prozessstandschaft** vor.[127] Ein Urteil erwächst nur für und gegen den klagenden Miturheber in Rechtskraft, nicht gegen die übrigen Miturheber oder gegen die Gemeinschaft.[128] Daraus folgt, dass bei der Klage mehrerer Miturheber diese nicht in notwendiger Streitgenossenschaft stehen.[129] – Durch Abs. 2 S. 3 wird nicht ein Vorgehen der Miturheber in ihrer Gesamtheit ausgeschlossen.[130] Die Regelung ermöglicht es auch, die **Urheberrechte an „freien Werken"** (Open Source Software bzw. Creative Commons-Werken) zu verteidigen, dies allerdings nur, wenn es um Unterlassungs-, Beseitigungs- und Feststellungsansprüche geht, denn hier müssen nach zutreffender Ansicht die Mitwirkenden nicht sämtlich namhaft gemacht werden.[131] Schadensersatzansprüche sind dagegen auf eine Leistung gerichtet, die nur „an alle Miturheber" verlangt werden kann. Soll auf Schadensersatz geklagt werden, setzt bereits die Aktivlegitimation voraus, dass die **Identität sämtlicher Beteiligter offengelegt** wird.[132] Daran kann die Durchsetzung von Schadensersatzansprüchen scheitern. Das Problem ist zum Teil bewusst offen gelassen, weil die Proprietarisierung von Wissen und dessen Kontrolle abgelehnt wird.[133] Auch soweit durch missbräuchliche Nutzung die Gemeinschaft gefährdet wird, ist das Durchsetzungshindernis aber kaum reparabel. Es stellt sich auch, wenn man Entwickler als Glieder einer Bearbeiterkette behandelt, denn auch dann muss jeweils nachgewiesen werden, wer für welchen Anteil die Verantwortung trägt. Vorgeschlagen wird eine **Treuhandlösung,**[134] die es ermöglicht, die Gruppe als Gesamthandsgemeinschaft anzusehen.[135] Allerdings bedeutet dies nicht zwangsläufig, dass diese Gemeinschaft auch außenrechtsfähig ist.[136] Jedenfalls wenn das Projekt sich darum bemüht, Miturheber zur gemeinsamen Verwertung zu gewinnen und somit auch eine gemeinsame Verwertung zu vereinbaren, könnten Geschäfts- oder Projektführer auf Zahlung an die Projektgemeinschaft klagen, wenn Beiträge aus dem Projekt in einer Weise verwertet werden, die den Lizenzbedingungen des Projektes widerspricht. Das ist auch sinnvoll, wenn die kommerzielle Weiternutzung ausgeschlossen wurde, Beiträge aus dem Projekt aber gleichwohl unter Bruch der Lizenzbedingungen gewerblich verwendet werden.

21   Abs. 2 S. 3 erfasst **alle Ansprüche aus der Verletzung des Urheberrechts,** die der Gemeinschaft zustehen,[137] unter anderem Erfüllungs- und Schadensersatzansprüche, Beseitigungs- und Unterlassungsansprüche, Ansprüche auf Auskunft und Rechnungslegung, auf Vernichtung und Überlassung nach §§ 98, 99 UrhG sowie das Recht zur Stellung von Strafanträgen.[138] Auch der Anspruch von Film(mit)urhebern auf Auskunft zur Berechnung einer (weiteren) angemessenen Beteiligung nach §§ 32, 32a Abs. 1 oder Abs. 1 S. 1 UrhG fällt darunter.[139] Demgegenüber wird von *Sontag* (S. 57 ff.) und *Steffen* (S. 100) eine Anwendung von Abs. 2 S. 3 auf Schadensersatzansprüche und Ansprüche nach §§ 98, 99 UrhG mit der Begründung abgelehnt, dass in diesen Fällen eine unzulässige Fixierung des Anspruchsinhalts gegenüber den anderen Miturhebern eintreten würde. Der RegE geht aber von einer Anwendung auf Schadensersatzansprüche ausdrücklich aus,[140] eine unzulässige Festlegung des Anspruchsinhalts ist deswegen nicht zu besorgen, weil das Urteil nur für bzw. gegen den klagenden Miturheber, nicht aber gegen die übrigen Miturheber in Rechtskraft erwächst.[141] **Schuldrechtliche Ansprüche** der Gemeinschaft, namentlich solche aus Verträgen mit Dritten über die Einräumung

---

[125] So für § 80 Abs. 1 S. 1 UrhG: AG Hamburg BeckRS 2016, 9594.
[126] AmtlBegr. BT-Drs. IV/270, 41.
[127] OLG Frankfurt a. M. MMR 2003, 45 (47) – IMS Health; Dreier/Schulze/*Schulze* UrhG § 8 Rn. 21; Möhring/Nicolini/*Ahlberg* UrhG § 8 Rn. 33; Wandtke/Bullinger/*Thum* UrhG § 8 Rn. 109; *Schack* Rn. 320; *Sontag* S. 54.
[128] Dreier/Schulze/*Schulze* UrhG § 8 Rn. 21; Wandtke/Bullinger/*Thum* UrhG § 8 Rn. 109; *Sontag* S. 55; *Steffen* S. 103; *Waldenberger* S. 67, alle mit Nachweisen aus der Prozessrechtsliteratur.
[129] Einzelheiten bei *Sontag* S. 55.
[130] Wandtke/Bullinger/*Thum* UrhG § 8 Rn. 110; Möhring/Nicolini/*Ahlberg* UrhG § 8 Rn. 34; *Sontag* S. 53.
[131] So für Unterlassungsansprüche BGH GRUR 1995, 212 (213) – Videozweitauswertung III; OLG Nürnberg ZUM 1999, 656 (657); *Omsels* FS Hertin, 2000, 141 (168); aA *Koch* CR 2000, 273 (279); für den Bereich der Open-Source-Lizenzen LG München I MMR 2004, 693 mAnm *Kreutzer.*
[132] *Jaeger/Metzger* MMR 2003, 431 (435); *St. Meyer* CR 2011, 560 (563).
[133] *Luethi/Osterloh* S. 211, 222.
[134] Vgl. den Sachverhalt LG Frankfurt a. M. ZUM-RD 2006, 525.
[135] Vgl. hierzu jetzt BGHZ 193, 49 = GRUR 2012, 1022 Rn. 20 – Kommunikationsdesigner; vorher bereits *Spindler* FS Schricker, 2005, 537 (542); ebenso *Szalai* UFITA 2012-I, 5 (55) (allgemein); *Wielsch* 1 (2010) JIPITEC 96, (100) Rn. 28 (im Zusammenhang mit der Weiterentwicklung von Lizenzen und ohne Anspruch auf die Entwicklung eines normativen Modells), einschränkend aber wohl *Wielsch* GRUR 2011, 665 (666).
[136] Vgl. aber *Spindler* FS Schricker, 2005, 537 (545), der von einer Teilrechtsfähigkeit auch der Gesamthandsgemeinschaft ausgeht; anders wohl *Bergmann* FS Bornkamm, 2014, 737 (741 f.).
[137] Wandtke/Bullinger/*Thum* UrhG § 8 Rn. 115.
[138] *Waldenberger* S. 67.
[139] BGH GRUR 2012, 496 Rn. 11 – Das Boot; KG ZUM 2010, 346 (348).
[140] BT-Drs. IV/270, 41.
[141] So auch *Sontag* S. 55 und *Steffen* S. 103; vgl. auch → Rn. 20.

von Nutzungsrechten, werden hingegen von Abs. 2 S. 3 nicht erfasst, insoweit bleibt es bei der aus der Gesamthandsgemeinschaft folgenden Notwendigkeit gemeinschaftlichen Vorgehens.[142]

Abs. 2 S. 3 berechtigt den einzelnen Miturheber auch, die **gemeinschaftlichen ideellen Interes-** 22 **sen** zu verteidigen; die Berufung auf die ideellen Interessen der anderen Miturheber[143] ist aber unzulässig, wenn diese der Geltendmachung widersprechen.[144] Auf die Wahrnehmung der eigenen ideellen Interessen ist Abs. 2 S. 3 nicht anzuwenden, weil sie von der Gesamthandsgemeinschaft nicht erfasst wird, insoweit bleibt es bei der Anwendung der allgemeinen urheberpersönlichkeitsrechtlichen Normen (vgl. → Rn. 11). Auch auf das Verhältnis von Miturhebern und **schuldrechtlich Nutzungsberechtigten** ist Abs. 2 S. 3 nicht anwendbar.[145] Der Inhaber von Nutzungsrechten benötigt daher für die Durchsetzung von Unterlassungsansprüchen die Zustimmung aller Miturheber.[146]

Abs. 2 S. 3 ist auch anwendbar, wenn **Rechtsverletzungen durch einen Miturheber** begangen 23 werden, dieser beispielsweise das Werk ohne Einwilligung der anderen Miturheber veröffentlicht.[147] Dabei können sowohl Ansprüche aus §§ 97 ff. UrhG geltend gemacht werden als auch aus einer Miturhebergesellschaft (vgl. → Rn. 13) sich ergebende vertragliche Ansprüche. Abs. 2 S. 3 ist nicht anwendbar, wenn nicht ein Miturheber selbst, sondern ein **Dritter, der von einem Miturheber abgeleitete Rechte besitzt,** diese Rechte geltend machen will. Er benötigt in diesem Fall die Zustimmung aller Miturheber.[148] Eine **Geltendmachung der Rechte eines Miturhebers aus Abs. 2 S. 3 durch Dritte** soll nicht möglich sein.[149] Zumindest in besonderen Fällen[150] wird man sie aber zulassen müssen.[151] Wegen drohender Popularklagen wäre es problematisch, die Nutzer mit Klagebefugnissen auszustatten.[152]

§ 9 Urheber verbundener Werke

> **Haben mehrere Urheber ihre Werke zu gemeinsamer Verwertung miteinander verbunden, so kann jeder vom anderen die Einwilligung zur Veröffentlichung, Verwertung und Änderung der verbundenen Werke verlangen, wenn die Einwilligung dem anderen nach Treu und Glauben zuzumuten ist.**

Schrifttum: *Ahlberg,* Rechtsverhältnis zwischen Komponisten und Textdichter, Diss. Hamburg 1968; *v. Becker,* Rechtsprobleme bei Mehr-Autoren-Werkverbindungen, ZUM 2002, 581; *Deutsch,* Die Verbindung von Musik und Text in urheberrechtlicher Sicht, GRUR 1965, 7 und 294; *U. Fischer,* Die Dreigroschenoper – Ein Fall für (mehr als) Zwei – Weill, Brecht et al. in den Untiefen des Gesellschafts- und Urheberrechts, NJW 2000, 2158; *Fischer-See,* Zur Frage der Zulässigkeit der Verwendung neuer Texte zu Werken der Tonkunst („Vertextung"), in: FS 50 Jahre österreichisches Urheberrechtsgesetz, 1986, S. 109; *Gaillard,* Das Neunte Gesetz zur Änderung des Urheberrechtsgesetzes, GRUR 2013, 1099; *Gast,* Zur Schaffung neuer Texte zu vorhandener Musik, GRUR 1965, 292; *Gebhardt,* Das Rechtsverhältnis zwischen Komponist und Librettist, 1954; *Grüninger,* Die Oper im Urheberrecht, 1971; *Kuner,* Gemeinschaft und Abhängigkeit im Urheberrecht, Diss. Freiburg 1956; *Orth,* Die Besonderheiten der BGB-Gesellschaften im Urheberrecht, Diss. Erlangen 1981; *Schack,* Urheber, Miturheber, Anreger und Gehilfen, FS Raue, 2006, S. 649; *Schenz/Platho,* Die fristlose Kündigung verbundener Werke ohne Einwilligung aller beteiligten Urheber, FuR 1980, 242; *Schlaak,* Die Rechtsbeziehungen zwischen Urhebern verbundener Werke, Diss. Berlin 1985; *G. Schulze,* Teil-Werknutzung, Bearbeitung und Werkverbindung bei Musikwerken – Grenzen des Wahrnehmungsumfangs der GEMA, ZUM 1993, 255; *Seibt/Wiechmann,* Probleme der urheberrechtlichen Verwertungsgemeinschaft bei der Werkverbindung, GRUR 1995, 562; *Siefert,* Die Abgrenzung von Werkeinheit und Werkmehrheit im Urheberrecht und deren Bedeutung für das Verwertungsrecht, UFITA-Schriftenreihe 157 (1998); *Stroh,* Werkeinheit und Werkmehrheit im Urheberrecht, Diss. München 1969.
Siehe auch die Schrifttumsangaben zu § 8.

---

[142] Wandtke/Bullinger/*Thum* UrhG § 8 Rn. 115; Möhring/Nicolini/*Ahlberg* UrhG § 8 Rn. 38.

[143] ZB Nennung von deren Namen.

[144] *Ulmer* § 34 III 3; wohl auch Wandtke/Bullinger/*Thum* UrhG § 8 Rn. 118 f.

[145] OLG Frankfurt a. M. MMR 2003, 45 (47) – IMS Health, bestätigt in OLG Frankfurt a. M. GRUR 2014, 991 (993).

[146] OLG Frankfurt a. M. GRUR 2014, 991 (993) (nrkr, Revision anhängig unter I ZR 58/14).

[147] Dreier/Schulze/*Schulze* UrhG § 8 Rn. 22; Wandtke/Bullinger/*Thum* UrhG § 8 Rn. 132; Möhring/Nicolini/*Ahlberg* UrhG § 8 Rn. 34; *Steffen* S. 82 f.; *Waldenberger* S. 68; *Sontag* S. 61 ff. mit Einzelheiten.

[148] OLG Frankfurt a. M. MMR 2003, 45 (47) – IMS Health; Dreier/Schulze/*Schulze* UrhG § 8 Rn. 20; Fromm/Nordemann/*Wirtz* UrhG § 8 Rn. 22; Wandtke/Bullinger/*Thum* UrhG § 8 Rn. 131.

[149] LG München I ZUM 1999, 332 (336) – Miturheberschaft des Kameramanns; offen gelassen in LG München I ZUM-RD 2001, 203 (206) – Der Tunnel.

[150] ZB Geltendmachung durch Verband.

[151] So mit Recht Dreier/Schulze/*Schulze* UrhG § 8 Rn. 23.

[152] Zu einem französischen Fall, in dem ein Nutzer versuchte, gegen eine Verletzung der GPL-Lizenz vorzugehen: *Schäfer* K&R 2010, 298.

I. Zweck und Bedeutung der Norm

1   Selbständige Werke können zum Zwecke ihrer gemeinsamen Verwertung miteinander verbunden werden, beispielsweise Text und Musik einer Oper oder Schriftwerke mit Illustrationen. Dadurch kann eine Einheit entstehen, die in ihrer künstlerischen oder ästhetischen Wirkung mehr ist als die bloße Summe der verbundenen Werke.[1] Im Gegensatz zu den Fällen der Miturheberschaft (§ 8 UrhG), in denen aufgrund gemeinschaftlichen Schaffens der Urheber ein einheitliches Werk entsteht, bleibt aber bei der **Werkverbindung** die **Selbständigkeit der Einzelwerke** gewahrt,[2] jeder der beteiligten Urheber bleibt Urheber des von ihm geschaffenen Einzelwerks und erwirbt keinerlei Urheberrechte an den anderen, von ihm nicht geschaffenen Einzelwerken (vgl. auch → Rn. 6). Durch die Werkverbindung iSd § 9 UrhG entsteht unter den beteiligten Urhebern eine **Gesellschaft bürgerlichen Rechts.**[3]

2   § 9 UrhG regelt nicht Voraussetzungen und Zustandekommen der Werkverbindung (→ Rn. 4), sondern ihre **Rechtsfolge.** Jeder der beteiligten Urheber kann von den anderen im Rahmen von Treu und Glauben die Einwilligung zur Veröffentlichung, Verwertung und Änderung der verbundenen Werke verlangen. § 9 regelt Ansprüche der Urheber untereinander, nicht solche der Urheber gegen Dritte wegen eines Eingriffs in das verbundene Werk.[4] Diese Regelung beruht auf der Überlegung, dass sich verbundene Werke gerade in ihrer Verbindung am besten verwerten lassen und dass die Verweigerung der Zustimmung zur gemeinsamen Verwertung die anderen Urheber in der wirksamen Auswertung ihrer schöpferischen Leistung empfindlich beeinträchtigen kann.[5] § 9 UrhG enthält **dispositives Recht** und kann durch **vertragliche Vereinbarungen** abgeändert oder ersetzt werden,[6] die Urheber der verbundenen Werke können also die gemeinsame Verwertung auch von anderen Voraussetzungen abhängig machen. Ob die verbundenen Werke selbständig verwertbar sind, ist allerdings objektiv zu beurteilen und nicht von der Vorstellung der beteiligten Urheber abhängig.[7]

3   Da durch die Werkverbindung eine Gesellschaft Bürgerlichen Rechts entsteht (→ Rn. 9), treten ergänzend zu § 9 UrhG die Vorschriften der **§§ 705 ff. BGB** hinzu, soweit ihre Anwendung mit urheberrechtlichen Grundsätzen vereinbar ist und nicht der Regelung des § 9 UrhG zuwiderläuft, der als Sonderregelung vorgeht.[8] Auch gegenüber §§ 705 ff. BGB haben **vertragliche Vereinbarungen** Vorrang.

II. Werkverbindung

1. Begriff und Abgrenzung

4   Eine Werkverbindung iSd § 9 UrhG liegt vor, wenn mehrere selbständige Werke zum Zweck gemeinsamer Verwertung so verbunden werden, dass ihre Selbständigkeit erhalten bleibt. Das kann bei Beiträgen der Fall sein, die zu einem Creative Commons-Projekt (zB Wikipedia) oder einem Open Source-Softwareprojekt (zB Linux) gehören.[9] Voraussetzung ist dann aber, dass der Beitrag aus dem Gesamtprojekt herauslösbar ist, ohne dass die übrigen Beiträge von dieser Herauslösung beeinträchtigt werden. Die Verbindung darf nicht dazu führen, dass die Werke nicht mehr **gesondert verwertbar** (→ Rn. 5) sind, in diesem Fall liegt – vorbehaltlich einer gemeinschaftlichen Schöpfung – Miturheberschaft, aber keine Werkverbindung vor.[10] Es muss sich um **urheberrechtlich geschützte Werke** handeln; eine Verbindung mit nicht schutzfähigen oder nicht (mehr) geschützten Werken ist zwar möglich, stellt aber keine Werkverbindung iSd § 9 UrhG dar.[11] Dagegen setzt § 9 UrhG nicht voraus, dass die verbundenen Werke von **mehreren Urhebern** stammen,[12] § 9 UrhG hat dann Bedeutung für den Fall, dass die Urheberrechte an den verbundenen Werken verschiedenen Personen zustehen,

---

[1] *Ulmer* § 35 I.
[2] Vgl. BGH GRUR 2009, 1046 Rn. 38 – Kranhäuser.
[3] Vgl. näher → Rn. 9.
[4] BGH GRUR 2015, 1189 Rn. 20 – Goldrapper.
[5] AmtlBegr. BT-Drs. IV/270, 42; vgl. auch LG München I GRUR 1979, 153 (154) – Exklusivvertrag.
[6] Dreier/Schulze/*Schulze* UrhG § 9 Rn. 28; Wandtke/Bullinger/*Thum* UrhG § 9 Rn. 1, 32, 54; *Ulmer* § 35 II 2; vgl. zum Anwendungsfall der Dreigroschenoper von *Brecht/Weill Fischer* NJW 2000, 2158 (2163).
[7] BGH GRUR 2009, 1046 Rn. 39 – Kranhäuser.
[8] BGH GRUR 1982, 743 (744) – Verbundene Werke.
[9] *von Welser* ZGE 9 (2017), 570 (581).
[10] Zur Abgrenzung vgl. → Rn. 6.
[11] Dreier/Schulze/*Schulze* UrhG § 9 Rn. 4 f.; Möhring/Nicolini/*Ahlberg* UrhG § 9 Rn. 7; Wandtke/Bullinger/ *Thum* UrhG § 9 Rn. 6.
[12] Fromm/Nordemann/*Wirtz* UrhG § 9 Rn. 7; *v. Gamm* UrhG § 9 Rn. 3; *Schack* Rn. 327 Fn. 74; aA Möhring/ Nicolini/*Ahlberg* UrhG § 9 Rn. 6; Wandtke/Bullinger/*Thum* UrhG § 9 Rn. 8.

beispielsweise nach § 29 UrhG auf verschiedene Erben übergegangen sind. Zum Begriff der Verbindung vgl. → Rn. 7.

Gesonderte Verwertbarkeit ist idR dann anzunehmen, wenn die verbundenen Werke **unter-** 5 **schiedlichen Werkarten** angehören. Deshalb stellt die Verbindung von Text und Musik bei Opern, Operetten, Musicals, Liedern, Schlagern usw eine Werkverbindung und keine Miturheberschaft dar,[13] die gegenteilige Auffassung[14] hat sich nicht durchgesetzt.[15] Weitere Beispiele sind die Verbindungen von Sprachwerken mit Werken der bildenden Künste[16] oder mit Darstellungen wissenschaftlicher oder technischer Art,[17] ferner von Werken der Musik mit Werken der Tanzkunst beim Ballett.[18] Gesonderte Verwertbarkeit kann aber auch bei Werken der **gleichen Werkgattung** vorliegen,[19] etwa wenn eine Operette Lieder mehrerer Komponisten enthält.[20] Vgl. zum Begriff der gesonderten Verwertbarkeit auch → § 8 Rn. 5 f.

Abgrenzungen: Von der **Miturheberschaft** unterscheidet sich die Werkverbindung dadurch, 6 dass kein einheitliches Werk entsteht, sondern dass die Verbindung an der Selbständigkeit der Werke nichts ändert. Es entsteht auch keine gemeinsame Urheberschaft, vielmehr bleibt jeder Beteiligte Urheber des von ihm geschaffenen Werks mit der Folge, dass jeder der Beteiligten seine Urheberschaft selbst und ohne die Bindungen des § 8 Abs. 2 UrhG gegen Verletzungen verteidigen kann (→ Rn. 11).[21] Die Werkverbindung hat im Gegensatz zur Miturheberschaft keine dinglichen, sondern rein schuldrechtliche Konsequenzen. Anders als bei der Miturheberschaft laufen für die verbundenen Werke getrennte Schutzfristen.[22] Für die Verbindung von Texten mit Musikwerken sieht § 65 Abs. 3 S. 2 UrhG aufgrund unionsrechtlicher Regeln vor, dass sich die Schutzfrist hier nach dem Tod des Längstlebenden der durch ihre Werke verbundenen Urheber richtet (→ § 8 Rn. 5).[23] Dies gilt nicht für andere Werkverbindungen.[24] § 65 Abs. 3 S. 2 UrhG schafft Schwierigkeiten im deutschen Recht, die nur durch enge Auslegung des Begriffs der „Musikkomposition mit Text" zu lösen sind. Eine solche liegt nicht schon vor, wenn Text und Musik verbunden werden (dann § 9 UrhG), sondern erst, wenn Musik und Text gemeinschaftlich und in Bezug aufeinander geschaffen werden, so dass ausnahmsweise diese Kombination zur Miturheberschaft führt. Nur für diese Musikkomposition gelten dann die Regeln der §§ 8, 65 Abs. 3 S. 2 UrhG.[25] Der Unterschied zwischen Werkverbindung und **Bearbeitung** liegt darin, dass durch die Bearbeitung ein anderes Werk umgestaltet wird, während dies bei der Werkverbindung nicht der Fall ist. Außerdem entsteht bei der Bearbeitung, soweit diese eine persönliche geistige Schöpfung darstellt, ein neues Werk, was bei der Werkverbindung nicht möglich ist. Das schließt natürlich nicht aus, dass eine Werkverbindung mit bereits bearbeiteten Werken eingegangen wird oder dass Werke zum Zwecke einer Werkverbindung bearbeitet werden. Die Werkverbindung ist weiter von den Fällen zu unterscheiden, in denen die beteiligten Urheber einem von ihnen oder einem Dritten, in dessen Hand die Verwertung der Werke liegen soll, **Nutzungsrechte einräumen.**[26] Deshalb liegt bei **Sammelwerken** in der Regel keine Werkverbindung zwischen den einzelnen Beiträgen vor,[27] die Verfasser der Beiträge zu Sammelwerken haben deswegen keine unmittelbaren Ansprüche auf Einwilligung zur Veröffentlichung usw gegeneinander, sondern vertragliche Ansprüche gegen den Herausgeber oder Verleger, der sich seinerseits Nutzungsrechte an den einzelnen Beiträgen hat einräumen lassen (vgl. auch § 38 UrhG). Auch bei **Filmwerken** liegt keine Werkverbindung zwischen den zur Filmherstellung benutzten schöpferischen Beiträgen vor,

---

[13] AmtlBegr. BT-Drs. IV/270, 42; BGH GRUR 1982, 41 (42) – Musikverleger III; BGH GRUR 1982, 743 (744) – Verbundene Werke; BGH GRUR 2008, 1081 Rn. 10 – Musical Starlights; BGH GRUR 2000, 228 – Musical-Gala; OLG Frankfurt a.M. GRUR 2004, 144 (145) – Künstlerexklusivvertrag; BGH GRUR 2015, 1189 Rn. 15 – Goldrapper; KG Schulze KGZ 55, 11 ff. – Puppenfee; LG Hamburg ZUM-RD 2010, 331 (341); LG München I ZUM-RD 2009, 134 (155 f.) – Die wilden Kerle; vgl. auch bereits RGZ 67, 84 (85) – Afrikanerin; RGZ 118, 282 (284) – Musikantenmädel; ebenso unter Geltung des LUG und KUG: *Deutsch* GRUR 1965, 7.

[14] *Goldbaum,* Urheberrecht und Urhebervertragsrecht, 1927, S. 56 ff.; *Gebhardt* insbes. S. 10 ff.; *Ahlberg* S. 85 ff.

[15] Vgl. etwa *Wandtke/Bullinger/Thum* UrhG § 9 Rn. 23; *Fromm/Nordemann/Wirtz* UrhG § 9 Rn. 7; *Schack* Rn. 327; *Rehbinder/Peukert* Rn. 303; *Ulmer* § 35 I 2; *Grüninger* S. 50 ff.

[16] Kunstbücher, Illustrationen, vgl. etwa LG München I GRUR-RR 2009, 218.

[17] ZB naturwissenschaftliche oder technische Bücher.

[18] Vgl. aber zu Filmwerken → Rn. 6.

[19] AmtlBegr. BT-Drs. IV/270, 42; *Dreier/Schulze/Schulze* UrhG § 9 Rn. 3; *Fromm/Nordemann/Wirtz* UrhG § 9 Rn. 7; *Ulmer* § 35 I 1; *Rehbinder/Peukert* Rn. 304.

[20] Beispiel: BGH GRUR 1962, 256 – Im weißen Rößl.

[21] OLG Hamburg ZUM-RD 2013, 428 (439) mAnm *Kleinemenke* GRUR-Prax 2013, 426; Vorinstanz LG Hamburg ZUM-RD 2010, 331.

[22] KG *Schulze* KGZ 55, 13 – Puppenfee.

[23] Dazu *F. Flechsig* ZUM 2012, 227; *Gaillard* GRUR 2013, 1099.

[24] So aber der Vorschlag in der Stellungnahme der GRUR. eV GRUR 2013, 152 mit Hinweis auf die französische Regelung des „œuvre de collaboration" in Art L.113-2 Abs. 1 mit Art. 123-2 Abs. 1 Code de la propriété intellectuelle.

[25] Vgl. *Gaillard* GRUR 2013, 1099 (1103).

[26] *Ulmer* § 35 I.

[27] *Dreier/Schulze/Schulze* UrhG § 9 Rn. 11; *Fromm/Nordemann/Wirtz* UrhG § 9 Rn. 5; *Wandtke/Bullinger/Thum* UrhG § 9 Rn. 27; *Dreyer/Kotthoff/Meckel* UrhG § 9 Rn. 12; *Möhring/Nicolini/Ahlberg* UrhG § 9 Rn. 4; *v. Becker* ZUM 2002, 581.

vielmehr räumen die beteiligten Urheber dem Filmhersteller Nutzungsrechte an den von ihnen geschaffenen Werken ein.[28]

2. Verbindung zu gemeinsamer Verwertung

7   Unter Verbindung iSd § 9 UrhG ist nicht der rein tatsächliche Vorgang des Zusammenfügens der Werke zu verstehen, sondern die **vertragliche Vereinbarung,** in der die beteiligten Urheber die gemeinsame Verwertung verabreden. [29] Es müssen daher alle Voraussetzungen eines wirksamen Rechtsgeschäfts vorliegen; bei Minderjährigen ist die Zustimmung (§§ 107, 108 BGB) des gesetzlichen Vertreters erforderlich. Kommt ein wirksamer Vertrag nicht zustande, so tritt die Rechtsfolge des § 9 UrhG nicht ein.[30] Einer besonderen Form bedarf der Vertrag nicht, auch ein **stillschweigender** Abschluss ist möglich.[31] Die Vereinbarung muss **zwischen den Urhebern** zustande kommen; bloße Vereinbarungen mit Dritten[32] begründen keine Werkverbindung, doch kann der zwischen Urhebern und einem Verwerter geschlossene Vertrag gerade auch die Grundlage der gemeinsamen Verwertung und damit Werkverbindung darstellen.[33] Eine Vereinbarung zwischen den Urhebern kann auch dadurch begründet werden, dass Dritte im Wege der **Stellvertretung** für einen oder mehrere Urheber an der Vereinbarung mitwirken,[34] die Vereinbarung kommt dann unmittelbar zwischen den Urhebern zustande (§ 164 BGB). Dabei kann das – gegebenenfalls stillschweigend zum Ausdruck gebrachte – Einverständnis der Urheber mit einer Werkverbindung ausreichen.[35] Eine Werkverbindung kann daher auch dann vorliegen, wenn ein Komponist im Auftrag einer Werbeagentur ein Werbelied mit dem Wissen komponiert hat, dass es mit dem Text eines Dritten verbunden werden sollte.[36]

8   **Inhalt** des Vertrages ist die Einigung über die gemeinsame Verwertung. Der Zweck kann dabei auf konkrete Ereignisse, zB die Durchführung einer Ausstellung, beschränkt bleiben.[37] Die Einräumung von Nutzungsrechten an einen der beteiligten Urheber erfüllt diesen Tatbestand nicht; daher liegt keine Werkverbindung vor, wenn sich beispielsweise der Verfasser eines Schriftwerkes die Nutzungsrechte an den Illustrationen zu seinem Werk einräumen lässt.[38] Zusätzliche Vereinbarungen kann der Vertrag dagegen enthalten; in der Regel wird dies auch der Fall sein.

III. Gesellschaft bürgerlichen Rechts

9   Durch die Werkverbindung wird zwischen den beteiligten Urhebern eine Verwertungsgemeinschaft in der Form einer **Gesellschaft bürgerlichen Rechts** begründet.[39] Die Vereinbarung, die Werke gemeinsam zu verwerten, verfolgt einen gemeinsamen Zweck iSd § 705 BGB. In diese Gesellschaft können die Urheber die Verwertungsrechte an den von ihnen geschaffenen Werken in Form einfacher oder ausschließlicher Nutzungsrechte einbringen,[40] diese Rechte bilden dann das **Gesellschaftsvermögen** (§ 718 BGB). Die Einbringung kann auch stillschweigend erfolgen,[41] ist aber nicht bereits aus dem bloßen Bestehen einer Werkverbindung zu folgern.[42] Im Zweifel werden nach der

---

[28] OLG München GRUR-RR 2007, 139 (141) – Fernsehwerbespots; Dreier/Schulze/*Schulze* UrhG § 9 Rn. 3; *Ulmer* § 35 II; näher → Vor §§ 88 ff. Rn. 64.

[29] Dreier/Schulze/*Schulze* UrhG § 9 Rn. 6; Wandtke/Bullinger/*Thum* UrhG § 9 Rn. 9; Fromm/Nordemann/ *Wirtz* UrhG § 9 Rn. 8; Dreyer/Kotthoff/Meckel UrhG § 9 Rn. 9; *v. Gamm* UrhG § 9 Rn. 8; *Ulmer* § 35 II 1; *v. Becker* ZUM 2002, 581 (582); *Seibt/Wiechmann* GRUR 1995, 562 (563 f.); sa OLG Hamburg ZUM 1994, 738 (739); aA Möhring/Nicolini/*Ahlberg* UrhG § 9 Rn. 9 ff.; wohl auch *Heymann* CR 1994, 618 (Aufnahme mehrerer Computerprogramme auf einen Datenträger als Shareware).

[30] *Ulmer* § 35 II 1; aA Möhring/Nicolini/*Ahlberg* UrhG § 9 Rn. 14 ff.: gesetzliches Schuldverhältnis aufgrund Realakt.

[31] Wandtke/Bullinger/*Thum* UrhG § 9 Rn. 15.

[32] Wie bei Sammelwerken und Filmwerken, vgl. → Rn. 6.

[33] So der Gesellschaftsvertrag zwischen *Bertold Brecht, Kurt Weill* und dem Verlag Felix Bloch Erben über die Dreigroschenoper, *Fischer* NJW 2000, 2158 (2159).

[34] Wandtke/Bullinger/*Thum* UrhG § 9 Rn. 17; Dreyer/Kotthoff/Meckel UrhG § 9 Rn. 11; *Seibt/Wiechmann* GRUR 1995, 562 (564); sa OLG Hamburg ZUM 1994, 738 (739); aA Möhring/Nicolini/*Ahlberg* UrhG § 9 Rn. 14 ff.

[35] Sa OLG Hamburg ZUM 1994, 738 (739); *Seibt/Wiechmann* GRUR 1995, 562 (564).

[36] Sa OLG Hamburg ZUM 1994, 738 (739).

[37] So in OLG Düsseldorf GRUR 1997, 49 (51) (Beuys-Fotografien).

[38] *Ulmer* § 35 II; → Rn. 9.

[39] BGH GRUR 1982, 41 (42) – Musikverleger III; BGH GRUR 1982, 743 (744) – Verbundene Werke; sa OLG Hamburg ZUM 1994, 738 (739); LG München I ZUM 2002, 748 (751) – Carmina Burana; Dreier/Schulze/ *Schulze* UrhG § 9 Rn. 7 und 17; *Schricker,* Verlagsrecht, § 1 Rn. 27; Dreyer/Kotthoff/Meckel UrhG § 9 Rn. 18; *v. Gamm* UrhG § 9 Rn. 10; *Schack* Rn. 329; *Ulmer* § 35 II 1; *Haberstumpf* HdB des Urheberrechts Rn. 186; *v. Becker* ZUM 2002, 581 (582 f.); Fromm/Nordemann/*Wirtz* UrhG § 9 Rn. 12; aA Wandtke/Bullinger/*Thum* UrhG § 9 Rn. 18 ff.; Möhring/Nicolini/*Ahlberg* UrhG § 12 Rn. 14 ff.; Büscher/Dittmer/Schiwy/*Mohme* Kap. 10 UrhG § 9 Rn. 1; vgl. aber auch BGH GRUR 1973, 328 (329) – Musikverleger II, wo es heißt, dass „häufig“ ein Gesellschaftsverhältnis vorliege; vgl. ferner BGH GRUR 1964, 326 (330) – Subverleger.

[40] *Schack* Rn. 329; *v. Gamm* UrhG § 9 Rn. 11; *Ulmer* § 35 II 2; *Haberstumpf* HdB des Urheberrechts Rn. 186.

[41] BGH GRUR 1973, 328 (329) – Musikverleger II; BGH GRUR 1964, 326 (330) – Subverleger.

[42] *Ulmer* § 35 II 2; aA Dreyer/Kotthoff/Meckel UrhG § 9 Rn. 19.

Zweckübertragungslehre[43] (neuerdings: Übertragungszwecklehre)[44] die Verwertungsrechte nur insoweit eingebracht, als es zur gemeinsamen Verwertung erforderlich ist. – Die Urheber können auch eine Gesellschaft ohne Gesellschaftsvermögen bilden.[45]

Die gesellschaftsrechtliche Verbindung begründet eine wechselseitige **Treuepflicht**.[46] Diese hat **10** ihre besondere Ausprägung durch die in § 9 UrhG angeordnete Rechtsfolge[47] erfahren, ist aber darauf nicht beschränkt. Entscheidend ist eine Interessenabwägung im Einzelfall.[48]

Nach §§ 709, 714 BGB steht den beteiligten Urhebern die **Geschäftsführung** und **Vertretung 11** gemeinschaftlich zu; die Verwaltung der Rechte hat also grundsätzlich gemeinschaftlich, dh unter Zustimmung jedes beteiligten Urhebers zu erfolgen.[49] Abweichende gesellschaftsrechtliche Regelungen[50] sind möglich, ergeben sich aber noch nicht aus einem höheren Beteiligungsverhältnis einzelner Urheber.[51] In den Bereich von Geschäftsführung und Vertretung fällt vor allem der **Abschluss von Verwertungsverträgen** mit Dritten[52] sowie deren **Kündigung**,[53] ferner die Verfolgung von Rechtsverletzungen, soweit die gemeinsame Verwertung betroffen ist und es sich um in die Gesellschaft eingebrachte Rechte handelt. In Ausnahmefällen können von einem der Urheber Maßnahmen aufgrund des **Notverwaltungsrechts** nach § 744 Abs. 2 BGB analog getroffen werden, soweit dies zur Werterhaltung der verbundenen Werke erforderlich ist.[54] Ansonsten muss gegen den die Mitwirkung verweigernden Urheber der Einwilligungsanspruch des § 9 UrhG geltend gemacht werden; dieser geht als lex specialis dem gesellschaftsrechtlichen Mitwirkungsanspruch vor.[55]

Die **Dauer** der Gesellschaft[56] richtet sich nach ihrem Zweck, wobei im Zweifel davon auszugehen **12** ist, dass die Urheber eine Verbindung für die Zeitdauer des Bestehens ihrer Schutzrechte gewollt haben.[57] Eine Werkverbindung kann aber auch vorübergehenden Zwecken dienen und ist dann nur für eine bestimmte Zeit eingegangen.[58] Da für die verbundenen Werke die Schutzfristen getrennt laufen (vgl. → Rn. 6), endet die auf Dauer angelegte Verbindung, wenn eines der Schutzrechte erlischt.[59] Sind mehr als zwei Werke miteinander verbunden, so kann – eine entsprechende Vereinbarung der Urheber vorausgesetzt – die Gesellschaft unter den restlichen Urhebern bestehen bleiben, solange noch mehr als ein Werk geschützt ist.[60] Entgegen der Auslegungsregel des § 727 Abs. 1 BGB wird die Gesellschaft durch den Tod eines der Urheber nicht aufgelöst, sondern mit dessen Erben fortgesetzt.[61]

Eine **Kündigung** der Gesellschaft ist gemäß § 723 BGB aus wichtigem Grund möglich, muss aber **13** im Hinblick auf die Treuepflichtbindung (→ Rn. 10) ultima ratio bleiben.[62] Ob ein wichtiger Grund vorliegt, ist aufgrund einer Interessenabwägung zwischen den beteiligten Urhebern zu entscheiden.[63] Unmöglichkeit oder erhebliche Erschwerung der gemeinschaftlichen Verwertung werden in der Regel einen wichtigen Grund bilden, nicht dagegen persönliche Streitigkeiten zwischen den Urhebern, da die persönlichen Beziehungen nicht Grundlage der Verwertungsgemeinschaft sind.[64] Lässt sich eines der verbundenen Werke in einer anderen Werkverbindung wesentlich gewinnbringender ver-

---

[43] *Goldbaum*, Urheberrecht und Urhebervertragsrecht, 2. Aufl. 1927, S. 75 ff.; übernommen von *Ulmer*, § 84 IV, S. 364.

[44] BGH GRUR 2010, 62 Rn. 16. Dazu → § 31 Rn. 52 ff.

[45] Dazu näher *v. Gamm* UrhG § 9 Rn. 14.

[46] Sa OLG Hamburg ZUM 1994, 738 (739); Wandtke/Bullinger/*Thum* UrhG § 9 Rn. 63; *Seibt/Wiechmann* GRUR 1995, 562 (564).

[47] Dazu näher → Rn. 14 ff.

[48] Vgl. auch *Seibt/Wiechmann* GRUR 1995, 562 (564 f.):

[49] BGH GRUR 1982, 41 (42) – Musikverleger III; BGH GRUR 1982, 743 (744) – Verbundene Werke; Fromm/Nordemann/*Wirtz* UrhG § 9 Rn. 13; Wandtke/Bullinger/*Thum* UrhG § 9 Rn. 59; *Ulmer* § 35 II 2; *Haberstumpf* HdB des Urheberrechts Rn. 187.

[50] ZB Vereinbarung eines Mehrheitsstimmrechts nach § 709 Abs. 2 BGB.

[51] BGH GRUR 1982, 41 (43) – Musikverleger III; BGH GRUR 1982, 743 (744) – Verbundene Werke.

[52] Dreier/Schulze/*Schulze* UrhG § 9 Rn. 17; *v. Becker* ZUM 2002, 581 (584).

[53] BGH GRUR 1982, 743 (744) – Verbundene Werke; OLG Frankfurt a. M. GRUR 2004, 144 (145) – Künstlerexklusivvertrag.

[54] BGH GRUR 1982, 41 (43) – Musikverleger III; BGH GRUR 1982, 743 (744) – Verbundene Werke; Dreier/Schulze/*Schulze* UrhG § 9 Rn. 22; Fromm/Nordemann/*Wirtz* UrhG § 9 Rn. 16; Wandtke/Bullinger/*Thum* UrhG § 9 Rn. 61.

[55] BGH GRUR 1982, 743 (744) – Verbundene Werke.

[56] Und ebenso der Werkverbindung.

[57] Dreier/Schulze/*Schulze* UrhG § 9 Rn. 23; Wandtke/Bullinger/*Thum* UrhG § 9 Rn. 69; Fromm/Nordemann/*Wirtz* UrhG § 9 Rn. 19; *Ulmer* § 35 II 4.

[58] ZB die Verbindung von Werken für eine bestimmte Aufführung; sa Fromm/Nordemann/*Wirtz* UrhG § 9 Rn. 19.

[59] *Ulmer* § 35 II 4.

[60] *Ulmer* § 35 II 4 Fn. 1.

[61] Fromm/Nordemann/*Wirtz* UrhG § 9 Rn. 19; Dreier/Schulze/*Schulze* UrhG § 9 Rn. 23; Wandtke/Bullinger/*Thum* UrhG § 9 Rn. 67; *v. Becker* ZUM 2002, 581 (586).

[62] Ebenso Fromm/Nordemann/*Wirtz* UrhG § 9 Rn. 20; Dreier/Schulze/*Schulze* UrhG § 9 Rn. 24; Wandtke/Bullinger/*Thum* UrhG § 9 Rn. 70; *Ulmer* § 35 II 4; *v. Becker* ZUM 2002, 581 (586 f.).

[63] Dreier/Schulze/*Schulze* UrhG § 9 Rn. 24; Wandtke/Bullinger/*Thum* UrhG § 9 Rn. 70; *v. Gamm* UrhG § 9 Rn. 12.

[64] Fromm/Nordemann/*Wirtz* UrhG § 9 Rn. 20.

werten, so liegt darin noch kein wichtiger Kündigungsgrund,[65] jedenfalls dann nicht, wenn dies zu Lasten der anderen Urheber ginge. Wer jederzeit anderweitige günstigere Verwertungsmöglichkeiten wahrnehmen möchte, muss bei Eingehen der Werkverbindung entsprechende Kündigungsklauseln vereinbaren.

IV. Einwilligung zur Veröffentlichung, Verwertung und Änderung

14   Jeder der an der Werkverbindung beteiligten Urheber kann von jedem der anderen die Einwilligung zur Veröffentlichung, Verwertung und Änderung verlangen, wenn dem anderen dies nach Treu und Glauben zuzumuten ist. Der Anspruch ist einklagbar und nach § 894 ZPO vollstreckbar. Er geht dem gesellschaftsrechtlichen Mitwirkungsanspruch vor.[66] Was **Veröffentlichung** ist, bestimmt sich nach § 6 Abs. 1 UrhG. Unter **Verwertung** ist in erster Linie die Geltendmachung der in §§ 15 ff. UrhG genannten Rechte[67] einschließlich der dazu erforderlichen Maßnahmen zu verstehen, hierher gehören vor allem auch der Abschluss und die Kündigung von Verwertungsverträgen.[68] Verwertung iSd § 9 UrhG umfasst aber auch die Geltendmachung der gesetzlichen Vergütungsansprüche, soweit diese nicht von Verwertungsgesellschaften wahrgenommen werden.[69] Auch die Anmeldung eines Werkes bei einer Verwertungsgesellschaft kann dazu gehören.[70]

15   **Einwilligung** bedeutet ebenso wie in § 8 UrhG[71] vorherige Zustimmung.[72] Ob sie dem anderen Urheber nach Treu und Glauben **zuzumuten** ist, ist mittels einer **Interessenabwägung** festzustellen.[73] Dabei ist davon auszugehen, dass der Zweck der Werkverbindung in der Verwertung liegt und dass die beteiligten Urheber verpflichtet sind, diesen Zweck zu fördern.[74] Zu berücksichtigen ist also einerseits, ob und in welchem Umfang durch die Verweigerung der Einwilligung die Verwertung beeinträchtigt wird, dabei spielt auch eine Rolle, welche anderweitigen Verwertungsmöglichkeiten bestehen. Andererseits kommt es auf die Gründe an, aus denen die Einwilligung verweigert wird, hier können vor allem urheberpersönlichkeitsrechtliche Gründe ins Gewicht fallen. Der BGH hat die Versagung der Einwilligung durch einen Textdichter zur Kündigung von Verlagsverträgen durch einen Komponisten für zulässig erachtet, weil der Textdichter befürchten musste, im Falle einer Zustimmung zur Kündigung vom bisherigen Verleger keine Textaufträge mehr zu erhalten, Einnahmeausfälle zu haben und ein Interesse geltend machte, seine Texte bei einem Verleger konzentriert zu lassen. Auch moralische Gründe wurden anerkannt, nämlich einer langjährigen Verlagsverbindung die Treue zu halten, durch die der Textdichter in seiner Entwicklung gefördert worden war.[75] Der Zweck der gemeinsamen Verwertung wird aber nicht bereits dadurch gefährdet, wenn im Verletzungsfalle nur einer der Urheber auf Unterlassung klagt.[76] Grundsätzlich gilt dies auch für die Geltendmachung von Schadensersatzansprüchen, da bei § 9 UrhG eine dem § 8 Abs. 2 S. 3 UrhG entsprechende Bindung fehlt.[77] Allerdings wird man hier berücksichtigen müssen, dass die gemeinsame Geltendmachung solcher Ansprüche Teil des Verwertungskonzeptes der Urhebergemeinschaft sein kann, wenn sich dafür ein Anhaltspunkt in dem zur gemeinsamen Werkverbindung geschlossenen Vertrag findet.

16   Da die Werkverbindung kein gemeinsames Urheberrecht erzeugt, bleiben die Urheber bezüglich **sonstiger Verwertungen** ihres jeweiligen Beitrages grundsätzlich frei,[78] denn die Bindung betrifft nach § 9 UrhG ausdrücklich nur die Verwertung „der verbundenen Werke", nicht die gesonderte Verwertung des jeweils eigenen Beitrags. Das spielt nicht nur eine Rolle, wenn der Text einer Komposition als Sprachwerk, also ohne Musik, verwertet werden soll, sondern auch wenn der Musikkomponist mit einem neuen Textautor zusammenarbeitet oder der Texter sich für seine Arbeit einen neu-

---

[65] Dreier/Schulze/*Schulze* UrhG § 9 Rn. 24; Wandtke/Bullinger/*Thum* UrhG § 9 Rn. 70; aA Fromm/Nordemann/*Wirtz* UrhG § 9 Rn. 20.
[66] BGH GRUR 1982, 743 (744) – Verbundene Werke.
[67] Bei Computerprogrammen § 69c UrhG.
[68] BGH GRUR 1982, 743 (744) – Verbundene Werke; *Schenz/Platho* FuR 1980, 242 (243).
[69] S. dazu die Übersicht bei Loewenheim/*Flechsig,* Handbuch des Urheberrechts, § 85 Rn. 5.
[70] Sa OLG Hamburg ZUM 1994, 738 (739).
[71] Vgl. → § 8 Rn. 15.
[72] Fromm/Nordemann/*Wirtz* UrhG § 9 Rn. 15; *Dreyer*/Kotthoff/Meckel UrhG § 9 Rn. 35; aA Möhring/Nicolini/*Ahlberg* UrhG § 9 Rn. 21.
[73] BGH GRUR 1982, 743 (744) – Verbundene Werke; sa OLG Hamburg ZUM 1994, 738 (739); Wandtke/Bullinger/*Thum* UrhG § 9 Rn. 39; *Seibt/Wiechmann* GRUR 1995, 562 (564 f.).
[74] Vgl. einprägsam CA Paris UFITA 25 1958, 106 (113) – Prévert/Les Gémeaux: „Der Starrsinn eines Einzelnen ... darf nicht die Vernichtung des gemeinsamen Werkes nach sich ziehen" (Übs. *Ernst Hirsch*).
[75] BGH GRUR 1982, 743 (744) – Verbundene Werke; eingehend die Vorinstanz LG München I GRUR 1979, 153 (154) – Exklusivvertrag.
[76] OLG Hamburg ZUM-RD 2013, 423 (439); unklar *Koch* CR 2000, 273 (278), der meint, Entscheidungen über die Rechteverfolgung müssten einstimmig erfolgen, dabei aber nicht klarstellt, ob er nur das verbundene Werk oder auch die Einzelbeträge davon erfasst sehen möchte.
[77] OLG Hamburg ZUM-RD 2013, 428 (439); aA wohl *Schenz/Platho* FuR 1980, 242 (247), die hierfür ein gemeinsames Vorgehen der Gesellschafter verlangen (im Kontext der Kündigung von Verlagsverträgen).
[78] *Ulmer* § 35 I 2; Büscher/Dittmer/Schiwy/*Mohme* Kap. 10 UrhG § 9 Rn. 7.

en Komponisten sucht.[79] Da die Werkverbindung eine Gesellschaft bürgerlichen Rechts erzeugt, bestehen zwischen den Gesellschaftern ab dem Zeitpunkt der Vereinbarung **wechselseitige Treuepflichten,** die Rücksichtnahme dort verlangen, wo eine gesonderte Verwertung dem Ursprungswerk Konkurrenz bereitet.[80] Vor diesem Hintergrund braucht der Textdichter eines zur gemeinsamen Verwertung bei der GEMA angemeldeten Musikwerkes nicht der nochmaligen Anmeldung der Melodie mit einem geänderten Text durch den Komponisten zuzustimmen, wenn dies die Verwertbarkeit des gemeinsamen Musikwerkes empfindlich beeinträchtigt und die Einnahmen des Textdichters erheblich schmälern würde.[81] Zudem kann die gesonderte Verwertung durch **ausdrückliche Vereinbarungen beschränkt** werden. So ist es, wenn die beteiligten Urheber ihre Werke als Gesellschaftsvermögen in die Gesellschaft einbringen. Dann gilt § 709 BGB, der eine gemeinschaftliche Verwertung anordnet. Die Einbringung als Gesellschaftsvermögen muss ausdrücklich vereinbart, sie darf nicht schon aufgrund der Werkverbindung vermutet werden.[82] Davon abzugrenzen ist die Frage, ob die – ohne Vereinbarung – erfolgende Vertextung von Musik oder Vertonung von Texten in Bearbeitungsrechte des verwendeten Werkes eingreift. Daran fehlt es, solange in die Substanz des verwendeten Werkes nicht eingegriffen wird.[83] Allerdings kann die Vertonung oder Vertextung urheberpersönlichkeitsrechtliche Bedenken erzeugen. So kann es sein, wenn eine aufgrund einer Werkverbindung politisch positionierte Melodie mit einem dieser Position entgegenstehenden neuen Text versehen wird.

§ 10 Vermutung der Rechtsinhaberschaft

(1) **Wer auf den Vervielfältigungsstücken eines erschienenen Werkes oder auf dem Original eines Werkes der bildenden Künste in der üblichen Weise als Urheber bezeichnet ist, wird bis zum Beweis des Gegenteils als Urheber des Werkes angesehen; dies gilt auch für eine Bezeichnung, die als Deckname oder Künstlerzeichen des Urhebers bekannt ist.**

(2) **[1] Ist der Urheber nicht nach Absatz 1 bezeichnet, so wird vermutet, daß derjenige ermächtigt ist, die Rechte des Urhebers geltend zu machen, der auf den Vervielfältigungsstücken des Werkes als Herausgeber bezeichnet ist. [2] Ist kein Herausgeber angegeben, so wird vermutet, daß der Verleger ermächtigt ist.**

(3) **[1] Für die Inhaber ausschließlicher Nutzungsrechte gilt die Vermutung des Absatzes 1 entsprechend, soweit es sich um Verfahren des einstweiligen Rechtsschutzes handelt oder Unterlassungsansprüche geltend gemacht werden. [2] Die Vermutung gilt nicht im Verhältnis zum Urheber oder zum ursprünglichen Inhaber des verwandten Schutzrechts.**

Schrifttum: *Bock,* Der Rechtsbesitz als Grundlage der Vermutungen des § 10 UrhG, 2008; *Bollack,* Die Urhebervermutung im neuen Urheberrechtsgesetz, GRUR 1967, 21; *Czychowski,* Das Gesetz zur Verbesserung der Durchsetzung von Rechten des Geistigen Eigentums – Teil II: Änderungen im Urheberrecht, GRUR-RR 2008, 265; *Dietz,* Kinderkomponisten und die GEMA, ZUM 2003, 41; *Grünberger,* Die Urhebervermutung und die Inhabervermutung für die Leistungsschutzberechtigten, GRUR 2006, 894; *Krüger,* Der Schutz des Pseudonyms, unter besonderer Berücksichtigung des Vornamens, UFITA 30 (1960) 269; *Peifer,* Digital und ohne Recht, KSzW 2010, 636; *Rieger,* Leistungsschutzrecht für Presseverleger, 2013; *Riesenhuber,* Die Vermutungstatbestände des § 10 UrhG, GRUR 2003, 187; *Spindler/Weber,* Die Umsetzung der Enforcement-Richtlinie nach dem Regierungsentwurf für ein Gesetz zur Verbesserung der Durchsetzung von Rechten des geistigen Eigentums, ZUM 2007, 257; *Stieper,* Das Leistungsschutzrecht für Presseverleger nach dem Regierungsentwurf zum 7. UrhRÄndG, ZUM 2013, 10; *J. Ulrich,* Urheberrecht für Sachverständige – Teil I: Eigenes Urheberrecht, Der Sachverständige (DS) 2011, 308.

Übersicht

---

[79] *Fischer-See* FS 50 Jahre öURG, 1986, 109 (111) zum österreichischen Recht, das keine dem § 9 UrhG entsprechende Bestimmung enthält; *Deutsch* GRUR 1965, 7 (8) und *Deutsch* GRUR 1965, 294; aA *Gast* GRUR 1965, 292 (293).
[80] Sa *Ulmer* § 35 II 3 (ohne Hinweis auf die Treuepflicht).
[81] Sa OLG Hamburg ZUM 1994, 738 (739); dazu *Seibt/Wiechmann* GRUR 1995, 562 ff.
[82] *Ulmer* § 35 II 2.
[83] Dazu *Gast* GRUR 1965, 292; aA OLG München ZUM 1991, 432 (433) – Gabi wartet im Park.

I. Zweck und Bedeutung der Norm

1   Nach dem Urheberschaftsprinzip (vgl. → § 7 Rn. 1) ist Urheber eines Werkes derjenige, der die persönliche geistige Schöpfung erbringt, ihm stehen die Rechte zu, die das Gesetz dem Urheber verleiht. Diese Rechte besitzt der Urheber unabhängig davon, ob und mit welcher Urheberbezeichnung er sein Werk versieht. Zur Geltendmachung seiner Rechte muss er zunächst substantiiert behaupten, Urheber des Werkes zu sein, der Verletzter muss ggf. ebenso substantiiert behaupten, warum er die Urheberschaft bezweifelt.[1] Geschieht dies, so müsste der Urheber stets den im Einzelfall oft schwierigen oder umständlichen Nachweis seiner Urheberschaft erbringen. Diesen Nachweis erleichtert **§ 10 Abs. 1 UrhG** durch eine **widerlegliche Vermutung:** soweit diese Vermutung reicht, braucht der Urheber seine Urheberschaft nicht zu beweisen, vielmehr muss derjenige, der die Urheberschaft bestreiten will, ihr Nichtbestehen beweisen. Kraft Verweisung (dazu → Rn. 3) gilt die Vermutung auch zugunsten von Leistungsschutzberechtigten. Es handelt sich um eine **gesetzliche Vermutung,**[2] die zutreffend als Rechtsvermutung angesehen wird,[3] weil allein aus der Tatsache, dass es eine Urheberbezeichnung gibt, nicht auf den Vorgang der Schöpfung durch den Bezeichneten geschlossen werden kann. Daher verliert die Vermutung ihre wesentliche Grundlage, wenn substantiiert bezweifelt wird, dass ein Werk von einem menschlichen Urheber geschaffen wurde. Kann dargelegt werden, dass die konkrete Schöpfung durch ein Tier (so im Falle eines „Affen-Selfies“, → § 7 Rn. 3) oder ein Computerprogramm (wie etwa im Falle der Schöpfung aufgrund lernender Algorithmen) hergestellt wurde (→ § 7 Rn. 3), fehlt die Grundlage für die Vermutung. Der eine Schöpfung Behauptende trägt in solchen Fällen eine sekundäre Darlegungslast, um zu erörtern, inwieweit er den Prozess und das Ergebnis der Schöpfung steuern und vorhersehen konnte. **§ 10 Abs. 2 UrhG** regelt Fälle, in denen Werke nicht mit einer Urheberbezeichnung nach Abs. 1 versehen sind.[4] In diesem Fall wird vermutet,[5] dass der als Herausgeber Bezeichnete und, falls ein solcher nicht genannt ist, der Verleger vom Urheber ermächtigt worden ist, dessen Rechte geltend zu machen. Der Zweck dieser Regelung besteht darin, die Verfolgung von Rechtsverletzungen durch Herausgeber oder Verleger zu ermöglichen, ohne dass der Urheber seine Anonymität aufzugeben braucht.[6] **§ 10 Abs. 3 UrhG** erweitert die Vermutung auf die Inhaber ausschließlicher Nutzungsrechte und Leistungsschutzrechte, soweit es sich um Verfahren des einstweiligen Rechtsschutzes handelt oder Unterlassungsansprüche geltend gemacht werden; die Vermutung gilt jedoch nicht im Verhältnis zum Urheber bzw. zum ursprünglichen Inhaber des Leistungsschutzrechts. Damit können sich auch die Inhaber abgeleiteter Nutzungsrechte auf die Vermutungsregelung stützen, etwa Verleger, die angesichts des Fehlens eines eigenen Leistungsschutzrechts gegen Kopienvanddienste vorgehen wollen. Ähnliche Vermutungen enthielten bereits § 7 LUG und § 9 KUG. § 10 UrhG vereinfacht jedoch die frühere Regelung und bezieht insbesondere Pseudonyme und Künstlerzeichen in die Urheberschaftsvermutung ein. – Zur Anwendbarkeit der Vermutung bei Urheberbezeichnungen nach altem Recht vgl. § 134 UrhG.

2   Der **Anwendungsbereich** des § 10 UrhG umfasst das gesamte Urheberrecht und erstreckt sich auf alle geschützten Werke. Dazu gehören auch **Sammelwerke** nach § 4 UrhG[7] und **Bearbeitungen** nach § 3 UrhG.[8] Auch im Verhältnis von **Miturhebern** bzw. **Miterausgebern** oder Mitverlegern gilt die Vermutung.[9] Sind also bei einem Werk mehrere Autoren als Urheber genannt, so muss derjenige, der behauptet, Alleinurheber zu sein, dies beweisen; ebenso ist beweispflichtig, wer behauptet, Miturheber eines Werkes zu sein, bei dem ein anderer als Alleinurheber genannt ist.[10] Im Falle des § 5 Abs. 2 iVm § 63 UrhG ist die Vermutung des § 10 UrhG auch bei **amtlichen Werken** anwendbar.[11] Im Rahmen der Schutzfristberechnung nach §§ 64 und 65 UrhG findet die Vermutung des Abs. 1 ebenfalls Anwendung; für anonyme Werke vgl. § 66 UrhG. Dagegen findet die Vermutung **keine Anwendung** auf die Berechnung des Umfangs der Mitwirkung am Werk nach § 8 Abs. 3

---

[1] OLG Köln NJW-RR 2016, 165 Rn. 23 – Afghanistan-Papiere; Fromm/Nordemann/*Wirtz* UrhG § 7 Rn. 15.

[2] BGH GRUR 2002, 332 (334) – Klausurerfordernis; OLG Koblenz GRUR 1987, 435 (436) – Verfremdete Fotos; OLG München GRUR 1988, 819 (820); Wandtke/Bullinger/*Thum* UrhG § 10 Rn. 1; *Schack* Rn. 309.

[3] Eingehend *Riesenhuber* GRUR 2003, 187 (195); aA Möhring/Nicolini/*Ahlberg* UrhG § 10 Rn. 39; Wandtke/Bullinger/*Thum* UrhG § 10 Rn. 44.

[4] In erster Linie anonym erschienene Werke.

[5] Ebenfalls widerleglich.

[6] BGH GRUR 2003, 228 (230) – P-Vermerk; *Ulmer* § 33 V 3.

[7] AmtlBegr. BT-Drs. IV/270, 43; Dreier/Schulze/*Schulze* UrhG § 10 Rn. 2; vgl. auch → Rn. 16.

[8] BGH GRUR 1991, 456 (457) – Goggolore; sa BGH GRUR 2003, 231 – Staatsbibliothek; Dreier/Schulze/*Schulze* UrhG § 10 Rn. 2.

[9] BGH GRUR 2009, 1046 Rn. 10 – Kranhäuser; BGH GRUR 1959, 335 (336) – Wenn wir alle Engel wären; OLG Hamburg BeckRS 2013, 04105 unter I 2b) bb; OLG Hamburg NJOZ 2007, 2071 (2075) – Kranhäuser; OLG Hamm GRUR-RR 2012, 192 (193); OLG München ZUM 1990, 186 (188); OLG Hamburg Schulze OLGZ 207, 3; OLG München Schulze OLGZ 7, 5; Dreier/Schulze/*Schulze* UrhG § 10 Rn. 3; Fromm/Nordemann/*A. Nordemann* UrhG § 10 Rn. 18; Wandtke/Bullinger/*Thum* UrhG § 10 Rn. 1; *Dreyer*/Kotthoff/Meckel UrhG § 10 Rn. 5; aA *Bollack* GRUR 1967, 21 (23); vgl. auch BGH GRUR 1986, 887 (888) – Bora Bora – zu Art. 15 Abs. 1 RBÜ.

[10] BGH GRUR 1959, 335 (336) – Wenn wir alle Engel wären, → Rn. 10.

[11] Dreier/Schulze/*Schulze* UrhG § 10 Rn. 2.

UrhG.[12] Im Verhältnis zwischen **Verwertungsgesellschaften** und ihren Mitgliedern hat die gesetzliche Vermutung nur beschränkte Bedeutung, insbesondere eignet sie sich nicht für den Nachweis, dass die angemeldeten Werke für eine wirtschaftliche Verwertung in Betracht kommen.[13]

§ 10 Abs. 1 und 3 UrhG finden auch auf die **Leistungsschutzberechtigten** Anwendung. Während dies früher nur für Verfasser wissenschaftlicher Ausgaben (§ 70 Abs. 1 UrhG) und Lichtbildner (§ 72 Abs. 1 UrhG) galt, wurde durch das Gesetz zur Verbesserung der Durchsetzung von Rechten des geistigen Eigentums v. 7.7.2008 (BGBl. I S. 1191) der Anwendungsbereich mit Wirkung vom 1.9.2008 auf alle Leistungsschutzberechtigten erstreckt. Die Änderung beruht auf der Umsetzung der EG-Durchsetzungsrichtlinie,[14] die in ihrem Art. 5b eine Vermutungsregelung nicht nur für Urheber, sondern auch für Inhaber verwandter Schutzrechte vorsieht. Die Anwendung auf Leistungsschutzberechtigte bestimmt sich nunmehr für die Verfasser wissenschaftlicher Ausgaben nach § 70 Abs. 1 UrhG, für Herausgeber einer editio princeps nach § 71 Abs. 1 S. 3 UrhG, für Lichtbildner nach § 72 Abs. 1 UrhG,[15] für ausübende Künstler nach § 74 Abs. 3 UrhG, für Tonträgerhersteller nach § 85 Abs. 4 UrhG,[16] für Sendeunternehmen nach § 87 Abs. 4 UrhG, für Datenbankhersteller nach § 87b Abs. 2 UrhG und für Filmhersteller nach § 94 Abs. 4 UrhG.[17] Die Anwendung des § 10 Abs. 3 UrhG auf Leistungsschutzberechtigte ergibt sich aus S. 2 dieser Vorschrift. Für das Leistungsschutzrecht des Presseverlegers fehlt eine entsprechende Anordnung. § 87g Abs. 4 S. 2 UrhG erklärt nur die Schrankenbestimmungen des Ersten Teils für anwendbar, bezieht aber nicht den § 10 UrhG ein. Zur früheren Rechtslage vgl. → 4. Aufl. 2010, Rn. 3.

§ 10 UrhG dient dem Schutz des Urhebers bzw. Leistungsschutzberechtigten. Die Vermutung wirkt daher **nur zu seinen Gunsten,** nicht zu seinen Ungunsten.[18] Doch kann sich die Vermutungswirkung auch gegen den tatsächlichen Urheber richten, wenn dieser als Ghostwriter tätig war und es geduldet hat, dass eine andere Person auf dem Werkstück in der üblichen Weise als Urheber bezeichnet wird.[19] Wird der Name eines Urhebers auf einem von ihm nicht stammenden Werk angebracht **(Kunstfälschung),** so braucht er nicht den Nachweis zu führen, dass er das Werk nicht geschaffen hat, Abs. 1 findet insoweit keine Anwendung. **Werknutzer** können sich bei unrichtiger oder unvollständiger Urheberangabe auf § 10 UrhG nicht verlassen, sondern müssen sich ihrer Nutzungsberechtigung gegebenenfalls durch Nachforschungen oder Einholung von Rechtsrat vergewissern.[20]

II. Urheberbezeichnung

Der Urheber entscheidet, ob sein Werk mit einer Urheberbezeichnung versehen werden soll und welche Bezeichnung zu verwenden ist. Diese Befugnis ist, wie § 13 S. 2 UrhG ausdrücklich klarstellt, Teil des Urheberpersönlichkeitsrechts und durch § 107 UrhG auch strafrechtlich geschützt. § 10 Abs. 1 UrhG unterscheidet drei Fälle der Urheberbezeichnung: den bürgerlichen Namen, den Decknamen (Pseudonym) und das Künstlerzeichen. Anonyme Werke fallen unter Abs. 2. **Bürgerlicher Name** ist in der Regel der vollständige Name, nicht nur der Vorname;[21] ein bekannter Vorname oder seine Abkürzung kann aber wie ein Deckname wirken und daher hinreichend individualisierend sein (zB „Udo" für den Musiker Udo Gerhard Lindenberg). **Deckname** ist der mit dem bürgerlichen Namen nicht übereinstimmende Name, unter dem der Urheber im Verkehr auftritt, es kann sich auch um eine Phantasiebezeichnung handeln (zB Roda Roda). Kein Deckname iSd § 10 UrhG ist das **Verlagspseudonym** (Sammelpseudonym), das von einem Verlag als gleich bleibender Autorenname für eine bestimmte Romangattung[22] benutzt wird und hinter dem sich tatsächlich eine Vielzahl von Autoren verbirgt. Es fehlt hier an der Identifizierungsfunktion des Namens, denn das Verlagspseudonym weist nicht auf einen Autor, sondern auf die Romangattung hin. Insoweit erscheint das Werk rechtlich anonym.[23] Dagegen steht es der Anwendbarkeit des § 10 UrhG nicht entgegen, dass ein Urheber mehrere Decknamen benutzt. Die Arten von Decknamen und die Gründe für ihre Verwendung sind mannigfaltig.[24] **Künstlerzeichen** ist die Signatur, die vor allem auf Werken der bildenden

---

[12] OLG Hamburg *Schulze* OLGZ 207, 6.

[13] BGH GRUR 2002, 332 (334) – Klausurerfordernis; *Dietz* ZUM 2003, 41 (43); *Dreyer*/Kotthoff/Meckel UrhG § 10 Rn. 8; *Riesenhuber* GRUR 2003, 187 (195).

[14] Richtlinie 2004/48/EG v. 29.4.2004, ABl. 2004 L 157, S. 45.

[15] Bsp. BGH GRUR 2015, 258 Rn. 32 – CT-Paradies.

[16] Bsp. AG München BeckRS 2013, 08504 (Pirateriekonstellation).

[17] Bsp. OLG Karlsruhe GRUR-RR 2009, 379 (Pirateriekonstellation).

[18] *Dreier*/Schulze/*Schulze* UrhG § 10 Rn. 26; Fromm/Nordemann/*A. Nordemann* UrhG § 10 Rn. 71; Möhring/Nicolini/*Ahlberg* UrhG § 10 Rn. 41; Büscher/Dittmer/Schiwy/*Mohme* Kap. 10 UrhG § 10 Rn. 6; sa *Riesenhuber* GRUR 2003, 187 (190, 192).

[19] OLG Frankfurt a. M. GRUR 2010, 221 (222); vgl. auch LG Hamburg ZUM 2010, 541 (544) (Streit unter möglichen Miturhebern, von denen nur einer auf Vervielfältigungsstücken genannt wurde).

[20] BGH GRUR 1998, 376 (379) – Coverversion.

[21] Büscher/Dittmer/Schiwy/*Mohme* Kap. 10 UrhG § 10 Rn. 2.

[22] ZB Kriminalromane oder Frauenromane.

[23] OLG Hamm GRUR 1967, 260 (261) – Irene von Velden; Dreier/Schulze/*Schulze* UrhG § 10 Rn. 9; Wandtke/Bullinger/*Thum* UrhG § 10 Rn. 13; Möhring/Nicolini/*Ahlberg* UrhG § 10 Rn. 12; *Ulmer* § 33 V 2.

[24] Vgl. eingehend Fromm/Nordemann/*A. Nordemann* UrhG § 10 Rn. 25 ff.

Künste als Urheberbezeichnung angebracht wird, etwa in Form des handschriftlichen Namenszuges oder der Initialen.

6   **Decknamen** und **Künstlerzeichen** sind für die Vermutung des Abs. 1 dem bürgerlichen Namen gleichgestellt, wenn sie als Bezeichnung des Urhebers bekannt sind. Bei der Bekanntheit ist auf die mit der jeweiligen Kunstform vertrauten Verkehrskreise abzustellen, im Interesse des Urheberschutzes dürfen an den Bekanntheitsgrad keine zu hohen Anforderungen gestellt werden. Der Verkehr braucht weder zu wissen, wer sich hinter dem Decknamen verbirgt, noch dass es sich überhaupt um einen Decknamen handelt; es reicht aus, dass mit dem Decknamen die Vorstellung von einer bestimmten Persönlichkeit verbunden wird.[25]

III. Vermutungswirkung der Urheberbezeichnung

1. Voraussetzungen

7   Abs. 1 setzt seinem Wortlaut nach voraus, dass die Urheberbezeichnung (dazu → Rn. 5) auf den **Vervielfältigungsstücken eines erschienenen Werkes** bzw. auf dem **Original eines Werkes der bildenden Künste** angebracht ist. Diese Einschränkung, die der bildenden Kunst nicht zuzurechnende Werke, die noch nicht erschienen sind, von der Vermutungsregelung ausnimmt, erschien schon bisher als wenig sinnvoll.[26] Angesichts der EG-Durchsetzungsrichtlinie[27] dürfte sie nicht mehr aufrechtzuerhalten sein. Nach Art. 5a der Richtlinie genügt es, dass der Name des Urhebers eines Werkes der Literatur und Kunst in der üblichen Weise auf dem Werkstück angegeben ist. Die richtlinienkonforme Auslegung des § 10 UrhG gebietet es, die **Anbringung des Namens in der üblichen Weise ausreichen** zu lassen.[28] Unerheblich ist, ob das Werk vor der Anbringung der Urheberbezeichnung auf dem Werkstück bereits **anderweitig erschienen** ist.[29] Einbezogen sind damit richtigerweise auch reine Online-Veröffentlichungen, bei denen ein „Erscheinen" im Wortsinne des § 6 Abs. 2 UrhG nicht in Betracht kommt.[30] Soweit es um die Inhaberschaft an Leistungsschutzrechten geht, ist der Name des Rechtsinhabers anzugeben, allerdings genügen auch Geschäftsabzeichen, wenn sie den Rechtsinhaber eindeutig identifizieren, etwa das Logo eines Sendeunternehmens (§ 87 Abs. 4 UrhG).[31]

8   Die Urheberbezeichnung muss in der **üblichen Weise** erfolgt sein. Das bedeutet einmal, dass die Bezeichnung an der **üblichen Stelle** erfolgen muss.[32] Bei Büchern pflegt das die Titelseite, das Vorblatt oder der Buchrücken zu sein,[33] eventuell[34] auch die Titelrückseite bzw. das Impressum,[35] bei Aufsätzen die Titelunterzeile oder das Ende der Abhandlung,[36] bei Schallplatten, Ton- und Videobändern oder CDs die Abdeckung oder die Hülle,[37] auch ein Beiheft (Booklet), das einem Tonträger beiliegt.[38] Bei einer Fotodateien enthaltenden CD reicht es aus, wenn die Urheberbezeichnung in einer Textdatei erfolgt, sie braucht nicht in jeder einzelnen Fotodatei enthalten zu sein,[39] bei Fotos in Wikimedien hat die Bezeichnung des Urhebers nach den konkreten Vorgaben des Lizenzvermerks zu erfolgen.[40] Bei einer Komposition, insbesondere einem Lied, ist es allgemein üblich, den Urheber dadurch kenntlich zu machen, dass sein Name zwischen der Überschrift und dem Notenbild abgedruckt wird.[41] Bei Entwürfen zu Bauwerken ist Anknüpfungspunkt für die Vermutung „nicht das noch nicht geschaffene Werk als solches, sondern allein diejenige Verkörperung, die der Entwurf durch eine an die Öffentlichkeit gerichtete Bezeichnung der an seiner Erstellung mitwirkenden Ur-

---

[25] Dreier/Schulze/*Schulze* UrhG § 10 Rn. 9; Wandtke/Bullinger/*Thum* UrhG § 10 Rn. 18; *Dreyer*/Kotthoff/Meckel UrhG § 10 Rn. 19; *Ulmer* § 33 V 2; näher mit weit. Nachw. *Riesenhuber* GRUR 2003, 187 (189 f.).

[26] Vgl. → 2. Aufl. 1999, Rn. 6.

[27] Richtlinie 2004/48/EG v. 29.4.2004, ABl. 2004 L 157, S. 45.

[28] Ebenso LG Frankfurt a. M. ZUM-RD 2009, 22 (23); Dreier/Schulze/*Schulze* UrhG § 10 Rn. 6a; Fromm/Nordemann/*A. Nordemann* UrhG § 10 Rn. 15; *Spindler*/*Weber* ZUM 2007, 257 (258); s. auch Stellungnahme der GRUR 2006, 482 (484); aA Wandtke/Bullinger/*Thum* UrhG § 10 Rn. 37.

[29] BGH GRUR 1986, 887 (888) – Bora Bora – zu Art. 15 Abs. 1 RBÜ.

[30] BGH GRUR 2015, 258 Rn. 35 – CT-Paradies; LG Frankfurt/M. ZUM 2019, 193 (194); so bereits früher *Möhring*/*Nicolini*, 2. Aufl., UrhG § 10 Rn. 5; *Fromm*/*Nordemann*, 9. Aufl., UrhG § 10 Rn. 15a; aA LG München I ZUM-RD 2009, 615 (618) (für Stadtpläne); offengelassen in OLG Karlsruhe GRUR-RR 2009, 379 (381); OLG Hamm GRUR-RR 2012, 192 (193).

[31] OLG Köln GRUR-RR 2018, 326 Rn. 85 – TV-Pannenshow.

[32] BGH GRUR 2015, 258 Rn. 37 – CT-Paradies; OLG München GRUR 1988, 819 f.; AfP 1995, 503; KG ZUM 2002, 291 (292).

[33] OLG München GRUR 1988, 819 f. – Der Goggolore.

[34] ZB für die Bezeichnung eines Übersetzers oder Illustrators.

[35] KG ZUM 2002, 291 (292); AfP 2001, 514; Dreier/Schulze/*Schulze* UrhG § 10 Rn. 10.

[36] Sa OLG Frankfurt a. M. GRUR 2010, 221 (222).

[37] LG Kiel NJOZ 2005, 126 (128) – Fotodateien.

[38] OLG Hamburg ZUM-RD 2013, 428 (432).

[39] LG Kiel NJOZ 2005, 126 (128) – Fotodateien; vgl. auch AG Düsseldorf NJOZ 2010, 685 (Urheberbezeichnung auf Diapositiven als Indiz für die Urheberschaft).

[40] LG Köln BeckRS 2017, 120439 Rn. 25 ff.

[41] BGH GRUR 1986, 887 (888) – Bora Bora.

heber gefunden hat".[42] Bei Filmen ist die Angabe im Vor- oder Nachspann üblich, auch soweit mit dem Film nicht in unmittelbarem Zusammenhang stehende Werke, zB Plastiken, wiedergegeben werden,[43] bei Gemälden oder Zeichnungen findet sich die Angabe typischerweise in einer Ecke des Bildes. Bei Entwurfzeichnungen (für eine Autokarosserie) genügt die Unterschrift des Urhebers auf den Zeichnungen.[44] Bei Computerprogrammen kann die Urheberbezeichnung dadurch erfolgen, dass der Urheber in der Kopfleiste der Bildschirmmaske mit seinen Initialen und in der Fußzeile des Bedienungshandbuchs mit der Angabe „Copyright (mit Namensangabe)" ausgewiesen wird.[45] Auch andere Stellen können aber üblich sein. Im Interesse des mit § 10 UrhG bezweckten Urheberschutzes ist der Begriff der Üblichkeit weit auszulegen, es reicht jede nicht ganz versteckte oder außergewöhnliche Stelle.[46]

Zum anderen muss die Angabe **inhaltlich** erkennen lassen, dass es sich um eine Urheberbezeich- **9** nung handelt,[47] welche eine natürliche Person nennt. Das hat zur Folge, dass ein Hinweis wie „CT-Paradies" auf einem im Internet eingestellten Lichtbild nicht genügt.[48] Insoweit haben sich bestimmte Angaben als üblich eingebürgert, zB „von", „bearbeitet von", „Bild/Text/Musik von" usw, bei Bauplänen der Architektenvermerk „Entwurf – Bauleitung Statik ...".[49] Die Namensnennung unter der Rubrik „deutsche Bearbeitung" begründet allerdings noch nicht die Vermutung der Übersetzung, sondern nur der Bearbeitung.[50] Der Charakter der Angabe als Urheberbezeichnung kann sich auch bereits aus dem Angabeort ergeben, etwa bei Schriftwerken aus der Urheberbenennung vor oder hinter dem Titel oder bei Gemälden und dgl. aus dem Signum in der Bildecke. Andererseits kann durch zusätzliche Angaben beim Namen oder sonstige Hinweise ausgeschlossen sein, dass es sich um eine Urheberbezeichnung handelt.[51] In Zweifelsfällen ist auch hier zugunsten des Urhebers zu entscheiden.[52] Keine Urheberbezeichnung stellten nach bisherigem Recht der **Copyright-Vermerk** „©" und der **P-Vermerk** „℗" dar, die aber nun für die Vermutungen zugunsten von Leistungsschutzberechtigten und die Vermutung in § 10 Abs. 3 UrhG (→ Rn. 19) von Bedeutung sind.[53] Diese den angelsächsischen Rechtsordnungen entstammenden Begriffe weisen nicht auf den Urheber bzw. Tonträgerhersteller, sondern auf die aus Sicht des deutschen Rechts oft derivative Rechtsinhaberschaft hin.[54] Anders ist es nur, wenn ein solcher Vermerk eine Urheberbezeichnung an der üblichen Stelle mit dem üblichen Inhalt darstellt,[55] ausnahmsweise auch, wenn neben dem „©" eine natürliche Person namentlich genannt ist und sich sonst keine Urheberbezeichnung findet.[56] Auch eine Angabe in den „credits"[57] reicht nicht aus.[58] Die Registrierung eines Werkes bei einer Verwertungsgesellschaft genügt für sich genommen nicht, um die Anforderungen des § 10 Abs. 1 UrhG zu erfüllen, sie kann aber ein Indiz für die Urheberstellung des Registrierten sein und auf Seiten des die Urheberschaft Bestreitenden bereits ergänzende Substanziierungspflichten erzeugen.[59]

2. Umfang

Die Vermutung hat zum Inhalt, dass der als Urheber Bezeichnete als der **Schöpfer** des Werkes an- **10** gesehen wird. Sie gilt nur für das konkrete Werk, das mit der Urheberbezeichnung versehen ist, etwa bei Architektenplänen nur für die Urheberschaft an den in diesen Entwürfen verkörperten Gestaltungen[60] und bezieht sich nur auf die Frage, welche natürliche Person die persönliche geistige Schöpfung erbracht hat, nicht dagegen darauf, ob eine persönliche geistige Schöpfung vorliegt, also **nicht auf die Werkqualität;**[61] diese beurteilt sich allein nach § 2 Abs. 2 UrhG. Die Vermutung erstreckt sich grundsätzlich auch darauf, dass der geistig-schöpferische Werkgehalt auf einer eigenen Schaffenstätig-

---

[42] OLG Hamburg NJOZ 2007, 2071 (2074) – Kranhäuser; vgl. auch *Ulrich* DS 2011, 308 (311): lesbares Dienstsiegel eines Sachverständigen als geeignete Urheberbezeichnung.

[43] OLG Hamburg GRUR-RR 2003, 33 (34) – Maschinenmensch.

[44] LG Hamburg BeckRS 2018, 24087.

[45] BGH GRUR 1994, 39 (40) – Buchhaltungsprogramm.

[46] OLG München GRUR 1988, 819 f. – Der Goggolore; LG Kiel NJOZ 2005, 126 (128) – Fotodateien; Dreier/Schulze/*Schulze* UrhG § 10 Rn. 10; Fromm/Nordemann/*A. Nordemann* UrhG § 10 Rn. 16; Wandtke/Bullinger/*Thum* UrhG § 10 Rn. 26.

[47] BGH GRUR 2015, 258 Rn. 37 – CT-Paradies; LG Düsseldorf ZUM 2007, 559 (563).

[48] BGH GRUR 2015, 258 Rn. 41 – CT-Paradies.

[49] Vgl. OLG Hamm GRUR 1967, 608 (609) – Baupläne.

[50] KG ZUM 2002, 291 (292).

[51] Vgl. den Fall des OLG München AfP 1995, 503; vgl. auch OLG München ZUM 1990, 186 (188).

[52] LG Köln ZUM 2004, 853 (857).

[53] *Czychowski* GRUR-RR 2008, 265 (266).

[54] Dreier/Schulze/*Schulze* UrhG § 10 Rn. 13 f.

[55] LG Köln ZUM 2004, 853 (857).

[56] OLG Köln ZUM 1999, 404 (409); Dreier/Schulze/*Schulze* UrhG § 10 Rn. 13.

[57] Zusammenstellung derjenigen Personen, die bei der Gestaltung mitgewirkt haben.

[58] LG Düsseldorf ZUM 2007, 559 (563); bestätigt durch OLG Düsseldorf ZUM-RD 2009, 182 (185); ebenso zu Danksagungen OLG Frankfurt a. M. GRUR 2010, 221 (222).

[59] OLG Hamburg ZUM-RD 2013, 428 (432).

[60] BGH GRUR 2003, 231 (234) – Staatsbibliothek.

[61] BGH GRUR 1998, 376 (378) – Coverversion; KG ZUM 2002, 291 (292); OLG Hamm GRUR-RR 2012, 192 (193).

keit beruht und dass es sich um eine Formgestaltung aus eigener Vorstellungskraft handelt.[62] Sie besagt allerdings nicht notwendig, dass auch der **Inhalt** des Werkes von dem als Urheber Angegebenen stammt. Insofern hängt die Reichweite der Vermutung vielmehr vom Charakter des Werkes ab. So besagt die Vermutung bei einem Sammelwerk nach § 4 UrhG nur, dass der angegebene Urheber die Auslese bzw. Anordnung der einzelnen Beiträge vorgenommen hat, nicht aber, dass diese Beiträge auch von ihm stammen. Bei der schöpferischen Erzählung einer gemeinfreien Fabel, einer Sage oder eines Märchens erstreckt sich die Vermutung nur auf die eigenschöpferische Sprachgestaltung, nicht auf den Inhalt oder die Handlung der Vorlage. Das gilt auch für Entscheidungssammlungen, Wörterbücher, Zitatensammlungen und dgl.,[63] sie werden, auch im Verhältnis zueinander, bis zum Beweis des Gegenteils als Miturheber des Werkes angesehen.[64] Sind **mehrere Personen** als Urheber gleichberechtigt angegeben, so ist zu vermuten, dass sie gleichberechtigte Schöpfer des Werkes sind.[65] Ist bei **mehrfacher Veröffentlichung** desselben Werks auf späteren Auflagen ein anderer als Urheber bezeichnet, so hat die frühere Urheberbezeichnung grundsätzlich Vorrang.[66]

11   Die Vermutung ist **widerleglich.**[67] Wer die Vermutung zu Fall bringen will, hat den Nachweis zu führen, dass der als Urheber Bezeichnete nicht der wahre Urheber ist. Dazu genügt nicht das pauschale oder einfache Bestreiten der Urheberschaft.[68] Solange die Vermutung besteht, kann aber der als Urheber Bezeichnete die dem Urheber zustehenden Rechte geltend machen.

IV. Vermutungswirkung der Herausgeber- oder Verlegerbezeichnung

12   Die Vermutung des Abs. 2 begründet keine Vertretung, sondern eine **Ermächtigung** des Herausgebers bzw. Verlegers. Dieser macht die Rechte des Urhebers nicht in dessen, sondern im eigenen Namen geltend; prozessual handelt es sich um **Prozessstandschaft.**[69] Erst dadurch wird der Zweck dieser Vorschrift erreicht, nämlich die Verfolgung von Rechtsverletzungen, ohne dass der Urheber seine Anonymität aufzugeben braucht. Auch diese Vermutung ist **widerleglich.** Von der Widerlegung kann insbesondere auch der Urheber des anonymen Werkes Gebrauch machen, der dem Herausgeber bzw. Verleger die Ermächtigung entziehen und seine Rechte selbst wahrnehmen will.[70] Auf Laufbilder wird § 10 Abs. 2 UrhG in der Praxis analog angewendet.[71]

13   **Voraussetzung** für die Ermächtigung des **Herausgebers** ist, dass der **Urheber nicht** in der in Abs. 1 genannten Weise **bezeichnet** ist. Die Vervielfältigungsstücke des Werkes dürfen also nicht in der üblichen Weise (dazu → Rn. 8 f.) den Namen, das Pseudonym oder das Künstlerzeichen des Urhebers tragen. Die Anwendbarkeit des Abs. 2 wird nicht dadurch begründet, dass die Öffentlichkeit nicht weiß, wer sich hinter dem Pseudonym verbirgt (vgl. → Rn. 6). Für die Ermächtigung des **Verlegers** ist zusätzlich erforderlich, dass kein Herausgeber angegeben ist, die Angabe des Verlegers wird dagegen nicht vorausgesetzt.

14   **Als Herausgeber ermächtigt** ist derjenige, der als solcher bezeichnet ist, gleichgültig, ob er die Herausgebertätigkeit tatsächlich ausgeübt oder nur seinen Namen dafür zur Verfügung gestellt hat.[72] Da es in Abs. 2 um die Vermutung nicht der Inhaberschaft, sondern der Ermächtigung zur Wahrnehmung von Urheberrechten geht, kann Herausgeber bzw. Verleger auch eine **juristische Person** sein.[73] Die Vermutung gilt auch gegenüber dem Urheber; wer gegenüber dem Herausgeber bzw. Verleger behauptet, Urheber zu sein, muss den Nachweis dafür führen.[74]

15   Hinsichtlich des **Umfangs** der Ermächtigung macht das Gesetz keine Einschränkungen. Es ist daher davon auszugehen, dass die Ermächtigung grundsätzlich unbeschränkt ist und auch die Wahrnehmung der Urheberpersönlichkeitsrechte umfasst.[75] Eine Ausnahme ist nur insoweit zu machen, als es um **Verfügungen** über das Urheberrecht geht. Herausgeber bzw. Verleger sind daher insbesondere

---

[62] BGH GRUR 1991, 456 (457) – Goggolore.

[63] Zum Ganzen BGH GRUR 1991, 456 (457) – Goggolore; vgl. auch BGH GRUR 1986, 887 (888) – Bora Bora.

[64] BGH GRUR 2009, 1046 (1048) – Kranhäuser.

[65] BGH GRUR 1986, 887 (888) – Bora Bora.

[66] OLG München ZUM 2001, 512 (514); OLG Hamburg GRUR-RR 2001, 121 (123) – Cat Stevens; *Dreyer/ Kotthoff/Meckel* UrhG § 10 Rn. 26.

[67] BGH GRUR 1994, 39 (40) – Buchhaltungsprogramm; OLG München GRUR 1988, 819 (820) – Der Goggolore. Vgl. auch LG Bielefeld BeckRS 2018, 38704 Rn. 8.

[68] OLG Hamm ZUM 2009, 159 (161); nicht angegriffen durch BGH MMR 2011, 45 mAnm *Bagh;* OLG Hamburg ZUM-RD 2013, 428 (432).

[69] *Dreier/Schulze/Schulze* UrhG § 10 Rn. 28.

[70] Vgl. AmtlBegr. BT-Drs. IV/270, 43.

[71] OLG Köln GRUR 1992, 312 – Amiga Club (Computerspiele); LG Hannover GRUR 1987, 635 – Raubkopien.

[72] AmtlBegr. BT-Drs. IV/270, 43; LG München I ZUM-RD 2002, 489 (492); vgl. aber für den Herausgeber von Sammelwerken → Rn. 16.

[73] *Fromm/Nordemann/A. Nordemann* UrhG § 10 Rn. 50; *Wandtke/Bullinger/Thum* UrhG § 10 Rn. 82; *Büscher/Dittmer/Schiwy/Mohme* Kap. 10 UrhG § 10 Rn. 8.

[74] *Fromm/Nordemann/A. Nordemann* UrhG § 10 Rn. 51.

[75] Ebenso *Wandtke/Bullinger/Thum* UrhG § 10 Rn. 86; *Möhring/Nicolini/Ahlberg* UrhG § 10 Rn. 47; vgl. auch *Ulmer* § 89 II.

nicht ermächtigt, Dritten Nutzungsrechte einzuräumen.[76] Der Zweck der Vorschrift, die Verfolgung von Rechtsverletzungen zu ermöglichen, ohne dass der Urheber seine Anonymität preisgeben muss (vgl. → Rn. 1), verlangt die Erstreckung der Ermächtigung auf Verfügungen über das Urheberrecht nicht. Andererseits ist der Urheber vor der Gefahr von Missbräuchen zu schützen; anders als bei der vertraglichen Erteilung einer Ermächtigung, die die Befugnis zur Einräumung von Nutzungsrechten umfasst, kann der Urheber sich nicht durch den Widerruf der Ermächtigung vor Missbrauch schützen, da auch ein solcher Widerruf nichts an der Legitimationswirkung der in Umlauf befindlichen Vervielfältigungsstücke ändern würde. Deshalb lässt sich die gegenteilige Ansicht auch nicht durch einen Vergleich mit der Regelung in § 35 Abs. 1 S. 2 UrhG begründen, die sich im Übrigen nur auf einfache Nutzungsrechte bezieht und für eine ganz bestimmte Situation, nämlich die Wahrnehmung von Rechten durch Verwertungsgesellschaften, geschaffen wurde.[77]

Bei **Sammelwerken** wird als Herausgeber üblicherweise der Urheber des Sammelwerks bezeich- **16** net, also derjenige, der die Auslese und Anordnung der einzelnen Beiträge vorgenommen hat.[78] Die Herausgeberangabe bei Sammelwerken ist also der Sache nach eine Urheberbezeichnung. Deshalb greift zugunsten des Herausgebers eines Sammelwerkes zunächst die Vermutung des Abs. 1 ein, nämlich dass der Herausgeber Urheber des Sammelwerkes ist. Erst wenn diese Vermutung widerlegt wird, findet die Vermutung des Abs. 2 Anwendung, dass nämlich der als Herausgeber Genannte ermächtigt ist, die Rechte des Urhebers geltend zu machen.[79] Für den Verleger gilt die Ermächtigung des Abs. 2, wenn ein Herausgeber nicht genannt ist.

V. Vermutungswirkung zugunsten von Inhabern ausschließlicher Nutzungsrechte (Abs. 3)

§ 10 Abs. 3 UrhG wurde durch das Gesetz zur Verbesserung der Durchsetzung von Rechten des **17** geistigen Eigentums v. 7.7.2008[80] eingefügt. Der Gesetzgeber hatte darauf hingewiesen, dass die Durchsetzung von Rechten und die Bekämpfung der Produktpiraterie häufig durch die Inhaber ausschließlicher Nutzungsrechte erfolgt, die häufig allein die organisatorischen und finanziellen Möglichkeiten zur Rechtedurchsetzung haben.[81] Nach bisherigem Recht wirkte § 10 UrhG nicht zugunsten von solchen Werknutzern; diese mussten vielmehr den Nachweis ihrer Nutzungsberechtigung erbringen.[82]

Die Vermutung gilt zugunsten von **Inhabern ausschließlicher Nutzungsrechte.** Das sind so- **18** wohl die Inhaber originär erworbener ausschließlicher Nutzungsrechte (Tochterrechte) als auch abgeleiteter ausschließlicher Nutzungsrechte (Enkelrechte).[83] Zugunsten von Inhabern einfacher Nutzungsrechte gilt die Vermutung nicht, diese sind aber zur Rechtedurchsetzung grundsätzlich auch nicht berechtigt. Vorschläge, die **Inhaber einfacher Nutzungsrechte** jedenfalls bis zu einem Widerspruch des Urhebers einzubeziehen, erfolgten im Zusammenhang mit der Einführung eines Leistungsschutzrechts für Presseverleger als „kleine Lösung" für die mit diesem Recht ursprünglich verbundenen Durchsetzungsinteressen bei Zeitungsartikeln, über die Verleger nur einfache Nutzungsrechte haben.[84] Die Presseverleger hatten ursprünglich vorgebracht, dass eine wirksame Abwehr von vollständigen Zeitungen durch News-Dienste kaum durchsetzbar ist, weil in jedem Verfahren nachgewiesen werden müsse, dass der Verleger sämtliche Nutzungsrechte eingeräumt sind,[85] wobei es sich um ein klassisches Problem der Rechtsdurchsetzung handelt. Der Gesetzgeber entschied sich aber gegen die „kleine Lösung" durch Erweiterung des § 10 Abs. 2 UrhG und führte stattdessen mit den §§ 87f–h UrhG ein beschränktes Leistungsschutzrecht der Presseverleger ein, das ohne Vermutungslösung operiert und sich allein gegen die Dienste von Suchmaschinenbetreibern und „ähnliche Dienste" richtet.[86]

Die **Vermutung gilt entsprechend § 10 Abs. 1 UrhG.** Der Inhaber des ausschließlichen Nut- **19** zungsrechts muss also „in der üblichen Weise" als Inhaber eines ausschließlichen Nutzungsrechts bezeichnet sein. Das stößt auf gewisse Interpretationsschwierigkeiten, weil jedenfalls im deutschen Rechtskreis Bezeichnungen von Inhabern ausschließlicher Nutzungsrechte sehr viel weniger üblich sind als bei Urhebern. Auch soweit auf eine Rechtsinhaberschaft hingewiesen wird, geht daraus oft nicht hervor, ob es sich um ein ausschließliches oder um ein einfaches Nutzungsrecht handelt, ebenso

---

[76] Wandtke/Bullinger/*Thum* UrhG § 10 Rn. 87; Möhring/Nicolini/*Ahlberg* UrhG § 10 Rn. 47; *Dreyer/ Kotthoff/Meckel/Meckel* UrhG § 10 Rn. 58; aA Dreier/Schulze/*Schulze* UrhG § 10 Rn. 31; *v. Gamm* UrhG § 10 Rn. 14; einschränkend Büscher/Dittmer/Schiwy/*Mohme* Kap. 10 UrhG § 10 Rn. 10 (wenn sinnvoll zur Wahrung der Anonymität des Urhebers).
[77] Vgl. AmtlBegr. BT-Drs. IV/270, 57.
[78] Vgl. auch OLG Frankfurt a. M. Schulze OLGZ 107, 10 f. – Taschenbuch für Wehrfragen.
[79] AmtlBegr. BT-Drs. IV/270, 43; Dreier/Schulze/*Schulze* § 10 Rn. 33.
[80] BGBl. I S. 1191.
[81] BT-Drs. 16/5048, 47.
[82] S. auch BGH GRUR 1998, 376 (379) – Coverversion.
[83] Vgl. Dreier/Schulze/*Schulze* UrhG § 10 Rn. 57; Fromm/Nordemann/*A. Nordemann* UrhG § 10 Rn. 56.
[84] *Peifer* KSzW 2010, 263; dazu auch *Rieger* S. 382 f.
[85] *Hegemann/Heine* AfP 2009, 201.
[86] *Stieper* ZUM 2013, 10 (15).

wenig – worauf es für die Reichweite der Vermutung ankommt – ob das Nutzungsrecht sachlich, räumlich oder zeitlich beschränkt ist.[87] Häufig wird sich eher aus der Branchenübung und den Umständen ergeben, ob ein ausschließliches Nutzungsrecht besteht.[88] So kann bei Publikationen, in denen der Verleger bezeichnet ist, im Allgemeinen davon ausgegangen werden, dass er ein ausschließliches Nutzungsrecht erworben hat; das gleiche gilt bei in Arbeitsverhältnissen hergestellten Werken und bei der Filmproduktion (vgl. § 89 UrhG). Zumindest eine Indizwirkung dürften der Copyright-Vermerk © und der ℗-Vermerk haben,[89] sofern zusätzlich angegeben wird, dass eine ausschließliche Rechteeinräumung vorliegt.[90] Die Bezeichnung „alle Rechte vorbehalten" genügt nicht.[91]

20   Auch ihrem **Umfang** nach stößt die Vermutungswirkung auf Grenzen. Selbst soweit der ausschließliche Nutzungsrechtsinhaber als solcher bezeichnet ist, wird sich aus dieser Bezeichnung häufig nicht erkennen lassen, in welchem Umfang das ausschließliche Nutzungsrecht besteht, ob es also räumlich, sachlich oder zeitlich beschränkt ist. Hier werden gleichfalls Branchenübung und die Umstände des Einzelfalls eher Hinweise liefern als die Bezeichnung. So kann bei Verlagsverträgen, der Filmproduktion und bei in Arbeitsverhältnissen erstellten Werken grundsätzlich von einer unbeschränkten Nutzungsrechtseinräumung ausgegangen werden.[92]

21   Die Vermutung gilt nur im Verfahren der einstweiligen Verfügung und bei der Geltendmachung von Unterlassungsansprüchen; auf diese Weise wollte der Gesetzgeber Missbräuchen begegnen.[93] Damit gilt im **einstweiligen Verfügungsverfahren** die Vermutung für den Unterlassungsanspruch selbst, daneben für den Auskunftsanspruch bei offensichtlicher Rechtsverletzung (§ 101 Abs. 7 UrhG), für die Vorlage von Urkunden oder Duldung der Besichtigung einer Sache (§ 101a Abs. 3 UrhG) und für die Vorlage von Urkunden zur Sicherung von Schadensersatzansprüchen (§ 101b Abs. 3 UrhG). Im **Hauptsacheverfahren** gilt die Vermutung nur für Unterlassungsansprüche, aber nicht für weitere Ansprüche wie Ansprüche auf Auskunft, Schadensersatz, Vernichtung, Vorlage und Besichtigung oder Bekanntmachung des Urteils.[94]

22   Die **Vermutung gilt nicht im Verhältnis zum Urheber** (§ 10 Abs. 3 S. 2 UrhG). Der Gesetzgeber wollte mit dieser Regelung Missbräuchen begegnen.[95] Im Verhältnis zwischen Urheber und Verwerter kann sich Letzterer angesichts seiner Bezeichnung als Rechtsinhaber also nicht darauf berufen, dass er das Recht tatsächlich erworben hat. Im Ergebnis dient diese Vorschrift damit dem Schutz des Urhebers. Umgekehrt gilt aber die Vermutung nach § 10 Abs. 1 UrhG zu Gunsten des Urhebers auch gegenüber dem Verwerter.[96] Die Regelung des § 10 Abs. 3 S. 2 UrhG findet auch im Verhältnis des **Inhabers eines verwandten Schutzrechts** zum ursprünglichen Inhaber dieses Schutzrechts Anwendung.

Abschnitt 4. Inhalt des Urheberrechts

Unterabschnitt 1. Allgemeines

§ 11 Allgemeines

[1]**Das Urheberrecht schützt den Urheber in seinen geistigen und persönlichen Beziehungen zum Werk und in der Nutzung des Werkes.** [2]**Es dient zugleich der Sicherung einer angemessenen Vergütung für die Nutzung des Werkes.**

Schrifttum: *Berberich*, Zum Leitbildcharakter urheberrechtlicher Rechtsgrundsätze, WRP 2012, 1055; *Dietz*, Französischer Dualismus und deutscher Monismus im Urheberrecht – ein Scheingegensatz?, FS Erdmann, 2002, S. 63; *Dorner*, Umfassende Nutzungsrechteeinräumung gegen Pauschalabgeltung – Ende für „Buy-outs"? MMR 2011, 780; *Erdmann*, Urhebervertragsrecht im Meinungsstreit, GRUR 2002, 923; *ders.*, Benachteiligt das geltende Ausstellungsrecht den Künstler? GRUR 2011, 1061; *Haas*, Das neue Urhebervertragsrecht, 2002; *Hilty/Peukert*, Das neue deutsche Urhebervertragsrecht im internationalen Kontext, GRUR-Int 2002, 643; *Hoeren*, Strukturelle Vertragsimparität und der Schutz der Kreativen im Urheberrecht, ZGE 2013, 147; *Hucko*, Das neue Urhebervertragsrecht, 2002; *Klaunig/Müller*, Die Verwertung von Werken der bildenden Kunst durch öffentliche Darbietung im Wege der Ausstellung, UFITA 2013, 699; *Kromer*, Zur angemessenen Vergütung in der digitalen Welt, AfP 2013, 29; *Metzger*, Beteiligungsgrundsatz und Fairness, in: Obergfell (Hrsg.), Zehn Jahre reformiertes Urhebervertragsrecht, 2013, S. 37; *Peifer*, Die AGB-Kontrolle von Urheberverträgen – Götterdämmerung für das Leitbild der Durchset-

---

[87] Zutreffend Fromm/Nordemann/*A. Nordemann* UrhG § 10 Rn. 57.
[88] So auch Dreier/Schulze/*Schulze* UrhG § 10 Rn. 63; Fromm/Nordemann/*A. Nordemann* UrhG § 10 Rn. 57.
[89] Dreier/Schulze/*Schulze* UrhG § 10 Rn. 62; zurückhaltend Wandtke/Bullinger/*Thum* UrhG § 10 Rn. 141; weiterdeutig im Softwarebereich LG Frankfurt a. M. MMR 2010, 465 (466).
[90] OLG Hamburg GRUR-Prax 2017, 493 = GRUR-RS 2017, 121111 Rn. 82.
[91] AA Dreier/Schulze/*Schulze* UrhG § 10 Rn. 142; zurückhaltend Wandtke/Bullinger/*Thum* UrhG § 10 Rn. 51.
[92] S. auch Dreier/Schulze/*Schulze* UrhG § 10 Rn. 65.
[93] BT-Drs. 16/5048, 47.
[94] Dreier/Schulze/*Schulze* UrhG § 10 Rn. 67; Fromm/Nordemann/*A. Nordemann* UrhG § 10 Rn. 59.
[95] BT-Drs. 16/5048, 47.
[96] Fromm/Nordemann/*A. Nordemann* UrhG § 10 Rn. 60.

zung einer angemessenen Vergütung? AfP 2012, 510; *ders./Nohr,* Schutzzweck des Urheberrechts und angemessene Vergütung, in: Obergfell (Hrsg.), Zehn Jahre reformiertes Urhebervertragsrecht, 2013, S. 25; *Rassouli,* Banksy und sein Urheberrecht, KuR 2013, 97; *Reber,* Der „Ertrag" als Grundlage der angemessenen Vergütung/Beteiligung des Urhebers (§§ 32, 32a, 32 UrhG) in der Film- und Fernsehbranche, GRUR-Int 2011, 569; *Schack,* Urhebervertragsrecht im Meinungsstreit, GRUR 2002, 853; *Schippan,* Klare Worte des BGH zur Wirksamkeit von Honorarbedingungen für freie Journalisten, ZUM 2012, 771; *Schmelz,* Die Werkzerstörung als ein Fall des § 11 UrhG, GRUR 2007, 565; *G. Schulze,* Die Übertragungszwecklehre – Auslegungsregel und Inhaltsnorm? GRUR 2012, 993; *Graf von Westphalen,* Die angemessene Vergütung nach § 32 Abs. 2 Satz 2 UrhG und die richterliche Inhaltskontrolle, AfP 2008, 21; *Wille,* Die neue Leitbilddiskussion im Urhebervertragsrecht, ZUM 2011, 206; *Zentek/Meinke,* Urheberrechtsreform 2002 – Die neuen Rechte und Pflichten für Urheber und Verwerter, 2002.

Übersicht

I. Zweck und Bedeutung der Norm

§ 11 UrhG regelt den **Schutzinhalt** des Urheberrechts. In der AmtlBegr. zum ursprünglichen 1 § 11 UrhG (heute § 11 S. 1 UrhG) heißt es: „Die Bestimmung umschreibt allgemein den Inhalt des Urheberrechts und bringt zum Ausdruck, dass das Urheberrecht sowohl dem Schutz der ideellen als auch der materiellen Interessen des Urhebers dient".[1] Damit wird zum einen bekundet, dass es sich beim Urheberrecht um ein **einheitliches Recht** handelt und dass die persönlichen und materiellen Interessen des Urhebers eine untrennbare Einheit bilden.[2] Zum anderen regelt § 11 UrhG, dass sich der **Schutz des Urhebers** sowohl auf seine **persönlichen Interessen** als auch auf seine **materiellen Interessen** am Werk erstreckt; der Anspruch auf eine angemessene Vergütung für die Nutzung des Werkes wird in S. 2 besonders hervorgehoben (dazu → Rn. 7 f.). § 11 UrhG ist damit, indem er die Grundprinzipien des Urheberrechtsschutzes festlegt, von grundlegender Bedeutung für die gesamte Auslegung des Urheberrechtsgesetzes. § 11 S. 2 UrhG kodifiziert den Grundsatz, wonach Urheber grundsätzlich am wirtschaftlichen Nutzen ihrer Werke angemessen zu beteiligen sind **(Beteiligungsgrundsatz)**. Dieses Prinzip wurde schon vom Reichsgericht betont.[3] Es folgt richtigerweise bereits aus § 11 S. 1 UrhG, S. 2 hat daher nur klarstellende Bedeutung.[4] Seine Kodifikation (→ Rn. 2) war gleichwohl ein wichtiges Signal, um zu betonen, dass das Urheberrecht nicht nur ideelle, sondern auch materielle Anreize für die Werkschöpfer setzen möchte,[5] die Urheber also auch ein berechtigtes und rechtlich geschütztes Interesse daran haben, an wirtschaftlichen Erfolgen der Werkverwertung durch Dritte Anteil zu haben. Der Beteiligungsgrundsatz ist auch verfassungsrechtlich fundiert.[6] Damit tritt heute die naturrechtliche Fundierung des Urheberrechts in den Hintergrund (→ § 7 Rn. 1).

Entstehungsgeschichte: In seiner ursprünglichen Fassung von 1965 bestand § 11 UrhG nur aus 2 dem heutigen Satz 1. Satz 2 wurde durch das Gesetz zur Stärkung der vertraglichen Stellung von Urhebern und ausübenden Künstlern vom 22.3.2002 (BGBl. I S. 1155) angefügt. Die Vorschrift geht auf einen „Vorschlag aus der Medienwirtschaft" vom 10.4.2001 zurück, den sich die „Formulierungshilfe" des BMJ vom 14.1.2002 zu eigen gemacht hat.[7] Dem Prinzip der angemessenen Vergütung wurde damit eine **Normzweckbestimmung mit Leitbildfunktion** gegeben.[8] Diese gilt für alle Arten von Urhebern, einschließlich der Urheber in Arbeits- oder Dienstverhältnissen. Aus ihr können unmittelbar zwar keine Ansprüche hergeleitet werden; sie ist aber bei der Auslegung der Vorschriften des Gesetzes zu beachten. Die Klausel betont, dass das Urheberrecht dem Schutz des Urhebers dient. Sie ist damit die eigentliche Schutzzweckklausel des Rechtsgebiets.[9] Forderungen nach einer erweiterten Schutzzweckklausel, die insbesondere auch Verwerter, Werknutzer und die Allgemeinheit gleichrangig nennt,[10] sind damit nicht vereinbar.

---

[1] BT-Drs. IV/270, 43.
[2] Monistische Theorie, dazu → Rn. 3.
[3] RGZ 123, 312 (319) – Wilhelm Busch; RGZ 140, 255 (257 f.) – Der Hampelmann; BGHZ 11, 135 (143 f.) – Schallplatten-Lautsprecherübertragung; BGHZ 17, 266 (282) – Grundig-Reporter; BGH ZUM 2011, 560 Rn. 16 – Der Frosch mit der Maske.
[4] Vgl. BVerfG GRUR 2014, 169 Rn. 87.
[5] *Kromer* AfP 2013, 29 (30) („duale Motivation").
[6] BVerfG GRUR 2014, 169 Rn. 87.
[7] Begründung zur Formulierungshilfe, s. *Hucko,* Das neue Urhebervertragsrecht, S. 158; *Haas,* Das neue Urhebervertragsrecht, Nr. 135.
[8] Begründung zur Formulierungshilfe, s. *Hucko,* Das neue Urhebervertragsrecht, S. 158; *Zentek/Meinke,* Urheberrechtsreform, S. 23; *Erdmann* GRUR 2002, 923 (924); Wandtke/Bullinger/*Bullinger* UrhG § 11 Rn. 3; Dreier/Schulze/*Schulze* UrhG § 11 Rn. 8; Fromm/Nordemann/*Czychowski* UrhG § 11 Rn. 6; *Nordemann,* Das neue Urhebervertragsrecht, S. 59; von einem bloßen Programmsatz geht *Haas* Nr. 135 aus.
[9] *Peifer/Nohr* S. 25 f.
[10] Dafür in der Literatur (in Anlehnung an § 1 UWG) *Leistner/Hansen* GRUR 2008, 479 (486).

II. Einheitliches Urheberrecht (monistische Theorie)

3   Das deutsche Urheberrecht ist durch die **monistische Theorie** geprägt: „Beide Seiten des Urheberrechts – das Persönlichkeitsrecht und das Vermögensrecht (Verwertungsrechte) – bilden eine untrennbare Einheit und sind vielfältig miteinander verflochten".[11] Auch das Schrifttum steht ganz auf dem Boden der monistischen Theorie.[12] Das Urheberrecht ist wie eine Münze zu sehen, deren beide Seiten – die ideellen Interessen und die materiellen Interessen des Urhebers – sich nicht voneinander trennen lassen.[13] Mit der monistischen Theorie wird die Unübertragbarkeit des Urheberrechts (§ 29 UrhG) im Hinblick auf die Nichtübertragbarkeit persönlichkeitsrechtlicher Positionen begründet; Lizenzen können nur in Form der Einräumung von Nutzungsrechten (§§ 31 ff. UrhG) erteilt werden. Damit hat die monistische Theorie den großen Vorzug, dass das Urheberrecht einheitlich in der Hand des Urhebers bleibt und nicht durch verschiedene Verwertungsvorgänge aufgesplittet wird.[14] Die monistische Theorie findet auch auf das Recht der ausübenden Künstler (§§ 73 ff. UrhG) Anwendung. Auch bei ihren ideellen und materiellen Interessen handelt es sich um ein einheitliches unteilbares Recht.[15] Der monistischen Theorie steht die **dualistische Theorie** gegenüber, die das Urheberrecht als ein Recht ansieht, das sich aus zwei selbständigen Teilen, nämlich den persönlichkeitsrechtlichen und den verwertungsrechtlichen Befugnissen des Urhebers, zusammensetzt. Nach der dualistischen Theorie können der persönlichkeitsrechtliche und der verwertungsrechtliche Teil voneinander getrennt werden und es kann jedenfalls der verwertungsrechtliche Teil auf andere übertragen werden. Die dualistische Theorie hat insbesondere im französischen Recht ihren Ausdruck gefunden.[16]

III. Schutz des Urhebers

4   Das Urheberrecht schützt den Urheber in seinen geistigen und persönlichen Beziehungen zum Werk und in der Nutzung des Werkes. Mit diesen Worten legt das Gesetz den **umfassenden Schutz** des Urhebers fest. Dieser Schutz umfasst zum einen die ideellen, zum anderen die materiellen Interessen des Urhebers, die aber eine untrennbare Einheit bilden und vielfältig miteinander verflochten sind.[17] So wird in der AmtlBegr. darauf hingewiesen, dass die Verwertung eines unveröffentlichten Werkes ohne gleichzeitige Ausübung des Veröffentlichungsrechts nicht möglich ist und dass die Nutzungsrechte auch nach ihrer Einräumung an Dritte weiterhin dem beim Urheber verbliebenen Persönlichkeitsrecht unterworfen bleiben.[18]

1. Geistige und persönliche Beziehungen zum Werk

5   Der Schutz der geistigen und persönlichen Beziehungen zum Werk erschöpft sich nicht in den in §§ 12–14 UrhG geregelten Urheberpersönlichkeitsrechten,[19] sondern ist darüber hinaus als ein Grundsatz zu verstehen, der das gesamte Urheberrecht prägt.[20] Das kommt bereits in einer Reihe weiterer Vorschriften zum Ausdruck, die dem Schutz der ideellen Interessen des Urhebers dienen,[21] ist aber nicht darauf beschränkt.[22] Der in § 11 S. 1 UrhG angeordnete Schutz der geistigen und persönlichen Beziehungen zum Werk ist bei der gesamten Auslegung und Anwendung des Urheberrechts zu beachten.

---

[11] AmtlBegr. BT-Drs. IV/270, 43; zurückgehend auf *Allfeld,* Kommentar zu den Gesetzen vom 19.6.1901 betr. das Urheberrecht an Werken der Literatur und der Tonkunst und über das Verlagsrecht, 1902, S. 23; ausformuliert vor allem durch *Ulmer* § 17 I 2 mit älteren Wurzeln in der persönlichkeitsrechtlichen Deutung des Urheberrechts, *Gierke,* Deutsches Privatrecht, Band I, 1895, S. 759, 764 ff., 856 ff.

[12] Vgl. nur *Ulmer* § 17 II 2; *Schricker* FS GRUR, 1991, 1116 f.; *Schack* Rn. 343 ff.; *Rehbinder/Peukert* Rn. 154 f.; Dreier/Schulze/*Schulze* UrhG § 11 Rn. 2; Fromm/Nordemann/*Czychowski* UrhG § 11 Rn. 1; Wandtke/Bullinger/*Bullinger* UrhG § 11 Rn. 1; *Dreyer*/Kotthoff/Meckel UrhG § 11 Rn. 3; begrifflich etwas anders Möhring/Nicolini/*Kroitzsch/Götting* UrhG § 11 Rn. 2: „Mischrecht aus Persönlichkeitsrecht und Immaterialgüterrecht".

[13] Eingehend dazu vor allem *Ulmer* § 17 II 2 und 18; *Schricker* FS GRUR, 1991, 1116 f.; → Einl. UrhG Rn. 28 sowie → Vor §§ 12 ff. Rn. 6 ff.

[14] Sa *Schack* Rn. 344 f.; sa zu den Folgen der Aufgabe des monistischen Prinzips *Peifer* FS 50 Jahre Deutsches UrhG, 2015, 351 (356 ff.).

[15] Vgl. → Vor §§ 73 ff. Rn. 80 ff.

[16] *Lucas/Lucas-Schloetter/Bernault,* Traité de la propriété littéraire et artistique, 5. Aufl. 2017, Nr. 33; zu den Annäherungen beider Konzepte *Dietz* FS Erdmann, 2002, 63.

[17] AmtlBegr. BT-Drs. IV/270, 43; → Rn. 3.

[18] AmtlBegr. BT-Drs. IV/270, 43.

[19] Urheberpersönlichkeitsrechte im engeren Sinne.

[20] Urheberpersönlichkeitsrechte im weiteren Sinne; dazu → Vor §§ 12 ff. Rn. 5.

[21] Dazu näher → Vor §§ 12 ff. Rn. 9.

[22] → Vor §§ 12 ff. Rn. 10.

2. Nutzung des Werkes (Beteiligungsgrundsatz)

Nach S. 1 zweiter Teil ist der Urheber in der Nutzung des Werkes zu schützen; S. 2 ergänzt das da- 6 hin, dass das Urheberrecht der Sicherung einer angemessenen Vergütung für die Nutzung des Werkes dient. Es sollen dem Urheber **grundsätzlich alle Verwertungsmöglichkeiten** eingeräumt werden, vorbehaltlich der urheberrechtlichen Schranken, die im Interesse der Allgemeinheit sind.[23] Der Urheber soll auf jeder Stufe der Verwertung seiner Werke beteiligt werden; die Verwertungsrechte sind deshalb als Stufensystem zur mittelbaren Erfassung des Endverbrauchers ausgestaltet.[24] Es wird sowohl die Verwertung in körperlicher Form als auch die Verwertung in unkörperlicher Form gegenüber der Öffentlichkeit erfasst. Dabei ist der Rechtekatalog des § 15 UrhG nicht abschließend.[25] Die Rechtsprechung formuliert die grundsätzliche Zuordnung aller Verwertungsmöglichkeiten an den Urheber dahin, dass der Urheber an der wirtschaftlichen Nutzung seiner Werke tunlichst angemessen zu beteiligen ist.[26] Dieser Grundsatz spielt nicht nur im Urhebervertragsrecht, sondern auch bei der **Bemessung von Vergütungen für die durch Schrankenbestimmung erlaubte Nutzung** eine Rolle. Das Beteiligungsprinzip gilt insbesondere auch in Fällen, in denen mit einer wirtschaftlichen Nutzung von Werken keine oder nur geringe geldwerte Vorteile erzielt werden. Dies hat zur Konsequenz, dass jedenfalls eine feste Mindestvergütung geschuldet wird.[27] Die Gerichte haben eine Art „Opfergrenze" für Werknutzer gezogen, wenn die Mindestvergütung „zu Lasten des Verwerters in einem unangemessen Verhältnis überschritten wird".[28] Diese Grenze ist mit Vorsicht zu behandeln. Sie riskiert, die Belange des Verwerters über die des Urhebers zu stellen. Rechtfertigen lässt sich dies nur im Urhebervertragsrecht, wo der Urheber jedenfalls im Ansatz die Möglichkeit hat, selbst darüber zu entscheiden, ob einer möglichst ungehinderten Verwertung seines Werkes der Vorzug vor einer angemessenen Vergütung zu geben ist. Damit bleibt insbesondere die Möglichkeit, Lizenzen zur Gratisnutzung an jedermann zu bestimmten (meist nicht-kommerziellen) Zwecken zu erteilen („Creative Commons"), unberührt (vgl. § 32a Abs. 3 S. 3 UrhG).

§ 11 S. 2 UrhG stellt eine besondere Ausformung und Intensivierung des Grundsatzes dar, dass der 7 Urheber an der wirtschaftlichen Nutzung seiner Werke tunlichst angemessen zu beteiligen ist.[29] Der Gesetzgeber war davon ausgegangen, dass vor allem freiberufliche Urheber und ausübende Künstler häufig bei dem Versuch scheitern, gegenüber strukturell überlegenen Verwertern gerechte Verwertungsbedingungen durchzusetzen und dass das wirtschaftliche Ungleichgewicht der Vertragsparteien die Gefahr einseitig begünstigender Verträge begründet.[30] Dem sollte durch die Einführung der §§ 32 und 32a UrhG abgeholfen werden, die die Vertragsparität zwischen Urhebern und Verwertern wiederherstellen sollten.[31] § 11 S. 2 UrhG sollte dieses Programm vervollständigen und es der Rechtsprechung ermöglichen, Vorschriften des Gesetzes nach dem Normzweck der angemessenen Vergütung auszulegen; diesem Prinzip wurde Leitbildfunktion zugemessen.[32]

§ 11 S. 2 UrhG soll als gesetzliches Leitbild insbesondere auch im Rahmen der **AGB-Kon-** 8 **trolle** auswirken.[33] Die Inhaltskontrolle gemäß §§ 305 ff. BGB erstreckt sich nach § 307 Abs. 3 S. 1 BGB allerdings nur auf Bestimmungen, die von Rechtsvorschriften abweichende oder diese ergänzende Regelungen enthalten.[34] Da die konkrete Vergütungshöhe nicht in Rechtsvorschriften enthalten ist, erfasst die Inhaltskontrolle nach herkömmlichem Verständnis nicht Vereinbarungen, durch die Art und Umfang der Vergütung unmittelbar geregelt werden.[35] § 11 S. 2 UrhG kann sich daher nicht auf die Inhaltskontrolle einer Allgemeinen Geschäftsbedingung über die Vergütungshöhe auswirken.[36]

---

[23] AmtlBegr. BT-Drs. IV/270, 45.
[24] BVerfG GRUR 1997, 123 – Kopierladen I; BVerfG GRUR 1972, 488 (491) – Tonbandvervielfältigungen; → § 15 Rn. 174, 188 ff.
[25] Vgl. → § 15 Rn. 261 ff.
[26] Vgl. aus neuerer Zeit BVerfG GRUR 2014, 169 Rn. 16; BGH GRUR 2008, 245 (247) – Drucker und Plotter; BGH GRUR 2005, 937 (939) – Der Zauberberg; BGH GRUR 2005, 670 (671) – WirtschaftsWoche; BGH GRUR 2003, 1035 (1037) – Hundertwasser-Haus; BGH GRUR 2002, 246 (248) – Scanner; BGH GRUR 2002, 605 f. – Verhüllter Reichstag; OLG München GRUR-RR 2006, 121 (122) – Kopiervergütung auf PCs; OLG München GRUR-RR 2006, 126 (127) – CD-Kopierstationen.
[27] BGH GRUR 2013, 717 Rn. 26 – Covermount (zu § 13 Abs. 1 S. 1 UrhWG); ebenso *Reber* GRUR-Int 2011, 569 (570); vgl. auch *Hoeren* ZGE 2013, 147 (153).
[28] BGH GRUR 2012, 711 Rn. 20 – Barmen Live; GRUR 2012, 715 Rn. 26 – Bochumer Weihnachtsmarkt; vorher bereits BGH GRUR 1988, 373 (376) – Schallplattenimport III.
[29] *Erdmann* GRUR 2002, 923 (924); zu diesem Grundsatz → Rn. 6.
[30] AmtlBegr. BT-Drs. 14/7564, 1; sa *Erdmann* GRUR 2002, 923 f.
[31] BT-Drs. 14/7564, 1; *Hucko,* Das neue Urhebervertragsrecht, S. 158.
[32] AmtlBegr. BT-Drs. 14/8058, 17 f.; *Hucko,* Das neue Urhebervertragsrecht, S. 158.
[33] Begründung zur Formulierungshilfe, *Hucko,* Das neue Urhebervertragsrecht, S. 158; Dreier/Schulze/*Schulze* UrhG § 11 Rn. 8; Wandtke/Bullinger/*Bullinger* UrhG § 11 Rn. 4; Fromm/Nordemann/*Czychowski* UrhG § 11 Rn. 6; *Dreyer*/Kotthoff/Meckel UrhG § 11 Rn. 11; *Schack* GRUR 2002, 853 (854); *Erdmann* GRUR 2002, 923 (924 ff.); kritisch *Haas* Nr. 136.
[34] *Peifer* AfP 2012, 510 (513).
[35] OLG München WRP 2018, 1125 Rn. 37 – Videoberichterstattung im Amateurfußball II; Palandt/*Grüneberg* BGB § 307 Rn. 46 m. Rechtsprechungsnachweisen.
[36] Sa BGHZ 193, 268 Rn. 28 f. = GRUR 2012, 1031 – Honorarbedingungen Freie Journalisten mAnm *Soppe; Schippan* ZUM 2012, 771; *G. Schulze* GRUR 2012, 993; *Wille* GRUR-Prax 2012, 328; OLG Hamm ZUM-RD 2013, 333 (337) (Nutzungsrechtsverträge mit freiberuflichen Fotografen); OLG München ZUM 2014, 424 (428).

Das ist auch insofern sinnvoll, als bei einer Inhaltskontrolle der Vergütungshöhe die (unangemessene) Vergütungsvereinbarung nichtig wäre, während der übrige Vertrag nach § 306 BGB wirksam bleiben würde. Der Gesetzgeber dürfte jedenfalls eher davon ausgegangen sein, dass die Kontrolle der Angemessenheit der Vergütungshöhe über §§ 32, 32a und 36 UrhG erfolgt.[37] Bei der nach wie vor zulässigen AGB-Inhaltskontrolle von Vertragsbedingungen im Rahmen von § 307 Abs. 3 BGB, die sich nur mittelbar auf den Preis auswirken,[38] ist jedoch „das Prinzip der angemessenen Vergütung als wesentlicher Grundgedanke des Urheberrechts zu achten".[39] Vertragsbedingungen, die so angelegt sind, dass sie dem Urheber oder ausübenden Künstler den Weg zur angemessenen Vergütung versperren, sind als unwirksame Allgemeine Geschäftsbedingungen anzusehen.[40]

9   In der **Entscheidungspraxis der Gerichte** ist der Beteiligungsgrundsatz des § 11 S. 2 UrhG verschiedentlich als Leitbild und Orientierungshilfe herangezogen worden. Daraus haben sich einige Grundregeln, aber auch Grenzen herausgebildet: So kann eine mutmaßliche Einräumung von zur Zeit des Vertragsschlusses noch unbekannten Nutzungsarten allenfalls bei Vereinbarung einer Beteiligungsvergütung angenommen werden,[41] eine fortlaufende, an den Absatz (und damit Erfolg) geknüpfte Vergütung ist im Zweifel angemessener als eine pauschale Einmalvergütung.[42] In klauselmäßigen Honorarregelungen für Zeitungen und Zeitschriften darf die Zahlung zusätzlicher Nutzungsentgelte für neben der Primärnutzung mögliche Werknutzungen nicht zur Disposition des Verlags als Verwender gestellt werden.[43] Dagegen ermöglicht § 11 S. 2 UrhG nicht die kollektive Unterbindung von unangemessenen Vergütungen im Wege der AGB-Kontrolle (→ Rn. 8).[44] Insbesondere kann eine im Einzelfall unangemessene Vergütung nicht über die Unterlassungsklage von Verbänden nach § 1 des UKlaG angegriffen werden.[45] Modifiziert wird diese Regel seit 2016 durch § 36b Abs. 1 S. 2 UrhG, soweit ein durch eine Gemeinsame Vergütungsregel (§ 36 UrhG) gebundener Verwerter die dort fixierten Vergütungsgrundsätze individuell nicht einhält. In einem solchen Fall kann die an der Vergütungsregel beteiligte Vereinigung von Urhebern selbst klagen und die Einhaltung sicherstellen. Im Übrigen muss der betroffene Urheber selbst nach §§ 32, 32a UrhG gegen den von ihm geschlossenen Vertrag vorgehen. Das gilt auch für den Fall einer umfangreichen Nutzungsrechtseinräumung an einen Verwerter in AGB, denn auch die Nutzungsrechtseinräumung soll nicht abstrakt kontrollfähige Hauptleistung sein.[46] Das dürfte in dieser Absolutheit nicht stimmen (→ Rn. 10).

10   Das Potential des § 11 S. 2 UrhG ist noch nicht ausgeschöpft. Auch wenn Einzelvergütungen oder einzelne Rechteklauseln in der AGB-Kontrolle nicht überprüfbar scheinen (→ Rn. 9), so kann gleichwohl die Grundstruktur einer **Vergütungsregelung mit begleitender umfassender Rechteeinräumungsklausel ohne angemessene Beteiligung des Urhebers** gegen das Leitbild des § 11 S. 2 UrhG verstoßen, wenn sie den Weg zu einer angemessenen Vergütung „versperrt".[47] Das setzt allerdings voraus, dass diese Strukturregelung in der überwiegenden Zahl der zu regelnden Fälle oder gar stets zu **unangemessenen Vergütungen** führt. Dies kann der Fall sein, wenn Nutzungsrechte verlangt werden, aber ohne ausdrückliche oder den Umständen nach ersichtliche Begründung keinerlei Vergütung vorgesehen wird.[48] § 11 S. 2 UrhG kann im Grundsatz auch herangezogen werden, um auch dort Vergütungsansprüche zu begründen, wo das Gesetz sie nicht ausdrücklich vorsieht. Auf diese Weise wurde ein Anspruch des Urhebers eines Originalwerkes der bildenden Kunst auf Vergütung bei der Ausstellung des Werkes zu begründen versucht (hierzu § 18).[49] § 11 S. 2 UrhG hilft jedenfalls dabei, Vergütungsansprüche zu begründen, wenn Werke scheinbar freizügig in der Öffentlichkeit ausgestellt werden, wie dies bei Graffitis oder „Street Art" geschieht, sofern eine über

---

Ebenso bereits vorher *Berger* ZUM 2003, 521 (529); *Erdmann* GRUR 2002, 923 (924); *Wille* ZUM 2011, 206 (211).

[37] Sa *Schricker,* Urheberrecht, (3. Aufl.) Rn. 5.

[38] Vgl. Palandt/*Grüneberg* BGB § 307 Rn. 47.

[39] *Hucko,* Das neue Urhebervertragsrecht, S. 158; *Jacobs* NJW 2002, 1905(1906); *Peifer* AfP 2012, 510 (513).

[40] Vgl. § 307 Abs. 1 S. 1, Abs. 2 Nr. 1 BGB.

[41] BGH GRUR 2011, 714 Rn. 39 – Der Frosch mit der Maske; ZUM 2011, 498 Rn. 15 – Polizeirevier Davidswache.

[42] BGH GRUR 2011, 328 Rn. 17 – Destructive Emotions; BGH ZUM-RD 2010, 16 Rn. 24; BGHZ 182, 337 Rn. 23 = GRUR 2009, 1148 – Talking to Addison; OLG München ZUM 2007, 142 (147); LG München I ZUM 2010, 733 (739). Vgl. auch LG München I ZUM 2006, 159 (162) und LG München I ZUM 2007, 228 (230) (Unangemessenheit eines Pauschalhonorars für Übersetzer, wenn das Werk für den Verlag einen erheblichen wirtschaftlichen Erfolg erbringt).

[43] LG Berlin ZUM-RD 2008, 18.

[44] BGHZ 193, 268 Rn. 28 f. = GRUR 2012, 1031 – Honorarbedingungen Freie Journalisten.

[45] Ebenso *Graf v. Westphalen* AfP 2008, 21 (24 f.); *Dorner* MMR 2011, 780 (782); *Wille* ZUM 2011, 206 (211).

[46] BGH GRUR 2014, 556 Rn. 12 – Rechteeinräumung Synchronsprecher; Vorinstanz KG GRUR-RR 2012, 362 – Synchronsprecher.

[47] OLG Hamburg ZUM 2011, 846 (855) (Vertragsklauseln im Zusammenhang mit Fotonutzungsrechten); LG Braunschweig ZUM 2012, 66 (70) mAnm *Dietrich* GRUR-Prax 2011, 475; LG Mannheim NJW-RR 2012, 564 (565); *Peifer* AfP 2012, 510 (513); aA wohl LG Erfurt ZUM 2012, 261 (263).

[48] Bsp. LG Köln ZUM 2014, 436 (438) (dort allerdings auch für Vereinbarungen über einfache Lichtbildrechte, bei denen ein Vergütungsausschluss wegen der geringen Schöpfungshöhe auch ohne Begründung nachvollziehbar sein kann).

[49] In der Literatur *Erdmann* GRUR 2011, 1061 (1064); *Klaunig/Müller* UFITA Bd. 2013/III, 699.

die Schranke des § 59 UrhG hinausgehende Verwertung erfolgt.[50] Allerdings ändert auch § 11 S. 2 UrhG nichts daran, dass elektronische Kopien von Software der Erschöpfung unterliegen, sodass eine beim Erstverkauf erzielte Vergütung nicht unangemessen wird, weil es später zu Weiterveräußerungen dieser Programmkopie kommt.[51]

Unterabschnitt 2. Urheberpersönlichkeitsrecht

Vorbemerkung

Schrifttum (zu weiteren Quellen aus der Zeit vor 2003 siehe Voraufl.): *Adeney,* Authors' Rights in Works of Public Sculpture: A German/Australian Comparison, IIC 2002, 164; *Ahrens,* Die Verwertung persönlichkeitsrechtlicher Positionen – Ansatz einer Systembildung, 2002; *Asmus,* Die Harmonisierung des Urheberpersönlichkeitsrechts in Europa, 2004; *Barudi,* Autor und Werk – eine prägende Beziehung?, 2013; *Baum,* Über das Droit moral, seine Ausübung und seine Dauer, GRUR-Int 1965, 418; *Bechtold/Engel,* The Valuation of Moral Rights: A Field Experiment, Max Planck Institute for Research on Collective Goods, Preprint 2017/4; *Bellini,* Moral Right and Droit Moral: A Matter of Paradigms, RIDA 204 (2005), 3; *Boytha,* Der schillernde Schutz von Urheberpersönlichkeitsrechten in der Berner Übereinkunft, FS Rehbinder (2002), S. 199; *Briem,* Ist die Verletzung von Urheberpersönlichkeitsrechten ein Kavaliersdelikt?, GRUR-Int 1999, 936; *Bullinger,* Kunstwerkfälschung und Urheberpersönlichkeitsrecht, 1997; *Clément,* Urheberrecht und Erbrecht, 1993; *Claus,* Postmortaler Persönlichkeitsschutz im Zeichen allgemeiner Kommerzialisierung, 2004; *Dietz,* Das Droit Moral des Urhebers im neuen französischen und deutschen Urheberrecht, 1968; *ders.,* Das Urheberpersönlichkeitsrecht vor dem Hintergrund der Harmonisierungspläne der EG-Kommission, ZUM 1993, 309; *ders.,* The Artist's Right of Integrity under Copyright Law – A Comparative Approach, IIC 1994, 177; *ders.,* Französischer Dualismus und deutscher Monismus im Urheberrecht – ein Scheingegensatz?, FS Erdmann (2002), S. 63; *Doutrelepont,* Das droit moral in der Europäischen Union, GRUR-Int 1997, 293; *Federle,* Der Schutz der Werkintegrität gegenüber dem vertraglich Nutzungsberechtigten im deutschen und US-amerikanischen Recht, 1998; *Fromlowitz,* Das Urheberpersönlichkeitsrecht und das allgemeine Persönlichkeitsrecht, 2014; *Gloser,* Die Rechtsnachfolge in das Urheberrecht, 2012; *Goldmann,* Das Urheberrecht an Bauwerken – Urheberrechtspersönlichkeitsrechte des Architekten im Konflikt mit Umbauvorhaben, GRUR 2005, 639; *Götting,* Persönlichkeitsrechte als Vermögensrechte, 1995; *Gregoritza,* Die Kommerzialisierung von Persönlichkeitsrechten Verstorbener, 2003; *Grünberger,* Das Interpretenrecht, 2006; *Heeschen,* Urheberpersönlichkeitsrecht und Multimedia, 2003; *Heidmeier,* Das Urheberpersönlichkeitsrecht und der Film, 1996; *Hilty,* Unübertragbarkeit urheberrechtlicher Befugnisse: Schutz des Urhebers oder dogmatisches Ammenmärchen?, FS Rehbinder (2002), S. 259; *Hoffmann,* Das Urheberpersönlichkeitsrecht in der Berner Übereinkunft, UFITA 9 (1936), 114; *Holländer,* Das Urheberpersönlichkeitsrecht des angestellten Programmierers, CR 1992, 279; *Jaeger,* Der ausübende Künstler und der Schutz seiner Persönlichkeitsrechte im Urheberrecht Deutschlands, Frankreichs und der Europäischen Union, 2002; *Jänecke,* Das urheberrechtliche Zerstörungsverbot gegenüber dem Sacheigentümer, 2003; *Kellerhals,* Urheberpersönlichkeitsrecht im Arbeitsverhältnis, 1994; *dies.,* Bemerkungen über das Urheberpersönlichkeitsrecht, UFITA Bd. 2000/III, S. 617; *Klass,* Werkgenuss und Werknutzung in der digitalen Welt: Bedarf es einer Harmonisierung des Urheberpersönlichkeitsrechts?, ZUM 2015, 290; *Kreile/Wallner,* Schutz der Urheberpersönlichkeitsrechte im Multimediazeitalter, ZUM 1997, 625; *Krüger-Nieland,* Das Urheberpersönlichkeitsrecht, eine besondere Erscheinungsform des allgemeinen Persönlichkeitsrechts?, FS Hauß (1978), S. 215; *Leinveber,* Urheberrechtlicher Denkmalschutz – ja oder nein?, GRUR 1964, 364; *Lendvai,* Die Realisierung der Urheberpersönlichkeitsrechte in Deutschland und England, 2003; *Lucas-Schloetter,* Die Interessenabwägung bei der Ausübung des Urheberpersönlichkeitsrechts, GRUR-Int 2002, 2; *dies.,* Die Rechtsnatur des Droit Moral, GRUR-Int 2002, 809; *Matanovic,* Rechtsgeschäftliche Dispositionen über urheberpersönlichkeitsrechtliche Befugnisse unter Berücksichtigung des französischen und US-amerikanischen Rechts, 2006; *Mersmann,* Die Entwicklung des Urheberpersönlichkeitsrechts in den Vereinigten Staaten von Amerika, 2002; *Metzger,* Rechtsgeschäfte über das droit moral im deutschen und französischen Urheberrecht, 2002; *ders.,* Rechtsgeschäfte über das Urheberpersönlichkeitsrecht nach dem neuen Urhebervertragsrecht, GRUR 2003, 9; *ders.,* Europäisches Urheberrecht ohne Droit moral?, FS Schricker (2005), S. 455; *Müller,* Das Urheberpersönlichkeitsrecht des Architekten im deutschen und österreichischen Urheberrecht, 2004; *Müsse,* Das Urheberpersönlichkeitsrecht unter besonderer Berücksichtigung der Veröffentlichung und der Inhaltsmitteilung, Diss. Freiburg i. Br. 1999; *Nérisson,* Le droit moral de l'auteur décédé en France et Allemagne, 2003; *Neumann-Duesberg,* Verwechslung des Urheberpersönlichkeitsrechts mit dem allgemeinen Persönlichkeitsrecht, NJW 1971, 1640; *Obergfell,* Urheberpersönlichkeitsrecht als Exklave der Privatautonomie?, ZGE 2011, 202; *Ohly,* „Volenti non fit iniuria". Die Einwilligung im Privatrecht, 2002; *Osenberg,* Die Unverzichtbarkeit des Urheberpersönlichkeitsrechts, Diss. Berlin 1979 = Schriftenreihe der UFITA 65 (1980) (zit. nach Diss.); *Pakuscher,* Zum Rechtsschutz vor Entstellungen gemeinfreier Werke, UFITA 93 (1982), 43; *Peifer,* Individualität im Privatrecht, 2001; *Peter,* Das allgemeine Persönlichkeitsrecht und das „droit moral" des Urhebers und des Leistungsschutzberechtigten in den Beziehungen zum Film, UFITA 36 (1962), 257; *Peukert,* Die psychologische Dimension des droit moral, in: Rehbinder (Hg.), Die psychologische Dimension des Urheberrechts, 2003, S. 113; *ders.,* Güterzuordnung als Rechtsprinzip?, 2008; *Pierer,* Die Persönlichkeitsrechte des Urhebers nach dem Tod, GRUR 2019, 476; *Prill,* Urheberrecht und Klingeltöne, 2006; *Riekert,* Der Schutz des Musikurhebers bei Coverversionen, 2003; *ders.,* Multimedia und das Urheberpersönlichkeitsrecht, in: Götting (Hg.), Multimedia, Internet und Urheberrecht, 1998, S. 123; *Rigamonti,* Urheberpersönlichkeitsrecht, Bern 2013; *Rüll,* Allgemeiner und urheberrechtlicher Persönlichkeitsrechtsschutz des ausübenden Künstlers, 1998; *Runge,* Das Urheber- und allgemeine Persönlichkeitsrecht, UFITA 54 (1969), 1; *Ruzicka,* Die Problematik eines „ewigen Urheberpersönlichkeitsrechts", 1979; *Sattler,* Das Urheberrecht nach dem Tode des Urhebers in Deutschland und Frankreich, 2010; *Schacht,* Die Einschränkungen des Urheberpersönlichkeitsrechts im Arbeitsverhältnis, 2004; *Schack,* Das Persönlichkeitsrecht der Urheber und ausübenden Künstler nach dem

[50] Dazu *Rassouli* KuR 2013, 97.
[51] OLG Frankfurt a. M. GRUR 2013, 279 (281) – Adobe/UsedSoft im Anschluss an EuGH GRUR 2012, 904 Rn. 58 ff. – UsedSoft/Oracle.

Tode, GRUR 1985, 352; *ders.*, Die grenzüberschreitende Verletzung allgemeiner und Urheberpersönlichkeitsrechte, UFITA 108 (1988), 51; *ders.*, Kolorierung von Spielfilmen: Das Persönlichkeitsrecht des Filmregisseurs im IPR, IPRax 1993, 46; *Schlingloff*, Das Urheberpersönlichkeitsrecht im Spannungsfeld von Kunstfreiheit und politischer Betätigungsfreiheit, GRUR 2017, 572; *Schöfer*, Die Rechtsverhältnisse zwischen dem Urheber eines Werkes der bildenden Kunst und dem Eigentümer des Originalwerkes, 1983; *Schricker*, Die Einwilligung des Urhebers in entstellende Änderungen des Werks, FS Hubmann (1985), S. 409; *ders.*, Hundert Jahre Urheberrechtsentwicklung, GRUR-Fs., 1991, S. 1095/1113 ff.; *ders.*, 3. Teil: Urheberpersönlichkeitsrecht, in: Schricker (Hg.), Urheberrecht auf dem Weg zur Informationsgesellschaft, 1997, S. 79 (zitiert: Informationsgesellschaft); *Sieg*, Das unzulässige Anbringen der richtigen Urheberbezeichnung (§ 107 UrhG), 1985; *Skrzipek*, Urheberpersönlichkeitsrecht und Vorfrage, 2005; *Strömholm*, Le droit moral de l'auteur en droit Allemand, Français et Scandinave, Bd. I, II 1, 1967, und II 2, 1973; *Stuhlert*, Die Behandlung der Parodie im Urheberrecht, 2002; *Tölke*, Das Urheberpersönlichkeitsrecht an Werken der bildenden Künste, Diss. München 1967; *Ubertazzi*, Das EU-Reglement über die Urheberpersönlichkeitsrechte, GRUR-Int 2018, 110; *Vischer*, Das „Droit moral de l'auteur" aus rechtsvergleichender und kollisionsrechtlicher Sicht, FS Müller-Freienfels (1996), S. 85; *Walchshöfer*, Der persönlichkeitsrechtliche Schutz der Architektenleistung, FS Hubmann (1985), S. 469; *Wandtke*, Theaterzensur und Urheberpersönlichkeitsrecht am Anfang des 20. Jahrhunderts in Preussen, UFITA 136 (1998), 257; *v. Welser*, Die Wahrnehmung urheberpersönlichkeitsrechtlicher Befugnisse durch Dritte, 2000; *de Werra*, Le droit à l'intégrité de l'oeuvre, 1997; *Werther*, Urheberpersönlichkeitsrecht in Deutschland und Australien, 2012.

Übersicht

I. Entstehungsgeschichte

1   Als **Begriff der deutschen Gesetzessprache** erscheint der Ausdruck „Urheberpersönlichkeitsrecht" (UPR) erstmals in der Überschrift des 2. Unterabschnitts im Vierten Abschnitt des Ersten Teils des UrhG 1965 vor § 12.[1] Vorschriften urheberpersönlichkeitsrechtlichen Charakters und Inhalts waren freilich bereits im LUG von 1901 und im KUG von 1907 enthalten.[2] Auch in der Rechtsprechung waren insbesondere seit RGZ 79, 397 – Felseneiland mit Sirenen – jedenfalls Teilaspekte des UPR längst anerkannt.[3] Der Begriff „Urheber-Persönlichkeitsrecht" wurde allerdings erst in RG GRUR 1929, 508 (509) – Lateinisches Übungsbuch – vom Reichsgericht verwendet.[4]

2   Die Vorentwürfe des UrhG 1965 ließen gewisse Unsicherheiten bei der gesetzlichen Ausgestaltung des UPR erkennen.[5] Der **RegE 1962** fasste unter den Oberbegriff des UPR das Veröffentlichungsrecht (Entw. § 12), das Recht auf Anerkennung der Urheberschaft (Entw. § 13) und das Recht auf Schutz gegen Entstellungen des Werkes (Entw. § 14). In der **Begründung**[6] heißt es, die persönlichkeitsrechtlichen Befugnisse blieben stets unlösbar mit der Person des Urhebers verbunden. Der Entwurf sehe eine ausdrückliche Regelung der drei von Rechtsprechung und Lehre bereits anerkannten persönlichkeitsrechtlichen Befugnisse des Urhebers vor. Es seien zwar Bedenken gegen den Begriff des Urheberpersönlichkeitsrechts geltend gemacht worden, weil das UPR nicht unmittelbar die Person des Urhebers selbst, sondern lediglich seine Beziehungen zu einem außerpersönlichen Gut, dem Werk, schütze. Doch könne keinem Zweifel unterliegen, dass die Rechtsprechung die dem Schutz

---

[1] Vgl. *Roeber* FuR 1965, 102 (103); *Runge* UFITA 54 (1969), 1.

[2] Vgl. die Hinweise bei *Ulmer* § 55 II, § 57 I, § 58 I und § 59 I sowie insbes. *Mittelstaedt* GRUR 1930, 43 (45 ff.); *Lendvai* S. 36 f.

[3] Vgl. den Überblick über die Rechtsprechung des Reichsgerichts bei *Smoschewer* UFITA 3 (1930), 229 (256 ff.) sowie *Elster*, Das Urheberpersönlichkeitsrecht in der Rechtsprechung des Reichsgerichts, in: Die Reichsgerichtspraxis im deutschen Rechtsleben, Bd. 4 S. 252 ff.; zur geschichtlichen Entwicklung der Rechtsprechung seit 1880 ausführlich auch *Strömholm* Bd. I S. 338 ff., 347 ff.; sa *Lendvai* S. 32 ff., 40 f.

[4] Zum Beginn des systematischen Gebrauchs des Begriffs UPR in der Lehre vgl. *Strömholm* Bd. I S. 475 f.; allgemein zur historischen Entwicklung vgl. auch *Asmus* S. 25 ff.; *Heidmeier* S. 31 ff.; *Kellerhals* S. 19 ff.; *Lendvai* S. 14 ff.; *Mersmann* S. 5 ff.; *Müller* S. 7 ff.; *Müsse* S. 26 ff.; wegen des Zusammenhangs mit Theaterzensur am Anfang des 20. Jhts. in Preußen s. *Wandtke* UFITA 136 (1998), 257 (270 ff.).

[5] Eingehend → 3. Aufl. 2006, Rn. 3 f.

[6] RegE UrhG 1965, BT-Drs. IV/270, 43 f.

der ideellen Interessen dienenden Befugnisse des Urhebers ohne ausdrückliche Regelung aus dem allgemeinen Persönlichkeitsrecht (aPR) ableiten würde. Das UPR sei auch insofern echtes Persönlichkeitsrecht, als es grundsätzlich stets untrennbar mit der Person des Urhebers verbunden bleibe. Es sei im Verhältnis zum aPR in ähnlicher Weise als ein „besonderes" Persönlichkeitsrecht anzusehen wie etwa das Namensrecht nach § 12 BGB oder das Recht am eigenen Bild nach § 22 KUG. Die Zugehörigkeit des UPR zum aPR ändere allerdings nichts an der Notwendigkeit seiner Regelung im UrhG, da es zusammen mit den Verwertungsrechten des Urhebers eine untrennbare Einheit bilde. Dementsprechend stünden auch die Verwertungsrechte des Urhebers im Banne der persönlichen Beziehungen zwischen Urheber und Werk. Diese ständige Beziehung finde in zahlreichen weiteren Bestimmungen des Entwurfs ihren Ausdruck.

II. Strukturmerkmale des UPR

1. Gegenstand des UPR

Das UPR schützt weder die Person des Urhebers noch das Werk als immaterielles Gut, sondern die **3** besondere ideelle **Beziehung zwischen Urheber und Werk.**[7] Demgemäß heißt es in § 11 S. 1, das Urheberrecht schütze den Urheber unter anderem „in seinen geistigen und persönlichen Beziehungen zum Werk"; der Integritätsschutz des § 14 soll Gefährdungen der „berechtigten geistigen oder persönlichen Interessen am Werk" verhindern. Aufgrund dieses besonderen Schutzgegenstands ist das UPR sowohl vom allgemeinen Persönlichkeitsrecht[8] als auch vom reinen Eigentumsschutz zu unterscheiden.

Der Rechtsschutz der ideellen Beziehung zwischen Urheber und Werk ist keineswegs selbstver- **4** ständlich. Kein anderer Gegenstand bzw. Eigentumstitel wird in dieser Weise an eine Person gebunden, obwohl zB auch Sacheigentümer ein hohes Affektionsinteresse an selbst hergestellten oder auch nur ererbten oder erworbenen Sachen haben können. Die **Rechtfertigung** für diese Sonderstellung des UPR beruht auf dem besonderen Schutzgegenstand des Urheberrechts, der persönlichen geistigen Schöpfung (§ 2 Abs. 2). Weil und soweit im Werk die Persönlichkeit des Urhebers und seine freien kreativen Entscheidungen zum Ausdruck kommen,[9] ist es gerechtfertigt, eine besondere ideelle Beziehung zwischen Schöpfer und Werk anzunehmen und unter besonderen Rechtsschutz zu stellen.

Im Hinblick auf die Rechtsgrundlagen des UPR ist zwischen dem **UPR im engeren und im** **5** **weiteren Sinne** zu unterscheiden.[10] Das UPR ieS konkretisiert sich entsprechend der Überschrift vor § 12 in den drei näher ausgestalteten Befugnissen des Veröffentlichungsrechts (§ 12), des Rechts auf Anerkennung der Urheberschaft (§ 13) und des Rechts auf Schutz gegen Entstellung oder Beeinträchtigung des Werkes (§ 14). Doch schlägt sich die besondere rechtliche Anerkennung des geistig-persönlichen Bandes zwischen Urheber und Werk in weiteren Vorschriften nieder. Zu diesem UPR iwS zählen der Grundsatz der Unübertragbarkeit des Urheberrechts (§ 29); das dem Veröffentlichungsrecht des § 12 zuzuordnende Rückrufsrecht wegen gewandelter Überzeugung (§ 42); das besondere Rückrufsrecht bei Gesamt- oder Teilveräußerungen von Unternehmen, die Nutzungsrechte innehaben (§ 35 Abs. 3 S. 2); die ebenfalls die Dispositionsfreiheit des Urhebers schützenden Vorschriften über die Einschränkung der Zwangsvollstreckung wegen Geldforderungen gegen den Urheber (§§ 113 ff.); das Verbot von Änderungen im Zusammenhang mit Werknutzungsverträgen (§ 39) und im Zusammenhang mit zulässigen Werknutzungen im Rahmen der Urheberrechtsschranken (§ 62); das dem § 13 zuzuordnende Gebot zur Quellenangabe im Rahmen derartiger zulässiger Werknutzungen (§ 63); der Anspruch des Urhebers auf Entschädigung für Nichtvermögensschäden (§ 97 Abs. 1 S. 4). Genannt werden in diesem Zusammenhang ferner häufig das Erfordernis der Zustimmung des Urhebers zur Weiterübertragung bzw. Sublizenzierung eines von ihm eingeräumten Nutzungsrechts nach §§ 34 Abs. 1, 35 Abs. 1, das Rückrufsrecht wegen Nichtausübung nach § 41 sowie das Zugangs- und Folgerecht gem. §§ 25 f. Ein über diese Kodifikation noch hinausgehendes UPR ohne fest umrissene Gestalt, das immer dann heranzuziehen sein soll, wenn es der Schutz der geistigen und persönlichen Interessen des Urhebers erfordert,[11] besteht hingegen nicht. Der besondere persönlichkeitsrechtliche Schutz der ideellen Beziehung des Urhebers zum Werk besteht nur im Rahmen seiner besonderen gesetzlichen Anerkennung.

---

[7] RegE UrhG 1965, BT-Drs. IV/270, 43 f.

[8] *Fromlowitz* passim; *Jänecke* S. 227 ff.; *Bullinger* S. 156 ff.; *Dreyer/Kotthoff/Meckel* UrhG vor §§ 12 ff. Rn. 36; Fromm/Nordemann/*Dustmann* UrhG vor § 12 Rn. 9; *Schack* Rn. 43 f.; *Ulmer* § 6 III; *Krüger-Nieland* FS Hauß, 1978, 215 (219 f.); *Neumann-Duesberg* NJW 1971, 1640; aA *Kellerhals* UFITA Bd. 2000/III, 617 (624 ff.).

[9] EuGH ZUM-RD 2012, 1 Rn. 88 ff. – Painer.

[10] Vgl. RegE UrhG 1965, BT-Drs. IV/270, 43 f.; *Ulmer* § 1 II 3 und § 55 I, zurückhaltender *Ulmer* § 1 II 2 und § 38 II 2 und 3; *Dietz* Droit moral S. 38 f.; *Haberstumpf* Rn. 197; *Schricker* Informationsgesellschaft S. 79; *Strömholm* Bd. I S. 6 ff., S. 15; kritisch dazu *v. Welser* S. 22; in der Sache, nicht aber terminologisch zustimmend *Schack* Rn. 356 und im Anschluss daran *Müsse* S. 42 f. (das *allgemeine* UPR als Teil des in § 11 geregelten subjektiven einheitlichen Urheberrechts und die besonderen UPRe als Tochterrechte und nicht abschließend geregelte Konkretisierungen des ersteren); ähnlich *Jänecke* S. 38 f.

[11] In diesem Sinne → 3. Aufl. 2006, Rn. 8 mwN; *Jänecke* S. 92; *Ulmer* § 38 II 3; vgl. auch KG ZUM 1989, 246 (247).

6   Diese Schlussfolgerung beruht nicht zuletzt darauf, dass das UPR aufgrund der monistischen Konzeption des deutschen Rechts **Bestandteil des einheitlichen Urheberrechts** ist, das mit dem Schöpfungsakt entsteht, vererblich ist und 70 Jahre nach dem Tod des Urhebers endet. Dieses einheitliche Urheberrecht stellt verfassungsrechtliches Eigentum dar (Art. 14 GG).[12] Hiermit hat der Gesetzgeber den Schutz der persönlichen und geistigen Interessen des Urhebers am Werk durch das Urheberpersönlichkeitsrecht verschmolzen, das für sich betrachtet auf Art. 2 Abs. 1 und 1 Abs. 1 GG beruht.[13] Damit bestätigen die privatrechtliche Konstruktion des monistischen Urheberrechts und seine verfassungsrechtlichen Grundlagen den Charakter des UPR als **Hybrid zwischen Persönlichkeits- und Vermögensrecht**.[14]

2. Schutzbereich und Interessenabwägung

7   Der hybride Charakter des UPR wirkt sich auch auf die Frage aus, **welche geistigen und persönlichen Interessen schutzwürdig sind.** Im Schwerpunkt betrifft das UPR den persönlichen Geltungsanspruch des Urhebers, der als solcher anerkannt und sein Werk nicht entstellt sehen möchte.[15] Doch begrenzt die hM das UPR nicht auf die Geltendmachung rein ideeller Interessen. Anerkannt ist vielmehr, dass der Urheber mit dem UPR durchaus auch, gegebenenfalls sogar überwiegend materielle Interessen verfolgen kann, etwa wenn bereits erfolgreiche Urheber gegen Entstellungen ihrer Werke vorgehen oder Namensnennung verlangen, um den kommerziellen Erfolg ihrer Arbeiten auch für die Zukunft zu sichern.[16] Für diese realistische Betrachtungsweise spricht, dass das UPR Bestandteil des einheitlichen Urheberrechts ist, das persönliche und materielle Interessen des Urhebers schützt.

8   Doch darf die faktische Kommerzialisierung des UPR nicht darüber hinwegtäuschen, dass das Gesetz jedenfalls das UPR ieS systematisch und im Rahmen des § 11 S. 1 vom Schutz der materiellen Interessen des Urhebers bei der Nutzung des Werkes durch die Verwertungsrechte unterscheidet. Soweit das UPR über die Verwertungsrechte hinausreicht, dient dieser eigenständige Schutzbereich **primär der Wahrung persönlicher und geistiger Interessen.** Je schwächer diese Belange ausgeprägt sind und materielle Interessen in den Vordergrund rücken, desto eher geht die erforderliche Interessenabwägung zulasten des Urhebers aus. Auch im Rechtsverkehr sind die vermögensrechtlichen Implikationen des UPR ambivalent. Einerseits erfordert das UPR eine strenge Prüfung des Maßstabs der Branchenüblichkeit bei der Hinnahme von Einschränkungen in der Ausübung des UPR, nicht zuletzt auch bei angestellten Urhebern.[17] Bei Letzteren mag etwa die Namensnennung im Hinblick auf ein späteres Ausscheiden aus dem Arbeitsverhältnis das einzig verbleibende, auch materiell relevante Element der ursprünglichen Urheberposition sein.[18] Andererseits ist das UPR als Bestandteil des einheitlichen Urheberrechts deutlich fungibler als das aPR, mit der Folge, dass der Urheber sich seiner Entscheidungshoheit über die Beziehung zum Werk in relativ weit reichendem Umfang begeben kann.[19]

9   Anders als das aPR ist das UPR zwar kodifiziert und überdies mit einem Eigentumstitel verschmolzen. Gleichwohl weisen beide eine wichtige Gemeinsamkeit auf, die zugleich das UPR von den Verwertungsrechten unterscheidet. Letztere verfügen über eine gesetzlich definierte Reichweite (§§ 15 ff.), die ebenfalls abschließend kodifizierten Schrankenbestimmungen gem. §§ 44a ff. unterliegt. Der Schutzbereich des UPR ist hingegen unter Berücksichtigung der Umstände des Einzelfalls im Wege einer **Abwägung zwischen den persönlichen und geistigen Interessen des Urhebers am Werk und berechtigten Kommunikationsbelangen des Nutzers** positiv festzustellen. Mit dem Ergebnis dieser Abwägung ist zugleich über die Rechtmäßigkeit oder Rechtswidrigkeit der betreffenden Werknutzung entschieden. Bei unerlaubten Erstveröffentlichungen geht diese Interessenabwägung in aller Regel zugunsten des Urhebers aus.[20] Bei den übrigen Urheberpersönlichkeitsrechten, insbesondere beim Schutz der Werkintegrität gem. § 14 UrhG, kommt es darauf an, wie schwerwiegend die Beeinträchtigung in concreto ist und ob sie zur Erreichung eines legitimen, ggf.

---

[12] *Ulmer* § 18; *Schricker* FS GRUR, 1991, 1095 ff.; aus der Sicht des österreichischen Rechts *Briem* GRUR-Int 1999, 936 f.; zur historischen Entwicklung *Strömholm* Bd. I S. 481 f.; für die Schweiz vgl. *de Werra* S. 15 ff., 26 ff.; zum Vergleich mit dem französischen Dualismus s. *Dietz* FS Erdmann, 2002, 63 ff. sowie *Nérisson* S. 20 ff.; kritisch aus extrem dualistischer, auf grundsätzlicher Trennung von Urheberrecht als bloßem Immaterialgut und Persönlichkeitsrecht beharrender Sicht *Rigamonti* passim, insbes. S. 67 ff.; kritisch insbes. auch unter dem Gesichtspunkt der Unübertragbarkeit des Urheberrechts auch *Hilty* FS Rehbinder, 2002, 259 (279 ff.).

[13] → Einl. UrhG Rn. 10.

[14] In diesem Sinne auch *Schlingloff* GRUR 2017, 572 (576 f.).

[15] So *Schack* Rn. 90.

[16] Vgl. *Dietz* Droit Moral S. 36 f.; für eine empirische Feldstudie vgl. *Bechtold/Engel*. Zahlungen für den Verzicht auf die Ausübung von Urheberpersönlichkeitsrechten stellen aus steuerrechtlicher Sicht Betriebseinnahmen dar; vgl. FG Düsseldorf BeckRS 2014, 94144.

[17] → § 43 Rn. 22.

[18] Ähnlich *Vinck* RdA 1975, 162 (166).

[19] Dazu sogleich → Rn. 11 ff.

[20] Doch kann auch hier das Informationsinteresse der Öffentlichkeit ausnahmsweise überwiegen; → § 12 Rn. 26.

vereinbarten Zwecks erforderlich ist.[21] So wie das allgemeine Persönlichkeitsrecht nicht gewährleistet, nur so von anderen dargestellt zu werden, wie man sich selbst sieht oder gesehen werden möchte,[22] hat auch der Urheber kein Recht darauf, dass sein veröffentlichtes Werk allein nach seinen Vorstellungen genutzt wird.[23]

Insgesamt wird die **Bedeutung des nationalen wie internationalen Schutzes des UPR** pro- **10** portional zur Erhöhung des Gefährdungspotentials aufgrund der technischen und wirtschaftlichen Entwicklung **eher zu- als abnehmen.**[24] Der Schutz der ideellen Belange des Urhebers ist auch kein rechtlicher „Luxus", der den wirtschaftlichen Interessen der Industrie als lästiges Überbleibsel aus vergangenen Zeiten entgegensteht; er liegt dem verfassungs-, völker- und konventionsrechtlich gewährleisteten Gesamtkonzept des kontinentaleuropäischen Urheberrechtssystems zugrunde, das für ein künftiges europäisches Urheberrecht wegweisend ist. Die fortdauernde internationale Relevanz des UPR erweist sich darin, dass Urheber zwar vermehrt in eine kostenlose Nutzung ihrer im Internet veröffentlichten Werke einwilligen,[25] dafür entwickelte Lizenzmodelle wie Creative Commons aber besonderen Wert auf die Wahrung der Rechte auf Namensnennung und Werkintegrität legen.[26] Es ist auch empirisch belegt, dass Urheber aus verschiedenen Ländern urheberpersönlichkeitsrechtlichen Befugnissen einen eigenständigen Wert zuschreiben und diesen bei der Nutzungsrechtseinräumung gesondert monetarisieren.[27] **Die Akzeptanz und Wirksamkeit des UPR wird indes beeinträchtigt,** wenn der Schutz der geistigen und persönlichen Interessen am Werk nur in seiner kommerziellen Dimension wahrgenommen wird. So führt die verbreitete Meinung, die Verkehrsfähigkeit der betreffenden Befugnisse müsse gesteigert werden, nur dazu, jene und damit letztlich die Person des Urhebers Dritten leichter verfügbar zu machen.[28] Ferner ist eine bedenkliche, im Monismus aber letztlich angelegte Tendenz zu beobachten, das UPR zur Erhöhung von Einnahmen zu instrumentalisieren.[29]

3. Vereinbarungen über das UPR

Die Einbettung des UPR in das einheitliche Urheberrecht hat auch **Auswirkungen auf die** **11** **rechtsgeschäftlichen Gestaltungsmöglichkeiten des Urhebers.**[30] Das aPR als solches ist auch nicht beschränkt übertragbar und verzichtbar. Inwieweit zumindest die sog. „vermögenswerten Bestandteile" des aPR einer Übertragbarkeit zugänglich sind, ist umstritten, nach richtiger Auffassung aber ebenfalls generell abzulehnen.[31] Auch das UPR ist in seiner Gesamtheit ebenso wie in Form der in §§ 12–14 besonders ausgestalteten Einzelbefugnisse wie das Urheberrecht insgesamt gem. § 29 Abs. 1 unter Lebenden unübertragbar.[32] In einzelnen Fällen schließt das Gesetz Verfügungen ausdrücklich aus; so ist der Vorausverzicht auf das Rückrufrecht wegen wegen gewandelter Überzeugung (§ 42 Abs. 2 S. 1) unwirksam; seine Ausübung kann vertraglich nicht[33] oder im Voraus mehr als fünf Jahre nicht ausgeschlossen werden.[34] Schließlich folgert die ganz hM aus der Unübertragbarkeit des Urheber(persönlichkeits)rechts auch seine **Unverzichtbarkeit.**[35]

Die urheberpersönlichkeitsrechtlichen Befugnisse, jedenfalls soweit sie mit der Werkverwertung **12** durch Dritte in Zusammenhang stehen, sind aber durchaus einer konstitutiven Übertragung zugänglich; unübertragbar ist nur der Kerngehalt des UPR. Damit steht mit Ausnahme der translativen Rechtsübertragung die gesamte **„Stufenleiter der Gestattungen"** auch für das UPR zur Verfügung. Sie reicht von einem minimalen Kontrollverlust des Urhebers in Gestalt widerruflicher Einwilligungen über schuldrechtlich bindende Nutzungserlaubnisse bis hin zur Einräumung quasidinglicher Nutzungsrechte.[36]

---

[21] Siehe §§ 14 (Eignung zur Interessengefährdung); 25 (Erforderlichkeit, berechtigte Interessen des Besitzers); 39 Abs. 2 (Treu und Glauben); 42 Abs. 1 S. 1 (Zumutbarkeit); 62 Abs. 1 und 2 (Treu und Glauben, Erforderlichkeit); 63 Abs. 2 UrhG (Verkehrssitte).

[22] Ständige Rechtsprechung seit BVerfGE 54, 148 (153 f., 156) – Eppler.

[23] Vgl. BVerfG GRUR 2001, 149 f. – Germania 3.

[24] *Riekert* S. 243 mwN; vgl. auch *Dietz* FS Schricker, 2005, 1 (20 ff.).

[25] Siehe dazu BGH GRUR 2008, 246 (247 f.) – Drucker/Plotter.

[26] Siehe http://de.creativecommons.org/; zum objektiven Verkehrswert der Namensnennung in diesen Fällen OLG Köln ZUM 2018, 621 – Speicherstadt.

[27] *Bechtold/Engel* passim.

[28] Vgl. allgemein auch *Schricker* Informationsgesellschaft S. 82; *Hilty* FS Rehbinder, 2002, 259 ff.; *Kellerhals* S. 197 f.; *Metzger* S. 228 ff.; *Müller* S. 83 f.; sa *Asmus* S. 115.

[29] Fromm/Nordemann/*Dustmann* UrhG vor § 12 Rn. 8.

[30] *Krüger-Nieland* FS Hauß, 1978, 220; *Schiefler* GRUR 1960, 156 (159).

[31] Siehe BGHZ 143, 214 = NJW 2000, 2195 – Marlene; BVerfG NJW 2006, 3409 – Marlene; *Götting* Persönlichkeitsrechte S. 275 ff.; *Peukert* Güterzuordnung S. 173 ff., 825 ff., jeweils mwN.

[32] OLG Köln GRUR-RR 2005, 337 – Dokumentarfilm Massaker; *Müller* S. 76 f.; *Müsse* S. 62; Wandtke/Bullinger/*Bullinger* UrhG vor §§ 12 ff. Rn. 5 ff.; speziell unter dem Gesichtspunkt von Vereinbarungen über die Werkvernichtung *Jänecke* S. 186 ff. Zur Bedeutung des als Redaktionsversehen missdeutbaren Hinweises in § 29 Abs. 2 auf die Zulässigkeit der in § 39 geregelten „Rechtsgeschäfte über Urheberpersönlichkeitsrechte" → § 39 Rn. 8.

[33] § 42 Abs. 2 S. 2.

[34] Wegen eines möglichen Gegenschlusses aus § 42 Abs. 2 vgl. *Schricker* FS Hubmann, 1985, 409 (416 f.).

[35] *Osenberg* S. 46; *Müsse* S. 76; *Schricker* FS Hubmann, 1985, 409 (413).

[36] Grundlegend *Ohly*, volenti non fit iniuria, S. 141 ff.; BGH GRUR 2010, 628 Rn. 29 ff. – Vorschaubilder I; *Rehbinder/Peukert* Rn. 800 ff.; → § 29 Rn. 23 ff.

13   Den geringsten Kontrollverlust erleidet der Urheber, wenn er lediglich in bestimmte, persönlichkeitsrechtlich relevante Nutzungen **einwilligt**. Eine solche vorherige Zustimmung führt ebenso wie eine nachträgliche Genehmigung dazu, dass der tatbestandsmäßige Eingriff in das UPR **nicht rechtswidrig** ist. Eine schlichte Einwilligung unterscheidet sich von schuldrechtlichen Gestattungen und Nutzungsrechtseinräumungen dadurch, dass der Einwilligungsempfänger weder ein dingliches Recht noch einen schuldrechtlichen Anspruch oder ein sonstiges gegen den Willen des Urhebers durchsetzbares und übertragbares Recht erwirbt. Vielmehr kann der Urheber die Einwilligung und damit die Rechtmäßigkeit der Nutzung jederzeit und ohne weitere Voraussetzungen mit Wirkung für die Zukunft **widerrufen** (vgl. § 183 BGB). Aufgrund dieser Unsicherheit spielt die Figur der schlichten Einwilligung in klassischen Verwertungsverträgen etwa mit Verlagen oder Ton- und Filmherstellern keine Rolle. Denn Kulturproduzenten benötigen eine dauerhafte Rechtsposition, um ihre erheblichen Investitionen amortisieren zu können. Große Bedeutung aber kommt der Einwilligung in der **alltäglichen, unentgeltlichen und offenen Online-Kommunikation** zu. Viele professionelle Urheber und Künstler und die überragende Mehrheit der sonstigen Online-Nutzer stellen ihre geschützten Werke und Leistungen, insbesondere alltägliche Lichtbilder und Videos (§ 72 iVm §§ 12 ff.!), ohne weitere Erklärungen der Öffentlichkeit zur Verfügung. Damit bringen sie zwar keinen Rechtsbindungswillen im Hinblick auf Nutzungsrechtseinräumungen oder bindende schuldrechtliche Gestattungen zum Ausdruck. Sie willigen aber konkludent in alle Nutzungshandlungen ein, die nach der Verkehrsanschauung üblich sind (§ 157 BGB). Hierzu zählen jedenfalls Vervielfältigungen (Downloads, Ausdrucke) auch zu kommerziellen Zwecken sowie öffentliche Zugänglichmachungen im Rahmen einer Bildersuchmaschine.[37] Im künstlerischen Bereich können auch urheberpersönlichkeitsrechtlich unbedenkliche Bearbeitungen (Remixe, Mashups) konkludent legalisiert sein. Da die Einwilligung durch die Freischaltung des Inhalts im Internet erklärt wird, bedarf es für einen rechtlich beachtlichen Widerruf eines entsprechend gegenläufigen Verhaltens, also einer Löschung oder einer Sperrung des Zugriffs durch Suchmaschinen und andere Nutzer.[38]

14   Eine Stufe über der stets widerruflichen Einwilligung liegt die **schuldrechtlich bindende Gestattung**. In einem solchen Vertrag verpflichtet sich der Urheber, bestimmte Eingriffe in das UPR durch seinen Vertragspartner zu dulden.[39] Der Duldungs- bzw. Vornahmeanspruch ist ein durchsetzbarer Erfüllungsanspruch gem. § 241 Abs. 1 BGB, dessen Umfang sich nach der konkreten Vereinbarung richtet. Einerseits verschafft eine solch schuldrechtliche Gestattung eine stärkere Rechtsposition als eine schlichte Einwilligung. Denn der Rechtsinhaber kann sich vom Nutzungsvertrag nicht durch einseitige Erklärung lossagen. Andererseits bleibt eine bloß schuldrechtliche Gestattung hinsichtlich ihrer Bestandsfestigkeit deutlich hinter einer gegenständlich („quasidinglich") wirkenden Nutzungsrechtseinräumung gem. § 31 UrhG zurück. Denn es kommt nicht zu einer Verfügung über das Urheber- oder Leistungsschutzrecht. Der Vertragspartner erlangt **kein fungibles Nutzungsrecht,** sondern lediglich einen gegen seinen Vertragspartner gerichteten Anspruch auf Duldung seiner Nutzungen im vereinbarten Umfang. Dieser Duldungsanspruch endet mit dem ggf. befristeten Vertrag oder seiner ordentlichen oder außerordentlichen Kündigung gem. § 314 BGB. Dabei rechtfertigen auch geringfügige Überschreitungen der Grenzen der urheberpersönlichkeitsrechtlichen Gestattung eine Kündigung aus wichtigem Grund.[40]

15   Eine grundsätzlich ebenso **beständige und fungible** Rechtsposition wie das Urheberrecht selbst stellt erst das quasidingliche Nutzungsrecht (§ 31) dar. Es wird durch eine **Verfügung über das UPR** begründet und stellt eine Art **Belastung** des im Übrigen beim Urheber verbleibenden Stammrechts dar. Als gegenständliche („quasidingliche") Rechte sind Nutzungsrechte isoliert übertragbar, genießen Sukzessionsschutz und können den Erwerber je nach Ausgestaltung auch zur Rechtsverfolgung im eigenen Namen berechtigen. Mit *Forkel*[41] kann man auch von einer **gebundenen Übertragung bzw. Einräumung urheberpersönlichkeitsrechtlicher Befugnisse sprechen**.[42] Die Möglichkeit der (gebundenen) Einräumung besteht in besonderer Weise für das Veröffentlichungsrecht, das freilich in aller Regel bereits durch die (erstmalige) Einräumung eines Nutzungsrechts ausgeübt und damit zugleich verbraucht wird.[43] Nach *v. Welser* ist für das UPR im Rechtsverkehr zwischen Zwei-Personen- und Drei-Personen-Verhältnissen zu unterscheiden; im ersten Fall geht es um das Interesse des Nutzungsberechtigten an der uneingeschränkten Verwertung und an einer entsprechenden Ein-

---

[37] BGH GRUR 2010, 628 Rn. 33 ff. – Vorschaubilder I; BGH ZUM 2012, 477 – Vorschaubilder II; EuGH GRUR-Int 2014, 279 Rn. 46 – Innoweb.

[38] BGH GRUR 2010, 628 Rn. 37 f. – Vorschaubilder I.

[39] BGH GRUR 2010, 628 Rn. 32 – Vorschaubilder I.

[40] Vgl. *Kellerhals* S. 119.

[41] *Forkel* Gebundene Rechtsübertragungen, 1977, S. 178 ff.; *Forkel* GRUR 1988, 491.

[42] ÖOGH GRUR-Int 1987, 262 (264) – Weihnachtslieder; vgl. auch *Ulmer* § 89 I; *Schricker* FS Hubmann, 1985, 409; *Riekert* S. 115 ff.; vgl. allgemein auch *Schricker* Informationsgesellschaft S. 90 f. und die Kritik bei *Hoeren* GRUR 1997, 866 (873); aA auch *Heeschen* S. 70 (keine gegenständliche oder „gebundene" Übertragung, sondern nur Überlassung zur Ausübung oder Wahrnehmung); ähnlich *Kellerhals* UFITA Bd. 2000/III, 617 (672 ff.); *Schacht* S. 130 ff.; *Müsse* S. 65 ff., 69 ff. (Übertragung zur Ausübung durch Ermächtigung mit verbleibender Weisungsbefugnis); vgl. auch *Jänecke* S. 201 ff. unter dem Gesichtspunkt der Zustimmung zur Werkvernichtung als Einwilligung.

[43] → § 12 Rn. 12 ff.

schränkung der persönlichkeitsrechtlichen Befugnisse des Urhebers, im zweiten Fall dagegen um Wahrnehmung der Befugnisse durch Dritte aufgrund Überlassung zur Ausübung iSe Arbeitsteilung zwischen diesem und dem Urheber.[44] Das Nutzungsrecht endet mit der ordentlichen oder außerordentlichen (§ 314 BGB) Kündigung des zugrundeliegenden Vertrags. Ein hierüber und über §§ 41 f. hinausgehendes Rückrufs- oder Widerrufsrecht auf persönlichkeitsrechtlicher Grundlage kennt das UrhG hingegen nicht.[45]

Welche Gestaltungsvariante im Einzelfall gegeben ist und wie weit die jeweilige Gestat- 16 tung reicht, hängt von der getroffenen Vereinbarung ab, die ggf. gem. §§ 133, 157 BGB auszulegen ist. Dabei ist einerseits das persönlich-geistige Schutzbedürfnis des in der Regel verhandlungsschwächeren Urhebers zu berücksichtigen. Der für die Einräumung von Verwertungsrechten entwickelte **Übertragungszweckgedanke**[46] ist sinngemäß auf Rechtsgeschäfte über das UPR anzuwenden, da der Urheber im Zweifel nur so weit über seine diesbezüglichen Befugnisse disponiert, wie dies der Zweck des Vertrages unbedingt erfordert.[47] Andererseits verdient das Interesse des grundsätzlich zur Nutzung berechtigten Vertragspartners bzw. Einwilligungsempfängers Beachtung. Nicht selten sind urheberpersönlichkeitsrechtlich relevante Eingriffe (zB Änderungen) für eine übliche Werkverwertung sogar unerlässlich. In Anerkennung seiner Verfügungsbefugnis über das Urheberrecht muss es dem Urheber daher erlaubt sein, gewisse rechtsverletzende Eingriffe durch seine Gestattung zu legalisieren.[48]

Hinsichtlich der **Wirksamkeit der Gestattung urheberpersönlichkeitsrechtlich relevanter 17 Nutzungen** ist zu differenzieren. Eine vollständige Übertragung des UPR und ein erga omnes wirkender Verzicht auf das UPR sind gem. § 29 Abs. 1 rechtlich unmöglich und daher unwirksam. Ohne Weiteres zulässig und wirksam sind hingegen konkret umrissene und widerrufliche Einwilligungen in bestimmte, persönlichkeitsrechtlich zustimmungsbedürftige Nutzungen. Im weiten Feld zwischen diesen beiden Extremen kommt es auf die konkrete Vereinbarung an. Je stärker die Rechtsposition des Werknutzers ausgestaltet ist und je weiter die Gestattung reicht, desto eher kommen Bedenken im Hinblick auf einen Verstoß gegen die guten Sitten (§ 138 Abs. 1 BGB) zum Tragen. Unwirksam ist demnach ein **pauschaler Verzicht** auf die Geltendmachung des UPR.[49] Auch Verfügungen über bzw. schuldrechtliche Gestattungen im Hinblick auf den **Kerngehalt des UPR** werden überwiegend als unzulässig und damit unwirksam erachtet.[50] Doch zeigen selbstverständlich wirksame Verpflichtungen zur Unterlassung der Publikation persönlichkeitsverletzender Werkveröffentlichungen[51] sowie die Fälle des Ghostwriters[52] und des angestellten Urhebers,[53] dass sich auch insoweit schematische Lösungen verbieten. Bei der Auslegung des Vertrags und der anschließenden Anwendung des § 138 Abs. 1 BGB sind insbesondere die Art des betroffenen Werkes (Stichwort kleine Münze),[54] der Vertragszweck, insbesondere bei Werken, die im **Arbeits- oder Dienstverhältnis** geschaffen wurden,[55] sowie die Verkehrssitte der jeweiligen Kulturgüterbranche zu berücksichtigen.[56]

Dabei ist auch die Vorstellung zu verabschieden, dass ein Werk seine endgültige Gestalt nur durch 18 „persönliches Handanlegen" des Urhebers erhalten kann. **Änderungen des Werkes,** die im Laufe des Schaffens- und Produktionsprozesses vielleicht **von fremder Hand, aber unter Kontrolle**

---

[44] *v. Welser* S. 51 ff., 87 ff.; ähnlich *Müller* S. 78.

[45] Wegen der Notwendigkeit einer solchen Widerrufsmöglichkeit bei allen Persönlichkeitsrechten vgl. *Jänecke* S. 210 ff.; *v. Welser* S. 79 f.; vgl. allgemein auch *Ohly* S. 353 f.

[46] Dazu → Vor §§ 31 ff. Rn. 55 f.

[47] Vgl. auch Dreier/Schulze/*Schulze* UrhG § 13 Rn. 28; *Heeschen* S. 80 ff., 85 f.

[48] *Schricker* FS Hubmann, 1985, 409 (419); ebenso *Heeschen* S. 71 ff.; Dreyer/Kotthoff/Meckel UrhG vor §§ 12 ff. Rn. 32 (Verzicht auf die Geltendmachung von Ansprüchen); *Müsse* S. 77 ff. (pactum de non petendo); *Riekert* S. 119. Siehe ferner *Metzger* GRUR-Int 2003, 9 (11 ff.); *Federle* S. 74 ff.; *Jänecke* S. 198 ff. und S. 213 ff.; *Kellerhals* S. 101 ff.; *Müller* S. 78 f. und S. 83 ff.; *Schacht* S. 140 ff.; *v. Welser* S. 57 ff. Zur sog. Überlassung urheberpersönlichkeitsrechtlicher Befugnisse zur Ausübung *Clément* S. 24 ff.; *Heeschen* S. 70, 190 ff.; iSv deren Lizenzierbarkeit Dreyer/Kotthoff/Meckel UrhG vor §§ 12 Rn. 21; vgl. auch Dreier/Schulze/*Schulze* UrhG vor § 12 Rn. 12 f., dort auch zur gewillkürten Prozessstandschaft; *Ulmer* § 89 I; *Schricker* VerlG § 8 Rn. 3; Wandtke/Bullinger/*Bullinger* UrhG vor §§ 12 ff. Rn. 7; vgl. allgemein *Schilcher* S. 144 ff.; rechtsvergleichend *de Werra* S. 174 ff.

[49] *Schricker* FS Hubmann, 1985, 409 (418). Ähnlich anhand der Zweckübertragungslehre sowie der Schranken aus § 138 BGB auch *Metzger* S. 200 ff., S. 228 ff. (erweiterte Vorhersehbarkeitslehre); *Heidmeier* S. 98; Dreier/Schulze/*Schulze* UrhG § 12 Rn. 12; *Müller* S. 88 und S. 181; *Riekert* S. 118 f.; Wandtke/Bullinger/*Bullinger* UrhG vor §§ 12 ff. Rn. 12; ähnlich *Heeschen* S. 79 f. und S. 191.

[50] Vgl. BVerfG NJW 2001, 600. IS einer objektiven Einwilligungsschranke *Ohly* S. 18; *Clément* S. 25 ff.; *Schacht* S. 59 ff.; im Sinne einer schuldrechtlichen Lösung *Bullinger* S. 86 f.; vgl. auch *Federle* S. 70. Kritisch *Heidmeier* S. 57; *Metzger* S. 165 ff., 192 f.; *Müller* S. 79 ff.; *v. Welser* S. 70 f.; vgl. auch *Steinberg* S. 83 ff. bzgl. der Grenzen von Tarifvereinbarungen über UPRe.

[51] LG Köln 9.11.2016 – 28 O 230/16, juris Rn. 37 (=BeckRS 2016, 21404).

[52] → § 13 Rn. 37 f.

[53] → § 43 Rn. 73 ff.

[54] *Osenberg* S. 45; vgl. auch *Ulmer* § 89 III 3.

[55] Vgl. allgemein *Kellerhals* S. 146 ff.; *Schacht* S. 158 ff.; *Schack* Rn. 1124; wegen der Einschränkungen des UPR bei Dienstverhältnissen vgl. *Leuze* S. 78 ff.; ferner *v. Moltke,* Das Urheberrecht an den Werken der Wissenschaft, Diss. 1990, S. 219 ff.; *Reupert,* Der Film im Urheberrecht 1995, S. 265 ff.

[56] So iErg auch *Metzger* S. 126 ff.

oder Zustimmung des Urhebers erfolgen, sind vielfach noch dem Schaffensprozess selbst zuzurechnen und zwar selbst dann, wenn es sich – aus objektiver Sicht – um Entstellungen oder andere Beeinträchtigungen (iSv § 14) von Vorformen oder Vorstufen des Werkes handelt. In diesen Fällen geht es dann nicht um die Gestattung urheberpersönlichkeitsrechtlicher Eingriffe, sondern schlicht um den Abschluss des Schaffensprozesses iSd Ausübung des „Rechts auf Schaffensfreiheit" durch den Urheber selbst.[57]

19   Die Grenzen dieser Betrachtungsweise liegen dort, wo der Urheber **die konkrete Gestalt des schließlich verwerteten Werkes nicht kennt** oder im Rahmen allgemeiner Vertragsbedingungen von vornherein hinzunehmen gezwungen wäre. Der Urheber muss vorsehen können, was er konzediert, so dass er in der Lage ist, sein Selbstbestimmungsrecht in klarer Sicht der Konsequenzen auszuüben.[58] In diesem Kontext erhält die Berufung auf das im Kernbestand unübertragbare UPR auch die Funktion eines Ausgleichs gegenüber der in der Regel schwächeren Rechtsposition des Urhebers gegenüber dem Werkverwerter.[59] Aus dem Erfordernis der Vorsehbarkeit gestatteter Eingriffe in das UPR folgt, dass eine Regelung des UPR auf kollektivvertraglicher Grundlage kaum den Transparenzanforderungen des § 307 Abs. 1 S. 2 BGB genügt.[60] Zulässig sind demgegenüber die Wahrnehmung und Durchsetzung des Urheberpersönlichkeitsrechts im Wege der gewillkürten Prozessstandschaft im Einzelfall auch durch eine Verwertungsgesellschaft.[61]

20   Einen bedauerlicherweise gescheiterten Versuch einer gesetzlichen Regelung eines derartigen Interessenausgleichs hatte der **Regierungsentwurf des Urhebervertragsgesetzes vom 22.3. 2002** unternommen. Der Grundsatz der Unübertragbarkeit des UPR sollte durch die ausdrückliche Zulassung gewisser, auf konkrete Einzelnutzungen bezogener Rechtsgeschäfte über UPRe abgemildert werden.[62] Die Streichung des § 39 RegE im Laufe des Gesetzgebungsverfahrens führt zur Weitergeltung der bisherigen Vorschriften in § 39 einschließlich der zu ihrer Auslegung entwickelten Rechtsgrundsätze, die sich – gerade weil es sich um eine gesetzgeberische Klarstellung handeln sollte – inhaltlich kaum von dem gescheiterten Vorschlag in § 39 RegE unterscheiden. Der Gefahr der Missdeutung des als **Redaktionsversehen** erhalten gebliebenen Hinweises auf „die in § 39 geregelten Rechtsgeschäfte über UPRe" in § 29 Abs. 2 ist deshalb entgegenzutreten.[63] § 29 Abs. 2 ist demgemäß so zu lesen, dass Rechtsgeschäfte über Urheberpersönlichkeitsrechte zulässig sind, wie sie in § 39 geregelt werden und wie sie nach geltenden ungeschriebenen Regeln bisher zugelassen werden,[64] bzw. dass Rechtsgeschäfte über das Urheberpersönlichkeitsrecht zulässig sind.[65]

4. Vererblichkeit

21   Das Urheberrecht ist **als Ganzes** zwar unter Lebenden unübertragbar ausgestaltet, es ist jedoch gem. § 28 Abs. 1 vererblich. Gem. § 30 hat der Rechtsnachfolger des Urhebers die dem Urheber nach diesem Gesetz zustehenden Rechte, soweit nichts anderes bestimmt ist. Im Bereich des UPR ieS (§§ 12–14) trifft das UrhG keine anderen Bestimmungen. Demgegenüber sind im Rahmen des UPR iwS § 42 Abs. 1 S. 2, § 46 Abs. 5 S. 1 iVm § 42 Abs. 1 S. 2, § 62 Abs. 5 S. 2 sowie die §§ 115–116 zu berücksichtigen.[66] Hinzu kommt die besondere, gerade für Belange des UPR bedeutsame Gestaltungsmöglichkeit nach § 28 Abs. 2. Sie erlaubt es, die **Ausübung des Urheberrechts durch letztwillige Verfügung einem Testamentsvollstrecker** zu übertragen;[67] im Rahmen der Zwangsvollstreckung folgt aus § 117, dass die nach §§ 115 und 116 erforderliche Einwilligung durch den Testamentsvollstrecker zu erteilen ist.

22   Umstritten ist, ob der Erbe das UPR nach Maßgabe seiner eigenen Interessen ausüben darf oder an die Interessen des Verstorbenen gebunden ist. Nach einer Auffassung tritt der **Rechtsnachfolger in die volle Rechtsstellung des Urhebers auch bezüglich des UPR** ein. Der Erbe könne urheberpersönlichkeitsrechtliche Entscheidungen des Urhebers umstoßen, soweit er nicht durch Auflagen

---

[57] Ähnlich *Peter* UFITA 36 (1962), 322 sowie – im Hinblick auf den Verzicht – auch *Schricker* FS Hubmann, 1985, 409 (417).

[58] So *Schricker* Informationsgesellschaft S. 93 ff.; im gleichen Sinn *Heeschen* S. 79, 81 f.; *Jänecke* S. 196 ff. unter dem Gesichtspunkt von Vereinbarungen über die Werkvernichtung; *Müller* S. 85, 88 f. und 181 ff.; vgl. auch *Wallner* S. 210 ff. sowie die Kritik bei *Hoeren* GRUR 1997, 873 und *v. Welser* S. 73 f.

[59] Ähnlich iSd Schutzes der Selbstbestimmung des Urhebers *Jänecke* S. 193 ff.; *Metzger* S. 200 ff. sowie *Metzger* GRUR-Int 2003, 9 (21 ff.).

[60] Vgl. *Schricker* Informationsgesellschaft S. 94; *Heeschen* S. 195 f.; zu den Grenzen ihrer Zulässigkeit sa *Steinberg* S. 83 f.; *v. Welser* S. 118 ff.; vgl. auch Dreier/Schulze/*Schulze* UrhG vor § 12 Rn. 14.

[61] Siehe OLG Köln ZUM-RD 1997, 386 – Miró.

[62] Vgl. RegE, UFITA Bd. 2002/II, 520; „Professorenentwurf" für ein Urhebervertragsrecht, GRUR 2000, 765 (767).

[63] → § 29 Rn. 5 und 35; *Schricker* GRUR-Int 2002, 797 (799 f.); sowie Dreier/Schulze/*Schulze* UrhG § 29 Rn. 20; Dreyer/*Kotthoff*/Meckel UrhG § 29 Rn. 12; *Metzger* GRUR-Int 2003, 9 (10 ff.); ähnlich *Jänecke* S. 189 und *Schacht* S. 26.

[64] So *Schricker* GRUR-Int 2002, 797 (800); *Metzger* GRUR-Int 2003, 9 (11).

[65] So Dreyer/*Kotthoff*/Meckel UrhG § 29 Rn. 12.

[66] *Clément* S. 98 ff.; *v. Welser* S. 144 ff.

[67] Im Einzelnen → § 28 Rn. 14 ff.

oder durch Einsetzung eines Testamentsvollstreckers (§ 28 Abs. 2) wirksam gebunden sei.[68] Diese streng erbrechtliche Betrachtungsweise wird jedoch der hybriden Rechtsnatur und Zwecksetzung des UPR im Erbgang nicht gerecht. Maßgeblich bleiben stets die **geistigen und persönlichen Interessen des verstorbenen Urhebers.** Die auf seine Person ausgerichteten Befugnisse ändern durch den Erbgang nicht ihre individuelle Schutzrichtung. § 42 Abs. 1 S. 2 UrhG bestätigt dies unter ausdrücklicher Bezugnahme auf § 30 UrhG. Die praktischen Probleme der Durchsetzung der Interessen des Verstorbenen sind kein Grund, diese Bindung des Erben von vornherein aufzugeben. Immerhin wird den Gerichten ein Instrument an die Hand gegeben, offensichtlich missbräuchlichen, dem Willen des Urhebers erkennbar zuwiderlaufenden Geltendmachungen des Urheberpersönlichkeitsrechts durch den Erben die Gefolgschaft zu versagen.[69]

Als weitere Abweichung von erbrechtlichen Grundsätzen ist zu beachten, dass **die persönlichen 23 und ideellen Interessen des Urhebers** am Werk mit zunehmendem Abstand vom Todeszeitpunkt **an Bindekraft verlieren** und zurücktreten müssen.[70] Die allein maßgeblichen Urheberinteressen haben Jahre und Jahrzehnte nach dem Tod des Urhebers nicht notwendig dasselbe Gewicht wie zu seinen Lebzeiten.[71] Bei der Abwägung der Interessen des Urhebers gegenüber denjenigen der Werknutzer sind demnach andere Ergebnisse möglich, auch im Sinne weiterreichender Eingriffe in das UPR, als bei der Beurteilung vergleichbarer Sachverhalte zu Lebzeiten des Urhebers.[72]

Entgegen *Schack*[73] kann auch **die das UPR strafrechtlich schützende Norm des § 107 Nr. 1 24** nicht gegen den Erben angewandt werden, wenn gerade eigenhändige Signierung durch den Urheber selber vorgetäuscht werden soll; anders bei § 107 Nr. 2, der im Übrigen auch vom Urheber selbst begangen werden kann.[74] Abzulehnen ist ebenfalls die von *Schack*[75] vorgenommene Differenzierung zwischen der (unzulässigen) Substanzänderung eines vollendeten Werks und der (zulässigen) Vollendung oder Bearbeitung eines unfertigen Werks durch die Erben. Die andernfalls notwendige Einschaltung berufsständischer oder staatlicher (gerichtlicher) Kontrollinstanzen zur Beaufsichtigung der Erben zwecks Ausübung des Urheberrechts iSd verstorbenen Urhebers ist wegen der **Gefahr des Kulturdirigismus** abzulehnen.[76] Dies gilt nicht nur für die Zeit nach Ablauf der Schutzfrist (→ Rn. 34 f.), sondern in gleicher Weise schon für die Zeit zwischen dem Tod des Urhebers und dem Ablauf der Schutzfrist.[77]

Entsprechend der **monistischen Auffassung bedeutet das Erlöschen des Urheberrechts 25 70 Jahre** nach dem Tode des Urhebers (§ 64 Abs. 1) gleichzeitig das **Erlöschen des UPR** als Individualbefugnis.[78] Postulaten eines „ewigen Urheberrechts"[79] ist damit de lege lata auch als Grundlage für die **Forderung nach einem ewigen UPR** der Boden entzogen.[80] Auch über Art. 6bis Abs. 2 RBÜ, der das UPR in der konkreten Gestalt des Art. 6bis Abs. 1 „wenigstens bis zum Erlöschen der vermögensrechtlichen Befugnisse" gewährleistet und damit ein über den Ablauf der vermögensrechtlichen Befugnisse hinaus wirksam bleibendes UPR jedenfalls nicht ausschließt, ist ein Schutz für die Zeit nach Ablauf der Schutzfrist in Deutschland nicht zu erlangen. Die verbindliche Anerkennung eines ewigen droit moral war auf der Revisionskonferenz in Stockholm 1967 noch von einer starken Strömung getragen, aber ohne Erfolg geblieben.[81]

---

[68] Dreier/Schulze/*Schulze* UrhG § 12 Rn. 11; *Dreyer*/Kotthoff/Meckel UrhG vor §§ 12 ff. Rn. 27 ff.; *Heintig* ZUM 1999, 291 ff.; Wandtke/Bullinger/*Bullinger* UrhG vor §§ 12 ff. Rn. 12; *Gloser* S. 123 ff.; im Ergebnis auch *Ulmer* § 82 III; vgl. auch LG München I Schulze LGZ 173, 17; bzgl. der Gestaltungsmöglichkeiten bei der erbrechtlichen Absicherung des Urhebers vgl. *Bullinger* S. 209 ff.; *v. Welser* S. 153 ff.; *Clément* S. 40 ff.; zur Ermächtigung einer Person zu Lebzeiten des Urhebers zur Wahrnehmung auch über seinen Tod hinaus vgl. *Schack* Rn. 654 und *v. Welser* S. 159; rechtsvergleichend zur getrennt geregelten Erbfolge beim droit moral in Frankreich *Nérisson* S. 53 ff. sowie bzgl. der Verfügungen des Urhebers S. 71 ff.
[69] Wie hier BGH GRUR 1989, 106 (107) – Oberammergauer Passionsspiele; *Schack* Rn. 651 mwN; *Asmus* S. 196 ff.; *Jänecke* S. 179 f.; *Schilcher* S. 43 ff.; *v. Welser* S. 148 f.; *Clément* S. 64 ff.; *Sattler* S. 58 f.; *Pierer* GRUR 2019, 476 (480).
[70] *Jänecke* S. 181; *Müller* S. 92 f.; Wandtke/Bullinger/*Bullinger* UrhG vor §§ 12 ff. Rn. 10; aA Dreier/Schulze/*Schulze* UrhG vor § 12 Rn. 8; *Pierer* GRUR 2019, 476 (483).
[71] BGH GRUR 1989, 106 (107) – Oberammergauer Passionsspiele II; BGH GRUR 2008, 984 (986) – St. Gottfried; BGH GRUR 2012, 172 – Stuttgart 21; *Clément* S. 55, 77 und 81; *Sattler* S. 61 ff.; *Rehbinder* ZUM 1996, 613 (616).
[72] Wie hier *Federle* S. 56; vgl. auch *Rehbinder* ZUM 1986, 365 (370) sowie LG München I Schulze LGZ 173, 17; zur Frage des Geldentschädigungsanspruchs nach § 97 Abs. 2 S. 4 den Rechtsnachfolgers bei postmortaler Verletzung des UPR vgl. *Heintig* ZUM 1999, 291 ff. sowie *v. Welser* S. 146 f.; vgl. auch *Clément* S. 81 ff. (trotz grundsätzlicher Bindung an den Urheberwillen seien die zur Werknutzung erforderlichen Änderungsbefugnisse durch Erben übertragbar).
[73] GRUR 1985, 352 (356); ebenso *Sieg* S. 117 und *v. Welser* S. 146.
[74] So insbesondere *Sieg* S. 158; aA *Clément* S. 101; *Ulmer* § 133 II 2b.
[75] GRUR 1985, 352 (356 f.).
[76] So letztlich auch *Schack* GRUR 1985, 352 (358).
[77] Wegen der andersgearteten Betrachtungsweise in Frankreich vgl. *Dietz* Droit moral S. 175 f.
[78] *Dreyer*/Kotthoff/Meckel UrhG vor §§ 12 ff. Rn. 34; *Schack* Rn. 358; *Ulmer* § 79 I 1 und II 3; rechtsvergleichend zu der in Frankreich postulierten „Perpetuität" des droit moral *Nérisson* S. 25 ff.
[79] Vgl. die Übersicht bei *Leinveber* GRUR 1964, 364 (366); zur Situation in Frankreich rechtsvergleichend *Nérisson* S. 25 ff., 53 ff.; *Nérisson* IIC 2005, 953 ff.
[80] Vgl. aber zur Fortgeltung eines vertraglich vereinbarten Namensnennungsverbots auch nach Ablauf der Schutzdauer OLG München ZUM 1997, 56 (60).
[81] Vgl. *Reimer* GRUR-Int 1967, 439.

26   Auch de lege ferenda ist die **Einführung des ewigen UPR abzulehnen.**[82] Bei der Frage des Schutzes gemeinfreier Werke vor Entstellungen oder vor Urheberschaftsanmaßung geht es nicht mehr um Interessen des längst verstorbenen Urhebers, sondern um Kulturinteressen der Allgemeinheit.[83] Dieser Gedanke eines „urheberrechtlichen Denkmalschutzes"[84] läuft dem kulturpolitischen Interesse an der Erhaltung der Lebendigkeit moderner Kultur und des schöpferischen Freiraums für die schaffende Generation der Urheber zuwider.[85] Auch im Mutterland des „droit moral perpétuel" scheint sich angesichts einer sehr zögerlichen Haltung der Gerichte mehr und mehr eine skeptische Auffassung durchzusetzen.[86]

27   Im Bereich des Schutzes von Verkörperungen von Geisteswerken im Sinne nationaler Kulturgüter[87] greifen unabhängig vom Urheberrecht die öffentlich-rechtlichen Vorschriften über den Denkmalschutz ein.[88] Der Pflege und Aufbewahrung authentischer Fassungen von Werken in gedruckter Form und Tonträgern dient auch die Pflichtexemplargesetzgebung.[89] Dem öffentlichen Interesse an der Unverfälschtheit und Authentizität von Werken im Sinne von Kulturgütern kann demgemäß auch ohne verfassungsrechtlich problematische staatliche Eingriffe in das Kulturleben[90] durch denkmalpflegerische und kulturpflegerische Maßnahmen Rechnung getragen werden; im audiovisuellen Bereich sind diese noch auszubauen. Für den Normalfall des Kulturbetriebs ist angesichts der Gefahren staatlicher Bevormundung die freie Überwachung durch die öffentliche Kritik vorzuziehen.[91]

5. Ansprüche bei Verletzungen des UPR

28   Im Hinblick auf die **Rechtsfolgen von Verletzungen des UPR** hat die monistische Integration des Urheberpersönlichkeitsrechts in das Urheberrecht als Stammrecht zur Folge, dass grundsätzlich alle in den §§ 97 ff. UrhG vorgesehenen Ansprüche in Betracht kommen. Für das UPR sind daher die Vorgaben der Richtlinie 2004/48/EG zur Durchsetzung der Rechte des geistigen Eigentums zu beachten. Verletzungen des UPR lösen im Falle von Vorsatz oder Fahrlässigkeit insbesondere den Schadensersatzanspruch nach § 97 Abs. 2 S. 1 aus, der ggf. neben den Anspruch wegen der Verletzung der Verwertungsrechte tritt.[92] Der Anspruch auf **Ersatz des Nichtvermögensschadens** in Form einer Geldentschädigung gemäß § 97 Abs. 2 S. 4, der freilich nur gewährt wird, wenn und soweit es der Billigkeit entspricht, tritt selbständig hinzu.[93]

6. UPR und allgemeines Persönlichkeitsrecht

29   Das **allgemeine Persönlichkeitsrecht** gewährleistet die personale und soziale Identität und die individuelle Entfaltung natürlicher Personen. Verfassungsrechtlich beruht es auf dem Schutz der Würde und Freiheit des Menschen (Art. 1 Abs. 1, 2 Abs. 1 GG). Es schützt die Persönlichkeit in allen ihren Ausprägungen, angefangen beim Schutz des Lebensbilds vor unwahren Tatsachenbehauptungen, über den Schutz der persönlichen Ehre vor Schmähkritik, den Schutz der Privatsphäre, bis hin zum Schutz aller Merkmale einer Person, also ihren Namen (§ 12 BGB), ihr Bildnis (§§ 22 f.

---

[82] Begr. RegE UrhG, BT-Drs. IV/270, 79 f.; *Ulmer* § 79 II 3; *Ruzicka* S. 78 ff.; *Clément* S. 134 ff.; *Schack* Rn. 359 f.; *Schilcher* S. 21 ff.; aA *Grohmann* S. 136 ff.; *W. Nordemann* GRUR 1964, 117 (121); *Pakuscher* UFITA 93 (1982), 43 (53); für einen durch eine Spezialvorschrift im Urheberrecht begründeten Denkmalschutz auch *Leinveber* GRUR 1964, 364 (368 ff.); für die Errichtung eines Nationaltheaters zur Pflege der Klassiker *Rehbinder* ZUM 1996, 613 (614); für die Schaffung unabhängiger Kommissionen mit Vertretern der verschiedenen Urhebergruppen zur Kontrolle der Erben mit gesetzlicher Ermächtigung zur Geltendmachung eines urheberrechtlichen Denkmalschutzes *Clément* S. 125 ff.; dagegen aus finanziellen und kulturpolitischen Erwägungen mit Recht *v. Welser* S. 167 f.

[83] Begr. RegE UrhG 1965, BT-Drs. IV/270, 80; *Ulmer* § 79 II 3; *Dietz* Droit moral S. 192; *Schack* GRUR 1983, 59; *Schack* GRUR 1985, 352 (360); *Baum* GRUR-Int 1965, 418 (420); *Vischer* FS Müller-Freienfels, 1996, 94; wegen der Möglichkeit der Überschneidung von öffentlichrechtlichem Denkmalschutz und Urheberrecht bei noch geschützten Werken und denkmalschutzwidrigem Handeln durch den Urheber vgl. *Jänecke* S. 252 ff. und *Müller* S. 97.

[84] So *Leinveber* GRUR 1962, 75 und GRUR 1964, 364; vgl. auch *Ruzicka* S. 153 ff.

[85] Ähnlich *Ulmer* § 7 II 3; *Schack* Rn. 359; *Schack* GRUR 1985, 316; *Federle* S. 32 f.; *Müller* S. 98; *v. Welser* S. 165 f.; unter dem Gesichtspunkt der Meinungsfreiheit auch *Cohen Jehoram* GRUR-Int 1983, 385 (389); im Ergebnis auch *Vischer* FS Müller-Freienfels, 1996, 96; aA *Pakuscher* UFITA 93 (1982), 43 (56 ff.); sowie *Grohmann* S. 136 ff.; vgl. auch OLG Kopenhagen GRUR-Int 1991, 378 (droit moral der Evangelienverfasser).

[86] S. Cour de Cassation IIC 2007, 73 – Plon SA/Pierre Hugo (keine Ansprüche wegen Verletzung des ewigen droit moral Victor Hugos gegen eine Fortsetzung von „Les Misérables"); sa *Asmus* S. 193 f., 200; zur früher vorherrschenden Auffassung in Frankreich vgl. *Dietz* Droit moral S. 182 ff.; vgl. auch die rechtsvergleichenden Hinweise bei *Müller* S. 97 sowie *Nérisson* S. 81 ff.

[87] Also von Originalen von Werken der bildenden Kunst, Originalmanuskripten von Werken der Literatur und Musik, uU auch Originalen von Tonbandaufnahmen und audiovisuellen Werken.

[88] Vgl. dazu insbesondere den Exkurs Denkmalschutz bei *Ruzicka* S. 91 ff. sowie *Dietz* Droit moral S. 194 ff.; Dreier/Schulze/*Schulze* UrhG vor § 12 Rn. 9; *Jänecke* S. 243 f.

[89] Zur kulturpolitischen Zielsetzung BVerfG GRUR 1982, 45 (48).

[90] Zur Unzulässigkeit eines staatlichen Kunstrichteramts vgl. *Knies* S. 170 ff.

[91] *Ulmer* § 79 II 3; ebenso *Krüger-Nieland* UFITA 64 (1972), 129 (134).

[92] BGH GRUR 2002, 532 (535) – Unikatrahmen (unbefugte Bearbeitung durch angepasste Bemalung des Rahmens beim Vertrieb von Kunstdrucken des Malers Hundertwasser); → § 13 Rn. 20; → § 14 Rn. 44.

[93] Vgl. OLG Frankfurt a. M. CR 2004, 617 (619) („Schmerzensgeldanspruch" bei schwerwiegenden Eingriffen in das UPR); AG Charlottenburg ZUM-RD 2005, 356 (358); zur Geltendmachung durch den Erben bei Verletzung des Veröffentlichungsrechts *Heintig* ZUM 1999, 291 ff.

KUG),[94] ihre Stimme,[95] das nicht in der bzw. für die Öffentlichkeit gesprochene[96] und geschriebene Wort,[97] und nicht zuletzt alle personenbezogenen Daten.[98]

Begreift man das Werk als Ausdruck der Persönlichkeit des Urhebers, so lässt sich der gesamte 30 Schutz dieser persönlichen Ausprägung, zumindest aber das UPR als spezieller Anwendungsfall des allgemeinen Persönlichkeitsrechts konzipieren. In diesem Sinne heißt es in der Begründung des Regierungsentwurfs zum UrhG 1965, das UPR sei „auch insofern ein echtes Persönlichkeitsrecht, als es grundsätzlich stets untrennbar mit der Person des Urhebers verbunden" bleibe. Es sei in ähnlicher Weise als ein „besonderes" Persönlichkeitsrecht anzusehen wie etwa das Namensrecht nach § 12 BGB oder das Recht am eigenen Bild nach § 22 KUG.[99] Diese Auffassung ist jedoch mit der monistischen Konzeption des deutschen Urheberrechts unvereinbar. Das UPR teilt zwar mit dem aPR die verfassungsrechtliche Grundlage in Art. 2 Abs. 1, 1 Abs. 1 GG. Es ist zugleich aber untrennbarer Bestandteil des beschränkt übertragbaren und vererblichen Urheberrechts, das verfassungsrechtliches Eigentum darstellt. Diese **hybride Rechtsnatur zwischen Persönlichkeits- und Vermögensrecht** verbietet es, das UPR als besonderen Anwendungsfall des aPR aufzufassen, das allein auf Art. 2 Abs. 1 und 1 Abs. 1 GG iVm § 823 Abs. 1 BGB bzw. den Sondervorschriften in §§ 12 BGB, 22 f. KUG und dem Datenschutzrecht beruht.[100]

Hieraus folgt, dass dem aPR im Verhältnis zum UPR keine Auffang- oder Reservefunktion zu- 31 kommt.[101] Vielmehr steht das werkbezogene **UPR gesondert neben dem allgemeinen Persönlichkeitsrecht** des Urhebers.[102] Der Schutz des Urheberpersönlichkeitsrechts, insbesondere in Gestalt des Rechts auf Anerkennung der Urheberschaft und des grundsätzlichen Werkänderungsverbots, geht dabei einerseits wesentlich weiter als der allgemeine Persönlichkeitsschutz. Insbesondere sind Ruf, Ehre und Identität des Urhebers als Person ggf. selbst durch eine gravierende Werkverstümmelung, die die geistigen Interessen des Urhebers in Bezug auf das konkrete Werk verletzt, nicht unbedingt betroffen. Hingegen können Werknutzungen, die nicht gegen das UPR verstoßen, mit Rücksicht auf die gesetzgeberischen Wertungen, die diesem Ergebnis zugrundeliegen, in aller Regel auch nicht als Verletzungen des allgemeinen Persönlichkeitsrechts des Urhebers qualifiziert werden.[103]

Andererseits bietet das aPR umfassenden **Schutz für ideelle Interessen des Urhebers jenseits 32 seiner geistigen und persönlichen Beziehung zu einem bestimmten Werk.** Einschlägig ist das aPR dementsprechend für den Schutz der Geheimhaltungs- und Integritätsinteressen von Arbeiten ohne Werkcharakter wie alltäglichen Briefen; für Individualinteressen des Urhebers, die sich nicht auf ein einzelnes Werk, sondern auf die Gesamtheit seines Werkschaffens oder Œuvres beziehen;[104] für das Unterschieben eines fremden Werks durch Signierung mit dem Urhebernamen (droit de non-paternité);[105] für kritische Äußerungen über ein Werk, ohne dass dieses vervielfältigt oder sonst urheberrechtlich relevant genutzt wird;[106] für Beeinträchtigungen der Schaffensfreiheit.[107] Schließlich

---

[94] Zum Verbot ungenehmigter Bildaufnahmen BVerfG ZUM 2000, 154 f. – Caroline von Monaco.

[95] OLG Hamburg GRUR 1989, 666 – Heinz Erhardt.

[96] BVerfG ZUM-RD 2003, 57 – Recht am gesprochenen Wort.

[97] BGHZ 13, 334 = GRUR 1955, 197 – Leserbrief; BGHZ 31, 308 (314) = GRUR 1960, 449 – Altherrenrundschreiben; BVerfGE 80, 367 = NJW 1990, 563 – Verwertbarkeit tagebuchartiger Aufzeichnungen des Beschuldigten im Strafverfahren.

[98] Recht auf informelle Selbstbestimmung (BVerfGE 65, 1 = NJW 1984, 419 – Volkszählungsurteil) und Datenschutzrecht.

[99] RegE UrhG 1965, BT-Drs. IV/270, 44; ebenso → 3. Aufl. 2006, Rn. 14 (wesensverwandte Spezialregelung und Erscheinungsform des aPR); *Schiefler* GRUR 1960, 159; *Müller* S. 18 f.; *Heidmeier* S. 117 ff.; *Kellerhals* S. 76 ff.; *Schack* Rn. 46; kritisch *Lucas-Schloetter* GRUR-Int 2002, 809 ff.; *Neumann-Duesberg* NJW 1971, 1640 (1641); *Roeber* FuR 1965, 102 (103 f.); *Peter* UFITA 36 (1962), 267 (270); *Runge* UFITA 54 (1969), 1 (25 ff.); *Schöfer* S. 146 ff.; *Osenberg* S. 10 ff.

[100] In diesem Sinne BGH GRUR 2014, 702 Rn. 23 – Berichterstattung über trauernden Entertainer.

[101] AA → 3. Aufl. 2006, Rn. 15; *Schack* Rn. 45 f.; *Schack* IPRax 1993, 47 (51); *Jänecke* S. 235; *Müller* S. 19; *Schacht* S. 58 f.; vgl. auch *Dreyer/Kotthoff/Meckel* UrhG vor § 12 ff. Rn. 37; *Krüger-Nieland* FS Hauß, 1978, 215; iSd Subsidiarität auch *Müsse* S. 57 ff.; *Schiefler* GRUR 1960, 158 (160); *v. Welser* S. 20; *v. Moltke,* Das Urheberrecht an den Werken der Wissenschaft, Diss. 1990, S. 159 ff.

[102] Zu Konflikten zwischen dem Urheberrecht und dem allgemeinen Persönlichkeitsrecht Dritter siehe *Rehbinder/Peukert* Rn. 438.

[103] Zur Zerstörung von Originalwerken aber Wandtke/Bullinger/*Bullinger* Vor §§ 12 ff. Rn. 17; *Jänecke* S. 235 f.; *Müller* S. 19; zu im Inland nicht geschützten Werken *Schack* IPRax 1993, 47 (51); *v. Welser* S. 21.

[104] BGH GRUR 1995, 668 – Emil Nolde; BVerfG AfP 1993, 476 („Schmähkritik" am gesamten Werkschaffen eines Schriftstellers); BVerfG NJW 1993, 2925 (Schutz vor Zuschreibung nicht getaner Äußerungen oder vor unrichtigen, verfälschten unter Einer Äußerung oder vor richtigen, verfälschten unter Einer Äußerung durch das aPR); kritisch *Bullinger,* insbes. S. 63 ff., 140 ff. (mit Normvorschlag S. 156 für einen § 14a UrhG über die verbotene Verfälschung des Werkschaffens eines Künstlers durch falsche Zuschreibung eines Werkes); *Katzenberger* GRUR 1982, 718; wie hier dagegen *Ulmer* § 6 III; *Dreyer/Kotthoff/Meckel* UrhG vor §§ 12 ff. Rn. 38 und 44 ff.; *Haberstumpf* Rn. 198; *Jänecke* S. 236 ff.; *Müsse* S. 60; *Schack* Rn. 44; *Stuhlert* S. 77; *Dietz* Droit moral S. 31; allgemein auch *Jacobs,* Persönlichkeitsrecht bei Kunstfälschungen?, FS Piper, 1996, 679 ff.

[105] So BGH GRUR 1995, 668 – Emil Nolde; verfehlt daher LG München I ZUM 2006, 664 (666) („negatives Urheberpersönlichkeitsrecht"); *de Werra* S. 44 ff.

[106] *Schack* Rn. 44, 385; *Dreyer/Kothoff/Meckel* UrhG vor §§ 12 ff. Rn. 52.

[107] Näher *Peukert* Güterzuordnung S. 906 ff.; weitergehend im Sinne eines subjektiven „Rechts auf Schaffensfreiheit" *Schmitt-Kammler* S. 34; vgl. auch *Dreyer/Kotthoff/Meckel* UrhG § 11 Rn. 9; *Strömholm* Bd. II 1 S. 85 ff.; Dreier/Schulze/*Schulze* UrhG vor § 12 Rn. 5; *Schack* Rn. 44.

Vor §§ 12 ff. UrhG

begründet das UPR auch keinen Anspruch darauf, an einem bestimmten Werk, einer bestimmten Filmproduktion mitzuwirken; ein solcher Anspruch kann nur vertraglich begründet werden.[108]

III. Persönlichkeitsschutz von Leistungsschutzberechtigten

1. Verfasser wissenschaftlicher Ausgaben und Lichtbildner

33   Gem. §§ 70 Abs. 1, 72 Abs. 1 werden wissenschaftliche Ausgaben und Lichtbilder in entsprechender Anwendung der Vorschriften des 1. Teils des UrhG geschützt, wenngleich für eine kürzere Dauer. **Verfasser wissenschaftlicher Ausgaben und Lichtbildner** können zudem wie Urheber gem. § 97 Abs. 2 S. 4 auch wegen des Schadens, der nicht Vermögensschaden ist, eine Entschädigung in Geld verlangen, wenn und soweit dies der Billigkeit entspricht. Hieraus folgt, dass das UrhG die geistigen und persönlichen Beziehungen dieser natürlichen Personen zur wissenschaftlichen Ausgabe bzw. zum Lichtbild für schutzwürdig erachtet. Sie können sich grundsätzlich auf das UPR ieS (§§ 12–14) und das UPR iwS (insbesondere im Kontext des Urhebervertragsrechts) berufen.

34   Doch erklärt das Gesetz das Urheberpersönlichkeitsrecht **nur für entsprechend anwendbar.** Die einschlägigen Vorschriften und Grundsätze kommen also nur zum Tragen, soweit die Interessenlage im konkreten Fall mit dem Urheberrecht vergleichbar ist. Hierbei ist zu berücksichtigen, dass wissenschaftliche Ausgaben und Lichtbilder gerade keine persönlichen geistigen Schöpfungen darstellen, in denen die kreative Individualität des Urhebers zum Ausdruck kommt. Vielmehr handelt es sich um Erzeugnisse, die der Gesetzgeber aufgrund wissenschaftlicher Arbeit und hoher Kosten (§ 70) bzw. aufgrund von Abgrenzungsschwierigkeiten zu Lichtbildwerken (§ 72) unter Schutz stellte.[109] Weist der Schutzgegenstand aber keine persönliche Prägung auf, mangelt es auch an einer Grundlage für eine persönlich-geistige Beziehung zur Ausgabe bzw. zum Lichtbild. Dieser Umstand ist bei der persönlichkeitsrechtlichen Interessenabwägung zu berücksichtigen, mit der Folge, dass Verfasser wissenschaftlicher Ausgaben und Lichtbildner einen **geringeren persönlichkeitsrechtlichen Schutz ihrer geistigen und persönlichen Interessen am Schutzgegenstand** genießen als Urheber in Bezug auf ihr Werk. Insbesondere stehen das Recht auf Anerkennung der Urheberschaft und der Integritätsschutz noch stärker unter dem Vorbehalt des Üblichen. De lege ferenda sollte der Pauschalverweis auf das UPR aufgehoben werden.

2. Ausübende Künstler

35   Persönlichkeitsrechtliche Befugnisse kommen auch dem ausübenden Künstler zu. Gem. §§ 74, 75 hat der Interpret das Recht, **in Bezug auf seine Darbietung als solcher anerkannt zu werden** und eine **Entstellung oder andere Beeinträchtigung seiner Darbietung zu verbieten, die geeignet ist, sein Ansehen oder seinen Ruf als ausübender Künstler zu gefährden.** Im Gegensatz zum Urheberrecht kennt das Gesetz kein Veröffentlichungsrecht des ausübenden Künstlers,[110] doch finden kraft Verweisung in § 79 Abs. 2a die beiden Rückrufsrechte aus § 41 und § 42 entsprechende Anwendung. Wie die Urheber des Filmwerks müssen sich auch die an einem Film beteiligten ausübenden Künstler Einschränkungen im Hinblick auf den Entstellungsschutz und das Nennungsrecht gefallen lassen (§ 93).

36   Die wohl überwiegende Auffassung fasst die §§ 73 ff. als einheitliches Stammrecht auf, das wie das Urheberrecht vermögensrechtliche und persönlichkeitsrechtliche Elemente umfasse.[111] Dem steht de lege lata jedoch die **dualistische Ausgestaltung der Leistungsschutzrechte des ausübenden Künstlers** als ein Bündel von Rechten an der Darbietung entgegen. Die Verwertungsrechte sind translativ übertragbar und vererblich (§§ 77–79). Ihre Dauer ist abweichend von der Dauer der unübertragbaren Persönlichkeitsrechte geregelt (§§ 76, 82), die nicht vererbt, sondern von den Angehörigen wahrgenommen werden.[112] All dies lässt nur den Schluss zu, dass es sich bei den §§ 74 f. UrhG um **spezielle Ausprägungen des allgemeinen Persönlichkeitsrechts** handelt, die im Sinne einer dualistischen Struktur gesondert neben den unter Art. 14 GG fallenden Verwertungsrechten stehen.[113] Soweit diese besonderen Künstlerpersönlichkeitsrechte keine abschließende Regelung darstellen, bleibt das allgemeine Persönlichkeitsrecht anwendbar.[114]

---

[108] So OLG München ZUM 2000, 767 (772) – Regievertrag; dazu Nichtannahmebeschluss BVerfG NJW 2001, 600.
[109] Vgl. RegE UrhG 1965, BT-Drs. IV/270, 87 und 89.
[110] Vgl. → Vor §§ 73 ff. Rn. 85; vgl. auch *Rüll* S. 202 ff. und 254 ff.
[111] *Flechsig* FuR 1976, 208 f.; *Rüll* S. 55; *Grünberger* S. 44 ff.
[112] § 76 Abs. 1 S. 4.
[113] Ausführlich zur Rechtslage vor 2002/2003 *Peukert* Leistungsschutzrechte S. 35 ff.; zurückhaltend auch *Ulmer* § 123 I; *Schack* Rn. 681.
[114] → Vor §§ 73 ff. Rn. 89; *Rüll* passim, insbes. S. 235 ff.

IV. Internationale Dimension

1. Territorialer Geltungsbereich des UPR und völkerrechtliche Konventionen

Aufgrund seiner Einbettung in das einheitliche Urheberrecht unterliegt auch das UPR dem **Terri-** 37 **torialitätsprinzip.**[115] Es gilt in seiner Ausgestaltung durch das UrhG nur auf dem Territorium der Bundesrepublik. Die Veröffentlichung, Nutzung ohne Anerkennung der Urheberschaft oder Entstellung des Werkes muss zu einer **Gefährdung der berechtigten geistigen oder persönlichen Interessen am Werk im Inland** führen. Auf Interessenkollisionen im Ausland sind die §§ 12–14 nicht anwendbar. Eine Gefährdung der ideellen Interessen des Urhebers mit ausreichendem Inlandsbezug liegt vor, wenn sich die angegriffene Werknutzung (Veröffentlichung, körperliche oder unkörperliche Verwertung gem. § 15) im Inland ereignet oder das inländische Publikum gezielt angesprochen wird. Ob dies der Fall ist, hängt von den Umständen des Einzelfalls, zB der Sprache der betreffenden Webseite, den dort akzeptierten Währungen usw ab.[116]

Auch der **subjektive Anwendungsbereich des UPR** ist aufgrund seiner Verflechtung mit den 38 Verwertungsrechten grundsätzlich nach Maßgabe des Fremdenrechts der §§ 120 ff. begrenzt. Insoweit allerdings spricht § 121 Abs. 6 das UPR ieS (§§ 12–14 UrhG) **allen ausländischen Urhebern** für alle ihre Werke zu, ohne dass es auf ihre Staatsangehörigkeit, das erste Erscheinen des Werkes im Inland, das Vorliegen eines Staatsvertrags oder die Gewährleistung der Gegenseitigkeit ankommt.[117] Damit wird eine fremdenrechtliche Gleichstellung des UPR mit dem aPR verwirklicht, bei dem es ebenfalls keine Diskriminierung von Ausländern gibt.[118]

Diese räumlichen und die zumindest potentiell subjektiven Anwendungsschranken des UPR nach 39 Maßgabe der nationalen Urheberrechtsordnungen begründen ein Bedürfnis, das UPR in den urheberrechtlichen Konventionen zu regeln, um zumindest den Angehörigen aller Vertragsstaaten eine Inländerbehandlung auf einem gewissen Mindestniveau zu garantieren. Dieses Bedürfnis wird dadurch verstärkt, dass das **UPR (droit moral/moral rights) rechtsvergleichend in durchaus unterschiedlicher Gestalt und Reichweite anerkannt wird.** Im französischen Rechtskreis wird in dualistischer Weise zwischen Verwertungs- und Persönlichkeitsrechten unterschieden, dem angloamerikanischen Copyright-System waren unverfügbare moral rights zumindest ursprünglich völlig fremd, und der österreichisch-deutsche Monismus[119] hat im internationalen Vergleich nur relativ wenige Nachahmer gefunden.[120]

Prominente Anerkennung fand der Gedanke des UPR in **Art. 27 Abs. 2 der Allgemeinen** 40 **Erklärung der Menschenrechte von 1948,** wonach jeder Mensch das Recht auf Schutz der moralischen Interessen hat, die sich aus jeder wissenschaftlichen, literarischen oder künstlerischen Produktion ergeben, deren Urheber er ist.[121] Ein fast gleichlautendes – hier aber mit echter Bindungswirkung für die Mitgliedstaaten – ausgestattetes Recht sieht Art. 15 Abs. 1 lit. c des Internationalen Pakts über wirtschaftliche, soziale und kulturelle Rechte von 1966 vor.

In die spezifisch urheberrechtlichen Konventionen wurde das UPR (droit moral) in Gestalt von 41 **Art. 6bis Abs. 1 RBÜ** im Rahmen der Rom-Konferenz 1928 aufgenommen.[122] Die Vorschrift hat auf den Revisionskonferenzen von Brüssel 1948[123] und Stockholm 1967[124] wichtige Änderungen erfahren, die sich aber im Wesentlichen auf die Fragen der Geltendmachung des UPR sowie der Dauer des Schutzes des droit moral nach dem Tode des Urhebers bezogen.[125] In ihrer für die Bundesrepublik gültigen Pariser Fassung lautet Art. 6bis: „(1) Unabhängig von seinen vermögensrechtlichen Befugnissen und selbst nach deren Abtretung behält der Urheber das Recht, die Urheberschaft am Werk für sich in Anspruch zu nehmen und sich jeder Entstellung, Verstümmelung, sonstigen Änderung oder Beeinträchtigung des Werkes zu widersetzen, die seiner Ehre oder seinem Ruf nachteilig sein könnten. (2) Die dem Urheber nach Absatz 1 gewährten Rechte bleiben nach seinem Tod wenigstens bis zum Erlöschen der vermögensrechtlichen Befugnisse in Kraft und werden von den Personen oder Institutionen ausgeübt, die nach den Rechtsvorschriften des Landes, in dem der Schutz

---

[115] Vgl. auch Art. 6bis Abs. 3 RBÜ („Die zur Wahrung der in diesem Artikel gewährten Rechte erforderlichen Rechtsbehelfe richten sich nach den Rechtsvorschriften des Landes, in dem der Schutz beansprucht wird.").

[116] Vgl. entsprechend zur Reichweite des Verbreitungsrechts EuGH GRUR 2012, 817 Rn. 21 ff. – Donner; zum Datenbankherstellerrecht EuGH ZUM 2013, 119 Rn. 18 ff. – Football Dataco ua/Sportradar.

[117] Entsprechendes gilt gem. § 124 für den Schutz wissenschaftlicher Ausgaben und den Schutz von Lichtbildern sowie gem. § 125 Abs. 6 S. 1 für ausübende Künstler.

[118] Näher → § 121 Rn. 21.

[119] Zur Ideen- und Rechtsgeschichte vgl. *Rehbinder/Peukert* Rn. 154 f.

[120] Näher → 4. Aufl. 2010, Rn. 19–22 mwN; ferner *Rigamonti* S. 158 ff.

[121] Vgl. *Schack* Rn. 86; *Schricker* Informationsgesellschaft S. 82.

[122] Vgl. auch *Hoffmann* UFITA 9 (1936), 114. Vgl. auch Art. 11bis Abs. 2 RBÜ („Urheberpersönlichkeitsrecht"); *Bappert/Wagner* RBÜ Art. 6bis Rn. 2.

[123] Vgl. *Baum* GRUR 1949, 1 (12 f.).

[124] Vgl. *Reimer* GRUR-Int 1967, 430.

[125] Vgl. *Asmus* S. 38 ff.; allgemein zur historischen Entwicklung sowie zu den Schwachpunkten des Art. 6 RBÜ auch *Boytha* FS Rehbinder, 2002, 199 ff. Wegen der – nicht anzunehmenden – Festlegung der RBÜ auf eine – etwa die dualistische – Theorie des Urheberrechts vgl. *Bappert/Wagner* RBÜ Art. 6bis Rn. 2; ebenso *Asmus* S. 45; wegen des Vergleichs von Dualismus und Monismus s. *Dietz* FS Erdmann, 2002, 63 ff.

beansprucht wird, hierzu berufen sind. Die Länder, deren Rechtsvorschriften im Zeitpunkt der Ratifikation dieser Fassung der Übereinkunft oder des Beitritts zu ihr keine Bestimmungen zum Schutz aller nach Absatz 1 gewährten Rechte nach dem Tod des Urhebers enthalten, sind jedoch befugt vorzusehen, daß einzelne dieser Rechte nach dem Tod des Urhebers nicht aufrechterhalten bleiben. (3) Die zur Wahrung der in diesem Artikel gewährten Rechte erforderlichen Rechtsbehelfe richten sich nach den Rechtsvorschriften des Landes, in dem der Schutz beansprucht wird."

42   Die beiden in Art. 6bis Abs. 1 RBÜ vorgesehenen Rechte entsprechen im UrhG dem Recht auf Anerkennung der Urheberschaft nach § 13 und dem Recht auf Schutz gegen Entstellungen des Werkes nach § 14. Allerdings **bleibt die RBÜ hinter diesem Schutzniveau in mehrfacher Hinsicht zurück.** Das in § 13 S. 2 geregelte Recht zu bestimmen, ob und mit welcher Urheberbezeichnung das Werk zu versehen ist, verlangt die RBÜ jedenfalls nicht ausdrücklich. Ferner sind Beeinträchtigungen des Werkes nur insoweit relevant, als sie der Ehre oder dem Ruf des Urhebers nachteilig sein können, während § 14 hierfür bereits eine Gefährdung der berechtigten geistigen oder persönlichen Interessen des Urhebers genügen lässt.[126] Aufgrund dieser weitreichenden Regelung des UPR kommt den einschlägigen Regeln der RBÜ in ihrer Funktion als Mindestschutz in Deutschland in der Praxis keine selbständige Bedeutung zu.

43   Die ursprünglich auf der Rom-Konferenz 1928 ebenfalls geplante Verankerung des Veröffentlichungsrechts des Urhebers als Teilbefugnis des UPR wurde nicht übernommen.[127] Im Hinblick auf die umfassende Regelung der Verwertungsrechte in der RBÜ[128] muss allerdings auch für das Konventionsrecht von einer **grundsätzlichen Gewährleistung des Veröffentlichungsrechts** ausgegangen werden. Weitere urheberpersönlichkeitsrechtlich relevante Regelungen finden sich in Art. 7 Abs. 3 und Art. 15 Abs. 1 und 3,[129] Art. 10 Abs. 3 und Art. 10bis Abs. 1,[130] sowie Art. 11bis Abs. 2 RBÜ.[131]

44   Das **WUA** sieht mit Rücksicht auf die Vorbehalte gegenüber moral rights in den USA keine urheberpersönlichkeitsrechtlichen Mindestbefugnisse vor.[132] Auch das **TRIPS-Abkommen** klammert das UPR gem. Art. 6bis RBÜ gezielt aus.[133] Gem. Art. 9 Abs. 1 S. 2 TRIPS haben die WTO-Mitglieder keine Rechte oder Pflichten in Bezug auf die in Art. 6bis RBÜ gewähren oder die daraus abgeleiteten Rechte. Hieraus folgt vor allem, dass das Zurückbleiben einer nationalen Rechtsordnung hinter dem entsprechenden Mindestniveau nicht Gegenstand eines WTO-Streitbeilegungsverfahrens werden kann. Art. 1 Abs. 4 **WCT** inkorporiert hingegen den Schutzstandard der RBÜ einschließlich des Art. 6bis. Doch ändert dies nichts daran, dass diesbezügliche Verstöße gegen das Konventionsrecht praktisch nicht sanktioniert sind.

45   Während das Niveau des internationalen Urheberpersönlichkeitsrechts seit 1928 stagniert und auch keine Initiativen im Hinblick auf seinen Ausbau ersichtlich sind, haben die Künstlerpersönlichkeitsrechte durch Art. 5 WPPT und Art. 5 BTAP eine wesentliche Aufwertung erfahren. Demnach haben **ausübende Künstler** unabhängig von ihren wirtschaftlichen Rechten auch nach Abtretung dieser Rechte in Bezug auf ihre Darbietungen das **Recht auf Namensnennung,** sofern die Unterlassung der Namensnennung nicht durch die Art der Nutzung der Darbietung geboten ist, und sie können gegen jede Entstellung, Verstümmelung oder sonstige **Änderung ihrer Darbietungen, die ihrem Ruf abträglich wäre,** Einspruch erheben.[134]

2. Unionsrecht

46   In der Rechtsprechung des EuGH[135] sowie andeutungsweise auch des EuG[136] wurde der Schutz der Persönlichkeitsrechte der Urheber unter ersichtlicher Anlehnung an Art. 6bis RBÜ als zum spezifischen Gegenstand des Urheberrechts gehörend anerkannt.[137] Freilich sind sporadische Hinweise auf das UPR bzw. in der Mehrzahlform auf „Urheberpersönlichkeitsrechte" in einzelnen Richtlinien[138] eher als Absicht des EU-Gesetzgebers zu deuten, sich auch weiterhin **nicht mit der Harmonisierung des UPR zu befassen.** 2004 stellte die EU-Kommission fest, es bestehe keine offensichtliche Notwendigkeit zur Harmonisierung des UPR, weil die Unterschiede in den nationalen Rechtsord-

---

[126] Vgl. *Ulmer* § 41 I; *Flechsig* FuR 1976, 429 (432).

[127] Vgl. *Mentha* GRUR-Int 1973, 295; *Asmus* S. 42 sowie rechtsvergleichend S. 136 ff.; *Hoffmann* UFITA 9 (1936), 114 (119); zur Vorgeschichte von Art. 6 RBÜ vgl. auch *Strömholm* Bd. I S. 382 ff., insbes. S. 387 ff. sowie *Boytha* FS Rehbinder, 2002, 201 ff.

[128] Vgl. Nordemann/Vinck/Hertin RBÜ Art. 6 Rn. 2.

[129] Stillschweigend vorausgesetzte Entscheidung des Urhebers über anonymes oder pseudonymes Erscheinen seines Werkes.

[130] Gebot zur Quellenangabe im Rahmen der Zitierfreiheit sowie der Freiheit der Berichterstattung.

[131] Wahrung des UPR im Rahmen der zulässigen Regelung über die Ausübung des Senderechts.

[132] Vgl. *Strömholm* Bd. I S. 403; *Ulmer* § 15 II 2; vgl. jedoch *Dietz,* Elements of moral rights protection in the Universal Copyright Convention, Copyright Bulletin [UNESCO] Vol. XXI [1987] Nr. 3 S. 17 ff.

[133] Vgl. bereits *Dietz* ZUM 1993, 309 (312).

[134] S. allgemein *Jaeger* S. 130 ff. sowie die deutsche Umsetzung in §§ 74 und 75.

[135] EuGH GRUR 1994, 280 – Phil Collins; vgl. auch *Dreyer/Kotthoff/Meckel* UrhG § 11 Rn. 5.

[136] EuG GRUR-Int 1993, 316 Rn. 58.

[137] BGH GRUR 2017, 1027 Rn. 34 – Reformistischer Aufbruch.

[138] S. Art. 9 SchutzdauerRL 2006/116; ErwGrd. 19 InfoSoc-RL 2001/29; BGH ZUM 2017, 753 Rn. 19 – Afghanistan Papiere; allgemein *Asmus* S. 86 ff., 109 ff.; *Ubertazzi* GRUR-Int 2018, 110.

nungen den innergemeinschaftlichen Handel zwar theoretisch beeinträchtigen könnten, tatsächliche Nachteile für das Funktionieren des Binnenmarkts aber nicht ersichtlich seien.[139] An dieser restriktiven Haltung hat sich seither nichts geändert.

Doch wird sich das UPR aus dem Prozess der Harmonisierung des Urheberrechts in der EU nicht **47** auf Dauer heraushalten lassen.[140] Die Unterschiede zwischen den mitgliedstaatlichen Regelungen des Urheberpersönlichkeitsrechts können den freien Waren- und Dienstleistungsverkehr beeinträchtigen.[141] Auch die Rechtsprechung des EuGH zur Auslegung der Schranken des Urheberrechts gem. Art. 5 InfoSoc-RL 2001/29 belegt, dass das UPR in die weiteren Harmonisierungsbestrebungen einbezogen werden muss. So ist bei der Anwendung der **Parodie-Schranke** gem. Art. 5 Abs. 3 lit. k InfoSoc-RL 2001/29 ein angemessener Ausgleich zwischen den Interessen und Rechten der Urheber auf der einen und der freien Meinungsäußerung des Nutzers eines geschützten Werkes auf der anderen Seite herzustellen.[142] Hierfür sind sämtliche Umstände des Einzelfalls zu berücksichtigen. Zu diesen Umständen zählen nach deutscher Rechtspraxis ohne Weiteres die ideellen Interessen des Urhebers, die dieser in Gestalt des Integritätsschutzes gem. § 14 geltend machen kann.[143] Da das EU-Recht aber keinen Entstellungsschutz umfasst, sieht sich der EuGH gezwungen, das ua in Art. 21 Abs. 1 der Charta der Grundrechte verankerte Anti-Diskriminierungsrecht in die urheberrechtliche Interessenabwägung einfließen zu lassen.[144] Diese Rekonfiguration eines bilateralen Konflikts im Lichte des an öffentlichen Interessen orientierten Anti-Diskriminierungsrechts ist prinzipiell verfehlt. Entweder der EuGH muss darauf verzichten, urheberpersönlichkeitsrechtlich relevante Begriffe[145] EU-weit einheitlich „autonom" auszulegen oder das UPR muss bei nächster Gelegenheit in den Acquis Aufnahme finden.

3. Internationale Zuständigkeit und anwendbares Recht

Die hybride Rechtsnatur des UPR zwischen Persönlichkeits- und Vermögensrecht wirft auch Fra- **48** gen im Hinblick auf die **internationale Zuständigkeit deutscher Gerichte** und das in internationalen Sachverhalten **anwendbare materielle Recht** auf. Denn die für das Urheberrecht einerseits und das aPR andererseits geltenden Zuständigkeits- und Kollisionsnormen weichen teilweise voneinander ab. Insbesondere ist die Kognitionsbefugnis der Gerichte am Deliktsgerichtsstand (Art. 7 Nr. 2 EUGVVO 1215/2012 bzw. § 32 ZPO) für Urheberrechtsverletzungen stets auf das Territorium des Forums begrenzt,[146] während das mutmaßliche Opfer einer Online-Verletzung des allgemeinen Persönlichkeitsrechts durch einen Verletzer mit Sitz in der EU den gesamten Schaden nicht nur am Beklagtengerichtsstand (Art. 4 EUGVVO 1215/2012, §§ 12 ff. ZPO), sondern auch an demjenigen Erfolgsort geltend machen kann, an dem die betreffende Person den Mittelpunkt ihrer Interessen hat, wobei dieser Ort im Allgemeinen ihrem gewöhnlichen Aufenthalt entspricht.[147]

Die besseren Gründe sprechen dafür, die letztgenannte, exzeptionelle Privilegierung von Klägern, **49** die Ansprüche wegen einer Persönlichkeitsrechtsverletzung geltend machen, nicht auf Verletzungen des UPR zu übertragen. Denn das UPR zeichnet sich ungeachtet seiner monistischen oder dualistischen Ausgestaltung durch einen notwendigen Bezug auf ein urheberrechtlich geschütztes Werk aus. Eine Verletzung des UPR setzt stets eine Nutzung des Werks voraus. Jene aber unterliegt nach dem Territorialitätsprinzip einer Mosaikbetrachtung nach Maßgabe der jeweils berührten Schutzlandrechte, die sich auch und gerade im Hinblick auf die Ausgestaltung des UPR unterscheiden. Folglich kann der Urheber den **gesamten Schaden aus einer Verletzung des UPR nur am Beklagtengerichtsstand,** nicht aber am Ort des Mittelpunkts seiner Interessen (in der Regel sein gewöhnlicher Aufenthaltsort) geltend machen. Auch sonst sind auf das UPR die für das Urheberrecht geltenden Regeln des Internationalen Zivilprozess- und Privatrechts anzuwenden.[148]

---

[139] Siehe Konsultation der EG-Kommission zur Überprüfung der EG-Gesetzgebung auf dem Gebiet des Urheberrechts und der verwandten Schutzrechte v. 19.7.2004, SEC 2004 (995), S. 16; kritisch *Dietz* ZUM 1993, 309 (311 ff.); *Jaeger* S. 206; *Metzger* FS Schricker, 2005, 461 ff.

[140] *Klass* ZUM 2015, 290 ff.; *Asmus* S. 219; *Doutrelepont* GRUR-Int 1997, 304; *Jaeger* S. 181 ff. aus der Sicht der Harmonisierung der Persönlichkeitsrechte der ausübenden Künstler.

[141] Fromm/Nordemann/*Dustmann* UrhG vor § 12 Rn. 4.

[142] EuGH GRUR 2014, 972 Rn. 18 ff. – Deckmyn und Vrijheidsfonds; BGH GRUR 2017, 1027 Rn. 34 – Reformistischer Aufbruch.

[143] → § 14 Rn. 1.

[144] EuGH GRUR 2014, 972 Rn. 29 ff. – Deckmyn und Vrijheidsfonds.

[145] Hierzu zählen zB auch die „anständigen Gepflogenheiten" als Schranken-Schranke des Zitatrechts gem. Art. 5 Abs. 3 lit. k InfoSoc-RL: EuGH GRUR 2019, 934 Rn. 42–44 – Funke Medien NRW (erheblicher Umsetzungsspielraum).

[146] EuGH GRUR 2014, 101 Rn. 45 ff. – Peter Pinckney.

[147] Vgl. EuGH GRUR 2012, 300 Rn. 37 ff. – eDate.

[148] Dazu *Schack* UFITA 108 (1988), 51 (57 ff.); *Müller* S. 124 ff.; *Vischer* FS Müller-Freienfels, 1996, 97 ff.; *Skrzipek* S. 66 ff.

§ 12 Veröffentlichungsrecht

(1) **Der Urheber hat das Recht zu bestimmen, ob und wie sein Werk zu veröffentlichen ist.**

(2) **Dem Urheber ist es vorbehalten, den Inhalt seines Werkes öffentlich mitzuteilen oder zu beschreiben, solange weder das Werk noch der wesentliche Inhalt oder eine Beschreibung des Werkes mit seiner Zustimmung veröffentlicht ist.**

Schrifttum: (s. auch die Schrifttumsnachweise vor §§ 12 ff.) *Brauneck/Brauner,* Optionsverträge über künftige Werke im Filmbereich, ZUM 2006, 513; *Cohen Jehoram,* Urheberrecht und Freiheit der Meinungsäußerung, Rechtsmissbrauch und Standardschikane, GRUR-Int 2004, 96; *Haberstumpf,* Archivverträge, FS für Nordemann (2004), S. 167; *Hoeren/Herring,* WikiLeaks und das Erstveröffentlichungsrecht des Urhebers – Informationsfreiheit als externe Schranke des Urheberrechts?, ZUM 2011, 500; *Müsse,* Das Urheberpersönlichkeitsrecht unter besonderer Berücksichtigung der Veröffentlichung und der Inhaltsmitteilung, Diss. Freiburg i. B. 1999; *Schmidt-Assmann* Wissenschaft – Öffentlichkeit – Recht, in: Dreier, Rechts und staatstheoretische Schlüsselbegriffe: Legitimität – Repräsentation – Freiheit, 2005, 67; *Strömholm,* Das Veröffentlichungsrecht im Regierungsentwurf zur Urheberrechtsreform, GRUR 1963, 350; *ders.,* Das Veröffentlichungsrecht des Urhebers in rechtsvergleichender Sicht. Unter besonderer Berücksichtigung der deutschen Urheberrechtsreform, 1964; *Ulmer,* Das Veröffentlichungsrecht des Urhebers FS Hubmann (1985), S. 435; *v. Zumbusch,* The Defense of „Fair Use" in Unpublished Works under U. S. and German Copyright Law. A Comparison of an Author's „Moral Right" in Unpublished Works, IIC 1989, 16.

Übersicht

I. Zweck, Entstehungsgeschichte und Anwendungsbereich

1   Das Veröffentlichungsrecht steht im Rahmen der Regelung des UPR ieS (§§ 12–14) an erster Stelle. Dies entspricht seiner hervorragenden Bedeutung als **Grundnorm des Urheberrechtsschutzes.**[1] Die Ausübung des Veröffentlichungsrechts durch den Urheber selbst oder mit seiner Zustimmung führt zur Entlassung des Werkes aus seiner Geheimsphäre oder jedenfalls seiner Privatsphäre. Das spezifisch persönlichkeitsrechtliche Element des Rechts des Urhebers, darüber zu bestimmen, ob und wie sein Werk zu veröffentlichen ist, liegt in der mit der Erstveröffentlichung verbundenen Offenlegung seiner geistigen, ästhetischen, künstlerischen, wissenschaftlichen, politischen usw Anschauungen und Fähigkeiten; der Urheber setzt diese und damit sich selbst als Person der öffentlichen Kenntnisnahme und Kritik aus. Erst durch die Veröffentlichung tritt das Werk in den kulturellen Kommunikationskreislauf ein.[2] Die Veröffentlichung führt daher zu einer Beschränkung des Urheberrechtsschutzes im Rahmen der Schrankenvorschriften der §§ 44a ff., soweit diese wie die §§ 45b, 46, 48, 49, 51, 52, 60a, 60b und 61 Abs. 2 – die Veröffentlichung des Werkes in einfacher Form (§ 6 Abs. 1) oder in der qualifizierten Form des Erscheinens (§ 6 Abs. 2) voraussetzen. Auch die in § 12 geregelten Rechte des Urhebers erlöschen mit der erlaubten Erstveröffentlichung bzw. ersten Inhaltsmitteilung/- beschreibung.

2   **LUG und KUG** kannten neben der Gewährung der einzelnen Verwertungsrechte und des damit implizierten Schutzes auch des Veröffentlichungsinteresses des Urhebers[3] keine zusammenfassende Gewährung des Veröffentlichungsrechts nach Art der Grundnorm des § 12 Abs. 1.[4] Die besondere Vorschrift über das Recht der ersten öffentlichen Inhaltsmitteilung in § 12 Abs. 2 demgegenüber hatte bereits im früheren Recht einen Vorläufer in § 11 Abs. 1 S. 2 LUG; danach war der Urheber, solange nicht der wesentliche Inhalt des Werkes öffentlich mitgeteilt war, ausschließlich zu einer solchen Mitteilung befugt. Zum Teil als Schlussfolgerung aus dieser Vorschrift, zum Teil als Ableitung aus dem allgemeinen urheberpersönlichkeitsrechtlichen Schutzgedanken war aber das heute in § 12 Abs. 1 verankerte allgemeine Veröffentlichungsrecht bereits früher von der Rechtsprechung anerkannt und dabei seine enge Verwandtschaft mit dem allgemeinen Persönlichkeitsrecht betont worden.[5]

3   In den verschiedenen amtlichen Entwürfen zum UrhG war die systematische Stellung des Veröffentlichungsrechts und seine Zuordnung zum UPR unterschiedlich geregelt.[6] Die **Begründung des**

---

[1] BGH GRUR 1955, 201 (203) – Cosima Wagner.
[2] BVerfG GRUR 2001, 149 f. – Germania 3; BGH GRUR 2017, 1027 Rn. 64 – Reformistischer Aufbruch.
[3] Vgl. *Ulmer* FS Hubmann, 1985, 435 (440).
[4] Zur Vorgeschichte des § 12 ausführlich *Strömholm* GRUR 1963, 350 ff.; zur Entwicklung der Lehre vom Veröffentlichungsrecht *Strömholm* Bd. II 2 S. 60 ff. und 100 ff.
[5] BGH GRUR 1955, 201 (204) – Cosima Wagner.
[6] Zu der hier zum Ausdruck kommenden Einordnungsunsicherheit *Strömholm* GRUR 1963, 350 (352).

Regierungsentwurfs verweist darauf, dass das Veröffentlichungsrecht besonders eng mit den Verwertungsrechten verbunden sei. Ein Werk könne nur veröffentlicht, dh der Allgemeinheit zugänglich gemacht werden, indem es verbreitet, öffentlich ausgestellt oder öffentlich wiedergegeben werde. Die Veröffentlichung des Werkes schließe somit stets eine Verwertung des Werkes ein. Das Veröffentlichungsrecht gem. Abs. 1 sei auf das Werk als Ganzes in der ihm vom Urheber gegebenen Gestalt bezogen.[7]

Die **Vorschrift des § 12 Abs. 2** erweitert nach der Begründung des Regierungsentwurfs das Veröffentlichungsrecht gem. Abs. 1 in der Weise, dass dem Urheber auch die erste öffentliche Mitteilung oder Beschreibung des Inhalts des Werkes vorbehalten sei.[8] Die Regelung erfuhr über verschiedene redaktionelle Zwischenstufen[9] gegenüber der früheren Regelung in § 11 Abs. 1 S. 2 LUG eine Klarstellung durch Einfügung des Zustimmungserfordernisses in § 12 Abs. 2 Hs. 2. Eine Ausweitung gegenüber dem früheren Recht bedeutet die Einbeziehung der dem Urheber ebenfalls vorbehaltenen, in erster Linie auf Werke der Musik und der bildenden Kunst gemünzten ersten öffentlichen Inhaltsbeschreibung. Da sich die Regelung gerade nicht auf die persönliche geistige Schöpfung des Urhebers, sondern auf gemeinfreie Inhalte und Beschreibungen erstreckt, stellt sie funktional einen reinen **Geheimnisschutz** dar, der nicht zuletzt kommerziellen Interessen (Steuerung von Werbekampagnen, Erhalt der Spannung bis zur weltweit gleichzeitigen Veröffentlichung) dient. 4

In den **urheberrechtlichen Konventionen** fehlt trotz ausdrücklicher Regelung der beiden anderen Teilbefugnisse des UPR ieS in Art. 6bis RBÜ eine dem § 12 entsprechende Vorschrift.[10] Wegen der umfassenden Gewährung von Verwertungsrechten im Konventionsrecht liegt darin allerdings kein schwerwiegendes Defizit des internationalen Urheberrechts. Auch die EU-Richtlinien zum Urheberrecht erstrecken sich nicht auf das Veröffentlichungsrecht.[11] 5

Für die Leistungsschutzrechte der **Verfasser wissenschaftlicher Ausgaben (§ 70 Abs. 1)** und **Lichtbildner (§ 72 Abs. 1)** gilt § 12 entsprechend. Das in § 12 Abs. 1 geregelte Erstveröffentlichungsrecht kommt ihnen ebenso zu wie Urhebern. § 12 Abs. 2 kann hingegen nur mit Einschränkungen zum Tragen kommen. Die Werke oder Texte, an deren Ausgabe gem. § 70 Abs. 1 ein Leistungsschutzrecht entsteht, sind bereits bekannt. Auch wenn sich die Ausgabe wesentlich von den bisher bekannten Ausgaben unterscheidet, wird deshalb in aller Regel zugleich der wesentliche Inhalt der neuen Ausgabe bekannt sein, so dass ein Recht der ersten Inhaltsmitteilung bzgl. der Ausgabe nicht in Betracht kommt. Hiervon getrennt zu beurteilen ist die Mitteilung ggf. neuer Inhalte oder zusätzlicher Anmerkungen des Verfassers der Ausgabe, die gem. § 2 regulären Werkschutz genießen. Lichtbildner können sich wie Urheber bildender Kunst auf das Recht der ersten Inhaltsbeschreibung berufen. 6

II. Das Erstveröffentlichungsrecht nach § 12 Abs. 1

1. Ob und Wie der Veröffentlichung

Nach der Begründung des Regierungsentwurfs zum UrhG 1965 bedeutet der Begriff der „Veröffentlichung", wie er auch in der amtlichen Überschrift des § 12 verwendet wird, dass das Werk **der Allgemeinheit zugänglich gemacht wird**.[12] Bereits hieraus folgt, dass mit der Veröffentlichung nur die **Erstveröffentlichung** gemeint ist, auch wenn der Begriff nach dem Sprachgebrauch spätere, der Erstveröffentlichung des Werkes nachfolgende Publikationen umfassen könnte.[13] Die Beschränkung des § 12 Abs. 1 auf das Erstveröffentlichungsrecht und des Abs. 2 auf das Recht der ersten Inhaltsmitteilung bzw. -beschreibung ergibt sich ferner aus dem Wortlaut des Gesetzes (Abs. 1: „zu veröffentlichen ist" bzw. Abs. 2: „solange weder ... veröffentlicht ist"), da sich die Regelung offensichtlich auf den Zustand des „Veröffentlicht-Seins" bezieht. Dieser Zustand kann jedoch gem. § 6 Abs. 1 („Ein Werk ist veröffentlicht ...") bzw. Abs. 2 („Ein Werk ist erschienen ...") nur einmal herbeigeführt werden.[14] 7

Der Begriff der (ersten) Veröffentlichung ist somit derjenige des **§ 6 Abs. 1.**[15] Demnach ist ein Werk veröffentlicht, wenn es mit Zustimmung des Berechtigten der Öffentlichkeit zugänglich ge- 8

---

[7] RegE UrhG 1965, BT-Drs. IV/270, 44.

[8] RegE UrhG 1965, BT-Drs. IV/270, 44.

[9] § 17 Abs. 2 RefE; § 11 Abs. 2 MinE; § 12 Abs. 2 RegE.

[10] → Vor §§ 12 ff. Rn. 41 f.

[11] → Vor §§ 12 ff. Rn. 46 f. Rechtsvergleichende Hinweise zum Recht anderer Mitgliedstaaten der EU bei *Doutrelepont* Droit moral S. 180 ff.; *Wandtke,* Urheberrecht in Mittel- und Osteuropa, 2 Bde., 1997 und 2002, jeweils Abschnitte II 3 der Länderberichte.

[12] RegE UrhG 1965, BT-Drs. IV/270, 44; ebenso zum Begriff der Veröffentlichung in Art. 5 Abs. 3 Buchst. d InfoSoc-RL 2001/29 EuGH BeckRS 2019, 15825 Rn. 87 – Spiegel Online.

[13] OLG München NJW-RR 1997, 493 f.; *Ulmer* FS Hubmann, 1985, 435 ff.; *Ulmer* § 39 I 2; Dreier/Schulze/*Schulze* UrhG § 12 Rn. 6; *Dreyer*/Kotthoff/*Meckel*/UrhG vor §§ 12 ff. Rn. 12; Wandtke/Bullinger/*Bullinger* UrhG § 12 Rn. 9; *Strömholm* GRUR 1963, 350 (358); *v. Moltke,* Das Urheberrecht an den Werken der Wissenschaft, Diss. 1990, S. 136; *v. Welser* S. 27 f.; *v. Zumbusch* IIC 1989, 34.

[14] Ebenso *Dreyer*/Kotthoff/*Meckel* UrhG § 12 Rn. 5; *Haberstumpf* Rn. 200; *Heidmeier* S. 59 f.; *Müsse* S. 91 und S. 103 f.; *Schack* Rn. 262 u. 366 (Veröffentlichung als Realakt, der nicht zurückgenommen werden kann).

[15] BGH GRUR 2014, 974 Rn. 57 – Porträtkunst.

macht worden ist. Allerdings ist der **Begriff der Öffentlichkeit** gem. § 15 Abs. 3 im Rahmen des § 12 mit Rücksicht auf die zentrale Bedeutung des Erstveröffentlichungsrechts tendenziell eng zu fassen, um zu verhindern, dass die mit der Veröffentlichung verbundenen negativen Auswirkungen auf die Entscheidungshoheit des Urhebers zu früh eintreten.[16] Insbesondere sind dem Urheber **bestimmte Formen des „Testens" von Werken** im kleineren, von vornherein abgegrenzten Kreis zu ermöglichen, selbst wenn es sich dabei nicht (mehr) um durch persönliche Beziehungen verbundene Personen iSv § 15 Abs. 3 S. 2 handelt. **Keine Erstveröffentlichung** liegt demnach vor bei der Vorführung eines Films vor geladenem Publikum,[17] bei der Bekanntgabe von Gutachten in einem unter Ausschluss der Öffentlichkeit stattfindenden familiengerichtlichen Verfahren,[18] bei der Zusendung von nicht zur Veröffentlichung bestimmten Briefen an einen Bundesminister[19] oder an die – aus vier Personen bestehende – Redaktion einer Zeitschrift,[20] bei der Übersendung eines als „Verschlusssache" eingestuften militärischen Lageberichts an ausgewählte Abgeordnete des Deutschen Bundestages, Referate im Bundesministerium der Verteidigung und in anderen Bundesministerien sowie an dem Bundesministerium der Verteidigung nachgeordnete Dienststellen sowie[21] bei der Zugänglichmachung amtlicher Informationen im Rahmen der Informationsfreiheitsgesetze des Bundes und der Länder an einen und ggf. auch mehrere Antragsteller.[22] Keine Veröffentlichung liegt auch in der Übergabe einer Dokumentation in ein Stadtarchiv, das nur bei Nachweis eines besonderen Interesses eingesehen werden kann; die Übernahme von Zitaten aus der Dokumentation in ein Buch war demgemäß unzulässig.[23] Hingegen soll die Vorlage des Textes in einem regulären familiengerichtlichen Verfahren eine Erstveröffentlichung darstellen.[24]

9   § 12 Abs. 1 gewährt dem Urheber das Recht zu bestimmen, **ob und wie** das Werk erstveröffentlicht wird. Hiermit ist ausweislich der AmtlBegr. **der Zeitpunkt und die Art der Veröffentlichung** gemeint.[25] Unter die „Art der Veröffentlichung" fällt nicht nur die Entscheidung zwischen körperlicher und unkörperlicher Verwertung. Vielmehr ist es dem Urheber vorbehalten, die **konkreten Umstände der (ersten) Veröffentlichung** seines Werkes festzulegen. Hierzu zählt die spezifische Nutzungsart, zB als Hardcover-Buch oder als nur online verfügbares Werk, aber auch weitere Einzelheiten wie etwa der Ort der ersten Vorführung eines Spielfilms.[26] Das Bestimmungsrecht des Urhebers endet erst dort, wo die Entscheidung für die eine oder andere Veröffentlichungsvariante keine persönlichen und geistigen Interessen des Urhebers gefährdet.

10   Hingegen begründet § 12 **keinen Anspruch auf Veröffentlichung;** ein solcher kann sich nur aus Vertrag ergeben.[27] Auch das Zugangsrecht nach § 25 gewährt keinen Anspruch auf Zurschaustellung des Originals oder eines Vervielfältigungsstücks eines Werkes.[28] Allerdings kann sich der Urheber auf das Zugangsrecht gem. § 25 stützen, um anschließend das Werk selbst erstzuveröffentlichen. Gegenüber dem Inhaber eines ausschließlichen Nutzungsrechts lässt sich dieses Ergebnis über das Rückrufsrecht wegen Nichtausübung nach § 41 erreichen.[29]

11   § 12 gilt für **alle Werke,**[30] also auch für selbständig schutzfähige **Werkteile, Skizzen, Entwürfe** und andere schutzfähige Vorstufen des Werkes,[31] ferner für Bearbeitungen oder Fortsetzungen.[32] Allerdings kann sich das Veröffentlichungsrecht bzgl. von Teilen und Entwürfen durch Veröffentlichung des Gesamtwerks oder seiner weiterentwickelten Fassung verbraucht haben.[33]

[16] So *Ulmer* § 32 I; *Haberstumpf* Rn. 207; *Schack* Rn. 263, 367; *Schricker* Informationsgesellschaft S. 99; Wandtke/Bullinger/*Bullinger* UrhG § 12 Rn. 7; BeckOK/*Kroitzsch/Götting* § 12 Rn. 9. Zur unterschiedlichen Interessenlage auch Dreier/Schulze/*Schulze* UrhG § 12 Rn. 5; *Müsse* S. 86 ff.; zur geschichtlichen Entwicklung des Begriffs der „Öffentlichkeit" vgl. *Strömholm* Bd. II 2 S. 125 ff., insbes. S. 166 ff. Kritisch *Hoeren/Herring* ZUM 2011, 500 (501).

[17] *Reupert,* Der Film im Urheberrecht, S. 119.

[18] LG Berlin BeckRS 2007, 13628.

[19] KG ZUM 2008, 329 – Günter-Grass-Briefe.

[20] KG NJW 1995, 3392 (3393 f.) – Botho Strauß.

[21] BGH ZUM 2017, 753 Rn. 29 – Afghanistan Papiere.

[22] VG Berlin ZUM-RD 2012, 636 (638); VG Berlin ZUM-RD 2013, 34 (36); VG Aachen BeckRS 2013, 46941.

[23] So OLG Zweibrücken GRUR 1997, 364 – Jüdische Friedhöfe; ferner *Haberstumpf* FS Nordemann, 2004, 167 (176). Zur Teilnahme an Architekturwettbewerben und zur Einreichung von Planungsunterlagen bei öffentlichen Stellen zwecks Genehmigung vgl. *Müller* S. 137: keine Veröffentlichung.

[24] OLG Frankfurt a. M. ZUM-RD 1999, 379.

[25] RegE UrhG 1965, BT-Drs. IV/270, 44.

[26] Fromm/Nordemann/*Dustmann* UrhG § 12 Rn. 10; Wandtke/Bullinger/*Bullinger* UrhG § 12 Rn. 11 f.; zur Entscheidung über das Publikationsorgan *Hansen* GRUR-Int 2005, 378 (380).

[27] So *Dreyer/Kotthoff/Meckel* UrhG § 12 Rn. 3; Dreier/Schulze/*Schulze* UrhG § 12 Rn. 18; *Müsse* S. 83; *Schack* Rn. 368; *v. Welser* S. 28 f.; vgl. auch OVG Münster ZUM 2004, 153; BVerfG ZUM 2004, 306 (kein Anspruch einer Musikkomponistin auf Sendung bestimmter Musiktitel im Rundfunk); OLG Hamm GRUR-RR 2005, 177 – Stillleben von Karl Hofer (kein Recht des Eigentümers eines Stilllebens auf Aufnahme in ein Werkverzeichnis).

[28] KG GRUR 1981, 742 – Totenmaske.

[29] Vgl. *Strömholm* GRUR 1963, 350 (361); *v. Welser* S. 29 f.

[30] RegE UrhG 1965, BT-Drs. IV/270, 44.

[31] BGH GRUR 2014, 974 Rn. 56 – Porträtkunst.

[32] Dreier/Schulze/*Schulze* UrhG § 12 Rn. 2; *Haberstumpf* Rn. 200.

[33] Vgl. auch Dreier/Schulze/*Schulze* UrhG § 12 Rn. 8.

2. Ausübung und Erlöschen des Veröffentlichungsrechts

Da der Begriff der Veröffentlichung gem. § 12 nur die Erstveröffentlichung meint, beschränkt sich **12** auch das diesbezügliche Bestimmungsrecht des Urhebers auf den Akt der ersten Zugänglichmachung an die Öffentlichkeit. Eine unerlaubte Erstveröffentlichung stellt einen Verstoß gegen § 12 sowie je nach den Umständen des Einzelfalls gegen weitere Urheberpersönlichkeits- (insbes. § 13) und Verwertungsrechte dar. Ist die Erstveröffentlichung hingegen mit Zustimmung des Urhebers erfolgt, **erlischt das Erstveröffentlichungsrecht** im Hinblick auf das konkrete Werk; für andere Fassungen etwa eines Textes besteht das Erstveröffentlichungsrecht uneingeschränkt fort.[34] Unerlaubte Folgenutzungen des dann veröffentlichten Werkes sind nur noch an den sonstigen Urheberpersönlichkeitsrechten sowie den Verwertungsrechten zu messen.[35] Ein hierüber hinausgehendes, ungeschriebenes Veröffentlichungsrecht iwS gibt es nicht.[36] Gegen Indiskretionen bezüglich des Werkes innerhalb des Freundes- und Familienkreises schützt allenfalls das aPR,[37] da solche Indiskretionen noch keine Verletzung des Veröffentlichungsrechts nach § 12 Abs. 1 (oder auch Abs. 2) darstellen.

Das Recht, über die Erstveröffentlichung zu bestimmen, kann vom Urheber zum einen dadurch **13** ausgeübt werden, dass er **selbst das Werk der Öffentlichkeit zugänglich macht.** Dies kann insbesondere durch eine öffentliche Zugänglichmachung des Werkes im Internet geschehen. Hierdurch erlischt nicht nur das Erstveröffentlichungsrecht, sondern der Urheber willigt zugleich konkludent in übliche Online-Nutzungen ein, zu denen zumindest nicht-kommerzielle Vervielfältigungen (Downloads, Ausdrucke), kommerzielle Nutzungen durch Suchmaschinen sowie unter Umständen auch Änderungen des Werkes zählen.[38] Kein Verbrauch des Veröffentlichungsrechts tritt hingegen ein, wenn ein Werk der bildenden Kunst für einen bestimmten Zweck und ein bestimmtes Gebäude geschaffen wird, dann aber anderweitig zur Schau gestellt wird und Abbildungen öffentlich zugänglich gemacht werden.[39]

Zum anderen kann der Urheber sein Bestimmungsrecht gem. § 12 Abs. 1 bereits vor dem Realakt **14** der Veröffentlichung beim **Abschluss von Verwertungsverträgen** geltend machen.[40] Bei bereits fertiggestellten Werken übt der Urheber sein Recht, über das Ob und Wie der Veröffentlichung zu bestimmen, konkludent beim **vorbehaltlosen Abschluss eines Nutzungsvertrags**[41] oder, soweit ein derartiger Vorbehalt erfolgt ist, bei der späteren **Erklärung der Veröffentlichungsreife** aus.[42] Eine vorbehaltlose Ausübung des Veröffentlichungsrechts liegt etwa in der Gestattung der Einspeicherung eines Werkes in eine Online-Datenbank durch den Urheber.[43] Im Verhältnis zwischen dem Auftraggeber einer Biographie und ihrem eigentlichen Verfasser steht dem Ersteren kein Anspruch auf Entscheidung über das Erscheinen der Biographie zu.[44]

Bei **angestellten oder verbeamteten Urhebern,** bei denen die Herstellung von Werken zu den **15** Dienst- oder Arbeitspflichten gehört, ist in der vorbehaltlosen Zurverfügungstellung des hergestellten Werkes, zu der der angestellte Urheber arbeits- oder dienstvertraglich in der Regel verpflichtet ist, die Ausübung des Veröffentlichungsrechts zu erblicken. Zugleich räumt der Arbeitnehmer/Beamte dem Arbeitgeber/Dienstherrn konkludent das Veröffentlichungsrecht ein, soweit dieser es im Rahmen seines Betriebes bzw. zur Erfüllung seiner behördlichen Aufgaben benötigt.[45] Ein Rest persönlichkeitsrechtlicher Kontrolle – etwa wenn einem erkrankten Arbeitnehmerurheber während seiner Abwesenheit ein unfertiges Manuskript aus der Schreibtischschublade gezogen und sodann veröffentlicht werden soll – kann aber auch dem angestellten oder bediensteten Urheber nicht versagt werden.[46]

Die mit der Ausübung des Veröffentlichungsrechts ggf. verknüpfte **Gestattung der Erstveröf- 16 fentlichung** kann in allen rechtsgeschäftlichen Varianten erfolgen, die für Urheberpersönlichkeits-

---

[34] Zu weitgehend BGH ZUM 2017, 753 Rn. 30 – Afghanistan Papiere (die Veröffentlichung einer gekürzten Fassung eines Schriftwerks stelle auch dann keine Veröffentlichung der vollständigen Fassung des Schriftwerks dar, wenn die allein in der vollständigen Fassung enthaltenen Textteile für sich genommen keinen Werkcharakter haben).

[35] OLG Köln GRUR-RR 2005, 337 – Dokumentarfilm Massaker; LG Leipzig ZUM 2006, 883 (885) – Kirchenglocke; *v. Zumbusch* IIC 1989, 35; *Dreyer/Kotthoff/Meckel* UrhG § 12 Rn. 20; *Wandtke/Bullinger/Bullinger* UrhG § 12 Rn. 14; *Dreier/Schulze/Schulze* UrhG § 12 Rn. 7; zur rechtlichen Qualifizierung der Zustimmung vgl. *Müsse* S. 92 ff.

[36] *Anders* → 3. Aufl. 2006, Rn. 10; *Dietz* Droit moral S. 66.

[37] *Strömholm* GRUR 1963, 350 (359 f.).

[38] Näher → Vor § 29 Rn. 17; *Peukert* GRUR-Beil. 2014, 77 (88 ff.).

[39] LG Leipzig ZUM 2006, 883 (885) – Kirchenglocke.

[40] *Fromm/Nordemann/Dustmann* UrhG § 12 Rn. 11.

[41] Ebenso *Müsse* S. 74 und S. 94; zu Bauwerken *Müller* S. 139 f.

[42] AA *Ulmer* § 39 II 1 (Ausübung des Veröffentlichungsrechts durch den Vertragspartner); weitere Beispielsfälle bei *Wandtke/Bullinger/Bullinger* UrhG § 12 Rn. 11 f.; *Dreyer/Kotthoff/Meckel* UrhG § 12 Rn. 7 ff.

[43] *Maaßen* ZUM 1992, 338 (343).

[44] KG ZUM 1997, 213; vgl. auch *Wandtke/Bullinger/Bullinger* UrhG § 12 Rn. 7.

[45] VG Berlin ZUM-RD 2013, 34 (37) (Wissenschaftlicher Dienst des Bundestages).

[46] Ebenso *Kraßer* FS Schricker, 2005, 94; vgl. auch *Wandtke/Bullinger/Bullinger* UrhG § 43 Rn. 84 und 87; sehr zurückhaltend und differenzierend *Schacht* S. 164 ff.; zu undifferenziert *Leuze* S. 82 f. (auch bei einem nach Auffassung des Urhebers unfertigem Manuskript entscheide der Vorgesetzte über die Veröffentlichung); vgl. auch *Kellerhals* S. 163 ff.; zu angestellten Programmierern *Holländer* CR 1992, 279 (280 f.); zum Hochschulbereich *Schricker* in *Hartmer/Detmer,* Hochschulrecht, 2004, S. 419, 444.

rechte auch sonst in Frage kommen.[47] Zunächst kann der Urheber in die Veröffentlichung einwilligen, sich aber bis zur einwilligungsgemäßen Vornahme der Veröffentlichung den Widerruf dieser Einwilligung vorbehalten. Beim Abschluss von Nutzungsverträgen verpflichtet sich der Urheber hingegen typischerweise entweder schuldrechtlich, die absprachegemäße Veröffentlichung durch den Vertragspartner zu dulden, oder er räumt ein quasidingliches Nutzungsrecht zur Erstveröffentlichung ein.[48] Im letztgenannten Fall steht das Recht zur Bestimmung, ob und wie das Werk veröffentlicht wird, dem Inhaber des Nutzungsrechts zu.[49] So verhält es sich auch bei der Weitergabe eines Werkes unter Verwandten oder bei der besonderen Betrauung eines Dritten mit der Ausübung des Erstveröffentlichungsrechts, insbesondere über den Tod des Urhebers hinaus.[50]

17   Die **Verpflichtung, ein Werk nicht zu veröffentlichen (bzw. auf die die Ausübung des Veröffentlichungsrechts zu verzichten),** kann gem. § 138 Abs. 1 BGB sittenwidrig sein. Hierfür sind die Interessen des Urhebers an einer Publikation seines Werkes mit den Geheimhaltungsinteressen des Vertragspartners abzuwägen. In Betracht kommt ein vertragliches Veröffentlichungsverbot insbesondere bei Dienstwerken angestellter Urheber.[51] Vertragliche Einschränkungen des Veröffentlichungsrechts zu Lasten selbständig wissenschaftlich Tätiger sind ebenfalls nur in engen Grenzen, insbesondere als befristete und bloß einschränkende Regelungen zur Wahrung der Interessen von Auftraggebern oder Drittmittelgebern zulässig.[52]

18   Hinsichtlich der **Rechtsfolgen der Ausübung des Erstveröffentlichungsrechts beim Abschluss von Nutzungsverträgen** ist zu unterscheiden: **Gegenüber dem Vertragspartner** kann der Urheber die ggf. konkludente Gestattung der Veröffentlichung bis noch durch Kündigung des entsprechenden Vertrages gem. § 314 BGB oder nach Maßgabe der erschwerten Voraussetzungen des § 42 rückgängig machen.[53] Eine Veröffentlichung durch den Vertragspartner, die nicht den vereinbarten Bedingungen im Hinblick auf den Zeitpunkt und die sonstigen Umstände entspricht, stellt nicht nur eine Vertragsverletzung, sondern zugleich einen Verstoß gegen das Bestimmungsrecht des § 12 dar, mit allen Rechtsfolgen der §§ 97 ff. Selbiges gilt, wenn der zur Veröffentlichung Befugte das Werk in veränderter Fassung der Öffentlichkeit zugänglich macht, es sei denn, dass der Urheber seine Einwilligung hierzu nach Treu und Glauben nicht versagen darf (§ 39 Abs. 2).[54] Bis zur Erstveröffentlichung durch den Vertragspartner kann sich der Urheber **gegenüber Dritten** uneingeschränkt auf sein Veröffentlichungsrecht berufen, das im Verhältnis zur Allgemeinheit noch nicht ausgeübt und damit verbraucht wurde.[55]

19   Bei noch nicht fertiggestellten, zukünftigen Werken ist eine **vorweggenommene Ausübung des Veröffentlichungsrechts nicht möglich.** Die Bestimmung des Vertragsgegenstands erfolgt erst nach Fertigstellung des Werkes und nach seiner Entlassung aus der Geheimsphäre aufgrund der Ausübung des Veröffentlichungsrechts durch den Urheber und der Erklärung über die Veröffentlichungsreife.[56] Dies gilt auch für den Filmbereich, wo die Entscheidung über die Veröffentlichungsreife ebenfalls die Beendigung der Arbeit am Werk und dessen Übergabe an den Vertragspartner voraussetzt; es kann jedoch vertraglich vereinbart werden, dass nur schutzfähige Teile oder Zwischenstufen eines Werkes hergestellt und übergeben werden, auf die sich die Ausübung des Veröffentlichungsrechts dann beschränkt.[57]

3. Praktische Bedeutung des Veröffentlichungsrechts

20   Die Beschränkung des Veröffentlichungsrechts nach § 12 Abs. 1 auf die mit Zustimmung des Urhebers erfolgende Erstveröffentlichung ist von praktischer Bedeutung insbesondere im Hinblick auf

---

[47] → Vor §§ 12 ff. Rn. 11 ff.

[48] Vgl. *Haberstumpf* Rn. 202; *Heidmeier* S. 60 ff.

[49] VG Berlin ZUM-RD 2013, 34 (37) (Wissenschaftlicher Dienst des Bundestages).

[50] Für den letzteren Fall vgl. BGH GRUR 1955, 201 – Cosima Wagner; *Ulmer* § 39 II 2; Dreier/Schulze/*Schulze* UrhG § 12 Rn. 13; *Dreyer*/Kotthoff/Meckel UrhG § 12 Rn. 13 ff.; Wandtke/Bullinger/*Bullinger* UrhG § 12 Rn. 3; vgl. auch *Strömholm* GRUR 1963, 350 (361 ff.).

[51] Näheres bei *Osenberg* S. 40 ff.; zu weisungsgebundener wissenschaftlicher Tätigkeit *Schricker* in Hartmer/Detmer, Hochschulrecht, 2004, S. 419, 444.

[52] *Schricker* in Hartmer/Detmer, Hochschulrecht, 2004, S. 419, 444 f.

[53] Ebenso *Haberstumpf* Rn. 201; für den Fall der Einräumung des Uraufführungsrechts an ein Theater Dreier/Schulze/*Schulze* UrhG § 12 Rn. 12; aA offenbar KG NJW 1995, 3392 (3394) – Botho Strauß für den Fall des Widerrufs einer in einem ersten Schreiben an eine Redaktion konkludent erklärten Einwilligung durch ein zweites nachfolgendes Schreiben; *Müsse* S. 101, 110 (Widerrufsmöglichkeit analog § 183 S. 1 BGB; entsprechend § 12 VerlG).

[54] EuGH BeckRS 2019, 15825 Rn. 92 – Spiegel Online (Veröffentlichung vom Autor nicht autorisierter Änderungen an einem Text durch den Herausgeber ggf. nicht „rechtmäßig“); Dreier/Schulze/*Schulze* § 12 Rn. 8.

[55] EuGH GRUR 2019, 940 Rn. 92 – Spiegel Online (zum Erfordernis der rechtmäßigen Veröffentlichung gem. Art. 5 Abs. 3 Buchst. d InfoSoc-RL); *Haberstumpf* Rn. 201; *Ulmer* § 39 II 1; aA *v. Welser* S. 52 f. (keine Ausübung, sondern bloße Einschränkung des Abwehrrechts).

[56] *Schricker*, Verlagsrecht, § 1 Rn. 37; *Müsse* S. 111; ähnlich Dreier/Schulze/*Schulze* UrhG § 12 Rn. 9.

[57] OLG München ZUM 2000, 767 (771) – Regievertrag; dazu der Nichtannahmebeschluss BVerfG NJW 2001, 600; vgl. auch OLG Köln GRUR-RR 2005, 337 (338) – Dokumentarfilm Massaker; *Forster*/Schwarz ZUM 2004, 800 (803 ff.); *Reupert*, Der Film im Urheberrecht, S. 121 ff., 305 (mit Regelungsvorschlag für eine Einigung zwischen Filmurhebern und Hersteller auf die endgültige Fassung eines Filmwerks); *v. Welser* S. 30; zum Recht des Regisseurs auf „Freigabe“ seines Werkbeitrags KG Schulze KGZ 86 mAnm *Movsessian*.

den in § 121 Abs. 6 **ausländischen Staatsangehörigen** ohne weitere Voraussetzungen für alle ihre Werke gewährten Schutz nach den §§ 12–14 (für wissenschaftliche Ausgaben und Lichtbilder vgl. § 124). Ein insoweit über das Erstveröffentlichungsrecht hinausgehender Schutz ausländischer Staatsangehöriger gegen weitere Veröffentlichungen ihrer Werke würde dem Sinn des § 121 Abs. 6 widersprechen.[58]

Im Übrigen wäre der Schutz gegen unerlaubte Erstveröffentlichung in den meisten Fällen auch **21** durch Geltendmachung eines der Verwertungsrechte nach den §§ 15 ff. erreichbar. Dennoch kommt dem Erstveröffentlichungsrecht nach § 12 Abs. 1 in einigen Fällen auch selbständige Bedeutung zu.[59] Dies gilt zunächst für den Fall, dass der Urheber die Erstveröffentlichung in eigener Regie tätigt und sich die Entscheidung über sämtliche Folgenutzungen vorbehält. Praktische Bedeutung hat das Veröffentlichungsrecht daneben bei der Frage der Sicherung des **Uraufführungsrechts** bei Bühnen- und Filmwerken.[60] Eine Entscheidung über die (zeitlichen) Umstände der Erstveröffentlichung (Uraufführung) könnte auf dem Wege über die Verwertungsrechte nicht in jedem Falle mit dinglicher Wirkung getroffen werden.[61] Vorausgesetzt bleibt freilich immer, dass der Uraufführung keine Erstveröffentlichung iSd § 12 Abs. 1 vorausgegangen ist.

Daneben ist das Veröffentlichungsrecht nach § 12 Abs. 1 auch von Bedeutung bei der **Zurschau- 22 stellung nicht veröffentlichter Werke der Literatur und Musik,** die vom Ausstellungsrecht nach § 18 anders als die Werke der bildenden Künste und die Lichtbildwerke nicht erfasst werden,[62] etwa wenn ein unveröffentlichtes Manuskript in den Besitz einer öffentlichen Bibliothek gelangt.[63] Dasselbe gilt für die Ausleihe unveröffentlichter, zB „als Manuskript gedruckter" Werke, die im Falle der Veräußerung der Exemplare an sich aufgrund § 17 Abs. 2 nicht untersagt werden kann.[64] Mit Rücksicht auf die Wertungen der §§ 44 Abs. 2, 17 Abs. 2 ist bei einer **Veräußerung des Manuskripts** allerdings ein ausdrücklicher Vorbehalt des Veröffentlichungsrechts durch den Urheber erforderlich; eine vorbehaltlose Veräußerung wäre ebenso wie der vorbehaltlose Abschluss eines Nutzungsvertrags als Ausübung des Erstveröffentlichungsrechts zu deuten.[65]

4. Interessenabwägung und Wahrnehmung berechtigter Interessen

Obwohl das Veröffentlichungsrecht den Kern des Urheberpersönlichkeitsrechts bildet, ist es wie die **24** übrigen Urheberpersönlichkeitsrechte **nicht schrankenlos gewährleistet.** Zu beachten sind zunächst **spezialgesetzliche Publikationspflichten,** insbesondere im Wissenschaftsrecht.[66] Die Informationsfreiheitsgesetze verpflichten hingegen nicht zu einer Erstveröffentlichung von Werken, sondern lediglich zur Information des konkreten Anspruchstellers und führen daher nicht zu einer Einschränkung des Veröffentlichungsrechts.[67] Nicht autorisierte Veröffentlichungen können ferner von den Schranken des Urheberrechts, insbes. von § 50 (Berichterstattung über Tagesereignisse), gedeckt sein.[68] Eine analoge Anwendung etwa des Zitatrechts auf unveröffentlichte Werke scheidet wegen der abschließenden Regelung des Schrankenkatalogs hingegen aus.[69]

Doch auch jenseits der Schranken des Urheberrechts und gesetzlicher Publikationspflichten ist zu **25** beachten, dass jeder Verstoß gegen das UrhG und so auch eine unerlaubte Erstveröffentlichung als Äußerungsdelikt zu qualifizieren ist. Wer ein fremdes Werk ohne Zustimmung des Urhebers erstveröffentlicht, kommuniziert in verbotener Art und Weise mit ihm nicht gehörenden Texten, Tönen, Bildern usw. Solche Äußerungen sind ebenso untersagt wie die Veröffentlichung privater, nicht urheberrechtlich geschützter Aufzeichnungen nach Maßgabe des allgemeinen Persönlichkeitsrechts.[70] Hierfür wie für alle anderen zivil- und strafrechtlichen Äußerungsdelikte bringen § 824 Abs. 2 BGB und § 193 StGB den allgemeinen Rechtsgrundsatz zum Ausdruck, dass eine **Äußerung in Wahrnehmung berechtigter Interessen** nicht rechtswidrig ist.[71] Ob dies der Fall ist, ist unter Berück-

---

[58] Vgl. *Ulmer* § 39 I 2; *Ulmer* FS Hubmann, 1985, 435 (436).

[59] Allgemein iSd Möglichkeit der Regelung von Veröffentlichungsmodalitäten *Müsse* S. 108 f.

[60] *Ulmer* § 39 II 1; Dreier/Schulze/*Schulze* UrhG § 12 Rn. 12; anders *Müsse* S. 114 (bloße Anspruchshäufung).

[61] S. auch LG Leipzig ZUM 2006, 885 (885) – Kirchenglocke; aA *Strömholm* GRUR 1963, 350 (364) unter Ablehnung derartiger Bestimmungen mit dinglicher Wirkung.

[62] → § 18 Rn. 16 ff.

[63] Vgl. *Ulmer* § 39 I 2; *Ulmer* FS Hubmann, 1985, 435 (441); *Strömholm* Bd. II 2 S. 326; Dreier/Schulze/*Schulze* UrhG § 12 Rn. 14; Dreyer/Kotthoff/Meckel UrhG § 12 Rn. 6; *Müsse* S. 112; *v. Welser* S. 26 f.; zur Überlassung von Kulturgut an Archive s. *Haberstumpf* FS Nordemann, 2004, 167 (176).

[64] Vgl. RGSt 48, 429 (433); *Strömholm* Bd. II 2 S. 216; *Ulmer* § 32 I; siehe aber *Müsse* S. 89, 95 (unbeachtliche protestatio facto contraria).

[65] Dreier/Schulze/*Schulze* UrhG § 12 Rn. 10; *Schack* Rn. 365; *Haberstumpf* FS Nordemann, 2004, 167 (176) (zu Sperrklauseln bei der Überlassung von Kulturgut an Archive).

[66] Vgl. § 25 Abs. 2 Hs. 2 HRG; zur Verfassungsmäßigkeit von Publikationspflichten *Schmidt-Assmann* in: Dreier, Rechts und staatstheoretische Schlüsselbegriffe, 2005, 67 (71); für eine Anbietungspflicht von Hochschulangehörigen *Pflüger/Ertmann* ZUM 2004, 436 (441); kritisch dazu *Hansen* GRUR-Int 2005, 378 ff.

[67] VG Berlin ZUM-RD 2012, 636 (638); VG Berlin ZUM-RD 2013, 34 (36); VG Aachen BeckRS 2013, 46941; aA VGH NRW 24.11.2017 – 15 A 690/17 Rn. 109 mwN.

[68] EuGH GRUR 2019, 934 Rn. 75 – Funke Medien NRW; LG Hamburg ZUM-RD 2017, 496 – Dieselgate.

[69] BGH ZUM 2017, 753 Rn. 42 – Afghanistan Papiere; KG ZUM 2008, 329 – Günter-Grass-Briefe.

[70] Für Gleichbehandlung mit dem aPR auch BeckOK/*Kroitzsch/Götting* § 12 Rn. 24.

[71] Vgl. nur MüKo/*Wagner* BGB § 824 Rn. 44.

sichtigung der betroffenen Kommunikationsgrundrechte (Informations-, Meinungs-, Presse-, Kunst- und Wissenschaftsfreiheit) im Wege der **Abwägung der sich gegenüberstehenden Interessen** zu ermitteln.

26   Der Grundsatz der Wahrnehmung berechtigter Interessen kann ganz ausnahmsweise auch eine **Erstveröffentlichung gegen den Willen des Urhebers rechtfertigen.**[72] Der abschließende Charakter des Schrankenkatalogs des Art. 5 InfoSoc-RL steht dem nicht entgegen, da weder das Veröffentlichungsrecht noch der Begriff der Widerrechtlichkeit gem. § 97 Abs. 1 S. 1 harmonisiert sind.[73] In Anbetracht des Umstands, dass eine unerlaubte Veröffentlichung aufgrund ihrer Irreparabilität einen schweren Eingriff in das Persönlichkeitsrecht des Urhebers darstellt,[74] müssen überragende Interessen der Allgemeinheit die Erstveröffentlichung eines Werkes verlangen und dürfen schützenswerte geistig-persönliche sowie kommerzielle Belange des Urhebers nicht gefährdet sein. Unter diesen Voraussetzungen wurde die Veröffentlichung eines Anwaltsschriftsatzes eines Bundestagsabgeordneten in einer wissenschaftlichen Abhandlung über dessen Rolle in der ehemaligen DDR als zulässig eingeschätzt,[75] die Veröffentlichung von Briefen bekannter Autoren hingegen nicht.[76] Auch interne Behördenschriftsätze dürfen ggf. in Wahrnehmung berechtigter Interessen publiziert werden, ohne das Urheberrecht zu verletzen.[77] Allerdings darf die Veröffentlichung nicht mit unwahren Tatsachenbehauptungen oder einer unzulässigen Schmähkritik am Urheber einhergehen. Auch sein Verwertungsinteresse am Werk darf nicht beeinträchtigt werden. Schließlich muss sich die Situation unter Berücksichtigung aller Umstände so darstellen, dass die Meinungs-, Presse-, Kunst- oder Wissenschaftsfreiheit ohne Veröffentlichung bzw. sonstige Nutzung des Werkes nicht oder nur unzulänglich ausgeübt werden könnte.[78] Dabei ist auch zu berücksichtigen, dass bestimmte **Schrankenbestimmungen,** insbes. die Vorschrift über die Zulässigkeit der **Berichterstattung über Tagesereignisse (§ 50)** auch die Nutzung nicht veröffentlichter Werke für zulässig erklären.[79]

III. Das Recht der ersten öffentlichen Inhaltsmitteilung oder Inhaltsbeschreibung gem. § 12 Abs. 2

27   Nach der AmtlBegr. **erweitert § 12 Abs. 2 das Erstveröffentlichungsrecht** in der Weise, dass dem Urheber nicht nur die Veröffentlichung des Werkes als solchem, sondern auch die erste öffentliche Mitteilung und die erste öffentliche Beschreibung des Inhalts des Werkes vorbehalten sind.[80] Überdies führt nur die Veröffentlichung des wesentlichen Inhalts zum Erlöschen des Rechts der ersten Inhaltsmitteilung, was dem Urheber bzw. seinem Vertragspartner erlaubt, die Informationen über das Werk scheibchenweise an die Öffentlichkeit zu bringen.[81] Diese Schutzerweiterungen gelten, solange weder das Werk noch der wesentliche Inhalt oder eine Beschreibung des Werkes mit Zustimmung des Urhebers veröffentlicht wurden, also für den Zeitraum bis zur Erstveröffentlichung gem. Abs. 1.[82]

28   Wenn § 12 Abs. 2 aber für diesen Zeitraum eine Erweiterung des Schutzes im Vergleich zum werkbezogenen Absatz 1 darstellen soll, dann muss sich die Vorschrift auf solche Inhaltsmitteilungen bzw. -beschreibungen erstrecken, die an sich urheberrechtlich zulässig wären, weil sie schutzunfähige Elemente des Werkes bzw. strukturell gemeinfreie Informationen betreffen.[83] **Inhalte iSv § 12 Abs. 2** sind demnach zB wissenschaftliche oder politische Theorien, Daten und sonstige Fakten, die im Werk vermittelt werden, während die Fabel eines Romans nach hM bereits unter den Werkbegriff und damit unter das Veröffentlichungsrecht gem. § 12 Abs. 1 fällt.[84] Hingegen wird noch nicht der „Inhalt" eines Werks öffentlich mitgeteilt, wenn lediglich der Titel, das Thema, der Umfang, das

---

[72] AA unter Verkennung der besonderen dogmatischen Struktur des UPR BGH ZUM 2017, 753 Rn. 47 – Afghanistan Papiere; BGH GRUR 2017, 1027 Rn. 31 – Reformistischer Aufbruch (jenseits verfassungskonformer Auslegung der Schranken komme eine Interessenabwägung nicht in Betracht).
[73] Vgl. BGH ZUM 2017, 753 Rn. 15 – Afghanistan Papiere einerseits und EuGH GRUR 2019, 940 Rn. 49 – Spiegel Online sowie EuGH GRUR 2019, 934 Rn. 64 – Funke Medien NRW andererseits.
[74] BeckOK/*Kroitzsch/Götting* § 12 Rn. 1.
[75] OLG Hamburg ZUM 2000, 316 – Gregor Gysi; BVerfG GRUR 2000, 146 – Gregor Gysi.
[76] Siehe KG NJW 1995, 3392 (3394) – Botho Strauß; KG ZUM 2008, 329 – Günter-Grass-Briefe; vgl. auch LG Nürnberg-Fürth 15.11.1991, zit. bei *Haberstumpf* Rn. 203 (Zitate aus einer unveröffentlichten Habilitationsschrift).
[77] Vgl. *Hoeren/Herring* ZUM 2011, 500; EuGH GRUR 2019, 934 Rn. 75 – Funke Medien NRW.
[78] Vgl. öOGH ZUM 2011, 275 (277). Zur Rechtmäßigkeit eines Hyperlinks auf die Webseite des Anbieters von Umgehungssoftware im Rahmen einer Online-Berichterstattung BGH ZUM-RD 2011, 290 Rn. 15 ff. – AnyDVD; BVerfG ZUM-RD 2012, 125 – AnyDVD. Vgl. ferner Wandtke/Bullinger/*Bullinger* UrhG § 12 Rn. 16; *Haberstumpf* Rn. 203; Dreier/Schulze/*Schulze* UrhG § 12 Rn. 16; *Cohen Jehoram* GRUR-Int 2004, 96 (101).
[79] BGH ZUM 2017, 753 Rn. 17–20 – Afghanistan Papiere; EuGH GRUR 2019, 934 Rn. 75 – Funke Medien NRW.
[80] RegE UrhG 1965, BT-Drs. IV/270, 44.
[81] Vgl. dazu *Strömholm* Bd. II 2 S. 105; Fromm/Nordemann/*Dustmann* UrhG § 12 Rn. 19.
[82] BGH GRUR 2011, 134 Rn. 49 – Perlentaucher.
[83] In diesem Sinne BGH GRUR 2011, 134 Rn. 50 – Perlentaucher; Wandtke/Bullinger/*Bullinger* UrhG § 12 Rn. 19; aA LG Berlin BeckRS 2007, 13628; Fromm/Nordemann/*Dustmann* UrhG § 12 Rn. 16 f.; BeckOK/ *Kroitzsch/Götting* § 12 Rn. 31 f.; Dreier/Schulze/*Schulze* UrhG § 12 Rn. 21. Zum Begriff der strukturellen Gemeinfreiheit *Peukert*, Die Gemeinfreiheit, 2012, S. 19 ff.
[84] Zur Unterscheidung zwischen Inhalt und Form im Einzelnen → § 2 Rn. 76 ff.

Erscheinungsdatum oder die Namen der mitwirkenden Schauspieler eines Spielfilms verraten werden; hinsichtlich dieser Informationen über das Werk müssen Geheimhaltungsvereinbarungen abgeschlossen werden.[85] Auch der insbes. auf Werke der Musik und der bildenden Kunst gemünzte Vorbehalt zugunsten einer **Inhaltsbeschreibung** bezieht sich auf Handlungsweisen, die wegen der Differenz des Ausdrucksmediums ansonsten in der Regel keine urheberrechtlich relevanten Verwertungshandlungen, sondern freie Benutzungen nach § 24 Abs. 1 darstellen würden.[86]

Erst recht kann aus § 12 Abs. 2 nicht gefolgert werden, die öffentliche Mitteilung oder Beschrei- 29 bung des Werkinhalts sei im Sinne einer besonderen Schrankenbestimmung zulässig, wenn das Werk selbst oder der wesentliche Inhalt oder eine Beschreibung des Werkes mit Zustimmung des Urhebers veröffentlicht ist.[87] Es spielt auch keine Rolle, ob die Inhaltsmitteilung die Lektüre des Originals ersetzt.[88] Vielmehr gelten für die Zeit **nach der Veröffentlichung eines Werkes** auch für die Zulässigkeit von Inhaltsangaben und -beschreibungen die **allgemeinen Regeln.** Soweit etwa die Zusammenfassung eines Textes als Bearbeitung oder Umgestaltung des Werkes anzusehen ist, bedarf ihre Veröffentlichung oder Verwertung demnach der Einwilligung des Urhebers des bearbeiteten oder umgestalteten Werkes (§ 23), im Übrigen ist sie zulässig.[89] Dieses abgestufte Schutzkonzept im Hinblick auf die Zulässigkeit von Inhaltsmitteilungen und -beschreibungen reflektiert den allgemeinen Rechtsgrundsatz, dass ein Werk mit der Veröffentlichung nicht mehr allein seinem Inhaber zur Verfügung steht, sondern geistiges und kulturelles Allgemeingut wird.[90]

Der **Begriff der Öffentlichkeit** bemisst sich auch für Abs. 2 grundsätzlich nach § 6 Abs. 1 iVm 30 § 15 Abs. 3 (→ Rn. 8).[91] Eine ohne Zustimmung des Urhebers erfolgte öffentliche Inhaltsmitteilung oder -beschreibung stellt eine Rechtsverletzung dar, die Ansprüche gem. §§ 97 ff. auslöst. Ist eine Mitteilung bzw. Beschreibung des wesentlichen Inhalts des Werkes hingegen mit Zustimmung des Urhebers erstmals erfolgt, dann ist das **Recht nach § 12 Abs. 2 verbraucht.** In diesem Zusammenhang kommt auch der Unterschied zwischen dem „wesentlichen Inhalt" (Hs. 2) und dem sonstigen Inhalt (Hs. 1) zum Tragen. Er besagt, dass der Urheber sich nicht mehr gegen die unerlaubte öffentliche Mitteilung untergeordneter Informationen zum Werk wehren kann, wenn dessen wesentlicher Gehalt bereits mit seiner Zustimmung veröffentlicht wurde.

Ausübung und Verbrauch des Rechts nach Abs. 2 führen hingegen nicht zu einem **Verbrauch des** 31 **nachgeschalteten Veröffentlichungsrechts** nach Abs. 1, das ohnehin einen anderen, nämlich streng werkakzessorischen Anwendungsbereich hat.[92] Ebenso wenig erlischt das Recht aus Abs. 2 durch die **Veräußerung des Originals** eines Werkes der bildenden Kunst oder eines Lichtbildwerks. Doch kann der Urheber in entsprechender Anwendung des § 44 Abs. 2 ohne ausdrücklichen Vorbehalt eine öffentliche Beschreibung des Werkes durch den Eigentümer des Originals nicht verhindern, da er nicht einmal die Veröffentlichung im Wege der Ausstellung untersagen kann.[93] Für die rechtsgeschäftliche Gestattung der ersten Inhaltsmitteilung bzw. -beschreibung gelten dieselben Grundsätze wie für die Erstveröffentlichung (→ Rn. 27).

Da § 12 Abs. 2 Mitteilungen und Beschreibungen erfasst, die vom betreffenden Werk gerade kei- 32 nen urheberrechtsverletzenden Gebrauch machen, entfällt zugleich die werkbezogene Rechtfertigung der übrigen Urheberpersönlichkeitsrechte, die lautet, dass im Werk die individuelle Kreativität des Urhebers zum Ausdruck gekommen ist. Inhaltsmitteilungen und -beschreibungen, die dem Urheber nicht als seine persönliche geistige Schöpfung zugeschrieben werden, können auch nicht als Ausprägungen seiner Persönlichkeit gelten. Folglich stellt § 12 Abs. 2 einen **reinen Geheimnisschutz** dar, der auch in der Praxis **primär kommerziellen Interessen** dient, indem etwa der Zeitpunkt inhaltsmitteilender Werbekampagnen bezüglich eines Werkes gesteuert wird.[94] Unerlaubte erstmalige Inhaltsmitteilungen und -beschreibungen können wie Erstveröffentlichungen gem. Abs. 1 ausnahmsweise unter dem Gesichtspunkt der Wahrnehmung berechtigter Interessen, zu denen die Befriedigung der Neugier des Publikums freilich nicht zählt, gerechtfertigt sein (→ Rn. 25).

§ 13 Anerkennung der Urheberschaft

[1] Der Urheber hat das Recht auf Anerkennung seiner Urheberschaft am Werk. [2] Er kann bestimmen, ob das Werk mit einer Urheberbezeichnung zu versehen und welche Bezeichnung zu verwenden ist.

---

[85] Insoweit zutr. Fromm/Nordemann/*Dustmann* UrhG § 12 Rn. 16.
[86] Vgl. → § 24 Rn. 18; *Ulmer* § 39 III 2; Dreier/Schulze/*Schulze* UrhG § 12 Rn. 21; Wandtke/Bullinger/*Bullinger* UrhG § 12 Rn. 19.
[87] Vgl. → 3. Aufl. 2006, Rn. 29; *Haberstumpf* Rn. 205; *Ulmer* § 39 III 2.
[88] Vgl. RGZ 129, 252 – Operettenführer; *Schack* Rn. 367; Dreier/Schulze/*Schulze* UrhG § 12 Rn. 24.
[89] BGH GRUR 2011, 134 Rn. 49–51 mwN – Perlentaucher; LG Hamburg GRUR-RR 2004, 65 (69) – Harry Potter Literaturwerkstatt; *Schack* Rn. 367; Wandtke/Bullinger/*Bullinger* UrhG § 12 Rn. 22; *Berger/Büchner* K&R 2007, 151 (153 f.); anders wiederum *Müsse* S. 144 ff. (lex specialis zu § 23).
[90] BVerfG GRUR 2001, 149 f. – Germania 3.
[91] BGH GRUR 2014, 974 Rn. 56 – Porträtkunst.
[92] Dreier/Schulze/*Schulze* UrhG § 12 Rn. 23; *Dreyer*/Kotthoff/Meckel UrhG § 12 Rn. 19.
[93] IErg ebenso *Müsse* S. 140 f.; aA Dreier/Schulze/*Schulze* UrhG § 12 Rn. 25.
[94] *Ulmer* § 39 III 1; vgl. auch Dreier/Schulze/*Schulze* UrhG § 12 Rn. 26.

Schrifttum: (s. auch die Schrifttumsnachweise vor §§ 12 ff.) *Ahrens,* Der Ghostwriter – Prüfstein des Urheberpersönlichkeitsrechts, GRUR 2013, 21; *Apel/John,* Das Wissenschaftsplagiat als Wettbewerbsverstoß. Ist das Lauterkeitsrecht ein geeignetes Instrument zum Schutz der wissenschaftlichen Redlichkeit?. UFITA Bd. 2012/III, 665; *Flechsig,* Werkintegritätsanspruch und Verbot der Namensnennung, FuR 1976, 589; *Gieseke,* Anmerkungen zur Namensnennung bei Publikationen aus Hochschulen, UFITA Bd. 2004/I, 5; *Groh,* „Mit fremden Federn" – Zur Wirksamkeit von Ghostwritervereinbarungen, GRUR 2012, 870; *Hofmann/Handischl,* Die Urheberbezeichnung im Web, ZUM 2016, 25; *Hock,* Das Namensnennungsrecht des Urhebers, 1993; *Leuze,* Die Urheberrechte der wissenschaftlichen Mitarbeiter, GRUR 2006, 552; *ders.,* Ghostwriter im Abhängigkeitsverhältnis, GRUR 2010, 307; *Löffler,* Künstlersignatur und Kunstfälschung, NJW 1993, 1421; *Metzger,* Zulässigkeit und Bindungswirkung von Ghostwriter-Abreden, in: Dreier/Ohly, Plagiate. Wissenschaftsethik und Recht, 2013, 99; *Mues,* Der Ausstellungsvertrag, 2003; *Neumann-Duesberg,* Das besondere Persönlichkeitsrecht der Nichturheberschaft (droit de non-paternité), UFITA 50 (1967), 464; *Ohly,* Die Autorenangabe bei wissenschaftlichen Veröffentlichungen aus wissenschaftsethischer und aus urheberrechtlicher Sicht, FS Dietz (2001), S. 143; *Radmann,* Abschied von der Branchenübung: Für ein uneingeschränktes Namensnennungsrecht der Urheber, ZUM 2001, 788; *Rehbinder,* Verbraucherschützende Bemerkungen zum Urheberrecht des Ghostwriters, FS Pedrazzini (1990), S. 651; *ders.,* Das Namensnennungsrecht des Urhebers, ZUM 1991, 220; *Rojahn,* Der Arbeitnehmerurheber in Presse, Funk und Fernsehen, 1978; *Schack,* Appropriation Art und Urheberrecht, FS Nordemann (2004), S. 107; *Schramm,* Urheberschaftsverpflichtung, UFITA 50 (1967), 418; *Spieker,* Die fehlerhafte Urheberbenennung: Falschbenennung des Urhebers als besonders schwerwiegender Fall, GRUR 2006, 118; *Stolz,* Der Ghostwriter im deutschen Recht, 1971; *Thiele,* Die Urheberschaft bei wissenschaftlichen Publikationen, GRUR 2004, 392; *v. Ungern-Sternberg,* Zum Recht auf Anerkennung der Urheberschaft, GRUR 2017, 760; *van Elten,* Das „Wissenschaftsplagiat" als Urheberrechtsverletzung vor dem Hintergrund der Harmonisierung des Urheberrechts in Europa, 2017; *Vinck,* Die Rechtsstellung des Urhebers im Arbeits- und Dienstverhältnis, 1972, S. 38.

I. Zweck, Entstehungsgeschichte und Anwendungsbereich

1   Das Recht auf Anerkennung der Urheberschaft bildet einen **Schwerpunkt des Schutzes der persönlichen und geistigen Interessen des Urhebers.**[1] Überdies kann die nach außen dokumentierte Urheberschaft am Werk erhebliche wirtschaftliche Bedeutung für den betroffenen Urheber haben.[2] Im Hinblick auf dieses doppelte Interesse kann der Urheber nicht nur gemäß § 12 darüber entscheiden, ob und wie sein Werk überhaupt ans Licht der Öffentlichkeit treten soll, sondern es soll gemäß § 13 in Konkretisierung des Schöpferprinzips nach § 7 auch gewährleistet werden, dass das geistige Band zwischen Werk und Urheber, soweit er selbst dies will, öffentlich in Erscheinung tritt, und dass seine Urheberschaft, auch außerhalb des engeren Rahmens der Werkverwertung, nicht angefochten werden kann. Ist die Werknutzung im Rahmen der Urheberrechtsschranken (§§ 44a ff.) von Gesetzes wegen zulässig, so ist als Ausfluss des Schutzgedankens des § 13 das Gebot zur Quellenangabe nach § 63 (s. dort) zu beachten.

2   Das **Verhältnis zwischen § 13 S. 1 und S. 2** ist umstritten. Nach einer Auffassung formuliert S. 1 ein allgemeines Schutzprinzip auf Anerkennung der Urheberschaft, während S. 2 einen Anwendungsfall dieses Prinzips darstellt; auf S. 1 könne demnach subsidiär zurückgegriffen werden, wenn S. 2 nicht anwendbar ist.[3] Nach anderer Meinung besitzt S. 2 als positives Bestimmungsrecht eine eigenständige Bedeutung, die sich nicht aus dem primär negativ-abwehrenden Recht auf Anerkennung der Urheberschaft ableiten lässt.[4] Richtig ist zwar, dass Annerkennungs- (S. 1) und Bestimmungsrecht (S. 2) schon systematisch eine Einheit bilden. Die Gesamtbetrachtung des § 13 darf aber

---

[1] BGH ZUM 1995, 40 mit zust. Anm. *Schricker* EWiR 1994, 1029 – Namensnennungsrecht des Architekten.
[2] Vgl. → Vor §§ 12 ff. Rn. 7; Dreier/Schulze/*Schulze* UrhG § 13 Rn. 7; ebenso Wandtke/Bullinger/*Bullinger* UrhG § 13 Rn. 1.
[3] → 3. Aufl. 2006, Rn. 6; AG Frankfurt a. M. ZUM-RD 2006, 479 f.; *v. Ungern-Sternberg* GRUR 2017, 760 (762).
[4] Vgl. Wandtke/Bullinger/*Bullinger* UrhG § 13 Rn. 10; *Müller* S. 142; *Schack* Rn. 370; *v. Welser* S. 31 f.; *Hock* S. 48 ff.

nicht die Grenzen des Schutzbereichs der Vorschrift überspielen, die nach ausdrücklich erklärter Absicht des historischen Gesetzgebers gerade **kein allgemeines Namensnennungsrecht** kodifiziert.[5]

Im **LUG und KUG** war noch kein Recht auf Anerkennung der Urheberschaft gem. § 13 S. 1 **3** niedergelegt. Gem. § 13 KUG durfte der Name oder der Namenszug des Urhebers auf dem Werk von einem anderen als dem Urheber selbst nur mit dessen Einwilligung angebracht werden. Soweit die Rechtsprechung das Recht auf Anerkennung der Urheberschaft bereits damals anerkannt hatte,[6] konnte sie sich dabei auf eine Reihe von Einzelbestimmungen im LUG und KUG stützen.[7]

Im Laufe des Gesetzgebungsverfahrens, das zum heutigen § 13 UrhG 1965 führte,[8] erfuhr die von **4** Anfang an vorgeschlagene Regelung keine wesentliche Änderung. Nach der **Begründung des unverändert in Kraft getretenen Regierungsentwurfs**[9] soll das Recht auf Anerkennung der Urheberschaft am Werk dem Urheber ermöglichen, gegen jeden Klage zu erheben, der seine Urheberschaft bestreitet oder sich selbst die Urheberschaft anmaßt. S. 2 gebe demgegenüber im Wesentlichen den Regelungsinhalt des § 13 KUG wieder. Danach könne der Urheber bestimmen, ob auf dem Original oder den Vervielfältigungsstücken des Werkes zum Ausdruck gebracht werden soll, wer es geschaffen hat und ob dies durch Anführung des wahren Namens, eines Decknamens oder eines Künstlerzeichens geschehen soll. Ein allgemeines Recht des Urhebers, die Angabe seines Namens bei jeder Nutzung seines Werkes zu verlangen, sehe der Entwurf nicht vor. Der Urheber bedürfe eines solchen Rechtes nicht, da er bei der Einräumung von Nutzungsrechten vertraglich vereinbaren könne, ob und in welcher Form bei der Werknutzung sein Name genannt werden soll. Dem Urheber stehe es somit frei, auf die Namensangabe wirksam zu verzichten; tue er dies, so bleibe ihm als unveräußerliches Persönlichkeitsrecht nach Satz 1 lediglich vorbehalten, einem Bestreiten seiner Urheberschaft oder einer fremden Urheberschaftsanmaßung entgegenzutreten. Etwas anderes gelte allerdings in den Fällen, in denen eine Nutzung des Werkes aufgrund der Schranken des Urheberrechts zulässig sei. Da der Urheber in dieser Konstellation nicht in der Lage sei, die Angabe seines Namens bei der Nutzung vertraglich zu vereinbaren, sehe der Entwurf eine besondere Verpflichtung zur Quellenangabe vor (vgl. § 63).

Das Recht auf Anerkennung der Urheberschaft steht nur dem **Urheber** (Miturheber, Bearbeiter, **5** Herausgeber eines Sammelwerks)[10] zu, nicht aber dem Inhaber eines Nutzungsrechts[11] oder einer bei einer Filmproduktion beteiligten juristischen Person.[12] So ist auch die Berufung auf eine pseudonyme Veröffentlichung im Verhältnis zwischen Schallplattenproduzent und GEMA ausgeschlossen, da der Produzent verpflichtet ist, der GEMA den bürgerlichen Namen des Komponisten bzw. Bearbeiters zu nennen.[13]

Im internationalen Urheberrecht sieht Art. 6bis Abs. 1 RBÜ in Übereinstimmung mit § 13 S. 1 **6** vor, dass der Urheber „unabhängig von seinen vermögensrechtlichen Befugnissen und selbst nach deren Abtretung ... das Recht [behält], die Urheberschaft am Werk für sich in Anspruch zu nehmen". Die zusätzliche Konkretisierung des Rechts auf Anerkennung der Urheberschft gem. § 13 S. 2 findet in der RBÜ hingegen keine Parallele.[14] Angesichts der Tatsache, dass der persönlichkeitsrechtliche Schutz nach § 13 gem. § 121 Abs. 6 ausländischen Staatsangehörigen generell gewährt wird, kommt **ausländischen Staatsangehörigen** der volle Schutz aus § 13 ohne Rücksicht auf die Formulierung des Art. 6bis Abs. 1 RBÜ in jedem Fall zugute.[15]

§ 13 ist gem. §§ 70 Abs. 1, 72 Abs. 1 entsprechend auf die Leistungsschutzrechte der **Verfasser** **7** **wissenschaftlicher Ausgaben** und **Lichtbildner** anwendbar.[16] Sie können sich folglich dagegen wehren, dass ein Dritter ihre Leistungserbringung bestreitet oder sich diese anmaßt (S. 1). Zudem haben sie das Recht zu bestimmen, ob und wie auf Vervielfältigungsstücken der Ausgabe bzw. des Lichtbilds zum Ausdruck gebracht wird, dass sie die Ausgabe verfasst bzw. das Lichtbild erzeugt haben. Da nach dem Willen des historischen Gesetzgebers schon Urhebern **kein allgemeines Namensnennungsrecht** jenseits vertraglicher Vereinbarungen zukommen sollte (→ Rn. 2), ist eine solche Befugnis Verfassern wissenschaftlicher Ausgaben und Lichtbildnern erst recht nicht zuzubilli-

---

[5] Offengelassen von BGH GRUR 2007, 691 (693) – Staatsgeschenk.

[6] Vgl. *v. Gamm* NJW 1959, 318 ff.; *Strömholm* Bd. I S. 350; *Ulmer* § 58 II 1; *Dreyer*/Kotthoff/Meckel UrhG § 13 Rn. 2.

[7] Einzelheiten bei *Hock* S. 21 ff.

[8] § 18 RefE 1954; § 21 MinE 1959; § 13 RegE 1962.

[9] RegE UrhG 1965, BT-Drs. IV/270, 44 f.

[10] Zum Anerkennungsrecht des Herausgebers eines Sammelwerks im Verhältnis zu den Urhebern der Einzelbeiträge *Schierholz*/Müller FS Nordemann, 2004, 115 (125).

[11] So LG Berlin GRUR 1990, 270 (271) – Satellitenfoto.

[12] OLG Frankfurt a.M. NJW 1991, 1839; *Dreyer*/Kotthoff/Meckel UrhG § 13 Rn. 12; *Schack* Rn. 372; Dreier/Schulze/*Schulze* UrhG § 13 Rn. 14; verfehlt OLG Hamm ZUM-RD 2008, 8 (14) (Namensnennungsrecht einer nach niederländischem Recht gegründeten juristischen Person).

[13] LG Berlin GRUR 1971, 229 – Bert Brac.

[14] RegE UrhG 1965, BT-Drs. IV/270, 44.

[15] → Vor §§ 120 ff. Rn. 5, dort auch zu weiteren Fragen der internationalen Dimension des UPR.

[16] Vgl. OLG Hamm GRUR-RR 2005, 177 – Stillleben; zu Lichtbildnern OLG Brandenburg GRUR-RR 2009, 413 – MFM Bildhonorartabellen; LG Kiel ZUM 2005, 81 (83); OLG Düsseldorf GRUR-RR 2006, 393 (394); Wandtke/Bullinger/*Bullinger* UrhG § 13 Rn. 3 f.; Dreier/Schulze/*Schulze* UrhG § 13 Rn. 11 ff.; *Müller* S. 146.

gen. Dabei ist zu berücksichtigen, dass ihre Leistungsergebnisse gerade keine eigenpersönliche Prägung aufweisen.[17]

8   Bei der Frage der **Namensnennung im wissenschaftlichen Bereich** ist zwischen der wissenschaftsethischen bzw. -rechtlichen und der urheberrechtlichen Perspektive zu unterscheiden.[18] Die Verschweigung des Autors und der Quelle fremder Erkenntnisse, Lehren oder Gedanken widerspricht seit jeher anerkanntem wissenschaftlichem Ethos.[19] Aufgeschreckt durch einige spektakuläre Fälschungs- und Plagiatsfälle in der deutschen Forschungslandschaft, sind Wissenschaftsorganisationen und Universitäten darum bemüht, **Standards für verantwortliches Handeln in der Wissenschaft** zu definieren.[20] *Schricker* plädiert zu Recht für ein höheres Maß an Transparenz und eine stärkere Differenzierung nach (wirklichen) Verfassern und (lediglich) wissenschaftlich Beteiligten; die Handhabung der Urhebernennung bei wissenschaftlichen Veröffentlichungen entspreche nicht immer urheberrechtlichen Grundsätzen und sei teilweise missbräuchlich.[21] Gleichwohl darf die dienstrechtliche Verpflichtung zur Nennung der Mitautoren bei der Veröffentlichung von Forschungsergebnissen nicht urheberrechtlich gedeutet werden. Sie bezieht sich nicht auf Miturheber im urheberrechtlichen Sinn, sondern auf Mitarbeiter, die einen eigenen wissenschaftlichen Beitrag geleistet haben.[22] Letztere können, müssen aber nicht zugleich (Mit-)Urheber sein; deshalb sollte die nötige Differenzierung auch sprachlich durchgehalten werden.[23] Jedenfalls sind bloße „Ehrenautorschaften" sowohl wissenschaftsethisch als auch urheberrechtlich abzulehnen.[24] Zugleich spielt aber das urheberrechtliche Anerkennungsrecht nach § 13 und seine grundsätzliche Unverzichtbarkeit (→ Rn. 34) für die wissenschaftliche Karriere eine bedeutsame Rolle. Die Frage der **Erstautorenschaft** iSd Anspruchs auf Nennung an der ersten Stelle einer aus mehreren Miturhebern bestehenden Autorenliste kann nicht ohne Weiteres durch Ableitung aus den Vorschriften über die Miturheberschaft (§ 8 iVm § 13), die kein Ranking kennen, beantwortet werden; es bedarf einer umfassenden Wertung aller Umstände des Einzelfalls unter besonderer Berücksichtigung von gegebenenfalls konkludent geschlossenen vertraglichen Vereinbarungen.[25]

II. Das Recht auf Anerkennung der Urheberschaft (§ 13 S. 1)

1. Urheberschaftsanmaßung

9   § 13 S. 1 dient der Abwehr fremder Angriffe auf die Urheberschaft. Dabei sind mit der AmtlBegr. zwei Fallgruppen zu unterscheiden.[26] Erstens kann sich der Urheber gem. § 13 S. 1 gegen **Anmaßungen der Urheberschaft durch Dritte** zur Wehr setzen. Hiermit ist nach dem Vorbild der Namensanmaßung gem. § 12 BGB der Fall gemeint, dass ein Dritter vorsätzlich ein fremdes Werk als eigenes ausgibt (sog. Plagiat).[27] Dieser besonders schwerwiegenden Beeinträchtigung seiner geistig-persönlichen Interessen kann der Urheber auch dann entgegentreten, wenn er im Übrigen wirksam auf eine Urheberbezeichnung verzichtet hat.[28] Denn der Unrechtsgehalt einer Anmaßung eigener Urheberschaft geht über die bloße Missachtung des Bestimmungsrechts gem. § 13 S. 2 hinaus. Einen solchen Angriff auf ihre Urheberschaft müssen auch anonym oder pseudonym agierende Urheber nicht hinnehmen.

2. Urheberschaftsleugnung

10   Ferner stellt es einen Verstoß gegen § 13 S. 1 dar, **die Urheberschaft zu bestreiten.**[29] Nach dem Vorbild der Namensleugnung gem. § 12 BGB ist damit der Fall gemeint, dass die Urheberschaft des wahren Urhebers ausdrücklich oder konkludent in Frage gestellt wird.[30] Auch dieser Angriff auf die Urheberschaft geht über eine bloße Missachtung des Bestimmungsrechts gem. § 13 S. 2 hinaus. Denn es wird der Eindruck erweckt, als habe nicht der Urheber, sondern ein ggf. nicht näher identifizierter Dritter das Werk geschaffen. Gegen eine solche Beeinträchtigung des geistig-persönlichen Bandes

---

[17] Auch → Vor §§ 12 ff. Rn. 34.
[18] So *Ohly* FS Dietz, 2001, 144 ff.
[19] So *v. Moltke*, Das Urheberrecht an den Werken der Wissenschaft, Diss. 1990, S. 142 f.
[20] Vgl. *Ohly* FS Dietz, 2001, 142 Fn. 2.
[21] *Schricker* in Hartmer/Detmer, Hochschulrecht, 2004, S. 419, 446; vgl. auch DKMH/*Dreyer* UrhG § 13 Rn. 34; *Schack* Rn. 373; Wandtke/Bullinger/*Bullinger* UrhG § 13 Rn. 6.
[22] *Gieseke* UFITA Bd. 2004/I, 5 (13 ff.).
[23] *Thiele* GRUR 2004, 392 (393 f.).
[24] So *Ohly* FS Dietz, 2001, 157 ff.; *Gieseke* UFITA Bd. 2004/I, 5 (16); für Zulässigkeit allenfalls bei Zustimmung aller Beteiligten und Klarstellung der Verhältnisse iSd Anerkennung der wahren Urheberschaft *Schricker* in Hartmer/Detmer, Hochschulrecht, 2004, S. 419, 446.
[25] Vgl. *Thiele* GRUR 2004, 392 (394 f.); *Gieseke* UFITA Bd. 2004/I, 5 (17).
[26] RegE UrhG 1965, BT-Drs. IV/270, 44 f.
[27] *Schack* Rn. 370.
[28] *Vinck* S. 40; *Vinck* RdA 1975, 162 (165); vgl. auch *Hock* S. 132 ff.; *Heidmeier* S. 72 ff.
[29] RegE UrhG 1965, BT-Drs. IV/270, 44.
[30] Vgl. BGH GRUR 2003, 897 – maxem.de.

zum Werk können sich grundsätzlich auch Urheber wenden, die nicht unter ihrem bürgerlichen Namen auftreten oder ganz auf eine Urheberbezeichnung verzichten.

Das Bestreiten der Urheberschaft **setzt keine Werknutzung voraus.** Vielmehr kann der Urheber **11** unter Berufung auf § 13 S. 1 auch gegen bloße ausdrückliche oder konkludente Behauptungen vorgehen, er sei nicht der (Allein-)Urheber eines bestimmten Werkes. Die meisten Fälle einer konkludenten Urheberschaftsleugnung gehen allerdings mit einer Werknutzung einher. Wird das Werk nämlich **ohne die vom Urheber festgelegte Bezeichnung oder mit einer veränderten Bezeichnung genutzt,** wird zugleich das Recht des Urhebers auf Anerkennung seiner Urheberschaft in Frage gestellt.

Eine Urheberschaftsleugnung stellt es demnach dar, wenn **ein falscher Urheber genannt** wird, **12** ohne dass eine vorsätzliche Urheberschaftsanmaßung (→ Rn. 9) vorliegt bzw. nachgewiesen werden kann. Hierzu zählen etwa Fälle, bei denen nur der Bearbeiter, nicht aber der Urheber des bearbeiteten Werkes genannt wird,[31] ein Miturheber ungenannt bleibt[32] oder Unbeteiligte als Mit- oder Alleinurheber genannt werden.[33]

Ein konkludentes Bestreiten der Urheberschaft gem. § 13 S. 1 liegt ferner vor, wenn das Werk **13** **ohne die vom Urheber festgelegte Bezeichnung** mit dem bürgerlichen Namen oder Decknamen genutzt wird. Dabei kommt es nicht darauf an, ob der Inanspruchgenommene die Bezeichnung selbst entfernt hat oder lediglich ein entsprechendes Vervielfältigungsstück ohne Autorennennung weiterverwertet. Demgemäß wurde einem Gebrauchsgraphiker das Recht auf Nennung seines Namens für den Fall zugesprochen, dass ein von ihm entworfenes und mit seinem Signum versehenes Plakat zur Grundlage einer Werbeanzeige gemacht wurde.[34] Die Entfernung des Urheberrechtsvermerks auf Transparentpausen signierter Originalbaupläne braucht der Urheber nicht zu dulden.[35] Auch in anderen Fällen kann die Unterlassung der Autorennennung ein konkludentes Bestreiten der Urheberschaft darstellen, wenn der Urheber nicht wirksam auf seine Nennung verzichtet hat.[36] Selbst der einfache Lichtbildner hat unter dieser Voraussetzung im Falle der unerlaubten Verwendung seines Lichtbilds unter gleichzeitiger Weglassung seines Namens einen Schadensersatzanspruch aus §§ 72 Abs. 1, 13 S. 1 iVm § 97 Abs. 2 S. 1.[37]

Nicht bestritten wird die Urheberschaft, wenn der anonym oder unter einem Decknamen **14** auftretende Urheber mit seinem bürgerlichen Namen benannt wird; eine solche Offenlegung verletzt allenfalls das allgemeine Persönlichkeitsrecht des Urhebers (arg. § 66 Abs. 1 S. 2).[38] Keinen Verstoß gegen das Recht auf Anerkennung der Urheberschaft des Komponisten der Originalfassung einer Werbemusik bedeutet ferner die GEMA-Anmeldung vertraglich erlaubter, bearbeiteter Fassungen durch den Bearbeiter unter dessen Bezeichnung als Komponist oder Urheber von ihm stammender Teile, wenn der Originalurheber in der **GEMA-Anmeldung** gleichzeitig als Komponist des Originaltitels aufgeführt ist; sollten die betroffenen Teile nicht schutzfähig sein, so bleiben Ansprüche des Originalkomponisten gegen die GEMA auf Vornahme einer anderen Verteilung der Tantiemen unberührt.[39] Nicht eingesetzt werden kann die Berufung auf pseudonyme Veröffentlichung im Verhältnis zwischen Schallplattenproduzent und GEMA, weil dem betroffenen Künstler insofern kein überragendes schutzwürdiges Interesse an der Geheimhaltung seines bürgerlichen Namens zusteht.[40]

Der Hinweis auf die Urheberschaft ist **eindeutig und unmissverständlich** im unmittelbaren **15** räumlichen Zusammenhang mit dem Werk anzubringen.[41] Der Verkehr muss die gewählte Bezeichnung als Hinweis auf den Urheber verstehen können.[42] Die bloße Aufzählung der Autoren eines Literaturhandbuchs im Vorwort bzw. Bearbeiterverzeichnis ohne Zuordnungmöglichkeit zu den Texten,[43] die Erwähnung des Verfassers im Impressum,[44] oder in einem Sternchenhinweis auf der ersten Seite eines umfangreichen Beitrags[45] genügen nicht. Eine konkludente Urheberschaftsleugnung liegt

---

[31] BGH GRUR 2002, 799 (801) – Stadtbahnfahrzeug.

[32] OLG München ZUM 2011, 422 (425).

[33] AG Charlottenburg ZUM-RD 2005, 356; LG Berlin ZUM-RD 2006, 443; LG München I ZUM-RD 2011, 313.

[34] OLG München GRUR 1969, 146.

[35] LG München I Schulze LGZ 102.

[36] Näher → Rn. 28 ff. Vgl. zB OLG Hamburg GRUR-RR 2002, 249 – Handy-Klingeltöne; LG Köln ZUM-RD 2008, 213.

[37] LG München I UFITA 87 (1980), 338; LG Hamburg ZUM 2004, 675; LG Kiel ZUM 2005, 81 ff.; LG Köln ZUM-RD 2014, 220.

[38] Vgl. *Dietz* Droit Moral S. 119 f.; *Rehbinder* ZUM 1991, 228; *Schack* Rn. 374; *Stolz* S. 82 f.; im Ergebnis *Hock* S. 157; für einen ergänzenden Schutz durch das aPR Wandtke/Bullinger/*Bullinger* UrhG § 13 Rn. 12; für Bindung der Erben an den Urheberwillen bei der Aufdeckung eines Pseudonyms oder der Anonymität *Clément* S. 79 ff.

[39] OLG Hamburg ZUM 2004, 483 (487); siehe aber OLG Hamburg BeckRS 2013, 15675 (Verstoß gegen § 13 bei Nichtnennung des Originalurhebers durch den Bearbeiter).

[40] LG Berlin GRUR 1971, 229 – Bert Brac.

[41] Siehe AG Frankfurt a. M. ZUM-RD 2006, 479 (480) (allgemeine Nennung im Impressum genügt nicht); Dreier/Schulze/*Schulze* UrhG § 13 Rn. 20.

[42] OLG München GRUR-RR 2008, 37 (43) – Pumuckl-Illustrationen II.

[43] OLG München ZUM 2000, 404 (407); LG Frankfurt a. M. BeckRS 2018, 27944 Rn. 48.

[44] AG Frankfurt a. M. ZUM-RD 2006, 479.

[45] LG Frankfurt a. M. BeckRS 2018, 27944 Rn. 49.

auch vor, wenn der Name des betroffenen Fotografen bei einer rechtswidrigen Veröffentlichung neben anderen Fotografen erscheint und eine eindeutige Zuordnung des Namens zu einer bestimmten Fotografie nicht möglich ist[46] oder wenn bei einer Kunstzeitschrift der Urhebervermerk ohne Möglichkeit eindeutiger Zuordnung lediglich am Blattrand oder in einem Sammelnachweis vorhanden ist.[47]

3. Kein allgemeines Namensnennungsrecht bzw. Namensnennungsverbot

16   Ein über die dargestellten Fälle der Anmaßung oder des Bestreitens der Urheberschaft hinausgehendes, **allgemeines Namensnennungsrecht hat der historische Gesetzgeber ausdrücklich nicht gewähren wollen.** Gegenüber Werknutzungsberechtigten könne der Urheber vertraglich regeln, ob und in welcher Form bei der Werknutzung sein Name genannt werden soll (dazu → Rn. 26). Verzichte er wirksam auf die Namensangabe, verbleibe ihm als unveräußerliches Persönlichkeitsrecht nach § 13 S. 1 lediglich, einem Bestreiten seiner Urheberschaft oder einer fremden Urheberschaftsanmaßung entgegenzutreten.[48] Die **hM** hat sich über diese Regelungsabsicht mit Rücksicht auf die besondere Schutzwürdigkeit des Urhebers hinweggesetzt und einen grundsätzlich **umfassenden Anspruch auf Namensnennung** anerkannt.[49] Doch sieht § 13 ein solches Namensnennungsrecht auch nach seinem Wortlaut nicht vor. Das Recht auf Anerkennung der Urheberschaft gem. S. 1 bildet hierzu ersichtlich ein Minus. Die Befugnis zu bestimmen, mit welcher Bezeichnung das Werk zu verwenden ist (S. 2), bezieht sich nur auf das rechtsgeschäftliche Verhältnis zum Werknutzungsberechtigten und ist deshalb mit Bedacht nicht als „Recht" im Verhältnis zur Allgemeinheit formuliert worden. Das UrhG geht daher gerade **nicht von einer uneingeschränkten Bezeichnungspflicht** aus, sondern macht deren Bestehen und Reichweite von einer Entscheidung durch den Urheber abhängig.[50] Hieraus erklärt sich auch, warum § 13 anders als § 14 nicht zusätzlich auf eine Eignung zur Interessengefährdung und damit auf eine begrenzende Interessenabwägung abstellt.[51] Legt man die Fallgruppe des Bestreitens der Urheberschaft überdies wie hier weit aus, sind schließlich keine relevanten Schutzlücken zu befürchten.

17   Vielmehr ist mit dem historischen Gesetzgeber die privatautonome Ausübung des Bestimmungsrechts durch den Urheber gem. § 13 S. 2 in das Zentrum der Betrachtung zu rücken.[52] Hat er gegenüber einem bestimmten Verwerter oder bei Open-Content-Modellen gegenüber jedermann **wirksam auf seine Namensnennung verzichtet** (dazu näher → Rn. 34 ff.), kann er diese Entscheidung nicht unter Berufung auf § 13 aus der Welt schaffen. Eine unerlaubte Werknutzung ohne Namensnennung verstößt dann ggf. gegen die Verwertungsrechte, aber nicht zusätzlich gegen § 13.[53] Dies entspricht der Regelung des § 63 Abs. 1 S. 3, wonach die mit § 13 zusammenhängende Verpflichtung zur Quellenangabe bei einer zulässigen Schrankennutzung entfällt, wenn die Quelle weder auf dem benutzten Werkstück oder bei der benutzten Werkwiedergabe genannt noch dem zur Vervielfältigung Befugten anderweit bekannt ist. Liegt ein wirksamer Verzicht auf Nennung hingegen nicht vor, sind sowohl die Vertragspartner des Urhebers als auch Dritte über die Fallgruppe des Bestreitens der Urheberschaft an die gewählte Bezeichnung gebunden.[54] Dies gilt insbesondere, wenn der Urheber anlässlich der Veröffentlichung des Werkes oder bei der Übergabe eines Werkstücks an einen Dritten erkennen lässt, dass er die Bezeichnung mit seinem Namen wünscht.[55]

18   Hat der Urheber noch **keine oder widersprüchliche Entscheidungen im Hinblick auf die Urheberbezeichnung** getroffen, ist sein Name in der für die jeweilige Werk- und Nutzungsart üblichen Weise zu nennen.[56] Hat er indes wirksam auf seine Nennung verzichtet, kann er die betreffende Angabe von seinen Vertragspartnern und Dritten erst verlangen, wenn er die betreffende **Verzichtserklärung widerrufen bzw. den Nutzungsvertrag gekündigt** hat.[57] In einer solchen Konstella-

---

[46] LG Düsseldorf GRUR 1993, 664 (665).
[47] LG München I ZUM 1995, 57; vgl. auch LG München ZUM-RD 1997, 249.
[48] RegE UrhG 1965, BT-Drs. IV/270, 44.
[49] → 3. Aufl. 2006, Rn. 1; BGH GRUR 1995, 671 (672) – Namensnennungsrecht des Architekten; OLG Düsseldorf BeckRS 2017, 131633 Rn. 31; offengelassen von BGH GRUR 2007, 691 (693) – Staatsgeschenk; zurückhaltend OLG München GRUR-RR 2008, 37 (43) – Pumuckl-Illustrationen II (Bestimmungsrecht durch die Interessen Dritter begrenzt); Fromm/Nordemann/*Dustmann* UrhG § 13 Rn. 14; aA *Hock* S. 48 ff.
[50] So zum identischen § 20 Abs. 1 öUrhG öOGH GRUR-Int 2011, 79 (81) – Natascha K.
[51] AA *v. Ungern-Sternberg* GRUR 2017, 760 (764 f.) (analoge Anwendung des § 39 Abs. 2 zur Begrenzung des Namensnennungsrechts).
[52] LG Kassel ZUM-RD 2011, 250 (252); öOGH GRUR-Int 2011, 79 (81) – Natascha K; anders → 3. Aufl. 2006, Rn. 14 (das Bestimmungsrecht nach S. 2 bedeute nicht, dass die Urhebernennung erst auf Verlangen des Urhebers zu erfolgen hätte); siehe auch OLG Hamburg GRUR-RR 2002, 249 (250); *G. Schulze* FS Nordemann, 2004, 251 (261).
[53] Im Ergebnis ebenso OLG München ZUM 2011, 422 (428) (Verzicht auf Namensnennung wegen entsprechender Branchenübung); aA → 3. Aufl. 2006, Rn. 8; *Heidmeier* S. 64; einschränkender *Hock* S. 36 ff.
[54] öOGH GRUR-Int 2011, 79 (81 f.) – Natascha K (Übergabe von Lichtbildern mit Urheberbezeichnung); → Rn. 15.
[55] öOGH GRUR-Int 2011, 79 (81 f.) – Natascha K.
[56] So wohl auch öOGH GRUR-Int 2011, 79 (81) – Natascha K.
[57] Vgl. *Heidmeier* S. 69; ferner LG Berlin ZUM-RD 2002, 252; OLG München ZUM 2003, 964; GRUR-RR 2004, 33.

tion stellt eine unerlaubte Werknutzung ohne Namensnennung durch nicht vertraglich mit dem Urheber verbundene Dritte erst dann eine konkludente Urheberschaftsleugnung (→ Rn. 10 ff.) dar, wenn die betreffende Nutzung nach einem klaren und verständlichen Hinweis auf den Meinungswandel des Urhebers fortgesetzt wird.

Hat der Urheber hingegen bestimmt, dass sein Werk **nicht mit einer Urheberbezeichnung zu** **19** **versehen ist,** so sind seine Vertragspartner und Rechtsnachfolger hieran gebunden. Die unerlaubte Offenlegung des Urhebernamens stellt jedoch keinen Angriff auf die Urheberschaft dar (→ Rn. 14). So wenig § 13 ein allgemeines Namensnennungsrecht gewährt, so wenig ist der Norm ein spiegelbildliches **Namensnennungsverbot** zu entnehmen. Hierbei handelt es sich auch nicht um ein Minus zum Entstellungsverbot des § 14. Vielmehr berücksichtigt das UrhG das geistig-persönliche Interesse des Urhebers, sich bei gewandelter Überzeugung von einem Werk zu distanzieren, abschließend im Rückrufrecht gem. § 42, dessen Voraussetzungen nicht unter Berufung auf § 13 unterlaufen werden dürfen.[58]

4. Rechtsfolgen eines Verstoßes gegen § 13 S. 1

Ein Verstoß gegen das Recht auf Anerkennung der Urheberschaft löst alle Rechtsfolgen der **20** §§ 97 ff. aus. Insbesondere kann der Urheber Unterlassung und Beseitigung verlangen, was auch impliziert, dass bei einer fortdauernden Werknutzung die vom Urheber bestimmte Bezeichnung verwendet werden muss. Insbesondere bei Fotografien, aber auch bei Schriftwerken berücksichtigt die herrschende Meinung die rechtswidrig unterlassene Namensnennung im Rahmen der Berechnung des materiellen Schadens durch eine **Erhöhung des als Schadensersatz zu gewährenden Lizenzsatzes.** Dabei gehen die meisten Gerichte von einem Zuschlag in Höhe von 100 % aus,[59] während andere eine Erhöhung um 50 % für angemessen erachten;[60] klagen Erben, wird zT lediglich ein Zuschlag von 25 % gewährt.[61] Als materieller Schadensersatz im Sinne der Lizenzanalogie (§ 97 Abs. 2 S. 3) erscheint ein solcher Betrag[62] bzw. Zuschlag allerdings nur gerechtfertigt, wenn der Kläger nachweisen kann, dass der von ihm gerade nicht wirksam erklärte Verzicht auf die Nennung (→ Rn. 17) üblicherweise durch eine entsprechend erhöhte Lizenzgebühr abgegolten wird, der Namensnennung also ein **objektiver Werbewert** zukommt.[63] Ferner lässt sich vertreten, dass die unterlassene Namensnennung einer der in der Begründung zu § 97 Abs. 2 S. 3 angesprochenen „Einzelfälle" ist, in dem es „zum sachgerechten Schadensausgleich notwendig" sei, den Ersatzbetrag höher als die einfache Lizenzgebühr zu bemessen.[64] Um jedoch die weiterhin gültige Entscheidung des Gesetzgebers gegen eine doppelte Lizenzgebühr als pauschaler Strafschaden zu respektieren,[65] wird man hierfür in der Tat den Nachweis verlangen müssen, dass eine gesonderte Vergütung bei Verzicht auf die Namensnennung üblich ist, oder dass wirtschaftliche Verluste in Gestalt von entgangenen Folgeaufträgen wegen fehlender Werbewirkung ernsthaft zu besorgen sind. Diese Voraussetzungen sind mit der Folge, dass ein Zuschlag zur üblichen Lizenzgebühr aufgrund unterbliebener Namensnennung nicht in Betracht kommt, nicht gegeben bei einfachen Lichtbildern von Hobbyfotografen[66] und bei Abbildungen von Berufsfotografen, die unter einer Creative-Commons-Lizenz auch für kommerzielle Nutzungen kostenlos zur Verfügung gestellt werden.[67] Nur bei schwerwiegenden Verstößen kommt schließlich eine Entschädigung für immaterielle Beeinträchtigungen gem. § 97 Abs. 2 S. 4 in Betracht.[68]

Die Voraussetzungen für eine tatbestandsmäßige Namensanmaßung oder Namensleugnung gem. **21** § 13 S. 1 muss nach allgemeinen Grundsätzen der Urheber **dartun und ggf. beweisen.** Hierzu zählt auch ein substantiierter Vortrag zur gewählten und mit der Klage geltend gemachten Urheberbe-

---

[58] AA → 3. Aufl. 2006, Rn. 15; *Schack* Rn. 374, 398; einschränkender *Mues* S. 126 f.; ferner LG Saarbrücken UFITA 79 (1977), 358 und OLG Saarbrücken UFITA 79 (1977), 364; vgl. auch OLG München NJW 1996, 135 – Herrenmagazin (unzulässige Bezeichnung eines Sozialwissenschaftlers als „Mitarbeiter" der Zeitschrift „Playboy").

[59] OLG Frankfurt a. M. *Schulze* OLGZ 201; OLG Düsseldorf GRUR-RR 2006, 393 (394); OLG Brandenburg GRUR-RR 2009, 413 – MFM Bildhonorartabellen; OLG Hamburg BeckRS 2013, 13564; LG Düsseldorf GRUR 1993, 664; LG München I ZUM 1995, 57; LG München ZUM-RD 1997, 249; LG Leipzig GRUR 2002, 424 f.; LG Berlin ZUM-RD 2006, 443; ZUM 2015, 264 (265 f.); LG Köln BeckRS 2007, 65 193; AG Heilbronn AfP 1989, 596; AG Düsseldorf ZUM-RD 2013, 25 (27) (Vertragsstrafe).

[60] AG Hamburg ZUM 2006, 586 (589); AG Frankfurt a. M. ZUM-RD 2006, 479.

[61] LG Köln ZUM-RD 2018, 24.

[62] Vgl. LG München I BeckRS 2012, 46989 (eine vereinbarte Lizenzgebühr für die Nutzung eines Werkes ist auch bei der Berechnung des Schadensersatzes wegen unterlassener Namensnennung als Bemessungsgrundlage heranzuziehen).

[63] OLG Köln ZUM 2018, 621 (622 ff.) – Speicherstadt (zu Creative-Commons-Lizenz); unter Verweis auf Vertragsempfehlungen im Journalistikbereich AG Frankfurt a. M. ZUM-RD 2006, 479 (480); zu pauschal OLG Düsseldorf GRUR-RR 2006, 393 (394); OLG Brandenburg GRUR-RR 2009, 413 – MFM Bildhonorartabellen; offengelassen von LG München ZUM-RD 2009, 352 (354); kritisch auch Fromm/Nordemann/*Dustmann* UrhG § 13 Rn. 31.

[64] Siehe BT-Drs. 16/5048, 48.

[65] BT-Drs. 16/5048, 37; zutr. OLG Köln ZUM 2018, 621 (624) – Speicherstadt; LG Kiel ZUM 2005, 81 (85); allgemeine Kritik an der Instrumentalisierung des UPR für finanzielle Interessen → Vor §§ 12 ff. Rn. 10.

[66] AG Düsseldorf BeckRS 2012, 14861.

[67] OLG Köln ZUM 2018, 621 (622 ff.) – Speicherstadt.

[68] → § 97 Rn. 282; anders LG Berlin ZUM 2015, 264 (265 f.) (Verletzerzuschlag iHv 100 % des Nutzungshonorars als Nichtvermögensschaden gem. § 97 Abs. 2 S. 4 UrhG).

zeichnung gem. § 13 S. 2.[69] Macht der Inanspruchgenommene geltend, der Urheber habe wirksam auf die Namensnennung verzichtet, so dass die unterbliebene Nennung nicht gegen § 13 S. 1 verstößt, obliegt die Beweislast für diesen anspruchsausschließenden Umstand ihm.

III. Die Befugnis zur Bestimmung der Urheberbezeichnung (§ 13 S. 2)

1. Urheberbezeichnung des Werkes

22   **a) Urheberbezeichnung.** Gem. § 13 S. 2 kann der Urheber bestimmen, ob das Werk mit einer Urheberbezeichnung zu versehen und welche Bezeichnung zu verwenden ist. Unter Urheberbezeichnung ist die Kennzeichnung von Originalen sowie von Vervielfältigungsstücken des Werkes mit dem **bürgerlichen Namen, einem Decknamen (Pseudonym), Künstlernamen** oder einem sonstigen **Zeichen** des Urhebers zu verstehen.[70] Hierunter fällt auch die Angabe der werkbezogenen Funktion des Urhebers als Autor, Komponist, Übersetzer etc,[71] nicht hingegen der Hinweis auf einen sonstigen Beruf oder die Adresse des Urhebers.[72]

23   Wie auch aus den §§ 10 und 66 ergibt, kann sich der Urheber auch für eine **anonyme Veröffentlichung** entscheiden, also auf die Anbringung eines identifizierenden Zeichens ganz verzichten und seinen Vertragspartnern die Offenlegung seiner Identität verbieten. Allerdings bedeutet die Nichtanbringung der Urheberbezeichnung nicht ohne Weiteres eine anonyme Veröffentlichung iSv § 66, da der Urheber nicht zuletzt durch eigenes Zutun auf andere Weise als Schöpfer des Werkes bekannt sein kann. Zum **Bekenntnis seiner Urheberschaft** ist der Urheber grundsätzlich nicht verpflichtet.[73] Liegen der Leugnung der Urheberschaft oder der Authentizität eines Werkes nachweisbar künstlerische Gründe zugrunde,[74] so kann der Urheber zu einem positiven Bekenntnis zur Urheberschaft oder gar zur Signierung eines Werkes der bildenden Kunst nicht gezwungen werden.[75] Von der jedenfalls bei Vorliegen künstlerischer Gründe zulässigen Leugnung der Urheberschaft zu unterscheiden ist das als Ausfluss des aPR gewährte Recht auf Anerkennung der Nichturheberschaft (droit de non-paternité), wonach sich jedermann gegen die falsche Unterstellung wehren kann, Urheber eines Werkes zu sein, das in Wahrheit von einem anderen geschaffen wurde.[76]

24   Bei **Werken der bildenden Kunst** umfasst die Bestimmung über die Anbringung der Urheberbezeichnung vor allem die Signierung des Originals, die in der Regel, wenn auch nicht ausschließlich, durch den Urheber persönlich erfolgt.[77] Das hier liegende Schutzinteresse des bildenden Künstlers ist durch § 107 Nr. 1 mit zusätzlichem strafrechtlichem Schutz versehen.[78] Dem besonderen persönlichkeitsrechtlichen Interesse des Urhebers an der **Unterscheidung zwischen Original und Vervielfältigungsstück** ebenso wie dem Verkehrsinteresse dient auch die Strafvorschrift in § 107 Nr. 2.[79] Freilich kann der Urheber ggf. auch selbst als Täter nach § 107 Nr. 2 in Frage kommen, wenn er durch seine Signatur einem bloßen Vervielfältigungsstück den Anschein eines Originals gibt;[80] andererseits kann aber im Bereich zeitgenössischer Kunst („readymades") uU die bloße Signatur des Urhebers ein Gegenstand zum Kunstwerk machen. Im Bereich der Druckgraphik wird überdies die Signatur des Urhebers für die Abgrenzung von Original und Vervielfältigungsstück von Bedeutung sein.

25   **b) Des Werkes.** § 13 S. 2 erlaubt es dem Urheber, „das Werk" mit einer Urheberbezeichnung zu versehen. Damit erstreckt sich die Bezeichnungsbefugnis des Urhebers ganz allgemein auf jede Form der Werknutzung. Eine Begrenzung auf die Anbringung der Urheberbezeichnung an Werkverkörperungen (Original und Vervielfältigungsstücke) ist der Vorschrift nicht zu entnehmen.[81] Hier wie auch sonst ist mit „Werk" vielmehr das abstrakt-unkörperliche Immaterialgut gemeint, das den Gegenstand des Urheberrechts bildet. Vielmehr ist die vom Urheber bestimmte oder mit Werknutzungsberechtigten vereinbarte Form der Bezeichnung grundsätzlich **auch bei öffentlichen Wiedergaben**, insbesondere bei öffentlichen Zugänglichmachungen und Vorführungen (Abspann eines Films) zu beachten, es sei denn, dass dies nach den Umständen des Einzelfalls nicht möglich ist (arg. § 63 Abs. 2 S. 2).[82]

---

[69] LG Kassel ZUM-RD 2011, 250 (252).
[70] RegE UrhG 1965, BT-Drs. IV/270, 44.
[71] Dreier/Schulze/*Schulze* UrhG § 13 Rn. 18; vgl. auch *Dreyer*/Kotthoff/Meckel UrhG § 13 Rn. 20.
[72] *Hock* S. 154.
[73] Zu weitgehend iS einer „Urheberschaftsverpflichtung" *Schramm* UFITA 50 (1967), 418; vgl. auch *Kreile/Wallner* ZUM 1997, 625 (627) (Nennung angesehener Urheber durch den Filmproduzenten); dagegen *Stolz* S. 84 f.
[74] Vgl. *Dietz* Droit Moral S. 69; *Mues* S. 130.
[75] Sa *Dietz* Droit Moral S. 124 f.; ähnlich *Hock* S. 165 ff.
[76] Vgl. BGH GRUR 1995, 668 – Emil Nolde; → Vor §§ 12 ff. Rn. 29 ff.
[77] BGH GRUR 2007, 691 (693) – Staatsgeschenk; zu unterschiedlichen Arten der Signatur *Bullinger* S. 58.
[78] Vgl. *Tölke* S. 62 f.; *Schack* Rn. 376, 852; *Bullinger* S. 69.
[79] Vgl. *Schack* FS W. Nordemann, 2004, 107 (111).
[80] Ebenso *Sieg* S. 158; *Löffler* NJW 1993, 1421 (1429); *Schack* Rn. 853.
[81] *Heidmeier* S. 68; *v. Welser* S. 34 f.; aA → 3. Aufl. 2006, Rn. 12; *v. Ungern-Sternberg* GRUR 2017, 760 (762); BGH ZUM 1995, 40 (41); LG Kiel ZUM 2005, 81 (83) (Werkbezeichnung bei öffentlichen Wiedergaben als Anwendungsfall des § 13 S. 1).
[82] *G. Schulze* GRUR 1994, 855 (862); *Dreyer*/Kotthoff/Meckel UrhG § 13 Rn. 16.

2. Vereinbarungen über die Urheberbezeichnung

a) Zulässigkeit von Vereinbarungen. § 13 S. 2 versetzt den Urheber in die Lage, beim Ab- **26** schluss von Nutzungsverträgen zu vereinbaren, ob und in welcher Form bei der Werknutzung sein Name genannt werden soll.[83] Auch aus § 39 Abs. 1 ergibt sich, dass **Vereinbarungen über die Urheberbezeichnung** zulässig sind.[84] Allerdings darf die Urheberbezeichnung ohne Vereinbarung mit dem Urheber grundsätzlich nicht geändert werden (§ 39 Abs. 1); die Ausnahmevorschrift nach dem Maßstab von Treu und Glauben gem. § 39 Abs. 2 greift hier, abgesehen vom Schikaneverbot, nicht ein. Dem Urheber steht es schließlich frei, auf die Namensangabe von Anfang an oder später wirksam zu verzichten.[85] Ein solcher **Verzicht auf die Nennung** kann überdies mit der Zustimmung zur Verwendung eines sog. **„Verlagspseudonyms"** durch den Nutzungsrechtsinhaber verbunden werden.[86]

b) Rechtsnatur. Hinsichtlich der **Rechtsnatur der Vereinbarung über die Urheberbezeich-** **27** **nung** sind wie auch sonst bei Rechtsgeschäften über das UPR drei Varianten zu unterscheiden:[87] Der Urheber kann unter dem Vorbehalt jederzeitigen Widerrufs in die Verwendung einer bestimmten Urheberbezeichnung bzw. in seine Nichtnennung einwilligen. Eine solch (negative) Ausübung der Befugnis nach § 13 S. 2 hindert den Urheber nicht daran, bzgl. weiterer Verwertungshandlungen in der Zukunft auf der Anbringung einer (anderen) Urheberbezeichnung zu bestehen.[88] Eine Bindungswirkung im Hinblick auf die Urheberbezeichnung weisen demgegenüber schuldrechtliche Vereinbarungen und quasidingliche Nutzungsrechtseinräumungen auf. Welche Alternative im konkreten Fall vereinbart wurde, ist ggf. durch Auslegung gem. §§ 133, 157 BGB zu ermitteln. Dabei ist der für die Einräumung von Verwertungsrechten entwickelte **Übertragungszweckgedanke**[89] sinngemäß anzuwenden, da der Urheber im Zweifel nur so weit über seine Bezeichnungsbefugnis disponiert, wie dies der Zweck des Vertrages unbedingt erfordert.[90]

c) Fehlen ausdrücklicher Vereinbarungen. Haben die Parteien **keine ausdrückliche Rege-** **28** **lung im Hinblick auf die Urheberbezeichnung** getroffen, ist anhand des Vertragszwecks und der Verkehrssitte („Branchenübungen")[91] zu beurteilen, ob und wie der Urheber zu nennen ist.[92] Allerdings bedürfen die von den Werknutzungsberechtigten häufig vorgebrachten Verkehrsgewohnheiten im Hinblick auf die Nennung von Urhebern stets der Überprüfung dahingehend, ob es sich mit Rücksicht auf das in § 13 grundsätzlich anerkannte Interesse des Urhebers, seine Urheberschaft öffentlich kundzutun, nicht um eine Unsitte[93] handelt, die als Branchenüblichkeit nur das soziale Ungleichgewicht zu Lasten der Urheber perpetuiert.[94]

In der **Verlags- und sonstigen Printbranche** besteht etwa keine Branchenübung dahin, dass es **29** bei Beiträgen in einem Literaturlexikon bei Folgeauflagen im Gegensatz zur Erstauflage der Urheberbenennung bei jedem einzelnen Beitrag nicht bedarf.[95] Im Anwendungsbereich des VerlG ist der Verleger zwar gem. § 14 S. 2 VerlG zur Entscheidung über die konkrete äußere Form der Anbringung der Urheberbezeichnung befugt.[96] Allerdings folgt hieraus keine Befugnis des Verlags zu einer Namensnennung, die mit § 13 unvereinbar ist.[97] Das Recht, als (Mit-)Herausgeber in einer seinem sachlichen Beitrag entsprechenden Weise auf dem Titelblatt einer wissenschaftlichen Ausgabe genannt zu werden, steht dem Urheber[98] auch dann zu, wenn er seine Mitarbeit vor Vollendung des Werkes ein-

---

[83] RegE UrhG 1965, BT-Drs. IV/270, 44.

[84] *Hock* S. 100 ff.; *Metzger* GRUR-Int 2003, 9 (11 ff.).

[85] → Rn. 23; RegE UrhG 1965, BT-Drs. IV/270, 44.

[86] Vgl. OLG Hamm GRUR 1967, 260 – Irene von Velden; *Ulmer* § 40 V 2; *Schricker* VerlG § 8 Rn. 3.

[87] → Vor §§ 12 ff. Rn. 12 ff.

[88] *Heeschen* S. 88; *Dreyer*/Kotthoff/Meckel UrhG § 13 Rn. 28; *v. Welser* S. 54 f.

[89] Dazu → § 31 Rn. 52 ff.

[90] Vgl. auch Dreier/Schulze/*Schulze* UrhG § 13 Rn. 28; *Heeschen* S. 80 ff., 85 f.

[91] Zur Notwendigkeit der gerichtlichen Feststellung von Branchenübungen und ihrer Erkennbarkeit für ihre stillschweigende Einbeziehung in den Nutzungsvertrag vgl. BGH GRUR 1995, 671 – Namensnennungsrecht des Architekten; ähnlich LG Hamburg ZUM 2004, 675 (678).

[92] BGH GRUR 1995, 671 – Namensnennungsrecht des Architekten; OLG München ZUM 2003, 964 (968) – Pumuckl; OLG München GRUR 2004, 33 (34) – Pumuckl-Illustrationen; LG Hamburg 24.4.2017 – 308 O 129/17, juris (zur Namensnennung bei zulässigen freien Benutzungen); *Schack* Rn. 377; weitergehend *Ulmer* § 40 IV 2; unter Berufung auf Sozialadäquanz und Verbraucherschutz *Rehbinder* ZUM 1991, 224 f.; ihm folgend *Hock* S. 73 ff.; kritisch dazu *G. Schulze* GRUR 1994, 855 (861 f.); sehr zurückhaltend bei der Anerkennung branchenüblicher Gepflogenheiten etwa *v. Ungern-Sternberg* GRUR 2017, 760 (763); *Schacht* S. 175 ff.; vgl. auch *Rojahn* S. 111 f.; *Vinck* S. 41 ff.; *Osenberg* S. 147 ff.; *Dreyer*/Kotthoff/Meckel UrhG § 13 Rn. 18 f.; *Haberstumpf* Rn. 215. AA OLG Düsseldorf 19.9.2017 – 20 U 141/16, juris Rn. 31 (fehlten vertragliche Regelungen, sei stets eine Urheberbezeichnung anzubringen).

[93] OLG Düsseldorf GRUR-RR 2006, 393 (395); LG München I Schulze LGZ 102, 3; ZUM 1995, 57 (58); LG Köln BeckRS 2007, 65 193.

[94] So auch Dreier/Schulze/*Schulze* UrhG § 13 Rn. 26; *Heeschen* S. 84; *Müller* S. 144, 148; Wandtke/Bullinger/*Bullinger* UrhG § 13 Rn. 24; *Schack* Rn. 377; ähnlich zu angestellten Programmierern *Holländer* CR 1999, 279 (282); aA wegen der dabei befürchteten Rechtsunsicherheit *Dreyer*/Kotthoff/Meckel UrhG § 13 Rn. 31.

[95] So OLG München ZUM 2000, 404 (407).

[96] Vgl. *Schricker* VerlG § 14 Rn. 9; *Schack* Rn. 375; ebenso LG München I ZUM 1995, 57.

[97] LG Frankfurt a. M. BeckRS 2018, 27944 Rn. 47 mwN.

[98] Bzw. dem Verfasser einer wissenschaftlichen Ausgabe nach § 70.

gestellt hat.[99] Ebenso hat der ehemalige (Mit-)Herausgeber oder Autor eines Sammelwerks auch nach seinem Ausscheiden bezüglich späterer Auflagen solange noch ein Nennungsrecht, als diese Auflagen von seinem Wirken als Herausgeber oder Autor geprägt sind.[100] Ein ebensolches Nennungsrecht hat, im Rahmen der gesamthänderischen Bindung der Miturheber nach § 8, auch der Mitherausgeber einer Anthologie.[101]

30   Ähnliche Grundsätze gelten im Verhältnis zwischen **Architekt und Bauherr** bzw. Eigentümer.[102] Insbesondere ist bei der gebotenen Berücksichtigung der Interessen des Bauherrn davon auszugehen, dass dieser keine reklamehafte Ausgestaltung der Urheberbezeichnung zu dulden braucht. Es kommt eher eine dezente und weniger auffällige Anbringung des Namens am Bauwerk in Betracht.[103] Ein **stillschweigender Verzicht** auf die Nennung des Urhebers ist insbesondere im Bereich des **Kunstgewerbes oder serienmäßig hergestellter Gebrauchsgegenstände** anzunehmen, bei denen die Anbringung der Urheberbezeichnung schon aus technischen Gründen erschwert oder unmöglich ist.[104] Entsprechendes gilt für den Entwurf eines Landeswappens[105] und in denjenigen Bereichen der Kulturwirtschaft, wo im Hinblick auf die hohe Zahl möglicherweise nur sekundärer schöpferischer Beiträge[106] ein Zuviel der Urheberbenennung gerade das Gegenteil des Gewollten erreichen kann.[107] Hingegen scheitert die Annahme eines stillschweigenden Einverständnisses mit der Nichtnennung, wenn der Urheber (zB Fotograf) ausweislich eines auf allen Werkstücken (Fotografien) angebrachten Vermerks auf korrekter Urheberbenennung besteht[108] oder wenn die Nennung ausdrücklich vereinbart ist und der Urheber lediglich das Manuskript oder Fotografien ohne Angabe seines Namens an den Vertragspartner übersendet.[109]

31   Große Bedeutung hat die Frage der Urheberbenennung **im Filmbereich.**[110] Nach Auffassung des OLG München genügt selbst für die unmittelbaren Filmurheber eine Benennung im Vor- oder Abspann.[111] Der **Komponist der Filmmusik** hat für einen bestimmten Film jedenfalls bei Verwendung eines erheblichen, im Wesentlichen unveränderten oder nur unfrei benutzten Teils seiner Musik in einem neuen Film den Anspruch auf Urheberbenennung.[112] Dem ausländischen Autor eines einer Fernsehserie zugrundeliegenden Romans bzw. seinem Erben steht der Anspruch auf Urheberbezeichnung bei der Ausstrahlung der Fernsehserie zu;[113] nicht aber Mitwirkenden an einer Fernsehsendung, deren Beitrag – wie bei einer Miturheberschaft am Vorspann zu einer Serie – von lediglich untergeordneter Bedeutung ist.[114] Der Komponist der Originalmusik einer Fernsehserie kann verlangen, dass eine mit der Bezeichnung „Originalmusik" hergestellte Schallplatte seine Musik enthält und mit seinem Namen versehen ist. Sein Verbietungsrecht erstreckt sich auf den Fall, dass unter der Angabe „Originalmusik" die Musik eines Dritten veröffentlicht wird.[115]

32   Bei **angestellten Urhebern** wird vielfach ein stillschweigendes Einverständnis mit der Unterlassung der Namensnennung anzunehmen sein.[116] Das allgemeine Recht, gegen abstraktes Bestreiten oder Anmaßung der Urheberschaft sowohl durch Dritte als auch durch Arbeitgeber oder Vorgesetzte

[99] BGH GRUR 1978, 360 – Hegel-Archiv; grundsätzlich ebenso bereits BGH GRUR 1972, 713 (714) – Im Rhythmus der Jahrhunderte.

[100] OLG Frankfurt a. M. Schulze OLGZ 107 – Taschenbuch für Wehrfragen; KG GRUR 1992, 167 (168) – Parallelveröffentlichung; LG Frankfurt a. M. BeckRS 2018, 27944 Rn. 42; ähnlich OLG München ZUM 2000, 404 für die Verfasser einzelner Beiträge zu einem Literaturhandbuch in Folgeauflagen; vgl. auch *Schricker* VerlG § 41 Rn. 18.

[101] OLG Karlsruhe GRUR 1984, 812 – Egerlandbuch; iSd gesamthänderischen Bindung der Miturheber bei grundsätzlicher Anerkennung des Nennungsrechts auch LG München I Schulze LGZ 150; vgl. allgemein zu Miturhebern *Schack* Rn. 373; OLG Hamburg GRUR-RR 2002, 249 (250) – Handy-Klingeltöne.

[102] Vgl. *Walchshöfer* FS Hubmann, 1985, 473.

[103] So BGH ZUM 1995, 40 (42) – Namensnennungsrecht des Architekten; vgl. auch *Müller* S. 143.

[104] Vgl. *Dreyer*/Kotthoff/Meckel UrhG § 13 Rn. 33; zum weitgehenden Fehlen der Namensnennung in der Werbe-, Software- und Designbranche sowie des Hörfunks und Fernsehens bei *Heeschen* S. 63; kritisch Wandtke/Bullinger/*Bullinger* UrhG § 13 Rn. 24; aus der Sicht des Publikumsinteresses *Hock* S. 93; einschränkender auch *Schacht* S. 179.

[105] OLG Frankfurt a. M. WRP 2014, 1344.

[106] Etwa bei Software und Filmwerken; *Kreile/Wallner* ZUM 1997, 625 (627 f.).

[107] OLG München GRUR-RR 2008, 37 (43) – Pumuckl-Illustrationen II; *Rojahn* S. 117; *Schack* Rn. 377; *Dreyer*/Kotthoff/Meckel UrhG § 13 Rn. 33; vgl. die Kriterien bei *Hock* S. 94 f.; vgl. auch den Regelungsvorschlag von *Reupert,* Der Film im Urheberrecht, S. 127 ff., 131; aA gerade wegen des Informationsinteresses des Verbrauchers Dreier/Schulze/*Schulze* UrhG § 13 Rn. 6.

[108] LG München I ZUM 1995, 57 (58); öOGH GRUR-Int 2011, 79 (81) – Natascha K.

[109] AG Frankfurt a. M. ZUM-RD 2006, 479 (481); vgl. auch AG Kassel MMR 2014, 842 f.

[110] Vgl. allgemein *Reupert,* Der Film im Urheberrecht, S. 125 ff.; zur nicht notwendigen Nennung von Doubles *Klages,* Grundzüge des Filmrechts, Rn. 817.

[111] OLG München GRUR-RR 2008, 37 (43) – Pumuckl-Illustrationen II; Dreier/Schulze/*Schulze* UrhG § 13 Rn. 27.

[112] KG Schulze KGZ 57.

[113] LG München I Schulze LGZ 173; ähnlich AG Charlottenburg ZUM-RD 2005, 356 (358).

[114] OLG München ZUM 2011, 422 (428) – Tatort Vorspann.

[115] OLG München GRUR 1993, 332 (333) – Christoph Columbus.

[116] Vgl. RegE UrhG 1965, BT-Drs. IV/270, 62; grundlegend *Rojahn* S. 111 ff.; *Kraßer* FS Schricker, 2005, 94 f.; *Müller* S. 148; *Schacht* S. 176 ff.; *Schack* Rn. 1124; *Vinck* S. 41 f.; Wandtke/Bullinger/*Bullinger* UrhG § 13 Rn. 24; für Computerprogramme ebenso *Holländer* CR 1992, 279 (281 f.); *Haberstumpf* Rn. 215.

vorzugehen, wird dadurch aber nicht tangiert. Der Arbeitgeber, Dienstherr oder Vorgesetzte mag allenfalls behaupten, das betreffende Werk sei **bei** ihm oder unter seiner Anleitung, nicht jedoch – entgegen den Tatsachen – es sei **von** ihm geschaffen worden.[117] Im Hinblick auf die lange Dauer des Urheberrechts muss auch bei angestellten Urhebern der das Anstellungsverhältnis zeitlich überdauernde Urheberschaftsanspruch ernst genommen werden, zumal dieser nach Beendigung des Arbeits- oder Dienstverhältnisses oftmals das einzige dem Urheber verbleibende, auch wirtschaftlich relevante Element darstellt.[118]

Open-Content-Lizenzen wie Creative Commons oder Open Source-Lizenzen regeln die Frage 33 der Namensnennung in aller Regel ausdrücklich. Missachtet der Nutzer die Pflicht zur Namensnennung, liegt nicht nur eine Vertragsverletzung, sondern zugleich ein Verstoß gegen § 13 S. 1 (Urheberschaftsleugnung) vor.[119] Räumt der Urheber auf diese Weise unentgeltlich ein einfaches Nutzungsrecht für jedermann ein (vgl. §§ 31a Abs. 1 S. 2, 32 Abs. 3 S. 3, 32a Abs. 3 S. 2, 32c Abs. 3 S. 2) und verzichtet dabei auf seine Namensnennung, kommt ein Verstoß gegen § 13 S. 1 wegen unterlassener Namensnennung hingegen nicht mehr in Betracht. Selbiges gilt, wenn der Urheber (Lichtbildner) sein Werk (Lichtbild) ohne förmliche Open-Content-Lizenz öffentlich zugänglich macht und das Werk (die entsprechende Datei) nicht mit einer Urheberbezeichnung versieht. Die hiermit einhergehende konkludente Einwilligung in übliche Online-Nutzungen umfasst dann eben auch die Nichtnennung des Urhebers (Lichtbildners).[120] Kündigungen der Open-Content-Lizenzen bzw. Widerrufe der konkludenten Einwilligung in die Werknutzung wirken auch im Hinblick auf die Namensnennung nur ex nunc, dh mit Zugang beim Nutzer.

d) Grenzen zulässiger Vereinbarungen über die Urheberbezeichnung. Vereinbarungen 34 über die Urheberbezeichnung unterliegen denselben Wirksamkeitsgrenzen wie andere Rechtsgeschäfte über das UPR.[121] Hieraus folgt zunächst, dass eine translative Übertragung wie auch ein erga omnes wirkender Verzicht auf das Recht auf Anerkennung der Urheberschaft nicht möglich sind.[122]

Klauseln **in allgemeinen Geschäftsbedingungen,** die vom Grundgedanken des § 13 S. 2 abwei- 35 chen, wonach der Urheber für jedes Werk entscheiden kann, ob und welche Urheberbezeichnung zu verwenden ist, sind gem. § 307 Abs. 2 Nr. 1 BGB unwirksam. Dies gilt etwa für die Klausel, „Das Studio, seine Auftraggeber und deren etwaige Partner sind berechtigt, aber nicht verpflichtet, den Vertragspartner im Vor- oder Nachspann sowie in Ankündigungen jeder Art zu nennen",[123] für die Klausel „Der Verlag ist zur Namensnennung des Fotografen berechtigt, aber nicht verpflichtet, wenn nicht Fotograf und Verlag etwas anderes schriftlich vereinbaren"[124] wie auch für die Klausel in vorformulierten „Honorarregelungen" zwischen einem Verlag und Wort- und Bildjournalisten, wonach „ein fehlender Urhebervermerk ... keine gesonderten Ansprüche" auslöst.[125] Auch in Individualvereinbarungen kann der **Ausschluss der Namensnennung gem. § 138 Abs. 1 BGB sittenwidrig** sein.[126] Hierfür sind die Umstände des Einzelfalls umfassend zu würdigen. Zu berücksichtigen sind insbesondere die Art des Werkes sowie der Zweck und die Dauer des Nutzungsvertrags.

Wirksame Vereinbarungen über die Urheberbezeichnung, insbes. ein wirksamer Verzicht auf die 36 Namensnennung, können überdies **gem. § 314 BGB aus wichtigem Grund gekündigt** werden. Ein solcher Kündigungsgrund ist zB gegeben, wenn bei der gestatteten Werknutzung ein Dritter als Urheber genannt wird oder auch nur der Eindruck erweckt wird, das Werk sei von einem anderen als dem wahren, wenngleich anonymen Urheber geschaffen worden.[127] Darüber hinaus billigt die wohl hM dem Urheber ein **unverzichtbares Sonderkündigungsrecht** nach Ablauf von fünf Jahren seit Abschluss des Vertrages bzw. Ablieferung des Werkes zu, da das UrhG in §§ 40 Abs. 1 S. 2, 42 Abs. 2 erkennen lasse, dass der Urheber an der Ausübung einer urheberpersönlichkeitsrechtlichen Kernbefugnis vertraglich im Voraus für mehr als fünf Jahre nicht gehindert werden könne.[128]

---

[117] Zust. *Leuze* S. 89; ähnlich *Dreyer*/Kotthoff/Meckel UrhG § 13 Rn. 41; *Holländer* CR 1992, 279 (281); vgl. allgemein auch *Kellerhals* S. 171 ff.

[118] Vgl. LG München I Schulze LGZ 150, 5; AG Heilbronn AfP 1989, 596 (Veröffentlichung von Fotografien eines Bildredakteurs nach dessen Ausscheiden aus dem Arbeitsverhältnis); Dreier/Schulze/*Schulze* UrhG § 13 Rn. 29; *Vinck* RdA 1975, 162 (166).

[119] OLG Köln ZUM 2018, 621 (622) – Speicherstadt (Schadensersatzanspruch aber wegen fehlenden objektiven Werbewerts der Namensnennung versagt).

[120] Zur konkludenten Einwilligung näher → § 29 Rn. 31.

[121] → Vor §§ 12 ff. Rn. 11 ff.

[122] Arg. § 29 Abs. 1; näher → Vor §§ 12 ff. Rn. 17 ff.

[123] LG Berlin ZUM 2015, 264 (265 f.).

[124] OLG Hamburg ZUM 2011, 846 (860 f.).

[125] LG Berlin K&R 2007, 588 (590).

[126] Dazu näher *Groh* GRUR 2012, 870; *Ahrens* GRUR 2013, 21, jeweils mwN.

[127] Vgl. auch OLG Naumburg NJW 2009, 779 (Mitgliedschaft des Ghostwriters in einer bestimmten Bewegung kein wichtiger Grund zur Kündigung durch den Auftraggeber, aber Recht zur jederzeitigen Kündigung des Ghostwritervertrags als Werkvertrag gem. § 649 S. 1 BGB bis zur Vollendung des Manuskripts).

[128] OLG München ZUM 2003, 964 (967) – Pumuckl; OLG München GRUR 2004, 33 (35) – Pumuckl-Illustrationen; OLG Frankfurt a. M. GRUR 2010, 221 (223); OLG München ZUM 2011, 422 (428); *Osenberg* S. 139 ff. sowie S. 161 f.; *Schack* Rn. 378 und Wandtke/Bullinger/*Bullinger* UrhG § 13 Rn. 23; aA wegen der unterschiedlichen Interessenlage Dreyer/Kothoff/Meckel UrhG § 13 Rn. 42; kritisch auch *Müller* S. 148.

37   Allerdings weckt nicht zuletzt das **Beispiel des Ghostwriters** Zweifel an einer solch schematischen, im Gesetz nicht ausdrücklich vorgesehenen Lösung. Bei Ghostwriterabreden verzichtet der
Urheber nicht nur darauf, als Autor genannt zu werden, und verpflichtet sich, über diesen Umstand
Stillschweigen zu wahren, sondern gestattet überdies einer anderen Person, sich die Urheberschaft
anzumaßen. Obwohl diese Vereinbarung den Kern des Rechts auf Anerkennung der Urheberschaft
betrifft, wird sie überwiegend als zulässig erachtet.[129] Statt nun die Bindungswirkung einer solchen
Abrede von vornherein auf fünf Jahre[130] oder bestimmte Kommunikationsbereiche zu begrenzen,[131]
sind die allgemeinen Vorschriften zur Sittenwidrigkeit und zur Kündigung aus wichtigem Grund
unter Berücksichtigung der besonders einschneidenden Wirkungen einer Ghostwritervereinbarung
anzuwenden.[132] Sittenwidrig ist eine solche Vereinbarung demnach insbesondere, wenn der Vertragspartner eine **Zwangslage des Urhebers in sittenwidriger Weise ausnutzt.** Das ist nicht der Fall,
wenn der Leiter der Forschungsabteilung eines Unternehmens für ein Vorstandsmitglied einen wissenschaftlichen Aufsatz verfasst.[133] Eine Zwangslage besteht aber in der Regel, wenn Hochschullehrer
wissenschaftliche Mitarbeiter als Ghostwriter einsetzen. Ein wichtiger Grund zur Kündigung der
Ghostwriterabrede liegt vor, wenn sich der vermeintliche Autor über seine bloße Nennung bei der
Werknutzung hinaus **mit der Autorschaft schmückt,** zB einen nicht aus seiner Feder stammenden
wissenschaftlichen Text in sein öffentlich einsehbares Schriftenverzeichnis als Honorarprofessor aufnimmt.[134]

38   Die Tatsache, dass Ghostwriter und Verleger im Innenverhältnis wirksam die Nennung einer anderen Person als des eigentlichen Urhebers vereinbaren können, ändert nichts an einer potentiellen
Haftung des Verlags im Außenverhältnis wegen einer **irreführenden geschäftlichen Handlung** gem. §§ 3, 5 Abs. 1 Nr. 1 UWG.[135] So handelt der Verlag wegen Irreführung der Verbraucher
unlauter, wenn ein medizinischer Ratgeber unter dem Namen eines berühmten Heilpraktikers erscheint, der das Buch aber gar nicht selbst geschrieben hat.[136] Ob die Nennung des wahren Verfassers
zu den „wesentlichen Merkmalen der Ware" gem. § 5 Abs. 1 Nr. 1 UWG zählt, hängt von den Erwartungen des Durchschnittsverbrauchers im Einzelfall ab. So liegt in der Regel keine Irreführung
vor, wenn auf dem Titel der Autobiographie von Politikern oder Sportlern nur der Betreffende und
nicht der eigentliche Verfasser bzw. Miturheber genannt ist, weil der verständige Konsument mit einem Ghostwriter rechnet und seine Kaufentscheidung nicht vom Namen dieses Urhebers abhängig
macht.

39   **e) Rechtsfolgen wirksamer Bezeichnungsabreden.** Hat der Urheber im Wege der Einwilligung, der schuldrechtlichen Vereinbarung oder der Einräumung von Nutzungsrechten eine Urheberbezeichnung bestimmt oder aber auf eine Nennung ausdrücklich oder konkludent wirksam verzichtet, hat dies nicht nur Auswirkungen auf sein Verhältnis zum Einwilligungsempfänger bzw.
Vertragspartner, der an die vereinbarte Bezeichnung gebunden ist. Vielmehr legt der Urheber damit
zugleich den **Schutzbereich des Rechts auf Anerkennung der Urheberschaft gem. § 13 S. 1
im Verhältnis zu Dritten** fest. Hat der Urheber eine bestimmte Bezeichnung gewählt und wird
diese bei der Werknutzung weggelassen oder geändert, stellt dies stets eine Urheberschaftsleugnung
gem. § 13 S. 1 dar, die zur Verletzung von Verwertungsrechten hinzutritt und auch schadensrechtlich
gesondert zu würdigen ist (→ Rn. 20). Hat er hingegen wirksam darauf verzichtet, namentlich genannt zu werden, so bleibt ihm als unveräußerliches Persönlichkeitsrecht nach Satz 1 lediglich vorbehalten, einem aktiven Bestreiten seiner Urheberschaft oder einer vorsätzlichen Urheberschaftsanmaßung entgegenzutreten.[137] Wer das Werk in dieser Konstellation ohne Namensnennung unerlaubt
nutzt, verstößt daher nur gegen die Verwertungsrechte, aber nicht gegen § 13. Denn diese Art der
Urheberbezeichnung entspricht der vom Urheber gewollten bzw. akzeptierten Anonymität. Dies gilt
insbesondere, **wenn der Urheber oder Lichtbildner selbst sein Werk bzw. sein Lichtbild im
Internet öffentlich zugänglich macht,** ohne die entsprechende Datei mit einer Urheberbezeichnung zu versehen.

---

[129] OLG Frankfurt a. M. GRUR 2010, 221 (223); *Müller* S. 146; *Stolz* S. 66 ff.; *Groh* GRUR 2012, 870; *Ahrens*
GRUR 2013, 21; Wandtke/Bullinger/*Bullinger* UrhG § 43 Rn. 88; resignierend *Leuze* S. 91; zu Wissenschaftswer-
ken *Schricker* in Hartmer/Detmer, Hochschulrecht, 2004, S. 419, 445; einschränkend *Schack* Rn. 378; Fromm/
Nordemann/*Dustmann* UrhG § 13 Rn. 19 (regelmäßig sittenwidrig).
[130] Dafür OLG Frankfurt a. M. GRUR 2010, 221 (223); *Schack* Rn. 378; ähnlich Dreier/Schulze/*Schulze* UrhG
§ 13 Rn. 31; *Heeschen* S. 87; → 3. Aufl. 2006, Rn. 29.
[131] → 3. Aufl. 2006, Rn. 28 (Ghostwriterabreden nur im Hinblick auf politische Reden und Texte aktuellen politischen Inhalts zulässig); ebenso *Osenberg* S. 126 ff.
[132] Zutreffend auf den Einzelfall abstellend OLG Frankfurt a. M. GRUR 2010, 221 (223); OLG Naumburg
NJW 2009, 779; Fromm/Nordemann/*Dustmann* UrhG § 13 Rn. 19 f.; ferner *Metzger* in Dreier/Ohly, Plagiate,
2013, S. 99 ff.; *Rehbinder* FS Pedrazzini, 1990, 653 ff.; *Rehbinder* ZUM 1991, 226 f.
[133] OLG Frankfurt a. M. GRUR 2010, 221 (223).
[134] Vgl. OLG Frankfurt a. M. GRUR 2010, 221 (223).
[135] Ausführlich dazu *Apel/John* UFITA 2012/III, 665 ff.
[136] KG UFITA 80 (1977), 368 – Manfred Köhnlechner; *Schack* Rn. 378; *v. Welser* S. 71 f.; kritisch *Rehbinder* FS
Pedrazzini, 1990, 653 (662 ff.); vgl. allgemein auch Dreier/Schulze/*Schulze* UrhG § 13 Rn. 37; *Dreyer/Kotthoff/*
Meckel UrhG § 13 Rn. 39, 43.
[137] RegE UrhG 1965, BT-Drs. IV/270, 44.

§ 14 Entstellung des Werkes

Der Urheber hat das Recht, eine Entstellung oder eine andere Beeinträchtigung seines Werkes zu verbieten, die geeignet ist, seine berechtigten geistigen oder persönlichen Interessen am Werk zu gefährden.

Schrifttum: (s. auch die Schrifttumsnachweise vor §§ 12 ff.; weitere Schrifttumsnachweise aus der Zeit vor 2003 siehe Voraufl.) *Bußmann,* Änderung und Bearbeitung im Urheberrecht, FS Ph. Möhring (1965), S. 201; *v. Detten,* Kunstausstellung und das Urheberpersönlichkeitsrecht des bildenden Künstlers, 2010; *C. Dietz,* Der Werkintegritätsschutz im deutschen und US-amerikanischen Recht, 2009; *v. Einem,* Zum Streit um die Lizenzierungspraxis bei monophonen und polyphonen Klingeltönen, ZUM 2005, 540; *Elmenhorst/Gräfin von Brühl,* Wie es Euch gefällt? – Zum Antagonismus zwischen Urheberrecht und Eigentümerinteressen, GRUR 2012, 126; *Erdmann,* Vereinbarungen über Werkänderungen, FS Loewenheim (2009), S. 81; *Federle,* Der Schutz der Werkintegrität gegenüber dem vertraglich Nutzungsberechtigten im deutschen und US-amerikanischen Recht, 1998; *Flechsig,* Beeinträchtigungsschutz von Regieleistungen im Urheberrecht. Zur Frage der tatbestandlich vorausgesetzten Gefährdung persönlichkeitsrechtlicher Interessen in den §§ 14 und 83 Abs. 1 UG, FuR 1976, 429; *ders.,* Werkintegritätsanspruch und Verbot der Namensnennung, FuR 1976, 589; *ders.,* Die „geistige Eigenart des Werkes" ist zu wahren, FuR 1976, 751; *Goldmann,* Das Urheberrecht an Bauwerken – Urheberrechtspersönlichkeitsrechte des Architekten im Konflikt mit Umbauvorhaben, GRUR 2005, 639; *Grohmann,* Das Recht des Urhebers, Entstellungen und Änderungen seines Werkes zu verhindern, Diss. Erlangen-Nürnberg 1971; *v. Gruben,* Das urheberrechtliche Entstellungsverbot im Umgang mit Originalwerken der bildenden Kunst, 2013; *Grunert,* Werkschutz contra Inszenierungskunst – der urheberrechtliche Gestaltungsspielraum der Bühnenregie, 2002; *Harke,* Das Urheberrecht des Architekten, KUR 2000, 19; *Hegemann,* Der Schutz des bildenden Künstlers vor Entstellung und sonstigen Beeinträchtigungen seines Werkes durch direkte und indirekte Eingriffe, FS Hertin (2000), S. 87; *Hertin,* Zur Lizenzierung von Klingeltonrechten, KUR 2004, 101; *Honscheck,* Der Schutz des Urhebers vor Änderungen und Entstellungen durch den Eigentümer, GRUR 2007, 944; *Huber,* Zulässigkeit von Veränderungen am fertig gestellten Filmwerk im Hinblick auf das Urheberpersönlichkeitsrecht des Filmregisseurs, 1993; *Jänecke,* Das urheberrechtliche Zerstörungsverbot gegenüber dem Sacheigentümer, 2003; *Krüger-Nieland,* Die Rechtsstellung des Bühnenregisseurs aus urheberrechtlicher Sicht, UFITA 64 (1972), 129; *Landtfermann,* Handy-Klingeltöne im Urheber- und Markenrecht, 2006; *v. Lewinski/Dreier,* Kolorierung von Filmen, Laufzeitänderung und Formatanpassung: Urheberrecht als Bollwerk?, GRUR-Int 1989, 635; *Movsessian,* Darf man Kunstwerke vernichten?, UFITA 95 (1983), 77; *Mues,* Der Ausstellungsvertrag, 2003; *Nahme,* Veränderungen an urheberrechtlich geschützten Werken der Baukunst und Gebrauchskunst, GRUR 1966, 474; *Nipperdey,* Das Urheberrecht des Architekten beim Wiederaufbau zerstörter Gebäude, DRZ 1946, 133; *Obergfell/Elmenhorst,* Unterirdisches Theater des Lichts und der Bewegung, ZUM 2008, 23; *v. Olenhusen,* Parodie und Urheberrechtsverletzung in der Schweiz und in Deutschland, insb. im Bereich der bildenden Künste, UFITA 2003/III S. 695; *Peifer,* Werbeunterbrechungen in Spielfilmen nach deutschem und italienischem Urheberrecht, GRUR-Int 1995, 25; *Peukert,* Die Zerstörung eines Werkstücks. Ein Fall des § 14 UrhG?, ZUM 2019, 567; *Poll,* Urheberrechtliche Beurteilung von Veränderungen von Klingeltönen, MMR 2004, 67; *Prill,* Urheberrecht und Klingeltöne, 2006; *Prinz,* Das Änderungsrecht des Bauwerkeigentümers an urheberrechtlich geschützten Bauwerken im deutschen, schweizerischen, französischen und belgischen Recht, Diss. Bielefeld 1994; *Richard/Junker,* Kunstfälschung und Persönlichkeitsrecht, GRUR 1988, 18; *Schack,* Geistiges Eigentum contra Sacheigentum, GRUR 1983, 56; *ders.,* Kolorierung von Spielfilmen: Das Persönlichkeitsrecht des Filmregisseurs im IPR, IPRax 1993, 46; *Schilcher,* Der Schutz des Urhebers gegen Werkänderungen, 1989; *Schmelz,* Die Werkzerstörung als ein Fall des § 11 UrhG, GRUR 2007, 565; *Schöfer,* Die Rechtsverhältnisse zwischen dem Urheber eines Werkes der bildenden Kunst und dem Eigentümer des Originalwerkes, 1984; *Schricker,* Die Einwilligung des Urhebers in entstellende Änderungen des Werks, FS Hubmann (1985), S. 409; *G. Schulze,* Teil-Werknutzung, Bearbeitung und Werkverbindung bei Musikwerken – Grenzen des Wahrnehmungsumfangs der GEMA, ZUM 1993, 255; *ders.,* Urheberrecht der Architekten, NZBau 2007, 537 und 611; *ders.,* Kolorierung von Spielfilmen, FS Dietz (2001), S. 177; *Specht/Koppermann,* Vom Verhältnis der §§ 14 und 24 UrhG nach dem „Deckmyn"-Urteil des EuGH, ZUM 2016, 19; *Thies,* Eigentümer- kontra Urheberinteressen. Der Fall „Berliner Hauptbahnhof", UFITA 2007/III, 741; *Vinck,* Die Rechtsstellung des Urhebers im Arbeits- und Dienstverhältnis, 1972; *ders.,* Der Urheber im Arbeits- und arbeitnehmerähnlichen Verhältnis, RdA 1975, 162; *Wallner,* Der Schutz von Urheberwerken gegen Entstellungen unter besonderer Berücksichtigung der Verfilmung, 1995; *Wandtke/Czernik,* Der urheberrechtliche Integritätsschutz von Bau(kunst)-werken und dessen Probleme in der Rechtsanwendung, GRUR 2014, 835; *Wasmuth,* Verbot der Werkänderung und Rechtschreibreform, ZUM 2001, 858; *Winter,* Der Entstellungsschutz im Urheberrecht – Urheberpersönlichkeitsrecht oder Allgemeinvertraglichkeitskontrolle?, FS Büscher (2018), S. 281.

Übersicht

I. Allgemeines

1. Zweck und Entstehungsgeschichte

1   Der in § 14 geregelte **Integritätsschutz**[1] bildet neben dem Veröffentlichungsrecht (§ 12) und dem Recht auf Anerkennung der Urheberschaft (§ 13) den dritten Pfeiler des UPR ieS.[2] Das Entstellungsverbot schützt das geistige und persönliche Interesse des Urhebers, dass sein Werk dem Publikum unverfälscht dargeboten wird. Er hat seinem Werk eine bestimmte Form und Gestaltung gegeben, in der seine individuelle Kreativität zum Ausdruck kommt. Nur in dieser Form muss er sich das Werk als persönliche geistige Schöpfung zuschreiben lassen.[3] Schutzgegenstand ist wie allgemein beim UPR weder die Person des Urhebers noch das Werk als immaterielles Gut und erst recht nicht ein objektiver Kulturgüter-Denkmalschutz, sondern das **geistige und persönliche Band zwischen Urheber und Werk** bzw. des Interesse des Urhebers an der Entscheidung darüber, wie das Werk an die Öffentlichkeit treten soll.[4] § 14 soll verhindern, dass die vom Urheber autorisierte Wirkung des Werkes auf den kulturellen oder gesellschaftlichen Kommunikationsprozess beeinträchtigt wird.[5]

2   § 14 ist mit dem UrhG 1965 am 1.1.1966 in Kraft getreten. Die §§ 9, 24 LUG; §§ 12, 21 KUG hatten zuvor zwar nur ein Änderungsverbot im Rahmen vertraglicher oder gesetzlicher Nutzungsverhältnisse geregelt. Die Rechtsprechung hatte auf der Basis dieser Vorschriften aber bereits ein **allgemeines urheberrechtliches Änderungsverbot** anerkannt.[6] Jenes sollte durch § 14 UrhG kodifiziert werden.[7]

3   § 14 dient der Umsetzung des auf die Rom-Konferenz 1928 zurückgehenden **Art. 6bis RBÜ** in deutsches Recht.[8] § 19 RefE 1954 hatte sich noch ganz an Art. 6bis RBÜ (Brüsseler Fassung) orientiert und eine Entstellung oder Beeinträchtigung des Werkes nur untersagt, wenn diese geeignet ist, Ansehen oder Ruf des Urhebers zu gefährden. Dieser Maßstab wurde in der Folge ersetzt durch die weitergehende Beurteilung von Entstellungen und sonstigen Beeinträchtigungen des Werkes am Maßstab der Eignung zur Gefährdung der berechtigten geistigen oder persönlichen Interessen des Urhebers am Werk.[9] Hierdurch sollte zum Ausdruck gebracht werden, dass § 14 keine Ausprägung des allgemeinen Persönlichkeitsrechts (aPR) ist, sondern das geistige und persönliche Band schützt, das nach dem Konzept des Monismus zwischen dem Urheber und seinem Werk besteht.[10]

4   Doch folgt aus der vom aPR abweichenden Konzeption des UPR nach Auffassung des historischen Gesetzgebers nicht, dass der Schutz des § 14 absolut ist. Trotz seines anderen Schutzgegenstands stehe § 14 dem aPR doch in seiner generalklauselartigen Weite und Unbestimmtheit wesensmäßig nahe. Es sei erforderlich, den Umfang des Rechts wie den des allgemeinen Persönlichkeitsrechts durch das Erfordernis einer **Interessenabwägung** zu begrenzen. Das Gesetz bringe dies dadurch zum Ausdruck, dass nur eine Gefährdung der **berechtigten** geistigen und persönlichen Interessen des Urhebers am Werk beachtlich sein solle.[11] Dass der Schutz des Integritätsinteresses von vornherein nur nach Maßgabe einer Interessenabwägung gewährt ist, zeigen auch die §§ 39 Abs. 2 (Treu und Glauben) und 62 (Erforderlichkeit), die mit § 14 eine funktionale Einheit bilden.[12] Nur mit diesem Vorbehalt kann von einem allgemeinen Änderungs- bzw. Beeinträchtigungs- und Entstellungsverbot gesprochen werden.[13]

---

[1] Vgl. *Grohmann* S. 1; *Tölke* S. 12. Anders → 3. Aufl. 2006, Rn. 1 („Werkschutzrecht"); dazu kritisch *Schack* Rn. 380; ähnlich Wandtke/Bullinger/*Bullinger* UrhG § 14 Rn. 2.

[2] → Vor §§ 12 ff. Rn. 5.

[3] BGH GRUR 1999, 230 (231) – Treppenhausgestaltung; OLG Hamm ZUM-RD 2001, 443; 2011, 343 (345); LG Berlin ZUM 2012, 507 (509) – East Side Gallery; Fromm/Nordemann/*Dustmann* UrhG § 14 Rn. 1.

[4] → Vor §§ 12 ff. Rn. 5; RegE UrhG 1965, BT-Drs. IV/270, 45; BGH ZUM 2019, 508 Rn. 26, 47 – HHole (for Mannheim).

[5] BGH ZUM 2019, 508 Rn. 22, 33, 35 – HHole (for Mannheim); *Peukert* ZUM 2019, 567 (569).

[6] Vgl. RGZ 79, 397 – Felseneiland mit Sirenen; LG Berlin UFITA 4 (1931), 258 – Edenhotel; wegen der Entwicklung der Rechtsprechung des Reichsgerichts seit dem 19. Jahrhundert vgl. auch *Strömholm* Bd. I S. 338 ff., 347 ff. sowie *Elster* in Die Reichsgerichtspraxis im deutschen Rechtsleben 1929, Bd. 4, S. 252, 264 ff.; *Bußmann* FS Ph. Möhring, 1965, 201 ff.

[7] RegE UrhG 1965, BT-Drs. IV/270, 45.

[8] Ausführlich *Boytha* FS Rehbinder, 2002, 203 ff.

[9] Vgl. § 22 MinE 1959; § 14 RegE 1962 sowie *Ulmer* § 41 I; *Bullinger* S. 70 f.; *Dietz* Droit moral S. 91 f.; *Flechsig* FuR 1976, 429 (432).

[10] RegE UrhG 1965, BT-Drs. IV/270, 45; BGH ZUM 2019, 508 Rn. 26 – HHole (for Mannheim).

[11] RegE UrhG 1965, BT-Drs. IV/270, 45; BGH GRUR 1999, 230 (231) – Treppenhausgestaltung; *Schack* Rn. 389; *Rehbinder/Peukert* Rn. 442.

[12] *Jänecke* S. 80 und → Rn. 5 ff.

[13] Wie hier grundsätzlich *Grohmann* S. 19 ff., 25; *Jänecke* S. 80 ff.; *Schilcher* S. 54 ff.; *Wallner* S. 70 f.; ähnlich OLG Hamburg UFITA 81 (1978), 263 (267 f.) – Reihenhäuser.

2. Zusammenhang und Anwendungsbereich der änderungsrechtlichen Vorschriften

§ 14 regelt das Entstellungsverbot, dessen Verletzung die Rechtsfolgen der §§ 97 ff. nach sich zieht. **5** Die Reichweite dieses allgemeinen Urheberpersönlichkeitsrechts wird in weiteren Vorschriften des Gesetzes für bestimmte Anwendungsfälle präzisiert, nämlich für die vertragliche Verwertung (§ 39), die Schrankennutzungen (§ 62) und den Filmbereich (§ 93 Abs. 1).[14] Zum **Gesamtkomplex der änderungsrechtlichen Vorschriften** zählen schließlich die Vorschriften zum Bearbeitungsrecht (§§ 23 f., 37 Abs. 1, 55a, 69c Nr. 2, 88 Abs. 1 und 89 Abs. 1).[15] Vor dem Hintergrund dieser ausdifferenzierten Regelung ist die Gegenüberstellung eines allgemein-urheberrechtlich begründeten Änderungsverbots einerseits und eines nach § 14 urheberpersönlichkeitsrechtlich ausgestalteten Entstellungsverbots andererseits fehl am Platze.[16]

Die speziellsten und daher vorrangig zu prüfenden Vorschriften betreffen den **Filmbereich.** In **6** einem **Verfilmungsvertrag** nach § 88 Abs. 1 wird iS einer Einräumungsvermutung die mit der Verfilmung verbundene Bearbeitung bzw. Umgestaltung des zugrunde liegenden Werkes sowie die filmische Bearbeitung oder Umgestaltung des hergestellten Filmwerks selbst von der Einräumung des Verfilmungsrechts erfasst. Insoweit bedeutet § 88 Abs. 1 im Bereich der Filmherstellung nicht nur eine Konkretisierung des § 23, sondern auch des § 39 Abs. 1 bezüglich der mit der Filmherstellung notwendigerweise verbundenen Veränderung oder Bearbeitung des verfilmten Werks.[17] Darüber hinaus beschränkt § 93 Abs. 1 den Integritätsschutz der Urheber vorbestehender Werke und der Filmurheber, die einem anderen gem. § 88 Abs. 1 gestatten, ihr Werk zu verfilmen, bzw. sich gem. § 89 Abs. 1 zur Mitwirkung bei der Herstellung eines Filmes verpflichten. Sie können hinsichtlich der Herstellung und Verwertung des Filmwerks **nur gröbliche Entstellungen oder andere gröbliche Beeinträchtigungen** ihrer Werke verbieten. Sie haben hierbei aufeinander, auf die beteiligten Leistungsschutzberechtigten und auf den Filmhersteller angemessene Rücksicht zu nehmen.

Die Reichweite des Integritätsschutzes **im Rahmen der sonstigen vertraglichen Werkverwer- 7 tung** bestimmt sich nach § 39 iVm § 14. Nach Abs. 1 darf der Inhaber eines Nutzungsrechts das Werk, dessen Titel oder Urheberbezeichnung (§ 10 Abs. 1) nicht ändern, wenn nichts anderes vereinbart ist. Damit wird klargestellt, dass das allgemeine Entstellungs- und Änderungsverbot des § 14 auch gegenüber dem vertraglich Nutzungsberechtigten gilt. Zugleich bestätigt § 39 Abs. 1, dass Art und Ausmaß der zulässigen Änderungen auch wirksam vereinbart werden können, der Integritätsschutz wie das UPR allgemein mithin in gewissem Umfang disponibel sind.[18] Schließlich erklärt § 39 Abs. 2 Änderungen des Werkes und seines Titels für zulässig, zu denen der Urheber seine Einwilligung nach Treu und Glauben nicht versagen kann. Derartige Änderungen sind zwar nicht rechtsgeschäftlich gestattet, aber wie nach § 14 nach Maßgabe einer Interessenabwägung unter Berücksichtigung des Vertragszwecks dennoch erlaubt.

Ist eine **Werknutzung** zwar nicht vertraglich, aber gesetzlich nach den **Schranken des Urheber- 8 rechts (§§ 44a ff.) zulässig,** bestimmt sich die Frage der Zulässigkeit von Werkänderungen nach § 62 iVm § 14. § 62 Abs. 1 S. 1 wiederholt zunächst das Verbot von Werkänderungen, das § 39 Abs. 1 auch für vertraglich Nutzungsberechtigte bekräftigt. Durch den Verweis auf § 39 (§ 62 Abs. 1 S. 2) ist aber klargestellt, dass dieses Änderungsverbot ebenfalls unter dem allgemeinen Vorbehalt der Interessenabwägung steht. Diese Abwägung orientiert sich allerdings nicht am Vertragszweck, sondern am Zweck der gesetzlich zulässigen Benutzung und damit am Zweck der einschlägigen Schranke. Dabei ist zu beachten, dass einzelnen Urheberrechtsschranken die Verwendung von Werken in veränderter (zB verkürzter) Form geradezu immanent ist. So bedeutet die Zulässigkeit eines Zitats (§ 51) bereits eine vom Gesetz notwendigerweise hingenommene Verstümmelung eines Werkes[19] und die Aufnahme eines Werkes der bildenden Kunst in einen Ausstellungskatalog (§ 58) eine ansonsten uU als Beeinträchtigung zu wertende Dimensionsänderung. § 62 Abs. 2–5 konkretisieren diese Grundsätze im Hinblick auf bestimmte Änderungen, Werkkategorien und Schranken.

Das Bearbeitungsrecht (§ 23) wird vom UrhG zu den Verwertungsrechten gezählt. Es steht geson- **9** dert neben dem persönlichkeitsrechtlichen Entstellungsverbot des § 14. Zugleich ist die **freie Benutzung von Werken (§ 24)** nicht als Schranke des Urheberrechts ausgestaltet, so dass § 62 auf die änderungsrechtlichen Fragen freier Benutzungen nicht unmittelbar anwendbar ist. Dieses Konzept

[14] Vgl. auch § 21 öUrhG („Werkschutz") und Art. 11 chURG („Werkintegrität"); ferner *Müller* S. 150 f.

[15] Vgl. zu dieser Gesamtschau *Grohmann* S. 17 ff.; *Schilcher* S. 54 ff.; ähnlich *Flechsig* FuR 1976, 589 (594) (Funktionszusammenhang); *Mues* S. 127 (Gesamtbetrachtungslehre); Dreier/Schulze/*Schulze* UrhG § 14 Rn. 2; *Ulmer* § 41.

[16] Wie hier BGH GRUR 1999, 230 (231) – Treppenhausgestaltung; Wandtke/Bullinger/*Wandtke/Grunert* UrhG § 39 Rn. 3 f.; *Federle* S. 38 f.; *Grunert* Werkschutz S. 167 f.; *Haberstumpf* Rn. 218; *Müller* S. 151; *v. Welser* S. 38 f.; *Riekert* S. 110 ff.; aA BGH GRUR 1982, 107 (109) – Kirchen-Innenraumgestaltung; im Sinne eines allgemein-urheberrechtlich begründeten Änderungsverbots bereits BGH GRUR 1974, 675 (676) – Schulerweiterung; BGH GRUR 1971, 35 (37) – Maske in Blau; OLG Saarbrücken GRUR 1999, 420 (425) – Verbindungsgang; KG ZUM 2001, 590 (591) – Gartenanlage; ebenso *Krüger-Nieland* UFITA 64 (1972), 129 f.; iS eines Nebeneinanderbestehens von Entstellungsschutz und Änderungsverbot auch Dreyer/Kotthoff/*Meckel* in UrhG § 14 Rn. 7 ff.

[17] Zust. *Wallner* S. 126, 155 ff.

[18] Vgl. → Vor §§ 12 ff. Rn. 12 ff.

[19] Den persönlichkeitsrechtlichen Inhalt des Zitatrechts betont *Riekert* S. 105 ff.

dürfte auf der Annahme beruhen, dass freie Benutzungen in der Regel nicht mehr als Werkänderungen beurteilt werden können, da das benutzte Werk nur als Anregung für ein selbständiges Werkschaffen diente und in seiner Ausdrucksform verblasst ist. Doch subsumiert die Rechtsprechung auch **Parodien** und andere Fallgruppen unter § 24, bei denen nur ein „innerer Abstand" besteht und das benutzte Werk in seiner konkreten Form sehr wohl erkennbar bleibt und ggf. nur geringfügig geändert wurde.[20] Die InfoSoc-RL regelt Parodien, Karikaturen und Pastiche denn auch im Rahmen der Schranken des Urheberrechts.[21] Die urheberpersönlichkeitsrechtliche Zulässigkeit derartiger Nutzungen bestimmt sich hingegen nach dem allgemeinen Entstellungsverbot gem. § 14. Dieses ist zwar gesondert neben den §§ 23 f. anwendbar. Bei der erforderlichen Interessenabwägung ist aber entsprechend § 62 Abs. 2 der gem. § 24 zulässige Benutzungszweck zu berücksichtigen.[22] Hält das angegriffene Werk unter Berücksichtigung aller Umstände einen ausreichenden äußeren oder inneren Abstand, besteht in der Regel keine Gefahr, dass es dem Urheber des benutzten Werkes zugeschrieben wird, so dass zugleich keine verbotene Entstellung gem. § 14 vorliegt.[23] Auch **Änderungen von Computerprogrammen und Datenbanken** sind urheberpersönlichkeitsrechtlich unbedenklich, soweit sie zur Erreichung des gesetzlich privilegierten Benutzungszwecks erforderlich sind.[24]

10 § 14 ist schließlich im **Verhältnis zu allen sonstigen Werknutzern** anwendbar, die sich weder auf eine vertragliche Gestattung noch eine Schranke des Urheberrechts berufen können. Hierzu zählen etwa Passanten oder Museumsbesucher[25] oder etwa auch Störer einer öffentlichen Werkwiedergabe, wenn diese zur Beeinträchtigung der Wiedergabe und damit zur Beeinträchtigung des Werkes selbst führt. Auch auf das **Verhältnis zum Eigentümer bzw. Besitzer eines Werkstücks** ist § 14 anzuwenden. § 39 ist nur heranzuziehen, wenn der Eigentümer bzw. Besitzer zugleich Inhaber eines Nutzungsrechts ist.[26]

11 Die änderungsrechtlichen Regelungen der §§ 14, 39 und 62 sind auf die **verwandten Schutzrechte der Verfasser wissenschaftlicher Ausgaben und der Lichtbildner** gem. §§ 70 Abs. 1, 72 Abs. 1 entsprechend anwendbar.[27] Allerdings ist bei der auch hier erforderlichen Interessenabwägung zu berücksichtigen, dass die geschützten Leistungsergebnisse nicht Ausdruck individueller Kreativität sind und daher ein geistig-persönliches Band vom Verfasser bzw. Lichtbildner allenfalls in abgeschwächter Form besteht. Entstellungen und sonstige Beeinträchtigungen wissenschaftlicher Ausgaben und Lichtbilder verstoßen daher nur gegen § 14, wenn sie geeignet sind, das Ansehen oder den Ruf des betreffenden Rechtsinhabers als Verfasser solcher Ausgaben bzw. als Lichtbildner zu gefährden (vgl. für ausübende Künstler § 75 S. 1).

II. Der Tatbestand des § 14 im Einzelnen

1. Prüfungsreihenfolge

12 § 14 (ggf. iVm §§ 39, 62 und 93 Abs. 1) ist **wie folgt zu prüfen:**[28] Liegt aus objektiver Sicht eine Entstellung oder Beeinträchtigung des Werkes vor? Ist diese Entstellung oder Beeinträchtigung zu einer Gefährdung der Interessen des Urhebers geeignet? Sind diese gefährdeten Urheberinteressen angesichts der betroffenen Gegeninteressen derart *berechtigte* Interessen, dass ihnen im Ergebnis der Interessenabwägung das größere Gewicht beizumessen ist?[29] Das objektive Vorliegen einer Entstellung

---

[20] Vgl. → § 24 Rn. 25 ff.

[21] Art. 5 Abs. 3 lit. k) InfoSoc-RL; EuGH GRUR 2014, 972 Rn. 18 ff. – Deckmyn und Vrijheidsfonds; → Vor §§ 12 ff. Rn. 47.

[22] Vgl. auch *Grohmann* S. 73, 145; *Plassmann*, Bearbeitungen und andere Umgestaltungen in § 23 UrhG, 1996, S. 43 ff., 225 f.; *Schilcher* S. 92; ähnlich BGH GRUR 1986, 458 – Oberammergauer Passionsspiele I; dezidiert aA iSd Mischcharakters von § 23 *Riekert* S. 92 ff.; *v. Welser* S. 49 f. (§ 23 S. 1 Fall 1 als eigenständiges UPR).

[23] IErg wie hier OLG München ZUM-RD 2008, 149 (freie Benutzungen in der Regel keine Entstellungen gem. § 14); Fromm/Nordemann/*Dustmann* UrhG § 14 Rn. 50; *Stuhlert* S. 79 f.; vgl. auch *Ruijsenaars* GRUR-Int 1993, 918 (929 f.); *v. Olenhusen* UFITA Bd. 2003/III, 695 (721 ff.); im Ergebnis auch *Haberstumpf* Rn. 221 und *Dreyer*/Kotthoff/Meckel UrhG § 14 Rn. 23 (bei Parodien keine gesonderte Abwägung gem. § 14); vgl. ferner *Bullinger* S. 95 ff.

[24] Vgl. §§ 69d Abs. 1, 69e Abs. 1 iVm § 69c Nr. 2; § 55a.

[25] Vgl. *Schöfer* S. 121.

[26] Für eine im Ergebnis gleichlaufende Interessenabwägung nach § 39 wie nach § 14 LG Berlin GRUR 2007, 964 (967) – Hauptbahnhof Berlin; wenig überzeugende Abfolge letztlich gleichlaufender Interessenabwägungen nach § 39 einerseits und § 14 andererseits bei OLG Frankfurt a. M. GRUR 1976, 199 (202) – Götterdämmerung; OLG Frankfurt a. M. GRUR 1986, 244 – Verwaltungsgebäude.

[27] → § 93 Rn. 10 ff.

[28] OLG Stuttgart GRUR-RR 2011, 56 (58) – Stuttgart 21; LG München I GRUR-RR 2008, 44 (45) – Pumuckl-Illustrationen II; *Asmus* S. 154 ff.; Dreier/Schulze/*Schulze* UrhG § 14 Rn. 9 ff.; *Dreyer*/Kotthoff/Meckel UrhG § 14 Rn. 34; *Heeschen* S. 45 ff.; *Kreile/Wallner* ZUM 1997, 625 (630); *Müller* S. 155 ff., 216; *Mues* S. 128 ff.; *Schacht* S. 181 f.; *Schilcher* S. 66 ff.; *Wallner* S. 128 ff.; *v. Welser* S. 39 ff.; aA – nur zweistufiges Prüfungsverfahren – *Federle* S. 44 ff.; *Riekert* S. 83 ff.

[29] BGH GRUR 1999, 230 (231) – Treppenhausgestaltung; BGH GRUR 2008, 984 (986) – St. Gottfried; OLG Hamburg UFITA 81 (1978), 263 (267 f.) – Reihenhäuser; OLG Saarbrücken GRUR 1999, 420 (426) – Verbindungsgang.

oder Beeinträchtigung führt demgemäß noch keineswegs zur Verletzung des Tatbestands von § 14, sondern setzt vielmehr erst den Mechanismus der Interessenabwägung in Gang.[30]

2. Beeinträchtigung, Entstellung, Vernichtung

a) Beeinträchtigung. Entsprechend dem natürlichen Sprachgebrauch bedeutet Beeinträchtigung **13** zunächst eine Verschlechterung oder Abwertung des Werkes, aber auch schon eine bloße Abweichung vom geistig-ästhetischen Gesamteindruck des Werkes.[31] Ausgangspunkt ist dabei das Werk in der ihm vom Urheber verliehenen Gestalt, die diesem als die bestmögliche erscheint und die demgemäß auch vom außenstehenden Betrachter als solche hinzunehmen ist.[32] Eine **angebliche Verbesserung** des Werkes durch einen Dritten schließt demgemäß eine Beeinträchtigung (oder Entstellung) dieser objektiv vorgegebenen Werkgestalt nicht aus.[33] Unabhängig von einer Aufwertung oder Abwertung des Werkes vom Standpunkt eines Dritten führt demgemäß **jede objektiv nachweisbare Änderung** des vom Urheber geschaffenen geistig-ästhetischen Gesamteindrucks des Werkes zu einer relevanten Beeinträchtigung.[34] Faktisch bezieht sich eine solche Änderung stets auf ein bestimmtes Werkstück, etwa ein Gebäude oder ein Gemälde. Dieser konkrete Eingriff beeinträchtigt die von § 14 geschützte geistig-kulturelle Wirkung des „Werkes" in der Öffentlichkeit.[35]

Dieser **Begriff der Änderung** liegt auch den §§ 39 und 62 zugrunde.[36] Da die Intensität des Eingriffs in die Werkintegrität überdies ein Kriterium bei der Interessenabwägung darstellt,[37] ist eine **14** scharfe begriffliche Unterscheidung zwischen der Beeinträchtigung iSd § 14 und der Änderung iSd §§ 39, 62 im Übrigen auch nicht erforderlich.[38] Allenfalls kann Änderung iSd §§ 39, 62 auf den Fall des Eingriffs in die äußere Gestalt bzw. Substanz des Werkes beschränkt werden,[39] so dass Beeinträchtigung die weitere, Änderung der engere Begriff wäre.

Ausgehend vom Oberbegriff der Beeinträchtigung lassen sich **direkte und indirekte Eingriffe 15** unterscheiden.[40] Stellen erstere Änderungen des Werkes in seiner konkreten, vom Urheber gewählten Form (also praktisch eines konkreten Werkstücks) dar, so bringen letztere das Werk in einen Sachzusammenhang, der die geistigen und persönlichen Interessen des Urhebers am Werk beeinträchtigt, ohne dass an diesem selbst eine Veränderung vorgenommen wurde.[41]

Keine Beeinträchtigung/Änderung stellen Maßnahmen dar, die den **geistig-ästhetischen Ge- 16 samteindruck eines Werkes unberührt** lassen. Dies betrifft insbesondere den Einsatz bestimmter Materialien und Verfahren zur Herstellung im Übrigen originalgetreuer Vervielfältigungsstücke, wenn diese Materialien oder Verfahren für den Gehalt des Werkes nicht wesentlich sind.[42] Keine Verletzung festgestellt wurde demgemäß für den Fall des Aufziehens von Kunstdrucken auf sog. Flachmembranlautsprecher[43] und für die durch das Einscannen und Abspeichern von Ausdrucken eines Fotos bewirkten Veränderungen.[44] Auch wenn Werkexemplare (etwa der bildenden Kunst) lediglich **restauriert** werden, ist eine Entstellung bzw. Beeinträchtigung jedenfalls dann nicht gegeben, wenn der ursprüngliche Zustand handwerklich einwandfrei wiederhergestellt wird. Anders verhält es sich aber, wenn der Verfall zur geschützten Ausdrucksform des Werkes zählt oder die Restaurierung in sonstiger Hinsicht zu einer relevanten Änderung führt.[45]

Eine Beeinträchtigung des Werkes geht häufig mit einer **Werknutzung iSd §§ 15 ff.** einher, zB **17** wenn das Werk in Auszügen, anderweit verändert oder in einem unzumutbaren Sachzusammenhang

---

[30] BGH ZUM 2019, 508 Rn. 36 – HHole (for Mannheim); aA *Riekert* in Götting, Multimedia, Internet und Urheberrecht, 1998, S. 131: keine Interessenabwägung bei nicht aus besonderen Gründen schutzwürdigen, lediglich wirtschaftlichen Gegeninteressen.

[31] So Dreier/Schulze/*Schulze* UrhG § 14 Rn. 10.

[32] Zust. *Bullinger* S. 72 f.; *Jänecke* S. 82.

[33] BGH GRUR 1999, 230 (231) – Treppenhausgestaltung; Dreier/Schulze/*Schulze* UrhG § 14 Rn. 7; *Federle* S. 39; *Hegemann* FS Hertin, 2000, 87 (92) (am Beispiel eines von einem geübten Künstler „korrigierten" Gemäldes eines ungeübten Hobbymalers); *Heidmeier* S. 82; *Riekert* S. 80; *Schilcher* S. 61; *Schöfer* S. 47; Wandtke/Bullinger/*Bullinger* UrhG § 14 Rn. 6 und 36.

[34] BGH GRUR 1989, 106 (107) – Oberammergauer Passionsspiele II; OLG München GRUR 1993, 332 (333) – Christoph Columbus; LG Leipzig ZUM 2005, 487 (493) – Museumsfußboden.

[35] Zur Unterscheidung zwischen Werkstück und Werk vgl. *Peukert* ZUM 2019, 567 (569).

[36] Vgl. *Schilcher* S. 62.

[37] So ausdrücklich OLG München GRUR 1993, 332 (333) – Christoph Columbus.

[38] Zustimmend *Haberstumpf* Rn. 219.

[39] So unter der Voraussetzung der Gegenüberstellung eines Änderungsverbots nach § 39 und eines Entstellungsverbots nach § 14 BGH GRUR 1982, 107 (109) – Kirchen-Innenraumgestaltung.

[40] Wie hier LG Köln ZUM-RD 2009, 90 (93); *Schilcher* S. 68 f.; aA im Sinne einer bloßen Ordnungsfunktion *Bullinger* S. 89; gegen diese Unterscheidung wegen mangelnder Abgrenzungsmöglichkeit *v. Welser* S. 41.

[41] Siehe BGH ZUM 2018, 50 Rn. 11 – Die Höhner; Dreier/Schulze/*Schulze* UrhG § 14 Rn. 11 f. mit zahlreichen Beispielen, etwa Teilnutzungen, Ausschnitte und Ergänzungen, Aufteilungen eines Werkes für Fernsehserien, für Abdruck in Fortsetzungen; *Grohmann* S. 51 ff., 78 ff.; *Tölke* S. 95 f.; *G. Schulze* ZUM 1993, 255 (257 ff.); ebenso *Schack* Rn. 384; *Wallner* S. 133.

[42] Vgl. *Haberstumpf* Rn. 220.

[43] So OLG Hamburg GRUR 2002, 536 – Flachmembranlautsprecher.

[44] BGH GRUR 2014, 974 Rn. 60 – Porträtkunst.

[45] OLG Düsseldorf BeckRS 2019, 5572 Rn. 16; Fromm/Nordemann/*Dustmann* UrhG § 14 Rn. 55; Dreier/Schulze/*Schulze* UrhG § 14 Rn. 26; Wandtke/Bullinger/*Bullinger* UrhG § 14 Rn. 44.

vervielfältigt, verbreitet und öffentlich wiedergegeben wird. Die Ansprüche wegen Verletzung der Verwertungsrechte treten dann gesondert neben Ansprüche wegen Verstoßes gegen § 14.[46] Ein Werk kann aber auch iSv § 14 beeinträchtigt werden, ohne dass es gem. § 15 genutzt wird. Das ist zB der Fall, wenn ein Werk der bildenden Kunst oder ein Plakat durch einen Passanten oder Museumsbesucher beschädigt oder die öffentliche Wiedergabe eines Sprach- oder Musikwerks gestört wird.[47] In derartigen Konstellationen wird die Interessenabwägung, sofern es sich um mehr als bloße Lappalien handelt, praktisch nie zu einem rechtfertigenden Gegeninteresse des betroffenen Dritten bzw. zu einer Minderung des Bestands- und Integritätsinteresses des Urhebers führen.

18   **b) Entstellung.** Die Entstellung ist ein besonders schwerwiegender Fall der Beeinträchtigung, die das Werk **in gravierender Weise verzerrt oder verfälscht.**[48] Eine Entstellung liegt insbesondere vor, wenn der Eingriff in die äußere Form des Werkes oder seinen Sachzusammenhang dazu führt, dass sich der **Sinn des gesamten Werkes oder seine wesentlichen Merkmale** verändern.[49] Der Relativsatz „die geeignet ist …" bezieht sich trotz des verwendeten Singulars auf alle Fälle der Beeinträchtigung und damit auch auf deren schwerwiegenden Unterfall der Entstellung.[50] Für Entstellungen gilt demnach wie in allen anderen Fällen der Beeinträchtigung das Gebot der Interessenabwägung, auch wenn die Stärke des Eingriffs, soll er gerechtfertigt sein, im Fall der Entstellung Gegeninteressen von größerem Gewicht erfordert.[51] Die methodische Gleichbehandlung aller Fälle von Beeinträchtigungen und Änderungen einschließlich ihres schwersten Falles, der Entstellung, macht allerdings eine scharfe begriffliche Abgrenzung entbehrlich; diese wäre im Hinblick auf die für die Anwendung des § 14 (sowie des § 39) allein mögliche Einzelfallbetrachtung ohnehin nicht zu leisten.[52] Bedeutsam kann die Unterscheidung jedoch werden, wenn der Urheber Änderungen wirksam gestattet hat, während Entstellungen weiterhin unzulässig bleiben.

19   **c) Werkvernichtung.** Die **teilweise Vernichtung** eines Werkes, zB durch Abriss eines Gebäudeteils, stellt nach allgemeiner Auffassung einen Fall der Beeinträchtigung des im Übrigen fortbestehenden Werkes iSd § 14 dar.[53] Allerdings liegt eine urheberrechtsrelevante Teilvernichtung nur vor, wenn ein integraler Bestandteil eines einheitlichen Werkes zerstört wird. So verhält es sich, wenn die Seitenflügel und die Treppenanlage der zentralen Schalterhalle eines Bahnhofsgebäudes abgerissen werden.[54] Anders liegt der Fall indes, wenn ein Saal eines Gebäudes umgebaut wird, der eine abgekapselte gestalterische Eigenart aufweist, die nicht mit den übrigen Gebäudeteilen verknüpft ist, oder wenn ein Gebäude umgebaut wird, in dem sich Licht- und Rauminstallationen befinden. In den letztgenannten Konstellationen liegt eine vollständige Vernichtung eines eigenständigen Bauwerks bzw. eines sonstigen Werks der bildenden Kunst vor.[55] Als indirekte Eingriffe in den vom Urheber geschaffenen Sachzusammenhang ebenfalls an § 14 zu messen ist die **Beseitigung konkret örtlichkeitsbezogen aufgestellter öffentlicher Kunstwerke,** da die Zerstörung des Bezugsrahmens den Sinngehalt des Kunstwerks beeinträchtigen kann.[56]

20   Ob die **vollständige Werkvernichtung** von § 14 erfasst wird, ist **streitig.** Nach Auffassung des BGH und der wohl hM in der Literatur stellt die Vernichtung eines Werkstücks grundsätzlich eine

---

[46] Vgl. BGH GRUR 1971, 525 – Petite Jacqueline; OLG Köln Schulze OLGZ 129 – Mein schönstes Urlaubsfoto.

[47] Vgl. OLG Celle ZUM 1994, 437 (438) (Auffüllung eines Hohlkörpers einer Skulptur mit Kies und Beton); Østre Landsret Kopenhagen GRUR-Int 1993, 961 (rechtswidrige Entfernung einzelner Bilder aus einer Gruppenausstellung, die als Gesamt-Arrangement ein Kunstwerk darstellte).

[48] BGH ZUM 2019, 508 Rn. 31 – HHole (for Mannheim); OLG Hamm ZUM-RD 2011, 343 (346); OLG München ZUM 1996, 165; *Bullinger* S. 73; Dreier/Schulze/*Schulze* UrhG § 14 Rn. 5 und 10; *Federle* S. 43 f.; *Grohmann* S. 76 sowie S. 84 ff.; *Hegemann* FS Hertin, 2000, 87 (90); *Müller* S. 155, 159; *Riekert* S. 79; *Schack* Rn. 381; *Schöfer* S. 45; *Schilcher* S. 60; *Stuhlert* S. 79 Fn. 364; *Wallner* S. 130 ff.; aA Dreyer/Kotthoff/Meckel UrhG § 14 Rn. 36 ff. (Unterscheidung zwischen Intensität des Eingriffs und dem stärkeren oder schwächeren Bezug zur wahrnehmbaren Form des Werkes).

[49] Vgl. LG Hamburg ZUM 2011, 264 (267) (Änderung des Sprachstils eines Zeitschriftenbeitrags); OLG Hamm ZUM-RD 2011, 343 (346) (Vertiefung eines Brunnens).

[50] *Dreyer/Kothoff/Meckel* UrhG § 14 Rn. 33.

[51] Im Ergebnis ebenso *Riekert* S. 81.

[52] Wie hier KG ZUM 1997, 208 (212) – Fahrstuhlschacht; *Hegemann* FS Hertin, 2000, 87 (91); *Schöfer* S. 45; *Schilcher* S. 65; *Mues* S. 128; *v. Welser* S. 41; aA die Vertreter des – sog. absoluten Entstellungsschutzes: *Bullinger* S. 74 ff.; Wandtke/Bullinger/*Bullinger* UrhG § 14 Rn. 9; Anhaltspunkte für die Bewertung von im konkreten Fall nicht festgestellten Entstellungen bei BGH GRUR 1974, 675 (677) – Schulerweiterung – und BGH GRUR 1982, 107 (110) – Kirchen-Innenraumgestaltung; zur Abgrenzung von Entstellung und sonstiger Beeinträchtigung vgl. auch OLG München ZUM 1996, 165 (167).

[53] OLG Hamm ZUM-RD 2001, 443 (446); OLG München GRUR-RR 2001, 177 (178) – Kirchenschiff; LG Stuttgart BeckRS 2010, 12527 Rn. 83 ff.; *G. Schulze* FS Dietz, 2001, 177 ff.; Dreier/Schulze/*Schulze* UrhG § 14 Rn. 29; *Jänecke* S. 49 f.; *Müller* S. 179; Wandtke/Bullinger/*Bullinger* UrhG § 14 Rn. 25; vgl. aber OLG Schleswig ZUM 2006, 426 (427) (wenn die gänzliche Vernichtung zulässig sei, könne die Entfernung eines Kunstwerks aus dem öffentlichen Raum in einen privaten Bauhof als Eingriff von geringerer Intensität nicht unzulässig sein).

[54] OLG Stuttgart GRUR-RR 2011, 56 (58) – Stuttgart 21.

[55] LG Leipzig ZUM 2012, 821 (825 f.) – Kulturpalast; → Rn. 20–22.

[56] S. OLG Hamm ZUM-RD 2001, 443 (445) – Stahlgroßplastik; kritisch dazu *Müller* S. 179; vgl. auch *Hegemann* FS Hertin, 2000, 87 (105 f.); *Jänecke* S. 53 f.; *Bullinger* S. 115 ff.; *Dietz* IIC 1994, 177 (192 ff.); *Richard/Junker* GRUR 1988, 18 (24 f.).

„andere Beeinträchtigung" des Werkes im Sinne des § 14 dar. Ob eine Werkstückvernichtung geeignet ist, die berechtigten persönlichen und geistigen Interessen des Urhebers am Werk zu gefährden, ist demnach anhand einer umfassenden Abwägung der Interessen des Urhebers und des Eigentümers des Exemplars zu beurteilen.[57] Nach der zutreffenden Gegenauffassung fällt die Vernichtung eines Werkstücks nicht unter § 14.[58] § 14 schützt das Interesse des Urhebers an der Wahrung der Integrität der von ihm autorisierten Wirkung des Werks in der Öffentlichkeit (→ Rn. 1), garantiert aber nicht den Fortbestand einzelner oder auch des einzigen Werkexemplars.[59] Überdies widerspricht die Auffassung des BGH dem Willen des historischen Gesetzgebers. Die von § 14 kodifizierte frühere Rechtsprechung des Reichsgerichts hatte ein Vernichtungsverbot abgelehnt.[60] Demgemäß heißt es in der Begründung des Regierungsentwurfs, es erscheine „weiterhin" nicht angebracht, in das UrhG ein Vernichtungsverbot für Werke der bildenden Künste aufzunehmen, soweit an ihrer Erhaltung ein öffentliches Interesse bestehe. Die Erhaltung kulturell wertvoller Kunstwerke sei nicht Aufgabe des privatrechtlichen Urheberrechts, sondern des zum Gebiet des öffentlichen Rechts gehörenden Denkmalschutzes.[61]

Im Übrigen führt die Anwendung des § 14 auf Fälle der **Werkstückzerstörung** auch nach **21** den vom BGH formulierten Grundsätzen **nur in ganz seltenen Ausnahmefällen zu einer Verletzung des Integritätsschutzes.** Die Vernichtung serieller Exemplare der Werkkategorien gem. § 2 Abs. 1 Nr. 1–3, 5–7 betrifft lediglich die quantitative Verfügbarkeit des jeweiligen Werks, nicht die von § 14 geschützte Integrität seiner Wirkung (→ Rn. 1). Und selbst wenn sog. autografische[62] oder sonst singuläre Originale vernichtet werden, bleibt nach Maßgabe der BGH-Entscheidungen vom grundsätzlichen Vernichtungsverbot kaum etwas übrig.[63] Bei Werken der Baukunst und mit Bauwerken unlösbar verbundenen Kunstwerken soll der Urheberrechtsschutz „in aller Regel" hinter die Eigentümerinteressen zurücktreten.[64] Praktisch relevant wird die Anwendung des § 14 auf Werkstückvernichtungen damit nur für bewegliche Originale bildender Kunst von besonderem künstlerischen Rang, die eine Wirkung auf den kulturellen oder gesellschaftlichen Kommunikationsprozess entfalten können.[65] Vor der Zerstörung solcher Kunstwerke muss ein Eigentümer versuchen, das Objekt zu veräußern oder zu verschenken. Scheitern die Versuche, sich eines Kunstwerks zu entledigen, ist dem Urheber vorsorglich die Rücknahme anzubieten.[66] Ist dieser unbekannt, mit verhältnismäßigem Aufwand nicht ausfindig zu machen[67] oder lehnt er eine Übernahme ausdrücklich ab, stellt eine schließlich vorgenommene Entsorgung keinen Verstoß gegen § 14 dar. Bei Werken, deren Urheber verstorben ist, ist diese begrenzte Wirkung des § 14 zusätzlich reduziert.[68]

Die Ablehnung eines *urheberrechtlichen* Vernichtungsverbots stellt den Urheber auch nicht schutz- **22** los.[69] Gerade bei Bauwerken und mit Gebäuden fest verbunden Kunstwerken kann der Urheber sein Erhaltungsinteresse wirksam **vertraglich** sichern, sei es durch ein Vernichtungsverbot oder zumindest

---

[57] BGH ZUM 2019, 508 Rn. 25–36 – HHole (for Mannheim); BGH ZUM 2019, 521 Rn. 24–35 – HParadise; BGH ZUM 2019, 528 Rn. 10–20 – Minigolfanlage; LG Berlin ZUM 2012, 507 (509) – East Side Gallery; → 3. Aufl. 2006, Rn. 37–40; *Dietz* Droit moral S. 111 f.; *Schöfer* S. 142 ff.; *Ulmer* § 41 III 1; *Dreier/Schulze/Schulze* UrhG § 14 Rn. 27; BeckOK/*Kroitzsch/Götting* UrhG § 14 Rn. 24; DKMH/*Dreyer* § 14 Rn. 47; *Hegemann* FS Hertin, 2000, 87 (103); *Movsessian* UFITA 95 (1983), 77 (86 f.); *Nahme* GRUR 1966, 474 (478); *Prinz* S. 62, 93 f.; *Richard/Junker* GRUR 1988, 18 (23 f.); *Schack* Rn. 384, 397 ff.; *Schack* GRUR 1983, 56 (57); *Sieg* S. 178 ff.; *Tölke* S. 195 f.; *Walchshöfer* FS Hubmann, 1985, 469 (474); *Honschek* GRUR 2007, 944 (949 f.); *Schmelz* GRUR 2007, 565 ff. (unter Verweis auf § 11 S. 1).

[58] RGZ 79, 397 (401) – Felseneiland mit Sirenen; BGH GRUR 1995, 673 (675) – Mauer-Bilder; LG München I FuR 1982, 510 (513) und 513 (514) – ADAC-Hauptverwaltung I und II; KG Schulze KGZ 73 – Kugelobjekt; KG GRUR 1981, 742 – Totenmaske I; OLG Schleswig ZUM 2006, 426 (427); offengelassen von OLG Dresden ZUM 2013, 142 (144) – Kulturpalast Dresden; vgl. auch BVerfG ZUM-RD 2005, 169 (Abriss bereits errichteter Teile eines Dokumentationszentrums kein Verstoß gegen das aPR des Architekten wegen Rufschädigung); *Peukert* ZUM 2019, 567 ff.; *Bullinger* S. 107 ff.; *Grohmann* S. 124; *Harke* KUR 2000, 19 (22); Fromm/Nordemann/*Dustmann* UrhG § 14 Rn. 33. Dies gilt aufgrund der generellen Geltung des UrhG auch für vor dem Beitritt in der DDR geschaffene Werke; aA *Wandtke/Czernik* GRUR 2014, 835 (837 f.).

[59] Zum Unterschied zwischen Werkexemplar und Werk im Kontext des § 14 näher *Peukert* ZUM 2019, 567 ff.; ferner Fromm/Nordemann/*Dustmann* UrhG § 14 Rn. 32; *Müller* S. 180; *Clément* S. 83 f.; aA → 3. Aufl. 2006, Rn. 37; *Jänecke* S. 88 ff., 143 ff. (auf der Basis von § 11 S. 1).

[60] RGZ 79, 397 (400) – Felseneiland mit Sirenen.

[61] RegE UrhG 1965, BT-Drs. IV/270, 45; *Peukert* ZUM 2019, 567 (571); aA BGH ZUM 2019, 508 Rn. 32 – HHole (for Mannheim) (der Begründung sei allein zu entnehmen, dass ein öffentliches Interesse an der Erhaltung eines Werks der bildenden Künste kein urheberrechtliches Vernichtungsverbot begründet).

[62] Zu diesem Begriff näher *Peukert* ZUM 2019, 567 (570) mwN.

[63] *Peukert* ZUM 2019, 567 (572 f.).

[64] BGH ZUM 2019, 508 Rn. 40 („in der Regel"), 43 („in aller Regel") – HHole (for Mannheim); *Apel/König* ZUM 2019, 518 (der BGH habe eher ein Recht zur Werkvernichtung etabliert).

[65] BGH ZUM 2019, 508 Rn. 39, 51 f. – HHole (for Mannheim).

[66] BGH ZUM 2019, 508 Rn. 39, 41 – HHole (for Mannheim).

[67] Entsprechend § 61 Abs. 2.

[68] → Vor §§ 12 ff. Rn. 22.

[69] Zum Anspruch des Urhebers auf Vernichtung der Vervielfältigungsstücke von Werkentstellungen vgl. *Bullinger* S. 106 f.; Wandtke/Bullinger/*Bullinger* UrhG § 14 Rn. 44. Zum Anspruch des Urhebers auf Schadensersatz wegen einer Zerstörung eines Kunstwerks bei unsachgemäßem Transport LG Hof NJW 1990, 1998; *Krampe* NJW 1992, 1264 ff.

eine Pflicht des Erwerbers zur vorherigen Information des Urhebers.[70] Im Übrigen kann sich ein Urheber gem. § 826 iVm § 1004 BGB auch vorbeugend zivilrechtlich gegen eine **rechtsmissbräuchliche Vernichtung eines Werkoriginals** wehren.[71] Auf dieser Grundlage können alle von der hM im Rahmen der Interessenabwägung gem. § 14 angestellten Erwägungen Berücksichtigung finden. Allerdings kann nur ganz ausnahmsweise von einem Rechtsmissbrauch ausgegangen werden. Nicht missbräuchlich ist es demnach etwa, eine Rauminstallation aus einer Kunsthalle zu entfernen, die mit Rücksicht auf veränderte Ausstellungsbedürfnisse umgebaut werden soll;[72] eine ohnehin vom natürlichen Verfall bedrohte, die öffentliche Sicherheit gefährdende Mauer zu sanieren und dabei ein auf die Mauer gemaltes Bild zu zerstören, wenn dem Urheber zuvor angeboten worden war, das Bild gegen eine angemessene Aufwandsentschädigung neu zu malen oder eine Kopieerstellung durch einen Dritten zu dulden.[73] Schließlich kann die **Zerstörung von Werkexemplaren unter herabwürdigenden Begleitumständen** (zB diffamierende öffentliche Bücherverbrennung) das allgemeine Persönlichkeitsrecht des Urhebers verletzen.[74]

3. Eignung zur Interessengefährdung

23   Der Feststellung des objektiven Vorliegens einer Entstellung oder Beeinträchtigung bzw. Änderung des Werkes folgt die Frage nach deren **Eignung zur Gefährdung der geistigen oder persönlichen Interessen des Urhebers.** Angesichts des grundsätzlich und generell anzunehmenden Interesses des Urhebers an Bestand und Unversehrtheit seines Werkes wird diese Eignung durch das objektive Vorliegen der Beeinträchtigung **indiziert.**[75]

24   Diese **Indizwirkung entfällt jedoch,** wenn der Urheber die angegriffenen **Änderungen wirksam gestattet** hat und so zu erkennen gegeben hat, dass ihm an der unbedingten Aufrechterhaltung des ursprünglichen Werkzustands allgemein oder im konkreten Fall nichts liegt.[76] Auch Veränderungen, die im Rahmen der vereinbarten Bearbeitung geboten sind, verstoßen nicht gegen § 14.[77] Wie weit die Gestattung reicht und ob sie wirksam ist, beurteilt sich nach allgemeinen vertragsrechtlichen Grundsätzen iVm § 39.[78]

25   Eine Gefährdung der geistigen oder persönlichen Interessen des Urhebers ist ferner in der Regel nicht indiziert, wenn sich der ggf. auch entstellende **Eingriff in der Privatsphäre des Eigentümers oder Besitzers** abspielt.[79] Eine Interessengefährdung tritt hingegen ein, wenn das entstellte Werk der Öffentlichkeit zur Kenntnis gebracht bzw. werden soll, zB durch Ausstellung entstellter Werke bildender Kunst oder durch Realisierung einer unzulässig geänderten Bauwerkplanung.[80] Diese Wertung folgt auch aus § 23, der bei Bearbeitungen – abgesehen von den Fällen der Verfilmung eines Werkes, der Ausführung von Plänen und Entwürfen von Werken der bildenden Künste und des Nachbaus eines Werkes der Baukunst sowie der Bearbeitung oder Umgestaltung eines Datenbankwerks – die Einwilligung des Urhebers erst für deren Veröffentlichung oder Verwertung, nicht aber bereits für deren Herstellung vorschreibt. Persönlichkeitsrechtlich kommt darin der Gedanke zum Ausdruck, dass bei Bearbeitungen erst die Möglichkeit der Kenntnisnahme der Änderung bzw. Beeinträchtigung durch die Öffentlichkeit ausschlaggebend ist.[81] Ob die Beeinträchtigung das Original oder

---

[70] BGH ZUM 2019, 508 Rn. 43, 53 ff. – HHole (for Mannheim); BGH ZUM 2019, 521 Rn. 68 – HParadise (vertragliche Zusage der Erhaltung der Installation verspätet vorgetragen).

[71] Vgl. OLG Karlsruhe ZUM-RD 2017, 600 (605 f.) – Lichtinstallation; OLG Karlsruhe ZUM RD-2017, 609 (617 f.) – HHole; *Peukert* ZUM 2019, 567 (572 f.); *Schack* GRUR 1985, 83 (86); zum vorbeugenden Unterlassungsanspruch gegen vorsätzliche sittenwidrige Schädigungen *Peukert*, Güterzuordnung als Rechtsprinzip, 2008, S. 299 ff.

[72] So im Ergebnis auch BGH ZUM 2019, 508 Rn. 37 ff. – HHole (for Mannheim); BGH ZUM 2019, 521 Rn. 36 ff. – HParadise.

[73] LG Berlin ZUM 2012, 507 (510) – East Side Gallery; OLG Stuttgart GRUR-RR 2011, 56 (58) – Stuttgart 21.

[74] AA → 3. Aufl. 2006, Rn. 24; *Jänecke* S. 85; Fromm/Nordemann/*Dustmann* UrhG § 14 Rn. 35 (indirekter Eingriff in § 14).

[75] OLG Stuttgart GRUR-RR 2011, 56 (58) – Stuttgart 21; OLG München GRUR 1993, 332 (333) – Christoph Columbus; LG Berlin GRUR 2007, 964 (968) – Hauptbahnhof Berlin (die veränderte Gestaltung des Bahnhofs werde dem klagenden Architekten zugerechnet); *Schöfer* S. 50 f., *Schilcher* S. 95; *Wallner* S. 135; nur zweistufige Prüfung hingegen bei BGH GRUR 1982, 107 (110) – Kirchen-Innenraumgestaltung; OLG Hamburg UFITA 81 (1978), 263 (267 f.) – Reihenhäuser; OLG München IBR 2007, 97.

[76] BGH GRUR 2009, 395 (399) – Klingeltöne; *Schack* Rn. 386; *Hegemann* FS Hertin, 2000, 87 (95); *Jänecke* S. 145, 186 ff.; für den gegenteiligen Fall vgl. OLG München IBR 2007, 97. Zu Coverversionen und der diesbezüglichen Wahrnehmungsberechtigung der GEMA vgl. BGH GRUR 1998, 376 – Coverversion; *Riekert* S. 157 ff.; *Hertin* FS W. Nordemann, 2004, 35 ff.

[77] So BGH GRUR 1989, 106 (107) – Oberammergauer Passionsspiele II.

[78] Vgl. → § 39 Rn. 8 ff. Anders → 3. Aufl. 2006, Rn. 4; *Schilcher* S. 97 (Interessenabwägung).

[79] Vgl. OLG Schleswig ZUM 2006, 426 (427); Dreier/Schulze/*Schulze* UrhG § 14 Rn. 25; *v. Gamm* Rn. 13; *Grohmann* S. 196; *Tölke* S. 77. Für einen Sonderfall vgl. AG Berlin-Tempelhof-Kreuzberg BeckRS 2014, 16338 (Entstellung einer Architektenwohnung durch Einbau innenliegender Abluftanlagen).

[80] RGZ 79, 397 (402) = JW 1912, 867 – Felseneiland mit Sirenen (Eingang eines Mehrfamilienhauses); OLG Celle ZUM 1994, 43; Fromm/Nordemann/*Dustmann* UrhG § 14 Rn. 16, 65; *Honschek* GRUR 2007, 944 (946); *Bullinger* S. 119 ff.; *Müller* S. 161.

[81] Ebenso *Haberstumpf* Rn. 221; *Federle* S. 55 f.; *Riekert* S. 145; Wandtke/Bullinger/*Bullinger* UrhG § 14 Rn. 11.

ein Vervielfältigungsstück betrifft, ist im Hinblick auf das Risiko, dass die Öffentlichkeit von der Entstellung Kenntnis erlangt, ohne Belang. Die Irreversibilität direkter Eingriffe in die Sachsubstanz von Originalen bildender Kunst ist vielmehr im Rahmen der Interessenabwägung zu beachten, wenn ein ausreichender Öffentlichkeitsbezug festgestellt ist.[82] Allein die lange Dauer des Urheberrechtsschutzes und die theoretische Möglichkeit einer späteren Kenntnisnahme des entstellten Werkes durch einen größeren Personenkreis rechtfertigt die Anwendung des § 14 noch nicht.[83]

4. Kriterien der Interessenabwägung

Ausgangspunkt der Interessenabwägung als drittem und letztem Prüfungspunkt des § 14 ist das **Bestands- und Integritätsinteresse des Urhebers,** dh sein Interesse, selbst darüber zu bestimmen, in welcher Gestalt sein Werk in der Öffentlichkeit wahrgenommen wird.[84] Allerdings ist auch in diesem Zusammenhang an die „grundlegende" Einsicht des BVerfG zu erinnern, dass sich ein Werk mit seiner Veröffentlichung von der alleinigen Verfügbarkeit des Urhebers löst und geistiges sowie kulturelles Allgemeingut wird, fortan also in einem **sozialen Kontext** steht.[85] Jede Nutzung – mit oder ohne Bearbeitungscharakter – stellt das Werk jedoch in einen technisch-ökonomischen Gebrauchszusammenhang,[86] der die Erhaltung der ursprünglichen Werkgestalt in ihrer absoluten Reinheit in den seltensten Fällen erlaubt. Im Falle fremden Eigentums (Besitzes) an Werkexemplaren mit oder ohne Originalcharakter tritt an die Stelle des Nutzungszwecks des Werknutzers der **Gebrauchszweck des Eigentümers,** der umso deutlicher hervortritt, je mehr das betreffende Werk nicht nur dem künstlerisch-ästhetischen Genuss, sondern auch praktischen Zwecken dient. Da der Urheber bei der Verwertung seines Werkes in der Regel auf die Mithilfe von Werknutzern oder auf Erwerber von Werkexemplaren angewiesen ist, müssen deren **Nutzungs- bzw. Gebrauchsinteressen** im Rahmen der Interessenabwägung gebührend berücksichtigt werden.

So wie das allgemeine Persönlichkeitsrecht nicht gewährleistet, nur so von anderen dargestellt zu werden, wie man sich selbst sieht oder gesehen werden möchte,[87] hat demnach auch der Urheber kein Recht darauf, dass sein veröffentlichtes Werk nur so von anderen dargestellt wird, wie er es selbst sieht oder wahrgenommen haben möchte.[88] Deshalb bleiben übertriebene Empfindlichkeiten oder eine übersteigerte Eitelkeit des Urhebers bei der Interessenabwägung von vornherein außer Betracht.[89] Maßgeblich ist nicht seine Einschätzung, sondern das **Urteil eines unbefangenen, für Kunst empfänglichen und mit Kunstdingen einigermaßen vertrauten Betrachters** (des Richters).[90] Dem Urheberinteresse kann allein wegen seiner persönlichkeitsrechtlichen Bedeutung keineswegs immer der Vorzug gegenüber den finanziell-ökonomischen Interessen der Nutzer eingeräumt werden, weil ansonsten das zu ermittelnde Ergebnis der Abwägung in den meisten Fällen bereits von vornherein feststünde.[91] Erst im Rahmen der Interessenabwägung wird demgemäß im Einzelfall festgestellt, welchem Rechtsgut im konkreten Fall der Vorzug gebührt, es sei denn, durch den Eingriff würde gleichzeitig die Menschenwürde des Urhebers verletzt.[92]

Ein erstes wichtiges Kriterium bei der Interessenabwägung sind **die Art und die Intensität des Eingriffs.**[93] Bei der Art des Eingriffs ist auch zu unterscheiden, ob dieser mehr inhaltliche, das Gemeingut des Werkes berührende Elemente oder gerade die höchstindividuellen Züge des Werkes betrifft;[94] im letzteren Fall liegt tendenziell ein schwererer Eingriff in das Werk vor. Auch die Unterscheidung nach direkten oder indirekten Eingriffen (→ Rn. 19) ist unter dem Gesichtspunkt der Reversibilität oder Irreversibilität sowie im Hinblick darauf von Bedeutung, ob die Öffentlichkeit bzw.

26

27

28

---

[82] Anders *Dietz* Droit moral S. 108 f.; *Ulmer* § 41 III 1; *Schöfer* S. 116 ff.; *Grohmann* S. 120 f.; *Schilcher* S. 123 f.

[83] AA → 3. Aufl. 2006, Rn. 16; *Grohmann* S. 120, 193; *Hegemann* FS Hertin, 2000, 87 (100 f.); *Ulmer* § 41 III 2; noch weitergehender iS eines absoluten Schutzes von Originalen auch in der Privatsphäre *Tölke* S. 77.

[84] BGH GRUR 1971, 35 (37) – Maske in Blau; BGH GRUR 1999, 230 (231) – Treppenhausgestaltung; BGH GRUR 2008, 984 (986) – St. Gottfried; OLG München GRUR 1993, 332 (333) – Christoph Columbus; OLG München ZUM 1996, 195 (197) – Änderung von Dachgauben. Zum Begriff der Interessenabwägung insbes. *Jänecke* S. 145 ff.; *Müller* S. 174; *Schöfer* S. 53 ff.; *Schilcher* S. 98 ff.; ausführlich zu den Einzelkriterien der Interessenabwägung *Riekert* S. 81 ff.; rechtsvergleichend *Lucas-Schloetter* GRUR-Int 2002, 2 ff.

[85] BVerfG GRUR 2001, 149 (151 f.) – Germania 3; *Ulmer* § 41 II 2 (der Urheber habe auf die Realitäten des Lebens und die Gewohnheiten des Verkehrs gebührend Rücksicht zu nehmen).

[86] Vgl. *Grohmann* S. 88 f.; *Riekert* S. 82.

[87] Ständige Rechtsprechung seit BVerfGE 54, 148 (153 f., 156) – Eppler.

[88] Vgl. BVerfG GRUR 2001, 149 (151 f.) – Germania 3 und → Vor §§ 12 ff. Rn. 9.

[89] Vgl. *Schack* Rn. 387.

[90] BGH GRUR 1999, 230 (232) – Treppenhausgestaltung; LG Leipzig ZUM 2005, 487 (493) – Museumsfußboden; LG Berlin GRUR 2007, 964 (967) – Hauptbahnhof Berlin; LG Stuttgart BeckRS 2010, 12527 Rn. 89, 114.

[91] AA offenbar *Dreyer*/Kotthoff/*Meckel* UrhG § 14 Rn. 62; wie hier *Federle* S. 48 ff.; *Hegemann* FS Hertin, 2000, 87 (98); *Heidmeier* S. 87 f.; *Müller* S. 155; *Prinz* S. 72 ff.; *Riekert* S. 81 ff.; *Schack* Rn. 396; *Schilcher* S. 103.

[92] So *Hegemann* FS Hertin, 2000, 87 (97 und 107) unter Hinweis auf die Herabwürdigung der Schöpfer als Hauptmotiv der Ausstellung über „Entartete Kunst" 1937 in München.

[93] BGH GRUR 2008, 984 (986) – St. Gottfried; OLG Hamburg GRUR 1997, 822 – Edgar-Wallace-Filme; OLG Hamm ZUM-RD 2011, 343 (346); OLG Stuttgart GRUR-RR 2011, 56 (58) – Stuttgart 21; vgl. *Federle* S. 52 f.; *Hegemann* FS Hertin, 2000, 87 (98 f.); *Heidmeier* S. 91; *Riekert* S. 141 ff.; *Schilcher* S. 105 ff.; *Wallner* S. 138 ff.; *Mues* S. 131 (bildende Kunst).

[94] *Grohmann* S. 38; *Schilcher* S. 108 f.

das Publikum das Werk bei der Darbietung oder Wiedergabe in seiner Authentizität (noch) erkennen kann. Die Zerstörung eines Originals oder Vervielfältigungsstücks ist nicht etwa der schwerwiegendste und demgemäß stets verbotene Fall einer Beeinträchtigung des Werks, sondern nach zutreffender Auffassung von § 14 gar nicht erfasst.[95]

29   Ein weiteres maßgebliches Kriterium ist angesichts der Spannweite des Urheberrechtsschutzes und der Vielfalt des urheberrechtlich relevanten Schaffens der **Grad der schöpferischen Eigenart des Werkes.**[96] Denn bei Werken mit intensiver persönlicher Prägung wiegen die ideellen Interessen an der Integrität des Werkes und der Erhaltung gerade dieses geistigen Gehalts höher als im Bereich der Gebrauchswerke (insbes. angewandte Kunst, Computerprogramme, Datenbankwerke) und der kleinen Münze, deren Änderung geringere Rückwirkungen auf die persönlichen und geistigen Interessen des Urhebers zeitigt.[97] In diesem Zusammenhang kann auch die (allgemeine) Kenntnis von der Urheberschaft – im Gegensatz zum Werk eines Anonymus – ein relevanter Faktor für die Abwägung sein.[98] All dies impliziert freilich nicht die Zulässigkeit eines Urteils über den ästhetischen Wert eines Werkes.[99] Unzulässig wäre also etwa eine Abwägung in dem Sinne, dass es sich im einen Fall um Kitsch, im anderen Fall um Kunst handle.[100]

30   Weitere Kriterien sind **Verwertungszweck und Verwertungsgebiet.**[101] Änderungen des Werkes, die nur der sachgerechten Verwertung im Rahmen der mit dem Urheber getroffenen Vereinbarungen dienen, sind – soweit die Vereinbarung nicht ohnehin bereits die Veränderungen abdeckt – regelmäßig von geringer Intensität und vom Urheber hinzunehmen.[102] So darf eine Zeitschriftenredaktion unsittliche, beleidigende oder hochverräterische Formulierungen aus einem zur Veröffentlichung angenommenen Beitrag streichen, sofern hierdurch nicht der Sinn oder der Sprachstil des Textes beeinträchtigt wird.[103] Der Grundsatz der vom Urheber hinzunehmenden sachgerechten Änderungen gilt insbes. auch für den Bereich der Werknutzung mit Bearbeitungscharakter,[104] es sei denn, es handelt sich um minderwertige, den beiderseitigen Vorstellungen nicht gerecht werdende Bearbeitungen. Eine besondere Interessenlage besteht dabei insbes. im Bereich der für die Werbung geschaffenen Werke.[105] Stärker als in anderen Bereichen sind hier die finanziellen und betriebswirtschaftlichen Interessen der Nutzungsberechtigten, die sich auf täglich veränderte Situationen einstellen müssen, zu berücksichtigen.[106] Vom Nutzungszweck nicht gedeckte willkürliche, insbesondere von rein ästhetisch-künstlerischen Erwägungen geleitete Eingriffe in das Werk sind andererseits auch im Bereich der kleinen Münze oder der Werbung dem Urheber in der Regel nicht zuzumuten.[107] Dies gilt auch für **Dienstwerke von Arbeitnehmerurhebern.** Zwar ist insoweit idR von einer stillschweigenden Gestattung zweckentsprechender Änderungen des Pflichtwerks im Rahmen des Vertragszwecks auszugehen.[108] Ein schrankenloses Änderungsrecht des Arbeitgebers bzw. Dienstherrn ohne jegliche Berücksichtigung grundlegender persönlichkeitsrechtlicher Interessen des Arbeitnehmers scheitert jedoch an der auch insoweit bestehenden Unverfügbarkeit des „Kerns" des Urheberpersönlichkeitsrechts aus § 14.[109]

31   Anpassungen eines Werkes können ferner aufgrund bindender **Entscheidungen übergeordneter Institutionen,** denen sich die Beteiligten kraft Gesetzes beugen müssen oder denen sie sich freiwillig

---

[95] → Rn. 20–22.

[96] BGH GRUR 2008, 984 (986) – St. Gottfried; OLG Stuttgart GRUR-RR 2011, 56 (58) – Stuttgart 21; OLG Hamm ZUM-RD 2011, 343 (346 f.); vgl. insbes. *Grohmann* S. 44 ff.; *Dietz* ZUM 1993, 315 f.; Dreier/Schulze/ *Schulze* UrhG § 14 Rn. 31; *Federle* S. 53 f.; *Hegemann* FS Hertin, 2000, 87 (99 f.); *Jänecke* S. 152 ff.; *Heidmeier* S. 88 f.; *Huber* S. 41 f.; *Schilcher* S. 108 f.; SchweizBG GRUR-Int 1992, 473 (476) – Schulhausumbau II; aA *Peifer* GRUR-Int 1995, 40 f.; einschränkender auch *Bullinger* S. 79; *Riekert* S. 138 ff.; *Dreyer/Kotthoff/Meckel* UrhG § 14 Rn. 50; *Grohmann* S. 94; *Schöfer* S. 58 ff., 83 f.

[97] Zust. *Jänecke* S. 157 f.; vgl. *Schöfer* S. 96 ff., 196 ff.; *Schilcher* S. 110; *Tölke* S. 72 f.

[98] So *Federle* S. 54 f.; *Hegemann* FS Hertin, 2000, 87 (100).

[99] Vgl. *Rehbinder/Peukert* Rn. 207 ff.; Wandtke/Bullinger/ *Bullinger* UrhG § 14 Rn. 17; *Jänecke* S. 153 f.; *Riekert* S. 141 f.

[100] Sehr bedenklich daher KG ZUM-RD 2005, 381 (386 f.) – Die Weber, wonach Änderungen eines Bühnenwerks unzulässig seien, die „als Stilmittel den Grenzbereich des Skandalösen" berührten.

[101] Vgl. Wandtke/Bullinger/ *Bullinger* UrhG § 14 Rn. 26 ff.

[102] OLG München GRUR 1993, 332 (333) – Christoph Columbus; im Ansatz KG ZUM-RD 2005, 381 (385) – Die Weber; OLG Stuttgart GRUR-RR 2011, 56 (58) – Stuttgart 21; zum Verhältnis zwischen Künstler und Galerist *Mues* S. 132; ferner *Hegemann* FS Hertin, 2000, 87 (106 ff.) (Beeinträchtigung von Werken durch Ausstellungskonzepte).

[103] LG Hamburg ZUM 2011, 264 (267).

[104] BGH GRUR 1989, 106 (108) – Oberammergauer Passionsspiele II.

[105] Vgl. *Tölke* S. 71; Dreier/Schulze/ *Schulze* UrhG § 14 Rn. 20.

[106] Zust. *Dreyer/Kotthoff/Meckel* UrhG § 14 Rn. 67; zu den Grenzen dieser Betrachtungsweise beim Fehlen zwingender Gründe für die werbliche Verwertung des Werkes in veränderter Form vgl. LG München I UFITA 57 (1970), 339 (341) – JOPA-Eiskrem.

[107] *Riekert* S. 146.

[108] Vgl. *Schricker* FS Hubmann, 1985, 409 (419); *Schacht* S. 184 ff.; *Kraßer* FS Schricker, 2005, 95; *Schilcher* S. 126 ff.; *Kellerhals* S. 187 ff.

[109] Ebenso Dreier/Schulze/ *Schulze* UrhG § 14 Rn. 21; *Heidmeier* S. 90; *Riekert* S. 168; *Vinck* S. 50 ff.; *Vinck* RdA 1975, 162 (165); aA iSe Hinnahmepflicht des Beamten auch gegenüber gravierenden und einschneidenden Änderungen durch den Vorgesetzten, jedoch unter Vorbehalt der Zulässigkeit eines intra muros verbleibenden Distanzierungsvermerks *Leuze* S. 94 ff.; *Schacht* S. 188.

unterworfen haben, notwendig werden.[110] Dies gilt etwa für Entscheidungen der freiwilligen Selbstkontrolle der Filmwirtschaft.[111] Doch rechtfertigt die Berufung des Intendanten einer öffentlich-rechtlichen Rundfunkanstalt auf seine rundfunkrechtliche Verantwortlichkeit keinen tendenzändernden Eingriff ohne Zustimmung des Urhebers, sondern allenfalls Umgestaltungen zur Überwindung medienspezifischer technischer Schwierigkeiten.[112]

Weitere Anhaltspunkte für die Interessenabwägung ergeben sich aus § 62 Abs. 2–5. Diese gesetz-   **32** geberischen Wertungen können auch in anderen Zusammenhängen als zulässigen Schrankennutzungen berücksichtigt werden, wenn sich die Fallgestaltungen im Übrigen ähneln.[113] So sind etwa nach § 62 Abs. 2, soweit der Benutzungszweck es erfordert, Änderungen eines Werkes, die nur Auszüge oder Übertragungen in eine andere Tonart oder Stimmlage darstellen, zulässig. Ebenso sind nach § 62 Abs. 3 bei Werken der bildenden Künste und Lichtbildwerken Übertragungen des Werkes in eine andere Größe und solche Änderungen zulässig, die das für die Vervielfältigung angewendete Verfahren mit sich bringt.

Von besonderer Bedeutung, aber auch mit besonderen Schwierigkeiten verbunden, ist die Anwen-   **33** dung des § 14 außerhalb des Bereichs der vertraglichen oder gesetzlichen Nutzungsberechtigung dort, wo das Gegeninteresse auf einer **sachenrechtlichen Beziehung zu einem Werkexemplar** beruht. Hier stehen sich Urheberinteresse und Eigentümerinteresse gegenüber, ohne dass dem Urheberinteresse von vornherein der Vorzug gebührt. Der Eigentümer darf grundsätzlich keine in das Urheberrecht eingreifenden Veränderungen am Original vornehmen, und der Urheber kann umgekehrt sein Urheberrecht nur unbeschadet des Eigentums ausüben.[114]

Schließlich ist wie für andere Urheberpersönlichkeitsrechte zu beachten, dass die allein maßgebli-   **34** chen Urheberinteressen **Jahre und Jahrzehnte nach dem Tod des Urhebers nicht notwendig dasselbe Gewicht** wie zu seinen Lebzeiten haben.[115] Bei der Abwägung der Interessen des Urhebers gegenüber denjenigen der Werknutzer sind demnach andere Ergebnisse möglich, auch im Sinne weiterreichender Eingriffe in das UPR, als bei der Beurteilung vergleichbarer Sachverhalte zu Lebzeiten des Urhebers.[116]

5. Einzelfälle nach Werkkategorien

a) Sprachwerke. Beispiele für direkte Eingriffe bei Sprachwerken sind Kürzungen, insbesondere   **35** Streichungen bei Bühnenaufführungen,[117] die aus journalistischen Gründen reißerisch verschärfte Fassung eines in Auszügen abgedruckten wissenschaftlichen Werkes,[118] die Änderung des eigenpersönlichen Sprachstils einer Reportage unter erheblichen Eingriffen in den Text,[119] bei belletristischen Werken die Änderung einer charakteristischen Rechtschreibung und Zeichensetzung.[120] Einen indirekten Eingriff kann es darstellen, einen satirischen Text durch ein Kabarett-Ensemble mimisch und gestisch zu interpretieren[121] und einen Liedtext in einer gefälschten Zeitungsausgabe abzudrucken.[122] Zu Änderungen im Verlagswesen und bei Bühnenaufführungen ferner → § 39 Rn. 20 ff.

b) Werke der Musik. Die Nutzung von Kompositionen für sog. Handyklingeltöne stellt nach   **36** Auffassung der Rechtsprechung auch dann einen Eingriff in § 14 dar, wenn eine autorisierte Interpretation in unveränderter Form als sog. Realtone verwendet wird, weil das Musikstück nicht zur sinnlichen Wahrnehmung eingesetzt, sondern als funktionales Medium im Mobilfunkbereich verwendet werde.[123] Weitere Beispiele für indirekte Eingriffe durch Nutzung eines Werkes in einem beeinträchtigenden Sachzusammenhang sind die Untermalung der Werbung für ein Mückenschutzmittel durch

---

[110] So *Grohmann* S. 104; vgl. auch *Schilcher* S. 119 f.
[111] Einschränkender *Huber* S. 46; Fromm/Nordemann/*Dustmann* UrhG § 14 Rn. 16.
[112] So LG Saarbrücken UFITA 79 (1977), 358 (362 f.); bestätigt durch OLG Saarbrücken Schulze LGZ 76; vgl. auch *Flechsig* FuR 1976, 589 ff.
[113] Ebenso *Dreyer*/Kotthoff/Meckel UrhG § 14 Rn. 63; *Haberstumpf* Rn. 221; *Schilcher* S. 139 f.; aA *Riekert* S. 149 ff.
[114] RGZ 79, 307 (400) – Felseneiland mit Sirenen; BGH GRUR 1974, 675 (676) – Schulerweiterung; BGH ZUM 2019, 508 Rn. 34 – HHole (for Mannheim); OLG Saarbrücken GRUR 1999, 420 (425) – Verbindungsgang; LG Hamburg GRUR 2005, 672 (674) – Astra Hochhaus; allgemein zum Verhältnis von Sacheigentum und Urheberrecht unter verfassungsrechtlichen Gesichtspunkten *Jänecke* S. 26 ff., 110 ff. und 136 ff.
[115] BGH GRUR 1989, 106 (107) – Oberammergauer Passionsspiele II; BGH GRUR 2008, 984 (986) – St. Gottfried; BGH BeckRS 2011, 26724 Rn. 5 – Stuttgart 21; *Clément* S. 55, 77 und 81; *Sattler* S. 61 ff.; *Rehbinder* ZUM 1996, 613 (616).
[116] → Vor §§ 12 ff. Rn. 23; wie hier *Grunert* Werkschutz S. 120 ff.; *Dreyer*/Kotthoff/Meckel UrhG § 14 Rn. 51; *Riekert* S. 166 f.; aA *Elmenhorst*/Gräfin von Brühl GRUR 2012, 126 (129 f.).
[117] Vgl. insbes. BGH GRUR 1971, 35 (37) – Maske in Blau; KG ZUM-RD 2005, 381 – Die Weber; ferner OLG Hamburg GRUR 1970, 38 (39) – Heintje.
[118] OLG München NJW 1996, 135 – Herrenmagazin.
[119] LG Hamburg ZUM 2011, 264 (267).
[120] Vgl. *Wasmuth* ZUM 2001, 858.
[121] OLG München Schulze OLGZ 178, 4 – Pol(h)it-Parade, Verletzung aufgrund Interessenabwägung verneint.
[122] KG ZUM 1989, 246.
[123] BGH GRUR 2008, 395 (396) – Klingeltöne I. Zur zulässigen zweistufigen Lizenzierung durch die GEMA und die Musikverlage vgl. BGH GRUR 2010, 920 Rn. 32 ff. – Klingeltöne II.

einen bekannten Schlager;[124] die Verwendung eines Musikstücks im Wahlkampf einer verfassungs-feindlichen Partei, gegen deren Ziele sich die betroffenen Urheber öffentlich ausgesprochen haben;[125] die Koppelung von Aufnahmen unterschiedlicher Komponisten ohne deren Zustimmung wegen der Gefahr der „Verwässerung" oder des sich Wiederfindens in künstlerisch oder sonstwie unerwünschter Gesellschaft.[126]

37   **c) Werke der bildenden Künste.** Direkte Eingriffe in die Integrität von Werken der bildenden Kunst sind zum Beispiel gegeben, wenn ein verkleinertes und retuschiertes Lichtbild mit unzutreffen-der Bildunterschrift veröffentlicht wird,[127] Kunstdrucke des Malers Hundertwasser in von Dritten bemalten Rahmen vertrieben werden[128] oder ein Werk der bildenden Kunst filmisch verfremdet dar-gestellt wird.[129] Ist ein Werk der bildenden Kunst standortbezogen aufgestellt und bildet es mit der Umgebung eine gestalterische Einheit, kann die Entfernung des Kunstwerks oder eine sonstige Ände-rung der Situation eine Beeinträchtigung des zum Werk gehörenden Umweltbezugs und damit der Werkintegrität darstellen. Bejaht wurde dies für die von einer Kommune geplante Entfernung einer Stahlgroßplastik von einem öffentlichen Platz;[130] verneint wurde ein relevanter Standortbezug für eine Pferdeskulptur vor einem Bahnhof.[131] Keine Änderung eines bestehenden Werkes, sondern eine nach hiesiger Auffassung von § 14 nicht erfasste Werkvernichtung ist gegeben, wenn in Gebäude integrier-te Installationen im Zuge eines Umbaus entfernt werden.[132] Ein indirekter Eingriff bei Werken der bildenden Kunst liegt vor, wenn der Ausschnitt aus einem Bild des belgischen Malers Magritte auf Kondomverpackungen verwendet wird,[133] wenn Bilder in einer Ausstellung in herabwürdigender Weise präsentiert werden.[134] Einem indirekten Eingriff steht es gleich, wenn eine vom Verletzer nicht selbst bewirkte Entstellung einer Figur durch Vertrieb von Fotographien einem weiteren Personen-kreis zugänglich gemacht und damit vertieft wird.[135]

38   **d) Insbesondere Bauwerke.** Besondere praktische Relevanz hat das Entstellungsverbot bei Bau-werken.[136] Es bleibt trotz positiven Planfeststellungsbeschlusses anwendbar, da sich dessen Gestal-tungswirkung lediglich auf öffentlich-rechtliche Rechtsbeziehungen erstreckt.[137] Bereits der **Tatbe-stand einer direkten oder indirekten Beeinträchtigung** der Werkintegrität wurde bei vom Architekten anders gewünschter Aufstellung des Orgelspieltisches und Aufhängung von Lautsprechern verneint; etwas anderes gilt jedoch dann, wenn Einrichtungsgegenstände entsprechend der architekto-nischen Planung derart in die bauliche Innenraumgestaltung einbezogen sind, dass sie das Raumbild entscheidend mitprägen.[138] Eine relevante Änderung kann ferner zB darin bestehen, dass eine andere als die vom Architekten vorgesehene Verputzform eines Hauses und Fensteraufteilung gewählt wird und dadurch der Gesamteindruck der Terrassenfront zerstört wird,[139] dass statt einer Gewölbedecke in einem Bahnhof eine Flachdecke,[140] in einem Museumsneubau statt Eichenparkett ein Steinfußboden eingebaut wird,[141] dass ein Schulzentrum um weitere Gebäude erweitert wird,[142] dass an einem Bau-

---

[124] *Hertin* KUR 2004, 101 (110 ff.); aA LG Frankfurt a. M. FuR 1966, 158 (160) – Wochenend und Sonnen-schein; Dreyer/*Kotthoff*/Meckel UrhG § 39 Rn. 12; einschränkender unter Hinweis auf den Berechtigungsvertrag der GEMA *Riekert* S. 224 f.; *G. Schulze* ZUM 1993, 255 (257 f., 263 ff.); Dreier/Schulze/*Schulze* UrhG § 39 Rn. 22 (grundsätzlich zustimmungsbedürftig); *Riekert* S. 224 f. Siehe ferner OLG München ZUM-RD 2008, 149 (150); LG München I ZUM 2005, 574 – O Fortuna und dazu *Russ* ZUM 1995, 32 mit Erwiderung von *v. Have*/*Eickmeier* ZUM 1995, 321.

[125] BGH ZUM 2018, 50 Rn. 14 – Die Höhner.

[126] OLG Frankfurt a. M. GRUR 1995, 215 – Springtoifel; OLG Hamburg GRUR-RR 2002, 153 (159) – Der grüne Tisch (im Ergebnis verneint); zum Musikbereich allgemein *Riekert* S. 86 f. und 235 f.

[127] OLG Köln Schulze OLGZ 129, 5 – Mein schönstes Urlaubsfoto; ähnlich LG München I ZUM 1995, 57.

[128] BGH GRUR 2002, 532 (534) – Unikatrahmen.

[129] LG München I ZUM-RD 2000, 308 (im Ergebnis Verstoß gegen § 14 verneint).

[130] OLG Hamm ZUM-RD 2001, 443 (444); kritisch dazu *Müller* S. 157 f.; ebenso für den umgekehrten Fall der Störung der Wahrnehmbarkeit eines Werkes der Gartengestaltung durch Aufstellung einer Stahlskulptur KG ZUM 2001, 590 (591).

[131] OLG Köln ZUM 2010, 180 f.

[132] → Rn. 20–22.

[133] OLG Frankfurt a. M. ZUM 1996, 97 (vom Gericht allerdings aus prozessualen Gründen nicht unter persön-lichkeitsrechtlichem Aspekt geprüft).

[134] Vgl. *Hegemann* FS Hertin, 2000, 87 ff.; *v. Detten* S. 98 ff.

[135] So LG Mannheim GRUR 1997, 364 – Freiburger Holbein-Pferd, gegen die Vorinstanz AG Freiburg NJW 1997, 1160; vgl. auch *Müller* S. 106 f.; rechtsvergleichend zu diesem Fall *Adeney* IIC 2002, 164 (165 ff.).

[136] Zum Abriss von Bauwerken → Rn. 20–22. Wegen des früheren Rechts vgl. insbesondere LG Berlin UFITA 4 (1931), 258 – Edenhotel; LG Berlin Schulze LGZ 65 – Rathaus Friedenau; OLG Nürnberg UFITA 25 (1958), 361 – Reformationsgedächtnis-Kirche; Vgl. ferner Wandtke/Bullinger/*Bullinger* UrhG § 14 Rn. 26 ff.; Dreier/Schulze/*Schulze* UrhG § 14 Rn. 26; *Müller* S. 156 ff., 162 ff.; *Goldmann* GRUR 2005, 639; *Schulze* NZBau 2007, 611.

[137] Offengelassen von OLG Stuttgart GRUR-RR 2011, 56 (57) – Stuttgart 21.

[138] BGH GRUR 1982, 107 (110) – Kirchen-Innenraumgestaltung; vgl. auch SchweizBG GRUR 1995, 989 (Voraussetzungen für die Annahme einer Verletzung des UPR bei einem Erweiterungsbau, wenn Eingriff in das Umfeld des Werkes erfolgt).

[139] LG Berlin Schulze LGZ 143, (4 und 6).

[140] LG Berlin GRUR 2007, 964 ff. – Hauptbahnhof Berlin.

[141] LG Leipzig ZUM 2005, 487 (Ansprüche wegen Interessenabwägung verneint).

[142] OLG München IBR 2007, 97 (Entstellung verneint).

werk Reklameschilder installiert werden,[143] dass ein Brunnen so umbaut wird, dass Becken und Quellstein nicht mehr vollständig sichtbar sind,[144] dass in mehreren Räumen einer urheber- und denkmalschutzrechtlich geschützten Wohnung im Zuge energetischer Modernisierungen ein Trockenbaukoffer mit Abmaßen von 20 × 50 cm eingebaut wird.[145] Gegenstand der Prüfung ist stets und allein die vom Eigentümer gewählte Änderungsvariante.[146]

Liegt demnach eine relevante Beeinträchtigung der Werkintegrität vor, ist die indizierte Gefährdung der geistigen oder persönlichen Interessen des Urhebers mit den kollidierenden Eigentümerinteressen im Wege der **Abwägung der jeweils betroffenen Interessen** in Ausgleich zu bringen.[147] Dabei kommt zwei Aspekten besondere Bedeutung zu. Zum einen ist festzustellen, welchen Einfluss die Veränderungen auf den **künstlerischen Gesamteindruck des Werkes** haben. Beziehen sich die Änderungen nur auf ganz untergeordnete Werkelemente[148] oder sind sie sonst von nicht nennenswerter Relevanz für das gesamte Werk,[149] kommt ihnen in der Interessenabwägung auch weniger Gewicht zu. Umgekehrt führen erhebliche Änderungen im Gesamteindruck zu einer entsprechend schwerwiegenden Beeinträchtigung der Urheberinteressen.[150] Zum anderen ist auch im Falle betont künstlerischer Gestaltung der **intendierte Gebrauchszweck** maßgeblich zu berücksichtigen.[151] Insbesondere bei öffentlichen Gebäuden wie zB einem Bahnhof kann der Eigentümer öffentliche Interessen an einer Änderung als zugleich eigene Interessen geltend machen.[152] **39**

Potentiell **rechtfertigende Gebrauchsinteressen des Eigentümers** sind zB die Änderung des Gebrauchszwecks des Gebäudes,[153] die Erweiterung und bauliche Modernisierung etwa eines Museums,[154] Änderungen aufgrund von Anforderungen der Baubehörden,[155] bauliche Sicherheitsinteressen in einem Krankenhaus,[156] geänderte Liturgieauffassungen, die im Altarraum einer Kirche räumlich umgesetzt werden sollen,[157] sowie sonstige, erhebliche wirtschaftliche Gegeninteressen.[158] Der Schaffung vollendeter Tatsachen kann der Urheber durch eine möglichst frühzeitige Geltendmachung des Entstellungsverbots begegnen. Rein ästhetische Gesichtspunkte werden eine Änderung hingegen selten rechtfertigen.[159] Dies gilt jedoch dann nicht, wenn die ästhetische Entscheidung ohne vorherige Fixierung in den Planunterlagen erst während der Bauerstellung durch den Bauherrn getroffen wird; dies muss der Architekt hinnehmen.[160] Auch politisch motivierte Änderungen bzw. Entfernungen politischer oder weltanschaulicher Symbole und Insignien von Bauwerken kann der Architekt hinnehmen haben, da es sich dabei um Fragen des Gebrauchszwecks und der öffentlichen Belange han- **40**

---

[143] *Wandtke/Czernik* GRUR 2014, 835 (837).

[144] OLG Hamm ZUM-RD 2011, 343 (346).

[145] AG Berlin-Tempelhof-Kreuzberg BeckRS 2014, 16338.

[146] OLG Stuttgart GRUR-RR 2011, 56 (61) – Stuttgart 21; OLG Dresden ZUM 2013, 142 (144) – Kulturpalast Dresden.

[147] BGH ZUM 1999, 146 – Treppenhausgestaltung; BGH ZUM 2019, 508 Rn. 36 ff. – HHole (for Mannheim); OLG Dresden ZUM 2013, 142 (143) – Kulturpalast Dresden.

[148] Siehe LG Leipzig ZUM 2005, 487 (493) für das Fußbodenmaterial in einem Museum.

[149] BGH GRUR 1982, 107 (110) – Kirchen-Innenraumgestaltung.

[150] LG Berlin GRUR 2007, 964 (968) – Hauptbahnhof Berlin (Einbau einer Flach- statt Gewölbedecke); dazu *Hillmer* KUR 2006, 113 ff.; *Bornhagen/Viniol* KUR 2006, 115 ff.; *Thies* UFITA 2007/III, 741 ff.; *Obergfell/Elmenhorst* ZUM 2008, 23 ff.; ferner AG Berlin-Tempelhof-Kreuzberg BeckRS 2014, 16338 (Zerstörung der Grundkonzeption einer Architektenwohnung durch Einbau von Abluftanlagen nach energetischer Modernisierung).

[151] Zum liturgisch-gottesdienstlichen Zweck von Kirchenbauten BGH GRUR 1982, 107 (111) – Kirchen-Innenraumgestaltung; BGH GRUR 2008, 984 (987) – St. Gottfried; OLG Karlsruhe GRUR 2004, 233; zu Schulzwecken vgl. BGH GRUR 1974, 675 (677) – Schulerweiterung; KG ZUM 1997, 208 (212) – Fahrstuhlschacht (gemauerter statt aus Glas gefertigter und transparenter Fahrstuhlschacht); OLG München IBR 2008, 97 – Strehle Schulzentrum (Erweiterung einer Schule in Fortführung des ursprünglichen Baukonzepts als zulässige Entstellung); aus Schweizer Sicht ebenso SchweizBG GRUR-Int 1992, 473 – Schulhausumbau II; vgl. allg. *Grohmann* S. 49 ff.; *Müller* S. 162 ff.; *Schilcher* S. 112 ff.; *Schöfer* S. 103 ff.; *Walchshöfer* FS Hubmann, 1985, 469 (474); *Schack* Rn. 395; *Goldmann* GRUR 2005, 639 ff.; *Schulze* NZBau 2007, 611 ff.; rechtsvergleichend auch *Dietz* IIC 1994, 177 (182 ff.) mwN sowie *Prinz* S. 77 ff.; *Bullinger* S. 90 ff.; *Grohmann* S. 117, 192 ff.; kritisch *Wandtke/Czernik* GRUR 2014, 835 (838).

[152] OLG Stuttgart ZUM 2012, 172 Rn. 7 – Stuttgart 21.

[153] Vgl. OLG Stuttgart GRUR-RR 2011, 56 (61) – Stuttgart 21 (Umbau eines Kopfbahnhofs in einen Durchgangsbahnhof); OLG München ZUM 1996, 165 (Entfernung von Schleppgauben und Errichtung von Satteldachgauben); OLG München IBR 2008, 97 – Strehle Schulzentrum (Schulerweiterung); OLG Dresden ZUM 2013, 142 (144 f.) – Kulturpalast Dresden (Umbau eines Mehrzwecksaals in einen reinen Konzertsaal).

[154] BGH ZUM 2019, 508 Rn. 37 ff. – HHole (for Mannheim); BGH ZUM 2019, 521 Rn. 36 ff. – HParadise.

[155] Vgl. KG ZUM 1997, 208 – Fahrstuhlschacht; vgl. auch *Grohmann* S. 50, 101; *Müller* S. 163, 165, 176; *Schack* Rn. 396; *Tölke* S. 79; *Nahme* GRUR 1966, 474 (476).

[156] OLG Hamm ZUM-RD 2011, 343 (347).

[157] BGH GRUR 2008, 984 (987) – St. Gottfried, unter Berücksichtigung der Religionsfreiheit.

[158] OLG Stuttgart GRUR-RR 2011, 56 (58 f.) – Stuttgart 21; LG Berlin GRUR 2007, 964 (968 f.) – Hauptbahnhof Berlin (Änderung eines Bauwerks bei Überschreitung des Kostenanschlags um bis zu 10 % des maßgeblichen Gesamtbudgets); LG Berlin ZUM 2012, 507 (510) – East Side Gallery (Urheberhonorare für Wiederherstellung einer Mauerbemalung dürfen Sanierungsvorhaben nicht gefährden).

[159] BGH GRUR 1999, 230 – Treppenhausgestaltung; OLG Hamm ZUM-RD 2001, 443 (445); KG ZUM 2001, 590 (592) – Gartenanlage; vgl. auch *Harke* KUR 2000, 19 (21); *Schack* Rn. 396; strenger noch *Müller* S. 167; *Tölke* S. 80; zur Restaurierung von Werken vgl. *Bullinger* S. 100 ff. Siehe aber OLG Düsseldorf ZUM-RD 2016, 386 (Ersetzung blauer Glaspaneelen an der Fassade durch weiße Paneele stellt Beeinträchtigung gem. § 14 dar).

[160] Vgl. BGH Schulze BGHZ 201, 5 ff. – Farbanstrich; ähnlich KG ZUM 1997, 208 (211 f.) – Fahrstuhlschacht.

delt, die der Eigentümer zu beachten hat.[161] Im Ergebnis tritt das Interesse des Urhebers am Fortbestehen eines Bauwerks oder eines mit einem Bauwerk unlösbar verbundenen Kunstwerks „in aller Regel" hinter die Interessen des Gebäudeeigentümers an einer anderweitigen Gebäudenutzung und einer damit verbundenen Zerstörung des Kunstwerks zurück.[162]

41   **e) Lichtbildwerke.** Eine preisgekrönte Porträtfotografie wird verstümmelt, wenn lediglich die Augenpartie der aufgenommenen Person auf einem Buchumschlag wiedergegeben wird.[163]

42   **f) Filmwerke.** Ein unzulässiger direkter Eingriff in die Werkintegrität liegt vor, wenn ein Filmwerk nachträglich koloriert wird;[164] bei der Wiedergabe tatsächlicher Ereignisse in Dokumentarfilmen kann es sich anders verhalten. Einen Grenzfall zwischen direktem und indirektem Eingriff bilden Werbeunterbrechungen[165] sowie Einblendungen von Werbung. Bei ambitionierten künstlerischen Filmen müssen Unterbrechungen vereinbart werden oder an den „Sollbruchstellen" des Filmes gesetzt werden, um den Sinngehalt des Werkes nicht zu entstellen.[166] Auch die Hinzufügung einer Erläuterungsstimme (voice-over) kann entstellenden Charakter haben,[167] soweit es sich nicht um eine optionale Audio-Deskription für Sehbehinderte handelt.

III. Rechtsfolgen der Verletzung des §14

43   Verstöße gegen § 14 ziehen die allgemeinen **zivilrechtlichen Ansprüche gem. §§ 97 ff.** nach sich.[168] Ein Recht darauf, Instandsetzungsarbeiten an seinem Werk der bildenden Künste selbst vorzunehmen, hat der Urheber demnach nicht.[169] Mit dem vorbeugenden Unterlassungsanspruch können ernsthaft drohende Entstellungen, zB in Gestalt geplanter Änderungen eines Bauwerks, abgewehrt werden. Der Unterlassungsanspruch ist nicht auf die Unterlassung der Namensnennung nach erfolgter Änderung beschränkt, sondern betrifft die angegriffene Änderung als solche.[170] Im Rahmen der bei einem Beseitigungsanspruch durchzuführenden Verhältnismäßigkeitsprüfung sind auch die Auswirkungen zu berücksichtigen, die ein ggf. zeitlich aufwendiger Rückbau auf die Nutzung namentlich öffentlicher Gebäude wie eines Bahnhofs hat.[171] Löst ein änderungsrechtlich eigentlich angezeigter Rückbau völlig unverhältnismäßige Kosten aus, die den Wert des unveränderten Bauwerks übersteigen, kann der Beseitigungsanspruch ebenfalls zu verneinen sein.[172] Die Beseitigung einer fortdauernden Entstellung kann bei Kunstausstellungen dadurch erfolgen, dass sich der Urheber, dessen Werk durch Gestaltung der Ausstellung entstellt wird, hiervon öffentlich distanzieren kann; der für die Ausstellung Verantwortliche hat eine entsprechende Austafelung vor Ort zu dulden.[173]

44   Der **Anspruch auf Schadensersatz** tritt ggf. neben den Schadensersatz für eine mit der Beeinträchtigung einhergehende Verletzung von Verwertungsrechten.[174] Der Schaden kann nach den Grundsätzen der Lizenzanalogie berechnet werden, wenn die rechtswidrige Änderung üblicherweise gegen Entgelt lizenziert wird; eine pauschale Erhöhung des Gesamtschadensersatzes aufgrund einer Entstellung ist hingegen nicht zulässig.[175] Im Übrigen ist der immaterielle Schaden gemäß § 97 Abs. 2 S. 4 in Form einer Geldentschädigung abzugelten, wenn und soweit es der Billigkeit entspricht.[176] Eine gröbliche Entstellung iSd § 93 Abs. 1 bedeutet nicht automatisch auch einen höheren Entschädigungsanspruch nach § 97 Abs. 2 S. 4, wenn im Zusammenhang mit der Werknutzung eine die Ge-

---

[161] Vgl. die zahlreichen Beispiele bei *Müller* S. 167 ff.

[162] BGH ZUM 2019, 508 Rn. 42 – HHole (for Mannheim).

[163] BGH GRUR 1971, 525 (526) – Petite Jacqueline.

[164] Wie hier *Hegemann* FS Hertin, 2000, 87 (93); vgl. allgemein *v. Lewinski/Dreier* GRUR-Int 1989, 635; *Schilcher* S. 95; näher → § 93 Rn. 13.

[165] Vgl. auch *Schilcher* S. 78 f., 108, 122; *Wallner* S. 167 ff.; *Collovà* RIDA 146 1990, 125 ff.

[166] Vgl. Oberster Gerichtshof Schweden GRUR-Int 2008, 772 – TV4.

[167] Fromm/Nordemann/*Dustmann* UrhG § 14 Rn. 58.

[168] *Dreyer*/Kotthoff/Meckel UrhG § 14 Rn. 79 ff.; *Grohmann* S. 222 ff.; *Jäneke* S. 182 ff.; *Lendvai* S. 59 ff.; *Riekert* S. 170 ff.; *Bullinger* S. 124 ff.

[169] RegE UrhG 1965, BT-Drs. IV/270, 45.

[170] LG Hamburg ZUM 2011, 264 (268).

[171] LG Berlin GRUR 2007, 964 (969) – Hauptbahnhof Berlin; vgl. ferner OLG München ZUM-RD 1998, 89 (Versagung eines auf Wiederherstellung zerstörter Kirchenfenster gerichteten Anspruchs, da eine bloß nachempfundene Gestaltung verlangt wurde).

[172] Vgl. OLG Hamm ZUM-RD 2011, 343 (347); zum Grundsatz der Verhältnismäßigkeit bei allen Abwehransprüchen *Rehbinder*/Peukert Rn. 1030 ff.; kritisch wegen der Gefahr der Schaffung vollendeter Tatsachen *Elmenhorst*/Gräfin von Brühl GRUR 2012, 126 (130 f.).

[173] Für diese Lösung de lege ferenda *v. Detten* S. 163 ff.

[174] → Vor §§ 12 ff. Rn. 28.

[175] → § 13 Rn. 20; BGH GRUR 2002, 532 (535); für pauschale Erhöhung Schricker/*Dietz* UrhG § 14 Rn. 41; *Grohmann* S. 222; generell ablehnend zur Lizenzanalogie Fromm/Nordemann/*Dustmann* UrhG § 14 Rn. 79.

[176] Einzelheiten bei *Grohmann* S. 229 ff.; vgl. auch OLG Köln Schulze OLGZ 129 – Mein schönstes Urlaubsfoto; OLG Frankfurt a. M. GRUR 1989, 203 (205) – Wüstenflug; OLG München GRUR 1993, 332 (333) – Christoph Columbus; OLG München NJW 1996, 135 – Herrenmagazin; anders dagegen OLG Hamburg ZUM 1998, 324 (kein Verletzerzuschlag wegen fehlender Schwere des Eingriffs); ähnlich OLG München NJW-RR 1997, 493); eine Anwendung auf vor Inkrafttreten des Gesetzes liegende Verletzungsfälle scheidet nach BGH GRUR 1971, 525 (526) – Petite Jacqueline – aus.

fahr der Rufschädigung mindernde Distanzierung gegenüber dem betroffenen Urheber vorgenommen wurde.[177]

In **prozessualer Hinsicht** ist zu beachten, dass das Gericht ein Sachverständigengutachten über **45** den künstlerischen Rang des betroffenen Werkes nur einholen muss, wenn sich der Anspruchsteller für den behaupteten Rang des Werks auf dessen Eindruck und Form und nicht auf die Beurteilung in der Kunstwelt stützt.[178] Ein Aufführungsverbot bezüglich einer Oper ist in einem Eilverfahren nicht durchzusetzen, wenn das an sich mögliche Vorliegen einer Beeinträchtigung des UPR nicht rechtzeitig durch eine eindeutige Position im Rahmen vorausgegangener Einigungsverhandlungen angesprochen wurde und kurz vor der Premiere unabsehbare wirtschaftliche und immaterielle Nachteile für das Theater und die beteiligten Künstler drohen.[179]

Ist der Mieter eines urheberrechtlich geschützten Bauwerks bzw. einer Wohnung zugleich Urheber **46** oder sein Rechtsnachfolger, so kann das Entstellungsverbot ausnahmsweise auch einem Anspruch des Vermieters auf **Duldung von Modernisierungsmaßnahmen gem. § 554 Abs. 1, Abs. 2 BGB entgegenstehen.**[180]

Strafrechtliche Folgen hat die Verletzung der Werkintegrität im Gegensatz zum früheren **47** Recht[181] nicht mehr.[182]

Unterabschnitt 3. Verwertungsrechte

§ 15 Allgemeines

(1) **Der Urheber hat das ausschließliche Recht, sein Werk in körperlicher Form zu verwerten; das Recht umfaßt insbesondere**

1. **das Vervielfältigungsrecht (§ 16),**
2. **das Verbreitungsrecht (§ 17),**
3. **das Ausstellungsrecht (§ 18).**

(2) [1]**Der Urheber hat ferner das ausschließliche Recht, sein Werk in unkörperlicher Form öffentlich wiederzugeben (Recht der öffentlichen Wiedergabe).** [2]**Das Recht der öffentlichen Wiedergabe umfasst insbesondere**

1. **das Vortrags-, Aufführungs- und Vorführungsrecht (§ 19),**
2. **das Recht der öffentlichen Zugänglichmachung (§ 19a),**
3. **das Senderecht (§ 20),**
4. **das Recht der Wiedergabe durch Bild- oder Tonträger (§ 21),**
5. **das Recht der Wiedergabe von Funksendungen und von öffentlicher Zugänglichmachung (§ 22).**

(3) [1]**Die Wiedergabe ist öffentlich, wenn sie für eine Mehrzahl von Mitgliedern der Öffentlichkeit bestimmt ist.** [2]**Zur Öffentlichkeit gehört jeder, der mit demjenigen, der das Werk verwertet, oder mit den anderen Personen, denen das Werk in unkörperlicher Form wahrnehmbar oder zugänglich gemacht wird, durch persönliche Beziehungen verbunden ist.**

Schrifttum: *Adam,* „Versehentliche" Veröffentlichung urheberrechtlicher Werke im Internet, MMR 2015, 783; *Apel,* Interpretenrecht (§§ 73 ff. UrhG) und Teilschutz, ZGE 2018, 162; *Appl,* Digitalisierung, Vernetzung und das Recht der öffentlichen Wiedergabe im Schlaglicht der Platform Economy, MR 2018 Beil. H. 3, 37; *Appl/Bauer,* Hyperlinking und Embedded Content im Lichte der EuGH-Rsp, MR 2015, 151; *Arezzo,* Hyperlinks und Making Available Right in the European Union – What Future for the Internet After Svensson?, IIC 2014, 524; *Bäcker/Höfinger,* Online-Vertrieb digitaler Inhalte: Erstvertrieb, nachgelagerte Nutzungen und nachgelagerte Märkte, ZUM 2013, 623; *Becker,* Ein modernes Urheberrecht, ZGE 2016, 239; *Benz,* Der Teilschutz im Urheberrecht, 2018; *Bisges,* Der Öffentlichkeitsbegriff im Urheberrecht, UFITA 2014 II 363; *Briem,* Die Auslegung des Begriffs der „öffentlichen Wiedergabe" in der Entscheidungspraxis des EuGH – zugleich Anmerkung zum EuGH-Urteil AKM/Zürs.net, GRUR-Int 2017, 493; *Büchele,* Hotelfernsehen im europäischen und im nationalen Urheberrecht, ÖBl. 2011, 249; *Büchele/Kerbler,* Ende: nie? Hyperlinks im Urheberrecht, FS Walter (2018), S. 139; *Clark/Dickenson,* Theseus and the Labyrinth? An Overview of „Communication to the Public" under EU Copyright Law, E.I.P.R. 2017, 265; *Clark/Tozzi,* „Communication to the Public" under EU Copyright Law, E.I.P.R. 2016, 715; *Conrad,* Kuck' mal, wer da spricht: Zum Nutzer des Rechts der öffentlichen Zugänglichmachung anlässlich von Links und Frames, CR 2013, 305; *Cordell/Potts,* Communication to the Public or Accessory Liability? Is the CJEU using Communication to the Public to Harmonise Accessory Liability across the EU?, E.I.P.R. 2018, 289; *Dierkes,* Jurisdiktionskonflikte bei der strafrechtlichen Verfolgung von Urheberrechtsverletzungen im Internet – am Beispiel der öffentlichen Wiedergabe, 2017; *Dietrich,* Die öffentliche Wiedergabe urheberrechtlich geschützter Werke auf Webseiten in der Rechtsprechung des EuGH, NJ 2018, 485; *Dombrowski/Albrecht/Conrad/Weber,* Study Question (Copyright) 2016 – Linking and making available on the Internet, GRUR-Int 2016, 791; *Dreier,* Grundrechte und

---

[177] So für den Fall eines distanzierenden Vorspruchs zu einem Fernsehspiel KG UFITA 59 (1971), 279 (285) – Kriminalspiel.

[178] Zu Bauwerken und anderen Werken der bildenden Kunst BGH ZUM 2019, 508 Rn. 52 ff. – HHole (for Mannheim) mwN; anders zu Musikwerken BGH ZUM 2015, 996 Rn. 59 ff. – Goldrapper.

[179] OLG Frankfurt a. M. NJW 1989, 408.

[180] AG Berlin-Tempelhof-Kreuzberg BeckRS 2014, 16338.

[181] § 38 Abs. 2 LUG und § 32 Abs. 2 KUG.

[182] § 106 Rn. 1 sowie allgemein *v. Gravenreuth* GRUR 1983, 349 (350).

die Schranken des Urheberrechts, GRUR 2019, 1003; *Dünnwald/Gerlach,* Recht des ausübenden Künstlers, 2008; *Duppelfeld,* Das Urheberrecht der Bibliotheken im Informationszeitalter, 2014; *Eichelberger,* Urheberrecht und Streaming, in: Leible (Hrsg.), Der Schutz des Geistigen Eigentums im Internet, 2012, S. 17; *Eichelberger,* Hyperlinks, die Urheberrechtsrichtlinie und der EuGH, FS Ahrens (2016), S. 181; *van Elten,* Das „Wissenschaftsplagiat" als Urheberrechtsverletzung vor dem Hintergrund der Harmonisierung, 2018; *Erdmann/Rojahn/Sosnitza,* Handbuch des Fachanwalts Gewerblicher Rechtsschutz, 3. Aufl. 2018; *Ernst,* Die „öffentliche" Wiedergabe von Werken in Arztpraxen, Altersheimen, Sportstudios u. Ä., MDR 2016, 1177; *Ettig,* „Öffentliche Wiedergabe" – das nächste Kapitel, K&R 2018, 612; *Ettig/Kaase,* Hotelzimmer, Zahnarztpraxen und Reha-Einrichtungen – der Begriff der öffentlichen Wiedergabe, K&R 2016, 474; *Euler,* Bilderloses Europa?! – Kulturpolitische Konsequenzen der Rechtsprechung zum Framing, JurPC Web-Dok. 151/2018; *Ficsor,* No „online exhaustion" of the right of making available to the public (even if it may also be characterized as distribution): Tom Kabinet in the shadow of UsedSoft and VOB, looking with hopes to Allposter – and to ReDigi, FS Walter (2018), S. 153; *O. Fischer,* Perspektiven für ein Europäisches Urheberrecht, 2014; *V. Fischer,* Digitale Kunst und freie Benutzung, 2018; *Flechsig,* Zur Zukunft des Urheberrechts im Zeitalter vollständiger Digitalisierung künstlerischer Leistungen, ZGE 2011, 19; *Flechsig,* Öffentliche Wiedergabe durch werkorientierte Verlinkung im Netz, FS Mathias Schwarz (2017), S. 291; *Förster,* Fair Use, 2008; *Fricke/Gerecke,* Haftung für Links, AfP 2017, 25; *Frey,* Die Haftung von Host-Providern für Immaterialgüterrechtsverletzungen, 2018; *Fuchs/Farkas,* Kann der EUGH dem Paperboy das (Best)Water reichen?, ZUM 2015, 110; *Gabler,* Die urheberrechtliche Drittnutzung zwischen Vervielfältigung, Bearbeitung und freier Benutzung, 2018; *Gerlach,* Gesetzliche Vergütungsansprüche – Stiefkinder der kollektiven Rechtewahrnehmung, FS Pfennig (2012), S. 351; *Gerlach,* Fragwürdige Kriterien des europäischen Gerichtshofs bei den Vergütungsansprüchen der ausübenden Künstler für öffentliche Wiedergabe, FS Wandtke (2013), S. 233; *von Gerlach,* Die urheberrechtliche Bewertung des nicht-linearen Audio-Video Streamings im Internet, 2012; *Geiger/Griffiths/Senftleben/Bently/Xalabarder,* Limitations and Exceptions as Key Elements of the Legal Framework for Copyright in the European Union, IIC 2015, 93; *Gey,* Das Recht der öffentlichen Zugänglichmachung iSd. § 19a UrhG, 2009; *Glückstein,* Haftung des Buch- und Medienhandels für Urheberrechtsverletzungen, ZUM 2014, 165; *Grassmann,* Der elektronische Kopienversand im Rahmen der Schrankenregelungen, 2006; *Griffiths,* Constitutionalising or Harmonising? The Court of Justice, the Right to Property and European Copyright Law, European Law Review 2013, S. 65; *Großjean,* Hörfunk goes digital – Personalisierte Webradios im Spannungsfeld zwischen §§ 20, 19a und 15 Abs. 2 UrhG, JurPC Web-Dok. 69/2019; *Grünberger,* Bedarf es einer Harmonisierung der Verwertungsrechte und Schranken?, ZUM 2015, 273; *Grünberger,* Einheit und Vielfalt im Recht der öffentlichen Wiedergabe, GRUR 2016, 977; *Grünberger,* Zugangsregeln bei Verlinkungen auf rechtswidrig zugänglich gemachte Werke, ZUM 2016, 905; *Grünberger,* Vergütungsansprüche im Urheberrecht, ZGE 2017, 188; *Grünberger,* Die Entwicklung des Urheberrechts im Jahr 2017, ZUM 2018, 271 und 2018, 321; *Grünberger,* Die Entwicklung des Urheberrechts im Jahr 2018, ZUM 2019, 281; *Grünberger,* Öffentliche Wiedergabe bei der Verlinkung (Framing) und der Einsatz von technischen Schutzmaßnahmen – Unsicherheiten in Karlsruhe, ZUM 2019, 573; *Grünberger/Podszun,* Die Entwicklung des Immaterialgüterrechts in der Recht der Europäischen Union in den Jahren 2013/14 – Teil I, GPR 2015, 11; *Haberstumpf,* Das System der Verwertungsrechte im harmonisierten Urheberrecht, GRUR-Int 2013, 627; *Haberstumpf,* Freie Benutzung im harmonisierten Urheberrecht, ZGE 2015, 425; *Haberstumpf,* Anbieten fremder geschützter Werke im Internet, GRUR 2016, 763; *Haberstumpf,* Perspektivenwechsel im harmonisierten Urheberrecht – Anmerkung zu EuGH, Urteil vom 7.8.2018 – C-161/17 (ZUM 2018, 674 – Renckhoff), ZUM 2018, 678; *Haberstumpf,* Recht der öffentlichen Werkwiedergabe im harmonisierten Urheberrecht, JIPITEC 2019, 187; *Haedicke,* Die urheberrechtliche Beurteilung von Online-Videorekordern, ZUM 2016, 594; *Handig,* Was erfordert „die Einheit und die Kohärenz des Unionsrechts"? – das urheberrechtliche Nachspiel der EuGH-Entscheidung Football Association Premier League, GRUR-Int 2012, 9; *Handig,* Reform und Neuordnung der „öffentlichen Wiedergabe", ZUM 2013, 273; *Handig,* Öffentliche Wiedergabe im Wandel, ÖBl. 2014, 206; *Haupt,* Öffentliche oder private Nutzung?, MR-Int. 2014, 24; *Heid,* Die Haftung bei Urheberrechtsverletzungen im Netz, 2013; *Heinze,* Software als Schutzgegenstand des Europäischen Urheberrechts, JIPITEC 2011, 97; *Heinzmann,* Zurück zum Kernkonzept der Verwertung der Werke im Urheberrecht, DSRITB 2015, 599; *Heker/Riesenhuber* (Hrsg.), Recht und Praxis der GEMA, 3. Aufl. 2018; *Hilty/Schmid/Weber,* Urheberrechtliche Beurteilung von „Embedding", sic! 2016, 237; *Hofmann,* Grundsatz der Technikneutralität im Urheberrecht?, ZGE 2016, 482; *Hofmann,* Die Systematisierung des Interessenausgleichs im Urheberrecht am Beispiel des Rechts der öffentlichen Wiedergabe – Zugleich Anmerkung zu EuGH, Urteil vom 7.8.2018 – C-161/17 (ZUM 2018, 674 – Renckhoff), ZUM 2018, 641; *Hofmann,* Die Konturierung der „öffentlichen Wiedergabe" und des Öffentlichkeitsbegriffs durch den EuGH, UFITA 2018, 436; *Holtz,* Unterschiedliche Kriterien der öffentlichen Wiedergabe für Urheber- und Leistungsschutzrechte?, ZUM 2015, 546; *Homar,* Remuneration Rights as Compensation for Copyright Exceptions, MR-Int 2019, 63; *Hügel,* Haftung von Inhabern privater Internetanschlüsse für Urheberrechtsverletzungen, 2014; *Hugenholtz/van Velze,* Communication to a New Public? Three Reasons Why EU Copyright Law Can Do Without a „New Public", IIC 2016, 797; *Inguanez,* Considerations on the modernization of EU copyright: where is the user?, JIPLP 2017, 660; *Jahn/Palzer,* Embedded Content und das Recht der öffentlichen Wiedergabe – Svensson ist die (neue) Realität!, K&R 2015, 1; *Jani,* Bis zur Erschöpfung: Zur Zulässigkeit des Weiterverkaufs von Dateien gem. Richtlinie 2001/29/EG nach dem Urteil C-128/11 des EuGH (Usedsoft ./. Oracle), FS Wandtke (2013), S. 331; *Jani/Leenen,* Paradigmenwechsel bei Links und Framings, NJW 2016, 3135; *Jotzo,* Der EuGH als Interimsnormgeber im digitalen Urheberrecht, ZGE 2019, 447; *Jütte,* Ein horizontales Konzept der Öffentlichkeit – Facetten aus dem europäischen Urheberrecht, UFITA 2019, 354; *Kahl/Schönfelder,* Von „Paperboy" zu „Playboy" – Die Entwicklung der Hyperlink-Rechtsprechung, K&R 2017, 683; *Karapaga,* The Requirement for a „New Public" in EU Copyright Law, European Law Review 2017, 63; *Kiersch,* Die Filmvorführung in der Schule, WRP 2018, 1422; *Klass,* Werkgenuss und Werknutzung in der digitalen Welt: Bedarf es einer Harmonisierung des Urheberpersönlichkeitsrechts?, ZUM 2015, 290; *Klatt,* Die urheberrechtliche Einordnung personalisierter Internet-Radios, CR 2009, 517; *Kleinemenke,* Fair Use im deutschen und europäischen Urheberrecht?, 2013; *Kling,* Gebietsübergreifende Vergabe von Online-Rechten an Musikwerken: Probleme einer effizienten Lizenzierungspraxis unter Geltung des VGG, 2018; *Koch,* Das Schweigen von Marcel Duchamp – Anmerkungen zur BGH-Entscheidung „Beuys-Aktion", FS Bornkamm (2014), S. 835; *Koo,* Away with Ziggo: the latest chapter in the EU communication to the public story, JIPLP 2018, 542; *Koof,* Senderecht und Recht der öffentlichen Zugänglichmachung im Zeitalter der Konvergenz der Medien, 2015; *Koolen,* The Use of Hyperlinks in an Online Environment: Putting Links in Chains?, GRUR-Int 2016, 867; *Krusemarck,* Die abhängige Schöpfung im Recht des geistigen Eigentums, 2013; *Kulpe,* Der Erschöpfungsgrundsatz nach Europäischem Urheberrecht, 2012; *Lambrecht/Cabay,* Remix allowed: avenues for copyright reform inspired by Canada, JIPLP 2016, 21; *Langhoff,* Der urheberrechtliche Schutz von Sendeunternehmen im digitalen Umfeld, 2016; *Leenen,* Urheberrecht und computergestützte Erkennung, 2014; *Leistner,* Der europäische Werkbegriff, ZGE 2013, 4; *Leistner,* Die Methodik des EuGH und die Garantiefunktion der nationalen Gerichte bei der Fortentwicklung des europäischen Urheberrechts, FS Bornkamm (2014), S. 859; *Leistner,* Urheberrecht an der Schnittstelle zwischen Unionsrecht und nationalem Recht – Werkbegriff und Recht der öffentlichen Wiedergabe, GRUR 2014, 1145; *Leistner,* Nationales Recht unter dem Einfluss der EuGH-Rechtsprechung, FS 50 Jahre Deutsches UrhG (2015), S. 251; *Leistner,* Reformbedarf im materiellen Urheberrecht: Online-Plattformen und Aggregatoren, ZUM 2016, 580; *Leistner,* Closing the Book on the Hyperlinks: A Brief Outline of the CJEU's Case Law and Proposal for European Legislative Reform, E.I.P.R. 2017, 327; *Leistner,* Weiterübertragungsfälle zwei Jahre nach Ramses – Eine kritische Bestandsaufnahme vor dem Hintergrund der EuGH-Rechtsprechung zum Recht der öffentlichen Wiedergabe, CR 2017, 818; *Leistner,* Handlungsbedarf bei Hyperlinks. Ein Reformvorschlag, FS Gernot Schulze (2017), S. 75; *Leistner,* „In jedem Ende liegt ein neuer Anfang" – das BGH-Urteil „Vorschaubilder III", seine Bedeutung für die Bildersuche und für die weitere Entwicklung des Haftungssystems im Urheberrecht, ZUM 2018, 286; *Leistner,* Internet-Videorecorder und Cloud-Speicheranbieter: Warum eine Betreibervergütung die richtige Lösung für die Zukunft ist, CR 2018, 436; *Leistner,* „Ende gut, alles gut" … oder „Vorhang zu und alle Fragen offen"? – Das salomonische Urteil des EuGH in Sachen „Pelham [Metall auf Metall]", GRUR 2019, 1008; *Leistner,* Das Urteil des EuGH in Sachen „Funke Medien NRW/Deutschland", ZUM 2019, 720; *Leistner,* Einheitlicher europäischer Werkbegriff auch im Bereich der angewandten Kunst, GRUR 2019, 1114; *Leistner/Roder,* Die Rechtsprechung des EuGH zum Unionsurheberrecht aus methodischer Sicht – zugleich ein Beitrag zur Fortentwicklung des europäischen Privatrechts im Mehrebenensystem, ZfPW 2016, 129; *von Lewinski,* Gedanken zur Cassina-Entscheidung des Europäischen Gerichtshofs, FS Loewenheim (2009), S. 175; *von Lewinski,* Elektronischer „Verleih" nach der EuGH-Entscheidung VOB/Stichting Leenrecht – was nun?, FS Walter (2018), S. 64; *Loderer,* Entblössende Hyperlinks – Anmerkungen zum EuGH-Urteil in Sachen GS Media BV, sic! 2017, 58; *Loewenheim,* Altes und Neues zu Parodie und Plagiat, FS Fezer (2016), S. 789; *Löffler,* Störerhaftung oder Beihilfe durch Unterlassen?, FS Bornkamm (2014), S. 37; *Lucas-Schloetter,* Das Recht der öffentlichen Wiedergabe in der Rechtsprechung des Europäischen Gerichtshofs, ZGE 2013, 84; *Lüthge/Peters,* Der Status Quo der „öffentlichen Wiedergabe" nach dem Córdoba-Urteil des EuGH (Rs. C-161/17), GRUR-Int 2019, 756; *Lutz,* Zugang zu wissenschaftlichen Informationen in der digitalen Welt, 2012; *Maier H.,* Remixe auf Hosting-Plattformen, 2018 (frei abrufbar: www.oapen.org); *Malcher,* Personalisierte Webradios – Sendung oder Abruf, 2011; *Malenovský,* Quelques observations sur les demandes préjudicielles en matière de droit d'auteur en provenance d'Autriche, MR 2018 Beil. H. 3, 11 (deutsche Übersetzung im Anhang); *Marl,* Der Begriff der Öffentlichkeit im Urheberrecht, 2017; *Marl,* Urheberrecht und Öffentlichkeitsbegriff im digitalen Zeitalter, in: Specht/Lauber-Rönsberg/Becker (Hrsg.), Medienrecht im Medienumbruch, 2017, S. 93; *Masouyé,* Kommentar zur Berner Übereinkunft zum Schutz von Werken der Literatur und Kunst, 1981; *McGuire,* Monismus – Ein Irrweg?, FS 50 Jahre Deutsches UrhG (2015), S. 289; *Melichar,* Fernsehen im Hotel – ein Vergnügen, FS Pfennig (2012), S. 359; *Metzger,* Der Einfluss des EuGH auf die gegenwärtige Entwicklung des Urheberrechts, GRUR 2012, 118; *Metzger,* Rechtsfortbildung im Richtlinienrecht, ZEuP 2017, 836; *Mezei,* Enter the matrix: the effects of the CJEU's case law on linking and streaming technologies, GRUR-Int 2016, 887; *Midelieva,* Rethinking Hyperlinking: Adressing Hyperlinks to Unauthorised Content in Copyright Law and Policy, E.I.P.R. 2017, 479; *Mittwoch,* Vollharmonisierung und europäisches Privatrecht, 2013; *W. Müller,* Die Haftung von Internetplattformen vor dem Hintergrund der aktuellen Rechtsprechung des EuGH und ihre Auswirkung auf die BGH-Verfahren YouTube und Uploaded, WRP 2019, 301; *Neuhaus,* Sekundäre Haftung im Lauterkeits- und Immaterialgüterrecht, 2011; *Neumann,* Die Haftung der Intermediäre im Internationalen Immaterialgüterrecht, 2011; *A. Nordemann/J. B. Nordemann,* Das neue Europäische Haftungskonzept des EuGH für Linksetzung und Suchmaschinen sowie seine Rezeption in Deutschland, FS Walter (2018), S. 210; *J. B. Nordemann,* Die öffentliche Wiedergabe im Urheberrecht, GRUR 2016, 245; *J. B. Nordemann,* Bearbeitung und Europarecht – Muss die Blässetheorie vor dem EuGH?, FS Mathias Schwarz (2017), S. 97; *J. B. Nordemann,* EuGH-Urteile GS Media, Filmspeler und The PirateBay: ein neues europäisches Haftungskonzept im Urheberrecht für die öffentliche Wiedergabe, GRUR-Int 2018, 526 (= JIPLP 2018, 744 [engl.]); *Obergfell/Stieper,* Kompetenzverschiebungen, FS 50 Jahre Deutsches UrhG (2015), S. 223; *Oechsler,* Der Tatbestand der öffentlichen Wiedergabe in der Rechtsprechung des EuGH, GRUR-Int 2019, 231; *Ohly,* Urheberrecht in der digitalen Welt – Brauchen wir neue Regelungen zum Urheberrecht und dessen Durchsetzung?, Gutachten F zum 70. Deutschen Juristentag 2014; *Ohly,* Von GS Media zu einer unionsrechtlichen Haftung für die Verletzung urheberrechtlicher Verkehrspflichten?, FS Gernot Schulze (2017), S. 387; *Ohly,* Die Haftung von Internet-Dienstleistern für die Verletzung lauterkeitsrechtlicher Verkehrspflichten, GRUR 2017, 441; *Ohly,* Der weite Täterbegriff des EuGH in den Urteilen „GS Media", „Filmspeler" und „The Pirate Bay": Abenddämmerung für die Störerhaftung?, ZUM 2017, 793; *Ohly,* The broad concept of "communication to the public" in recent CJEU judgments and the liability of intermediaries: primary, secondary or unitary liability?, GRUR-Int 2018, 517; *Ohly,* Unmittelbare und mittelbare Verletzung des Rechts der öffentlichen Wiedergabe nach dem „Córdoba"-Urteil des EuGH, GRUR 2018, 996; *Paparseniou,* Die öffentliche Wiedergabe des Werkes nach der Rechtsprechung des EuGH, GRUR-Int 2016, 225; *Paulus,* Europäischer Integrationsbedarf und nationale Regelungskompetenz, ZUM 2016, 513; *Pech,* On-Demand-Streaming-Plattformen, 2018; *Peifer,* Parodie, Mashup, Medienkritik: Das urheberrechtlich geschützte Werk als Gegenstand und Beiwerk der filmischen Auseinandersetzung – Möglichkeiten und Grenzen im Lichte des aktuellen Urheberrechtsgesetzes, ZUM 2016, 805; *Peifer,* Urheberrechtliche Zulässigkeit der Weiterverwertung von im Internet abrufbaren Fotos, NJW 2018, 3490; *Penvitz,* Die Privilegierung privater Nutzung im Recht des geistigen Eigentums, 2011; *Peter,* Urheberrechtliche Erschöpfung bei digitalen Gütern, ZUM 2019, 490; *Pflüger,* Gerechter Ausgleich und angemessene Vergütung, 2017; *Pötzlberger,* Kreatives Remixing, Musik im Spannungsfeld von Urheberrecht und Kunstfreiheit, 2018; *Poll,* Vom Broadcast zum Podcast – Urheberrechtliche Einordnung neuer Internetgeschäftsmodelle, MMR 2011, 226; *Prill,* Webradio-Streamripping, 2013; *Quintais/Rendas,* EU copyright law and the Cloud: VCAST and the intersection of private copying and communication to the public, JIPLP 2018, 711; *Rademacher,* Filmvorführungen im Schulunterricht, UFITA 2013 III 717; *Rademacher,* „Nur für den privaten Gebrauch!" – Zur Bedeutung urheberrechtlicher Hinweise bei Videogrammen, ZUM 2014, 666; *Frhr. Raitz von Frentz/Masch,* Der Fall Aereo.tv nach deutschem Recht, ZUM 2014, 638; *Frhr. Raitz von Frentz/Masch,* Weitersendung in Hotels und über das Internet, ZUM 2017, 406; *Raue,* Das subjektive Vervielfältigungsrecht – eine Lösung für den digitalen Werkgenuss?, ZGE 2017, 514; *Raue,* Öffentliche Wiedergabe auf Webseite durch Einstellung einer anderweitig zugänglich gemachten Fotografie, GPR 2019, 165; *Rauer,* Hyperlinks im Digitalen Binnenmarkt, FS Gernot Schulze (2017), S. 85; *Rauer,* Die unendliche Geschichte der öffentlichen Wiedergabe, WRP 2018, 278; *Rauer/Kaase,* Copy & Post versus Link & Frame, WRP 2018, 1155; *Regenstein,* Der evolvierende Tatbestand des Öffentlichkeitsbegriffs i. S. v. Art. 3 InfoSoc-RL – Von „SGAE" über „GS Media" zu „The Pirate Bay" und der Brücke von Cordoba, ZUM 2018, 649; *Reinauer,* Einbindung fremder Werke durch Framing, MDR 2015, 252; *Reis,* Zur Rechtfertigung „geringfügiger" Eingriffe in das Urheberrecht, MR 2011, 22; *Riesenhuber,* Die „Öffentlichkeit" der Kabelweitersendung, ZUM 2012, 433; *Riesenhuber* (Hrsg.), Europäische Methodenlehre, 3. Aufl. 2015; *Riesenhuber,* „Öffentliche Wiedergabe" in der Rechtsprechung des EuGH, MR 2018 Beil. H. 3. 19; *Roder,* Die

Methodik des EuGH im Urheberrecht, 2016; *Roder,* Öffentliche Wiedergabe bei Verfolgen eines Erwerbszwecks, GRUR-Int 2016, 999; *Rognstad/Geiger/Janssens/Strowel/Xalabarder,* The Delicate Scope of Economic Rights in EU Copyright Law: Opinion of the European Copyright Society in the light of Case C-161/17, Land Nordrhein-Westfalen v Renckhoff (Córdoba Case), E.I.P.R. 2019, 335; *Rosati,* Copyright in the EU: in search of (in)flexibilties, GRUR-Int 2014, 419; *Rosati,* The CJEU Pirate Bay Judgment and its Impact on the Liability of Online Platforms, E.I.P.R. 2017, 737; *Rosati,* GS Media and its implications for the construction of the right of communication to the public within EU copyright architecture, CML Rev. 2017, 1221; *Rosati,* Copyright and the Court of Justice of the European Union, 2019; *Rosén,* CJEU as a legislator in its own right?, FS Gernot Schulze (2017), S. 95; *Rüberg,* Vom Rundfunk- zum Digitalzeitalter, 2007; *Sammer,* Der Öffentlichkeitsbegriff im Urheberrecht, 2011; *Sattler,* Der Status quo der urheberrechtlichen Schranken für Bildung und Wissenschaft, 2009; *Savola,* EU Copyright Liability for Internet Linking, JIPITEC 2017, 139; *Sau,* Linking on the Internet and Copyright Liability: A Clarion Call für Doctrinal Clarity and Legal Certainty, IIC 2018, 536; *Schaper/Verweyen,* Die Europäische Urheberrechtsrichtlinie (EU) 2019/790, K&R 2019, 433; *Schapiro,* Unterlassungsansprüche gegen die Betreiber von Internet-Auktionshäusern und Internet-Meinungsforen, 2012; *Scheder-Bieschin,* Modernes Filesharing: Störerhaftung und Auskunftspflicht von Anonymisierungsdiensten, 2014; *Schellekens,* Reframing Hyperlinks in Copyright, E.I.P.R. 2017, 401; *Schierholz,* Die Probleme der Rechtsprechung mit dem Framing, ZUM 2018, 135; *J. H. Schmidt,* Maximalschutz im internationalen und europäischen Urheberrecht, 2018; *N. Schmidt,* Verwertung von Musikrechten, 2017; *Schonhofen,* Linking und Framing nach Svensson, BestWater und GS Media, DSRITB 2017, 321; *Schubert,* Abschlusszwang und Anschlussnutzung: Kollektivwahrnehmungsrechtliche Grenzen beim Schutz gegen Framing und deren Folgen, ZUM 2018, 726; *Schulte zu Sundern,* Territoriale Lizenzierung von Nutzungsrechten im audiovisuellen Bereich, in: Mackenrodt/Maute (Hrsg.), Recht als Infrastruktur für Innovation, 2019, S. 179; *Schulze,* Der individuelle E-Mail-Versand als öffentliche Zugänglichmachung, ZUM 2008, 836; *Schulze,* Werkgenuss und Werknutzung in Zeiten des Internets, NJW 2014, 721; *Schulze,* Svensson, BestWater und Die Realität – Ist Framing nun grundsätzlich zulässig?, ZUM 2015, 106; *Schunke,* Das Bearbeitungsrecht in der Musik und dessen Wahrnehmung durch die GEMA, 2008; *Schwarz,* Zur Reichweite des negativen Verbietungsrechts der Inhaber ausschließlicher Nutzungsrechte, IPRB 2015, 217; *Sievers,* Die Freiheit der Kunst als Eigentum, 2012; *Sganga,* The Fundamental Rights Saga in EU Copyright Law: Time for the Boundary-Setting Season?, MR-Int. 2019, 56; *Smith,* Can the playing of music at work be considered a public performance? The importance of reading Ernest (Turner), GRUR-Int 2015, 302; *Specht,* Der Verkauf technischer Gerätschaften zur Ermöglichung des Streamings – Eine Urheberrechtsverletzung?, ZUM 2017, 582; *Steinbeck,* Die neuen Grenzen der Zitierfreiheit im Internet, FS Bornkamm (2014), S. 977; *Stieper,* Rechtfertigung, Rechtsnatur und Disponibilität der Schranken des Urheberrechts, 2009; *Stieper,* Fan Fiction als moderne Form der Pastiche, AfP 2015, 301; *Stieper,* Von der Verbreitung „unkörperlicher" Vervielfältigungsstücke zum Recht auf Weitergabe in elektronischer Form, FS Gernot Schulze (2017), S. 107; *Stracke,* Die öffentliche Wiedergabe nach § 15 Abs. 2 UrhG am Beispiel sozialer Medien, 2018; *Sucker,* Der digitale Werkgenuss im Urheberrecht, 2014; *Synodinou,* Decoding the Kodi Box: To Link or not to Link? E.I.P.R. 2017, 733; *Synodinou,* Lawfulness for Users in European Copyright Law: Acquis and Perspectives, JIPITEC 2019, 20; *Tinnefeld,* Die Einwilligung in urheberrechtliche Nutzungen im Internet, 2012; *Tölkmitt,* Urheberrechtliche Verantwortlichkeit für Verlinkung – Grundstein für ein autonomes europäisches Haftungsrecht?, FS Büscher (2018), S. 249; *v. Ungern-Sternberg,* Übertragung urheberrechtlich geschützter Werke durch Internetanbieter und Online-Verbreitungsrecht, FS Loschelder (2010), S. 415; *v. Ungern-Sternberg,* Senderecht und Recht an der öffentlichen Zugänglichmachung – Verwertungsrechte in einer sich wandelnden Medienwelt, in: Institut für Rundfunkrecht an der Universität zu Köln (Hrsg.), Werkvermittlung und Rechtemanagement im Zeitalter von Google und YouTube, 2011, S. 51; *v. Ungern-Sternberg,* Die Rechtsprechung des Bundesgerichtshofs zum Urheberrecht und zu den verwandten Schutzrechten in den Jahren 2010 und 2011, GRUR 2012, 224 und 321; *v. Ungern-Sternberg,* Urheberrechtlicher Werknutzer, Täter und Störer im Lichte des Unionsrechts, GRUR 2012, 576; *v. Ungern-Sternberg,* Urheberrechtliche Verwertungsrechte im Lichte des Unionsrechts, GRUR 2012, 1198; *v. Ungern-Sternberg,* Die Rechtsprechung des EuGH und des BGH zum Urheberrecht und zu den verwandten Schutzrechten im Jahre 2012, GRUR 2013, 248; *v. Ungern-Sternberg,* Die Rechtsprechung des EuGH und des BGH zum Urheberrecht und zu den verwandten Schutzrechten im Jahre 2013, GRUR 2014, 209; *v. Ungern-Sternberg,* Die Bindungswirkung des Unionsrechts und die urheberrechtlichen Verwertungsrechte, FS Bornkamm (2014), S. 1007; *v. Ungern-Sternberg,* Die Rechtsprechung des EuGH und des BGH zum Urheberrecht und zu den verwandten Schutzrechten im Jahre 2014, GRUR 2015, 205; *v. Ungern-Sternberg,* Verwendungen des Werkes in veränderter Gestalt im Lichte des Unionsrechts, GRUR 2015, 533; *v. Ungern-Sternberg,* Zur Beteiligung der Verleger an der Gerätevergütung, GRUR 2016, 38; *v. Ungern-Sternberg,* Die Rechtsprechung des EuGH und des BGH zum Urheberrecht und zu den verwandten Schutzrechten im Jahre 2015, GRUR 2016, 321; *v. Ungern-Sternberg,* Die Rechtsprechung des EuGH und des BGH zum Urheberrecht und zu den verwandten Schutzrechten im Jahre 2016, GRUR 2017, 217; *v. Ungern-Sternberg,* Die Rechtsprechung EuGH und des BGH zum Urheberrecht und zu den verwandten Schutzrechten im Jahre 2017, GRUR 2018, 225; *v. Ungern-Sternberg,* Die Rechtsprechung des EuGH und des BGH zum Urheberrecht und zu den verwandten Schutzrechten im Jahre 2018, GRUR 2019, 1; *Ventroni,* Das Filmherstellungsrecht, 2001; *Völtz,* Die Werkwiedergabe im Web 2.0, 2011; *Völtz,* Sind Fangesänge im Fußballstadion vergütungspflichtig?, UFITA 2011 III 685; *Völtz,* Öffentliche Zugänglichmachung durch Inline-Links, AfP 2013, 110; *Völtz,* Nach „Svensson": Das Recht der öffentlichen Wiedergabe gem. § 15 Abs. 2 UrhG, DSRITB 2014, 269; *Völtz,* Das Kriterium der „neuen Öffentlichkeit" im Urheberrecht, CR 2014, 721; *Vogtmeier,* Elektronischer Pressespiegel in der Informationsgesellschaft, 2004; *Volkmann,* Art. 17 Urh-RL und die Uploadfilter: verschärfte Störerhaftung oder das Ende der Freiheit im Internet?, CR 2019, 376; *Walser/Feurstein,* Aufi aufn Berg – Der steile Weg zur unionsrechtlichen Dogmatik der „öffentlichen Wiedergabe", ZUM 2017, 639; *Walter* (Hrsg.), Europäisches Urheberrecht, 2001; *Walter,* Gesetzliche Vergütungsansprüche als Alternative zu urheberrechtlichen Verbotsrechten im Internationalen und Europäischen Urheberrecht, FS Gernot Schulze (2017), S. 185; *Walter/von Lewinski* (Hrsg.), European Copyright Law, 2010; *Weber,* Die urheberrechtliche Zwangslizenz, 2018 (frei abrufbar: www.doabooks.org); *Wegmann,* Der Rechtsgedanke der freien Benutzung des § 24 UrhG und die verwandten Schutzrechte, 2013; *Wehler,* Die freie Benutzung im digitalen Zeitalter, 2012; *Welp,* Der Öffentlichkeitsbegriff im Urheberrecht und die Praxis der internationalen Rechtewahrnehmung, GRUR 2014, 751; *Westkamp,* Öffentliche versus private Wiedergabe im europäischen Urheberrecht, EuZW 2012, 698; *Wimmers/Schulz,* Wer nutzt? – Zur Abgrenzung zwischen Werknutzer und technischem Vermittler im Urheberrecht, CR 2008, 170; *Wimmers/Barudi/Rendle,* The CJEU's Communication to the Public: Better Check Before Placing a Hyperlink?, CRi 2016, 129; *Winter,* Die urheberrechtliche Bewertung des Samplings im Lichte des Unionsrechts, 2018; Wirz, Media-Streaming und Geoblocking, 2019; *Wöllin,* Störerhaftung im Immaterialgüter- und Persönlichkeitsrecht, 2018; *Xalabarder,* The Role of the CJEU in Harmonizing EU Copyright Law, IIC 2016, 635; *Yang,* Die Haftung von Plattformbetreibern für die Mitwirkung an fremden Rechtsverletzungen nach deutschem und chinesischem Recht, 2018; *Zabel-Wasmuth,* Die Dogmatik des § 108 Abs. 1 Nr. 5

UrhG, 2017; *Ziegler,* Urheberrechtsverletzungen durch Social Sharing, 2016; *Zurth,* Rechtsgeschäftliche und gesetzliche Nutzungsrechte im Urheberrecht, 2016.
Zu weiterem Schrifttum s. Vorauflagen.

Übersicht

A. Unionsrecht

I. Allgemeines zu den Verwertungsrechten

1. Rechtsgrundlagen

1 Die Verwertungsrechte der Urheber haben aufgrund der Richtliniengesetzgebung[1] ganz überwiegend ihre **Grundlage im Unionsrecht,** insbesondere in der Informationsgesellschafts-Richtlinie[2] (InfoSoc-RL; s. dazu die Erläuterungen zu den einzelnen Verwertungsrechten) und nunmehr auch in Art. 17 **DSM-RL**[3] (Nutzung geschützter Inhalte durch Diensteanbieter für das Teilen von Online-Inhalten). Ausnahmen sind das Ausstellungsrecht (§ 18)[4] sowie das Vortrags- und das Aufführungsrecht (§ 19 Abs. 1 und 2).[5]

2 Die **InfoSoc-RL** vom 22.5.2001 geht auf einen Vorschlag der EU-Kommission vom 10.12.1997[6] zurück und wurde nach intensiver Diskussion verabschiedet.[7] Die **DSM-RL** vom 17.4.2019[8] hat mit Art. 17 DSM-RL ein besonderes Recht der öffentlichen Wiedergabe[9] und der öffentlichen Zugänglichmachung[10] eingeführt, das gegen „Diensteanbieter für das Teilen von Online-Inhalten" iSd Art. 2 Abs. 6 DSM-RL (wie zB YouTube) geltend gemacht werden kann.[11] Die Republik Polen beantragt mit einer Klage vor dem EuGH (Gz. C-401/19), Art. 17 Abs. 4 Buchst. b und Art. 17 Abs. 4 Buchst. c letzter Satzteil DSM-RL, hilfsweise Art. 17 DSM-RL insgesamt, für nichtig zu erklären. Zur Begründung hat sie vorgebracht, die Anbieter müssten zur Vermeidung der Haftung eine vorherige automatische (Filter-)Überprüfung der von Nutzern online bereitgestellten Inhalte vornehmen. Ein solcher präventiver Kontrollmechanismus verstoße gegen die Freiheit der Meinungsäußerung und die Informationsfreiheit (Art. 11 GRCh).[12] Die DSM-Richtlinie ist bis zum 7.6.2021 umzusetzen.[13]

3 Der spezifische Gegenstand des Urheberrechts,[14] dessen mitgliedstaatlicher Schutz nach **Art. 36 AEUV** Beschränkungen des freien Warenverkehrs rechtfertigen kann,[15] ist vom unionsrechtlich geregelten Inhalt des Urheberrechts zu unterscheiden. Er kann insbesondere auch den Schutz des Urheberpersönlichkeitsrechts (einschließlich des Veröffentlichungsrechts gemäß § 12), das unionsrechtlich nicht harmonisiert ist,[16] umfassen.[17]

2. Rechtsinhaber der Verwertungsrechte

4 Die nach dem Unionsrecht zu gewährenden Verwertungsrechte stehen dem **Urheber** zu.[18] Das innerstaatliche Recht darf daher die Verwertungsrechte des Hauptregisseurs eines Filmwerkes nicht kraft

---

[1] → Einl. UrhG Rn. 97.

[2] Richtlinie 2001/29/EG des Europäischen Parlaments und des Rates vom 22.5.2001 zur Harmonisierung bestimmter Aspekte des Urheberrechts und der verwandten Schutzrechte in der Informationsgesellschaft (ABl. L 167, S. 10). Die Richtlinie ist gemäß ihrem Art. 14 am 22.6.2001 in Kraft getreten; weiter zur Richtlinie → Einl. UrhG Rn. 97. Die Umsetzungsfrist lief bis zum 22.12.2002 (Art. 13 Abs. 1 InfoSoc-RL). Die Richtlinie ist jedoch erst durch die UrhG-Novelle 2003 (→ Rn. 332) umgesetzt worden.

[3] Richtlinie (EU) 2019/790 des Europäischen Parlaments und des Rates vom 17.4.2019 über das Urheberrecht und die verwandten Schutzrechte im digitalen Binnenmarkt und zur Änderung der Richtlinien 96/9/EG und 2001/29/EG (ABl. L 130 v. 17.5.2019 S. 82). Zur DSM-RL → Rn. 2. Die Richtlinie ist bis zum 7.6.2021 umzusetzen (Art. 29 Abs. 1 DSM-RL).

[4] → Rn. 165; → § 18 Rn. 1.

[5] → Rn. 52, 160f., 355; → § 19 Rn. 1. Zu § 19 Abs. 2 und 3 → § 19 Rn. 2.

[6] Dok. KOM(97) 628 endg., ABl. 1998 C 108, S. 6 = GRUR-Int 1998, 402. Zu diesem Richtlinienvorschlag s. *von Lewinski* MMR 1998, 115 (116 f.); *von Lewinski* GRUR-Int 1998, 637 (639 f.); *Reinbothe* ZUM 1998, 429 (434); *Dietz* ZUM 1998, 438 (445); *Flechsig* ZUM 1998, 139 (143 f.); *Flechsig* CR 1998, 225 (227 f.); *Haller* MR 1998, 61 (64).

[7] Zu den Beratungen des Richtlinienentwurfs s. *Reinbothe* GRUR-Int 2001, 733 (734 f.); *Spindler* GRUR 2002, 105 (106). Eingehend zur Entstehungsgeschichte und zu den Hintergründen der InfoSoc-RL *von Lewinski/Walter* in Walter/von Lewinski Kap. 11 Rn. 11.0.1 ff.

[8] Zur DSM-RL → Rn. 1.

[9] Vgl. dazu *Peifer* GRUR-Prax 2019, 403.

[10] Anders als Art. 3 Abs. 1 InfoSoc-RL behandelt Art. 17 Abs. 1 DSM-RL das Recht der öffentlichen Zugänglichmachung – ohne erkennbaren Grund – terminologisch nicht als Unterfall des Rechts der öffentlichen Wiedergabe.

[11] Vgl. *Spindler* CR 2019, 277 (283 ff.); *Spindler* WRP 2019, 951 (956 ff.); *C. Volkmann* CR 2019, 376; *Ch. Volkmann* K&R 2019, 373 f.; *Ch. Volkmann* K&R 2019 Beilage zu Heft 7/8, 46; *Gerpott* MMR 2019, 420; *Schaper/Verweyen* K&R 2019, 433 (438 f.); *Kaesling* JZ 2019, 586 (587 ff.); *Dreier* GRUR 2019, 771 (775 ff.); *Pravemann* GRUR 2019, 783; *Weidert/Uhlenhut/von Lintig* GRUR-Prax 2019, 295 *Shapiro/Hansson* E.I.P.R. 2019, 404 (409 ff.); *Wandtke/Hauck* ZUM 2019, 627; *Becker* ZUM 2019, 636; *Schmidt* AnwZert ITR 17/2019 Anm. 2; *Peifer* GRUR-Prax 2019, 403; *Spoerri* JIPITEC 2019, 173; *Gielen/Tiessen* EuZW 2019, 639; *Schonhofen/Kimmich* WRP 2019, 1415; *Peters/Schmidt* GRUR-Int 2019, 1006.

[12] Vgl. dazu die Mitteilung des EuGH zu diesem Verfahren (Gz. C-401/19).

[13] Vgl. Art. 29 Abs. 1 DSM-RL.

[14] Vgl. dazu EuGH GRUR 2018, 911 Rn. 34 – Land Nordrhein-Westfalen/Dirk Renckhoff.

[15] → Rn. 5, 44.

[16] → Rn. 9.

[17] Vgl. EuGH GRUR 1994, 280 Rn. 19 f. – Phil Collins; BGH GRUR 2017, 1027 Rn. 34 – Reformistischer Aufbruch; MüKoEuWettbR/*Wolf*, 2. Aufl. 2015, Einl. Rn. 1308 f.; *Klass* ZUM 2015, 290 (292).

[18] Vgl. EuGH GRUR 2017, 62 Rn. 47 – Soulier u. Doke/Premier ministre ua.

Gesetzes dem Filmproduzenten zuweisen.[19] Die Mitgliedstaaten sind durch das Unionsrecht jedoch nicht gehindert, eine Vermutung aufzustellen, dass die Filmurheber die Rechte der öffentlichen Wiedergabe des Filmwerkes und das Vervielfältigungsrecht an den Filmproduzenten abgetreten haben. Diese Vermutung muss jedoch widerleglich sein und damit den Filmurhebern die Möglichkeit geben, eine anderslautende Vereinbarung zu treffen.[20]

3. Grundrechtsschutz der Verwertungsrechte

Schutzobjekt der Verwertungsrechte ist das Werk.[21] Das Urheberrecht am Werk ist als **Eigentum** **5** **iSd Art. 17 Abs. 2 GRCh** (Charta der Grundrechte der Europäischen Union) geschützt,[22] dies allerdings nicht schrankenlos.[23] Der Schutz der Verwertungsrechte ist gegen den Schutz anderer Grundrechte abzuwägen, wobei der Wesensgehalt des Urheberrechts nicht beeinträchtigt werden darf.[24] Ebenso kann der Schutz der Verwertungsrechte auf das begrenzt werden, was zum Schutz des spezifischen Gegenstands des geistigen Eigentums erforderlich ist, um so eine Abschottung der Märkte zu vermeiden.[25]

II. Wesen und Zweck der Verwertungsrechte

Gemäß dem Hauptziel der InfoSoc-RL, ein **hohes Schutzniveau für die Urheber** zu errei- **6** chen,[26] sollen die Verwertungsrechte diesen ermöglichen, für die Nutzung ihrer Werke eine angemessene Vergütung zu erhalten, damit sie weiterhin schöpferisch und kreativ tätig sein können.[27] Der Schutz der Rechte der Urheber (und ebenso der ausübenden Künstler) hat auch zum Ziel, die Unabhängigkeit und Würde der Kreativen zu wahren (Erwgr. 10f. InfoSoc-RL).[28] Der EuGH betont in seinen Urteilen dementsprechend, dass es dem Unionsrecht um ein „hohes Schutzniveau für die Urheber" geht (nicht um ein „hohes Schutzniveau des Urheberrechts").[29] Im deutschen Recht entspricht diesem Hauptziel der InfoSoc-RL der Grundsatz der tunlichst angemessenen Beteiligung des Urhebers **(Beteiligungsgrundsatz),** der jedoch im Sinne des Unionsrechts auszulegen ist.[30]

Entsprechend dem Hauptziel der InfoSoc-RL greifen die Verwertungsrechte auch ein, wenn das **7** Werk ohne unmittelbaren wirtschaftlichen Nutzen ausgewertet wird.[31] Nach der Rechtsprechung des EuGH ist es jedoch nicht Sinn und Zweck der InfoSoc-RL, den Rechtsinhabern eine höchstmögliche **Vergütung** zu gewährleisten, wie sie etwa durch eine Ausweitung des Verwertungsmonopols und der aus diesem abgeleiteten Kontrollrechte erreicht werden kann.[32] Um angemessen zu sein, muss die Vergütung vielmehr in einem **vernünftigen Verhältnis** zum wirtschaftlichen Wert der Verwertung des geschützten Gegenstands stehen.[33] Dieser hängt bei der öffentlichen Wiedergabe insbesondere von der tatsächlichen oder potenziellen Zahl der Personen ab, die in den Genuss der Leistung kommen oder kommen wollen.[34]

---

[19] Vgl. EuGH GRUR 2012, 489 Rn. 37 ff. – Luksan/van der Let mAnm *Obergfell;* krit. *Griffiths* European Law Review 2013, 65 (74 ff.).

[20] Vgl. EuGH GRUR 2012, 489 Rn. 73 ff., 87 – Luksan/van der Let mAnm *Obergfell.*

[21] Vgl. EuGH GRUR 2009, 1041 Rn. 33 – Infopaq/DDF I.

[22] Vgl. EuGH GRUR 2012, 489 Rn. 66 ff. – Luksan/van der Let. Zum grundrechtlichen Schutz der Verwertungsrechte als Eigentum iSd Art. 14 Abs. 1 GG → Rn. 168 ff.

[23] Vgl. EuGH GRUR 2014, 468 Rn. 61 – UPC Telekabel/Constantin Film ua mAnm *Marly;* EuGH GRUR 2019, 929 Rn. 32 ff. – Pelham/Hütter ua; BGH GRUR 2016, 268 Rn. 35 ff.– Störerhaftung des Access-Providers.

[24] → Rn. 8, 43, 305, 316 f.

[25] → Rn. 44.

[26] Vgl. EuGH GRUR 2012, 489 Rn. 66 – Luksan/van der Let mAnm *Obergfell;* EuGH GRUR 2017, 512 Rn. 22 – ITV Broadcasting ua/TV ua; EuGH GRUR 2018, 911 Rn. 18 – Land Nordrhein-Westfalen/Dirk Renckhoff. Die InfoSoc-RL hat allerdings auch zum Ziel, einen angemessenen Rechts- und Interessenausgleich zwischen den Betroffenen zu schaffen und dem reibungslosen Funktionieren des Binnenmarkts zu dienen (→ Rn. 8, 113).

[27] Vgl. EuGH GRUR 2009, 1041 Rn. 40 – Infopaq/DDF I; EuGH GRUR 2011, 220 Rn. 54 – BSA/Kulturministerium; EuGH GRUR 2015, 665 Rn. 34 – Dimensione ua/Knoll; EuGH GRUR 2014, 473 Rn. 23 – OSA/Léčebné lázně; EuGH GRUR 2015, 256 Rn. 47 – Allposters/Pictoright; EuGH, Urt. v. 14.7.2015 – C-151/15 Rn. 12 = MR-Int. 2015, 108 – Sociedade Portuguesa de Autores; EuGH GRUR 2016, 1152 Rn. 30 – GS Media/Sanoma ua; EuGH GRUR 2017, 512 Rn. 22 – ITV Broadcasting ua/TV ua; vgl. auch GAin *Trstenjak,* SchlA v. 11.9.2008 in Rs. 52/07 in Kanal 5 u. TV4/STIM, BeckRS 2008, 70937 Rn. 60, 65, 78, 89, die den Gedanken betont, dass „ein Urheber einen vernünftigen Anteil am Umsatz erhalten soll, der unter Einsatz seines Werks erzielt wird".

[28] Vgl. EuGH GRUR 2013, 1025 Rn. 52 – Amazon/Austro-Mechana.

[29] Vgl. EuGH GRUR 2016, 1266 Rn. 46 ff., 61 – VOB/Stichting; EuGH GRUR 2017, 512 Rn. 22 – ITV Broadcasting ua/TV ua; EuGH GRUR 2017, 790 Rn. 22 – Stichting Brein/Ziggo ua.

[30] → Rn. 7, 44, 174 ff.

[31] Vgl. → Rn. 23, 177.

[32] Vgl. → Rn. 44, 171.

[33] Vgl. EuGH GRUR 2015, 256 Rn. 48 – Allposters/Pictoright; EuGH GRUR 2014, 473 Rn. 88 – OSA/Léčebné lázně.

[34] Vgl. EuGH GRUR 2012, 156 Rn. 107 ff., 186 – Football Association Premier League u. Murphy; sa EuGH GRUR 2012, 904 Rn. 63 – UsedSoft.

8   Der Zweck der InfoSoc-RL rechtfertigt die grundsätzlich **weite Auslegung der Verwertungsrechte.**[35] Er kann aber auch Grund dafür sein, den Schutzumfang der Verwertungsrechte durch ihre
funktionsbezogene Auslegung im Einzelfall zu beschränken.[36] Eine Beschränkung der Verwertungsrechte kann sich im Übrigen auch daraus ergeben, dass die Harmonisierung durch die InfoSoc-RL
einen **angemessenen Ausgleich** zwischen den Interessen der Inhaber von Urheber- und verwandten Schutzrechten am Schutz ihres Rechts am geistigen Eigentum (Art. 17 Abs. 2 GRCh) auf der
einen Seite und dem Schutz der Interessen und Grundrechte der Nutzer von Schutzgegenständen
sowie dem Allgemeininteresse auf der anderen Seite sichern soll (Erwgr. 31, vgl. auch Erwgr. 3).[37]
Auch der Zweck der InfoSoc-RL, dem reibungslosen Funktionieren des Binnenmarkts zu dienen,[38]
kann eine einschränkende Auslegung der Verwertungsrechte begründen.

9   Die unionsrechtlichen Verwertungsrechte sind **rein vermögensrechtlicher Natur.** Ihre Reichweite ist deshalb nur nach ihrem vermögensrechtlichen Zweck zu bestimmen.[39] Das Urheberpersönlichkeitsrecht ist noch nicht harmonisiert.[40] Alle Mitgliedstaaten sind aber der **Berner Übereinkunft**
beigetreten[41] und haben daher die Verpflichtungen aus Art. 6bis RBÜ zum Schutz des Urheberpersönlichkeitsrechts zu erfüllen (vgl. Art. 10 Abs. 3, Art. 10bis Abs. 1 S. 2, Art. 11bis Abs. 2 S. 2 RBÜ).[42]
Diese Mindestrechte der Urheber (insbes. das Recht, die Urheberschaft in Anspruch zu nehmen, und
der Schutz gegen Werkentstellungen) bestehen aber unabhängig von den vermögensrechtlichen Verwertungsrechten. Das Urheberpersönlichkeitsrecht ist zudem bei der Auslegung der InfoSoc-RL zu
berücksichtigen.[43]

III. Verwertungsrechte als Rechte an Nutzerhandlungen

1. Nutzerhandlungen als Gegenstand der Verwertungsrechte

10   Die Verwertungsrechte beziehen sich auf Handlungen, durch die Nutzer urheberrechtlich geschützte Werke verwerten.[44] Die InfoSoc-RL formuliert die Verwertungsrechte als Rechte des Urhebers, bestimmte Handlungen Dritter wie die Vervielfältigung oder öffentliche Wiedergabe seines
Werkes „zu erlauben oder zu verbieten",[45] nicht wie § 15 als Ausschließlichkeitsrechte des Urhebers,
selbst bestimmte Handlungen vorzunehmen. Der EuGH stellt dementsprechend bei der Beurteilung,
ob das Recht der öffentlichen Wiedergabe eingreift, „zentral" auf die **Rolle des Nutzers** ab[46] und
berücksichtigt dabei auch, welche Zwecke er mit der Werknutzung verfolgt.[47] Die Verwertungsrechte
sollen – anders als nach der Konzeption des § 15 – nicht vorrangig den Urheber in seiner Beziehung
zum Werk als seinem „geistigen Kind" schützen.[48] Sie haben auch nicht den Zweck, dem Urheber
grundsätzlich die Kontrolle über jedwede Verwendung seines Werkes zu sichern. Der Urheber soll
vielmehr das Recht haben, bestimmte **Werknutzungshandlungen Dritter** zu verbieten oder ihre
Gestattung davon abhängig zu machen, dass eine angemessene Vergütung für die Schaffung des Werkes gezahlt wird.[49] Jede einzelne tatbestandsmäßige Handlung eines Dritten wird deshalb grundsätz-

---

[35] Vgl. EuGH GRUR 2016, 1152 Rn. 31 – GS Media/Sanoma ua; EuGH GRUR 2017, 62 Rn. 29 ff. – Soulier
u. Doke/Premier ministre ua; vgl. auch EuGH GRUR 2012, 1245 Rn. 20 – Football Dataco/Sportradar (weite
Auslegung des Begriffs der Weiterverwendung iSd Art. 7 Abs. 2 Buchst. b Datenbank-RL).
[36] Vgl. → Rn. 23 ff., 237 ff., 246, 250, 342.
[37] Vgl. EuGH GRUR 2014, 972 Rn. 25 f. – Vrijheidsfonds/Vandersteen ua; EuGH GRUR 2016, 1152 Rn. 31
– GS Media/Sanoma ua; EuGH GRUR 2019, 929 Rn. 32 ff., 59 ff. – Pelham/Hütter ua; weiter → Rn. 113. Zur
Auslegung und Anwendung der Schranken vgl. → Rn. 123.
[38] Vgl. EuGH GRUR-Int 2017, 438 Rn. 124 – Vertrag von Marrakesch.
[39] Vgl. → Rn. 150 f., 237; → Einl. UrhG Rn. 9 (zum anglo-amerikanischen Copyright-Verständnis); vgl. weiter
v. Ungern-Sternberg GRUR 2012, 1198 (1204).
[40] Vgl. InfoSoc-RL Erwgr. 19; Satelliten- und Kabel-RL Erwgr. 28; SchutzdauerRL Erwgr. 20; Datenbank-RL
Erwgr. 28; BGH GRUR 2017, 901 Rn. 15 – Afghanistan Papiere; → Rn. 150; vgl. auch O. Fischer S. 325 ff.; Klass
ZUM 2015, 290 (291 f.). Urheberpersönlichkeitsrechtliche Interessen wurden jedoch im Unionsrecht bereits in
verschiedenen Zusammenhängen anerkannt (vgl. BGH GRUR 2017, 1027 Rn. 34 – Reformistischer Aufbruch);
weitergehend Ubertazzi GRUR-Int 2018, 110; Ubertazzi, FS M. Vogel, 2017, S. 377.
[41] Vgl. EuGH GRUR 2012, 156 Rn. 189 – Football Association Premier League u. Murphy; EuGH GRUR
2012, 489 Rn. 56 – Luksan/der Let.
[42] Zu den genannten Vorschriften der RBÜ vgl. näher von Lewinski, International Copyright Law and Policy,
2008, Rn. 5.96 ff.
[43] Vgl. GA Szpunar, SchlA v. 10.1.2019 – C-516/17 in Spiegel Online/Volker Beck, Rn. 77.
[44] Die Verwertungsrechte sind insofern Rechte vorbeugenden Art, als jede von einer erfasste Handlung eines
Dritten grundsätzlich der vorherigen Zustimmung des Urhebers bedarf (vgl. EuGH GRUR 2018, 911 Rn. 16,
29 ff., 44 – Land Nordrhein-Westfalen/Dirk Renckhoff). Das Verbotsrecht hat nach der Rechtsprechung des
EuGH vor allem die Funktion, dem Urheber zu ermöglichen, vom Werknutzer eine angemessene Vergütung zu
erhalten (aA Haberstumpf ZUM 2018, 678 (679)).
[45] Vgl. zB Art. 2 und 3 InfoSoc-RL. Auch die Berner Übereinkunft spricht von Rechten der Urheber, bestimmte Handlungen „zu erlauben" (zB Art. 9, 11, 11bis, 11ter RBÜ).
[46] Vgl. EuGH GRUR 2012, 597 Rn. 31 – Phonographic Performance (Ireland); EuGH GRUR 2012, 593
Rn. 82 – SCF; kritisch FA-GewRS/Haberstumpf Kap. 7 Rn. 187.
[47] → Rn. 80 ff.
[48] Dazu → Rn. 78 ff., 213 ff., 217 ff.
[49] Vgl. EuGH GRUR 2009, 1041 Rn. 40 – Infopaq/DDF I; EuGH GRUR 2012, 156 Rn. 186 – Football Association Premier League u. Murphy.

lich von den Verwertungsrechten erfasst und erfordert die vorherige (nicht notwendig ausdrückliche) **Zustimmung der Urheber.**[50] Die Voraussetzungen für die Annahme einer stillschweigenden Zustimmung sind eng zu fassen.[51]

Der **Werknutzer** ist auch **der geeignete Anspruchsgegner** zur Sicherung des Anspruchs des Urhebers auf eine angemessene Vergütung. Er vermittelt selbst als Verwerter (im Unterschied zu einem Dienstleister eines Werknutzers) bewusst den Zugang zum Werk und verfolgt gerade damit ein Eigeninteresse, meist wirtschaftlicher Art.[52] Nach dem Unionsrecht sind die Verwertungsrechte der Sache nach Rechte *an* bestimmten Nutzungshandlungen, nicht Rechte des Urhebers *zu* solchen Nutzungshandlungen.

Als Werknutzer handelt nur, wer **in voller Kenntnis** der Folgen seines Verhaltens zur Werknut- 11
zung tätig wird.[53] Das Erfordernis der vollen Kenntnis der Folgen des Verhaltens beinhaltet jedoch nicht, dass der Werknutzer bei einer öffentlichen Wiedergabe stets auch in voller Kenntnis aller Umstände handeln muss, die den Tatbestand der öffentlichen Wiedergabe im Rechtssinn begründen.[54] Für die Beurteilung, ob eine selbstständige Werknutzung durch öffentliche Wiedergabe vorliegt, ist es „nicht unerheblich", wenn auch keine zwingende Voraussetzung,[55] ob der Handelnde **Erwerbszwecke** verfolgt.[56] Auch Handlungen, die keine (wirtschaftlichen) Verwertungsmöglichkeiten des Urhebers beeinträchtigen, können Werknutzungen sein.[57]

Eine **öffentliche Wiedergabe** ist eine bewusste Dienstleistung der Werkvermittlung durch einen 12
Nutzer gegenüber einem möglichen Empfängerkreis.[58] Ist für den möglichen Empfängerkreis das wiedergegebene Werk als solches gar nicht erkennbar, fehlt es deshalb von vornherein an einer Werknutzung, auch wenn objektiv eine Werkwiedergabe gegeben ist.[59] Gleiches gilt, wenn das mögliche Publikum für das Werk nicht aufnahmebereit ist.[60] Bei der Frage, ob eine öffentliche Wiedergabe vorliegt, stellt der EuGH nicht nur auf die Nutzung eines einzelnen konkreten Werkes ab, sondern auch darauf, ob das Vorgehen des Werknutzers von vornherein auf die Nutzung einer Vielzahl von Werken angelegt ist.[61] Von Bedeutung ist diese Zielsetzung des Nutzers auch für die Anerkennung der unter das Online-Verbreitungsrecht fallenden Verwertungstatbestände als Unterfälle des Rechts der öffentlichen Wiedergabe.[62]

Wie das Recht der öffentlichen Wiedergabe sind die **Rechte der Verwertung des Werkes in** 13
körperlicher Form inhaltlich gemäß der Konzeption zu bestimmen, dass die Verwertungsrechte Rechte an Nutzerhandlungen sind. Nutzer bei einer Verwertung des Werkes in körperlicher Form ist nur, wer das Werk absichtlich oder zumindest wissentlich nutzt.[63] Eine solche Auslegung der Rechte der Werkverwertung in körperlicher Form ist schon deshalb notwendig, weil eine Werkverwertung durch öffentliche Wiedergabe meist mit Vervielfältigungsvorgängen verbunden ist. Eine ausdehnende Auslegung des Vervielfältigungsrechts würde die besonderen Voraussetzungen für das Eingreifen des Rechts der öffentlichen Wiedergabe, die der EuGH annimmt, praktisch gegenstandslos machen. Bei der Herstellung von Kopien und deren Inverkehrbringen liegt eine Werknutzung allerdings bereits vor, wenn diese Handlungen – wie regelmäßig – geeignet sind, sich daran anschließende Werknutzungen Dritter zu ermöglichen. Sie sind dann grundsätzlich auch selbst als Werknutzungen einzustufen.

2. Nutzerhandlung als tatbestandsmäßiges Handeln

Eine Werknutzungshandlung ist die Nutzung des Werkes durch einen Werknutzer in einer Art und 14
Weise, die nach dem Tatbestand eines Verwertungsrechts unter das Verbotsrecht des Urhebers fällt.
Nur ein **tatbestandsmäßiges Handeln** kann eine Werknutzungshandlung iSd Unionsrechts sein.[64]

---

[50] Das Vervielfältigungsrecht und das Recht der öffentlichen Wiedergabe sind insofern Rechte „vorbeugender Art" (vgl. EuGH GRUR 2017, 790 Rn. 20 – Stichting Brein/Ziggo ua; EuGH GRUR 2018, 911 Rn. 16, 29 ff., 44 – Land Nordrhein-Westfalen/Dirk Renckhoff); vgl. weiter → Rn. 182.

[51] Vgl. EuGH GRUR 2017, 62 Rn. 37 ff. – Soulier u. Doke/Premier ministre ua.

[52] Vgl. EuGH GRUR 2018, 68 Rn. 37 ff. – VCAST/RTI.

[53] Vgl. → Rn. 79 f.

[54] Vgl. → Rn. 79, 80, 106. Der Werknutzer muss auch keine Kenntnis davon haben, welche einzelnen Werke benutzt werden (→ Rn. 79).

[55] Dies entspricht den internationalen Verträgen (vgl. zB Art. 11bis RBÜ).

[56] → Rn. 81.

[57] Weiter → Rn. 7, 177; vgl. auch *v. Ungern-Sternberg* GRUR 2012, 576 (577 Fn. 27).

[58] Vgl. → Rn. 19, 79, 344.

[59] Vgl. EuGH GRUR 2019, 929 Rn. 31 ff. – Pelham/Hütter ua (zur Entnahme eines Audiofragments aus einer Tonaufnahme); dazu → Rn. 35.

[60] → Rn. 24, 35 f., 90, 345 ff., 366; vgl. auch → Rn. 246 ff.

[61] Vgl. → Rn. 82.

[62] Vgl. → Rn. 293.

[63] Vgl. EuGH GRUR 2012, 817 Rn. 30, 36 – Donner. Voraussetzung ist dafür auch, dass die Nutzung des Werkes für das mögliche Publikum überhaupt erkennbar ist (vgl. EuGH GRUR 2019, 929 Rn. 31 ff. – Pelham/Hütter ua = MMR 2019, 596 mAnm *Apel* = GRUR-Int 2019, 1086 mAnm *Stumpf* (zur Entnahme eines Audiofragments aus einer Tonaufnahme); dazu → Rn. 35.

[64] Vgl. BGH GRUR 2013, 818 Rn. 9 – Die Realität I; *v. Ungern-Sternberg* GRUR 2012, 576 (577 f., 581 f.) mwN; vgl. auch *Lehmann/Stieper* JZ 2012, 1016 (1017); → Rn. 21, 217. Das Vortäuschen von Merkmalen einer

Der EuGH geht dementsprechend bei der Beurteilung, ob eine Handlung eine Werknutzung ist, von der Auslegung der unionsrechtlichen Tatbestände der Verwertungsrechte aus. Bei der Beurteilung, ob der Tatbestand des Rechts der öffentlichen Wiedergabe erfüllt ist, stellt der EuGH „zentral" auf die Rolle des Nutzers ab.[65]

3. Nutzerhandlung als sozialer Vorgang der Werknutzung

15 Eine Werknutzungshandlung ist ein **sozialer Vorgang.** Für Werknutzungen (zB Rundfunksendungen) werden vielfach technische Mittel eingesetzt. Für die urheberrechtliche Beurteilung ist es aber unerheblich, welche (austauschbaren) technischen Mittel oder Verfahren im Einzelnen zum Einsatz kommen[66] und ob der Handelnde Eigentümer der verwendeten Mittel ist.[67] Eine öffentliche Wiedergabe kann auf „jede denkbare und praktikable Wiedergabeart" stattfinden.[68] Nicht die Analyse der technischen Vorgänge entscheidet, sondern die Analyse, ob eine Handlung unter den gegebenen Umständen eine Werknutzung ist.[69] Allerdings kann der Einsatz besonderer technischer Mittel (**„spezifisches technisches Verfahren"**) dafür sprechen, dass eine eigenständige Werknutzung durch öffentliche Wiedergabe vorliegt.[70]

16 Die Werknutzungstatbestände sind deshalb **technologieneutral.** Das gilt auch in den Fällen, in denen sich Werknutzungstatbestände auf bestimmte Übertragungswege beziehen wie die Satellitensendung und die Kabelsendung als leitergebundene Übertragung.

17 Da eine Werknutzung ein sozialer Vorgang ist, können **verschiedenartige Vorgänge** eine einheitliche Werknutzung bilden. So hat der EuGH den Betrieb einer Plattform für rechtswidriges Filesharing,[71] die verschiedenen Dienstleistungen eines Internet-Videorecorder-Dienstes[72] für seine Kunden sowie die Handlungen, durch die den Gästen in den Zimmern eines Hotels Handelstonträger und Abspielgeräte zur Verfügung gestellt werden,[73] jeweils als einheitlichen Vorgang einer öffentlichen Wiedergabe beurteilt.

4. Zurechnung von Handlungen Dritter

18 Der Werknutzer muss in seiner zentralen Rolle die Tatbestandsmerkmale **nicht eigenhändig** verwirklichen. Es genügt, dass ihm insoweit das Handeln Dritter zurechenbar ist.[74] Das ist der Fall, wenn er in voller Kenntnis der Folgen seines Verhaltens zum Zweck der Werknutzung tätig wird und dazu Dritte für sich einsetzt.[75] Die **Maßstäbe,** nach denen die Werknutzereigenschaft durch Zurechnung von Handlungen Dritter begründet werden kann, sind dem Unionsrecht zu entnehmen.[76] Ein Rückgriff auf die nationalen Haftungskonzepte wäre mit dem Ziel der InfoSoc-RL, den Binnenmarkt durch Stärkung der Rechtssicherheit zu fördern,[77] nicht vereinbar.[78]

19 Bei einer öffentlichen Wiedergabe ist Werknutzer, wer dem Publikum die Wiedergabe als **eigene Dienstleistung** erbringt. Im Fall „Airfield und Canal Digitaal" hat der EuGH demgemäß den An-

---

urheberrechtlichen Nutzungshandlung (wie uU bei framenden Links) fällt deshalb nicht unter ein Verwertungsrecht (vgl. BGH GRUR 2013, 818 Rn. 9 – Die Realität I).

[65] Vgl. EuGH GRUR 2012, 597 Rn. 31 – Phonographic Performance (Ireland); EuGH GRUR 2012, 593 Rn. 82 – SCF; EuGH GRUR 2017, 790 Rn. 26 – Stichting Brein/Ziggo ua.

[66] Vgl. EuGH GRUR 2007, 225 Rn. 46 – SGAE/Rafael; EuGH GRUR 2012, 156 Rn. 193 – Football Association Premier League u. Murphy; EuGH BeckRS 81758 – Sociedade Portuguesa de Autores (jeweils zur öffentlichen Wiedergabe); EuGH GRUR 2009, 1041 Rn. 41 ff. – Infopaq/DDF I (zur Vervielfältigung); weiter → Rn. 221 f.

[67] Vgl. EuGH GRUR 2018, 68 Rn. 35 – VCAST/RTI.

[68] Vgl. EuGH GRUR 2012, 597 Rn. 61 – Phonographic Performance (Ireland), zu Art. 8 Abs. 2 Vermiet- und Verleih-RL; weiter → Rn. 62 ff.

[69] Vgl. zB – zur öffentlichen Wiedergabe durch Ermöglichung des Rundfunkempfangs in den Gästezimmern eines Hotels – EuGH GRUR 2012, 597 Rn. 25 ff. – Phonographic Performance (Ireland), zu Art. 8 Abs. 2 Vermiet- und Verleih-RL. Der EuGH hat in diesem Fall nicht geprüft, ob technisch eine Weitersendung vorliegt, sondern ob der Betreiber eines Hotels, der in seinen Gästezimmern Fernseh- und/oder Radiogeräte aufstellt, zu denen er ein Sendesignal übermittelt, eine öffentliche Wiedergabe vornimmt. Bei einer Kabelweiterübertragung wäre Art. 8 Abs. 2 Vermiet- und Verleih-RL nicht anwendbar. Weiter → Rn. 221 f.

[70] → Rn. 83.

[71] EuGH GRUR 2017, 790 Rn. 9 ff. – Stichting Brein/Ziggo ua. Zu dieser Entscheidung und zum Vorgang im Einzelnen vgl. v. Ungern-Sternberg GRUR 2018, 225 (227 f.) mwN; weiter → Rn. 286.

[72] EuGH GRUR 2018, 68 Rn. 37 ff. – VCAST/RTI mAnm Kianfar; weiter → Rn. 227, 286.

[73] Vgl. EuGH GRUR 2012, 597 Rn. 56 ff. – Phonographic Performance (Ireland), zu Art. 8 Abs. 2 Vermiet- und Verleih-RL; weiter → Rn. 101, 284.

[74] Vgl. EuGH GRUR 2012, 817 Rn. 27 – Donner; EuGH GRUR 2015, 665 Rn. 25, 28 – Dimensione ua/Knoll; EuGH GRUR 2017, 790 Rn. 36 – Stichting Brein/Ziggo ua; EuGH GRUR 2018, 68 Rn. 35 ff. – VCAST/RTI; vgl. weiter – zum MarkenR – EuGH GRUR 2012, 268 Rn. 36 – Winters/Red Bull; EuGH GRUR 2016, 375 Rn. 34 ff. – Daimler/Együd Garage; weiter → Rn. 149, 223 f.

[75] Vgl. dazu auch Art. 1 Abs. 2 Buchst. a und b Satelliten- und Kabel-RL („unter der Kontrolle des Sendeunternehmens und auf dessen Verantwortung").

[76] → Rn. 149, 223 f.; vgl. dazu auch – zu Art. 5 Nr. 3 VO Nr. 44/2001 – EuGH NJW 2013, 2099 Rn. 32 ff. – Melzer/MF Global UK mAnm M. Müller.

[77] Erwgr. 6 InfoSoc-RL; EuGH GRUR-Int 2017, 438 Rn. 124 – Vertrag von Marrakesch.

[78] → Rn. 149.

bieter eines Bouquets von Rundfunkprogrammen als Werknutzer angesehen, obwohl dieser die gesamte technische Durchführung der Rundfunksendungen einem anderen Unternehmen übertragen hatte.[79] Setzen mehrere Personen ein und denselben technischen Vorgang jeweils für die eigenen Werknutzungszwecke ein, können sie nebeneinander Werknutzer sein.[80]

Eine Sonderregelung enthält **Art. 8 Online-SatCab-RL**[81] für den Fall, dass ein Sendeunternehmen programmtragende Signale, ohne diese selbst gleichzeitig öffentlich auszustrahlen, an ein Unternehmen (Signalverteiler) überträgt, das die programmtragenden Signale für eine Öffentlichkeit wiedergibt.[82] In einem solchen Fall der Direkteinspeisung[83] zum Zweck der Weiterverbreitung soll fingiert werden, dass das Sendeunternehmen und der Signalverteiler Teilnehmer an einer einzigen öffentlichen Wiedergabe sind. Beide Unternehmen sollen danach – ohne Gesamtschuldner zu sein –[84] die Einwilligung der Rechtsinhaber einholen müssen.[85]

5. Unterscheidung des Werknutzers von Hilfspersonen

Die Werknutzung ist ein sozialer, kein technischer Vorgang. Hilfspersonen, die nur **im Dienst der** **20** **Werknutzungszwecke eines anderen** tätig werden (insbes. bei der technischen Durchführung der Werknutzung), sind nicht selbst Werknutzer.[86] Wer nur einen **technischen Beitrag zur Werknutzung** leistet (zB als Drucker bei der Vervielfältigung, als Transportunternehmen bei der Verbreitung), ist nicht selbst Werknutzer, wenn sein Handeln nicht auf eine eigene Werknutzung gerichtet ist, sondern auf eine Dienstleistung für den Auftraggeber.[87] Dies gilt auch dann, wenn dieser Beitrag (wie zB eine Rundfunkausstrahlung) aus rein technischer Sicht der entscheidende Vorgang bei der Werkvermittlung ist.[88] Kein Werknutzer ist auch, wer durch die **Bereitstellung von Geräten und Einrichtungen** nur einen kausalen Beitrag zur Werknutzung eines anderen leistet, ohne selbst die Kontrolle über den Zugang zu geschützten Werken zu haben.[89] Auch bei der Vervielfältigung ist Werknutzer nicht, wer den Vervielfältigungsvorgang technisch bewerkstelligt, sondern derjenige, der sich des technischen Vorgangs zum Zweck der Werknutzung bedient.[90]

Das eigenverantwortliche **tatbestandsmäßige Handeln zu eigenen Werknutzungszwecken** **21** unterscheidet den Nutzer von bloßen technischen Dienstleistern und Störern.[91] Auch Bösgläubigkeit macht einen Dienstleister nicht zum Werknutzer; maßgeblich ist allein die Erfüllung des Tatbestands.[92]

Soweit Hilfspersonen nicht selbst Werknutzer sind, bleibt ihre **Haftung nach anderen Vorschriften** unberührt.[93] **22**

IV. Reichweite der Verwertungsrechte

1. Funktionsbezogene Auslegung der Verwertungsrechte

Die Verwertungsrechte erfassen Handlungen zur Nutzung des geschützten Werkes.[94] Der EuGH **23** legt das Recht der öffentlichen Wiedergabe (Art. 3 Abs. 1 InfoSoc-RL) konsequent funktionsbezogen aus.[95] Dies führt in seiner Rechtsprechung zu einer erheblichen Ausweitung der Täterhaftung für

---

[79] EuGH GRUR-Int 2011, 1058 Rn. 13 ff. – Airfield und Canal Digitaal; weiter → Rn. 20.

[80] Vgl. EuGH GRUR-Int 2011, 1058 Rn. 56, 69 f. – Airfield und Canal Digitaal; vgl. auch EuGH GRUR 2017, 790 Rn. 36 f. – Stichting Brein/Ziggo ua (öffentliche Wiedergabe durch den Betreiber einer Filesharing-Plattform und zugleich auch durch die hochladenden Nutzer); → Rn. 78; → § 20a Rn. 35 f.

[81] Zur Richtlinie s. weiter → Vor §§ 20 ff. Rn. 13, 55, 75. Die Richtlinie ist bis zum 7.6.2021 umzusetzen (Art. 12 Abs. 1 Online-SatCab-RL).

[82] Vgl. auch Erwgr. 20 Online-SatCab-RL.

[83] Vgl. die Legaldefinition in Art. 2 Abs. 4 Online-SatCab-RL.

[84] Vgl. Erwgr. 20 S. 3 Online-SatCab-RL.

[85] Vgl. dazu *Auinger* ZUM 2019, 537 (539 f.); *Charissé* ZUM 2019, 541 (544 f.); *Dörr* ZUM 2019, 556 (560); *Hofmann* ZUM 2019, 551 f.; *Niebler* ZUM 2019, 545 (549); auch → § 20 Rn. 49.

[86] → Rn. 225 ff.

[87] Vgl. – zum MarkenR – EuGH GRUR 2012, 268 Rn. 28 ff. – Winters/Red Bull; vgl. auch EuGH GRUR 2012, 654 Rn. 35 – Wintersteiger/Products 4U.

[88] Vgl. → Rn. 79; → § 20 Rn. 47, 68.

[89] Vgl. EuGH GRUR-Int 2011, 1058 Rn. 74, 79 – Airfield und Canal Digitaal; EuGH GRUR 2017, 610 Rn. 39 f. – Stichting Brein/Wullems; GAin *Trstenjak,* SchlA v. 29.6.2011 – C-162/10 in Phonographic Performance (Ireland), BeckRS 2011, 81048 Rn. 164; Erwgr. 20 letzter Satz Online-SatCab-RL; s. weiter → Rn. 79; → § 20 Rn. 47, 68.

[90] Vgl. EuGH GRUR 2018, 68 Rn. 35 – VCAST/RTI; BGHZ 141, 13 (21) = GRUR 1999, 707 (709) – Kopienversanddienst; sa – zum MarkenR – EuGH GRUR 2012, 268 Rn. 30 – Winters/Red Bull; vgl. weiter *v. Ungern-Sternberg* GRUR 2012, 576 (581); weiter → Rn. 226.

[91] → Rn. 14, 223 ff.

[92] Vgl. dazu auch – zum MarkenR – GAin *Kokott,* SchlA v. 14.4.2011 – C-119/10 in Winters/Red Bull, BeckRS 2011, 80439 Rn. 30 ff.

[93] Vgl. dazu Art. 8 Abs. 3 InfoSoc-RL; Art. 11 S. 3 Enforcement-RL; weiter → Rn. 233.

[94] → Rn. 10 ff.

[95] Vgl. *Ohly* GRUR 2016, 1155 (1156); *Grünberger* GRUR 2016, 977 (982); *Jotzo* ZGE 2017, 447 (459); *v. Ungern-Sternberg* GRUR 2012, 1198 (1200); → Rn. 12, 24 ff., 237 ff., 342 f. Für eine entsprechende Auslegung des Vervielfältigungsrechts bei Handlungen, die den digitalen Werkgenuss ermöglichen sollen, *Raue* ZGE 2017, 514 (530 ff.).

tatbestandsmäßige Werknutzungen.[96] Die funktionsbezogene Auslegung der Verwertungsrechte begrenzt andererseits aber auch ihre Reichweite. So kann eine Werknutzungshandlung auch bei einer Verwertung des Werkes nur in Teilen oder in veränderter Gestalt gegeben sein;[97] eine bloße Werkverwendung genügt aber nicht. Der Zweck der Verwertungsrechte, den Urhebern die Möglichkeit zu geben, für die Nutzung ihrer Werke eine angemessene Vergütung zu erhalten,[98] begrenzt ihre Anwendung auf Fälle, in denen eine **wirkliche Werknutzung** vorliegt.[99] Eine Nutzung des Werkes wird jedenfalls eher anzunehmen sein, wenn die Handlung Verwertungscharakter besitzt, insbesondere wenn sie einer „im Geschäftsverkehr entwickelten Verwertungsform" entspricht und daher ein Vermarktungspotenzial aufweist.[100] Eine zwingende Voraussetzung für das Eingreifen der Verwertungsrechte ist dies jedoch nicht. Auch wenn ein Werk nicht wegen seines schöpferischen Gehalts, sondern – zB zu Fahndungszwecken – allein wegen darin enthaltener Informationen vervielfältigt wird, ist dies ohne Zustimmung des Berechtigten nur zulässig, wenn eine Schranke des Urheberrechts eingreift.[101] Auch geringfügige Nutzungen werden grundsätzlich von den Verwertungsrechten erfasst. Nach Unionsrecht ist aber eine **bloße Verwendung des Werkes** in veränderter Gestalt noch nicht als Werknutzung einzustufen.[102] Dies wird nicht selten zur Folge haben, dass geringfügige Werkverwendungen nicht unter die Verwertungsrechte fallen.[103] Dem funktionsbezogenen Verständnis der Verwertungsrechte würde danach die **Anerkennung eines allgemeinen De-Minimis-Grundsatzes** (Mindesterheblichkeitsschwelle) als Begrenzung des Schutzumfangs der Verwertungsrechte entsprechen.[104]

24   Werden die Verwertungsrechte im Hinblick auf ihre Funktion ausgelegt, kann dies im Einzelfall ihre Reichweite beschränken. Auch eine absichtliche Werkverwendung ist nicht zwingend eine Werknutzung. Bei dem **Recht der öffentlichen Wiedergabe** ist dies nicht der Fall, wenn das angesprochene Publikum für das Werk nicht aufnahmebereit ist. Das Publikum darf nicht nur zufällig „erreicht" werden.[105] Dieser Gedanke beschränkt den Anwendungsbereich des Rechts der öffentlichen Wiedergabe insbesondere in Fällen, in denen das Werk nicht absichtlich als solches genutzt wird[106] und das Publikum nicht gerade auch für das Werk aufnahmebereit ist. Das kann vor allem dann der Fall sein, wenn das Werk nur in Teilen[107] verwendet wird, nur in veränderter Gestalt[108] oder nur in einem besonderen Umfeld (insbes. nur beiläufig oder in Zusammenhängen, in denen die Gestaltung des Werkes nebensächlich ist).[109]

25   Auch die Rechte der **Werkverwertung in körperlicher Form** (insbes. das Vervielfältigungs- und das Verbreitungsrecht) beziehen sich nur auf wirkliche Werknutzungshandlungen. Der Gedanke, dass die Werknutzungshandlung nach den Umständen geeignet sein muss, das Werk (oder selbständig schutzfähige Teile davon) als solches zu vermitteln, gilt auch für diese Verwertungsrechte. Dementsprechend hat der EuGH im Urteil „Pelham/Hütter ua" entschieden, dass das Vervielfältigungsrecht nicht eingreift, wenn ein Teil einer Tonaufnahme nur in geänderter und beim Hören nicht wiedererkennbarer Form vervielfältigt wird.[110]

---

[96] Vgl. näher → Rn. 59.
[97] Dazu → Rn. 24, 28 ff., 32 ff.
[98] → Rn. 6.
[99] → Rn. 12, 24, 35, 90, 177, 238.
[100] Vgl. dazu *Völtz* S. 229 ff.; *Völtz* UFITA 2011 III, 685 (697 ff.), der den Begriff der öffentlichen Wiedergabe iSd § 15 Abs. 1 gemäß diesen Kriterien teleologisch einschränkend auslegen will. Weiter → Rn. 81.
[101] Vgl. dazu den Fall EuGH GRUR 2012, 166 Rn. 100 ff. – Painer/Standard (Benutzung einer Porträtfotografie zur Unterstützung einer öffentlichen Fahndung).
[102] → Rn. 32 ff.
[103] Vgl. → Rn. 177; *v. Ungern-Sternberg* GRUR 2015, 533 (535 ff.); *v. Ungern-Sternberg* GRUR 2018, 225 (226 f.).
[104] Vgl. *Rognstad/Geiger/Janssens/Strowel/Xalabarder* E.I.P.R. 2019, 335 (337); vgl. weiter *Xalabarder* IIC 2016, 635 (636), die annimmt, dass der EuGH durch seine Auslegung des Rechts der öffentlichen Wiedergabe einige „de minimis"-Erfordernisse eingeführt habe; *Mezei* MR-Int 2019, 48 (51). Vgl. auch das unionsrechtliche Gebot, dass der Schutz der Urheberrechte verhältnismäßig sein muss (Art. 8 Abs. 1 S. 2 InfoSoc-RL; Art. 3 Abs. 2 Enforcement-RL). Zu entsprechenden Fallgestaltungen → Rn. 24.
[105] Vgl. EuGH GRUR 2012, 593 Rn. 91, 94, 98, 100 – SCF (zur Hintergrundmusik in Praxisräumen); EuGH GRUR 2012, 597 Rn. 37 – Phonographic Performance (Ireland); EuGH GRUR 2016, 684 Rn. 48 – Reha Training/GEMA; vgl. auch *Grünberger* GRUR 2016, 977 (982); weiter → Rn. 12, 35 f., 90, 238, 345 ff.
[106] → Rn. 79.
[107] → Rn. 28 ff., 241.
[108] Vgl. → Rn. 35, 242 ff.; vgl. dazu auch EuGH GRUR 2011, 220 Rn. 56 f. – BSA/Kulturministerium: Der EuGH hat in diesem Urteil dargelegt, dass eine grafische Benutzeroberfläche ein urheberrechtlich geschütztes Werk sein kann (EuGH GRUR 2011, 220 Rn. 44 ff.). Die Fernsehausstrahlung einer grafischen Benutzeroberfläche sei aber keine öffentliche Wiedergabe. Die Fernsehausstrahlung stelle die grafische Benutzeroberfläche der Öffentlichkeit nicht in dem Sinn zur Verfügung, dass diese Zugang zu dem wesentlichen Merkmal der Schnittstelle habe, nämlich der Interaktion mit dem Benutzer. Der EuGH hat damit eine öffentliche Wiedergabe nicht deshalb verneint, weil bei der Fernsehausstrahlung kein schutzfähiger Teil der geschützten Benutzeroberfläche genutzt werde, sondern wegen der Art und Weise der Verwendung. Weiter → Rn. 32 ff.
[109] → Rn. 36, 246 f.; → § 19a Rn. 99 (zu detailarmen Vorschaubildern); vgl. *v. Ungern-Sternberg* GRUR 2012, 576 (579); *v. Ungern-Sternberg* GRUR 2016, 321 (331 f.), zu BGH GRUR 2015, 667 Rn. 2, 17, 28 – Möbelkatalog; *v. Ungern-Sternberg* GRUR 2018, 225 (226 f.), zu BGH GRUR 2017, 798 – AIDA Kussmund.
[110] Vgl. EuGH GRUR 2019, 929 Rn. 37 f. – Pelham/Hütter ua. Das Urteil ist zwar zum Schutzrecht des Tonträgerherstellers ergangen, insoweit aber auf das Vervielfältigungsrecht des Urhebers übertragbar. Die Rechte an der Werkverwertung in körperlicher Form müssen schon deshalb ebenso wie das Recht der öffentlichen Wiedergabe

Bei der funktionsbezogenen Auslegung der unionsrechtlichen Verwertungsrechte werden Umstän- **26** de berücksichtigt, die nach den Vorschriften des deutschen UrhG nur bei den Schranken des Urheberrechts oder bei der Prüfung, ob eine freie Benutzung vorliegt, berücksichtigt werden konnten. Dies kann zB der Fall sein bei einer Verwendung des Werkes als Beiwerk (vgl. § 57) oder bei einer Wiedergabe von Werken an öffentlichen Plätzen im Rahmen einer Filmhandlung (vgl. § 59).[111] Nach dem Unionsrecht schränkt die funktionsbezogene Auslegung in solchen Fällen bereits die **Reichweite der Verwertungsrechte** ein.[112] Dies gleicht im Sinne der Harmonisierung des Urheberrechts in der Union teilweise aus, dass das Unionsrecht keine Regelung der freien Benutzung enthält und ganz überwiegend nur fakultative Ausnahmen und Beschränkungen kennt.[113] Die wesentlichen Interessen der Urheber werden durch diese funktionale Beschränkung ihrer Verbotsrechte nicht berührt.[114] Diese liegt vielmehr auch im wohlverstandenen Interesse der Urheber, weil sie in ihrem kreativen Schaffen weniger durch Rechte an vorbestehenden Werken behindert werden.

Die funktionsbezogene Auslegung der Verwertungsrechte ist mit der **Berner Übereinkunft** **27** (RBÜ) und den **WIPO-Urheberrechtsverträgen** vereinbar.[115] Auch nach der Berner Übereinkunft und den WIPO-Urheberrechtsverträgen beziehen sich die Verwertungsrechte auf Handlungen von Nutzern. Dem Urheber ist das Recht einzuräumen, diese Handlungen „zu erlauben" (vgl. zB Art. 9, 11, 11bis, 11ter RBÜ; Art. 6, 8 WCT).[116] Nach Art. 12 RBÜ genießen die Urheber von Werken der Literatur und der Kunst zwar auch das „ausschließliche Recht, Bearbeitungen, Arrangements und andere Umarbeitungen ihrer Werke zu erlauben", die RBÜ überlässt es aber den Verbandsländern, im Einzelnen zu regeln, unter welchen Voraussetzungen bei der Verwendung des Werkes in veränderter Gestalt oder in einem besonderen Umfeld noch eine Werknutzung gegeben ist.[117] Der Begriff der Öffentlichkeit ist in der RBÜ wie in den anderen internationalen Verträgen zum Urheberrecht nicht geregelt.[118] Die Abgrenzung, wann eine öffentliche Wiedergabe vorliegt, ist dementsprechend im Einzelnen Sache der Verbandsländer und kann deshalb von diesen mit Blick auf die Funktion der Verwertungsrechte bestimmt werden.

2. Werk als Objekt der Werknutzungshandlungen

a) Nutzung von Werkteilen. Schutzobjekt der Verwertungsrechte ist das Werk.[119] Die Verwer- **28** tungsrechte können auch eingreifen, wenn **selbständig schutzfähige Werkteile** benutzt werden und dies nicht nur eine bloße Werkverwendung, sondern eine wirkliche Werknutzung ist.[120] Auch kleine Teile von Werken können für sich genommen den urheberrechtlichen Schutzvoraussetzungen genügen.[121] Dies setzt aber voraus, dass sie bestimmte Elemente enthalten, die eine eigene geistige Schöpfung ihres Urhebers zum Ausdruck bringen.[122] Auf das quantitative oder qualitative Verhältnis des entlehnten Teils zum gesamten Werk kommt es dabei ebensowenig an wie darauf, ob sich in diesem Teil die besondere Eigenart des Werkes als Ganzes offenbart.[123] Keine Werknutzung ist gegeben,

---

funktionsbezogen ausgelegt werden, weil eine Werkverwertung durch öffentliche Wiedergabe meist mit Vervielfältigungsvorgängen verbunden ist (sa. → Rn. 13).

[111] In Art. 5 Abs. 3 Buchst. h und i InfoSoc-RL sind zwar für solche Fallgestaltungen fakultative Schranken vorgesehen. Dies schließt aber nicht aus, Umstände, die bei der Anwendung solcher Schranken eine Rolle spielen, bereits zu berücksichtigen, wenn geprüft wird, ob im Einzelfall der Tatbestand des Verwertungsrechts vorliegt. Die gesetzlichen Schrankenbestimmungen schaffen nicht nur Rechtssicherheit, sondern beschränken die Reichweite der Verwertungsrechte auch weitergehend als die Berücksichtigung von Sinn und Zweck der Verwertungsrechte im Einzelfall.

[112] Vgl. dazu auch *Leistner* ZGE 2013, 4 (28f.); *v. Ungern-Sternberg* GRUR 2012, 576 (580); *v. Ungern-Sternberg* GRUR 2013, 248 (254); → Vor §§ 44a ff. Rn. 60.

[113] Vgl. Art. 5 InfoSoc-RL; Art. 10 Vermiet- und Verleih-RL; Art. 6, 9 Datenbank-RL. Weitere zwingende Schranken enthalten nunmehr Art. 3–6 DSM-RL.

[114] Vgl. auch *v. Ungern-Sternberg* GRUR 2015, 533 (538).

[115] Vgl. dazu auch → Rn. 118; *Förster* S. 188ff. (zur Vereinbarkeit der wesentlich weitergehenden Beschränkungen der Verwertungsrechte durch die US-amerikanische Schrankengeneralklausel [Fair Use-Doktrin] mit der RBÜ); *Kleinemenke* S. 383ff. (zu den Vorgaben des Konventionsrechts für die Ausgestaltung von Urheberrechtsschranken).

[116] Gleiches gilt für den WIPO-Urheberrechtsvertrag (vgl. zB Art. 6, 8 WCT).

[117] Vgl. *V. Fischer* S. 217ff.

[118] → Rn. 356.

[119] Vgl. EuGH GRUR 2009, 1041 Rn. 33 – Infopaq/DDF I; zum unionsrechtlichen Werkbegriff → Rn. 140. Das Werk als Immaterialgut ist vom Werkstück, in dem es verkörpert ist, zu unterscheiden (vgl. *Peukert* ZUM 2019, 567ff.).

[120] Vgl. dazu → Rn. 23f., 32ff., 90, 177.

[121] Vgl. BGH GRUR 2017, 798 Rn. 18 – AIDA Kussmund (zu diesem Urteil vgl. *v. Ungern-Sternberg* GRUR 2018, 225 (227, 235)); → § 2 Rn. 87.

[122] Vgl. EuGH GRUR 2019, 1185 Rn. 29f. – Cofemel/G-Star Raw; EuGH GRUR 2009, 1041 Rn. 37ff., 44ff. – Infopaq/DDF I (zum Schutz einzelner Sätze oder Satzteile); vgl. auch *Ohly*, Gutachten F zum 70. Deutschen Juristentag 2014, F 28f., 32; weiter → Rn. 140.

[123] In seiner Entscheidung „Infopaq/DDF I" (GRUR 2009, 1041) begründet der EuGH den Schutz von Werkteilen (EuGH GRUR 2009, 1041 Rn. 38) auch damit, dass diese „als solche an der Originalität des Gesamtwerks teilhaben". Damit wird jedoch nicht gefordert, dass die Eigenart des Gesamtwerkes in dem Werkteil ihren Niederschlag gefunden hat (vgl. → Rn. 47ff.).

wenn eine neue Gestaltung auf ein älteres sehr bekanntes Werk durch Übernahme einzelner Merkmale lediglich Bezug nimmt.[124]

29 Auch das Vervielfältigungsrecht ist danach nur auf ein Schutzobjekt anwendbar, das eine eigene geistige Schöpfung darstellt. Nach der Rechtsprechung des EuGH kann auch eine vorübergehende, **flüchtige Speicherung von Werkfragmenten,** wie sie im Speicher eines Decoders für Satellitensendungen und auf einem Fernsehschirm stattfindet, eine Werknutzung durch Vervielfältigung sein. Dafür genügt es aber nicht, dass eine Vervielfältigung des Werkes nur sequenziell durch Werkfragmente erzeugt wird, die im Rahmen des technischen Verfahrens umgehend wieder gelöscht werden. Eine (teilweise) Vervielfältigung liegt in solchen Fällen vielmehr nur vor, wenn das zusammengesetzte Ganze der gleichzeitig wiedergegebenen – also zu einem bestimmten Zeitpunkt vorhandenen – Fragmente selbständig schutzfähige Werkteile enthält.[125] Diese unionsrechtliche Beschränkung des Vervielfältigungsrechts hindert die Mitgliedstaaten daran, das Vervielfältigungsrecht im innerstaatlichen Recht auch auf die sequenzielle Speicherung eines Werkes durch vorübergehende Speicherung jeweils für sich nicht schutzfähiger Werkfragmente zu erstrecken.[126] In gleicher Weise werden die Vervielfältigungen beim **Live-Streaming**[127] zu beurteilen sein.[128]

30 Das **Recht der öffentlichen Zugänglichmachung** setzt ebenfalls voraus, dass das Werk in einer Weise zum Abruf bereitgehalten wird, dass bereits die einzelne Übertragung schutzfähige Teile des Werkes öffentlich zugänglich macht.[129]

31 Werden lediglich Werkteile verwendet, hängt somit die Reichweite der Verwertungsrechte von der – unionsrechtlich zu beurteilenden – Frage ab, ob noch eine **Nutzung des Schutzgegenstands** gegeben ist.[130] Diese **Frage des Schutzumfangs** stellt sich auch bei den verwandten Schutzrechten der Tonträgerhersteller,[131] der Filmhersteller und der Sendeunternehmen[132] (Art. 2 Buchst. c–e, Art. 3 Abs. 2 Buchst. b–d InfoSoc-RL).[133]

32 **b) Nutzung des Werkes in veränderter Gestalt.** Die Frage, inwieweit der Urheber eine Nutzung des Werkes in veränderter Gestalt erlauben oder verbieten kann und damit auch die Frage der freien Benutzung, betrifft die **nach Unionsrecht zu beurteilende Frage** nach dem **Schutzumfang der Verwertungsrechte.**[134] Die Verwertungsrechte erfassen grundsätzlich auch Werknutzungen, die – ohne darauf bezogene Gestaltungsabsicht – nicht streng werkgetreu sind (zB Wiedergaben in verschlechterter Qualität oder in anderen Materialien),[135] solange das Werk dabei noch in wesentlichen für sich noch schutzfähigen Zügen benutzt wird.[136] Der EuGH geht in seinem Urteil **„Painer/**

---

[124] Vgl. BGH GRUR 2014, 258 Rn. 45 f. – Pippi-Langstrumpf-Kostüm I. Zum Fehlen einer Werknutzung bei einer verschlechterten Wiedergabe, die sich weitgehend im Hinweis auf das Werk erschöpft, vgl. *v. Ungern-Sternberg* GRUR 2012, 224 (226) mwN.

[125] Vgl. EuGH GRUR 2012, 156 Rn. 153 ff. – Football Association Premier League u. Murphy. Der EuGH musste im Urteil „Stichting Brein/Wullems" (GRUR 2017, 610) auf diese Frage nicht eingehen, weil die Vorlagefragen von der Fertigung einer Werkkopie ausgingen.

[126] Vgl. *Stieper* MMR 2012, 12 (13 f.); *von Gerlach* S. 207. Zur Haftung der am Filesharing geschützter Werke Beteiligten → § 19a Rn. 60.

[127] Zur Technik des Streaming → § 20 Rn. 15.

[128] Str.; vgl. zu dieser Frage *Kling* S. 50; *Pech* S. 58 ff.; *Peifer* GRUR-Prax 2011, 323536; *Leistner* JZ 2011, 1140 (1144 f.); *Stieper* MMR 2012, 12 (13 f.); *Ensthaler* NJW 2014, 1553; *Galetzka/Stamer* MMR 2014, 292; *Nazari-Khanachayi,* Zulässigkeit von Zugangserschwerungsverfügungen gegen Access-Provider bei (drohenden) Urheberrechtsverletzungen, 2015, S. 45 ff.; *Wagner* GRUR 2016, 874. Zur Strafbarkeit des Empfangs rechtswidriger Streaming-Angebote vgl. *Zabel-Wasmuth* S. 176 ff.

[129] Vgl. → Rn. 241; → § 19a Rn. 60, 65.

[130] Vgl. auch EuGH GRUR 2014, 255 Rn. 21 ff. – Nintendo Unternehmen/PC Box ua; vgl. weiter – eingehend – *Benz* S. 13 ff., 73 ff.

[131] EuGH GRUR 2019, 929 Rn. 26 ff. – Pelham/Hütter ua.

[132] → § 87 Rn. 64, 72 ff.

[133] Das Unionsrecht bestimmt, inwieweit diese Schutzrechte die Verwendung von Teilen des Schutzgegenstands erfassen – wie bei der Verwendung einzelner Tonfolgen aus einem Tonträger zum Sampling (zum Begriff s. BVerfG GRUR 2016, 690 Rn. 2 – Metall auf Metall) oder der Nutzung einzelner Bilder eines Films oder einer Fernsehsendung (vgl. EuGH GRUR 2019, 929 Rn. 26 ff. – Pelham/Hütter ua, zur Entnahme eines Audiofragments aus einer Tonaufnahme); weiter → § 87 Rn. 72 ff.

[134] Vgl. EuGH GRUR 2019, 929 Rn. 26 ff. – Pelham/Hütter ua (zum Schutzrecht des Tonträgerherstellers); DKMH/*Dreyer* UrhG § 23 Rn. 2 f., UrhG § 24 Rn. 1 ff.; *v. Ungern-Sternberg* GRUR 2015, 533 (534 ff.); *v. Ungern-Sternberg* GRUR 2016, 321 (327); vgl. auch *van Elten* S. 217 ff.; *Gabler* S. 60 f., 124 ff.; *Pötzlberger* S. 130 ff., 160 ff.; → Rn. 32, 242 ff. Zum UrhG → Rn. 243. Auch die Frage, wann die Veränderung eines Vervielfältigungsstücks als weitere genehmigungspflichtige Vervielfältigung zu werten ist, hat der EuGH als unionsrechtliche Frage des Schutzumfangs des Verwertungsrechts behandelt (→ Rn. 47).

[135] Vgl. EuGH GRUR 2015, 256 Rn. 27 – Allposters/Pictoright; weiter → Rn. 24.

[136] → Rn. 34, 242 ff. Im Fall „BSA/Kulturministerium" hat der EuGH eine öffentliche Wiedergabe einer grafischen Benutzeroberfläche mit der Begründung verneint, diese werde der Öffentlichkeit durch die Fernsehausstrahlung nicht in dem Sinn zur Verfügung gestellt, dass die Personen, aus denen sich diese zusammensetze, Zugang zu dem wesentlichen Merkmal der Schnittstelle haben, nämlich der Interaktion mit dem Benutzer (EuGH GRUR 2011, 220 Rn. 56 ff.). Der EuGH hat damit selbst über die Reichweite der Verwertungsrechte bei unvollkommener Nutzung eines Werkes entschieden und dadurch auch zum Ausdruck gebracht, dass die Abgrenzung zwischen Werknutzung und urheberrechtsfreier Verwendung von Werkelementen vom Unionsrecht vorgegeben ist. Zum Verständnis des Urteils des EuGH vgl. Stamatoudi/Torremans/*Griffiths* Kap. 20 Rn. 20.26; *Heinze* JIPITEC 2011, 97 Rn. 31 ff.; *Leistner* ZGE 2013, 4 (17 Fn. 61); *Hilty/Köklü* FS Bornkamm, 2014, 797 (803 ff., 807 ff.).

Standard" zudem davon aus, dass sich das **Vervielfältigungsrecht** nach Art. 2 InfoSoc-RL auch auf Nutzungen des Werkes bezieht, für die das Werk bewusst in wesentlichen Zügen verändert wurde.[137] Für die anderen Verwertungsrechte kann nichts anderes gelten.[138] Die Zulassung einer Schranke für „Karikaturen, Parodien oder Pastiches" (Art. 5 Abs. 3 Buchst. k InfoSoc-RL) setzt voraus, dass derartige Werkverwendungen ohne eine entsprechende Regelung unter das unionsrechtlich harmonisierte Verwertungsrecht fallen würden. In den Richtlinien zum Urheberrecht finden sich auch Vorschriften, die ausdrücklich Rechte der Urheber bei der Verwendung ihrer Werke in veränderter Gestalt vorsehen.[139]

Eine autonome und einheitliche Auslegung des gesamten Schutzumfangs der Verwertungsrechte ist auch im Hinblick auf die Funktionsfähigkeit des Binnenmarkts und die dafür notwendige Rechtssicherheit (vgl. Erwgr. 6 f. InfoSoc-RL) erforderlich, die nach den Erwägungsgründen der InfoSoc-RL zu deren Hauptzielen gehören.[140] Würden in den Mitgliedstaaten unterschiedliche Maßstäbe für die Bearbeitung und die freie Benutzung gelten, wäre der freie Waren- und Dienstleistungsverkehr mit entsprechenden Produkten stark beeinträchtigt. Dementsprechend betrifft die Abgrenzung von abhängiger Bearbeitung und freier Benutzung den unionsrechtlich zu bestimmenden Schutzumfang der Verwertungsrechte.[141] Das Unionsrecht bestimmt, ab wann keine urheberrechtlich relevante Werknutzung mehr gegeben ist. Die **Regelung der freien Benutzung in § 24** ist daher mit dem Unionsrecht nicht vereinbar und deshalb **unanwendbar.**[142]

Für die unionsrechtliche Beurteilung, in welchem Umfang die Verwertungsrechte auch Verwendungen des Werkes in veränderter Gestalt erfassen,[143] hat der **EuGH** in seinem Urteil **„Pelham/ Hütter ua"** nur **allgemeine Leitlinien** aufgestellt.[144] Die Entscheidung ist zwar zum Schutzumfang der Rechte des Tonträgerherstellers ergangen, die darin insoweit aufgestellten Grundsätze gelten aber auch für die Verwertungsrechte des Urhebers. **33**

Zur Bestimmung des Schutzumfangs der Verwertungsrechte durch Abgrenzung zwischen der Nutzung des Werkes in veränderter Gestalt und der bloßen Werkverwendung (insbes. der freien Benutzung) ist von der **Zielsetzung der InfoSoc-RL** auszugehen: Die Richtlinie harmonisiert das Urheberrecht unter Beachtung der tragenden Grundsätze des Rechts, insbesondere der Grundrechte und des Gemeinwohls (Erwgr. 31; vgl. auch Erwgr. 3). Sie bezweckt einen **angemessenen Rechts- und Interessenausgleich** zwischen den Interessen der Inhaber von Urheber- und verwandten Schutzrechten am Schutz ihres in Art. 17 Abs. 2 GRCh verankerten Rechts am geistigen Eigentum auf der einen Seite und dem Schutz der Interessen und Grundrechte der Nutzer von Schutzgegenständen sowie dem Allgemeininteresse auf der anderen Seite.[145] Der Schutzumfang der Verwertungsrechte bei Benutzung des Werkes in veränderter Gestalt muss daher im konkreten Fall auch in Abwägung von Grundrechten bestimmt werden.[146] Dementsprechend sind insbesondere das Grundrecht des Urhebers auf Schutz seines geistigen Eigentums (Art. 17 Abs. 2 GRCh) und die Grundrechte des Werknutzers (insbes. sein Grundrecht auf freie Meinungsäußerung, sein Recht auf Kunstfreiheit[147] sowie

---

[137] EuGH GRUR 2012, 166 Rn. 36, 85 – Painer/Standard (Benutzung eines Porträtfotos in der Form des daraus entwickelten Phantombilds, mit dem das vermutete gegenwärtige Aussehen eines entführten Kindes wiedergegeben werden sollte); vgl. auch GAin *Tistenjak,* SchlA v. 12.4.2011 – C 145/10 in Painer/Standard, BeckRS 2011, 80392 Rn. 126 ff.; EuGH GRUR 2019, 929 Rn. 37 f. – Pelham/Hütter ua (zum Tonträgerherstellerrecht); *Leistner* GRUR 2014, 1145 (1148 f.); Walter/von Lewinski/*von Lewinski/Walter* Kap. 11 Rn. 11.2.22; *Lauber-Rönsberg* ZUM 2015, 658 (661).

[138] Die Rechte der Urheber bei Bearbeitungen oder sonstigen Umgestaltungen des Werkes sind nur für Datenbankwerke (Art. 5 Buchst. b Datenbank-RL) und für Computerprogramme (Art. 4 Abs. 1 Buchst. b Computerprogramm-RL) in besonderen Vorschriften geregelt.

[139] Für Datenbankwerke Art. 5 Buchst. b Datenbank-RL, für Computerprogramme Art. 4 Abs. 1 Buchst. b Computerprogramm-RL; vgl. *v. Ungern-Sternberg* GRUR 2015, 533 (534).

[140] Vgl. EuGH GRUR 2019, 929 Rn. 56 ff., 63 – Pelham/Hütter ua (zum Schutzrecht des Tonträgerherstellers).

[141] Vgl. EuGH GRUR 2019, 929 Rn. 26 ff. – Pelham/Hütter ua (zum Schutzrecht des Tonträgerherstellers); *v. Ungern-Sternberg* GRUR 2015, 533 (534 ff.). Zur Frage, wann Veränderungen eines Vervielfältigungsstücks in das Vervielfältigungsrecht des Urhebers eingreifen und der Erschöpfung des Verbreitungsrechts entgegenstehen, → Rn. 47.

[142] Vgl. EuGH GRUR 2019, 929 Rn. 56 ff. – Pelham/Hütter ua. Dies gilt auch, wenn § 24 als Vorschrift zur Umsetzung von Schranken wie der Parodieausnahme (Art. 5 Abs. 3 Buchst. k InfoSoc-RL) verstanden wird, weil § 24 die strengen Voraussetzungen für die richtlinienkonforme Umsetzung von Schrankenbestimmungen der Info-Soc-RL (vgl. EuGH GRUR 2019, 934 Rn. 45 ff. – Funke Medien/Bundesrepublik Deutschland) nicht erfüllt (vgl. dazu *v. Ungern-Sternberg* GRUR 2015, 533 (537); aA *Apel* MMR 2019, 601 (603)). Zum Vorrang des Unionsrechts → Rn. 124.

[143] Vgl. EuGH GRUR 2019, 929 Rn. 26 ff. – Pelham/Hütter ua (zum Schutzrecht des Tonträgerherstellers); *v. Ungern-Sternberg* GRUR 2015, 533 (535 ff.); vgl. auch *van Elten* S. 217 ff.; → Rn. 32, 242 ff.

[144] Vgl. EuGH GRUR 2019, 929 Rn. 31 ff. – Pelham/Hütter ua. = MMR 2019, 596 mAnm *Apel.*

[145] Vgl. EuGH GRUR 2019, 929 Rn. 32 ff., 59 ff. – Pelham/Hütter ua; *v. Ungern-Sternberg* GRUR 2015, 533 (535); vgl. weiter → Rn. 113.

[146] Vgl. EuGH GRUR 2019, 929 Rn. 34 ff., 56 ff. – Pelham/Hütter ua; *v. Ungern-Sternberg* GRUR 2015, 533 (535 ff.).

[147] Zur Grundrechtsabwägung, wenn auch die Kunstfreiheit (Art. 13 GRCh; Art. 5 Abs. 3 S. 1 GG) betroffen ist, vgl. EuGH GRUR 2019, 929 Rn. 31 ff. – Pelham/Hütter ua; BVerfG GRUR 2016, 690 Rn. 81 ff. – Metall auf Metall; BVerfG GRUR 2018, 633 Rn. 15 ff. – Neue Sicht auf Charlottenburg.

die Freiheit der Wissenschaft) abzuwägen.[148] Zu berücksichtigen sind auch andere berechtigte Interessen des Urhebers (wie sein Interesse daran, dass sein Werk nicht für Äußerungen diskriminierender oder rassistischer Art verwendet wird).[149] Bei der Abwägung ist auch der in Art. 5 Abs. 5 InfoSoc-RL verankerte **Dreistufentest** durchzuführen.[150]

34   Der EuGH hat noch nicht zu den einzelnen **Kriterien zur Bestimmung der Reichweite der Verwertungsrechte** bei Nutzungen des Werkes in veränderter Gestaltung Stellung genommen. Auch für diese Frage ist allein das Unionsrecht maßgebend.[151] Ansprüche gegen die Verwendung einer neuen Gestaltung mit Merkmalen des geschützten Werkes können nur gegeben sein, wenn darin eine **Werknutzung des Originalwerkes** liegt. Der urheberrechtliche Schutz bei Verwendung des Werkes in veränderter Gestalt setzt deshalb zunächst voraus, dass der schöpferische Gehalt des älteren Werkes, der in das neue Werk übernommen worden ist, selbständig schutzfähig ist.[152] Wenn die neue Gestaltung das Originalwerk oder Teile davon in noch selbständig schutzfähiger Form enthält, ist zu prüfen, ob die übernommenen eigenpersönlichen Elemente in der neuen Gestaltung überhaupt wiedererkennbar sind.[153] Ist dies der Fall, ist durch einen **Vergleich der einander gegenüberstehenden Gestaltungen** zu untersuchen, ob die übernommenen Elemente in der neuen Gestaltung nach deren Gesamteindruck für ein (aufgeschlossenes) Publikum in ihrer Eigenart zurücktreten („verblassen") oder sonst durch Züge der neuen Gestaltung, die zu ihnen einen inneren Abstand schaffen, derart „überlagert" sind, dass die neue Gestaltung nicht mehr vom Schutzbereich des Originalwerkes erfasst wird.[154] Je weiter sich die veränderte Gestaltung von der Vorlage entfernt, desto eher werden deren schöpferische Elemente in der veränderten Gestaltung auf ein nicht mehr erhebliches und somit nicht mehr berücksichtigenswertes Maß zurückgedrängt.[155] Bei dieser Beurteilung kommt dem Maß der eigenschöpferischen Prägung der neuen Gestaltung eine erhebliche Bedeutung zu.[156] Eine neue Gestaltung kann aber auch dann vom Schutzrecht am Originalwerk nicht mehr erfasst sein, wenn sie nicht selbst urheberrechtlich schutzfähig ist.[157]

35   Sind danach die übernommenen – auch als solche schutzfähigen – Elemente des Originalwerkes in der neuen Gestaltung noch hinreichend gegenwärtig, ist weiter zu prüfen, ob die übernommenen Werkelemente auch unter den gesamten Umständen der konkret beanstandeten Handlung in einer Weise verwendet werden, die noch als **Werknutzung** zu beurteilen ist.[158] Dieser weitere Prüfungs-

---

[148] Vgl. EuGH GRUR 2019, 929 Rn. 56 ff. – Pelham/Hütter ua; EuGH GRUR 2014, 972 Rn. 25 ff. – Vrijheidsfonds/Vandersteen ua (Dieses Urteil bezieht sich zwar konkret auf die Parodieausnahme des Art. 5 Abs. 3 Buchst. k InfoSoc-RL, argumentiert aber mit den allgemein für den Schutzumfang der Verwertungsrechte maßgeblichen Zielen der Richtlinie, zu denen auch der Schutz der freien Meinungsäußerung gehört); vgl. auch *v. Ungern-Sternberg* GRUR 2015, 533 (535). Weiter → Rn. 123.

[149] Vgl. BGH GRUR 2017, 1027 Rn. 34 – Reformistischer Aufbruch; *v. Ungern-Sternberg* GRUR 2015, 533 (536, 538); vgl. auch *Lauber-Rönsberg* ZUM 2015, 658 (662 ff.).

[150] Vgl. EuGH GRUR 2019, 929 Rn. 62 – Pelham/Hütter ua; *v. Ungern-Sternberg* GRUR 2015, 533 (538).

[151] Vgl. EuGH GRUR 2019, 929 Rn. 56 ff. – Pelham/Hütter ua (zum Schutzrecht des Tonträgerherstellers); vgl. zu den Kriterien im Einzelnen auch *van Elten* S. 215 ff.

[152] Vgl. GAin *Trstenjak,* SchlA v. 12.4.2011 – C 145/10 in Painer/Standard, BeckRS 2011, 80392 Rn. 129, 133; *van Elten* S. 219 f.; *v. Ungern-Sternberg* GRUR 2015, 533 (537).

[153] Vgl. EuGH GRUR 2019, 929 Rn. 31 ff. – Pelham/Hütter ua (zum Schutzrecht des Tonträgerherstellers) → MMR 2019, 596 mAnm *Apel*. Die Darlegungs- und Beweislast trägt der Anspruchsteller (vgl. *Leistner* GRUR 2019, 1008 (1010)). Das Abstellen auf die Wiedererkennbarkeit des Übernommenen in der neuen Gestaltung entspricht – ebenso wie das Abstellen auf die Aufnahmebereitschaft des Publikums (dazu → Rn. 24, 90) – dem Grundgedanken des EuGH, die Verwertungsrechte funktionsbezogen auszulegen (dazu → Rn. 23 ff.). Die Frage der Wiedererkennbarkeit wird aus der Sicht des möglichen (aufgeschlossenen) Publikums, dem der Schutzgegenstand bekannt ist, zu beurteilen sein (vgl. dazu auch *Apel* MMR 2019, 601 (602); *Leistner* GRUR 2019, 1008 (1010); *Stumpf* GRUR-Int 2019, 1092 (1093 f.).

[154] Dies wird umso weniger der Fall sein, je stärker die Individualität der übernommenen Elemente ist (vgl. *v. Ungern-Sternberg* GRUR 2015, 533 (537)). Vgl. auch BGHZ 122, 53 (60 f.) = GRUR 1994, 206 (208) – Alcolix.

[155] Vgl. GAin *Trstenjak,* SchlA v. 12.4.2011 – C 145/10 in Painer/Standard, BeckRS 2011, 80392 Rn. 130; ebenso Walter/von Lewinski/*von Lewinski/Walter* Kap. 11 Rn. 11.1.22. Der EuGH hat diese Fragen in seinem Urteil nicht aufgegriffen.

[156] Auch die (durch die Kunstfreiheit geforderte) „kunstspezifische Betrachtung" bei der Beurteilung, ob Übernahmen aus fremden Werken zulässig sind, setzt voraus, dass die neuen Gestaltungen Werke iSd Art. 5 Abs. 3 S. 1 GG sind (dh „freie schöpferische Gestaltungen, in denen Eindrücke, Erfahrungen und Erlebnisse der Künstler durch das Medium einer bestimmten Formensprache … zur Anschauung gebracht werden", vgl. BVerfG GRUR 2016, 690 Rn. 85 f., 89 – Metall auf Metall). Der BGH hat dagegen im Urteil „auf fett getrimmt" die Frage, ob die Parodie ein schutzfähiges Werk ist, offengelassen (BGHZ 211, 309 = GRUR 2016, 1157 Rn. 28 – auf fett getrimmt).

[157] Vgl. EuGH GRUR 2014, 972 Rn. 21 – Vrijheidsfonds/Vandersteen ua (zur Parodie); vgl. auch GAin *Trstenjak,* SchlA v. 12.4.2011 – C 145/10 in Painer/Standard, BeckRS 2011, 80392 Rn. 130. Nach § 24 Abs. 1 war es dagegen erforderlich, dass die neue Gestaltung als Werk schutzfähig ist. Anders als oben unter der Anwendung des § 24 Abs. 1 angenommen wurde, erschöpft sich die Prüfung der freien Benutzung nach den Grundsätzen des Unionsrechts nicht im Vergleich der einander gegenüberstehenden Gestaltungen (vgl. *v. Ungern-Sternberg* GRUR 2015, 533 (537)).

[158] Vgl. *v. Ungern-Sternberg* GRUR 2015, 533 (536 ff.); *v. Ungern-Sternberg* GRUR 2018, 225 (226 f.). An einer Werkverwertung kann es bei Vorliegen besonderer Umstände – vor allem im Hinblick auf die Kunstfreiheit (Art. 13 GRCh) – auch fehlen, wenn das Werk weitgehend unverändert in eine fremde Gestaltung übernommen wird. Zur Beschränkung der Rechte aus verwandten Schutzrechten auf wirkliche Nutzungen des Schutzgegenstands → § 87 Rn. 75.

schritt ist notwendig, weil sich die Verwertungsrechte des Urhebers nach dem Unionsrecht auf Handlungen von Werknutzern beziehen.[159] Die Verwertungsrechte sollen dem Urheber ermöglichen, bestimmte Handlungen der Werknutzung zu verbieten oder ihre Gestattung davon abhängig zu machen, dass eine angemessene Vergütung für die Schaffung des Werkes gezahlt wird.[160] Ob eine Werknutzungshandlung vorliegt, ist bei einer Verwendung des Werkes in veränderter Gestalt nach denselben Kriterien zu prüfen, die nach der Rechtsprechung des EuGH auch sonst für die Beurteilung gelten, ob ein Verwertungsrecht eingreift.[161] Allein der Umstand, dass für sich schutzfähige Werkelemente objektiv gesehen in eine neue Gestaltung übernommen wurden, genügt danach für die Annahme einer Werknutzung noch nicht. Maßgeblich ist die Sicht des möglichen (aufgeschlossenen) Publikums. Wird ein Werk bei einem Kommunikationsvorgang nur in wesentlich veränderter Gestalt übertragen, greift das Recht der öffentlichen Wiedergabe ohnehin nur ein, wenn noch eine absichtliche Nutzung des Werkes als solchen angenommen werden kann und das mögliche Publikum gerade auch für dieses Werk aufnahmebereit ist.[162] Von Bedeutung kann auch sein, ob die konkrete Werkverwendung – wie oft bei user generated content –[163] offensichtlich amateurhaft ist und keinen Erwerbszwecken (insbesondere nicht auf dem Markt des Originalwerkes) dient.[164] Auch der Zeitablauf seit der Veröffentlichung des benutzten Werkes ist zu berücksichtigen.[165]

c) Nutzung des Werkes in einem besonderen Umfeld. Der Rechtsgedanke des EuGH, dass eine Werknutzung durch öffentliche Wiedergabe nicht vorliegt, wenn das mögliche Publikum für das Werk nicht aufnahmebereit ist,[166] gilt auch für Fallgestaltungen, in denen ein Werk in einem besonderen Umfeld verwendet wird.[167]   **36**

3. Räumliche Reichweite der Verwertungsrechte

Die funktionsbezogene Auslegung der Verwertungsrechte begrenzt auch deren räumliche Reichweite. Der Tatbestand der Verwertungsrechte muss grundsätzlich bezogen auf den jeweiligen Mitgliedstaat verwirklicht werden.[168] Die Geltung dieses Grundsatzes wird allerdings zunehmend durch unionsrechtlich geregelte Fiktionen, dass die Verwertungshandlung in einem bestimmten Mitgliedstaat begangen worden ist, eingeschränkt.[169]   **37**

V. Beschränkungen der Verwertungsrechte

1. Schranken

Art. 5 Abs. 1 InfoSoc-RL regelt eine zwingende Ausnahme vom Vervielfältigungsrecht. Die Einführung der nach **Art. 5 Abs. 2 und 3 InfoSoc-RL** zulässigen Schranken ist den Mitgliedstaaten freigestellt. Die Mitgliedstaaten dürfen keine anderen oder weitergehenden Schranken einführen, als Art. 5 Abs. 1–4 InfoSoc-RL vorschreibt oder zulässt.[170] Weitere zwingende Schranken werden durch **Art. 3–6 DSM-RL** vorgeschrieben.[171]   **38**

---

[159] → Rn. 10 ff.
[160] Vgl. EuGH GRUR 2009, 1041 Rn. 40 – Infopaq/DDF I; EuGH GRUR 2012, 156 Rn. 186 – Football Association Premier League u. Murphy; weiter → Rn. 23 ff.
[161] Vgl. → Rn. 10 ff.; *v. Ungern-Sternberg* GRUR 2015, 533 (537 f.).
[162] Vgl. → Rn. 12, 90, 345 ff.
[163] Der Begriff ist kein Rechtsbegriff. Zum user-generated content gehören im Internet veröffentlichte Medieninhalte, die nichtprofessionelle Internetnutzer, oft unter Verwendung geschützter Inhalte von Medienangeboten im Internet, geschaffen haben (eingehend zu Begriff, Formen und Verwertung von user-generated content *Bauer*, User Generated Content, 2011, S. 7 ff.).
[164] Vgl. dazu auch *Senftleben* JIPITEC 2012, 87 Rn. 16; *van Eechoud* in van Eechoud, The Work of Authorship, 2014, (frei abrufbar: www.oapen.org/search?identifier=503030, letzter Abruf 28.8.2019), S. 145, 167; *Stieper* AfP 2015, 301 (305); *Peifer* ZUM 2016, 805 (809). Zum Verfolgen von Erwerbszwecken als Indiz für das Vorliegen einer Werknutzung → Rn. 81.
[165] Vgl. BVerfG GRUR 2016, 690 Rn. 87, 102, 108 – Metall auf Metall; BGH GRUR 1989, 106 (107) – Oberammergauer Passionsspiele II; *Podzun* ZUM 2016, 606 (610 f.); *v. Ungern-Sternberg* in Weller/Kemle/Lynen, Des Künstlers Rechte – die Kunst des Rechts, 2008, S. 47, 61 f.
[166] Vgl. EuGH GRUR 2012, 593 Rn. 91, 94, 98, 100 – SCF (zur Hintergrundmusik in Praxisräumen); EuGH GRUR 2012, 597 Rn. 37 – Phonographic Performance (Ireland); EuGH GRUR 2016, 684 Rn. 50 – Reha Training/GEMA; weiter → Rn. 12, 90, 345 ff.
[167] Vgl. dazu näher → Rn. 24, 246 f.
[168] → Rn. 152 ff.
[169] → Rn. 152 ff.; → Vor §§ 20 ff. Rn. 13 f.
[170] Vgl. EuGH GRUR 2014, 546 Rn. 27 – ACI Adam ua/Thuiskopie ua; EuGH GRUR 2014, 473 Rn. 40 – OSA/Léčebné lázně; EuGH GRUR 2017, 512 Rn. 24, 27 – ITV Broadcasting ua/TV ua; EuGH GRUR 2019, 929 Rn. 32 ff., 58 ff. – Pelham/Hütter ua; weiter → Rn. 158. Aus Art. 9 InfoSoc-RL ergibt sich nichts anderes (vgl. EuGH GRUR 2017, 512 Rn. 17 ff. – ITV Broadcasting ua/TV ua, zu einer nationalen Regelung, die bei Sendungen von Sendern mit Gemeinwohlverpflichtungen eine umgehende Weitersendung über Kabel oder das Internet zulässt).
[171] Die DSM-RL ist bis zum 7.6.2021 umzusetzen (Art. 29 Abs. 1 DSM-RL).

39   Durch die in Art. 5 InfoSoc-RL sowie in Art. 3–6 DSM-RL geregelten Ausnahmen und Beschränkungen soll ein angemessener **Ausgleich von Rechten und Interessen** (insbes. der Inhaber von Urheber- und verwandten Schutzrechten am Schutz ihres in Art. 17 Abs. 2 GRCh verankerten Rechts am geistigen Eigentum auf der einen Seite und der Nutzer von Schutzgegenständen sowie dem Allgemeininteresse auf der anderen Seite) gesichert werden (Erwgr. 31 InfoSoc-RL, Erwgr. 6 DSM-RL).[172] Eine schrankenähnliche (zusätzliche) Grundrechtsabwägung außerhalb der Auslegung und Anwendung der Schranken hat der EuGH ausgeschlossen.[173]

Die **Interessen der Nutzer,** die durch eine Schranke geschützt werden, gewichtet der EuGH nicht lediglich als nachrangig. Der EuGH bezeichnet die Rechtsposition, die dem Nutzer durch eine Schranke eingeräumt wird, vielmehr ausdrücklich als Recht.[174]

2. Erschöpfung

40   Die Grundsätze der **Erschöpfung des Verbreitungsrechts** sind durch Art. 4 Abs. 2 InfoSoc-RL voll harmonisiert.[175] Die Erschöpfung bezieht sich danach nicht auf das Werk als immaterielles Gut, sondern jeweils auf den konkreten das Werk oder dessen Vervielfältigungsstück verkörpernden Gegenstand.[176] Für das **Recht der öffentlichen Wiedergabe** schließt das Unionsrecht zwingend eine Erschöpfung aus.[177] Für die in Art. 3 InfoSoc-RL geregelten Rechte der öffentlichen Wiedergabe bestimmt dies Art. 3 Abs. 3 InfoSoc-RL (sa Erwgr. 29).[178] Nach den Erwgr. 33 und 43 der **Datenbank-RL** ist eine urheberrechtliche Erschöpfung bei Online-Leistungen ausgeschlossen, weil es sich hier nicht um die Verbreitung von Waren in körperlicher Form, sondern um Dienstleistungen handelt, die grundsätzlich unbegrenzt wiederholbar sind.[179]

41   Nach dem Urteil des EuGH „UsedSoft"[180] sind die Vorschriften der **Computerprogramm-RL** im Verhältnis zur InfoSoc-RL Sonderregelungen. Die InfoSoc-RL schließt schon deshalb eine Erschöpfung des Rechts an der Verbreitung von Programmkopien nicht aus.[181] Nach Art. 4 Abs. 2 Computerprogramm-RL erschöpft sich mit dem Erstverkauf einer Programmkopie in der Union das Recht auf Verbreitung der Kopie. Dies gilt nach Ansicht des EuGH nicht nur beim Vertrieb körperlicher Vervielfältigungsstücke. Die Erschöpfung tritt auch ein, wenn der Rechtsinhaber dem Herunterladen des Programms gegen Entgelt zugestimmt und ein Recht zur zeitlich unbegrenzten Nutzung eingeräumt hat.[182]

42   Noch ungeklärt ist, welche Bedeutung die Rechtsgrundsätze des Urteils des EuGH „UsedSoft"[183] für den **Vertrieb von digitalen Produkten** (wie E-Books oder Filmen) und der dabei befugt hergestellten Vervielfältigungsstücke haben.[184]

---

[172] Vgl. EuGH GRUR 2019, 929 Rn. 58 ff. – Pelham/Hütter ua; EuGH GRUR 2014, 972 Rn. 26 – Vrijheidsfonds/Vandersteen ua; weiter → Rn. 305.

[173] → Rn. 305. Zur Bestimmung des Schutzumfangs der Verwertungsrechte in Abwägung von Grundrechtler → Rn. 33, 245, 305, 317.

[174] Vgl. EuGH GRUR 2014, 1078 Rn. 43 f. – TU Darmstadt/Ulmer; EuGH GRUR 2019, 929 Rn. 70 – Pelham/Hütter ua; EuGH GRUR 2019, 940 Rn. 54 – Spiegel Online/Volker Beck; s. dazu *Geiger/Griffiths/Senftleben/Bently/Xalabarder* IIC 2015, 93 (97 f.); *Lambrecht/Cabay* JIPLP 2016, 21 (31 f.). Die Schranken sind dementsprechend immanente Grenzen der Verwertungsrechte, keine Rechtfertigungsgründe (weiter → Rn. 305). Zur Frage, ob Schrankenregelungen dem Begünstigten ein subjektives Recht auf die konkrete Nutzungshandlung gewähren, vgl. auch *Kleinemenke* S. 70 ff.; *Synodinou* JIPITEC 2019, 20 Abs. 62 f.

[175] EuGH GRUR 2015, 256 Rn. 30 – Allposters/Pictoright; weiter → Rn. 308.

[176] EuGH GRUR 2015, 256 Rn. 33 ff. – Allposters/Pictoright. Im deutschen Recht wurde dies seit jeher angenommen (vgl. BGH GRUR 1993, 34 (36) – Bedienungsanweisung).

[177] Entgegen Äußerungen in der Literatur bedeutet die Anwendung des Kriteriums des „neuen Publikums" in der Rechtsprechung des EuGH keine Anerkennung einer Erschöpfung des Rechts der öffentlichen Wiedergabe (dazu → Rn. 119).

[178] Vgl. EuGH GRUR 2013, 500 Rn. 23 f. – ITV Broadcasting/TVC; EuGH GRUR 2018, 911 Rn. 32 – Land Nordrhein-Westfalen/Dirk Renckhoff; BGH GRUR 2017, 514 Rn. 37 – Cordoba I; → § 19a Rn. 47.

[179] Vgl. *Gaster* wbl. 1997, 47 (54 f.); *Walter/von Lewinski/von Lewinski* Kap. 9 Rn. 9.5.23.

[180] Vgl. EuGH GRUR 2012, 904 Rn. 51, 56 – UsedSoft mAnm *Hansen/Wolff-Rojczyk;* vgl. weiter BGH GRUR 2014, 264 – UsedSoft II; BGH GRUR 2015, 772 – UsedSoft III mAnm *Sattler;* öOGH MR 2017, 329 (unter 1.) – Containerterminal mAnm *Walter; Peter* ZUM 2019, 490.

[181] Vgl. EuGH GRUR 2012, 904 Rn. 50 f. – UsedSoft.

[182] Vgl. EuGH GRUR 2012, 904 Rn. 38 ff. – UsedSoft; weiter → § 19a Rn. 17.

[183] Vgl. EuGH GRUR 2012, 904 – UsedSoft mAnm *Hansen/Wolff-Rojczyk.*

[184] Vgl. dazu GA *Szpunar,* SchlA v. 10.9.2019 – C-263/18 in Tom Kabinet; vgl. weiter OLG Hamm GRUR 2014, 853 mAnm *Hansen* = NJW 2014, 3659 mAnm *Hauck* NJW 2014, 3616 = CR 2014, 498 mAnm *Kubach/Schuster* = K&R 2014, 534 mAnm *Telle;* OLG Hamburg ZUM 2015, 503; Court of Appeal Amsterdam CRi 2015, 47 mAnm *van der Putt/Sigterman;* Heckmann/*Heckmann/Paschke* jurisPK-Internetrecht, 6. Aufl. 2019, Kap. 3.1 (Stand 20.8.2019) Rn. 251 ff. mwN; *Engels,* Die Vereinbarkeit der territorialen Aufspaltung von Verwertungsrechten mit den europäischen Binnenmarktregeln, 2016, S. 122 ff.; *Orgelmann,* Die rechtlichen Grenzen der Nutzung von E-Books, 2017, S. 169 ff.; *Konieczek,* Die Erschöpfung im digitalen Werkvertrieb über Cloud Computing, 2017, S. 155 ff., 181 f.; *Kuschel,* Der Erwerb digitaler Werkexemplare zur privaten Nutzung, 2019, S. 50 ff.; *Probst,* 3D-Druck trifft auf Urheber- und Patentrecht, 2019, S.132 ff.; *Maaß,* Verbreitung digitaler Inhalte unter Zugrundelegung des Erschöpfungsgrundsatzes am Beispiel von E-Books, 2019, S. 106 ff.; *Walter* MR 2016, 333; *Schippel* MMR 2016, 802; *Wandtke* MMR 2017, 367 (372); *Specht* FS Gernot Schulze, 2017, 413 (415 f.); *Druschel/Engert* ZUM 2018, 97 (100 f.); *Ficsor* FS Walter, 2018, 153 ff.; *Peter* ZUM 2019, 490 (497 ff.); vgl. auch *Determann/Specht* GRUR-Int 2018, 731 (733); *Jütte* UFITA 2018, 354 (364 ff.).

3. Weitere Beschränkungen (Grundrechte Dritter, Grundfreiheiten, Kartellrecht)

Das Urheberrecht am Werk ist als Eigentum iSd Art. 17 Abs. 2 Charta der Grundrechte der Euro- **43** päischen Union (GRCh) geschützt,[185] dies allerdings nicht schrankenlos.[186] Jede Einschränkung der Ausübung der in der GRCh anerkannten Rechte und Freiheiten muss gesetzlich vorgesehen sein und den Wesensgehalt dieser Rechte und Freiheiten achten (Art. 52 Abs. 1 GRCh).[187] Es obliegt den innerstaatlichen Behörden oder Gerichten, ein angemessenes Gleichgewicht zwischen widerstreitenden Grundrechten sicherzustellen.[188] Eine Maßnahme, die zu einer qualifizierten Beeinträchtigung eines durch die CRCh geschützten Rechtes führt, missachtet dieses Erfordernis.[189] Die Reichweite der Verwertungsrechte kann beschränkt sein mit Rücksicht auf das Grundrecht der Freiheit der Meinungsäußerung und der Informationsfreiheit (Art. 11 CRCh),[190] die Freiheit von Kunst und Wissenschaft (Art. 13 CRCh)[191] oder die unternehmerische Freiheit, die Wirtschaftsteilnehmer wie Accessprovider nach Art. 16 CRCh genießen.[192] Die Durchsetzung der Verwertungsrechte kann durch das Recht auf Achtung des Privat- und Familienlebens, der Wohnung und der Kommunikation (Art. 7 CRCh) beschränkt sein.[193] Soweit die Vorschriften des UrhG Unionsrecht umsetzen, kommt es für ihre Auslegung und Anwendung nicht auf die Gewährleistungen der Europäischen Menschenrechtskonvention **(EMRK)** an.[194]

Der Schutz der Verwertungsrechte kann weiterhin zum **Schutz der Grundfreiheiten** (insbes. der **44** Warenverkehrsfreiheit nach Art. 34 AEUV und der Dienstleistungsfreiheit nach Art. 56 AEUV) auf das begrenzt werden, was zum Schutz des spezifischen Gegenstands des geistigen Eigentums[195] erforderlich ist, um so eine Abschottung der Märkte zu vermeiden.[196] Der spezifische Gegenstand des geistigen Eigentums soll den Rechtsinhabern eine angemessene Vergütung für jede Nutzung des Schutzgegenstands sichern, nicht eine höchstmögliche Vergütung.[197] Diese Beschränkung ist bei der Anwendung des innerstaatlich nach stRspr geltenden Grundsatzes, dass der Urheber tunlichst an dem wirtschaftlichen Nutzen seines Werkes zu beteiligen ist,[198] zu beachten. Ein **Vervielfältigungsrecht,** das sich auf urheberrechtlich geschützte Formen von Flaschen und Warenverpackungen bezieht, muss uU zurücktreten, um eine Händlerwerbung für eingeführte Waren zu ermöglichen.[199]

Die Ausübung urheberrechtlicher Befugnisse kann **kartellrechtlichen Beschränkungen** unter- **45** liegen. Sie ist allerdings auch bei einem marktbeherrschenden Unternehmen nur unter außergewöhnlichen Umständen als Missbrauch der marktbeherrschenden Stellung iSd Art. 102 AEUV zu beurtei-

---

[185] Vgl. EuGH GRUR 2012, 489 Rn. 66 ff. – Luksan/van der Let; → Rn. 5. Zum grundrechtlichen Schutz der Verwertungsrechte als Eigentum iSd Art. 14 Abs. 1 GG → Rn. 168 ff.

[186] Vgl. EuGH GRUR 2014, 468 Rn. 61 – UPC Telekabel/Constantin Film ua mAnm *Marly;* EuGH GRUR 2019, 929 Rn. 32 ff. – Pelham/Hütter ua; vgl. weiter *v. Ungern-Sternberg* GRUR 2015, 533 (535).

[187] Vgl. EuGH GRUR 2012, 382 Rn. 41 ff. – SABAM/Netlog mAnm *Metzger;* EuGH GRUR 2015, 894 Rn. 33 ff. – Coty Germany/Stadtsparkasse mAnm *Kamlah;* vgl. auch EuGH GRUR 2016, 1152 Rn. 31, 44 f. – GS Media/Sanoma ua mAnm *Ohly;* EuGH, Urt. v. 8.5.2019 – C-230/18, BeckRS 2019, 7888 Rn. 66 – PI/ Landespolizeidirektion Tirol; BGH N&R 2016, 262 Rn. 22 f. – Karenzzeiten; BGH GRUR 2017, 1233 Rn. 22, 39 – Loud; weiter → Rn. 5, 35, 113, 122, 316 f.

[188] Vgl. EuGH GRUR 2016, 1146 Rn. 83 – McFadden/Sony Music; BGH GRUR 2019, 504 –YouTube-Drittauskunft.

[189] Vgl. EuGH GRUR 2015, 894 Rn. 35 – Coty Germany/Stadtsparkasse; EuGH GRUR 2018, 1234 Rn. 45 f. – Bastei Lübbe/Strotzer.

[190] Vgl. EuGH GRUR-Int 2013, 964 Rn. 10, 20, 21 – UEFA/Europäische Kommission (Beschränkung ausschließlicher Fernsehrechte im Interesse der Information der Öffentlichkeit über Ereignisse, denen der betreffende Mitgliedstaat eine erhebliche gesellschaftliche Bedeutung zumisst); EuGH GRUR 2016, 1152 Rn. 44 f. – GS Media/Sanoma ua mAnm *Ohly;* vgl. auch BGHZ 205, 22 = GRUR 2015, 1114 Rn. 41 ff. – Springender Pudel mAnm *Thiesen; Sganga* MR-Int 2019, 56 (58). Zur Bestimmung des Schutzumfangs der Verwertungsrechte in Abwägung mit Grundrechten → Rn. 33, 245, 305, 317.

[191] Vgl. EuGH GRUR 2019, 929 Rn. 32 ff. – Pelham/Hütter ua.

[192] Vgl. EuGH GRUR 2014, 468 Rn. 47 ff. – UPC Telekabel/Constantin Film ua mAnm *Marly;* vgl. weiter → Rn. 5, 305, 316 f.

[193] Vgl. EuGH GRUR 2018, 1234 Rn. 44 ff. – Bastei Lübbe/Strotzer.

[194] Vgl. BGH GRUR 2017, 1027 Rn. 22 f. – Reformistischer Aufbruch; vgl. auch *Robl,* Einfluss der Rechtsprechung des Europäischen Gerichtshofs zur Menschenrechte auf die Anwendung der Schranken des Urheberrechts, 2019, S. 43 ff.; *Ludwigs/Sikora* JuS 2017, 385; *van Deursen/Snijders* IIC 2018, 1080 (1091 ff.); weiter → Rn. 317.

[195] → Rn. 3; vgl. dazu *Mestmäcker/Schweitzer,* Europäisches Wettbewerbsrecht, 3. Aufl. 2014, § 29 Rn. 32, 37 ff.

[196] Vgl. EuGH GRUR 2012, 156 Rn. 104 ff. – Football Association Premier League u. Murphy; EuGH GRUR 2012, 904 Rn. 62 – UsedSoft; EuGH GRUR-Int 2004, 39 Rn. 23 – Rioglass; vgl. auch EuGH GRUR 2012, 817 Rn. 35 ff. – Donner; BGHZ 171, 151 = GRUR 2007, 871 Rn. 35 f. – Wagenfeld-Leuchte; BGHSt 58, 15 = GRUR 2013, 62 Rn. 54 ff. – Italienische Bauhausmöbel; BGH GRUR 2012, 621 Rn. 45 – OSCAR (zum Markenrecht); BGH GRUR 2016, 1057 Rn. 37 – Kraftfahrzeugfelgen (zum Designrecht); vgl. weiter MüKoEuWettbR/*Wolf,* 2. Aufl. 2015, Einl. Rn. 1224 ff.; *Senftleben* NJW 2012, 2924 (2926); → Einl. UrhG Rn. 98 ff.

[197] Vgl. EuGH GRUR 2012, 156 Rn. 107 ff. – Football Association Premier League u. Murphy; EuGH GRUR 2012, 904 Rn. 63 – UsedSoft; EuGH GRUR 2018, 911 Rn. 20 – Land Nordrhein-Westfalen/Dirk Renckhoff; vgl. auch EuGH GRUR 2019, 929 Rn. 38 – Pelham/Hütter ua.

[198] Vgl. → Rn. 6 f., 174 ff.

[199] Vgl. EuGH GRUR-Int 1998, 140 Rn. 55 ff. – Dior/Evora; *Kur* GRUR-Int 1999, 24 (25 f.); vgl. dazu BGHZ 144, 232 (237 ff.) = GRUR 2001, 51 (53 f.) – Parfumflakon; weiter → Rn. 313, 319.

len.[200] Die Verweigerung einer Lizenzerteilung kann ausnahmsweise ein missbräuchliches Verhalten iSd Art. 102 AEUV sein,[201] ebenso die Forderung überhöhter Lizenzgebühren, die nicht in einem vernünftigen Zusammenhang mit dem wirtschaftlichen Wert der erbrachten Leistungen stehen.[202]

VI. Verwertungsrechte an körperlichen Werknutzungen

1. Rechte der Verwertung des Werkes in körperlicher Form als Rechte an Nutzerhandlungen

46 Nach dem Unionsrecht sind die Verwertungsrechte – anders als nach der Fassung des § 15 – nicht Rechte des Urhebers, „sein Werk" „zu verwerten", sondern Rechte an Verwertungshandlungen von Werknutzern.[203] Die Rechte an der Verwertung des Werkes in körperlicher Form sind – wie das Recht der öffentlichen Wiedergabe – inhaltlich gemäß dieser Konzeption zu bestimmen.[204]

2. Vervielfältigungsrecht

47 Das Vervielfältigungsrecht ist vor allem in Art. 2 InfoSoc-RL geregelt.[205] Dieses Recht ist weit auszulegen.[206] Es erfasst Abbildungen des Werkes unabhängig vom Material und der Qualität der Vervielfältigung.[207] Dementsprechend sind dem Unionsrecht die Rechtsgrundsätze für die Grenzziehung zu entnehmen, wann eine **verschlechterte Wiedergabe** nicht mehr als Wiedergabe der geistigen Schöpfung und damit nicht mehr als Eingriff in das Vervielfältigungsrecht zu werten ist. Nach Unionsrecht richtet sich auch die Frage, nach welchen Kriterien und in welchem Umfang die Verwertungsrechte auch **Nutzungen des Werkes in veränderter Gestalt** erfassen.[208]

Gleiches gilt für die Frage, wann die **Veränderung eines Vervielfältigungsstücks** als weitere genehmigungspflichtige Vervielfältigung zu werten ist. Diese Frage stellt sich typischerweise in Fällen, in denen die Restaurierung oder Reparatur von Werkstücken von der Wiederherstellung als einer Vervielfältigung abzugrenzen ist.[209] Das Urteil des EuGH **„Allposters/Pictoright"** betraf einen etwas abgewandelten Fall: Rechtmäßig erworbene Poster geschützter Kunstwerke wurden zur Herstellung von „ansehnlicheren" Werkabbildungen auf Leinwand verwendet. Nach Aufbringung des Posters auf einer Lage Kunststoff wurde die Posterabbildung (genauer: die das Werk wiedergebende Tinte) mit einem chemischen Verfahren vom Papierträger auf Leinwand übertragen. Weil dadurch die Abbildung auf dem Poster verschwand, blieb es bei nur einem, wirtschaftlich aber erheblich wertvolleren Vervielfältigungsstück.[210] Der EuGH geht bei einer solchen weitgehenden Veränderung von einem neuen Gegenstand (und damit einer neuen Vervielfältigung) aus.[211]

3. Verbreitungsrecht

48 Das Verbreitungsrecht hat seine Grundlage in Art. 4 Abs. 1 InfoSoc-RL.[212] Auch das Verbreitungsrecht ist voll harmonisiert.[213] Der **Begriff der Verbreitung** ist autonom und im Einklang mit Art. 6 Abs. 1 WCT auszulegen.[214] Das Verbreitungsrecht bezieht sich auch auf die Verbreitung von Vervielfältigungsstücken, die das Werk in veränderter Gestalt wiedergeben.[215]

---

[200] Vgl. EuGH GRUR 2015, 764 Rn. 46 ff., 57 f. – Huawei Technologies/ZTE (zur Ausübung der Rechte aus einem standardessenziellen Patent).

[201] Vgl. EuGH GRUR-Int 1995, 490 Rn. 48 ff. – Magill TV Guide; EuGH GRUR 2004, 524 Rn. 31 ff. – IMS/Health; EuG WuW/E EU-R 1307 Rn. 317 ff. = BeckEuRS 2007, 455432 – Microsoft/Kommission; MüKoEuWettbR/*Wolf,* 2. Aufl. 2015, Einl. Rn. 1404 ff.; *Ensthaler/Bock* GRUR 2009, 1 ff.; *Kempel,* Die Anwendung von Art. 102 AEUV auf geistiges Eigentum und Sacheigentum, 2011; *Naue,* Immaterielle Gegenstände – insbesondere Immaterialgüterrecht als wesentliche Einrichtungen nach Art. 102 AEUV, 2012; *Viniol,* Zwangslizenzen an Patenten, 2013; *Weber* S. 271 ff.; weiter → Rn. 320.

[202] Vgl. EuGH GRUR 2009, 421 Rn. 24 ff. – Kanal 5 und TV 4/STIM; EuGH GRUR 2014, 473 Rn. 87 ff. – OSA/Léčebné lázně; MüKoEuWettbR/*Wolf,* 2. Aufl. 2015, Einl. Rn. 1399 ff.

[203] → Rn. 10, 13, 214 ff.

[204] Vgl. dazu → Rn. 10 ff.

[205] Vgl. weiter → § 16 Rn. 4.

[206] Vgl. EuGH GRUR 2009, 1041 Rn. 40 ff. – Infopaq/DDF I; EuGH GRUR 2017, 62 Rn. 29 ff. – Soulier u. Doke/Premier ministre ua.

[207] Davon geht EuGH GRUR 2015, 256 Rn. 27 – Allposters/Pictoright – ohne weiteres aus (vgl. auch Art. 9 Abs. 1 RBÜ, Art. 1 Abs. 4 WCT).

[208] → Rn. 27, 32 ff., 242 ff.

[209] → § 16 Rn. 15.

[210] EuGH GRUR 2015, 256 Rn. 15, 44 f., 48 = MR-Int. 2015, 17 mAnm *Daum* – Allposters/Pictoright.

[211] EuGH GRUR 2015, 256 Rn. 41 ff. – Allposters/Pictoright; → Rn. 51.

[212] Vgl. weiter → § 17 Rn. 2.

[213] Vgl. BGH GRUR 2017, 793 Rn. 20 – Mart-Stam-Stuhl; weiter → Rn. 143 ff., 164.

[214] Vgl. weiter → § 17 Rn. 2. – Inran Syed; → § 17 Rn. 2. Die Reichweite des Verbreitungsrechts iSd Art. 4 Abs. 1 InfoSoc-RL wird dadurch nicht beschränkt, wie sich daraus ergibt, dass nach dem Urteil des EuGH „Dimensione ua/Knoll" (EuGH GRUR 2015, 665 Rn. 33, 35) – über Art. 6 Abs. 1 WCT hinausgehend – auch die Werbung vom Verbreitungsrecht erfasst wird.

[215] EuGH GRUR 2015, 256 Rn. 27 – Allposters/Pictoright.

Das Verbreitungsrecht greift nur ein, wenn der Nutzer mit **Verwertungsabsicht** handelt.[216]   **49**

Die „Verbreitung an die Öffentlichkeit" umfasst eine Reihe von Handlungen, die „zumindest"   **50** vom Abschluss eines Kaufvertrags bis zu dessen Erfüllung durch die Lieferung an ein Mitglied der Öffentlichkeit reichen.[217] Auch dem Abschluss eines Kaufvertrags **vorangehende Handlungen** können unter das Verbreitungsrecht fallen. Selbständige Werknutzungshandlungen durch Verbreitung sind auch an eine Öffentlichkeit gerichtete Verkaufsangebote[218] oder eine gezielte öffentliche Werbung für den Erwerb des Originals oder eines Vervielfältigungsstücks des Werkes.[219] Unerheblich ist es, ob es danach zu einem Übergang des Eigentums am Original oder an Vervielfältigungsstücken des Werkes kommt.[220] Auch die Lagerung von Waren, die das Urheberrecht an einem geschützten Werk verletzen, kann eine Verbreitungshandlung sein, wenn diese Waren ebenso wie im Ladenlokal des Händlers angebotene identische Waren dazu bestimmt sind, an die Öffentlichkeit verkauft zu werden.[221] Da Art. 4 Abs. 1 InfoSoc-RL dem Urheber ein Recht an der „Verbreitung an die Öffentlichkeit" gibt, muss die Verbreitungshandlung (zB durch entsprechende Werbung) darauf gerichtet sein, das Original oder Werkstücke der Öffentlichkeit zugänglich zu machen.[222] Die nichtöffentliche Auslieferung an einzelne Mitglieder der Öffentlichkeit muss auf einer Handlung mit dieser Zielsetzung beruhen. Das Angebot und die Versendung eines Werkstücks an einen einzelnen Kunden ist dagegen nicht schon dann eine Verbreitung an die Öffentlichkeit, wenn zwischen dem Anbietenden und dem Kunden keine persönlichen Beziehungen bestehen.[223]

In seinem Urteil **„Le-Corbusier-Möbel"** hat der **EuGH** den Begriff der Verbreitung des Origi-   **51** nals des Werkes oder eines Vervielfältigungsstücks davon an die Öffentlichkeit **sehr eng ausgelegt.** Danach erfasst das Verbreitungsrecht insoweit nur Formen der Verbreitung, die mit einer Eigentumsübertragung zusammenhängen.[224]

VII. Verwertungsrechte an unkörperlichen Werknutzungen

1. Rechtsgrundlagen und Anwendungsbereich der Rechte der öffentlichen Wiedergabe

Das Recht der öffentlichen Wiedergabe, das den Urhebern gemäß **Art. 3 InfoSoc-RL**[225] zu ge-   **52** währen ist, unterscheidet sich von dem Recht der öffentlichen Wiedergabe gemäß § 15 Abs. 2. Der Begriff der öffentlichen Wiedergabe iSd Richtlinie ist zwar weit zu verstehen,[226] die Richtlinie erfasst aber nur Wiedergaben an die Öffentlichkeit, die „an dem Ort, an dem die Wiedergabe ihren Ursprung nimmt, nicht anwesend ist" (vgl. Erwgr. 23 S. 2). Das Recht der öffentlichen Wiedergabe sollte „jegliche entsprechende drahtgebundene oder drahtlose öffentliche Übertragung oder Weiterverbreitung eines Werks, einschließlich der Rundfunkübertragung, umfassen" (vgl. Erwgr. 23 S. 3). Dies schließt Wiedergaben durch öffentliches Wahrnehmbarmachen des Werkes durch (Live-)Aufführung oder Vortrag vor anwesendem Publikum (vgl. § 19) aus.[227]

Der **Begriff der Wiedergabe iSd Art. 3 Abs. 1 InfoSoc-RL** umfasst „jede Übertragung geschützter Werke unabhängig vom eingesetzten technischen Mittel oder Verfahren".[228] Art. 3 Abs. 1 InfoSoc-RL erfasst daher auch öffentliche Wiedergaben durch Wahrnehmbarmachen von Rundfunk-

---

[216] Vgl. EuGH GRUR 2012, 817 Rn. 27 ff. – Donner; EuGH GRUR 2019, 161 Rn. 28 ff. – Imran Syed (zu dieser Entscheidung vgl. auch *Jütte* E.I.P.R. 2019, 459 (460 f.)). Zum Transit vgl. → Vor §§ 120 ff. Rn. 135.

[217] Vgl. EuGH GRUR 2012, 817 Rn. 26 – Donner; EuGH GRUR 2014, 283 Rn. 28 – Blomqvist/Rolex; EuGH GRUR 2019, 161 Rn. 22 ff. – Imran Syed.

[218] EuGH GRUR 2015, 665 Rn. 28 ff. – Dimensione ua/Knoll; ebenso GA *Jääskinen,* SchlA v. 13.6.2013 – C-170/12 in Peter Pinckney/KDG Mediatech, BeckRS 2013, 81340 Rn. 26; BGH GRUR 2017, 793 Rn. 21 ff. – Mart-Stam-Stuhl (zum Ausstellen eines Produkts auf einer Messe); Walter/von Lewinski/*von Lewinski/Walter* Kap. 11 Rn. 11.4.14.

[219] Vgl. EuGH GRUR 2014, 283 Rn. 32 – Blomqvist/Rolex; EuGH GRUR 2015, 665 Rn. 28 ff. – Dimensione ua/Knoll; BGH GRUR 2016, 490 Rn. 33 f. – Marcel-Breuer-Möbel II.

[220] Vgl. EuGH GRUR 2019, 161 Rn. 25 ff. – Imran Syed; BGH GRUR 2016, 490 Rn. 33 – Marcel-Breuer-Möbel II.

[221] Vgl. EuGH GRUR 2019, 161 Rn. 28 ff. – Imran Syed.

[222] Vgl. EuGH GRUR 2015, 665 Rn. 24, 33 – Dimensione ua/Knoll.

[223] Vgl. MüKoStGB/*Heinrich,* Bd. 7, 3. Aufl. 2019, UrhG § 106 Rn. 65 (in Auslegung des deutschen Rechts); aA Wandtke/Bullinger/*Heerma* UrhG § 17 Rn. 17 f.

[224] Vgl. EuGH GRUR 2008, 604 Rn. 38 ff. = GRUR-Int 2008, 593 mAnm *v. Welser* – Le-Corbusier-Möbel; EuGH GRUR 2015, 256 Rn. 29 – Allposters/Pictoright; EuGH GRUR 2015, 665 Rn. 33 – Dimensione ua/Knoll; BGH GRUR 2017, 793 Rn. 47 – Mart-Stam-Stuhl; vgl. dazu *J. H. Schmidt* S. 186 ff.; aA *Walter* MR-Int. 2012, 81 (82); *Stieper* ZGE 2011, 227 (233 f.); *Eichelberger* ZUM 2012, 954 (955 f.); Wandtke/Bullinger/*Heerma* UrhG § 17 Rn. 4 ff.

[225] → Rn. 1.

[226] Vgl. EuGH GRUR 2018, 911 Rn. 16 – Land Nordrhein-Westfalen/Dirk Renckhoff.

[227] Dazu näher → Rn. 1, 160, 355.

[228] Vgl. EuGH GRUR 2012, 156 Rn. 193 – Football Association Premier League u. Murphy; EuGH GRUR 2014, 473 Rn. 25 – OSA/Léčebné lázně; EuGH, Urt. v. 14.7.2015 – C-151/15 Rn. 13 = MR-Int. 2015, 108 mAnm *Walter* – Sociedade Portuguesa de Autores; BGH GRUR 2018, 178 Rn. 30 – Vorschaubilder III; weiter → Rn. 60 ff.

sendungen (zB in einer Gastwirtschaft),[229] ebenso öffentliche Wiedergaben mittels Bild- oder Tonträger.[230] Nach der Rechtsprechung des EuGH kann eine Handlung der Wiedergabe aber auch dann gegeben sein, wenn keine Übertragung des Werkes stattfindet, sondern einer Öffentlichkeit nur der Zugang zum Werk vermittelt wird.[231]

53   Nach **Art. 17 DSM-RL** vom 17.4.2019[232] ist den Urhebern und den anderen in Art. 3 Abs. 1 und 2 InfoSoc-RL genannten Rechtsinhabern ein besonderes Recht der öffentlichen Wiedergabe und der öffentlichen Zugänglichmachung[233] zu gewähren, das gegen „Diensteanbieter für das Teilen von Online-Inhalten" iSd Art. 2 Abs. 6 DSM-RL (wie zB YouTube) geltend gemacht werden kann.[234] Die Richtlinie ist bis zum 7.6.2021 umzusetzen.[235]

54   In Art. 2 und 8 Satelliten- und Kabel-RL besonders geregelt sind die **öffentliche Wiedergabe über Satellit** und die Wahrnehmung von Rechten an der **Kabelweiterverbreitung** von Rundfunksendungen.[236] Die InfoSoc-RL lässt diese Bestimmungen unberührt.[237] Die Satelliten- und Kabel-RL hat den Mitgliedstaaten nicht vorgeschrieben, ein Recht an der Kabelweitersendung einzuführen und auch nicht den Umfang eines solchen Rechts definiert.[238] Das Recht der öffentlichen Wiedergabe aus Art. 3 InfoSoc-RL umfasst nunmehr auch das Recht an der Kabelweitersendung.[239]

55   Nach dem Urteil des EuGH „UsedSoft" erfasst Art. 3 Abs. 1 InfoSoc-RL nicht das **öffentliche Zugänglichmachen eines Computerprogramms** zur Ermöglichung des entgeltlichen Herunterladens, weil die Bestimmungen der Computerprogramm-RL im Verhältnis zur InfoSoc-RL leges speciales sind.[240]

56   Der **Urheber eines Datenbankwerkes** (vgl. § 4 Abs. 2) hat nach **Art. 5 Buchst. d Datenbank-RL** „in bezug auf die urheberrechtsfähige Ausdrucksform" das Recht an „jeder öffentlichen Wiedergabe, Vorführung oder Aufführung". Das Recht der öffentlichen Wiedergabe des Datenbankwerkes („communication" „to the public") umfasst das Senderecht und das Recht der öffentlichen Zugänglichmachung und der Abrufübertragung.[241] Als Anwendungsbeispiele für die Verwertung eines Datenbankwerkes durch öffentliche Vorführung („display") werden genannt die Anzeige von Datenbankinformationen auf Bildschirmen in öffentlichen Einrichtungen (wie Bahnhöfen) oder in Hotels.[242] Praxisnahe Anwendungsfälle für das Recht der „öffentlichen Aufführung" („performance to the public") sind schwer vorstellbar.[243]

2. Inhalt des Rechts der öffentlichen Wiedergabe aus Art. 3 Abs. 1 InfoSoc-RL

57   **a) Allgemeines zur Auslegung des Art. 3 Abs. 1 InfoSoc-RL.** Der Begriff der öffentlichen Wiedergabe iSd Art. 3 Abs. 1 InfoSoc-RL ist im Zusammenhang mit anderen Richtlinien und im **Einklang mit den internationalen Verträgen** zum Urheberrecht auszulegen.[244] Der Inhalt des Rechts wird aber nicht durch die Vorgaben der internationalen Verträge begrenzt. Dies zeigt zB das Urteil des EuGH „Phonographic Performance (Ireland)", nach dem ein Hotelbetreiber eine öffentliche Wiedergabe vornimmt, wenn er in den Gästezimmern Handelstonträger (in physischer oder digitaler Form) und dafür geeignete Abspielgeräte (anderer Art als Fernseh- und/oder Radiogeräte) bereitstellt.[245] Für diese Beurteilung gab es in den internationalen Verträgen zum Urheberrecht kein Vorbild.[246]

---

[229] Vgl. EuGH GRUR-Int 2012, 150 Rn. 30 ff. – Circul Globus București; EuGH GRUR 2012, 156 Rn. 183 ff. = MMR 2011, 817 mAnm *Stieper* – Football Association Premier League u. Murphy; EuGH, Urt. v. 14.7.2015 – C-151/15 Rn. 11 ff. = MR-Int. 2015, 108 mAnm *Walter* – Sociedade Portuguesa de Autores; BGH GRUR 2013, 818 Rn. 14 – Die Realität I.

[230] EuGH GRUR 2012, 593 Rn. 70 ff. – SCF; EuGH GRUR 2012, 597 Rn. 26 – Phonographic Performance (Ireland), jeweils zu Art. 8 Abs. 2 Vermiet- und Verleih-RL.

[231] → Rn. 62 ff.

[232] Zur DSM-RL → Rn. 1.

[233] Anders als Art. 3 Abs. 1 InfoSoc-RL behandelt Art. 17 Abs. 1 DSM-RL das Recht der öffentlichen Zugänglichmachung – ohne erkennbaren Grund – terminologisch nicht als Unterfall des Rechts der öffentlichen Wiedergabe.

[234] Für Literaturnachweise zu Art. 17 DSM-RL vgl. → Rn. 2.

[234] Vgl. Art. 29 Abs. 1 DSM-RL.

[235] Vgl. Art. 29 Abs. 1 DSM-RL.

[236] Näher → Vor §§ 20 ff. Rn. 11 ff.

[237] Art. 1 Abs. 2 Buchst. c InfoSoc-RL; sa *Reinbothe* GRUR-Int 2001, 733 (735 f.).

[238] Vgl. EuGH EuZW 2000, 223 Rn. 24 – Egeda.

[239] Vgl. dazu näher → Vor §§ 20 ff. Rn. 6 f.

[240] Vgl. EuGH GRUR 2012, 904 Rn. 50 f., 56 – UsedSoft.

[241] Vgl. näher Walter/von Lewinski/*von Lewinski* Kap. 9 Rn. 9.5.19 ff.

[242] Walter/von Lewinski/*von Lewinski* Kap. 9 Rn. 9.5.18; zur Umsetzung im deutschen Recht → Rn. 287.

[243] Walter/von Lewinski/*von Lewinski* Kap. 9 Rn. 9.5.18.

[244] Vgl. EuGH GRUR 2007, 225 Rn. 35 – SGAE/Rafael; EuGH GRUR 2012, 593 Rn. 36 ff., 70 ff. – SCF; vgl. auch *Conrad* CR 2013, 305 (310 f.).

[245] Vgl. – zu Art. 8 Abs. 2 Vermiet- und Verleih-RL – EuGH GRUR 2012, 597 Rn. 56 ff. – Phonographic Performance (Ireland); weiter → Rn. 284.

[246] Krit. dazu *Westkamp* EuZW 2012, 698 (700 f.); *Haberstumpf* GRUR-Int 2013, 627 (631). Der EuGH beruft sich zwar (GRUR 2012, 597 Rn. 56 ff. – Phonographic Performance [Ireland], zu Art. 8 Abs. 2 Vermiet- und Verleih-RL) auf Art. 2 Buchst. g iVm Art. 15 WPPT. Nach diesen Vorschriften setzt ein Rechtseingriff aber ein tatsächliches Hörbarmachen des Tonträgers voraus.

Der **Begriff der öffentlichen Wiedergabe** ist **bei den Rechten der Urheber und den** 58
Rechten der Leistungsschutzberechtigten grundsätzlich gleich auszulegen.[247] Die Unterschiede
zwischen den Rechten der Urheber und den Rechten der Leistungsschutzberechtigten könnten eine
unterschiedliche Auslegung des Begriffs der öffentlichen Wiedergabe je nachdem, um welche Art
von Rechtsinhaber es geht, nicht rechtfertigen.[248] Für die Verwertung von Medienprodukten müssen
zudem meist sowohl von Urhebern als auch von Leistungsschutzberechtigten Rechte erworben werden. Es wäre nicht sinnvoll, wenn der Inhalt der Rechte von Urhebern und Leistungsschutzberechtigten nicht dementsprechend parallel ausgestaltet wäre. Den Inhabern von Leistungsschutzrechten
steht allerdings kein umfassendes Recht der öffentlichen Wiedergabe zu (vgl. Art. 3 Abs. 2 InfoSoc-
RL).[249]

b) Generalklauselartiger Charakter des Rechts der öffentlichen Wiedergabe. aa) Grund- 59
züge der Auslegung. Der Begriff der öffentlichen Wiedergabe wird in Art. 3 Abs. 1 InfoSoc-RL
nicht erläutert.[250] Sinn und Tragweite dieses Begriffs sind deshalb mit Blick auf die Ziele der InfoSoc-
RL und den Zusammenhang zu bestimmen.[251] Nach der Rechtsprechung des EuGH ist das Recht
der öffentlichen Wiedergabe ein generalklauselartiges Recht. Es ist ein eigenständiges, **umfassendes
Recht an unkörperlichen Nutzerhandlungen.**[252] Das Recht ist nicht als Recht des Urhebers konzipiert, „sein Werk" in unkörperlicher Form „zu verwerten", sondern als Recht des Urhebers, Verwertungshandlungen von Werknutzern zu erlauben oder zu verbieten.[253] Der Begriff „öffentliche Wiedergabe" ist weit zu verstehen.[254] Vorbehaltlich der Schranken erfasst das Recht grundsätzlich jede
tatbestandsmäßige Nutzung des Werkes durch einen Dritten ohne vorherige Zustimmung des Berechtigten.[255]

Eine „öffentliche Wiedergabe" iSd Art. 3 Abs. 1 InfoSoc-RL setzt kumulativ eine „**Handlung
der Wiedergabe**" des Werkes und eine „**öffentliche**" Wiedergabe voraus.[256] Dies genügt jedoch
noch nicht für die Annahme einer Werknutzung durch öffentliche Wiedergabe.[257] Erforderlich ist
vielmehr eine **Gesamtbetrachtung** (individuelle Beurteilung),[258] bei der neben den Tatbestandsmerkmalen „Wiedergabe" und „öffentliche" Wiedergabe noch „eine Reihe weiterer Kriterien" zu
berücksichtigen sind.[259] Diese zusätzlichen Kriterien dienen dazu, Handlungen als Werknutzerhandlungen zu charakterisieren und die Auslegung des Rechts der öffentlichen Wiedergabe dadurch maßgeblich an dessen Zweck auszurichten, den Urhebern zu ermöglichen, eine angemessene Vergütung
für die Nutzung ihrer Werke zu erhalten.[260] Die Gesamtbetrachtung ist keine allgemeine Interessenabwägung im Einzelfall. Sie ist vielmehr die Beurteilung des Einzelfalls anhand bestimmter (tatbe-
standsmäßiger) Kriterien, die durch die Auslegung des Rechts der öffentlichen Wiedergabe gewonnen
worden sind.

Unter den Kriterien der Gesamtbetrachtung hebt der EuGH vor allem „die **zentrale Rolle des
Nutzers**" und die **Vorsätzlichkeit seines Handelns**" hervor.[261] Die öffentliche Wiedergabe iSd
Art. 3 Abs. 1 InfoSoc-RL wird danach verstanden als eine **bewusste Handlung eines Nutzers,** um
das Werk den Mitgliedern einer Öffentlichkeit zugänglich zu machen.[262] Entsprechend diesem – für

---

[247] Vgl. EuGH GRUR 2016, 684 Rn. 22 ff. – Reha Training/GEMA; EuGH GRUR 2016, 1152 Rn. 33 – GS
Media/Sanoma ua; BGH GRUR 2016, 278 Rn. 28 – Hintergrundmusik in Zahnarztpraxen; vgl. auch BGH
GRUR 2012, 1136 Rn. 14 – Breitbandkabel (zur einheitlichen Auslegung des Begriffs der öffentlichen Wiedergabe
im UrhG). Zur einheitlichen Auslegung des Richtlinienrechts → Rn. 114 ff.
[248] Ebenso *Leistner* GRUR 2014, 1145 (1149, 1153).
[249] Vgl. dazu *Grünberger* ZUM 2019, 573 (575).
[250] Die Verwertungstatbestände des Rechts der öffentlichen Wiedergabe sind auch nur teilweise ausdrücklich geregelt (→ Rn. 54 ff.).
[251] Vgl. EuGH GRUR 2018, 911 Rn. 17 – Land Nordrhein-Westfalen/Dirk Renckhoff.
[252] Weiter → Rn. 75.
[253] → Rn. 10 ff., 214 ff.
[254] Vgl. EuGH GRUR 2017, 512 Rn. 23 – ITV Broadcasting ua/TV ua; EuGH GRUR 2017, 790 Rn. 22 –
Stichting Brein/Ziggo ua; EuGH GRUR 2018, 911 Rn. 16 – Land Nordrhein-Westfalen/Dirk Renckhoff;
→ Rn. 60. Die weite Auslegung der Verwertungsrechte hat allerdings Grenzen → Rn. 122.
[255] Vgl. EuGH GRUR 2018, 911 Rn. 16, 29 ff., 44 – Land Nordrhein-Westfalen/Dirk Renckhoff.
[256] Vgl. EuGH GRUR 2018, 911 Rn. 19 – Land Nordrhein-Westfalen/Dirk Renckhoff; EuGH GRUR 2017,
510 Rn. 22 – AKM/Zürs.net; BGH GRUR 2016, 697 Rn. 19 – Königshof; BGH GRUR 2018, 178 Rn. 28 –
Vorschaubilder III; BGH GRUR 2019, 950 Rn. 26 – Testversion.
[257] Vgl. dazu als Beispiel die Beurteilung von Hyperlinks als öffentliche Wiedergabe iSd Art. 3 Abs. 1 InfoSoc-
RL (→ Rn. 64).
[258] Vgl. EuGH GRUR 2016, 1152 Rn. 33 f. – GS Media/Sanoma ua; BGH GRUR 2019, 725 Rn. 20 – Deutsche Digitale Bibliothek.
[259] Vgl. EuGH GRUR 2017, 790 Rn. 24 f. – Stichting Brein/Ziggo ua; vgl. auch EuGH GRUR 2018, 911
Rn. 24 – Land Nordrhein-Westfalen/Dirk Renckhoff („außerdem erforderlich"). Nach der Rechtsprechung des
EuGH handelt es sich um zusätzliche Kriterien. Es ist daher nicht geboten, diese Kriterien jeweils den Tatbestandsmerkmalen „Wiedergabe" und „öffentliche" Wiedergabe zuzuordnen (aA *Grünberger* ZUM 2018, 271 (279)). Zu
den Kriterien der Gesamtbetrachtung im Einzelnen → Rn. 77 ff.
[260] → Rn. 6 ff.
[261] Vgl. EuGH GRUR 2017, 790 Rn. 26, 34 – Stichting Brein/Ziggo ua; BGH GRUR 2018, 1132 Rn. 26, 28
– YouTube (Gz. des EuGH C-682/18); BGH GRUR 2018, 1239 Rn. 59 – uploaded (Gz. des EuGH C-683/18);
weiter → Rn. 78.
[262] → Rn. 79.

das UrhG fremden – Gedanken ist es für die Einstufung als „öffentliche Wiedergabe" erforderlich, dass das Werk unter **Verwendung eines „spezifischen technischen Verfahrens"** (dh eines Verfahrens, das sich von dem bisher verwendeten Verfahren unterscheidet)[263] oder für ein **„neues Publikum"** („dh. für ein Publikum, an das die Inhaber des Urheberrechts nicht gedacht hatten, als sie die ursprüngliche öffentliche Wiedergabe erlaubten")[264] wiedergegeben wird.[265]

Ob eine Werknutzung durch eine öffentliche Wiedergabe iSd Art. 3 Abs. 1 InfoSoc-RL vorliegt, wird maßgeblich auch durch **subjektive Tatbestandsmerkmale** bestimmt.[266] Vom Standpunkt eines traditionellen Verständnisses der Verwertungsrechte ist dies irritierend.[267] Ausgehend von der funktionsbezogenen Auslegung der Verwertungsrechte[268] ist dies aber konsequent.[269]

bb) Ausweitung der Täterhaftung. Der EuGH orientiert seine Auslegung des generalklauselartigen Rechts der öffentlichen Wiedergabe maßgeblich am Zweck des Art. 3 Abs. 1 InfoSoc-RL, den Urhebern zu ermöglichen, eine angemessene Vergütung für die Nutzung ihrer Werke zu erhalten.[270] Diese funktionsbezogene Auslegung führt zu einer Ausweitung der Täterhaftung.[271] So fallen auch Handlungen unter das Recht der öffentlichen Wiedergabe, die nicht schon selbst das Werk im Wortsinn für eine Öffentlichkeit wiedergeben und nach bisherigem deutschem Recht nur als Beteiligung an Nutzungshandlungen anderer oder als Störerhandlung erfasst worden wären.[272] Es geht dabei um sehr verschiedene Tätigkeiten wie zB das Setzen eines Hyperlinks auf rechtswidrig in das Internet eingestellte Werke,[273] den Verkauf eines Peripheriegeräts, das den Zugang zu rechtswidrig im Internet eingestellten Werken erleichtert (**„Filmspeler"**),[274] und den Betrieb einer Filesharing-Plattform für das rechtswidrige Tauschen von Werken (**„The Pirate Bay"**).[275] In allen diesen Fällen findet keine öffentliche Wiedergabe im Wortsinn statt. Der Werknutzer überträgt die Werke nicht selbst an eine Öffentlichkeit und hält sie auch nicht selbst (wie im Fall des § 19a UrhG) zum Abruf bereit. Er macht es sich lediglich zunutze, dass Dritte die geschützten Werke ohne Erlaubnis der Rechtsinhaber im Internet öffentlich zugänglich machen. Der Werknutzer erleichtert der von ihm angesprochenen Öffentlichkeit nur den Zugang zu diesen Werken. Der Werknutzer haftet nicht deshalb, weil ihm Handlungen Dritter zugerechnet werden, sondern weil sein eigenes Handeln an den gegebenen Umständen als tatbestandsmäßige Werknutzungshandlung beurteilt wird.[276] Dabei wird auch auf subjektive Merkmale abgestellt, insbesondere darauf, ob der Handelnde nach seiner Zwecksetzung selbst Werknutzer ist, dh in voller Kenntnis der Folgen seines Verhaltens tätig wird, um seinen Kunden Zugang zu einem geschützten Werk zu verschaffen.[277] Die Annahme einer tatbestandsmäßigen öffentlichen Wiedergabe kann nach der Rechtsprechung des EuGH von der Feststellung von Verkehrspflichtverletzungen abhängen. Der Täter haftet jedoch nicht wegen eines Verschuldens in der Form einer Verletzung von Verkehrspflichten, sondern

---

[263] Vgl. → Rn. 83.

[264] Vgl. EuGH GRUR 2014, 360 Rn. 23 f. – Nils Svensson ua/Retriever Sverige mAnm *Jani/Leenen* (für das Setzen eines Hyperlinks); EuGH GRUR 2014, 1196 Rn. 14 f. = GRUR-Int 2014, 1160 mAnm *Dietrich* – BestWater International/Mebes ua; weiter → Rn. 84 ff.

[265] Vgl. EuGH GRUR 2014, 1196 Rn. 14 – BestWater International/Mebes ua; EuGH GRUR 2014, 360 Rn. 24 – Nils Svensson ua/Retriever Sverige; BGH GRUR 2018, 1132 Rn. 38 – YouTube (Gz. des EuGH C-682/18); BGH GRUR 2019, 725 Rn. 25, 28 ff. – Deutsche Digitale Bibliothek.

[266] → Rn. 11 ff., 75, 79 ff., 90, 106, 218, 342, 344 ff.

[267] Vgl. *Mideliewa* E.I.P.R. 2017, 479 (483, 486); *Synodinou* E.I.P.R. 2017, 733 (735); *Rosati* CML Rev. 2017, 1221 (1233); *Loderer* sic! 2017, 58 (64 f.); *Cordell/Potts* E.I.P.R. 2018, 289 (291 f.); *Riesenhuber* MR 2018 Beil. H. 3, 19 (29); vgl. auch *Koo* JIPLP 2018, 542 (544 ff.).

[268] → Rn. 23 ff., 75 ff.

[269] Vgl. *v. Ungern-Sternberg* GRUR 2017, 217 (220 f.).

[270] Vgl. → Rn. 6 ff.

[271] Vgl. *Ohly* FS Gernot Schulze, 2017, 387 (388 ff.).

[272] *Ohly* (FS Gernot Schulze, 2017, 387 (391 f.); ZUM 2017, 793 (796 ff.); GRUR-Int 2018, 517 ff.) hält diese Ausdehnung der täterschaftlichen Haftung durch die Rechtsprechung des EuGH für problematisch; kritisch auch FA-GewRS/*Haberstumpf* Kap. 7 Rn. 186 f.; *Haberstumpf* JIPITEL 2019, 187 Abs. 13 ff.; vgl. auch *Savola* JIPITEC 2017, 139 (143) Abs. 22 ff.: „de facto harmonization of secondary liability"; *Leistner* FS Gernot Schulze, 2017, 75 (80); *Metzger* ZEuP 2017, 836 (856); *Mideliewa* E.I.P.R. 2017, 479 (486 f.); *Raue* ZGE 2017, 514 (519 f.); *Spindler* MMR 2018, 48 (50 f.); *Berger* sic! 2017, 661 (667 f.); *Tölkmitt* FS Büscher, 2018, 249 (259 ff.); *Grünberger* ZUM 2018, 321 (330); *Walter* GRUR-Int 2018, 485 ff.; *Cordell/Potts* E.I.P.R. 2018, 289 (292 f.); *Koo* JIPLP 2018, 542 (548); *Rehbinder/Peukert* Rn. 385, 407 f., 1058; Fromm/Nordemann/*J. B. Nordemann* UrhG § 97 Rn. 144a; *J. B. Nordemann* GRUR 2018, 526 (Entwicklung zu einem täterschaftlichen europäischen Haftungsmodell).

[273] EuGH GRUR 2016, 1152 – GS Media/Sanoma ua mAnm *Ohly;* vgl. dazu auch *Leistner* E.I.P.R. 2017, 327 (332 f.).

[274] EuGH GRUR 2017, 610 – Stichting Brein/Wullems. Zu dieser Entscheidung und dem ihr zugrundeliegenden Sachverhalt vgl. *v. Ungern-Sternberg* GRUR 2018, 225 (227) mwN.

[275] EuGH GRUR 2017, 790 – Stichting Brein/Ziggo ua. Zu dieser Entscheidung vgl. → Rn. 93, 286; *v. Ungern-Sternberg* GRUR 2018, 225 (227 f.) mwN; vgl. weiter öOGH GRUR-Int 2018, 479 (482) – Sperrverfügungen gegen Access Provider mAnm *Walter*.

[276] In der Folge ergeben sich schwierige Fragen der Grenzziehung zwischen einem tatbestandlich als öffentliche Wiedergabe erfassten Verhalten und bloßen Dienstleistungen bei der Weiterverbreitung des Werkes (vgl. dazu *Ohly* ZUM 2017, 793 (796 ff.)).

[277] Vgl. EuGH GRUR 2017, 790 Rn. 26, 34 – Stichting Brein/Ziggo ua; EuGH GRUR 2017, 610 Rn. 31 – Stichting Brein/Wullems; weiter → Rn. 79 f.

für tatbestandsmäßige Handlungen der Werknutzung, die auch durch Verkehrspflichtverletzungen geprägt sind.[278]

Im Hinblick auf die Ausweitung der Täterhaftung in der Rechtsprechung des EuGH hat der BGH ein Vorabentscheidungsersuchen mit der Frage gestellt, ob der Betreiber von **YouTube** eine öffentliche Wiedergabe iSd Art. 3 Abs. 1 InfoSoc-RL vornimmt, wenn er Nutzer Videos mit urheberrechtsverletzendem Inhalt auf seine Internetplattform hochladen lässt.[279] Nach Ansicht des BGH ist dies nicht der Fall, wenn der Betreiber von YouTube urheberrechtsverletzende Inhalte unverzüglich löscht oder den Zugang zu ihnen sperrt, sobald er davon Kenntnis erlangt hat, dass sie auf dieser Plattform verfügbar sind.[280]

In Fällen dieser Art ist nunmehr Art. 17 der Richtlinie über das Urheberrecht im digitalen Binnenmarkt **(DSM-RL)** vom 17.4.2019[281] zu beachten, nach dem Urhebern und anderen Rechtsinhabern iSd Art. 3 Abs. 1 und 2 InfoSoc-RL ein besonderes Recht der öffentlichen Wiedergabe und der öffentlichen Zugänglichmachung[282] gegen „Diensteanbieter für das Teilen von Online-Inhalten" iSd Art. 2 Abs. 6 DSM-RL (wie zB YouTube) zu gewähren ist.[283] Die Richtlinie ist bis zum 7.6.2021 umzusetzen.[284]

Ein weiteres Vorabentscheidungsersuchen des BGH betrifft die Frage, ob ein gewerblicher **Sharehosting-Dienst** („uploaded"), der in erheblichem Umfang auch für die Verbreitung rechtsverletzender Dateien benutzt wird, das Recht der öffentlichen Wiedergabe verletzt.[285]

c) Handlung der Wiedergabe. Der Begriff der „Handlung der Wiedergabe" ist **weit zu verstehen.**[286] Das erfordert auch das Hauptziel der InfoSoc-RL, ein hohes Schutzniveau für die Urheber zu erreichen und ihnen damit die Möglichkeit zu geben, für die Nutzung ihrer Werke eine angemessene Vergütung zu erhalten.[287] Die „Handlung der Wiedergabe" ist die **Handlung eines Werknutzers.**[288] Abweichend von der Ansicht des BGH[289] genügt deshalb bei der Beurteilung, ob eine Handlung der Wiedergabe vorliegt, eine rein technische Betrachtung nicht.[290] Allerdings spricht der Einsatz eines anderen technischen Mittels (wie der Kabelübertragung) bei der Weiterübertragung einer drahtlosen Rundfunksendung für die Annahme einer Wiedergabe iSd Art. 3 Abs. 1 InfoSoc-RL.[291] 60

Nach **Erwgr. 23 InfoSoc-RL** erfasst das Recht der öffentlichen Wiedergabe **jede drahtgebundene oder drahtlose Übertragung oder Weiterverbreitung** eines Werkes (einschließlich der Rundfunkübertragung) an eine Öffentlichkeit, die an dem Ort, an dem die Wiedergabe ihren Ursprung nimmt, nicht anwesend ist.[292] Eine Handlung der Wiedergabe kann auf „jede denkbare und 61

---

[278] Vgl. dazu aber auch *Ohly* FS Gernot Schulze, 2017, 387 (393 f.); *Ohly* ZUM 2017, 793 (801 ff.); *Leistner* ZUM 2018, 286 (289 f.); vgl. weiter *Hofmann* ZUM 2017, 750 (751 f.); *Jaworski/J. B. Nordemann* GRUR 2017, 567 (571 f.); *Conrad/Schubert* ZUM 2018, 132 (134).

[279] Vgl. BGH GRUR 2018, 1132 – YouTube mAnm *Ohly* (Gz. des EuGH C-682/18); vgl. auch öOGH, Beschl. v. 28.5.2019 – 4Ob74/19i (Gz. des EuGH C-500/19 – Puls 4 TV/YouTube); erste Instanz Handelsgericht Wien MR 2018, 174 – Puls 4 mAnm *Boesch* und *Walter*); OLG München GRUR 2016, 612 – Allegro barbaro (Klage in der Revisionsinstanz zurückgenommen); *H. Maier* S. 167 ff.; *Ludyga* ZUM 2016, 1013; *Hohlweck* ZUM 2017, 109; *Stieper* ZUM 2019, 1 (3 f.). Zur Bedeutung des Art. 17 DSM-RL für das Vorabentscheidungsverfahren in der Sache „YouTube" vgl. *Peifer* GRUR-Prax 2019, 403. Auch das Vorabentscheidungsersuchen des Hoge Rad v. 12.6.2019 (C-442/19 – Stichting Brein/News-Service Europe) betrifft im Kern die Frage, ob der Betreiber einer Plattform Werknutzer iSd Art. 3 Abs. 1 InfoSoc-RL ist. Es soll geklärt werden, ob der Betreiber einer Plattform für Usenet-Dienste als Werknutzer einer öffentlichen Wiedergabe haftet, wenn er Nutzern des Usenets ermöglicht, geschützte Werke anhand einer Übersicht zu Newsgroups und/oder einer einmaligen Message-ID (die beim Einstellen einer Nachricht durch einen Nutzer automatisch generiert wird) aufzufinden und herunterzuladen.

[280] BGH GRUR 2018, 1132 Rn. 30 ff. – YouTube mAnm *Ohly* (Gz. des EuGH C-682/18).

[281] Zur DSM-RL → Rn. 1.

[282] Anders als Art. 3 Abs. 1 InfoSoc-RL behandelt die DSM-RL das Recht der öffentlichen Zugänglichmachung – ohne erkennbaren Grund – terminologisch nicht als Unterfall des Rechts der öffentlichen Wiedergabe (vgl. Art. 8 Abs. 1, Art. 17 Abs. 1 DSM-RL).

[283] Für die Fassung dieser Vorschrift hatten die Kommission, der Europäische Rat und das EU-Parlament unterschiedliche Vorschläge vorgelegt: Richtlinienvorschlag der Kommission (14.9.2016) – COM(2016) 593 final; Europäischer Rat, General negotiating mandate (25.5.2018) – 9134/18; Amendments adopted by the European Parliament (12.9.2018) on the proposal for a directive of the European Parliament and of the Council on copyright in the Digital Single Market (COM(2016)0593 – C8-0383/2016 – 2016/0280(COD)).

[284] Vgl. Art. 29 Abs. 1 DSM-RL. Zu Literaturhinweisen → Rn. 2.

[285] Vgl. BGH GRUR 2018, 1239 Rn. 13 ff. – uploaded (Gz. des EuGH C-683/18).

[286] Vgl. EuGH GRUR 2007, 225 Rn. 36 – SGAE/Rafael; EuGH GRUR 2017, 790 Rn. 21 f. – Stichting Brein/Ziggo; EuGH GRUR 2018, 68 Rn. 40 – VCAST/RTI; BGH GRUR 2019, 725 Rn. 21 – Deutsche Digitale Bibliothek; weiter → Rn. 121.

[287] Vgl. EuGH GRUR 2016, 1152 Rn. 30 – GS Media/Sanoma ua; EuGH GRUR 2017, 790 Rn. 22 – Stichting Brein/Ziggo ua; weiter → Rn. 6, 113.

[288] Vgl. EuGH GRUR 2017, 790 Rn. 26, 34 – Stichting Brein/Ziggo ua; vgl. auch *Ohly* GRUR 2016, 1155 (1156); *Grünberger* ZUM 2017, 324 (336); für ein Beispiel → Rn. 396.

[289] BGH GRUR 2016, 697 Rn. 27 – Königshof; BGHZ 206, 365 = GRUR 2016, 71 Rn. 56 – Ramses (zu dieser Entscheidung → § 20 Rn. 68; *v. Ungern-Sternberg* GRUR 2016, 321 (325, 326 f.)).

[290] Zum Erfordernis einer wertenden Beurteilung des Merkmals eines spezifischen technischen Verfahrens → Rn. 83.

[291] Vgl. EuGH GRUR 2017, 510 Rn. 26 – AKM/Zürs.net.

[292] Vgl. EuGH GRUR 2017, 790 Rn. 30 – Stichting Brein/Ziggo ua.

praktikable Wiedergabeart" stattfinden.[293] Unerheblich ist, welches technische Mittel oder Verfahren angewandt wird.[294] Der EuGH bezeichnet auch die Wiedergabe in Gaststätten oder Gemeinschaftsräumen von Kureinrichtungen als „Übertragung" in diesem Sinn.[295]

62   Eine Handlung der Wiedergabe kann nach der Rechtsprechung des EuGH aber auch dann gegeben sein, wenn **keine Übertragung des Werkes** stattfindet.[296] Diese Auslegung kann sich auf Art. 3 Abs. 1 InfoSoc-RL stützen, der das Recht der öffentlichen Zugänglichmachung als Unterfall der öffentlichen Wiedergabe regelt („einschließlich").[297] Wird ein Werk dadurch öffentlich zugänglich gemacht, dass es aufgrund einer Einspeicherung in einer Datenbank für eine Öffentlichkeit zum Abruf bereitgehalten wird, findet keine „öffentliche Wiedergabe" im Wortsinn statt.[298] Es reicht für eine „Handlung der Wiedergabe" deshalb auch aus, wenn ein Werk einer Öffentlichkeit in der Weise zugänglich gemacht wird, dass deren Mitglieder Zugang zu ihm haben, ohne dass es darauf ankommt, ob sie diese Möglichkeit nutzen oder nicht.[299]

63   Nach der Rechtsprechung des EuGH kann danach grundsätzlich jede Handlung, mit der ein Nutzer in voller Kenntnis der Sachlage seinen Kunden Zugang zu geschützten Werken gewährt, eine „Handlung der Wiedergabe" darstellen.[300] Bei dieser weiten Auslegung des Begriffs **„Handlung der Wiedergabe",** die aus dem Zweck des Art. 3 Abs. 1 InfoSoc-RL abgeleitet wird, **Handlungen von Werknutzern** zu erfassen, nimmt der EuGH nur wenig Rücksicht auf den Sprachsinn.[301]

64   Nach dem Urteil des EuGH „Phonographic Performance (Ireland)" ist auch das **Bereitstellen von Tonträgern und Abspielgeräten** in Hotelzimmern als „Weiterverbreitung" anzusehen.[302] Mit einer „Übertragung" im Sprachsinn hat dies nichts zu tun. Eine „öffentliche Wiedergabe" im Wortsinn ist in einem solchen Fall nicht gegeben. Der Hotelbetreiber macht die geschützten Werke weder wahrnehmbar noch auch nur durch unkörperliche Übertragung zugänglich. Er stellt seinen Gästen lediglich als Teil der Zimmerausstattung Geräte für das Musikhören zur Verfügung, die – wenn überhaupt – nur zu unterschiedlichen Zeiten in der Privatsphäre des Hotelgastes genutzt werden.

Gleiches gilt für die Beurteilung des EuGH, dass das Recht der öffentlichen Wiedergabe auch dann eingreift, wenn der **Rundfunkempfang in den Gästezimmern** eines Hotels oder einer Kureinrichtung durch selbständig empfangstaugliche Fernseh- und Radiogeräte ermöglicht wird.[303] Ob es tatsächlich zu einer Wiedergabe oder Übertragung im Sprachsinn kommt, ist dabei nach der Rechtsprechung des EuGH nicht entscheidend.[304] Es ist deshalb – abweichend von der Ansicht des BGH im Urteil **„Königshof"**[305] – unerheblich, ob Geräte verwendet werden, die an eine Zentralantenne angeschlossen sind, oder selbständig empfangstaugliche Geräte (mit Zimmerantenne). In beiden Fällen ermöglicht das Hotel als Werknutzer den Empfang der Sendungen. Das genügt nach der Rechtsprechung des EuGH bereits für eine „Handlung der Wiedergabe".[306] Aus der Vielzahl zugänglicher Programme wird ohnehin in aller Regel nur ein kleiner Teil der Sendungen und dies nur an einzelne Gäste, die dafür ihr Gerät einschalten, übertragen. Diese Einzelübertragungen beruhen jeweils auf

---

[293] Vgl. EuGH GRUR 2012, 597 Rn. 61 – Phonographic Performance (Ireland), zu Art. 8 Abs. 2 Vermiet- und Verleih-RL.

[294] Vgl. EuGH GRUR 2017, 510 Rn. 23 – AKM/Zürs.net; EuGH GRUR 2018, 68 Rn. 40, 42 – VCAST/RTI; BGH GRUR 2018, 1132 Rn. 28 – YouTube (Gz. des EuGH C-682/18).

[295] EuGH GRUR 2016, 684 Rn. 37f., 47 – Reha Training/GEMA. Dort ist ausgeführt, dass die Betreiber eine öffentliche Wiedergabe vornehmen, „wenn sie geschützte Werke absichtlich dadurch übertragen, dass sie willentlich ein Signal über Fernseh- oder Radioempfänger, die sie in ihrer Einrichtung installiert haben, verbreiten").

[296] Vgl. – mit Beispielen aus der eigenen Rechtsprechung – EuGH GRUR 2017, 790 Rn. 30ff. – Stichting Brein/Ziggo ua („darüber hinaus"); *v. Ungern-Sternberg* GRUR 2019, 1 (3ff.); *v. Ungern-Sternberg* GRUR 2018, 225 (227f.); aA – zur Ermöglichung des Rundfunkempfangs in Hotelzimmern mit selbständigen Empfangsgeräten – BGH ZUM 2019, 184 Rn. 13ff.; BGH ZUM 2019, 186 Rn. 13f. (zu diesen Entscheidungen → Rn. 99); European Copyright Society (Stellungnahme zum Vorabentscheidungsverfahren C-466/12 – Svensson) v. 15.2.2013 S. 2ff. (https://europeancopyrightsociety.org/opinion-on-the-reference-to-the-cjeu-in-case-c-46612-svensson/; letzter Abruf 29.8.2019); *Koo* JIPLP 2018, 542 (544ff.).

[297] EuGH GRUR 2017, 790 Rn. 31f. – Stichting Brein/Ziggo ua. Der letzte Satz des Erwgr. 23 der InfoSoc-RL („Dieses Recht sollte für keine weiteren Handlungen gelten.") kann daher dieser Auslegung nicht entgegenstehen.

[298] Auch beim Betrieb eines Internetradios kommt es nur auf Initiative des Endverbrauchers zu einer Übertragung. Es ist daher theoretisch möglich, dass eine einzelne Sendung von niemand abgerufen und daher auch an niemand übertragen wird (weiter → § 20 Rn. 14f., 80).

[299] Vgl. EuGH GRUR 2017, 610 Rn. 35f. – Stichting Brein/Wullems; EuGH GRUR 2017, 790 Rn. 31, 34 – Stichting Brein/Ziggo ua; EuGH GRUR 2014, 1078 Rn. 41f., 51 – TU Darmstadt/Ulmer; BGH GRUR 2019, 950 Rn. 28 – Testversion; weiter → Rn. 69.

[300] EuGH GRUR 2017, 790 Rn. 34 – Stichting Brein/Ziggo ua.

[301] Vgl. auch BGH GRUR 2018, 1132 Rn. 29 – YouTube (Gz. des EuGH C-682/18).

[302] Vgl. – zu Art. 8 Abs. 2 Vermiet- und Verleih-RL – EuGH GRUR 2012, 597 Rn. 56ff. – Phonographic Performance (Ireland); krit. zu dieser Entscheidung *Haberstumpf* GRUR-Int 2013, 627 (631); weiter → Rn. 101, 284.

[303] Vgl. EuGH GRUR 2014, 473 Rn. 24, 26, 33 – OSA/Léčebné lázně; vgl. auch Fromm/Nordemann/*Dustmann/Engels* UrhG § 22 Rn. 10 (analoge Anwendung des § 20); weiter → Rn. 99, 162, 284. Die Frage, ob auch der Vermieter von Fahrzeugen, die mit Radioempfangsgeräten ausgestattet sind, eine öffentliche Wiedergabe iSd Art. 3 Abs. 1 InfoSoc-RL vornimmt, ist Gegenstand des Vorabentscheidungsersuchens C-753/18 (Stim und SAMI).

[304] → Rn. 62.

[305] BGH GRUR 2016, 697 Rn. 26 – Königshof; ebenso BGH ZUM 2019, 184 und BGH ZUM 2019, 186 (BVerfG 1 BvR 1300/16 und 1 BvR 2705/18; zu diesen Beschlüssen weiter → Rn. 99).

[306] Vgl. EuGH GRUR 2014, 1078 Rn. 41f., 51 – TU Darmstadt/Ulmer; weiter → Rn. 62.

einer Dienstleistung des Hotels, gleich ob dafür eine Zentralantenne oder die Zimmerantenne des einzelnen Geräts verwendet wird.

Ebenfalls als Handlung der Wiedergabe iSd Art. 3 Abs. 1 InfoSoc-RL durch Zugänglichmachen des Werkes mittels technischer Einrichtungen ist es zu beurteilen, wenn eine öffentliche Bibliothek das Werk an einem **elektronischen Leseplatz** für Nutzer zugänglich macht. Dabei kommt es nicht darauf an, ob jemals ein Nutzer von diesem Angebot Gebrauch macht.[307]

Wie weit der EuGH den Begriff „Handlung der Wiedergabe" fasst, zeigen auch seine Urteile „Stichting Brein/Wullems" und „Stichting Brein/Ziggo ua". Danach waren auch der Verkauf eines Peripheriegeräts, das den Zugang zu rechtswidrig im Internet eingestellten Werken erleichtert („**Filmspeler**"),[308] und der Betrieb einer Filesharing-Plattform für das rechtswidrige Tauschen von Werken („**The Pirate Bay**")[309] öffentliche Wiedergaben iSd Art. 3 Abs. 1 InfoSoc-RL.[310] Ebenso hat der EuGH die **Dienstleistung eines Internet-Videorecorder-Dienstes** als „Übertragung" an eine Öffentlichkeit beurteilt, die „unter spezifischen technischen Bedingungen" durchgeführt wird.[311]

Der EuGH sieht auch das **Setzen eines anklickbaren Hyperlinks** als „Handlung der Wiederga- 65 be" an, weil das Werk dadurch einer Öffentlichkeit zugänglich gemacht werde.[312] Das ist sehr weitgehend, weil ein Hyperlink lediglich den Zugang zum Werk erleichtert.[313] Der EuGH nimmt allerdings eine öffentliche Wiedergabe iSd Art. 3 Abs. 1 InfoSoc-RL nur an, wenn der Hyperlink zu einer Wiedergabe gegenüber einem „neuen Publikum" führt.[314]

d) Bewusste Werkvermittlung für ein Publikum. Die „Handlung der Wiedergabe" kann nur 66 dann eine öffentliche Wiedergabe iSd Art. 3 Abs. 1 InfoSoc-RL sein, wenn sie die **Handlung eines Nutzers**[315] ist, die darauf abzielt, das Werk einem möglichen Empfängerkreis zu vermitteln.[316] Dass diese Handlung tatsächlich zu einer Übertragung des Werkes an Mitglieder des Publikums führt, ist für das Eingreifen des Tatbestands nicht erforderlich.[317]

Die Handlung muss einer Öffentlichkeit den unmittelbaren Zugang zum Werk ermöglichen. Dem 67 Werknutzer muss dabei die zentrale Rolle zukommen. Wenn er nicht den gesamten Vorgang eigenhändig verwirklicht, muss ihm das Verhalten Dritter zurechenbar sein.[318] Es genügt nicht, wenn einer Öffentlichkeit lediglich aufgezeigt wird, wo das Werk aufzufinden ist, wenn die **Eröffnung des tatsächlichen Zugangs** noch in der Entscheidung eines selbständig handelnden Dritten liegt (zB bei der computergestützten Erkennung von Werken im Internet).[319] Eine Werkwiedergabe ist nicht schon dann gegeben, wenn ein Dritter durch irgendeine Vermittlungstätigkeit kausal für die spätere Eröffnung des Zugangs zum Werk wird. Daran ändert sich auch nichts, wenn dieser Dritte aus seiner Vermittlungstätigkeit Gewinn ziehen kann.[320] Wer einen **Internetzugang** ermöglicht (zB durch ein gewerbliches WLAN in einem Hotel) stellt lediglich eine Infrastruktureinrichtung zur Verfügung, zielt damit aber nicht darauf ab, den Zugang zu jedem einzelnen im Internet auffindbaren Werk zu eröffnen.[321]

e) Öffentlichkeit der Wiedergabe. Der **Begriff „öffentlich"** in Art. 3 InfoSoc-RL ist in der 68 gesamten Union autonom und einheitlich auszulegen.[322] Für die Mitgliedstaaten verbleibt im Anwendungsbereich der Richtlinienvorschrift kein Auslegungsspielraum.[323]

---

[307] Vgl. EuGH GRUR 2014, 1078 Rn. 41 f., 51 – TU Darmstadt/Ulmer.

[308] EuGH GRUR 2017, 610 – Stichting Brein/Wullems; zu dieser Entscheidung und dem zugrundeliegenden Sachverhalt weiter → Rn. 286.

[309] EuGH GRUR 2017, 790 – Stichting Brein/Ziggo ua. Zu dieser Entscheidung und zum Vorgang im Einzelnen vgl. → Rn. 286; v. Ungern-Sternberg GRUR 2018, 225 (227 f.) mwN.

[310] Dazu → Rn. 75.

[311] Vgl. EuGH GRUR 2018, 68 Rn. 48 ff. – VCAST/RTI mAnm Kianfar; dazu → Rn. 227.

[312] Vgl. EuGH GRUR 2014, 360 Rn. 19 f. – Nils Svensson ua/Retriever Sverige mAnm Jani/Leenen; BGH GRUR 2018, 178 Rn. 30 – Vorschaubilder III mAnm Ohly; aA Hugenholtz/van Velze IIC 2016, 797 (813 ff.). Gleichwohl ist Art. 3 Abs. 1 InfoSoc-RL auf das Setzen eines Hyperlinks idR nicht anwendbar → Rn. 104 ff.

[313] Vgl. BGHZ 156, 1 (12 ff.) = GRUR 2003, 958 (961 f.) – Paperboy; Arezzo IIC 2014, 524 (539); Koo JIPLP 2018, 542 (544 ff.); vgl. weiter Höfinger ZUM 2014, 293 (294) unter Hinweis auf die Stellungnahme der European Copyright Society zum Verfahren „Svensson".

[314] Vgl. EuGH GRUR 2016, 1152 Rn. 42 – GS Media/Sanoma ua; dazu näher → Rn. 86, 104 ff., 303.

[315] Vgl. EuGH GRUR 2014, 360 Rn. 16 f. – Nils Svensson ua/Retriever Sverige mAnm Jani/Leenen.

[316] Vgl. dazu → Rn. 79.

[317] Vgl. → Rn. 62.

[318] Vgl. zB EuGH GRUR 2017, 790 Rn. 18 ff., 36 f. – Stichting Brein/Ziggo ua; vgl. weiter → Rn. 18, 149, 223 f.

[319] Vgl. dazu → Rn. 281.

[320] Vgl. → Rn. 178. Zum Betrieb einer Online-Filesharing-Plattform als öffentliche Wiedergabe → Rn. 286.

[321] AA Handig ÖBl. 2014, 206 (209).

[322] Vgl. EuGH GRUR 2007, 225 Rn. 33 ff. – SGAE/Rafael. Das Vorabentscheidungsersuchen des Svea hovrätt v. 27.8.2019 (EuGH C-637/19 – BY) betrifft ua die Frage, ob der Begriff der Öffentlichkeit in Art. 3 Abs. 1 und Art. 4 Abs. 1 InfoSoc-RL gleich auszulegen ist. Zur Frage, ob der Begriff „öffentlich" in den verschiedenen Richtlinien zum Urheberrecht einheitlich auszulegen ist, vgl. → § 6 Rn. 7 f.

[323] Vgl. EuGH GRUR 2007, 225 Rn. 31 – SGAE/Rafael; EuGH GRUR 2014, 360 Rn. 38 f. – Nils Svensson ua/Retriever Sverige; Welp GRUR 2014, 751 (752); aA Haberstumpf GRUR-Int 2013, 627 (632 f.); Haberstumpf JIPITEL 2019, 187 Abs. 9 ff. RBÜ und WCT definieren den Begriff der Öffentlichkeit nicht → Rn. 27, 356.

69   Für eine „Handlung der Wiedergabe" iSd Art. 3 InfoSoc-RL reicht es aus, wenn einer Öffentlichkeit der **Zugang zum Werk eröffnet** wird. Unerheblich ist es, ob die Mitglieder dieser Öffentlichkeit diese Möglichkeit nutzen.[324] Deshalb kann eine Öffentlichkeit iSd Art. 3 InfoSoc-RL gegeben sein, auch wenn die Wiedergabe tatsächlich nur wenige Personen erreicht. Der Umstand, dass der Nutzer bei der Wiedergabe **Erwerbszwecke** verfolgt, ist für die Frage, ob der mögliche Empfängerkreis eine Öffentlichkeit ist, unerheblich. Er kann aber für die Frage bedeutsam sein, ob die Wiedergabe eine öffentliche Wiedergabe iSd Art. 3 InfoSoc-RL ist.[325] Nach der Art der Wiedergabe (zB bei einem Hyperlink) kann es für das Eingreifen des Rechts der öffentlichen Wiedergabe iSd Art. 3 InfoSoc-RL zudem erforderlich sein, dass die Wiedergabe für ein **„neues Publikum"** bestimmt ist.[326]

70   Eine Öffentlichkeit kann nur eine **„ziemlich große Zahl von Personen"** sein, die potenzielle Empfänger[327] der Dienstleistung des Nutzers sind.[328] Es muss deshalb eine „bestimmte Mindestschwelle" überschritten sein.[329] Dies ist der Fall bei den Gästen eines Hotels, denen der Rundfunkempfang ermöglicht wird,[330] und den Gästen eines Café-Restaurants, für die Rundfunksendungen mittels Lautsprechern übertragen werden,[331] nicht aber bei der im Allgemeinen sehr begrenzten Zahl von Patienten, die sich gleichzeitig in einer Arztpraxis aufhalten.[332] Der Begriff der Öffentlichkeit schließt eine „allzu kleine oder gar unbedeutende Mehrzahl betroffener Personen" aus.[333] Damit wird aber nicht bereits eine Untergrenze festgelegt in dem Sinn, dass schon mit jeder Mehrzahl von Personen, die nicht mehr allzu klein ist, das Kriterium „ziemlich große Zahl von Personen" erfüllt wäre.[334]

71   Maßgeblich ist nicht nur, wie viele Personen gleichzeitig Zugang zu demselben Werk haben,[335] sondern auch, wie viele von ihnen **in der Folge Zugang zum selben Werk** haben **(kumulative Wirkung)**.[336] Eine Wiedergabe ist deshalb öffentlich, wenn sich der Nutzer mit seiner Dienstleistung, Dritten Zugang zum Werk zu verschaffen, von vornherein an einen unbestimmten, wechselnden Kreis „recht vieler" Personen wendet. Nicht entscheidend ist, ob und wann Mitglieder dieser Öffentlichkeit von dem eröffneten Zugang zum Werk tatsächlich Gebrauch machen. Eine öffentliche Bibliothek nimmt deshalb eine öffentliche Wiedergabe vor, wenn sie ein digitalisiertes Werk an einem einzelnen Terminal (Leseplatz) den Bibliotheksbesuchern zugänglich macht.[337] Ebenso kann auch das Bereitstellen von Tonträgern und für diese geeigneten Abspielgeräten in Hotelzimmern eine öffentliche Wiedergabe sein.[338] Der **Wechsel im angesprochenen Personenkreis** kann auch als solcher für die Annahme einer öffentlichen Wiedergabe sprechen, auch wenn im Lauf der Zeit verschiedene Werke wahrnehmbar gemacht werden.[339] Eine konkrete Wiedergabe eines bestimmten Werkes wird aber nicht dadurch öffentlich, dass sich der Handelnde mit wechselnden Wiedergaben (wie zB mit der Rundfunkwiedergabe in einer Arztpraxis) an ein wechselndes Publikum wendet.[340]

---

[324] Vgl. EuGH GRUR 2014, 1078 Rn. 41 – TU Darmstadt/Ulmer; EuGH GRUR 2017, 790 Rn. 31, 34 – Stichting Brein/Ziggo ua; EuGH GRUR 2018, 911 Rn. 20 – Land Nordrhein-Westfalen/Dirk Renckhoff; weiter → Rn. 62.
[325] Str.; → Rn. 81.
[326] Vgl. EuGH GRUR 2018, 911 Rn. 37, 45 – Land Nordrhein-Westfalen/Dirk Renckhoff; weiter → Rn. 84 ff. Die Frage, ob sich eine Wiedergabe an ein „neues Publikum" richtet, ist von der Frage, ob die Wiedergabe öffentlich ist, zu unterscheiden (vgl. EuGH GRUR 2017, 610 Rn. 46 f. – Stichting Brein/Wullems [„darüber hinaus"]; EuGH GRUR 2018, 911 Rn. 23 f. – Land Nordrhein-Westfalen/Dirk Renckhoff [„außerdem erforderlich"]; BGH GRUR 2019, 725 Rn. 25 – Deutsche Digitale Bibliothek („weiterhin erforderlich"); aA *Grünberger* ZUM 2018, 271 (280)).
[327] Zur Bedeutung von Zugangsbeschränkungen (zB Abschluss eines Behandlungsvertrags als Voraussetzung für den Zugang zu einer Zahnarztpraxis) → Rn. 365, 371.
[328] Vgl. EuGH GRUR 2012, 593 Rn. 83 ff. – SCF; EuGH GRUR 2016, 1152 Rn. 36 – GS Media/Sanoma ua; EuGH GRUR 2017, 510 Rn. 24 – AKM/Zürs.net; EuGH GRUR 2018, 911 Rn. 22 – Land Nordrhein-Westfalen/Dirk Renckhoff; BGH GRUR 2018, 178 Rn. 35 – Vorschaubilder III.
[329] Vgl. EuGH GRUR 2017, 790 Rn. 41 – Stichting Brein/Ziggo ua.
[330] Vgl. EuGH GRUR 2012, 597 Rn. 33, 35, 42 – Phonographic Performance (Ireland).
[331] Vgl. EuGH, Urt. v. 14.7.2015 – C-151/15 Rn. 20 = MR-Int. 2015, 108 mAnm *Walter* – Sociedade Portuguesa de Autores.
[332] EuGH GRUR 2012, 593 Rn. 96 – SCF; zur Hintergrundmusik in Arztpraxen → Rn. 395.
[333] Vgl. EuGH GRUR 2017, 790 Rn. 41 – Stichting Brein/Ziggo ua. Die Beurteilung des BGH in „Internet-Videorecorder I" (GRUR 2009, 845 Rn. 35 mwN), dass bereits wenige Personen eine Mehrzahl iSd § 15 Abs. 3 bilden können, ist durch diese Rspr. überholt (aA *Riesenhuber* ZUM 2012, 433 (443 f.); *Haberstumpf* GRUR-Int 2013, 627 (632); *Haberstumpf* JIPITEL 2019, 187 Abs. 9 ff.; *Leistner* CR 2017, 818 (820 Fn. 26)).
[334] AA *Briem* GRUR-Int 2017, 493 (497); *Riesenhuber* ZUM 2012, 433 (443); vgl. auch *Marl* S. 329 ff. Die Rechtsprechung des EuGH ist mit der RBÜ vereinbar → Rn. 27, 356.
[335] Vgl. EuGH GRUR 2017, 510 Rn. 41 – AKM/Zürs.net.
[336] Vgl. EuGH GRUR 2017, 610 Rn. 44 – Stichting Brein/Wullems; EuGH GRUR 2017, 790 Rn. 41 – Stichting Brein/Ziggo ua; BGH GRUR 2019, 725 Rn. 23 – Deutsche Digitale Bibliothek; weiter → Rn. 82, 381 f.
[337] Vgl. EuGH GRUR 2014, 1078 Rn. 42 – TU Darmstadt/Ulmer. Eine Werknutzung iSd § 19a ist in einem solchen Fall nicht gegeben, weil die Benutzer auf das Werk nicht „von Orten und zu Zeiten ihrer Wahl" zugreifen können. Weiter → Rn. 284, 381.
[338] Vgl. EuGH GRUR 2012, 597 Rn. 56 ff. – Phonographic Performance (Ireland); weiter → Rn. 101, 284.
[339] Vgl. EuGH, Urt. v. 14.7.2015 – C-151/15 Rn. 20 = MR-Int. 2015, 108 mAnm *Walter* – Sociedade Portuguesa de Autores (für die wechselnden Besucher eines Café-Restaurants, in dem Rundfunksendungen über Lautsprecher übertragen werden); weiter → Rn. 82, 381.
[340] Dazu → Rn. 82.

Der Personenkreis, dem Zugang zum Werk verschafft werden soll, muss **unbestimmt** zusammen- **72**
gesetzt sein, darf sich also jedenfalls nicht auf die Mitglieder einer privaten Gruppe beschränken.[341]
Nach der Rechtsprechung des EuGH muss es sich bei der Öffentlichkeit um „**Personen allgemein**"
handeln.[342] Dieses Merkmal kann auch gegeben sein, wenn ein Publikum zahlenmäßig begrenzt ist.
Nach dem Urteil des EuGH „SCF" ist dies aber nicht der Fall bei den Patienten eines Zahnarztes.
Die Zusammensetzung dieser Personengesamtheit sei weitgehend stabil. Die Patienten seien eine
bestimmte Gesamtheit potenzieller Leistungsempfänger, weil andere Personen grundsätzlich keinen
Zugang zur Behandlung durch den Zahnarzt hätten.[343] Dies bedeutet jedoch nicht, dass nur beliebige
Mitglieder der Allgemeinheit eine Öffentlichkeit bilden könnten.[344]

Nicht jede unbestimmt zusammengesetzte Gruppe ist bereits eine Öffentlichkeit. Hinzukommen **73**
muss, dass „recht viele" Personen zu der Gruppe gehören. Auch ein **nicht privater Personenkreis**
ist keine Öffentlichkeit, solange er nicht „recht viele" Personen umfasst.[345] Der Begriff der Öffentlichkeit kann deshalb nicht einfach durch Abgrenzung von der privaten Sphäre bestimmt werden.[346]
Der angesprochene Personenkreis muss ein Publikum sein, an das sich die Wiedergabe richtet, dh zu
den **Endverbrauchern** gehören.[347]

Maßgeblich ist, ob der Nutzer das Werk öffentlich wiedergibt. Die Mitglieder der angesprochenen **74**
Öffentlichkeit können das Werk auch in ihrer **privaten Sphäre** nutzen. Die Ermöglichung des
Rundfunkempfangs in den einzelnen Gästezimmern eines Hotels oder in den Patientenzimmern eines
Krankenhauses wird (bei einer ausreichend großen Zahl potenzieller Empfänger) in der Gesamtbe-
trachtung als Nutzerhandeln gegenüber einer Öffentlichkeit beurteilt.[348]

f) Gesamtbetrachtung. Die Beurteilung, ob das Recht der öffentlichen Wiedergabe eingreift, er- **75**
schöpft sich nicht in der Prüfung, ob die Tatbestandsmerkmale „Handlung der Wiedergabe" und
„öffentliche" Wiedergabe vorliegen. Erforderlich ist darüber hinaus eine **Gesamtbetrachtung** (individuelle Beurteilung)[349] der – bezogen auf den Tatbestand des Rechts der öffentlichen Wiedergabe –
maßgeblichen Umstände.[350] Die Gesamtbetrachtung muss sich auf die individuelle Situation des Nutzers und der Personen beziehen, denen er Zugang zum Werk verschafft.[351] Es geht dabei nicht um
eine Subsumtion der Einzelfallumstände unter festumrissene Verwertungstatbestände (vergleichbar
dem Senderecht aus § 20), sondern um eine umfassende wertende Beurteilung des Nutzungssach-
verhalts auf der Grundlage bestimmter Kriterien.[352] Diese erfasst Werknutzungen als soziale Vorgänge weitgehend unabhängig vom eingesetzten technischen Mittel oder Verfahren.[353] Im Fall „Phonographic Performance (Ireland)" hat der EuGH dementsprechend bei der Prüfung, ob die Ermöglichung des Rundfunkempfangs in einem Hotel eine öffentliche Wiedergabe ist, nicht auf den Vorgang

---

[341] Vgl. EuGH GRUR 2012, 597 Rn. 34 – Phonographic Performance (Ireland); EuGH GRUR 2018, 911
Rn. 22 – Land Nordrhein-Westfalen/Dirk Renckhoff; BGH GRUR 2016, 278 Rn. 44 – Hintergrundmusik in
Zahnarztpraxen; sa *Handig* ZUM 2013, 273 (275).

[342] Vgl. EuGH GRUR 2012, 597 Rn. 34, 41 – Phonographic Performance (Ireland); EuGH GRUR 2016, 684
Rn. 42 – Reha Training/GEMA.

[343] Vgl. EuGH GRUR 2012, 593 Rn. 95 – SCF; EuGH GRUR 2016, 1152 Rn. 36 – GS Media/Sanoma ua;
dazu weiter → Rn. 365.

[344] Vgl. auch *Handig* ZUM 2013, 273 (275); vgl. weiter → Rn. 373.

[345] Vgl. auch BGHZ 206, 365 = GRUR 2016, 71 Rn. 45, 47, 59 – Ramses; aA *Walter* MR-Int. 2012, 20 (22);
Westkamp EuZW 2012, 698 (699); *Riesenhuber* MR 2018 Beil. H. 3, 19 (26); vgl. weiter → Rn. 70, 368.

[346] Vgl. dazu auch BGHZ 206, 365 = GRUR 2016, 71 Rn. 64 ff. – Ramses (mit allerdings unzutreffender An-
nahme einer „privaten Gruppe", vgl. dazu *v. Ungern-Sternberg* GRUR 2016, 321 (325)); aA *Gerlach* FS Wandtke,
2013, 233 (237); *Haupt* MR-Int. 2014, 24 (27). Entgegen *Haupt* folgt aus Art. 10 Abs. 1 Buchst. a Vermiet- und
Verleih-RL nichts anderes. Die dort getroffene Regelung, dass die Mitgliedstaaten Beschränkungen verwandter
Schutzrechte „für eine private Benutzung" vorsehen dürfen, besagt nichts zu der Frage, welche Anforderungen die
Richtlinie an das Eingreifen der Verwertungsrechte stellt, insbesondere zu der Frage, wann eine Wiedergabe iSd
Richtlinie öffentlich ist.

[347] Vgl. EuGH GRUR 2006, 50 Rn. 31 – Lagardère/SPRE und GVL (zur Satelliten- und Kabelrichtlinie);
EuGH GRUR 2007, 225 Rn. 37 – SGAE/Rafael; EuGH GRUR 2016, 60 Rn. 21 ff. – SBS/SABAM (jeweils zu
Art. 3 InfoSoc-RL); weiter → Rn. 374.

[348] Vgl. EuGH GRUR 2007, 225 Rn. 38 – SGAE/Rafael; EuGH GRUR 2012, 597 Rn. 72 f. – Phonographic
Performance (Ireland); EuGH GRUR 2013, 500 Rn. 34 – ITV Broadcasting/TVC; BGH GRUR 2016, 608
Rn. 35 – Krankenhausradio; vgl. auch EuGH GRUR 2012, 1245 Rn. 20 f. – Football Dataco/Sportradar (zu
Art. 7 Abs. 2 Buchst. b Datenbank-RL); vgl. weiter → Rn. 63.

[349] Vgl. EuGH GRUR 2016, 1152 Rn. 33 f. – GS Media/Sanoma ua. Es geht daher nicht um eine allgemeine
Abwägung der konkret betroffenen Interessen.

[350] Vgl. EuGH GRUR 2012, 593 Rn. 76 ff. – SCF; EuGH GRUR 2012, 597 Rn. 29 ff. – Phonographic Per-
formance (Ireland); EuGH GRUR 2016, 684 Rn. 35, 53 ff. – Reha Training/GEMA; EuGH GRUR 2016, 1152
Rn. 33 f. – GS Media/Sanoma ua; EuGH GRUR 2017, 790 Rn. 23 – Stichting Brein/Ziggo; sa *v. Ungern-
Sternberg* GRUR 2012, 1198 (1202); *v. Ungern-Sternberg* GRUR 2013, 248 (251 f.).

[351] Vgl. EuGH GRUR 2012, 593 Rn. 76 ff. – SCF; EuGH GRUR 2012, 597 Rn. 29 ff. – Phonographic Performance (Ireland), jeweils zu Art. 8 Abs. 2 Vermiet- und Verleih-RL; BGH GRUR 2013, 818 Rn. 15 – Die
Realität I.

[352] Vgl. zB EuGH GRUR 2017, 610 Rn. 28 ff. – Stichting Brein/Wullems; EuGH GRUR 2017, 790 Rn. 23 ff.
– Stichting Brein/Ziggo ua; vgl. auch *Koof* S. 300 ff.

[353] Vgl. EuGH GRUR 2018, 68 Rn. 42 – VCAST/RTI. Zur Bedeutung des Einsatzes eines „spezifischen technischen Verfahrens" → Rn. 83.

der Weiterleitung der Funksignale abgestellt, sondern eine Gesamtbetrachtung des Nutzungsverhaltens vorgenommen.[354]

76 Die **Gesamtbetrachtung** ist grundsätzlich **Aufgabe des nationalen Gerichts,**[355] wurde aber in den Fällen „SCF" und „Phonographic Performance (Ireland)" vom EuGH selbst angestellt.[356] Dies zeigt, dass die Gesamtbetrachtung der maßgeblichen Umstände nicht bedeutet, dass über das Eingreifen des Rechts der öffentlichen Wiedergabe stets nur von Fall zu Fall entschieden werden könnte. Auch wenn sich die Gesamtbetrachtung auf die individuelle Nutzungssituation bezieht, geht es dabei zunächst um die **Herausarbeitung von typischen Verwertungstatbeständen.**[357] Es ist kein Zufall, dass der EuGH eine Gesamtbetrachtung der maßgeblichen Umstände erstmals in Fällen gefordert hat, in denen es um die Ermöglichung des Rundfunkempfangs in Hotelzimmern (Fall „Phonographic Performance [Ireland]")[358] und die Wiedergabe von Rundfunksendungen (Fall „SCF") ging.[359] Auch im Lauf der Entwicklung des deutschen Urheberrechts wurde die rechtliche Einordnung dieser Fallgestaltungen als öffentliche Wiedergabe auf der Grundlage wertender Gesamtbetrachtung geleistet.[360] Die erforderliche Gesamtbetrachtung kann aber auch ergeben, dass eine öffentliche Wiedergabe im Rechtssinn nur unter den konkreten Umständen anzunehmen ist.[361] Das Urteil hat dann nur eine Präjudizwirkung und ermöglicht keine Umsetzung in der Form eines festen gesetzlichen Tatbestands.[362] Bis zum Erreichen einer erhöhten Präjudiziendichte führt dies unvermeidlich zu einer gewissen Rechtsunsicherheit.

77 **g) Kriterien der Gesamtbetrachtung. aa) Allgemeines.** Die für die Gesamtbetrachtung maßgeblichen **„weiteren Kriterien"** (neben den Tatbestandsmerkmalen „Handlung der Wiedergabe" und „öffentliche Wiedergabe")[363] dienen dazu, Handlungen als Werknutzerhandlungen zu charakterisieren und die Auslegung dadurch maßgeblich am Zweck des Art. 3 Abs. 1 InfoSoc-RL auszurichten, den Urhebern zu ermöglichen, eine angemessene Vergütung für die Nutzung ihrer Werke zu erhalten. Dementsprechend sind die Kriterien auch ihrerseits mit Blick auf ihre Funktion, Vorgänge als Handlungen von Werknutzern zu kennzeichnen, zu verstehen und anzuwenden. Die Kriterien sind unselbständig und miteinander verflochten. Sie können – je nach Einzelfall – in sehr unterschiedlichem Maß vorliegen.[364] So kann ein Handeln zu Erwerbszwecken eine Werknutzung durch öffentliche Wiedergabe begründen, ist aber dafür nicht unabdingbar.[365] Auch das Kriterium des „neuen Publikums" kann entbehrlich sein.[366]

78 **bb) Zentrale Rolle des Nutzers als Dienstleister.** Die Gesamtbetrachtung ist auf die zentrale Rolle des Nutzers auszurichten.[367] Dabei geht es nicht um die Analyse einzelner technischer Vorgänge, sondern um das Verhalten des Nutzers als **sozialer Vorgang.**[368] Der Werknutzer muss nicht eigenhändig handeln.[369] Unternehmen, die bei einer europäischen Satellitensendung zusammenwirken, können deshalb nebeneinander Werknutzer sein, wenn sie gemeinsam die Kontrolle über die Eingabe

---

[354] Vgl. EuGH GRUR 2012, 597 Rn. 28 ff. – Phonographic Performance (Ireland). Im Fall „SGAE/Rafael" hat der EuGH dem Vorgang der Weiterübertragung der Sendung noch größere Bedeutung beigemessen (EuGH GRUR 2007, 225 Rn. 40 ff., 46 f.). Zum besonderen Fall der Ermöglichung des Rundfunkempfangs in den Gästezimmern eines Hotels weiter → Rn. 63, 99.

[355] Vgl. EuGH GRUR 2012, 593 Rn. 93 – SCF; BGH GRUR 2016, 697 Rn. 46 – Königshof; BGH GRUR 2018, 608 Rn. 43 – Krankenhausradio.

[356] Vgl. EuGH GRUR 2012, 593 Rn. 80, 93 – SCF; EuGH GRUR 2012, 597 Rn. 39 – Phonographic Performance (Ireland).

[357] Vgl. dazu näher → Rn. 94 ff.

[358] Vgl. EuGH GRUR 2012, 597 Rn. 29 ff. – Phonographic Performance (Ireland).

[359] Vgl. EuGH GRUR 2012, 593 Rn. 78 ff. – SCF.

[360] → § 20 Rn. 64; → § 22 Rn. 5; vgl. auch *Conrad* CR 2013, 305 (308 f.).

[361] So im Fall den EuGH „Stichting Brein/Ziggo ua", Der EuGH trifft in dieser Entscheidung Feststellungen zum Sachverhalt des konkreten Falles und nimmt in seinem Entscheidungssatz ausdrücklich auf die Umstände des Ausgangsverfahrens Bezug (EuGH GRUR 2017, 790 Rn. 35 ff., 42, 45 – Stichting Brein/Ziggo ua).

[362] Zu den sich daraus ergebenden Problemen in Fällen, in denen der Übergang von erlaubtem zu rechtswidrigem Verhalten fließend ist, s. *Ohly* ZUM 2017, 793 (796 f.).

[363] Vgl. EuGH GRUR 2017, 790 Rn. 24 f. – Stichting Brein/Ziggo ua; EuGH GRUR 2018, 911 Rn. 24 – Land Nordrhein-Westfalen/Dirk Renckhoff („außerdem erforderlich"); vgl. weiter → Rn. 59.

[364] Vgl. EuGH GRUR 2016, 1152 Rn. 34 – GS Media/Sanoma ua; EuGH GRUR 2017, 790 Rn. 25 f. – Stichting Brein/Ziggo ua.

[365] → Rn. 81.

[366] Vgl. EuGH GRUR 2013, 500 Rn. 38 f. – ITV Broadcasting/TVC; EuGH GRUR 2017, 790 Rn. 28 – Stichting Brein/Ziggo ua.

[367] Vgl. EuGH GRUR 2016, 1152 Rn. 35 – GS Media/Sanoma ua; EuGH GRUR 2017, 790 Rn. 26 – Stichting Brein/Ziggo ua; EuGH GRUR 2018, 911 Rn. 46 – Land Nordrhein-Westfalen/Dirk Renckhoff; BGH GRUR 2018, 1239 Rn. 25 – uploaded (Gz. des EuGH C-683/18); BGH GRUR 2019, 813 Rn. 39 – Cordoba II. Wenn eine Gesamtbetrachtung entbehrlich ist (→ Rn. 94 ff.), entfällt auch die auf die zentrale Rolle des Nutzers ausgerichtete besondere Prüfung.

[368] Vgl. → Rn. 15 f. Im Fall „Phonographic Performance (Ireland)" stellt der EuGH dementsprechend beim Rundfunkempfang in den Gästezimmern eines Hotels nicht nur auf den Vorgang der Übertragung der Sendungen in die Zimmer ab, sondern prüft, ob nach den gesamten Umständen eine Nutzung durch öffentliche Wiedergabe stattfindet (vgl. EuGH GRUR 2012, 597 Rn. 28 ff.); weiter → Rn. 75, 99.

[369] → Rn. 18 f., 223 f.

der Programmsignale in die Kommunikationskette zum Satelliten ausüben, aber mit der Werkwiedergabe jeweils auf ein eigenes Publikum abzielen.[370]

Eine öffentliche Wiedergabe ist ihrem Wesen nach eine **bewusste Dienstleistung des Nutzers** 79 gegenüber dem möglichen Empfängerkreis.[371] Ein Nutzer nimmt eine Wiedergabe vor, wenn er in voller Kenntnis der Folgen seines Verhaltens tätig wird, um den Leistungsempfängern den Zugang zum Werk zu ermöglichen (insbes. dann, wenn den Leistungsempfängern ohne das Tätigwerden des Nutzers der Zugang zum Werk versagt bliebe oder nur schwer möglich wäre).[372] Die Kriterien für die Nutzereigenschaft folgen aus diesem Grundverständnis der Werknutzungshandlung oder sind Indizien für das Vorliegen der erforderlichen Leistungsbeziehung. Dementsprechend müssen dem Nutzer grundsätzlich[373] alle maßgeblichen Umstände bekannt sein.[374] Dies bedeutet jedoch nicht, dass der Werknutzer stets in voller Kenntnis aller Umstände handeln muss, die den Tatbestand der öffentlichen Wiedergabe im Rechtssinn begründen. Eine Kenntnis der einzelnen benutzten Werke ist nicht erforderlich und wäre vielfach auch nicht möglich (zB bei einer Kabelweitersendung von Rundfunkprogrammen).[375] Das Setzen eines Hyperlinks auf eine Website kann nach der Rechtsprechung des EuGH bereits dann eine öffentliche Wiedergabe iSd Art. 3 Abs. 1 InfoSoc-RL sein, wenn der Linksetzende hätte wissen müssen, dass der Hyperlink Zugang zu einem unbefugt im Internet veröffentlichten Werk verschafft.[376]

Eine neue Werknutzung durch öffentliche Wiedergabe kann auch dann gegeben sein, wenn bereits eine öffentliche Wiedergabe vorausgegangen ist.[377] **Dienstleistungen bei der technischen Übermittlung** (einschließlich der technischen Gewährleistung oder der Verbesserung des Empfangs von Erstsendungen) oder durch **Bereitstellen von Einrichtungen** sind keine Werknutzung.[378] Die Abgrenzung zwischen einer Werknutzungshandlung und einer bloßen Bereitstellung von Einrichtungen, die eine Wiedergabe ermöglichen oder bewirken, kann allerdings Probleme bereiten, je mehr sich ein Dienstleister bemüht, den Werkzugang der Endnutzer zu erleichtern und zu verbessern.[379] Maßgebend wird sein, ob der Handelnde gerade in der zentralen Rolle des Werknutzers tätig wird oder nur als Dienstleister für geeignete Rahmenbedingungen der Werknutzung anderer sorgt. Nicht ausgeschlossen ist, dass mehrere nebeneinander Werknutzer sind.[380]

cc) Zwecke der Werknutzung. Bei der Beurteilung ist zu berücksichtigen, welche Zwecke der 80 Nutzer mit der Werknutzung verfolgt. Nutzer ist bei einer öffentlichen Wiedergabe nur, wer als **Werkvermittler** in voller Kenntnis der Folgen seines Verhaltens tätig ist, um einem Publikum die Möglichkeit des Zugangs zu den geschützten Werken oder Leistungen zu verschaffen.[381] Das eigenverantwortliche tatbestandsmäßige Handeln zu Zwecken der Werknutzung unterscheidet den Nutzer von bloßen technischen Dienstleistern und Störern.[382] Bei grenzüberschreitenden Nutzungen durch

---

[370] Vgl. EuGH GRUR-Int 2011, 1058 Rn. 51 ff., 71 ff. – Airfield und Canal Digitaal (zu Art. 2 Satelliten- und Kabel-RL); vgl. weiter → Rn. 18 f.; → § 20a Rn. 35.

[371] Vgl. EuGH GRUR 2012, 156 Rn. 194 ff., 198 – Football Association Premier League u. Murphy; EuGH GRUR 2012, 597 Rn. 31, 33, 35, 37, 41 f., 44 – Phonographic Performance (Ireland); EuGH GRUR 2012, 593 Rn. 82, 87, 90 f. – SCF; EuGH GRUR-Int 2011, 1058 Rn. 80 – Airfield und Canal Digitaal; EuGH GRUR 2014, 473 Rn. 26, 32 f. – OSA/Léčebné lázně; EuGH 14.7.2015 – C-151/15 Rn. 14 = MR-Int. 2015, 108 mAnm *Walter* – Sociedade Portuguesa de Autores; vgl. auch *Lucas-Schloetter* ZGE 2013, 84 (90 ff.). Auch das Urteil des EuGH „ITV Broadcasting/TVC" (GRUR 2013, 500) setzt diese Rspr. fort (→ Rn. 83); weiter → Rn. 12, 344.

[372] Vgl. EuGH GRUR 2017, 790 Rn. 26, 34 – Stichting Brein/Ziggo ua; EuGH GRUR 2016, 1152 Rn. 35 – GS Media/Sanoma ua mAnm *Ohly*; vgl. auch EuGH GRUR 2016, 684 Rn. 46, 48, 50 – Reha Training/GEMA; BGH GRUR 2019, 725 Rn. 21 – Deutsche Digitale Bibliothek; BGH GRUR 2019, 950 Rn. 28 – Testversion. Auch die Schrankenbestimmungen (Art. 5 Abs. 2 und 3 InfoSoc-RL, §§ 44a ff.) beziehen sich auf das Handeln eines Werknutzers und dessen Zwecksetzungen.

[373] Anders beim Setzen eines Hyperlinks, der Zugang zu einem unbefugt in das Internet eingestellten Werk verschafft → Rn. 106.

[374] Vgl. EuGH GRUR 2012, 597 Rn. 31, 37, 40 – Phonographic Performance (Ireland); EuGH GRUR 2012, 593 Rn. 82, 91, 94 – SCF; EuGH GRUR 2014, 473 Rn. 26, 32 – OSA/Léčebné lázně; EuGH GRUR 2016, 684 Rn. 46 – Reha Training/GEMA; vgl. weiter *v. Ungern-Sternberg* GRUR 2012, 576 f.; *v. Ungern-Sternberg* GRUR 2012, 1198 (1200).

[375] Vgl. BGH GRUR 2018, 178 Rn. 33 – Vorschaubilder III. Im Fall des EuGH „Stichting Brein/Ziggo ua" genügte für die Annahme einer öffentlichen Wiedergabe die Kenntnis des Plattformbetreibers, dass „ein sehr großer Teil" der hochgeladenen Dateien ohne Zustimmung der Rechtsinhaber getauscht wurde (EuGH GRUR 2017, 790 Rn. 45; *Fischer* MR 2017, 191 (192); vgl. auch *Leistner* ZUM 2018, 286 (288)).

[376] Vgl. EuGH GRUR 2016, 1152 Rn. 49 – GS Media/Sanoma ua; vgl. weiter → Rn. 106.

[377] Vgl. EuGH GRUR 2013, 500 Rn. 23 f. – ITV Broadcasting/TVC; vgl. dazu aber auch → Rn. 84.

[378] Vgl. EuGH GRUR-Int 2011, 1058 Rn. 74, 79 f. – Airfield und Canal Digitaal; EuGH GRUR 2013, 500 Rn. 27 ff. – ITV Broadcasting/TVC; EuGH GRUR 2016, 60 Rn. 31 f. – SBS/SABAM; EuGH GRUR 2017, 610 Rn. 39 f. – Stichting Brein/Wullems; EuGH GRUR 2017, 790 Rn. 38 f. – Stichting Brein/Ziggo ua; → Rn. 20 ff.; → § 20 Rn. 47, 68.

[379] Vgl. *Leistner* GRUR 2017, 755 (758 f.); *von Lewinski* FS Gernot Schulze, 2017, 381 (382 ff.).

[380] Vgl. EuGH GRUR-Int 2011, 1058 Rn. 56, 69 f. – Airfield und Canal Digitaal; EuGH GRUR 2017, 790 Rn. 36 – Stichting Brein/Ziggo ua.

[381] Vgl. EuGH GRUR 2012, 156 Rn. 194 ff., 198. – Football Association Premier League u. Murphy; EuGH GRUR 2016, 684 Rn. 46 ff. – Reha Training/GEMA; EuGH GRUR 2016, 1152 Rn. 35, 47 ff. – GS Media/Sanoma ua; EuGH GRUR 2017, 790 Rn. 26, 34, 45 – Stichting Brein/Ziggo ua; weiter → Rn. 11, 79 f. 106.

[382] → Rn. 14; vgl. *v. Ungern-Sternberg* GRUR 2012, 576 (580 ff.); sa *Leistner* ZUM 2012, 722 (737 f.).

öffentliche Wiedergabe wird auch die territoriale Reichweite der Verwertungsrechte durch die Absicht des Werknutzers bestimmt, die Öffentlichkeit in einem bestimmten Mitgliedstaat zu erreichen.[383]

81   Ein Indiz für die Nutzereigenschaft[384] ist ein **Handeln zu Erwerbszwecken.**[385] Ein solches Nutzermotiv, auf das keine Richtlinie bei der Regelung der Verwertungsrechte ausdrücklich abstellt, muss bei einer öffentlichen Wiedergabe nicht zwingend gegeben sein.[386] Eine andere Beurteilung wäre mit den internationalen Verträgen zum Urheberrecht nicht vereinbar, die das Eingreifen der in ihnen geregelten Verwertungsrechte nicht vom Vorliegen eines Erwerbszwecks abhängig machen.[387] Der Nutzer verfolgt Erwerbszwecke, wenn er gerade daraus, dass er Zugang zu den geschützten Werken verschafft, einen gewissen wirtschaftlichen Nutzen ziehen will (zB als Hotelbetreiber durch den Zimmerpreis, als Betreiber einer Gastwirtschaft durch Steigerung der Gästezahl).[388] Wer dagegen technische Dienstleistungen zu Erwerbszwecken erbringt, um einem anderen die Werknutzung zu ermöglichen, wird dadurch nicht selbst Werknutzer.[389] Für die Annahme einer öffentlichen Wiedergabe ist es unerheblich, ob die Nutzerhandlung im Wettbewerb mit anderen, die das Werk ebenfalls durch Übertragungen nutzen, vorgenommen wird.[390]

Bei der Frage, ob eine öffentliche Wiedergabe von Werken iSd Art. 3 Abs. 1 InfoSoc-RL anzunehmen ist, wenn ein **Hyperlink** Zugang zu einem unbefugt in das Internet eingestellten Werk verschafft, unterscheidet der EuGH zwischen der Linksetzung ohne und mit **Gewinnerzielungsabsicht.**[391] Die Gewinnerzielungsabsicht ist dabei jedoch nicht Tatbestandsmerkmal. Ihre Feststellung hat nur Bedeutung für den notwendigen Nachweis, dass der Linksetzer wusste oder hätte wissen müssen, dass der von ihm gesetzte Hyperlink den Zugang zu einem ohne Erlaubnis des Rechtsinhabers im Internet zugänglichen Werk eröffnet.[392]

82   Ein insgesamt **auf Werkwiedergaben angelegtes Vorgehen** des Werknutzers wird in der Regel als öffentliche Wiedergabe anzusehen sein: Zielt die Tätigkeit des Nutzers von vornherein darauf ab, in der Folgezeit einem unbestimmten größeren Personenkreis Zugang zu den verschiedensten Werken zu verschaffen, charakterisiert dies bereits jede einzelne Übermittlung eines bestimmten Werkes als Werknutzungshandlung.[393] Dabei kann es nicht mehr darauf ankommen, ob der Nutzer seine Werknutzungsabsichten im Lauf der Zeit tatsächlich noch umsetzen kann oder will. In diesen Fällen geht es nicht um die Feststellung einer sukzessiven Öffentlichkeit,[394] sondern um die Beurteilung der einzelnen Nutzungshandlung als solcher.[395]

---

[383] Vgl. EuGH GRUR 2012, 1245 Rn. 39 – Football Dataco/Sportradar (zu Art. 7 Abs. 2 Buchst. b Datenbank-RL); weiter → Rn. 37, 152 ff.

[384] Das Handeln zu Erwerbszwecken ist in der Rspr. des EuGH kein Indiz für die Erfüllung des Tatbestandsmerkmals „öffentlich", sondern für das Vorliegen einer Werknutzungshandlung (vgl. EuGH GRUR 2013, 500 Rn. 42 – ITV Broadcasting/TVC); aA *Mantrov* IIC 2012, 960 (969 f.); *Haberstumpf* GRUR-Int 2013, 627 (633); *Walter* MR-Int. 2013, 23 (24); *Welp* GRUR 2014, 751 (752); *Roder* GRUR-Int 2016, 999 (1003); vgl. auch *Briem* GRUR-Int 2017, 493 (497).

[385] Vgl. EuGH GRUR 2012, 597 Rn. 36, 43 ff. – Phonographic Performance (Ireland); EuGH GRUR 2012, 593 Rn. 88 ff., 97 ff. – SCF (im konkreten Fall verneint); EuGH GRUR 2017, 610 Rn. 34 – Stichting Brein/Wullems; EuGH GRUR 2017, 790 Rn. 29, 46 – Stichting Brein/Ziggo ua; BGH GRUR 2016, 697 Rn. 23 – Königshof; BGH GRUR 2018, 608 Rn. 39 – Krankenhausradio; *Roder* GRUR-Int 2016, 999; krit. zu diesem Kriterium *Riesenhuber* ZUM 2012, 433 (443); *Handig* ZUM 2013, 273 (277 f.); *Handig* ÖBl. 2016, 206 (209 f.); *Lucas-Schloetter* ZGE 2013, 84 (93 f.); *Gerlach* FS Wandtke, 2013, 233 (234 f., 237 ff.). Im Urteil „SCF" hat der EuGH dargelegt, dass das Kriterium der Erwerbsabsicht des Nutzers „erst recht" für die Rechte der Tonträgerhersteller und ausübenden Künstler gelte (EuGH GRUR 2012, 593 Rn. 88 f.).

[386] EuGH GRUR 2016, 684 Rn. 49 – Reha Training/GEMA; EuGH GRUR 2013, 500 Rn. 41 ff. – ITV Broadcasting/TVC; vgl. auch BGH GRUR 2016, 278 Rn. 38, 42 – Hintergrundmusik in Zahnarztpraxen.

[387] Vgl. zB Art. 11bis Abs. 1 RBÜ; vgl. auch *Gerlach* FS Wandtke, 2013, 233 (234). Das Kriterium des Erwerbszwecks widerspricht jedoch nicht der RBÜ (aA *Briem* GRUR-Int 2017, 493 (497)); weiter → Rn. 119.

[388] Vgl. EuGH GRUR 593 Rn. 90 – SCF; BGH GRUR 2018, 608 Rn. 40 f. – Krankenhausradio (Erwerbszweck bejaht).

[389] Vgl. EuGH GRUR 2016, 60 Rn. 30 – SBS/SABAM.

[390] Vgl. EuGH GRUR 2013, 500 Rn. 46 – ITV Broadcasting/TVC.

[391] Vgl. EuGH GRUR 2016, 1152 Rn. 47 ff. – GS Media/Sanoma ua; dazu → Rn. 113.

[392] Weiter → Rn. 106.

[393] Vgl. EuGH GRUR 2007, 225 Rn. 38 f. – SGAE/Rafael; weiter → Rn. 381 f. Der EuGH berücksichtigt in verschiedenen Urteilen (EuGH GRUR 2012, 593 Rn. 87 – SCF [Rundfunkwiedergabe in einer Zahnarztpraxis]; EuGH GRUR 2014, 473 Rn. 28 f. – OSA/Léčebné lázně [Rundfunkwiedergabe in den Zimmern einer Kureinrichtung]; EuGH, Urt. v. 14.7.2015 – C-151/15 Rn. 20 = MR-Int. 2015, 108 mAnm *Walter* – Sociedade Portuguesa de Autores [Rundfunkwiedergabe für die Besucher eines Café-Restaurants]; ebenso BGH GRUR 2018, 608 Rn. 34, 36 – Krankenhausradio) die kumulative Wirkung des Wechsels der potentiellen Empfänger bei der Beurteilung der Frage, ob eine Wiedergabe öffentlich ist. Dies ist jedoch begrifflich ungenau, weil dem wechselnden Empfängerkreis der Zugang zu verschiedenen Werken eröffnet wird. Der Wechsel des potentiellen Empfängerkreises ist ein Indiz dafür, dass eine Dienstleistung eine Werknutzungshandlung ist, belegt aber nicht, dass eine bestimmte Wiedergabe eines konkreten Werkes an eine Öffentlichkeit gerichtet ist.

[394] Zu diesem Begriff → Rn. 382.

[395] Vgl. *Stieper* GRUR 2015, 1106 (zu elektronischen Bibliotheksleseplätzen); *v. Ungern-Sternberg* GRUR 2012, 1198 (1203); aA *Westkamp* EuZW 2012, 698 (700 f.); *Haberstumpf* GRUR-Int 2013, 627 (633). Von Bedeutung ist die entsprechende Zielsetzung des Nutzers auch für die Anerkennung der unter das Online-Verbreitungsrecht fallenden Verwertungstatbestände als Unterfälle des Rechts der öffentlichen Wiedergabe (→ Rn. 293).

dd) Spezifisches technisches Verfahren. Der Tatbestand einer öffentlichen Wiedergabe wird **83** erfüllt, wenn das Werk im Anschluss an eine öffentliche Wiedergabe unter Verwendung eines technischen Verfahrens öffentlich wiedergegeben wird, das sich von dem bisher verwendeten (im Rechtssinn) unterscheidet.[396] Im Urteil „ITV Broadcasting/TVC"[397] hat der EuGH die **Weitersendung einer Rundfunksendung über das Internet** durch ein anderes Unternehmen als das ursprüngliche Sendeunternehmen bereits deshalb als weitere öffentliche Wiedergabe angesehen, weil sie mit einem **„spezifischen technischen Verfahren"** erfolgt, das sie von der ursprünglichen Wiedergabe unterscheidet und nicht nur ein technisches Mittel zur Gewährleistung oder Verbesserung des Empfangs ist.[398] Bei einer solchen Beurteilung kommt es nach der Rechtsprechung des EuGH nicht auf eine rein technische Betrachtung an.[399] Eine technische Dienstleistung wird nicht dadurch zu einer eigenverantwortlichen Werknutzung, dass der Dienstleister besondere technische Verfahren einsetzt.[400] Die Werknutzung ist ein sozialer Vorgang.[401] Entscheidend ist daher, ob der Einsatz der besonderen technischen Mittel ohne weiteres für eine neue Dienstleistung der Werkvermittlung für ein Publikum (und damit auch für das Ansprechen eines neuen Publikums)[402] spricht.[403] Dies ist nicht der Fall, wenn die Sendungen eines öffentlich-rechtlichen Rundfunkunternehmens in dessen Empfangsbereich durch **Gemeinschaftsantennenanlagen** mit nicht mehr als 500 Teilnehmern weiterübertragen werden.[404] Das **Setzen eines Hyperlinks** (auch in der Form eines framenden Links) auf eine unbeschränkt öffentliche Webseite ist ebenfalls nicht als „spezifisches technisches Verfahren" beurteilt worden, obwohl es technisch ein anderer Vorgang ist als das Einstellen des verlinkten Werkes in das Internet.[405]

ee) Neues Publikum. Wird eine öffentliche Wiedergabe, der bereits eine öffentliche Wiedergabe **84** vorausgegangen ist, nicht mit einem spezifischen technischen Verfahren[406] durchgeführt, hängt die Annahme einer Werknutzung durch öffentliche Wiedergabe davon ab, dass der Handelnde das Werk bewusst einem „neuen Publikum" zugänglich macht.[407]

Bei der Prüfung, ob sich der Handelnde in diesem Sinn an ein neues Publikum wendet, stellt der **85** EuGH auf die **Sicht der Rechtsinhaber** ab. Ein „neues" Publikum ist nach der Rechtsprechung des EuGH ein Publikum, an das die Rechtsinhaber nicht gedacht hatten, als sie die ursprüngliche Wiedergabe erlaubten.[408] Diese Formulierung ist allerdings irreführend. Mit dem Abstellen auf die „Sichtweise der Rechtsinhaber" wird ermittelt, ob **objektiv gesehen** eine neue Werknutzungshandlung gegeben ist. Für die Abgrenzung der Tatbestände der Werknutzungshandlungen kann deshalb **nicht der subjektive Willen der Rechtsinhaber im Einzelfall,** sondern nur eine generell-abstrakte Beurteilung maßgeblich sein.[409] Die Anwendung des Rechts der öffentlichen Wiedergabe

---

[396] Vgl. EuGH GRUR 2016, 60 Rn. 17 – SBS/SABAM; EuGH GRUR 2016, 684 Rn. 39 – Reha Training/GEMA; EuGH GRUR 2016, 1152 Rn. 39 – GS Media/Sanoma ua; BGH GRUR 2016, 697 Rn. 22 – Königshof; BGH GRUR 2019, 725 Rn. 25 – Deutsche Digitale Bibliothek.
[397] EuGH GRUR 2013, 500 Rn. 21 ff. – ITV Broadcasting/TVC = ZUM 2013, 390 mAnm *Frhr. Raitz von Frentz/Masch.*
[398] Vgl. weiter → Rn. 79; → Vor §§ 20 ff. Rn. 6; → § 20 Rn. 85.
[399] Vgl. EuGH GRUR 2017, 510 Rn. 23, 26 f., 33 – AKM/Zürs.net (Die Verwendung des anderen technischen Mittels der Kabeltechnik genügte danach – anders als der Einsatz eines „spezifischen technischen Verfahrens" – allein nicht für die Annahme einer öffentlichen Wiedergabe iSd Art. 3 Abs. 1 InfoSoc-RL); *Grünberger* ZUM 2018, 271 (280, 285 f.); *v. Ungern-Sternberg* ZUM 2018, 225 (229, 232); aA BGHZ 206, 365 = GRUR 2016, 71 Rn. 52 ff. – Ramses; OLG Dresden GRUR-RR 2017, 49 Rn. 24 – Antennengemeinschaft; *Briem* GRUR-Int 2017, 493 (495 f.); *Walser/Feurstein* ZUM 2017, 639 (642 f.); weiter → § 20 Rn. 68.
[400] Vgl. EuGH GRUR 2016, 60 Rn. 7, 30 ff. – SBS/SABAM.
[401] → Rn. 15 ff.
[402] Ebenso wie das Kriterium des neuen Publikums gehört das Kriterium des Einsatzes eines spezifischen technischen Verfahrens systematisch nicht zum Begriff der Öffentlichkeit (aA *Grünberger* ZUM 2018, 271 (280)).
[403] → Rn. 66; vgl. auch *Walter* MR-Int. 2014, 122 (123).
[404] Vgl. EuGH GRUR 2017, 510 Rn. 18 ff. – AKM/Zürs.net; vgl. auch *Malenovský* MR 2018 Beil. H. 3, 11 (14, 18): Die Kabelweitersendung war in diesem Fall keine selbständige öffentliche Wiedergabe, weil sie mit der vorausgehenden Rundfunksendung eine „funktionelle Einheit" gebildet hat. Das Urteil „AKM/Zürs.net" steht daher nicht in Widerspruch zum Urteil des EuGH GRUR 2013, 500 Rn. 21 ff. – ITV Broadcasting/TVC (aA *Quintais/Rendas* JIPLP 2018, 711 (718)).
[405] Vgl. EuGH GRUR 2014, 360 Rn. 24 – Nils Svensson ua/Retriever Sverige mAnm *Jani/Leenen;* EuGH GRUR 2016, 1152 Rn. 42 – GS Media/Sanoma ua; BGH GRUR 2018, 178 Rn. 39 – Vorschaubilder III. Zur Frage, unter welchen Voraussetzungen das Setzen eines Hyperlinks eine öffentliche Wiedergabe ist, → Rn. 104 ff.
[406] → Rn. 83.
[407] Vgl. EuGH GRUR 2012, 597 Rn. 31, 49 ff. – Phonographic Performance (Ireland) (zur Ermöglichung des Rundfunkempfangs im Hotel); EuGH GRUR 2014, 360 Rn. 24 – Nils Svensson ua/Retriever Sverige (zur öffentlichen Wiedergabe durch einen Hyperlink); EuGH GRUR 2014, 473 Rn. 31 – OSA/Léčebné lázně (zur öffentlichen Wiedergabe durch Ermöglichung des Rundfunkempfangs in einer Kureinrichtung); EuGH GRUR 2018, 911 Rn. 24 – Land Nordrhein-Westfalen/Dirk Renckhoff (Hochladen eines im Internet frei zugänglichen Werkes auf eine neue Website); BGH GRUR 2018, 608 Rn. 38 – Krankenhausradio (zur Ermöglichung des Rundfunkempfangs in den Patientenzimmern eines Krankenhauses).
[408] Vgl. EuGH GRUR 2017, 510 Rn. 25 f., 32 – AKM/Zürs.net; EuGH GRUR 2017, 610 Rn. 33, 47 – Stichting Brein/Wullems; EuGH GRUR 2018, 911 Rn. 24 – Land Nordrhein-Westfalen/Dirk Renckhoff; BGH GRUR 2018, 178 Rn. 42 f. – Vorschaubilder III mAnm *Ohly.*
[409] Ebenso öOGH GRUR-Int 2016, 589 (592 unter 4.3d) – Krone-Hit; vgl. weiter Wandtke/Bullinger/*Leenen* Art. 3 InfoSoc-RL Rn. 40; *Grünberger* ZUM 2019, 281 (290); *Grünberger* ZUM 2019, 573 (577); *v. Ungern-Sternberg*

hängt dementsprechend nicht davon ab, welche Vorstellungen die Berechtigten im konkreten Fall von der Reichweite der ursprünglichen öffentlichen Wiedergabe (zB der späteren Sendung) hatten, als sie diese gestatteten.[410] Es geht auch nicht um die Reichweite einer Rechtseinräumung oder einer schlichten Einwilligung gegenüber dem Erstnutzer (insbes. die Frage, ob der Erstnutzer zu einer solchen Anschlusshandlung befugt sein sollte), ebensowenig darum, ob die Berechtigten das Werk nach den Umständen oder sogar ausdrücklich nur mit Vorbehalten in das Internet eingestellt haben.[411] Auf solche Umstände hat der EuGH in allen bisher entschiedenen Fällen auch nicht abgestellt.[412] So hat der EuGH die Linksetzung auf Werke, die auf einer Website mit Zustimmung des Rechtsinhabers frei zugänglich sind, ganz allgemein nicht als Wiedergabe für ein neues Publikum angesehen (ohne einen Einwand des Rechtsinhabers zuzulassen, er habe im Einzelfall – etwa auf der betreffenden Webseite – einen gegenteiligen Willen zum Ausdruck gebracht).[413]

Tragend für die Rechtsprechung des EuGH zum neuen Publikum ist vielmehr der Rechtsgedanke, dass eine Anschlusswiedergabe eine **eigenständige Werknutzung** sein kann, wenn sie eine autonome Dienstleistung für ein Publikum ist, das nach den Umständen typischerweise nicht schon auf Grund der ursprünglichen, vom Rechtsinhaber gestatteten Wiedergabe Zugang zu den gesendeten Werken hat und insoweit ein „neues Publikum" ist. Ist dies der Fall, kommt es nicht darauf an, ob der potenzielle Empfängerkreis im Einzelfall auch in anderer Weise Zugang zu den Werken hat, die durch die ursprüngliche Rundfunksendung übertragen wurden.[414] Wer ein Werk auf einer Website für eine Öffentlichkeit einstellt, wendet sich eigenständig an ein (neues) Publikum, auch wenn das Werk bereits auf einer anderen Website mit Zustimmung des Urheberrechtsinhabers öffentlich zugänglich ist.[415]

86   Die Frage, ob die Erstwiedergabe vom Willen des Rechtsinhabers getragen war, kann entscheidend dafür sein, ob eine Anschlusswiedergabe als Werknutzungshandlung eingestuft wird. Besondere Bedeutung hat dies für die Frage, ob mit einem **Hyperlink** eine neue Öffentlichkeit erfasst wird. Ein Hyperlink ist nach der Rechtsprechung des EuGH eine Handlung der Wiedergabe eines Werkes für eine Öffentlichkeit.[416] Diese Wiedergabe ist aber, wie der EuGH entschieden hat, keine öffentliche Wiedergabe iSd Art. 3 Abs. 1 InfoSoc-RL, wenn sie sich nicht an ein „neues Publikum" wendet, dh an ein Publikum, das die Rechtsinhaber nicht hatten erfassen wollen, als sie die ursprüngliche Wiedergabe erlaubten.[417] Ein Hyperlink, der auf eine Webseite verweist, auf der das Werk mit Willen der Berechtigten für alle Internetnutzer bereits unbeschränkt zugänglich ist, macht das Werk keinem „neuen Publikum" zugänglich.[418]

87   Das bewusste Setzen eines Hyperlinks ist jedoch eine öffentliche Wiedergabe iSd Art. 3 Abs. 1 InfoSoc-RL, wenn der Link Zugang zu einem (nur) unbefugt in das Internet eingestellten Werk verschafft und das Werk dadurch einem neuen Publikum zugänglich macht, falls der Linksetzer dies wusste oder hätte wissen müssen.[419] Ist ein Werk dagegen mit Erlaubnis des Rechtsinhabers ins Internet eingestellt worden, ist es bereits allgemein zugänglich. Wird es zusätzlich **von einem Nichtberechtigten ins Netz gestellt,** kann es durch einen Hyperlink auf dessen Webseite nicht mehr im

---

GRUR 2018, 225 (232 f.); aA *Hugenholtz/van Velze* IIC 2016, 797 (809 f.), die annehmen, der EuGH vermische in seiner Rechtsprechung die Abgrenzung des Verwertungsrechts der öffentlichen Wiedergabe mit vertragsrechtlichen Gesichtspunkten; *Walter* MR 2017, 79 (81); *Walser/Feurstein* ZUM 2017, 639 (643); *Savola* JIPITEC 2017, 139 (148 f.): „implied licence"; *Ohly* GRUR 2018, 996 (999 f., 1004).

[410] Vgl. *Handig* ÖBl. 2014, 150 f.; *Berberich* MMR 2014, 849 (851, 852); *v. Ungern-Sternberg* GRUR 2012, 576 (577); vgl. aber auch *Höfinger* ZUM 2014, 293 (294).

[411] Vgl. EuGH GRUR 2017, 610 Rn. 48 – Stichting Brein/Wullems; weiter → Rn. 106.

[412] EuGH GRUR 2014, 360 Rn. 16 ff., 24 ff. – Nils Svensson ua/Retriever Sverige mAnm *Jani/Leenen;* EuGH GRUR 2016, 1152 Rn. 42 – GS Media/Sanoma ua; EuGH GRUR 2017, 510 Rn. 27 ff., 44 – AKM/Zürs.net (zu diesem Urteil s. *Leistner* CR 2017, 819 (821 ff.); *v. Ungern-Sternberg* GRUR 2018, 225 (232 f.)). Es geht deshalb hier nicht um eine Frage des Urhebervertragsrechts (aA *Schulze* ZUM 2015, 106 (108); Dreier/Schulze/*Dreier* UrhG § 19a Rn. 6a).

[413] EuGH GRUR 2017, 610 Rn. 48 – Stichting Brein/Wullems; weiter → Rn. 106. Da der EuGH nicht auf den tatsächlichen Willen des Rechtsinhabers abstellt, kommt es auch nicht darauf an, ob der Rechtsinhaber seinen gegenteiligen Willen im Einzelfall „in der Sprache des Internets" zum Ausdruck gebracht hat (aA der Vorlagebeschluss des BGH GRUR 2019, 725 Rn. 35 – Deutsche Digitale Bibliothek [Gz. des EuGH C-392/19]).

[414] Vgl. EuGH GRUR-Int 2011, 1058 Rn. 45 f., 71 ff., 75 – Airfield und Canal Digitaal – für den Fall, dass eine Satellitensendung im Verhältnis zu parallelen Rundfunksendungen kein neues Publikum erreicht („in der Regel"); vgl. auch *Grünberger* ZUM 2019, 573 (577); *Holznagel* jurisPR-WettbR 10/2019 Anm. 1 (unter C). Hotelgästen wird es vielfach möglich sein, Rundfunksendungen, die in den Gästezimmern zugänglich gemacht werden, mit eigenen Geräten verschiedener Art (zB über das Internet) zu empfangen.

[415] Vgl. EuGH GRUR 2018, 911 Rn. 35 – Land Nordrhein-Westfalen/Dirk Renckhoff; BGH GRUR 2019, 950 Rn. 40 – Testversion.

[416] EuGH GRUR 2014, 360 Rn. 24 ff. – Nils Svensson ua/Retriever Sverige mAnm *Jani/Leenen*; weiter → Rn. 64.

[417] → Rn. 85. Das Kriterium des „neuen Publikums" ist den internationalen Urheberrechtsverträgen fremd. Die Rechtsprechung des EuGH zur urheberrechtlichen Beurteilung von Hyperlinks ist gleichwohl nicht konventionswidrig (→ Rn. 119).

[418] Vgl. EuGH GRUR 2014, 360 Rn. 24 ff. – Nils Svensson ua/Retriever Sverige mAnm *Jani/Leenen;* EuGH GRUR 2014, 1196 Rn. 15 f., 18 – BestWater International/Mebes ua; EuGH GRUR 2016, 1152 Rn. 42 – GS Media/Sanoma ua; weiter → Rn. 104.

[419] Vgl. EuGH GRUR 2016, 1152 Rn. 42 ff. – GS Media/Sanoma ua; näher → Rn. 106.

Rechtssinn einem neuen Publikum zugänglich gemacht werden.[420] Eine öffentliche Wiedergabe iSd Art. 3 Abs. 1 InfoSoc-RL für ein neues Publikum kann in einem solchen Fall aber ab dem Zeitpunkt anzunehmen sein, in dem das Werk nicht weiter mit Erlaubnis des Rechtsinhabers oder nurmehr unter Schutzmaßnahmen im Netz zugänglich ist.[421] Eine Wiedergabe für ein neues Publikum ist auch dann anzunehmen, wenn der Berechtigte den Personenkreis, dem der Internetzugang zum Werk möglich ist, durch **technische Schutzmaßnahmen** beschränkt hat und der Hyperlink die Umgehung der Schutzmaßnahmen ermöglicht.[422]

Nach der Rechtsprechung des EuGH wendet sich der Betreiber eines Hotels oder einer Kureinrichtung, der den **Empfang von Rundfunksendungen in den Gästezimmern** ermöglicht, an ein neues Publikum.[423] Der Handelnde verschafft den Gästen bewusst einen Zugang zu den geschützten Werken, den sie sonst nicht hätten, obwohl sie sich im Sendegebiet aufhalten. Gleiches gilt bei einer **Rundfunkwiedergabe in einer Gaststätte.**[424] 88

Die Annahme einer öffentlichen Wiedergabe mit der Begründung, die Wiedergabe richte sich an ein „neues Publikum" widerspricht nicht **Art. 11bis Abs. 1 RBÜ.**[425] Nach dieser Vorschrift darf der Weiterübertragung einer Rundfunksendung nicht deshalb der Charakter einer neuen öffentlichen Wiedergabe abgesprochen werden, weil die Übertragung im Verhältnis zum potenziellen Empfängerkreis der Rundfunksendung keine neue Öffentlichkeit erreiche.[426] Art. 11bis Abs. 1 RBÜ verbietet es aber umgekehrt nicht, eine urheberrechtlich relevante öffentliche Wiedergabe deshalb anzunehmen, weil eine „neue Öffentlichkeit" iSd EuGH angesprochen wird (dh eine Öffentlichkeit, die durch die ursprüngliche Rundfunksendung typischerweise nicht erreicht wird, obwohl sie sich im Sendegebiet aufhält). 89

ff) Aufnahmebereitschaft des möglichen Empfängerkreises. Eine öffentliche Wiedergabe iSd Art. 3 Abs. 1 InfoSoc-RL ist als Dienstleistung des Nutzers auf die Übermittlung des Werkes an die Empfänger ausgerichtet. Sie setzt voraus, dass der Nutzer in voller Kenntnis der Folgen seines Verhaltens tätig wird, um seinen Kunden Zugang zu einem geschützten Werk zu verschaffen.[427] Daran fehlt es, wenn der Handelnde nicht wenigstens auch diesen Zweck verfolgt.[428] Bei der Prüfung, ob eine öffentliche Wiedergabe vorliegt, ist deshalb auch die individuelle Situation des möglichen Empfängerkreises zu berücksichtigen.[429] Selbst bei einer absichtlichen Wiedergabe kann es ausnahmsweise an einer Werknutzung fehlen, wenn der mögliche Empfängerkreis für die Wiedergabe nicht aufnahmebereit ist.[430] Dies kann der Fall sein, wenn die Wiedergabe nicht darauf abzielt, einer Öffentlichkeit das Werk als solches zu vermitteln.[431] Es genügt nicht, dass das Publikum nur zufällig „erreicht" wird.[432] Im Fall „SCF" hat der EuGH auch mit diesem Argument angenommen, dass Hintergrundmusik in den Räumen einer Zahnarztpraxis nicht vom Recht der öffentlichen Wiedergabe erfasst wird.[433] Der EuGH hat das Kriterium der Aufnahmebereitschaft des angesprochenen Publikums trotz der daran geäußerten Kritik[434] nicht aufgegeben, sondern klargestellt, dass es aus der Perspektive des Nutzers zu beurteilen ist.[435] Kann der Nutzer nicht damit rechnen, dass die Wiedergabe ein aufnahmebereites Publikum findet, verfolgt er mit ihr auch keine Erwerbszwecke.[436] Wird das Werk nur 90

---

[420] Vgl. EuGH GRUR 2016, 1152 Rn. 40, 42, 52 – GS Media/Sanoma ua; *Grünberger* ZUM 2016, 905 (915); aA *Headdon* JIPLP 2014, 662 (666), der auf die einzelne Vervielfältigung abstellt.

[421] Vgl. EuGH GRUR 2014, 360 Rn. 31 – Nils Svensson ua/Retriever Sverige; EuGH GRUR 2016, 1152 Rn. 46 ff. – GS Media/Sanoma ua; s. dazu *Arezzo* IIC 2014, 524 (546 f.); *Stracke* S. 63 f., 90 f., 96 ff.; vgl. weiter *Lieckfeld/Stegmann* AfP 2014, 218 (220).

[422] → Rn. 106.

[423] Vgl. EuGH GRUR 2007, 225 Rn. 40 ff. – SGAE/Rafael; EuGH GRUR 2014, 473 Rn. 32 – OSA/Léčebné lázně; weiter → Rn. 99.

[424] Vgl. EuGH GRUR 2012, 156 Rn. 183 ff. – Football Association Premier League u. Murphy; EuGH BeckRS 2015, 81758 = MR-Int. 2015, 108 mAnm *Walter* – Sociedade Portuguesa de Autores; öOGH GRUR-Int 2014, 697 (700, unter 1.7.) – Fußballübertragungen.

[425] Vgl. → Rn. 119.

[426] Vgl. → Rn. 119.

[427] Vgl. EuGH GRUR 2017, 790 Rn. 26 – Stichting Brein/Ziggo ua; vgl. weiter → Rn. 66, 79.

[428] Vgl. EuGH GRUR 2016, 684 Rn. 46, 48, 50 – Reha Training/GEMA.

[429] Vgl. EuGH GRUR 2012, 593 Rn. 78 – SCF; zu Art. 8 Abs. 2 Vermiet- und Verleih-RL; BGH GRUR 2013, 818 Rn. 15 f. – Die Realität I.

[430] Vgl. EuGH GRUR 2012, 597 Rn. 37 – Phonographic Performance (Ireland); EuGH GRUR 2012, 593 Rn. 91, 98 – SCF (zur Hintergrundmusik in Zahnarztpraxen); EuGH GRUR 2016, 684 Rn. 50 – Reha Training/ GEMA; krit. dazu *Lucas-Schloetter* ZGE 2013, 84 (92 f.); weiter → Rn. 24, 36, 246 f., 345 ff.

[431] Vgl. dazu auch EuGH GRUR 2016, 684 Rn. 48–50 – Reha Training/GEMA. Fälle dieser Art können zB gegeben sein bei Verwendung des Werkes in einem besonderen Umfeld (→ Rn. 246 f.) oder bei der Wiedergabe von Listen mit detailarmen Vorschaubildern bei der Bildersuche (→ § 19a Rn. 99); weiter → Rn. 23 f., 79 f., 238.

[432] Vgl. EuGH GRUR 2012, 593 Rn. 91 – SCF; EuGH GRUR 2016, 684 Rn. 48 – Reha Training/GEMA; vgl. auch EuGH GRUR 2012, 597 Rn. 37 – Phonographic Performance (Ireland); BGH GRUR 2013, 818 Rn. 16 – Die Realität I; weiter → Rn. 24, 177.

[433] Vgl. EuGH GRUR 2012, 593 Rn. 91, 98 – SCF; EuGH GRUR 2016, 278 Rn. 36 – Hintergrundmusik in Zahnarztpraxen; weiter → Rn. 58.

[434] Vgl. GA *Bot*, SchlA v. 23.2.2016, BeckRS 2016, 80394 Rn. 67 – Reha Training/GEMA.

[435] Vgl. EuGH GRUR 2016, 684 Rn. 48, 50 – Reha Training/GEMA; *Staudegger* ÖBl. 2016, 221 (222); vgl. auch *Grünberger* ZUM 2017, 324 (336); aA *Walter* MR-Int. 2016, 69 (71).

[436] Vgl. auch *Roder* S. 40 f.; *Roder* GRUR-Int 2016, 999 (1005 f.).

beiläufig oder in Zusammenhängen übermittelt, in denen die Gestaltung des Werkes nebensächlich ist, kann in der Regel nicht mit einer Aufnahmebereitschaft der Empfänger für das Werk gerechnet werden. Dann fehlt es an einer Werknutzung. In der Praxis wird diese unionsrechtlich begründete Beschränkung der Verwertungsrechte nicht hinreichend beachtet.[437]

3. Anerkannte Verwertungstatbestände des Rechts der öffentlichen Wiedergabe

91   **a) Ausdrückliche Regelungen.** Durch besondere Vorschriften geregelt sind insbesondere[438] die **öffentliche Wiedergabe über Satellit** und die Wahrnehmung von Rechten an der **Kabelweiterverbreitung** von Rundfunksendungen (Art. 2 und 8 Satelliten- und Kabel-RL).[439] Die Satelliten- und Kabel-RL hat den Mitgliedstaaten allerdings nicht vorgeschrieben, ein Recht an der Kabelweitersendung einzuführen und auch nicht den Umfang eines solchen Rechts definiert.[440] Das **Recht der öffentlichen Wiedergabe aus Art. 3 InfoSoc-RL** umfasst jedoch nunmehr auch das Recht an der Kabelweitersendung.[441] Erwgr. 23 InfoSoc-RL stellt klar, dass das Recht der öffentlichen Wiedergabe die **Rundfunkübertragung** umfasst.[442] Das **Recht der öffentlichen Zugänglichmachung** ist nach Art. 3 Abs. 1 InfoSoc-RL ein Unterfall des Rechts der öffentlichen Wiedergabe.[443]

92   In **Art. 17 DSM-RL** vom 17.4.2019[444] ist nunmehr ein besonderes Recht der öffentlichen Wiedergabe und der öffentlichen Zugänglichmachung geregelt, das den Urhebern und den anderen in Art. 3 Abs. 1 und 2 InfoSoc-RL genannten Rechtsinhabern gegen „Diensteanbieter für das Teilen von Online-Inhalten" iSd Art. 2 Abs. 6 DSM-RL (wie zB YouTube) zu gewähren ist.[445] Anders als Art. 3 Abs. 1 InfoSoc-RL behandelt Art. 17 Abs. 1 DSM-RL das Recht der öffentlichen Zugänglichmachung – ohne erkennbaren Grund – terminologisch nicht als Unterfall des Rechts der öffentlichen Wiedergabe. Die DSM-Richtlinie ist bis zum 7.6.2021 umzusetzen.[446]

93   **b) Besondere Fallgestaltungen.** Das Recht der öffentlichen Wiedergabe ist ein generalklauselartiges Recht, das durch eine „individuelle Beurteilung" zu konkretisieren ist.[447] In der Regel führt diese Beurteilung zur Anerkennung typischer Verwertungstatbestände (wie zB die Ermöglichung des Rundfunkempfangs in den Gästezimmern eines Hotels).[448] Möglich ist aber auch, dass eine öffentliche Wiedergabe nur unter den besonderen Umständen des Einzelfalls anzunehmen ist.[449] Urteile haben dann nur eine Präjudizwirkung. Im deutschen Recht sind in diesen Fällen unbenannte Rechte der öffentlichen Wiedergabe anzunehmen.

Beispielsfälle: Nach dem Urteil des EuGH „VCAST/RTI"[450] kann ein **Internet-Videorecorder-Dienst** durch seine Tätigkeit eine öffentliche Wiedergabe iSd Art. 3 Abs. 1 InfoSoc-RL vornehmen.[451] Unter den besonderen Umständen des Einzelfalls hat der EuGH im Urteil „Stichting Brein/Wullems"[452] den **Verkauf eines multimedialen Medienabspielers** (im konkreten Fall „Filmspeler" genannt) als öffentliche Wiedergabe angesehen. Nach dem Urteil des EuGH „Stichting Brein/Ziggo ua"[453] kann auch der **Betrieb einer Filesharing-Plattform** im Internet (im konkreten Fall „The Pirate Bay") eine öffentliche Wiedergabe im Rechtssinn sein.

94   **c) Typische Verwertungstatbestände.** Der EuGH hat in seiner Rechtsprechung bereits eine Reihe von typischen Fallgestaltungen herausgearbeitet, in denen grundsätzlich eine öffentliche Wiedergabe anzunehmen oder zu verneinen ist.

95   **aa) Senderecht.** Das Senderecht der Urheber ist im Unionsrecht – abgesehen von der öffentlichen Wiedergabe über Satellit und Vorschriften zur Wahrnehmung von Rechten an der Kabelweiterver-

---

[437] So hat der BGH im Fall „AIDA Kussmund" eine Werknutzung angenommen, obwohl nur ein Werkteil in geringer Größe und Qualität wiedergegeben worden war, kaum noch schöpferische Elemente des Werkes erkennbar waren und der Werbende das Interesse der Betrachter auf ganz anderes richten wollte (vgl. BGH GRUR 2017, 798 Rn. 3, 13). Vgl. auch BGH GRUR 2015, 667 Rn. 2, 17, 28 – Möbelkatalog; vgl. dazu v. Ungern-Sternberg GRUR 2016, 321 (331 f.).

[438] → Rn. 55 f.

[439] Näher → Vor §§ 20 ff. Rn. 11 ff.

[440] Vgl. EuGH EuZW 2000, 223 Rn. 24 – Egeda.

[441] Vgl. dazu näher → Vor §§ 20 ff. Rn. 6 f.

[442] EuGH GRUR 2018, 68 Rn. 40 – VCAST/RTI; BGHZ 206, 365 = GRUR 2016, 71 Rn. 32 – Ramses; öOGH GRUR-Int 2019, 299 (301 f.) mAnm Sporn = MR 2018, 232 (235 f.) mAnm Walter – Hotel Edelweiß II.

[443] Vgl. aber auch → Rn. 92.

[444] Zur DSM-RL → Rn. 1.

[445] Für Literaturnachweise zu Art. 17 DSM-RL → Rn. 2.

[446] Vgl. Art. 29 Abs. 1 DSM-RL.

[447] Vgl. EuGH GRUR 2017, 790 Rn. 23 – Stichting Brein/Ziggo ua; → Rn. 59, 75 ff.

[448] Vgl. nachstehend → Rn. 94 ff.

[449] Zu den daraus folgenden Problemen in Fällen, in denen der Übergang von erlaubtem zu rechtswidrigem Verhalten fließend ist, s. Ohly ZUM 2017, 793 (796 f.).

[450] EuGH GRUR 2018, 68 – VCAST/RTI mAnm Kianfar; vgl. weiter → Rn. 286.

[451] Näher → Rn. 227, 286.

[452] Vgl. EuGH GRUR 2017, 610 – Stichting Brein/Wullems mAnm Neubauer/Soppe; vgl. weiter → Rn. 59, 64, 99, 286.

[453] Vgl. EuGH GRUR 2017, 790 – Stichting Brein/Ziggo ua; öOGH GRUR-Int 2018, 479 (480) – Sperrverfügungen gegen Access Provider mAnm Walter; vgl. weiter → Rn. 59, 64, 286.

breitung[454] – nicht näher geregelt. Typische Verwertungstatbestände des Rechts der öffentlichen Wiedergabe sind aber die **Rundfunkübertragung**[455] und **Anschlussnutzungen,** bei denen der Nutzer selbständig (autonom) zeitgleich die Rundfunksendung gezielt für ein neues Publikum wiedergibt.

Die gleichzeitige **Kabelweitersendung** eines Werkes, die ein Dritter im Sendegebiet des ur- **96** sprünglichen Rundfunkunternehmens als Dienstleistung der Werkvermittlung zu Erwerbszwecken vornimmt, ist nach der Rechtsprechung des EuGH als öffentliche Wiedergabe iSd Art. 3 Abs. 1 InfoSoc-RL einzustufen.[456]

Die **Weitersendung einer Rundfunksendung über das Internet** durch ein anderes Unter- **97** nehmen als das ursprüngliche Sendeunternehmen ist bereits deshalb eine weitere öffentliche Wiedergabe, weil sie mit einem „spezifischen technischen Verfahren" erfolgt, das sie von der ursprünglichen Wiedergabe unterscheidet, und nicht nur ein technisches Mittel zur Gewährleistung oder Verbesserung des Empfangs ist.[457]

bb) Rundfunkwiedergabe in Gaststätten. Die zeitgleiche Wiedergabe von Rundfunksendun- **98** gen mittels Fernsehgerät oder Lautsprecher in einer Gaststätte ist eine öffentliche Wiedergabe iSd Art. 3 Abs. 1 InfoSoc-RL.[458]

cc) Ermöglichung des Rundfunkempfangs in Gästezimmern. Das Recht der öffentlichen **99** Wiedergabe erfasst weiterhin die Ermöglichung des Rundfunkempfangs in den Gästezimmern eines Hotels oder einer Kureinrichtung.[459] Dies ist unbestritten für Fälle, in denen die Programmsignale von einer Zentralstelle an Empfangsgeräte in den Zimmern zugeleitet werden.[460] Eine öffentliche Wiedergabe iSd Art. 3 Abs. 1 InfoSoc-RL setzt aber nach der Rechtsprechung des EuGH nicht zwingend eine Übertragung voraus.[461] Abweichend von der Ansicht des **BGH** im Urteil **„Königshof"**[462] ist deshalb eine öffentliche Wiedergabe auch dann gegeben, wenn der Rundfunkempfang in den Gästezimmern nicht durch eine Zentralantenne, sondern durch **selbständig empfangstaugliche Fernseh- und Radiogeräte** (mit Zimmerantenne) ermöglicht wird.[463] Die Beurteilung, dass die Ermöglichung des Rundfunkempfangs in Gästezimmern eine öffentliche Wiedergabe iSd Art. 3 Abs. 1 InfoSoc-RL ist, hängt nicht davon ab, dass es tatsächlich zu einer Übertragung der zugänglich gemachten geschützten Werke kommt.[464] Auch beim Einsatz einer Zentralantenne überträgt der Betreiber des Hotels oder der Kureinrichtung nicht die Gesamtheit der in großer Zahl zugänglich gemachten Programme in die Gästezimmer, sondern nur einzelne Sendungen.[465] Das bloße (körperliche) Bereitstellen von Rundfunkempfangsgeräten[466] wäre allerdings nach Erwgr. 27 der InfoSoc-RL als solches keine Wiedergabe iSd Richtlinie.[467] Die Werknutzung bei der Ermöglichung des Rundfunkempfangs in Gästezimmern (gleich ob mittels einer Zentralantenne oder durch selbständig empfangstaugliche Rundfunkgeräte) liegt jedoch darin, dass die Betreiber des Hotels oder der Kureinrichtung den Gästen bewusst und gezielt durch die Bereitstellung der Empfangsgeräte und der entsprechenden Programmsignale einen Zugang zu den Rundfunksendungen mit den geschützten

---

[454] Dazu näher → Vor §§ 20 ff. Rn. 11 ff.

[455] S. Erwgr. 23 InfoSoc-RL.

[456] Vgl. EuGH GRUR 2013, 500 Rn. 21 ff. – ITV Broadcasting/TVC; vgl. auch BGHZ 206, 365 = GRUR 2016, 71 Rn. 30 f. – Ramses; Vorlagebeschluss des BGH „Breitbandkabel" (GRUR 2012, 1136 Rn. 15 ff. = ZUM 2012, 889 mAnm *Conrad;* Verfahren durch Rücknahme der Revision erledigt); BeckOK UrhR/*Hillig,* Stand 15.10.2019, UrhG § 20 Rn. 21; *Riesenhuber* LMK 2012, 340736; *v. Ungern-Sternberg* GRUR 2012, 576 (578). Zu Gemeinschaftsantennenanlagen → § 20 Rn. 68 ff.

[457] EuGH GRUR 2013, 500 Rn. 21 ff. – ITV Broadcasting/TVC = ZUM 2013, 390 mAnm *Frhr. Raitz von Frentz/Masch;* → Rn. 83.

[458] Vgl. EuGH GRUR 2012, 156 Rn. 183 ff. – Football Association Premier League u. Murphy; EuGH, Urt. v. 14.7.2015 – C-151/15 Rn. 11 ff. = MR-Int. 2015, 108 mAnm *Walter* – Sociedade Portuguesa de Autores; öOGH GRUR-Int 2014, 697 (700, unter 1.7.) – Fußballübertragungen; → Rn. 160.

[459] Vgl. EuGH GRUR 2017, 385 Rn. 19 = MR 2017, 137 mAnm *Walter* – Verwertungsgesellschaft Rundfunk/ Hettegger Hotel Edelweiss (nachfolgend öOGH GRUR-Int 2019, 299 mAnm *Sporn* = MR 2018, 232 mAnm *Walter* – Hotel Edelweiß II); *v. Ungern-Sternberg* GRUR 2019, 1 (3 ff.); weiter → Rn. 75, 88 f.

[460] Vgl. EuGH GRUR 2007, 225 Rn. 32 ff. – SGAE/Rafael; EuGH MR-Int. 2010, 123 Rn. 31 ff. mAnm *Walter* = BeckEuRS 2010, 518970 – OSDD/Divani Akropolis; EuGH GRUR 2012, 597 Rn. 25 ff. – Phonographic Performance (Ireland); vgl. auch – zu Art. 11bis RBÜ und zum Schweiz.URG – SchweizBG BGE 143 II 617 (unter 5.1 ff., 5.2.6) – GT 3a Zusatz.

[461] Vgl. *v. Ungern-Sternberg* GRUR 2019, 1 (3 ff.); → Rn. 62 ff.

[462] BGH GRUR 2016, 697 Rn. 26 f. – Königshof; ebenso BGH ZUM 2019, 184; BGH ZUM 2019, 186 (BVerfG 1 BvR 1300/16 und 1 BvR 2705/18); dem Urteil „Königshof" zustimmend *Grünberger* GRUR 2016, 977 (981); *Grünberger* ZUM 2019, 281 (294).

[463] Vgl. EuGH GRUR 2014, 473 Rn. 24, 26, 33 – OSA/Léčebné lázně; EuGH GRUR 2012, 597 Rn. 25 ff. – Phonographic Performance (Ireland); *v. Ungern-Sternberg* GRUR 2019, 1 (3 ff.); vgl. auch Fromm/Nordemann/ *Dustmann/Engels* UrhG § 22 Rn. 10 (analoge Anwendung des § 20); aA *Grünberger* GRUR 2016, 977 (981); *Roder* GRUR-Int 2016, 999 (1000); vgl. auch Dreier/Schulze/*Dreier* UrhG § 20 Rn. 12; weiter → Rn. 64, 162, 284.

[464] Vgl. → Rn. 63, 75; aA BGH GRUR 2016, 697 Rn. 26 – Königshof.

[465] AA BGH GRUR 2016, 697 Rn. 26 – Königshof; dazu auch → Rn. 63.

[466] Vgl. EuGH GRUR 2007, 225 Rn. 45 f. – SGAE/Rafael; EuGH MR-Int. 2010, 123 Rn. 40 – OSDD/ Divani Akropolis.

[467] Mit der in Erwgr. 27 angesprochenen „bloßen Bereitstellung der Einrichtungen, die eine Wiedergabe ermöglichen oder bewirken," ist nach dem Beschluss des EuGH „OSDD/Divani Akropolis" (MR-Int. 2010, 123 Rn. 40 mAnm *Walter* = BeckEuRS 2010, 518970) nur „der Verkauf oder die Vermietung von Fernsehgeräten durch spezialisierte Unternehmen" zu verstehen (aA BGH GRUR 2016, 697 Rn. 24 – Königshof).

Werken verschaffen.[468] Das Bereitstellen der Rundfunkgeräte ist damit nicht nur eine technische Dienstleistung, sondern eine Werknutzungshandlung.[469] Wie der EuGH im Urteil „Stichting Brein/Wullems" ausführt, „handelt es sich, wenn das Hotel durch so aufgestellte Fernsehapparate [sic!] das Signal an die in den Zimmern dieses Hotels wohnenden Gäste [sic!] verbreitet, um eine öffentliche Wiedergabe, ohne dass es darauf ankommt, welche Technik zur Übertragung des Signals verwendet wird."[470] Danach ist entscheidend die Ermöglichung des Zugriffs der Gäste,[471] nicht die Durchführung technischer Übertragungsvorgänge.[472] Im deutschen Recht ist in diesen Fällen ein unbenanntes Recht der öffentlichen Wiedergabe anzunehmen.[473]

Ein **Internetcafé** zielt dagegen darauf ab, seinen Benutzern den Zugang zum Internet als solchem zu ermöglichen, nicht den Zugang zu den einzelnen, dort in unübersehbarer Fülle auffindbaren Werken.[474]

100 **Ausübenden Künstlern** und **Tonträgerherstellern** kann bei einer öffentlichen Wiedergabe durch Ermöglichung des Rundfunkempfangs in den Gästezimmern gemäß Art. 8 Abs. 2 **Vermiet- und Verleih-RL** ein Anspruch auf eine angemessene Vergütung zustehen, wenn Handelstonträger verwendet werden.[475] Für den Fall einer öffentlichen Wiedergabe durch selbständig empfangstaugliche Fernseh- und Radiogeräte fehlt in § 78 Abs. 2 Nr. 1, § 86 allerdings die notwendige Umsetzung des Unionsrechts.[476] **Sendeunternehmen** wird durch die Vermiet- und Verleih-RL kein Recht zugestanden, die Ermöglichung des Rundfunkempfangs in Gästezimmern eines Hotels zu erlauben oder zu verbieten, da es dabei nicht um eine Weitersendung iSd Art. 8 Abs. 3 Vermiet- und Verleih-RL geht.[477]

101 **dd) Bereitstellung von Tonträgern und Abspielgeräten in Hotelzimmern.** In seinem Urteil „Phonographic Performance (Ireland)" hat der EuGH einen neuen Verwertungstatbestand der öffentliche Wiedergabe anerkannt.[478] Ein Hotelbetreiber nimmt danach eine öffentliche Wiedergabe vor, wenn er in den Gästezimmern Tonträger (in physischer oder digitaler Form) und dafür geeignete Abspielgeräte (anderer Art als Fernseh- und/oder Radiogeräte) zur Verfügung stellt.[479] Diese Beurteilung entfernt sich weit vom Wortlaut der maßgeblichen Vorschriften und der herkömmlichen Auslegung des Rechts der öffentlichen Wiedergabe.[480] Weder in den internationalen Verträgen zum Urheberrecht noch im deutschen UrhG gab es dafür ein Vorbild.[481] Der EuGH beruft sich zwar auf Art. 2 Buchst. g iVm Art. 15 WPPT.[482] Nach diesen Vorschriften setzt ein Rechtseingriff aber ein tatsächli-

---

[468] Vgl. EuGH GRUR 2017, 610 Rn. 39 f. – Stichting Brein/Wullems; GAin *Sharpston*, SchlA v. 14.11.2013 – C-351/12 in OSA, BeckRS 2013, 82165 Rn. 27 f.; weiter → Rn. 63, 162. Für die Empfangsmöglichkeit der Gäste ist es unerheblich, ob ihnen selbständig empfangstaugliche Fernseh- und Radiogeräte (mit Zimmerantenne) zur Verfügung gestellt werden oder Geräte, denen die Sendungen durch eine Kabelanlage übermittelt werden. In jedem Fall stellt der Betreiber des Hotels oder der Kureinrichtung als Werkvermittler die Verbindung zur Sendequelle her (aA *Grünberger* ZUM 2019, 281 (294)). Wahrnehmbar werden die Sendungen in jedem Fall erst, wenn der Gast das Gerät einschaltet.

[469] Vgl. EuGH GRUR 2014, 473 Rn. 11, 32 – OSA/Léčebné lázně („Die Kureinrichtung wird nämlich als Einrichtung tätig, die in voller Kenntnis der Folgen ihres Verhaltens ihren Patienten Zugang zu dem geschützten Werk verschafft.").

[470] EuGH GRUR 2017, 610 Rn. 40 – Stichting Brein/Wullems. Die Formulierung des EuGH ist lediglich insoweit missverständlich, als ihr entnommen werden könnte, es sei für die Annahme einer öffentlichen Wiedergabe erforderlich, dass die Sendungen in den Gästezimmern wahrnehmbar gemacht werden. Dies ist nach der Rechtsprechung des EuGH jedoch nicht der Fall.

[471] Dazu → Rn. 63.

[472] Entgegen der Ansicht des BGH (ZUM 2018, 184 Rn. 5; ebenso BGH ZUM 2018, 186 Rn.23 f.; vgl. auch *Grünberger* ZUM 2019, 281 (294)) hat der EuGH im Urteil „Stichting Brein/Wullems" nicht darauf abgestellt, „dass zur Ermöglichung des Zugangs noch eine Verbreitungs- oder Übertragungshandlung des Hotels hinzutreten muss". Dies ergibt sich schon aus dem Zusammenhang, in dem der EuGH in diesem Urteil auf seine Rechtsprechung Bezug genommen hat, wonach die Ermöglichung des Rundfunkempfangs in den Gästezimmern eines Hotels oder einer Kureinrichtung eine öffentliche Wiedergabe ist. Im Fall „Stichting Brein/Wullems" ging es um die Frage, ob der Verkauf des multimedialen Medienabspielers „filmspeler" bereits als solcher eine öffentliche Wiedergabe iSd Art. 3 Abs. 1 InfoSoc-RL war, obwohl mit dem Verkauf selbst keine Übertragung geschützter Werke verbunden war. Der EuGH entschied, dass mit dem Verkauf des Medienabspielers – wie im Fall der Ermöglichung des Rundfunkempfangs in Gästezimmern – nicht bloß ein Gerät bereitgestellt werde, das eine Wiedergabe ermöglichen oder bewirken solle. Es werde den Erwerbern vielmehr in voller Kenntnis der Folgen speziell Zugang zu Werken, die auf bestimmten Streamingseiten rechtswidrig eingestellt seien, verschafft. Darin liege eine öffentliche Wiedergabe iSd Art. 3 Abs. 1 InfoSoc-RL (vgl. EuGH GRUR 2017, 610 Rn. 39 ff. – Stichting Brein/Wullems).

[473] → Rn. 162, 283 f.

[474] Vgl. auch *Berberich* MMR 2014, 849 (851).

[475] Vgl. EuGH GRUR 2012, 597 Rn. 25 ff. – Phonographic Performance (Ireland).

[476] AA BGH GRUR 2016, 697 Rn. 28 ff. – Königshof (aufgrund seiner anderen Auslegung des Art. 8 Abs. 2 Vermiet- und Verleih-RL).

[477] Im Regelungsbereich ihres Art. 8 Vermiet- und Verleih-RL sind die Mitgliedstaaten jedoch nicht gehindert, einen weiterreichenden Schutz vorzusehen (Erwgr. 16); vgl. dazu → § 87 Rn. 8.

[478] EuGH GRUR 2012, 597 Rn. 56 ff. – Phonographic Performance (Ireland), zu Art. 8 Abs. 2 Vermiet- und Verleih-RL.

[479] Krit. dazu *Westkamp* EuZW 2012, 698 (700 f.); *Lucas-Schloetter* ZGE 2013, 84 (97 ff.). Der Hotelbetreiber beschränkt sich nicht auf die Bereitstellung technischer Einrichtungen, die nach Erwgr. 27 InfoSoc-RL keine Wiedergabe iSd Richtlinie ist, da er bewusst den Werkzugang ermöglichen will (aA *Leistner* GRUR 2014, 1145 (1152)).

[480] → Rn. 63; krit. Wandtke/Bullinger/*Heerma* UrhG § 15 Rn. 30.

[481] Rn. 57. Zur Einordnung dieses Rechts in das System des § 15 → Rn. 284.

[482] EuGH GRUR 2012, 597 Rn. 58 ff. – Phonographic Performance (Ireland), zu Art. 8 Abs. 2 Vermiet- und Verleih-RL.

ches Hörbarmachen des Tonträgers voraus. Der EuGH hat nicht dargelegt, warum in solchen Fällen nicht das Vermiet- und das Verleihrecht gemäß Art. 3 Abs. 1 Vermiet- und Verleih-RL anwendbar ist.[483]

ee) Hintergrundmusik in Arztpraxen. Die Wiedergabe von Hintergrundmusik in Arztpra- **102** xen (im Rundfunk übertragene Musik oder Musik auf Tonträgern) ist nach dem Urteil des EuGH „SCF" keine öffentliche Wiedergabe.[484] Dieses zu Art. 8 Abs. 2 Vermiet- und Verleih-RL ergangene Urteil gilt auch für öffentliche Wiedergaben iSd Art. 3 InfoSoc-RL, da der Begriff der öffentlichen Wiedergabe in beiden Vorschriften gleich auszulegen ist.[485] Inwieweit die Begründung des EuGH auch für ähnliche Fallgestaltungen gilt, ist noch nicht durch Gerichtsentscheidungen geklärt.[486]

ff) Abrufübertragung. Die Abrufübertragung aus einer im Internet öffentlich zugänglichen Da- **103** tenbank ist ein Fall der öffentlichen Wiedergabe iSd Art. 3 Abs. 1 InfoSoc-RL.[487] Dafür spricht auch das Urteil des EuGH „Football Dataco/Sportradar", das die Abrufübertragung im Internet als Weiterverwendung iSd Art. 7 Abs. 2 Buchst. b Datenbank-RL ansieht.[488]

gg) Linksetzung. Das **Setzen eines anklickbaren Hyperlinks** auf eine im Internet mit Willen **104** des Berechtigten und ohne Zugangsschranken öffentlich zugängliche Webseite mit einem fremden Werk ist keine öffentliche Wiedergabe iSd Art. 3 InfoSoc-RL, auch wenn die Werkdatei mit einem Deep Link verlinkt wird.[489] Ein Hyperlink macht zwar das Werk einer Öffentlichkeit zugänglich und ist daher nach der Rechtsprechung des EuGH eine Wiedergabe für eine Öffentlichkeit.[490] Verweist er aber auf eine Webseite, auf der das Werk mit Erlaubnis des Berechtigten für alle Internetnutzer bereits unbeschränkt zugänglich ist, macht er das Werk keinem „neuen Publikum" zugänglich und erfüllt deshalb nicht den Tatbestand der öffentlichen Wiedergabe iSd Art. 3 InfoSoc-RL.[491]

Die **Beweislast** dafür, dass das Werk nicht bereits auf einer anderen Webseite mit Erlaubnis des Berechtigten frei zugänglich ist, trägt – entgegen der Ansicht des BGH –[492] der Anspruchsteller. Das Setzen eines Hyperlinks ist zwar eine Handlung der Wiedergabe, fällt aber nach der Rechtsprechung des EuGH nur dann unter den Tatbestand der öffentlichen Wiedergabe (iSd Art. 3 InfoSoc-RL, § 15 Abs. 2), wenn die Linksetzung eine bewusste Dienstleistung für ein neues Publikum ist.[493] Die Tatsache, dass das Werk nicht bereits auf einer anderen Webseite mit Erlaubnis des Rechtsinhabers frei zugänglich ist, ist daher als anspruchsbegründend nach allgemeinen Grundsätzen vom Anspruchsteller zu beweisen.[494] Da es sich

---

[483] Vgl. dazu → Rn. 284.

[484] Vgl. EuGH GRUR 2012, 593 Rn. 91, 98 – SCF; BGH GRUR 2016, 278 Rn. 20 ff. – Hintergrundmusik in Zahnarztpraxen; vgl. weiter → Rn. 90.

[485] → Rn. 58.

[486] Vgl. → Rn. 345 ff.; *Handig* ZUM 2013, 273 (276); *v. Ungern-Sternberg* GRUR 2013, 248 (253).

[487] Vgl. GA *Szpunar*, SchlA v. 10.9.2019 – C- 263/18 in Tom Kabinet, Rn. 36 f., 42, 75; GA *Jääskinen*, SchlA v. 13.6.2013 – C-170/12 in Peter Pinckney/KDG Mediatech, BeckRS 2013, 81340 Rn. 28; aA *Westkamp* EuZW 2012, 698 (701); vgl. weiter → Rn. 291. Zum Verhältnis des Rechts aus Art. 3 Abs. 1 InfoSoc-RL zu Art. 5 Buchst. d Datenbank-RL vgl. auch *Walter/von Lewinski/von Lewinski* Kap. 9 Rn. 9.5.20 ff.

[488] Vgl. EuGH GRUR 2012, 1245 Rn. 20 ff. – Football Dataco/Sportradar.

[489] Vgl. EuGH GRUR 2014, 360 Rn. 14 ff. – Nils Svensson ua/Retriever Sverige mAnm *Jani/Leenen*; EuGH GRUR 2014, 1196 Rn. 15 ff. = GRUR-Int 2014, 1160 mAnm *Dietrich* – BestWater International/Mebes ua (anders noch – für einen framenden Link – der Vorlagebeschluss BGH GRUR 2013, 818 Rn. 26 – Die Realität I); EuGH GRUR 2016, 1152 Rn. 42 – GS Media/Sanoma ua mAnm *Ohly*; BGH GRUR 2019, 950 Rn. 38 f. – Testversion. Enthält eine Webseite einen anklickbaren Hyperlink, wird die verlinkte Datei technisch nicht durch den für diese Webseite verantwortlichen Betreiber, sondern vom Besucher der Webseite mit Hilfe des Browsers seines Computers vom Server der Ursprungsseite abgerufen. Auch ein einfacher Hyperlink auf eine fremde Webseite, nicht nur ein framender Link, „erspart" dem Linksetzer das eigene Bereithalten des Werkes.

[490] Vgl. EuGH GRUR 2014, 360 Rn. 17–23 – Nils Svensson ua/Retriever Sverige mAnm *Jani/Leenen*; vgl. dazu näher → Rn. 86 f., 303; → § 19a Rn. 91 ff.

[491] Vgl. EuGH GRUR 2014, 360 Rn. 24 ff. – Nils Svensson ua/Retriever Sverige mAnm *Jani/Leenen*; EuGH GRUR 2014, 1196 Rn. 15 ff. = GRUR-Int 2014, 1160 mAnm *Dietrich* – BestWater International/Mebes ua; EuGH GRUR 2016, 1152 Rn. 40 ff. – GS Media/Sanoma ua mAnm *Ohly*; EuGH GRUR 2018, 911 Rn. 37, 45 – Land Nordrhein-Westfalen/Dirk Renckhoff; weiter → Rn. 105 f., 236, 303; → § 19a Rn. 91 ff.; → § 20 Rn. 49. Daran ändert sich auch nichts, wenn das Werk auf irgendeiner anderen Webseite rechtswidrig öffentlich zugänglich gemacht wird. Die Formulierung des BGH im Urteil „Vorschaubilder III" (GRUR 2018, 178 Rn. 54) „die auf einer *anderen* Internetseite ohne Erlaubnis des Urheberrechtsinhabers frei zugänglich sind", der etwas anderes entnommen werden könnte, ist offensichtlich missglückt.

[492] BGH GRUR 2018, 178 Rn. 47 ff. – Vorschaubilder III mAnm *Ohly*. Der BGH bezieht sich insoweit zu Unrecht auf sein Urteil „Vorschaubilder I". In diesem Fall ging es um die Frage, ob die (tatbestandsmäßig gegebene) öffentliche Zugänglichmachung von Vorschaubildern durch (schlichte) Einwilligung des Rechtsinhabers gerechtfertigt war (BGHZ 185, 291 = GRUR 2010, 628 Rn. 33 ff. – Vorschaubilder I).

[493] Vgl. EuGH GRUR 2016, 1152 Rn. 40 ff. – GS Media/Sanoma ua mAnm *Ohly*; BGH GRUR 2016, 171 Rn. 26 – Die Realität II; weiter → Rn. 86 f., 104 ff.

[494] Vgl. OLG München GRUR-RR 2016, 495 Rn. 32, 40 – Die Realität III (rkr.); *Ohly* GRUR 2018, 187 (188 f.); *Conrad/Schubert* ZUM 2018, 132 (133 f.); *Grünberger* ZUM 2018, 271 (283); *Leistner* ZUM 2018, 286 (290); *Kloth* GRUR-Prax 2016, 484. Die Behauptung der Zustimmung des Rechtsinhabers ist entgegen der Ansicht des BGH (BGH GRUR 2018, 178 Rn. 48 – Vorschaubilder III) keine Einwendung (wie die Behauptung der Zustimmung des Markenrechtsinhabers zum Inverkehrbringen der Ware im Fall der vom BGH zitierten Entscheidung „CONVERSE I" [BGH GRUR 2012, 626 Rn. 22, 26 und 30] oder die Behauptung der Erschöpfung gemäß § 17 Abs. 2 UrhG).

dabei um einen Negativbeweis handelt, können dem Anspruchsteller die Grundsätze der sekundären Behauptungslast zugutekommen.[495]

105   Für das **Setzen eines framenden Links oder eines Inline-Links** gilt nichts anderes.[496] Im Unterschied zu einem Hyperlink, der vom Nutzer aktiviert werden muss, kann ein framender Link oder ein Inline-Link auf eine fremde Webseite bewirken, dass die Datei mit dem fremden Werk durch den Browser des Internetnutzers automatisch abgerufen wird und auf der eigenen Webseite des Linksetzers eingebettet erscheint **(Embedded Content).**[497] Mit einem framenden Link verhindert der Linksetzer ein „Abwandern" des Internetnutzers auf die fremde Webseite, was gerade für kommerzielle Anbieter von Vorteil ist.[498] Bei einem framenden Link auf eine im Internet ohne Zugangsschranken öffentlich zugängliche Datei mit einem fremden Werk fehlt es aber an einer Wiedergabe für eine „neue Öffentlichkeit".[499] Nicht anders als bei einem anklickbaren Hyperlink verschafft der Linksetzer in einem solchen Fall keinem Publikum einen Zugang zu dem Werk, das nicht schon im Internet hätte. Das Recht der öffentlichen Zugänglichmachung als Unterfall des Rechts der öffentlichen Wiedergabe iSd Art. 3 InfoSoc-RL ist auf das Setzen eines framenden Links nicht anwendbar, weil der Linksetzer die Datei mit dem geschützten Werk nicht in der eigenen Zugriffssphäre bereithält.[500]

106   Eine öffentliche Wiedergabe iSd Art. 3 InfoSoc-RL ist aber gegeben, wenn ein Link unter **Umgehung von Schutzmaßnahmen**[501] **des Berechtigten,** die den Empfängerkreis beschränken sollen (zB Bezahlschranken), gesetzt wird, so dass weitere Internetnutzer Zugang zur Webseite mit dem geschützten Werk erhalten können.[502] Voraussetzung dafür ist allerdings, dass die Umgehung der Schutzmaßnahmen ein „neues Publikum" erschließt. Dies wird nur bei einer gewissen Wirksamkeit der Schutzmaßnahmen der Fall sein.[503] Ausdrückliche **Vorbehalte gegen die Linksetzung** im Rahmen des Internetauftritts können nach der Rechtsprechung des EuGH[504] nicht genügen.[505]

Von den Fällen, in denen der Rechtsinhaber durch Schutzmaßnahmen den Empfängerkreis seiner Webseite mit dem geschützten Werk beschränken will, sind die Fälle zu unterscheiden, in denen er seine Webseite zwar unbeschränkt für die Öffentlichkeit zugänglich hält, aber den Zugangsweg zu ihr durch Schutzmaßnahmen (zB gegen deep links) regulieren will oder bestimmte Arten der Verlinkung (wie framende Links) unterbinden will.[506] Der BGH beurteilt das Setzen eines **Deep Links**[507] oder eines **framenden Links**[508] als öffentliche Wiedergabe iSd Art. 3 Abs. 1 InfoSoc-RL, wenn der Link **unter Umgehung von Schutzmaßnahmen** gesetzt wird, die derartige Links verhindern sollen. Dies ist jedoch umstritten.[509] Der BGH hat daher im Verfahren **„Deutsche Digitale Bibliothek"** den EuGH um Vorabentscheidung über die Frage ersucht, ob das Setzen eines framenden Links auf ein Werk, das auf einer Internetseite mit Einwilligung des Rechtsinhabers frei zugänglich ist, eine öffentliche Wiedergabe iSd Art. 3 Abs. 1 InfoSoc-RL ist, wenn bei der Linksetzung Schutzmaßnah-

---

[495] Vgl. BGH NJW 2005, 2766 (2768); BGH NJW-RR 2017, 1520 Rn. 23; BGH GRUR 2018, 832 Rn. 79 f. – Ballerinaschuh; Thomas/Putzo/*Reichold*, ZPO, 40. Aufl. 2019, Vor § 284 Rn. 18a, 37; vgl. auch Zöller/*Greger*, ZPO, 33. Aufl. 2020, ZPO Vor § 284 Rn. 24; *Ohly* GRUR 2018, 187 (188 f.). Zur sekundären Darlegungslast → Rn. 405.

[496] Vgl. EuGH GRUR 2014, 1196 Rn. 15 ff. = GRUR-Int 2014, 1160 mAnm *Dietrich* – BestWater International/Mebes ua; EuGH GRUR 2016, 1152 Rn. 40 – GS Media/Sanoma ua; BGH GRUR 2016, 171 Rn. 33 – Die Realität II (aA noch der Vorlagebeschluss BGH GRUR 2013, 818 Rn. 12, 26 – Die Realität I; BGH ZUM 2014, 900 Rn. 4 f.); *Stracke* S. 101 ff.; *Rauer/Kaase* WRP 2018, 1155 (1158 ff.); *Euler* JurPC Web-Dok. 151/2018, Abs. 23 ff. (frei abrufbar: www.jurpc.de); *Saw* IIC 2018, 536 (553 ff.); aA *Schierholz* ZUM 2018, 135 f.; *Ohly* GRUR 2018, 996 (1002 f., 1004); *Haberstumpf* ZUM 2018, 678 (679); vgl. auch Dreier/Schulze/*Dreier* UrhG § 19a Rn. 6a.

[497] Zur Technik vgl. *Appl/Bauer* MR 2015, 151; *Euler* JurPC Web-Dok. 151/2018, Abs. 3; *Schubert* ZUM 726 (727).

[498] Vgl. dazu *Schapiro/Jensen* ZUM 2013, 665 (666); *Ott* MMR 2013, 599 (600).

[499] Vgl. EuGH GRUR 2014, 360 Rn. 29 f. – Nils Svensson ua/Retriever Sverige mAnm *Jani/Leenen*; EuGH GRUR 2014, 1196 Rn. 15 ff. = GRUR-Int 2014, 1160 mAnm *Dietrich* – BestWater International/Mebes ua.

[500] Vgl. → § 19a Rn. 60, 91 f.

[501] Zum Begriff vgl. auch *Mezei* GRUR-Int 2016, 887 (890).

[502] Vgl. EuGH GRUR 2014, 360 Rn. 31 – Nils Svensson ua/Retriever Sverige mAnm *Jani/Leenen*; EuGH GRUR 2016, 1152 Rn. 50 – GS Media/Sanoma ua; EuGH GRUR 2017, 610 Rn. 49 – Stichting Brein/Wullems; BGH GRUR 2018, 178 Rn. 43 – Vorschaubilder III; weiter → Rn. 303.

[503] Vgl. *Dreier* FS Bornkamm, 2014, 749 (756 f.); Dreier/Schulze/*Dreier* UrhG § 19a Rn. 6a (aE); *Appl/Bauer* MR 2015, 151 (153); *Savola* JIPITEC 2017, 139 (149); *Stracke* S. 106 ff.; vgl. auch *Walter* MR-Int. 2014, 30 (31): ernsthafte Maßnahmen.

[504] Vgl. EuGH GRUR 2017, 610 Rn. 48 – Stichting Brein/Wullems; öOGH GRUR-Int 2016, 589 (592) – Krone-Hit mAnm *Walter*; *Grünberger* JZ 2016, 318 (320); *Savola* JIPITEC 2017, 139 (149); *Stracke* S. 75 f.; offengelassen BGH GRUR 2016, 171 Rn. 35 – Die Realität II; aA *Appl/Bauer* MR 2015, 151 (153, 154); *Haberstumpf* GRUR 2016, 763 (764); → Rn. 85.

[505] Vgl. dazu *Ohly* GRUR 2018, 996 (1002); *Schubert* ZUM 2018, 726 (727); *v. Ungern-Sternberg* GRUR 2016, 321 (326); vgl. auch → Rn. 85.

[506] Zu den technischen Möglichkeiten, framende Links zu verhindern, vgl. *Conrad* CR 2013, 305 (307 f.); *Euler* JurPC Web-Dok. 151/2018, Abs. 6, 8 (frei abrufbar: www.jurpc.de).

[507] BGH GRUR 2011, 56 Rn. 25 ff. – Session-ID; → § 19a Rn. 93.

[508] BGH GRUR 2019, 725 Rn. 28 ff. – Deutsche Digitale Bibliothek; → § 19a Rn. 93.

[509] Für die Annahme einer öffentlichen Wiedergabe bei der Linksetzung unter Umgehung von Schutzmaßnahmen gegen Deep Links *Stracke* S. 79 f., 85, 104 ff., 111 f., 113 f.; aA *Grünberger* ZUM 273 (277). Für die Beurteilung der Linksetzung unter Umgehung von Schutzmaßnahmen gegen framende Links als öffentliche Wiedergabe *Ohly* GRUR 2018, 996 (1002 f.); aA *Höfinger* ZUM 2014, 293 (294).

men gegen Framing umgangen werden.[510] Die Ansicht, dass in solchen Fällen ein Eingriff in das Recht der öffentlichen Wiedergabe vorliegt, ist allerdings mit der bisherigen Rechtsprechung des EuGH kaum vereinbar.[511] Ist ein Werk auf einer Internetseite mit Einwilligung des Rechtsinhabers für die gesamte Öffentlichkeit frei zugänglich, wird es keinem neuen Publikum zugänglich gemacht, wenn einer der Linksetzer den Zugang zu der Internetseite lediglich in einer Art und Weise (durch einen Deep Link oder durch einen framenden Link) vermittelt, die der Betreiber der Internetseite durch Schutzmaßnahmen verhindern wollte. Das Zielpublikum der ursprünglichen Wiedergabe, sämtliche Internetnutzer, bleibt in einem solchen Fall unverändert.[512] Dementsprechend hat der EuGH im Fall „GS Media/Sanoma ua" angenommen, dass keine öffentliche Wiedergabe iSd Art. 3 Abs. 1 Info-Soc-RL vorliegt, wenn ein Link auf eine Webseite gesetzt wird, auf der das geschützte Werk unbefugt eingestellt ist, das Werk aber auf einer anderen Website mit Erlaubnis des Rechtsinhabers frei zugänglich ist.[513] Auch in einem solchen Fall widerspricht der konkrete Zugangsweg, den der Linksetzer eröffnet, dem Willen des Rechtsinhabers.[514]

Nach dem Urteil des EuGH **„GS Media/Sanoma ua"**[515] kann eine öffentliche Wiedergabe von Werken iSd Art. 3 Abs. 1 InfoSoc-RL aber anzunehmen sein, wenn ein **Hyperlink Zugang zu einem unbefugt in das Internet eingestellten Werk** verschafft, das sonst nicht[516] mit Erlaubnis des Rechtsinhabers frei im Internet zugänglich ist.[517] Der EuGH unterscheidet dabei zwischen Linksetzung ohne und mit Gewinnerzielungsabsicht: Handelt der Linksetzer ohne Gewinnerzielungsabsicht nimmt er nur dann eine öffentliche Wiedergabe iSd Art. 3 Abs. 1 InfoSoc-RL vor, wenn er wusste oder hätte wissen müssen, dass der Link den Zugang zu einem ohne Erlaubnis des Rechtsinhabers im Internet öffentlich zugänglichen Werk eröffnet.[518] Wenn der Linksetzer dagegen mit Gewinnerzielungsabsicht handelt, kann von ihm erwartet werden, dass er sich durch die erforderlichen Nachprüfungen vergewissert, dass das Werk auf der verlinkten Website nicht unbefugt eingestellt wurde. In diesem Fall ist deshalb zu vermuten, dass der Linksetzer volle Kenntnis davon hatte, dass das Werk urheberrechtlich geschützt ist und der Rechtsinhaber die Veröffentlichung im Internet nicht erlaubt hat.[519]

Diese Grundsätze des Urteils „GS Media/Sanoma ua" haben für die **Rechtsrisiken beim Setzen von Hyperlinks** und damit für die Erschließung der unübersehbaren Informationsfülle des Internets größte Bedeutung. Ihre Tragweite hängt aber entscheidend davon ab, wie sie in nachfolgenden Entscheidungen des EuGH, aber auch durch die Gerichte der Mitgliedstaaten, konkretisiert werden.[520] Die Verlinkung von Webseiten ist ein Wesenselement des Internets und entspricht jedenfalls bei anklickbaren Hyperlinks in den weitaus meisten Fällen auch den Interessen und dem mutmaßlichen Willen der Berechtigten. Ein Linksetzer kann aber in aller Regel nicht feststellen, ob der Inhalt der verlinkten Webseite mit Zustimmung der Berechtigten ins Netz gestellt wurde und ob diese Zustimmung fortwirkt.[521] Wird das Urteil „GS Media/Sanoma ua" in der Praxis so verstanden, dass die

---

[510] BGH GRUR 2019, 725 = MMR 2019, 436 mAnm *Schubert* – Deutsche Digitale Bibliothek (Gz. des EuGH C-392/19); Vorinstanz: KG GRUR 2018, 1055 mAnm *Schulze* (Anm.: *Euler* JurPC Web-Dok. 151/2018; *Schubert* ZUM 2018, 726; *Feldmann* ZUM 2018, 729; *Wiesemann* AnwZert ITR 25/2018 Anm. 6). Zur Interessenlage vgl. einerseits *Schierholz* ZUM 2018, 135 f.; *Ohly* GRUR 2018, 996 (1003); andererseits *Euler* JurPC Web-Dok. 151/2018 Abs. 4 ff., 41 ff.

[511] AA *Schubert* MMR 2019, 438 (439); *Grünberger* ZUM 2019, 573 (577).

[512] Vgl. EuGH GRUR 2014, 360 Rn. 26 – Nils Svensson ua/Retriever Sverige mAnm *Jani/Leenen*; EuGH GRUR 2014, 1196 Rn. 18 – BestWater International/Mebes ua.

[513] Vgl. EuGH GRUR 2016, 1152 Rn. 52 – GS Media/Sanoma ua mAnm *Ohly*; *Grünberger* ZUM 2016, 905 (915); vgl. auch *Stracke* S. 63 f.; weiter → Rn. 85, 87. Auch im Fall „Deutsche Digitale Bibliothek" sind die Werkdateien auf anderen Websites uneingeschränkt öffentlich zugänglich (vgl. KG GRUR 2018, 1055 Rn. 19).

[514] Der Umstand, dass der Rechtsinhaber den Zugang zu seinem Werk auch ganz sperren dürfte, bedeutet nicht, dass ihm (als Minus) ein Verwertungsrecht bei Linksetzungen zustehen müsse, die Schutzmaßnahmen umgehen, mit denen er die Zugangswege zu dem mit seiner Einwilligung öffentlich zugänglichen Werk beschränken will. Ein Verwertungsrecht dieser Art wäre kein Ausschnitt aus dem Recht der öffentlichen Zugänglichmachung, sondern ein aliud. Die Annahme eines Verwertungsrechts kann auch nicht vom Willen des Rechtsinhabers im Einzelfall abhängen. Dabei ist daher unerheblich, ob er sich bei der Einrichtung seiner Schutzmaßnahmen „der Sprache des Internets" bedient hat (aA BGH GRUR 2019, 725 Rn. 35 – Deutsche Digitale Bibliothek [Gz. des EuGH C-392/19]). Wird die Website, auf der das geschützte Werk eingestellt ist, nicht vom Rechtsinhaber selbst betrieben, ist es im Übrigen durchaus möglich, dass Beschränkungen der Zugangswege zu dieser Website nicht dem Willen des Rechtsinhabers entsprechen.

[515] Vgl. EuGH GRUR 2016, 1152 Rn. 49 ff. – GS Media/Sanoma ua mAnm *Ohly*; krit. Anm. *Wimmers/Barudi/Rendle* CRi 2016, 129.

[516] Vgl. dazu EuGH GRUR 2016, 1152 Rn. 52 – GS Media/Sanoma ua mAnm *Ohly*; *Grünberger* ZUM 2016, 905 (915); vgl. auch *Stracke* S. 63 f.

[517] Vgl. EuGH GRUR 2016, 1152 Rn. 49 ff. – GS Media/Sanoma ua mAnm *Ohly*; krit. Wandtke/Bullinger/*Heerma* UrhG § 15 Rn. 32; *Wimmers/Barudi/Rendle* CRi 2016, 129.

[518] Vgl. EuGH GRUR 2016, 1152 Rn. 49 – GS Media/Sanoma ua.

[519] Vgl. EuGH GRUR 2016, 1152 Rn. 51 – GS Media/Sanoma ua mAnm *Ohly*; BGH GRUR 2018, 178 Rn. 46, 59 – Vorschaubilder III mAnm *Ohly*; zur Anknüpfung an das subjektive Merkmal der Gewinnerzielungsabsicht *Rauer* FS Gernot Schulze, 2017, 85 (94); *Ohly* GRUR-Int 2018, 517 (521 f.); *Oechsler* GRUR-Int 2019, 231 (236).

[520] Vgl. dazu *Wimmers/Barudi/Rendle* CRi 2016, 129.

[521] Vgl. EuGH GRUR 2016, 1152 Rn. 44 ff. – GS Media/Sanoma ua; vgl. auch *Grünberger* ZUM 2015, 273 (280 ff.); *Jahn/Palzer* K&R 2015, 1 (4); *Kahl/Schönfelder* K&R 2017, 683 (688).

Anforderungen an die **Sorgfalt bei der Linksetzung** zu hoch angesetzt werden, bedroht dies die Funktionsfähigkeit des Internets.[522]

Der EuGH wiederholt in seinem Urteil „GS Media/Sanoma ua" den von ihm in stRspr. aufgestellten Grundsatz, dass Werknutzer einer öffentlichen Wiedergabe nur sein kann, wer in voller **Kenntnis der Folgen seines Verhaltens** tätig wird.[523] Aus dem Erfordernis der vollen Kenntnis der Folgen des Verhaltens folgt aber nicht, dass der Werknutzer stets auch in voller Kenntnis aller Umstände handeln muss, die den Tatbestand der öffentlichen Wiedergabe im Rechtssinn begründen.[524] Zu diesen Tatbestandsmerkmalen gehört bei der Linksetzung auch der Umstand, dass die Erlaubnis des Rechtsinhabers dafür fehlt, dass das Werk im Internet zugänglich ist.[525] Nach dem Urteil des EuGH „GS Media/Sanoma ua" muss sich die Kenntnis des Linksetzers jedoch nicht zwingend auch darauf beziehen. Bei einem Linksetzer, der ohne Gewinnerzielungsabsicht handelt, soll es vielmehr genügen, dass „der Betreffende ... hätte wissen müssen, dass der von ihm gesetzte Hyperlink Zugang zu einem unbefugt im Internet veröffentlichten Werk verschafft – weil er beispielsweise von den Urheberrechtsinhaber darauf hingewiesen wurde".[526] Nach der Rechtsprechung des EuGH sind somit in Fällen dieser Art bei der Gesamtbetrachtung, ob der Tatbestand eines Eingriffs in das Recht der öffentlichen Wiedergabe erfüllt ist, gegebenenfalls besondere subjektive Tatumstände zu berücksichtigen.[527]

Der Verzicht darauf, dass der Werknutzer alle Tatumstände kennen muss, ist angesichts der außerordentlichen Bedeutung von Hyperlinks für das Internet nur dann gerechtfertigt, wenn strenge **Anforderungen an das Kennenmüssen** gestellt werden.[528] Das wäre der Fall, wenn nur für ein Kennenmüssen gefordert wird, dass der Linksetzer die sich aufdrängende Möglichkeit, dass das Werk rechtswidrig im Internet zugänglich ist, aus besonderem Leichtsinn oder besonderer Gleichgültigkeit außer Acht gelassen hat. Solche Anforderungen sind besonders dann zwingend, wenn es darum geht, dass der Linksetzer durch den Hyperlink neben dem beabsichtigten, befugt im Internet zugänglichen Ziel auch Zugang zu anderen geschützten Werken verschafft hat, die aber ohne Erlaubnis der Rechtsinhaber auf der Website zugänglich sind.[529] Hinweise darauf, dass der EuGH nicht zu geringe Anforderungen an das Kennenmüssen des Linksetzers stellt, lassen sich seiner Formulierung entnehmen, dass der Linksetzer keine öffentliche Wiedergabe iSd Art. 3 Abs. 1 InfoSoc-RL vornimmt, wenn er die Rechtswidrigkeit der Veröffentlichung des Werkes auf der verlinkten Website „vernünftigerweise" nicht kennen konnte.[530]

Die Tragweite des Urteils „GS Media/Sanoma ua" hängt weiter entscheidend davon ab, welche Bedeutung dem Erfordernis der **„Gewinnerzielungsabsicht"** (in der niederländischen Verfahrenssprache „winstoogmerk")[531] beigemessen wird.[532] Sinnvoll wäre die Auslegung, dass die „Gewinnerzielungsabsicht" gerade mit der Linksetzung auf ein bestimmtes Werk verbunden sein muss, wie dies im Ausgangsfall des Urteils „GS Media/Sanoma ua" der Fall war.[533] Für diese Auslegung würde sprechen, dass der EuGH im Fall „SCF" angenommen hat, dass mit der Hintergrundmusik in einer Zahnarztpraxis keine Erwerbszwecke verfolgt werden, weil der Zahnarzt „vernünftigerweise allein wegen dieser Wiedergabe weder eine Erweiterung seines Patientenbestands erwarten noch die Preise der von ihm verabfolgten Behandlungen erhöhen kann".[534] Würde es dagegen genügen, wenn der Handelnde mit der Unterhaltung seiner Website lediglich irgendwelche Erwerbszwecke verfolgt, wäre die strenge Haftung von Linksetzern mit Gewinnerzielungsabsicht die Regel, weil mit fast allen Websites auch ein Erwerbszweck verfolgt wird.

Im Urteil **„Vorschaubilder III"** hat der **BGH** allerdings in einer nicht tragenden und nicht begründeten Bemerkung eine andere Ansicht vertreten. Er hat angenommen, eine Gewinnerzielungsab-

---

[522] Vgl. *Ohly* GRUR 2016, 1155 (1157); *Midelieva* E.I.P.R. 2017, 479 (483 f.).

[523] Vgl. EuGH GRUR 2016, 1152 Rn. 35, 48 – GS Media/Sanoma ua mAnm *Ohly*; EuGH GRUR 2012, 597 Rn. 31, 37, 40 – Phonographic Performance (Ireland).

[524] Vgl. EuGH GRUR 2012, 597 Rn. 31, 37, 40 – Phonographic Performance (Ireland); EuGH GRUR 2016, 1152 Rn. 35, 49, 51 – GS Media/Sanoma ua; EuGH GRUR 2017, 790 Rn. 45 – Stichting Brein/Ziggo ua; vgl. auch *Ohly* GRUR-Int 2018, 517 (523 f.); weiter → Rn. 11, 79, 80.

[525] Vgl. EuGH GRUR 2016, 1152 Rn. 51 – GS Media/Sanoma ua; vgl. dazu *Ohly* GRUR-Int 2018, 517 (523 f.).

[526] Vgl. EuGH GRUR 2016, 1152 Rn. 49, 53 – GS Media/Sanoma ua mAnm *Ohly*; vgl. auch EuGH GRUR 2017, 790 Rn. 45 – Stichting Brein/Ziggo ua.

[527] Entgegen einer in der Literatur geäußerten Kritik (*Walter* MR-Int. 2017, 27 (28); vgl. auch *Leistner* ZUM 2016, 980 (982); *Metzger* ZEuP 2017, 836 (856); *Loderer* sic! 2017, 58 (65 f.)) vermengt der EuGH deshalb nicht die Ebenen der Rechtswidrigkeit und des Verschuldens.

[528] Vgl. auch *Regenstein* ZUM 2018, 649 (657 ff.).

[529] Vgl. dazu EuGH GRUR 2016, 1152 Rn. 46 – GS Media/Sanoma ua.

[530] Vgl. EuGH GRUR 2016, 1152 Rn. 47, 55 – GS Media/Sanoma ua.

[531] Die niederländische Urteilsfassung verwendet durchweg das Wort „winstoogmerk", die deutsche Übersetzung neben dem Wort „Gewinnerzielungsabsicht" auch das Wort „Erwerbszwecke" (EuGH GRUR 2016, 1152 Rn. 53 – GS Media/Sanoma ua).

[532] Vgl. zu dieser Frage *Rauer/Ettig* WRP 2016, 1319 (1322); *Wimmers/Barudi/Rendle* CRi 2016, 129 (132 f.); *Fricke/Gerecke* AfP 2017, 25 (26); *Rosati* E.I.P.R. 2017, 737 (740); *Loderer* sic! 2017, 58 (62 f.); *Inguanez* JIPLP 2017, 660 (661 f.); *Schonhofen* DSRITB 2017, 321 (328 ff.); *Rauer* WRP 2018, 278 (282); *Regenstein* ZUM 2018, 649 (656).

[533] Vgl. auch Wandtke/Bullinger/*Bullinger* UrhG § 19a Rn. 29; aA *Rosati* S. 98 f., 106.

[534] EuGH GRUR 2012, 593 Rn. 97 f. – SCF.

sicht sei bei Hyperlinks auch dann gegeben, wenn der Verlinkende nicht gerade durch die Linksetzung auf die fraglichen Werke, sondern mit seiner Internetseite insgesamt Gewinn – etwa in Form von Werbeeinnahmen – erzielen wolle.[535] Das vom BGH dazu angeführte Urteil des EuGH „Stichting Brein/Ziggo ua"[536] stützt dies jedoch nicht. Im Fall des EuGH war die Online-Filesharing-Plattform „The Pirate Bay" insgesamt darauf angelegt, vor allem rechtswidrig hochgeladene Werkdateien einer breiten Öffentlichkeit zugänglich zu machen und das dadurch erzeugte Interesse für Werbeeinnahmen auszunutzen. Wird beim rechtmäßigen Betrieb einer Website, die sich auch durch Werbung finanziert, ein Link auf ein geschütztes Werk gesetzt, besteht kein derart enger Zusammenhang zwischen der Erleichterung des Zugangs zu diesem Werk und den Werbeeinnahmen.

Bei der **Linksetzung von Suchmaschinen und auf Suchmaschinen** bestimmt der BGH die Anforderungen an die Prüfung, ob das Werk auf der zu verlinkenden Website unbefugt veröffentlicht wurde, maßgeblich unter Berücksichtigung der Aufgabe und Funktionsweise von Suchmaschinen.[537] Zutreffend legt er dar, dass vom Anbieter einer Suchmaschine vernünftigerweise nicht erwartet werden kann, dass er sich vergewissert, ob die von den Suchprogrammen aufgefundenen Abbildungen von Werken rechtmäßig in das Internet eingestellt wurden, bevor er sie als Vorschaubilder wiedergibt. Ebenso kann nicht vermutet werden, dass der Anbieter einer Suchfunktion, die auf eine Suchmaschine verlinkt, Kenntnis davon hat, dass die von der Suchmaschine aufgefundenen Inhalte unbefugt in das Internet eingestellt wurden.[538] Unter diesen Umständen wird die Anzeige von Vorschaubildern nicht als rechtswidrige öffentliche Wiedergabe beurteilt. Anders wäre dies nach einer erst später (etwa durch eine Abmahnung) erlangten Kenntnis des Linksetzers.[539] Mögliche Überwachungsmaßnahmen sind dann nicht schon deshalb unzumutbar, weil sie Verletzungshandlungen nicht vollständig verhindern könnten. Die **Beweislast** für die Zumutbarkeit trägt der Anspruchsteller.[540]

VIII. Auslegung der Richtlinien zum Urheberrecht

1. Allgemeine Auslegungsgrundsätze

Bei der **Auslegung einer unionsrechtlichen Vorschrift** sind der Wortlaut der Vorschrift, der Regelungszusammenhang, in dem sie steht, sowie die Ziele zu berücksichtigen, die mit der Regelung verfolgt werden, zu der die Vorschrift gehört.[541]   **107**

Die verschiedenen **sprachlichen Fassungen** einer unionsrechtlichen Vorschrift sind gleichermaßen verbindlich. Unionsvorschriften sind daher im Licht aller sprachlichen Fassungen auszulegen.[542] Weichen die Sprachfassungen voneinander ab, muss die Vorschrift anhand der allgemeinen Systematik und des Zwecks der Regelung ausgelegt werden, zu der sie gehört.[543]   **108**

Die **Erwägungsgründe** einer Richtlinie gehören nicht zu ihrem verfügenden Teil. Dieser ist aber untrennbar mit seiner Begründung verbunden. Die Erwägungsgründe können den Inhalt der Richtlinie präzisieren und sind daher zur Auslegung heranzuziehen.[544]   **109**

Auch die **Entstehungsgeschichte** einer Richtlinie kann für die Auslegung bedeutsam sein.[545]   **110**

Begriffe einer Vorschrift des Unionsrechts sind nach stRspr des EuGH in der Regel in der gesamten Union **autonom und einheitlich** auszulegen, falls die Vorschrift nicht für die Ermittlung ihres Sinns und ihrer Tragweite auf das Recht der Mitgliedstaaten verweist.[546] Der EuGH spricht idR[547]   **111**

---

[535] BGH GRUR 2018, 178 Rn. 59 – Vorschaubilder III mAnm *Ohly*.

[536] EuGH GRUR 2017, 790 Rn. 46 – Stichting Brein/Ziggo ua.

[537] BGH GRUR 2018, 178 Rn. 60 ff. – Vorschaubilder III mAnm *Ohly*; vgl. bereits *Grünberger* ZUM 2016, 905 (918): situationsadäquate Prüfung; vgl. auch *v. Ungern-Sternberg* GRUR 2017, 217 (221).

[538] Vorbehalte auf der betreffenden Internetseite sprechen nicht dagegen; vgl. auch BGH GRUR 2018, 178 Rn. 66 – Vorschaubilder III; *Ohly* GRUR 2018, 996 (1002 f.).

[539] Vgl. BGH GRUR 2018, 178 Rn. 67 – Vorschaubilder III.

[540] Vgl. BGH GRUR 2018, 178 Rn. 68 ff. – Vorschaubilder III.

[541] Vgl. EuGH GRUR 2017, 1120 Rn. 70 – Nintendo/BigBen; EuGH GRUR 2019, 940 Rn. 65 – Spiegel Online/Volker Beck; weiter → Rn. 114 ff.

[542] EuGH GRUR-Int 2011, 733 Rn. 23 – ALTER CHANNEL; EuGH GRUR 2017, 1120 Rn. 72 – Nintendo/BigBen.

[543] Vgl. EuGH GRUR-Int 2016, 850 Rn. 18 – Thomas Philipps; EuGH GRUR 2017, 1120 Rn. 72 – Nintendo/BigBen.

[544] Vgl. EuGH GRUR 2012, 300 Rn. 55 – eDate Advertising u. Martinez; EuGH GRUR 2012, 519 Rn. 40 – Budvar/Anheuser-Busch; EuGH GRUR 2014, 493 Rn. 21 – Posteshop/Autorità ua; GAin *Sharpston*, SchlA v. 27.6.2013 – C-457/11 in VG Wort/Kyocera ua, BeckRS 2013, 80163 Rn. 32; BGHZ 194, 258 = NJW 2013, 374 Rn. 9; vgl. weiter *Riesenhuber* in Riesenhuber, Europäische Methodenlehre, 3. Aufl. 2015, § 10 Rn. 38; *Roder* S. 100, 111 ff., 116 ff.; *Leistner* FS Bornkamm, 2014, 859 (865 f.); *Jotzo* ZGE 2017, 447 (452).

[545] Vgl. EuGH GRUR-Int 2012, 150 Rn. 35 = MR-Int. 2012, 83 mAnm *Walter* – Circul Globus Bucureşti; EuGH GRUR 2016, 1266 Rn. 40 ff. – VOB/Stichting; EuGH GRUR 2019, 934 Rn. 44 – Funke Medien/Bundesrepublik Deutschland; sa *Roder* S. 105 ff.; *Riesenhuber* in Riesenhuber, Europäische Methodenlehre, 3. Aufl. 2015, § 10 Rn. 32 ff.

[546] Vgl. EuGH GRUR 2017, 1120 Rn. 70 – Nintendo/BigBen; EuGH GRUR 2019, 73 Rn. 33, 45 – Levola/Smilde mAnm *Schack*; EuGH GRUR 2019, 940 Rn. 62 – Spiegel Online/Volker Beck. Eingehend zur Methode der autonomen Auslegung in der Rechtsprechung des EuGH *Roder* S. 72 ff.

[547] Anders zB EuGH GRUR 2012, 937 Rn. 33 – Pie Optiek; EuGH GRUR 2011, 50 Rn. 32 – Padawan/SGAE; EuGH GRUR 2012, 519 Rn. 29 – Budvar/Anheuser-Busch.

davon, dass die Verweisung auf das Recht der Mitgliedstaaten „ausdrücklich" sein müsse. Gefordert wird damit aber wohl nicht eine Verweisung im Wortlaut der unionsrechtlichen Vorschrift, sondern ein klar erkennbarer Wille des Unionsgesetzgebers.[548] Jedenfalls sind die Begriffe einer Richtlinie, soweit sie eine Vollharmonisierung anstrebt, in der gesamten Union autonom und einheitlich auszulegen.[549] Abgeleitet wird der Grundsatz der autonomen und einheitlichen Auslegung des Unionsrechts aus dem Gebot der einheitlichen Anwendung des Unionsrechts und aus dem Gleichheitsgrundsatz.[550]

112   Auch bei Vorliegen eines autonomen Begriffs des Unionsrechts, der in der gesamten Union einheitlich auszulegen ist, kann die **Regelungsdichte** des Begriffs sehr niedrig sein, wenn unionsrechtlich nur ein weiter Regelungsrahmen vorgegeben ist.[551] Von diesem darf allerdings nur innerhalb der vom Unionsrecht gezogenen Grenzen Gebrauch gemacht werden.[552]

113   Bei der **Auslegung der InfoSoc-RL** verweist der EuGH zudem auf die Zielsetzung der Richtlinie, bestimmte Aspekte[553] des Urheberrechts und der verwandten Schutzrechte zu harmonisieren und den Binnenmarkt vor Wettbewerbsverzerrungen zu schützen, die sich aus Unterschieden in den Rechtsvorschriften der Mitgliedstaaten ergeben.[554] Die Auslegung ist weiter am Hauptziel der Info-Soc-RL auszurichten, ein **hohes Schutzniveau** für die Urheber zu erreichen, und diesen damit die Möglichkeit zu geben, für die Nutzung ihrer Werke eine angemessene Vergütung zu erhalten (vgl. Erwgr. 4, 9–11).[555] In gleicher Weise sind jedoch bei der Auslegung die Grundrechte der Beteiligten zu beachten. Der EuGH betont, dass die Harmonisierung durch die InfoSoc-RL nach ihrem Erwgr. 31 einen angemessenen **Rechts- und Interessenausgleich** sichern soll, einerseits zwischen dem Interesse der Inhaber von Urheberrechten und verwandten Schutzrechten am Schutz ihres durch Art. 17 GRCh garantierten Rechts am geistigen Eigentum und andererseits dem Schutz der Interessen und Grundrechte der Nutzer von Schutzgegenständen (insbes. ihrer Freiheit der Meinungsäußerung und Informationsfreiheit, Art. 11 GRCh) sowie dem Gemeinwohl.[556] Die Gerichte müssen demzufolge bei neuartigen Nutzungsformen immer wieder als Ersatzgesetzgeber tätig sein.[557]

2. Auslegung der Vorschriften zu den Verwertungsrechten

114   **a) Autonome und einheitliche Auslegung.** Die Begriffe der Richtlinien zum Urheberrecht hat der EuGH bisher durchweg **autonom und einheitlich** ausgelegt.[558] Die Auslegung ist im Hinblick

---

[548] Vgl. dazu auch GAin *Trstenjak,* SchlA v. 11.5.2010 – C-467/08 in Padawan/SGAE, BeckRS 2010, 90570 Rn. 59 ff.; GAin *Trstenjak,* SchlA v. 3.2.2011 – C-482/09 in Budějovický Budvar/Anheuser Busch, BeckRS 2011, 80101 Rn. 54; *Riesenhuber* in Riesenhuber, Europäische Methodenlehre, 3. Aufl. 2015, § 10 Rn. 5 ff.; *Heinrich* ÖJZ 2011, 1068 (1069).

[549] Vgl. dazu EuGH GRUR 2012, 519 Rn. 29 ff. – Budvar/Anheuser-Busch; EuGH GRUR 2011, 1104 Rn. 25 ff. – Brüstle/Greenpeace mAnm *Feldges.*

[550] Vgl. EuGH GRUR 2012, 810 Rn. 33 – DR und TV2 Danmark; EuGH GRUR 2012, 937 Rn. 33 – Pie Optiek.

[551] Vgl. EuGH GRUR 2011, 913 Rn. 25, 35 ff. – VEWA/Belgische Staat; GAin *Trstenjak,* SchlA v. 29.6.2011 – C-135/10 in SCF, BeckRS 2011, 81047 Rn. 78 f; weiter → Rn. 123, 129.

[552] Vgl. EuGH GRUR 2012, 166 Rn. 100 ff. – Painer/Standard. Zur Frage, ob der Unionsgesetzgeber dadurch auf eine unionsrechtliche Definition eines Begriffs verzichten kann, dass er stillschweigend auf nationale Gebräuche und Regelungen verweist, vgl. GAin *Trstenjak,* SchlA v. 11.5.2010 – C-467/08 in Padawan/SGAE, BeckRS 2010, 90570 Rn. 59 ff.

[553] Die InfoSoc-RL hat das Urheberrecht und die verwandten Schutzrechte nicht vollständig harmonisiert. Es ist nicht ihr Ziel, jene Unterschiede zwischen den nationalen Rechtsvorschriften zu beseitigen oder zu verhindern, die das Funktionieren des Binnenmarkts nicht beeinträchtigen (vgl. EuGH GRUR-Int 2017, 438 Rn. 115 – Vertrag von Marrakesch; EuGH GRUR 2019, 934 Rn. 34 – Funke Medien/Bundesrepublik Deutschland).

[554] Vgl. EuGH GRUR 2009, 1041 Rn. 27 ff. – Infopaq/DDF I; EuGH GRUR 2011, 50 Rn. 31 ff. – Padawan/SGAE; EuGH GRUR 2012, 810 Rn. 35 – DR und TV2 Danmark.

[555] → Rn. 6, 60, 121.

[556] Vgl. EuGH GRUR 2016, 1152 Rn. 31 – GS Media/Sanoma ua (unter Hinweis auf Erwgr. 3 und 31 S. 1 Info-Soc-RL); EuGH GRUR 2019, 929 Rn. 32 ff., 59 ff. – Pelham/Hütter ua; vgl. auch EuGH GRUR 2017, 155 Rn. 29, 54 – Microsoft Mobile Sales International/MIBAC; BGH GRUR 2016, 1057 Rn. 31 – Kraftfahrzeugfelgen; vgl. weiter → Rn. 5, 35, 43, 114, 130, 168 ff., 244, 316 f. Zu den Konsequenzen für die Auslegung von Schrankenbestimmungen → Rn. 123, 305.

[557] Vgl. dazu EuGH GRUR 2016, 1266 Rn. 45 – VOB/Stichting; *Paulus* ZUM 2016, 513 (515 f.); *Schovsbo* ZGE 2015, 383.

[558] Allgemein zu den Begriffen der InfoSoc-RL vgl. EuGH GRUR 2012, 810 Rn. 35 – DR und TV2 Danmark. Vgl. weiter EuGH GRUR 2007, 225 Rn. 31 ff. – SGAE/Rafael („öffentlich" in Art. 3 Abs. 1 InfoSoc-RL); EuGH GRUR-Int 2012, 150 Rn. 30 ff. – Circul Globus București („öffentliche Wiedergabe" in Art. 3 Abs. 1 InfoSoc-RL); EuGH GRUR 2012, 156 Rn. 154, 183 ff. – Football Association Premier League u. Murphy („Vervielfältigung" in Art. 2 und „öffentliche Wiedergabe" in Art. 3 Abs. 1 InfoSoc-RL); EuGH GRUR 2012, 817 Rn. 25 – Donner – und EuGH GRUR 2015, 665 Rn. 22 – Dimensione ua/Knoll („Verbreitung an die Öffentlichkeit" in Art. 4 Abs. 1 InfoSoc-RL); EuGH GRUR 2012, 810 Rn. 33 ff. – DR und TV2 Danmark („mit eigenen Mitteln" in Art. 5 Abs. 2 Buchst. d InfoSoc-RL); EuGH GRUR 2011, 50 Rn. 29 ff. – Padawan/SGAE („gerechter Ausgleich" in Art. 5 Abs. 2 Buchst. b InfoSoc-RL); EuGH GRUR 2014, 972 Rn. 15 – Vrijheidsfonds/Vandersteen ua („Parodie" in Art. 5 Abs. 3 Buchst. k InfoSoc-RL); EuGH GRUR 2011, 913 Rn. 25 ff. – VEWA („Vergütung" in Art. 5 Abs. 1 Richtlinie 92/100/EWG); EuGH GRUR 2012, 904 Rn. 39 ff. – UsedSoft („Erstverkauf einer Programmkopie" in Art. 4 Abs. 2 Computerprogramm-RL); EuGH GRUR 2017, 512 Rn. 18 – ITV Broadcasting ua/TV ua („Zugang vom Kabel von Sendediensten" in Art. 9 InfoSoc-RL); EuGH GRUR 2019, 73 Rn. 33, 45 – Levola/Smilde mAnm *Schack* („Werk").

auf die Erfordernisse der Einheit und des Zusammenhangs der Rechtsordnung der Union im Licht der anderen den Bereich des geistigen Eigentums betreffenden Richtlinien vorzunehmen.[559] Die Auslegung darf nicht mit den durch die Rechtsordnung der Union geschützten Grundrechten oder anderen allgemeinen Grundsätzen des Unionsrechts kollidieren.[560]

Die autonome und einheitliche Auslegung hat den **Zweck** sicherzustellen, dass der Schutz, der den Rechtsinhabern durch die Richtlinien gewährt wird, nicht je nach den einzelstaatlichen Vorschriften unterschiedlich ausfällt. Andernfalls würde das Funktionieren des Binnenmarkts beeinträchtigt.[561] 115

Begriffe, die **in verschiedenen Richtlinien** zum Urheberrecht verwendet werden (wie der Begriff der öffentlichen Wiedergabe), sind **gleich auszulegen,** wenn der Unionsgesetzgeber für die konkrete Vorschrift keinen anderen Willen zum Ausdruck gebracht hat.[562] Wann dies anzunehmen ist, erscheint noch ungeklärt.[563] 116

b) Auslegung im Licht der internationalen Verträge zum Urheberrecht. Das Unionsrecht 117 ist nach Möglichkeit **im Licht des Völkerrechts** auszulegen.[564] Urheberrechtliche Begriffe sind deshalb soweit möglich auszulegen im Licht der urheberrechtlichen Verträge, die die Union geschlossen hat.[565] Dazu gehören die WIPO-Urheberrechtsverträge[566] und das TRIPS-Übereinkommen.[567] Einzelpersonen können sich allerdings nicht unmittelbar auf das TRIPS-Übereinkommen und die WIPO-Urheberrechtsverträge berufen.[568] Aufgrund des Art. 1 Abs. 4 WCT ist die Union auch verpflichtet, sich an Art. 1–21 der Berner Übereinkunft (RBÜ) zu halten, der alle Mitgliedstaaten beigetreten sind.[569] Das Rom-Abkommen[570] und das Genfer Tonträger-Abkommen[571] sind zwar nicht Teil der Unionsrechtsordnung, aber gemäß Erwgr. 7 der Vermiet- und Verleih-RL soweit möglich bei der Auslegung dieser Richtlinie zu berücksichtigen.[572]

Bei der **Auslegung der Begriffe der internationalen Verträge** zum Urheberrecht ist nach der 118 Rechtsprechung des EuGH der Kontext der Begriffe und die Zielsetzung der einschlägigen Bestimmungen zu berücksichtigen.[573] Diese Bestimmungen sind deshalb gegebenenfalls im Hinblick auf ihren Sinn und Zweck abweichend von ihrem Wortlaut einschränkend auszulegen. Der unionsrechtliche Schutz der Urheber ist nicht auf die **Schutzverpflichtungen aus den internationalen Verträgen** beschränkt, die lediglich einen Mindestschutz vorschreiben.[574] Er kann dort nicht geregelte weitere Tatbestände umfassen. Dies kann insbesondere bei dem Recht der öffentlichen Wiedergabe

---

[559] Vgl. EuGH GRUR-Int 2011, 1058 Rn. 44 – Airfield und Canal Digitaal; vgl. auch EuGH GRUR 2018, 1234 Rn. 27 – Bastei Lübbe/Strotzer.

[560] Vgl. EuGH GRUR 2015, 894 Rn. 34 – Coty Germany/Stadtsparkasse; EuGH GRUR 2019, 934 Rn. 68 – Funke Medien/Bundesrepublik Deutschland; → Rn. 43 f., 113, 122.

[561] Vgl. dazu EuGH GRUR 2012, 904 Rn. 41 – UsedSoft (zu Art. 4 Abs. 2 Computerprogramm-RL); vgl. auch – zum Markenrecht – EuGH GRUR 2012, 519 Rn. 31 f. – Budvar/Anheuser-Busch; *Vida* GRUR-Int 2013, 106 (109); weiter → Rn. 145.

[562] Vgl. EuGH GRUR 2012, 904 Rn. 60 – UsedSoft; EuGH GRUR 2017, 385 Rn. 19 – Verwertungsgesellschaft Rundfunk/Hettegger Hotel Edelweiss; vgl. auch EuGH GRUR 2011, 913 Rn. 27 – VEWA; BGH GRUR 2012, 1136 Rn. 14 – Breitbandkabel (zur einheitlichen Auslegung des Begriffs der öffentlichen Wiedergabe im UrhG); *Handig* GRUR-Int 2012, 9 (10); → Rn. 58.

[563] Vgl. *Leistner* FS Bornkamm, 2014, 859 (864).

[564] Vgl. EuGH GRUR 2016, 1266 Rn. 31 ff. – VOB/Stichting; EuGH GRUR 2019, 161 Rn. 20 f. – Imran Syed; eingehend zur Auslegung des urheberrechtlichen Richtlinienrechts im Licht der internationalen Verträge *Roder* S. 155 ff. Zum Grundsatz der völkerrechtskonformen Auslegung des deutschen Rechts vgl. BGH GRUR 2014, 355 Rn. 20 f. – Fond Memories.

[565] Vgl. EuGH GRUR 2007, 225 Rn. 35 – SGAE/Rafael; EuGH GRUR 2012, 593 Rn. 36 ff. – SCF; vgl. auch *Obergfell/Stieper* FS 50 Jahre Deutsches UrhG, 2015, 223 (227 f.). Kritisch zur Methode des EuGH, die urheberrechtlichen Richtlinien unter Heranziehung der internationalen Verträge auszulegen, *Leistner/Roder* ZfPW 2016, 129 (141 ff.).

[566] Vgl. EuGH GRUR 2016, 1266 Rn. 31 ff. – VOB/Stichting; EuGH GRUR 2019, 73 Rn. 38 – Levola/Smilde mAnm *Schack;* BGH GRUR 2016, 1048 Rn. 43 – An Evening with Marlene Dietrich. Zum WIPO-Urheberrechtsvertrag → Vor §§ 20 ff. Rn. 32 ff.; → Vor §§ 120 ff. Rn. 36 ff.

[567] Vgl. EuGH GRUR 2013, 1018 Rn. 59 – Daiichi Sankyo/DEMO; EuGH GRUR 2019, 73 Rn. 39 – Levola/Smilde mAnm *Schack;* BGH GRUR 2016, 1048 Rn. 43 – An Evening with Marlene Dietrich. Zum TRIPS-Übereinkommen → Vor §§ 20 ff. Rn. 37; → Vor §§ 120 ff. Rn. 14 ff.

[568] Vgl. EuGH GRUR 2012, 593 Rn. 43 ff., 56 – SCF; BGH GRUR 2014, 559 Rn. 52 – Tarzan; BGH GRUR 2016, 1048 Rn. 43 – An Evening with Marlene Dietrich.

[569] Vgl. EuGH GRUR 2017, 62 Rn. 32 – Soulier u. Doke/Premier ministre ua; EuGH GRUR 2019, 1185 Rn 29 f. – Cofemel/G-Star Raw; vgl. auch EuGH GRUR 2017, 510 Rn. 21 – AKM/Zürs.net. Zur Vereinbarkeit der funktionsbezogenen Auslegung der Verwertungsrechte mit der RBÜ → Rn. 27.

[570] Das Rom-Abkommen ist kein Bestandteil der Rechtsordnung der Union, entfaltet aber in dieser mittelbare Wirkungen (vgl. EuGH GRUR 2012, 593 Rn. 41 f., 49 f. – SCF; EuGH GRUR 2017, 385 Rn. 21 – Verwertungsgesellschaft Rundfunk/Hettegger Hotel Edelweiss). Vgl. dazu auch das Vorabentscheidungsersuchen des High Court (Ireland) v. 11.1.2019 (EuGH C-265/19 – Recorded Artists Actors Performers/Phonographic Performance (Ireland)).

[571] Vgl. EuGH GRUR 2019, 929 Rn. 49 ff. – Pelham/Hütter ua. Zum Genfer Tonträger-Abkommen (GTA) → § 85 Rn. 105 f.

[572] Vgl. EuGH GRUR 2019, 929 Rn. 49 ff. – Pelham/Hütter ua.

[573] Vgl. EuGH GRUR 2017, 385 Rn. 21 – Verwertungsgesellschaft Rundfunk/Hettegger Hotel Edelweiss; EuGH 22.11.2017 – C-224/16 Rn. 62 – Aebtri.

[574] Vgl. *Stieper* EuZW 2015, 472 (473).

der Fall sein, das vom EuGH als generalklauselartiges Recht ausgelegt wird.[575] Andererseits kann sich ein Mitgliedstaat nicht darauf berufen, dass das Konventionsrecht eine bestimmte Ausgestaltung des innerstaatlichen Rechts gestattet, wenn diese dem Unionsrecht widerspricht.[576]

119   Die Kriterien des EuGH für das Vorliegen einer „öffentlichen Wiedergabe" iSd Art. 3 Abs. 1 Info-Soc-RL (Wiedergabe des Werkes mit einem „spezifischen technischen Verfahren",[577] Wiedergabe für ein „neues Publikum"[578] oder das Handeln zu Erwerbszwecken als Indiz für die Nutzereigenschaft)[579] sind den internationalen Verträgen zum Urheberrecht (RBÜ, WCT) teilweise fremd. Das Recht aus Art. 11bis Abs. 1 Nr. 2 RBÜ setzt auch nicht voraus, dass die Anschlusswiedergabe den Empfangsbereich der ursprünglichen Rundfunksendung dadurch erweitert, dass sich die Weitersendung an eine neue Öffentlichkeit wendet.[580] Die **Rechtsprechung des EuGH zur öffentlichen Wiedergabe** ist jedoch **nicht konventionswidrig.** Die RBÜ hat es den Verbandsländern überlassen zu regeln, wann eine Wiedergabe eine Werknutzungshandlung ist und nicht lediglich ein Empfangsvorgang.[581] Wenn der EuGH diese Frage anhand der genannten Kriterien („spezifisches technisches Verfahren", „neues Publikum" und „Handeln zu Erwerbszwecken") entscheidet,[582] hält er sich in den Grenzen der Auslegung des Art. 11bis Abs. 1 Nr. 2 RBÜ, die durch Sinn und Zweck der Vorschrift vorgegeben sind.[583] Der EuGH benutzt die genannten Kriterien zudem, um – über die Schutzverpflichtungen aus den Verträgen hinaus und deshalb konventionsrechtlich unbedenklich – weitere Verwertungsrechte zu begründen.[584] Ein Beispiel dafür ist die **Beurteilung von Hyperlinks** durch den EuGH:[585] Ein Hyperlink auf eine öffentlich zugängliche Webseite erleichtert lediglich den Zugang zum Werk.[586] Die sehr weitgehende Annahme des EuGH, dass ein Hyperlink gleichwohl eine Handlung der Wiedergabe („communication") ist und bei einer Wiedergabe für ein „neues Publikum" vom Recht der öffentlichen Wiedergabe erfasst wird,[587] ist aus den internationalen Urheberrechtsverträgen nicht abzuleiten.[588] Die Anwendung des Kriteriums des „neuen Publikums" als Grundlage für die Anerkennung eines Rechts des Urhebers am Vorgang der Linksetzung bedeutet daher nicht eine konventionswidrige Ausdehnung des Erschöpfungsgrundsatzes auf das Recht der öffentlichen Wiedergabe.[589] Sie dient vielmehr der Begründung für ein Verwertungsrecht, das in der (vordigitalen) RBÜ noch nicht verankert ist.

120   **Von der EU geschlossene Verträge** wie zB der WIPO-Urheberrechtsvertrag (WCT) und der WIPO-Vertrag über Darbietungen und Tonträger (WPPT) sind Bestandteil der Rechtsordnung der Union. Ihre Auslegung kann daher Gegenstand eines Vorabentscheidungsersuchens nach Art. 267 AEUV sein.[590]

121   **c) Weite Auslegung der Verwertungsrechte. Hauptziel der InfoSoc-RL** ist es, ein hohes Schutzniveau für die Urheber zu erreichen, und diesen damit die Möglichkeit zu geben, für die Nutzung ihrer Werke eine angemessene Vergütung zu erhalten (vgl. Erwgr. 4, 9–11).[591] Das Urheber-

---

[575] Vgl. EuGH GRUR 2012, 593 Rn. 78 ff. – SCF (zu Art. 8 Abs. 2 Vermiet- und Verleih-RL); → Rn. 59, 75 ff.; *v. Ungern-Sternberg* GRUR 2013, 248 (251); → Rn. 59.

[576] Vgl. EuGH GRUR 2012, 489 Rn. 62 f. – Luksan/van der Let mAnm *Obergfell;* EuGH GRUR 2014, 360 Rn. 38 f. – Nils Svensson ua/Retriever Sverige mAnm *Jani/Leenen* (jeweils zu Art. 3 InfoSoc-RL).

[577] Vgl. → Rn. 83.

[578] Vgl. EuGH GRUR 2014, 360 Rn. 23 f. – Nils Svensson ua/Retriever Sverige mAnm *Jani/Leenen* (für das Setzen eines Hyperlink); EuGH GRUR 2014, 1196 Rn. 14 f. = GRUR-Int 2014, 1160 mAnm *Dietrich* – BestWater International/Mebes ua; weiter → Rn. 84 ff.

[579] → Rn. 81.

[580] Vgl. SchweizBG GRUR-Int 1981, 404 (405 ff.) – Kabelfernsehanlage Rediffusion I; SchweizBG GRUR-Int 1985, 412 (413) – Gemeinschaftsantenne Altdorf; Hoge Raad GRUR-Int 1982, 463 (464) – Kabelfernsehunternehmen I; BGH GRUR 2000, 699 (700) – Kabelweitersendung; weiter → Rn. 89.

[581] Vgl. SchweizBG GRUR-Int 1994, 442 (445) – CNN International; vgl. *Masouyé,* Kommentar zur Berner Übereinkunft zum Schutz von Werken der Literatur und der Kunst, 1981, Art. 11bis Rn. 10; *Schricker* Kabelrundfunk S. 48; Kucsko/Handig/*Hüttner,* urheber.recht, 2. Aufl. 2017, UrhG § 18 Rn. 8; sa *Katzenberger* MR 2003, Beil. H. 4. 1 (4 f.).

[582] Vgl. EuGH GRUR 2007, 225 Rn. 42 – SGAE/Rafael; EuGH GRUR 2017, 510 Rn. 16 ff. – AKM/Zürs.net; vgl. weiter → Rn. 27, 89.

[583] Vgl. EuGH GRUR 2017, 510 Rn. 21 – AKM/Zürs.net; *Peukert* ZUM 2017, 881 (890 f.); aA *Walter* MR 2017, 79 (81); *Koo* JIPLP 2016, 732 (734); *Hugenholtz/van Velze* IIC 2016, 797 (808 f.); vgl. auch *Clark/Dickenson* E.I.P.R. 2017, 265 (274).

[584] → Rn. 89; aA – zum Kriterium des „neuen Publikums" – *Völtz* CR 2014, 721 (724). Zum Kriterium des „neuen Publikums" vgl. weiter → Rn. 89; zum „Handeln zu Erwerbszwecken" vgl. → Rn. 81.

[585] → Rn. 86.

[586] Vgl. BGHZ 156, 1 (14 f.) = GRUR 2003, 958 (962) – Paperboy; *Arezzo* IIC 2014, 524 (539 f.); *Völtz* CR 2014, 721 (724); *Saw* IIC 2018, 536 (549 ff.).

[587] → Rn. 64.

[588] AA Stellungnahme des Executive Committee der ALAI vom 17.9.2014 (RIDA 241 [2014] 253 – www.alai.org/en/assets/files/resolutions/2014-opinion-new-public.pdf; letzter Abruf 20.10.2019); vgl. auch *Koolen* GRUR-Int 2016, 867 (875 f.).

[589] Der Erschöpfungsgrundsatz besagt nichts dazu, welche Tatbestände das Recht der öffentlichen Wiedergabe erfasst. Er setzt vielmehr voraus, dass zwei Werknutzungshandlungen aufeinanderfolgen, die jeweils für sich einen bereits anerkannten Tatbestand der öffentlichen Wiedergabe erfüllen (aA Wandtke/Bullinger/*Heerma* UrhG § 15 Rn. 28; *Mezei* GRUR-Int 2016, 887 (895 f.); *Hugenholtz/van Velze* IIC 2016, 797 (810 f.)).

[590] Vgl. EuGH NJW 2010, 1736 Rn. 59 f.; EuGH 22.11.2017 – C-224/16 Rn. 50 – Aebtri.

[591] → Rn. 6, 60, 113.

recht soll geschützt werden als grundrechtlich geschütztes Eigentum des Urhebers.[592] Der EuGH hat deshalb Verwertungsrechte wie das Recht der öffentlichen Wiedergabe und das Vervielfältigungsrecht weit ausgelegt.[593] Die Regelung zum Schutz der Urheberrechte muss rigoros und wirksam sein.[594] Die Auslegung hat zudem zu berücksichtigen, dass der Schutz, den das Urheberrecht gewährt, ggf. an neue wirtschaftliche Entwicklungen (wie zB neue Nutzungsarten) angepasst werden muss.[595]

Die weite Auslegung der Verwertungsrechte hat allerdings **Grenzen:** Der unionsrechtliche Schutz **122** des Urhebers kann nur in dem vom Unionsgesetzgeber geschaffenen Rahmen verwirklicht werden. Es dürfen nicht durch Auslegung der Richtlinie zugunsten der Urheber neue Rechte geschaffen werden, die in der Richtlinie nicht vorgesehen sind.[596] Eine zu weite Auslegung der Verwertungsrechte wäre auch unvereinbar mit dem Ziel der InfoSoc-RL, einen angemessenen **Rechts- und Interessenausgleich** zu sichern, einerseits zwischen dem Interesse der Inhaber von Urheberrechten und verwandten Schutzrechten am Schutz ihres Rechts am geistigen Eigentum (Art. 17 GRCh) und andererseits dem Schutz der Interessen und Grundrechte der Nutzer von Schutzgegenständen (inbes. ihrer Freiheit der Meinungsäußerung und der Informationsfreiheit, Art. 11 GRCh) sowie dem Gemeinwohl.[597] Zudem sind die Verwertungsrechte funktionsbezogen auszulegen.[598]

d) Schrankenbestimmungen. Bestimmungen einer Richtlinie, die – wie die Schrankenbestim- **123** mungen des Art. 5 Abs. 1 InfoSoc-RL – von einem in dieser Richtlinie aufgestellten allgemeinen Grundsatz abweichen, sind **nach Ansicht des EuGH eng auszulegen.**[599] Bei der Auslegung ist auch der Kumulativeffekt für den Schutz der Urheberrechte abzuwägen, der sich ergäbe, wenn eine ausdehnende Schrankenauslegung parallele Nutzungen durch viele Wirtschaftsteilnehmer ermöglichen würde.[600] Die Bedeutung des (fragwürdigen)[601] Grundsatzes der engen Schrankenauslegung wird dadurch ganz erheblich gemindert, dass die Auslegung und Anwendung der Schranken deren **praktische Wirksamkeit und Zielsetzung** (einschließlich der in Erwgr. 3 genannten allgemeinen Ziele der InfoSoc-RL) wahren muss.[602] Es muss ein angemessener Ausgleich von Rechten (einschließlich der Grundrechte) und Interessen gesichert werden, insbesondere zwischen den Rechtsinhabern und den Nutzern von Schutzgegenständen (Erwgr. 31).[603] Diese Grundsätze werden den Grundsatz der engen Schrankenauslegung in der praktischen Rechtsanwendung meist in den Hintergrund treten lassen.[604] Der EuGH unterscheidet im Übrigen zwischen Auslegung und **Anwendung der Schranken** (vgl. Erwgr. 44). Unter der „Anwendung" einer Schranke versteht er nicht nur die Subsumtion des Sachverhalts unter die im Licht des Unionsrechts auszulegende nationale Schrankenbestimmung. Für die Umsetzung der Schranken kann das Unionsrecht den Mitgliedstaaten vielmehr durch Verwendung unbestimmter Rechtsbegriffe einen Beurteilungsspielraum zugestehen, der ihnen bei der gesetzgeberischen Umsetzung und bei der Rechtsanwendung durch die Behörden im konkreten Fall eine eigene Abwägung der betroffenen Grundrechte und Interessen sowie der Umstände des Einzelfalls ermöglicht.[605]

---

[592] Vgl. EuGH GRUR 2012, 489 Rn. 66 ff. – Luksan/van der Let mAnm *Obergfell;* weiter → Rn. 5.

[593] → Rn. 47, 60.

[594] Vgl. EuGH GRUR 2015, 665 Rn. 34 – Dimensione ua/Knoll.

[595] Vgl. EuGH GRUR 2016, 1266 Rn. 45 – VOB/Stichting (zum digitalen Verleihen durch öffentliche Bibliotheken).

[596] Vgl. EuGH GRUR 2008, 604 Rn. 37 f. – Le Corbusier-Möbel. Zur Auslegungskompetenz des EuGH vgl. auch *Jotzo* ZGE 2017, 447 (453 ff.).

[597] → Rn. 43 ff., 113, 123, 316 f.

[598] → Rn. 8, 75, 106.

[599] Vgl. EuGH GRUR 2016, 1266 Rn. 50 – VOB/Stichting mAnm *Stieper;* EuGH GRUR 2017, 510 Rn. 37 f. – AKM/Zürs.net; EuGH GRUR 2017, 610 Rn. 62 f. – Stichting Brein/Wullems mAnm *Neubauer/Soppe;* EuGH GRUR 2018, 68 Rn. 32, 39 – VCAST/RTI; BGH GRUR 2017, 798 Rn. 17 – AIDA Kussmund mAnm *Schack;* vgl. auch *Zurth* S. 174 ff.; weiter → Vor §§ 44a ff. Rn. 36; → § 50 Rn. 9 f. Zur Anwendung des Grundsatzes „Ausnahmen sind eng auszulegen" in der Rechtsprechung des EuGH sa *Herberger* ZfRV 2017, 100.

[600] Vgl. EuGH GRUR 2017, 510 Rn. 40 ff. – AKM/Zürs.net (zu Art. 5 Abs. 3 Buchst. o InfoSoc-RL).

[601] Vgl. *Kleinemenke* S. 73 ff.; *Brändli,* Die Flexibilität urheberrechtlicher Schrankensysteme, 2017, S. 131 ff., 339 f.; *van Elten* S. 240 ff.; vgl. auch *Jütte/Maier* JIPLP 2017, 784 (791 ff.); *v. Ungern-Sternberg* GRUR 2017, 217 (223); → Vor §§ 44a ff. Rn. 36 ff.

[602] Vgl. EuGH GRUR 2012, 166 Rn. 109, 133 – Painer/Standard; EuGH GRUR 2014, 972 Rn. 23 ff. – Vrijheidsfonds/Vandersteen ua; EuGH GRUR 2016, 1266 Rn. 50 – VOB/Stichting; EuGH GRUR 2019, 934 Rn. 70 ff. – Funke Medien/Bundesrepublik Deutschland; EuGH GRUR 2019, 940 Rn. 55 f. – Spiegel Online/Volker Beck; BGH GRUR 2017, 798 Rn. 17 – AIDA Kussmund mAnm *Schack;* BGH GRUR 2017, 390 Rn. 37 – East Side Gallery; vgl. auch *Stieper* ZUM 2019, 713 (715). Zum Ermessen der Mitgliedstaaten bei der Umsetzung von Schrankenbestimmungen der InfoSoc-RL → Rn. 158.

[603] Vgl. EuGH GRUR 2012, 156 Rn. 162 ff. = MMR 2011, 817 mAnm *Stieper* – Football Association Premier League u. Murphy; EuGH GRUR 2014, 654 Rn. 24 – PRCA/NLA; EuGH GRUR 2014, 972 Rn. 25 ff. – Vrijheidsfonds/Vandersteen ua; EuGH GRUR 2019, 940 Rn. 51, 54 ff. – Spiegel Online/Volker Beck; BGHZ 211, 309 = GRUR 2016, 1157 Rn. 37 – auf fett getrimmt; *Lambrecht/Cabay* JIPLP 2016, 21 (32 ff.); *v. Ungern-Sternberg* GRUR 2015, 533 (535); weiter → Rn. 8, 43 ff. Die Schranken des Art. 5 InfoSoc-RL sind unter Beachtung des Grundsatzes der Gleichbehandlung auszulegen (Art. 20 GRCh; EuGH GRUR 2017, 155 Rn. 44 – Microsoft Mobile Sales International/MIBAC; BGH GRUR 2017, 716 Rn. 79 – PC mit Festplatte II).

[604] Vgl. auch *Leistner* JZ 2011, 1140 (1145); *Stieper* MMR 2011, 825 (827); *Geiger/Griffiths/Senftleben/Bently/Xalabarder* IIC 2015, 93 (96 ff.); vgl. weiter → Rn. 175.

[605] Vgl. EuGH GRUR 2014, 972 Rn. 26 ff. – Vrijheidsfonds/Vandersteen ua (Berücksichtigung bei der Prüfung der Parodieausnahme, ob die angegriffene Gestaltung eine Aussage enthält, die gegen das Diskriminierungsverbot verstößt); EuGH GRUR 2019, 940 Rn. 26 ff. – Spiegel Online/Volker Beck; EuGH GRUR 2019, 934 Rn. 41 ff.

Die Abwägung im Rahmen der „Anwendung" der Schranken ist mit dem in Art. 5 Abs. 5 InfoSoc-RL und Art. 7 Abs. 2 DSM-RL verankerten **Dreistufentest** abzuschließen.[606]

IX. Bindung der Mitgliedstaaten an die unionsrechtliche Regelung der Verwertungsrechte

1. Allgemeines zur Bindungswirkung von Richtlinien

124   **a) Verpflichtung zur Umsetzung von Richtlinien.** Die Mitgliedstaaten haben den **Vorrang des Unionsrechts** zu beachten.[607] Das Unionsrecht entfaltet gegenüber dem mitgliedstaatlichen Recht keine rechtsvernichtende, derogierende Wirkung, sondern beansprucht einen Anwendungsvorrang.[608] Der Vorrang des Unionsrechts gilt auch gegenüber dem Verfassungsrecht der Mitgliedstaaten.[609]

125   Wenn eine Richtlinie nicht fristgemäß oder nur unzulänglich in das nationale Recht umgesetzt worden ist, kann sich der Einzelne gegenüber dem Staat[610] auf eine **unmittelbare Wirkung** von Richtlinienbestimmungen berufen, wenn diese inhaltlich unbedingt und hinreichend genau sind.[611] Für die Einzelnen kann eine Richtlinie keine Verpflichtungen begründen; eine Berufung auf die Richtlinie ist ihm gegenüber grundsätzlich nicht möglich.[612] Der zwingende Charakter der Grundrechte der GRCh bleibt davon unberührt.[613] Die Pflicht des Gerichts zur richtlinienkonformen Auslegung gilt auch in einem Rechtsstreit, in dem sich nur Private gegenüberstehen.[614]

126   In den **Geltungsbereich einer Richtlinie** können nicht nur Vorschriften fallen, die als ausdrückliches Ziel die Umsetzung der Richtlinie verfolgen, sondern – vom Zeitpunkt des Inkrafttretens dieser Richtlinie an – auch schon die vorher bestehenden nationalen Vorschriften, die geeignet sind, die Vereinbarkeit des nationalen Rechts mit der Richtlinie zu gewährleisten.[615]

127   Richtlinien sind nach **Art. 288 Abs. 3 AEUV** hinsichtlich des zu erreichenden Ziels verbindlich, überlassen jedoch den innerstaatlichen Stellen die Wahl der Form und der Mittel der Umsetzung.[616] Die einzelstaatlichen Rechtsvorschriften müssen aber so ausgestaltet sein, dass das mit der Richtlinie angestrebte Ziel erreicht werden kann **(Grundsatz der Effektivität).**[617] Es widerspricht daher nicht der Regelung des Rechts der öffentlichen Wiedergabe in Art. 3 InfoSoc-RL, dass diese im UrhG in

---

– Funke Medien/Bundesrepublik Deutschland; vgl. auch *Jütte* MR-Int 2019, 52 (55); *Sganga* MR-Int 2019, 56 (60 f.); *v. Ungern-Sternberg* GRUR 2015, 533 (535 f.)); weiter → Rn. 127, 129.

[606] Vgl. EuGH GRUR 2014, 546 Rn. 24 ff. – ACI Adam ua/Thuiskopie ua; EuGH GRUR 2017, 610 Rn. 63, 66, 70 – Stichting Brein/Wullems; EuGH GRUR 2019, 929 Rn. 62 – Pelham/Hütter ua. Auf den materiellen Inhalt der in Art. 5 Abs. 2 InfoSoc-RL vorgesehenen Ausnahmen und Beschränkungen hat der Dreistufentest des Art. 5 Abs. 5 InfoSoc-RL – anders als auf das nationale Recht und seine Anwendung im Einzelfall – keinen Einfluss (vgl. EuGH GRUR 2014, 1078 Rn. 47 f. – TU Darmstadt/Ulmer; BGH GRUR 2014, 549 Rn. 46 – Meilensteine der Psychologie; *Leistner* GRUR 2019, 1008 (1011 f.); *v. Ungern-Sternberg* GRUR 2015, 533 (536, 538); *v. Ungern-Sternberg* GRUR 2015, 205 (212)); → Vor §§ 44a ff. Rn. 30.

[607] Vgl. EuGH NJW 2012, 509 Rn. 23, 41 – Dominguez; EuGH MMR 2010, 783 Rn. 18 = CR 2010, 587; EuGH EWS 2011, 487 Rn. 34 ff. – Interedil (Anwendungsvorrang auch im Verhältnis zu einer nach innerstaatlichem Recht bindenden Entscheidung eines Rechtsmittelgerichts); vgl. dazu *Piekenbrock* LMK 2012, 327375.

[608] Vgl. näher BVerfG GRUR 2012, 53 Rn. 81 = NJW 2011, 3428 mAnm *Ritter* – Le-Corbusier-Möbel; BGH GRUR 2011, 1142 Rn. 38 – PROTI; *Drexler,* Die richtlinienkonforme Interpretation in Deutschland und Frankreich, 2012, S. 135 ff.; *Ludwigs/Sikora* EWS 2016, 121; vgl. weiter → Rn. 131, 133.

[609] Vgl. EuGH GRUR 2019, 929 Rn. 78 – Pelham/Hütter ua.

[610] Dies gilt nicht zwischen Privatpersonen (vgl. EuGH ZIP 2014, 287 Rn. 36 = BeckRS 2014, 80030 – Association de médiation sociale).

[611] Vgl. EuGH NJW 2012, 509 Rn. 33 ff. – Dominguez; EuGH, Urt. v. 10.10.2017 – C-413/15 Rn. 31 ff. – Farrell/Whitty ua; EuGH 4.10.2018 – C-384/17, BeckRS 2018, 235557 Rn. 47 ff. – Dooel Uvoz-Izvoz Skopje Link Logistic/Budapest Rendőrfőkapitánya; BGHZ 207, 209 = NJW 2016, 1718 Rn. 63. Die Genauigkeit und Unbedingtheit einer Richtlinienvorschrift kann auch gegeben sein, wenn die Mitgliedstaaten einen bestimmten Gestaltungsspielraum haben (vgl. EuGH ZIP 2014, 287 Rn. 33 = BeckRS 2014, 80030 – Association de médiation sociale). Zur unmittelbaren Wirkung von Richtlinien vgl. weiter BGHZ 191, 119 = NJW 2012, 66 Rn. 46.

[612] Vgl. EuGH NJW 2012, 509 Rn. 42 – Dominguez; EuGH GRUR 2014, 360 Rn. 43 – Nils Svensson ua/Retriever Sverige; EuGH GRUR 2015, 253 Rn. 30 – Ryanair/PR Aviation; EuGH, Urt. v. 22.1.2019 – C-193/17, EuZW 2019, 242 Rn. 72 ff. – Cresco Investigation/Achatzi; BGHZ 207, 209 = NJW 2016, 1718 Rn. 64; vgl. auch BVerfG ZIP 2015, 335 Rn. 29; BGH GRUR 2009, 179 Rn. 17 – Konsumentenbefragung II; öOGH MR 2011, 41 (42) – Fußballer des Jahres IV.

[613] Vgl. EuGH 22.1.2019 – C-193/17, EuZW 2019, 242 Rn. 74 ff. – Cresco Investigation/Achatzi.

[614] EuGH GRUR 2014, 360 Rn. 44 – Nils Svensson ua/Retriever Sverige; EuGH GRUR 2015, 253 Rn. 31 – Ryanair/PR Aviation; EuGH 22.1.2019 – C-193/17, EuZW 2019, 242 Rn. 74 – Cresco Investigation/Achatzi.

[615] Vgl. EuGH GRUR 2019, 599 Rn. 35 – VTB-VAB/Total Belgium; EuGH 24.1.2018 – C-616/16 und C-617/16, BeckRS 2018, 270 Rn. 55 – Presidenza del Consiglio dei Ministri ua/Pantuso ua. Zur Wirkung einer Richtlinie nach Ablauf der Umsetzungsfrist auf die rechtliche Beurteilung der zukünftigen Auswirkungen eines zuvor entstandenen Sachverhalts vgl. EuGH, Urt. v. 17.10.2018 – C-167/17, BeckRS 2018, 24936 Rn. 37 ff. – Klohn/An Bord Pleanála.

[616] Nicht immer ist zur Umsetzung eine ausdrückliche spezifische Vorschrift erforderlich (vgl. näher EuGH 24.10.2013 – C-151/12, BeckRS 2013, 82065 Rn. 26 ff.).

[617] Vgl. EuGH GRUR 2011, 1025 Rn. 136 f. – L'Oréal/eBay; EuGH EuZW 2016, 474 Rn. 76, 79 – Radlinger ua/Finway; EuGH 26.6.2019 – C-407/18, BeckRS 2019, 12275 Rn. 48 – Kuhar/Addiko Bank; BGH WM 2012, 371 Rn. 20 ff.

erster Linie durch Gewährung einzelner, tatbestandlich normierter Rechte der öffentlichen Wiedergabe umgesetzt ist.[618]

b) Spielräume der Mitgliedstaaten bei der Umsetzung von Richtlinien. Richtlinien binden die Mitgliedstaaten grundsätzlich nur innerhalb ihres **Anwendungsbereichs,** dh in dem Bereich, in dem sie bestimmte Sachverhalte regeln.[619] Soweit Richtlinien nicht nur auf eine **Mindestharmonisierung,** sondern auf eine **Vollharmonisierung** abzielen, dürfen die Mitgliedstaaten keine abweichenden, insbesondere auch keine weitergehenden Schutzvorschriften aufrechterhalten oder erlassen.[620] Diese Bindung gilt für die mitgliedstaatlichen Gerichte entsprechend, wenn sie Umsetzungsvorschriften auslegen.[621] **128**

Richtlinien können eine unterschiedliche **Regelungsdichte** aufweisen und dementsprechend den Mitgliedstaaten bei der Umsetzung einen unterschiedlich großen Wertungsspielraum zugestehen.[622] Dies gilt auch für Richtlinien, die eine Vollharmonisierung gewährleisten sollen.[623] Auch bei der Konkretisierung von unbestimmten Rechtsbegriffen und von Generalklauseln können Richtlinien den Mitgliedstaaten einen mehr oder weniger großen Spielraum für die eigene Rechtsetzung und Rechtsanwendung belassen.[624] Der Grundsatz der autonomen und einheitlichen Auslegung von Begriffen des Unionsrechts schließt dies nicht aus. Er besagt als solcher nichts darüber, wie konkret eine unionsrechtliche Vorschrift ihren Gegenstand regeln soll.[625] Der Umfang der Bindungswirkung einer Richtlinie ist somit durch die Bestimmung ihres Anwendungsbereichs und ihrer Regelungsdichte zu ermitteln.[626] Dies ist durch autonome Auslegung zu klären, die letztlich Aufgabe des EuGH ist.[627] **129**

Auch wenn den Mitgliedstaaten bei der Umsetzung einer Richtlinie ein Ermessensspielraum zugestanden ist, müssen sie bei dessen Ausfüllung die **Grenzen des Unionsrechts** beachten, insbesondere die Grundrechte und die Grundfreiheiten.[628] **130**

c) Richtlinienkonforme Auslegung. aa) Gebot der richtlinienkonformen Auslegung. Im **Anwendungsbereich der Richtlinie** ist das nationale Recht von den Gerichten (wie auch allen anderen staatlichen Stellen) soweit wie möglich richtlinienkonform auszulegen und anzuwenden.[629] Dabei ist die Auslegung des Unionsrechts durch den EuGH zu beachten, nicht nur bei der Beurteilung des Rechtsverhältnisses, das dem betreffenden Vorabentscheidungsverfahren zugrundeliegt,[630] sondern grundsätzlich auch in anderen Verfahren.[631] Es ist Sache des EuGH zu entscheiden, ob die **131**

---

[618] Vgl. *Obergfell/Stieper* FS 50 Jahre Deutsches UrhG, 2015, 223 (226).
[619] Vgl. BGHZ 215, 359 = NJW 2017, 3649 Rn. 45.
[620] Vgl. BGH NJW 2012, 2571 Rn. 23; → Rn. 145 f.
[621] Vgl. *Riehm* in Gsell/Herresthal, Vollharmonisierung im Privatrecht, 2009, S. 83, 84 f.
[622] Vgl. EuGH EuZW 2008, 411 Rn. 31 – Danske Svineproducenter.
[623] Der Grundsatz der Vollharmonisierung reicht nur so weit, wie die vollharmonisierende Richtlinie Regelungen trifft (BGH BeckRS 2019, 13457 Rn. 64, für BGHZ vorgesehen); vgl. weiter *Schaub* in Karakostas/Riesenhuber, Methoden- und Verfassungsfragen der Europäischen Rechtsangleichung, 2011, S. 81, 86; *Mittwoch* S. 34 f., 162 f.
[624] Vgl. EuGH GRUR 2011, 909 Rn. 23 – Stichting/Opus; EuGH GRUR 2012, 166 Rn. 101 ff. – Painer/Standard (zu Art. 5 Abs. 3 Buchst. e InfoSoc-RL); EuGH GRUR 2008, 241 Rn. 67 f. – Promusicae/Telefónica; EuGH GRUR 2010, 244 Rn. 41 ff. – Plus Warenhandelsgesellschaft (zur Richtlinie über unlautere Geschäftspraktiken); EuGH GRUR 2013, 812 Rn. 74 – VG Wort/Kyocera ua (zu Art. 5 Abs. 2 Buchst. a InfoSoc-RL: Bestimmung des Schuldners des gerechten Ausgleichs); EuGH GRUR 2019, 940 Rn. 26 ff. – Spiegel online/Volker Beck (zu Art. 5 Abs. 3 Buchst. c und d InfoSoc-RL); EuGH GRUR 2013, 1025 Rn. 20 f., 40, 49 – Amazon/Austro-Mechana (zu Art. 5 Abs. 2 Buchst. b InfoSoc-RL: Regelung des gerechten Ausgleichs); BGHZ 193, 238 = NJW 2012, 2571 Rn. 24; vgl. weiter *Röthel* in Riesenhuber, Europäische Methodenlehre, 3. Aufl. 2015, § 11 Rn. 23 ff.; *Mittwoch* S. 34 f. Zum Umsetzungsspielraum bei den Schrankenbestimmungen → Rn. 123, 158 f.
[625] Vgl. zB EuGH GRUR 2011, 50 Rn. 37 – Padawan/SGAE; EuGH GRUR 2013, 1025 Rn. 20 f. – Amazon/Austro-Mechana (jeweils zum Begriff „gerechter Ausgleich" in Art. 5 Abs. 2 Buchst. b InfoSoc-RL); *Herresthal* in Gsell/Herresthal, Vollharmonisierung im Privatrecht, 2009, S. 83, 132.
[626] Zur Bedeutung von Anwendungs- und Regelungsbereich einer Richtlinie für ihre Bindungswirkung vgl. *Herresthal* in Gsell/Herresthal, Vollharmonisierung im Privatrecht, 2009, S. 83; *Schaub* in Karakostas/Riesenhuber, Methoden- und Verfassungsfragen der Europäischen Rechtsangleichung, 2011, S. 81, 86; *Gsell/Schellhase* JZ 2009, 20 (21 f.).
[627] Vgl. *Riehm* in Gsell/Herresthal, Vollharmonisierung im Privatrecht, 2009, S. 83, 87; *Schaub* in Karakostas/Riesenhuber, Methoden- und Verfassungsfragen der Europäischen Rechtsangleichung, 2011, S. 81, 86; *Gsell/Schellhase* JZ 2009, 20 (24); aA *Herresthal* in Gsell/Herresthal, Vollharmonisierung im Privatrecht, 2009, S. 113, 132 ff.
[628] Vgl. EuGH GRUR 2012, 166 Rn. 104 ff. – Painer/Standard; vgl. auch EuGH GRUR 2015, 894 Rn. 34 f. – Coty Germany/Stadtsparkasse; EuGH EuZW 2014, 950 Rn. 44 – A/B ua mAnm *Öhlinger.*
[629] Vgl. EuGH GRUR 2015, 253 Rn. 31 – Ryanair/PR Aviation; EuGH EuZW 2016, 474 Rn. 79 – Radlinger ua/Finway; EuGH 27.3.2019 – C-545/17, BeckRS 2019, Rn. 83 – Pawlak; BVerfG ZIP 2015, 335 Rn. 30 f. Allgemein zur unionsrechtskonformen Auslegung: *Drexler,* Die richtlinienkonforme Interpretation in Deutschland und Frankreich, 2012; Köhler/Bornkamm/Feddersen/*Köhler* UWG, 37. Aufl. 2019, Einl. Rn. 3.13 ff.
[630] Zur Bindung des vorlegenden Gerichts an die Auslegung des Unionsrechts in der Vorabentscheidung vgl. EuGH EWS 2010, 59 Rn. 27 – Les Vergers du Vieux Tauves; EuGH 5.7.2016 – C-614/14, BeckEuRS 2016, 479206 Rn. 33 ff. – Ognyanov (zur Kritik an dieser Rspr. vgl. *Tristnjak/Beysen* EuR 2012, 265 (268 f.); *Gsell* in Gsell/Hau, Zivilgerichtsbarkeit und Europäisches Justizsystem, 2012, S. 123, 132 f.); vgl. auch BGH NVwZ-RR 2011, 55 Rn. 22 – Flughafennetz Leipzig/Halle.
[631] Vgl. EuGH GRUR 2017, 155 Rn. 59 – Microsoft Mobile Sales International/MIBAC; EuGH ZIP 2016, 1085 Rn. 40 – DI; BVerfG ZIP 2015, 335 Rn. 26 f.; vgl. weiter öOGH GRUR-Int 2011, 633 (637) – Thermen-

Geltung seiner Auslegung ganz ausnahmsweise in zeitlicher Hinsicht eingeschränkt werden soll.[632] Das Gebot der unionsrechtskonformen Auslegung ist dem System des AEUV immanent, da den nationalen Gerichten dadurch ermöglicht wird, im Rahmen ihrer Zuständigkeiten die volle Wirksamkeit des Unionsrechts sicherzustellen, wenn sie über Rechtsstreitigkeiten entscheiden.[633] Der Verpflichtung zur unionsrechtskonformen Auslegung können nach stRspr des EuGH nicht Bestimmungen, Übungen oder Umstände der nationalen Rechtsordnung (wie eine st.Rspr.) entgegengehalten werden.[634] Die Gerichte müssen das gesamte innerstaatliche Recht so weit wie möglich[635] anhand des Wortlauts und des Zwecks der Richtlinie auslegen[636] und gegebenenfalls auch das nationale Recht richtlinienkonform fortbilden.[637] Wenn dazu erforderlich, hat ein Gericht wegen des Vorrangs des Unionsrechts[638] eine Auslegung des nationalen obersten Gerichtshofs, die mit dem Unionsrecht nicht vereinbar ist, aus eigener Entscheidungsbefugnis unangewendet zu lassen.[639]

132   **Außerhalb des Anwendungsbereichs** einer Richtlinie besteht keine unionsrechtliche Pflicht zur unionsrechtskonformen Auslegung.[640] Eine **gespaltene Auslegung** einer Einzelnorm sollte aber, auch wenn sie zulässig[641] und sogar geboten sein kann,[642] grundsätzlich vermieden werden. Wegen des Gebots der einheitlichen Auslegung des nationalen Rechts kann die richtlinienkonforme Auslegung auf Sachverhalte außerhalb des Regelungsbereichs der Richtlinie zu erstrecken sein,[643] insbesondere bei **überschießenden Umsetzung einer Richtlinie** in das nationale Recht.[644] Dabei geht es vor allem um Fälle, in denen der nationale Gesetzgeber innerstaatliches Recht an Richtlinienvorschriften angepasst hat, um Sachverhalte, die nicht in den Anwendungsbereich der Richtlinie fallen, mit den von der Richtlinie erfassten Sachverhalten gleich zu behandeln.[645] Der EuGH lässt in solchen Fällen **Vorabentscheidungsersuchen** (Art. 267 AEUV) zu, auch wenn das Ausgangsverfahren nur die Anwendung einer innerstaatlichen Rechtsvorschrift auf einen rein innerstaatlichen Sachverhalt betrifft.[646]

133   **bb) Grenzen der unionsrechtskonformen Auslegung.** Die Entscheidung darüber, ob im Rahmen des nationalen Rechts ein Spielraum für eine richtlinienkonforme Auslegung oder Rechtsfortbildung besteht, obliegt den nationalen Gerichten.[647] Die Grenzen der unionsrechtskonformen Auslegung des nationalen Rechts bilden das nach innerstaatlicher Rechtstradition methodisch Erlaubte[648] und die allgemeinen Rechtsgrundsätze, insbesondere der Grundsatz der Rechtssicherheit und des Vertrauensschutzes.[649] Die unionsrechtskonforme Auslegung darf **nicht** zu einer **Auslegung contra legem** führen.[650] Ist eine unionsrechtskonforme Auslegung nicht möglich, wird innerstaatli-

---

hotel L II; öOGH 3.5.2017 – 4Ob175/16p; *Rebhan* ZfPW 2016, 281 (297); *Wollenschläger* NJW 2018, 2532 (2534, 2536).
[632] Vgl. BVerfG ZIP 2015, 335 Rn. 27 f.; *Düsterhaus* EuR 2017, 30.
[633] Vgl. EuGH NJW 2012, 509 Rn. 24 – Dominguez; EuGH GRUR 2013, 812 Rn. 25 – VG Wort/Kyocera ua; EuGH 27.3.2019 – C-545/17, BeckRS 2019, 4241 Rn. 83 – Pawlak.
[634] Vgl. EuGH GRUR-Int 2014, 964 Rn. 43 – Kommission/Königreich Belgien; EuGH ZIP 2018, 2332 Rn. 60 – Max-Planck-Gesellschaft zur Förderung der Wissenschaften; EuGH 26.6.2019 – C-407/18, BeckRS 2019, 12275 Rn. 66 – Kuhar/Addiko Bank.
[635] Dazu → Rn. 133. Zur Zulässigkeit der verfassungskonformen Auslegung im vollharmonisierten Bereich des Unionsrechts vgl. BGH GRUR 2012, 647 Rn. 39 – INJECTIO.
[636] Vgl. EuGH GRUR 2011, 1025 Rn. 136 f. – L'Oréal/eBay; EuGH NJW 2012, 509 Rn. 27 f. – Dominguez; EuGH GRUR 2014, 473 Rn. 44 – OSA/Léčebné lázně; BGHZ 212, 224 = NJW 2017, 1093 Rn. 37 f.
[637] Vgl. EuGH 5.7.2016 – C-614/14, BeckEuRS 2016, 479206 Rn. 35 – Ognyanov; BVerfG ZIP 2015, 335 Rn. 30 f.; BGHZ 201, 101 = NJW 2014, 2646 Rn. 20 ff.; BGH GRUR 2018, 438 Rn. 19 – Energieausweis; BGHZ 219, 276 = GRUR 2018, 1044 Rn. 48 – Dead Island; vgl. weiter *Drexler*, Die richtlinienkonforme Interpretation in Deutschland und Frankreich, 2012, S. 77 ff., 172 ff. Regelmäßig ist von einem Willen des Gesetz- und Verordnungsgebers zur richtlinientreuen Umsetzung auszugehen (vgl. BGHZ 207, 209 = NJW 2016, 1718 Rn. 58).
[638] → Rn. 124.
[639] Vgl. EuGH, Urt. v. 29.6.2017 – C-579/15, BeckRS 2017, 114684 Rn. 36 – Poplawski; BGHZ 219, 276 = GRUR 2018, 1044 Rn. 41 – Dead Island.
[640] Vgl. BGHZ 195, 135 = NJW 2013, 220 Rn. 18, 20; *Gsell* LMK 2013, 343739.
[641] Vgl. BGHZ 201, 101 = NJW 2014, 2646 Rn. 31 f.; *Leenen* S. 55; *Kuhn* EuR 2015, 216.
[642] Vgl. Riesenhuber/*Habersack*/*Mayer*, Europäische Methodenlehre, 3. Aufl. 2015, §§ 15 Rn. 42 ff.
[643] Vgl. BGHZ 206, 365 = GRUR 2016, 71 Rn. 55 – Ramses; BGH GRUR 2019, 950 Rn. 23 – Testversion; vgl. weiter *Kuhn* EuR 2015, 216 (224 ff.).
[644] Vgl. BGHZ 195, 135 = NJW 2013, 220 Rn. 20.
[645] Vgl. zur überschießenden Umsetzung von Richtlinien Riesenhuber/*Habersack*/*Mayer*, Europäische Methodenlehre, 3. Aufl. 2015, § 14; *Mittwoch* JUS 2017, 296.
[646] Vgl. EuGH EWS 2012, 487 Rn. 25 f. – Punch Graphix Prepress Belgium; vgl. näher *Habersack*/*Mayer* in Riesenhuber, Europäische Methodenlehre, 3. Aufl. 2015, § 15 Rn. 57 f.
[647] Vgl. EuGH NJW 2018, 3086 Rn. 63 – IR/JQ; EuGH 27.3.2019 – C-545/17, BeckRS 2019, 4241 Rn. 84 – Pawlak; BGH ZIP 2018, 1626 Rn. 13; BGH BeckRS 2019, 26900 Rn. 24.
[648] Diese Frage ist nach innerstaatlichem Recht in den Grenzen des Verfassungsrechts zu beurteilen (vgl. BVerfG NJW 2012, 669 Rn. 47 f.; BVerfG ZIP 2015, 335 Rn. 31). Zu den Grenzen der Rechtsfortbildung durch die Gerichte vgl. BVerfG GRUR 2014, 169 Rn. 115 – Übersetzerhonorare; BGH GRUR 2015, 1102 Rn. 32 – Elektronische Leseplätze II mAnm *Stieper*). Zu den Grenzen der richtlinienkonformen Auslegung im Strafrecht → Rn. 134.
[649] Vgl. EuGH 17.10.2018 – C-167/17, BeckRS 2018, 24936 Rn. 48 ff., 59 ff. – Klohn/An Bord Pleanála; BVerfG ZIP 2015, 335 Rn. 31; BGHZ 207, 209 = NJW 2016, 1718 Rn. 39 ff.
[650] Vgl. EuGH NJW 2006, 2465 Rn. 110 – Adeneler = JZ 2007, 187 mAnm *Franzen*; EuGH NJW 2012, 509 Rn. 25 – Dominguez; EuGH ZIP 2014, 287 Rn. 39 = BeckRS 2014, 80030 – Association de médiation sociale;

ches Recht wegen des Vorrangs des Unionsrechts[651] unanwendbar[652] (und zwar zumindest insoweit, als dies vom Unionsrecht gefordert wird).[653] Wenn diese Rechtsfolge mangels hinreichender Konkretisierung der unionsrechtlichen Vorschrift durch Unionsrecht oder nationales Recht nicht eingreift, kann der Partei, die durch die Unvereinbarkeit des nationalen Rechts mit dem Unionsrecht geschädigt ist, ein **Schadensersatzanspruch** zustehen **(unionsrechtlicher Staatshaftungsanspruch).**[654]

Der **Wortlaut des Gesetzes** bildet im **Bereich des Zivilrechts** keine unübersteigbare Auslegungsgrenze.[655] Eine vom möglichen Wortsinn abweichende Auslegung kann im Zivilrecht − etwa zum Zweck richtlinienkonformer Auslegung − zulässig sein.[656] Dementsprechend kann eine Rechtsfortbildung durch **teleologische Reduktion** eines Gesetzes geboten sein, wenn eine verdeckte planwidrige Regelungslücke besteht.[657] Dies gilt gerade auch dann, wenn die Absicht des Gesetzgebers erkennbar ist, eine richtlinienkonforme Regelung zu schaffen.[658] Bei der Anwendung der **Straf- und Bußgeldvorschriften** (§§ 106 ff.) sind der richtlinienkonformen Auslegung allerdings engere Grenzen gezogen. Da Art. 103 Abs. 2 GG eine Begründung von Straftatbeständen im Wege der Analogie verbietet, ist hier der aus der Sicht des Bürgers zu bestimmende Wortsinn die Grenze jeder Auslegung.[659] Der richtlinienkonformen Auslegung einer Vorschrift, die durch eine Straf- oder Bußgeldnorm sanktioniert wird, steht Art. 103 Abs. 2 GG gleichwohl nicht entgegen, soweit das Gericht sie nicht als Grundlage zur Verurteilung wegen einer Straftat oder Ordnungswidrigkeit anwendet.[660] **134**

cc) Richtlinienkonforme Auslegung und Umsetzungsfrist. Vor Ablauf der Umsetzungsfrist, die in einer Richtlinie festgelegt ist, kommt eine richtlinienkonforme Auslegung bereits bestehender Rechtsvorschriften grundsätzlich nicht in Betracht.[661] Die Mitgliedstaaten sind aber verpflichtet, keine Vorschriften zu erlassen, die geeignet sind, die Erreichung des in der Richtlinie vorgeschriebenen Ziels nach Ablauf der Umsetzungsfrist ernstlich zu gefährden **(Frustrationsverbot).** Diese Verpflichtung gilt entsprechend auch für die Gerichte.[662] Nach ihrem Art. 10 Abs. 2 hat sich die InfoSoc-RL auf die Nutzungen von Werken und sonstigen Schutzgegenständen zwischen dem 22.6.2001 (Inkrafttreten der Richtlinie) und dem 22.12.2002 (Ablauf der Umsetzungsfrist) nicht ausgewirkt.[663] **135**

Nach Ablauf der Umsetzungsfrist sind die Gerichte zu richtlinienkonformer Auslegung verpflichtet.[664] Nach dem Urteil des EuGH „Adeneler"[665] besteht die allgemeine Verpflichtung der nationalen Gerichte, das innerstaatliche Recht richtlinienkonform auszulegen, bei verspäteter Umsetzung einer Richtlinie erst ab Ablauf der Umsetzungsfrist.[666] **136**

d) Regelungen der Mitgliedstaaten außerhalb des Anwendungsbereichs einer Richtlinie. Außerhalb des Anwendungsbereichs einer Richtlinie sind die Mitgliedstaaten grundsätzlich befugt, **137**

EuGH GRUR 2014, 473 Rn. 45 − OSA/Léčebné lázně; BVerfG NJW 2012, 669 Rn. 47; BVerfG ZIP 2015, 335 Rn. 30 f.; BGHZ 215, 126 = NJW 2017, 3387 Rn. 22 ff.; BGH GRUR 2018, 438 Rn. 19 − Energieausweis; BGH NJW 2018, 1971 Rn. 41 f.; BGH GRUR 2018, 950 Rn. 20 − Namensangabe; BGH BeckRS 2019, 26909 Rn. 20 ff. öOGH GRUR-Int 2011, 633 (636) − Thermenhotel L II; vgl. auch Köhler/Bornkamm/Feddersen/ *Köhler* UWG, 37. Aufl. 2019, Einl. Rn. 3.13a; *Kainer* GPR 2016, 262 (263 ff.); Hayden ZfRV 2016, 244.
[651] → Rn. 124.
[652] Vgl. EuGH NJW 2012, 509 Rn. 23, 41 − Dominguez; EuGH NJW 2013, 1415 Rn. 45 f. − Åkerberg Fransson; EuGH v. 5.7.2016 − C-614/14, BeckEuRS 2016, 479206 Rn. 34 − Ognyanov; EuGH, Urt. v. 4.12.2018 − C-378/17, NZA 2019, 27 Rn. 35 ff., 49 f. − Minister for Justice and Equality ua/Workplace Relations Commission; BGHZ 219, 276 = GRUR 2018, 1044 Rn. 41 − Dead Island. Eine Berufung auf Vertrauensschutz ist dagegen nicht möglich (vgl. EuGH ZIP 2016, 1085 Rn. 35, 38 ff. − DI).
[653] Vgl. BVerfG GRUR 2012, 53 Rn. 81 − Le-Corbusier-Möbel. Über die Frage der Unanwendbarkeit des nationalen Rechts wegen seiner möglichen Unionsrechtswidrigkeit hat das nationale Gericht zu entscheiden (vgl. BGHZ 207, 209 = NJW 2016, 1718 Rn. 35).
[654] Vgl. EuGH 15.11.2016 − C-268/15, BeckRS 2016, 82680 Rn. 41; EuGH 24.1.2018 − C-616/16 und C-617/16, BeckRS 2018, 270 Rn. 49 f. − Presidenza del Consiglio dei Ministri ua/Pantuso ua; BGHZ 205, 63 = BeckRS 2015, 08713 Rn. 38, 40, 43 ff.; BGH NJW-RR 2019, 528 Rn. 22, 26 ff.
[655] Vgl. BGHZ 179, 27 = NJW 2009, 427 Rn. 19 ff.; BGH GRUR-Int 2010, 532 Rn. 22 − Tonträger aus Drittstaaten II; BGH GRUR 2018, 950 Rn. 20 − Namensangabe.
[656] Vgl. BGHZ 179, 27 = NJW 2009, 427 Rn. 20 ff.
[657] Vgl. BGH NVwZ-RR 2011, 55 Rn. 24 − Flughafennetz Leipzig/Halle; BGHZ 192, 148 = NJW 2012, 1073 Rn. 30 f.
[658] Vgl. BGHZ 179, 27 = NJW 2009, 427 Rn. 20 ff., 27; vgl. auch BGH NJW 2009, 2215 Rn. 17 f.; BGH GRUR-Int 2010, 532 Rn. 22 − Tonträger aus Drittstaaten II; BGHZ 201, 101 = NJW 2014, 2646 Rn. 22 f., 28, 33 f.
[659] Vgl. BVerfG NJW 2008, 3627 Rn. 10 ff.; BVerfG NJW 2010, 754 Rn. 18; BVerfG NJW 2011, 3020 Rn. 21; BGH WM 2013, 503 Rn. 15; BGHSt 60, 121 = NJW 2015, 2198 Rn. 20; *Hecker* JUS 2014, 385 (388 f.); weiter → Rn. 264, 321.
[660] Vgl. BVerfG NJW 1993, 1969; BGH GRUR 2013, 857 Rn. 18 − Voltaren; auch → Rn. 264.
[661] Vgl. EuGH GRUR 2013, 812 Rn. 26 − VG Wort/Kyocera ua; BGH NJW 2012, 2422 Rn. 20; BGHZ 195, 1 = WM 2012, 2147 Rn. 27; BGH NJW 2012, 2873 Rn. 27; sa *Kubitza* EuZW 2016, 691.
[662] Vgl. EuGH NJW 2006, 2465 Rn. 121 f. − Adeneler; EuGH GRUR 2009, 599 Rn. 38 f. − VTB-VAB/Total Belgium; EuGH GRUR 2010, 244 Rn. 29 − Plus Warenhandelsgesellschaft; BGH NJW 2012, 2422 Rn. 21; BGH NJW 2012, 2873 Rn. 27; *Frenz* EWS 2011, 33 f.
[663] Vgl. EuGH GRUR 2013, 812 Rn. 24 ff. − VG Wort/Kyocera ua.
[664] BGH NJW 2012, 2873 Rn. 27.
[665] EuGH NJW 2006, 2465 Rn. 113 ff. − Adeneler.
[666] Vgl. BGH NJW 2012, 2422 Rn. 22 f.

nach eigenen Wertungen, allerdings in den Grenzen des Unionsrechts (insbes. unter Beachtung der Grundfreiheiten), Regelungen zu treffen.[667] Das Unionsrecht verpflichtet nicht zu einer richtlinienkonformen Auslegung solcher Vorschriften. Bei einer überschießenden Richtlinienumsetzung kann aber nach nationalem Recht eine Erstreckung der richtlinienkonformen Auslegung auf solche Vorschriften geboten sein.[668]

2. Allgemeines zum Harmonisierungsgrad der Richtlinien zum Urheberrecht

138   Der Harmonisierungsgrad ist jeweils für die einzelnen Vorschriften einer Richtlinie zu prüfen. Die **InfoSoc-RL** soll einen harmonisierten Rechtsrahmen zum Schutz des Urheberrechts und der verwandten Schutzrechte schaffen (vgl. zB Erwgr. 1, 3, 4 und 6). Die Begriffe dieser Richtlinie sind dementsprechend autonom und einheitlich auszulegen.[669]

139   Die InfoSoc-RL bezweckt aber nicht in ihrem ganzen Anwendungsbereich eine Vollharmonisierung.[670] Die Mitgliedstaaten sind fast durchweg frei, ob sie von den in Art. 5 InfoSoc-RL geregelten **Ausnahmen und Beschränkungen** Gebrauch machen. Ihr Umsetzungsspielraum ist aber auch hier beschränkt. Führt ein Mitgliedstaat eine Schranke ein, ist er bei ihrer Ausgestaltung an die – autonom und einheitlich auszulegenden – Vorgaben der Richtlinie gebunden.[671] Dabei kann den Mitgliedstaaten in Einzelfragen ein Ermessen zugestanden sein.[672]

140   Der **Begriff des Werkes** iSd InfoSoc-RL ist als unionsrechtlicher Begriff autonom und einheitlich auszulegen.[673] Nur ein Original, dh eine eigene geistige Schöpfung des Urhebers, kann ein Werk sein.[674] Ein Gegenstand ist ein Original, wenn er die Persönlichkeit seines Urhebers widerspiegelt, indem er dessen freie kreativen Entscheidungen zum Ausdruck bringt.[675] Schutzfähig als Werk sind nur Elemente, bei denen dies der Fall ist.[676] Der Begriff „Werk" setzt weiter voraus, dass der Gegenstand mit hinreichender Genauigkeit und Objektivität identifizierbar ist.[677] Die ästhetische Wirkung, die naturgemäß auf einer subjektiven Schönheitsempfindung des Betrachters beruht, genügt diesem Erfordernis für sich genommen nicht.[678] Offen ist, wie weit die Harmonisierung des Werkbegriffs reicht.[679] Der EuGH hat noch nicht entschieden, ob das Unionsrecht auch die Werkarten abschließend harmonisiert hat mit der Folge, dass die Mitgliedstaaten nicht frei sind, Gegenstände in den Schutz als Werk einzubeziehen oder davon auszuschließen. Er wird diese Frage aber voraussichtlich bejahen.[680] In der Literatur ist str., ob und ggf. in welcher Weise die Anforderungen an die Schöpfungshöhe bei den einzelnen Werkarten harmonisiert sind.[681] Im Urteil „Cofemel/G-Star Raw" hat der EuGH für die InfoSoc-RL entschieden, dass die Schutzanforderungen für alle durch diese Richtlinie geschützten Werke gleich sind und Gegenstände, die danach Werke sind (auch Werke der angewandten Kunst), einen Schutzumfang haben, der vom Gestaltungsspielraum, den der Urheber hatte, unabhängig ist und nicht geringer als derjenige, der allen unter die InfoSoc-RL fallenden Werken zukommt.[682] Da die Anforderungen an die Annahme einer eigenen geistigen Schöpfung nach der Rechtsprechung des EuGH nicht gering sind,[683] kann der im deutschen Recht bisher ausufernd angenommene **Schutz der sog. Kleinen Münze** (zB Bedienungsanleitungen, Formulare oder Re-

---

[667] Vgl. EuGH GRUR 2013, 1245 Rn. 49 – GOOD NEWS; GmS OGB BGHZ 194, 354 = GRUR 2013, 417 Rn. 38 – Medikamentenkauf im Versandhandel.
[668] Vgl. dazu → Rn. 132.
[669] Vgl. EuGH GRUR 2012, 810 Rn. 35 – DR und TV2 Danmark; weiter → Rn. 114 ff.
[670] Die InfoSoc-RL hat das Urheberrecht und die verwandten Schutzrechte nur teilweise harmonisiert (dazu → Rn. 113).
[671] → Rn. 158 f.
[672] → Rn. 38, 123, 158 f.
[673] Vgl. EuGH GRUR 2019, 73 Rn. 33 ff., 45 – Levola/Smilde mAnm *Schack;* EuGH GRUR 2019, 934 Rn. 18 ff. – Funke Medien/Bundesrepublik Deutschland; EuGH GRUR 2019, 1185 Rn. 29 – Cofemel/G-Star Raw; GA *Szpunar,* SchlA v. 2.5.2019 – C-683/17 in Cofemel/G-Star Raw, Rn. 24 ff.; *Leistner* ZUM 2019, 720 (725); → § 2 Rn. 3 ff., 16 ff.
[674] Vgl. dazu EuGH GRUR 2019, 934 Rn. 19 ff. – Funke Medien/Bundesrepublik Deutschland; GA *Szpunar,* SchlA v. 2.5.2019 – C-683/17 in Cofemel/G-Star Raw, Rn. 26 ff.
[675] EuGH GRUR 2019, 1185 Rn. 29 f., 54 – Cofemel/G-Star Raw.
[676] EuGH GRUR 2019, 73 Rn. 33 ff. – Levola/Smilde mAnm *Schack;* vgl. auch Wandtke/Bullinger/*Bullinger* UrhG § 2 Rn. 14.
[677] EuGH GRUR 2019, 1185 Rn. 32 ff., 53 – Cofemel/G-Star Raw.
[678] Vgl. EuGH GRUR 2019, 1185 Rn. 32 ff., 53 ff. – Cofemel/G-Star Raw. Nach diesem Urteil genügt für den Werkschutz nicht, dass ein Bekleidungsmodell über den Gebrauchszweck hinaus „einen eigenen, ästhetisch markanten visuellen Effekt" hervorruft.
[679] *Sganga* E.I.P.R. 2019, 415; *Coche* E.I.P.R. 2019, 173 (177 f.).
[680] Bejahend GA *Szpunar,* SchlA v. 2.5.2019 – C-683/17 in Cofemel/G-Star Raw, Rn. 24; aA *von Lewinski* GRUR-Int 2014, 1098 (1100); vgl. auch *Starcke,* Der Schutz der Gestaltung von Gebrauchsgegenständen, 2019, S. 206 f.; *Laskowska-Litak* GRUR-Int 2019, 1117.
[681] Vgl. dazu *van Elten* S. 100 ff.; *J. H. Schmidt* S. 139 ff.; *Mezger,* Die Schutzschwelle für Werke der angewandten Kunst nach deutschem und europäischem Recht, 2017, S. 99 ff. (frei abrufbar: https://d-nb.info/112842987X/34); *Metzger* ZEuP 2017, 836 (848 ff.); *Jotzo* ZGE 2017, 447 (456 f.); weiter → § 2 Rn. 4 ff., 8.
[682] EuGH GRUR 2019, 1185 Rn. 26 ff., 35 – Cofemel/G-Star Raw.
[683] EuGH GRUR 2019, 1185 Rn. 30 – Cofemel/G-Star Raw; EuGH GRUR 2019, 934 Rn. 22 ff. – Funke Medien/Bundesrepublik Deutschland; *Leistner* ZUM 2019, 720 (721 f.); *Leistner* GRUR 2019, 1114 (1118 f.).

zeptsammlungen)[684] für Werke, die durch die InfoSoc-RL geschützt sind, nicht mehr wie bisher gewährt werden.

Die **Datenbank-RL** enthält Beispiele dafür, dass der Harmonisierungsgrad für jede Richtlinien- 141
regelung gesondert zu prüfen ist: Urheberrechtsschutz für Datenbankwerke darf von den Mitgliedstaaten grundsätzlich nur unter den Voraussetzungen des Art. 3 Abs. 1 Datenbank-RL gewährt werden.[685]

Der **Schutz der Datenbankhersteller** ist dagegen weniger harmonisiert. Die Mitgliedstaaten 142
müssen zwar nach der Datenbank-RL ein Schutzrecht sui generis vorsehen. Diese Richtlinie will aber
kein einheitliches Recht auf Unionsebene schaffen. Die Rechtsunterschiede sollen insoweit durch
Annäherung des innerstaatlichen Rechts beseitigt werden.[686] Auch der Begriff der Weiterverwendung
iSd Art. 7 Abs. 2 Buchst. b Datenbank-RL ist nicht voll vereinheitlicht; bei der Umsetzung müssen
aber autonome Kriterien des Unionsrechts erfüllt werden.[687]

3. Harmonisierung der Verwertungsrechte durch die InfoSoc-RL und die DSM-RL

a) Allgemeines. aa) Vollharmonisierung der Verwertungsrechte. In **Art. 2–4 InfoSoc-RL** 143
und **Art. 17 DSM-RL** sind Verwertungsrechte von Urhebern und Inhabern angrenzender Schutzrechte geregelt. Diese Vorschriften bezwecken eine Vollharmonisierung (vgl. dazu auch die Erwgr. 1,
4, 6, 7, 23 und 24 InfoSoc-RL).[688] Dementsprechend ist das Unionsrecht auch bei der Frage nach
den Grenzen der dinglichen **Aufspaltbarkeit von Nutzungsrechten**[689] zu beachten. Die Ausübung
der Verwertungsrechte darf nicht von der Erfüllung von Förmlichkeiten abhängig gemacht werden
(Art. 5 Abs. 2 RBÜ).[690]

Für die **Abgrenzung,** inwieweit die Richtlinien zum Urheberrecht, insbesondere die InfoSoc- 144
RL, die Gewährung von Verwertungsrechten bindend regeln, ist allein das Unionsrecht in dessen
autonomer und einheitlicher Auslegung durch den EuGH maßgeblich. Es wird dabei wesentlich auf
die Wertungen abzustellen sein, die den Richtlinien zugrunde liegen.

bb) Ausschluss eines weitergehenden Schutzes. Im Anwendungsbereich der InfoSoc-RL und 145
des Art. 17 DSM-RL ist ein weitergehender Schutz durch allein innerstaatlich gewährte Verwertungsrechte ausgeschlossen.[691] Die Vollharmonisierung der Verwertungsrechte in Art. 2–4 InfoSoc-RL auf
einem hohen Schutzniveau[692] soll Unterschiede zwischen den Rechtsvorschriften der Mitgliedstaaten
beseitigen, die das Funktionieren des Binnenmarkts beeinträchtigen. Es soll sichergestellt werden, dass
der Schutz, der den Rechtsinhabern durch die Richtlinie gewährt wird, nicht je nach den einzelstaatlichen Vorschriften unterschiedlich ausfällt.[693]

Die InfoSoc-RL lässt es daher nicht zu, dass ein Mitgliedstaat den nach Art. 2–4 InfoSoc-RL zu 146
gewährenden Schutz innerstaatlich im Anwendungsbereich dieser Vorschriften ausweitet, auch wenn
eine internationale Übereinkunft wie die RBÜ dies gestatten sollte.[694] Nach ihrem Harmonisierungszweck bestimmen die Art. 2–4 InfoSoc-RL nicht nur den Schutzumfang der Verwertungsrechte,
sondern legen mit den Tatbestandsmerkmalen der Verwertungsrechte in gewissem Umfang auch fest,
dass dem Rechtsinhaber kein weitergehender Schutz zustehen soll. Diese **Schutzgrenzen** dürfen die
Mitgliedstaaten nicht im innerstaatlichen Recht umgehen. So darf zB nach nationalem Recht keine
öffentliche Wiedergabe angenommen werden, wenn nach dem Unionsrecht in der Auslegung des
EuGH keine Öffentlichkeit angesprochen wird.[695]

---

[684] Vgl. dazu → § 2 Rn. 61 ff.; *Schack* Rn. 292 ff.; *Rehbinder/Peukert* Rn. 201 ff.

[685] Vgl. EuGH GRUR 2012, 386 Rn. 47 ff. – Football Dataco/Yahoo (vgl. aber auch die Übergangsbestimmung
Art. 14 Abs. 2 Datenbank-RL).

[686] Vgl. EuGH GRUR 2012, 1245 Rn. 24 ff., 31 – Football Dataco/Sportradar; → Vor §§ 87a ff. Rn. 9.

[687] Vgl. EuGH GRUR 2012, 1245 Rn. 33 – Football Dataco/Sportradar; weiter → § 87b Rn. 13.

[688] Vgl. EuGH GRUR 2007, 225 Rn. 30 – SGAE/Rafael; EuGH GRUR 2014, 360 Rn. 33 ff. – Nils Svensson
ua/Retriever Sverige mAnm *Jani/Leenen* (jeweils zu Art. 3 InfoSoc-RL); EuGH GRUR 2019, 934 Rn. 35 ff. –
Funke Medien/Bundesrepublik Deutschland (zu Art. 2 Buchst. a und Art. 3 Abs. 1 InfoSoc-RL); BGH GRUR
2019, 950 Rn. 21 – Testversion. Zu Art. 17 DSM-RL → Rn. 1 f., 92.

[689] Vgl. → § 31 Rn. 27 ff.

[690] Vgl. EuGH GRUR 2017, 62 Rn. 50 f. – Soulier u. Doke/Premier ministre ua; EuGH GRUR 2018, 911
Rn. 31, 36 – Land Nordrhein-Westfalen/Dirk Renckhoff. Die Einführung einer Verwertungsgesellschaftenpflicht
wird nicht als Verstoß gegen das Formalitätenverbot des Art. 5 Abs. 2 RBÜ angesehen (vgl. *Trumpke,* Exklusivität
und Kollektivierung, 2016, S. 219 mwN).

[691] Vgl. EuGH GRUR 2014, 360 Rn. 33 ff. – Nils Svensson ua/Retriever Sverige (zu Art. 3 InfoSoc-RL); BGH
GRUR 2018, 608 Rn. 22 – Krankenhausradio; BGH GRUR 2018, 1132 Rn. 24 – YouTube (Gz. des EuGH C-
682/18); BGH GRUR 2019, 813 Rn. 37 – Cordoba II; *J. H. Schmidt* S. 160 f.

[692] Vgl. EuGH GRUR 2012, 489 Rn. 66 – Luksan/van der Let mAnm *Obergfell;* weiter → Rn. 121.

[693] Vgl. dazu EuGH GRUR 2012, 904 Rn. 41 – UsedSoft (zu Art. 4 Abs. 2 Computerprogramm-RL); vgl. auch
– zum Markenrecht – EuGH GRUR 2012, 519 Rn. 31 f. – Budvar/Anheuser-Busch; *Vida* GRUR-Int 2013, 106
(109).

[694] EuGH GRUR 2014, 360 Rn. 38 ff. – Nils Svensson ua/Retriever Sverige; außerhalb des Anwendungsbereichs des Unionsrechts bleibt Raum für die Anerkennung unbenannter Verwertungsrechte im nationalen Recht
vgl. → Rn. 264; Dreier/Schulze/*Schulze* UrhG § 15 Rn. 10.

[695] Vgl. EuGH GRUR 2015, 477 Rn. 30 – C More Entertainment/Sandberg; aA *Riesenhuber* ZUM 2012, 433
(441, 443 f.).

147   **cc) Mitgliedstaatlich gewährte Verwertungsrechte. Außerhalb des Anwendungsbereichs der InfoSoc-RL und der DSM-RL** dürfen die Mitgliedstaaten Verwertungsrechte in ihrem nationalen Recht grundsätzlich anerkennen, wenn diese den Grundfreiheiten, insbesondere der Warenverkehrsfreiheit, nicht widersprechen.[696] Unerheblich ist, ob die Bezeichnungen der betreffenden Verwertungsrechte im Unionsrecht und im Recht der Mitgliedstaaten übereinstimmen.[697] Das Unionsrecht schließt auch nicht vollständig aus, dass die Mitgliedstaaten bei neuen Nutzungsarten − wie in § 15 geschehen − einen Schutz durch unbenannte Verwertungsrechte vorsehen.[698] Da die Mitgliedstaaten dabei aber auf den ihnen verbliebenen Regelungsspielraum beschränkt sind, wird § 15 insoweit in teleologischer Reduktion einschränkend auszulegen sein.[699]

148   Die unionsrechtlichen Beschränkungen, die der Einführung weiterer Verwertungsrechte im innerstaatlichen Recht entgegenstehen, gelten auch dann, wenn die Mitgliedstaaten im nationalen Recht **neue Schutzrechte** einführen oder Verwertungsrechte, die das Unionsrecht vorsieht, weiteren Rechtsinhabern zugestehen wollen.[700] Die Beteiligung weiterer Berechtigter an den Erträgnissen aus der Verwertung des Werkes kann den wirtschaftlichen Wert der Verwertungsrechte aushöhlen. Zum Schutz der Urheber gelten daher für die Einführung neuer verwandter Schutzrechte nach innerstaatlichem Recht besondere Beschränkungen.[701] Es sind insoweit die Wertungen des Art. 12 Abs. 2 InfoSoc-RL und des Art. 12 Vermiet- und Verleih-RL zu beachten.[702] Danach muss der Schutz der verwandten Schutzrechte, die in diesen Richtlinien geregelt sind, den Schutz der Urheberrechte unberührt lassen und darf ihn in keiner Weise beeinträchtigen.[703] Für verwandte Schutzrechte, die nur das innerstaatliche Recht vorsieht, gilt dieser Rechtsgedanke in gleicher Weise.[704] Die Mitgliedstaaten haben zudem gemäß Art. 11 Schutzdauer-RL der Kommission unverzüglich jeden Gesetzentwurf zur Einführung neuer verwandter Schutzrechte mitzuteilen.[705]

149   **b) Täterschaftliche Haftung als Werknutzer.** Der Schutz der unionsrechtlichen Verwertungsrechte bezieht sich nach den Richtlinien nur auf **Handlungen von Werknutzern.**[706] Damit wird zugleich abgegrenzt, welches Verhalten unbefugter Dritter als Werknutzungshandlung verboten werden und zu den Sanktionen führen kann, die für rechtswidrige Werknutzungen vorgesehen sind. Das innerstaatliche Recht darf deshalb Handlungen, die nicht Werknutzungshandlungen sind (zB die Verletzung von Verkehrspflichten oder das bloße Unterlassen des möglichen Einschreitens gegen Urheberrechtsverletzungen Dritter), nicht als täterschaftliche Werknutzung behandeln.[707] Wegen der Vollharmonisierung der Verwertungsrechte entscheidet das Unionsrecht auch über die Kriterien, nach denen **Handlungen Dritter** einem Werknutzer zugerechnet werden können.[708] Ein Rückgriff auf die nationalen Haftungskonzepte würde dem Ziel der InfoSoc-RL, den Binnenmarkt durch Stärkung der Rechtssicherheit zu fördern,[709] zuwiderlaufen. Anders als nach der Rechtsprechung des BGH[710]

---

[696] Vgl. dazu auch EuGH GRUR 2012, 156 Rn. 93 ff. − Football Association Premier League u. Murphy; MüKoEuWettbR/*Wolf*, 2. Aufl. 2015, Einl., Abschn. VII A Rn. 50.

[697] Vgl. dazu *von Lewinski* FS Loewenheim, 2009, 175 (182), zum Begriff der Verbreitung; *Obergfell/Stieper* FS 50 Jahre Deutsches UrhG, 2015, 223 (226). Die vom Recht der öffentlichen Wiedergabe gemäß Art. 3 Abs. 1 InfoSoc-RL nicht erfassten Rechte an der öffentlichen Aufführung und am öffentlichen Vortrag unter Anwesenden fallen nach deutschem Recht unter das Recht der öffentlichen Wiedergabe (§ 15 Abs. 2).

[698] Vgl. dazu auch BGH GRUR 2013, 818 Rn. 12 − Die Realität I; *Metzger* GRUR 2012, 118 (122 f.); *Haberstumpf* GRUR-Int 2013, 627 (629).

[699] Vgl. → Rn. 268 ff.

[700] Vgl. EuGH GRUR 2006, 935 Rn. 21 ff. − Kommission/Portugal; MüKoEuWettbR/*Wolf*, 2. Aufl. 2015, Einl. Rn. 1243 ff. Vgl. auch → Rn. 202.

[701] Zur Einführung weiterer verwandter Schutzrechte vgl. auch *Flechsig* AfP 2012, 427 (428); *Heermann* GRUR 2012, 791 (793 f., 796 f.), jeweils mwN. Nach Art. 6 S. 3 SchutzdauerRL können die Mitgliedstaaten ein Leistungsschutzrecht für Fotografien einführen.

[702] Vgl. EuGH GRUR 2015, 477 Rn. 35 f. − C More Entertainment/Sandberg.

[703] Vgl. auch Art. 1 Rom-Abkommen.

[704] Vgl. EuGH GRUR 2017, 62 Rn. 48 − Soulier u. Doke/Premier ministre ua.

[705] Dazu → Rn. 202.

[706] Vgl. → Rn. 10 ff., 223 f., 229.

[707] Vgl. LG Hamburg GRUR-RR 2018, 97 Rn. 26 − Loulou; *Hügel* S. 44 ff.; *Yang* S. 57 ff.; *Leistner* ZUM 2016, 580 (584); *v. Ungern-Sternberg* GRUR 2012, 576 (581 f.); *v. Ungern-Sternberg* GRUR 2014, 209 (219). Da das Unionsrecht bestimmt, wer Werknutzer sein kann, begründet die Garantenstellung zur Erfolgsabwendung iSd § 823 BGB als solche nicht die eigene Werknutzereigenschaft des Unterlassenden (aA BGH GRUR 2015, 1223 Rn. 43 − Posterlounge [im konkreten Fall zum Markenrecht]; → § 97 Rn. 64). Die Umstände, aus denen sich eine Garantenstellung iSd § 823 BGB ergeben könnte, werden aber regelmäßig dafür sprechen, dass die unmittelbare Urheberrechtsverletzung des Dritten dem Unterlassenden als eigene Werknutzung zurechenbar ist.

[708] Vgl. EuGH GRUR 2018, 68 Rn. 35 ff. − VCAST/RTI (zum Vervielfältigungsrecht); *Frank* K&R 2017, 479 (480); *v. Ungern-Sternberg* GRUR 2017, 217 (228); vgl. auch *Leistner* GRUR 2017, 755 (756); *Stieper* ZUM 2017, 132 (137 f.); → Rn. 18 f., 223 f. Zur Frage, ob jemand, der urheberrechtlich als Werknutzer zu beurteilen ist, auch strafrechtlich als (Mit-)Täter haftet, s. *v. Ungern-Sternberg* GRUR 2018, 225 (226).

[709] Erwgr. 6 InfoSoc-RL.

[710] Vgl. BGH GRUR 2016, 493 Rn. 16 − Al Di Meola; BGH GRUR 2018, 400 Rn. 25 − Konferenz der Tiere; BGH GRUR 2018, 1132 Rn. 59 − YouTube (Gz. des EuGH C-682/18); BGH GRUR 2018, 1239 Rn. 50 − uploaded (Gz. des EuGH C-683/18); BGH GRUR 2019, 813 Rn. 107 − Cordoba II; → § 97 Rn. 54, 57; zutreffend dagegen BGHSt 58, 15 = GRUR 2013, 62 Rn. 41 ff., 47 ff. − Italienische Bauhausmöbel (Beurteilung entsprechend dem Unionsrecht danach, ob unter Zurechnung von Vertriebshandlungen Dritter eine Werknutzungshandlung durch Verbreiten vorliegt; weiter → Rn. 154).

kann die Eigenschaft als Werknutzer deshalb nicht nach strafrechtlichen Begriffen wie „mittelbare Täterschaft" und „Mittäterschaft" festgestellt werden.[711] Praktische Unterschiede werden sich dadurch aber kaum ergeben. Auch nach dem Unionsrecht kann der Hintermann als Werknutzer angesehen werden, wenn der Tatmittler selbst schuldhaft handelt.[712] Die besonderen Haftungsregelungen für **Teilnehmer** und **Störer** sowie für **Unternehmensinhaber** (§ 99) und **Aufsichtspflichtige** (§ 832 BGB) richten sich nach dem nationalen Recht.[713]

c) Verhältnis der Verwertungsrechte zum Urheberpersönlichkeitsrecht. Das Hauptziel der **150** InfoSoc-RL besteht darin, ein hohes Schutzniveau für die Urheber zu erreichen, und diesen damit die Möglichkeit zu geben, für die Nutzung ihrer Werke eine angemessene Vergütung zu erhalten.[714] Die unionsrechtlichen Verwertungsrechte sind rein vermögensrechtlicher Natur. Bei den Verwertungsrechten, die Mitgliedstaaten in Umsetzung des Unionsrechts gewähren, kann dies nicht anders sein. Das Urheberpersönlichkeitsrecht (einschließlich des Veröffentlichungsrechts, § 12) ist noch nicht harmonisiert.[715] Die Reichweite der Verwertungsrechte, insbesondere die aus ihnen hergeleitete Befugnis des Urhebers, die Nutzung seines Werkes zu kontrollieren, kann deshalb nicht mit der Begründung erweitert werden, den Verwertungsrechten komme auch ein urheberpersönlichkeitsrechtlicher Gehalt zu. Im Hinblick auf das Unionsrecht ist die zum UrhG vertretene monistische Theorie nicht mehr haltbar, soweit es um die Rechtsnatur der Verwertungsrechte geht.[716] Dies verstärkt die Bedeutung von Ansprüchen aus dem Urheberpersönlichkeitsrecht.[717] Unzulässig wäre es aber, die Reichweite des Urheberpersönlichkeitsrechts im Recht der Mitgliedstaaten auszudehnen, um die unionsrechtlichen Beschränkungen der Verwertungsrechte auszuhebeln.

Die Verwertungsrechte haben jedoch weiterhin einen engen **Bezug zum Urheberpersönlich- 151 keitsrecht.**[718] Der Urheber kann selbst entscheiden, ob er seine Verwertungsrechte vorrangig zur Erzielung von Einkünften oder zur Wahrung seines urheberpersönlichkeitsrechtlichen Interessen einsetzen will. Dies schließt ein, dass der Urheber auch bewusst von der Verwertung seines Werkes absehen kann.[719] Das Urheberpersönlichkeitsrecht kann sich auch auf die Auslegung der Verwertungsrechte auswirken[720] sowie auf die Abwägung der Rechtsposition des Urhebers mit den Grundrechten Dritter, die das Werk – etwa unter Berufung auf die Informations- und Pressefreiheit – in die Öffentlichkeit bringen wollen[721] oder bei der innerstaatlichen Regelung von Fragen wie der Behandlung der Verwertungsrechte im Rechtsverkehr (§§ 28 ff.).

d) Räumliche Reichweite der Verwertungsrechte (Verhältnis zum Schutzlandgrund- 152 satz). Nach dem kollisionsrechtlichen **Schutzlandgrundsatz** ist die Frage, ob Ansprüche wegen einer Verletzung urheberrechtlicher Schutzrechte bestehen, grundsätzlich nach dem Recht des Schutzlands zu beantworten, dh nach dem Recht desjenigen Staates, für den der Schutz beansprucht wird (vgl. Art. 8 Abs. 1 Rom II-VO).[722] Die Anwendung des Rechts des Schutzlands setzt voraus, dass eine ausreichende Beziehung der Nutzungshandlung zum Schutzland gegeben ist.[723] Das Recht des Schutzlands bestimmt neben dem Bestehen des Rechts, der originären Rechtsinhaber und der Rechtsinhaberschaft des Verletzten Inhalt und Umfang des Schutzes und damit auch, welche Hand-

---

[711] Vgl. *Leistner* ZUM 2012, 722 (737 f.); *J. B. Nordemann* GRUR-Int 2018, 526 (527); *v. Ungern-Sternberg* GRUR 2012, 576 (581); *v. Ungern-Sternberg* GRUR 2013, 248 (260); aA *Löffler* FS Bornkamm, 2014, 37 (49 ff.). Die strafrechtliche Verantwortung als (Mit-)Täter richtet sich dagegen nach nationalem Recht (vgl. BGH GRUR 2017, 273 Rn. 6, 12 ff. – kinox.to). Zu den subjektiven Anforderungen an eine Mittäterschaft vgl. weiter BGH GRUR 2018, 178 Rn. 21 – Vorschaubilder III.

[712] Bei der Zurechnung der Handlungen der Tatmittler stellt der EuGH nicht darauf ab, ob diese selbst schuldhaft handeln und ggf. auch selbst Werknutzer sind (vgl. EuGH GRUR 2012, 817 Rn. 27 – Donner; vgl. auch – zum MarkenR – EuGH GRUR 2012, 268 Rn. 36 – Winters/Red Bull). Nach § 25 StGB kann mittelbare Täterschaft auch dann anzunehmen sein, wenn der Tatmittler schuldhaft handelt (vgl. BGHSt 40, 218 (232 ff.) = NJW 1994, 2703 (2705 ff.); BGHSt 40, 257 (266 f.) = NJW 1995, 204 (206)).

[713] Vgl. Art. 8 Abs. 3 InfoSoc-RL; Art. 11 S. 3 Enforcement-RL; BGH GRUR 2018, 1132 Rn. 59 ff. – You-Tube. Zum Verhältnis von zivilrechtlicher und strafrechtlicher Haftung bei der Teilnahme sa *Ohly* GRUR 2017, 441 (445 f.); *Ohly* ZUM 2017, 793 (794). Zur Teilnehmerhaftung → Rn. 233.

[714] → Rn. 6.

[715] Vgl. BGH GRUR 2017, 901 Rn. 15, 46 – Afghanistan Papiere; weiter → Rn. 9.

[716] Vgl. → Rn. 9, 209, 237; anders bisher die hM zu § 15; → Einl. UrhG Rn. 28, 48; → § 11 Rn. 1, 3. Zur Trennbarkeit von Urheberpersönlichkeitsrecht und Verwertungsrechten s. *O. Fischer* S. 340 ff.; *McGuire* 50 Jahre Deutsches UrhG (2015), S. 289.

[717] Vgl. *v. Ungern-Sternberg* GRUR 2012, 576 (579 f.).

[718] Vgl. → Rn. 9.

[719] Vgl. GA *Szpunar*, SchlA v. 10.1.2019 – C-516/17 in Spiegel Online/Volker Beck, BeckRS 2019, 19 Rn. 76; *Lerach* jurisPR-WettbR 11/2017 Anm. 1 (unter C.).

[720] Vgl. GA *Szpunar*, SchlA v. 10.1.2019 – C-516/17 in Spiegel Online/Volker Beck, BeckRS 2019, 19 Rn. 77.

[721] Vgl. dazu *Lerach* jurisPR-WettbR 11/2017 Anm. 1 (unter C.); *Wandtke/Hauck* NJW 2017, 3422 (3424); vgl. auch → Rn. 33, 123 (zur Berücksichtigung des Interesses des Urhebers daran, dass sein Werk nicht für Äußerungen diskriminierender oder rassistischer Art verwendet wird).

[722] Vgl. BGH GRUR 2014, 559 Rn. 12 – Tarzan; BGH GRUR 2015, 264 Rn. 24 – Hi Hotel II. Zur ROM II-VO → Vor §§ 120 ff. Rn. 115, 121.

[723] Vgl. → Vor §§ 20 ff. Rn. 53; → Vor §§ 120 ff. Rn. 131.

lungen als Werknutzung urheberrechtliche Ansprüche begründen können.[724] Bei dieser Frage geht es um die sachrechtliche Frage des Anwendungsbereichs der Urheberrechtsordnung, die nach dem Schutzlandgrundsatz maßgeblich ist, nicht um die Anwendung einer Kollisionsnorm.[725] Das Recht des Schutzlands gilt nicht nur für die Frage, ob eine Rechtsverletzung vorliegt, sondern gemäß Art. 13 und Art. 15 Rom II-VO auch für die Voraussetzungen und Rechtsfolgen der Haftung.[726]

153   Die Vollharmonisierung der Verwertungsrechte durch das Unionsrecht hat zur Folge, dass auch bei der Festlegung, wo der Ort einer Nutzungshandlung liegt und inwieweit Teilakte auch im Ausland verwirklicht werden können, zwingend **autonome Kriterien des Unionsrechts** zu berücksichtigen sind.[727] Das Unionsrecht bestimmt damit maßgeblich durch die Harmonisierung des Sachrechts auch die räumliche Reichweite der Verwertungsrechte, die von den Mitgliedstaaten in Umsetzung des Unionsrechts gewährt werden.[728]

Das Unionsrecht regelt für bestimmte Fälle durch **Fiktionen,** dass von einem Begehungsort der Verwertungshandlung in einem bestimmten Mitgliedstaat auszugehen ist. Findet eine öffentliche Wiedergabe über Satellit iSd **Satelliten- und Kabel-RL** in einem Drittstaat statt, kann nach Art. 1 Abs. 2 Buchst. b der Richtlinie (umgesetzt durch § 20a Abs. 2) eine Fiktion gelten, dass es sich um eine Wiedergabe in einem bestimmten Mitgliedstaat handelt.[729]

Weitere Fiktionen für den Begehungsort der Verwertungshandlung enthält Art. 3 Abs. 1 **Online-SatCab-RL** vom 17.4.2019,[730] die bis zum 7.6.2021 umzusetzen ist,[731] für Nutzungen im Rahmen von grenzüberschreitenden **„ergänzenden Online-Diensten"**[732] (insbes. Diensten wie den Mediatheken der Rundfunkveranstalter).[733]

Nach Art. 9 Abs. 2 der **Richtlinie über das Urheberrecht im digitalen Binnenmarkt (DSM-RL),**[734] die bis zum 7.6.2021 umzusetzen ist,[735] soll fingiert werden, dass öffentliche Wiedergaben, die unter die Schranke des Art. 8 Abs. 2 und 3 DSM-RL (Nutzung von vergriffenen Werken und sonstigen Schutzgegenständen durch Einrichtungen des Kulturerbes) fallen, in dem Mitgliedstaat erfolgt sind, in dem die Einrichtung des Kulturerbes ihren Sitz hat.[736]

Stellt ein Online-Dienst iSd **Portabilitäts-VO**[737] seine Inhalte für einen Abonnenten bereit, der sich vorübergehend in einem Mitgliedstaat aufhält, ist nach der Fiktion des Art. 4 Portabilitäts-VO eine Bereitstellung im Wohnsitzmitgliedstaat des Abonnenten anzunehmen. In einem solchen Fall wird zudem fingiert, dass der Zugriff des Abonnenten auf diesen Dienst und seine Nutzungen in seinem Wohnsitzmitgliedstaat stattfinden.

154   Eine Werknutzungshandlung kann nach Unionsrecht nur bei tatbestandsmäßigem Handeln angenommen werden.[738] Der Schutz nach dem Urheberrecht des Schutzlandes bezieht sich grundsätzlich nur auf Handlungen der Werknutzung im Gebiet des betreffenden Mitgliedstaates.[739] Nicht die gesamte Tatbestandshandlung muss aber im Inland stattfinden. Nach dem Recht des Schutzlands können bei der Beurteilung, ob das inländische Schutzrecht verletzt wird, auch **Sachverhalte im Ausland** zu berück-

---

[724] Vgl. EuGH GRUR 2019, 161 Rn. 27 ff. – Imran Syed (auf das Schutzland bezogene Verbreitungsabsicht); BGHSt 58, 15 = GRUR 2013, 62 Rn. 38 – Italienische Bauhausmöbel; BGH GRUR 2015, 264 Rn. 24 – Hi Hotel II; aA hinsichtlich der Anknüpfung der Rechtinhaberschaft und des Bestands des Rechts MüKoBGB/*Drexl,* Bd. 12, 7. Aufl. 2018, IntImmGR Rn. 175 ff., 184; weiter → Vor §§ 120 ff. Rn. 118, 121 ff.

[725] Vgl. MüKoBGB/*Drexl,* Bd. 12, 7. Aufl. 2018, IntImmGR Rn. 14, 175; weiter → Vor §§ 120 ff. Rn. 112 f.

[726] Vgl. BGH GRUR 2015, 264 Rn. 24 – Hi Hotel II; *Sack* WRP 2008, 1405 (1408 ff.); Prütting/Wegen/Weinreich/*Schaub,* BGB, 13. Aufl. 2018, ROM II-VO Art. 15 Rn. 1 ff.; vgl. weiter BGHZ 155, 257 (261) = GRUR 2003, 876 (877) – Sendeformat.

[727] Vgl. EuGH GRUR 2012, 1245 Rn. 33, 39 – Football Dataco/Sportradar (zum Ort der Weiterverwendung einer geschützten Datenbank iSd Art. 7 Abs. 2 Buchst. b Datenbank-RL); EuGH GRUR 2012, 817 Rn. 25 – Donner; EuGH GRUR 2014, 283 Rn. 28 ff. – Blomqvist/Rolex (jeweils zum Ort einer Verbreitungshandlung iSd Art. 4 Abs. 1 InfoSoc-RL); BGHSt 58, 15 = GRUR 2013, 62 Rn. 43 ff. – Italienische Bauhausmöbel; vgl. auch GA *Jääskinen,* SchlA v. 13.6.2013 – C-170/12 in Peter Pinckney/KDG Mediatech, BeckRS 2013, 81340 Rn. 49; vgl. weiter *v. Ungern-Sternberg* GRUR 2013, 248 (250, 260). Zur europäischen Satellitensendung (Art. 1 Abs. 2 Buchst. a Satelliten- und Kabel-RL, § 20a) vgl. BGH GRUR 2012, 621 Rn. 23 – OSCAR; weiter → Rn. 37; → § 20a Rn. 3 ff. mwN.

[728] Vgl. jurisPK-BGB/*Heinze,* 8. Aufl. 2017, ROM II-VO Art. 8 Rn. 31.

[729] Vgl. → § 20a Rn. 25 ff.

[730] Zur Online-SatCab-RL → Vor §§ 20 ff. Rn. 13, 55, 75.

[731] Art. 12 Abs. 1 Online-SatCab-RL.

[732] Zum Begriff des „ergänzenden Online-Dienstes" vgl. Art. 2 Abs. 1 Online-SatCab-RL (sowie Erwgr. 8);

[733] Vgl. näher → Vor §§ 20 ff. Rn. 13.

[734] Zur DSM-RL → Rn. 1 f.

[735] Art. 29 Abs. 1 DSM-RL.

[736] Vgl. weiter → Vor §§ 20 ff. Rn. 14.

[737] Zur Portabilitäts-VO vgl. *Pech* S. 307 ff.; *Wirz* S. 225 ff.; *Peifer* AfP 2017, 8; *Roos* MMR 2017, 147; *Ranke/Glöckler* MMR 2017, 378; *Schulte zu Sundern* in Mackenrodt/Maute S. 179 (186 ff.); → § 19a Rn. 36, 50; → Vor §§ 20 ff. Rn. 55, 76.

[738] → Rn. 14.

[739] Vgl. EuGH GRUR 2012, 1245 Rn. 27 – Football Dataco/Sportradar (zur Weiterverwendung einer geschützten Datenbank iSd Art. 7 Abs. 2 Buchst. b Datenbank-RL); EuGH GRUR 2014, 283 Rn. 29 – Blomqvist/Rolex (zur Verbreitung iSd Art. 4 InfoSoc-RL). Werden Verletzungs- oder Beihilfehandlungen ausschließlich im Ausland begangen, steht dies einem strafrechtlichen Schutz des Urheberrechts entgegen (vgl. BGH GRUR 2011, 227 Rn. 20 [Vorlagebeschluss in der Sache Donner]).

sichtigen sein.[740] Es muss jedoch in der Gesamtbetrachtung bezogen auf das Inland eine wirkliche Werknutzung gegeben sein.[741] Der Werknutzer muss sich nicht selbst im Inland aufhalten. Es genügt, wenn ihm Handlungen Dritter zuzurechnen sind, die ihn zum Werknutzer im Inland machen.[742]

Bei einem grenzüberschreitenden Verkauf kann das **Verbreitungsrecht** in mehreren Mitgliedstaa- **155** ten verletzt werden.[743] Die Verbreitung ist ein Gesamtvorgang, der sich aus mehreren Einzelhandlungen zusammensetzen kann, die jeweils für sich in verschiedenen Mitgliedstaaten in das dort bestehende Verbreitungsrecht eingreifen können.[744] Das inländische Verbreitungsrecht wird verletzt, wenn ein Händler im Ausland unbefugt über seine Internetseite gegenüber der inländischen Öffentlichkeit gezielt dafür wirbt, Vervielfältigungsstücke des Werkes zu erwerben.[745]

Eine ungebrochene **Durchfuhr (Transit)** urheberrechtsverletzender Vervielfältigungsstücke kann **156** danach das Verbreitungsrecht mangels einer Verwertungsabsicht für das Inland nicht verletzen.[746]

Bei **Handlungen im Internet** kann nicht angenommen werden, dass überall dort ein Handlungs- **157** ort ist, wo die Inhalte eines Internetauftritts abrufbar sind.[747] Bei einer öffentlichen Zugänglichmachung liegt in einem Mitgliedstaat nur dann ein Handlungsort, wenn der Handelnde die Absicht hat, die Öffentlichkeit dort gezielt anzusprechen.[748] Entsprechendes gilt, wenn Daten einer geschützten Datenbank in einen Mitgliedstaat gesendet werden.[749] Unerheblich ist dagegen, ob sich der benutzte Server außerhalb des Gebiets dieses Staates befindet[750] oder für eine Verbreitungshandlung eine Website eines Online-Shops im Ausland verwendet wird.[751] Die Beurteilung, ob der Handelnde die Absicht hat, die Öffentlichkeit in einem bestimmten Mitgliedstaat anzusprechen, ist Sache des nationalen Gerichts.[752]

e) Schranken. Die Mitgliedstaaten dürfen keine anderen oder weitergehenden Schranken einfüh- **158** ren, als Art. 5 Abs. 1–4 InfoSoc-RL und Art. 3 bis 6 DSM-RL vorschreiben oder zulassen (vgl. auch Art. 25 DSM-RL).[753] Die in Art. 5 Abs. 1 InfoSoc-RL und Art. 3 bis 6 DSM-RL geregelten Ausnahmen vom Vervielfältigungsrecht sind zwingend, die Einführung der nach Art. 5 Abs. 2 und 3 InfoSoc-RL zulässigen Schranken den Mitgliedstaaten dagegen freigestellt. Sehen die Mitgliedstaaten eine solche fakultative Schranke vor, muss deren **Ausgestaltung im nationalen Recht** den Harmonisierungsvorgaben der autonom und einheitlich auszulegenden Vorschriften der Richtlinie entsprechen.[754] Wenn unionsrechtliche Schrankenvorschriften den Mitgliedstaaten einen Spielraum bei der Umsetzung zugestehen, ist dieser Spielraum in mehrfacher Hinsicht begrenzt.[755] Die harmonisierten Voraussetzungen einer Schranke müssen vollständig und unter Beachtung der allgemeinen Grundsätze des Unionsrechts (ua des Grundsatzes der Verhältnismäßigkeit) umgesetzt werden.[756] Die Schranken

---

[740] Vgl. BGHSt 58, 15 = GRUR 2013, 62 Rn. 46 ff. – Italienische Bauhausmöbel; vgl. auch BGH GRUR 2011, 227 Rn. 34; jurisPK-BGB/*Heinze*, 8. Aufl. 2017, ROM II-VO Art. 8 Rn. 30; weiter → Vor §§ 20 ff. Rn. 55; → Vor §§ 120 ff. Rn. 131, 133 ff.
[741] → Rn. 37.
[742] Vgl. EuGH GRUR 2012, 817 Rn. 27 = EuZW 2012, 663 mAnm *Sobotta* – Donner; BGHSt 58, 15 = GRUR 2013, 62 Rn. 47 ff. – Italienische Bauhausmöbel (abschließendes Urteil in der Sache „Donner"); vgl. auch *Namavičius*, Territorialgrundsatz und Distanzdelikt, 2012, S. 51, 64; weiter → Rn. 149.
[743] Vgl. EuGH GRUR 2012, 817 Rn. 26 – Donner; BGHSt 58, 15 = GRUR 2013, 62 Rn. 46 – Italienische Bauhausmöbel; vgl. auch BGHZ 171, 151 = GRUR 2007, 871 Rn. 31 ff. – Wagenfeld-Leuchte (Anbieten im Inland zum Erwerb im Ausland); *Zabel-Wasmuth* S. 196 ff.
[744] Vgl. EuGH GRUR-Int 2014, 298 Rn. 28 f. – Blomquist/Rolex; EuGH GRUR 2015, 665 Rn. 31 f. = EuZW 2015, 470 mAnm *Stieper* – Dimensione ua/Knoll; vgl. dazu auch *Eichelberger* ZUM 2012, 954 (957 f.).
[745] Vgl. EuGH GRUR 2015, 665 Rn. 31 f. = EuZW 2015, 470 mAnm *Stieper* – Dimensione ua/Knoll.
[746] Vgl. BGH GRUR 2012, 1263 Rn. 17, 23, 29 ff. – Clinique happy (zum Markenrecht); → Vor §§ 120 ff. Rn. 135; Dreier/Schulze/*Dreier* UrhG vor § 120 Rn. 34; vgl. auch *Cordes* GRUR 2012, 141; ebenso – zu § 9 PatG – BGH GRUR 2014, 1189 Rn. 1 – Transitwaren; → Vor §§ 120 ff. Rn. 135.
[747] Vgl. EuGH GRUR 2014, 283 Rn. 31 – Blomqvist/Rolex.
[748] Vgl. dazu auch EuGH GRUR 2015, 665 Rn. 31 – Dimensione ua/Knoll; EuGH GRUR 2014, 283 Rn. 31 f. – Blomqvist/Rolex (jeweils zur Verbreitung iSd Art. 4 InfoSoc-RL); EuGH GRUR 2012, 1245 Rn. 34 ff. – Football Dataco/Sportradar (zum Ort der Weiterverwendung iSd Art. 7 Abs. 2 Buchst. b Datenbank-RL); vgl. weiter – auch allgemein für Schutzrechtsverletzungen im Internet – BGH GRUR 2012, 621 Rn. 34 ff. – OSCAR; → Vor §§ 120 ff. Rn. 145 ff.; Dreier/Schulze/*Dreier* UrhG vor § 120 Rn. 40 ff. Zur Abrufübertragung → § 19a Rn. 38.
[749] Vgl. EuGH GRUR 2012, 1245 Rn. 35 ff. – Football Dataco/Sportradar (zum Ort der Weiterverwendung iSd Art. 7 Abs. 2 Buchst. b Datenbank-RL); *Conrad* GRUR-Prax 2012, 339891.
[750] Vgl. EuGH GRUR 2012, 1245 Rn. 44 ff. – Football Dataco/Sportradar.
[751] Vgl. EuGH GRUR 2014, 283 Rn. 34 – Blomqvist/Rolex (zur Verbreitung iSd Art. 4 InfoSoc-RL).
[752] Vgl. EuGH GRUR 2012, 1245 Rn. 47 – Football Dataco/Sportradar.
[753] Vgl. EuGH GRUR 2014, 546 Rn. 27 – ACI Adam ua/Thuiskopie ua; EuGH GRUR 2017, 512 Rn. 24, 27 – ITV Broadcasting ua/TV ua; EuGH GRUR 2019, 929 Rn. 56 ff. – Pelham/Hütter ua.
[754] Vgl. EuGH GRUR 2019, 940 Rn. 30 ff. – Spiegel Online/Volker Beck; EuGH GRUR 2019, 929 Rn. 45 ff. – Pelham/Hütter ua; EuGH GRUR 2011, 50 Rn. 35 ff. – Padawan/SGAE (zu Art. 5 Abs. 2 Buchst. b InfoSoc-RL); EuGH GRUR 2012, 810 Rn. 32 ff. – DR und TV2 Danmark (zu Art. 5 Abs. 2 Buchst. d InfoSoc-RL); EuGH GRUR-Int 2017, 438 Rn. 124 f. – Vertrag von Marrakesch; vgl. auch *J. H. Schmidt* S. 211 ff.; → Vor §§ 44a ff. Rn. 26.
[755] Vgl. dazu näher EuGH GRUR 2019, 934 Rn. 45 ff. – Funke Medien/Bundesrepublik Deutschland; EuGH GRUR 2019, 940 Rn. 30 ff. – Spiegel online/Volker Beck.
[756] Vgl. EuGH GRUR-Int 2017, 438 Rn. 122 f. – Vertrag von Marrakesch; EuGH GRUR 2019, 934 Rn. 48 f. – Funke Medien/Bundesrepublik Deutschland; BGH GRUR 2017, 798 Rn. 26 – AIDA Kussmund.

müssen im nationalen Recht in kohärenter Weise ausgestaltet werden[757] und dürfen die Erreichung der Ziele der InfoSoc-RL, ein hohes Schutzniveau für die Urheber und das reibungslose Funktionieren des Binnenmarkts, nicht gefährden.[758] Die Mitgliedstaaten dürfen dementsprechend die Reichweite von Schrankenbestimmungen nicht nach freiem Ermessen durch zusätzliche Tatbestandsmerkmale beschränken. Eine nationale Schrankenbestimmung ist deshalb nicht schon dann richtlinienkonform, wenn sie hinter der unionsrechtlich zugelassenen Schrankenregelung zurückbleibt.[759] Nicht harmonisierte und unterschiedliche Schrankenbestimmungen in den Mitgliedstaaten könnten die Funktionsfähigkeit des Binnenmarkts beeinträchtigen.[760] Das Umsetzungsermessen der Mitgliedstaaten ist weiter durch den in Art. 5 Abs. 5 InfoSoc-RL und Art. 7 Abs. 2 DSM-RL verankerten Dreistufentest beschränkt.[761] Eine schrankenähnliche **Grundrechtsabwägung** außerhalb der Auslegung und Anwendung der Schranken ist nach der Rechtsprechung des EuGH ausgeschlossen.[762]

159   Bei ein und derselben Schrankenbestimmung können die Mitgliedstaaten teilweise strikt gebunden sein, teilweise einen **Ermessensspielraum** besitzen.[763]

160   **f) Einzelne Verwertungsrechte. aa) Recht der öffentlichen Wiedergabe.** Das Recht der öffentlichen Wiedergabe (Art. 3 Abs. 1 InfoSoc-RL) ist **voll harmonisiert.**[764] Für seinen **Anwendungsbereich** gibt die InfoSoc-RL in Erwgr. 23 konkrete Anhaltspunkte.[765] Auf dieser Grundlage hat der EuGH entschieden, dass eine (Live-) Wiedergabe durch Aufführung oder Vortrag vor anwesendem Publikum (vgl. § 19) nicht unter das Recht der öffentlichen Wiedergabe fällt.[766] Dagegen umfasst der Geltungsbereich des unionsrechtlichen Rechts der öffentlichen Wiedergabe auch öffentliche Wiedergaben mit Hilfe von Rundfunksendungen oder Bild- und Tonträgern (zB in Gaststätten, vgl. § 21, § 22).[767]

161   Rechte an den in § 19 genannten Werknutzungen dürfen die Mitgliedstaaten schon deshalb gewähren, weil die Berner Übereinkunft sie dazu verpflichtet.[768] Die Mitgliedstaaten wären frei, diese Verwertungsrechte nach anderen Kriterien als denen, die für die unionsrechtlichen Verwertungsrechte gelten, auszugestalten. Sinnvoll wäre dies allerdings nicht.[769]

162   Von der Einschränkung bei Live-Wiedergaben abgesehen ist der Regelungsbereich des unionsrechtlichen Rechts der öffentlichen Wiedergabe derart weit gefasst, dass **nationale Sonderregelungen** für vergleichbare Werknutzungen, die von diesem Recht nicht erfasst sind, ausgeschlossen erscheinen. Das Recht der öffentlichen Wiedergabe ist voll harmonisiert.[770] Der für den Inhalt dieses Rechts zentrale Begriff „öffentlich" ist autonom und einheitlich auszulegen, ohne dass den Mitgliedstaaten ein Auslegungsspielraum verbleibt.[771] Zudem versteht der EuGH das Recht der öffentlichen

---

[757] Vgl. EuGH GRUR 2014, 972 Rn. 16 – Vrijheidsfonds/Vandersteen ua; EuGH GRUR 2019, 940 Rn. 48 – Spiegel Online/Volker Beck.

[758] Vgl. EuGH GRUR-Int 2017, 438 Rn. 124 – Vertrag von Marrakesch; EuGH GRUR 2019, 934 Rn. 50 – Funke Medien/Bundesrepublik Deutschland.

[759] Vgl. EuGH GRUR-Int 2017, 438 Rn. 122 – Vertrag von Marrakesch; EuGH GRUR 2019, 934 Rn. 45 ff. – Funke Medien/Bundesrepublik Deutschland; vgl. auch *Grünberger/Podszun* GPR 2015, 11 (18); *Grünberger* ZUM 2015, 273 (285 f.); aA früher BGH GRUR 2014, 549 Rn. 61 – Meilensteine der Psychologie; vgl. weiter → Vor §§ 44a ff. Rn. 26, 40.

[760] Vgl. EuGH GRUR 2012, 810 Rn. 32 ff. – DR und TV2 Danmark; EuGH GRUR 2014, 546 Rn. 49 – ACI Adam ua/Thuiskopie ua.

[761] Vgl. EuGH GRUR-Int 2017, 438 Rn. 125 – Vertrag von Marrakesch; EuGH GRUR 2019, 934 Rn. 52 – Funke Medien/Bundesrepublik Deutschland.

[762] → Rn. 305; vgl. allerdings auch → Rn. 123. Zur Bestimmung des Schutzumfangs der Verwertungsrechte in Abwägung mit Grundrechten → Rn. 33, 245, 305, 317.

[763] Vgl. EuGH GRUR 2012, 166 Rn. 101 ff. – Painer/Standard (zu Art. 5 Abs. 3 Buchst. e InfoSoc-RL); EuGH GRUR 2019, 934 Rn. 40 ff. – Funke Medien/Bundesrepublik Deutschland (zu Art. 5 Abs. 3 Buchst. c Fall 2 und Buchst. d InfoSoc-RL). Weiter → Rn. 123, 129.

[764] Vgl. EuGH EuGH GRUR 2014, 360 Rn. 33 ff. – Nils Svensson ua/Retriever Sverige mAnm *Jani/Leenen;* BGH GRUR 2018, 178 Rn. 24 – Vorschaubilder III; BGH GRUR 2018, 608 Rn. 22 – Krankenhausradio; weiter → Rn. 143 ff.

[765] Erwgr. 23: „Mit dieser Richtlinie sollte das für die öffentliche Wiedergabe geltende Urheberrecht weiter harmonisiert werden. Dieses Recht sollte im weiten Sinne verstanden werden, nämlich dahin gehend, dass es jegliche Wiedergabe an die Öffentlichkeit umfasst, die an dem Ort, an dem die Wiedergabe ihren Ursprung nimmt, nicht anwesend ist. Dieses Recht sollte jegliche entsprechende drahtgebundene oder drahtlose öffentliche Übertragung oder Weiterverbreitung eines Werks, einschließlich der Rundfunkübertragung, umfassen. Dieses Recht sollte für keine weiteren Handlungen gelten."

[766] Vgl. EuGH GRUR-Int 2012, 150 Rn. 30 ff. – Circul Globus Bucure ti; EuGH GRUR 2017, 790 Rn. 29 – Stichting Brein/Ziggo ua; BGH GRUR 2018, 608 Rn. 25 – Krankenhausradio; BGH GRUR 2019, 725 Rn. 19 – Deutsche Digitale Bibliothek; → Rn. 1, 52, 355. Eine öffentliche Wiedergabe vor anwesendem Publikum ist auch dann gegeben, wenn dafür technische Hilfsmittel (wie zB Projektoren) benutzt werden.

[767] Vgl. EuGH GRUR-Int 2012, 150 Rn. 30 ff. – Circul Globus Bucure ti; EuGH GRUR 2012, 156 Rn. 183 ff. – Football Association Premier League u. Murphy; EuGH 14.7.2015 – C-151/15 Rn. 24 = MR-Int. 2015, 108 mAnm *Walter* – Sociedade Portuguesa de Autores; vgl. auch BGH GRUR 2016, 278 Rn. 27 – Hintergrundmusik in Zahnarztpraxen; *J.H. Schmidt* S. 160; kritisch FA-GewRS/*Haberstumpf* Kap. 7 Rn. 184 (Überschreitung der Auslegungskompetenz des EuGH); weiter → Rn. 355.

[768] Vgl. → § 19 Rn. 3.

[769] Vgl. dazu auch BGH NJW-RR 2012, 674 Rn. 26.

[770] → Rn. 143 ff.

[771] → Rn. 68, 114.

Wiedergabe als ein generalklauselartiges, weit auszulegendes[772] Recht, dessen Eingreifen ggf. durch Gesamtbetrachtung der maßgeblichen Umstände festzustellen ist.[773] Eine öffentliche Wiedergabe kann nach der Rechtsprechung des EuGH auf „jede denkbare und praktikable Wiedergabeart" stattfinden.[774] Unerheblich ist es, welches technische Mittel oder Verfahren angewandt wird.[775] Eine Werknutzung durch öffentliche Wiedergabe kann nach der Rechtsprechung des EuGH zudem auch dann gegeben sein, wenn die geschützten Werke nicht übertragen werden.[776] So ist zB eine öffentliche Wiedergabe anzunehmen, wenn der Betreiber einer größeren Kureinrichtung in den Zimmern durch selbständige Rundfunkgeräte den Empfang von Sendungen ermöglicht,[777] und sogar auch dann, wenn ein Hotelbetreiber das Musikhören in den Gästezimmern lediglich dadurch ermöglicht, dass er Tonträger und Abspielgeräte bereitstellt.[778] Im Hinblick auf diese Rechtslage wird die Frage, ob das Recht der öffentlichen Wiedergabe bei neuen Werknutzungen in unkörperlicher Form (vgl. § 15 Abs. 2) eingreift, in aller Regel allein nach Maßgabe des Unionsrechts zu entscheiden sein.

bb) Vervielfältigungsrecht. Das Vervielfältigungsrecht ist durch Art. 2 InfoSoc-RL **vollständig** **163** **harmonisiert** worden. Der Begriff der Vervielfältigung ist in der gesamten Union autonom und einheitlich auszulegen.[779]

cc) Verbreitungsrecht. Auch das Verbreitungsrecht ist im Anwendungsbereich des Art. 4 Abs. 1 **164** InfoSoc-RL **vollständig harmonisiert.**[780] Der darin verwendete Begriff der Verbreitung ist nach der Rechtsprechung des EuGH ein autonomer unionsrechtlicher Begriff.[781] Das Verbreitungsrecht kann auch Handlungen erfassen, die dem Abschluss eines Kaufvertrags vorangehen.[782] An eine Werknutzungshandlung durch Verbreitung des Originals oder von Vervielfältigungsstücken davon hat der EuGH allerdings in seinem Urteil „Le-Corbusier-Möbel" hohe Anforderungen gestellt. Danach bezieht sich das Verbreitungsrecht aus Art. 4 Abs. 1 InfoSoc-RL insoweit nur auf Formen der Verbreitung, die mit einer Eigentumsübertragung zusammenhängen.[783] Der BGH hat dem Urteil des EuGH entnommen, dass das Unionsrecht das Verbreitungsrecht insgesamt im Sinne eines Maximalschutzes abschließend regelt.[784] Das Verbreitungsrecht aus § 17 wird daher nicht verletzt, wenn Nachbildungen geschützter Möbelgestaltungen der Öffentlichkeit zum Gebrauch zugänglich gemacht werden oder einem Dritten der Besitz des Originals oder eines Vervielfältigungsstücks übertragen wird (str.).[785]

dd) Ausstellungsrecht. Im Rahmen des allgemeinen Unionsrechts werden die Mitgliedstaaten **165** grundsätzlich berechtigt sein, Verwertungsrechte an Werknutzungen zu gewähren, die ganz andersartig sind als diejenigen, die Gegenstand der unionsrechtlichen Regelungen sind. Dies gilt für das **Recht der öffentlichen Ausstellung,** das in § 18 geregelt ist.[786] Der Begriff des öffentlichen Zurschaustellens in § 18 ist jedoch einschränkend dahin auszulegen, dass er das von Art. 4 InfoSoc-RL erfasste öffentliche Anbieten zum Verkauf nicht erfasst, da die Mitgliedstaaten nicht befugt sind, im Anwendungsbereich des voll harmonisierten Verbreitungsrechts[787] weitere Verwertungsrechte anzuerkennen.[788]

---

[772] Vgl. EuGH GRUR 2007, 225 Rn. 36 – SGAE/Rafael; EuGH GRUR 2014, 360 Rn. 17 – Nils Svensson ua/Retriever Sverige mAnm *Jani/Leenen;* weiter → Rn. 59.

[773] → Rn. 75 ff.

[774] Vgl. EuGH GRUR 2012, 597 Rn. 61 – Phonographic Performance (Ireland), zu Art. 8 Abs. 2 Vermiet- und Verleih-RL; weiter → Rn. 62.

[775] Vgl. EuGH GRUR 2012, 156 Rn. 193 – Football Association Premier League u. Murphy.

[776] → Rn. 62 ff.

[777] EuGH GRUR 2014, 473 Rn. 22 ff. – OSA/Léčebné lázně; weiter → Rn. 64, 99, 284.

[778] Vgl. EuGH GRUR 2012, 597 Rn. 56 ff. – Phonographic Performance (Ireland), zur Art. 8 Abs. 2 Vermiet- und Verleih-RL; vgl. dazu *v. Ungern-Sternberg* GRUR 2013, 248 (254); weiter → Rn. 101, 284.

[779] Vgl. EuGH GRUR 2012, 156 Rn. 154 – Football Association Premier League u. Murphy; weiter → Rn. 143 ff.

[780] Vgl. BGH GRUR 2017, 793 Rn. 20 – Mart-Stam-Stuhl.

[781] Vgl. EuGH GRUR 2015, 665 Rn. 33 = EuZW 2015, 470 mAnm *Stieper* – Dimensione ua/Knoll.

[782] Vgl. näher → Rn. 50.

[783] Dazu näher → Rn. 51.

[784] BGH GRUR 2013, 1137 Rn. 10 – Marcel-Breuer-Möbel; vgl. auch öOGH GRUR-Int 2016, 842 (844) – Le Corbusier-Fauteuil; krit. *Loewenheim* FS Gernot Schulze, 2017, 449 (455 f.); *Zabel-Wasmuth* S. 133 f.

[785] Vgl. BGH GRUR 2009, 840 Rn. 19 ff. – Le-Corbusier-Möbel II; zust. DKMH/*Dreyer* UrhG § 17 Rn. 31; *Leistner* FS 50 Jahre Deutsches UrhG, 2015, 251 (257); *Zabel-Wasmuth* S. 128 ff.; vgl. auch GA *Jääskinen,* SchlA v. 29.3.2012 – C-5/11 in Donner, BeckRS 2012, 81397 Rn. 44 ff.; aA Dreier/Schulze/*Schulze* UrhG § 17 Rn. 4a; *von Lewinski* FS Loewenheim, 2009, 175 (178 ff.); *Goldmann/Möller* GRUR 2009, 551 (554); *Berger* ZUM 2012, 353 (356); *Eichelberger* ZUM 2012, 954 (955 f.); *Haberstumpf* GRUR-Int 2013, 627 (628 f.); FA-GewRS/*Haberstumpf* Kap. 7 Rn. 195; *Walter* GRUR-Int 2016, 900; vgl. auch *J. H. Schmidt* S. 186 ff.; *Stieper* ZGE 2011, 227 (234 ff.); *Stieper* FS Gernot Schulze, 2017, 107 f.; *Schack* Rn. 427; *Grünberger* ZUM 2015, 273 (274); weitere Nachw. zum Meinungsstand BVerfG GRUR 2012, 53 Rn. 93 = NJW 2011, 3428 mAnm *Ritter* – Le-Corbusier-Möbel; weiter → § 17 Rn. 17 ff.

[786] Vgl. *von Lewinski* FS Loewenheim, 2009, 175 (182). Vgl. weiter → Rn. 145 ff.

[787] → Rn. 50.

[788] AA BGH GRUR 2015, 264 Rn. 34 – Hi Hotel II; sa Wandtke/Bullinger/*Bullinger* UrhG § 18 Rn. 2.

B. Allgemeines zum deutschen Recht

I. Allgemeines zu den Verwertungsrechten im deutschen Recht

1. Rechtsinhaber der Verwertungsrechte

166   Ursprünglicher **Rechtsinhaber** der Verwertungsrechte ist der Urheber als der Schöpfer des Werkes (§ 7, § 8).[789] Wie das Urheberrecht als Ganzes sind die Verwertungsrechte zwar vererblich (§ 28), aber grundsätzlich nicht übertragbar (vgl. § 29; zur Zwangsvollstreckung vgl. §§ 112 ff.).

167   Wirtschaftlichen Nutzen zieht der Urheber aus seinem Werk in der Regel dadurch, dass er Dritten entgeltlich gemäß §§ 31 ff. **Nutzungsrechte** (dh aus den Verwertungsrechten als Stammrechten abgeleitete Rechte) einräumt.[790] Eine Werknutzung durch eigene Verwertungshandlungen des Urhebers ist vergleichsweise selten. Auch nach umfassender Einräumung von Nutzungsrechten verbleiben die Verwertungsrechte dem Urheber stets in der Form von Kernrechten. Die abgeleiteten Rechte bleiben im Bann des Urheberrechts als Mutterrecht, das mit ihrem Erlöschen wieder zum Vollrecht erstarkt.[791]

2. Grundrechtsschutz der Verwertungsrechte

168   Die Verwertungsrechte sind, soweit sie ihre Grundlage im Unionsrecht haben,[792] voll harmonisiert.[793] Sie sind unionsrechtlich durch **Art. 17 Abs. 2 GRCh** (Charta der Grundrechte der Union) als Eigentum geschützt.[794] Die durch das UrhG gewährten Verwertungsrechte genießen zudem grundrechtlich Schutz als Eigentum iSd **Art. 14 Abs. 1 GG**.[795] Die Prüfung, welche dieser grundrechtlichen Gewährleistungen bei der Anwendung von nationalem Recht eingreifen, das der Umsetzung von Richtlinien dient, kann zu Zweifelsfragen führen.[796] Die Bestimmungen der Charta der Grundrechte gelten gemäß Art. 51 Abs. 1 GRCh für die Mitgliedstaaten ausschließlich bei der Durchführung des Rechts der Union. Nach der Rechtsprechung des EuGH gilt deshalb die Verpflichtung zur Einhaltung der Grundrechte der Charta für die Mitgliedstaaten nur dann, wenn sie im Geltungsbereich des Unionsrechts handeln.[797] „In allen unionsrechtlich geregelten Fallgestaltungen" sind diese Grundrechte aber anzuwenden und daher auch dann zu beachten, wenn eine nationale Regelung in den Geltungsbereich des Unionsrechts fällt.[798] Da das Unionsrecht die Verwertungsrechte voll harmonisiert hat,[799] sind nach der Rechtsprechung des EuGH[800] und des BVerfG[801] als grundrechtlicher Maßstab bei der Bestimmung ihrer Reichweite[802] grundsätzlich die Vorschriften der Charta der Grundrechte heranzuziehen. Etwas anderes kann für die Auslegung der Schrankenbestimmungen gelten, soweit den Mitgliedstaaten für die Umsetzung der unionsrechtlichen Schrankenbestimmungen ein Ermessen eingeräumt ist.[803] Wie das BVerfG im Urteil „Metall auf Metall" entschie-

---

[789] Vgl. → Rn. 4.

[790] Einzelheiten → § 31 Rn. 9 ff.

[791] Vgl. *Ulmer* § 83 II (S. 359); vgl. weiter → § 31 Rn. 22.

[792] → Rn. 1.

[793] → Rn. 143 ff.

[794] Vgl. BGHZ 187, 240 = GRUR 2011, 513 Rn. 20, 30 – AnyDVD; weiter → Rn. 5, 43; → Vor §§ 44a ff. Rn. 32.

[795] Vgl. BVerfG GRUR 2012, 53 Rn. 84 ff. – Le-Corbusier-Möbel; BVerfG GRUR 2012, 389 Rn. 9 ff. – Kunstausstellung im Online-Archiv; BVerfG GRUR 2018, 829 Rn. 24 ff. – Verlegeranteil; BGHZ 200, 76 = GRUR 2014, 657 Rn. 29 – BearShare; BGH GRUR 2014, 984 Rn. 43 f. – PC III; weiter → Einl. UrhG Rn. 10; → Vor §§ 44a ff. Rn. 14 ff.

[796] Vgl. dazu BVerfG GRUR 2016, 690 Rn. 112 ff. – Metall auf Metall; BVerfG GRUR 2012, 390 Rn. 25 ff.; BVerfG NJW 2013, 1499 Rn. 88 ff. = JZ 2013, 621 mAnm *Gärditz*; BGHZ 187, 240 = GRUR 2011, 513 Rn. 20, 30 – AnyDVD; BGH GRUR 2012, 74 Rn. 28 – Coaching-Newsletter; *Masing* JZ 2015, 477; *Leistner* GRUR 2016, 772 (775 f.); *John* ZfRV 2017, 148. Vgl. weiter *Obergfell/Stieper* FS 50 Jahre Deutsches UrhG, 2015, 223 (231 ff.); → Vor §§ 44a ff. Rn. 32.

[797] Vgl. EuGH GRUR-Int 2017, 768 Rn. 55 f. – Online Games; EuGH, Urt. v. 24.3.2017 – C-152/17, Beck-EuRS 2017, 507141 Rn. 33 f. – Consorzio Italian Management ua/Rete Ferroviaria Italiana; vgl. dazu *Masing* JZ 2015, 477 (481 ff.).

[798] Vgl. EuGH NJW 2013, 1415 Rn. 19 = JZ 2013, 613 mAnm *Dannecker* – Åkerberg Fransson; EuGH 8.5.2019 – C-230/18, BeckRS 2019, 7888 Rn. 63 f. – PI/Landespolizeidirektion Tirol; BGH N&R 2016, 262 Rn. 20 f. – Karenzzeiten.

[799] → Rn. 143 ff.

[800] Vgl. EuGH GRUR 2019, 929 Rn. 31 ff. – Pelham/Hütter ua; EuGH GRUR 2019, 934 Rn. 30 ff. – Funke Medien/Bundesrepublik Deutschland.

[801] BVerfG GRUR 2012, 53 Rn. 88 ff. – Le-Corbusier-Möbel (zur Prüfung des anwendbaren Unionsrechts am Maßstab der Unionsgrundrechte, wenn kein Umsetzungsspielraum besteht); BVerfG GRUR 2016, 690 Rn. 112 ff. – Metall auf Metall; *Leistner* GRUR 2016, 772 (775 f.).

[802] Zur Bestimmung des Schutzumfangs der Verwertungsrechte in Abwägung von Grundrechten → Rn. 33, 245, 305, 317.

[803] Vgl. EuGH GRUR 2019, 934 Rn. 30 ff. – Funke Medien/Bundesrepublik Deutschland; vgl. weiter *Stieper* GRUR 2014, 1060 (1064); *Obergfell/Stieper* FS 50 Jahre Deutsches UrhG, 2015, 223 (233 f.).

den hat,[804] sind bei der Auslegung und Anwendung innerstaatlicher Rechtsvorschriften, die Unionsrecht umsetzen, grundsätzlich die Grundrechte der Charta als Maßstab heranzuziehen. Die nationalen Grundrechte sind anwendbar, soweit das Unionsrecht Umsetzungsspielräume lässt, wenn ihre Anwendung weder das Schutzniveau der Charta, wie sie vom EuGH ausgelegt wird, noch den Vorrang, die Einheit und die Wirksamkeit des Unionsrechts beeinträchtigt.[805] Da die Umsetzung einer Richtlinie eine Durchführung des Rechts der Union iSd Art. 51 GRCh ist, muss dabei aber unabhängig vom Umsetzungsspielraum der Mitgliedstaaten das grundrechtliche Schutzniveau der Charta der Grundrechte erreicht werden.[806]

Den Eigentumsschutz aus **Art. 14 Abs. 1 GG** genießen auch Inhaber ausschließlicher Nutzungs- **169** rechte[807] und ausländische juristische Personen, die ihren Sitz in der Europäischen Union haben.[808]

Der Urheber hat nach dem **Inhalt der Eigentumsgarantie** grundsätzlich einen Anspruch darauf, **170** dass ihm der wirtschaftliche Nutzen seiner Arbeit zugeordnet wird, soweit nicht Gründen des gemeinen Wohls der Vorrang vor den Belangen des Urhebers zukommt.[809] Bei der **Auslegung und Anwendung**[810] **der Schranken** ist die im Gesetz zum Ausdruck kommende Interessenabwägung in einer Weise nachzuvollziehen, die den Eigentumsschutz der Urheber ebenso wie damit konkurrierende Grundrechtspositionen (wie zB die Pressefreiheit) beachtet und unverhältnismäßige Grundrechtsbeschränkungen vermeidet.[811]

Im Einzelnen ist es **Sache des Gesetzgebers,** im Rahmen der inhaltlichen Ausgestaltung des Ur- **171** heberrechts nach Art. 14 Abs. 1 S. 2 GG sachgerechte Maßstäbe festzulegen, die eine der Natur und der sozialen Bedeutung des Rechts entsprechende Nutzung und angemessene Verwertung sicherstellen.[812] Bei der Bestimmung dessen, was als angemessene Verwertung eines Werkes anzusehen ist, hat der Gesetzgeber einen verhältnismäßig weiten Gestaltungsraum.[813] Eingriffe in das Verwertungsrecht des Urhebers können freilich nur durch ein gesteigertes öffentliches Interesse gerechtfertigt werden.[814] Der Schutz aus Art. 14 Abs. 1 GG gebietet jedoch nicht, dem Urheber jede nur denkbare wirtschaftliche Verwertungsmöglichkeit zuzuordnen.[815] Wird aber eine von den Befugnissen des Urhebers ursprünglich nicht erfasste Nutzung aufgrund der technischen oder wirtschaftlichen Entwicklung bedeutsam, sind die Urheber nicht erst dann wirtschaftlich angemessen zu beteiligen, wenn nachgewiesen ist, dass sie durch solche Nutzungen bereits erheblich geschädigt worden sind, sondern jedenfalls schon dann, wenn die Nutzungsform nach dem erreichten Stand der technischen oder wirtschaftlichen Entwicklung zur Massennutzung geeignet ist.[816]

Die Gewährleistung eines subjektiven Rechts durch Art. 14 Abs. 1 S. 1 GG bedeutet nicht, dass die **172** Rechtsposition auf Dauer unantastbar ist oder gar eine inhaltliche Veränderung unzulässig wäre. Bei **Reformbedarf** ist der Gesetzgeber durch Art. 14 Abs. 1 S. 2 GG ermächtigt, in bereits begründete Rechte einzugreifen und diesen einen neuen Inhalt zu geben. Die Umformung subjektiver Rechte ist aber nur zulässig, wenn sie durch Gründe des öffentlichen Interesses unter Berücksichtigung des Grundsatzes der Verhältnismäßigkeit gerechtfertigt ist.[817]

Zu den Beschränkungen der Verwertungsrechte durch **Grundrechte Dritter** → Rn. 5, 43, 113, **173** 122, 305, 316 f.[818]

---

[804] Vgl. BVerfG GRUR 2016, 690 Rn. 112 ff. – Metall auf Metall; *Leistner* GRUR 2016, 772 (775 f.).

[805] Vgl. EuGH GRUR 2019, 929 Rn. 80 f. – Pelham/Hütter ua; EuGH GRUR 2019, 940 Rn. 21 f. – Spiegel Online/Volker Beck; EuGH GRUR 2019, 934 Rn. 32 f. – Funke Medien/Bundesrepublik Deutschland; s. weiter BVerfG GRUR 2016, 690 Rn. 112 ff. – Metall auf Metall; BGH BeckRS 2016, 5216 Rn. 20 f. – Karenzzeiten I; *Paulus* ZUM 2016, 513 (516 f.).

[806] Vgl. EuGH GRUR 2019, 929 Rn. 79 – Pelham/Hütter ua; EuGH GRUR 2019, 934 Rn. 31 – Funke Medien/Bundesrepublik Deutschland.

[807] Vgl. BVerfG GRUR 2012, 53 Rn. 58 – Le-Corbusier-Möbel.

[808] Vgl. BVerfG GRUR 2012, 53 Rn. 68 ff. – Le-Corbusier-Möbel.

[809] BVerfG GRUR 2010, 416 Rn. 22 – Fotoarchiv; BVerfG GRUR 2012, 390 Rn. 21; BVerfG GRUR 2014, 169 Rn. 87 f. – Übersetzerhonorare; BGH GRUR 2014, 984 Rn. 43 – PC III. Zum Inhalt der Eigentumsgarantie → Vor §§ 44a ff. Rn. 14 ff.; *Sattler* S. 23 ff.; *Stieper* S. 19 ff., 42 ff.; *Sievers* S. 102 ff.; *Lutz* S. 30 ff.

[810] Bei der „Anwendung“ der Schranken geht es nicht nur um die Subsumtion des Sachverhalts unter die Schrankenbestimmung (vgl. → Rn. 123).

[811] BVerfG GRUR 2012, 389 Rn. 10; vgl. weiter BGH GRUR 2014, 974 Rn. 24 ff., 34 ff., 49 – Porträtkunst (zur Anwendung des § 53 UrhG auf ein unveröffentlichtes Werk der bildenden Kunst); vgl. auch *v. Ungern-Sternberg* GRUR 2014, 209 (215); vgl. weiter – zur Auslegung und Anwendung der Schrankenbestimmungen der InfoSoc-RL – → Rn. 123.

[812] BVerfG GRUR 2012, 390 Rn. 21; BVerfG GRUR 2016, 690 Rn. 72 – Metall auf Metall; vgl. auch *Flechsig* ZGE 2011, 19 (34 ff.) mwN; weiter → Vor §§ 44a ff. Rn. 15.

[813] BVerfG GRUR 2010, 416 Rn. 22 – Fotoarchiv; BVerfG GRUR 2016, 690 Rn. 72 – Metall auf Metall; vgl. auch BVerfG GRUR 2014, 169 Rn. 70 – Übersetzerhonorare.

[814] BVerfG GRUR 2010, 999 Rn. 60 – Drucker und Plotter mAnm *Dreier;* BVerfG GRUR 2016, 690 Rn. 73 – Metall auf Metall.

[815] Vgl. dazu BVerfGE 31, 229 (241) = GRUR 1972, 481 (483) – Kirchen- und Schulgebrauch; BVerfG GRUR 2010, 332 Rn. 59, 69 – Filmurheberrecht; BVerfG GRUR 2012, 53 Rn. 85 – Le-Corbusier-Möbel; BVerfG GRUR 2016, 690 Rn. 74, 87 – Metall auf Metall; BGH GRUR 1986, 736 (738) – Schallplattenvermietung; BGH GRUR 2018, 605 Rn. 31 – Feldmausbekämpfung (zum Gebrauchsmusterrecht); → Vor § 44a Rn. 15.

[816] Vgl. BGHZ 141, 13 (32) = GRUR 1999, 707 (712) – Kopienversanddienst.

[817] Vgl. BVerfG GRUR 2010, 416 Rn. 28 – Fotoarchiv.

[818] → Vor §§ 44a ff. Rn. 18.

3. Wirtschaftliche Beteiligung des Urhebers bei Werknutzungen

174   Es ist ein allgemeiner Grundsatz aller Richtlinien, die verschiedene Aspekte des Urheberrechts harmonisieren, dass ein hohes Schutzniveau „für die Urheber" (sic!) erreicht werden soll.[819] Dies ist insbesondere das Hauptziel der InfoSoc-RL, die den Urhebern damit die Möglichkeit geben will, für die Nutzung ihrer Werke eine angemessene Vergütung zu erhalten.[820] Dieses Ziel ist auch maßgebend für die Ausgestaltung und Anwendung der Grundsätze, auf die sich die deutsche Rechtsprechung bei der Auslegung des Urheberrechts stützt. Als wichtigsten dieser Grundsätze bezeichnet der BGH – im Anschluss an das RG – in stRspr den **Grundsatz der tunlichst angemessenen Beteiligung des Urhebers** an dem wirtschaftlichen Nutzen, der aus seinem Werk gezogen wird (Beteiligungsgrundsatz).[821] Die Wurzel dieses Grundsatzes ist die verfassungsrechtliche Garantie des Eigentums durch Art. 14 Abs. 1 GG.[822]

175   Der Grundsatz der tunlichst angemessenen Beteiligung des Urhebers wird als **Grundgedanke des gesamten Urheberrechts** bezeichnet.[823] Er gilt auch für die Inhaber von Leistungsschutzrechten.[824] Bedeutsam ist der Beteiligungsgrundsatz insbesondere für die Auslegung der Verwertungsrechte und der Schrankenbestimmungen der §§ 44a ff.[825] Bei den Schranken kann er aber nicht eine einseitig enge Auslegung begründen, zumal dies keineswegs immer den wohlverstandenen Interessen der Urheber dienen würde.[826] Der Beteiligungsgrundsatz gilt auch für die Auslegung der gesetzlichen Vergütungsansprüche,[827] die Auslegung des Begriffs der unbekannten Nutzungsart iSd § 31a[828] und die Bemessung der Vergütungshöhe nach § 39 VGG.[829]

176   Da die Verwertungsrechte voll harmonisiert sind,[830] ist auch ihre Auslegung anhand des Grundsatzes der tunlichst angemessenen Beteiligung des Urhebers an den **Vorgaben des Unionsrechts** auszurichten.[831] Es ist daher missverständlich, wenn der BGH in neueren Urteilen die „tunlichst angemessene" Beteiligung des Urhebers an der wirtschaftlichen Verwertung seines Werkes mit einer „möglichst weitgehenden" Beteiligung gleichsetzt.[832]

177   Der Leitgedanke der tunlichst angemessenen Beteiligung des Urhebers berechtigt nicht zu dem Gegenschluss, dass die Verwertungsrechte dann nicht eingreifen, wenn das Werk ohne unmittelbaren wirtschaftlichen Nutzen ausgewertet wird.[833] Die Verwertungsrechte stehen dem Urheber grundsätzlich auch bei **Nutzungen ohne wirtschaftliche Zielsetzung** zu (zB bei öffentlichen Laienspielaufführungen).[834] Bei der Bemessung der Vergütung nach § 39 VGG erfordert der Grundsatz deshalb auch dann eine Mindestvergütung, wenn mit einer wirtschaftlichen Nutzung keine oder nur geringfügige geldwerten Vorteile erzielt werden.[835] Der Umstand, dass eine Nutzungshandlung ohne Entgelt vorgenommen wird, weist grundsätzlich nicht auf ihre urheberrechtliche Unbedenklichkeit hin.[836] Ausnahmefälle sind im Gesetz ausdrücklich geregelt (zB § 17 Abs. 3, § 45a Abs. 1, § 52 Abs. 1, § 53 Abs. 1, § 60 Abs. 1, § 60a Abs. 1, § 60c Abs. 1). Noch weniger kann sich ein Werknutzer darauf berufen, sein Verhalten sei wirtschaftlich vernünftig oder er habe zum Ausgleich der wirt-

---

[819] Vgl. EuGH GRUR 2016, 1266 Rn. 46 ff., 61 – VOB/Stichting.
[820] → Rn. 6, 8, 113.
[821] S. dazu ua BGHZ 140, 326 (334) = GRUR 1999, 928 (931) – Telefaxgeräte; BGHZ 141, 13 (35) = GRUR 1999, 707 (713) – Kopienversanddienst; BGHZ 174, 359 Rn. 29 = GRUR 2008, 245 – Drucker und Plotter; BGH GRUR 2008, 993 Rn. 25 – Kopierstationen; BGH GRUR 2011, 720 Rn. 31 – Multimediashow; BGH GRUR 2011, 714 Rn. 16, 19 – Der Frosch mit der Maske; BGH GRUR 2015, 264 Rn. 49 – Hi Hotel II; weiter → § 11 Rn. 1, 6 ff.
[822] S. dazu BVerfG GRUR 2014, 169 Rn. 87 f. – Übersetzerhonorare; BVerfG GRUR 2018, 829 Rn. 25 f. – Verlegeranteil; BGHZ 141, 13 (35) = GRUR 1999, 707 (713) – Kopienversanddienst – mwN; sa BGH GRUR 2008, 984 Rn. 37 – St. Gottfried; dazu → Rn. 168.
[823] Vgl. BVerfG GRUR 2014, 169 Rn. 87 – Übersetzerhonorare; BVerfG GRUR 2018, 829 Rn. 25 – Verlegeranteil; BGH GRUR 2015, 264 Rn. 49 – Hi Hotel II; vgl. auch N. Schmidt S. 137 ff.
[824] BGH GRUR 2015, 264 Rn. 49 – Hi Hotel II.
[825] Vgl. BGHZ 144, 232 (235 f.) = GRUR 2001, 51 (52) – Parfumflakon; BGHZ 150, 5 (8) = GRUR 2002, 605 f. – Verhüllter Reichstag; BGHZ 151, 300 (310) = GRUR 2002, 963 (966) – Elektronischer Pressespiegel; BGH GRUR 2002, 1050 (1051 f.) – Zeitungsbericht als Tagesereignis; BGH GRUR 2003, 1035 (1037) – Hundertwasser-Haus; BGH GRUR 2005, 670 (671) – WirtschaftsWoche; BGHZ 185, 291 = GRUR 2010, 628 Rn. 27 – Vorschaubilder I; BGH GRUR 2015, 667 Rn. 19 f. – Möbelkatalog; vgl. dazu auch Geiger GRUR-Int 2008, 459 ff.; weiter → §§ 44a ff. Rn. 36.
[826] Vgl. BGHZ 151, 300 (310, 312) = GRUR 2002, 963 (966) – Elektronischer Pressespiegel; Steinbeck FS Bornkamm, 2014, 977 (978 ff.); vgl. dazu weiter → Rn. 123, 194, 196; → Vor §§ 44a ff. Rn. 36 ff.
[827] BGH GRUR 1989, 417 (418) – Kauf mit Rückgaberecht.
[828] Vgl. – zu § 31 Abs. 4 aF – BGH GRUR 2005, 937 (939) – Der Zauberberg.
[829] Vgl. BGH GRUR 2013, 717 Rn. 25 – Covermount (noch zu § 13 Abs. 3 S. 1 UrhWG).
[830] → Rn. 143 ff.
[831] → Rn. 6 f., 44; sa Wandtke/Bullinger/Heerma UrhG § 15 Rn. 11.
[832] BGH GRUR 2011, 714 Rn. 16, 19 – Der Frosch mit der Maske; BGH GRUR 2015, 264 Rn. 49 – Hi Hotel II.
[833] Vgl. BGHZ 17, 266 (281 f.) = GRUR 1955, 492 (497) – Grundig-Reporter; Ulmer § 43 IV (S. 226); → § 11 Rn. 6.
[834] Vgl. dazu auch – zum Tonträgerherstellerrecht – BGH GRUR 2009, 403 Rn. 15 – Metall auf Metall I.
[835] Vgl. BGH GRUR 2012, 711 Rn. 20 – Barmen Live; BGH GRUR 2012, 715 Rn. 26 – Bochumer Weihnachtsmarkt; BGH GRUR 2013, 717 Rn. 26, 40 – Covermount (noch zu § 13 Abs. 3 UrhWG).
[836] Vgl. BGHZ 134, 250 (265 f.) = GRUR 1997, 459 (463) – CB-infobank I.

schaftlichen Interessen des Urhebers bereits alles getan.[837] Die Verwertungsrechte erfassen zudem nicht nur Handlungen, die in irgendeiner Form (wirtschaftliche) Verwertungsmöglichkeiten des Urhebers beeinträchtigen.[838] Das Eingreifen der Verwertungsrechte ist unabhängig davon, ob dem Urheber selbst eine wirtschaftliche Auswertung seines Werkes möglich wäre und ob er sie überhaupt anstrebt.[839] Die Verwertungsrechte erfassen aber nur wirkliche Werknutzungen, nicht bloße Werkverwendungen. Geringfügige Werkverwendungen (wie insbes. bei Verwendungen des Werkes in veränderter Gestalt) werden daher nicht selten nicht unter die Verwertungsrechte fallen.[840]

Die Verwertungsrechte erfassen **nur tatbestandsmäßige Nutzungshandlungen,** die das Werk als   **178** solches nutzen.[841] Der Grundsatz der tunlichst angemessenen Beteiligung des Urhebers bedeutet dementsprechend nicht, dass die Verwertungsrechte immer schon dann eingreifen, wenn Dritte etwas „am Werk verdienen",[842] etwa dadurch, dass ihre Geschäftstätigkeiten in irgendeiner Weise an die Existenz des Werkes anknüpfen (zB Suchmaschinen, die in Ergebnislisten Wortfetzen des Werkes benutzen, Datenbanken mit Titelverzeichnissen geschützter Werke oder Internetdienste, die auf Suchfragen computergestützt anhand von Erkennungsmustern den Zugang zu Datenbanken selbständiger Dritter vermitteln, die das Werk in einem nächsten Schritt dem Anfragenden zugänglich machen können).[843]

Nach der Fassung des UrhG stellt keines der benannten Verwertungsrechte auf die **Erwerbsmä-**   **179** **ßigkeit der Nutzung** ab.[844] Dies gilt im Hinblick auf die Rechtsprechung des EuGH aber nicht mehr für das Recht der öffentlichen Wiedergabe. Für die Annahme einer öffentlichen Wiedergabe ist das Verfolgen von Erwerbszwecken nunmehr ein nicht unerhebliches, wenn auch nicht zwingendes Kriterium.[845]

4. System der Verwertungsrechte

a) Erfassung unterschiedlicher Verwertungstatbestände. Durch § 15 soll dem Urheber ein   **180** umfassendes Verwertungsrecht gegeben werden.[846] Das umfassende Verwertungsrecht besteht jedoch aus Einzelverwertungsrechten, die sich jeweils auf bestimmte Verwertungstatbestände beziehen. Diese sind weitgehend technologieneutral, auch wenn sie den Einsatz technischer Mittel voraussetzen (vgl. § 20, § 20a). Die Tatbestände der **Verwertungsrechte überschneiden sich nicht,** sondern umschreiben jeweils mit abstrakten Tatbestandsmerkmalen verschiedenartige Nutzungshandlungen. Dies ist auch sinnvoll:[847] So sind zB die zeitgleiche Ausstrahlung eines Werkes an eine Öffentlichkeit, seine Bereithaltung zum individuellen Abruf in einer Datenbank oder seine Online-Übertragung auf Abruf auch als Werknutzungen verschiedenartige Vorgänge.

Eine **klare Abgrenzung der Tatbestände** der Verwertungsrechte ist schon deshalb notwendig,   **181** weil die Schrankenregelungen an die einzelnen Tatbestände anknüpfen, die Wahrnehmungsverträge der Verwertungsgesellschaften nicht auf Geschäftsmodelle, sondern auf die Wahrnehmung einzelner abstrakt bezeichneter Nutzungsrechte bezogen sind und die Vertragspraxis klarer gesetzlicher Vorgaben bedarf. Die Verwertungsrechte beziehen sich auf bestimmte Nutzungshandlungen, nicht auf Geschäftsmodelle oder Medien. Es kommt deshalb nicht darauf an, bei welchen Nutzungshandlungen der typische Schwerpunkt eines wirtschaftlichen Angebots liegt.[848]

b) Aufeinanderfolgende Werknutzungen. Da sich die Tatbestände der Verwertungsrechte je-   **182** weils auf verschiedenartige Werknutzungshandlungen beziehen, kann ein einheitlicher wirtschaftlicher Verwertungsvorgang von mehreren Verwertungsrechten erfasst werden. Dem Grundgedanken des

---

[837] Vgl. BGHZ 134, 250 (259) = GRUR 1997, 459 (462) – CB-infobank I.

[838] Vgl. öOGH MR 2011, 311 – Gemälde im Hotel II/Mozart Symphonie No 41; anders noch öOGH GRUR-Int 2011, 77 (78) – Mozart Symphonie No 41; zu letzterer Entscheidung krit. *Walter* MR 2010, 209; *Reis* MR 2011, 22 (23 f.).

[839] Vgl. auch BGH GRUR 2010, 1004 Rn. 26, 38 – Autobahnmaut (zum Schutz des Datenbankherstellers aus §§ 87a, 87b).

[840] → Rn. 23 f., 34, 90, 238, 345 ff.

[841] Vgl. → Rn. 14, 171, 229, 231.

[842] Vgl. dazu auch (eingehend) *Kianfar*, Sachfotografie und Hausrecht, 2015, S. 86 ff., 176; sa Wandtke/Bullinger/ *Heerma* UrhG § 15 Rn. 11; weiter → Rn. 174 ff., 266, 281. Ebenso führt nicht jede Beeinträchtigung wirtschaftlicher Interessen des Urhebers zu urheberrechtlichen Ansprüchen gegen Dritte (vgl. BGH GRUR 2015, 1189 Rn. 23 – Goldrapper).

[843] AA *Leenen* (S. 114 f., 118, 127, 153 f.), der das öffentliche Angebot einer computergestützten Erkennung von Werken im Internet als Innominatfall der Werkverwertung in körperlicher Form ansieht (vgl. dazu → Rn. 281). Die computergestützte Erkennung macht das Werk als solches nicht selbst zugänglich (*Leenen* S. 159 f.).

[844] Anders das frühere Recht: vgl. zum Verbreitungsrecht § 11 Abs. 1 S. 1 LUG und § 15 Abs. 1 S. 1 KUG, zum Vorführungsrecht § 15 Abs. 1 S. 1, § 15a S. 2 KUG; vgl. auch die abweichende Regelung der sonstigen Rechte aus § 26 und § 27 Abs. 1 iVm § 17 Abs. 3.

[845] → Rn. 81.

[846] Dazu → Rn. 261.

[847] Vgl. auch *N. Schmidt* S. 29 f.

[848] → Rn. 340; aA *Poll* GRUR 2007, 476 (482); *Klatt* CR 2009, 517 (522). AA auch *Koof* (S. 308 f.): Nach seiner Ansicht sind neuartige Nutzungsformen (wie zB Near-on-Demand oder personalisiertes Webradio) auf der Grundlage der Typenlehre einzelfallbezogen den verschiedenen Rechten der öffentlichen Wiedergabe zuzuordnen, abhängig von der Ausgestaltung des jeweiligen Dienstes.

Urheberrechts, dass der Urheber tunlichst an jeder Nutzung seines Werkes zu beteiligen ist,[849] entspricht es, dass bei aufeinanderfolgenden Nutzungen jeder einzelne Nutzungsvorgang unter die Verwertungsrechte fällt.[850] Es kommt nicht darauf an, welche wirtschaftliche Bedeutung dem einzelnen unter ein Verwertungsrecht fallenden Nutzungsvorgang im Gesamtgeschehen der Nutzungen zukommt.[851] Wird eine öffentliche Opernaufführung vom Fernsehen aufgezeichnet, später ausgestrahlt und im Aufenthaltsraum eines Hotels öffentlich wiedergegeben, greifen das Aufführungs-, das Vervielfältigungs- und das Senderecht sowie das Recht an der Wiedergabe von Funksendungen ein.[852] Eine öffentliche Wiedergabe (etwa das Setzen eines Hyperlinks oder die zeitgleiche Kabelweiterübertragung von Rundfunksendungen) kann jedoch als nicht tatbestandsmäßig urheberrechtsfrei sein, wenn sie an eine öffentliche Wiedergabe anschließt, die mit Zustimmung des Rechtsinhabers vorgenommen wurde, und sich nicht an eine „neue Öffentlichkeit" wendet.[853]

183   Der Grundsatz, dass die Verwertungsrechte jeden einzelnen Nutzungsvorgang erfassen, wird beim Verbreitungsrecht eingeschränkt durch den in § 17 Abs. 2 verankerten **Erschöpfungsgrundsatz.**[854]

184   Der Gedanke, dass der Urheber an jedem neuen Verwertungsvorgang teilhaben soll, der eine neue gewerbliche Ausbeutung mit sich bringt,[855] bedeutet nicht, dass dem Urheber jede nur denkbare wirtschaftliche Verwertungsmöglichkeit zuzuordnen ist.[856]

185   **c) Unterscheidung von Erst- und Zweitverwertungsrechten.** Die **Rechte der öffentlichen Wiedergabe** werden gelegentlich in Erst- und Zweitverwertungsrechte unterteilt.[857] Die Rechte des § 15 Abs. 2 Nr. 1 und 2 (§ 19 und § 20; Gleiches müsste für die Rechte aus § 19a und § 20a gelten) seien Erstverwertungsrechte, die des § 15 Abs. 2 Nr. 3 und 4 (§ 21 und § 22) Zweitverwertungsrechte. Die Begründung des Regierungsentwurfs zum UrhG[858] bezeichnet als Zweitverwertungsrechte „Rechte an Verwertungsarten, denen jeweils eine dem Urheber vorbehaltene Werkverwertung bereits vorausgegangen ist". Dies sei bei der Wiedergabe durch Bild- und Tonträger die Aufnahme des Werkes auf dem Bild- oder Tonträger, bei der Wiedergabe von Funksendungen die Funksendung des Werkes.

186   Die Begriffe „Erst- und Zweitverwertungsrechte" sind **als Rechtsbegriffe nicht brauchbar.**[859] Für die Festsetzung angemessener Vergütungen ist die Einordnung der betreffenden Rechte unter diese Begriffe ebenfalls nicht hilfreich.[860] Auch den Verwertungshandlungen gemäß den „Erstverwertungsrechten" gehen häufig andersartige Werknutzungen voraus (zB einer Diavorführung geschützter Werke gemäß § 19 Abs. 4 die Vervielfältigung durch Herstellung der Dias). Sendungen (§ 20, § 20a) beruhen regelmäßig auf Bild- oder Tonträgern, öffentlichen Vorträgen oder Aufführungen. Sie sind insoweit Zweitverwertungen, im Verhältnis zu § 22 dagegen Erstverwertungen. Die Kabelweitersendung (§ 20, § 20b Abs. 1 S. 1) ist Zweitverwertung. Als Hilfe für das Verständnis der erfassten Werknutzung kann allerdings bei den Rechten aus § 19, § 19a, § 20 und § 20a von Erstverwertung, bei den Rechten aus § 20b Abs. 1 S. 1, § 21 und § 22 von Zweitverwertung gesprochen werden.[861]

187   Der Vorbehalt des sog. Zweitnutzungsrechts in **§ 38 Abs. 4** regelt kein dingliches Verwertungsrecht des Urhebers, sondern ist urhebervertragsrechtlicher Natur.[862]

188   **d) Erfassung des Endverbrauchers durch die Verwertungsrechte.** Eine Rechtfertigung für den Anspruch des Urhebers auf eine angemessene Vergütung, der durch die Zuerkennung der Verwertungsrechte gesichert werden soll, liegt im **Werkgenuss des Einzelnen,** in der Befriedigung geistiger Bedürfnisse, die der Urheber durch die Schaffung des Werkes ermöglicht hat.[863] Diesen geistigen Vorgang kann das Urheberrecht nicht erfassen. Auch die reine Benutzung durch den Endverbraucher (wie das Lesen eines Buches oder das Anhören eines Tonträgers durch dessen Wiedergabe in

---

[849] → Rn. 174 ff.

[850] Vgl. EuGH GRUR 2017, 62 Rn. 33 f. – Soulier u. Doke/Premier ministre ua; EuGH GRUR 2017, 610 Rn. 47 – Stichting Brein/Wullems; BGH GRUR 2017, 390 Rn. 28 – East Side Gallery (zur Vervielfältigung zum Zweck der öffentlichen Zugänglichmachung); öOGH GRUR-Int 1999, 968 (970) – Radio Melody III; weiter → Rn. 10.

[851] Sa *Jani* ZUM 2009, 722 (723).

[852] → Einl. UrhG Rn. 36.

[853] Vgl. EuGH GRUR 2017, 510 Rn. 25 ff. – AKM/Zürs.net; EuGH GRUR 2016, 1152 Rn. 39 ff. – GS Media/Sanoma ua *Ohly.*

[854] Zur Frage der Erschöpfung der Verwertungsrechte → Rn. 40 ff., 308 ff.; zur Erschöpfung des Rechts bei Gebrauchtsoftware → Rn. 41; → § 19a Rn. 17; → § 69c Rn. 32 ff.

[855] Vgl. BGH GRUR 1982, 102 (103) – Masterbänder.

[856] → Rn. 171.

[857] Vgl. *Schack* Rn. 465 f.; *Rehbinder/Peukert* Rn. 401.

[858] Begr. zu § 15 RegE, BT-Drs. IV/270, 46 = UFITA 45 (1965), 240 (261).

[859] Vgl. *v. Gamm* UrhG § 15 Rn. 8; Fromm/Nordemann/*Dustmann* UrhG § 15 Rn. 7 f.; zum – anders gelagerten – Begriff des Nutzungsrechts zweiter oder späterer Stufe → § 31 Rn. 9.

[860] Abweichend *Spindler* MMR 2003, 1 (14) mwN.

[861] Vgl. → § 19 Rn. 16.

[862] Vgl. → § 38 Rn. 15 f., 112.

[863] Vgl. BGHZ 17, 266 (278) = GRUR 1955, 492 (496) – Grundig-Reporter.

der privaten Sphäre) ist als solche – anders als bei den technischen Schutzrechten – grundsätzlich urheberrechtlich irrelevant.[864] Sie wird von den Verwertungsrechten nicht erfasst, die sich entsprechend dem Unionsrecht nur auf Nutzerhandlungen beziehen.[865] Die Verwertungsrechte knüpfen damit – nicht zuletzt aus praktischen Gründen –[866] an die dem Werkgenuss vorgelagerten und ihn ermöglichenden Nutzungshandlungen an. Das Recht der öffentlichen Wiedergabe erfasst ausschließlich Handlungen von Verwertern, die im eigenen Interesse das Werk Kunden zugänglich machen, und greift unabhängig davon ein, ob die Kunden von diesem Angebot Gebrauch machen. Die von den Werkverwertern (Musikveranstaltern, Verlegern usw) für die Werknutzung zu zahlenden Vergütungen werden allerdings im wirtschaftlichen Ergebnis regelmäßig[867] (durch Berücksichtigung bei den Preisen von Eintrittskarten, Büchern usw) auf den Endverbraucher überwälzt. Deshalb wird vielfach von den Verwertungsrechten als einem **Stufensystem zur mittelbaren Erfassung des Endverbrauchers** gesprochen.[868]

Der Gedanke des Stufensystems zur mittelbaren Erfassung des Endverbrauchers scheint zwar das **189** Verständnis des Systems der Verwertungsrechte zu erleichtern, er kann aber schon deshalb nicht zur Auslegung der Verwertungsrechte herangezogen werden, weil diese voll harmonisiert sind.[869] Nach dem Unionsrecht sollen die Verwertungsrechte aber gerade Handlungen von Werknutzern erfassen; die Erfassung des Endverbrauchers tritt demgegenüber zurück.[870] Gehen der Möglichkeit des Werkgenusses mehrere Werknutzungen voraus (zB Tonträgeraufzeichnung und Sendung eines Werkes), unterliegen sie alle den Verwertungsrechten.[871] Dies gilt auch für Werknutzungen, die nicht schon als solche Endverbrauchern die Möglichkeit des Werkgenusses vermitteln.[872] Der Werknutzer kann sich – falls nicht der Erschöpfungsgrundsatz eingreift[873] – nicht darauf berufen, dass der Endverbraucher bereits durch Forderung einer Vergütung für eine vorausgegangene Werknutzung mittelbar erfasst werden könne. Dies gilt auch dann, wenn die Werknutzungen auf denselben Endverbraucherkreis abzielen. Einen Grundsatz, dass „Doppelvergütungen" vermieden werden sollen, gibt es de lege lata nicht.[874]

e) Nutzungshandlungen in der privaten Sphäre. Nichtöffentliche Handlungen zum Wahr- **190** nehmbarmachen des Werkes werden zwar von den Verwertungsrechten nicht erfasst (§ 15 Abs. 2).[875] Der Endverbraucher kann aber urheberrechtlichen Ansprüchen auch dann ausgesetzt sein, wenn er Nutzungshandlungen in der privaten Sphäre vornimmt.[876] Es gibt keinen Grundsatz der Urheberrechtsfreiheit der privaten Sphäre.[877] Vervielfältigungen zum privaten Gebrauch unterliegen dem Urheberrecht und sind nur ausnahmsweise durch recht enge Schrankenbestimmungen (s. insbes. § 44a,[878] § 53) gestattet (vgl. weiter die Vergütungspflichten gemäß §§ 54 ff. für die Schaffung der Möglichkeit, Vervielfältigungen zum privaten oder sonstigen eigenen Gebrauch vorzunehmen). Nur insoweit wird zum Schutz der allgemeinen Handlungsfreiheit (Art. 2 Abs. 1 GG) der private Bereich von Ansprüchen des Urhebers freigehalten.[879]

Der bloße **Besitz rechtswidrig hergestellter Vervielfältigungsstücke** fällt nicht unter ein ur- **191** heberrechtliches Verwertungsrecht (vgl. aber für Computerprogramme §§ 69 f.).[880]

---

[864] Vgl. BGHZ 112, 264 (278) = GRUR 1991, 449 (453) – Betriebssystem; BGH GRUR 1994, 363 (364 f.) – Holzhandelsprogramm; Fromm/Nordemann/*Dustmann* UrhG § 15 Rn. 13; Möhring/Nicolini/*Kroitzsch/Götting* UrhG § 15 Rn. 11; *Marly* EuZW 2014, 616 f.; aA Dreier/Schulze/*Schulze* UrhG § 15 Rn. 20; *Schulze* NJW 2014, 721 (723); *Perwitz* S. 84 ff.; vgl. auch *Sucker* S. 44 ff.; für Computerprogramme s. § 69c Nr. 1. Zu Nutzungshandlungen in der privaten Sphäre → Rn. 190.
[865] → Rn. 10 ff.; aA de lege ferenda *Schulze* NJW 2014, 721 (723); dagegen *Becker* ZGE 2016, 239 (262 ff.).
[866] Vgl. *Schack* Rn. 412; *N. Schmidt* S. 145 f.; *Hofmann* ZGE 2016, 482 (493 f., 496, 498 ff.).
[867] Keineswegs ausnahmslos (vgl. zB gesponserte Werkwiedergaben).
[868] Vgl. BVerfGE 31, 255 (267) = GRUR 1972, 488 (491) – Tonbandvervielfältigungen; BVerfG GRUR 1997, 123 – Kopierladen I; vgl. auch BGHZ 133, 281 (288 f.) = GRUR 1997, 215 (217) – Klimbim; öOGH GRUR-Int 2011, 77 (78) – Mozart Symphonie No 41; öOGH GRUR-Int 2012, 817 (823 unter 6.5.4) – Vorschaubilder/123people.at; Dreier/Schulze/*Schulze* UrhG § 15 Rn. 3; *Rehbinder/Peukert* Rn. 333 f.; weiter → Einl. UrhG Rn. 36; → § 11 Rn. 6.
[869] Vgl. → Rn. 143 ff.
[870] Vgl. → Rn. 10 ff.
[871] Vgl. → Rn. 182.
[872] Vgl. BGH GRUR 1982, 102 (103) – Masterbänder.
[873] Vgl. → Rn. 308 ff.
[874] Vgl. *Dreier* S. 115 ff.; *Ventroni* S. 263 ff.; Dreyer/Kotthoff/Meckel/Hentsch/*Dreyer* Einl. Rn. 32; vgl. auch *Sucker* S. 213 ff.; *N. Schmidt* S. 142 ff.; aA *Mand* GRUR 2004, 395 (397).
[875] → Rn. 188.
[876] Zur Rechtsstellung des privaten Nutzers vgl. auch *Kuschel*, Der Erwerb digitaler Werkexemplare zur privaten Nutzung, 2019, S. 197 ff. 264 ff.
[877] Vgl. EuGH GRUR 2011, 909 Rn. 26 f. – Stichting/Opus; EuGH GRUR 2017, 610 Rn. 69 ff. – Stichting Brein/Wullems (vorübergehende Vervielfältigungen beim Streaming); aus der UrhG: BGHZ 17, 266 (277 ff., 287) = GRUR 1955, 492 (496 f., 498 f.) – Grundig-Reporter; Wandtke/Bullinger/*Heerma* UrhG § 15 Rn. 10; Dreier/Schulze/*Schulze* UrhG § 15 Rn. 21; *Stieper* ZGE 2015, 170 (178 f.); *Hofmann* ZGE 2016, 482 (495).
[878] Vgl. EuGH GRUR 2014, 654 Rn. 25 ff. – PRCA/NLA (zu Art. 5 Abs. 1 InfoSoc-RL).
[879] Vgl. dazu BGH GRUR 2014, 974 Rn. 32 – Porträtkunst.
[880] → Rn. 235.

II. Vergütungs- und Beteiligungsansprüche

1. Vergütungsansprüche

192   **a) Wesen und Zweck der Vergütungsansprüche.** Von den Verwertungsrechten sind die gesetzlichen Vergütungsansprüche, die zu den sog. sonstigen Rechten gehören, zu unterscheiden.[881] Anders als die dinglichen Verwertungsrechte sind die Vergütungsansprüche **schuldrechtlicher Natur.**[882]

193   Die Vergütungsansprüche stehen originär den Urhebern und ausübenden Künstlern als Rechtsinhabern zu und sind als ihr **Eigentum** iSd Art. 14 Abs. 1 GG grundrechtlich geschützt.[883] Das gilt auch für den unverzichtbaren und nur an Treuhänder abtretbaren **„gerechten Ausgleich".** Ein solcher gerechter Ausgleich ist im Recht eines Mitgliedstaates vorzusehen, der von der Möglichkeit Gebrauch macht, das Vervielfältigungsrecht gemäß Art. 5 Abs. 2 Buchst. a und b InfoSoc-RL zu beschränken.[884] In Deutschland wird die Beschränkung des Vervielfältigungsrechts durch § 53 durch die gesetzlichen Vergütungsansprüche der Urheber und ausübenden Künstler aus § 54 ausgeglichen.

Nach geltender Rechtslage muss der gerechte Ausgleich unbedingt allein den Urhebern (zumindest mittelbar) zufließen. Andere als die in Art. 2 InfoSoc-RL genannten Rechtsinhaber dürfen danach am gerechten Ausgleich nicht beteiligt werden.[885] Ob eine Umsetzung des **Art. 16 DSM-RL**[886] daran etwas ändern könnte, ist nicht gesichert.[887] Nach dieser Vorschrift können die Mitgliedstaaten nunmehr „festlegen, dass für den Fall, dass ein Urheber einem Verleger ein Recht übertragen oder ihm eine Lizenz erteilt hat, diese Übertragung oder Lizenzierung eine hinreichende Rechtsgrundlage für den Anspruch des Verlegers auf einen Anteil am Ausgleich für die jeweilige Nutzung des Werkes im Rahmen einer Ausnahme oder Beschränkung für das übertragene oder lizenzierte Recht darstellt".

---

[881] → Einl. UrhG Rn. 27; → Vor §§ 44a ff. Rn. 44 ff.

[882] Zur – im Einzelnen umstrittenen – Rechtsnatur der Vergütungsansprüche → Vor §§ 44a ff. Rn. 44; s. weiter *Rossbach,* Die Vergütungsansprüche im deutschen Urheberrecht, 1990, S. 62 ff.; *Ulmer-Eilfort,* US-Filmproduzenten und deutsche Vergütungsansprüche, 1993, S. 61 ff.; *Stöhr,* Gesetzliche Vergütungsansprüche im Urheberrecht, 2007, S. 70 ff.; *Schack* Rn. 475 ff.; *Plate,* Die Verwertungsgesellschaftenpflicht für urheberrechtliche Vergütungsansprüche und ausschließliche Verwertungsrechte, 2003, S. 47 f.; *Pflüger* S. 116 ff.; *Zurth* S. 168 ff.

[883] Vgl. → Einl. UrhG Rn. 10; BVerfG GRUR 2018, 829 Rn. 24, 28 – Verlegeranteil; *Paulus* ZUM 2016, 513 (515). Der Anspruch des Urhebers auf den „gerechten Ausgleich" ist auch nach Art. 17 Abs. 1 S. 2 und Abs. 2 GRCh als Eigentum geschützt (vgl. GAin *Tistenjak,* SchlA v. 6.9.2011 – C-277/10 in Luksan/van der Let, BeckRS 2011, 81292 Rn. 163).

[884] Vgl. EuGH GRUR 2016, 55 Rn. 29, 31 – Hewlett-Packard/Reprobel; BGH GRUR 2017, 684 Rn. 62 – externe Festplatten.

[885] Vgl. EuGH GRUR 2012, 489 Rn. 96 ff., 108 – Luksan/van der Let; EuGH GRUR 2013, 1025 Rn. 46 ff. – Amazon/Austro-Mechana; weiter → Rn. 199 f.; → § 72 Rn. 86 f. An dem gerechten Ausgleich dürfen nach geltender Rechtslage Dritte, die – wie Verleger – keine Rechtsinhaber iSd. Art. 2 InfoSoc-RL sind, nicht beteiligt werden (vgl. EuGH GRUR 2016, 55 Rn. 44 ff. – Hewlett-Packard/Reprobel; vgl. auch EuGH GRUR 2017, 155 Rn. 25 f. – Microsoft Mobile Sales International/MIBAC; s. weiter → Rn. 159 mwN). Die Praxis der Verwertungsgesellschaften hat dem nicht entsprochen: Die VG Wort hat über viele Jahre die Erträge aus der Wahrnehmung der gesetzlichen Vergütungsansprüche (insbes. der Gerätevergütung) – entgegen ihren Treuhandpflichten gegenüber den Urhebern – zu großen Teilen statt an die Urheber pauschal an Verleger ausgeschüttet (vgl. auch *Flechsig* jurisPR-ITR 10/2016 Anm. 4 unter D; zur Praxis der VG Bild-Kunst → § 72 Rn. 84 ff.). Diese Ausschüttungen beruhten nicht auf der Einbringung von gesetzlichen Vergütungsansprüchen hinsichtlich konkreter Werke, die Verleger schon nicht einmal der Form nach vorgenommen haben, sondern allein auf der – offensichtlich rechtswidrigen – vereinsinternen Vorschrift des § 9 Abs. 1 Nr. 3 der Satzung der VG Wort. Nach dieser Bestimmung stand Verlegern – unabhängig von der Einbringung von Rechten – „ein ihrer verlegerischen Leistung entsprechender Anteil am Ertrag der VG WORT" zu (vgl. näher BGHZ 210, 77 = GRUR 2016, 596 Rn. 24 ff. – Verlegeranteil; BGH GRUR 2017, 716 Rn. 97 – PC mit Festplatte II; vgl. weiter *Heinemann,* Die Verteilungspraxis der Verwertungsgesellschaften, 2017, S. 206 ff., 222 f., 232 f.; *Sandberger* FS Vogel, 2015, S. 307 (330 f.); *Flechsig* GRUR-Prax 2016, 209; *Servatius* in Mackenrodt/Maute, Recht als Infrastruktur für Innovation, 2019, S. 201 (213 ff.); *Schaper/Verweyen* K&R 2019, 433 (437 f.); *v. Ungern-Sternberg* GRUR 2017, 217 (232 f.); *v. Ungern-Sternberg* FS Büscher, 2018, S. 265 (273 ff.); *v. Ungern-Sternberg* JurPC Web-Dok. 105/2018 Abs. 4 ff.; *v. Ungern-Sternberg* JurPC Web-Dok. 25/2019 Abs. 5 [frei abrufbar: www.jurpc.de]; *v. Ungern-Sternberg* GRUR 2019, 1 (10)). Das Urteil des BGH „Verlegeranteil" wird von Autoren, die den Verwertungsgesellschaften nahestehen, heftig kritisiert (vgl. *Schack* JZ 2016, 693 (695 f.); *Schack* Rn. 597a; *Conrad/Berberich* ZUM 2016, 648; *Riesenhuber* ZUM 2016, 613 und ZUM 2018, 407 (411); Wandtke/Bullinger/*Gerlach* VGG § 27 Rn. 6: „Fehlurteile"; Heine/Holzmüller/*Riemer,* VGG § 27 Rn. 68 f., § 27a Rn. 1 ff.; vgl. auch *Loewenheim* NJW 2016, 2383; *Schulze* GRUR 2019, 682 f.; Heker/Riesenhuber/*v. Lewinski,* Recht und Praxis der GEMA, 3. Aufl. 2018, Kap. 3 Rn. 15 ff.). Dabei wird jedoch durchweg und ohne wissenschaftsübliches Zitieren von Gegenmeinungen übergangen, dass Verleger bei der VG Wort allein wegen ihrer „verlegerischen Leistung" (!) an den Wahrnehmungserträgen der gesetzlichen Vergütungsansprüche der Urheber beteiligt wurden, also nichts anderes als unberechtigte Dritte waren (vgl. BGHZ 210, 77 = GRUR 2016, 596 Rn. 24 ff., 51, 62 f. – Verlegeranteil). Auf die Geltung des Prioritätsgrundsatzes in der Praxis der Verwertungsgesellschaften und die Rechtsprechung des EuGH zum gerechten Ausgleich kam es bei der Entscheidung über die Zulässigkeit der Verlegerbeteiligung der VG Wort daher ebensowenig an wie auf die Auslegung des § 63a S. 2 UrhG (vgl. BVerfG GRUR 2018, 829 Rn. 27 ff. – Verlegeranteil; BGHZ 210, 77 = GRUR 2016, 596 Rn. 24 ff. – Verlegeranteil; BGH GRUR 2017, 172 Rn. 111 – Musik-Handy; vgl. weiter im Einzelnen → *v. Ungern-Sternberg* JurPC Web-Dok. 105/2018, Abs. 5 ff.; *v. Ungern-Sternberg* JurPC Web-Dok. 25/2019, Abs. 5). Vgl. weiter → Rn. 200; → § 72 Rn. 91 f.

[886] Vgl. dazu *Stieper* ZUM 2019, 393 (397 ff.); *Flechsig* JurPC Web-Dok. 13/2019 (frei abrufbar www.jurpc.de); *Dreier* GRUR 2019, 771 (775).

[887] Vgl. dazu auch *Schaper/Verweyen* K&R 2019, 433 (437 f.); *Sandberger* JurPC Web-Dok. 45/2019 Abs. 32 ff. (frei abrufbar www.jurpc.de).

Voraussetzung für eine Verlegerbeteiligung ist, dass die betreffende Ausnahme oder Beschränkung für „das übertragene oder lizenzierte Recht" gilt. Diese Voraussetzung ist insbesondere bei dem wirtschaftlich besonders wichtigen gerechten Ausgleich nach Art. 5 Abs. 2 Buchst. a und b InfoSoc-RL, der in Deutschland die Grundlage für die Geräte- und Speichermedienvergütung ist, nicht gegeben. Diese Ausnahme beschränkt bereits das Vervielfältigungsrecht des Urhebers.[888] Verleger erwerben ein ausschließliches Recht zur Vervielfältigung und Verbreitung von vornherein dinglich beschränkt durch die Ausnahmen des Urheberrechts.[889] Hat der Verleger nur eine einfache Lizenz erhalten, finden durch Ausnahmen zugelassene Nutzungen ohnehin nicht im „Rahmen einer Ausnahme oder Beschränkung für das übertragene oder lizenzierte Recht" statt.[890] Die Vorschrift des Art. 16 S. 1 DSM-RL bezieht sich daher nach ihrem Wortlaut nur auf Fälle, in denen das Vervielfältigungsrecht der Urheber aufrechterhalten wird, aber durch eine Zwangslizenz oder durch eine gesetzliche Lizenz beschränkt wird, die nur dann gilt, wenn sich der Rechtsinhaber seine Rechte nicht ausdrücklich vorbehalten hat (vgl. zB § 49 Abs. 1 S. 1).[891] Zwar könnte Erwgr. 60, der zur Auslegung heranzuziehen ist,[892] etwas anderes entnommen werden. Zwischen diesem Erwägungsgrund und der Fassung des Art. 16 DSM-RL bleibt aber jedenfalls ein Widerspruch, der ggf. eine klärende Entscheidung des EuGH notwendig machen würde.[893]

Die gesetzlichen Vergütungsansprüche (nicht zuletzt die Vergütungsansprüche aus der ertragreichen Gerätevergütung) haben für die Urheber eine große **wirtschaftliche Bedeutung** und können für sie wirtschaftlich wichtiger sein als Verbotsansprüche.[894] Schutzbestimmungen des Urhebervertragsrechts, die den Urhebern eine angemessene Vergütung sichern sollen, können diesen nur sehr bedingt helfen. Urheber können es sich meist nicht leisten, ihre Ansprüche gegen Verwerter durchzusetzen. Unverzichtbare und nur an Treuhänder abtretbare gesetzliche Vergütungsansprüche können dagegen den (noch nicht erfolgreichen) Kreativen wirksam dabei helfen, sich die notwendige wirtschaftliche Grundlage für weiteres Schaffen zu erarbeiten. Gesetzliche Vergütungsansprüche dienen deshalb dazu, die in Erwgr. 10 und 11 InfoSoc-RL betonte „Unabhängigkeit und Würde der Urheber und ausübenden Künstler" zu wahren.[895] Dementsprechend werden in der Literatur immer wieder de lege ferenda Vergütungslösungen zur Behebung von Interessenkonflikten empfohlen, die sich im Bereich des Urheberrechts durch die technische und wirtschaftliche Entwicklung ergeben haben.[896] Verwerter können und sollen ihren Gewinn aus der Auswertung der Werke der Urheber und der geschützten Leistungen der ausübenden Künstler ziehen.[897] **194**

Die in **§ 20b Abs. 2** (Kabelweitersendung), **§ 26** (Folgerecht) und **§ 27** (Vermietung und Verleihen) geregelten Ansprüche sichern die Beteiligung des Urhebers am wirtschaftlichen Nutzen, der aus seinem Werk gezogen wird.[898] In den Fällen des § 20b Abs. 2 und des § 27 Abs. 1 können so die Urheber trotz der vertraglichen Gestattung der Nutzung eine gesetzlich gesicherte (zusätzliche) Vergütung erhalten.[899] Nach **§ 87h** sollte der Urheber an einer Vergütung angemessen beteiligt werden, die ein Presseverleger als Hersteller eines Presseerzeugnisses aus der Wahrnehmung seines Leistungsschutzrechts (§ 87f) erzielt. Bei diesem Anspruch handelte es sich nicht um einen Vergütungsanspruch im eigentlichen Sinn, da der Anspruch nicht an eine Werknutzung anknüpft.[900] Die Vorschrift ist gegenstandslos, weil die Regelung des Leistungsschutzrechts des Presseverlegers (§§ 87fff.) gegen das Unionsrecht verstößt.[901] **195**

Andere Vergütungsansprüche dienen auch dem **Ausgleich von Schranken** des Urheberrechts (§ 45a, § 45c Abs. 4, § 46, § 47, § 49, § 52, §§ 54ff., § 60h, § 61b, § 61c). Sie sind insoweit nur **196**

---

[888] Vgl. EuGH GRUR 2011, 50 Rn. 40, 42 – Padawan/SGAE; EuGH GRUR 2013, 1025 Rn. 47 – Amazon/Austro-Mechana; EuGH GRUR 2016, 55 Rn. 48 – Hewlett-Packard/Reprobel.

[889] Vgl. BGHZ 210, 77 = GRUR 2016, 596 Rn. 75 – Verlegeranteil; → Vor §§ 44a ff. Rn. 10, 34.

[890] In diesen Fällen entsteht auch kein Anspruch auf den gerechten Ausgleich (vgl. *Stieper* ZUM 2019, 393 (398)).

[891] Vgl. → Vor §§ 44a ff. Rn. 27.

[892] → Rn. 109.

[893] Der Inhalt von Erwgr. 60 stimmt auch sonst nicht mit Art. 16 DSM-RL überein. Nach Art. 16 ist es – anders als nach den Ausführungen in Erwgr. 60 – unerheblich, ob die Mitgliedstaaten früher eine Verlegerbeteiligung vorgesehen haben. Dies war im Übrigen in Deutschland nicht der Fall: Die Verlegerbeteiligung der VG Wort beruhte nicht auf einer gesetzlichen Vorschrift, sondern allein auf einer vereinsinternen Satzungsbestimmung der VG Wort, die in keinem Zusammenhang mit einer Rechtsübertragung durch Urheber stand, sondern allein die „verlegerische Leistung" belohnen sollte (vgl. → Rn. 193; *v. Ungern-Sternberg* JurPC Web-Dok. 105/2018, Abs. 6 ff.).

[894] Vgl. dazu auch BGHZ 151, 300 (311 f.) = GRUR 2002, 963 (966) – Elektronischer Pressespiegel, wo dargelegt wird, dass eine Schrankenbestimmung mit einem gesetzlichen Vergütungsanspruch den Urheber in der Lebenswirklichkeit besser stellen kann als der Erhalt seines ausschließlichen Verwertungsrechts; *Grünberger* ZGE 2017, 188 (190 f.). → Vor §§ 44a ff. Rn. 6.

[895] Vgl. EuGH GRUR 2013, 1025 Rn. 52 – Amazon/Austro-Mechana.

[896] Vgl. *Leistner* GRUR 2016, 772 (773).

[897] → Vor §§ 44a ff. Rn. 46; vgl. auch *v. Ungern-Sternberg* GRUR 2016, 38 (41) zur Einführung eines Leistungsschutzrechts der Verleger.

[898] → Rn. 174 ff.; zum Folgerecht sa EuGH 19.12.2018 – C-51/18, BeckRS 2018, 32734 Rn. 50 – Kommission/Österreich.

[899] Vgl. *Grünberger* ZGE 2017, 188 (196 f.).

[900] Vgl. dazu → Rn. 202.

[901] Vgl. dazu → Rn. 202.

Ersatz für das ausschließliche Verwertungsrecht,[902] können aber – wie vorstehend dargelegt –[903] wirtschaftlich für die Urheber wichtiger sein als Verbotsansprüche. Wenn das Gesetz dem Urheber einen Vergütungsanspruch als Ausgleich für Schranken der Verwertungsrechte gewährt, sollen durch diesen seine wirtschaftlichen Interessen ebenso gewahrt werden, wie wenn ihm das mit dem Ausschließlichkeitsrecht verbundene Verbotsrecht zustünde.[904] Dies ist auch bei der Bestimmung der angemessenen Vergütung (s. insbes. §§ 315 ff. BGB, § 35 VGG) zu beachten (sa § 11 S. 2).

197 Die **Nutzung verwaister Werke** kann nach § 61b und § 61c Ansprüche auf Zahlung einer angemessenen Vergütung für die erfolgte Nutzung begründen.

198 **b) Verzicht und Abtretbarkeit.** Die Urheber und die ausübenden Künstler, die originären Inhaber der gesetzlichen Vergütungsansprüche, sind den Verwertern in der Regel wirtschaftlich unterlegen. Die Vorschriften über die **Unverzichtbarkeit** und **grundsätzliche Unabtretbarkeit** der gesetzlichen Vergütungsansprüche haben deshalb den Zweck, Urheber und ausübende Künstler vor dem Druck, diese Ansprüche abtreten zu müssen, zu schützen und ihnen den Ertrag aus den gesetzlichen Vergütungsansprüchen zu sichern.[905]

199 Ein **Verzicht** auf die gesetzlichen Vergütungsansprüche ist eingeschränkt oder ausgeschlossen (§ 20b Abs. 2 S. 2, § 26 Abs. 3 S. 2,[906] § 27 Abs. 1 S. 2,[907] § 63a S. 1). Der Anspruch aus § 54, der dem „gerechten Ausgleich" iSd Art. 5 Abs. 2 Buchst. a und b InfoSoc-RL dient, ist wie dieser[908] unverzichtbar.[909] Umgehungsgeschäfte sind nichtig (§ 134 BGB); entsprechende AGB-Klauseln sind unwirksam.[910]

200 Die **Abtretbarkeit** der gesetzlichen Vergütungsansprüche ist eingeschränkt (§ 20b Abs. 2 S. 3, § 27 Abs. 1 S. 3, § 63a).[911] Eine Abtretung an Verleger gemäß § 63a S. 2 ist nur wirksam, wenn der Verleger als Treuhänder des Urhebers tätig werden soll.[912] Dies folgt für den Anspruch aus § 54 schon daraus, dass er den unionsrechtlich unverzichtbaren Anspruch auf den „gerechten Ausgleich" iSd Art. 5 Abs. 2 Buchst. a und b InfoSoc-RL gewährleisten soll.[913] Aber auch bei anderen verwertungsgesellschaftenpflichtigen gesetzlichen Vergütungsansprüchen der Urheber entspricht nur dies den zwingenden Vorgaben des Unionsrechts: Ebenso wie der „gerechte Ausgleich" iSd Art. 5 Abs. 2 Buchst. a und b InfoSoc-RL muss dem Urheber auch der Ertrag seines Anspruchs auf die Vergütung zufließen, die für die Vermietung (Art. 5 Vermiet- und Verleih-RL) und das Verleihen (Art. 6 Vermiet- und Verleih-RL) zu zahlen sind (vgl. Erwgr. 12).[914] Das ist nur gewährleistet, wenn der Anspruch im Voraus unverzichtbar ist und auch nur dann abgetreten werden kann, wenn die Zahlung einer angemessenen Vergütung an den Urheber gesichert ist.[915] Dies wäre nicht der Fall, wenn die Ansprüche nicht nur an eine Verwertungsgesellschaft zu Wahrnehmungszwecken, sondern auch an Dritte zu anderen als Treuhandzwecken abgetreten werden könnten.[916] In § 27 Abs. 1 ist dementsprechend bestimmt, dass der Anspruch auf eine angemessene Vergütung im Voraus nur an eine Verwertungsgesellschaft abgetreten werden kann. Da die Mitgliedstaaten verpflichtet sind, die unionsrechtlich vorgeschriebene Vergütung der Urheber sicherzustellen,[917] kommt es nicht darauf an, wann die gesetzlichen Vergütungsansprüche entstehen,[918] und unter welchen Voraussetzungen gesetzliche Vergütungsansprüche bei einer Abtretung hinreichend bestimmbar sind.

---

[902] BVerfG GRUR 2016, 690 Rn. 73 – Metall auf Metall.

[903] → Rn. 194.

[904] Vgl. BGHZ 141, 13 (39) = GRUR 1999, 707 (714) – Kopienversanddienst; *Gerlach* FS Pfennig, 2012, 351 (353).

[905] Vgl. auch → Rn. 194; → Vor §§ 44a ff. Rn. 46.

[906] Zum Schutz des Urhebers durch die Unverzichtbarkeit des Folgerechts im Voraus und dessen Unübertragbarkeit vgl. *Yankova*, Das Folgerecht und die Durchsetzung der folgerechtlichen Vergütungsansprüche, 2016, S. 33 ff.

[907] Für § 27 Abs. 2 gilt § 63a S. 1 entsprechend (vgl. → § 63a Rn. 4).

[908] Vgl. EuGH GRUR 2012, 489 Rn. 96 ff., 108 – Luksan/van der Let; EuGH GRUR 2013, 1025 Rn. 48 – Amazon/Austro-Mechana.

[909] Vgl. *Flechsig* MMR 2012, 293 (297); *Eichelberger* WRP 2013, 997 (1002); *v. Ungern-Sternberg* GRUR 2013, 248 (255, 256, 263); *v. Ungern-Sternberg* GRUR 2014, 209 (213 f.) mwN; weiter → Rn. 159, 193 f.; → § 72 Rn. 86.

[910] Vgl. OLG Dresden AfP 2013, 263 (266); weiter → § 20b Rn. 50, 52; → § 63a Rn. 11; zur Nichtigkeit von Umgehungsgeschäften vgl. *Hanewinkel*, Ausschluss der Abtretbarkeit gesetzlicher Vergütungsansprüche, 2006, S. 103 ff.

[911] Vgl. → Vor §§ 44a ff. Rn. 45 f.

[912] Vgl. → § 72 Rn. 86; *Menzel* Rescriptum 2014, 113 (118); *v. Ungern-Sternberg* GRUR 2013, 248 (255, 256) mwN.

[913] → Rn. 193; vgl. *Flechsig* MMR 2012, 293 (297); *v. Ungern-Sternberg* GRUR 2013, 248 (255, 256, 263); *v. Ungern-Sternberg* GRUR 2014, 209 (213 f.) mwN.

[914] Vgl. BGHZ 210, 77 = GRUR 2016, 596 Rn. 58 ff. – Verlegeranteil.

[915] Vgl. *v. Lewinski* ZUM 1995, 442 (446); Walter/*von Lewinski*, Europäisches Urheberrecht, Vermiet- und Verleih-RL Art. 4 Rn. 15 f.; Walter/von Lewinski/*von Lewinski* Kap. 6 Rn. 6.4.18; vgl. auch *Servatius* in Mackenrodt/Maute, Recht als Infrastruktur für Innovation, 2019, S. 201 (208).

[916] Den Bemerkungen des BGH im Urteil „Verlegeranteil" (BGHZ 210, 77 = GRUR 2016, 596 Rn. 76 f., 83), Verleger könnten bei der VG Wort von Urhebern abgetretene gesetzliche Vergütungsansprüche eingebracht haben, fehlt bereits eine Tatsachengrundlage. Verleger haben bei der VG Wort gesetzliche Vergütungsansprüche für konkrete Werke nicht einmal der Form nach (erst recht nicht wirksam) eingebracht (vgl. dazu *v. Ungern-Sternberg* GRUR 2016, 321 (329 ff.); *v. Ungern-Sternberg* JurPC Web-Dok. 105/2018 Abs. 6 [frei abrufbar: www.jurpc.de]).

[917] Vgl. EuGH GRUR 2012, 489 Rn. 106 – Luksan/van der Let (zum gerechten Ausgleich iSd Art. 5 Abs. 2 Buchst. a und b InfoSoc-RL).

[918] Vgl. dazu → Vor §§ 44a ff. Rn. 47; → § 63a Rn. 9; *Zurth* S. 169; *Servatius* in Mackenrodt/Maute, Recht als Infrastruktur für Innovation, 2019, S. 201 (214 f.): Erfüllung des Entstehungstatbestands.

Den Anforderungen des Unionsrechts an die Sicherung des Anspruchs auf eine angemessene Vergütung wird weiter nur bei einer entsprechenden **Organisation der Rechtewahrnehmung durch die Verwertungsgesellschaft** genügt. Damit ist es unvereinbar, wenn in den Gremien der Verwertungsgesellschaft, die den Anspruch treuhänderisch wahrnimmt, nicht nur die Urheber über die Verteilung der ihnen zustehenden Wahrnehmungserträge entscheiden, sondern auch Verwerter (wie der Verleger).[919] Ein solches Verfahren widerspricht auch der Verpflichtung der Verwertungsgesellschaften, die Rechte der Urheber zu angemessenen Bedingungen wahrzunehmen (§ 9 S. 2 VGG).[920] Dies gilt auch dann, wenn in Deutschland auf der Grundlage des Art. 16 DSM-RL ein Beteiligungsanspruch von Verlegern vorgesehen werden sollte.[921] Ein solcher Beteiligungsanspruch mindert die Beträge, die für die Verteilung unter den Urheberberechtigten zur Verfügung stehen, berechtigt die Verleger jedoch nicht, über die Grundsätze für die Verteilung der allein den Urheberberechtigten zustehenden restlichen Wahrnehmungserlöse mitzubestimmen und dabei die besonderen Verlegerinteressen mit zur Geltung zu bringen.[922]

c) Verwertungsgesellschaftenpflichtigkeit von Vergütungsansprüchen. Gesetzliche Vergü- **201** tungsansprüche des Urhebers sind nach § 20b Abs. 2 S. 3,[923] § 27 Abs. 3, § 45a Abs. 2 S. 2, § 45c Abs. 4 S. 2, § 49 Abs. 1 S. 3, § 54h Abs. 1, § 60h Abs. 4 und § 137l Abs. 5 S. 3 fast durchweg verwertungsgesellschaftenpflichtig. Die Vorschriften der § 20b Abs. 1 S. 1, § 26 Abs. 6 und § 54h Abs. 1 erklären auch andere Ansprüche des Urhebers für verwertungsgesellschaftenpflichtig.

2. Beteiligungsansprüche des Urhebers

a) Beteiligungsanspruch gemäß der früheren Regelung des Leistungsschutzrechts des **202** **Presseverlegers (§§ 87f ff.).** In § 87h war geregelt, dass der Urheber an einer Vergütung, die ein Presseverleger für das öffentliche Zugänglichmachen eines Presseerzeugnisses iSd § 87f Abs. 2 erhält, angemessen zu beteiligen ist. Dieser Anspruch betraf keine Vergütung für eine Werknutzung, sondern war ein Anspruch eigener Art. Der Schutz des Presseverlegers bei einem gewerblichen öffentlichen Zugänglichmachen (§ 87f Abs. 1, § 87g Abs. 4) von Teilen des Presseerzeugnisses setzte nicht voraus, dass diese Teile als solche Urheberrechtsschutz genießen.[924] Andernfalls hätte der Beteiligungsanspruch der Urheber kaum jemals bedeutsam werden können, was nicht dem Sinn des Gesetzes entsprochen hätte. Wenn Betreiber von Suchmaschinen in Suchergebnislisten (noch) geschützte Teile eines Presseerzeugnisses zugänglich machen, wird das Recht der öffentlichen Wiedergabe im Übrigen meist schon deshalb nicht eingreifen, weil das Publikum für diese Teile nicht – wie erforderlich – im Rechtssinn aufnahmebereit ist.[925]

Die Regelung des Beteiligungsanspruchs in § 87h ist nicht rechtswirksam geworden. Der **EuGH** hat im Urteil **„VG Media/Google"** entschieden, dass die Regelung des Leistungsschutzrechts des Presseverlegers (§§ 87f ff.) gegen das Unionsrecht verstößt, weil sie entgegen Art. 8 Abs. 1 UAbs. 1 der Richtlinie 98/34 (jetzt Art. 5 Abs. 1 RL 2015/1535/EU) nicht als „technische Vorschrift" iSd Art. 1 Abs. 11 RL 98/34/EG (jetzt Art. 1 Abs. 1 Buchst. f RL 2015/1535/EU) vorab der Kommission notifiziert worden war.[926] Die Vorschriften über das Leistungsschutzrecht des Presseverlegers gemäß **§§ 87f ff. sind** deshalb **unanwendbar.**[927]

Die Regelung des Leistungsschutzrecht des Presseverlegers in §§ 87f ff. war im Übrigen **auch mit dem allgemeinen Unionsrecht unvereinbar** (insbes. der Warenverkehrsfreiheit [Art. 34 AEUV]

---

[919] Vgl. v. Lewinski ZUM 1995, 442 (446); Walter/von Lewinski, Europäisches Urheberrecht, Vermiet- und Verleih-RL Art. 4 Rn. 19; Walter/von Lewinski/von Lewinski Kap. 6 Rn. 6.4.23; v. Ungern-Sternberg FS Büscher, 2018, 265 (276 f.). Die Organisation der VG Wort entspricht dem nicht. Die Anwendung des Kuriensystems, das in der Satzung der VG Wort verankert ist, auf die Beschlussfassung über die Verteilung der Wahrnehmungserträge der gesetzlichen Vergütungsansprüche widerspricht zudem den Anforderungen des § 315 BGB an die Ermessensausübung bei der Aufstellung der Verteilungspläne (vgl. v. Ungern-Sternberg GRUR 2016, 38 (40); v. Ungern-Sternberg ZGE 2017, 1 (11 ff.); v. Ungern-Sternberg ZGE FS Büscher, 2018, 265 (278 f.)).

[920] Vgl. v. Ungern-Sternberg ZGE 2017, 1 (12); v. Ungern-Sternberg FS Büscher, 2018, 265 (277 ff.); v. Ungern-Sternberg JurPC 2018, Web-Dok. 105/2018, Abs. 69 ff. (frei abrufbar: www.jurpc.de).

[921] Dazu → Rn. 193.

[922] Wie sich der Einfluss von Verlegern auf die Verteilung von Wahrnehmungserlösen, die allein den Urheberberechtigten zustehen, auswirken kann, zeigen die Ausschüttungen der VG Wort an Herausgeber. Herausgeber erwerben als solche durch ihre Tätigkeit kein Urheberrecht. Trotzdem beteiligt die VG Wort seit Jahrzehnten Herausgeber – maßgeblich aus im Interesse der Verlage – mit beträchtlichen Summen an den Wahrnehmungserlösen. Um Ausschüttungen aufgrund der Wahrnehmung von Rechten an Sammelwerken handelte es sich dabei schon deshalb nicht, weil der Wahrnehmungsvertrag der VG Wort bis zu seiner (insoweit unwirksamen) Änderung im Jahr 2018 die Einbringung von Rechten an Sammelwerken nicht vorsah und die Frage, ob ein meldender Herausgeber Urheber eines Sammelwerkes war, in der Praxis der VG Wort keine Rolle spielte (vgl. zu all dem Vogel MR 2018, 162; v. Ungern-Sternberg JurPC Web-Dok. 25/2019 [frei abrufbar: www.jurpc.de].

[923] Zum Vergütungsanspruch aus § 20b Abs. 2 → § 20b Rn. 40 ff.

[924] Vgl. Spindler WRP 2013, 967 (970); vgl. auch Alexander WRP 2013, 1122 (1128); Wandtke ZUM 2014, 847 (852); aA Heine/Stang AfP 2013, 177 (178). Zum Teileschutz bei Werken → Rn. 28 ff.

[925] Zu diesem Erfordernis vgl. → Rn. 90, 345 ff.; vgl. weiter v. Ungern-Sternberg GRUR 2013, 248 (261) (zur vergleichbaren Problematik bei Vorschaubildern).

[926] EuGH GRUR 2019, 1188 – VG Media/Google; Anm Peifer GRUR-Prax 2019, 463.

[927] EuGH GRUR 2019, 1188 Rn. 39 – VG Media/Google.

und der Dienstleistungsfreiheit [Art. 56 AEUV]).[928] Die Mitgliedstaaten können nach innerstaatlichem Recht verwandte Schutzrechte einführen, dies aber nur in den Grenzen des allgemeinen Unionsrechts.[929] Das Schutzrecht des Presseverlegers könnte jedoch den Austausch von Waren und Dienstleistungen innerhalb der Union schwerwiegend behindern. Eine Beschränkung der Grundfreiheiten kann nur gerechtfertigt sein, wenn sie zwingenden Gründen des Allgemeininteresses entspricht, geeignet ist, die Erreichung des mit ihr verfolgten, im Allgemeininteresse liegenden Ziels zu gewährleisten, und nicht über das hinausgeht, was zur Erreichung dieses Ziels erforderlich ist.[930] Diese Voraussetzungen waren nicht gegeben. Der Schutz des sehr weit gefassten Gegenstands des Leistungsschutzrechts aus § 87f setzte nicht voraus, dass die spezifische Verlegerleistung übernommen wurde. Nur in einem solchen Fall könnte aber eine Ausnahme von der Dienstleistungsfreiheit gerechtfertigt sein.[931] Zu berücksichtigen war auch, dass der spezifische Gegenstand der Immaterialgüterrechte den Rechtsinhabern nicht eine höchstmögliche, sondern eine angemessene Vergütung für die Nutzung des Schutzgegenstands sichern soll, dh nur eine Vergütung, die in einem vernünftigen Zusammenhang mit dem Wert der erbrachten (Teil-)Leistung steht.[932] Ein Schutz von Teilen eines Presseerzeugnisses, der den Rechtsinhabern ohne hinreichenden Grund ein Blockaderecht zugesteht, wenn etwas mehr als „kleinste Textausschnitte" übernommen werden, war damit unvereinbar.[933] Zudem hätte das Leistungsschutzrecht die Urheber – entgegen dem Rechtsgedanken des Art. 12 Abs. 2 InfoSoc-RL – in der weiteren Verwertung ihrer geschützten Werke beeinträchtigt.[934] Fraglich ist auch, ob das Leistungsschutzrecht des Presseverlegers mit seinem sehr weitgehenden Schutzbereich, der die öffentliche Kommunikation im Internet erheblich behindern kann, mit dem **Grundgesetz** vereinbar war.[935]

203   **b) Beteiligungsanspruch des Urhebers gemäß Art. 15 Abs. 5 DSM-RL vom 17.4.2019.**[936] Die Mitgliedstaaten haben nach Art. 15 Abs. 1 DSM-RL Presseverlagen ein Schutzrecht für die Online-Nutzung ihrer Presseveröffentlichungen durch Anbieter von Diensten der Informationsgesellschaft zu gewähren.[937] Die Urheber der in einer Presseveröffentlichung enthaltenen Werke müssen einen angemessenen Anteil der Einnahmen erhalten, die die Presseverlage für solche Nutzungen ihrer Presseveröffentlichungen erzielen (Art. 15 Abs. 5 DSM-RL).[938] Dieser Beteiligungsanspruch ist kein Anspruch für eine Werknutzung, sondern ein Anspruch eigener Art.[939]

III. Wesen und Zweck der Verwertungsrechte

1. Begriff der Verwertungsrechte

204   Die Verwertungsrechte sind als Teil des umfassenden Urheberrechts[940] **ausschließliche** (absolute) **Rechte**. Im Umfang dieser Rechte hat der Urheber das alleinige Recht, Dritten Werknutzungshandlungen zu erlauben **(positives Benutzungsrecht)** oder zu verbieten **(negatives Verbietungsrecht)**.[941] Das negative Verbietungsrecht des Urhebers reicht weiter als das positive Benutzungsrecht.[942] Dies kann auch für die Rechtsstellung des Inhabers ausschließlicher Nutzungsrechte gelten.[943] Der

---

[928] Ebenso *Obergfell/Stieper* FS 50 Jahre Deutsches UrhG, 2015, 223 (226 f.); *Schubert* in Hennemann/Stadler, Immaterialgüter und Digitalisierung, 2017, S. 219, 226 ff.; vgl. dazu auch EuGH GRUR 2006, 935 Rn. 21 ff. – Kommission/Portugal; EuGH, Urt. v. 12.9.2013 – C-475/11, BeckRS 2013, 81708 Rn. 50 – Konstantinides; *Ohly* Gutachten F zum 70. Deutschen Juristentag 2014 F 35 f.; vgl. auch *Rosati* IIC 2016, 569 (583 f.); aA *Flechsig* AfP 2012, 427 (428).

[929] Vgl. Erwgr. 19 Schutzdauer-RL; dazu näher → Rn. 148.

[930] Vgl. EuGH GRUR-Int 2017, 519 Rn. 61 ff. – Vanderborght; EuGH, Urt. v. 29.9.2016 – C-492/14, BeckRS 2016, 82408 Rn. 100 – Essent Belgium/Vlaams Gewest ua; EuGH, Urt. v. 22.6.2017 – C-549/15, BeckRS 2017, 113950 Rn. 46 – E.ON Biofor Sverige/Statens energimyndighet; vgl. dazu auch EuGH GRUR 2012, 156 Rn. 93 f. – Football Association Premier League u. Murphy; EuGH GRUR 2014, 473 Rn. 70 – OSA/Léčebné lázně.

[931] Vgl. dazu auch EuGH GRUR 2012, 156 Rn. 106 f. – Football Association Premier League u. Murphy. Der Umstand, dass die Verlegerleistung eine Voraussetzung für eine gewinnbringende Tätigkeit anderer ist, rechtfertigt die Gewährung eines Leistungsschutzrechts noch nicht (vgl. dazu auch – zur Annahme unbenannter Verwertungsrechte – → Rn. 178, 281).

[932] Vgl. EuGH GRUR 2012, 156 Rn. 108 f. – Football Association Premier League u. Murphy; weiter → Rn. 7, 44.

[933] Vgl. dazu auch die Frage des Teileschutzes bei den verwandten Schutzrechten → § 87 Rn. 72 ff.

[934] Vgl. auch EuGH GRUR 2017, 62 Rn. 48 – Soulier u. Doke/Premier ministre ua; weiter → Rn. 148.

[935] Vgl. dazu BVerfG GRUR 2016, 690 Rn. 70 ff. – Metall auf Metall (zum Schutzbereich des Tonträgerherstellerrechts aus § 85 Abs. 1 S. 1); *Zigann/Kaneko* FS Gernot Schulze, 2017, 215 (217 ff.).

[936] Zur DSM-RL → Rn. 1. Die Richtlinie ist bis zum 7.6.2021 umzusetzen (Art. 29 Abs. 1 DSM-RL).

[937] Vgl. auch Erwgr. 54 ff. DSM-RL.

[938] Vgl. auch Erwgr. 59 DSM-RL; vgl. weiter *Schaper/Verweyen* K&R 2019, 433 (436 f.).

[939] → Rn. 202.

[940] → Rn. 180.

[941] Vgl. → Einl. UrhG Rn. 26; → § 97 Rn. 21.

[942] Vgl. BGHZ 141, 267 (272 f.) = GRUR 1999, 984 (985) – Laras Tochter; → Rn. 242; → § 31 Rn. 51; aA *Dreier/Schulze/Schulze* UrhG § 15 Rn. 5.

[943] Vgl. BGHZ 141, 267 (272 f.) = GRUR 1999, 984 (985) – Laras Tochter; BGH ZUM-RD 2013, 514 Rn. 23; OLG Köln ZUM-RD 2014, 162 (163); OLG Köln WRP 2015, 246 – Playa; *N. Schmidt* S. 114 ff.; *Schwarz* IPRB 2015, 217 (218 f.); → § 31 Rn. 51.

Urheber kann Nutzungen seines Werkes in veränderter Gestalt erlauben oder verbieten, auch wenn ihm selbst die Nutzung in dieser Form nicht gestattet wäre, weil daran ein eigenes Urheberrecht des Bearbeiters besteht (§ 3 S. 1).

In besonderen Fällen bestehen **Einschränkungen des Verbotsrechts** des Urhebers: Durch **§ 20b** **205** **Abs. 1** ist der Urheber gehalten, die Geltendmachung seines Rechts der Kabelweitersendung des Werkes im Rahmen eines zeitgleich, unverändert und vollständig weiterübertragenen Programms durch Kabelsysteme oder Mikrowellensysteme einer Verwertungsgesellschaft zu überlassen, die ihrerseits gemäß § 34 VGG einem Abschlusszwang unterliegt (**Verwertungsgesellschaftenpflichtigkeit**).[944] Dies gilt nur dann nicht, wenn der Urheber die Nutzungsrechte einem Sendeunternehmen einräumt (§ 20b Abs. 1 S. 2). Nach § 50 Abs. 1 VGG kann die Verwertungsgesellschaft auch **Außenseiter** (mit der Einschränkung des § 50 Abs. 1 S. 3 VGG) mit vertreten.[945] Zu einer entsprechenden Regelung verpflichtet Art. 8 DSM-RL die Mitgliedstaaten hinsichtlich der Nutzung von vergriffenen Werken und sonstigen Schutzgegenständen durch Einrichtungen des Kulturerbes.[946] Beschränkungen des Verbotsrechts sind auch **Zwangslizenzen**[947] wie die Verpflichtungen zur Einräumung von Nutzungsrechten, die durch § 5 Abs. 3 (Zwangslizenz zur Nutzung privater Normwerke) und § 42a (Zwangslizenz zur Herstellung von Tonträgern) begründet werden, sowie die Zulassung der **Nutzung verwaister Werke** durch § 61 und § 61c.[948]

Die Verwertungsrechte des Urhebers sind zu unterscheiden von der dinglichen Rechtsstellung, die **206** ein ausschließlich Nutzungsberechtigter aufgrund einer Rechtseinräumung durch den Urheber erhält. Der Inhalt der Verwertungsrechte des Urhebers wird durch die gesetzlichen Tatbestände bestimmt, der Inhalt der **Befugnisse eines ausschließlich Nutzungsberechtigten** durch den Umfang der Rechtseinräumung.[949]

Der Begriff des Verwertungsrechts ist auch vom **Begriff der Nutzungsart** iSd § 31 und des § 31a **207** zu unterscheiden. Die Verwertungsrechte sind rechtliche Befugnisse des Urhebers. Sie beziehen sich auf alle von ihren Tatbestandsmerkmalen erfassten Nutzungshandlungen. Als Nutzungsarten werden demgegenüber wirtschaftliche Nutzungsmöglichkeiten bezeichnet, zu denen der Erwerb bestimmter abgeleiteter Nutzungsrechte berechtigt.[950] In gleicher Weise unterscheidet sich der Begriff des unbenannten Verwertungsrechts[951] vom Begriff der unbekannten Nutzungsart iSd § 31a.

2. Zweck der Verwertungsrechte

Gemäß dem **allgemeinen Zweck des Urheberrechts** (§ 11) sollen die Verwertungsrechte den **208** Urheber in seinen geistigen und persönlichen Beziehungen zum Werk und in der Nutzung des Werkes schützen und ihm damit zugleich ermöglichen, für die Nutzung des Werkes eine angemessene Vergütung zu erzielen.[952] Die Verwertungsrechte sind die wichtigste Grundlage dafür, dass der Urheber aus seinem Werk wirtschaftlichen Nutzen ziehen kann.[953]

Wesen und Zweck der Verwertungsrechte sind iSd Unionsrechts zu bestimmen,[954] soweit die Verwertungsrechte voll harmonisiert sind.[955] Das Urheberpersönlichkeitsrecht ist dagegen noch nicht **209** harmonisiert.[956] Aufgrund der **Vorgaben des Unionsrechts** sind die **Verwertungsrechte rein vermögensrechtlich**.[957] Die monistische Theorie entspricht daher in der Form, in der sie von der hM vertreten wird,[958] nicht dem Unionsrecht. Das ändert aber nichts daran, dass auch die vollharmonisierten Verwertungsrechte einen engen Bezug zum Urheberpersönlichkeitsrecht haben.[959]

Nach dem Unionsrecht ist es – abweichend von § 11 S. 1 – nicht vorrangiger Zweck der Verwertungsrechte, den Urheber in seinen geistigen und persönlichen Beziehungen zum Werk zu schützen. **210** Nach der Rechtsprechung des EuGH haben die Verwertungsrechte vielmehr den Zweck, den Urhebern die Möglichkeit zu geben, für die Nutzung ihrer Werke eine **angemessene Vergütung** zu erhalten, damit sie weiterhin schöpferisch und kreativ tätig sein können (vgl. Erwgr. 10f. InfoSoc-

---

[944] → § 20b Rn. 2, 26; → Vor §§ 44a ff. Rn. 13.
[945] → § 20b Rn. 29.
[946] Die Richtlinie ist bis zum 7.6.2021 umzusetzen (Art. 29 Abs. 1 DSM-RL).
[947] Zu Zwangslizenzen → § 29 Rn. 21; → Vor §§ 44a ff. Rn. 11 f. Zu gesetzlichen Lizenzen → Vor §§ 44a ff. Rn. 10.
[948] Vgl. auch die Verpflichtung von Sendeunternehmen zum Vertragsschluss mit Kabelunternehmen aus § 87 Abs. 5 (→ § 87 Rn. 112 ff.).
[949] Vgl. BGH GRUR 1997, 464 (465) – CB-infobank II; weiter → § 31 Rn. 27 ff.
[950] Dazu → § 31 Rn. 88.
[951] Dazu → Rn. 262.
[952] → Rn. 6 ff., 237.
[953] Vgl. dazu auch § 11 S. 2 (→ § 11 Rn. 6 ff.); zu gesetzlichen Vergütungsansprüchen → Rn. 192 ff.
[954] Näher → Rn. 6 ff.
[955] → Rn. 143 ff.
[956] → Rn. 9.
[957] → Rn. 9, 150, 237.
[958] → Einl. UrhG Rn. 28, 48; → § 11 Rn. 1, 3; *Ulmer* § 17 II 2, § 18, § 37; Dreier/Schulze/*Schulze* UrhG § 15 Rn. 2; *Schricker* FS GRUR, 1991, 1095 (1115 ff.); Loewenheim/*Dietz/Peukert* § 15 Rn. 1 ff.; Möhring/Nicolini/*Kroitzsch/Götting* UrhG § 15 Rn. 12; BeckOK UrhR/*Ahlberg* Stand 20.4.2018 UrhG Einf. zum UrhG Rn. 12; *Schack* Rn. 343 ff.
[959] Vgl. dazu → Rn. 150 f.

RL).[960] Nach dem Unionsrecht umschreiben die Verwertungsrechte nicht Monopolrechte des Urhebers, selbst bestimmte Nutzungshandlungen vornehmen zu dürfen. Gegenstand der Verwertungsrechte sind vielmehr Handlungen, durch die Nutzer geschützte Werke verwerten. Der Gedanke, dass die Verwertungsrechte dem Urheber auch die Möglichkeit geben, die Kontrolle darüber zu behalten, wie sein Werk verwendet wird, tritt gegenüber dem Zweck zurück, dem Urheber zu ermöglichen, als Belohnung für die Schaffung des Werkes eine angemessene Vergütung zu erhalten. Dieser nach dem Unionsrecht begrenztere Zweck der Verwertungsrechte kann dazu führen, dass die Reichweite der Verwertungsrechte aufgrund ihrer funktionsbezogenen Auslegung im Einzelfall beschränkt ist.[961]

211   Eine Handlung kann auch dann eine Werknutzung sein, wenn sie keine (wirtschaftlichen) Verwertungsmöglichkeiten des Urhebers beeinträchtigt.[962] Für die Beurteilung, ob eine Handlung eine relevante Werknutzung ist, kann es aber bedeutsam sein, ob sie **Verwertungscharakter** besitzt, insbesondere einer „im Geschäftsverkehr entwickelten Verwertungsform" entspricht und daher ein Vermarktungspotenzial aufweist.[963] Eine unabdingbare Voraussetzung ist darin jedoch nicht zu sehen.[964]

IV. Verwertungsrechte als Rechte an Nutzerhandlungen

1. Unionsrechtskonforme Auslegung des § 15

212   **a) Bindung an die unionsrechtliche Regelung der Verwertungsrechte.** Die Regelung von Verwertungsrechten der Urheber und Inhaber angrenzender Schutzrechte in Art. 2–4 InfoSoc-RL bezweckt eine Vollharmonisierung.[965] Im Anwendungsbereich dieser Regelung dürfen die Mitgliedstaaten deshalb weder einen geringeren noch einen weitergehenden Schutz vorsehen. Der Vorrang der unionsrechtlichen Regelung[966] bedeutet, dass § 15 in ihrem Anwendungsbereich richtlinienkonform auszulegen ist. Dies führt zu Anpassungsproblemen, weil § 15 nach seiner Gesetzesfassung von einer anderen Konzeption der Verwertungsrechte ausgeht als das Unionsrecht.

213   **b) Konzeption der Verwertungsrechte nach der Fassung des § 15.** In § 11 S. 1 ist der Grundsatz verankert, dass das Urheberrecht den Urheber in seinen geistigen und persönlichen Beziehungen zum Werk und in der Nutzung des Werkes schützt. Damit verbunden ist der Gedanke, dass der Urheber, vor allem auch zum Schutz seines Urheberpersönlichkeitsrechts, grundsätzlich die vollständige Kontrolle über die Nutzung des Werkes haben soll.[967]

214   Dementsprechend werden die Verwertungsrechte in der Fassung des § 15 als ausschließliche Handlungsbefugnisse des Urhebers umschrieben. Dem Urheber wird das Recht zugesprochen, „sein Werk" in körperlicher und unkörperlicher Form „zu verwerten". Das Recht des Urhebers am Werk als seinem „geistigen Eigentum" wird damit in **Parallele zu dem Recht des Sacheigentümers** gesehen, mit der Sache, soweit nicht das Gesetz oder Rechte Dritter entgegenstehen, nach Belieben zu verfahren und andere von jeder Einwirkung auszuschließen (§ 903 S. 1 BGB). Der Urheber soll danach das Recht haben, sein Werk in körperlicher Form zu verwerten, insbesondere es zu vervielfältigen und zu verbreiten. Er hat auch das ausschließliche Recht, sein Werk in unkörperlicher Form wiederzugeben. Nach dieser Konzeption treten Werknutzer gleichsam an die Stelle des Urhebers und nehmen Handlungen vor, mit denen der Urheber sein Werk auch selbst nutzen könnte.

215   **c) Maßgebliche unionsrechtliche Konzeption der Verwertungsrechte.** Nach dem Unionsrecht in der Auslegung des EuGH umschreiben die Tatbestände der Verwertungsrechte – anders als die Fassung des § 15 – keine ausschließlichen Handlungsbefugnisse des Urhebers in Parallele zu den Befugnissen eines Sacheigentümers. Die unionsrechtlichen Verwertungsrechte geben dem Urheber vielmehr **Rechte an bestimmten Werknutzungshandlungen Dritter.**[968] Der Urheber hat das Recht, diese Handlungen zu verbieten oder zu erlauben. Das maßgebliche Unionsrecht gibt dem Urheber somit Verwertungsrechte nicht als Rechte an eigenen Verwertungshandlungen, sondern Rechte an der Verwertung des Werkes in körperlicher und unkörperlicher Form durch Werknutzer (dh nicht ein „Recht *der* öffentlichen Wiedergabe", sondern ein Recht *an* der öffentlichen Wiedergabe).

216   Die Konzeption der Verwertungsrechte im Unionsrecht hat wegen des Gebots der richtlinienkonformen Auslegung nicht unerhebliche **Auswirkungen auf die Auslegung des § 15.** Da die Verwertungsrechte im Unionsrecht als Rechte an Werknutzungshandlungen Dritter zu verstehen sind, können für ihr Eingreifen auch Umstände, unter denen das Werk verwendet wird, insbesondere auch **Umstände in der Person des Nutzers,** bedeutsam sein. Im Anwendungsbereich des Unionsrechts muss die Auslegung der „Rechte der öffentlichen Wiedergabe" berücksichtigen, dass nach der Recht-

---

[960] Näher → Rn. 6 ff.
[961] Vgl. → Rn. 8, 23 ff.
[962] Vgl. → Rn. 177.
[963] Vgl. dazu auch → Rn. 23, 81.
[964] → Rn. 238.
[965] → Rn. 143 ff.
[966] → Rn. 124.
[967] So BGHZ 152, 317 (325) = GRUR 2003, 328 (330) – Sender Felsberg; BGH GRUR 2006, 319 Rn. 25 – Alpensinfonie.
[968] → Rn. 10 ff.

sprechung des EuGH die Zwecke der Werknutzung wie das Handeln zu Erwerbszwecken oder die Absicht, einem neuen Publikum Zugang zum Werk zu verschaffen, Indizien für das Eingreifen der Verwertungsrechte sein können,[969] obwohl die im UrhG geregelten „Rechte der öffentlichen Wiedergabe" nach ihrem Wortlaut und nach ihrer früheren Auslegung durch die deutsche Praxis nicht auf solche Umstände abstellen.

2. Werknutzungshandlungen im Licht des Unionsrechts

a) Werknutzungshandlung als tatbestandsmäßiges Handeln. Werknutzer iSd § 15 kann 217 nur sein, wer durch sein Handeln den Tatbestand eines Verwertungsrechts erfüllt.[970] Dementsprechend stellt der EuGH bei der Beurteilung, ob der Tatbestand des Rechts der öffentlichen Wiedergabe erfüllt ist, „zentral" auf die Rolle des Nutzers ab.[971] Der Tatbestand einer urheberrechtlichen Nutzungshandlung wird nur durch die Vornahme der Nutzungshandlung erfüllt, nicht dadurch, dass deren Merkmale – wie beim Framing – vorgetäuscht werden.[972] Der Werknutzer muss nicht eigenhändig handeln. Es genügt, dass ihm das Handeln Dritter zurechenbar ist.[973]

Eine Werknutzungshandlung iSd § 15 ist im Hinblick auf die Vorgaben des Unionsrechts nur gege- 218 ben, wenn der Werknutzer das Werk absichtlich oder zumindest wissentlich nutzt.[974] Dem Wortlaut des § 15 kann dieses Tatbestandsmerkmal schon deshalb nicht entnommen werden, weil dieser die Verwertungsrechte als ausschließliche Handlungsbefugnisse des Urhebers umschreibt. Das **subjektive Tatbestandsmerkmal** der Verwertungsrechte ist als ungeschriebenes Tatbestandsmerkmal des § 15 zu behandeln. Grundlage dafür ist eine teleologische Reduktion der Tatbestände im Hinblick auf den unionsrechtlich vorgegebenen Sinn und Zweck der Verwertungsrechte.[975]

Unerheblich ist das **Motiv der Werknutzung:** Auch wenn ein Werk allein wegen seines Informa- 219 tionsgehalts vervielfältigt wird (zB eine Porträtfotografie zur Unterstützung einer öffentlichen Fahndung), ist dies nur zulässig, wenn eine Schranke des Urheberrechts eingreift.[976] Bei **Massennutzungen** (zB bei einer Kabelweitersendung iSd § 20b Abs. 1 oder dem Vertrieb von Büchern im Buchhandel) kommt es nicht darauf an, ob der Werknutzer weiß, welche Werke er im Einzelnen nutzt.[977] Auf die **Verantwortlichkeit für die Inhalte** oder die Möglichkeit, die Rechtswidrigkeit der eigenen Handlung zu erkennen, kommt es für die Tatbestandsmäßigkeit einer Handlung grundsätzlich[978] nicht an.[979] Ein Händler erfüllt durch den Vertrieb einer Druckschrift den Tatbestand des Verbreitungsrechts (§ 17), auch wenn er weder auf den Inhalt Einfluss nehmen konnte noch Anhaltspunkte dafür hatte, dass die Verbreitung der Druckschrift urheberrechtsverletzend ist.

Ein unbefugt handelnder Werknutzer haftet grundsätzlich wegen **Urheberrechtsverletzung,** weil 220 tatbestandsmäßiges Handeln im Urheberrecht die Rechtswidrigkeit indiziert.[980] Es gibt jedoch auch Werkvermittlungshandlungen, die in aller Regel sozial erwünscht sind, bei denen aber selbst bei sorgfältigem Vorgehen unbefugte Eingriffe in Urheberrechte unvermeidbar sind. Dies kann bei der **Tätigkeit von Medienvermittlern** (wie zB Buchhändlern[981] oder Suchmaschinen im Internet)[982] der Fall sein. Bei solchen Fallgestaltungen ist die **Rechtswidrigkeit** als weitere Voraussetzung der Haftung in besonderer Weise zu prüfen.[983]

---

[969] → Rn. 80 ff.
[970] Vgl. BGHZ 185, 330 = GRUR 2010, 633 Rn. 13 – Sommer unseres Lebens; BGH GRUR 2011, 1018 Rn. 18 – Automobil-Onlinebörse; BGHZ 194, 339 = GRUR 2013, 370 Rn. 16 – Alone in the Dark mAnm *Hühner;* BGH GRUR 2013, 511 Rn. 38 – Morpheus mAnm *Schaub;* BGH GRUR 2013, 1229 Rn. 29 f. – Kinderhochstühle im Internet II; *Conrad* CR 2013, 305 (311); *v. Ungern-Sternberg* GRUR 2012, 576 (577 f., 581 f.); *v. Ungern-Sternberg* GRUR 2014, 209 (210) mwN; vgl. auch *Lehmann/Stieper* JZ 2012, 1016 (1017); → Rn. 14, 178, 229, 231.
[971] Vgl. EuGH GRUR 2012, 597 Rn. 31 – Phonographic Performance (Ireland); EuGH GRUR 2012, 593 Rn. 82 – SCF; *Hügel* S. 44 ff.; weiter → Rn. 10 f., 78 ff.
[972] Vgl. BGH GRUR 2013, 818 Rn. 9 – Die Realität I (zum Framing).
[973] → Rn. 18 f., 149, 223 f.
[974] Vgl. EuGH GRUR 2012, 597 Rn. 31, 37, 40 – Phonographic Performance (Ireland); EuGH GRUR 2012, 593 Rn. 82, 91, 94 – SCF; EuGH GRUR 2012, 817 Rn. 36 – Donner; BGH GRUR 2013, 818 Rn. 16 – Die Realität I; weiter → Rn. 11 ff.
[975] → Rn. 10 ff.
[976] Vgl. dazu den Fall EuGH GRUR 2012, 166 – Painer/Standard.
[977] Vgl. OLG Hamburg ZUM 2017, 517 (520); *v. Ungern-Sternberg* GRUR 2012, 576 (578); vgl. auch BGHZ 185, 291 = GRUR 2010, 628 Rn. 20 – Vorschaubilder I; *Riesenhuber* ZUM 2011, 134 (137).
[978] Eine Ausnahme gilt für das Setzen eines Hyperlinks auf eine Webseite mit einem dort unbefugt zugänglich gemachten Werk (→ Rn. 106).
[979] Vgl. OLG München GRUR-RR 2014, 13 (14) – Buchbinder Wanninger mAnm *Verweyen; Glückstein* ZUM 2014, 165 (174); vgl. auch *Rehbinder/Peukert* Rn. 1060; → Rn. 220.
[980] Vgl. BGH GRUR 2012, 850 Rn. 35 – www.rainbow.at II; → § 97 Rn. 26; *v. Ungern-Sternberg* GRUR 2009, 369 (371).
[981] Vgl. OLG München GRUR-RR 2014, 13 – Buchbinder Wanninger mAnm *Verweyen;* vgl. auch BeckOK UrhR/*Reber* Stand 20.4.2018 UrhG § 97 Rn. 39.
[982] Vgl. → § 19a Rn. 104.
[983] Vgl. OLG München GRUR-RR 2014, 13 mAnm *Verweyen* = K&R 2014, 49 mAnm *Schumacher* – Buchbinder Wanninger; AG Hamburg NJOZ 2015, 55 – Lieder & Geschichten; *Lüghausen* AfP 2014, 30; aA *Glückstein* ZUM 2014, 165; vgl. auch *Verweyen/Puhlmann/Zimmer* GRUR-RR 2013, 372 (für eine weitgehende Haftungsprivilegierung); → § 19a Rn. 104; → § 97 Rn. 83.

221 **b) Werknutzungshandlung als sozialer Vorgang der Werknutzung.** Werknutzer kann nur sein, wer den Tatbestand eines Verwertungsrechts erfüllt.[984] Die tatbestandsmäßige Handlung ist nicht gleichzusetzen mit der Anwendung der technischen Mittel, die für die Werknutzung eingesetzt werden. Die Verwertungsrechte können zwar die Anwendung (austauschbarer) technischer Mittel voraussetzen (zB bei Rundfunksendungen), sie erfassen aber nicht diesen Einsatz technischer Mittel als solchen.[985] **Gegenstand der Verwertungsrechte** ist vielmehr der soziale Vorgang der Nutzung des Werkes.[986]

222 Da sich die Verwertungsrechte auf soziale Vorgänge der Werknutzung beziehen, ist für ihre Auslegung letztlich nicht entscheidend eine Analyse der technischen Vorgänge, sondern eine **wertende Analyse des Nutzungsvorgangs.**[987] Darin liegt auch die innere Rechtfertigung der Ausnahme bestimmter vorübergehender Vervielfältigungen vom Vervielfältigungsrecht des Urhebers durch § 44a. Verschiedenartige tatsächliche Vorgänge können urheberrechtlich als ein einheitlicher Vorgang der Werknutzung zu beurteilen sein.[988]

223 **c) Zurechnung von Handlungen Dritter.** Die Kriterien, nach denen Handlungen Dritter einem Werknutzer zugerechnet werden können, richten sich wegen der Vollharmonisierung der Verwertungsrechte – ebenso wie die anderen Voraussetzungen der Werknutzereigenschaft – nach dem Unionsrecht.[989]

224 Das eigenverantwortliche tatbestandsmäßige Handeln zu Zwecken der Werknutzung unterscheidet den Werknutzer von bloßen technischen Dienstleistern und Störern.[990] Der Werknutzer muss die Tatbestandsmerkmale **nicht eigenhändig** verwirklichen.[991] So ist bei einer öffentlichen Wiedergabe Werknutzer, wer dem Publikum die Wiedergabe als eigene Dienstleistung erbringt.[992] Werknutzer ist, wer sich des technischen Vorgangs zum Zweck der Werknutzung bedient.[993] Es genügt, dass dem Werknutzer insoweit das Handeln Dritter zurechenbar ist. Dieser allgemeine urheberrechtliche Gedanke ist für europäische Satellitensendungen in § 20a Abs. 3 ausdrücklich verankert,[994] gilt aber ebenso für Sendungen iSd § 20[995] und das öffentliche Zugänglichmachen von Werken im Internet iSd § 19a.[996] Der Werknutzer kann sich dementsprechend auch nicht mit Erfolg darauf berufen, die von ihm benutzten technischen Mittel gehörten ihm nicht und würden von ihm auch nicht unterhalten.[997] Der Internetnutzer, der einen geschützten Inhalt auf eine **Internetplattform** hochlädt, ist deshalb Werknutzer der Vervielfältigung, nicht der Betreiber der Plattform, wenn dieser nur die technischen Mittel zur Verfügung stellt.[998] Beim Anbieten von Vervielfältigungsstücken durch eine **Zeitungsanzeige** ist Werknutzer des Verbreitungsrechts (§ 17) der anbietende Händler, nicht der Verleger, da dieser nicht selbst den Tatbestand erfüllt.[999] Der Verleger kann jedoch als Teilnehmer oder Störer haftbar sein. Der **Veranstalter einer Musikaufführung** kann bei entsprechendem Umfang und Gewicht seiner Mitwirkung Werknutzer iSd § 19 Abs. 2 sein.[1000]

3. Unterscheidung des Werknutzers von anderen Beteiligten

225 **a) Hilfspersonen.** Die Handlungen eines Werknutzers sind von den Handlungen anderer Personen zu unterscheiden, die lediglich als bloße Hilfsperson an der technischen Durchführung der Werknutzung beteiligt sind. Eine Handlung kann unselbständigen Hilfspersonen nicht als eigene Werknutzungshandlung (iSd sozialen Vorgangs der Werknutzung)[1001] zugerechnet werden, weil sie

---

[984] → Rn. 217.

[985] Vgl. BGHZ 123, 149 (153 f.) = GRUR 1994, 45 (46) – Verteileranlagen; BGH GRUR 2009, 845 Rn. 32 – Internet-Videorecorder I; weiter → Rn. 15 ff., 62.

[986] Vgl. dazu auch Art. 1 Abs. 2 Buchst. b Satelliten- und Kabel-RL; vgl. weiter BGHZ 141, 13 (21) = GRUR 1999, 707 (709) – Kopienversanddienst; → Rn. 15 ff., 78.

[987] → Rn. 15 ff., 225 f.; → § 19a Rn. 13, 82; → § 20 Rn. 46; → § 20a Rn. 34; s. weiter Begr. des RegE für den „2. Korb" BT-Drs. 16/1828, 23; öOGH GRUR-Int 1999, 968 (969) – Radio Melody III; vgl. auch – zu § 54a Abs. 1 – BGH GRUR 2002, 246 (247) – Scanner (unter II 1aa). Zur Bedeutung des Einsatzes eines „spezifischen technischen Verfahrens" für die Annahme einer öffentlichen Wiedergabe → Rn. 83.

[988] Vgl. → Rn. 17.

[989] → Rn. 18 f., 149; aA → § 97 Rn. 85.

[990] Vgl. auch *Leistner* ZUM 2012, 722 (737 f.); *v. Ungern-Sternberg* GRUR 2012, 576 (580 ff.).

[991] Vgl. zu dem auch insoweit maßgeblichen Unionsrecht näher → Rn. 18 f., 149.

[992] Vgl. BGH GRUR 2010, 530 Rn. 26 – Regio-Vertrag.

[993] Vgl. BGHZ 141, 13 (21 f.) = GRUR 1999, 707 (709) – Kopienversanddienst; BGHZ 152, 317 (327) = GRUR 2003, 328 (331) – Sender Felsberg; sa BGH GRUR 2010, 616 Rn. 32 – marions-kochbuch.de; *Wimmers/Schulz* CR 2008, 170 (171 f.); weiter → Rn. 15 ff.

[994] → § 20a Rn. 34.

[995] Sa BGH GRUR 2010, 530 Rn. 23 ff. – Regio-Vertrag; weiter → § 20 Rn. 46.

[996] → § 19a Rn. 82.

[997] Vgl. BGH GRUR 2009, 845 Rn. 16 – Internet-Videorecorder I.

[998] Vgl. *Schapiro* S. 108 ff. Zur Haftung des Betreibers einer Plattform wie YouTube → Rn. 59. Zur Haftung einer Internetplattform für rechtswidriges Filesharing → Rn. 75, 93, 286.

[999] Vgl. BGH GRUR 1999, 418 – Möbelklassiker. Zur Haftung des Verlegers für rechtswidrige Vervielfältigungen in Zeitungsanzeigen → Rn. 226. Weiter → § 97 Rn. 79, 84.

[1000] Vgl. BGH GRUR 2015, 987 Rn. 14 ff. – Trassenfieber; vgl. auch BGH GRUR 2012, 711 Rn. 13 – Barmen Live; OLG Schleswig ZUM-RD 2016, 198 (201). Der BGH behandelt diese Frage im Urteil „Trassenfieber" allerdings als Frage der Täterschaft, die nach strafrechtlichen Grundsätzen zu beurteilen sei (dazu → Rn. 149).

[1001] → Rn. 15, 20 f., 221 f.

aufgrund ihrer untergeordneten Stellung keine eigene Entscheidungsbefugnis haben (so typischerweise Zusteller oder Plakatkleber).[1002] Wer die Nutzung lediglich als **„technisches Werkzeug"** bewerkstelligt, ist nicht Werknutzer, auch wenn er sonst alle Merkmale des Tatbestands des Verwertungsrechts verwirklicht.[1003]

Wer den technischen Vorgang durchführt, an den ein Verwertungsrecht anknüpft, ist allerdings **226** nur dann nicht selbst Werknutzer, wenn er sich auf die Rolle als **„notwendiges Werkzeug"** beschränkt.[1004] Für die Frage, ob bei einer Vervielfältigung der technisch Herstellende oder sein Auftraggeber Werknutzer iSd Urheberrechts ist, kommt es danach zunächst auf eine technische Betrachtung an.[1005] Auch eine Werknutzung durch Vervielfältigung ist jedoch kein rein technischer Vorgang, sondern eine soziale Handlung.[1006] Eine Vervielfältigung kann deshalb als Werknutzungshandlung iSd § 16 nicht dem Hersteller, der das Vervielfältigungsstück technisch erstellt, sondern seinem Auftraggeber zuzurechnen sein, wenn der technische Vervielfältigungsvorgang unter dessen Verantwortung und Kontrolle stattfindet.[1007] Dies erfordert eine normative Bewertung (wie sie auch in § 53 Abs. 1 S. 2 vorgesehen ist).[1008]

Wer durch seine Tätigkeit die Werknutzung eines anderen ermöglicht, kann allerdings auch selbst **227** Werknutzer sein, wenn er zugleich **eigene Werknutzungszwecke** verfolgt. So ist zB ein Unternehmen, das es Dritten ermöglicht, Inhalte auf seiner Internetplattform öffentlich zugänglich zu machen, Werknutzer, wenn es sich die Inhalte zu eigen macht und diese im Rahmen seines Internetauftritts einer Öffentlichkeit als (auch) eigene Inhalte erschließt.[1009] Erforderlich ist dabei aber ein Handeln (auch) in der zentralen Rolle des Werknutzers. Ein bloßes **„Zueigenmachen"** einer fremden Wiedergabe genügt für die Annahme einer tatbestandsmäßigen Werknutzung durch öffentliche Wiedergabe nicht.[1010] Ein **Internet-Videorecorder-Dienst,** der seinen Kunden den Zugang zu den Sendungen bestimmter Fernsehkanäle zum Zweck ihrer Vervielfältigung vermittelt und zugleich die Vervielfältigung organisiert, beschränkt sich nicht auf die Organisation der dazu notwendigen Vervielfältigungen. Er ist selbst Werknutzer durch öffentliche Wiedergabe iSd Art. 3 Abs. 1 InfoSoc-RL, weil er zugleich die Vervielfältigung gewährleistet und die von seiner Dienstleistung erfassten Werke zur Verfügung stellt.[1011] Bei der erforderlichen Gesamtbetrachtung der Dienstleistung ist es unerheblich, ob der Dienstleister selbst oder ein Dritter im technischen Ablauf den Speicherplatz zur Verfügung stellt.[1012]

b) Verletzung von Verkehrspflichten. Abweichend von einer in der Literatur vertretenen Mei- **228** nung,[1013] lehnt der **BGH** im Urheberrecht in stRspr zu Recht eine Täterhaftung ab, wenn nur Ver-

---

[1002] Vgl. BGH GRUR 2016, 493 Rn. 20 – Al Di Meola.

[1003] Vgl. BGH ZUM 2009, 765 Rn. 15 f. – save.tv (zum Vervielfältigungsrecht); weiter → Rn. 20 ff.; → § 97 Rn. 70 f.

[1004] Vgl. EuGH GRUR 2018, 68 Rn. 35 ff. – VCAST/RTI; BGH GRUR 2010, 530 Rn. 26 – Regio-Vertrag; BGH ZUM 2009, 765 Rn. 15 f. – save.tv; vgl. auch BGHZ 185, 291 = GRUR 2010, 628 Rn. 20 – Vorschaubilder I; OLG München GRUR 2019, 729 Rn. 27 ff. – music-monster (BGH I ZR 6/19); *Conrad* CR 2013, 305 (315); weiter → § 97 Rn. 61. Der Verleger einer Zeitungsanzeige mit einer rechtswidrigen Vervielfältigung ist nicht lediglich Werkzeug des Auftraggebers (aA KG ZUM-RD 2005, 127). Die Entscheidung BGH GRUR 1999, 418 – Möbelklassiker – besagt nichts zur Frage der Haftung des Verlags für rechtswidrige Vervielfältigungen durch Zeitungsanzeigen, weil die Klage – möglicherweise wegen geringer Qualität der Abbildungen – nicht auf die Verletzung des Vervielfältigungsrechts gestützt war (aA *Glückstein* ZUM 2014, 165 (172); *Rehbinder/Peukert* Rn. 1060).

[1005] Vgl. BGH GRUR 2009, 845 Rn. 16 – Internet-Videorecorder I mAnm *Becker;* BGH ZUM 2009, 765 Rn. 15 – save.tv; → § 53 Rn. 28 ff.

[1006] Vgl. – zu Art. 5 Abs. 2 Buchst. b InfoSoc-RL – EuGH GRUR 2018, 68 Rn. 35 ff. – VCAST/RTI; → Rn. 15 ff., 20, 221 ff. Der Werknutzer muss die für die Vervielfältigung erforderlichen Geräte oder Medien nicht selbst besitzen.

[1007] Vgl. dazu BGH GRUR 2009, 845 Rn. 17 – Internet-Videorecorder I mAnm *Becker; Conrad* CR 2013, 305 (309). Nach einer vielfach vertretenen aA ist Täter einer Vervielfältigung jedenfalls derjenige, der die Vervielfältigung eigenhändig hergestellt hat, auch wenn er dies als abhängiger Arbeitnehmer getan hat (vgl. ua *Wandtke/Bullinger/Reinbacher* UrhG § 106 Rn. 40 f.; MüKoStGB/*Heinrich,* Bd. 7, 3. Aufl. 2019, UrhG § 106 Rn. 127 f.).

[1008] Vgl. BGHZ 141, 13 (21) = GRUR 1999, 707 (709) – Kopienversanddienst; BGH GRUR 2009, 845 Rn. 16 ff., 51 ff. – Internet-Videorecorder I; BGH ZUM 2009, 765 Rn. 16 – save.tv; sa *Ballhausen* jurisPR-ITR 17/2009 Anm. 2; *Hilber/Litzka* ZUM 2009, 730 (732 f.); *Damm* K&R 2009, 577 (578); *Brisch/Laue* MMR 2009, 624 f.; *Niemann* CR 2009, 661 (662 f.).

[1009] Vgl. BGH GRUR 2010, 616 Rn. 21 ff., 32 – marions-kochbuch.de; BGH GRUR 2013, 1229 Rn. 31 – Kinderhochstühle im Internet II.

[1010] Vgl. *Ohly* GRUR 2017, 441 (444); *Ohly* FS Gernot Schulze, 2017, 387 (389); *Ohly* ZUM 2017, 793 (794, 800); *Specht* ZUM 2017, 114 (118 ff.); *Grünberger* ZUM 2018, 321 (330); *Conrad/Schubert* ZUM 2018, 132 (133); *J. B. Nordemann* GRUR-Int 2018, 526 (535). Anders für Verletzungen des allgemeinen Persönlichkeitsrechts BGH GRUR 2017, 844 Rn. 18 mAnm *Hofmann.*

[1011] Vgl. EuGH GRUR 2018, 68 Rn. 34 ff. – VCAST/RTI mAnm *Kianfar;* anders noch BGH GRUR 2009, 845 Rn. 13 ff. – Internet-Videorecorder I; weiter → Rn. 286.

[1012] Vgl. EuGH GRUR 2018, 68 Rn. 36 ff. – VCAST/RTI; aA *Kianfar* GRUR 2018, 70 (71).

[1013] Vgl. *Ahrens* FS Canaris, 2007, Bd. I, 3 (14 ff.); *Backhaus* FS Beuthien, 2009, 527 (534); *Leistner* GRUR 2010, Beil. H. 1, 1 (18 ff.); *Leistner/Stang* LMK 2010, 297473; *Stang/Hühner* GRUR 2010, 636 (637); *Spindler* GRUR 2011, 101 (102 f.); *Lehment* WRP 2012, 149 (151); *Schapiro* S. 124 ff.; *Heid* S. 56 ff.; *Holznagel,* Notice and Take-Down-Verfahren als Teil der Providerhaftung, 2013, S. 96 ff.; *Jaworski,* Die Haftung von Kreditkartenunternehmen

kehrspflichten verletzt worden sind.[1014] Der Wortlaut des § 97 Abs. 1, der nichts darüber besagt, durch welche Handlungen eine Urheberrechtsverletzung begangen werden kann, steht dem ebensowenig entgegen[1015] wie der Umstand, dass auch Urheberrechtsverletzungen unerlaubte Handlungen sind.[1016] Aus der Einordnung unter denselben Oberbegriff und dem Umstand, dass es sowohl in den Fällen des § 823 Abs. 1 BGB als auch in den Fällen des § 97 Abs. 1 um die Verletzung absoluter Rechte geht, folgt nicht eine Gleichbehandlung dieser unterschiedlichen Arten von unerlaubten Handlungen in der Frage, durch welche Handlungen die besonders geregelte Urheberrechtsverletzung begangen werden kann.

229   **Täter einer Urheberrechtsverletzung** (§ 97) ist ein Werknutzer, der rechtswidrig handelt.[1017] Da Werknutzer nur sein kann, wer tatbestandsmäßig handelt,[1018] gilt dies auch für den Täter.[1019] Wer Täter eines besonderen Deliktstatbestands sein kann, hängt davon ab, welches tatbestandliche Unrecht darin umschrieben wird. Die Frage, wer Täter einer Urheberrechtsverletzung iSd § 97 in Verbindung mit den Tatbeständen der Verwertungsrechte sein kann, ist daher durch Auslegung dieser Vorschriften zu klären.[1020] Die **Verletzung von Sorgfaltspflichten** (Verkehrspflichten), die einer Rechtsverletzung durch Dritte vorbeugen sollen, begründet keine Verantwortlichkeit als Täter einer Werknutzungshandlung.[1021] Die voll harmonisierten Tatbestände der Verwertungsrechte legen fest, welches Verhalten unbefugten Dritten verboten ist und zu den Sanktionen führt, die für rechtswidrige Werknutzungen vorgesehen sind. Dadurch unterscheidet sich das Urheberrecht von den in § 823 Abs. 1 BGB ausdrücklich genannten Rechtsgütern (wie Leben, Gesundheit, Eigentum). Diese Rechtsgüter können durch die verschiedensten Handlungen verletzt werden.[1022] Wer nur eine Verkehrspflicht schuldhaft verletzt und dadurch eine Ursache für die Urheberrechtsverletzung eines Dritten gesetzt hat, handelt nicht tatbestandsmäßig und haftet deshalb nicht als Täter. Es fehlt bei ihm – und möglicherweise auch bei dem unmittelbar Handelnden – bereits an einem Handeln in voller Kenntnis der Folgen, wie es nach der Rechtsprechung des EuGH für eine Werknutzung grundsätzlich erforderlich ist.[1023]

230   Eine Täterhaftung, die auf der Verletzung von Verkehrspflichten beruht, hätte zudem **unannehmbare Wirkungen**.[1024] Sie könnte schon bei leichter Fahrlässigkeit hohe Schadensersatzpflichten begründen. Diese wären nicht allein schon gerechtfertigt, wenn der Handelnde Dienstleister des Verletzers ist (zB als Transportunternehmen oder Provider) und dafür ein (nach dem Wert der Dienstleistungen bemessenes) Entgelt erhält.[1025] Eine Haftung für Urheberrechtsverletzungen nur wegen der Verletzung von Verkehrspflichten wäre in vielen Fällen grob unverhältnismäßig[1026] und deshalb schon mit Art. 3 Enforcement-RL nicht vereinbar.[1027]

---

für Urheberrechtsverletzungen Dritter, 2016, S. 34 ff.; *Frey* S. 236 ff., 246 ff.; *Grisse,* Internetangebotssperren, 2018, S. 252 ff.; Fromm/Nordemann/*J. B. Nordemann* § 97 Rn. 150b ff.; *J. B. Nordemann* GRUR-Int 2018, 526 (533 f.).

[1014] Vgl. BGHZ 185, 330 = GRUR 2010, 633 Rn. 13 – *Sommer unseres Lebens*; BGH GRUR 2011, 1018 Rn. 18 – *Automobil-Onlinebörse*; BGH GRUR 2013, 511 Rn. 38 – *Morpheus* mAnm *Schaub*; BGHZ 194, 339 = GRUR 2013, 370 Rn. 16 – *Alone in the Dark*; BGH GRUR 2019, 813 Rn. 110 – *Cordoba II*. Vgl. zu dieser Frage näher *Neuhaus* S. 110, 157 ff.; *Hügel* S. 33 ff.; *Scheder-Bieschin* S. 267 ff.; *Neumann* S. 336 f., 398; *Wollin* S. 131 ff.; *Yang* S. 49 ff.; *v. Ungern-Sternberg* GRUR 2012, 321 (324 ff.), jeweils mwN; vgl. auch → Rn. 75. Die Haftung des Inhabers eines Mitgliedskontos bei eBay für Rechtsverletzungen Dritter (BGHZ 180, 134 = GRUR 2009, 597 Rn. 16 – Halzband; vgl. auch BGH GRUR 2019, 813 Rn. 112 – Cordoba II) ist keine Haftung für die Verletzung von Verkehrspflichten, sondern beruht auf Rechtsgedanken, wie sie der Haftung des Unternehmensinhabers nach § 99 zugrunde liegen (vgl. *v. Ungern-Sternberg* GRUR 2010, 386 (391 f.); sa *Hügel* S. 24 ff.; *Morgenroth* S. 347 f.; aA *Czychowski/J. B. Nordemann* GRUR 2013, 986 (990)); → § 97 Rn. 54, 66.

[1015] Vgl. *Hügel* S. 53 ff.; *Scheder-Bieschin* S. 268 f.; *Wollin* S. 137 f.; aA zB *Heid* S. 56 f.; *Czychowski/J. B. Nordemann* GRUR 2013, 986 (990 f.).

[1016] Vgl. *Hügel* S. 49 ff.; *Neumann* S. 336 f.; *Wollin* S. 136 ff.; aA *Heid* S. 56 ff. mwN.

[1017] Vgl. BGH GRUR 2011, 1018 Rn. 18 – *Automobil-Onlinebörse*; BGHZ 194, 339 = GRUR 2013, 370 Rn. 16 – *Alone in the Dark* mAnm *Hühner*; vgl. weiter *Neuhaus* S. 164 f.; *v. Ungern-Sternberg* GRUR 2012, 321 (324 ff.); aA *Schapiro* S. 107 ff.; *Czychowski/J. B. Nordemann* GRUR 2013, 986 (990); weiter → Rn. 149. Eine strafbare Urheberrechtsverletzung kann in jedem Fall nur durch eine tatbestandsmäßige Handlung begangen werden (vgl. *Neuhaus* S. 164; *Schapiro* S. 150 f.; *Hügel* S. 60 f.).

[1018] Der Werknutzer muss nicht eigenhändig handeln. Es genügt, dass ihm das Handeln Dritter zurechenbar ist (→ Rn. 18, 149, 223 f.). Ein Unterlassen trotz Bestehens einer Garantenstellung iSd § 823 BGB genügt nicht (→ Rn. 149).

[1019] Vgl. BGH GRUR 2016, 493 Rn. 18 – *Al Di Meola*; *v. Ungern-Sternberg* GRUR 2012, 321 (324) mwN.

[1020] Die Anforderungen des Unrechtstatbestands des § 97 iVm den Tatbeständen der Verwertungsrechte dürfen deshalb nicht durch Rückgriff auf den allgemeinen Deliktstatbestand des § 823 BGB umgangen werden (vgl. auch *v. Ungern-Sternberg* GRUR 2012, 321 (325) mwN). Weiter → Rn. 149.

[1021] Vgl. BGHZ 185, 330 = GRUR 2010, 633 Rn. 13 – *Sommer unseres Lebens* (zur Unterhaltung eines nicht ausreichend gesicherten privaten WLAN-Anschlusses); vgl. weiter → Rn. 228; zur Haftung des Inhabers eines privaten Internetanschlusses vgl. *v. Ungern-Sternberg* GRUR 2018, 225 (237 f.); *v. Ungern-Sternberg* GRUR 2019, 1 (7 f.) mwN.

[1022] Vgl. *Neuhaus* S. 161 ff.

[1023] → Rn. 79 f.

[1024] Vgl. dazu auch *Ohly* ZUM 2017, 793 (801 f.); *Grünberger* ZUM 2018, 321 (330).

[1025] Vgl. auch *Rehbinder/Peukert* Rn. 1068; aA *Czychowski/J. B. Nordemann* GRUR 2013, 986 (990).

[1026] Dies vielfach schon deshalb, weil die Schadenssummen außer Verhältnis zum Wert der erbrachten Dienstleistungen stehen.

[1027] Vgl. dazu näher *v. Ungern-Sternberg* GRUR 2012, 576 (581 f.).

c) Störer. Die Störerhaftung bei Verletzung absoluter Rechte setzt kein tatbestandsmäßiges Han- 231
deln voraus. Ein Störer ist deshalb **kein Werknutzer.** Bei einem Eingriff in absolute Rechte kann als
Störer auf Unterlassung in Anspruch genommen werden, wer – ohne Täter oder Teilnehmer zu sein –
in irgendeiner Weise willentlich und adäquat kausal unter Verletzung zumutbarer[1028] Verhaltenspflichten (auch aufgrund gefahrerhöhenden Verhaltens),[1029] insbesondere von Prüfpflichten, zur Verletzung
des geschützten Rechts beiträgt.[1030] Dabei kann als Beitrag auch die Unterstützung oder Ausnutzung
der Handlung eines eigenverantwortlich handelnden Dritten genügen, sofern der in Anspruch Genommene die rechtliche und tatsächliche Möglichkeit zur Verhinderung dieser Handlung hatte.[1031]
Ob und inwieweit ihm eine Verhinderung der Verletzungshandlung des Dritten zuzumuten war, richtet sich nach den Umständen des Einzelfalls. Zu berücksichtigen sind dabei die Funktion und Aufgabenstellung des Inanspruchgenommenen und die Eigenverantwortung dessen, der die rechtswidrige
Beeinträchtigung selbst unmittelbar vorgenommen hat.[1032]

Der **BGH** hält zu Recht an der **Störerhaftung** bei Verletzung des Urheberrechts als eines absolu- 232
ten Rechts fest.[1033] Diese Haftung ist auf Unterlassungsansprüche beschränkt und schützt die Rechtsinhaber in Fällen, in denen eine deliktische, auch auf Schadensersatz gerichtete Haftung unverhältnismäßig wäre. Es gibt deshalb keinen Grund, die Störerhaftung im Bereich des Immaterialgüterrechts zu
Gunsten einer Schadensersatzhaftung wegen Verletzung von Verkehrspflichten (§ 823 Abs. 1 BGB)
aufzugeben.[1034] Die Annahme einer Haftung als Täter einer Verletzung von Verwertungsrechten auch
in Fällen, in denen der Handelnde nicht den Tatbestand eines Verwertungsrechts erfüllt, wäre zudem
nicht mit dem Gesetz vereinbar.[1035] Die Ausweitung der Täterhaftung für Urheberrechtsverletzungen
durch die Rechtsprechung des EuGH[1036] und – daran anknüpfend – Art. 17 DSM-RL[1037] begrenzt
allerdings zunehmend den Anwendungsbereich der Störerhaftung.[1038]

d) Haftung Dritter nach anderen Vorschriften. Soweit Hilfspersonen nicht selbst Werknutzer 233
sind, bleibt ihre Haftung nach anderen Vorschriften, insbesondere als Gehilfe,[1039] Störer[1040] oder besonderen Zurechnungsnormen,[1041] unberührt.[1042] Der Inhaber eines Unternehmens kann nach § 99
für Rechtsverletzungen seiner Arbeitnehmer oder Beauftragten haften, auch wenn er nicht selbst
rechtsverletzend gehandelt hat.[1043]

[1028] Dabei gilt der Grundsatz der Verhältnismäßigkeit (vgl. BGH GRUR 2016, 936 Rn. 26 – Angebotsmanipulation bei Amazon).

[1029] Vgl. BGH GRUR 2016, 936 Rn. 22 – Angebotsmanipulation bei Amazon.

[1030] Vgl. BGHZ 200, 76 = GRUR 2014, 657 Rn. 22 – BearShare mAnm *Neurauter;* BGHZ 219, 276 = GRUR
2018, 1044 Rn. 15 = JZ 2019, 245 mAnm *Ohly* – Dead Island; BGH GRUR 2018, 1239 Rn. 39 f. – uploaded
(Gz. des EuGH C-683/18); BGH GRUR 2019, 947 Rn. 15 – Bring mich nach Hause. Bei Verletzung einer Prüfpflicht greift nach Ansicht des BGH ein Beweis des ersten Anscheins ein, dass die Rechtsverletzung auf der Pflichtverletzung beruht (BGH GRUR 2016, 936 Rn. 31 – Angebotsmanipulation bei Amazon).

[1031] Vgl. BGH GRUR 2011, 1018 Rn. 25 – Automobil-Onlinebörse; BGH GRUR 2013, 511 Rn. 41 – Mor-
pheus mAnm *Schaub;* ebenso – zum MarkenR – BGHZ 191, 19 = GRUR 2011, 1038 Rn. 20 – Stiftparfüm; zum
Namensrecht BGH GRUR 2012, 304 Rn. 49 ff. – Basler Haar-Kosmetik mAnm *Spindler;* BGH GRUR 2012, 651
Rn. 21 – regierung-oberfranken.de; vgl. weiter → § 97 Rn. 72 ff.

[1032] Vgl. BGHZ 200, 76 = GRUR 2014, 657 Rn. 22 – BearShare mAnm *Neurauter;* BGH GRUR 2015, 672
Rn. 81 – Videospiel-Konsolen II; BGH GRUR 2018, 178 Rn. 74 f. – Vorschaubilder III.

[1033] Vgl. BGH GRUR 2017, 617 Rn. 11 – WLAN-Schlüssel; BGH GRUR 2018, 178 Rn. 74 – Vorschaubil-
der III mAnm *Ohly;* BGHZ 219, 276 = GRUR 2018, 1044 Rn. 15 = JZ 2019, 245 mAnm *Ohly* – Dead Island;
BGH GRUR 2018, 1132 Rn. 48 f. – YouTube mAnm *Ohly* (Gz. des EuGH C-682/18); BGH GRUR 2019, 947
Rn. 15 – Bring mich nach Hause; *Habermann,* Die zivilrechtliche Störerhaftung bei einer Verletzung von Immate-
rialrechtsgütern im Internet, 2016, S. 273 ff.; *Ahrnefeld,* Die Haftung der Transportperson für schutzrechtsverletzende
Waren nach deutschem Recht, 2017, S. 185 ff., 265; vgl. auch *Peifer* IIC 2017, 623 (625); aA *Ohly* FS Gernot
Schulze, 2017, 387 (393 ff.); *Ohly* ZUM 2017, 793 (801 f.); *Ohly* GRUR 2017, 441 (445 f.); *Morgenroth,* Organhaftung bei Immaterialgüterrechtsverletzungen, 2017, S. 337 ff. Die Störerhaftung setzt zudem Art. 8 Abs. 3 InfoSoc-
RL sowie Art. 11 S. 3 Enforcement-RL um. Die Rechtsprechung des I. Zivilsenats des BGH zur Störerhaftung bei
der Verletzung urheberrechtlicher Schutzrechte unterscheidet sich von der Rechtsprechung seines VI. Zivilsenats
zur Störerhaftung bei der Verletzung des allgemeinen Persönlichkeitsrechts (vgl. BGH GRUR 2017, 844 Rn. 18 –
klinikbewertungen.de; BGHZ 217, 350 = GRUR 2018, 642 Rn. 27, 31 – Internetforum).

[1034] AA *Leistner* GRUR 2010, Beil. H. 1, 1 (21); *J. B. Nordemann* GRUR 2011, 977 (979); *Gräbig* MMR 2011,
504 (508 f.); *Backhaus* LMK 2011, 326132.

[1035] Vgl. → Rn. 228 ff.

[1036] Vgl. → Rn. 59; *v. Ungern-Sternberg* GRUR 2019, 1 (5 f.).

[1037] Vgl. → Rn. 1 f.

[1038] Vgl. dazu auch *Ohly* JZ 2019, 251 (255).

[1039] Die Anforderungen an die Gehilfenhaftung sind nicht gering. Diese setzt eine Kenntnis von den konkret
drohenden Haupttaten voraus (vgl. BGHZ 194, 339 = GRUR 2013, 370 Rn. 17 – Alone in the Dark; BGH
GRUR 2013, 1030 Rn. 30 = WRP 2013, 1348 mAnm *Lober/Ludwig* – File-Hosting-Dienst; BGH WM 2013,
2322 Rn. 15; BGHZ 217, 300 = NJW 2018, 2404 Rn. 66 f.) und erfordert zumindest einen bedingten Vorsatz in
Bezug auf die Haupttat, der das Bewusstsein der Rechtswidrigkeit einschließen muss (vgl. BGH GRUR 2018, 1132
Rn. 63 – YouTube mAnm *Ohly*); vgl. aber auch das Vorabentscheidungsersuchen des BGH GRUR 2018, 1239
Rn. 51 ff. – uploaded (Gz. des EuGH C-683/18). Vgl. weiter → § 97 Rn. 68 f.

[1040] → Rn. 149, 231 f.; → § 97 Rn. 72 ff.; 121 ff.

[1041] → § 97 Rn. 85.

[1042] Vgl. BGHZ 185, 330 = GRUR 2010, 633 Rn. 16 ff. – Sommer unseres Lebens.

[1043] Vgl. BGH GRUR 2019, 813 Rn. 71 ff. – Cordoba II; → § 97 Rn. 86.

4. Nicht tatbestandsmäßige Handlungen

234   **a) Grundsatz.** Nicht tatbestandsmäßige Handlungen (dh nicht unter ein benanntes oder ein unbenanntes Verwertungsrecht[1044] fallende Handlungen) sind keine Werknutzungshandlungen.[1045] Sie können aber uU unter anderen rechtlichen Gesichtspunkten zur Unterlassung verpflichten oder – insbesondere als Teilnahme an Urheberrechtsverletzungen oder als rechtswidriger Eingriff in den eingerichteten und ausgeübten Gewerbebetrieb – schadensersatzpflichtig machen.

235   **b) Einzelfälle.** Fälle, in denen **keine Werknutzungshandlung** vorliegt: Abschluss eines Verlagsvertrags,[1046] Bestreiten der Inhaberschaft an ausschließlichen urheberrechtlichen Befugnissen,[1047] Verfügung eines Nichtberechtigten über das Urheberrecht,[1048] unberechtigtes Geltendmachen eines urheberrechtlichen Vergütungsanspruchs für eine Werknutzung,[1049] Besitz einer Raubkopie,[1050] Vorenthaltung geschützter Lichtbilder.[1051] Die praktische Umsetzung des technischen Wissens, das in einer urheberrechtlich geschützten technischen Zeichnung dargestellt ist, in einem Nachbau ist keine Handlung zur Nutzung des Werkes iSd § 2 Abs. 1 Nr. 7. Ist aber der Inhalt der Zeichnung selbst als Werk urheberrechtlich geschützt, zB als Entwurf eines Werkes der Baukunst (§ 2 Abs. 1 Nr. 4), kann der Nachbau eine Handlung zur Nutzung dieses Werkes sein.[1052]

236   Wird ein einfacher oder ein framender **Hyperlink** auf eine fremde Webseite mit einem urheberrechtlich geschützten Werk gesetzt, die im Internet mit Erlaubnis des Berechtigten frei (auf der verlinkten Webseite oder einer anderen Webseite) zugänglich ist, liegt darin keine urheberrechtlich relevante Nutzungshandlung. Der Linksetzer greift unter diesen Umständen weder in das Recht der öffentlichen Wiedergabe[1053] noch in das Vervielfältigungsrecht ein.[1054] Anders liegt es, wenn das Setzen des Hyperlinks das Werk einem „neuen Publikum" zugänglich macht.[1055]

V. Reichweite der Verwertungsrechte

1. Funktionsbezogene Auslegung der Verwertungsrechte

237   Das Verständnis der **Funktion der Verwertungsrechte** hat eine erhebliche Bedeutung für die Bestimmung ihrer Reichweite. Die Verwertungsrechte werden teilweise als Rechte aufgefasst, die zugleich vermögensrechtlichen und urheberpersönlichkeitsrechtlichen Gehalt haben (jedenfalls früher hM).[1056] Ein solches Verständnis legt eine ausdehnende Auslegung der Reichweite der Verwertungsrechte nahe, um dem Urheber eine möglichst weitgehende Kontrolle der Verwendung seines Werkes zu sichern.[1057] Dabei wird jedoch nicht berücksichtigt, dass die Verwertungsrechte nach dem maßgeblichen Unionsrecht rein vermögensrechtlicher Art sind. Der in den Richtlinien verankerte Urheberrechtsschutz soll den Urhebern vor allem ermöglichen, für die Nutzung ihrer Werke eine angemessene Vergütung zu erhalten.[1058]

238   Diesem engeren Verständnis des Schutzzwecks entspricht in mancher Beziehung eine geringere Reichweite der Verwertungsrechte.[1059] Ihr Eingreifen setzt voraus, dass es sich um eine **wirkliche Werknutzung** handelt, nicht nur um eine untergeordnete, beiläufige oder eher zufällige Verwendung, die nicht als bewusste Wiedergabe des Werkes wahrgenommen wird.[1060] Das Urheberrecht hat

---

[1044] → Rn. 262.

[1045] → Rn. 217.

[1046] BGH GRUR 1959, 331 (332) – Dreigroschenroman.

[1047] BGH GRUR 1997, 896 (897) – Mecki-Igel III.

[1048] BGH GRUR 1999, 152 (154) – Spielbankaffaire; BGHZ 151, 300 (305) = GRUR 2002, 963 (964) – Elektronischer Pressespiegel; BGH GRUR 2005, 854 (856 f.) – Karten-Grundsubstanz; Dreier/Schulze/*Specht* UrhG § 97 UrhG Rn. 7; zu Unrecht krit. Dreier/Schulze/*Schulze* UrhG § 15 Rn. 22, der nicht berücksichtigt, dass die Verwertungsrechte in richtlinienkonformer Auslegung nur Nutzungshandlungen erfassen dürfen (→ Rn. 10 ff., 217). Der nichtberechtigt Verfügende kann allerdings als Teilnehmer oder Störer haften. Zu Ansprüchen von Außenseitern gegen eine Verwertungsgesellschaft, die ihre Ansprüche aufgrund einer gesetzlichen Vermutung ihrer Aktivlegitimation gemäß § 49 Abs. 1 VGG wahrnehmen konnte, s. *v. Ungern-Sternberg* ZGE 2017, 1 (17).

[1049] BGHZ 151, 300 (305) = GRUR 2002, 963 (964) – Elektronischer Pressespiegel; BGH GRUR 2005, 670 f. – WirtschaftsWoche.

[1050] Vgl. → Rn. 190; Dreier/Schulze/*Schulze* UrhG § 15 Rn. 20.

[1051] BAG 8.8.2000 – 9 AZR 428/99, BeckRS 2000, 30786071.

[1052] Vgl. BGH GRUR 1985, 129 (131) – Elektrodenfabrik.

[1053] S. EuGH GRUR 2016, 1152 Rn. 39 ff., 52 – GS Media/Sanoma ua mAnm *Ohly;* näher → Rn. 86 f.

[1054] Vgl. EuGH GRUR 2014, 360 Rn. 17 ff. – Nils Svensson ua/Retriever Sverige mAnm *Jani/Leenen;* insoweit im Ergebnis ebenso bereits BGHZ 156, 1 (11, 14 f.) = GRUR 2003, 958 (961 f.) – Paperboy; BGH GRUR 2010, 616 Rn. 21 – marions-kochbuch.de.

[1055] → Rn. 86 f., 106.

[1056] → Einl. UrhG Rn. 28, 48; vgl. dagegen → Rn. 9, 150 f., 209.

[1057] Vgl. zum österreichischen Recht öOGH MR 2011, 311 (312) – Gemälde im Hotel II/Mozart Symphonie No 41 II mAnm *Walter; Walter* MR 2010, 209 f.; *Reis* MR 2011, 22 (23 f.).

[1058] → Rn. 6 ff., 150 f., 209.

[1059] Vgl. → Rn. 8, 23 ff.; *v. Ungern-Sternberg* GRUR 2012, 1198 (1200). Zur Beschränkung der Rechte aus verwandten Schutzrechten auf wirkliche Nutzungen des Schutzgegenstands → § 87 Rn. 75.

[1060] → Rn. 23 f., 79 f., 90, 177. Der grundrechtliche Schutz des Urheberrechts fordert nicht, dem Urheber jede nur denkbare wirtschaftliche Verwertung zuzuordnen (→ Rn. 171).

zwar auch in dieser Auslegung den Zweck, dem Urheber die Kontrolle über die Nutzung seines Werkes zu geben, dies aber vor allem deshalb, um die wirtschaftliche Verwertung des Werkes abzusichern. Auch Werknutzungen, die für sich genommen keine wirtschaftliche Werkverwertung sind, fallen unter das Urheberrecht.[1061] Eine **bloße Werkverwendung** genügt jedoch nicht; es muss sich um Werknutzungen handeln.[1062]

Die Rechtsstellung der Urheber wird durch die funktionsbezogene Auslegung der Verwertungsrechte nicht bedeutsam verschlechtert.[1063] Wichtiger ist, dass die Beschränkung der Reichweite der Verwertungsrechte die Freiräume für neues Gestalten erweitert, weil sich die Gefahr verringert, dass die spätere Werkauswertung durch Rechte an fremden Werken blockiert wird, die im Schaffensprozess lediglich in untergeordneter Weise erfasst wurden.[1064]

Die Mitgliedstaaten dürfen den Verwertungsrechten nicht unter Berufung auf das Urheberpersön- **239** lichkeitsrecht eine größere Reichweite beimessen, als dies durch das Unionsrecht vorgegeben ist. Die Verwertungsrechte haben aber weiterhin einen engen Bezug zum **Schutz der urheberpersönlichkeitsrechtlichen Interessen.**[1065]

Die funktionsbezogene Auslegung der Verwertungsrechte ist **vereinbar mit den internationalen** **240** **Urheberrechtsverträgen.**[1066]

2. Werk als Objekt der Werknutzungshandlungen

a) Nutzung von Werkteilen. Die Frage, ob ein Verwertungsrecht eingreift, wenn ein Werk nur **241** in Teilen genutzt wird, ist nach Unionsrecht zu beurteilen. Dabei geht es insbesondere um die Frage, ob noch eine **Nutzung des Schutzgegenstands** gegeben ist, wenn lediglich Werkteile verwendet werden.[1067]

b) Nutzung des Werkes in veränderter Gestalt. Die Verwertungsrechte greifen nur ein, wenn **242** das geschützte Werk (§ 2) tatbestandsmäßig benutzt wird. Die Verwertungsrechte beziehen sich aber – wie durch das Unionsrecht (im Einklang mit der Berner Übereinkunft und dem WIPO-Urheberrechtsvertrag)[1068] vorgegeben –[1069] nicht nur auf die Nutzung des unveränderten Werkes, sondern grundsätzlich auch auf **Nutzungen des Werkes in veränderter Gestalt,** bei denen das Werk in wesentlichen individuellen Zügen, die für sich noch schutzfähig sind, wiedergegeben wird[1070] und eine wirkliche Werknutzung vorliegt.[1071] Der Urheber kann aufgrund seiner Verwertungsrechte entsprechende Nutzungsrechte auch zum Zweck der Bearbeitung (zB der Verfilmung eines Romans)[1072] einräumen, obwohl er selbst sein Werk in der bearbeiteten Form, die als Bearbeitung als solche urheberrechtlich schutzfähig ist (§ 3), nicht nutzen dürfte. Insoweit geht auch das negative Verbietungsrecht des Urhebers (uU auch des Inhabers eines dinglichen Nutzungsrechts)[1073] weiter als das positive Benutzungsrecht.[1074]

Da die Verwertungsrechte nach dem Unionsrecht auch Nutzungen des Werkes in veränderter Ge- **243** stalt erfassen,[1075] ist in richtlinienkonformer Auslegung des **§ 23 S. 1** anzunehmen, dass diese Vorschrift nur den **Schutzumfang der Verwertungsrechte** klarstellt und kein eigenes – im Unionsrecht nicht vorgesehenes – Verwertungsrecht enthält.[1076] Die Vorschrift des **§ 24** (Freie Benutzung)

[1061] Vgl. → Rn. 6, 211.

[1062] → Rn. 23 f., 32 ff.

[1063] *Peifer* (in Leible, Der Schutz des Geistigen Eigentums im Internet, 2012, S. 1, 3) weist zu Recht darauf hin, dass die Exklusivität des Urheberrechts ergibt, die sich aus der Exklusivität des Urheberrechts ergibt, in erster Linie den Verwerter sichert, für den Kontrolle erforderlich ist, um sein Geschäftsmodell rentabel zu betreiben. Dieser Befund bestätigt die Notwendigkeit der funktionsbezogenen Auslegung der Verwertungsrechte.

[1064] Vgl. *v. Ungern-Sternberg* GRUR 2012, 576 (580).

[1065] → Rn. 150 f.

[1066] → Rn. 27.

[1067] Näher → Rn. 28 ff.

[1068] Art. 8, 9 Abs. 1, 12, 14 RBÜ; Art. 1 Abs. 4 WCT.

[1069] → Rn. 32 ff.

[1070] Vgl. – zu § 16 – BGH GRUR 1991, 529 (530) – Explosionszeichnungen; BGHZ 185, 291 = GRUR 2010, 628 Rn. 17 – Vorschaubilder I; BGH GRUR 2014, 65 Rn. 36 – Beuys-Aktion mAnm *Jacobs/Elmenhorst;* BGH GRUR 2014, 258 Rn. 37 – Pippi-Langstrumpf-Kostüm I; BGH GRUR 2017, 390 Rn. 45 – East Side Gallery; öOGH GRUR-Int 2011, 77 (78) – Mozart Symphonie No 41; öOGH GRUR-Int 2016, 842 (unter 2.6) – Le Corbusier-Fauteuil; Dreier/Schulze/*Schulze* UrhG § 16 Rn. 10; vgl. weiter → Rn. 32 ff.; → § 16 Rn. 8. Zur Frage, ob bei Verwertung eines Filmwerkes auch Filmwerkes auch die Verwertungsrechte an den für die Herstellung des Filmwerkes benutzten Werken eingreifen, → § 19 Rn. 59 f.; → § 88 Rn. 37.

[1071] → Rn. 23 f., 34 f.; *v. Ungern-Sternberg* GRUR 2018, 225 (226 f.).

[1072] § 88 Abs. 1; → Vor §§ 88 ff. Rn. 27 ff.

[1073] → Rn. 204.

[1074] Vgl. BGHZ 141, 267 (272) = GRUR 1999, 984 (985) – Laras Tochter; OLG München ZUM-RD 2013, 183 (184 f.); vgl. auch *v. Ungern-Sternberg* GRUR 2015, 533 (534 mit Fn. 22); weiter → Rn. 204.

[1075] Dazu → Rn. 32 ff.

[1076] In diesem Sinn – allein aufgrund der Auslegung des UrhG – BGHZ 141, 267 (272) = GRUR 1999, 984 (985) – Laras Tochter; BGH GRUR 2014, 258 Rn. 37 – Pippi-Langstrumpf-Kostüm I; BGHZ 211, 309 = GRUR 2016, 1157 Rn. 17 – auf fett getrimmt; Wandtke/Bullinger/*Bullinger* UrhG § 23 Rn. 1; *Krusemarck* S. 194 ff.; *Koch* FS Bornkamm, 2014, 835 (838, 843 f.); *V. Fischer* S. 58 f.; vgl. auch Dreier/Schulze/*Schulze* UrhG § 15 Rn. 11; *Winter*

widerspricht dem Unionsrecht, das keine solche Beschränkung der ausschließlichen Rechte des Urhebers zulässt, und ist deshalb unanwendbar.[1077]

244 Da die Verwertungsrechte (mit Ausnahme von § 18[1078] und § 19 Abs. 1 und 2)[1079] voll harmonisiert sind,[1080] ist auch die Frage, nach welchen **Kriterien** und in welchem Umfang die Verwertungsrechte Verwendungen des Werkes in veränderter Form erfassen, nach dem Unionsrecht zu beurteilen.[1081]

245 Die hM geht davon aus, dass die Herstellung von Bearbeitungen und anderen Umgestaltungen des Werkes grundsätzlich frei ist **(Herstellungsfreiheit).**[1082] Dies ist nicht nur mit Art. 8 und 12 RBÜ (Pariser Fassung),[1083] sondern auch mit dem Unionsrecht vereinbar. Die Herstellungsfreiheit kann allerdings nicht mehr wie bisher aus § 23 S. 1 und einem Umkehrschluss aus § 23 S. 2 begründet werden, da die Mitgliedstaaten nach der Rechtsprechung des EuGH keine Beschränkungen der Verwertungsrechte vorsehen können, die das Unionsrecht nicht vorschreibt oder gestattet.[1084]

Im Unionsrecht fehlt zwar eine ausdrückliche Zulassung der Herstellungsfreiheit, wie sie die hM § 23 entnommen hat. Eine Herstellungsfreiheit in diesem Umfang ergibt sich aber bei funktionsbezogener, der Zielsetzung der InfoSoc-RL (vgl. auch Erwgr. 31) entsprechender Auslegung des Vervielfältigungsrechts[1085] als eine immanente Schranke des Rechts.[1086] Die InfoSoc-RL bezweckt einen angemessenen Rechts- und Interessenausgleich zwischen den Interessen der Inhaber von Urheber- und verwandten Schutzrechten am Schutz ihres in Art. 17 Abs. 2 GRCh verankerten Rechts am geistigen Eigentum auf der einen Seite und dem Schutz der Interessen und Grundrechte der Nutzer von Schutzgegenständen sowie dem Allgemeininteresse auf der anderen Seite.[1087] Der Schutzumfang der Verwertungsrechte muss daher auch in Abwägung von Grundrechten bestimmt werden. Dies gilt auch bei einer unveränderten Vervielfältigung eines Werkes, wenn diese für eine künstlerische Umgestaltung des Werkes verwendet werden soll (zB für eine Collage).[1088] Dabei ist, gerade auch mit Blick auf den grundrechtlichen Schutz der Kunstfreiheit (Art. 13 GRCh), zu berücksichtigen, dass eine solche Vervielfältigung nicht Erwerbszwecken, sondern dem Versuch einer freien Benutzung des Werkes dienen soll. Andernfalls würde das Urheberrecht einem beruflich handelnden Künstler verbieten, wesentliche Kunsttechniken ohne Einwilligung des Urhebers anzuwenden, obwohl dieser kaum ein schutzwürdiges Interesse daran hat, auch eine Vervielfältigung verbieten zu können, die nur Material für eine Bearbeitung sein soll.[1089]

246 **c) Nutzung des Werkes in einem besonderen Umfeld.** Die durch das Unionsrecht gebotene funktionsbezogene Auslegung der Verwertungsrechte[1090] kann dazu führen, dass die Verwertungsrechte nicht eingreifen, wenn das Werk in einem besonderen Umfeld derart verwendet wird, dass nicht mehr von einer wirklichen Werknutzung gesprochen werden kann.[1091] Nach den Umständen kann die Aufmerksamkeit des Publikums ganz allgemein nicht auf Werkwiedergaben gerichtet sein oder jedenfalls nicht auf die schöpferischen Merkmale des betreffenden Werkes, weil diese nach der Art der Wiedergabe aus der Sicht des Publikums zurücktreten.[1092]

247 **Beispiele:** Bei Film- oder Videoaufnahmen werden vielfach mehr oder weniger zufällig geschützte Werke wie Gemälde, Plakate oder Skulpturen (zB als Filmkulisse) mit im Bild erfasst, die vom Betrachter später kaum noch wahrgenommen werden.[1093] Bei einer Hörfunkreportage kann in der Geräuschkulisse Hintergrundmusik mit aufgezeichnet werden. Gebrauchsgegenstände aller Art, die Werke der angewandten Kunst sind, werden häufig auch gezielt verwendet, um für eine Filmhandlung ein passendes Umfeld zu schaffen. Der Zuschauer nimmt sie aber später weitgehend nur als Teil der „At-

---

S. 190 ff.; weiter → Rn. 32 ff.; → § 23 Rn. 1, 25; aA *Tinnefeld* S. 48 f.; *Schunke* S. 124 ff.; *Zurth* S. 136 ff.; FA-GewRS/*Haberstumpf* Kap. 7 Rn. 233.

[1077] Vgl. EuGH GRUR 2019, 929 Rn. 56 ff. – Pelham/Hütter ua.

[1078] → Rn. 1, 165; → § 18 Rn. 1.

[1079] → Rn. 160 f.; → § 19 Rn. 1 f.

[1080] → Rn. 143 ff.

[1081] Vgl. → Rn. 32 ff., 47.

[1082] Vgl. BGHZ 185, 291 = GRUR 2010, 628 Rn. 22 – Vorschaubilder I; Wandtke/Bullinger/*Bullinger* UrhG § 23 Rn. 9 mwN; Dreier/Schulze/*Schulze* UrhG § 16 Rn. 5, 10; aA Dreyer/Kotthoff/Meckel/Hentsch/*Dreyer* UrhG § 15 Rn. 11. In den Fällen des § 23 S. 2 und bei urheberrechtlich geschützten Computerprogrammen bedarf bereits die Herstellung einer Bearbeitung grundsätzlich der Zustimmung des Rechtshabers (§ 69c Nr. 2 S. 1).

[1083] Vgl. Begr. RegE des UrhG BT-Drs. IV/270, 51; Möhring/Nicolini/*Ahlberg* UrhG § 23 Rn. 8.

[1084] Vgl. EuGH GRUR 2019, 929 Rn. 63 – Pelham/Hütter ua.

[1085] → Rn. 23 ff., 316; vgl. auch *van Elten* S. 221 f.

[1086] AA *Gabler* S. 100 f., 229 ff.; *Leenen* S. 61, 74 f.

[1087] Vgl. EuGH GRUR 2019, 929 Rn. 32 ff., 59 ff. – Pelham/Hütter ua; vgl. weiter → Rn. 113.

[1088] AA – allerdings ohne Berücksichtigung des Unionsrechts – BGH GRUR 2013, 614 Rn. 17 – Metall auf Metall II.

[1089] Vgl. auch das unionsrechtliche Gebot, dass der Schutz der Urheberrechte verhältnismäßig sein muss (Art. 8 Abs. 1 S. 2 InfoSoc-RL; Art. 3 Abs. 2 Enforcement-RL).

[1090] → Rn. 23 ff.

[1091] Vgl. → Rn. 23 f.; → Vor §§ 44a ff. Rn. 60; *v. Ungern-Sternberg* GRUR 2015, 533 (538). In solchen Fällen können der Durchsetzung der Verwertungsrechte nach den Umständen des Einzelfalls auch überwiegende Grundrechtspositionen Dritter entgegenstehen (zB die Meinungs- und Kunstfreiheit); dazu → Rn. 5, 43, 316 f.

[1092] Dazu → Rn. 90, 238, 345 ff.

[1093] Zu den einschlägigen Problemen der Filmbranche vgl. *Riecken,* Schutzgüter in der Filmkulisse, 2011 (mit vielen Fallbeispielen).

mosphäre" wahr. Ein Werk, das bei neuem Werkschaffen derart – und sei es absichtlich – in ganz andere Zusammenhänge einbezogen worden ist, wird regelmäßig nicht im Rechtssinn genutzt, weil das Publikum nicht gerade auch für dieses Werk aufnahmebereit ist. Anders liegt es, wenn die Aufmerksamkeit des Publikums gezielt auf ein geschütztes Werk hingelenkt wird.

Eine Werknutzung durch Vervielfältigung ist weiterhin nicht gegeben, wenn Fotos einen Hotel- **248** raum mit dem dort im Hintergrund hängenden Gemälde so zeigen, dass dieses (gerade) noch mit urheberrechtlich geschützten Zügen erkennbar bleibt.[1094] An einer wirklichen Nutzung des Werkes als solchen kann es auch fehlen, wenn das Werk in den besonderen Zusammenhang einer **Collage** aufgenommen worden ist.

Bei der Bildersuche mithilfe von Suchmaschinen werden dem anfragenden Internetnutzer regelmä- **249** ßig umfangreiche Listen detailarmer **Vorschaubilder** (thumbnails) angezeigt. Auch wenn Vorschaubilder in diesen Listen unter dem Gesichtspunkt der Anfrage relevant sind, richtet sich das Interesse des Anfragenden nicht auf die detailarmen Vorschaubilder selbst, sondern auf die von Dritten in das Internet eingestellten Bilder, mit denen die Vorschaubilder verlinkt sind.[1095]

Die funktionsbezogene Auslegung der Verwertungsrechte im Licht des Unionsrechts hat zur Folge, **250** dass es auf das Eingreifen von **Schrankenbestimmungen** uU schon deshalb nicht ankommt, weil es bereits am Tatbestand einer Werknutzung fehlt.[1096] Die Rechtsgedanken, die der EuGH seiner Auslegung der Verwertungsrechte zu Grunde legt, werden auch bei der Auslegung mancher Schrankenbestimmungen zu berücksichtigen sein (insbes. § 50, § 57, § 59).[1097]

3. Räumliche Reichweite der Verwertungsrechte

Die räumliche Reichweite der Verwertungsrechte ist nach den Grundsätzen des Unionsrechts zu **251** beurteilen.[1098]

VI. Benannte Verwertungsrechte

1. Verwertungsrechte des § 15

In § 15 sind die wichtigsten Einzelverwertungsrechte des Urhebers zusammengefasst in dem Recht **252** der Verwertung des Werkes in körperlicher Form (§ 15 Abs. 1) und dem Recht, das Werk in unkörperlicher Form öffentlich wiederzugeben (Recht der öffentlichen Wiedergabe, § 15 Abs. 2).

Das Recht der **Werkverwertung in körperlicher Form**[1099] umfasst insbesondere das Vervielfäl- **253** tigungsrecht (§ 16), das Verbreitungsrecht (§ 17) und das Ausstellungsrecht (§ 18).[1100]

Das **Recht der öffentlichen Wiedergabe**[1101] beinhaltet insbesondere das Vortrags-, das Auffüh- **254** rungs- und das Vorführungsrecht (§ 19), das Recht der öffentlichen Zugänglichmachung (§ 19a), das Senderecht,[1102] das Recht der Wiedergabe durch Bild- oder Tonträger (§ 21) und das Recht der Wiedergabe von Funksendungen und von öffentlicher Zugänglichmachung (§ 22).[1103]

Die benannten Verwertungsrechte werden durch die **unbenannten Verwertungsrechte** ergänzt **255** (vgl. § 15 Abs. 1 und 2 „insbesondere").[1104]

2. Verwertungsrechte neben § 15

Die Vorschrift des § 15 enthält **keine vollständige Aufzählung** der im Gesetz benannten Verwer- **256** tungsrechte. Aus verschiedenen Gründen hat der Gesetzgeber bei der Einfügung neuer Verwertungsrechte in das Gesetz auf deren Benennung in § 15 verzichtet, so im Fall des § 20a.[1105] Weitere – in § 15 nicht genannte – ausschließliche Rechte sind in Umsetzung von Richtlinien anerkannt worden.

[1094] Zu einer solchen Fallgestaltung vgl. auch öOGH GRUR-Int 2011, 77 = ZUM 2010, 629 mAnm *Handig* – Mozart Symphonie No 41 (zu dieser Entscheidung krit. *Walter* MR 2010, 209; *Reis* MR 2011, 22) und öOGH MR 2011, 311 – Gemälde im Hotel II/Mozart Symphonie No 41 II mAnm *Walter.* Im Fall des BGH „Möbelkatalog" (GRUR 2015, 667) fehlte es dementsprechend wohl schon an einer Werknutzung (weiter → Rn. 250). Andererseits kann eine Fotografie auch als „Bild im Bild" iSd § 16 vervielfältigt werden, wenn sie darin als solche herausgestellt wird (vgl. den Fall KG ZUM 2010, 883).

[1095] Vgl. → § 19a Rn. 98 ff.; → Vor §§ 44a ff. Rn. 60; *v. Ungern-Sternberg* GRUR 2013, 248 (261).

[1096] → Vor §§ 44a ff. Rn. 60.

[1097] Die sehr enge Auslegung des § 57 UrhG durch den BGH im Urteil „Möbelkatalog" (GRUR 2015, 667 mAnm *Stang*) berücksichtigt diesen Zusammenhang noch nicht; vgl. weiter *v. Ungern-Sternberg* GRUR 2012, 576 (580).

[1098] → Rn. 37, 152 ff.; → Vor §§ 20 ff. Rn. 13 f.

[1099] → Rn. 325 ff.

[1100] Zur Rechtsnatur des Ausstellungsrechts vgl. → § 18 Rn. 4.

[1101] → Rn. 329 ff.

[1102] § 20, § 20a; zum Verhältnis des Senderechts aus § 20 zum Recht aus § 20a → § 20 Rn. 51 ff.; → § 20a Rn. 23.

[1103] → Rn. 98.

[1104] → Rn. 262 ff.

[1105] Dazu → § 20 Rn. 52; → § 20a Rn. 23.

So sind durch § 69c – in Umsetzung der Computerprogramm-RL[1106] – Verwertungsrechte hinsichtlich urheberrechtlich schutzfähiger **Computerprogramme** begründet worden.[1107] Zum Verhältnis des § 15 zu den besonderen Bestimmungen für Computerprogramme (§§ 69a ff.) → vor §§ 69a ff. Rn. 5.[1108]

257 Die Regelung der Verwertungsrechte wird ergänzt durch die Vorschrift des § 23 („Bearbeitungen und Umgestaltungen"), die kein eigenes Verwertungsrecht regelt, sondern den Schutzumfang der Verwertungsrechte (str.).[1109]

258 Ein Verwertungsrecht des Urhebers, sein Werk mit einem anderen Werk zu verbinden, kennt das Urheberrecht nicht. Ebensowenig steht dem Urheber allgemein das Recht zu, über eine **Werkverbindung** als solche zu bestimmen.[1110] Dem Urheber können aber Ansprüche zustehen, wenn seine berechtigten geistigen und persönlichen Interessen an seinem Werk wegen des besonderen Charakters der Werkverbindung[1111] verletzt werden (§ 14).

259 Bestimmte wirtschaftlich bedeutsame Verwertungsbefugnisse sind dem Urheber zwar vorbehalten, aber nicht als eigenständige Verwertungsrechte ausgestaltet. So enthält das UrhG kein **Filmherstellungsrecht** als eigenständiges Verwertungsrecht.[1112] Von der Aufnahme eines solchen Rechts wurde bewusst abgesehen.[1113] Die Verfilmung eines Werkes ist daher entweder als Vervielfältigung (§ 16) oder als Bearbeitung (§ 23) dieses Werkes zu behandeln.[1114] Bei unveränderter Übernahme des Werkes oder Übernahme des Werkes in seinen wesentlichen Zügen in den Film ist eine Vervielfältigung anzunehmen.[1115] Bei Fernsehsendungen gilt dies allerdings nicht für Live-Sendungen, da eine Vervielfältigung eine Verkörperung des wiedergegebenen Werkes voraussetzt.[1116] Die Benutzung eines Werkes zur Herstellung eines Films, die eine Bearbeitung oder andere Umgestaltung des Werkes darstellt, ist nach § 23 S. 2 nicht ohne Einwilligung des Urhebers zulässig.

260 Ebenso wie die Verfilmung eines Werkes wird auch die Herstellung von Videokassetten für die **Videozweitauswertung** eines Films nicht durch ein eigenständiges Verwertungsrecht erfasst. Betroffen ist vielmehr das Vervielfältigungsrecht.[1117]

VII. § 15 als Generalklausel. Unbenannte Verwertungsrechte

1. Umfassendes Verwertungsrecht

261 Durch § 15 iVm den Definitionen der Einzelverwertungsrechte in den §§ 16–22 sollten dem Urheber alle **zur Zeit des Erlasses des UrhG** (9.9.1965) bedeutsamen technischen und wirtschaftlichen Verwertungsmöglichkeiten zugeordnet werden. Trotz des Wortlauts der Absätze 1 und 2 („das Recht umfasst insbesondere") sollten insoweit die aufgezählten Verwertungsbefugnisse des Urhebers durch die Bestimmungen über die Einzelverwertungsrechte (§§ 16–22) abschließend umschrieben werden.[1118]

2. Unbenannte Verwertungsrechte

262 **a) Konzeption des UrhG.** Die Aufzählung der Einzelverwertungsrechte in Abs. 1 und 2 ist hinsichtlich der zur Zeit des Erlasses des UrhG noch nicht bekannten oder wirtschaftlich noch nicht

---

[1106] → Vor §§ 69a ff. Rn. 4; zum Harmonisierungsgrad der Verwertungsrechte in der Computerprogramm-RL vgl. *Grünberger* ZUM 2015, 273 (274).

[1107] Zu § 69c Nr. 4: Die Computerprogramm-RL enthält kein eigenständiges Recht an der öffentlichen Wiedergabe. Zur Frage, ob Art. 3 Abs. 1 InfoSoc-RL ergänzend ein Recht an der öffentlichen Wiedergabe von Computerprogrammen (einschließlich eines Rechts der öffentlichen Zugänglichmachung) gewährt, s. GA *Szpunar*, SchlA v. 10.9.2019 – C-263/18 in Tom Kabinet, Rn. 64; BGH GRUR 2019, 950 Rn. 22 ff. – Testversion.

[1108] Sa Dreyer/Kotthoff/Meckel/Hentsch/*Dreyer* UrhG § 15 Rn. 11; → § 19a Rn. 15.

[1109] → Rn. 32 ff., 243; → § 23 Rn. 1, 25; vgl. auch *Gabler* S. 90 ff.

[1110] Sa BGH GRUR 2006, 319 Rn. 30 f. – Alpensinfonie.

[1111] ZB bei Benutzung ernster Musik für einen Werbefilm.

[1112] Vgl. BGHZ 123, 142 (146) = GRUR 1994, 41 (42 f.) mAnm *Poll* – Videozweitauswertung II – mwN; *Poll* ZUM 2014, 877 (878 f.); sa BGH GRUR 2006, 319 Rn. 25 – Alpensinfonie = Schulze BGHZ 547 mAnm *Hillig* = MMR 2006, 305 mAnm *Ventroni*; *Schack* Rn. 472; Loewenheim/*Castendyk* § 75 Rn. 298 f.; Heker/Riesenhuber/*Staudt/Welp* Kap. 7 Rn. 212; Heker/Riesenhuber/*Riemer* Kap. 8 Rn. 411; *Ventroni* S. 78 ff., 94 f.; aA Dreier/Schulze/*Schulze* UrhG § 88 Rn. 13 f.; weiter → Vor §§ 88 ff. Rn. 28 f.; → Vor § 31 ff. Rn. 142.

[1113] Vgl. zu § 15 RegE, BT-Drs. IV/270, 46 = UFITA 45 (1965), 240 (261); Bericht des BT-Rechtsausschusses UFITA 46 (1966), 174 (178); *Reischl* FuR 1966, 107 (109); anders noch § 12 Abs. 1 Nr. 3, § 15 MinE 1959 und § 18 Abs. 1 Buchst. e URG DDR.

[1114] Begr. RegE zu § 15, BT-Drs. IV/270, 46 = UFITA 45 (1965), 240 (261); BGHZ 123, 142 (146 f.) = GRUR 1994, 41 (42) mAnm *Poll* – Videozweitauswertung II; *Ventroni* S. 97; → Vor §§ 88 ff. Rn. 23 ff.

[1115] BGH GRUR 2006, 319 Rn. 25 – Alpensinfonie; *Urek* ZUM 1993, 168 (171); aA Dreier/Schulze/*Schulze* UrhG § 23 Rn. 21.

[1116] → § 16 Rn. 5; zum Schutz der Urheber bei Live-Sendungen durch das Senderecht → § 20 Rn. 25.

[1117] Vgl. BGHZ 123, 142 (146) = GRUR 1994, 41 (42 f.) mAnm *Poll* – Videozweitauswertung II.

[1118] Begr. RegE, BT-Drs. IV/270, 29, 45 = UFITA 45 (1965), 240 (260) am Beispiel des Ausstellungsrechts aus § 18; *v. Gamm* UrhG § 15 Rn. 1, 4; Dreier/Schulze/*Schulze* UrhG § 15 Rn. 17; sa BGHZ 154, 260 (264) = GRUR 2003, 956 (957) – Gies-Adler; weiter → Rn. 326.

bedeutsamen Nutzungsmöglichkeiten nur beispielhaft (**„insbesondere"**). Die ausschließlichen Befugnisse des Urhebers sollten so umfassend gestaltet werden, dass auch neue Arten der Werknutzung, die nicht schon von den benannten Verwertungsrechten erfasst werden, ohne weiteres seiner Kontrolle unterliegen.[1119] In solchen Fällen soll ein unbenanntes Verwertungsrecht (**Innominatfall**) angenommen werden. Mit dieser Gesetzestechnik hat der Gesetzgeber die Konsequenz daraus gezogen, dass sich die Einzelaufzählung der Urheberbefugnisse im früheren Recht (§§ 11 ff. LUG, §§ 15 ff. KUG) im Lauf der Zeit (zB aufgrund der Entwicklung der Rundfunktechnik) immer wieder als zu eng erwiesen hatte. Durch § 15 sollten dem Urheber alle bedeutsamen Verwertungsmöglichkeiten, auch soweit sie bei Erlass des UrhG noch nicht entwickelt waren, vorbehalten bleiben. Angesichts der getroffenen Regelung ist es deshalb im Wesentlichen nur von terminologischer Bedeutung, dass der Gesetzgeber bewusst nicht von einem allgemeinen Verwertungsrecht gesprochen hat.[1120] Die Annahme eines unbenannten Verwertungsrechts steht allerdings nunmehr unter dem Vorbehalt des vorrangigen Unionsrechts.[1121]

Der Begriff des unbenannten Verwertungsrechts ist vom **Begriff der unbekannten Nutzungsart** 263 zu unterscheiden.[1122]

b) Voraussetzungen für die Annahme eines unbenannten Verwertungsrechts. Die benann- 264 ten Verwertungsrechte dürfen nicht umgedeutet und überdehnt werden.[1123] Dagegen spricht nicht nur die Pflicht zur richtlinienkonformen Auslegung der vollharmonisierten Verwertungsrechte im Anwendungsbereich des Unionsrechts,[1124] sondern auch – im nicht harmonisierten Bereich – die **Strafbewehrung der Verwertungsrechte** (§§ 106 ff.).[1125] Bei Straftatbeständen ist durch Art. 103 Abs. 2 GG die Analogie verboten. Der aus der Sicht des Bürgers zu bestimmende Wortsinn ist im Strafrecht die Grenze jeder Auslegung.[1126] Es verstößt zwar nicht gegen Art. 103 Abs. 2 GG, eine Vorschrift, die durch eine Straf- oder Bußgeldnorm sanktioniert wird, entgegen ihrem Wortsinn auszulegen, soweit das Gericht sie nicht als Grundlage zur Verurteilung wegen einer Straftat oder Ordnungswidrigkeit anwendet.[1127] Eine gespaltene Auslegung der Verwertungsrechte sollte aber vermieden werden.

Die Ausgestaltung des § 15 als Generalklausel sollte verhindern, dass durch die Entwicklung neuer 265 Verwertungsformen bei den Verwertungsrechten Gesetzeslücken entstehen. Dies macht es aber nicht entbehrlich, bei neu entstehenden Nutzungsarten eigene Verwertungsrechte herauszuarbeiten, die mit ihren Tatbestandsmerkmalen die Besonderheiten dieser Nutzungen erfassen und die den notwendigen – dem besonderen Charakter der Nutzungsart angepassten – Schrankenbestimmungen zugeordnet werden können. Bis zu einer Entscheidung des Gesetzgebers ist es **Aufgabe der Rechtsprechung,** den abstrakten Tatbestand eines (noch) unbenannten Verwertungsrechts und die Schranken, denen es unterliegt, festzulegen.

Ist bei unbekannten Verwertungsformen kein benanntes Verwertungsrecht anwendbar, setzt die 266 Annahme eines unbenannten Verwertungsrechts voraus, dass der **Verwertungstatbestand** in seiner Bedeutung, insbesondere in der Intensität der Werknutzung, den Tatbeständen der benannten Verwertungsrechte vergleichbar ist.[1128] Aus Gründen der Rechtssicherheit kann ein allein im nationalen Recht begründetes[1129] unbenanntes Verwertungsrecht nur anerkannt werden, wenn sein Tatbestand eindeutig umrissen werden kann.[1130] Grundlage dafür sind die Wertungen, auf denen die benannten Verwertungsrechte beruhen.[1131] Ein unbenanntes Recht darf auch nicht ohne hinzutretende besondere Umstände Nutzungen (wie zB eine elektronisch stattfindende Werkübermittlung zwischen zwei Personen) umfassen, die der Gesetzgeber bewusst urheberrechtsfrei gehalten hat.

Für das Eingreifen des umfassenden Verwertungsrechts bei einer neu entstehenden Nutzungsart ist 267 es nach dem Grundgedanken des Gesetzes nicht erforderlich, dass die Nutzungsart klar als Werkverwertung in körperlicher oder unkörperlicher Form eingeordnet werden kann:[1132] Auch **Mischfor-**

[1119] Vgl. Begr. RegE, BT-Drs. IV/270, 29, 45 = UFITA 45 (1965), 240 (242 f., 260); sa Begr. zu Art. 1 Nr. 2 des RegE zur UrhG-Novelle 2003, BT-Drs. 15/38, 17.

[1120] Vgl. dazu näher *Ulmer* § 43 II (S. 224); vgl. auch *v. Gamm* UrhG § 15 Rn. 3.

[1121] → Rn. 268 ff.

[1122] Dazu → Rn. 207; → § 31a Rn. 28.

[1123] AA wohl *Koof* S. 275.

[1124] Dazu → Rn. 146.

[1125] Die Strafbewehrung der urheberrechtlichen Verwertungsrechte ist nicht harmonisiert. Der EuGH muss bei der Auslegung des Unionsrechts die Folgen für das Strafrecht nicht berücksichtigen (vgl. GA *Campos Sánchez-Bordona,* SchlA v. 3.10.2018 – C-572/17 in Imran Syed, BeckRS 2018, 23688 Rn. 31 ff., 63).

[1126] → Rn. 134, 321.

[1127] Vgl. BVerfG NJW 1993, 1996; BGH GRUR 2013, 857 Rn. 18 – Voltaren. Zur urheberrechtsakzessorischen Auslegung der §§ 106 ff. → Rn. 321.

[1128] → Rn. 178.

[1129] Zur Zulässigkeit unbenannter Verwertungsrechte nach Unionsrecht → Rn. 268 f., 272.

[1130] Etwas anderes gilt, soweit im Zuge der Umsetzung des unionsrechtlichen Rechts der öffentlichen Wiedergabe unbenannte Verwertungsrechte anzuerkennen sind (vgl. → Rn. 93; vgl. auch → Rn. 280).

[1131] Vgl. auch BGH GRUR 2013, 618 Rn. 41 f. – Internet-Videorecorder II – zur Abgrenzung der zeitgleichen Weitersendung vom bloßen Empfang: Eine Weitersendung muss danach in ihrer Bedeutung als Werknutzung anderen Werknutzungen durch öffentliche Wiedergabe entsprechen.

[1132] Ebenso Dreier/Schulze/*Schulze* UrhG § 15 Rn. 10; *Leenen* S. 131 ff.

men, etwa im Zusammenhang mit der elektronischen Verbreitung, können unter das Urheberrecht fallen, falls sie als dem Urheber vorbehaltene Verwertungshandlungen anzusehen sind.[1133]

3. Auslegung der Generalklausel im Licht des Unionsrechts

268   Dem Unionsrecht können keine in den Richtlinien nicht vorgesehenen Verwertungsrechte entnommen werden.[1134] Das Unionsrecht enthält aber **kein grundsätzliches Verbot,** im nationalen Recht unbenannte Verwertungsrechte anzuerkennen.[1135]

269   Die Anerkennung eines unbenannten Verwertungsrechts ist aber **nur im Rahmen des Unionsrechts** zulässig. Sie darf nicht in Widerspruch zum erreichten Stand der Harmonisierung des Urheberrechts stehen und ist deshalb nur zur Umsetzung von Richtlinienrecht, das den Urheberschutz durch Verwertungsrechte vorschreibt,[1136] oder außerhalb des Anwendungsbereichs der voll harmonisierten Verwertungsrechte möglich.[1137] Der Schutz der Urheber durch § 15 kann daher Lücken aufweisen.[1138]

270   Beim **Verbreitungsrecht** ist umstritten geblieben, ob die Mitgliedstaaten befugt sind, den Urhebern ein Verbreitungsrecht zu gewähren, das über die Regelung des Verbreitungsrechts in Art. 4 Abs. 1 InfoSoc-RL hinausgeht.[1139]

271   Der Anwendungsvorrang des Unionsrechts wird im Anwendungsbereich des unionsrechtlichen Rechts der öffentlichen Wiedergabe die Rechtsstellung der Urheber kaum verschlechtern. Das weit auszulegende unionsrechtliche **Recht der öffentlichen Wiedergabe** fasst nicht wie § 15 Abs. 2 im Wesentlichen feste Verwertungstatbestände zusammen. Es ist vielmehr ein generalklauselartiges Recht, dessen Eingreifen anhand der konkreten Umstände, gegebenenfalls durch Gesamtbetrachtung des Einzelfalls, festzustellen ist, wobei in weitem Umfang richterrechtlich aufgestellte (tatbestandsmäßige) Kriterien angewandt werden.[1140] Bei unbekannten Verwertungsformen wird es deshalb in aller Regel eingreifen. Diese Frage wird allerdings, auch im Interesse einer unionsweit einheitlichen Regelung, meist durch den EuGH im Vorabentscheidungsverfahren zu klären sein.

272   Bei der Anerkennung unbenannter Verwertungsrechte im nationalen Recht sind zudem die durch das Unionsrecht allgemein gesetzten Grenzen, vor allem die **Grundrechte** und die **Grundfreiheiten** (insbes. die Warenverkehrsfreiheit und die Dienstleistungsfreiheit), zu beachten.[1141]

273   In **Umsetzung des Unionsrechts** kann allerdings ein unbenanntes Verwertungsrecht anzunehmen sein, wenn einem unionsrechtlich verpflichtend vorgeschriebenen Verwertungstatbestand kein benanntes Verwertungsrecht des § 15 entspricht.[1142] Dies kann insbesondere im Anwendungsbereich des generalklauselartigen Rechts der öffentlichen Wiedergabe iSd Art. 3 Abs. 1 InfoSoc-RL der Fall sein. Die richtlinienkonforme Auslegung des § 15 kann auch dann die Annahme eines unbenannten Verwertungsrechts gebieten, wenn die betreffende Verwertungsform nicht erst durch eine neue technische oder wirtschaftliche Entwicklung geschaffen wurde. Bei der Auslegung des § 15 war früher der Grundsatz anerkannt, dass die Grenzen der benannten Verwertungsrechte nicht dadurch umgangen werden dürfen, dass bei bekannten Verwertungsformen ein unbenanntes Verwertungsrecht angenommen wird.[1143] Dieser Grundsatz ist im Geltungsbereich der Richtlinien nicht mehr anwendbar.

274   Ein **Beispielsfall,** in dem ein unionsrechtlicher Verwertungstatbestand im deutschen Recht nur durch Annahme eines unbenannten Verwertungsrechts umgesetzt werden kann, ist dem Urteil des EuGH „Phonographic Performance (Ireland)" zu entnehmen. Nach dieser Entscheidung ist das Recht der öffentlichen Wiedergabe anwendbar, wenn ein Hotel Tonträger mit geschützten Darbietungen und entsprechende Abspielgeräte für seine Gäste bereitstellt.[1144] Dieser Verwertungstatbestand entspricht keinem in § 15 benannten Recht der öffentlichen Wiedergabe und kann nach deutschem Recht nur als Gegenstand eines unbenannten Verwertungsrechts behandelt werden. Gleiches gilt für den Fall, dass der Betreiber eines größeren Beherbergungsbetriebs (Hotel, Kureinrichtung oÄ) in den Zimmern den Rundfunkempfang durch selbständig empfangstaugliche Fernseh- und Radiogeräte

---

[1133] Vgl. dazu auch EuGH GRUR 2012, 597 Rn. 56 ff. – Phonographic Performance (Ireland), zu Art. 8 Abs. 2 Vermiet- und Verleih-RL. Nach dieser Entscheidung greift das Recht der öffentlichen Wiedergabe ein, wenn ein Hotel Tonträger mit geschützten Darbietungen und entsprechende Abspielgeräte für seine Gäste bereitstellt (dazu → Rn. 101, 284).

[1134] Vgl. EuGH GRUR 2008, 604 Rn. 38 – Le Corbusier-Möbel.

[1135] Vgl. EuGH GRUR 2015, 477 Rn. 29 f. – C More Entertainment/Sandberg; vgl. auch *Metzger* GRUR 2012, 118 (122 f.).

[1136] Vgl. BGH GRUR 2016, 171 Rn. 17 – Die Realität II.

[1137] Vgl. EuGH GRUR 2014, 360 Rn. 33 ff. – Nils Svensson ua/Retriever Sverige mAnm *Jani/Leenen;* vgl. weiter → Rn. 145, 147; Wandtke/Bullinger/*Heerma* UrhG § 15 Rn. 15.

[1138] AA Dreier/Schulze/*Dreier* UrhG § 15 Rn. 30.

[1139] → Rn. 164.

[1140] → Rn. 59, 75 ff.

[1141] Vgl. EuGH GRUR 2012, 166 Rn. 104 ff. – Painer/Standard; weiter → Rn. 147.

[1142] Vgl. BGH GRUR 2018, 178 Rn. 24 – Vorschaubilder III; BGH GRUR 2016, 697 Rn. 18 – Königshof.

[1143] Vgl. → 4. Aufl. 2010, § 15 Rn. 21, 42 mwN.

[1144] Vgl. EuGH GRUR 2012, 597 Rn. 56 ff. – Phonographic Performance (Ireland), zu Art. 8 Abs. 2 Vermiet- und Verleih-RL; weiter → Rn. 101, 284.

ermöglicht.[1145] Dieser Fall kann nicht durch das Senderecht aus § 20 erfasst werden,[1146] sondern nur durch ein unbenanntes Recht der öffentlichen Wiedergabe.

Der BGH möchte nach seinem Vorlagebeschluss „Deutsche Digitale Bibliothek" ein unbenanntes Recht der öffentlichen Wiedergabe annehmen, wenn Dateien geschützter Werke, die auf einer Webseite allgemein öffentlich zugänglich sind, im Wege des **Framing** in eine andere Webseite eingebettet werden, wenn dies **unter Umgehung technischer Schutzmaßnahmen** gegen Framing geschieht.[1147]

Wird ein Sachverhalt durch das unionsrechtliche Recht der öffentlichen Wiedergabe (Art. 3 Info-SocRL) erfasst, ist die Prüfung, ob ein in § 15 Abs. 2 benanntes Recht der öffentlichen Wiedergabe eingreift, nicht entbehrlich.[1148] Diese Einordnung kann nicht nur für die Vertragspraxis von Bedeutung sein. Von ihr kann auch abhängen, ob eine Schranke des Urheberrechts eingreift oder besondere Vorschriften wie § 20b und § 87 Abs. 5. Zudem haben ausübende Künstler (§§ 73, 78), Tonträgerhersteller (§ 85), Sendeunternehmen (§ 87) und Filmhersteller (§§ 94, 95) kein umfassendes Recht der öffentlichen Wiedergabe. **275**

4. Die Generalklausel in der Urheberrechtspraxis

Entwickeln sich neue Nutzungsformen, versucht die Rechtspraxis vielfach, die Annahme eines in § 15 nicht benannten Verwertungsrechts (Innominatfalls) zu vermeiden und dem Schutzbedürfnis der Urheber (und Leistungsschutzberechtigten) durch **überdehnende Auslegung der benannten Verwertungsrechte** zu entsprechen. Ein Beispiel dafür waren die Versuche der Literatur und der Praxis, das nun in § 19a enthaltene Recht der öffentlichen Zugänglichmachung unter bereits ausdrücklich normierte Verwertungsrechte einzuordnen und dazu auch die Legaldefinition der öffentlichen Wiedergabe in § 15 Abs. 3 aF umzudeuten.[1149] Die Vollharmonisierung der Verwertungsrechte durch das Unionsrecht wird bei derartigen Auslegungsbemühungen noch nicht ausreichend beachtet.[1150] **276**

Für die Zurückhaltung bei der Anwendung des § 15 als Generalklausel gibt es zahlreiche **Gründe:** Wird eine neue Nutzungsart nicht als von den herkömmlichen Verwertungsrechten erfasst angesehen, besteht die Gefahr, dass auf internationaler Ebene Schutzlücken entstehen, weil die internationalen Abkommen zum Schutz der Urheber und Leistungsschutzberechtigten jeweils nur einzelne konkrete Schutzrechte gewähren. Bei den Leistungsschutzrechten gilt dies auch für das UrhG. Dazu kommt, dass die Schrankenbestimmungen (§§ 44a ff.) vielfach auf die benannten Verwertungsrechte bezogen sind. Bei Annahme eines unbenannten Verwertungsrechts muss demgemäß jeweils geprüft werden, welche Schranken des Rechts für das neue Verwertungsrecht (analog) gelten.[1151] Widerstände gegen die Annahme eines unbenannten Verwertungsrechts ergeben sich auch aus der Sicht der Vertragspraxis. Gerade hier geht es allerdings nicht selten um schlichte Interessenwahrnehmung. So besteht teilweise die Neigung anzunehmen, dass die Werkverwertung durch neue Nutzungsarten bereits durch die bestehenden Verträge, die sich auf die herkömmlichen Verwertungsrechte beziehen, gedeckt sei. Die Anerkennung eines Innominatfalls bedeutet demgegenüber grundsätzlich eine Vorentscheidung zugunsten der Anwendung der für die unbekannte Nutzungsarten geltenden Vorschriften (§§ 31a, 32c; vgl. auch § 31 Abs. 4 aF). Die Annahme eines Innominatfalls hat auch für die Rechtswahrnehmung durch Verwertungsgesellschaften im Allgemeinen zur Folge, dass die Wahrnehmungsverträge durch Erweiterung ihres Vertragsgegenstands angepasst werden müssen. **277**

Derartige Widerstände gegen die Feststellung eines Innominatfalls sollten jedoch nicht hindern, bei Entstehung neuer Nutzungsarten baldmöglich deren urheberrechtliche Eigenarten zu erfassen und dementsprechend – unter Beachtung des Unionsrechts[1152] – auf der Grundlage der Generalklausel des § 15 eigenständige Verwertungsrechte (mit angepassten) Schranken herauszuarbeiten. In erster Linie ist die Ausformung neuer Verwertungsrechte allerdings Sache des Gesetzgebers. Die Generalklausel sichert die Urheber bis zu dessen Entscheidung, ist aber nicht geeignet, rasch Rechtssicherheit zu schaffen. **278**

5. Unbenannte Verwertungsrechte bei der Werkverwertung in körperlicher Form

a) Früheres Recht. Im Bereich der Werkverwertung in körperlicher Form wurden **vor Inkrafttreten der UrhG-Novelle 2003**[1153] in der Literatur teilweise verschiedene Innominatrechte angenommen. Die Ansicht, es gebe ein Recht an der Digitalisierung des Werkes als unbenanntes Verwer- **279**

[1145] Vgl. EuGH GRUR 2014, 473 Rn. 11, 24, 26, 33 – OSA/Léčebné lázně; EuGH MR-Int. 2010, 123 Rn. 39 ff. mAnm *Walter;* vgl. dazu → Rn. 99, 162, 284; → § 20 Rn. 73.

[1146] → § 20 Rn. 73.

[1147] BGH GRUR 2019, 725 Rn. 18 ff. – Deutsche Digitale Bibliothek = MMR 2019, 436 mAnm *Schubert* (Gz. des EuGH C-392/19); dazu → Rn. 106.

[1148] → Rn. 181, 340.

[1149] Vgl. dazu → Rn. 330, 383; → § 19a Rn. 5, 39 ff.

[1150] Dazu → Rn. 143 ff.

[1151] Vgl. dazu auch BGHZ 151, 300 (310 f.) = GRUR 2002, 963 (966) – Elektronischer Pressespiegel.

[1152] → Rn. 268 ff.

[1153] Gesetz zur Regelung des Urheberrechts in der Informationsgesellschaft vom 10.9.2003 (BGBl. I S. 1774).

tungsrecht, das neben dem herkömmlichen, ebenfalls eingreifenden Vervielfältigungsrecht bestehe, blieb eine Mindermeinung.[1154] Kein von § 15 als Innominatfall erfasstes Verwertungsrecht bestand am Programmlauf eines urheberrechtlich geschützten Programms in einem Computer als solchem; der Schutz des Urhebers durch das Vervielfältigungsrecht war ausreichend.[1155] Auch die elektronische Übertragung eines öffentlich zum Abruf bereitgehaltenen Werkes unterfiel nicht einem (unbenannten) Verwertungsrecht als Bestandteil des Rechts der Werkverwertung in körperlicher Form.[1156]

280   **b) Gegenwärtige Rechtslage. Nach Inkrafttreten der InfoSoc-RL** sind Innominatrechte anzunehmen, wenn die Richtlinie unzureichend umgesetzt worden ist.[1157] Dies kann auch notwendig werden, wenn der EuGH in seiner Rechtsprechung Verwertungstatbestände anerkennt, die von den benannten Verwertungsrechten des UrhG nicht erfasst werden.[1158]

281   Als Innominatfall der Werkverwertung in körperlicher Form sieht *Leenen* die **computergestützte Erkennung von Werken** an.[1159] Darunter rechnet er Systeme, die einer Öffentlichkeit anbieten, auf Anfrage anhand gespeicherter Erkennungsmuster automatisiert mitzuteilen, wo ein Werk im Internet auffindbar ist (zB Musikerkennungsdienste, die nachweisen, wo ein bestimmtes Musikwerk erworben werden kann, das Werk als solches aber nicht selbst im Sinne eines eigenen Dienstleistungsangebots mitteilen). Diese Ansicht überdehnt den Anwendungsbereich der Verwertungsrechte.[1160] Die Verwertungsrechte beziehen sich nicht auf alle Handlungen, die in irgendeiner Form aus der Existenz des Werkes Gewinn ziehen können.[1161] Vermittler, die sich darauf beschränken, Wege zum Werk aufzeigen, ohne dieses selbst mitzuteilen, helfen dem Urheber, sein Werk in der Öffentlichkeit bekannt zu machen und es zu vermarkten.[1162] Das Urheberrecht soll auch der Sicherung einer angemessenen Vergütung für die Nutzung des Werkes dienen (§ 11 S. 2). Dem würde es widersprechen, Mitteilungen über das Werk (wie den Urheber und den Werktitel) und mögliche (rechtmäßige) Bezugsquellen von der Genehmigung des Urhebers abhängig zu machen.

6. Unbenannte Verwertungsrechte bei der Werkverwertung in unkörperlicher Form

282   **a) Früheres Recht. Vor dem Inkrafttreten der UrhG-Novelle 2003**[1163] waren unbenannte Rechte an der öffentlichen Wahrnehmbarmachung des Werkes anzuerkennen. Dem Urheber war durch ein unbenanntes Recht der öffentlichen Wiedergabe das Recht vorbehalten, sein Werk nach einem Abruf aus einer öffentlich zugänglichen Datenbank öffentlich wahrnehmbar zu machen. Dieses Recht ist seit der UrhG-Novelle 2003 in § 22 geregelt. Die Verpflichtung, Urhebern von Datenbanken dieses Recht zu gewähren, ergab sich bereits aus Art. 5 Buchst. d Datenbank-RL.[1164] Das Recht, geschützte Werke, die in einem Computer gespeichert sind, auf einem Bildschirm öffentlich wahrnehmbar zu machen, ist auch gegenwärtig noch ein unbenanntes Recht der öffentlichen Wiedergabe.[1165]

283   **b) Gegenwärtige Rechtslage. aa) Unbenannte Rechte der öffentlichen Wiedergabe in Umsetzung des Art. 3 Abs. 1 InfoSoc-RL.** Der EuGH legt das Recht der öffentlichen Wiedergabe iSd Art. 3 Abs. 1 InfoSoc-RL funktionsbezogen und dementsprechend im Ganzen gesehen weit aus.[1166] Die konkreten Tatbestände des Rechts der öffentlichen Wiedergabe iSd § 15 Abs. 2 können nicht alle Vorgänge erfassen, die nach der Rechtsprechung des EuGH unter das Recht der öffentlichen Wiedergabe fallen. In diesen Fällen greifen nach deutschem Recht unbenannte Rechte der öffentlichen Wiedergabe ein.

284   Eine öffentliche Wiedergabe, die durch ein unbenanntes Verwertungsrecht erfasst wird, ist anzunehmen, wenn der Betreiber eines Hotels oder einer Kureinrichtung den zeitgleichen Rundfunkemp-

---

[1154] Gegen diese Ansicht *Nippe,* Urheber und Datenbank, 2000, S. 343 ff.

[1155] Vgl. *Zecher,* Zur Umgehung des Erschöpfungsgrundsatzes bei Computerprogrammen, 2004, S. 37 mwN; aA *Holländer* GRUR 1991, 421 (422).

[1156] → § 19a Rn. 40.

[1157] → Rn. 273.

[1158] ZB → Rn. 274.

[1159] Vgl. *Leenen* S. 114, 118 f., 153 f.; Wandtke/Bullinger/*Leenen* InfoSoc-RL Art. 3 Rn. 14, 22. Den Tatbestand des angenommenen unbenannten Verwertungsrechts umschreibt *Leenen* (S. 114) wie folgt: „In das unbenannte Verwertungsrecht der computergestützten Erkennung von Werken fällt, wer der Öffentlichkeit eine automatisierte Erkennung von Werken ermöglicht, bei der Erkennungsmuster integraler Bestandteil sind."

[1160] Krit. auch *Hunziker* UFITA 2014 III, 261 (263). Der Umstand, dass ein Musikerkennungsdienst die geschützten Werke nicht selbst in seiner Zugriffssphäre bereithält, schließt für sich genommen die Annahme einer öffentlichen Wiedergabe iSd Art. 3 Abs. 1 InfoSoc-RL nicht aus (dazu → Rn. 93, 286). Entscheidend ist, dass der Betreiber eines Dienstes (wie einer spezialisierten Suchmaschine), der lediglich besonders leistungsfähig beim Auffinden gesuchter Musikwerke ist, nicht selbst als Dienstleister einer öffentlichen Wiedergabe der nach einer Suchanfrage aufgefundenen Werke tätig wird.

[1161] Vgl. dazu näher → Rn. 178.

[1162] Vgl. dazu auch *Leenen* S. 151 ff.

[1163] Gesetz zur Regelung des Urheberrechts in der Informationsgesellschaft vom 10.9.2003 (BGBl. I S. 1774).

[1164] Vgl. *Leistner,* Der Rechtsschutz von Datenbanken im deutschen und europäischen Recht, 2000, S. 99; *Westkamp,* Der Schutz von Datenbanken und Informationssammlungen im britischen und deutschen Recht, 2003, S. 90; zur Richtlinie → Vor §§ 87a ff. Rn. 8 ff.

[1165] → Rn. 287.

[1166] → Rn. 23 ff., 75.

fang durch **selbständige Empfangsgeräte in den Gästezimmern** (mit eigenen Antennen) ermöglicht.[1167] In diesen Fällen ist § 20 nicht anwendbar, weil der Hotelbetreiber keine Übertragung durch Funk vornimmt.[1168]

Nach dem Urteil des EuGH „Phonographic Performance (Ireland)"[1169] ist eine Nutzungshandlung durch öffentliche Wiedergabe auch dann gegeben, wenn ein Hotel für seine Gäste Tonträger mit geschützten Musikaufnahmen und dafür geeignete **Abspielgeräte in den Gästezimmern** bereitstellt. In richtlinienkonformer Auslegung des § 15 ist ein unbenanntes Recht der öffentlichen Wiedergabe anzunehmen. Der Sache nach handelt es sich allerdings eher um eine Form der körperlichen Werknutzung (vergleichbar der Vermietung). Tonträger und Abspielgeräte sind in diesen Fällen nur ein Teil der Zimmerausstattung. Den Gästen wird nur die Möglichkeit geboten, irgendwann jeweils für sich die Werke auf den Tonträgern zu hören. Der EuGH hat nicht dargelegt, warum in solchen Fällen nicht das Vermiet- und das Verleihrecht gemäß Art. 3 Abs. 1 Vermiet- und Verleih-RL anwendbar ist.[1170]

Nach dem Urteil des EuGH „TU Darmstadt/Ulmer" ist eine öffentliche Wiedergabe gegeben, wenn eine öffentliche Bibliothek ihren Benutzern ein **digitalisiertes Werk an einem elektronischen Leseplatz** zugänglich macht.[1171] Auch in solchen Fällen ist richtlinienkonform ein unbenanntes Recht der öffentlichen Wiedergabe anzunehmen. Das Recht der öffentlichen Zugänglichmachung (§ 19a) ist hier nicht anwendbar, weil den Bibliotheksbenutzern der Aufruf des gespeicherten Werkes nicht an Orten ihrer Wahl möglich ist.[1172]

Den Urteilen des EuGH „Phonographic Performance (Ireland)" und „TU Darmstadt/Ulmer" liegt **285** der Gedanke zugrunde, dass eine Werknutzungshandlung durch öffentliche Wiedergabe anzunehmen ist, wenn im Zeitablauf einer Öffentlichkeit der individuelle Zugang zu geschützten Werken dadurch ermöglicht wird, dass technische Einrichtungen wie Handelstonträger und Abspielgeräte zur Verfügung gestellt werden. Dieser Gedanke kann auf **andere Fallgestaltungen** übertragen werden, in denen sich ein Angebot zur Werknutzung mittels technischer Geräte an einen unbestimmten, großen Personenkreis richtet, von den Einzelnen aber erst im Zeitablauf wahrgenommen werden kann, und in denen keine unter das Vermiet- und das Verleihrecht fallende Gebrauchsüberlassung stattfindet. Dies ist zB der Fall, wenn in Fitness- und Sonnenstudios das Hören von Musiktonträgern über Kopfhörer ermöglicht wird, oder – wie früher einmal üblich – Gelegenheit gegeben wird, Tonträger im Geschäft zur Probe zu hören.[1173] Gleiches gilt, wenn ein Hotelbetreiber in den Gästezimmern den Abruf von Videos aus einer Hoteleinrichtung anbietet.

Nach dem Urteil des EuGH „VCAST/RTI"[1174] kann ein **Internet-Videorecorder-Dienst** **286** durch seine Tätigkeit den Tatbestand der öffentlichen Wiedergabe iSd Art. 3 Abs. 1 InfoSoc-RL erfüllen.[1175] Die Kunden konnten auf der Website des Dienstleisters bestimmte Sendungen oder bestimmte Zeitabschnitte aus den Programmen von Fernsehunternehmen auswählen. Der Dienstleister empfing dann die entsprechenden Fernsehsignale und zeichnete sie auf dem vom Kunden angegebenen (von einem anderen Anbieter verwalteten) Speicherplatz in der „Cloud" auf. Der EuGH hat diese Dienstleistung als öffentliche Wiedergabe iSd Art. 3 Abs. 1 InfoSoc-RL beurteilt. Die „Handlung der Wiedergabe" wird zwar nur jeweils gegenüber einzelnen Kunden vorgenommen, ist aber „öffentlich", weil sich das Angebot des Dienstleisters insgesamt an eine „Öffentlichkeit" richtet. Nach deutschem Recht ist in einem solchen Fall ein unbenanntes Recht der öffentlichen Wiedergabe anzunehmen. Wegen der Vollharmonisierung der in der InfoSoc-RL geregelten Verwertungsrechte kann dieser Vorgang nicht zusätzlich mit anderen Verwertungsrechten erfasst werden.[1176] Die Rechtsprechung des BGH, nach der ein Dienstleister bei einer zeitgleichen Weiterübertragung der empfangenen Sendesignale an die Speicherplätze der Kunden eine Sendung iSd § 20 vornimmt,[1177] ist des-

---

[1167] Vgl. EuGH GRUR 2014, 473 Rn. 22 ff. – OSA/Léčebné lázně; EuGH MR-Int. 2010, 123 Rn. 39 ff. mAnm *Walter; v. Ungern-Sternberg* GRUR 2019, 1 (3 ff.); aA BGH GRUR 2016, 697 Rn. 16 ff. – Königshof (Gz. des BVerfG 1 BvR 1300/16); *Berberich* MMR 2014, 849 (851); dazu weiter → Rn. 64, 99, 162. *Melichar* (FS Pfennig, 2012, 359 (367 ff.)) nimmt an, dass in einem solchen Fall § 22 eingreift. Dies trifft jedoch nicht zu, weil der Hotelbetreiber nicht selbst einzelne Sendungen wahrnehmbar macht.

[1168] Nur insoweit ebenso BGH GRUR 2016, 697 Rn. 15 – Königshof.

[1169] EuGH GRUR 2012, 597 Rn. 56 ff. – Phonographic Performance (Ireland), zu Art. 8 Abs. 2 Vermiet- und Verleih-RL; krit. *Haberstumpf* GRUR-Int 2013, 627 (631); weiter → Rn. 101.

[1170] Die Vorlagefrage bezog sich allerdings ausdrücklich auf die Anwendung des Art. 8 Abs. 2 Vermiet- und Verleih-RL. Die Anwendung des Vermiet- und Verleihrechts könnte hier daran scheitern, dass nach Erwgr. 10 Vermiet- und Verleih-RL Formen der Überlassung wie zB die Überlassung „zur Einsichtnahme an Ort und Stelle" nicht von den Begriffen „Vermietung" und „Verleihen" erfasst sein sollen (gegen die Anwendung des Rechts auf die Gebrauchsüberlassung an Ort und Stelle deshalb Wandtke/Bullinger/*Heerma* UrhG § 27 Rn. 11; Fromm/Nordemann/*Boddien* UrhG § 27 Rn. 16). Den in Art. 3 Abs. 1 Vermiet- und Verleih-RL genannten Rechtsinhabern stehen ausschließliche Rechte zu, während Art. 8 Abs. 2 Vermiet- und Verleih-RL nur die Zahlung einer angemessenen Vergütung vorschreibt.

[1171] Vgl. EuGH GRUR 2014, 1078 Rn. 41 f., 51 – TU Darmstadt/Ulmer; → Rn. 71, 381.

[1172] Vgl. → § 19a Rn. 70, 76.

[1173] → Rn. 273 f.; vgl. – zu §§ 11, 37 LUG – LG Berlin Schulze LGZ 98 – Schallplatten-Espresso. Zur Anwendung des Vermiet- und Verleihrechts bei Fallgestaltungen dieser Art vgl. → Rn. 284.

[1174] EuGH GRUR 2018, 68 – VCAST/RTI mAnm *Kianfar.*

[1175] Näher → Rn. 227.

[1176] → Rn. 145 f.

[1177] Vgl. BGH GRUR 2013, 618 Rn. 41 ff. – Internet-Videorecorder II.

halb, soweit es um die Rechtsstellung der Urheber geht, in solchen Fällen ebenso überholt wie die Auseinandersetzung um die Frage, ob insoweit § 20b eingreift.[1178]

Das Urteil des EuGH „Stichting Brein/Wullems"[1179] betraf den **Verkauf eines multimedialen Medienabspielers** (im konkreten Fall „**Filmspeler**" genannt). Auf diesem Peripherie-Gerät waren Add-ons mit Hyperlinks vorinstalliert. Wurden diese Hyperlinks mittels der Fernsteuerung des Medienabspielers aktiviert, verschafften sie einen unmittelbaren Zugang zu geschützten Werken, die ohne Erlaubnis der Rechtsinhaber im Internet veröffentlicht waren.[1180] Der EuGH hat unter den gegebenen Umständen bereits den Verkauf des Medienabspielers als öffentliche Wiedergabe iSd Art. 3 Abs. 1 InfoSoc-RL beurteilt.[1181] Nach dem Urteil des EuGH „Stichting Brein/Ziggo ua"[1182] kann eine öffentliche Wiedergabe im Rechtssinn auch darin liegen, dass im Internet eine **Filesharing-Plattform** (im konkreten Fall „**The Pirate Bay**") in der Weise bereitgestellt und betrieben wird, dass Nutzern der Plattform durch Indexierung von Metadaten zu geschützten Werken, die sich auf den Rechnern von Nutzern befinden, und durch Anbieten einer Suchmaschine ermöglicht wird, diese Werke aufzufinden und im Rahmen eines „Peer-to-peer"-Netzes zu teilen.[1183] Auch in solchen Fällen greift nach deutschem Recht ein unbenanntes Recht der öffentlichen Wiedergabe ein.

Ein unbenanntes Recht der öffentlichen Wiedergabe ist auch anzunehmen, wenn der Anbieter statt einer eigenen zentralen Antenne für jeden Kunden eine individuelle Antenne installiert (**Fall Aereo.tv**).[1184] Auch in diesem Fall ist der Anbieter nicht lediglich Dienstleister beim Empfang. Sein Handeln zielt vielmehr darauf ab, den Kunden den Zugang zu den geschützten Werken mit einem spezifischen technischen Verfahren zu vermitteln, das sich vom Verfahren der ursprünglichen Wiedergabe unterscheidet.[1185]

287   **bb) Fälle der Wahrnehmbarmachung eines Werkes.** Das Recht der öffentlichen Wiedergabe schließt auch ein unbenanntes Recht darauf ein, geschützte Werke, die in einem Computer nicht öffentlich zugänglich gespeichert sind, durch **Bildschirmwiedergabe** öffentlich wahrnehmbar zu machen.[1186] Das Vorführungsrecht (§ 19 Abs. 4) kann hier keinen ausreichenden Schutz bieten, da es auf bestimmte Werkarten beschränkt ist und sich insbesondere nicht auf Sprachwerke bezieht.[1187] Datenbankwerke sind schon im Hinblick auf Art. 5 Buchst. d Datenbank-RL durch ein solches unbenanntes Recht der öffentlichen Wiedergabe zu schützen.[1188] Die **nichtöffentliche Bildschirmwiedergabe** einer Rundfunksendung oder aus dem Internet abgerufener Dateien wird nicht durch ein Verwertungsrecht erfasst.[1189]

288   Ein unbenanntes Recht der öffentlichen Wiedergabe besteht auch in anderen Fällen, in denen der Vorführung eines Werkes mittels Bild- oder Tonträger **keine Darbietung**[1190] zugrunde liegt (wie bei **synthetisch erzeugter Musik**).[1191]

289   Gleiches gilt in Fällen, in denen eine öffentliche **Wiedergabe aufgrund einer nichtöffentlichen Funkübertragung** stattfindet und § 19 Abs. 4 wegen der Art des Werkes nicht eingreift.[1192]

290   **cc) Abrufübertragungsrecht.** Auch nach dem Inkrafttreten der UrhG-Novelle 2003[1193] kommen im Bereich der Online-Nutzungen unbenannte Rechte der öffentlichen Wiedergabe in Be-

---

[1178] Vgl. zu dieser Diskussion OLG München GRUR-RR 2017, 492 – YouTV (Nichtzulassungsbeschwerde zurückgewiesen); *Haedicke* ZUM 2016, 594; *Spindler* ZUM 2017, 11 (12 ff.); *Ventroni* FS Mathias Schwarz, 2017, 375 (380 ff.); *Berberich* MMR 2018, 82 f.

[1179] Vgl. EuGH GRUR 2017, 610 – Stichting Brein/Wullems mAnm *Neubauer/Soppe;* vgl. zu dieser Entscheidung *v. Ungern-Sternberg* GRUR 2018, 225 (227); weiter → Rn. 59, 64, 99.

[1180] Vgl. EuGH GRUR 2017, 610 Rn. 15 ff., 41 f. – Stichting Brein/Wullems.

[1181] Krit. Wandtke/Bullinger/*Heerma* UrhG § 15 Rn. 30.

[1182] Vgl. EuGH GRUR 2017, 790 – Stichting Brein/Ziggo ua. Zu diesem Urteil → Rn. 59, 64.

[1183] Zum Vorgang im Einzelnen vgl. EuGH GRUR 2017, 790 f. – Stichting Brein/Ziggo ua; öOGH GRUR-Int 2018, 479 (480) – Sperrverfügungen gegen Access Provider mAnm *Walter; Heckmann/Paschke* jurisPK-Internetrecht, 6. Aufl. 2019 (Stand 17.6.2019), Kap. 3.2 Rn. 10 ff.

[1184] Vgl. US Supreme Court GRUR-Int 2014, 1079 – American Broadcasting v. Aereo; zu diesem Fall vgl. *Frhr. Raitz von Frentz/Masch* ZUM 2014, 638; *Wittmann* MR-Int. 2014, 127. Wegen des Einsatzes einer Vielzahl von Antennen, die individuell den Kunden zugeordnet sind, fehlt es in einem solchen Fall an einer Weitersendung iSd § 20. Diese Vorschrift greift daher nicht ein.

[1185] Vgl. EuGH GRUR 2013, 500 Rn. 26 f. – ITV Broadcasting/TVC; EuGH GRUR 2014, 1196 Rn. 14 = GRUR-Int 2014, 1160 mAnm *Dietrich* – BestWater International/Mebes ua; weiter → Rn. 83.

[1186] Vgl. *Katzenberger* GRUR-Int 1983, 895 (905); → § 16 Rn. 19; → § 69c Rn. 9; → § 87b Rn. 57.

[1187] Dazu auch → § 19 Rn. 56.

[1188] → Rn. 56, 282.

[1189] Vgl. zum Empfang von Rundfunksendungen EuGH GRUR 2012, 156 Rn. 171 = MMR 2011, 817 mAnm *Stieper* – Football Association Premier League ua; Wandtke/Bullinger/*Bullinger* UrhG § 19a Rn. 12. Das Vervielfältigungsrecht greift wegen der Schranke des § 44a nicht ein, wenn bei der Betrachtung einer Internetseite durch einen Endnutzer Bildschirm- und Cachekopien erstellt werden (vgl. dazu EuGH GRUR 2014, 654 Rn. 22 ff. – PRCA/NLA); → § 16 Rn. 19; → § 69c Rn. 9; → § 87b Rn. 42. Zur vorübergehenden Speicherung von Elementen eines Computerspiels im Arbeits- und/oder Grafikspeicher eines PC zum Zweck der Wiedergabe auf dem Bildschirm vgl. BGH GRUR 2017, 266 Rn. 38 = MMR 2017, 171 mAnm *Biehler/Apel* – World of Warcraft I.

[1190] → § 19 Rn. 19.

[1191] Vgl. Büscher/Dittmer/Schiwy/*Haberstumpf* Kap. 10 UrhG § 21 Rn. 8.

[1192] → § 22 Rn. 16.

[1193] Gesetz zur Regelung des Urheberrechts in der Informationsgesellschaft vom 10.9.2003 (BGBl. I S. 1774).

tracht, auch wenn die betreffenden Werknutzungen zur Zeit der UrhG-Novelle bereits bekannt waren.[1194]

Die UrhG-Novelle 2003 hat Art. 3 Abs. 1 InfoSoc-RL nur unvollständig umgesetzt.[1195] Das nach **291** der Richtlinie zu gewährende,[1196] in die UrhG-Novelle nicht aufgenommene **Abrufübertragungsrecht** (als Recht an der Abrufübertragung eines für eine Öffentlichkeit zum Einzelabruf bereitgehaltenen Werkes) ist in § 19a nicht enthalten,[1197] sondern ist als unbenanntes Verwertungsrecht unmittelbar dem umfassenden Verwertungsrecht der öffentlichen Wiedergabe zu entnehmen.[1198] Das Eingreifen des Abrufübertragungsrechts setzt voraus, dass das abgerufene Werk für eine Öffentlichkeit zum Abruf bereitgehalten wird.[1199] Die Übertragung an den einzelnen Nutzer ist als solche nicht öffentlich. Bei einer sukzessiven Übertragung desselben Werkes an mehrere Personen ohne vorausgegangenes öffentliches Bereithalten zum Abruf ist das Abrufübertragungsrecht nicht anwendbar, auch wenn der Werknutzer die Absicht haben sollte, das Werk bei jeder sich bietenden Gelegenheit an Kunden zu übertragen.[1200] Das Abrufübertragungsrecht greift dementsprechend nicht ein, wenn ein im Internet öffentlich angebotenes Werk (zB ein Film) nach einer Bestellung erst aufgrund einer Entscheidung im Einzelfall an den Kunden übertragen wird.[1201]

dd) Online-Verbreitungsrecht. Die benannten Verwertungsrechte und das unbenannte Abruf- **292** übertragungsrecht erfassen nicht die Nutzungshandlungen, bei denen Anbieter als **Push-Dienste** geschützte Werke im Rahmen eines für eine Öffentlichkeit bestimmten Dienstleistungsangebots – und damit auf Wiederholung angelegt – jeweils zu unterschiedlichen Zeitpunkten an einzelne Mitglieder dieser Öffentlichkeit übertragen. Das Senderecht (§ 20) erfasst nur Wiedergaben mit funktechnischen Mitteln, mit denen der Anbieter eine Öffentlichkeit zeitgleich erreichen will. Das Recht der öffentlichen Zugänglichmachung (§ 19a) bezieht sich nur auf Fallgestaltungen, bei denen die Initiative zum Abruf als Übertragungsvorgang nicht vom Anbieter, sondern vom Verbraucher ausgeht. Das unbenannte Abrufübertragungsrecht greift nur ein, wenn der Abruf eines öffentlich iSd § 19a bereitgehaltenen Werkes automatisch zu einer Übertragung an den Abrufenden führt. Das Verbreitungsrecht (§ 17) kann auf unkörperliche Werkübertragungen, die zu Zeitpunkten stattfinden, die der Anbieter kontrolliert, nicht angewandt werden.[1202] Dieses Verwertungsrecht setzt als Verwertung des Werkes in körperlicher Form voraus, dass ein Vervielfältigungsstück in Verkehr gebracht wird.[1203] Gegen die erweiternde Auslegung der abstrakt gefassten Tatbestände der benannten Verwertungsrechte spricht im Übrigen, dass diese in weitem Umfang auf der Umsetzung europäischer Richtlinien beruhen und dementsprechend richtlinienkonform auszulegen sind.[1204]

In diesen Fällen kann aber ein unbenanntes Verwertungsrecht der öffentlichen Wiedergabe eingrei- **293** fen, das als **Online-Verbreitungsrecht** bezeichnet werden kann.[1205] Die einzelne Übertragung kann durch dieses unbenannte Verwertungsrecht als Werknutzung erfasst werden, wenn ihr ein entsprechendes öffentliches Angebot vorausgegangen ist, das darauf angelegt ist, dafür in elektronischer Form bereitgehaltene Werke wiederholt gleichartig mit funktechnischen oder ähnlichen Mitteln einzelnen Mitgliedern der Öffentlichkeit zugänglich zu machen. Unter dieser Voraussetzung ist bereits eine einzelne Übertragung eine öffentliche Wiedergabe iSd § 15 Abs. 2 (anders beim elektronischen Versand eigens auf Bestellung hergestellter Werkkopien).[1206] Das Problem der sukzessiven Öffentlichkeit stellt sich daher bei dem Online-Verbreitungsrecht ebensowenig wie bei dem Recht der öffentlichen Zugänglichmachung.[1207]

[1194] Vgl. die Begr. zu Art. 1 Nr. 2 des RegE, BT-Drs. 15/38, 17.

[1195] → § 19a Rn. 32.

[1196] → Rn. 103; → § 19a Rn. 7 ff., 32.

[1197] Der BGH ist dagegen im Urteil „Vorschaubilder II" (GRUR 2012, 602 Rn. 4, 13) ohne weiteres davon ausgegangen, dass die Abrufübertragung unter § 19a fällt (vgl. auch BGH GRUR 2013, 618 Rn. 22 – Internet-Videorecorder II); vgl. dazu *v. Ungern-Sternberg* GRUR 2013, 248 (253); *Poll* MMR 2011, 226 (229).

[1198] → § 19a Rn. 55, 57; aA DKMH/*Dreyer* UrhG § 15 Rn. 105, § 19a Rn. 49, § 20 Rn. 34: Anwendung des Senderechts.

[1199] Vgl. BGH GRUR 2013, 618 Rn. 22 – Internet-Videorecorder II.

[1200] → Rn. 382.

[1201] Vgl. dazu auch *Castendyk* ZUM 2005, 9 (12).

[1202] AA Wandtke/Bullinger/*Heerma* UrhG § 15 Rn. 17, § 17 Rn. 21; Loewenheim/*Walter* § 51 Rn. 47 (zum öUrhG).

[1203] Vgl. *Schack* GRUR 2007, 639 (643); Loewenheim/*Koch* § 78 Rn. 72a.

[1204] Zur Tendenz der Urheberrechtspraxis, die Tatbestände der benannten Verwertungsrechte zu überdehnen, um die Anerkennung eines unbenannten Verwertungsrechts zu vermeiden, → Rn. 276 ff. Weiter → Rn. 145 f.

[1205] Vgl. *v. Ungern-Sternberg* in Institut für Rundfunkrecht an der Universität zu Köln, Werkvermittlung und Rechtemanagement im Zeitalter von Google und YouTube, 2011, S. 51, 64 ff.; *v. Ungern-Sternberg* FS Loschelder, 2010, 415 (422 ff.); weiter → Rn. 12, 82, 337; → § 20 Rn. 16, 87; vgl. auch Wandtke/Bullinger/*Grützmacher* UrhG § 69c Rn. 82; Dreier/Schulze/*Dreier* UrhG § 19a Rn. 10; *Gey* S. 153; *Schwarz* ZUM 2000, 816 (827 f.); *Poll* MMR 2011, 226 (231) (der allerdings die Bezeichnungen „Online-Übertragungsrecht" oder „Online-Übermittlungsrecht" vorzieht); *Stieper* FS Gernot Schulze, 2017, 107 (113 ff.); aA *Koof* S. 244 ff., 274, 276 f., 307 ff., 371 ff.; ebenfalls aA FA-GewRS/*Haberstumpf* Kap. 7 Rn. 217 und *Schack* (*Schack* Rn. 464), die den Schutz durch § 16 als ausreichend ansehen.

[1206] Dies entspricht der Rechtslage bei der öffentlichen Wiedergabe durch einen Internet-Videorecorder-Dienst dazu → Rn. 286.

[1207] → Rn. 383.

294   Der **Tatbestand des Online-Verbreitungsrechts** kann abstrakt wie folgt formuliert werden: „Das Recht an der öffentlichen Online-Verbreitung ist das Recht, das in elektronischer Form bereitgehaltene Werk entsprechend einem öffentlichen Angebot durch Senden mit funktechnischen oder ähnlichen Mitteln einzelnen Mitgliedern der Öffentlichkeit zugänglich zu machen.‟

295   **Kern des Nutzungsvorgangs** ist die Verwertung des elektronisch – gegebenenfalls auch nur kurze Zeit[1208] – bereitgehaltenen Werkes[1209] durch eine Sendung an jeweils Einzelne. Die Nutzungshandlung ist dabei wegen des vorausgegangenen öffentlichen Angebots solcher Handlungen von vornherein auf Wiederholung angelegt. Das unbenannte Verwertungsrecht bezieht sich deshalb auf einen Vorgang der Online-Verbreitung des Werkes nach einem entsprechenden öffentlichen Angebot. Das Angebot muss noch nicht auf das einzelne geschützte Werk konkretisiert sein.[1210]

296   Solche Werknutzungen sind einer Werkverwertung durch Rundfunksendung, durch öffentliche Zugänglichmachung oder durch Abrufübertragung gleichwertig.[1211] Sie haben mit diesen Verwertungsarten gemeinsam, dass die Übertragung an den einzelnen Kunden ein entsprechendes Angebot an eine Öffentlichkeit umsetzt.

297   **Einzelfälle:** Werknutzungen, die unter das Recht an der öffentlichen Online-Verbreitung fallen, sind im Internet häufig. Das **personalisierte Internetradio**[1212] bietet dem Kunden ein Programm, das unter Einsatz besonderer Software auf seine persönlichen Vorlieben abgestellt sein soll und deshalb auch nur an ihn übertragen wird.[1213] Das Senderecht (§ 20) ist im Fall des personalisierten Internetradios nicht anwendbar, weil der Anbieter die Werke nicht zeitgleich an eine Öffentlichkeit überträgt,[1214] das Recht der öffentlichen Zugänglichmachung (§ 19a) greift nicht ein, weil die Werke nicht zum Abruf durch eine Öffentlichkeit bereitgehalten werden und die Übertragung auf Initiative des Anbieters stattfindet.[1215]

298   Weitere Anwendungsfälle sind die **Online-Verbreitung geschützter Werke durch Push-Dienste,** dh durch Werkübertragungen im Internet oder in sonstigen Netzen, die der Anbieter online zu einem von ihm kontrollierten Zeitpunkt vornimmt (zB in Form von Newslettern, Podcasts, Online-Zeitungen an Abonnenten). Der Anbieter kann in diesen Fällen weitgehend frei entscheiden, ob er die betroffenen Werke zeitgleich, zeitlich gestaffelt oder zu Zeitpunkten überträgt, die von den Kunden vorab festgelegt worden sind. Wenn das Eingreifen des Rechts der öffentlichen Wiedergabe allein von dieser Entscheidung abhinge, könnte es in solchen Fällen leicht umgangen werden. Die Beurteilung, ob das allgemeine Verwertungsrecht des Urhebers diese Art von Werknutzungen als urheberrechtliche Nutzungsvorgänge erfasst, kann davon nicht abhängen.

Unter das Online-Verbreitungsrecht fällt auch das zeitbegrenzte **Online-Vermieten oder Verleihen des Werkes an jeweils einzelne Benutzer** durch eine der Öffentlichkeit zugängliche Einrichtung.[1216] Das deutsche Recht setzt dabei Unionsrecht um: Nach dem Urteil des EuGH „VOB/Stich-

---

[1208] Auf ein zeitlich länger dauerndes Bereithalten kommt es dabei, wie bei dem Recht der öffentlichen Zugänglichmachung nicht an (vgl. → § 19a Rn. 77).

[1209] Dadurch unterscheidet sich der Tatbestand des Online-Verbreitungsrechts vom Tatbestand des Kopienversands in elektronischer Form (vgl. § 60e Abs. 5), bei dem die Vervielfältigung erst bei Bestellung hergestellt und aufgrund einer Entscheidung im Einzelfall übersandt wird. Ein Recht am elektronischen Kopienversand auf Bestellung ist im UrhG nicht vorgesehen (vgl. → Rn. 299 ff.; aA *Schulze* ZUM 2008, 836 ff.).

[1210] Vgl. dazu auch BGH GRUR 1997, 464 (465) – CB-Infobank II (Bestätigung einer Verurteilung aus § 17, für die Vervielfältigung und Verbreitung gespeicherter Werke bestimmter Redakteure zu werben).

[1211] Vgl. *v. Ungern-Sternberg* FS Loschelder, 2010, 415 (423).

[1212] Zur Funktionsweise personalisierter Internetradios vgl. *Malcher* S. 13 ff., 114; *Prill* S. 20 ff., 100 ff.; *Koof* S. 54 ff.; *Dierking,* Internet zum Hören – Internetradio und Podcasts in rundfunk- und urheberrechtlicher Betrachtung, Diss. Münster 2008, S. 20 f. (frei abrufbar bei der Deutschen Nationalbibliothek: http://d-nb.info/992828074); *Kling* S. 29; *Großjean* JurPC Web-Dok. 69/2019 Abs. 4 ff. (frei abrufbar: www.jurpc.de).

[1213] → § 19a Rn. 95; → § 20 Rn. 16. Zur Anwendung des Online-Verbreitungsrechts auf das personalisierte Internetradio vgl. auch *v. Ungern-Sternberg* in Institut für Rundfunkrecht an der Universität zu Köln, Werkvermittlung und Rechtemanagement im Zeitalter von Google und YouTube, 2011, S. 51, 64 ff. *Eichelberger* (in Leible, Der Schutz des Geistigen Eigentums im Internet, 2012, S. 17, 27) äußert Bedenken gegen die Annahme eines unbenannten Verwertungsrechts. Für die Verwertungshandlung sei die Aussendung des konkreten Werkes maßgeblich, nicht das vorgelagerte Bereithalten des gesamten Werkkatalogs zum Abruf. Dabei wird jedoch nicht berücksichtigt, worin der Kern der Verwertungsvorgangs zu sehen ist (dazu → Rn. 295). *Prill* (S. 103 ff.) hält bei personalisierten Webradios § 19a für anwendbar. Für die Anwendung des § 19a genügt es jedoch nicht, dass der Nutzer irgendein vom Anbieter bereitgestelltes Programm abrufen kann. Das Recht der öffentlichen Zugänglichmachung setzt voraus, dass der Nutzer nach eigener Wahl gezielt auf das geschützte Werk zugreifen kann. *Kling* (S. 63 ff.) will – zur Vermeidung von Schutzlücken bei den Rechten der Leistungsschutzberechtigten – je nach dem Grad des Einflusses der Nutzer auf die übertragenen Inhalte – auf personalisiertes Webradio das Recht der öffentlichen Zugänglichmachung (§ 19a), das Senderecht (§ 20) oder nur das Vervielfältigungsrecht (§ 16) anwenden. Mit dem Bedürfnis nach Rechtssicherheit ist diese Beurteilung nicht vereinbar, zumal die Einflussmöglichkeiten der Nutzer im Lauf der Zeit (möglicherweise fließend) geändert werden können.

[1214] Vgl. *Poll* MMR 2011, 226 (230); *Eichelberger* in Leible, Der Schutz des Geistigen Eigentums im Internet, 2012, S. 17, 26 f.; aA *Malcher* S. 157 ff., 170 f.; *Prill* S. 100 ff.; *Koof* S. 371 ff.; *Kling* S. 63 ff.; *Klatt* CR 2009, 517; *Castendyk* FS Loewenheim, 2009, 31 (45); *Großjean* JurPC Web-Dok. 69/2019 (frei abrufbar: www.jurpc.de).

[1215] Vgl. *Poll* MMR 2011, 226 (230); *Klatt* CR 2009, 517; *Eichelberger* in Leible, Der Schutz des Geistigen Eigentums im Internet, 2012, S. 17, 27; → § 19a Rn. 74, 95.

[1216] Dem Verleihen liegt auch dann, wenn der Vorgang im Einzelfall automatisiert abläuft, jeweils eine (allgemein getroffene) Entscheidung des Anbieters zugrunde, unter welchen Voraussetzungen das Werk (erneut) an einen einzelnen Benutzer ausgeliehen wird.

ting"[1217] bezieht sich das Verleihrecht aus Art. 1 Abs. 1, Art. 2 Abs. 1 Buchst. b Vermiet- und Verleih-RL auch auf das Verleihen digitaler Kopien (wie E-Books). Im deutschen Recht, das kein Verleihrecht vorsieht,[1218] ist bei einem Online-Verleih (E-Lending) durch eine öffentliche Einrichtung richtlinienkonform ein unbenanntes Recht der öffentlichen Wiedergabe anzunehmen. Die zeitbegrenzte Online-Vermietung eines Werkes fällt nach Unionsrecht (Art. 3 Abs. 1 InfoSoc-RL) unter das Recht der öffentlichen Wiedergabe,[1219] nach deutschem Recht ebenfalls unter ein unbenanntes Recht der öffentlichen Wiedergabe.[1220] Die Vorschrift des § 19a ist nicht anwendbar, weil sie nicht den Gesamtvorgang des Vermietens und Verleihens erfassen kann.[1221]

Für den **Online-Verleih** einer öffentlichen Einrichtung kann das nationale Recht (optional) gemäß Art. 6 Abs. 1 Vermiet- und Verleih-RL eine **Schranke** vorsehen (Ausnahme für das öffentliche Verleihwesen). Diese kann anwendbar sein, wenn das Verleihen in der Weise stattfindet, dass eine Kopie auf dem Server der Einrichtung abgelegt ist und jeweils nur einem einzigen Nutzer ermöglicht wird, sich für die Dauer der Leihfrist eine Kopie herunterzuladen, die nach Ablauf der Leihfrist unbenutzbar wird (One-copy-one-user-Modell).[1222] Für den zeitbegrenzten Online-Verleih von E-Books durch öffentliche Einrichtungen gilt daher die Schranke des **§ 27 Abs. 2 (analog)**.[1223]

ee) Kopienversand auf Einzelbestellung. Die Schrankenbestimmung des § 60e Abs. 5 setzt **299** nicht voraus, dass die Übermittlung bestellter Kopien ohne das Vorliegen der darin festgelegten Voraussetzungen unter ein Verwertungsrecht des Urhebers fällt.[1224] Die Vorschrift beschränkt nur das Vervielfältigungsrecht.[1225] Sie begründet insoweit einen Vergütungsanspruch und dies auch für die Fälle, in denen die Vervielfältigung im Ausland gefertigt und in das Inland übermittelt wird.[1226] Hinsichtlich der Übermittlung bestellter Kopien greift keine Schranke eines benannten Verwertungsrechts ein.

Beim **Postversand** bestellter Kopien ist der Tatbestand des Verbreitungsrechts (§ 17) nicht er- **300** füllt.[1227] Ein Verbreiten wird zwar auch dann angenommen werden können, wenn nur die Übergabe eines Werkstücks an einen einzelnen Dritten stattfindet. Erforderlich ist dann aber, dass der Dritte als Angehöriger einer Öffentlichkeit angesprochen worden ist, an die Exemplare gerade des betroffenen Werkes abgegeben werden oder abgegeben werden sollen.[1228]

Bei einer **Übermittlung bestellter Kopien in elektronischer Form** ist das Verbreitungsrecht **301** nicht betroffen, weil kein körperliches Vervielfältigungsstück weitergegeben wird.[1229] Bei einer elektronischen Übermittlung beinhaltet § 60e Abs. 5 auch keine Schranke des § 19a oder des Abrufübertragungsrechts,[1230] weil das betroffene Werke nicht iSd § 19a für eine öffentliche Wiedergabe zum Abruf bereitgehalten werden, sondern für den Versand erst vervielfältigt werden müssen.[1231]

Gegen die Annahme, dass § 60e Abs. 5 von einem unbenannten Verwertungsrecht an dem Über- **302** mittlungsvorgang des Kopienversands ausgeht, spricht bereits, dass der Gesetzgeber ein so weitgehendes Verwertungsrecht zusammen mit dieser Vorschrift (oder der Vorgängervorschrift des § 53a) ausdrücklich in das Gesetz aufgenommen hätte, wenn er es hätte einführen wollen.[1232] Das Unionsrecht schreibt jedenfalls nicht vor, ein Verwertungsrecht am Versand bestellter Kopien zu gewähren. Der Kopienversand ist keine öffentliche Wiedergabe iSd Art. 3 Abs. 1 InfoSoc-RL, weil sich die Übertragung nicht an eine Öffentlichkeit wendet. Ebensowenig findet eine Verbreitung eines Vervielfältigungsstücks iSd Art. 4 InfoSoc-RL statt.

ff) Linksetzung. Art. 3 InfoSoc-RL hat das Recht der öffentlichen Wiedergabe voll harmonisiert. **303** Soweit diese Vorschrift nicht eingreift, kann das Setzen eines Links innerstaatlich nicht als Eingriff in

[1217] Vgl. EuGH GRUR 2016, 1266 Rn. 27 ff. – VOB/Stichting mAnm *Stieper*.
[1218] Vgl. Dreier/Schulze/*Schulze* UrhG § 17 Rn. 52; *Hartmann* GRUR-Int 2016, 980 (987).
[1219] Im Ergebnis ebenso *Stieper* GRUR 2016, 1270 (1271); *Walter* MR 2016, 333 (334). Da die Vermiet- und Verleih-RL die Vermietung digitaler Kopien nicht regelt, ist sie insoweit nicht lex specialis zur InfoSoc-RL.
[1220] Vgl. *v. Ungern-Sternberg* GRUR 2017, 217 (219).
[1221] Vgl. → § 19a Rn. 67; aA *v. Lewinski* FS Walter, 2018, 64 (75 ff.).
[1222] Vgl. EuGH GRUR 2016, 1266 Rn. 49 ff. – VOB/Stichting mAnm *Stieper*.
[1223] Vgl. *Peifer* LMK 2017, 385298; *v. Ungern-Sternberg* GRUR 2017, 217 (223); aA *v. Lewinski* FS Walter, 2018, 64 (70 ff.).
[1224] Vgl. Wandtke/Bullinger/*Jani* UrhG § 60e, f Rn. 79; vgl. auch Dreier/Schulze/*Dreier* UrhG § 60e Rn. 28; aA Dreier/Schulze/*Schulze* UrhG § 15 Rn. 12, 27. Vgl. auch – zum Schweiz.URG – SchweizBG BGE 140 III 616 (623 f.): Die analoge oder digitale Versendung von Kopien, die eine Bibliothek rechtmäßig auf Bestellung erstellt hat, fällt unter kein Verwertungsrecht (vgl. auch SchweizBG BGE 140 III 616 (623)).
[1225] → § 19a Rn. 45.
[1226] Vgl. – noch zum weggefallenen § 53a – Begr. zu § 53a RegE, BT-Drs. 16/1828, 28; Wandtke/Bullinger/*Jani* UrhG § 60e, f Rn. 79.
[1227] Vgl. BGHZ 141, 13 (26 f.) = GRUR 1999, 707 (711) – Kopienversanddienst; vgl. auch SchweizBG BGE 140 III 616 (623).
[1228] Vgl. MüKoStGB/*Heinrich*, Band 7, 3. Aufl. 2019, UrhG § 106 Rn. 65; aA *Schulze* ZUM 2008, 836 (842); Wandtke/Bullinger/*Heerma* UrhG § 17 Rn. 18.
[1229] → § 17 Rn. 1; vgl. weiter OLG München ZUM-RD 2007, 347 (357); *Grassmann* S. 56 ff.; Dreyer/Kotthoff/Meckel/Hentsch/*Dreyer* UrhG § 15 Rn. 105.
[1230] Vgl. OLG München ZUM-RD 2007, 347 (358); → § 19a Rn. 45.
[1231] Sa Begr. zu § 53a RegE, BT-Drs. 16/1828, 27; *Grassmann* S. 66 ff.
[1232] Vgl. dazu auch *Spindler* NJW 2008, 9 (14); aA *Schulze* ZUM 2008, 836 (843); *Poll* MMR 2011, 226 (231).

ein unbenanntes Verwertungsrecht behandelt werden.[1233] Nach der Rechtsprechung des EuGH fällt eine Linksetzung auch in der Form eines framenden Links oder Deep Links grundsätzlich nicht unter das Recht der öffentlichen Wiedergabe iSd Art. 3 Abs. 1 InfoSoc-RL, wenn sie nicht darauf gerichtet ist, einem neuen Publikum Zugang zu dem geschützten Werk zu verschaffen oder das Werk bereits auf einer anderen Webseite mit Erlaubnis des Rechtsinhabers frei zugänglich ist.[1234] Der BGH will jedoch annehmen, dass ein **unbenanntes Recht der öffentlichen Wiedergabe** eingreift, wenn ein Hyperlink als **framender Link** so gesetzt wird, dass bei seiner Aktivierung eine technische Schutzvorrichtung gegen diese Art von Links umgangen wird.[1235] Er hat deshalb ein entsprechendes Vorabentscheidungsersuchen an den EuGH gerichtet. Das **Setzen eines Deep Links** unter Umgehung von technischen Schutzmaßnahmen, die derartige Links verhindern sollen, hat der BGH ohne Anrufung des EuGH bereits als öffentliche Wiedergabe beurteilt.[1236]

VIII. Beschränkungen der Verwertungsrechte

1. Schranken

304   Die Verwertungsrechte des § 15 unterliegen den in **§§ 44a ff.** geregelten Schranken. Der Gesetzgeber begrenzt so von vornherein ihren Schutzumfang.[1237] Soweit Schranken eingreifen, ist die Werknutzung ohne Genehmigung des Urheberberechtigten zulässig, teilweise allerdings vergütungspflichtig.[1238] Zu den Ausnahmen von den zustimmungsbedürftigen Handlungen bei Computerprogrammen s. § 69d. Soweit Verwertungsrechte auf internationalen Verträgen oder Richtlinien beruhen, sind diese bei der Einführung und der Auslegung von Schranken zu beachten.[1239]

305   Die **Auslegung und Anwendung der Schranken,** die den Schutzumfang der Verwertungsrechte mitbestimmen, ist nach dem Unionsrecht vorzunehmen.[1240] Nach der Rechtsprechung des EuGH sollen die in Art. 5 InfoSoc-RL geregelten Ausnahmen von den Verwertungsrechten der Art. 2 und 3 InfoSoc-RL und ihre Anwendung im konkreten Fall einen angemessenern **Ausgleich der Rechte und Interessen** (insbesondere der Inhaber von Urheber- und verwandten Schutzrechten auf der einen Seite und der Nutzer von Schutzgegenständen sowie dem Allgemeininteresse auf der anderen Seite) sichern (Erwgr. 3 und 31 InfoSoc-RL.[1241] Das Erfordernis der Abwägung der betroffenen (Grund-)Rechte und Interessen gilt danach bereits für die Bestimmung des Schutzumfangs der Verwertungsrechte und die Auslegung der Schranken, aber auch für ihre Anwendung im konkreten Fall.[1242] Es ist daher konsequent, dass der EuGH eine (weitere) **Grundrechtsabwägung** außerhalb der Auslegung und Anwendung der Schranken ausschließt.[1243]

306   Die Rechte an der **Verwertung des Werkes in körperlicher Form** unterliegen folgenden in den §§ 44a ff. geregelten Schranken: §§ 44a–51, § 53, § 55, § 55a, §§ 56–60f, § 61, § 61c.[1244]

307   Auch die zum **Recht der öffentlichen Wiedergabe** gehörenden Verwertungsrechte unterliegen zahlreichen in den §§ 45 ff. geregelten Schranken (§ 45 Abs. 3, § 45c Abs. 2, § 46, § 48 Abs. 1, §§ 49–52, §§ 56–59, §§ 60a–60c, § 60e [zu § 60e Abs. 5 → Rn. 299], § 60f, § 61, § 61c).[1245]

[1233] Vgl. → Rn. 143 ff.

[1234] Vgl. → Rn. 86 f., 104 ff.

[1235] BGH GRUR 2019, 725 – Deutsche Digitale Bibliothek; dazu → Rn. 106.

[1236] BGH GRUR 2011, 56 Rn. 25 ff. – Session-ID; dazu → Rn. 106; → § 19a Rn. 93.

[1237] Vgl. BVerfG GRUR 2016, 690 Rn. 72 ff. – Metall auf Metall; BGHZ 210, 77 = GRUR 2016, 596 Rn. 74 f. – Verlegeranteil; → Vor §§ 44a Rn. 9.

[1238] Vgl. → Rn. 192 ff.

[1239] → Rn. 117 ff.

[1240] → Rn. 39, 123, 158 f.; vgl. weiter *Stieper* GRUR 2017, 1209; *Grünberger* ZUM 2018, 321 ff.; *v. Ungern-Sternberg* GRUR 2015, 533 (535 f.). Die Schranken sind keine Rechtfertigungsgründe, sondern beschränken immanent die Reichweite der Verwertungsrechte, (→ Rn. 39; → §§ 44a ff. Rn. 34; aA BGH GRUR 2015, 1101 Rn. 18, 26 – Elektronische Leseplätze II mAnm *Stieper*). Dafür spricht auch, dass der EuGH die dem Nutzer durch eine Schranke eingeräumte Rechtsposition im Urteil „TU Darmstadt/Ulmer" ausdrücklich als Recht bezeichnet hat (EuGH GRUR 2014, 1078 Rn. 43 f.; vgl. weiter EuGH GRUR 2019, 929 Rn. 70 – Pelham/Hütter ua; EuGH GRUR 2019, 940 Rn. 54 – Spiegel Online/Volker Beck; dazu → Rn. 39).

[1241] Vgl. EuGH GRUR 2019, 929 Rn. 32 ff., 59 ff. – Pelham/Hütter ua; EuGH GRUR 2014, 972 Rn. 25 ff. – Vrijheidsfonds/Vandersteen ua.

[1242] Nach der Rechtsprechung des BGH waren die Grundrechte nur bei der Auslegung der urheberrechtlichen Befugnisse und der Schranken zu berücksichtigen (vgl. BGHZ 154, 260 (264 ff.) = GRUR 2003, 956 (957) – Gies-Adler; anders der Vorlagebeschluss BGH GRUR 2017, 895 Rn. 46 ff. – Metall auf Metall III: Berücksichtigung der Grundrechte bei Auslegung und Anwendung der Schranken). Zur Bestimmung des Schutzumfangs der Verwertungsrechte in Abwägung von Grundrechten → Rn. 33, 245, 317.

[1243] Vgl. EuGH GRUR 2019, 940 Rn. 40 ff. – Spiegel Online/Volker Beck; vgl. auch BVerfG GRUR 2012, 389 Rn. 13 f. – Kunstausstellung im Online-Archiv; weiter → Rn. 316 f. Vgl. aber auch → Rn. 123 (zur Zulässigkeit einer Interessenabwägung bei der Anwendung einer Schrankenregelung).

[1244] Die DSM-RL schreibt in Art. 3–6 DSM-RL weitere zwingende Schranken vor. Die Richtlinie ist bis zum 7.6.2021 umzusetzen (Art. 29 Abs. 1 DSM-RL).

[1245] Die DSM-RL schreibt weitere zwingende Schranken vor (durch Art. 5 DSM-RL [zugunsten von digitalen und grenzüberschreitenden Unterrichts- und Lehrtätigkeiten] sowie durch Art. 8 Abs. 2 und 3 DSM-RL [für die Nutzung von vergriffenen Werken und sonstigen Schutzgegenständen durch Einrichtungen des Kulturerbes]). Die Richtlinie ist bis zum 7.6.2021 umzusetzen (Art. 29 Abs. 1 DSM-RL).

2. Erschöpfung

a) Werknutzungen in körperlicher Form. Beim **Verbreitungsrecht** ist eine Erschöpfung des 308
Rechts seit langem anerkannt und im UrhG in § 17 Abs. 2[1246] und § 69c Nr. 3 verankert.[1247] Die
Begrenzung des Verbreitungsrechts durch den Erschöpfungsgrundsatz dient dem allgemeinen Interesse
an einem freien Warenverkehr. Innerhalb eines einheitlichen Wirtschaftsraums sollen Werkstücke, die
mit Zustimmung des Berechtigten durch Veräußerung in Verkehr gebracht worden sind, ungeachtet
des urheberrechtlichen Schutzes frei zirkulieren dürfen.[1248] Die nach § 17 Abs. 2 im Fall der Veräußerung eines Originals oder Vervielfältigungsstücks grundsätzlich eintretende Erschöpfungswirkung
erfasst nur die Weiterverbreitung des konkreten Exemplars und lässt das Recht der öffentlichen
Werkwiedergabe und das Vervielfältigungsrecht unberührt.[1249]

Die Erschöpfung des Verbreitungsrechts an einem Original oder Vervielfältigungsstück erstreckt 309
sich nicht auf das **Vervielfältigungsrecht.**[1250] Das Vervielfältigungsrecht wird durch seine Ausübung
grundsätzlich nicht verbraucht.[1251]

Bei Schadensersatzansprüchen wegen Rechtsverletzungen durch eine **Verletzerkette** ist der Er- 310
schöpfungsgrundsatz des § 17 Abs. 2 nicht entsprechend anwendbar.[1252]

b) Werknutzungen in unkörperlicher Form. Bei Werknutzungen durch öffentliche Wiederga- 311
be kann – schon im Hinblick auf die zwingenden Vorschriften des Unionsrechts[1253] – **keine Erschöpfung** des Rechts eintreten.[1254] Vielmehr unterliegt – wie auch § 19 Abs. 3, § 21 und § 22
zeigen – jede weitere öffentliche Wiedergabe dem Schutzrecht des Urhebers.

Ältere Entscheidungen des BGH,[1255] nach denen alle Verwertungsrechte durch einen Erschöp- 312
fungsgrundsatz begrenzt seien, sind überholt[1256] und mit dem Unionsrecht nicht mehr vereinbar.[1257]

In der Entscheidung **„Parfumflakon"**[1258] hat der BGH nicht in anderer Form eine entsprechende 313
allgemeine Schranke der Verwertungsrechte angenommen.[1259] Die Entscheidung hat lediglich ausgeführt, dass das Vervielfältigungsrecht gemäß dem in § 17 Abs. 2 verankerten Rechtsgedanken unter
Umständen zurücktreten muss, weil auf das Interesse an der Verkehrsfähigkeit von Waren, die mit
Zustimmung des Berechtigten in Verkehr gebracht worden sind, Rücksicht zu nehmen ist.[1260]

Eine andere Frage ist es, ob eine Erschöpfung des Verbreitungsrechts an Vervielfältigungsstücken 314
eintreten kann, die nach einer Abrufübertragung befugt hergestellt worden sind. Die Werkübertragung auf Abruf aus einer Datenbank oder durch Einzelübermittlung kann gerade den Zweck haben,
dem Empfänger die Vervielfältigung zu ermöglichen (zB bei Übermittlung von Spielfilmen über das
Internet ohne Kopierschutz an Einzelkunden). Wirtschaftlich gesehen kann es sich dann um einen
elektronischen Versand handeln, der an die Stelle des Einzelvertriebs in körperlicher Form tritt.

[1246] Vgl. → § 17 Rn. 35 ff.; → Rn. 40 ff.

[1247] Zur Harmonisierung der Erschöpfung des Verbreitungsrechts durch das Unionsrecht → Rn. 40; → § 17
Rn. 37; sa *Kulpe* S. 48 ff.

[1248] Vgl. BGHZ 144, 232 (238) = GRUR 2001, 51 (53) – Parfumflakon; BGHZ 145, 7 (12) = GRUR 2001,
153 (154) – OEM-Version; BGH GRUR 2010, 822 Rn. 20 f. – Half-Life 2; BGH GRUR 2015, 772 Rn. 36, 51,
75 – UsedSoft III; weiter → § 17 Rn. 36.

[1249] Vgl. EuGH GRUR 2015, 256 Rn. 33 ff. – Allposters/Pictoright; BGH GRUR 1986, 742 (743) – Videofilmvorführung; vgl. weiter öOGH GRUR-Int 1986, 728 (733) – Hotel-Video; öOGH GRUR-Int 2007, 167
(169 f.) – Werbefoto; öOGH MR 2012, 255 mAnm *Walter.*

[1250] Vgl. BGH GRUR 2005, 940 (942) – Marktstudien; zur Entscheidung BGHZ 144, 232 (238) = GRUR
2001, 51 (53) – Parfumflakon – → Rn. 319.

[1251] Sa BGHZ 144, 232 (238) = GRUR 2001, 51 (53) – Parfumflakon; BGH GRUR 2017, 161 Rn. 60 f. – Gesamtvertrag Speichermedien; GA *Szpunar,* SchlA v. 10.9.2019 – C-263/18 in Tom Kabinet, Rn. 45 ff.

[1252] Vgl. BGHZ 181, 98 = GRUR 2009, 856 Rn. 62 ff. – Tripp-Trapp-Stuhl.

[1253] → Rn. 40 ff.

[1254] Vgl. EuGH GRUR 2018, 911 Rn. 32 ff. – Land Nordrhein-Westfalen/Dirk Renckhoff; aA Wandtke/
Bullinger/*Heerma* UrhG § 15 Rn. 40; vgl. dazu weiter → Rn. 313. Auch das Erfordernis des angemessenen Aus-
gleichs zwischen dem Schutz der Grundrechte und Interessen des Urhebers und dem Schutz der Grundrechte und
Interessen der Nutzer führt nicht dazu, dass eine Art von Erschöpfung des Rechts der öffentlichen Wiedergabe
anzunehmen ist, wenn ein mit Zustimmung des Urhebers auf einer Website wiedergegebenes Werk ohne seine
Zustimmung auf einer anderen Website, die Bildungszwecken dient, eingestellt wird (vgl. EuGH GRUR 2018, 911
Rn. 41 ff. – Land Nordrhein-Westfalen/Dirk Renckhoff). Entgegen Äußerungen in der Literatur bedeutet die
Anwendung des Kriteriums des „neuen Publikums" in der Rechtsprechung des EuGH keine Anerkennung einer
Erschöpfung des Rechts der öffentlichen Wiedergabe (dazu → Rn. 119).

[1255] BGHZ 79, 350 (357 f.) = GRUR 1981, 413 (416) – Kabelfernsehen in Abschattungsgebieten.

[1256] Vgl. → Rn. 35; eingehend Schricker/Loewenheim/*v. Ungern-Sternberg,* Urheberrecht, 4. Aufl. 2010,
UrhG § 15 Rn. 34 mwN.

[1257] Als möglicher Anwendungsfall einer Erschöpfung im Recht der öffentlichen Wiedergabe wurde von einem
Teil der Literatur früher – in Anknüpfung an das Urteil des BGH „Kabelfernsehen in Abschattungsgebieten"
(BGHZ 79, 350 – GRUR 1981, 413) – die zeitgleiche Kabelweiterübertragung von Rundfunksendungen im
Versorgungsbereich von Sendeunternehmen genannt. Diese – damals sehr umfangreiche – Diskussion (vgl. dazu →
4. Aufl. 2010, § 15 Rn. 31 ff.; → 5. Aufl. 2017, § 15 Rn. 312) ist durch die Rechtsprechung des EuGH zum
Recht der öffentlichen Wiedergabe überholt (→ Rn. 96, 182).

[1258] BGHZ 144, 232 = GRUR 2001, 51 – Parfumflakon.

[1259] Vgl. *Bergmann* FS Erdmann, 2002, 17 (23 f.); vgl. auch Wandtke/Bullinger/*Heerma* UrhG § 15 Rn. 38 f.; sa
Ganea GRUR-Int 2005, 102 (106).

[1260] → Rn. 319.

Der Ausschluss der Erschöpfung bei dem Recht der öffentlichen Wiedergabe steht der Annahme einer Erschöpfung des Verbreitungsrechts hinsichtlich hergestellter Vervielfältigungsstücke jedenfalls nicht entgegen. Für die Annahme, das Verbreitungsrecht habe sich hinsichtlich der befugt durch Download hergestellten Vervielfältigungsstücke (in analoger Anwendung des § 17 Abs. 2) erschöpft, fehlt es aber grundsätzlich an einer dem Fall der Übergabe eines körperlichen Vervielfältigungsstücks vergleichbaren Sachverhaltslage. Der Berechtigte hat keinen Gegenstand weitergegeben, dessen Verkehrsfähigkeit ohne die Annahme einer Erschöpfung des Verbreitungsrechts gefährdet wäre. Es ist jedoch nicht Zweck des Grundsatzes der Erschöpfung des Verbreitungsrechts, jedes berechtigt hergestellte Vervielfältigungsstück verkehrsfähig zu machen, sondern mit Zustimmung des Rechtsinhabers in Verkehr gebrachte Werkstücke verkehrsfähig zu halten.[1261] Bei der Beurteilung dieser Sachverhalte ist allerdings zu bedenken, dass noch ungeklärt ist, welche Bedeutung die Rechtsgrundsätze des Urteils des EuGH „UsedSoft"[1262] für den Vertrieb von digitalen Produkten (wie E-Books oder Filmen) und der dabei befugt hergestellten Vervielfältigungsstücke haben.[1263]

315 Das Verbreitungsrecht kann aber jedenfalls in besonderen Fällen der Einzelherstellung von Büchern auf Bestellung **(book on demand)** erschöpft sein: Übermittelt ein berechtigter Verlag Großabnehmern online die erforderlichen Dateien, damit diese das bestellte Werkstück selbst herstellen können, wird der Großabnehmer bei dieser befugten Herstellung urheberrechtlich als Gehilfe des Verlags angesehen werden können, dem als Abnehmer das so hergestellte Vervielfältigungsstück an die Hand gegeben wird. Das Verbreitungsrecht ist dann hinsichtlich dieses konkreten Werkstücks erschöpft.

3. Beschränkungen durch Grundrechte Dritter

316 Die Auslegung und Anwendung des Urheberrechts muss mit den Grundrechten[1264] im Einklang stehen. Bei der **Bestimmung des Schutzumfangs der Verwertungsrechte** ist ein angemessener Ausgleich zwischen den Interessen der Inhaber von Urheber- und verwandten Schutzrechten am Schutz ihres in Art. 17 Abs. 2 GRCh verankerten Rechts am geistigen Eigentum auf der einen Seite und dem Schutz der Interessen und Grundrechte der Nutzer von Schutzgegenständen sowie dem Allgemeininteresse auf der anderen Seite zu sichern.[1265] Die Grundrechte Dritter sind auch bei der **Auslegung und Anwendung der Schranken,** die den Schutzumfang der Verwertungsrechte mitbestimmen, zu berücksichtigen.[1266]

Beschränkungen des Schutzumfangs der Verwertungsrechte ergeben sich danach insbesondere durch die Grundrechtsabwägung mit der Meinungsfreiheit,[1267] der Kunstfreiheit[1268] und der Informationsfreiheit[1269] (die aber keinen Anspruch auf kostenlosen Zugang zu Informationen gewährleistet).[1270] Soweit die Grundrechte des GG zur Anwendung kommen,[1271] sind bei der **Grundrechtsabwägung** der Eigentumsschutz des Urhebers (Art. 14 GG)[1272] und die Grundrechte Dritter (insbes. die allgemeine Handlungsfreiheit, Art. 2 Abs. 1 GG, die Pressefreiheit oder Kunstfreiheit,[1273] Art. 5 GG, und die Berufsfreiheit, Art. 12 Abs. 1 GG) im Wege praktischer Konkordanz zu beachten und unverhältnismäßige Grundrechtsbeschränkungen zu vermeiden.[1274]

317 Nach der Rechtsprechung des **EGMR** zum Recht auf freie Meinungsäußerung aus Art. 10 EMRK, kann dieses Grundrecht nach einer Abwägung mit den vom Urheber oder seinem Werknut-

---

[1261] Vgl. BGH GRUR 2015, 772 Rn. 36 – UsedSoft III; *Bergmann* FS Erdmann, 2002, 17 (24 ff.); vgl. auch *Stieper* FS Gernot Schulze, 2017, 107 (113); aA Dreier/Schulze/*Dreier* UrhG § 19a Rn. 11; vgl. weiter → § 17 Rn. 38.

[1262] Vgl. EuGH GRUR 2012, 904 – UsedSoft mAnm *Hansen/Wolff-Rojczyk;* vgl. dazu → Rn. 41.

[1263] S. die Nachw. → Rn. 41.

[1264] Zur Frage, ob insoweit die Grundrechtsbestimmungen der Charta der Grundrechte oder des GG anzuwenden sind → Rn. 168.

[1265] Vgl. EuGH GRUR 2019, 929 Rn. 32 ff. – Pelham/Hütter ua; EuGH GRUR 2016, 1152 Rn. 31, 44 f. – GS Media/Sanoma ua; weiter → Rn. 5, 43, 168.

[1266] → Rn. 123, 305.

[1267] Vgl. auch öOGH MR-Int. 2012, 252 (253) – Einspruch S. mAnm *Walter.*

[1268] Vgl. EuGH GRUR 2019, 929 Rn. 32 ff. – Pelham/Hütter ua; BVerfG GRUR 2016, 690 Rn. 81 ff. – Metall auf Metall mAnm *Leistner* GRUR 2016, 772; vgl. auch BGHZ 205, 22 = GRUR 2015, 1114 Rn. 41 ff., 46 – Springender Pudel mAnm *Thiesen* (zur Markenparodie).

[1269] Vgl. EuGH GRUR-Int 2013, 964 Rn. 10, 20, 21 – UEFA/Europäische Kommission (Beschränkung ausschließlicher Fernsehrechte im Interesse der Information der Öffentlichkeit über Ereignisse, denen der betreffende Mitgliedstaat eine erhebliche gesellschaftliche Bedeutung zumisst).

[1270] Vgl. BGH GRUR 2013, 623 Rn. 20 ff. – Preußische Gärten und Parkanlagen II mAnm *Elmenhorst.*

[1271] → Rn. 168.

[1272] → Rn. 5, 168.

[1273] Zur Abwägung mit der Kunstfreiheit (Art. 5 Abs. 3 S. 1 GG) vgl. BVerfG GRUR 2016, 690 Rn. 81 ff. – Metall auf Metall; BVerfG GRUR 2018, 633 Rn. 15 ff. – Neue Sicht auf Charlottenburg.

[1274] Vgl. BVerfG GRUR 2012, 389 Rn. 10 – Kunstausstellung im Online-Archiv; BVerfG GRUR 2016, 690 Rn. 70 ff. (mAnm *Leistner* GRUR 2016, 772) = ZUM 2016, 626 mAnm *Stieper* = MMR 2016, 463 mAnm *Hoeren* – Metall auf Metall (zu den verwandten Schutzrechten); *Paulus* ZUM 2016, 513 (514 f.). Bei der Auslegung und Anwendung des Urheberrechts ist bei mehreren möglichen Deutungen diejenige vorzuziehen, die den Wertentscheidungen des Grundgesetzes entspricht und die Grundrechte der Beteiligten möglichst weitgehend in praktischer Konkordanz zur Geltung bringt (vgl. BVerfG GRUR 2016, 690 Rn. 82 f. – Metall auf Metall).

zungsberechtigten verfolgten Interessen Ansprüchen aus dem Urheberrecht entgegenstehen.[1275] Eine solche Grundrechtsabwägung ist nach der Rechtsprechung des **EuGH** bereits bei der Bestimmung des Inhalts der Rechte der Schutzrechtsinhaber und der Anwendung dieser Rechte im konkreten Fall vorzunehmen. Der angemessene Ausgleich zwischen den verschiedenen (Grund-)Rechten und Interessen ist danach in der InfoSoc-RL selbst verankert. Eine Berufung auf Grundrechte (wie die Informations- und Pressefreiheit aus Art. 11 GRCh) kann deshalb außerhalb der Auslegung und Anwendung der Vorschriften der InfoSoc-RL (insbes. der in Art. 5 Abs. 2 und 3 InfoSoc-RL vorgesehenen Ausnahmen und Beschränkungen) keine Begrenzung der in der Richtlinie geregelten Verwertungsrechte rechtfertigen.[1276]

4. Beschränkungen durch die Grundfreiheiten

Der Schutz der Verwertungsrechte kann zum Schutz der Grundfreiheiten (insbes. der Warenverkehrsfreiheit nach Art. 34 AEUV und der Dienstleistungsfreiheit nach Art. 56 AEUV) begrenzt sein.[1277] Ein Vervielfältigungsrecht, das sich auf urheberrechtlich geschützte Formen von Flaschen und Warenverpackungen bezieht, muss unter Umständen zurücktreten, um eine Händlerwerbung für eingeführte Waren zu ermöglichen.[1278] **318**

Eine Maßnahme, die ein Mitgliedstaat als Ausnahme von einer Grundfreiheit des AEUV erlässt, fällt in den Geltungsbereich des Unionsrechts.[1279]

5. Beschränkungen mit Rücksicht auf die Verkehrsfähigkeit von Produkten

Nach dem Urteil des BGH „**Parfumflakon**" muss das Vervielfältigungsrecht (§ 16) an einer urheberrechtlich geschützten Warengestaltung unter Umständen im Hinblick auf den in § 17 Abs. 2 verankerten Rechtsgedanken zurücktreten, um die Verkehrsfähigkeit der mit Zustimmung des Berechtigten in Verkehr gesetzten Waren zu erhalten.[1280] So kann der zur Weiterverbreitung berechtigte Verkäufer von Parfum, das in einem urheberrechtlich geschützten Flakon abgefüllt ist, nicht mit Hilfe des Urheberrechts daran gehindert werden, die Ware anzubieten und im Rahmen des Üblichen werblich darzustellen, auch wenn damit eine Vervielfältigung verbunden ist. Eine allgemeine Schranke der Verwertungsrechte liegt in diesem Rechtsgedanken nicht.[1281] **319**

6. Kartellrechtliche Beschränkungen

Nicht nur aus dem Unionsrecht,[1282] sondern auch aus dem nationalen Kartellrecht (§§ 19, 20 GWB) kann sich ergeben, dass ein Rechtsinhaber verpflichtet ist, Nutzungswilligen ein Nutzungsrecht einzuräumen.[1283] Dabei ist zu berücksichtigen, dass auch ein marktbeherrschendes Unternehmen grundsätzlich nicht gehindert ist, seine geschäftliche Tätigkeit und seinen Absatz nach eigenem Ermessen so zu gestalten, wie es das für wirtschaftlich richtig und sinnvoll erachtet.[1284] Gegen einen Unterlassungsanspruch kann – unter im Einzelnen umstrittenen Voraussetzungen – ein kartellrechtlicher „**Zwangslizenzeinwand**" gegeben sein.[1285] **320**

[1275] Vgl. EGMR GRUR 2013, 859 Rn. 36ff. – Ashby Donald ua/Frankreich (zu diesem Urteil sa *Robl*, Einfluss der Rechtsprechung des Europäischen Gerichtshofs für Menschenrechte auf die Anwendung des Schrankens des Urheberrechts, 2019, S. 256ff.; *Ibel*, Schranke hinter den Schranken, 2019, S. 87ff.); EGMR GRUR-Int 2013, 476 (478f.) – The Pirate Bay; vgl. auch öOGH MR 2017, 325 (unter 2.2.) – Bild des Wilderers mAnm *Walter*; öOGH MR 2019, 126 (unter 2.1.) – Draußen bleiben mAnm *Walter*. Zur Bedeutung der EMRK im Rahmen der Unionsrechtsordnung vgl. EuGH NJW 2013, 1415 Rn. 44 – Åkerberg Fransson; EuGH, Gutachten 2/13 v. 18.12.2014 Rn. 179 (Gutachten zur Übereinkunft über den Beitritt der EU zur EMRK); EuGH, Urt. v. 3.9.2015 – C-398/13 P, EuZW 2015, 838 Rn. 45f. – Inuit Tapiriit Kanatami/Kommission; EuGH GRUR 2019, 940 Rn. 57f. – Spiegel Online/Volker Beck; *Obergfell/Stieper* FS 50 Jahre Deutsches UrhG, 2015, 223 (235ff.); *van Deursen/Snijders* IIC 2018, 1080 (1091ff.); weiter → Rn. 43.
[1276] Vgl. EuGH GRUR 2019, 940 Rn. 40ff. – Spiegel Online/Volker Beck; EuGH GRUR 2019, 934 Rn. 55ff. – Funke Medien/Bundesrepublik Deutschland; vgl. dazu auch GA *Szpunar*, SchlA v. 25.10.2018 – C-469/17 in Funke Medien/Bundesrepublik Deutschland, Rn. 40ff.; weiter → Rn. 305.
[1277] → Rn. 44.
[1278] Vgl. EuGH GRUR-Int 1998, 140 Rn. 55ff. – Dior/Evora; *Kur* GRUR-Int 1999, 24 (25f.); vgl. dazu BGHZ 144, 232 (237ff.) = GRUR 2001, 51 (53f.) – Parfumflakon (zu dieser Entscheidung → Rn. 313, 319).
[1279] Vgl. EuGH GRUR-Int 2017, 768 Rn. 56 – Online Games.
[1280] BGHZ 144, 232 (237ff.) = GRUR 2001, 51 (53) – Parfumflakon; zur Frage der Übertragung dieses Rechtsgedankens auf andere Verwertungsrechte s. OLG Düsseldorf GRUR-RR 2009, 45 (46); LG München I NJOZ 2009, 3056 (3060).
[1281] → Rn. 313.
[1282] → Rn. 45.
[1283] Vgl. BGHZ 154, 260 (265) = GRUR 2003, 956 (957) – Gies-Adler; BGHZ 160, 67 (72ff.) = GRUR 2004, 966 (967) – Standard-Spundfaß; vgl. auch BGHZ 176, 1 = WRP 2008, 823 Rn. 41 – Soda-Club II; MüKo-GWB/*Westermann*, 2. Aufl. 2015, GWB § 19 Rn. 66; → Vor §§ 44a ff. Rn. 23; → § 87 Rn. 124.
[1284] Vgl. BGH WRP 2014, 956 Rn. 37f. – VBL-Versicherungspflicht, mwN.
[1285] Vgl. BGH GRUR 2013, 618 Rn. 45ff. – Internet-Videorecorder II; BGHZ 180, 312 = GRUR 2009, 694 Rn. 22ff. – Orange-Book-Standard; *Weber* S. 514f.; weiter → Vor §§ 44a ff. Rn. 23; → § 87 Rn. 125.

IX. Schutz der Verwertungsrechte

321 Zum **zivil- und strafrechtlichen Schutz** der Verwertungsrechte vgl. die Erläuterungen zu § 69f, §§ 97 ff. und §§ 106 ff. Die Strafvorschriften sind urheberrechtsakzessorisch auszulegen.[1286] Der Schutz der Verwertungsrechte kann gleichwohl im Zivilrecht und im Strafrecht einen unterschiedlichen Umfang haben.[1287] Anders als im Zivilrecht bildet im Strafrecht der Wortsinn des Gesetzes die Grenze jeder Auslegung.[1288]

322 **Wirksame technische Maßnahmen** zum Schutz eines urheberrechtlich geschützten Werkes dürfen nicht umgangen werden (vgl. dazu § 95a, § 108b).

323 Nach § 96 dürfen **rechtswidrig hergestellte Vervielfältigungsstücke** weder verbreitet noch zu öffentlichen Wiedergaben benutzt werden, rechtswidrig veranstaltete Funksendungen weder auf Bild- oder Tonträger aufgenommen noch öffentlich wiedergegeben werden. Die Vorschrift des § 96 ergänzt die Verwertungsrechte, die nur die Nutzung des (immateriellen) Werkes selbst erfassen. Ansprüche aus § 97 Abs. 1 iVm § 96 bestehen auch dann, wenn die Werknutzung als solche zulässig wäre und im konkreten Fall nur wegen der Verwendung eines rechtswidrig hergestellten Vervielfältigungsstücks oder einer rechtswidrig veranstalteten Funksendung rechtswidrig ist.

324 Die Verwertungsrechte genießen **Grundrechtsschutz** als Eigentum iSd Art. 14 GG und des Art. 17 Abs. 2 Charta der Grundrechte der Europäischen Union (GRCh).[1289]

C. Recht der Verwertung des Werkes in körperlicher Form (Abs. 1)

I. Inhalt des Rechts

325 Das Recht der Verwertung des Werkes in körperlicher Form (§ 15 Abs. 1) bezieht sich auf Werknutzungshandlungen, die das Original oder Vervielfältigungsstücke des Werkes zum Gegenstand haben.[1290] Das Recht umfasst als benannte Verwertungsrechte das Vervielfältigungsrecht (§ 16), das Verbreitungsrecht (§ 17) und das Ausstellungsrecht (§ 18). Während das Vervielfältigungsrecht und das Verbreitungsrecht bereits in den Vorgängergesetzen des UrhG geregelt waren (das Vervielfältigungsrecht in § 11 Abs. 1 S. 1, § 15 Abs. 1 LUG und in § 15 Abs. 1, § 17 KUG,[1291] das Verbreitungsrecht in § 11 Abs. 1 S. 1 LUG und in § 15 Abs. 1 S. 1 KUG),[1292] wurde das Ausstellungsrecht neu in das UrhG aufgenommen.[1293] Neben den benannten Verwertungsrechten kann das Recht auch unbenannte Verwertungsrechte umfassen („insbesondere").[1294] Nicht erforderlich ist, dass die Nutzungsart klar als Werkverwertung in körperlicher Form eingeordnet werden kann. Auch an Mischformen der Werkverwertung in körperlicher und unkörperlicher Form kann ein unbenanntes Verwertungsrecht bestehen.[1295] In der Literatur sind immer wieder unbenannte Verwertungsrechte (Innominatrechte) bei der Werkverwertung in körperlicher Form angenommen worden, die von der Rechtsprechung jedoch nicht anerkannt wurden.[1296] Für Computerprogramme ist das Vervielfältigungsrecht in § 69c Nr. 1, das Verbreitungsrecht in § 69c Nr. 3 geregelt. Die Frage, ob die Verwertungsrechte auch Handlungen erfassen, bei denen das Werk nur in Teilen oder nur in veränderter Form benutzt wird, betrifft den Schutzumfang der Rechte.[1297]

Die Rechte an der Verwertung des Werkes in körperlicher Form unterliegen den in §§ 44a ff. geregelten **Schranken** §§ 44a–51, § 53, § 55, § 55a, §§ 56–60f, § 61, § 61c. Durch Art. 3–6 DSM-RL werden den Mitgliedstaaten weitere zwingende Schranken vorgeschrieben.[1298] **Beschränkungen** unterliegen die Rechte weiter im Hinblick auf die Grundrechte,[1299] die Grundfreiheiten,[1300] mit Rücksicht auf die Verkehrsfähigkeit von Produkten[1301] und aufgrund des Kartellrechts.[1302] Das Verbreitungsrecht unterliegt zudem – anders als das Vervielfältigungsrecht –[1303] dem Grundsatz der Er-

---

[1286] Vgl. BGHSt 58, 15 = GRUR 2013, 62 Rn. 41 – Italienische Bauhausmöbel; vgl. auch *Heinrich* in VFF, Urheberrecht im Wandel der Zeit, 2018, S. 41 ff.; *Böxler,* Markenstrafrecht, 2013, S. 244 ff.; vgl. weiter → Rn. 264; → Vor §§ 106 ff. Rn. 23, 27, 31, 58.
[1287] Vgl. auch *Zabel-Wasmuth* S. 111 ff.
[1288] Vgl. dazu näher → Rn. 134, 264.
[1289] Vgl. → Rn. 5, 43, 168 ff., 316; → Einl. UrhG Rn. 10.
[1290] Vgl. Begr. RegE des UrhG, BT-Drs. IV/270, 46.
[1291] Dazu → § 16 Rn. 3.
[1292] Das frühere Recht stellte noch auf die Gewerbsmäßigkeit der Verbreitung ab.
[1293] Vgl. → § 18 Rn. 2 f.
[1294] Vgl. dazu → Rn. 262 ff.
[1295] Vgl. → Rn. 267.
[1296] Vgl. → Rn. 279 ff.
[1297] Vgl. → Rn. 28 ff., 32 ff., 47, 48, 241, 242 ff.
[1298] Die Richtlinie ist bis zum 7.6.2021 umzusetzen (Art. 29 Abs. 1 DSM-RL).
[1299] Vgl. → Rn. 316 f.; → Vor §§ 44a ff. Rn. 18.
[1300] Vgl. → Rn. 44, 318.
[1301] Vgl. → Rn. 319.
[1302] Vgl. → Rn. 320.
[1303] Vgl. → Rn. 309.

schöpfung.[1304] Die Herstellung von Bearbeitungen und anderen Umgestaltungen des Werkes (§ 23 S. 1) unterliegt grundsätzlich nicht dem Vervielfältigungsrecht (Herstellungsfreiheit).[1305]

II. Harmonisierung durch Richtlinien

Die Werknutzungen durch Vervielfältigung und Verbreitung sind weitgehend durch Richtlinien **326** harmonisiert. Das Vervielfältigungsrecht wurde durch Art. 2 InfoSoc-RL vollständig harmonisiert.[1306] Dies gilt im Anwendungsbereich des Art. 4 Abs. 1 InfoSoc-RL auch für das Verbreitungsrecht.[1307] Str. ist allerdings, inwieweit das Verbreitungsrecht hinsichtlich der Besitzüberlassung durch Vermieten und Verleihen harmonisiert ist.[1308] Das in § 17 mit geregelte Vermiet- und Verleihrecht setzt Art. 3 Abs. 1 Buchst. a Vermiet- und Verleih-RL um.[1309] Für die Vervielfältigung und die Verbreitung von Computerprogrammen enthalten Art. 4 Buchst. a und c Computerprogramm-RL Sonderregelungen.[1310] Für die Vervielfältigung und die Verbreitung von Datenbankwerken gilt die Sonderregelung des Art. 5 Datenbank-RL.[1311] Außerhalb des Anwendungsbereichs der Richtlinien sind Verwertungsrechte nach nationalem Recht grundsätzlich zulässig (vgl. zB § 18).[1312]

Die Rechte der Verwertung des Werkes in körperlicher Form sind Rechte an Nutzerhandlun- **327** gen.[1313] **Werknutzungshandlungen** sind soziale, nicht technische Vorgänge. Dementsprechend ist derjenige, der nur einen technischen Beitrag zur Werknutzung leistet, nicht selbst Werknutzer.[1314] Auch bei der Vervielfältigung ist nicht Werknutzer, wer den Vervielfältigungsvorgang als Hilfsperson nur technisch bewerkstelligt, wenn sich ein anderer des technischen Vorgangs zum Zweck der Werknutzung bedient.[1315] Die Verwertungsrechte sind funktionsbezogen auszulegen[1316] und erfassen nur wirkliche Werknutzungshandlungen.[1317]

III. Ausstellungsrecht

Das Ausstellungsrecht (§ 18) ist nicht harmonisiert.[1318] Es gilt nur für unveröffentlichte Werke der **328** bildenden Künste sowie für unveröffentlichte Lichtbildwerke und Lichtbilder (§ 72).[1319] Da es zudem mit der Veröffentlichung des Werkes erlischt, ist seine Bedeutung gering. Der Sache nach ist das Ausstellungsrecht kein Verwertungsrecht, zumal die Einräumung eines ausschließlichen Nutzungsrechts praktisch nicht in Betracht kommt.[1320] Es ist vielmehr ein Unterfall des Veröffentlichungsrechts (§ 12) und deshalb eher urheberpersönlichkeitsrechtlicher Natur.[1321] Forderungen, einen gesetzlichen Vergütungsanspruch bei Ausstellungen einzuführen, hatten keinen Erfolg.[1322]

D. Recht der öffentlichen Wiedergabe (Abs. 2)

I. Rechtsentwicklung

1. UrhG 1965

Zur Rechtsentwicklung bei den einzelnen Rechten der öffentlichen Wiedergabe vgl. die Erläute- **329** rungen zu den §§ 19–22. Der Vorschlag des **§ 18 MinE 1959,** neben dem Senderecht lediglich ein allgemeines Vortrags-, Aufführungs- und Vorführungsrecht zu gewähren, das auch die Rechte der Wiedergabe durch Bild- oder Tonträger und die Wiedergabe von Funksendungen umfasst, wurde zu Recht nicht verwirklicht.[1323]

[1304] Vgl. → Rn. 40 ff., 183, 308, 314; → § 17 Rn. 35 ff.
[1305] → Rn. 245.
[1306] Vgl. EuGH GRUR 2012, 156 Rn. 154 – Football Association Premier League u. Murphy; vgl. weiter → Rn. 47; allgemein zur Harmonisierung der Verwertungsrechte → Rn. 121 f., 143 ff.
[1307] Vgl. BGH GRUR 2017, 793 Rn. 20 – Mart-Stam-Stuhl; vgl. weiter → Rn. 48 ff., 121 f., 164.
[1308] Vgl. → Rn. 164.
[1309] Vgl. dazu → § 17 Rn. 58.
[1310] Vgl. → § 17 Rn. 4; → § 69c Rn. 1.
[1311] Vgl. → § 16 Rn. 4.
[1312] Vgl. → Rn. 147.
[1313] Vgl. → Rn. 13, 23, 46, 213 ff.
[1314] Vgl. → Rn. 20, 225 ff.
[1315] Vgl. → Rn. 20, 223 ff.
[1316] Vgl. → Rn. 23 ff.
[1317] Vgl. → Rn. 25, 248 f.
[1318] Vgl. → Rn. 165; → § 18 Rn. 7.
[1319] Zur Zurschaustellung sonstiger Werke vgl. → § 18 Rn. 18; *Ulmer* S. 244 f.; *Rehbinder/Peukert* Rn. 378.
[1320] Vgl. → § 18 Rn. 4; *Ulmer* S. 229, 241 f.; *Erdmann* GRUR 2011, 1061 f.; *Schack* Rn. 441.
[1321] Vgl. → § 18 Rn. 1, 4; *Ulmer* S. 229, 241 f.; *Erdmann* GRUR 2011, 1061 f.
[1322] Vgl. dazu *Erdmann* GRUR 2011, 1061 (1064 f.); *Schack* Rn. 441, jeweils mwN; vgl. auch → § 18 Rn. 12 ff.
[1323] Begr. zu § 15 RegE, BT-Drs. IV/270, 46 = UFITA 45 (1965), 240 (261).

330 Die Definition des Begriffs „öffentlich" in § 15 Abs. 3 aF folgte der Auslegung dieses Begriffs im früheren § 11 Abs. 2 LUG durch den BGH.[1324] In der Fassung des UrhG vom 9.9.1965 lautete § 15 Abs. 3: „Die Wiedergabe eines Werkes ist öffentlich, wenn sie für eine Mehrzahl von Personen bestimmt ist, es sei denn, dass der Kreis dieser Personen bestimmt abgegrenzt ist und sie durch gegenseitige Beziehungen oder durch Beziehung zum Veranstalter persönlich untereinander verbunden sind."

331 In Umsetzung der Satelliten- und Kabel-RL[1325] hat das **4. UrhGÄndG** vom 8.5.1998[1326] neben dem Senderecht aus § 20 das Recht an der europäischen Satellitensendung (§ 20a) anerkannt. Dieses Gesetz hat zudem mehrere Vorschriften, die Bedeutung für die Wahrnehmung des Senderechts haben, in das UrhG und das UrhWG eingefügt: § 20b, § 87 Abs. 4 (jetzt Abs. 5) und § 137h UrhG sowie § 13b Abs. 3 und 4 UrhWG (später § 13c Abs. 3 und 4 UrhWG, aufgehoben; vgl. jetzt §§ 48 ff. VGG).

332 Durch Art. 1 Abs. 1 Nr. 2 des Gesetzes zur Regelung des Urheberrechts in der Informationsgesellschaft vom 10.9.2003 **(UrhG-Novelle 2003)**[1327] wurden § 15 Abs. 1 und 2 neu gefasst.[1328] Dabei wurde das Recht der öffentlichen Zugänglichmachung (§ 19a) – in Umsetzung des Art. 3 InfoSoc-RL[1329] – in den Katalog der ausdrücklich genannten Rechte der öffentlichen Wiedergabe aufgenommen. Durch Neufassung des § 22 wurde dem Urheber auch ausdrücklich ein ausschließliches Recht gewährt, zu erlauben oder zu verbieten, dass sein Werk auf der Grundlage einer öffentlichen Zugänglichmachung (§ 19a) durch Bildschirm, Lautsprecher oder ähnliche technische Einrichtungen öffentlich wahrnehmbar gemacht wird.[1330]

333 Die UrhG-Novelle 2003 hat auch die **Legaldefinition des Begriffs „öffentlich"** in § 15 Abs. 3 neu gefasst. Nach der Begründung des Regierungsentwurfs sollte die Neufassung des Abs. 3 im Wesentlichen dem früheren Recht entsprechen.[1331] Dies trifft jedoch nicht ganz zu.[1332] Diese Frage kann aber dahinstehen, weil der Begriff „öffentlich" ohnehin richtlinienkonform auszulegen ist.[1333]

334 Aufgrund des **Art. 8 WIPO Copyright Treaty** (WCT)[1334] steht den Urhebern seit dem Inkrafttreten des Zustimmungsgesetzes am 19.8.2003[1335] ein Recht der öffentlichen Wiedergabe zu. Der Begriff der öffentlichen Wiedergabe iS dieser Vorschrift ist allerdings nicht gleichbedeutend mit dem des § 15 Abs. 2, weil Art. 8 WCT nur öffentliche Wiedergaben regelt, die durch ein gewisses Distanzelement gekennzeichnet sind.[1336]

2. Urheberrecht der DDR

335 Das **URG-DDR** bezeichnete das Urheberrecht in § 13 als sozialistisches Persönlichkeitsrecht, aus dem sich nichtvermögensrechtliche und vermögensrechtliche Befugnisse des Urhebers ergeben.[1337] Anders als die Befugnisse zur Nutzung des Werkes war das Urheberrecht als solches nicht übertragbar (§ 19 Abs. 1 URG-DDR). Der Begriff der Öffentlichkeit war im URG-DDR selbst nicht definiert.[1338] Im Vergleich zum UrhG gewährte § 18 jedenfalls seinem Wortlaut nach im Ganzen gesehen weniger an vermögensrechtlichen Befugnissen.[1339] Es wird allerdings die Auffassung vertreten, dass die Aufzählung der Werknutzungsbefugnisse im Gesetz nicht abschließend gewesen sei.[1340]

II. Inhalt des Rechts

1. Regelung im UrhG

336 Das Recht an der Verwertung des Werkes in unkörperlicher Form (Recht der öffentlichen Wiedergabe) umfasst nach § 15 Abs. 2 als **benannte Einzelverwertungsrechte** insbesondere das Vortrags-, das Aufführungs- und das Vorführungsrecht (§ 19),[1341] das Recht der öffentlichen Zugäng-

---

[1324] Vgl. insbes. BGHZ 17, 376 (378) = GRUR 1955, 549 (550 f.) – Betriebsfeiern; vgl. Begr. zu § 15 RegE, BT-Drs. IV/270, 47 = UFITA 45 (1965), 240 (261); BGHZ 58, 262 (264) = GRUR 1972, 614 (615) – Landesversicherungsanstalt; sa *Perwitz* S. 33 f.
[1325] → Vor §§ 20 ff. Rn. 11 ff., 43.
[1326] BGBl. I S. 902.
[1327] BGBl. I S. 1774.
[1328] Inkrafttreten gem. Art. 6 Abs. 1 des Gesetzes am 11.9.2003.
[1329] → Rn. 342; → § 19a Rn. 31 f.
[1330] → § 22 Rn. 8.
[1331] BT-Drs. 15/38, 17.
[1332] Vgl. → 4. Aufl. 2010, § 15 Rn. 65; sa *Perwitz* S. 34 ff.
[1333] Dazu → Rn. 354 f.
[1334] → Vor §§ 20 ff. Rn. 32.
[1335] BGBl. II S. 754.
[1336] → Vor §§ 20 ff. Rn. 33.
[1337] Vgl. *Püschel* ua, Urheberrecht, 2. Aufl. 1986, S. 42; *Haupt* ZUM 1991, 20 (22); *Wandtke/John/Bernhardt/Kubillus* UFITA 115 (1991), 23 (64 f.); *Richter* in Berger/Wündisch, Urhebervertragsrecht, 2. Aufl. 2015, § 8 Rn. 12.
[1338] Zu diesem Begriff vgl. *Püschel* ua, Urheberrecht, 2. Aufl. 1986, S. 46 ff.
[1339] Vgl. *Katzenberger* GRUR-Int 1993, 2 (6); *Wandtke/John/Bernhardt/Kubillus* UFITA 115 (1991), 23 (64 f.).
[1340] Vgl. *Püschel* ua, Urheberrecht, 2. Aufl. 1986, S. 49; *Haupt,* Urheberrecht und Videotechnik in der DDR, 1995, S. 65; *Haupt* ZUM 1991, 20 (25) mwN.
[1341] Zur Rechtsnatur des Rechts aus § 19 Abs. 3 → § 19 Rn. 53.

lichmachung (§ 19a), das Senderecht (§ 20, § 20a),[1342] das Recht der Wiedergabe durch Bild- oder Tonträger (§ 21) und das Recht der Wiedergabe von Funksendungen und von öffentlicher Zugänglichmachung (§ 22).

Die nicht abschließende Aufzählung der Einzelverwertungsrechte (**„insbesondere"**) soll ermögli- 337 chen, Nutzungsarten, die zur Zeit des Erlasses des UrhG noch nicht bekannt oder wirtschaftlich noch nicht bedeutsam waren, ohne weiteres in den Schutzbereich des Urheberrechts einzubeziehen (Innominatfälle).[1343] Unbenannte Rechte der öffentlichen Wiedergabe sind insbesondere[1344] das Abrufübertragungsrecht[1345] und das Online-Verbreitungsrecht.[1346]

2. Auslegung im Licht des Unionsrechts

a) Erfordernis der Anpassung an das Unionsrecht. Der Begriff der öffentlichen Wiedergabe 338 wird in Art. 3 Abs. 1 InfoSoc-RL nicht erschöpfend definiert. Der EuGH hat dieses voll harmonisierte Verwertungsrecht[1347] in seiner Rechtsprechung sehr eigenständig ausgelegt und ihm dadurch in weitem Umfang neue Konturen gegeben.[1348] In dieser Auslegung überlagert die unionsrechtliche Regelung des Rechts der öffentlichen Wiedergabe wegen ihres Anwendungsvorrangs[1349] die innerstaatliche Regelung in § 15. Die Vorschriften des UrhG zum Recht der öffentlichen Wiedergabe sind, soweit möglich, richtlinienkonform auszulegen.[1350]

b) Anpassungsprobleme. aa) Rechtsnatur des Rechts der öffentlichen Wiedergabe im 339 **Unionsrecht.** Bei der richtlinienkonformen Auslegung des UrhG kann der Umstand Probleme bereiten, dass das unionsrechtliche Recht der öffentlichen Wiedergabe nach der Rechtsprechung des EuGH ein **generalklauselartiges Recht** ist.[1351]

Das generalklauselartige Recht der öffentlichen Wiedergabe gemäß Art. 3 Abs. 1 InfoSoc-RL um- 340 fasst auch die **Einzeltatbestände des § 15 Abs. 2** mit Ausnahme öffentlicher Wiedergaben, die unmittelbar vor anwesendem Publikum stattfinden.[1352] Die Abgrenzung dieser Verwertungsrechte hat allerdings weiter Bedeutung, so insbesondere für das Eingreifen von Schranken, die Frage der Aufspaltbarkeit der Verwertungsrechte und die Vertragspraxis.[1353]

Die vom EuGH anerkannten typischen Verwertungstatbestände werden aber nicht immer den be- 341 nannten Verwertungsrechten des UrhG entsprechen. So kann zB die öffentliche Wiedergabe durch Bereitstellen von Tonträgern mit geschützten Musikaufnahmen und dafür geeigneten Abspielgeräten in den Gästezimmern eines Hotels[1354] mit den Begriffen des UrhG weder als Zugänglichmachen noch als Wahrnehmbarmachen der Werke, die auf den Tonträgern vervielfältigt sind, eingeordnet werden. In solchen Fällen ist ein **unbenanntes Recht der öffentlichen Wiedergabe** anzunehmen.[1355] Gleiches gilt in Fällen, in denen die Einzeltatbestände des § 15 Abs. 2 nicht anwendbar sind, obwohl im Hinblick auf den Anwendungsbereich des Art. 3 Abs. 1 InfoSoc-RL ein Recht der öffentlichen Wiedergabe zu gewähren ist. Das gilt zB für die Fälle, in denen § 19 Abs. 4 wegen der Art des Werkes nicht eingreift.

bb) Funktionsbezogene Auslegung. Der EuGH bestimmt zudem den **Gegenstand der Ver-** 342 **wertungsrechte** anders, als dies im deutschen Recht herkömmlich geschehen ist.[1356] Er versteht die Verwertungsrechte nicht als Rechte des Urhebers, „sein Werk ... zu verwerten", sondern als Rechte an Handlungen von Nutzern,[1357] und legt sie dementsprechend funktionsbezogen aus.[1358] Das Eingreifen des Tatbestands der öffentlichen Wiedergabe kann danach von subjektiven Umständen in der Person des Nutzers und den möglichen Empfängerkreisen abhängen.[1359] Dieses Verständnis der Verwertungsrechte unterscheidet sich erheblich vom Regelungsansatz des UrhG.[1360] Die Auslegung des § 15 muss aber der Zweckbestimmung der Verwertungsrechte und ihrer Auslegung im Unionsrecht entsprechen. Dies kann bedeuten, dass die Verwertungsrechte im Wege der teleologischen Reduktion einschränkend auszulegen sind.

[1342] Zum Verhältnis des Senderechts aus § 20 zum Recht aus § 20a → § 20 Rn. 51 ff.; → § 20a Rn. 23.
[1343] Vgl. näher → Rn. 262 ff.
[1344] Für weitere Fälle vgl. → Rn. 283 ff., 341.
[1345] → Rn. 103, 290 f.; → § 19a Rn. 32.
[1346] → Rn. 12, 82, 292 ff., 337; → § 20 Rn. 16, 87.
[1347] → Rn. 143 ff., 160.
[1348] Vgl. dazu näher → Rn. 59 ff.
[1349] → Rn. 124.
[1350] Vgl. BGHZ 206, 365 = GRUR 2016, 71 Rn. 30 – Ramses. Zur richtlinienkonformen Auslegung → Rn. 131 ff.
[1351] Vgl. → Rn. 59 ff., 75 ff., 268 f., 271.
[1352] → Rn. 160.
[1353] Weiter → Rn. 181.
[1354] Vgl. EuGH GRUR 2012, 597 Rn. 56 ff. – Phonographic Performance (Ireland), zu Art. 8 Abs. 2 Vermiet- und Verleih-RL; vgl. dazu → Rn. 101, 284.
[1355] Vgl. → Rn. 273 f.
[1356] Vgl. → Rn. 6 ff.
[1357] → Rn. 10 ff., 214 ff., 344 f.; → § 19a Rn. 79 f.
[1358] → Rn. 23 ff., 75.
[1359] Vgl. → Rn. 11 ff., 75, 79 ff., 90, 106, 218, 344 ff.
[1360] → Rn. 213 f.

343   Die funktionsbezogene Auslegung der Verwertungsrechte nach ihrem Sinn und Zweck ist mit der **Berner Übereinkunft** und den **WIPO-Urheberrechtsverträgen** vereinbar.[1361]

344   **cc) Subjektiver Tatbestand des Rechts der öffentlichen Wiedergabe.** Bei richtlinienkonformer Auslegung greift das Recht der öffentlichen Wiedergabe aus § 15 Abs. 2 nicht ein, wenn keine **bewusste Dienstleistung eines Nutzers** gegenüber einem möglichen Empfängerkreis vorliegt.[1362] Wer nur versehentlich zulässt, dass ein Werk rein objektiv (noch) einer Öffentlichkeit zugänglich ist, nimmt keine öffentliche Wiedergabe vor (zB wenn eine früher mit einem Internetauftritt verlinkte Datei, die das Werk enthält, versehentlich weiter mittels der URL aus der Datenbank abrufbar ist).[1363] Es genügt für den subjektiven Tatbestand der öffentlichen Wiedergabe nicht, wenn ein **Internet-Diensteanbieter** allgemein weiß, dass sein Geschäftsmodell auch dazu missbraucht wird, einer Öffentlichkeit rechtswidrig Zugang zu geschützten Werken zu verschaffen.[1364] Der Diensteanbieter wird in diesen Fällen nur dann Werknutzer, wenn sein Geschäftsmodell maßgeblich darauf aufbaut, Werke ohne Erlaubnis der Rechtsinhaber an eine Öffentlichkeit zu vermitteln.[1365]

345   **dd) Aufnahmebereitschaft des möglichen Empfängerkreises.** Nach der Rechtsprechung des EuGH genügt für eine Werknutzung durch öffentliche Wiedergabe absichtliches Handeln allein nicht. Der mögliche Empfängerkreis muss für die Wiedergabe auch aufnahmebereit sein.[1366]

346   Das Urteil des EuGH „SCF" hat auch[1367] mit dieser Begründung entschieden, dass **Hintergrundmusik in den Räumen einer Zahnarztpraxis** nicht vom Recht der öffentlichen Wiedergabe erfasst wird.[1368] Diese Beurteilung ist im innerstaatlichen Recht von den Gerichten zwingend zu beachten.[1369]

347   Das Publikum muss allerdings **nicht gerade für ein bestimmtes Werk** aktuell aufnahmebereit sein.[1370] Bei der Ermöglichung des Empfangs von Rundfunksendungen in einem Hotel wird es nicht für jede einzelne Sendung der häufig großen Zahl empfangbarer Rundfunkprogramme ein aktuell aufnahmebereites Publikum geben. Es wird genügen, wenn eine ausreichende Zahl von Personen Zugriff auf die Sendungen hat und das einzelne Programm jeweils bewusst eingeschaltet wird.

348   **Wiedergaben ohne Darbietungscharakter** wie Fangesänge im Stadion, das Singen von Wandergruppen, das Üben eines Konzertpianisten und der Gesang der Gemeinde im Gottesdienst sind keine Werknutzungen für ein aufnahmebereites Publikum und fallen daher nicht unter das Recht der öffentlichen Wiedergabe.[1371]

349   Die Aufnahmebereitschaft des Publikums wird aber angenommen werden können, wenn die Musik Teil des gesuchten Erlebnisses ist.[1372] Wer auf einen Jahrmarkt geht, will die Stimmung eines Jahrmarkts genießen, zu der auch die Musik gehört, und ist deshalb für die Musik dort im Rechtssinn aufnahmebereit. Darauf, ob er bewusst gerade auch den Musikgenuss sucht, kommt es nicht an.[1373] Gleiches gilt für Musik bei Feierstunden oder in Fällen, in denen mit Hintergrundmusik eine **besondere Atmosphäre** geschaffen werden soll und sich die Empfänger – anders als in einer Arztpraxis – der Musikberieselung entziehen können (wie in Einzelhandelsgeschäften, Fitness-Studios oder Friseursalons).[1374] Darauf, ob in solchen Fällen ein Teil des Hörerkreises die Musik als aufgedrängt und eher lästig ansieht, kann es nicht ankommen.

350   Das Urteil des EuGH „SCF"[1375] sollte nicht dahin verstanden werden, dass **aufgedrängte Musik** grundsätzlich eine Wiedergabe für ein nicht aufnahmebereites Publikum ist. Bei **Telefonwarte-**

[1361] → Rn. 27.
[1362] → Rn. 12, 79 f.
[1363] Vgl. *v. Ungern-Sternberg* GRUR 2012, 576 (579); *v. Ungern-Sternberg* GRUR 2012, 1198 (1200); aA OLG Karlsruhe GRUR-RR 2013, 206 (mit zust. Anm. *Czychowksi* GRUR-Prax 2013, 341219); weiter → Rn. 399; → § 19a Rn. 79 f.
[1364] Vgl. auch *Ohly* ZUM 2017, 793 (800); anders *Leistner* GRUR 2017, 755 (759).
[1365] Vgl. EuGH GRUR 2017, 790 Rn. 45 – Stichting Brein/Ziggo ua; vgl. auch → Rn. 79; *Rosati* E.I.P.R. 2017, 737 (744).
[1366] Vgl. EuGH GRUR 2012, 597 Rn. 37 – Phonographic Performance (Ireland); EuGH GRUR 2012, 593 Rn. 91 – SCF (zur Hintergrundmusik in Zahnarztpraxen); EuGH GRUR 2016, 684 Rn. 50 – Reha Training/GEMA; BGH GRUR 2016, 278 Rn. 36 – Hintergrundmusik in Zahnarztpraxen; weiter → Rn. 58, 90.
[1367] Der EuGH hat die (von ihm selbst abschließend vorgenommene) Beurteilung, dass die Hintergrundmusik in den Räumen einer Zahnarztpraxis urheberrechtsfrei ist, nicht nur auf das Fehlen der Aufnahmebereitschaft der Patienten gestützt, sondern auch auf das Fehlen einer Öffentlichkeit iSd Rechts der öffentlichen Wiedergabe (vgl. EuGH GRUR 2012, 593 Rn. 92 ff. – SCF; *Roder* GRUR-Int 2016, 999 (1003 f.)).
[1368] Vgl. EuGH GRUR 2012, 593 Rn. 91, 98 – SCF.
[1369] BGH GRUR 2016, 278 Rn. 20 ff. – Hintergrundmusik in Zahnarztpraxen; vgl. weiter → Rn. 90, 395.
[1370] Vgl. dazu *v. Ungern-Sternberg* GRUR 2012, 1198 (1201).
[1371] Vgl. näher *v. Ungern-Sternberg* GRUR 2012, 576 (578). Vgl. weiter → § 19 Rn. 19, 30.
[1372] Vgl. *Handig* ZUM 2013, 273 (276) mit dem Beispiel traditioneller japanischer Musik in einem japanischen *Restaurant; Roder* GRUR-Int 2016, 999 (1006); aA *Lucas-Schloetter* ZGE 2013, 84 (92 f.) und *Gerlach* FS Wandtke, 2013, 233 (240), die annehmen, dass nach der Rspr. des EuGH jegliche Hintergrundmusik nicht in das Recht der öffentlichen Wiedergabe eingreift.
[1373] Darauf stellt auch der EuGH im Urteil „SCF" (GRUR 2012, 593 Rn. 98) nicht ab (aA *Westkamp* EuZW 2012, 698 (700)). Ein solches Erfordernis würde auch den Anwendungsbereich des Rechts der öffentlichen Wiedergabe zu sehr einschränken (vgl. zB Musikaufführungen als bloßer Rahmen offizieller Festveranstaltungen).
[1374] Vgl. dazu auch *Handig* ZUM 2013, 273 (276); *Handig* ÖBl. 2014, 206 (213).
[1375] Vgl. EuGH GRUR 2012, 593 Rn. 91, 98 – SCF.

schleifen von Servicediensten, auf die der Hörer angewiesen ist, sucht niemand den Musikgenuss. Häufig wird eine solche Musikberieselung als Belästigung empfunden. Dies ändert aber nichts daran, dass die Musik dazu eingesetzt wird, um den Anrufer während der Wartezeit zu beeinflussen. Der Anrufer, der auf die Entgegennahme seines Anrufs wartet, kann nicht vermeiden, die Musik bewusst wahrzunehmen. Die Wiedergabe von Musik in Telefonwarteschleifen ist daher ein Kommunikationsvorgang, der vom Recht der öffentlichen Wiedergabe erfasst wird (§ 19a).[1376]

c) Auslegung weit über den Sprachsinn hinaus. Der Rechtsbegriff der öffentlichen Wie-   351
dergabe iSd § 15 Abs. 2 umfasst wie im Unionsrecht[1377] nicht nur öffentliche Wiedergaben im Sprachsinn, dh Handlungen, durch die das Werk unmittelbar für die menschlichen Sinne wahrnehmbar gemacht wird.[1378] Das Senderecht (§ 20) bezieht sich auf Werknutzungen, durch die das Werk einer Öffentlichkeit im Weg der Übertragung durch Funk lediglich zugänglich gemacht wird. Das Recht der öffentlichen Zugänglichmachung bezieht sich auf einen Vorgang, bei dem das Werk nicht einmal übertragen, sondern nur für eine Öffentlichkeit zum individuellen Abruf bereitgehalten wird (§ 19a). Auch das Abrufübertragungsrecht als unbenanntes Recht der öffentlichen Wiedergabe[1379] bezieht sich auf einen Vorgang der Individualkommunikation, der nur deshalb unter das Verwertungsrecht des Urhebers fällt, weil ihm das öffentliche Bereithalten des Werkes zum Abruf vorausgegangen ist.

Eine öffentliche Wiedergabe kann nicht nur dann vorliegen, wenn eine „**Übertragung**" oder   352
„**Weiterverbreitung**" im Wortsinn (sa Erwgr. 23 der InfoSoc-RL) stattfindet.[1380] Nach der Rechtsprechung des EuGH kann vielmehr grundsätzlich jede Handlung, mit der ein Nutzer in voller Kenntnis der Sachlage seinen Kunden Zugang zu geschützten Werken gewährt, eine „Handlung der Wiedergabe" darstellen.[1381] Eine Handlung der Wiedergabe kann daher auch **ohne Übertragung geschützter Werke** gegeben sein.[1382] So ist zB auch das Bereitstellen von Tonträgern und Abspielgeräten in Hotelzimmern als „Weiterverbreitung" anzusehen.[1383]

Verwertungstatbestände, die unter das unionsrechtliche Recht der öffentlichen Wiedergabe fallen,   353
werden weitgehend die Tatbestände benannter Verwertungsrechte des UrhG erfüllen. Bei der Beurteilung der **Strafbarkeit** von Rechtsverletzungen ist aber in jedem Fall zu beachten, dass Art. 103 Abs. 2 GG bei Straftatbeständen die Analogie verbietet und der aus der Sicht des Bürgers zu bestimmende Wortsinn die Grenze jeder Auslegung ist.[1384]

E. Öffentlichkeit der Werkwiedergabe (Abs. 3)

I. Allgemeines

1. Auslegung im Licht des Unionsrechts

Das Recht der öffentlichen Wiedergabe ist **im Anwendungsbereich des Art. 3 InfoSoc-RL**   354
und des Art. 17 DSM-RL voll harmonisiert.[1385] Der Begriff „öffentlich" iSd Art. 3 InfoSoc-RL ist in der gesamten Gemeinschaft autonom und einheitlich auszulegen.[1386] Im Anwendungsbereich der Richtlinie bleibt den Mitgliedstaaten kein Auslegungsspielraum.[1387] Die Auslegung der Legaldefinition des Begriffs „öffentlich" in § 15 Abs. 3 muss deshalb insoweit richtlinienkonform vollständig dem Inhalt des unionsrechtlichen Begriffs entsprechen.[1388] Dies ist nicht ohne Schwierigkeiten möglich, weil der EuGH den Begriff „öffentlich" in wesentlichen Punkten anders auslegt als die frühere, allein auf § 15 Abs. 3 gestützte deutsche Rechtspraxis.[1389] Es wäre daher sinnvoll, die Legaldefinition aus dem Gesetz zu streichen.

[1376] → Rn. 401; → § 19a Rn. 78; aA Wandtke/Bullinger/*Heerma* UrhG § 15 Rn. 24; Wandtke/Bullinger/*Bullinger* UrhG § 19a Rn. 31.

[1377] Dazu → Rn. 60 ff.

[1378] → Rn. 378.

[1379] → Rn. 291; → § 19a Rn. 32.

[1380] Vgl. – mit Beispielen aus seiner eigenen Rechtsprechung – EuGH GRUR 2017, 790 Rn. 30 ff. – Stichting Brein/Ziggo ua („darüber hinaus"); dazu → Rn. 62 ff.

[1381] EuGH GRUR 2017, 790 Rn. 34 – Stichting Brein/Ziggo ua; vgl. weiter → Rn. 62 ff., 66 f., 79.

[1382] → Rn. 62 ff. Zur Ermöglichung des Rundfunkempfangs in Hotelzimmern durch selbständige Fernsehgeräte → Rn. 64, 99, 162, 284.

[1383] Vgl. – zu Art. 8 Abs. 2 Vermiet- und Verleih-RL – EuGH GRUR 2012, 597 Rn. 56 ff. – Phonographic Performance (Ireland); dazu → Rn. 101, 284. Zum Bereitstellen von Audio-Guides in Ausstellungen und Museen (und damit zur Benutzung an Ort und Stelle) → Rn. 284 f.

[1384] → Rn. 134, 264, 321.

[1385] → Rn. 143 ff. zu Art. 17 DSM-RL → Rn. 1 f., 92.

[1386] → Rn. 68, 114.

[1387] AA Walter/von Lewinski/*von Lewinski*/*Walter* Kap. 11 Rn. 11.3.43; *Metzger* GRUR 2012, 118 (122).

[1388] Vgl. BGHZ 206, 365 = GRUR 2016, 71 Rn. 43 ff. – Ramses; *Ziegler* S. 95 ff.; aA *Haberstumpf* GRUR-Int 2013, 627 (632 f.).

[1389] Vgl. → Rn. 68 ff.; sa Wandtke/Bullinger/*Bullinger* UrhG § 19a Rn. 4a.

355   Wenn die Mitgliedstaaten **außerhalb des Anwendungsbereichs des Art. 3 InfoSoc-RL** ein Recht der öffentlichen Wiedergabe gewähren, sind sie unionsrechtlich grundsätzlich frei, den Inhalt des Begriffs „öffentlich" selbst zu bestimmen. Da die (Live-)Wiedergabe durch Aufführung oder Vortrag vor anwesendem Publikum iSd § 19 nicht unter den Anwendungsbereich des Rechts der öffentlichen Wiedergabe gemäß Art. 3 InfoSoc-RL fällt,[1390] könnte das deutsche Recht dem Begriff „öffentlich" bei diesen Verwertungsrechten einen eigenen Inhalt geben.[1391] Das wäre jedoch unzweckmäßig,[1392] zumal das Unionsrecht auch öffentliche Wiedergaben für anwesendes Publikum erfasst, wenn dafür Rundfunksendungen oder Bild- und Tonträger benutzt werden.[1393] Durch die Legaldefinition des Begriffs „öffentlich" hat der deutsche Gesetzgeber zudem klargestellt, dass dieser Begriff bei allen Rechten der öffentlichen Wiedergabe denselben Inhalt haben soll.

2. Internationale Abkommen

356   Die internationalen Abkommen zum Urheberrecht definieren den für das Recht der öffentlichen Wiedergabe geltenden Begriff „öffentlich" nicht.[1394] Auch der WIPO Copyright Treaty (WCT)[1395] hat die Bestimmung des Begriffs der Öffentlichkeit grundsätzlich dem nationalen Recht überlassen.[1396]

3. Geltungsbereich der Legaldefinition

357   **a) Öffentliche Wiedergabe. Unmittelbarer Geltungsbereich** der Legaldefinition des Abs. 3 sind die Fälle der öffentlichen Wiedergabe iSd Abs. 2. Die Definition gilt auch für das in § 15 Abs. 2 nicht genannte Recht an der europäischen Satellitensendung aus § 20a.[1397]

358   **b) Sonstiger Anwendungsbereich.** Da die Legaldefinition des Abs. 3 richtlinienkonform iSd Begriffs „öffentlich" in Art. 3 InfoSoc-RL auszulegen ist, kann sie nicht ohne weiteres auf andere Verwertungsrechte oder sonstige Vorschriften des UrhG angewandt werden. Der Inhalt von Begriffen wie „öffentlich", „Öffentlichkeit" oder „veröffentlichen" in den verschiedenen Vorschriften des UrhG ist vielmehr jeweils durch Auslegung der betreffenden Bestimmungen zu ermitteln.[1398] Dies ist allerdings umstritten; nach aA[1399] gilt im gesamten UrhG ein einheitlicher Begriff der Öffentlichkeit.[1400]

359   Ob der Begriff „öffentlich" so, wie er für das Recht der öffentlichen Wiedergabe gilt, auch auf die Rechte an der **Werkverwertung in körperlicher Form** anzuwenden ist, unterliegt der Entscheidung des EuGH, soweit diese Rechte durch das Unionsrecht vollharmonisiert sind.[1401]

360   Der BGH hat den Begriff der Öffentlichkeit iSd **§ 87b Abs. 1** (Rechte des Datenbankherstellers), der richtlinienkonform iSd Art. 7 Abs. 2 Buchst. b Datenbank-RL zu verstehen ist, von § 15 Abs. 3 abweichend ausgelegt. Er hat eine öffentliche Wiedergabe iS dieser Vorschrift in einem Fall angenommen, in dem es einem öffentlichen Kreis von Betroffenen ermöglicht wird, aus einer Datenbank nur jeweils die den Einzelnen selbst betreffenden Datensätze abzurufen.[1402] Bei dem Recht der öffentlichen Wiedergabe, das Urhebern zusteht, ist eine solche weite Auslegung nicht möglich. Der Begriff der Öffentlichkeit setzt insofern voraus, dass die Inhalte jeweils für eine Öffentlichkeit wiedergegeben werden.[1403] In der Auslegung des BGH ist danach der Schutzumfang des verwandten Schutzrechts des Datenbankherstellers insoweit weiter als das Recht des Urhebers.

[1390] → Rn. 1, 52, 160; → § 19 Rn. 1.

[1391] Zur Zulässigkeit einer gespaltenen Auslegung → Rn. 131.

[1392] Ebenso *Handig* ÖBl. 2014, 206 (207).

[1393] → Rn. 160.

[1394] Vgl. *Mantrov* IIC 2012, 960 (968 f.); *Handig* ZUM 2013, 273; *Koof* S. 282; *Langhoff* S. 119 ff.; auch → Rn. 27.

[1395] → Einl. UrhG Rn. 140; → Vor §§ 120 ff. Rn. 36 ff.

[1396] Vgl. Reinbothe/von Lewinski/*von Lewinski,* The WIPO Treaties on Copyright, 2. Aufl. 2015, WCT Art. 8 Rn. 7.8.17, 7.8.38 f.; *von Lewinski* GRUR-Int 1997, 667 (675); *Dittrich* ÖBl. 2007, 93 f.; *Handig* GRUR-Int 2007, 206 (210); vgl. auch *J. H. Schmidt* S. 175 ff.

[1397] Zum Verhältnis des Rechts aus § 20a zum Senderecht aus § 20 → § 20 Rn. 51 ff.; → § 20a Rn. 23.

[1398] Vgl. Dreier/Schulze/*Dreier* UrhG § 15 Rn. 38; FA-GewRS/*Haberstumpf* Kap. 7 Rn. 132, 207; *Bisges* UFITA 2014 II, 363 (379).

[1399] Vgl. zB DKMH/*Dreyer* UrhG § 6 Rn. 7 f., § 15 Rn. 5, 106; sa Loewenheim/*Hoeren* § 21 Rn. 8 f.; Möhring/Nicolini/*Kroitzsch/Götting* UrhG § 15 Rn. 25; *Marl* S. 336 ff.

[1400] Dazu → § 6 Rn. 7 ff.

[1401] Vgl. dazu das Vorabentscheidungsersuchen des Svea hovrätt v. 27.8.2019 (Gz. des EuGH C-637/19 – BY), das u. a. die Frage betrifft, ob der Begriff der Öffentlichkeit in Art. 3 Abs. 1 und Art. 4 Abs. 1 InfoSoc-RL gleich auszulegen ist. Weiter zu § 17: → § 17 Rn. 16; zu § 18: → § 18 Rn. 19, 22; zu § 27: → § 27 Rn. 20.

[1402] Der BGH hat offen gelassen, ob seine erweiternde Auslegung auf Datenbanken zu beschränken ist, deren typische Verwertung darin besteht, dass den Nutzern nur die jeweils sie selbst betreffenden Datensätze zugänglich gemacht werden (BGH GRUR 2010, 1004 Rn. 35 – Autobahnmaut: „jedenfalls").

[1403] Vgl. BGH GRUR 2010, 1004 Rn. 32 ff. – Autobahnmaut; vgl. – zu Art. 3 Abs. 1 InfoSoc-RL – EuGH GRUR 2007, 225 Rn. 37, 43 – SGAE/Rafael; aA *Schulze* ZUM 2011, 2 (7 f.).

II. Begriff der „Öffentlichkeit" der Wiedergabe im Einzelnen

1. Richtlinienkonforme Auslegung

Da die Legaldefinition des § 15 Abs. 3 richtlinienkonform auszulegen ist,[1404] wird zu ihrem Inhalt **361** zunächst auf die Erläuterungen zu Art. 3 InfoSoc-RL verwiesen.[1405] Die Rechtsprechung des EuGH zum Begriff der öffentlichen Wiedergabe erfordert ein grundsätzliches **Umdenken bei der Auslegung** des § 15 Abs. 3.[1406]

2. Für eine Öffentlichkeit bestimmt

Eine öffentliche Wiedergabe ist eine bewusste Dienstleistung des Nutzers gegenüber dem mögli- **362** chen Empfängerkreis;[1407] dem Nutzer müssen alle maßgeblichen Umstände bekannt sein.[1408] Die Bestimmung der Werkwiedergabe für eine Öffentlichkeit ist dementsprechend **Sache des Werknutzers.**[1409] Deshalb hat auch der Zweck einer Veranstaltung Bedeutung für die Beurteilung der Frage, ob eine Werkwiedergabe öffentlich ist.[1410] Die Wiedergabe von Rundfunksendungen in einer sonst öffentlichen Gaststätte ist nicht öffentlich, wenn der Werknutzer nur Mitglieder eines Clubs mit sehr geringer Mitgliederzahl zulässt und den Zugang Dritter verhindert.[1411]

Es genügt nicht, dass die Wiedergabe nur objektiv einer Öffentlichkeit zugänglich ist.[1412] Dies gilt **363** auch, wenn die Wiedergabe durch eine **Verschlüsselung** nichtöffentlich bleiben sollte, der Schlüssel aber unbefugt verbreitet worden ist.[1413] Der für die Wiedergabe Verantwortliche wird jedoch Werknutzer, wenn er die Wiedergabe fortsetzt, obwohl ihm bekannt geworden ist, dass diese nunmehr einer Öffentlichkeit zugänglich ist.

Ob eine Wiedergabe öffentlich ist, richtet sich danach, ob der **mögliche Empfängerkreis,** für **364** den sie bestimmt ist, eine Öffentlichkeit ist. Deshalb ist im Einklang mit dem Gesetzeswortlaut („bestimmt") für die Öffentlichkeit einer Wiedergabe nicht nur auf die Anwesenden abzustellen, sondern auf alle, an die sich die konkrete Werkwiedergabe als mögliche Empfänger wendet.[1414] Dies sind zB bei einer Fernsehwiedergabe im Gemeinschaftsraum eines Seniorenheims alle Heimbewohner, unabhängig davon, ob sich dort im Zeitpunkt des Wahrnehmbarmachens des Werkes eine entsprechend große Gruppe von Heimbewohnern tatsächlich aufhält.[1415] Es kommt nicht darauf an, wieviele Personen diese Wiedergabe tatsächlich wahrnehmen. Bei den Verwertungsrechten, die sich auf ein Zugänglichmachen des Werkes beziehen, ist es unerheblich, ob das Werk tatsächlich von jemand abgerufen oder empfangen wird, dh ob überhaupt eine Wiedergabe im Sprachsinn stattfindet.[1416]

Ist eine Wiedergabe, zB ein Konzert, für eine Öffentlichkeit bestimmt, ist die Wiedergabe auch **365** dann öffentlich, wenn sich – entgegen der Erwartung des Werknutzers – zur tatsächlichen Wiedergabe kaum Zuhörer einfinden.[1417] Zum möglichen Empfängerkreis gehören jedoch nicht auch die Personen, denen der Ort der Wiedergabe nur zugänglich würde, wenn sie **Zugangsvoraussetzungen** erfüllen, die – anders als zB der Erwerb einer Eintrittskarte für ein Konzert – mit der Wiedergabe als solcher nichts zu tun haben (zB durch den Abschluss eines Behandlungsvertrags mit einem Arzt, in dessen Praxisräumen Hintergrundmusik für die Patienten wiedergegeben wird).[1418]

[1404] → Rn. 354 f.
[1405] → Rn. 68 ff.
[1406] → Rn. 387 f.; sa BGHZ 206, 365 = GRUR 2016, 71 Rn. 64 ff. – Ramses; BGH GRUR 2016, 278 Rn. 16 ff., 20 ff., 44 ff. – Hintergrundmusik in Zahnarztpraxen; Wandtke/Bullinger/*Heerma* UrhG § 15 Rn. 19; vgl. auch *Hofmann* UFITA 2018, 334 (338); weiter → § 6 Rn. 7 ff.
[1407] → Rn. 12, 79.
[1408] → Rn. 79.
[1409] Vgl. Fromm/Nordemann/*Dustmann* UrhG § 15 Rn. 32; *Adam* MMR 2015, 783. Eine Fernsehwiedergabe in einer Gaststätte ist ausnahmsweise nicht für eine Öffentlichkeit bestimmt, wenn das Fernsehgerät – in Abwesenheit weiterer fremder Personen – auf den ausdrücklichen Wunsch einer einzelnen hinzukommenden Person (des Kontrolleurs eines Rechteinhabers als agent provocateur) eingeschaltet wird (vgl. LG Frankenthal ZUM-RD 2014, 663 (664)).
[1410] Vgl. dazu auch – zum öUrhG – öOGH MR 2004, 201 (203) – Begräbnisfeierlichkeit – und öOGH MR 2004, 262 (264) – Radiogerät, jeweils mAnm *Walter*, sowie öOGH MR 2008, 299 (302) – Schulfilm I.
[1411] Vgl. OLG Frankfurt a. M. ZUM-RD 2015, 296 (298) = K&R 2015, 343 mAnm *Ganzhorn*.
[1412] Vgl. Fromm/Nordemann/*Dustmann* UrhG § 15 Rn. 32; Wandtke/Bullinger/*Heerma* UrhG § 15 Rn. 25; aA OLG Hamburg ZUM 2013, 303 (314); KG ZUM-RD 2010, 595 f.; OLG Karlsruhe MMR 2013, 122 f.; vgl. weiter – zu gekappten Hyperlinks → Rn. 399.
[1413] → § 20 Rn. 32; → § 20a Rn. 33.
[1414] EuGH GRUR 2014, 360 Rn. 19 – Nils Svensson ua/Retriever Sverige mAnm *Jani/Leenen*.
[1415] Vgl. bereits – zu § 15 Abs. 3 aF – BGH GRUR 1975, 33 (34) – Alters-Wohnheim; sa BGH GRUR 1983, 562 (563) – Zoll- und Finanzschulen, insoweit in BGHZ 87, 126 nicht abgedruckt; BGH GRUR 1984, 734 (735) – Vollzugsanstalten.
[1416] Dies beruht auf einer sehr weiten Auslegung des Begriffs der Wiedergabe (→ Rn. 63 ff.), nicht auf einer erweiternden Auslegung des Begriffs der Öffentlichkeit (aA *Koof* S. 252 ff.).
[1417] Vgl. DKMH/*Dreyer* UrhG § 19 Rn. 9.
[1418] Vgl. EuGH GRUR 2012, 593 Rn. 95 – SCF; EuGH GRUR 2016, 684 Rn. 57 ff. – Reha Training/GEMA (Abstellen auf die Gesamtheit der Patienten eines Rehabilitationszentrums); BGH GRUR 2016, 278 Rn. 46 – Hintergrundmusik in Zahnarztpraxen; vgl. auch *Roder* S. 41; *Roder* GRUR-Int 2016, 999 (1006); → Rn. 371 ff.

366   Nicht für eine Öffentlichkeit bestimmt ist eine Werkwiedergabe, die nur rein tatsächlich (zB bei **„Zaungast"-Situationen** privater Veranstaltungen) für eine Öffentlichkeit wahrnehmbar oder zugänglich ist.[1419] Dies gilt auch dann, wenn der Veranstalter zwar Kenntnis davon hat, dass die Wiedergabe auch für eine Öffentlichkeit wahrnehmbar ist, sich aber nicht auch an diese wenden will. Handy-Klingeltöne sind ein Signal für den Angerufenen, keine Werkwiedergabe, die für ein aufnahmebereites Publikum bestimmt ist.[1420] Von Werkgenuss kann bei den unfreiwillig Mithörenden in aller Regel keine Rede sein.

367   Die Behauptung, die Werkwiedergabe richte sich nur an eine bestimmte Zielgruppe, ist unbeachtlich, wenn dem die **Umstände der Werkwiedergabe,** die der Werkverwerter festgelegt hat oder die ihm sonst bekannt sind, widersprechen.[1421] Wer zB einen Fachaufsatz in das Intranet eines Unternehmens einstellt, kann sich nicht darauf berufen, der Aufsatz sei ohnehin nur für einzelne eng zusammenarbeitende Mitarbeiter von Interesse, nicht auch für alle anderen, die nach den Umständen ebenfalls Zugriff auf den Aufsatz erhalten.

3. Mehrzahl von Mitgliedern der Öffentlichkeit

368   Nach dem Wortlaut des § 15 Abs. 3 S. 1 ist eine Wiedergabe öffentlich, „wenn sie für eine **Mehrzahl** von Mitgliedern der Öffentlichkeit bestimmt ist". Es kommt nicht darauf an, ob die Wiedergabe von Mitgliedern der Öffentlichkeit wahrgenommen wird. Nach der früheren Rechtsprechung des BGH konnten bereits wenige Personen eine solche Mehrzahl von Personen sein.[1422] Diese Auslegung des § 15 Abs. 3 ist mit der Rechtsprechung des EuGH nicht vereinbar[1423] und wurde im Vorlagebeschluss des BGH „Die Realität I" aufgegeben.[1424] Der EuGH verlangt, dass die Öffentlichkeit einer Wiedergabe aus einer „unbestimmten Zahl potenzieller Leistungsempfänger und **recht vielen Personen**" besteht.[1425] Darin liegt eine deutliche Beschränkung des Umfangs des Verwertungsrechts. Allerdings können bereits die Gäste eines Hotels „recht viele" Personen iSd Rechtsprechung des EuGH sein.[1426]

369   Bei einer öffentlichen Wiedergabe kommt es darauf an, welche **natürlichen Personen** mögliche Empfänger sind. Ein Nutzer kann sich daher nicht darauf berufen, dass er das Werk, das von einer Vielzahl von Mitarbeitern eines Unternehmens genutzt werden soll, nur aufgrund seiner Vertragsbeziehungen zu dem Unternehmen übermittelt habe.[1427]

4. Ort des möglichen Empfangs durch Mitglieder der Öffentlichkeit

370   Eine Werkwiedergabe kann auch dann öffentlich iSd § 15 Abs. 3 sein, wenn die Adressaten nicht gemeinsam in einem Raum anwesend sind.[1428] Die Wiedergabe durch Kabelfunk wie Hotelvideo[1429] ist öffentlich, auch wenn sie für einen Adressatenkreis in getrennten, jeweils privaten Räumen bestimmt ist.[1430] Allerdings kann der Tatbestand eines Verwertungsrechts voraussetzen, dass die Wiedergabe vor einem Empfängerkreis stattfindet, der diese an einem Ort gemeinsam wahrnehmen kann.[1431]

5. Unbestimmter Personenkreis

371   Gemäß der Rechtsprechung des EuGH zum Begriff „öffentlich" kann eine öffentliche Wiedergabe nur bei einem unbestimmten Kreis möglicher Empfänger angenommen werden.[1432] Es muss sich bei

---

[1419] Im Ergebnis ebenso bereits AG Erfurt GRUR-RR 2002, 160 (zu § 15 Abs. 3 aF); Fromm/Nordemann/ *Dustmann* UrhG § 15 Rn. 32; *Schack* Rn. 444; *Roder* GRUR-Int 2016, 999 (1003); sa AG Konstanz GRUR-RR 2007, 384 f.; AG Köln 4.6.2009 – 137 C 590/08, juris; aA LG Frankfurt a. M. GRUR-RR 2005, 180; AG Kassel NJW-RR 2000, 493.

[1420] Im Ergebnis ebenso *Mushardt,* Rechtliche Rahmenbedingungen für den Vertrieb von Handyklingeltönen, 2014, S. 89 ff. mwN.

[1421] Sa Fromm/Nordemann/*Dustmann* UrhG § 15 Rn. 32; DKMH/*Dreyer* UrhG § 6 Rn. 15; Wandtke/ Bullinger/*Heerma* UrhG § 15 Rn. 25; zum öUrhG →öOGH MR 2004, 262 (264) = GRUR-Int 2005, 730 (731) – Radiogerät; vgl. auch *Rüberg* S. 245 ff. (zur unzureichenden Sicherung digitaler Archive gegen unbefugten Zugriff); *Mitsdörffer/Gutfleisch* MMR 2009, 731 (732), zur öffentlichen Zugänglichmachung beim Einsatz von Geo-Sperren.

[1422] Vgl. BGH GRUR 2009, 845 Rn. 35 – Internet-Videorecorder I; BGH GRUR 2013, 618 Rn. 43 – Internet-Videorecorder II.

[1423] Ebenso Wandtke/Bullinger/*Heerma* UrhG § 15 Rn. 21; aA *Riesenhuber* ZUM 2012, 433 (443 f.); *Haberstumpf* GRUR-Int 2013, 627 (632).

[1424] Vgl. BGH GRUR 2013, 818 Rn. 17 – Die Realität I.

[1425] → Rn. 70.

[1426] Vgl. EuGH GRUR 2012, 597 Rn. 33, 35, 42 – Phonographic Performance (Ireland).

[1427] AA *Dietrich* ZUM 2010, 567 (568).

[1428] Vgl. – zu Art. 3 InfoSoc-RL – EuGH GRUR 2007, 225 Rn. 50 f. – SGAE/Rafael; BGH GRUR 2018, 608 Rn. 35 – Krankenhausradio; vgl. auch – zu § 15 Abs. 3 aF, § 20 aF – BGH GRUR 1994, 797 – Verteileranlage im Krankenhaus.

[1429] Vgl. → § 20 Rn. 59.

[1430] → Rn. 74.

[1431] Vgl. – zu § 22 – BGH GRUR 1996, 875 (876) – Zweibettzimmer im Krankenhaus (Fernsehwiedergabe von Musik- und Sprachwerken mittels Kopfhörern im Patientenzimmer); vgl. weiter → Rn. 379; → § 19 Rn. 25, 63; → § 21 Rn. 14; → § 22 Rn. 19 f.

[1432] → Rn. 72.

der Öffentlichkeit um „**Personen allgemein**" handeln.[1433] Dies ist nach dem Urteil des EuGH „SCF" bei den Patienten in den Räumen einer Zahnarztpraxis nicht der Fall.[1434] Dort haben grundsätzlich nur Personen Zugang, mit denen ein Behandlungsvertrag besteht.[1435] Auch die Mitglieder eines Clubs mit sehr geringer Mitgliederzahl sind danach keine Öffentlichkeit.[1436]

Der Empfängerkreis wird nach diesem Maßstab selbst bei hunderten von Beteiligten wohl dann **372** nicht ein Kreis von „Personen allgemein" sein, wenn alle Beteiligten persönlich geladen sind und das Gefühl haben, bei dieser Gelegenheit einer **geschlossenen Gesellschaft** anzugehören.[1437] Beziehungen, die im Wesentlichen nur in einer gemeinsamen technischen Beziehung zu einer Werknutzung bestehen, genügen aber jedenfalls nicht, um das Merkmal „Personen allgemein" auszuschließen.[1438]

Die Öffentlichkeit einer Werkwiedergabe wird nicht dadurch ausgeschlossen, dass der Personen- **373** kreis, der tatsächlich Zugang zum Werk erhält, nach den Umständen bestimmt ist, etwa weil der Zugang von einer **Registrierung** oder dem Erwerb einer Eintrittskarte abhängt, die ihn ermöglichen soll.[1439] Nach Sinn und Zweck der Vorschrift kommt es nur darauf an, ob die Personen, für die das Werk wahrnehmbar oder zugänglich gemacht wird, eine Öffentlichkeit sind. Auch Personen, die einer bestimmten, aber großen Gruppe angehören (zB die Gäste eines von einem Verband belegten Tagungshotels), können eine Öffentlichkeit bilden. Im Urteil „Ramses" hat der BGH allerdings angenommen, dass der mögliche Empfängerkreis einer **Gemeinschaftsantennenanlage,** die ein Wohngebäude mit 343 Wohneinheiten versorgt, kein unbestimmter Personenkreis iSd Rechtsprechung des EuGH sei.[1440] Die Bewohner der Wohnanlage seien ein nach bestimmten Merkmalen abgegrenzter Kreis „besonderer Personen", die einer „privaten Gruppe" angehörten. Dies berücksichtigt jedoch bereits im Tatsächlichen nicht, dass zum möglichen Empfängerkreis auch der unbestimmte Kreis der wechselnden Gäste gehört. Eine Begrenzung des möglichen Empfängerkreises (zB auf die Abonnenten eines Internetangebots) schließt zudem die Annahme einer öffentlichen Wiedergabe nicht aus.[1441]

Der begrenzte Personenkreis in Satellitenempfangsstationen, der die Signale des Satelliten nur mit **374** professionellem Gerät empfangen kann, ist nach dem Urteil des EuGH „Lagardère/SPRE und GVL" kein unbestimmter Kreis möglicher Hörer in diesem Sinn.[1442] Gleiches gilt für den bestimmten Kreis von Gewerbetreibenden, die als technische Dienstleister programmtragende Signale empfangen und weiterverteilen sollen.[1443] Der Empfängerkreis muss ein **Publikum** sein, dh zu den Endverbrauchern gehören.[1444]

6. Bedeutung privater Beziehungen für die Annahme einer Öffentlichkeit

Wiedergaben sind nicht schon dann öffentlich, wenn sie außerhalb der privaten Sphäre stattfin- **375** den.[1445] Nach § 15 Abs. 3 S. 2 gehört nicht zur Öffentlichkeit, wer mit demjenigen, der das Werk verwertet,[1446] oder mit den anderen Personen, denen das Werk in unkörperlicher Form wahrnehmbar oder zugänglich gemacht wird, „**durch persönliche Beziehungen verbunden**" ist.[1447] Der Begriff

---

[1433] Vgl. EuGH GRUR 2012, 597 Rn. 34, 41 – Phonographic Performance (Ireland); BGH GRUR 2013, 818 Rn. 17 – Die Realität I; → Rn. 72. Vgl. dazu auch das Vorabentscheidungsersuchen des Svea hovrätt v. 27.8.2019 (Gz. des EuGH C-637/19 – BY), das u. a. die Frage betrifft, ob ein Gericht, bei dem eine Webseitenkopie mit einer geschützten Fotografie als Beweismittel eingereicht wird, als Öffentlichkeit iSd Art. 3 Abs. 1 InfoSoc-RL anzusehen ist.
[1434] Vgl. EuGH GRUR 2012, 593 Rn. 95 – SCF.
[1435] → Rn. 365.
[1436] Vgl. OLG Frankfurt a. M. ZUM-RD 2015, 296 (297) = K&R 2015, 343 mAnm *Ganzhorn* (im konkreten Fall für Clubs von bis zu 20 Personen).
[1437] So im Ergebnis AG Bochum GRUR-RR 2009, 166 (167) für eine Hochzeitsfeier mit etwa 600 schriftlich geladenen Gästen; AG Stuttgart, Urt. v. 5.2.2019 – 4 C 4895/18 Rn. 22 ff., juris: Keine öffentliche Wiedergabe bei einer Abiturveranstaltung (mit ca. 540 Personen), bei der nur Personen zugelassen waren, die einen besonderen, persönlichen Bezug zu den Abiturienten hatten (zustimmende Anm. *Wagner* jurisPR-ITR 8/2019 Anm. 5).
[1438] Vgl. dazu auch Begr. des RegE, BT-Drs. 15/38, 17; OLG Dresden GRUR-RR 2017, 49 Rn. 39 – Antennengemeinschaft (zum gleichgerichteten Interesse an einer Kabelweitersendung von Rundfunksendungen).
[1439] Vgl. EuGH GRUR 2013, 500 Rn. 40 – ITV Broadcasting/TVC (Weiterübertragung von Rundfunksendungen über das Internet für Abonnenten); OLG Zweibrücken AfP 2014, 356 (357); vgl. auch *Handig* ÖBl. 2014, 206 (212).
[1440] Vgl. BGHZ 206, 365 = GRUR 2016, 71 Rn. 60 ff. – Ramses.
[1441] AA BGHZ 206, 365 = GRUR 2016, 71 Rn. 63 – Ramses (unter unzutreffender Berufung auf den besonders gelagerten Fall EuGH GRUR 2006, 50 Rn. 31 f. – Lagardère/SPRE und GVL; dazu → Rn. 374). Zum Urteil des BGH „Ramses" weiter → Rn. 60, 85; *v. Ungern-Sternberg* GRUR 2016, 321 (325, 326 f.).
[1442] Vgl. EuGH GRUR 2006, 50 Rn. 31 f. – Lagardère/SPRE und GVL, sa → Rn. 73, 398.
[1443] Vgl. EuGH GRUR 2016, 60 Rn. 18 ff. – SBS/SABAM.
[1444] Vgl. EuGH GRUR 2017, 510 Rn. 24 – AKM/Zürs.net („unbestimmte Zahl möglicher Adressaten"); EuGH GRUR 2016, 60 Rn. 21 ff. – SBS/SABAM; vgl. weiter → Rn. 73; → § 20 Rn. 45.
[1445] Vgl. auch BGHZ 206, 365 = GRUR 2016, 71 Rn. 45, 47, 59 – Ramses (vgl. zu dieser Entscheidung allerdings auch → Rn. 373; → § 20 Rn. 68); weiter → Rn. 73; *Roder* GRUR-Int 2016, 999 (1003); *J. H. Schmidt* S. 184; aA *Gerlach* FS Wandtke, 2013, 233 (237); *Haberstumpf* GRUR-Int 2013, 627 (632); *Schulze* NJW 2014, 721 (724).
[1446] Bei einer juristischen Person kann auf die Beziehung zu den für die juristische Person handelnden natürlichen Personen abgestellt werden (vgl. BGH GRUR 1975, 33 (34) – Alterswohnheim).
[1447] Vgl. dazu auch § 108b Abs. 1 und § 111a Abs. 1 Nr. 1 Buchst. a.

der Öffentlichkeit in Abs. 3 sollte damit nicht lediglich die Wiedergabe im privaten Bereich freistellen. Es sollte ein Verbundensein durch persönliche Beziehungen genügen, wie es auch außerhalb des privaten Kreises gegeben sein kann.[1448] Deshalb waren schon nach nationalem Recht nicht nur private Wiedergaben als nichtöffentlich anzusehen.[1449]

376   Entscheidend ist aber, dass die Wendung „durch persönliche Beziehungen verbunden" – wie die Legaldefinition der Öffentlichkeit in § 15 Abs. 3 insgesamt – **richtlinienkonform auszulegen** ist.[1450] Ihre Auslegung muss den vom EuGH dargelegten Kriterien entsprechen, nach denen die Öffentlichkeit einer Wiedergabe zu beurteilen ist. Die frühere deutsche Rechtsprechung und Literatur[1451] dazu ist überholt.[1452] Die Wendung „durch persönliche Beziehungen verbunden" ist nunmehr dahin auszulegen, dass eine solche Verbundenheit dann anzunehmen ist, wenn es sich bei dem möglichen Empfängerkreis nicht mehr um „Personen allgemein" iSd Rechtsprechung des EuGH[1453] handelt.[1454]

377   An der früheren, vielfach sehr engen Auslegung des § 15 Abs. 3 S. 2 in Rechtsprechung und Literatur kann auch aus einem weiteren Grund nicht festgehalten werden: Der EuGH hat die Anforderungen an die **Größe des möglichen Empfängerkreises** verschärft. Er nimmt eine öffentliche Wiedergabe nur an, wenn „recht viele" Personen zum Empfängerkreis gehören.[1455] Mit diesem Erfordernis ist eine enge Auslegung des Merkmals „durch persönliche Beziehungen verbunden" unvereinbar.

7. Maßgeblicher Zeitpunkt

378   Nach der Definition der Öffentlichkeit in § 15 Abs. 3 müssen die Personen, die von der Wiedergabe angesprochen werden sollen, **nicht gleichzeitig** erreicht werden.[1456] Es muss demnach keine öffentliche Wiedergabe im Sprachsinn vorliegen (nach dem eine Wiedergabe nur dann öffentlich wäre, wenn die Wiedergabe schon als solche eine Mehrzahl von Personen zeitgleich anspricht).[1457] Der Rechtsbegriff der öffentlichen Wiedergabe ist weiter als sein Sprachsinn zu verstehen.[1458]

379   Die **Tatbestände der einzelnen Verwertungsrechte** können allerdings voraussetzen, dass die von ihnen erfassten Werknutzungshandlungen zeitgleich eine Öffentlichkeit ansprechen.[1459] Bei den Rechten am öffentlichen Wahrnehmbarmachen des Werkes (**§ 19, § 21, § 22**) ist es nach deren Tatbestand durchweg erforderlich, dass die angesprochene Öffentlichkeit an einem Ort versammelt ist und gleichzeitig angesprochen wird.[1460] Werkwiedergaben durch Audio-Guides in Museen oder die Ermöglichung des Hörens von Musiktonträgern durch Kopfhörer in Fitness- oder Sonnenstudios können daher nicht durch das Recht der öffentlichen Wiedergabe durch Bild- oder Tonträger (§ 21) erfasst werden.[1461] Solche Werknutzungen fallen unter ein unbenanntes Recht der öffentlichen Wiedergabe.[1462]

380   Die Senderechte aus **§ 20** und **§ 20a** setzen ebenfalls voraus, dass das Werk einer Öffentlichkeit zeitgleich zugänglich gemacht wird.[1463]

[1448] Vgl. dazu auch Begr. des RegE, BT-Drs. 15/38, 17 sowie den Bericht des Rechtsausschusses, BT-Drs. 15/837, 29. Eine Verbundenheit durch persönliche Beziehungen iSd § 15 Abs. 3 S. 2 erfordert deshalb nicht einen vertrauten persönlichen Kontakt, ein inneres persönliches Band oder enge persönliche Beziehungen (vgl. auch Fromm/Nordemann/*Dustmann/Engels* UrhG § 19a Rn. 13, 16; aA für das österreichische Recht öOGH MR 2008, 299 (302) – Schulfilm I, nach dem die Beziehungsintensität derart sein muss, dass „ein über berufliche oder gesellschaftliche Beziehungen hinausgehender, mehr oder weniger ständiger, vertrauter und inniger Kontakt herrscht."; sa *Perwitz* S. 51 f.). Die Verbundenheit durch persönliche Beziehungen setzt auch nicht zwingend einen unmittelbaren persönlichen Umgang voraus, sondern kann auch durch eine Online-Kommunikation mit einer gewissen Dauer (zB im Rahmen eines Fernstudiums oder durch Teilnahme an Webforen) begründet werden (vgl. *Koch* FS Schneider, 2008, 96 (98)).
[1449] Im Ergebnis ebenso *Sattler* S. 88 ff.; *Rademacher* ZUM 2014, 666 (667); aA *Schulze* ZUM 2008, 836 (838); *Perwitz* S. 35 Fn. 116.
[1450] → Rn. 354 f.
[1451] Vgl. → 4. Aufl. 2010, § 15 Rn. 73 ff.
[1452] Vgl. auch BGHZ 206, 365 = GRUR 2016, 71 Rn. 64 ff. – Ramses; *Ernst* MDR 2016, 1177 (1180); *Ziegler* S. 97; *Roder* GRUR-Int 2016, 999 (1001, 1003); *J. H. Schmidt* S. 184; Fromm/Nordemann/*Dustmann/Engels* UrhG § 19a Rn. 12 f.; aA Wandtke/Bullinger/*Heerma* UrhG § 15 Rn. 25 ff.; *Haberstumpf* GRUR-Int 2013, 627 (632 f.); FA-GewRS/*Haberstumpf* Kap. 7 Rn. 210; → § 6 Rn. 12. Durch Hinweise auf Vervielfältigungsstücken wie „Nur für den privaten Gebrauch" kann diese Begrenzung des Rechts der öffentlichen Wiedergabe nicht umgangen werden (vgl. dazu *Rademacher* ZUM 2014, 666).
[1453] → Rn. 371.
[1454] Ebenso AG Stuttgart 5.2.2019 – 4 C 4895/18 Rn. 22, juris; *Hofmann* UFITA 2018, 334 (338); vgl. auch Wandtke/Bullinger/*Heerma* UrhG § 15 Rn. 22 f.; Wandtke/Bullinger/*Bullinger* UrhG § 21 Rn. 4.
[1455] Vgl. → Rn. 70.
[1456] Dies entspricht dem Unionsrecht → Rn. 71, 381 f.; sa Begr. des RegE, BT-Drs. 15/38, 17.
[1457] So noch § 15 Abs. 3 aF.
[1458] → Rn. 63, 351.
[1459] → Rn. 370; sa Loewenheim/*Hoeren* § 21 Rn. 19.
[1460] Anders zum öUrhG, das keine Legaldefinition des Begriffs „öffentlich" enthält, öOGH GRUR-Int 1987, 609 – Videokabinen; *Walter* MR 2002, 217 (218); *Walter*, Österreichisches Urheberrecht, 1. Teil, 2008, Rn. 644.
[1461] AA *Dünnwald/Gerlach* § 78 Rn. 27; vgl. auch – zu §§ 11, 37 LUG – LG Berlin Schulze LGZ 98 – Schallplatten-Espresso. Zur Anwendung des Vermiet- und Verleihrechts auf das Bereitstellen von Audio-Guides in Ausstellungen und Museen (und damit zur Benutzung an Ort und Stelle) → Rn. 284.
[1462] Vgl. → Rn. 284 f.
[1463] → § 20 Rn. 27 ff.

Bei einer zeitgleichen Übermittlung eines Werkes an potentielle Empfänger, insbesondere durch **381** Sendung, ist es unerheblich, zu welchem Zeitpunkt die Empfänger das Werk wahrnehmen können.[1464] Nach der Rechtsprechung des EuGH kommt es zudem nicht nur darauf an, wie viele Personen gleichzeitig Zugang zu demselben Werk erhalten, sondern auch, wie viele von ihnen in der Folge Zugang zu diesem Werk haben.[1465] Bei der Beurteilung, ob ein bestimmtes Verhalten als einheitlicher sozialer Vorgang eine öffentliche Wiedergabe ist, sind somit auch seine **„kumulativen Wirkungen"** bei der Erreichung eines größeren Personenkreises zu berücksichtigen.[1466] Auf der Grundlage dieses Rechtsgedankens wird auch in anderen Fällen eine öffentliche Wiedergabe anzunehmen sein, in denen sich ein Angebot an einen unbestimmten, großen Personenkreis richtet, von den Einzelnen aber erst im Zeitablauf wahrgenommen wird. Dies ist zB der Fall, wenn eine öffentliche Bibliothek ein digitalisiertes Werk an einem einzelnen Terminal (Leseplatz) den Bibliotheksbesuchern zugänglich macht.[1467] Wenn das Verhalten des Nutzers, wie zB die Ermöglichung des Rundfunkempfangs in einem Hotel, von der Absicht getragen ist, im Lauf der Zeit einem größeren Personenkreis Zugang zu Werken verschiedenster Art zu verschaffen, spricht dies danach – wie die Verfolgung von Erwerbszwecken – für die Annahme einer Werknutzung. Unerheblich ist es, ob der Nutzer diese Werknutzungsabsichten später tatsächlich umsetzen kann oder will.[1468] Das Angebot der Wiedergabe bestimmter Werke muss sich aber bereits als solches an eine Öffentlichkeit wenden. Das Recht der öffentlichen Wiedergabe greift daher nicht ein, wenn es eine Frühstückspension in einem einzigen Gästezimmer ermöglicht, die laufenden Rundfunksendungen zu empfangen.[1469]

Wiederholte, unabhängig voneinander vorgenommene Handlungen können nicht allein deshalb zu **382** einer öffentlichen Wiedergabe zusammengefasst werden, weil sie in ihrer Gesamtwirkung im Zeitablauf „recht viele" Personen im Sinne einer **„sukzessiven Öffentlichkeit"** erreichen.[1470] Nach Ansicht des EuGH muss die öffentliche Wiedergabe eine Leistung des Nutzers sein, die gegenüber einer „unbestimmten Zahl potenzieller Leistungsempfänger und recht vielen Personen" erbracht wird.[1471] Dies schließt es aus anzunehmen, bereits die Punkt-zu-Punkt-Übermittlung eines geschützten Werkes an nicht privat verbundene Personen werde vom Recht der öffentlichen Wiedergabe erfasst.[1472] Für eine öffentliche Wiedergabe reicht es auch nicht aus, wenn rein private Wiedergaben im Lauf der Zeit mehr oder weniger zufällig insgesamt einen größeren Empfängerkreis (iS einer sukzessiven Öffentlichkeit) erreichen.[1473] Es fehlt hier an einem einheitlichen Nutzungsvorgang. Eine unkörperliche Übertragung, die aufgrund einer Entscheidung im Einzelfall durchgeführt wird, um eine Bestellung zu erledigen, ist auch dann nicht öffentlich, wenn die Bereitschaft besteht, eine solche Übertragung bei Gelegenheit gegenüber anderen Mitgliedern einer Öffentlichkeit zu wiederholen. Sie wird von den Verwertungsrechten nicht erfasst.[1474] Die aus jeweils besonderem Anlass wiederholte Wiedergabe eines digital gespeicherten Aufsatzes für einzelne Nutzer mittels der Vorlesefunktion des Speichergeräts ist keine öffentliche Wiedergabe.

Daraus, dass auch das **Recht der öffentlichen Zugänglichmachung** ein Recht der öffentlichen **383** Wiedergabe ist (Art. 3 Abs. 1 InfoSoc-RL; § 19a), folgt nichts anderes. Das Recht aus § 19a bezieht sich nicht auf Werknutzungen, die sich nur sukzessiv an eine Öffentlichkeit wenden.[1475] Das in dieser Vor-

---

[1464] Vgl. BGH GRUR 2013, 618 Rn. 43 – Internet-Videorecorder II.

[1465] → Rn. 71, 82.

[1466] S. BGH GRUR 2017, 514 Rn. 26 – Cordoba I, mwN; weiter → Rn. 71, 82.

[1467] Vgl. EuGH GRUR 2014, 1078 Rn. 42 – TU Darmstadt/Ulmer. Eine Werknutzung iSd § 19a ist in einem solchen Fall nicht gegeben, weil die Benutzer auf das Werk nicht „von Orten und zu Zeiten ihrer Wahl" zugreifen können (→ Rn. 284; → § 19a Rn. 70, 76). Vgl. dazu auch die früher üblichen Angebote, Tonträger im Geschäft probeweise zu hören (vgl. – zu §§ 11, 37 LUG – LG Berlin Schulze LGZ 98 – Schallplatten-Espresso).

[1468] Es geht in diesen Fällen somit um die urheberrechtliche Beurteilung der Nutzungshandlung durch Zugänglichmachen des Werkes, nicht um die Feststellung einer sukzessiven Öffentlichkeit (→ Rn. 82; aA *Westkamp* EuZW 2012, 698 (700 f.)).

[1469] AA *Riesenhuber* ZUM 2012, 433 (439).

[1470] Vgl. auch *Poll* MMR 2011, 226 (230); aA *Walter* MR-Int. 2012, 20 (22); vgl. dazu näher *v. Ungern-Sternberg* GRUR 2012, 1198 (1201). Die von *Westkamp* (EuZW 2012, 698 (701 f.)) insoweit an der Rspr. des EuGH geübte Kritik ist unberechtigt, weil der EuGH nicht auf eine „sukzessive Öffentlichkeit" abstellt.

[1471] Vgl. EuGH GRUR 2012, 593 Rn. 83 ff. – SCF; EuGH GRUR 2012, 597 Rn. 33 ff. – Phonographic Performance (Ireland).

[1472] Vgl. OLG München ZUM-RD 2007, 347 (358) – subito; Dreier/Schulze/*Dreier* UrhG § 19a Rn. 7; *Kulpe* S. 77 f.; vgl. auch SchweizBG BGE 140 III 616 (623); aA Dreier/Schulze/*Schulze* UrhG § 15 Rn. 27; *Schulze* ZUM 2008, 836 (842) für den individuellen E-Mail-Versand an ein Mitglied der Öffentlichkeit (insbes. für den elektronischen Kopienversand auf Bestellung); Walter/von Lewinski/*von Lewinski/Walter* Kap. 11 Rn. 11.3.47; weiter → § 20 Rn. 16.

[1473] Vgl. Fromm/Nordemann/*Dustmann/Engels* UrhG § 19a Rn. 26; aA DKMH/*Dreyer* UrhG § 15 Rn. 101, 103 f.; sa Wandtke/Bullinger/*Bullinger* UrhG § 19a Rn. 6.

[1474] Vgl. OLG München ZUM-RD 2007, 347 (358) – subito; sa BGHZ 141, 13 (26) = GRUR 1999, 707 (711) – Kopienversanddienst; GAin *Trstenjak*, SchlA v. 12.2.2009 – C-5/08 in Infopaq I, BeckRS 2009, 70203 Rn. 118; aA *Schulze* ZUM 2011, 2 (7 f.). Etwas anderes folgt auch nicht aus der Schrankenbestimmung des § 60e Abs. 5 für den Kopienversand auf Einzelbestellung (vgl. → Rn. 299 f.).

[1475] S. BGH GRUR 2015, 1101 Rn. 17 – Elektronische Leseplätze II mAnm *Stieper* (Annahme eines Eingriffs in ein unbenanntes Recht der öffentlichen Wiedergabe); → § 19a Rn. 42; ebenso jetzt auch Dreier/Schulze/*Dreier* UrhG § 15 Rn. 42, § 19a Rn. 3; aA Fromm/Nordemann/*Dustmann/Engels* UrhG § 19a Rn. 11; → Rn. 82.

schrift allein geregelte Bereithaltungsrecht[1476] setzt voraus, dass das Werk Mitgliedern einer Öffentlichkeit zeitgleich zugänglich gemacht wird. Die unter das unbenannte Abrufübertragungsrecht[1477] fallende Werküübermittlung ist eine nichtöffentliche Einzelkommunikation, die als Verwertungshandlung nur deshalb relevant ist, weil sie unmittelbar auf dem öffentlichen Bereithalten des Werkes beruht.

384   Auch für die Beurteilung, ob eine **Werkverwertung in körperlicher Form** öffentlich ist, kommt es auf eine Auslegung des Tatbestands des betreffenden Verwertungsrechts an. Die **Ausstellung eines Werkes (§ 18)** ist nicht schon dann nichtöffentlich, wenn das Werk (zB infolge der Verwendung von Guckkästen) nur von jeweils einem Besucher gesehen werden kann. Das Werk wird auch dann in der Öffentlichkeit und für die Öffentlichkeit zur Schau gestellt.[1478] Eine öffentliche Ausstellung ist dagegen nicht gegeben, wenn das Werk zu verschiedenen Gelegenheiten nacheinander einer Mehrzahl von Mitgliedern einer Öffentlichkeit iSd Abs. 3 gezeigt wird, auch wenn das einer vorgefassten Absicht entsprechen sollte. Eine derartige sukzessive Öffentlichkeit genügt auch für das Ausstellungsrecht nicht.

385   In der Literatur wird der Begriff der sukzessiven Öffentlichkeit noch häufig verwendet.[1479] Er ist jedoch ungeeignet für die Bestimmung, ob bei einer Einzelübertragung eine öffentliche Wiedergabe vorliegt. Das Recht der öffentlichen Wiedergabe soll nicht verhindern, dass in der **Individualkorrespondenz** nach Einzelbedarf geschützte Werke verwendet werden.[1480] So ist es zB kein Eingriff in das Recht der öffentlichen Wiedergabe, wenn ein Wissenschaftler in seiner Mail-Korrespondenz mit Fachkollegen gelegentlich denselben urheberrechtlich geschützten Aufsatz als Beleg anfügt. Auch wenn sich dadurch im Lauf der Zeit ein größerer Empfängerkreis ergeben sollte, verletzt dies nicht die Rechte des Autors.

8. Grenzüberschreitende Nutzungen

386   Bei grenzüberschreitenden Nutzungen ist es für das Eingreifen des Senderechts und des Rechts der öffentlichen Zugänglichmachung unerheblich, ob sich die Öffentlichkeit im Inland oder im Ausland befindet.[1481]

III. Einzelfälle

1. Ältere Gerichtsentscheidungen ohne Berücksichtigung des Unionsrechts

387   **a) Vorbemerkung.** Zu § 15 Abs. 3 gibt es eine Vielzahl von Gerichtsentscheidungen. Diese ergingen fast ausnahmslos auf Klage der GEMA wegen der Wiedergabe urheberrechtlich geschützter Musik durch öffentliches Wahrnehmbarmachen. Die Rechtsprechung hat dabei teilweise sehr strenge Anforderungen an die Nichtöffentlichkeit einer Wiedergabe gestellt. Maßstab war in der früheren Rechtsprechung allein das nationale Recht, weil die Gerichte – anders als nunmehr der EuGH[1482] – durchweg davon ausgegangen sind, dass die inhaltliche Bestimmung des Begriffs der Öffentlichkeit den Mitgliedstaaten überlassen sei.

388   Im Hinblick auf die Rechtsprechung des EuGH sind die Rechtsprechung und Literatur früherer Jahre zum Begriff der Öffentlichkeit weitgehend überholt.[1483] Aus diesem Grund werden nachstehend **ältere Gerichtsentscheidungen und ältere Literatur lediglich als erste Orientierungshilfe** aufgeführt. Urteile, die eine öffentliche Wiedergabe bejaht haben, müssten nunmehr bei richtlinienkonformer Auslegung des § 15 Abs. 3 vielfach anders ausfallen, weil der EuGH erheblich höhere Anforderungen an das Merkmal der Öffentlichkeit stellt.[1484]

389   **b) Öffentliches Wahrnehmbarmachen. Bejahend:** Öffentliche Wiedergaben wurden angenommen bei **Tanzstundenabschlussbällen** (BGH GRUR 1960, 338 (339) – Tanzstundenabschlussbälle; LG Stuttgart Schulze LGZ 107, 5; AG Stuttgart Schulze AGZ 18, 2), bei **Tanzkursen** (OLG München ZUM 1986, 482 f. = Schulze OLGZ 283 mAnm *Ladeur*; OLG Frankfurt a. M. NJW-RR 1986, 1056; anders bei Tanzkursen für einen ausgewählten Schülerkreis BGH GRUR 1956, 515 (517) – Tanzkurse), bei einer **Tanzveranstaltung** im Stall mit Freunden und Bekannten der drei Söhne eines Landwirts (LG Oldenburg GRUR-RR 2006, 177), bei **Betriebsveranstaltungen** eines großen Unternehmens (BGHZ 17, 376 (378) = GRUR 1955, 549 (550) – Betriebsfeiern), bei **Betriebsmusik** in einer Werkhalle (LG Hannover Schulze LGZ 117, 7), bei Musikwiedergaben im Rahmen einer **Vereinsveranstaltung** (KG Schulze KGZ 23, 5),[1485] bei Werkwiedergaben – insbesondere Rundfunkwiedergaben – in einem **Vereinsheim** (BGH GRUR 1961, 97 (98) – Sportheim;

[1476] → § 19a Rn. 54 f., 57.
[1477] → Rn. 291.
[1478] Sa *Hirsch Ballin* Anm. zu Schulze BGHZ 91, 20 (24); weiter → § 18 Rn. 25.
[1479] Vgl. zB Fromm/Nordemann/*Dustmann* UrhG § 15 Rn. 35; DKMH/*Dreyer* UrhG § 6 Rn. 11, § 15 Rn. 101 ff.
[1480] Vgl. → Rn. 403.
[1481] Vgl. BGHZ 152, 317 (327) = GRUR 2003, 328 (331) – Sender Felsberg.
[1482] → Rn. 68.
[1483] Vgl. Fromm/Nordemann/*Dustmann* UrhG § 15 Rn. 29; Wandtke/Bullinger/*Bullinger* UrhG § 19a Rn. 4a; ebenso für Österreich Kucsko/Handig/*Anderl*, urheber.recht, 2. Aufl. 2017, UrhG § 14 Rn. 12.
[1484] AA Möhring/Nicolini/*Kroitzsch/Götting* UrhG § 15 Rn. 25.
[1485] Zu Vereinsveranstaltungen vgl. weiter Begr. zu § 53 RegE, BT-Drs. IV/270, 69 = UFITA 45 (1965), 240 (285).

OLG Hamm Schulze OLGZ 245, 4; AG Bad Mergentheim Schulze AGZ 24, 4), in einem **Sanatorium** (BGHZ 58, 262 (264) = GRUR 1972, 614 (615) – Landesversicherungsanstalt; KG UFITA 66 [1973], 310), in **betrieblichen Erholungsheimen** (OLG Frankfurt a. M. GRUR 1969, 59 (53) – Sozialwerk der Bundesbahn), in **Müttergenesungsheimen** (LG Kassel Schulze LGZ 174, 1), in einer **Klinik** (OLG München Schulze OLGZ 111, 3), in **psychiatrischen Krankenhäusern** (OLG Köln Schulze OLGZ 230, 5), in einem **Altenheim** (BGH GRUR 1975, 33 – Alters-Wohnheim; BGHZ 116, 305 = GRUR 1992, 386 – Altenwohnheim II; AG Charlottenburg Schulze AGZ 19, 3; sa LG Köln NJW-RR 1991, 1194 (1195)), bei Einzelveranstaltungen und Kursen in einem **Alten- und Servicezentrum** (LG München I ZUM-RD 1997, 146 (147)), in einem **Postjugendwohnheim** (BGH UFITA 73 [1975], 286 (288) – Postjugendwohnheim), in einem **Studentenwohnheim** (LG Frankfurt a. M. Schulze LGZ 116, 4), in einem **Arbeiterwohnheim** (LG Frankfurt a. M. Schulze LGZ 136, 6; AG Charlottenburg Schulze AGZ 14, 5 und Schulze AGZ 20, 4), in **Jugenddörfern** (OLG Stuttgart Schulze OLGZ 220, 4), in kommunalen **Jugendzentren** (LG Frankfurt a. M. Schulze LGZ 205), in **Schulaufenthaltsräumen** (BGH GRUR 1983, 562 (563) – Zoll- und Finanzschulen), in einem Heim für **Lehrgänge zur beruflichen Fortbildung** und **Kurse für Jugendliche** (BGH BGHR UrhG § 15 Abs. 3 – Wiedergabe, öffentliche 1 – Wannseeheim), in **Justizvollzugsanstalten** (BGH GRUR 1984, 734 (735) – Vollzugsanstalten) und bei einer **Videovorführung vor ausgewählten Journalisten** (OLG Stuttgart NJW-RR 2004, 619 (621)). Nach BSG NJW 2007, 716 (718) sollen **Trauerfeiern** regelmäßig öffentlich sein (für den Regelfall unzutreffend).[1486]

Verneinend: Keine öffentliche Werkwiedergabe wurde angenommen in folgenden Fällen: bei **390** **Tanzkursen** für einen ausgewählten Schülerkreis (BGH GRUR 1956, 515 (517) – Tanzkurse), bei der Wiedergabe durch ein Fernsehgerät im **Zweibettzimmer eines Krankenhauses** (BGH GRUR 1996, 875 – Zweibettzimmer im Krankenhaus), bei der Wiedergabe von Fernsehsendungen für den kleinen **Kreis des Heimpersonals** zweier Müttergenesungsheime (LG Kassel Schulze LGZ 114, 1). Wegen einer engen persönlichen Verbundenheit der Beteiligten wurde bei einem **Seelotsenball** keine öffentliche Werkwiedergabe angenommen.[1487]

c) Öffentliches Zugänglichmachen. Eine öffentliche Wiedergabe ist bei der Werkwiedergabe **391** durch eine **Verteileranlage** in einer Justizvollzugsanstalt angenommen worden (BGHZ 123, 149 (151) = GRUR 1994, 45 (46) – Verteileranlagen)[1488] und beim **E-Mail-Versand von Presseartikeln** an Mitarbeiter eines Unternehmens (KG ZUM 2002, 828 (831)).[1489]

2. Besondere Fallgestaltungen

a) Zeitgleiche Wiedergaben für ein Publikum. Hochschulvorlesungen sind im Hinblick auf **392** die Vielzahl möglicher Teilnehmer in der Regel öffentlich.[1490] Dies bedeutet nicht, dass ein unveröffentlichtes Werk bereits durch die Wiedergabe in einer Vorlesung veröffentlicht wird, weil der Begriff der Öffentlichkeit in § 6 unabhängig von der Definition des Abs. 3 auszulegen ist.[1491] Wiedergaben in Seminaren und Projektgruppen sind idR nichtöffentlich, weil nicht „recht viele" Personen[1492] zum Teilnehmerkreis gehören und sich dieser auch nicht aus „Personen allgemein"[1493] zusammensetzt.[1494]

Wiedergaben im **Schulunterricht** innerhalb des Klassenverbands oder in klassenübergreifenden **393** Lerngruppen (Kursen) sind nichtöffentlich, da nur eine recht begrenzte und bestimmte Schülerzahl beteiligt ist.[1495] Werkwiedergaben im Schulunterricht außerhalb des Klassenverbands können, wenn „recht viele" Personen[1496] beteiligt sind (zB sehr viele Schüler mehrerer Jahrgangsstufen an einem Projekttag), öffentlich sein, wenn nach den besonderen Umständen auch das Merkmal „Personen allgemein" erfüllt ist.[1497] Auch bei **anderen Schulveranstaltungen** wird die Annahme einer öffentlichen Wiedergabe insbesondere davon abhängen, wie groß die Schule ist, wie viele Schulangehörige teilnehmen können und inwieweit Außenstehende zugelassen sind.[1498]

[1486] → Rn. 366.
[1487] AG Bremen NJOZ 2004, 4430, das ua darauf abstellte, dass es nur etwa 50 aktive Lotsenbrüder gibt, die nicht nur durch die gemeinsame berufliche Tätigkeit, sondern auch durch besondere gesetzliche Regelungen zu einer Lotsenbrüderschaft verbunden seien.
[1488] → § 20 Rn. 59.
[1489] Vgl. dazu auch *Vogtmeier* S. 68 ff.
[1490] Sa OLG Koblenz NJW-RR 1987, 699 (700); Möhring/Nicolini/*Kroitzsch/Götting* UrhG § 15 Rn. 30; *Sattler* S. 90 ff.; aA *Rehbinder/Peukert* Rn. 390.
[1491] → Rn. 358; aA → § 6 Rn. 11, 13.
[1492] → Rn. 70, 368.
[1493] → Rn. 72, 371.
[1494] Sa Möhring/Nicolini/*Kroitzsch/Götting* UrhG § 15 Rn. 27.
[1495] Vgl. *Rademacher* UFITA 2013 III, 717; *Rademacher* ZUM 2014, 666 (667); *Kiersch* WRP 2018, 1422 (1423, 1424 f.).
[1496] → Rn. 70, 368.
[1497] Zu Werkwiedergaben im Schulunterricht vgl. auch *Sieber* MMR 2004, 715 (718 f.); *Lorenz* ZRP 2008, 261 (262 f.); *Sattler* S. 89 ff.; vgl. weiter öOGH MR 2008, 299 (302 ff.) – Schulfilm I.
[1498] Vgl. AG Stuttgart 5.2.2019 – 4 C 4895/18 Rn. 22 ff., juris: Keine öffentliche Wiedergabe bei einer Abiturveranstaltung (mit ca. 540 Personen), bei der nur Personen zugelassen waren, die einen besonderen, persönlichen Bezug zu den Abiturienten hatten.

394   Bei Musikdarbietungen bei einer Eheschließung im **Standesamt** wird wegen des begrenzten, meist familiären Personenkreises nur in besonderen Ausnahmefällen eine öffentliche Wiedergabe vorliegen. Gleiches gilt für **Hochzeits-, Begräbnis- und Trauerfeierlichkeiten.**[1499]

395   Die Wiedergabe von **Hintergrundmusik in den Warteräumen einer Arztpraxis** ist nach dem Urteil des EuGH „SCF" keine öffentliche Wiedergabe.[1500] Die Wiedergabe richtet sich von vornherein nur an den im Allgemeinen sehr begrenzten Kreis der gleichzeitig in der Praxis anwesenden Personen.

396   Eine Musikwiedergabe in **Werkstatträumen** ist nichtöffentlich, wenn sie zwar auch im angrenzenden Verkaufsraum zu hören, aber nicht für die Kunden „bestimmt" ist.[1501] Ebenso wird die **Rundfunkwiedergabe in den Arbeitsräumen** eines Unternehmens in der Regel nicht öffentlich sein. Meist sind die Mitarbeiter nur ein eng begrenzter, in der Zusammensetzung kaum wechselnder Personenkreis und damit nicht „Personen allgemein".[1502]

397   Nach der Rechtsprechung des EuGH ist eine Wiedergabe für eine Öffentlichkeit gegeben, wenn ein Hotel den **Rundfunkempfang in den Gästezimmern** ermöglicht.[1503] Eine öffentliche Wiedergabe ist auch die Ermöglichung des Empfangs von **Radiosendungen in den Patientenzimmern** eines Krankenhauses.[1504] Die Wiedergabe von Rundfunksendungen, die nur für die **Mitglieder eines Clubs mit sehr geringer Mitgliederzahl** bestimmt sind, ist nicht für „Personen allgemein" bestimmt und daher nicht öffentlich.[1505]

398   Die Wiedergabe von Satellitensignalen in **Satellitenempfangsstationen,** die nur ein begrenzter Personenkreis mit professionellem Gerät empfangen kann, ist nach dem Urteil des EuGH „Lagardère/SPRE und GVL" nicht öffentlich, weil der mögliche Empfängerkreis nicht unbestimmt ist.[1506] Keine öffentliche Wiedergabe ist auch die Übertragung programmtragender Signale an bestimmte Gewerbetreibende als **Verteiler,** die als technische Dienstleister die Signale nur weiterverteilen sollen.[1507]

399   Ist in einem **Internetauftritt** zwar der Link zu einer selbst bereitgehaltenen Datei mit einem Werk (zB einem Kartenausschnitt) entfernt, die Datei aber versehentlich nicht in der zugehörigen Datenbank gelöscht worden, fehlt es nicht nur am erforderlichen subjektiven Tatbestand einer öffentlichen Wiedergabe,[1508] sondern auch an einer Wiedergabe, die für die Öffentlichkeit „bestimmt" ist. Die öffentliche Wiedergabe im Rechtssinn ist die Handlung eines Werknutzers;[1509] es genügt nicht, dass das Werk „abstrakt" weiterhin im Internet für eine Öffentlichkeit zugänglich ist (etwa bei Kenntnis der genauen URL oder durch gezielte Benutzung einer Suchmaschine).[1510] Ob die Wiedergabe für einen **Kreis von Facebook-„Freunden"** öffentlich ist, hängt von den Umständen des Einzelfalls ab.[1511]

400   Werkwiedergaben im Rahmen eines lokalen Computer-Netzwerks (Local Area Network = LAN) und in Unternehmensnetzen **(Intranet)** können öffentlich sein.[1512] Eine räumliche Nähe der Zugangsstellen in einem Netzwerk genügt jedenfalls nicht, um eine öffentliche Wiedergabe auszuschließen.[1513] Durch Passwörter und andere (wirksame) Zugangskontrollen kann auch in größeren Unternehmen der Kreis der von einer Werkwiedergabe Angesprochenen so eingeschränkt werden, dass dieser als nichtöffentlich einzustufen ist.

[1499] Vgl. *Handig* ÖBl. 2014, 206 (212).

[1500] Vgl. EuGH GRUR 2012, 593 Rn. 92 ff. – SCF; jedenfalls im Ergebnis bestätigt durch EuGH GRUR 2016, 684 Rn. 52 – Reha Training/GEMA; BGH GRUR 2016, 278 Rn. 20 ff. – Hintergrundmusik in Zahnarztpraxen; vgl. weiter → Rn. 70, 72 f., 90, 365, 371. Krit. zur Rechtsprechung des EuGH *Walter* MR-Int. 2012, 20 (22 ff.); *Gerlach* FS Wandtke, 2013, 233 (236 f.); *Haberstumpf* GRUR-Int 2013, 627 (632); *Holtz* ZUM 2016, 748 (749); vgl. auch *Riesenhuber* ZUM 2012, 433 (442 f.).

[1501] Vgl. bereits AG Erfurt GRUR-RR 2002, 160; *Handig* ÖBl. 2014, 206 (213); aA AG Kassel NJW-RR 2000, 493; LG Frankfurt a. M. GRUR-RR 2005, 180; weiter → Rn. 362, 366.

[1502] Weitergehend *Smith* GRUR-Int 2015, 302, ua mit der Begründung, die Mitarbeiter seien kein „neues Publikum" (dazu → Rn. 84 ff.). Nach der Rechtsprechung des EuGH trifft dies jedoch nicht zu (vgl. EuGH GRUR 2012, 156 Rn. 197 ff. [insbes. 198] – Football Association Premier League u. Murphy).

[1503] → Rn. 99.

[1504] BGH GRUR 2018, 608 Rn. 32 ff. – Krankenhausradio (49 Patientenzimmer).

[1505] Vgl. OLG Frankfurt a. M. ZUM-RD 2015, 296 (297) = K&R 2015, 343 mAnm *Ganzhorn* (im konkreten Fall für Clubs von bis zu 20 Personen).

[1506] Vgl. EuGH GRUR 2006, 50 Rn. 31 f. – Lagardère/SPRE und GVL; → Rn. 73, 374.

[1507] Vgl. EuGH GRUR 2016, 60 Rn. 18 ff. – SBS/SABAM.

[1508] Vgl. EuGH GRUR 2012, 597 Rn. 31, 37, 40 – Phonographic Performance (Ireland); EuGH GRUR 2012, 593 Rn. 82, 91, 94 – SCF; vgl. auch BGH ZUM 2014, 144 Rn. 7; weiter → Rn. 11 ff., 79 ff., 90, 344.

[1509] → Rn. 10 f., 78 ff., 217 f.

[1510] AA OLG Hamburg K&R 2010, 355; KG ZUM-RD 2010, 595 f.; LG Berlin ZUM 2010, 609 (610 f.); OLG Karlsruhe GRUR-RR 2013, 206; Wandtke/Bullinger/*Bullinger* UrhG § 19a Rn. 6a; vgl. auch BVerfG GRUR 2010, 1033 f. – Kartenausschnitt; *Zabel-Wasmuth* S. 215 ff. Weiter dazu → § 19a Rn. 67.

[1511] Vgl. LG München I ZUM-RD 2018, 427 Rn. 27 f.; *Ziegler* S. 97 ff.; vgl. auch *Nawrocki/Metzl* jurisPR-ITR 20/2018 Anm. 4. Zum Teilen, Retweeten und Reposten geschützter Werke auf Social-Media-Kanälen vgl. auch *Gerecke* GRUR 2019, 1120 (1121 ff.).

[1512] Vgl. dazu *Vogtmeier* S. 57 ff.; *Rüberg* S. 239 ff.; *Spindler* GRUR 2002, 105 (108 f.). Zur Öffentlichkeit der Werkwiedergabe gegenüber bestimmten Nutzer-, Chat- oder Diskussionsforen im Internet sa *Koch* GRUR 1997, 417 (429); *Rüberg* S. 242 f.; zu webbasierten sozialen Netzwerken s. *Handig* ecolex 2010, 824 ff.

[1513] Vgl. *Rüberg* S. 238 f.

Das Bereithalten von Musik zur Wiedergabe in **Telefonwarteschleifen** (Telefonmusik, Music on 401 hold) ist eine öffentliche Wiedergabe.[1514]

b) Nicht zeitgleiche Wiedergaben für ein Publikum. Ob eine Öffentlichkeit gegeben ist, 402 hängt nicht nur davon ab, wie viele Personen gleichzeitig Zugang zu demselben Werk haben, sondern auch, wie viele von ihnen in der Folge Zugang zum selben Werk haben.[1515] Dies ist zB der Fall, wenn ein digitalisiertes Werk an einem **Terminal einer öffentlichen Bibliothek** den Benutzern zugänglich gemacht wird.[1516] Ebenso nimmt ein Hotel eine öffentliche Wiedergabe vor, wenn es für seine Gäste Handelstonträger mit geschützten Musikaufnahmen und dafür geeignete **Abspielgeräte in den Gästezimmern** bereitstellt.[1517] Für Ferienwohnungen gilt das nicht, weil dort nicht „recht viele Personen" erreicht werden.[1518]

c) Individualkommunikation. Die **Individualkommunikation** (zB durch E-Mail) zwischen 403 einzelnen Beteiligten ist auch dann nicht öffentlich, wenn die Beteiligten nicht durch eine persönliche Beziehung miteinander verbunden sind.[1519] Die Abrufübertragung eines öffentlich zum Abruf bereitgehaltenen Werkes an einen einzelnen Empfänger wird nicht deshalb von einem unbenannten Recht der öffentlichen Wiedergabe erfasst, weil die Übertragung öffentlich wäre,[1520] sondern weil das Werk zuvor für die Öffentlichkeit zum Abruf bereitgehalten worden ist.[1521]

IV. Darlegungs- und Beweislast

Die Feststellung, ob eine Wiedergabe öffentlich ist, ist im Wesentlichen **Tatfrage.**[1522] 404

Die **Beweislast** für die **Öffentlichkeit einer Wiedergabe,** trifft nach allgemeinen Grundsätzen 405 den Anspruchsteller.[1523] Dem Anspruchsteller können allerdings im Prozess nach den Grundsätzen der **sekundären Darlegungslast** Darlegungs- und Beweiserleichterungen zugutekommen, wenn es um die Aufklärung von Tatsachen geht, die in den Verantwortungsbereich des Antragsgegners fallen, so dass diesen nach dem Gebot redlicher Prozessführung eine prozessuale Erklärungspflicht trifft.[1524]Hinsichtlich der Öffentlichkeit einer Wiedergabe kann eine sekundäre Darlegungslast insbesondere bei der Frage in Betracht kommen, ob die Personen, denen das Werk wahrnehmbar oder zugänglich gemacht wird, ein „unbestimmter Personenkreis" sind.[1525] Eine sekundäre Darlegungslast darf aber nicht ohne weiteres angenommen werden: Sie besteht nicht, soweit dem Anspruchsteller selbst eine weitere Sachverhaltsaufklärung möglich und zumutbar ist.[1526] Nach der Intensität seines Sachvortrags richtet sich auch der Umfang der sekundären Darlegungslast.[1527] An die Erfüllung der sekundären Darlegungslast dürfen keine die Verteilung der Vortragslast umkehrenden Anforderungen gestellt werden.[1528] Eine sekundäre Darlegungslast ist auch nur gegeben, wenn dem Anspruchsgegner die Darlegung näherer Umstände zuzumuten ist.[1529] Im Rahmen des Zumutbaren kann die sekundäre Darlegungslast allerdings auch Nachforschungspflichten einschließen.[1530] Dies setzt aber voraus, dass der Anspruchsgegner die wesentlichen Tatsachen unschwer in Erfahrung bringen kann und es ihm zumutbar ist, nähere Angaben zu machen.[1531] Auf die Beweisführung finden die Grundsätze der sekundären Darlegungslast keine Anwendung.[1532]

[1514] → Rn. 350; → § 19a Rn. 78.

[1515] → Rn. 381 f.

[1516] Vgl. EuGH GRUR 2014, 1078 Rn. 42 – TU Darmstadt/Ulmer; weiter → Rn. 381.

[1517] Vgl. → Rn. 101, 284.

[1518] Vgl. OLG Köln MMR 2014, 766 (767 f.) – Seepark Burhave mAnm *Uecker.*

[1519] Vgl. BGH GRUR 2013, 618 Rn. 22 – Internet-Videorecorder II; sa BGHZ 141, 13 (26) = GRUR 1999, 707 (711) – Kopienversanddienst; GAin *Trstenjak,* SchlA v. 12.2.2009 – C–5/08 in Infopaq I, BeckRS 2009, 70203 Rn. 118; *Vogtmeier* S. 70 mwN; SchweizBG BGE 140 III 616 (623); aA *Schulze* ZUM 2008, 836 (837, 842); weiter → Rn. 385.

[1520] Dies ist gerade nicht der Fall; aA *Haupt/Ullmann* ZUM 2005, 46 (49).

[1521] Vgl. → Rn. 291.

[1522] Vgl. BGH GRUR 1961, 97 (99) – Sportheim; vgl. auch öOGH MR 2008, 299 (302) – Schulfilm I (zum öst. Recht).

[1523] Vgl. OLG Frankfurt a. M. ZUM-RD 2015, 296 (297, 298) = K&R 2015, 343 mAnm *Ganzhorn;* Fromm/Nordemann/*Dustmann* UrhG § 15 Rn. 48; Möhring/Nicolini/*Kroitzsch/Götting* UrhG § 15 Rn. 25; aA LG Oldenburg GRUR-RR 2006, 177; AG Bochum GRUR-RR 2009, 166 (167); DKMH/*Dreyer* UrhG § 6 Rn. 29, UrhG § 15 Rn. 107.

[1524] Vgl. BGHZ 200, 76 = GRUR 2014, 657 Rn. 16 ff. – BearShare mAnm *Neurauter;* BGH NJW 2017, 886 Rn. 19 f.; BGH GRUR 2018, 178 Rn. 49 – Vorschaubilder III; BGH NJW 2018, 2412 Rn. 30.

[1525] Ebenso Dreier/Schulze/*Dreier* UrhG § 15 Rn. 37; öOGH MR 2008, 299 (302, 304) – Schulfilm I: Beweislast insoweit beim Anspruchsgegner (zum öst. Recht).

[1526] BGH NJW 2017, 886 Rn. 19.

[1527] Vgl. BGH NJW 2017, 886 Rn. 20.

[1528] BGH NJW 2017, 886 Rn. 20.

[1529] BGH NJW 2016, 3244 Rn. 18; 2017, 886 Rn. 19 f.

[1530] Vgl. BGHZ 200, 76 = GRUR 2014, 657 Rn. 18 – BearShare.

[1531] BGH NJW 2017, 886 Rn. 19.

[1532] BGH NJW 2014, 3089 Rn. 19 – Stromnutzungsentgelt VI.

§ 16 Vervielfältigungsrecht

(1) **Das Vervielfältigungsrecht ist das Recht, Vervielfältigungsstücke des Werkes herzustellen, gleichviel ob vorübergehend oder dauerhaft, in welchem Verfahren und in welcher Zahl.**

(2) **Eine Vervielfältigung ist auch die Übertragung des Werkes auf Vorrichtungen zur wiederholbaren Wiedergabe von Bild- oder Tonfolgen (Bild- oder Tonträger), gleichviel, ob es sich um die Aufnahme einer Wiedergabe des Werkes auf einen Bild- oder Tonträger oder um die Übertragung des Werkes von einem Bild- oder Tonträger auf einen anderen handelt.**

Schrifttum: *Berger,* Die Wiedergabe eines Werks auf einem elektronischen Bildschirm ist Vervielfältigung, FS Pfennig (2012), S. 3; *Bortloff,* Tonträgersampling als Vervielfältigung, ZUM 1993, 476; *Bosak,* Urheberrechtliche Zulässigkeit privaten Downloadings von Musikdateien, CR 2001, 176; *Büchele/Kerbler,* Ende nie? Hyperlinks im Urheberrecht, FS M. Walter (2018), S. 139; *Bullinger/Jani,* Fußballübertragung in der virtuellen Welt – Lizenz erforderlich oder nicht?, ZUM 2008, 897; *Busch,* Zur urheberrechtlichen Einordnung der Nutzung von Streamingangeboten, GRUR 2011, 496; *Eichelberger,* Vorübergehende Vervielfältigungen und deren Freistellung zur Ermöglichung einer rechtmäßigen Werknutzung im Urheberrecht, K&R 2012, 393; *Grassmann,* Der elektronische Kopienversand im Rahmen der Schrankenregelungen, 2006; *Grünberger,* Zugangsregeln bei Verlinkungen auf rechtswidrig zugänglich gemachte Werke, ZUM 2016, 905; *Haberstumpf,* Das System der Verwertungsrechte im harmonisierten Urheberrecht, GRUR-Int 2013, 627; *Haffner,* 3D im Urheberrecht, 2016; *Hendel,* Die urheberrechtliche Relevanz von Hyperlinks, ZUM 2014, 102; *Hohagen,* Die Freiheit der Vervielfältigung zum eigenen Gebrauch, 2004; *Jani,* Alles eins? – Das Verhältnis des Rechts der öffentlichen Zugänglichmachung zum Vervielfältigungsrecht, ZUM 2009, 722; *Joppich,* Das Internet als Informationsnetz? – Zur urheberrechtlichen und wettbewerbsrechtlichen Zulässigkeit von Deep Links, CR 2003, 504; *Koch,* Das Schweigen von Marcel Duchamp – Anmerkungen zur BGH-Entscheidung „Beuys-Aktion", FS Bornkamm 2014, 835; *Leistner,* Von Joseph Beuys Marcel *Duchamp* und der dokumentarischen Fotografie von Kunstaktionen – Überlegungen aus Anlass des Urteils des LG Düsseldorf vom 29. September 2010 in Sachen VG Bild-Kunst v. Stiftung Museum Schloss Moyland, ZUM 2011, 468; *Leistner/Stang,* Die Bildersuche im Internet aus urheberrechtlicher Sicht, CR 2008, 499; *Loewenheim,* Benutzung von Computerprogrammen und Vervielfältigung im Sinne des § 16 UrhG, FS v. Gamm (1990), S. 423; *ders.,* Die urheber- und wettbewerbsrechtliche Beurteilung der Herstellung und Verbreitung kommerzieller elektronischer Pressespiegel, GRUR 1996, 636; *ders.,* Harmonisierung des Urheberrechts in Europa, GRUR-Int 1997, 285; *ders.,* Konturen eines europäischen Urheberrechts, FS Kraft (1998), S. 361; *ders.,* Vervielfältigungen zum eigenen Gebrauch von urheberrechtswidrig hergestellten Werkstücken, FS Dietz (2001), S. 415; *ders.,* Kopienversand und kein Ende, FS Tilmann (2003), S. 63; *ders.,* Urheberrechtliche Grenzen der Verwendung geschützter Dokumente in Datenbanken, AfP 1993, 613; *ders.,* Urheberrechtliche Grenzen der Verwendung geschützter Dokumente in Datenbanken, 1994 (zitiert: Urheberrechtliche Grenzen); *ders.,* Urheberrechtliche Probleme bei Multimedia-Anwendungen, FS Piper (1996), S. 709; *Loschelder,* Vervielfältigung oder Bearbeitung? Zum Verhältnis des § 16 UrhG zu § 23 UrhG, GRUR 2011, 1078; *Mengden,* 3D-Druck – Droht eine „Urheberrechtskrise 2.0"?, MMR 2014, 79; *Nolte,* Paperboy oder die Kunst, den Informationsfluß zu regulieren, ZUM 2003, 540; *Nordemann, A. und J. B.,* Das neue Europäische Haftungskonzept des EuGH für Linksetzung und Suchmaschinen sowie seine Rezeption in Deutschland, FS M. Walter (2018), S. 210; *Obergfell,* Die private Vervielfältigung im Lichte der jüngsten Rechtsentwicklung in der Europäischen Union Aspekte der Forschung und rechtspolitische Forderungen, ZGE 2015, 129; *Ohly,* Gutachten F zum 70. Deutschen Juristentag, Urheberrecht in der digitalen Welt – Brauchen wir neue Regelungen zum Urheberrecht und dessen Durchsetzung?, 2014; *Ott,* Die urheberrechtliche Zulässigkeit des Framing nach der BGH-Entscheidung im Fall „Paperboy", ZUM 2004, 357; *ders.,* Die Entwicklung des Suchmaschinen- und Hyperlink-Rechts im Jahr 2007, WRP 2008, 393; *Plaß,* Hyperlinks im Spannungsfeld von Urheber-, Wettbewerbs- und Haftungsrecht, WRP 2000, 599; *dies.,* Der Aufbau und die Nutzung eines Online-Volltextsystems durch öffentliche Bibliotheken aus urheberrechtlicher Sicht, WRP 2001, 195; *Redlich,* Download von Video- und Audiostreams zum privaten Gebrauch – eine rechtliche „Grauzone"?, K&R 2012, 713; *Reinbothe,* Die EG-Richtlinie zum Urheberrecht in der Informationsgesellschaft, GRUR 2001, 733; *Schack,* Private Vervielfältigung von einer rechtswidrigen Vorlage? FS Erdmann (2002), S. 165; *ders.,* Urheberrechtliche Gestaltung von Webseiten unter Einsatz von Links und Frames, MMR 2001, 9; *ders.,* Rechtsprobleme der Online-Übermittlung, GRUR 2007, 639; *Schapiro,* Die neuen Musiktauschbörsen unter „Freunden", ZUM 2008, 273; *Schrader/Weber,* Das Vervielfältigungsrecht. Dogmatischer Ausgangspunkt oder praktischer Auffangtatbestand des Urheberschutzes?, UFITA 2011/II, 494; *G. Schulze,* Rechtsfragen von Printmedien im Internet, ZUM 2000, 432/434; *ders.,* Beuys-Aktion 1964 – Der Mensch als Teil eines Kunstwerks, FS Pfennig (2012), S. 217; *Sosnitza,* Das Internet im Gravitationsfeld des Rechts: Zur rechtlichen Beurteilung so genannter Deep Links, CR 2001, 693; *Spindler,* Europäisches Urheberrecht in der Informationsgesellschaft, GRUR 2002, 105; *Stieper,* Rezeptiver Werkgenuss als rechtmäßige Nutzung, MMR 2012, 12; *ders.,* Das System der privaten Vervielfältigung: Interessenausgleich zwischen Urhebern und Nutzern, ZGE 2015, 170; *ders.,* Urheberrechtlich wirksame Zweckbindung von Vervielfältigungsstücken?, ZGE 2017, 539 *ders.,* 100 Jahre Bauhaus – Reproduktionsrechte an Werken der angewandten Kunst, JZ 2019, 374; *ders.,* Urheberrecht in der Cloud, JZ 2019, 1; *Sucker,* Der digitale Werkgenuss im Urheberrecht, 2014; *Wirtz,* Urheberrecht und verwandte Schutzrechte, in: Bröcker/Czychowski/Schäfer, Praxishandbuch Geistiges Eigentum im Internet, 2003, S. 568 ff.
Weiteres Schrifttum in der 5. Aufl.

Übersicht

I. Zweck und Bedeutung der Norm

§ 16 gibt eine **Definition** des in § 15 Abs. 1 Nr. 1 genannten Vervielfältigungsrechts, das zusammen **1** mit dem Verbreitungsrecht (§ 17) die Hauptfälle der Verwertung in körperlicher Form erfasst. Durch das Vervielfältigungsrecht soll dem Urheber ein Entgelt für diejenigen Nutzungshandlungen gesichert werden, die darin bestehen, dass ein Werkgenuss nicht durch das Original selbst, sondern durch Vervielfältigungen des Originals erfolgt. Das Original ermöglicht – soweit es sich nicht um eine öffentliche Wiedergabe handelt, die durch die Verwertungsrechte nach § 15 Abs. 2 gesondert erfasst wird – den Werkgenuss nur durch einen relativ beschränkten Personenkreis. Durch die Vervielfältigung des Werkes tritt ein Multiplikationseffekt ein; es wird einem sehr viel größeren Personenkreis unabhängig von der Benutzung des Originals der Werkgenuss ermöglicht; zugleich werden die Voraussetzungen für eine Verbreitung des Werkes im Sinne des § 17 geschaffen. Für diese zusätzlichen Nutzungsmöglichkeiten wird der Urheber dadurch entschädigt, dass Vervielfältigungen von seiner Zustimmung abhängig sind und er sie gegen Entgelt gestatten kann. Wo der Urheber, wie in den Fällen des § 53 UrhG, Vervielfältigungen ungefragt hinnehmen muss, steht ihm ein grundsätzlich ein gesetzlicher Vergütungsanspruch zu.[1]

Das Gesetz gewährt dem Urheber mit dem weiten Vervielfältigungsbegriff des § 16[2] ein **umfas-** **2** **sendes Vervielfältigungsrecht** und gibt ihm damit ein wichtiges Instrument in die Hand, um seine ideellen und materiellen Interessen zu wahren und für die Zustimmung zur Vervielfältigung eine angemessene Vergütung zu erzielen. Dem weiten Vervielfältigungsbegriff entspricht es, im Rahmen der Sozialbindung des Urheberrechts und aus Gründen des öffentlichen Interesses Einschränkungen vorzunehmen, die in den §§ 44a ff. ihren gesetzlichen Ausdruck gefunden haben. Das Vervielfältigungsrecht selbst ist **nicht übertragbar**, die Gestattung der Vervielfältigung erfolgt durch die Einräumung von Nutzungsrechten am Vervielfältigungsrecht (§§ 31 ff.).

Das Vervielfältigungsrecht ist ein gegenüber anderen Verwertungsrechten **selbständiges Verwer-** **3** **tungsrecht,** das unabhängig von ihnen genutzt und verletzt werden kann. Es ist in § 16 **abschlie-** **ßend geregelt,** Vervielfältigungshandlungen, die nicht unter die Definition des § 16 fallen, können nicht etwa über das allgemeine Verwertungsrecht erfasst werden. Die **Vervielfältigung von Computerprogrammen** beurteilt sich nach § 69c Abs. 1 Nr. 1; da aber der Vervielfältigungsbegriff des § 69c Abs. 1 Nr. 1 schon im Hinblick auf die durch die EU-Richtlinien vorgegebene einheitliche Auslegung dem Vervielfältigungsbegriff des § 16 entspricht,[3] finden die zu § 16 entwickelten Grundsätze auch im Rahmen des § 69c Anwendung. Die Regelung des § 16 findet auch Im Bereich der **verwandten Schutzrechte** Anwendung, nämlich bei wissenschaftlichen Ausgaben (§ 70), nachgelassenen Werken (§ 71), Lichtbildern (§ 72), ausübenden Künstlern (§ 77 Abs. 1 und 2), beim Schutz des Veranstalters (§ 81 iVm § 77), bei Tonträgerherstellern (§ 85 Abs. 1), Sendeunternehmen (§ 87 Abs. 1 Nr. 2), Datenbankherstellern (§ 87b Abs. 1) und Filmherstellern (§ 94 Abs. 1). Gegenüber dem **früheren Recht** (§ 15 Abs. 1 LUG, § 17 KUG) stellt die Definition des Abs. 1, wie in der AmtlBegr.[4] hervorgehoben wird, keine sachliche Änderung dar; damit kann auch die Rechtsprechung aus der Zeit vor 1965 zur Auslegung des § 16 herangezogen werden.[5]

Die Auslegung des Begriffs der Vervielfältigung wird maßgeblich durch die **Richtlinien der Eu-** **4** **ropäischen Union** einschließlich ihrer Erwägungsgründe beeinflusst. Regelungen wurden zunächst für besondere Bereiche getroffen, nämlich in Art. 4 Abs. 1 (a) der Computerprogrammrichtlinie,[6] Art. 5 (a) der Datenbankrichtlinie[7] und – was die Aufzeichnung betrifft – Art. 7 der Vermietrechtsrichtlinie.[8] Heute sind vor allem Art. 2 und 5 der InfoSoc-RL[9] maßgeblich, die das Vervielfältigungsrecht und seine Schranken generell erfassen; nach Art. 1 (2) der Richtlinie bleiben Art. 4 (a) der Computerprogrammrichtlinie und Art. 5 (a) der Datenbankrichtlinie unberührt. Dagegen ist Art. 7 der Vermietrechtsrichtlinie, der sich auf das Vervielfältigungsrecht der ausübenden Künstler, der Tonträgerhersteller, der Filmproduzenten und der Sendeunternehmen bezog, nach Art. 11 (1) (a) der InfoSoc-RL aufgehoben; insoweit gilt jetzt auch hier Art. 2 der InfoSoc-RL. Nach Art. 2 der Info-

---

[1] S. dazu auch *Ohly*, Gutachten F zum 70. Deutschen Juristentag (2014), S. F 45 ff.

[2] Dazu → Rn. 5.

[3] Vgl. → § 69c Rn. 5.

[4] AmtlBegr. BT-Drs. IV/270, 47.

[5] Abweichungen ergeben sich nur insofern, als die Übertragung auf Bild- oder Tonträger nach § 2 Abs. 2 LUG einer Werkbearbeitung gleichgestellt war. In § 16 Abs. 2 wird sie dagegen systematisch richtig als Vervielfältigung eingeordnet; dem Schutz der Hersteller einschl. Künstler, dem § 2 Abs. 2 LUG dienen sollte, wird besser durch die Zubilligung besonderer Leistungsschutzrechte (§§ 73–86) Rechnung getragen.

[6] Richtlinie 2009/24/EG des Europäischen Parlaments und des Rates vom 23.4.2009 über den Rechtsschutz von Computerprogrammen, ABl. 2009 L 111, S. 16; ursprünglich Richtlinie 91/250/EWG, GRUR-Int 1991, 545.

[7] Richtlinie des Europäischen Parlaments und des Rates vom 11.3.1996 über den rechtlichen Schutz von Datenbanken (96/9/EG), GRUR-Int 1996, 806.

[8] Richtlinie 2006/115/EG des Europäischen Parlaments und des Rates vom 12.12.2006 zum Vermietrecht und Verleihrecht sowie zu bestimmten dem Urheberrecht verwandten Schutzrechten im Bereich des geistigen Eigentums; ursprünglich Richtlinie 92/100/EWG des Rates vom 19.11.1992, GRUR-Int 1993, 144.

[9] Richtlinie 2001/29/EG des Europäischen Parlaments und des Rates vom 22.5.2001 zur Harmonisierung bestimmter Aspekte des Urheberrechts und der verwandten Schutzrechte in der Informationsgesellschaft, ABl. 2001 L 167, S. 10, GRUR-Int 2001, 745.

Soc-RL hat das Vervielfältigungsrecht das ausschließliche Recht zum Inhalt, die unmittelbare oder mittelbare, vorübergehende oder dauerhafte Vervielfältigung auf jede Art und Weise und in jeder Form ganz oder teilweise zu erlauben oder zu verbieten. Der deutsche Gesetzgeber hat Art. 2 der Richtlinie dadurch in das deutsche Recht umgesetzt, dass er in § 16 UrhG die Worte „ob vorübergehend oder dauerhaft" eingefügt hat,[10] im Übrigen wurden die Anforderungen des Art. 2 bereits durch die bisherige Fassung des § 16 UrhG erfüllt. Ebenso wie bei den anderen auf europäischen Richtlinien beruhenden Vorschriften des Urheberrechtsgesetzes handelt es sich nunmehr auch bei § 16 um ein Stück **europäisches Urheberrecht**,[11] das **richtlinienkonform auszulegen** ist.

II. Vervielfältigung

1. Vervielfältigungsbegriff

5   Der **Begriff der Vervielfältigung** ist **umfassend:** Vervielfältigung ist nach der Rechtsprechung jede körperliche Festlegung eines Werks, die geeignet ist, das Werk den menschlichen Sinnen auf irgendeine Weise unmittelbar oder mittelbar wahrnehmbar zu machen.[12] An dieser Definition hat sich durch die europäische Richtlinie zur Informationsgesellschaft nichts geändert; auch die in Umsetzung der Richtlinie erfolgte Ergänzung des § 16 um die Worte „ob vorübergehend oder dauerhaft" haben nicht zu einer sachlichen Änderung geführt, weil dies schon vorher so gesehen wurde.[13] Es muss also eine **körperliche Fixierung** erfolgen; dadurch unterscheidet sich die Vervielfältigung von den Fällen der unkörperlichen Wiedergabe nach § 15 Abs. 2. Beispiele bilden Bücher, Noten, Schallplatten,[14] ferner Fotografien, Kopien, Abgüsse und dgl. (zu Fotografien von Bauwerken und Werken der bildenden Kunst beachte aber § 59; zur Festlegung in digitaler Form vgl. → Rn. 16 ff.). Keine körperliche Festlegung (sondern unkörperliche Wiedergabe) ist dagegen die Projektion auf eine Leinwand oder die Wiedergabe auf einem Bildschirm.[15] Daher ist die Kopie eines Werks auf Tageslichtfolie Vervielfältigung, nicht aber deren Projektion.[16] Zur Verfilmung eines Werks als Vervielfältigung vgl. → § 15 Rn. 259; zur Einspeicherung von Werken in Datenbanken vgl. → Rn. 18. Die **Vervielfältigung von Computerprogrammen** beurteilt sich nach § 69c Abs. 1 Nr. 1.

6   Seit der Umsetzung der InfoSoc-RL[17] ist in § 16 ausdrücklich festgelegt, dass die **Dauer der Vervielfältigung** unerheblich ist. Auch vorher ging man allerdings schon davon aus, dass die nur vorübergehende Vervielfältigung unter § 16 fällt.[18] Durch § 16 werden also auch Vervielfältigungen in vergänglichem Material wie Schnee oder Eis erfasst, ebenso die Vervielfältigung im Arbeitsspeicher eines Computers, in dem sie bei dessen Ausschalten wieder gelöscht wird.[19] Zur Zulässigkeit vorübergehender technisch bedingter digitaler Vervielfältigungshandlungen vgl. § 44a.

7   Nicht nur die wiederholte, sondern auch die erstmalige Festlegung **(Erstfixierung)** eines bisher noch nicht körperlich festgelegten Werkes stellt eine Vervielfältigung dar,[20] beispielsweise das Mitschreiben eines frei gehaltenen Vortrags, die Aufnahme eines improvisierten Musikstücks auf Tonträger, die erste Aufzeichnung einer Funksendung[21] oder das Mitschneiden einer Aufführung. Das Vervielfältigungsrecht des § 16 erfasst jegliche erstmalige Werkfixierung oder wiederholte Festlegung.[22] Das Gleiche gilt für die **erstmalige Ausführung von Plänen oder Entwürfen,** beispielsweise bei der Errichtung von Bauwerken.[23] Keine Vervielfältigung ist die Fotografie einer länger andauernden Aktion.[24]

---

[10] Art. 1 Abs. 1 Nr. 3 des Gesetzes zur Regelung des Urheberrechts in der Informationsgesellschaft vom 10.9.2003, BGBl. I S. 1774.

[11] Vgl. AmtlBegr. BT-Drs. 12/4022, 8 (zu §§ 69a ff.).

[12] AmtlBegr. BT-Drs. IV/270, 47; ständige Rechtsprechung seit BGH GRUR 1955, 492 (494) – Grundig-Reporter; s. aus neuerer Zeit etwa BGH GRUR 2017, 793 Rn. 41– Mart-Stam-Stuhl; BGH GRUR 2009, 942 Rn. 28 – Motezuma; BGH GRUR 1991, 449 (453) – Betriebssystem; OLG Düsseldorf GRUR 2012, 173 (176) – Beuys-Fotoreihe; weitere Nachweise in der 5. Aufl.

[13] Vgl. → Rn. 6.

[14] AmtlBegr. BT-Drs. IV/270, 47.

[15] So BGH GRUR 1991, 449 (453) – Betriebssystem; Dreier/Schulze/*Schulze* UrhG § 16 Rn. 6; weitere Nachweise in → Rn. 19. Allerdings hat der EuGH im Rahmen des Art. 5 Abs. 1 InfoSoc-RL die Wiedergabe auf einem Fernsehbildschirm als Vervielfältigung bezeichnet (EuGH GRUR-Int 2011, 1063 Rn. 165 – Football Association Premier League). So auch *Schack* Rn. 419. Hinsichtlich der Rechtsfolge hat das allerdings keine Konsequenzen, weil sich die Zulässigkeit aus § 44a UrhG bzw. Art. 5 Abs. 1 InfoSoc-RL ergibt.

[16] Dreier/Schulze/*Schulze* UrhG § 16 Rn. 6; *Reichel* GRUR 1981, 334.

[17] Vgl. → Rn. 4.

[18] Der Gesetzgeber hat hier von einer „Klarstellung" gesprochen, AmtlBegr. BT-Drs. 15/38, Anl. 1, S. 40.

[19] Vgl. dazu → Rn. 17 sowie → § 69c Rn. 7, dort auch weitere Nachweise.

[20] BGH GRUR 2009, 942 Rn. 26 – Motezuma; BGH GRUR 2006, 319 Rn. 34 – Alpensinfonie; BGH GRUR 1986, 634 (635) – Bob Dylan; BGH GRUR 1960, 614 (616) – Figaros Hochzeit; BGH GRUR 1955, 493 (494) – Grundig-Reporter.

[21] KG GRUR 2000, 49 – Mitschnitt-Einzelangebot.

[22] BGH GRUR 1982, 102 (103) – Masterbänder.

[23] AmtlBegr. BT-Drs. IV/270, 47; BGH GRUR 2003, 231 (234) – Staatsbibliothek; BGH GRUR 1999, 230 (231) – Treppenhausgestaltung; BGHZ 24, 55 (69) – Ledigenheim; OLG Hamm ZUM 2011, 921 (923); OLG Frankfurt a. M. ZUM-RD 2014, 350 (351); OLG Hamburg UFITA 65 (1972), 290 (295).

[24] LG Düsseldorf GRUR-RR 2011, 203 (205).

Vervielfältigung ist nicht nur die identische Wiedergabe, auch die Festlegung eines Werkes in **ver-** **8** **änderter Form kann** Vervielfältigung sein. Das Vervielfältigungsrecht erfasst – soweit eine körperliche Festlegung des Originalwerks erfolgt – auch die Vervielfältigung des Werkes in bearbeiteter oder umgestalteter Form,[25] zB bei Thumbnails.[26] Auch die Wiedergabe eines Werkes auf einem anderen Trägermedium, etwa die Wiedergabe eines Papierposters auf einer Lage Kunststoff oder einer Leinwand stellt eine Vervielfältigung dar,[27] ebenso die Wiedergabe eines dreidimensionalen Gegenstands als Flächenabbildung.[28] Die Zulässigkeit von Vervielfältigungen in Form von Bearbeitungen oder Umgestaltungen beurteilt sich nach § 23, der in den Schutzumfang des Urheberrechts Bearbeitungen und Umgestaltungen einbezieht.[29] Zugleich stellt § 23 gegenüber § 16 insoweit eine Sonderregelung dar, als nach § 23 S. 1 die Herstellung der Bearbeitung, also die erste körperliche Festlegung in bearbeiteter Form mit Ausnahme der in § 23 S. 2 geregelten Fälle zulässig ist.

Wie § 16 Abs. 1 ausdrücklich klarstellt, kommt es weder auf die **Art und Weise der Festlegung** **9** noch auf das dabei angewendete **Verfahren** an.[30] Unerheblich ist, ob die Vervielfältigung manuell (zB durch Abschreiben) oder maschinell erfolgt, ob man sich gängiger oder besonderer Schrift- oder Notenzeichen bedient, zB der Stenographie, ob die Festlegung unmittelbar nach einer Vorlage oder aus dem Gedächtnis erfolgt; zur digitalen Vervielfältigung vgl. → Rn. 16. Auch das **Abmalen** eines geschützten Werkes ist Vervielfältigung,[31] ebenso die Festlegung in einem **anderen Material** (zB bei Plastiken Holz statt Stein).[32] Das Gleiche gilt für die Festlegung in einer **anderen Größe** oder in einem **anderen Format**.[33] Daher fällt die Mikroverfilmung unter § 16;[34] ebenso die Herstellung von Rückvergrößerungen, nicht aber die Wiedergabe in einem Lesegerät (mangels körperlicher Fixierung).[35] Die Herstellung von **Thumbnails** stellt eine Vervielfältigung dar.[36] Vervielfältigung kann auch bei **Dimensionsvertauschung** vorliegen, zB bei der zweidimensionalen Abbildung eines plastischen Werks.[37] Das gilt insbesondere für die Wiedergabe dreidimensionaler Kunstwerke oder Bauten durch Foto oder Film.[38]

Wie auch Abs. 2 zeigt, ist es unerheblich, ob die Festlegung unmittelbar oder **mittelbar** der Sinneswahrnehmung dient. Eine Vervielfältigung liegt daher bereits in der Herstellung von **Druckstöcken, Formen, Negativen, Matrizen, Masterbändern** und dgl., die ihrerseits erst zur Herstellung derjenigen Festlegung dienen, die die unmittelbare Sinneswahrnehmung ermöglicht.[39] **10**

Auf die **Anzahl** der hergestellten Vervielfältigungsstücke kommt es, wie Abs. 1 ausdrücklich klarstellt, nicht an.[40] Bereits die Herstellung eines Exemplars fällt unter § 16. Stets ist aber die **Entstehung eines neuen Werkstücks** erforderlich, die Verwendung eines bereits bestehenden Werkstücks in einem neuen Zusammenhang (zB das Aufziehen von Kunstdrucken oder den Rahmen eines Lautsprechers oder das Aufziehen eines Posters oder einer Landkarte auf eine feste Unterlage) stellt keine Vervielfältigung dar.[41] Das gilt auch für den Fall, dass ein Kunstwerk unverändert in ein neues Gesamtkunstwerk in einer Weise integriert wird, dass es als dessen Teil erscheint,[42] es sei denn, es erfolgt **11**

[25] BGH GRUR 2016, 1157 Rn. 17 – auf fett getrimmt; BGH GRUR 2014, 65 Rn. 36 f. – Beuys-Aktion; BGH GRUR 1988, 533 (535) – Vorentwurf II; BGH GRUR 1963, 441 (443) – Mit Dir allein; BGH GRUR 1991, 529 (530) – Explosionszeichnungen; OLG Düsseldorf GRUR 2012, 173 (176) – Beuys-Fotoreihe; OLG Hamm ZUM 2011, 921 (923); OLG Düsseldorf GRUR-RR 2001, 294 (297) – Spannring; KG GRUR-RR 2004, 129 (131) – Modernisierung einer Liedaufnahme; LG Hamburg GRUR-RR 2004, 313 (316); Dreier/Schulze/*Schulze* UrhG § 16 Rn. 10; Fromm/Nordemann/*Dustmann* UrhG § 16 Rn. 11; BeckOK UrhR/*Kroitzsch*/*Götting* UrhG § 16 Rn. 10.
[26] BGH GRUR 2010, 628 Rn. 17 – Vorschaubilder; sa OLG Jena GRUR-RR 2008, 223 – Thumbnails; LG Erfurt MMR 2007, 393; LG Hamburg GRUR-RR 2004, 313 (316); *Ott* ZUM 2007, 119 (125); *Schack* GRUR 2007, 639 (643).
[27] EuGH GRUR 2015, 256 Rn. 41 ff. – Allposters/Pictoright; sa *v. Ungern-Sternberg* GRUR 2015, 205 (207); zum Aufbringen einer Fotografie eines Werkes auf einem dreidimensionalen Träger → Rn. 11.
[28] BGH GRUR 2017, 793 Rn. 41 – Mart-Stam-Stuhl.
[29] Vgl. → § 23 Rn. 1.
[30] Sa BGH GRUR 2009, 942 Rn. 26 – Motezuma; OLG Frankfurt a. M. CR 1997, 275 (276) – D-Info 2.0.
[31] LG Düsseldorf ZUM-RD 2012, 684; LG Hamburg ZUM-RD 2008, 202.
[32] BGH GRUR 2017, 390 Rn. 30 – East Side Gallery.
[33] BGH GRUR 2017, 390 Rn. 30 – East Side Gallery; BGH GRUR 2002, 532 (534) – Unikatrahmen; BGH GRUR 1990, 669 (673) – Bibelreproduktion; BGHZ 44, 288 (293) – Apfelmadonna.
[34] BGH GRUR 2017, 793 Rn. 41 – Mart-Stam-Stuhl; BGH GRUR 1993, 553 (554) – Readerprinter; BGH GRUR 1955, 544 (545) – Fotokopie; Dreier/Schulze/*Schulze* UrhG § 16 Rn. 7.
[35] Vgl. → Rn. 5.
[36] Vgl. → Rn. 8.
[37] BGH GRUR 2017, 793 Rn. 41 – Mart-Stam-Stuhl; BGH GRUR 1983, 28 (29) – Presseberichterstattung und Kunstwerkwiedergabe II; KG *Schulze* KGZ 74, 5; Dreier/Schulze/*Schulze* UrhG § 16 Rn. 11; *G. Schulze* FS Pfennig, 2012, 217 (227 ff.); auch die Abbildung von (dreidimensionalen) Gegenständen in einem Werbeprospekt ist eine Vervielfältigung, vgl. BGH GRUR 2001, 51 (53) – Parfumflakon.
[38] BGH GRUR 2003, 1035 (1036) – Hundertwasser-Haus; BGH GRUR 2002, 605 – Verhüllter Reichstag; BGH GRUR 1983, 28 (29) – Presseberichterstattung und Kunstwerkwiedergabe II; OLG Hamburg GRUR 1974, 165 (167) – Gartentor; Dreier/Schulze/*Schulze* UrhG § 16 Rn. 11.
[39] BGH GRUR 1965, 323 (325) – Cavalleria rusticana; BGH GRUR 1982, 102 (103) – Masterbänder; BGH GRUR 1994, 41 (43) – Videozweitauswertung II; BGH GRUR 2006, 319 – Alpensinfonie.
[40] Vgl. auch BGH GRUR 1963, 441 (443) – Mit Dir allein; BGH GRUR 1955, 544 (545) – Fotokopie.
[41] OLG Hamburg GRUR 2002, 536 – Flachmembranlautsprecher.
[42] BGH GRUR 2002, 532 (534) – Unikatrahmen.

dabei eine erneute körperliche Festlegung. Anders ist dies nur, wenn zwischen dem bestehenden Werkstück und dem neuen Träger nicht nur eine rein äußerliche, physische Verbindung geschaffen wird, sondern darüber hinaus eine innere, künstlerische Verbindung entsteht, so dass beide zu einem einheitlichen Werk verschmelzen, zB beim Aufbringen einer Fotografie eines Werkes auf einen dreidimensionalen Träger.[43] In diesem Fall liegt eine Vervielfältigung vor.

12 Unwesentlich ist auch, für **welchen der menschlichen Sinne** das Werk wahrnehmbar gemacht werden soll. Festlegung in Blindenschrift ist ebenso Vervielfältigung wie Festlegung in Schreibschrift.[44]

13 Welchem **Zweck** die Vervielfältigung dient, ist unmaßgeblich.[45] Allerdings kann es auf den Zweck bei der Frage ankommen, ob die Vervielfältigung nach §§ 45 ff. zulässig ist, zB als Vervielfältigung für den Kirchen-, Schul- oder Unterrichtsgebrauch oder als Vervielfältigung zum privaten oder sonstigen eigenen Gebrauch gemäß § 53.

14 Auch die Vervielfältigung von **Teilen eines Werks** fällt unter § 16, soweit diese Teile urheberrechtlich schutzfähig sind.[46] Besonders bei sehr kleinen Teilen kann sich die Frage der Schutzfähigkeit stellen.[47] Soweit schutzunfähige Teile eines Werks vervielfältigt werden, besteht das Verbotsrecht aus §§ 15 Abs. 1 Nr. 1, 16 nicht; anders jedoch, wenn das zusammengesetzte Ganze der gleichzeitig wiedergegebenen Einzelteile Werkcharakter hat.[48] So stellt beispielsweise eine aus Einzelbildern bestehende Fotoserie, die den Ablauf der Gestaltung einer Fettecke durch Joseph Beuys wiedergibt, eine Vervielfältigung dieser Aktion dar.[49] Zum **Sound-Sampling** hat der EuGH entschieden, dass die Einfügung von – auch sehr kurzen – Audiofragmenten in einen anderen Tonträger nur zulässig ist, wenn dieses Fragment in geänderter und beim Hören nicht wiedererkennbarer Form eingefügt wird.[50] Im gleichen Urteil hat er ausgesprochen, dass es sich bei einem Tonträger, der von einem anderen Tonträger übertragene Musikfragmente enthält, nicht um eine „Kopie" dieses anderen Tonträgers im Sinne von Art. 9 Abs. 1 lit. b Vermiet- und Verleih-RL handelt, da er nicht den gesamten Tonträger oder einen wesentlichen Teil davon übernimmt.[51] Zum Browsing von Datenbanken vgl. → Rn. 22. Auch die Momentaufnahme eines bewegten Geschehensablaufs, etwa die Fotografie einer Szene aus einem Werk der Tanzkunst, ist eine Vervielfältigung.[52]

15 Eine Vervielfältigung stellt auch die **Wiederherstellung eines zerstörten Werkes** dar, etwa der Wiederaufbau zerstörter Bauwerke.[53] Davon ist aber die bloße **Reparatur** beschädigter Werke zu unterscheiden, die nicht § 16 unterfällt.[54] Von einer Reparatur lässt sich nur sprechen, wenn die reparierte mit der unreparierten Sache noch identisch ist, dafür kommt es auch auf den Umfang der Beschädigung an. Entsteht nach der Verkehrsauffassung eine neue Sache, so liegt Vervielfältigung vor. Ist ein Bauwerk teilweise zerstört, so kommt es für die Wiederherstellung darauf an, ob der zerstörte Teil seinerseits Werkcharakter aufweist.[55]

2. Digitale Vervielfältigung

16 **Übersicht:** § 16 findet auch auf digitale Vervielfältigungsvorgänge Anwendung. Das ist bereits durch Art. 2 der Richtlinie zur Informationsgesellschaft vorgegeben, war aber auch schon vorher anerkannt.[56] Digitale Vervielfältigungen finden vor allem bei Speichervorgängen, bei Übermittlungsvorgängen, insbesondere im Internet und bei der Umwandlung in ein anderes Format. Auf die **Vervielfältigung von Computerprogrammen** findet § 69c Abs. 1 Nr. 1 Anwendung, nach § 16 beurteilt sich aber die digitale Vervielfältigung anderer Werke als Computerprogramme.

17 **a) Speicher- und Ausgabevorgänge.** Vervielfältigung ist die **Speicherung** der digitalisierten Fassung eines Werks (oder von Teilen davon) **auf einem Datenträger** wie der **Festplatte** eines Com-

---

[43] BGH GRUR 2017, 390 – East Side Gallery.
[44] Fromm/Nordemann/*Dustmann* UrhG § 16 Rn. 17.
[45] BGH GRUR 1982, 102 (103) – Masterbänder; Fromm/Nordemann/*Dustmann* UrhG § 16 Rn. 15; Dreier/Schulze/*Schulze* UrhG § 16 Rn. 8.
[46] OLG Düsseldorf GRUR 2012, 173 (176) – Beuys-Fotoreihe; OLG Köln ZUM 2001, 414 (416) – Suchdienst für Zeitungsartikel; OLG Hamburg ZUM 2001, 513; Dreier/Schulze/*Schulze* UrhG § 16 Rn. 9; vgl. auch OLG Frankfurt a.M. CR 1997, 275 (276); OLG Hamburg GRUR 2001, 831 – Roche Lexikon Medizin; zur Vervielfältigung von einem aus elf Wörtern bestehenden Auszug s. EuGH GRUR 2009, 1041 – Infopaq International.
[47] Vgl. dazu → § 2 Rn. 68.
[48] EuGH GRUR 2012, 156 Rn. 157– Football Association Premier League; Dreier/Schulze/*Schulze* UrhG § 16 Rn. 9; *Eichelberger* K&R 2012, 393 (395).
[49] OLG Düsseldorf GRUR 2012, 173 (176) – Beuys-Fotoreihe; anders noch LG Düsseldorf GRUR-RR 2011, 203 (205); s. zu dem Fall auch BGH GRUR 2014, 65 – Beuys-Aktion; zum Ganzen *Loschelder* GRUR 2011, 1078 und *G. Schulze* FS Pfennig, 2012, 217.
[50] EuGH GRUR 2019, 929 Rn. 31 – Pelham/Hütter.
[51] EuGH GRUR 2019, 929 Rn. 55 – Pelham/Hütter.
[52] OLG Düsseldorf GRUR 2012, 173 (176) – Beuys-Fotoreihe; *Raue* in Anm. zu LG Düsseldorf GRUR-RR 2011, 203; aA LG Düsseldorf GRUR-RR 2011, 203 (205); LG München I GRUR 1979, 852 (853) – Godspell.
[53] Dreier/Schulze/*Schulze* UrhG § 16 Rn. 11; Fromm/Nordemann/*Dustmann* UrhG § 16 Rn. 10; DKMH/*Dreyer* UrhG § 16 Rn. 18.
[54] Fromm/Nordemann/*Dustmann* UrhG § 16 Rn. 10; DKMH/*Dreyer* UrhG § 16 Rn. 18.
[55] DKMH/*Dreyer* UrhG § 16 Rn. 18 wollen hier auf eine wirtschaftliche Betrachtungsweise abstellen.
[56] Vgl. nur BGH GRUR 1999, 325 (327) – Elektronische Pressearchive.

puters, einer **Diskette,** einer **CD,** einer **DVD** oder einem **USB-Stick,**[57] aber auch in einer **cloud.**[58] Auch die Festlegung im **Arbeitsspeicher** des Computers (RAM) ist Vervielfältigung.[59] Wenn gegen die Annahme einer Vervielfältigung auch eingewandt worden ist, dass solche Festlegungen oft keine eigenständige Werknutzung ermöglichen, sondern technischen Arbeitsvorgängen, der Wahrnehmung auf dem Bildschirm oder der unkörperlichen Wiedergabe dienen,[60] so ist doch jedenfalls bei Computerprogrammen die Festlegung im Arbeitsspeicher nach § 69c Abs. 1 Nr. 1 als Vervielfältigung anzusehen.[61] Es erscheint wenig sinnvoll und würde auch kaum zu überwindende Abgrenzungsschwierigkeiten aufwerfen, wenn man die Frage bei anderen Werken grundsätzlich anders entscheiden wollte. Dem Umstand, dass die Festlegung im Arbeitsspeicher technischen Arbeitsvorgängen dient und als solche keine eigenständige Werknutzung ermöglich, wird durch § 44a Rechnung getragen, der unter den dort genannten Voraussetzungen die Festlegung im Arbeitsspeicher erlaubt. Vervielfältigung ist auch die digitale Festlegung von (schutzfähigen) Werkteilen.[62]

Die Einspeicherung urheberrechtlich geschützter Dokumente in elektronische **Datenbanken** stellt **18** stets eine Vervielfältigung dar. Das ergibt sich bereits daraus, dass die Einspeicherung eine digitale Festlegung auf Datenträgern erfordert. Dies gilt nicht nur, wenn der Originaltext eingegeben wird, sondern auch für **abstracts** von Artikeln, soweit bei deren Erstellung Teile des Originaltextes übernommen oder in bearbeiteter Fassung wiedergeben werden Die **Bearbeitung** der Dokumente in der Datenbank, die Dateiverwaltung und die Recherche machen meist ein Laden der Dokumente in den Arbeitsspeicher des Computers notwendig. Auch hierin ist eine Vervielfältigung zu erblicken. Bei der **Ausgabe** geschützter Dokumente aus Datenbanken stellt jede Festlegung auf der Festplatte eines Computers, auf Diskette, Band, CD-ROM oder anderen Datenträgern sowie der Ausdruck durch einen Drucker (Hardcopy) eine Vervielfältigung dar.[63] Bei der **Online-Benutzung** von Datenbanken können die Daten in der Mailbox eines Benutzers abgelegt werden; dies erfordert die Festlegung in einem Speichermedium und stellt damit eine Vervielfältigung dar.[64] Werden die Daten auf dem Bildschirm eingesehen, so erfolgt eine Vervielfältigung, wenn sie im Arbeitsspeicher des Computers des Benutzers festgelegt werden. Die Anzeige von auf einer Client Software enthaltenen Werken auf dem Bildschirm stellt dagegen keine eigenständige Vervielfältigung, sondern eine unkörperliche Wiedergabe dar.[65]

Die Ausgabe digital gespeicherter Daten in Printform stellt regelmäßig eine Vervielfältigung dar. So **19** ist der **Ausdruck** eines Werkes (Hardcopy) durch einen **Drucker** oder **Plotter** stets eine Vervielfältigung.[66] Die Wiedergabe eines bereits im Arbeitsspeicher gespeicherten Werkes auf einem **Bildschirm** als solche stellt dagegen nach traditioneller Auffassung keine Vervielfältigung dar.[67] Es erfolgt insoweit keine erneute körperliche Festlegung, sondern eine unkörperliche Wiedergabe des in digitaler Form festgelegten Werkes. Regelmäßig setzt die Wiedergabe auf dem Bildschirm allerdings die Festlegung in einem Speichermedium, zumindest im Arbeitsspeicher des Computers voraus, so dass so gesehen

---

[57] Vgl. aus der umfangreichen Rechtsprechung etwa BGH GRUR 2017, 266 Rn. 38 –World of Warcraft I; BGH GRUR 2011, 418 Rn. 12; 1999, 325 (327) – Elektronische Pressearchive; BGH GRUR 1991, 449 (453) – Betriebssystem; KG GRUR 2002, 252 (253) – Mantellieferung; KG GRUR-RR 2004, 228 (231) – Ausschnittdienst; KG ZUM 2001, 828 (830); OLG Hamburg GRUR 2001, 831 – Roche Lexikon Medizin; OLG München MMR 1998, 365 (367) für die Einspeicherung eines Films in eine Datenverarbeitungsanlage; LG München I ZUM-RD 2003, 607 (610); LG Stuttgart ZUM 2001, 614 (616 f.); ebenso das Schrifttum, vgl. nur Dreier/Schulze/*Schulze* UrhG § 16 Rn. 7, 13; zu Kopierstationen und CD-Brennern sa BGH ZUM 2008, 778 – Kopierstationen; OLG München GRUR-RR 2006, 126 (127) – CD-Kopierstationen; LG Stuttgart ZUM 2001, 614 (616) – CD-Brenner.

[58] S. dazu auch EuGH GRUR-Int 2018, 267 – VCAST.

[59] BGH GRUR 2017, 266 Rn. 38 – World of Warcraft I; BGH GRUR 2011, 418 Rn. 13 – Used Soft; OLG Dresden ZUM 2015, 336 (338); OLG Hamburg GRUR 2001, 831 – Roche Lexikon Medizin; OLG Köln GRUR-RR 2001, 97 (99) – Suchdienst für Zeitungsartikel; OLG Düsseldorf CR 1996, 728 (729); OLG Jena MMR 2008, 408 (411); LG München I MMR 2008, 839; ZUM 2007, 409 (413); LG Hamburg GRUR-RR 2004, 313 (315); LG München I ZUM 2001, 1008 (1011); ebenso das Schrifttum, s. etwa Dreier/Schulze/*Schulze* UrhG § 16 Rn. 13; Fromm/Nordemann/*Dustmann* UrhG § 16 Rn. 13; Wandtke/Bullinger/*Heerma* UrhG § 16 Rn. 18; *Dreier* CR 1991, 577 (579 f.); *Lauber/Schwipps* GRUR 2004, 293 (294); *Becker* ZUM 1995, 231 (243); *Bechtold* ZUM 1997, 427 (430); aA noch KG ZUM 2002, 828 (830).

[60] S. zur Rechtslage vor Einführung der §§ 69a ff. *Loewenheim* FS v. Gamm, 1990, 423 ff. mN.

[61] Vgl. → § 69c Rn. 7.

[62] OLG Hamburg GRUR 2001, 831 – Roche Lexikon Medizin.

[63] Vgl. nur Dreier/Schulze/*Schulze* UrhG § 16 Rn. 13.

[64] *Loewenheim* GRUR 1996, 636 (638) *Fischer* ZUM 1995, 117 (120); vgl. auch *Katzenberger* GRUR 1990, 94 (96); *Waldenberger* ZUM 1997, 176 (180); *Koch* GRUR 1997, 417 (423) mwN; aA *Ernst* GRUR 1997, 592 (593).

[65] BGH GRUR 2017, 266 Rn. 38 – World of Warcraft I; aA Dreier/Schulze/*Schulze* UrhG § 16 Rn. 7.

[66] BGH GRUR 2008, 245 – Drucker und Plotter; BGH GRUR 1991, 449 (453) – Betriebssystem; OLG Düsseldorf GRUR 2007, 416 (417) – Druckerabgabe; OLG München GRUR-RR 2006, 121 (123) – PCs; OLG Stuttgart GRUR 2005, 943 – Drucker- und Plotterabgabe; s. auch BGH GRUR 2009, 53 (55) – PC; allg. Ansicht auch im Schrifttum, vgl. etwa Dreier/Schulze/*Schulze* UrhG § 16 Rn. 13; Fromm/Nordemann/*Dustmann* UrhG § 16 Rn. 26; Wandtke/Bullinger/*Heerma* UrhG § 16 Rn. 16; sa EuGH GRUR 2013, 812 – VG Wort/Kyocera, BGH GRUR 2014, 979 – Drucker und Plotter III, wo vorausgesetzt wird, dass der Ausdruck durch Drucker eine Vervielfältigung ist, ferner BGH GRUR 2011, 1007 – Drucker und Plotter II.

[67] BGH GRUR 2017, 266 Rn. 38 – World of Warcraft I; BGH GRUR 1991, im Schrifttum vgl. etwa Dreier/Schulze/*Schulze* UrhG § 16 Rn. 13; Fromm/Nordemann/*Dustmann* UrhG § 16 Rn. 14; Wandtke/Bullinger/*Heerma* UrhG § 16 Rn. 17; aA *Berger* FS Pfennig, 2012, 3.

eine Vervielfältigung vorliegt.[68] Hinsichtlich der Rechtsfolge hat das allerdings keine Konsequenzen, weil sich die Zulässigkeit aus § 44a UrhG bzw. Art. 5 Abs. 1 InfoSoc-RL ergibt.

20   Auch die **Digitalisierung** von Werken stellt eine **Vervielfältigung** dar.[69] Selbst wenn eine dauerhafte Festlegung der digitalisierten Form nicht beabsichtigt ist, setzt der technische Vorgang der Digitalisierung doch eine vorübergehende Festlegung des Werkes in einem Arbeitsspeicher voraus,[70] die für eine Vervielfältigung ausreicht. Für eine Anwendung des § 16 spricht auch die mit der Digitalisierung verbundene erhöhte Gefahr weiterer Vervielfältigung und Verbreitung. Deshalb erfolgen Vervielfältigungen auch durch **Scanner**[71] und **Telefaxgeräte**.[72] Dagegen stellt die Digitalisierung **keine Bearbeitung** dar.[73]

21   **b) Benutzungshandlungen im Internet:** Weitere Fragen stellen sich bei Benutzungshandlungen im **Internet** und ähnlichen Kommunikationssystemen. Eine Vervielfältigung liegt zunächst im sog. **Downloading,** dem Herunterladen von Dateien vom Serverrechner auf den eigenen Rechner.[74] Es erfolgt hier eine Festlegung auf einen Datenträger (Speicherung jedenfalls im Arbeitsspeicher, dh der RAM, im Allgemeinen auch im Hauptspeicher, dh regelmäßig der Festplatte des eigenen Rechners), die geeignet ist, das Werk den menschlichen Sinnen mittelbar wahrnehmbar zu machen. Das Gleiche gilt für das **Uploading,** dh das Heraufladen von Dateien vom eigenen Rechner auf den Serverrechner.[75] Das Uploading kann in einer Datenübermittlung an einen anderen Internet-Teilnehmer (Individualkommunikation) bestehen, zB der Versendung von **E-Mail,**[76] es kann sich auch um die Kommunikation mit einer unbestimmten Mehrheit von Personen handeln, zB bei der Übermittlung von Daten an ein **Bulletin Board,** an ein **Chat Forum** oder an eine **Newsgroup.** In beiden Fällen erfolgt eine Festlegung im digitalen Speichermedium des Serverrechners, die die Voraussetzungen einer Vervielfältigung erfüllt. Aber auch bei einer Kommunikation mit Dritten in der Form, dass Dateien auf den eigenen Server geladen und im Internet zur Benutzung angeboten werden bzw. ausgetauscht werden **(Filesharing),** liegt eine Vervielfältigung in der Speicherung der Dateien im eigenen Rechner vor. Vervielfältigungsvorgänge können auch bei **Push- and Pull-Diensten** erfolgen, bei denen internetbasierte Informationen automatisch ausgewählt und entweder ohne (push) oder auf Anforderung des Benutzers (pull) an dessen Computer übermittelt werden,[77] die Vervielfältigung kann allerdings nach § 44a zulässig sein. Ebenso stellt das Abspeichern in einer **Cloud** eine Vervielfältigung dar.[78]

22   Vervielfältigungshandlungen können auch dann vorliegen, wenn es sich um **extrem kurze Festlegungen** handelt, die nur Bruchteile von Sekunden andauern. Solche Situationen ergeben sich zB beim Durchsuchen **(Browsing)** von Datenbanken oder der Kontrolle von Texten auf bestimmte Stichwörter, zu sprachlichen Textanalysen oder ähnlichem. Ähnlich ist es beim **Caching,** bei dem von einem fremden System heruntergeladene Web-Seiten auf dem Server des Anbieters abgespeichert werden, so dass sich der Nutzer bei erneutem Aufruf der Seite (etwa beim Zurückblättern) Übertragungszeit und Kosten für das Herunterladen erspart. Diese Fälle werden mit Recht als Vervielfältigung angesehen.[79] Erwägungsgrund 33 der InfoSoc-RL nennt Browsing und Caching als Beispiele

---

[68] So auch EuGH GRUR 2012, 156 Rn. 153 ff., 182 – Football Association Premier League; sa *Schack* Rn. 419.
[69] BGH GRUR 2015, 1101 Rn. 31 – Elektronische Leseplätze II; BGH GRUR 2014, 549 Rn. 65 – Meilensteine der Psychologie; BGH GRUR 1999, 325 (327) – Elektronische Pressearchive; OLG Jena GRUR-RR 2008, 223 (224); Dreier/Schulze/*Schulze* § 16 Rn. 7; Wandtke/Bullinger/*Heerma* UrhG § 16 Rn. 16; Fromm/Nordemann/*Dustmann* UrhG § 16 Rn. 12; *Schack* Rn. 417; *Loewenheim* GRUR 1996, 830 (834); sa OLG Frankfurt a. M. ZUM 2010, 265 (269).
[70] Vgl. *Welp* CR 1992, 291 (293).
[71] BGH GRUR 2009, 53 Rn. 17 – PC; BGH GRUR 2008, 245 – Drucker und Plotter; BGH GRUR 2002, 246 (247) – Scanner; OLG Düsseldorf GRUR 2007, 416 (417) – Druckerabgabe; OLG Frankfurt a. M. ZUM-RD 2013, 528 (529); OLG Frankfurt a. M. CR 1997, 275 (276); OLG Frankfurt a. M. CR 1995, 85 (86); OLG Frankfurt a. M. CR 1997, 275 (276); LG Hamburg CR 1996, 734; im Schrifttum etwa Dreier/Schulze/*Schulze* UrhG § 16 Rn. 7; Wandtke/Bullinger/*Heerma* UrhG § 16 Rn. 16; *Koch* GRUR 1997, 417 (423); *Maaßen* ZUM 1992, 338 (344).
[72] BGH GRUR 1999, 928 (930) – Telefaxgeräte; KG GRUR-RR 2004, 228 (233 f.) – Ausschnittdienst; Dreier/Schulze/*Schulze* UrhG § 16 Rn. 7.
[73] Vgl. → § 3 Rn. 8.
[74] BGH GRUR 2011, 418 Rn. 12 – UsedSoft (für Computerprogramme); OLG Saarbrücken ZUM-RD 2015, 196 (198); OLG Stuttgart ZUM 2012, 811 (813); OLG Hamburg GRUR 2001, 831 – Roche Lexikon Medizin; OLG München GRUR 2001, 499 (503) – MIDI-Files; Wandtke/Bullinger/*Heerma* UrhG § 16 Rn. 19; Fromm/Nordemann/*Dustmann* UrhG § 16 Rn. 28; DKMH/*Dreyer* UrhG § 16 Rn. 29, 36.
[75] BGH GRUR 2015, 258 Rn. 35 – CT-Paradies; BGH GRUR 2011, 418 Rn. 13 – UsedSoft (für Computerprogramme); OLG München GRUR 2001, 499 (503) – MIDI-Files; LG München I ZUM 2004, 150 (152); Wandtke/Bullinger/*Heerma* UrhG § 16 Rn. 19; DKMH/*Dreyer* UrhG § 16 Rn. 36.
[76] Dazu näher Wandtke/Bullinger/*Heerma* UrhG § 16 Rn. 27.
[77] Dazu näher Wandtke/Bullinger/*Heerma* UrhG § 16 Rn. 23.
[78] EuGH GRUR 2018, 68 Rn. 37 – VCAST/RTI.
[79] OLG Dresden BeckRS 2007, 12382 (zum Caching); Wandtke/Bullinger/*Heerma* UrhG § 16 Rn. 20; Dreier/Schulze/*Schulze* § 16 Rn. 13; *Schack* GRUR 2007, 639 (641); *Spindler* GRUR 2002, 105 (107); *Lauber/Schwipps* GRUR 2004, 293 (294); *Loewenheim* GRUR 1996, 830 (834); *Leupold* CR 1998, 234 (238 f.); *Bosak* CR 2001, 176. Früher war angesichts des ephemeren Charakters der Festlegung überlegt worden, ob der urheberrechtliche Begriff der Vervielfältigung hier einschränkend auszulegen sei, vgl. dazu *Katzenberger* GRUR 1990, 94 (95) mwN) und ob bei berechtigtem Browsen bzw. kurzfristiger Festlegung zu anderen berechtigten Zwecken die Vervielfältigung durch die zumindest implizite Zustimmung des Berechtigten gedeckt sei (*Bechtold* ZUM 1997, 427 (430);

für Art. 5 Abs. 1 der InfoSoc-RL, was voraussetzt, dass es sich bei ihnen um Vervielfältigungen handelt. Auch beim **Streaming,** bei dem die Festlegungen im Computer automatisch nach ihrer Wahrnehmung durch den Nutzer gelöscht oder überschrieben werden, liegt eine Vervielfältigung vor.[80] Zwar handelt es sich hier um eine sukzessive ephemere Speicherung oft für sich genommen nicht schutzfähiger Werkteile. Nach der Rechtsprechung des EuGH ist bei einer solchen sukzessiven Speicherung nicht auf die einzelnen Fragmente, sondern auf das zusammengesetzte Ganze abzustellen;[81] allerdings wird sich auch hier die Zulässigkeit meist aus § 44a ergeben.[82] Ebenso ist das Downloading auf einen **Proxy Server** zu beurteilen, der im Internet Verbindungen zwischen unterschiedlichen Netzwerken und mit bestimmten Kommunikationspartnern herstellt. Auf diese ephemeren Vorgänge findet weitgehend § 44a Anwendung, der in wörtlicher Übereinstimmung mit Art. 5 Abs. 1 der InfoSoc-RL vorsieht, dass flüchtige Vervielfältigungshandlungen, deren alleiniger Zweck ist, eine rechtmäßige Werknutzung zu ermöglichen, unter den dort genannten weiteren Voraussetzungen dem Verbotsrecht des Urhebers nicht unterliegen.

Anders ist es dagegen bei **Routing-Leistungen.** Der Transport von Dateien im Internet erfolgt **23** grundsätzlich nicht in der Form, dass die Datei als Ganzes vom Rechner des Absenders an den Rechner des Empfängers übermittelt wird. Vielmehr wird die Datei in kleine und kleinste Einzelpakete zerlegt, die getrennt, über verschiedene Rechner und auf unterschiedlichen Routen übermittelt werden. Erst im Zielrechner werden die Einzelpakete wieder zur ursprünglich abgesandten Datei wieder zusammengesetzt. Beim Transport der Einzelpakete erfolgen zwar – technisch gesehen – Vervielfältigungen, angesichts der Auflösung in kleine und kleinste Einheiten sind die Einzelpakete aber für sich genommen meist nicht mehr schutzfähig, so dass eine urheberrechtlich relevante Vervielfältigung nicht stattfindet. Im Gegensatz zum Streaming (→ Rn. 22) handelt es sich hier auch nicht um im Zusammenhang stehende sukzessive Übermittlungen. Erst die mit der Wiederzusammensetzung im Zielrechner (reassembly) verbundenen Festlegungen stellen urheberrechtlich relevante Vervielfältigungen dar.[83]

Eine Vervielfältigung liegt grundsätzlich nicht in der Verwendung von **Hyperlinks** in Webpages, **24** durch die auf andere, urheberrechtlich geschütztes Material enthaltende Webpages verwiesen wird. Ein solcher Link ist vielmehr mit einem Querverweis oder einem Fundstellennachweis zu vergleichen. Eine Vervielfältigung wird durch die Installation des Hyperlink ermöglicht, aber noch nicht vollzogen; dies geschieht frühestens, wenn der Hyperlink aktiviert wird.[84] Teilweise wird unterschieden zwischen einfachen Hyperlinks (Surface-Links), die die Verbindung zu einer fremden Homepage herstellen und **Deep-Links,** die unter Umgehung der Homepage direkt zu einer darunter liegenden Web-Seite führen. Während einfache Links keine Vervielfältigung darstellen sollen, wird zu Deep-Links die Zustimmung des Rechtsinhabers, auf dessen Seite verwiesen wird, verlangt.[85] Auch bei Deeplinks handelt es sich aber noch um eine Verweisung auf eine fremde Webseite, nicht um eine Vervielfältigung. Unklar ist, wie weit diese Grundsätze durch die Rechtsprechung des EuGH infrage gestellt sind, nach der Links zu Werken, die auf einer anderen Internetseite frei zugänglich sind, nur dann eine öffentliche Wiedergabe darstellen, wenn sie sich an ein neues Publikum, dh an ein Publikum, dass sie Inhaber des Urheberrechts nicht hatten erfassen wollen, richten.[86]

Jedenfalls kann im Setzen eines Links Anstiftung beziehungsweise Beihilfe zu einer Urheberrechtsverletzung durch den Nutzer des Links liegen; ebenso kommt eine Störerhaftung in Betracht.[87] Eine andere Frage ist, ob solche Links eine öffentliche Zugänglichmachung im Sinne von § 15 Abs. 2 und 3 UrhG darstellen.[88]

Beim **Framing** bzw. Inlinelinks wird die Web-Seite in mehrere Rahmen (Frames) unterteilt wird, **25** in denen der Nutzer fremde Web-Seiten oder Teile davon aufrufen kann. Ob es sich dabei um eine zustimmungspflichtige Vervielfältigung handelt, ist umstritten.[89] Beim Framing erscheint der Inhalt

---

Waldenberger ZUM 1997, 176 (179); *Ernst* NJW-CoR 1997, 224 (225). Seit der Einführung des § 44a hat die Frage ihre praktische Bedeutung weitgehend verloren.
[80] Dazu näher Wandtke/Bullinger/*Heerma* UrhG § 16 Rn. 22.
[81] EuGH GRUR 2012, 156 Rn. 153ff. – Football Association Premier League Ltd.; Dreier/Schulze/*Schulze* UrhG § 16 Rn. 13; Wandtke/Bullinger/*v. Welser* UrhG § 16 Rn. 6.
[82] S. zB LG Köln ZUM-RD 2014, 171 (172); LG Hamburg ZUM 2014, 434 (435).
[83] Ebenso Wandtke/Bullinger/*Heerma* UrhG § 16 Rn. 21; DKMH/*Dreyer* UrhG § 16 Rn. 31, 39; Bechtold ZUM 1997, 427 (436); *Koch* GRUR 1997, 417 (425); sa Fromm/Nordemann/*Dustmann* UrhG § 16 Rn. 31; aA *Bosak* CR 2001, 176 (178).
[84] BGH GRUR 2003, 958 (961 f.) – Paperboy; OLG Köln ZUM 2001, 414 (417) – Paperboy; LG Erfurt ZUM 2007, 566 (568); Wandtke/Bullinger/*Heerma* UrhG § 16 Rn. 24; Fromm/Nordemann/*Dustmann* UrhG § 16 Rn. 30; *Wiebe* in *Ernst/Vassilaki/Wiebe*, Hyperlinks, 2002, Rn. 29; *Sosnitza* CR 2001, 693 (698); *Plaß* WRP 2001, 195 (202); *Nolte* ZUM 2003, 540 (542); aA *Wirtz* Rn. 143.
[85] OLG Hamburg GRUR 2001, 831 – Roche Lexikon Medizin; Dreier/Schulze/*Schulze* UrhG § 16 Rn. 14; *Schack* MMR 2001, 9 (13); dagegen Wandtke/Bullinger/*Heerma* UrhG § 16 Rn. 24 f.; Büscher/Dittmer/Schiwy/ *Haberstumpf* Kap. 10 UrhG § 16 Rn. 9.
[86] EuGH GRUR 2014, 360 Rn. 24 – Svensson, eingehend dazu Dreier/Schulze/*Schulze* UrhG § 16 Rn. 14; zur Problematik auch *Spindler* GRUR 2016, 157 (158ff.).
[87] OLG Hamburg GRUR 2001, 831 (832) – Roche Lexikon Medizin; *Sosnitza* CR 2001, 693 (698); *Plaß* WRP 2000, 599 (602).
[88] Dazu → § 19a Rn. 91 f.
[89] Bejahend OLG Hamburg ZUM 2001, 512 (514) – *Roche Lexikon Medizin;* LG Hamburg MMR 2000, 761 (763); *Wirtz* Rn. 141; *Plaß* WRP 2000, 599 (601); *Ott* ZUM 2004, 357 (360 f.); Fromm/Nordemann/*Dustmann*

der fremden Webseiten in einem Rahmen auf der Webseite des Verweisenden, insofern kann man von einer Vervielfältigung sprechen. Auch hier ist aber offen, wie die Beurteilung des Framing durch die Rechtsprechung des EuGH beeinflusst wird, der auch für das Framing davon ausgeht, dass es sich um eine öffentliche Wiedergabe handelt, wenn sich das Framing an ein neues Publikum wendet.[90]

III. Übertragung auf Bild- oder Tonträger (Abs. 2)

26   Der Gesetzgeber hat die Bestimmung des Abs. 2 in das Gesetz aufgenommen, um gegenüber der früheren Rechtslage[91] klarzustellen, dass es sich bei der Übertragung von Werken auf Bild- oder Tonträger um Vervielfältigungen und nicht um Bearbeitungen handelt.[92] Der Sache nach ergibt sich das bereits aus dem Vervielfältigungsbegriff: solche Übertragungen sind körperliche Festlegungen eines Werks, die dazu geeignet sind, das Werk den menschlichen Sinnen mittelbar wahrnehmbar zu machen.[93] Der BGH hatte bereits in seiner Rechtsprechung vor 1965 die Übertragung auf Tonbänder als Vervielfältigung und nicht als Bearbeitung angesehen.[94]

27   Die Legaldefinition der **Bild- und Tonträger** in Abs. 2 gilt für das gesamte UrhG.[95] Das Gesetz stellt darauf ab, dass Folgen von Bildern und/oder Tönen wiederholt wahrnehmbar gemacht werden können; Vorrichtungen, die nur der einmaligen Wiedergabe oder der Wiedergabe einzelner Bilder oder Töne dienen, fallen nicht unter Abs. 2, zB die einmalige Fotoaufnahme,[96] wohl aber kann eine Vervielfältigung nach Abs. 1 vorliegen. Der Anwendungsbereich der Vorschrift hat sich durch die digitale Technik beträchtlich erweitert; der Gesetzgeber ist sich der Möglichkeiten technischer Fortschritts bewusst gewesen und hat deshalb den sehr allgemeinen Begriff des Tonträgers gewählt.[97] Unter Abs. 2 fallen nicht nur traditionelle Bild- und Tonträger wie Schallplatten, Bildplatten, Ton- und Videobänder, Filmstreifen, gelochte oder gestanzte Bänder sowie Walzen zB für Drehorgeln, sondern auch **digitale Speichermedien**[98] wie CDs, DVDs, CD-ROMs, Disketten, Festplatten in Computern, Bänder für Streamer, virtuelle Videorecorder[99] und dgl. Auch bei ihnen handelt es sich um Vorrichtungen zur wiederholbaren Wiedergabe von Bild- oder Tonfolgen.

28   Für die **Übertragung** auf Bild- und Tonträger ist es nicht erforderlich, dass die Bilder zunächst eine optische, die Töne eine akustisch wahrnehmbare Form gefunden haben; es reicht aus, dass sie unmittelbar digital festgelegt werden. Durch Abs. 2 erfasst wird, wie die Vorschrift ausdrücklich klarstellt, auch die Erstfixierung.[100] Auf den **Gebrauchszweck** kommt es nicht an; die Bild- oder Tonträger müssen nicht dazu bestimmt sein, dem Endverbraucher den Werkgenuss zu vermitteln, auch Masterbänder und Matrizen sind Bild- oder Tonträger.[101]

§ 17 Verbreitungsrecht

(1) **Das Verbreitungsrecht ist das Recht, das Original oder Vervielfältigungsstücke des Werkes der Öffentlichkeit anzubieten oder in Verkehr zu bringen.**

(2) **Sind das Original oder Vervielfältigungsstücke des Werkes mit Zustimmung des zur Verbreitung Berechtigten im Gebiet der Europäischen Union oder eines anderen Vertragsstaates des Abkommens über den Europäischen Wirtschaftsraum im Wege der Veräußerung in Verkehr gebracht worden, so ist ihre Weiterverbreitung mit Ausnahme der Vermietung zulässig**

(3) **¹Vermietung im Sinne der Vorschriften dieses Gesetzes ist die zeitlich begrenzte, unmittelbar oder mittelbar Erwerbszwecken dienende Gebrauchsüberlassung. ²Als Vermietung gilt jedoch nicht die Überlassung von Originalen oder Vervielfältigungsstücken**

1. **von Bauwerken und Werken der angewandten Kunst oder**
2. **im Rahmen eines Arbeits- oder Dienstverhältnisses zu dem ausschließlichen Zweck, bei der Erfüllung von Verpflichtungen aus dem Arbeits- oder Dienstverhältnis benutzt zu werden.**

UrhG § 16 Rn. 30; Dreier/Schulze/*Schulze* UrhG § 16 Rn. 14; aA LG München MMR 2003, 197 – Framing III; nach Wandtke/Bullinger/*Heerma* UrhG § 16 Rn. 24 f. ist das Framing jedenfalls durch § 44a gedeckt. Der BGH hat entschieden, das Framing keine öffentliche Wiedergabe darstellt, BGH ZUM 2016, 365 – Die Realität II, zu dieser Entscheidung *Spindler* GRUR 2016, 157; *Schierholz* ZUM 2018, 135.

[90] EuGH GRUR 2014, 1196 Rn. 19 – Bestwater; EuGH ZUM 2014, 289 Rn. 24 – Nils Svensson; s. dazu auch *Schulze* ZUM 2014, 1196.
[91] Vgl. → Rn. 3.
[92] AmtlBegr. BT-Drs. IV/270, 47.
[93] Vgl. → Rn. 5.
[94] BGHZ 8, 88 (91 ff.) – Magnettonbänder I; BGH GRUR 1955, 492 (494) – Grundig-Reporter.
[95] AmtlBegr. BT-Drs. IV/270, 47.
[96] Dazu LG München I GRUR 1979, 852 – Godspell.
[97] OLG Düsseldorf GRUR 1990, 188 (189) – Vermietungsverbot (zu § 17).
[98] BGH GRUR 2014, 984 Rn. 37 – PC III; Dreier/Schulze/*Schulze* UrhG § 16 Rn. 17; Fromm/Nordemann/*Dustmann* UrhG § 16 Rn. 22.
[99] BGH ZUM 2009, 765 (767) – Save.TV.
[100] Vgl. bereits BGH GRUR 1955, 492 (494) – Grundig-Reporter; BGH GRUR 2006, 319 – Alpensinfonie.
[101] BGH GRUR 1982, 102 (103) – Masterbänder; BGH GRUR 1965, 323 (325) – Cavalleria rusticana.

Schrifttum: *Beater,* Verbreitungsrecht des Urhebers und aufgedrängte Kunst. Der Streit über die Graffiti-Bemalungen der Berliner Mauer, UFITA 127 (1995) 61; *Berger,* Die Erschöpfung des urheberrechtlichen Verbreitungsrechts als Ausprägung der Eigentumstheorie des BGB, AcP 201 (2001), 411; *ders.,* Urheberrechtliche Erschöpfungslehre und digitale Informationstechnologie, GRUR 2002, 198; *ders.,* Aktuelle Entwicklungen im Urheberrecht – Der EuGH bestimmt die Richtung, ZUM 2012, 353; *ders.,* Zum Erschöpfungsgrundsatz beim Vertrieb von sog. „OEM"-Software, NJW 1997, 300; *Bergmann,* Zur Reichweite des Erschöpfungsprinzips bei der Online-Übermittlung urheberrechtlich geschützter Werke, FS Erdmann (2002), S. 17; *Bornkamm,* Die Erschöpfung des Senderechts: Ein Irrweg?, FS v.Gamm (1990), S. 329; *Dietrich,* Was wird aus dem urheberrechtlichen Verbreitungsrecht?, UFITA 2011, 478; *Dreier,* Perspektiven einer Entwicklung des Urheberrechts, in Becker/Dreier (Hrsg.), Urheberrecht und digitale Technologie, 1994, S. 123; *Dreier/Leistner,* Urheberrecht im Internet: Die Forschungsherausforderungen, GRUR 2014, Beilage 1, 13; *Eichelberger,* Das urheberrechtliche Verbreitungsrecht (§ 17 Abs. 1 UrhG) nach den Entscheidungen EuGH – Peek&Cloppenburg/Cassina und BGH – Le Corbusier-Möbel II, ZGE 2014, 403; *ders.,* (Wieder-) Ausdehnung des urheberrechtlichen Verbreitungsrechts durch den EuGH?, ZUM 2012, 954; *Erdmann,* Sacheigentum und Urheberrecht, FS Piper (1996), S. 655; *Ganea,* Ökonomische Aspekte der urheberrechtlichen Erschöpfung, GRUR-Int 2005, 102; *Gaster,* Zur anstehenden Umsetzung der EG-Datenbankrichtlinie, Teil I: CR 1997, 669, Teil II: CR 1997, 717; *Goldmann/Möller,* Anbieten und Verbreiten von Werken der angewandten Kunst nach der „Le-Corbusier-Möbel"-Entscheidung des EuGH, GRUR 2009, 551; *Grünberger,* Verbreiten, Vermieten und Verleihen im Europäischen Urheberrecht, FS G. Schulze (2017) S. 67; *Grützmacher,* Gebrauchtsoftware und Übertragbarkeit von Lizenzen, CR 2007, 549; *Haberstumpf,* Das System der Verwertungsrechte im harmonisierten Urheberrecht, GRUR-Int 2013, 627; *Heinrich,* Die Strafbarkeit der unbefugten Vervielfältigung und Verbreitung von Standardsoftware, 1993; *Hilty,* Kontrolle der digitalen Werknutzung zwischen Vertrag und Erschöpfung, GRUR 2018, 865; *Hoeren,* Überlegungen zur urheberrechtlichen Qualifikation des elektronischen Abrufs, CR 1996, 516; *Katzenberger,* Urheberrecht und Dokumentation, GRUR 1973, 629; *Konieczek,* Die Erschöpfung im digitalen Werkvertrieb über Cloud Computing, 2017; *v. Lewinski,* Die Umsetzung der Richtlinie zum Vermiet- und Verleihrecht, ZUM 1995, 442; *dies.,* Die urheberrechtliche Vergütung für das Vermieten und Verleihen von Werkstücken, 1990; *dies.,* Gedanken zur Cassina-Entscheidung des Europäischen Gerichtshofs, in FS Loewenheim (2009), S. 175; *Loewenheim,* Schutzrechtsverletzende Warenimporte im Europäischen und US-amerikanischen Recht, FS M. Walter (1918) S. 124; *ders.,* Die Behandlung von vor der Wiedervereinigung eingeräumten vertraglichen Vertriebs- und Verwertungsrechten in den alten und neuen Bundesländern, GRUR 1993, 934; *ders.,* Intellectual Property Before the European Court of Justice, IIC 26 (1995) 829; *ders.,* Konturen eines europäischen Urheberrechts, FS Kraft (1998), S. 361; *ders.,* Urheberrechtliche Probleme bei Multimedia-Anwendungen, FS Piper (1996), S. 709; *ders.,* Urheberrechtliche Probleme bei Multimediaanwendungen, GRUR 1996, 830; *ders.,* Zum Begriff des Anbietens in der Öffentlichkeit nach § 17 UrhG, FS Traub (1994); S. 251; *ders.,* Software aus zweiter Hand, FS Pfennig (2012), S. 65; *ders.,* Anm. zu BGH v. 22.1.2009 – I ZR 247/03 – Le-Corbusier-Möbel II, LMK 2009, 291790; *Lührs,* Verfolgungsmöglichkeiten im Fall der „Produktpiraterie" unter besonderer Betrachtung der Einziehungs- und Gewinnabschöpfungsmöglichkeiten (bei Ton-, Bild- und Computerprogrammtonträgern), GRUR 1994, 264; *Melichar,* Virtuelle Bibliotheken und Urheberrecht, CR 1995, 756; *Nirk,* Zum Spannungsverhältnis zwischen Urheberrecht und Sacheigentum – Marginalien zur Entscheidung „Mauer-Bilder", FS Brandner (1996), S. 417; *J.B. Nordemann,* Neueinbindung von Büchern anderer Verlage, ZUM 2009, 809; *Ohly,* Gutachten F zum 70. Deutschen Juristentag, Urheberrecht in der digitalen Welt – Brauchen wir neue Regelungen zum Urheberrecht und dessen Durchsetzung?, 2014; *Peter,* Urheberrechtliche Erschöpfung bei digitalen Gütern, ZUM 2019, 490; *Rauer/Ettig,* Bloßes Bewerben eines Plagiats verletzt bereits das Verbreitungsrecht, GRUR-Prax 2016, 201; *Schack,* Rechtsprobleme der Online-Übermittlung, GRUR 2007, 639; *Schricker* (Hrsg.), Urheberrecht auf dem Weg zur Informationsgesellschaft, 1997; *ders.,* Grundfragen der künftigen Medienordnung. Urheberrechtliche Aspekte, FuR 1984, 63; *ders.,* Anbieten als Verletzungstatbestand im Patent- und Urheberrecht, GRUR-Int 2004, 786; *Schulze,* Die Gebrauchsüberlassung von Möbelimitaten – Besprechung zu BGH „Le-Corbusier-Möbel II", GRUR 2009, 812; *ders.,* Ende der Verbreitung von Bauhaus-Imitaten aus Italien?, GRUR-Prax 2016, 187; *Schweyer,* Anm. zu BGH v. 13.12.1990 – I ZR 21/89, CR 1991, 405; *Sosnitza,* Die urheberrechtliche Zulässigkeit des Handels mit „gebrauchter" Software, K&R 2006, 206; *ders.,* Gemeinschaftsrechtliche Vorgaben und urheberrechtlicher Gestaltungsspielraum für den Handel mit gebrauchter Software, ZUM 2009, 521; *Spindler,* Europäisches Urheberrecht in der Informationsgesellschaft, GRUR 2002, 105; *Stieper,* Von der Verbreitung „unkörperlicher" Vervielfältigungsstücke zum Recht auf Weitergabe in elektronischer Form, FS Schulze, 2017, 107; *ders.,* Import von Nachbildungen geschützter Designermöbel als Verletzung des urheberrechtlichen Verbreitungsrechts, ZGE 2016, 227; *ders.,* Urheberrechtlich wirksame Zweckbindung von Vervielfältigungsstücken?, ZGE 2017, 539; *ders.,* Anmerkung zu EuGH 13.5.2015 – C-516/13 (Dimensione Direct Sales ua/Knoll International), EuZW 2015, 470; *Szalai,* Mit dem Geburtstagszug zum Urheberrechtsschutz – Das Urteil des BGH vom 13.11.2013 – I ZR 143/12 und seine Folgen, DZWIR 2014, 158; *v. Ungern-Sternberg,* Die Rechtsprechung des EuGH und des BGH zum Urheberrecht und zu den verwandten Schutzrechten im Jahre 2015, GRUR 2016, 321; *ders.,* Die Rechtsprechung des EuGH und des BGH zum Urheberrecht und zu den verwandten Schutzrechten im Jahre 2016, GRUR 2017, 217; *ders.,* Die Rechtsprechung des EuGH und des BGH zum Urheberrecht und zu den verwandten Schutzrechten im Jahre 2017, GRUR 2018, 225; *Walter,* Aufstellen unerlaubter Nachbauten urheberrechtlich geschützter Möbel in einer Hotel-Lobby – Verbreiten und Vermieten nach deutschem und österreichischem Recht, GRUR-Int 2016, 900; *Wandtke,* Auswirkungen des Einigungsvertrags auf das Urheberrecht in den neuen Bundesländern, GRUR 1991, 263; *Weber,* Der strafrechtliche Schutz des Urheberrechts, 1976.

Siehe auch zur Erschöpfung die Schrifttumsnachweise vor → Rn. 35; zum Vermietrecht die Schrifttumsnachweise vor → Rn. 58.

Weiteres Schrifttum in der 5. Aufl.

Übersicht

A. Zweck und Bedeutung der Norm

1   § 17 Abs. 1 gibt eine gesetzliche Definition des in § 15 Abs. 1 Nr. 2 genannten Verbreitungsrechts. Während das Vervielfältigungsrecht dem Urheber ein Entgelt für diejenigen Nutzungshandlungen sichern will, die durch Vervielfältigungen von Originalen geschützter Werke erfolgen, soll das Verbreitungsrecht die **Nutzungen erfassen,** die in der **Weitergabe der Originale oder Vervielfältigungsstücke an die Öffentlichkeit** liegen. Damit werden auch die Benutzerkreise außerhalb der persönlichen Sphäre des Besitzers der Originale oder Vervielfältigungsstücke einbezogen. Das entspricht dem Prinzip, dass bei mehrfach aufeinander folgenden Nutzungen grundsätzlich jeder einzelne Nutzungsvorgang unter die Verwertungsrechte fällt.[1]

2   Das Verbreitungsrecht hat eine **europäische Regelung** durch Art. 4 der Richtlinie zur Harmonisierung bestimmter Aspekte des Urheberrechts und der verwandten Schutzrechte in der Informationsgesellschaft (InfoSoc-RL)[2] gefunden, der zugleich der Umsetzung der Art. 6 WCT und 8 WPPT dient. Da die Formulierung des § 17 bereits den Vorgaben der Richtlinie entsprach, sah der deutsche Gesetzgeber für das Verbreitungsrecht keinen Anpassungsbedarf; gleichwohl handelt es sich beim Verbreitungsbegriff nunmehr um **europäisches Recht,** das unter Berücksichtigung der europäischen Richtlinien einschließlich ihrer Erwägungsgründe auszulegen ist.[3] Dabei ist nach der Rechtsprechung des EuGH der Verbreitungsbegriff des Art. 4 der Richtlinie seinerseits anhand der Vorschriften Art. 6 WCT und 8 WPPT zu interpretieren.[4] Hieraus haben sich für das traditionelle Verständnis des Verbreitungsbegriffs erhebliche Probleme ergeben, indem der EuGH aus Art. 6 WCT und 8 WPPT abgeleitet hat, dass nur eine Eigentumsübertragung und nicht – wie bisher angenommen – eine Besitzüberlassung den Verbreitungsbegriff erfüllt.[5]

3   Aufgrund der Vermiet- und Verleih-RL[6] wurde durch Gesetz v. 23.6.1995[7] das **Vermietrecht** in § 17 eingefügt. Das Verbreitungsrecht umfasste zwar auch bisher schon das Recht, die Vermietung oder den Verleih von Originalen oder Vervielfältigungsstücken geschützter Werke zu erlauben oder zu untersagen;[8] dieses Recht unterlag jedoch der Erschöpfung[9] und erlosch damit bei der ersten Veräußerung des Werkstücks. Das Vermietrecht ist nunmehr von der Erschöpfung ausgenommen und kann auch nach Veräußerung des Werkstücks geltend gemacht werden.[10]

---

[1] Vgl. → § 15 Rn. 180 ff.; s. dazu auch *Ohly,* Gutachten F zum 70. Deutschen Juristentag (2014), S. F 49 ff.
[2] Richtlinie 2001/29/EG, ABl. L 167 v. 22.6.2001, S. 10 = GRUR-Int 2001, 745.
[3] BGH GRUR 2017, 793 Rn. 20 – Mart-Stam-Stuhl; BGH GRUR 2009, 840 (841) – Le-Corbusier-Möbel II; BGH GRUR 2007, 871 (874) – Wagenfeld-Leuchte; BGH GRUR 2001, 1036 (1037) – Kauf auf Probe; BGH GRUR 2007, 50 – Le Corbusier-Möbel.
[4] EuGH GRUR-Int 2008, 593 Rn. 28 ff. – Le-Corbusier-Möbel.
[5] Dazu näher → Rn. 17.
[6] Seinerzeit Richtlinie 92/100/EWG, ABl. 1992 L 346, S. 61, heute Richtlinie 2006/115/EG, ABl. 2006 L, S. 28.
[7] BGBl. I S. 842.
[8] Vgl. → Rn. 59.
[9] Dazu → Rn. 35 ff.
[10] Vgl. zur Umsetzung der Richtlinie → Rn. 2; zur rechtlichen und wirtschaftlichen Bedeutung der Ausgestaltung des Vermietrechts als Verbotsrecht → Rn. 61.

Das Verbreitungsrecht ist ein gegenüber anderen Verwertungsrechten **selbständiges Verwer-** 4
tungsrecht, das unabhängig von ihnen genutzt und verletzt werden kann. Es ist in § 17 **abschlie-**
ßend geregelt, Verbreitungshandlungen, die nicht unter die Definition des § 17 fallen, können nicht
über das allgemeine Verwertungsrecht erfasst werden. Das Verbreitungsrecht selbst ist **nicht über-**
tragbar, die Gestattung der Verbreitung erfolgt durch die Einräumung von Nutzungsrechten am
Verbreitungsrecht (§§ 31 ff.). Der Anwendungsbereich des Verbreitungsrechts erstreckt sich auf sämtliche Werkarten; lediglich die **Verbreitung (und Vermietung) von Computerprogrammen** beurteilt sich nach § 69c Abs. 1 Nr. 3. Da aber der Verbreitungsbegriff des § 69c Abs. 1 Nr. 1 schon im
Hinblick auf die durch die EU-Richtlinien vorgegebene einheitliche Auslegung dem Verbreitungsbegriff des § 17 entspricht,[11] finden die zu § 17 entwickelten Grundsätze auch im Rahmen des § 69c
Anwendung.[12]

Das Verbreitungsrecht wird durch den in Abs. 2 normierten **Erschöpfungsgrundsatz**[13] wieder 5
eingeschränkt. Ist das Werkstück mit Zustimmung des Berechtigten im Wege der Veräußerung innerhalb der Europäischen Union oder im EWR in den Verkehr gebracht worden, so ist seine weitere
Verbreitung mit Ausnahme der Vermietung zulässig, das Verbreitungsrecht ist erschöpft. Der Urheber
kann insoweit weitere Nutzungshandlungen nicht mehr beeinflussen und ist an ihnen auch finanziell
nicht mehr beteiligt, letzteres allerdings mit zwei Ausnahmen: Er hat gesetzliche Vergütungsansprüche
nach § 26 (Folgerecht) und nach § 27 (Verleihen von Vervielfältigungsstücken). Der Grundsatz der
gemeinschaftsweiten Erschöpfung,[14] der vor der Neufassung des § 17 bereits im Hinblick auf die
Rechtsprechung des EuGH zu berücksichtigen war, ist aufgrund der Vermiet- und Verleihrechtsrichtlinie durch Gesetz v. 23.6.1995[15] in § 17 Abs. 2 eingefügt worden, er entspricht Art. 4 Abs. 2 der
Info-Richtlinie; seine Anwendbarkeit ergibt sich nunmehr unmittelbar aus § 17 Abs. 2. Einen allgemeinen Erschöpfungsgrundsatz, der über das Verbreitungsrecht hinaus auch auf andere Verwertungsrechte Anwendung findet, gibt es nicht.

B. Verbreitung

I. Körperliche Werkstücke

Das Verbreitungsrecht ist ein Recht zur Verwertung in körperlicher Form (§ 15 Abs. 1). Unter 6
§ 17 fällt daher nur die **Verbreitung körperlicher Werkstücke** (Original oder Vervielfältigungsstücke), die Wiedergabe in unkörperlicher Form stellt keine Verbreitung nach § 17 dar.[16] Der Vortrag,
die Aufführung oder die Sendung eines Werkes sind daher keine Verbreitung, sondern Verwertung in
unkörperlicher Form, ebenso die öffentliche Vorführung des Videofilms.[17] Das gilt auch dann, wenn
Werkstücke zur öffentlichen Wiedergabe benutzt werden; benutzt ein Orchester bei Aufführungen im
Inland aus dem Ausland mitgebrachte und dort rechtmäßig vervielfältigte Noten, so liegt darin kein
Verstoß gegen das Verbreitungsrecht;[18] stellt jemand sein Werk aus, so liegt auch darin keine Verbreitung.[19] Körperlich noch nicht festgelegte Werke, wie die improvisierte Rede oder das improvisierte
Musikstück, können nicht verbreitet werden, solange eine Festlegung nicht erfolgt ist. Bei Computerprogrammen geht der EuGH allerdings davon aus, dass auch an unkörperlichen Gegenständen (Programmkopien) Eigentum übertragen werden kann.[20]

Auch die **Online-Nutzung,** bei der der Benutzer das Werk per Online-Übertragung erhält, ist 7
keine Verbreitung.[21] Das ist durch die Einfügung von §§ 15 Abs. 2 Nr. 2, 19a durch das Gesetz
vom 10.9.2003 klargestellt, die diese Form der Werknutzung als Recht der öffentlichen Zugänglichmachung ausdrücklich der unkörperlichen Werknutzung unterstellen.[22] Die frühere Streitfrage, ob es
sich um ein unbenanntes Recht der öffentlichen Wiedergabe, um ein Verbreitungsrecht oder um ein

---

[11] Vgl. → § 69c Rn. 21.
[12] S. auch BGH GRUR 2001, 153 (154) – OEM-Version.
[13] Dazu → Rn. 35 ff.
[14] Zur Entwicklung vgl. → Rn. 37.
[15] BGBl. I S. 842.
[16] Zwar hatte das Reichsgericht, um das Senderecht dem Urheber vorbehalten zu können, die Rundfunksendung als Verbreitung angesehen, RGZ 113, 413 (416 ff.); 136, 377 (381 f.). Der BGH hat diese Rechtsprechung
aber bereits 1953 aufgegeben, BGHZ 11, 135 (144) – Lautsprecherübertragung; vgl. ferner BGHZ 33, 38 (41 f.) –
Künstlerlizenz Rundfunk; BGHZ 38, 356 (362) – Fernsehwiedergabe von Sprachwerken; BGH GRUR 1972, 141
– Konzertveranstalter; BGH GRUR 1986, 742 (743) – Videofilmvorführung; BGH GRUR 1995, 673 (676) –
Mauerbilder; KG GRUR 1983, 174 – Videoraubkassetten; allg. Ansicht auch im Schrifttum, vgl. etwa Dreier/
Schulze/*Schulze* UrhG § 17 Rn. 5; *Bergmann* FS Erdmann, 2002, 17; sa AmtlBegr. BT-Drs. IV/270, 47.
[17] BGH GRUR 1995, 673 (676) – Mauer-Bilder; BGH GRUR 1986, 742 (743) – Videofilmvorführung.
[18] BGH GRUR 1972, 141 – Konzertveranstalter.
[19] BGH GRUR 1995, 673 (676) – Mauerbilder.
[20] EuGH GRUR-Int 2012, 759 Rn. 42, 55 – UsedSoft/Oracle; dazu *Haberstumpf* GRUR-Int 2013, 627 (633 f.);
Hartmann GRUR-Int 2012, 980.
[21] Dreier/Schulze/*Schulze* UrhG § 17 Rn. 6; Fromm/Nordemann/*Dustmann* UrhG § 17 Rn. 9; aber → Rn. 39.
[22] Sa OLG Hamm GRUR 2014, 853 (855 ff.).

Senderecht handelt, hat sich damit erledigt.[23] Dagegen sind Datenträger wie Disketten, CDs, CD-Roms und dgl., körperliche Werkstücke und werden von § 17 erfasst.[24]

II. Verbreitungshandlung

8   Das Gesetz nennt als Verbreitungshandlung sowohl das **Inverkehrbringen** der Werkstücke als auch deren **Angebot an die Öffentlichkeit.** Mit dem Inverkehrbringen wird bereits eine Vorstufe tatbestandsmäßig erfasst.[25] Beide Verbreitungshandlungen stehen aber selbständig nebeneinander; jede ist eine eigenständige Verbreitungshandlung und erfüllt den Tatbestand des § 17 Abs. 1.[26] Im Gegensatz zu §§ 11 LUG und 15 KUG setzt § 17 **nicht** mehr voraus, dass das Verbreiten **gewerbsmäßig** erfolgt,[27] es muss aber nunmehr öffentlich erfolgen. Die öffentliche Wiedergabe eines Werkes in unkörperlicher Form (§ 15 Abs. 2 UrhG), etwa durch Vorführung eines Videofilms, ist keine Verbreitung.

1. Angebot an die Öffentlichkeit

9   Angebot ist jede **Aufforderung zum Erwerb** des Werkstücks.[28] Es handelt sich um eine Vorbereitungshandlung zum Inverkehrbringen, die aber gegenüber dem Inverkehrbringen selbstständig ist[29] und die bereits den Gefährdungstatbestand erfassen soll. Unter den Begriff des Angebots fällt auch die Werbung für ein bestimmtes Produkt.[30]

10   Nach traditioneller deutscher Auffassung braucht es sich beim Angebot nach § 17 nicht um ein Angebot zum Verkauf zu handeln, **auch das Angebot zur Vermietung,** zum Verleih oder zu einer sonstigen Überlassung, etwa von Notenmaterial oder Filmkopien wurde als ausreichend angesehen.[31] Unter unionsrechtlichen Gesichtspunkten hat sich aber die Frage gestellt, ob diese Auffassung **mit Art. 4 Abs. 1 InfoSoc-RL vereinbar** ist. Art. 4 Abs. 1 definiert das Verbreitungsrecht als das Recht, die Verbreitung an die Öffentlichkeit in beliebiger Form durch Verkauf oder auf sonstige Weise zu erlauben oder zu verbieten. Da der EuGH in der Le-Corbusier-Möbel-Entscheidung davon ausgegangen ist, dass unter das Tatbestandsmerkmal „auf andere Weise als durch Verkauf" nur Handlungen fallen, die eine **Eigentumsübertragung** zum Gegenstand haben,[32] war zu klären, ob es sich auch beim Angebot an die Öffentlichkeit um ein Angebot zum Eigentumserwerb handeln musste. Der BGH hatte diese Frage dem EuGH zur Vorabentscheidung vorgelegt und dies mit den weiteren Fragen verbunden, ob auch Werbemaßnahmen unter das Verbreitungsrecht fallen und wie es zu beurteilen ist, wenn das Angebot nicht zu einem Eigentumserwerb führt.[33] Dabei war der BGH in der Begründung seines Vorlagebeschlusses davon ausgegangen, dass alle drei Fälle mit Art. 4 Abs. 1 InfoSoc-RL vereinbar sind.

11   Der **EuGH** hat zunächst darauf hingewiesen, dass der Begriff der Verbreitung ein autonomer unionsrechtlicher Begriff ist, dessen Auslegung nicht durch das nationale Recht beeinflusst wird, dem das Rechtsgeschäft unterliegt, in dessen Rahmen eine Verbreitung erfolgt.[34] Unter Bezugnahme auf seine Rechtsprechung, dass „die Verbreitung an die Öffentlichkeit durch eine Reihe von Handlungen gekennzeichnet ist, die zumindest vom Abschluss eines Kaufvertrags bis zu dessen Erfüllung durch die Lieferung an ein Mitglied der Öffentlichkeit reicht",[35] hat der EuGH dann die Schlussfolgerung gezogen, dass sich aus dem Begriff „zumindest" ergibt, dass auch dem Abschluss eines Kaufvertrages vorangehende Handlungen unter den Verbreitungsbegriff fallen können.[36] Zu solchen Handlungen zählt der EuGH auch Angebote zum Abschluss eines Kaufvertrages sowie darauf gerichtete Werbemaßnahmen,[37] so dass auch diese unter den Verbreitungsbegriff fallen; dabei hält er es nicht für erforderlich, dass das Angebot oder die Werbung zu einem Eigentumsübergang an dem angebotenen bzw. beworbenen Gegenstand führt.[38] Zur weiteren Begründung seiner Entscheidung hat sich der EuGH

---

[23] Vgl. zur früheren Rechtslage etwa *Loewenheim* FS Piper, 1996, 709 (720); *Dreier* in Schricker (Hrsg.) Informationsgesellschaft S. 128 f.
[24] Dreier/Schulze/*Schulze* UrhG § 17 Rn. 6; Fromm/Nordemann/*Dustmann* UrhG § 17 Rn. 9.
[25] BGH GRUR 2007, 871 (873) – Wagenfeld-Leuchte; KG GRUR 1983, 174 – Videoraubkassetten; *Loewenheim* FS Traub, 1994, 251 (252).
[26] BGH GRUR 2007, 871 Rn. 29 – Wagenfeld-Leuchte; BGH GRUR 1991, 316 (317) – Einzelangebot.
[27] Vgl. auch AmtlBegr. BT-Drs. IV/270, 48.
[28] BGH GRUR 2013, 1137 Rn. 13 – Marcel-Breuer-Möbel.
[29] BGH GRUR 2013, 1137 Rn. 20 – Marcel-Breuer-Möbel; BGH GRUR 2007, 871 Rn. 29 – Wagenfeld-Leuchte; KG GRUR 1983, 174 – Videoraubkassetten.
[30] EuGH GRUR 2015, 665 Rn. 35 – Marcel-Breuer-Möbel; BGH GRUR 2016, 490 Rn. 34 – Marcel-Breuer-Möbel II; BGH GRUR 2016, 487 Rn. 30 ff. – Wagenfeld-Leuchte II.
[31] AmtlBegr. BT-Drs. IV/270, 48; KG GRUR 1983, 174 – Videoraubkassetten; OLG Düsseldorf GRUR 1983, 760 (761) – Standeinrichtung oder Ausstellung; weitere Nachweise bei Schricker/Loewenheim/*Loewenheim* (3. Aufl.) UrhG § 17 Rn. 7.
[32] Dazu näher → Rn. 17.
[33] BGH GRUR 2013, 1137 – Marcel-Breuer-Möbel.
[34] EuGH GRUR 2015, 665 Rn. 22 – Marcel-Breuer-Möbel.
[35] EuGH GRUR GRUR 2012, 817 – Donner; EuGH GRUR 2014, 283 Rn. 28 – Blomqvist.
[36] EuGH GRUR 2015, 665 Rn. 26 – Marcel-Breuer-Möbel.
[37] EuGH GRUR 2015, 665 Rn. 27 ff. – Marcel-Breuer-Möbel.
[38] EuGH GRUR 2015, 665 Rn. 32 – Marcel-Breuer-Möbel.

auf die Erwägungsgründe 9–11 der InfoSoc-RL gestützt, in denen betont wird, dass jede Harmonisierung des Urheberrechts und der verwandten Schutzrechte von einem hohen Schutzniveau auszugehen hat, Urheber für die Nutzung ihrer Werke eine angemessene Vergütung zu erhalten haben und eine rigorose und wirksame Regelung zum Schutz der Urheberrechte und verwandten Schutzrechte eines der wichtigsten Instrumente ist, um das notwendige Mittel für das kulturelle Schaffen in Europa zu garantieren und die Unabhängigkeit und Würde der Urheber und ausübenden Künstler zu wahren.[39]

Im Schrifttum ist teilweise versucht worden, die bisherige Auffassung auch noch nach der Le-Corbusier-Möbel-Entscheidung des EuGH unter Berufung auf die Vermiet- und Verleih-RL aufrecht zu erhalten.[40] Diese Auffassung hat sich jedoch nicht durchgesetzt. Der BGH ist dem EuGH gefolgt und hat entschieden, dass es sich um ein Angebot zum Eigentumserwerb oder eine darauf abzielende Werbung handeln muss,[41] das Schrifttum hat sich dem weitgehend angeschlossen.[42] Jedenfalls in der Praxis ist dem zu folgen, auch wenn die Le-Corbusier-Möbel-Entscheidung des EuGH auf einer unzutreffenden Anwendung von Art. 6 Abs. 1 WCT und Art. 8 und 12 WPPT beruht.[43]

Eine Offerte iSd §§ 145 ff. BGB ist nicht erforderlich; der **Begriff des Angebots** ist **nicht privatrechtlich, sondern wirtschaftlich** zu verstehen.[44] Ein Angebot liegt daher auch in **Werbemaßnahmen,** durch die zum Erwerb der Werkstücke aufgefordert wird, etwa durch Inserate, Kataloge oder Prospekte sowie das Ausstellen in Geschäften, auf Ausstellungen oder Messen.[45] Ob in solchen Fällen das bloße Ausstellen eines Produkts bereits ein Angebot ist, hängt von den Umständen des Einzelfalls ab;[46] die bloße Ausstellung des Produkts auf einer Messe bedeutet nicht ohne weiteres eine Anregung zum Kauf des Produkts.[47] Ob das **Angebot Erfolg hat,** ist unerheblich.[48] Ein Angebot liegt auch darin, dass **im Inland zum Erwerb der angebotenen Werkstücke im Ausland aufgefordert** wird.[49] Dem lagen vornehmlich Fälle zugrunde, in denen Nachbildungen von in Deutschland geschützten, in Italien aber nicht geschützten Werken angewandter Kunst in Deutschland zum Kauf angeboten wurden, während die Übereignung in Italien stattfinden sollte, um den in Deutschland bestehenden Urheberrechtsschutz zu umgehen.[50] **12**

Es ist nicht erforderlich, dass die angebotenen **Werkstücke bereits vorhanden** sind, die Bereitschaft, sie herzustellen, reicht aus.[51] Gegen die früher vertretene gegenteilige Auffassung[52] spricht vor allem, dass der Urheber gerade gegenüber heutigen Piraterieformen weitgehend schutzlos gestellt würde; die Verbreitung von Raubkopien von Ton- und Videobändern, CDs, Computerspielen, Computerprogrammen uä erfolgt heute oft in der Form, dass die Vervielfältigungstücke erst nach Eingang einer Bestellung angefertigt werden. Das ist angesichts heutiger Kopiertechniken absolut problemlos; eine aufwändige Vorratshaltung wäre überflüssig und schon im Hinblick auf mögliche Strafverfolgungsmaßnahmen mit Risiken behaftet.[53] Allerdings ist das Angebot, eine unfreie Bearbeitung eines geschützten Werkes zu herzustellen, noch kein Angebot zur Herstellung von Vervielfältigungsstücken.[54] **13**

---

[39] EuGH GRUR 2015, 665 Rn. 34 – Marcel-Breuer-Möbel; kritisch zur Begründung des EuGH *Stieper* EuZW 2015, 470 (473).

[40] Büscher/Dittmer/Schiwy/*Haberstumpf* (3. Aufl.) Kap. 10 UrhG § 17 Rn. 5; zur Argumentation mit der Vermiet- und Verleihrechtsrichtlinie vgl. → Rn. 19.

[41] BGH GRUR 2016, 490 Rn. 32 ff. – Marcel-Breuer-Möbel II; BGH GRUR 2016, 487 Rn. 30 ff. – Wagenfeld-Leuchte II.

[42] Vgl. etwa Fromm/Nordemann/*Dustmann* UrhG § 17 Rn. 16; Dreier/Schulze/*Schulze* UrhG § 17 Rn. 11 (s. aber die Kritik bei Dreier/Schulze/*Schulze* UrhG § 17 Rn. 4a); Wandtke/Bullinger/*Heerma* UrhG § 17 Rn. 14; → § 15 Rn. 50; offengelassen bei *Stieper* EuZW 2015, 470 (473); *Walter* GRUR-Int 2016, 900 ff.; *Rauer/Ettig* GRUR-Prax 2016, 201.

[43] Vgl. → Rn. 17 f.

[44] BGH GRUR 2013, 1137 Rn. 20 – Marcel-Breuer-Möbel; BGH GRUR 2007, 871 Rn. 27 – Wagenfeld-Leuchte; KG GRUR 1983, 174 – Videoraubkassetten.

[45] BGH GRUR 2007, 871 Rn. 27 – Wagenfeld-Leuchte.

[46] Vgl. dazu BGH GRUR 2017, 793 Rn. 34 ff. – Mart-Stam-Stuhl; sa *Sakowski* ZUM-RD 2017, 467.

[47] BGH GRUR 2017, 793 Rn. 25. – Mart-Stam-Stuhl.

[48] EuGH GRUR 2015, 665 Rn. 32 – Marcel-Breuer-Möbel; BGH GRUR 2017, 793 Rn. 21 – Mart-Stam-Stuhl; BGH GRUR 2007, 871 Rn. 29 – Wagenfeld-Leuchte; BGH GRUR 1991, 316 (317) – Einzelangebot; LG Hamburg GRUR-RR 2009, 211 (213).

[49] EuGH GRUR-Int 2012, 817 Rn. 23 ff., 30 – Donner; EuGH GRUR 2015, 665 Rn. 29 ff. – Marcel-Breuer-Möbel; BGH GRUR-Int 2011, 436 – Wagenfeld-Leuchte II; BGH GRUR 2007, 871 Rn. 28 – Wagenfeld-Leuchte I; BGH GRUR 2016, 490 Rn. 32 ff. – Marcel-Breuer-Möbel II; BGH GRUR 2016, 487 Rn. 30 ff. – Wagenfeld-Leuchte II; OLG München GRUR-Int 2009, 162 – Strafbarer Möbelnachbautenimport; LG Hamburg GRUR-RR 2009, 211 ff.; anders noch OLG Hamburg ZUM 2005, 170 – Bauhaus aus Italien.

[50] BGH GRUR 2013, 1137 – Marcel-Breuer-Möbel.

[51] BGH GRUR 1991, 316 (317) – Einzelangebot; BGH GRUR 1999, 707 (711) – Kopienversanddienst; OLG München ZUM 1997, 136 (138); OLG Köln GRUR 1992, 312 (313) – Amiga-Club; Dreier/Schulze/*Schulze* UrhG § 17 Rn. 13; Wandtke/Bullinger/*Heerma* UrhG § 17 Rn. 16; Fromm/Nordemann/*Dustmann* UrhG § 17 Rn. 15; *Schack* Rn. 428; *Schricker* GRUR-Int 2004, 786 (789 f.); *Melichar* CR 1995, 756 (757); *Schweyer* CR 1991, 405 (407); sa *Katzenberger* GRUR 1973, 629 (634 f.); *Heinrich* S. 224 ff. mwN; *Hoeren* CR 1996, 516 (518).

[52] KG GRUR 1983, 174 – Videoraubkassetten; OLG Köln GRUR 1995, 265 (268) – Infobank; LG München I AfP 1996, 181 (183); RGZ 107, 277 (281) – Gottfried Keller; *Weber* S. 214; *Lührs* GRUR 1994, 264 (266); *Lampe* UFITA 83 (1978), 15 (34).

[53] Dazu eingehend *Loewenheim* FS Traub, 1994, 251 ff.

[54] BGH GRUR 2005, 854 (856) – Karten-Grundsubstanz.

14   Das **Angebot** muss soweit **konkret** sein, dass die Angebotsadressaten eine Vorstellung haben, was damit gemeint ist. Eine Angabe der Titel, oder Mitteilung des Inhalts oder ähnliche Angaben müssen nicht notwendig erfolgen,[55] **pauschale Angaben** reichen aus, wenn für die Adressaten klar wird, um was es geht.[56] Anderenfalls könnte der Schutzzweck des Gesetzes durch pauschale Angaben leicht umgangen werden. Ein Großteil der Angebote von Pirivereware pflegt ohne konkrete Titelangabe zu erfolgen, wird aber in einschlägigen Kreisen richtig verstanden. Angaben wie im Fall des Kammergerichts „Tausch- oder Verleihpartner für VHS-Videosystem gesucht, ca. 80 Spielfilme vorhanden"[57] können ausreichen.[58] Wer damit wirbt, er könne alles liefern, muss sich daran festhalten lassen; was in diesen Bereich fällt, wird von ihm angeboten.[59]

15   Es ist nicht nötig, dass das Angebot gegenüber einer Mehrzahl von Personen gemacht wird. Der Interessentenkreis, an den sich das Angebot richtet, kann nicht nur begrenzt sein,[60] es kann auch das **Angebot an eine Einzelperson** genügen.[61] Damit werden insbesondere an Einzelpersonen gerichtete Angebote zum Tausch von Computerspielen, Computerprogrammen, CDs, Ton- und Videobändern usw erfasst, soweit diese Personen der Öffentlichkeit angehören und zu ihnen keine persönlichen Bindungen bestehen.[62]

16   Der Begriff der **Öffentlichkeit** bestimmt sich nach der Legaldefinition des § 15 Abs. 3. Das war schon vor der Änderung dieser Vorschrift durch das Gesetz vom 10.9.2003 anerkannt,[63] ist jetzt aber durch den Gesetzgeber ausdrücklich bestätigt worden.[64] Entscheidend ist, dass der Anbietende mit dem Angebotsadressaten nicht durch persönliche Beziehungen verbunden ist (§ 15 Abs. 3 S. 2). Ein Angebot an einen Freund, Bekannten oder auch Angestellten[65] ist nicht öffentlich und fällt nicht unter § 17 Abs. 1; der Bezug zur Öffentlichkeit verfolgt den Zweck, solche Angebote vom Ausschließlichkeitsrecht des Urhebers auszunehmen.[66] Es ist nicht erforderlich, dass die Werkstücke von der Öffentlichkeit unmittelbar erworben werden.[67]

2. Inverkehrbringen

17   Inverkehrbringen wird in der Rechtsprechung als eine Handlung definiert, durch die **Werkstücke aus der internen Betriebssphäre der Öffentlichkeit zugeführt** werden.[68] Nach der früheren Rechtsprechung war dafür eine Veräußerung nicht erforderlich, jede Besitzüberlassung wurde als ausreichend angesehen.[69] Diese Rechtsprechung ist durch die **Le-Corbusier-Möbel-Entscheidung des EuGH** v. 17.4.2008[70] in Frage gestellt worden. Auf die Vorlagefrage des BGH[71] zur Auslegung des Art. 4 Abs. 1 der InfoSoc-RL entschied der EuGH, dass der Verbreitungsbegriff des Art. 4 Abs. 1 nur durch Handlungen erfüllt werde, die mit einer Eigentumsübertragung verbunden seien.[72] Zur Begründung bezog sich der EuGH darauf, dass Art. 4 Abs. 1 InfoSoc-RL der Umsetzung von Art. 6 Abs. 1 des WCT und Art. 8 und 12 des WPPT in europäisches Recht diene. Diese Bestimmungen sehen das ausschließliche Recht des Urhebers bzw. des ausübenden Künstlers und Tonträgerherstellers vor, das Werk „durch Verkauf oder sonstige Eigentumsübertragung" der Öffentlichkeit zugänglich zu

---

[55] So aber KG GRUR 1983, 174 – Videoraubkassetten.

[56] Dreier/Schulze/*Schulze* UrhG § 17 Rn. 12; *Schricker* GRUR-Int 2004, 786 (789); eingehend *Loewenheim* FS Traub, 1994, 251 ff.

[57] KG GRUR 1983, 174 – Videoraubkassetten.

[58] Ebenso Dreier/Schulze/*Schulze* UrhG § 17 Rn. 12; Büscher/Dittmer/Schiwy/*Haberstumpf* Kap. 10 UrhG § 17 Rn. 6; aA Wandtke/Bullinger/*Heerma* UrhG § 17 Rn. 16; Fromm/Nordemann/*Dustmann* UrhG § 17 Rn. 15.

[59] Ebenso Dreier/Schulze/*Schulze* UrhG § 17 Rn. 12; Büscher/Dittmer/Schiwy/*Haberstumpf* Kap. 10 UrhG § 17 Rn. 6.

[60] BGH GRUR 1982, 102 (103) – Masterbänder.

[61] BGH GRUR 1991, 316 (317) – Einzelangebot; BGH GRUR 2009, 942 Rn. 25 – Motezuma; OLG Köln GRUR 1992, 312 (313) – Amiga-Club; Fromm/Nordemann/*Dustmann* UrhG § 17 Rn. 12; Dreier/Schulze/*Schulze* UrhG § 17 Rn. 7; *Schweyer* CR 1991, 405 ff.; *Schricker* GRUR-Int 2004, 786 (789); aA *Heinrich* S. 224.

[62] BGH GRUR 1991, 316 (317) – Einzelangebot; OLG Köln GRUR 1992, 312 (313) – Amiga-Club; LG Hamburg CR 1995, 222.

[63] BGH GRUR 1991, 316 (317) – Einzelangebot.

[64] AmtlBegr. BT-Drs. 15/38, 17.

[65] KG GRUR 1983, 174 (175) – Videoraubkassetten.

[66] BGH GRUR 2007, 691 Rn. 27 – Staatsgeschenk; BGH GRUR 1991, 316 (317) – Einzelangebot; BGH GRUR 1985, 129 – Elektrodenfabrik.

[67] BGH GRUR 1982, 102 (103) – Masterbänder; BGH GRUR 1981, 360 – Erscheinen von Tonträgern.

[68] BGH GRUR-Int 2011, 436 Rn. 22 – Wagenfeld-Leuchte II; BGH GRUR 2007, 691 Rn. 27 – Staatsgeschenk; BGH GRUR 2007, 50 Rn. 14 – Le Corbusier-Möbel; BGH GRUR 2004, 421 (424) – Tonträgerpiraterie durch CD-Export; BGH GRUR 1991, 316 (317) – Einzelangebot; OLG Köln GRUR-RR 2007, 1 (2) – Nachbildungen von Le-Corbusier-Möbeln; OLG Hamburg GRUR 1972, 375 (376) – Polydor II; im Schrifttum etwa Dreier/Schulze/*Schulze* UrhG § 17 Rn. 15; Wandtke/Bullinger/*Heerma* UrhG § 17 Rn. 19; Büscher/Dittmer/Schiwy/*Haberstumpf* Kap. 10 UrhG § 17 Rn. 7.

[69] BGH GRUR 1987, 37 (38) – Videolizenzvertrag; BGH GRUR 1986, 736 – Schallplattenvermietung; BGH GRUR 1972, 141 – Konzertveranstalter; OLG Köln GRUR-RR 2007, 1 (2) – Nachbildungen von Le-Corbusier-Möbeln.

[70] EuGH GRUR-Int 2008, 593 – Le-Corbusier-Möbel; sa BGH GRUR 2014, 549 Rn. 18 – Meilensteine der Psychologie.

[71] BGH GRUR-Int 2007, 74 – Le-Corbusier-Möbel.

[72] EuGH GRUR-Int 2008, 593 Rn. 36 – Le-Corbusier-Möbel.

machen. Der EuGH argumentierte, dass Art. 4 Abs. 1 InfoSoc-RL ebenso wie die Bestimmungen des WCT und des WPPT auszulegen sei[73] und folgerte daraus, dass nur eine Eigentumsübertragung den Verbreitungsbegriff des Art. 4 Abs. 1 erfülle. Dabei übersah der EuGH ganz offensichtlich, dass es sich bei den Rechten in Art. 6 Abs. 1 des WCT und Art. 8 und 12 des WPPT um Mindestrechte handelt, die den Vertragsparteien[74] einen weitergehenden Schutz zu gewähren. Das folgt bereits aus Art. 1 Abs. 2, 4 WCT und Art. 1 Abs. 2 WPPT, wonach der durch die RBÜ gewährte Schutz nicht beeinträchtigt wird, iVm Art. 19, 20 RBÜ, in denen die Zulässigkeit eines weitergehenden Schutzes in den Mitgliedstaaten vorgesehen ist. Es entspricht aber auch den Grundsätzen der internationalen Konventionen zum Schutz des geistigen Eigentums, die auf der Kombination von Inländerbehandlung und der Verpflichtung zur Gewährung von Mindestrechten basieren.[75] Eine Art. 6 Abs. 1 WCT und Art. 8, 12 WPPT entsprechende Auslegung des Art. 4 Abs. 1 InfoSoc-RL hätte also dazu führen müssen, dass auch der Verbreitungsbegriff des Art. 4 Abs. 1 ein Mindestrecht darstellt, das die Mitgliedstaaten der EU nicht daran hindert, einen weitergehenden Schutz zu gewähren, etwa durch Einbeziehung der Besitzüberlassung in dem Begriff der Verbreitung.

Der **BGH** sah sich durch die Rechtsprechung des EuGH gebunden und entschied, dass es sich **18** beim Verbreitungsrecht des Art. 4 Abs. 1 nicht nur um ein Mindestrecht handele, sondern um einen Maximalschutz, an den die Mitgliedstaaten bei der Auslegung des nationalen Rechts gebunden seien.[76] Das BVerfG erklärte diese Entscheidung mit dem Eigentumsschutz des Art. 14 GG für vereinbar.[77] Auch wenn man hier,[78] davon ausgeht, dass der Verbreitungsbegriff in Art. 4 Abs. 1 unzutreffend interpretiert wurde, sind doch die Entscheidungen des EuGH und des BGH jedenfalls für die Praxis als bindend für die Auslegung des Art. 4 Abs. 1 anzusehen.[79]

Allerdings wäre auch bei Beachtung der EuGH-Rechtsprechung eine solche **Entwicklung nicht 19 zwingend erforderlich** gewesen.[80] Bei einer Auslegung des Verbreitungsbegriffs des Art. 4 Abs. 1 InfoSoc-RL unter Berücksichtigung der europäischen Richtlinien sollte nämlich auch die Vermiet- und Verleihrechtsrichtlinie[81] in die Auslegung einbezogen werden, die von der InfoSoc-RL gemäß deren Art. 1 Abs. 2 lit. b unberührt bleibt. Nach Art. 1 Abs. 1 dieser Richtlinie haben die Mitgliedstaaten das Vermietrecht und das Verleihrecht zu gewähren, die nach Art. 2 Abs. 1 lit. a und b die zeitlich begrenzte Gebrauchsüberlassung umfassen. Der Urheber und die weiteren in Art. 3 Abs. 1 der Richtlinie genannten Rechtsinhaber müssen also das Recht haben, die zeitlich begrenzte Gebrauchsüberlassung anderen zu erlauben oder zu verbieten.[82] Selbst wenn man – unzutreffenderweise – davon ausgeht, dass Art. 4 Abs. 1 InfoSoc-RL einen Maximalschutz enthält, sollte das nicht daran hindern, die zeitlich begrenzte Gebrauchsüberlassung nach Art. 2 Abs. 1 der Vermiet- und Verleihrechtsrichtlinie in den Verbreitungsbegriff des Art. 4 Abs. 1 InfoSoc-RL einzubeziehen.[83] Dies gilt umso mehr, als Art. 4 Abs. 1 InfoSoc-RL nicht nur die Verbreitung durch Verkauf, sondern auch die Verbreitung „in sonstiger Weise" erfasst. Unter diesem Aspekt hätte sich davon ausgehen lassen, dass unter den Verbreitungsbegriff des Art. 4 Abs. 1 InfoSoc-RL auch die Besitzüberlassung fällt, soweit sie von der Vermiet- und Verleihrechtsrichtlinie erfasst wird. Insoweit wären lediglich zwei Einschränkungen zu machen. Zum einen soll nach Erwägungsgrund 10 der Vermiet- und Verleihrechtsrichtlinie die Überlassung zu Ausstellungszwecken sowie zur Einsichtnahme an Ort und Stelle ausgeschlossen werden. Man wird daher Fälle, in denen die Verfügungsgewalt so beschränkt ist, dass die Gegenstände nicht an einem anderen Ort benutzt werden können, nicht als Verbreitung im Sinne des § 17 Abs. 1 ansehen können;[84] das Gleiche gilt für die Besitzüberlassung zu Ausstellungszwecken. Zum anderen fallen nach Art. 3 Abs. 2 Überlassungen von Werken der angewandten Kunst nicht unter die Vermiet- und Verleihrechtsrichtlinie, so dass auch sie nicht in den

---

[73] Insoweit bestätigt in EuGH GRUR-Int 2012, 817 Rn. 23 – Donner; EuGH GRUR 2015, 665 Rn. 23 – Marcel-Breuer-Möbel.

[74] Zu denen auch die EU gehört.

[75] S. zB auch Art. 1 Abs. 1 S. 2 TRIPS.

[76] BGH GRUR 2009, 840 Rn. 18 – Le-Corbusier-Möbel II; s. jetzt auch BGH GRUR 2016, 490 Rn. 32 ff. – Marcel-Breuer-Möbel II; BGH GRUR 2016, 487 Rn. 30 ff. – Wagenfeld-Leuchte II. Auch von Instanzgerichten wird inzwischen eine „dauerhafte Übertragung" verlangt, vgl. etwa LG Berlin ZUM-RD 2013, 131 (132).

[77] BVerfG GRUR-Int 2011, 959 Rn. 83 ff. – Le-Corbusier-Möbel.

[78] Vgl. → Rn. 17.

[79] So auch Fromm/Nordemann/*Dustmann* UrhG § 17 Rn. 16; DKMH/*Dreyer* UrhG § 17 Rn. 12, 27 f.; *v. Lewinski* FS Loewenheim, 2009, 175 (178); *Eichelberger* ZGE 2013, 403 (415); *Grünberger* FS G. Schulze, 2017, 67 (70); aA Wandtke/Bullinger/*Heerma* UrhG § 17 Rn. 20; Büscher/Dittmer/Schiwy/*Haberstumpf* Kap. 10 UrhG § 17 Rn. 5, 7; *Goldmann/Möller* GRUR 2009, 551 (555 ff.); *Stieper* ZGE 2011, 227 (234); s. zu den Konsequenzen auch *Schulze* GRUR 2009, 812 (814).

[80] Ebenso *Stieper* ZGE 2011, 227 (233); *Stieper* FS Schulze, 2017, 107 (108); *Eichelberger* ZGE 2013, 403 (416 f.).

[81] Richtlinie 2006/115/EG des Europäischen Parlaments und des Rates zum Vermietrecht und Verleihrecht sowie zu bestimmten dem Urheberrecht verwandten Schutzrechten im Bereich des geistigen Eigentums, ABl. L 376 v. 27.12.2006, S. 28.

[82] So die Formulierung in Art. 1 Abs. 1 der Richtlinie.

[83] Sa insbes. *v. Lewinski* FS Loewenheim, 2009, 175 (184 ff.); ferner Dreier/Schulze/*Schulze* UrhG § 17 Rn. 4a; sa Büscher/Dittmer/Schiwy/*Haberstumpf* Kap. 10 UrhG § 17 Rn. 7; *Stieper* ZGE 2011, 227 (234).

[84] Im Ergebnis anders *v. Lewinski* FS Loewenheim, 2009, 175 (185), die einen den Mitgliedstaaten verbleibenden Gestaltungsspielraum annimmt.

Verbreitungsbegriff des § 17 Abs. 1 einbezogen werden können,[85] auch wenn dies eine nicht unbeträchtliche Schutzlücke bedeuten mag.[86] Das Aufstellen von Nachbildungen urheberrechtlich geschützter Möbel in Hotelzimmern kann daher nicht mehr als ein Inverkehrbringen angesehen werden, da es sich um Gegenstände der angewandten Kunst handelt.[87] Das Gleiche gilt für die Verteilung von Noten, die später wieder eingesammelt werden, durch einen Konzertveranstalter an Musiker.[88] Ebenso wenig stellen die Verwendung von Fotografien als Wanddekorationen in einer Gaststätte[89] oder das bloße Aufstellen urheberrechtlich geschützter Gegenstände auf einem Messestand eine Verbreitung dar.[90]

20   Die **Übereignung eines einzelnen Exemplars** genügt,[91] beispielsweise die Versendung einzelner Besprechungsexemplare durch den Verleger. Ebenso wie das Angebot muss auch das Inverkehrbringen gegenüber der **Öffentlichkeit**[92] erfolgen, die private Weitergabe an Dritte, mit denen keine Verbundenheit durch persönliche Beziehungen besteht, ist kein Akt des Inverkehrbringens.[93] Ausreichend ist dagegen die Übereignung an Dritte, mit denen keine persönliche Verbundenheit besteht.[94] Auch die **konzerninterne Weitergabe** ist kein Inverkehrbringen iSd § 17 Abs. 1.[95]

21   Ein Inverkehrbringen im Inland stellt auch der **Export** (urheberrechtsverletzender) Werkstücke **in das Ausland** zum dortigen Erwerb dar; es handelt sich nicht nur um eine inländische Vorbereitungshandlung zur Verletzung von Schutzrechten im ausländischen Zielland.[96] Der Versand ist dem inländischen Exporteur zuzurechnen. Beim **Import** durch einen ausländischen Exporteur nimmt dieser ein Inverkehrbringen im Inland vor.[97] Kein Inverkehrbringen stellt dagegen der Transitverkehr dar, bei dem die Waren lediglich durch Deutschland hindurch befördert werden.[98]

III. Das Verbreitungsrecht

1. Allgemeines

22   Das Verbreitungsrecht ist ein **gegenüber dem Vervielfältigungsrecht selbständiges Recht.** Das Vervielfältigungsrecht berechtigt noch nicht zur Verbreitung, das Verbreitungsrecht noch nicht zur Vervielfältigung. Im Verlagsvertrag pflegen daher beide Rechte eingeräumt zu werden (vgl. auch § 1 VerlG). Dem Verbreitungsrecht unterliegen, wie sich schon aus § 96 ergibt, sowohl rechtmäßig als auch rechtswidrig hergestellte Vervielfältigungsstücke. Werden Werke ohne Zustimmung des Urhebers vervielfältigt und verbreitet, so liegt eine Verletzung sowohl des Vervielfältigungsrechts als auch des Verbreitungsrechts vor. Die Selbständigkeit des Verbreitungsrechts gegenüber dem Vervielfältigungsrecht bedeutet, dass der Urheber auch die Verbreitung **rechtmäßig hergestellter Vervielfältigungsstücke** untersagen kann, sofern er nicht der Verbreitung zugestimmt hat oder sie aus sonstigen Gründen erlaubt ist. Sind beispielsweise Kopien nach § 53 zulässigerweise angefertigt worden, so dürfen sie ohne die Zustimmung des Urhebers nicht der Öffentlichkeit angeboten oder in Verkehr gebracht werden (§ 53 Abs. 6 S. 1). Im Ausland erworbene Schriftstücke oder Noten, die dort rechtmäßig vervielfältigt worden sind, dürfen deswegen im Inland noch nicht verbreitet werden.[99] Die Verbreitung **unrechtmäßig hergestellter Vervielfältigungsstücke** kann der Urheber auch dann untersagen, wenn er einer Verbreitung seines Werkes zugestimmt hat oder die Berechtigung zur Ver-

---

[85] Ebenso Büscher/Dittmer/Schiwy/*Haberstumpf* Kap. 10 UrhG § 17 Rn. 7. Im Ergebnis anders *v. Lewinski* FS Loewenheim, 2009, 175 (185), die davon ausgeht, dass auch hier den Mitgliedstaaten ein Spielraum verbleibe, da Werke der angewandten Kunst von der Vermiet- und Verleihrechtsrichtlinie nicht erfasst würden.

[86] S. dazu *Schulze* GRUR 2009, 812 (815); sa *Schack* Rn. 427.

[87] Anders noch KG GRUR 1996, 968 – Möbel-Nachbildungen; OLG Köln GRUR-RR 2007, 1 (2) f. – Nachbildungen von Le-Corbusier-Möbeln.

[88] BGH GRUR 1972, 141 – Konzertveranstalter.

[89] LG Köln ZUM 2008, 707.

[90] OLG Düsseldorf GRUR 1983, 760 (761) – Standeinrichtung oder Ausstellung.

[91] BGH GRUR 2009, 942 Rn. 28 – Motezuma; BGH GRUR 2004, 421 (424) – Tonträgerpiraterie durch CD-Export; BGH GRUR 1991, 316 (317) – Einzelangebot; BGH GRUR 1985, 129 (130) – Elektrodenfabrik; BGH GRUR 1980, 227 (230) – Monumenta Germaniae Historica.

[92] Dazu → Rn. 16.

[93] BGH GRUR 2007, 69 Rn. 27 – Staatsgeschenk; BGH GRUR 2004, 421 (424) – Tonträgerpiraterie durch CD-Export; BGH GRUR 1991, 316 (317) – Einzelangebot; BGH GRUR 1985, 129 (130) – Elektrodenfabrik; OLG Köln GRUR-RR 2007, 1 (2) – Nachbildungen von Le-Corbusier-Möbeln.

[94] OLG Köln GRUR-RR 2007, 1 (3) – Nachbildungen von Le-Corbusier-Möbeln; → Rn. 16.

[95] BGH GRUR 2007, 691 Rn. 27 – Staatsgeschenk; BGH GRUR 2004, 421 (424) – Tonträgerpiraterie durch CD-Export; BGH GRUR 1986, 668 (669 f.) – Gebührendifferenz IV; Dreier/Schulze/*Schulze* UrhG § 17 Rn. 9; DKMH/*Dreyer* UrhG § 17 Rn. 32; Büscher/Dittmer/Schiwy/*Haberstumpf* Kap. 10 UrhG § 17 Rn. 8.

[96] BGH GRUR 2004, 421 (424) – Tonträgerpiraterie durch CD-Export; Dreier/Schulze/*Schulze* UrhG § 17 Rn. 17.

[97] EuGH GRUR-Int 2012, 817 Rn. 23 ff., 30 – Donner; BGH GRUR-Int 2011, 436 – Wagenfeld-Leuchte II; BGH GRUR 2007, 871 Rn. 28 – Wagenfeld-Leuchte I; OLG Bremen ZUM-RD 2018, 72 (73); OLG München GRUR-Int 2009, 162 – Strafbarer Möbelnachbautenimport; LG Hamburg GRUR-RR 2009, 211 ff.; Dreier/Schulze/*Schulze* UrhG § 17 Rn. 17.

[98] Dreier/Schulze/*Schulze* UrhG § 17 Rn. 18.

[99] BGH GRUR 1972, 141 – Konzertveranstalter.

breitung sich aus den Vorschriften über die Schranken des Urheberrechts (§§ 45 ff.) ergibt; § 96 Abs. 1 stellt dies noch einmal klar.[100]

Das Verbreitungsrecht besteht grundsätzlich auch in den Fällen der **aufgedrängten Kunst,** dh 23 wenn das Werk mit fremdem Sacheigentum ohne den Willen des Eigentümers verbunden wird, zB wenn Graffiti auf fremden Häuserwänden, Mauern oder Autos angebracht werden.[101] Eine Interessenabwägung zwischen Urheberrecht und Sacheigentum kann zwar in solchen Fällen ergeben, dass der Eigentümer durch das urheberrechtliche Verbreitungsrecht nicht gehindert ist, den Gegenstand zu veräußern; ist jedoch durch das aufgedrängte Werk eine Wertsteigerung des Gegenstands eingetreten, so ist der Urheber bei einer Verwertung daran angemessen zu beteiligen.[102]

2. Beschränkte Einräumung

a) Grundsatz. Ebenso wie bei anderen Verwertungsrechten können auch die am Verbreitungsrecht 24 eingeräumten Nutzungsrechte räumlich, zeitlich oder inhaltlich beschränkt werden (§ 31 Abs. 1 S. 2). Es handelt sich dabei um **dingliche** Beschränkungen, deren Nichteinhaltung eine Verletzung des Verbreitungsrechts darstellt und die auch Dritten gegenüber Wirkung entfalten. Sie sind zu unterscheiden von **schuldrechtlichen** Beschränkungen des Verbreitungsrechts, deren Nichteinhaltung keinen Verstoß gegen das Verbreitungsrecht (sondern lediglich eine Vertragsverletzung) begründet, und die nur gegenüber demjenigen wirken, der die schuldrechtliche Verpflichtung eingegangen ist.[103] Wer sich zB bei der Einräumung eines Verbreitungsrechts verpflichtet hat, die Werkstücke nur zu einem bestimmten Preis weiterzuveräußern, verletzt bei Nichteinhaltung dieser Verpflichtung vertragliche Abmachungen, aber nicht das Verbreitungsrecht; Dritte werden von dieser Verpflichtung nicht betroffen.[104] Ebenso verstößt nicht gegen das Verbreitungsrecht, wer bei einer genehmigten Aufführung Notenmaterial benutzt, das bei seinem Vertrieb im Wege einer Reversbindung vertraglichen Einschränkungen für seine Benutzung unterworfen wurde.[105] Räumliche, zeitliche und inhaltliche Beschränkungen können, was in der Praxis oft geschieht, bei einer Nutzungsrechtseinräumung miteinander **kombiniert** werden (Beispiel: Es wird eine Taschenbuchausgabe für einen bestimmten Zeitraum lizenziert); ebenso können dingliche und schuldrechtliche Beschränkungen miteinander verbunden werden.

Schwierigkeiten können sich bei bei der Frage ergeben, **inwieweit dingliche Beschränkun-** 25 **gen** des Verbreitungsrechts **zulässig** sind, wieweit also das Verbreitungsrecht in Einzelbefugnisse aufgespalten werden kann. Vom Gesetzeswortlaut her bestehen insoweit keine Einschränkungen, auch kann eine mit Hilfe der Aufspaltung des Verbreitungsrechts differenzierte Vertriebsstrategie dazu dienen, den Urheber angemessen an dem wirtschaftlichen Nutzen zu beteiligen, der aus der Verwertung seiner Werke gezogen wird. Auf der anderen Seite ist das Allgemeininteresse an Rechtssicherheit und Rechtsklarheit zu berücksichtigen: die Aufspaltung darf nicht zu unübersichtlichen und unklaren Rechtsverhältnissen im Urheberrechtsverkehr führen, die eine Feststellung von Rechtsinhaberschaft und Umfang der Berechtigung nicht oder nur unter erheblichen Schwierigkeiten zulassen. Die hM geht daher von einer Interessenabwägung im Einzelfall aus, die einerseits die Interessen des Urhebers an einer optimalen Verwertung seines Werks, andererseits das Verkehrsschutzinteresse der Allgemeinheit berücksichtigt. Das führt zu dem Grundsatz, dass eine beschränkte Einräumung des Verbreitungsrechts nur für solche Verwertungsformen zulässig ist, die **nach der Verkehrsauffassung klar abgrenzbar** sind und eine **wirtschaftlich und technisch einheitliche und selbständige Nutzungsart** darstellen.[106]

b) Räumliche Beschränkungen. Räumliche Beschränkungen des Verbreitungsrechts sind zuläs- 26 sig, soweit sie **nicht zur Aufspaltung eines einheitlichen Staats- und Rechtsgebiets** führen, dem steht der territoriale Charakter des Urheberrechts[107] entgegen. Das Verbreitungsrecht kann daher nur einheitlich für den Geltungsbereich des UrhG (Deutschland) eingeräumt werden, nicht aber beschränkt auf einzelne Teile desselben, etwa einzelne Städte oder Bundesländer; werden solche Beschränkungen bei Einräumung des Verbreitungsrechts vereinbart, so haben sie nur schuldrechtliche, aber keine dingliche Wirkung.[108] Eine **Aufteilung nach Staaten** ist dagegen zulässig,[109] im Verlags-

---

[100] AmtlBegr. BT-Drs. IV/270, 103.

[101] BGH GRUR 1995, 673 (675) – Mauerbilder; dazu *Erdmann* FS Piper, 1996, 655 (659 ff.); *Nirk* FS Brandner, 1996, 417 ff.; *Beater* UFITA 127 (1995), 61 ff.

[102] BGH GRUR 1995, 673 (675) – Mauerbilder; LG Berlin ZUM 2012, 507 (509); *Erdmann* FS Piper, 1996, 655 (659 ff.); *Beater* UFITA 127 (1995), 61 ff.

[103] BGH GRUR 1992, 310 (311) – Taschenbuch-Lizenz.

[104] BGH GRUR 1992, 310 (311) – Taschenbuch-Lizenz.

[105] LG Hamburg GRUR 1967, 150 – Appollon Musagète.

[106] BGH GRUR 2005, 48 (49) – man spricht deutsh; BGH GRUR 2003, 416 (418) – CPU-Klausel; BGH GRUR 2001, 153 (154) – OEM-Version; BGH GRUR 1992, 310 (311) – Taschenbuch-Lizenz; BGH GRUR 1990, 669 (671) – Bibelreproduktion; OLG Köln ZUM 2007, 401 (402); eingehend → § 31 Rn. 28 ff. mit weit. Nachw. auch zum Schrifttum.

[107] Dazu → Vor §§ 120 ff. Rn. 109 ff.

[108] BGH GRUR 2005, 48 (49) – man spricht deutsh; BGH GRUR 2003, 699 (702) – Eterna; anders noch OLG Frankfurt a. M. GRUR-Int 1979, 214 – Rockin' and Rollin' Greats; ebenso das überwiegende Schrifttum, vgl. etwa Dreier/Schulze/*Schulze* UrhG § 17 Rn. 20; Fromm/Nordemann/*Dustmann* UrhG § 17 Rn. 22.

[109] Vgl. → § 31 Rn. 37.

wesen beispielsweise erfolgt häufig eine Einräumung des Verbreitungsrechts für den deutschen Sprachraum. **Innerhalb der Europäischen Union und des EWR** steht der territoriale Charakter des Urheberrechts einer Beschränkung auf einzelne Mitgliedstaaten nicht entgegen, es kann also mehreren Nutzern das Verbreitungsrecht für ihr jeweiliges Land eingeräumt werden.[110] Das hat allerdings Konsequenzen nur für die Erstverbreitung, da mit dem ersten Inverkehrbringen innerhalb der EU bzw. des EWR gemeinschaftsweite Erschöpfung[111] eintritt, so dass die Werkstücke trotz einer auf bestimmte Mitgliedstaaten beschränkten Einräumung des Verbreitungsrechts gemeinschaftsweit weitervertrieben werden können. Eine sonst mit der beschränkten Einräumung des Verbreitungsrechts bezweckte Steuerung des Vertriebswegs durch räumlich aufgespaltene Lizenzen ist also innerhalb der EU und des EWR nicht möglich. Es ist aber nicht so, dass Nutzungsrechte, beispielsweise Verlagslizenzen, nur gemeinschaftsweit eingeräumt werden könnten. Genau genommen handelt es sich bei staatenweise vergebenen Verbreitungsrechten auch nicht um eine Beschränkung des Verbreitungsrechts, sondern um eine Rechtseinräumung, die sich an den durch die Staatsgrenzen vorgegebenen territorialen Grenzen des Urheberrechts orientiert. Eine Aufteilung des Verbreitungsrechts zwischen den **alten und den neuen Bundesländern** ist seit der Wiedervereinigung nicht mehr möglich; eine vor der Wiedervereinigung vorgenommene Aufteilung ist allerdings auch nach der Wiedervereinigung wirksam geblieben.[112] Werden Werkstücke, für die das Verbreitungsrecht zwischen den alten und den neuen Bundesländern aufgeteilt ist, in Verkehr gebracht, so tritt die Erschöpfung einheitlich für das gesamte Bundesgebiet ein.[113]

27   **c) Zeitliche Beschränkungen.** Keine Einschränkungen gibt es bei zeitlichen Beschränkungen des Verbreitungsrechts. Ist das Verbreitungsrecht für einen bestimmten Zeitraum eingeräumt worden, so ist nach dessen Ablauf das Nutzungsrecht erloschen; die weitere Verbreitung von noch nicht in Verkehr gebrachten Werkstücken ist unzulässig und stellt eine Urheberrechtsverletzung dar.[114] Für das Verlagsrecht besteht eine ausdrückliche Regelung in § 29 Abs. 3 VerlG. Werden nach Ablauf des Zeitraums, für den ein Verbreitungsrecht eingeräumt wurde, noch Werkstücke in Verkehr gebracht, so kann auch Dritten deren Weiterverbreitung untersagt werden; es tritt keine Erschöpfung ein, weil die Werkstücke nicht mit Zustimmung des zur Verbreitung Berechtigten in Verkehr gebracht worden sind (§ 17 Abs. 2).[115] Bei vor Fristablauf in Verkehr gesetzten Werkstücken ist dagegen das Verbreitungsrecht erschöpft, die Weiterverbreitung durch Dritte ist zulässig.[116] Werden Bücher durch einen Buchhändler im Rahmen eines vereinbarten **Remissionsrechtes** dem Verleger zurückgegeben, lebt das Verbreitungsrecht des Verlegers wieder auf.[117] Wird eine Restauflage durch den Verleger an einen Restbuchhändler vor Ablauf des Verlagsvertrages veräußert, so ist das Verbreitungsrecht insoweit erschöpft.[118]

28   **d) Inhaltliche Beschränkungen.** Inhaltliche (gegenständliche, sachliche) Beschränkungen grenzen die eingeräumte Nutzungsberechtigung auf bestimmte Nutzungsarten ein, also auf bestimmte wirtschaftliche Formen der Verwertung, etwa Taschenbuch-Ausgaben, Paperback-Ausgaben und dgl. Oft handelt es sich bei inhaltlichen Beschränkungen um Regelungen des Vertriebswegs. Als Grundsatz gilt auch hier, dass nur solche Beschränkungen zulässig sind, die sich auf eine **nach der Verkehrsauffassung klar abgrenzbare** und **wirtschaftlich und technisch einheitliche und selbständige Nutzungsart** beziehen.[119]

29   Durchgesetzt hat sich die Auffassung, dass die Verbreitungsrechte für den Vertrieb über **Buchgemeinschaften** und über den **Sortimentsbuchhandel** getrennt vergeben werden können.[120] Das bedeutet, dass eine Urheberrechtsverletzung vorliegt (und dass insoweit auch keine Erschöpfung eintritt), wenn die Buchgemeinschaft für sie bestimmte Exemplare an Nichtmitglieder abgibt oder den Sortimentsbuchhandel Buchgemeinschaften beliefert. Auch eine bestimmte äußerlich unterscheidbare **Sonderausgabe zum Vertrieb über Nebenmärkte** wie Kaufhäuser, Verbrauchermärkte, Versandhändler und Zeitungsverlage, in Kaufhäusern, Kaffeegeschäften und dgl. lässt sich noch zum Gegen-

[110] OLG Frankfurt a. M. ZUM-RD 2008, 173 (178 f.); Dreier/Schulze/*Schulze* UrhG § 17 Rn. 20; UrhG § 31 Rn. 31; Fromm/Nordemann/*Dustmann* UrhG § 17 Rn. 22; → § 31 Rn. 37; aA DKMH/*Dreyer* UrhG § 17 Rn. 72 im Hinblick auf die gemeinschaftsweite Erschöpfung; *Marshall* FS Reichardt, 1990, 125 (138 f.); zweifelnd Wandtke/Bullinger/*Wandtke/Grunert* § 31 Rn. 9.
[111] Dazu → Rn. 37.
[112] BGH GRUR 2003, 699 (702) – Eterna; BGH GRUR 1997, 215 (218) – Klimbim; KG GRUR 2003, 1039 – Sojusmultfilm; OLG Hamm GRUR 1991, 907 (908) – Strahlende Zukunft; zu den Auswirkungen des Einigungsvertrags sa *Loewenheim* GRUR 1993, 934 ff.; *Katzenberger* GRUR-Int 1993, 2 ff.; *Wandtke* GRUR 1991, 263 ff.
[113] BGH GRUR 2003, 699 (702) – Eterna.
[114] Dreier/Schulze/*Schulze* UrhG § 17 Rn. 21; Fromm/Nordemann/*Dustmann* UrhG § 17 Rn. 21; DKMH/*Dreyer* UrhG § 17 Rn. 67; Wandtke/Bullinger/*Heerma* UrhG § 17 Rn. 47.
[115] BGH GRUR 2001, 153 (154) – OEM-Version.
[116] BGH GRUR 2001, 153 (154) – OEM-Version.
[117] OLG Karlsruhe GRUR 1979, 771 (773) – Remission.
[118] *Ulmer-Eilfort*/Obergfell, Verlagsrecht, (2013) VerlagsG § 8 Rn. 17.
[119] Vgl. → Rn. 25.
[120] BGH GRUR 1968, 152 (153) – Angélique; BGH GRUR 1959, 200 (202 f.) – Der Heiligenhof; Dreier/Schulze/*Schulze* UrhG § 17 Rn. 22; Fromm/Nordemann/*Dustmann* UrhG § 17 Rn. 23; DKMH/*Dreyer* UrhG § 17 Rn. 75; *Ulmer-Eilfort*/Obergfell, Verlagsrecht, (2013) VerlagsG § 8 Rn. 12.

stand eines inhaltlich beschränkten Verbreitungsrechts machen.[121] Dagegen kann nicht innerhalb dieses Vertriebsweges weiter differenziert und eine jeweils verschiedene Nutzungsart beim Vertrieb über Nebenmärkte wie Kaufhäuser, Verbrauchermärkte, Versandhändler und Zeitungsverlage einerseits und beim Vertrieb über eine **Kaffeefilialkette** anderseits angenommen werden.[122]

Eine Aufspaltung des Verbreitungsrechts nach **Art und Aufmachung der Werkstücke** ist jeden- 30 falls insoweit als zulässig anzusehen, als es sich um eine Ausgabe handelt, die sich nach der Verkehrsauffassung in ihrem Typus klar von der Originalausgabe unterscheidet.[123] Das ist für **Taschenbuchausgaben, Volksausgaben** und **Paperbackausgaben** gegenüber **Hardcoverausgaben** zu bejahen; es handelt sich um eine selbständige, wirtschaftlich genügend konturierte und abgesetzte Nutzungsart, die vielfach zu den (buchnahen) Nebenrechten des Verlagsrechts an der Hardcoverausgabe gerechnet wird.[124] Die Zulässigkeit einer dinglich wirkenden Aufspaltung des Verbreitungsrechts in **Einzelausgabe, Gesamtausgabe** und **Ausgabe in einem Sammelwerk** ergibt sich bereits aus § 4 VerlG.[125] Ebenso kann die Wiedergabe auf **digitalen Datenträgern** wie CD-ROM vom Verbreitungsrecht abgespalten werden.[126]

Bei der **Lizenzierung von Filmen** sind inhaltliche Beschränkungen, die sich an den üblichen 31 Nutzungsarten orientieren, zulässig. Zu den üblichen Nutzungsarten zählen beispielsweise die öffentliche oder nicht öffentliche Vorführung des Films in allen Formaten mittels Filmkopien oder Videokassetten in Filmtheatern und sonstigen Spielstätten im gewerblichen oder nichtgewerblichen Sektor; die Fernsehausstrahlung des Films durch die Fernsehanstalten oder durch Kabelfernsehen, Pay-Television oder Satellitenfernsehen; der Videokassettenvertrieb durch Verkauf oder Vermietung oder Vervielfältigung von Videokassetten oder Bildplatten; der Schmalfilmvertrieb durch Verkauf oder Vermietung von Schmalfilmkopien.[127] Unterteilungen und Verbindungen dieser Nutzungsarten können allerdings nur insoweit als zulässig angesehen werden, als sie nach der Verkehrsauffassung klar abgrenzbar und wirtschaftlich und technisch einheitlich und selbständig sind.

Seit dem 3. UrhGÄndG von 1995 ist es auch zulässig, das **Vermietrecht** vom Verbreitungsrecht 32 abzuspalten, also eine Nutzungsberechtigung unter Ausschluss des Vermietrechts (oder auf dieses beschränkt) einzuräumen.[128] Das Vermietrecht ist nunmehr als selbständiges Teilelement des Verbreitungsrechts ausgestaltet. Ein Ausschluss des Vermietrechts aus der Nutzungsberechtigung wirkt sich in erster Linie auf die Befugnisse des Nutzungsberechtigten aus (dieser soll die von ihm hergestellten Werkstücke veräußern, aber nicht vermieten dürfen). Gegen eine Vermietung durch Dritte, die Werkstücke erworben haben, ist der Urheber bereits dadurch geschützt, dass sich nach § 17 Abs. 2 die Erschöpfung nicht auf das Vermietrecht erstreckt.

Unzulässig ist dagegen eine auf die **Herstellung und den Vertrieb preisgünstiger Bücher** be- 33 zogene Nutzungsart.[129] Auch die Einhaltung bestimmter **Preise** kann nicht zum Gegenstand einer dinglichen Beschränkung des Verbreitungsrechts gemacht werden,[130] ebenso wenig die Vereinbarung, die **Werkstücke nicht gewerblich zu nutzen.**[131] Das Verbreitungsrecht an nur für den Fachhandel bestimmte Versionen von **Computerprogrammen** kann nicht mit dinglicher Wirkung in der Weise beschränkt werden, dass diese Versionen nur an den Fachhandel abgegeben werden dürfen.[132] Ebenso wenig kann ein Nutzungsrecht an einem Computerprogramm in der Weise beschränkt eingeräumt werden, dass der Einsatz des Programms nur auf einem bestimmten Rechner gestattet ist.[133] Insoweit kommen nur schuldrechtliche Vereinbarungen in Betracht.[134]

e) Wirkung beschränkter Einräumung. Auch dingliche Beschränkungen des Verbreitungs- 34 rechts wirken sich nur auf der **Stufe der Erstverbreitung** aus. Auf weitere Vertriebsstufen erstreckt sich die Beschränkung nicht. Ist nämlich ein Werkstück mit Zustimmung des Berechtigten im Wege der Veräußerung in Verkehr gebracht worden, so ist das Verbreitungsrecht mit Ausnahme des Ver-

---

[121] *Schricker,* Verlagsrecht, § 28 Rn. 23; sa BGH GRUR 1990, 669 (671) – Bibelreproduktion.
[122] BGH GRUR 1990, 669 (671) – Bibelreproduktion; *Ulmer-Eilfort*/Obergfell, Verlagsrecht, (2013) VerlagsG § 8 Rn. 12.
[123] Dreier/Schulze/*Schulze* UrhG § 17 Rn. 22; *Ulmer-Eilfort*/Obergfell, Verlagsrecht, (2013) VerlagsG § 8 Rn. 12.
[124] BGH GRUR 1992, 310 (311) – Taschenbuch-Lizenz; Dreier/Schulze/*Schulze* UrhG § 17 Rn. 22; Fromm/Nordemann/*Dustmann* UrhG § 17 Rn. 23; *Ulmer-Eilfort*/Obergfell, Verlagsrecht, (2013) VerlagsG § 8 Rn. 12.
[125] Zur Beschränkung auf bestimmte Reproduktionsarten beim Kunstverlag vgl. *Reimer* GRUR 1962, 619 (629). Weitere Fälle aus der Praxis bei Loewenheim/*Loewenheim/J. B. Nordemann* § 27 Rn. 13 und Loewenheim/*Loewenheim/J. B. Nordemann* § 64 Rn. 67 ff.
[126] BGH GRUR 2002, 248 (251) – Spiegel-CD-ROM.
[127] Vgl. dazu BGH GRUR 1976, 382 (384) – Kaviar; BGH GRUR 1987, 37 (39) – Videolizenzvertrag; LG München I K&R 1999, 522 (523) – Focus TV; Loewenheim/*Loewenheim/J. B. Nordemann* § 27 Rn. 13; Loewenheim/*Schwarz/Reber* § 74 Rn. 228 ff.
[128] AmtlBegr. BT-Drs. 13/115, 7; zur früheren Rechtslage vgl. BGH GRUR 1986, 736 (737) – Schallplattenvermietung; näher → Rn. 59.
[129] BGH GRUR 1992, 310 (311 f.) – Taschenbuch-Lizenz.
[130] Beachte aber für Bücher das Buchpreisbindungsgesetz, für Zeitungen und Zeitschriften § 30 GWB.
[131] BGH GRUR 1986, 736 (737 f.) – Schallplattenvermietung; vgl. auch BGH GRUR 1986, 742 (743) – Videofilmvorführung; aA OLG Karlsruhe GRUR 1984, 198 – Beschränkte Nutzung bei Video-Cassetten.
[132] BGH GRUR 2001, 153 – OEM-Version.
[133] BGH GRUR 2003, 416 (418) – CPU-Klausel.
[134] S. auch BGH GRUR 2003, 416 (418) – CPU-Klausel.

mietrechts erschöpft; der weitere Vertrieb kann vom Berechtigten nicht mehr kontrolliert werden[135] Selbst eine zulässige dingliche Beschränkung des Nutzungsrechts hat nicht zur Folge, dass der Berechtigte nach dem mit seiner Zustimmung erfolgten Inverkehrbringen die weiteren Verbreitungsakte daraufhin kontrollieren kann, ob sie mit der ursprünglichen Begrenzung des Nutzungsrechts im Einklang stehen oder nicht.[136]

C. Erschöpfung

Schrifttum: *Baudenbacher,* Erschöpfung der Immaterialgüterrechte in der EFTA und die Rechtslage in der EU; GRUR-Int 2000, 584; *Berger,* Urheberrechtliche Erschöpfungslehre und digitale Informationstechnologie, GRUR 2002, 198; *Bergmann,* Zur Reichweite des Erschöpfungsprinzips bei der Online-Übermittlung urheberrechtlich geschützter Werke, FS Erdmann (2002), S. 17; *Blachian,* Die Lehre von der Erschöpfung des Verbreitungsrechts im Urheberrecht, Diss. München 1964; *Bornkamm,* Die Erschöpfung des Senderechts: Ein Irrweg?, FS v. Gamm (1990), S. 329; *Determann/Specht,* Online-Erschöpfung in Europa und den USA, GRUR-Int 2018, 731; *Deutsch,* Die Erschöpfung des Verbreitungsrechts im internationalen Verkehr mit urheberrechtlich geschützten Werken, UFITA 79 (1977) 9; *Gaster,* Die Erschöpfungsproblematik aus der Sicht des Gemeinschaftsrechts, GRUR-Int 2000, 571 ff.; *Ganea,* Ökonomische Aspekte der urheberrechtlichen Erschöpfung, GRUR-Int 2005, 102; *Hansen/Libor,* EuGH-Urteil zu gebrauchter Software: Gibt es bald auch einen Zweitmarkt für ePaper, eBooks und MP3s?, AfP 2012, 447; *Hauck,* Der Erschöpfungsgrundsatz im Patent- und Urheberrecht, EuZW 2017, 645; *Jaeger,* Die Erschöpfung des Verbreitungsrechts bei OEM-Software, ZUM 2000, 1070; *ders.,* Der Erschöpfungsgrundsatz im neuen Urheberrecht, in Hilty/Peukert (Hrsg.), Interessenausgleich im Urheberrecht, 2004, S. 47; *Joos,* Die Erschöpfungslehre im Urheberrecht, 1991; *Koehler,* Der Erschöpfungsgrundsatz des Urheberrechts in Online-Bereich, 2000; *Koppe,* Die urheberrechtliche Erschöpfung, 2004; *Kulpe,* Der Erschöpfungsgrundsatz nach europäischem Urheberrecht, 2012; *Loewenheim,* Schallplattenimporte und freier Warenverkehr im Gemeinsamen Markt, UFITA 95 (1993) 41; *ders.,* Nationale und internationale Erschöpfung vom Schutzrechten im Wandel der Zeiten, FS Beier, GRUR-Int 1996, 307; *Mailänder,* Gemeinschaftsrechtliche Erschöpfungslehre und freier Warenverkehr, FS Gaedertz (1992), S. 369; *Metzger,* Erschöpfung des urheberrechtlichen Verbreitungsrechts bei vertikalen Vertriebsbindungen, GRUR 2001, 210; *Niethammer,* Erschöpfungsgrundsatz und Verbraucherschutz im Urheberrecht, 2005; *Omsels,* Erschöpfung ohne Veräußerung – Zum Schicksal des Verbreitungsrechts beim Eigentumserwerb kraft Gesetzes, GRUR 1994, 162; *Peter,* Urheberrechtliche Erschöpfung bei digitalen Gütern, ZUM 2019, 490; *Reimer,* Der Erschöpfungsgrundsatz im Urheberrecht und gewerblichen Rechtsschutz unter Berücksichtigung der Rechtsprechung des Europäischen Gerichtshofs, GRUR-Int 1972, 221; *Sack,* Der Erschöpfungsgrundsatz im deutschen Immaterialgüterrecht; GRUR-Int 2000, 610; *Schneider/Spindler,* Der Erschöpfungsgrundsatz bei „gebrauchter“ Software im Praxistest, CR 2014, 213; *Schricker,* Bemerkungen zur Erschöpfung im Urheberrecht, FS Dietz (2001), S. 447; *Spindler,* Der Handel mit Gebrauchtsoftware – Erschöpfungsgrundsatz quo vadis?, CR 2008, 69; *Ullrich,* Gemeinschaftsrechtliche Erschöpfung von Immaterialgüterrechten und europäischer Konzernverbund, GRUR-Int 1983, 370; *v. Ungern-Sternberg,* Erschöpfung des Verbreitungsrechts und Vermietung von Videokassetten, GRUR 1984, 262.
Sa die Schrifttumsangaben vor → Rn. 1.

I. Übersicht

35   Das Verbreitungsrecht findet seine Grenze am Erschöpfungsgrundsatz. Schon 1906 hatte das Reichsgericht entschieden, dass das ausschließliche Recht des Urhebers an solchen Werkexemplaren erloschen sei, die er selbst oder ein anderer Berechtigter in Verkehr gebracht habe und die damit Eigentum Dritter geworden seien; die weitere Veräußerung könne nicht mehr untersagt werden.[137] Von Rechtsprechung und Lehre wurde dieser Grundsatz weiter ausgebaut und schließlich in § 17 Abs. 2 gesetzlich festgelegt. Die Rechtsprechung formuliert den Erschöpfungsgrundsatz dahingehend, dass der Rechtsinhaber durch eigene Benutzungshandlungen das ihm vom Gesetz eingeräumte ausschließliche Verwertungsrecht ausgenutzt und damit verbraucht hat, so dass bestimmte weitere Verwertungshandlungen nicht mehr vom Schutzrecht erfasst werden.[138] Der Erschöpfungsgrundsatz findet auch auf das Verbreitungsrecht des **Tonträgerherstellers** Anwendung.[139] Einen **allgemeinen Erschöpfungsgrundsatz,** der über das Verbreitungsrecht hinaus auch auf andere Verwertungsrechte Anwendung findet, gibt es nicht.[140] Die Darlegungs- und Beweislast für den Eintritt der Erschöpfung trifft denjenigen, der sich darauf beruft.[141]

---

[135] Dazu → Rn. 35 ff.
[136] BGH GRUR 2001, 153 (154) – OEM-Version; BGH GRUR 1986, 736 (737) – Schallplattenvermietung; *Jaeger* ZUM 2000, 1070 (1072); *Metzger* GRUR 2001, 210 (211 f.); *Berger* NJW 1997, 300 (301 f.).
[137] RGZ 63, 394 (399) – Koenigs Kursbuch.
[138] BGH GRUR 1988, 373 (374) – Schallplattenimport III; BGH GRUR 1988, 206 (210) – Kabelfernsehen II; BGH GRUR 1986, 736 (737) – Schallplattenvermietung; BGH GRUR 1985, 924 (925) – Schallplattenimport II; BGH GRUR-Int 1982, 57 (58) – Gebührendifferenz III = GRUR 1982, 100 (101) – Schallplattenexport; BGH GRUR-Int 1981, 562 (563) – Schallplattenimport; BGH GRUR 1981, 413 (416) – Kabelfernsehen in Abschattungsgebieten.
[139] StRspr, vgl. BGH GRUR 1986, 736 (737) – Schallplattenvermietung; BGH GRUR 1985, 924 (925) – Schallplattenimport II.
[140] BGH GRUR 2001, 51 (53) – Parfumflakon; BGH GRUR 2000, 699 (701) – Kabelweitersendung; OLG Düsseldorf GRUR-RR 2009, 45 (46) – Schaufensterdekoration; Fromm/Nordemann/*Dustmann* UrhG § 17 Rn. 26; Dreier/Schulze/*Schulze* UrhG § 17 Rn. 30; *Schack* Rn. 430; *Jaeger* in Hilty/Peukert S. 51 ff.
[141] BGH GRUR 2005, 505 – Atlanta.

Die rechtstheoretische **Begründung des Erschöpfungsprinzips** stützt sich heute vor allem auf **36** zwei Erwägungen. Zum einen ist dem verwertungsrechtlichen Interesse des Urhebers in der Regel genügt, wenn er bei der ersten Verbreitungshandlung die **Möglichkeit** gehabt hat, **seine Zustimmung von der Zahlung eines Entgelts abhängig zu machen.** Eine spätere Benutzung des Werkstückes soll grundsätzlich frei sein.[142] Zum anderen ist das Allgemeininteresse an **klaren und übersichtlichen Verhältnissen im Rechtsverkehr** zu berücksichtigen. Die weitere Verbreitung rechtmäßig veräußerter Werkstücke darf nicht durch daran fortbestehende Rechte unzumutbar erschwert werden. Könnte der Rechtsinhaber, wenn er das Werkstück verkauft oder seine Zustimmung zur Veräußerung gegeben hat, noch in den weiteren Vertrieb des Werkstücks eingreifen, so wäre dadurch der freie Warenverkehr in unerträglicher Weise behindert.[143] Die zunächst im Anschluss an das Reichsgericht[144] vom BGH[145] gegebene, später aber nicht mehr aufrechterhaltene Begründung, das **Eigentum** der Erwerber der Werkstücke stehe der Möglichkeit entgegen, das Urheberrecht auf Verbreitungshandlungen zu erstrecken, die nach der rechtmäßigen Veräußerung erfolgten, ist abzulehnen.

Einen erheblichen Einfluss auf die Erschöpfung des Verbreitungsrechts hat die **Rechtsprechung 37 des EuGH** gehabt. Die sich aus dem territorialen Charakter des Urheberrechts[146] ergebende Möglichkeit, Nutzungsrechte staatenweise gesondert, also auch für das Ausland und das Inland getrennt einzuräumen, hatte ursprünglich auch innerhalb der EU erlaubt, Lieferungen geschützter Werkstücke zwischen den Mitgliedstaaten zu untersagen. Das eigentliche Recht naturgemäß einen Konflikt mit den Zielsetzungen des Gemeinschaftsrechts, dessen erklärte Aufgabe es ist, einen einheitlichen Wirtschaftsraum zu schaffen und Handelsschranken zwischen den Mitgliedstaaten zu beseitigen. Dieses Problem war nicht auf das Urheberrecht beschränkt, sondern trat vor allem auch bei Marken und Patenten auf; der EuGH hatte sich schon frühzeitig (1966) mit ihm zu befassen.[147] Nach anfänglichen eher tastenden Versuchen entwickelte der EuGH auf der Basis der Art. 30 ff. EGV die Formel von der **gemeinschaftsweiten Erschöpfung:** „Nach ständiger Rechtsprechung des Gerichtshofs stellt die Ausübung eines gewerblichen und kommerziellen Eigentumsrechts durch seinen Inhaber – die die kommerzielle Verwertung eines Urheberrechts umfasst –, um die Einfuhr eines Erzeugnisses aus einem Mitgliedstaat, in dem das Erzeugnis von diesem Inhaber oder mit seiner Zustimmung rechtmäßig in den Verkehr gebracht worden ist, in einen anderen Mitgliedstaat zu verhindern, eine Maßnahme gleicher Wirkung wie eine mengenmäßige Beschränkung gemäß Art. 30 des Vertrages dar, die nicht zum Schutz des gewerblichen und kommerziellen Eigentums im Sinne von Art. 36 des Vertrags gerechtfertigt ist".[148] Mit dem ersten Inverkehrbringen von Werkstücken, das durch den Rechtsinhaber oder mit seiner Zustimmung innerhalb der Gemeinschaft erfolgt, erschöpft sich also das Verbreitungsrecht; die weitere Verbreitung der Werkstücke innerhalb der Gemeinschaft kann urheberrechtlich nicht mehr untersagt werden. Der Grundsatz der gemeinschaftsweiten Erschöpfung hat mit dem 3. UrhGÄndG seinen Eingang in § 17 Abs. 2 gefunden;[149] seine Anwendung ergibt sich unmittelbar aus dieser Vorschrift. In **Art. 4 Abs. 2 InfoSoc-RL** wurde der Grundsatz der gemeinschaftsweiten Erschöpfung auf europäischer Ebene kodifiziert. Ein Umsetzungsbedarf bestand angesichts der Regelung in § 17 Abs. 2 nicht; es handelt sich aber auch beim Erschöpfungsgrundsatz um **europäisches Recht,** das unter Berücksichtigung der europäischen Richtlinien einschließlich ihrer Erwägungsgründe auszulegen ist.[150]

Die Erschöpfung des Verbreitungsrechts tritt nur durch die in Abs. 2 bezeichneten Verbreitungshand- **38** lungen ein, einen **allgemeinen Erschöpfungsgrundsatz** gibt es nicht.[151] Erschöpfung tritt nicht ein durch Verwertungshandlungen anderer Art, etwa durch die öffentliche Vorführung eines Videofilms[152] oder die Ausstellung des Werks.[153] Insbesondere beim **Vervielfältigungsrecht** kann keine Erschöpfung eintreten.[154] Das **Vermietrecht** unterliegt ebenfalls nicht der Erschöpfung (§ 17 Abs. 2). Wer beispiels-

---

[142] BGH GRUR 1995, 673 (676) – Mauerbilder; BGH GRUR 1985, 131 (132) – Zeitschriftenauslage beim Friseur; BGH GRUR 1985, 134 – Zeitschriftenauslage in Wartezimmern.

[143] BGH GRUR 2015, 772 Rn. 36 – UsedSoft III; BGH GRUR 2010, 822 (824) – Half-Life 2; BGH GRUR 2001, 51 (53) – Parfumflakon; BGH GRUR 1995, 673 (676) – Mauerbilder; BGH GRUR 1986, 736 (737) – Schallplattenvermietung; OLG Düsseldorf GRUR-RR 2010, 4 f. – Vorinstallierte Software; im Schrifttum zum ganzen vgl. *Berger* AcP 201 (2001), 411 (418 ff.); *Blachian* S. 55 ff.; *Joos* S. 51 ff.; *Reimer* GRUR-Int 1972, 221 (226); *Jaeger* in Hilty/Peukert S. 50 f. jeweils mwN.

[144] RGZ 63, 394 – Koenigs Kursbuch.

[145] BGH GRUR 1952, 530 (531) – Parkstraße 13.

[146] Dazu → Vor §§ 120 ff. Rn. 109 ff.

[147] EuGH GRUR-Int 1966, 580 – Grundig/Consten; EuGH GRUR-Int 1979, 350 – Beecham/Parke, Davis.

[148] EuGH GRUR-Int 1981, 229 (230) – Gebührendifferenz II; EuGH GRUR-Int 1981, 393 (396) – Imerco Jubiläum; EuGH GRUR-Int 1982, 372 (376) – Polydor/Harlequin; EuGH GRUR-Int 1988, 243 (245) – Vorführungsgebühr; EuGH GRUR-Int 1989, 668 (669) – Warner Brothers/Christiansen; EuGH GRUR-Int 1989, 319 (320) – Schutzfristenunterschiede.

[149] AmtlBegr. BT-Drs. 13/115, 12.

[150] Vgl. → Rn. 2.

[151] BGH GRUR 2001, 51 (53) – Parfumflakon; BGH GRUR 2000, 699 (701) – Kabelweitersendung; OLG Düsseldorf GRUR-RR 2009, 45 (46) – Schaufensterdekoration; Fromm/Nordemann/*Dustmann* UrhG § 17 Rn. 26; Dreier/Schulze/*Schulze* UrhG § 17 Rn. 30; *Schack* Rn. 430; *Jaeger* in Hilty/Peukert S. 51 ff.

[152] BGH GRUR 1986, 742 (743) – Videofilmvorführung.

[153] BGH GRUR 1995, 673 (676) – Mauer-Bilder.

[154] BGH GRUR 2017, 161 Rn. 60; 2005, 940 (942) – Marktstudien; BGH GRUR 2001, 54 (53) – Parfumflakon; OLG Jena NJOZ 2011, 222 (223) – Portraitfotografie; OLG Düsseldorf ZUM-RD 2008, 524 (525); LG

weise Noten an Konzertveranstalter oder Filmkopien an Lichtspieltheater vermietet, kann die weitere Verbreitung dieses Materials untersagen. Auch bei der **Online-Übertragung von Daten** tritt keine Erschöpfung ein (aber → Rn. 39).[155] So heißt es auch in Erwägungsgrund 29 der InfoSoc-RL:[156] „Die Frage der Erschöpfung stellt sich weder bei Dienstleistungen allgemein noch bei Online-Diensten im Besonderen. Dies gilt auch für materielle Vervielfältigungsstücke eines Werks oder eines sonstigen Schutzgegenstands, die durch den Nutzer eines solchen Dienstes mit Zustimmung des Rechtsinhabers hergestellt worden sind. Dasselbe gilt daher auch für die Vermietung oder den Verleih des Originals oder von Vervielfältigungsstücken eines Werks oder eines sonstigen Schutzgegenstands, bei denen es sich dem Wesen nach um Dienstleistungen handelt." Die Online-Übertragung stellt keine Verbreitung dar, sondern wird vom Recht der öffentlichen Wiedergabe erfasst. Der Empfänger online übermittelter Werkstücke darf daher diese nicht ohne Zustimmung des Berechtigten verbreiten, es sei denn, der Rechtsinhaber hat der Verbreitung zugestimmt; er darf also ohne Zustimmung körperliche Festlegungen, die er von den online übermittelten Werken gemacht hat (in Printform als Ausdrucke oder in digitaler Form auf Diskette, CD-ROM oder ähnlichem) nicht weitergeben,[157] auch nicht online.[158]

39   Eine Ausnahme besteht für **Computerprogramme**. Für diese ist die Erschöpfung in § 69c Nr. 3 S. 2 bzw. Art. 4 Abs. 2 Computerprogramm-RL geregelt. In Auslegung der Art. 4 Abs. 2 der Computerprogramm-RL hat der EuGH entschieden, dass es für den Verkaufsbegriff in Art. 4 Abs. 2 keinen Unterschied mache, ob die Kopie eines Computerprogramms dem Kunden per online oder über einen materiellen Datenträger wie eine CD-ROM oder DVD übermittelt werden.[159] Die Computerprogramm-RL sei gegenüber der InfoSoc-RL lex specialis.[160] Unter diesen Umständen sei davon auszugehen, dass die Erschöpfung des Verbreitungsrechts sowohl körperliche als auch nichtkörperliche Programmkopien erfasse, die bei ihrem Erstverkauf mit Zustimmung des Rechtsinhabers aus dem Internet auf den Computer des Ersterwerbers heruntergeladen wurden.[161] Der BGH ist in seiner Entscheidung UsedSoft III dem gefolgt.[162] Diese Gleichstellung von körperlicher und körperlicher Übertragung ist aber auf die Übertragung von Computerprogrammen zu beschränken, zumal die Computerprogramm-RL lex specialis gegenüber der InfoSoc-RL ist.[163]

II. Voraussetzungen

40   Abs. 2 setzt ein **Inverkehrbringen** des Originals oder von Vervielfältigungsstücken **im Wege der Veräußerung** voraus, das **im Gebiet der EU oder des EWR** erfolgen und von der **Zustimmung des zur Verbreitung Berechtigten** gedeckt sein muss. Durch das 3. UrhGÄndG hat sich (abgesehen vom Fortbestehen des Vermietrechts) nur der für das Inverkehrbringen relevante räumliche Bereich geändert, so dass im Übrigen auf die frühere Rechtsprechung zurückgegriffen werden kann.

1. Inverkehrbringen durch Veräußerung

41   Die Werkstücke müssen **in den Verkehr gebracht** worden sein. Das bedeutet, dass sie effektiv in den freien Handelsverkehr gelangt sein müssen, sei es auch nur auf dem Großhandelsmarkt; die bloße **Durchfuhr** durch einen Mitgliedstaat reicht dafür nicht aus.[164] An einem Inverkehrbringen fehlt es, wenn Verlagserzeugnisse als **Makulatur** zur Vernichtung veräußert werden. Die Veräußerung erfolgt in diesem Fall nicht in Ausnutzung des Verbreitungsrechts; es soll gerade verhindert werden, dass die Werkstücke in den Verkehr gelangen.[165] Ebenso ist ein Inverkehrbringen bei der rein **konzerninternen Veräußerung** zu verneinen, bei der Werkstücke nicht auf den freien Markt kommen.[166]

Berlin ZUM-RD 2014, 438 (439 f.); Dreier/Schulze/*Schulze* UrhG § 17 Rn. 30; kritisch *Schricker* FS Dietz, 2001, 447 ff. → § 15 Rn. 309.

[155] OLG Hamburg ZUM 2015, 503; OLG Hamm GRUR 2014, 853 (855 ff.); OLG Frankfurt a. M. CR 2009, 423 (424); LG Berlin GRUR-RR 2014, 490; LG Berlin GRUR-RR 2009, 329; Dreier/Schulze/*Schulze* UrhG § 17 Rn. 30; Büscher/Dittmer/Schiwy/*Haberstumpf* Kap. 10 UrhG § 17 Rn. 12; *Bergmann* FS Erdmann, 2002, 17 ff.; *Jaeger* in Hilty/Peukert S. 51 ff. mit Änderungsvorschlägen de lege ferenda; weitere Nachweise bei *Schack* GRUR 2007, 639 Fn. 92; aA Wandtke/Bullinger/*Heerma* UrhG § 17 Rn. 30; *Koehler* S. 177; *Schack* GRUR 2007, 639 (644); *Berger* GRUR 2002, 198 (200 ff.). Eingehend zu diesen Fragen *Hilty* GRUR 2018, 865.

[156] Richtlinie 2001/29/EG, ABl. 2001 L 167, S. 10.

[157] LG Berlin GRUR-RR 2009, 329.

[158] AA *Berger* GRUR 2002, 198 (200 ff.).

[159] EuGH GRUR-Int 2012, 759 Rn. 47 – UsedSoft/Oracle; EuGH GRUR 2016, 1271 Rn. 35 – Ranks; näher → § 69c Rn. 34 ff.

[160] EuGH GRUR-Int 2012, 759 Rn. 56 – UsedSoft/Oracle.

[161] EuGH GRUR-Int 2012, 759 Rn. 59 – UsedSoft/Oracle; EuGH GRUR 2016, 1271 Rn. 35 – Ranks; dazu *Wiebe* ZUM 2017, 44; kritisch *Stieper* ZUM 2012, 668 (669); *Hansen/Wolff-Rojczyk* GRUR 2012, 908 ff.; *Heydn* MMR 2012, 591 ff.; dazu *Wiebe* ZUM 2017, 44.

[162] BGH GRUR 2015, 772 Rn. 36.

[163] So auch mit näherer Begründung *Hansen/Libor* AfP 2012, 447 (449 ff.).

[164] BGH GRUR-Int 1981, 562 (564) – Schallplattenimport.

[165] OLG Karlsruhe GRUR 1979, 771 (772) – Remission; *Ulmer-Eilfort*/Obergfell, Verlagsrecht, (2013) VerlagsG § 8 Rn. 17.

[166] BGH GRUR 1986, 668 (669) – Gebührendifferenz IV; BGH GRUR 1982, 100 (101 f.) – Schallplattenexport; BGH GRUR 1981, 587 – Schallplattenimport; OLG Hamburg GRUR-Int 1970, 377 – Polydor; Dreier/

Das Verbreitungsrecht erschöpft sich nur, wenn das Inverkehrbringen der Werkstücke **im Wege** 42
der Veräußerung erfolgt. Allerdings ist der Begriff der Veräußerung nicht nur im Sinne eines Verkaufs nach §§ 433 ff. BGB zu verstehen, sondern erfasst in der Regel jede Übereignung oder Entäu
ßerung des Eigentums, ohne dass es auf den Charakter des zugrundeliegenden Kausalgeschäfts (Kauf,
Tausch, Schenkung usw) ankommt.[167] Nach Art. 4 Abs. 2 InfoSoc-RL erschöpft sich das Verbreitungsrecht nur, durch den „Erstverkauf … oder eine andere erstmalige Eigentumsübertragung". Entscheidend ist, dass sich der Berechtigte **der Verfügungsmöglichkeit** über die Werkstücke **endgültig**
begibt.[168] Daher führt die **vorübergehende Besitzüberlassung,** etwa durch Vermieten oder Verleihen von Werkstücken, nicht zur Erschöpfung des Verbreitungsrechts, da der Urheber hier gerade
die weitere Kontrolle erkennbar behalten will.[169]

Die **Übereignung** des Werkstücks stellt in aller Regel eine Veräußerung iSd Abs. 2 dar. Das gilt 43
auch für die Überlassung von **Freiexemplaren** und **Rezensionsexemplaren.** Der Verleger kann
gegen eine Weitergabe dieser Stücke urheberrechtlich nicht vorgehen, wohl aber kann eine vertragliche Pflicht verletzt sein. Ebenso ist es, wenn Werkstücke an einen Dritten zur **Verramschung** veräu
ßert werden.[170]

Anders ist es jedoch, wenn die Übereignung nicht zum endgültigen Verlust der Verfügungsmög 44
lichkeit über die Werkstücke führen soll. Daher liegt in der **Sicherungsübereignung** noch keine
Veräußerung, erst mit der Verwertung des Sicherungsgutes tritt Erschöpfung ein.[171] Formal ist der
Sicherungsnehmer zwar Eigentümer, aber durch die Sicherungsabrede treuhänderisch gebunden; der
Sicherungsgeber will sich seiner Verfügungsmöglichkeit gerade nicht endgültig begeben, sondern
lediglich den dem Werkstück innewohnenden wirtschaftlichen Wert zu Sicherungszwecken benutzen.
Umgekehrt ist es beim **Eigentumsvorbehalt.** Mit Recht wird eine Veräußerung jedenfalls dann
angenommen, wenn dem Erwerber die Berechtigung zur Weiterveräußerung eingeräumt wird, insbesondere also in den Fällen des verlängerten Eigentumsvorbehalts.[172] Die Rechtsübertragung unter
Eigentumsvorbehalt stellt eine Übereignung dar, bei der die dingliche Einigung unter der Bedingung
der vollständigen Zahlung des Kaufpreises steht und der Erwerber zwar noch nicht das Volleigentum,
aber ein Anwartschaftsrecht darauf erwirbt. Ebenso wie beim Sicherungseigentum der Sicherungsnehmer nur bei Eintritt des Sicherungsfalls über die Sache verfügen kann, darf der Vorbehaltsverkäufer
dies nur tun, wenn der Erwerber mit seinen Zahlungen in Rückstand gerät. Wirtschaftlich gesehen
will sich also der Veräußerer die Sicherungsmöglichkeit vorbehalten, ansonsten sich aber der Verfügungsmöglichkeit über das Werkstück begeben.

Ein **gesetzlicher Eigentumsübergang** nach §§ 946 ff. BGB, insbesondere nach § 950 BGB (zB 45
Graffiti auf fremden Häuserwänden, Mauern oder Autos), stellt regelmäßig keine Veräußerung iSv
§ 17 Abs. 2 dar, weil der Urheber damit im Allgemeinen kein verkehrsfähiges Werkexemplar als Wirtschaftsgut freigibt und die Gründe, auf denen die Erschöpfung des Verbreitungsrechts basiert,[173] hier
nicht vorliegen.[174]

Das **Verbreitungsrecht lebt wieder auf,** wenn die Veräußerung rückgängig gemacht wird. Das 46
ist beispielsweise der Fall, wenn ein Buchhändler aufgrund eines Remissionsrechts Verlagserzeugnisse
dem Verleger zurückgibt oder wenn der Veräußerer die unter Eigentumsvorbehalt veräußerten
Werkstücke wieder an sich nimmt.[175] Der Erschöpfung ist in solchen Fällen die Grundlage entzogen:
Weder hat der Urheber das ihm gebührende Entgelt für seine schöpferische Leistung erhalten, noch
ist eine Verkehrsschutz erfordernde dauernde neue Eigentumslage entstanden.

2. Im Gebiet der EU oder des EWR

Das Inverkehrbringen muss im Gebiet der Europäischen Union oder eines anderen Vertragsstaates 47
des Abkommens über den Europäischen Wirtschaftsraum (Island, Liechtenstein, Norwegen) erfolgen.
Mit dieser Regelung hat der Gesetzgeber dem vom EuGH entwickelten Grundsatz der gemeinschaftsweiten Erschöpfung[176] Rechnung getragen.[177] Maßgeblich ist der Ort des Inverkehrbringens,

---

Schulze/*Schulze* UrhG § 17 Rn. 27; *Ulmer-Eilfort*/Obergfell, Verlagsrecht, (2013) VerlagsG § 8 Rn. 17; DKMH/
Dreyer UrhG § 17 Rn. 58; *Joos* S. 152 ff.
[167] BGH GRUR 2005, 505 (506) – Atlanta; BGH GRUR 1995, 673 (675 f.) – Mauerbilder.
[168] Fromm/Nordemann/*Dustmann* UrhG § 17 Rn. 29; Wandtke/Bullinger/*Heerma* UrhG § 17 Rn. 28; Dreier/
Schulze/*Schulze* UrhG § 17 Rn. 25; *Joos* S. 74 ff.; *Blachian* S. 66.
[169] AmtlBegr. BT-Drs. IV/270, 48.
[170] *Ulmer-Eilfort*/Obergfell, Verlagsrecht, (2013) VerlagsG § 8 Rn. 17; aber zur Makulierung → Rn. 41.
[171] Dreier/Schulze/*Schulze* UrhG § 17 Rn. 26; Fromm/Nordemann/*Dustmann* UrhG § 17 Rn. 29; Wandtke/
Bullinger/*Heerma* UrhG § 17 Rn. 28; DKMH/*Dreyer* UrhG § 17 Rn. 56; Büscher/Dittmer/Schiwy/*Haberstumpf*
Kap. 10 UrhG § 17 Rn. 11; aA *Berger* AcP 201 (2001), 411 (433).
[172] Dreier/Schulze/*Schulze* UrhG § 17 Rn. 25; Fromm/Nordemann/*Dustmann* UrhG § 17 Rn. 29; Wandtke/
Bullinger/*Heerma* UrhG § 17 Rn. 24; DKMH/*Dreyer* UrhG § 17 Rn. 56; aA *Berger* AcP 201 (2001), 411 (434).
[173] Vgl. → Rn. 36.
[174] BGH GRUR 1995, 673 (676) – Mauer-Bilder; Dreier/Schulze/*Schulze* UrhG § 17 Rn. 26; Fromm/Nordemann/*Dustmann* UrhG § 17 Rn. 30; *Beater* UFITA 127 (1995), 61 (71); *Omsels* GRUR 1994, 162 ff.
[175] OLG Karlsruhe GRUR 1979, 771 (773) – Remission; DKMH/*Dreyer* UrhG § 17 Rn. 61; Büscher/Dittmer/
Schiwy/*Haberstumpf* Kap. 10 UrhG § 17 Rn. 11; *Schricker,* Verlagsrecht, § 28b; *Joos* S. 71 ff., 73 f.; *Blachian* S. 67.
[176] Dazu → Rn. 37.
[177] AmtlBegr. zum 3. UrhGÄndG, BT-Drs. 13/115, 12.

auf den Ort der Herstellung kommt es demgegenüber nicht an.[178] Zur Frage, ob auch ein Inverkehrbringen außerhalb der EU bzw. des EWR die Erschöpfung eintreten lässt (internationale Erschöpfung) vgl. → Rn. 58.

3. Zustimmung des Berechtigten

48   Der Eintritt der Erschöpfung setzt voraus, dass der zur Verbreitung Berechtigte dem Inverkehrbringen durch Veräußerung zugestimmt hat. Fehlt es an einer solchen Zustimmung, etwa weil der Berechtigte sie nicht abgegeben hat oder weil ein Nichtberechtigter sie abgegeben hat, so tritt Erschöpfung nicht ein. Die Zustimmung kann als vorherige Einwilligung oder als nachträgliche Genehmigung abgegeben werden.[179] **Berechtigter** ist zunächst der Urheber, ferner alle diejenigen, die eine Berechtigung vom Urheber ableiten. Das sind einmal die Rechtsnachfolger (§ 30), vor allem aber diejenigen, denen der Urheber im Wege der Einräumung von Nutzungsrechten die Berechtigung zur Verbreitung erteilt hat, zB der Verleger. Die Berechtigung kann sich auch aus einer mehrstufigen Rechtseinräumung bzw. -übertragung ergeben. Auch schuldrechtlich kann die Berechtigung erteilt werden. Im Verletzungsprozess obliegt die **Darlegungs- und Beweislast** für die Zustimmung zum Inverkehrbringen grundsätzlich dem Beklagten, der sich gegenüber der vom Kläger schlüssig vorgetragenen Verletzungshandlung mit dem Einwand verteidigt, das Verbreitungsrecht sei erschöpft.[180]

49   Die Berechtigung muss für das **Gebiet** bestehen, in dem das Inverkehrbringen erfolgt. Das ergibt sich daraus, dass bei der beschränkten Einräumung eines Verbreitungsrechts die Erschöpfung nur hinsichtlich des beschränkt eingeräumten Teils des Verbreitungsrechts eintritt, nicht aber hinsichtlich der Teile, die durch die Beschränkung von der Rechtseinräumung ausgenommen sind.[181] Wer für ein bestimmtes Gebiet kein Verbreitungsrecht besitzt, kann auch nicht dem Inverkehrbringen in diesem Gebiet wirksam zustimmen. Bringt beispielsweise ein Nutzungsberechtigter, dessen Verbreitungsrecht auf Deutschland beschränkt ist, Werkstücke in der Schweiz in Verkehr, so erschöpft sich das deutsche Verbreitungsrecht nicht. Die in der Schweiz veräußerten Werkstücke sind ohne die erforderliche Zustimmung des Berechtigten in Verkehr gebracht und dürfen weder dort noch in Deutschland weiterverbreitet werden.[182] Anderes gilt allerdings, wenn Werkstücke im Gebiet der EU oder des EWR in Verkehr gebracht werden. Auch wenn das Verbreitungsrecht auf bestimmte Mitgliedstaaten beschränkt ist[183] und das In-Verkehr-Bringen in einem anderen Mitgliedstaat erfolgt, tritt nach dem Prinzip der gemeinschaftsweiten Erschöpfung[184] die Erschöpfung für das gesamte Gebiet der EU und des EWR ein; die Werkstücke dürfen innerhalb dieses Gebietes frei zirkulieren. Sie sind mit Zustimmung des Berechtigten im Gebiet der EU bzw. des EWR in Verkehr gebracht worden (§ 17 Abs. 2).

50   Werden Werkstücke, die sich bereits **außerhalb der Gemeinschaft** bzw. des EWR im Verkehr befanden, in einen Mitgliedstaat der EU bzw. des EWR importiert, so hängt die Zulässigkeit des Weitervertriebs in einen anderen Mitgliedstaat davon ab, ob der Berechtigte zum Import in die EU bzw. den EWR seine Zustimmung gegeben hat oder nicht.[185] Hat er die Zustimmung nicht gegeben, so tritt keine Erschöpfung ein.[186] Der Grundsatz der internationalen Erschöpfung, der ein In-Verkehr-Bringen außerhalb der EU bzw. des EWR für den Eintritt der Erschöpfung ausreichen lässt,[187] findet keine Anwendung. Gleichermaßen kann der Berechtigte innergemeinschaftliche Lieferungen von Werkstücken untersagen, die für den Export in einen Drittstaat außerhalb der EU oder des EWR bestimmt waren und ohne seine Zustimmung in einem Mitgliedstaat in Verkehr gebracht wurden.

51   Zur Verbreitung **rechtswidrig hergestellter Werkstücke** liegt eine Zustimmung in aller Regel nicht vor, so dass ihre Verbreitung verhindert werden kann. Das gilt auch für die sog. **Surplus-Produktion,** also in den Fällen, in denen der Hersteller von Werkstücken (insbes. von Ton- und Bildträgern) mehr Stücke herstellt, als er aufgrund des ihm eingeräumten Nutzungsrechts darf. Wird diese Mehrproduktion in Verkehr gebracht, so fehlt es insoweit an der Zustimmung des Berechtigten.

52   Im Interesse der Rechtsklarheit kann die **Zustimmung** als solche **keinen Beschränkungen oder Bedingungen** unterworfen werden.[188] Der Berechtigte kann beispielsweise seine Zustimmung nicht davon abhängig machen, dass der Erwerber der Werkstücke bei der Weiterveräußerung einen bestimmten Preis einhält. Er kann auch seine **Zustimmung nicht auf einen Teil des Verbreitungsrechts beschränken.** So kann er nicht seine Zustimmung nur für eine bestimmte Menge oder nur für ein bestimmtes Gebiet erteilen. Eine gleichwohl vorgenommene Beschränkung der Zustimmung

---

[178] BGH GRUR-Int 1981, 362 (564) – Schallplattenimport.
[179] BGH GRUR 2009, 856 Rn. 64 – Tripp-Trapp-Stuhl.
[180] BGH GRUR 2005, 505 (506) – Atlanta; BGH GRUR 1985, 924 (926) – Schallplattenimport II.
[181] Vgl. näher → Rn. 53 f.
[182] So auch Dreier/Schulze/*Schulze* UrhG § 17 Rn. 33.
[183] Dazu → Rn. 26.
[184] Dazu → Rn. 37.
[185] Dazu näher *Loewenheim* UFITA 95 (1983), 41 (70 f.).
[186] EuGH GRUR-Int 2007, 237 Rn. 23 ff. – Laserdisken; Wandtke/Bullinger/*Heerma* UrhG § 17 Rn. 35; Büscher/Dittmer/Schiwy/*Haberstumpf* Kap. 10 UrhG § 17 Rn. 13.
[187] Dazu näher → Rn. 57.
[188] BGH GRUR 1986, 736 (737) – Schallplattenvermietung; DKMH/*Dreyer* UrhG § 17 Rn. 78; *Schricker* EWiR 1986, 1139 (1140); *Reimer* GRUR-Int 1972, 221 (227); eingehend *Joos* S. 168 ff., insbes. S. 175 f.

hat allenfalls schuldrechtliche, aber keine urheberrechtlichen Folgen und wirkt sich auf die Erschöpfung nicht aus. Durch die Zustimmung des Berechtigten wird also immer (mit Ausnahme des Vermietrechts) dessen **gesamtes Verbreitungsrecht erschöpft,** der Berechtigte hat nicht die Möglichkeit, durch eine Beschränkung seiner Zustimmung die Erschöpfungswirkung nur partiell eintreten lassen. Von der Beschränkung der Zustimmung ist der Fall zu unterscheiden, dass das Verbreitungsrecht beschränkt eingeräumt ist. Soweit das Verbreitungsrecht wirksam beschränkt ist, fehlt es bei einer außerhalb der Beschränkung liegenden Verbreitungshandlung an einer wirksamen Zustimmung; Erschöpfung tritt insoweit nicht ein.[189] Das bedeutet, dass der Berechtigte, dem ein beschränktes Verbreitungsrecht eingeräumt oder übertragen wurde, seine **Zustimmung nur im Rahmen des ihm eingeräumten Verbreitungsrechts** erteilen kann, er kann weder über diesen Rahmen hinausgehen noch kann er innerhalb dieses Rahmens seine Zustimmung einschränken.

III. Erschöpfung beschränkter Verbreitungsrechte

Ist das Verbreitungsrecht beschränkt eingeräumt worden,[190] so führt ein Inverkehrbringen von **53** Werkstücken, das sich im Rahmen der beschränkt eingeräumten Verbreitungsberechtigung hält, dazu, dass die **Erschöpfung nur hinsichtlich des beschränkt eingeräumten Teils des Verbreitungsrechts eintritt,** nicht aber hinsichtlich der Teile, die durch die Beschränkung von der Rechtseinräumung ausgenommen wurden.[191] Ist das Verbreitungsrecht **räumlich beschränkt** auf bestimmte Staaten vergeben worden, so tritt die Erschöpfung in anderen Staaten nicht ein; das gilt allerdings nicht für das Gebiet der EU, weil insoweit der Grundsatz der gemeinschaftsweiten Erschöpfung[192] eingreift. Bei **zeitlichen Beschränkungen** des Verbreitungsrechts tritt keine Erschöpfung an Werkstücken ein, die außerhalb des vereinbarten Zeitraums verbreitet werden.[193] Das Gleiche gilt für **inhaltliche Beschränkungen.** Ist beispielsweise das Verbreitungsrecht beschränkt auf einen bestimmten Absatzweg vereinbart worden, so erschöpft es sich nicht an Werkstücken, die auf einem anderen Absatzweg in Verkehr gebracht worden sind.[194]

Ist dagegen die **Verbreitung** im Rahmen des (zulässigerweise) beschränkt eingeräumten Verbreitungsrechts **erfolgt,** so ist die Erschöpfung eingetreten und der weitere Vertrieb kann vom Berechtigten nicht mehr kontrolliert werden. Auf die Art und Weise der weiteren Nutzung braucht sich die Zustimmung nicht zu erstrecken; der Berechtigte kann sich nicht darauf berufen, er habe für eine bestimmte Form des weiteren Vertriebs seine Zustimmung nicht erteilt oder diese Vertriebsform sogar untersagt. Die dingliche Beschränkung des Verbreitungsrechts wirkt nicht dahin aus, dass der Berechtigte nach dem mit seiner Zustimmung erfolgten Inverkehrbringen auch alle weiteren Verbreitungsakte daraufhin überprüfen könnte, ob sie mit der ursprünglichen Begrenzung des Nutzungsrechts im Einklang stehen oder nicht.[195] Hat ein Berechtigter nur für den Fachhandel bestimmte Versionen von Computerprogrammen an Zwischenhändler geliefert, die er nach dem ihm eingeräumten Recht zur Verbreitung beliefern durfte, so kann er nicht verhindern, dass diese Zwischenhändler die Computerprogramme an Nichtfachhändler weitergeben.[196] Hat ein Fotograf einem Verlag ein auf die Herstellung von Ansichtskarten und Kalendern beschränktes Nutzungsrecht eingeräumt, so kann er es nicht untersagen, dass ein Süßwarenhersteller Pralinenschachteln mit den Ansichtskarten dekoriert.[197] Sind einem Verleger die Verlagsrechte für eine Ausgabe für den Sortimentsbuchhandel unter Ausschluss von Buchgemeinschaften eingeräumt worden und überlässt er dann Werkexemplare einer Buchgemeinschaft, so erschöpft sich an diesen Exemplaren das Verbreitungsrecht nicht, der Vertrieb der Exemplare durch die Buchgemeinschaft ist unzulässig;[198] wohl aber kann ein Sortimenter die an ihn gelieferten Exemplare an eine Buchgemeinschaft veräußern, da an ihnen das Verbreitungsrecht durch das Inverkehrbringen gegenüber dem Sortimenter erschöpft ist.

IV. Erschöpfungswirkung

Die Wirkung der Erschöpfung besteht darin, dass die **Weiterverbreitung** der Werkstücke **zulässig 55** ist, der Urheber oder sonstige zur Verbreitung Berechtigte kann sein Verbietungsrecht nicht mehr

---

[189] Vgl. näher → Rn. 49.
[190] Zur Zulässigkeit der beschränkten Einräumung vgl. → Rn. 25 ff.
[191] BGH GRUR 2001, 153 (154) – OEM-Version; BGH GRUR 1986, 736 (737) – Schallplattenvermietung; BGH GRUR 1959, 200 (202 f.) – Der Heiligenhof; OLG Hamburg GRUR 2002, 536 (537)– Flachmembranlautsprecher; OLG Frankfurt a.M. NJW 1982, 1653 (1654); OLG Karlsruhe GRUR 1984, 198 f. – Beschränkte Nutzung bei Video-Cassetten; LG München I FuR 1982, 509 (510); LG Hamburg FuR 1982, 392 (393); Dreier/Schulze/*Schulze* UrhG § 17 Rn. 32; Büscher/Dittmer/Schiwy/*Haberstumpf* Kap. 10 UrhG § 17 Rn. 14; *Schack* Rn. 432; aA Wandtke/Bullinger/*Heerma* UrhG § 17 Rn. 38.
[192] Dazu → Rn. 37.
[193] BGH GRUR 2001, 153 (154) – OEM-Version.
[194] BGH GRUR 2001, 153 (154) – OEM-Version.
[195] BGH GRUR 2001, 153 (154) – OEM-Version; OLG Hamburg GRUR 2002, 536 (537) – Flachmembranlautsprecher; KG GRUR-RR 2002, 125 (126) – Gruß aus Potsdam.
[196] BGH GRUR 2001, 153 – OEM-Version.
[197] KG GRUR-RR 2002, 125 (126) – Gruß aus Potsdam.
[198] BGH GRUR 1959, 200 (202 f.) – Der Heiligenhof.

geltend machen.[199] Davon ausgenommen ist die **Vermietung;** das Vermieten (nicht aber das Verleihen) kann also weiterhin untersagt werden, es sei denn, dass der zur Verbreitung Berechtigte der Vermietung zugestimmt hat.[200] Bei mehrstufigem Vertrieb ist das Verbreitungsrecht mit dem mit Zustimmung des Berechtigten erfolgten Inverkehrbringen **auf der ersten Vertriebsstufe erschöpft;** der weitere Vertriebsweg kann aufgrund des Verbreitungsrechts nicht mehr kontrolliert werden. Bei der Erschöpfung handelt es sich um **zwingendes Recht,** das nicht abbedungen werden kann.

56   Der Regelungsbereich des § 17 Abs. 2 beschränkt sich angesichts des Territorialitätsprinzips[201] zwar auf den Geltungsbereich des Urheberrechtsgesetzes, so dass diese Vorschrift auch nur für dieses Gebiet den Erschöpfungseintritt anordnen kann.[202] Angesichts der Harmonisierung der nationalen Regelungen in den Mitgliedstaaten und des Prinzips der gemeinschaftsweiten Erschöpfung tritt die **Erschöpfungswirkung** aber **einheitlich für das gesamte Gebiet der Europäischen Union und des Abkommens über den Europäischen Wirtschaftsraum** (zusätzlich zu den Mitgliedstaaten der EU also Island, Liechtenstein und Norwegen) ein. Mit dem Inverkehrbringen von Werkstücken in einem dieser Staaten wird also deren Weiterverbreitung (mit Ausnahme der Vermietung) im gesamten Gebiet der EU und des EWR zulässig. Zur Erschöpfung durch das Inverkehrbringen in Drittstaaten vgl. → Rn. 58; zur Erschöpfung bei einer vor der Wiedervereinigung vorgenommenen Aufteilung des Urheberrechts zwischen der früheren DDR und dem früheren Bundesgebiet vgl. → Rn. 26.

57   Die Erschöpfungswirkung tritt nur an den **konkreten in Verkehr gebrachten Werkstücken,** nicht aber bezüglich anderer Werkexemplare ein.[203] **Nur das Verbreitungsrecht** (mit Ausnahme der Vermietung) erschöpft sich, nicht aber andere Verwertungsrechte; einen allgemeinen Erschöpfungsgrundsatz, der über das Verbreitungsrecht hinaus auch auf andere Verwertungsrechte Anwendung findet, gibt es nicht.[204] So erstreckt sich beispielsweise die durch Veräußerung einer Videokassette eintretende Erschöpfungswirkung nicht auf das Recht der öffentlichen Filmvorführung.[205] Bei der Veräußerung des Vervielfältigungsstücks einer Datenbank bezieht sich die Erschöpfungswirkung nur auf dieses Vervielfältigungsstück, die Entnahme und Weiterverwendung von dessen Inhalt wird von der Erschöpfung nicht umfasst.[206]

V. Internationale Erschöpfung

58   Unter dem Problem der internationalen Erschöpfung versteht man die Frage, ob auch das **Inverkehrbringen von Werkstücken im Ausland** (bezogen auf Mitgliedstaaten der EU und des EWR, dh in Drittstaaten außerhalb der EU und des EWR) durch den Urheber oder eine mit ihm rechtlich oder wirtschaftlich verbundene Person zu einer **Erschöpfung im Inland** führt. Es geht also darum, ob das Inverkehrbringen nur eine nationale Erschöpfung bewirkt, deren Wirkung auf das Territorium beschränkt bleibt, in dem das Inverkehrbringen erfolgt ist, oder ob eine internationale Erschöpfung eintritt, die Wirkungen auch außerhalb des Territoriums des Inverkehrbringens zeitigt. Dieses früher auch im Patent- und Markenrecht viel diskutierte Problem[207] hat seit der Einführung des Grundsatzes der europäischen **gemeinschaftsweiten Erschöpfung**[208] durch den EuGH, der seinen gesetzlichen Niederschlag in Art. 4 Abs. 2 InfoSoc-RL und § 17 Abs. 2 UrhG gefunden hat, seine Bedeutung für die EU weitgehend verloren. Ein Inverkehrbringen von Werkstücken in einem der Staaten der Europäischen Union oder des Abkommens über den Europäischen Wirtschaftsraum führt zur Erschöpfung im gesamten Bereich der EU und des EWR; die Frage, ob es eine internationale Erschöpfung gibt, stellt sich also nicht mehr zwischen der EU bzw. dem EWR angehörenden Staaten. Sie reduziert sich vielmehr auf das Verhältnis zu **Drittstaaten.** Die schon bisher überwiegende Auffassung, dass ein Inverkehrbringen in Drittstaaten außerhalb der EU bzw. des EWR **nicht zur Erschöpfung des Verbreitungsrechts** in Mitgliedstaaten der EU bzw. des EWR, führt,[209] wurde durch die Laserdisken-Entscheidung des EuGH festgeschrieben.[210] Nach Art. 4 Abs. 2 der InfoSoc-RL und Art. 9

---

[199] BGH GRUR 2015, 772 Rn. 51 – UsedSoft III; BGH GRUR 2001, 153 (154) – OEM-Version.

[200] AmtlBegr. zum 3. UrhGÄndG, BT-Drs. 13/115, 12; näher dazu → Rn. 59 ff.

[201] Dazu → Vor §§ 120 ff. Rn. 109 ff.

[202] Vgl. auch die AmtlBegr. zum 2. UrhGÄndG, BT-Drs. 12/4022, 11.

[203] BGH GRUR 1993, 34 (36) – Bedienungsanweisung; BGH GRUR 1991, 449 (453) – Betriebssystem; BGH GRUR 1986, 742 (743) – Videofilmvorführung; DKMH/*Dreyer* UrhG § 17 Rn. 87; *Büscher/Dittmer/Schiwy/Haberstumpf* Kap. 10 UrhG § 17 Rn. 17.

[204] Näher → Rn. 38.

[205] BGH GRUR 1986, 742 (743) – Videofilmvorführung.

[206] BGH GRUR 2005, 940 (942) – Marktstudien.

[207] Vgl. dazu *Loewenheim* GRUR-Int 1996, 307 ff.; *Mailänder* FS Gaedertz, 1992, 369 ff.

[208] Vgl. dazu → Rn. 37.

[209] So bereits bisher die EU-Kommission in einer ersten Stellungnahme im Europäischen Parlament, vgl. GRUR-Int 1995, 205; *Schricker,* Verlagsrecht, Einl. Rn. 65a; *v. Lewinski* ZUM 1995, 442 (443); *Reinbothe/v.Lewinski* S. 105; *Sack* GRUR-Int 2000, 610 (616); eingehend zu dem Fragenkomplex *Gaster* GRUR-Int 2000, 571 ff.; *Baudenbacher* GRUR-Int 2000, 584 ff.

[210] EuGH GRUR-Int 2007, 237 Rn. 20 ff. – Laserdisken; s. für das Markenrecht bereits EuGH GRUR-Int 1998, 695 Rn. 31 – Silhouette; EuGH GRUR-Int 1999, 870 Rn. 21 – Sabega; EuGH GRUR 2002, 156 Rn. 32 f. – Davidoff.

Abs. 2 der Vermiet- und Verleih-RL erschöpft sich das Verbreitungsrecht „nur" mit dem Erstverkauf des geschützten Gegenstandes in der Gemeinschaft. In Erwägungsgrund 28 der InfoSoc-RL heißt es, dass die Erschöpfung des Verbreitungsrechts in der Gemeinschaft nur dann eintritt, „wenn das Original oder Vervielfältigungsstücke des Originals durch den Rechtsinhaber oder mit dessen Zustimmung außerhalb der Gemeinschaft verkauft werden". Auch § 17 Abs. 2 ist so zu verstehen, dass ein Inverkehrbringen in Drittstaaten außerhalb der EU bzw. des EWR nicht zur Erschöpfung des Verbreitungsrechts in Mitgliedstaaten der EU bzw. des EWR führt. Wenn sich das auch nicht ausdrücklich aus dem Wortlaut der Vorschrift ergibt, so führt doch jedenfalls eine richtlinienkonforme Auslegung zu diesem Ergebnis. Im Übrigen ging auch die Regelungsintention des deutschen Gesetzgebers dahin, die internationale Erschöpfung auszuschließen.

D. Vermietung

Schrifttum: *Berger,* Urheberrechtliche Fragen der Vermietung von Schulbüchern durch öffentliche Schulen, ZUM 2005, 19; *Dietz,* Zum Verhältnis von Verbreitungsrecht und Vermietrecht im nationalen, internationalen und europäischen Urheberrecht, FS Bercovitz (2005), S. 385; *Erdmann,* Das urheberrechtliche Vermiet- und Verleihrecht, FS Brandner (1996), S. 361; *Hubmann,* Die Zulässigkeit der Ausleihe von Videokassetten in öffentlichen Bibliotheken, FuR 1984, 495; *Jacobs,* Der neue urheberrechtliche Vermietbegriff, GRUR 1998, 246; *Melichar,* Videovermietung nach der EG-Richtlinie zum Vermiet- und Verleihrecht, FS Kreile, (1994), S. 409; *Rehbinder,* Die urheberrechtlichen Verwertungsrechte nach der Einführung des Vermietrechts, ZUM 1996, 349; *Reinbothe/ v. Lewinski,* The EC Directive on Rental and Lending Rights and on Piracy, London 1993; *Sack,* Die Vergütungspflicht gemäß § 27 I UrhG bei „erwerbsmäßigem Verleihen" von Vervielfältigungsstücken, GRUR 1979, 522; *Scheuermann/Strittmatter,* Die Angemessenheit der Vergütung nach § 27 UrhG für das Vermieten/Verleihen von Bildtonträgern in Videotheken, FS Reichardt, 1990, S. 169; *Schulze,* Vermieten von Bestsellern, ZUM 2006, 543; *Seifert,* Die gewerbliche Nutzung von Videokassetten durch Vermietung, FuR 1982, 291; *v. Ungern-Sternberg,* Erschöpfung des Verbreitungsrechts und Vermietung von Videokassetten, GRUR 1984, 262; *Zippold,* Die gewerbliche Vermietung von Videokassetten und Schallplatten, FuR 1983, 384.

I. Übersicht

Das Recht, die Vermietung – ebenso wie das Verleihen – von Werkstücken zu erlauben oder zu **59** untersagen, wurde nach früherer Auffassung vom Verbreitungsrecht umfasst;[211] das entsprach der damals allgemein vertretenen These, dass das Vermietrecht ein Unterfall des Verbreitungsrechts sei, die allerdings nicht mit der Interpretation des Verbreitungsbegriffs durch den EuGH vereinbar ist, der für die Verbreitung eine Eigentumsübertragung verlangt, die bei einer Vermietung naturgemäß nicht vorliegt.[212] Vor Umsetzung der Vermiet- und Verleihrechtslinie[213] unterlag das Vermietrecht der Erschöpfung und erlosch damit bei der ersten Veräußerung des Werkstücks. Die These, dass das Verbreitungsrecht unter Ausschluss der Berechtigung zum gewerblichen Vermieten und Verleihen eingeräumt werden könne (etwa durch Hinweise auf Tonträgern, dass das Vermieten untersagt sei), und dass demzufolge bei einer Veräußerung der Werkstücke das Vermietrecht und das Verleihrecht sich nicht erschöpften, hatte sich nicht durchgesetzt; dies nicht zuletzt im Hinblick auf die damalige Fassung des § 27, die zeigte, dass der Gesetzgeber das Verleihen und Vermieten nach § 17 Abs. 2 frei gewordener Werkstücke durchaus als vergütungswürdige Nutzungsform erkannt hatte, hierfür aber keinen Verbotsanspruch, sondern einen Vergütungsanspruch gewähren wollte.[214] In der **Vermiet- und Verleihrechtsrichtlinie** wurde das Vermietrecht als ausschließliches Recht (Verbotsrecht) ausgestaltet, das der Erschöpfung durch Veräußerung der Werkstücke nicht unterliegt; diese Ausgestaltung entspricht der Regelung in Art. 4 lit. c der Computerprogrammrichtlinie, sie wurde durch die InfoSoc-RL nicht angetastet[215] und liegt auch im Zuge der internationalen Entwicklung.[216] Bei der **Umsetzung der Richtlinie** hat der deutsche Gesetzgeber – der damaligen Auffassung entsprechend – das **Vermietrecht als Teilelement des Verbreitungsrechts** ausgestaltet;[217] damit bedurfte § 17 Abs. 1 insoweit keiner Änderung, das Vermietrecht musste aber vom Erschöpfungsgrundsatz ausgenommen werden (§ 17 Abs. 2).[218] Die These, dass das Vermietrecht Teilelement des Verbreitungsrechts ist, ist durch die Le Corbusier-Entscheidung des EuGH infrage gestellt worden. Folgt man der These des EuGH, dass der Verbreitungsbegriff nur durch Handlungen erfüllt wird, die mit einer Eigentumsübertragung verbunden sind,[219] kann das Vermietrecht, bei dem eine Eigentumsübertragung gerade nicht erfolgt,

---

[211] BGH GRUR 1987, 37 (38) – Videolizenzvertrag; BGH GRUR 1986, 736 – Schallplattenvermietung; BGH GRUR 1972, 141 – Konzertveranstalter; *Erdmann* FS Brandner, 1996, 361 (365).
[212] EuGH ZUM 2008, 508 – C-456/06 Rn. 41; sa *Schack* Rn. 436; näher dazu → Rn. 10 ff., 17 ff.
[213] Dazu → Rn. 3.
[214] BGH GRUR 1986, 736 (738) – Schallplattenvermietung; s. dazu auch *v. Ungern-Sternberg* GRUR 1984, 262; *Melichar* FS Kreile, 1994, 409 (412 f.).
[215] Vgl. Art. 1 Abs. 2b InfoSoc-RL.
[216] S. insbes. Art. 11 des TRIPS-Abkommens.
[217] AmtlBegr. zum 3. UrhGÄndG, BT-Drs. 13/115, 7.
[218] AmtlBegr. zum 3. UrhGÄndG, BT-Drs. 13/115, 12.
[219] Vgl. → Rn. 17.

nicht Teilelement des Verbreitungsrechts sein.[220] Dementsprechend ist auch vorgeschlagen worden, das Verbreitungsrecht, das Vermietrecht und das Verleihrecht als drei selbstständige und unabhängige Verwertungsrechte zu verstehen.[221] Der deutsche Gesetzgeber hat aber aus dieser Diskrepanz keine Konsequenzen gezogen.

60   Das Vermietrecht steht auch **Verfassern wissenschaftlicher Ausgaben** (§ 70 Abs. 1), **Herausgebern einer editio princeps** (§ 71 Abs. 1 S. 3), **Lichtbildnern** (§ 72 Abs. 1), **ausübenden Künstlern** (§ 77 Abs. 2 und in Verbindung damit auch **Veranstaltern,** § 81), **Tonträgerherstellern** (§ 85 Abs. 1 S. 1) und **Filmherstellern** (§ 94 Abs. 1 S. 1 und 95) zu,[222] nicht dagegen Sendeunternehmen (§ 87 Abs. 1 Nr. 2). Für Computerprogramme ist das Vermietrecht in § 69c Abs. 3 geregelt. Der unverzichtbare **Vergütungsanspruch** nach dem (damaligen)[223] Art. 4 der Vermiet- und Verleih-RL ist im neugefassten § 27 Abs. 1 umgesetzt. Die **Auslegung** der Neuregelung hat **richtlinienkonform** zu erfolgen.[224] Zur Umsetzung des **Verleihrechts** vgl. → § 27 Rn. 11 ff.

61   Die **rechtliche und wirtschaftliche Bedeutung** der Ausgestaltung des Vermietrechts als Verbotsrecht liegt vor allem darin, dass der Streit, ob sich beim Inverkehrbringen von Werkstücken auch das Vermietrecht erschöpft,[225] seine gesetzliche Erledigung gefunden hat und dass damit die Position der Tonträgerhersteller bei der Vermarktung von Tonträgern sowie der Filmhersteller bei der Videoverwertung gestärkt wurde. Die Hersteller können durch das Recht, Erwerbern die Vermietung zu untersagen oder sie nur unter zeitlichen oder anderen Einschränkungen zu erlauben, ihre Verwertungsstrategie entsprechend ihrer eigenen Einschätzung der Gewinnchancen bei Verkauf einerseits und Vermietung andererseits genauer steuern.[226] Ein Vermietverbot dürfte vor allem zur Erhöhung der Verkaufsrate bei Videobändern und CDs eingesetzt werden; Videotheken haben nicht nur den Vergütungsanspruch nach § 27 zu zahlen, sondern müssen sich auch das Vermietrecht einräumen lassen.

II. Begriff der Vermietung

62   Vermietung ist nach § 17 Abs. 3 die zeitlich begrenzte, unmittelbar oder mittelbar Erwerbszwecken dienende Gebrauchsüberlassung. Mit dieser Formulierung hat der Gesetzgeber Art. 2 Abs. 1a der (damaligen)[227] Vermiet- und Verleihrechtsrichtlinie[228] umgesetzt.[229] Diese Definition der Vermietung hat nach dem Wortlaut des § 17 Abs. 3 **Geltung für das ganze Urheberrechtsgesetz.** Sie findet also auch bei § 27 und § 69c Nr. 3 Anwendung, das Vermietrecht an Computerprogrammen beurteilt sich allerdings unmittelbar nach § 69c Nr. 3 und nicht nach § 17 Abs. 3. Durch die Häufung von Attributen[230] will die Vermiet- und Verleihrechtsrichtlinie ein weites Verständnis des Begriffs Vermietung erreichen; das ist bei der Auslegung des urheberrechtlichen Vermietungsbegriffs zu beachten.[231] Maßgebend ist eine **wirtschaftliche Betrachtungsweise,** da das Vermietrecht den Zweck hat, dem Berechtigten eine angemessene Beteiligung an den Nutzungen zu sichern, die aus der Verwertung ihrer Werke oder geschützten Leistungen gezogen werden.[232] Auch rechtlich anders gestaltete Geschäfte können unter den Vermietungsbegriff fallen, wenn bei wirtschaftlicher Betrachtungsweise die Ziele einer Vermietung erreicht werden.[233] Der Vermietungsbegriff weist **zwei Voraussetzungen** auf: zum einen muss es sich um eine zeitlich begrenzte Gebrauchsüberlassung handeln, zum anderen muss diese Gebrauchsüberlassung unmittelbar oder mittelbar Erwerbszwecken dienen. Ausnahmen gelten für Bauwerke und Werke der angewandten Kunst sowie für bestimmte Gebrauchsüberlassungen im Rahmen von Arbeits- und Dienstverhältnissen.

1. Zeitlich begrenzte Gebrauchsüberlassung

63   Ob eine **Gebrauchsüberlassung** vorliegt, beurteilt sich nicht nur nach der rechtlichen Gestaltungsform, sondern auch maßgeblich nach dem wirtschaftlichen Zweck der Vereinbarung. Es braucht

---

[220] So auch Wandtke/Bullinger/*Heerma* UrhG § 17 Rn. 40; *Grünberger* FS G. Schulze, 2017, 67 (70 f.).
[221] *Grünberger* FS G. Schulze, 2017, 67 (71).
[222] Vgl. auch AmtlBegr. BT-Drs. 13/115, S. 15, zu Nr. 3 und 5, AmtlBegr. BT-Drs. 13/115, S. 16, zu Nr. 8.
[223] Art. 4 der Richtlinie 92/100/EWG entspricht Art. 5 der heutigen Vermiet- und Verleihrechtsrichtlinie (Richtlinie 2006/115/EG).
[224] Vgl. → Rn. 2.
[225] Vgl. → Rn. 58.
[226] AmtlBegr. zum 3. UrhGÄndG, BT-Drs. 13/115, 7.
[227] Richtlinie 92/100/EWG; Art. 2 Abs. 1a der Richtlinie 92/100/EWG entspricht Art. 1 Abs. 2 der heutigen Vermiet- und Verleihrechtsrichtlinie (Richtlinie 2006/115/EG).
[228] Richtlinie 2006/115/EG des Europäischen Parlaments und des Rates zum Vermietrecht und Verleihrecht sowie zu bestimmten dem Urheberrecht verwandten Schutzrechten im Bereich des geistigen Eigentums, ABl. 2006 L 376, S. 28.
[229] AmtlBegr. BT-Drs. 13/115, 12.
[230] Nach Art. 1 Abs. 2 der Richtlinie 2006/115/EG ist Vermietung „die zeitlich begrenzte Gebrauchsüberlassung zu unmittelbarem oder mittelbarem wirtschaftlichen oder kommerziellen Nutzen".
[231] Sa AmtlBegr. BT-Drs. 13/115, 12; Dreier/Schulze/*Schulze* UrhG § 17 Rn. 44.
[232] BGH GRUR 2001, 1036 (1037) – Kauf auf Probe.
[233] AmtlBegr. BT-Drs. 13/115, 12.

kein Mietverhältnis iSd §§ 535 ff. BGB vorzuliegen.[234] Um eine Gebrauchsüberlassung kann es sich auch dann handeln, wenn Videotheken oder CD-Vermietläden in eine „Club"-Form oder in eine ähnliche zivilrechtliche Ausgestaltung umorganisiert werden, um dem Vermietrecht zu entgehen.[235] Charakteristisch ist, dass die Gebrauchsüberlassung eine **uneingeschränkte und wiederholbare Werknutzung** ermöglicht, mit der Folge, dass der Kauf eines eigenen Vervielfältigungsstückes vielfach unterbleiben wird.[236]

Bei der Gebrauchsüberlassung muss es sich um die **Überlassung körperlicher Werkstücke** handeln.[237] Die **Online-Übertragung** von Werken ist daher keine Vermietung, sondern öffentliche Zugänglichmachung (§ 19a).[238]   **64**

Die Gebrauchsüberlassung muss **zeitlich begrenzt** sein; damit wird sie gegenüber Überlassungsformen wie Kauf oder Schenkung abgegrenzt. Eine dauernde Gebrauchsüberlassung, wie sie zB mit der Eigentumsübertragung bezweckt wird, stellt keine Vermietung dar. Von einer zeitlichen Begrenzung der Gebrauchsüberlassung ist aber bei wirtschaftlicher Betrachtung[239] nicht nur dann auszugehen, wenn der Gegenstand innerhalb einer bestimmten Zeit zurückgegeben werden muss, sondern auch dann, wenn er innerhalb einer bestimmten Zeit zurückgegeben werden kann.[240] Das gilt insbesondere dann, wenn die Eigentumsübertragung zur Umgehung einer Vermietung benutzt wird. Eine solche Situation kann vorliegen, wenn dem Erwerber beim Kauf das Recht eingeräumt wird, die erworbenen Werkstücke zurückzugeben[241] oder beim Vertrieb im Wege des Kaufs auf Probe.[242]   **65**

Erwägungsgrund 10 der Vermiet- und Verleihrechtsrichtlinie[243] geht davon aus, dass bestimmte Formen der Überlassung nicht unter dem Begriff des Vermietens und Verleihens fallen sollen. Genannt werden die Überlassung von Tonträgern und Filmen zur öffentlichen Vorführung oder Sendung sowie die Überlassung zu Ausstellungszwecken oder zur Einsichtnahme an Ort und Stelle. Unter Berufung auf diesen Erwägungsgrund wird vielfach angenommen, dass es sich bei der **Präsenznutzung,** insbesondere in Präsenzbibliotheken, nicht um eine Vermietung handelt.[244] Die Gegenmeinung beruft sich darauf, dass in der Intensität der Werknutzung und der damit verbundenen Inanspruchnahme der schöpferischen Leistung kein nennenswerter Unterschied zwischen der Präsenznutzung in Bibliotheken und der Ausleihe bestehe und dass die wirtschaftlichen Interessen des Urhebers verlangten, dass er auch an dieser Form der Gebrauchsüberlassung beteiligt werde, weil auch die Präsenznutzung in Bibliotheken den Erwerb eines Werkstücks entbehrlich mache.[245] Der deutsche Gesetzgeber hat in der Begründung zum 3. Urheberrechtsänderungsgesetz (zu § 27) ausgeführt, dass die Aussagen des Erwägungsgrundes 10 in den operativen Vorschriften der Richtlinie keinen Ausdruck gefunden hätten und dass sie deswegen am bindenden Charakter der Richtlinie nicht teilnähmen. Deshalb wollte er an der bestehenden Rechtslage, die es durchaus erlaubte, die Präsenznutzung in Bibliotheken als Gebrauchsüberlassung zu erfassen.[246] nichts ändern,[247] Vom Sinn und Zweck der Richtlinie spricht vieles dafür, auch die Präsenznutzung in Bibliotheken als Vermietvorgang zu erfassen. Wie die anderen europäischen Richtlinien bezweckt auch die Vermiet- und Verleihrechtsrichtlinie eine angemessene Vergütung der Urheber und ausübenden Künstler und sieht zu diesem Zweck einen angemessenen Schutz von urheberrechtlich geschützten Werken vor;[248] der Zweck der Richtlinie dürfte gegenüber den Formulierungen im 10. Erwägungsgrund stärker ins Gewicht fallen. Da die Ausleihe unzweifelhaft als Gebrauchsüberlassung erfasst wird, erscheint es von der Zielsetzung der Richtlinie her nicht sinnvoll, die Präsenznutzung anders zu behandeln.[249]   **66**

2. Unmittelbares oder mittelbares Dienen zu Erwerbszwecken

Die Gebrauchsüberlassung muss **unmittelbar oder mittelbar Erwerbszwecken dienen.** Durch dieses Kriterium unterscheidet sich das Vermieten vom Verleihen (§ 27 Abs. 2 S. 2). Der Gesetzgeber hat mit den Begriffen „unmittelbar oder mittelbar" eine weite Fassung gewählt, um auch angrenzende   **67**

---

[234] AmtlBegr. BT-Drs. 13/115, 12; LG München I GRUR-RR 2003, 300 (302 f.); ebenso das Schrifttum, vgl. etwa Dreier/Schulze/*Schulze* UrhG § 17 Rn. 44; *Erdmann* FS Brandner, 1996, 361 (369, 367); *v. Lewinski* ZUM 1995, 442 (443).

[235] AmtlBegr. BT-Drs. 13/115, 12.

[236] BGH GRUR 2001, 1036 (1037) – Kauf auf Probe; zur Rechtslage vor 1995 BGH GRUR 1989, 417 (418) – Kauf mit Rückgaberecht.

[237] Dreier/Schulze/*Schulze* UrhG § 17 Rn. 46; Wandtke/Bullinger/*Heerma* UrhG § 17 Rn. 42.

[238] Dreier/Schulze/*Schulze* UrhG § 17 Rn. 46; *Jacobs* GRUR 1998, 246 (249).

[239] Vgl. → Rn. 62.

[240] BGH GRUR 2001, 1036 (1037) – Kauf auf Probe.

[241] AmtlBegr. BT-Drs. 13/115, 12; vgl. auch BGH GRUR 1989, 417 (418) – Kauf mit Rückgaberecht.

[242] BGH GRUR 2001, 1036 (1037) – Kauf auf Probe.

[243] Richtlinie 2006/115/EG; Erwägungsgrund 10 dieser Richtlinie entspricht Erwägungsgrund 13 der Richtlinie 92/100/EWG.

[244] Wandtke/Bullinger/*Heerma* UrhG § 17 Rn. 48; Büscher/Dittmer/Schiwy/*Haberstumpf* Kap. 10 UrhG § 17 Rn. 23; *Jacobs* GRUR 1998, 246 (249); *Rehbinder* ZUM 1996, 349 (354).

[245] LG München I GRUR-RR 2003, 300 (303) – für das Verleihen; *Erdmann* FS Brandner, 1996, 361 (367).

[246] Vgl. Schricker/Loewenheim/*Loewenheim* (1. Aufl.) § 27 Rn. 6.

[247] AmtlBegr. BT-Drs. 13/115, 13.

[248] Vgl. nur Erwägungsgrund 2 ff. der Richtlinie; sa *Erdmann* FS Brandner, 1996, 361 (368).

[249] Zur entsprechenden Problematik beim Verleihen → § 27 Rn. 19.

und Umgehungstatbestände einbeziehen zu können.[250] Beim Begriff des Erwerbszwecks kann von den entsprechenden Begriffen in § 27 aF und § 52 Abs. 1 ausgegangen werden.[251] Danach liegt ein Erwerbszweck vor, wenn die Gebrauchsüberlassung der Werkstücke **den wirtschaftlichen Interessen des Vermieters dient.**[252] Die Gebrauchsüberlassung braucht nicht entgeltlich zu erfolgen, ein mittelbarer wirtschaftlicher Nutzen reicht aus, beispielsweise wenn durch die Gebrauchsüberlassung für das sonstige Warenangebot geworben und dadurch der Gewinn gesteigert werden soll.[253] Erwerbszwecke können nicht nur von privaten Betrieben, sondern auch von **staatlichen Stellen** verfolgt werden.[254] Im Rahmen eines Gewerbebetriebs erfolgt die Gebrauchsüberlassung in aller Regel zu Erwerbszwecken, etwa bei Videotheken oder Lesezirkeln; die nicht gewerbliche Gebrauchsüberlassung schließt jedoch einen Erwerbszweck nicht aus.[255] Die Ausleihe in **Werkbüchereien** dient mittelbar Erwerbszwecken. Es handelt sich daher um Fälle der Vermietung; zur Ausnahmeregelung des § 17 Abs. 3 Nr. 2 vgl. → Rn. 68. Auch das **Auslegen von Zeitungen und Zeitschriften in Geschäftsräumen und Wartezimmern** dient Erwerbszwecken.[256]

3. Ausnahmetatbestände

68   Nach Abs. 3 Nr. 1 gilt die Überlassung von Originalen oder Vervielfältigungsstücken von **Bauwerken** oder **Werken der angewandten Kunst** nicht als Vermietung. Diese Regelung entspricht Art. 3 Abs. 2 der Vermiet- und Verleihrechtsrichtlinie[257] und trägt dem Umstand Rechnung, dass bei der Vermietung ausgeführter Bauwerke und von Werken der angewandten Kunst der Gebrauchswert des Sachobjekts im Vordergrund steht.[258] Auf Pläne, Modelle und sonstige Abbildungen von Bauwerken und Werken der angewandten Kunst trifft das hingegen nicht zu, so dass die Ausnahme des Abs. 3 Nr. 1 auf sie keine Anwendung findet.[259] Ebenso wenig bezieht sich die Ausnahme auf Werke der reinen Kunst, wie Gemälde, Skulpturen und dgl.[260]

69   Ebenfalls nicht als Vermietung gilt die Überlassung von Originalen oder Vervielfältigungsstücken im Rahmen von **Arbeits- oder Dienstverhältnissen,** wenn sie zu dem ausschließlichen Zweck erfolgt, bei der Erfüllung von Verpflichtungen aus diesem Verhältnis benutzt zu werden (Abs. 3 Nr. 2). Diese Ausnahme beruht nicht auf einer Regelung der Vermiet- und Verleihrechtsrichtlinie, vielmehr hat der Gesetzgeber die zweite Alternative des § 27 Abs. 2 aF in die neue Vorschrift übernommen. Mit dieser 1972 eingefügten Regelung sollten reine Arbeitsbibliotheken von Betrieben und Behörden aus dem Kreis der vergütungspflichtigen Bibliotheken ausgenommen und bei Bibliotheken, die sowohl Arbeitsmittel als auch andere Literatur umfassten, die für den Betrieb oder die Behörde benötigte reine Fachliteratur nicht einbezogen werden.[261] Dabei ist der Gesetzgeber davon ausgegangen, dass diese Regelung nicht gegen den Zweck der Vermiet- und Verleihrechtsrichtlinie verstößt und sich daher aufrechterhalten lässt; es erschien ihm „nicht gerechtfertigt, die Nutzung zB einer Werkbücherei durch Arbeitnehmer des Unternehmens, die für betriebliche Zwecke erfolgt, urheberrechtlich unterschiedlich zu beurteilen, je nachdem, ob der Arbeitnehmer das Werkstück in der Werkbücherei, an seinem Arbeitsplatz oder zu Hause benutzt".[262] Für **Werkbüchereien** erscheint indes die Vereinbarkeit mit der Richtlinie zweifelhaft.[263] Werkbüchereien dienen mittelbar Erwerbszwecken;[264] es liegt auch eine Gebrauchsüberlassung vor. Damit sind die Voraussetzungen für eine Vermietung erfüllt. Der Gesetzgeber hatte sich zwar darauf berufen, dass im Richtlinienvorschlag der Kommission[265] Werkbüchereien als Beispiel für das Verleihen aufgeführt worden waren;[266] in der endgültigen Fassung der Richtlinie waren sie aber weggefallen. Eine richtlinienkonforme Auslegung des § 17 Abs. 3 Nr. 2 wird sich daher auf die Nutzung am Arbeitsplatz zu beschränken haben. Die Fälle, in denen Arbeitnehmer Werke zu Hause nutzen, werden als Vermietung anzusehen sein, auch wenn es sich um eine betriebliche Nutzung handelt.[267] Nach dem Bericht des Rechtsausschusses ist der **Begriff des Arbeits- oder Dienstverhältnisses** weit auszulegen; hierunter sollen auch die

---

[250] AmtlBegr. BT-Drs. 13/115, 12.
[251] *Erdmann* FS Brandner 1996, 361 (368 f.).
[252] BGH GRUR 1972, 617 (618) – Werkbücherei; Wandtke/Bullinger/*Heerma* UrhG § 17 Rn. 44; Büscher/Dittmer/Schiwy/*Haberstumpf* Kap. 10 UrhG § 17 Rn. 20.
[253] BGH GRUR 2001, 1036 (1038) – Kauf auf Probe.
[254] Dreier/Schulze/*Schulze* UrhG § 17 Rn. 45.
[255] BGH GRUR 1972, 617 (618) – Werkbücherei.
[256] OLG München GRUR 1979, 546 (548) – Zeitschriftenauslage II; *Loewenheim* GRUR 1980, 550 (558); *Sack* BB 1984, 1195 (1203 f.); *v. Lewinski* S. 24.
[257] Richtlinie 2006/115/EG.
[258] AmtlBegr. BT-Drs. 13/115, 12.
[259] AmtlBegr. BT-Drs. 13/115, 12.
[260] *Jacobs* GRUR 1998, 246 (250).
[261] Schriftl. Bericht des Rechtsausschusses, BT-Drs. VI/3264, 5.
[262] AmtlBegr. BT-Drs. 13/115, 12 f.
[263] Dazu insbes. Wandtke/Bullinger/*Heerma* UrhG § 17 Rn. 47; Dreier/Schulze/*Schulze* UrhG § 17 Rn. 49; Büscher/Dittmer/Schiwy/*Haberstumpf* Kap. 10 UrhG § 17 Rn. 20.
[264] AmtlBegr. BT-Drs. 13/115, 13; sa BGH GRUR 1972, 617 (618) – Werkbücherei (zur früheren Rechtslage).
[265] GRUR-Int 1991, 111 (112), Art. 1 Abs. 3.
[266] AmtlBegr. BT-Drs. 13/115, 12 f.
[267] So auch Wandtke/Bullinger/*Heerma* UrhG § 17 Rn. 47.

Ausleihe von Literatur an in der Ausbildung stehende Betriebsangehörige, Aufsichtsräte, Betriebsräte, Mitglieder der Jugendvertretung und dgl. fallen.[268]

§ 18 Ausstellungsrecht

Das Ausstellungsrecht ist das Recht, das Original oder Vervielfältigungsstücke eines unveröffentlichten Werkes der bildenden Künste oder eines unveröffentlichten Lichtbildwerkes öffentlich zur Schau zu stellen.

Schrifttum: *Beyer,* Ausstellungsrecht und Ausstellungsvergütung, 2000; *Bisges,* Der Öffentlichkeitsbegriff im Urheberrechtsgesetz, UFITA 2014/II, 363; *Bueb,* Der Veröffentlichungsbegriff im deutschen und internationalen Urheberrecht, Diss. München 1974; *Dillenz,* Die Österreichische Urheberrechtsgesetz-Novelle 1996, GRUR-Int 1996, 799; *Duchemin,* Réflexions sur le droit d'exposition, RIDA 156 (1993) 15; *Erdmann,* Sacheigentum und Urheberrecht, FS Piper, 1996, S. 655; *ders.,* Benachteiligt das geltende Ausstellungsrecht den Künstler?, GRUR 2011, 1061; *Kirchmaier,* Überlegungen zur Einführung einer Ausstellungsvergütung, KUR 2004, 73; *Klaunig/Müller,* Die Verwertung von Werken der bildenden Kunst durch öffentliche Darbietung im Wege der Ausstellung, UFITA 2013/III, S. 699; *Kühl,* Der internationale Leihverkehr der Museen, 2004; *dies.,* Endlich eine Ausstellungsvergütung?, KUR 2004, 76; *W. Nordemann,* Das Ausstellungsrecht, KUR 1999, 29; *Ohly,* Verwertungsrechte im Bereich der bildenden Kunst, FS Schricker (1995), 1995, S. 427; *Pedrazzini,* Das Ausstellungsrecht an Werken der bildenden Künste, Schweiz. Mitt. 1956, 72; *Pfennig,* Ausstellungsvergütung – Gleiches Recht für alle Kreativen in der Informationsgesellschaft, in FS G. Schulze, 2017, S. 173; *Schack,* Ausstellungsrecht und Ausstellungsvergütung, ZUM 2008, 817; *Schiefler,* Veröffentlichung und Erscheinen nach dem neuen Urheberrechtsgesetz, UFITA 48 (1966) 81; *Stieper,* Import von Nachbildungen geschützter Designermöbel als Verletzung des urheberrechtlichen Verbreitungsrechts, ZGE 2011, 227; *Ulmer,* Das Veröffentlichungsrecht, FS Hubmann, 1985, S. 435; *v. Ungern-Sternberg,* Die Rechtsprechung des BGH zum Urheberrecht und zu den verwandten Schutzrechten in den Jahren 2006 und 2007, GRUR 2008, 193 (Teil I), 291 (Teil II); *ders.,* Die Rechtsprechung des EuGH und des BGH zum Urheberecht und zu den verwandten Schutzrechten im Jahre 2013, GRUR 2014, 209; *ders.,* Die Rechtsprechung des EuGH und des BGH zum Urheberrecht und zu den verwandten Schutzrechten im Jahre 2014, GRUR 2015, 205; *ders.,* Die Rechtsprechung des EuGH und des BGH zum Urheberrecht und zu den verwandten Schutzrechten im Jahre 2015, GRUR 2016, 321; *Waitz,* Die Ausstellung als urheberrechtlich geschütztes Werk, 2009; *Walter,* Zur österreichischen Ausstellungsvergütung, KUR 2000, 45; *ders.,* Das Ausstellungsrecht und die Ausstellungsvergütung, MR 1996, 56; *Wiesner,* Die Rechte des bildenden Künstlers nach Veräußerung des Werkstücks, 2008; *Zimmermann,* Die Ausstellung als Werk, 2002.

Übersicht

I. Allgemeines

Ohne Vorbild im KUG, mit nur wenigen Beispielen im ausländischen und ohne Beispiel im euro- **1** päischen sowie internationalen Urheberrecht[1] gewährt § 18 dem Urheber eines Werkes der bildenden Kunst oder eines Lichtbildwerkes ein **Ausstellungsrecht.** Systematisch zählt dieses Recht zu den Befugnissen der Werkverwertung in körperlicher Form,[2] seine **Beschränkung auf unveröffentlichte Werke** nimmt ihm allerdings den Charakter eines Verwertungsrechts und verleiht ihm als **besondere Form der Werkveröffentlichung** dogmatisch die Natur eines urheberpersönlichkeitsrechtlichen Verbotsrechts.[3]

---

[268] Schriftl. Bericht des Rechtsausschusses, BT-Drs. VI/3264, 5.

[1] S. den Überblick bei *Kühl* S. 81 ff.; zu den Bestrebungen einer konventionsrechtlichen Regelung des Ausstellungsrechts *Duchemin* RIDA 156 (1993), 15 (57 ff.); sa *Schack* ZUM 2008, 817 (819).

[2] § 15 Abs. 1 Nr. 3; der BGH spricht hingegen in GRUR 1995, 673 (676) – Mauer-Bilder – missverständlich von öffentlicher Wiedergabe in unkörperlicher Form; erläuternd zu dieser Entscheidung *Erdmann* GRUR 2011, 1061 (1065).

[3] Ebenso *Erdmann* GRUR 2011, 1061 (1062).

1. Rechtsentwicklung

2   **Das vor dem UrhG geltende KUG** kannte weder das Zurschaustellen als besondere Art der Werkverwertung noch ein neben den abschließend aufgezählten Verwertungsrechten bestehendes allgemeines Veröffentlichungsrecht. Die in § 11 Abs. 1 S. 2 LUG idF vom 19.6.1901 verankerte Befugnis des Urhebers zur ersten öffentlichen Mitteilung des Werkinhalts, aus der mitunter mittelbar ein Veröffentlichungsrecht hergeleitet wurde,[4] übernahm das KUG idF vom 9.1.1907 nicht. Das Ausstellungsrecht verband sich deshalb zu jener Zeit untrennbar mit dem Eigentum am Werkstück, soweit nicht – nach jüngerer Auffassung – der rechtswidrige Verlust des Eigentums zu einer schwerwiegenden Gefährdung der ideellen Interessen des Urhebers führte.[5]

3   Die im Zuge der **Reformbestrebungen gegen Ende der zwanziger Jahre des 20. Jh.** erarbeiteten Entwürfe eines Urheberrechtsgesetzes kannten zwar ein **Zurschaustellungsrecht, jedoch lediglich als Unterfall des** dem Urheber vorbehaltenen **Rechts der öffentlichen Wiedergabe.**[6] Der Akademie-E 1939 schloss sich dem an (§ 11 Abs. 1 Ziff. 4), während vorher der RJM-E 1932 und später der RefE 1954 es insoweit beim allgemeinen Veröffentlichungsrecht beließen. Lediglich nach der Schrankenbestimmung des § 51 RefE sollte die erlaubnisfreie Ausstellung eines veröffentlichten Werkes zulässig sein. Der MinE 1960 (§ 16) sah zwar ein eigenes Ausstellungsrecht vor, beschränkte dieses jedoch im Interesse des Kunsthandels auf unveröffentlichte Werke der bildenden Kunst.[7] Der ihm folgende RegE, dessen Fassung schon der späteren gesetzlichen Regelung entsprach, bezog sich zusätzlich auf Lichtbildwerke.

2. Rechtsnatur und Reichweite

4   **a) Rechtsnatur.** Die tatbestandliche Beschränkung der § 18 auf unveröffentlichte Werke reduziert das Ausstellungsrecht wesensmäßig auf einen Ausschnitt des Veröffentlichungsrechts, der für Werke der bildenden Kunst und für Lichtbildwerke den häufigen Fall ihrer Veröffentlichung durch Zurschaustellung des Originals oder eines Vervielfältigungsstücks gesondert regelt.[8] Wenngleich die Gestattung der Ausstellung eines Werkes – ebenso wie jede andere Art der Veröffentlichung – im Sinne der monistischen Theorie auch den materiellen Interessen des Urhebers zu dienen vermag,[9] weil sie von einer vermögenswerten Gegenleistung abhängig gemacht werden kann, rechtfertigt dies die vorgenommene gesetzessystematische Einordnung des Ausstellungsrechts und seine Gleichstellung mit den übrigen Verwertungsrechten gemäß § 15 nicht.[10] Denn abgesehen davon, dass sich wegen der **mit der Veröffentlichung eintretenden Erschöpfungswirkung** eine zeitliche und inhaltliche Aufspaltung des Nutzungsrechts nach § 31 Abs. 1 S. 2 nicht vornehmen lässt und die räumliche Beschränkung an die jeweils gleichzeitige Rechtsausübung gebunden wäre,[11] erlangte die Einräumung eines ausschließlichen Ausstellungsrechts nur dann wirtschaftliches Gewicht, wenn sich der Urheber jeder anderen Art der Werkveröffentlichung, etwa durch Sendung, Vorführung, öffentliche Zugänglichmachung oder Verbreitung, enthielte.[12] Ein derart weitgehender Verzicht auf die Ausübung des Veröffentlichungsrechts begegnet trotz der Möglichkeit des Rückrufs wegen Nichtausübung gemäß § 41 unter urheberpersönlichkeitsrechtlichen Gesichtspunkten Bedenken.[13]

5   **b) Reichweite.** In seiner Reichweite bleibt § 18 nicht nur durch seine ausschließliche Anwendung auf den Fall der **Zurschaustellung** unveröffentlichter Werke der bildenden Kunst und unveröffentlichter Lichtbildwerke hinter dem allgemeinen Veröffentlichungsrecht gemäß § 12 Abs. 1 zurück. Zudem erfährt er anders als das Veröffentlichungsrecht eine zusätzliche **Einschränkung durch § 44 Abs. 2.** Dieser normiert in Umkehrung des Grundsatzes, dass mit der Übertragung des Eigentums am Original eine Nutzungsrechtseinräumung im Zweifel nicht verbunden ist (§ 44 Abs. 1), eine **Vermutung zugunsten seines Eigentümers,** zur Ausstellung des Originals berechtigt zu sein. Veräußert der Urheber folglich das Original, bleibt ihm das Recht zur Ausstellung des unveröffentlichten Werkes nur durch einen ausdrücklichen **Vorbehalt,** der – im Gegensatz zum früheren Recht – nicht nur inter partes, sondern aufgrund seiner gegenständlichen Wirkung gegenüber jedem Dritten

---

[4] Etwa *Allfeld,* LUG (2. Aufl.), LUG § 11 Anm. 9, 10; Begr. RefE 1954, S. 107; sa *Ulmer* FS Hubmann, 1985, 435 (440); BGH GRUR 1955, 201 (203 f.) – Cosima Wagner.

[5] Dazu ausführlich *Ulmer* (1. Aufl.) § 43 II, III.

[6] Elster-E § 10 Abs. 3 Nr. 1; Goldbaum-E § 13 Nr. 3; Hoffmann-E § 15 Nr. 1 jeweils abgedruckt in Mintz/von Moser (Hrsg.), Zur Reform des Urheberrechts in Deutschland, 1930.

[7] Vgl. Begr. MinE S. 94 f.

[8] *Schack* ZUM 2008, 817 (818); Fromm/Nordemann/*W. Nordemann* (9. Aufl.), UrhG § 18 Rn. 1; *Ulmer* § 48 II; Möhring/Nicolini/*Kroitzsch/Götting* (4. Aufl.) UrhG § 18 Rn. 1; Mestmäcker/Schulze/*Kirchmaier* (Stand 6/2004) UrhG § 18 Rn. 3.

[9] So bereits BGH GRUR 1955, 201 (204) – Cosima Wagner.

[10] So aber *v. Gamm* UrhG § 18 Rn. 2; vgl. auch Möhring/Nicolini/*Kroitzsch/Götting* (4. Aufl.), UrhG § 18 Rn. 1; *Beyer* S. 50 f.: der vermögensrechtlich bedeutsame Ansatz sei lediglich zugunsten anderer Interessen nicht verwirklicht worden.

[11] Vgl. *v. Gamm* UrhG § 18 Rn. 2.

[12] Mestmäcker/Schulze/*Kirchmaier* (Stand 6/2004) UrhG § 18 Rn. 3 f.

[13] Vgl. *Ulmer* § 48 II.

wirkt.[14] Ohne Vorbehalt verbleibt dem Urheber das Ausstellungsrecht freilich dann, wenn er das Original seines Werkes einem anderen leih- oder mietweise überlässt und dieser das Original an einen gutgläubigen Dritten veräußert, weil in diesem Fall der Urheber der Veräußerung nicht zugestimmt hat und ein gutgläubiger Erwerb des Urheberrechts ausgeschlossen ist.[15] Eine Vorbehaltserklärung hat der Urheber zu beweisen.

aa) Einer Abgrenzung bedarf das Ausstellungsrecht zum **Verbreitungsrecht** nach Art. 4 Abs. 1 **6** InfoSoc-RL, umgesetzt durch § 17 Abs. 1, der den Rechtsinhaber dazu befugt, das Original oder Vervielfältigungsstücke eines Werkes der Öffentlichkeit anzubieten oder in den Verkehr zu bringen. Die Befugnis, ein Werk nach § 18 auszustellen, berechtigt nicht zu dessen Verkauf. Dazu bedarf es der gesonderten Einräumung eines Nutzungsrechts nach § 17 Abs. 1. § 17 Abs. 1 soll die Tätigkeit des Kunsthandels umfassen, dessen Zurschaustellung von Werken als Aufforderung zum Eigentumserwerb und damit als Angebot im Sinne der Vorschrift zu verstehen ist.[16] Entgegen der Annahme der Amtl-Begr.[17] hätte es im Interesse des Kunsthandels der tatbestandlichen Beschränkung des § 18 auf unveröffentlichte Werke allerdings nicht bedurft.[18]

§ 18 und § 17 Abs. 1 stehen selbständig nebeneinander und sind im konkreten Fall nach den jewei- **7** ligen vertraglichen Nutzungsrechtseinräumungen gegeneinander abzugrenzen. Solange das Verbreitungsrecht noch nicht erschöpft ist, beinhaltet die Einräumung von Nutzungsrechten an einem noch unveröffentlichten Kunstwerk zum Zweck der Veranstaltung einer Verkaufsausstellung nicht das Recht zur Ausstellung dieses Werkes in einem Museum und umgekehrt.[19]

bb) Unionsrechtliche Auslegung des Verbreitungsbegriffs. Das Verbreitungsrecht nach § 17 **8** Abs. 1 ist Teil der unionrechtlich vollharmonisierten, abschließend geregelten Verwertungsrechte des Urhebers. Die Richtlinienvorgabe verpflichtet die Mitgliedstaaten der EU zu einer Umsetzung, die das unionsrechtlich vorgegebene Schutzniveau weder unter- noch überschreiten darf, und verpflichtet zur richtlinienkonformen Auslegung des Verbreitungsrechts nach § 17 Abs. 1.[20]

Die **abschließende Regelung der Verwertungsrechte des Urhebers in der InfoSoc-RL** ver- **9** bietet die Anwendung des unionsrechtlich nicht geregelten Ausstellungsrechts auf vom Verbreitungsrecht erfasste Sachverhalte.[21] Der Anwendungsbereich des § 18 ist folglich beschränkt, soweit es unionsrechtlich um ein öffentliches Anbieten oder Inverkehrbringen iSd Art. 4 Abs. 1 InfoSoc-RL eines unveröffentlichten Werkes geht,[22] es sei denn, es handelte sich um Werknutzungen, die von dem in der Richtlinie geregelten Verbreitungsrecht grundverschieden sind.[23] Praktische Bedeutung kommt dem jedoch kaum zu. Denn das Ausstellungsrecht stellt sich durch seine Beschränkung auf unveröffentliche Werke als ein Segment des Veröffentlichungsrechts dar und schließt darüber hinaus unkörperliche Formen der Werknutzung aus.[24] Die Auslegung des Verbreitungsrechts und des Ausstellungsrechts ist deshalb vornehmlich für die Bemessung des Umfangs von Nutzungsrechtseinräumungen von Bedeutung. Folgende Entscheidungen des EuGH zum Umfang des Verbreitungsrechts sind vornehmlich bei der Abgrenzung zum Ausstellungsrecht zu beachten:[25]

Die in der **Vorlage des BGH „Le Corbusier-Möbel"**[26] gestellte Frage, ob das Verbreitungsrecht **10** nach § 17 Abs. 1 bei richtlinienkonformer Auslegung im Lichte des Art. 4 Abs. 1 InfoSoc-RL auch dann berührt ist, wenn es um einen **bloßen Besitzerwerb** geht, hat der EuGH im Hinblick auf Art. 6 Abs. 1 WCT, den die Richtlinienbestimmung in das Unionsrecht umsetzt (Erwgr. 15), verneint. Nach seiner Auffassung liegt eine Verbreitung auf andere Weise als durch Verkauf iSd Art. 4 Abs. 1 InfoSoc-RL **nur bei einer Übertragung des Eigentums** vor, nicht jedoch bei einer Gebrauchsüberlassung und nicht, wenn der Gegenstand lediglich gezeigt wird, ohne seine Benutzung zu ermöglichen.[27] Überdies stellt Erwgr. 10 der von der InfoSoc-RL nicht tangierten Vermiet- und

---

[14] Ebenso *Erdmann* GRUR 2011, 2061 (1062); *Erdmann* FS Piper, 1996, 655 (663); *Ulmer* § 48 IV; *Rehbinder/Peukert* Rn. 469; für bloße obligatorische Wirkung nach altem Recht *Ulmer* (1. Aufl.) § 43 II sowie *Pedrazzini* Schweiz. Mitt. 1956, 72 (83 f.).

[15] *Ulmer* § 48 III; ebenso *Erdmann* GRUR 2011, 1061 (1062).

[16] Teilweise str. su.; wie hier auch DKMH/*Dreyer* § 18 UrhG Rn. 4; ausführlich dazu → § 17 Rn. 8 ff.

[17] AmtlBegr. UFITA 45 (1965), 240 (263).

[18] AllgM; etwa Fromm/Nordemann/*W. Nordemann* (9. Aufl.), UrhG § 18 Rn. 1; aA jedoch *W. Nordemann* UrhG § 17 Rn. 5: für eine Verkaufsausstellung des Handels sowohl der Erwerb des Ausstellungs- als auch des Verbreitungsrechts erforderlich; *v. Gamm* UrhG § 18 Rn. 3; *Ulmer* § 48 II; sa *Beyer* S. 52.

[19] Vgl. *Erdmann* GRUR 2011, 1061 (1063) mwN.

[20] Vgl. EuGH GRUR 2014, 360 Rn. 33–41 – Svensson/Retriever Sverige (zum Recht der öffentlichen Wiedergabe); BGH GRUR 2017, 793 Rn. 20 – Mart-Stam-Stuhl; BGH GRUR 2016, 490 Rn. 32 – Marcel-Breuer-Möbel; BGH GRUR 2016, 487 Rn. 30 – Wagenfeld-Leuchte II; BGH GRUR 2009, 840 Rn. 19 f. – Le-Corbusier-Möbel II; BGH GRUR 2016, 171 Rn. 17 – Die Realität II, kritisch in Bezug auf das Verbreitungsrecht → § 17 Rn. 17.

[21] Vgl. *v. Ungern-Sternberg* GRUR 2016, 321 (326); aA BGH GRUR 2015, 265 Rn. 34 – Hi Hotel II.

[22] Vgl. *v. Ungern-Sternberg* GRUR 2016, 321 (326).

[23] Vgl. *v. Ungern-Sternberg* GRUR 2016, 321 (326); ebenso *v. Lewinski* FS Loewenheim, 2009, 175 (182).

[24] → Rn. 4, 11, 19, 21 f.

[25] Sa die Erläuterungen unter → § 17 Rn. 8 ff.

[26] BGH GRUR 2007, 50 – Le-Corbusier-Möbel.

[27] EuGH GRUR-Int 2008, 593 (596) – Le-Corbusier-Möbel mit krit. Anm. *v. Welser*, der demgegenüber geltend macht, der EuGH habe unberücksichtigt gelassen, dass der WCT lediglich Mindestrechte gewähre. Zur Kritik der Entscheidung in der Literatur ferner → § 17 Rn. 11 ff.; ausführlich dazu auch *Stieper* ZGE 2011, 227.

Verleih-RL[28] abgrenzend klar, dass die Überlassung zu Ausstellungszwecken kein Verleihen iSd Richtlinie darstellt.[29] Auch in der symbolischen Übergabe oder dem bloßen öffentlichen Zurschaustellen eines Werkes zB im Rahmen eines Festaktes liegt im Lichte der EuGH-Entscheidung keine Verbreitung iSd § 17 Abs. 1, und zwar unabhängig davon, ob dies in Form eines Angebots oder in Form des Inverkehrbringens geschieht.[30] Der BGH hat die Rechtsprechung des EuGH übernommen.[31] Das mit der Verfassungsbeschwerde angerufene BVerfG vermochte in der BGH-Entscheidung „Le-Corbusier-Möbel" keine Verletzung des Eigentums des Beschwerdeführers nach Art. 14 GG zu sehen.[32]

11   Eine „**Verbreitung an die Öffentlichkeit**" iSd Art. 4 InfoSoc-RL liegt nach der späteren Rspr. des EuGH auch dann vor, wenn ein Händler aus einem Mitgliedstaat, in dem für bestimmte Waren kein oder ein nicht durchsetzbarer Rechtsschutz besteht (Italien bei Werken der angewandten Kunst (Bauhaus-Möbel)), diese Waren in einem anderen Mitgliedstaat, in dem sie urheberrechtlich geschützt sind, gezielt bewirbt und durch ein spezifisches Liefer- und Zahlungssystem einer Öffentlichkeit in diesem Mitgliedstaat anbietet, um sie nach dem Übergang der Verfügungsgewalt noch im Ursprungsstaat zu liefern.[33] Das Ausstellungsrecht ist insoweit nicht berührt.

12   In der **weiteren Vorlage „Marcel-Breuer-Möbel"** zur Auslegung von Art. 4 Abs. 1 InfoSoc-RL stellte der BGH dem EuGH die Fragen, ob im Interesse des mit der Richtlinie (Erwgr. 4 und 9) angestrebten hohen Schutzniveaus der harmonisierte Begriff des Verbreitungsrechts **das Anbieten eines noch unveröffentlichten Originals oder Vervielfältigungsstücks** und, im Falle der Bejahung dieser Frage, ob – wie vom BGH befürwortet – das Anbieten über das Vertragsangebot hinaus **auch Werbemaßnahmen** umfasst, selbst wenn das Angebot nicht zum Erwerb des Originals oder eines Vervielfältigungsstücks führt.[34] Der EuGH hat diese Frage im Sinne des BGH entschieden, so dass das eine Kette von einzelnen Verkaufshandlungen umfassende Verbreitungsrecht auch verletzt ist, wenn eine Ware von einem Mitgliedstaat aus in einem anderen Mitgliedstaat, in dem diese Ware geschützt ist, gezielt beworben wird, ohne dass es aufgrund der Werbung zu einem Eigentumsübergang kommt.[35] Dem ist erwartungsgemäß der BGH in seiner abschließenden Entscheidung gefolgt.[36]

13   cc) Als besonderes Recht, über die **Erstveröffentlichung** eines Kunstwerkes zu entscheiden, gewährt § 18 dem Urheber eines Werkes gegen dessen Eigentümer **weder ein positives Recht auf Ausstellung** des noch unveröffentlichten Bildes **noch einen Anspruch auf Herausgabe** an sich selbst oder den Veranstalter einer Ausstellung.[37] Das gilt ebenfalls, wenn das Bild dem Urheber abhanden gekommen ist.[38] Dem Urheber steht lediglich ein Recht auf Zugang zum Werkstück gemäß § 25 zu, das jedoch ebenfalls keinen Herausgabeanspruch zu Ausstellungszwecken umfasst.[39] Folglich bedarf es für die Herausgabe eines Bildes zu Ausstellungszwecken vertraglicher Absprachen.[40] Ohne sie kann der Urheber auch nicht auf die Art und Weise der Zurschaustellung Einfluss nehmen. Wohl aber kann er unter Umständen eine bestimmte Präsentation des Werkes in der Öffentlichkeit unterbinden, wenn sie das Bild in einen herabwürdigenden Kontext stellt und dadurch eine indirekte Beeinträchtigung des Werkes nach § 14 verursacht.[41] Auch wenn die ideellen Beziehungen des Urhebers zu einem seiner konkreten Werke nicht in Frage stehen, kann gleichwohl sein allgemeines Persönlichkeitsrecht tangiert sein, wenn sein Werkschaffen allgemein durch die Art und Weise der Ausstellung herabgesetzt wird.[42]

3. Bedeutung und Kritik

14   Die **Bedeutung** von § 18 als bloßem Segment des allgemeinen Veröffentlichungsrechts nach § 12 Abs. 1 erschöpft sich in seiner systematischen Beziehung zu § 44. Die Einschränkung der Auslegungsregel des § 44 Abs. 1 durch dessen Abs. 2 gilt allein für § 18 und insoweit auch nur hinsichtlich des Originals, nicht dagegen hinsichtlich eines Vervielfältigungsstücks im Eigentum eines Dritten.

---

[28] Kod. Fassung 2006/115/EG vom 12.12.2006, ABl. 2006 L 376, S. 28–35.
[29] Vgl. auch *Schack* ZUM 2008, 817 (818).
[30] Vgl. BGH GRUR 2007, 691 Rn. 29 – Staatsgeschenk.
[31] BGH GRUR-Int 2009, 942 – Le-Corbusier-Möbel II.
[32] BVerfG GRUR-Int 2011, 959 – Le-Corbusier-Möbel.
[33] EuGH GRUR-Int 2012, 766 Rn. 26 ff. – Donner, und in der Folge BGH GRUR 2013, 62 Rn. 47 f.; ausführlich dazu *Stieper* ZGE 2011, 227 (237 ff.).
[34] BGH GRUR 2013, 1137 Rn. 16 ff. – Marcel-Breuer-Möbel.
[35] EuGH GRUR 2015, 665 Rn. 28, 32 – Dimensione Direct Sales Srl/Knoll.
[36] BGH in den Urteilen vom 5.11.2015 in den Sachen GRUR 2016, 490 – Marcel-Breuer-Möbel II und GRUR 2016, 487 – Wagenfeld-Leuchte II.
[37] HM, vgl. *Erdmann* GRUR 2011, 1061 (1062 f.); *Erdmann* FS Piper, 1996, 655 (664); Möhring/Nicolini/ *Kroitzsch/Götting* (4. Aufl.) UrhG § 18 Rn. 4.
[38] KG GRUR 1981, 742 (743) – Totenmaske I; sa Anm. *Gerstenberg* zu Schulze KGZ 79 u. 82; anders dagegen Art. 14 Abs. 2 schweiz. UrhG, der dem Urheber bei überwiegendem Interesse einen Herausgabeanspruch gewährt.
[39] Ebenso *Erdmann* GRUR 2011, 1061 (1063); vgl. auch *Beyer* S. 54 f.
[40] AllgM: *Ulmer* § 48 IV; Dreier/Schulze/*Schulze* UrhG § 18 Rn. 12; Fromm/Nordemann/*Dustmann* UrhG § 18 Rn. 12; *Erdmann* GRUR 2011, 1061 (1062 f.); *Beyer* S. 56.
[41] Vgl. dazu → § 14 Rn. 15; *Erdmann* GRUR 2011, 1061 (1063 f.); *Erdmann* FS Piper, 1996, 655 (668); Dreier/ Schulze/*Schulze* UrhG § 18 Rn. 14; *v. Gamm* UrhG § 18 Rn. 5.
[42] Vgl. dazu → Vor §§ 12 ff. Rn. 29 ff.; allg. auch *Ulmer* § 6 III.

Aus heutiger Sicht bedarf § 18 einer **kritischen Würdigung.** Gewicht erlangte ein Ausstellungs- 15
recht erst durch seine **Erstreckung auf veröffentlichte Werke.**[43] Denn nur so kann den bildenden
Künstlern und Fotografen, die ohnehin wirtschaftlich zu den meist schlechter gestellten Werkschöp-
fern zählen, bei der Zurschaustellung ihres Werkes ihr verfassungsrechtlich verbrieter Anspruch auf
grundsätzliche Zuordnung des wirtschaftlichen Nutzens ihrer schöpferischen Leistung zuteilwerden,[44]
obgleich, worauf *Erdmann*[45] hinweist, der Beteiligungsgrundsatz des § 11 S. 2 nicht besagt, dass dem
Urheber an jeder nur denkbaren wirtschaftlichen Nutzung seines Werkes eine Teilhabe gebührt.[46] Die
mitunter erörterte analoge Anwendung von § 19 Abs. 4 scheidet mangels einer planwidrigen Regelungslücke des Gesetzes aus.[47] Mag es zur Zeit des Inkrafttretens des Gesetzes noch vertretbar gewesen
sein, die Ausstellung eines veröffentlichten Bildes jenseits des Anwendungsbereichs des UrhG zu belassen;[48] die seitdem sprunghaft gestiegene Zahl von Ausstellungen, verbunden mit einem massenhaften Ausstellungstourismus, lässt es problematisch erscheinen, ausgerechnet die Schöpfer der gezeigten
Werke leer ausgehen zu lassen.

De lege ferenda wäre deshalb zu diskutieren, das Ausstellungsrecht durch seine Erstreckung auf 16
veröffentlichte Werke zu einem vollwertigen Verwertungsrecht auszubauen. Da dabei die Interessen
der Urheber mit denen der Galeristen, der Werkeigentümer und der Öffentlichkeit in Einklang zu
bringen sind, wird ins Spiel gebracht, letztere zu privilegieren und ein praktisch ohnehin nur kollektiv
wahrnehmbares Nutzungsrecht mit einer Verwertungsgesellschaftspflicht zu verbinden, zumindest
aber einen Vergütungsanspruch einzuführen, der jedoch Verkaufsausstellungen wegen der abschließenden Regelung der Verwertungsrechte in der InfoSoc-RL von der Vergütungspflicht auszunehmen
hätte.[49] Dabei sollte allerdings nicht übersehen werden, dass derartige Lösungen weitgehend den ohnehin bekannten und erfolgreichen Künstlern zugutekämen, während durch eine Vergütungspflicht
die vielen kleinen Kunstvereine, die gerade die weniger bekannten Künstler fördern, an die Grenzen
ihrer finanziellen Möglichkeiten stoßen und deshalb von einer Ausstellung absehen müssten. In **Österreich** stand vom 1.4.1996 bis Ende 2001 dem Urheber eines bereits veröffentlichten Werkes der
bildenden Kunst ein verwertungsgesellschaftspflichtiger und unverzichtbarer Anspruch auf angemessene Vergütung zu, wenn die Ausstellung des Werkes Erwerbszwecken diente und entgeltlich erfolgte.[50]

Vor der – im Übrigen europaweit anzustrebenden – Einführung eines wirtschaftlich bedeutsamen 17
Ausstellungsrechts sollten die österreichischen Erfahrungen analysiert und überdies erörtert werden,
wie kleinere Ausstellungen, die oft mit geringen Mitteln einen wesentlichen Beitrag zur Förderung
junger Künstler leisten, von zusätzlichen finanziellen Belastungen verschont werden können, damit
sich der gesetzliche Schutz der Künstler nicht in sein Gegenteil verkehrt.[51] Das Bundesministerium
der Justiz hat deshalb in seinem RefE für ein Zweites Gesetz zur Regelung des Urheberrechts in der
Informationsgesellschaft (Stand 3.1.2006) die entsprechende von Seiten der Künstlerverbände geforderte Änderung des § 18 abgelehnt.

Zusätzlich wäre zu erwägen, dem Urheber im Hinblick auf eine beabsichtigte Ausstellung einen 18
Herausgabeanspruch gegen den Eigentümer eines auszustellenden Werkstücks zu gewähren, wie
dies das schweizerische Urheberrechtsgesetz bei überwiegenden Interessen des Urhebers tut (Art. 14
Abs. 2 schwUrhG).

II. Einzelerläuterungen

1. Gegenstand des Ausstellungsrechts

Seinem Wortlaut und seinem Schutzzweck entsprechend bezieht sich § 18 allein auf **Werke der** 19
bildenden Kunst und Lichtbildwerke im engeren Sinne, dh auf Werke der Bildhauerei, Male-

---

[43] Ebenso Dreier/Schulze/*Schulze* UrhG § 18 Rn. 15; Fromm/Nordemann/*Dustmann* UrhG § 18 Rn. 2 f.;
Loewenheim/*Schulze* Handbuch § 20 Rn. 58; Mestmäcker/Schulze/*Kirchmaier* (Stand 6/2004) UrhG § 18 Rn. 10 ff.
[44] Vgl. BVerfG GRUR 1972, 481 (484) – Kirchen- und Schulgebrauch; BVerfG GRUR 1980, 44 (48 f.) – Kirchenmusik.
[45] *Erdmann* GRUR 2011, 1061 (1064).
[46] BVerfG 31, 248 (252) – Bibliotheksgroschen; BVerfG GRUR 1988, 687 (689) – Zeitschriftenauslage; BVerfG
GRUR 1989, 193 (197) – Vollzugsanstalten; BVerfG GRUR 1990, 183 (184) – Vermietungsvorbehalt.
[47] Ebenso *Erdmann* GRUR 2011, 1061 (1965); Möhring/Nicolini/*Kroitzsch/Götting* (4. Aufl.), UrhG § 18
Rn. 12; aA Dreier/Schulze/*Schulze* UrhG § 18 Rn. 18.
[48] So die AmtlBegr. UFITA 45 (1965), 240 (263).
[49] Vgl. → Rn. 7; überholt demgegenüber *Duchemin* RIDA 156 [1993], 15 (69 ff.); *Ohly* FS Schricker, 1995, 427
(435 f.); *Beyer* S. 103 ff.; unentschieden gegenüber einer Ausstellungsvergütung Deutscher Bundestag (Hrsg.), Kultur
in Deutschland, 2008, S. 390, 392; ablehnend noch das BMJ im RefE 2. Korb v. 27.9.2004, S. 43; befürwortend
insbesondere aus verfassungsrechtlicher Sicht *Kühl* KUR 2004, 76 (78 ff.); *W. Nordemann* KUR 1999, 29; *Schack*
ZUM 2008, 817 (819 ff.); zuletzt *Pfennig* FS G. Schulze, 2017, 173.
[50] S. § 16b öUrhG aF; zur Frage, wie nach altem Recht die Voraussetzungen der Entgeltlichkeit und des Erwerbszwecks zu verstehen sind OGH GRUR-Int 2000, 804 – Bank Austria sowie *Dillenz* GRUR-Int 1996, 799 f.;
Walter MR 1996, 56 (58 ff.); *Walter* KUR 2000, 45 (48 ff.); *Klaunig/Müller* UFITA 2013/III, 699 (712); *Schack*
ZUM 2008, 817 (819); *Wiesner* S. 44 f.
[51] Es wäre einer ausgewogenen Betrachtung dienlich, angesichts der gebotenen Interessenabwägung darin nicht
allein eine verwerterfreundliche Positionierung zu sehen, wie dies *Pfennig* (FS G. Schulze, 2017, 173 (174)) tut; sa
die Einwände von *Kirchmaier* KUR 2004, 73 (74 f.).

rei, Graphik und Fotografie, also nicht auf sämtliche von § 2 Abs. 1 Nr. 4 und 5 erfassten Werkarten.[52] Er schließt ausdrücklich **sowohl das Original als auch Vervielfältigungsstücke** wie etwa die Fotografie eines Bildes, einer Plastik, einer Collage etc ein,[53] während sich § 44 Abs. 2 nur auf Originale bezieht. **Vom Ausstellungsrecht zu unterscheiden** ist der denkbare **urheberrechtliche Schutz der Ausstellung** als schöpferische Komposition der Ausstellungsstücke oder als Sammelwerk nach § 4 Abs. 1.[54]

20 **In entsprechender Anwendung** der für Lichtbildwerke geltenden Vorschriften besteht ein Ausstellungsrecht **auch für Lichtbilder** und Erzeugnisse, die ähnlich wie Lichtbilder hergestellt werden (§ 72 Abs. 1).[55]

21 Dagegen scheidet eine entsprechende Anwendung des § 18 auf **andere Werkarten und Leistungen**[56] nach seiner eindeutigen tatbestandlichen Fassung im Hinblick auf § 44 Abs. 2 aus.[57] Anders als bei Werken der bildenden Kunst und bei Lichtbildwerken kann bei Werken der Baukunst und der angewandten Kunst, bei technischen oder wissenschaftlichen Zeichnungen, Schrift- oder Musikwerken, insbesondere persönlichen Briefen und Tagebüchern, ua nicht in gleicher Weise angenommen werden, deren Urheber nehme bei der Veräußerung des Originals eines Werkes ohne weiteres dessen Veröffentlichung in Kauf. Soll deshalb das Autograph eines geschützten, noch unveröffentlichten Musikstücks, eines Gedichtes oder eines Briefes in einem Museum oder anlässlich einer Veranstaltung zur Ausstellung gelangen, benötigt der Eigentümer des Werkstücks wie jeder Dritte dafür die Genehmigung des Urhebers oder seiner Erben gemäß § 12 Abs. 1, auch wenn mit der Übertragung des Eigentums am Werkstück kein ausdrücklicher Vorbehalt gemäß § 44 Abs. 2 verbunden war. Bei höchstpersönlichen Briefen oder Tagebüchern steht dem Verfasser oder seinen Erben – wiederum ungeachtet des Eigentums am Werkstück – unter Umständen zusätzlich ein Verbotsrecht aus dem allgemeinen Persönlichkeitsrecht zur Seite.[58] Denkbar ist freilich, dass im Einzelfall aus den besonderen Umständen der Veräußerung des Originals oder eines Vervielfältigungsstücks auf die Einwilligung zur Ausstellung geschlossen werden kann.[59]

2. Unveröffentlichte Werke der bildenden Kunst und Lichtbildwerke

22 Das Ausstellungsrecht des Urhebers an seinen **unveröffentlichten** Werken der bildenden Kunst und Lichtbildwerken erlischt mit deren erster Veröffentlichung,[60] so dass der Urheber einer späteren Ausstellung seines Werkes nicht mehr entgegentreten kann.[61] Eine weitere Einschränkung des Ausstellungsrechts tritt ein, wenn der Urheber das noch unveröffentlichte Original veräußert, ohne sich dieses Recht vorbehalten zu haben. In diesem Fall geht das Ausstellungsrecht nach § 44 Abs. 2 auf den Eigentümer über,[62] sofern der Erwerbsvorgang nicht zu einer Veröffentlichung des Werkes führt.[63] Bei der Auslegung des § 18 ist der **Begriff der Öffentlichkeit** iSd harmonisierten § 15 Abs. 3 zu verstehen.[64] Folglich kann ein Gemälde noch unveröffentlicht iSd § 18 sein, wenn es in einer Galerie vor einem kleineren Kreis untereinander oder mit dem Galeristen verbundener Personen iSd § 15 Abs. 3 zur Schau gestellt werden.[65] Geht es um die Frage einer Vorveröffentlichung, spielt deren Art und Weise keine Rolle. Sie kann in jeder Form der körperlichen und unkörperlichen Werkverwertung erfolgt sein, also durch eine frühere Zurschaustellung oder durch eine Vervielfälti-

---

[52] Ebenso *v. Gamm* UrhG § 18 Rn. 3; Möhring/Nicolini/*Kroitzsch/Götting* (4. Aufl.), UrhG § 18 Rn. 5 f.; Mestmäcker/Schulze/*Kirchmaier* (Stand 6/2004) UrhG § 18 Rn. 5; dagegen, dh auch Werke der Baukunst und der angewandten Kunst einschließend, *Kühl* S. 79 f.; weitergehend noch die frühere österreichische Regelung des § 16b öUrhG: sämtliche Werkarten mit Ausnahme von Werke der angewandten Kunst, dazu *Walter* KUR 2000, 45 (48).

[53] Einzelheiten zum Begriff der Vervielfältigung → § 16 Rn. 5 ff.

[54] Vgl. OLG Düsseldorf Schulze OLGZ 246, 5 – Wanderausstellung über Ostdeutschland; LG München I ZUM-RD 2003, 492 (498 f.) – Jemen-Ausstellung; ausführlich zum Recht an der Ausstellung siehe die Monographie von *Waitz* sowie Dreier/Schulze/*Schulze* UrhG § 18 Rn. 17 f.; Möhring/Nicolini/*Kroitzsch/Götting* (4. Aufl.), UrhG § 18 Rn. 12.

[55] Ebenso Möhring/Nicolini/*Kroitzsch/Götting* (4. Aufl.), UrhG § 18 Rn. 5; *Rehbinder/Peukert* Rn. 470.

[56] Etwa gemäß §§ 70, 71.

[57] Wie hier *v. Gamm* UrhG § 18 Rn. 3; Fromm/Nordemann/*W. Nordemann* (9. Aufl.), UrhG § 18 Rn. 1; Fromm/Nordemann/*Dustmann* UrhG § 18 Rn. 5; Möhring/Nicolini/*Kroitzsch/Götting* (4. Aufl.), UrhG § 18 Rn. 6; DKMH/*Dreyer* UrhG § 18 Rn. 9; aA *Schack* ZUM 2008, 817 (821); *Rehbinder/Peukert* Rn. 470; Schricker/*Gerstenberg* (1. Aufl.) UrhG § 18 Rn. 6 f.; *Ulmer* § 49 II, der gleichwohl § 44 Abs. 2 auf diese Werkarten nicht anwendet; ebenso *Ulmer* FS Hubmann, 1985, 435 (441) sowie Dreier/Schulze/*Schulze* UrhG § 18 Rn. 8; Loewenheim/*Schulze* Handbuch § 20 Rn. 51.

[58] Vgl. *Ulmer* § 6 III 3, § 49 III.

[59] → § 12 Rn. 14; *Ulmer* § 49 III.

[60] Daran wäre die Klage im Fall OLG München GRUR 1990, 677 – Postervertrieb – letztlich gescheitert.

[61] LG Stuttgart AfP 1976, 103.

[62] S. die Erl. zu → § 44 Rn. 7, 21 f.; ebenso Dreier/Schulze/*Schulze* § 18 UrhG Rn. 10; Loewenheim/Schulze Handbuch, § 20 Rn. 55; aA *Bisges* UFITA 2014/II, 363 (377 ff.).

[63] AA wohl DKMH/*Dreyer* UrhG § 18 Rn. 6.

[64] Möhring/Nicolini/*Kroitzsch/Götting* (4. Aufl.), UrhG § 18 Rn. 8; Dreier/Schulze/*Schulze* UrhG § 18 Rn. 11. Eine Verpflichtung zur richtlinienkonformen Auslegung besteht nicht, da das Ausstellungsrecht nicht von der InfoSoc-RL harmonisiert wird, vgl. → Rn. 1, 9, → § 15 Rn. 132; → Rn. 22; aA Fromm/Nordemann/*Dustmann* UrhG § 18 Rn. 6; *Rehbinder/Peukert* Rn. 468; Bisges/*Nennen* Kap. 2 B 4 Rn. 237.

[65] Möhring/Nicolini/*Kroitzsch/Götting* (4. Aufl.) UrhG § 18 Rn. 8; *Dreyer* HK-UrhG UrhG § 18 Rn. 5, 10.

gung und Verbreitung in einer Zeitschrift ebenso wie durch eine Sendung, öffentliche Zugänglichmachung oder Vorführung. Die **Veröffentlichungswirkung** (Erlöschen des Ausstellungsrechts) **tritt**
jedoch **nicht ein,** wenn die **Veröffentlichung ohne Zustimmung des Berechtigten** vorgenommen wird.[66] Allerdings geht das Ausstellungsrecht mit der Veräußerung des Werkoriginals ohne besondere Vorbehaltserklärung auf den neuen Eigentümer des Werkes über.[67] Für den Umstand, dass ein
Werk unveröffentlicht ist, trägt derjenige die **Beweislast,** der das Ausstellungsrecht geltend macht.[68]

Die zustimmungsfreie Vervielfältigung und Verbreitung des Werkes in einem **Ausstellungskatalog** 23
unter Inanspruchnahme der Schrankenregelung des § 58 setzt zumindest eine Verfügung des berechtigten Urhebers oder Eigentümers über das Ausstellungsrecht nach § 18 voraus. Steht die vorzeitige
Verbreitung des Katalogs nicht mehr im unmittelbaren zeitlichen Zusammenhang mit der Ausstellungseröffnung, bedarf es zur Verbreitung des Katalogs der entsprechenden Nutzungsrechtseinräumung des Urhebers. Durch die unautorisierte Verbreitung des Katalogs erschöpft sich das Ausstellungsrecht nicht, weil der Urheber infolge der Schrankenregelung des § 58 keinen Einfluss auf die
Herstellung und Verbreitung des Katalogs nehmen kann.[69]

3. Öffentliche Zurschaustellung

Bei der **Zurschaustellung** handelt es sich nach § 15 Abs. 1 um einen Fall der körperlichen Werk- 24
verwertung. Das Ausstellungsrecht knüpft an die Präsentation des körperlichen Werkstücks an, nicht
an die Betrachtung durch die Öffentlichkeit.[70] Die gegenteilige Auffassung *Schulzes*[71] begegnet Bedenken. Denn die Ausstellung setzt nicht notwendig voraus, dass die Öffentlichkeit auch hinschaut. Es
reicht die Möglichkeit, dass sie es tut. § 18 verlangt deshalb lediglich, dass das Original oder ein Vervielfältigungsstück des Werkes **körperlich vorhanden** ist und dem Publikum zur Betrachtung angeboten wird.[72] Ist die Präsentation des Kunstwerks gleichzeitig mit einem Anbieten an die Öffentlichkeit zum Eigentumserwerb verbunden, liegt ein Fall der Verbreitung nach § 17 Abs. 1 vor, nicht
dagegen ein Fall der Ausstellung.[73] **Unkörperliche Formen der Werknutzung** wie die Sendung,
gleich, ob sie live oder zeitversetzt erfolgt, die Film- oder die Dia-Vorführung oder die öffentliche
Zugänglichmachung im Internet nach § 19a vermögen das Merkmal der Zurschaustellung nicht zu
erfüllen, ohne dass dies freilich eine rechtlich erhebliche Rolle spielt, da insoweit das Veröffentlichungsrecht nach § 12 zur Anwendung kommt. Der Ort der Zurschaustellung[74] spielt ebenso wenig
eine Rolle wie die Art und Weise der Werkpräsentation.

Die Zurschaustellung muss **öffentlich** sein. Öffentlichkeit ist gegeben, wenn die tatbestandlichen 25
Voraussetzungen des gegenüber dem des § 6 Abs. 1 **weiterreichenden Öffentlichkeitsbegriffs von**
§ 15 Abs. 3 vorliegen,[75] die Ausstellung sich also an eine Mehrzahl von Personen richtet, es sei denn,
dass der Kreis der Personen durch gegenseitige Beziehungen oder durch Beziehungen zum Verwerter
persönlich verbunden ist.[76] Jedoch ist die für unkörperliche Werkverwertungen geltende Legaldefinition des § 15 Abs. 3 beim Ausstellungsrecht als Werkverwertung in körperlicher Form nur entsprechend anwendbar.[77] Ob der Öffentlichkeitbegriff des § 18 dem des § 6 Abs. 1 oder dem des § 15
Abs. 3 folgt,[78] ist nur von untergeordneter Bedeutung. Im Zusammenhang des § 18 war, anders als
früher beim Recht der unkörperlichen öffentlichen Wiedergabe, schon immer unstrittig, dass das zur

---

[66] Ebenso Dreier/Schulze/*Schulze* UrhG § 18 Rn. 9; Einzelheiten → § 6 Rn. 24 ff.; → § 12 Rn. 16, 24 ff.
[67] Vgl. zum Vorbehalt die Erläuterungen unter → § 44 Rn. 15 ff.
[68] Schulze KGZ 56, 11 – Zille-Ball.
[69] → Rn. 19; zum zeitlichen Zusammenhang → § 58 Rn. 21, 27; im Ergebnis ebenso Möhring/Nicolini/
Kroitzsch/Götting (2. Aufl.), UrhG § 18 Rn. 10; Mestmäcker/Schulze/*Kirchmaier* (Stand 6/2004) UrhG § 18 Rn. 6.
[70] Das wird in BGH GRUR 1995, 673 (676) – Mauer-Bilder übersehen, wo zu Unrecht das Ausstellungsrecht
den unkörperlichen Werknutzungsarten der öffentlichen Wiedergabe nach § 15 Abs. 2 zugeordnet wird; ebenso
Walter KUR 2000, 45 (46); die Sicht der BGH-Entscheidung im gegenteiligen Sinn erläuternd *Erdmann* GRUR
2011, 1061 (1065); ähnlich Dreier/Schulze/*Schulze* UrhG § 18 Rn. 2, der insoweit einen Grenzfall der körperlichen Verwertung annimmt, als aus der Sicht der Wahrnehmenden lediglich ein unkörperlicher Vorgang stattfindet.
[71] Dreier/Schulze/*Schulze* UrhG § 18 Rn. 2.
[72] Vgl. BGH GRUR 2007, 691 Rn. 29 – Staatsgeschenk; Möhring/Nicolini/*Kroitzsch/Götting* (3. Aufl.) UrhG
§ 18 Rn. 7.
[73] EuGH GRUR-Int 2008, 593 (596) – Le Corbusier-Möbel II mit krit. Anm. *v. Welser,* im Anschluss daran
BGH GRUR 2009, 840 Rn. 18 ff. – Le Corbusier-Möbel II; aa BGH GRUR 2007, 50 – Le Corbusier-Möbel I
(Vorlagebeschluss); LG Köln GRUR-RR 2009, 47 (48) – Italienische Caffè-Bars; aA OLG Köln GRUR-RR
2007, 1 (2) – Nachbildungen von Le Corbusier-Möbeln: auch jede Besitzüberlassung; eingehend dazu *v. Ungern-*
Sternberg GRUR 2008, 193 (197 ff.); ferner → § 17 Rn. 8 ff. mwN.
[74] Museum, öffentliches Gebäude oder sonstige nur vorübergehende Ausstellungsräume, Verkaufsräume, öffentliche Plätze, Straßen und Parks.
[75] Dreier/Schulze/*Schulze* UrhG § 18 Rn. 11; Möhring/Nicolini/*Kroitzsch/Götting* (3. Aufl.) UrhG § 18 Rn. 8;
DKMH/*Dreyer* § 18 Rn. 5, 10; *v. Gamm* UrhG § 18 Rn. 3; aA noch 4. Aufl. 2014; Bisges/*Nennen* Kap. 2 B 4
Rn. 237; Fromm/Nordemann/*Dustmann* § 18 UrhG Rn. 6.
[76] Einzelheiten zur Auslegung im Lichte des Unionsrechts → § 15 Rn. 57 ff. mwN; *v. Ungern-Sternberg* GRUR
2016, 321 (325).
[77] Vgl. BGH GRUR 1991, 316 (317) – Einzelangebot.
[78] Für die Anwendung des eigenen Öffentlichkeitsbegriff nach § 6 Abs. 1 etwa Dreier/Schulze/*Dreier* § 6 Rn. 7;
Schricker/Loewenheim/*Katzenberger* (4. Aufl.) § 6 Rn. 9 ff.; Fromm/Nordemann/*A. Nordemann* § 6 Rn. 10; *Ulmer*
§ 32 I; *Schiefler* UFITA 48 (1966), 81 (85); wie hier Schricker/Loewenheim/*Katzenberger/Metzger* § 6 Rn. 9 ff.;
Möhring//Nicolini/*Ahlberg* § 6 Rn. 18; *v. Gamm* § 6 Rn. 7; *Rehbinder/Peukert* Rn. 238.

Schau gestellte Werk **nicht gleichzeitig** von einer Mehrzahl von Personen wahrgenommen werden muss.[79] Vielmehr reicht es aus, wenn das Werk, wie etwa bei lichtempfindlicher Graphik in abgedunkelten Schaukästen, nur sukzessiv von Einzelpersonen betrachtet werden kann, die zur Ausstellung zugelassenen Besucher insgesamt aber das Kriterium der Öffentlichkeit iSd § 15 Abs. 3 erfüllen.[80] Mit der Anerkennung der sukzessiven Öffentlichkeit bei der öffentlichen Wiedergabe im Rahmen der jüngsten Änderung des § 15 Abs. 3 hat sich der Streit um diesen Unterschied erledigt. Sukzessive Öffentlichkeit bedeutet allerdings nicht verschiedene, einander folgende Gelegenheiten.

26   Wird auf einer **Versteigerung oder Verkaufsausstellung** des Kunsthandels das ausgestellte Werk der Öffentlichkeit zum Kauf angeboten bzw. beworben, liegt, selbst wenn es nicht zum Verkauf kommt, nach Auffassung des **BGH in seine Vorlage an den EuGH in der Sache Marcel-Breuer-Möbel**[81] eine über die bloße Ausstellung hinausgehende Verbreitungshandlung iSd § 17 Abs. 1 vor.[82] Sie ist dem Kunsthändler durch die Einräumung des Verbreitungsrechts, mit dem der Urheber je nach Fallgestaltung gleichzeitig über sein Veröffentlichungsrecht verfügt, gestattet (dazu → Rn. 6 ff., 12). Bei einem öffentlichen Zweitverkauf sind sowohl das Verbreitungs- als auch das Ausstellungsrecht an diesem Werk erschöpft. Da § 18 an die körperliche Präsentation eines Werkes anknüpft, erfüllt eine – unkörperliche – Internet-Präsentation nicht seine Voraussetzungen.[83]

III. Sonstiges

1. Rechtsstellung ausländischer Urheber

27   Die Rechtsstellung ausländischer Urheber, soweit sie nicht Angehörige eines EU- oder EWR-Staates sind,[84] richtet sich nach den Vorschriften der §§ 121 ff. Da das nationale Fremdenrecht gemäß § 121 Abs. 6 ihnen ungeachtet eines Staatsvertrages oder der Gewährleistung der Gegenseitigkeit das **Veröffentlichungsrecht nach § 12** sichert, steht ausländischen Urhebern das Ausstellungsrecht des § 18 als besondere Form des Veröffentlichungsrechts unmittelbar und für die gesamte Schutzdauer des deutschen Urheberrechtsgesetzes zu. Ein Rückgriff auf das Konventionsrecht, welches das Assimilationsprinzip im Übrigen durch den Schutzfristenvergleich[85] einschränkt, ist folglich unzulässig (→ § 121 Rn. 21).

2. Vertraglich zu lösende Fragen

28   Wegen des engen tatbestandlichen Rahmens des § 18, der weder einen positiven Anspruch auf Ausstellung[86] noch auf Herausgabe eines Werkes zu Ausstellungszwecken verleiht,[87] ist der Urheber, gleich, ob es um die Zurschaustellung veröffentlichter oder unveröffentlichter Werke geht, insoweit auf **vertragliche Absprachen** angewiesen, die auch mit dinglicher Wirkung getroffen werden können (→ Rn. 5, 13). Entsprechendes gilt für die Einflussnahme auf die Art und Weise der Ausstellung,[88] es sei denn, eine indirekte Beeinträchtigung des Werkes nach § 14 oder ein Angriff auf das allgemeine Persönlichkeitsrecht des Urhebers stehen in Frage.[89]

§ 19 Vortrags-, Aufführungs- und Vorführungsrecht

(1) **Das Vortragsrecht ist das Recht, ein Sprachwerk durch persönliche Darbietung öffentlich zu Gehör zu bringen.**

(2) **Das Aufführungsrecht ist das Recht, ein Werk der Musik durch persönliche Darbietung öffentlich zu Gehör zu bringen oder ein Werk öffentlich bühnenmäßig darzustellen.**

(3) **Das Vortrags- und das Aufführungsrecht umfassen das Recht, Vorträge und Aufführungen außerhalb des Raumes, in dem die persönliche Darbietung stattfindet, durch Bildschirm, Lautsprecher oder ähnliche technische Einrichtungen öffentlich wahrnehmbar zu machen.**

(4) ¹**Das Vorführungsrecht ist das Recht, ein Werk der bildenden Künste, ein Lichtbildwerk, ein Filmwerk oder Darstellungen wissenschaftlicher oder technischer Art durch technische Ein-**

---

[79] Vgl. dazu → § 15 Rn. 71.
[80] Vgl. → § 15 Rn. 57 ff. mwN.
[81] BGH GRUR 2013, 1137 Rn. 16 ff. – Marcel-Breuer-Möbel; → Rn. 12.
[82] → Rn. 6; → § 17 Rn. 8 ff. jeweils mwN; die Erschöpfung des Verbreitungsrechts nach Art. 4 Abs. 1 und 2 InfoSoc-RL tritt lediglich durch den Erstverkauf des Gegenstandes oder durch eine andere erstmalige Eigentumsübertragung ein, s. EuGH GRUR-Int 2008, 593 Rn. 35 – Le Corbusier-Möbel mit kritischer Anm. *v. Welser;* ferner → Rn. 17; *v. Ungern-Sternberg* GRUR 2008, 193 (197 ff.); → § 17 Rn. 8, 14 mwN.
[83] Ebenso DKMH/*Dreyer* UrhG § 18 Rn. 6.
[84] § 120 Abs. 2 Nr. 2.
[85] Art. 7 Abs. 8 RBÜ; Art. IV Abs. 4 WUA.
[86] Vgl. *Pedrazzini* Schweiz. Mitt. 1956, 72 (90 f.).
[87] KG GRUR 1981, 742 (743) – Totenmaske I; wohl aber das Zugangsrecht nach § 25.
[88] *Pedrazzini* Schweiz. Mitt. 1956, 72 (91 f.).
[89] → Rn. 8; *Erdmann* GRUR 2011, 1061 (1063 f.); *Erdmann* FS Piper, 1996, 655 (664); weitere Einzelheiten bei *Pedrazzini* Schweiz. Mitt. 1956, 72 (89 ff.).

richtungen öffentlich wahrnehmbar zu machen. [2]**Das Vorführungsrecht umfaßt nicht das Recht, die Funksendung oder öffentliche Zugänglichmachung solcher Werke öffentlich wahrnehmbar zu machen (§ 22).**

Schrifttum: *Beilharz,* Der Bühnenvertriebsvertrag als Beispiel eines urheberrechtlichen Wahrnehmungsvertrages, 1970; *Bernsteiner,* Zu den Brettern, die die Welt bedeuten: Von Bühnenwerken und bühnenmäßigen Aufführungen im österreichischen Urheberrecht, FS Walter (2018), S. 287; *Busche/Stoll/Wiebe* (Hrsg.), TRIPs, 2. Aufl. 2013; *P. Fischer,* Großes Recht/Kleines Recht, ipCompetence Vol. 17 (2017) S. 26; *Georgopoulos,* Zur urheberrechtlichen Zulässigkeit von Hörproben im Internet, 2014; *Juranek,* Die Gratwanderung zwischen großem und kleinem Recht, MR 2001, 377; *Heker/Riesenhuber* (Hrsg.), Recht und Praxis der GEMA, 3. Aufl. 2018; *Kurz/Kehrl/Nix,* Praxishandbuch Theater und Kulturveranstaltungsrecht, 2. Aufl. 2015; *Melichar,* Die Wahrnehmung von Urheberrechten durch Verwertungsgesellschaften, 1983; *Metzger,* Der Einfluss des EuGH auf die gegenwärtige Entwicklung des Urheberrechts, GRUR 2012, 118; *Moser/Scheuermann/Drücke,* Handbuch der Musikwirtschaft, 7. Aufl. 2018; *Mosimann,* Zur Abgrenzungsproblematik der Grossen Rechte von den Kleinen Rechten, FS Hefti (2014), S. 129; *Overath,* Gottesdienstliche Musik als geistiges Eigentum, FS Kreile (1994), S. 483; *Rossbach,* Bühne frei: Großes und kleines Recht bei musikalischen Werken, FS Walter (2018), S. 331; *Scholz,* „Kleine" und „große" Rechte nach dem VerwGesG 2006, ÖBl. 2007, 251; *Staats,* Aufführungsrecht und kollektive Wahrnehmung bei Werken der Musik, 2004; *Staudt,* Die Rechteübertragungen im Berechtigungsvertrag der GEMA, 2006; *v. Ungern-Sternberg,* Urheberrechtlicher Werknutzer, Täter und Störer im Lichte des Unionsrechts, GRUR 2012, 576; *Wündisch,* Die Mär vom New Yorker Gralsraub – Aspekte des internationalen Schutzes des Aufführungsrechts im 19. und beginnenden 20. Jahrhundert, GRUR-Int 2007, 302.
Zu weiterem Schrifttum s. Vorauflagen.

Übersicht

A. Allgemeines

I. Unionsrecht

1   Die Regelung des Vortrags- und des Aufführungsrechts in **§ 19 Abs. 1 und 2** setzt nicht Unions-recht um. Nach **Art. 3 Abs. 1 InfoSoc-RL** haben die Mitgliedstaaten zwar vorzusehen, „dass den Urhebern das ausschließliche Recht zusteht, die drahtgebundene oder drahtlose öffentliche Wieder-gabe ihrer Werke … zu erlauben oder zu verbieten". Diese Vorschrift weicht aber von der Termino-logie des deutschen Urheberrechts ab. Sie umfasst nur Wiedergaben für eine Öffentlichkeit, „die an dem Ort, an dem die Wiedergabe ihren Ursprung nimmt, nicht anwesend ist" (Erwgr. 23 InfoSoc-RL). Das Recht der öffentlichen Wiedergabe iSd Art. 3 Abs. 1 InfoSoc-RL bezieht sich deshalb nicht auf Wiedergaben durch (Live-)Aufführung oder Vortrag vor anwesendem Publikum.[1] Es wäre aber nicht sinnvoll, die in § 19 Abs. 1 und 2 geregelten Verwertungsrechte nach grundsätzlich anderen Kriterien als das unionsrechtliche Recht der öffentlichen Wiedergabe auszulegen.

2   Nach der Definition des EuGH umfasst der **Begriff der Wiedergabe in Art. 3 Abs. 1 Info-Soc-RL** „jede Übertragung geschützter Werke unabhängig vom eingesetzten technischen Mittel oder Verfahren".[2] Dementsprechend erfasst das Recht der öffentlichen Wiedergabe gemäß Art. 3 Abs. 1 InfoSoc-RL auch das Recht, Vorträge und Aufführungen außerhalb des Raumes, in dem die persön-liche Darbietung stattfindet, durch technische Einrichtungen öffentlich wahrnehmbar zu machen **(§ 19 Abs. 3),**[3] und das Recht an der Vorführung des geschützten Werkes durch technische Einrich-tungen **(§ 19 Abs. 4).**[4] Insoweit ist § 19 daher richtlinienkonform auszulegen. Eine unionsrechtskon-forme Auslegung darf jedoch nicht zu einer Auslegung contra legem führen.[5] Die Begrenzung des Vorführungsrechts auf bestimmte Werkarten kann deshalb nicht durch eine richtlinienkonforme Aus-legung überspielt werden. Dies ist aber auch nicht notwendig. Eine öffentliche Vorführung eines Werkes, das nicht unter die § 19 Abs. 4 genannten Werkarten fällt, wird von einem unbenannten Verwertungsrecht der öffentlichen Wiedergabe erfasst.[6]

II. Internationale Abkommen

3   In der **Berner Übereinkunft** (RBÜ)[7] finden sich die Rechte aus § 19 im Wesentlichen in den Vorschriften Art. 11 Abs. 1 Nr. 1, Abs. 2, Art. 11ter Abs. 1 Nr. 1, Abs. 2, Art. 14 Abs. 1 Nr. 2 und Art. 14bis Abs. 1 iVm Art. 14 Abs. 1 Nr. 2 RBÜ. Neben den konventionsinternen Schranken dieser Rechte sind auch sog. „kleine Ausnahmen" (petites réserves) zulässig.[8]

4   Das **TRIPS-Übereinkommen** hat den Schutzgehalt der Berner Übereinkunft übernommen (Art. 9 TRIPS-Übereinkommen).[9]

5   Der **WIPO Copyright Treaty** (WCT) ist für die Auslegung des § 19 bedeutungslos, weil Art. 8 WCT nur öffentliche Wiedergaben regelt, die durch ein gewisses Distanzelement gekennzeichnet sind.[10] Dementsprechend hat Art. 8 WCT auch das Vorführungsrecht (Abs. 4) für in Abs. 4 S. 1 nicht genannte Werkarten nicht ergänzt.[11]

III. Rechtsentwicklung

1. Rechtslage vor Inkrafttreten des UrhG

6   Das Vortrags-, das Aufführungs- und das Vorführungsrecht waren vor dem Inkrafttreten des UrhG in § 11 **LUG** und §§ 15, 15a **KUG** geregelt. Unter § 11 LUG wurden jedoch auch die jetzt in § 21

---

[1] Vgl. EuGH GRUR-Int 2012, 150 Rn. 30 ff. – Circul Globus Bucureşti; EuGH GRUR 2012, 156 Rn. 200 ff. = MMR 2011, 817 mAnm *Stieper* – Football Association Premier League u. Murphy; EuGH 14.7.2015 – C-151/15 Rn. 24 = MR-Int. 2015, 108– Sociedade Portuguesa de Autores; BGH GRUR 2017, 514 Rn. 19 f. – Cordoba I; vgl. weiter → § 15 Rn. 52, 160 f., 355.
[2] Vgl. EuGH GRUR 2012, 156 Rn. 193 – Football Association Premier League u. Murphy; EuGH GRUR 2014, 473 Rn. 25 – OSA/Léčebné lázně; weiter → § 15 Rn. 60 ff.
[3] Vgl. *Metzger* GRUR 2012, 118 (123); *Grünberger* ZUM 2015, 273 (275).
[4] Davon ist der EuGH in seinem Urteil „SCF" (zu Art. 8 Abs. 2 Vermiet- und Verleih-RL) ohne weiteres ausge-gangen (EuGH GRUR 2012, 593 Rn. 70 ff.; vgl. auch GAin *Trstenjak,* SchlA v. 29.6.2011 – C-135/10 in SCF, BeckRS 2011, 81047 Rn. 97 ff.).
[5] → § 15 Rn. 133.
[6] → § 15 Rn. 289.
[7] Allgemein zu dieser → Vor §§ 120 ff. Rn. 27 ff.
[8] Vgl. *von Lewinski,* International Copyright Law and Policy, 2008, Kap. 5 Rn. 5.199 ff.; *Neumann,* Urheberrecht und Schulgebrauch, 1994, S. 150 ff.; vgl. auch *v. Ungern-Sternberg,* Die Rechte der Urheber an Rundfunk- und Drahtfunksendungen nach internationalem und deutschem Urheberrecht, 1973, S. 58 ff.; abl. Busche/Stoll/Wiebe/ *Brand* TRIPs Art. 9 Rn. 58; → Vor §§ 20 ff. Rn. 30.
[9] → Vor §§ 120 ff. Rn. 17 f.; Busche/Stoll/Wiebe/*Brand* TRIPs Art. 9 Rn. 8 ff.
[10] → Vor §§ 20 ff. Rn. 33.
[11] → Rn. 12, 58.

und § 22 besonders ausgestalteten Befugnisse zur Wiedergabe durch Tonträger und zur Wiedergabe von Funksendungen subsumiert.[12]

Das **Vortragsrecht** wurde durch das LUG (§ 11 Abs. 3) nur bis zum Erscheinen des Werkes ge- **7** währt. In Übereinstimmung mit Art. 11ter RBÜ (Brüsseler Fassung) und Art. 11ter Abs. 1 Nr. 1 RBÜ (Pariser Fassung) hat § 19 Abs. 1 das Vortragsrecht ohne diese ungerechtfertigte Einschränkung zuerkannt (ebenso das URG-DDR in § 18 Abs. 1 Buchst. c).

Das **Aufführungsrecht** an Werken der Tonkunst unterlag nach § 27 LUG weitgehenden Be- **8** schränkungen, die im UrhG erheblich gemildert oder (wie die Aufführungsfreiheit bei Volksfesten) aufgehoben wurden (vgl. § 52).[13]

Das **bühnenmäßige Aufführungsrecht** war (anders als jetzt § 19 Abs. 2) nach dem Wortlaut des **9** § 11 Abs. 2 LUG auf „Bühnenwerke" beschränkt.[14] In § 28 Abs. 2 LUG war bestimmt, dass der Veranstalter der Aufführung einer Oper oder eines sonstigen Werkes der Tonkunst, zu dem ein Text gehört, nur der Einwilligung dessen bedarf, dem das Urheberrecht an dem musikalischen Teil zusteht. Diese nur für das Außenverhältnis zu Dritten, nicht auch für das Innenverhältnis der Berechtigten geltende Legitimationsvorschrift[15] wurde in das UrhG nicht übernommen.

2. Urheberrechtsgesetz

Um neue technische Vorführungsmittel erfassen zu können, nennt **§ 19 Abs. 4** als Mittel der Vor- **10** führung nicht nur wie früher § 15 Abs. 1 S. 1 KUG „mechanische oder optische Einrichtungen", sondern allgemein „technische Einrichtungen". Abs. 4 behält ferner dem Urheber nicht mehr wie § 15 Abs. 1 S. 1 KUG die „gewerbsmäßige", sondern die „öffentliche" Vorführung vor. Für Filmwerke galt dies auch schon nach § 15a S. 2 KUG.

Durch Art. 1 Abs. 1 Nr. 4 des Gesetzes zur Regelung des Urheberrechts in der Informationsgesell- **11** schaft vom 10.9.2003 **(UrhG-Novelle 2003)**[16] wurde § 19 Abs. 4 S. 2 durch die Klarstellung ergänzt, dass das Vorführungsrecht das Recht der Wiedergabe von öffentlicher Zugänglichmachung (§ 22) nicht umfasst. Der Wortlaut des § 19 Abs. 4 S. 2 ist allerdings missglückt. Das Recht der öffentlichen Zugänglichmachung aus § 19a bezieht sich nur auf ein Bereithalten des Werkes zum Abruf durch eine Öffentlichkeit.[17] Eine Zugänglichmachung in diesem Sinn kann nicht öffentlich wahrnehmbar gemacht werden.

Die **Beschränkung des Vorführungsrechts (§ 19 Abs. 4) auf bestimmte Werkarten** ist auch **12** durch das Inkrafttreten des Zustimmungsgesetzes zum **WIPO Copyright Treaty** (WCT)[18] nicht bedeutungslos geworden.[19] Soweit dieses Recht wegen der Art des genutzten Werkes nicht anwendbar ist, greift im Hinblick auf die Vollharmonisierung des Rechts der öffentlichen Wiedergabe durch Art. 3 Abs. 1 InfoSoc-RL nunmehr ein unbenanntes Recht der öffentlichen Wiedergabe iSd § 15 Abs. 2 ein.[20]

3. Urheberrecht der DDR

Das **URG-DDR** gewährte in § 18 Abs. 1 Buchst. c dem Urheber das ausschließliche Recht, da- **13** rüber zu entscheiden, ob sein Werk öffentlich vorgetragen, aufgeführt oder vorgeführt wird. Das Vorführungsrecht war gemäß § 32 Abs. 1 URG-DDR durch „gesetzliche Lizenzen"[21] zugunsten des Rundfunks, der volkseigenen Filmstudios und der Presse eingeschränkt. Die §§ 53 ff. URG-DDR enthielten Regelungen zum Vertrag über die öffentliche Aufführung, den öffentlichen Vortrag, den Bühnenvertriebsvertrag[22] und die Materialleihe. Zum Filmvorführungsvertrag vgl. § 65 URG-DDR.

IV. Wesen und Schranken der Rechte des § 19

1. Wesen der Rechte

Die in § 19 geregelten Verwertungsrechte (Vortrags-, Aufführungs- und Vorführungsrecht) sind **14** Rechte der öffentlichen Wiedergabe des Werkes in unkörperlicher Form (§ 15 Abs. 2 Nr. 1).[23] Nichtöffentliche Werkwiedergaben (vgl. § 15 Abs. 3) werden durch diese Rechte nicht erfasst. Trotz ihrer Zusammenfassung in einer Bestimmung sind das Vortrags-, das Aufführungs- und das Vorfüh-

---

[12] Vgl. BGHZ 11, 135 (142) = GRUR 1954, 216 (218) – Lautsprecherübertragung; BGHZ 33, 38 (42) = GRUR 1960, 627 (629) – Künstlerlizenz Rundfunk.

[13] Zum früheren Recht s. weiter *Staats* S. 13 ff.

[14] Vgl. dazu OLG Dresden UFITA 1 (1928), 686 (687); *Ulmer,* Urheber- und Verlagsrecht, 2. Aufl. 1960, § 24 II; *Voigtländer/Elster/Kleine* LUG § 11 Anm. III B III 2.

[15] RGZ 67, 84 (85) – Afrikanerin.

[16] BGBl. I S. 1774.

[17] → § 19a Rn. 55, 57.

[18] → Vor §§ 20 ff. Rn. 32 f.

[19] → Rn. 5.

[20] → Rn. 58; → § 15 Rn. 289.

[21] Zu deren Rechtsnatur vgl. *Wandtke* UFITA 115 (1991), 23 (108).

[22] S. dazu *Liebrecht,* Die Zweckübertragungslehre im ausländischen Urheberrecht, 1983, S. 97.

[23] Vgl. → § 15 Rn. 336 ff.

rungsrecht **jeweils selbständige Verwertungsrechte.** Das Aufführungsrecht wiederum umfasst zwei selbständig nebeneinander stehende Rechte: das Recht, ein Werk der Musik durch persönliche Darbietung (in nichtbühnenmäßiger Aufführung) öffentlich zu Gehör zu bringen (Abs. 2 Alt. 1), und das Recht, ein Werk öffentlich bühnenmäßig darzustellen (Abs. 2 Alt. 2).

15   Während das Vorführungsrecht ohne vorherige **Festlegung des Werkes in körperlicher Form** nicht ausgeübt werden kann, ist es für das Vortrags- und das Aufführungsrecht bedeutungslos, ob das Werk bereits in körperlicher Form vorliegt und ob diese als Grundlage für die persönliche Darbietung benutzt wird.

16   Im **Unterschied zu § 21 und § 22** liegt bei den Rechten aus Abs. 1, 2 und 4 die Werknutzung unmittelbar in der Wiedergabe des Werkes durch persönliche Darbietung oder durch Vorführung. In den Fällen des § 21 und § 22 wird dagegen für die Wiedergabe eine vorangegangene Wiedergabe (eine aufgezeichnete Wiedergabe oder eine Funksendung) benutzt. Im Hinblick darauf kann beim Vortrags-, Aufführungs- und Vorführungsrecht von Erstverwertung, bei § 21 und § 22 von Zweitverwertung gesprochen werden.[24] Allerdings „umfassen" das Vortrags-, das Aufführungs- und das Vorführungsrecht nach Abs. 3 (der beim Vorführungsrecht analog anzuwenden ist)[25] auch Zweitverwertungen.

2. Schranken

17   Die Verwertungsrechte aus § 19 unterliegen als Rechte der öffentlichen Wiedergabe verschiedenen **Schranken** (insbes. §§ 45, 48, 51, 52 und 60a).

B. Vortragsrecht (Abs. 1)

I. Gegenstand des Vortragsrechts

18   Das Vortragsrecht ist das Recht, ein Sprachwerk durch persönliche Darbietung öffentlich zu Gehör zu bringen. Das Vortragsrecht besteht bei allen geschützten Sprachwerken iSd § 2 Abs. 1 Nr. 1,[26] nicht nur bei Vorträgen oder Reden. **Vertonte Sprachwerke** (zB Oratorien-, Lied- und Schlagertexte) bleiben trotz der Verbindung mit der Musik Sprachwerke, da die Werkverbindung kein einheitliches Werk im Rechtssinn schafft (§ 9). Auch bei musikalischer Darbietung wird das Sprachwerk gemäß Abs. 1 „zu Gehör gebracht". Bei Wiedergabe des Sprachwerkes zusammen mit der Musik ist daher dessen Darbietung Vortrag, die Darbietung der Musik Aufführung (Abs. 2 Alt. 1).[27] Nach aA[28] ist die musikalische Darbietung eines Sprachwerkes auch hinsichtlich des Sprachwerkes Aufführung (Abs. 2 Alt. 1). Ist die Wiedergabe des Sprachwerkes mit der Musik bühnenmäßig, gilt nach allgM für Text- und Musikwiedergabe das Aufführungsrecht in der Alternative des Rechts der öffentlichen bühnenmäßigen Darstellung (Abs. 2 Alt. 2).

II. Verwertungshandlung

1. Persönliche Darbietung

19   Ein Vortrag iSd UrhG liegt nur vor bei einer persönlichen Darbietung eines Sprachwerkes, dh einer **Live-Darbietung** durch eine Person, die das Sprachwerk unmittelbar zu Gehör bringt (Rede, Gedichtvortrag usw). Auf eine künstlerische Qualität der Darbietung kommt es nicht an. **Keine Darbietung** ist anzunehmen, wenn die Wiedergabe eine Kulthandlung (zB Gebet im Gottesdienst) oder ein eigener Werkgenuss ist und das Werk bei Anwesenheit von Zuhörern nicht ihretwegen zu Gehör gebracht wird.[29] Ebenso fehlt es bei Proben in der Regel an einer Darbietung, weil dabei der Vorgang der Erarbeitung der Interpretation im Vordergrund steht. Etwas anderes gilt aber, wenn gerade auch der Probenvorgang Gegenstand der Darbietung ist und das Werk in dieser Art und Weise für Zuhörer zu Gehör gebracht werden soll.[30] Der Begriff der Darbietung setzt nicht voraus, dass die Zuhörer, für die das Werk dargeboten wird, bereits bei der Wahrnehmbarmachung des Werkes durch den Interpreten anwesend sind. Auch eine Wiedergabe, die im Studio zum Zweck ihrer späteren Wahrnehmbarmachung für Zuhörer aufgezeichnet wird, ist eine persönliche Darbietung.[31] Unter § 19 fällt allerdings nur eine öffentliche Darbietung.

---

[24] Vgl. dazu → § 15 Rn. 185 f.
[25] → Rn. 64.
[26] → § 2 Rn. 98 f.
[27] *Ulmer* § 51 I; Fromm/Nordemann/*Dustmann* UrhG § 19 Rn. 4; *Staats* S. 25 f.
[28] *v. Gamm* UrhG § 19 Rn. 5, 8; Möhring/Nicolini/*Kroitzsch/Götting* UrhG § 19 Rn. 3; *Beilharz* S. 88.
[29] Vgl. DKMH/*Dreyer* UrhG § 19 Rn. 13; → Rn. 30. Vgl. weiter → § 15 Rn. 348.
[30] Vgl. Kurz/Kehrl/Nix/*Kehrl* Kap. 13 Rn. 78; aA zu § 73: → § 73 Rn. 26.
[31] Vgl. *Gentz* GRUR 1974, 328 (330); *Will-Flattau*, Rechtsbeziehung zwischen Tonträgerproduzent und Interpret aufgrund eines Standardkünstlerexklusivvertrages, 1990, S. 12; *Apel* ZGE 2018, 162 (174 ff.); aA Loewenheim/*Hoeren* § 21 Rn. 70; Fromm/Nordemann/*Dustmann* UrhG § 19 Rn. 5; weiter → Rn. 25; → § 21 Rn. 12; zu § 73: → § 73 Rn. 26.

Eine persönliche Darbietung ist nach allgM auch gegeben bei **Benutzung technischer Mittel** 20 (insbes. von Mikrofonen und Lautsprechern) zur Klangverstärkung oder -gestaltung innerhalb des Veranstaltungsraums oder an dem Veranstaltungsplatz. Eine andere (allerdings nur für die Auslegung des § 73)[32] bedeutsame Frage ist es, worin in einem solchen Fall der Vortrag im Rechtssinn zu sehen ist. Nach einer Ansicht ist Vortrag dann nur die unmittelbare Klangdarbietung durch die Stimme des Interpreten, wie sie vor ihrer tontechnischen Beeinflussung wahrnehmbar ist.[33] Dagegen spricht jedoch, dass auch der Darbietende selbst nicht nur seine Stimme, sondern auch tontechnische Mittel als Instrument der Ausdrucksgestaltung, dh als wesentliches Mittel seiner Darbietung, einsetzen kann (zB bei einer Kabarettdarbietung ein Mikrofon zur Veränderung der Klangwirkung der Stimme). Werden an einem Veranstaltungsort Mikrofone und Lautsprecher benutzt, ist zudem die Klangdarbietung durch die Stimme des Interpreten für die Zuhörer regelmäßig nur in der Form der Umsetzung durch diese technischen Mittel wahrnehmbar. Vom Standpunkt des Hörers aus erscheinen dann Mikrofon und Lautsprecher als Mittel der Darbietung selbst, nicht als Mittel der Übertragung der Darbietung.[34] Bei Einsatz technischer Mittel zur Klangverstärkung oder -gestaltung an einem Veranstaltungsort gehört daher ihre Benutzung als Mittel der Darbietung zum Vortrag im Rechtssinn.[35]

Wird dagegen das Klangbild einer Darbietung für die Herstellung eines Tonträgers durch Mikrofone aufgenommen, gehört seine **tontechnische Bearbeitung** in einem getrennt liegenden Studio 21 nicht zum Vortrag im Rechtssinn.[36]

Im Rahmen des § 19 selbst ist die Frage, ob der Begriff des Vortrags (oder auch der diesem entspre- 22 chende Begriff der Aufführung) die mögliche Benutzung technischer Mittel zur Klangverstärkung oder -gestaltung umfasst, ohne praktische Bedeutung. Der **Einsatz solcher technischer Mittel** am Veranstaltungsort oder in einem getrennt liegenden Tonstudio ist jedenfalls **keine zusätzliche Werknutzung.** Dies folgt daraus, dass die Benutzung technischer Einrichtungen zur Wahrnehmbarmachung von Vorträgen außerhalb des Raumes, in dem die persönliche Darbietung stattfindet, in Abs. 3 ausdrücklich geregelt ist.

Das Recht zur persönlichen Darbietung ist nicht beschränkt auf die Darbietung durch den Urheber 23 selbst – dieses Recht wäre selbstverständlich, sondern umfasst auch den Vortrag durch andere. Nicht erforderlich ist eine künstlerische Leistung bei der Darbietung.[37] Auch ein Vorlesen mit verteilten Rollen ist Vortrag.[38]

2. Zu Gehör bringen

Die Worte „zu Gehör bringen" bezeichnen die Darstellungsart, auf die sich das Vortragsrecht be- 24 zieht. Erfasst wird damit **jede Art der persönlichen Darbietung in akustischer Form** (durch Sprechen, Singen usw; für die musikalische Darbietung von Sprachwerken str.).[39] Etwas anderes gilt nur, wenn das Sprachwerk nicht nur zu Gehör gebracht wird, sondern darüber hinaus bühnenmäßig dargestellt wird.[40] Dann greift entgegen dem Wortlaut des Abs. 1 nicht das Vortragsrecht, sondern das bühnenmäßige Aufführungsrecht ein (Abs. 2 Alt. 2).

3. Öffentlich

Der Begriff des Vortrags umfasst (ebenso wie der Begriff der Aufführung iSd Abs. 2) auch nichtöf- 25 fentliche Wiedergaben.[41] Das Verwertungsrecht greift jedoch nur bei öffentlichen Wiedergaben ein. Für den Begriff „öffentlich" gelten die Ausführungen zu **§ 15 Abs. 3.**[42] Es wäre nicht sinnvoll, dem Begriff „öffentlich" in § 19 einen unterschiedlichen Inhalt zu geben, je nachdem, ob die einzelnen Tatbestände Unionsrecht umsetzen oder nicht.[43] Die Rechte aus § 19 erfordern aber, dass das Werk **zeitgleich für eine Öffentlichkeit** iSd § 15 Abs. 3 wahrnehmbar gemacht wird.[44] Dies folgt auch aus der Regelung des Abs. 3, der für das Vortragsrecht und das Aufführungsrecht unmittelbar, für das Vorführungsrecht entsprechend[45] gilt. Entsprechend dem unionsrechtlichen Begriff der Öffentlichkeit setzt auch eine öffentliche Wiedergabe iSd § 19 voraus, dass die Öffentlichkeit aus einer „unbestimm-

---

[32] → § 73 Rn. 29 f.; Zur Frage, ob der Begriff der Darbietung in § 73 unabhängig von § 19 auszulegen ist, vgl. → § 73 Rn. 22.

[33] Dies entspräche der Auslegung des Begriffs der Aufführung durch BGH GRUR 1983, 22 (25) – Tonmeister; krit. zu dieser Entscheidung *Hubmann* GRUR 1984, 620 (621).

[34] Vgl. dazu *W. Nordemann* GRUR 1980, 568 (571).

[35] Vgl. weiter → § 73 Rn. 30.

[36] Vgl. zum entsprechenden Begriff der Aufführung BGH GRUR 1983, 22 (25) – Tonmeister; aA *Hubmann* GRUR 1984, 620 (621 f.); *Andresen* ZUM 1986, 335 (339); vgl. weiter → § 73 Rn. 29 f.

[37] AllgM; *Gentz* GRUR 1974, 328 (329).

[38] Vgl. *Möhring/Nicolini/Kroitzsch/Götting* UrhG § 19 Rn. 8.

[39] Vgl. → Rn. 18.

[40] Zur Abgrenzung → Rn. 32 ff.

[41] *Gentz* GRUR 1974, 328 (330); → Rn. 19, 30.

[42] → § 15 Rn. 354 ff.

[43] Ebenso Fromm/Nordemann/*Dustmann* UrhG § 19 Rn. 6; vgl. dazu → Rn. 1 f.; aA für den Begriff öffentlich Dreier/Schulze/*Dreier* UrhG § 19 Rn. 7.

[44] → Rn. 63.

[45] → Rn. 64.

ten Zahl potenzieller Leistungsempfänger und **recht vielen Personen**" besteht.[46] Dabei kommt es jedoch nicht darauf an, wieviele Personen die Wiedergabe tatsächlich wahrnehmen, sondern darauf, wie groß der Personenkreis ist, der zu der Wiedergabe, gegebenenfalls nach Erwerb einer Eintrittskarte, tatsächlich Zugang hatte.[47] Deshalb kann auch ein Vortrag in einem kleineren Raum öffentlich iSd § 15 Abs. 3 sein.

III. Wahrnehmung des Vortragsrechts

26   Die **VG Wort** verwaltet nach § 1 Nr. 13 ihres Wahrnehmungsvertrags idF vom 25.5.2019[48] auch „das Recht des öffentlichen Vortrages eines erschienenen Werkes (§ 19 Abs. 1 UrhG); der Berechtigte behält jedoch die Befugnis, selbst den Vortrag zu veranstalten und, soweit er der VG Wort davon Mitteilung macht, die Genehmigung zu erteilen oder zu versagen".[49]

C. Aufführungsrecht (Abs. 2)

I. Recht der musikalischen Aufführung (Abs. 2 Alt. 1)

1. Gegenstand des Rechts

27   Gegenstand des Rechts der musikalischen Aufführung (Abs. 2 Alt. 1) sind die **Werke der Musik** (§ 2 Abs. 1 Nr. 2). Nur dadurch unterscheidet sich dieses Recht von dem auf Sprachwerke bezogenen Vortragsrecht (Abs. 1).

2. Verwertungshandlung

28   Hinsichtlich der dem Urheber vorbehaltenen Verwertungshandlung („durch persönliche Darbietung öffentlich zu Gehör zu bringen") gelten die **Erläuterungen zum Vortragsrecht entsprechend**.[50]

29   Das musikalische Aufführungsrecht umfasst jede Art der persönlichen Darbietung eines Werkes der Musik (nicht nur die konzertmäßige Aufführung) mit Ausnahme der in Abs. 2 Alt. 2 gesondert geregelten bühnenmäßigen Darstellung. Die **Terminologie** des Gesetzes, nach der alle Musikdarbietungen, auch der „Vortrag" eines Musikstücks durch einen Pianisten oder Sänger, als „Aufführung" bezeichnet werden, entspricht nicht dem allgemeinen Sprachgebrauch.[51] Der Werknutzer muss nicht eigenhändig handeln. Auch der **Veranstalter einer Musikaufführung** kann bei entsprechendem Umfang und Gewicht seiner Mitwirkung Werknutzer iSd § 19 Abs. 2 sein.[52]

30   **Keine persönliche Darbietung** und schon deshalb urheberrechtsfrei ist das lediglich dem eigenen Werkgenuss dienende Singen und Musizieren einzelner Personen sowie das gemeinsame Singen von Gruppen wie Jugend- oder Wandergruppen und Singkreisen oder der Teilnehmer von Weihnachtsfeiern, Umzügen und Sportveranstaltungen.[53] Keine Darbietung ist das private Üben eines Musikers, auch wenn es in der Öffentlichkeit wahrnehmbar ist; dies gilt allerdings nicht, wenn das Üben bewusst vor einer Öffentlichkeit stattfindet (zB bei einer Generalprobe).[54] Der Gesang der Gemeinde und dessen musikalische Begleitung bei Gottesdiensten ist keine für Zuhörer bestimmte Darbietung, sondern eine Kulthandlung, bei der es nur Beteiligte und kein Auditorium gibt.[55] Auch das Orgelvorspiel zur Einleitung des Kirchenliedes ist keine Darbietung.[56] Gleiches gilt für den Gesang (ebenso wie für die Gebete) des Liturgen.[57]

---

[46] Vgl. EuGH GRUR 2018, 911 Rn. 22 – Land Nordrhein-Westfalen/Dirk Renckhoff; weiter → § 15 Rn. 70.

[47] Vgl. → § 15 Rn. 364 ff., 369.

[48] Abrufbar unter: www.vgwort.de.

[49] Zur Wahrnehmung des Vortragsrechts an wortdramatischen Werken und zur Rechtswahrnehmung bei szenischen Lesungen wortdramatischer Werke vgl. Wandtke/Bullinger/*Ehrhardt* UrhG § 19 Rn. 9 f. Zur Wahrnehmung des Vortragsrechts an vertonten Sprachwerken vgl. → Rn. 46 f.

[50] → Rn. 19 ff.

[51] *Krause* GRUR 1960, 14 (15).

[52] Vgl. BGH GRUR 2015, 987 Rn. 14 ff. – Trassenfieber; vgl. auch OLG Schleswig ZUM-RD 2016, 198 (201). Der BGH behandelt diese Frage allerdings zu Unrecht als eine Frage der Täterschaft, die nach strafrechtlichen Grundsätzen zu beurteilen sei (vgl. dazu → § 15 Rn. 149).

[53] Vgl. *Rehbinder/Peukert* Rn. 394; *Rehbinder* ZUM 1996, 349 (355); *v. Ungern-Sternberg* GRUR 2012, 576 (578); → Rn. 19; aA für Fangesänge im Stadion Fromm/Nordemann/*Dustmann* UrhG § 19 Rn. 13 mwN. Vgl. weiter → § 15 Rn. 348.

[54] → Rn. 19; → § 15 Rn. 348.

[55] Vgl. die Begr. zu § 52 Abs. 2 idF des RegE der UrhG-Novelle 1985, UFITA 96 (1983), 107 (130); → Rn. 19; → § 52 Rn. 40 ff.; *Möller* FuR 1983, 240 (241 f.); *Schack* Rn. 445; *Overath* FS Kreile, 1994, 483 (488 f.); *Flechsig* NJW 1985, 1991 (1993); *Günther* AfP 1986, 19 (22); *Rojahn* FS Klaka, 1987, 146 ff.; Dreier/Schulze/*Dreier* UrhG § 19 Rn. 6; DKMH/*Dreyer* UrhG § 19 Rn. 9; Fromm/Nordemann/*Dustmann* UrhG § 19 Rn. 13, § 52 Rn. 17; aA Möhring/Nicolini/*Kroitzsch/Götting* UrhG § 19 Rn. 11. Vgl. weiter → § 15 Rn. 348.

[56] *Rojahn* FS Klaka, 1987, 146 (159); *Overath* FS Kreile, 1994, 483 (488 f.); aA Möhring/Nicolini/*Kroitzsch/ Götting* UrhG § 19 Rn. 11; *Seibel* UFITA 94 (1982), 175 (186 f.).

[57] Vgl. Stellungnahme des Bundesrates zum RegE der UrhG-Novelle, BT-Drs. 10/837, 28 – zu § 52 Abs. 2 S. 2; → Rn. 19.

II. Recht der bühnenmäßigen Aufführung (Abs. 2 Alt. 2)

1. Gegenstand des Rechts

Als Gegenstand des Rechts der bühnenmäßigen Aufführung (Abs. 2 Alt. 2) bezeichnet das Gesetz **31** **Werke aller Art** (wozu auch urheberrechtlich schutzfähige Bearbeitungen gemeinfreier oder geschützter Werke gehören),[58] nicht nur – wie bei dem Recht der musikalischen Aufführung (Abs. 2 Alt. 1) – Werke der Musik. Eine bühnenmäßige Aufführung ist jedoch nur möglich bei Sprachwerken, Musikwerken und pantomimischen Werken (§ 2 Abs. 1 Nr. 1–3). Unerheblich ist, ob das Werk für die Bühne geschaffen wurde (als Schauspiel usw), sofern es nur – ggf. nach einer Bearbeitung – bühnenmäßig dargestellt werden kann (zB eine Erzählung in dramatisierter Form).[59] Umgekehrt können Bühnenwerke auch nicht bühnenmäßig wiedergegeben werden, zB eine Oper konzertant, ein Theaterstück durch Vorlesen mit verteilten Rollen. **Entscheidend** dafür, ob eine bühnenmäßige Aufführung vorliegt, ist nicht der Charakter des Werkes, sondern die **Art und Weise der Wiedergabe.** Die bühnenmäßige Aufführung einer Oper, eines Balletts usw ist im Rechtssinn keine Aufführung eines einheitlichen Werkes, sondern verbundener Werke (§ 9). Diese können ggf. auch jedes für sich oder in Verbindung mit anderen Werken bühnenmäßig aufgeführt werden (zB ein Opernlibretto mit anderer Musik).

2. Verwertungshandlung

a) Bühnenmäßige Aufführung. Die Frage, ob eine **Darstellung als bühnenmäßige Aufführung 32 rung** anzusehen ist, muss unterschieden werden von der Frage, ob eine bühnenmäßige Aufführung gerade eines bestimmten Werkes vorliegt. Für die Beurteilung, ob eine Darstellung bühnenmäßig ist, kommt es nur auf deren Charakter selbst an.[60] Die Erkennbarkeit des benutzten Werkes ist dementsprechend keine Voraussetzung dafür, dass eine Darstellung als bühnenmäßige Aufführung beurteilt wird.[61] Die Frage, ob ein Werk, das einer bühnenmäßigen Aufführung zugrunde gelegt wird, trotz erheblicher Umgestaltung für diesen Zweck noch als solches aufgeführt wird, ist eine Frage nach dem Schutzumfang dieses Werkes.[62]

Es ist weitgehend Sache des Tatrichters zu beurteilen, ob eine Darstellung eine bühnenmäßige Auf- **33** führung ist. Die **revisionsgerichtliche Überprüfung** bezieht sich nur darauf, ob der Sachverhalt verfahrensfehlerfrei festgestellt worden ist und ob die Beurteilung des Berufungsgerichts auf einem rechtsfehlerfreien Verständnis des Begriffs der bühnenmäßigen Aufführung beruht.[63]

Der **Begriff der bühnenmäßigen Aufführung** (Darstellung) ist abzugrenzen von den Begriffen **34** „Vortrag" (Abs. 1), „musikalische Aufführung" (Abs. 2 Alt. 1) und „Vorführung" (Abs. 4).[64] Eine bestimmte Definition hat sich noch nicht durchgesetzt. Die neueren Definitionen[65] stimmen jedoch darin überein, dass die bühnenmäßige Aufführung gekennzeichnet ist durch bewegtes Spiel im Raum. Eine bühnenmäßige Aufführung liegt jedenfalls in allen Fällen vor, in denen ein gedanklicher Inhalt durch ein für das Auge oder für Auge und Ohr bestimmtes bewegtes Spiel im Raum dargeboten wird.[66] Maßgebend für die bühnenmäßige Darstellung ist für *v. Gamm*[67] „das visuell erkennbare, bewegte Spiel zur Darstellung eines bestimmten Vorgangs". Nach *Kroitzsch/Götting*[68] ist eine bühnenmäßige Aufführung gegeben, wenn im dreidimensionalen Raum ein bewegtes Spiel stattfindet und durch die Darstellung dem Auge oder Ohr erkennbar ein Gedankeninhalt wiedergegeben wird.

Soweit Definitionen nur auf die Wiedergabe des Werkes durch bewegtes Spiel für das Auge abstel- **35** len, sind sie zu eng. Dieses Ausdrucksmittel genügt nur für stumme Pantomimen, Ausdruckstanz oder ähnliche Werke. Trotz des Gesetzeswortlauts („darzustellen") kann der Begriff „bühnenmäßige Aufführung" aber auch akustische Wiedergaben von Musik- und Sprachwerken, die mit dem bewegten Spiel für das Auge verbunden sind, umfassen.[69] Zu berücksichtigen ist weiter, dass die bühnenmäßige Aufführung von Musik- und Sprachwerken im Rahmen von Bühnenaufführungen auch ohne jedes hinzutretende bewegte Spiel möglich ist (zB als Prolog, Monolog oder Arie an der Bühnenrampe). Bühnenmäßig ist die Wiedergabe in diesen Fällen infolge des engen inneren Zusammenhangs mit

---

[58] Vgl. BGHZ 142, 388 (397) = GRUR 2000, 228 (230) – Musical-Gala.
[59] Vgl. LG Düsseldorf BeckRS 2019, 12760 Rn. 18 ff.; ebenso Wandtke/Bullinger/*Ehrhardt* UrhG § 19 Rn. 16.
[60] Vgl. → Rn. 34 ff.
[61] Vgl. BGH GRUR 2008, 1081 Rn. 12 – Musical-Starlights.
[62] Vgl. BGH GRUR 2008, 1081 Rn. 12, 15 – Musical Starlights; → Rn. 41 f.
[63] Vgl. BGHZ 142, 388 (399 f.) = GRUR 2000, 228 (230) – Musical-Gala; BGH GRUR 2008, 1081 Rn. 11 – Musical Starlights.
[64] Zur Bedeutung der Abgrenzung → Rn. 44.
[65] Zu den älteren Definitionsversuchen vgl. *Reiners,* Das Bühnenwerk und sein urheberrechtlicher Schutz, Diss. Göttingen 1927, S. 49 ff.; *Krause* GRUR 1960, 14 (16); *Beilharz* S. 13 mwN. Zum Begriff der bühnenmäßigen Darstellung im österreichischen Recht s. *Bernsteiner* FS Walter, 2018, 287 (294 ff.).
[66] Vgl. BGHZ 142, 388 (397) = GRUR 2000, 228 (230) – Musical-Gala; BGH GRUR 2008, 1081 Rn. 12 – Musical Starlights; öOGH MR 2005, 431 (432) – Die Bakchantinnen mAnm *Walter; Rossbach* FS Walter, 2018, 331 (334 f.).
[67] *v. Gamm* UrhG § 19 Rn. 12.
[68] Möhring/Nicolini/*Kroitzsch/Götting* UrhG § 19 Rn. 13 ff.
[69] Vgl. LG Düsseldorf BeckRS 2019, 12760 Rn. 19; weiter → Rn. 40 f.

einem bewegten Spiel im Raum. Eine **bühnenmäßige Aufführung** ist danach anzunehmen bei Wiedergabe des Werkes durch ein für das Auge bestimmtes bewegtes Spiel im Raum oder als integrierender Bestandteil eines für Auge und Ohr bestimmten Spielgeschehens, das durch ein bewegtes Spiel im Raum gekennzeichnet ist, wenn dabei ein gedanklicher Inhalt vermittelt wird.

36   Das **bewegte Spiel im Raum** ist unabdingbares Merkmal einer bühnenmäßigen Aufführung. Dabei muss ein **Sinngehalt** in individueller Form zum Ausdruck gebracht werden.[70] Es ist nicht erforderlich, dass gerade der Inhalt des benutzten Werkes (zB eines in ein Musical integrierten Schlagers) szenisch umgesetzt wird. Die Erkennbarkeit des benutzten Werkes ist ohnehin keine Voraussetzung für die Annahme einer bühnenmäßigen Aufführung; entscheidend ist allein, dass überhaupt ein gedanklicher Inhalt vermittelt wird.[71] Erforderlich ist, dass nicht nur der Eindruck von zusammenhanglos aneinandergereihten Handlungselementen und Musikstücken entsteht, sondern ein sinnvoller Handlungsablauf erkennbar wird.[72] Dies ist nicht der Fall bei Leistungen lediglich artistischer und sportlicher Art (zB Eisartistik und Eistanz begleitet von einzelnen Musikstücken aus Operetten)[73] oder bloßen rhythmischen Bewegungen einer Musikgruppe. Ebenso fehlt es an einer bühnenmäßigen Aufführung, wenn musikalische Highlights nur aneinandergereiht werden[74] oder wenn bei der Darbietung einzelner Musik- und Sprachwerke (wie Chansons, Gedichten usw) lediglich Mimik und Gestenspiel eingesetzt werden.[75]

37   Ein **persönliches Auftreten** derjenigen, die das das für das Auge bestimmte bewegte Spiel darbieten, ist nicht erforderlich. Auch das Spiel mit Puppen und Marionetten ist bühnenmäßige Aufführung (jetzt allgM). Auch **Schattenspiele** können unter Abs. 1 Alt. 2 fallen. Ob das bewegte Spiel im Raum für den Zuschauer als solches sichtbar ist oder nur in seiner Projektion auf eine Fläche, kann keinen Unterschied machen.[76] Immer aber muss das bewegte Spiel persönlich dargeboten werden: Es fällt nicht mehr unter das Bühnenaufführungsrecht, wenn Teile des Werkes verfilmt und in dieser Form im Rahmen der Bühnenaufführung eingeblendet werden.[77]

38   **Ohne bewegtes Spiel** fehlt es an einer bühnenmäßigen Aufführung, zB bei der Lesung eines Bühnenstücks mit verteilten Rollen,[78] der konzertmäßigen Wiedergabe einer Oper[79] oder eines Oratoriums sowie einem „Bunten Operettenabend" mit Gesangsstücken aus Operetten ohne szenische Darstellung.[80]

39   Nur das bewegte Spiel als solches ist für eine bühnenmäßige Aufführung unabdingbar, nicht jedoch besondere **Begleitumstände des bewegten Spiels.** Eine bühnenmäßige Aufführung setzt keinen herkömmlichen Bühnenraum voraus (allgM).[81] Das Vorhandensein eines Publikums ist ebensowenig ein Begriffsmerkmal der bühnenmäßigen Aufführung;[82] allerdings ist dem Urheber nur die öffentliche bühnenmäßige Aufführung vorbehalten. Eine Dekoration oder Kostüme sind für die Annahme einer bühnenmäßigen Aufführung weder erforderlich noch genügend,[83] sie können jedoch Indizien für eine bühnenmäßige Aufführung sein.[84] Eine Wiedergabe mit verteilten Rollen ist nicht notwendig; auch ein Ein-Personen-Stück kann bühnenmäßig aufgeführt werden (früher str.).[85] Nicht notwendig ist es, dass sich die Darsteller mit ihren Rollen identifizieren (hM).[86] Bühnenmäßige Aufführungen können auf ein allein für das Auge bestimmtes Spielgeschehen ohne Worte und Töne beschränkt sein (zB stumme Pantomimen, Ausdruckstanz).[87] Dementsprechend kann eine bühnenmäßige Aufführung auch dann vorliegen, wenn die Worte oder die Musik durch Tonband oder Lautsprecher wiedergegeben werden.[88]

40   Da eine bühnenmäßige Aufführung eines Sprachwerkes oder eines pantomimischen Werkes auch ohne Musik möglich ist, kann im Einzelfall fraglich sein, ob auch eine **bühnenmäßige Aufführung der Musik,** die das bewegte Spiel begleitet, vorliegt. Entscheidend ist, ob die Musik lediglich der Untermalung des Spielgeschehens dient (dann Aufführung des Musikwerkes iSd Abs. 2 Alt. 1) oder

---

[70] *Ulmer* § 23 II.
[71] Vgl. BGH GRUR 2008, 1081 Rn. 12 – Musical Starlights; vgl. weiter OLG Hamburg OLGR 2004, 13 (14 f.) – Mamma Mia.
[72] Vgl. BGH GRUR 2008, 1081 Rn. 12 f. – Musical Starlights, mwN.
[73] BGH GRUR 1960, 604 (605) – Eisrevue I.
[74] Vgl. BGH GRUR 2008, 1081 Rn. 13 – Musical Starlights.
[75] Vgl. dazu auch OLG Braunschweig ZUM 1989, 134 (136); *v. Gamm* UrhG § 19 Rn. 8.
[76] Ebenso BeckOK UrhR/*Kroitzsch/Götting* 26. Ed. Stand 15.10.2019 UrhG § 19 Rn. 14; *Krause* GRUR 1960, 14 (16).
[77] BGH GRUR 1971, 35 (39) – Maske in Blau; zur mechanischen Wiedergabe des akustischen Teils vgl. → Rn. 39.
[78] Vgl. dazu auch OLG Dresden UFITA 1 (1928), 686 (687); vgl. weiter – zur Übergangsform der szenischen Lesung – *Beilharz* S. 14; Wandtke/Bullinger/*Ehrhardt* UrhG § 19 Rn. 10.
[79] Zur Rechtswahrnehmung in solchen Fällen vgl. Wandtke/Bullinger/*Ehrhardt* UrhG § 19 Rn. 19.
[80] Vgl. OLG Braunschweig ZUM 1989, 134.
[81] *Ulmer* § 23 II.
[82] *Voigtländer/Elster/Kleine* LUG § 11 Anm. III B III 2; aA *Beilharz* S. 12; *Krause* GRUR 1960, 14 (16).
[83] BGH GRUR 1960, 604 (605) – Eisrevue I; OLG Braunschweig ZUM 1989, 134 (136); LG Hamburg ZUM-RD 2016, 478 (480) mAnm *Schoene* GRUR-Prax 2016, 204.
[84] Vgl. BGH GRUR 2008, 1081 Rn. 13 – Musical Starlights.
[85] Vgl. die Nachw. bei *Hubmann* GEMA-Nachr. 1959 Nr. 43 S. 10 (13).
[86] *Krause* GRUR 1960, 14 (16); *Dittrich* ÖJZ 1971, 1 (5).
[87] *Krause* GRUR 1960, 14 (16).
[88] BGH GRUR 1960, 606 (608) – Eisrevue II.

aufgrund eines engen inneren Zusammenhangs dessen integrierender Bestandteil ist (dann bühnenmäßige Aufführung iSd Abs. 2 Alt. 2).[89] Nach den gleichen Grundsätzen ist bei **Einfügung einzelner Werke** (Schlager, Gedichte usw) in eine bühnenmäßige Aufführung zu entscheiden, ob auch diese Werke bühnenmäßig aufgeführt werden. Einzelne Lieder sind jedenfalls dann integrierende Bestandteile des Spielgeschehens, wenn sie aufgrund ihres Textes aus der jeweiligen Situation der Bühnenhandlung heraus zu begreifen sind.[90]

b) Bühnenmäßige Aufführung eines bestimmten Werkes. Die Frage, ob eine bühnenmäßige **41** Aufführung eines bestimmten Werkes vorliegt, ist eine Frage nach dem **Schutzumfang dieses Werkes**.[91] Eine bühnenmäßige Aufführung des geschützten Werkes liegt vor, wenn dem Publikum durch das bewegte Spiel der gedankliche Inhalt des aufgeführten Werkes vermittelt wird.[92] Handelt es sich bei dem geschützten Werk um die eigenschöpferische **Bearbeitung eines gemeinfreien Stoffes,** trägt der Aufführende die Darlegungslast für seine Behauptung, bei der Aufführung lediglich nicht eigenschöpferisch bearbeitete und daher gemeinfreie Teile des Werkes übernommen zu haben.[93]

Für die Frage, ob eine **Aufführung von Werkteilen** (zB von Gesangsnummern einer Operette) in **42** das geschützte Recht aus § 19 Abs. 2 Alt. 2 eingreift, kommt es allein darauf an, ob die Wiedergabe der Werkteile als solche bühnenmäßig ist[94] und ob bei der bühnenmäßigen Aufführung Werkteile, die bereits für sich den urheberrechtlichen Schutzvoraussetzungen genügen,[95] in einer ihren schöpferischen Gehalt vermittelnden Weise wiedergegeben werden.[96] Ohne Belang ist es dagegen, ob durch die Wiedergabe der Werkteile noch der Sinngehalt des Gesamtwerkes oder wesentlicher Teile desselben vermittelt werden.[97] Ungeachtet von Abweichungen in Einzelheiten müssen die Aufführung und das benutzte Werk insoweit in ihrem geistig-ästhetischen Gesamteindruck übereinstimmen.[98]

c) Öffentlich. Für den Begriff „öffentlich" gelten die Ausführungen zum Vortragsrecht.[99] Das **43** Aufführungsrecht greift nur ein, wenn das Werk **zeitgleich für eine Öffentlichkeit iSd § 15 Abs. 3** wahrnehmbar gemacht wird.[100]

III. Wahrnehmung des Aufführungsrechts

Die Abgrenzung der Rechte zum Vortrag (Abs. 1), zur musikalischen Aufführung (Abs. 2 Alt. 1) **44** und zur bühnenmäßigen Aufführung (Abs. 2 Alt. 2) ist bei der Anwendung des § 52 von Bedeutung, weil die in dieser Bestimmung geregelten Schranken des Rechts der öffentlichen Wiedergabe nicht für öffentliche bühnenmäßige Aufführungen gelten (§ 52 Abs. 3). Vor allem ist diese Abgrenzung aber von Bedeutung, weil die betroffenen Rechte häufig von verschiedenen Berechtigten wahrgenommen werden. In Betracht kommen dabei insbesondere die Verwertungsgesellschaften GEMA und VG Wort, Bühnenverlage und Musikverlage.[101]

Die Rechtswahrnehmung der **GEMA** bezieht sich nach § 1 lit. a ihres Berechtigungsvertrags (idF **45** vom 24./25.5.2019)[102] in erster Linie auf das musikalische Aufführungsrecht. Der Ausschluss des Rechts der bühnenmäßigen Aufführung wird im Berechtigungsvertrag im Einzelnen geregelt.[103] Dramatisch-musikalische Werke iSd § 1 lit. a des Berechtigungsvertrags sind nicht nur Werke, die als Bühnenwerke für die bühnenmäßige Aufführung geschaffen worden sind, sondern alle Werke, die in der Weise „dramatisch-musikalischer" Art sind, dass sie als solche „in Szene" gesetzt werden können, dh insbesondere solche Werke, bei denen schon im Ablauf der Wiedergabe des Werkes ein geschlossenes, dramatisch angelegtes Geschehen vermittelt wird.[104] Zur Wahrnehmungsbefugnis der GEMA bei der Aufführung eines Werkes der Musik („O Fortuna" von *Carl Orff*) für den Einzug eines Boxers in die Arena s. LG München I ZUM 2005, 849.[105] In der Regel nimmt die GEMA auch für Musik-

---

[89] BGH GRUR 1960, 604 (605) – Eisrevue I; BGH GRUR 2008, 1081 Rn. 14 – Musical Starlights; vgl. auch BGH GRUR 1960, 606 (607) – Eisrevue II; BGH GRUR 1962, 256 (257) – Im weißen Rößl; *Staats* S. 30 ff.; Heker/Riesenhuber/*Staudt*/Hendel Kap. 7 Rn. 56, 62 f.; *Staudt* S. 119 f., 295 f.; weiter → Rn. 19.
[90] Vgl. BGH GRUR 2008, 1081 Rn. 14 – Musical Starlights; OLG Hamburg OLGR 2004, 13 (14 f.) – Mamma Mia; Fromm/Nordemann/*Dustmann* UrhG § 19 Rn. 17.
[91] Vgl. → Rn. 32.
[92] Vgl. BGH GRUR 2008, 1081 Rn. 15 – Musical Starlights.
[93] Vgl. BGH GRUR 2008, 1081 Rn. 21 f. – Musical Starlights.
[94] → Rn. 32 ff.
[95] → § 2 Rn. 87.
[96] Vgl. BGH GRUR 2008, 1081 Rn. 16 ff. – Musical Starlights.
[97] Vgl. BGH GRUR 2008, 1081 Rn. 16 ff. – Musical Starlights.
[98] Vgl. BGH GRUR 2008, 1081 Rn. 19 – Musical Starlights.
[99] → Rn. 25.
[100] → Rn. 25, 63.
[101] Zum Musik- und Bühnenverlag → Rn. 48; → Vor §§ 31 ff. Rn. 113 ff.; Loewenheim/*Czychowski* § 68 Rn. 18 ff.; Berger/Wündisch/*Fierdag*, Urhebervertragsrecht, 2. Aufl. 2015, § 21 Rn. 4 ff. Zur Rechtswahrnehmung durch Verwertungsgesellschaften im Theaterbereich s. Kurz/Kehrl/Nix/*Kehrl* Kap. 13 Rn. 181 ff.
[102] Abrufbar unter www.gema.de.
[103] Vgl. Wandtke/Bullinger/*Ehrhardt* UrhG § 19 Rn. 18 f.
[104] Vgl. BGHZ 142, 388 (395 f.) = GRUR 2000, 228 (229) – Musical-Gala; BGH GRUR 2008, 1081 Rn. 26 – Musical Starlights.
[105] S. weiter *Staats* ZUM 2005, 789; *Georgopoulos* S. 159 ff.

gruppen, die eigene Werke vortragen, die Aufführungsrechte wahr. Auch das Vortragsrecht wird in gewissem Umfang von der GEMA wahrgenommen.[106]

46   Die **VG Wort** erwirbt durch ihre Wahrnehmungsverträge das Vortragsrecht.[107] Rechte an erschienenen Sprachwerken, die mit Einwilligung des Berechtigten vertont wurden, erwirbt sie gemäß § 1 Nr. 14 ihres Wahrnehmungsvertrags idF vom 25.5.2019 (abrufbar unter www.vgwort.de) „nach Maßgabe des hierfür zwischen der VG Wort und der GEMA abgeschlossenen Vertrags in dessen jeweiliger Fassung."

47   Aufgrund eines Vertrags mit der **VG Wort** nimmt die **GEMA** bestimmte Rechte von Wahrnehmungsberechtigten der VG Wort wahr.[108] Die VG Wort hat ihre Rechte an erschienenen Sprachwerken, die mit Einwilligung des Berechtigten vertont wurden (nicht aber an dramatisch-musikalischen Werken, es sei denn, dass es sich um die Verwendung von kleineren Teilen, Liedern oder Arien handelt, die nach den GEMA-Bestimmungen bzw. nach der sog. Abgrenzungsvereinbarung GEMA/Rundfunkanstalten[109] unter die sog. kleinen Rechte fallen), zur treuhänderischen Wahrnehmung auf die GEMA übertragen, soweit es um die Verwertung des Sprachwerkes zusammen mit der Musik geht, mit der Maßgabe, dass die GEMA die Rechte an den vertonten Werken nach den für die GEMA geltenden Bestimmungen und Verträgen wahrnimmt.[110] Über die sich nach dem Verteilungsplan der GEMA ergebenden Textdichteranteile rechnet die VG Wort mit den Textdichtern ab.[111]

48   Die von den Verwertungsgesellschaften wahrgenommenen Vortrags- und Aufführungsrechte werden teilweise zunächst von Bühnenverlagen oder Musikverlagen erworben, die sie dann ihrerseits durch Wahrnehmungsverträge zur kollektiven Rechtswahrnehmung in die Verwertungsgesellschaften einbringen. Die **Rechte der bühnenmäßigen Aufführung** werden in der Regel individuell von Bühnenverlagen ausgewertet.[112] Da die Bühnenverlage nicht dem für Verwertungsgesellschaften gemäß § 34 VGG geltenden Abschlusszwang unterliegen, ist ihnen eher eine Anpassung der Vertragsbedingungen an die Umstände des Einzelfalles, insbesondere auch die Wahrung des Urheberpersönlichkeitsrechts, möglich.[113] Unverbindliche Hinweise für Bühnenaufführungsverträge über dramatische und dramatisch-musikalische Werke enthält die „Regelsammlung Verlage (Vertriebe)/Bühnen".[114]

49   Im Hinblick auf die dargestellte Übung der individuellen oder kollektiven Rechtswahrnehmung wird, vor allem bei dramatischen und dramatisch-musikalischen Werken, vielfach von **„großen"** und **„kleinen" Rechten** gesprochen. Diese dem UrhG unbekannten Begriffe werden jedoch sehr unterschiedlich gefasst.[115] Teilweise werden die „kleinen" Rechte mit den musikalischen Aufführungsrechten (Abs. 2 Alt. 1), die „großen" Rechte mit den Rechten der bühnenmäßigen Aufführung (Abs. 2 Alt. 2) gleichgesetzt;[116] teilweise werden als „kleine" Rechte diejenigen Vortrags- und Aufführungsrechte bezeichnet, die von Verwertungsgesellschaften wahrgenommen werden (vgl. § 1 lit. a des Berechtigungsvertrags der GEMA;[117] sa „kleine Senderechte" iSd § 1 Nr. 12 des Wahrnehmungsvertrags der VG Wort idF vom 25.5.2019), während alle anderen Rechte der bühnenmäßigen Aufführung als „große" Rechte angesehen werden.[118] Wegen ihrer unterschiedlichen Verwendung sind die dem Sprachgebrauch der beteiligten Verkehrskreise entstammenden Begriffe „große" und „kleine" Rechte als Rechtsbegriffe unbrauchbar.[119] Zur Abgrenzung zwischen „großen" und „kleinen" Rechten bei der Sendung von Werken der Musik vgl. die Abgrenzungsvereinbarung zwischen der GEMA und den Rundfunkanstalten von 1964/1965 mit Nachträgen von 1965, 1977 und 1981.[120]

---

[106] Vgl. dazu → Rn. 18, 46 f.
[107] Vgl. dazu näher → Rn. 18, 45.
[108] Vgl. Wandtke/Bullinger/*Ehrhardt* UrhG § 19 Rn. 11.
[109] → Rn. 49.
[110] → Vor §§ 20 ff. Rn. 93.
[111] S. dazu auch *Melichar* S. 111.
[112] Sa BGHZ 142, 388 (396) = GRUR 2000, 228 (230) – Musical-Gala; zum Bühnenverlagsvertrag → Vor §§ 31 ff. Rn. 119 f.; Wandtke/Bullinger/*Ehrhardt* UrhG § 19 Rn. 43 f.; *Schack* Rn. 1212. Zu Bühnenaufführungsverträgen → Vor §§ 31 ff. Rn. 119 ff.; Wandtke/Bullinger/*Ehrhardt* UrhG § 19 Rn. 21 ff.; Fromm/Nordemann/ *J. B. Nordemann* Vor §§ 31 ff. Rn. 336 ff.; Loewenheim/*Czychowski* § 68 Rn. 46 f.; Loewenheim/*Schlatter* § 72 Rn. 28 ff.; *Schack* Rn. 1209 ff.
[113] Vgl. *Schack* Rn. 1210.
[114] Vgl. dazu auch BGH GRUR 1996, 763 (765) – Salome II; BGH GRUR 2000, 869 (871) – Salome III; KG ZUM-RD 2005, 381 (383 f.); *Kurz*/Kehrl/Nix/*Kehrl* Kap. 13 Rn. 206 f.; Loewenheim/*Czychowski* § 68 Rn. 56; Loewenheim/*Schlatter* § 72 Rn. 3, 12, 55; Wandtke/Bullinger/*Ehrhardt* UrhG § 19 Rn. 22 ff.
[115] Zum Ursprung der Begriffe und zu ihrer Verwendung in Rechtsprechung und Literatur s. *Staats* S. 58 ff.; *Rossbach* FS Walter, 2018, 331 ff.; zur Abgrenzung aus österreichischer Sicht vgl. öOGH MR 2005, 431 (432) – Die Bakchantinnen mAnm *Walter; Walter*, VerwGesG'16, 2017, § 2 S. 41 ff.; *Juranek* MR 2001, 377; *Scholz* ÖBl. 2007, 251 ff.; *P. Fischer* ipCompetence Vol. 17 (2017) S. 26 (frei abrufbar: www.ipcompetence.com); *Bernsteiner* FS Walter, 2008, 287; zur Abgrenzung aus Schweizer Sicht vgl. Mosimann/Renold/Raschèr/*Mosimann*, Kunst Kultur Recht, 2009, Kap. 10 Rn. 16 ff.; *Mosimann* FS Hefti, 2014, 129.
[116] *v. Gamm* UrhG § 19 Rn. 11.
[117] → Rn. 45.
[118] Vgl. Heker/Riesenhuber/*Staudt*/Hendel Kap. 7 Rn. 38; Fromm/Nordemann/*Dustmann* UrhG § 19 Rn. 11; *Rossbach* FS Walter, 2018, 331 (336 ff.).
[119] Vgl. dazu auch Wandtke/Bullinger/*Ehrhardt* UrhG § 19 Rn. 16; *Melichar* S. 21; aA *Rossbach* FS Walter, 2018, 331 (343).
[120] GEMA-Jahrb. 2018/2019, S. 223 (frei abrufbar: www.gema.de).

D. Übertragung durch Bildschirm oder Lautsprecher (Abs. 3)

I. Inhalt und Zweck der Vorschrift

Das Vortrags- und das Aufführungsrecht umfassen nach Abs. 3 auch das Recht, den Vortrag oder 50
die Aufführung **zeitgleich außerhalb des Raumes,** in dem die persönliche Darbietung stattfindet,
durch Bildschirm, Lautsprecher oder ähnliche technische Einrichtungen öffentlich wahrnehmbar zu
machen. Bedeutung hat dies zB bei einer Übertragung einer Theateraufführung für zu spät kommende Besucher in andere Räume.[121] Die Wiedergabe muss nicht durchweg die gesamte Darbietung
erfassen; sie kann auch Teile davon, etwa durch Nahaufnahmen einzelner handelnder Schauspieler,
hervorheben.[122] Die Benutzung technischer Hilfsmittel (Lautsprecher, Mikrofon oÄ) zur Klangverstärkung oder -gestaltung bei der persönlichen Darbietung selbst oder die gleichzeitige Projektion der
Darbietung auf eine Großleinwand innerhalb des Veranstaltungsraums ist – wie aus der Regelung des
Abs. 3 zu schließen ist – ohne weiteres zulässig.[123]

Auf sog. **Übertitelungsanlagen,** mit denen in Opernhäusern im Veranstaltungsraum selbst Teile 51
des Librettos fremdsprachiger Bühnenwerke für das Publikum in Übersetzung wiedergegeben werden,
ist Abs. 3 nicht – auch nicht entsprechend – anwendbar.[124] Die Einblendung der Übersetzung (dh der
Bearbeitung des Librettos) vergrößert nicht den Bereich, in dem die Darbietung des Bühnenwerkes
öffentlich wahrnehmbar gemacht wird, sondern ist eine zusätzliche Werknutzung (des Librettos und
der Übersetzung).

Abs. 3 gilt nicht nur bei Darbietungen im geschlossenen Raum, sondern über seinen Wortlaut hin- 52
aus auch für **Darbietungen im Freien** (zB auf einem Platz oder einer Freilichtbühne).[125] Diese
Auslegung entspricht nicht nur Sinn und Zweck der Vorschrift, sondern auch ihrer Entstehungsgeschichte. § 19 Abs. 3 RegE sprach noch von der Wahrnehmbarmachung von Vorträgen und Aufführungen „außerhalb der Veranstaltung, bei der sie stattfinden". Diese Wendung wurde lediglich zum
Zweck der Klarstellung des Gewollten durch die geltende Fassung ersetzt.[126]

Zweck der Vorschrift ist es, dem Urheber bei Erteilung der Erlaubnis zu einem öffentlichen 53
Vortrag oder einer öffentlichen Aufführung die Entscheidung darüber zu überlassen, ob und inwie-
weit der Vortrag oder die Aufführung an weiteren Orten außerhalb des Veranstaltungsorts (zB bei
Überfüllung des Konzertsaals) öffentlich wahrnehmbar gemacht werden darf. Dank seines dinglichen
Rechts an dieser Art der Zweitverwertung kann der Urheber unerlaubte Übertragungen nicht nur als
Vertragsverletzung, sondern auch als Urheberrechtsverletzung verbieten. Da das Recht aus Abs. 3
kaum selbständig verwertbar ist, wurde es nicht als besonderes Verwertungsrecht ausgestaltet. Es wird
vielmehr vom Vortrags- und vom Aufführungsrecht als deren Ergänzung „umfasst".

Ein rechtliches Sonderschicksal des Rechts aus Abs. 3 ist trotz des scheinbar entgegenstehenden 54
Wortlauts („umfassen") nicht ausgeschlossen. Dies zeigt die **Auslegungsregel des § 37 Abs. 3** für
Verträge, wonach das Recht aus Abs. 3 im Zweifel dem Urheber verbleibt.[127] Anders als Abs. 3
spricht § 37 Abs. 3 nicht von einer Wiedergabe „außerhalb des Raumes, in dem die persönliche Darbietung stattfindet", sondern von einer Wiedergabe „außerhalb der Veranstaltung, für die sie bestimmt
ist".[128]

II. Abgrenzung der Wiedergabe nach Abs. 3 von anderen Wiedergabearten

Das Recht aus Abs. 3 und das Senderecht aus **§ 20** beziehen sich auf Vorgänge verschiedener Art. 55
Abs. 3 gibt ein Recht an Vorgängen, durch die das Werk „wahrnehmbar" gemacht wird, dh unmittelbar für die menschlichen Sinne wiedergegeben wird. Demgegenüber bezieht sich das Senderecht
auf die Werkübermittlung durch sendetechnische Vorgänge, durch die das Werk einer Öffentlichkeit
lediglich „zugänglich" gemacht wird. Da die Rechte aus Abs. 3 und aus § 20 somit jeweils verschiedene Vorgänge betreffen, gibt es zwischen ihnen keine Überschneidung.[129] Von **§ 21** (Recht der
Wiedergabe durch Bild- oder Tonträger) ist Abs. 3 klar abgrenzbar, weil Abs. 3 nur bei Wiedergaben

---

[121] Vgl. dazu auch → § 37 Rn. 21; sa Kurz/Kehrl/Nix/*Kehrl* Kap. 13 Rn. 79.
[122] Vgl. Fromm/Nordemann/*Dustmann* UrhG § 19 Rn. 23.
[123] → Rn. 20 ff.
[124] Vgl. Wandtke/Bullinger/*Ehrhardt* UrhG § 19 Rn. 47; Fromm/Nordemann/*Dustmann* UrhG § 19 Rn. 23; aA
de lege ferenda *Bolwin* ZUM 2003, 1008 (1009).
[125] Möhring/Nicolini/*Kroitzsch/Götting* UrhG § 19 Rn. 31; Fromm/Nordemann/*Dustmann* UrhG § 19 Rn. 23;
Wandtke/Bullinger/*Ehrhardt* UrhG § 19 Rn. 47.
[126] Dokumentation zur Urheberrechtsreform, UFITA 45 (1965), 155 (163); UFITA 46 (1966), 143 (178). Zur
entsprechenden Problematik bei § 78 → § 78 Rn. 49.
[127] Zur Vertragspraxis s. Wandtke/Bullinger/*Ehrhardt* UrhG § 19 Rn. 49 ff.; Fromm/Nordemann/*Dustmann* UrhG
§ 19 Rn. 25.
[128] Vgl. dazu → § 37 Rn. 21.
[129] Vgl. BGHZ 123, 149 (151 f.) = GRUR 1994, 45 (46) – Verteileranlagen; *v. Ungern-Sternberg* GRUR 1973, 16
(25) und UFITA 94 (1982), 79 (89 Fn. 31); aA *Ulmer* GRUR 1980, 582 (586) und GRUR-Int 1981, 372 (377);
sa öOGH GRUR-Int 1986, 728 (732) – Hotel-Video – mAnm *Hodik; Hügel* ÖBl. 1985, 113 (118 f.).

eines Vortrags oder einer Aufführung eingreift, die diese gleichzeitig – ohne zwischengeschaltete Bild- oder Tonträgeraufzeichnung – an weiteren Orten wahrnehmbar machen. § 22 (Recht der Wiedergabe von Funksendungen und von öffentlicher Zugänglichmachung) behält dem Urheber wie Abs. 3 vor, sein Werk öffentlich wahrnehmbar zu machen, und erfasst dabei gemäß § 22 S. 2 iVm § 19 Abs. 3 auch gleichzeitige Wiedergaben an anderen Orten. Auch die Rechte aus Abs. 3 und aus § 22 überschneiden sich jedoch nicht: Ist die Übertragung vom Ort der persönlichen Darbietung zu den Orten der weiteren Wiedergaben ein Sendevorgang iSd § 20, ist das Wahrnehmbarmachen des Werkes an diesen Orten als Wiedergabe einer Funksendung (§ 22) anzusehen, andernfalls ist Abs. 3 anwendbar.[130]

E. Vorführungsrecht (Abs. 4)

I. Gegenstand des Vorführungsrechts

1. Beschränkung des Rechts auf bestimmte Werkarten

56   Das Vorführungsrecht bezieht sich auf Werke der bildenden Künste (§ 2 Abs. 1 Nr. 4), Lichtbild-werke (§ 2 Abs. 1 Nr. 5; zu Lichtbildern vgl. § 72), Filmwerke (§ 2 Abs. 1 Nr. 6; für Laufbilder iSd § 95 gilt § 19 Abs. 4 gemäß § 95 iVm § 94 Abs. 1 S. 1 entsprechend) und Darstellungen wissenschaft-licher oder technischer Art (§ 2 Abs. 1 Nr. 7). Der urheberrechtliche Begriff der Vorführung weicht damit erheblich vom allgemeinen Sprachgebrauch ab.

57   Die Beschränkung des Abs. 4 auf Werke einer bestimmten Art ist durch das Inkrafttreten des Zu-stimmungsgesetzes zum **WIPO Copyright Treaty** (WCT)[131] nicht bedeutungslos geworden, weil Art. 8 WCT nur öffentliche Wiedergaben regelt, die durch ein gewisses Distanzelement gekenn-zeichnet sind.[132]

58   Nach der Definition des EuGH umfasst der Begriff der Wiedergabe in **Art. 3 Abs. 1 InfoSoc-RL** „jede Übertragung geschützter Werke unabhängig vom eingesetzten technischen Mittel oder Verfah-ren".[133] Dementsprechend erfasst das Recht der öffentlichen Wiedergabe gemäß Art. 3 Abs. 1 Info-Soc-RL auch die Vorführung des geschützten Werkes durch technische Einrichtungen iSd Abs. 4.[134] Die **Begrenzung des Vorführungsrechts auf bestimmte Werkarten** ist dadurch aber nicht ge-genstandslos geworden, da die gebotene richtlinienkonforme Auslegung nicht zu einer Auslegung contra legem führen darf.[135] Bei einer öffentlichen Vorführung von Werken einer nicht in § 19 Abs. 4 genannten Art ist deshalb ein unbenanntes Verwertungsrecht anzuerkennen.[136]

2. Vorführung eines Filmwerkes

59   Ob ein Vorführungsrecht an Musik- und Sprachwerken, die für die Herstellung von Filmwerken benutzt werden, bestehen kann, ist str. Teilweise wird angenommen,[137] dass die Wiedergabe der **Filmmusik** bei der Vorführung des Films ebenfalls unter das Vorführungsrecht fällt. Diese Ansicht berücksichtigt jedoch nicht, dass die Filmmusik nach § 89 Abs. 3 zu den benutzten Werken gehört und daher nicht Teil des Filmwerkes ist.[138] Die öffentliche Wiedergabe der auf Tonträgern aufge-zeichneten Musik bei der Vorführung eines Filmwerkes fällt deshalb nicht unter Abs. 4, sondern – wie auch die öffentliche Wiedergabe der Begleitmusik bei der Vorführung von Laufbildern – unter § 21.[139] Bei der **Anwendung des § 52** kommt dieser Frage keine praktische Bedeutung zu. Falls die Wiedergabe der Filmmusik bei der Vorführung des Filmwerkes nicht auch selbst als Vorführung ange-sehen wird, ist § 52 Abs. 3 analog anzuwenden. Der Grundgedanke des § 52, dass die Filmvorführung einen so großen Aufwand erfordert, dass es dem Veranstalter zuzumuten ist, auch die Vergütung für die Urheber zu zahlen,[140] gilt auch für die Wiedergabe der Filmmusik.[141]

---

[130] Vgl. dazu *v. Gamm* UrhG § 19 Rn. 4; *v. Ungern-Sternberg* GRUR 1973, 16 (25); Wandtke/Bullinger/*Ehrhardt* UrhG § 19 Rn. 48; aA Möhring/Nicolini/*Kroitzsch/Götting* UrhG § 19 Rn. 31 und DKMH/*Dreyer* UrhG § 19 Rn. 36, UrhG § 22 Rn. 7, die darauf abstellen, wie weit die Wiedergabeort vom Ort der Darbietung entfernt liegt.

[131] → Vor §§ 20 ff. Rn. 32.

[132] → Rn. 5, 12, 58; → Vor §§ 20 ff. Rn. 33.

[133] Vgl. EuGH GRUR 2012, 156 Rn. 193 – Football Association Premier League u. Murphy; EuGH GRUR 2014, 473 Rn. 25 – OSA/Léčebné lázně; weiter → § 15 Rn. 60 ff.

[134] → Rn. 2.

[135] → § 15 Rn. 133.

[136] Vgl. → § 15 Rn. 289.

[137] *Ulmer* § 52 I.

[138] Möhring/Nicolini/*Kroitzsch/Götting* UrhG § 19 Rn. 34; *Schack* Rn. 316; Loewenheim/*Hoeren* § 21 Rn. 43; *Gregor,* Der Produzent und die Rechte am Filmwerk, 2010, S. 132 ff.; vgl. weiter → Vor §§ 88 ff. Rn. 57, 60, 64, 65 ff.

[139] Vgl. dazu BGHZ 67, 56 (66 f.) = GRUR 1977, 42 (45) – Schmalfilmrechte; BGHZ 123, 149 (151) = GRUR 1994, 45 f. – Verteileranlagen; Wandtke/Bullinger/*Ehrhardt* UrhG § 19 Rn. 57; Büscher/Dittmer/Schiwy/ *Haberstumpf* Kap. 10 UrhG § 19 Rn. 21, § 21 Rn. 9; Heker/Riesenhuber/*Staudt/Hendel* Kap. 7 Rn. 108; Fromm/ Nordemann/*Dustmann* UrhG § 19 Rn. 28.

[140] Begr. zu § 53 RegE (jetzt § 52), BT-Drs. IV/270, 70 = UFITA 45 (1965), 240 (286).

[141] Ebenso Möhring/Nicolini/*Kroitzsch/Götting* UrhG § 19 Rn. 34.

Wie an der Filmmusik kann auch an den **anderen zur Herstellung eines Filmwerkes benutz-** 60
ten Werken, die nicht zu den in § 19 Abs. 4 genannten Werkgattungen gehören wie das Drehbuch
oder ein Roman (vgl. § 89 Abs. 3), kein Vorführungsrecht bestehen.[142] Die Gegenansicht[143] kann
nicht damit gerechtfertigt werden, dass sich die Verwertungsrechte an den für die Herstellung des
Filmwerkes benutzten Werken auch auf dieses erstrecken. Zwar wird bei der Vorführung des Filmwerkes auch das benutzte Werk verwertet (davon geht auch § 88 aus); durch die Benutzung für die
Herstellung eines Filmwerkes wird das benutzte Werk aber nicht selbst Filmwerk. Abs. 4 kann daher
auf benutzte Werke, die nicht unter die dort genannten Werkgattungen fallen, nicht angewendet werden. Ob bei der Vorführung des Filmwerkes hinsichtlich dieser Werke § 21 eingreift, hängt davon ab,
ob dessen Voraussetzungen gegeben sind.[144] Die Frage, ob die Verfilmung eines Werkes (zB bei der
Filmaufnahme einer Rede oder einer Bühnenaufführung) ein Filmwerk oder nur Laufbilder (§ 95)
hervorgebracht hat, ist somit nach der hier vertretenen Ansicht ohne Einfluss darauf, welches Verwertungsrecht hinsichtlich der verfilmten Werke eingreift, wenn der Film öffentlich gezeigt wird.[145] Zur
Frage, ob dem Urheber des benutzten Werkes bei Vorführung des Filmwerkes ein Einwilligungsrecht
aus § 23 S. 1 zusteht, vgl. → § 23 Rn. 17.

II. Verwertungshandlung

1. Vorführung

Vorführung iSd Abs. 4 ist eine **unkörperliche Wiedergabe des Werkes,** durch die das Werk 61
mittels technischer Einrichtungen öffentlich wahrnehmbar gemacht wird. Häufig liegt die Vorführung in der Projektion von Bildern oder Bilderfolgen auf eine andere Fläche (zB bei Filmvorführungen oder der Projektion mit Hilfe eines Beamers). Vorführung ist aber auch eine Wiedergabe,
durch die ein Bild des Werkes ohne Übertragung auf eine andere Fläche in vergrößerter oder veränderter Gestalt gezeigt wird (zB durch Mikrofilmlesegerät).[146] Der Begriff der Vorführung ist bereits
nach dem Wortlaut des Abs. 4 **nicht auf die Wiedergabe auf einer Fläche beschränkt.** Auch die
Wiedergabe durch Holografie ist Vorführung iSd Abs. 4.

Für die Vorführung können **technische Einrichtungen jeder Art** verwendet werden mit Aus- 62
nahme von Einrichtungen, die ein iSd § 19a öffentlich zugänglich gemachtes Werk oder ein iSd § 20
gesendetes Werk öffentlich wahrnehmbar machen (Abs. 4 S. 2).

2. Öffentlich

Der Begriff „öffentlich" in § 19 ist grundsätzlich ebenso wie bei den sonstigen Rechten der öffent- 63
lichen Wiedergabe auszulegen.[147] Keine öffentliche Vorführung liegt aber vor, wenn nicht bereits
durch die einzelne Wiedergabe eine Öffentlichkeit erreicht werden soll, sondern nur durch wiederholte gleichförmige Wiedergaben.[148] Dies gilt schon deshalb, weil Abs. 4 (ebenso wie Abs. 1–3) voraussetzt, dass das Werk dem Empfängerkreis „wahrnehmbar" gemacht wird, mit der Folge, dass dieser
(ebenso wie bei § 21 S. 1 und § 22 S. 1) an einem Ort versammelt sein und dort die Möglichkeit
haben muss,[149] die Wiedergabe gemeinsam wahrzunehmen.[150] Werden zB in einem Hotel Videofilme
über eine Verteileranlage in die einzelnen Zimmer der Gäste übertragen (sog. **Hotelvideo**), greift
§ 19 Abs. 4 deshalb nicht ein.[151] Da es letztlich von der Entscheidung der Gäste abhängt, ob die Filme tatsächlich wahrnehmbar gemacht werden, kann im Wortsinn nicht von einer Vorführung der
Filme durch das Hotel gesprochen werden, selbst wenn ein Film im Einzelfall von einer Öffentlichkeit
iSd § 15 Abs. 3 gesehen werden sollte.[152] Das Hotel ermöglicht vielmehr nur die Wahrnehmbarmachung der Filme in den Gästezimmern. Bei einem Sachverhalt dieser Art kommt die Anwendung des
§ 20 in Betracht.[153] Wird die Videofilmübertragung auch in den Gemeinschaftsräumen des Hotels
öffentlich wahrnehmbar gemacht, greift insoweit allerdings das Vorführungsrecht ein.[154]

---

[142] Vgl. *Roeber* FuR 1968, 148 (150); Möhring/Nicolini/*Kroitzsch*/*Götting* UrhG § 19 Rn. 34; Dreier/Schulze/
Dreier UrhG § 19 Rn. 16.
[143] *Ulmer* § 55 I 2, § 56 I 3; DKMH/*Dreyer* UrhG § 19 Rn. 42.
[144] AA *Roeber* FuR 1968, 148 (152).
[145] AA *Ulmer* § 55 I 2.
[146] *Ulmer* § 52 I; Möhring/Nicolini/*Kroitzsch*/*Götting* UrhG § 19 Rn. 37.
[147] Vgl. → Rn. 1; → § 15 Rn. 354 ff.
[148] → § 15 Rn. 381; → § 20 Rn. 28; → § 21 Rn. 14; sa öOGH MR 2002, 236 – Figurstudio mAnm *Walter*
(zum öUrhG, das keine Legaldefinition des Begriffs „öffentlich" enthält).
[149] → Rn. 43; → § 15 Rn. 379.
[150] → § 21 Rn. 14; → § 22 Rn. 19 f.; Abs. 3 gilt bei Abs. 4 entsprechend, dazu → Rn. 64.
[151] BGHZ 123, 149 (151) = GRUR 1994, 45 (46) – Verteileranlagen; im Ergebnis ebenso *Poll* FuR 1983, 9
(13); *Walter* MR 3/1983 Archiv 4; *Mielke* ZUM 1987, 501 (505 f.); aA *Ulmer* § 53 III 2; sa – zum öUrhG – öOGH
GRUR-Int 1986, 728 (733 f.) – Hotel-Video mAnm *Hodik* = JBl. 1986, 655 mAnm *Skolik*.
[152] Vgl. dazu auch – zum LUG – BGHZ 36, 171 (174 ff.) = GRUR 1962, 201 (202 f.) – Rundfunkempfang im
Hotelzimmer I mit abl. Anm. von *Hirsch Ballin* Schulze BGHZ 91, 20 ff.; öOGH GRUR-Int 1972, 338 f. – Hotel-
Rundfunkvermittlungsanlage – und GRUR-Int 1986, 728 (733) – Hotel-Video mAnm *Hodik*.
[153] Vgl. → § 20 Rn. 59.
[154] Sa *v. Büren* GRUR-Int 1986, 443 (446).

III. Analoge Anwendung des Abs. 3

64   Falls eine Vorführung ausnahmsweise in andere Räume übertragen und dort öffentlich wahrnehmbar gemacht wird, ohne dass eine öffentliche Zugänglichmachung iSd § 19a oder eine Funksendung iSd § 20 vorausgegangen ist, ist Abs. 3 entsprechend, die Auslegungsregel des § 37 Abs. 3 unmittelbar anzuwenden.[155] Es ist kein Grund ersichtlich, warum Abs. 3 zwar bei § 21 und § 22, nicht aber bei Abs. 4 entsprechend anwendbar sein sollte.

IV. Abgrenzung von anderen Verwertungsrechten

65   Von der Ausstellung (§ 18) eines Werkes der bildenden Künste oder eines Lichtbildwerkes unterscheidet sich die Vorführung solcher Werke durch die Benutzung technischer Einrichtungen zur Wahrnehmbarmachung. Das Vortragsrecht (Abs. 1), das Aufführungsrecht (Abs. 2) und das Vorführungsrecht beziehen sich auf verschiedene Werkgattungen. Ebenso wie das Recht aus Abs. 3 bezieht sich das Vorführungsrecht auf einen Vorgang anderer Art als das Senderecht (§§ 20, 20a); eine Überschneidung zwischen beiden Rechten besteht daher nicht (im Ergebnis allgM).[156] Soweit es bei der Vorführung eines Filmwerkes um die Wiedergabe der Filmmusik und der für die Herstellung eines Filmwerkes benutzten Sprachwerke (wie Drehbuch und Romanvorlage) geht, ist die Abgrenzung zwischen dem Vorführungsrecht und dem Recht der Wiedergabe durch Bild- oder Tonträger (§ 21) str.[157]

66   Nach Abs. 4 S. 2 fällt das Recht, ein iSd § 19a öffentlich zugänglich gemachtes oder durch Funk iSd § 20 gesendetes Werk öffentlich wahrnehmbar zu machen, trotz des Wortlauts des Abs. 4 S. 1 nicht unter das Vorführungsrecht, sondern unter § 22.

V. Zur Rechtswahrnehmung bei der Vorführung eines Filmwerkes

67   Das Recht der öffentlichen Wiedergabe der Filmmusik bei der Filmvorführung in den Filmtheatern wird von der **GEMA** wahrgenommen, die es unmittelbar an die Filmtheaterbesitzer vergibt.[158] Dieses Recht fällt allerdings nicht unter § 19 Abs. 4, sondern unter § 21.[159] Zum Verhältnis der Vorausübertragung an die GEMA zur Rechtseinräumung an den Filmhersteller vgl. → § 88 Rn. 46. Durch die Vorführung des Filmwerkes können auch Rechte von Urhebern berührt werden, die **Sprachwerke** geschaffen haben, die für die Herstellung des Filmwerkes benutzt wurden.[160] Die **VG Wort** nimmt jedoch kein Recht an der Wiedergabe von Sprachwerken bei der Filmvorführung wahr.[161]

§ 19a Recht der öffentlichen Zugänglichmachung

Das Recht der öffentlichen Zugänglichmachung ist das Recht, das Werk drahtgebunden oder drahtlos der Öffentlichkeit in einer Weise zugänglich zu machen, dass es Mitgliedern der Öffentlichkeit von Orten und zu Zeiten ihrer Wahl zugänglich ist.

Schrifttum:
1. Schrifttum bis 2010: *Bäcker,* Die Rechtsstellung der Leistungsschutzberechtigten im digitalen Zeitalter, 2005; *Bagh,* On-demand Anwendungen in Forschung und Lehre, 2007; *Berberich,* Die urheberrechtliche Zulässigkeit von Thumbnails bei der Suche nach Bildern im Internet, MMR 2005, 145; *Castendyk,* Senderecht und Internet, FS Loewenheim (2009), S. 31; *Dierking,* Internet zum Hören, 2008 (frei abrufbar: http://d-nb.info/99283984X); *Dietrich,* ASP – öffentliche Zugänglichmachung oder unbenannte Nutzungsart?, ZUM 2010, 567; *Dünnwald/Gerlach,* Schutz des ausübenden Künstlers, 2008; *Evert,* Anwendbares Urheberrecht im Internet, 2005; *Ficsor,* The Law of Copyright and the Internet – The WIPO Treaties, their Interpretation and Implementation, 2002; *Françon,* La conférence diplomatique sur certaines questions de droit d'auteur et des droits voisins, RIDA 172 (1997) S. 3; *Gey,* Das Recht der öffentlichen Zugänglichmachung iSd. § 19a UrhG, 2009; *Hauröder,* Urheberrechtliche Bewertung der peer-to-peer-Netze, 2009; *Heine,* Wahrnehmung von Online-Musikrechten durch Verwertungsgesellschaften im Binnenmarkt, 2008; *Horn,* Urheberrecht beim Einsatz neuer Medien in der Hochschullehre,

---

[155] Vgl. *Ulmer* § 52 II.
[156] Vgl. *Dreier,* Kabelweiterleitung und Urheberrecht, 1991, S. 86 f.; *Gounalakis,* Kabelfernsehen im Spannungsfeld von Urheberrecht und Verbraucherschutz, 1989, S. 67 ff.; vgl. weiter → Rn. 55, 63.
[157] Vgl. dazu → Rn. 59.
[158] Sa Fromm/Nordemann/*Dustmann* UrhG § 19 Rn. 32; Wandtke/Bullinger/*Ehrhardt* UrhG § 19 Rn. 58; *Becker* ZUM 1999, 16 ff.; *Staudt* S. 166 ff.; → Vor §§ 88 ff. Rn. 6. Vgl. allgemein zu den Verträgen der Filmverwertung → Vor §§ 31 ff. Rn. 145 ff.
[159] → Rn. 59.
[160] Vgl. dazu → Rn. 60; → § 21 Rn. 11. Zur Wahrnehmung dieser Rechte vgl. Wandtke/Bullinger/*Ehrhardt* UrhG § 19 Rn. 59; *Melichar* S. 111.
[161] Dies gilt seit der Neufassung des Wahrnehmungsvertrags durch den Beschluss der Mitgliederversammlung vom 24.5.2014. In § 1 Nr. 11 des Wahrnehmungsvertrags idF vom 21.5.2011 übertrug der Berechtigte der VG Wort noch „das Recht der öffentlichen Vorführung des Filmwerks durch technische Einrichtungen (§ 19 Abs. 4 UrhG)" mit der Maßgabe, dass er verlangen könnte, „dass ihm für einen bestimmten Einzelabschluss mit einem Produzenten das Recht zurückübertragen wird". Die Änderung des Wahrnehmungsvertrags wurde damit begründet, dass die Ausübung dieses Rechts in der Praxis der VG Wort keine Rolle gespielt habe (vgl. VG Wort Report August 2014 S. 1, 4).

2007; *Klatt,* Die urheberrechtliche Einordnung personalisierter Internet-Radios, CR 2009, 517; *Koch,* Der Content bleibt im Netz – gesicherte Werkverwertung durch Streaming-Verfahren, GRUR 2010, 574; *Leistner/Stang,* Die Bildersuche im Internet aus urheberrechtlicher Sicht, CR 2008, 499; *von Lewinski,* Die diplomatische Konferenz der WIPO 1996 zum Urheberrecht und zu den verwandten Schutzrechten, GRUR-Int 1997, 667; *von Lewinski,* Der EG-Richtlinienvorschlag zum Urheberrecht und zu verwandten Schutzrechten in der Informationsgesellschaft, GRUR-Int 1998, 637; *von Lewinski/Gaster,* Die Diplomatische Konferenz der WIPO 1996 zum Urheberrecht und zu den verwandten Schutzrechten, ZUM 1997, 607; *Metzner,* Die Auswirkungen der Urheberrechtsnovelle 2003 auf Online-Übermittlung und -zugriff im Urheberrecht, 2010; *Nieland,* Die Online-Lieferung im Urheberrecht, 2006; *Nippe,* Urheber und Datenbank, 2000; *Nolte,* Informationsmehrwertdienste und Urheberrecht, 2009; *Oswald,* Erschöpfung durch Online-Vertrieb urheberrechtlich geschützter Werke, 2005; *Ott,* Urheber- und wettbewerbsrechtliche Probleme von Linking und Framing, 2004; *Ott,* Haftung für Embedded Videos von YouTube und anderen Videoplattformen im Internet, ZUM 2008, 556; *Ott,* Bildersuchmaschinen und Urheberrecht, ZUM 2009, 345; *Pentheroudakis,* Urheberrechtlicher Wandel und die kollektive Wahrnehmung in der Informationsgesellschaft, 2009; *Peukert,* Der Schutzbereich des Urheberrechts und das Werk als öffentliches Gut – Insbesondere: Die urheberrechtliche Relevanz des privaten Werkgenusses, in: Hilty/Peukert (Hrsg.), Interessenausgleich im Urheberrecht, 2004, S. 11; *Poll,* Neue internetbasierte Nutzungsformen, GRUR 2007, 476; *Poll,* CELAS, PEDL & Co.: Metamorphose oder Anfang vom Ende der kollektiven Wahrnehmung von Musik-Online-Rechten in Europa?, ZUM 2008, 500; *Reinbothe,* Die EG-Richtlinie zum Urheberrecht in der Informationsgesellschaft, GRUR-Int 2001, 733; *Reinbothe,* Die Umsetzung der EU-Urheberrechtsrichtlinie in deutsches Recht, ZUM 2002, 43; *Rigopoulos,* Die digitale Werknutzung nach dem griechischen und deutschen Urheberrecht, 2004; *Roggenkamp,* Verstößt das Content-Caching von Suchmaschinen gegen das Urheberrecht?, K&R 2006, 405; *Rüberg,* Vom Rundfunk- zum Digitalzeitalter, 2007; *Runge,* Die kollektive Lizenzierung von Onlinenutzungsrechten für Musik im Europäischen Binnenmarkt, 2010; *Schack,* Rechtsprobleme der Online-Übermittlung, GRUR 2007, 639; *Schaefer,* Urheberrechtliche Rahmenbedingungen für Bildersuchmaschinen de lege lata und de lege ferenda, 2009; *Schulze,* Der individuelle E-Mail-Versand als öffentliche Zugänglichmachung, ZUM 2008, 836; *Siebert,* Die Auslegung der Wahrnehmungsverträge unter Berücksichtigung der digitalen Technik, 2002; *Staudt,* Die Rechtsübertragungen im Berechtigungsvertrag der GEMA, 2006; *Suttorp,* Die öffentliche Zugänglichmachung für Unterricht und Forschung (§ 52a UrhG), 2005; *Theiselmann,* Geistiges Eigentum in der Informationsgesellschaft, 2004; *Ullrich,* Webradioportale, Embedded Videos & Co. – Inline-Linking und Framing als Grundlage urheberrechtlich relevanter (Anschluss-) Wiedergaben, ZUM 2010, 853; *v. Ungern-Sternberg,* Schlichte einseitige Einwilligung und treuwidrig widersprüchliches Verhalten des Urheberberechtigten bei Internetnutzungen, GRUR 2009, 369; *v. Ungern-Sternberg,* Übertragung urheberrechtlich geschützter Werke durch Internetanbieter und Online-Verbreitungsrecht, FS Loschelder (2010), S. 415; *Walter* (Hrsg.), Europäisches Urheberrecht, 2001; *Wawretschek,* Urheberrechtsfragen der Presse im digitalen Zeitalter, 2004; *Wimmers/Schulz,* Wer nutzt? – Zur Abgrenzung zwischen Werknutzer und technischem Vermittler im Urheberrecht, CR 2008, 170; *Zecher,* Zur Umgehung des Erschöpfungsgrundsatzes bei Computerprogrammen, 2004; *von Zimmermann,* Recording-Software für Internetradios, MMR 2007, 553.

2. Schrifttum nach 2010: *Abedinpour,* Digitale Gesellschaft und Urheberrecht – Leistungsschutzrechte und Verwertungsrechte im digitalen Raum, 2013; *Adam,* „Versehentliche" Veröffentlichung urheberrechtlicher Werke im Internet, MMR 2015, 783; *Appl/Bauer,* Urheberrechtliche Fragen des Hyperlinkings, MR 2012, 180 und 246; *Appl/Bauer,* Hyperlinking und Embedded Content im Lichte der EuGH-Rsp, MR 2015, 151; *Arezzo,* Hyperlinks and Making Available Right in the European Union – What Future for the Internet After Svensson?, IIC 2014, 524; *de Beer/Burri,* Transatlantic Copyright Comparisons: Making Available via Hyperlinks in the European Union and Canada, E.I.P.R. 2014, 95; *Bisges,* Urheberrechtliche Aspekte des Cloud Computing, MMR 2012, 574; *Borghi,* Chasing Copyright Infringement in the Streaming Landscape, IIC 2011, 316; *Brunn,* Cache me if you can, 2013; *Brunotte,* Urheberrechtliche Bewertung der Streamingfilmportale – Unter besonderer Berücksichtigung der Schrankenbestimmung zu ephemeren Vervielfältigungen und die digitalen Werkgenusses, 2014; *Conrad,* Kuck' mal, wer da spricht: Zum Nutzer des Rechts der öffentlichen Zugänglichmachung anlässlich von Links und Frames, CR 2013, 305; *Dierkes,* Jurisdiktionskonflikte bei der strafrechtlichen Verfolgung von Urheberrechtsverletzungen im Internet – am Beispiel der öffentlichen Wiedergabe, 2017; *Duppelfeld,* Das Urheberrecht der Bibliotheken in Informationszeitalter, 2014; *Eichelberger,* Urheberrecht und Streaming, in: Leible (Hrsg.), Der Schutz des Geistigen Eigentums im Internet, 2012, S. 17; *Ensthaler/Weidert* (Hrsg.), Handbuch Urheberrecht und Internet, 3. Aufl. 2017; *N. Fischer,* Lizenzierungsstrukturen bei der nationalen und multiterritorialen Online-Verwertung von Musikwerken, 2011; *von Gerlach,* Die urheberrechtliche Bewertung des nicht-linearen Audio-Video Streamings im Internet, 2012; *Giedke,* Cloud Computing: Eine wirtschaftsrechtliche Analyse mit besonderer Berücksichtigung des Urheberrechts, 2013; *Großjean,* Hörfunk goes digital – Personalisierte Webradios im Spannungsfeld zwischen §§ 20, 19a und 15 Abs. 2 UrhG, JurPC Web-Dok. 69/2019; *Grünberger,* Bedarf es einer Harmonisierung der Verwertungsrechte und Schranken?, ZUM 2015, 273; *Grünberger,* Öffentliche Wiedergabe bei der Verlinkung (Framing) und der Einsatz von technischen Schutzmaßnahmen – Unsicherheiten in Karlsruhe, ZUM 2019, 573; *Heid,* Die Haftung bei Urheberrechtsverletzungen im Netz, 2013; *Heker/Riesenhuber* (Hrsg.), Recht und Praxis der GEMA, 3. Aufl. 2018; *Heßeling,* Internetsuchmaschinen im Konflikt mit dem Urheberrecht, 2014; *Heyde,* Die grenzüberschreitende Lizenzierung von Online-Musikrechten in Europa, 2011; *Höppner/Schaper,* Frame sucht Einwilligung: Die neue Google-Bildersuche auf dem Prüfstand, MMR 2017, 512; *Hoeren,* Die Einräumung von Nutzungsrechten für die Nutzungsart Video-on-Demand, UFITA 2014 II 683; *Hügel,* Haftung von Inhabern privater Internetanschlüsse für fremde Urheberrechtsverletzungen, 2014; *Hüttner,* Flexibilisierung der urheberrechtlichen Schrankenregelungen in Deutschland, 2013; *Klass,* Die Annahme schlichter Einwilligungen im Internet: Implikationen der Vorschaubilder-Entscheidungen des BGH auf das (Schranken-)System des Urheberrechts, in: Leible (Hrsg.), Der Schutz des Geistigen Eigentums im Internet, 2012, S. 165; *Kleinemenke,* Fair Use im deutschen und europäischen Urheberrecht, 2013; *Kling,* Gebietsübergreifende Vergabe von Online-Rechten an Musikwerken, 2018; *Koof,* Senderecht und Recht der öffentlichen Zugänglichmachung im Zeitalter der Konvergenz der Medien, 2015; *Langhoff,* „Virtuelle Personal Video Recorder" – eine Übertragungsform zwischen Sendung und öffentlicher Zugänglichmachung?, UFITA 2007 II 403; *Leenen,* Urheberrecht und computergestützte Erkennung, 2014; *Malcher,* Personalisierte Webradios – Sendung oder Abruf, 2011; *May,* Urheberstrafrecht und Streaming, 2014; *Moser,* Personal Manufacturing und Urheberrecht – „3D Druck" im privaten Umfeld, 2015; *Mushardt,* Rechtliche Rahmenbedingungen für den Vertrieb von Handyklingeltönen, 2014; *Niemann/Paul* (Hrsg.), Rechtsfragen des Cloud Computing, 2014; *Orth,* Die öffentliche Zugänglichmachung von Werken im Internet nach deutschem und chinesischem Recht, 2011; *Osken,* Die schlichte Einwilligung im Urheberrecht, 2014; *Pech,* On-Demand-Streaming-Plattformen, 2018; *Peifer,* Urheberrecht und Internet – Konvergenz verfehlt?, FS Bornkamm (2014), S. 937; *Peukert,* Der digitale Urheber, FS Wandtke (2013), S. 459; *Poll,* Vom Broadcast zum Podcast, MMR 2011, 226; *Rauer/Ettig,* Zur urheberrechtlichen Zulässigkeit des Framing, K&R 2013, 429; *Reinbacher,* Zur Strafbarkeit der Betreiber und Nutzer von Kino.to, NStZ 2014, 57; *Reinbothe/von Lewinski,* The WIPO Treaties on Copyright, 2. Aufl. 2015; *Rieger,* Ein Leistungsschutzrecht für Presseverleger, 2013; *Schäufele,* Zur Strafbarkeit des Raubkopierens im Internet, 2013; *Schapiro,* Unterlassungsansprüche gegen die Betreiber von Internet-Auktionshäusern und Internet-Meinungsforen, 2012; *N. Schmidt,* Verwertung von Musikrechten, 2017; *Schulze,* Aspekte zu Inhalt und Reichweite von § 19a UrhG, ZUM 2011, 2; *Sesing/Putzki,* Störerhaftung als Grundlage für Netzsperren, MMR 2016, 660; *Solmecke/Bärenfänger,* Urheberrechtliche Schutzfähigkeit von Detailfragmenten – Nutzlos = Schutzlos, MMR 2011, 567; *Stegmann,* Das Recht der digitalen Filmverwertung, 2013; *Stieper,* Von der Verbreitung „unkörperlicher" Vervielfältigungsstücke zum Recht auf Weitergabe in elektronischer Form, FS Gernot Schulze (2017), S. 107; *Sucker,* Der digitale Werkgenuss, 2014; *Tinnefeld,* Die Einwilligung in urheberrechtliche Nutzungen im Internet, 2012; *v. Ungern-Sternberg,* Senderecht und Recht an der öffentlichen Zugänglichmachung – Verwertungsrechte in einer sich wandelnden Medienwelt, in: Institut für Rundfunkrecht an der Universität Köln (Hrsg.), Werkvermittlung und Rechtemanagement im Zeitalter von Google und YouTube, 2011, S. 51; *Völtz,* Die Werkwiedergabe im Web 2.0, 2011; *Völtz,* Öffentliche Zugänglichmachung durch Inline-Links, AfP 2013, 110; *Wenske,* Abgrenzung des Music on Demand Dienstes vom Webradio anhand des Beispiels „StayTuned", 2011; *Westkamp,* Öffentliche versus private Wiedergabe im europäischen Urheberrecht, EuZW 2012, 698; *Wirz,* Media-Streaming und Geoblocking, 2019; *Wullschleger,* Die Durchsetzung der Urheberrechts im Internet, 2015; *Ziegler,* Urheberrechtsverletzungen durch Social Sharing, 2016; *von Zimmermann,* Die Einwilligung im Internet, 2014.

Zu weiterem Schrifttum s. Vorauflagen.

Übersicht

A. Allgemeines

I. Unionsrecht

1. Informationsgesellschafts-Richtlinie (InfoSoc-RL)

a) Vollharmonisierung des Rechts der öffentlichen Zugänglichmachung. Die InfoSoc- **1** RL[1] bezweckt mit ihren Art. 2–4 eine Vollharmonisierung von Verwertungsrechten.[2] Da § 19a der Umsetzung des **Art. 3 Abs. 1 InfoSoc-RL** dient, ist diese Vorschrift für seine Auslegung maßgebend.[3]

Art. 3 Abs. 1 InfoSoc-RL ist im Licht des **Art. 8 WCT** (WIPO-Urheberrechtsvertrag)[4] auszule- **2** gen, weil die Richtlinie den Verpflichtungen aus diesem Vertrag entsprechen will (Erwgr. 15).[5] Der Inhalt des Rechts wird aber nicht durch die Vorgaben des Art. 8 WCT begrenzt. Anders als Art. 8 WCT[6] hat die Richtlinie den Mitgliedstaaten (trotz der Übernahme des Wortlauts des Art. 8 WCT) nicht die Entscheidung überlassen, durch welches Nutzungsrecht dem Urheber die Kontrolle über interaktive Nutzungen seines Werkes gewährt werden soll,[7] weil Art. 3 InfoSoc-RL in seinem Anwendungsbereich[8] eine Vollharmonisierung bezweckt.

b) Inhalt des Rechts. aa) Selbständige Teilrechte. Das Recht der öffentlichen Zugänglichma- **3** chung ist nach Art. 3 InfoSoc-RL ein Unterfall des Rechts der öffentlichen Wiedergabe („einschließlich").[9] Das Verwertungsrecht bezieht sich auf Handlungen von Werknutzern.[10] Es wäre deshalb genauer, es als Recht *an* der öffentlichen Zugänglichmachung zu bezeichnen. Das Recht der öffentlichen Wiedergabe enthält als Teilrechte auch das **Bereithaltungsrecht** und das **Abrufübertragungsrecht.**[11] Das Bereithaltungsrecht und das Abrufübertragungsrecht betreffen verschiedene Nutzungsvorgänge, die unabhängig voneinander vorgenommen werden können. Bereithaltungsrecht und Abrufübertragungsrecht stehen deshalb ebenso selbständig nebeneinander wie die Nutzungshandlungen des Verbreitungsrechts (§ 17 Abs. 1), das Inverkehrbringen von Werkstücken und das Angebot von Werkstücken an die Öffentlichkeit.[12]

bb) Systematische Einordnung als Recht der öffentlichen Wiedergabe. Durch die Einbe- **4** ziehung des Rechts der öffentlichen Zugänglichmachung wird das Recht der öffentlichen Wiedergabe **weit über den Sprachsinn hinaus** ausgedehnt. Das Recht der öffentlichen Zugänglichmachung bezieht sich auf das Bereithalten des Werkes für eine Öffentlichkeit zum individuellen Abruf und damit auf eine Handlung, die der eigentlichen Werkverwertung, der Übertragung des Werkes an einen Abrufenden, vorgelagert ist. Dieses Recht greift auch dann ein, wenn das Werk von niemand abgerufen und deshalb eine Wiedergabe (in der Form der Abrufübertragung) gar nicht stattfindet. Auch das Abrufübertragungsrecht, das unter das allgemeine Recht der öffentlichen Wiedergabe fällt,[13] bezieht sich nicht auf eine Wiedergabe im Sprachsinn, sondern auf einen Vorgang der Individualkommunikation. Dieser wird vom Verwertungsrecht des Urhebers erfasst, weil ihm das öffentliche Bereithalten des Werkes zum individuellen Abruf vorausgegangen ist.[14] Für das Eingreifen des Rechts ist es unerheblich, ob die Abrufübertragung zu einem Wahrnehmbarmachen des geschützten Werkes führt.

Die – dem Sprachsinn widersprechende – systematische Einordnung des Rechts an der Bereithal- **5** tung des Werkes zum Abruf durch eine Öffentlichkeit unter das Recht der öffentlichen Wiedergabe hatte ursprünglich ihren Grund darin, dass vor der ausdrücklichen Anerkennung des Rechts der öffentlichen Zugänglichmachung auf internationaler und nationaler Ebene versucht worden ist, die bereits anerkannten Verwertungsrechte, insbesondere die Rechte der öffentlichen Wiedergabe, ausdehnend auszulegen, um schon nach geltendem Recht einen entsprechenden Schutz zu erreichen.[15] Aufgrund der weit über den Sprachsinn hinausgehenden Auslegung des Rechts der öffentlichen Wie-

---

[1] → § 15 Rn. 1; weiter zur Richtlinie → Einl. UrhG Rn. 97.
[2] → § 15 Rn. 143.
[3] Vgl. BGH GRUR 2019, 813 Rn. 37 – Cordoba II. Zur richtlinienkonformen Auslegung → § 15 Rn. 131 ff.
[4] → Rn. 21 ff.
[5] Vgl. auch EuGH GRUR 2007, 225 Rn. 35 – SGAE/Rafael.
[6] Nach *Ficsor* S. 496 lässt Art. 8 WCT mit die Einordnung des Rechts der öffentlichen Zugänglichmachung als Verbreitungsrecht zu (s. dazu *Reinbothe* ZUM 2002, 43 (48)); weiter → Rn. 25.
[7] Vgl. *Peukert* in Hilty/Peukert, Interessenausgleich im Urheberrecht, 2004, S. 11, 32 mwN.
[8] → § 15 Rn. 52.
[9] Vgl. EuGH GRUR 2015, 477 Rn. 24 – C More Entertainment/Sandberg; BGH GRUR 2018, 1132 Rn. 24 – YouTube; BGH GRUR 2019, 950 Rn. 21 – Testversion; vgl. auch *Grünberger* ZUM 2019, 573 (575).
[10] → § 15 Rn. 215 ff.
[11] Dazu → Rn. 7 f.
[12] → § 17 Rn. 8.
[13] Dazu → Rn. 7 f.
[14] Vgl. dazu auch BGH GRUR 2013, 618 Rn. 22 – Internet-Videorecorder II.
[15] Sa *von Lewinski* GRUR-Int 1997, 667 (674); weiter → Rn. 39 ff.; → § 15 Rn. 276.

dergabe durch den EuGH[16] erscheint das Recht der öffentlichen Zugänglichmachung aber nunmehr als ein selbstverständlicher Unterfall des Rechts der öffentlichen Wiedergabe.[17]

6   **cc) Recht an der Bereithaltung des Werkes zum Abruf.** Nach Art. 3 Abs. 1 InfoSoc-RL ist den Urhebern ein **Recht an der Bereithaltung** des Werkes vom Abruf durch eine Öffentlichkeit zu gewähren. Die Voraussetzungen, unter denen dieses Recht eingreifen soll, ergeben sich aus dem Satzteil „einschließlich der öffentlichen Zugänglichmachung der Werke in der Weise, dass sie Mitgliedern der Öffentlichkeit von Orten und zu Zeiten ihrer Wahl zugänglich sind". Der Tatbestand des Bereithaltungsrechts wird bereits dann erfüllt, wenn das Werk in der beschriebenen Weise zum Abruf bereitgestellt wird. Ob das Werk tatsächlich abgerufen wird, ist für das Eingreifen des Bereithaltungsrechts unerheblich.[18]

7   **dd) Recht an der Abrufübertragung.** Neben einem Bereithaltungsrecht ist den Urhebern nach Art. 3 Abs. 1 InfoSoc-RL auch ein **Recht an der Abrufübertragung** (als ein Recht an der Übertragung des öffentlich zum Abruf bereitgehaltenen Werkes an einen Abrufer) zu geben.[19] Davon geht wohl auch der EuGH aus.[20]

8   In Art. 3 Abs. 1 InfoSoc-RL ist das Abrufübertragungsrecht – ebenso wie in Art. 8 WCT[21] – nicht ausdrücklich benannt. Der mit „einschließlich" beginnende Satzteil des Art. 3 Abs. 1 InfoSoc-RL erfasst nur das Bereithaltungsrecht, weil das Werk bei der Übertragung auf Einzelabruf keiner Öffentlichkeit zugänglich ist. Dafür sprechen auch die englische und die französische Textfassung der InfoSoc-RL („including the making available to the public" bzw. „y compris la mise à la disposition du public de leurs œuvres"). Aus dem Gesamtzusammenhang der Richtlinie ergibt sich jedoch, dass den Urhebern (und den in Art. 3 Abs. 2 InfoSoc-RL genannten Rechtsinhabern)[22] ein Abrufübertragungsrecht zustehen soll.[23] Dieses ist **Teil des umfassenden Rechts aus Art. 3 Abs. 1 InfoSoc-RL**, „die drahtgebundene oder drahtlose Wiedergabe ihrer Werke … zu erlauben oder zu verbieten".

9   Nach Erwgr. 15 der InfoSoc-RL dient diese Richtlinie auch dazu, den Verpflichtungen aus dem WCT und dem WPPT nachzukommen. Art. 3 Abs. 1 InfoSoc-RL soll dementsprechend durchsetzen, dass den Urhebern die in Art. 8 WCT vorgesehenen Rechte[24] gegeben werden.[25] Demgemäß ist Art. 3 Abs. 1 InfoSoc-RL auch im Wortlaut dieser Vorschrift angeglichen. Die **Erwägungsgründe** bestätigen weiter, dass den Urhebern auch ein Abrufübertragungsrecht zustehen soll.[26] So wird in Erwgr. 25 ausgeführt: „Es sollte klargestellt werden, dass alle durch diese Richtlinie anerkannten Rechtsinhaber das ausschließliche Recht haben sollten, urheberrechtlich geschützte Werke … im Wege der interaktiven Übertragung auf Abruf für die Öffentlichkeit zugänglich zu machen. Derartige interaktive Übertragungen auf Abruf zeichnen sich dadurch aus, dass sie Mitgliedern der Öffentlichkeit von Orten und zu Zeiten ihrer Wahl zugänglich sind."

10   Einen gewissen Hinweis auf das Bestehen eines Abrufübertragungsrechts gibt auch **Art. 6 Abs. 3 InfoSoc-RL:** Dort werden Zugangskontrollen als technische Maßnahmen aufgeführt, die dazu bestimmt sind, vom Berechtigten nicht genehmigte Handlungen zu verhindern oder einzuschränken. Zugangskontrollen regulieren bei der öffentlichen Zugänglichmachung geschützter Werke in erster Linie den interaktiven Abruf durch den Nutzer, der ohne ein Abrufübertragungsrecht genehmigungsfrei wäre.[27] Für sich allein trägt dieser Gedanke allerdings nicht, weil eine Zugangskontrolle im Allgemeinen auch der Kontrolle von Nutzungen der abgerufenen Werke durch Vervielfältigungen dient.

---

[16] → § 15 Rn. 63 ff., 351 f.

[17] Anders aber nunmehr – ohne erkennbaren Grund – Art. 8 Abs. 1 („die öffentliche Wiedergabe oder die öffentliche Zugänglichmachung") und Art. 17 Abs. 1 DSM-RL („eine Handlung der öffentlichen Wiedergabe oder eine Handlung der öffentlichen Zugänglichmachung").

[18] Vgl. EuGH GRUR 2014, 360 Rn. 19 – Nils Svensson ua/Retriever Sverige; EuGH GRUR 2014, 468 Rn. 39 – UPC Telekabel/Constantin Film ua mAnm *Marly*; *Reinbothe* GRUR-Int 2001, 733 (736); vgl. weiter *Spindler* JZ 2004, 150 (152); → Rn. 23.

[19] Vgl. *von Lewinski* sic! 2003, 164 (165); *Rigopoulos* S. 169; *Ott* S. 319 ff.; *Oswald* S. 31; *Wawretschek* S. 132 ff.; *Bäcker* S. 132 ff.; *Nieland* S. 89 ff.; *Suttorp* S. 59 ff.; *Evert* S. 80; *Bagh* S. 129; *Gey* S. 67 ff.; *Orth* S. 31; *Schapiro* S. 114 ff.; *Malcher* S. 65; *May* S. 115 f.; *Wirz* S. 121 f.; *Lehmann* CR 2003, 553 (555); *Wiebe* MR 2003, 309 (310); *Poll* GRUR 2007, 476 (477 f.); *Peukert* in Hilty/Peukert, Interessenausgleich im Urheberrecht, 2004, S. 11, 31 ff.; *Koof* S. 105 f.; *Ziegler* S. 83; zum Richtlinienvorschlag ebenso *Nippe* S. 276; *Gerlach* ZUM 1999, 278 (279 f.); vgl. auch *Rosén* GRUR-Int 2002, 195 (197 f.); aA *Dünnwald/Gerlach* § 78 Rn. 14; *Handig* GRUR-Int 2007, 206 (218); *Zecher* S. 241 ff. (244 ff.); *Rüberg* S. 264 ff.; *Völtz* S. 95 ff.; *Hügel* S. 11 f.; *Moser* S. 266 ff.

[20] Vgl. EuGH GRUR 2015, 477 Rn. 22, 26 f., 30 – C More Entertainment/Sandberg; vgl. auch EuGH GRUR 2012, 1245 Rn. 20 ff. – Football Dataco/Sportradar (zur Weiterverwendung einer geschützten Datenbank iSv Art. 7 Abs. 2 Buchst. b DatenbankRL); vgl. auch GA *Szpunar*, SchlA v. 10.9.2019 – C- 263/18 in Tom Kabinet, BeckRS 2019, 20448 Rn. 36 f., 42, 75.

[21] → Rn. 23 ff.

[22] AA *Westkamp* EuZW 2012, 698 (701).

[23] Vgl. im Übrigen auch den durch Art. 8 Abs. 2 Vermiet- und Verleih-RL vorgeschriebenen Vergütungsanspruch der ausübenden Künstler und der Tonträgerhersteller bei der öffentlichen Wiedergabe von Tonträgern.

[24] → Rn. 21 ff.

[25] Vgl. GA *Szpunar*, SchlA v. 10.9.2019 – C- 263/18 in Tom Kabinet, BeckRS 2019, 20448 Rn. 33–36.

[26] Vgl. GA *Szpunar*, SchlA v. 10.9.2019 – C- 263/18 in Tom Kabinet, BeckRS 2019, 20448 Rn. 36 f.

[27] Vgl. dazu Hilty/*Peukert*, Interessenausgleich im Urheberrecht, 2004, S. 11, 33 f., 36 ff.; s. weiter – zu § 19a – *Nielen*, Interessenausgleich in der Informationsgesellschaft, 2009, S. 80 ff.

Der **Schutz der Urheber bei Online-Nutzungen** ihrer Werke erfordert auch, dass neben dem **11** Recht an der öffentlichen Bereithaltung eines Werkes zu Abrufzwecken ein Recht an der Abrufübertragung öffentlich zum Abruf bereitgehaltener Werke anerkannt wird.[28] Aus der Sicht des Urhebers dient die öffentliche Bereithaltung seines Werkes zu Abrufzwecken nur der Vorbereitung der wirtschaftlichen Verwertung. Dieser leicht feststellbare und beweisbare Vorgang muss von seinen Verwertungsrechten umfasst sein, um den Urheberrechtsschutz wirksam werden zu lassen. Wirtschaftlich bedeutsam als Auswertung des geschützten Werkes ist jedoch nur die Übertragung auf Abruf. Der Umfang, in dem ein zum Abruf öffentlich bereitgehaltenes Werk durch Online-Abrufe tatsächlich genutzt wird, kann wirtschaftlich angemessen nur erfasst werden, wenn jede einzelne Übertragung unter das Recht fällt und dementsprechend vertragliche Vergütungen und Schadensersatzansprüche unter Berücksichtigung des Umfangs dieser Auswertung des geschützten Werkes bemessen werden.[29] Das Vervielfältigungsrecht könnte für einen ausreichenden Schutz der Urheber nicht genügen, da mithilfe dieses Rechts der wirkliche Umfang der Werknutzung nicht erfasst werden kann.[30]

Der InfoSoc-RL lässt sich kein Anhaltspunkt dafür entnehmen, dass die rechtliche Einordnung ei- **12** ner Abrufübertragung unter die Verwertungsrechte im Einzelfall vom **Zweck der Übertragung** abhängt. Für das Abrufübertragungsrecht genügt es, dass das Werk dem Abrufenden durch Übertragung in einer Weise zugänglich gemacht wird, dass der Abrufende das Werk in seinem eigenen Bereich wahrnehmbar machen kann. Es kommt nicht darauf an, ob er dies tatsächlich tut. Unerheblich ist, ob der Nutzer bei einem Abruf das Werk auch vervielfältigen kann.[31] Das Abrufübertragungsrecht umfasst andererseits auch Vorgänge, bei denen ein öffentlich zum Abruf bereitgehaltenes Werk auf Abruf zu dem Zweck übertragen wird, dass sich der Abrufende durch Abspeichern ein Vervielfältigungsstück erstellt.[32] Eine Abrufübertragung, bei der eine Vervielfältigung nicht mit technischen Mitteln unterbunden wird, hat zudem meist nicht nur den Zweck, das Werk zugänglich zu machen, damit es wahrnehmbar gemacht werden kann, sondern auch, dem Abrufenden eine dauerhafte Abspeicherung zu ermöglichen.

c) Werknutzer. Die Rechte aus Art. 3 Abs. 1 InfoSoc-RL sind Rechte an Handlungen von Werk- **13** nutzern.[33] Das bloße **Bereitstellen der Einrichtungen** für eine Nutzungshandlung iSd Art. 3 Abs. 1 InfoSoc-RL ist als technische Hilfeleistung selbst keine Nutzungshandlung (Erwgr. 27).[34]

Zu einer **Abrufübertragung** kommt es im Einzelfall nur auf Initiative des Abrufenden. Dies än- **14** dert aber nichts daran, dass die nach Abruf automatisch vorgenommene Übertragung eine Handlung dessen ist, der das Werk öffentlich zum Abruf bereitgehalten hat.[35] Wer ein Werk in einer Datenbank öffentlich zum Abruf bereithält und die Voraussetzungen für die automatische Übertragung bei Abruf schafft, ist aktiv handelnder Werknutzer.[36]

d) Bereithalten von Computerprogrammen zum Download. Die **Computerprogramm-** **15** **RL** sieht kein eigenständiges Recht der öffentlichen Wiedergabe vor. Der BGH hat in seinem Urteil „Testversion" offengelassen, ob die Computerprogramm-RL durch Art. 3 Abs. 1 InfoSoc-RL um ein Recht der öffentlichen Wiedergabe (einschließlich der öffentlichen Zugänglichmachung) ergänzt wird oder ob § 69c Nr. 4 nach dem Grundsatz der einheitlichen Auslegung des nationalen Rechts in Übereinstimmung mit Art. 3 Abs. 1 InfoSoc-RL auszulegen ist.[37]

e) Keine Erschöpfung des Rechts. Nach **Art. 3 Abs. 3 InfoSoc-RL** erschöpft sich das Recht **16** aus Art. 3 Abs. 1 der Richtlinie nicht durch Handlungen der öffentlichen Wiedergabe oder der Zugänglichmachung für die Öffentlichkeit (sa Erwgr. 29).

Zur Frage, ob rechtmäßig (per Download oder vorinstalliert) erworbene Software (**Gebraucht-software**) unter Berufung auf den Erschöpfungsgrundsatz weiterverbreitet werden darf, hat der EuGH im Urteil „UsedSoft" Stellung genommen:[38] Nach Art. 4 Abs. 2 Computerprogramm-RL erschöpft sich mit dem Erstverkauf einer Programmkopie das Recht auf Verbreitung der Kopie. Nach Ansicht des EuGH gilt dies nicht nur beim Vertrieb körperlicher Vervielfältigungsstücke. Die Erschöpfung tritt auch ein, wenn der Rechtsinhaber dem Herunterladen des Programms – gegen ein

---

[28] Vgl. zu dieser Frage auch *Ziegler* S. 83 f.; → Rn. 25.
[29] AA *Voltz* S. 90 f.
[30] Sa *Gerlach* ZUM 1999, 278 (280); *Rigopoulos* S. 169 f.; *Wawretschek* S. 137 ff.
[31] Vgl. OLG Hamburg MMR 2006, 173 (174) und ZUM 2009, 575 (577); OLG Stuttgart GRUR-RR 2008, 289 Rn. 12.
[32] AA *Oswald* S. 34 ff., die in diesen Fällen das Verbreitungsrecht analog anwenden will.
[33] Vgl. → Rn. 82 f.; → § 15 Rn. 10 ff., 210 f., 215 ff.
[34] → § 15 Rn. 20; zu Art. 8 WCT → Rn. 28.
[35] AA *Voltz* S. 91.
[36] Vgl. auch den Straßenvertrieb von Zeitungen in offenen Ständern (stumme Verkäufer). Dementsprechend sieht der EuGH die Abrufübertragung im Internet ohne weiteres als Weiterverwendung iSd Art. 7 Abs. 2 Buchst. b DatenbankRL an (EuGH GRUR 2012, 1245 Rn. 20 ff. – Football Dataco/Sportradar).
[37] Vgl. BGH GRUR 2019, 950 Rn. 22 ff. – Testversion.
[38] Vgl. EuGH GRUR 2012, 904 – UsedSoft mAnm *Hansen/Wolff-Rojczyk;* BGH GRUR 2014, 264 Rn. 30 ff. – UsedSoft II mAnm *Stieper;* BGH GRUR 2015, 772 Rn. 26 ff. – UsedSoft III mAnm *Sattler;* Literaturnachw. zum Urteil des EuGH „UsedSoft" bei *v. Ungern-Sternberg* GRUR 2013, 248 (257); *v. Ungern-Sternberg* GRUR 2014, 209 (215). Weiter → § 15 Rn. 41. Zur Bedeutung der Rechtsgrundsätze des Urteils des EuGH „UsedSoft" für den Vertrieb von digitalen Produkten (wie E-Books oder Filme) → § 15 Rn. 42; → Vor §§ 31 ff. Rn. 50.

Entgelt für den wirtschaftlichen Wert der Kopie – zugestimmt und ein Recht zur zeitlich unbegrenzten Nutzung eingeräumt hat. Art. 3 Abs. 3 InfoSoc-RL steht dem nicht entgegen, weil die Vorschriften der Computerprogramm-RL nach dem Urteil des EuGH „UsedSoft" im Verhältnis zur InfoSoc-RL leges speciales sind.[39]

2. Richtlinie über das Urheberrecht und die verwandten Schutzrechte im digitalen Binnenmarkt

17   Die Richtlinie über das Urheberrecht und die verwandten Schutzrechte im digitalen Binnenmarkt vom 17.4.2019 **(DSM-RL),**[40] die bis zum 7.6.2021 umzusetzen ist,[41] hat mit **Art. 17 DSM-RL** ein besonderes Recht der öffentlichen Wiedergabe und der öffentlichen Zugänglichmachung[42] eingeführt, das gegen „Diensteanbieter für das Teilen von Online-Inhalten" iSd Art. 2 Abs. 6 DSM-RL (wie zB YouTube) geltend gemacht werden kann.[43]

Nach **Art. 9 Abs. 2 DSM-RL** wird fingiert, dass öffentliche Wiedergaben, die unter die Schranke des Art. 8 Abs. 2 und 3 DSM-RL (Nutzung von vergriffenen Werken und sonstigen Schutzgegenständen durch Einrichtungen des Kulturerbes) fallen, in dem Mitgliedstaat erfolgt sind, in dem die Einrichtung des Kulturerbes ihren Sitz hat.[44]

3. Datenbankrichtlinie (DatenbankRL)

18   Die Pflicht, dem Urheber ein **Recht an der Übertragung auf Abruf** aus einer öffentlich zugänglichen elektronischen Datenbank zu gewähren, ergab sich auch schon vor dem Inkrafttreten der InfoSoc-RL hinsichtlich der Urheber von Datenbanken aus der DatenbankRL.[45] Die InfoSoc-RL hat nach ihrem Art. 1 Abs. 2 Buchst. e die Bestimmungen der DatenbankRL unberührt gelassen.[46] Dem Hersteller einer Datenbank muss nach Art. 7 DatenbankRL ua das Recht zugestanden werden, die Weiterverwendung des Inhalts der Datenbank zu untersagen. Als Weiterverwendung iS dieser Vorschrift sind nach Art. 7 Abs. 2 Buchst. b DatenbankRL ua die „Online-Übermittlung" und „andere Formen der Übermittlung" des Inhalts der Datenbank anzusehen. Im Urteil „Football Dataco/Sportradar" hat der EuGH dementsprechend die Abrufübertragung im Internet als Weiterverwendung iSd Art. 7 Abs. 2 Buchst. b DatenbankRL beurteilt.[47] Für die Rechte des Urhebers einer Datenbank kann nichts anderes gelten. Nach Art. 5 DatenbankRL soll dem Urheber das Recht zustehen, jede öffentliche Wiedergabe der Datenbank zu kontrollieren. Da der Urheber einer Datenbank keinesfalls weniger Rechte haben soll als der Hersteller einer Datenbank, bedeutet dies, dass das Recht der öffentlichen Wiedergabe auch die Online-Übermittlung oder andere Formen der Übermittlung des Inhalts der Datenbank umfassen soll.[48] Die Richtlinie hat allerdings nicht abschließend geklärt, ob Nutzungen dieser Art als eine Form der öffentlichen Verbreitung der Datenbank (Art. 5 Buchst. c DatenbankRL) oder als Form der öffentlichen Wiedergabe (Art. 5 Buchst. d DatenbankRL) erfasst werden (vgl. dazu Erwgr. 31, 33, 34).[49]

19   Weiterhin war dem Urheber bereits nach Art. 5 Buchst. c DatenbankRL ein **Recht am öffentlichen Bereithalten** einer urheberrechtlich geschützten Datenbank für Abrufübertragungen zu gewähren (s. Erwgr. 31).[50]

II. Internationale Abkommen

1. Revidierte Berner Übereinkunft

20   Das durch § 19a gewährte Recht ist nicht schon in **Art. 11**[bis] **RBÜ**[51] verankert.[52]

---

[39] Vgl. EuGH GRUR 2012, 904 Rn. 51, 56 – UsedSoft.
[40] Zur DSM-RL → § 15 Rn. 1 f.
[41] Vgl. Art. 29 Abs. 1 DSM-RL.
[42] Anders als Art. 3 Abs. 1 InfoSoc-RL behandelt die DSM-RL das Recht der öffentlichen Zugänglichmachung – ohne erkennbaren Grund – terminologisch nicht als Unterfall des Rechts der öffentlichen Wiedergabe (vgl. Art. 8 Abs. 1, Art. 17 Abs. 1 DSM-RL).
[43] Die Republik Polen beantragt mit einer Klage vor dem EuGH (Gz. C-401/19), Art. 17 Abs. 4 Buchst. b und Art. 17 Abs. 4 Buchst. c letzter Satzteil DSM-RL, hilfsweise Art. 17 DSM-RL insgesamt, für nichtig zu erklären (→ § 15 Rn. 2).
[44] Zu dieser Vorschrift → Vor §§ 20 ff. Rn. 14.
[45] Vgl. *Vogel* ZUM 1997, 592 (600); *Nippe* S. 360 ff.; *Oswald* S. 30; *Haberstumpf* GRUR 2003, 14 (23); Hoeren/Sieber/Holznagel/*Gaster*, Handbuch Multimedia-Recht, Stand 2013, Teil 7.6 Rn. 137.
[46] Vgl. *Reinbothe* GRUR-Int 2001, 733 (736).
[47] Vgl. EuGH GRUR 2012, 1245 Rn. 20 ff. – Football Dataco/Sportradar; weiter → § 87b Rn. 55; öOGH GRUR-Int 2002, 940 (941) – Gelbe Seiten.
[48] → § 87b Rn. 56; sa *Flechsig* ZUM 2002, 1 (6).
[49] Vgl. *Leistner*, Der Rechtsschutz von Datenbanken im deutschen und europäischen Recht, 2000, S. 97 ff., 104.
[50] Vgl. *Nippe* S. 361 ff.; vgl. dazu auch – zum sui-generis-Recht des Datenbankherstellers – EuGH GRUR 2005, 244 Rn. 61 f. – BHB-Pferdewetten.
[51] → Vor §§ 120 ff. Rn. 27 ff.
[52] Zur Anwendung des Art. 11bis Abs. 2 RBÜ auf die von Art. 8 WCT erfassten Tatbestände s. *von Lewinski* GRUR-Int 1997, 667 (675); *von Lewinski*, International Copyright Law and Policy, 2008, Rn. 7.26; aA *Walter* FS Dittrich, 2000, 363 (366 ff.).

2. WIPO-Urheberrechtsvertrag

Der WIPO-Urheberrechtsvertrag (WIPO Copyright Treaty, WCT),[53] ein Sonderabkommen iSd **21** Art. 20 RBÜ (Art. 1 Abs. 1 und 2 WCT), ergänzt mit seinem **Art. 8 (Recht der öffentlichen Wiedergabe)** die den Urhebern nach der RBÜ zustehenden Rechte der öffentlichen Wiedergabe.[54] Diese Vorschrift gewährt den Urhebern von Werken der Literatur und Kunst[55] „das ausschließliche Recht, die öffentliche drahtlose oder drahtgebundene Wiedergabe ihrer Werke zu erlauben, einschließlich der Zugänglichmachung ihrer Werke in der Weise, dass sie Mitgliedern der Öffentlichkeit an Orten und zu Zeiten ihrer Wahl zugänglich sind." Die deutsche Übersetzung deckt sich nicht ganz mit dem Vertragswortlaut. In den Vertragssprachen englisch und französisch (Art. 32 Abs. 1 WCT) heißt es „the making available to the public of their works" bzw. „la mise à la disposition du public de leurs œuvres", während die deutsche Übersetzung nur von „der Zugänglichmachung ihrer Werke" spricht.

Anders als nach deutschem Recht umfasst der Begriff der öffentlichen Wiedergabe in Art. 8 WCT **22** nur Wiedergaben, die durch ein **gewisses Distanzelement** gekennzeichnet sind, nicht jedoch Wiedergaben, wie sie nach deutschem Recht unter das Vortrags-, das Aufführungs- oder das Vorführungsrecht (§ 19) fallen.[56] Die Vorschrift erfasst auch Wiedergaben mithilfe künftig neu entwickelter technischer Übertragungsformen. Nicht unter Art. 8 WCT fallen Sendungen durch Zugriffssysteme oder Mehrkanaldienste.[57]

Das in Art. 8 WCT verankerte Recht der öffentlichen Wiedergabe enthält sowohl ein **Recht an** **23** **der Bereithaltung des Werkes** zum Abruf durch die Öffentlichkeit (entsprechend dem Recht aus § 19a) als auch ein **Abrufübertragungsrecht,** das sich auf den Vorgang der Übertragung eines öffentlich zugänglich gemachten Werkes bezieht.

Die Vorschrift des Art. 8 WCT umschreibt – in ihrem mit „einschließlich" beginnenden Satzteil – **24** ausdrücklich nur das **Bereithaltungsrecht.** Dieses greift bereits dann ein, wenn das geschützte Werk lediglich für die Öffentlichkeit zum Abruf bereitgehalten wird.[58]

Dass neben dem Bereithaltungsrecht auch ein **Abrufübertragungsrecht** bestehen soll, ergibt sich **25** aus der Entstehungsgeschichte des Art. 8 WCT. Durch das WCT sollte dem Urheber die Kontrolle über interaktive Nutzungen seines Werkes gegeben werden, wenn diese auf einem öffentlichen Bereithalten des Werkes beruhen. Auf der Vertragskonferenz war allerdings umstritten, durch welches Recht die Kontrolle des Urhebers über diesen Nutzungsvorgang gesichert werden sollte. Da darüber keine Einigkeit erzielt werden konnte, wurde mit Art. 8 WCT die „Schirmlösung" verwirklicht, die den Vertragsstaaten zwar die Verpflichtung auferlegt, ein ausschließliches Recht an diesem Nutzungsvorgang zu gewähren, ihnen aber freistellt, diese Verpflichtung durch ein schon bestehendes oder ein neu zu schaffendes Verwertungsrecht zu erfüllen.[59] Die Schirmlösung verpflichtet danach die Vertragsstaaten, dem Urheber auch ein Recht an dem Übertragungsvorgang nach einer öffentlichen Bereithaltung seines Werkes zu geben.[60] Das Bereithaltungsrecht allein gibt dem Urheber nicht – wie nach Art. 8 WCT geboten – die Kontrolle über alle interaktiven Nutzungen seines Werkes. Nach einer Zustimmung zur Einspeicherung des Werkes zum Abruf durch die Öffentlichkeit kann der Urheber mithilfe des Bereithaltungsrechts den Umfang des tatsächlichen Abrufs des Werkes nicht mehr kontrollieren. Die tatsächliche Übertragung der bereitgehaltenen Werke macht den wirtschaftlich bedeutsamen Kern des Nutzungsvorgangs aus. Das Bereithalten, das wirtschaftlich gesehen noch keine Auswertung des Werkes darstellt, ist diesem Vorgang ebenso vorgelagert wie im Fall des deutschen Verbreitungsrechts (§ 17) das öffentliche Anbieten dem Inverkehrbringen. Eine Kontrollmöglichkeit – gerade auch bei grenzüberschreitenden Nutzungen – gewährleistet nur ein Recht an Übertragungen, die auf einem Abruf des öffentlich bereitgehaltenen Werkes beruhen.[61]

---

[53] → Vor §§ 20 ff. Rn. 32 ff.; → Vor §§ 120 ff. Rn. 36 ff.

[54] → Vor §§ 20 ff. Rn. 32 f.

[55] Dazu → Vor §§ 20 ff. Rn. 33.

[56] → § 19 Rn. 5; → Vor §§ 20 ff. Rn. 33.

[57] → § 20 Rn. 37; *von Lewinski* GRUR-Int 1997, 667 (675); *von Lewinski/Gaster* ZUM 1997, 607 (618).

[58] Vgl. Reinbothe/von Lewinski/*von Lewinski* WCT Art. 8 Rn. 7.8.24, 7.8.26 ff.; *Ficsor* S. 508; *von Lewinski* GRUR-Int 1997, 667 (675); *Rigopoulos* S. 165.

[59] Vgl. Reinbothe/von Lewinski/*von Lewinski* WCT Art. 8 Rn. 7.8.24 ff.; *Ficsor* S. 249, 493 f., 496 f., 500 f.; *Ficsor* FS Walter, 2018, 153 (161 ff.); *von Lewinski* GRUR-Int 1997, 667 (674 f.); *von Lewinski,* International Copyright Law and Policy, 2008, Rn. 17.72 ff.; *Kreile* ZUM 1996, 964 f.; *Gerlach* ZUM 1999, 278 (280 f.); *Rüberg* S. 229 ff.; *May* S. 113 ff.; *de Beer/Burri* E.I.P.R. 2014, 95 (97).

[60] Sa GA *Szpunar,* SchlA v. 10.9.2019 – C- 263/18 in Tom Kabinet, Rn. 33–36; Reinbothe/von Lewinski/*von Lewinski* WCT Art. 8 Rn. 7.8.24, 7.8.26 ff.; *Ficsor* S. 506 ff.; *Rigopoulos* S. 163 f., 166 ff.; *Bäcker* S. 100 ff.; *Evert* S. 81 ff.; *Nieland* S. 87 ff.; *Suttorp* S. 59 ff.; *Bagh* S. 129; *Gey* S. 63 ff.; *Malcher* S. 57 ff.; *Koof* S. 89 ff., 145; *Françon* RIDA 172 (1997), 3 (33); *von Lewinski* GRUR-Int 1998, 637 (639 f.); *von Lewinski* sic! 2003, 164 (165); *Gerlach* ZUM 1999, 278 (279 ff.); *Ostermaier* CR 1998, 539 (543 f.); *Froehlich* ZUM 2003, 453 (454); *Schack* GRUR 2007, 639 (640 f.); Dünnwald/*Gerlach* § 78 Rn. 13 (zu Art. 10 WPPT); aA *Nippe* S. 372; Loewenheim/*Koch* § 77 Rn. 110, § 78 Rn. 65 f.; *Rüberg* S. 264 ff.; *Peukert* in Hilty/Peukert, Interessenausgleich im Urheberrecht, 2004, S. 11, 27 ff.; *Völtz* S. 97 ff.; zur Vereinbarung der sog. Schirmlösung für die Rechte der ausübenden Künstler aus Art. 10 WPPT und die Rechte der Tonträgerhersteller aus Art. 14 WPPT s. *Ficsor* S. 628 f., 633; *von Lewinski,* International Copyright Law and Policy, 2008, Rn. 17.72 ff.; Dünnwald/*Gerlach* § 78 Rn. 13.

[61] → Rn. 11.

26   Das Abrufübertragungsrecht ist Teil des ausschließlichen Rechts der Urheber, „die öffentliche
drahtlose oder drahtgebundene Wiedergabe ihrer Werke zu erlauben". Der **Begriff der öffentlichen
Wiedergabe iSd Art. 8 WCT** weicht erheblich vom Sprachsinn ab, wie bereits daraus folgt, dass die
Bereithaltung des Werkes zum Abruf durch die Öffentlichkeit als Teil des Rechts der öffentlichen
Wiedergabe behandelt wird („einschließlich"), obwohl eine Bereithaltung des Werkes keine Wiedergabe im Sprachsinn ist und die dadurch ermöglichte Abrufübertragung an einzelne Nutzer nicht öffentlich ist.[62]

27   Das **Abrufübertragungsrecht** bezieht sich auf die Übertragung von Werken, die in der Weise öffentlich zugänglich gemacht worden sind, dass Mitglieder der Öffentlichkeit Ort und Zeit des Abrufs
wählen können. Das Recht setzt dementsprechend eine Übertragung auf Initiative des Nutzers, dh
einen Abruf, voraus. Für ein Eingreifen dieses Rechts ist es nicht erforderlich, dass der Abrufende das
übertragene Werk in seinem Bereich wahrnehmbar macht. Es genügt, wenn ihm das Werk – und sei
es auch nur vorübergehend – zugänglich gemacht wird.

28   **Werknutzer** ist nicht, wer lediglich technische Einrichtungen für die Wiedergabe zur Verfügung
stellt (Agreed Statements Concerning the WIPO Copyright Treaty zu Art. 8).[63]

29   Die Bestimmung des Begriffs der **Öffentlichkeit** wird durch Art. 8 WCT dem nationalen Recht
überlassen.[64]

30   Nach Art. 10 WCT können die Vertragsstaaten **Schranken** der Rechte aus Art. 8 WCT vorsehen.[65]

III. Entstehungsgeschichte

31   Die Vorschrift des § 19a wurde zur Umsetzung des Art. 3 InfoSoc-RL[66] durch die **UrhG-Novelle
2003**[67] in das UrhG eingefügt. Vorausgegangen war ein vom Bundesministerium der Justiz veröffentlichter „Diskussionsentwurf eines Fünften Gesetzes zur Änderung des Urheberrechtsgesetzes" vom
7.7.1998,[68] in dem folgende Regelung vorgeschlagen war: „§ 19a Übertragungsrecht. Das Übertragungsrecht ist das Recht, das Werk durch Funk oder durch ähnliche technische Mittel aufgrund eines
Angebots an die Öffentlichkeit einem einzelnen Angehörigen der Öffentlichkeit zugänglich zu machen, sowie das Recht, das Werk durch Funk oder ähnliche technische Mittel außerhalb eines gestalteten Programms öffentlich zugänglich zu machen." Der „Referentenentwurf für ein Gesetz zur Regelung des Urheberrechts in der Informationsgesellschaft" vom 18.3.2002 enthielt § 19a bereits in der
Gesetz gewordenen Fassung, die lediglich den zweiten Halbsatz des Art. 3 Abs. 1 InfoSoc-RL in das
UrhG überträgt. Aus der Begründung des Regierungsentwurfs[69] geht hervor, dass damit das Recht
der öffentlichen Zugänglichmachung des Werkes eng an der Systematik und am Wortlaut der Info-
Soc-RL orientiert geregelt werden sollte. Im Rechtsausschuss des Deutschen Bundestages wurde erfolglos ein Änderungsantrag gestellt mit dem Ziel, durch Einfügung der Worte „oder zu übermitteln"
nach dem Wort „machen" im Wortlaut der Vorschrift klarzustellen, dass das geregelte Recht nicht nur
die Zugänglichmachung auf Abruf (dh das Bereithalten eines geschützten Werkes zum Abruf), sondern auch den anschließenden Übertragungsvorgang umfasse.[70]

IV. Unzureichende Umsetzung des europäischen Rechts

32   Nach Art. 8 WCT[71] und nach den Richtlinien, die zum Schutz der Urheber bei interaktiven Nutzungen ihrer Werke erlassen worden sind (InfoSoc-RL und DatenbankRL),[72] ist den Urhebern sowohl ein Recht an der Bereithaltung des Werkes zum Abruf durch eine Öffentlichkeit als auch ein
Recht an der Abrufübertragung des öffentlich zum Abruf bereitgehaltenen Werkes zu gewähren.[73]
Beide Verwertungsrechte ergänzen sich in ähnlicher Weise, wie dies bei den zwei Rechten der Fall ist,
die unter dem Begriff des Verbreitungsrechts zusammengefasst werden und gemeinsam in § 17 geregelt sind.[74] Die Vorschrift des § 19a enthält dagegen nur ein Bereithaltungsrecht.[75] Die Vorgaben des

---

[62] → Rn. 4 f.
[63] Abgedr. BGBl. 2003 II S. 764 ff. und IIC 1997, 213 (214).
[64] Vgl. *von Lewinski* GRUR-Int 1997, 667 (675); *von Lewinski,* International Copyright Law and Policy, 2008,
Rn. 17.77.
[65] Vgl. dazu näher *von Lewinski* GRUR-Int 1997, 667 (675 f.); *von Lewinski/Gaster* ZUM 1997, 607 (618); sa
Runge GRUR-Int 2007, 130 (132 f.).
[66] → Rn. 1 ff.
[67] Gesetz zur Regelung des Urheberrechts in der Informationsgesellschaft vom 10.9.2003, BGBl. I S. 1774.
[68] Abgedr. KUR 1999, 157.
[69] BT-Drs. 15/38, 16.
[70] Vgl. Bericht des Rechtsausschusses, BT-Drs. 15/837, 29. Zur Diskussion über die Fassung des § 19a während
des Gesetzgebungsverfahrens s. weiter *Rigopoulos* S. 195 ff.; *Bäcker* S. 165 ff.
[71] → Rn. 21 ff.
[72] → Rn. 18 f.
[73] Zustimmend *Katzenberger* GRUR-Int 2008, 624 (625); vgl. auch *Ott* ZUM 2008, 556 (558); aA *Rüberg*
S. 268 ff.; weiter → Rn. 7 ff.
[74] → Rn. 48; weiter → § 17 Rn. 8.
[75] → Rn. 54 f.

Unionsrechts sind somit durch § 19a nur unzureichend umgesetzt.[76] Eine Auslegung des § 19a gegen dessen unzweideutigen Wortlaut wäre als Auslegung contra legem unzulässig.[77] Deshalb ist § 15 Abs. 2 richtlinienkonform[78] dahingehend auszulegen, dass das Abrufübertragungsrecht als unbenanntes Recht der öffentlichen Wiedergabe anzuerkennen ist.[79] Die Abrufübertragung ist zwar im Sprachsinn keine Wiedergabe gegenüber einer Öffentlichkeit, die Einordnung unter das Recht der öffentlichen Wiedergabe entspricht aber der Regelung des Art. 8 WCT und der Vorgabe des Art. 3 Abs. 1 InfoSoc-RL. Dafür spricht auch, dass die Abrufübertragung nur dann unter das Recht der öffentlichen Wiedergabe fällt, wenn ihr ein Bereithalten des Werkes zum Abruf durch eine Öffentlichkeit vorausgegangen ist.

Das Problem des Schutzes der in Art. 3 Abs. 2 InfoSoc-RL genannten Rechtsinhaber (ausübende **33** Künstler, Tonträgerhersteller, Filmhersteller, Sendeunternehmen) kann nicht dadurch gelöst werden, dass § 19a durch „Auslegung" ein Abrufübertragungsrecht entnommen wird.[80]

V. Räumlicher Anwendungsbereich des Verwertungsrechts

Auf Urheberrechtsverletzungen ist nach Art. 8 Abs. 1 ROM II-VO das **Recht des Schutzlands** **34** anzuwenden. Dieses bestimmt, ob nach inländischem Sachrecht eine Verletzungshandlung begangen worden ist.[81]

Der Schutz nach dem Urheberrecht des Schutzlands bezieht sich grundsätzlich nur auf Handlun- **35** gen, die im Gebiet des betreffenden Mitgliedstaates stattfinden.[82] Dabei können jedoch **Teilakte im Inland** genügen, die der Handelnde selbst vorgenommen hat oder die ihm als Handlungen Dritter zurechenbar sind.[83]

Da das **Unionsrecht** das Recht der öffentlichen Wiedergabe (einschließlich des Rechts der öffent- **36** lichen Zugänglichmachung) voll harmonisiert hat,[84] legt es für das Recht der Mitgliedstaaten auch den Ort von Verletzungshandlungen und damit die territoriale Reichweite der Verwertungsrechte fest.[85]

Bei **ergänzenden Online-Diensten** von Sendeunternehmen iSd Art. 1 **Online-SatCab-RL** vom 17.4.2019[86] (zB Mediatheken von Rundfunkveranstaltern), die eindeutig auf ihre Sendungen bezogen sind,[87] gilt – in einem durch Art. 3 Abs. 1 Online-SatCab-RL näher bestimmten Umfang –[88] das **Ursprungslandprinzip**.[89] Für Hörfunkprogramme, Fernsehprogramme mit Nachrichtensendungen und Sendungen zum aktuellen Geschehen (allerdings nicht für die Übertragung von Sportveranstaltungen)[90] sowie für Eigenproduktionen, die von dem Sendeunternehmen vollständig finanziert wurden, soll für die öffentliche Wiedergabe und die Vervielfältigung das Recht des Mitgliedstaates gelten, in dem das Sendeunternehmen seine Hauptniederlassung hat, soweit es um die Bereitstellung des Online-Dienstes, den Zugang zu diesem und dessen Nutzung in Bezug auf diese Programme geht.[91] Für eine nachfolgende öffentliche Wiedergabe oder eine spätere Vervielfältigung ist das Ursprungslandprinzip nicht anwendbar.[92]

Bei Leistungen von Online-Inhaltediensten für Abonnenten, die sich vorübergehend in einem Mitgliedstaat aufhalten, fingiert die **Portabilitäts-VO**[93] unter bestimmten Voraussetzungen, dass Werknutzungshandlungen des Dienstes und der Abonnenten im Wohnsitzmitgliedstaat des Abonnenten stattfinden.[94]

---

[76] Ebenso *Rigopoulos* S. 202; *Wawretschek* S. 129 ff.
[77] → § 15 Rn. 133; aA *Castendyk* FS Loewenheim, 2009, 31 (38).
[78] Zur richtlinienkonformen Auslegung → § 15 Rn. 131 ff.
[79] → § 15 Rn. 291; ebenso *Wawretschek* S. 140; sa *Nieland* S. 93 f. (ungeschriebene Handlungsalternative); aA – Anwendung des § 20 – DKMH/*Dreyer* UrhG § 15 Rn. 105, § 19a Rn. 49, § 20 Rn. 34.
[80] Zum Schutz der ausübenden Künstler im Fall der Abrufübertragung ihrer Darbietungen → Rn. 8, 25, 57; *Dünnwald/Gerlach* § 78 Rn. 13; *Sasse/Waldhausen* ZUM 2000, 837 (840). Zum Schutz der Sendeunternehmen → § 87 Rn. 12.
[81] Vgl. → § 15 Rn. 152 ff.; → Vor §§ 120 ff. Rn. 121 ff.
[82] Vgl. EuGH GRUR 2012, 1245 Rn. 27 – Football Dataco/Sportradar (zur Weiterverwendung einer geschützten Datenbank iSv Art. 7 Abs. 2 Buchst. b DatenbankRL).
[83] Vgl. → § 15 Rn. 154; → Vor §§ 20 ff. Rn. 55.
[84] Vgl. → § 15 Rn. 143.
[85] Vgl. → § 15 Rn. 152 ff.
[86] Zur Richtlinie vgl. → Vor §§ 20 ff. Rn. 13, 55, 75. Die Richtlinie ist bis zum 7.6.2021 umzusetzen (Art. 12 Abs. 1 Online-SatCab-RL).
[87] Vgl. auch Erwgr. 8 Online-SatCab-RL.
[88] Vgl dazu → Vor §§ 20 ff. Rn. 13.
[89] Vgl. dazu → Vor §§ 20 ff. Rn. 13.
[90] Vgl. Art. 3 Abs. 1 S. 2 Online-SatCab-RL.
[91] Vgl. näher → Vor §§ 20 ff. Rn. 13.
[92] Vgl. Erwgr. 9 S. 4 Online-SatCab-RL.
[93] Zur Portabilitäts-VO vgl. *Pech* S. 307 ff.; *Wirz* S. 225 ff.; *Peifer* AfP 2017, 8; *Roos* MMR 2017, 147; *Ranke/Glöckler* MMR 2017, 378; *Schulte zu Sundern* in Mackenrodt/Maute S. 179 (186 ff.).
[94] → Rn. 50; → § 15 Rn. 153; → Vor §§ 20 ff. Rn. 55, 76.

37   In der Literatur ist die Frage des räumlichen Anwendungsbereichs des Rechts der öffentlichen Zugänglichmachung in den unionsrechtlich nicht ausdrücklich geregelten Fällen str.[95] Bei einer öffentlichen Zugänglichmachung im Internet wird durch die Bereithaltung des Werkes für eine Öffentlichkeit in das inländische Urheberrecht jedenfalls dann eingegriffen, wenn der Server im Inland steht. Nicht praktikabel ist die Annahme, dass überall dort in das **Bereithaltungsrecht** eingegriffen wird, wo die Inhalte eines Internetauftritts abrufbar sind.[96] Bei der Anwendung des Urheberstrafrechts (§ 106) wäre diese Ansicht unvertretbar.[97] Es genügt auch nicht, dass für eine Öffentlichkeit auf einem ausländischen Server bereitgehaltene Inhalte auf Abruf an einen Internetnutzer im Inland übertragen werden. Das Recht der öffentlichen Zugänglichmachung wird nur dann in einem Mitgliedstaat verletzt, wenn der Handelnde die Absicht hat, die Öffentlichkeit dort gezielt anzusprechen.[98] Ist dies der Fall, ist nicht entscheidend, ob sich der benutzte Server außerhalb des Gebiets dieses Staates befindet.[99] Die Beurteilung im Einzelfalls ist Sache des nationalen Gerichts.[100]

38   Eine einzelne **Abrufübertragung** wird dann vom inländischen Schutzrecht erfasst, wenn ihr eine öffentliche Zugänglichmachung des Werkes zugrunde liegt, die unter das inländische Schutzrecht fällt.[101]

VI. Früheres Recht

1. Vor dem Inkrafttreten der InfoSoc-RL

39   Bereits nach früherem Recht standen dem Urheber ein Recht an der Bereithaltung seines Werkes zum Abruf durch eine Öffentlichkeit (jetzt § 19a) und ein Recht an der Übertragung des zum Abruf öffentlich bereitgehaltenen Werkes (jetzt unbenanntes Recht der öffentlichen Wiedergabe)[102] zu.[103]

40   Vor dem Inkrafttreten der InfoSoc-RL war **Rechtsgrundlage** für diese Rechte § 15 in analoger Anwendung dieser Vorschrift, nicht ein (unbenanntes) Verwertungsrecht als Bestandteil des Rechts an der Werkverwertung in körperlicher Form.[104]

41   Das Bereithaltungsrecht und das Abrufübertragungsrecht konnten § 15 Abs. 2 aF nicht in unmittelbarer Anwendung dieser Vorschrift entnommen werden. Das Recht, das geschützte Werk in unkörperlicher Form öffentlich wiederzugeben (Recht der öffentlichen Wiedergabe), bezog sich nach seinem Wortlaut nur auf öffentliche Wiedergaben. Da nach der Definition des § 15 Abs. 3 aF eine Wiedergabe nur dann öffentlich sein konnte, wenn sie eine Mehrzahl von Personen gleichzeitig erreicht,[105] wurden das Bereithaltungsrecht und das Abrufübertragungsrecht vom Recht der öffentlichen Wiedergabe nicht erfasst.

42   Das Recht zum öffentlichen Bereithalten geschützter Werke zum Zweck der Übertragung auf Einzelabruf **(Bereithaltungsrecht)** war dem Urheber in analoger Anwendung des § 15 Abs. 2 aF als unbenanntes Verwertungsrecht an einer Werknutzung in unkörperlicher Form vorbehalten.[106] Die Verpflichtung zur Gewährung eines solchen Rechts ergab sich für Urheber von Datenbanken aus Art. 5 Buchst. c der DatenbankRL.[107] Die Hinnahme einer Schutzlücke hätte in Widerspruch zur Absicht des Gesetzgebers gestanden, die ausschließlichen Befugnisse des Urhebers so umfassend zu gestalten, dass auch neu entstehende Verwertungsformen ohne weiteres von den Verwertungsrechten erfasst werden.[108] Unerheblich war für das Eingreifen des Verwertungsrechts, ob das betreffende Werk tatsächlich einmal abgerufen wurde, dh ob eine Wiedergabe im Wortsinn stattgefunden hat und diese

---

[95] Vgl. → Vor §§ 120 ff. Rn. 142 ff.; vgl. weiter Dreier/Schulze/*Dreier* UrhG Vor § 120 Rn. 40 ff.; MüKoBGB/*Drexl*, Band 12, 7. Aufl. 2018, IntImmGR, Rn. 296 ff.; *Kling* S. 55 ff., 227 ff.

[96] Vgl. auch EuGH GRUR 2014, 283 Rn. 31 – Blomqvist/Rolex; aA *Schack* Rn. 1060a.

[97] Vgl. *Schäufele* S. 114 ff.

[98] Vgl. EuGH GRUR 2012, 1245 Rn. 34 ff. – Football Dataco/Sportradar (zur Weiterverwendung einer geschützten Datenbank iSv Art. 7 Abs. 2 Buchst. b DatenbankRL); vgl. weiter – auch allgemein für Schutzrechtsverletzungen im Internet – BGH GRUR 2012, 621 Rn. 34 ff. – OSCAR; vgl. auch Dreier/Schulze/*Dreier* UrhG vor § 120 Rn. 42; BeckOK UrhR/*Lauber-Rönsberg* 26. Ed. Stand 15.10.2019 Kollisionsrecht Rn. 26 f.; NK-BGB/*Grünberger*, Bd. 6, 3. Aufl. 2019, Art. 8 Rom II-VO Rn. 46 ff.; *von Gerlach* S. 97 ff.

[99] Vgl. EuGH GRUR 2012, 1245 Rn. 44 ff. – Football Dataco/Sportradar.

[100] Vgl. EuGH GRUR 2012, 1245 Rn. 47 – Football Dataco/Sportradar.

[101] Vgl. dazu auch EuGH GRUR 2012, 1245 Rn. 44 ff. – Football Dataco/Sportradar.

[102] → Rn. 32.

[103] Vgl. BGH GRUR 2009, 864 Rn. 16 – CAD-Software; BGH GRUR 2011, 56 Rn. 23 – Session-ID (jeweils zum Bereithaltungsrecht); sa BGHZ 156, 1 (13 f.) = GRUR 2003, 958 (961) – Paperboy; LG Hamburg GRUR-Int 2004, 148 (151); *Rüberg* S. 220 ff.

[104] Vgl. *Koch* GRUR 1997, 417 (425 f.); *Dreier* GRUR 1997, 859 (863); *Knies*, Die Rechte der Tonträgerhersteller in internationaler und rechtsvergleichender Sicht, 1999, S. 223 ff.; aA *Kleinke*, Pressedatenbanken und Urheberrecht, 1999, S. 117 ff.; *Zecher* S. 230 ff.; *Fischer* ZUM 1995, 117 (120 f.); *Walter* – zum öUrhG – MR 1995, 125 f.; vgl. dazu auch – zur DatenbankRL – *Berger* GRUR 1997, 169 (178).

[105] S. Schricker/*v. Ungern-Sternberg* (2. Auflage) UrhG § 15 Rn. 59.

[106] Vgl. LG München I ZUM 2000, 418 (422); aA *Koehler*, Der Erschöpfungsgrundsatz des Urheberrechts im Online-Bereich, 2000, S. 35 f.; *Nippe* S. 223 f.; s. weiter BGHZ 156, 1 (13 f.) = GRUR 2003, 958 (961) – Paperboy.

[107] → Rn. 18.

[108] Vgl. Begr. RegE, BT-Drs. IV/270, 29, 45 = UFITA (1965), 240 (242, 260); → § 15 Rn. 255, 262.

auch öffentlich war. Dementsprechend kam es für dieses Recht auch nicht auf die Frage an, ob auch ein sukzessives Erreichen einer Öffentlichkeit als öffentliche Wiedergabe anzusehen ist.[109]

Das Recht an der Übertragung eines öffentlich zum Abruf bereitgehaltenen Werkes **(Abrufüber-** **43** **tragungsrecht)** war vor dem Inkrafttreten der InfoSoc-RL ebenfalls nicht als Recht der öffentliche Wiedergabe iSd § 15 Abs. 2 aF einzuordnen.[110] Die Werknutzung durch Abrufübertragung ist dadurch gekennzeichnet, dass das öffentlich zum Abruf bereitgehaltene Werk auf Einzelabruf nichtöffentlich[111] zur unmittelbaren Nutzung im eigenen Bereich des einzelnen Abrufers übertragen wird. Das Problem, ob eine öffentliche Wiedergabe auch dann gegeben sein kann, wenn eine Mehrzahl von Personen nur sukzessiv erreicht werden kann, stellte sich deshalb auch für das Abrufübertragungsrecht nicht. Mit Rücksicht darauf, dass dem Urheber ein umfassendes Verwertungsrecht zustehen sollte,[112] war das Abrufübertragungsrecht in entsprechender Anwendung des § 15 Abs. 2 aF als unbenanntes Verwertungsrecht anzuerkennen.[113] Urhebern von Datenbanken war ein Recht an der Abrufübertragung bereits aufgrund der DatenbankRL zu gewähren.[114]

2. Nach dem Inkrafttreten der InfoSoc-RL

Nach dem Inkrafttreten der InfoSoc-RL[115] am 22.6.2001 (Art. 14 der Richtlinie) waren das Recht **44** an der Bereithaltung des Werkes zum Abruf durch eine Öffentlichkeit und das Recht an der Übertragung des in dieser Weise bereitgehaltenen Werkes auch aus dem Unionsrecht abzuleiten, da die Gerichte verpflichtet sind, die Auslegung des nationalen Rechts auch schon vor der Umsetzung einer Richtlinie soweit wie möglich am Wortlaut und Zweck der Richtlinie auszurichten, um das mit der Richtlinie verfolgte Ziel zu erreichen.[116]

VII. Beschränkungen des Verwertungsrechts

1. Schranken

Das Recht aus § 19a unterliegt den Schranken aus § 45 (Rechtspflege und öffentliche Sicherheit), **45** § 45c Abs. 2 (Nutzung durch befugte Stellen), § 46 (Sammlungen für den religösen Gebrauch), § 48 (Öffentliche Reden), § 49 (Zeitungsartikel und Rundfunkkommentare), § 50 (Berichterstattung über Tagesereignisse), § 51 (Zitate), § 56 (Vervielfältigung und öffentliche Wiedergabe in Geschäftsbetrieben), § 57 (Unwesentliches Beiwerk),[117] § 58 (Werbung für die Ausstellung und den öffentlichen Verkauf von Werken), § 59 (Werke an öffentlichen Plätzen), § 60a (Unterricht und Lehre), § 60b (Unterrichts- und Lehrmedien), § 60c (Wissenschaftliche Forschung) und § 60d (Text und Data Mining). Die Schranke des § 52 (Öffentliche Wiedergabe) ist auf die Wiedergabe durch öffentliche Zugänglichmachung nicht anwendbar (§ 52 Abs. 3). Die Vorschrift des § 60e Abs. 5 (Kopienversand auf Einzelbestellung) enthält keine Schranke des § 19a oder des unbenannten Abrufübertragungsrechts, da die betroffenen Werke nicht iSd § 19a zum Abruf bereitgehalten werden.[118] Die Vorschrift des § 44a ist auf § 19a nicht entsprechend anwendbar.[119] Eine weitere zwingende Schranke wird durch Art. 5 DSM-RL zugunsten von digitalen und grenzüberschreitenden Unterrichts- und Lehrtätigkeiten vorgeschrieben. Die Richtlinie ist bis zum 7.6.2021 umzusetzen.[120]

Art. 5 Abs. 3 und 5 InfoSoc-RL beschränkt die Möglichkeit der Mitgliedstaaten, durch Gesetz **46** Schranken der Rechte der öffentlichen Wiedergabe einzuführen.[121]

2. Keine Erschöpfung des Verwertungsrechts

Das in § 19a geregelte Recht der öffentlichen Zugänglichmachung unterliegt als Bereithaltungs- **47** recht schon seinem Wesen nach keiner Erschöpfung. Der Annahme einer Erschöpfung des Rechts steht zudem seine systematische Einordnung unter das Recht der öffentlichen Wiedergabe sowie die ausdrückliche Regelung in Art. 3 Abs. 3 InfoSoc-RL entgegen (sa Erwgr. 29).[122] Eine andere Frage

---

[109] Vgl. dazu → § 15 Rn. 383; so jetzt auch Dreier/Schulze/*Schulze* UrhG § 15 Rn. 42; Dreier/Schulze/*Dreier* UrhG § 19a Rn. 3.

[110] Ebenso *Nippe* S. 257 ff.

[111] Vgl. dazu Reinbothe/von Lewinski/*von Lewinski* WCT Art. 8 Rn. 7.8.40.

[112] → § 15 Rn. 261.

[113] Abw. – für die Annahme eines unter § 15 Abs. 2 aF fallenden unbenannten Verwertungsrechts – *Dreier* GRUR 1997, 859 (863); *Ernst* GRUR 1997, 592 (594 f.); *Ostermaier* CR 1998, 539 (543 f.); gegen ein Abrufübertragungsrecht *Nippe* S. 256 ff., 267 ff.; sa *Koch* ZUM 2001, 839 (840 ff.); *Castendyk* MMR 2000, 294 (295).

[114] → Rn. 18.

[115] → § 15 Rn. 1 f.

[116] → § 15 Rn. 135.

[117] BGH GRUR 2015, 667 Rn. 15 – Möbelkatalog mAnm *Stang*.

[118] Sa – noch zum weggefallenen § 53a – Begr. zu § 53a RegE, BT-Drs. 16/1828, 27; *Spindler* NJW 2008, 9 (14); weiter → § 15 Rn. 302.

[119] Vgl. BGHZ 185, 291 = GRUR 2010, 628 Rn. 24 – Vorschaubilder I.

[120] Art. 29 Abs. 1 DSM-RL.

[121] Vgl. dazu auch Art. 25 DSM-RL.

[122] Vgl. dazu → Rn. 16; → § 15 Rn. 40.

ist es, ob bei Werkstücken, die nach einer Abrufübertragung befugt durch Vervielfältigung hergestellt worden sind, eine Erschöpfung des Verbreitungsrechts anzunehmen ist.[123]

VIII. Wahrnehmung des Verwertungsrechts

1. Vertragliche Rechtseinräumung

48　　Eine Vervielfältigung, die allein zum Zweck der öffentlichen Zugänglichmachung vorgenommen wird, ist neben dieser eine selbständige Verwertungshandlung.[124] Die Frage, ob der Urheber dieses Recht getrennt einräumen kann, ist str.,[125] aber zu bejahen.[126] Das Bereithaltungsrecht aus § 19a und das Abrufübertragungsrecht können auch getrennt vergeben werden.[127] Die Vergabe des Bereithaltungsrechts ohne ein (zumindest beschränktes) Recht zur Abrufübertragung ist allerdings nicht sinnvoll, weil der Nutzungsberechtigte sonst sein Recht nicht ausüben kann. Unabhängig davon, ob das Abrufübertragungsrecht § 19a oder – als unbenanntes Verwertungsrecht – § 15 entnommen wird, sind aber das Bereithaltungsrecht und das Abrufübertragungsrecht unterschiedliche Rechte, die sich auf verschiedene Nutzungshandlungen beziehen.[128] Das **Problem der dinglichen Aufspaltbarkeit des Rechts** stellt sich daher für das Verhältnis dieser beiden Rechte untereinander nicht. Findet das öffentliche Bereithalten nur auf einem ausländischen Server statt, muss nur für die Abrufübertragung in das Inland ein inländisches Nutzungsrecht erworben werden. Das Bereithaltungsrecht muss auch dann für das Inland unbeschränkt erworben werden, wenn die Befugnis zur Abrufübertragung dinglich auf die Übertragung an Nutzer in bestimmten anderen Ländern beschränkt wird. Das Recht, ein Werk öffentlich zugänglich zu machen, kann nicht dinglich beschränkt nur auf die **Wiedergabe in peer-to-peer-Netzwerken** eingeräumt werden. Ein solches Nutzungsrecht kann nicht abgespalten werden, da es keine eigenständige wirtschaftliche Bedeutung hat.[129]

49　　Räumt ein freier Journalist einem Verlag **Nutzungsrechte zur Printveröffentlichung** eines Artikels ein, ist der Verlag nicht befugt, den Artikel auch in ein Online-Archiv einzustellen.[130] Die Einräumung des Rechts zur Nutzung einer Fotografie in der Printausgabe berechtigt den Verlag nicht ohne weiteres auch zur Nutzung in der E-Paper-Ausgabe.[131] Mit der Einräumung von Senderechten wird nicht ohne weiteres auch das Recht eingeräumt, das Werk in eine **Online-Mediathek** des Sendeunternehmens einzustellen.[132]

50　　Die **Portabilitäts-VO** enthält zwingende vertragsrechtliche Vorschriften für Fälle, in denen sich der Abonnent eines Online-Dienstes vorübergehend in einem anderen Mitgliedstaat als seinem Wohnsitzmitgliedstaat aufhält.[133]

Das **Unionsrecht** hindert die Mitgliedstaaten nicht, eine **Vermutung** aufzustellen, dass die Filmurheber das Recht der öffentlichen Zugänglichmachung des Filmwerkes an den Filmproduzenten abgetreten haben. Diese Vermutung muss jedoch widerleglich sein und damit den Filmurhebern die Möglichkeit geben, eine anderslautende Vereinbarung zu treffen.[134]

2. Rechtswahrnehmung durch Verwertungsgesellschaften

51　　Maßgeblich für die Rechtswahrnehmung durch die Verwertungsgesellschaften ist – gerade im Bereich grenzüberschreitender Nutzungen – die **VerwertungsgesellschaftenRL**.[135]

---

[123] → § 15 Rn. 314 f.; Möhring/Nicolini/*Götting* UrhG § 19a Rn. 11; Dreier/Schulze/*Dreier* UrhG § 19a Rn. 11.

[124] Vgl. BGH GRUR 2019, 813 Rn. 47 ff. – Cordoba II; weiter → Rn. 64.

[125] Nach Ansicht des OLG München kann das Recht, ein Werk beim Herauladen (upload) auf einen Server zum Zweck der Online-Nutzung zu vervielfältigen, nicht unabhängig vom Recht der öffentlichen Zugänglichmachung eingeräumt werden. Die Vervielfältigung sei insoweit eine untergeordnete Vorbereitungshandlung der öffentlichen Zugänglichmachung, keine eigenständige wirtschaftliche Nutzungsart (OLG München GRUR-RR 2011, 1 (3); *Schaefer* ZUM 2010, 150; Wandtke/Bullinger/*Bullinger* UrhG § 19a Rn. 12; Fromm/Nordemann/*Dustmann/Engels* UrhG § 19a Rn. 9).

[126] Vgl. *Kling* S. 48 f., 108 ff. (unter Hinweis auf Erwgr. 37, 46 S. 4 VG-RL); *N. Schmidt* S. 35 ff., 69 ff., 208 f.; *Jani* ZUM 2009, 722; → § 31 Rn. 39.

[127] → Rn. 3; aA *Castendyk* FS Loewenheim, 2009, 31 (37); *Abedinpour* S. 101 ff.

[128] Ebenso wie die Verbreitungshandlungen des § 17, → § 17 Rn. 8.

[129] Vgl. *Adolphsen/Mayer/Möller* NJW 2010, 3483; *Adolphsen/Mayer/Möller* NJOZ 2010, 2394; *Lerach* GRUR-Prax 2015, 67.

[130] Vgl. OLG Brandenburg GRUR-RR 2012, 450 (451 f.); LG Hamburg ZUM-RD 2010, 555 (557). Zur Vergütung für die online-Nutzung von Zeitschriftenartikeln bei angestellten Redakteuren vgl. BAG GRUR 2019, 1191 – online-Heftarchiv.

[131] OLG Zweibrücken WRP 2015, 101 (102).

[132] Vgl. dazu auch Dreier/Schulze/*Dreier* UrhG § 19a Rn. 12; *Hoeren* UFITA 2014 III, 683.

[133] → Rn. 36; → § 15 Rn. 153; → Vor §§ 20 ff. Rn. 30.

[134] Vgl. EuGH GRUR 2012, 489 Rn. 73 ff., 87 – Luksan/van der Let mAnm *Obergfell*.

[135] Richtlinie über die kollektive Wahrnehmung von Urheber- und verwandten Schutzrechten und die Vergabe von Mehrgebietslizenzen für Rechte an Musikwerken für die Online-Nutzung im Binnenmarkt vom 26.2.2014, ABl. 2014 L 84, S. 72.

Die **GEMA** vertritt nach § 1 Buchst. h ihres Berechtigungsvertrags (nunmehr idF vom 24./25.5. **52**
2019)[136] auch Rechte im Bereich der Online-Nutzung durch öffentliche Zugänglichmachung und
Abrufübertragung.[137]

Rechte im Bereich der Online-Nutzungen werden auch von der **VG Wort,**[138] der **VG Bild-** **53**
Kunst[139] und anderen Verwertungsgesellschaften[140] wahrgenommen.

B. Inhalt des Verwertungsrechts

I. Wesen und Gegenstand des Verwertungsrechts

Das ausschließliche Recht des Urhebers aus § 19a gehört nach § 15 Abs. 2 zum **Recht der öf-** **54**
fentlichen Wiedergabe des Werkes in unkörperlicher Form (§ 15 Abs. 2 Nr. 2).[141] Dies entspricht
Art. 3 Abs. 1 InfoSoc-RL.[142] Das Verwertungsrecht bezieht sich auf die **Bereithaltung des Werkes**
zum Abruf durch Mitglieder einer Öffentlichkeit von Orten und zu Zeiten ihrer Wahl, zB im
Rahmen eines Internetauftritts, im Intranet eines Unternehmens, in Local Area Networks **(LAN),** in
Tauschbörsen **(Filesharing-Systemen),**[143] im Rahmen des **Cloud Computing,**[144] in Datenbanken
im Internet, im Rahmen von On-Demand-Diensten (wie beim Vorhalten von Videos zum Abruf)
oder beim Posten für eine **Facebookgruppe,** die als Öffentlichkeit anzusehen ist.[145]

Das Recht an der **Abrufübertragung** eines öffentlich zum Abruf bereitgehaltenen Werkes ist **55**
nicht in § 19a geregelt,[146] sondern ist als unbenanntes Recht der öffentlichen Wiedergabe anzuerkennen (str.).[147] Der BGH hat dagegen im Urteil „Vorschaubilder II“ eine Abrufübertragung ohne weiteres als Werknutzung iSd § 19a angesehen.[148]

Schutzobjekt des Verwertungsrechts können geschützte Werke aller Art sein (§§ 2–4). Das **56**
Verwertungsrecht kann auch eingreifen bei einer Verwendung des Werkes in Teilen, in veränderter
Gestalt oder in einem besonderen Umfeld.[149] Der Urheber eines gemäß § 69a geschützten Compu-
terprogramms genießt Schutz bei einer öffentlichen Zugänglichmachung seines Werkes gemäß § 69c
Nr. 4.[150]

II. Zugänglichmachen

1. Rechtsbegriff

Der in § 19a verwendete Rechtsbegriff des Zugänglichmachens bezieht sich nur auf bestimmte ur- **57**
heberrechtliche Nutzungshandlungen und ist deshalb in verschiedener Hinsicht enger als der Wortsinn. Ein Zugänglichmachen im Wortsinn ist sowohl dann gegeben, wenn ein Werk zum Abruf bereitgehalten wird, als auch dann, wenn es an den Nutzer übertragen wird. Das in § 19a geregelte

---

[136] Abrufbar unter www.gema.de.
[137] S. weiter OLG Hamburg NJOZ 2009, 1595 (1602 f.); vgl. Hoeren/Sieber/Holznagel/*S. Müller,* Handbuch
Multimedia-Recht, Stand 2019, Teil 7.5 Rn. 144 ff.; *Staudt* S. 140 ff., 213 ff., 303; Heker/Riesenhuber/*Welp* Kap. 7
Rn. 167 ff.; Fromm/Nordemann/*Dustmann/Engels* UrhG § 19a Rn. 33; *Siebert* S. 54 ff.; *Heine* S. 160 ff.; *v. Einem,*
Verwertungsgesellschaften im deutschen und internationalen Musikrecht, 2007, S. 224 ff.; *Düsing,* Die Gestaltung
einer europäischen Lizenzierungspraxis für Online-Musikrechte, 2009, S. 38 ff.; *Pentheroudakis* S. 382 ff.; Loewen-
heim/*Koch* § 78 Rn. 81; Ensthaler/Weidert/*Riemer/Welp* Kap. 6 Rn. 37 ff.; *Heyde* S. 48 ff.; *Müller* ZUM 2009,
121 ff.; *Ventroni* MMR 2008, 273 f.; *Poll* ZUM 2008, 500 ff. Zur Rechtswahrnehmung durch die GEMA bei der
Online-Übertragung öffentlicher Konzert- und Opernveranstaltungen für die Öffentlichkeit im Wege des Streaming (live oder on demand) sa *Büscher/Müller* GRUR 2009, 558 ff. Zum GEMA-Tarif für die Music-on-Demand-
Nutzung vgl. Schiedsstelle beim DPMA ZUM 2007, 243 ff. und ZUM 2010, 916.
[138] Wahrnehmungsvertrag abrufbar unter www.vgwort.de (nunmehr idF vom 25.5.2019). Vgl. Hoeren/Sieber/
Holznagel/*S. Müller,* Handbuch Multimedia-Recht, Stand 2019, Teil 7.5 Rn. 150 ff.; Fromm/Nordemann/*Dust-*
mann UrhG § 19a Rn. 34; Loewenheim/*Koch* § 78 Rn. 82; *Ventroni,* Das Filmherstellungsrecht, 2001, S. 288 ff.;
Siebert S. 112 ff.; *Pentheroudakis* S. 386.
[139] Vgl. Hoeren/Sieber/Holznagel/*S. Müller,* Handbuch Multimedia-Recht, Stand 2019, Teil 7.5 Rn. 157 ff.;
Fromm/Nordemann/*Dustmann/Engels* UrhG § 19a Rn. 35 ff.; Loewenheim/*Koch* § 78 Rn. 83; *Siebert* S. 144 ff.;
Pfennig FS Raue, 2006, 593 (600 f.).
[140] Vgl. Hoeren/Sieber/Holznagel/*S. Müller,* Handbuch Multimedia-Recht, Stand 2019, Teil 7.5 Rn. 169 f.;
Loewenheim/*Koch* § 78 Rn. 83a ff.; *Heine* S. 166 ff.
[141] → § 15 Rn. 336 ff.
[142] → Rn. 3 ff.
[143] Vgl. BGH GRUR 2017, 1233 Rn. 12 – Loud; BGH GRUR 2018, 400 Rn. 15 – Konferenz der Tiere. Zum
Filesharing → Rn. 60; → § 15 Rn. 286.
[144] Vgl. Niemann/Paul/*Schäfer* Kap. 6 Rn. 20 ff. Zum technischen Hintergrund des Cloud Computing s. Nie-
mann/Paul/*Weiss* Kap. 3.
[145] Vgl. LG München I CR 2018, 469 (470).
[146] → Rn. 57.
[147] Vgl. dazu → Rn. 32, 57.
[148] Vgl. BGH GRUR 2012, 602 Rn. 4, 13 – Vorschaubilder II. Der Kl. hatte beanstandet, dass die Bildersuchmaschine Google sein Werk in den Ergebnislisten anfragender Internetnutzer als Vorschaubild zugänglich gemacht hatte.
[149] Vgl. BGH GRUR 2017, 798 Rn. 9, 13 – AIDA Kussmund; weiter → § 15 Rn. 23 f., 28 ff., 241 ff., 246 f.
[150] → Rn. 15 ff.

Recht der öffentlichen Zugänglichmachung bezieht sich jedoch nach dem klaren Wortlaut der Vorschrift nur auf das **Bereithalten des Werkes für eine Öffentlichkeit.**[151] Die Übertragung eines öffentlich zum Abruf bereitgehaltenen Werkes an einen einzelnen Nutzer macht das Werk nur diesem, nicht aber der „Öffentlichkeit" zugänglich. Eine Abrufübertragung macht das Werk dementsprechend auch keiner Öffentlichkeit „in einer Weise zugänglich", „dass es Mitgliedern der Öffentlichkeit von Orten und zu Zeiten ihrer Wahl zugänglich ist". Nach *Dreier*[152] erfasst § 19a auch den Akt der Übermittlung des Werkes, obwohl in dessen Wortlaut die Übertragung, die sich an das Zugänglichmachen anschließe, nicht eigens erwähnt sei. *Dreier* begründet dies damit, dass das öffentliche Zugänglichmachen des zum Abruf bereitgehaltenen Werkes eine Verbindung zum Abrufenden erfordere.[153] Ein Bereithalten iSd § 19a ist jedoch schon dann gegeben, wenn Abruf und Übertragung technisch ohne weiteres Zutun des Anbieters möglich sind, dh wenn auf Initiative eines Abrufenden eine Verbindung, über die eine Abrufübertragung möglich ist, automatisch aufgebaut werden kann. Auch wenn unterstellt wird, dass das Zugänglichmachen iSd § 19a eine schon bestehende Verbindung zum Abrufenden erfordert, würde daraus nicht folgen, dass der Tatbestand des § 19a auch die über diese Verbindung durchgeführte Übertragung erfassen müsste. Würde § 19a so „gelesen", dass die dem Urheber vorbehaltene Verwertungshandlung im Bereithalten und der Abrufübertragung besteht, wäre das Recht nur verletzt, wenn eine beide Vorgänge umfassende Nutzungshandlung vorgenommen wird. Nach allgM greift aber das öffentliche Bereithalten des Werkes zum Abruf schon als solches in das Recht des Urhebers ein (wie dies auch durch Art. 8 WCT und Art. 3 InfoSoc-RL vorgeschrieben wird).[154] Ein Antrag, im Wortlaut des § 19a „deutlich zu machen, dass dieses Recht nicht nur die Zugänglichmachung auf Abruf (also das Bereithalten eines geschützten Inhalts zum Abruf) umfasst, sondern auch den anschließenden Übertragungsakt", blieb im Gesetzgebungsverfahren erfolglos.[155] Ein Recht an der Abrufübertragung ist jedoch § 15 Abs. 2 als unbenanntes Verwertungsrecht zu entnehmen.[156] Ein wesentlicher Grund, warum in der Literatur trotz des unzweideutigen Wortlauts der Vorschrift vielfach die Ansicht vertreten wird, dass § 19a auch das Abrufübertragungsrecht enthält, liegt in der **Interessenlage der ausübenden Künstler und der Tonträgerhersteller,** die anders als die Urheber (§ 15) kein umfassendes Verwertungsrecht besitzen, sondern nur einzeln aufgeführte Rechte.[157]

58   Die Vorschriften des **§ 19 Abs. 4 S. 2** und des **§ 22 S. 1** tragen in ihrem Wortlaut dem Umstand, dass § 19a nur ein Bereithaltungsrecht beinhaltet, nicht ausreichend Rechnung.[158]

59   Der in § 19a verwendete Begriff des Zugänglichmachens unterscheidet sich danach auch vom **Begriff des Zugänglichmachens iSd § 20.** Das Senderecht erfasst mit dem Zugänglichmachen für die Öffentlichkeit einen Sendevorgang, das Recht der öffentlichen Zugänglichmachung aus § 19a einen Vorgang des Bereithaltens des Werkes.[159] Würde die Wendung „zugänglich zu machen" in § 19a und § 20 gleich ausgelegt,[160] würde § 19a nur die Abrufübertragung erfassen, was von niemand vertreten wird.

2. Bereithalten zum Abruf

60   Zugänglichmachen iSd § 19a ist ein **Bereithalten des Werkes zum Abruf** für eine Öffentlichkeit.[161] Unerheblich ist, ob das Werk bereits auf einer anderen Website mit Zustimmung des Urheberrechtsinhabers öffentlich zugänglich ist.[162] Das Bereithalten zum Abruf setzt voraus, dass sich die dazu benutzte Vervielfältigung des Werkes in der Zugriffssphäre des Bereithaltenden befindet.[163] In

---

[151] Vgl. FA-GewRS/*Haberstumpf,* 3. Aufl. 2018, Kap. 7 Rn. 216; DKMH/*Dreyer* UrhG § 19a Rn. 49; Wandtke/Bullinger/*Bullinger* UrhG § 19a Rn. 29; *Hügel* S. 9 ff.; *Zecher* S. 244 ff.; *Wawretschek* S. 129 ff.; *Horn* S. 61; *Rüberg* S. 276 f.; *Völtz* S. 89 ff.; *Stegmann* S. 106 f.; *Sucker* S. 73; aA Dreier/Schulze/*Dreier* UrhG § 19a Rn. 1; *Ott* S. 319 ff.; Loewenheim/*Hoeren* § 21 Rn. 52, 63; *Dünnwald/Gerlach* § 78 Rn. 13; *Theiselmann* S. 54 ff.; *Bäcker* S. 169 ff.; *Gey* S. 73 ff.; *Schaefer* S. 67 ff.; *Metzner* S. 118 f.; *Kraul,* Verträge über Websites, 2009, S. 88 ff.; *Hauröder* S. 140 ff.; *Malcher* S. 65 ff.; *von Gerlach* S. 152 ff.; *Prill* S. 74 ff.; *Abedinpour* S. 95 ff.; *Mushardt* S. 78 ff.; *May* S. 119 ff.; *Koof* S. 104 ff.; *Kling* S. 59 ff.; *Poll* GRUR 2007, 476 (478 f.); *Schack* GRUR 2007, 639 (641) („hineinzulesen"); *Schack* Rn. 460c; *Ott* ZUM 2008, 556 (558).
[152] Dreier/Schulze/*Dreier* UrhG § 19a Rn. 1; im Ergebnis ebenso *Ziegler* S. 82 f.; *Wirz* S. 121 ff.; vgl. auch Möhring/Nicolini/*Götting* UrhG § 19a Rn. 1.
[153] Ebenso *Metzner* S. 121; aA *Rüberg* S. 277.
[154] Vgl. BGHZ 185, 291 = GRUR 2010, 628 Rn. 19, 20 – Vorschaubilder I; *Koch* GRUR 2010, 574 (576); → Rn. 6, 24.
[155] Bericht des BT-Rechtsausschusses BT-Drs. 15/837, 29.
[156] → Rn. 32; → § 15 Rn. 291. Zum Verhältnis des Bereithaltungsrechts und des Rechts an der Abrufübertragung untereinander → Rn. 10.
[157] Vgl. dazu aber → Rn. 8, 25.
[158] → Rn. 57; → § 22 Rn. 8.
[159] → Rn. 108.
[160] So Fromm/Nordemann/*Dustmann/Engels* UrhG § 20 Rn. 11; *Castendyk* FS Loewenheim, 2009, 31 (38).
[161] Vgl. BGHZ 185, 291 = GRUR 2010, 628 Rn. 19, 20 – Vorschaubilder I.
[162] Vgl. EuGH GRUR 2018, 911 Rn. 35 – Land Nordrhein-Westfalen/Dirk Renckhoff; BGH GRUR 2019, 950 Rn. 40 – Testversion; → § 15 Rn. 85.
[163] Vgl. BGH GRUR 2018, 178 Rn. 19 – Vorschaubilder III; BGH GRUR 2019, 725 Rn. 15 – Deutsche Digitale Bibliothek; BGH GRUR 2019, 950 Rn. 43 f. – Testversion; ebenso öOGH GRUR-Int 2012, 817 (822, unter 2.6.2 f.) – Vorschaubilder/123people; vgl. weiter → Rn. 73, 93 f.

Filesharing-Fällen führt dieses Erfordernis zu besonderen Haftungs- und Nachweisproblemen,[164] wenn ein Beteiligter im Einzelfall nur Werkteile oder Werkfragmente zum Abruf bereithält.[165] Der Sharehoster ist beim Filesharing nur dann Täter einer Verletzungshandlung iSd § 19a, wenn er den Link auf das Werk nicht nur dem Uploader mitteilt, sondern auch (ggf. neben dem Uploader) öffentlich macht und damit das Werk, das er in der eigenen Sphäre vorhält, öffentlich zugänglich macht.[166] Stellt er nur die Serverinfrastruktur bereit, kann er aber ggf. wegen einer eigenen Werknutzung durch öffentliche Wiedergabe,[167] als Teilnehmer oder Störer haften.[168] Die Verknüpfung eines Werkes auf einer fremden Internetseite mit der eigenen Internetseite durch **Linksetzung** fällt nicht unter § 19a.[169]

Die **Zahl der Vervielfältigungsstücke,** die für den Abruf bereitgehalten werden, ist bedeutungslos.[170] Unerheblich ist auch, ob das Werk im Internet auch an anderer Stelle von Dritten für die Öffentlichkeit bereitgehalten wird.[171] Es ist nicht erforderlich, dass für den Abruf des Werkes öffentlich **Werbung** getrieben wird. Die Anforderung, ein bestimmtes Werk zum Abruf bereitzuhalten, kann auch von den Kunden ausgehen.

Der Bereithaltende muss das Werk einer Öffentlichkeit in einer Weise zugänglich machen, dass es **61** auf Initiative eines Mitglieds dieser Öffentlichkeit **zur (automatischen) Übertragung zugänglich** ist, ohne dass es dazu noch einer Einzelfallentscheidung des Bereithaltenden bedarf. Die Öffentlichkeit hat die erforderliche Zugriffsmöglichkeit auch dann, wenn eine Bezahlschranke zu überwinden ist. Unerheblich ist, ob der Abrufende die übertragene Datei speichern kann.[172]

Ein Bereithalten zum Abruf ist nur bei einer **Werknutzungsabsicht** gegeben. Wird ein Video **62** zum Abruf bereitgehalten, in dem das Werk für den Betrachter kaum wahrnehmbar zu sehen ist, kann dieses ungeschriebene Tatbestandsmerkmal[173] fehlen. Die Zielsetzung, das Werk als solches einer Öffentlichkeit zugänglich zu machen, kann nicht allein deshalb angenommen werden, weil nicht ausgeschlossen werden kann, dass einzelne Betrachter das Video gerade an dieser Stelle anhalten, um das Werk zu betrachten.[174] In einem solchen Fall kann auch nicht von der erforderlichen **Aufnahmebereitschaft** der möglichen Betrachter des Videos gerade für das beiläufig mit übertragene Werk ausgegangen werden.[175]

Kein Bereithalten des Werkes iSd § 19a sind **Vorbereitungshandlungen.** Dazu gehört die bloße **63** Mitteilung an eine Öffentlichkeit darüber, dass ein Werk öffentlich zum Abruf bereitgehalten wird (zB durch RSS-Feeds).[176] Gleiches gilt für das öffentliche Angebot, ein in einer Datenbank eingespeichertes Werk in Ausführung von Bestellungen nach Einzelentscheidung zu übertragen. Ein öffentliches Angebot, zukünftig auf Anforderung Werke zum Abruf zugänglich zu machen, ist ebenfalls noch kein Zugänglichmachen, sondern nur eine Vorbereitungshandlung.[177] Auch bei einem Kopienversand auf Einzelbestellung (§ 60e Abs. 5) werden die Werke nicht einer Öffentlichkeit zugänglich gemacht.[178]

---

[164] Allgemein zum Nachweis der Rechtsverletzung (insbes. zur Feststellung ihres genauen Zeitpunkts) s. *Wullschleger* S. 84–88.

[165] Vgl. dazu das Vorabentscheidungsersuchen der Ondernemingsrechtbank Antwerpen v. 6.8.2019 (Gz. des EuGH C-597/19 – M.I.C.M./Telenet). Nach Ansicht des BGH kann der Anbieter (Uploader) beim Filesharing in vollem Umfang für die Rechtsverletzung haften (§§ 830, 840 Abs. 1 BGB), auch wenn bei ihm selbst nur ein Dateifragment abgerufen werden sollte (vgl. BGH GRUR 2016, 176 Rn. 64 – Tauschbörse I; BGH GRUR 2018, 400 Rn. 24 ff. – Konferenz der Tiere; *Schaub* GRUR 2016, 152 (156)). Erforderlich ist aber der Nachweis der subjektiven Tatbestandsmerkmale (vgl. dazu *Rüther* K&R 2018, 308 (309)) sowie des Umstands, dass im arbeitsteiligen Zusammenwirken mit den anderen Beteiligten zumindest schutzfähige Teile des Werkes öffentlich zugänglich gemacht worden sind (vgl. BGH GRUR 2018, 400 Rn. 27 – Konferenz der Tiere; AG Frankenthal GRUR-RR 2018, 444 Rn. 36 – Saints Row IV; AG Frankenthal 7.11.2018 – 3c C 196/18, BeckRS 2018, 29281 Rn. 11 ff. [auch zum Schadensersatz in diesen Fällen]). Nach der Rechtsprechung des EuGH setzt eine öffentliche Wiedergabe voraus, dass der Nutzer in voller Kenntnis aller Umstände handelt, um den Tatbestand der öffentlichen Wiedergabe im Rechtssinn begründen (vgl. EuGH GRUR 2016, 1152 Rn. 35, 48 – GS Media/Sanoma ua mAnm *Ohly*; EuGH GRUR 2017, 790 Rn. 26, 34 – Stichting Brein/Ziggo ua; → Rn. 79 f.; → § 15 Rn. 11, 79 f.). Daran fehlt es, wenn dem Nutzer nicht bewusst ist, dass die von ihm zum Download benutzte App zugleich dem Filesharing dient (vgl. dazu *Hilgert* jM 2019, 139 (140) mwN; Heckmann/*Paschke*, jurisPK-Internetrecht, 6. Aufl. 2019 (Stand: 17.6.2019), Kap. 3.2 Rn. 35).

[166] Vgl. *Grünberger* ZUM 2018, 321 (330).

[167] → § 15 Rn. 93, 286.

[168] Vgl. *Brunotte* S. 54 ff.; vgl. auch *Sesing/Putzki* MMR 2016, 660 (662).

[169] Vgl. BGH GRUR 2018, 178 Rn. 19 – Vorschaubilder III.

[170] → Rn. 72, 93 f.

[171] Vgl. EuGH GRUR 2018, 911 Rn. 29 ff. – Land Nordrhein-Westfalen/Dirk Renckhoff.

[172] Vgl. OLG Hamburg MMR 2006, 173 (174); Fromm/Nordemann/*Dustmann/Engels* UrhG § 19a Rn. 8.

[173] Vgl. dazu → § 15 Rn. 344.

[174] AA LG München I 18.7.2014 – 21 O 12546/13, BeckRS 2014, 16896 (unter 1c).

[175] Vgl. dazu → § 15 Rn. 345 ff.; → Vor §§ 44a ff. Rn. 60.

[176] Vgl. AG München 15.3.2013 – 111 C 13236/12, BeckRS 2013, 06097; Bisges/*Nennen*, Handbuch Urheberrecht, 2016, Kap. 2 Rn. 269; aA AG Hamburg ZUM-RD 2011, 38 (40) (mAnm *Heinz* juris-PR-ITR 11/2011 Anm. 5); krit. zu dieser Entscheidung *Jaeschke* JurPC Web-Dok. 6/2011, Abs. 11 ff. (frei abrufbar: www.jurpc.de); vgl. auch Wandtke/Bullinger/*Bullinger* UrhG § 19a Rn. 33; *Rieger* S. 230 ff., 235 f.

[177] Vgl. BGH GRUR 2009, 845 Rn. 27 – Internet-Videorecorder I; LG Braunschweig K&R 2006, 362 (364).

[178] → § 15 Rn. 302.

64   Ebenso ist eine **Vervielfältigung,** die einer öffentlichen Zugänglichmachung iSd § 19a zugrunde liegt (wie das Einspeichern eines Werkes in eine Datenbank) und uU schon lange zuvor vorgenommen worden ist, nur eine Handlung im Vorfeld. Sie bleibt eine selbständige Werknutzung, auch wenn eine öffentliche Zugänglichmachung nachfolgt, und wird nicht durch diese Nutzungshandlung konsumiert.[179] Eine öffentliche Zugänglichmachung ist (wie die Wiedergabe durch Bild- oder Tonträger iSd § 21) eine der Vervielfältigung nachfolgende weitere Werknutzung auf der Grundlage des gefertigten Vervielfältigungsstücks.[180] Es kommt deshalb nicht darauf an, ob derjenige, der das Werk öffentlich zum Abruf bereithält, die vorausgegangene Vervielfältigung (das uploading, dh das Hochladen auf den Server) selbst veranlasst hat.[181] Ein Hochladen durch Dritte kann allerdings ein Indiz dafür sein, dass derjenige, der das Werk rein technisch gesehen für eine Öffentlichkeit bereithält, nicht selbst Werknutzer iSd Urheberrechts ist.[182]

65   Das Bereithalten eines Werkes auf einem Server, um einer Öffentlichkeit lediglich die **Recherche im Werk** nach Einzelfragen zu ermöglichen, fällt ebenfalls nicht unter § 19a.[183] Der Wortlaut des § 19a ließe zwar eine andere Auslegung zu, die Vorschrift ist aber im Licht des Art. 3 Abs. 1 InfoSoc-RL auszulegen,[184] der das Recht der öffentlichen Zugänglichmachung dem Recht der öffentlichen Wiedergabe des Werkes zuordnet.[185] Das Recht aus § 19a greift deshalb nur ein, wenn das Werk in einer Weise zum Abruf bereitgehalten wird, dass bereits die einzelne Übertragung schutzfähige Teile des Werkes öffentlich zugänglich macht.[186] Ein automatisches und lediglich technisch bedingtes vorübergehendes Speichern eines geschützten Werkes auf einem Server zur Abwicklung einzelner Abfragen ist dementsprechend kein Zugänglichmachen iSd § 19a.[187]

66   Die für das Zugänglichmachen **verwendete Technik** ist unerheblich. Gegenstand des Zugänglichmachens ist das Werk. Das Recht aus § 19a erfasst nicht nur ein Zugänglichmachen des geschützten Werkes im Internet, sondern auch in lokalen Netzwerken (Local Area Network/LAN) oder in Intranets (zB von Unternehmen oder Behörden). Ohne Bedeutung ist auch, welche Technik für die durch das Zugänglichmachen des Werkes ermöglichte Abrufübertragung verwendet wird.

67   Zugänglichmachen iSd § 19a ist eine **Dauerhandlung.**[188] Die Befugnis eines Werknutzers dazu muss im gesamten Zeitraum seines Handelns gegeben sein.[189] Eine gewisse Mindestdauer ist der Werknutzung durch öffentliches Zugänglichmachen immanent.[190] Der Tatbestand der Vorschrift ist aber schon dann erfüllt, wenn das Werk in einer bestimmten, möglicherweise auch kurzen Zeitspanne einer Öffentlichkeit zugänglich gemacht wird.[191] Auch ein **kurzer Zeitraum** genügt, wenn es dem Werknutzer darum geht, in diesem Zeitraum einer Öffentlichkeit Zugang zum Werk zu verschaffen. Für den Umfang einer angemessenen Vergütung oder eines nach der Lizenzanalogie bemessenen Schadensersatzanspruchs ist es aber grundsätzlich von Bedeutung, in welchem Zeitraum ein Werk iSd § 19a für eine Öffentlichkeit bereitgehalten wird.[192]

   Die **Online-Vermietung** und der **Online-Verleih (E-Lending)** von Werken (zB als E-Book) wird durch § 19a nicht erfasst. Dies gilt schon deshalb, weil sich die Vorschrift nur auf das öffentliche Bereithalten des Werkes zum Abruf bezieht.[193] Die zeitbegrenzte Online-Überlassung fällt aber auch dann nicht unter § 19a, wenn unterstellt wird, dass auch die Abrufübertragung eine Verwertungshandlung iS dieser Vorschrift ist.[194] Die **Online-Vermietung** und der **Online-Verleih** sind Gesamtvorgänge, die dadurch gekennzeichnet sind, dass das Werk dem Kunden aufgrund eines öffentlichen Angebots über eine begrenzte Zeitspanne zur Nutzung zur Verfügung gestellt wird.[195] Das öffentliche

---

[179] Vgl. BGH GRUR 2017, 390 Rn. 28 – East Side Gallery; BGH GRUR 2019, 813 Rn. 47 ff. – Cordoba II.
[180] Vgl. dazu auch BGH GRUR 2013, 1030 Rn. 62 – File-Hosting-Dienst.
[181] Vgl. Wandtke/Bullinger/*Bullinger* UrhG § 19a Rn. 12; aA Fromm/Nordemann/*Dustmann/Engels* UrhG § 19a Rn. 9 (Uploadvorgang und nachfolgende Bereithaltung einheitliche Verwertungshandlung).
[182] Vgl. aber BGH GRUR 2010, 616 Rn. 31 ff. – marions-kochbuch.de; vgl. weiter – unter dem Gesichtspunkt der Störerhaftung – OLG Hamburg ZUM 2009, 417 (419) und ZUM-RD 2009, 317 (322). Weiter → § 15 Rn. 20 f., 225 ff.
[183] AA *Rieger* S. 213 ff. (zur Wiedergabe von Snippets aus gespeicherten Werken in den Ergebnislisten von Suchmaschinen).
[184] → Rn. 1.
[185] Dazu → Rn. 4 f.
[186] Vgl. dazu auch die Rechtslage beim Vervielfältigungsrecht: Bei vorübergehenden Speichervorgängen im Lauf von Werkübertragungen (wie bei Sendungen) greift dieses Recht nur ein, wenn das zusammengesetzte Ganze der gleichzeitig wiedergegebenen einzelnen Werkteile darstellt (vgl. EuGH GRUR 2012, 156 Rn. 153 ff. – Football Association Premier League u. Murphy).
[187] Vgl. dazu auch *Rigopoulos* S. 240 ff., 252 ff.
[188] Vgl. BGH GRUR 2015, 780 Rn. 23 – Motorradteile (dort auch zur Bedeutung dieses Umstands für die Anspruchsverjährung bei Rechtsverletzungen). Auch der subjektive Tatbestand des § 19a muss während der ganzen Zeit, in der das Werk öffentlich zugänglich ist, gegeben sein (vgl. → Rn. 79 f.; → § 15 Rn. 344).
[189] Vgl. BGH GRUR 2011, 415 Rn. 12 – Kunstausstellung im Online-Archiv.
[190] AA *Malcher* S. 73 f., der es als irrelevant ansieht, wie lange ein geschütztes Werk zum Abruf bereitgestellt wird.
[191] → Rn. 77; DKMH/*Dreyer* UrhG § 19a Rn. 30; Fromm/Nordemann/*Dustmann/Engels* UrhG § 19a Rn. 7; *May* S. 109 f.; *Koof* S. 174 ff.
[192] Vgl. Schiedsstelle beim DPMA ZUM 2007, 243 (246).
[193] Vgl. → Rn. 3, 7 ff., 55, 57.
[194] AA *Stieper* FS Gernot Schulze, 2017, 107 (109, 113 f.); *Hofmann* ZUM 2018, 107 (114).
[195] Vgl. → § 15 Rn. 298 (Anwendungsfall des unbenannten Online-Verbreitungsrechts).

Bereithalten zum Abruf und die Abrufübertragung sind dagegen verschiedene Verwertungshandlungen. Die Abrufübertragung ist ein einmaliger Vorgang, keine Dauerhandlung wie die Online-Vermietung und der Online-Verleih.

Bei einer **Rechtsverletzung durch öffentliches Zugänglichmachen** kann der Verletzte unabhängig vom Unterlassungsanspruch gemäß § 97 Abs. 1 auch die **Beseitigung des Störungszustands** verlangen.[196] Hat der Verletzer zB rechtswidrig Lichtbilder bei eBay zur Illustration seiner Angebote eingestellt, ist er verpflichtet, durch geeignete Maßnahmen sicherzustellen, dass die Lichtbilder dort nicht mehr (auch nicht unter der Rubrik „beendete Auktionen") öffentlich zugänglich sind. Zur Beseitigung des Störungszustands ist der Schuldner auch gehalten, im Rahmen des Möglichen und Zumutbaren auf Dritte einzuwirken.[197] Wenn keine Anhaltspunkte dagegen sprechen, beziehen sich eine vereinbarte **Unterlassungserklärung** oder ein **Unterlassungstitel** in der Regel nicht nur auf die Unterlassung des öffentlichen Zugänglichmachens iSd § 19a, sondern auch auf die Vornahme möglicher und zumutbarer Handlungen zur Beseitigung des fortdauernden Verletzungszustands.[198] Die Anforderungen der Instanzgerichte gehen jedoch teilweise zu weit.[199] Zur Erfüllung des Tatbestands des § 19a genügt es nicht, dass das Werk rein tatsächlich (zB bei Kenntnis des Verzeichnispfades) einer Öffentlichkeit zugänglich ist. Das Werk muss vielmehr durchweg absichtlich oder zumindest wissentlich genutzt werden.[200] Dies ist auch bei der Auslegung von Unterlassungserklärungen zu berücksichtigen. Es kann nicht ohne weiteres angenommen werden, dass sich die Unterlassungserklärung auch auf Handlungen beziehen soll, die vom verletzten Verwertungsrecht nicht erfasst werden.

III. Öffentlichkeit

Die Frage, ob ein Werk der Öffentlichkeit zugänglich gemacht wird, ist gemäß der **Legaldefinition des § 15 Abs. 3,** die ihrerseits im Licht des Unionsrechts auszulegen ist,[201] zu beurteilen.[202] 68

Die **Öffentlichkeit iSd § 19a** muss kein Ausschnitt der Allgemeinheit (beliebige Öffentlichkeit) 69 sein. Es genügt, dass das Werk einer Öffentlichkeit zugänglich gemacht wird (etwa Kunden, die ein persönliches Konto eröffnet haben, oder den Teilnehmern an einem Intranet). Dies kann auch dann der Fall sein, wenn der Kreis der angesprochenen Personen (wie zB in einem Unternehmen) bestimmt abgegrenzt ist.[203]

Das in § 19a geregelte Bereithaltungsrecht setzt voraus, dass das Werk in einer Weise öffentlich bereitgehalten wird, dass Mitglieder einer Öffentlichkeit **gleichzeitig** darauf zugreifen können.[204] Die 70 zu § 15 Abs. 3 aF umstrittene Frage, ob eine öffentliche Wiedergabe auch dann gegeben sein kann, wenn eine Mehrzahl von Personen nur sukzessiv erreicht werden kann,[205] stellt sich daher für das Bereithaltungsrecht nicht.[206] Fehlt es an einer zeitgleichen Zugriffsmöglichkeit einer Öffentlichkeit, kann gleichwohl ein unbenanntes Recht der öffentlichen Wiedergabe eingreifen (zB wenn ein digitalisiertes Werk in einer öffentlichen Bibliothek an einem einzelnen elektronischen Leseplatz den Besuchern zugänglich gemacht wird[207] oder bei der sukzessiven digitalen Ausleihe durch eine öffentliche Bibliothek).[208]

Ein Werk wird nur dann iSd § 19a einer Öffentlichkeit zugänglich gemacht, wenn der **Zugriff einer Öffentlichkeit** darauf eröffnet wird.[209] Eine Datenbank wird deshalb nicht öffentlich zugänglich 71 gemacht, wenn der einzelne Kunde nur jeweils Zugriff auf die ihn selbst betreffenden Daten hat und

---

[196] Vgl. BGH GRUR 2015, 258 Rn. 64, 67, 70 – CT-Paradies.
[197] Vgl. BGH GRUR 2015, 258 Rn. 67, 70, 76 – CT-Paradies (dort auch zur Verwirkung einer Vertragsstrafe wegen Verletzung einer entsprechenden Pflicht aus einer strafbewehrten Unterlassungserklärung); BGHZ 206, 347 = NJW 2016, 789 Rn. 32; BGH GRUR 2018, 1183 Rn. 11 = NJW 2018, 56 mAnm *Hager* – Wirbel um Bauschutt; *Feddersen* FS Büscher, 2018, 471 (473 ff.).
[198] Vgl. BGH GRUR 2015, 258 Rn. 63, 65 – CT-Paradies; BGH GRUR 2017, 208 Rn. 24 ff. – Rückruf von RESCUE-Produkten; BGH GRUR 2017, 318 Rn. 12 – Dügida; BGH GRUR 2018, 423 Rn. 22 – Klauselersetzung; vgl. auch *Hader* AnwZeit ITR 21/2019 Anm. 2.
[199] zB AG Hannover 26.2.2015 – 522 C 9466/14, BeckRS 2015, 06028; OLG Frankfurt a. M. GRUR-RR 2019, 460 – Kartografie-Kachel; weitere Nachweise bei *Meyer/Rempe* K&R 2017, 303 (307 f.). Weiter dazu → § 15 Rn. 399.
[200] → Rn. 79 f.; → § 15 Rn. 11 ff., 218, 344.
[201] → § 15 Rn. 354, 361.
[202] → § 15 Rn. 362 ff.
[203] → § 15 Rn. 373.
[204] Vgl. *von Lewinski* GRUR-Int 1997, 667 (675); aA *Stieper* FS Gernot Schulze, 2017, 107 (109, 114), der es ausreichen lässt, wenn die Wiedergabehandlung (zB beim E-Book-Verleih) für eine Öffentlichkeit bestimmt ist.
[205] → § 15 Rn. 382.
[206] So jetzt auch Dreier/Schulze/*Schulze* UrhG § 15 Rn. 42; Dreier/Schulze/*Dreier* UrhG § 19a Rn. 3; aA Begr. zu § 15 RegE, BT-Drs. 15/38, 17; Fromm/Nordemann/*Dustmann/Engels* UrhG § 19a Rn. 11; Möhring/Nicolini/*Götting* UrhG § 19a Rn. 1, 10.
[207] Vgl. EuGH GRUR 2014, 1078 Rn. 42 – TU Darmstadt/Ulmer; BGH GRUR 2015, 1101 Rn. 17 – Elektronische Leseplätze II mAnm *Stieper*; vgl. weiter → § 15 Rn. 71, 284 f., 381; vgl. auch *Duppelfeld* S. 119 ff. Eine Werknutzung iSd § 19a ist in einem solchen Fall auch deshalb nicht gegeben, weil die Benutzer auf das Werk nicht „von Orten und zu Zeiten ihrer Wahl" zugreifen können (→ Rn. 76).
[208] Vgl. → Rn. 67; → § 15 Rn. 298 (Anwendungsfall des unbenannten Online-Verbreitungsrechts).
[209] Vgl. BGH GRUR 2010, 1004 Rn. 32 ff. – Autobahnmaut.

vom Zugriff auf alle anderen Datensätze ausgeschlossen wird. In einem solchen Fall wird weder ein einzelner Datensatz noch die Datenbank in ihrer Gesamtheit einer Öffentlichkeit zugänglich gemacht.[210]

72   Die von § 19a erfasste Werknutzung ist das **Zugänglichmachen des Werkes als Immaterialgut** für eine Öffentlichkeit, nicht die Eröffnung des Zugangs zu einem bestimmten Vervielfältigungsstück des Werkes. Dies folgt auch daraus, dass für die Auslegung der Verwertungsrechte letztlich nicht eine Analyse der technischen Vorgänge entscheidend ist, sondern eine Analyse des Nutzungsvorgangs.[211] Es ist deshalb unerheblich, wieviele digitale Vervielfältigungen der Werknutzer einsetzt, um das Werk einer Öffentlichkeit zugänglich zu machen, dh ob jede einzelne benutzte Vervielfältigung als solche einer Öffentlichkeit zugänglich gemacht wird.[212]

73   Der Werknutzer muss jedoch das Werk als solches einer Öffentlichkeit zeitgleich und unter seiner **Kontrolle** zugänglich machen. Die Nutzungshandlung des § 19a nimmt deshalb nicht vor, wer Mitgliedern einer Öffentlichkeit (etwa als Abonnenten) in einer Internetdatenbank jeweils individuelle Speicherplätze reserviert (zB bei einem **„Internet-Videorecorder"**), auf denen jeweils digitale Vervielfältigungen des Werkes zum Abruf gespeichert werden, wenn jede einzelne Aufzeichnung nur dem betreffenden Kunden zugänglich ist und nur dessen Kontrolle unterliegt.[213]

IV. Zugänglichkeit von Orten und zu Zeiten ihrer Wahl

74   Ein Werk wird nur dann iSd § 19a einer Öffentlichkeit zugänglich gemacht, wenn es von Mitgliedern einer Öffentlichkeit nach ihrer **Wahl von Ort und Zeit** gezielt abgerufen werden kann.[214] Das ist nicht der Fall, wenn das Werk dem Kunden entsprechend dem öffentlichen Angebot erst nach einer weiteren Entscheidung des Werknutzers oder aufgrund individueller Absprache zugänglich gemacht wird (zB wenn Videofilme dem Kunden nur jeweils aufgrund telefonischer Bestellung übermittelt werden). Das Werk muss als solches für den Einzelzugriff zugänglich sein. Es genügt nicht, wenn das Werk, wie zB beim personalisierten Internetradio,[215] in einem Gesamtbestand bereitgehalten wird, um vom Anbieter nach dessen Wahl als Bestandteil eines für den einzelnen Nutzer vorgefertigten Programms übertragen zu werden, das der Nutzer nur als solches, ohne Kenntnis des Programminhalts, abrufen kann.[216]

75   Die **Wahlmöglichkeit** der Endverbraucher muss nicht beliebig sein, insbesondere nicht ganztägig und auf das gesamte Inland bezogen. Es kommt lediglich darauf an, dass die angesprochenen Mitglieder einer Öffentlichkeit Ort und Zeit des Abrufs bestimmen können. Es genügt, wenn eine Öffentlichkeit zeitlich und örtlich eine gewisse Wahlmöglichkeit hat und sei es auch nur in einem begrenzten räumlichen Bereich und nur in bestimmten Zeitspannen.[217] Dabei wird maßgeblich auf die Umstände des Einzelfalls abzustellen sein.[218]

76   Keine ausreichende Möglichkeit der **Wahl des Ortes** ist gegeben, wenn ein Werk nur an wenigen Plätzen in beieinander liegenden Räumen derselben Einrichtung (zB einer Bibliothek) zugänglich gemacht wird.[219] Die Bereithaltung von Filmen usw zum individuellen Abruf an den einzelnen Sitzplätzen in einem Flugzeug oder einem Reisezug fällt mangels ausreichender räumlicher Wahlmöglichkeit ebenfalls nicht unter § 19a.[220] Sollte in einem Unternehmen durch technische Maßnahmen sichergestellt sein, dass die einzelnen Mitarbeiter jeweils nur von ihrem Arbeitsplatz aus Zugriff auf Werke haben, die in der unternehmenseigenen Datenbank eingespeichert sind, greift das Recht aus

---

[210] Vgl. BGH GRUR 2010, 1004 Rn. 34 – Autobahnmaut. Nach Ansicht des BGH werden aber Fälle dieser Art vom Begriff der Weiterverwendung, der entsprechend dem Schutzzweck der DatenbankRL weit auszulegen ist, und damit auch vom Begriff der öffentlichen Wiedergabe iSd § 87b Abs. 1 S. 1 erfasst (BGH GRUR 2010, 1004 Rn. 37 f. – Autobahnmaut). Das Recht der öffentlichen Wiedergabe, das dem Datenbankurheber gem. Art. 5 Buchst. d DatenbankRL durch §§ 4 Abs. 2, 15 Abs. 2 gewährt wird, kann hier in dieser Weise ausgelegt werden, da der Begriff der Öffentlichkeit insofern voraussetzt, dass die Inhalte jeweils einer Öffentlichkeit wiedergegeben werden. In der Auslegung des BGH geht das Schutzrecht des Datenbankherstellers somit weiter als das Recht des Datenbankurhebers.

[211] → Rn. 82; → § 15 Rn. 15, 21 f.

[212] Sa *Langhoff* UFITA 2007 II, 403 (428 ff.); *Niemann* CR 2009, 661 (663); *Lüghausen*, Die Auslegung von § 53 Abs. 1 S. 1 UrhG anhand des urheberrechtlichen Dreistufentests – Am Beispiel virtueller Private Video Recorder, 2009, S. 110 ff.; weiter → Rn. 61.

[213] Vgl. BGH GRUR 2009, 845 Rn. 26 – Internet-Videorecorder I; vgl. auch OLG München K&R 2014, 360 (361 f.).

[214] Sa *Malcher* S. 149 ff.

[215] → Rn. 95.

[216] AA *Prill* S. 88 ff.; vgl. weiter → Rn. 95.

[217] Vgl. BGH GRUR 2015, 1101 Rn. 17 – Elektronische Leseplätze II mAnm *Stieper* (Annahme eines Eingriffs in ein unbenanntes Recht der öffentlichen Wiedergabe); sa Wandtke/Bullinger/*Bullinger* UrhG § 19a Rn. 8 f.; s. weiter Reinbothe/von Lewinski/*von Lewinski* WCT Art. 8 Rn. 7.8.37; DKMH/*Dreyer* UrhG § 19a Rn. 35, 38 f.; *Malcher* S. 73 f.; *Bisges* MMR 2012, 574 (576 f.).

[218] Vgl. Wandtke/Bullinger/*Bullinger* UrhG § 19a Rn. 9.

[219] Vgl. Wandtke/Bullinger/*Bullinger* UrhG § 19a Rn. 8; *Duppelfeld* S. 119 ff. (inbes. auch zu Bibliotheken); vgl. auch Dreier/Schulze/*Dreier* UrhG § 19a Rn. 9; weiter – zur Annahme eines unbenannten Rechts der öffentlichen Wiedergabe – → Rn. 70.

[220] → § 20 Rn. 77; → § 22 Rn. 19.

§ 19a nicht ein. Der Schutz der Urheber ist dann nur durch das Vervielfältigungsrecht gewährleistet. Werden Werke in Hörschleifen gesendet, können die möglichen Zuhörer nicht Ort und Zeit des Abrufs des einzelnen Werkes gezielt wählen.[221]

Die Möglichkeit der **Wahl der Zeit** setzt nicht stets voraus, dass das Werk über einen längeren **77** Zeitraum zum Abruf bereitgehalten wird.[222] Ebenso ist keine ganztägige Abrufbarkeit erforderlich:[223] Es ist zB ausreichend, wenn ein Unternehmen eine Mehrzahl von Internet-Cafés mit begrenzten Öffnungszeiten unterhält, in denen von ihm bereitgehaltene geschützte Werke abgerufen werden können.

Die Möglichkeit der **Wahl von Ort und Zeit** muss **kumulativ** gegeben sein. Ein Werk wird **78** nicht iSd § 19a öffentlich zugänglich gemacht, wenn es nur an einem bestimmten Ort Mitgliedern einer Öffentlichkeit zugänglich gemacht wird. Eine Möglichkeit der **Wahl unter verschiedenen Werken** muss nicht gegeben sein. Auch wenn nur ein einziges Werk (zB ein Film) öffentlich zum individuell wählbaren Abruf bereitgehalten wird, greift § 19a ein. Ebenso ist § 19a anwendbar, wenn ein Unternehmen Werke (zB bei einem Pressespiegel) für Kunden auswählt und zum Abruf bereithält. Es kommt nicht darauf an, ob der Endverbraucher den Abruf des vom Werknutzer bereitgehaltenen Werkes will. Wer Musik bereithält, um jeweils einzelne Telefonanrufer in **Warteschleifen** damit zu berieseln, macht die Musik Mitgliedern der Öffentlichkeit an Orten und zu Zeiten ihrer Wahl zugänglich.[224] Dies ist jedoch nicht der Fall, wenn Anrufer einem für eine Öffentlichkeit bestimmten fortlaufenden Programm zugeschaltet werden.[225]

V. Subjektiver Tatbestand

Nach dem Unionsrecht setzt eine Werknutzungshandlung iSd § 19a im Hinblick auf Sinn und **79** Zweck der Verwertungsrechte voraus, dass der Nutzer das Werk **absichtlich oder zumindest wissentlich** nutzt.[226] Die Vorschrift des § 19a ist in diesem Sinn im Wege der teleologischen Reduktion einschränkend auszulegen.[227]

Für das Eingreifen des § 19a genügt es deshalb nicht, dass das Werk unwissentlich und **rein tat-** **80** **sächlich einer Öffentlichkeit zugänglich** oder wahrnehmbar gemacht wird.[228] Demgegenüber wurde von Instanzgerichten angenommen, dass ein Werk (zB ein Kartenausschnitt) im Rahmen eines Internetauftritts auch dann iSd § 19a öffentlich zugänglich sein kann, wenn sein Aufruf ersichtlich nicht mehr gewollt ist.[229] Dies waren Fälle, in denen das Werk nicht mehr mit der Homepage verlinkt war und nur noch unter Benutzung einer Suchmaschine oder dann aufgerufen werden konnte, wenn die betreffende URL in der Adresszeile des Browsers eingegeben wurde.[230]

VI. Aufnahmebereitschaft des Empfängerkreises

Als öffentliche Wiedergabe ist auch die öffentliche Zugänglichmachung eine bewusste Dienstleis- **81** tung eines Nutzers gegenüber einem möglichen Empfängerkreis.[231] Eine Werknutzung liegt nicht vor, wenn der mögliche Empfängerkreis für die Wiedergabe nicht aufnahmebereit ist.[232] Daran fehlt es zB bei Suchergebnislisten von Bildersuchmaschinen, in denen nur detailarme Vorschaubilder gezeigt werden.[233]

VII. Werknutzer

Das Recht aus § 19a bezieht sich nicht auf technische Vorgänge, sondern auf soziale Vorgänge der **82** Werknutzung.[234] **Nutzungshandlungen** iSd Vorschrift nimmt nicht vor, wer lediglich die techni-

---

[221] Vgl. Loewenheim/*von Lewinski* § 57 Rn. 83 (zu Art. 8 WCT); aA *Schulze* ZUM 2011, 2 (8).
[222] → Rn. 67; aA Wandtke/Bullinger/*Bullinger* UrhG § 19a Rn. 9.
[223] Vgl. Wandtke/Bullinger/*Bullinger* UrhG § 19a Rn. 9.
[224] Ebenso Wandtke/Bullinger/*Bullinger* UrhG § 19a Rn. 23; vgl. weiter → § 15 Rn. 350, 401.
[225] → Rn. 106.
[226] Vgl. EuGH GRUR 2012, 597 Rn. 31, 37, 40 – Phonographic Performance (Ireland); EuGH GRUR 2012, 593 Rn. 82, 91, 94 – SCF; EuGH GRUR 2012, 817 Rn. 36 – Donner; BGH GRUR 2013, 818 Rn. 16 – Die Realität I; *Adam* MMR 2015, 783 (787); weiter → § 15 Rn. 11, 80, 344.
[227] Vgl. → § 15 Rn. 218.
[228] Vgl. BGH ZUM 2014, 144 Rn. 7; vgl. auch BGHZ 194, 339 = GRUR 2013, 370 Rn. 16 mAnm *Hühner* – Alone in the Dark.
[229] Vgl. dazu → § 15 Rn. 344, 399.
[230] Vgl. OLG Hamburg ZUM 2013, 303 (314); KG ZUM-RD 2010, 595 f.; OLG Karlsruhe MMR 2013, 122 f.; Fromm/Nordemann/*Dustmann/Engels* UrhG § 19a Rn. 7; vgl. auch BVerfG GRUR 2010, 1033 f. – Kartenausschnitt; *Zabel-Wasmuth*, Die Dogmatik des § 108 Abs. 1 Nr. 5 UrhG, 2017, S. 215 ff.
[231] Vgl. → § 15 Rn. 66, 79, 344.
[232] Vgl. EuGH GRUR 2012, 593 Rn. 91, 98 – SCF; vgl. weiter → § 15 Rn. 90, 345 ff.
[233] → Rn. 99.
[234] Dazu → Rn. 13; → § 15 Rn. 15 ff., 221, 225 f.

schen Mittel zum Bereithalten und zur Ermöglichung des Abrufs zur Verfügung stellt, sondern derjenige, der diese technischen Mittel benutzt, um das Werk einer Öffentlichkeit mitzuteilen (s. Erwgr. 27 InfoSoc-RL).[235] Dies ist durch eine wertende Analyse des Nutzungsvorgangs festzustellen.[236]

83   Die **Betreiber eines „Internet-Videorecorders"** sind Werknutzer iSd § 19a, wenn sie die Sender auswählen und überwachen, aus deren Programmen ihre Kunden einzelne Teile zur Speicherung und zum Abruf auswählen können, und unter Fortdauer ihrer Kontrolle für eine Mehrzahl von Kunden auf ihren Rechnern zum Abruf speichern. Anders liegt es, wenn jede einzelne Aufzeichnung nur einem einzelnen Kunden zugänglich ist und allein dessen Kontrolle unterliegt.[237] In solchen Fällen kann aber ein unbenanntes Recht der öffentlichen Wiedergabe eingreifen.[238]

84   **Access-Provider** (Zugangsbereitsteller), dh Unternehmen, die den technischen Zugang zum Internet vermitteln, oder Netzwerkbetreiber, die für die technische Infrastruktur sorgen, sind grundsätzlich keine Werknutzer iSd § 19a.[239] Gleiches gilt in aller Regel für **Host-Provider,** die Kunden Speicherplatz für deren Inhalte (etwa im Rahmen ihrer Website, dh ihres Internetauftritts) ohne Vorkontrolle zur Verfügung stellen, wenn Nutzer dort geschützte Werke einer Öffentlichkeit zugänglich machen.[240]

85   Wer geschützte Inhalte von Dritten auf seinen Server hochladen lässt und im Rahmen seines eigenen Internetauftritts zum Abruf bereithält, ist selbst Täter einer Nutzungshandlung des § 19a.[241] Ebenso ist selbst Werknutzer, wer **von Internetnutzern hochgeladene Inhalte** auf seinem Internetauftritt erst nach einer Kontrolle freischaltet und dann als eigene zum Abruf bereithält.[242] Gleiches gilt für den, der Dritten eine Plattform zur Verfügung stellt, auf die geschützte Werke hochgeladen werden können, und die Download-Links für eine Öffentlichkeit bereitstellt.[243] Die Haftungsprivilegierung aus § 10 Nr. 1 TMG gilt nur für fremde, vom Nutzer selbst eingegebene Informationen, von denen der Diensteanbieter keine Kenntnis hat und über die er auch keine Kontrolle besitzt.[244] Der Betrieb einer **Filesharing-Plattform** kann den Tatbestand des § 19a erfüllen oder ein unbenanntes Recht der öffentlichen Wiedergabe verletzen.[245]

86   Wer ein Werk für sich auf den Server eines File-Hosting-Dienstes hochgeladen hat, wird Werknutzer iSd § 19a, wenn er den Download-Link öffentlich bekannt macht und so einer Öffentlichkeit den Abruf der Werkdatei ermöglicht.[246]

87   Ein ausschließlich **technisch bedingtes Zwischenspeichern** (Caching) im Rahmen von Internet-Übertragungen ist keine Werknutzung.[247]

88   Machen Dritte (zB Hacker) ein privat gespeichertes Werk durch **Manipulationen ohne Wissen des Speichernden** einer Öffentlichkeit zugänglich, sind sie selbst Werknutzer. Der Speichernde ist jedenfalls zunächst nur unfreiwilliges Werkzeug. Er kann aber selbst zum Werknutzer werden, wenn er nach Kenntniserlangung nicht tätig wird, um das Zugänglichsein des von ihm gespeicherten Werkes für eine Öffentlichkeit abzustellen.

89   Der **Erwerber eines Unternehmens,** das in einer Datenbank eingespeicherte Werke öffentlich zugänglich macht, wird selbst Werknutzer.

90   Wer nicht Werknutzer ist, kann unter Umständen aus anderen Rechtsgründen (zB als **Gehilfe** oder **Störer)** zum Schadenersatz oder zur Unterlassung verpflichtet sein.[248] Für den erforderlichen Gehilfenvorsatz reicht es jedoch nicht aus, wenn ein Host-Provider mit gelegentlichen Rechtsverletzungen

---

[235] S. dazu auch BGHZ 141, 13 (21) = GRUR 1999, 707 (709) – Kopienversanddienst; BGHZ 185, 291 = GRUR 2010, 628 Rn. 20 – Vorschaubilder I; BGH GRUR 2010, 616 Rn. 32 – marions-kochbuch.de; weiter → Rn. 13; → § 15 Rn. 15 f., 225 ff.; → § 20 Rn. 46 f.; → § 20a Rn. 34.

[236] → Rn. 72.

[237] Vgl. BGH GRUR 2009, 845 Rn. 27 – Internet-Videorecorder I; vgl. weiter *von Zimmermann* MMR 2007, 553 (554 f.); → Rn. 73.

[238] Vgl. EuGH GRUR 2018, 68 – VCAST/RTI mAnm *Kianfer;* → § 15 Rn. 227, 286.

[239] Vgl. *Heid* S. 31.

[240] Vgl. BGHZ 194, 339 = GRUR 2013, 370 Rn. 16 mAnm *Hühner* – Alone in the Dark; vgl. weiter *Schapiro* S. 110 ff.; *Heid* S. 31 ff.; *Wimmers/Schulz* CR 2008, 170 (174 f.). Zu Usenet-Providern sa *Heid* S. 35 f.

[241] Vgl. BGH GRUR 2014, 180 Rn. 14 – Terminhinweis mit Kartenausschnitt.

[242] Vgl. BGH GRUR 2010, 616 Rn. 32 – marions-kochbuch.de; vgl. dazu auch *Heid* S. 33 ff. Die Frage, ob der Betreiber von YouTube vom YouTube eine öffentliche Wiedergabe iSd Art. 3 Abs. 1 InfoSoc-RL vornimmt, wenn er Nutzer Videos mit urheberrechtsverletzendem Inhalt auf seine Internetplattform hochladen lässt, ist Gegenstand eines Vorabentscheidungsersuchens (BGH GRUR 2018, 1132 – YouTube mAnm *Ohly;* Gz. des EuGH C-682/18); → § 15 Rn. 59. Zum Recht der öffentlichen Wiedergabe und der öffentlichen Zugänglichmachung gem. Art. 17 DSM-RL → Rn. 17.

[243] Vgl. LG Leipzig ZUM 2013, 338 (345); vgl. auch *Sesing/Putzki* MMR 2016, 660 (662).

[244] Vgl. BGH GRUR 2014, 180 Rn. 17 ff. – Terminhinweis mit Kartenausschnitt.

[245] Vgl. EuGH GRUR 2017, 790 – Stichting Brein/Ziggo ua; dazu → § 15 Rn. 286.

[246] Vgl. BGHZ 194, 339 = GRUR 2013, 370 Rn. 21 mAnm *Hühner* – Alone in the Dark; *Bäcker* ZUM 2013, 292 (294) mwN. Mit einem Vorabentscheidungsersuchen hat der BGH die Frage gestellt, ob ein gewerblicher Sharehosting-Dienst („uploaded"), der in erheblichem Umfang auch für die Verbreitung rechtsverletzender Dateien benutzt wird, als Täter das Recht der öffentlichen Wiedergabe verletzt (BGH GRUR 2018, 1239 – uploaded; Gz. des EuGH C-683/18); → § 15 Rn. 59.

[247] → Rn. 65.

[248] → § 15 Rn. 22, 231 ff.

der Nutzer seines Dienstes rechnet. Erforderlich ist vielmehr eine Kenntnis von den konkret drohenden Haupttaten.[249]

VIII. Einzelfälle

1. Linksetzung

Wird der Zugang zu einem Werk, das ein anderer im Internet unbeschränkt öffentlich zum Abruf bereithält, durch **Setzen eines Hyperlinks** auf die betreffende Webseite erleichtert, liegt darin nach der Rechtsprechung des EuGH eine Handlung der Wiedergabe. Falls das Werk dadurch einem „neuen Publikum" zugänglich gemacht wird, kann uU das Recht der öffentlichen Wiedergabe iSd des Art. 3 Abs. 1 InfoSoc-RL eingreifen (nach deutschem Recht als unbenanntes Verwertungsrecht).[250] Eine urheberrechtliche Nutzungshandlung iSd § 19a ist jedoch nicht anzunehmen.[251] Ein Hyperlink (auch in der Form eines Deep Links) ist lediglich eine elektronische Verknüpfung zu der Datei, die das geschützte Werk enthält. Der Linksetzer hat im Allgemeinen nicht, wie nach § 19a erforderlich,[252] die Kontrolle über das weitere Bereithalten des Werkes.[253] Anders liegt es, wenn der Hyperlink nur aus der Sicht des Endverbrauchers auf die fremde Webseite verweist, das Werk jedoch tatsächlich vom Linksetzer selbst – unabhängig von der ursprünglichen Quelle – auf einem Rechner bereitgehalten wird, etwa wenn ein Link zu einer anderen Webseite desselben Internetauftritts verweist.[254] Das Zugänglichmachen iSd § 19a liegt dann allerdings nicht in der Linksetzung, sondern im Bereithalten des Werkes, zu dem auf diese Weise der Zugang eröffnet wird.[255]

Für das Setzen eines **framenden Links** gilt nach der Rechtsprechung des EuGH nichts anderes.[256] **92** Auch diese Form der Linksetzung wird von § 19a nicht erfasst. Dem für den Link Verantwortlichen fehlt die (für ein Eingreifen des § 19a erforderliche)[257] Verfügungsmacht über den Inhalt, der nur dem äußeren Eindruck nach in seine eigene Webseite einbezogen wird. Es genügt nicht, wenn beim Nutzer lediglich der – tatsächlich nicht zutreffende – Eindruck erweckt wird, der für den Internetauftritt Verantwortliche halte selbst das Werk zum Abruf bereit. Der Tatbestand einer urheberrechtlichen Nutzungshandlung wird nur durch die Vornahme der Nutzungshandlung selbst erfüllt, nicht dadurch, dass deren Merkmale vorgetäuscht werden.[258]

Nach der Rechtsprechung des EuGH ist das Setzen eines Hyperlinks eine öffentliche Wiedergabe **93** iSd Art. 3 Abs. 1 InfoSoc-RL, wenn der Link den Nutzern der Webseite, auf der er steht, ermöglicht, Maßnahmen zu umgehen, die den Empfängerkreis, der Zugang zu der verlinkten Webseite hat, beschränken sollen.[259] Weitergehend greift nach dem Urteil des BGH **„Session-ID"**[260] das Recht der öffentlichen Zugänglichmachung ein, wenn durch die Linksetzung eine **technische Schutzmaßnahme** umgangen wird, die ein Berechtigter eingerichtet hat, der die Vervielfältigung des Werkes in seiner Zugriffssphäre öffentlich zugänglich bereithält. Dafür soll bereits genügen, dass die technische Schutzmaßnahme, auch wenn sie nicht iSd § 95a wirksam ist, erkennbar gemacht hat,[261] dass der Berechtigte den öffentlichen Zugang nur auf dem Weg über die Startseite seines Internetauftritts eröffnen will.[262] Gegen die Anwendung des § 19a spricht aber schon, dass der Werknutzer das geschütz-

---

[249] Vgl. BGHZ 194, 339 = GRUR 2013, 370 Rn. 17 mAnm *Hühner* – Alone in the Dark; weiter → § 15 Rn. 233. Zum Sonderfall des Betriebs einer Plattform für rechtswidriges Filesharing s. EuGH GRUR 2017, 790 Rn. 45 – Stichting Brein/Ziggo ua; → § 15 Rn. 344.

[250] Vgl. EuGH GRUR 2014, 360 Rn. 14 ff., 31 – Nils Svensson ua/Retriever Sverige mAnm *Jani/Leenen;* EuGH GRUR 2016, 1152 Rn. 35, 39 ff. – GS Media/Sanoma ua mAnm *Ohly;* vgl. weiter → Rn. 93; → § 15 Rn. 86 f., 104 ff., 236, 303.

[251] Vgl. BGHZ 156, 1 (14 f.) = GRUR 2003, 958 (962) – Paperboy; BGH GRUR 2010, 616 Rn. 21 – marionskochbuch.de; *Nolte* S. 231 ff.; *Spindler* JZ 2004, 150 (152); *Klein* IIC 2008, 451 (462); ebenso – zu § 18a öUrhG – öOGH GRUR-Int 2012, 817 (821 f.) – MR 2011, 313 (317 f.) mAnm *Walter* – Vorschaubilder/123people.at; *Appl/Bauer* MR 2012, 180 (185 f.); aber auch → Rn. 93.

[252] Vgl. → Rn. 60.

[253] Das gilt auch für das Setzen von Hyperlinks beim File-Sharing (vgl. *Reinbacher* NStZ 2014, 57 (59)).

[254] Vgl. OLG Düsseldorf WRP 2015, 1150 (1152).

[255] Vgl. BGH GRUR 2014, 180 Rn. 14 – Terminhinweis mit Kartenausschnitt.

[256] Vgl. EuGH GRUR 2014, 360 Rn. 29 – Nils Svensson ua/Retriever Sverige mAnm *Jani/Leenen;* EuGH GRUR 2014, 1196 Rn. 15 ff. = GRUR-Int 2014, 1160 mAnm *Dietrich* – BestWater International/Mebes ua; EuGH GRUR 2016, 1152 Rn. 40 – GS Media/Sanoma ua mAnm *Ohly;* BGH GRUR 2016, 171 Rn. 33 – Die Realität II; BGH GRUR 2019, 725 Rn. 16 – Deutsche Digitale Bibliothek (Gz. des EuGH: C-392/19); als noch der Vorlagebeschluss BGH GRUR 2013, 818 Rn. 10 = MMR 2013, 596 mAnm *Ott* – Die Realität I; vgl. auch BGH K&R 2014, 519 = BeckRS 2014, 11840 Rn. 4 f. mAnm *Wille* GRUR-Prax 2014, 331); vgl. weiter → § 15 Rn. 105.

[257] Vgl. → Rn. 60.

[258] Vgl. BGH GRUR 2013, 818 Rn. 9 = MMR 2013, 596 mAnm *Ott* – Die Realität I; BGH GRUR 2018, 178 Rn. 20 – Vorschaubilder III.

[259] Vgl. EuGH GRUR 2016, 1152 Rn. 50 – GS Media/Sanoma ua mAnm *Ohly;* → § 15 Rn. 106.

[260] BGH GRUR 2011, 56 Rn. 25 ff. – Session-ID.

[261] Vgl. dazu Wandtke/Bullinger/*Bullinger* UrhG § 19a Rn. 6a, 10.

[262] Vgl. BGH GRUR 2011, 56 Rn. 25 ff. – Session-ID (vgl. auch Ls. 1); vgl. auch BGH GRUR 2013, 818 Rn. 25 – Die Realität I; aA *Höfinger* ZUM 2014, 293 (294); vgl. weiter → § 15 Rn. 106.

te Werk nicht – wie dies § 19a voraussetzt – selbst in der eigenen Zugriffssphäre bereithält.[263] In derartigen Fällen ist jedenfalls nicht § 19a anzuwenden.[264]

94   Ein **Webradiorecorder,** der eine Aufnahmesoftware bereitstellt, die es ermöglicht, gezielt bestimmte Musikstücke von frei zugänglichen Internetradiosendern mittels eines Deep Links anzufordern, abzuspielen und abzuspeichern, greift nicht in das Recht der öffentlichen Zugänglichmachung ein, weil der Dienstleister die zugänglich gemachten Werke nicht in seiner eigenen Zugriffssphäre bereithält.[265]

2. Personalisiertes Internetradio

95   Das personalisierte Internetradio fällt nicht unter § 19a, sondern unter ein unbenanntes Verwertungsrecht **(Online-Verbreitungsrecht).**[266] Das Recht der öffentlichen Zugänglichmachung des Werkes setzt voraus, dass eine Öffentlichkeit nach eigener Wahl gezielt auf das geschützte Werk zugreifen kann. Das ist beim personalisierten Webradio nicht der Fall.

3. Zugänglichmachen durch Suchmaschinen

96   **a) Eigenes Bereithalten von Inhalten.** Eine eigene Werknutzung durch öffentliches Zugänglichmachen ist anzunehmen, wenn ein Werk von einem Suchmaschinenbetreiber nicht nur zur technisch bedingten Abwicklung eines einzelnen Abrufs kurzzeitig gespeichert wird (vgl. § 44a; § 8 Abs. 2 TMG),[267] sondern in einem eigenen Speicher bereitgehalten wird, um es von dort auf späteren Abruf hin zu übertragen.[268] Suchmaschinenbetreiber speichern vielfach von sich aus den Inhalt von Webseiten, um Suchanfragen schneller bearbeiten zu können. Ruft ein Internetnutzer aufgrund der Trefferliste einer Suchmaschine die Webseite auf, wird ihm nicht der Inhalt der Original-Webseite, sondern der Inhalt der auf dem **Cache-Server** gespeicherten Webseite übertragen.[269] Diese Speicherungen dauern oft auch dann noch eine gewisse Zeit fort, wenn die Original-Webseite nicht mehr im Netz zugänglich ist. Auch wenn solche Speicherungen nur vorgenommen werden, um Anfragen von Suchmaschinennutzern rascher beantworten zu können, ändert dies nichts daran, dass der Suchmaschinenbetreiber selbst den Tatbestand des öffentlichen Zugänglichmachens zum Abruf erfüllt.[270]

97   In solchen Fällen kann aber unter Umständen gegen Ansprüche aus dem Urheberrecht, soweit nicht von einer (schlichten) Einwilligung in Nutzungen auszugehen ist,[271] der – nach nationalem Recht zu beurteilende[272] – **Gedanke des Rechtsmissbrauchs** eingreifen:[273] Wer als Urheberrechtlich geschützte Werke frei in das Internet stellt, verfolgt damit jeweils eigene Ziele. Er kann aber die Bedingungen des Mediums nicht diktieren, sondern muss sie im gemeinsamen Interesse aller Beteiligten wie jeder andere so hinnehmen, wie sie sind. Das Internet ist ein virtueller Kommunikationsraum für alle. Es gehört längst zu den Grundlagen der modernen Zivilisation – und jeder weiß dies. Wer das Internet nutzt, um sich mit seinen Angeboten ohne Zugangssicherung an eine unbestimmte Öffentlichkeit zu wenden, begründet für alle das Vertrauen, er nehme dabei die Beschränkungen in Kauf, die sich aus dem Allgemeininteresse an der Funktionsfähigkeit des Internets für die Durchsetzung seiner Interessen ergeben.[274] Dieses Vertrauen bezieht sich auch auf das Verhalten eines Urheberrechtigten bei der Geltendmachung seiner Rechte aufgrund von Nutzungen des geschützten Werkes im Internet. Es darf jeder darauf vertrauen, dass Berechtigte nicht eigensüchtig unter Ausnutzung ihrer formalen Rechtsstellung Nutzungen blockieren, die für das Funktionieren des Internets notwendig sind oder der Weiterentwicklung seiner Möglichkeiten im Interesse aller dienen. Wer urheberrechtlich geschützte Inhalte ungesichert ins Netz stellt, verhält sich deshalb grundsätzlich (unter dem **Gesichtspunkt des treuwidrig widersprüchlichen Verhaltens**)[275] rechtsmissbräuchlich, wenn er ohne nennenswerte wirtschaftliche oder urheberpersönlichkeitsrechtliche Interessen

---

[263] Vgl. BGH GRUR 2018, 178 Rn. 19 – Vorschaubilder III; vgl. dazu auch *Appl/Bauer* MR 2012, 180 (186 f.); vgl. weiter → Rn. 60.
[264] Vgl. dazu → § 15 Rn. 106, 303.
[265] Vgl. KG 28.3.2012 – 24 U 20/11 Rn. 24 f., juris; weiter → Rn. 60.
[266] → Rn. 74; → § 15 Rn. 292 ff., 297; → § 20 Rn. 16.
[267] → Rn. 65.
[268] Vgl. auch BGHZ 185, 291 = GRUR 2010, 628 Rn. 20 – Vorschaubilder I.
[269] Vgl. *Roggenkamp* K&R 2006, 405 (406 f.); *Klein* IIC 2008, 451 (467).
[270] Vgl. *Spindler* GRUR 2010, 785 (786); *Leistner* IIC 2011, 417 (423); aA *Conrad* ZUM 2010, 585 (587); *Nolte* ZUM 2010, 591 (593); *Wimmers/Heymann* IPRB 2011, 45 (46 ff.). Der Betreiber der Suchmaschine hat uneingeschränkt die Kontrolle über die Werknutzungshandlungen, auch wenn er automatisiert sämtliche in das Internet gestellten Inhalte erfasst.
[271] → Rn. 101; für eine schlichte Einwilligung zur Werknutzung durch die „im-Cache"-Funktion *Rieger* S. 208 f.; aA *Tinnefeld* S. 98; *Heßeling* S. 77 ff.
[272] Vgl. BGHZ 202, 102 = NJW 2014, 2723 Rn. 41 f.; BGH WM 2015, 1271 Rn. 13.
[273] Vgl. dazu auch *Brunn* S. 184 ff.
[274] Vgl. dazu BGHZ 156, 1 (18) = GRUR 2003, 958 (963) – Paperboy.
[275] Eine Rechtsausübung kann unzulässig sein, wenn sich objektiv das Gesamtbild eines widersprüchlichen Verhaltens ergibt, weil das frühere Verhalten mit dem späteren sachlich unvereinbar ist und die Interessen der Gegenpartei im Hinblick darauf vorrangig schutzwürdig erscheinen. Für den Einwand des Rechtsmissbrauchs, der aus dem widersprüchlichen Verhalten hergeleitet wird, kommt es nicht zwingend auf unredliche Absichten oder ein Verschulden des Handelnden an (BGHZ 202, 102 = NJW 2014, 2723 Rn. 33, 37; BGHZ 219, 193 = ZIP 2018, 1923 Rn. 32).

urheberrechtliche Ansprüche gegen Nutzungen geltend macht, die sich in ihren praktischen Auswirkungen gegen die Funktionsfähigkeit des Internets richten (vgl. auch Art. 3 Abs. 2 Enforcement-RL, der bestimmt, dass Rechtsbehelfe zur Durchsetzung des geistigen Eigentums verhältnismäßig sein müssen). Der Unterlassungsanspruch auf Einstellung der Nutzungen bleibt davon unberührt.[276]

b) Vorschaubilder. aa) Werknutzungen. Ein Zugänglichmachen iSd § 19a kann vorliegen, **98** wenn Suchmaschinen verkleinerte Bilddarstellungen in geringer Wiedergabequalität (Vorschaubilder, thumbnails) zu Vorschauzwecken bereithalten, um sie nach Abfrage durch Internetnutzer in den Suchergebnislisten anzuzeigen.[277] Eine **Werknutzung** kommt allerdings nicht in Betracht, wenn die Bildwiedergabe wegen zu geringer Qualität die schutzbegründenden Züge des Werkes nur unzureichend erkennen lässt. Das Vorschaubild ist in einem solchen Fall kaum mehr als eine Information, dass eine Abbildung des Werkes im Internet zugänglich ist.[278]

Eine öffentliche Wiedergabe setzt zudem voraus, dass das Publikum im Sinne der Rechtsprechung **99** des EuGH **„aufnahmebereit"** ist, was bei einer Bildersuche, bei der nur detailarme Vorschaubilder gezeigt werden, nicht der Fall ist.[279] Bei dem meist flüchtigen Durchgehen solcher Listen ist dem Internetnutzer in aller Regel nur an den gesuchten Informationen gelegen sowie an der Möglichkeit, bei „Treffern" mit Hilfe der Links, die den Vorschaubildern (mäßiger Qualität) unterlegt sind, wesentlich detailreichere Werkabbildungen von den Ursprungsseiten abrufen zu können. Erst diese werden dann näher betrachtet.

Wird das Werk vom Betreiber der Suchmaschine für die Benutzer aber in einer Qualität bereitgehalten, die noch für eine Werknutzung genügt, ist er selbst **Werknutzer,** nicht derjenige, der das Werk in seinen Internetauftritt aufgenommen und damit der Öffentlichkeit zugänglich gemacht hat.[280] Die Bereithaltung, Erfassung und Art der Darstellung des Werkes durch eine Bildersuchmaschine liegt ausschließlich in der Hand des Suchmaschinenbetreibers, auch wenn dessen Vorgaben von der Suchmaschine automatisiert umgesetzt werden. Anders wäre dies allerdings, wenn der Betreiber der Suchmaschine das Werk nur durch einen Inline-Link zugänglich machen sollte.[281]

bb) Rechtswidrigkeit. Eine öffentliche Wiedergabe ist nicht rechtswidrig, wenn ihr der Berech- **101** tigte vorher zugestimmt hat. Im Hinblick auf das Ziel der InfoSoc-RL, ein hohes Schutzniveau für die Urheber zu gewährleisten, fordert das Unionsrecht allerdings, die Voraussetzungen, unter denen eine Einwilligung zugelassen wird, eng zu fassen.[282] Erfüllt die Tätigkeit einer Bildersuchmaschine nach der Qualität der Darstellung in der Trefferliste den Tatbestand des § 19a, kann diese Werknutzung danach durch konkludente (schlichte) **Einwilligung** des Berechtigten gerechtfertigt sein.[283] Unabdingbar dabei ist, dass der Urheberberechtigte selbst oder ein Dritter mit seiner Zustimmung das Werk ohne technische Schutzmaßnahmen[284] in das Internet eingestellt hat.[285] Suchmaschinen gehören zu den Funktionselementen des Internets. Ohne Bildersuchmaschine ist die Internetsuche nach Webseiten mit Bildern kaum möglich. Hat ein Berechtigter das Werk im Rahmen eines Internetauftritts der Allgemeinheit zugänglich gemacht, darf der Betreiber einer Bildersuchmaschine davon ausgehen, dass er auch will, dass dieses Angebot von Internetnutzern mit den im Internet üblichen Mitteln gesucht und wahrgenommen wird.[286] Der Betreiber einer Bildersuchmaschine darf daher annehmen, dass der Berechtigte auch darin einwilligt, das Werk in einer stark qualitätsgeminderten Form, in der es anderweitig kaum nutzbar ist, für abfragende Internetnutzer bereitzuhalten, damit

---

[276] Vgl. dazu auch BGHZ 185, 291 = GRUR 2010, 628 Rn. 36 ff. – Vorschaubilder I.

[277] Vgl. BGHZ 185, 291 = GRUR 2010, 628 Rn. 19 – Vorschaubilder I; *Heßeling* S. 23 f.

[278] Vgl. dazu auch öOGH GRUR-Int 2011, 77 (78 f.) – Mozart Symphonie No 41 (Internetauftritt eines Hotels mit Lichtbildern von Räumen, auf denen Gemälde in weniger als einem Hundertstel der Originalgröße zu sehen sind).

[279] → Rn. 101; weiter → § 15 Rn. 23 f., 90, 345 ff.; → Vor §§ 44a ff. Rn. 60. Mit anderer Begründung wollen hier auch *Ohly* (GRUR 2018, 187 (188) und GRUR 2018, 996 (1001 f.)) und *Leistner* (ZUM 2018, 286 (292)) den Tatbestand der öffentlichen Zugänglichmachung nicht eingreifen lassen.

[280] Vgl. BGHZ 185, 291 = GRUR 2010, 628 Rn. 20 – Vorschaubilder I; *Leistner/Stang* CR 2008, 499 (501); *Ott* ZUM 2009, 345 (350); *Rieger* S. 210 f.; vgl. auch *Tinnefeld* S. 54 f.; aA *Wimmers/Schulz* CR 2008, 170 (177); *Waßle* K&R 2008, 729 (730); *Nolte* S. 253 ff.

[281] → Rn. 91; aA *Roggenkamp* K&R 2007, 328.

[282] EuGH GRUR 2017, 62 Rn. 34 ff. – Soulier u. Doke/Premier ministre ua.

[283] Vgl. BGHZ 185, 291 = GRUR 2010, 628 Rn. 34 – Vorschaubilder I; *v. Ungern-Sternberg* GRUR 2009, 369 (371); krit. Wandtke/Bullinger/*Wandtke/Grunert* UrhG Vor §§ 31 ff. Rn. 46; aA *Tinnefeld* S. 195 ff. (Tatbestandsausschluss). Eingehend zur schlichten Einwilligung → § 29 Rn. 29 ff.; → § 97 Rn. 29 ff.

[284] Vorbehalte auf der betreffenden Internetseite genügen nicht (vgl. dazu auch BGH GRUR 2018, 178 Rn. 66 – Vorschaubilder III); vgl. auch → § 15 Rn. 106.

[285] Vgl. BGHZ 185, 291 = GRUR 2010, 628 Rn. 33 ff. – Vorschaubilder I; vgl. auch öOGH MR 2011, 311 (312) – Gemälde im Hotel II/Mozart Symphonie No 41 mAnm *Walter; Tinnefeld* S. 94 ff., 206 ff.; *Osken* S. 112 ff., 197 ff.; *Nolte* S. 249 ff.; *Rieger* S. 197 ff.; *Hüttner* S. 106 ff.; *Kleinemenke* S. 188 ff.; *Leenen* S. 189 ff.; *Heßeling* S. 71 ff.; *Flechsig* ZGE 2011, 19 (26 ff.); *Peukert* FS Wandtke, 2013, 459 (465 ff.); *v. Ungern-Sternberg* GRUR 2009, 369 (372); s. weiter *Peifer* FS Bornkamm, 2014, 937 (946 ff.); *Wielsch* GRUR 2011, 665 (671 f.); aA Möhring/Nicolini/*Götting* UrhG § 19a Rn. 4; *Schunke* FS Wandtke, 2013, 341 (351 f.); *Klass* in Leible, Der Schutz des Geistigen Eigentums im Internet, 2012, S. 165, 177 f.; *Brunn* S. 175 ff.; *von Zimmermann* S. 76 ff. weiter → § 29 Rn. 31; → § 97 Rn. 29 ff.

[286] Zur Begrenzung der Einwilligung durch den Zweck der Bildersuche in einem Fall, in dem es die Suchmaschine ermöglicht, Vorschaubilder auf mobilen Endgeräten nacheinander für sich und vergrößert aufzurufen, vgl. LG Hamburg ZUM 2016, 1071 (1074 f.), rkr.

diese gegebenenfalls auf die entsprechende Webseite zugreifen können.[287] Dies gilt umso mehr, wenn es technisch ohne weiteres möglich ist, die Einspeicherung des Werkes in den Bestand der automatisch arbeitenden Bildersuchmaschine zu verhindern.[288] Von einer konkludenten Einwilligung kann allerdings nicht ohne weiteres ausgegangen werden, wenn sich der Nutzer die Bilder nach seiner Wahl in derselben Qualität und Größe wie auf der Ursprungsseite ohne deren Besuch bereits auf der eigenen Website der Suchmaschine darstellen lassen kann.

102   Für Textschnipsel **(snippets),** mit denen Suchmaschinen in Trefferlisten Hinweise auf den Inhalt verlinkter Webseiten geben, gilt das für die Vorschaubilder der Bildersuchmaschinen (thumbnails) Gesagte entsprechend. Falls Textschnipsel ausnahmsweise schon für sich genommen urheberrechtlich schutzfähig sein sollten,[289] wird von einer Einwilligung des Urheberberechtigten in die Nutzung durch die Suchmaschine auszugehen sein.[290]

103   Werden urheberrechtlich geschützte **Werke rechtswidrig in das Internet eingestellt,** fehlt es an einer Einwilligung des Berechtigten. Im Fall **„Vorschaubilder II"** hat der BGH dagegen eine Rechtfertigung der öffentlichen Wiedergabe durch (schlichte) Einwilligung des Berechtigten auch in einem Fall angenommen, in dem Dritte das Werk mit Zustimmung des Urhebers auf anderen Webseiten öffentlich zugänglich gemacht hatten.[291] Deren Einwilligung in die Werkwiedergabe als Vorschaubild beziehe sich auch auf die Wiedergabe von Werkabbildungen, die nicht der Berechtigte oder ein Dritter mit seiner Zustimmung in das Internet eingestellt habe. Die Literatur hat dem fast durchweg und zu Recht widersprochen, auch soweit sie dem Ergebnis der Entscheidung zugestimmt hat.[292] Die Begründung des BGH lässt zudem offen, wie zu entscheiden ist, wenn alle Werkabbildungen im Internet rechtswidrig eingestellt worden sind.[293]

104   Wenn eine Bildersuchmaschine im üblichen Betrieb auch rechtswidrig in das Internet eingestellte Werkabbildungen erfasst und eine tatbestandsmäßige öffentliche Wiedergabe vorliegt,[294] ist diese aber jedenfalls nicht rechtswidrig. Tatbestandsmäßiges Handeln indiziert zwar im Urheberrecht die Rechtswidrigkeit.[295] Der Betreiber einer Bildersuchmaschine handelt jedoch ausnahmsweise **nicht pflichtwidrig,** wenn ein Werk nur in einer Art und Weise wiedergegeben wird, wie dies für den Zweck der Bildersuchmaschine erforderlich ist, und er die nach den Umständen zumutbaren Vorkehrungen getroffen hat, um die Miterfassung rechtswidrig in das Internet eingestellter Werkabbildungen zu vermeiden.[296] Ein solches sozialadäquates Verhalten verletzt keine Sorgfaltspflichten.[297] Zudem handelt der Betreiber der Bildersuchmaschine bezogen auf die einzelnen erfassten Werkabbildungen jedenfalls nicht schuldhaft, solange er keine zureichenden Hinweise darauf hat, dass diese unerlaubt im Internet eingestellt sind.[298]

4. Elektronischer Versand von Werken

105   Ein zeitgleicher **E-Mail-Versand eines Werkes** erfüllt nicht den Tatbestand des § 19a.[299] Auf die Werkübertragung ist § 19a schon deshalb nicht anwendbar, weil sich dieses Recht nicht auf Werkübertragungen bezieht.[300] Das Werk wird zudem den Mitgliedern der Öffentlichkeit nicht „zu Zeiten ihrer Wahl" zugänglich gemacht.[301] Die nach dem Versand in den einzelnen Postfächern gespeicherten E-Mails befinden sich nicht – wie dies § 19a voraussetzt[302] – im Verantwortungsbereich des Versenders. Die zeitgleiche Übertragung von E-Mails mit einem geschützten Werk fällt vielmehr unter § 20.[303]

---

[287] Zur Einwilligung, wenn die Suchmaschine nur Vorschaubilder speichert, es aber durch Verlinkung ermöglicht, die einzelnen Bilder in Originalgröße und isoliert von den Ursprungsseiten zu betrachten, vgl. *Höppner/ Schaper* MMR 2017, 512.

[288] Die Ausübung der Verwertungsrechte darf zwar nicht von der Erfüllung von Förmlichkeiten abhängig gemacht werden (vgl. EuGH GRUR 2018, 911 Rn. 31, 36 – Land Nordrhein-Westfalen/Dirk Renckhoff), dies hindert aber nicht, den Verzicht auf den Einsatz technischer Maßnahmen als Indiz für eine konkludente Einwilligung anzusehen.

[289] Vgl. dazu EuGH GRUR 2009, 1041 Rn. 37 ff. – Infopaq/DDF I; BGH GRUR 2011, 134 Rn. 54 – Perlentaucher; *Leventer,* Google Book Search und vergleichendes Urheberrecht, 2012, S. 237 ff.; weiter zu den Schutzvoraussetzungen → § 2 Rn. 87.

[290] Ebenso *Dietrich/Nink* CR 2009, 188 (189).

[291] Vgl. BGH GRUR 2012, 602 Rn. 18, 25 ff. – Vorschaubilder II; im Ergebnis ebenso *Leenen* S. 191 ff., 204.

[292] Vgl. dazu eingehend *Tinnefeld* S. 134 ff., 206, 217 ff.; *Osken* S. 148 ff.; *Hüttner* S. 121 ff.; *Kleinemenke* S. 193 ff.; *Kleinemenke* ZGE 2013, 103 (107 ff.); *Ohly* GRUR 2012, 983 (988); *Klass* ZUM 2013, 1; *Klass* in Leible, Der Schutz des Geistigen Eigentums im Internet, 2012, S. 165, 192 ff.; → § 97 Rn. 32, 36.

[293] Dazu → § 97 Rn. 33.

[294] Dazu → Rn. 98 ff.

[295] Vgl. BGH GRUR 2012, 850 Rn. 35 – www.rainbow.at II; *v. Ungern-Sternberg* GRUR 2009, 369 (371).

[296] Vgl. näher *v. Ungern-Sternberg* GRUR 2013, 248 (261); aA *Leenen* S. 188. Die Entscheidung, ob das Unionsrecht solche Einwendungen zulässt, obliegt letztlich dem EuGH.

[297] Vgl. dazu *Spindler* GRUR 2014, 826 (834); vgl. weiter → § 15 Rn. 220.

[298] Vgl. dazu näher BGHZ 185, 291 = GRUR 2010, 628 Rn. 39 – Vorschaubilder I.

[299] Vgl. auch Fromm/Nordemann/*Dustmann/Engels* UrhG § 19a Rn. 26; aA Dreier/Schulze/*Dreier* UrhG § 19a Rn. 7.

[300] → Rn. 55, 57.

[301] Zu E-Mail-Übertragungen weiter → § 15 Rn. 391; → § 20 Rn. 89 ff.

[302] → Rn. 60.

[303] → § 20 Rn. 91.

Wird den Empfängern dagegen nur mitgeteilt, dass der Abruf des Werkes vom Server des E-Mail-Versenders möglich ist, greift nicht das Senderecht, sondern – wegen der Bereithaltung des Werkes auf dem Server – § 19a ein.[304] Unerheblich wäre es dabei, wenn für die einzelnen Adressaten jeweils schon Vervielfältigungen des geschützten Werkes in verschiedenen Accounts individualisiert sein sollten.[305] Die Vorschrift des § 19a ist jedoch nicht anwendbar, wenn das Werk auf Abruf nicht automatisch, sondern aufgrund einer Einzelentscheidung übertragen wird.[306] Eine zeitlich gestaffelte Übermittlung eines Werkes an eine Öffentlichkeit durch E-Mail oder in ähnlicher Weise wird von keinem der benannten Rechte der öffentlichen Wiedergabe erfasst.[307]

Unternehmen, die zu selbst gewählten Zeiten Werke elektronisch an Endverbraucher als Mitglieder   **106**
einer Öffentlichkeit übertragen, erfüllen schon deshalb nicht den Tatbestand des § 19a, weil sich diese Vorschrift nur auf ein öffentliches Bereithalten zum Abruf bezieht. Aber auch das Abrufübertragungsrecht[308] ist nicht berührt, wenn die Werkübertragung nicht auf einem Abruf eines öffentlich zum Abruf bereitgehaltenen Werkes beruht. Das Erfordernis der freien Abrufmöglichkeit unterscheidet die Werknutzungshandlung des § 19a auch vom **Online-Verbreitungsrecht.** Durch dieses unbenannte Verwertungsrecht kann die Werkübertragung an einzelne Mitglieder einer Öffentlichkeit erfasst werden, wenn ihr ein entsprechendes öffentliches Angebot vorausgegangen ist, das darauf angelegt ist, Werke, die dafür in elektronischer Form bereitgehalten werden, wiederholt gleichartig mit funktechnischen oder ähnlichen Mitteln einzelnen Mitgliedern der Öffentlichkeit zugänglich zu machen.[309]

C. Abgrenzung von anderen Verwertungsrechten

Zur Abgrenzung des Rechts der öffentlichen Zugänglichmachung iSd § 19a von **§ 16** → Rn. 64.   **107**
Die Rechte aus **§ 19 Abs. 4, § 21** und **§ 22** beziehen sich auf Vorgänge des Wahrnehmbarmachens, nicht wie § 19a auf Vorgänge des Zugänglichmachens. Sie setzen zudem anders als § 19a voraus, dass der als Öffentlichkeit angesprochene Personenkreis an einem Ort versammelt ist.

Die Abgrenzung des Rechts aus § 19a vom **Senderecht** (§ 20, § 20a) wird in der Literatur oft maß-   **108**
geblich mit Blick darauf vorgenommen, dass ausübende Künstler und Tonträgerhersteller bei Anwendung des Rechts aus § 19a ein Verbotsrecht haben (§ 78 Abs. 1 Nr. 1, § 85 Abs. 1 S. 1), bei Anwendung des Senderechts jedoch auf einen Vergütungsanspruch beschränkt sind, wenn die Darbietung erlaubterweise auf Bild- oder Tonträger aufgenommen worden ist, die erschienen oder erlaubterweise öffentlich zugänglich gemacht worden sind (§ 78 Abs. 2 Nr. 1, § 86). Je nach Interessenstandpunkt wird deshalb versucht, den Anwendungsbereich des § 19a oder den des Senderechts zu erweitern.[310]

Das Senderecht (§ 20, § 20a) ist dem Wortsinn nach ebenso wie § 19a ein Recht am öffentlichen   **109**
Zugänglichmachen eines Werkes. Die Bezeichnung des in § 19a geregelten Rechts ist daher nicht hinreichend genau. Das Recht aus § 19a ist ein Recht am öffentlichen Bereithalten des Werkes. Es bezieht sich auf Vorgänge, bei denen das Werk dadurch einer Öffentlichkeit zugänglich gemacht wird, dass es für deren Mitglieder zum Einzelabruf in einer Weise bereitgehalten wird, dass diese den Abrufzeitpunkt selbst – wenn auch gegebenenfalls nur in einem bestimmten Zeitrahmen[311] – wählen können.[312] Der Tatbestand des Senderechts (§ 20, § 20a) ist dagegen dadurch gekennzeichnet, dass der Werknutzer das Werk nach seiner Entscheidung einer Öffentlichkeit gleichzeitig im Wege der Übermittlung durch Funk oder ähnliche technische Mittel zugänglich macht.[313] Beim Senden iSd § 20 und § 20a liegt danach die Auswahl der Inhalte sowie die Verantwortung für den Sendevorgang einschließlich des Zeitpunkts der Sendung in der Hand des Sendenden. Die Mitglieder der angesprochenen Öffentlichkeit entscheiden lediglich darüber, ob sie von der so eröffneten Empfangsmöglichkeit durch Benutzung von Empfangsgeräten zum Wahrnehmbarmachen oder Aufzeichnen der Sendung Gebrauch machen.

Keine Nutzungshandlungen iSd § 19a sind Formen des Zugänglichmachens gegen Entgelt, bei de-   **110**
nen ein Programm für eine Öffentlichkeit unabhängig von Einzelabrufen ausgestrahlt wird und sich die Endverbraucher durch **Einwählen in das laufende Programm** für den Empfang entscheiden (wie bei Pay-TV, Near-on-Demand, Pay-per-View).[314]

Beim **Abrufübertragungsrecht**[315] entscheidet – anders als beim Senderecht –[316] der Nutzer, ob   **111**
ein öffentlich zum Abruf bereit gehaltenes Werk übertragen werden soll, und bestimmt, gegebenen-

---

[304] Ebenso Fromm/Nordemann/*Dustmann/Engels* UrhG § 19a Rn. 26.
[305] AA *Harder* S. 134 f.; *Horn* S. 69 f.
[306] → *Rn. 61.*
[307] Vgl. dazu → § 15 Rn. 292 ff. (zum Online-Verbreitungsrecht).
[308] → Rn. 3, 7 ff., 22 ff., 55, 57.
[309] → § 15 Rn. 292 ff.
[310] Vgl. dazu auch *Castendyk* FS Loewenheim, 2009, 31 (34 f.); *Klatt* CR 2009, 517 f.; *Borghi* IIC 2011, 316 (321).
[311] → Rn. 75.
[312] Vgl. OLG Stuttgart GRUR-RR 2008, 289 Rn. 8 ff. = CR 2008, 319 mAnm *Dornis.*
[313] → § 20 Rn. 27 ff.
[314] → § 20 Rn. 36; Fromm/Nordemann/*Dustmann/Engels* UrhG § 19a Rn. 25; *Eichelberger* in Leible, Der Schutz des Geistigen Eigentums im Internet, 2012, S. 17, 25 f.
[315] → Rn. 3, 7 ff., 55, 57.
[316] → § 20 Rn. 27 f.

falls im Rahmen begrenzter Möglichkeiten, über den Zeitpunkt und den Empfangsort, indem er die Übertragung auslöst.[317]

112   **Push-Dienste** fallen nicht unter § 19a, können aber ua vom unbenannten Online-Verbreitungsrecht erfasst werden.[318]

Vorbemerkung Vor §§ 20 ff.

Schrifttum: a) Literatur bis 2010: *Bappert/Wagner,* Internationales Urheberrecht, 1956; *Baumann,* Das internationale Recht der Satellitenkommunikation, 2005; *Bornkamm,* Vom Detektorenempfänger zum Satellitenrundfunk, GRUR–FS (1991), S. 1349; *Breidenstein,* Urheberrecht und Direktsatellit, 1993; *Dierking,* Internet zum Hören, 2008 (frei abrufbar: http://d-nb.info/99283984X); *Dillenz,* Direktsatellit und die Grenzen des klassischen Senderechtsbegriffs, 1990; *Dittrich,* Kabelfernsehen und internationales Urheberrecht, 1984; *Dittrich,* Die gesetzliche Lizenz bei Einspeisung von Rundfunkprogrammen in Kabelnetze – aus österreichischer Sicht, in: *Kreile/Roegele/ Scharf* (Hrsg.), Geistiges Eigentum und die audiovisuellen Medien, 1985, S. 59 ff.; *Dittrich,* Überlegungen zur „communication to the public" auf Grund des neuen WIPO-Urheberrechtsvertrages, in: *Dittrich* (Hrsg.), Beiträge zum Urheberrecht V, 1997, S. 153; *Dreier,* Kabelweiterleitung und Urheberrecht – Eine vergleichende Darstellung, 1991; *Dreier,* Die Umsetzung der Richtlinie zum Satellitenrundfunk und zur Kabelweiterleitung, ZUM 1995, 458; *Dünnwald/Gerlach,* Schutz des ausübenden Künstlers, 2008; *Ficsor,* The Law of Copyright and the Internet – The WIPO Treaties, their Interpretation and Implementation, 2002; *Gey,* Das Recht der öffentlichen Zugänglichmachung iSd. § 19a UrhG, 2009; *Gounalakis,* Kabelfernsehen im Spannungsfeld von Urheberrecht und Verbraucherschutz, 1989; *Gounalakis/Mand,* Kabelweiterleitung und urheberrechtliche Vergütung, 2003; *Govoni/Gasser,* Die internationalen Urheberrechts- und leistungsschutzrechtlichen Abkommen im Lichte des Information Highway, in: *Hilty* (Hrsg.), Information Highway, 1996, S. 235; *Herrmann/Lausen,* Rundfunkrecht, 2. Aufl. 2004; *Hillig,* Das Vierte Gesetz zur Änderung des Urheberrechtsgesetzes, UFITA 138 (1999) 5; *Hoeren/Neurauter,* IPTV – Die wichtigsten Rechtsfragen aus Sicht der Anbieter, 2010; *Isenegger,* Die urheberrechtlichen Probleme bei der Weiterübertragung von Sendungen, 1983; *Katzenberger,* Urheberrecht und UFO-Technik – Bewährung des Urheberrechts im Zeichen der digitalen Revolution, FS Beier (1996), S. 379; *Katzenberger,* Sekundäre Sendenutzungen im Urheberrecht, MR 2003, Beil. zu Heft 4 S. 1; *Kleinke,* Zu Auswirkungen des Internet-Fernsehens auf das Urheberrecht, AfP 2008, 460; *Klett,* Urheberrecht im Internet aus deutscher und amerikanischer Sicht, 1998; *Kuper,* Internet Protocol Television – IPTV, 2009; *von Lewinski,* WIPO Diplomatic Conference Results in Two New Treaties, IIC 25 (1997) 203; *von Lewinski,* Die diplomatische Konferenz der WIPO 1996 zum Urheberrecht und zu den verwandten Schutzrechten, GRUR-Int 1997, 667; *von Lewinski,* International Copyright Law and Policy, 2008; *von Lewinski/Gaster,* Die Diplomatische Konferenz der WIPO 1996 zum Urheberrecht und zu den verwandten Schutzrechten, ZUM 1997, 606; *Mand,* Das Recht der Kabelweitersendung, 2004; *Mehner,* Die grenzüberschreitende Wirkung direktempfangbaren Satellitenfernsehens aus völkerrechtlicher Sicht, 2000; *Melichar,* Die Wahrnehmung von Urheberrechten durch Verwertungsgesellschaften, 1983; *Metzger,* Zum anwendbaren Urheberrecht bei grenzüberschreitendem Rundfunk, IPRax 2006, 242; *Müßig,* Die Sicherung von Verbreitung und Zugang beim Satellitenrundfunk in Europa, 2006; *Neumaier,* Grenzüberschreitender Rundfunk im internationalen Urheberrecht, 2003; *Neumaier,* Die Beurteilung grenzüberschreitender Rundfunksendungen nach der Revidierten Berner Übereinkunft, dem Welturheberrechtsabkommen und dem Rom-Abkommen, UFITA 2003 III 639; *Ory,* Sind Broadcast-TV und IP-TV unterschiedliche Nutzungsarten? K&R 2006, 303; *Ory,* Rechtliche Überlegungen aus Anlass des „Handy-TV" nach dem DMB-Standard, ZUM 2007, 7; *Pfennig,* Reformbedarf beim Kabelweitersenderecht?, ZUM 2008, 363; *Platho,* Urheberrechtsprobleme der Weiterverbreitung von Sendungen in Kabelnetzen, 1983; *Poll,* Neue internetbasierte Nutzungsformen, GRUR 2007, 476; *N. Reber,* Die Beteiligung von Urhebern und ausübenden Künstlern an der Verwertung von Filmwerken in Deutschland und den USA, 1998; *U. Reber,* Die Rechte der Tonträgerhersteller im Internationalen Privatrecht, 2004; *Rigopoulos,* Die digitale Werknutzung nach dem griechischen und deutschen Urheberrecht, 2004; *Rosenkranz,* Open Contents, 2011; *Rüberg,* Vom Rundfunk- zum Digitalzeitalter, 2007; *Runge,* Die kollektive Lizenzierung von Onlinenutzungsrechten für Musik im Europäischen Binnenmarkt, 2010; *Sack,* Das IPR des geistigen Eigentums nach der Rom II-VO, WRP 2008, 1405; *Schöwerling,* E-Learning und Urheberrecht an Universitäten in Österreich und Deutschland, 2007; *Schricker,* Urheberrechtliche Probleme des Kabelrundfunks, 1986 (zitiert: *Schricker* Kabelrundfunk); *Schricker* (Hrsg.), Urheberrecht auf dem Weg zur Informationsgesellschaft (Verfasser: *Dreier, Katzenberger, von Lewinski, Schricker*), 1997; *Schulze,* Der individuelle E-Mail-Versand als öffentliche Zugänglichmachung, ZUM 2008, 836; *Schwarz,* Der Referentenentwurf eines Vierten Gesetzes zur Änderung des Urheberrechtsgesetzes, ZUM 1995, 687; *Schwertfeger,* Kabelfernsehen und Urheberschutz, 1987; *Spindler,* Die kollisionsrechtliche Behandlung von Urheberrechtsverletzungen im Internet, IPRax 2003, 412; *Staudt,* Die Rechteübertragungen im Berechtigungsvertrag der GEMA, 2006; *Stern,* Sende- und Weitersenderecht (Rundfunk, Kabel, Satelliten), FS 100 Jahre URG (1983), S. 187; *Ullrich,* Urheberrecht und Satellitenrundfunk: Kollisionsrecht und materielles Recht, 2009; *Ulmer,* Urhebervertragsrecht (Gutachten zum Urhebervertragsrecht, insbesondere zum Recht der Sendeverträge), 1977; *v. Ungern-Sternberg,* Die Rechte der Urheber an Rundfunk- und Drahtfunksendungen nach internationalem und deutschem Urheberrecht, 1973; *v. Ungern-Sternberg,* Drahtfunk- und Rundfunkvermittlungsanlagen in urheberrechtlicher Sicht, GRUR 1973, 16; *v. Ungern-Sternberg,* Von der gemeinsamen Fernsehantenne zum Kabelfernsehen, UFITA 94 (1982) 79; *v. Ungern-Sternberg,* Das anwendbare Urheberrecht bei grenzüberschreitenden Rundfunksendungen, in: *Schwarze* (Hrsg.), Rechtsschutz gegen Urheberrechtsverletzungen und Wettbewerbsverstöße in grenzüberschreitenden Medien (zitiert: Rechtsschutz), 2000, S. 109; *v. Ungern-Sternberg,* Übertragung urheberrechtlich geschützter Werke durch Internetanbieter und Online-Verbreitungsrecht, FS Loschelder (2010), S. 415; *Walter,* Gemeinschaftsantennen und Rundfunkvermittlungsanlagen im Recht der Berner Übereinkunft, GRUR-Int 1974, 119; *Walter* (Hrsg.), Europäisches Urheberrecht, 2001; *Wawretschek,* Urheberrechtsfragen der Presse im digitalen Zeitalter, 2004.

b) Literatur nach 2010: *von Albrecht/Fiss,* „Totenruhe für Ramses" – Anmerkung zu OLG Braunschweig, Urteil vom 17.4.2019 – 2 U 56/18 (ZUM 2019 775), ZUM 2019, 785; *Auinger,* Ein „besserer grenzüberschreitender Zugang zu Online-Inhalten": Regulierungsherausforderungen und -antworten auf EU-Ebene, ZUM 2019, 537; *Brehm, Alte Sendung, neue Nutzung* – Probleme der Rechteklärung bei der Nutzung bereits existierender audiovisueller Produktionen im Rahmen nachgelagerter Auswertungsstufen, 2016; *Briem,* Die Auslegung des Begriffs der „öffentli-

---

[317] Vgl. *Völtz* S. 92 f.
[318] → Rn. 106; → § 15 Rn. 292 ff.; → § 20 Rn. 87.

chen Wiedergabe" in der Entscheidungspraxis des EuGH – zugleich Anmerkung zum EuGH-Urteil AKM/Zürs.net, GRUR-Int 2017, 493; *Brost,* Der lange Schatten von „Murphy" – droht das Ende der Exklusivität nationaler Urheberrechtslizenzen?, ZUM 2016, 689; *Büchele,* Hotelfernsehen im europäischen und im nationalen Urheberrecht, ÖBl. 2011, 249; *Busche/Stoll/Wiebe* (Hrsg.), TRIPs, 2. Aufl. 2013; *Charissé,* Weitersendung von Fernsehen und Hörfunk in Zeiten von Streaming und OTT, ZUM 2019, 541; *Dierkes,* Jurisdiktionskonflikte bei der strafrechtlichen Verfolgung von Urheberrechtsverletzungen im Internet – am Beispiel der öffentlichen Wiedergabe, 2017; *Dörr,* Ist die Richtlinie fit für das digitale Zeitalter? Chancen und Grenzen der Online-SatCab-Richtlinie aus Rundfunksicht, ZUM 2019, 556; *Dreier/Hugenholtz* (Hrsg.), Concise European Copyright Law, 2. Aufl. 2016; *Eichelberger,* Urheberrecht und Streaming, in: *Leible* (Hrsg.), Der Schutz des Geistigen Eigentums im Internet, 2012, S. 17; *Engels,* Die Vereinbarkeit der territorialen Aufspaltung von Verwertungsrechten mit den europäischen Binnenmarktregeln – Eine Untersuchung am Beispiel der Filmwirtschaft, 2016; *Ensthaler/Weidert* (Hrsg.), Handbuch Urheberrecht und Internet, 3. Aufl. 2017; *N. Fischer,* Lizenzierungsstrukturen bei der nationalen und multiterritorialen Online-Verwertung von Musikwerken, 2011; *P. Fischer,* Aktuelle Fragen im Sende- und Weiterleitungsrecht, Beilage zu MR 2018 Nr. 3 S. 47; *Fuchs,* Geoblocking bei audiovisuellen Diensten im Spannungsfeld von Urheber- und Kartellrecht, FS Mathias Schwarz (2017), S. 351; *von Gerlach,* Die urheberrechtliche Bewertung des nicht-linearen Audio-Video-Streamings im Internet, 2012; *Giedke,* Cloud Computing: Eine wirtschaftsrechtliche Analyse mit besonderer Berücksichtigung des Urheberrechts, 2013; *Glaßl,* Urheberrechtliche Vergütungspflicht von Antennengemeinschaften – Ramses all over again, ZUM 2016, 1019; *Goldstein,* Die urheberrechtliche Betrachtung des audiovisuellen Streaming aus Nutzersicht, 2017; *Großjean,* Hörfunk goes digital – Personalisierte Webradios im Spannungsfeld zwischen §§ 20, 19a und 15 Abs. 2 UrhG, JurPC Web-Dok. 69/2019; *Gräfin Grote,* Europäische Perspektiven der Rechtewahrnehmung durch Verwertungsgesellschaften, 2012; *Grewenig,* Rechteerwerb und Rechteinhaberschaft im digitalen Zeitalter, ZUM 2011, 27; *Haedicke,* Die urheberrechtliche Beurteilung von Online-Videorekordern, ZUM 2016, 594; *Haedicke,* Internet-Protokoll-Fernsehen (IPTV) und Urheberrecht im Zeitalter der Konvergenz der Übertragungswege, ZUM 2017, 1; *v. Hartlieb/Schwarz* (Hrsg.), Handbuch des Film-, Fernseh- und Videorechts, 5. Aufl. 2011; *Heermann,* Territorial begrenzte Lizenzierung von Fernsehrechten im Lichte der Dienstleistungs- und Wettbewerbsfreiheit, WRP 2011, 371; *Heermann,* Kein Ende nationaler Urheberrechtslizenzen nach der „FAPL/Karen Murphy"-Entscheidung des EuGH, ZUM 2016, 835; *Heker/Riesenhuber* (Hrsg.), Recht und Praxis der GEMA, 3. Aufl. 2018; *Heyde,* Die grenzüberschreitende Lizenzierung von Online-Musikrechten in Europa, 2011; *Hillig,* Das Rundfunkurteil des Reichsgerichts und seine Bedeutung für das Urheberrecht, UFITA 2016 I 179; *Hofmann,* Die Online-SatCab-Richtlinie – Muss das sein oder kann das weg?, ZUM 2019, 551; *Kähler,* Probleme der Praxis beim Rechteerwerb für non-lineare Online-Angebote im öffentlich-rechtlichen Rundfunk, ZUM 2016, 417; *Klafkowska-Waśniowska,* Under One Umbrella: Problems of Internet Retransmissions of Broadcasts and Implications for New Audiovisual Content Services, JIPITEC 2015, 86; *Kling,* Gebietsübergreifende Vergabe von Online-Rechten an Musikwerken, 2018; *Koof,* Senderecht und Recht der öffentlichen Zugänglichmachung im Zeitalter der Konvergenz der Medien, 2015; *Kraft,* Die öffentliche Wiedergabe von Programmen in Satellitenbouquets, MR-Int. 2015, 3; *Langhoff,* Der urheberrechtliche Schutz von Sendeunternehmen im digitalen Umfeld, 2016; *Leistner,* Das Murphy-Urteil des EuGH: Viel Lärm um nichts oder Anfang vom Ende des Territorialitätsgrundsatzes im Urheberrecht?, JZ 2011, 1140; *Leistner,* Weiterübertragungsfälle zwei Jahre nach Ramses – Eine kritische Bestandsaufnahme vor dem Hintergrund der EuGH-Rechtsprechung zum Recht der öffentlichen Wiedergabe, CR 2017, 818; *Malcher,* Personalisierte Webradios – Sendung oder Abruf, 2011; *S. Müller,* Die Rechteinhaberschaft an Musikwerken bei Online-Nutzungen, ZUM 2011, 13; *Neumaier,* Die gezielte grenzüberschreitende Satellitensendung – kein Eingriff in das Urheberrecht des Empfangslandes?, ZUM 2011, 36; *Neumann/Koch,* Telekommunikationsrecht, 2. Aufl. 2013; *Neumann,* Die Haftung der Intermediäre im Internationalen Immaterialgüterrecht, 2014; *Neurauter,* Internetfernsehen und Co. – das Urheberrecht unter dem Druck des Medienwandels, GRUR 2011, 691; *Niebler,* Die Online-SatCab-Richtlinie – Weitersendung 2.0?, ZUM 2019, 545; *Oppermann,* Kollisionsrechtliche Anknüpfung internationaler Urheberrechtsverletzungen, 2011; *Pech,* On-Demand-Streaming-Plattformen, 2018; *Pießkalla,* Lizenzpflichtige Kabelweitersendung nach § 20 UrhG innerhalb von Wohnungseigentümergemeinschaften?, ZUM 2015, 361; *Poll,* Vom Broadcast zum Podcast, MMR 2011, 226; *Frh. Raitz von Frentz/Masch,* Weitersendung in Hotels und über das Internet, ZUM 2017, 406; *Prill,* Webradio-Streamripping, 2013; *Reinbothe/von Lewinski,* The WIPO Treaties on Copyright, 2. Aufl. 2015; *Rhode,* Reformbedarf für eine effizienzorientierte kollektive Wahrnehmung von Online-Rechten an Musikwerken, 2019; *Rossbach,* „Ramses lebt" – Anmerkung zu OLG Braunschweig, Urteil vom 17.4.2019 – 2 U 56/18 (ZUM 2019, 775), ZUM 2019, 782; *N. Schmidt,* Rechteerwerb und Rechtsinhaberschaft im digitalen Zeitalter, ZUM 2011, 31; *Schmittmann/Massini,* Urheberrechtliche Erfassung von TV-Hotelverteileranlagen in Europa und geplante EU-Datenschutzverordnung, AfP 2012, 22; *Schulte zu Sundern,* Territoriale Lizenzierung von Nutzungsrechten im audiovisuellen Bereich, in: Mackenrodt/Maute (Hrsg.), Recht als Infrastruktur für Innovation, 2019, S. 179; *Schwartmann* (Hrsg.), Praxishandbuch Medien-, IT- und Urheberrecht, 4. Aufl. 2018; *Schwarz,* Die Praxis der segmentierten Rechtevergabe im Bereich Film, ZUM 2011, 699; *Skupin,* Die „Online-SatCab-Richtlinie" – Analyse und Umsetzungsmöglichkeiten, ZUM 2019, 561; *Stegmann,* Das Recht der digitalen Filmverwertung, 2013; *Steinrötter,* Freier EU-Binnenmarkt im Internet und urheberrechtliche Grenzen am Beispiel des „Geoblocking", EWS 2016, 17; *Sutterer,* Der Verordnungsvorschlag COM(2016) 594 final – das Ursprungslandprinzip und seine Auswirkungen auf Rechtevergabe und Rechtsdurchsetzung, in: Hennemann/Stadler (Hrsg.), Immaterialgüter und Digitalisierung, 2017, S. 145; *Traple,* TV Signal Delivery to Cable Operators and DTH Platform Operators, JIPITEC 2011, 75; *v. Ungern-Sternberg,* Senderecht und Recht an der öffentlichen Zugänglichmachung – Verwertungsrechte in einer sich wandelnden Medienwelt, in: Institut für Rundfunkrecht an der Universität zu Köln (Hrsg.), Werkvermittlung und Rechtemanagement im Zeitalter von Google und YouTube, 2011, S. 51; *Völtz,* Die Werkwiedergabe im Web 2.0, 2011; *Walser/Feurstein,* Aufi aufn Berg – Der steile Weg zur unionsrechtlichen Dogmatik der „öffentlichen Wiedergabe", ZUM 2017, 639; *Wirz,* Media-Streaming und Geoblocking, 2019; *Wübbelt,* Die Zukunft der kollektiven Rechtewahrnehmung im Online-Musikbereich, 2015.
Zu weiterem Schrifttum s. Vorauflagen.

Übersicht

A. Unionsrecht

I. Informationsgesellschafts-Richtlinie (InfoSoc-RL)

1   Das Senderecht des Urhebers hat seine Grundlage im Unionsrecht.[1] Die Regelung des Rechts der öffentlichen Wiedergabe in Art. 3 InfoSoc-RL bezweckt eine **Vollharmonisierung.**[2] Die Auslegung der Tatbestände des Senderechts im UrhG muss daher den Vorgaben des Unionsrechts entsprechen.[3]

2   Die Regelung der Verwertungsrechte in der InfoSoc-RL[4] bezweckt ein **hohes Schutzniveau für die Urheber.**[5] Dieser Zweck rechtfertigt eine grundsätzlich weite Auslegung des Senderechts.[6]

---

[1] Vgl. BGHZ 206, 365 = GRUR 2016, 71 Rn. 31 f. – Ramses.
[2] → § 15 Rn. 143.
[3] → § 15 Rn. 52 ff.; zur richtlinienkonformen Auslegung → § 15 Rn. 131 ff.
[4] Richtlinie 2001/29/EG des Europäischen Parlaments und des Rates vom 22.5.2001 zur Harmonisierung bestimmter Aspekte des Urheberrechts und der verwandten Schutzrechte in der Informationsgesellschaft, ABl. 2001 L 167, S. 10; weiter → Einl. UrhG Rn. 97; → § 15 Rn. 1 f.
[5] Weiter → § 15 Rn. 6.
[6] Weiter → § 15 Rn. 60 ff.

Nach **Art. 3 Abs. 1 InfoSoc-RL** sind die Mitgliedstaaten verpflichtet, den Urhebern das aus- 3 schließliche Recht zu gewähren, die öffentliche Wiedergabe ihrer Werke einschließlich der öffentlichen Zugänglichmachung der Werke in der Weise, dass sie Mitgliedern der Öffentlichkeit von Orten und zu Zeiten ihrer Wahl zugänglich sind, zu erlauben oder zu verbieten. Diese Regelung betrifft (wie Art. 8 WCT)[7] nur Übermittlungsvorgänge über eine gewisse Entfernung.[8]

Die Tatbestandsmerkmale des Rechts der öffentlichen Wiedergabe werden in Art. 3 Abs. 1 Info- 4 Soc-RL nicht erschöpfend definiert. Nach der Rechtsprechung des EuGH ist das Recht der öffentlichen Wiedergabe gemäß Art. 3 Abs. 1 InfoSoc-RL ein **generalklauselartiges Recht,**[9] das sich auf Handlungen von Nutzern bezieht. Dementsprechend legt der EuGH dieses Recht funktionsbezogen aus.[10] Das Eingreifen des Tatbestands der öffentlichen Wiedergabe kann auch von subjektiven Umständen in der Person des Nutzers und des möglichen Empfängerkreises abhängen.[11]

Das Recht der öffentlichen Wiedergabe umfasst, wie Erwgr. 23 InfoSoc-RL verdeutlicht, auch das 5 Recht an der **Rundfunkübertragung.**[12]

Eine öffentliche Wiedergabe iSd Art. 3 Abs. 1 InfoSoc-RL ist auch die zeitgleiche Weitersendung 6 einer terrestrischen Rundfunksendung über das **Internet (Simulcasting).** Dies gilt schon deshalb, weil diese Weitersendung nach einem „spezifischen technischen Verfahren" erfolgt, das sie von derjenigen der ursprünglichen Wiedergabe unterscheidet.[13] Die zeitgleiche **Kabelweitersendung** eines Werkes, die ein Dritter im Sendegebiet des ursprünglichen Rundfunkunternehmens als eigene Dienstleistung der Wiedergabe[14] für ein neues Publikum zu Erwerbszwecken vornimmt, ist ebenfalls eine öffentliche Wiedergabe iSd Art. 3 Abs. 1 InfoSoc-RL.[15]

Die InfoSoc-RL lässt die Regelungen der Satelliten- und Kabel-RL über die **europäische Satelli-** 7 **tensendung** (Art. 2 Satelliten- und Kabel-RL) und die Wahrnehmung von Rechten an der **Kabelweiterverbreitung** (Art. 8 Satelliten- und Kabel-RL) unberührt (Art. 1 Abs. 2 Buchst. c InfoSoc-RL).[16]

Eine öffentliche Wiedergabe ist als **Handlung eines Werknutzers** eine bewusste Dienstleistung 8 gegenüber einem möglichen Empfängerkreis.[17] Für die urheberrechtliche Beurteilung, ob eine Werknutzung durch öffentliche Wiedergabe gegeben ist, kommt es nicht darauf an, welche (austauschbaren) technischen Mittel oder Verfahren im Einzelnen zum Einsatz kommen.[18] Da eine öffentliche Wiedergabe ein sozialer Vorgang ist, können mehrere Personen nebeneinander Werknutzer einer öffentlichen Wiedergabe sein, auch wenn sie für ihre Wiedergabe (teilweise) denselben technischen Vorgang einsetzen.[19] Der Werknutzer muss nicht eigenhändig handeln; es genügt, dass ihm das Handeln anderer zurechenbar ist.[20] Kein Werknutzer ist, wer (als bloße Hilfsleistung) lediglich technische Einrichtungen für eine Wiedergabe iSd Art. 3 Abs. 1 InfoSoc-RL zur Verfügung stellt (Erwgr. 27 InfoSoc-RL).[21]

Entsprechend der Vollharmonisierung des Rechts der öffentlichen Wiedergabe durch Art. 3 Info- 9 Soc-RL ist auch der Begriff **„öffentlich"** in der gesamten Union autonom und einheitlich auszulegen. Für die Mitgliedstaaten verbleibt im Anwendungsbereich der Richtlinienvorschrift kein Auslegungsspielraum.[22]

Für die in Art. 3 InfoSoc-RL geregelten Rechte der öffentlichen Wiedergabe schließt Art. 3 Abs. 3 10 InfoSoc-RL eine **Erschöpfung** zwingend aus (sa Erwgr. 29).[23]

---

[7] → Rn. 33.
[8] → § 15 Rn. 160, 334.
[9] Vgl. → § 15 Rn. 59, 75 ff.
[10] → § 15 Rn. 23 ff., 342 f.
[11] Vgl. → § 15 Rn. 11 f., 79 ff., 90, 344 ff.
[12] → § 15 Rn. 92.
[13] Vgl. EuGH GRUR 2013, 500 Rn. 19 ff. = ZUM 2013, 390 mAnm *Frhr. Raitz von Frentz/Masch* – ITV Broadcasting/TVC; vgl. → § 20 Rn. 85. Zum Begriff des spezifischen technischen Verfahrens → § 15 Rn. 83.
[14] → Rn. 8.
[15] Vgl. EuGH GRUR 2013, 500 Rn. 21 ff. – ITV Broadcasting/TVC; vgl. auch den Vorlagebeschluss des BGH „Breitbandkabel" (BGH GRUR 2012, 1136 Rn. 15 ff. = ZUM 2012, 889 mAnm *Conrad* (Verfahren durch Rücknahme der Revision erledigt); BeckOK UrhR/*Hillig*, 26. Ed. Stand 15.10.2019, UrhG § 20 Rn. 21; *Riesenhuber* LMK 2012, 340736; *v. Ungern-Sternberg* GRUR 2012, 576 (578).
[16] Sa *Reinbothe* GRUR-Int 2001, 733 (735 f.).
[17] Vgl. näher → § 15 Rn. 12, 79, 344.
[18] Vgl. EuGH GRUR 2007, 225 Rn. 46 – SGAE/Rafael; EuGH GRUR 2012, 156 Rn. 193 – Football Association Premier League u. Murphy; EuGH 14.7.2015 – C-151/15 Rn. 13 = MR-Int. 2015, 108 – Sociedade Portuguesa de Autores.
[19] → § 15 Rn. 19.
[20] Weiter → § 15 Rn. 18 f., 223 f.
[21] Weiter → § 15 Rn. 20 f., 225 ff.
[22] Vgl. näher → § 15 Rn. 114 f.
[23] Vgl. EuGH GRUR 2013, 500 Rn. 23 f. – ITV Broadcasting/TVC; s. weiter BGH GRUR 2013, 818 Rn. 27 – Die Realität I; *Reinbothe* GRUR-Int 2001, 733 (736 f.); → Rn. 50; → § 15 Rn. 40.

II. Satelliten- und Kabelrichtlinie

11   Die Satelliten- und Kabel-RL[24] trifft insbesondere Regelungen zu den Rechten an der **Satellitenübertragung** und an der **Kabelweiterverbreitung** sowie zur Wahrnehmung dieser Rechte.[25] Die Richtlinie bezweckt bei der Regelung der Kabelweiterverbreitung von Sendungen aus anderen Mitgliedstaaten[26] lediglich eine Mindestharmonisierung.[27] Sie hat – anders als später Art. 3 InfoSoc-RL – den Mitgliedstaaten nicht vorgeschrieben, ein Recht an der Kabelweitersendung einzuführen und auch nicht den Umfang eines solchen Rechts definiert.[28] Der Satelliten- und Kabel-RL lässt sich deshalb nichts zu der Frage entnehmen, unter welchen Voraussetzungen die zeitgleiche Weiterübertragung von Rundfunksendungen als selbständige öffentliche Wiedergabe zu werten ist.[29]

Die **InfoSoc-RL** lässt die Bestimmungen der Satelliten- und Kabel-RL über die Satellitenübertragung und die Kabelweiterverbreitung unberührt.[30]

12   **Art. 8 Satelliten- und Kabel-RL** schreibt vor, dass die zeitgleiche, unveränderte und vollständige Kabelweiterverbreitung von Rundfunkerstsendungen mit Fernseh- oder Hörfunkprogrammen von den Urheberberechtigten auch dann gesondert erlaubt werden muss, wenn die ursprüngliche Rundfunksendung im Sendegebiet auch drahtlos empfangen werden kann.[31]

In ihrem Anwendungsbereich schließt die Satelliten- und Kabel-RL **gesetzliche Lizenzen** und Zwangslizenzen aus (Art. 3 Abs. 1 für die Satellitensendung, Art. 8 Abs. 1 für die Kabelweiterübertragung von Rundfunkprogrammen aus anderen Mitgliedstaaten). Art. 7 enthält Übergangsbestimmungen für vor dem 1.1.1995 geschlossene Verwertungsverträge und Verträge über internationale Koproduktionen (vgl. dazu auch Erwgr. 18 und 19).

III. Online-SatCab-Richtlinie

13   Die EU-Kommission hat im Jahr 2016 den Entwurf der sog. SatCab-Verordnung vorgelegt.[32] Dieser Vorschlag wurde im Rechtssetzungsverfahren als Entwurf einer Richtlinie (Online-SatCab-RL) weiterbehandelt.[33] Die **Online-SatCab-RL** vom 17.4.2019,[34] die bis zum 7.6.2021 umzusetzen ist,[35] hat nach ihrem Erwgr. 1 zum Ziel, die weitere Verbreitung von Fernseh- und Hörfunkprogrammen aus anderen Mitgliedstaaten zu fördern und „dafür die Lizenzierung von Urheberrechten und verwandten Schutzrechten an Werken und sonstigen Schutzgegenständen, die Gegenstand der Übertragung bestimmter Arten von Fernseh- und Hörfunkprogrammen sind," zu erleichtern.

[24] Richtlinie des Rates 93/83/EWG v. 27.9.1993 zur Koordinierung bestimmter urheber- und leistungsschutzrechtlicher Vorschriften betreffend Satellitenrundfunk und Kabelweiterverbreitung, ABl. 1993 L 248, S. 15; Umsetzungsfrist gem. Art. 14 Abs. 1 bis 1.1.1995. Zur Auslegung der Richtlinie vgl. insbes. Walter/von Lewinski/*Dreier*, European Copyright Law, 2010, Kap. 7; Dreier/Hugenholtz/*Hugenholtz* S. 309 ff.; sa *Rumphorst* GRUR-Int 1993, 934. Zu den Vorarbeiten der Kommission vgl. insbes. das Grundsatzpapier zu den urheberrechtlichen Fragen im Bereich der Satellitensendungen und Kabelweiterverbreitung (GRUR-Int 1991, 31) und den Richtlinienvorschlag vom 11.9.1991 (GRUR-Int 1991, 900). Zur begleitenden rechtspolitischen Diskussion vgl. *Dreier* S. 30 ff.; *Dreier* GRUR-Int 1991, 13; *Haindl* MR 1991, 180; *Vogel* ZUM 1992, 21; *Castendyk/v. Albrecht* GRUR-Int 1992, 734 und 1993, 300; *Rumphorst* GRUR-Int 1992, 910; *Desurmont* RIDA 1993 (155), 89 (110 ff.); *Kreile* FS Deringer, 1993, 536 (540 ff.); *Breidenstein* S. 150 ff. Vgl. auch das Kommissionsdokument „Zusammenfassung der Evaluierung der Richtlinie 93/83/EWG des Rates" vom 14.9.2016 (SWD [2016] 309 final).
[25] Die Satelliten- und Kabel-RL berührt Fragen der Anwendbarkeit nationaler Markenrechte nicht (vgl. öOGH MR 2010, 99 [unter 6.5.2.] – OSCAR II mAnm *Heidinger*).
[26] Die Richtlinie sieht keine Mindestharmonisierung vor, soweit es um die Weiterverbreitung von Sendungen über Kabel innerhalb desselben Mitgliedstaates geht (vgl. EuGH GRUR 2017, 512 Rn. 21 – ITV Broadcasting ua/TV ua).
[27] Vgl. EuGH GRUR 2007, 225 Rn. 30 – SGAE/Rafael; EuGH EuZW 2000, 223 Rn. 17 – Egeda; EuGH GRUR 2012, 156 Rn. 209 – Football Association Premier League u. Murphy; BGH GRUR 2012, 1136 Rn. 12 f. – Breitbandkabel; BeckOK UrhR/*Hillig*, 26. Ed. Stand 15.10.2019, UrhG § 20b Rn. 23.
[28] Vgl. EuGH EuZW 2000, 223 Rn. 24 – Egeda.
[29] Vgl. EuGH EuZW 2000, 223 Rn. 25 – Egeda.
[30] → Rn. 7.
[31] Vgl. EuGH GRUR 2013, 500 Rn. 24 – ITV Broadcasting/TVC; vgl. auch den Vorlagebeschluss des BGH GRUR 2012, 1136 – Breitbandkabel (Verfahren durch Revisionsrücknahme erledigt); Walter/von Lewinski/*Dreier*, European Copyright Law, 2010, Kap. 7 Rn. 7.8.5.; weiter → Rn. 11 f.
[32] Vorschlag für eine Verordnung des Europäischen Parlaments und des Rates mit Vorschriften für die Wahrnehmung von Urheberrechten und verwandten Schutzrechten in Bezug auf bestimmte Online-Übertragungen von Rundfunkveranstaltern und die Weiterverbreitung von Fernseh- und Hörfunkprogrammen (COM [2016] 594 final). Zum VO-Entwurf vgl. das 22. Hauptgutachten der Monopolkommission Wettbewerb 2018, BTDrucks. 19/3300 Rn. 1182 ff.; *Sutterer* in Hennemann/Stadler S. 145; *Martiny* ZUM 2018, 772 (780 f.).
[33] Entwurf einer Richtlinie des Europäischen Parlaments und des Rates mit Vorschriften für die Wahrnehmung von Urheberrechten und verwandten Schutzrechten in Bezug auf bestimmte Online-Übertragungen von Fernseh- und Hörfunkprogrammen (COM(2016)0594 – C8-0384/2016 – 2016/0284(COD)).
[34] Richtlinie (EU) 2019/789 des Europäischen Parlaments und des Rates vom 17.4.2019 mit Vorschriften für die Ausübung von Urheberrechten und verwandten Schutzrechten in Bezug auf bestimmte Online-Übertragungen von Sendeunternehmen und die Weiterverbreitung von Fernseh- und Hörfunkprogrammen und zur Änderung der Richtlinie 93/83/EWG des Rates (ABl. Nr. L 130/82 v. 17.5.2019). Zur Richtlinie → Rn. 75.
[35] Art. 12 Abs. 1 Online-SatCab-RL.

Die Richtlinie regelt die Rechtswahrnehmung bei der zeitgleichen, unveränderten und vollständigen Weiterverbreitung von Fernseh- und Hörfunkprogrammen für die Öffentlichkeit iSd **Art. 2 Abs. 2 Online-SatCab-RL,** soweit es sich nicht um eine Kabelweiterverbreitung iSd Art. 1 Abs. 3 Satelliten- und Kabel-RL handelt.[36] Die Weiterverbreitung muss ein anderes Unternehmen als das ursprüngliche Sendeunternehmen durchführen.[37] Die Richtlinie enthält Vorschriften zur Erleichterung der Wahrnehmung von Rechten an der Weiterverbreitung solcher Rundfunkprogramme.[38] Auf die Weiterverbreitung von Programmen im Internet bezieht sich die Regelung nur, wenn diese in einem geschlossenen Netz stattfindet.[39] Die Vorschriften über die Rechtswahrnehmung bei der Weiterverbreitung von Fernseh- und Hörfunkprogrammen sind nicht auf rein innerstaatliche Sachverhalte anzuwenden. Die Mitgliedstaaten können aber eine entsprechende Regelung treffen.[40]

Art. 8 Abs. 1 Online-SatCab-RL regelt die Haftung eines Sendeunternehmens, das programmtragende Signale ohne gleichzeitige eigene Ausstrahlung an die Öffentlichkeit an ein Unternehmen (Signalverteiler) überträgt, das diese öffentlich ausstrahlt. Es soll fingiert werden, dass beide Unternehmen an einem einzigen Akt der öffentlichen Wiedergabe beteiligt sind. Beide Unternehmen sollen – ohne Gesamtschuldner zu sein –[41] verpflichtet sein, für die öffentliche Wiedergabe die Einwilligung der Rechteinhaber einzuholen.[42] Für Fälle dieser Art können die Mitgliedstaaten die Rechtswahrnehmung gemäß Art. 8 Abs. 2 Online-SatCab-RL regeln.[43]

Die Online-SatCab-RL soll weiter die Rechteklärung und den Erwerb von Rechten für grenzüberschreitende **„ergänzende Online-Dienste"** erleichtern, die Sendeunternehmen bezogen auf ihre Sendungen öffentlich online bereitstellen.[44] Dabei geht es vor allem um Dienste wie die Mediatheken der Rundfunkveranstalter. Unerheblich ist, ob das Sendeunternehmen den ergänzenden Online-Dienst selbst bereitstellt oder ihn unter seiner Kontrolle und Verantwortung bereitstellen lässt (Art. 2 Abs. 1, Art. 3 Abs. 1 Online-SatCab-RL). Nach der Legaldefinition des Art. 2 Abs. 1 Online-SatCab-RL[45] soll ein ergänzender Online-Dienst die Fernseh- oder Hörfunkprogramme des Sendeunternehmens zeitgleich oder für eine begrenzten Zeitraum nach ihrer Übertragung anbieten. Dies kann auch durch öffentliches Online-Bereitstellen von Materialien (wie Vorschauen, Erweiterungen, Beilagen oder Besprechungen)[46] geschehen. Für die grenzüberschreitende Bereitstellung eines ergänzenden Online-Dienstes, den Zugang zu diesem und dessen Nutzung richtet sich das Eingreifen der dazu erforderlichen Rechte (an der öffentlichen Wiedergabe einschließlich der öffentlichen Zugänglichmachung[47] und an Vervielfältigungen der benutzten Werke und der durch verwandte Schutzrechte geschützten Schutzgegenstände) nach dem **Ursprungslandprinzip** (Art. 3 Abs. 1 Online-SatCab-RL).[48] Es wird fingiert, dass diese Nutzungshandlungen nur in dem Mitgliedstaat erfolgt sind, in dem das Sendeunternehmen seine Hauptniederlassung hat (Art. 3 Abs. 1 S. 1 Online-SatCab-RL).

Die **Geltung des Ursprungslandprinzips** ist allerdings in verschiedener Hinsicht beschränkt.[49] Es gilt nur für Hörfunkprogramme und Fernsehprogramme, die Nachrichtensendungen oder Sendungen zum aktuellen Geschehen sind[50] oder von dem Sendeunternehmen vollständig finanzierte Eigenproduktionen[51] (Art. 3 Abs. 1 S. 1 Online-SatCab-RL). Ausdrücklich ausgenommen sind Übertragungen von Sportveranstaltungen (samt den in ihnen enthaltenen Werken und sonstigen Schutzgegenständen).[52] Das Ursprungslandprinzip gilt auch nicht für die Lizenzierung der Eigenproduktionen des Sendeunternehmens an Dritte[53] und lässt die Freiheit der Rechteinhaber und des Sendeunternehmens, bei der Rechtevergabe die Nutzungen (im Einklang mit dem sonstigen Unionsrecht)[54] auch in territorialer Hinsicht zu beschränken, unberührt (Art. 3 Abs. 3 Online-SatCab-RL).[55] Richtlinien für die Vergütung der Rechte, die für die Zwecke des ergänzenden Online-Dienstes ge-

---

[36] Vgl. Art. 4 ff. Online-SatCab-RL.

[37] Vgl. Art. 2 Abs. 2 Buchst. a Online-SatCab-RL.

[38] Dazu → Rn. 75.

[39] Vgl. Art. 2 Abs. 2 Buchst. b und Abs. 3 Online-SatCab-RL; vgl. *Niebler* ZUM 2019, 545 (549).

[40] Vgl. Art. 7 Online-SatCab-RL.

[41] Vgl. Erwgr. 20 S. 3 Online-SatCab-RL.

[42] Vgl. dazu *Auinger* ZUM 2019, 537 (539 f.); *Charissé* ZUM 2019, 541 (544 f.); *Dörr* ZUM 2019, 556 (560); *Hofmann* ZUM 2019, 551 f.; *Niebler* ZUM 2019, 545 (549, 550); auch → § 15 Rn. 19; → § 20 Rn. 49.

[43] Sa Erwgr. 20.

[44] Zum Begriff des „ergänzenden Online-Dienstes" vgl. Art. 2 Abs. 1 Online-SatCab-RL (sowie Erwgr. 8); *Dörr* ZUM 2019, 556 (557).

[45] Vgl. auch Erwgr. 8.

[46] Vgl. Erwgr. 8.

[47] Art. 3 Abs. 1 Online-SatCab-RL führt – abweichend von Art. 3 Abs. 1 InfoSoc-RL („einschließlich") – das Recht der öffentlichen Zugänglichmachung als eigenes Recht neben dem Recht der öffentlichen Wiedergabe an.

[48] Vgl. auch Erwgr. 9.; zur rechtspolitischen Diskussion um das Ursprungslandprinzip vor Verabschiedung der Richtlinie s. *Auinger* ZUM 2019, 537 f.; *Hofmann* ZUM 2019, 551 (552 ff.).

[49] Vgl. auch Erwgr. 10.

[50] Vgl. dazu *Hofmann* ZUM 2019, 551 (553); *Dörr* ZUM 2019, 556 (558).

[51] Vgl. Erwgr. 10 S. 3; vgl. auch *Hofmann* ZUM 2019, 551 (553).

[52] Vgl. Art. 3 Abs. 1 S. 2 Online-SatCab-RL.

[53] Vgl. Erwgr. 10 S. 6.

[54] Vgl. auch Erwgr. 11.

[55] Vgl. Erwgr. 10 S. 7.

nutzt werden, enthält Art. 3 Abs. 2 Online-SatCab-RL).[56] Das Ursprungslandprinzip gilt nicht für nachfolgende öffentliche Wiedergaben oder spätere Vervielfältigungen.[57] Es soll die grenzüberschreitende Bereitstellung „ergänzender Online-Dienste" erleichtern, die Sendeunternehmen aber nicht zu solchen Diensten verpflichten.[58]

Übergangsregelungen für bestehende Verträge enthält Art. 11 Online-SatCab-RL.[59]

IV. Richtlinie über das Urheberrecht und die verwandten Schutzrechte im digitalen Binnenmarkt

14   Nach Art. 9 Abs. 2 der Richtlinie über das Urheberrecht und die verwandten Schutzrechte im digitalen Binnenmarkt (DSM-RL),[60] die bis zum 7.6.2021 umzusetzen ist,[61] wird fingiert, dass öffentliche Wiedergaben, die unter die Schranke des Art. 8 Abs. 2 und 3 DSM-RL (Nutzung von vergriffenen Werken und sonstigen Schutzgegenständen durch Einrichtungen des Kulturerbes) fallen, in dem Mitgliedstaat erfolgt sind, in dem die Einrichtung des Kulturerbes ihren Sitz hat.[62] Die Fiktion bezweckt wohl, dass grenzüberschreitende öffentliche Wiedergaben hinsichtlich der Anwendbarkeit der Schranke in allen Mitgliedstaaten einheitlich beurteilt werden. Es ist jedoch fraglich, ob dieses Ziel mit Art. 9 Abs. 2 DSM-RL erreicht werden kann, weil die Frage, ob eine Nutzungshandlung unter die Schranke fällt, in den betroffenen Mitgliedstaaten verschieden beurteilt werden kann.

B. Internationale Abkommen

I. Einwirkung der internationalen Abkommen auf das deutsche Urheberrecht

15   Die Auslegung der §§ 20 ff. ist soweit möglich an Wortlaut und Zweck der in ihrem Regelungsbereich erlassenen Richtlinien auszurichten.[63] Die Bestimmungen des Unionsrechts sind wiederum nach Möglichkeit im Licht des Völkerrechts auszulegen, insbesondere wenn mit ihnen ein von der Union geschlossener völkerrechtlicher Vertrag durchgeführt werden soll[64] wie der WIPO-Urheberrechtsvertrag (WCT)[65] und das TRIPS-Übereinkommen.[66] Auch die Berner Übereinkunft (RBÜ) ist bei der Auslegung des Unionsrechts zu beachten.[67] Die genannten internationalen Verträge sind zudem in das innerstaatliche Recht transformiert worden.

II. Berner Übereinkunft

16   Die Berner Übereinkunft (RBÜ),[68] das älteste mehrseitige internationale Abkommen zum Schutz des Urheberrechts, regelt auch den Schutz des Senderechts. Die Bedeutung dieses Schutzes ist durch das TRIPS-Übereinkommen gesteigert worden, da dieses den Schutzgehalt der Berner Übereinkunft übernommen hat (Art. 9 TRIPS-Übereinkommen).[69]

17   Auf der **Revisionskonferenz in Rom** (1928) wurde das Senderecht in der RBÜ durch Einfügung des Art. 11bis verankert.[70]

18   Nach **Art. 11bis Abs. 1 RBÜ (Brüsseler und Pariser Fassung,** die im Folgenden allein behandelt wird) genießen die Urheber von Werken der Literatur und Kunst „das ausschließliche Recht zu erlauben: 1. die Rundfunksendung ihrer Werke oder die öffentliche Wiedergabe ihrer Werke durch irgendein anderes Mittel zur drahtlosen Verbreitung von Zeichen, Tönen oder Bildern, 2. jede öffentliche Wiedergabe des durch Rundfunk gesendeten Werkes mit oder ohne Draht, wenn diese Wiedergabe von einem anderen als dem ursprünglichen Sendeunternehmen vorgenommen wird".

---

[56] Vgl. auch Erwgr. 12.
[57] Vgl. auch Erwgr. 9 S. 4.
[58] Vgl. Erwgr. 11.
[59] Vgl. auch Erwgr. 23.
[60] Zur DSM-RL → § 15 Rn. 1.
[61] Art. 29 Abs. 1 DSM-RL.
[62] Die Vorschrift geht auf eine Trilog-Sitzung vom 26.11.2018 zurück (vgl. Council of the European Union [General Secretariat], Working Paper vom 19.12.2018 [WK 15629/2018 INIT], Nr. 182).
[63] Zur richtlinienkonformen Auslegung → § 15 Rn. 131 ff.
[64] Vgl. EuGH GRUR 2007, 225 Rn. 35 – SGAE/Rafael; vgl. weiter → § 15 Rn. 117 ff.
[65] → § 15 Rn. 117; zum WIPO-Urheberrechtsvertrag → Rn. 32 ff.; → Vor §§ 120 ff. Rn. 36 ff.
[66] Vgl. → § 15 Rn. 117; zum TRIPS-Übereinkommen → Rn. 37; → Vor §§ 120 ff. Rn. 14 ff.
[67] Vgl. → § 15 Rn. 117; zur RBÜ → Rn. 16 ff.
[68] Allgemein zur RBÜ → Vor §§ 120 ff. Rn. 27 ff.
[69] → Vor §§ 120 ff. Rn. 17 f.; Busche/Stoll/Wiebe/Brand TRIPs Art. 9 Rn. 8 ff.
[70] Zu Art. 11bis RBÜ in der Rom-Fassung s. *Dittrich* S. 11 ff.; *Dillenz* S. 38 ff.; *Stern* FS 100 Jahre URG, 1983, 187 (189 ff.); *Dreier* S. 42; *Bornkamm* FS GRUR, 1991, 1349 (1365 ff.); *v. Ungern-Sternberg* S. 17 ff.

Der Begriff der **Öffentlichkeit** ist in der RBÜ wie in den anderen internationalen Verträgen zum **19** Urheberrecht nicht geregelt.[71]

Art. 11bis Abs. 1 RBÜ gibt dem Urheber ein **Recht an drahtlosen Sendungen** an eine Öffent- **20** lichkeit.[72] Darunter fallen auch **Rundfunksatellitensendungen** (allgM).[73] Eine solche ist anzunehmen, wenn die Satellitensendung für eine Öffentlichkeit empfangbar ist.[74] Fernmeldesatellitenübertragungen, die selbst nicht öffentlich sind, werden dagegen von Art. 11bis Abs. 1 RBÜ auch dann nicht erfasst, wenn sich eine öffentliche Rundfunk- oder Kabelfunksendung anschließen soll (hM).[75]

Die dem Urheber durch Art. 11bis Abs. 1 RBÜ vorbehaltene **Verwertungshandlung bei Satelli-** **21** **tensendungen** besteht in der Ausstrahlung des geschützten Werkes durch den Satelliten an eine Öffentlichkeit.[76] Dies ist für Art. 11bis Abs. 1 RBÜ allerdings ebenso umstritten wie für § 20.[77] Die RBÜ begründet die Verpflichtung, die Werke der Urheber in den Verbandsländern zu schützen (vgl. zB Art. 2 Abs. 6 RBÜ). Da die direkte Satellitensendung eines Werkes den Schutz des Rechtsinhabers in den Verbandsländern tiefgreifender beeinträchtigen kann als terrestrische Rundfunksendungen, fordert die RBÜ von den Verbandsländern, auch bei direkten Satellitensendungen einen ausreichenden Schutz zu gewähren.[78] Im Hinblick auf die insoweit unzweideutige tatbestandliche Regelung des Art. 11bis Abs. 1 Nr. 1 RBÜ kann dies nicht bedeuten, dass die Verbandsländer verpflichtet wären, Verwertungsrechte an anderen Nutzungshandlungen als der Ausstrahlung des geschützten Werkes an eine Öffentlichkeit zu gewähren.[79] Der notwendige Schutz kann aber auch dadurch gewährleistet werden, dass ein Verbandsland den Schutzland den sachlichen Anwendungsbereich seines Urheberrechts auch auf Fälle erstreckt, in denen direkte Satellitensendungen andernfalls die Rechte der Urheber in seinem Gebiet wirtschaftlich aushöhlen würden.[80]

Die **Regelung des Kabelfunks in der RBÜ** ist kompliziert und in ihrer Auslegung str.[81] **22**

Die **Rechte an originären Kabelfunksendungen** sind besonders unübersichtlich geregelt. Bei **23** einer Originalsendung durch Kabel oder bei der zeitversetzten Kabelweiterübertragung einer Rundfunksendung (für diese str.)[82] wird der Urheber nicht durch Art. 11bis Abs. 1 Nr. 2 RBÜ, sondern je nach der Werkgattung – allerdings nicht bei allen Werkgattungen – gemäß Art. 11 Abs. 1 Nr. 2, 11ter Abs. 1 Nr. 2, 14 Abs. 1 Nr. 2 und 14bis Abs. 1 S. 2 iVm 14 Abs. 1 Nr. 2, 14bis Abs. 2 Buchst. b RBÜ (Pariser Fassung) geschützt.[83] Die Kabelfunkweiterübertragung einer originären Kabelfunksendung wird wie eine solche behandelt.[84]

Die **zeitgleiche öffentliche Kabelübertragung** einer Rundfunksendung durch ein anderes Un- **24** ternehmen (das kein Sendeunternehmen sein muss),[85] wird von **Art. 11bis Abs. 1 Nr. 2 RBÜ** erfasst. Das „andere" Unternehmen muss Werknutzer sein, nicht lediglich Dienstleister beim Signaltransport.[86] Wann die zeitgleiche Weiterübertragung von Rundfunksendungen durch Kabelsysteme wie Gemeinschaftsantennenanlagen oder Breitband-Kabelanlagen nur als Empfangsvorgang zu werten ist und wann sie unter Art. 11bis Abs. 1 Nr. 2 RBÜ fällt, wird für diese Vorschrift in gleicher Weise unterschiedlich beurteilt[87] wie früher die entsprechende Frage für § 20.[88] Die RBÜ hat jedoch die

---

[71] → § 15 Rn. 356.

[72] Zu Einzelheiten vgl. *Bappert/Wagner* Art. 11bis Rn. 2; *Nordemann/Vinck/Hertin* RBÜ Art. 11bis Rn. 2 f.; *v. Ungern-Sternberg* S. 24 ff.

[73] SchweizBG GRUR-Int 1994, 442 (443 f.) – CNN International.

[74] Abw. – zu Art. 12 SchweizURG aF – SchweizBG (GRUR-Int 1994, 442 (445) – CNN International), das eine Satellitenausstrahlung nur dann als Rundfunksendung ansieht, wenn die Signale technisch und mit finanziell erschwinglichen Installationen für die Allgemeinheit zugänglich sind und auch dazu bestimmt sind, von ihr direkt oder indirekt empfangen zu werden.

[75] Vgl. *Reinshagen* UFITA 67 (1973), 77 ff.; *Rumphorst* Copyright 1983, 301 (302 ff.); *Poll* ZUM 1985, 75 (78); *v. Ungern-Sternberg* S. 28 ff., 142; aA *Kérèver* RIDA 1984 (121), 27 (32 ff.); sa *Steup* GRUR-Int 1973, 342 (344); *Ulmer* RIDA 1977 (93), 5 (13 ff.).

[76] Vgl. *v. Ungern-Sternberg* S. 28 ff., 143 f., 146; sa *Ullrich* S. 196 ff., 235 ff.

[77] → § 20 Rn. 54 ff.

[78] Sa *v. Ungern-Sternberg* S. 149 ff.

[79] AA *Ullrich* S. 218 ff.

[80] Dazu → Rn. 69.

[81] Vgl. dazu ausführlich *Dreier* S. 41 ff.; *Platho* S. 28 ff.; *Isenegger* S. 27 ff.; *Walter* GRUR-Int 1974, 119 ff.; *v. Ungern-Sternberg* S. 54 ff.

[82] Wie hier SchweizBG GRUR-Int 1981, 404 (408) – Kabelfernsehanlage Rediffusion I; *Rumphorst* Copyright 1983, 301 (304); s. weiter *v. Ungern-Sternberg* S. 51; aA *Gounalakis* S. 95.

[83] S. dazu *Dreier* S. 42 ff. (63 ff.); *Reimer* GRUR-Int 1979, 86 (93, 95); *Platho* S. 28 ff.; *Walter* GRUR-Int 1974, 119 ff.; *Schwertfeger* S. 6 f.; *Bornkamm* FS GRUR, 1991, 1349 (1377 f.); *Katzenberger* FS Beier, 1996, 379 (384 f.); *v. Ungern-Sternberg* S. 54 f. Zur Frage, ob dem Urheber nach der RBÜ ein (eigenständiges) Recht an der leitungsgebundenen Weitersendung zusteht, wenn diese durch das Ursprungsunternehmen durchgeführt wird, vgl. *Dreier* S. 57 f. Zur Zulässigkeit von Einschränkungen der Rechte an originären Kabelfunksendungen durch den nationalen Gesetzgeber vgl. *Dreier* S. 63 ff.; *Schricker* Kabelrundfunk S. 94; *v. Ungern-Sternberg* S. 58 f., 70 f.

[84] *Nordemann/Vinck/Hertin* RBÜ Art. 11bis Rn. 3; *Gounalakis* S. 79.

[85] SchweizBG GRUR-Int 1981, 404 (408) – Kabelfernsehanlage Rediffusion I – und GRUR-Int 1985, 412 (414) – Gemeinschaftsantenne Altdorf; Hoge Raad GRUR-Int 1995, 83 f. – Kabelfernsehunternehmen III; liechtenst. OGH GRUR-Int 1998, 512 (514 f.) – Kabelweitersendung.

[86] S. *Mand* S. 61 ff.

[87] Zu Art. 11bis RBÜ s. Schweiz BG GRUR-Int 1981, 404 (405 ff.) – Kabelfernsehanlage Rediffusion I; Hoge Raad GRUR-Int 1982, 463 (464) – Kabelfernsehunternehmen I; öOGH GRUR-Int 1986, 728 (732) – Hotel-Video; *Dreier* S. 44 ff., 65 ff.; *Schwertfeger* S. 157 ff.; *Gounalakis* S. 283 ff.; *Dittrich* S. 11 ff. und RfR 1982, 25 ff.;

Abgrenzungskriterien dem nationalen Gesetzgeber überlassen.[89] Da Art. 3 InfoSoc-RL das Recht der öffentlichen Wiedergabe vollständig harmonisiert hat, ist die Beurteilung, ob eine öffentliche Wiedergabe durch zeitgleiche Weiterübertragung einer Rundfunksendung vorliegt, nunmehr anhand dieser Vorschrift vorzunehmen.[90]

25 Art. 11bis Abs. 1 Nr. 2 RBÜ erfasst auch die Weiterübertragung von Rundfunksendungen durch **Verteileranlagen in Hotels** oder ähnlichen Einrichtungen, in denen auf diese Weise vielen Personen Zugang zu den Sendungen verschafft wird.[91]

26 Für das Eingreifen des Art. 11bis Abs. 1 Nr. 2 RBÜ ist es unerheblich, ob die **Weiterübertragung** auf einem Empfang der Rundfunksendung „aus der Luft" beruht oder mit dieser nur zeitgleich ist, weil die Funksendung[92] an die Kopfstation des Kabelsystems gesondert (durch Kabel, Richtfunk oder eine nicht an die Öffentlichkeit ausgestrahlte Satellitensendung) zugeleitet wird.[93]

27 Gemäß **Art. 11bis Abs. 2 RBÜ** kann das nationale Recht **Schranken** für die Rechte aus Art. 11bis Abs. 1 RBÜ vorsehen, wobei jedoch weder das Urheberpersönlichkeitsrecht noch der Anspruch des Urhebers auf eine angemessene Vergütung beeinträchtigt werden darf.[94] Unter diesen Voraussetzungen ist auch zulässig die Einführung einer Zwangslizenz (ganz hM),[95] einer gesetzlichen Lizenz (hM)[96] oder einer Verwertungsgesellschaftpflicht der Rechte aus Art. 11bis Abs. 1 RBÜ (wie sie nunmehr in § 20b Abs. 1 S. 1 bestimmt ist).[97] Art. 8 WCT[98] hindert die Anwendung des Art. 11bis Abs. 2 RBÜ nicht.[99]

28 Die Wirkungen der Schranken müssen sich nach **Art. 11bis Abs. 2 S. 1 RBÜ** ausschließlich auf das Hoheitsgebiet des Landes beschränken, das sie festgelegt hat. Dies schließt Schranken für den erdgebundenen Rundfunk trotz seiner grenzüberschreitenden Wirkung nicht aus. Die Einführung einer gesetzlichen Lizenz für öffentliche Satellitensendungen durch einen einzelnen nationalen Gesetzgeber würde aber wegen der sehr viel größeren Breitenwirkung solcher Sendungen dem Sinn des Art. 11bis Abs. 2 RBÜ widersprechen.[100]

29 Bei Kabelfunksendungen erfasst Art. 11bis Abs. 2 RBÜ nur zeitgleiche öffentliche Kabelweiterübertragungen drahtloser Rundfunksendungen, weil sich die Vorschrift nur auf die in Art. 11bis Abs. 1 RBÜ geregelten Rechte bezieht.[101]

30 Nach dem Generalbericht der Brüsseler Revisionskonferenz sollte es den nationalen Gesetzgebern auch unabhängig von Art. 11bis Abs. 2 RBÜ vorbehalten bleiben, von dem Recht aus Art. 11bis RBÜ gewisse **„kleine Ausnahmen"** vorzusehen (**petites réserves**, zB für religiöse Feiern und Unterrichtszwecke).[102] Daran wurde auch beim Abschluss des WCT festgehalten (Art. 10 Abs. 1 WCT).[103]

31 § 20 ist **im Vergleich zur Regelung der RBÜ** umfassender und wesentlich klarer gefasst, da drahtlose und leitungsgebundene Weiterübertragungen ebensowenig unterschieden werden wie die Sendung durch ein Ursprungsunternehmen und die Weiterübertragung durch ein anderes Unternehmen. Nach dem Willen des Gesetzgebers sollte § 20 im Umfang der Rechtsgewährung nicht hinter Art. 11bis RBÜ zurückbleiben.[104]

Isenegger S. 29 ff.; *Möller* FuR 1983, 455 (459 ff.); *Stern* FS 100 Jahre URG, 1983, 187 (189 ff.); *Walter* GRUR-Int 1974, 119 und FuR 1975, 752 (753 ff.); *Katzenberger* MR 2003, Beil. zu Heft 4 S. 1 (4 f.); *v. Ungern-Sternberg* S. 17 ff. und UFITA 94 (1982), 79 (82 ff.).

[88] → 4. Aufl. 2010, § 20 Rn. 27 ff.

[89] → § 15 Rn. 27, 89, 119.

[90] Vgl. dazu → § 20b Rn. 62 f.

[91] Vgl. EuGH GRUR 2007, 225 Rn. 40 ff. – SGAE/Rafael = ÖBl. 2007, 88 mAnm *Dittrich*; SchweizBG BGE 143 II 617 (unter 5.1 ff., 5.2.6) – GT 3a Zusatz.

[92] Vgl. dazu → § 87 Rn. 63.

[93] Vgl. Kreile/Roegele/Scharf/*Dittrich* S. 59, 63 ff.; *v. Ungern-Sternberg* S. 62 ff.; zu einem Fall dieser Art vgl. öOGH GRUR-Int 1989, 422 – RTL-Plus.

[94] S. dazu Bappert/*Wagner* RBÜ Art. 11bis Rn. 8 ff.; Nordemann/Vinck/*Hertin* RBÜ Art. 11bis Rn. 6 ff.; *Dreier* S. 58 ff.

[95] S. *Ulmer* § 62 III 1; *Bußmann* UFITA 18 (1954), 29 (35); *Platho* S. 33; *Reimer* GRUR-Int 1979, 86 (94 f.); *Gounalakis* S. 80 f.

[96] S. dazu *Walter* UFITA 91 (1981), 29 (57 ff.); *Gounalakis* S. 80 f., 63; *Platho* S. 33; *Schricker* Kabelrundfunk S. 93 f.; Grünbuch der *EG-Kommission* „Fernsehen ohne Grenzen" GRUR-Int 1984, 612 (622).

[97] Vgl. liechtenst. OGH GRUR-Int 1998, 512 (516) – Kabelweitersendung; *Schricker* Kabelrundfunk S. 99; *Gounalakis* S. 80 f. Zur Frage, ob derartige Beschränkungen des Senderechts auch zugunsten anderer Unternehmen als Sendeunternehmen (zB Datenbanken) vorgesehen werden können und auch für Sendeunternehmen, die kein herkömmliches vielgestaltiges Programm ausstrahlen, sondern nur Spartenprogramme (zB nur Spielfilme, nur Musik) vgl. – verneinend – *Katzenberger* FS Beier, 1996, 379 (387).

[98] → Rn. 32.

[99] Agreed Statements Concerning the WIPO Copyright Treaty zu Art. 8, abgedr. BGBl. 2003 II S. 764 ff. = IIC 1997, 213 (214); s. weiter *von Lewinski* GRUR-Int 1997, 667 (675).

[100] *Kéréver* Copyright Bull. 1990 Nr. 3 S. 6 (16); sa *Dreier* GRUR-Int 1991, 13 (17); Walter/*Dreier*, Europäisches Urheberrecht, S. 444 f. Rn. 9; aA *Neumaier* UFITA 2003 III, 639 (666 ff.).

[101] Vgl. *Schricker* Kabelrundfunk S. 94; sa *Dittrich* Anm. zu öOGH Schulze Ausl. Öst. 96 – Sky Channel – S. 13; zur Bedeutung der Vorschrift für eine gesetzliche Regelung der Kabelweiterleitung von Rundfunksendungen durch kleinere Kabelanlagen sa Hoge Raad GRUR-Int 1995, 83 (84) – Kabelfernsehunternehmen III.

[102] Vgl. dazu näher *Ulmer* GRUR-Int 1981, 372 (374); *von Lewinski*, International Copyright Law and Policy, 2008, Kap. 5 Rn. 5.199 ff.; *Neumann*, Urheberrecht und Schulgebrauch, 1994, S. 150 ff.; *v. Ungern-Sternberg* S. 58 ff.; abl. Busche/Stoll/Wiebe/*Brand* TRIPs Art. 9 Rn. 61.

[103] Vgl. *Dittrich* in Dittrich, Beiträge zum Urheberrecht V, 1997, S. 153, 158.

[104] S. Begr. zu § 20 RegE, BT-Drs. IV/270, 49 f. = UFITA 45 (1965), 240 (264).

III. WIPO Urheberrechtsvertrag

Der **WIPO Urheberrechtsvertrag** (WIPO Copyright Treaty, WCT),[105] ein Sonderabkommen 32
iSd Art. 20 RBÜ (Art. 1 Abs. 1 und 2 WCT), ergänzt mit seinem Art. 8 (Right of Communication
to the Public) die den Urhebern nach der RBÜ zustehenden Rechte der öffentlichen Wiedergabe.[106]

Art. 8 WCT gibt den Urhebern ein **„Recht der öffentlichen Wiedergabe"**, das – anders als die 33
in dieser Vorschrift genannten einzelnen Rechte – nicht auf bestimmte Werkarten beschränkt ist.[107]
Anders als nach deutschem Recht (aber ebenso wie Art. 3 Abs. 1 InfoSoc-RL)[108] umfasst der Begriff
der öffentlichen Wiedergabe in Art. 8 WCT jedoch nur Wiedergaben, die durch ein **gewisses Distanzelement** gekennzeichnet sind, nicht auch Wiedergaben, wie sie nach deutschem Recht unter
das Vortrags-, Aufführungs- oder Vorführungsrecht (nach § 19 Abs. 1, 2 und 4) fallen.[109] Auf die
Entfernung kommt es dabei nicht entscheidend an. Art. 8 WCT kann unter Umständen auch Übertragungen innerhalb eines Gebäudes erfassen (etwa durch Verteileranlagen).

Als Teil des umfassenden Rechts der öffentlichen Wiedergabe gewährt **Art. 8 Hs. 2 WCT** dem 34
Urheber ein Recht an Wiedergaben seines Werkes, durch die das Werk der Öffentlichkeit in einer
Weise zugänglich gemacht wird, dass Mitglieder der Öffentlichkeit Zugriff auf das Werk auf eine nach
Ort und Zeit individuell gewählte Art und Weise haben. Das Recht umfasst damit auch das in § 19a
geregelte Recht der öffentlichen Zugänglichmachung.[110]

Die Vorschrift des Art. 8 WCT ist **technologieneutral** formuliert und erfasst so auch Wiederga- 35
ben mithilfe künftig neu entwickelter technischer Übertragungsformen.[111] Werknutzer ist nicht, wer
lediglich technische Einrichtungen für die Wiedergabe zur Verfügung stellt.[112] Der WCT hat die
Bestimmung des Begriffs der **Öffentlichkeit** grundsätzlich dem nationalen Recht überlassen.[113]

Nach Art. 10 WCT können die Vertragsstaaten **Schranken** der Rechte aus Art. 8 WCT vorse- 36
hen.[114] Soweit sich die in Art. 8 WCT vorgesehenen Rechte bereits aus der RBÜ ergeben, sind die
Vertragsstaaten des WCT durch Art. 8 WCT nicht gehindert, die insoweit nach der RBÜ zulässigen
Schranken und Ausnahmen aufrechtzuerhalten oder einzuführen.[115] Dies gilt jedoch nicht für das
Recht der öffentlichen Zugänglichmachung, das nicht unter Art. 11bis RBÜ fällt.[116]

IV. TRIPS-Übereinkommen

Das TRIPS-Übereinkommen[117] hat den **Schutzgehalt der Berner Übereinkunft** übernommen 37
(Art. 9 TRIPS-Übereinkommen).[118] Die Mitglieder haben den Urhebern demgemäß grundsätzlich
das Senderecht im Umfang des Art. 11bis RBÜ zu gewähren. Eine **Ausnahme** gilt aber für die Befugnis der Mitglieder, gemäß Art. 11bis Abs. 2 RBÜ die Voraussetzungen für die Ausübung des Senderechts festzulegen. Da das TRIPS-Übereinkommens nicht den Schutz des Urheberpersönlichkeitsrechts durch Art. 6bis RBÜ übernommen hat (Art. 9 Abs. 1 S. 2 TRIPS-Übereinkommen), ist das
Recht der Mitglieder, die Ausübung des Senderechts zu regeln, nicht durch die urheberpersönlichkeitsrechtlichen Befugnisse aus Art. 6bis RBÜ beschränkt.[119]

V. Welturheberrechtsabkommen

Das **Welturheberrechtsabkommen (WUA)**[120] verpflichtet in Art. IVbis Abs. 1 seiner Pariser Fas- 38
sung die Vertragsstaaten, dem Urheber das Recht zu gewähren, die Rundfunksendung seines Werkes

---

[105] → Vor §§ 120 ff. Rn. 36 ff. Der Vertrag ist nach Art. 2 des Zustimmungsgesetzes vom 10.8.2003 (BGBl. II
S. 754) am 19.8.2003 in Kraft getreten.
[106] Zur Entstehungsgeschichte des Art. 8 s. *Ficsor,* The Law of Copyright and the Internet – The WIPO Treaties,
their Interpretation and Implementation, 2002; Reinbothe/*von Lewinski* WCT Art. 8 Rn. 7.8.1 ff., 7.8.23 f.;
von Lewinski/*Gaster* ZUM 1997, 607 (618); *Govoni*/*Gasser* in Hilty Information Highway S. 235, 243 ff.; *Dittrich* in
Dittrich, Beiträge zum Urheberrecht V S. 153 ff.; weiter → § 19a Rn. 21; → § 15 Rn. 117 ff.
[107] Reinbothe/von Lewinski/*von Lewinski* WCT Art. 8 Rn. 7.8.11; *Ficsor* S. 494 f.
[108] → § 19 Rn. 5.
[109] S. öOGH MR 2008, 299 (304) – Schulfilm; *Ficsor* S. 156; Walter/*Walter,* Europäisches Urheberrecht,
S. 1046 ff. Rn. 68 ff.; *Walter,* Österreichisches Urheberrecht, 1. Teil, 2008, Rn. 731.
[110] Weiter → § 19a Rn. 23 ff. (dort auch zum Abrufübertragungsrecht).
[111] WIPO Doc. CRNR/DC/4, 10.14; Reinbothe/von Lewinski/*von Lewinski* WCT Art. 8 Rn. 7.8.12.
[112] Agreed Statements Concerning the WIPO Copyright Treaty zu Art. 8, abgedr. BGBl. 2003 II S. 764 ff. = IIC
1997, 213 (214); sa Mand S. 64 ff.
[113] Vgl. → § 15 Rn. 356.
[114] Vgl. dazu näher *von Lewinski* GRUR-Int 1997, 667 (675 f.); *von Lewinski*/*Gaster* ZUM 1997, 607 (618).
[115] → Rn. 27 ff.
[116] → § 19a Rn. 20.
[117] Vgl. → § 15 Rn. 117; → Vor §§ 120 ff. Rn. 14 f.
[118] → Vor §§ 120 ff. Rn. 17 f.; Busche/Stoll/Wiebe/*Brand* TRIPs Art. 9 Rn. 8 ff.
[119] Vgl. *von Lewinski,* International Copyright Law and Policy, 2008, Kap. 10 Rn. 10.52 ff.; Busche/Stoll/Wiebe/
Brand TRIPs Art. 9 Rn. 60.
[120] Vgl. zu diesem → Vor §§ 120 ff. Rn. 43 ff.

zu genehmigen.[121] Ob die Bestimmung auch den Kabelfunk als Unterfall der Rundfunksendung erfasst, ist str.[122] Ebenso ist str., ob es sich dabei um ein Mindestrecht handelt, wie dies etwa bei Art. 11bis RBÜ der Fall ist.[123] Das Recht kann gemäß Art. IVbis Abs. 2 WUA (Pariser Fassung) durch die innerstaatliche Gesetzgebung eingeschränkt werden.[124]

VI. Konvention des Europarats

39   Die Europäische Konvention über urheber- und leistungsschutzrechtliche Fragen im Bereich des grenzüberschreitenden Satellitenrundfunks vom 11.5.1994[125] ist **nicht in Kraft** getreten[126] und von Deutschland auch nicht ratifiziert worden.[127]

C. Rechtsentwicklung

I. Rechtslage vor Inkrafttreten des UrhG

40   Das Senderecht wurde erstmals in § 20 gesetzlich verankert. Das Recht des Urhebers an der Rundfunksendung war aber schon **vor Inkrafttreten des UrhG** in der Rechtsprechung (beginnend mit dem Urteil des RG vom 12.5.1926 „Der Tor und der Tod")[128] und in der Literatur anerkannt.[129] Dabei wurde zunächst versucht, die Rundfunksendung unter die herkömmlichen Verwertungsrechte, wie insbesondere das Verbreitungs- und das Aufführungsrecht, einzuordnen.[130] Seit seinem Urteil „Künstlerlizenz Rundfunk" vom 31.4.1960[131] hat der BGH das Senderecht als Verwertungsrecht eigener Art behandelt und mit einer Gesetzesanalogie begründet.[132] Die Sendung über Kabel wurde bereits mit dem Urteil des BGH „Rundfunkempfang im Hotelzimmer I" vom 28.11.1961[133] der drahtlosen Sendung gleichgestellt.

41   Der Vorschlag in **§ 59 RefE** für das UrhG, den Sendeunternehmen ein gesetzliches Recht zur Funksendung zuzugestehen, falls der Urheber einem anderen ein ausschließliches Senderecht eingeräumt hat, wurde nicht Gesetz (enger bereits § 62 MinE und § 65 RegE).[134]

II. Rechtslage nach Inkrafttreten des UrhG

42   Das UrhG hat das Senderecht des Urhebers in § 20 aF geregelt.

43   Durch das **4. UrhGÄndG** vom 8.5.1998[135] wurde die **Satelliten- und Kabel-RL**[136] **umgesetzt.**[137] In § 20a wurde das Recht an der europäischen Satellitensendung geregelt. Zudem wurden mehrere Vorschriften über die Wahrnehmung des Senderechts in das UrhG und das UrhWG (aF)

---

[121] S. *Kaminstein,* Generalbericht der Revisionskonferenz in Paris, UFITA 68 (1973), 272 (283 ff.).

[122] Bejahend: *Fuhr* FuR 1982, 63 (65); *Hillig* UFITA 91 (1981), 1 (14); verneinend: *Schricker* Kabelrundfunk S. 31; *Gounalakis* S. 84; sa *Dreier* S. 69 f.

[123] Verneinend: *Nordemann/Vinck/Hertin* WUA Art. IVbis Rn. 1; *Neumaier* UFITA 2003 III, 639 (689).

[124] *Nordemann/Vinck/Hertin* WUA Art. IVbis Rn. 5; *Ulmer* GRUR-Int 1971, 423 (426); *Bungeroth* UFITA 68 (1973), 27 (29); *Hillig* UFITA 91 (1981), 1 (13 f.); *Dreier* S. 69 f. mwN.

[125] → Vor §§ 120 ff. Rn. 90 ff.

[126] Vgl. dazu SchweizBG MR-Int. 2010, 110 (112); vgl. weiter *Ullrich* S. 460 ff.

[127] Vgl. BR-Drs. 377/95; → § 87 Rn. 24.

[128] RGZ 113, 413 – Der Tor und der Tod; zu diesem Urteil s. *Hillig* UFITA 2016 I, 179.

[129] Vgl. BGH GRUR 1982, 727 f. (729 f.) – Altverträge; *v. Gamm* UrhG § 20 Rn. 1, jeweils mwN; zur Rechtsentwicklung s. weiter *Hillig* UFITA 2016 I, 179.

[130] S. dazu *Dillenz* ZUM 1988, 361 (363 f.); *Dillenz* Direktsatellit S. 19 f.; *Bornkamm* FS GRUR, 1991, 1349 (1352 ff., 1361); *Karnell* UFITA 123 (1993), 69 ff.

[131] BGHZ 33, 38 (42) = GRUR 1960, 627 (629) – Künstlerlizenz Rundfunk.

[132] Zur Rspr. des BGH bis zum Inkrafttreten des UrhG vgl. *v. Gamm* UrhG § 20 Rn. 1.

[133] BGHZ 36, 171 (181) = GRUR 1962, 201 (204) – Rundfunkempfang im Hotelzimmer I.

[134] Zur Diskussion über eine gesetzliche Lizenz für den Rundfunk vor Inkrafttreten des UrhG vgl. *Ulmer* UFITA 45 (1965), 18 (33); *Bußmann* UFITA 19 (1955), 1 (4); *Brack* GRUR 1960, 165 (167); *Brugger* UFITA 41 (1964), 257 (268); *Hillig* UFITA 46 (1966), 1 (14); *Herter,* Geistiges Eigentum und gesetzliche Lizenz – eine gesetzliche Lizenz für die Kabelweitersendung ausländischer Fernsehprogramme aus zivilrechtlicher, eigentumsgrundrechtlicher und europarechtlicher Sicht, Diss. Mainz 1990, S. 49 ff., 64 ff.; *Bornkamm* FS GRUR, 1991, 1349 (1362 ff.). Weiter zur Diskussion über die Regelung des Senderechts in den Gesetzentwürfen für das UrhG s. *Bornkamm* FS GRUR, 1991, 1349 (1361 ff., 1377).

[135] BGBl. I S. 902.

[136] → Rn. 11.

[137] Materialien abgedr. in UFITA 137 (1998), 229 ff. Zu Problemen der Umsetzung s. Eingabe der *Deutschen Vereinigung für gewerblichen Rechtsschutz und Urheberrecht* GRUR 1995, 570 (zum RefE eines 4. UrhGÄndG); *Klingner* ZUM 1995, 72; *Dreier* ZUM 1995, 458; *Schwarz* ZUM 1995, 687; *Pfennig* ZUM 1996, 134; *Hillig* UFITA 138 (1999), 5. Zur Umsetzung der Satelliten- und Kabel-RL in Österreich s. *Walter/Walter,* Europäisches Urheberrecht, S. 399 ff., dort jeweils im Anschluss an die Kommentierung der einzelnen Artikel der Richtlinie; *Schanda* MR 1996, 133; *Gamerith* ÖBl. 1997, 99 (101 f.).

eingefügt: § 20b, § 87 Abs. 4 (jetzt Abs. 5) und § 137h UrhG sowie § 13b Abs. 3 und 4 UrhWG aF (vgl. nunmehr § 50 VGG). Eine **Übergangsregelung** wurde in § 137h getroffen.[138]

Bei Gelegenheit der Umsetzung der Satelliten- und Kabel-RL hat das 4. UrhGÄndG auch § 20 **44** neu gefasst: Der veraltete Begriff des „Drahtfunks" wurde durch den des „Kabelfunks" ersetzt. Der Satellitenrundfunk ist nunmehr ausdrücklich als Beispiel des Funks benannt (allerdings wurde zugleich die Anwendbarkeit des § 20 im Bereich der Satellitensendung eingeschränkt).[139] In der Wendung „ähnliche technische Einrichtungen" wurde – ohne sachliche Änderung – das Wort „Einrichtungen" durch das genauere Wort „Mittel" ersetzt. Weiter wurde dem Urheber – ohne Vorgabe durch die Richtlinie – nach Maßgabe des § 20b Abs. 2 ein Vergütungsanspruch bei Kabelweitersendungen iSd § 20b Abs. 1 zugestanden.[140]

Die **UrhG-Novelle 2003**[141] hat die InfoSoc-RL umgesetzt. Eine Änderung der senderechtlichen **45** Vorschriften der §§ 20 ff. war dabei nicht notwendig.

III. Urheberrecht der DDR

Das **URG-DDR** gewährte dem Urheber in § 18 Abs. 1 Buchst. e das ausschließliche Recht, dar- **46** über zu entscheiden, ob sein Werk gesendet wird. Dieses Recht wurde aber gemäß § 32 URG-DDR zugunsten des Rundfunks durch „gesetzliche Lizenzen"[142] stark eingeschränkt. § 66 und § 67 URG-DDR enthielten Vorschriften zum Sendevertragsrecht.[143]

D. Allgemeines zum Senderecht

I. Wesen und Gegenstand des Senderechts

Die Verwertungsrechte der Urheber aus § 20 und § 20a sind **Rechte an der öffentlichen Wie-** **47** **dergabe** des Werkes in unkörperlicher Form (§ 15 Abs. 2 Nr. 2).[144] Sie bilden gemeinsam „das Senderecht" des Urhebers, sind jedoch jeweils eigenständige Rechte.[145]

Schutzobjekt des Senderechts können geschützte Werke aller Art sein (§§ 2–4). Unerheblich **48** ist, ob das Werk bereits fixiert ist.

II. Schranken

Die Rechte an Sendungen aus § 20 und § 20a unterliegen den Schranken des § 45 Abs. 3 (Rechts- **49** pflege und öffentliche Sicherheit), § 45c Abs. 2 (Nutzung durch befugte Stellen), § 48 Abs. 1 (Öffentliche Reden), § 49 Abs. 1 und 2 (Zeitungsartikel und Rundfunkkommentare), § 50 (Berichterstattung über Tagesereignisse), § 51 (Zitate), § 57 (Unwesentliches Beiwerk), § 59 Abs. 1 (Werke an öffentlichen Plätzen) und des § 60a (Unterricht und Lehre). § 52 ist auf Funksendungen nicht anwendbar (§ 52 Abs. 3).[146] Art. 5 Abs. 3 und 5 InfoSoc-RL beschränkt die Möglichkeit der Mitgliedstaaten, durch Gesetz Schranken des Senderechts einzuführen.[147] Aus Art. 9 InfoSoc-RL ergibt sich nichts anderes.[148] Eine zwingende Schranke wird durch **Art. 5 DSM-RL** zugunsten von digitalen und grenzüberschreitenden Unterrichts- und Lehrtätigkeiten vorgeschrieben. Die Richtlinie ist bis zum 7.6.2021 umzusetzen (Art. 29 Abs. 1 DSM-RL).

III. Keine Erschöpfung des Senderechts

Das Verbreitungsrecht als Recht der Verwertung des Werkes in körperlicher Form (§ 15 Abs. 1) ist **50** nach § 17 Abs. 2 (mit Ausnahme des Vermietrechts) erschöpft, wenn das Original oder Vervielfältigungsstücke des Werkes mit Zustimmung des zur Verbreitung Berechtigten im Gebiet der Europäi-

---

[138] Vgl. dazu die Kommentierung zu § 137h sowie → § 20a Rn. 18 f.
[139] → § 20 Rn. 51.
[140] → § 20b Rn. 9.
[141] → § 15 Rn. 332.
[142] Zu deren Rechtsnatur vgl. *Wandtke/John/Bernhardt/Kubillus* UFITA 115 (1991), 23 (108).
[143] Zum Sende- und Sendevertragsrecht der DDR sowie zum Fortbestand von DDR-Sendeverträgen s. BGHZ 147, 244 = GRUR 2001, 826 – Barfuß ins Bett; s. weiter *Stögmüller,* Deutsche Einigung und Urheberrecht, 1994, S. 68, 88, 102, 114.
[144] → § 15 Rn. 336 ff.
[145] Dazu → § 20 Rn. 51 ff.; → § 20a Rn. 23.
[146] BGHZ 123, 149 (155) = GRUR 1994, 45 (47) – Verteileranlagen.
[147] Vgl. → § 15 Rn. 158 f.
[148] EuGH GRUR 2017, 512 Rn. 17 ff. = MR-Int. 2017, 29 mAnm *Walter* – ITV Broadcasting ua/TV ua (zu einer nationalen Regelung, die bei Sendungen von Sendern mit Gemeinwohlverpflichtungen eine umgehende Weitersendung über Kabel oder das Internet zulässt).

schen Union oder eines Vertragsstaates des Europäischen Wirtschaftsraums im Wege der Veräußerung in Verkehr gebracht worden sind.[149] Senderechte, die Rechte zur Verwertung des Werkes in unkörperlicher Form sind (§ 15 Abs. 2), können sich demgegenüber – entgegen einer früher von der Rechtsprechung und noch von Teilen der Literatur vertretenen Meinung – nicht erschöpfen.[150]

IV. Abgrenzung des Senderechts von anderen Verwertungsrechten

51   Zur Abgrenzung von § 19 Abs. 3: vgl. → § 19 Rn. 55. Zur Abgrenzung von § 19a: → § 19a Rn. 108 ff.; → § 20 Rn. 36. Zum (unbenannten) **Online-Verbreitungsrecht:** → § 15 Rn. 292 ff.; → § 19a Rn. 95, 112; → § 20 Rn. 16, 87.

52   **Abgrenzung von § 22:** Die Rechte aus § 20 und § 20a beziehen sich auf die Werkübermittlung durch sendetechnische Vorgänge, durch die das Werk einer Öffentlichkeit lediglich „zugänglich" gemacht wird. Die Wiedergabe einer Funksendung gemäß § 22 schließt dagegen an eine Sendung iSd § 20 oder § 20a an und macht das gesendete Werk wieder unmittelbar für die menschlichen Sinne „wahrnehmbar".[151] Auch dann, wenn die Funksendung gemäß § 22 S. 2 iVm § 19 Abs. 3 gleichzeitig an mehreren Orten wahrnehmbar gemacht wird, bezieht sich das Recht aus § 22 nur auf das Wahrnehmbarmachen der Funksendung als solches, nicht auf die Übertragungsvorgänge, die erforderlich sind, um die Funksendung nach ihrem Empfang den Geräten zuzuleiten, durch die sie öffentlich wahrnehmbar gemacht wird. Die Tatbestände des Senderechts und des § 22 überschneiden sich daher nicht.[152]

V. Räumlicher Anwendungsbereich des Senderechts

1. Recht des Schutzlands

53   Die Frage, ob bei einer Verletzung urheberrechtlicher Nutzungsrechte Ansprüche bestehen, ist grundsätzlich nach dem Recht des Schutzlands, dh nach dem Recht desjenigen Staates zu beurteilen, für dessen Gebiet der Immaterialgüterschutz in Anspruch genommen wird.[153] Dieser Grundsatz ist nunmehr festgelegt in **Art. 8 Abs. 1 Rom II-VO** (vgl. auch Erwgr. 26 Rom II-VO).[154] Die Anwendung des Rechts des Schutzlands setzt allerdings voraus, dass eine ausreichende Beziehung der Nutzungshandlung zum Schutzland gegeben ist.[155]

2. Reichweite des inländischen Senderechts

54   **a) Frage des Sachrechts.** Die Frage, ob das inländische Senderecht als Recht des Schutzlands (Art. 8 Abs. 1 Rom II-VO) auf Nutzungshandlungen wie herkömmliche grenzüberschreitende Rundfunksendungen und direkte Satellitensendungen anwendbar ist, betrifft den **sachrechtlichen Anwendungsbereich** der inländischen Urheberrechtsordnung, nicht die Anwendung einer Kollisionsnorm (die durch Art. 24 Rom II-VO ausgeschlossen wäre).[156]

55   **b) Unionsrecht.** Da das **Unionsrecht** die in Art. 2–4 InfoSoc-RL geregelten Verwertungsrechte voll harmonisiert hat,[157] bestimmt es auch deren räumliche Reichweite.[158] Das inländische Urheberrecht entfaltet seine Schutzwirkungen stets nur im Geltungsbereich seines Territoriums und kann deshalb grundsätzlich auch nur durch eine zumindest teilweise im Inland begangene Handlung verletzt werden.[159] Dieser Territorialitätsgrundsatz wird auch durch das Unionsrecht anerkannt.[160]

---

[149] Dazu → § 17 Rn. 35 ff.; sa § 69c Nr. 3.

[150] Näher → Rn. 10; → § 15 Rn. 311 f.

[151] Vgl. BGH GRUR 1996, 875 (876) – Zweibettzimmer im Krankenhaus.

[152] Sa *Walter* UFITA 69 (1973), 95 (104); *v. Ungern-Sternberg* GRUR 1973, 16 (25).

[153] → § 15 Rn. 152.

[154] Verordnung (EG) Nr. 864/2007 des Europäischen Parlaments und des Rates v. 11.7.2007 über das auf außervertragliche Schuldverhältnisse anzuwendende Recht („Rom II"), ABl. 2007 L 199, S. 40, in Kraft getreten am 11.1.2009 (Art. 32 Rom II-VO); BGH GRUR 2018, 178 Rn. 13 – Vorschaubilder III mAnm *Ohly*; weiter → Vor §§ 120 ff. Rn. 115, 121, 126; NK-BGB/*Grünberger*, Bd. 6, 3. Aufl. 2019, Art. 8 Rom II-VO Rn. 38 ff.

[155] Vgl. BGHZ 126, 252 (256 f.) = GRUR 1994, 798 (799) – Folgerecht bei Auslandsbezug; sa BGHZ 152, 317 (330) = GRUR 2003, 328 (331) – Sender Felsberg; BGHZ 194, 354 Rn. 18 = GRUR 2013, 417 – Medikamentenkauf im Versandhandel; Cour de Cassation GRUR-Int 2003, 75; MüKoBGB/*Drexl*, Band 12, 7. Aufl. 2018, IntImmGR, Rn. 305 ff.; *Rosenkranz* S. 181 f.; *Neumann* S. 41 ff.; weiter → Rn. 72; → Vor §§ 120 ff. Rn. 131.

[156] → § 15 Rn. 152; → Vor §§ 120 ff. Rn. 112 f.

[157] → § 15 Rn. 143.

[158] → § 15 Rn. 153.

[159] Vgl. BGHZ 126, 252 (256 f.) = GRUR 1994, 798 (799) – Folgerecht bei Auslandsbezug; BGH GRUR 2007, 691 Rn. 31 – Staatsgeschenk; BGHZ 177, 319 = GRUR 2008, 989 Rn. 29 – Sammlung Ahlers; BGH GRUR 2012, 1263 Rn. 17, 23 – Clinique happy; NK-BGB/*Grünberger*, Bd. 6, 3. Aufl. 2019, Art. 8 Rom II-VO Rn. 40; *Neumann* S. 41 ff.; sa Staudinger/*Fezer/Koos* (2015) IntWirtschR Rn. 1097 ff. mwN. Ausnahmen ergeben sich insbesondere durch die Bestimmung fiktiver Orte der europäischen Satellitensendung durch § 20a Abs. 2 S. 1 Nr. 2; vgl. weiter → § 15 Rn. 154; → Vor §§ 120 ff. Rn. 112.

[160] Vgl. EuGH GRUR 2006, 50 Rn. 46 – Lagardère/SPRE und GVL.

Gemäß **Art. 9 Abs. 2 DSM-RL**[161] wird fingiert, dass öffentliche Wiedergaben, die unter die Schranke des Art. 8 Abs. 2 DSM-RL (Nutzung von vergriffenen Werken und sonstigen Schutzgegenständen durch Einrichtungen des Kulturerbes) fallen, in dem Mitgliedstaat erfolgt sind, in dem die Einrichtung des Kulturerbes ihren Sitz hat.[162]

Für Nutzungen, die für grenzüberschreitende **„ergänzende Online-Dienste"**[163] (insbes. Dienste wie die Mediatheken der Rundfunkveranstalter) erforderlich sind, soll nach Art. 3 Abs. 1 **Online-SatCab-RL**[164] in einem dort näher geregelten Umfang das **Ursprungslandprinzip** gelten. Danach wird bei bestimmten Programmen[165] für die Bereitstellung des Dienstes, den Zugang zu diesem und für dessen Nutzung fingiert, dass die dafür erforderlichen Nutzungshandlungen (öffentliche Wiedergaben einschließlich der öffentlichen Zugänglichmachung und Vervielfältigungen) nur in dem Mitgliedstaat erfolgt sind, in dem das Sendeunternehmen seine Hauptniederlassung hat (Art. 3 Abs. 1 Online-SatCab-RL).[166]

Bei **Leistungen von Online-Inhaltediensten** für Abonnenten, die sich vorübergehend in einem Mitgliedstaat aufhalten, fingiert die **Portabilitäts-VO** unter bestimmten Voraussetzungen, dass Werknutzungshandlungen des Dienstes und der Abonnenten im Wohnsitzmitgliedstaat des Abonnenten stattfinden.[167]

c) Erdgebundene drahtlose Rundfunksendungen. Nach allgemeiner internationaler Praxis **56** wird auf erdgebunden (terrestrisch) ausgestrahlte drahtlose Rundfunksendungen grundsätzlich[168] nur das Recht desjenigen Staates angewandt, in dem die Ausstrahlung an die Öffentlichkeit (im In- oder Ausland) als die urheberrechtlich relevante Nutzungshandlung stattfindet **(Sendelandgrundsatz).**[169] Im Hinblick darauf hat der Unionsgesetzgeber keine Veranlassung gesehen, die Rechtsanknüpfung bei den herkömmlichen erdgebundenen Rundfunksendungen einheitlich zu regeln.[170] Die Satelliten- und Kabel-RL hat in diesem Bereich – anders als bei Satellitensendungen und bei der Kabelweitersendung von Rundfunksendungen – keine Rechtsunsicherheit festgestellt (vgl. Erwgr. 3 ff.) und im Bereich der drahtlosen Rundfunksendungen lediglich Regelungen über Satellitensendungen an die Öffentlichkeit getroffen. Der zur Umsetzung der Satelliten- und Kabel-RL in das Gesetz eingefügte § 20a ist dementsprechend eine Sonderregelung für seinen beschränkten Anwendungsbereich.[171] Auf erdgebundene Rundfunksendungen ist die Vorschrift nicht entsprechend anwendbar.[172]

Nach fast allgA wird in das inländische Senderecht durch das technisch unvermeidbare „Überschwappen" der Sendewellen **(overspill)** eines ausländischen terrestrischen Rundfunksenders nicht **57** eingegriffen.[173] Das in Deutschland bestehende Senderecht ist aber grundsätzlich auch dann nicht betroffen, wenn Sendungen nach Deutschland hinein ausgestrahlt werden.[174] Dagegen spricht nicht, dass die Rundfunksendung vom Urheberrecht gerade als ein Vorgang der Werknutzung durch Mitteilung des Werkes an eine Öffentlichkeit erfasst wird[175] und eine grenzüberschreitende Rundfunksendung auch in anderen Ländern als dem Ausstrahlungsland die Öffentlichkeit anspricht. Dies genügt nicht, um bei erdgebundenen Rundfunksendungen auch das deutsche Recht anzuwenden, wenn die Rundfunksendung dort nur empfangbar ist, aber nicht durch dort vorgenommene Sendeaktivitäten empfangbar gemacht wird. Es fehlt an einer zumindest teilweise im Inland begangenen Handlung.[176]

Bei einer **Ausstrahlung vom Inland aus** greift das inländische Senderecht auch dann ein, wenn **58** die Werknutzung dort keine spürbaren Auswirkungen hat.[177]

Der Gedanke, dass auf eine erdgebundene Rundfunksendung grundsätzlich ausschließlich das **59** Recht des Ausstrahlungslandes anzuwenden ist, liegt auch der Regelung des Senderechts in der **Ber-**

---

[161] Die Richtlinie ist bis zum 7.6.2021 umzusetzen (Art. 29 Abs. 1 DSM-RL).
[162] Vgl. dazu → Rn. 14.
[163] Zum Begriff des „ergänzenden Online-Dienstes" vgl. Art. 2 Abs. 1 Online-SatCab-RL (sowie Erwgr. 8).
[164] Zur Online-SatCab-RL → Rn. 13, 75. Die Richtlinie ist bis zum 7.6.2021 umzusetzen (Art. 12 Abs. 1 Online-SatCab-RL).
[165] Vgl. Art. 3 Abs. 1 Online-SatCab-RL.
[166] Vgl. näher → Rn. 13.
[167] → § 15 Rn. 153; → Rn. 76.
[168] Vgl. aber auch → Rn. 62.
[169] Vgl. dazu BGHZ 152, 317 (322) = GRUR 2003, 328 (329) – Sender Felsberg; SchweizBG MR-Int. 2010, 110 (111, 113) mAnm *David/Schneider; Neumann* ZUM 2011, 36 (39); → Rn. 62.
[170] Vgl. BGHZ 152, 317 (326) = GRUR 2003, 328 (330) – Sender Felsberg.
[171] Vgl. die Begr. des RegE des 4. UrhGÄndG, BT-Drs. 13/4796, 9; s. dazu auch *Dreier* ZUM 1995, 458 (460 f.); → Vor §§ 120 ff. Rn. 139 f.
[172] Vgl. BGHZ 152, 317 (324) = GRUR 2003, 328 (330) – Sender Felsberg, zustimmend *Schack* JZ 2003, 803; *v. Welser* IPRax 2003, 440 (442); aA *Brinkmann* LMK 2003, 95.
[173] Vgl. öOGH GRUR-Int 1991, 920 (922) – TELE-UNO II; öOGH GRUR-Int 2017, 535 = MR 2017, 273 mAnm *Walter* – Satellitenfernsehen (unter 2.2.); *Dreier/Schulze/Dreier* UrhG Vor § 120 Rn. 38; *Wandtke/Bullinger/v. Welser* UrhG Vor §§ 120 ff. Rn. 16 f.; *Prill* S. 151; aA *Sack* WRP 2008, 1405 (1415 f.); → Vor §§ 120 ff. Rn. 138.
[174] Sa BGHZ 152, 317 (321 ff.) = GRUR 2003, 328 (329 ff.) – Sender Felsberg; aA MüKoBGB/*Drexl,* Band 12, 7. Aufl. 2018, IntImmGR, Rn. 292 ff.
[175] Vgl. → § 20 Rn. 27, 46.
[176] → Rn. 55.
[177] Vgl. BGHZ 152, 317 (326 f.) = GRUR 2003, 328 (330 f.) – Sender Felsberg; MüKoBGB/*Drexl,* Band 12, 7. Aufl. 2018, IntImmGR, Rn. 293; aA *Metzger* IPRax 2006, 242 (245 f.).

ner Übereinkunft[178] zugrunde. Dies zeigt Art. 11bis RBÜ, der nach seinem Abs. 2 die Wirkung von Beschränkungen des Senderechts ausschließlich auf das Hoheitsgebiet des Verbandslandes begrenzt, das sie festgelegt hat.[179]

60   Von dieser Rechtslage geht die internationale **Rechtspraxis** bei erdgebundenen Rundfunksendungen seit jeher fast ausnahmslos aus[180] – und dies grundsätzlich auch bei gezielten Sendungen für das Ausland.[181] Darauf beruhen auch die Sendungen von Auslandssendern wie der Deutschen Welle, die (gem. §§ 3, 15 Deutsche-Welle-Gesetz [DWG]) mit Sendungen für das Ausland beauftragt ist.[182] Der tatsächlichen Rechtspraxis entspricht die – auch international gesehen – seit Jahrzehnten bei weitem überwiegende Auffassung im **Schrifttum,** die bei erdgebundenen Rundfunksendungen allenfalls in Sonderfällen Ausnahmen von dem Grundsatz der Maßgeblichkeit des Rechts des Ausstrahlungslandes zulassen will.[183] Der Grundsatz, dass durch eine erdgebundene Rundfunksendung allein im Ausstrahlungsland in das Senderecht eingegriffen wird, entspricht gerade auch den praktischen Erfordernissen der Massennutzung durch die Sendemedien, da er auf ein einfach zu bestimmendes Kriterium abstellt und Einzelfallumstände wie die – aus sendetechnischen Gründen möglicherweise selbst im Tagesverlauf schwankende – Reichweite der Ausstrahlung[184] oder den bestimmungsgemäßen Empfangsbereich (der je nach Sendeinhalt sogar von Sendung zu Sendung verschieden sein kann) dabei bedeutungslos sind.[185] Die Ansicht, dass neben dem Recht des Ausstrahlungslandes zusätzlich das Senderecht eines Bestimmungslands (ggf. der Bestimmungsländer) oder gar aller Empfangsländer[186] anzuwenden ist, würde zur Anwendung einer Mehrzahl von – möglicherweise unterschiedlichen – Urheberrechtsordnungen und zudem – insbesondere wegen der unvermeidlichen Berücksichtigung der besonderen Umstände bei der Ausstrahlung der einzelnen Sendungen – zu einer ganz erheblichen Rechtsunsicherheit führen.[187] Die damit verbundene Kumulierung von Hindernissen für den freien Dienstleistungsverkehr mit Rundfunksendungen wäre auch mit der Dienstleistungsfreiheit (Art. 56 AEUV) kaum zu vereinbaren.[188] Auch völkerrechtlich wäre eine Behinderung ausländischer Rundfunksendungen durch Anerkennung urheberrechtlicher Verbotsansprüche im Inland (jedenfalls bei ausländischen Rundfunksendungen, die nicht vor allem auf das Inland abzielen) nicht unbedenklich.[189]

61   Ein Sonderfall sind **Sendeanlagen auf Bergen in Grenzgebieten,** die schon auf dem Gebiet des Nachbarstaates stehen.[190] Bei einer solchen Verlagerung von Sendeanlagen in das Ausland geht es regelmäßig nur um eine bessere Ausleuchtung des eigenen Sendegebiets mit Hilfe eines geeigneteren Senderstandorts. Die Rechtseinräumung an ein bestimmtes Sendeunternehmen wird im Allgemeinen nach ihrem Zweck auch solche Randnutzungen umfassen.

62   Auf die Anwendung des Rechts des Ausstrahlungslands kann jedoch nicht allein abgestellt werden, wenn **rechtsmissbräuchlich gezielte Ausstrahlungen für das Inland** allein deshalb in das Ausland verlegt werden, um die Anwendung der inländischen Rechtsordnung zu vermeiden.[191] Auch

---

[178] Zur Maßgeblichkeit des Ortes der Ausstrahlung für den persönlichen Geltungsbereich des Rom-Abkommens s. *Neumaier* S. 65 f.

[179] Vgl. dazu Documents de la Conférence réunie à Bruxelles du 5 au 26 juin 1948, (Bern) 1951, S. 265, 266; SchweizBG MR-Int. 2010, 110 (111) mAnm *David/Schneider;* vgl. weiter *Ulmer,* Die Immaterialgüterrechte im internationalen Privatrecht, 1975, S. 15; *Stern* FS 100 Jahre URG, 1983, 187 (203 f.); *Katzenberger* GRUR-Int 1983, 895 (913 f.); *Bornkamm* FS GRUR, 1991, 1349 (1366 f.); *Neumaier* UFITA 2003 III, 639 (641 ff.); *v. Ungern-Sternberg* S. 26 f., 108 Fn. 28, 120 (f.); *v. Ungern-Sternberg* in Schwarze Rechtsschutz S. 109, 113.

[180] Vgl. BGHZ 152, 317 (322) = GRUR 2003, 328 (329) – Sender Felsberg – mwN.

[181] Sa *Ullrich* S. 314 mwN; allerdings auch → Rn. 62; aA → Vor §§ 120 ff. Rn. 140.

[182] → § 20 Rn. 9; vgl. auch die frühere Praxis der öffentlich-rechtlichen Rundfunkanstalten, ihr Programm auch von der innerdeutschen Grenze aus mit besonders starken Sendern in die DDR hinein auszustrahlen. Zu solchen Fällen gezielter Ausstrahlung durch staatliche oder kommerzielle Rundfunksender in Nachbarländer vgl. *v. Ungern-Sternberg* in Schwarze Rechtsschutz S. 109, 113 ff.

[183] Vgl. dazu Loewenheim/*Schwarz/Reber* § 21 Rn. 99; *Breidenstein* S. 32 ff.; *Rüberg* S. 109 ff.; *Herrmann* GRUR-Int 1984, 578 (583, 586); *Dittrich* ZUM 1988, 359; *Rumphorst* GRUR-Int 1992, 910; *v. Ungern-Sternberg* S. 108 ff., 113 ff., 119 ff.; *v. Ungern-Sternberg* in Schwarze Rechtsschutz S. 109, 110 ff.; sa Möhring/Nicolini/*Hillig* UrhG § 20a Rn. 12; *Neumaier* S. 68 f.; *Spindler* IPRax 2003, 412 (417); aA MüKoBGB/*Drexl,* Band 12, 7. Aufl. 2018, IntImmGR, Rn. 292 ff.; *Sack* WRP 2008, 1405 (1415 f.); Loewenheim/*Walter* § 58 Rn. 70, mwN; vgl. auch → Vor §§ 120 ff. Rn. 137, 140.

[184] Die Reichweite von Lang- und Mittelwellensendern kann vor allem in den Abend- und Nachtstunden erheblich größer als zu anderen Tageszeiten sein. Bei Kurzwellensendungen beeinflussen die kurzzeitigen Veränderungen in der Ionosphäre den Empfangsbereich und die Empfangsqualität erheblich. Weiter → § 20 Rn. 9.

[185] Vgl. BGHZ 152, 317 (322 f.) = GRUR 2003, 328 (329) – Sender Felsberg.

[186] So *Sack* WRP 2008, 1405 (1415 f.).

[187] Sa Loewenheim/*Schwarz/Reber* § 21 Rn. 100 ff.

[188] Die Ausstrahlung und Übertragung von Rundfunksendungen fallen unter den Schutz der Dienstleistungsfreiheit (EuGH ZUM-RD 2014, 469 Rn. 61). Vgl. weiter *Neumaier* ArchivPT 1998, 354 (360 f.); Walter/*Dreier,* Europäisches Urheberrecht, S. 406 f.

[189] Vgl. dazu auch MüKoBGB/*Drexl,* Band 12, 7. Aufl. 2018, IntImmGR, Rn. 305 ff. Zur Frage, ob die Funksendefreiheit der Staaten ein Bestandteil des Völkergewohnheitsrechts ist, vgl. *Mehner* S. 369 ff.; *Baumann* S. 379 ff.

[190] Vgl. dazu auch *v. Ungern-Sternberg* S. 104 Fn. 18.

[191] Wie etwa im Fall der Entscheidung des öOGH GRUR-Int 1991, 920 (922 ff.) – TELE UNO II; vgl. zu dieser Problematik Loewenheim/*Schwarz/Reber* § 21 Rn. 99; *v. Ungern-Sternberg* in Schwarze Rechtsschutz S. 109, 116 ff.; s. dazu auch *Neumaier* S. 81 ff.; *Neumaier* ZUM 2011, 36 (39, 42); *Ullrich* S. 311 ff.

wenn es Sache des jeweiligen Schutzlands ist zu bestimmen, ob es unter solchen Umständen sein Recht für anwendbar erklärt,[192] ist diese Frage in Auslegung des Art. 3 InfoSoc-RL – und damit letztlich durch den EuGH – zu entscheiden. Die Mitgliedstaaten sind in der Bestimmung der räumlichen Reichweite des Senderechts nicht frei. Das Verwertungsrecht an erdgebundenen Rundfunksendungen ist durch Art. 3 InfoSoc-RL vollharmonisiert.[193] Das Unionsrecht bestimmt deshalb auch die territoriale Reichweite des von den Mitgliedstaaten zu gewährenden Senderechts.[194] Es kann allerdings angenommen werden, dass das inländische Senderecht nach den Vorgaben des Unionsrechts jedenfalls dann eingreift, wenn der Ort der Ausstrahlung in das Inland verlegt wird, um eine ausländische Rechtsordnung zu umgehen.[195] Führt dies zu einer Anwendung beider Rechtsordnungen, ist dies bei der Bemessung der Sendevergütung zu berücksichtigen.[196]

Der Bekämpfung sog. **Piratensender** dient das Europäische Übereinkommen zur Verhütung von 63 Rundfunksendungen, die von Sendestellen außerhalb der staatlichen Hoheitsgebiete gesendet werden, vom 22.1.1965.[197]

d) Kabelsendungen. Kabelsendungen unterliegen dem Recht des Staates, in dem sie als Ausstrah- 64 lung an eine Öffentlichkeit stattfinden. Dies gilt nicht nur für originäre Kabelsendungen, sondern auch für die Kabelweitersendung von Rundfunksendungen aus dem In- und Ausland.[198] Auf die Kabeldurchleitung oder die Zuleitung zum Zweck der Kabelweitersendung im Inland ist jedoch § 20 nicht anwendbar.[199]

e) Satellitensendungen. aa) Europäische Satellitensendungen. Die Definition der öffentli- 65 chen Wiedergabe über Satellit in Art. 1 Abs. 2 Buchst. a Satelliten- und Kabel-RL stellt sicher, dass auf eine **europäische Satellitensendung** iSd Richtlinie nur eine einzige Rechtsordnung angewendet wird, und zwar das Recht desjenigen Mitgliedstaates, von dem aus die Satellitensendung eingeleitet wird (s. § 20a, mit dem diese Regelungen der Satelliten- und Kabel-RL umgesetzt wurden).[200]

bb) Nichteuropäische Satellitensendungen. Nichteuropäische Satellitensendungen fallen unter 66 das Recht der öffentlichen Wiedergabe iSd Art. 3 InfoSoc-RL und innerstaatlich unter § 20.[201] Die Frage der Reichweite des inländischen Rechts ist bei nichteuropäischen Satellitensendungen von der Bestimmung der urheberrechtlich maßgeblichen **Verwertungshandlung** zu unterscheiden.[202] Eine direkte Satellitensendung ist urheberrechtlich eine Rundfunksendung, gleichgültig, ob ihr eine Sendung zum Satelliten vorgeschaltet ist oder nicht. Bedeutung hat die Sendung zum Satelliten nicht als – eventueller – Teil des Gesamtvorgangs einer Rundfunkausstrahlung über einen Direktsatelliten selbst, sondern allenfalls für die Anwendbarkeit des Rechts des Schutzlands bei direkten Satellitensendungen, auf die diese Richtlinie nicht anwendbar ist.

Fernmeldesatellitensendungen, die nicht für eine Öffentlichkeit empfangbar sind, unterliegen 67 auch als nichteuropäische Satellitensendungen nicht dem Senderecht aus § 20.[203] Dies schließt nicht aus, dass die für eine Fernmeldesatellitensendung Verantwortlichen aus anderen Gründen, insbesondere als Teilnehmer einer sich anschließenden Urheberrechtsverletzung, haften.[204]

Die Satelliten- und Kabel-RL enthält keine sachrechtliche Regelung der Voraussetzungen, unter 68 denen ein Mitgliedstaat der EU oder ein EWR-Vertragsstaat als Schutzland (Art. 8 Abs. 1 Rom II-VO) dem Urheber bei einer **direkten Satellitensendung,** die keine europäische Satellitensendung ist, ein Senderecht gewähren kann. Die Bestimmung der Reichweite ihrer Urheberrechtsordnung ist für solche Satellitensendungen aber nicht den Mitgliedstaaten überlassen, sondern durch Auslegung des Art. 3 InfoSoc-RL und deshalb letztlich durch den EuGH zu bestimmen.

---

[192] Vgl. dazu BGHZ 152, 317 (323, 330) = GRUR 2003, 328 (330, 331) – Sender Felsberg; *Hohloch* IPRax 1994, 387 (388); vgl. auch *Neumaier* UFITA 2003 III, 639 (687 f.). Zur Rechtslage in Österreich in diesen Fällen öOGH GRUR-Int 1991, 920 (922 ff.) – TELE UNO II; öOGH ÖBl. 1993, 186 (187) – Wir brauchen Männer I; öOGH GRUR-Int 2017, 535 = MR 2017, 273 mAnm *Walter* – Satellitenfernsehen (unter 2.2.; obiter dictum); sa SchweizBG MR-Int. 2010, 110 (111 f.) mAnm *David/Schneider.*

[193] → § 15 Rn. 143.

[194] → Rn. 55; → § 15 Rn. 153.

[195] Vgl. BGHZ 152, 317 (323 f.) = GRUR 2003, 328 (329 f.) – Sender Felsberg (dort wurde die Frage letztlich offengelassen); vgl. auch MüKoBGB/*Drexl,* Band 12, 7. Aufl. 2018, IntImmGR, Rn. 292 ff.

[196] Vgl. EuGH GRUR 2006, 50 Rn. 45 ff. – Lagardère/SPRE und GVL = ZUM 2005, 725 mAnm *Gerlach;* BGHZ 152, 317 (330) = GRUR 2003, 328 (330) – Sender Felsberg; vgl. auch *Schack* JZ 2003, 803 f.

[197] Deutsches Zustimmungsgesetz v. 26.9.1969, BGBl. II S. 1939; → Vor 120 ff. Rn. 98; vgl. weiter *Dillenz* S. 119 ff.; *Breidenstein* S. 53 ff.; *v. Ungern-Sternberg* in Schwarze Rechtsschutz S. 109, 115.

[198] Vgl. BGHZ 136, 380 (391) = GRUR 1999, 152 (154 f.) – Spielbankaffaire; öOGH GRUR-Int 1991, 920 (921 f.) – TELE-UNO II; Dreier/Schulze/*Dreier* UrhG vor § 120 Rn. 39; *Katzenberger* GRUR-Int 1983, 895 (914); *v. Ungern-Sternberg* S. 110 f.; weiter → Vor §§ 120 ff. Rn. 141.

[199] Vgl. Staudinger/*Fezer/Koos* (2015) IntWirtschR Rn. 1106 mwN.

[200] → § 20a Rn. 1–6.

[201] Vgl. *Neumaier* ZUM 2011, 36 (41) (zu § 20); → § 20 Rn. 54.

[202] Vgl. dazu → § 20 Rn. 54 ff.

[203] → § 20 Rn. 23; → Rn. 20.

[204] Sa *Ulmer* § 54 III 3; zur Frage des insoweit anwendbaren Rechts s. BGHZ 136, 380 (389 f.) = GRUR 1999, 152 (154) – Spielbankaffaire.

69 In der **Literatur** ist die Frage der Rechtsanwendung bei nichteuropäischen Satellitensendungen umstritten.[205] Teilweise wurde versucht, die Anwendung des inländischen Rechts bei (nichteuropäischen) direkten Satellitensendungen mit der These zu begründen, dass der Vorgang der Satellitenausstrahlung beginnend mit der Abstrahlung zum Satelliten (uplink) bis zur Ausstrahlung durch den Satelliten eine einheitliche Verwertungshandlung sei.[206] Der Satellit sei gewissermaßen eine „verlängerte Antenne" des Sendeunternehmens. Deshalb sei das Recht des Staates anwendbar, von dem aus zum Satelliten gesendet werde.[207] Die Einbeziehung der Abstrahlung zum Satelliten in den Tatbestand der Verwertungshandlung ist jedoch nicht notwendig, um eine Voraussetzung für die Anwendung einer bestimmten Rechtsordnung zu schaffen. Nach dem Territorialitätsgrundsatz setzt die Anwendung des inländischen Urheberrechts zwar im Allgemeinen voraus, dass die urheberrechtlich relevante Nutzungshandlung ganz oder teilweise – mit einem Teilakt – im Inland begangen worden ist.[208] Dies schließt aber nicht aus, nach dem Recht des Schutzlands Urheberrechtsschutz unter bestimmten Umständen auch bei Nutzungshandlungen zu gewähren, die vollständig in einem anderen Land[209] oder im Weltraum vorgenommen werden.[210]

70 Die Frage, auf welche Inlandsbeziehung bei der direkten Satellitensendung abzustellen ist, wird allerdings unterschiedlich beantwortet. Nach einer Ansicht (sog. **Bogsch-Theorie**) ist bei einer direkten Satellitensendung das Recht von Empfangsländern anwendbar. Nach den verschiedenen Abwandlungen, in denen diese Ansicht vertreten wird, kann dies das Recht aller Empfangsländer sein, nur das Recht derjenigen Empfangsländer, in die gezielt abgestrahlt wird, das Recht der Empfangsländer (oder von Empfangsländern), falls das Recht des Sendelandes keinen ausreichenden Schutz gewährt, oder das Recht von Empfangsländern bei hinreichendem Marktbezug.[211] Nach diesen Rechtsmeinungen müssen für eine direkte Satellitensendung in der Regel Senderechte für mehrere Länder, gegebenenfalls sogar für alle Empfangsländer, erworben werden. Dies scheint dem Schutzinteresse der Berechtigten in besonderer Weise entgegenzukommen,[212] da diese zumindest dort, wo eine maßgebliche Verwertung stattfindet, in der einen oder anderen Weise an den Erträgen aus der Auswertung beteiligt werden sollen.[213]

71 Die praktischen **Nachteile der Bogsch-Theorie** in ihren verschiedenen Abwandlungen sind jedoch nicht zu übersehen.[214] Die Umsetzung der Theorie stößt bei direkten Satellitensendungen im Wesentlichen auf dieselben Probleme wie bei erdgebundenen Rundfunksendungen die Anwendung des Rechts der Empfangsländer, für die die Sendung bestimmt ist.[215] Wegen des größeren Empfangsbereichs einer direkten Satellitensendung sind die Nachteile, die mit der Anwendung einer Mehrzahl von Rechten auf ein und dieselbe Nutzungshandlung verbunden sind, bei solchen Sendungen allerdings noch erheblich größer als bei erdgebundenen Rundfunksendungen.[216] Es überrascht daher nicht, dass die Bogsch-Theorie in der Praxis bisher trotz der Bemühungen des Berner Büros, der Bogsch-Theorie international Geltung zu verschaffen,[217] kaum Erfolg gehabt hat[218] und die Satelliten- und Kabel-RL einen anderen Lösungsansatz gewählt hat.[219]

72 Die **Rechtsanwendung bei direkten Satellitensendungen** sollte demgegenüber zum Ziel haben, dass solche Sendungen grundsätzlich nur einer einzigen Rechtsordnung unterliegen. Dies wäre der Fall, wenn die Empfangsländer direkte Satellitensendungen grundsätzlich nur dann dem Anwendungsbereich ihres Rechts unterwerfen würden, wenn sich in ihnen der Sitz des Sendeunternehmens befindet,[220] und nur unter der Voraussetzung, dass auf diese Weise kein ausreichender Urheberrechts-

---

[205] Dazu → Vor §§ 120 ff. Rn. 140; *v. Ungern-Sternberg* in Schwarze Rechtsschutz S. 109, 119 ff.; zum Meinungsstand s. Walter/*Dreier*, Europäisches Urheberrecht, S. 408 ff.; *Müßig* S. 49 ff. In der Entscheidung BGHZ 136, 380 (392) = GRUR 1999, 152 (155) – Spielbankaffaire – wurde diese Frage offengelassen.
[206] → § 20 Rn. 54 ff.; *v. Ungern-Sternberg* in Schwarze Rechtsschutz S. 109, 119 f.
[207] Zur Zweckmäßigkeit einer solchen Rechtsanknüpfung → Rn. 72.
[208] Vgl. BGHZ 126, 252 (256) = GRUR 1994, 798 (799) – Folgerecht bei Auslandsbezug; vgl. dazu auch Loewenheim/*Walter* § 58 Rn. 19; weiter → Rn. 55.
[209] → Rn. 62.
[210] Vgl. *Schack* JZ 1995, 357 (358); sa *v. Ungern-Sternberg* S. 149 ff.; aA → Vor §§ 120 ff. Rn. 112; s. dazu auch die Anwendbarkeit des § 20a gemäß dessen Abs. 2 S. 1 Nr. 2 in Fällen, in denen die Satellitensendung iSd § 20a Abs. 3 in Drittstaaten ohne ausreichenden Urheberrechtsschutz stattfindet.
[211] Vgl. → Vor §§ 120 ff. Rn. 138. Grdl. für die „Bogsch-Theorie" *Katzenberger* GRUR-Int 1983, 895 (913 ff.); vgl. weiter öOGH GRUR-Int 1992, 933 – Direktsatellitensendung III; MüKoBGB/*Drexl,* Band 12, 7. Aufl. 2018, IntImmGR, Rn. 286 ff.; Dreier/Schulze/*Dreier* UrhG § 20a Rn. 2; Wandtke/Bullinger/*Ehrhardt* UrhG Vor §§ 20 ff. Rn. 2, 4; *Dietz* UFITA 108 (1988), 73 (81 ff.); *Bornkamm* FS GRUR, 1991, 1349 (1395 ff.); Loewenheim/*Walter* § 58 Rn. 70 ff.; *Schack* Rn. 1057 ff.; Staudinger/Fezer/*Koos* (2015) IntWirtschR Rn. 1102 ff.; vgl. weiter – gegen die Auslegung des Art. 11bis RBÜ iSd Bogsch-Theorie – SchweizBG MR-Int. 2010, 110 (111 f.) mAnm *David/Schneider; Neumaier* UFITA 2003 III, 639 (641 ff.); sa *Ullrich* S. 196 ff.
[212] Vgl. auch *Hohloch* IPRax 1994, 387 (388 f.).
[213] Vgl. dazu aber auch *Neumaier* ZUM 2011, 36 (41).
[214] Vgl. dazu auch *Dittrich* ZUM 1988, 359; *Handig* GRUR-Int 2007, 206 (213 ff.); Loewenheim/*Hoeren* § 21 Rn. 100 ff.
[215] Vgl. → Rn. 60.
[216] Vgl. dazu auch *Breidenstein* S. 82 f.
[217] Vgl. *Dillenz* ZfRV 1993, 162 (163).
[218] Anders nur öOGH GRUR-Int 1992, 933 – Direktsatellitensendung III; vgl. auch öOGH GRUR-Int 2017, 535 = MR 2017, 273 mAnm *Walter* – Satellitenfernsehen (unter 2.2.).
[219] Sa SchweizBG MR-Int. 2010, 110 (111 f.) mAnm *David/Schneider; Neumaier* ZUM 2011, 36 ff.
[220] Sa *v. Ungern-Sternberg* S. 151 f.; *Dittrich* ZUM 1988, 359 (360 f.); vgl. allerdings auch → Rn. 62.

schutz gewährleistet wäre, dh insbesondere bei Wahl eines Sitzlandes ohne das erforderliche Schutzniveau (vgl. dazu auch § 20a Abs. 2), ausnahmsweise auch dann, wenn die Programmsignale von ihrem Gebiet aus zum Satelliten gestrahlt werden.[221] Die vorrangige Anknüpfung an den Ort der Ausstrahlung der Programmsignale zum Satelliten könnte dagegen im Einzelfall zur Anwendbarkeit eines Rechts führen, zu dem der Sendevorgang keine näheren Beziehungen hat (zB bei Live-Übertragungen von Kulturereignissen in Drittländern), oder die Gefahr begründen, dass das Sendeland allein unter dem Gesichtspunkt der Vermeidung urheberrechtlicher Ansprüche gewählt wird.

f) Sendungen im Internet. Bei Sendungen im Internet kann eine Verletzung des Senderechts **73** nicht überall dort angenommen werden, wo die Sendung abgerufen werden kann.[222] Eine Verletzung des Senderechts im Inland ist vielmehr nur gegeben, wenn der Handelnde die Absicht hat, die Öffentlichkeit dort gezielt anzusprechen.[223] Dies zu beurteilen, ist Sache des nationalen Gerichts.[224] Nicht entscheidend ist, ob sich der benutzte Server im Ausland befindet.[225]

VI. Wahrnehmung des Senderechts

1. Rechtsvorschriften für die Wahrnehmung des Senderechts

a) Wahrnehmung des Rechts an der Kabelweitersendung. Die Vorschriften über die Wahr- **74** nehmung des Rechts an der Kabelweitersendung dienen weitgehend der Umsetzung der **Satelliten- und Kabel-RL.**[226] Der Urheber kann sein Recht an der **Kabelweitersendung** des Werkes im Rahmen eines zeitgleich, unverändert und vollständig weiterübertragenen Programms durch Kabelsysteme oder Mikrowellensysteme nur durch eine Verwertungsgesellschaft geltend machen (§ 20b Abs. 1 S. 1; vgl. auch § 50 VGG). Die Verwertungsgesellschaft unterliegt ihrerseits gemäß § 34 VGG einem Abschlusszwang.[227] Für die Wahrnehmung der Rechte derer, die das Recht der Kabelweitersendung keiner Verwertungsgesellschaft übertragen haben (Außenseiter), wird gemäß § 50 Abs. 1 S. 1 VGG die Wahrnehmungsbefugnis derjenigen Verwertungsgesellschaft fingiert, die Rechte gleicher Art wahrnimmt. Unter mehreren solchen Verwertungsgesellschaften kann der Außenseiter wählen, welche als bevollmächtigt gelten soll (§ 50 Abs. 1 S. 2 VGG). Für die Rechte eines Sendeunternehmens in Bezug auf die Kabelweitersendung seiner Sendungen gilt die Verwertungsgesellschaftenpflicht nicht (§ 20b Abs. 1 S. 2). Bei der Kabelweitersendung geschützter Werke hat der Urheber einen unverzichtbaren Vergütungsanspruch nach Maßgabe des § 20b Abs. 2.

Die **Satelliten- und Kabe-lRL** enthält in ihren Erwägungsgründen vertragsrechtliche Grundsätze, die nicht ausdrücklich umgesetzt werden mussten, weil das geltende deutsche Recht bereits mit ihnen übereinstimmte. So verweist die Richtlinie in ihrem **Erwägungsgrund 16** darauf, dass der Umfang der **Senderechtseinräumung** auch beschränkt werden kann, insbesondere hinsichtlich bestimmter Übertragungstechniken oder hinsichtlich bestimmter Sprachfassungen.[228] Nach dem **Erwägungsgrund 17** „sollten" die Beteiligten bei der Vereinbarung der **Vergütung** für die erworbenen Rechte „allen Aspekten der Sendung, wie der tatsächlichen und potenziellen Einschaltquote und der sprachlichen Fassung, Rechnung tragen".[229] (Der in der deutschen Richtlinienfassung verwendete Begriff der Einschaltquote ist zu eng; richtig wäre seine Ersetzung durch den Begriff „Empfängerkreis". Die englische Fassung spricht von „audience", die französische von „l'audience".[230] Bedeutsam ist Erwgr. 17 weniger für individuelle Senderechtsverträge, bei denen er wegen des Grundsatzes der Vertragsfreiheit nur bei besonderen Fallgestaltungen (zB § 315 BGB) wirksam werden kann, als vielmehr für die Bemessung gesetzlicher Ansprüche (wie Schadensersatz- und Bereicherungsansprüche) und für die Bestimmung der angemessenen Bedingungen für die Einräumung von Nutzungsrechten durch eine Verwertungsgesellschaft gemäß § 34 Abs. 1 VGG.

---

[221] Grundsätzlich für die Anwendung des Rechts dieses Staates Loewenheim/*Schwarz*/*Reber* § 21 Rn. 105; vgl. auch *Neumaier* UFITA 2003 III, 639 (661 ff.).

[222] Vgl. zur Problematik der räumlichen Reichweite des Senderechts bei Internetnutzungen auch *Kur* WRP 2011, 971 (976 ff.).

[223] Vgl. EuGH GRUR 2012, 1245 Rn. 34 ff. – Football Dataco/Sportradar (zur Weiterverwendung einer geschützten Datenbank iSv Art. 7 Abs. 2 Buchst. b DatenbankRL); vgl. weiter – auch allgemein für Schutzrechtsverletzungen im Internet – BGH GRUR 2012, 621 Rn. 34 ff. – OSCAR; NK-BGB/*Grünberger*, Bd. 6, 3. Aufl. 2019, Art. 8 Rom II-VO. Rn. 46 ff.; *Rosenkranz* S. 183 ff.; weiter → Vor §§ 120 ff. Rn. 142 ff.

[224] Vgl. EuGH GRUR 2012, 1245 Rn. 47 – Football Dataco/Sportradar.

[225] Vgl. EuGH GRUR 2012, 1245 Rn. 44 ff. – Football Dataco/Sportradar (zu Art. 7 Abs. 2 Buchst. b DatenbankRL).

[226] → Rn. 11 ff.

[227] → § 20b Rn. 26 ff.

[228] Dazu auch → § 20a Rn. 17.

[229] Vgl. dazu auch EuGH GRUR 2012, 156 Rn. 108 ff., 129 f. – Football Association Premier League u. Murphy. Zur Bedeutung des Erwgr. 17 der Satelliten- und Kabel-RL für die Bemessung der Sendevergütung bei Satellitensendungen und Kabelweitersendungen sa *Daum* MR 2003, Beil. zu Heft 4 S. 22 (23 ff.); *Ullrich* S. 574 ff. Zur angemessenen Vergütung bei direkten Satellitensendungen sa *Ullrich* S. 565 ff.

[230] Vgl. dazu auch *Kreile*/*Becker* GRUR-Int 1994, 901 (910).

Für den Abschluss von Verträgen über die Kabelweitersendung zwischen Sendeunternehmen und Kabelunternehmen gilt **§ 87 Abs. 5.**[231] Eine sich daraus ergebende Verpflichtung eines Sendeunternehmens zum Abschluss eines Vertrages über die Kabelweitersendung mit einem Kabelunternehmen gilt auch für Senderechte, die dem Sendeunternehmen in Bezug auf die eigene Sendung eingeräumt oder übertragen worden sind (§ 87 Abs. 5 S. 1).

75 **b) Vorschriften der Online-SatCab-RL.** Die Online-SatCab-RL vom 17.4.2019,[232] die bis zum 7.6.2021 umzusetzen ist,[233] regelt die Rechtswahrnehmung bei der zeitgleichen, unveränderten und vollständigen Weiterverbreitung von Fernseh- und Hörfunkprogrammen für die Öffentlichkeit iSd Art. 2 Abs. 2 Online-SatCab-RL, soweit es sich nicht um eine Kabelweiterverbreitung iSd Art. 1 Abs. 3 Satelliten- und Kabel-RL handelt.[234] Die Weiterverbreitung von Programmen im Internet wird von der Regelung nur erfasst, wenn sie in einem geschlossenen Netz stattfindet.[235]

Für die Rechtswahrnehmung bei einer Weiterverbreitung iSd Art. 2 Abs. 2 Online-SatCab-RL gilt eine **Verwertungsgesellschaftenpflicht.**[236] Ausgenommen ist die Wahrnehmung von Rechten, die ein Sendeunternehmen an seiner eigenen Übertragung geltend macht,[237] unabhängig davon, ob es sich um eigene oder erworbene Rechte handelt.[238] Die Wahrnehmungsbefugnis der Verwertungsgesellschaft soll sich auch auf die Rechte von sog. Außenseitern erstrecken.[239]

76 **c) Weitere unionsrechtliche Vorschriften (Portabilitäts-VO, Geoblocking-VO).** Die **Portabilitäts-VO**[240] enthält zwingende vertragsrechtliche Vorschriften für Fälle, in denen sich der Abonnent eines entgeltlichen Online-Dienstes vorübergehend in einem anderen Mitgliedstaat als seinem Wohnsitzmitgliedstaat aufhält. Nach Art. 3 Portabilitäts-VO ist der Online-Dienst in einem solchen Fall verpflichtet, dem Abonnenten den Zugriff auf die Inhalte – abgesehen von der technischen Qualität – zu denselben Bedingungen wie im Wohnsitzmitgliedstaat zu ermöglichen. Die Einhaltung dieser Verpflichtung scheitert nicht daran, dass der Online-Dienst möglicherweise von den Rechtsinhabern nur territorial beschränkte Rechte erworben hat. Art. 7 Portabilitäts-VO regelt zwingend, dass der Portabilität entgegenstehende Bestimmungen in Verträgen zwischen dem Anbieter des Online-Dienstes und Rechtsinhabern sowie zwischen dem Anbieter des Online-Dienstes und seinen Abonnenten nicht durchsetzbar sind (vgl. auch Erwgr. 24 f.). Anbieter von kostenfrei bereitgestellten Online-Inhaltediensten können sich gemäß Art. 6 Portabilitäts-VO dafür entscheiden, in den Geltungsbereich der VO einbezogen zu werden, sofern sie die Anforderungen an die Überprüfung des Wohnsitzmitgliedstaats ihrer Abonnenten erfüllen (vgl. Erwgr. 20).

Die **Geoblocking-VO**[241] hat audiovisuelle Dienste (zB Rundfunk, Film-Streaming) aus ihrem Regelungsbereich ausgenommen (Art. 1 Abs. 3). Sie lässt auch die Befugnis zur territorial beschränkten Vergabe von Rechten für Online-Inhaltedienste (zB Online-Musik, E-Books) unberührt.[242]

2. Senderverträge

77 **a) Allgemeines.** Für viele Werkarten (insbes. Film- und Musikwerke) sind das **Sendevertragsrecht**[243] und die **Sendevertragspraxis** von ganz wesentlicher wirtschaftlicher Bedeutung.

78 Es ist keine nach Art. 101 AEUV verbotene **Wettbewerbsbeschränkung,** wenn ein Rechtsinhaber nur einem einzigen Lizenznehmer das ausschließliche Senderecht überträgt, ein geschütztes Werk in einem bestimmten Zeitraum durch Ausstrahlung in einem oder mehreren Mitgliedstaaten zu sen-

---

[231] → § 87 Rn. 112 ff.

[232] → Rn. 13, 55.

[233] Art. 12 Abs. 1 Online-SatCab-RL.

[234] Vgl. Art. 4 ff. Online-SatCab-RL.

[235] Vgl. Art. 2 Abs. 2 Buchst. b und Abs. 3 Online-SatCab-RL.

[236] Vgl. Art. 4 Online-SatCab-RL; vgl. dazu auch – zur Rechtswahrnehmung durch eine Verwertungsgesellschaft bei der Kabelweitersendung – → § 20b Rn. 26 ff.

[237] Vgl. Art. 5 Online-SatCab-RL (vgl. dazu Erwgr. 17).

[238] Vgl. Art. 5 Online-SatCab-RL (vgl. dazu auch Erwgr. 18).

[239] Vgl. Art. 4 Abs. 2 und 3 Online-SatCab-RL.

[240] Zur Portabilitäts-VO vgl. *Pech* S. 307 ff.; *Wirz* S. 225 ff.; *Peifer* AfP 2017, 8; *Roos* MMR 2017, 147; *Ranke/Glöckler* MMR 2017, 378; *Schulte zu Sundern* in Mackenrodt/Maute, S. 179 (186 f.); → § 15 Rn. 153.

[241] Verordnung (EU) 2018/302 des Europäischen Parlaments und des Rates vom 28.2.2018 über Maßnahmen gegen ungerechtfertigtes Geoblocking und andere Formen der Diskriminierung aufgrund der Staatsangehörigkeit, des Wohnsitzes oder des Ortes der Niederlassung des Kunden innerhalb des Binnenmarkts und zur Änderung der Verordnungen (EG) Nr. 2006/2004 und (EU) 2017/2394 sowie der Richtlinie 2009/22/EG, ABl. 2018 L 60, S. 1. Zur Geoblocking-VO s. *Bühling* IPRB 2019, 21; zum VO-Vorschlag s. *Riede/Hofer* MR-Int. 2017, 14.

[242] Vgl. *Kraul/Schaper* DB 2018, 618 (623); *Ehle/Kreß* CR 2018, 790 (792); *Tsakanakis* WuW 2019, 235 (237 f.).

[243] Zum Sendevertragsrecht → Vor §§ 31 ff. Rn. 131 ff.; s. weiter Wandtke/Bullinger/*Ehrhardt* UrhG § 20 Rn. 8 ff.; Loewenheim/*Castendyk* § 75; Berger/Wündisch/*Kühn*, Urhebervertragsrecht, 2. Aufl. 2015, § 20 Rn. 32 ff.; *Reber* S. 21 ff., 53 ff., 143 ff., 146 ff.; *Herrmann/Lausen* S. 716 ff.; *Schiller*, Allgemeine Geschäftsbedingungen im Urhebervertragsrecht für freie Mitarbeiter in der Film- und Fernsehproduktion, 1999, S. 110 ff. Zum Sendevertragsrecht hinsichtlich Sendungen im Internet s. *Ory* K&R 2006, 303 ff.; *Poll* GRUR 2007, 476 (482 f.); *Neurauter* GRUR 2011, 691 (693 f.); *Kähler* ZUM 2016, 417. Zur Rechtseinräumung für das Mobile-TV bzw. Handy-TV s. *Bauer/v. Einem* MMR 2007, 698 (700); *Büchner* CR 2007, 473 (479 f.).

den.[244] Etwas anderes gilt aber für lizenzvertragliche Vereinbarungen, die darauf gerichtet sind, die grenzüberschreitende Erbringung von Rundfunkdiensten einzuschränken.[245]

b) Räumlich beschränkte Rechtseinräumung. Verträge über die Sendung geschützter Werke **79** an die Öffentlichkeit sehen häufig territoriale Begrenzungen der Nutzung vor.[246]

Das Senderecht kann für die **drahtlose Ausstrahlung** räumlich beschränkt nach Ausstrahlungsge- **80** bieten, insbesondere zur Ausstrahlung von einzelnen Ländern aus, eingeräumt werden. Das Unionsrecht steht dem nicht entgegen.[247] Ob die Einräumung eines Senderechts zur Ausstrahlung über alle Sendeanlagen eines Unternehmens berechtigt, richtet sich nach dem Vertrag.[248]

Nach dem Urteil des **EuGH „Football Association Premier League u. Murphy"** sind aber **81** Lizenzvereinbarungen über verschlüsselte Sendungen nach Art. 101 AEUV verbotene Wettbewerbsbeschränkungen, sofern sie den Lizenznehmer verpflichten, außerhalb des vereinbarten Sendegebiets keine Decoder zur Verfügung zu stellen, die Zugang zu den geschützten Sendeinhalten verschaffen.[249] Auch das nationale Recht darf nicht die Einfuhr und Verwendung von Decodern für den Empfang der verschlüsselten Sendungen verbieten, die für andere (billigere) Empfangsgebiete bestimmt sind. Eine solche Regelung verstößt gegen die Dienstleistungsfreiheit (Art. 56 AEUV).[250] Eine Beschränkung dieser Grundfreiheit kann zwar gerechtfertigt sein, wenn sie erforderlich ist, um Rechte des geistigen Eigentums zu wahren, die dessen spezifischen Gegenstand ausmachen.[251] Dazu gehört beim Urheberrecht die Befugnis, den Schutzgegenstand zur Erteilung von Lizenzen gegen Vergütung zu nutzen. Der spezifische Gegenstand des geistigen Eigentums soll dem Rechtsinhaber jedoch nicht die höchstmögliche Vergütung gewährleisten, sondern nur eine angemessene Vergütung für jede Nutzung.[252]

Eine **räumliche Beschränkung nach Empfangsgebieten** ist bei der drahtlosen Ausstrahlung **82** nicht mit dinglicher Wirksamkeit möglich.[253] Ist in einem Vertrag geregelt, dass ein Werk vom Vertragsgebiet aus terrestrisch nur in einer Weise ausgestrahlt werden darf, dass die Sendung nur in einem bestimmten räumlichen Bereich empfangen werden kann, bedeutet dies eine dingliche Beschränkung des Rechts zur Ausstrahlung der Sendung auf das Vertragsgebiet verbunden mit einer (nur) schuldrechtlich bindenden Vereinbarung, dass nur in einer bestimmten Art und Weise gesendet werden darf. Daran ändert auch nichts die Möglichkeit, Verschlüsselungstechniken einzusetzen, um den Empfang in bestimmten Gebieten auszuschließen. Die dingliche Aufspaltbarkeit von Nutzungsrechten setzt voraus, dass die verschiedenen Nutzungsformen auch über lange Zeiträume nach eigener Entscheidung der Nutzungsberechtigten klar voneinander getrennt werden können. Das ist (nach gegenwärtigem technischem Stand)[254] bei drahtlosen Ausstrahlungen durch den Einsatz von Verschlüsselungssystemen (deren Wirkung durch Verbreitung von Umgehungstechniken aufgehoben werden kann) kaum vollständig zu gewährleisten.[255]

Bei Werknutzungen durch **Sendung im Internet** ist eine territoriale Beschränkung der Nutzung **83** durch Geo-Sperren **(Geoblocking)**[256] nicht vollständig durchführbar.[257] Dies schließt jedoch eine Rechtseinräumung mit dinglicher Wirkung nicht aus, wenn sie sich auf das ganze Bundesgebiet bezieht.[258]

c) Aufspaltbarkeit der Senderechte nach Nutzungsarten. Die Aufspaltbarkeit der Senderech- **84** te nach Nutzungsarten richtet sich nach den allgemeinen Grundsätzen.[259] Die Senderechte können

---

[244] Vgl. EuGH GRUR 2012, 156 Rn. 137 f. – Football Association Premier League u. Murphy.

[245] Vgl. EuGH GRUR 2012, 156 Rn. 139 ff. – Football Association Premier League u. Murphy; vgl. dazu *Bernhard/Nemeczek* GRUR-Int 2012, 293 (297 ff.); *Heermann* WRP 2012, 371 (377 ff.); *Heermann* ZUM 2016, 835 (836); *Just/Spahr/Peter* KSzW 2015, 307 (312).

[246] Vgl. näher *Schwarz* ZUM 2011, 699.

[247] Vgl. EuGH GRUR 2012, 156 Rn. 141 – Football Association Premier League u. Murphy; sa öOGH GRUR-Int 2014, 697 (701, unter 3.2.) – Fußballübertragungen; vgl. auch *Metzger* GRUR 2012, 118 (120).

[248] S. dazu OLG Koblenz AfP 1988, 39; Loewenheim/*Castendyk* § 75 Rn. 42; *Schwertfeger* S. 13 ff.; *v. Ungern-Sternberg* S. 77 ff.

[249] Vgl. EuGH GRUR 2012, 156 Rn. 134 ff. = JZ 2011, 1160 (mAnm *Leistner* JZ 2011, 1140) = MMR 2011, 817 mAnm *Stieper* = ZUW 2012, 466 mAnm *Weck* – Football Association Premier League u. Murphy; → I. UrhG Rn. 106; → § 31 Rn. 37. Zu den Praxisfolgen des Urteils vgl. *Engels* S. 152 ff.; *Wirz* S. 169 ff.; *Peifer* GRUR-Prax 2011, 323536; *Peifer* LMK 2011, 324713; *Hoeren/Bilek* CR 2011, 735; *Baumann/Hofmann* ZUM 2011, 890; *Handig* GRUR-Int 2012, 9; *Bernhard/Nemeczek* GRUR-Int 2012, 293; *Metzger* GRUR 2012, 118 (120); *Heermann* WRP 2012, 371; *Poll* SpuRt 2012, 5; *Ranke/Roßnagel* MMR 2012, 152; *Christmann* ZUM 2012, 187; *von Albrecht/Mutschler-Siebert/Bosch* ZUM 2012, 93; *Kreile* ZUM 2012, 177; *Vedder* ZUM 2012, 190; *Brost* ZUM 2016, 689; *Brehm* S. 233 ff.; *Steinrötter* EWS 2016, 17 (18 f.); *Fuchs* FS Mathias Schwarz, 2017, 351 (361 ff.); *Schulte zu Sundern* in Mackenrodt/Maute S. 179 (194 ff.).

[250] Vgl. EuGH GRUR 2012, 156 Rn. 94, 105 ff. – Football Association Premier League u. Murphy.

[251] → § 15 Rn. 3, 44.

[252] Vgl. EuGH GRUR 2012, 156 Rn. 107 ff. – Football Association Premier League u. Murphy.

[253] AA *Wirz* S. 134 ff.; sa *Neumaier* S. 70 ff.; zu direkten Satellitensendungen sa *Ullrich* S. 483 ff.

[254] Vgl. zu den technischen Möglichkeiten, Geoblocking zu umgehen, *Wirz* S. 48 ff.

[255] AA *Castendyk/Kirchherr* ZUM 2005, 283 (284 f.).

[256] Vgl. dazu → § 31 Rn. 36 f. Zur Technik des Geoblockings s. *Wirz* S. 39 ff.; *Fedderath* ZUM 2015, 929.

[257] Vgl. *Wirz* S. 48 ff.; *Prill* S. 39 ff., 51 f.; *Giedke* S. 451 ff.; *Schwarz* ZUM 2011, 699 (705); *Fedderath* ZUM 2015, 929 (931); *Martiny* MMR 2016, 579 (581 f.); *Steinrötter* EWS 2016, 17 (20).

[258] Vgl. *von Albrecht/Mutschler-Siebert/Bosch* ZUM 2012, 93 (97); *Martiny* ZUM 2018, 772 (777).

[259] → § 31 Rn. 27 ff.

mit dinglicher Wirkung getrennt nach erdgebundener drahtloser oder kabelgebundener Ausstrahlung und nach dem Recht zur Satellitenausstrahlung vergeben werden.[260]

85 Auch das Recht an der **Kabelweitersendung** ist eine dinglich abspaltbare Nutzungsart, wie schon aus der Regelung des § 20b folgt.[261] Ebenso kann das Recht, Rundfunksendungen in den Gästezimmern von Hotels zugänglich zu machen,[262] vom Recht an der Kabelweitersendung abgespalten werden.[263] Diese Nutzungsart unterscheidet sich deutlich von der Kabelweitersendung an die Öffentlichkeit.[264]

86 Die Senderechte für das **Internet** und für die herkömmliche Rundfunkausstrahlung können getrennt vergeben werden.[265] Zur Frage, ob das **Satellitensenderecht** aus § 20a dinglich beschränkt eingeräumt werden kann, → § 20a Rn. 17.

87 **Digitale Rundfunksendungen** sind im Verhältnis zu analogen Rundfunksendungen jedenfalls nicht schon wegen der unterschiedlichen Technik eine eigenständige Nutzungsart.[266] Ob ältere Senderechtsverträge auch die Sendung mit digitaler Sendetechnik gestatten, kann in Einzelfällen fraglich sein, weil digitale Sendungen die Aufzeichnung der übertragenen Werke durch den Empfänger in erheblich besserer Qualität als bei herkömmlicher Rundfunktechnik ermöglichen und deshalb zu einer intensiveren Werknutzung führen können.

88 **d) Senderverträge und Wiederherstellung der deutschen Einheit.** Die Wiedervereinigung hat an der dinglichen Verteilung der Senderechte in einem älteren Filmkoproduktionsvertrag nichts geändert.[267] Sie hat auch nicht die Geschäftsgrundlage für die Verteilung des Rechts an der direkten Satellitensendung in einem älteren Filmkoproduktionsvertrag entfallen lassen.[268]

89 **e) Sonstiges.** Die ergänzende **Auslegung eines älteren Filmkoproduktionsvertrags,** in dem über die Inhaberschaft des Rechts an direkten Satellitensendungen keine ausdrückliche Regelung getroffen worden ist, kann zu dem Ergebnis führen, dass diese Rechte den Vertragsparteien gemeinsam zustehen.[269]

3. Wahrnehmung des Senderechts durch Verwertungsgesellschaften

90 **a) Unionsrecht.** Die Rechtswahrnehmung durch Verwertungsgesellschaften ist, gerade im Bereich grenzüberschreitender Online-Nutzungen maßgeblich durch die Vorgaben der **Verwertungsgesellschaften-Richtlinie** (umgesetzt durch §§ 59 ff. VGG)[270] geprägt.[271] Der Richtlinie vorausgegangen waren Bemühungen der Verwertungsgesellschaften, ihre internationale Zusammenarbeit bei der Lizenzierung grenzüberschreitender Nutzungen durch Vereinbarungen untereinander zu regeln sowie Maßnahmen der EU-Kommission.[272]

---

[260] Vgl. BGH GRUR 2005, 320 (323) – Kehraus; s. dazu auch *Ullrich* S. 476 ff. Zur Beurteilung von Fernsehsendungen im Wege des IPTV als eigenständige Nutzungsart vgl. *Haedicke* ZUM 2017, 1 (4 ff.).

[261] Vgl. Dreier/Schulze/*Dreier* UrhG § 20b Rn. 1; aA *Gounalakis* ZUM 2009, 447 (450 f.); *Mand* S. 17 ff. (der sich zu Unrecht auf die Rspr. beruft); s. dazu auch *Fischer* ZUM 2009, 465 ff.

[262] → § 20 Rn. 71 ff.

[263] Vgl. OLG München ZUM 2012, 54 (61) = MR-Int. 2011, 145 (148) mAnm *Schmittmann*.

[264] Dies gilt schon deshalb, weil das Recht der öffentlichen Wiedergabe bei der Ermöglichung des Rundfunkempfangs in den Gästezimmern eines Hotels unabhängig davon eingreift, ob das Hotel Rundfunksendungen mit einer Zentralantenne empfängt und über Kabel in die Zimmer weiterleitet oder in den Zimmern selbständig empfangstaugliche Rundfunkempfangsgeräte (mit Zimmerantennnen) einsetzt (dazu → Rn. 73, → § 15 Rn. 99).

[265] Vgl. *Poll* GRUR 2007, 476 (482); Fromm/Nordemann/*J. B. Nordemann* UrhG § 31 Rn. 78; *Hoeren/Neurauter* S. 251 f.; aA *Ory* K&R 2006, 303 ff.

[266] Dazu → § 88 Rn. 48 mwN; s. weiter *Wagner* FS Raue, 2006, 723 (731 f.). Zur Frage, ob Mobile-TV oder Handy-TV eine eigenständige Nutzungsart sind, s. Fromm/Nordemann/*J. B. Nordemann* UrhG § 31 Rn. 79; *Bauer/v. Einem* MMR 2007, 698 (700); *Büchner* CR 2007, 473 (479 f.); *Ory* ZUM 2007, 7 (8).

[267] Vgl. BGHZ 133, 281 (291) = GRUR 1997, 215 (218) – Klimbim; BGH GRUR 2003, 699 (702) – Eterna; weiter → Vor §§ 120 ff. Rn. 188. Weiter zur Auswirkung der Wiederherstellung der deutschen Einheit auf bestehende Senderverträge vgl. BGHZ 133, 281 (290 ff.) = GRUR 1997, 215 (218 ff.) – Klimbim = Schulze BGHZ 449 mAnm *Hillig;* BGHZ 147, 244 (258 ff.) = GRUR 2001, 826 (829 f.) – Barfuß ins Bett; vgl. dazu auch – zum Verbreitungsrecht – BGH GRUR 2003, 699 (702) – Eterna; *Pfister,* Die Urheberrecht im Prozess der deutschen Einigung, 1996, S. 159 ff.; *Schwarz* ZUM 1997, 94 (95 ff.); *Schricker* IPRax 1992, 216 (219); *Katzenberger* GRUR-Int 1993, 2 (16 f.); *Schmits* ZUM 1993, 72; *Loewenheim* GRUR 1993, 934 (936 ff.); Berger/Wündisch/*Richter,* Urhebervertragsrecht, 2. Aufl. 2015, § 8 Rn. 49 ff.; Fromm/Nordemann/*A. Nordemann* Einl. Rn. 35; Fromm/Nordemann/*J. B. Nordemann* UrhG § 31 Rn. 20 ff., 105 ff.; Loewenheim/*Castendyk* § 75 Rn. 62 f. Zu den Rechten an Filmproduktionen in der DDR s. BGHZ 147, 244 = GRUR 2001, 826 – Barfuß ins Bett; KG AfP 1999, 372; *Hegemann,* Nutzungs- und Verwertungsrechte an dem Filmstock der DEFA, 1996; *Haupt,* Urheberrecht und DEFA-Film, 2005; Loewenheim/*Castendyk* § 75 Rn. 305 ff.

[268] Vgl. BGH GRUR 2005, 320 (325) – Kehraus.

[269] Vgl. BGH GRUR 2005, 320 (323) – Kehraus; OLG München ZUM 2010, 719 (Urt. nach Zurückverweisung).

[270] Richtlinie 2014/26/EU des Europäischen Parlaments und des Rates v. 26.2.2014 über die kollektive Wahrnehmung von Urheber- und verwandten Schutzrechten und die Vergabe von Mehrgebietslizenzen für Rechte an Musikwerken für die Online-Nutzung im Binnenmarkt, ABl. 2014 L 84, S. 72; vgl. *Kling* S. 116 ff.; *Brehm* S. 75 ff.; *Arezzo* IIC 2015, 534; *Grohmann* GRUR-Prax 2014, 145. Zur Umsetzung durch das VGG vgl. *Klett/Schlüter* K&R 2016, 567 (570); *Steinbrecher/Scheufele* K&R 2016, Beil. 1 zu Heft 9, S. 12 (13).

[271] Vgl. Ensthaler/Weidert/*Riemer/Welp* Kap. 6 Rn. 143 ff.; *Kling* S. 198 ff.; *Rhode* S. 266 ff.

[272] Vgl. dazu Ensthaler/Weidert/*Riemer/Welp* Kap. 6 Rn. 121 ff.; *Kling* S. 13, 87 ff., 95 ff.; *Brehm* S. 66 ff.; *Altemark,* Wahrnehmung von Online-Musikrechten im Europäischen Wirtschaftsraum, 2011; *N. Fischer,* Lizenzierungsstrukturen bei der nationalen und multiterritorialen Online-Verwertung von Musikwerken, 2011; *Heyde,* Die

Die **Tarifgestaltung** der Verwertungsgesellschaften bei der Vergabe von Senderechten unterliegt **91** der Kontrolle gemäß **Art. 102 AEUV** (Missbrauch einer marktbeherrschenden Stellung).[273] Missbräuchlich sind überhöhte Tarife ohne vernünftigen Zusammenhang mit dem wirtschaftlichen Wert der erbrachten Leistung. Ein Anzeichen für einen Missbrauch ist es, wenn ein Tarif nach einem einheitlichen Vergleichsmaßstab erheblich höher ist als die Tarife in den übrigen Mitgliedstaaten. Es obliegt dann der Verwertungsgesellschaft, die Unterschiede zu rechtfertigen.[274] Im Fernsehbereich muss die Vergütung nach den Parametern der betreffenden Sendung (wie ihrer tatsächlichen oder potenziellen Einschaltquote und der sprachlichen Fassung) angemessen sein.[275] Missbräuchlich kann auch die preisliche Diskriminierung von Nutzern bei der Tarifgestaltung sein.[276]

b) Abschluss von Pauschalverträgen. Die Senderechte an geschützten Werken werden in wei- **92** tem Umfang von Verwertungsgesellschaften wahrgenommen (zur Wahrnehmung des Rechts an der Kabelweitersendung s. § 20b Abs. 1).[277] Diese schließen mit den Sendeunternehmen grundsätzlich Gesamtverträge für das von ihnen vertretene Repertoire ab.[278] Solche Pauschalverträge regeln seit langem[279] auch die Repertoirenutzungen der Kabelnetzbetreiber bei der Kabelweitersendung von Rundfunkprogrammen[280] sowie die Weitersendung von Rundfunkprogrammen in geschlossenen DSL-Netzen (IPTV).[281]

c) GEMA. Die GEMA verwaltet aufgrund der Berechtigungsverträge, die sie mit den ihr ange- **93** schlossenen Komponisten, Textdichtern und Musikverlegern geschlossen hat, sowie aufgrund von Gegenseitigkeitsverträgen mit ausländischen Wahrnehmungsgesellschaften Senderechte an einem umfassenden Repertoire von Werken der Musik (vgl. dazu den – immer wieder aktualisierten[282] – **Berechtigungsvertrag,**[283] abrufbar unter www.gema.de).[284] Nach § 1 lit. b und d des Berechtigungsvertrags werden der GEMA jedoch nicht übertragen die Rechte an der Hörfunk- und Fernsehsendung dramatisch-musikalischer Werke (bei vollständiger Sendung, Sendung als Querschnitt oder in größeren Teilen), die im Gegensatz zu den sonstigen „kleinen Senderechten" an Werken der Musik oft als „große Senderechte" bezeichnet werden.[285] An die Rundfunkanstalten und die privaten Sendeunternehmen überträgt die GEMA Senderechte durch Pauschal- und Gesamtverträge.[286] Dies gilt auch hinsichtlich der Musik in Kinofilmen.

Die GEMA nimmt nach § 1 lit. m des Berechtigungsvertrags[287] auch die Vergütungsansprüche der **94** Urheber aus § 20b Abs. 2 bei **Kabelweitersendungen** wahr.

---

grenzüberschreitende Lizenzierung von Online-Musikrechten in Europa, 2011; *Gräfin Grote,* Europäische Perspektiven der Rechtewahrnehmung durch Verwertungsgesellschaften, 2012, S. 64 ff.; *Weller,* Die kollektive Wahrnehmung von Urheberrechten bei der Online-Nutzung von Musikwerken, 2015, S. 69 ff.; *Rhode* S. 251 ff.; *Wittmann,* Europäisches Joint Venture für die Lizenzierungvon Online-Musikdiensten, MR-Int. 2015, 74; *Wübbelt* S. 84 ff.

[273] Vgl. EuGH GRUR 2009, 421 Rn. 17 ff. – Kanal 5, TV 4 AB/STIM (zum früheren Art. 82 EG). Vgl. auch das Vorabentscheidungsersuchen C-372/19 – SABAM/BVBA Weare one World ua.

[274] Vgl. EuGH GRUR 2014, 473 Rn. 80 ff. – OSA/Léčebné lázně; vgl. näher *Lichtenegger,* Verwertungsgesellschaften, Kartellverbot und Neue Medien, 2014, S. 111 ff.

[275] Vgl. EuGH GRUR 2012, 156 Rn. 108 ff., 129 f. – Football Association Premier League u. Murphy; → Rn. 74.

[276] Vgl. EuGH GRUR-Int 2018, 850 Rn. 5 ff., 10, 22 ff. – MEO Serviços de Comunicações e Multimédia SA/Autoridade da Concorrência.

[277] Zur Einbindung der Außenseiter bei der Wahrnehmung des Rechts an der Kabelweitersendung → Rn. 74.

[278] S. dazu Loewenheim/*Castendyk* § 75 Rn. 289 ff.; *Herrmann/Lausen* S. 720 ff.; Berger/Wündisch/*Ory,* Urhebervertragsrecht, 2. Aufl. 2015 § 2 Rn. 11 ff.; BeckOK UrhR/*Hillig,* 26. Ed. Stand 15.10.2019, UrhG § 20 Rn. 24. Zur Erfassung der von den Sendern genutzten Werke durch die Verwertungsgesellschaften s. *Leeb,* Der Wert künstlerischer Arbeit – Urheberrecht, Rechtewahrnehmung und Administration durch Verwertungsgesellschaften, 2009, S. 155 ff.

[279] Zur früheren Praxis der Rechtswahrnehmung bei der zeitgleichen und unveränderten Weitersendung durch Kabelfunk in Deutschland und in anderen europäischen Ländern eingehend *Dreier* S. 203 ff.; sa *Gounalakis/Mand,* Kabelweiterleitung und urheberrechtliche Vergütung, 2003, S. 1 f., 7 ff.; *Mand* S. 6 ff.; *Pfennig* ZUM 2008, 363 f.

[280] Vgl. *Herrmann/Lausen* S. 710; Wandtke/Bullinger/*Ehrhardt* UrhG § 20b Rn. 10 ff.; Loewenheim/*Castendyk* § 75 Rn. 330 ff., 336 ff.; Fromm/Nordemann/*Dustmann/Engels* UrhG § 20b Rn. 14 f.; *Dünnwald/Gerlach* § 78 Rn. 52; *Pfennig* ZUM 2008, 363 (369).

[281] Vgl. *Neurauter* GRUR 2011, 691 (692 f.); *Niebler* ZUM 2019, 545 (546 f., 548).

[282] Frühere Fassungen des Berechtigungsvertrags: v. 27./28.6.1989, GEMA-Jahrb. 1995/96, S. 161, v. 9./10.7.1996, GEMA-Jahrb. 1996/97 S. 161, v. 25./26.6.2002, GEMA-Jahrb. 2004/2005 S. 195, v. 28./29.6.2005, GEMA-Jahrb. 2005/2006 S. 183, v. 26./27.6.2007, GEMA-Jahrb. 2007/2008 S. 176; v. 24./25.6.2008, GEMA-Jahrb. 2008/2009 S. 176; v. 23./24.6.2009, GEMA-Jahrb. 2009/2010, S. 170; v. 29./30.6.2010, GEMA-Jahrb. 2010/2011, S. 167; v. 21./22.6.2011, GEMA-Jahrb. 2012/2013, S. 174; v. 25./26.6.2013, GEMA-Jahrb. 2013/2014 S. 185; 8./9.4.2014, GEMA-Jahrb. 2014/2015, S. 183; v. 6./7.5.2015, GEMA-Jahrb. 2015/2016, S. 187; v. 23./24.5.2017, GEMA-Jahrb. 2017/2018, S. 210; v. 16./17.5.2018, GEMA-Jahrb. 2018/2019, S. 213 (abrufbar unter: www.gema.de).

[283] Berechtigungsvertrag idF v. 24./25.5.2019, GEMA-Jahrb. 2018/2019, S. 213 (frei abrufbar: www.gema.de). Zur Auslegung des Berechtigungsvertrags vgl. Heker/Riesenhuber/*Staudt/Hendel* Kap. 7 Rn. 72 ff.; *Staudt* S. 135 ff., 297 f.

[284] → Vor §§ 31 ff. Rn. 132.

[285] Vgl. zu diesen Begriffen → § 19 Rn. 49; s. ferner die Abgrenzungsvereinbarung zwischen der GEMA und den Rundfunkanstalten von 1964/1965 mit Nachträgen von 1965, 1977 und 1981, GEMA-Jahrb. 2018/2019 S. 223 (frei abrufbar: www.gema.de). Zur Wahrnehmung der „großen Senderechte" vgl. Wandtke/Bullinger/*Ehrhardt* UrhG § 20 Rn. 7 f.

[286] Vgl. Loewenheim/*Castendyk* § 75 Rn. 290 ff.; *Herrmann/Lausen* S. 721 f.

[287] IdF v. 22./25.5.2019; s. dazu Heker/Riesenhuber/*Staudt/Hendel* Kap. 7 Rn. 78; Heker/Riesenhuber/*Staudt/Welp* Kap. 7 Rn. 271 f.; *Staudt* S. 138 f., 146 f., 297 f.

95   Die Einräumung von Rechten hinsichtlich der Nutzung von Werken der Tonkunst (mit oder ohne Text) zu **Werbezwecken** ist in § 1 lit. k des Berechtigungsvertrags geregelt.[288]

96   Der GEMA-Berechtigungsvertrag regelt in seinen neueren Fassungen[289] auch die Rechtswahrnehmung an **Online-Nutzungen** durch öffentliche Zugänglichmachung und Abrufübertragung (§ 1 lit. h Berechtigungsvertrag).[290]

97   **d) VG Wort.** Die VG Wort verwaltet nach § 1 Nr. 12, § 2 ihres Wahrnehmungsvertrags idF vom 25.5.2019 (abrufbar unter www.vgwort.de) bei Sprachwerken, Sammelwerken von Sprachwerken[291] und „Darstellungen wissenschaftlicher und technischer Art einschließlich entsprechender Lichtbildwerke (§ 2 Abs. 1 Ziff. 5 UrhG) und Lichtbilder (§ 72 UrhG), die vom Verfasser des Sprachwerkes für dieses geschaffen worden sind", „das Recht zur Sendung (§ 20 UrhG) einschließlich des Rechts der Kabelweitersendung (§ 20b Abs. 1 UrhG). Der Wahrnehmungsvertrag bezieht sich auch auf das Recht zur „öffentlichen Zugänglichmachung (§ 19a UrhG) in Abrufdiensten von Rundfunkveranstaltern für einen Zeitraum von nicht länger als 12 Monaten beginnend mit dem ersten Tag der öffentlichen Zugänglichmachung". Die Rechtswahrnehmung gilt nur, „soweit es sich um die Nutzung von nicht mehr als 10 Minuten (audiovisuelle Nutzung) oder 15 Minuten (Audionutzung) aus einem verlegten Werk (Lesung) oder von erschienenen Sprachtonträgern handelt; nicht unter diese ‚Kleinen Senderechte' fallen szenische oder bildliche Darstellungen und/oder Dramatisierung sowie Nutzungen aus dramatischen Werken".

Nach § 1 Nr. 17 des Wahrnehmungsvertrags verwaltet die VG Wort auch „den Vergütungsanspruch für die zeitgleiche, unveränderte und vollständige Kabelweitersendung (§ 20b Abs. 2 UrhG)" sowie „das Recht der Kabelweitersendung (§ 20b Abs. 1 UrhG) von filmunabhängig vorbestehenden Werken". Nach § 1 Nr. 21 des Wahrnehmungsvertrags erfasst dieser auch das Recht, auf Tonträgern oder Bildtonträgern aufgezeichnete Werke durch Pay-TV, Pay-Radio, pay-per-view oder ähnliche Einrichtungen zu senden (§ 20 UrhG), dies allerdings „nur soweit und solange, wie die entsprechende Rechteeinräumung und deren angemessene Vergütung nicht Gegenstand von Tarifverträgen oder Individualverträgen ist".

98   Die Rechte zur **Sendung dramatischer und dramatisch-musikalischer Werke** werden regelmäßig durch den Urheber selbst oder durch Bühnenverlage vergeben.[292]

99   Zur Rechtswahrnehmung durch die VG Wort im Bereich der **Online-Nutzungen** s. den Wahrnehmungsvertrag idF vom 25.5.2019.[293] Nichtausschließliche Rechte an der digitalen Nutzung von Werken im Rahmen von Local Area Networks (LAN) nimmt die VG Wort aufgrund gesonderter, einzeln abzuschließender Mandatsverträge wahr (beschränkt auf kleine Teile aus Büchern oder einzelne Artikel, die nicht gleichzeitig in digitaler Form – zB auf CD – erscheinen).

100   **e) VG Bild-Kunst.** Formulare der Wahrnehmungsverträge der VG Bild-Kunst können unter www.bildkunst.de abgerufen werden.[294]

101   **f) Weitere Verwertungsgesellschaften.** Neben den bereits genannten sind noch weitere Verwertungsgesellschaften auf dem Gebiet des Senderechts tätig[295] (zB die VG Media,[296] die VFF Verwertungsgesellschaft der Film- und Fernsehproduzenten mbH[297] und die VG Musikedition).[298]

VII. Sonstiges

102   **Rechtswidrig veranstaltete Funksendungen** dürfen nicht auf Bild- oder Tonträger aufgenommen oder öffentlich wiedergegeben (insbes. weitergesendet) werden (§ 96 Abs. 2). Dies gilt unterschiedslos für Sendungen nach § 20 und europäische Satellitensendungen nach § 20a.

---

[288] IdF v. 24./25.5.2019. Zu früheren Fassungen s. BGH GRUR 2010, 62 – Nutzung von Musik zu Werbezwecken; vgl. weiter *v. Ungern-Sternberg* GRUR 2010, 273 (282) mwN.

[289] Zur Wahrnehmungsbefugnis der GEMA aufgrund von Altverträgen vgl. *N. Fischer* S. 274 ff.; *Kling* S. 82; *Weberling/Kowalczyk* AfP 2018, 298.

[290] IdF v. 24./25.5.2019; weiter → § 19a Rn. 52. Zur Wahrnehmungsbefugnis der GEMA bei digitalen Nutzungen vgl. *N. Fischer* S. 265 ff.; *Kling* S. 82 f.; *Spohn/Hullen* GRUR 2010, 1053 (1054 f.); *Weberling/Kowalczyk* AfP 2018, 298; Hoeren/Sieber/Holznagel/*S. Müller*, Handbuch Multimedia-Recht, Stand 2019, Teil 7.5 Rn. 144 ff.; *Heyde* S. 48 ff.

[291] Die Einbeziehung von Sammelwerken von Sprachwerken in den Wahrnehmungsvertrag durch Beschluss der Mitgliederversammlung vom 9.6.2018 ist unwirksam (vgl. dazu *v. Ungern-Sternberg* JurPC Web-Dok. 25/2019, Abs. 27 ff. (frei abrufbar: www.jurpc.de).

[292] Sa *Beilharz*, Der Bühnenvertriebsvertrag, 1970, S. 71 ff.; vgl. weiter → Vor §§ 31 ff. Rn. 119, 132.

[293] → § 19a Rn. 53.

[294] Zur Wahrnehmung von Sende- und Weitersenderechten durch die VG Bild-Kunst s. *Pfennig* KUR 1999, 10 (12); *Pfennig* FS Raue, 2006, 593 (605 f.); *Reber* GRUR 2000, 203 (206). Zur Rechtswahrnehmung durch die VG Bild-Kunst im Bereich der Online-Nutzungen s. Hoeren/Sieber/Holznagel/*S. Müller*, Handbuch Multimedia-Recht, Stand 2019, Teil 7.5 Rn. 157 ff.; → § 19a Rn. 53.

[295] Hoeren/Sieber/Holznagel/*S. Müller*, Handbuch Multimedia-Recht, Stand 2019, Teil 7.5 Rn. 168 ff.; *Herrmann/Lausen* S. 720 ff.; *Neurauter* GRUR 2011, 691. Zur Problematik der Repertoirezersplitterung im online-Bereich vgl. *Berberich* GRUR-Prax 2019, 453.

[296] Zur Angemessenheit eines Tarifs der VG Media für die Kabelweitersendung von Fernsehprogrammen s. den Einigungsvorschlag der Schiedsstelle vom 22.2.2010, K&R 2010, 360; vgl. dazu *Geppert/Salevic* K&R 2010, 303.

[297] Wahrnehmungsverträge abrufbar unter www.vff.org.

[298] Wahrnehmungsvertrag abrufbar unter www.vg-musikedition.de.

Das Vervielfältigungsrecht (§ 16) wird zugunsten der Sendeunternehmen, die zur Funksendung be- **103** rechtigt sind, durch **§ 55** eingeschränkt.

§ 20 Senderecht

Das Senderecht ist das Recht, das Werk durch Funk, wie Ton- und Fernsehrundfunk, Satellitenrundfunk, Kabelfunk oder ähnliche technische Mittel, der Öffentlichkeit zugänglich zu machen.

Schrifttum: S. Vor §§ 20 ff.

Übersicht

A. Allgemeines. Unionsrecht

Das Senderecht des Urhebers aus § 20 ist das ausschließliche Verwertungsrecht, das Werk durch **1** Funk der Öffentlichkeit zugänglich zu machen. Es ist ein **Recht der öffentlichen Wiedergabe** des Werkes in unkörperlicher Form (§ 15 Abs. 2 Nr. 2).[1]

Das Recht der öffentlichen Wiedergabe in Art. 3 InfoSoc-RL umfasst auch das Recht an der **2** Rundfunkübertragung (Erwgr. 23 InfoSoc-RL).[2] Im Regelungsbereich des Art. 3 InfoSoc-RL ist das Recht des Urhebers an der öffentlichen Wiedergabe durch das **Unionsrecht** voll harmonisiert.[3] Die Auslegung des Senderechts aus § 20 muss daher inhaltlich Art. 3 InfoSoc-RL entsprechen.[4] Die unionsrechtskonforme Auslegung darf allerdings nicht zu einer Auslegung des § 20 contra legem führen.[5] Eine derartige Auslegung des § 20 ist jedoch nicht notwendig. Ist nach Unionsrecht ein Recht der

---

[1] Weiter → § 15 Rn. 336 ff.; → Vor §§ 20 ff. Rn. 1 ff.
[2] Vgl. EuGH GRUR 2018, 68 Rn. 40 – VCAST/RTI; → § 15 Rn. 92.
[3] Dazu → § 15 Rn. 143, 160. Nicht harmonisiert ist die öffentliche Wiedergabe durch (Live-)Aufführung oder Vortrag vor anwesendem Publikum (vgl. → § 19 Rn. 1).
[4] → § 15 Rn. 57 ff.
[5] → § 15 Rn. 133.

öffentlichen Wiedergabe zu gewähren, das nicht unter ein benanntes Verwertungsrecht fällt, ist ein unbenanntes Verwertungsrecht anzuerkennen.[6]

3 Die Rechte des Urhebers an nichteuropäischen **Satellitensendungen** aus § 20 und an europäischen Satellitensendungen aus § 20a sind unterschiedliche Verwertungsrechte.[7]

4 **Beschränkungen des Senderechts** ergeben sich insbesondere[8] aus den Schrankenbestimmungen der §§ 45 ff.[9] Das Recht an der Kabelweitersendung ist gemäß § 20b Abs. 1 (vgl. auch § 50 VGG) der Verwertungsgesellschaftenpflicht unterworfen, soweit es sich nicht um Rechte handelt, die ein Sendeunternehmen in Bezug auf seine Sendungen geltend macht.[10]

5 Eine **Erschöpfung** des Senderechts ist ausgeschlossen.[11] Eine zeitgleiche, unveränderte und vollständige Weiterübertragung einer Erstsendung kann vom Senderecht erfasst werden, auch wenn diese Sendung in ihrem Sendegebiet bereits empfangen werden kann.[12]

B. Inhalt des Verwertungsrechts

I. Werknutzung mittels Funk

1. Funk als technisches Mittel der Werknutzung

6 Die von § 20 umschriebene Verwertungshandlung ist durch den Einsatz von **Funk als technischem Mittel** der Werknutzung gekennzeichnet. Das Senderecht bezieht sich jedoch nicht auf den technischen Vorgang der Funksendung, sondern auf die Sendung als einen sozialen Vorgang der Werknutzung durch eine zeitgleiche Werkwiedergabe an die Öffentlichkeit zu einem von dem Sendenden bestimmten Zeitpunkt.[13] Für die Auslegung des Verwertungsrechts ist deshalb nicht entscheidend eine Analyse der technischen Vorgänge, sondern eine Analyse des Nutzungsvorgangs.[14] Rein technisch bedingte, nur kurzzeitige **Zwischenspeicherungen** unterbrechen grundsätzlich die einheitliche Nutzungshandlung nicht.[15]

7 Der **Anwendungsbereich des Senderechts** aus § 20 geht weit über den herkömmlichen Rundfunk hinaus. Das Verwertungsrecht erfasst alle Werknutzungen mit funktechnischen Mitteln, bei denen das Werk zu einem vom Sendenden bestimmten Zeitpunkt zeitgleich einer Öffentlichkeit zugänglich gemacht wird.

2. Formen von Sendungen

8 **a) Drahtlose erdgebundene Rundfunksendungen.** Entsprechend der Entwicklung der Rundfunktechnik bezog sich das urheberrechtliche Senderecht ursprünglich nur auf drahtlose erdgebundene **(terrestrische) Rundfunksendungen.**

9 Die vom terrestrischen Rundfunk[16] benutzten elektromagnetischen Wellen haben unterschiedliche Ausbreitungseigenschaften. Während der **Ausstrahlungsbereich der elektromagnetischen Wellen** im VHF- und UHF-Bereich nicht oder nur wenig über den optischen Sendehorizont hinausreicht, passen sich Mittel- und Langwellen (letztere in stärkerem Maß) der Erdkrümmung an. Mit Lang- und Mittelwellensendern können deshalb – vor allem in den Abend- und Nachtstunden – große Gebiete, auch weithin im Ausland, erreicht werden. Der Kurzwellenrundfunk dient wegen der besonderen Ausbreitungseigenschaften der Kurzwellen vor allem der internationalen Übertragung von Hörfunksendungen.[17] Bei Kurzwellen breitet sich die Bodenwelle nur in verhältnismäßig geringem Umfang entlang der Erdoberfläche aus. Kurzwellen eignen sich deshalb nicht für Rundfunksendungen im Nahbereich. Die Raumwelle gestattet aber Rundfunkverbindungen von Kontinent zu Kontinent, weil sie in der Ionosphäre reflektiert wird. Die kurzzeitigen Veränderungen in der Ionosphäre beeinflussen jedoch den Empfangsbereich und die Empfangsqualität von Kurzwellensendungen.

10 Der herkömmliche erdgebundene Rundfunk, der den Hörfunk und das Fernsehen umfasst, wird zur Erweiterung des Empfangsbereichs in der Regel zeitgleich über **mehrere Sender** ausge-

---

[6] → § 15 Rn. 283 ff.
[7] Weiter → Rn. 51 ff.
[8] Im Einzelnen → § 15 Rn. 38 ff., 304 ff.
[9] Im Einzelnen → Vor §§ 20 ff. Rn. 49.
[10] Zu Sendungen im Internet, Handy-TV und Mobile-TV → § 20b Rn. 18 f.
[11] → § 15 Rn. 311 f.; → Vor §§ 20 ff. Rn. 50.
[12] Vgl. – zu Art. 3 Abs. 1 InfoSoc-RL – EuGH GRUR 2013, 500 Rn. 24 ff., 39 – ITV Broadcasting/TVC (für den Fall des Einsatzes eines spezifischen technischen Verfahrens für die Weiterverbreitung).
[13] → Rn. 27, 46, 50, 65, 84; → § 15 Rn. 15 ff., 221 f.
[14] → Rn. 46; → § 15 Rn. 222.
[15] Dazu → Rn. 29, 84; → § 15 Rn. 221; → § 20a Rn. 30.
[16] Für einen Überblick über die Technik zur Verbreitung erdgebundener drahtloser Rundfunksendungen vgl. *Herrmann/Lausen* S. 35 ff.; v. Hartlieb/Schwarz/*Knop* Kap. 242 Rn. 1 ff.; Wandtke/Bullinger/*Erhardt* UrhG § 20 Rn. 6a; *Wirz* S. 11 ff.
[17] Vgl. §§ 3, 15 Abs. 3 Deutsche-Welle-Gesetz. Zu deutschen Rundfunksendungen für das Ausland s. *Herrmann/Lausen* S. 184 f.

strahlt.[18] Die einzelnen Sender erhalten die Programmsignale zur Weiterausstrahlung an die Öffentlichkeit über ein Verteilernetz (mit Richtfunk- oder Kabelverbindungen), nur in Ausnahmefällen durch Empfang einer für die Öffentlichkeit bestimmten Rundfunksendung „aus der Luft".

Bei **Richtfunkverbindungen** werden die Funksignale jeweils zwischen zwei Richtfunkstationen **11** und für die Öffentlichkeit nicht empfangbar übertragen. Für den nationalen und internationalen Programmaustausch der Rundfunkanstalten untereinander werden Austauschleitungen (terrestrisch und über Satelliten) benutzt.

Bei der Übertragung von Rundfunksendungen an mobile Endgeräte, die nicht einfach herkömmli- **12** che Rundfunkempfangsgeräte sind (**Mobile-TV** und **Handy-TV**),[19] werden die Sendesignale unter Einsatz der Streamingtechnik in komprimierter Form als Datenstrom mittels eines Streaming-Servers an die mobilen Endgeräte gesendet.[20] Zwischen dem Server und dem Endgerät, das in die Streaming-Übertragung eingeloggt wurde, wird dabei jeweils individuell – nach Aufforderung durch das mobile Endgerät – eine unmittelbare Verbindung aufgebaut.[21] Gegen die Anwendung des § 20 auf Sendungen mittels Mobile-TV und Handy-TV spricht nicht, dass sich die Empfänger in die laufende Übertragung einschalten müssen und kein einheitliches Sendesignal erhalten. In der Wirkung empfängt der Nutzer die Sendung in diesen Fällen nicht anders als herkömmliche Rundfunksendungen.[22] Auch die Weitersendung von Rundfunkprogrammen in geschlossenen DSL-Netzen mittels der Technik des Internetprotokolls (**IPTV**)[23] erfüllt den Tatbestand der Sendung iSd § 20.[24]

b) Sendungen im Internet. Hauptanwendungsfall des Senderechts war zur **Entstehungszeit** **13** **des Gesetzes** der herkömmliche, drahtlos ausgestrahlte Rundfunk. Dementsprechend hat die Begründung des Regierungsentwurfs des UrhG[25] den Begriff des Funks iSd § 20 wie folgt definiert: „Unter ‚Funk' ist dabei jede Übertragung von Zeichen, Tönen oder Bildern durch elektromagnetische Wellen zu verstehen, die von einer Sendestelle ausgesandt werden und an anderen Orten von einer beliebigen Zahl von Empfangsanlagen aufgefangen und wieder in Zeichen, Töne oder Bilder zurückverwandelt werden können."

Die **Entwicklung des Internets** hat gezeigt,[26] dass die vorstehend zitierte Definition der Begrün- **14** dung des Regierungsentwurfs des UrhG zu eng war. Die Definition erfasst nur Fälle, in denen das Sendegut – wie beim herkömmlichen Rundfunk – mit den Mitteln des Funks an eine beliebige Öffentlichkeit in einer Weise herangetragen wird, dass der Sendeinhalt ohne weiteres durch Empfangsgeräte wahrnehmbar gemacht werden kann. Fälle, in denen sich die Empfänger – wie beim Internet-Rundfunk – zu einer laufenden Sendung durch Abruf zuschalten müssen, werden dadurch ausgeklammert. Für eine solche einschränkende Auslegung des Tatbestands des Senderechts besteht kein Grund.[27]

Das Internet benutzt drahtlose und kabelgebundene Übertragungsformen.[28] Für das Internet sind **15** Sendeformen wie das **Internetradio** (Webradio) und **Internet-TV** (Web-TV) entwickelt worden. Diese fallen unter den Tatbestand des Senderechts. Mithilfe der Technik des **Streaming**[29] kann ein laufendes Programm (fast) in Echtzeit an eine Öffentlichkeit übertragen werden. Endverbraucher können sich durch Abruf in das laufende Programm einschalten;[30] auf den Zeitpunkt und den Inhalt der Übertragung haben sie keinen Einfluss. Sie bestimmen lediglich durch ihren Abruf, ob eine Übertragung des andauernden Datenstroms (nach Aufbau einer Einzelverbindung) auch an sie stattfindet.[31] Die Daten der Sendung werden paketweise an die Nutzer übertragen und in den Endgeräten in Buffern zwischengespeichert.[32] Dies ermöglicht dem Endnutzer eine kontinuierliche Wiedergabe des Sendeinhalts, die dem Empfang herkömmlicher Rundfunksendungen entspricht, aber eine gänzlich andere Technik benutzt. Teilweise wird mit Hilfe der Streamingtechnik ein auch herkömmlich verbreitetes Programm zeitgleich im Internet zugänglich gemacht (**Simulcasting**); teilweise wird ein

---

[18] Vgl. *Brehm* S. 13 f.
[19] Zur Technik zellularer Mobilfunknetze s. *Neumann/Koch* Kap. 1 Rn. 33 ff.; *Brehm* S. 20 ff.
[20] Zur Technik des Streaming → Rn. 15.
[21] S. öOGH GRUR-Int 2009, 751 – UMTS-Mobilfunknetz I; s. weiter *Grewe,* Mobile TV: Zukunftschance unter besonderer Berücksichtigung der Werberegelungen des Rundfunkstaatsvertrags und der urheberrechtlichen Bestimmungen, 2013, S. 6 ff.
[22] Sa öOGH GRUR-Int 2009, 751 (754) = MR 2009, 34 (38) mAnm *Walter* – UMTS-Mobilfunknetz I; *Gey* S. 145 ff.; *Rüberg* S. 303 ff.; *Koof* S. 78 ff.
[23] Zur Technik vgl. *Haedicke* ZUM 2017, 1 (2 f.).
[24] Vgl. *Haedicke* ZUM 2017, 1 (7 f.).
[25] Begr. zu § 20 RegE, BT-Drs. IV/270, 50 = UFITA 45 (1965), 240 (265); sa BGH GRUR 1982, 727 (729 f.) – Altverträge.
[26] → Rn. 80 ff.
[27] → Rn. 80 ff.; aA Dreier/Schulze/*Dreier* UrhG § 20 Rn. 16.
[28] Zur Übertragungstechnik im Internet s. Schwartmann/*Janik,* Praxishandbuch Medien-, IT- und Urheberrecht, 4. Aufl. 2018, Kap. 8 Rn. 45 ff.; *Brehm* S. 23 ff.
[29] Zur Technik des Streaming vgl. *Goldstein* S. 7 ff.; *Bange,* Von SOPA zum Copyright Alert System, 2016, S. 43 ff.; *von Gerlach* S. 47 ff., 141 ff., 160 ff., 165 ff.; *Prill* S. 25 ff.; *Koof* S. 16 ff.; *Zabel-Wasmuth,* Die Dogmatik des § 108 Abs. 1 Nr. 5 UrhG, 2017, S. 172 f.; *Wagner* GRUR 2016, 874 (875); *Wirz* S. 17 ff.
[30] Vgl. *Völtz* S. 87 f.; *Malcher* S. 21 f.; → Rn. 35.
[31] Zur Technik der Übertragung von Sendungen an eine Öffentlichkeit in Netzwerken s. *Prill* S. 27 ff.; *Koof* S. 13 ff.
[32] Dazu auch → Rn. 84.

öffentliches Programm ausschließlich im Internet gesendet **(Webcasting).** Von Sendungen iSd § 20 kann jedoch nicht mehr gesprochen werden, wenn Teile eines zuvor an eine Öffentlichkeit gesendeten Programms auf individuellen Abruf erneut an einen einzelnen Endverbraucher übertragen werden. Das öffentliche Bereithalten des Werkes kann in einem solchen Fall unter § 19a fallen, die Übertragung des Werkes unter ein unbenanntes Verwertungsrecht.[33]

16   Sendungen an Einzelkunden als **personalisiertes Internetradio** sind keine Rundfunksendungen iSd § 20.[34] Bei dem personalisierten Internetradio stellt der Anbieter automatisiert für jeden einzelnen Hörer nach dessen Vorlieben (auf die aufgrund seiner Angaben, Hörgewohnheiten und sonstiger Umstände geschlossen wird) eine besondere Programmfolge zusammen.[35] Da sich die Programme nur jeweils an einen einzelnen Kunden, nicht an eine Öffentlichkeit, richten, ist das Senderecht nicht anwendbar. Auch § 19a greift nicht ein, weil die an Einzelkunden übertragenen Programme nicht zum Abruf durch eine Öffentlichkeit bereitgehalten werden. Bei Sendungen an Einzelkunden im Rahmen eines personalisierten Internetradios kommt aber die Annahme eines unbenannten Verwertungsrechts in Betracht **(Online-Verbreitungsrecht).**[36]

17   **Push-Dienste** können bei zeitgleicher Werkübermittlung an Endverbraucher Sendungen iSd § 20 sein.[37]

18   Beim **Podcasting** wird das vom Podcaster hergestellte Programm (Podcast) idR für die Nutzer auf einem Server zum Abruf bereitgehalten und auf Abruf übertragen.[38] In diesem Fall ist beim Podcasting nicht das Senderecht betroffen, sondern das Bereithaltungsrecht aus § 19a und das (unbenannte) Recht an der Abrufübertragung.[39]

19   **c) Kabelgebundene Rundfunksendungen.** Rundfunksendungen werden in großem Umfang (ausschließlich oder im Wege der Weitersendung) über Kabel verbreitet.[40]

20   Beim (drahtlosen) Rundfunk ist auf der Empfängerseite im Allgemeinen eine leitungsgebundene Weiterübertragung der Programmsignale notwendig, wenn die Empfangsantenne räumlich vom Empfangsapparat getrennt ist. Die **Gemeinschaftsantenne** eines Mehrfamilienhauses für mehrere Empfangsanlagen erfordert bereits ein Kabelsystem. Die Übergänge von reinen Gemeinschaftsantennenanlagen für ein Mehrfamilienhaus oder mehrere benachbarte Gebäude zu großen Kabelnetzen, über die selbständige Sendeunternehmen in eigener Verantwortung Programme verbreiten, sind fließend. Eine Abgrenzung verschiedener Anlagentypen anhand technischer Kriterien ist nicht möglich (allgM). Dementsprechend hat sich im urheberrechtlichen Schrifttum für Kabelanlagen weder eine bestimmte Typologie noch eine einheitliche Terminologie durchgesetzt.[41] Urheberrechtlich entscheidend ist auch nicht eine genaue Unterscheidung verschiedener Anlagentypen, sondern die Frage, ob nach den Umständen eine vom Senderecht erfasste öffentliche Wiedergabe stattfindet. Ein und dieselbe Anlage, zB eine Gemeinschaftsantennenanlage, kann für den bloßen Fernsehempfang, aber auch für die selbständige Übertragung von Videofilmen benutzt werden.

21   Zweifelsfrei Kabelfunk iSd Urheberrechts ist die leitungsgebundene zeitgleiche Übertragung eigener Programme an eine Öffentlichkeit (insbes. das **Kabelfernsehen**).

22   **d) Satellitensendungen.** Bei Kommunikationssatelliten lassen sich idealtypisch Rundfunksatelliten **(Direktsatelliten)** und Fernmeldesatelliten (auch Nachrichten- oder Verteilersatelliten genannt) unterscheiden.[42] Direktsatelliten strahlen Sendeprogramme an die Allgemeinheit zum unmittelbaren Empfang durch diese ab. Diese Satelliten sind geostationär. Sie umkreisen die Erde in etwa 36.000 km Höhe und befinden sich von der Erde aus gesehen immer an demselben Ort.

23   **Fernmeldesatelliten** sollen ihrer eigentlichen Funktion nach Punkt-zu-Punkt-Verbindungen herstellen (zB für die Nachrichtenübertragung oder für den Programmaustausch zwischen zwei Sendeunternehmen) oder – als Verbindung zwischen einer Mehrzahl von Empfangsstellen – Verteilerfunktionen wahrnehmen (zB zur gleichzeitigen Übertragung von Programmsignalen an mehrere Sendeunternehmen). Punkt-zu-Punkt-Satellitensendungen im strengen Sinn gibt es jedoch noch nicht, da die Ausstrahlung des Satelliten nicht scharf genug gebündelt werden kann. Die Sendekeule der Satelliten erfasst als Ausleuchtzone ("footprint") stets ein größeres Gebiet, in dem mit entsprechenden Empfangseinrichtungen grundsätzlich jedem der Empfang möglich ist. Der angesprochene Empfängerkreis kann allerdings durch Verschlüsselung der Sendungen begrenzt werden.

---

[33] → § 19a Rn. 32, 55, 57.
[34] → § 15 Rn. 297; → § 19a Rn. 74, 95; aA *Großjean* JurPC Web-Dok. 69/2019 Abs. 21 ff. (frei abrufbar: www.jurpc.de).
[35] Zur Funktionsweise personalisierter Internetradios vgl. die Nachw. → § 15 Rn. 297.
[36] Str.; vgl. → Rn. 87; → § 15 Rn. 292 ff., 297; → § 19a Rn. 74, 95.
[37] → Rn. 86.
[38] Zur Übertragung von Podcasts durch Push-Dienste → Rn. 88.
[39] → Rn. 88; → § 19a Rn. 32, 55, 57.
[40] Zur Technik der leitungsgebundenen Übertragung von Rundfunksendungen vgl. v. Hartlieb/Schwarz/*Knop* Kap. 242; *Herrmann/Lausen* S. 43 f.; *Sharma,* Der chancengleiche Zugang zum digitalen Kabelfernsehnetz, 2009, S. 58 ff.; *Brehm* S. 18 ff. Zur Unterteilung der Kabelnetze in die vier Netzebenen, die eine Rundfunksendung auf dem Weg zum Verbraucher durchläuft, s. v. Hartlieb/Schwarz/*Knop* Kap. 242 Rn. 11 f.; Schwartmann/*Janik,* Praxishandbuch Medien-, IT- und Urheberrecht, 4. Aufl. 2018, Kap. 8 Rn. 29 ff.; *Neumann/Koch* Kap. 1 Rn. 41 ff.
[41] Sa *Dreier* S. 7 ff.
[42] Zur Satellitensendetechnik vgl. → v. Hartlieb/Schwarz/*Knop* Kap. 242 Rn. 4 ff.; *Brehm* S. 16 ff.

Unter urheberrechtlichen Gesichtspunkten hat die idealtypische Unterscheidung zwischen Direkt- 24
satelliten und Fernmeldesatelliten keine Bedeutung, weil für das Eingreifen des Senderechts nur darauf
abzustellen ist, ob das Werk durch die Satellitensendung tatsächlich einer Öffentlichkeit als Publikum
zugänglich gemacht wird.[43]

3. Arten von Sendungen

Das Senderecht bezieht sich unterschiedslos auf **alle Arten von Sendungen** (Live-Sendungen und 25
Sendungen mittels Bild- oder Tonträgern sowie Erstsendungen, Wiederholungssendungen und
gleichzeitige Weitersendungen eines gesendeten Werkes). Die Sendung muss nicht wie beim herkömmlichen Rundfunk in eine lineare Programmabfolge eingebettet sein.[44] Ob digitale oder analoge
Sendetechnik angewandt wird, ist ohne Bedeutung. Weitersendungen können (drahtlose oder leitungsgebundene) Weiterübertragungen durch dasselbe oder ein anderes Unternehmen sein. Im letzteren Fall wird idR von Anschlusssendung gesprochen.

Sendender muss kein gewerbliches Unternehmen sein. Auch Amateurfunksendungen an eine Öf- 26
fentlichkeit fallen unter § 20.

II. Zugänglichmachen

1. Ermöglichung des Empfangs

Das Senderecht aus § 20 greift ein, wenn das Werk durch Funk einer Öffentlichkeit zeitgleich zu- 27
gänglich gemacht wird. Die Sendung iSd § 20 ist eine **Werknutzungshandlung,**[45] dh ein sozialer
Vorgang der Werknutzung. Es ist daher grundsätzlich unerheblich, ob der Handelnde bei seiner
Werkübermittlung (wie bei Sendungen im Internet oder bei der Übertragung von Rundfunksendun-
gen an mobile Endgeräte über das UMTS-Mobilfunkausnetz) verschiedene technisch unterscheidbare
Übertragungsvorgänge einsetzt.[46]

Das Senderecht des § 20 bezieht sich nur auf Nutzungen, die – wie der herkömmliche Rundfunk – 28
eine Öffentlichkeit **zeitgleich** erreichen sollen. Dies ergibt sich aus dem Wortlaut der Vorschrift
(„Funk, wie Ton- und Fernsehrundfunk, Satellitenrundfunk, Kabelfunk oder ähnliche technische
Mittel") und dem Umstand, dass diese Art. 11bis Abs. 1 Nr. 1 RBÜ umsetzen sollte. Das Senderecht
ist nicht anwendbar, wenn mit Übertragungen zu verschiedenen Zeiten, die sich jeweils nur an eine
einzelne Personen richten, lediglich insgesamt ein Personenkreis erreicht werden soll, der „eine Öffentlichkeit" darstellt.[47] Der Umstand, dass das Recht der öffentlichen Zugänglichmachung in Art. 8
WCT, Art. 3 Abs. 1 InfoSoc-RL und § 15 Abs. 2 unter das Recht der öffentlichen Wiedergabe eingeordnet worden ist, spricht nicht dagegen. Auch die öffentliche Zugänglichmachung iSd § 19a ist
nur insofern „öffentlich", als das Werk zeitgleich für eine Öffentlichkeit bereitgehalten werden muss.
Die Abrufübertragung fällt nur deshalb unter ein (unbenanntes)[48] Recht der öffentlichen Wiedergabe,
weil sie auf einer solchen Bereithaltung des Werkes zum Abruf durch eine Öffentlichkeit beruht,
nicht deshalb, weil der Werknutzer das Werk sukzessiv an eine Öffentlichkeit übertragen will.[49]

Eine zeitgleiche Empfangsmöglichkeit iSd Senderechts ist auch gegeben, wenn bei den Empfangs- 29
möglichkeiten (wie etwa bei Sendungen im Internet) technisch bedingt **geringfügige Zeitdifferen-
zen** bestehen.[50]

Die **Ermöglichung des Empfangs** durch eine Öffentlichkeit (von Letztverbrauchern)[51] genügt.[52] 30
Auf den tatsächlichen Empfang (durch Rundfunkempfangsgeräte, Computer oder Mobiltelefone)
kommt es für § 20 nicht an. Dementsprechend wird im UrhG unter Funksendung iSd Sendevorgangs
durchweg nur eine Ausstrahlung verstanden, die an eine Öffentlichkeit gerichtet ist (vgl. insbes. § 52
Abs. 3, § 55 Abs. 1, § 94 Abs. 1). Der tatsächliche Empfängerkreis kann – wie teilweise bei Internet-

---

[43] Dazu → Rn. 42 ff.; vgl. weiter SchweizBG GRUR-Int 1994, 442 (443 f.). – CNN International. Zur Satellitensendetechnik vgl. weiter Schwartmann/*Janik*, Praxishandbuch Medien-, IT- und Urheberrecht, 4. Aufl. 2018,
Kap. 8 Rn. 25 ff.; Dörr/Kreile/Cole/*Janik*, Handbuch Medienrecht, 2. Aufl. 2010, S. 131 f.; *Herrmann/Lausen*
S. 40 ff.; v. Hartlieb/Schwarz/*Knop* Kap. 242 Rn. 6 ff.; *Mehner* S. 6 ff.; *Ullrich* S. 8 ff.
[44] Vgl. *Poll* MMR 2011, 226 (229); aA *Michel* ZUM 2009, 453; vgl. auch Wandtke/Bullinger/*Ehrhardt* UrhG
§ 20 Rn. 1; *Castendyk* FS Loewenheim, 2009, 31 (42 f.).
[45] → Rn. 46.
[46] → Rn. 6, 65.
[47] Vgl. BGH GRUR 2009, 845 Rn. 29 – Internet-Videorecorder I; BGH GRUR 2010, 530 Rn. 21 – Regio-
Vertrag; vgl. weiter Wandtke/Bullinger/*Ehrhardt* UrhG vor §§ 20–20b Rn. 7; *Poll* MMR 2011, 226 (229 f.); aA
DKMH/*Dreyer* UrhG § 15 Rn. 105, UrhG § 20 Rn. 34; *Malcher* S. 81 ff.
[48] → § 19a Rn. 32, 55, 57.
[49] Zur Einordnung des Rechts der öffentlichen Zugänglichmachung (§ 19a) unter das Recht der öffentlichen
Wiedergabe → § 19a Rn. 4 f.
[50] Vgl. → § 6, 84.
[51] → Rn. 33, 45; → § 15 Rn. 374.
[52] Vgl. EuGH GRUR 2007, 225 Rn. 43 – SGAE/Rafael; EuGH GRUR 2014, 468 Rn. 39 – UPC Teleka-
bel/Constantin Film ua mAnm *Marly;* EuGH GRUR 2017, 790 Rn. 31 – Stichting Brein/Ziggo ua; weiter
→ § 15 Rn. 62.

sendungen – verhältnismäßig klein sein.[53] Unerheblich ist es, ob und ggf. in welcher Form die angesprochene Öffentlichkeit die Sendung weiter nutzen kann (etwa zur Aufzeichnung digital gesendeter Werke in besonderer Aufnahmequalität).

31 Eine Werknutzung durch Sendung setzt voraus, dass einer Öffentlichkeit zeitgleich der **unmittelbare Zugriff auf den Sendeinhalt** ermöglicht wird. Dies ist der Fall, wenn die angesprochene Öffentlichkeit den Sendeinhalt unmittelbar wahrnehmbar machen kann. Die Öffentlichkeit hat aber auch dann einen unmittelbaren Zugriff auf den Sendeinhalt, wenn sie diesen zunächst aufzeichnen kann, um ihn zu einem späteren Zeitpunkt wahrnehmbar zu machen.[54] Dies kann auch durch Vervielfältigung der Sendung auf einem für den Empfänger bestimmten Speicherplatz in der Datenbank eines Dritten geschehen.[55]

32 Eine **verschlüsselt ausgestrahlte Sendung** (zB Pay-TV) wird einer Öffentlichkeit zugänglich gemacht, wenn eine Öffentlichkeit in der Lage ist, die Sendung entschlüsselt wahrnehmbar zu machen. Anderes gilt nur, soweit die Öffentlichkeit die Sendungen gegen den Willen des Sendenden und ohne sein Wissen empfangen kann, weil die Mittel zur Decodierung unbefugt verbreitet worden sind, und das System der verschlüsselten Ausstrahlung noch nicht zusammengebrochen ist.[56] In einem solchen Fall ist das ausstrahlende Unternehmen nicht Werknutzer.[57]

33 Nur wer das Werk durch Funk einer Öffentlichkeit von Letztverbrauchern **unmittelbar zugänglich** macht, sendet iSd § 20.[58] Das Übertragen von Sendungen durch Richtfunk oder Kabel zu den Kopfstationen von Kabelnetzen oder zu Rundfunksendeanlagen, die sich erst ihrerseits an eine Öffentlichkeit wenden, erfüllt nicht den Tatbestand des § 20.[59] Dies gilt auch dann, wenn die Sendung auf diese Weise gleichzeitig an eine Mehrzahl derartiger Sendestationen übermittelt wird, da deren Personal keine Öffentlichkeit iSd § 20 ist.[60] Keine Sendung iSd § 20 ist auch die zeitgleiche Übermittlung geschützter Werke an dezentrale Datenbanken, um sie dort für den Abruf durch Letztverbraucher bereitzuhalten.

34 Wer einen Vortrag oder eine Aufführung gemäß **§ 19 Abs. 3** in mehrere Räume überträgt, um die Darbietungen dort selbst öffentlich wahrnehmbar zu machen, macht die dargebotenen Werke durch die Übertragung als solche nicht öffentlich zugänglich. Er greift daher durch den Übertragungsvorgang nicht in das Senderecht ein. Die Übertragung ist dagegen ein Sendevorgang, wenn sich eine Öffentlichkeit die übertragene Sendung wie bei einer Verteileranlage[61] aufgrund eigener Entscheidung wahrnehmbar machen kann.

35 Der Sendende muss das Werk nicht von sich aus an die Empfänger übertragen. Die **Initiative zur Übertragung** an den einzelnen Empfänger kann auch von diesem (durch Abruf) ausgehen, wie dies beim Handy-TV, Mobile-TV oder den Sendungen im Internet der Fall ist.[62] Notwendig ist nur, dass es sich dabei um ein Zuschalten zu einer zeitgleichen Übertragung an eine Öffentlichkeit handelt, nicht um einen Einzelabruf für eine Übertragung zu einem vom Empfänger bestimmten Zeitpunkt.[63] Unter dieser Voraussetzung ist auch bei Sendungen im Internet[64] und bei der Übertragung von Rundfunksendungen an mobile Endgeräte eine einheitliche Ausstrahlung iSd § 20 anzunehmen.[65]

36 Eine Rundfunksendung iSd § 20 ist auch bei **Zugriffssystemen** gegeben, bei denen das Werk zeitgleich einer Öffentlichkeit in Wiederholungsschleifen zugänglich gemacht wird, deren Mitglieder sich lediglich in die jeweils laufende Übertragung zuschalten können. Dies gilt auch dann, wenn die Sendeintervalle sehr kurz sind. Nach aA[66] soll in einem solchen Fall § 19a anzuwenden sein, wenn beim Endverbraucher der Eindruck entsteht, über das Werk jederzeit bei Bedarf verfügen zu können. Diese Ansicht verwischt jedoch die Unterschiede zwischen den Verwertungsrechten, die sich durchweg auf bestimmte Nutzungshandlungen beziehen, und führt, da auf den Eindruck der Endverbraucher abgestellt wird, zu Rechtsunsicherheit. Die Übermittlung geschützter Werke erst auf Einzelabruf, dh auf Initiative des Nutzers, ist etwas anderes als ihre Sendung an eine Öffentlichkeit, die nur an

---

[53] → Rn. 42.
[54] Vgl. BGH GRUR 2009, 845 Rn. 35 – Internet-Videorecorder I mAnm *Becker* = NJW 2009, 3511 (3515) mAnm *Rössel*.
[55] Vgl. BGH GRUR 2009, 845 Rn. 30 ff. – Internet-Videorecorder I; zu Massen-E-Mails → Rn. 49.
[56] Dazu auch → Rn. 44; → § 20a Rn. 33; → § 87 Rn. 62; vgl. auch *Langhoff* S. 164 ff.
[57] → § 15 Rn. 59 f., 78 f.
[58] → Rn. 45; → § 15 Rn. 374; → § 87 Rn. 57.
[59] → Rn. 45; ebenso Fromm/Nordemann/*Dustmann*/*Engels* UrhG § 20 Rn. 15; so auch die hM zu Art. 11bis RBÜ hinsichtlich der Behandlung von Fernmeldesatellitensendungen, die nicht für eine Öffentlichkeit empfangbar sind (→ Vor §§ 20 ff. Rn. 20).
[60] → Rn. 45.
[61] → Rn. 59.
[62] Vgl. *Völtz* S. 87 f.; *Malcher* S. 21 f.; *Koof* S. 78 ff.; → Rn. 15.
[63] Ebenso *Kleinke* AfP 2008, 460 (461 f.).
[64] → Rn. 15, 80 ff.
[65] Sa – zum öst. Recht – öOGH GRUR-Int 2009, 751 (754) – UMTS-Mobilfunknetz I = MR 2009, 34 (38) mAnm *Walter* = ZUM 2009, 892 mAnm *Hillig*, zur Weiterverbreitung von Rundfunksendungen über das UMTS-Mobilfunknetz im Wege des Live-Streaming.
[66] Wandtke/Bullinger/*Bullinger* UrhG § 19a Rn. 19 ff.; im Ergebnis ebenso Dreier/Schulze/*Dreier* UrhG § 19a Rn. 10.

der laufenden Sendung durch Einschaltung von Empfangsgeräten teilhaben kann.[67] Eine Sendung iSd § 20 liegt daher vor, wenn für eine Öffentlichkeit gemeinsam mit dem Fernsehsignal fortlaufend Textsignale (als Videotext oder Kabeltext) gesendet und zyklisch zum Zugriff für den Fernsehteilnehmer wiederholt werden,[68] ebenso bei den Übertragungen von **Near-on-Demand-Diensten,** bei denen die Inhalte in festen Intervallen zum Zugriff ausgestrahlt werden.[69]

Ausstrahlungen von **Mehrkanaldiensten** (Multi-Channel-Services), dh von Unternehmen, die **37** eng spezialisierte Programme (insbesondere von Musik bestimmter Art) senden, unterfallen dem Senderecht, selbst wenn sie in Hörschleifen immer wieder dieselben Werke senden.[70] Die besondere Intensität der Werkverwertung rechtfertigt die Zuordnung zum Verbreitungsrecht nicht.[71]

Eine Sendung iSd § 20 ist nicht gegeben, wenn nur durch mehrfache, auf Einzelabruf hin durchge- **38** führte Übertragungen insgesamt (sukzessiv) eine Öffentlichkeit angesprochen wird, wie zB bei Abrufdiensten (insbes. **On-Demand-Diensten**),[72] bei denen Werke auf Anforderung aus elektronischen Speichern zur Nutzung übermittelt werden. Die einzelne Übertragung eines zu diesem Zweck öffentlich zum Abruf bereitgehaltenen Werkes fällt vielmehr unter das Abrufübertragungsrecht als ein unbenanntes Recht der öffentlichen Wiedergabe.[73] Auf die Bereithaltung des Werkes ist § 19a anzuwenden.

2. Abgrenzung von Empfangsvorgängen

Das Senderecht erfasst nach seinem Tatbestand nicht **Empfangsvorgänge**[74] und ein sich anschlie- **39** ßendes Wahrnehmbarmachen des gesendeten Werkes für die menschlichen Sinne. Das inländische Senderecht aus § 20 greift deshalb grundsätzlich nicht ein, wenn Funksendungen drahtlos in das Inland hinein an eine Öffentlichkeit ausgestrahlt werden.[75]

Für die Abgrenzung, ob eine **zeitgleiche Kabelweiterübertragung** einer Sendung selbst als ei- **40** gene Werknutzungshandlung in Form einer Sendung einzustufen ist oder nur als Maßnahme zur Erleichterung des Empfangs, sind die Grundsätze anzuwenden, nach denen das Unionsrecht das Vorliegen einer öffentlichen Wiedergabe bestimmt.[76]

Das **öffentliche Wahrnehmbarmachen** von Funksendungen fällt als weiterer Akt der öffentli- **41** chen Wiedergabe unter § 22.

III. Öffentlichkeit

Die Öffentlichkeit einer Werkwiedergabe durch Funksendung ist grundsätzlich anhand der Legal- **42** definition des Begriffs der Öffentlichkeit in **§ 15 Abs. 3** zu beurteilen, die im Licht des Unionsrechts auszulegen ist.[77] Der Tatbestand des § 20 erfordert dementsprechend nicht, dass sich die Sendung an eine breitere Öffentlichkeit richtet.[78] Ebensowenig muss die Öffentlichkeit iSd § 20 ein Ausschnitt der Allgemeinheit (beliebige Öffentlichkeit) sein. Ob sich die angesprochene Öffentlichkeit im In- oder Ausland befindet, ist bei einer Ausstrahlung vom Inland aus unerheblich.[79]

Der Tatbestand des Senderechts erfordert aber nach ganz hM, dass die Sendung **zeitgleich** von ei- **43** ner Öffentlichkeit empfangen werden kann.[80]

Eine Sendung ist nur dann öffentlich, wenn sie das Werk „recht vielen" Personen zugänglich **44** macht.[81] Dies schließt nicht aus, dass der **Kreis der möglichen Empfänger** einer bestimmten

---

[67] Weiter → § 19a Rn. 108 ff.

[68] Vgl. Wandtke/Bullinger/*Ehrhardt* UrhG § 20 Rn. 2.

[69] → § 19a Rn. 110; vgl. *Kröger* CR 2001, 316 (318); *Poll* GRUR 2007, 476 (481); *Kleinke* AfP 2008, 460 (464); *Dünnwald/Gerlach* § 78 Rn. 16, 20; Fromm/Nordemann/*Dustmann/Engels* UrhG § 19a Rn. 25; *Castendyk* FS Loewenheim, 2009, 31 (41 f.); sa *Reinbothe* GRUR-Int 2001, 733 (736); *Bauer/v. Einem* MMR 2007, 698 (699); aA Wandtke/Bullinger/*Bullinger* UrhG § 19a Rn. 19 ff., 26; Wandtke/Bullinger/*Ehrhardt* UrhG § 20 Rn. 3; Dreier/Schulze/*Dreier* UrhG § 19a Rn. 10, UrhG § 20 Rn. 16; *Rüberg* S. 316 ff.; *Koof* S. 321 ff.

[70] Vgl. BGH GRUR 2004, 669 (670) – Musikmehrkanaldienst; *Walter* MR 2002, 217 (218); sa *von Lewinski* GRUR-Int 1997, 667 (675); weiter → Rn. 59.

[71] Vgl. dazu und zum Rechtsschutz der ausübenden Künstler und der Hersteller von Tonträgern in diesem Fall *von Lewinski* S. 149, 164 ff.; *von Lewinski* in Schricker Informationsgesellschaft S. 269 ff.; sa *Haller* MR 1998, 61 (64); weiter → Rn. 30.

[72] → § 19a Rn. 108 f.

[73] → § 15 Rn. 290 f.; → § 19a Rn. 32, 55, 57.

[74] → Rn. 26 ff.; BGHZ 123, 149 (153 f.) = GRUR 1994, 45 (46) – Verteileranlagen; öOGH GRUR-Int 1991, 920 (921) – TELE UNO II = MR 1991, 195 (197 f.) mAnm *Walter*.

[75] Anders – zum öst. Recht – öOGH GRUR-Int 1991, 920 (923) – TELE-UNO II = MR 1991, 195 (199) mAnm *Walter;* öOGH GRUR-Int 1992, 933 (934) – Direktsatellitensendung III = MR 1992, 194 (195) mAnm *Walter;* vgl. dazu → Vor §§ 20 ff. Rn. 53 ff.; aA → Vor §§ 120 ff. Rn. 140.

[76] Dazu → Rn. 68 ff.; → § 15 Rn. 59 ff.

[77] → Rn. 2; → § 15 Rn. 354, 361.

[78] Vgl. BGH GRUR 2009, 845 Rn. 35 – Internet-Videorecorder I; vgl. dazu auch – zu § 15 Abs. 3 aF – BGHZ 152, 317 (327) = GRUR 2003, 328 (331) – Sender Felsberg.

[79] Vgl. BGHZ 152, 317 (327) = GRUR 2003, 328 (331) – Sender Felsberg. Zur Bemessung der Höhe des Schadensersatzanspruchs in solchen Fällen vgl. auch *Sutterer* ZUM-RD 2017, 304 (308).

[80] → Rn. 28 f.

[81] → § 15 Rn. 70, 368.

Gruppe angehört[82] oder sich auf zahlende Kunden beschränkt (zB Pay-TV). Auch auf Kabelsendungen, die nur Angehörige bestimmter Berufsgruppen (zB Ärzte) entschlüsseln können, oder auf rein unternehmensinterne Fernsehsendungen (Unternehmensfernsehen), ist § 20 anwendbar. Statt von „der Öffentlichkeit" würde § 20 daher besser von „einer Öffentlichkeit" sprechen.

45   Die Sendung muss sich an eine **unbestimmte Zahl von Endverbrauchern,** dh ein **Publikum** möglicher Zuschauer oder Hörer, richten.[83] Es genügt nicht eine Ausstrahlung an einen begrenzten Personenkreis, der die Sendung nur mit professionellem Gerät empfangen kann[84] oder die programmtragenden Signale nur weiterverteilen soll.[85] Der Tatbestand des Senderechts ist daher nicht erfüllt, wenn ein Werk durch Richtfunk oder Kabel zu den Kopfstationen von Kabelnetzen oder Rundfunksendeanlagen übertragen wird, auch wenn das Werk dort einer Mehrzahl miteinander nicht persönlich verbundener Personen zugänglich gemacht wird, die mit der Weiterleitung der Sendung an eine Öffentlichkeit befasst sind,[86] oder bei einer möglichen Übermittlung verschlüsselter digitaler Signale durch Kabel oder Satellit zur kopielosen Vorführung in Filmtheatern. Erst die sich anschließende Ausstrahlung an eine Öffentlichkeit ist Sendung iSd § 20. Die Übermittlung der Sendungen an die Rundfunksendeanlagen und Kabelnetze kann aber ggf. als Beteiligung an etwaigen Urheberrechtsverletzungen bei der Ausstrahlung an eine Öffentlichkeit haftbar machen.[87]

IV. Werknutzer

46   Die von § 20 erfassten Handlungen sind Verwertungshandlungen von Werknutzern.[88] Sie sind **soziale Vorgänge der Werknutzung** und als solche von den technischen Vorgängen des Funks zu unterscheiden.[89] Es verwertet nicht, wer die technischen Mittel (insbes. Sendeanlagen) für die Übermittlung der Sendung zur Verfügung stellt. Werknutzer ist, wer sich dieser Mittel bedient, um das Werk einer Öffentlichkeit mitzuteilen, dh derjenige, der entscheidet, welche Sendungen an eine Öffentlichkeit ausgestrahlt werden.[90] Für europäische Satellitensendungen enthält § 20a Abs. 3 eine entsprechende ausdrückliche Regelung.[91] Werknutzer können auch andere als gewerbliche Sendeunternehmen sein.

47   Kein Werknutzer ist, wer lediglich als **technischer Dienstleister** für einen anderen tätig ist.[92] Eine technische Dienstleistung zur Gewährleistung oder Verbesserung des Empfangs einer Rundfunksendung ist keine Werknutzung.[93] Strahlt ein Telekommunikationsunternehmen das Programm eines Sendeunternehmens für dieses über seine Sendeanlagen aus, sendet es nicht selbst iSd § 20, sondern das Sendeunternehmen. Die Frage, ob das Telekommunikationsunternehmen in einem solchen Fall ggf. für eine etwaige Urheberrechtsverletzung mithaftet, ist nach den allgemeinen Grundsätzen zu beantworten.[94]

48   Bei der **Kabelweiterübertragung** von Rundfunksendungen hängt die Werknutzereigenschaft von den Umständen ab. Unternimmt es der Betreiber eines Kabelnetzes, aufgrund eigener Entscheidung – nicht lediglich als Dienstleister beim Signaltransport – drahtlos ausgestrahlte Rundfunksendungen durch Einspeisung in Kabelanlagen weiterzuübertragen, sendet er selbst iSd § 20 und ist dafür selbst urheberrechtlich verantwortlich.[95] Kein Werknutzer durch Weitersendung von Rundfunksendungen ist der **Verwalter einer Ferienhausanlage,** die mit Kabelanschlüssen und Empfangsgeräten ausgestattet ist, der lediglich die Verträge zwischen den Mietern und den Eigentümern vermittelt.[96]

---

[82] → § 15 Rn. 72, 373.

[83] Vgl. EuGH GRUR 2007, 225 Rn. 37 – SGAE/Rafael; EuGH GRUR 2016, 60 Rn. 21 ff. – SBS/SABAM; Möhring/Nicolini/*Hillig* UrhG § 20 Rn. 12; FA-GewRS/*Haberstumpf,* 3. Aufl. 2018, Kap. 7 Rn. 225; weiter → § 15 Rn. 73, 374.

[84] Vgl. – zur Satelliten- und Kabelrichtlinie – EuGH GRUR 2006, 50 Rn. 31 – Lagardère/SPRE und GVL; Wandtke/Bullinger/*Ehrhardt* UrhG vor §§ 20–20b Rn. 7; sa *Hugenholtz* IRISplus 08/2009, 7 (13).

[85] Vgl. EuGH GRUR 2016, 60 Rn. 18 ff. – SBS/SABAM.

[86] → Rn. 33; vgl. *v. Ungern-Sternberg* S. 34, 74 f.; Loewenheim/*Schwarz*/*Reber* § 21 Rn. 77; *Mand* S. 15 f.; *Ullrich* S. 287 f.; im Ergebnis ebenso DMKH/*Dreyer* UrhG § 20 Rn. 40; sa – zu Satellitensendungen – § 20a Rn. 32; *Schricker* Kabelrundfunk S. 70; *Dreier* S. 17; *Dietz* UFITA 108 (1988), 73 (75 f.); *Breidenstein* S. 133 ff.; *Castendyk* FS Loewenheim, 2009, 31 (36) Fn. 19; aA öOGH GRUR-Int 2002, 938 (939) – Kabelnetz Breitenfurt = MR 2002, 34 mAnm *Walter;* Dreier/Schulze/*Dreier* UrhG § 20 Rn. 9.

[87] Sa SchweizBG GRUR-Int 1981, 642 (645) – Kabelfernsehanlage Rediffusion II.

[88] Dazu → § 15 Rn. 215 ff.

[89] Vgl. dazu auch BGHZ 123, 149 (154) = GRUR 1994, 45 (46) – Verteileranlagen; Begr. des RegE für den „2. Korb", BT-Drs. 16/1828, 23; weiter → § 15 Rn. 15 ff., 221 ff.

[90] Vgl. BGH GRUR 2010, 530 Rn. 23 – Regio-Vertrag; der Entscheidung zustimmend *Nolte* ZUM 2010, 591 f.; *Langhoff* S. 138 ff.; abl. *Riesenhuber* ZUM 2011, 134 ff.; sa BGHZ 152, 317 (327) = GRUR 2003, 328 (331) – Sender Felsberg; weiter → § 15 Rn. 18 ff., 223 f.; → § 19a Rn. 82; → § 87 Rn. 55.

[91] → § 20a Rn. 34.

[92] Vgl. dazu → Rn. 68, → § 15 Rn. 20 f., 79, 225 ff.

[93] Vgl. – zu Art. 3 Abs. 1 InfoSoc-RL – EuGH GRUR 2013, 500 Rn. 27 ff. – ITV Broadcasting/TVC; EuGH 14.7.2015 – C-151/15 Rn. 16 = MR-Int. 2015, 108 – Sociedade Portuguesa de Autores; EuGH GRUR 2016, 60 Rn. 31 – SBS/SABAM; weiter → § 15 Rn. 79.

[94] → § 15 Rn. 20, 225 ff.

[95] Vgl. BGH GRUR 2010, 530 Rn. 31 – Regio-Vertrag.

[96] Vgl. OLG Köln MMR 2014, 766 (767) – Seepark Burhave mAnm *Uecker.*

Wer eine Webradiosendung, die mit Willen des Berechtigten unbeschränkt zugänglich ist, durch einen **Hyperlink** zugänglich macht, nimmt dadurch nicht selbst eine Werknutzung durch öffentliche Wiedergabe iSd § 15 Abs. 2 vor, weil er die gesendeten Werke nicht einem neuen Publikum zugänglich macht.[97]

In Art. 8 Abs. 1 **Online-SatCab-RL**[98] wird die Haftung eines Sendeunternehmens, das pro- **49** grammtragende Signale ohne gleichzeitige eigene Ausstrahlung an die Öffentlichkeit an ein Unternehmen **(Signalverteiler)** überträgt, das diese öffentlich ausstrahlt, mithilfe einer Fiktion geregelt. In einem solchen Fall der Direkteinspeisung[99] zum Zweck der Weiterverbreitung wird fingiert, dass das Sendeunternehmen und der Signalverteiler an einem einzigen Akt der öffentlichen Wiedergabe beteiligt sind. Beide Unternehmen sind demgemäß verpflichtet, für die öffentliche Wiedergabe die Einwilligung der Rechteinhaber einzuholen.[100] Die Mitgliedstaaten sind nach Art. 8 Abs. 2 Online-SatCab-RL befugt, den Rechtserwerb von Signalverteilern entsprechend den Bestimmungen zu regeln, die für den Rechtserwerb von Weiterverbreitern gelten (Art. 8 Abs. 2 iVm Art. 4 bis 6 Online-SatCab-RL).[101]

V. Sendung durch Rundfunk

Beim terrestrischen Rundfunk kann schon eine Ausstrahlung durch eine **einzelne Sendestelle** an **50** eine Öffentlichkeit den Tatbestand des Senderechts erfüllen.[102] Bei zeitgleichem Einsatz mehrerer inländischer Sendestellen zur Vollversorgung des Empfangsgebiets ist die Werknutzungshandlung aber im Gesamtvorgang der Rundfunkausstrahlung zu sehen. Für die Abgrenzung der Werknutzungshandlung kommt es nicht auf die einzelnen technischen Vorgänge an, sondern auf die Werknutzung als sozialen Vorgang.[103] Ob die Einräumung eines Senderechts zur Ausstrahlung über alle Anlagen eines Unternehmens berechtigt, richtet sich nach dem Sendevertrag.

VI. Sendung durch Satellitenrundfunk

1. Verhältnis des Rechts aus § 20 zum Recht aus § 20a

Die Rechte der Urheber bei Satellitensendungen an eine Öffentlichkeit sind in § 20 und § 20a ge- **51** regelt. In § 20 ist (seit dem 4. UrhGÄndG)[104] auch der Satellitenrundfunk unter den Verwertungsformen, die dem Urheber vorbehalten sind, aufgeführt. Diese ausdrückliche Anerkennung des Rechts des Urhebers an der Satellitensendung bedeutet für sich keine sachliche Änderung, weil bereits das Senderecht aus § 20 aF nach allgM Satellitensendungen geschützter Werke an eine Öffentlichkeit erfasst hat. Durch die gleichzeitige Einfügung des § 20a in das UrhG (in Umsetzung der Satelliten- und Kabel-RL)[105] wurden jedoch die Rechte des Urhebers an europäischen Satellitensendungen (insbes. an Satellitensendungen, die innerhalb der EU und des EWR ausgeführt werden) gesondert geregelt und damit der **Anwendungsbereich des § 20 bei Satellitensendungen** erheblich beschränkt. Das Recht aus § 20 kann grundsätzlich nur dann eingreifen, wenn keine europäische Satellitensendung iSd § 20a vorliegt. Auch dann ist § 20 grundsätzlich nur anwendbar, wenn die Satellitensendung im Inland durch eine Öffentlichkeit empfangen werden kann und der Sitz des ausstrahlenden Sendeunternehmens im Inland liegt.[106]

Die Vorschrift des **§ 20a** gibt dem Urheber Rechte an Verwertungshandlungen iSd § 20a Abs. 3, **52** wenn diese im Inland ausgeführt oder durch § 20a Abs. 2 dem deutschen Recht unterworfen werden. § 20a regelt nicht lediglich Sonderfälle des Senderechts iSd § 20,[107] sondern knüpft unter den Voraussetzungen des § 20a Abs. 1 und 2 das Recht des Urhebers an der Satellitensendung an eine – in § 20a Abs. 3 – selbständig definierte Verwertungshandlung an.[108]

Nach der abstrakten Regelung der Verwertungsrechte, die sich auf ganz verschiedene Werknut- **53** zungshandlungen beziehen, gibt es im UrhG seit dem 4. UrhGÄndG **kein einheitliches Verwertungsrecht an Satellitensendungen** mehr, sondern unterschiedliche Rechte aus § 20 und § 20a für verschiedene Fallgestaltungen, in denen Satellitensendungen an eine Öffentlichkeit durchgeführt wer-

---

[97] Vgl. EuGH GRUR 2014, 360 Rn. 14 ff. – Nils Svensson/Retriever Sverige; weiter → § 15 Rn. 86 f., 104 ff., 303; → § 19a Rn. 91 ff.

[98] Die Richtlinie ist bis zum 7.6.2021 umzusetzen (Art. 12 Abs. 1 Online-SatCab-RL). Zur Richtlinie vgl. weiter → Vor §§ 20 ff. Rn. 13, 55, 75.

[99] Vgl. die Legaldefinition in Art. 2 Abs. 4 Online-SatCab-RL.

[100] → Vor §§ 20 ff. Rn. 13.

[101] Vgl. Erwgr. 20 S. 5 und 6 Online-SatCab-RL.

[102] Vgl. Dreier/Schulze/*Dreier* UrhG § 20 Rn. 7.

[103] → Rn. 27.

[104] → Vor §§ 20 ff. Rn. 43 f.

[105] → Vor §§ 20 ff. Rn. 43.

[106] → Vor §§ 20 ff. Rn. 66 ff.; aA → Vor §§ 120 ff. Rn. 140.

[107] Vgl. auch Fromm/Nordemann/*Dustmann/Engels* UrhG § 20 Rn. 4, UrhG § 20a Rn. 3 (selbständiges Verwertungsrecht, aber Unterfall der Sendung).

[108] → § 20a Rn. 23.

den.[109] Wirtschaftlich gesehen ergänzen sich aber die Rechte des Urhebers an Satellitensendungen aus § 20 und § 20a zu einer einheitlichen Verwertungsbefugnis. Es ist deshalb berechtigt, zusammenfassend vom Recht des Urhebers an der Satellitensendung zu sprechen (vgl. auch § 15 Abs. 2, der bei den „insbesondere" genannten Rechten der öffentlichen Wiedergabe nur das Senderecht aus § 20 anführt, sowie § 87, der mit seinem Begriff „Funksendung" in gleicher Weise auf § 20 und § 20a Bezug nimmt).[110]

2. Verwertungshandlung

54   Die Definition der Satellitensendung in § 20a Abs. 3 gilt nur für europäische Satellitensendungen iSd § 20a Abs. 1 und 2. Für § 20 ist deshalb eigenständig und richtlinienkonform mit der Regelung des Rechts der öffentlichen Wiedergabe in Art. 3 InfoSoc-RL zu bestimmen, worin die Verwertungshandlung bei Satellitensendungen iS dieser Vorschrift zu sehen ist. Satellitenrundfunk iSd § 20 ist die **Ausstrahlung** des geschützten Werkes **durch den Satelliten** an eine Öffentlichkeit.[111]

55   Die **Abstrahlung zu einem Satelliten** (uplink) ist als solche, selbst wenn der Satellit unmittelbar an eine Öffentlichkeit ausstrahlen soll, keine Satellitensendung iSd § 20 (nunmehr wohl allgM).[112] Die Abstrahlung zum Satelliten ist auch nicht einmal notwendiger Bestandteil einer Sendung durch Satelliten iSd § 20. Sie könnte vielmehr auch in der Verantwortung eines anderen Sendeunternehmens liegen (zB bei Programmübernahmen eines Satellitensendeunternehmens).

56   Eine **Literaturmeinung** sieht demgegenüber bereits die Abstrahlung zum Satelliten als Teil der Verwertungshandlung des Satellitenrundfunks an. Die Sendung zum Satelliten und dessen Ausstrahlung an eine Öffentlichkeit wird dabei als ein Gesamtvorgang angesehen, der insgesamt unter den Tatbestand des Senderechts fällt.[113] Die Abstrahlung zum Satelliten ist jedoch als solche ebensowenig eine Rundfunksendung wie eine Richtfunk- oder Kabelzuleitung, die einer terrestrischen Ausstrahlung an eine Öffentlichkeit vorausgeht.[114] Wirtschaftlich entscheidend ist bei einer Sendung, dass das Werk einer Öffentlichkeit zugänglich gemacht wird. Dies bewirkt bei der Satellitensendung – nicht anders als bei einer terrestrischen Ausstrahlung – allein die Ausstrahlung an eine Öffentlichkeit als solche.

57   Die Ansicht, nach der bereits die Abstrahlung zum Satelliten als Teil der Verwertungshandlung der Satellitensendung zu sehen ist, erklärt sich aus dem Bestreben sicherzustellen, dass Satellitensendungen an eine Öffentlichkeit dem Urheberrecht unterfallen und deshalb jedenfalls das Recht desjenigen Landes anzuwenden ist, von dem aus die Satellitensendung eingeleitet wurde. Auch für diese Problematik bietet jedoch die Ansicht, nach der die Verwertungshandlung bei Satellitensendungen im Gesamtvorgang der Abstrahlung zum Satelliten und dessen Ausstrahlung an eine Öffentlichkeit zu sehen ist, keine praktischen Vorteile.[115] Die Frage des Anwendungsbereichs des deutschen Rechts und des anwendbaren Rechts[116] ist von der Frage der Tatbestandsvoraussetzungen des § 20 zu unterscheiden.[117] Welche Bedeutung es für diese Fragen hat, von welchem Land aus eine Sendung zum Satelliten abgestrahlt wird, ist unabhängig davon zu beurteilen, ob die Abstrahlung zum Satelliten Teil der dem Urheber vorbehaltenen Verwertungshandlung ist, und hat deshalb mit der Frage der Tatbestandsmerkmale des Satellitenrundfunks als Werknutzungsvorgang nichts zu tun.[118]

VII. Sendung durch Kabelfunk

1. Kabelfunk

58   Durch Kabelfunk wird ein Werk zugänglich gemacht, wenn es in Form von Funksignalen von einer Sendestelle aus leitungsgebunden zeitgleich an Empfangsanlagen einer Öffentlichkeit iSd § 15 Abs. 3 übermittelt wird, durch die das Werk wieder für die menschlichen Sinne wahrnehmbar gemacht werden kann.[119] Das Recht an der Kabelfunksendung erfasst nicht nur leitergebundene Hörfunk- und Fernsehübertragungen mit rundfunkartiger Breitenwirkung (Kabelrundfunk), sondern auch Werkübertragungen in kleineren Kabelsystemen (zB Hotelvideo),[120] wenn diese das Werk einer Öffentlichkeit zeitgleich zugänglich machen. Für die Beurteilung einer Kabelfunksendung als einheitliche Werknutzung der öffentlichen Wiedergabe ist entscheidend eine wertende Betrachtung, nicht eine Analyse der technischen Vorgänge.

---

[109] → § 20a Rn. 23; ebenso Wandtke/Bullinger/*Bullinger* UrhG §§ 20–20b Rn. 3; aA Dreier/Schulze/*Dreier* UrhG § 20a Rn. 4. Zur Übergangsvorschrift des § 137h → § 20a Rn. 18.

[110] → § 87 Rn. 61.

[111] Vgl. *Flechsig* ZUM 1991, 1 (13); DKMH/Dreyer UrhG § 20 Rn. 25; *v. Ungern-Sternberg* S. 28 ff., 143 f., 146.

[112] Vgl. dazu auch *Dreier* GRUR-Int 1988, 753 (756); *Ullrich* S. 298 f., 363 f.

[113] Vgl. *Ulmer* § 54 III 2 mwN; *Breidenstein* S. 38 ff.; *Schack* Rn. 452, 1058; → Vor §§ 20 ff. Rn. 69.

[114] Vgl. *v. Ungern-Sternberg* S. 28 Fn. 48.

[115] Vgl. → Vor §§ 20 ff. Rn. 69.

[116] Vgl. dazu → Vor §§ 20 ff. Rn. 54 ff.

[117] AA *Ullrich* S. 308 ff., 322 ff.

[118] Vgl. weiter zu dieser Problematik *v. Ungern-Sternberg* S. 142 ff.

[119] Vgl. Begr. zu § 20 RegE, BT-Drs. IV/270, 50 = UFITA 45 (1965), 240 (265); BGH GRUR 1988, 206 (209, 210) – Kabelfernsehen II.

[120] → Rn. 59.

2. Selbständige Sendungen durch Kabelfunk

Eine Sendung durch Kabelfunk, die das Senderecht des § 20 berührt, liegt stets vor, wenn ein selb- **59** ständiges Programm veranstaltet und zeitgleich an eine Öffentlichkeit übertragen wird, sei es durch selbst gestaltete Sendungen oder auch nur durch zeitversetzte, veränderte oder selektive Übertragung von Rundfunksendungen (allgM). Ebenso erfasst § 20 die Kabelübertragung von Werken an eine Öffentlichkeit durch Mehrkanaldienste mit Hilfe von Tonträgern.[121] Auch die Sendung über kleinere Verteilersysteme in einem räumlich begrenzten Bereich fällt unter diesen Voraussetzungen unter das Senderecht, sofern dadurch das Werk einer Öffentlichkeit iSd § 15 Abs. 3 zugänglich gemacht wird. Ein Hotel, das nach eigener Auswahl Videofilme mit Hilfe von Bildtonträgern durch ein Verteilernetz zeitgleich in seine Gastzimmer überträgt (Hotelvideo), sendet daher iSd § 20.[122] Werden in einem Flugzeug oder in der Bahn den Reisenden über eine Verteileranlage geschützte Werke (zB Filmwerke) nach eigener Auswahl des Betreibers zum individuellen Hören und/oder Sehen (mit Kopfhörern) zugänglich gemacht, kann dies eine Sendung iSd § 20 sein, wenn sich die Nutzungshandlung zeitgleich[123] an eine Öffentlichkeit iSd § 15 Abs. 3 richtet.[124]

Ebenso ist eine Sendung iSd § 20 anzunehmen, wenn an eine Öffentlichkeit zeitgleich Rundfunk- **60** sendungen übertragen werden, die nicht durch eine Antenne, die in räumlichem Zusammenhang mit der Kabelanlage steht, „aus der Luft" empfangen werden, sondern eigens über Richtfunk, Kabel oder durch eine der Öffentlichkeit nicht zugängliche Fernmeldesatellitensendung zugeleitet wurden.[125] Bei einer derartigen **gesonderten Programmzuleitung** ist die Weiterübertragung kein urheberrechtsfreier Empfangsvorgang, sondern eine selbständige öffentliche Wiedergabe.

Bei der zeitgleichen **Weiterübertragung von Rundfunksendungen** an eine Öffentlich- **61** keit ist dagegen für die Frage, ob Kabelfunk anzunehmen ist, wie bei der Weiterübertragung terrestrischer Rundfunksendungen entscheidend, ob die Weiterübertragung selbst Sendung oder Empfang ist.[126]

3. Zeitgleiche Kabelweitersendung von Rundfunksendungen

a) Unionsrechtliche Grundlage. Dass § 20 auch eine zeitgleiche, vollständige und unveränderte **62** **Weiterübertragung von Rundfunksendungen durch ein Verteilernetz** erfassen kann, wird in § 20b vorausgesetzt. Probleme bereitet allerdings die Abgrenzung, wann eine zeitgleiche Weiterübertragung von Rundfunksendungen über den Betrieb einer Empfangsvorrichtung hinausgeht[127] und eine eigenständige Werknutzung und damit eine selbständige öffentliche Wiedergabe ist. Nur bei einer Kabelweitersendung greifen § 20b[128] und § 87 Abs. 5 ein.

Die **Satelliten- und Kabel-RL**[129] regelt nicht, unter welchen Voraussetzungen die zeitgleiche **63** Weiterübertragung von Rundfunksendungen eine selbständige öffentliche Wiedergabe ist.[130] Sie enthält bei der Kabelverbreitung von Sendungen aus anderen Mitgliedstaaten nur eine Mindestharmonisierung.[131] Die Richtlinie hat den Mitgliedstaaten nicht vorgeschrieben, ein Recht an der Kabelweitersendung einzuführen[132] und auch nicht den Umfang eines solchen Rechts definiert.[133]

Nach **Art. 3 Abs. 1 InfoSoc-RL** ist den Urhebern aber ein Recht an der Kabelweiterübertra- **64** gung zu gewähren, wenn diese eine selbständige öffentliche Wiedergabe ist.[134] Die Abgrenzung, ob eine zeitgleiche Kabelweiterübertragung von Rundfunksendung eine urheberrechtlich nicht relevante Handlung zur Ermöglichung oder Erleichterung des Empfangs der Sendung ist oder eine selbständige öffentliche Wiedergabe, richtet sich nach Art. 3 Abs. 1 InfoSoc-RL,[135] da diese Vorschrift das Recht der öffentlichen Wiedergabe in ihrem Anwendungsbereich vollständig harmonisiert hat.[136]

Das Recht der öffentlichen Wiedergabe ist nach der **Rechtsprechung des EuGH** ein general- **65** klauselartiges Recht, dessen Eingreifen im Einzelfall durch „individuelle Beurteilung" der maßgebli-

---

[121] Vgl. BGH GRUR 2004, 669 (670) – Musikmehrkanaldienst; → Rn. 37.

[122] Vgl. BGHZ 123, 149 (151) = GRUR 1994, 45 (46) – Verteileranlagen.

[123] Kann der Reisende die Werke nach eigener zeitlicher Wahl abrufen, greift das Online-Verbreitungsrechts als unbenanntes Verwertungsrecht ein (→ § 15 Rn. 292 ff.). Das Recht der öffentlichen Zugänglichmachung (§ 19a) ist dann nicht anwendbar, weil die Reisenden keinen Zugriff „von Orten ihrer Wahl" haben.

[124] → Rn. 77; → § 22 Rn. 19.

[125] Sa OLG Hamburg GRUR 1989, 590; *Dreier* S. 16 f.

[126] → Rn. 68 ff.

[127] Vgl. dazu → Rn. 68 ff.

[128] → § 20b Rn. 18 f.

[129] Richtlinie 93/83/EWG vom 27.9.1993; → Vor §§ 20 ff. Rn. 11.

[130] Vgl. EuGH GRUR-Int 2000, 548 Rn. 25 – Satelliten-Fernsehen im Hotelzimmer; → Vor §§ 20 ff. Rn. 11.

[131] → Vor §§ 20 ff. Rn. 11.

[132] EuGH GRUR-Int 2000, 548 Rn. 24 ff. – Satelliten-Fernsehen im Hotelzimmer; weiter → Rn. 68 ff.

[133] Vgl. EuGH GRUR-Int 2000, 548 Rn. 24 – Satelliten-Fernsehen im Hotelzimmer.

[134] Vgl. dazu auch EuGH GRUR-Int 2000, 548 Rn. 25 ff. – Satelliten-Fernsehen im Hotelzimmer; *Mahr* MR 2000, 152 (157).

[135] Vgl. EuGH GRUR 2017, 510 Rn. 31 ff. – AKM/Zürs.net; BGHZ 206, 365 = GRUR 2016, 71 Rn. 31 f. – Ramses; → Rn. 69. Zur Auslegung des Art. 3 InfoSoc-RL im Einzelnen vgl. → § 15 Rn. 57 ff. Überholt ist der zuvor in Deutschland jahrzehntelang geführte Theorienstreit, wann die zeitgleiche Kabelweiterübertragung einer Rundfunksendung als öffentliche Wiedergabe zu beurteilen ist (vgl. dazu → 4. Aufl. 2010, § 20 Rn. 27 ff. mN zu Rspr. und Lit.).

[136] Vgl. → § 15 Rn. 143; → Vor §§ 20 ff. Rn. 1.

chen Umstände festzustellen ist.[137] Die Gesamtbetrachtung bezieht sich nicht auf die Analyse der technischen Vorgänge, sondern in Ausrichtung auf die zentrale Rolle des Nutzers[138] darauf, ob eine relevante Werknutzung als ein sozialer Vorgang[139] gegeben ist.[140]

66 **Werknutzer** iSd Rechts der öffentlichen Wiedergabe ist grundsätzlich nur, wer in voller Kenntnis der Folgen seines Verhaltens als Dienstleister tätig ist, um einem Publikum die Möglichkeit des Zugangs zu den geschützten Werken oder Leistungen zu verschaffen.[141] Das eigenverantwortliche tatbestandsmäßige Handeln zu Zwecken der Werknutzung unterscheidet den Nutzer von bloßen technischen Dienstleistern.[142] Der für die Weiterübertragung Verantwortliche darf nicht nur Dienstleister bei der technischen Weiterleitung der Programmsignale sein. Seine Dienstleistung muss vielmehr gerade darauf gerichtet sein, bewusst einem „neuen Publikum" einen Zugang zu den geschützten Werken zu verschaffen, den es sonst nicht gehabt hätte.[143] Dies kommt insbesondere bei der Weiterübertragung von Rundfunksendungen aus anderen Mitgliedstaaten in Betracht,[144] kann aber auch bei der Weiterübertragung an ein Publikum im Empfangsgebiet des Ursprungsunternehmens der Fall sein.[145] So ist die zeitgleiche Weiterübertragung von Rundfunkprogrammen über ein hauseigenes Kabelnetz zu Radiogeräten in den Patientenzimmern eines Krankenhauses eine Kabelweitersendung iSd § 20b Abs. 1 S. 1.[146]

67 Ein **Indiz für eine eigenständige Werknutzung** kann sein, dass der Verantwortliche gerade auch mit der Verschaffung des Zugangs zu den geschützten Werken Erwerbszwecke verfolgt.[147] Unerheblich für die urheberrechtliche Beurteilung ist es dagegen, ob der Weiterübertragende mit dem ursprünglichen Sendeunternehmen in einem Wettbewerbsverhältnis steht.[148]

68 **b) Rundfunkähnliche Kabelweiterübertragung zu Empfangsgeräten des Publikums.** Die Kabelweiterübertragung von Rundfunksendungen in Verteilernetzen ist besonders schwer von technischen Dienstleistungen für den Empfang abzugrenzen, wenn das Verteilernetz von einem Dritten in eigener Verantwortung betrieben wird. Der **Einsatz bloßer technischer Mittel** zur Gewährleistung oder Verbesserung des Empfangs einer Erstsendung in ihrem Sendegebiet ist keine Sendung iSd § 20.[149] Das gilt – abweichend von der Ansicht des **BGH** –[150] auch dann, wenn sich diese Mittel vom technischen Verfahren der ursprünglichen Wiedergabe wesentlich unterscheiden, wie dies zB bei der Kabelweiterübertragung einer Satellitensendung in einer Gemeinschaftsantennenanlage der Fall ist.[151] Da die **Werknutzung ein sozialer Vorgang** ist, kommt es für die Beurteilung nicht auf eine rein technische Betrachtung an. Eine Kabelweiterübertragung ist zwar technisch ein anderes Mittel als die ursprüngliche drahtlose Rundfunksendung, nicht aber ein „spezifisches technisches Verfahren" (iSd Rechtsprechung des EuGH zu Art. 3 Abs. 1 InfoSoc-RL), dessen Einsatz schon für sich genommen für eine Werknutzung durch öffentliche Wiedergabe spricht.[152] Die Kabeltechnik wird in großem Umfang auch durch Ursprungssendeunternehmen und bei bloßen Empfangsvorgängen (zB bei Gemeinschaftsantennen großer Wohnanlagen) genutzt. Sie hat daher keine Indizwirkung dafür, dass eine Anschlussübermittlung eine eigene Werknutzungshandlung ist. Dementsprechend hat der **EuGH** im

---

[137] Vgl. EuGH GRUR 2012, 593 Rn. 76 ff. – SCF; EuGH GRUR 2012, 597 Rn. 29 ff. – Phonographic Performance (Ireland); BGH GRUR 2013, 818 Rn. 15 – Die Realität I; weiter → § 15 Rn. 75 ff.

[138] Vgl. EuGH GRUR 2012, 597 Rn. 31 – Phonographic Performance (Ireland); weiter → § 15 Rn. 59, 78 f.

[139] Im Fall „Phonographic Performance (Ireland)" stellt der EuGH dementsprechend beim Rundfunkempfang in den Gästezimmern eines Hotels nicht nur auf den Vorgang der Übertragung der Sendungen in die Zimmer ab, sondern prüft, ob nach den gesamten Umständen eine Nutzung durch öffentliche Wiedergabe stattfindet (EuGH GRUR 2012, 597 Rn. 28 ff.).

[140] Vgl. EuGH GRUR 2012, 597 Rn. 29 – Phonographic Performance (Ireland); EuGH GRUR 2012, 593 Rn. 76, 78 – SCF.

[141] Vgl. → § 15 Rn. 79.

[142] Vgl. → § 15 Rn. 20 f., 223 ff.

[143] Vgl. EuGH GRUR 2012, 597 Rn. 31, 49 ff. – Phonographic Performance (Ireland); EuGH GRUR 2014, 473 Rn. 31 f. – OSA/Léčebné lázně.

[144] Vgl. EuGH GRUR 2017, 510 Rn. 33 – AKM/Zürs.net.

[145] Vgl. EuGH GRUR 2007, 225 Rn. 42 – SGAE/Rafael; EuGH 18.3.2010 – C-136/09, Rn. 38 = MR-Int. 2010, 123 mAnm *Walter;* EuGH GRUR 2012, 597 Rn. 40 – Phonographic Performance (Ireland); EuGH GRUR 2014, 473 Rn. 31 f. – OSA/Léčebné lázně; vgl. auch BGH GRUR 2012, 1136 Rn. 21 f. – Breitbandkabel; Möhring/Nicolini/*Hillig* UrhG § 20 Rn. 21.

[146] BGH GRUR 2018, 608 Rn. 20 ff. – Krankenhausradio (Ermöglichung des Rundfunkempfangs in 49 Patientenzimmern); vgl. auch öOGH GRUR-Int 2019, 299 (302) mAnm *Sporn* = MR 2018, 232 (235 f.) mAnm *Walter* – Hotel Edelweiß II, zur Weiterleitung von Sendesignalen an Fernsehgeräte in Hotelzimmern.

[147] Vgl. EuGH GRUR 2012, 597 Rn. 36, 43 ff. – Phonographic Performance (Ireland); EuGH GRUR 2012, 593 Rn. 88, 97 ff. – SCF; EuGH GRUR 2013, 500 Rn. 21 ff. – ITV Broadcasting/TVC; vgl. auch den Vorlagebeschluss des BGH „Breitbandkabel" (GRUR 2012, 1136 Rn. 15 ff. = ZUM 2012, 889 mAnm *Conrad* (Verfahren durch Rücknahme der Revision erledigt); *Riesenhuber* LMK 2012, 340736.

[148] Vgl. – zu Art. 3 Abs. 1 InfoSoc-RL – EuGH GRUR 2013, 500 Rn. 45 f. – ITV Broadcasting/TVC.

[149] Vgl. EuGH GRUR-Int 2011, 1058 Rn. 79 – Airfield und Canal Digitaal; EuGH GRUR 2013, 500 Rn. 27 ff. – ITV Broadcasting/TVC; weiter → Rn. 47; → § 15 Rn. 79.

[150] BGHZ 206, 365 = GRUR 2016, 71 Rn. 52 ff. – Ramses; → § 15 Rn. 83; *Briem* GRUR-Int 2017, 493 (495 f.); *Walser/Feurstein* ZUM 2017, 639 (642 f.).

[151] Vgl. EuGH GRUR 2013, 500 Rn. 26 ff. – ITV Broadcasting/TVC.

[152] Vgl. dazu näher → § 15 Rn. 83.

Fall „**AKM/Zürs.net**" die Frage, ob eine Kabelweiterübertragung von Rundfunksendungen ein „spezifisches technisches Verfahren" ist, gar nicht erst gestellt.[153]

Der **BGH** hat im Urteil „**Ramses**" die Weiterübertragung von Rundfunksendungen durch die Gemeinschaftsantennenanlage eines Wohngebäudes mit 343 Wohneinheiten nur im Ergebnis zutreffend nicht als öffentliche Wiedergabe iSd § 15 Abs. 3 (Art. 3 Abs. 1 InfoSoc-RL) angesehen.[154] Der BGH ist davon ausgegangen, dass die Weiterleitung der Sendesignale durch das Kabelnetz der Gemeinschaftsantennenanlage eine Wiedergabe iSd Art. 3 Abs. 1 InfoSoc-RL sei, weil sie in einem spezifischen technischen Verfahren erfolge, das sich von demjenigen der ursprünglichen Wiedergabe unterscheide.[155] Diese Annahme trifft jedoch nicht zu: Betreiben Eigentümer für ihre Wohnanlage eine Gemeinschaftsantennenanlage, sind sie keine Werknutzer. Sie erbringen lediglich technische Dienstleistungen, um sich gemeinsam den Empfang zu ermöglichen.[156] Im konkreten Fall hat der BGH letztlich keine öffentliche Wiedergabe angenommen, weil die Wohnungseigentümergemeinschaft keine Öffentlichkeit iSd Art. 3 Abs. 1 InfoSoc-RL sei.[157] Auch diese Beurteilung ist jedoch mit dem Unionsrecht nicht vereinbar. Dies gilt schon deshalb, weil möglicher Empfängerkreis nicht nur alle Bewohner der Wohnanlage sind, sondern auch der unbestimmte Kreis ihrer wechselnden Gäste.[158]

Die **Grenzziehung** zwischen Vorgängen der öffentlichen Wiedergabe und urheberrechtsfreien **69** Empfangsvorgängen in Kabelnetzen ist **in Auslegung des Rechts der öffentlichen Wiedergabe (Art. 3 InfoSoc-RL)** vorzunehmen. Auf der Grundlage der vorstehend dargelegten Rechtsprechung des EuGH kann dazu Folgendes gesagt werden: Entscheidend ist nicht, ob ein Senden im engeren Sprachsinn vorliegt, sondern ob die Weiterübertragung als eigenständige Werkwiedergabe durch einen selbständig handelnden Werkvermittler anzusehen ist.[159]

Dies kann bei einer zeitgleichen Weiterübertragung von Rundfunksendungen nach deren Empfang „aus der Luft"[160] der Fall sein, wenn sie in einem räumlich ausgedehnten Verteilernetz stattfindet (jedenfalls nicht nur innerhalb eines Häuserblocks oder in benachbarten Häusern).[161] Dabei ist es ohne Belang, ob eine herkömmliche Rundfunksendung weiterübertragen wird oder eine direkte Satellitensendung. Eine eigenständige Werknutzung durch öffentliche Wiedergabe kann weiter gegeben sein, wenn Rundfunksendungen aus anderen Mitgliedstaaten weiterübertragen werden[162] oder Rundfunksendungen in ihrem ursprünglichen Empfangsgebiet umgehend durch andere Unternehmen in großen Netzen weitergesendet werden.[163] Für die Annahme einer Werknutzung durch öffentliche Wiedergabe genügt es nicht festzustellen, dass die Kabelweiterübertragung im Rahmen einer gewerblichen Tätigkeit stattfindet.[164] Die Verfolgung von Erwerbszwecken ist lediglich ein Indiz für eine tatbestandsmäßige Werknutzung.[165]

Nach der Rechtsprechung des EuGH ist nicht jede Kabelweiterübertragung durch ein anderes Unternehmen eine Werknutzungshandlung. Auch wenn nicht lediglich eine technische Dienstleistung zur Beibehaltung und Verbesserung der Empfangsqualität anzunehmen ist,[166] sondern eine Wiedergabebehandlung, kann diese – selbst bei einem größeren Empfängerkreis – eine bloße Wiedergabemodalität („Teil der ursprünglichen Rundfunksendung") sein. Wie der **EuGH** im Fall „**AKM/Zürs.net**" angenommen hat,[167] kann dies bei einer gleichzeitigen, vollständigen und unveränderten Kabelwei-

[153] Vgl. EuGH GRUR 2017, 510 Rn. 23, 26 f., 33 – AKM/Zürs.net: Die Verwendung des anderen technischen Mittels der Kabeltechnik genügte allein nicht für die Annahme einer Werknutzung durch öffentliche Wiedergabe iSd Art. 3 Abs. 1 InfoSoc-RL.
[154] BGHZ 206, 365 = GRUR 2016, 71 – Ramses. Zur Rechtsprechung von Instanzgerichten nach diesem Urteil vgl. *Glaßl* ZUM 2016, 1019; *Heine* GRUR-Prax 2017, 17; *von Albrecht/Fiss* ZUM 2019, 785; *Rossbach* ZUM 2019, 782.
[155] BGHZ 206, 365 = GRUR 2016, 71 Rn. 54 ff. – Ramses; ebenso OLG Dresden GRUR-RR 2017, 49 Rn. 23 – Antennengemeinschaft; vgl. dazu → § 15 Rn. 83; *v. Ungern-Sternberg* GRUR 2016, 321 (324 f.).
[156] Vgl. dazu auch OLG Braunschweig ZUM 2019, 775 Rn. 57 ff. (rkr.); *Rossbach* ZUM 2019, 782 (784); *v. Ungern-Sternberg* GRUR 2016, 321 (324 f.); vgl. weiter → § 15 Rn. 15 ff., 83, 225 ff.
[157] BGHZ 206, 365 = GRUR 2016, 71 Rn. 58 ff. – Ramses.
[158] Vgl. auch OLG Braunschweig ZUM 2019, 775 Rn. 55 f. (rkr.); *v. Albrecht/Fiss* ZUM 2019, 785 f.; weiter → § 15 Rn. 373; *v. Ungern-Sternberg* GRUR 2016, 321 (325) mwN.
[159] Dazu → Rn. 65 f.; vgl. auch BGH GRUR 2009, 845 Rn. 32 – Internet-Videorecorder I; Fromm/Nordemann/*Dustmann/Engels* UrhG § 20 Rn. 18; *Langhoff* S. 137 ff., 167 ff.
[160] Bei gesonderter Zuleitung der Programmsignale durch Richtfunk oder Kabel → Rn. 60.
[161] Die Vorschrift des § 17 Abs. 3 Nr. 2 Buchst. b öUrhG, nach der die Übertragung von Rundfunksendungen durch eine Gemeinschaftsantennenanlage, an die nicht mehr als 500 Teilnehmer angeschlossen sind, nicht als neue Rundfunksendung gilt, ist nach dem Urteil des EuGH „AKM/Zürs.net" unionsrechtswidrig. Dies ergibt sich schon daraus, dass der EuGH diese Regelung ohne weiteres als Ausnahme von Art. 3 Abs. 1 InfoSoc-RL behandelt und die Frage prüft (und verneint), ob eine solche Ausnahme auf Art. 5 Abs. 3 Buchst. o InfoSoc-RL gestützt werden kann (EuGH GRUR 2017, 510 Rn. 34 ff.). Nach Ansicht des öOGH ist eine richtlinienkonforme Auslegung des unionsrechtswidrigen § 17 Abs. 3 Nr. 2 Buchst. b öUrhG nicht möglich, weil darin eine unzulässige Auslegung contra legem liegen würde (öOGH GRUR-Int 2019, 299 (303) mAnm *Sporn* = MR 2018, 232 (236 f.) mAnm *Walter* – Hotel Edelweiß II).
[162] Vgl. EuGH GRUR 2017, 510 Rn. 33 – AKM/Zürs.net.
[163] Vgl. EuGH GRUR 2017, 512 Rn. 17 ff., 29 – ITV Broadcasting ua/TVC ua; vgl. dazu auch OLG Dresden GRUR-RR 2017, 49 – Antennengemeinschaft.
[164] AA AG Cuxhaven ZUM 2018, 203 (204) mAnm *Frhr. Raitz von Frentz/Masch* (rkr.).
[165] Vgl. → § 15 Rn. 81.
[166] Vgl. → Rn. 47.
[167] Vgl. EuGH GRUR 2017, 510 Rn. 28 f., 44 – AKM/Zürs.net; vgl. zu diesem Urteil auch *Fischer* Beilage zu MR 2018 Nr. 3 S. 47.

terübertragung von Rundfunksendungen der nationalen Rundfunkanstalt im Inland der Fall sein, wenn sich die Übertragung aus der Sicht der Rechtsinhaber nicht an ein neues Publikum richtet.[168] Dieses Urteil ist mit der **Berner Übereinkunft** vereinbar.[169] Im Fall des EuGH „AKM/Zürs.net" ging es allerdings nur um die Weiterübertragung von Sendungen des ORF durch eine Kabelnetzanlage mit etwa 130 Teilnehmern. Auf die Kabelweiterübertragung von Rundfunksendungen in großen Netzen durch andere Unternehmen ist diese Beurteilung nicht übertragbar.[170]

70   Die Begründung des RegE eines Zweiten Gesetzes zur Regelung des Urheberrechts in der Informationsgesellschaft („2. Korb") hat darauf hingewiesen, dass es in der Praxis bei **Gemeinschaftsantennenanlagen** üblich geworden sei, eine Kabelweitersendung ab einer Grenze von 75 Wohnungseinheiten anzunehmen.[171] Diese niedrige Untergrenze ist mit der Rechtsprechung des EuGH zum Recht der öffentlichen Wiedergabe nicht vereinbar.[172] Der Betrieb einer Gemeinschaftsantenne verliert den Charakter eines gemeinschaftlichen Empfangs nicht schon dadurch, dass zur Erfüllung der technischen Dienstleistung wegen der Zahl der angeschlossenen Anlagen besondere technische Geräte eingesetzt werden.[173]

Im Gesetzgebungsverfahren zum UrhWissG hat der Bundesrat gebeten zu prüfen, ob örtliche Antennengemeinschaften „von der bisher dafür bestehenden Vergütungspflicht" befreit werden könnten. Dies erfordere die Vorgabe konkreter Kriterien durch den Gesetzgeber.[174] Die **Bundesregierung** hat diesen Vorschlag ua deshalb nicht aufgegriffen, weil eine „pauschale Freistellung von Antennengemeinschaften nach den Maßgaben des europäischen Rechts nicht in Betracht" komme.[175] Der **Bundesrat** hat daraufhin im Jahr 2018 einen Gesetzentwurf vorgelegt, der zum Ziel hat, örtliche, nicht gewerbliche Antennengemeinschaften vom Recht der öffentlichen Wiedergabe freizustellen.[176]

71   **c) Ermöglichung des Rundfunkempfangs im Rahmen besonderer Einrichtungen.** Wird der Rundfunkempfang in den Zimmern von Hotels, Kureinrichtungen, Heimen, Justizvollzugsanstalten usw für eine Öffentlichkeit ermöglicht, ist dies eine **öffentliche Wiedergabe iSd Art. 3 InfoSoc-RL.**[177] Der Nutzer verschafft den Gästen bewusst den Zugang zu den geschützten Werken, den sie sonst nicht hätten, obwohl sie sich im Sendegebiet aufhalten. Seine Anschlusswiedergabe wendet sich daher an ein anderes, ein neues Publikum.[178] Keine Werknutzung durch Weitersendung von Rundfunksendungen ist dagegen die Vermietung einer Ferienwohnung, die mit Kabelanschluss und Empfangsgerät ausgestattet ist, an wechselnde Feriengäste.[179]

72   Nach der Rechtsprechung des EuGH ist für das Eingreifen des Art. 3 InfoSoc-RL nicht entscheidend, in welcher Art und Weise der Rundfunkempfang in den Gästezimmern ermöglicht wird. Der EuGH hat eine öffentliche Wiedergabe in Fällen angenommen, in denen der Nutzer eine **Rundfunkverteileranlage**[180] einsetzt, um die Rundfunksendungen den angeschlossenen Empfangsgeräten zugänglich zu machen.[181] In diesen Fällen werden die Programmsignale von einer Zentralstelle an Empfangsgeräte in den Zimmern zugeleitet und damit weitergesendet. Dies spricht dafür, diese Art der öffentlichen Wiedergabe als Sendung durch Kabelfunk und nicht als Sendung durch „ähnliche

---

[168] Dazu → § 15 Rn. 85; *v. Ungern-Sternberg* GRUR 2018, 225 (232); aA *Walter* MR 2017, 79 (80).

[169] Vgl. → § 15 Rn. 89, 119; → Vor §§ 20 ff. Rn. 24.

[170] Vgl. dazu auch EuGH GRUR 2017, 512 Rn. 17 ff., 29 = MR-Int. 2017, 29 mAnm *Walter* – ITV Broadcasting ua/TV ua; OLG Dresden GRUR-RR 2017, 49 – Antennengemeinschaft; *Leistner* CR 2017, 818 (827 f.); *Grünberger* ZUM 2018, 271 (285); *Auinger* ZUM 2019, 537 (540 f.); aA *Peukert* ZUM 2017, 881 (895 ff.).

[171] BT-Drs. 16/1828, 23; sa *Pfennig* ZUM 2008, 363 (366); vgl. weiter Beschlussempfehlung des Rechtsausschusses des Deutschen Bundestages v. 11.2.1998 zum Entwurf des 4. UrhGÄndG (BT-Drs. 13/9856, 3, 4).

[172] Vgl. EuGH GRUR 2017, 510 Rn. 18 ff. – AKM/Zürs.net; → Rn. 68.

[173] Vgl. EuGH GRUR 2013, 500 Rn. 27 ff. – ITV Broadcasting/TVC; aA BGHZ 206, 365 = GRUR 2016, 71 Rn. 51 ff. – Ramses (zu diesem Urteil s. *v. Ungern-Sternberg* GRUR 2016, 321 (325, 326 f.)); vgl. weiter → Rn. 68, → § 15 Rn. 83 (zum Einsatz „spezifischer technischer Verfahren" für öffentliche Wiedergaben im Anschluss an eine vorausgegangene öffentliche Wiedergabe).

[174] Stellungnahme des Bundesrats v. 12.5.2017, BR-Drs. 312/17, 5 f. (Nr. 6).

[175] Gegenäußerung der Bundesregierung v. 17.5.2017, BT-Drs. 18/12378, 2 (zu Nr. 6). Vgl. nunmehr den Gesetzentwurf des Bundesrates v. 18.7.2018, BT-Drs. 19/3441 (mit Stellungnahme der Bundesregierung), der auf einen Gesetzesantrag des Freistaates Sachsen vom 24.4.2018 zurückgeht (BR-Drs. 137/18).

[176] Gesetzentwurf des Bundesrates v. 18.7.2018, BT-Drs. 19/3441 (mit Stellungnahme der Bundesregierung). Der Gesetzentwurf geht auf einen Gesetzesantrag des Freistaates Sachsen vom 24.4.2018 zurück (BR-Drs. 137/18).

[177] Vgl. EuGH GRUR 2007, 225 Rn. 32 ff. – SGAE/Rafael; EuGH 18.3.2010 – C-136/09, Rn. 31 ff. = MR-Int. 2010, 123 mAnm *Walter*; EuGH GRUR 2012, 597 Rn. 25 ff. – Phonographic Performance (Ireland); EuGH GRUR 2014, 473 Rn. 22 ff. – OSA/Léčebné lázně; weiter → § 15 Rn. 99, 162, 283.

[178] Vgl. EuGH GRUR 2007, 225 Rn. 40 ff. – SGAE/Rafael; EuGH GRUR 2014, 473 Rn. 32 – OSA/Léčebné lázně.

[179] Vgl. OLG Köln WRP 2014, 1091 (1092 f.) – Seepark Burhave.

[180] Früher als Rundfunkvermittlungsanlagen bezeichnet.

[181] Vgl. EuGH GRUR 2007, 225 Rn. 32 ff. – SGAE/Rafael; EuGH, Urt. v. 18.3.2010 – C-136/09, Rn. 31 ff. = MR-Int. 2010, 123 mAnm *Walter*, EuGH GRUR 2012, 597 Rn. 25 ff. – Phonographic Performance (Ireland); vgl. auch – zu Art. 11bis RBÜ und zum Schweiz.URG – SchweizBG BGE 143 II 617 (unter 5.1 ff., 5.2.6) – GT 3a Zusatz. Im Fall „SGAE/Rafael" hat der EuGH entsprechend den Vorlagefragen entschieden, dass die Verbreitung eines über Satellit oder erdgebundene Systeme empfangenen Fernsehsignals durch Kabel an Fernsehapparate in Hotelzimmern eine öffentliche Wiedergabe iSd Art. 3 Abs. 1 InfoSoc-RL darstellt (vgl. auch EuGH 18.3.2010 – C-136/09, Rn. 33 ff. = MR-Int. 2010, 123 mAnm *Walter*). Er hat sich dementsprechend in seiner Begründung auch auf Art. 11bis Abs. 1 Nr. 2 RBÜ und Art. 8 WCT gestützt (vgl. EuGH GRUR 2007, 225 Rn. 40 ff. – SGAE/Rafael; vgl. dazu auch → Vor §§ 20 ff. Rn. 24 ff.).

technische Mittel" einzuordnen.[182] Die zeitgleiche Weiterübertragung von Rundfunkprogrammen über ein hauseigenes Kabelnetz zu Radiogeräten in den Patientenzimmern eines Krankenhauses ist dementsprechend eine Kabelweitersendung iSd § 20b Abs. 1 S. 1.[183]

Nach der Rechtsprechung des EuGH ist eine öffentliche Wiedergabe iSd Art. 3 InfoSoc-RL aber **73** auch dann gegeben, wenn der Nutzer den Rundfunkempfang in den Gästezimmern nicht mittels einer Zentralantenne ermöglicht, sondern durch **selbständig empfangstaugliche Fernseh- und Radiogeräte** (mit Zimmerantenne).[184] In diesen Fällen ist nicht § 20 anzuwenden, weil der Betreiber selbst keine Übertragung durch Funk vornimmt.[185] Vielmehr ist ein unbenanntes Recht der öffentlichen Wiedergabe anzunehmen.[186]

Anders als bei der Anwendung des Art. 3 InfoSoc-RL kann es bei der **Anwendung des deut-** **74** **schen Urheberrechts** bedeutsam sein, in welcher Art und Weise der Rundfunkempfang in den Zimmern von Beherbergungseinrichtungen ermöglicht wird. Geschieht dies mittels einer Verteileranlage, greift das Recht aus § 20 an der Sendung durch Kabelfunk ein.[187] Setzt der Nutzer dagegen selbstständige Rundfunkempfangsgeräte ein, ist keine Funksendung iSd § 20 gegeben. In richtlinienkonformer Auslegung des deutschen Urheberrechts ist in diesen Fällen ein unbenanntes Verwertungsrecht iSd § 15 anzunehmen.[188]

Diese Einordnung unter die verschiedenen Verwertungsrechte hat Bedeutung für das **Eingreifen** **75** **des § 20b Abs. 1 und des § 87 Abs. 5.** Diese Vorschriften sind nach ihrem klaren Wortlaut nur anwendbar, wenn eine Kabelweitersendung gegeben ist. Ihre analoge Anwendung auf andere Fälle zeitgleicher Anschlussnutzungen bei Rundfunksendungen ist nach dem Unionsrecht nicht zulässig. Das Unionsrecht gestattet die Beschränkung des Rechts der öffentlichen Wiedergabe aus Art. 3 InfoSoc-RL nur für die Kabelweitersendung. Davon abgesehen kann dieses Recht von den Mitgliedstaaten nur gemäß Art. 5 Abs. 2 und 3 InfoSoc-RL beschränkt werden.[189] Diese Voraussetzungen sind nicht gegeben, wenn der Rundfunkempfang in den Zimmern von Beherbergungsbetrieben durch selbständige Rundfunkempfangsgeräte ermöglicht wird.

Der BGH hat in seiner Rechtsprechung bisher keine hohen Ansprüche an die **Öffentlichkeit** der **76** Wiedergabe über eine Rundfunkverteileranlage gestellt.[190] Im Urteil „Regio-Vertrag"[191] hat der BGH bereits die Weiterleitung einer Rundfunksendung an Empfangsstellen in 47 Hotelzimmern als öffentliche Wiedergabe angesehen.[192]

Bei einer entsprechend großen Zahl von Anschlussstellen kann auch ein **Übertragungssystem in** **77** **einem Reisezug** unter das Senderecht fallen, das es den Reisenden ermöglicht, laufende Rundfunkprogramme mittels Kopfhörern oder Fernsehempfangsgeräten zu verfolgen.[193]

Der **BGH** hat bisher angenommen, dass ein **Internet-Videorecorderdienst** im Rahmen seiner **78** Tätigkeit Sendungen iSd § 20 vornehmen kann. Ein solcher Dienst empfängt Rundfunksendungen und ermöglicht es den Kunden nach ihrer Wahl, die Sendungen in einer Datenbank auf Speicherplätzen aufzeichnen zu lassen, die jeweils für den einzelnen Kunden reserviert sind. Als Sendung iSd § 20 wurde es angesehen, wenn Rundfunksendungen durch die Weiterübertragung zu den verschiedenen Speicherplätzen der Kunden zeitgleich einer Öffentlichkeit zugänglich gemacht werden.[194] Diese Rechtsprechung ist durch das Urteil des EuGH **„VCAST/RTI"**[195] überholt. Der EuGH hat darin entschieden, dass die Dienstleistung des Internet-Videorecorder-Dienstes als solche den Tatbestand der öffentlichen Wiedergabe iSd Art. 3 Abs. 1 Info-SocRL erfüllt. Nach deutschem Recht greift insoweit ein unbenanntes Recht der öffentlichen Wiedergabe ein. Da die InfoSoc-RL die in ihr geregelten Verwertungsrechte voll harmonisiert hat, ist es ausgeschlossen, aus der vom EuGH als öffentliche Wiedergabe beurteilten Werknutzerhandlung des Videorecorder-Dienstes einzelne Vorgänge herauszugreifen und nach nationalem Recht gesondert als Werknutzung zu behandeln.[196]

---

[182] BGH GRUR 2018, 608 Rn. 20 ff. – Krankenhausradio (Ermöglichung des Rundfunkempfangs in 49 Patientenzimmern); anders noch BGHZ 123, 149 (153) = GRUR 1994, 45 (46) – Verteileranlagen.

[183] BGH GRUR 2018, 608 Rn. 20 ff. – Krankenhausradio (Ermöglichung des Rundfunkempfangs in 49 Patientenzimmern); vgl. auch öOGH GRUR-Int 2019, 299 (302) mAnm *Sporn* = MR 2018, 232 (235 f.) mAnm *Walter* – Hotel Edelweiß II, zur Weitersendung von Sendesignalen an Fernsehgeräte in Hotelzimmern.

[184] Vgl. EuGH GRUR 2014, 473 Rn. 11, 24, 26, 33 – OSA/Léčebné lázně; EuGH 18.3.2010 – C-136/09, Rn. 39 ff. = MR-Int. 2010, 123 mAnm *Walter;* weiter → § 15 Rn. 64, 99, 162, 284.

[185] Nur insoweit ebenso BGH GRUR 2016, 697 Rn. 15 – Königshof.

[186] → § 15 Rn. 99, 274; aA *Berberich* MMR 2014, 849 (851).

[187] BGH GRUR 2010, 530 Rn. 20 – Regio-Vertrag.

[188] Vgl. → § 15 Rn. 99.

[189] Vgl. → § 20b Rn. 4, 12, 18 f.

[190] → § 15 Rn. 368.

[191] BGH GRUR 2010, 530 Rn. 2, 20 – Regio-Vertrag.

[192] Vgl. → § 15 Rn. 368.

[193] → Rn. 59; → § 19a Rn. 75; → § 22 Rn. 19.

[194] Vgl. BGH GRUR 2013, 618 Rn. 41 ff. – Internet-Videorecorder II.

[195] EuGH GRUR 2018, 68 – VCAST/RTI mAnm *Kianfar.*

[196] Vgl. weiter → § 15 Rn. 286.

VIII. Werkübertragung durch „ähnliche technische Mittel"

1. Entwicklungsoffene Tatbestandsvariante

79   Das Verwertungsrecht aus § 20 bezieht sich auch auf Handlungen, die das Werk einer Öffentlichkeit durch „technische Mittel"[197] zugänglich machen, die den ausdrücklich genannten Mitteln „Ton- und Fernsehrundfunk, Satellitenrundfunk, Kabelfunk" **„ähnlich"** sind. Diese Tatbestandsvariante sollte es ermöglichen, im Lauf der technischen Entwicklung neu entstehende Nutzungsformen mit dem Senderecht zu erfassen.[198]

2. Sendungen im Internet

80   **a) Rundfunkähnliche Sendungen.** Als Funksendung durch „ähnliche technische Mittel" werden vom Senderecht alle Arten von Sendungen im Internet[199] erfasst, die zu einem Zeitpunkt, den der Sendende bestimmt, zeitgleich an eine Öffentlichkeit gerichtet sind. Sendungen im Internet sind weder Rundfunk noch Kabelfunk, weil das Internet drahtlose und kabelgebundene Übertragungsformen nebeneinander benutzt.

81   Sendungen iSd § 20 sind nach ganz hM insbesondere Sendungen eines Internetradios **(Webradio)** oder Internet-TV **(Web-TV)**.[200] Dabei ist es unerheblich, ob die Sendung im Internet zeitgleich mit einer herkömmlichen Programmausstrahlung stattfindet **(Simulcasting)** oder ausschließlich im Internet **(Webcasting)**.[201]

82   Die Sendung über das Internet weist **Unterschiede zu herkömmlichen Rundfunksendungen** auf.[202] Das Sendegut wird nicht wie bei herkömmlichen Rundfunksendungen an den Endverbraucher unabhängig von dessen Abruf herangetragen (es liegt anders als bei drahtlosen Rundfunksendungen nicht schon „in der Luft"), sondern erst auf seinen Abruf hin.[203] Für die Anwendung des Rechts der öffentlichen Wiedergabe kommt es aber nicht auf die tatsächliche Übertragung an, sondern darauf, ob der Nutzer das Werk durch eine „Handlung der Wiedergabe" einer „neuen Öffentlichkeit" zugänglich macht.[204] Der Abruf der Sendung entspricht bei Internetsendungen dem Einschalten eines Empfangsgeräts bei herkömmlichen Rundfunksendungen.

83   Entscheidend für die Einordnung unter das Senderecht ist der Umstand, dass der Internetnutzer nicht (wie im Fall des § 19a) die Zeit des Abrufs frei wählen kann.[205] Aus diesem Grund sind auch **Near-on-Demand-Übertragungen** Sendungen iSd § 20.[206]

84   Die Anwendung des Senderechts ist nicht ausgeschlossen, wenn zur Durchführung der Internetsendung **technisch bedingte Zwischenspeicherungen** notwendig sind oder geringfügige Zeitverschiebungen bei der Übertragung an die einzelnen Empfänger stattfinden.[207] Das Verwertungsrecht aus § 20 bezieht sich nicht auf technische Vorgänge als solche, sondern auf soziale Vorgänge der Werknutzung.[208]

85   Die **Weitersendung einer Rundfunksendung** über das Internet durch ein anderes als das ursprüngliche Sendeunternehmen ist nach dem Urteil des EuGH „ITV Broadcasting/TVC" bereits deshalb eine weitere öffentliche Wiedergabe, weil sie nach einem „spezifischen technischen Verfahren"[209] erfolgt, das sie von der ursprünglichen Wiedergabe unterscheidet.[210] Strahlt ein Sendeunternehmen sein Programm zeitgleich im herkömmlichen Rundfunk und als simulcast im Internet aus, handelt es sich jeweils um (Erst-)Sendungen iSd § 20. Die Sendung im Internet ist in diesem Fall schon deshalb keine Kabelweitersendung iSd § 20b, weil beide Sendevorgänge von demselben Sendeunternehmen durchgeführt werden.[211]

86   **b) Push- und Pulldienste.** Die rechtliche Einordnung der Übertragungen von **Push-Diensten** hängt davon ab, in welcher Art und Weise diese durchgeführt werden.[212] Push-Dienste übermitteln

---

[197] In der Fassung vor Inkrafttreten des 4. UrhGÄndG (→ Vor §§ 20 ff. Rn. 44) sprach § 20 noch von „ähnlichen technischen Einrichtungen". Dies war ungenau, weil es hier um technische Vorgänge, nicht Einrichtungen geht.
[198] Vgl. *Koof* S. 76 ff.
[199] → Rn. 13 ff.
[200] S. *Schwarz* ZUM 2000, 816 (822); *Sasse/Waldhausen* ZUM 2000, 837 (842); *Loewenheim/Flechsig* § 41 Rn. 45; *Wandtke/Bullinger/Bullinger* UrhG § 19a Rn. 34; *Rigopoulos* S. 262 ff.; *Koof* S. 78 ff.; *Kling* S. 62; *Poll* GRUR 2007, 476 (480); *Castendyk* FS Loewenheim, 2009, 31 (42 f.); *Gey* S. 146 ff.; *Rüberg* S. 303 ff.
[201] → Rn. 15.
[202] → Rn. 15.
[203] Vgl. *Castendyk* MMR 2000, 294 (295); *Gey* S. 148 f.; sa *Kleinke* AfP 2008, 460 (463 f.); *Dünnwald/Gerlach* § 78 Rn. 20.
[204] → § 15 Rn. 66 f.
[205] Vgl. *Handig* GRUR-Int 2007, 206 (209); *Büchner* CR 2007, 473 (478).
[206] → Rn. 36; → § 19a Rn. 110.
[207] → Rn. 6, 29; ebenso Fromm/Nordemann/*Dustmann/Engels* UrhG § 20 Rn. 13.
[208] Dazu → Rn. 46.
[209] Zum Begriff des spezifischen technischen Verfahrens → § 15 Rn. 83.
[210] EuGH GRUR 2013, 500 Rn. 19 ff. = ZUM 2013, 390 mAnm *Frhr. Raitz von Frentz/Masch* – ITV Broadcasting/TVC; vgl. → Vor §§ 20 ff. Rn. 6.
[211] Vgl. *Pfennig* ZUM 2008, 363 (365); → § 20b Rn. 18 f.
[212] Ebenso *Poll* GRUR 2007, 476 (481); *Kleinke* AfP 2008, 460 (464 f.); *Gey* S. 150 ff.

Endverbrauchern ohne deren Zutun teilweise vom Push-Dienst selbst zusammengestelltes Material (zB Newsletter), teilweise Material nach Auswahlkriterien, die der Endverbraucher zuvor dem Dienst mitgeteilt hat. Bei **Pull-Diensten** liegt dagegen der Abruf bereitgehaltenen Materials in der Initiative des Nutzers. Wegen der individuellen Auswahl erhalten Endverbraucher von **Push-Diensten** vielfach unterschiedliches Material. Dessen Übertragung an die Endverbraucher wird meist auch nicht gleichzeitig stattfinden, sondern erst nach einem individuellen Abruf. Übertragungen von Push-Diensten werden daher nur dann unter das Senderecht fallen, wenn ein geschütztes Werk zu einem vom Push-Dienst bestimmten Zeitpunkt ausnahmsweise zeitgleich an eine Öffentlichkeit übermittelt wird.[213] Das Bereithaltungsrecht des § 19a kann betroffen sein, wenn der Push-Dienst seinem Kundenkreis lediglich mitteilt, dass er Material auf seinem Server zum Abruf bereithält.[214] Das Abrufübertragungsrecht[215] kann eingreifen, wenn ein in dieser Weise bereitgehaltenes Werk an einen Endverbraucher übertragen wird.

Übermittelt der Push-Dienst von sich aus zu unterschiedlichen Zeiten urheberrechtlich geschütztes **87** Material an Endverbraucher nach individualisierten Auswahlkriterien, ist weder das Senderecht noch das Bereithaltungsrecht des § 19a oder das (unbenannte) Abrufübertragungsrecht anwendbar.[216] In diesen Fällen kann ein unbenanntes Verwertungsrecht der öffentlichen Wiedergabe eingreifen **(Online-Verbreitungsrecht)**.[217]

Wird dagegen Endverbrauchern die Möglichkeit gegeben, **Rundfunksendungen** oder **Podcasts** **88** (im Internet bereitgehaltene Audio- oder Video-Beiträge wie zB Interviews oder Filme von Podcastern) im Internet zu einem späteren, von ihnen selbst gewählten Zeitpunkt abzurufen, greift das Senderecht nicht ein.[218] Solche Werknutzungen fallen unter das Bereithaltungsrecht des § 19a[219] sowie das (unbenannte) Abrufübertragungsrecht.[220]

c) E-Mail-Verkehr. E-Mails als private Kommunikation zwischen zwei Beteiligten werden als **89** nichtöffentlich grundsätzlich von keinem Recht der öffentlichen Wiedergabe erfasst.[221]

Der **Kopienversand auf Bestellung** unter Einsatz von E-Mails durch eine der Öffentlichkeit zu- **90** gängliche Einrichtung ist als solcher nicht öffentlich[222] und fällt nicht unter ein unbenanntes Verwertungsrecht.[223]

Der **zeitgleiche E-Mail-Versand** eines geschützten Werkes anhand einer Verteilerliste an eine **91** Öffentlichkeit[224] ist ein einheitlicher Nutzungsvorgang, der unter das Senderecht des § 20 fällt.[225] Dagegen spricht nicht, dass jeder Empfänger einen eigenen Datensatz erhält; dies ist auch bei der Sendung durch Kabelfunk nicht anders. Das Werk wird den Empfängern bereits dadurch isd § 20 zugänglich gemacht, dass die E-Mails zeitgleich in den Postfächern der Empfänger bei ihren E-Mail-Servern abgelegt werden.[226] Auf den Zeitpunkt des Wahrnehmbarmachens des Werkes durch den Empfänger kommt es nicht an, weil nach dem Tatbestand des § 20 nur maßgeblich ist, dass das Werk einer Öffentlichkeit zugänglich gemacht wird.[227] Ebenso ist unerheblich, ob die zeitgleich ausgesandten E-Mails aus technischen Gründen, etwa wegen unterschiedlicher Übertragungswege, die Empfänger genau zeitgleich erreichen.[228] Der Tatbestand des § 19a wird bei einem zeitgleichen E-Mail-Versand eines Werkes nicht erfüllt.[229] Der Versender hält in einem solchen Fall das Werk zu keinem Zeitpunkt für eine Öffentlichkeit zum Abruf bereit. Die nach dem Versand in den einzelnen Postfächern gespeicherten E-Mails befinden sich nicht – wie dies § 19a voraussetzt[230] – im Verantwortungsbereich des Versenders.

---

[213] Vgl. Ensthaler/Weidert/*Werner* Kap. 3 Rn. 74; Loewenheim/*Koch* § 78 Rn. 71; *Klett* S. 86 ff.; *Bauer/v. Einem* MMR 2007, 698 (699); sa *Castendyk* FS Loewenheim, 2009, 31 (44 f.) (der selbst § 19a für anwendbar hält); aA *Leupold* ZUM 1998, 99 (106 f.); *Flechsig* ZUM 1998, 139 (144); *Bechtold* GRUR 1998, 18 (25 f.); DKMH/*Dreyer* UrhG § 20 Rn. 36.

[214] Ebenso *Schöwerling* S. 140; → § 19a Rn. 105.

[215] → § 15 Rn. 291; → § 19a Rn. 55, 57.

[216] S. Wandtke/Bullinger/*Bullinger* UrhG § 19a Rn. 30; aA *Rigopoulos* S. 264 ff.

[217] Dazu → Rn. 16; → § 15 Rn. 12, 292 ff.; → § 19a Rn. 106; s. weiter Ensthaler/Weidert/*Werner* Kap. 3 Rn. 74; *Heinz* S. 197 ff., 283; *Schwarz* ZUM 2000, 816 (827 f.); *Poll* GRUR 2007, 476 (481); aA *Schack* GRUR 2007, 639 (643); Wandtke/Bullinger/*Heerma* UrhG § 15 Rn. 17 (Anwendung des Verbreitungsrechts).

[218] Vgl. *Sasse/Waldhausen* ZUM 2000, 837 (842); Wandtke/Bullinger/*Bullinger* UrhG § 19a Rn. 16; *Gey* S. 150.

[219] → § 19a Rn. 54.

[220] → § 15 Rn. 290 f.; → § 19a Rn. 32, 55, 57.

[221] Sa GAin *Trstenjak*, SchlA v. 12.2.2009 – C-5/08 in Infopaq I, BeckRS 2009, 70203 Rn. 118; OLG München ZUM-RD 2007, 347 (358); Dreier/Schulze/*Dreier* UrhG § 19a Rn. 7; weiter → § 15 Rn. 385, 403.

[222] AA *Schulze* ZUM 2008, 836 ff.

[223] → § 15 Rn. 299 ff.

[224] → Rn. 42 ff.

[225] Vgl. Ensthaler/Weidert/*Werner* Kap. 3 Rn. 74; *Klett* S. 150 ff.; *Koch* GRUR 1997, 417 (421); aA *Dünnwald/Gerlach* § 78 Rn. 16; Dreier/Schulze/*Dreier* UrhG § 19a Rn. 7 (für die Anwendung des § 19a bei einer massenhaften Versendung inhaltsgleicher E-Mails).

[226] Vgl. dazu auch BGH GRUR 2009, 845 Rn. 35 – Internet-Videorecorder I.

[227] → Rn. 27 ff.

[228] Dazu → Rn. 29; aA *Heermann* MMR 1999, 3 (5 f.).

[229] → § 19a Rn. 105; vgl. Fromm/Nordemann/*Dustmann/Engels* UrhG § 19a Rn. 26; aA Dreier/Schulze/*Dreier* UrhG § 19a Rn. 7.

[230] → § 19a Rn. 60.

92   **Nicht zeitgleiche E-Mail-Übertragungen** geschützter Werke, mit denen der Versender von sich aus (etwa aufgrund von Abonnements) ausgewählte Nachrichten uÄ als Serviceleistung an zahlreiche Empfänger übermittelt, fallen weder unter § 20 noch unter § 19a. In diesen Fällen kommt jedoch die Annahme eines unbenannten Verwertungsrechts in Betracht.[231]

93   **d) Routing.** Die Werkübertragung durch **Einsatz von Routern** (Datenübertragung zwischen Netzwerken oder Netzwerksegmenten im Internet)[232] erfüllt keinen urheberrechtlichen Verwertungstatbestand.[233] Zur Übertragung von Dateien im Internet im Wege des Routings werden die Daten in kleine Datenpakete aufgeteilt, die unabhängig voneinander, vielfach auch auf unterschiedlichen Kommunikationswegen, dem Empfänger übermittelt werden. Das Senderecht ist bei dieser Übertragungstechnik nicht berührt. Wegen ihres geringen Umfangs verkörpern die einzelnen Datenpakete jeweils für sich ohnehin kaum urheberrechtlich schutzfähige Werke oder Werkteile. Selbst wenn dies aber der Fall sein sollte, wären die Werkteile in dieser Verkörperung einer Nutzung nicht zugänglich.

§ 20a Europäische Satellitensendung

(1) **Wird eine Satellitensendung innerhalb des Gebietes eines Mitgliedstaates der Europäischen Union oder Vertragsstaates des Abkommens über den Europäischen Wirtschaftsraum ausgeführt, so gilt sie ausschließlich als in diesem Mitgliedstaat oder Vertragsstaat erfolgt.**

(2) **[1]Wird eine Satellitensendung im Gebiet eines Staates ausgeführt, der weder Mitgliedstaat der Europäischen Union noch Vertragsstaat des Abkommens über den Europäischen Wirtschaftsraum ist und in dem für das Recht der Satellitensendung das in Kapitel II der Richtlinie 93/83/EWG des Rates vom 27. September 1993 zur Koordinierung bestimmter urheber- und leistungsschutzrechtlicher Vorschriften betreffend Satellitenrundfunk und Kabelweiterverbreitung (ABl. EG Nr. L 248 S. 15) vorgesehene Schutzniveau nicht gewährleistet ist, so gilt sie als in dem Mitgliedstaat oder Vertragsstaat erfolgt,**

1. in dem die Erdfunkstation liegt, von der aus die programmtragenden Signale zum Satelliten geleitet werden, oder

2. in dem das Sendeunternehmen seine Niederlassung hat, wenn die Voraussetzung nach Nummer 1 nicht gegeben ist.

[2]Das Senderecht ist im Fall der Nummer 1 gegenüber dem Betreiber der Erdfunkstation, im Fall der Nummer 2 gegenüber dem Sendeunternehmen geltend zu machen.

(3) **Satellitensendung im Sinne von Absatz 1 und 2 ist die unter der Kontrolle und Verantwortung des Sendeunternehmens stattfindende Eingabe der für den öffentlichen Empfang bestimmten programmtragenden Signale in eine ununterbrochene Übertragungskette, die zum Satelliten und zurück zur Erde führt.**

Schrifttum: *Castendyk/Kirchherr,* „Man spricht deutsh" zwischen den Instanzen – Zum Verhältnis von nationalem und europäischem Urheberrecht am Beispiel des § 137h Abs. 2 UrhG, ZUM 2005, 283; *Christmann,* Sonderfragen zur territorialen Rechtevergabe und territorialen Adressierung bei Pay-TV am Beispiel Film und Sport, ZUM 2006, 23; *Diesbach,* Verkauf von territorial begrenzten Senderechten in Europa und Verschlüsselungsverlangen gegenüber Free-TV-Veranstaltern, ZUM 2002, 680; *Dreier,* Die Umsetzung der Richtlinie zum Satellitenrundfunk und zur Kabelweiterleitung, ZUM 1995, 458; *Flechsig,* Europäische Satellitenverbreitung im Lichte nationaler Koproduktion, ZUM 2003, 192; *Hillig,* Das Vierte Gesetz zur Änderung des Urheberrechtsgesetzes, UFITA 138 (1999) 5; *Kling,* Gebietsübergreifende Vergabe von Online-Rechten an Musikwerken, 2018; *Koof,* Senderecht und Recht der öffentlichen Zugänglichmachung im Zeitalter der Konvergenz der Medien, 2015; *Langhoff,* Der urheberrechtliche Schutz von Sendeunternehmen im digitalen Umfeld, 2016; *Müßig,* Die Sicherung von Verbreitung und Zugang beim Satellitenrundfunk in Europa, 2006; *Rumphorst,* Erwerb des Satellitensenderechts für ein bestimmtes Territorium?, GRUR-Int 1993, 934; *Schanda,* Satellitenrundfunk: Was heißt „Sendung in Österreich?", MR 1996, 133; *Ullrich,* Urheberrecht und Satellitenrundfunk: Kollisionsrecht und materielles Recht, 2009; *Vogel,* Vorschlag der EG-Kommission für eine Richtlinie zur Koordinierung bestimmter urheber- und leistungsschutzrechtlicher Vorschriften betreffend Satellitenrundfunk und Kabelweiterverbreitung, ZUM 1992, 21; *Walter* (Hrsg.), Europäisches Urheberrecht, 2001; *Walter/von Lewinski* (Hrsg.), European Copyright Law, 2010.
S. auch die Schrifttumsnachweise vor §§ 20 ff. und in den Vorauflagen.

Übersicht

---

[231] S. *Wawretschek* S. 148 ff.; *Schöwerling* S. 139 f.; sa *Rüberg* S. 243 ff.; → § 15 Rn. 292 ff.
[232] Zur Technik s. *Hecheltjen,* Urheberrechtliche Bewertung vorübergehender Reproduktionen im digitalen Kontext, 2015, S. 120 ff.
[233] → § 16 Rn. 23; Ensthaler/Weidert/*Werner* Kap. 3 Rn. 93 ff.; *Rigopoulos* S. 257 ff.; *Grassmann,* Der elektronische Kopienversand im Rahmen der Schrankenregelungen, 2006, S. 49; *von Gerlach* S. 198 ff.; Hoeren/Sieber/Holznagel/*Ernst,* Handbuch Multimedia-Recht, Stand 2019, Teil 7.1 Rn. 61.

A. Allgemeines

I. Unionsrecht

1. Satelliten- und Kabelrichtlinie

a) Harmonisierung des Satellitensenderechts. Die Vorschrift des § 20a wurde in Umsetzung **1** der **Satelliten- und Kabel-RL**[1] in das UrhG eingefügt.[2] Für die Auslegung des § 20a ist daher der Inhalt der Richtlinie (einschließlich der Erwägungsgründe) heranzuziehen.[3] Dabei ist zu beachten, dass die einschlägigen Begriffe der Satelliten- und Kabel-RL autonome Begriffe des Unionsrechts sind.[4]

Bei der urheberrechtlichen Regelung der Satellitensendungen ist es **Ziel der Satelliten- und** **2** **Kabel-RL,** Hindernisse zu beseitigen, die sich für Rundfunksendungen über Satelliten aus unterschiedlichen nationalen Urheberrechtsvorschriften ergeben können, und zugleich ein hohes Schutzniveau für die Urheber zu gewährleisten. Zu diesem Zweck hat die Richtlinie nicht nur die Mitgliedstaaten verpflichtet, dem Urheber das ausschließliche Recht zu gewähren, die öffentliche Wiedergabe geschützter Werke über Satellit zu erlauben, sondern für europäische Satellitensendungen auch die Merkmale der urheberrechtlich relevanten Verwertungshandlung bindend vorgeschrieben.

Die Definition der öffentlichen Wiedergabe über Satellit in Art. 1 Abs. 2 Buchst. a Satelliten- und **3** Kabel-RL, die sich weit vom allgemeinen Sprachgebrauch entfernt, dient der **Vereinheitlichung der** **sachrechtlichen Voraussetzungen,** unter denen ein Mitgliedstaat der EU oder ein EWR-Vertragsstaat als Schutzland (Art. 8 Abs. 1 Rom II-VO) dem Urheber bei einer europäischen Satellitensendung ein Senderecht gewähren kann.[5] Als Verwertungshandlung ist deshalb bei der europäischen Satellitensendung eine Handlung bestimmt worden, die jeweils nur an einem einzigen Ort vorgenommen werden kann, nämlich die Eingabe der Programmsignale in die Übertragungskette über den Satelliten.

Ein Schutz des Urhebers besteht bei der europäischen Satellitensendung nur nach dem Recht des **4** Mitgliedstaates der Europäischen Union oder des EWR-Vertragsstaates, in dessen Gebiet die Verwertungshandlung iSd Abs. 3 durchgeführt worden ist.[6] Die anderen Mitgliedstaaten der EU oder EWR-Vertragsstaaten sind aufgrund der Satelliten- und Kabel-RL verpflichtet, das in diesem Staat bestehende Verwertungsrecht an der europäischen Satellitensendung anzuerkennen. Sie sind zugleich daran gehindert, dem Urheber ihrerseits weitere Rechte zu geben, die an andere bei einer Satellitensendung verwirklichte Tatbestände anknüpfen (wie zB die Abstrahlung vom Satelliten oder die Ausstrahlung des Satelliten auf das jeweilige Staatsgebiet). Bei einer europäischen Satellitensendung iSd § 20a Abs. 1 iVm Abs. 3 ist deshalb § 20 nicht anwendbar.

---

[1] Richtlinie des Rates 93/83/EWG vom 27.9.1993 zur Koordinierung bestimmter urheber- und leistungsschutzrechtlicher Vorschriften betreffend Satellitenrundfunk und Kabelweiterverbreitung, ABl. 1993 L 248, S. 15; Umsetzungsfrist gem. Art. 14 Abs. 1 bis 1.1.1995. Zur Auslegung der Richtlinie, den Vorarbeiten der Kommission und zur begleitenden rechtspolitischen Diskussion → Vor §§ 20 ff. Rn. 11. Vgl. auch die Zusammenfassung der Evaluierung der Richtlinie durch die Kommission vom 14.9.2016 (SWD [2016] 309 final).
[2] → Rn. 13.
[3] Vgl. Begr. des RegE des 4. UrhGÄndG, BT-Drs. 13/4796, 8; zur richtlinienkonformen Auslegung weiter → § 15 Rn. 131 ff.
[4] Vgl. dazu → § 15 Rn. 114 ff.
[5] Vgl. zu dieser Frage EuGH GRUR 2006, 50 Rn. 42 – Lagardère/SPRE und GVL; BGH GRUR 2012, 621 Rn. 23 – OSCAR; öOGH GRUR-Int 2017, 535 (538) = MR 2017, 273 (276) mAnm *Walter* – Satellitenfernsehen; Dreier/Schulze/*Dreier* UrhG § 20a Rn. 3; Staudinger/*Fezer/Koos* (2015) IntWirtschR Rn. 1105; *Ullrich* S. 396 ff., 466 f.
[6] Eine Klage wegen einer europäischen Satellitensendung, die darauf gestützt ist, dass die Einspeisung der Programmsignale in einem bestimmten Mitgliedstaat oder Vertragsstaat des EWR stattgefunden hat, wird dementsprechend grundsätzlich dahin auszulegen sein, dass für diesen Staat als Schutzland Schutz beansprucht wird (vgl. dazu auch BGH GRUR 2004, 855 (856) – Hundefigur).

5   Die Zielsetzung, nicht nur das materielle Recht zu vereinheitlichen, sondern auch die kumulative Anwendung mehrerer nationaler Rechte bei europäischen Satellitensendungen zu verhindern, liegt Art. 1 Abs. 2 Buchst. b Satelliten- und Kabel-RL, den Abs. 1 umgesetzt hat, nach dem Erwgr. 14 der Richtlinie klar zugrunde. Die Richtlinie schließt es dementsprechend nicht nur aus, auf eine europäische Satellitensendung das Recht eines Mitgliedstaates oder eines Vertragsstaates des EWR anzuwenden, in dem die europäische Satellitensendung nicht stattgefunden hat, sondern verbietet auch die **Anwendung des Rechts eines Drittstaates** auf eine europäische Satellitensendung, auch wenn dieser als Schutzland die vorgenommene Satellitensendung als urheberrechtliche Nutzungshandlung ansehen sollte.[7]

6   Auch die Frage, ob eine europäische Satellitensendung das **Urheberpersönlichkeitsrecht** verletzt hat, ist nach *Dreier*[8] im Hinblick auf den Harmonisierungszweck der Satelliten- und Kabel-RL nur nach dem Recht des Landes zu beurteilen, in dem die Programmsignale in die Übertragungskette über den Satelliten eingegeben worden sind.

7   Den Urheberschutz bei Satellitensendungen, die keine europäischen Satellitensendungen sind **(nichteuropäische Satellitensendungen),** hat die Satelliten- und Kabel-RL nicht geregelt.[9]

8   **b) Vertragsrechtliche Regelungen.** Die **Einräumung der Rechte zur Durchführung einer Satellitensendung** iSd Abs. 3 kann dinglich (insbes. zeitlich) beschränkt werden (vgl. Erwgr. 15 und 16 Satelliten- und Kabel-RL).[10]

9   Die Satelliten- und Kabel-RL enthält in ihren Erwägungsgründen 16 und 17 **vertragsrechtliche Grundsätze.** Erwgr. 16 bestätigt, dass der Umfang der Senderechtseinräumung beschränkt werden kann, insbesondere hinsichtlich bestimmter Übertragungstechniken oder hinsichtlich bestimmter Sprachfassungen. Nach Erwgr. 17 „sollten" die Beteiligten bei der Vereinbarung der Vergütung für die erworbenen Rechte „allen Aspekten der Sendung, wie der tatsächlichen und potentiellen Einschaltquote und der sprachlichen Fassung, Rechnung tragen".[11]

10   Das Unionsrecht lässt es zu, dass die Mitgliedstaaten im innerstaatlichen Recht eine **Vermutung** aufstellen, dass die Filmurheber das Recht der Ausstrahlung des Filmwerkes über Satellit an den Filmproduzenten abgetreten haben. Diese Vermutung muss jedoch widerleglich sein und damit den Filmurhebern die Möglichkeit geben, eine anderslautende Vereinbarung zu treffen.[12]

11   Von der durch Art. 3 Abs. 2–4 Satelliten- und Kabel-RL eröffneten Möglichkeit, unter bestimmten Voraussetzungen **Gesamtverträge** zwischen Verwertungsgesellschaften und Sendeunternehmen auf nicht vertretene Rechtsinhaber zu erstrecken, hat der Gesetzgeber im Hinblick auf die bewährte Vertragspraxis in Deutschland bei der Einräumung von Erstsenderechten keinen Gebrauch gemacht.[13]

2. Informationsgesellschafts-Richtlinie (InfoSoc-RL)

12   Die **InfoSoc-RL** hat den Regelungsbereich des § 20a nicht betroffen (Art. 1 Abs. 2 Buchst. c InfoSoc-RL).[14]

II. Entstehungsgeschichte

13   Die Vorschrift des § 20a über die europäische Satellitensendung wurde durch das **4. UrhGÄndG** vom 8.5.1998 mit Wirkung vom 1.6.1998 (Art. 3 des 4. UrhGÄndG) in das UrhG eingefügt.[15] Mit dieser Neuregelung wurden die Vorschriften der **Satelliten- und Kabel-RL** umgesetzt.[16] Eine **Übergangsregelung** enthält § 137h.[17]

III. Vereinbarkeit mit der Berner Übereinkunft

14   Nach **Art. 11bis Abs. 1 RBÜ** haben die Urheber von Werken der Literatur und Kunst ua ausschließliche Rechte an der Rundfunksendung ihrer Werke und an der öffentlichen Wiedergabe eines durch Rundfunk gesendeten Werkes, wenn diese Wiedergabe von einem anderen als dem ursprünglichen Sendeunternehmen vorgenommen wird. Nach allgM erfassen diese Rechte auch die öffentliche

---

[7] AA *Ullrich* S. 403 f.

[8] Walter/von Lewinski/*Dreier*, European Copyright Law, Kap. 7 Rn. 7.1.9 mwN.

[9] Dazu → Vor §§ 20 ff. Rn. 66 ff.; → Vor §§ 120 ff. Rn. 139 f.; Walter/*Dreier*, Europäisches Urheberrecht, S. 427 Rn. 26; Walter/von Lewinski/*Dreier*, European Copyright Law, Kap. 7 Rn. 7.1.26.

[10] Sa *Schanda* MR 1996, 133 (134); *Castendyk/Albrecht* GRUR-Int 1992, 734 (738); *Müßig* S. 66 ff.; aA Begr. des RegE 4. UrhGÄndG, BT-Drs. 13/4796, 7; weiter → Vor §§ 20 ff. Rn. 74.

[11] Vgl. auch EuGH GRUR 2012, 156 Rn. 108 ff., 129 f. – Football Association Premier League u. Murphy; vgl. weiter → Vor §§ 20 ff. Rn. 74.

[12] Vgl. EuGH GRUR 2012, 489 Rn. 73 ff., 87 – Luksan/van der Let mAnm *Obergfell*.

[13] Vgl. Begr. des RegE des 4. UrhGÄndG, BT-Drs. 13/4796, 9.

[14] → Vor §§ 20 ff. Rn. 7.

[15] → Vor §§ 20 ff. Rn. 43.

[16] → Rn. 1 ff.; → Vor §§ 20 ff. Rn. 11.

[17] → Rn. 18 f.

Wiedergabe eines geschützten Werkes durch Satellitensendungen.[18] Str. ist allerdings, ob Art. 11bis Abs. 1 RBÜ bei Satellitensendungen als Verwertungshandlung nur die Ausstrahlung durch den Satelliten an die Öffentlichkeit erfasst oder den Gesamtvorgang der Abstrahlung zum Satelliten und dessen Ausstrahlung an die Öffentlichkeit.[19] Mit der Bestimmung, dass die Verwertungshandlung bei einer europäischen Satellitensendung in der Eingabe der Programmsignale in eine Übertragungskette zum Satelliten und zurück zur Erde liegen soll, knüpft aber Art. 1 Abs. 2 Buchst. a Satelliten- und Kabel-RL und ihm folgend § 20a Abs. 3 in jedem Fall das ausschließliche Recht des Urhebers bei Satellitensendungen an einen anderen Tatbestand als Art. 11bis Abs. 1 RBÜ an. Dies verstößt jedoch nicht gegen Art. 11bis Abs. 1 RBÜ.[20] Auch durch die von der Satelliten- und Kabel-RL vorgeschriebene Regelung wird dem Urheber ein ausschließliches Recht gegeben, mit dem es ihm vorbehalten ist, die Satellitensendung iSd Art. 11bis RBÜ zu erlauben oder zu verbieten. Die Rechte der Urheber aus Art. 11bis RBÜ sind auch dann gewahrt, wenn mehrere Sendeunternehmen aufgrund derselben Eingabe der Programmsignale in eine ununterbrochene Übertragungskette über einen oder mehrere Satelliten das geschützte Werk an die Öffentlichkeit ausstrahlen.[21] Der Umstand, dass § 20a jeweils nur das Recht eines bestimmten Staates für anwendbar erklärt,[22] widerspricht nicht Art. 11bis Abs. 1 RBÜ. Denn diese Vorschrift verpflichtet zwar die Verbandsländer, den Urhebern auch bei direkten Satellitensendungen Schutz zu gewähren, hindert die Verbandsländer aber nicht daran, ihrer Verpflichtung auch dadurch nachzukommen, dass sie ggf. das materielle Recht eines anderen Staates für anwendbar erklären, wenn sich nur aus diesem das geforderte Schutzrecht der Urheber herleiten lässt.[23]

IV. Schranken des Verwertungsrechts

Das Recht aus § 20a unterliegt denselben Schranken gem. **§§ 45a ff.** wie das Senderecht aus   **15** § 20.[24]

V. Wahrnehmung des Verwertungsrechts

Nach dem Urteil des EuGH „Football Association Premier League u. Murphy"[25] ist es grundsätz-   **16** lich verbotene **Wettbewerbsbeschränkung** (Art. 101 Abs. 1 AEUV), wenn ein Rechtsinhaber nur einem einzigen Lizenznehmer das ausschließliche Recht überträgt, ein geschütztes Werk in einem bestimmten Zeitraum von einem einzigen Mitgliedstaat oder von mehreren Mitgliedstaaten über Satellit auszustrahlen.[26] Lizenzvereinbarungen über verschlüsselte Sendungen sind jedoch nach Art. 101 AEUV verbotene Wettbewerbsbeschränkungen, sofern sie den Lizenznehmer verpflichten, außerhalb des vereinbarten Sendegebiets keine Decoder zur Verfügung zu stellen, die Zugang zu den geschützten Sendeinhalten verschaffen.[27] Eine nationale Regelung, die eine solche Verwendung ausländischer Decoder verbietet, verstößt gegen die Dienstleistungsfreiheit (Art. 56 AEUV).[28] Nach dem Urteil des EuGH können zwar weiterhin ausschließliche Senderechte zur Ausstrahlung von einzelnen Ländern aus vergeben werden. Es kann aber nicht durch schuldrechtliche Vereinbarung sichergestellt werden, dass die Empfangbarkeit der Sendungen auf bestimmte Gebiete beschränkt bleibt.[29]

Die **Abspaltbarkeit dinglich beschränkter Nutzungsrechte** richtet sich nach den dafür gelten-   **17** den allgemeinen Grundsätzen.[30] Es können deshalb zB dingliche Nutzungsrechte vergeben werden, die auf eine bestimmte Zeit, Sprache oder eine bestimmte Werkfassung beschränkt sind.[31] Die Befugnis zur Satellitensendung kann nur mit schuldrechtlicher Wirkung auf die Ausstrahlung über einen bestimmten Satelliten beschränkt werden.[32] Das Recht zur Satellitensendung iSd § 20a kann nur für das gesamte Bundesgebiet vergeben werden.[33] Eine räumliche Begrenzung der Rechtseinräumung auf die Empfangbarkeit im deutschsprachigem Gebiet ist nicht mit dinglicher Wirkung möglich, weil eine

---

[18] → Vor §§ 20 ff. Rn. 21.
[19] → Vor §§ 20 ff. Rn. 21; → § 20 Rn. 54 ff.
[20] Sa *Ullrich* S. 455 ff.
[21] Vgl. dazu → Rn. 35 f.
[22] → Rn. 3 f.
[23] Vgl. *v. Ungern-Sternberg*, Die Rechte der Urheber bei Rundfunk- und Drahtfunksendungen, 1973, S. 150 f.
[24] → Vor §§ 20 ff. Rn. 49.
[25] Vgl. EuGH GRUR 2012, 156 = JZ 2011, 1160 (mAnm *Leistner* JZ 2011, 1140) = MMR 2011, 817 mAnm *Stieper* = EuZW 2012, 466 mAnm *Weck* – Football Association Premier League u. Murphy; vgl. zu diesem Urteil und seinen Praxisfolgen weiter → Vor §§ 20 ff. Rn. 81.
[26] Vgl. EuGH GRUR 2012, 156 Rn. 137 f. – Football Association Premier League u. Murphy.
[27] Vgl. EuGH GRUR 2012, 156 Rn. 134 ff. – Football Association Premier League u. Murphy.
[28] Vgl. EuGH GRUR 2012, 156 Rn. 94, 105 ff. – Football Association Premier League u. Murphy.
[29] Vgl. EuGH GRUR 2012, 156 Rn. 136 ff. – Football Association Premier League u. Murphy.
[30] Vgl. BGH GRUR 2005, 48 (49) – man spricht deutsh; → Rn. 8; → § 131 Rn. 27 ff.
[31] Vgl. Büscher/Dittmer/Schiwy/*Haberstumpf* Kap. 10 UrhG § 20a Rn. 7.
[32] S. dazu auch BGHZ 152, 233 (238 f.) = GRUR 2003, 416 (418) – CPU-Klausel.
[33] Vgl. *Ullrich* S. 488 ff.

entsprechende Beschränkung der Ausstrahlung technisch nicht durchgeführt werden kann.[34] Eine territoriale Begrenzung in der Form, dass die Sendung nur verschlüsselt ausgestrahlt werden darf und Decoder nur in einem bestimmten Gebiet vertrieben werden, kann nur schuldrechtlich wirksam vereinbart werden, weil eine territoriale Begrenzung des Empfängerkreises auf diese Weise (nach gegenwärtigem technischem Stand) nicht sichergestellt werden kann.[35]

18   Nach der **Übergangsvorschrift** des **§ 137h Abs. 1,** die Art. 7 Abs. 2 Satelliten- und Kabel-RL umgesetzt hat, ist § 20a auf Verträge, die vor dem Inkrafttreten des 4. UrhGÄndG[36] am 1.6.1998 geschlossen worden sind, erst ab dem 1.1.2000 anzuwenden, sofern diese nach diesem Zeitpunkt ablaufen.[37] Rechtseinräumungen vor dem 1.1.2000 bleiben auch danach dinglich wirksam.[38] Ab diesem Zeitpunkt ist für die Fälle der europäischen Satellitensendung iSd § 20a das Recht aus § 20a als Verwertungsrecht an die Stelle des Rechts aus § 20 aF getreten.[39]

19   Für **Filmkoproduktionsverträge,** die vor dem 1.6.1998[40] geschlossen worden sind, gilt hinsichtlich des Rechts zur Satellitensendung die **Übergangsvorschrift des § 137h Abs. 2.**[41] Diese Regelung ist nach ihrem Wortlaut und Zweck in gleicher Weise auf nationale und internationale Filmkoproduktionsverträge anzuwenden.[42] Die richtlinienkonforme Auslegung des § 137h Abs. 2 iSd Art. 7 Abs. 3 Satelliten- und Kabel-RL führt zu keinem anderen Ergebnis. Die Richtlinienvorschrift beschränkt ihren Anwendungsbereich – entsprechend der damals begrenzten Zuständigkeit der Gemeinschaft im Bereich des Urheberrechts – auf internationale Koproduktionsverträge und hat die Übergangsregelung für rein nationale Verträge den Mitgliedstaaten überlassen. Ein anderes Verständnis der Richtlinienvorschrift wäre angesichts der Identität der Interessenlage[43] mit dem Gleichheitsgrundsatz unvereinbar. Die Frage, ob der Übergangsregelung in Art. 7 Abs. 3 Satelliten- und Kabel-RL, die für die Auslegung des § 137h Abs. 2 maßgeblich ist, schuldrechtliche oder dingliche Bedeutung zukommt, wäre ggf. dem EuGH vorzulegen.[44]

B. Inhalt des Verwertungsrechts

I. Wesen des Rechts

20   Das Recht aus § 20a ist ein **Recht der öffentlichen Wiedergabe** des Werkes in unkörperlicher Form (§ 15 Abs. 2 Nr. 2).[45] Es bezieht sich nur auf sog. europäische Satellitensendungen.

21   Die Frage des Urheberschutzes bei Satellitensendungen, die keine europäischen Satellitensendungen sind **(nichteuropäische Satellitensendungen),** wird durch § 20a nicht geregelt.[46] Auf erdgebundene Rundfunksendungen ist § 20a nicht entsprechend anwendbar,[47] ebenso nicht auf die Werkverbreitung in digitalen Netzen wie dem Internet.[48]

22   Das Recht aus § 20a zur Durchführung einer europäischen Satellitensendung ist ein **ausschließliches Verwertungsrecht,** das allerdings unter den Voraussetzungen des Abs. 2 Ansprüche nur gegen den Betreiber der Erdfunkstation bzw. das Sendeunternehmen gibt.

23   Die Vorschrift des § 20a über die europäische Satellitensendung ist die Grundlage für ein **eigenständiges Recht** des Urhebers, auch wenn dies in seinem Wortlaut nicht hinreichend zum Ausdruck

---

[34] Vgl. BGH GRUR 2005, 48 (49) – man spricht deutsh; sa Loewenheim/*Castendyk* § 75 Rn. 64; *Müßig* S. 72; *Ullrich* S. 487 f.

[35] S. dazu auch Walter/*Dreier*, Europäisches Urheberrecht, S. 423 f. Rn. 17; *Diesbach* ZUM 2002, 680 (687 ff.); s. weiter *Castendyk/Albrecht* GRUR-Int 1992, 734 (737); *Daum* MR 2003, Beil. zu Heft 4 S. 22 (23); Loewenheim/*Castendyk* § 75 Rn. 64; *Müßig* S. 80 ff.; *Christmann* ZUM 2006, 23 ff.

[36] BGBl. I S. 902.

[37] Vgl. im Einzelnen → § 137h Rn. 5.

[38] Vgl. → § 137h Rn. 5; aA Dreier/Schulze/*Dreier* UrhG § 137h Rn. 3.

[39] Vgl. BGH GRUR 2005, 320 (323) – Kehraus.

[40] Zu diesem Datum → § 137h Rn. 8.

[41] Vgl. BGH GRUR 2005, 48 – man spricht deutsh; BGH GRUR 2005, 320 (323) – Kehraus; OLG München ZUM 2010, 719 (Urt. nach Zurückverweisung); sa BGHZ 136, 380 (388) = GRUR 1999, 152 (154) – Spielbankaffaire; *Castendyk/Kirchherr* ZUM 2005, 283; *Ullrich* S. 540 ff. vgl. weiter → § 137h Rn. 7 ff.

[42] Vgl. BGH GRUR 2005, 48 (50) – man spricht deutsh; BGH GRUR 2005, 320 (323) – Kehraus; aA Fromm/Nordemann/*Dustmann* UrhG § 137h Rn. 5 f.; BeckOK UrhR/*Hillig*, 26. Ed. Stand 15.10.2019, UrhG § 137h Rn. 3; *Castendyk/Kirchherr* ZUM 2005, 283 (285 f.); *Ullrich* S. 542 ff.

[43] Die Identität der Interessenlage wird auch von der Gegenmeinung nicht in Abrede gestellt (vgl. *Castendyk/Kirchherr* ZUM 2005, 283 (285); Dreier/Schulze/*Dreier* UrhG § 137h Rn. 5).

[44] Vgl. BGH GRUR 2005, 48 (50) – man spricht deutsh; *Flechsig* ZUM 2003, 192 (197 f.); *Castendyk/Kirchherr* ZUM 2005, 283 (288). In Art. VII der öst. UrhG-Novelle 1996, der Art. 7 Satelliten- und Kabel-RL umgesetzt hat, ist bestimmt, dass das Erfordernis der Zustimmung des Koproduzenten nur schuldrechtlich wirkt (Art. VII: „Der Mithersteller eines Filmwerks *darf* einem anderen die Rundfunksendung des Filmwerks über Satellit *nur mit Zustimmung* des beeinträchtigten Mitherstellers (Z 5) *gestatten,* wenn ...“; vgl. dazu auch die Begründung zu Art. VII der Regierungsvorlage der UrhG-Nov. 1996).

[45] Weiter → § 15 Rn. 336 ff.

[46] → Vor §§ 20 ff. Rn. 66 ff.; → Vor §§ 120 ff. Rn. 139 f.

[47] → Vor §§ 20 ff. Rn. 56.

[48] S. Dreier/Schulze/*Dreier* UrhG § 20a Rn. 5; Möhring/Nicolini/*Hillig* UrhG § 20a Rn. 4.

kommt (vgl. dazu auch die Verpflichtung aus Art. 2 Satelliten- und Kabel-RL,[49] ein Recht an der Satellitensendung iSd Richtlinie vorzusehen).[50] Die Bestimmung regelt nicht lediglich Sonderfälle des Senderechts iSd § 20, sondern knüpft unter den Voraussetzungen der Abs. 1 und 2 das Recht des Urhebers an der Satellitensendung an eine in Abs. 3 selbständig definierte Verwertungshandlung an.[51] Die für das Recht aus § 20a maßgebliche Verwertungshandlung unterscheidet sich erheblich von derjenigen der Satellitensendung iSd § 20.[52] Dies hat seinen Grund darin, dass mit der Bestimmung, worin bei einer europäischen Satellitensendung die Verwertungshandlung zu sehen ist, auch erreicht werden sollte, dass eine europäische Satellitensendung stets nur eine Verwertungshandlung in einem einzigen Mitgliedstaat der EU oder EWR-Vertragsstaat darstellt, dessen nationalem Recht sie dann auch allein unterliegt.[53]

II. Ort der europäischen Satellitensendung (Abs. 1)

Abs. 1 bestimmt, dass eine Satellitensendung, die innerhalb des Gebiets eines EU-Mitgliedstaates 24 oder eines EWR-Vertragsstaates ausgeführt wird, ausschließlich als in diesem Mitgliedstaat oder Vertragsstaat erfolgt behandelt werden soll. **Satellitensendung iSd Abs. 1** ist nicht eine Sendung durch Satellitenrundfunk iSd § 20, sondern nach der Definition des Abs. 3 „die unter der Kontrolle und Verantwortung des Sendeunternehmens stattfindende Eingabe der für den öffentlichen Empfang bestimmten programmtragenden Signale in eine ununterbrochene Übertragungskette, die zum Satelliten und zurück zur Erde führt". Dies kann auch eine Handlung sein, die der Satellitensendung iSd allgemeinen Sprachgebrauchs weit vorgelagert ist, wie zB die Eingabe der Programmsignale, in denen die Wiedergabe des Werkes verkörpert ist, in eine Richtfunkverbindung zu einer Erdfunkstation, von der aus die Programmsignale dann zu einem Rundfunksatelliten gestrahlt werden.[54]

III. Fiktive Orte der europäischen Satellitensendung (Abs. 2)

Zweck des Abs. 2 ist es zu verhindern, dass Sendeunternehmen bei Satellitensendungen die nach 25 Abs. 3 maßgebliche Verwertungshandlung in das Gebiet von Drittstaaten verlegen, weil dort nur ein geringeres urheberrechtliches Schutzniveau als nach Kapitel II der Satelliten- und Kabel-RL vorgesehen gewährleistet wird. Abs. 2 fingiert demgemäß in bestimmten Fällen dieser Art den Ort der Satellitensendung iSd Abs. 3 als innerhalb der EU oder des EWR gelegen. Dies hat zur Folge, dass der Urheber wegen der Satellitensendung in einem bestimmten Staat der EU oder des EWR Rechte geltend machen kann. Dabei knüpft die Vorschrift in erster Linie an den Ort der Erdfunkstation an, von der aus die programmtragenden Signale zum Satelliten geleitet werden, hilfsweise an den Ort der Niederlassung des Sendeunternehmens.

Ob das **Schutzniveau im Drittstaat** dem des Kapitels II Satelliten- und Kabel-RL entspricht, ist 26 abstrakt und nicht danach zu bestimmen, ob im Einzelfall der gleiche Schutz erreicht würde.[55] Dafür spricht nicht nur der Wortlaut der Vorschrift („Schutzniveau"), sondern auch das Erfordernis der Rechtssicherheit. Soweit es darum geht, ob der Drittstaat dem Urheber das ausschließliche Recht an der öffentlichen Wiedergabe seines Werkes über Satellit gewährt, wird es genügen, wenn der Drittstaat den Gesamtvorgang der Satellitensendung in irgendeiner Weise durch ein ausschließliches Recht der Kontrolle des Urhebers unterworfen hat. Ob der Drittstaat – wie nach Art. 1 Abs. 2 Buchst. a Satelliten- und Kabel-RL und § 20a Abs. 3 – gerade die Einspeisung der Programmsignale, die für den Empfang durch eine Öffentlichkeit bestimmt sind, in die Übertragungskette als die maßgebliche Verwertungshandlung ansieht, ist für die Erreichung des erforderlichen Schutzniveaus nicht wesentlich. Erforderlich ist jedenfalls, dass die Rechtsinhaber eine Rechtsstellung haben, die es ihnen ermöglicht, eine – auch unter Berücksichtigung der Erwgr. 17 – angemessene Vergütung zu erreichen.[56] Abs. 2 bestimmt – wie die Richtlinie – nicht klar, ob von den fiktiven Orten der europäischen Satellitensendung auch dann auszugehen ist, wenn im Drittstaat zwar die Rechte der Urheber mit gleichem Schutzniveau geregelt sind, nicht aber auch die Rechte der ausübenden Künstler, der Tonträgerhersteller und der Sendeunternehmen, für die Kapitel II Satelliten- und Kabel-RL ebenfalls Schutzrechte vorsieht. Der Wortlaut des Abs. 2 (und des Art. 1 Abs. 2 Buchst. d Satelliten- und Ka-

---

[49] → Rn. 2.
[50] Vgl. Wandtke/Bullinger/*Ehrhardt* UrhG § 20a Rn. 1; Möhring/Nicolini/*Hillig* UrhG § 20a Rn. 2b; aA Dreier/Schulze/*Dreier* UrhG § 20a Rn. 1; *Ullrich* S. 467 ff. (der annimmt, § 20a präzisiere lediglich für bestimmte Konstellationen Inhalt und Ort der nach § 20 maßgeblichen Verwertungshandlung).
[51] Weiter zum Verhältnis des Rechts aus § 20a zum Recht aus § 20 → § 20 Rn. 51 ff.
[52] → § 20 Rn. 54 ff.
[53] Weiter → Rn. 3 ff.; → Vor §§ 120 ff. Rn. 139.
[54] Weiter *Langhoff* S. 183 f.; weiter → Rn. 29.
[55] Ebenso Dreier/Schulze/*Dreier* UrhG § 20a Rn. 11; Büscher/Dittmer/Schiwy/*Haberstumpf* Kap. 10 UrhG § 20a Rn. 8; Möhring/Nicolini/*Hillig* UrhG § 20a Rn. 11.
[56] Vgl. Walter/*Dreier*, Europäisches Urheberrecht, S. 426 Fn. 76; Fromm/Nordemann/*Dustmann* UrhG § 20a Rn. 12; sa *Ullrich* S. 425.

bel-RL) spricht dafür, darauf abzustellen, ob im Drittstaat bei Satellitensendungen das in Kapitel II Satelliten- und Kabel-RL festgelegte Schutzniveau für alle Rechtsinhaber erreicht wird.[57]

27   Der fiktive Ort der Satellitensendung wird nach **Abs. 2 Satz 1 Nr. 2** hilfsweise in Anknüpfung an die Niederlassung des Sendeunternehmens bestimmt. Bei mehreren Niederlassungen in der EU oder im EWR ist dabei diejenige Niederlassung maßgebend, die bezogen auf dieses Gebiet als Hauptniederlassung anzusehen ist (vgl. Art. 1 Abs. 2 Buchst. d (ii) Satelliten- und Kabel-RL). Es kommt nicht darauf an, ob das Sendeunternehmen außerhalb der EU oder des EWR noch andere Niederlassungen hat oder der Sitz des Unternehmens außerhalb der EU oder des EWR liegt. Nach dem Wortlaut des Abs. 2 Nr. 2 wäre Abs. 2 auch dann anwendbar, wenn weder die Satellitensendung iSd Abs. 3 in der EU oder im EWR stattfindet noch die Satellitenausstrahlung dort empfangbar ist, wenn nur das Sendeunternehmen in der EU oder im EWR eine Niederlassung hat. Insofern ist Abs. 2 Nr. 2 jedoch einschränkend auszulegen. Die Satelliten- und Kabel-RL, die durch Abs. 2 umgesetzt worden ist, hat nicht den Zweck, die Rechte der Urheber bei Satellitensendungen zu sichern, die in Gebiete abgestrahlt werden, die außerhalb der EU oder des EWR liegen. Sinn der Richtlinie ist vielmehr, die urheberrechtliche Verantwortung für grenzüberschreitende Rundfunksendungen (insbes. über Satellit und Kabel) innerhalb dieses Gebiets zu regeln.[58] Die Vorschrift des Abs. 2 Satz 1 Nr. 2 greift deshalb nicht ein, wenn die Satellitensendung innerhalb der EU oder des EWR nicht empfangbar ist, auch wenn das Sendeunternehmen (auch) dort eine Niederlassung besitzt.[59] Das in Abs. 2 Satz 1 Nr. 2 genannte Sendeunternehmen ist dasjenige, das die Satellitensendung verantwortet.[60] Deshalb ist es nicht angebracht, an das Vorliegen einer Niederlassung iSd Abs. 2 Satz 1 Nr. 2 zu strenge Anforderungen zu stellen.[61]

28   Nach **Abs. 2 Satz 2** ist das Senderecht im Fall des Abs. 2 Satz 1 Nr. 1 gegenüber dem Betreiber der Erdfunkstation und im Fall des Abs. 2 Satz 1 Nr. 2 gegenüber dem Sendeunternehmen geltend zu machen. Dies bedeutet jedoch nicht, dass Ansprüche nur gegen diese Unternehmen geltend gemacht werden können.[62] In den Fällen des Abs. 2 fingiert die Richtlinie, dass der Ort der Satellitensendung iSd Abs. 3 in einem bestimmten Mitgliedstaat der EU oder Vertragsstaat des EWR liegt. Abs. 2 Satz 2 ergänzt diese Fiktion durch die notwendige Regelung, wer in diesen Fällen als Werknutzer angesehen werden soll. Es besteht aber kein Anhaltspunkt dafür, dass die Satelliten- und Kabel-RL, die mit § 20a umgesetzt werden sollte, die Grundsätze über die Mithaftung anderer Tatbeteiligter für unanwendbar erklären wollte. Welche Unternehmen danach neben den in Abs. 2 Satz 2 genannten haften, richtet sich nach dem Recht des Staates, dessen Gebiet nach Abs. 2 als Ort der Nutzungshandlung fingiert wird.

IV. Verwertungshandlung bei der europäischen Satellitensendung (Abs. 3)

29   Die **Definition der Satellitensendung** in Abs. 3 gilt nach dessen ausdrücklicher Vorschrift nur für die europäische Satellitensendung iSd § 20a. Entscheidend ist danach die Eingabe der Programmsignale in eine ununterbrochene Übertragungskette, die zum Satelliten und zurück zur Erde führt.[63] Diese Handlung ist möglicherweise der Satellitensendung iSd allgemeinen Sprachgebrauchs (der Ausstrahlung zum und vom Satelliten) weit vorgelagert. Seinen Grund hat die Begriffsbestimmung in dem Ziel der Satelliten- und Kabel-RL (die von § 20a umgesetzt wurde), im Interesse der Erleichterung von Satellitensendungen innerhalb der EU und des EWR das für diese geltende materielle Recht und die Rechtsanwendungsregeln zu vereinheitlichen.[64] Als Satellitensendung iSd Abs. 3 wird demgemäß nur die öffentliche Wiedergabe über den Satelliten erfasst. Nutzungshandlungen, die einer Satellitensendung (nach der Rückkehr der Programmsignale auf die Erde) nachgeschaltet sind, sind auch dann nicht mehr Teil einer Satellitensendung iSd Abs. 3, wenn sie auf der Grundlage einer Satellitenübertragung zeitgleich mit dieser stattfinden.[65] Ob in analoger oder digitaler Sendetechnik gesendet wird, ist für das Eingreifen des § 20a unerheblich. Bedeutungslos ist auch, ob die Ausstrahlung zum Empfang durch eine Öffentlichkeit nach den Kriterien des Fernmelderechts von einem Direktsatelliten oder einem Fernmeldesatelliten durchgeführt wird.[66]

---

[57] Für die Satelliten- und Kabel-RL im Ergebnis ebenso Walter/*Dreier*, Europäisches Urheberrecht, S. 433 Rn. 41, der jedoch der Ansicht ist, dass nach Abs. 2 – gegenüber der Richtlinie einschränkend – allein der Umfang des Satellitensenderechts maßgebend ist.

[58] Vgl. insbes. Erwgr. 3, 5, 7, 12 ff.

[59] Im Ergebnis ebenso *Ullrich* S. 430 f.

[60] Vgl. Art. 1 Abs. 2 Buchst. d (ii) Satelliten- und Kabel-RL: „im Auftrag gegeben hat".

[61] Vgl. dazu auch Fromm/Nordemann/*Dustmann* UrhG § 20a Rn. 11; abweichend Dreier/Schulze/*Dreier* UrhG § 20a Rn. 10.

[62] Vgl. Walter/*Dreier*, Europäisches Urheberrecht, S. 427 Rn. 24; Walter/von Lewinski/*Dreier*, European Copyright Law, Kap. 7 Rn. 7.1.24.

[63] → Rn. 24.

[64] Dazu → Rn. 3 ff.

[65] Vgl. EuGH GRUR 2006, 50 Rn. 39 f. – Lagardère/SPRE und GVL; BGHZ 152, 317 (328) = GRUR 2003, 328 (331) – Sender Felsberg; davon geht auch § 59a öUrhG aus; vgl. weiter GA *Tizzano*, SchlA v. 21.4.2005 – C-192/04 in Lagardère/SPRE und GVL, Slg. 2005, I-7201 Rn. 26 ff.

[66] Vgl. EuGH GRUR 2006, 50 Rn. 25 ff. – Lagardère/SPRE und GVL; BGHZ 152, 317 (328 f.) = GRUR 2003, 328 (331) – Sender Felsberg.

Das **Zustandekommen einer ununterbrochenen Übertragungskette** zum Satelliten und zu- 30
rück zur Erde ist Voraussetzung dafür, dass die Eingabe der Programmsignale als Satellitensendung iSd
Abs. 3 behandelt wird. Bei Abbrechen[67] der Übertragungskette (zB wegen einer technischen Störung
des Satelliten) liegt kein Eingriff in das Senderecht vor.[68] Eine Satellitensendung iSd Abs. 3 ist ein
Vorgang der Werknutzung durch öffentliche Wiedergabe. Entscheidend für die Annahme einer solchen Sendung ist deshalb, ob bei natürlicher Betrachtung eine ununterbrochene Übertragungskette
vorliegt, nicht die Analyse technischer Besonderheiten im Verlauf der Übertragung der programmtragenden Signale (vgl. Erwgr. 14 Satelliten- und Kabel-RL).[69] Keine Unterbrechung der Übertragungskette liegt in üblichen technischen Maßnahmen bei der Satellitenkommunikation (wie der Decodierung, erneuten Verschlüsselung und Überspielung der programmtragenden Signale auf den ausstrahlenden Satelliten).[70] Eine kurzzeitige Speicherung im Satelliten (etwa zum Zweck der besseren
Einpassung der Sendung in das laufende Rundfunkprogramm) wird nicht als Unterbrechung der
Übertragungskette zu werten sein. Eine ununterbrochene Übertragungskette kann auch dann vorliegen, wenn die Programmsignale vor der Satellitenausstrahlung an eine Öffentlichkeit über einen oder
mehrere dazwischengeschaltete Satelliten oder mehrere terrestrische Richtfunkstationen geleitet werden.[71] Ein Kuriertransport einer Aufzeichnung der programmtragenden Signale genügt dagegen nicht,
da es hier an einer ununterbrochenen Übertragungskette fehlt.[72]

Programmtragende Signale sind alle Signale, die dazu bestimmt sind, Teil einer Rundfunkaus- 31
strahlung zu sein, unabhängig davon, ob sie als solche schon ein Programm oder einen Teil davon
verkörpern. Die in die Übertragungskette eingegebenen Programmsignale, in denen das geschützte
Werk verkörpert ist, müssen als solche[73] zur Ausstrahlung durch einen Satelliten **für den öffentlichen Empfang bestimmt** sein, dh dazu bestimmt sein, das Werk durch Satellitenausstrahlung einer
Öffentlichkeit zugänglich zu machen.[74]

Für den Begriff der **Öffentlichkeit** gilt § 15 Abs. 3, der iSd Unionsrechts auszulegen ist.[75] Die Sa- 32
telliten- und Kabel-RL hat zwar auf eine Definition des Begriffs der Öffentlichkeit verzichtet.[76] Begriffe, die in verschiedenen Richtlinien zum Urheberrecht verwendet werden, sind aber gleich auszulegen, wenn der Unionsgesetzgeber für die konkrete Vorschrift keinen anderen Willen zum Ausdruck
gebracht hat.[77] Danach gilt auch für die europäische Satellitensendung der unionsrechtliche Begriff
der Öffentlichkeit, wie er in Art. 3 Abs. 1 InfoSoc-RL verwendet wird.[78] Öffentlichkeit kann nur ein
unbestimmter Personenkreis von Endverbrauchern sein. Ein begrenzter Personenkreis, der die Satelli-
tensignale nur mit professionellem Gerät empfangen kann, ist keine Öffentlichkeit iSd Richtlinie.[79]

Eine **Verschlüsselung der programmtragenden Signale** ist ohne Bedeutung, wenn die Mittel 33
zur Decodierung der Sendung durch das Sendeunternehmen selbst oder mit seiner Zustimmung der
Öffentlichkeit zugänglich gemacht worden sind (vgl. Art. 1 Abs. 2 Buchst. c Satelliten- und Kabel-
RL).[80] Die Frage, ob eine unverschlüsselte Sendung anzunehmen ist, wenn die Sendung zwar verschlüsselt ausgestrahlt wird, die Mittel zur Decodierung aber unbefugt in der Öffentlichkeit vertrieben
werden, ist nach Sinn und Zweck der Regelung in Art. 1 Abs. 2 Buchst. c Satelliten- und Kabel-RL
zu entscheiden. Nach dieser ist nicht bereits dann eine öffentliche Satellitensendung anzunehmen,
wenn Dritte, die zusammen eine Öffentlichkeit bilden, die Sendung gegen den Willen des Sendenden
empfangen können, weil ihnen die Mittel zur Decodierung unbefugt zugänglich gemacht worden
sind. Solche „Ausreißer" machen eine Satellitenübertragung noch nicht zu einer öffentlichen Sendung. Anders liegt es aber jedenfalls, wenn das System der verschlüsselten Ausstrahlung zusammengebrochen ist, weil die Mittel zur Decodierung ohne weiteres frei erhältlich sind, und dem Sendenden
dies bekannt ist. In einem solchen Fall ist trotz des Wortlauts des Art. 1 Abs. 2 Buchst. e Satelliten-
und Kabel-RL eine öffentliche Satellitensendung anzunehmen.[81]

---

[67] Anders bei einer nur kurzzeitigen Verzögerung (sa Dreier/Schulze/*Dreier* UrhG § 20a Rn. 14).
[68] Vgl. EuGH GRUR 2006, 50 Rn. 39 ff. – Lagardère/SPRE und GVL; EuGH GRUR-Int 2011, 1058 Rn. 52,
58 – Airfield und Canal Digitaal; *Langhoff* S. 184.
[69] Sa *Langhoff* S. 184 f.; weiter → § 15 Rn. 15, 78, 222; → § 20 Rn. 46.
[70] Vgl. EuGH GRUR-Int 2011, 1058 Rn. 60 f. – Airfield und Canal Digitaal; Walter/von Lewinski/*Dreier*, European Copyright Law, Kap. 7 Rn. 7.1.16.
[71] Vgl. Begr. des RegE zu § 20a, BT-Drs. 13/4796, 11.
[72] AA Dreier/Schulze/*Dreier* UrhG § 20a Rn. 14.
[73] Vgl. EuGH GRUR 2006, 50 Rn. 34 ff. – Lagardère/SPRE und GVL.
[74] Vgl. EuGH GRUR-Int 2011, 1058 Rn. 52, 65 ff. – Airfield und Canal Digitaal; BGHZ 152, 317 (328) =
GRUR 2003, 328 (331) – Sender Felsberg; *Langhoff* S. 185 f.
[75] → § 15 Rn. 361, 387.
[76] Vgl. Begr. des RegE zu § 20a, BT-Drs. 13/4796, 12; vgl. auch Erwgr. 32 Satelliten- und Kabel-RL; *Dreier*
ZUM 1995, 458 (460).
[77] → § 15 Rn. 115.
[78] → § 15 Rn. 68 ff.; aA Dreier/Schulze/*Dreier* UrhG § 20a Rn. 6.
[79] Vgl. EuGH GRUR 2006, 50 Rn. 31 – Lagardère/SPRE und GVL; weiter → § 15 Rn. 73, 374; → § 20
Rn. 45.
[80] Sa Begr. des RegE, BT-Drs. 13/4796, 9; weiter → § 20 Rn. 32; → § 87 Rn. 62.
[81] Im Ergebnis ebenso Walter/*Walter* Europäisches Urheberrecht S. 435 Rn. 48.

V. Werknutzer

34   Die Satellitensendung iSd Abs. 3 ist als Nutzungshandlung nicht dem tatsächlich Handelnden, sondern demjenigen Sendeunternehmen zuzurechnen, unter dessen **Kontrolle und Verantwortung** die Eingabe der Programmsignale in die Übertragungskette stattfindet. Dieser für den Geltungsbereich des § 20 selbstverständliche Rechtsgedanke[82] ist in Abs. 3, in Umsetzung des Art. 1 Abs. 2 Buchst. b Satelliten- und Kabel-RL, ausdrücklich ausgesprochen.[83] Das Sendeunternehmen wird – wie sich aus dem Begriff selbst ergibt – zugleich das Unternehmen sein, das die mit der Einspeisung der programmtragenden Signale in die Übertragungskette ermöglichte Ausstrahlung an eine Öffentlichkeit kontrolliert und verantwortet. Die Kontrolle und Verantwortung iSd § 20a Abs. 3 muss sich jedoch nur auf die Eingabe der programmtragenden Signale in die Übertragungskette beziehen.[84] Eine Kontrolle des Satelliten als technischem Übertragungsmittel ist nicht erforderlich.[85]

35   Die Eingabe der programmtragenden Signale, in denen das geschützte Werk verkörpert ist, kann unter der **Verantwortung und Kontrolle mehrerer Sendeunternehmen** stehen. Dies ist der Fall, wenn die Unternehmen bei der Satellitensendung zusammenwirken und mit dieser jeweils (mit Hilfe eines oder mehrerer Satelliten) auf ihr eigenes Publikum abzielen.[86] In einem solchen Fall handeln die Sendeunternehmen jeweils als selbständige Werknutzer durch eine europäische Satellitensendung, nicht als Mittäter.[87]

36   Die Annahme einer eigenständigen Nutzungshandlung jedes Sendeunternehmens, das zusammen mit anderen die Eingabe der Programmsignale für seine Programmzwecke mit kontrolliert und verantwortet, wird auch von Art. 11bis Abs. 1 RBÜ gefordert, weil dieser dem Urheber bei Ausstrahlung seines Werkes durch verschiedene Unternehmen ein Schutzrecht hinsichtlich jeder Ausstrahlung gewährt.[88]

37   Der **Betreiber einer Erdfunkstation** haftet gemäß Abs. 2 Satz 2 unter den Voraussetzungen des Abs. 2 Satz 1 auch dann, wenn er die Satellitensendung nicht iSd Abs. 3 verantwortet. Diese Sonderregelung soll eine einfache Rechtsdurchsetzung innerhalb der EU und dem EWR ermöglichen.

38   Unternehmen, die an der Durchführung einer Satellitenübertragung (von der Einspeisung der Programmsignale in die Übertragungskette bis zur Ausstrahlung durch den Satelliten) beteiligt sind, nehmen keine Verwertungshandlung iSd Abs. 3 vor, wenn sie nicht die Eingabe der Programmsignale kontrollieren und verantworten. Sie haften aber unter Umständen als **Teilnehmer** einer Urheberrechtsverletzung nach den allgemeinen Vorschriften.[89]

§ 20b Kabelweitersendung

(1) **¹Das Recht, ein gesendetes Werk im Rahmen eines zeitgleich, unverändert und vollständig weiterübertragenen Programms durch Kabelsysteme oder Mikrowellensysteme weiterzusenden (Kabelweitersendung), kann nur durch eine Verwertungsgesellschaft geltend gemacht werden. ²Dies gilt nicht für Rechte, die ein Sendeunternehmen in Bezug auf seine Sendungen geltend macht.**

(2) **¹Hat der Urheber das Recht der Kabelweitersendung einem Sendeunternehmen oder einem Tonträger- oder Filmhersteller eingeräumt, so hat das Kabelunternehmen gleichwohl dem Urheber eine angemessene Vergütung für die Kabelweitersendung zu zahlen. ²Auf den Vergütungsanspruch kann nicht verzichtet werden. ³Er kann im voraus nur an eine Verwertungsgesellschaft abgetreten und nur durch eine solche geltend gemacht werden. ⁴Diese Regelung steht Tarifverträgen, Betriebsvereinbarungen und gemeinsamen Vergütungsregeln von Sendeunternehmen nicht entgegen, soweit dadurch dem Urheber eine angemessene Vergütung für jede Kabelweitersendung eingeräumt wird.**

Schrifttum: *Büchner*, Wie kommt der Ball ins Netz? Fußball im IPTV und Mobile-TV, CR 2007, 473; *Conrad*, Die Feuerzangenbowle und das Linsengericht: Der Vergütungsanspruch nach § 20b II UrhG, GRUR 2003, 561; *Deutsche Vereinigung für gewerblichen Rechtsschutz und Urheberrecht*, Eingabe zum Referentenentwurf eines Vierten Gesetzes zur Änderung des Urheberrechtsgesetzes betreffend Satellitenrundfunk und Kabelweitersendung, GRUR 1995, 570; *Dreier*, Die Umsetzung der Richtlinie zum Satellitenrundfunk und zur Kabelweiterleitung, ZUM 1995, 458; *Dünnwald/Gerlach*, Recht des ausübenden Künstlers, 2008; *Ehrhardt*, 32 + 32a = 20b – 20b – Ist § 20b Abs. 2 zu streichen?, ZUM 2004, 300; *Engels*, Die Vereinbarkeit der territorialen Aufspaltung von Verwertungsrechten mit den europäischen Binnenmarktregeln – Eine Untersuchung am Beispiel der Filmwirtschaft, 2016; *Fischer*, Lizenzierungsstrukturen bei der nationalen und multiterritorialen Online-Verwertung von Musikwerken, 2011; *Götting*, Der

---

[82] → § 20 Rn. 46 f.; → § 87 Rn. 51.
[83] Vgl. Begr. des RegE zu § 20a, BT-Drs. 13/4796, 12.
[84] Vgl. EuGH GRUR-Int 2011, 1058 Rn. 56 – Airfield und Canal Digital.
[85] Vgl. Dreier/Schulze/*Dreier* UrhG § 20a Rn. 13.
[86] Vgl. EuGH GRUR-Int 2011, 1058 Rn. 56 f., 71 ff., 75 f. – Airfield und Canal Digitaal; weiter → § 15 Rn. 19, 78.
[87] Vgl. EuGH GRUR-Int 2011, 1058 Rn. 18 f., 26, 75 f., 83 f. = MR-Int. 2012, 70 mAnm *Walter* – Airfield und Canal Digitaal.
[88] → Rn. 14.
[89] Vgl. dazu auch → § 15 Rn. 22, 233.

schränkungen für das Recht an der Weitersendung von Sendungen sind danach nicht vorgesehen; die Voraussetzungen des Art. 5 Abs. 3 Buchst. o InfoSoc-RL sind bei der Kabelweitersendung nicht gegeben. Die Regelung des § 20b Abs. 1 kann sich jedoch weiterhin auf Art. 8 Satelliten- und Kabel-RL stützen, der im Verhältnis zu Art. 3 Abs. 1 InfoSoc-RL die speziellere Vorschrift ist (Art. 1 Abs. 2 Buchst. c InfoSoc-RL).

Nach Art. 1 Abs. 2 Buchst. c InfoSoc-RL bleiben die Vorschriften der Satelliten- und Kabel-RL unberührt,[13] dies aber nur in deren beschränktem Anwendungsbereich. Die durch Art. 9 Satelliten- und Kabel-RL vorgeschriebene **Verwertungsgesellschaftenpflicht** kann daher nicht auf andere Formen als die Kabelweiterverbreitung (Art. 1 Abs. 3, Art. 8 Abs. 1 Satelliten- und Kabel-RL) ausgedehnt werden.[14] Für eine Weitersendung, die keine Kabelweiterverbreitung ist (wie die Weitersendung im Internet oder Mobile-TV oder Handy-TV), gilt deshalb noch uneingeschränkt das Recht der öffentlichen Wiedergabe (Art. 3 InfoSoc-RL). Das ist bei einer unbeschränkten Weiterverbreitung über das Internet auch sachgerecht;[15] daran hat die (nachstehend behandelte) **Neuregelung durch die Online-SatCab-RL** auch nichts geändert.

3. Online-SatCab-Richtlinie

Die Online-SatCab-RL vom 17.4.2019,[16] die bis zum 7.6.2021 umzusetzen ist,[17] hat die Rechts- **6** wahrnehmung bei der zeitgleichen, unveränderten und vollständigen Weiterverbreitung von Fernseh- und Hörfunkprogrammen für die Öffentlichkeit, die auf andere Weise als durch Kabelweiterverbreitung iSd Art. 1 Abs. 3 Satelliten- und Kabel-RL (dh durch „Weiterverbreitung" iSd Art. 2 Abs. 2 Online-SatCab-RL)[18] stattfindet, neu geregelt.[19] Die Richtlinie ist insoweit nicht auf rein innerstaatliche Sachverhalte anzuwenden. Den Mitgliedstaaten ist aber freigestellt, die Vorschriften der Richtlinie über die Rechtswahrnehmung auch auf solche Sachverhalte anzuwenden.[20]

II. Entstehungsgeschichte

1. 4. UrhGÄndG

Die Vorschrift des **§ 20b Abs. 1** über die Wahrnehmung des Rechts der Kabelweitersendung wur- **7** de durch das 4. UrhGÄndG vom 8.5.1998 in das UrhG eingefügt.[21] Grund dafür war die Umsetzung der Satelliten- und Kabel-RL.[22] § 20b ist deshalb richtlinienkonform auszulegen.[23]

Wie § 20b Abs. 1 wurde **§ 20b Abs. 2,** der einen Vergütungsanspruch des Urhebers für den Fall **8** der Kabelweitersendung begründet, durch das 4. UrhGÄndG in das UrhG eingefügt.[24] Die Übergangsvorschrift des § 137h Abs. 3 bestimmt, dass § 20b Abs. 2 nur anzuwenden ist, sofern der Vertrag über die Einräumung des Kabelweitersendungsrechts nach dem 1.6.1998 geschlossen wurde.[25]

§ 20b Abs. 2 beruht nicht auf einer Vorgabe der Satelliten- und Kabel-RL,[26] sondern ist eine im **9** Wege des nationalen Gesetzgebungsverfahrens erreichte Verbesserung der Rechtsstellung der Urheber, die nach verschiedenen Vorschriften auch für andere Rechtsinhaber entsprechend gilt.[27] Der Vorschlag eines Vergütungsanspruchs der Urheber und der ausübenden Künstler im Fall der Kabelweitersendung war bereits im RefE des 4. UrhGÄndG enthalten, stieß aber auf erhebliche Widerstände.[28] Auf der Grundlage der Beschlussempfehlung und des Berichts des BT-Rechtsausschusses vom

---

[13] Sa *Reinbothe* GRUR-Int 2001, 733 (736).
[14] AA *Kraft* MR-Int. 2015, 3 (7).
[15] Vgl. LG Hamburg ZUM 2009, 582 (586); *Neurauter* GRUR 2011, 691 (693). Auch das „Gesetz zur Nutzung verwaister und vergriffener Werke und einer weiteren Änderung des Urheberrechtsgesetzes" vom 1.10.2013 (BGBl. I S. 3728) hat den Vorschlag nicht umgesetzt, § 20b UrhG technologieneutral auszugestalten (Bundesrat, Beschl. v. 3.5.2013, BR-Drs. 265/13, Nr. 1; *Krogmann* ZUM 2013, 457).
[16] Zur Richtlinie → Vor §§ 20 ff. Rn. 13, 55, 75.
[17] Art. 12 Abs. 1 Online-SatCab-RL.
[18] Vgl. auch Erwgr. 14 Online-SatCab-RL.
[19] Vgl. Art. 2 Abs. 2, Art. 4 und 5 Online-SatCab-RL; weiter → Vor §§ 20 ff. Rn. 75.
[20] Vgl. Art. 7 Online-SatCab-RL.
[21] BGBl. I S. 902.
[22] Zur Richtlinie → Rn. 1 ff.; zur Umsetzung der Richtlinie s. *Lutz* ZUM 1998, 622 (623 f.).
[23] Vgl. Begr. des RegE des 4. UrhGÄndG, BT-Drs. 13/4796, 8; zur richtlinienkonformen Auslegung weiter → § 15 Rn. 131 ff.
[24] → Vor §§ 20 ff. Rn. 43 f.
[25] Vgl. Dreier/Schulze/*Dreier* UrhG § 20b Rn. 5.
[26] → Rn. 1 ff.
[27] → Rn. 54. Kritisch zum Vergütungsanspruch *Götting* S. 21 ff.; *Conrad* GRUR 2003, 561 ff. *Gounalakis/Mand* S. 57 f. und *Mand* S. 93 ff. (ebenso *Mand* GRUR 2005, 720 [726 ff.]) vertreten sogar die Ansicht, dass § 20b Abs. 2 durch die Neuregelung des Urhebervertragsrechts verfassungswidrig geworden sei. Zu dieser Kritik s. Dreier/Schulze/*Dreier* UrhG § 20b Rn. 14; *Pfennig* ZUM 2008, 363 (368 f.); *Dünnwald/Gerlach* § 78 Rn. 43; *Kruczek* S. 183 ff.; → § 32 Rn. 4.
[28] Vgl. dazu Begr. des RegE des 4. UrhGÄndG, BT-Drs. 13/4796, 11; *Lutz* ZUM 1998, 622 (623 ff.); *Schwarz* ZUM 1985, 687 (690 f.); *Pfennig* ZUM 1996, 134 ff.; *Ott* ZRP 1996, 385 (386 f.); *Deutsche Vereinigung für gewerblichen Rechtsschutz und Urheberrecht* GRUR 1995, 570 (571); *Gounalakis* NJW 1999, 545 (546 f.); *Reber* S. 143 ff.; *Reber* GRUR 2000, 203 (207 f.).

11.2.1998[29] wurde Abs. 2 idF des RegE[30] durch die Sätze 3 und 4 ergänzt.[31] Auf einer Beschlussempfehlung des Rechtsausschusses beruht auch die Übergangsvorschrift des § 137h Abs. 3 sowie die Regelung, dass § 94 Abs. 4 zugunsten der Filmhersteller nicht nur die entsprechende Anwendung des Abs. 1, sondern auch des Abs. 2 anordnet.[32]

2. „2. Korb"

10   Durch Art. 1 Nr. 2 des Zweiten Gesetzes zur Regelung des Urheberrechts in der Informationsgesellschaft vom 26.10.2007 („2. Korb")[33] wurden in Abs. 2 S. 4 gemeinsame Vergütungsregeln (§ 36) den Tarifverträgen und Betriebsvereinbarungen gleichgestellt. Im Übrigen blieb § 20b unverändert.

11   Der „2. Korb" hat nichts daran geändert, dass **§ 20b Abs. 1 nicht technologieneutral** auszulegen ist. Der Deutsche Bundestag hat jedoch zugleich mit der Verabschiedung der Gesetzesnovelle am 5.7.2007 das Bundesministerium der Justiz durch Entschließung aufgefordert, die Regelung der Kabelweitersendung in § 20b darauf zu überprüfen, ob Handlungsbedarf des Gesetzgebers besteht und gegebenenfalls Lösungsvorschläge zu unterbreiten „wegen einer technologieneutralen Ausgestaltung angesichts der fortschreitenden technischen Entwicklung (zB Internet-TV), im Hinblick auf den Anwendungsbereich der Kabelweitersendung und im Hinblick auf die Vergütung nach § 20b Abs. 2 des Urheberrechtsgesetzes".[34] Der Bundesrat hat sich in seiner Stellungnahme zum RegE des „2. Korbs" dafür ausgesprochen, den Vergütungsanspruch aus § 20b Abs. 2 technologieneutral auszugestalten. Der Vergütungsanspruch gelte nicht für die terrestrische Ausstrahlung sowie die Verbreitung über Satellit. Gründe dafür, nur die Kabelweitersendung mit einem Vergütungsanspruch zu belasten und dadurch diesen Übertragungsweg gegenüber den anderen zu diskriminieren, seien nicht ersichtlich.[35] Der Bundestag hat diesem Vorschlag nicht entsprochen. Auch das „Gesetz zur Nutzung verwaister und vergriffener Werke und einer weiteren Änderung des Urheberrechtsgesetzes" vom 1.10.2013[36] hat sich den Vorschlag, § 20b technologieneutral auszugestalten,[37] nicht zu eigen gemacht.[38]

Eine technologieneutrale Ausgestaltung des § 20b Abs. 1 und damit eine Ausdehnung dieser Vorschrift auf die drahtlose Weitersendung von Programmen oder Weitersendungen im Internet wäre mit der **InfoSoc-RL** nicht vereinbar.[39] Der abschließende Katalog der Ausnahmen und Beschränkungen in Art. 5 Abs. 3 der Richtlinie sieht eine Verwertungsgesellschaftenpflicht bei Rundfunksendungen nicht vor.[40]

12   Die **Online-SatCab-RL** vom 17.4.2019,[41] die bis zum 7.6.2021 umzusetzen ist,[42] erleichtert jedoch nunmehr die zeitgleiche, unveränderte und vollständige Weiterverbreitung von Fernseh- und Hörfunkprogrammen aus anderen Mitgliedstaaten, die auf andere Weise[43] als durch Kabelweiterverbreitung iSd Art. 1 Abs. 3 Satelliten- und Kabel-RL stattfindet.[44]

III. Inhalt der Vorschrift

1. Verwertungsgesellschaftenpflicht des Rechts der Kabelweitersendung (Abs. 1 S. 1)

13   **a) Kabelweitersendung.** Der **Begriff der Kabelweitersendung** ist in Abs. 1 S. 1 gesetzlich definiert als die Weitersendung eines gesendeten Werkes im Rahmen eines zeitgleich, unverändert und vollständig übertragenen Programms durch Kabelsysteme oder Mikrowellensysteme. Diese Legaldefinition setzt die Definition der „Kabelweiterverbreitung" in Art. 1 Abs. 3 Satelliten- und Kabel-RL[45] um, wobei die Anknüpfung an die Begriffe des deutschen Rechts Vereinfachungen ermöglicht hat. Der Begriff der Kabelweitersendung in Abs. 1 ist enger als nach sonstigem urheberrechtlichem Sprachgebrauch, wo er auch die selbständige Weitersendung einzelner Werke durch Kabelfunk, dh unabhängig von deren Einbettung in ein Programm, umfasst.

---

[29] BT-Drs. 13/9856.
[30] BT-Drs. 13/4796, 4, 10 f., 12 ff.
[31] Zur Entstehungsgeschichte im Einzelnen s. *Lutz* ZUM 1998, 622 (623 ff.).
[32] Dazu → Rn. 54.
[33] BGBl. I S. 2513.
[34] Vgl. die Beschlussempfehlung des Rechtsausschusses BT-Drs. 16/5939, 3 f.
[35] Vgl. BT-Drs. 16/1828, 37 sowie die Gegenäußerung der Bundesregierung BT-Drs. 16/1828, 46.
[36] BGBl. I S. 3728.
[37] Bundesrat, Beschl. v. 3.5.2013 BR-Drs. 265/13 Nr. 1; *Krogmann* ZUM 2013, 457; *Weber* FS Pfennig, 2012, 523 (530).
[38] Vgl. Wandtke/Bullinger/*Ehrhardt* UrhG § 20b Rn. 4.
[39] Vgl. Fromm/Nordemann/*Dustmann* UrhG § 20b Rn. 13; *Frhr. Raitz von Frentz/Masch* ZUM 2017, 406 (409 f.); aA Dreier/Schulze/*Dreier* UrhG § 20b Rn. 9.
[40] Dazu → Rn. 6, 18.
[41] Zur Richtlinie → Vor §§ 20 ff. Rn. 13, 55, 75.
[42] Art. 12 Abs. 1 Online-SatCab-RL.
[43] Durch Weiterverbreitung iSd Art. 2 Abs. 2 Online-SatCab-RL.
[44] Dazu → Rn. 6; → Vor §§ 20 ff. Rn. 75.
[45] Vgl. dazu → Rn. 4.

Die weitergesendete Erstsendung muss ebenso wie die Kabelweitersendung an eine **Öffentlichkeit** 14
gerichtet sein, dh an einen öffentlichen Empfängerkreis von Letztverbrauchern.[46] Die Kabelweiterübertragung von Rundfunksendungen durch ein Krankenhaus in die Patientenzimmer ist eine öffentliche Wiedergabe iSd § 20b.[47]

Die begriffliche **Abgrenzung der Kabelweitersendung vom urheberrechtsfreien Empfang** 15
durch Gemeinschaftsantennenanlagen hat die Satelliten- und Kabel-RL nicht geregelt. Maßgeblich ist
dafür nunmehr der Begriff der „öffentlichen Wiedergabe" iSd Art. 3 Abs. 1 InfoSoc-RL. Dieser Begriff ist als unionsrechtlicher Begriff in der gesamten Union autonom und einheitlich auszulegen.[48]
Letztlich wird daher die Auslegung durch den EuGH vorzunehmen sein.[49]

Ob eine Kabelweitersendung vorliegt, ist jedenfalls nach denselben Grundsätzen zu beurteilen, wie 16
bei § 20. Dies bedeutet, dass § 20b auch dann gilt, wenn ein Werk im Rahmen eines zeitgleich, unverändert und vollständig übertragenen Programms durch eine **Verteileranlage** weitergesendet
wird.[50]

Der Einsatz von **Mikrowellensystemen** für Sendezwecke ist in Deutschland ungebräuchlich. Die- 17
se wurden in die Neuregelung einbezogen, um die Vorschrift des Art. 2 Abs. 3 Satelliten- und Kabel-
RL vollständig umzusetzen, zumal die Nutzung solcher Übertragungssysteme für die Zukunft nicht
mit Sicherheit ausgeschlossen werden kann.[51] Die Zusammenfassung der Weiterübertragung durch
Kabelfunk und durch Mikrowellensysteme in Abs. 1 unter den Gesetzesbegriff der „Kabelweitersendung" bedeutet nicht, dass die Einräumung von Rechten zur „Kabelweitersendung" in einem Vertrag
ohne weiteres auch das Recht zur Weitersendung durch Mikrowellensysteme umfasst (§ 31 Abs. 5).
Um dies zu verdeutlichen, wäre es zweckmäßig gewesen, die Weitersendung durch Mikrowellensysteme in einem eigenen Absatz unter Anordnung der entsprechenden Geltung des Abs. 1 zu regeln.

Die Vorschrift des **§ 20b Abs. 1** kann **nicht technologieneutral** ausgelegt werden.[52] Sie erfasst 18
daher nicht Formen des Funks wie Satellitensendungen, Mobile-TV oder Handy-TV.[53] Einer (analogen) Anwendung des § 20b Abs. 1 steht die InfoSoc-RL entgegen, die es ausschließt, das Recht an
Weitersendungen als ein Recht der öffentlichen Wiedergabe über die Satelliten- und Kabel-RL hinaus durch eine Verwertungsgesellschaftenpflicht einzuschränken.[54]

Sendungen im Internet sind weder Rundfunk noch Kabelfunk, weil das Internet drahtlose und
kabelgebundene Übertragungsformen nebeneinander benutzt.[55] Eine Weitersendung im Internet ist
deshalb keine Kabelweitersendung iSd Abs. 1.[56] Jedenfalls bei einer unbeschränkten Weiterverbreitung
über das Internet ist es auch sachgerecht, das urheberrechtliche Verbotsrecht nicht einer Verwertungsgesellschaftenpflicht zu unterwerfen.[57]

Die **Online-SatCab-RL**[58] erleichtert allerdings nunmehr die zeitgleiche, unveränderte und voll- 19
ständige Weiterverbreitung von Fernseh- und Hörfunkprogrammen aus anderen Mitgliedstaaten auch
dann, wenn es sich nicht um eine Kabelweiterverbreitung iSd Art. 1 Abs. 3 Satelliten- und Kabel-RL
handelt, sondern um eine Weiterverbreitung in einer der anderen Formen, die in Art. 2 Abs. 2 Online-SatCab-RL genannt sind (Art. 4, 5, 7 Online-SatCab-RL).[59]

Die **Verwertungsgesellschaftpflicht** gemäß Abs. 1 erfasst das Recht der Kabelweitersendung 20
unabhängig vom Herkunftsland des weitergesendeten Programms. Sie ist nicht beschränkt
auf Kabelweitersendungen innerhalb der EU oder des EWR, die allein Gegenstand der Satelliten-
und Kabel-RL sind (vgl. Erwgr. 32 sowie Art. 1 Abs. 3 der Richtlinie). Sie gilt vielmehr auch für die

---

[46] → § 20 Rn. 45.

[47] BGH GRUR 2018, 608 Rn. 28 ff. – Krankenhausradio (Ermöglichung des Rundfunkempfangs in 49 Patientenzimmern).

[48] Vgl. EuGH GRUR 2007, 225 Rn. 30 f. – SGAE/Rafael; dazu → § 15 Rn. 114 ff.

[49] Dazu → § 20 Rn. 62 ff.

[50] Ebenso Dreier/Schulze/*Dreier* UrhG § 20b Rn. 9; Möhring/Nicolini/*Hillig* UrhG § 20b Rn. 3; → § 20
Rn. 62; aA *Ullrich* ZUM 2008, 112 (114).

[51] Begr. des RegE, BT-Drs. 13/4796, 12; zu den Gründen für die Aufnahme der Mikrowellensysteme in die
Richtlinie s. *Büchner* CR 2007, 473 (479).

[52] Vgl. auch Wandtke/Bullinger/*Ehrhardt* UrhG § 20b Rn. 1, 4; näher → Rn. 4, 12.

[53] Vgl. dazu *Büchner* CR 2007, 473 (479); *Hoeren* MMR 2008, 139 (142 f.); Walter/von Lewinski/*Dreier*, Euro-
pean Copyright Law, Kap. 7 Rn. 7.13.2; Dreier/Schulze/*Dreier* UrhG § 20b Rn. 9; *Fischer* S. 256 ff.; vgl. auch
Specht FS Gernot Schulze, 2017, 413 f.; aA öOGH MR 2012, 144 – UMTS-Mobilfunknetz III, m. abl. Anm *Wal-
ter;* DKMH/*Dreyer* UrhG § 20b Rn. 9; Möhring/Nicolini/*Hillig* UrhG § 20b Rn. 2.1, 8; *Ory* ZUM 2007, 7 (8 f.);
Ullrich ZUM 2010, 853 (856 f.); *Grewe* S. 198 ff. (208 ff.); *Kreile/von Kruedener* ZUM 2014, 772 (775 f.); vgl. auch
Pfennig ZUM 2008, 363 (366 f., 370); *Weber* ZUM 2009, 460 (461 f.); weiter → Rn. 11.

[54] → Rn. 4, 12; *Walter* MR 2012, 145 (147); aA Dreier/Schulze/*Dreier* UrhG § 20b Rn. 9.

[55] → § 20 Rn. 80 ff.

[56] Im Ergebnis ebenso LG Hamburg ZUM 2009, 582 (585 f.); Fromm/Nordemann/*Dustmann/Engels* UrhG
§ 20b Rn. 13; Dreier/Schulze/*Dreier* UrhG § 20b Rn. 9; *Hoeren/Neurauter* S. 235 f.; vgl. auch *Haedicke* ZUM
2017, 1 (für IPTV); aA *Bundesrat,* Beschl. v. 3.5.2013 BR-Drs. 265/13 Nr. 1; Möhring/Nicolini/*Hillig* UrhG
§ 20b Rn. 7; *Schmittmann/Schwenk* AfP 2013, 309 (312 f.); *Poll* GRUR 2007, 476 (480); *Weber* ZUM 2009, 460
(461 f.); *Kempermann/Pieper* CR 2013, 661 (663 f.); aa *Castendyk* FS Loewenheim, 2009, 31 (46 f.).

[57] Vgl. LG Hamburg ZUM 2009, 582 (586); *Neurauter* GRUR 2011, 691 (693 f.); vgl. auch *Engels* S. 251 f.,
256 f.

[58] → Rn. 6.

[59] Vgl. auch Erwgr. 14 Online-SatCab-RL; vgl. weiter *Auinger* ZUM 2019, 537 (554 f.); *Charissé* ZUM 2019,
541 (542 f.); *Dörr* ZUM 2019, 556 (558 ff.); *Niebler* ZUM 2019, 545 (548 f.).

zeitgleiche Kabelweitersendung von Programmen, die innerhalb Deutschlands oder in Drittstaaten außerhalb der EU oder des EWR gesendet werden. Die Begründung des RegE des 4. UrhGÄndG hat dazu ausgeführt, für eine Ungleichbehandlung sei kein sachlicher Grund ersichtlich.[60] Unberücksichtigt blieb dabei, dass die Verwertungsgesellschaftenpflicht – mit der Folge des Abschlusszwangs aus § 34 VGG – damit auch die Kabelweitersendung von Sendungen aus Drittstaaten erfasst, in denen die inländischen Rechtsinhaber wegen Fehlens von Urheberrechtsschutz oder des Bestehens gesetzlicher Lizenzen oder von Zwangslizenzen die Ausgangssendung nicht kontrollieren können. Unter den gegenwärtigen Verhältnissen wird dies allerdings keine größere Schutzlücke zur Folge haben.

21   Für das Eingreifen der Verwertungsgesellschaftenpflicht ist es unerheblich, durch welche Art von Funk iSd § 20 das Werk, das weitergesendet werden soll, zuvor gesendet worden ist. Unerheblich ist auch, ob das gesendete Werk verschlüsselt oder unverschlüsselt übertragen wurde.

22   **b) Programm.** Programm iSd Abs. 1 S. 1 ist ein **gestaltetes Programm,** das an die Allgemeinheit oder auch bestimmte Zielgruppen (zB als Kinder- oder Sportprogramm) gerichtet sein kann.[61] Die Aneinanderreihung von Sendungen auf der Grundlage von Bild- oder Tonträger-„Konserven" – mag diese auch auf einer gewissen Auswahl nach dem Geschmack bestimmter Zielgruppen beruhen (zB durch Mehrkanaldienste für Popmusik oder klassische Musik)[62] – genügt jedenfalls nicht.[63] Der Satelliten- und Kabel-RL ging es – wie vielfach aus ihren Erwägungsgründen hervorgeht – um die Erleichterung der Weitersendung von Rundfunkprogrammen als Mittel zur Förderung der Ziele der Gemeinschaft, die zugleich politischer, wirtschaftlicher, sozialer, kultureller und rechtlicher Art sind (vgl. zB Erwgr. 3 ff.), nicht um die Förderung der Werkverbreitung mithilfe bestimmter Übertragungstechniken wie der drahtlosen oder leitungsgebundenen Sendetechnik.

23   Hilfreich für die Bestimmung des Begriffs des Programms ist auch die Legaldefinition des Begriffs „Fernsehprogramm" in Art. 1 Buchst. e der **Richtlinie über audiovisuelle Mediendienste.**[64] Danach bezeichnet der Begriff ‚‚‚Fernsehprogramm' (dh. ein linearer audiovisueller Mediendienst) einen audiovisuellen Mediendienst, der von einem Mediendiensteanbieter für den zeitgleichen Empfang von Sendungen auf der Grundlage eines Sendeplans bereitgestellt wird". Nach Art. 1 Buchst. d der Richtlinie ist „Mediendiensteanbieter" die natürliche oder juristische Person, die die redaktionelle Verantwortung für die Auswahl der audiovisuellen Inhalte des audiovisuellen Mediendienstes trägt und bestimmt, wie diese gestaltet werden".

24   **c) Programmweitersendung.** Der Rechtserwerb für die Zwecke der Kabelweitersendung wird nach dem Wortlaut des Abs. 1 S. 1 nur erleichtert, wenn das gesendete Werk **im Rahmen eines zeitgleich, unverändert und vollständig weiterübertragenen Programms** weitergesendet werden soll. Das Recht an der Kabelweitersendung ist deshalb nicht verwertungsgesellschaftenpflichtig, wenn es darum geht, einem Unternehmen die Weitersendung zu gestatten, das eine inhaltliche Auswahl aus dem Programm treffen will (etwa um aus mehreren Programmen ein neues zu machen) oder das Veränderungen am Programminhalt vornehmen will, insbesondere indem es in das weiterzusendende Programm Werbung einschiebt oder einblendet oder auch die in dem Programm enthaltene Werbung auswechselt oder ausblendet.[65] Eine Kabelweitersendung iSd Abs. 1 S. 1 ist ebensowenig gegeben, wenn lediglich einzelne Sendungen auf Abruf von Kunden zeitgleich weiterübertragen werden. Schon aus diesem Grund ist bei einem **„Internet-Videorecorder"**[66] keine Kabelweitersendung gegeben.[67] Der Betreiber eines Internet-Videorecorders sendet an die einzelnen Kunden nicht ganze Programme, sondern zeichnet nur aufgrund von Einzelaufträgen seiner Kunden vollautomatisch Programmteile auf Speicherplätzen in seiner Datenbank auf, die jeweils diesen Kunden zugeordnet sind („Online-Videorecorder").[68] Die Folge ist, dass Sendeunternehmen nicht nach § 87 Abs. 5 zum Vertragsschluss mit dem Betreiber eines Internet-Videorecorders verpflichtet sind, da sich diese Vorschrift nur auf Kabelweitersendungen iSd Abs. 1 S. 1 bezieht.[69]

---

[60] BT-Drs. 13/4796, 9, 13; sa *Dreier* ZUM 1995, 458 (461 f.).
[61] Sa *Weisser/Höppener* ZUM 2003, 597 (601 ff.).
[62] Vgl. auch → § 87 Rn. 51 ff.
[63] AA DKMH/*Dreyer* UrhG § 20b Rn. 12; Möhring/Nicolini/*Hillig* UrhG § 20b Rn. 9; sa Fromm/Nordemann/*Dustmann/Engels* UrhG § 20b Rn. 11.
[64] Richtlinie 2010/13/EU des Europäischen Parlaments und des Rates vom 10.3.2010 zur Koordinierung bestimmter Rechts- und Verwaltungsvorschriften der Mitgliedstaaten über die Bereitstellung audiovisueller Mediendienste (kodifizierte Fassung), ABl. 2010 L 95, S. 1, geändert durch Richtlinie (EU) 2018/1808 des Europäischen Parlaments und des Rates vom 14.11.2018 (ABl. 2018 L 303, S. 69).
[65] Vgl. LG Hamburg ZUM 2004, 232 (233).
[66] Vgl. näher → § 15 Rn. 286.
[67] Vgl. zur Diskussion dieser Rechtsfrage OLG München GRUR-RR 2017, 492 – YouTV (Nichtzulassungsbeschwerde zurückgewiesen); *Haedicke* ZUM 2016, 594 (598 f.); *Spindler* ZUM 2017, 11 (12 ff.); *Ventroni* FS Mathias Schwarz, 2017, 375 (380 ff.); *Berberich* MMR 2018, 82 f. Die Anwendung des § 20b scheidet auch im Hinblick auf den Vorrang des Unionsrechts aus (vgl. dazu näher → § 15 Rn. 286).
[68] BGH GRUR 2013, 618 – Internet-Videorecorder II.
[69] Vgl. *v. Ungern-Sternberg* GRUR 2014, 209 (217); ebenso *Frhr. Raitz von Frentz/Masch* ZUM 2014, 638 (640); aA *Niebler/Schuppert* CR 2013, 384 (385 f., 387). Vgl. aber auch BGH GRUR 2013, 618 Rn. 46 ff. – Internet-Videorecorder II (ob im damaligen Fall die Voraussetzungen des § 20b Abs. 1 S. 1 gegeben waren, erscheint jedoch fraglich).

Eine Weitersendung ist auch dann zeitgleich, wenn sie (wie bei der Weitersendung im Internet und 25 beim Mobile-TV) mit technisch bedingten geringfügigen **Zeitverzögerungen** verbunden ist.[70] Eine Weitersendung im Rahmen eines unveränderten und vollständigen Programms wird nach Sinn und Zweck der Regelung auch in Fällen anzunehmen sein, in denen die Weitersendung des Programms aus Gründen, die mit dem Programminhalt nichts zu tun haben, allgemein oder in besonderen Einzelfällen **nicht vollständig oder unverändert** stattfinden kann.[71] So wird die Verwertungsgesellschaftpflicht auch dann eingreifen, wenn das weitersendende Unternehmen eine medienrechtliche Genehmigung nur für einen Teil der Sendezeit des Sendeunternehmens besitzt, dessen Programm es übernimmt,[72] oder auch dann, wenn bei einer Kabelweitersendung aus besonderem Anlass Notstandsmeldungen oder wichtige Verkehrsdurchsagen eingeblendet werden, oder die Programmübernahme aus technischen Gründen (wie Reparaturarbeiten) unterbrochen werden muss. Auch rein technische Änderungen der Programmsignale (zB die Umwandlung analoger in digitale Signale) sind nicht als eine iSd Abs. 1 relevante Veränderung eines weitergesendeten Programms anzusehen.[73] Gleiches gilt, wenn das Programm lediglich in einer technischen Form weitergesendet wird, die nicht eine Wiedergabe in voller Qualität ermöglicht (zB bei Verteileranlagen in Heimen). Es genügt, dass der Kabelunternehmer ein Programm mit seinen Sendungen grundsätzlich so, wie es ist, übernimmt, ohne eine Kontrolle über den Inhalt des von ihm Weitergesendeten ausüben zu wollen.[74] Dies ist auch der Fall, wenn der Kabelunternehmer nicht sämtliche Programme eines ihm zeitgleich übermittelten Pakets von Programmen weitersendet.[75]

d) Rechtswahrnehmung durch die Verwertungsgesellschaft. Die Art und Weise der Rechts- 26 wahrnehmung durch die Verwertungsgesellschaft ist im VG-Richtlinie-Umsetzungsgesetz vom 24.5.2016 **(VGG)** geregelt.[76] Verwertungsgesellschaften sind verpflichtet, aufgrund der von ihnen wahrgenommenen Rechte jedermann auf Verlangen zu angemessenen Bedingungen Nutzungsrechte einzuräumen (§ 34 VGG).[77]

In Streitfällen über die Verpflichtung einer Verwertungsgesellschaft zum Abschluss eines Vertrages 27 über die Kabelweitersendung kann nach § 92 Abs. 2 VGG die bei dem Deutschen Patent- und Markenamt gebildete **Schiedsstelle** angerufen werden (vgl. dazu auch § 128 Abs. 1 VGG; Erwgr. 33 und 34, Art. 11, 12 und 13 Satelliten- und Kabel-RL).

Die gesetzliche Vermutung des **§ 50 Abs. 1 VGG** für die Wahrnehmungsbefugnis der Verwer- 28 tungsgesellschaft ist verfassungsgemäß.[78]

Für die Rechtswahrnehmung in Fällen, in denen ein Rechtsinhaber keiner Verwertungsgesellschaft 29 die Wahrnehmung seines Rechts übertragen hat **(Außenseiterproblematik),** gilt § 50 VGG. Die Berechtigungsfiktion des § 50 Abs. 1 VGG ist unwiderleglich. Sie gilt jedoch nicht für die Wahrnehmung von Rechten, die das Sendeunternehmen innehat, dessen Sendung weitergesendet wird (§ 50 Abs. 1 S. 3 VGG). Die Voraussetzungen des § 50 Abs. 1 S. 3 VGG hat als Ausnahme zu beweisen, wer sich darauf beruft.[79] Für diese Beweislastverteilung spricht auch der Zweck der gesetzlichen Regelung (die Art. 9 Abs. 2 Satelliten- und Kabel-RL umsetzt) zu ermöglichen, dass die Kabelweitersenderechte wirksam wahrgenommen und von den Werknutzern auf einfachem Weg erworben werden können (sa Erwgr. 10, 27–29).

Die **Geltendmachung des Urheberpersönlichkeitsrechts** bleibt von der Verwertungsgesell- 30 schaftpflicht des Rechts der Kabelweitersendung unberührt (Erwgr. 28 Satelliten- und Kabel-RL).

e) Abtretbarkeit des Rechts der Kabelweitersendung. Die Verwertungsgesellschaftpflicht 31 ändert nichts an der Abtretbarkeit des Rechts der Kabelweitersendung.[80] Die Rechtsinhaber sind darin frei, ob sie ihre Kabelweitersendungsrechte in eine Verwertungsgesellschaft einbringen oder an ein Sendeunternehmen vergeben (vgl. Erwgr. 29 Satelliten- und Kabel-RL).

f) Rechtsverfolgung. Die Kabelweitersendung ohne einen Erwerb der Nutzungsrechte auf ver- 32 traglichem Weg oder gemäß § 37 VGG ist rechtswidrig. Die Verwertungsgesellschaftpflicht lässt das **Verbotsrecht** als solches unberührt. Dieses ist aber – von Ansprüchen wegen Verletzung des Urheberpersönlichkeitsrechts abgesehen – von der Verwertungsgesellschaft auszuüben (Erwgr. 28 sowie Art. 9 Abs. 1 Satelliten- und Kabel-RL). Kann sich eine Verwertungsgesellschaft in Fällen, in denen Rechtsinhaber (Außenseiter) ihre Rechte keiner Verwertungsgesellschaft übertragen haben, auf die Berechtigungsfiktion des § 50 Abs. 1 VGG berufen, ist sie auch zur Ausübung des Verbotsrechts befugt. Art. 9 Abs. 2 Satelliten- und Kabel-RL beschränkt die Befugnisse der Verwertungsgesellschaft

---

[70] Vgl. *Kreile/von Kruedener* ZUM 2014, 772 (775); vgl. auch öOGH GRUR-Int 2009, 751 Rn. 3.2.
[71] Vgl. auch DKMH/*Dreyer* UrhG § 20b Rn. 13.
[72] Ebenso Walter/*Dreier* Europäisches Urheberrecht S. 430 Rn. 33.
[73] Vgl. *Rüberg* S. 159; *Kreile/von Kruedener* ZUM 2014, 772 (775); aA *Wagner* FS Raue, 2006, 723 (733 f.).
[74] S. dazu auch *Weisser/Höppener* ZUM 2003, 597 (602); *Büchner* CR 2007, 473 (479).
[75] Vgl. *Wagner* FS Raue, 2006, 723 (734 f.).
[76] BGBl. I S. 1190.
[77] Zur Praxis der Rechtswahrnehmung bei der zeitgleichen und unveränderten Weitersendung durch Kabelfunk → Vor §§ 20 ff. Rn. 92.
[78] Vgl. BVerfG GRUR 2001, 48 – Gesetzliche Vermutung (zu § 13b Abs. 2 S. 1 UrhWG aF).
[79] Ebenso Walter/*Dreier* Europäisches Urheberrecht S. 486 Rn. 4 (zu § 13c Abs. 3 S. 3 UrhWG aF).
[80] Vgl. EuGH GRUR 2006, 752 Rn. 24 – Uradex/RTD; DKMH/*Dreyer* UrhG § 20b Rn. 14.

zur Wahrnehmung der Rechte des Rechtsinhabers in einem solchen Fall nicht auf die finanziellen Aspekte dieser Rechte.[81]

2. Rechte eines Sendeunternehmens in Bezug auf seine Sendungen (Abs. 1 S. 2)

33   **a) Rechtsstellung des Sendeunternehmens.** Nach **Abs. 1 S. 2,** mit dem Art. 10 Satelliten- und Kabel-RL umgesetzt wurde, sind Rechte, die ein Sendeunternehmen in Bezug auf seine[82] Sendungen geltend macht, nicht verwertungsgesellschaftpflichtig. Dies betrifft sowohl die Rechte, die dem Sendeunternehmen originär zustehen (insbes. aus §§ 85, 87 und 94), als auch die Rechte, die es von Urheberberechtigten und Inhabern verwandter Schutzrechte erworben hat. Sendeunternehmen können einen Kabelunternehmen vertraglich einen gebündelten Erwerb der von ihnen gehaltenen Rechte ermöglichen. Die Schwierigkeit, Rechte von Rechtsinhabern zu erwerben, die keiner Verwertungsgesellschaft angehören, und deshalb schwer zu ermitteln sind (Außenseiter), ist hier nicht gegeben.

34   Sendeunternehmen können allerdings Kabelunternehmen nach **§ 87 Abs. 5** verpflichtet sein, einen Vertrag über die Kabelweitersendung iSd § 20b Abs. 1 S. 1 zu angemessenen Bedingungen abzuschließen.[83] Im Vergleich zu Verwertungsgesellschaften ist jedoch die Verhandlungsposition von Sendeunternehmen gegenüber Kabelunternehmen trotz § 87 Abs. 5 stärker als die von Verwertungsgesellschaften, die nach § 34 VGG dem Abschlusszwang unterliegen. Dies lag wohl nicht in der Absicht der Richtlinie.[84] Nach der Zielsetzung der Satelliten- und Kabel-RL, den Erwerb der Rechte für Kabelweitersendungen zu erleichtern, erschien es lediglich nicht erforderlich, eine Verwertungsgesellschaftpflicht auch für Rechte vorzusehen, die von den Sendeunternehmen geltend gemacht werden, deren Sendungen weiterübertragen werden sollen.

35   Die Sendeunternehmen sind durch Abs. 1 S. 2 nicht gehindert, die Kabelweitersenderechte, die ihnen in Bezug auf ihre eigenen Sendungen zustehen, ganz oder teilweise in eine **Verwertungsgesellschaft** einzubringen.[85] Ein Sendeunternehmen kann Ansprüche wegen Rechtsverletzungen auch dann geltend machen, wenn es einer Verwertungsgesellschaft ausschließliche Nutzungsrechte eingeräumt hat, soweit es ein eigenes schutzwürdiges Interesse an der Rechtsverfolgung hat (insbes. wegen der Beteiligung an den Ausschüttungen der Verwertungsgesellschaft). Dies gilt für seine eigenen Leistungsschutzrechte aus § 87 Abs. 1 Nr. 1[86] auch dann, wenn es als Inhaber ausschließlicher urheberrechtlicher Nutzungsrechte ein ausschließliches Nutzungsrecht weiterer Stufe eingeräumt hat.[87] Die Verwertungsgesellschaft kann Streithelfer sein.[88]

36   **b) Sendeunternehmen.** Der **Begriff des Sendeunternehmens** iSd Abs. 1 S. 2 ist derselbe wie in § 87.[89] Ein Sendeunternehmen ist danach jedes Unternehmen, das mithilfe von Funk iSd § 20 (dh durch „Ton- und Fernsehrundfunk, Satellitenrundfunk, Kabelfunk oder ähnliche technische Mittel") oder durch Satellitensendung iSd § 20a Abs. 3 Funksendungen[90] veranstaltet, die zum unmittelbaren gleichzeitigen Empfang durch die Öffentlichkeit bestimmt sind. Unternehmen, die (wie zB Kabelunternehmen) stets lediglich Sendungen anderer unverändert und zeitgleich weitersenden, sind keine Sendeunternehmen.[91] Unerheblich ist es, ob das Sendeunternehmen selbst ein Programm iSd Abs. 1 S. 1[92] veranstaltet: Abs. 1 S. 2 gilt auch zugunsten eines Sendeunternehmens, dessen Sendung in zeitgleicher Übernahme von einem anderen Sendeunternehmen in dessen Programm ausgestrahlt wird, das dann als solches iSd Abs. 1 S. 1 mittels eines Kabel- oder Mikrowellensystems weitergesendet wird.[93]

37   **c) Seine Sendungen.** Ein Sendeunternehmen ist in Bezug auf „seine Sendungen" von der Verwertungsgesellschaftpflicht der Kabelweitersendungsrechte freigestellt. Diese Freistellung betrifft die **Rechte an allen Sendungen** des Sendeunternehmens, nicht nur die Rechte an eigenen Funksendungen iSd § 87.[94] Sie bezieht sich auch auf Einzelsendungen, die in das weiterzusendende Programm (zeitgleich oder zeitverschoben) übernommen werden, und kommt deshalb nicht nur dem Sendeunternehmen zugute, dessen Programm weitergesendet wird. Der Wortlaut des Abs. 1 S. 2 ist insofern klar. Bedenken dagegen könnten sich aber daraus ergeben, dass Art. 10 Satelliten- und Kabel-RL, der durch Abs. 1 S. 2 umgesetzt wurde,[95] von den Rechten spricht, die ein Sendeunternehmen in Bezug

---

[81] Vgl. EuGH GRUR 2006, 752 Rn. 19 ff. – Uradex/RTD.
[82] Dazu → Rn. 37 f.
[83] Vgl. → § 87 Rn. 112 ff.
[84] Vgl. dazu *Dreier* ZUM 1995, 458 (459, 462 f.). Zur Kritik an Art. 10 Satelliten- und Kabel-RL, der mit Abs. 1 S. 2 umgesetzt wurde, s. *Walter/Dreier* Europäisches Urheberrecht S. 485 Rn. 3.
[85] Begr. des RegE des 4. UrhGÄndG, BT-Drs. 13/4796, 9.
[86] Vgl. BGH GRUR 2013, 618 Rn. 33 – Internet-Videorecorder II.
[87] Vgl. BGH GRUR 2010, 920 Rn. 16 – Klingeltöne für Mobiltelefone II.
[88] Vgl. BGH GRUR 2013, 618 Rn. 33 ff. – Internet-Videorecorder II.
[89] → § 87 Rn. 50 ff.; ebenso DKMH/*Dreyer* UrhG § 20b Rn. 15.
[90] Zum Begriff → § 87 Rn. 63.
[91] → § 87 Rn. 51.
[92] → Rn. 22 f.
[93] → Rn. 37.
[94] → § 87 Rn. 63 ff.
[95] → Rn. 7.

auf „seine *eigenen* Sendungen" geltend macht. Nach Sinn und Zweck des Art. 10 Satelliten- und Kabel-RL (und des Abs. 1 S. 2) erfasst aber die Freistellung die Kabelweitersendungsrechte der Sendeunternehmen hinsichtlich ihrer sämtlichen Sendungen (vgl. Art. 10 in der englischen Fassung „rights exercised by a broadcasting organization in respect of its own *transmission*"). Die Sonderregelung für die Sendeunternehmen wurde getroffen, weil bei den von Sendeunternehmen an ihren Sendungen wahrgenommenen Rechten eine Verwertungsgesellschaftspflicht nicht erforderlich erschien.[96] Eine Unterscheidung zwischen Rechten an Sendungen, an denen das Sendeunternehmen ein eigenes Schutzrecht aus § 87 besitzt, und Sendungen, die es lediglich von anderen Sendeunternehmen übernimmt, würde es ausschließen, dass Sendeunternehmen auch für übernommene Sendungen die Rechte zur Kabelweitersendung erwerben und dann selbst für ihr gesamtes Programm gebündelt an Kabelunternehmen vergeben. Dies stünde in Widerspruch zur Zielsetzung des Art. 10 der Richtlinie, den Rechtserwerb für Kabelweitersendungen von Programmen zu erleichtern.

Für die **Wahrnehmung von Rechten an fremden Sendungen und/oder für fremde Rechnung** durch Sendeunternehmen gilt Abs. 1 S. 2 nicht. Insoweit greift die Verwertungsgesellschaftenpflicht des Abs. 1 S. 1 ein. **38**

d) Verträge über die Kabelweitersendung. Für die Art und Weise der **Wahrnehmung der Rechte des Sendeunternehmens** an seinen Sendungen gilt **§ 87 Abs. 5.** Die Sende- und die Kabelunternehmen sind sich unter den dort genannten Voraussetzungen gegenseitig zum Abschluss eines Vertrages über die Kabelweitersendung verpflichtet.[97] Bei Streitigkeiten zwischen Sendeunternehmen und Kabelunternehmen über die Verpflichtung aus § 87 Abs. 5 zum Abschluss eines Vertrages über die Kabelweitersendung kann nach § 92 Abs. 2 VGG die Schiedsstelle angerufen werden. **39**

3. Vergütungsanspruch bei der Kabelweitersendung (Abs. 2)

a) Zweck und Rechtsnatur. Nach Abs. 2 hat der Urheber bei Kabelweitersendungen seines Werkes einen unverzichtbaren Vergütungsanspruch, der nur durch eine Verwertungsgesellschaft geltend gemacht werden kann. Für ausübende Künstler und Filmhersteller gilt die Regelung entsprechend.[98] Soweit es um den Schutz der Urheber und der ausübenden Künstler geht, ist es nach der Begründung des RegE des 4. UrhGÄndG[99] **Zweck des Abs. 2,** das zu Lasten der Urheber und ausübenden Künstler bestehende Machtgefälle bei der Verhandlung über die Vergabe des Rechts zur Kabelweitersendung auszugleichen. Die angemessene Teilhabe des Urhebers sei aber in Frage gestellt, wenn – wie dies vielfach zu beobachten sei – Werkverwerter wie Sendeunternehmen und Filmhersteller, denen bereits ein eigenes Leistungsschutzrecht zustehe (§§ 87, 94, 95), sich das Recht des Urhebers ohne eine besondere Vergütung zusätzlich einräumen ließen. Nach dem Gerechtigkeitsgedanken des Urheberrechts solle der Urheber dagegen tunlichst an dem wirtschaftlichen Nutzen beteiligt werden, der aus seinem Werk gezogen werde. Die vorgesehene Regelung solle dies sicherstellen. **40**

Die Vorschrift des Abs. 2 ermöglicht es, die dem Urheber und dem ausübenden Künstler für Kabelweitersendungen zu zahlende Vergütung genauer an den tatsächlichen Umfang der Nutzung anzupassen, als dies regelmäßig nach den ursprünglichen Verwertungsverträgen der Fall ist. Sie erreicht dies durch die Zuerkennung eines aus dem umfassenden Urheberrecht fließenden gesetzlichen Vergütungsanspruchs, der sich gegen das weitersendende Kabelunternehmen richtet. **41**

Seiner **Rechtsnatur** nach ist Abs. 2 eine gesetzliche Anspruchsnorm, keine urhebervertragsrechtliche Regelung.[100] Der Anspruch knüpft an die Tatsache der Kabelweitersendung als solche an. Er ist dementsprechend auf eine angemessene Vergütung für diese Nutzungshandlung gerichtet, nicht auf eine Ergänzung einer Vergütung für die Kabelweitersendung, die in einem Vertrag iSd Abs. 2 S. 1 vereinbart worden ist.[101] Nach **internationalem Urheberrecht** richtet sich deshalb die Anwendbarkeit der Anspruchsnorm nach dem Recht des Schutzlandes, nicht nach dem Vertragsstatut.[102] **42**

Die Gewährung des unverzichtbaren Vergütungsanspruchs widerspricht weder dem Wortlaut der **Satelliten- und Kabel-RL** noch ihrer Zielsetzung, grenzüberschreitende Rundfunksendungen zu erleichtern.[103] Die Satelliten- und Kabel-RL zielt bei der Regelung der Kabelweiterverbreitung von Sendungen aus anderen Mitgliedstaaten nur auf eine Mindestharmonisierung ab.[104] Das Zweite Ge- **43**

---

[96] → Rn. 33.

[97] → § 87 Rn. 112 ff.

[98] → Rn. 54.

[99] BT-Drs. 13/4796, 2, 10, 13 f.

[100] Ebenso Möhring/Nicolini/*Hillig* UrhG § 20b Rn. 16; *Gounalakis/Mand* S. 40 f.; *Ehrhardt* ZUM 2004, 300 (301); *Mand* S. 100 ff.; anders Begr. des RegE des 4. UrhGÄndG, BT-Drs. 13/4796, 10 re. Sp. unten. Weiter → § 15 Rn. 192 ff.

[101] Weiter → Rn. 47.

[102] Ebenso Dreier/Schulze/*Dreier* UrhG § 20b Rn. 12; Möhring/Nicolini/*Hillig* UrhG § 20b Rn. 16 f.; aA *Schwarz* ZUM 1995, 687 (692). Zur Frage der Anwendbarkeit des Abs. 2 bei Sachverhalten mit Auslandsbezug weiter → Vor §§ 120 ff. Rn. 153.

[103] AA *Hillig* UFITA 138 (1999), 5 (24 ff.); *Mand* S. 130 ff.

[104] → Rn. 3; → Vor §§ 20 ff. Rn. 11.

setz zur Regelung des Urheberrechts in der Informationsgesellschaft vom 26.10.2007 („2. Korb")[105] hat am Vergütungsanspruch des Abs. 2 festgehalten.[106]

44   **b) Kabelweitersendung iSd Abs. 2 S. 1.** Für den Begriff der Kabelweitersendung iSd Abs. 2 S. 1 gelten die Ausführungen zu Abs. 1 entsprechend.[107] Eine völlig inhaltsgleiche Auslegung des Begriffs der Kabelweitersendung in Abs. 1 und Abs. 2 erscheint jedoch nach der unterschiedlichen Zweckrichtung der Regelungen – trotz ihrer Zusammenfassung in einer Vorschrift unter einer einheitlichen Überschrift – nicht angebracht: So wäre es zB mit dem Schutzzweck des Abs. 2 kaum vereinbar, wenn der Vergütungsanspruch nur bei einer iSd Abs. 1 zeitgleichen, unveränderten und vollständigen Weiterübertragung eines Programms gegeben sein sollte, nicht aber auch dann, wenn ein Programm zwar zeitgleich, aber teilweise unter Einschub von Werbeblöcken weiterübertragen wird, oder wenn ein Programm durch die jeweils zeitgleiche Weitersendung von Sendungen zusammengestellt werden sollte.[108]

45   **c) Rechtseinräumung an Verwerter.** Der Vergütungsanspruch hängt nach dem Wortlaut des Abs. 2 S. 1 davon ab, dass der Urheber das Recht der Kabelweitersendung zuvor einem Sendeunternehmen oder einem Tonträger- oder Filmhersteller eingeräumt hat. Aber auch bei einer früheren Rechtseinräumung an einen anderen Verwerter (zB einen Verlag oder eine Agentur), insbesondere mit der Befugnis zur Weiterübertragung des Rechts, gebührt dem Urheber nach der Zielsetzung der Bestimmung eine angemessene Beteiligung an der Nutzung seines Werkes durch eine Kabelweitersendung.[109] Bei sinngemäßer Auslegung von Abs. 2 S. 1 ist deshalb davon auszugehen, dass die ausdrücklich genannten Arten von Unternehmen nur beispielhaft als typische Verwerter des Rechts der Kabelweitersendung aufgeführt sind. Eine andere Auslegung der Vorschrift würde auch der Systematik des Urheberrechts widersprechen, nach der die Rechte der Urheber grundsätzlich nur an den Vorgang der Werknutzung als solchen anknüpfen, und zudem breiten Raum für Umgehungshandlungen lassen.

46   **d) Kabelunternehmen.** Anspruchsgegner ist nach Abs. 2 S. 1 das Kabelunternehmen. Dies ist das Unternehmen, das die urheberrechtliche Verantwortung für die Weitersendung als urheberrechtliche Nutzungshandlung trägt. Dies kann auch ein anderes Unternehmen als der Betreiber des Kabelnetzes sein.[110]

47   **e) Angemessene Vergütung.** Nach Abs. 2 S. 1 ist eine angemessene Vergütung **„für die Kabelweitersendung"** zu bezahlen. Darauf, ob bereits in einem Vertrag iSd Abs. 2 S. 1 eine Vergütung für die Kabelweitersendung vereinbart worden ist, kommt es schon nach dem Wortlaut der Vorschrift nicht an.[111] Der Anspruch nach Abs. 2 S. 1 ist kein Vergütungsergänzungsanspruch, sondern knüpft an die Tatsache der Kabelweitersendung an. Ansprüche nach Abs. 2 S. 1 können nach der gesetzlichen Regelung nur durch eine Verwertungsgesellschaft geltend gemacht werden (Abs. 2 S. 3). Abgesehen davon, dass es vielfach ohnehin nicht möglich wäre, den in Verträgen nach Abs. 2 S. 1 gerade auf die Kabelweitersendung entfallenden Vergütungsanteil zu bestimmen, wäre die Berücksichtigung der in solchen Einzelverträgen gegebenen jeweils besonderen Vergütungsverhältnisse bei der Festsetzung der angemessenen Vergütung, die eine Verwertungsgesellschaft fordern kann, praktisch undurchführbar.[112] Eine Auslegung des Abs. 2 S. 1 entgegen seinem Wortlaut, die zu einem derart unpraktikablen Ergebnis führen würde, ist mit dem auf Vereinfachung des Rechtserwerbs abzielenden Sinn und Zweck des Gesetzes, wie er auch in der Verwertungsgesellschaftenpflichtigkeit des Anspruchs zum Ausdruck kommt, nicht vereinbar.

48   Zur Bestimmung der Höhe der gemäß Abs. 2 S. 1 zu zahlenden angemessenen Vergütung können auch § 32 Abs. 2 Anhaltspunkte entnommen werden, auch wenn diese Vorschrift auf gesetzliche Vergütungsansprüche nicht anwendbar ist.[113] Die Vorschrift des § 32 hat im Übrigen § 20b Abs. 2 nicht überflüssig gemacht.[114]

49   **f) Unverzichtbarkeit des Vergütungsanspruchs (Abs. 2 S. 2).** Der Vergütungsanspruch ist zum Schutz des Urhebers[115] gemäß **Abs. 2 S. 2** unverzichtbar. Eine gegen das gesetzliche Verbot

---

[105] BGBl. I S. 2513.

[106] Vgl. Begr. des RegE, BT-Drs. 16/1828, 22 f.

[107] → Rn. 13 ff.

[108] Vgl. dazu auch *Deutsche Vereinigung für gewerblichen Rechtsschutz und Urheberrecht* GRUR 1995, 570 (571); aA Dreier/Schulze/*Dreier* UrhG § 20b Rn. 15; DKMH/*Dreyer* UrhG § 20b Rn. 22; Möhring/Nicolini/*Hillig* UrhG § 20b Rn. 19.

[109] AA DKMH/*Dreyer* UrhG § 20b Rn. 19; Fromm/Nordemann/*Dustmann/Engels* UrhG § 20b Rn. 19; BeckOK UrhR/*Hillig* 26. Ed. Stand 15.10.2019 UrhG § 20b Rn. 18; *Mand* S. 98 f.; *Mand* GRUR 2005, 720 (721); vgl. auch Dreier/Schulze/*Dreier* UrhG § 20b Rn. 15.

[110] Vgl. BGH GRUR 2010, 530 Rn. 23 – Regio-Vertrag; ebenso *Gounalakis/Mand* S. 41 ff.; *Mand* UFITA 2005 I, 19 (21 ff., 26 ff.); vgl. weiter → § 20 Rn. 46 ff.; sa *Mand* S. 54 ff., 89 ff.

[111] → § 32 Rn. 4; DKMH/*Dreyer* UrhG § 20b Rn. 21; aA *Mand* S. 104 ff.; *Mand* GRUR 2005, 720 (722 f.).

[112] Sa *Mand* S. 115 f.; *Mand* GRUR 2005, 720 (723).

[113] Sa *Conrad* GRUR 2003, 561 (569 f.); *Gounalakis/Mand* S. 47 ff., 96 ff.; *Mand* ZUM 2003, 812 ff.; Dreier/Schulze/*Dreier* UrhG § 20b Rn. 17; *Spindler* MMR 2003, 1 (5 ff.); *Ehrhardt* ZUM 2004, 300 (302 f.).

[114] → § 32 Rn. 4; Wandtke/Bullinger/*Ehrhardt* UrhG § 20b Rn. 16; s. aber auch *Mand* S. 118 ff. und GRUR 2005, 720 (725 ff.), der sich für eine Streichung des § 20b Abs. 2 ausspricht.

[115] Dazu → Rn. 40.

verstoßende Abtretung ist nichtig (§ 134 BGB). Die Regelung des § 20b Abs. 2 S. 2 ist § 27 Abs. 1 S. 2 nachgebildet.[116] Sie ist strenger als § 32a Abs. 3 S. 1, der nur ausschließt, dass auf den Anspruch im Voraus verzichtet wird.

Umgehungsgeschäfte sind nichtig (§ 134 BGB). Dies gilt insbesondere für eine Vorausabtretung **50** der Ansprüche des Urhebers gegen eine Verwertungsgesellschaft, den Anteil an den Wahrnehmungserlösen, der auf seine eingebrachten Rechte entfällt, an ihn auszuschütten. Entsprechende AGB-Klauseln sind unwirksam.[117]

g) Wahrnehmung durch eine Verwertungsgesellschaft (Abs. 2 S. 3). Nach **Abs. 2 S. 3** **51** kann der Vergütungsanspruch im Voraus nur an eine Verwertungsgesellschaft[118] abgetreten werden. Dadurch werden im Interesse des Urhebers – von den Fällen des Abs. 2 S. 4 abgesehen – Vereinbarungen zwischen ihm und Verwertern über die erst künftig entstehenden Ansprüche ausgeschlossen.[119] Die Anordnung, dass der Vergütungsanspruch nur durch eine Verwertungsgesellschaft geltend gemacht werden kann, entlastet den Anspruchsgegner, weil dadurch die Zahl der Anspruchsinhaber begrenzt und eine pauschale Abgeltung der Ansprüche ermöglicht wird. Die Regelung des Abs. 2 S. 3 ist § 27 Abs. 1 S. 3, Abs. 3 nachgebildet.[120]

Die Befugnis, den Vergütungsanspruch an eine Verwertungsgesellschaft zu übertragen, kann nicht **52** durch Rechtsgeschäft ausgeschlossen werden (§ 137 BGB).[121] Die schuldrechtliche Verpflichtung, über künftige Vergütungsansprüche nicht zugunsten einer Verwertungsgesellschaft zu verfügen, ist unwirksam. Bei einer solchen Vereinbarung in Allgemeinen Geschäftsbedingungen greift § 307 Abs. 1 S. 1, Abs. 2 Nr. 1 BGB ein. Eine AGB-Klausel, die den Urheber verpflichtet, seinen Vergütungsanspruch in eine bestimmte Verwertungsgesellschaft einzubringen, ist auch dann unwirksam, wenn diese Verwertungsgesellschaft eine Monopolstellung hat.[122]

h) Vorrang von Tarifverträgen, Betriebsvereinbarungen und gemeinsamen Vergütungs- **53** **regeln (Abs. 2 S. 4).** Die Frage der Vergütung kann gemäß **Abs. 2 S. 4** weiterhin in Tarifverträgen, Betriebsvereinbarungen und gemeinsamen Vergütungsregeln (§ 36) von Sendeunternehmen geregelt werden.[123] Soweit – aber auch nur soweit – dadurch dem Urheber eine angemessene Vergütung für jede Kabelweitersendung eingeräumt wird, schließt dies die Geltendmachung von Ansprüchen durch Tarifvertrag oder Betriebsvereinbarung gebundener Urheber durch Verwertungsgesellschaften aus.

4. Entsprechende Anwendung des § 20b

Das **UrhG** ordnet in verschiedenen Vorschriften die entsprechende Anwendung des § 20b an. Ge- **54** mäß § 78 Abs. 4 (früher § 76 Abs. 3 idF des 4. UrhGÄndG)[124] gilt § 20b für die ausübenden Künstler entsprechend.[125] Die Regelung, dass § 20b nach § 94 Abs. 4 insgesamt auch zugunsten der Filmhersteller entsprechend anwendbar ist, geht auf eine Beschlussempfehlung des Rechtsausschusses des Deutschen Bundestages zum 4. UrhGÄndG zurück,[126] in der sie wie folgt begründet ist: „Damit wird berücksichtigt, dass es sich bei den in Deutschland tätigen Filmherstellern im Wesentlichen um mittelständische Unternehmen handelt. Deren Position ist zwar nicht so schwach wie die der Urheber und ausübenden Künstler. Allerdings sind sie gegenüber den Sendeunternehmen regelmäßig in einer schwächeren Position, so dass die für die vom Ausschuss vorgenommene Ergänzung des § 20b Abs. 2 maßgeblichen Gründe in ähnlicher Weise gelten." Die Vorschrift gilt zudem entsprechend für den Schutz von wissenschaftlichen Ausgaben (§ 70 Abs. 1), von Lichtbildern (§ 72 Abs. 1) sowie den Schutz der Herausgeber nachgelassener Werke (§ 71 Abs. 1) und der Hersteller von Laufbildern (§ 95 iVm § 94 Abs. 4).

Eine analoge Anwendung des § 20b Abs. 1 auf **drahtlose Weitersendungen** wäre mit der Info- **55** Soc-RL nicht vereinbar.[127]

---

[116] Begr. des RegE des 4. UrhGÄndG, BT-Drs. 13/4796, 10 f., 13, 14.

[117] Vgl. OLG Dresden AfP 2013, 263 (266); weiter → § 15 Rn. 199.

[118] Zur Wahrnehmung des Vergütungsanspruchs durch die GEMA s. *Staudt* S. 138 f., 146 f., 297 f.; Heker/ Riesenhuber/*Staudt/Hendel* Kap. 7 Rn. 78; Heker/Riesenhuber/*Staudt/Welp* Kap. 7 Rn. 271 f.

[119] Vgl. dazu die Beschlussempfehlung und den Bericht des BT-Rechtsausschusses, BT-Drs. 13/9856, 5; vgl. auch Begr. des RegE des 4. UrhGÄndG, BT-Drs. 13/4796, 14. Zur Frage, ob einzelvertragliche Regelungen (zB in Verträgen zwischen Sendeunternehmen und freien Mitarbeitern) wirksam sind, wenn sie inhaltsgleich auf Tarifverträge oder Betriebsvereinbarungen verweisen, sa *Lutz* ZUM 1998, 622 (625).

[120] Vgl. dazu auch *Ott* ZRP 1996, 385 (386 f.).

[121] Vgl. *Stöhr* S. 117 f.

[122] Vgl. OLG Dresden AfP 2013, 263 (265 f.).

[123] S. dazu auch Dreier/Schulze/*Dreier* UrhG § 20b Rn. 16; Wandtke/Bullinger/*Ehrhardt* UrhG § 20b Rn. 14; *Hillig* UFITA 138 (1999), 5 (22 ff.); zu Regelungen in Dienstvereinbarungen öffentlich-rechtlicher Rundfunkanstalten sa Loewenheim/*Flechsig* § 41 Rn. 67.

[124] → Rn. 7.

[125] Dazu → Rn. 40.

[126] → Rn. 9.

[127] → Rn. 5, 11, 18.

§ 21 Recht der Wiedergabe durch Bild- oder Tonträger

[1]Das Recht der Wiedergabe durch Bild- oder Tonträger ist das Recht, Vorträge oder Aufführungen des Werkes mittels Bild- oder Tonträger öffentlich wahrnehmbar zu machen. [2]§ 19 Abs. 3 gilt entsprechend.

Übersicht

A. Allgemeines

I. Unionsrecht

1   **Art. 3 Abs. 1 InfoSoc-RL** erfasst jede öffentliche Wiedergabe mit Ausnahme von (Live-) Aufführungen oder Vorträgen von Werken vor anwesendem Publikum.[1] Unter den Begriff der Wiedergabe in Art. 3 Abs. 1 InfoSoc-RL fällt jedenfalls „jede Übertragung geschützter Werke unabhängig vom eingesetzten technischen Mittel oder Verfahren"[2] und dementsprechend auch eine Wiedergabe mittels Bild- oder Tonträgern.[3] Die Vorschrift des § 21 ist daher richtlinienkonform auszulegen.[4]

II. Internationale Abkommen

2   Das Verwertungsrecht aus § 21 entspricht den Rechten aus Art. 11 Abs. 1 Nr. 1 und Art. 11ter Abs. 1 Nr. 1 der **Berner Übereinkunft** (RBÜ).[5] Die Verbandsstaaten sind befugt, von diesen Rechten gewisse „kleine Ausnahmen" (petites réserves) zB für religiöse Feiern und Unterrichtszwecke vorzusehen.[6]

3   Das **TRIPS-Übereinkommen** hat den Schutzgehalt der Berner Übereinkunft übernommen.[7]

III. Rechtsentwicklung

1. Rechtslage vor Inkrafttreten des UrhG

4   Das LUG gewährte dem Urheber kein besonderes Recht der Wiedergabe seines Werkes mittels Bild- oder Tonträger. Derartige Wiedergaben wurden jedoch als Vortrag oder Aufführung behandelt (§ 11 LUG). Der Anwendungsbereich des § 22a LUG, der im Interesse der Schallplattenindustrie

---

[1] → § 15 Rn. 160; → § 19 Rn. 1.

[2] Vgl. EuGH GRUR 2012, 156 Rn. 193 – Football Association Premier League u. Murphy; EuGH GRUR 2014, 473 Rn. 25 – OSA/Léčebné lázně; weiter → § 15 Rn. 60 ff.

[3] Davon ist der EuGH in seinem Urteil „SCF" (zu Art. 8 Abs. 2 Vermiet- und Verleih-RL) ohne weiteres ausgegangen (EuGH GRUR 2012, 593 Rn. 70 ff.; vgl. auch GAin *Trstenjak*, SchlA v. 29.6.2011 – C-135/10 in SCF, BeckRS 2011, 81047 Rn. 97 ff.); *J. H. Schmidt*, Maximalschutz im internationalen und europäischen Urheberrecht, 2018, S. 160.

[4] Zur richtlinienkonformen Auslegung → § 15 Rn. 131 ff.

[5] Allgemein zur RBÜ → Vor §§ 120 ff. Rn. 27 ff.

[6] Vgl. *von Lewinski*, International Copyright Law and Policy, 2008, Kap. 5 Rn. 5.200 ff.; vgl. auch *v. Ungern-Sternberg* S. 58 ff.; abl. Busche/Stoll/Wiebe/*Brand*, TRIPs, 2. Aufl. 2013, Art. 9 Rn. 58; weiter → Vor §§ 20 ff. Rn. 30.

[7] Vgl. → Vor §§ 120 ff. Rn. 17 f.; Busche/Stoll/Wiebe/*Brand*, TRIPs, 2. Aufl. 2013, Art. 9 Rn. 8 ff.

öffentliche Wiedergaben mit Hilfe von rechtmäßig hergestellten Tonträgern genehmigungsfrei zuließ, wurde durch den BGH[8] sehr einschränkend ausgelegt.[9]

2. Urheberrechtsgesetz

Im Einklang mit Art. 11 Abs. 1 Nr. 1 und Art. 11ter Abs. 1 Nr. 1 RBÜ (Pariser Fassung) erkennt **5** § 21 ohne eine § 22a LUG entsprechende Einschränkung das Recht zu, Vorträge oder Aufführungen des Werkes mittels Bild- oder Tonträger öffentlich wahrnehmbar zu machen.[10]

3. Urheberrecht der DDR

Das **URG-DDR** enthielt in seinem § 18 kein dem § 21 entsprechendes Recht.[11]   **6**

IV. Wesen und Schranken des Rechts

1. Wesen des Rechts

Das ausschließliche Verwertungsrecht der Wiedergabe durch Bild- oder Tonträger (§ 21) ist ein **7** **Recht der öffentlichen Wiedergabe** des Werkes in unkörperlicher Form (§ 15 Abs. 2 Nr. 4).[12] Das Recht aus § 21 wird häufig als Zweitverwertungsrecht bezeichnet.[13]

2. Schranken

Das Recht aus § 21 unterliegt den allgemeinen Schranken des Urheberrechts gemäß §§ 45 ff., so- **8** weit diese für das Recht der öffentlichen Wiedergabe gelten: § 45 (Rechtspflege und öffentliche Sicherheit), § 45c Abs. 2 (Nutzung durch befugte Stellen), § 48 (Öffentliche Reden), § 49 (Zeitungsartikel und Rundfunkkommentare), § 50 (Berichterstattung über Tagesereignisse), § 51 (Zitate), § 52 (Öffentliche Wiedergabe), § 56 (Vervielfältigung und öffentliche Wiedergabe in Geschäftsbetrieben), § 57 (Unwesentliches Beiwerk), § 59 (Werke an öffentlichen Plätzen) und § 60a (Unterricht und Lehre).

Eine zwingende Schranke wird durch **Art. 5 DSM-RL** (Nutzung von Werken und sonstigen Schutzgegenständen für digitale und grenzüberschreitende Unterrichts- und Lehrtätigkeiten) vorgeschrieben.[14]

V. Wahrnehmung des Rechts

Das Recht kann regelmäßig nur kollektiv sinnvoll verwaltet werden. Es wird daher als **typisches 9 Verwertungsgesellschaftenrecht** in weitem Umfang von der GEMA, der VG Wort, der VG Bild-Kunst und der VG Musikedition wahrgenommen.[15]

B. Inhalt des Verwertungsrechts

I. Gegenstand des Rechts

§ 21 gibt dem Urheber das Recht, Vorträge oder Aufführungen des Werkes mittels Bild- oder Ton- **10** träger öffentlich wahrnehmbar zu machen. Gegenstand des Rechts sind daher alle Werke, die Gegenstand eines Vortrags (§ 19 Abs. 1) oder einer Aufführung (§ 19 Abs. 2) sein können, dh Sprachwerke, Musikwerke und pantomimische Werke (§ 2 Abs. 1 Nr. 1–3).

Die **Vorführung von Filmwerken** wird nicht von § 21, sondern von § 19 Abs. 4 erfasst. Wird **11** ein Film vorgeführt, ist damit aber zugleich eine Wiedergabe der zur Herstellung des Filmwerkes benutzten Werke (zB Drehbuch oder Roman) iSd § 21 verbunden, wenn diese dabei in der Form

---

[8] BGHZ 11, 135 (140) = GRUR 1954, 216 (218) – Lautsprecherübertragung; BGHZ 33, 1 (6 f.) = GRUR 1960, 619 (622) – Künstlerlizenz Schallplatten.
[9] Zum früheren Recht vgl. weiter *Krüger-Nieland* GRUR 1957, 535 (538); *Möhring* UFITA 47 (1966), 134 (141).
[10] Zur Behandlung der Wiedergabe mittels Bild- oder Tonträger in § 18 MinE 1959 vgl. → § 15 Rn. 329.
[11] Dazu → § 15 Rn. 335.
[12] Vgl. → § 15 Rn. 336 ff.
[13] Vgl. → § 15 Rn. 185 f.; → § 19 Rn. 16.
[14] Die Richtlinie ist bis zum 7.6.2021 umzusetzen (Art. 29 Abs. 1 DSM-RL). Zur Richtlinie weiter → Vor §§ 20 ff. Rn. 13, 55, 75.
[15] Wahrnehmungsverträge abrufbar unter www.gema.de, www.vgwort.de, www.bildkunst.de, www.vg-musikedition.de; s. weiter Wandtke/Bullinger/*Ehrhardt* UrhG § 21 Rn. 7; Heker/Riesenhuber/*Staudt/Hendel*, Recht und Praxis der GEMA, 3. Aufl. 2018, Kap. 7 Rn. 94 ff., 117 ff., 125; *Staudt*, Die Rechteübertragungen im Berechtigungsvertrag der GEMA, 2006, S. 167 ff., 174 ff., 299 f.; *Reber* GRUR 2000, 203 (206).

eines Vortrags oder einer Aufführung in ihren wesentlichen Zügen verwertet werden (str.).[16] Die Wiedergabe der Filmmusik bei der öffentlichen Vorführung eines Filmwerkes fällt stets unter § 21 (str.).[17]

II. Verwertungshandlung

12   Nach § 21 S. 1 steht dem Urheber das Recht zu, Vorträge (§ 19 Abs. 1) und Aufführungen (§ 19 Abs. 2) seines Werkes mittels Bild- oder Tonträger öffentlich wahrnehmbar zu machen. Die Vorträge und Aufführungen müssen nicht selbst öffentlich sein (allgM).[18] **Bild- oder Tonträger** sind nach der Legaldefinition des § 16 Abs. 2 Vorrichtungen zur wiederholbaren Wiedergabe von Bild- oder Tonfolgen (DVDs, Festplatten, Filme usw). **Rechtswidrig hergestellte Vervielfältigungsstücke** des Werkes dürfen nach § 96 Abs. 1 auch von denen, die als Inhaber von Nutzungsrechten dazu an sich befugt wären, nicht zu einer Wiedergabe iSd § 21 verwendet werden.

13   Die Vorträge oder Aufführungen müssen durch die Wiedergabe öffentlich **wahrnehmbar** gemacht, dh unmittelbar für die menschlichen Sinne wiedergegeben werden.[19] Dies ist bei einer Sendung (§ 20) nicht der Fall, weil diese das Werk der Öffentlichkeit nur zugänglich macht. Das optische Bild eines Vortrags oder einer Musikaufführung ist nicht selbst Vortrag oder Aufführung des Sprach- oder Musikwerkes. Durch die Stummfilmaufnahme einer Konzertaufführung oder eines Vortragsabends werden daher die dargebotenen Musik- und Sprachwerke nicht gemäß § 21 wiedergegeben. Bei Aufführungen von Bühnenwerken können dagegen uU die wesentlichen Züge des Werkes auch durch Bild- oder Tonträger allein wiedergegeben werden. Dann greift § 21 ein.[20]

14   Eine Wiedergabe ist **öffentlich,** wenn die Voraussetzungen des § 15 Abs. 3 gegeben sind.[21] Diese Vorschrift ist richtlinienkonform auszulegen.[22] § 21 S. 1 greift jedoch nur ein, wenn der Empfängerkreis **an einem Ort versammelt** ist und die Wiedergabe für ihn gemeinsam wahrnehmbar ist.[23] Deshalb ist § 21 nicht anwendbar, wenn zB ein Hotel in die Gastzimmer Videobänder nach eigener Auswahl überspielt (Hotelvideo).[24] Eine sukzessive Öffentlichkeit (wie zB bei Musikwiedergaben durch Audio-Guides in Museen oder bei wiederholten Wiedergaben eines digital gespeicherten Buches mittels der Vorlesefunktion des Speichergeräts für jeweils einzelne Nutzer) genügt für das Eingreifen des § 21 nicht.[25] Eine Werkwiedergabe mittels Bild- oder Tonträger als Hintergrundmusik in einer Zahnarztpraxis ist nach der Rechtsprechung des EuGH und des BGH keine öffentliche Wiedergabe.[26] Noch nicht durch Gerichtsentscheidungen geklärt ist die Frage, inwieweit die Begründung des EuGH auf ähnliche Fallgestaltungen übertragbar ist.[27]

III. Entsprechende Anwendung des § 19 Abs. 3

15   Das Recht der Wiedergabe durch Bild- oder Tonträger umfasst nach **§ 21 S. 2 iVm § 19 Abs. 3** die Befugnis, die Wiedergabe außerhalb des Raumes, in dem sie stattfindet, durch Bildschirm, Lautsprecher oder ähnliche technische Einrichtungen öffentlich wahrnehmbar zu machen. Diese Regelung zeigt, dass § 21 S. 1 davon ausgeht, dass der Empfängerkreis an einem Ort versammelt ist und die Wiedergabe gemeinsam wahrnehmen kann.[28] Die **Auslegungsregel** des § 37 Abs. 3 gilt auch für die Einräumung von Nutzungsrechten gemäß § 21.

IV. Abgrenzung von anderen Verwertungsrechten

16   Zur Abgrenzung von den Rechten aus **§ 19** vgl. die Kommentierung dieser Vorschrift.[29] Mit dem Recht aus **§ 22** gibt es keine Überschneidungen. Wird die Aufzeichnung einer Funksendung oder eines iSd § 19a öffentlich zugänglich gemachten Werkes zur öffentlichen Wiedergabe benutzt, greift nur § 22 ein.[30]

---

[16] Vgl. → § 19 Rn. 60.

[17] → § 19 Rn. 59.

[18] Vgl. Wandtke/Bullinger/*Ehrhardt* UrhG § 21 Rn. 4; DKMH/*Dreyer* UrhG § 21 Rn. 8; weiter → § 19 Rn. 19, 28.

[19] Vgl. BGHZ 123, 149 (151 f.) = GRUR 1994, 45 (46) – Verteileranlagen; BGH GRUR 2016, 697 Rn. 11 – Königshof.

[20] Vgl. *Ulmer* § 55 I 2.

[21] → § 15 Rn. 354 ff.

[22] → Rn. 1; → § 15 Rn. 354.

[23] Vgl. BGHZ 123, 149 (152) = GRUR 1994, 45 (46) – Verteileranlagen; BGH GRUR 2016, 697 Rn. 11 – Königshof; aA – zu § 11 Abs. 2 LUG – LG Berlin Schulze LGZ 98, 4 ff. – Schallplatten-Espresso – mAnm *Schatz;* vgl. weiter → Rn. 15; → § 19 Rn. 25, 43, 63.

[24] Im Ergebnis ebenso *Poll* FuR 1983, 9 (13); Dreier/Schulze/*Dreier* UrhG § 21 Rn. 3; aA *Ulmer* § 53 III 2; *Schricker* FS Oppenhoff, 1985, 367 (380); *Melichar* FS Wandtke, 2013, 359 (371); weiter → § 20 Rn. 59.

[25] → § 15 Rn. 382.

[26] → § 15 Rn. 90, 345 f.

[27] Vgl. dazu → § 15 Rn. 102, 345 ff.

[28] Vgl. BGHZ 123, 149 (152) = GRUR 1994, 45 (46) – Verteileranlagen; vgl. weiter → § 15 Rn. 379; zur entsprechenden Problematik bei § 22 → § 22 Rn. 19 f.

[29] → § 19 Rn. 55, 65.

[30] → § 22 Rn. 15.

§ 22 Recht der Wiedergabe von Funksendungen und von öffentlicher Zugänglichmachung

¹Das Recht der Wiedergabe von Funksendungen und der Wiedergabe von öffentlicher Zugänglichmachung ist das Recht, Funksendungen und auf öffentlicher Zugänglichmachung beruhende Wiedergaben des Werkes durch Bildschirm, Lautsprecher oder ähnliche technische Einrichtungen öffentlich wahrnehmbar zu machen. ²§ 19 Abs. 3 gilt entsprechend.

Übersicht

A. Allgemeines

I. Unionsrecht

Das Recht der öffentlichen Wiedergabe aus **Art. 3 Abs. 1 InfoSoc-RL** umfasst auch öffentliche **1** Wiedergaben durch Wahrnehmbarmachen von Rundfunksendungen (zB in einer Gastwirtschaft).[1] Die Vorschrift des § 22 ist dementsprechend richtlinienkonform auszulegen.[2]

II. Internationale Abkommen

Das durch § 22 gewährte Recht der Wiedergabe von Funksendungen entspricht dem Recht aus **2** Art. 11bis Abs. 1 Nr. 3 RBÜ (Brüsseler und Pariser Fassung) der **Berner Übereinkunft** (RBÜ).[3]

Die Verbandsstaaten sind befugt, von dem Verwertungsrecht gewisse **„kleine Ausnahmen"** vor- **3** zusehen (petites réserves, zB für religiöse Feiern und Unterrichtszwecke).[4]

Das **TRIPS-Übereinkommen** hat den Schutzgehalt der Berner Übereinkunft übernommen.[5] **4**

III. Rechtsentwicklung

1. Rechtslage vor Inkrafttreten des UrhG

Anders als das RG[6] hat der BGH bereits unter der Geltung des **LUG** die öffentliche Wiedergabe **5** von Werken auf der Grundlage von Funksendungen als selbständige Werknutzung angesehen.[7]

---

[1] Vgl. EuGH GRUR-Int 2012, 150 Rn. 30 ff. – Circul Globus Bucureşti; EuGH GRUR 2012, 156 Rn. 200 ff. = MMR 2011, 817 mAnm *Stieper* – Football Association Premier League u. Murphy; EuGH 14.7.2015 – C-151/15 Rn. 11 ff. = MR-Int. 2015, 108 – Sociedade Portuguesa de Autores; EuGH GRUR 2016, 684 Rn. 47 – Reha Training/GEMA; BGH GRUR 2016, 278 Rn. 24 – Hintergrundmusik in Zahnarztpraxen; öOGH GRUR-Int 2014, 697 (700, unter 1.7.) – Fußballübertragungen; *Metzger* GRUR 2012, 118 (123); *J. H. Schmidt,* Maximalschutz im internationalen und europäischen Urheberrecht, 2018, S. 160; weiter → § 15 Rn. 160.
[2] Zur richtlinienkonformen Auslegung → § 15 Rn. 131 ff.
[3] Allgemein zur RBÜ → Vor §§ 120 ff. Rn. 27 ff.
[4] → Vor §§ 20 ff. Rn. 30; ablehnend Busche/Stoll/Wiebe/*Brand,* TRIPs, 2. Aufl. 2013, Art. 9 Rn. 61.
[5] Vgl. dazu → Vor §§ 120 ff. Rn. 17 f.; Busche/Stoll/Wiebe/*Brand,* TRIPs, 2. Aufl. 2013, Art. 9 Rn. 8 ff.
[6] RGZ 136, 377.
[7] BGHZ 33, 38 (41) = GRUR 1960, 627 (628) – Künstlerlizenz Rundfunk; BGHZ 37, 1 (9) = GRUR 1962, 470 (473) – AKI; BGHZ 38, 356 (364) = GRUR 1963, 213 (216) – Fernsehwiedergabe von Sprachwerken; zur Rechtsentwicklung s. *Krüger-Nieland* GRUR 1957, 535 (537).

2. Urheberrechtsgesetz

6   In Übereinstimmung mit Art. 11bis Abs. 1 Nr. 3 RBÜ (Brüsseler und Pariser Fassung) hat das UrhG in § 22 ausdrücklich ein entsprechendes Verwertungsrecht gewährt.[8]

7   Bereits vor Inkrafttreten der UrhG-Novelle 2003[9] war das Recht, ein Werk nach dessen Abruf aus einer öffentlich zugänglichen Datenbank auf einem Bildschirm öffentlich wahrnehmbar zu machen, als unbenanntes Recht der öffentlichen Wiedergabe anzuerkennen.[10]

8   Durch Art. 1 Abs. 1 Nr. 6 der **UrhG-Novelle 2003**[11] wurde § 22 neu gefasst und dem Urheber auch ausdrücklich ein ausschließliches Recht gewährt, zu erlauben oder zu verbieten, dass sein Werk auf der Grundlage einer öffentlichen Zugänglichmachung (§ 19a) durch Bildschirm, Lautsprecher oder ähnliche technische Einrichtungen öffentlich wahrnehmbar gemacht wird. Die sprachliche Fassung der Vorschrift ist wenig geglückt. Das Recht der öffentlichen Zugänglichmachung aus § 19a bezieht sich nur auf ein Bereithalten des Werkes zum Abruf durch eine Öffentlichkeit.[12] Es ist sprachlich nicht sinnvoll, von der Wiedergabe einer Zugänglichmachung zu sprechen. Das Verwertungsrecht könnte als „Recht des Wahrnehmbarmachens öffentlich zugänglich gemachter Werke" bezeichnet werden.

3. Urheberrecht der DDR

9   Das **URG-DDR** enthielt in seinem § 18 keine dem § 22 entsprechende Werknutzungsbefugnis.[13]

IV. Wesen und Schranken des Rechts

1. Wesen des Rechts

10   Das ausschließliche „Recht der Wiedergabe von Funksendungen und von öffentlicher Zugänglichmachung" ist ein **Recht der öffentlichen Wiedergabe** des Werkes in unkörperlicher Form (§ 15 Abs. 2 Nr. 5).[14] Es ist ein Recht am öffentlichen Wahrnehmbarmachen von Werken, die durch eine Funksendung (iSd § 20 oder § 20a) oder durch eine Abrufübertragung eines gemäß § 19a bereitgehaltenen Werkes zugänglich gemacht worden sind. Das Recht aus § 22 wird häufig als Zweitverwertungsrecht bezeichnet.[15]

2. Schranken des Rechts

11   Das Recht unterliegt den allgemeinen Schranken des Urheberrechts gemäß **§§ 45 ff.,** soweit diese für die öffentliche Wiedergabe gelten: § 45 Abs. 3 (Rechtspflege und öffentliche Sicherheit), § 45c Abs. 2 (Nutzung durch befugte Stellen), § 48 Abs. 1 (Öffentliche Reden), § 49 (Zeitungsartikel und Rundfunkkommentare), § 50 (Berichterstattung über Tagesereignisse), § 51 (Zitate), § 52 (Öffentliche Wiedergabe), § 56 (Vervielfältigung und öffentliche Wiedergabe in Geschäftsbetrieben), § 57 (Unwesentliches Beiwerk), § 59 Abs. 1 (Werke an öffentlichen Plätzen) und § 60a (Unterricht und Lehre).

Eine zwingende Schranke wird durch **Art. 5 DSM-RL** (Nutzung von Werken und sonstigen Schutzgegenständen für digitale und grenzüberschreitende Unterrichts- und Lehrtätigkeiten) vorgeschrieben.[16]

12   **Rechtswidrig veranstaltete Funksendungen** dürfen auch von denen, die als Inhaber von Nutzungsrechten an sich zu öffentlichen Wiedergaben befugt wären, nicht öffentlich wiedergegeben werden (§ 96 Abs. 2).

V. Wahrnehmung des Rechts

13   Ebenso wie die Rechte aus § 21[17] werden die Rechte aus § 22 in weitem Umfang von der GEMA, der VG Wort, der VG Bild-Kunst, der VG Musikedition und der VG Media wahrgenommen.[18]

---

[8] Zum Regelungsvorschlag des § 18 MinE 1959 vgl. → § 15 Rn. 329.
[9] → Rn. 8.
[10] → § 15 Rn. 282, 287.
[11] Gesetz zur Regelung des Urheberrechts in der Informationsgesellschaft v. 10.9.2003 BGBl. I S. 1774.
[12] → § 19a Rn. 57.
[13] → § 15 Rn. 335.
[14] Vgl. → § 15 Rn. 336 ff.
[15] Dazu → § 15 Rn. 185 f.; → § 19 Rn. 16.
[16] Die Richtlinie ist bis zum 7.6.2021 umzusetzen (Art. 29 Abs. 1 DSM-RL). Zur Richtlinie weiter → Vor §§ 20 ff. Rn. 13, 55, 75.
[17] Vgl. → § 21 Rn. 9.
[18] Wahrnehmungsverträge abrufbar unter www.gema.de, www.vgwort.de, www.bildkunst.de, www.vg-musikedition. de. S. weiter Heker/Riesenhuber/*Staudt*/*Hendel*, Recht und Praxis der GEMA, 3. Aufl. 2018, Kap. 7 Rn. 104 ff.; *Staudt*, Die Rechteübertragungen im Berechtigungsvertrag der GEMA, 2006, S. 151 ff., 162 ff., 298 f.; *Reber* GRUR 2000, 203 (206, 211). Zur Rechtewahrnehmung durch die VG Media s. VGH München BeckRS 2019, 10280 (Revision zugelassen); *Podszun* ZUM 2017, 732.

B. Inhalt des Verwertungsrechts

I. Gegenstand des Rechts

Das Recht aus § 22 bezieht sich auf **geschützte Werke aller Art** (§§ 2–4), die gemäß § 20 oder § 20a   14
gesendet oder gemäß § 19a öffentlich zugänglich gemacht wurden. Es ist ohne Belang, ob das Werk
vor der Ausstrahlung durch Funksendung fixiert war.

II. Verwertungshandlung

Das Recht der **Wiedergabe von Funksendungen** ist das Recht, ein durch Funk gemäß § 20   15
oder § 20a gesendetes Werk durch Bildschirm, Lautsprecher oder ähnliche technische Einrichtungen
öffentlich wahrnehmbar zu machen (zB Wiedergabe in Gaststätten). § 22 greift auch dann ein, wenn
das durch Funk gesendete oder öffentlich zugänglich gemachte Werk erst nach einer **zwischenge-
schalteten Aufzeichnung** für die öffentliche Wiedergabe benutzt wird.[19] Eine aA[20] sieht in einem
solchen Fall § 21 bzw. § 19 Abs. 4 als einschlägig an, da § 22 das ungeschriebene Tatbestandsmerkmal
enthalte, dass ein zeitgleich laufender Sende- oder Abrufvorgang wiedergegeben werde. Nach dieser
Ansicht wären jedoch nach früherem Recht[21] vom Gesetz nicht gewollte Schutzlücken entstanden,
weil sich § 19 Abs. 4 nicht auf alle Werkarten bezieht.[22]

Von der Wiedergabe einer **„Funksendung"** kann nur bei einer Sendung an eine Öffentlichkeit   16
gesprochen werden, nicht auch bei einer Übertragung im Wege der Individualkommunikation, wie
zB einer E-Mail-Übermittlung (vgl. auch Art. 11bis Abs. 1 Nr. 3 RBÜ).[23] Funksendung iSd Sendevorgangs ist nach der Terminologie des Urheberrechtsgesetzes nur eine an eine Öffentlichkeit gerichtete Ausstrahlung (vgl. insbes. § 20, § 52 Abs. 3, § 55 Abs. 1, § 94 Abs. 1). Dementsprechend ist eine
Wiedergabe von Funksendungen nur dann gegeben, wenn eine Ausstrahlung an eine Öffentlichkeit
vorausgegangen ist.[24] Dies ist nicht anders als bei einer Wiedergabe aufgrund einer Abrufübertragung.
Auch diese wird von § 22 nach dessen klarem Wortlaut nur erfasst, wenn eine öffentliche Zugänglichmachung iSd § 19a vorausgegangen ist, nicht lediglich eine Individualkommunikation. Einen
gewissen Hinweis auf diese Rechtslage gibt auch § 96 Abs. 2, nach dem rechtswidrig veranstaltete
„Funksendungen" nicht öffentlich wiedergegeben werden dürfen: Nur Sendungen iSd § 20 können
„rechtswidrig veranstaltete Funksendungen" sein, weil das UrhG an nichtöffentlichen Sendungen
keine Schutzrechte anerkennt.[25] Der Schutz der Urheber ergibt sich hier jedoch aus § 19 Abs. 4 und
– soweit diese Vorschrift wegen der Art des Werkes nicht eingreift – aus einem unbenannten Verwertungsrecht gemäß § 15 Abs. 2.[26]

Das Recht der **Wiedergabe von öffentlicher Zugänglichmachung** bezieht sich auf das öffent-   17
liche Wahrnehmbarmachen von Werken, nachdem diese iSd § 19a öffentlich zugänglich gemacht
worden sind. Dies kann zB der Fall sein, wenn im Internet bereitgehaltene Werke (Filme, Musik usw)
nach Abruf für eine Öffentlichkeit (etwa auf einem Bildschirm oder einer Leinwand, durch Lautsprecher) wahrnehmbar gemacht werden. Das Werk muss von einem Mitglied der Öffentlichkeit, die
durch die öffentliche Zugänglichmachung angesprochen worden ist, abgerufen worden sein.[27] Der
Empfängerkreis, dem das Werk wahrnehmbar gemacht wird, muss an einem Ort versammelt sein und
die Wiedergabe gemeinsam wahrnehmen können.[28] Das nichtöffentliche Wahrnehmbarmachen ist
frei. Die öffentliche Bildschirmwiedergabe von Werken, die nicht öffentlich zugänglich in einem
Computer gespeichert sind, wird durch ein unbenanntes Recht der öffentlichen Wiedergabe erfasst.[29]

Wahrnehmbar gemacht wird das Werk, wenn es unmittelbar für die menschlichen Sinne wieder-   18
gegeben wird.[30] Eine veränderte Wiedergabe der Funksendung steht der Anwendung des § 22 nicht
entgegen, solange noch die wesentlichen Züge des gesendeten Werkes wiedergegeben werden.[31]

---

[19] Vgl. OLG Frankfurt a. M. GRUR 1989, 203 (204); Dreier/Schulze/*Dreier* UrhG § 22 Rn. 6.

[20] Fromm/Nordemann/*Dustmann*/*Engels* UrhG § 22 Rn. 6.

[21] Im Hinblick auf Art. 3 Abs. 1 InfoSoc-RL ist nunmehr ein unbenanntes Verwertungsrecht anzuerkennen,
wenn ein Werk einer in § 19 Abs. 4 nicht genannten Werkart vorgeführt wird (→ § 19 Rn. 58).

[22] → § 19 Rn. 56 f.

[23] Vgl. → § 20 Rn. 27, 89.

[24] Vgl. Möhring/Nicolini/*Hillig* UrhG § 22 Rn. 3; *May,* Urheberstrafrecht und Streaming, 2014, S. 129 f.; aA
Büscher/Dittmer/Schiwy/*Haberstumpf* Kap. 10 UrhG § 22 Rn. 4; Dreier/Schulze/*Dreier* UrhG § 22 Rn. 6;
DKMH/*Dreyer* UrhG § 22 Rn. 12.

[25] AA DKMH/*Dreyer* UrhG § 22 Rn. 12.

[26] → § 15 Rn. 289.

[27] AA Büscher/Dittmer/Schiwy/*Haberstumpf* Kap. 10 UrhG § 22 Rn. 4.

[28] → Rn. 19 f.

[29] → § 15 Rn. 287.

[30] Vgl. BGHZ 123, 149 (151 f.) = GRUR 1994, 45 (46) – Verteileranlagen; BGH GRUR 2016, 697 Rn. 11 –
Königshof. Die Ermöglichung des Rundfunkempfangs durch selbständig empfangstaugliche Fernsehgeräte in den
Gästezimmern eines Hotels greift daher nicht in das Recht aus § 22 ein (BGH GRUR 2016, 697 Rn. 12 – Kö-
nigshof; zu dieser Entscheidung vgl. aber → § 15 Rn. 99).

[31] Vgl. → § 15 Rn. 32 ff., 242 ff.

19   Eine Wiedergabe ist **öffentlich,** wenn die Voraussetzungen des § 15 Abs. 3 gegeben sind.[32] Diese Vorschrift ist richtlinienkonform auszulegen.[33] § 22 S. 1 greift jedoch nur ein, wenn der Empfängerkreis an einem Ort versammelt und die Wiedergabe für ihn gemeinsam wahrnehmbar gemacht wird.[34] Andernfalls fehlt es an einem öffentlichen Wahrnehmbarmachen. Die Wiedergabe einer Rundfunksendung im privaten Kreis wird durch kein Verwertungsrecht erfasst.[35] Das Recht aus § 22 ist deshalb nicht anwendbar, wenn in einem Hotel Rundfunksendungen mittels einer Verteileranlage in den einzelnen Gastzimmern (und damit jeweils in der privaten Sphäre der Gäste) wahrnehmbar gemacht werden[36] oder Hörfunksendungen in einem Reisezug oder Flugzeug zeitgleich zu den einzelnen Plätzen übertragen werden und dort von den Reisenden mit Kopfhörern genutzt werden können.[37] Nach der Rechtsprechung des EuGH und des BGH ist auch die Wiedergabe von Rundfunksendungen als **Hintergrundmusik in einer Zahnarztpraxis** keine öffentliche Wiedergabe.[38] Noch nicht durch Gerichtsentscheidungen geklärt ist die Frage, inwieweit die Begründung des EuGH auf ähnliche Fallgestaltungen übertragbar ist.[39]

20   Das Wahrnehmbarmachen eines öffentlich zugänglich gemachten Werkes fällt ebenfalls nur dann unter § 22, wenn ein und derselbe Wiedergabevorgang das Werk **an ein und demselben Ort** einem als Öffentlichkeit anzusehenden Empfängerkreis **gleichzeitig wahrnehmbar** macht.[40] Der Tatbestand des § 22 ist deshalb nicht gegeben, wenn das öffentlich zugänglich gemachte Werk gleichzeitig an eine Mehrzahl von Terminals in einem Raum übertragen wird, auch wenn es so insgesamt für einen öffentlichen Empfängerkreis wahrnehmbar ist. In einem solchen Fall kann die Anwendung des § 20 oder eines unbenannten Rechtes der öffentlichen Wiedergabe in Betracht kommen.[41] Die Vorschrift des § 22 greift ebenfalls nicht ein, wenn ein als öffentlich anzusehender Empfängerkreis das öffentlich zugänglich gemachte Werk in einem gemeinsamen Raum jeweils für sich an verschiedenen Terminals abrufen kann.[42]

III. Entsprechende Anwendung des § 19 Abs. 3

21   Das Verwertungsrecht umfasst nach **§ 22 S. 2** die Befugnis, die Wiedergabe außerhalb des Raumes, in dem sie stattfindet, durch Bildschirm, Lautsprecher oder ähnliche technische Einrichtungen öffentlich wahrnehmbar zu machen. Diese Regelung zeigt, dass § 22 S. 1 (ebenso wie § 21 S. 1) davon ausgeht, dass der Empfängerkreis an einem Ort versammelt ist.[43] Die **Auslegungsregel** des § 37 Abs. 3 gilt auch für die Einräumung von Nutzungsrechten gemäß § 22.

IV. Abgrenzung von anderen Verwertungsrechten

22   Zur Abgrenzung von **§ 19 Abs. 3:** → § 19 Rn. 55, von **§ 19 Abs. 4:** → § 19 Rn. 66, von **§ 19a:** → § 19a Rn. 107, von **§ 20:** → Rn. 15, von **§ 21:** → § 21 Rn. 16.

§ 23 Bearbeitungen und Umgestaltungen

[1]Bearbeitungen oder andere Umgestaltungen des Werkes dürfen nur mit Einwilligung des Urhebers des bearbeiteten oder umgestalteten Werkes veröffentlicht oder verwertet werden. [2]Handelt es sich um eine Verfilmung des Werkes, um die Ausführung von Plänen und Entwürfen eines Werkes der bildenden Künste, um den Nachbau eines Werkes der Baukunst oder um die Bearbeitung oder Umgestaltung eines Datenbankwerkes, so bedarf bereits das Herstellen der Bearbeitung oder Umgestaltung der Einwilligung des Urhebers. [3]Auf ausschließlich technisch bedingte Änderungen eines Werkes nach § 60d Absatz 1, § 60e Absatz 1 sowie § 60f Absatz sind die Sätze 1 und 2 nicht anzuwenden.

---

[32] → § 15 Rn. 354 ff.
[33] → Rn. 1; → § 15 Rn. 354.
[34] Vgl. BGH GRUR 1996, 875 (876) – Zweibettzimmer im Krankenhaus: Fernsehwiedergabe von Musik- und Sprachwerken mittels Kopfhörern im Patientenzimmer; BGH GRUR 2016, 697 Rn. 11 – Königshof; vgl. weiter → Rn. 20, 21.
[35] Vgl. EuGH GRUR 2012, 156 Rn. 171 = MMR 2011, 817 mAnm *Stieper* – Football Association Premier League u. Murphy.
[36] Vgl. BGH GRUR 2010, 530 Rn. 41 – Regio-Vertrag; die Weitersendung durch die Verteileranlage wird als solche durch § 20 erfasst, → § 20 Rn. 62.
[37] Zur Anwendbarkeit des § 20 vgl. → § 20 Rn. 59, 77; aA Büscher/Dittmer/Schiwy/*Haberstumpf* Kap. 10 UrhG § 21 Rn. 10, der in solchen Fällen ein öffentliches Wahrnehmbarmachen annimmt, weil die Kopfhörer – wie Lautsprecher oder Verstärker bei einer öffentlichen Aufführung – dem Wahrnehmbarmachen für das versammelte Publikum dienten; ebenso Fromm/Nordemann/*Dustmann/Engels* UrhG § 22 Rn. 9.
[38] → § 15 Rn. 90, 345 f.
[39] Vgl. dazu → § 15 Rn. 102, 345 ff.
[40] Vgl. → Rn. 19.
[41] → Rn. 18 f.; vgl. auch → § 20 Rn. 59, 77.
[42] → § 19a Rn. 76.
[43] Vgl. auch → § 15 Rn. 370; *v. Ungern-Sternberg* GRUR 1973, 16 (24).

Schrifttum: *Apel/John,* Das Wissenschaftsplagiat als Wettbewerbsverstoß, UFITA 2012/III, 665; *v. Becker,* Poesie, Plagiat, Poe – ein Rundblick zum Plagiat in der Literatur, FS Hertin (2000), S. 3; *Bisges,* Das Selbstplagiat im Urheberrecht, UFITA 2008/III, 643; *Brockmann,* Volksmusikbearbeitung und Volksmusikschutz im Lichte der Urheberrechtsnovelle 1985, 1998; *Bullinger/Garbers-von Boehm,* Der Blick ist frei – Nachgestellte Fotos aus urheberrechtlicher Sicht, GRUR 2008, 24; *Chakraborty,* Das Rechtsinstitut der freien Benutzung im Urheberrecht, 1997; *Dreier/Ohly* (Hrsg.), Plagiate – Wissenschaftsethik und Recht, 2013; *Einem,* Zum Streit um die Lizenzierungspraxis bei monophonen und polyphonen Klingeltönen, ZUM 2005, 540; *Erdmann,* Verwendung zeitgenössischer Literatur für Unterrichtszwecke am Beispiel Harry Potter, WRP 2002, 1329; *Ernst,* Krytomnesie als Einrede in Plagiatsprozessen, in Rehbinder (Hrsg.), Die psychologische Dimension des Urheberrechts, 2003, S. 101; *Fischötter,* Gedanken zum Plagiat, zur Bearbeitung und zur Parodie in der Musik, in: FS Hertin (2000), S. 69; *Frenz,* Wissenschaftliches Fehlverhalten und Urheberrecht, ZUM 2016, 13; *Gutsche,* Urheberrecht und Volksmusik, 1996; *Haberstumpf,* Zum Umfang der Verbietungsrechte des Verlegers, FS Schricker (2005), S. 309; *ders.,* Plagiatorische Erscheinungsformen im Arbeitnehmerurheberrecht, FS Wandtke (2013), S. 121; *Hertin,* Zum Umgang mit Musikbearbeitungen bei der Cover-Version, FS W. Nordemann (2004), S. 35; *Hörnig,* Das Bearbeitungsrecht und die Bearbeitung unter besonderer Berücksichtigung von Werken der Literatur, UFITA 99 (1985) 13; *Jörger,* Das Plagiat in der Popularmusik, 1992; *Kawohl/Kretschmer,* DJing, Coverversionen und andere „produktive Nutzungen" – Warum die Kategorien des Musikurheberrechts der Musikpraxis nicht mehr gerecht werden, UFITA 2007/II, S. 363; *Knies,* Urheberrechtliche und strafrechtliche Aspekte beim Verfassen wissenschaftlicher Doktorarbeiten, ZUM 2011, 897; *Knopp,* Fanfiction – nutzergenerierte Inhalte und das Urheberrecht, GRUR 2010, 28; *Koch,* Das Schweigen von Marcel Duchamp, FS Bornkamm (2014), S. 835; *Kreutzer,* Urheberrechtliche Zulässigkeit der Verwendung und des Vertriebs von Adblockern, MMR 2018, 639; *Kröner/Schimpf,* (Endlich) Konkretes zu Abstracts oder: Möglichkeiten und Grenzen der Publikation von Zusammenfassungen, AfP 2005, 333; *Krüger,* Die Freiheit des Zitats im Multimedia-Zeitalter, 2004; *Krusemarck,* Die abhängige Schöpfung im Recht des geistigen Eigentums, 2013; *Leistner,* Von Joseph Beuys, Marcel Duchamp und der dokumentarischen Fotografie von Kunstaktionen – Überlegungen aus Anlass des Urteils des LG Düsseldorf vom 29. September 2010 in Sachen VG Bild-Kunst v. Stiftung Museum Schloss Moyland, ZUM 2011, 468; *Leistner/Stang,* Die Bildersuche im Internet aus urheberrechtlicher Sicht, CR 2008, 499; *Loewenheim,* Gedanken zur freien und unfreien Benutzung im Urheberrecht, FS Ahrens (2016), S. 247; *ders.,* Die Benutzung urheberrechtlich geschützter Schriftwerke in Sekundärliteratur für den Schulunterricht, FS Fezer (2016), S. 775; *Loschelder,* Vervielfältigung oder Bearbeitung? Zum Verhältnis des § 16 UrhG zu § 23 UrhG, GRUR 2011, 1078; *Maaßen,* Urheberrechtliche Probleme der elektronischen Bildbearbeitung, ZUM 2009, 809; *Obergfell,* Konkretisierung der urheberrechtlichen Bewertung von Abstracts durch den BGH, GRUR 2011, 208; *dies.,* Das Zitat im Tanz, FS Wandtke (2013), S. 71; *Pimat,* Beweisprobleme der (angeblich) unbewußten Entlehnung in der Musik, 2002; *Plassmann,* Bearbeitungen und andere Umgestaltungen in § 23 UrhG, 1996; *Reuter,* Digitale Bild- und Filmbearbeitung im Lichte des Urheberrechts, GRUR 1997, 23; *Schack,* Wissenschaftsplagiat und Urheberrecht, in Dreier/Ohly, Plagiate, 2013, S. 81; *Schmidt-Hern,* Die Fortsetzung von urheberrechtlich geschützten Werken, 2001 (UFITA-Schriftenreihe Bd. 188); *Schricker* (Hrsg.), Urheberrecht auf dem Weg zur Informationsgesellschaft, 1997 (Verfasser: *Dreier, Katzenberger, v. Lewinski, Schricker*); *Schulz,* „Remixes" und „Coverversionen", FS Hertin (2000), S. 213 ff.; *Schunke,* Das Bearbeitungsrecht in der Musik und dessen Wahrnehmung durch die GEMA, 2008; *Seifert,* Plagiatsgeschichte(n), FS Traub (1994), S. 343 ff.; *Singer/Wünschmann,* Plagiarism and its effects on the German Ph. D., FS Wandtke (2013), S. 113; *v. Ungern-Sternberg,* Verwendungen des Werkes in veränderter Gestalt im Lichte des Unionsrechts, GRUR 2015, 533; *Vogel,* Die Entfaltung des Übersetzungsrechts im deutschen Urheberrecht des 19. Jahrhunderts, GRUR 1991, 16; *Waiblinger,* „Plagiat" in der Wissenschaft, UFITA- Schriftenreihe Bd. 262 (2012) S. 201; *Weber,* Das Plagiat im Urheberrecht, WRP 2013, 859.

Siehe auch die Literaturangaben bei § 24.

Weiteres Schrifttum in der 5. Aufl.

Übersicht

I. Zweck und Bedeutung der Norm

§ 23 bestimmt, dass dem Urheber die Verwertung seines Werkes nicht nur in der Originalfassung, **1** sondern auch in umgestalteter Form vorbehalten ist, und dass in den Fällen des S. 2 bereits das Herstellen der Umgestaltung seiner Einwilligung bedarf. Damit wird nicht ein besonderes Verwertungsrecht neben denjenigen der §§ 15 ff. begründet,[1] sondern der **Schutzumfang** des Urheberrechts geregelt.[2] Das Recht zur Verwertung des Werkes umfasst auch das Recht, die Verwertung bzw. Veröffentlichung in umgestalteter Form zu bewilligen oder zu untersagen, der Urheber kann also beispielsweise die Vervielfältigung oder Verbreitung seines Werkes in umgestalteter Form erlauben oder verbieten. Die Vorschrift des § 23 hat damit in ihrem Schwerpunkt verwertungsrechtlichen Charakter, begründet aber nicht ein gesondertes Verwertungsrecht, vielmehr nimmt der Wortlaut der Vorschrift („dürfen … veröffentlicht oder verwertet werden") auf die Gesamtheit der Verwertungsrechte Bezug.[3] Konsequenterweise ist auch das Bearbeitungsrecht nicht in § 15 aufgeführt. Neben § 23 stehen die Normen, die überwiegend dem **persönlichkeitsrechtlichen Schutz** des Urhebers vor Änderungen und Beeinträchtigungen seines Werkes dienen, nämlich §§ 14, 39 und 62 sowie § 93. Von **§ 3** unterscheidet sich § 23 dadurch, dass dort nicht der Schutzumfang, sondern die Frage geregelt wird, ob der Bearbeiter an der Umgestaltung ein Urheberrecht erwirbt.

2   Das Zustimmungserfordernis des § 23 rechtfertigt sich daraus, dass jede Umgestaltung das Originalwerk (in abgeänderter Form) enthält und damit eine **Benutzung der schöpferischen Leistung eines anderen** darstellt. Diese Erkenntnis war früher keineswegs selbstverständlich. Vor allem das Übersetzungsrecht war heftig umkämpft und wurde, auch als das Prinzip der allgemeinen Übersetzungsfreiheit aufgegeben wurde, dem Urheber zunächst nur mit erheblichen Einschränkungen gewährt. In Deutschland hat sich voller Übersetzungsschutz erst mit dem LUG von 1901 durchgesetzt.[4] Durch das IuKDG v. 22.7.1997[5] wurde in Umsetzung von Art. 5 lit. b der Datenbankrichtlinie[6] in S. 2 die Bearbeitung oder Umgestaltung von Datenbankwerken eingefügt.

II. Bearbeitungen und andere Umgestaltungen

1. Terminologie

3   Der Oberbegriff, von dem das Gesetz bei Bearbeitungen und anderen Umgestaltungen ausgeht, ist der der **Umgestaltung.** Die Umgestaltung ist abhängige Nachschöpfung, dh eine Gestaltung, bei der wesentliche Züge des Originalwerks übernommen werden.[7] Durch die Übernahme wesentlicher Züge des Originalwerks unterscheidet sich die Umgestaltung von der freien Benutzung, bei der dies nicht der Fall ist, sondern bei der das Originalwerk lediglich als Anregung für das eigene Werkschaffen dient.[8] Für das **Verhältnis zur Vervielfältigung** gilt, dass eine Umgestaltung, die mit einer körperlichen Festlegung verbunden ist, ihrem Wesen nach eine Vervielfältigung des Originalwerks in umgestalteter Form ist;[9] in der Praxis wird allerdings oft unter Vervielfältigung die unveränderte, unter Umgestaltung (Bearbeitung) die veränderte Übernahme verstanden.

4   **Bearbeitungen** verfolgen nach der Amtlichen Begründung zum Urheberrechtsgesetz stets den Zweck, das Originalwerk bestimmten Verhältnissen anzupassen, es zum Beispiel in eine andere Sprache oder in eine andere Kunstform zu übertragen oder es für andere Ausdrucksmittel einzurichten. Der Bearbeiter wolle dabei die Identität des Originalwerkes unberührt lassen und nur dessen Verwertungsmöglichkeiten erweitern. Dem hat der Gesetzgeber Umarbeitungen gegenübergestellt, bei denen der Umarbeitende nicht das Originalwerk zur Geltung bringen wolle, sondern es als eigenes Werk ausgeben wolle (Plagiat) oder (vergeblich) versuche, es frei zu benutzen.[10] Geht man von dieser gesetzgeberischen Begriffsbestimmung aus, so liegt der **Unterschied zwischen Bearbeitungen und anderen Umgestaltungen** darin, dass die **Bearbeitung dem Werk dient** und es einem veränderten Zweck anpassen will, während dies bei anderen Umgestaltungen nicht der Fall ist.[11] Unter den Begriff der Bearbeitung fallen daher Übersetzungen in eine andere Sprache, Dramatisierungen und Verfilmungen sowie die Neubearbeitung wissenschaftlicher Werke, nicht aber das Plagiat, das eine (unerlaubte) andere Umgestaltung iSd § 23 ist.[12]

5   Diese Abgrenzung ist allerdings **bestritten.** Teilweise werden als Bearbeitungen solche Änderungen eines Werkes angesehen, bei denen der Grad einer persönlichen geistigen Schöpfung erreicht wird,

---

[1] So aber Dreier/Schulze/*Schulze* UrhG § 23 Rn. 9; Fromm/Nordemann/*A. Nordemann* UrhG §§ 23/24 Rn. 2; *Schack* Rn. 468; Büscher/Dittmer/Schiwy/*Haberstumpf* Kap. 10 UrhG § 23 Rn. 3; *Haberstumpf* FS Schricker, 2005, 309 (313); *Hörnig* UFITA 99 (1983), 13 (74 f.).

[2] Wandtke/Bullinger/*Bullinger* UrhG § 23 Rn. 1; *Koch* FS Bornkamm, 2014, 835 (838); *Plassmann* S. 59 ff., 267 ff., eingehend mit zutreffender Begründung *Loschelder* GRUR 2011, 1078 (1082).

[3] *Loschelder* GRUR 2011, 1078 (1082).

[4] Dazu eingehend *Vogel* GRUR 1991, 16 ff.

[5] BGBl. I S. 1870.

[6] Richtlinie 96/9/EG, ABl. 1996 L 77, S. 20.

[7] *Ulmer* § 56 I 1.

[8] Dazu → § 24 Rn. 14.

[9] BGH GRUR 2016, 1157 Rn. 17 – auf fett getrimmt; BGH GRUR 2014, 65 Rn. 36 f. – Beuys-Aktion; näher → § 16 Rn. 8.

[10] AmtlBegr. BT-Drs. IV/270, 51.

[11] OLG Düsseldorf GRUR 1990, 263 (266) – Automaten-Spielplan; KG GRUR-RR 2004, 129 (131) – Modernisierung einer Liedaufnahme; Dreier/Schulze/*Schulze* UrhG § 23 Rn. 5 f.; Büscher/Dittmer/Schiwy/*Haberstumpf* Kap. 10 UrhG § 23 Rn. 4, 6 f.; BeckOK UrhR/*Ahlberg* § 23 Rn. 6; *Ulmer* § 28 V 1 und 56 V 1; *Koch* FS Bornkamm, 2014, 835 (841); *Chakraborty* S. 34; → § 3 Rn. 5.

[12] AmtlBegr. BT-Drs. IV/270, 51; näher zum Plagiat vgl. → Rn. 28 ff.

während der Begriff der anderen Umgestaltung solchen Änderungen vorbehalten sein soll, bei denen dies nicht der Fall ist.[13] Dem ist aber nicht zu folgen.[14] Die Amtliche Begründung zu § 23[15] ist eindeutig, die gesetzgeberischen Überlegungen lassen sich, solange das Gesetz nicht geändert wird, nicht mit der bloßen Behauptung beiseiteschieben, sie seien überholt.[16] Zudem wäre das Kriterium der persönlichen geistigen Schöpfung in § 23 am systematisch falschen Standort angesiedelt. § 23 macht Umgestaltungen eines Werks bzw. ihre Veröffentlichung oder Verwertung von der Zustimmung des Urhebers abhängig, wobei es keine Rolle spielt, ob diese Umgestaltungen ihrerseits persönliche geistige Schöpfungen sind oder nicht. Ob eine persönliche geistige Schöpfung vorliegt, ist erst für die Frage von Bedeutung, ob die Umgestaltung ihrerseits Urheberschutz genießt, es handelt sich deshalb um ein Problem des § 3 und nicht des § 23. Stellt die Umgestaltung eine persönliche geistige Schöpfung dar, so ist sie im Fall einer Bearbeitung unmittelbar nach § 3, im Fall einer anderen Umgestaltung in dessen entsprechender Anwendung geschützt.[17] Für die Anwendung des § 23 kommt es allerdings auf diese Abgrenzung nicht an, da der Gesetzgeber Bearbeitungen und andere Umgestaltungen in dieser Vorschrift gleichgestellt hat.[18] Als **Bearbeitungsrecht** bezeichnet man die Befugnis des Urhebers, gemäß § 23 die Veröffentlichung und Verwertung bzw. (in den Fällen des § 23 S. 2) die Herstellung von Bearbeitungen zu erlauben oder zu verbieten. Je nach Art der Bearbeitung spricht man vom Übersetzungsrecht, Dramatisierungsrecht, Instrumentations- und Adaptionsrecht, Nachbildungsrecht, Verfilmungsrecht und dgl.

2. Bearbeitungen

Die Bearbeitung setzt eine **Veränderung des Originalwerkes** voraus, die Übernahme ohne Änderungen ist keine Bearbeitung, sondern Vervielfältigung nach § 16.[19] Es müssen die schutzfähigen Merkmale eines Werks verändert sein; eine Veränderung nicht geschützter Teile ist keine Bearbeitung iSd § 23.[20] Eine Bearbeitung (oder Umgestaltung) kann aber vorliegen, wenn im Rahmen eines geschützten Werkes ungeschützte Teile ersetzt, modifiziert oder weggelassen werden und dadurch der Gesamteindruck des Werkes verändert wird. Bei der Prüfung, ob eine Bearbeitung vorliegt, ist zunächst festzustellen, aus welchen Merkmalen sich die schöpferische Eigentümlichkeit eines Werkes ergibt. Sodann ist in einer Gegenüberstellung der beiden Gestaltungen festzustellen, ob und in welchem Umfang aus dem älteren Werk schutzfähige Elemente in das neue Werk übernommen worden sind; dabei ist der Gesamteindruck der Gestaltungen maßgebend.[21] Die Veränderung darf auch nicht in nur völlig unerheblichem Umfang erfolgen; sie muss so wesentliche Veränderungen aufweisen, dass sie nicht nur als reine Vervielfältigung anzusehen ist.[22] In diesem Sinne ist die bloße Aneinanderreihung von Originalarbeiten vom BGH nicht als Bearbeitung angesehen worden.[23] Eine Veränderung des Originalwerkes kann allerdings auch dann vorliegen, wenn dieses in seiner Substanz nicht verändert wird. Das urheberrechtlich geschützte Werk ist ein Immaterialgut, das im Werkstück lediglich konkretisiert wird;[24] eine Veränderung kann daher auch darin liegen, dass das Werk in einen anderen Sachzusammenhang gestellt wird und dadurch ein anderer Gesamteindruck entsteht.[25] So ist eine Bearbeitung dann anzunehmen, wenn ein geschütztes Werk in ein neues „Gesamtkunstwerk" derart integriert wird, dass es als dessen Teil erscheint, etwa wenn Bilder in Rahmen eingepasst werden, die nach den aufgemalten Motiven jeweils in besonderer Weise den jeweiligen Bildern angepasst sind.[26]

Keine Bearbeitung ist die **Digitalisierung** von Werken;[27] es wird lediglich das Format des Werkes, die Art seiner Verkörperung berührt; das Werk als geistige Wesenheit bleibt unverändert. Ebensowenig ist die **Werkinterpretation** eine Bearbeitung; mit der Schaffung der §§ 73 ff. wollte der

---

[13] LG Köln GRUR 1973, 88 – Kinder in Not; Fromm/Nordemann/*A. Nordemann* UrhG §§ 23/24 Rn. 9 f.; Wandtke/Bullinger/*Bullinger* UrhG § 23 Rn. 3 ff.; Büscher/Dittmer/Schiwy/*Obergfell* Kap. 10 UrhG § 3 Rn. 2; *Schack* Rn. 268; Loewenheim/*Hoeren* § 9 Rn. 207.

[14] Ebenso Dreier/Schulze/*Schulze* UrhG § 23 Rn. 5; *Loschelder* GRUR 2011, 1078 (1080 f.).

[15] Vgl. → Rn. 4.

[16] So aber Wandtke/Bullinger/*Bullinger* UrhG § 23 Rn. 5; dagegen auch Dreier/Schulze/*Schulze* UrhG § 23 Rn. 5; BeckOK UrhR/*Ahlberg* § 23 UrhG § 23 Rn. 6.

[17] Vgl. → 3 Rn. 4; zum Verhältnis von § 3 und § 23 auch → § 3 Rn. 2; sa OLG Hamburg ZUM-RD 2016, 576 (589) – Tagebuch der Anne Frank.

[18] S. dazu auch die AmtlBegr. BT-Drs. IV/270, 51; OLG Hamburg ZUM-RD 2016, 576 (589) – Tagebuch der Anne Frank.

[19] BGH GRUR 2002, 532 (534) – Unikatrahmen; BGH GRUR 1990, 669 (673) – Bibelreproduktion; näher zur Abgrenzung von Bearbeitung und Vervielfältigung → § 3 Rn. 9.

[20] → Rn. 14.

[21] BGH GRUR 2017, 390 Rn. 45 – East Side Gallery; BGH GRUR 2015, 1189 Rn. 41 – Goldrapper; KG ZUM 2015, 696 (698).

[22] BGH GRUR 2017, 390 Rn. 45 – East Side Gallery; BGH GRUR 2015, 1189 Rn. 41 – Goldrapper; BGH GRUR 2014, 65 Rn. 38 – Beuys-Aktion.

[23] BGH GRUR 1990, 669 (673) – Bibelreproduktion; vgl. ferner OLG Köln GRUR 1987, 42 (44) – Lichtbildkopien.

[24] BGH GRUR 2002, 532 (534) – Unikatrahmen; sa BGH GRUR 2006, 319 – Alpensinfonie.

[25] Dreier/Schulze/*Schulze* UrhG § 23 Rn. 8.

[26] BGH GRUR 2002, 532 (534) – Unikatrahmen.

[27] DKMH/*Dreyer* § 3 Rn. 14; *Schricker* in Schricker (Hrsg.) Informationsgesellschaft S. 40.

Gesetzgeber die systematisch verfehlte Regelung des LUG gerade aufgeben. Durch die Veränderung des Originalwerkes unterscheidet sich die Bearbeitung auch von der **freien Benutzung;** bei dieser wird keine veränderte Fassung des Originalwerkes geschaffen, sondern das Originalwerk dient lediglich als Anregung für eigenes selbständiges Werkschaffen.[28] Die Übertragung eines Werkes in eine **andere Werkart,** die eine **andere Kunstgattung** darstellt (Sprachwerke/Musikwerke/Werke der bildenden Künste) dürfte in den meisten Fällen freie Benutzung sein,[29] beispielsweise bei der Komposition eines Musikstücks oder der Gestaltung einer Plastik nach einem Gedicht. Wesenszüge und Ausdrucksformen dieser drei Kunstarten sind so unterschiedlich, dass der Inhalt des benutzten Werkes nur in sehr abstrakter Form erfasst und nur mit völlig anderen Darstellungsmitteln wiedergegeben werden kann. Dadurch verblasst das benutzte Werk gegenüber der Eigenart des neugeschaffenen Werks. Das ist aber keineswegs immer der Fall, es kann auch eine (unfreie) Bearbeitung vorliegen,[30] beispielsweise bei einer auf dem Tagebuch der Anne Frank beruhenden sog. „Grafischen Biografie" – einer sich der Stilmitteln eines Comics bedienenden Darstellung des Lebens der Anne Frank.[31] Bei anderen Werkarten ist dagegen eher eine (unfreie) Bearbeitung anzunehmen, wie schon die Regelung in § 23 S. 2 zeigt.[32] Beispiele bilden die Verfilmung eines Romans[33] oder seine Umsetzung in ein pantomimisches oder choreographisches Werk. Die Fernsehaufnahme einer Konzertaufführung ist dagegen keine Bearbeitung des dargebotenen Musikwerkes, weil dieses nicht bearbeitet, sondern vervielfältigt wird.[34] Zur Abgrenzung von abhängiger Bearbeitung und freier Benutzung im Einzelnen vgl. → § 24 Rn. 11 ff.

8   **Einzelfälle:** Bei **Sprachwerken** ist die **Übersetzung** in eine andere Sprache oder Mundart,[35] wie sich schon aus § 3 ergibt, stets Bearbeitung. Eine freie Benutzung liegt nicht vor, weil das Originalwerk ja nicht als bloße Anregung dienen, sondern in der anderen Sprachform wiedergegeben werden soll. Auch die **Dramatisierung** eines Romans oder einer Erzählung ist in aller Regel Bearbeitung, ebenso die Herstellung eines Drehbuchs[36] oder Librettos,[37] und zwar auch dann, wenn Handlungsablauf und Personen weitgehend verändert werden.[38] Es reicht aus, dass der Bearbeiter den individuellen Gehalt des Originalwerkes, vor allem dessen auf der schöpferischen Phantasie des Originalurhebers beruhende Fabel übernommen hat.[39] Dabei ist zu berücksichtigen, dass nach der Rechtsprechung des BGH bei Romanen nicht nur die konkrete Textfassung oder die unmittelbare Formgebung eines Gedankens geschützt sind, sondern auch die eigenpersönlich geprägten Bestandteile und formbildenden Elemente des Werkes, die im Gang der Handlung, in der Charakteristik und Rollenverteilung der handelnden Personen, der Ausgestaltung von Szenen und in der „Szenerie" des Romans liegen.[40] Eine Bearbeitung oder andere Umgestaltung kann daher auch darin liegen, dass zu einem Roman ein **Fortsetzungsroman** geschrieben wird[41] oder dass ein Roman von einer Buchform in eine **andere Buchform** (zB ein Lehrbuch für die Schule) transferiert wird.[42] Bei **Erweiterungen** wird es sich regelmäßig um Bearbeitungen handeln; bei **Kürzungen oder Streichungen** kann eine Wiedergabe des Originalwerks in veränderter Form und damit eine Bearbeitung vorliegen;[43] anders jedoch wenn es sich lediglich um unveränderte Auszüge handelt, die eine Teilvervielfältigung darstellen. Das gilt auch für die Erstellung von **abstracts** von Publikationen[44] und für **Entscheidungsleitsätze.**[45] Der BGH hat eine (schöpferische) Bearbeitung in der Ermittlung des Kerngehalts des Originalwerks, der Komprimierung des abstracts auf diesen Kerngehalt und der Wiedergabe des wesentlichen Inhalts des Originalwerks auf knappstem Raum gesehen.[46] Keine Bearbeitung sind die sog. **indikativen abstracts,** die lediglich bibliographische Hinweise auf das Originalwerk enthalten.

9   Bei **Musikwerken** sind Variationen, Einrichtungen für andere Instrumente (zB Klavierauszüge) und dgl. typische Beispiele für Bearbeitungen. Zustimmungspflichtige Bearbeitungen liegen aber auch

---

[28] Näher dazu → § 24 Rn. 14.

[29] So auch *Schack* Rn. 275; Rehbinder/*Peukert* Rn. 426; aber → § 24 Rn. 5.

[30] BGH GRUR 2014, 258 Rn. 42 – Pippi-Langstrumpf-Kostüm; sa Dreier/Schulze/*Schulze* UrhG § 24 Rn. 19; Fromm/Nordemann/*A. Nordemann* UrhG §§ 23/24 Rn. 39.

[31] OLG Hamburg ZUM-RD 2016, 576– Tagebuch der Anne Frank.

[32] BGH GRUR 2014, 258 Rn. 42 – Pippi-Langstrumpf-Kostüm; OLG Köln ZUM 2012, 407 (408) – Pippi Langstrumpf; sa *Schack* Rn. 275; Rehbinder/*Peukert* Rn. 426.

[33] OLG Hamburg UFITA 86 (1980), 289 (293) – Häschenschule.

[34] BGH GRUR 2006, 319 (321) – Alpensinfonie; dazu kritisch Dreier/Schulze/*Schulze* UrhG § 23 Rn. 21.

[35] OLG München ZUM 2008, 520.

[36] LG Hamburg GRUR-RR 2004, 233 – Die Päpstin.

[37] OLG Hamburg ZUM 2001, 507 (510).

[38] OLG Hamburg UFITA 86 (1980), 289 (293) – Häschenschule.

[39] OLG Hamburg UFITA 86 (1980), 289 (294); OLG Karlsruhe GRUR 1957, 395 – Trotzkopf; sa OLG Hamburg GRUR-RR 2007, 222.

[40] BGH GRUR 1999, 984 (987) – Laras Tochter; BGH GRUR 2014, 258 Rn. 25 ff. – Pippi-Langstrumpf-Kostüm; weitere Nachweise in → § 2 Rn. 78.

[41] BGH GRUR 1999, 984 (987) – Laras Tochter; zur Fortsetzung von Werken vgl. *Schmidt-Hern* S. 48 ff.

[42] LG Hamburg GRUR-RR 2004, 65 (67) – Harry Potter; dazu auch *Loewenheim* ZUM 2004, 89.

[43] Zur Schutzfähigkeit der Bearbeitung in solchen Fällen vgl. → § 3 Rn. 16, 18.

[44] BGH GRUR 2011, 134 Rn. 26 – Perlentaucher; OLG Frankfurt a. M. GRUR 2008, 249 (251) – Abstracts; dazu *Obergfell* GRUR 2011, 269.

[45] BGH GRUR 1992, 382 – Leitsätze; OLG Köln ZUM 2009, 243; zur Schutzfähigkeit vgl. → § 3 Rn. 17; → § 2 Rn. 122.

[46] BGH GRUR 2011, 134 Rn. 27 – Perlentaucher.

dann vor, wenn wegen Fehlens einer schöpferischen Leistung bei der Bearbeitung ein Bearbeiterurheberrecht nicht entsteht, zB bei der Umstellung einzelner Sätze oder Teile oder der Umsetzung in einen anderen Takt. Kürzungen, Streichungen, Auszüge und Erweiterungen werden bei Musikwerken meist Bearbeitungen sein, da sie den Charakter des Werkes beeinflussen und sich nicht bloß in einer Teilwiedergabe erschöpfen. Die Benutzung von Melodien als Klingeltöne für Telefone ist daher zu Recht als Fall von § 23[47] angesehen worden.[48] Auch Remixes und Coverversionen können unter § 23 fallen.[49] Die Fernsehaufnahme einer Konzertaufführung ist dagegen keine Bearbeitung des dargebotenen Musikwerkes, weil dieses nicht bearbeitet, sondern vervielfältigt wird.[50]

Bei Nachbildungen im Bereich der **bildenden Kunst** sind Wiedergaben in einer anderen Technik, **10** zB Radierungen, Kupferstiche oder Holzschnitte nach Gemälden oder Plastiken meist Bearbeitungen (bzw. andere Umgestaltungen), auch dann, wenn eine schöpferische Leistung dabei nicht erreicht wird.[51] Die digitale Bildmanipulation wird stets eine Bearbeitung (oder andere Umgestaltung) darstellen.[52] Die Wiedergabe in einem anderen Größenverhältnis ist keine Bearbeitung oder Umgestaltung, sondern bloße Vervielfältigung.[53] Daher fällt auch die Herstellung von thumbnails nicht unter § 23, sondern unter § 16.[54] Bei einer Fotoserie, die ein urheberrechtsschutzfähiges Werk der Aktionskunst (Gestaltung einer „Fettecke" durch Joseph Beuys) wiedergibt, wurde eine Umgestaltung des Werkes nach § 23 angenommen.[55] Das Nachmalen eines Gemäldes ist Kopie, nicht Bearbeitung.[56]

Dass der Gesetzgeber die **Verfilmung** als Bearbeitung ansieht, ergibt sich bereits aus § 23 S. 2.[57] **11** Keine Bearbeitung ist dagegen die bloße Fernsehaufzeichnung einer Konzertaufführung[58] oder eines Theaterstücks mit feststehender Kamera. Hier erfolgt keine Veränderung des Originalwerkes; es handelt sich vielmehr um eine Vervielfältigung in unveränderter Form, die nach § 15 Abs. 1 Nr. 1 der Erlaubnis des Urhebers bedarf. Das KG hat zwar die Aufnahme eines Happenings auf Videoband als Bearbeitung angesehen;[59] dem hat aber der BGH in der Revisionsentscheidung nicht zugestimmt, sondern die Frage ausdrücklich offengelassen.[60] Zur Umwandlung von Textpassagen aus einem Drehbuch s. OLG München ZUM 2008, 520.

3. Andere Umgestaltungen

Andere Umgestaltung ist die Abänderung eines Werkes, die nicht dazu bestimmt ist, diesem Werk **12** zu dienen und es einem veränderten Zweck anzupassen.[61] Sie kann, muss aber nicht eine persönliche geistige Schöpfung darstellen.[62] Stellt sie eine solche dar, so erwirbt der Verfasser der Umgestaltung Urheberrechtsschutz in entsprechender Anwendung des § 3.[63] Ebenso wie die Bearbeitung setzt auch die andere Umgestaltung eine **Veränderung des Originalwerkes** voraus; auch sie ist, soweit eine körperliche Festlegung erfolgt, ihrem Wesen nach eine Vervielfältigung des Originalwerks in umgestalteter Form.[64] Durch die Veränderung des Originalwerkes unterscheidet sich auch die andere Umgestaltung von der **freien Benutzung,** bei der keine veränderte Fassung des Originalwerkes geschaffen wird, sondern das Originalwerk lediglich als Anregung für eigenes selbständiges Werkschaffen dient. Andere Umgestaltungen bilden die Hauptfälle, in denen sich in der Praxis die Frage der freien oder unfreien Benutzung stellt.

---

[47] Als Umgestaltung, → Rn. 13.

[48] BGH GRUR 2017, 172 Rn. 42 – Musik-Handy; BGH ZUM 2010, 792 Rn. 12 – Klingeltöne für Mobiltelefone II; BGH GRUR 2009, 395 Rn. 15 – Klingeltöne für Mobiltelefone I; OLG Hamburg GRUR 2008, 282 – Anita; OLG Hamburg GRUR 2006, 323 – Handy-Klingeltöne II; OLG Hamburg GRUR-RR 2002, 249 – Handy-Klingeltöne.

[49] Dazu *Schulz* FS Hertin, 2000, 213 ff.

[50] BGH GRUR 2006, 319 – Alpensinfonie; dazu kritisch Dreier/Schulze/*Schulze* UrhG § 23 Rn. 21.

[51] *Ulmer* § 56 III 3; → § 3 Rn. 30.

[52] Vgl. dazu *Maaßen* ZUM 1992, 338 (346); zur digitalen Bearbeitung von Bildern und Filmen vgl. auch *Reuter* GRUR 1997, 23 ff.

[53] BGH GRUR 2010, 628 Rn. 24 – Vorschaubilder; näher dazu → § 3 Rn. 30.

[54] Dreier/Schulze/*Schulze* UrhG § 23 Rn. 7; Fromm/Nordemann/*A. Nordemann* UrhG §§ 23/24 Rn. 84; DKMH/*Dreyer* § 23 Rn. 10; aA OLG Jena GRUR-RR 2008, 223; LG Hamburg MMR 2004, 558 (561); *Leistner/Stang* CR 2008, 499 (501). Der BGH hat thumbnails als Vervielfältigung angesehen, die Frage, ob es sich um eine Bearbeitung handelt, aber offen gelassen, BGH GRUR 2010, 628 Rn. 17 – Vorschaubilder; sa LG Erfurt ZUM 2007, 566.

[55] OLG Köln GRUR 2012, 173 (156) – Beuys-Fotoreihe; LG Düsseldorf GRUR-RR 2011, 203 – Beuys-Aktion; offengelassen vom BGH mangels entsprechender Feststellungen des OLG, GRUR 2014, 65 Rn. 65 ff.; s. dazu *Koch* FS Bornkamm, 2014, 835 (845).

[56] LG Düsseldorf ZUM-RD 2012, 684; LG Hamburg ZUM-RD 2008, 202.

[57] Sa BGH GRUR 1994, 41 (43) – Videozweitauswertung II; BGH GRUR 1958, 354 (355) – Sherlock Holmes.

[58] BGH GRUR 2006, 319 – Alpensinfonie; dazu kritisch Dreier/Schulze/*Schulze* UrhG § 23 Rn. 2.

[59] KG GRUR 1984, 507 (508) – Happening.

[60] BGH GRUR 1985, 529 – Happening.

[61] Dazu → Rn. 4 f.; sa LG Leipzig ZUM 2009, 975 (977).

[62] Vgl. → Rn. 5.

[63] Vgl. → § 3 Rn. 4.

[64] → Rn. 3.

13 **Einzelfälle:** In der AmtlBegr. sind das Plagiat[65] sowie der Fall genannt, dass der Verfasser der Umgestaltung bei dem Versuch, das fremde Werk zu einer neuen selbständigen Schöpfung frei zu benutzen, scheitert, weil er sich von seinem Vorbild nicht genügend frei machen kann.[66] Eine andere Umgestaltung stellt auch die unbewusste Entlehnung[67] dar, ferner Fortsetzungen,[68] Karikatur, Satire und Parodie, soweit es sich bei ihnen nicht um eine freie Benutzung[69] handelt. Eine Umgestaltung stellt auch die Benutzung urheberrechtlich geschützter Musik als Handy-Klingelton.[70] Unterschiedlich wird das „Nachfotografieren" eines fotografischen Motivs beurteilt.[71] Das Beschneiden eines Bildes stellt jedenfalls dann eine Umgestaltung dar, wenn dadurch die Aussage des Bildes verändert wird.[72]

III. Das bearbeitete Werk

14 **Gegenstand einer Bearbeitung** kann jedes urheberrechtlich geschützte Werk sein, also auch Sammelwerke und nach § 3 geschützte Bearbeitungen.[73] Anders als bei § 3 kommt es bei § 23 allerdings nicht auf die Schutzfähigkeit des bearbeiteten Werks, sondern auf dessen **tatsächliches Geschütztsein** an. Gemeinfreie Werke können zwar bearbeitet werden (und es können Bearbeiterurheberrechte entstehen[74]), sie können aber nicht Gegenstand von Bearbeitungsrechten sein. Sind nur Teile eines geschützten Werkes in abhängiger Nachschöpfung übernommen worden, so liegt eine zustimmungspflichtige Bearbeitung nur vor, wenn gerade diese Teile persönliche geistige Schöpfungen darstellen.[75]

15 Soll festgestellt werden, ob eine **Bearbeitung oder eine freie Benutzung** vorliegt, so ist zunächst zu fragen, ob und gegebenenfalls welche Teile des Originalwerkes in veränderter Form übernommen wurden. Dies erfordert die Feststellung, durch welche objektiven Merkmale die schöpferische Eigentümlichkeit des benutzten Werks bestimmt wird.[76] Grundsätzlich sind nur die im Schutzbereich des benutzten Werks liegenden Entlehnungen rechtlich relevant;[77] maßgeblich ist dabei allerdings der Gesamteindruck.[78] Damit kommt es nicht darauf an, ob ein nach Umfang und inhaltlicher Bedeutung wesentlicher Teil übernommen wird, sondern ausschließlich, ob der übernommene Teil des Werkes als solcher die urheberrechtlichen Schutzvoraussetzungen erfüllt.[79] Fehlt einem Werkteil die eigenpersönliche Prägung, so ist seine Benutzung zulässig.[80]

IV. Verwertung, Veröffentlichung, Herstellung

1. Verwertung und Veröffentlichung

16 In den Fällen des § 23 S. 1 bedarf die Verwertung und Veröffentlichung der Bearbeitung oder Umgestaltung der Einwilligung des Urhebers des Originalwerks. Was **Verwertung** ist, bestimmt sich nach §§ 15–22, vor allem handelt es sich um die in § 15 genannten Fälle körperlicher und unkörper-

---

[65] Vgl. dazu → Rn. 28 ff.
[66] AmtlBegr. BT-Drs. IV/270, 51.
[67] Dazu → Rn. 32 f.
[68] Dazu BGH GRUR 1999, 984 (987) – Laras Tochter; OLG Karlsruhe ZUM 1996, 810 – Laras Tochter.
[69] Dazu → § 24 Rn. 27 ff.
[70] BGH GRUR 2017, 172 Rn. 42 – Musik-Handy; BGH ZUM 2010, 792 Rn. 12 – Klingeltöne für Mobiltelefone II; BGH GRUR 2009, 395 Rn. 15 – Klingeltöne für Mobiltelefone I; OLG Hamburg GRUR 2008, 282 – Anita; OLG Hamburg GRUR 2006, 323 – Handy-Klingeltöne II; OLG Hamburg GRUR-RR 2002, 249 – Handy-Klingeltöne.
[71] Dazu Bullinger/Garbers-von Boehm GRUR 2008, 24.
[72] OLG Köln GRUR 2015, 167 (170) – Creative-Commons-Lizenz.
[73] Vgl. zB BGH GRUR 1991, 531 – Brown Girl I; BGH GRUR 1991, 533 – Brown Girl II.
[74] Dazu → § 3 Rn. 10.
[75] BGH GRUR 1981, 267 – Dirlada; OLG Hamburg GRUR 1991, 589 (590).
[76] Ständige Rechtsprechung, vgl. BGH GRUR 2014, 65 Rn. 38 – Beuys-Aktion; BGH GRUR 2004, 855 (857) – Hundefigur; BGH GRUR 1994, 191 (192) – Asterix-Persiflagen; BGH GRUR 1991, 533 (534) – Brown Girl II; BGH GRUR 1988, 810 (811) – Fantasy; BGH GRUR 1988, 812 (814) – Ein bißchen Frieden; BGH GRUR 1988, 533 (535) – Vorentwurf II; BGH GRUR 1987, 704 (705) – Warenzeichenlexika; BGH GRUR 1981, 267 (269) – Dirlada; BGH GRUR 1980, 853 (854) – Architektenwechsel; KG ZUM 2015, 696 (698); OLG Hamburg ZUM-RD 2013, 121 (123); OLG Köln ZUM 2012, 975 (982); OLG Frankfurt a. M. ZUM 2012, 574 (577); OLG Stuttgart GRUR 2008, 1084 (1086) – TK 50; KG GRUR 1997, 128 – Verhüllter Reichstag I.
[77] BGH GRUR 1991, 533 (534) – Brown Girl II; BGH GRUR 1988, 810 (811) – Fantasy; BGH GRUR 1988, 812 (814) – Ein bißchen Frieden; BGH GRUR 1982, 37 (39) – WK-Dokumentation; BGH GRUR 1981, 267 – Dirlada; KG ZUM 2015, 696 (698); OLG Stuttgart GRUR 2008, 1084 (1086) – TK 50; sa BGH GRUR 1994, 191 (194) – Asterix-Persiflagen.
[78] BGH GRUR 2014, 65 Rn. 38 – Beuys-Aktion; BGH GRUR 2004, 855 (857) – Hundefigur; BGH GRUR 1991, 533 (534) – Brown Girl II; BGH GRUR 1988, 533 (535) – Vorentwurf II; BGH GRUR 1987, 704 (705) – Warenzeichenlexika; KG ZUM 2015, 696 (698); OLG Stuttgart GRUR 2008, 1084 (1086) – TK 50.
[79] BGH GRUR 2011, 803 Rn. 48 – Lernspiele; BGH ZUM 2011, 242 Rn. 37; GRUR 2009, 856 Rn. 23 – Tripp-Trapp-Stuhl; BGH GRUR 2004, 855 (857) – Hundefigur; OLG Hamburg ZUM-RD 2013, 121 (123); OLG Köln ZUM 2012, 975 (982).
[80] BGH GRUR 1961, 631 (633) – Fernsprechbuch; BGH GRUR 1958, 402 (404) – Lili Marleen; OLG Stuttgart GRUR 2008, 1084 (1086) – TK 50; OLG Hamburg GRUR-RR 2004, 285 (286) – Markentechnik.

licher Verwertung. Allerdings hat der Gesetzgeber die Verwertungsrechte in § 15 nicht abschließend aufzählen wollen („insbesondere"), das Bearbeitungsrecht des Urhebers umfasst also auch in § 15 nicht genannte Verwertungsarten.[81] In gleicher Weise ist die Einwilligung des Urhebers für Verwertungsarten erforderlich, die noch nicht für die Originalfassung des Werks, sondern erst für die umgestaltete Fassung in Betracht kommen; es muss also beispielsweise der Autor eines Romans der Aufführung der dramatisierten Fassung zustimmen.

Das Recht, die **Veröffentlichung** der Bearbeitung oder Umgestaltung zu untersagen, bezieht sich **17** auf das Recht des Urhebers nach § 12, zu bestimmen, ob und wie sein Werk zu veröffentlichen ist. Der Schutzumfang dieses Rechts erstreckt sich nach § 23 auch auf umgestaltete Werkfassungen.[82] Da es sich bei § 12 um das Recht zur Erstveröffentlichung handelt, wird vielfach angenommen, dass der Urheber die Veröffentlichung der umgestalteten Fassung – soweit nicht die Veröffentlichung gleichzeitig einen Verwertungsakt darstellt – dann nicht mehr untersagen könne, wenn das Originalwerk bereits veröffentlicht ist; dann sei nämlich das Erstveröffentlichungsrecht verbraucht und könne nicht durch § 23 neu begründet werden.[83] Vorzuziehen ist aber die Auffassung, dass der Urheber auch nach der Erstveröffentlichung verhindern kann, dass eine veränderte Fassung seines Werkes an die Öffentlichkeit gelangt. Dogmatisch lässt sich das damit begründen, dass nach § 12 der Urheber nicht nur bestimmen kann, ob, sondern auch wie sein Werk zu veröffentlichen ist. Würde er selbst sein Werk umgestalten, so könnte er gemäß § 12 über die Veröffentlichung der umgestalteten Fassung entscheiden; nichts anderes sollte gelten, wenn ein anderer die Umgestaltung vornimmt.[84] Der **Begriff der Veröffentlichung** bestimmt sich nach § 15 Abs. 3.

2. Herstellung

Aus der gesetzlichen Regelung, dass in § 23 S. 1 nur die Verwertung und die Veröffentlichung an **18** die Einwilligung des Urhebers gebunden ist, folgt, dass die **Herstellung der umgestalteten Fassung in den Fällen des S. 1 frei** ist. Jeder darf also, sofern nicht ein Fall des § 23 S. 2 vorliegt, fremde Werke bearbeiten oder in anderer Weise umgestalten, solange dies in der Privatsphäre geschieht und damit nicht ein Akt der Veröffentlichung oder Verwertung verbunden ist. Ein solcher Akt der Veröffentlichung oder Verwertung ist zum Beispiel mit der Herstellung verbunden, wenn der Interpret eines Musikstückes bei der Aufführung improvisiert und das Stück somit in umgestalteter Form darbietet.[85] Die **reine Vervielfältigung** bedarf dagegen, sofern nicht ein Fall des § 53 oder einer sonstigen Schrankenbestimmung vorliegt, auch in der Privatsphäre nach § 15 Abs. 1 Nr. 1 der Zustimmung des Berechtigten. Das Gleiche gilt für Umgestaltungen, die so geringfügig sind, dass sie noch als Vervielfältigung anzusehen sind.[86] Die Herstellung der umgestalteten Fassung schließt deren **körperliche Festlegung** ein, auch sie bedarf also nicht der Einwilligung des Urhebers.[87] Weitere Festlegungen stellen dagegen, soweit sie nicht Veränderungen gegenüber der ersten Festlegung enthalten und damit wiederum Bearbeitungen sind, Vervielfältigungen nach § 16 dar und bedürfen als solche der Einwilligung des Berechtigten, soweit nicht eine der Schrankenbestimmungen eingreift. § 23 S. 1 stellt also nur die Erstfestlegung einer Bearbeitung frei, nicht dagegen deren weitere Festlegungen.

In den **Fällen des § 23 S. 2** umfasst das Bearbeitungsrecht des Urhebers dagegen nicht nur die **19** Verwertung und Veröffentlichung der Bearbeitung oder Umgestaltung, sondern bereits deren Herstellung. § 23 S. 2 wird durch § 69c Nr. 2 ergänzt; nach dieser Vorschrift erstreckt sich das Recht des Urhebers auch auf die Bearbeitung von **Computerprogrammen,** und zwar bereits auf die Herstellung der Bearbeitung. Die Erstreckung des Bearbeitungsrechts auf die Herstellung beruht auf der Überlegung des Gesetzgebers, dass sich diese Fälle nicht im privaten Bereich abspielen und meist bereits in der Absicht gewerblicher Verwertung vorgenommen werden, außerdem wird auf die hohen Herstellungskosten hingewiesen.[88] Die Aufnahme von Datenbankwerken beruht auf Art. 5 lit. b der Datenbankrichtlinie.[89] Bei der **Verfilmung** betrifft das Einwilligungserfordernis nur die Verfilmung selbst, die Herstellung eines Exposés ist nicht nach § 23 S. 2 einwilligungspflichtig.[90] Das Gleiche gilt für sonstige vorbereitende Arbeiten; die Verfilmung beginnt mit der Aufnahme der Dreharbeiten.[91] Die vorbereitenden Arbeiten haben jedoch intern zu bleiben; werden sie veröffentlicht oder verwertet, so ist die Zustimmung des Berechtigten bereits nach § 23 S. 1 erforderlich.[92] Keine Verfil-

---

[81] Vgl. dazu → § 15 Rn. 262; Dreier/Schulze/*Schulze* UrhG § 23 Rn. 18.
[82] S. auch *Plassmann* S. 268 ff.
[83] *Ulmer* § 56 I 2; *Plassmann* S. 266.
[84] Dreier/Schulze/*Schulze* UrhG § 23 Rn. 17; Fromm/Nordemann/*A. Nordemann* UrhG §§ 23/24 Rn. 24; Büscher/Dittmer/Schiwy/*Haberstumpf* Kap. 10 UrhG § 23 Rn. 8; *Schack* Rn. 469; *Leistner* ZUM 2011, 468 (482); *Hörnig* UFITA 99 (1985), 13 (68 ff.).
[85] *Ulmer* § 56 IV 1.
[86] Dreier/Schulze/*Schulze* UrhG § 23 Rn. 16.
[87] *Ulmer* § 56 IV 1.
[88] AmtlBegr. BT-Drs. IV/270, 51; vgl. auch Bericht des Rechtsausschusses zu BT-Drs. IV/3401, 3.
[89] Richtlinie 96/9/EG, ABl. L 77 v. 27.3.1996, S. 20.
[90] OLG München UFITA 60 (1971), 317.
[91] Dreier/Schulze/*Schulze* UrhG § 23 Rn. 20; Fromm/Nordemann/*A. Nordemann* UrhG §§ 23/24 Rn. 18.
[92] Dreier/Schulze/*Schulze* UrhG § 23 Rn. 20.

mung ist die bloße **Film- oder Fernsehaufzeichnung** eines Theaterstücks oder einer Konzertaufführung.[93]

20   Für die **Werke der bildenden Künste** gilt, dass nur die Ausführung der Pläne oder Entwürfe eine Einwilligung erfordert, eine Umgestaltung der Pläne selbst fällt nicht unter § 23 S. 2, es bleibt hier bei der Regelung des S. 1.[94] Ähnlich ist es bei **Werken der Baukunst,** erst der Nachbau wird durch § 23 S. 2 erfasst, nicht bereits die Benutzung des Bauwerks zur Herstellung von Plänen für den Nachbau.[95] Die Herstellung von Modellen in kleinem Maßstab ist kein Nachbau; sie ist entweder Vervielfältigung und unterfällt dann dem Verwertungsrecht des Urhebers nach § 15 Abs. 1 Nr. 1 oder eine Umgestaltung, die bei Veröffentlichung oder Verwertung nach § 23 S. 1 der Zustimmung des Berechtigten bedarf.[96] Auf die Ausführung von Plänen und Entwürfen zu Werken der bildenden Künste sowie den Nachbau von Werken der Baukunst in nicht umgestalteter Form findet § 53 Abs. 7 Anwendung.

21   Bei **Datenbankwerken** ist zu berücksichtigen, dass Gegenstand des Schutzes lediglich die Struktur der Datenbank ist und nicht ihr Inhalt.[97] Die Herstellung einer Bearbeitung von in einem Datenbankwerk enthaltenen Werken wird also durch § 23 S. 2 nicht untersagt; soweit es sich dabei um geschützte Werke handelt, ist nach § 23 S. 1 die Veröffentlichung und Verwertung zustimmungspflichtig. Zum Datenbankwerk gehören ferner nicht die zur Herstellung und zum Betrieb der Datenbank verwendeten Computerprogramme (§ 4 Abs. 2 S. 2). § 55a gestattet die Bearbeitung eines Datenbankwerkes durch den berechtigten Eigentümer, soweit sie für den Zugang zu dessen Inhalt und für seine übliche Benutzung erforderlich ist. Bei **Computerprogrammen** bedarf die Herstellung einer Bearbeitung nach § 69c Nr. 2 der Einwilligung des Urhebers.

V. Einwilligung

1. Erforderlichkeit

22   Nach § 23 S. 3 findet § 23 S. 1 und 2 keine Anwendung auf ausschließlich technisch bedingte Änderungen nach §§ 60d Abs. 1 (Text- und Data Mining), 60e Abs. 1 (formatwandelnde Änderungen von Werken in Bibliotheken) und 60f Abs. 2 (Vervielfältigungen für die Archivierung). Die Vorschrift wurde durch das Urheberrechts-Wissensgesellschafts-Gesetz (UrhWissG) vom 1.9.2017[98] eingeführt und ist seit dem 1.3.2018 in Kraft. Der Gesetzgeber wollte damit die Regelungen dieser Vorschriften ergänzen und klarstellen, dass § 23 den dafür erforderlichen technisch bedingten Änderungen nicht entgegensteht.[99] Zu Einzelheiten der nach §§ 60d Abs. 1, 60e Abs. 1 und 60f Abs. 2 zulässigen Handlungen vgl. die dortigen Kommentierungen.

23   Nach § 23 ist die Einwilligung des Urhebers im Regelfall nur für die Verwertung oder Veröffentlichung der Bearbeitung oder anderen Umgestaltung erforderlich, lediglich in den Fällen des S. 2 muss sie bereits für deren Herstellung vorliegen. Dem Vorschlag, generell die Herstellung an die Einwilligung des Urhebers zu binden und einen Ausnahmebereich für die Herstellung lediglich zum persönlichen Gebrauch zu schaffen, ist der Gesetzgeber aus Praktikabilitätsüberlegungen nicht gefolgt.[100] Dass hinter der Beschränkung der Zustimmungspflicht auf Verwertung und Veröffentlichung die gesetzgeberische Überlegung stand, Umgestaltungen im privaten Bereich zuzulassen, zeigt die Begründung zu den Ausnahmefällen des § 23 S. 2, in der hervorgehoben wird, dass sich die Verfilmung eines Werkes anders als sonstige Umgestaltungen gerade nicht im privaten Bereich abspiele.[101]

24   Eine Einwilligung ist nur insoweit erforderlich, als sich die Umgestaltung auf **urheberrechtlich geschützte Teile** des Originalwerkes bezieht. Auf Abänderungen von ungeschützten Elementen des benutzten Werks, die ihm entnommen werden, findet § 23 keine Anwendung.[102] Eine Umgestaltung kann aber vorliegen, wenn im Rahmen eines geschützten Werkes ungeschützte Teile ersetzt, modifiziert oder weggelassen werden und dadurch der Gesamteindruck des Werkes verändert wird.

2. Rechtsnatur, Erteilung und Umfang

25   Die dem Urheber durch § 23 eingeräumten Rechte gehören zum Schutzumfang des Urheberrechts.[103] Die Einwilligung wird sich in der Regel als die **Einräumung gegenständlicher Nut-**

---

[93] BGH GRUR 2006, 319 – Alpensinfonie; näher dazu → Rn. 11.
[94] DKMH/*Dreyer* UrhG § 23 Rn. 28.
[95] DKMH/*Dreyer* UrhG § 23 Rn. 28.
[96] Fromm/Nordemann/*A. Nordemann* UrhG §§ 23/24 Rn. 20; differenzierend DKMH/*Dreyer* UrhG § 23 Rn. 29.
[97] Vgl. → § 4 Rn. 59.
[98] BGBl. 2017 I Nr. 61.
[99] Amtl. Begründung BT-Drs. 18/12329, 32.
[100] Vgl. AmtlBegr. BT-Drs. IV/270, 51.
[101] Vgl. AmtlBegr. BT-Drs. IV/270, 51.
[102] BGH GRUR 1981, 267 – Dirlada; BGH GRUR 1988, 812 (814) – Ein bißchen Frieden; BGH GRUR 1994, 191 (198) – Asterix-Persiflagen.
[103] Vgl. → Rn. 1.

zungsrechte am Urheberrecht darstellen, und zwar inhaltlich beschränkt auf die Bearbeitung oder andere Umgestaltung des Werks.[104] Das bedeutet, dass auf Erteilung und Umfang der Einwilligung idR die Vorschriften der §§ 31 ff. anzuwenden sind. Der Urheber kann also die Einwilligung in ausschließlicher oder einfacher Form erteilen und das Nutzungsrecht sachlich, räumlich oder zeitlich beschränken; ferner kann die Befugnis zur Umgestaltung im Rahmen des § 34 übertragen werden. Als Einräumung gegenständlicher Nutzungsrechte stellt sich die Einwilligung als ein Verfügungsgeschäft dar, das seiner Natur nach nicht frei widerruflich ist.[105] Es ist aber auch die Erteilung einer rein **schuldrechtlichen vertraglichen Nutzungsgestattung** oder die Erlaubnis durch **einseitige Einwilligung** möglich.[106]

Die **Erteilung** der Einwilligung kann nicht nur **ausdrücklich,** sondern auch **konkludent** erfolgen. Beim Fehlen einer ausdrücklichen Abrede ist auf den erkennbar übereinstimmend verfolgten Zweck des Werkschaffens und die zwischen den Beteiligten bestehende Beziehung zurückzugehen und zu fragen, ob zur Erreichung dieses Zwecks auch die Einräumung des Bearbeitungsrechts erforderlich ist.[107] Eine stillschweigende Einwilligung ist aber nicht anzunehmen, wenn die Änderung zu einer Werkentstellung führt.[108] **26**

Der **Umfang** der Einwilligung kann nach § 31 Abs. 1 S. 2 **räumlich, zeitlich und inhaltlich beschränkt** werden.[109] Im Zweifel ist von der Erteilung einer einfachen und nicht einer ausschließlichen Nutzungsbefugnis auszugehen; es kommt aber jeweils auf den Zweck der Rechtseinräumung an, so wird etwa bei der Einräumung des Verlagsrechts oder des Verfilmungsrechts von einem ausschließlichen Nutzungsrecht auszugehen sein. Mangels ausdrücklicher Vereinbarung bestimmt sich der Umfang der Einwilligung gemäß der **Zweckübertragungsregel** (§ 31 Abs. 5) nach dem Zweck der Bearbeitung.[110] Dabei sind im Wege einer Interessenabwägung auch die urheberpersönlichkeitsrechtlichen Interessen des Urhebers zu berücksichtigen, insbesondere der Gesichtspunkt einer Entstellung des Werkes.[111] Je nach Zweck und Art der Bearbeitung kann der Urheber mit der Einräumung des Nutzungsrechts auch einschneidenden, das künstlerische Konzept berührenden Veränderungen seines Werkes zugestimmt haben.[112] **27**

VI. Sonderfragen

1. Plagiat

Der Begriff des Plagiats ist im Laufe der Zeiten in sehr unterschiedlichem Sinne verwendet worden.[113] In seinem Kern enthält er den Vorwurf der Aneignung fremden Geistesguts. Plagiat lässt sich daher als diejenige **Urheberrechtsverletzung** bezeichnen, bei der sich jemand **fremde Urheberschaft bewusst anmaßt.**[114] Es muss also zunächst eine Urheberrechtsverletzung vorliegen; wer gemeinfreie Werke als eigene Schöpfung ausgibt, ist kein Plagiator im Rechtssinne. Die Urheberrechtsverletzung kann einmal in einer Verletzung des **Urheberpersönlichkeitsrechts** liegen; ein Plagiat liegt also auch bei Zitaten oder anderen zulässigen Entlehnungen vor, bei denen die nach § 63 erforderliche Quellenangabe fehlt und dadurch der Eindruck entsteht, das Entlehnte stamme vom Entlehnenden; ebenso dann, wenn ein Nutzungsrecht eingeräumt ist, der Nutzungsberechtigte sich aber selbst als Urheber ausgibt. Die bloße Verletzung der Quellenangabepflicht nach § 63 begründet hingegen noch kein Plagiat, solange nicht der Eindruck hervorgerufen wird, dass das Zitat eine eigene Schöpfung des Zitierenden sei. Die Urheberrechtsverletzung kann ferner in der Verletzung eines Verwertungsrechts liegen. Das Plagiat setzt weiter die **Anmaßung fremder Urheberschaft** voraus, die unberechtigte Benutzung fremder Werke unter Nennung des Autors ist Urheberrechtsverletzung, aber kein Plagiat.[115] Schließlich muss die Anmaßung **bewusst** erfolgen, fehlt es daran, so handelt es sich nicht um ein Plagiat, sondern um eine unbewusste Entlehnung.[116] Der Plagiator versucht sich dem Plagiatsvorwurf vielfach dadurch zu entziehen, dass er sein Plagiat als Parodie ausgibt. Diese ist jedoch dadurch gekennzeichnet, dass sie erkennbar auf das parodierte Werk Bezug nimmt und nicht **28**

---

[104] Fromm/Nordemann/*A. Nordemann* UrhG §§ 23/24 Rn. 13; Dreier/Schulze/*Schulze* UrhG § 23 Rn. 10.
[105] OLG Düsseldorf ZUM-RD 2015, 8 (9).
[106] Dreier/Schulze/*Schulze* UrhG § 23 Rn. 14.
[107] BGH GRUR 1986, 458 (459) – Oberammergauer Passionsspiele I; zu Fragen der Erteilung einer Einwilligung vgl. auch OLG Hamburg ZUM 2001, 507 (510).
[108] BGH GRUR 1986, 458 (459) – Oberammergauer Passionsspiele I.
[109] Dreier/Schulze/*Schulze* UrhG § 23 Rn. 13: Fromm/Nordemann/*A. Nordemann* UrhG §§ 23/24 Rn. 13.
[110] BGH GRUR 1986, 458 (459) – Oberammergauer Passionsspiele I; Dreier/Schulze/*Schulze* UrhG § 23 Rn. 11; Fromm/Nordemann/*A. Nordemann* UrhG §§ 23/24 Rn. 13; DKMH/*Dreyer* UrhG § 23 Rn. 36.
[111] BGH GRUR 1989, 106 (107) – Oberammergauer Passionsspiele II.
[112] BGH GRUR 1989, 106 (108) – Oberammergauer Passionsspiele II.
[113] Dazu näher *Waiblinger* S. 22 ff.; *v. Becker* FS Hertin, 2000, 3 ff.; *Loewenheim* FS Fezer, 2016, 775 (779 ff.); *Seifert* FS Traub, 1994, 343 ff.; *Weber* WRP 2013, 859; *Fuchs* S. 7 ff.; *Jörger* S. 23 ff.; *Kastner* NJW 1983, 1151.
[114] In diesem Sinne BGH GRUR 1960, 500 (503) – Plagiatsvorwurf; OLG Köln GRUR-RR 2003, 26 (27) – Taschenlampe; OLG München ZUM 2004, 491 (492).
[115] BGH GRUR 1960, 500 (503) – Plagiatsvorwurf.
[116] Dazu → Rn. 32 f.

den Eindruck hervorruft, das parodierte Werk stamme vom Parodierenden. Das ist beim Plagiat gerade nicht der Fall.[117]

29   Das Gesetz kennt den Begriff des Plagiats nicht. Wird der Vorwurf des Plagiats erhoben, so kommt es rechtlich darauf an, ob ein Tatbestand der **Urheberrechtsverletzung** erfüllt ist. Die bewusste Anmaßung fremder Urheberschaft stellt stets einen Verstoß gegen das in § 13 geregelte Recht auf Anerkennung der Urheberschaft dar.[118] Als unzulässige Verwertung fremder Werke verletzt das Plagiat bei unveränderter Übernahme die Verwertungsrechte der §§ 15 ff., bei Übernahme in abgeänderter Form handelt es sich um eine andere Umgestaltung iSd § 23, die dem Bearbeitungsrecht des Urhebers unterliegt.

30   Im Wissenschaftsbereich wird der Plagiatsbegriff in einem weiteren Sinn verwendet. Er wird dort nicht nur in Fällen von Urheberrechtsverletzungen gebraucht, sondern auch dann, wenn ein Autor in der Wissenschaft fremdes urheberrechtlich nicht geschütztes Material verwendet und sich als dessen Urheber ausgibt. Während das Urheberrecht wissenschaftliche Inhalte grundsätzlich nicht schützt,[119] geht es beim **Wissenschaftsplagiat** zumeist um die Übernahme von Inhalten, vielfach allerdings auch in wörtlicher Form, was dann wieder Fragen des Urheberrechts aufwirft. Wissenschaftsethische Gesichtspunkte stehen dabei aber zumeist im Vordergrund. Während früher solche Fälle eher selten an die Öffentlichkeit gelangten, haben die Entwicklung von Plagiatssoftware-Systemen, die Entstehung von Organisationen wie VroniPlag und die Verwicklung von Personen des öffentlichen Lebens in Plagiatsverdachtsfälle dazu geführt, dass das Wissenschaftsplagiat nicht nur im Wissenschaftsbereich, sondern auch in der öffentlichen Diskussion eine große Rolle spielt. Die Berichte des Ombudsmann für die Wissenschaft der DFG zeigen, dass sich die Zahl der Fälle in den letzten Jahren kontinuierlich erhöht hat, 2016 lagen 87 Anfragen vor, in 30 Fällen wurde ein Omnibusverfahren eröffnet.[120] Wissenschaftsorganisationen wie die Deutsche Forschungsgemeinschaft und die Max-Planck-Gesellschaft haben ebenso wie Universitäten Verfahren für den Umgang mit Fällen entwickelt, in denen der Verdacht eines solchen wissenschaftlichen Fehlverhaltens besteht.[121]

31   Verschiedentlich wird auch der Begriff des **Selbstplagiats** verwendet. Damit sind Fälle gemeint, in denen der Urheber eigene frühere Werke für späteres Schaffen benutzt. Angesichts des mit dem Begriff des Plagiats verbundenen moralischen Vorwurfs ist die Bezeichnung unglücklich, denn prinzipiell ist die Verwendung eigener früherer Werke natürlich erlaubt. Eine Rechtsverletzung kann nur darin liegen, dass der Urheber sich vertraglich gebunden hat, indem er anderen Nutzungsrechte eingeräumt und sich selbst Enthaltungspflichten auferlegt hat, gegen die er durch die spätere Benutzung früherer Werke verstößt. Das ist aber eine Problematik des Urhebervertragsrechts und nicht des § 23.

2. Unbewusste Entlehnung

32   Bei der unbewussten Entlehnung handelt es sich um die urheberrechtsverletzende **unbewusste Übernahme fremden Geistesguts.** Vom Plagiat unterscheidet sich also die unbewusste Entlehnung nur dadurch, dass ihr das subjektive Merkmal der bewussten Anmaßung fehlt, die objektiven Voraussetzungen des Plagiats müssen vorliegen. Auch die unbewusste Entlehnung ist eine unter § 23 fallende **abhängige Nachschöpfung,** soweit nicht ein solcher Abstand zum früheren Werk vorliegt, dass es sich um einen Fall der freien Benutzung handelt. In vielen Fällen ist die unbewusste Entlehnung eine Ausrede ertappter Plagiatoren, es gibt aber auch zahlreiche Fälle, in denen aufgenommene Eindrücke in das Unterbewusstsein absinken, um dann später als vermeintlich eigene Ideen wieder aufzutauchen. Der Psychologie ist dies als Kryptomnesie ein bekanntes Phänomen. Ein Beispiel bildet der Fall des Rockitarristen Gary Moore, in dem das LG München I davon ausging, dass sein Hit „Still Got the Blues" die unbewusste Übernahme einer Passage aus dem Stück „Nordrach" der Krautrock-Gruppe sei.[122]

33   Ungeachtet der Tatsache, dass der unbewussten Entlehnung im Gegensatz zum Plagiat der moralische Vorwurf fehlt, handelt es sich bei ihr um eine **Urheberrechtsverletzung.**[123] Soweit, wie meist, die Entlehnung als abgeänderte Übernahme erfolgt (bei identischer Übernahme größerer Teile kann man unbewusstes Handeln meist ausschließen), liegt eine andere Umgestaltung iSd § 23 vor. In der Praxis wird meist darum gestritten, ob es sich um eine unbewusste Entlehnung (und damit um eine abhängige Nachschöpfung) oder um eine freie Benutzung iSd § 24 handelt.[124]

---

[117] Näher zur Parodie → § 24 Rn. 27 ff.

[118] → § 13 Rn. 9; DKMH/*Dreyer* Anh. zu §§ 23, 24 Rn. 4.

[119] Vgl. → § 2 Rn. 83.

[120] Jahresbericht 2016 des Ombudsmanns für die Wissenschaft, S. 7 ff.; sa *Waiblinger* UFITA-Schriftenreihe Bd. 262 (2012), 201; *Frenz* ZUM 2016, 13.

[121] DFG, Empfehlungen der Kommission „Selbstkontrolle in der Wissenschaft", ergänzte Auflage 2013, Empfehlung 8: Verfahren bei wissenschaftlichem Fehlverhalten; Max-Planck-Gesellschaft, Regeln zur Sicherung guter wissenschaftlicher Praxis, 2009. S. Zum Ganzen auch Fromm/Nordemann/*Waiblinger* §§ 23/24 UrhG, Nachbemerkung Plagiat im Wissenschaftsrecht; *Waiblinger* UFITA-Schriftenreihe Bd. 262 (2012), 168 ff.; *Frenz* ZUM 2016, 13.

[122] LG München I ZUM-RD 2009, 101 (107) – Nordrach.

[123] BGH GRUR 1988, 810 (811) – Fantasy; BGH GRUR 1971, 266 (268) – Magdalenarie; BGH GRUR 1960, 251 – Mecki-Igel II; LG München I ZUM-RD 2009, 101 (115) – Nordrach.

[124] Vgl. zB BGH GRUR 1971, 266 – Magdalenarie; BGH GRUR 1988, 810 – Fantasy; BGH GRUR 1988, 812 – Ein bißchen Frieden.

3. Doppelschöpfung

Von der unbewussten Entlehnung ist die Doppelschöpfung zu unterscheiden, bei der **mehrere** 34
Urheber unabhängig voneinander übereinstimmende Werke geschaffen haben, ohne dass der
eine bewusst oder unbewusst auf das Werk des anderen zurückgegriffen hat. Eine hundertprozentige
Übereinstimmung wird zwar nach menschlicher Erfahrung kaum eintreten. Im Ähnlichkeitsbereich
liegende Gestaltungen sind aber durchaus möglich, besonders wenn der Spielraum für individuelles
Schaffen begrenzt ist und die Individualität nur in bescheidenem Maße zutage tritt. Am ehesten finden sich solche Fälle im Bereich der kleinen Münze,[125] etwa bei Prospekten, Tabellen und dgl. oder
bei leichter Unterhaltungsmusik,[126] ferner dann, wenn die beteiligten Urheber auf gemeinfreies Kulturgut zurückgreifen, das sie in eigenschöpferischer, aber ähnlicher Weise zu einem Werk formen.[127]

Bei Beurteilung der **Frage, ob eine Doppelschöpfung vorliegt,** ist davon auszugehen, dass an- 35
gesichts der Vielfalt der individuellen Schaffensmöglichkeiten auf literarischem und künstlerischem
Gebiet eine weitgehende Übereinstimmung von Werken, die auf selbständigem Schaffen beruhen,
nach menschlicher Erfahrung nahezu ausgeschlossen erscheint.[128] Weitgehende Übereinstimmungen
legen deshalb in der Regel die Annahme nahe, dass der Urheber des jüngeren Werkes das ältere Werk
bewusst (Plagiat) oder unbewusst (unbewusste Entlehnung) benutzt hat, insoweit kann man von einem **Anscheinsbeweis** ausgehen.[129] Dieser Anscheinsbeweis ist allerdings dann als ausgeräumt anzusehen, wenn nach den Umständen ein anderer Geschehensablauf nahe liegt, nach dem sich die Übereinstimmungen auch auf andere Weise als durch ein Zurückgreifen des Schöpfers des neuen Werks
auf das ältere erklären lassen.[130]

Die Doppelschöpfung stellt **keine Urheberrechtsverletzung** dar.[131] Keiner der beiden Urheber 36
kann dem anderen die Benutzung und Verwertung der Übereinstimmungen untersagen. Das Urheberrecht schützt die persönliche geistige Schöpfung und folgt anders als § 2 DesignG und die gewerblichen Schutzrechte nicht dem Grundsatz der Priorität. Es setzt nur subjektive, nicht objektive Neuheit voraus.[132] Auch soweit einer der beiden Urheber Nutzungsrechte an dem von ihm geschaffenen
Werk einräumt, liegt darin keine Verletzung des Urheberrechts des anderen Urhebers. Im Übrigen
kann aber jeder der beiden Urheber Dritten die ungenehmigte Benutzung seines Werks untersagen.

§ 24 Freie Benutzung

(1) **Ein selbständiges Werk, das in freier Benutzung des Werkes eines anderen geschaffen worden ist, darf ohne Zustimmung des Urhebers des benutzten Werkes veröffentlicht und verwertet
werden.**

(2) **Absatz 1 gilt nicht für die Benutzung eines Werkes der Musik, durch welche eine Melodie
erkennbar dem Werk entnommen und einem neuen Werk zugrunde gelegt wird.**

Schrifttum: *v. Becker,* Poesie, Plagiat, Poe – ein Rundblick zum Plagiat in der Literatur, FS Hertin (2000) S. 3;
ders., Parodiefreiheit und Güterabwägung – Das „Gies-Adler"-Urteil des BGH, GRUR 2004, 104; *ders.,* Rechtsfragen der Satire, GRUR 2004, 908; Die entstellende Parodie – Das EuGH-Urteil „Vrijheidsfonds/Vandersteen" und
die Folgen für das deutsche Recht; GRUR 2015, 336; *ders.,* Neues zur Parodie, in FS Loewenheim (2009), S. 3;
Brauns, Die Entlehnungsfreiheit im Urheberrechtsgesetz, 2001; *Brockmann,* Volksmusikbearbeitung und Volksmusikschutz im Lichte der Urheberrechtsnovelle 1985, 1995; *Bullinger/Garbers-von Boehm,* Der Blick ist frei – nachgestellte Fotos aus urheberrechtlicher Sicht, GRUR 2008, 24; *Chakraborty,* Das Rechtsinstitut der freien Benutzung im
Urheberrecht, 1997; *Czychowski/J. B. Nordemann,* Gesetzgebung und höchstrichterliche Rechtsprechung im Urhe-
berrecht 2016, NJW 2017, 780; *Dreier/Leistner,* Urheberrecht im Internet: Die Forschungsherausforderungen,
GRUR 2014, Beilage 1, 13; *Duhanic,* Copy this Sound! The Cultural Importance of Sampling for Hip Hop Music
in Copyright Law – A Copyright Law Analysis of the Sampling Decision of the German Federal Constitutional
Court, GRUR-Int 2016, 1007; *Erdmann,* Verwendung zeitgenössischer Literatur für Unterrichtszwecke am Beispiel
Harry Potter, WRP 2002, 1329; *Franzen/v. Olenhusen,* Lichtbildwerke, Lichtbilder und Fotoimitate, Abhängige
Bearbeitung oder freie Benutzung?, UFITA 2007/II, S. 435; *Götz von Olenhu*sen, Die Parodie nach neuem Unions-
recht und deutschem Urheberrecht, FS M. Walter (2018), S. 498; *Grünberger,* Die Entwicklung des Urheberrechts
im Jahr 2016, ZUM 2017, 324; *ders.,* Die Entwicklung des Urheberrechts im Jahr 2018, ZUM 2019, 281; *Gutsche,*
Urheberrecht und Volksmusik, 1996; *Haedicke,* Beschränkung der Parodiefreiheit durch europäisches Urheberrecht?
GRUR-Int 2015, 664; *Hilty,* Die freie Benutzung nach § 24 UrhG – Grenzen und Potenzial, FS G. Schulze

---

[125] Zu diesem Begriff → § 2 Rn. 61 ff.
[126] OLG Frankfurt a. M. ZUM-RD 2015, 589 (590); LG Hamburg ZUM 2015, 699 (702).
[127] BGH GRUR 1971, 266 – Magdalenenarie; KG GRUR-RR 2002, 49 (50) – Vaterland; KG ZUM 2015, 696
(698); OLG Frankfurt a. M. ZUM-RD 2015, 589 (590).
[128] BGH GRUR 1988, 812 (814 f.) – Ein bißchen Frieden; BGH GRUR 1971, 266 (268) – Magdalenenarie.
[129] BGH GRUR 1988, 810 (811) – Fantasy; BGH GRUR 1971, 266 (268) – Magdalenenarie; BGH GRUR
1991, 533 (535) – Brown Girl II; OLG Hamburg ZUM 2019, 262; KG ZUM 2015, 696 (698); GRUR-RR 2002,
49 (50) – Vaterland; KG GRUR-RR 2001, 292 (294) – Bachforelle; OLG Köln GRUR 2000, 43 (44) – Klammerpose.
[130] BGH GRUR 1988, 810 (811) – Fantasy; BGH GRUR 1988, 812 (814) – Ein bißchen Frieden; BGH
GRUR 1971, 266 (268 f.) – Magdalenenarie; LG Mannheim NJW-RR 1998, 45 (46 f.) – Hippos; OLG Köln
GRUR 2000, 43 (44) – Klammerpose; LG Hamburg ZUM 2015, 699 (701 f.).
[131] BGH GRUR 1988, 810 (811) – Fantasy; BGH GRUR 1971, 266 (268) – Magdalenenarie; OLG Zweibrücken GRUR-RR 2016, 141 Rn. 27 – Piano-Lehrbuch; OLG Köln GRUR 2000, 43 (44) – Klammerpose.
[132] Vgl. → § 2 Rn. 64.

(2017), S. 127; *Jörger,* Das Plagiat in der Popularmusik, 1992 (UFITA-Schriftenreihe Bd. 99); *Joseph/Schwanhäußer,* Das Recht auf Fortsetzung, GRUR 1962, 444; *Klatt,* Zur Reichweite des Laufbildschutzes bei der Frage der freien Benutzung iS des § 24 I UrhG, AfP 2008, 350; *v. Kruedener,* Die Entscheidung des Bundesverfassungsgerichts zu „Metall auf Metall", ZGE 2016, 462; *Lauber-Rönsberg,* Parodien urheberrechtlich geschützter Werke – Eine Bestandsaufnahme nach der „Deckmyn"-Entscheidung des EuGH, ZUM 2015, 658; *Leistner:* Die „Metall auf Metall"-Entscheidung des BVerfG, GRUR 2016, 772; *Loewenheim,* Die Benutzung urheberrechtlich geschützter Schriftwerke in Sekundärliteratur für den Schulunterricht, ZUM 2004, 89; *ders.,* Gedanken zur freien und unfreien Benutzung im Urheberrecht, FS Ahrens (2016), S. 247; *ders.,* Altes und Neues zu Parodie und Plagiat, FS Fezer (2016), S. 775; *Maaßen,* Plagiat, Freie Benutzung oder Kunstzitat? Erscheinungsformen der urheberrechtlichen Leistungsübernahme in Fotografie und Kunst, FS Pfennig (2012), S. 135; *Münker,* Urheberrechtliche Zustimmungserfordernisse beim Digital Sampling, 1995; *J.B. Nordemann,* Bearbeitung und Europarecht — Muss die Bläsethorie vor den EuGH?, FS M. Schwarz (2017), S.97; *Ohly,* Hip Hop und die Zukunft der „freien Benutzung" im EU-Urheberrecht, GRUR 2017, 964; *Ott,* Zulässigkeit der Erstellung von Thumbnails durch Bilder- und Nachrichtensuchmaschinen?, ZUM 2007, 119; *Peifer,* Appropriation und Fan Art – geknebelte Kreativität oder klare Urheberrechtsverletzung?, FS Wandtke (2013), S. 99; *ders.,* Parodie, Mashup, Medienkritik: Das urheberrechtlich geschützte Werk als Gegenstand und Beiwerk der filmischen Auseinandersetzung – Möglichkeiten und Grenzen im Lichte des aktuellen Urheberrechtsgesetzes, ZUM 2016, 805; *Peukert,* Die Gemeinfreiheit, 2012; *v. Rauscher auf Weeg,* Das Urheberrecht der Musik und seine Verwertung, FS zum hundertjährigen Bestehen der Deutschen Vereinigung für Gewerblichen Rechtsschutz und Urheberrecht (1991), S. 1265 (zitiert: GRUR-FS); *Pötzlberger,* Pastiche 2.0: Remixing im Lichte des Unionsrechts, GRUR 2018, 675; *Rehbinder,* Zum Urheberrechtsschutz für fiktive Figuren, insbesondere für die Träger von Film- und Fernsehserien, FS Schwarz (1988), S. 163 ff.; *Riesenhuber,* Anm. zu EuGH, Urteil vom 3.9.2014 – Vrijheidsfonds/Vandersteen, LMK 2014, 363019; *Röhl,* Die urheberrechtliche Zulässigkeit des Tonträger-Sampling, K & R 2009, 172; *Ruijsenaars,* Comic-Figuren und Parodien, Teil II: Beurteilungskriterien für die zulässige Parodie, GRUR-Int 1993, 918; *Schlingloff,* Unfreie Benutzung und Zitierfreiheit bei urheberrechtlich geschützten Werken der Musik, 1990; *Schmidt-Hern,* Die Fortsetzung von urheberrechtlich geschützten Werken, 2001 (UFITA-Schriftenreihe Bd. 188); *Schmieder,* Freiheit der Kunst und freie Benutzung urheberrechtlich geschützter Werke, UFITA 93 (1982) 63; *Schulz,* „Remixes" und „Coverversionen", FS Hertin (2000), S. 213; *G. Schulze,* Gedanken zur freien Benutzung und zu einer allgemeinen Grundrechtsschranke am Beispiel Metall auf Metall, FS M. Walter (2018), S. 504; *S. Schulze,* Urheberrecht und neue Musiktechnologien, ZUM 1994, 15; *Slopek,* Die Parodie im Urheberrecht, WRP 2009, 20; *Stieper,* Anmerkung zu BVerfG, Urteil vom 31. Mai 2016 – 1 BvR 1585/13, ZUM 2016, 637; *Stuhlert,* Die Behandlung der Parodie im Urheberrecht, 2002; *Strömholm,* Zur Problematik der Fortsetzung eines urheberrechtlich geschützten Werkes, GRUR 1968, 187; *v. Ungern-Sternberg,* Verwendungen des Werkes in veränderter Gestalt im Lichte des Unionsrechts, GRUR 2015, 533; *Unseld,* Anm. zu EuGH, Urteil vom 3.9.2014 – Vrijheidsfonds/Vandersteen, EuZW 2014, 914; *Vinck,* Parodie und Urheberschutz, GRUR 1973, 251; *Vogel,* Überlegungen zum Schutzumfang der Leistungsschutzrechte des Filmherstellers – angestoßen durch die TV-Total-Entscheidung des BGH, FS Loewenheim (2009), S. 367; *ders.,* Die Entfaltung der Übersetzungsrechts im deutschen Urheberrecht des 19. Jahrhunderts, GRUR 1991, 16; *Wandtke,* Persönlichkeitsrecht und Satire als urheberrechtlich geschützte Kunstform, ZUM 2019, 308; *Wegmann,* Der Rechtsgedanke der freien Benutzung des § 24 UrhG und die verwandten Schutzrechte, 2013; *Wolpert,* Der Schutz der Melodie im neuen Urheberrechtsgesetz, UFITA 50 (1967) 769.

Siehe auch die Literaturangaben bei § 23.
Weiteres Schrifttum in der 5. Aufl.

Übersicht

A. Zweck und Bedeutung der Norm

1   § 24 regelt Fälle, in denen im Gegensatz zu § 23 bei der Benutzung eines fremden Werkes die Einwilligung des Urhebers nicht erforderlich ist. Frei benutzbar ist zunächst alles, was freies **Gemeingut,** dh urheberrechtlich nicht bzw. nicht mehr geschützt ist. Das ergibt sich unmittelbar aus den Schutzgrenzen des Urheberrechts, einer Heranziehung des § 24 bedarf es insoweit nicht. Unter § 24 fallen vielmehr die Sachverhalte, in denen jemand das geschützte Werk eines anderen für sein eigenes Werkschaffen benutzt, wobei aber diese Benutzung nicht in einer Umgestaltung des fremden Werkes liegt (dann wäre § 23 anzuwenden), sondern das fremde Werk lediglich als Anregung für das eigene Werkschaffen dient. Diese Fälle werden als **freie Benutzung** bezeichnet. Die Inanspruchnahme fremder Leistung weist also bei der freien Benutzung einen wesentlich geringeren Intensitätsgrad als bei der Umgestaltung auf.[1] Sie kann ohne Zustimmung des Urhebers des benutzten Werks erfolgen.

---

[1] Vgl. auch OLG Frankfurt a. M. ZUM 1996, 97 (98).

Der **Grund für diese Regelung** liegt darin, dass kulturelles Schaffen nicht ohne ein Aufbauen auf **2** früheren Leistungen anderer Urheber denkbar ist. Die Auseinandersetzung mit fremden Werken und die Aufnahme von Anregungen aus ihnen gehören zum Wesen geistig-schöpferischer Tätigkeit und lassen sich durch zahllose Beispiele belegen. Viele Werke der Literatur und der bildenden Künste sind durch frühere Schöpfungen inspiriert, in der Musik sind Variationen oder Phantasien über ein fremdes Thema eine gängige Gestaltungsform. Nicht nur freie, sondern auch geschützte Werke werden dabei in Anspruch genommen. Dem trägt § 24 ebenso Rechnung wie früher § 13 LUG und § 16 KUG. § 24 will Freiraum für eine Auseinandersetzung mit bestehenden Werken schaffen und damit die kulturelle Fortentwicklung ermöglichen.[2] Die Inanspruchnahme fremder Leistung in diesem Rahmen rechtfertigt sich dadurch, dass auch der Urheber, dessen Werk in Anspruch genommen wird, seinerseits wieder auf fremden Schöpfungen aufgebaut hat bzw. aufbauen konnte. Grenzen müssen solcher Inanspruchnahme allerdings gezogen werden. Dies geschieht in § 24 dadurch, dass ein selbständiges neues Werk entstehen muss[3] und dass es sich um eine freie Benutzung handeln muss, bei der angesichts der Individualität des neuen Werks die Wesenszüge des benutzten Werks verblassen.[4]

§ 24 bestimmt, ebenso wie § 23,[5] den **Schutzumfang des Urheberrechts** – allerdings in umge- **3** kehrter Richtung, indem er diesen Schutzumfang begrenzt. Insofern hat die Vorschrift schrankenrechtlichen Charakter,[6] kann aber nicht als weitere Schrankenbestimmung angesehen werden. Dafür spricht auch die systematische Stellung der Vorschrift, die gerade nicht im 6. Abschnitt des Urheberrechtsgesetzes „Schranken des Urheberrechts" geregelt ist. Der BGH hat zwar in seinem Urteil „Metall auf Metall I" § 24 als „eine, wenn auch an anderer Stelle des Urheberrechtsgesetzes geregelte Schranke des Urheberrechts" bezeichnet,[7] ist aber wohl von dieser Auffassung wieder abgerückt, wenn es in seinem Vorlagebeschluss an den EuGH heißt, das Recht der freien Benutzung bezeichne „eine dem Urheberrecht immanente Beschränkung seines Schutzbereichs".[8] Um eine Anwendung des § 24 auf verwandte Schutzrechte zu ermöglichen (→ Rn. 4), erscheint es nicht erforderlich, sie entgegen der Gesetzessystematik als Schrankenbestimmung zu qualifizieren. Naturgemäß ist nicht jede Vorschrift, die die Rechte des Urhebers begrenzt (beispielsweise § 64) eine Schrankenbestimmung. Zudem hat man mit Recht darauf hingewiesen, dass Schranken im Allgemeinen nur unter bestimmten Voraussetzungen wie Quellenangabe oder angemessene Vergütung angewendet werden können während § 24 derartige Voraussetzungen nicht kennt.[9]

§ 24 findet auch auf den Schutz wissenschaftlicher Ausgaben (§ 70 Abs. 1) und den Lichtbildschutz **4** (§ 72 Abs. 1) Anwendung. Die Rechtsprechung wendet darüber hinaus § 24 entsprechend auch auf verwandte Schutzrechte an. Das gilt zum einem für den Laufbildschutz,[10] zum anderen für das Recht des Tonträgerherstellers (§ 85 Abs. 1).[11] Der BGH hat das für § 85 Abs. 1 damit begründet, dass es sich bei § 24 um eine Schrankenbestimmung handele[12] und dass es Sinn und Zweck des § 24 Abs. 1, eine kulturelle Fortentwicklung zu ermöglichen, zuwiderliefe, wenn der Urheber eine freie Benutzung seines Werkes hinnehmen müsse, der Tonträgerhersteller hingegen nicht. Eine solche entsprechende Anwendung soll nur dann ausscheiden, wenn die Möglichkeit besteht, die auf dem Tonträger aufgezeichnete Tonfolge selbst einzuspielen oder wenn ein Fall des § 24 Abs. 2 vorliegt.[13] Das BVerfG hat die Anwendung von § 24 auf § 85 Abs. 1 für zulässig erachtet,[14] die Ausnahme der Möglichkeit des eigenen Nachspielens allerdings nicht anerkannt.[15] Die Anwendung des § 24 auf 85 Abs. 1 ist im Schrifttum teils begrüßt worden, zum Teil aber auch auf heftige[16] Kritik gestoßen.[17] Die Frage ist

---

[2] BGH GRUR 2013, 614 Rn. 14 – Metall auf Metall II.

[3] Dazu → Rn. 12.

[4] Dazu → Rn. 14.

[5] Vgl. → § 23 Rn. 1.

[6] Vgl. dazu auch Dreier/Schulze/*Schulze* UrhG § 24 Rn. 1, die davon sprechen, dass sich § 24 wie eine gesetzliche Schranke auswirkt; sa Schack Rn. 512: „funktional wie eine Schranke wirkt … § 24 I"; *Vogel* FS Loewenheim, 2009, 371: „Ihrer Rechtsnatur nach nimmt die Vorschrift (sc. § 24) … keine bloße Grenzziehung des Urheberrechtsschutzes vor, sondern legt eine Schrankenregelung zugunsten des kreativen Schaffens in sich"; Leistner GRUR 2016, 772 (775): „immanente Begrenzung des Schutzgegenstands"; Ohly GRUR 2017, 664 (667): „Hybrid zwischen Schutzbereichsbestimmung und Schranke".

[7] BGH GRUR 2009, 403 Rn. 21 – Metall auf Metall I; zustimmend Fromm/Nordemann/*A. Nordemann* UrhG §§ 23/24 Rn. 4; der aber betont, dass damit zugleich der Schutzumfang des Urheberrechts bestimmt wird; kritisch Ohly GRUR 2017, 964 (967 ff.).

[8] BGH GRUR 2017, 895 Rn. 22 – Metall auf Metall III; zustimmend v. Ungern-Sternberg GRUR 2018, 225 (233).

[9] *Lindhorst* GRUR 2009, 406.

[10] BGH GRUR 2000, 703 (705 f.) – Mattscheibe; BGH GRUR 2008, 693 Rn. 24 ff. – TV-Total; OLG Frankfurt a. M. ZUM 2005, 477 (480); s. dazu v. Becker FS Loewenheim, 2009, 3 (10 ff.); Vogel FS Loewenheim, 2009, 367 (373 ff.).

[11] BGH GRUR 2009, 403 Rn. 21 ff. – Metall auf Metall I; BGH GRUR 2013, 614 Rn. 12 ff. – Metall auf Metall II.

[12] → Rn. 3.

[13] BGH GRUR 2009, 403 Rn. 231 f. – Metall auf Metall I; BGH GRUR 2013, 614 Rn. 13 – Metall auf Metall II.

[14] BVerfG GRUR 2016, 690 Rn. 94 – Metall auf Metall; s. dazu auch Leistner GRUR 2016, 772.

[15] BVerfG GRUR 2016, 690 Rn. 99 – Metall auf Metall.

[16] S. zB Hoeren MMR 2009, 257.

[17] Eingehend zu diesen Fragen → § 85 Rn. 60 ff.

inzwischen insofern obsolet, als der EuGH auf die Vorlageentscheidung des BGH[18] hin eine Anwendung des § 24 auf Tonträgerhersteller für mit Unionsrecht nicht vereinbar erklärt hat.[19]

5   § 24 und damit das Rechtsinstitut der freien Benutzung werden sich in ihrer gegenwärtigen Form nach dem „**Metall auf Metall**"-**Urteil des EuGH** vom 29.7.2019 nicht aufrechterhalten lassen.[20] Der EuGH hat dort entschieden, dass ein Mitgliedstaat in seinem nationalen Recht keine Ausnahme oder Beschränkung in Bezug auf das Recht des Tonträgerherstellers aus Art. 2 c InfoSoc-RL vorsehen darf, die nicht in Art. 5 InfoSoc-RL vorgesehen ist und § 24 in seiner analogen Anwendung auf Tonträgerhersteller als eine solche Beschränkung angesehen.[21] Wenn er dies auch nur für Art. 2 c Info-Soc-RL ausgesprochen hat, so dürfte doch für Art. 2 a InfoSoc-RL, der das Vervielfältigungsrecht der Urheber betrifft, nichts anderes gelten.

Damit stellt sich die Frage, wie sich die bisher durch § 24 erfassten Fälle zukünftig einordnen lassen. Für die von der deutschen Rechtsprechung bisher nach § 24 entschiedenen Fälle der Parodie stellt das insofern kein Problem dar, als Art. 5 Abs. 3 lit k InfoSoc-RL die Parodie ausdrücklich erfasst.[22] Im Übrigen dürfte sich am ehesten eine Regelung über den Schutzbereich des Urheberrechts anbieten.[23] Die Vorschriften der Art. 2, 3 und 4 InfoSoc-RL dürften dafür Raum lassen. Versteht man die freie Benutzung als Regelung des Schutzumfangs des Urheberrechts[24] und nicht als eine den Rahmen des Art. 5 InfoSoc-RL sprengende Schranke, so bietet sich auch von daher eine solche Lösung an. Auf die Deckmyn/Vandersteen-Entscheidung des EuGH[25] zur Parodie, in der es gleichfalls um die Anwendbarkeit des § 24 ging, hatte der BGH mit einer richtlinienkonformen Auslegung dieser Vorschrift reagiert.[26] Die Möglichkeit einer Lösung über das Zitatrecht oder über einen den Bereich des Art. 5 InfoSoc-RL erweiternden Umsetzungsspielraum, die der BGH in seiner Vorlageentscheidung ins Spiel gebracht hatte, war vom EuGH verneint worden.[27] Die weitere Entwicklung bleibt hier abzuwarten.

B. Gemeingut

6   Zum frei benutzbaren Gemeingut zählen zunächst **tatsächliche Gegebenheiten und Ereignisse,** alles, was **durch Natur oder Geschichte vorgegeben** ist. Dazu gehören die gesamte physische Umwelt des Menschen wie Länder und Landschaften, Fauna, Flora, Naturerscheinungen usw, historische Personen und Geschehnisse,[28] Tagesereignisse und Nachrichten tatsächlichen Inhalts,[29] tatsächliche Angaben in Verzeichnissen und dgl.,[30] Naturgesetze und Daten.[31] Auch die Ereignisse des eigenen Lebens sind als solche frei und können von anderen dargestellt werden.[32] Diese tatsächlichen Gegebenheiten und Ereignisse können von jedermann und immer wieder zum Gegenstand der Darstellung gemacht werden und fallen als solche auch dann, wenn sie künstlerisch bearbeitet werden, nicht in den Schutzbereich des Urheberrechts. Das gilt auch dann, wenn die Feststellung dieser Gegebenheiten und Ereignisse mit erheblicher Mühe und Aufwand verbunden ist;[33] Mühe, Aufwand und Kosten, die für eine Leistung aufgewendet werden, begründen nicht deren urheberrechtliche Schutzfähigkeit.[34]

7   Frei benutzbares Gemeingut sind auch solche **vom menschlichen Geist geschaffenen Gestaltungen,** die **dem Urheberschutz nicht unterliegen.** Das sind einmal alle Gestaltungen, die von vornherein nicht schutzfähig sind, weil es an der persönlichen geistigen Schöpfung, insbesondere an der erforderlichen Individualität fehlt.[35] Das sind weiter alle Gestaltungen, die zwar an sich schutzfähig, aber so alt sind, dass der Urheberschutz inzwischen abgelaufen ist oder die in einer Zeit entstanden sind, als es noch keinen Urheberschutz gab. Auch die berühmtesten Werke können 70 Jahre nach dem Tode ihres Urhebers von jedermann benutzt werden (§ 64). Gemeinfrei ist auch das gesamte

---

[18] BGH GRUR 2017, 895 – Metall auf Metall III; s. dazu auch *Ohly* GRUR 2017, 964.
[19] Dazu → Rn. 5.
[20] Sa. *Ohly* GRUR 2017, 964 (967); *Grünberger* ZUM 2019, 281 (286).
[21] EuGH GRUR 2019, 929 Rn. 65 – Pelham/Hütter.
[22] Dazu → Rn. 32.
[23] S. dazu insbesondere *Ohly* GRUR 2017, 964 (967).
[24] Vgl. → Rn. 3.
[25] EuGH GRUR 2014, 972 – Deckmyn/Vandersteen, dazu näher Rn. 30.
[26] BGH GRUR 2016, 1157 – auf fett getrimmt.
[27] EuGH GRUR 2019, 929 Rn. 66 ff., 74 sowie Rn. 75 ff., 86 – Pelham/Hütter.
[28] S. zB OLG München ZUM-RD 2010, 37 (41); ZUM 1995, 427 (428); LG München I ZUM-RD 2019, 270; LG Hamburg GRUR-RR 2003, 233 (234, 240) – Die Päpstin.
[29] Dazu OLG Hamburg GRUR 1978, 307 (308) – Artikelübernahme.
[30] BGH GRUR 2002, 958 (959) – Technische Lieferbedingungen; BGH GRUR 1999, 923 (924) – Tele-Info-CD.
[31] Dazu BGH GRUR 1987, 704 (705) – Warenzeichenlexika; sa OLG Köln ZUM 2009, 243 (244); LG Köln ZUM-RD 2010, 482 (486).
[32] LG München I ZUM-RD 2019, 270 (275).
[33] OLG München ZUM 1995, 427 (428).
[34] Vgl. → § 2 Rn. 69.
[35] Zu den Schutzvoraussetzungen vgl. → § 2 Rn. 38 ff.

kulturelle Geistesgut, dessen Urheber nie bekannt geworden ist, wie Sagen, Fabeln, Märchen, Volks-lieder oder alte Werke unbekannter Meister. Die Nachbildung einer aus dem 15. Jahrhundert stam-menden Madonnenstatue kann daher keine Urheberrechtsverletzung sein;[36] allerdings kann, wenn solche Werke in fremdem Eigentum stehen, in deren Benutzung (etwa im Anfertigen und Verwerten von Lichtbildern) eine Eigentumsverletzung liegen.[37] Der bloße Umstand, dass der Urheber nicht feststellbar ist, macht freilich ein Werk nicht gemeinfrei, eine Rechtsverfolgung wird jedoch meist aus praktischen Gründen ausscheiden.

Zum frei benutzbaren Gemeingut zählt weiter der Inhalt von **Gedanken und Lehren.** Die Rück- **8** sicht auf die Freiheit des geistigen Lebens fordert es, dass Gedanken und Lehren in ihrem Kern, ihrem gedanklichen Inhalt, in ihrer politischen, wirtschaftlichen oder gesellschaftlichen Aussage, Gegenstand der freien geistigen Auseinandersetzung bleiben, dass ihre Diskussion und Kritik nicht urheber-rechtlich untersagt werden kann. Das betrifft nicht nur überlieferte Gedanken und Lehren, sondern auch solche, die in geschützten Werken neu offenbart werden oder vom Urheber erst erdacht worden sind.[38] Der Begriff des Gemeinguts ist insofern ein normativer Begriff.[39] Dies gilt auch für **wissen-schaftliche Lehren und Theorien.**[40] Sie müssen im Interesse des wissenschaftlich-technischen Evo-lutionsprozesses frei gehalten werden, der in der ständigen Auseinandersetzung mit dem Ideengut anderer und dessen Überprüfung mit dem Ziel der Verifizierung oder Falsifizierung besteht.[41] Frei ist aber nur der gedankliche Inhalt, die Form der Darstellung dieses Inhalts ist schutzfähig. So darf etwa ein juristisches Lehrbuch nicht kopiert oder in umgestalteter Form verwertet werden, das in ihm ent-haltene wissenschaftliche Gedankengut ist dagegen frei.

Zum Gemeingut zählen ferner **mathematische Lehren und Prinzipien** sowie technische Mög- **9** lichkeiten.[42] Unter urheberrechtlichen Gesichtspunkten frei benutzbar sind auch **wirtschaftliche und kaufmännische Organisationsmethoden oder -systeme** sowie **Spielsysteme für Gesell-schafts- und sonstige Spiele,**[43] die **Methode** des Schaffens, der **Stil,** die **Manier** und die **Technik** der Darstellung[44] sowie **Ideen** und **Motive.**[45] Frei ist auch, was zum musikalischen Allgemeingut gehört wie die formalen Gestaltungselemente, die auf den Lehren von der Harmonik, Rhythmik und Melodik beruhen.[46] Grenzen für die Benutzung können sich allerdings aus dem Recht gegen den unlauteren Wettbewerbs ergeben.

Ist **Gemeingut bereits zu einer Werkschöpfung benutzt** worden, so bleibt die Benutzung des **10** gemeinfreien Originals auch insoweit frei, als es in eigenschöpferischen Nachbildungen seinen Nie-derschlag gefunden hat. Der Nachbildner einer mittelalterlichen Madonnenstatue kann daher auch dann, wenn er an seiner Nachbildung ein Bearbeiterurheberrecht erworben hat, Dritten weitere Nachbildungen des Originals nicht untersagen, selbst dann nicht, wenn zur Übernahme bestimmter Züge des Originals ein Werkstück des Nachbildners benutzt wird.[47] Ein fotografisches Motiv (Szene aus einem Theaterstück) darf nachgestellt und erneut fotografiert werden, es sei denn, diese Szene genießt ihrerseits Urheberrechtsschutz.[48] Andererseits dürfen die individuellen Züge der Nachbildung nicht benutzt werden. Legt ein Komponist einer Rhapsodie ein gemeinfreies Volkslied zugrunde, so darf ein zweiter Komponist nur das Volkslied, nicht aber individuelle Züge der Benutzung des Liedes in der Rhapsodie übernehmen.[49]

C. Freie Benutzung[50]

Freie Benutzung iSd § 24 ist die **Benutzung eines geschützten Werks** und nicht Benutzung **11** freien Gemeinguts.[51] Sie setzt nach dem Gesetzeswortlaut voraus, dass ein **selbständiges Werk** ent-steht[52] und dass es in **freier Benutzung** geschaffen wird.[53] Beide Tatbestandsmerkmale überschnei-den sich freilich; der im Anschluss an die bisherige Rechtsprechung in das UrhG 1965 neu aufge-nommene Begriff des selbständigen Werkes wird von der Rechtsprechung weitgehend durch die freie

---

[36] BGH GRUR 1966, 503 (505) – Apfelmadonna.
[37] BGH GRUR 1975, 500 – Schloß Tegel; offengelassen in BGH GRUR 1966, 503 (505) – Apfelmadonna.
[38] Vgl. auch → § 2 Rn. 80.
[39] *Ulmer* § 19 IV 1.
[40] OLG Köln ZUM 2009, 243 (244).
[41] Vgl. näher → § 2 Rn. 85.
[42] OLG Nürnberg GRUR 1984, 736 (737) – Glasverschnitt-Programm.
[43] Dazu → § 2 Rn. 28.
[44] Dazu → § 2 Rn. 71.
[45] Dazu → § 2 Rn. 73.
[46] Dazu → § 2 Rn. 146.
[47] BGH GRUR 1966, 503 (505) – Apfelmadonna.
[48] OLG Hamburg ZUM-RD 1997, 217 (221) – Troades; *Bullinger/Garbers-von Boehm* GRUR 2008, 24 (30).
[49] LG Frankfurt a. M. UFITA 22 (1956), 372 – Schwedenmädel.
[50] Zum Fortbestand des § 24 und des Rechtsinstituts der freien Benutzung nach dem „Metall auf Metall"-Urteil des EuGH vom 29.7.2019 → Rn. 5.
[51] Vgl. → Rn. 1.
[52] Dazu → Rn. 12.
[53] Dazu → Rn. 14 ff.

Benutzung ausgefüllt. Das in unfreier Benutzung geschaffene Werk ist regelmäßig kein selbständiges Werk, sondern abhängige Nachschöpfung.

I. Selbständiges Werk

12   § 24 setzt die Schaffung eines selbständigen Werkes voraus. Das bedeutet, dass das entstehende Werk in seiner Ausdruckskraft gegenüber dem benutzten Werk **selbständig** sein muss,[54] nach der AmtlBegr. muss es sich um eine „völlig selbstständige Neuschöpfung" handeln.[55] Das wird nach dem Abstand beurteilt, den das neue Werk zu den entlehnten eigenpersönlichen Zügen des benutzten Werks hält, wobei kein zu milder Maßstab anzulegen sei;[56] es müsse ein auf eigener schaffender Tätigkeit beruhendes neues Werk entstehen.[57] Zum Verhältnis zum Tatbestandsmerkmal der freien Benutzung vgl. → Rn. 11. Aus der Tatbestandsvoraussetzung, dass es sich um ein neues „Werk" handeln muss, hat die Rechtsprechung im Hinblick auf § 2 Abs. 2 den Schluss gezogen, dass durch die Benutzung des fremden Werks eine **persönliche geistige Schöpfung** entstehen muss.[58] Dem ist schon deswegen zuzustimmen, weil erst die Bereicherung des kulturellen Gesamtguts durch eine neue eigenschöpferische Leistung die Inanspruchnahme fremden Schaffens rechtfertigt.

13   Allerdings haben sich bereits hier durch die Rechtsprechung des EuGH Verwerfungen ergeben.[59] Für die Parodie geht der EuGH nämlich davon aus, dass es nicht Voraussetzung der Parodie ist, dass „die Parodie einen eigenen ursprünglichen Charakter hat".[60] Das ist dahin zu verstehen, dass bei der Parodie die urheberrechtlichen Schutzvoraussetzungen nicht vorzuliegen brauchen, dass sie also keine persönliche geistige Schöpfung sein braucht. Da die Parodie nach der deutschen Rechtsprechung unter § 24 fällt, warf das Recht auf, ob sich unter unionsrechtlichen Gesichtspunkten die Tatbestandsvoraussetzung des selbstständigen Werks im Sinne einer persönlichen geistigen Schöpfung bei § 24 insgesamt aufrechterhalten lässt.[61]

II. Freiheit der Benutzung[62]

14   Freie Benutzung setzt voraus, dass das fremde Werk nicht in identischer oder umgestalteter Form übernommen wird, auch nicht als Vorbild oder Werkunterlage, sondern lediglich als **Anregung für das eigene Werkschaffen** dient.[63] Das ist dann der Fall, wenn das neue Werk einen solchen Abstand zum älteren Werk einhält, dass die **dem geschützten älteren Werk entnommenen individuellen Züge gegenüber der Eigenart des neugeschaffenen Werks verblassen.**[64] Dies ist namentlich

---

[54] BGH GRUR 2016, 1157 Rn. 19 – auf fett getrimmt; BGH GRUR 2009, 403 (406) – Metall auf Metall I; BGH GRUR 2008, 693 (695) – TV-Total.

[55] AmtlBegr. BT-Drs. IV/270, 51.

[56] BGH GRUR 2009, 403 (406) – Metall auf Metall I; BGH GRUR 2008, 693 (695) – TV-Total; BGH GRUR 2002, 799 (800) – Stadtbahnfahrzeug; BGH GRUR 1999, 984 (987) – Laras Tochter; BGH GRUR 1994, 191 (193) – Asterix-Persiflagen; LG Mannheim GRUR-RR 2007, 265.

[57] BGH GRUR 1961, 631 (632) – Fernsprechbuch.

[58] BGH GRUR 2000, 703 (705) – Mattscheibe; BGH GRUR 1994, 191 (195) – Asterix-Persiflagen; BGH GRUR 1961, 631 (632) – Fernsprechbuch (zur Vorgängervorschrift des § 13 LUG); OLG Köln GRUR-RR 2015, 275 Rn. 21 – Airbrush-Urnen; OLG Hamburg ZUM 2015, 577 (581); Dreier/Schulze/*Schulze* UrhG § 24 Rn. 5; Fromm/Nordemann/*A. Nordemann* UrhG §§ 23/24 Rn. 42; aA *v. Ungern*-Sternberg GRUR 2015, 533 (537) im Hinblick auf das Unionsrecht, dazu → Rn. 13.

[59] Im Übrigen zum Fortbestand des § 24 und des Rechtsinstituts der freien Benutzung → Rn. 5.

[60] EuGH GRUR 2014, 972 Rn. 21, 32 – Deckmyn/Vandersteen; näher dazu → Rn. 30.

[61] S. bereits damals *v. Ungern-Sternberg* GRUR 2015, 533 (539), der davon ausgeht, dass § 24 das der EuGH-Entscheidung zugrunde liegende Unionsrecht (Art. 5 Abs. 3 lit. k InfoSoc-RL) nicht ausreichend umsetzt und dass nach Unionsrecht auch dann möglich ist, wenn die neu geschaffene Gestaltung urheberrechtlich nicht schutzfähig ist; sa *Haedicke* GRUR-Int 2015, 664 (670), der davon ausgeht, dass die Deckmyn-Entscheidung des EuGH eine Bindungswirkung für die Auslegung von §§ 23, 24 hat.

[62] Zum Fortbestand des § 24 und des Rechtsinstituts der freien Benutzung nach dem „Metall auf Metall"-Urteil des EuGH vom 29.7.2019 → Rn. 5.

[63] Ständige Rechtsprechung, vgl. aus jüngerer Zeit BGH GRUR 2017, 895 Rn. 23 – Metall auf Metall III; BGH GRUR 2016, 1157 Rn. 20 – auf fett getrimmt; BGH GRUR 2011, 134 Rn. 33 – Perlentaucher; BGH GRUR 2011, 803 Rn. 47 – Lernspiele; BGH GRUR 2003, 956 (958) – Gies-Adler; OLG Hamburg ZUM-RD 2016, 576 (589) – Anne Frank-Tagebuch; OLG Düsseldorf GRUR 2012, 173 (176); OLG Köln GRUR 2000, 43 (44) – Klammerpose; weitere Nachweise in der Vorauflage; allgA auch im Schrifttum, vgl. etwa Dreier/Schulze/*Schulze* UrhG § 24 Rn. 7; Fromm/Nordemann/*A. Nordemann* UrhG §§ 23/24 Rn. 44; *Ulmer* § 58 II; *Erdmann* WRP 2002, 1329 (1335).

[64] Ständige Rechtsprechung, vgl. aus jüngerer Zeit BGH GRUR 2017, 895 Rn. 23 – Metall auf Metall III; BGH GRUR 2016, 1157 Rn. 19 f. – auf fett getrimmt; BGH GRUR 2014, 258 Rn. 38 – Pippi-Langstrumpf-Kostüm; BGH GRUR 2014, 65 Rn. 37 – Beuys-Aktion; BGH GRUR 2011, 134 Rn. 33 – Perlentaucher; BGH GRUR 2011, 803 Rn. 47 – Lernspiele; BGH GRUR 2009, 403 (406) – Metall auf Metall I; BGH GRUR 2008, 693 (695) – TV-Total; BGH GRUR 2003, 956 (958) – Gies-Adler; OLG Hamburg ZUM-RD 2016, 576 (589) – Anne Frank-Tagebuch; OLG Zweibrücken GRUR-RR 2016, 141 Rn. 28 – Piano-Lehrbuch; OLG Köln GRUR-RR 2015, 275 Rn. 21 – Airbrush-Urnen; OLG Hamburg ZUM 2015, 577 (581); ZUM-RD 2013, 428 (435); 2013, 121 (123); OLG Köln ZUM 2012, 407 (408) – Pippi Langstrumpf; OLG München GRUR-RR 2011, 54

dann anzunehmen, wenn im neuen Werk das ältere nicht mehr in relevantem Umfang benutzt wird.[65] Dabei ist der **Grad der Individualität** des benutzten und des neu geschaffenen Werkes zu berücksichtigen: Je ausgeprägter die Individualität des älteren Werkes ist, desto weniger wird es gegenüber dem neugeschaffenen Werk verblassen, umgekehrt wird es umso eher verblassen, je stärker die Individualität des neuen Werks ist.[66] Unerheblich ist dagegen, ob das neu geschaffene Werk geeignet oder dazu bestimmt ist, das ältere Werk zu ersetzen.[67]

Eine freie Benutzung liegt aber nicht nur dann vor, wenn die aus dem geschützten älteren Werk **15** entlehnten eigenpersönlichen Züge in dem neuen Werk in einem wörtlichen Sinn verblassen und demgemäß in diesem so zurücktreten, dass das ältere in dem neuen Werk nur noch schwach und in urheberrechtlich nicht mehr relevanter Weise durchschimmert. Vielmehr kann eine künstlerische Auseinandersetzung mit einem älteren Werk es erforderlich machen, dass dieses und seine Eigenheiten, soweit sie Gegenstand der Auseinandersetzung sind, **im neuen Werk erkennbar** bleiben. Der für eine freie Benutzung erforderliche Abstand zu den entnommenen individuellen Zügen des benutzten Werkes kann, selbst bei deutlichen Übernahmen gerade in der Formgestaltung, auch darin bestehen, dass das neue Werk aufgrund seiner Individualität zu den entnommen eigenpersönlichen Zügen des älteren Werkes einen so großen **inneren Abstand** hält, dass das neue Werk seinem Wesen nach als selbständig anzusehen ist. Auch in einem solchen Fall verblassen in einem weiteren Sinn die entlehnten eigenpersönlichen Züge des älteren Werks gegenüber dem neuen; sie werden von dessen Individualität überlagert.[68] Dieser erforderliche innere Abstand kann auch bei einer weitgehenden Übernahme in der Formgestaltung bestehen,[69] namentlich wenn sich **das neue Werk mit dem älteren auseinandersetzt,** wie dies etwa bei einer Parodie oder Satire[70] der Fall sein kann.[71] Aber auch in anderen Fällen kann eine freie Benutzung vorliegen,[72] der erforderliche innere Abstand kann durch eigenschöpferisches Schaffen in verschiedener Weise hergestellt werden.[73] Eine bloße parodistische Zielsetzung gibt aber noch keinen Freibrief für unfreie Entlehnungen.[74] Vielmehr ist gerade in solchen Fällen ein strenger Maßstab anzulegen, ob das neue Werk durch eigenschöpferische Leistung den erforderlichen inneren Abstand zu den entlehnten eigenpersönlichen Zügen gewonnen hat.[75] Diese Frage ist nicht vom Standpunkt eines Durchschnittsbetrachters des benutzten Werkes aus zu beurteilen, sondern vom Standpunkt eines Betrachters aus, der die Vorlage kennt, aber auch das für das neue Werk erforderliche intellektuelle Verständnis besitzt.[76]

Bei der vergleichenden Beurteilung des benutzten und des neugeschaffenen Werks ist zunächst fest- **16** zustellen, **durch welche objektiven Merkmale die schöpferische Eigentümlichkeit des be-**

---

(56) – Eierkoch; KG ZUM 2010, 883 (884); allgA auch im Schrifttum, vgl. etwa Dreier/Schulze/*Schulze* UrhG § 24 Rn. 8; Fromm/Nordemann/*A. Nordemann* UrhG §§ 23/24 Rn. 43; *Schack* Rn. 274.

[65] BGH GRUR 2011, 803 Rn. 47 – Lernspiele; BGH GRUR 2000, 703 (706) – Mattscheibe; BGH GRUR 2003, 956 (958) – Gies-Adler; BGH GRUR 1999, 984 (987) – Laras Tochter; BGH GRUR 1994, 191 (193) – Asterix-Persiflagen; BGH GRUR 1994, 206 (208) – Alcolix.

[66] Ständige Rechtsprechung, vgl. etwa BGH GRUR 1991, 531 (532) – Brown Girl I; BGH GRUR 1991, 533 (534) – Brown Girl II; BGH GRUR 1982, 37 (39) – WK-Dokumentation; BGH GRUR 1981, 267 (269) – Dirlada; OLG München GRUR-RR 2016, 62 (66) – „Heute"-Jingle; OLG Zweibrücken GRUR-RR 2016, 141 Rn. 29 – Piano-Lehrbuch; OLG Köln ZUM 2012, 407 (408) – Pippi Langstrumpf; OLG Hamburg ZUM-RD 2013, 121 (123); weitere Nachweise in der Vorauflage.

[67] BGH GRUR 2011, 803 Rn. 63 – Lernspiele; BGH GRUR 2011, 134 Rn. 453 – Perlentaucher; OLG Köln GRUR-RR 2015, 275 Rn. 22 – Airbrush-Urnen; zu Musikwerken OLG Zweibrücken GRUR-RR 2016, 141 – Piano-Lehrbuch; anders noch OLG Frankfurt a. M. ZUM-RD 1998, 561 (562).

[68] Ständige Rechtsprechung, vgl. aus jüngerer Zeit BGH GRUR 2016, 1157 Rn. 22 – auf fett getrimmt; BGH GRUR 2014, 258 Rn. 39 – Pippi-Langstrumpf-Kostüm; BGH GRUR 2011, 134 Rn. 34 – Perlentaucher; BGH GRUR 2008, 693 (695) – TV-Total; BGH GRUR 2003, 956 (958) – Gies-Adler; OLG Hamburg ZUM-RD 2013, 428 (436); OLG Hamburg GRUR-RR 2011, 396 (397) – Metall auf Metall; OLG Frankfurt a. M. GRUR 2008, 249 (252) – Abstracts; dem folgend das Schrifttum, vgl. etwa Dreier/Schulze/*Schulze* UrhG § 24 Rn. 25; Fromm/Nordemann/*A. Nordemann* UrhG §§ 23/24 Rn. 50; weitere Nachweise in der Vorauflage; zur Entwicklung der Rechtsprechung *v. Becker* FS Loewenheim, 2009, 3 (8 ff.).

[69] BGH GRUR 2014, 258 Rn. 39 – Pippi-Langstrumpf-Kostüm; BGH GRUR 2011, 134 Rn. 34 – Perlentaucher.

[70] Dazu → Rn. 27 ff.

[71] BGH GRUR 2011, 134 Rn. 34 – Perlentaucher; BGH GRUR 2008, 693 (695) – TV-Total; BGH GRUR 2003, 956 (958) – Gies-Adler; BGH GRUR 1999, 984 (987) – Laras Tochter; BGH GRUR 2000, 703 (704) – Mattscheibe; BGH GRUR 1994, 191 (193) – Asterix-Persiflagen; BGH GRUR 1994, 206 (208) – Alcolix; OLG Hamburg GRUR-RR 2011, 396 (397) – Metall auf Metall; OLG Hamburg ZUM-RD 2013, 428 (436).

[72] BGH GRUR 2016, 1157 Rn. 22 – auf fett getrimmt; BGH GRUR 2014, 258 Rn. 39 – Pippi-Langstrumpf-Kostüm; BGH GRUR 1994, 191 (193) – Asterix-Persiflagen; BGH GRUR 1994, 206 (208) – Alcolix; OLG Hamburg ZUM-RD 2013, 428 (436).

[73] BGH GRUR 2016, 1157 Rn. 22 – auf fett getrimmt; BGH GRUR 2014, 258 Rn. 39 – Pippi-Langstrumpf-Kostüm; BGH GRUR 1999, 984 (987 – Laras Tochter; BGH GRUR 1994, 191 (199 – Asterix-Persiflagen; OLG Hamburg GRUR-RR 2011, 396 (397 – Metall auf Metall.

[74] BGH GRUR 2000, 703 (704) – Mattscheibe; BGH GRUR 1971, 588 (590) – Disney-Parodie.

[75] BGH GRUR 1999, 984 (987) – Laras Tochter; BGH GRUR 2000, 703 (704) – Mattscheibe; BGH GRUR 1994, 206 (208) – Alcolix; BGH GRUR 1994, 191 (193) – Asterix-Persiflagen.

[76] BGH GRUR 2000, 703 (706) – Mattscheibe; BGH GRUR 1994, 191 (194) – Asterix-Persiflagen; BGH GRUR 1994, 206 (208 f.) – Alcolix; OLG Hamburg GRUR-RR 2011, 396 (397) – Metall auf Metall.

nutzten Werks bestimmt wird.[77] Maßgebend dafür ist ein Gesamtvergleich mit den vorbekannten Gestaltungen, bei dem vom Gesamteindruck des Originals und der Gestaltungsmerkmale, auf denen dieser beruht, auszugehen ist. Das Ergebnis dieses Gesamtvergleichs bestimmt zugleich den Grad der Eigentümlichkeit, von dem der Schutzumfang abhängt.[78] Grundsätzlich sind **nur die im Schutzbereich des benutzten Werks liegenden Entlehnungen rechtlich relevant;**[79] maßgeblich ist dabei allerdings der **Gesamteindruck.**[80] Damit ist nicht entscheidend, ob ein nach Umfang und inhaltlicher Bedeutung wesentlicher Teil entlehnt wird, sondern ausschließlich, ob der entlehnte Teil des Werkes als solcher den urheberrechtlichen Schutzvoraussetzungen genügt; fehlt einem Werkteil die eigenpersönliche Prägung, so ist seine Benutzung zulässig.[81]

17   In diesem Rahmen kommt es auf die **Übereinstimmungen,** nicht dagegen auf die Verschiedenheiten zwischen beiden Werken an.[82] Daher ist für die Annahme einer freien Benutzung noch nicht ausreichend, dass das neugeschaffene Werk weiterführende, über die Entlehnung hinausgehende Teile von selbständiger und schöpferischer Eigenart enthält.[83] Die Aufnahme eines Happenings auf Video-Band stellt daher auch dann eine abhängige Bearbeitung und keine freie Benutzung dar, wenn der Geschehensablauf mit Musik unterlegt ist, Bildaufnahmen eingeblendet und zusätzlich ein Einführungsvortrag aufgenommen wird.[84] Erst recht kann nicht das bloße Weglassen einzelner Teile oder eine Anbringung unschöpferischer Änderungen eine freie Benutzung begründen.[85] Eine freie Benutzung liegt nicht in der Verkleinerung eines Werkes auf ein Thumbnail durch Reduzierung der Pixelanzahl.[86] Bei Namen führt das Hinzufügen, Weglassen oder Austauschen von Buchstaben nicht zu einem für die freie Benutzung ausreichenden Abstand.[87]

18   Andererseits ergibt sich eine abhängige Bearbeitung nicht stets schon aus einer **deutlichen Bezugnahme auf das ältere Werk.** Gerade bei sehr bekannten Werken reichen oft schon geringe Andeutungen aus, um einen deutlichen Bezug zu dem älteren Werk herzustellen. Es ist dann im Einzelfall zu prüfen, ob in einer solchen Bezugnahme die Übernahme individueller Merkmale liegt.[88] So können beispielsweise bei einer Benutzung der Hauptgestalten der Asterix-Serie schon geringe Andeutungen hinsichtlich des Körperbaus, der Kostümierung oder der Haartracht einen solchen Bezug herstellen, ohne dass deswegen freie Benutzung von vornherein auszuschließen wäre.[89]

19   Bei der Beurteilung, ob eine freie Benutzung vorliegt, legt die Rechtsprechung mit Recht einen **strengen Maßstab** an.[90] Dem Urheber soll zwar nicht die für ihn unentbehrliche Möglichkeit genommen werden, Anregungen aus bereits bestehenden fremden Werken zu entnehmen, er soll sich aber nicht auf diese Weise eigenes persönliches Schaffen ersparen.[91] Maßgeblich ist auch der **für eine**

---

[77] Ständige Rechtsprechung, vgl. aus jüngerer Zeit BGH GRUR 2016, 1157 Rn. 21 – auf fett getrimmt; BGH GRUR 2014, 65 Rn. 38 – Beuys-Aktion; BGH v. 1.6.2011 – I ZR 140/09 GRUR 2011, 803 Rn. 48 – Lernspiele; BGH GRUR 2004, 855 (857) – Hundefigur; OLG München GRUR-RR 2016, 62 (66) – „Heute"-Jingle; OLG Hamburg ZUM-RD 2013, 121 (123); KG GRUR 1997, 128 – Verhüllter Reichstag I; OLG München ZUM-RD 2010, 37 (41); weitere Nachweise in der Vorauflage.
[78] BGH GRUR 2004, 855 (857) – Hundefigur; OLG Köln GRUR-RR 2015, 275 Rn. 21 – Airbrush-Urnen.
[79] BGH GRUR 1991, 533 (534) – Brown Girl II; BGH GRUR 1988, 810 (811) – Fantasy; BGH GRUR 1988, 812 (814) – Ein bißchen Frieden; BGH GRUR 1982, 37 (39) – WK-Dokumentation; BGH GRUR 1981, 267 – Dirlada; OLG Hamburg ZUM-RD 2013, 121 (123); sa BGH GRUR 1994, 191 (194) – Asterix-Persiflagen.
[80] BGH GRUR 2014, 258 Rn. 40 – Pippi-Langstrumpf-Kostüm; BGH GRUR 2014, 65 Rn. 38 – Beuys-Aktion; BGH GRUR 2011, 803 Rn. 48 – Lernspiele; BGH GRUR 2004, 855 (857) – Hundefigur; BGH GRUR 1991, 533 (534) – Brown Girl II; BGH GRUR 1991, 531 – Brown Girl I; BGH GRUR 1988, 533 (535) – Vorentwurf II; BGH GRUR 1987, 704 (705) – Warenzeichenlexika; OLG München GRUR-RR 2016, 62 (66) – „Heute"-Jingle; OLG Hamburg ZUM-RD 2013, 121 (123); OLG München GRUR-RR 2002, 281 (284) – Conti.
[81] BGH GRUR 1961, 631 (633) – Fernsprechbuch; BGH GRUR 1958, 402 (404) – Lili Marleen; BGHZ 9, 262 (267) – Lied der Wildbahn I; OLG München GRUR-RR 2016, 62 (66) – „Heute"-Jingle; sa OLG Hamburg GRUR 1997, 822 (824) – Edgar-Wallace-Filme.
[82] BGH GRUR 2014, 258 Rn. 43 – Pippi Langstrumpf; BGH GRUR 2004, 855 (857) – Hundefigur; BGH GRUR 2003, 786 (787) – Innungsprogramm; BGH GRUR 1981, 267 (269) – Dirlada; BGH GRUR 1965, 45 (48) – Stadtplan; BGH GRUR 1961, 635 (638) – Stahlrohrstuhl; OLG Zweibrücken GRUR-RR 2016, 141 Rn. 29 – Piano-Lehrbuch; OLG Hamburg ZUM 2015, 577 (581); ZUM-RD 2013, 121 (123); KG GRUR 2006, 54 – Bauhaus-Glasleuchte II; OLG Karlsruhe GRUR 1957, 395 (396) – Trotzkopf.
[83] BGH GRUR 1981, 352 (353) – Staatsexamensarbeit.
[84] KG GRUR 1984, 507 (508) – Happening; vgl. dazu auch BGH GRUR 1985, 529 – Happening; OLG Hamburg ZUM 2015, 577 (581).
[85] BGH GRUR 1965, 45 (47) – Stadtplan; BGH GRUR 1961, 631 (632) – Fernsprechbuch.
[86] OLG Jena GRUR-RR 2008, 223 (224) – Thumbnails.
[87] LG Hamburg ZUM 2009, 581.
[88] BGH GRUR 1994, 191 (194) – Asterix-Persiflagen; BGH GRUR 1994, 206 (208) – Alcolix; BGH GRUR 1971, 588 (591) – Disney-Parodie; OLG Karlsruhe AfP 1997, 717 (718); OLG Hamburg ZUM 1996, 315 (318).
[89] BGH GRUR 1994, 191 (194) – Asterix-Persiflagen; BGH GRUR 1994, 206 (208) – Alcolix.
[90] Ständige Rechtsprechung, vgl. etwa BGH GRUR 2008, 693 (695) – TV-Total; BGH GRUR 1999, 984 (987) – Laras Tochter; BGH GRUR 1994, 206 (208) – Alcolix; BGH GRUR 1994, 191 (193) – Asterix-Persiflagen; OLG Zweibrücken GRUR-RR 2016, 141 Rn. 29 – Piano-Lehrbuch; KG ZUM 2015, 696 (698); OLG Hamburg ZUM 2015, 577 (581); OLG Hamburg ZUM-RD 2013, 121 (123); OLG Hamburg GRUR 2011, 396 (397) – Metall auf Metall; KG GRUR 2006, 54 – Bauhaus-Glasleuchte II; weitere Nachweise in der Vorauflage.
[91] BGH GRUR 1981, 267 (269) – Dirlada; BGH GRUR 1978, 305 (306) – Schneewalzer; BGH GRUR 1958, 500 (502) – Mecki-Igel I; OLG Hamburg Schulze OLGZ 190, 9 – Häschenschule.

Neugestaltung verbleibende Spielraum. Ist dieser sehr eng, so können schon verhältnismäßig geringe Änderungen ausreichen, um eine freie Benutzung zu begründen, soweit anderenfalls eine erneute Darstellung unzumutbar erschwert würde.[92] Dem benutzten Werk ist hier nur ein relativ kleiner Schutzbereich zuzumessen.

Liegt nicht nur eine Benutzung der Form, sondern auch (oder nur) eine **Benutzung des Inhalts** 20 vor, so kommt es darauf an, ob dieser Inhalt als persönliche geistige Schöpfung geschützt ist. Das kann der Fall sein, soweit es sich nicht um freies Gemeingut[93] handelt. Gedankliche Inhalte müssen einer freien geistigen Auseinandersetzung zugänglich bleiben.[94] Jedoch ist bei Werken der Dichtkunst die auf der individuellen Phantasie des Dichters beruhende **Fabel** geschützt.[95] Zwar ist die einem Buch oder Bühnenwerk zugrundeliegende Idee regelmäßig nicht schutzfähig.[96] Wenn aber diese Idee eine individuelle Gestalt angenommen hat und zu einem Handlungsablauf geworden ist, liegt ein schutzfähiges Werk vor, bei dem nicht nur die konkrete Textfassung oder die unmittelbare Formgebung eines Gedankens gegen Entlehnungen geschützt ist, sondern auch unabhängig von der Wortgestaltung der Gang der Handlung und die Anordnung des Stoffes.[97] Daher liegt eine unfreie Benutzung vor, wenn in weitem Umfang ein eigenschöpferisch gestalteter Romanstoff übernommen wird, auch wenn an keiner Stelle aus dem älteren Werk Teile in das jüngere einfach übertragen worden sind,[98] wenn ein Roman in ein Lehrbuch für die Schule transferiert wird[99] oder wenn eine nicht dem Gemeingut zuzurechnende Fabel, die einen Schultag vermenschlichter Hasenkinder schildert, in ihrem Kern übernommen wird.[100] Neben einem solchen Schutz der Fabel, des Handlungs- und Beziehungsgeflechts der Charaktere eines Romans können aber auch einzelne Charaktere eines Sprachwerkes selbstständigen Urheberrechtsschutz genießen; der Schutz besteht für die Charaktere als solche unabhängig vom konkreten Beziehungsgeflecht und dem Handlungsrahmen des Romans.[101] Anders ist es dann, wenn die Fabel ihrerseits freies Gemeingut zum Inhalt hat, selbst wenn die Stoffsammlung mit erheblicher Mühe und Aufwand verbunden war. So ist die Lebensgeschichte eines Straftäters gegen eine Benutzung der in ihr enthaltenen Fakten auch dann nicht geschützt, wenn die Befragung des Straftäters langwierig und schwierig war, Geduld und Einfühlungsvermögen erforderte und verwertbare Antworten nur aufgrund psychologisch fundierter Fragen zu erreichen waren.[102] Die Übernahme von Passagen aus Büchern und Interviews in ein Theaterstück stellt keine freie Benutzung dar.[103]

Bei **Schriftwerken wissenschaftlichen und technischen Inhalts** ist dagegen der Spielraum für 21 eine freie Benutzung größer. Lehren und Theorien sind in ihrem Kern, in ihrem gedanklichen Inhalt und in ihrer Aussage ohnehin nicht geschützt.[104] Die Form der Darstellung unterliegt zwar dem Urheberrechtsschutz. Bei der Auseinandersetzung mit wissenschaftlichen Lehren und Theorien muss aber auch eine Anlehnung an die Formulierungen, die zu ihrer Begründung und Entwicklung gemacht worden sind, möglich sein.[105] Insoweit muss daher eine freie Benutzung möglich sein, besonders dann, wenn der für eine Neugestaltung verbleibende Freiraum gering ist.[106] Nach der Rechtsprechung des BGH kann bei gleichem Material und Thema und damit gleicher Fachsprache eine freie Benutzung auch dann noch vorliegen, wenn eine Vielzahl von Sätzen des benutzten Werks durch Umstellung einzelner Worte oder Satzteile nur neuformuliert worden ist, ohne dass sich der Aussageinhalt geändert hat.[107] Das ist allerdings nicht unproblematisch, wenn der Weg des wissenschaftlichen Zitats anbietet. Auch eine übereinstimmende Gliederung kann noch im Rahmen der freien Benutzung liegen, wenn sie durch Sachgesichtspunkte vorgegeben ist (zB Beschreibung einer Calamitenspezies von innen nach außen). Dies gilt selbst dann, wenn die Möglichkeit umgekehrten Vorgehens besteht, anderenfalls würden die Möglichkeiten wissenschaftlicher Darstellung unzumutbar eingeschränkt.[108] Auch bei Bauplänen können Übereinstimmungen noch eine freie Benutzung darstellen, wenn sie durch die Begrenzung der Planungsmöglichkeiten vorgegeben sind.[109]

---

[92] BGH GRUR 1981, 352 (355) – Staatsexamensarbeit; KG CR 1994, 739 f. – Englisch-Wörterbuch; OLG Hamm GRUR 1967, 608 (611) – Baupläne.
[93] Dazu → Rn. 6 ff.
[94] BGH GRUR 2011, 134 Rn. 36 – Perlentaucher; näher dazu → § 2 Rn. 80.
[95] Vgl. die Nachweise in → § 2 Rn. 78 ff.
[96] BGH GRUR 2011, 134 Rn. 36 – Perlentaucher; näher dazu → § 2 Rn. 73 ff.
[97] BGH GRUR 2014, 258 Rn. 25 – Pippi-Langstrumpf-Kostüm; BGH GRUR 2011, 134 Rn. 36 – Perlentaucher.
[98] BGH GRUR 2014, 258 Rn. 25 – Pippi-Langstrumpf-Kostüm; BGH GRUR 1999, 984 – Laras Tochter; LG Hamburg GRUR-RR 2003, 233 – Die Päpstin; LG Hamburg ZUM 2009, 581.
[99] LG Hamburg GRUR-RR 2004, 65 (67) – Harry Potter; ebenso *Loewenheim* ZUM 2004, 89; *Schack* Rn. 276; aA *Erdmann* WRP 2002, 1329, der sich dabei auf den Bildungsauftrag der Schule stützt.
[100] OLG Hamburg *Schulze* OLGZ 190, 10 ff.; weiteres Beispiel: OLG Karlsruhe GRUR 1957, 395 – Trotzkopf.
[101] BGH GRUR 2014, 258 Rn. 26 ff. – Pippi-Langstrumpf-Kostüm. Zu kritischen Aspekten dieser Entscheidung vgl. *Loewenheim* FS Ahrens, 2016, 247 (250 ff.).
[102] OLG München ZUM 1995, 427 (428).
[103] OLG Köln ZUM 2009, 961.
[104] Vgl. → Rn. 8; → § 2 Rn. 80.
[105] *Ulmer* § 58 II 2.
[106] Vgl. → Rn. 19.
[107] BGH GRUR 1981, 352 (354, 355) – Staatsexamensarbeit.
[108] BGH GRUR 1981, 352 (353 f.) – Staatsexamensarbeit.
[109] OLG Hamm GRUR 1967, 608 (610) – Baupläne.

22   Bei **Werken der bildenden Künste** liegt eine freie Benutzung vor, wenn lediglich der einem Kunstwerk zugrundeliegende begriffliche Inhalt übernommen wird, da Kunstwerke erst durch die Verbindung des Inhalts mit der Form individualisiert werden.[110] Zulässig ist daher die Darstellung desselben Motivs, ebenso die Übernahme freier Formelemente wie Technik, Manier und Stil.[111] In der Rechtsprechung wurden beispielsweise als **freie Benutzung** angesehen die Benutzung des Bundesadlers (Gies-Adlers) für eine Karikatur,[112] die Übernahme der Idee, Bären in unanständigen Posen darzustellen,[113] die Benutzung eines fotografischen Motivs,[114] die Benutzung von Kabelbindern als künstlerisches Gestaltungsmittel,[115] die Übertragung einer Fotografie in eine Collage,[116] die Umgestaltung einer Grafikdarstellung in eine Plastikdarstellung,[117] die Benutzung einer Fantasiefigur in Form eines schottischen Moorschneehuhns für ein Plüschtier mit integriertem Wecker.[118] Als eine **unfreie Übernahme** wurden dagegen angesehen die Übernahme wesentlicher künstlerischer Züge, die einem Kaminmodell seine schutzfähige individuelle Prägung verleihen,[119] die Verwendung der typischen Gestaltungselemente des Malers Joan Miró für Verpackungen und Behältnisse von Kosmetikartikeln,[120] die Darstellung des durch Christo verhüllten Reichstags auf einer Gedenkmedaille,[121] die Umgestaltung der Pumuckl-Figur unter Beibehaltung wesentlicher Stilelemente,[122] die Nachbildung eines Bronzeengels unter Beibehaltung wesentlicher Stilelemente.[123] Grundsätzlich keine freie Benutzung ist die Wiedergabe eines Werkes in einem anderen Verfahren, zB ein Stich als Zeichnung, oder in einer anderen Dimension, zB ein Gemälde als Plastik.[124] Bei der Übernahme einer Vielzahl geschützter Elemente aus einer topographischen Karte in eine Radtourenkarte begründen zusätzliche Informationen wie hervorgehobene Symbole noch keine freie Benutzung.[125]

III. Das benutzte Werk[126]

23   Das benutzte Werk muss geschützt sein; ist dies nicht der Fall, so bedarf es einer Anwendung des § 24 nicht. Werden Teile eines Werkes benutzt, so müssen diese geschützt sein. Der Schutz muss nicht in einem Urheberrechtsschutz nach § 2 bestehen, er kann sich auch aus einem **Leistungsschutzrecht** ergeben. In §§ 70 Abs. 1, 71 Abs. 1 S. 3, 72 Abs. 1 wird ausdrücklich auf die Anwendung der Vorschriften über das Urheberrecht bzw. auf § 24 verwiesen. Dagegen ist die durch den BGH erfolgte entsprechende Anwendung des § 24 auf das Recht des Tonträgerherstellers (§ 85 Abs. 1) sowie auf Laufbilder § 95 mit Unionsrecht nicht vereinbar.[127] Leistungsschutzrechtlich geschützte Werke weisen, wenn überhaupt, gegenüber urheberrechtlich geschützten Werken regelmäßig eine sehr viel geringere Eigenprägung auf. Da es für eine freie Benutzung erforderlich ist, dass das benutzte Werk gegenüber dem neuen Werk verblasst und dies umso eher der Fall ist, je stärker die Individualität des neuen Werks gegenüber dem benutzten Werke zutage tritt,[128] kann sich der erforderliche Individualitätsabstand des neuen Werkes gegenüber leistungsschutzrechtlich geschützten Werken an sich eher als gegenüber urheberrechtlich geschützten Werken ergeben. Das darf aber nicht dazu führen, dass die freie Benutzung leistungsschutzrechtlich geschützter Werke in deutlich weitergehendem Umfang als bei urheberrechtlich geschützten Werken möglich ist.[129] Auch insoweit gilt, dass strenge Maßstäbe anzulegen sind.[130] Das fremde Werk muss als Anregung für das eigene Werkschaffen dienen, die Übernahme fremder Leistung lediglich zur Ersparnis eigener Aufwendungen ist durch § 24 nicht gedeckt. Ausreichend ist aber, dass sich das neue Werk mit der benutzten Vorlage kritisch auseinandersetzt, etwa als Parodie oder Satire.

---

[110] OLG München Schulze OLGZ 19, 4.

[111] BGH GRUR 1970, 250 (251) – Hummel III; Grenzfall: OLG Köln ZUM-RD 1997, 19 – Parfum Miro, die Unzulässigkeit ergibt sich hier eher aus der Verwendung des Namens als aus der Übernahme der Stilelemente Miros.

[112] BGH GRUR 2003, 956 – Gies-Adler.

[113] LG München I ZUM-RD 2006, 139 (143) – Unanständige Bären.

[114] LG Hamburg ZUM 2009, 165 – Sprung in die Freiheit.

[115] LG München I ZUM-RD 2004, 446.

[116] AG Charlottenburg ZUM-RD 2010, 373.

[117] OLG Köln ZUM-RD 2003, 573.

[118] LG München I ZUM-RD 2004, 373 – Moorhuhn.

[119] LG Köln ZUM-RD 2009, 33.

[120] OLG Köln ZUM-RD 1997, 386.

[121] KG GRUR 1997, 128 – Verhüllter Reichstag I.

[122] OLG München ZUM 2003, 964 (966 f.).

[123] OLG Düsseldorf ZUM 2008, 140.

[124] Dreier/Schulze/*Schulze* UrhG § 24 Rn. 33; → § 3 Rn. 19.

[125] OLG Stuttgart GRUR 2008, 1084 (1085) – TK 50.

[126] Zum Fortbestand des § 24 und des Rechtsinstituts der freien Benutzung nach dem „Metall auf Metall"-Urteil des EuGH vom 29.7.2019 → Rn. 5.

[127] Dazu → Rn. 4 f.

[128] Vgl. → Rn. 14.

[129] So auch OLG Frankfurt a. M. ZUM 2005, 477 (480).

[130] Vgl. → Rn. 19.

IV. Einzelfragen[131]

1. Übertragung in eine andere Werkart

Die Übertragung eines Werkes in eine **andere Werkart,** die eine **andere Kunstgattung** darstellt 24 (Sprachwerke/Musikwerke/Werke der bildenden Künste) beispielsweise die Komposition eines Musikstücks oder die Gestaltung einer Plastik nach einem Gedicht, wird meist eine freie Bearbeitung sein.[132] Das ist aber, wie schon die Regelung in § 23 S. 2 zeigt, keineswegs immer so.[133] Die Wesenszüge der Werkarten sind nicht immer grundverschieden, vielmehr können die gestalterischen Wesenszüge und Ausdrucksformen einer Werkart in eine andere übertragbar sein; ein Beispiel bildet der Fall der literarischen Beschreibung der Romanfigur Pippi Langstrumpf, deren Eigenschaften durch eine Abbildung visualisiert werden kann.[134] Entscheidend ist vielmehr, ob die objektiven Merkmale, durch die die schöpferische Eigentümlichkeit des Originals bestimmt wird, sich in der neuen Werkart wiederfinden[135] oder ob sie gegenüber der Neuschöpfung verblassen. Bei Sprachwerken, Musikwerken und Werken der bildenden Künste sind die Ausdrucksformen dieser Kunstarten sehr unterschiedlich, so dass der Inhalt des benutzten Werkes meist nur in sehr ab-strakter Form erfasst und nur mit anderen Darstellungsmitteln wiedergegeben werden kann.[136] Dadurch verblasst meist das benutzte Werk gegenüber der Eigenart des neugeschaffenen Werks. Anders ist es beispielsweise beim Verhältnis von Sprachwerken und Filmwerken, hier stehen sich die Ausdrucksformen so nahe, dass grundsätzlich eine unfreie Bearbeitung anzunehmen ist.[137]

2. Fortsetzungswerke

Fortsetzungswerke knüpfen an den Inhalt eines fremden Stücks an, übernehmen dessen Figuren 25 und führen die Handlung weiter, etwa in einem späteren Lebensabschnitt oder der nächsten Generation. Bei ihnen stellt sich die Frage, ob in dieser Anknüpfung eine freie oder eine unfreie Benutzung zu sehen ist.[138] Soweit sich eine Urheberrechtsverletzung nicht schon aus einer Übernahme der äußeren Form der Darstellung ergibt, ist zunächst zu prüfen, ob es sich bei den **inhaltlichen Elementen des fortgesetzten Werkes,** an die angeknüpft wird, um **freies Gemeingut oder um die urheberrechtlich geschützte Fabel**[139] handelt. Ist Letzteres der Fall, so ist weiter zu fragen, ob die eigenpersönlich geprägten Bestandteile und formbildenden Elemente des Werkes, die im Gang der Handlung, in der Charakteristik und Rollenverteilung der handelnden Personen, der Ausgestaltung von Szenen und in der „Szenerie" des Romans liegen,[140] ob einzelne Charaktere, das Milieu der Handlung oder sogar Handlungsteile aus dem fortgesetzten Werk in Form von Rückblenden, Weiterführungen oder sonstigen Bezugnahmen übernommen worden sind.[141] Das ist jedenfalls anzunehmen, wenn das jüngere Werk **wesentliche Züge der Romanwelt des älteren Werks** mit ihren handelnden Personen, dem Geflecht ihrer Beziehungen untereinander, ihrem Schicksal und ihrer gesamten sonstigen Lebenssituation bis hin zu Schauplätzen, an denen sich entscheidendes Geschehen abspielt, übernimmt. Dies gilt besonders, wenn die dichterische Welt aus dem älteren Werk nicht nur als Folie verwendet wird, vor der eine von Beginn an vollständig neue Handlung in Szene gesetzt wird, sondern wenn das jüngere Werk die Handlungsstränge so geschickt mit dem älteren Werk verknüpft, dass der Leser vom Autor in den Anfangskapiteln weiter in der Romanwelt dieses Werkes geführt werden kann.[142] Auch die Übertragung der Handlung in ein anderes Milieu kann ausreichen.[143] In diesen Fällen liegt unfreie Benutzung vor, das frühere Werk verblasst dann gerade nicht gegenüber der Fortsetzung, sondern liefert für diese tragende Elemente. Eine freie Benutzung ist jedenfalls dann ausgeschlossen, wenn das zweite Werk ohne das Erste unverständlich ist und sich in der Durchführung

---

[131] Zum Fortbestand des § 24 und des Rechtsinstituts der freien Benutzung nach dem „Metall auf Metall"-Urteil des EuGH vom 29.7.2019 → Rn. 5.

[132] OLG Hamburg ZUM-RD 2016, 576 (589) – Anne Frank-Tagebuch; Dreier/Schulze/ *Schulze* UrhG § 24 Rn. 19; Fromm/Nordemann/*A. Nordemann* UrhG §§ 23/24 Rn. 39; DKMH/*Dreyer* UrhG § 24 Rn. 36; *Schack* Rn. 275; Rehbinder/*Peukert* Rn. 426.

[133] BGH GRUR 2014, 258 Rn. 42 – Pippi-Langstrumpf-Kostüm; OLG Hamburg ZUM-RD 2016, 576 Rn. 133; 2016, 576 (589) – Anne Frank-Tagebuch.

[134] BGH GRUR 2014, 258 Rn. 42 – Pippi-Langstrumpf-Kostüm.

[135] BGH GRUR 2014, 258 Rn. 42 – Pippi-Langstrumpf-Kostüm.

[136] OLG Hamburg ZUM-RD 2016, 576 (589) – Anne Frank-Tagebuch; das dies auch anders sein kann, zeigen die Fälle des Anne Frank-Tagebuchs und des Pippi-Langstrumpf-Kostüm; sa OLG Köln ZUM 2012, 407 (408) – Pippi Langstrumpf.

[137] Beispiel: OLG Hamburg UFITA 86 (1980), 289 (293) – Häschenschule.

[138] S. dazu bereits Rehbinder FS Schwarz, 1988, 174 ff.; *Schmidt-Hern* S. 48 ff.; aA *Joseph/Schwanhäußer* GRUR 1962, 444 (448), die die Problematik über das Urheberpersönlichkeitsrecht lösen wollen – dagegen *Hörnig* UFITA 99 (1985), 13 (48 f.) und *Strömholm* GRUR 1968, 187, der in erster Linie das Wettbewerbsrecht anwenden will.

[139] Dazu → Rn. 20.

[140] BGH GRUR 1999, 984 (987) – Laras Tochter.

[141] Vgl. dazu die Nachweise in → § 2 Rn. 78.

[142] BGH GRUR 1999, 984 (986) – Laras Tochter; BGH GRUR 2011, 134 Rn. 36 – Perlentaucher; vgl. auch OLG München NJW-RR 2000, 268 (269) – Das doppelte Lottchen.

[143] BGH GRUR 1994, 191 (203) – Asterix-Persiflagen.

so weit an das frühere Werk anschließt, dass der Eindruck eines engen geistigen Zusammenhangs hervorgerufen wird.[144]

26   Auf der anderen Seite ist die **Bezugnahme auf Figuren aus fremden Werken nicht schlecht-hin unzulässig,** freie Benutzung liegt zB dann vor, wenn es sich nur um eine Anspielung auf Namen und äußere Aufmachung der Personen eines fremden Werkes handelt, die Darstellung im Übrigen aber eigene Wege geht.[145] Auch bei den Fortsetzungsfällen kommt es auf die **Übereinstimmungen,** nicht dagegen auf die Verschiedenheiten an.[146] Eine Anknüpfung an frühere Werke kann auch in der Übernahme von deren Titel (oder in der Anspielung darauf) liegen, insoweit gelten die Grundsätze des Titelschutzes.

3. Parodie und Satire

27   Parodie und Satire sind nach der traditionellen deutschen Rechtsprechung durch die **antithemati-sche Behandlung** eines Werks gekennzeichnet.[147] Sie setzen sich mit dem parodierten Werk inhalt-lich oder künstlerisch auseinander,[148] dabei behalten sie zumeist Stil und Manier des Vorbildes bei, schieben diesem aber einen nicht mehr entsprechenden Inhalt unter, wodurch die angegriffenen Ei-genschaften ins Komische oder Satirische gezogen werden.[149] Dabei besteht der Unterschied zwischen Parodie und Satire (im grafischen Bereich Karikatur) darin, dass sich die Parodie mit einem Werk auseinandersetzt, während Satire und Karikatur Personen oder gesellschaftlich-politische Zustände zum Gegenstand ihrer Karikaturen machen.[150]

28   Eine ausdrückliche gesetzliche Regelung haben Parodie und Satire im deutschen Recht nicht er-fahren.[151] Die **urheberrechtliche Zulässigkeit** der Parodie wurde von der deutschen Rechtspre-chung, abgesehen von der nach § 14 zu bestimmenden Frage der Entstellung des parodierten Werks, stets nach § 24 beurteilt.[152] Mit der InfoSoc-RL wurde in Art. 5 Abs. 3 lit. k InfoSoc-RL eine Schrankenregelung für Karikaturen, Parodien oder Pastiches eingeführt, einen Umsetzungsbedarf sah der deutsche Gesetzgeber aber angesichts der Vorschrift des § 24 nicht.[153]

29   Es war also nach der **bisherigen Rechtsprechung** erforderlich, dass die Parodie das Niveau einer persönlichen geistigen Schöpfung erreichte und dass durch die antithematische Behandlung der erfor-derliche innere Abstand[154] zum parodierten Werk entstand. In welchem Umfang eine Parodie ge-schützte Teile des parodierten Werkes enthalten darf, wurde als eine Frage des Einzelfalls angese-hen.[155] Die bloße Quantität als solche war nicht ausschlaggebend, maßgeblich war vielmehr, dass die Bezugnahme an das bestehende Werk erinnert und gleichzeitig ihm gegenüber wahrnehmbare Unter-schiede aufweist. Auch deutliche Übernahmen wurden als zulässig angesehen.[156] Es sollte auch nicht darauf ankommen, ob die Übernahmen erforderlich waren, weil das nicht dem Wesen urheberrechtli-chen Schaffens entsprechen würde.[157] Bei der Beurteilung pflegte die Rechtsprechung einen strengen Maßstab anzulegen;[158] keinesfalls dürfte eine parodistische Zielsetzung als Freibrief für unfreie Ent-lehnungen dienen.[159]

30   Diese Situation hat sich durch die **Rechtsprechung des EuGH** geändert. In Anwendung von Art. 5 Abs. 3 lit. k der InfoSoc-RL hat er entschieden, dass es sich bei der Parodie um einen autono-

---

[144] KG GRUR 1926, 441 (443) – Alt-Heidelberg – Jung-Heidelberg.

[145] Sa BGH GRUR 1971, 588 (589) – Disney-Parodie; BGH GRUR 1958, 402 (404) – Lili Marleen.

[146] Vgl. → Rn. 17.

[147] BGH GRUR 2016, 1157 Rn. 23 – auf fett getrimmt; BGH GRUR 2008, 693 (695) – TV-Total; BGH GRUR 2003, 956 (958) – Gies-Adler; BGH GRUR 2000, 703 (704) – Mattscheibe; BGH GRUR 1971, 588 (589) – Disney-Parodie; OLG Frankfurt a. M. ZUM 1996, 97 (99); OLG München ZUM 1992, 649 (650); 1991, 432 (434); Dreier/Schulze/*Schulze* UrhG § 24 Rn. 25; *v. Becker* GRUR 2004, 104; *v. Becker*, FS Loewenheim, 2009, 3 (4); eingehend *Hess* S. 63 ff.

[148] BGH GRUR 1994, 191 (193) – Asterix-Persiflagen; BGH GRUR 1994, 206 (208) – Alcolix.

[149] BGH GRUR 1971, 588 (589) – Disney-Parodie; OLG Köln ZUM 2009, 961 (963); OLG Frankfurt a. M. ZUM 1996, 97 (99); OLG München ZUM 1991, 432 (434); LG Berlin GRUR 1974, 231 (232) – Von Kopf bis Fuß; vgl. auch *Vinck* GRUR 1973, 251; eingehend *Hefti* S. 63 ff.; *Hess* S. 110 ff.; *v. Olenhusen/Ling* UFITA 2003 Bd. III, 695 (697 ff.).

[150] *v. Becker* FS Loewenheim, 2009, 3 (4); *v. Becker*, GRUR 2015, 336.

[151] Zum internationalen Vergleich s. *Ruijsenaars* GRUR-Int 1993, 918; *Stuhlert*, Die Behandlung der Parodie im Urheberrecht, 2002.

[152] BGH GRUR 1999, 984 (987) – Laras Tochter; BGH GRUR 2000, 703 (704) – Mattscheibe; BGH GRUR 1971, 588 (589) – Disney-Parodie; OLG München ZUM 1992, 649 (650); hM auch im Schrifttum, vgl. etwa Dreier/Schulze/*Schulze* UrhG § 24 Rn. 25; *Schricker* JZ 2004, 312; *Schack* Rn. 280; *v. Becker* FS Loewenheim, 2009, 3 (5); *Hess* S. 143 ff.

[153] Sa Amtl.Begr. zum ersten Gesetz zur Regelung des Urheberrechts in der Informationsgesellschaft, BT-Drs. 15/38, 15.

[154] Vgl. → Rn. 15.

[155] BGH GRUR 1971, 588 (589 f.) – Disney-Parodie; instruktiv die Entscheidungen BGH GRUR 1994, 191 – Asterix-Persiflagen, sowie BGH GRUR 1994, 206 – Alcolix.

[156] BGH GRUR 2003, 956 (958) – Gies-Adler.

[157] BGH GRUR 2000, 703 (704) – Mattscheibe.

[158] BGH GRUR 2008, 693 (695) – TV-Total; BGH GRUR 2000, 703 (704) – Mattscheibe; BGH GRUR 1994, 191 (193) – Asterix-Persiflagen; BGH GRUR 1994, 206 (208) – Alcolix; sa BGH GRUR 1999, 984 (987) – Laras Tochter.

[159] BGH GRUR 1971, 588 (589) – Disney-Parodie; OLG München ZUM 1992, 202 (205).

men Begriff des Unionsrechts handelt, der im gesamten Gebiet der Union einheitlich auszulegen ist.[160] Die wesentlichen Merkmale der Parodie bestünden darin, „zum einen an ein bestehendes Werk zu erinnern, gleichzeitig aber ihm gegenüber wahrnehmbare Unterschiede aufzuweisen, und zum anderen einen Ausdruck von Humor oder eine Verspottung darzustellen". Der Begriff der Parodie hänge nicht davon ab, dass die Parodie „einen eigenen ursprünglichen Charakter" habe, „der nicht nur darin besteht, gegenüber dem parodierten ursprünglichen Werk wahrnehmbare Unterschiede aufzuweisen, dass sie vernünftigerweise einer anderen Person als dem Urheber des ursprünglichen Werkes zugeschrieben werden kann, dass sie das ursprüngliche Werk selbst betrifft oder dass sie das parodierte Werk angibt".[161] Zudem müsse ein „angemessener Ausgleich zwischen den Interessen und Rechten der in den Art. 2 und 3 der Richtlinie (sc. InfoSoc-RL) genannten Personen auf der einen und der freien Meinungsäußerung des Nutzers eines geschützten Werkes, der sich auf die Ausnahme für Parodien im Sinne dieses Art. 5 III Buchst. k beruft, auf der anderen Seite gewahrt" sein.[162] Der **BGH** ist in seiner Entscheidung „auf fett getrimmt"[163] dem EuGH gefolgt und hat entschieden, dass, soweit es um die Parodie geht, § 24 UrhG richtlinienkonform auszulegen ist. Dabei hat er die vom EuGH herausgearbeiteten Kriterien auf den von ihm zu entscheidenden Fall angewandt.

Im deutschen Schrifttum ist die Entscheidung des EuGH vielfach auf **Kritik** gestoßen, nicht nur **31** wegen ihrer Ergebnisse, sondern auch weil man eine dogmatisch orientierte inhaltliche Auseinandersetzung mit der Parodie vermisst hat.[164] Auch wenn dieser Kritik ihre Berechtigung keineswegs ganz abzusprechen ist, muss davon ausgegangen werden, dass durch die Entscheidungen des EuGH und des BGH die zukünftige Beurteilung der Parodie durch die Rechtsprechung festgelegt ist.

Die Parodie stellt damit einen **eigenständigen Fall** dar, der für seine eigenen Voraussetzungen auf- **32** weist.[165] In Anwendung der Kriterien des EuGH ist zunächst festzustellen, ob es sich um eine Parodie handelt. Das setzt voraus, dass die zu beurteilende Gestaltung (1) an ein bestehendes Werk erinnert, (2) ihm gegenüber wahrnehmbare Unterschiede aufweist und (3) einen Ausdruck von Humor oder eine Verspottung darstellt. Diese Voraussetzungen werden in den meisten der bisher als Parodie behandelten Fälle gegeben sein; Unterschiede bestehen allerdings insofern, als zum einen nach der früheren Rechtsprechung die bloße Verfremdung des Originalwerks, die eine selbstständige inhaltliche oder künstlerische Auseinandersetzung nicht enthielt, nicht als ausreichend angesehen wurde,[166] zum anderen, als nach früherer Auffassung die Absicht, durch die Bezugnahme auf ein fremdes Werk Heiterkeit hervorzurufen, nicht ausreichen sollte.[167] Die Parodie braucht **keine persönliche geistige Schöpfung** zu sein,[168] was der EuGH dadurch zum Ausdruck gebracht hat, dass die Parodie keinen eigenen ursprünglichen Charakter zu haben braucht, der nicht nur darin besteht, gegenüber dem parodierten ursprünglichen Werk wahrnehmbare Unterschiede aufzuweisen.[169] Ferner ist nicht erforderlich, dass die Parodie vernünftigerweise einer anderen Person als dem Urheber des ursprünglichen Werkes zugeschrieben werden kann, dass sie das ursprüngliche Werk selbst betrifft oder dass sie das parodierte Werk angibt. Das Erfordernis des **angemessenen Ausgleichs zwischen den Interessen und Rechten** des Schöpfers des parodierten Werks und der freien Meinungsäußerung des Parodierenden spielt zwar schon in der bisherigen Entscheidungspraxis eine wichtige Rolle, ist aber jetzt ausdrückliche Tatbestandsvoraussetzung. Dabei sind sämtliche Umstände des Einzelfalls zu berücksichtigen.[170] Nach der Rechtsprechung des BGH ist auch zu prüfen, ob die durch die Parodie bewirkten Veränderungen des Werkes außerhalb des Urheberrechts liegende Rechte Dritter verletzen und ob ein berechtigtes Interesse des Urhebers besteht, dass sein Werk mit einer solchen Rechtsverletzung nicht in Verbindung gebracht wird.[171] Allerdings dürfe die Interessenabwägung nicht im Sinne einer allgemeinen „Political-Correctness-Kontrolle" missverstanden werden. Deswegen sei nicht jede Beeinträchtigung rechtlich geschützter Interessen von Bedeutung.[172] Angesichts der Kunstfreiheit (Art. 5 Abs. 3 S. 1 GG, Art. 13 EU-Grundrechtecharta) sowie der Meinungsäußerungsfreiheit (Art. 5 Abs. 1 GG, Art. 11 EU-Grundrechtecharta) dürfe der Freiraum für künstlerisches und kritisches schaffen nicht zu sehr eingeengt werden.[173]

---

[160] EuGH GRUR 2014, 972 Rn. 15 – Deckmyn/Vandersteen.
[161] EuGH GRUR 2014, 972 Rn. 21, 33 – Deckmyn/Vandersteen.
[162] EuGH GRUR 2014, 972 Rn. 26 ff., 34 – Deckmyn/Vandersteen.
[163] BGH GRUR 2016, 1157 – auf fett getrimmt.
[164] Vgl. insbes. dazu v. Becker GRUR 2015, 336 (339); Unseld EuZW 2014, 914 (915); Riesenhuber LMK 2014, 363019; Haedicke GRUR-Int 2015, 664 (667 f.); s. aber andererseits v. Ungern-Sternberg GRUR 2015, 533 ff.
[165] So auch Fromm/Nordemann/A. Nordemann UrhG §§ 23/24 Rn. 89; Wandtke/Bullinger/Bullinger UrhG § 23 Rn. 14; sa. Grünberger ZUM 2017, 324 (332 f.); Pötzlberger GRUR 2018, 675; Czychowski/J. B. Nordemann NJW 2017, 780 (783).
[166] BGH GRUR 2008, 693 (695) – TV-Total; BGH GRUR 1994, 191 (193) – Asterix-Persiflagen; BGH GRUR 1971, 588 (589) – Disney-Parodie; OLG München ZUM 1992, 202 (205).
[167] Vgl. BGH GRUR 2008, 693 (695) – TV-Total.
[168] Diese Voraussetzung hat der BGH ausdrücklich aufgegeben, BGH GRUR 2016, 1157 Rn. 28 – auf fett getrimmt.
[169] EuGH GRUR 2014, 972 Rn. 33 – Deckmyn/Vandersteen.
[170] EuGH GRUR 2014, 972 Rn. 28 – Deckmyn/Vandersteen.
[171] BGH GRUR 2016, 1157 Rn. 39 – auf fett getrimmt.
[172] BGH GRUR 2016, 1157 Rn. 39 – auf fett getrimmt.
[173] BGH GRUR 2016, 1157 Rn. 33 – auf fett getrimmt.

D. Melodienschutz

33   Abs. 2 begründet für Werke der Musik einen gegenüber anderen Werken **erweiterten Schutz- umfang.** Geschützt sind die in einem Werk enthaltenen Melodien gegen ihre erkennbare Entnahme und Verwendung in einem neuen Werk. Bei diesem sog. **starren Melodienschutz** finden also nicht die allgemeinen Grundsätze über die Unfreiheit oder Freiheit der Benutzung Anwendung, sondern es kommt darauf an, ob die Melodie „erkennbar" dem benutzten Werk entnommen und dem neuen Werk zugrundegelegt ist. Ist das der Fall, so ist eine **freie Benutzung ausgeschlossen.** Die Zuläs- sigkeit der Übernahme beurteilt sich vielmehr nach § 23. Dessen Anwendung hängt (ebenso wie die Begriffe der erkennbaren Entnahme und Zugrundelegung) wiederum davon ab, ob der Komponist des neuen Musikstücks die Melodie aus dem älteren Musikstück gekannt hat. Ist das nicht der Fall, so liegt eine Doppelschöpfung vor, die keine Urheberrechtsverletzung darstellt.[174] Hat er sie dagegen gekannt, so liegt ein Fall der bewussten Übernahme oder der unbewussten Entlehnung[175] vor, die beide unter § 23 fallen. Über einen eventuellen Rechtserwerb des Schöpfers des neuen Werks besagt § 24 Abs. 2 nichts, dieser beurteilt sich allein nach § 3. Die Freiheit des musikalischen Zitats (§ 51 Nr. 3) wird durch § 24 Abs. 2 nicht berührt.

34   Den bereits nach § 13 Abs. 2 LUG gewährten starren Melodienschutz[176] wollte der RegE abschaf- fen,[177] konnte sich aber in den Ausschussberatungen gegenüber den Verbandsstellungnahmen nicht durchsetzen.[178] Die **Berechtigung der Regelung** ist bis heute umstritten.[179] Seine Bedeutung hat der Melodienschutz vor allem im Bereich der Schlager- und Unterhaltungsmusik sowie bei Operet- ten. Hier ist anzuerkennen, dass die freie Benutzung von Melodien allzu leicht in eine Ausbeutung fremden Musikschaffens umschlagen kann. Bedenklich erscheint der Melodienschutz dagegen bei der ernsten Musik. Hier gilt mehr als bei der leichten Musik der Grundsatz, dass eigenes Schaffen auf früheren Schöpfungen aufbauen können muss; zahlreiche Werke der klassischen Musikliteratur, zB Variationen über Melodien anderer Meister, wären nach den Grundsätzen des § 24 Abs. 2 unzulässig gewesen.

    Die nach dem **„Metall auf Metall"-Urteil des EuGH** vom 29.7.2019 erforderliche Neugestal- tung des § 24[180] wird sich auch auf den zweiten Absatz dieser Vorschrift insofern zu erstrecken haben, als Abs. 2 auf eine mit dem Unionsrecht nicht in Einklang stehende Vorschrift verweist. Dabei dürfte es sich allerdings eher um eine Formulierungsfrage handeln, weil § 24 Abs. 2 gerade die Nichtan- wendbarkeit der gegen Unionsrecht verstoßenden Vorschrift bestimmt.

35   Der **Begriff der Melodie** ist als Rechtsbegriff zu verstehen; musikwissenschaftliche Melodiebe- griffe sind zu unklar und zu unbestimmt, um rechtliche Maßstäbe liefern zu können.[181] Im Allgemei- nen versteht man unter Melodie eine **in sich geschlossene und geordnete Tonfolge, die dem Werk seine individuelle Prägung gibt.**[182] Das beinhaltet, dass die Melodie auch für sich genom- men eine **persönliche geistige Schöpfung** ist, insbes. die erforderliche Individualität aufweist; nur was schutzfähig ist, kann gegen Entnahme geschützt sein.[183] Auch die Benutzung von Teilen einer Melodie fällt unter Abs. 2,[184] vorausgesetzt natürlich, dass der Teil auch für sich genommen urheber- rechtlich geschützt ist. Dass sich die Melodie singen lässt, ist hingegen nicht erforderlich; auch neuar- tige Tonfolgen können unter den Melodiebegriff fallen.[185]

36   Schwierigkeiten kann die **Abgrenzung der Melodie gegenüber sehr kurzen Tonfolgen** berei- ten. Jedenfalls negativ kann man sich hier an der Schutzfähigkeit orientieren: eine Tonfolge, die keine persönliche geistige Schöpfung darstellt, ist auch nicht nach § 24 Abs. 2 geschützt. Beim musikali- schen **Thema** und musikalischen **Motiv**[186] kommt es auf den Einzelfall an; häufig geben gerade sie

[174] Dazu → § 23 Rn. 34 ff.
[175] Dazu → § 23 Rn. 32 f.
[176] Zur Entwicklung vgl. *Schlingloff* S. 97 ff.
[177] Vgl. BT-Drs. IV/270, 51 f.
[178] Näheres bei *Wolpert* UFITA 50 (1967), 769 ff.
[179] Befürwortend zB Fromm/Nordemann/*A. Nordemann* UrhG §§ 23/24 Rn. 54; DKMH/*Dreyer* UrhG § 24 Rn. 46; Büscher/Dittmer/Schiwy/*Haberstumpf* Kap. 10 UrhG § 24 Rn. 26; *Schlingloff* S. 102 ff.; differenzierend Dreier/Schulze/*Schulze* UrhG § 24 Rn. 43; *Schack* Rn. 277; zweifelnd Rehbinder/*Peukert* Rn. 430; ablehnend Wandtke/Bullinger/*Bullinger* UrhR, UrhG § 24 Rn. 16; entgegen *Schmieder* UFITA 93 (1985), 63 (69) lässt sich § 24 Abs. 2 aber nicht als „schlicht verfassungswidrig" bezeichnen.
[180] Vgl. → Rn. 5.
[181] OLG Hamburg GRUR-RR 2011, 396 (397) – Metall auf Metall; OLG München ZUM 2000, 408 (409); LG Hamburg ZUM 2015, 699 (703); Büscher/Dittmer/Schiwy/*Haberstumpf* Kap. 10 UrhG § 24 Rn. 27; Rehbin- der/*Peukert* Rn. 429; *Wolpert* UFITA 50 (1967), 769 (776, 785 ff.); *Münker* S. 154; *Schlingloff* S. 93.
[182] BGH GRUR 1988, 810 (811) – Fantasy; BGH GRUR 1988, 812 (814) – Ein bißchen Frieden; OLG Ham- burg GRUR-RR 2011, 396 (397) – Metall auf Metall; OLG München ZUM 2000, 408 (409); LG München ZUM 2003, 245 (247); Dreier/Schulze/*Schulze* UrhG § 24 Rn. 45; Fromm/Nordemann/*A. Nordemann* UrhG §§ 23/24 Rn. 55; zu weiteren Definitionen vgl. *Münker* S. 154 f.; *Schlingloff* S. 92 ff.
[183] OLG München ZUM 2000, 408 (409); OLG Hamburg ZUM 1989, 523 (525).
[184] OLG München ZUM 1997, 275.
[185] OLG Hamburg GRUR-RR 2011, 396 (397) – Metall auf Metall; Dreier/Schulze/*Schulze* UrhG § 24 Rn. 45.
[186] Dazu → § 2 Rn. 149.

dem Werk seine individuelle Prägung und erfüllen dann den Melodiebegriff des § 24 Abs. 2. Keine Melodie ist dagegen der einzelne **Ton** oder **musikalische Akkord.**[187] Bedeutung hat die Frage vor allem für das **Sound-Sampling,** bei dem unter Umständen kleinste Teile eines Musikstückes übernommen werden und das nach der Rechtsprechung des EuGH zulässig ist, wenn es in einen anderen Tonträger in geänderter und beim Hören nicht wiedererkennbarer Form eingefügt wird.[188] Die Übernahme von **Harmonie, Rhythmus, Eigenart der Instrumentierung** oder besonderen **Klangeffekten** wird durch § 24 Abs. 2 nicht ausgeschlossen, sie stellen für sich genommen keine Melodie dar.[189]

Die Melodie muss erkennbar dem älteren Werk entnommen und dem neuen zugrundegelegt sein. **Erkennbarkeit** liegt vor, wenn sich eine zumindest assoziative Verbindung zum benutzten Werk herstellen lässt; dabei braucht nicht bekannt zu sein, um welches Werk es sich handelt. Maßgeblich hierfür ist das Urteil der mit musikalischen Fragen einigermaßen vertrauten und hierfür aufgeschlossenen Verkehrskreise.[190] Beim Begriff des **Zugrundelegens** wird man nicht verlangen können, dass die entnommene Melodie das charakteristische kompositorische Material des neuen Werkes darstellt;[191] der Schutzbereich des § 24 Abs. 2 wäre sonst zu eng. Es muss ausreichen, dass die entnommene Melodie im neuen Werk benutzt wird. Entnahme und Zugrundelegung haben auch ein **subjektives Element:** Sie setzen voraus, dass der Komponist des neuen Werkes das ältere Werk gekannt und bewusst oder unbewusst darauf zurückgegriffen hat.[192] Ist das nicht der Fall, so liegt eine Doppelschöpfung vor, die nicht urheberrechtsverletzend ist.[193]

37

Unterabschnitt 4. Sonstige Rechte des Urhebers

§ 25 Zugang zu Werkstücken

(1) **Der Urheber kann vom Besitzer des Originals oder eines Vervielfältigungsstückes seines Werkes verlangen, dass er ihm das Original oder das Vervielfältigungsstück zugänglich macht, soweit dies zur Herstellung von Vervielfältigungsstücken oder Bearbeitungen des Werkes erforderlich ist und nicht berechtigte Interessen des Besitzers entgegenstehen.**

(2) **Der Besitzer ist nicht verpflichtet, das Original oder das Vervielfältigungsstück dem Urheber herauszugeben.**

Schrifttum: *Ebling/Schulze,* Kunstrecht, 1. Aufl. 2006; *Erdmann,* Sacheigentum und Urheberrecht, FS Piper (1996), S. 655; *Götz v. Olenhusen,* Urheber vs. Eigentümer et vice versa?, FS Wandtke (2013), S. 279; *ders.,* Der Konflikt zwischen dem Recht am Eigentum am Werkstück und dem Urheberrecht am Werk, UFITA 2013/II, 335; *Haedecke,* Informationsbefugnisse des Schutzrechtsinhabers im Spiegel der EG-Richtlinie zur Durchsetzung der Rechte des geistigen Eigentums, FS Schricker (2005), 2005, S. 19; *Honscheck,* Der Schutz des Urhebers vor Änderungen und Entstellung durch den Eigentümer, GRUR 2007, 944; *Jacobs,* Das unselige Obiter dictum – Darf ein Eigentümer ein Kunstwerk vernichten?, FS Loschelder (2010), S. 131; *Müller/Werner,* „Macht hoch die Tür, die Tor macht weit" – Das Zugangsrecht nach § 25 UrhG, GRUR 2018, 1202; *Ohly,* Verwertungsverträge im Bereich der bildenden Kunst, FS Schricker (1995), 2005, S. 427; *Schack,* Geistiges Eigentum contra Sacheigentum, GRUR 1983, 56; *ders.,* Kunst und Recht, 2. Aufl. 2009; *Schmelz,* Die Werkzerstörung als ein Fall des § 11 UrhG, GRUR 2007, 565; *Schöfer,* Die Rechtsverhältnisse zwischen dem Urheber eines Werkes der bildenden Kunst und dem Eigentümer des Originalwerkes, 1984.

Übersicht

---

[187] Auch → § 2 Rn. 149.

[188] EuGH GRUR 2019, 929 Rn. 39 – Pelham/Hütter; dazu näher → § 2 Rn. 149.

[189] OLG Hamburg GRUR-RR 2011, 396 (397) – Metall auf Metall.

[190] Dreier/Schulze/*Schulze* UrhG § 24 Rn. 47; *Münker* S. 159.

[191] So aber *Münker* S. 158.

[192] BGH GRUR 1988, 810 (811) – Fantasy; BGH GRUR 1988., 812 (814) – Ein bißchen Frieden; BGH GRUR 1971, 266 (268) – Magdalenenarie.

[193] OLG Zweibrücken GRUR-RR 2016, 141 Rn. 27 – Piano-Lehrbuch.

I. Allgemeines

1   Sind Besitz des Werkstücks und Urheberrecht nicht mehr in der Person des Werkschöpfers vereint, sorgt **im Spannungsverhältnis von Sach- und geistigem Eigentum** das Zugangsrecht nach § 25 für einen **Interessenausgleich** im Hinblick auf die fortdauernden ideellen Beziehungen des Urhebers zu seinem Werk.[1]

1. Rechtsentwicklung

2   **LUG und KUG** kannten noch keine Verpflichtung des Werkbesitzers, dem Urheber zum Zweck der Vervielfältigung oder Bearbeitung Zugang zum Original oder zu einem Vervielfältigungsstück seines Werkes zu gewähren.[2] Dem **internationalen Urheberrecht** ist sogar bis heute eine dem § 25 entsprechende Regelung fremd. Entwicklungsgeschichtlich hat sich das Zugangsrechts nach Inkrafttreten von LUG und KUG im Zuge der Entfaltung des Urheberpersönlichkeitsrechts durch Rechtsprechung und Lehre herausgebildet. Um die aus der fehlenden gesetzlichen Regelung folgenden Härten auszugleichen, wurde zunächst in Teilen der Literatur der Rückgriff auf die allgemeinen Bestimmungen der §§ 226, 242 und 826 BGB befürwortet,[3] während für die Durchsetzung von urheberrechtlichen Unterlassungsansprüchen schon immer der Besichtigungsanspruch nach § 809 BGB für anwendbar gehalten wurde, wenn für das Vorliegen eines Unterlassungsanspruchs ein gewisser Grad an Wahrscheinlichkeit bestand.[4]

3   Nach **Vorbildern in den Vorkriegsentwürfen,**[5] **der Befürwortung in der Literatur**[6] **und der Anerkennung** eines Zugangsrechts als Teil des unveräußerlichen Persönlichkeitsrechts **in der Rspr.**[7] gehörte eine gegenüber der endgültigen Fassung des § 25 nur durch redaktionelle Änderungen abweichende Bestimmung zu allen **Entwürfen nach dem Zweiten Weltkrieg.**[8]

2. Sinn und Zweck sowie Bedeutung der Vorschrift

4   **Sinn und Zweck.** Als spezifisch urheberrechtliche Regelung durchbricht das Zugangsrecht die eigentums- und besitzrechtlichen Regelungen des Sachenrechts und eröffnet dem Urheber den Zugang zum Original oder zu einem Vervielfältigungsstück eines von ihm geschaffenen Werkes, nachdem dieses seinen Herrschaftsbereich verlassen hat. § 25 gewährt keinen Herausgabeanspruch (Abs. 2), sondern dient – den Grundvorstellungen des Urheberrechtsgesetzes entsprechend – **der Aufrechterhaltung der ideellen Bande** zwischen dem Schöpfer und seinem Werk, indem er ein Recht auf Zugang unter den beiden einschränkenden Voraussetzungen statuiert, dass der Zugang erstens zum Zwecke der Herstellung eines Vervielfältigungsstückes oder einer Bearbeitung erfolgt und zweitens die berechtigten Interessen des Besitzers gewahrt bleiben. Im Rahmen dieser Einschränkungen ermöglicht § 25 dem Urheber, ungeachtet des jeweiligen Besitzes am Werkoriginal oder an einem Vervielfältigungsstück,[9] durch dessen Bearbeitung an früheres Werkschaffen anzuknüpfen, durch die Herstellung von Vervielfältigungsstücken sein Gesamtschaffen zu dokumentieren und – im Hinblick auf das einheitliche, urheberpersönlichkeits- wie vermögensrechtliche Interessen gleichermaßen schützende Urheberrecht – unter Umständen auch sein Werk zu verwerten, soweit er daran ohne Zugang zum Original oder zu einem Vervielfältigungsstück gehindert ist. Hingegen schließt die Vorschrift das Recht der Veränderung des Werkstücks ebenso aus wie einen Zugang aus anderen als urheberrechtlichen Zwecken.[10] Mit dem Ablauf der Schutzfrist endet auch das Zugangsrecht, wenngleich mitunter ein Interesse des Rechtsnachfolgers an der Erstellung einer Werkdokumentation bestehen kann. Ein Rückgriff auf das allgemeine Persönlichkeitsrecht dürfte nur den Angehörigen zustehen und allenfalls in Ausnahmefällen zur Anwendung kommen (vgl. § 76 S. 4). Denn die Rechtsprechung geht von einem Verblassen des allgemeinen Persönlichkeitsrechts deutlich vor dem Erlöschen des Urheberrechts (meist zehn Jahre nach dem Tode) aus.[11] *Schulze* siedelt deshalb das Problem im Bereich des Denkmalschutzes an, wenngleich dadurch kein subjektiver Anspruch begründet wird.[12]

---

[1] Zum Verhältnis von Sach- und geistigem Eigentum → § 44 Rn. 1, 2 mwN; speziell mit Blick auf § 25 *Erdmann* FS Piper (1996), S. 655 (666 ff.); *Götz v. Olenhusen* FS Wandtke (2013), S. 279 (282); Loewenheim/*Dietz/ Peukert,* Handbuch, § 17 Rn. 1, 8 ff.

[2] *Osterieth/Marwitz,* KUG, § 10 KUG D IV; RGZ 79, 397 (400) – Felseneiland mit Sirenen.

[3] *Marwitz/Möhring,* LUG, § 1 LUG Anm. 9; *Voigtländer/Elster* (3. Aufl.), § 8 LUG Anm. 1a; ebenso 4. Aufl. *(Kleine)* § 8 LUG Anm. 1.

[4] RGZ 69, 401 (405) – Nietzsche – Briefe.

[5] Marwitz-E (1929) § 23; RJM-E (1932) § 24; Hoffmann-E (1933) § 35, dort erstreckt auf den Inhaber von Nutzungsrechten; Akademie-E (1939) § 23.

[6] *Ulmer* (1. Aufl.), § 47.

[7] BGH GRUR 1952, 257 (258) – Krankenhauskartei; später auch BAG GRUR 1961, 491 (492) – Nahverkehrschronik.

[8] RefE § 37; MinE § 40; RegE § 25.

[9] Ebenso Möhring/Nicolini/*Freudenberg* (4. Aufl.), § 25 UrhG Rn. 2.

[10] Ebenso Mestmäcker/Schulze/*Haberstumpf* (Stand 9/2006) § 25 UrhG Rn. 8.

[11] Vgl. zur Anwendung des postmortalen allgemeinen Persönlichkeitsrechts § 76 Rn. 8 f.

[12] Dreier/Schulze/*Schulze* § 25 UrhG Rn. 9 mwN.

Bedeutung erlangt § 25 meist **nur bei unikaten Werken der bildenden Kunst und der Architektur,** deren künstlerische Gestaltung allein im Original uneingeschränkt zum Ausdruck kommt (→ Rn. 10).

3. Unterschied zum Besichtigungsanspruch nach § 809 BGB

Trotz einer gewissen Ähnlichkeit mit dem **Besichtigungsanspruch nach § 101a UrhG und** 5 dem weniger weitgehenden Besichtigungsanspruch **nach § 809 BGB,**[13] weist das daneben bestehende Zugangsrecht zu diesen wesentliche Unterschiede auf. Anders als der allgemeine Besichtigungsanspruch nach § 809 BGB gewährt § 25 keinen Hilfsanspruch zur Vorbereitung der Geltendmachung eines weiteren Anspruchs gegen den Besitzer einer Sache.[14] Deshalb scheidet ein Besichtigungsanspruch nach § 809 BGB aus, wenn eine Urheberrechtsverletzung ausgeschlossen werden kann.[15] Als Hilfsanspruch setzt er nicht voraus, dass ein Hauptanspruch die Sache selbst zum Gegenstand hat. Vielmehr reicht es aus, wenn der Hauptanspruch in irgendeiner Weise vom Bestand oder der Beschaffenheit der Sache abhängt[16] und der Anspruchsteller sich erst mit einer Klage Gewissheit über das Bestehen eines solchen Anspruchs verschaffen möchte. Für die Geltendmachung des Besichtigungsanspruchs genügt allerdings nicht eine bloß entfernte Möglichkeit der Rechtsverletzung. Dazu bedarf es eines gewissen Grades an Wahrscheinlichkeit.[17] Zudem müssen die rechtlichen Voraussetzungen des Anspruchs, die nicht mit der Besichtigung durchgesetzt werden sollen, bereits geklärt sein.[18] Im Unterschied zum Zugangsrecht nach § 25, das nur dem Urheber selbst oder seinem Rechtsnachfolger zusteht (Rn. 8), kann der Besichtigungsanspruch nach § 809 BGB auch von einem Nutzungsberechtigten geltend gemacht werden.[19]

4. Systematische Stellung und Wesen des Zugangsrechts

Das Zugangsrecht findet seine – nicht ganz glückliche – **systematische Stellung** im Gesetz unter 6 den sonstigen Rechten des 4. Unterabschnitts des Kapitels über den Inhalt des Urheberrechts, die wegen ihres fehlenden Ausschließlichkeitscharakters nach der AmtlBegr. weder den reinen Persönlichkeits- noch den ausschließlichen Verwertungsrechten zuzurechnen sind.[20] Erstmals im UrhG gesetzlich geregelt ist das Zugangsrecht wie die vermögensrechtlichen Vergütungsansprüche der §§ 26, 27 Ausfluss des umfassenden Urheberrechts, ohne aber mit diesen Vorschriften die Rechtsnatur zu teilen.[21]

Seinem **Wesen** nach zählt das Zugangsrecht zu den **urheberpersönlichkeitsrechtlichen Vor-** 7 **schriften im weiteren Sinne,**[22] die über die Urheberpersönlichkeitsrechte im engeren Sinne (§§ 12–14) hinaus die persönlichen und geistigen Interessen des Urhebers in Bezug auf sein Werk unter Schutz stellen.[23] Dies schließt angesichts der monistischen Konzeption des Urheberrechtsgesetzes und der ihm eigenen Verklammerung materieller und ideeller Elemente nicht aus, dass im Einzelfall vermögensrechtliche Belange des Urhebers den Zugang nach § 25 teilweise oder gar alleine rechtfertigen.[24] In seinem Kerngehalt ist es aber wegen des untrennbaren geistigen Bandes zwischen Urheber und seinem Werk **unverzichtbar** und **unübertragbar.**[25] Dennoch kann das Zugangsrecht **vertraglich eingeschränkt** werden. Dabei bedarf es jedoch klar umrissener Absprachen, die den Kerngehalt des Rechts respektieren. Pauschale Erklärungen, das Zugangsrecht nicht geltend zu machen, sind unwirksam.[26] Anders noch als im Hoffmann-E (→ Rn. 3) ist das Zugangsrecht wesensmä-

---

[13] Dazu *Haedecke* FS Schricker (2005), S. 19 (26 f.); s. im Einzelnen die Kommentierung zu § 101a.
[14] BGH GRUR 2002, 1046 – Faxkarte.
[15] BGH GRUR 2013, 509 Rn. 19 – Unibasic-IDOS.
[16] Vgl. Palandt/*Sprau*, 78. Aufl. 2019, § 809 BGB Rn. 4 mwN.
[17] BGH GRUR 2018, 1280 Rn. 16 – My Lai, dort auch zur Durchsetzung eines Anspruchs aus dem Recht am eigenen Bild nach §§ 22 S. 1, 23 Abs. 2 KUG und dem allgemeinen Persönlichkeitsrecht als Rahmenrecht, dessen Reichweite wegen seiner Eigenart nicht feststeht, sondern erst nach Abwägung widerstreitender Interessen; BGH GRUR 2013, 509 Rn. 20 UniBasis-IDOS; BGH GRUR 2002, 1046 – Faxkarte.
[18] BGH GRUR 2018, 1280 Rn. 16 – My Lai; BGH GRUR 2013, 509 Rn. 20 – Unibasic-IDOS.
[19] BGH GRUR 2013, 509 Rn. 18 – Unibasic-IDOS.
[20] AmtlBegr. UFITA 45 (1965) 240 (267).
[21] Ebenso *v. Gamm* § 25 UrhG Rn. 1; Möhring/Nicolini/*Spautz* (2. Aufl.), § 25 UrhG Rn. 1.
[22] AllgM; → Rn. 3; → Vor §§ 12 ff. Rn. 5; Loewenheim/*Dietz*/*Peukert* Handbuch § 17 Rn. 1; Mestmäcker/Schulze/*Haberstumpf* (Stand 9/2006) § 25 UrhG Rn. 3; *v. Gamm* § 25 UrhG Rn. 1; Möhring/*Nicolini* (1. Aufl.), § 25 UrhG Anm. 1b; *Ulmer* § 42 II.
[23] Einzelheiten → Vor §§ 12 ff. Rn. 7 ff.; sa. *Götz v. Olenhusen* FS Wandtke (2013), S. 279 (282).
[24] → Rn. 3; → Vor §§ 12 ff. Rn. 7 mwN; Möhring/Nicolini/*Spautz* (2. Aufl.), § 25 UrhG Rn. 1; Wandtke/Bullinger/*Bullinger* § 25 UrhG Rn. 1; *v. Gamm* § 25 UrhG Rn. 1; Mestmäcker/Schulze/*Haberstumpf* (Stand 9/2006) § 25 UrhG Rn. 3; *Götz v. Olenhusen* FS Wandtke (2013), S. 279 (282); *Rehbinder/Peukert* Rn. 579.
[25] → Rn. 21 f.; Dreier/Schulze/*Schulze* § 25 UrhG Rn. 1; Möhring/Nicolini/*Freudenberg* (4. Aufl.), § 25 Rn. 4; Möhring/Nicolini/*Spautz* (2. Aufl.), § 25 UrhG Rn. 2; *v. Gamm* § 25 UrhG Rn. 4; Fromm/Nordemann/*W. Nordemann* (9. Aufl.), § 25 UrhG Rn. 1; BGH GRUR 1952, 257 (258) – Krankenhauskartei; Mestmäcker/Schulze/*Haberstumpf* (Stand 9/2006) § 25 UrhG Rn. 4; → Rn. 21 f.; zurückhaltender → Vor §§ 12 ff. Rn. 17.
[26] Mestmäcker/Schulze/*Haberstumpf* (Stand 9/2006) § 25 UrhG Rn. 4; → Rn. 4 f.

ßig auf den Urheber und seinen Rechtsnachfolger beschränkt, kann also auf einen vertraglichen Nutzungsberechtigten auch nicht sinngemäß erstreckt werden.[27]

II. Die Regelung im Einzelnen

1. Anspruchsberechtigter, Verpflichteter, sachlicher Geltungsbereich

8 **a)** Der Anspruch steht dem **Urheber** (§ 7), einschließlich dem Arbeitnehmerurheber, dem Miturheber (§ 8), dem Urheber verbundener Werke, dem Bearbeiterurheber (§ 3) bzw. deren Rechtsnachfolgern (§ 30) zu,[28] nicht jedoch einem Nutzungsberechtigten (→ Rn. 7), den der Urheber freilich als Hilfsperson ermächtigen kann, für ihn das Zugangsrecht auszuüben.[29] Bei **Miturheberschaft** (§ 8) erfordert die besondere persönlichkeitsrechtliche Prägung des Urheberrechts, die gesamthänderische Bindung der urheberrechtlichen Befugnisse auf die in § 8 Abs. 2 S. 2 ausdrücklich genannten Fälle der Änderung, Veröffentlichung und Verwertung des Werkes zu beschränken. Eine darüber hinausgehende entsprechende Anwendung der für vermögensrechtliche Gemeinschaften passenden Bestimmungen der Gesamthandsgemeinschaft ist ausgeschlossen. Insoweit, dh. auch hinsichtlich des Zugangsrechts, sollte nach allgemeinen urheberrechtlichen Bestimmungen verfahren und jedem Miturheber die Einzelklagebefugnis bei der Durchsetzung seines Zugangsrechts zugestanden werden.[30] Folglich kann jeder Miturheber individuell und unabhängig von den übrigen Miturhebern Zugang zum Original oder zu einem Vervielfältigungsstück des gemeinschaftlich geschaffenen Werkes verlangen.[31] Entsprechendes gilt für **Urheber verbundener Werke nach § 9** jedoch mit der Beschränkung des Zugangs auf ihren Teil des verbundenen Werkes.[32] Bei **bearbeiteten Werken** sind **Urheber und Bearbeiter** einer schöpferischen Umgestaltung nach § 3 gleichermaßen und unabhängig voneinander anspruchsberechtigt.[33] Nach *Dreyer* soll das Zugangsrecht beider scheitern, wenn die jeweils andere Seite der Herstellung eines Vervielfältigungsstücks oder einer Bearbeitung des bereits bearbeiteten Originalwerkes ihre Zustimmung versagt.[34] Im Lichte des persönlichkeitsrechtlichen Charakters der Vorschrift dürfte freilich eine Abwägung der beiderseitigen Interessen zu einer sachgerechteren Lösung führen. Nichts anderes sollte bei in Miturheberschaft geschaffenen Werken gelten.

Abweichungen für den **angestellten Urheber** ergeben sich nicht.[35] Allerdings ist bei der Interessenabwägung den berechtigten Interessen des Arbeitgebers sorgfältig Rechnung zu tragen.[36] In entsprechender Anwendung des § 25 steht das Zugangsrecht auch den leistungschutzberechtigten Lichtbildnern (§ 72) und Verfassern wissenschaftlicher Ausgaben (§ 70) zu, während den Herausgebern nachgelassener Werke (§ 71) und den übrigen Leistungsschutzberechtigten (Interpreten und Inhaber unternehmensbezogener Rechte nach §§ 81, 85, 94, 95, 87, 87a und den wegen unterlassener Notifizierung nicht mehr anwendbaren 87f[37]) ein solches Recht versagt ist.

---

[27] Ebenso Fromm/Nordemann/*A. Nordemann* § 25 Rn. 8; Möhring/Nicolini/*Spautz* (2. Aufl.), § 25 UrhG Rn. 2; Möhring/Nicolini/*Freudenberg* (4. Aufl.), § 25 Rn. 6; *Müller/Werner* GRUR 2018, 1202 (1204); aA DKMH/*Dreyer* § 25 UrhG Rn. 24: soweit nicht der Kernbereich des Rechts berührt ist; für eine Wahrnehmungsbefugnis des Nutzungsberechtigten als Hilfsperson des Urhebers unten Rn. 8, Fn. 28; weitergehend Dreier/Schulze/*Schulze* § 25 UrhG Rn. 5 und *Ohly* FS Schricker (1995), S. 427 (455): soweit das Zugangsrecht zur Nutzungsrechtsausübung erforderlich ist; für ein uneingeschränktes Zugangsrecht des Nutzungsberechtigten von Computerprogrammen *Berger* CR 2006, 505 (511), dazu auch → Rn. 8, Fn. 28; für ein Zugangsrecht des Nutzungsberechtigten de lege ferenda Fromm/Nordemann/*W. Nordemann* (9. Aufl.), § 25 UrhG Rn. 1.

[28] AllgM: OLG Düsseldorf GRUR 1969, 550 – Geschichtsbuch für Realschulen; Dreier/Schulze/*Schulze* § 25 UrhG Rn. 4; Fromm/Nordemann/*A. Nordemann* § 25 UrhG Rn. 8; DKMH/*Dreyer* § 25 UrhG Rn. 8; Wandtke/Bullinger/*Bullinger* § 25 Rn. 1; Möhring/Nicolini/*Freudenberg* (4. Aufl.), § 25 Rn. 5.

[29] Weniger eng *Ohly* FS Schricker (1995), S. 427 (455), um zu verhindern, dass der Nutzungsberechtigte (etwa ein Verleger) nicht nur den Urheber zu vergüten hat, sondern auch das Museum als Eigentümer des Werkstücks für den Zugang zu einem Gemälde; Möhring/Nicolini/*Freudenberg* (4. Aufl.), § 25 UrhG Rn. 6 f.; Dreier/Schulze/*Schulze* § 25 UrhG Rn. 5 unter gleichzeitigem Hinweis auf *Berger* CR 2006, 505 (507), der ein Zugangsrecht des Softwarelizenznehmers zum Quellcode befürwortet, dabei jedoch die urheberpersönlichkeitsrechtliche Vorschrift überstrapaziert, zumal der Lizenznehmer sich an den Urheber selbst wenden kann; so auch Fromm/Nordemann/*A. Nordemann* § 25 UrhG Rn. 7; zur Einschaltung von Hilfspersonen → Rn. 11; → Fn. 26.

[30] Ebenso → § 8 Rn. 10 f.; *Ulmer* § 34 III 3; Fromm/Nordemann/*W. Nordemann* (9. Aufl.), § 8 UrhG Rn. 23; im Ergebnis ebenso Dreier/Schulze/*Schulze* § 25 UrhG Rn. 4: Zugangsrecht betrifft keinen einmaligen Anspruch; dagegen *v. Gamm* § 8 UrhG Rn. 12, 15; *Sontag*, Das Miturheberrecht, 1972, S. 29 ff.; Mestmäcker/Schulze/*Haberstumpf* (Stand 9/2006) § 25 UrhG Rn. 11.

[31] OLG Düsseldorf GRUR 1969, 550 (551) – Geschichtsbuch für Realschulen = Schulze OLGZ 99 m. zust. Anm. *Kleine*; *Schöfer* S. 184 f.; aA *v. Gamm* § 25 UrhG Rn. 6.

[32] Mestmäcker/Schulze/*Haberstumpf* (Stand 9/2006) § 25 UrhG Rn. 11; Fromm/Nordemann/*W. Nordemann* (9. Aufl.), § 25 UrhG Rn. 1.

[33] DKMH/*Dreyer* § 25 UrhG Rn. 4; Möhring/Nicolini/*Freudenberg* (4. Aufl.), § 25 UrhG Rn. 5; aA Mestmäcker/Schulze/*Haberstumpf* (Stand 9/2006) § 25 UrhG Rn. 10: arg. aus § 23 S. 1, der dem Originalurheber eine Kontrolle über die Herstellung einer Bearbeitung oder Umgestaltung seines Werkes ermöglicht und damit auch das Zugangsrecht verweigert.

[34] So DKMH/*Dreyer* § 25 UrhG Rn. 4, 10.

[35] Ebenso DKMH/*Dreyer* § 25 UrhG Rn. 22; Einzelheiten → § 43 Rn. 95 ff.; speziell dazu auch *Götz v. Olenhusen* FS Wandtke (2013), S. 279 (284 f.).

[36] Vgl. Mestmäcker/Schulze/*Haberstumpf* (Stand 9/2006) § 25 UrhG Rn. 12.

[37] EuGH GRUR 2019, 1188.

b) Der **Anspruch** aus § 25 richtet sich **gegen den tatsächlichen Besitzer** des Werkstücks, 9 gleich, ob er Eigen- oder Fremdbesitzer (Verwahrer, Pächter, Mieter, Entleiher etc.) ist, nicht jedoch gegen den Besitzdiener. Der Besitz kann sich dabei auch vom Urheber als Eigentümer des Werkes ableiten. In jedem Falle trifft die Verpflichtung, den Zugang zu gewähren, denjenigen, der die tatsächliche Sachherrschaft ausübt (§ 854 BGB), ungeachtet eines etwa entgegenstehenden Verbots des Eigentümers und ungeachtet einer Zugangsgewährung durch den Besitzer eines weiteren Vervielfältigungsstücks bzw. des Originals.[38] In letzterem Falle tritt allerdings in der Regel das Zugangsinteresse des Urhebers gegenüber dem Besitzerinteresse zurück (vgl. → Rn. 16).

c) In **sachlicher Hinsicht** beschränkt sich das Zugangsrecht **auf das Original oder auf ein** 10 **Vervielfältigungsstück eines noch geschützten Werkes jeder Gattung.** Zugang ist somit grundsätzlich zu allen Werkarten nach § 2 Abs. 1, einschließlich etwaiger unbenannter Werkarten, zu gewähren, ferner zu Sammelwerken und Datenbankwerken (§ 4 Abs. 1 und 2), zu Computerprogrammen (§ 69a Abs. 4) sowie zu den geschützten Leistungen des Verfassers wissenschaftlicher Ausgaben (§ 70 Abs. 1) und des Fotografen (§ 72 Abs. 2). Der praktische Anwendungsschwerpunkt von § 25 liegt allerdings in den Bereichen der **bildenden Kunst und der Architektur,** in denen – insbesondere auf Bestellung angefertigte – Werke oft nur als Unikate existieren, so dass eine Dokumentation des Werkschaffens oder eine weitere Verwertung des Werkes allein nach Zugang zu dem in fremder Hand liegenden Werkstück und der Herstellung eines Vervielfältigungsstücks möglich ist. Bei **Schrift- und Musikwerken** kommt ein praktisches Bedürfnis auf Zugang nicht allein dann in Betracht, wenn diese in ihrer endgültigen Fassung nur (noch) handschriftlich bei einem Dritten vorhanden sind, sondern auch bei Autographen, die die Entstehung eines Werkes widerspiegeln und gegenüber seiner erschienenen Fassung durchaus als ein anderes Werk erscheinen können.

Grundsätzlich richtet sich der Umfang des Zugangsrechts auf das **Werk als Ganzes.** Eine Beschränkung des Zugangs auf die schutzfähigen Teile eines Werkes oder auf die Beiträge eines einzelnen Miturhebers zu einem in Miturheberschaft geschaffenen Werkes ist nach dem eindeutigen Wortlaut der Vorschrift („Original oder eines Vervielfältigungsstücks des Werkes") unzulässig.[39] Bei der insoweit gebotenen Interessenabwägung (Rn. 16 ff.) kann sich der Zugang jedoch ganz **ausnahmsweise** auf die urheberrechtlich geschützten **Teile eines Werkes** beschränken, wenn sie sich eindeutig von den schutzunfähigen Teilen eines in seiner Gesamtheit schutzfähigen Werkes unterscheiden lassen oder der Zugang zum Werk als Ganzem missbräuchlich wäre,[40] oder auf die Teile eines Werkes, die der Urheber nicht mehr in Besitz hat, wie dies bei Mappenwerken der Fall sein kann.[41]

2. Einschränkende Voraussetzungen des Zugangs

Der Besitzer des Werkstücks ist verpflichtet, dem Urheber dieses **zugänglich** zu machen. Nach der 11 ausdrücklichen Regelung des Gesetzes (Abs. 2) begründet das Zugangsrecht im Interesse des Eigentümers an der Unversehrtheit seines Werkexemplars **keinen Herausgabeanspruch,** so dass die Verschaffung des auch nur zeitlich beschränkten unmittelbaren Besitzes grundsätzlich nicht geboten ist.[42] Vielmehr ist **Zugang nur in geeigneter Weise** – dh. sachlich, örtlich und zeitlich im Rahmen des Notwendigen und Zumutbaren – zu gestatten, damit einerseits dem Zugangszweck der Herstellung eines Vervielfältigungsstücks oder einer Bearbeitung des Werkes genügt werden kann (Rn. 12 f.) und andererseits die berechtigten Interessen des Besitzers gewahrt bleiben (Rn. 16 ff.). Deshalb braucht der Urheber den Zugang nicht persönlich vorzunehmen, wenn dies dem Besitzer oder dem Urheber selbst entgegenkommt.[43] In Betracht kommt je nach dem vom Urheber verfolgten Zweck die **Einschaltung von Hilfspersonen** für den im Einzelfall erforderlichen Transport des Originals oder des Vervielfältigungsstücks in ein Fotolabor, eine Kopieranstalt oder eine Gießerei und für die Fertigung des Vervielfältigungsstücks oder der Bearbeitung, gegebenenfalls unter Aufsicht des Besitzers. Die **anfallenden Kosten** für den sachgemäßen Transport und die Versicherung des Originals sowie die Herstellung des Vervielfältigungsstücks hat der Urheber zu tragen und eventuell vorzuschießen.[44]

---

[38] Ebenso *v. Gamm* § 25 UrhG Rn. 6; Dreier/Schulze/*Schulze* § 25 UrhG Rn. 6; Mestmäcker/Schulze/*Haberstumpf* (Stand 9/2006) § 25 UrhG Rn. 14; Möhring/Nicolini/*Spautz* (2. Aufl.), § 25 UrhG Rn. 4.

[39] Fromm/Nordemann/*A. Nordemann* § 25 UrhG Rn. 11; Mestmäcker/Schulze/*Haberstumpf* (Stand 9/2006) § 25 UrhG Rn. 16; Möhring/Nicolini/*Freudenberg* (4. Aufl.), § 25 UrhG Rn. 13; Wandtke/Bullinger/*Bullinger* § 25 UrhG Rn. 6.

[40] Etwa kein Zugang zu den für sich nicht schutzfähigen Kellerräumen eines Gebäudes; ebenso Dreier/Schulze/*Schulze* § 25 UrhG Rn. 17; Mestmäcker/Schulze/*Haberstumpf* (Stand 9/2006) § 25 UrhG Rn. 16; Fromm/Nordemann/*A. Nordemann* § 25 UrhG Rn. 11.

[41] Vgl. OLG Hamburg Schulze OLGZ 174, 8 zur Interessenabwägung beim Zugang zu Bauwerken sowie OLG Düsseldorf GRUR 1969, 550 (551) – Geschichtsbuch für Realschulen; Fromm/Nordemann/*A. Nordemann* § 25 UrhG Rn. 11; Dreier/Schulze/*Schulze* § 25 UrhG Rn. 17; DKMH/*Dreyer* § 25 UrhG Rn. 8.

[42] So bereits BGH GRUR 1952, 257 (258) – Krankenhauskartei; Möhring/Nicolini/*Freudenberg* (4. Aufl.), § 25 UrhG Rn. 26; sa. *Schäfer* S. 173 ff.

[43] So auch Fromm/Nordemann/*A. Nordemann* § 25 UrhG Rn. 9.

[44] Dreier/Schulze/*Schulze* § 25 UrhG Rn. 24; Mestmäcker/Schulze/*Haberstumpf* (Stand 9/2006) § 25 UrhG Rn. 27; Fromm/Nordemann/*A. Nordemann* § 25 UrhG Rn. 12; Möhring/Nicolini/*Freudenberg* (4. Aufl.), § 25 UrhG Rn. 25.

Ebenso ist er nach § 101a Abs. 4 UrhG iVm. § 811 Abs. 2 BGB bei Verlust oder Beschädigung des Originals ungeachtet eines Verschuldens zur Schadenersatzleistung verpflichtet.[45]

12   **a)** § 25 bindet das Recht auf Zugang an die einschränkende Voraussetzung, dass der Zugang **zur Herstellung von Vervielfältigungsstücken oder zur Bearbeitung** des Werkes als immaterielles Gut **erforderlich** ist.[46] Schon deshalb kann der Urheber nur in Ausnahmefällen auf den Zugang zu bloßen Teilen des Werkes verwiesen werden.[47] Auf den mit dem Zugang verfolgten Zweck kommt es nur insoweit an, als der Anspruch aus anderen als den **urheberrechtlichen Zwecken** der Vervielfältigung oder Bearbeitung entfällt.[48] Folglich kann der Urheber Zugang zu seinem Werk verlangen, um es zu veröffentlichen, Dritten an diesem Werk Nutzungsrechte einzuräumen oder sein Werkschaffen im Wege der Bearbeitung fortzuführen (→ § 12 Rn. 15). Nach weitergehender Auffassung soll es wegen der ideellen Beziehung des Urhebers zu seinem Werk auch bestehen, wenn der Urheber die Bereitschaft der Eigentümers eruieren möchte, das Werk für eine Ausstellung zur Verfügung zu stellen.[49] Das Zugangsrecht besteht nicht, sofern der Urheber Zugang begehrt, um das Werkstück zu verändern.[50] Aus dem Zweck der Vorschrift, dem Urheber durch die Herstellung von Vervielfältigungsstücken die Dokumentation seines Werkschaffens zu ermöglichen (Rn. 4), folgt jedoch als ein Minus gegenüber ihrem Wortlaut, dass der Urheber den Zugang auch zur Herstellung der dafür erforderlichen Fotografien verlangen kann.[51] Allerdings kann der Urheber **keinen Zugang** nach § 25 verlangen, um kontrollieren zu können, ob das Werk sich noch im originalen Zustand befindet. Auch der gekündigte **Architekt** vermag sich nicht unter Berufung auf § 25 den Zutritt zu dem von ihm entworfenen Bauwerk zur bloßen Besichtigung und zur Prüfung der plangerechten, seine Rechte aus § 14 wahrenden Ausführung zu verschaffen, um Informationen für einen möglichen Rechtsstreit gegen den Bauherrn zu erlangen.[52] Werden dagegen derartige Rechtsverletzungen beiläufig offenbar, kann der Urheber nicht daran gehindert werden, sie zu verfolgen. Während der Entstehung des Bauwerks ist dem nicht mehr vertraglich gebundenen Architekten der Zugang nach § 25 ebenfalls verwehrt, solange das Werk, zu dem die persönlichen Bande aufrechterhalten werden sollen, als Vervielfältigung in dreidimensionaler Form noch nicht vollständig existiert. Das gilt nicht mehr, wenn das Bauwerk fertiggestellt ist und der Architekt es zu Dokumentationszwecken ablichten möchte.[53] § 25 dient nicht der Vorbereitung von Unterlassungs- und Schadensersatzansprüchen, soweit diese nicht vom urheberpersönlichkeitsrechtlichen Schutzzweck des Zugangsrechts gedeckt sind.[54] So kann der Schöpfer eines Bildes, einer Plastik oder – wie im vom KG entschiedenen Fall – einer Totenmaske nicht unter Berufung auf § 25 die Herausgabe des betreffenden Werkstücks zum Zwecke seiner Ausstellung durchsetzen.[55] Wohl aber kann der Urheber eines Werkes – etwa der Architekt in den erwähnten Fallgestaltungen – zur Klärung, ob ihm gegen den Besitzer des Werkstücks ein Anspruch in Ansehung eben dieses Werkstückes zusteht, unter den näheren Voraussetzungen des **§ 101a UrhG bzw. § 809 BGB** dessen Vorlegung oder Besichtigung verlangen.[56] Zur Vorbereitung eines Zugangsrechts nach § 25 hat das LG Hamburg[57] dem Künstler gegen seinen Galeristen einen Anspruch auf Bekanntgabe der Namen und Adressen der Erwerber seiner Bilder zugesprochen und diesen mit den besonderen, das Urheberpersönlichkeitsrecht wahrenden Pflichten des Galeristen begründet. Auf

---

[45] *v. Gamm* § 25 UrhG Rn. 7; Möhring/Nicolini/*Spautz* (2. Aufl.), § 25 UrhG Rn. 6; Dreier/Schulze/*Schulze* § 25 UrhG Rn. 24; DKMH/*Dreyer* § 25 UrhG Rn. 14, 18 f.

[46] Allg. M., z. B. OLG Düsseldorf ZUM-RD 2016, 368 Rn. 90 – Verwaltungsgebäude.

[47] Dazu → Rn. 10; vgl. Fromm/Nordemann/*A. Nordemann* § 25 UrhG Rn. 11.

[48] Wandtke/Bullinger/*Bullinger* § 25 UrhG Rn. 9; Möhring/Nicolini/*Freudenberg* (4. Aufl.), § 25 UrhG Rn. 14; aA hinsichtlich der Überwachung der Wahrung des Urheberrechts Dreier/Schulze/*Schulze* § 25 UrhG Rn. 14: Zugang schon während der Entstehung des Werkes; Fromm/Nordemann/*W. Nordemann* (9. Aufl.), § 25 UrhG Rn. 5; kritisch auch *Schöfer* S. 170 ff.

[49] So auch Bisges/*Nennen* Kap. 2 B IV 1 Rn. 333 unter Hinweis auf LG Hamburg ZUM-RD 2008, 27 (28) – Auskunftspflicht aufgrund Galerievertrag.

[50] Wandtke/Bullinger/*Bullinger* § 25 UrhG Rn. 8; Fromm/Nordemann/*A. Nordemann* § 25 UrhG Rn. 15; Dreier/Schulze/*Schulze* § 25 UrhG Rn. 12.

[51] OLG Nürnberg ZUM-RD 2003, 260 (266) – Künstler und Mäzen im Anschluss an *Haberstumpf*, Handbuch, Rn. 147; ebenso Fromm/Nordemann/*A. Nordemann* § 25 UrhG Rn. 13; einen Anspruch des Urhebers und erst Recht eines Dritten auf Aufnahme eines Werkes in ein von fremder Hand erstelltes Werkverzeichnis hat das OLG Hamm GRUR 2005, 177 – Karl Hofer verneint.

[52] OLG Düsseldorf GRUR 1979, 318 f. – Treppenwangen = Schulze OLGZ 208 m. zust. Anm. *Gerstenberg*; Wandtke/Bullinger/*Bullinger* § 25 UrhG Rn. 9; Mestmäcker/Schulze/*Haberstumpf* (Stand 9/2006) § 25 UrhG Rn. 18; DKMH/*Dreyer* § 25 UrhG Rn. 23; Bisges/*Nennen* Kap. 2 B IV 1 Rn. 335; großzügiger insoweit Dreier/Schulze/*Schulze* § 25 UrhG Rn. 14; Möhring/Nicolini/*Freudenberg* (4. Aufl.), § 25 UrhG Rn. 2; Ebling/Schulze/*W. Nordemann,* Kunstrecht (1. Aufl.), S. 72 Rn. 124; aA wohl Fromm/Nordemann/*A. Nordemann* § 25 UrhG Rn. 18.

[53] Fromm/Nordemann/*A. Nordemann* § 25 UrhG Rn. 14.

[54] Wandtke/Bullinger/*Bullinger* § 25 UrhG Rn. 9; aA Dreier/Schulze/*Schulze* § 25 UrhG Rn. 14; wohl auch *Rehbinder/Peukert* Rn. 579.

[55] KG GRUR 1981, 742 (743) – Totenmaske I.

[56] S. dazu die Kommentierung zu § 101a; zur Rechtslage vor der Umsetzung der Enforcement-RL vgl. BGH GRUR 2002, 1046 (1047 f.) – Faxkarte; Dreier/Schulze/*Schulze* § 25 UrhG Rn. 15; Ebling/Schulze/*W. Nordemann,* Kunstrecht (1. Aufl.), S. 72, Rn. 124.

[57] LG Hamburg ZUM-RD 2008, 27.

seinen Kundenschutz zur Vermeidung von Direktverkäufen unter Umgehung der Galerie kann er sich demgegenüber berufen.[58]

Das Merkmal der **Erforderlichkeit** setzt voraus, dass dem Urheber ein anderer Zugang zu seinem **13** Werk verwehrt oder unzumutbar ist, sei es, weil er selbst kein Vervielfältigungsstück besitzt, sei es, weil das Werk nicht in einer öffentlichen Bibliothek, einem Museum oder an einem öffentlichen Platz zugänglich ist, sei es, weil es sich in einem entfernten Land oder an einem unerreichbaren Ort befindet.[59] Erforderlich ist der Zugang regelmäßig auch dann, wenn zwar weitere Vervielfältigungsstücke existieren, diese aber ebenso wie das Exemplar des in Anspruch genommenen Besitzers in privater Hand liegen.[60] Wegen der Eigenart und der Bedeutung des Originals in den Bereichen der bildenden Kunst und der Architektur kann trotz des Eigenbesitzes eines Vervielfältigungsstücks der Zugang des Urhebers erforderlich sein, etwa wenn der Bildhauer nur eine Fotografie seiner Plastik besitzt.[61] Auf einen anderen Besitzer braucht sich der Urheber nur im Rahmen der Interessenabwägung verweisen lassen.[62]

Unter **Vervielfältigung** ist jede körperliche Festlegung des Werkes zu verstehen, unabhängig da- **14** von, in welcher Art und Weise sie erfolgt ist.[63] Die **Bestimmung des Verfahrens der Vervielfältigung,** für die der Zugang verlangt wird, trifft wegen der persönlichkeitsrechtlichen Natur der Vorschrift grundsätzlich der Urheber nach seinen künstlerischen Vorstellungen. Ihm steht es frei zu wählen, ob er das Original seines Werkes abmalt oder fotografiert, seine Originalplastik als Skizze vervielfältigt oder einen Abguss fertigt, seine Partitur abschreibt oder kopiert. Einschränkungen können sich auch insoweit allein aus einer Abwägung mit den Interessen des Besitzers ergeben, etwa wenn das Original durch seine Vervielfältigung von Schaden bedroht ist.[64] Der Begriff der **Bearbeitung** in Abs. 1 betrifft nicht etwa das Recht der Bearbeitung des zugänglich gemachten Werkstücks – das würde dem Eigentums- bzw. Besitzrecht widersprechen –, sondern lediglich die Herstellung eines Vervielfältigungsstücks dieses Werkes in bearbeiteter Form iSd. § 23 wie zB eine Radierung nach einem Ölgemälde ua.[65] Zu weiteren Zwecken gewährt die Vorschrift den Zugang nicht.[66]

Die **Beweislast für die Erforderlichkeit** trifft nach allgemeinem Beweisrecht und nach dem **15** Wortlaut der Bestimmung den Urheber. Da ihm jedoch der Beweis dafür, dass keine andere zumutbare Möglichkeit der Herstellung eines Vervielfältigungsstücks oder einer Bearbeitung besteht, in aller Regel nicht gelingen kann, würde die Durchsetzung des Zugangsrechts meist an der Beweislast scheitern. In **Umkehrung der Beweislast** hat deshalb der Besitzer zu beweisen, dass der Zugang nicht erforderlich iSd. § 25 ist. Zweifel gehen zu seinen Lasten.[67]

b) Ist der Zugang erforderlich, hat eine **Abwägung der Interessen des Urhebers und der ent- 16 gegenstehenden ideellen wie materiellen Interessen des Besitzers** zu erfolgen. Dabei kann es um die zeitlichen, örtlichen und sachlichen Umstände des Zugangs gehen, aber auch um seine Verweigerung.[68] In der Regel wird sich der Urheber auf die Interessen des Besitzers am wenigsten beeinträchtigende Art und Weise des Zugangs verweisen lassen müssen, sofern dies nicht wiederum mit Zumutungen für ihn verbunden ist.[69] Auf Seiten des Urhebers spielen die Schöpfungshöhe und die Bedeutung des Werkes für sein Gesamtschaffen eine gewichtige Rolle. Die in jedem Fall gebotene Rücksichtnahme auf die Besitzerinteressen erfordert, dass Terminabsprachen rechtzeitig getroffen werden und der zu betreibende Aufwand so gering wie möglich gehalten wird.[70] Deshalb kann der Besitzer den Zugang zur Unzeit, bei Krankheit oder Umzug ebenso wie bei unverhältnismäßigem

[58] Zustimmend Fromm/Nordemann/*A. Nordemann* § 25 UrhG Rn. 18;

[59] Fromm/Nordemann/*A. Nordemann* § 25 UrhG Rn. 16; *v. Gamm* § 25 UrhG Rn. 7.

[60] Fromm/Nordemann/*A. Nordemann* § 25 UrhG Rn. 16; Möhring/Nicolini/*Spautz* (2. Aufl.), § 25 UrhG Rn. 6.

[61] Vgl. OLG Hamburg Schulze OLGZ 174, 2; *Schöfer* S. 179 f.

[62] Ebenso *v. Gamm* § 25 UrhG Rn. 5; auch DKMH/*Dreyer* § 25 UrhG Rn. 6, 11; zur Interessenabwägung → Rn. 16 ff.

[63] Einzelheiten → § 16 UrhG Rn. 5 ff. mwN.

[64] → Rn. 18; KG GRUR 1983, 507 (508) – Totenmaske II; Einzelheiten bei *Schöfer* S. 173 ff.

[65] AllgM; Fromm/Nordemann/*W. Nordemann* (9. Aufl.), § 25 UrhG Rn. 3; Möhring/Nicolini/*Spautz* (2. Aufl.), § 25 UrhG Rn. 6; *v. Gamm* § 25 UrhG Rn. 7; → Rn. 12.

[66] Ebenso Möhring/Nicolini/*Freudenberg* (4. Aufl.), § 25 UrhG Rn. 14.

[67] HM; Fromm/Nordemann/*A. Nordemann* § 25 UrhG Rn. 21; Dreier/Schulze/*Schulze* § 25 UrhG Rn. 20; *v. Gamm* § 25 UrhG Rn. 7; Möhring/Nicolini/*Freudenberg* (4. Aufl.), § 25 UrhG Rn. 41; einschränkend Möhring/ Nicolini/*Spautz* (2. Aufl.), § 25 UrhG Rn. 12: Beweislast des Urhebers hinsichtlich der Erforderlichkeit, dass keine anderen Werkstücke zugänglich sind; aA Wandtke/Bullinger/*Bullinger* § 25 UrhG Rn. 13; DKMH/*Dreyer* § 25 UrhG Rn. 11: nach allgemeinen Grundsätzen Beweislast beim Urhebers, jedoch Beweiserleichterungen insoweit als die Gegenseite die Behauptung des fehlenden Zugangs substantiert bestreiten und eine andere Zugangsmöglichkeit aufzeigen muss, während die andere Seite sodann, der Beweis obliegt, dass das nicht zutrifft (unter Hinweis auf BGH WM 2017, 2191 Rn. 32; BGH WM 2017, 792 Rn. 12); selbst gegen Beweiserleichterungen zugunsten des Urhebers Mestmäcker/Schulze/*Haberstumpf* (Stand 9/2006) § 25 UrhG Rn. 31: Aus der Tatsache der Geltendmachung des Zugangsrechts lässt sich nicht die Notwendigkeit des Zugangs wegen fehlenden Besitzes eines Exemplars herleiten.

[68] Vgl. Loewenheim/*Dietz/Peukert,* Handbuch, § 17 Rn. 8 ff.; ebenso *Götz v. Olenhusen* FS Wandtke (2013), S. 279 (282).

[69] Möhring/Nicolini/*Freudenberg* (4. Aufl.), § 25 UrhG Rn. 33.

[70] Erdmann FS Piper (1996), S. 655 (668); v. Gamm § 25 UrhG Rn. 7.

technischem Aufwand für die Herstellung von Vervielfältigungsstücken verweigern und den Urheber auf geeignetere Umstände verweisen. Auch der Erhaltungszustand des Originals und seine mögliche Gefährdung durch die Vervielfältigung können die Art und Weise des Zugangs und des Vervielfältigungsverfahrens (Fotografie statt Abguss; Abschrift statt Fotokopie) beeinflussen.[71] Der Besitzer des Originals eines Werkes kann den Urheber allerdings nicht darauf verweisen, es bestehe vorrangig der Zugang zu Vervielfältigungsstücken. Dies lässt sich aus dem Wortlaut des § 25 nicht herleiten.[72]

17   Eine uneingeschränkte **Verweigerung des Zugangs** ist wegen der Bedeutung dieses Rechts für den Schutz der Urheberpersönlichkeit **nur ganz ausnahmsweise** statthaft. Gründe der Zurückweisung oder Beschränkung des Zugangsanspruchs durch Auflagen könnten sich bei besonderen Umständen aus dem **allgemeinen Persönlichkeitsrecht des Besitzers, etwa bei Auftragswerken wegen des Schutzes seiner Privat- oder Intimsphäre,** ergeben, sofern das betreffende Werk einen privaten – bei Aktdarstellungen – intimen Bezug aufweist und unveröffentlicht ist.[73] Der in der AmtlBegr.[74] genannte Fall eines für den Besitzer persönlich angefertigten Werkes rechtfertigt eine Verweigerung jedoch dann nicht, wenn es lediglich um die Herstellung eines Vervielfältigungsstücks für das private Archiv des Urhebers geht.[75] Andererseits sind Fälle denkbar, bei denen die bereits erfolgte Veröffentlichung des Bildes der Verweigerung des Zugangs nicht zwangsläufig entgegensteht.[76] Seine Zurückweisung kommt dagegen in Betracht, wenn, wie bei Massenartikeln, Werkstücke problemlos käuflich zu erwerben sind.[77]

18   Dem Urheber ist ferner ein **erneuter Zugang** versagt, wenn der Besitzer des Originals oder eines Vervielfältigungsstücks ihm bereits in einem seinen Interessen genügenden Maße Zugang gewährt hat und zwischenzeitlich keine Umstände eingetreten sind, die unter Abwägung der gegenseitigen Interessen für den Eigentümer oder Besitzer ein weiterer Zugang des Urhebers als unzumutbar erscheinen lassen.[78]

19   Auch **aus materiellen Erwägungen** kann der Besitzer unter Umständen den **Zugang verweigern,** etwa wenn der Urheber ihn begehrt, um einen Vertragsbruch vorzubereiten. So kann der Inhaber des Verlagsrechts dem Urheber den Zugang zum Manuskript verwehren, wenn dieser unter Verletzung eines gültigen Verlagsvertrages einen anderen mit dem Verlag des Werkes beauftragen möchte.[79] Ohne bindenden Verlagsvertrag hingegen hat das OLG Düsseldorf einem Verleger trotz eines eventuell rückzahlbaren Honorarvorschusses das Recht abgesprochen, dem Autor den Zugang zum Manuskript unter Geltendmachung eines Zurückbehaltungsrechts zu verwehren.[80] Denkbar sind auch eng umrissene, dem Zugang entgegenstehende vertragliche Absprachen zwischen Urheber und Besitzer, sofern sie keinen vollständigen Verzicht auf das Zugangsrecht beinhalten.[81]

19a   Die **Berücksichtigung eines Zurückbehaltungsrechts** im Rahmen der Interessenabwägung nach § 25 begegnet jedoch insofern Bedenken, als seine Geltendmachung nur zur Verurteilung Zug um Zug führt (§ 274 Abs. 1 BGB), während überwiegende berechtigte Interessen des Besitzers zur Zurückweisung des Zugangsanspruchs führen müssen.[82] Der Anspruch gemäß § 25 kann auch dann zurückgewiesen werden, wenn der Urheber bereits einen anderen Besitzer Zugang zu einem Vervielfältigungsstück hatte und keine besonderen Umstände den erneuten Zugang rechtfertigen.

20   Ist das Werkstück in seiner Integrität durch das Zugangsbegehren gefährdet, weil bei der Vervielfältigung eine Beschädigung des Werkstücks zu befürchten ist, überwiegt in der Regel **das Interesse des Besitzers an der Unversehrtheit seines Werkstücks** dasjenige des Urhebers an der Herstellung eines Vervielfältigungsstücks.[83] In einem besonderen Falle hatte das KG dem Besitzer die Gefahr der Beschädigung jedoch zugemutet, weil dem Urheber das Original durch eine strafbare Handlung abhanden gekommen war und er das Eigentum gegen seinen Willen durch Ersatzung verloren hatte.[84] Das **Interesse** des Besitzers **an der Unikateigenschaft** und damit dem Marktwert seines Originals oder Vervielfältigungsstücks überragt freilich das Urheberinteresse am Zugang schon nach dem Wort-

---

[71] Ebenso Mestmäcker/Schulze/*Haberstumpf* (Stand 9/2006) § 25 UrhG Rn. 21, 24, 26; Möhring/Nicolini/*Freudenberg* (4. Aufl.), § 25 UrhG Rn. 32; *Müller/Werner* GRUR 2018, 1202 (1204 f.).
[72] Ebenso *Müller/Werner* GRUR 2018, 1202 (1204); aA Möhring/Nicolini/*Freudenberg* (4. Aufl.), § 25 UrhG Rn. 2.
[73] Dreier/Schulze/*Schulze* § 25 UrhG Rn. 21; Wandtke/Bullinger/*Bullinger* § 25 UrhG Rn. 15; Mestmäcker/Schulze/*Haberstumpf* (Stand 9/2006) § 25 UrhG Rn. 21; Fromm/Nordemann/*A. Nordemann* § 25 UrhG Rn. 17; großzügiger bei Werken, die Intimsphäre berühren Möhring/Nicolini/*Freudenberg* (4. Aufl.), § 25 UrhG Rn. 32 (der Urheber hatte bereits mit der Werkschöpfung Einblick in die Intimsphäre; sa. *Müller/Werner* GRUR 2018, 1202 (1205): nicht stets überwiegt in diesen Fällen das Interesse des Besitzers.
[74] UFITA 45 (1965) 240 (267).
[75] So zu Recht *Ulmer* § 42 IV; zur Verbreitung oder öffentlichen Zurschaustellung von Personenbildnissen s. Kapitel „Recht am eigenen Bild" Anh. zu § 60/§ 23 KUG.
[76] Fromm/Nordemann/*A. Nordemann* § 25 UrhG Rn. 17.
[77] Ebenso *v. Gamm* § 25 UrhG Rn. 7.
[78] Ebenso Loewenheim/*Dietz/Peukert*, Handbuch, § 17 Rn. 9.
[79] S. *Ulmer* § 42 IV.
[80] GRUR 1969, 550 (551) – Geschichtsbuch für Realschulen.
[81] → Rn. 7; Möhring/Nicolini/*Spautz* (2. Aufl.), § 25 UrhG Rn. 7.
[82] Vgl. *Schöfer* S. 179 f.
[83] Mestmäcker/Schulze/*Haberstumpf* (Stand 9/2006) § 25 UrhG Rn. 24.
[84] Vgl. KG GRUR 1983, 507 (508) – Totenmaske II.

laut der Vorschrift nicht.[85] Wohl aber hat der Urheber angefertigte Vervielfältigungsstücke den Usancen des Kunsthandels entsprechend zu kennzeichnen, wenn er das Werk als Unikat oder als Exemplar einer limitierten Auflage ausgewiesen hat.[86]

Die **Einzigartigkeit und der Wert der handschriftlichen Fassung eines Sprachwerkes** sollten in der Regel ein berechtigtes Interesse des Besitzers begründen, den Urheber oder dessen Erben anstelle der begehrten Herstellung eines Faksimiles auf die Abschrift der Handschrift verweisen zu können, um den Handelswert des Autographen nicht zu vermindern.[87] Die Verfügbarkeit der erschienenen Fassung des Werkes schließt den Urheber nicht von seinem Recht auf Zugang zu der Urfassung aus. Im Übrigen hat es der Besitzer hinzunehmen, wenn der Urheber sein Zugangsrecht nutzt, um ein ähnliches Werk zu schaffen. Ob der Urheber aus ideellen oder materiellen Gründen Zugang zu seinem Werk begehrt, spielt keine Rolle (→ Rn. 7).[88]

Die **Beweislast für das Vorliegen berechtigter Interessen,** die die Verweigerung des Zugangs   21
rechtfertigen, trägt nach den allgemeinen Darlegungs- und Beweislastregeln der Besitzer des Werkstücks.[89]

III. Sonstige Fragen

1. Vertragliche Absprachen

Zur Ausräumung von Zweifeln empfiehlt es sich, das Zugangsrecht im Einzelnen vertraglich fest-   22
zulegen. Üblicherweise wird im **Architektenvertrag** der Architekt berechtigt, auch nach Beendigung des Vertrages das von ihm geschaffene Bauwerk in Abstimmung mit dem Bauherrn zu betreten, um fotografische und sonstige Aufnahmen zu fertigen. Vertragliche Absprachen haben den Vorteil, dass sie anders als § 25 für alle Bauwerke ungeachtet ihrer urheberrechtlichen Schutzfähigkeit iSd. § 2 Abs. 1 Nr. 4 gelten. Andererseits sind sie auf die Dauer des Vertrages beschränkt[90] und entfalten Wirkung nur inter partes, also nicht gegenüber einem späteren Erwerber des Bauwerks.

2. Unübertragbarkeit und Unverzichtbarkeit

Wegen seines urheberpersönlichkeitsrechtlichen Charakters ist das Zugangsrecht **unübertragbar.**   23
Der Urheber kann lediglich Dritte, etwa Fotografen oder einen Assistenten, mit der Wahrnehmung des Zugangsrechts beauftragen, muss allerdings bei der Auswahl dieser Person auf die berechtigten Interessen des Besitzers Rücksicht nehmen.[91]

Als urheberpersönlichkeitsrechtliche Befugnis ist das Zugangsrecht **im Kern auch unverzichtbar.**   24
Statthaft ist ein Verzicht lediglich im Einzelfall, wobei der Umfang des Verzichts genau bestimmt sein muss. Der Verzicht eines Architekten auf sämtliche mit einem Bauvorhaben zusammenhängenden Ansprüche gleich welcher Art umfasst daher nicht den Verzicht auf das Zugangsrecht.[92] Ein genereller Verzicht für die Zukunft hingegen scheidet aus.[93]

3. Erhaltungspflicht und Werkvernichtung

Alle übrigen Besitz- oder Eigentumsrechte am Original oder einem Vervielfältigungsstück des ge-   25
schützten Werkes bleiben von § 25 unberührt. So begründet § 25 **keine Aufbewahrungspflicht und grundsätzlich keine Erhaltungspflicht** im Hinblick auf eine mögliche zukünftige Geltendmachung des Zugangsrechts.[94] Gegen Beeinträchtigungen stehen dem Urheber im Übrigen das Schikaneverbot und § 14 zur Seite, der bei Originalen von Werken der bildenden Kunst den Urheber auch gegen die **Vernichtung** des Werkes als der extremsten Form der Werkbeeinträchtigung durch

---

[85] KG GRUR 1983, 507 (508) – Totenmaske II; Möhring/Nicolini/*Freudenberg* (4. Aufl.), § 25 UrhG Rn. 30; Loewenheim/*Dietz/Peukert*, Handbuch, § 17 Rn. 9; *Schack* Rn. 407.

[86] Dreier/Schulze/*Schulze* § 25 UrhG Rn. 13.

[87] Im Grundsatz zustimmend Fromm/Nordemann/*A. Nordemann* § 25 UrhG Rn. 17.

[88] Wandtke/Bullinger/*Bullinger* § 25 UrhG Rn. 10.

[89] Möhring/Nicolini/*Spautz* (2. Aufl.), § 25 UrhG Rn. 13; Fromm/Nordemann/*A. Nordemann* § 25 UrhG Rn. 21; DKMH/*Dreyer* § 25 UrhG Rn. 13; Mestmäcker/Schulze/*Haberstumpf* (Stand 9/2006) § 25 UrhG Rn. 30; → Rn. 15.

[90] Vgl. OLG Hamburg Schulze OLGZ 174.

[91] *Ulmer* § 42 II; *v. Gamm* § 25 UrhG Rn. 4; Mestmäcker/Schulze/*Haberstumpf* (Stand 9/2006) § 25 UrhG Rn. 4; sa. BGH GRUR 1952, 257 (258) – Krankenhauskartei; *Schöfer* S. 180 f.; aA DKMH/*Dreyer* § 25 UrhG Rn. 24: Zugangsrecht kann auch Gegenstand einer Lizenz sein, soweit nicht der Kernbereich des Rechts betroffen ist, weil es beim Zugangsrecht oft um die Vorbereitung von Verwertungshandlungen, also um materielle Interessen des Urhebers geht.

[92] OLG Hamburg Schulze OLGZ 174; Dreier/Schulze/*Schulze* § 25 Rn. 2; Möhring/Nicolini/*Freudenberg* (4. Aufl.), § 25 UrhG Rn. 2.

[93] Ebenso Möhring/Nicolini/*Spautz* (2. Aufl.), § 25 UrhG Rn. 2; Dreier/Schulze/*Schulze* § 25 Rn. 2; Fromm/Nordemann/*W. Nordemann* (9. Aufl.), § 25 UrhG Rn. 1; DKMH/*Dreyer* § 25 UrhG Rn. 25; *Schöfer* S. 181 f.

[94] Vgl. AmtlBegr. UFITA 45 (1965) 240 (267).

eine Anbietungspflicht des Eigentümers schützt und ihm damit das Recht auf Zugang zum Werkstück erhält.[95] Inzwischen hat der BGH in drei Entscheidungen nachdrücklich ein Recht des Sacheigentümers auf Vernichtung eines Werkstücks verworfen und sich der auf § 14 beruhenden Meinung angeschlossen, nach der die Vernichtung als die äußerste Form der Werkbeeinträchtigung anzusehen ist.[96]

§ 26 Folgerecht

(1) [1]**Wird das Original eines Werkes der bildenden Künste oder eines Lichtbildwerkes weiterveräußert und ist hieran ein Kunsthändler oder Versteigerer als Erwerber, Veräußerer oder Vermittler beteiligt, so hat der Veräußerer dem Urheber einen Anteil des Veräußerungserlöses zu entrichten.** [2]**Als Veräußerungserlös im Sinne des Satzes 1 gilt der Verkaufspreis ohne Steuern.** [3]**Ist der Veräußerer eine Privatperson, so haftet der als Erwerber oder Vermittler beteiligte Kunsthändler oder Versteigerer neben ihm als Gesamtschuldner; im Verhältnis zueinander ist der Veräußerer allein verpflichtet.** [4]**Die Verpflichtung nach Satz 1 entfällt, wenn der Veräußerungserlös weniger als 400 Euro beträgt.**

(2) [1]**Die Höhe des Anteils des Veräußerungserlöses beträgt:**
1. **4 Prozent für den Teil des Veräußerungserlöses bis zu 50 000 Euro,**
2. **3 Prozent für den Teil des Veräußerungserlöses von 50 000,01 bis 200 000 Euro,**
3. **1 Prozent für den Teil des Veräußerungserlöses von 200 000,01 bis 350 000 Euro,**
4. **0,5 Prozent für den Teil des Veräußerungserlöses von 350 000,01 bis 500 000 Euro,**
5. **0,25 Prozent für den Teil des Veräußerungserlöses über 500 000 Euro.**
[2]**Der Gesamtbetrag der Folgerechtsvergütung aus einer Weiterveräußerung beträgt höchstens 12 500 Euro.**

(3) [1]**Das Folgerecht ist unveräußerlich.** [2]**Der Urheber kann auf seinen Anteil im Voraus nicht verzichten.**

(4) **Der Urheber kann von einem Kunsthändler oder Versteigerer Auskunft darüber verlangen, welche Originale von Werken des Urhebers innerhalb der letzten drei Jahre vor dem Auskunftsersuchen unter Beteiligung des Kunsthändlers oder Versteigerers weiterveräußert wurden.**

(5) [1]**Der Urheber kann, soweit dies zur Durchsetzung seines Anspruchs gegen den Veräußerer erforderlich ist, von dem Kunsthändler oder Versteigerer Auskunft über den Namen und die Anschrift des Veräußerers sowie über die Höhe des Veräußerungserlöses verlangen.** [2]**Der Kunsthändler oder Versteigerer darf die Auskunft über Namen und Anschrift des Veräußerers verweigern, wenn er dem Urheber den Anteil entrichtet.**

(6) **Die Ansprüche nach den Absätzen 4 und 5 können nur durch eine Verwertungsgesellschaft geltend gemacht werden.**

(7) [1]**Bestehen begründete Zweifel an der Richtigkeit oder Vollständigkeit einer Auskunft nach Absatz 4 oder 5, so kann die Verwertungsgesellschaft verlangen, dass nach Wahl des Auskunftspflichtigen ihr oder einem von ihm zu bestimmenden Wirtschaftsprüfer oder vereidigten Buchprüfer Einsicht in die Geschäftsbücher oder sonstige Urkunden so weit gewährt wird, wie dies zur Feststellung der Richtigkeit oder Vollständigkeit der Auskunft erforderlich ist.** [2]**Erweist sich die Auskunft als unrichtig oder unvollständig, so hat der Auskunftspflichtige die Kosten der Prüfung zu erstatten.**

(8) **Die vorstehenden Bestimmungen sind auf Werke der Baukunst und der angewandten Kunst nicht anzuwenden.**

---

[95] Zur umstrittenen Frage der Werkvernichtung: zulässig OLG Schleswig ZUM 2006, 426 – Kubus Balance; KG GRUR 1981, 742 (743) – Totenmaske; LG Mannheim GRUR-RR 2015, 515 – HHole; LG Hamburg GRUR 2005, 672 (674) – Astra-Hochhaus; LG München FuR 1982, 510 f. – ADAC-Hauptverwaltung; LG Berlin Schulze LGZ 64, 10 – Hotel Eden; ebenso § 14 Rn. 19 ff.; Fromm/Nordemann/*A. Nordemann* § 25 UrhG Rn. 20, unzulässig jedoch, wenn die Vernichtung erfolgen soll, um gerade den Zugang zu verhindern; Fromm/Nordemann/*Dustmann* § 14 UrhG Rn. 31 ff. auch unter Berufung auf die Gesetzgebungsgeschichte und die Möglichkeit vertraglicher Vernichtungsverbote: § 14 gibt dem Urheber nicht das Recht zu bestimmen, ob sein Werk in der Öffentlichkeit erscheint, sondern nur in welcher Form; für einen Abwehranspruch des Urhebers gegen die Vernichtung, sofern es sich nicht um aufgedrängte Werke handelt; ebenso *Honscheck* GRUR 2007, 944 (949 ff.); ausführlich für ein Vernichtungsverbot *Götz v. Olenhusen* UFITA 2013/II, 335 passim mwN; *Schack* GRUR 1983, 56 (57 f.); *Schack*, Kunst und Recht, 2. Aufl., Rn. 190; *Jacobs* Fs. Loschelder (2010), S. 131 (136), jedoch nicht bei Druckgraphik; Informationspflicht soweit zumutbar; nachdrücklich *Erdmann* FS Piper (1996), S. 655 (672 f.): nicht allein Recht auf Unversehrtheit des Werkes, sondern auch auf dessen Forbestand; bei Unikaten Informationspflicht des Eigentümers; s. ferner Schricker/*Dietz* (3. Aufl.), § 14 Rn. 37 ff. mwN; mit anderer Begründung *Schmelz* GRUR 2007, 565 (570 f.), der den Schutz des Urhebers vor einer Werkzerstörung aus § 11 herleitet.

[96] BGH GRUR 2019, 619 Rn. 12 ff., 17 ff. – Minigolfanlage mwN, dort auch zum Interessenkonflikt zwischen Urheber und Eigentümer und insbesondere zu den zu treffenden Abwägungen der Grundrechte aus Art. 14 und Art. 5 Abs. 3 GG unter Rn. 20 ff.; ebenso BGH GRUR 2019, 621 Rn. 26 ff., 29 ff. – PHaradise mwN, zum Interessenkonflikt Rn. 33 ff.; BGH GRUR 2019, 609 Rn. 27 ff., 30 ff. – HHole (for Mannheim) mwN, zum Interessenkonflikt Rn. 34 ff. = BGH JZ 2019, 680 mAnm *Schack* = BGH WRP 2019, 756 mAnm *Hertin;* s. zu diesen Entscheidungen auch die Anmerkung von *Apel/Lynn* ZUM 2019, 518.

Schrifttum: *Braunschmidt,* Die Versteigerungsbedingungen bei öffentlichen Kunstauktionen, 2012; *Brühl,* Auslandsverlagerung und Käuferumlage: Wie der Kunsthandel die Folgerechtsabgabe vermeidet, GRUR 2009, 1117; *Deutsche Vereinigung für Gewerblichen Rechtsschutz und Urheberrecht,* Stellungnahme zum Referentenentwurf eines Gesetzes zur Umsetzung der Richtlinie über das Folgerecht des Urhebers des Originals eines Kunstwerkes, GRUR 2005, 488; *Duchemin, W.,* La Directive Communautaire sur le droit de suite, Revue Internationale du Droit d'Auteur (RIDA) Vol. 191 (janvier 2002), 3; *Fischer,* Schweiz ohne Folgerecht (droit de suite), KUR 2008, 66; *Froehlich,* Das Recht der elektronischen Galerie, ZUM 2003, 453; *Handig,* „Neuer Wein in alten Schläuchen" des Folgerechts, ZUM 2006, 546; *Hoelscher,* Die europäische Richtlinie über das Folgerecht, GRUR-Int 2004, 20; *ders.,* Neues zum Folgerecht bei Auslandsbezug. FS für Schricker, 2005, S. 377; *Lück,* Das Folgerecht in Deutschland und Österreich vor dem Hintergrund der Novelle des § 26 des deutschen Urheberrechtsgesetzes – Ein Vergleich, GRUR-Int 2007, 884; *Meyer,* Folgerecht – die Schweiz folgt nicht ganz recht – Segen oder Fluch?, KUR 2008, 71; *Nordemann, Peukert,* Wien 2010, *Pfennig,* Die Harmonisierung des Folgerechts in der EU, ZUM 2002, 195; *ders.,* Die Wahrnehmung der Urheberrechte Bildender Künstler in Deutschland, in: FS für Raue, 2006, S. 593; *Sack,* Zur Zweistufentheorie im internationalen Wettbewerbs- und Immaterialgüterrecht. FS für Lorenz, 2004, S. 659; *Schack,* Kunst und Recht, 2. Aufl. 2009; *Schmidt-Werthern,* Die Richtlinie über das Folgerecht des Urhebers des Originals eines Kunstwerks, 2003; *Schneider-Brodtmann,* Joseph Beuys und die Folgen, KUR 2004, 147; *ders.,* Anwendung des deutschen Folgerechts bei der Veräußerung einer inländischen Kunstsammlung ins Ausland, NJW 2009, 740; *Walter,* Diskussionsentwurf für die Umsetzung der Folgerecht-RL in österreichisches Recht, MuR 2005, 244; *Weller,* Die Umsetzung der Folgerechtsrichtlinie in den EG-Staaten: Nationale Regelungsmodelle und europäisches Kollisionsrecht, ZEuP 2008, 252; *ders.,* Folgerecht (droit de suite) für Verkäufe in der Schweiz?, KUR 2008, 62; *v. Wiesner,* Die Rechte des bildenden Künstlers nach Veräußerung des Werkstückes, 2008.

Übersicht

A. Allgemeines

I. Begriff und Merkmale, Rechtsnatur und systematische Stellung des Folgerechts

1. Das **Folgerecht** ist das Recht des Urhebers eines Werkes der bildenden Künste oder eines Lichtbildwerkes (→ Rn. 20) auf eine Geldleistung bei Weiterveräußerung des Originals des Werkes. Der Begriff Folgerecht ist eine Übersetzung des französischen Ausdrucks „droit de suite"; in Frankreich war dieses Recht erstmals[1] eingeführt worden.[2]

Rechtsvergleichend und historisch betrachtet gibt es Unterschiede in der Ausformung des Folgerechts: bezüglich der erfassten Werke und Weiterveräußerungsvorgänge, der Höhe der Urheberbeteiligung und der Berechtigung nach dem Tode des Urhebers sowie insbesondere nach dem System der Gewinn- und dem der Erlösbeteiligung.[3] Das europäische und mit ihm das deutsche Recht folgen wie die meisten anderen Staaten, die das Folgerecht anerkennen, dem System der Erlösbeteiligung, das dem Urheber einen Erlösanteil unabhängig davon zuspricht, ob der Weiterveräußerer einen Gewinn erzielt oder einen Verlust erlitten hat.

2. Das Folgerecht ist nach der heute allgemein vertretenen Auffassung[4] eine **echte urheberrechtliche Befugnis**[5] und insbesondere nicht ein mit dem Urheberrecht nur verwandtes Schutzrecht.

---

[1] Durch ein Spezialgesetz von 1920.
[2] Vgl. *Katzenberger* S. 27, 39.
[3] Vgl. im Einzelnen *Duchemin* S. 166 ff.; *Katzenberger* S. 35 ff. und GRUR-Int 1973, 660 ff.; *Pfennig* FS Kreile, 1994, 491 (494 ff.).
[4] So auch BGHZ 126, 252 (257) – Folgerecht bei Auslandsbezug.
[5] AA nach Erlass des UrhG wohl nur *Samson* UFITA 47 (1966), 1.

4   Im Einzelnen ist das Folgerecht eine **besondere** und eigengeartete **vermögensrechtliche Befugnis** des Urhebers.[6] Es ist kein Recht auf urheberpersönlichkeitsrechtlicher Grundlage[7] und auch keine nur schwerpunktmäßig vermögensrechtliche Befugnis:[8] Die Unveräußerlichkeit und die Unverzichtbarkeit des Folgerechts bzw. der aus ihm entspringenden Ansprüche (→ Rn. 48, 49) dienen nur dem Schutz des Urhebers vor unbedachten oder erzwungenen Verfügungen, nicht einem wie immer gearteten ideellen Interesse des Urhebers. Von den Verwertungsrechten unterscheidet sich das Folgerecht dadurch, dass es **kein Ausschlussrecht** ist.

5   Das Folgerecht ist als Bestandteil des Urheberrechts ein **gegenständliches Recht**[9] an einem Werk der bildenden Künste und als solches sowohl vom Eigentum und anderen dinglichen Rechten am Werkoriginal als auch von den einzelnen **Zahlungsansprüchen** zu unterscheiden, die für den Urheber bei konkreten Weiterveräußerungen des Originals entstehen.[10] Da das Folgerecht kein ausschließliches Recht ist (→ Rn. 4), stellt eine Vernichtung eines Werkoriginals keine Verletzung des Folgerechts, sondern allenfalls eine solche des Urheberpersönlichkeitsrechts dar;[11] die Nichtzahlung eines dem Urheber nach § 26 zustehenden Erlösanteils kann nicht als Urheberrechtsverletzung iSd §§ 97 ff. qualifiziert werden.[12]

6   Das Folgerecht ist im Übrigen zu unterscheiden von dem Beteiligungsanspruch des Urhebers nach § 32a, einer Bestimmung des Urhebervertragsrechts,[13] sowie von der nicht Gesetz gewordenen Urhebernachfolgevergütung[14] der §§ 73 ff. des RegE von 1962.[15]

II. Rechtfertigung des Folgerechts. Entstehungsgeschichte des § 26

7   **1. Grundgedanke** des Folgerechts ist derjenige der **Gewinnbeteiligung,** vor allem in Fällen hoher Wertsteigerungen von Kunstwerken in der Hand von Händlern und Sammlern bei gleichzeitiger häufig fehlender materieller Absicherung der Schöpfer dieser Werke und ihrer Nachkommen.[16] Das Folgerecht soll daneben auch der faktischen Benachteiligung der bildenden Künstler gegenüber Schriftstellern und Komponisten Rechnung tragen:[17] Letztere partizipieren am steigenden Wert ihrer Werke durch zunehmende Einnahmen aus dem vermehrten Absatz von Büchern und der Zunahme der Aufführungen. Dagegen findet der steigende Wert von Werken der bildenden Künste im Wesentlichen nur in den Steigerungen der Preise der Werkoriginale seinen Ausdruck. Hat der Künstler sie veräußert, kann er an den Wertsteigerungen nur durch das Folgerecht teilhaben.

8   Für das im deutschen und europäischen Recht eingeführte **Erlösanteil-Folgerecht** (→ Rn. 2) sprechen vor allem die einfachere praktische Realisierung und die Parallele der vom Gewinn des Veräußerers unabhängigen Taxen und Provisionen der Versteigerer und Kunsthändler sowie der Umsatzsteuer.[18] Auch die Folgerechtsrichtlinie 2001/84/EG (→ Rn. 10) sieht nach ihrem Erwägungsgrund 20 nur in einem Erlösanteil-Folgerecht eine auch in der Praxis tragfähige Lösung. Im übrigen liegt die spezifisch urheberrechtliche Rechtfertigung dieser Form des Folgerechts in der besonderen Wertschätzung des Originals in der bildenden Kunst, welche seine Weiterveräußerung mit anderen Formen der urheberrechtlich relevanten Werkverwertung, wie der Verbreitung und öffentlichen Wiedergabe, vergleichbar erscheinen lässt.[19]

9   **2.** In Deutschland ist das Folgerecht erstmals durch das **UrhG von 1965** gesetzlich eingeführt worden.[20] In seiner **ursprünglichen Fassung** erwies sich § 26 aF freilich als unzulänglich für eine Durchsetzung des Folgerechts in der Praxis.[21] § 26 aF wurde daher im Rahmen der **Urheberrechtsnovelle 1972** reformiert. Der Urheberanteil am Weiterveräußerungserlös wurde von 1% auf 5% wesentlich angehoben und die Mindesterlösgrenze, bei der das Folgerecht zum Zuge kommt, deutlich

---

[6] Ebenso Erwägungsgrund 2 der Folgerechtsrichtlinie 2001/84(1/38)/EG → Rn. 10. BGHZ 126, 252 (257) – Folgerecht bei Auslandsbezug; Dreier/Schulze/*Schulze* Rn. 2; *Küfner* S. 95 f.; *Müller-Katzenburg* in Mestmäcker/Schulze Rn. 3.

[7] Gegen *v. Gamm* Rn. 2, 3.

[8] Gegen DKMH/*Dreyer* Rn. 5.

[9] Ebenso *Müller-Katzenburg* in Mestmäcker/Schulze Rn. 2.

[10] *Müller-Katzenburg* in Mestmäcker/Schulze Rn. 2; ausführlich *Katzenberger* S. 67 f., 73.

[11] → § 14 Rn. 19 ff.

[12] Vgl. *Katzenberger* S. 107 f.; *Müller-Katzenburg* in Mestmäcker/Schulze Rn. 3.

[13] Vgl. dazu näher *Katzenberger* S. 6 f. und GRUR-Int 1973, 660 (663); zum Verhältnis des § 26 zu §§ 32, 32a nF s. *Froehlich* ZUM 2003, 453 (457 f.).

[14] „Domaine public payant“.

[15] BT-Drs. IV/270, 15 f., 81 ff.; dazu Näheres → § 64 Rn. 3, 4.

[16] Vgl. *Duchemin* S. 35 ff.; *Katzenberger* S. 19 f. und GRUR-Int 1973, 660 (661 f.).

[17] Vgl. RegE BT-Drs. IV/270, 52; Erwägungsgrund 3 der Folgerechtsrichtlinie 2001/84/EG, → Rn. 10; *Katzenberger* S. 11.

[18] Vgl. *Katzenberger* GRUR-Int 1973, 660 (662) mwN.

[19] *Katzenberger* S. 11 f.; Dreier/Schulze/*Schulze* Rn 1; Wandtke/Bullinger/*Bullinger* Rn 2.

[20] Zur Vorgeschichte *Katzenberger* S. 22 ff.

[21] Details, vgl. *Pfennig,* Die Wahrnehmung der Urheberrechte der bildenden Künstler in Deutschland, S. 593, 598 f.

von DM 500,– auf DM 100,– herabgesetzt. Insbesondere aber wurde in § 26 Abs. 3 aF ein allgemeiner, gegen Kunsthändler und Versteigerer gerichteter Anspruch auf Auskunft über folgerechtspflichtige Veräußerungen normiert, verbunden mit einer Klarstellung über den Inhalt des Auskunftsanspruchs in Abs. 4 aF und mit der in Abs. 5 aF enthaltenen Bestimmung, dass die Auskunftsansprüche – nicht aber die Zahlungsansprüche – nur durch eine Verwertungsgesellschaft geltend gemacht werden können. Ergänzt wurden diese Neuerungen durch die Einführung eines Einsichtsrechts einer Verwertungsgesellschaft in die Geschäftsbücher und sonstigen Urkunden des Kunsthandels (§ 26 Abs. 6 aF). Bestimmt wurde ferner (in § 26 Abs. 7 aF), dass die Ansprüche aus dem Folgerecht in zehn Jahren verjähren.[22] In § 26 Abs. 1 S. 2 ist als Folge der Einführung des Euro als europäische Währung durch Art. 16 Nr. 1 des Gesetzes zur Bereinigung von Kostenregelungen auf dem Gebiet des geistigen Eigentums vom 13.12.2001[23] der folgerechtspflichtige Mindesterlös auf **50 Euro** anstelle von früher 100 DM festgesetzt worden.

Die bis in das Jahr 1977 zurückreichenden Bemühungen um eine Harmonisierung des Folgerechts **10** in Europa[24] haben im Jahre 2001 zum Erlass der **europäischen Folgerechtsrichtlinie,** genauer der Richtlinie 2001/84/EG des Europäischen Parlaments und des Rates vom 27.9.2001 über das Folgerecht des Urhebers des Originals eines Kunstwerks[25] geführt. Die Richtlinie verfolgt im Wesentlichen drei Ziele: zum ersten, die bildenden Künstler der EU auf einem einheitlichen und angemessenen Schutzniveau am Erfolg ihrer Werke wirtschaftlich zu beteiligen und für sie so einen Ausgleich dafür zu schaffen, dass andere Kunstschaffende aus der fortgesetzten Verwertung ihrer Werke Einnahmen erzielen;[26] zum zweiten, binnenmarktschädlichen Wettbewerbsverzerrungen und Handelsverlagerungen, bedingt durch Anerkennung und Nichtanerkennung des Folgerechts (→ § 121 Rn. 15) sowie durch seine unterschiedliche Ausgestaltung und Anwendung in den Mitgliedstaaten,[27] entgegenzuwirken;[28] und zum dritten, den Mitgliedstaaten im Sinne der Subsidiarität und Verhältnismäßigkeit Freiräume für die nationale Ausgestaltung des Folgerechts dort zu belassen, wo nach Ansicht der Richtlinienverfasser Wettbewerbsverzerrungen und schädliche Auswirkungen auf den Binnenmarkt weniger zu befürchten sind.[29]

Die vollständige Umsetzung der Richtlinie ist erst mit Ablauf des Jahres 2009 erfolgt. Solange hatten diejenigen Mitgliedstaaten, die mit der Umsetzung der Richtlinie das Folgerecht erstmalig einführten, die Möglichkeit, die Anwendung auf lebende Künstler zu beschränken (Art. 8 Abs. 2 der Richtlinie). Der von der Kommission Ende 2011 vorgelegte Bericht über die Umsetzung und die Auswirkungen der Folgerechts-Richtlinie[30] konnte keine negativen Auswirkungen des Folgerechts – weder auf die nationalen Märkte noch auf den Gemeinschaftsmarkt – feststellen. Doch besonders der englische Kunsthandel forderte immer wieder nachdrücklich die Abschaffung des Folgerechts. So führte die Kommission 2012/13 mit den betroffenen Kreisen einen **Stakeholder Dialogue** durch, der zu von den Verbänden und der Kommission verabschiedeten „Grundprinzipien und Empfehlungen zur Verwaltung des Folgerechts" führte.[31]

Im Vergleich mit dem früheren deutschen Recht weist die Richtlinie insbes. im Bereich der Vergütungssätze[32] und im Hinblick auf einen im deutschen Recht früher unbekannten Höchstbetrag der Urheberrechtsvergütung (12 500 Euro) je Veräußerung deutliche Verschlechterungen zu Lasten der Urheber auf. Umso bedauerlicher ist es, dass der **deutsche Gesetzgeber** bei der verspäteten[33] **Umsetzung** der Richtlinie durch das **Fünfte Gesetz zur Änderung des Urheberrechtsgesetzes** vom 10.11.2006 (BGBl. I S. 2587) die von der Richtlinie gewährten Möglichkeiten zugunsten der Urheber in Bezug auf das unterste Erlössegment (→ Rn. 36) nicht ausgeschöpft hat. Bereits der **Referentenentwurf** des BMJ zu diesem Gesetz aus dem Jahre 2005[34] hat diesbezüglich zB Kritik von Seiten der Deutschen Vereinigung für Gewerblichen Rechtsschutz und Urheberrecht (GRUR) erfahren.[35] Eine nochmalige Verschlechterung[36] im **Regierungsentwurf** vom 31.3.2006[37] wurde erst nach Intervention des **Bundesrats**[38] und nach erneuter Verweigerung von Seiten der **Bundesregierung**[39]

---

[22] Vgl. zum Vorstehenden insgesamt *Katzenberger* UFITA 68 (1973), 71 ff.
[23] BGBl. I S. 3656 (3677).
[24] Dazu → § 121 Rn. 15.
[25] ABl. 2001 L 272, S. 32, GRUR-Int 2002, 238.
[26] S. Erwägungsgründe 3, 4, 14; → Rn. 7.
[27] S. *Katzenberger* S. 35 ff.
[28] S. Erwägungsgründe 9–15, 23, 24.
[29] S. Erwägungsgründe 13, 15–18, 22, 25, 27–30.
[30] KOM(2011) 878 endgültig vom 14.12.2011.
[31] http://ec.europa.eu/internal_market/copyright/docs/resale/140214-resale-right-key-principles-and-recommendations_de.pdf.
[32] Degressiv 4 % bis 0,25 % gegenüber einheitlich 5 % optional 5 % auf Verkäufe bis 50 000 Euro.
[33] Art. 12 Abs. 1 der Richtlinie: vor dem 1.1.2006.
[34] Abgedruckt in KUR 2005, 74.
[35] S. deren Stellungnahme in GRUR 2005, 488 f.
[36] Verzicht auf die Option eines Anteils von 5 % im untersten Erlössegment, Mindesterlös für das Eingreifen des Folgerechts in Höhe von 1000 Euro gegenüber 500 Euro im Referentenentwurf.
[37] BT-Drs. 16/1107, 5 ff.
[38] BT-Drs. 16/1107, 8.
[39] S. BT-Drs. 16/1173.

durch den **Rechtsausschuss des Deutschen Bundestags,** beschränkt auf den zweiten Kritikpunkt, zurückgenommen und mit dem Gesetz[40] gewordenen Betrag von 400 Euro geringfügig verbessert.[41]

III. Das Folgerecht in der Praxis

11   1. Unter Geltung des § 26 aF in seiner ursprünglichen Fassung, also von 1966–1972, erlangte das Folgerecht kaum praktische Bedeutung. Die Situation verbesserte sich durch die Urheberrechtsnovelle 1972 (→ Rn. 9), durch erfolgreiche Musterprozesse der das Folgerecht wahrnehmenden VG Bild-Kunst und durch Gegenseitigkeitsverträge dieser Gesellschaft mit den französischen und belgischen Schwestergesellschaften, verbunden mit amtlichen Bekanntmachungen über die Gewährleistung der Gegenseitigkeit im Schutz durch das Folgerecht im Verhältnis der Bundesrepublik Deutschland zu Frankreich und Belgien nach § 121 Abs. 5 in den Jahren 1975 und 1977.[42]

12   2. Unter dem Eindruck dieser Entwicklung kam es im Jahre 1980 zu einem Rahmenvertrag zwischen der VG Bild-Kunst und sechs in einem „Arbeitskreis Deutscher Kunsthandelsverbände" zusammengeschlossenen Verbänden deutscher Kunsthändler und Kunstversteigerer über eine pauschale Abgeltung der von der VG Bild-Kunst wahrgenommenen Folgerechtsansprüche.[43]

13   Die „Ausgleichsvereinigung Kunst" erhob von den ihr angeschlossenen Kunsthändlern pauschal einen bestimmten Prozentsatz[44] von deren Umsatz mit allen seit dem 1.1.1900 entstandenen Originalen von Werken der bildenden Kunst und der Fotografie,[45] und zwar unabhängig davon, ob der einzelne Verkauf folgerechtpflichtig ist oder nicht, also ob die Werke von europäischen Künstlern stammen oder aus Drittländern und unabhängig davon, ob sie urheberrechtlich noch geschützt sind. Die „Ausgleichsvereinigung Kunst" erfüllte mit diesen Mitteln die Verpflichtungen der beteiligten Händler gegenüber der VG Bild-Kunst aus § 26 sowie gegenüber der Künstlersozialklasse (KSK) aus dem Künstlersozialversicherungsgesetz (KSVG). Vorgesehen waren auch Auskünfte der Kunsthändler an die VG Bild-Kunst über die folgerechtpflichtigen Umsätze,[46] welche der VG Bild-Kunst die Verteilung ihrer Einnahmen an die Berechtigten ermöglichen.

14   3. Geschäftsgrundlage des Rahmenvertrags von 1980/2006 war, dass die an die „Ausgleichsvereinigung Kunst" zu zahlende jährliche Pauschale Folgerechtsvergütungen und KSK-Abgaben abdeckt. Als 2009 die KSK die Abgabesätze für den Kunsthandel erheblich anhob, sahen die die Ausgleichsvereinigung tragenden Verbände keine Grundlage mehr für eine gemeinsame Abrechnung. Die Ausgleichsvereinigung wurde daher von der VG Bild-Kunst mit Wirkung zum 31.12.2014 gekündigt und im Anschluss abgewickelt. Inzwischen wurden in Rahmenverträgen der VG Bild-Kunst mit dem Bundesverband Deutscher Galerien sowie dem Bundesverband Deutscher Kunstversteigerer die Grundlagen für eine vereinfachte Handhabung des Melde- und Abrechnungssystems zwischen Kunsthandel und VG Bild-Kunst geschaffen.

15   4. Von den vereinnahmten Folgerechtsvergütungen zieht die VG Bild-Kunst die Verwaltungskosten – sowie bei ihren direkten Mitgliedern – Abzüge für Sozial- und Kulturwerk ab.

IV. Vereinbarkeit des § 26 mit der Verfassung

16   1. § 26 verletzt keine in der Verfassung verankerten Grundrechte. Gegen das zu § 26 aF ergangene Urteil des BGH vom 7.6.1971[47] war von einem verurteilten Auktionshaus Verfassungsbeschwerde eingelegt worden. Das BVerfG hat diese mit Beschluss vom 23.2.1972 (1 BvR 338/71) nach § 93a Abs. 3 BVerfGG mangels hinreichender Erfolgsaussichten nicht zur Entscheidung angenommen.

17   2. In der Kunsthändler-Entscheidung vom 21.1.1982[48] hat der BGH unter Berufung auf diesen Beschluss des BVerfG Zweifel an der Verfassungsmäßigkeit des § 26 nF zurückgewiesen, da sich durch die Novellierung dieser Vorschrift im Jahre 1972 (→ Rn. 9) die Verfassungsfragen nicht grundlegend geändert hätten.[49] Es gibt keinen Zweifel, dass auch die Neufassung des § 26 aufgrund der europäischen Folgerechtsrichtline (→ Rn. 10) jedenfalls unter dem Blickwinkel der Rechtsstellung der durch das Folgerecht betroffenen Eigentümer und Kunsthändler einer erneuten verfassungsrechtlichen Überprüfung standhalten würde, zumal die Rechte der Urheber durch die Neufassung des § 26 nicht unerheblich geschwächt worden sind (→ Rn. 10).

---

[40] § 26 Abs. 1 S. 4 nF.
[41] S. BT-Drs. 16/2019, 2.
[42] *Pfennig* in Die Zukunft der Bilder S. 12 ff.; *Pfennig* in *Becker* S. 63, 71 f.
[43] S. den Bericht in FuR 1980, 584 ff.; *Pfennig* in Die Zukunft der Bilder S. 12, 18.
[44] 2009: Galerien 1,5 %, Gemäldegroßhändler 2,4 %, Versteigerer 1,9 %.
[45] Kunst des 20. und jetzt auch 21. Jahrhunderts.
[46] *Künstlername*, Werkbezeichnung und Entstehungsjahr des Werkes sowie Veräußerungserlös.
[47] BGHZ 56, 256 – Urheberfolgerecht.
[48] GRUR 1982, 308 (311).
[49] Vgl. auch OLG Frankfurt a. M. GRUR 1980, 916 (919) – Folgerecht ausländischer Künstler; *Katzenberger* S. 77 ff.

B. Vom Folgerecht begünstigte Werke. Begriff des Originals

I. Werke der bildenden Künste und Lichtbildwerke. Sprachwerke und Werke der Musik?

1. Vom Folgerecht begünstigt sind nach § 26 Abs. 1 nur **Werke der bildenden Künste und** 18 **Lichtbildwerke.** Diese sind auch in § 2 Abs. 1 Nr. 4 und 5 als eigene Werkkategorien genannt, so dass für die Frage, welche Werke im Einzelnen den bildenden Künsten und den Lichtbildwerken zuzurechnen sind, auf die Erläuterungen zu diesen Vorschriften[50] verwiesen werden kann.

2. § 26 kann im Übrigen auch **nicht** analog auf Sprachwerke (§ 2 Abs. 1 Nr. 1) und Werke der 19 Musik (§ 2 Abs. 1 Nr. 2) bzw. auf die **Originalhandschriften der Schriftsteller und Komponisten** (Autographen) angewendet werden. Der Gesetzgeber hat sie in Kenntnis der sie umfassenden Regelung des Art. 14bis Abs. 1 RBÜ (Brüsseler Fassung) nicht in den Wirkungsbereich des Folgerechts einbezogen, weil mit diesem Recht eine spezifische Benachteiligung der bildenden Künstler ausgeglichen werden sollte.[51] Auch die europäische Folgerechtsrichtlinie (→ Rn. 10) schließt sie nach ihrem Erwägungsgrund 19 ausdrücklich von der Harmonisierung aus.

3. Anders war bereits nach früherem Recht die Sach- und Rechtslage bei **Lichtbildwerken** (Wer- 20 ke der Fotografie) zu beurteilen, die das UrhG als selbständige Werkkategorie behandelt (§ 2 Abs. 1 Nr. 5). Mit der begrüßenswerten ausdrücklichen Einbeziehung der Lichtbildwerke in die Neufassung des § 26 Abs. 1 S. 1 im Anschluss an Art. 2 Abs. 1 der europäischen Folgerechtsrichtlinie (→ Rn. 10) ist damit aus der Sicht des deutschen Rechts nur eine Klarstellung erfolgt. Seit Anfang der achtziger Jahre hat sich auch für Original-Fotografie ein eigener Markt mit Sammlern, Galerien und Auktionen entwickelt; Die erste ausschließlich der Fotografie gewidmete Auktion in Deutschland führte 1989 das Auktionshaus Lempertz in Köln durch.[52] Originale von Fotografien werden in limitierter Zahl hergestellt, nummeriert und signiert und auf dem Kunstmarkt zu Preisen ähnlich denen von Originalen der Druckgraphik gehandelt.[53] Dabei kommt es bei Werken der Fotografie nicht darauf an, ob sie analog oder digital aufgenommen wurden, denn nicht das Negativ oder die Bilddatei werden gehandelt, sondern die Abzüge, bzw. Drucke. Diese müssen vom Fotografen herstellt oder autorisiert sein. Die Schöpfer solcher Werke befinden sich in der gleichen Situation wie bildende Künstler, weshalb sie bereits nach altem Recht durch analoge Anwendung des § 26 zu beteiligen waren.[54] In der Praxis wurde das Folgerecht an Lichtbildwerken von der VG Bild-Kunst nach früherem Recht jedoch nicht realisiert.[55] Auf einfache, nach § 72 geschützte **Lichtbilder**, also solche von zeitgeschichtlicher Bedeutung iSd § 72 Abs. 3 aF, war § 26 aF wegen der anders gearteten Gründe für deren Wertschätzung aber auch nicht analog anwendbar. Nichts anderes gilt auch für die Neufassung des § 26.[56]

4. Im Übrigen handelt es sich um ein Werk der bildenden Künste, wenn ein Künstler bei der 21 Schaffung eines Werkes lediglich lichtempfindliches Material verwendet, ohne dieses mittels einer fotografischen Kamera zu belichten, oder wenn er neben künstlerischen auch fotografische Techniken anwendet.[57] Durch die ausdrückliche Einbeziehung der Lichtbildwerke in den Schutz durch das Folgerecht gemäß der Neufassung des § 26 Abs. 1 S. 1 hat dieser Aspekt allerdings an praktischer Bedeutung verloren. Art. 2 der Folgerechtsrichtlinie (→ Rn. 10) beurteilt Lichtbildwerke sogar lediglich als Untergruppe der Werke der bildenden Künste.

II. „Reine Bildende" Kunst – Baukunst und angewandte Kunst

1. Für Werke der Baukunst und Werke der angewandten Kunst gilt das Folgerecht nicht (§ 26 22 Abs. 8). Die amtliche Begründung[58] verweist dazu auf die vielfach nicht kunstbezogenen Faktoren für die Preisbemessung und Wertsteigerung solcher Werke. Der bereits in § 26 Abs. 8 aF vorgesehene **Ausschluss der angewandten Kunst** aus dem Wirkungsbereich des Folgerechts ist unverändert in die Neuregelung des Bestimmung übernommen worden, obwohl Art. 2 Abs. 1 der Folgerechtsrichtlinie (→ Rn. 10) zu den vom Folgerecht erfassten Gegenständen ausdrücklich auch **Tapisserien, Keramiken und Glasobjekte** zählt, die üblicherweise dem Bereich der angewandten Kunst zugerechnet werden. Da die Richtlinie gemäß ihrem Erwägungsgrund 21 eine Harmonisierung der dem Folgerecht unterliegenden Werkgattungen anstrebt, ist der Schutzausschluss für Werke der angewand-

---

[50] → § 2 Rn. 133 ff., 177 ff.
[51] → Rn. 7; s. zum Ergebnis auch *Schack* (4. Aufl.) Rn. 452; *Schmidt-Werthern* S. 33.
[52] *Fricke,* Die Euphorie ist weg – ein Rückblick auf den Auktionsmarkt für Fotografie, Fotonews 1/2014, 6.
[53] Dazu *Gerstenberg* GRUR 1976, 131; *Hamann* FuR 1976, 667 und UFITA 90 (1981), 45.
[54] Ähnlich *Hamann* UFITA 90 (1981), 45; zustimmend DKMH/*Dreyer* Rn. 14; Fromm/Nordemann/*Nordemann-Schiffel* Rn. 2; Möhring/Nicolini/*Freudenberg* Rn. 6; *Schack* (3. Aufl.) Rn. 452; *Schulze* FS GRUR, 1991, 1303 (1339).
[55] S. *Pfennig* ZUM 2002, 195 (199).
[56] Ebenso Dreier/Schulze/*Schulze* Rn. 9; *Müller-Katzenburg* in Mestmäcker/Schulze Rn. 18.
[57] Vgl. dazu rechtstatsächlich *Koschatzky* S. 34; s.a. OLG Koblenz GRUR 1987, 435 f. – Verfremdete Fotos.
[58] BT-Drs. IV/270, 53.

ten Kunst durch § 26 Abs. 8 nunmehr entsprechend einschränkend auszulegen.[59] Dies erfolgt durch den Begriff des Originals (dazu → Rn. 25 ff.). Gegenstand des Folgerechts sind daher nur die Werke der sog. **„reinen", „freien" oder „hohen" Kunst.** Zu ihnen zählen alle Werke der bildenden Künste, die nicht Werke der Baukunst oder der angewandten Kunst in dem beschriebenen Sinne sind.

23   **2. Werke der Baukunst** sind künstlerisch gestaltete Bauten aller Art, gleich ob mit oder ohne Gebrauchszweck.[60] Nicht Werke der Baukunst, sondern urheberrechtlich selbständige Werke der reinen Kunst sind mit Bauwerken fest verbundene Mosaiken, Fresken und Skulpturen.[61] Sinngemäß sind sie gleichwohl vom Folgerecht ausgeschlossen, wenn sie nicht selbständig verkehrsfähig sind. Werden mit Bauten verbundene künstlerische Plastiken, Bildtafeln etc aber vom Gebäude getrennt weiterveräußert, so greift das Folgerecht Platz.[62] Letzteres gilt auch für **Entwürfe** zu Werken der Baukunst, weil auf sie das gesetzgeberische Motiv (so. → Rn. 22) nicht zutrifft, aufgrund dessen Bauwerke vom Schutz durch das Folgerecht ausgeschlossen sind.[63]

24   **3.** Kennzeichnendes Merkmal der **Werke der angewandten Kunst** ist nicht deren Gebrauchszweck.[64] sondern die Bestimmung eines Werkes zur Verwertung in Handwerk oder Industrie.[65] Vom Folgerecht erfasst sein können daher auch künstlerisch gestaltete Gebrauchsgegenstände, wie Vasen, Schalen, Gläser, Teppiche (→ Rn. 22). Das Folgerecht erstreckt sich auf sie und auf Ziergegenstände aber dann nicht, wenn sie aus einer handwerklich oder industriell hergestellten Serie stammen, es sei denn sie sind als Originale zu betrachten.[66] Das Folgerecht greift aber Platz, wenn Kunstwerke, wie zB Werke der Druckgraphik, sowohl als Originale wie als Reproduktionen auf den Markt kommen;[67] vom Folgerecht erfasst werden in einem solchen Fall aber nur die Originale. Für Schmuckgegenstände aus Edelmetallen und -steinen ist das Folgerecht aber mit Rücksicht auf das Motiv für § 26 Abs. 8 (→ Rn. 22) sinngemäß stets ausgeschlossen.[68]

III. Begriff des Originals

25   **1.** Das Folgerecht gewährt dem Urheber Ansprüche nur bei der Weiterveräußerung von **Originalen.**[69] Das UrhG verwendet den Begriff des Originals mehrfach, zumeist iS einer gegenüber bloßen Vervielfältigungsstücken herausgehobenen Werkverkörperung,[70] in § 107 Nr. 2 aber auch iSd Unterscheidung zwischen Originalwerk und Bearbeitung.[71] In § 26 hat der Begriff des Originals die erstgenannte Bedeutung. ISd § 26 Abs. 1, 3 ist daher unter einem Original das Urstück eines Werkes zu verstehen, dh diejenige Werkverkörperung, die das Werk erstmals in vollendeter Weise wiedergibt und nicht nur Reproduktion, Kopie oder Nachbildung ist.[72]

26   **2.** Bei Gemälden, Zeichnungen, Skulpturen, Bildnissen der Holzschnitzerei und sonstigen **Unikaten** sind Originale die vom Künstler selbst hergestellten ersten Werkexemplare.[73] Dazu zählen auch vom Künstler eigenhändig wiederholte Stücke, soweit sie noch je eine selbständige künstlerische Gestaltung aufweisen, nicht aber identische Wiederholungen, sei es durch Dritte oder durch den Künstler selbst.[74] Auch Skizzen und Entwürfe sowie unikate Werkstücke, die Abwandlungen anderer eigener oder fremder Werke[75] enthalten, können Originale sein.[76]

27   **3.** Bei **Auflagenwerken** und **Multiples** (vor allem bei Druckgrafik, Fotografie und Skulptur) gibt die Richtlinie in Art. 2 Abs. 2 klar vor, wann von einem Original auszugehen ist: „Exemplare von unter diese Richtlinie fallenden Kunstwerken, die vom Künstler selber oder unter seiner Leitung in

---

[59] So auch die AmtlBegr. BT-Drs. 16/1107, 6.
[60] → § 2 Rn. 174 ff. sowie *Katzenberger* S. 83 f.
[61] S. *v. Gamm* § 2 Rn. 21.
[62] Ebenso Dreier/Schulze/*Schulze* Rn. 35.
[63] AA Fromm/Nordemann/*Nordemann-Schiffel* Rn. 13; zur Originaleigenschaft von Werkentwürfen → Rn. 26.
[64] So aber DKMH/*Dreyer* Rn. 15; Fromm/Nordemann/*A. Nordemann* § 2 Rn. 139; *v. Gamm* § 2 Rn. 5 und § 2 Rn. 21; Möhring/Nicolini/*Freudenberg* Rn. 27, § 2 Rn. 26; Wandtke/Bullinger/*Bullinger* Rn. 11; ebenso BGH GRUR 1995, 581 (582) – Silberdistel; OLG Düsseldorf ZUM 2008, 140 (142) – Bronzeengel; OLG Karlsruhe ZUM 2000, 327 (329) – Happy Hippos; OLG Koblenz GRUR 1967, 262 (264) – Barockputten; → § 2 Rn. 158.
[65] So die *deutsche Landesgruppe der AIPPI* GRUR-Int 1960, 197 (198); *Henssler* GRUR-Int 1961, 397 (398); *Heydt* GRUR 1968, 530 (532 f.); *Katzenberger* S. 84 ff.; im Ergebnis zustimmend Dreier/Schulze/*Schulze* Rn. 34; *Schulze* FS GRUR, 1991, 1303 (1338 f.).
[66] Sie sind dann idR auch keine Originale, → Rn. 25 ff.
[67] Im Ergebnis ebenso für Möbel *Schulze* FS GRUR, 1991, 1303 (1339).
[68] *Katzenberger* S. 89.
[69] § 26 Abs. 1 S. 1, Abs. 4.
[70] So in §§ 6 Abs. 2, 10 Abs. 1, 17, 18, 25, 44, 107 Nr. 1 und 2, 114, 116.
[71] Dazu → § 3 Rn. 5.
[72] *Katzenberger* S. 90 f.; zust. DKMH/*Dreyer* Rn. 13; eingehend zum Originalbegriff *Hamann* insbes. S. 35 ff., 65 ff.; sa *Heinbuch* NJW 1984, 15 (18 f.); *Schneider* S. 58 ff.; *Wyler* S. 14 ff., 60 f.; *Wyler* FuR 1983, 481 (482 ff.).
[73] *Katzenberger* S. 91 f.; Möhring/Nicolini/*Freudenberg* Rn. 7; *Schneider-Brodtmann* S. 78; *Wyler* S. 63 f.; → § 44 Rn. 24; ausführlich *Hamann* S. 35 ff.
[74] *Hamann* S. 121 ff., 130, zu letzterem gegen *Samson* UFITA 50 (1967), 491 (499).
[75] Bearbeitungen iSd § 3.
[76] S. Dreier/Schulze/*Schulze* Rn. 10; DKMH/*Dreyer* Rn. 13; *Hamann* S. 117 ff., 124 ff.; Möhring/Nicolini/*Freudenberg* Rn. 7.

begrenzter Auflage hergestellt wurden, gelten im Sinne dieser Richtlinie als Originale von Kunstwerken. Derartige Exemplare müssen in der Regel nummeriert, signiert oder vom Künstler in anderer Weise ordnungsgemäß autorisiert sein".[77] Mit dieser Klarstellung durch den Richtlinientext ist die zT kontrovers geführte Diskussion über den Originalbegriff bei Auflagenwerken (zu den Einzelheiten s. Vorauflage) geklärt. Bei **Fotografie** wird häufig die Bezeichnung „Vintage"[78] gewählt, um dem Abzug eine besondere Qualität zuzuschreiben. Aus diesem Begriff lässt sich allerdings nicht ableiten ob es bei einem Abzug um ein Original handelt oder nicht, denn auch später hergestellte Abzüge sind Originale, wenn sie vom Fotografen selber stammen (und zB gestempelt, signiert oder nummeriert sind). Problematisch kann die Bestimmung des Originals bei Werken der **Medienkunst** (zB Videoinstallationen) sein, wenn der Eigentümer ausdrücklich berechtigt ist, Sicherungskopien zu erstellen. Dann müssen die Umstände des Verkaufs durch den Künstler herangezogen werden: handelt es sich um eine limitierte Auflage, ist dies auf der Verpackung vermerkt und diese vom Künstler signiert, wird, auch wenn das Werk auf einen neueren Datenträger umkopiert wurde, von einem Original auszugehen sein, wenn der Vertrag und die Verpackung mit verkauft werden.[79] Die praktische Relevanz dieser Fragen wird aber durch die Untergrenze von 400,– EUR pro Verkauf relativiert: für Werke, die am Markt nicht als Original ansieht, werden selten höhere Preise erzielt. Im Übrigen muss sich der Verkäufer an der von ihm selbst gegebenen Bezeichnung des Werkes festhalten lassen: wer ein Werk als Original anpreist (und verkauft) kann nicht beim Folgerecht geltend machen, es sei gar kein Original gewesen.

Keine Originale sind nach dem Tode des Künstlers/Fotografen hergestellte, posthume, Abzüge, **28** Drucke und Güsse; ebensowenig Abzüge von fotomechanisch hergestellten (also nicht vom Künstler selbst bearbeiteten) Druckplatten.[80] Als für das Urheberrecht unverbindlicher Anhaltspunkt ist zudem der Originalbegriff des Steuer- und Zollrechts[81] verwertbar.

C. Einzelfragen bei Anwendung des § 26

I. Vom Folgerecht erfasste Veräußerungen

Das Folgerecht greift nur bei entgeltlichen Weiterveräußerungen von Werkoriginalen unter Beteili- **29** gung eines Kunsthändlers oder Versteigerers Platz (§ 26 Abs. 1 S. 1).

1. Unter einer Weiter**veräußerung** ist nach bisher hM die rechtsgeschäftliche Eigentumsübertra- **30** gung, also das dingliche Verfügungsgeschäft über das Eigentum unter Beteiligung von Veräußerer und Erwerber, zu verstehen,[82] nicht die bloße Entäußerung der unbeschränkten Verfügungsmacht[83] und auch nicht das der Eigentumsübertragung zugrunde liegende Verpflichtungsgeschäft, wie ein Verkauf, sondern nur die Gesamtheit von Verpflichtungs- und Verfügungsgeschäft.[84] Vermietung und Verpfändung sind keine Veräußerungen.[85] Bei Kommissionsgeschäften kommt es zu einer Veräußerung erst, wenn der Kommissionär das Original an den Erwerber übereignet, die Übergabe seitens des Kommittenten an den Kommissionär ist noch keine Veräußerung.[86] Sicherungsübereignung und treuhänderische Übereignung genügen nicht.[87] Einer Veräußerung steht es aber gleich, wenn Pfandgläubiger

---

[77] So auch BHF BeckRS 2010, 25016663 der auch bei einer Gussauflage von 480 Bronzeskulpturen von Originalen ausgeht, weil die einzelnen Exemplare vom Künstler nachbearbeitet worden waren.

[78] Darunter versteht man im Kunsthandel einen Abzug, der unmittelbar nach Entstehung des Negativs hergestellt wurde.

[79] So auch *Fricke,* Nach 4 Jahrzehnten gelingt der Videokunst der Durchbruch auf dem Kunstmarkt – Ein nationales Restaurierungsprojekt unternimmt Anstrengungen zur Sicherung des digitalen Erbes, Handelsblatt vom 3.3.2006.

[80] So auch Wandtke/Bullinger/*Bullinger* Rn. 8.

[81] Dazu *Bachler/Dünnebier* S. 114 ff.; *Hamann* S. 33, 58 ff.; EuGH Slg. 1977, 1985 und Slg. 1988, 6449 zur zollrechtlichen Beurteilung künstlerischer Farbsiebdrucke und Steindrucke als Originale; zu ersteren aus der Sicht des Umsatzsteuerrechts auch BFH BStBl. II 1994 S. 777; zu Mehrfachoriginalen → § 6 Rn. 33.

[82] Ebenso in einem obiter dictum BGHZ 126, 252 (259) – Folgerecht bei Auslandsbezug; AG Bremervörde NJW 1990, 2005 – Bauernhaus am Moorkanal; LG Frankfurt a. M. 8.10.2003 – 2/6 0 523/02 – Sammlung Ahlers I, S. 18, dazu ausführlich *Schneider-Brodtmann* KUR 2004, 147 ff.; bisher auch *Katzenberger* S. 94 f.; *Katzenberger* GRUR-Int 1992, 567 (582 f.); *Schneider-Brodtmann* S. 82 f.; *Vorpeil* GRUR-Int 1992, 913 f.

[83] BGHZ 126, 252 (258) – Folgerecht bei Auslandsbezug (= GRUR 1994, 798).

[84] AA *Braun* IPRax 1995, 227 (229 f.); *Schack* JZ 1995, 357 (358 f.); Wandtke/Bullinger/*v. Welser* Vor §§ 120 ff. Rn. 20; *v. Welser* ZUM 2000, 472 (476 f.); jetzt auch *Katzenberger* FS Schricker, 2005, 377 (383); *Schneider-Brodtmann* KUR 2004, 147 (152 f.); im Ergebnis zust., OLG Frankfurt a.M GRUR 2005, 1034 – Folgerechtsauskunft; im letzteren, Verpflichtungs- und Verfügungsgeschäft umfassenden Sinne nunmehr auch BGHZ 177, 319 Rn. 31 – Sammlung Ahlers; Dreier/Schulze/*Schulze* Rn. 5; *Müller-Katzenburg* in Mestmäcker/Schulze Rn. 20; letztere unter Hinweis auch auf den Sprachgebrauch der Folgerechtsrichtlinie, → Rn. 10; im Anschluss an den BGH DKMH/*Dreyer* Rn. 9.

[85] *Katzenberger* S. 95.

[86] Möhring/Nicolini/*Freudenberg* Rn. 8; *Müller-Katzenburg* in Mestmäcker/Schulze Rn. 22.

[87] DKMH/*Dreyer* Rn. 10; Fromm/Nordemann/*Nordemann-Schiffel* Rn. 24; *Katzenberger* S. 95; zur ersteren auch *v. Gamm* Rn. 7.

oder Sicherungseigentümer bei Nichterfüllung der gesicherten Forderung Eigentum erwerben bzw. Pfandverkauf erfolgt.[88] Folgerechtspflichtige Veräußerungen sind auch Eigentumsübertragungen im Zusammenhang mit Versteigerungen, seien diese freiwillige Versteigerungen, gesetzlich für bestimmte Fälle vorgesehene sog. öffentliche Versteigerungen oder Zwangsversteigerungen.[89]

31   **2.** Eine **Weiter**veräußerung ist jede Veräußerung mit Ausnahme der ersten Veräußerung durch den Urheber oder dessen Erben selbst (allgM). Gibt ein Künstler ein Original einem Kunsthändler in Kommission, so ist die durch diesen bewirkte Veräußerung noch keine Weiterveräußerung, weil es an einer vorangehenden Erstveräußerung durch den Urheber fehlt (→ Rn. 30). Auf Entgeltlichkeit der Erstveräußerung durch den Urheber kommt es aber nicht an, sie kann auch eine Schenkung sein.[90] Im Interesse der Künstler liegt es, dass der Kunsthandel ihre Werkoriginale erwirbt und nicht nur in Kommission nimmt. Um solche Erwerbe zu fördern, sieht Art. 1 Abs. 3 der Folgerechtsrichtlinie (→ Rn. 10) vor, dass die Mitgliedstaaten die einem solchen Erwerb folgende Veräußerung, die an sich bereits eine Weiterveräußerung ist, vom Eingreifen des Folgerechts ausnehmen können, wenn der betreffende Erwerb weniger als drei Jahre vor der Weiterveräußerung stattgefunden hat und der Weiterveräußerungserlös 10 000 Euro nicht übersteigt, also eine Veräußerung von geringerer Bedeutung vorliegt.[91] Der deutsche Gesetzgeber hat von dieser Gestaltungsmöglichkeit keinen Gebrauch gemacht, weil unter der Vereinbarung der Ausgleichsvereinigung (→ Rn. 12) bei der Wahrnehmung des Folgerechts (→ Rn. 11 ff.) dem Anliegen der betroffenen Kunstgalerien ohnehin schon Rechnung getragen wurde.[92] Es gibt allerding Zweifel daran, dass diese Praxis sich an die einschränkenden Vorgaben der Richtlinie hält,[93] und damit auch daran, ob sie mit der Richtlinie und ihren Harmonisierungszielen (→ Rn. 10) vereinbar ist. Berichtet wird, dass **Frankreich, Großbritannien, Italien, Liechtenstein**[94] und **Österreich** Art. 1 Abs. 3 der Richtlinie in nationales Recht umgesetzt haben.[95] In der deutschen Praxis sehen die Rahmenverträge der VG Bild-Kunst mit den Kunsthandelsverbänden einen pragmatischen Kompromiss vor: Die Galeristen sollen nicht durch automatische Folgerechtspflichtigkeit eines Weiterverkaufs vom Ankauf von Werken abgehalten werden, so dass die VG Bild-Kunst nur auf ausdrücklichen Wunsch des Künstlers beim Weiterverkauf durch die Galerie, die das Werk direkt vom Künstler gekauft hat, Folgerechtsansprüche geltend macht.

32   **3.** Das Erfordernis der **Entgeltlichkeit** der Weiterveräußerung ergibt sich aus dem Anspruch des Urhebers auf eine Beteiligung am Erlös,[96] nicht aus dem Begriff der Veräußerung.[97] Weiterveräußerungen durch Schenkung führen daher zu keinen Ansprüchen der Urheber, wohl aber solche durch Tausch oder gemischte Schenkung, bei denen der Verkehrswert der Gegenleistung den Weiterveräußerungserlös darstellt.[98]

33   **4.** Rein private Weiterveräußerungsgeschäfte führen zu keinen Folgerechtsansprüchen. Dies entspricht nach ihrem Erwägungsgrund 18 auch dem Standpunkt der Folgerechtsrichtline (→ Rn. 10). § 26 Abs. 1 S. 1 verlangt die **Beteiligung eines Kunsthändlers oder Versteigerers,** Art. 1 Abs. 2 der Folgerechtsrichtline im gleichen Sinne die Beteiligung von Vertretern des Kunsthandels, wie Auktionshäusern, Kunstgalerien und allgemein Kunsthändlern, jeweils als **Erwerber, Veräußerer** oder **Vermittler** bzw. als Verkäufer, Käufer oder Vermittler. Diese Begriffe sind in einem weiten Sinne zu verstehen.[99] Kunsthändler ist jeder, der zu Erwerbszwecken bzw. nach BGH[100] aus eigenem wirtschaftlichen Interesse mit Kunstwerken handelt, sei es, wie bei Kaufhäusern und Bilderrahmengeschäften, auch nur nebenbei.[101] Kunsthändler ist auch, wer als bloßer Vermittler Sammler und Kunstinteressenten beim Kauf oder Verkauf von Kunstwerken nur berät und dafür eine Provision, wie zB in Form eines Prozentsatzes des Kaufpreises, erhält; bezeichnet sich ein solcher Händler als Kunstberater, so ändert dies am Ergebnis nichts.[102] Die bloße Erstellung von Kunstexpertisen genügt dazu aber nicht.[103] Vom Folgerecht erfasst werden sowohl freiwillige und in bestimmten Fällen gesetzlich vor-

---

[88] *Katzenberger* S. 95.

[89] S. zu diesen Versteigerungsarten in Bezug auf das Folgerecht *Katzenberger* GRUR 1971, 495 (498 f.); zum Ergebnis Fromm/Nordemann/*Nordemann-Schiffel* Rn. 23; *v. Gamm* Rn. 6; *Katzenberger* S. 97 f.

[90] Fromm/Nordemann/*Nordemann-Schiffel* Rn. 20; *Katzenberger* S. 94; Möhring/Nicolini/*Freudenberg* Rn. 8; AG Bremervörde NJW 1990, 2005 – Bauernhaus am Moorkanal.

[91] Zu Letzterem → Rn. 10.

[92] S. Fromm/Nordemann/*Nordemann-Schiffel* Rn. 21 unter Hinweis auf *Pfennig* ZUM 2002, 195 (199).

[93] S. die Stellungnahme des Arbeitskreises Deutscher Kunsthandelsverbände ADK zum Referentenentwurf des BMJ von 2005 (→ Rn. 10) in KUR 2005, 109 (113) unter 2.

[94] Zum EWR s. *Katzenberger* GRUR-Int 2004, 20 (27).

[95] So *Weller* ZEuP 2008, 252 (256).

[96] *Katzenberger* S. 95; *Müller-Katzenburg* in Mestmäcker/Schulze Rn. 23; *Schneider-Brodtmann* S. 83.

[97] So aber Möhring/Nicolini/*Freudenberg* Rn. 8.

[98] S. dazu *Dreyer* in HK-UrhR² Rn. 10; Fromm/Nordemann/*Nordemann-Schiffel* Rn. 27; *v. Gamm* Rn. 7; *Katzenberger* S. 95; Möhring/Nicolini/*Freudenberg* Rn. 8; *Ulmer* § 60 V 2.

[99] So auch BGH GRUR 2008, 989 Rn. 15 – Folgerechtsanspruch des Künstlers bei Weiterveräußerung im Inland mwN aus dem Schrifttum; sa OLG Frankfurt a. M. GRUR 2005, 1034 – Folgerechtsauskunft.

[100] BGH GRUR 2008, 989 Rn. 15 – Folgerechtsanspruch des Künstlers bei Weiterveräußerung im Inland.

[101] Vgl. Möhring/Nicolini/*Freudenberg* Rn. 10; sa Dreyer/Schulze/*Schulze* Rn. 15.

[102] S. zu beiden Aspekten BGHZ 177, 319 (323 f.); Rn. 15, 16 – Sammlung Ahlers.

[103] So wohl BGH GRUR 2008, 989 Rn. 16 – Folgerechtsanspruch des Künstlers bei Weiterveräußerung im Inland.

gesehene sog. öffentliche Versteigerungen als auch solche im Wege der Zwangsvollstreckung (→ Rn. 30), wobei bei den letzteren der Gerichtsvollzieher der Versteigerer ist,[104] im übrigen auch Weiterveräußerungen auf Ausstellungen und Messen sowie durch Versteigerer außerhalb von Auktionen[105] und über das Internet.[106] Das Folgerecht greift aber nicht Platz, wenn Privatpersonen Kunstwerke an **Museen** weiterveräußern, die nicht auf Gewinn ausgerichtet und der Öffentlichkeit zugänglich sind.[107] Dies gilt aber nicht, wenn eine solche Veräußerung von einem Kunsthändler im weitesten Sinne vermittelt wird.

Als **Vermittler** wird ein Kunsthändler oder Versteigerer schon dann tätig, wenn er in eigenem **34** wirtschaftlichen Interesse das Veräußerungsgeschäft fördert. Es genügen Hinweise, die Aufnahme in einen Katalog oder Ausstellungen oder Beratung beim Kunsthandel gegen Provision.[108]

5. Zu Weiterveräußerungen **über die Staatsgrenzen** hinweg oder **im Ausland** → vor §§ 120ff. **35** Rn. 125; 153.

II. Ansprüche aus dem Folgerecht. Berechtigte und Verpflichtete

1. Bei jeder Weiterveräußerung iSd unter → Rn. 30–35 Gesagten steht dem Urheber ein An- **36** spruch auf einen **Anteil am Veräußerungserlös** zu, es sei denn der Erlös beträgt weniger als 400 Euro.[109] Auf einen Gewinn des Weiterveräußerers kommt es nicht an; auch wenn er einen Verlust erlitten hat, steht dies dem Anspruch des Urhebers nicht entgegen (→ Rn. 7, 8). Der Anteil betrug bis zur Umsetzung der Folgerechtsrichtlinie (→ Rn. 10) gemäß § 26 Abs. 1 S. 1 aF einheitlich 5 %, in den anderen EU-Staaten, die das Folgerecht seinerzeit schon anerkannten, zwischen 3 % und 6 % mit einem Schwerpunkt bei ebenfalls 5 % (s. *Katzenberger* GRUR-Int 2004, 20 (25)). Demgegenüber verpflichtete Art. 4 Abs. 1 der Folgerechtsrichtlinie die Mitgliedstaaten als Ergebnis eines Kompromisses zur Einführung **degressiv gestaffelter Anteilssätze** zwischen **4 %** für die niedrigste (bis 50 000 Euro) und **0,25 %** für die höchste (über 500 000 Euro) Tranche des jeweiligen Kaufpreises. Mit der Degression des Anteilssatzes verfolgt die Richtlinie das Ziel, vor allem im Hochpreissegment und zugunsten Großbritanniens als Kunsthandelszentrum einer Verlagerung des Handels aus der EU in folgerechtsfreie Zentren, wie die Schweiz und die USA, entgegenzuwirken.[110] Dem Vereinheitlichungsziel der Richtlinie (s. Erwägungsgrund 23) folgt die Neuregelung des § 26 Abs. 2, wobei an die Stelle des Richtlinienbegriffs des Kaufpreises der in Deutschland traditionelle Begriff des Veräußerungserlöses tritt. Die Neuregelung bezieht den jeweiligen Anteilssatz nicht auf den Veräußerungserlös bis zu bzw. über einem bestimmten Betrag als solchen, sondern stets auf einen **Teil** (Tranche iSd Richtlinie) des Veräußerungserlöses. Daraus folgt, dass sich bei Veräußerungserlösen über 50 000 Euro die Höhe des jeweiligen Folgerechtsanspruchs nicht als einheitlicher Prozentsatz des Gesamterlöses bis zum Höchstbetrag des jeweils erreichten Erlössegments, sondern als Summe der Anteile der jeweils betroffenen Erlössegmente errechnet. So beträgt der Folgerechtsanspruch bei einem Veräußerungserlös von 150 000 Euro, also im Falle des § 26 Abs. 2 S. 1 Nr. 2, nicht 3 % vor diesem Betrag, also 4500 Euro, sondern 5000 Euro.[111] Zusätzlich sieht § 26 Abs. 2 S. 2 im Anschluss an Art. 4 Abs. 1 der Folgerechtsrichtlinie für jede einzelne Veräußerung eines einzelnen Kunstwerks (nicht einer Verkaufsveranstaltung oder mehrerer Werke eines Künstlers) eine **Kappungsgrenze** bzw. **Deckelung** in Höhe von **12 500 Euro** vor, die nicht überschritten werden darf. Sie wird mit einem Veräußerungserlös in Höhe von 2 Mio. Euro erreicht.[112] Darüber hinausgehende Erlöse führen zu keiner weiteren Erhöhung des Folgerechtsanspruchs, sie sind damit insoweit folgerechtsfrei.

Nicht Gebrauch gemacht hat der deutsche Gesetzgeber von der durch Art. 4 Abs. 2 der Folgerechtsrichtlinie gewährten Möglichkeit, den Folgerechtsanteil im **niedrigsten Erlössegment** (bis 50 000 Euro) auf wie nach früherem Recht **5 %** festzusetzen.[113] Unter den anderen EU- und EWR-Staaten haben sich zB **Großbritannien, Irland, Liechtenstein**[114] und **Österreich** ebenfalls für den Regelsatz von 4% entschieden.[115] Der **untere Schwellenwert** für das Eingreifen des Folgerechts in Höhe von **400 Euro** nach § 26 Abs. 1 S. 4 war im Gesetzgebungsverfahren umstritten. Art. 3 Abs. 2

---

[104] S. § 814 ZPO; sa DKMH/*Dreyer* Rn. 16.
[105] *Katzenberger* S. 97.
[106] S. dazu *Froehlich* ZUM 2003, 453 (461 f.); *v. Welser* ZUM 2000, 472 (476).
[107] So Erwägungsgrund 18 der Folgerechtsrichtlinie.
[108] Vgl. BGHZ 177, 319 Rn. 15, 16 – Sammlung Ahlers; Dreier/Schulze/*Schulze* Rn. 16; Fromm/Nordemann/*Nordemann-Schiffel* Rn. 22 sogar für den Fall kostenloser Gefälligkeitsvermittlung; *Katzenberger* S. 97; zu eng Möhring/Nicolini/*Freudenberg* Rn. 11, die eine offizielle, buchmäßig zu erfassende Vermittlung verlangen.
[109] § 26 Abs. 1 S. 1, 4.
[110] S. Erwägungsgrund 24 der Richtlinie; *Katzenberger* GRUR-Int 2004, 20 (25).
[111] 4% von 50 000 Euro = 2000 Euro plus 3% von 100 000 Euro = 3000 Euro; s.a. das Berechnungsbeispiel bei *Müller-Katzenburg* in Mestmäcker/Schulze Rn. 30: zum Ergebnis die AmtBegr. BT-Drs. 16/1107, 7; Dreier/Schulze/*Schulze* Rn. 17; Wandke/Bullinger/*Bullinger* Rn. 17.
[112] S. Dreier/Schulze/*Schulze* Rn. 17; Fromm/Nordemann/*Nordemann-Schiffel* Rn. 31: *Katzenberger* GRUR-Int 2004, 20 (25).
[113] Zur Begründung s. BT-Drs. 11/1107, 7 sowie nach Kritik des Bundesrats aaO S. 8 BT-Drs. 16/1173.
[114] Zur Geltung der Folgerechtsrichtlinie für die EWR-Staaten s. *Katzenberger* GRUR-Int 2004, 20 (27).
[115] S. *Weller* ZEuP 2008, 252 (258).

der Folgerechtsrichtline gewährt einen Spielraum bis zu **3000 Euro,** der zB von **Irland, Italien** und **Österreich** ausgeschöpft wurde.[116] Nach 500 Euro im Referentenentwurf[117] folgten besonders kunsthandelsfreundliche **1000 Euro** im Regierungsentwurf[118] bis zu den Gesetz gewordenen 400 Euro nach einem Beschluss des Rechtsausschusses des Deutschen Bundestags.[119] Ob diese Absenkung ausreicht, um, wie beabsichtigt, auch Urhebern grafischer Werke, wie von Lithografien, und von Lichtbildwerken das Folgerecht nicht faktisch vorzuenthalten, bleibt abzuwarten. Nach früherem Recht betrug der Schwellenwert 50 Euro, die Deutsche Vereinigung für Gewerblichen Rechtsschutz und Urheberrecht[120] hatte für 100 Euro plädiert.

37   **2. Veräußerungserlös** ist der vom Veräußerer erzielte Kaufpreis nach Abzug von Steuern,[121] aber ohne Abzug von Kosten und Provisionen. Bei Auktionen ist der Veräußerungserlös der sogen. Hammerpreis; Auf- und Abgeld bleiben unberücksichtigt.[122] Der Zahlungsanspruch des Urhebers entsteht mit Fälligkeit des Kaufpreises, nicht erst mit dessen tatsächlicher Bezahlung.[123] Zum Zeitpunkt der Entstehung des Folgerechtsanspruchs bei Veräußerungen unter Eigentumsvorbehalt sowie zur Berechnung des Erlösanteils bei Werkverbindungen s. *Katzenberger* S. 95 f., 109 f.

38   **3.** Der Durchsetzung des Zahlungsanspruchs des Urhebers nach § 26 Abs. 1, 2 dienen die in § 26 Abs. 4–6 geregelten **Auskunftsansprüche** sowie das **Recht auf Einsicht in die Geschäftsbücher** und sonstigen Urkunden der Kunsthändler und Versteigerer nach § 26 Abs. 7. Es handelt sich bei den Auskunftsansprüchen zwar um Ansprüche der Urheber, sie können aber, anders als die Zahlungsansprüche nach § 26 Abs. 1, 2 nach § 26 Abs. 6 ebenso wie das Recht auf Einsicht in die Geschäftsbücher nach § 26 Abs. 7 im Interesse der betroffenen Händler und Versteigerer **nur durch eine Verwertungsgesellschaft,** in der Praxis die VG Bild-Kunst, geltend gemacht werden.[124] In Deutschland nimmt die VG Bild-Kunst als Verwertungsgesellschaft nicht nur die Auskunfts- und Einsichtsansprüche der Urheber, sondern auch deren Zahlungsansprüche wahr (→ Rn. 11 ff.). Deutschland hat dabei als Mitgliedstaat der EU Sorge dafür zu tragen, dass dies transparent, effizient und ohne auch nur faktische Diskriminierung auch zugunsten der Urheber aus anderen Mitgliedstaaten geschieht.[125] Eine **individuelle vertragliche Auskunftsabrede,** dh eine vertragliche Vereinbarung, in der sich ein Kunsthändler (oder Versteigerer) gegenüber einem Urheber oder dessen Rechtsnachfolger zu regelmäßigen Auskünften (und Zahlungen) bezüglich folgerechtspflichtiger Geschäftsvorgänge verpflichtet, ist nicht nur wirksam, sondern geht auch Vereinbarungen mit der zuständigen Verwertungsgesellschaft vor.[126]

Der Gesetzgeber hat im Übrigen mit der Urheberrechtsnovelle 1985 durch Einführung des neuen § 13c Abs. 1 WahrnG[127] (seit 2016: § 48 VGG) den Schwierigkeiten Rechnung getragen, denen sich die VG Bild-Kunst bei der gerichtlichen Geltendmachung der Auskunftsansprüche durch die Forderung der beklagten Kunsthändler ausgesetzt sah, sämtliche Wahrnehmungsverträge der Gesellschaft mit denjenigen Künstlern vorzulegen, für deren Werke Auskunft verlangt wurde. § 13b Abs. 1 WahrnG (§ 48 VGG) enthält eine gesetzliche Vermutung dafür, dass eine Verwertungsgesellschaft die Rechte aller Berechtigten wahrnimmt, wenn sie einen Anspruch geltend macht, der nur durch eine Verwertungsgesellschaft geltend gemacht werden kann. Entsprechend sehen auch die beim Stakeholder Dialogue 2013 (→ Rn. 10) erarbeiteten gemeinsamen Grundprinzipien und Empfehlungen vor, dass Verwertungsgesellschaften dem Kunstmarkt ein vollstädiges Verzeichnis der von Ihnen vertretenen Künstler zugänglich machen, sie aber nur bei berechtigtem Zweifel am Bestehen der Verträge die Rechtekette tatsächlich nachweisen müssen (Ziffer 1 und 2 der Empfehlungen). § 48 VGG ist weiterhin von praktischer Bedeutung für die Durchsetzung des Folgerechts durch die VG Bild-Kunst gegenüber solchen Kunsthändlern, die sich den Rahmenverträgen (→ Rn. 12 f.) nicht angeschlossen haben.

39   **a)** § 26 Abs. 4 regelt den von konkreten, bekanntgewordenen Veräußerungen unabhängigen **allgemeinen Auskunftsanspruch.** Jeder Kunsthändler und Versteigerer (→ Rn. 33) ist auf Verlangen

---

[116] S. *Weller* ZEuP 2008, 252 (259).
[117] S. KUR 2005, 74 f.
[118] BT-Drs. 16/1107, 5, 6 f.; ebenso Großbritannien, s. *Weller* ZEuP 2008, 252 (259).
[119] BT-Drs. 11/2019, 1, 4.
[120] GRUR 2005, 488 (489).
[121] § 26 Abs. 1 S. 2, Art. 5 der Folgerechtsrichtlinie, → Rn. 10.
[122] Dreier/Schulze/*Schulze* Rn. 17; DKMH/*Dreyer* Rn. 17; Fromm/Nordemann/*Nordemann-Schiffel* Rn. 26, aber irrtümlich ohne Steuerabzug; *Katzenberger* S. 108 f.; Möhring/Nicolini/*Freudenberg* Rn 22; Wandtke/Bullinger/ *Bullinger* Rn. 16.
[123] *Katzenberger* S. 108 f.; DKMH/*Dreyer* Rn. 19; Wandtke/Bullinger/*Bullinger* Rn. 16; *Schack* JZ 1995, 357 (359); jetzt auch Fromm/Nordemann/*Nordemann-Schiffel* Rn. 24; aA *Schneider-Brodtmann* S. 83; zur Möglichkeit des Urhebers, bei Nichtzahlung des Kaufpreises durch den Erwerber vom Veräußerer Abtretung des Kaufpreisanspruchs zu verlangen.
[124] Zur Bewertung dieser Regelung *Katzenberger* UFITA 68 (1973), 71 (83 f.); Möhring/Nicolini/*Freudenberg* Rn. 23.
[125] S. Erwägungsgrund 28 der Richtlinie.
[126] So AG München GRUR 1991, 606 f. – Folgerecht; zust. Dreier/Schulze/*Schulze* Rn. 28; Möhring/Nicolini/ *Freudenberg* Rn. 24; Fromm/Nordemann/*Nordemann-Schiffel* Rn. 44.
[127] BGBl. I S. 1137 (1140).

des Urhebers bzw.[128] der Verwertungsgesellschaft verpflichtet, Auskunft darüber zu geben, welche Originale von Werken dieses Urhebers bzw. der von der Verwertungsgesellschaft im Folgerecht vertretenen[129] Urheber unter seiner Beteiligung weiterveräußert worden sind. Die Auskunftspflicht bezieht sich nicht nur auf Veräußerungen durch den Kunsthändler oder Versteigerer, sondern auch auf seine Erwerbungen und Vermittlungen.[130] Sie ist im Interesse der Kunsthändler und Versteigerer gesetzlich auf Weiterveräußerungen innerhalb der letzten drei Jahre vor dem Auskunftsersuchen begrenzt. Die Neuregelung läuft im Ergebnis darauf hinaus, dass ein Kunsthändler oder Versteigerer nach jeder Weiterveräußerung, an welcher er beteiligt ist, drei Jahre lang verpflichtet ist, über sie in einer Verwertungsgesellschaft, in der Praxis der VG Bild-Kunst (→ Rn. 12 ff.), Auskunft darüber zu geben, dass sie stattgefunden hat.[131] Die nach § 26 Abs. 3 aF geltende Frist von einem vor dem Auskunftsersuchen abgelaufene Kalenderjahr wurde in § 26 Abs. 4 nF in Anpassung an Art. 9 der Folgerechtsrichtlinie (→ Rn. 10) nicht nur auf drei Jahre verlängert. Vielmehr wurde auch davon abgeraten, wie bisher auf abgelaufene Kalenderjahre abzustellen, weil dies, anders als in der Richtlinie vorgesehen, auch zu einer längeren Frist als drei Jahren (= 3 × 365 Tage) vor dem Auskunftsersuchen hätte führen können.[132]

40 **b)** Bei einem Auskunftsersuchen nach § 26 Abs. 4 oder über sonst bekanntgewordenen Weiterveräußerungen ist der Kunsthändler oder Versteigerer nach § 26 Abs. 5 verpflichtet, dem Urheber bzw.[133] der Verwertungsgesellschaft **Namen und Anschrift des Veräußerers** und die **Höhe des Weiterveräußerungserlöses** zu nennen, soweit dies zur Durchsetzung des Folgerechtsanspruchs erforderlich ist. Dies gilt auch, wenn es für den erforderlichen Inlandsbezug[134] nur gewichtige Indizien gibt.[135] Str. ist, ob die in § 26 Abs. 4 vorgesehene zeitliche Begrenzung des allgemeinen Auskunftsanspruchs auch für den konkreten Auskunftsanspruch des § 26 Abs. 5 gilt.[136] Der Gesetzestext gibt auf diese Frage keine Antwort, nach früherem Recht war die Frage nach allgemeiner Ansicht zu verneinen. Art. 9 der Folgerechtsrichtlinie (→ Rn. 10) bezieht sich nach ihrem Erwägungsgrund 30 auf „alle notwendigen Auskünfte" und damit zweifellos auch auf diejenige des § 26 Abs. 5. Die Bestimmung ist daher auch im Sinne der Anwendbarkeit der Frist richtlinienkonform auszulegen. Zur Wahrung der **Anonymität des Veräußerers** kann der Kunsthändler oder Versteigerer die Auskunft nach § 26 Abs. 4 verweigern, wenn er den Urheberanteil am Weiterveräußerungserlös selbst bezahlt.

41 **c)** Bestehen, zB aufgrund von Testkäufen oder sonst bekanntgewordenen Veräußerungen, begründete Zweifel an der Richtigkeit oder Vollständigkeit einer Auskunft nach § 26 Abs. 4 oder 5, so kann die Verwertungsgesellschaft entsprechende **Einsicht in die Geschäftsbücher** und sonstigen Urkunden des auskunftspflichtigen Kunsthändlers oder Versteigerers verlangen; dieser kann allerdings selbst entscheiden, ob er die Einsicht der Verwertungsgesellschaft einem von ihm zu bestimmenden Wirtschaftsprüfer oder vereidigten Buchprüfer gewährt (§ 26 Abs. 7 S. 1). Die Kosten trägt die Verwertungsgesellschaft, es sei denn, dass die Auskunft sich als unrichtig oder unvollständig erweist (§ 26 Abs. 7 S. 2).[137] Für die Praxis der VG Bild-Kunst enthalten die Rahmenverträge mit den Kunsthandelsverbänden (→ Rn. 12 ff.) eine vorrangige Vereinbarung über stichprobenartige Überprüfungen durch einen Angehörigen der steuerberatenden Berufe als Treuhänder.[138]

42 **4. Inhaber des Folgerechts** und Gläubiger der aus ihm entspringenden Ansprüche (→ Rn. 5) ist, entsprechend den Grundsätzen der §§ 1, 7, der Urheber als Schöpfer des Werkes (§ 26 Abs. 1, 3–5). Darauf, ob das Werkoriginal mit dem Namen des Künstlers, seinem Künstlerzeichen oder einem Pseudonym versehen oder anonym ist, kommt es nicht an.[139] Versieht der Schöpfer eines Werkes das Original mit dem Namen eines anderen Künstlers, liegt eine Kunstfälschung vor, so ist gleichwohl der Fälscher als Urheber Inhaber des Folgerechts. In diesem Fall – wie allgemein – kommt der Urheberbezeichnung auf dem Werkoriginal jedoch wesentliche Bedeutung für den Beweis der Urheberschaft und damit auch der Berechtigung aus dem Folgerecht zu.[140]

---

[128] Nach § 26 Abs. 4 → Rn. 38.

[129] Wegen des Reziprozitätsvorbehalts des § 121 Abs. 5 sind dies nur Künstler, die die Staatsangehörigkeit eines Landes besitzen, das ebenfalls das Folgerecht anerkennt.

[130] *Katzenberger* UFITA 68 (1973), 71 (82).

[131] So Dreier/Schulze/*Schulze* Rn. 26; Fromm/Nordemann/*Nordemann-Schiffel* Rn. 37; *Katzenberger* GRUR-Int 2004, 20 (26).

[132] S. die AmtlBegr. BT-Drs. 16/1107, 7 zu § 26 Abs. 4.

[133] Nach § 26 Abs. 6, → Rn. 38.

[134] → Vor §§ 120 ff. Rn. 146.

[135] S. OLG Frankfurt a. M. ZUM 2005, 653 (656) – Sammlung Ahlers II.

[136] Bejahend Dreier/Schulze/*Schulze* Rn. 27; Fromm/Nordemann/*Nordemann-Schiffel* Rn. 40; verneinend DKMH/*Dreyer* Rn. 29; *Müller-Katzenburg* in Mestmäcker/Schulze Rn. 43.

[137] Zur Bewertung dieser Regelung s. *Katzenberger* UFITA 68 (1973), 71 (84 f.); Möhring/Nicolini/*Freudenberg* Rn. 25; kritisch Fromm/Nordemann/*Nordemann-Schiffel* Rn. 42, dort auch zur Vorgeschichte der Regelung; *Nordemann* GRUR 1973, 1 (2).

[138] S. dazu auch Fromm/Nordemann/*Nordemann-Schiffel* Rn. 42.

[139] *Katzenberger* S. 99, 102; → Rn. 28, 29.

[140] Vgl. *Katzenberger* S. 102 f.; sowie die Kommentierung zu § 10.

43   Bei **Miturheberschaft** gilt § 8 mit gewissen Modifikationen:[141] Das Folgerecht steht allen Miturhebern zur gesamten Hand zu (§ 8 Abs. 2 S. 1), jeder Miturheber ist aber berechtigt, Folgerechtsansprüche geltend zu machen, vorausgesetzt er verlangt Leistung an die Miturheber.[142] Im Innenverhältnis gebühren die Erträgnisse aus dem Folgerecht den Miturhebern nach dem Umfang ihrer Mitwirkung (§ 8 Abs. 3). Mit Rücksicht auf § 26 Abs. 3 scheidet eine analoge Anwendung des § 8 Abs. 4, wonach ein Miturheber auf seinen Anteil an den Verwertungsrechten (§ 15) zugunsten der anderen Miturheber verzichten kann, aus (→ Rn. 49).

44   **5. Schuldner** der **Zahlungsansprüche** aus dem Folgerecht ist der **(Weiter-)Veräußerer** (§ 26 Abs. 1 S. 1), nicht aber der Erwerber des Originals oder der Vermittler des Veräußerungsgeschäfts.[143] Die europäische Folgerechtsrichtlinie (→ Rn. 10) folgt in ihrem Art. 1 Abs. 4 S. 1 mit Erwägungsgrund 25 ebenfalls dem Grundsatz, dass die Folgerechtsvergütung vom Veräußerer abzuführen ist. Jedoch gestattet sie es in Art. 1 Abs. 4 S. 2 den Mitgliedstaaten, eine Regelung zu treffen, nach der eine vom Veräußerer verschiedene natürliche oder juristische Person allein oder gemeinsam mit dem Veräußerer für die Zahlung der Folgerechtsvergütung haftet. Von dieser Möglichkeit hat der deutsche Gesetzgeber in § 26 Abs. 1 S. 3 Gebrauch gemacht. Beschränkt auf den Fall, dass der **Veräußerer** eine **Privatperson** ist, sieht die Bestimmung vor, dass der als **Erwerber** oder **Vermittler** beteiligte Kunsthändler oder Versteigerer neben ihm **als Gesamtschuldner haftet**; nur im Verhältnis zueinander ist der Veräußerer zur Zahlung der Folgerechtsvergütung allein verpflichtet. Wie auch die Amtl.-Begr.[144] annimmt, ist diese zusätzliche Haftung vor allem dann von praktischer Bedeutung, wenn der Veräußerer zahlungsunfähig oder nicht erreichbar ist. Für das **Innenverhältnis** stellt § 26 Abs. 1 S. 3 eine andere Bestimmung iSd § 426 Abs. 1 S. 1 BGB dar, der für den Regelfall eines Gesamtschuldverhältnisses eine Verpflichtung zu gleichen Teilen statuiert.[145] Zur weitergehenden Verpflichtung, **Auskunft** zu geben und **Einsicht** in die Geschäftsbücher zu gewähren, → Rn. 39–41.

45   **Veräußerer** iSd § 26 Abs. 1 S. 1, 3 ist nach Erwägungsgrund 25 S. 3 der Folgerechtsrichtlinie (→ Rn. 10) diejenige Person oder dasjenige Unternehmen, in deren Namen die Veräußerung erfolgt. Dies ist, wie auch schon nach früherem Recht, der Eigentümer, der im eigenen Namen selbst veräußert oder sich durch einen in seinem, des Eigentümers Namen handelnden unmittelbaren Stellvertreter iSd § 164 Abs. 1 BGB vertreten lässt; letzterer ist auch dann nicht Veräußerer, wenn er Kunsthändler oder Versteigerer ist.[146] Bei einer Veräußerung über einen Kommissionär (vgl. § 383 HGB) ist jedenfalls dieser Veräußerer, weil er im eigenen Namen veräußert.[147] Neben ihm haftete jedenfalls nach früherem Recht gesamtschuldnerisch aber auch der Kommittent.[148] Gleiches wird auch für das jetzt geltende Recht vertreten.[149] Jedoch dürfte dieses an sich wünschenswerte Ergebnis nunmehr daran scheitern, dass Erwägungsgrund 25 S. 3 der Folgerechtsrichtlinie für den Begriff des Veräußerers nur darauf abstellt, in wessen Namen – und nicht auf wessen Rechnung – veräußert wird. Bei Kommissionsgeschäften ist dies der Kommissionär und nicht der Kommittent.

III. Schutzdauer und Verjährung. Erbfolge. Rechtsgeschäftliche Verfügungen. Zwangsvollstreckung und Konkurs

46   **1.** Die **Schutzdauer** des **Folgerechts** umfasst wie diejenige des Urheberrechts insgesamt grundsätzlich die Lebenszeit des Urhebers und 70 Jahre nach seinem Tod; es gelten die allgemeinen Regeln der §§ 64 ff.[150] Dies entspricht auch der Rechtslage seit Umsetzung der europäischen Folgerechtsrichtlinie (→ Rn. 10), die diesbezüglich auf Art. 1 der Schutzdauerrichtlinie 93/98/EWG[151] verweist.[152] Für den einzelnen aus dem Folgerecht entspringenden **Anspruch** gelten die **allgemeinen Verjährungsregeln** der §§ 194 ff. BGB (sa § 102). Danach beträgt die regelmäßige Verjährungsfrist drei Jahre (§ 195 BGB), gerechnet vom Schluss des Jahres, in dem der (Folgerechts-)Anspruch ent-

---

[141] Vgl. *Katzenberger* S. 99 ff.

[142] § 8 Abs. 2 S. 3 analog.

[143] Kritisch zur Praxis einiger Auktionshäuser, das Folgerecht *auch* auf den Erwerber umzulegen *Brühl* S. 1120 ff.; *Braunschmidt* S. 178 ff.; vgl. aber EuGH GRUR-Int 2015, 492 – Christie's France/Syndicat national des antiquaires, wonach diese Praxis nicht gegen die Folgerechtsrichtlinie verstößt.

[144] BT-Drs. 16/1107, 6 zu § 26 Abs. 1.

[145] So die AmtlBegr. aaO.

[146] BGHZ 56, 256 (258 f.) – Urheberfolgerecht; Dreier/Schulze/*Schulze* Rn. 20; DKMH/*Dreyer* Rn. 22, 23; *Katzenberger* S. 104; *Schneider-Brodtmann* S. 84.

[147] BGHZ 56, 256 (258 f.) – Urheberfolgerecht; Dreier/Schulze/*Schulze* Rn. 20; Fromm/Nordemann/ *Nordemann-Schiffel* Rn. 17; *Schneider-Brodtmann* S. 84; Wandtke/Bullinger/*Bullinger* Rn. 5; jetzt auch Möhring/ Nicolini/*Freudenberg* Rn. 12.

[148] So OLG München GRUR 1979, 641 (642) – Kommissionsverkauf; LG Düsseldorf IPRax 1990, 46 (47) – Joseph Beuys; Dreier/Schulze/*Schulze* Rn. 20; *v. Gamm* Rn. 6; *Rehbinder* § 31 II; *Katzenberger* S. 104 ff.; *Schneider-Brodtmann* S. 85.

[149] S. Dreier/Schulze/*Schulze* Rn. 20; DKMH/*Dreyer* Rn. 23; *Rehbinder* § 31 II; wohl auch Fromm/Nordemann/*Nordemann-Schiffel* Rn. 18.

[150] Dreier/Schulze/*Schulze* Rn. 31; *Katzenberger* S. 113; Möhring/Nicolini/*Freudenberg* Rn. 26.

[151] Jetzt Art. 1 der kodifizierten Fassung dieser Richtlinie 2006/116/EG, → § 64 Rn. 14.

[152] S. Art. 8 Abs. 1 und Erwägungsgrund 17 der Folgerechtsrichtlinie.

standen ist und der Gläubiger dieses Anspruchs (→ Rn. 42 f.) von der den Anspruch begründenden Weiterveräußerung (→ Rn. 30 ff.) Kenntnis erlangt hat oder ohne grobe Fahrlässigkeit erlangen muss-te,[153] ohne Rücksicht auf diese Kenntnis oder grob fahrlässige Unkenntnis zehn Jahre von der Entste-hung des Anspruchs an.[154] Als besondere zu einem Anspruchsverlust führende Frist ist die Dreijahres-frist (ab Kenntnis) zu beachten, innerhalb derer die Auskunftsansprüche nach § 26 Abs. 4 und 5 geltend gemacht werden müssen (→ Rn. 39, 40).

2. Das Folgerecht ist mit dem Urheberrecht insgesamt **vererbbar;** es gelten die allgemeinen Re- **47** geln der §§ 28–30.[155] Ein einzelner Miterbe kann Auskunft[156] gemäß § 2038 Abs. 1 BGB und Zah-lung des Erlösanteils gemäß § 2039 BGB verlangen.[157] Die europäische Folgerechts-richtlinie (→ Rn. 10) hat an dieser Rechtslage nichts geändert. Ihr Art. 6 Abs. 1 nennt lediglich als Anspruchsberechtigte nach dem Tod des Urhebers dessen Rechtsnachfolger. Nach Erwägungsgrund 27 S. 2 der Richtlinie bleibt das Erbrecht der Mietgliedstaaten unberührt.

3. Das **Folgerecht** ist als Bestandteil des Urheberrechts wie dieses grundsätzlich **nicht** durch **48** Rechtsgeschäft unter Lebenden **übertragbar;** eine Ausnahme gilt für Übertragungen in Erfüllung einer Verfügung von Todes wegen oder an Miterben im Wege der Erbauseinandersetzung (§ 29). Die Unveräußerlichkeit des Folgerechts als solchen ist nunmehr in § 26 Abs. 3 S. 1 im Anschluss an Art. 1 Abs. 1 und Erwägungsgrund 1 der Folgerechtsrichtlinie (→ Rn. 10) auch ausdrücklich bezeichnet.[158] Das Folgerecht ist daher auch nicht verpfändbar (§ 1274 Abs. 2 BGB) und auch im Voraus **nicht verzichtbar.**[159] Es unterliegt daher auch **nicht** der **Zwangsvollstreckung** und wird von der **Insol-venz** des Urhebers **nicht** umfasst.[160]

Der vom Folgerecht zu unterscheidende einzelne **Zahlungsanspruch** (→ Rn. 5) ist, zum Schutz **49** des Urhebers vor unbedachten und erzwungenen Verfügungen, **im Voraus nicht übertragbar** und **nicht verzichtbar** und daher auch nicht verpfändbar.[161] Das Gesetz nennt diesen Zahlungsanspruch Anteil.[162] Sobald ein Zahlungsanspruch dagegen mit einer Weiterveräußerung entstanden ist (→ Rn. 37), ist er[163] übertragbar, verpfändbar und verzichtbar, unterliegt er der Zwangsvollstreckung und wird er von der Insolvenz des Urhebers erfasst.[164]

4. Mit dem Schutzzweck des § 26 Abs. 3 vereinbar, im Hinblick auf § 26 Abs. 6 geradezu geboten **50** und daher rechtlich zulässig und wirksam ist die **treuhänderische Übertragung** des Folgerechts bzw. der aus ihm entspringenden zukünftigen Zahlungs- und Auskunftsansprüche **auf eine Verwer-tungsgesellschaft,** in Deutschland ist dies die VG Bild-Kunst.[165] Daher anerkennen die Gerichte die Klagebefugnis dieser Gesellschaft aufgrund solcher Rechtsübertragung.[166]

IV. Anwendbarkeit des § 26 bei Veräußerungen mit Auslandsbezug oder im Ausland?

Zur Frage der Anwendbarkeit des § 26 bei Veräußerungen über die staatlichen Grenzen Deutsch- **51** lands hinweg oder im Ausland → Vor §§ 120 ff. Rn. 146.

V. Rechtsstellung ausländischer Urheber

Das UrhG enthält in § 121 Abs. 5 eine Sonderregelung über das Folgerecht ausländischer (nicht **52** EU-angehöriger) Urheber. Vgl. dazu und zum Verhältnis dieser Regelung zu den internationalen urheberrechtlichen Übereinkommen → § 121 Rn. 16 ff. Dort (→ Rn. 14 f.) auch zum Verhältnis des § 121 Abs. 5 zu Art. 18 AEUV,[167] zu Art. 4 EWR-Abkommen und zur Folgerechtsrichtlinie (→ Rn. 10).

Derzeit sind es vor allen Dingen US-amerikanische und Schweizer Künstler, die nicht in Genuss **53** des Folgerechtes kommen. Doch in beiden Ländern laufen Gesetzgebungsinitiativen, um auch in

---

[153] § 199 Abs. 1 BGB.
[154] § 199 Abs. 4 BGB.
[155] *Katzenberger* S. 113 f.
[156] Nach § 26 Abs. 4–6 über eine Verwertungsgesellschaft.
[157] BGH GRUR 1982, 308 (310) – Kunsthändler; vgl. auch OLG Frankfurt a. M. GRUR 1980, 916 (919) – Folgerecht ausländischer Künstler; OLG München GRUR 1979, 641 – Kommissionsverkauf.
[158] S. dazu auch die AmtlBegr. BT-Drs. 16/1107, 7 zu § 26 Abs. 3.
[159] S. Art. 1 Abs. 1 der Folgerechtsrichtlinie; Dreier/Schulze/*Schulze* Rn. 24; *Katzenberger* S. 115; *Müller-Katzen-burg* in Mestmäcker/Schulze Rn. 32; *Schneider-Brodtmann* S. 80.
[160] *Katzenberger* S. 115 f.; zust. Dreier/Schulze/*Schulze* Rn. 24; DKMH/*Dreyer* Rn. 24.
[161] § 26 Abs. 3 S. 1, § 1274 Abs. 2 BGB.
[162] Ebenso Wandtke/Bullinger/*Bullinger* Rn. 19.
[163] Nach §§ 398 ff. BGB.
[164] Dreier/Schulze/*Schulze* Rn. 25; DKMH/*Dreyer* Rn. 26; Fromm/Nordemann/*Nordemann-Schiffel* Rn. 33; *Kat-zenberger* S. 114 ff.; Möhring/Nicolini/*Freudenberg* Rn. 17–19; *Schneider-Brodtmann* S. 81.
[165] Dreier/Schulze/*Schulze* Rn. 22; DKMH/*Dreyer* Rn. 25 sowie → Vor §§ 28 ff. Rn. 32.
[166] Vgl. insbes. BGH GRUR 1982, 308 (309) – Kunsthändler; OLG Frankfurt a. M. GRUR 1980, 916 (917) – Folgerecht ausländischer Künstler.
[167] Art. 6 EG-Vertrag, Art. 7 EWG-Vertrag.

diesen wichtigen Kunstmärkten das Folgerecht einzuführen. Auch bei der WIPO werden Verhandlungen über die Streichung des Art. 14ter Abs. 2 RBÜ erwartet, sodass die Mitgliedstaaten der RBÜ zur Gewährung des Folgerechts verpflichtet werden.

§ 27 Vergütung für Vermietung und Verleihen

(1) [1]Hat der Urheber das Vermietrecht (§ 17) an einem Bild- oder Tonträger dem Tonträger- oder Filmhersteller eingeräumt, so hat der Vermieter gleichwohl dem Urheber eine angemessene Vergütung für die Vermietung zu zahlen. [2]Auf den Vergütungsanspruch kann nicht verzichtet werden. [3]Er kann im voraus nur an eine Verwertungsgesellschaft abgetreten werden.

(2) [1]Für das Verleihen von Originalen oder Vervielfältigungsstücken eines Werkes, deren Weiterverbreitung nach § 17 Abs. 2 zulässig ist, ist dem Urheber eine angemessene Vergütung zu zahlen, wenn die Originale oder Vervielfältigungsstücke durch eine der Öffentlichkeit zugängliche Einrichtung (Bücherei, Sammlung von Bild- oder Tonträgern oder anderer Originale oder Vervielfältigungsstücke) verliehen werden. [2]Verleihen im Sinne von Satz 1 ist die zeitlich begrenzte, weder unmittelbar noch mittelbar Erwerbszwecken dienende Gebrauchsüberlassung; § 17 Abs. 3 Satz 2 findet entsprechende Anwendung.

(3) Die Vergütungsansprüche nach den Absätzen 1 und 2 können nur durch eine Verwertungsgesellschaft geltend gemacht werden.

Schrifttum: *Berger,* Urheberrechtliche Fragen der Vermietung von Schulbüchern durch öffentliche Schulen, ZUM 2005, 19; *Erdmann,* Das urheberrechtliche Vermiet- und Verleihrecht, FS Brandner (1996), S. 361; *Grünberger,* Vergütungsansprüche im Urheberrecht, ZGE 2017, 188; *ders.,* Verbreiten, Vermieten und Verleihen im Europäischen Urheberrecht, FS Schulze, 2017, 67; *Hofmann,* E-Lending – Elektronisches Vermieten und elektronisches Verleihen aus urheberrechtlicher Sicht, ZUM 2018, 107; *Jacobs,* Der neue urheberrechtliche Vermietbegriff, GRUR 1998, 246; *Kreile/Becker,* Die Neuordnung des Urheberrechts in der Europäischen Union, GRUR-Int 1994, 901; *Kröber,* Stärkt das neue Vermietrecht die Position der schöpferischen Menschen?, ZUM 1995, 854; *v. Lewinski,* Die urheberrechtliche Vergütung für das Vermieten und Verleihen von Werkstücken, 1990; *dies.,* Die Bibliothekstantieme im Rechtsvergleich, GRUR-Int 1992, 432; *dies.,* Die Umsetzung der Richtlinie zum Vermiet- und Verleihrecht, ZUM 1995, 442; *Loewenheim,* Vergütungspflicht für das Auslegen von Zeitungen und Zeitschriften in Wartezimmern?, GRUR 1980, 550; *Melichar,* Das Lesezirkelproblem, FS Schricker (2005), S. 447; *ders.,* Videovermietung nach der EG-Richtlinie zum Vermiet- und Verleihrecht, FS Kreile (1994), S. 409; *Reinbothe/ v. Lewinski,* The EC Directive on Rental and Lending Rights and on Piracy, London 1993; *Schulze,* Vermieten von Bestsellern, ZUM 2006, 543; *Specht,* Auswirkungen einer zunehmenden Technologieneutralität der Verwertungsrechte auf den Einsatz technischer Schutzmaßnahmen, FS Schulze (2017) S. 413.
Weiteres Schrifttum in der 5. Aufl.

Übersicht

I. Allgemeines

1. Zweck und Bedeutung der Norm

1   § 27 regelt Vergütungsansprüche des Urhebers beim Vermieten und Verleihen von Werkstücken. Das Vermiet- und Verleihrecht wurde nach früherer Auffassung vom Verbreitungsrecht umfasst;[1] was allerdings nicht mit der Interpretation des Verbreitungsbegriffs durch den EuGH vereinbar ist, der für die Verbreitung eine Eigentumsübertragung verlangt, die bei einer Vermietung naturgemäß nicht vorliegt.[2] Während beim Vermietrecht die Ausgestaltung als Verbotsrecht zwingend vorgenommen wurde, ist für das Verleihrecht dem nationalen Gesetzgeber die Möglichkeit von Ausnahmen einge-

---

[1] BGH GRUR 1987, 37 (38) – Videolizenzvertrag; BGH GRUR 1986, 736 – Schallplattenvermietung; BGH GRUR 1972, 141 – Konzertveranstalter; *Erdmann* FS Brandner, 1996, 361 (365).
[2] EuGH ZUM 2008, 508 – C-456/06 Rn. 41; sa *Schack* Rn. 436; näher dazu → § 17 Rn. 59.

räumt worden, sofern eine Vergütung für das Verleihen vorgesehen ist.[3] Von dieser Möglichkeit hat der deutsche Gesetzgeber Gebrauch gemacht, er hat also das Verleihrecht nicht als Verbotsrecht ausgestaltet, sondern es beim bisherigen gesetzlichen Vergütungsanspruch für das öffentliche Verleihen belassen.[4] Die Regelung in § 27 Abs. 1 trägt dem Vergütungsanspruch nach Art. 4 der Vermiet- und Verleih-RL Rechnung. Beim Vermietrecht tritt zwar seit 1995 eine Erschöpfung durch das Inverkehrbringen nicht mehr ein (§ 17 Abs. 2); nach den bisherigen Erfahrungen bei der Tonträger- und Filmproduktion war aber zu erwarten, dass sich die Hersteller von den Urhebern das Vermietrecht einräumen lassen, ohne dass die Urheber hierfür einen angemessenen Ausgleich erhalten.[5] Dem begegnet Abs. 1 durch einen unverzichtbaren Vergütungsanspruch. Art. 27 Abs. 2 berücksichtigt, dass sich das Verbreitungsrecht beim ersten Inverkehrbringen der Werkstücke mit Zustimmung des Berechtigten erschöpft, der Urheber also die weitere Verbreitung und auch das Verleihen nicht untersagen kann. Für Werknutzungen, die durch das Ausleihen von Werkstücken erfolgen, würde der Urheber also keine Vergütung erhalten; dem trägt das Gesetz durch den Vergütungsanspruch des Abs. 2 Rechnung.

Bei § 27 handelt es sich der Sache nach um **europäisches Urheberrecht** innerhalb des deutschen **2** Urheberrechtsgesetzes.[6] Das bedeutet, dass die **Auslegung** der Vorschrift **richtlinienkonform** zu erfolgen hat; es sind also die operativen Artikel und die Erwägungsgründe der Vermiet- und Verleihrechtsrichtlinie heranzuziehen.[7] Das gilt nicht nur für den Vergütungsanspruch nach Abs. 1, sondern auch für den Vergütungsanspruch nach Abs. 2 und die Verwertungsgesellschaftenpflichtigkeit nach Abs. 3, bei denen sich zwar in der Sache nichts geändert hat, die aber die Umsetzung der in der Richtlinie getroffenen Regelungen darstellen. Zur **Anwendung der Neuregelung auf vor dem 30.6.1995 geschaffene Werke** vgl. § 137e.

2. Entstehungsgeschichte

Nach § 11 Abs. 1 S. 1 LUG und § 15 Abs. 1 S. 1 KUG erstreckte sich das Recht zur Vervielfälti- **3** gung und gewerbsmäßigen Verbreitung nicht auf das Verleihen. Im Hinblick auf ihre Entstehungsgeschichte wurden diese Normen von der ganz hM dahingehend interpretiert, dass das Verleihen auch die entgeltliche Gebrauchsüberlassung, also das Vermieten, umfasste; der Gesetzgeber hatte nämlich seine Entscheidung im Hinblick auf die Bedeutung getroffen, die die Leihbüchereien damals für das kulturelle Leben hatten, namentlich auch für Bevölkerungskreise, die sich den Kauf von Büchern nicht in entsprechendem Umfang leisten konnten.[8] Das **UrhG 1965** führte eine Vergütungspflicht für das Vermieten von Vervielfältigungsstücken ein.[9] Diese stand allerdings unter einer doppelten Einschränkung: Einmal erfasste sie nur den Tatbestand der entgeltlichen Gebrauchsüberlassung (Vermieten) und nicht den der unentgeltlichen (Verleihen), zum anderen musste das Vermieten zu Erwerbszwecken erfolgen, wodurch die öffentlichen Bibliotheken von der Vergütungspflicht ausgeschlossen blieben. Angesichts der zurückgehenden Bedeutung von Leihbibliotheken gegenüber öffentlichen Büchereien war damit die Vergütungspflicht nur von geringer praktischer Bedeutung. Eine gegen diese Regelung eingelegte Verfassungsbeschwerde blieb erfolglos. Das BVerfG entschied, dass die verfassungsrechtliche Eigentumsgarantie es nicht gebiete, dem Urheber jede nur denkbare wirtschaftliche Verwertungsmöglichkeit zuzuordnen und dass bereits mit der Einräumung des Verbreitungsrechts den grundgesetzlichen Anforderungen Rechnung getragen sei; ebenso wurde ein Verstoß gegen den Gleichheitssatz verneint.[10] Auch eine gegen Werkbüchereien angestrengte Klage blieb erfolglos: der BGH ging zwar davon aus, dass die Buchausgabe durch Betriebsbüchereien an Werkangehörige Erwerbszwecken des Unternehmens diente, verneinte aber das Tatbestandsmerkmal des Vermietens.[11]

Bemühungen der Autorenverbände und die Einsicht des Gesetzgebers, dass eine Bevorzugung öf- **4** fentlicher Bibliotheken zu Lasten der Urheber nicht gerechtfertigt sei, führten dann dazu, dass § 27 durch die **Novelle 1972** um einen Vergütungsanspruch für das Verleihen erweitert wurde; damit war auch die Absicht verbunden, einen Teil des Gebührenaufkommens einem Fonds zur sozialen Absicherung der Urheber in Form einer Sozial- und Altersversorgung zukommen zu lassen.[12] Gleichzeitig wurden die Ansprüche aus § 27 verwertungsgesellschaftspflichtig. Seine jetzige Fassung erhielt § 27

---

[3] Art. 5 der Vermiet- und Verleih-RL v. vom 12. Dezember 2006, Richtlinie 2006/115/EG, ABl. L 376 S. 28.
[4] Damit sollte der kultur-, bildungs- und erziehungspolitischen Aufgabenstellung der öffentlichen Bibliotheken und der damit verbundenen sozialpolitischen Komponente der bisherige Handlungsspielraum gesichert werden (Amtl. Begr. zum 3. Urheberrechtsänderungsgesetz, BT-Drs. 13/115, 8).
[5] Vgl. → Rn. 6.
[6] Vgl. dazu auch die AmtlBegr. zum 2. UrhGÄndG, BT-Drs. 12/4022, 8, zur gleichgelagerten Situation bei §§ 69a ff.
[7] AmtlBegr. zum 3. UrhGÄndG, BT-Drs. 13/115, 11.
[8] AmtlBegr. BT-Drs. IV/270, 53 f.
[9] Vgl. dazu die AmtlBegr. BT-Drs. IV/270, 54.
[10] BVerfG GRUR 1972, 485 (486) – Bibliotheksgroschen; ebenso BVerfG GRUR 1988, 687 (689) – Zeitschriftenauslage.
[11] BGH GRUR 1972, 617 – Werkbücherei.
[12] Schriftl. Bericht des Rechtsausschusses, BT-Drs. VI/3264, 4.

durch das **3. UrhGÄndG** v. 23.6.1995,[13] das die Vermiet- und Verleihrechtsrichtlinie umsetzte. Der Vergütungsanspruch für das Vermieten konnte entfallen, da durch die Neufassung des § 17 das **Vermietrecht** als Verbotsrecht ausgestaltet und von der Erschöpfung nicht mehr erfasst wurde; es wurde jedoch der unverzichtbare Vergütungsanspruch des Abs. 1 eingeführt.[14] Beim **Verleihrecht** hat der Gesetzgeber von der durch Art. 5 der Richtlinie eröffneten Möglichkeit Gebrauch gemacht und das Verleihrecht nicht als Verbotsrecht ausgestaltet, sondern es beim gesetzlichen Vergütungsanspruch belassen. Auch für Computerprogramme hat der Gesetzgeber entgegen Forderungen der Softwarehersteller und -anbieter kein ausschließliches Verleihrecht im Sinne eines Verbotsrechts eingeführt.[15] Damit blieb der Vergütungsanspruch für das Verleihen im Kern unverändert und ist jetzt in Abs. 2 geregelt.[16]

II. Vergütungsanspruch bei Einräumung des Vermietrechts

1. Übersicht

5   Der Vergütungsanspruch nach Abs. 1 unterscheidet sich vom Vergütungsanspruch nach § 27 aF dadurch, dass nach altem Recht die Vermietung nach dem Inverkehrbringen der Werkstücke nicht untersagt werden konnte, aber durch einen gesetzlichen Vergütungsanspruch kompensiert wurde. Nach der neuen Rechtslage kann der Urheber die Vermietung auch nach dem Inverkehrbringen der Werkstücke verbieten und damit von der Zahlung einer Vergütung abhängig machen; insoweit ist ein gesetzlicher Vergütungsanspruch nicht mehr erforderlich. Hat er aber sein Vermietrecht einem Dritten eingeräumt, so besteht diese Möglichkeit nicht mehr; er kann nur, sofern dies wirtschaftlich durchsetzbar ist, vom Erwerber des Vermietrechts eine Vergütung für dessen Einräumung verlangen.

6   An diese Situation knüpft die Regelung in Abs. 1 an. Sie dient dem **Schutz der Urheber und ausübenden Künstler** und beruht auf den Erfahrungen bei der Vermarktung von Bild- und Tonträgern. Deren Produzenten haben ein Interesse, über die Art und Weise der Vermarktung ihrer Produkte die alleinige Entscheidungsbefugnis zu erwerben; sie werden bestrebt sein, dass beteiligte Urheber und ausübende Künstler ihr Vermietrecht nicht gesondert ausüben können und sich deshalb, wie bisher schon das Vervielfältigungs- und Verbreitungsrecht, nunmehr auch das Vermietrecht zur ausschließlichen Nutzung einräumen lassen. Damit ist die Gefahr verbunden, dass die Urheber und ausübenden Künstler als regelmäßig schwächere Vertragspartei für diese Einräumung keine angemessene Beteiligung an der künftigen wirtschaftlichen Verwertung durch Vermietung aushandeln können.[17] Die **gegenständliche Beschränkung** des Vergütungsanspruchs auf die Vermietung von Bild- und Tonträgern beruht darauf, dass andere Medien in der Praxis bei weitem nicht so häufig vermietet werden. Eine Erweiterung der Regelung auf andere Bereiche, etwa Verlagsverträge, hat der Gesetzgeber mit Recht nicht vorgenommen, weil es sich bei dem unverzichtbaren Vergütungsanspruch um einen Eingriff in die urhebervertragsrechtliche Gestaltungsfreiheit der Parteien handelt, mit dem zunächst Erfahrungen gesammelt werden sollten.[18]

7   In ihrer Konzeption lehnt sich die Regelung weitgehend an den bisherigen Vergütungsanspruch für die Vermietung geschützter Werke nach § 27 aF an.[19] Ebenso wie bisher stellt der Anspruch seiner **Rechtsnatur** nach kein Verwertungsrecht iSd § 15 dar, sondern einen besonderen aus dem Urheberrecht fließenden vermögensrechtlichen Anspruch eigener Art.[20] Er ist schuldrechtlicher Natur und unterliegt nicht der Regelung des § 29, seine Abtretung[21] erfolgt nach §§ 398 ff. BGB.[22]

2. Anspruchsvoraussetzungen

8   Der Vergütungsanspruch nach Abs. 1 setzt voraus, dass der Urheber das Vermietrecht nach § 17 an einem Bild- oder Tonträger dem Tonträger- oder Filmhersteller eingeräumt hat. Für den Begriff des **Vermietrechts** gilt die Legaldefinition des § 17 Abs. 3.[23] Für ein Vermietrecht an anderen Werkstücken als Bild- und Tonträgern besteht der Anspruch nicht; was **Bild- und Tonträger** sind, beurteilt sich nach § 16 Abs. 2. Zum Begriff des **Tonträgerherstellers** vgl. → § 85 Rn. 34, zum Begriff des **Filmherstellers** → vor §§ 88 ff. Rn. 31 ff.). Bei der **Einräumung des Vermietrechts** muss es sich

---

[13] BGBl. I S. 842.
[14] Dazu näher → Rn. 5 ff.
[15] Vgl. näher → Rn. 14.
[16] S. zur Entstehungsgeschichte auch eingehend *Erdmann* FS Brandner, 1996, 361 ff.
[17] AmtlBegr. zum 3. UrhGÄndG, BT-Drs. 13/115, 7; *Reinbothe/v. Lewinski* S. 65 ff.; zur Kritik von Produzentenseite an dieser Regelung vgl. *Kreile/Becker* GRUR-Int 1994, 901 (907).
[18] AmtlBegr. BT-Drs. 13/115, 14.
[19] AmtlBegr. BT-Drs. 13/115, 7.
[20] LG Oldenburg GRUR 1996, 487 (488) – Videothek-Treffpunkt; Dreier/Schulze/*Schulze* UrhG § 27 Rn. 10; DKMH/*Dreyer* UrhG § 27 Rn. 15; zur alten Rechtslage BGH GRUR 1985, 131 (132) – Zeitschriftenauslage beim Friseur; BGH GRUR 1985, 134 – Zeitschriftenauslage in Wartezimmern; BGH GRUR 1986, 736 (738) – Schallplattenvermietung.
[21] Dazu → Rn. 10.
[22] *v. Lewinski*, Die urheberrechtliche Vergütung für das Vermieten und Verleihen von Werkstücken, S. 11.
[23] Dazu → § 17 Rn. 59 ff.

nach dem Gesetzeszweck[24] um eine Rechtseinräumung handeln, bei der sich der Urheber seines eigenen Verbotsrechts begibt; solange er sein ausschließliches Recht weiter selbst ausüben oder durch eine Verwertungsgesellschaft für sich ausüben lassen kann, bedarf er keines Vergütungsanspruchs.[25] In der Regel wird dies die vertragliche Einräumung eines ausschließlichen Nutzungsrechts (§ 31 Abs. 3) oder die Rechtseinräumung aufgrund einer gesetzlichen Auslegungsregel oder kraft gesetzlicher Fiktion sein, so in den Fällen des § 92 und des § 137e Abs. 4.

3. Anspruchsinhaber und -verpflichtete

Inhaber des Anspruchs sind neben den Urhebern auch Verfasser wissenschaftlicher Ausgaben (§ 70 **9** Abs. 1), Herausgeber einer editio princeps (§ 71 Abs. 1 S. 3), Lichtbildner (§ 72 Abs. 1) und ausübende Künstler (§ 77 Abs. 2 S. 2), nicht dagegen Datenbankhersteller, Sendeunternehmen sowie Tonträger- und Filmhersteller, § 27 Abs. 1 ist in §§ 87b Abs. 2, 87 Abs. 4, 85 Abs. 4 und 94 Abs. 4 nicht genannt. Der Anspruch richtet sich nicht gegen den Produzenten, sondern gegen den Vermieter der Werkstücke.[26] Der Gesetzgeber knüpfte damit an die bisherige Konzeption des Vergütungsanspruchs an, die sich gerade unter Einschaltung der Verwertungsgesellschaften bewährt hatte. Zudem ging er mit Recht davon aus, dass diese Lösung den Urhebern und ausübenden Künstlern die stärkeren Garantien für die Durchsetzung einer echten finanziellen Beteiligung an den Vermieterlösen geben würde, während eine Ausrichtung des Anspruchs auf den Produzenten diesem mehr Verhandlungsmacht gegeben und eine vollständigere Kontrolle über die Gesamtfinanzierung seiner Produktion ermöglicht hätte.[27] Damit ist der Vermieter zwar einer doppelten Belastung ausgesetzt, indem er einerseits für den Erwerb des Vermietrechts an den Film- oder Tonträgerhersteller zu zahlen hat, andererseits zur Zahlung der Vergütung nach § 27 Abs. 1 an die Verwertungsgesellschaften verpflichtet ist. Dies ist vom Gesetzgeber jedoch so beabsichtigt; der Vermieter hat dies in den Mietpreis einzukalkulieren.[28] Da es sich nicht um einen deliktischen Anspruch handelt,[29] haften mehrere Vermieter nicht nach § 840 BGB als Gesamtschuldner.[30]

4. Unverzichtbarkeit und Abtretbarkeit

Mit der **Unverzichtbarkeit** des Vergütungsanspruchs nach Abs. 1 S. 2 wird Art. 5 Abs. 2 der **10** Richtlinie umgesetzt. Diese Regelung soll Urheber und ausübende Künstler vor unvorteilhaften Entäußerungen ihrer Rechte in der Verhandlungssituation gegenüber Tonträger- oder Filmproduzenten schützen.[31] Die grundsätzliche **Abtretbarkeit** des Anspruchs ergibt sich aus Abs. 1 S. 3. Nach dieser Vorschrift ist der Anspruch aber im Voraus, dh vor seiner Entstehung, nur an eine Verwertungsgesellschaft abtretbar, also insbesondere nicht an die Produzenten, denen das Vermietrecht eingeräumt wird. Nach seiner Entstehung wird eine Abtretung an Dritte schon aus praktischen Gründen nicht in Frage kommen, nicht zuletzt deswegen, weil der Anspruch gemäß Abs. 3 nur durch eine Verwertungsgesellschaft geltend gemacht werden kann.[32] Eine Abtretung erfolgt nach §§ 398 ff. BGB.[33]

III. Vergütungsanspruch beim Verleihen

1. Übersicht

Im Gegensatz zum Vermietrecht hat der Gesetzgeber mit dem 3. UrhGÄndG das Verleihrecht **11** **nicht als Verbotsrecht** ausgestaltet, sondern von der durch Art. 6 der Vermiet- und Verleihrechtsrichtlinie eröffneten Möglichkeit Gebrauch gemacht und es beim gesetzlichen Vergütungsanspruch für das öffentliche Verleihen belassen. Mit dieser Entscheidung sollte der kultur-, bildungs- und erziehungspolitischen Aufgabenstellung der öffentlichen Bibliotheken und der damit verbundenen sozialpolitischen Komponente der bisherige Handlungsspielraum gesichert werden.[34] Im Kern konnte es somit bei der früheren Regelung des § 27 Abs. 1 aF, die nunmehr in Abs. 2 enthalten ist, bleiben.[35] Der Vergütungsanspruch steht nicht nur den Urhebern, sondern auch Verfassern wissenschaftlicher Ausgaben (§ 70 Abs. 1), Herausgebern einer editio princeps (§ 71 Abs. 1 S. 3), Lichtbildnern (§ 72 Abs. 1), ausübenden Künstlern (§ 77 Abs. 2 S. 2) und im Gegensatz zum Anspruch aus Abs. 1 auch Tonträgerherstellern (§ 85 Abs. 4), Datenbankherstellern (§ 87b Abs. 2) und Filmherstellern (§ 94 Abs. 4, § 95) zu, nicht aber Sendeunternehmen.

---

[24] Dazu → Rn. 6.
[25] AmtlBegr. BT-Drs. 13/115, 13.
[26] Dreier/Schulze/*Schulze* UrhG § 27 Rn. 12; Büscher/Dittmer/Schiwy/*Haberstumpf* Kap. 10 UrhG § 27 Rn. 3.
[27] AmtlBegr. BT-Drs. 13/115, 14.
[28] Dreier/Schulze/*Schulze* UrhG § 27 Rn. 12; Büscher/Dittmer/Schiwy/*Haberstumpf* Kap. 10 UrhG § 27 Rn. 3.
[29] Zur Rechtsnatur vgl. → Rn. 7.
[30] Im Ergebnis auch LG Oldenburg GRUR 1996, 487 (488) – Videothek-Treffpunkt.
[31] AmtlBegr. BT-Drs. 13/115, 14.
[32] S. auch. *v. Lewinski* ZUM 1995, 442 (446).
[33] Vgl. → Rn. 7.
[34] AmtlBegr. zum 3. UrhGÄndG, BT-Drs. 13/115, 8.
[35] AmtlBegr. BT-Drs. 13/115, 13.

12   Der **Zweck des Vergütungsanspruchs nach Abs. 2** besteht in einer **Kompensation für den Verlust potentieller Vergütungsvorgänge.** Das Verbreitungsrecht erschöpft sich beim ersten Inverkehrbringen der Werkstücke mit Zustimmung des Berechtigten, hiervon ist das Verleihen im Gegensatz zur Vermietung nicht ausgenommen. Der Urheber (oder sonstige Berechtigte) kann damit die weitere Verbreitung einschließlich des Verleihens nicht untersagen. Das würde in Fällen, in denen sich Endnutzer den Kauf von Werkstücken durch deren Leihe ersparen, dazu führen, dass dem Urheber (bzw. dem sonstigen Berechtigten) potentielle Vergütungen entgehen, und dem Grundsatz widersprechen, dass der Urheber an den Nutzungen seines Werks angemessen zu beteiligen ist. Die Regelung des § 27 Abs. 2 trägt dem Rechnung, indem sie einen Vergütungsanspruch gewährt. Diese Regelung verstößt weder gegen Art. 14 Abs. 1 S. 1 GG noch gegen Art. 3 Abs. 1 GG.[36]

13   Damit gilt für das Verleihen von Werkstücken Folgendes: Solange das Werkstück nicht iSd § 17 Abs. 2 mit Zustimmung des Berechtigten im Wege der Veräußerung in den Verkehr gebracht worden ist, besteht das Verleihrecht als ausschließliches Recht, dh der Urheber (oder sonstige Berechtigte) kann das Verleihen untersagen. Nach dem Inverkehrbringen ist das Verleihrecht gemäß § 17 Abs. 2 erschöpft; das weitere Verleihen kann nicht mehr untersagt werden. Erfolgt das Verleihen durch eine der Öffentlichkeit zugängliche Einrichtung,[37] so besteht der Vergütungsanspruch nach Abs. 2.

14   § 27 Abs. 2 erfasst auch den öffentlichen **Verleih von Computerprogrammen.** Während des Gesetzgebungsverfahrens war äußerst umstritten, ob insoweit ein Verbotsrecht eingeführt werden sollte. In der Computerprogrammrichtlinie war das Verleihen von Computerprogrammen nicht geregelt worden;[38] der Gesetzgeber hatte bei der Umsetzung der Computerprogrammrichtlinie gegenüber Forderungen auf Einführung eines solchen Verbotsrechts auf die Umsetzung der Vermiet- und Verleihrechtsrichtlinie verwiesen.[39] Bei deren Umsetzung wurde von den Verbänden der Softwarehersteller und -anbieter erneut ein Verbotsrecht mit der Begründung verlangt, dass der Verleih von Computerprogrammen durch öffentliche Bibliotheken eine Quelle für das unerlaubte Kopieren von Software sei; zumindest der Verleih bestimmter Computerprogramme müsse untersagt werden können.[40] Nach einer Selbstverpflichtungserklärung der öffentlichen Bibliotheken zur Einschränkung der Ausleihe von Computerprogrammen[41] nahm der Gesetzgeber von der Einführung eines Verbotsrechts Abstand und beließ es beim Vergütungsanspruch nach Abs. 2. Nach dieser Selbstverpflichtungserklärung, die der Entwicklung angepasst wird, werden Systemsteuerungsprogramme, Kommunikationssoftware, Textverarbeitungsprogramme, Tabellenkalkulationsprogramme, Grafik- und CAD-Programme sowie allgemeine Datenhaltungsprogramme nur mit Gestattung der Rechtsinhaber an Bibliotheksbenutzer verliehen.

15   Unter § 27 Abs. 2 fällt auch der Verleih von **E-Books.** Voraussetzung dafür ist, dass während der Leihfrist nur eine einzige Kopie heruntergeladen werden kann und der Nutzer die Kopie nach Ablauf der Leihfrist nicht mehr nutzen kann.[42] Unter diesen Umständen entspricht das Verleihen von E-Books dem Verleihen gedruckter Exemplare: die Verleihkapazität der Bibliothek wird nicht vergrößert und das Verleihen ist befristet.[43] Mit Art. 6 der Vermiet- und Verleihrechtsrichtlinie steht das in Einklang.[44]

2. Anspruchsvoraussetzungen

16   Der Vergütungsanspruch nach Abs. 2 setzt voraus, dass es sich um das **Verleihen** von Originalen oder Vervielfältigungsstücken eines Werkes handelt, weiter, dass die Weiterverbreitung der Werkstücke nach § 17 Abs. 2 zulässig, also das **Verbreitungsrecht erschöpft** ist[45] und schließlich, dass das Verleihen durch eine **der Öffentlichkeit zugängliche Einrichtung** erfolgt. Während § 27 aF nur das Verleihen von Vervielfältigungsstücken betraf, erfasst § 27 seit seiner Novellierung durch das 3. UrhGÄndG auch das Verleihen von Originalen. **Ausgenommen** vom Vergütungsanspruch sind in entsprechender Anwendung des § 17 Abs. 3 S. 2 das Verleihen von Bauwerken, Werken der angewandten Kunst sowie das Verleihen im Rahmen von Arbeits- und Dienstverhältnissen.[46]

17   Der **Begriff des Verleihens** ist in Abs. 2 S. 2 definiert. Es muss sich um eine **zeitlich begrenzte Gebrauchsüberlassung** handeln. Insoweit entspricht der Begriff des Verleihens dem der Vermietung.[47] Insbesondere muss es sich um die **Überlassung körperlicher Werkstücke** handeln; die **Online-Übertragung** von Werken stellt grundsätzlich kein Verleihen dar, weil es sich hierbei nicht um

---

[36] BVerfG GRUR 1988, 687 – Zeitschriftenauslage.
[37] Dazu → Rn. 20.
[38] 16. Erwgr. der Richtlinie 91/250/EWG.
[39] AmtlBegr. zum 2. UrhGÄndG, BT-Drs. 12/4022, 12.
[40] AmtlBegr. zum 3. UrhGÄndG, BT-Drs. 13/115, 9.
[41] Abgedruckt in Bibliotheksdienst 1995, 1833.
[42] EuGH GRUR 2016, 1266 Rn. 54 – VOB/Stichting; Fromm/Nordemann/*Boddien*, UrhG § 27 Rn. 19a.
[43] EuGH GRUR 2016, 1266 Rn. 53 – VOB/Stichting.
[44] EuGH GRUR 2016, 1266 Rn. 54 – VOB/Stichting.
[45] Zur Erschöpfung vgl. → § 17 Rn. 35 ff.
[46] § 27 Abs. 2 S. 2 Hs. 2; dazu → § 17 Rn. 68 f.
[47] Vgl. dazu → § 17 Rn. 59 ff.; das dort zum Einfluss der Le Corbusier-Entscheidung des EuGH Gesagte gilt auch für das Verleihrecht.

eine zeitlich begrenzte Gebrauchsüberlassung von Gegenständen handelt;[48] eine Ausnahme bildet das Verleihen von E-Books.[49] Insoweit hat der EuGH zwar digitale Werke in den Anwendungsbereich der Vermiet- und Verleihrechtsrichtlinie einbezogen; ist aber in Anwendung des Art. 6 Abs. 1 der Richtlinie nicht von einer Pflicht der Mitgliedstaaten ausgegangen, das E-Lending generell zu erlauben.[50]

Im Übrigen ist der Begriff des Verleihens als Gegenstück zur Vermietung konzipiert: während die **18** Vermietung unmittelbar oder mittelbar Erwerbszwecken dienen muss (§ 17 Abs. 3 S. 1), darf das beim Verleihen nicht der Fall sein. Es braucht kein Leihverhältnis iSd §§ 598 ff. BGB vorzuliegen;[51] es ist weder auf einen alleinigen unmittelbaren Besitz beim Entleiher abzustellen,[52] noch kommt es auf die Unentgeltlichkeit der Gebrauchsüberlassung an. Maßgeblich ist allein, dass die zeitlich begrenzte Gebrauchsüberlassung keinen Erwerbszwecken dient; ist das doch der Fall, so handelt es sich um Vermietung. Beim Begriff des Erwerbszwecks kann von dem entsprechenden Begriff in § 17[53] ausgegangen werden.[54] Danach liegt ein Erwerbszweck vor, wenn die Gebrauchsüberlassung der Werkstücke den **wirtschaftlichen Interessen** des Verleihers dient.[55] Nach den Erwägungsgründen der Richtlinie, die bei der Auslegung zu berücksichtigen sind,[56] dient die Gebrauchsüberlassung nicht Erwerbszwecken, wenn bei einem Verleihen durch eine der Öffentlichkeit zugängliche Einrichtung ein Entgelt gezahlt wird, dessen Betrag das für die Deckung der Verwaltungskosten der Einrichtung erforderliche Maß nicht überschreitet.[57]

Ferner fällt unter Verleihen im Sinne der Richtlinie nicht die „Überlassung zwischen der Öffent- **19** lichkeit zugänglichen Einrichtungen" sowie die „Überlassung zu Ausstellungszwecken oder zur Einsichtnahme an Ort und Stelle".[58] Umstritten ist, ob daraus der Schluss zu ziehen ist, dass die **Präsenznutzung in Bibliotheken** nicht als Verleihen iSd § 27 Abs. 2 S. 2 anzusehen ist.[59] In der Amtl. Begr. zu § 27 wird darauf hingewiesen, dass Aussagen der Erwägungsgründe am bindenden Charakter der Richtlinie nicht teilnehmen. Der deutsche Gesetzgeber wollte zwar gegen den 10. Erwägungsgrund nicht verstoßen, aber an der bisher bestehenden Rechtslage nichts ändern.[60] Diese erlaubte durchaus, die Präsenznutzung in Bibliotheken als Gebrauchsüberlassung zu erfassen.[61] Vom Sinn und Zweck der Richtlinie spricht vieles dafür, auch die Präsenznutzung in Bibliotheken als Verleihvorgang zu erfassen. Wie die anderen europäischen Richtlinien bezweckt auch die Vermiet- und Verleihrechtsrichtlinie eine angemessene Vergütung der Urheber und ausübenden Künstler und sieht zu diesem Zweck einen angemessenen Schutz von urheberrechtlich geschützten Werken vor.[62] In der Intensität der Werknutzung und der damit verbundenen Inanspruchnahme der schöpferischen Leistung besteht zwischen der Präsenznutzung in Bibliotheken und der Ausleihe kein nennenswerter Unterschied. Da die Ausleihe unzweifelhaft als Verleihen erfasst wird, erscheint es von der Zielsetzung der Richtlinie her nicht sinnvoll, die Präsenznutzung anders zu behandeln.[63]

Beim Begriff der **der Öffentlichkeit zugänglichen Einrichtung** lässt sich an das Verständnis des **20** gleichlautenden Tatbestandsmerkmals in § 27 Abs. 1 aF anknüpfen; weder die Vermiet- und Verleihrechtsrichtlinie noch das Gesetzgebungsverfahren bei ihrer Umsetzung geben Anhaltspunkte für einen abweichenden Begriff, vielmehr sollte es im Kern bei der bisherigen Regelung bleiben.[64] Das Gesetz nennt als Beispiele Büchereien sowie Sammlungen von Bild- oder Tonträgern oder anderer Originale oder Vervielfältigungsstücke. Daraus ergibt sich, dass es sich bei der **Einrichtung** um eine Institution handeln muss, die Vervielfältigungsstücke systematisch sammelt und dem Benutzer zur Verfügung stellt.[65] Der Begriff der **Öffentlichkeit** beurteilt sich grundsätzlich nach § 15 Abs. 3;[66] allerdings hat

---

[48] DKMH/*Dreyer* UrhG § 27 Rn. 20.
[49] Dazu → Rn. 15.
[50] EuGH GRUR 2016, 1266 Rn. 65 – VOB/Stichting; sa Stellungnahme der GRUR ua zum E-Lending GRUR 2017, 594 (599); *Specht* FS Schulze, 2017, 413 (416).
[51] LG München I GRUR-RR 2003, 300 (302) – Bibliothekantieme; Dreier/Schulze/*Schulze* UrhG § 27 Rn. 17; DKMH/*Dreyer* UrhG § 27 Rn. 39; *Erdmann* FS Brandner, 1996, 361 (369).
[52] LG München I GRUR-RR 2003, 300 (302) – Bibliothekantieme.
[53] → § 17 Rn. 67.
[54] Wandtke/Bullinger/*Heerma* UrhR, § 27 Rn. 11.
[55] BGH GRUR 1972, 617 (618) – Werkbücherei; Dreier/Schulze/*Schulze* UrhG § 27 Rn. 18; *Jacobs* GRUR 1998, 246 (249).
[56] Vgl. → Rn. 2.
[57] Richtlinie 2006/115/EG Erwgr. 11.
[58] Richtlinie 2006/115/EG Erwgr. 10.
[59] So Wandtke/Bullinger/*Heerma*, UrhR, UrhG § 27 Rn. 11; Büscher/Dittmer/Schiwy/*Haberstumpf* Kap. 10 UrhG § 27 Rn. 5; *Jacobs* GRUR 1998, 246 (249); aA (also Präsenznutzung stellt ein Verleihen dar) LG München I GRUR-RR 2003, 300 (303) – Bibliothekantieme; Dreier/Schulze/*Schulze* UrhG § 27 Rn. 17; Fromm/Nordemann/*Boddien* UrhG § 27 Rn. 16; *Erdmann* FS Brandner, 1996, 361 (369); zur entsprechenden Problematik bei der Vermietung → § 17 Rn. 66; sa *Schack* Rn. 508.
[60] AmtlBegr. BT-Drs. 13/115, 13.
[61] Vgl. Schricker/Loewenheim/*Loewenheim* (1. Aufl.) § 27 Rn. 6.
[62] Vgl. nur Erwgr. 2 ff. der Richtlinie; sa *Erdmann* FS Brandner, 1996, 361 (368).
[63] Zur entsprechenden Problematik bei der Vermietung → § 17 Rn. 66.
[64] AmtlBegr. BT-Drs. 13/115, 13; sa *Erdmann* FS Brandner, 1996, 361 (373).
[65] S. auch *Loewenheim* GRUR 1980, 550 (558 f.); *v. Lewinski* S. 26.
[66] Fromm/Nordemann/*Boddien* UrhG § 27 Rn. 21; DKMH/*Dreyer* UrhG § 27 Rn. 40.

die Auslegung sich auch an der Vermiet- und Verleihrechtsrichtlinie zur orientieren. Zur Öffentlichkeit gehört danach jeder, der nicht mit der verleihenden Institution oder anderen Benutzern durch persönliche Beziehungen verbunden ist.[67] Der Öffentlichkeit zugängliche Einrichtungen sind demnach die **Bibliotheken und Sammlungen des Staates,** der Gemeinden und anderer öffentlicher Körperschaften, zB Staatsbibliotheken, Stadt- und Universitätsbibliotheken, Gemeindebüchereien, Volksbüchereien, kirchliche Bibliotheken sowie Behördenbibliotheken, sofern sie von der Öffentlichkeit mitbenutzt werden können, zB Rechtsanwälten zugängliche Gerichtsbibliotheken; auch die meisten Instituts- und Seminarbibliotheken der Universitäten sind der Öffentlichkeit zugänglich. Ebenso fallen aber **nichtstaatliche Bibliotheken und Sammlungen** unter Abs. 2, sofern sie der Öffentlichkeit zugänglich sind.

3. Vergütungsanspruch

21 Der Anspruch aus § 27 Abs. 2 (Bibliothekstantieme) steht neben den Urhebern kraft Verweisung auch Verfassern wissenschaftlicher Ausgaben (§ 70 Abs. 1), Herausgebern einer editio princeps (§ 71 Abs. 1 S. 3), Lichtbildnern (§ 72 Abs. 1), ausübenden Künstlern (§ 77 Abs. 2 S. 2), Datenbankherstellern (§ 87b Abs. 2), Tonträgerherstellern (§ 85 Abs. 4) und Filmherstellern (§ 94 Abs. 4) zu, nicht aber Sendeunternehmen. Ebenso wie der Anspruch aus Abs. 1 stellt der Anspruch aus Abs. 2 kein Verwertungsrecht iSd § 15 dar, sondern einen besonderen, aus dem Urheberrecht fließenden **vermögensrechtlichen Anspruch eigener Art.**[68] Insbesondere handelt es sich nicht um eine Nachwirkung des Verbreitungsrechts, das auch nicht in einer zu einem Vergütungsanspruch abgeschwächten Form fortbesteht.[69] Der Anspruch ist schuldrechtlicher Natur und unterliegt nicht der Regelung des § 29.[70] Er richtet sich gegen den Verleiher. Unverzichtbarkeit und Abtretbarkeit im Voraus nur an eine Verwertungsgesellschaft sind beim Anspruch nach Abs. 2 zwar im Gegensatz zu Abs. 1 nicht ausdrücklich geregelt. Die Schutzbedürftigkeit der Urheber spricht aber für eine Gleichbehandlung, ebenso die Regelung in § 63a. § 27 Abs. 1 S. 2 und 3 sollten also auf den Anspruch nach Abs. 2 entsprechend angewendet werden.[71]

22 Bei der **Höhe des Anspruchs** hat sich der Gesetzgeber – dem Wortlaut der Richtlinie (Art. 5) entsprechend – auf den unbestimmten Rechtsbegriff der Angemessenheit beschränkt. Der Begriff ist in allen Mitgliedstaaten einheitlich auszulegen, jedoch kann jeder Mitgliedstaat für sein Gebiet die Kriterien innerhalb der Grenzen des Gemeinschaftsrechts und der Richtlinie eigenständig festsetzen.[72] Die Angemessenheit ist insbesondere anhand des wirtschaftlichen Wertes der Nutzung zu ermitteln.[73] Dabei soll die Vergütung den Nachteil kompensieren, der den Urhebern durch die ohne ihre Genehmigung erfolgte Nutzung ihrer Werke entsteht.[74] Die Größe dieses Nachteils ist abhängig von der Anzahl der geschützten Objekte, die durch die öffentliche Einrichtung zum Gebrauch überlassen werden und von der Anzahl der Entleiher;[75] kann allerdings nicht ausschließlich von der Anzahl der Entleiher abhängig gemacht werden.[76] In diesem Rahmen ist zu berücksichtigen, dass der Kreis der Berechtigten durch das 3. UrhGÄndG erweitert wurde und mit dem Leistungsschutzberechtigten neue Anspruchsinhaber hinzugekommen sind. Deren Ansprüche können aus dem bisherigen, für die Urheber bestimmten Aufkommen nicht gedeckt werden.[77] Der Gesetzgeber hat zwar unter dem Aspekt, dass die Vergütungsschuldner nicht unbegrenzt belastbar sind, die Gefahr einer Schmälerung der Urhebervergütung für den öffentlichen Verleih durch das Hinzutreten anderer Anspruchsberechtigter angesprochen,[78] ist aber doch davon ausgegangen, dass sich das 3. UrhGÄndG durch die Erweiterung der an der Bibliothektantieme zu Beteiligenden tendenziell kostenerhöhend auf die öffentlichen Haushalte auswirkt.[79]

IV. Verwertungsgesellschaftenpflichtigkeit

23 Die Vergütungsansprüche nach Abs. 1 und 2 können gemäß Abs. 3 **nur durch eine Verwertungsgesellschaft geltend gemacht** werden. Für den Anspruch nach § 27 aF bestand diese Regelung seit 1972; maßgeblich für diese Regelung waren Gründe der Praktikabilität gewesen: Die

---

[67] Schriftl. Bericht des Rechtsausschusses, BT-Drs. VI/3264, 5.
[68] Dreier/Schulze/*Schulze* UrhG § 27 Rn. 23.
[69] BGH GRUR 1985, 131 (132) – Zeitschriftenauslage beim Friseur; BGH GRUR 1985, 134 – Zeitschriftenauslage in Wartezimmern; BGH GRUR 1986, 736 (738) – Schallplattenvermietung.
[70] Dreier/Schulze/*Schulze* UrhG § 27 Rn. 23.
[71] Im Ergebnis ebenso Dreier/Schulze/*Schulze* UrhG § 27 Rn. 25; DKMH/*Dreyer* UrhG § 27 Rn. 42; → § 29 Rn. 16.
[72] EuGH GRUR 2003, 325 Rn. 34 – SENS/NOS, zu Art. 8 Abs. 2 der Richtlinie 92/100/EWG.
[73] EuGH GRUR 2003, 325 Rn. 37 – SENS/NOS, zu Art. 8 Abs. 2 der Richtlinie 92/100/EWG.
[74] EuGH GRUR 2011, 913 Rn. 37 – Vewa; vgl. auch EuGH GRUR 2011, 50 Rn. 29 ff. – Padawan/SGAE.
[75] EuGH GRUR 2011, 913 Rn. 38 f. – Vewa.
[76] EuGH GRUR 2011, 913 Rn. 43 – Vewa.
[77] Vgl. auch *Kröber* ZUM 1995, 857.
[78] BT-Drs. 13/115, 8.
[79] BT-Drs. 13/115, 2.

Ansprüche sollten gebündelt, die Anwendung des Wahrnehmungsgesetzes sichergestellt und die Einführung eines Sozialfonds erleichtert werden.[80] Mit der Regelung in Abs. 3 hat der Gesetzgeber an die positiven Erfahrungen mit der Wahrnehmung der Ansprüche durch die Verwertungsgesellschaften angeknüpft, bezüglich des Anspruchs nach Abs. 1 hat er dabei von der Möglichkeit des Art. 4 Abs. 4 der Vermiet- und Verleihrechtsrichtlinie Gebrauch gemacht. Die Verwertungsgesellschaftenpflichtigkeit gilt kraft Verweisung auch für die übrigen Vergütungsberechtigten, nämlich ausübende Künstler (§ 77 Abs. 2 S. 2), Datenbankhersteller (§ 87b Abs. 2), Tonträgerhersteller (§ 85 Abs. 4) und Filmhersteller (§ 94 Abs. 4), ferner für Herausgeber wissenschaftlicher Ausgaben (§ 70 Abs. 1 und 2) und nachgelassener Werke (§ 71 Abs. 1 S. 3) sowie Lichtbildner (§ 70 Abs. 1 und 2). Zur Geltendmachung der Ansprüche werden die entsprechenden Nutzungsrechte von den Berechtigten den Verwertungsgesellschaften durch entsprechende Wahrnehmungsverträge treuhänderisch zur Wahrnehmung eingeräumt. Zur gesetzlichen Vermutung der Wahrnehmungsbefugnis der Verwertungsgesellschaften vgl. 49 VGG;[81] diese Vermutung erstreckt sich auch auf die Geltendmachung von Vergütungsansprüchen nach § 27 Abs. 1 UrhG aus der Vermietung von Bildtonträgern ausländischer Herkunft[82] und aus Verträgen, welche die Vergütungsansprüche nach § 27 UrhG zum Gegenstand haben.[83]

Für Bildtonträger werden die Rechte der Urheber von der **Zentralstelle für Videovermietung** 24 (ZVV) wahrgenommen, in der die GEMA, die VG Wort, die VG Bild-Kunst, die GÜFA, die GWFF und die GVL unter Federführung der GEMA zusammengeschlossen sind. Für die Bibliothekstantieme werden die Rechte der Urheber von der **Zentralstelle Bibliothekstantieme** (ZBT) wahrgenommen, deren Gesellschafter die VG Wort, die VG Bild-Kunst, die GEMA, die VG Musikedition, die GVL, die VGF, die GWFF und VFF sind. für die Ansprüche aus § 27 Abs. 2 besteht seit Ende 2017 ein Gesamtvertrag zwischen Bund und Ländern sowie den Verwertungsgesellschaften VG WORT, GEMA, GVL, GWFF, VFF, VG Bild-Kunst, VG Musikedition und VGF.[84]

Abschnitt 5. Rechtsverkehr im Urheberrecht

Unterabschnitt 1. Rechtsnachfolge in das Urheberrecht

§ 28 Vererbung des Urheberrechts

(1) **Das Urheberrecht ist vererblich.**

(2) [1]**Der Urheber kann durch letztwillige Verfügung die Ausübung des Urheberrechts einem Testamentsvollstrecker übertragen.** [2]**§ 2210 des Bürgerlichen Gesetzbuchs ist nicht anzuwenden.**

Schrifttum: *Budzikiewicz,* Digitaler Nachlass, AcP 218 (2018) 558; *Clément,* Urheberrecht und Erbrecht, 1993; *Eggersberger,* Die Übertragbarkeit des Urheberrechts in historischer und rechtsvergleichender Sicht, 1991; *Gergen,* Zur Schnittmenge von Erbrecht und Urheberrecht: die Nachfolge in die Rechte eines verstorbenen Urhebers, ZErb 2009, 42; *Gloser,* Die Rechtsnachfolge in das Urheberrecht, 2012; *ders.,* Urheberrechte im Nachlass, DNotZ 2013, 497; *Gomille,* Information als Nachlassgegenstand, ZUM 2018, 660; *Ludyga,* Entschädigung in Geld und postmortale Verletzung des Urheberpersönlichkeitsrechts, ZUM 2014, 374; *Schack,* Das Persönlichkeitsrecht der Urheber und ausübenden Künstler nach dem Tode, GRUR 1985, 352; *Sorge,* Digitaler Nachlass als Knäuel von Rechtsverhältnissen, MMR 2018, 372; *v. Welser,* Die Wahrnehmung urheberpersönlichkeitsrechtlicher Befugnisse durch Dritte, 2000.

Übersicht[*]

---

[80] Vgl. BT-Drs. IV/1076, 2.

[81] Bis 31.5.2016 § 13c Abs. 2 UrhWG.

[82] BGH GRUR 1989, 819 – Gesetzliche Vermutung I (noch zu § 13b Abs. 2 UrhWG).

[83] BGH GRUR 1991, 595 – Gesetzliche Vermutung II (noch zu § 13b Abs. 2 UrhWG).

[84] Abrufbar unter https://www.bibliotheksverband.de/fileadmin/user_upload/DBV/vereinbarungen/20171213_Gesamtvertrag__27_Bibliothekstantieme.pdf.

[*] Die folgenden Erläuterungen beruhen teilweise auf den von *Schricker* verfassten und in der 4. Aufl. von *Loewenheim* aktualisierten Kommentierungen vor §§ 28 ff. und zu § 28.

I. Allgemeines

1. Zweck und Bedeutung der Norm

1   Die Vererblichkeit des Urheberrechts als Vermögensrecht ergibt sich bereits aus allgemeinen Grundsätzen. § 28 Abs. 1 stellt aber klar, dass das **gesamte Urheberrecht einschließlich des Urheberpersönlichkeitsrechts vererblich ist.** Der Rechtsnachfolger hat gemäß § 30 grundsätzlich alle dem Urheber zustehenden Rechte.[1] Um die Verwirklichung erbrechtlicher Regelungen zu ermöglichen, erlaubt das Gesetz in § 29 Abs. 1 ausnahmsweise sogar eine Übertragung des Urheberrechts unter Lebenden.[2] § 28 Abs. 2 S. 2 gestattet in Abweichung von den allgemeinen erbrechtlichen Vorschriften eine nicht auf 30 Jahre befristete, sondern während der gesamten Schutzfrist andauernde Testamentsvollstreckung.

2   Hinsichtlich der Rechtsnachfolge von Todes wegen unterscheidet sich das Urheberpersönlichkeitsrecht von anderen Persönlichkeitsrechten, insbesondere dem **allgemeinen Persönlichkeitsrecht:** Letzteres ist in seiner ideellen Komponente unvererblich; es besteht lediglich ein begrenzter postmortaler Persönlichkeitsschutz, zu dessen Wahrung die nächsten Angehörigen berufen sind.[3] Vererblich ist dagegen die vermögensrechtliche Komponente.[4] Ist zB ein Wissenschaftler Mitautor eines posthum erscheinenden Werks, so steht es den Erben zu, gemäß § 13 vorzugehen, wenn der Verstorbene bei der Publikation nicht als Urheber genannt wird. Werden gegen den Verstorbenen hingegen unberechtigte Plagiatsvorwürfe erhoben, so ist es Sache der nächsten Angehörigen, die gekränkte postmortale Wissenschaftlerehre des Verstorbenen zu wahren.

2a   Vom **digitalen Nachlass** ist die Rede, wenn der Verstorbene Daten hinterlässt, beispielsweise digital gespeicherte Texte, Fotos oder Kommunikationsinhalte auf sozialen Netzwerken. An diesen Daten können verschiedenste Rechte bestehen, beispielsweise Urheberrechte an von dem Verstorbenen verfassten Werken oder Persönlichkeitsrechte. Auch können sie Gegenstand von Verträgen sein.[5] Je nach Vererblichkeit dieser Rechtspositionen erlangen die Erben ein Bündel von Rechten. Der Nutzungsvertrag mit dem Betreiber eines sozialen Netzwerks geht mit dem Tod des Kontoinhabers gem. § 1922 BGB auf dessen Erben über. Dem stehen weder persönlichkeits- oder datenschutzrechtliche Belange noch das Fernmeldegeheimnis entgegen.[6]

2. Entstehungsgeschichte

3   Bereits in § 8 Abs. 1 LUG, § 10 Abs. 1 KUG war bestimmt, dass das **Recht des Urhebers auf die Erben übergeht.**[7] Zur Zeit der Schaffung dieser Gesetze betrachtete man das Urheberrecht allerdings als auch durch Rechtsgeschäft unter Lebenden übertragbar. Da heute § 29 Abs. 1 die grundsätzliche Unübertragbarkeit unter Lebenden verfügt, erscheint die Klarstellung sinnvoll, dass das Urheberrecht – trotz seiner persönlichkeitsrechtlichen Komponente – gleichwohl vererblich bleibt. Allerdings ergibt sich dieser Umstand auch aus der das Leben des Urhebers überdauernden Schutzfrist.

4   Das geltende Gesetz hat die früher anwendbare Regel aufgehoben, dass das Urheberrecht, soweit es dem Erblasser zustand,[8] erlosch, wenn der **Fiskus oder eine andere juristische Person gesetzlicher Erbe** war.[9] Das hierin sich äußernde Misstrauen gegenüber der Ausübung des Urheberrechts durch juristische Personen und die Benachteiligung der Nachlassgläubiger erscheinen nicht gerechtfertigt.[10] Ein nach der alten Regelung erloschenes Urheberrecht wurde freilich – auch wenn die Schutzfrist an sich noch gelaufen wäre – durch das geltende Gesetz nicht wieder in Kraft gesetzt.[11]

---

[1] → § 30 Rn. 4 ff.

[2] → § 29 Rn. 12 ff.

[3] BGH NJW 2018, 3178 Rn. 53 mwN – Digitaler Nachlass; MüKoBGB/*Rixecker* Anhang zu § 12 Rn. 46 ff. mwN; Dreier/Schulze/*Schulze* UrhG § 28 Rn. 2. Entschädigungsansprüchen bei Persönlichkeitsrechtsverletzung, die schon zu Lebzeiten des Erblassers entstanden sind, sind nach, freilich umstrittener, Rechtsprechung nicht vererblich: BGH GRUR 2014, 702 Rn. 8 ff. – Berichterstattung über trauernden Entertainer; OLG Köln GRUR 2018, 1081 – Kohl-Protokolle; krit. *Beuthien* GRUR 2018, 1021 ff.

[4] BGH GRUR 2000, 709 (712) – Marlene Dietrich; hierzu BVerfG GRUR 2006, 1049; BGH GRUR 2007, 168 Rn. 12 ff. – kinski-klaus.de; *Beuthien* NJW 2003, 1220 ff.; *Götting* NJW 2000, 585 ff. u. GRUR 2004, 801; kritisch *Peukert* ZUM 2000, 710 ff.; *Schack* JZ 2000, 1060.

[5] Vgl. den Überblick bei *Budzikiewicz* AcP 218 (2018), 558 ff.; *Gomille* ZUM 2018, 660 ff. und *Sorge* MMR 2018, 372 ff.

[6] BGH NJW 2018, 3178 – Digitaler Nachlass.

[7] S. zur historischen Entwicklung *Eggersberger* S. 59 ff., 68 f., 91 ff.; *Gloser* S. 5 ff.

[8] Also nicht ganz oder teilweise bereits übertragen war.

[9] § 8 Abs. 2 LUG, § 10 Abs. 2 KUG; Beispiel bei Fromm/Nordemann/*J. B. Nordemann* UrhG § 28 Rn. 2.

[10] Amtl. Begr. BT-Drs. IV/270, 55; *Ulmer* § 81; *Gloser* S. 20.

[11] § 129 Abs. 1 S. 1; *v. Gamm* UrhG § 28 Rn. 1.

3. Unionsrechtlicher Rahmen

Die Rechtsnachfolge in das Urheberrecht ist bisher nicht Gegenstand unionsrechtlicher Regelun- **5** gen. Allerdings folgt die Vererblichkeit mittelbar aus Art. 1 Schutzdauer-RL: Wäre das Urheberrecht nicht vererblich, so wäre sein Fortbestehen nach dem Tod des Urhebers sinnlos. Auch in ausländischen Rechtsordnungen ist das Urheberrecht üblicherweise vererblich.[12] Allerdings können in Rechtsordnungen mit dualistischer Konzeption die Verwertungsrechte und das Urheberpersönlichkeitsrecht nach dem Tod des Urhebers unterschiedlich vererbt werden.[13]

II. Die Vererblichkeit des Urheberrechts (Abs. 1)

1. Gegenstand der Vererbung

Die Vererblichkeit gilt für das **Urheberrecht im Ganzen mit allen seinen Komponenten.** **6** Nicht nur die zwanglos unter den Begriff des „Vermögens" in § 1922 Abs. 1 BGB subsumierbaren **Verwertungsrechte** gehen auf den Erben über, sondern auch das **Urheberpersönlichkeitsrecht.**[14] Der monistischen Deutung des Urheberrechts entsprechend, bleiben beide Komponenten beim Erbfall verbunden.[15] Sowohl **Ausschließlichkeitsrechte** als auch **Vergütungsansprüche**[16] und **sonstige Rechte** des Urhebers werden vererbt.

Das Urheberrecht kann nur als Ganzes vererbt werden. Eine **Aufspaltung** außerhalb der in § 29 **7** Abs. 2 vorgesehenen Fälle ist in Anbetracht der Einheitlichkeit des Urheberrechts **nicht möglich.**[17] Der Erblasser kann jedoch von Todes wegen Nutzungsrechte einräumen. Ein solcher Wille kann sich auch durch Auslegung der letztwilligen Verfügung ergeben, wenn dort von einer Aufspaltung des Rechts die Rede ist. Auch kann eine Aufteilung der Erträge innerhalb der Erbengemeinschaft je nach Nutzungsarten gewollt sein.[18] Die Vererbung einzelner, vom Urheberrecht bereits **abgespaltener** und einem anderen eingeräumter **dinglicher Nutzungsrechte,** bereits entstandener **gesetzlicher Vergütungsansprüche** oder bezüglich des Urheberrechts vereinbarter **schuldrechtlicher Rechte** richtet sich beim Tod des jeweiligen Rechtsinhabers dagegen nach allgemeinen Vorschriften.[19]

Vererbt wird das Urheberrecht grundsätzlich **in der Lage, in der es sich beim Erblasser zum** **8** **Todeszeitpunkt befand.** Hatte der Erblasser **dingliche Nutzungsrechte** eingeräumt, so bestehen diese fort; auch in die Rechtsstellung des Erblassers aus **schuldrechtlichen Verträgen** über das Urheberrecht tritt der Erbe ein.[20] Im Einzelnen können sich allerdings Besonderheiten ergeben, so insbesondere hinsichtlich gewisser urheberpersönlichkeitsrechtlicher Positionen.[21]

§ 28 Abs. 1 gilt nicht nur für den Erbfall nach dem Urheber, sondern erlaubt beliebig oft die **Wei-** **9** **tervererbung,** solange das Recht nicht durch Ablauf der Schutzfrist erloschen ist.[22] Die Anregung, die mehrfache Vererbung lediglich im Kreis der nächsten Angehörigen zuzulassen und im Übrigen nur einmalige Vererbung zu erlauben, hat man mit Recht verworfen.[23]

2. Anwendung erbrechtlicher Vorschriften

Mit der Zulassung der Vererblichkeit eröffnet § 28 die Anwendung der **allgemeinen Vorschriften** **10** **des BGB (§§ 1922 ff.).** Möglich ist also Vererbung aufgrund **gesetzlicher Erbfolge** oder aufgrund **letztwilliger Verfügung,** dh durch Testament oder Erbvertrag.[24] Der Inhalt der letztwilligen Verfü-

---

[12] S. für Frankreich *Lucas/Lucas-Schloetter/Bernault* Rn. 663 ff.; *Eggersberger* S. 224 ff.; für Großbritannien Sec. 90 (1) CDPA 1988 und *Copinger/Skone James* Rn. 5–125 ff.; *Eggersberger* S. 253 ff.
[13] S. für Frankreich *Lucas-Schloetter* GRUR 2002, 809 (812 f.); *Eggersberger* S. 230 ff.; für Großbritannien Sec. 95 Copyright, Designs and Patents Act 1988.
[14] Im Einzelnen → Vor §§ 12 ff. Rn. 21 ff.; Dreier/Schulze/*Schulze* UrhG § 28 Rn. 2; Wandtke/Bullinger/*Hoche* UrhG § 28 Rn. 4; *Schack* GRUR 1985, 352 ff.; *v. Welser* S. 141 ff.
[15] *Ulmer* § 82.
[16] *Ulmer* § 82 II; die Vergütungsbefugnis als Stammrecht wird nach § 28 UrhG, der einzelne Vergütungsanspruch nach § 1922 BGB vererbt, vgl. *Rossbach* S. 149.
[17] Loewenheim/*A. Nordemann,* Handbuch des Urheberrechts, § 23 Rn. 21; Fromm/Nordemann/*J. B. Nordemann* UrhG § 28 Rn. 9; *Gloser* S. 365 ff.
[18] Loewenheim/*A. Nordemann,* Handbuch des Urheberrechts, § 23 Rn. 21; *Gloser* S. 366.
[19] §§ 1922 ff. BGB; → § 34 Rn. 19; für die Vererbung des Verlagsrechts *Schricker,* Verlagsrecht, VerlG § 28 Rn. 39 ff.; für gesetzliche Vergütungsansprüche *Rossbach* S. 149.
[20] OLG Frankfurt a. M. GRUR 2015, 374 Rn. 25 – Hessenlöwe; Dreier/Schulze/*Schulze* UrhG § 28 Rn. 4; DKMH/*Dreyer* UrhG § 28 Rn. 6; Wandtke/Bullinger/*Wandtke/Grunert* UrhG vor §§ 31 ff. Rn. 35; *Fromm* NJW 1966, 1244 (1246); → § 30 Rn. 11.
[21] → § 30 Rn. 13.
[22] Dreier/Schulze/*Schulze* UrhG § 28 Rn. 6; Fromm/Nordemann/*J. B. Nordemann* UrhG § 28 Rn. 10; Wandtke/Bullinger/*Hoche* UrhG § 28 Rn. 8; *Ulmer* § 81 II 2; DKMH/*Kotthoff* UrhG § 28 Rn. 5.
[23] Amtl. Begr. BT-Drs. IV/270, 55.
[24] Fromm/Nordemann/*J. B. Nordemann* UrhG § 28 Rn. 5; *Rehbinder* ZUM 1986, 365 (368 f.); *Clément* S. 33 ff.

gung kann **Erbeinsetzung**[25] sein, **Vermächtnis,**[26] auch Vorausvermächtnis zugunsten eines Miterben,[27] **Auflage,**[28] Anordnung der **Testamentsvollstreckung.**[29]

11   **Erbe kann** nach den allgemeinen Vorschriften des Erbrechts **sein, wer rechtsfähig ist** (vgl. auch § 1923 BGB). In Betracht kommen daher, anders als für die originäre Rechtsinhaberschaft (§ 7), auch juristische Personen des Privatrechts[30] wie der eV (§§ 21, 22 BGB), die AG (§ 1 AktG) und die GmbH (§ 13 Abs. 1 GmbHG) sowie juristische Personen des öffentlichen Rechts.[31] Interessante Gestaltungsmöglichkeiten für den Urheber bietet das Stiftungsrecht (§§ 80 ff. BGB).[32] Personengesellschaften können das Urheberrecht von Todes wegen erlangen, wenn sie Träger von Rechten und Pflichten sein können. Das gilt insbesondere für die OHG (§ 124 Abs. 1 HGB), die KG (§§ 161 Abs. 2, 124 Abs. 1 BGB), die Partnerschaft (§ 7 Abs. 2 PartGG, 124 Abs. 1 BGB), mittlerweile auch für die GbR und den nichtrechtsfähigen Verein (vgl. § 54 S. 1 BGB).[33]

12   Sind mehrere Erben berufen, so treten sie in das Verhältnis der bürgerlich-rechtlichen **Miterbengemeinschaft,** nicht dasjenige der Miturheberschaft des § 8 UrhG, da letzteres nur durch gemeinsame Werkschöpfung begründet wird.[34] Es gelten also die **§§ 2032 ff. BGB.** Insbesondere bedarf es für die Übertragung des Urheberrechts im Fall des § 29 Abs. 1, für die Einräumung von Nutzungsrechten[35] und für die Kündigung von Verlagsverträgen[36] der **Mitwirkung aller Miterben** (§ 2040 Abs. 1 BGB).[37] Dabei ist kein gleichzeitiges Handeln der Miterben erforderlich, sofern sich die Einzelakte zu einer einheitlichen Verfügung ergänzen.[38] Aus § 2038 Abs. 1 S. 2 Hs. 2 BGB ergibt sich ein **Notgeschäftsführungsrecht,** das zB die alleinige Geltendmachung fristgebundener Auskunftsansprüche durch einen Miterben rechtfertigen kann.[39] Jeder Miterbe kann **Leistung an alle Miterben** gemeinschaftlich verlangen (§ 2039 BGB), sofern der Anspruch nicht noch von weiteren Gestaltungsmaßnahmen der Gläubiger abhängt; selbst ein Widerspruch der Miterben lässt die Klagebefugnis unberührt.[40]

13   Hinsichtlich der Auseinandersetzung unter den Miterben kann der Erblasser **Teilungsanordnungen** treffen,[41] zB Verteilung des Urheberrechts an verschiedenen Werken unter die Miterben oder Zuteilung nur an einzelne von ihnen anordnen. Vermächtnisse oder Teilungsanordnungen können auch auf die Abspaltung und gesonderte Zuteilung von Nutzungsrechten abzielen.[42] Der Erblasser vermag über die Ausübung des Urheberpersönlichkeitsrechts gesondert zu disponieren, soweit hierüber unter Lebenden Regelungen getroffen werden können.[43]

14   Soweit das Urheberrecht in Erfüllung einer Verfügung von Todes wegen oder an Miterben im Weg der Erbauseinandersetzung zu übertragen ist, greift § 29 Abs. 1 Hs. 2 ein.[44]

III. Testamentsvollstreckung (Abs. 2)

15   Abs. 2 „soll es dem Urheber ermöglichen, für den Fall, dass ihm seine Erben zur Wahrung seines geistigen Nachlasses nicht geeignet erscheinen, die Ausübung des Urheberrechts einer **besser geeigneten Persönlichkeit** anzuvertrauen, ohne jedoch zugleich seinen Erben die wirtschaftlichen Früchte aus der Nutzung seiner Werke zu entziehen".[45] Die Anwendung des § 2210 BGB wurde ausgeschlossen, um die nach dieser Vorschrift grundsätzlich eintretende **30-jährige Befristung zu vermeiden.** Testamentsvollstreckung kann somit für die ganze Dauer der Urheberschutzfrist oder

---

[25] Auch Vor- und Nacherbschaft: *Ulmer* § 81 II; *Gloser* S. 307 ff.

[26] Formulierungsvorschläge bei *Gloser* DNotZ 2013, 497 (510 f.).

[27] *Ulmer* § 81 II 1.

[28] *Ulmer* § 82 III 2; Dreier/Schulze/*Schulze* UrhG § 28 Rn. 7; Fromm/Nordemann/*J. B. Nordemann* UrhG § 28 Rn. 5; zu Gestaltungsmöglichkeiten und Formulierungsvorschlägen *Gloser* DNotZ 2013, 497 (515 ff.).

[29] im Einzelnen → Rn. 13 ff.

[30] Zu Problemen bei der Auflösung der Gesellschaft vgl. Loewenheim/*A. Nordemann*, Handbuch des Urheberrechts, § 23 Rn. 17 ff.; *Gloser* S. 414 ff.

[31] Zum Erbrecht des Fiskus → Rn. 2.

[32] Hierzu ausführlich *Gloser* S. 347 ff., sa *Clément* S. 47; Dreier/Schulze/*Schulze* UrhG § 28 Rn. 6.

[33] *Gloser* S. 18 f.; Fromm/Nordemann/*J. B. Nordemann* UrhG § 28 Rn. 7; Wandtke/Bullinger/*Hoche* UrhG § 28 Rn. 6.

[34] OLG Frankfurt a. M. GRUR 1980, 916 (919) – Folgerecht ausländischer Künstler; LG Berlin ZUM-RD 2017, 150 (151); Fromm/Nordemann/*J. B. Nordemann* UrhG § 28 Rn. 6; Dreier/Schulze/*Schulze* UrhG § 28 Rn. 10; *v. Gamm* UrhG § 30 Rn. 3; *Gloser* S. 369.

[35] Fromm/Nordemann/*J. B. Nordemann* UrhG § 28 Rn. 6.

[36] BGH GRUR 1997, 236 (237) – Verlagsverträge; OLG München ZUM-RD 1997, 505 – Hanns Heinz Ewers.

[37] Zu möglichen Einschränkungen des Einstimmigkeitsprinzips bei Maßnahmen der ordnungsgemäßen Verwaltung (§ 2038 Abs. 1 S. 2 BGB) aber BGH NJW 2007, 150 Rn. 10 ff.; *Gloser* S. 377.

[38] BGH GRUR 1997, 236 (237) – Verlagsverträge.

[39] BGH GRUR 1982, 308 (310) – Kunsthändler (zu § 26 Abs. 4).

[40] OLG Hamm ZUM 2006, 641 (647 f.).

[41] *v. Gamm* UrhG § 28 Rn. 2; *Ulmer* § 81 II 1.

[42] → Rn. 5.

[43] *v. Gamm* UrhG § 28 Rn. 2; im Einzelnen → Vor §§ 12 ff. Rn. 11 ff.

[44] → Vor §§ 12 ff. Rn. 20 ff.

[45] Amtl. Begr. BT-Drs. IV/270, 55.

kürzer befristet angeordnet werden, etwa bis zum Tod des Erben oder des Testamentsvollstreckers.[46] Auch die in § 2210 S. 3 BGB enthaltene Verweisung auf § 2163 Abs. 2 BGB entfällt.[47]

Im Übrigen gelten die **bürgerlich-rechtlichen Vorschriften über die Testamentsvollstre-** 16 **ckung (§§ 2197 ff. BGB).** Der Erblasser kann einen oder mehrere Testamentsvollstrecker ernennen (§ 2197 BGB). Das Amt des Testamentsvollstreckers erlischt mit dessen Tod (§ 2225 BGB); für diesen Fall kann (und sollte) ein Nachfolger bestimmt werden.[48] Die Aufgaben des Testamentsvollstreckers können darauf beschränkt werden, nur die Urheberrechte, nicht auch den sonstigen Nachlass zu verwalten (§ 2208 BGB); eine weitere Eingrenzung[49] ist möglich.[50] Für die Auslegung derartiger Anordnungen sind neben erbrechtlichen auch urheberrechtliche Grundsätze zu beachten.[51] Soweit die Verwaltungsbefugnis des Testamentsvollstreckers reicht, ist nur er zur Geltendmachung von Ansprüchen, auch vor Gericht, berechtigt. Hat der Urheber einem Dritten ein ausschließliches Nutzungsrecht eingeräumt, so bleibt daneben der Testamentsvollstrecker berechtigt, Ansprüche wegen Verletzung geltend zu machen, soweit er ein eigenes schutzwürdiges Interesse an deren Geltendmachung hat (zB weil er eine umsatzabhängige Vergütung erhält).[52] Betrifft die Testamentsvollstreckung nur Verwertungsrechte, bleibt es dem Erben unbenommen, die Urheberpersönlichkeitsrechte, ggf. auch gegen den Testmentsvollstrecker, geltendzumachen.[53]

Auch der Erbe des Urhebers kann gem. § 28 Abs. 2 verfahren, obwohl die Norm nach ihrem 17 Wortlaut nur für den Urheber gilt.[54] Das ergibt sich systematisch aus § 30 und teleologisch aus der Vergleichbarkeit der Interessenlage.

IV. Vererblichkeit verwandter Schutzrechte

Hinsichtlich der Vererblichkeit verwandter Schutzrechte ist zu unterscheiden: Die §§ 28 ff. gelten 18 entsprechend für das Recht an **wissenschaftlichen Ausgaben** (§ 70 Abs. 1), das Recht an **Lichtbildern und Erzeugnissen, die ähnlich wie Lichtbilder hergestellt werden** (§ 72 Abs. 1); die Rechte sind somit nach Maßgabe der §§ 28 ff. vererblich.[55]

Beim **ausübenden Künstler** (§§ 73 ff.) sind die gemäß § 79 übertragbaren Befugnisse nach allge- 19 meinen Vorschriften vererblich. Hinsichtlich des Anerkennungsrechts und des Entstellungsschutzes trifft § 76 eine Sonderregelung. Soweit hiernach die Rechte nicht mit dem Tod erlöschen, stehen sie den Angehörigen zu; eine Vererbung ist somit ausgeschlossen.[56]

Die sonstigen verwandten Schutzrechte enthalten keine persönlichkeitsrechtliche Komponente; es 20 bestehen keine Bedenken, eine Vererblichkeit nach allgemeinen Regeln anzunehmen. Das Gesetz erklärt sie denn zT auch ausdrücklich für übertragbar, so § 71 Abs. 2 für das Recht an **Ausgaben nachgelassener Werke**, § 94 Abs. 2 für das Recht des **Filmherstellers** sowie § 95 mit § 94 Abs. 2 für das Recht der **Herstellers von Laufbildern**, § 85 Abs. 2 für das Recht des **Tonträgerherstellers**, § 87 Abs. 2 für das Recht des **Sendeunternehmens** und 87g Abs. 1 für das Recht des Presseverlegers. Vererblich sind außer den genannten Rechten in gleicher Weise das Recht des **Veranstalters** (§ 81) und das **Datenbankrecht**.[57]

§ 29 Rechtsgeschäfte über das Urheberrecht

(1) **Das Urheberrecht ist nicht übertragbar, es sei denn, es wird in Erfüllung einer Verfügung von Todes wegen oder an Miterben im Wege der Erbauseinandersetzung übertragen.**

(2) **Zulässig sind die Einräumung von Nutzungsrechten (§ 31), schuldrechtliche Einwilligungen und Vereinbarungen zu Verwertungsrechten sowie die in § 39 geregelten Rechtsgeschäfte über Urheberpersönlichkeitsrechte.**

Schrifttum: *Dasch,* Die Einwilligung zum Eingriff in das Recht am eigenen Bild, 1990; *Gloser,* Die Rechtsnachfolge ins Urheberrecht, 2012; *Klass,* Neue Internettechnologien und das Urheberrecht; Die schlichte Einwilligung als Rettungsanker?, ZUM 2013, 1; *Kohte,* Die rechtfertigende Einwilligung, AcP 185 (1985) 105; *McGuire,* Die Lizenz, 2012; *Metzger,* Rechtsgeschäfte über das Droit moral im deutschen und französischen Urheberrecht, 2002; *ders.,* Rechtsgeschäfte über das Urheberpersönlichkeitsrecht nach dem neuen Urhebervertragsrecht – Unter

---

[46] Wandtke/Bullinger/*Hoche* UrhG § 28 Rn. 19; Möhring/Nicolini/*Spautz* UrhG § 28 Rn. 4.
[47] Möhring/Nicolini/*Spautz* UrhG § 28 Rn. 4.
[48] Loewenheim/*A. Nordemann,* Handbuch des Urheberrechts, § 23 Rn. 14.
[49] Etwa nur Verwaltung der Nutzungsrechte oder bestimmter Nutzungsrechte oder nur Wahrnehmung von Urheberpersönlichkeitsrechten, krit. insoweit Fromm/Nordemann/*J. B. Nordemann* UrhG § 28 Rn. 13.
[50] *Ulmer* § 81 II 2; zu Gestaltungsmöglichkeiten *Gloser* S. 326 ff.
[51] Vgl. Dreier/Schulze/*Schulze* UrhG § 28 Rn. 9.
[52] BGH GRUR 2016, 487 Rn. 27 – Wagenfeld-Leuchte II.
[53] Vgl. Dreier/Schulze/*Schulze* UrhG § 28 Rn. 10.
[54] So auch Fromm/Nordemann/*J. B. Nordemann* UrhG § 28 Rn. 14; Wandtke/Bullinger/*Hoche* UrhG § 28 Rn. 23.
[55] Fromm/Nordemann/*J. B. Nordemann* UrhG § 28 Rn. 16; DKMH/*Kotthoff* UrhG § 28 Rn. 3.
[56] S. die Erl. zu § 76.
[57] Vgl. → Vor § 87a Rn. 32.

besonderer Berücksichtigung der französischen Rechtslage, GRUR-Int 2003, 9; *Ohly,* „Volenti non fit iniuria" – Die Einwilligung im Privatrecht, 2002; *ders.,* Zwölf Thesen zur Einwilligung im Internet, GRUR 2012, 983; *Pahlow,* Das einfache Nutzungsrecht als schuldrechtliche Lizenz, ZUM 2005, 865; *ders.,* Lizenz und Lizenzvertrag im Recht des Geistigen Eigentums, 2006; *Pflüger,* Gerechter Ausgleich und angemessene Vergütung, 2017; *Rossbach,* Die Vergütungsansprüche im deutschen Urheberrecht, 1990; *Sosnitza,* Gedanken zur Rechtsnatur der ausschließlichen Lizenz, FS Schricker (2005), S. 183; *Spindler,* Bildersuchmaschinen, Schranken und konkludente Einwilligung im Urheberrecht, GRUR 2010, 785; *Tinnefeld,* Die Einwilligung in urheberrechtliche Nutzungen im Internet, 2012; *v. Ungern-Sternberg,* Schlichte einseitige Einwilligung und treuwidrig widersprüchliches Verhalten des Urheberberechtigten bei Internetnutzungen, GRUR 2009, 369; *v. Zimmermann,* Die Einwilligung im Internet, 2014.

S. auch die Nachw. vor §§ 31 ff. und zu § 31

Übersicht[*]

I. Allgemeines

1. Bedeutung und Zweck der Norm

1 Das Urheberrecht ist, wie § 29 Abs. 1 Hs. 1 klarstellt, **unter Lebenden unübertragbar.** Dieser Grundsatz folgt aus der **monistischen Natur**[1] des deutschen Urheberrechts:[2] Da es sich um ein **einheitliches Recht mit persönlichkeits- und vermögensrechtlichem Charakter** handelt (§ 11), ist es ebenso wenig vollständig übertragbar wie das allgemeine Persönlichkeitsrecht oder besondere Persönlichkeitsrechte wie das Namensrecht (§ 12 BGB) oder das Recht am eigenen Bild (§ 22 KUG). Damit **unterscheidet** sich das **Urheberrecht** von der Mehrzahl der **verwandten Schutzrechte** und von den **gewerblichen Schutzrechten.** Auch nach den meisten ausländischen Rechtsordnungen ist das Urheberrecht insgesamt oder zumindest das wirtschaftliche Recht am Werk vollständig übertragbar.[3]

2 Da das Urheberrecht aber vererblich ist (§ 28 UrhG), lässt **§ 29 Abs. 1 Hs. 2 gewisse Übertragungen** zu, die möglich sein müssen, damit dem **Willen des Erblassers** zur Geltung verholfen werden kann.[4]

3 Im Übrigen steht dem Rechtsinhaber, der über das Urheberrecht disponieren will, die gesamte **Stufenleiter der Gestattungen**[5] zur Verfügung, wie § 29 Abs. 2 verdeutlicht. Er kann ausschließliche oder einfache Nutzungsrechte einräumen (§ 31), schuldrechtliche Vereinbarungen treffen oder schlichte, einseitige Einwilligungen erteilen. Abreden über Urheberpersönlichkeitsrechte sind ebenfalls möglich, auch wenn die Verweisung des § 29 Abs. 2 aE auf einem Redaktionsversehen beruht und teilweise ins Leere geht.

---

[*] Die folgenden Erläuterungen beruhen teilweise auf den von *Schricker* verfassten und in der 4. Aufl. von *Loewenheim* aktualisierten Kommentierungen vor §§ 28 ff. und zu § 29.
[1] Hierzu grundlegend *Ulmer* §§ 17 II, 18; → Vor §§ 12 ff. Rn. 6 und *Rehbinder/Peukert* Rn. 129 ff.; *Schack* Rn. 343 ff.
[2] *Ulmer* § 80 II, *Rehbinder/Peukert* Rn. 878; *Schack* Rn. 346; → Rn. 4.
[3] → Rn. 7.
[4] → Rn. 12 ff.
[5] Zum Gedanken der Stufenleiter → Rn. 23.

2. Entstehungsgeschichte

Nach der **gesetzlichen Regelung vor 1965** war das Urheberrecht auch unter Lebenden **be-** 4 **schränkt oder unbeschränkt übertragbar** (§ 8 Abs. 3 LUG, § 10 Abs. 3 KUG). Doch galt das Urheberpersönlichkeitsrecht als zumindest im Kern unübertragbar,[6] auch führte die Übertragungs- zwecklehre dazu, dass eine vollständige Übertragung eher die Ausnahme als die Regel darstellte. Die AmtlBegr. zum **UrhG von 1965**[7] erklärt die Einführung der Unübertragbarkeit aus den Schwierig- keiten, die „sich bei der Abgrenzung der dem Urheber verbleibenden Befugnisse von den übertrage- nen Bestandteilen" ergeben und mit dem Gedanken, „dass die vermögensrechtlichen Befugnisse auch nach ihrer Abtretung bis zu einem gewissen Grade im Banne des Urhebers bleiben", welcher Kon- zeption bei Annahme einer Unübertragbarkeit besser Rechnung getragen werden könne.

§ 29 wurde durch das **Gesetz zur Stärkung der vertraglichen Stellung von Urhebern und** 5 **ausübenden Künstlern (Urhebervertragsgesetz) vom 22.3.2002**[8] neu gefasst. Die Neufassung verfolgte zwei Ziele: Zum einen sollte die Regel der Unübertragbarkeit systemrichtig an den Anfang gestellt und dadurch „der das deutsche Urheberrecht insgesamt **prägende Kerngedanke**" der **Un- übertragbarkeit** des Urheberrechts als solcher **stärker hervorgehoben** werden.[9] Der bisherige § 29 wurde damit „sachlich unverändert" zu Abs. 1 des neuen § 29. Das zweite Ziel bestand darin, die wichtigsten im Urheberrecht möglichen **Rechtsgeschäfte unter Lebenden** aufzulisten. Dabei un- terlief dem Gesetzgeber aber ein **Redaktionsversehen:** Der Wortlaut des § 29 Abs. 2 beruht auf dem „Professorenentwurf",[10] der allerdings in einem § 39 UrhG eine detaillierte Regelung über mögliche Rechtsgeschäfte im Bereich der Urheberpersönlichkeitsrechte vorsah. Der vorgeschlagene § 39 UrhG wurde aber nicht ins Gesetz übernommen, so dass die Verweisung in § 29 Abs. 2 UrhG teilweise ins Leere geht.[11]

3. Völker- und unionsrechtlicher Rahmen, Rechtsvergleich

Die **internationalen Konventionen** setzen zwar voraus, dass Rechtsgeschäfte über das Urheber- 6 recht möglich sind, regeln diese aber nicht. Art. 2 Abs. 6 S. 2 RBÜ bestimmt, dass der konventions- rechtliche Schutz zugunsten des Urhebers und seiner Rechtsnachfolger oder sonstiger Inhaber aus- schließlicher Werknutzungsrechte besteht. In der maßgeblichen französischen Fassung ist dagegen knapper von „l'auteur et [...] ses ayants droit" die Rede. Diese Formulierung und der Sinn und Zweck der Vorschrift sprechen dafür, den Schutz allen Inhabern dinglicher Nutzungsrechte zu gewäh- ren, auch wenn es sich um einfache Rechte handelt,[12] und nur die rein schuldrechtlichen Berechti- gungen auszuschließen.[13]

Im **Unionsrecht** fehlt bisher eine umfassende Regelung des Urhebervertragsrechts. Die Art. 18 ff. 7 DSM-RL enthalten Vorgaben zur fairen Vergütung in Verwertungsverträgen, davon abgesehen wer- den lediglich punktuell in verschiedenen Richtlinien einzelne Fragen mit rechtsgeschäftlicher Bedeu- tung angesprochen,[14] die im jeweiligen Regelungszusammenhang von Bedeutung sind. Nach dem Recht nahezu aller anderen Mitgliedstaaten der EU[15] können die wirtschaftlichen Bestandteile des Urheberrechts nicht nur von Todes wegen, sondern auch unter Lebenden frei übertragen werden, während das Urheberpersönlichkeitsrecht nicht oder nur eingeschränkt übertragbar ist.[16] Das Unions- recht lässt aber beide Modelle zu. Ausschließliche und einfache Nutzungsrechte, im englischen und französischen Sprachgebrauch als „licences" bezeichnet, können, soweit ersichtlich, nach dem Recht aller EU-Staaten eingeräumt werden.

II. Unübertragbarkeit unter Lebenden (Abs. 1)

1. Der Grundsatz

Das Urheberrecht kann **unter Lebenden weder als Ganzes noch in seinen Teilen übertra-** 8 **gen werden.** Auch das Urheberpersönlichkeitsrecht oder einzelne Verwertungsrechte sind unüber-

---

[6] RGZ 123, 312 (320) – Wilhelm Busch; *Ulmer* § 80 II 2.
[7] BT-Drs. IV/270, 55.
[8] BGBl. I S. 1155; näher hierzu → Vor §§ 31 ff. Rn. 9 ff.
[9] Begründung zum Regierungsentwurf, abgedruckt bei *Hucko,* Das neue Urhebervertragsrecht, S. 118.
[10] *Dietz/Loewenheim/W. Nordemann/Schricker/Vogel* Entwurf eines Gesetzes zur Stärkung der vertraglichen Stel- lung von Urhebern und ausübenden Künstlern, GRUR 2000, 765, näher hierzu → Vor §§ 31 ff. Rn. 9.
[11] Hierzu im Einzelnen → Rn. 35 f.
[12] Zu deren Rechtsnatur → § 31 Rn. 47.
[13] *Ricketson/Ginsburg,* International Copyright and Neighbouring Rights, 2. Aufl. 2006, Kap. 7, 7.23 S. 378; *v. Lewinski,* International Copyright Law and Policy, 2008, Kap. 5.5.
[14] Hierzu im Einzelnen → Vor §§ 31 ff. Rn. 16.
[15] Zur Übertragbarkeit nach britischem Recht *Davies/Caddick/Harbottle,* Copinger and Skone James on Copy- right, 17. Aufl. 2016, Rn. 5–66; für das französische Recht s. Art. L131-4 Code de la propriété intellectuelle. Auf einer monistischen Konzeption beruhen hingegen außer dem deutschen Recht die Urheberrechtsgesetze Öster- reichs und Kroatiens.
[16] *Dietz,* Urheberrecht in der Europäischen Gemeinschaft, Rn. 503 ff.; *Goldstein/Hugenholtz,* International Copy- right Law, 3. Aufl. 2013, S. 264 ff.

tragbar. Die Verfügung ist in diesem Fall **rechtlich unmöglich.** Der Verpflichtungsvertrag ist wirksam (§ 311a Abs. 1 BGB), doch besteht kein Erfüllungsanspruch (§ 275 Abs. 1 BGB), sondern allenfalls ein Anspruch auf Schadens- oder Aufwendungsersatz (§ 311a Abs. 2 BGB). Allerdings kommt es in der Praxis durchaus vor, dass Verträge eine Übertragung des Urheberrechts vorsehen; vor allem, wenn es sich um im Ausland geschlossene Verträge mit Wirkung für Deutschland handelt oder wenn ausländische Vertragsmuster übernommen werden. In diesem Fall wird die **Vertragsauslegung** regelmäßig ergeben, dass sich der Vertrag auf die **Einräumung von Nutzungsrechten** richtet.[17] Dabei ist § 31 Abs. 5 zu beachten: Gewollt ist nicht zwangsläufig die maximal mögliche Rechtseinräumung, entscheidend ist vielmehr der von den Parteien zugrunde gelegte Vertragszweck.

9   Von der **translativen Übertragung** des Urheberrechts ist die gem. §§ 29 Abs. 2, 31 Abs. 1–3 ausdrücklich zugelassene **Einräumung von Nutzungsrechten** zu unterscheiden. Sie bringt als **konstitutive Rechtsübertragung** ein neues, zuvor nicht abgegrenztes Recht zur Entstehung.[18] Es handelt sich also nicht um eine Übertragung des Stammrechts, sondern um die Begründung eines Tochterrechts.

10   Im Gegensatz zum Stammrecht sind auch **gesetzliche Vergütungsansprüche** grundsätzlich gem. §§ 398 ff. BGB **abtretbar.**[19] Auch die Vorausabtretung für die Zukunft ist möglich, sofern ihr nicht Spezialvorschriften entgegenstehen.

11   Bei den **verwandten Schutzrechten** ist **zu differenzieren.** Auf den Schutz wissenschaftlicher Ausgaben (§ 70 Abs. 2) und den Lichtbildschutz (§ 72 Abs. 1) sind die Vorschriften des Urheberrechts entsprechend anwendbar. Diese Verweisung bezieht sich auch auf § 29 Abs. 1, so dass die genannten Rechte unübertragbar sind. Die Verwertungsrechte der ausübenden Künstler und ihre Ansprüche aus §§ 77, 78 sind grundsätzlich übertragbar (§ 79 Abs. 1), nicht hingegen das Recht auf Anerkennung und der Entstellungsschutz (§§ 74, 75). Den übrigen verwandten Schutzrechten fehlt eine persönlichkeitsrechtliche Komponente. Sie sind daher frei übertragbar.

2. Die Ausnahmen

12   Gemäß § 29 Abs. 1 kann das Urheberrecht **in Erfüllung einer Verfügung von Todes wegen** unter Lebenden ausnahmsweise übertragen werden. Die AmtlBegr. nennt die Fälle des Vermächtnisses (§ 2174 BGB) oder der Auflage (§ 2192 BGB).[20] Bei Vermächtnis und Auflage geht das Urheberrecht zunächst auf den Erben über (§ 29 Abs. 1); der Erbe hat das Recht dann an den Vermächtnisnehmer oder den von der Auflage Begünstigten unter Lebenden zu übertragen, was § 29 Abs. 1 erlaubt. Als letztwillige Verfügung kommt dabei ein Testament oder ein Erbvertrag in Betracht.[21]

13   § 29 Abs. 1 erlaubt ferner die Übertragung **an Miterben im Weg der Erbauseinandersetzung.**[22] Die Übertragung kann vom Erblasser im Weg der Teilungsanordnung (§ 2048 BGB) bestimmt sein; es kann sich aber auch um eine lediglich unter den Miterben vereinbarte oder durch Testamentsvollstrecker oder Gericht verfügte Übertragung handeln. Empfänger der Übertragung darf keine andere Person als ein Miterbe sein. Die Veräußerung des Nachlasses durch die Miterben an Dritte fällt somit nicht unter die Vorschrift.[23]

14   Gemeinsam für beide Alternativen des § 29 Abs. 1 gilt:
– Übertragbar ist hier **ausnahmsweise das Urheberrecht im Ganzen.** Hingegen ist die Abspaltung einzelner Teile des Urheberrechts ebenso wenig wie bei der Vererbung möglich.[24]
– Der Erwerber wird **Rechtsnachfolger** iSd § 30.[25]
– § 29 Abs. 1 gilt nicht nur für die Vererbung durch den Urheber, sondern auch durch **andere Urheberrechtsinhaber,** zB Urhebererben.[26]
– Eine **Rückübertragung** wird von Sinn und Zweck des § 29 Abs. 1 **nicht gedeckt:**[27] Grund für die Ausnahme ist bei Vorliegen einer letztwilligen Verfügung der Erblasserwille,[28] dem bei einer Rückübertragung gerade zuwidergehandelt wird. Bei der Übertragung unter Miterben würde die Ermöglichung einer Rückübertragung oder einer erneuten Weiterübertragung über den die Aus-

---

[17] Fromm/Nordemann/*J. B. Nordemann* UrhG § 29 Rn. 8; Loewenheim/*J. B. Nordemann*, Handbuch des Urheberrechts, § 23 Rn. 3; Wandtke/Bullinger/*Hoche* UrhG § 29 Rn. 8; für Umdeutung (§ 140 BGB) DKMH/*Kotthoff* UrhG § 29 Rn. 4; → Vor §§ 31 ff. Rn. 54 ff.

[18] Näher zu den dogmatischen Grundlagen, insbesondere dem Unterschied zwischen translativer und konstitutiver Rechtsübertragung → § 31 Rn. 9.

[19] Im Einzelnen → Rn. 37.

[20] BT-Drs. IV/270, 55.

[21] → § 28 Rn. 10.

[22] Zu Einzelfragen vgl. *Gloser* S. 78 ff.

[23] OLG Hamm ErbR 2006, 117; Dreier/Schulze/*Schulze* UrhG § 29 Rn. 7; Fromm/Nordemann/*J. B. Nordemann* UrhG § 29 Rn. 10; Wandtke/Bullinger/*Hoche* UrhG § 29 Rn. 2.

[24] S. die Nachw. in → § 28 Rn. 7 und; Wandtke/Bullinger/*Hoche* UrhG § 29 Rn. 28 ff.

[25] Im Einzelnen → § 30 Rn. 1 ff.

[26] Dreier/Schulze/*Schulze* UrhG § 29 Rn. 2.

[27] Dreier/Schulze/*Schulze* UrhG § 29 Rn. 5; Fromm/Nordemann/*J. B. Nordemann* UrhG § 29 Rn. 9 f.; Loewenheim/*A. Nordemann*, Handbuch des Urheberrechts, § 23 Rn. 16, wobei Letztere allerdings eine Ausnahme für Vergleiche zulassen; hiergegen überzeugend *Gloser* S. 91 ff.

[28] AmtlBegr. BT-Drs. IV/270, 55.

nahme rechtfertigenden Auseinandersetzungszweck hinausgehen. Einer Ausnahme für den Fall der Anfechtung bedarf es nicht:[29] Bei Anfechtung einer Erbeinsetzung fällt das Urheberrecht dem wahren Erben rückwirkend mit dem Erbfall an, bei der Anfechtung eines Vermächtnisses oder der Aufhebung einer Erbauseinandersetzung führt die kausale Verknüpfung[30] zwischen Verpflichtung und Verfügung über das Urheberrecht zum automatischen Rückfall des Rechts.

3. Der Verzicht auf das Urheberrecht

Aus dem Grundsatz der Unübertragbarkeit folgt, dass auf das Urheberrecht insgesamt **nicht verzichtet** werden kann.[31] Insbesondere ist das Urheberpersönlichkeitsrecht unverzichtbar. Auch eine Dereliktion entsprechend § 959 BGB ist nicht möglich: Es gibt kein „herrenloses Urheberrecht".[32] Allerdings kann der Miturheber auf seinen Anteil an den Verwertungsrechten verzichten (§ 8 Abs. 4). Der Inhaber eines Nutzungsrechts kann auf seine Befugnis „verzichten", was allerdings in der Regel nicht durch einseitige Erklärung, sondern durch Vertrag mit dem Urheber geschieht. Im Übrigen können sich hinter dem dogmatisch unscharfen Begriff des „Verzichts" **verschiedene Rechtsgeschäfte** verbergen. **15**

Auf **bereits entstandene schuldrechtliche Ansprüche** kann der Urheber durch Erlassvertrag (§ 397 BGB) „verzichten".[33] So erlöschen Ansprüche wegen Verletzung des Urheberrechts, wenn der Rechtsinhaber dem Verletzer die Schuld erlässt. Auch bereits entstandene Vergütungsansprüche können Gegenstand von Erlassverträgen sein.[34] Ein Verzicht auf künftige Ansprüche ist hingegen nur möglich, wenn ihm keine zwingenden Normen entgegenstehen.[35] **16**

Wenn der Urheber **gegenüber der Allgemeinheit** bestimmte **Nutzungen erlaubt,** muss seine Erklärung im Licht des Übertragungszweckgedankens (§ 31 Abs. 5 S. 2) **ausgelegt** werden. In aller Regel wird die Auslegung ergeben, dass der Urheber ein einfaches Nutzungsrecht unentgeltlich ad incertas personas einräumt[36] oder eine widerrufliche Einwilligung erteilt. Im Fall von **Open Source-** und **Creative Commons-Lizenzen** spricht der Umstand, dass die Gestattung meist unter gewissen Bedingungen erteilt wird, für die Einräumung eines einfachen Nutzungsrechts.[37] So darf Open Source-Software typischerweise nur von demjenigen genutzt werden, der seinerseits im Fall von Weiterentwicklungen des Code der veränderten Software offenlegt und seinerseits deren Nutzung nach Open Source-Bedingungen erlaubt. Der Urheber gestattet also weder eine unbedingte Nutzung, noch will er sich in der Regel für alle Zeiten der Möglichkeit begeben, die Nutzungsrechte für die Zukunft zu widerrufen. Wer Werke **ohne Zugriffssperren ins Internet** setzt, willigt damit in Zugriffe durch Suchmaschinen ein, die lediglich die Auffindbarkeit der betreffenden Werke im Internet erleichtern.[38] Diese **Einwilligung** ist aber jedenfalls widerruflich, allerdings herrscht über die Voraussetzungen des Widerrufs Streit. Auch wenn der Urheber eines Schriftwerks durch den Vermerk „Nachdruck erlaubt" die Vervielfältigung gestattet, wird er sich im Zweifel die Möglichkeit vorbehalten wollen, bei einer Änderung der Umstände seine Erlaubnis zu widerrufen. Gewollt ist also kein „Verzicht", sondern eine der in § 29 Abs. 2 vorgesehenen Gestattungen. Auch der **„Verzicht" im Zweipersonenverhältnis** stellt sich bei Licht betrachtet meist als Einräumung eines Nutzungsrechts, als widerrufliche Einwilligung oder als Erlass bereits entstandener Ansprüche dar. **17**

Ob darüber hinaus ein Verzicht auf einzelne Verwertungsrechte gegenüber der Allgemeinheit rechtlich möglich ist, ist demnach eine weitgehend akademische Frage, weil die Auslegung in aller Regel ergibt, dass die Erklärung des Urhebers auf eine der oben dargestellten Gestattungsformen zielt. Nach einer Ansicht, der auch der BGH zuneigt,[39] ist **lediglich das Urheberpersönlichkeitsrecht indisponibel,** während es im Übrigen keinen Grund gibt, dem Urheber eine Rechtsposition aufzudrängen. Die **Gegenansicht** verweist auf die Einheitlichkeit des Urheberrechts:[40] Wenn einzelne Nutzungsrechte nicht durch Übertragung abgespalten werden können, erscheine eine solche Abspaltung auch durch Verzicht nicht möglich. Außerdem müsse der Urheber vor einer unbedachten Auf- **18**

---

[29] *Gloser* S. 68 ff.; aA Wandtke/Bullinger/*Hoche* UrhG § 29 Rn. 31.

[30] Zur Unanwendbarkeit des Abstraktionsprinzips im Urhebervertragsrecht → § 31 Rn. 15 ff.; ebenso unter Hinweis auf den Wortlaut des § 29, der Erfüllungswirkung im Hinblick auf die causa voraussetze, *Gloser* S. 64 ff., 101.

[31] BGH GRUR 1995, 673 (675) – Mauerbilder; Dreier/Schulze/*Schulze* UrhG § 29 Rn. 10; Fromm/Nordemann/*J. B. Nordemann* UrhG § 29 Rn. 12; *Rehbinder/Peukert* Rn. 883; *Schack* Rn. 347; *Ulmer* § 84 V.

[32] BGH GRUR 1995, 673 (675) – Mauerbilder; Wandtke/Bullinger/*Wandtke/Grunert* UrhG § 31 Rn. 1.

[33] *Schack* Rn. 348.

[34] *Rossbach* S. 109; *Pflüger* S. 209.

[35] → Rn. 40.

[36] Vgl. §§ 32 Abs. 3 S. 3; 32a Abs. 3 S. 3; 32c Abs. 3 S. 2; sa Fromm/Nordemann/*J. B. Nordemann* UrhG § 29 Rn. 12; BeckOK/*Spautz/Götting* UrhG § 29 Rn. 5; krit. *Schack* Rn. 348 („Fiktion").

[37] *Metzger/Jaeger* GRUR-Int 1999, 839 (842 f.).

[38] → Rn. 31.

[39] BGH GRUR 1995, 673 (675) – Mauerbilder; *Rehbinder/Peukert* Rn. 885; *Seetzen* S. 46 ff., 64 ff.; *Ulmer* § 84 V; offen Dreier/Schulze/*Schulze* UrhG § 29 Rn. 10.

[40] BeckOK/*Spautz/Götting* UrhG § 29 Rn. 5; *Schack* Rn. 348; differenzierend Fromm/Nordemann/*J. B. Nordemann* UrhG § 29 Rn. 12.

gabe seiner Rechte geschützt werden. **Überzeugender** erscheint die **erstgenannte Ansicht.** Außerhalb des Bereichs der Urheberpersönlichkeitsrechte verbietet sich ein paternalistischer „Schutz des Urhebers gegen sich selbst". Will der Urheber wirklich auf eines oder mehrere Nutzungsrechte verzichten, so besteht kein Anlass, die Gemeinfreiheit gegen seinen Willen zu beschränken.

III. Zulässige Rechtsgeschäfte über das Urheberrecht (Abs. 2)

1. Terminologie

19   **a) Verwertungsrecht und Nutzungsrecht.** Terminologisch unterscheidet das UrhG zwischen **Verwertungsrechten** und **Nutzungsrechten,** auch wenn sie im Einzelfall inhaltlich übereinstimmen, dh sich auf dieselbe Art der Werkverwertung beziehen mögen. In der Hand des Urheberrechtsinhabers liegt eine unübertragbare vermögensrechtliche Komponente des Urheberrechts in Form eines „Verwertungsrechts" (§ 15) vor; wird die Verwertungsbefugnis dagegen einem anderen eingeräumt, so spricht das Gesetz von einem „Nutzungsrecht" iSd § 31. Unter „Verwertungsrechten" werden meist die im Gesetz in § 15 und §§ 16 ff. schematisch und abstrakt umschriebenen Typen von Rechten in ihrem gesetzlich vorgegebenen Zuschnitt verstanden, während die Nutzungsrechte entsprechend § 31 Abs. 1, 5 als konkret auf die jeweilige wirtschaftliche Nutzungsart bezogene Rechte angesehen werden. Um systematische Inkohärenzen zu vermeiden, ist es jedoch vorzuziehen, den Begriff „Verwertungsrecht" nicht rigide auf die gesetzlichen Grundtypen zu beschränken, sondern auch zur Bezeichnung von Ausschnitten aus den gesetzlich vorgegebenen Verwertungsrechten einzusetzen. Das Recht des Urhebers etwa, sein Werk in Verlag zu geben, kann zwanglos ebenfalls als ein „Verwertungsrecht" bezeichnet werden, obwohl es nur einen konkreten Ausschnitt aus dem Vervielfältigungsrecht der §§ 15 Abs. 1 Nr. 1, 16 und aus dem Verbreitungsrecht der §§ 15 Abs. 1 Nr. 2, 17 Abs. 1, dh den gesetzlich vertypten „Grundverwertungsrechten", umfasst. So verstanden entspricht das Verwertungsrecht des Urhebers zu verlagsmäßiger Verwertung des Werks inhaltlich dem Verlagsrecht (§ 8 VerlG), das er als Nutzungsrecht zum Zweck dieser Verwertung dem Verleger einräumt.

20   **b) Lizenzen.** In der Praxis werden Nutzungsrechte vielfach als **„Lizenzen"** bezeichnet, ein Sprachgebrauch, der im angelsächsischen Bereich üblich ist und durch die Analogie zum Patentrecht gestützt wird.[41] Während der Rechtsvergleich und die Parallele zum gewerblichen Rechtsschutz es nahelegen, die Begriffe „Nutzungsrecht" und „Lizenz" als Synonyme zu verwenden, werden in bestimmten Bereichen, so etwa im Verlagsrecht,[42] nur Nutzungsrechte zweiter Stufe („Enkelrechte"), die der Inhaber eines als „Tochterrecht" aus dem Urheberrecht abgeleiteten Nutzungsrechts einräumt, als Lizenzen verstanden. Aufgrund einer derartigen „Verlagslizenz" kann dann uU wiederum eine Unterlizenz erteilt werden.[43] Der Begriff der „Lizenz" ist im Urheberrecht angesichts dieser **schwankenden Terminologie** also nur mit Vorsicht zu verwenden. Dennoch erscheint es sinnvoll, **gleiche dogmatische Figuren** im gesamten Bereich des **geistigen Eigentums einheitlich** zu bezeichnen.[44] Daher spricht im Grundsatz nichts gegen eine Gleichsetzung von „Nutzungsrecht" und „Lizenz". Je stärker Bemühungen um die Schaffung eines Allgemeinen Teils des Geistigen Eigentums an Boden gewinnen[45] und je häufiger Vertragsmuster in englischer Sprache abgefasst und grenzüberschreitend verwendet werden, desto mehr wird sich auch im Urheberrecht der Begriff der „Lizenz" durchsetzen.

21   **c) Zwangslizenz.** Auch im Fall der Zwangslizenz wird ein **Urheberrechtsverwertungsvertrag** geschlossen, jedoch nicht, weil der Urheber es so will, sondern aufgrund einer – im Einzelfall durch gerichtliches Urteil konkretisierten – **gesetzlichen Verpflichtung.** Das Gesetz erlegt dem Inhaber eines Ausschließlichkeitsrechts die Pflicht auf, unter gewissen Bedingungen dem Interessenten an der Nutzung ein Nutzungsrecht zu angemessenen Bedingungen einzuräumen. Die Pflicht kann durch Klage vor Gericht durchgesetzt werden.[46] Das deutsche UrhG kennt nur **zwei Fälle** von Zwangslizenzen. Sie betreffen **private Normwerke,** auf die in amtlichen Werken verwiesen wird (§ 5 Abs. 3 S. 2) und die **Herstellung von Tonträgern** (§ 42a). Rechtspolitisch wird im Schrifttum über eine Zwangslizenz zur Durchsetzung des freien Zugangs zu wissenschaftlichen Werken nachgedacht.[47]

22   **d) Gesetzliche Lizenz.** Bei der **gesetzlichen Lizenz** wird dagegen der Bereich rechtsgeschäftlichen Handelns verlassen: Das Gesetz selbst erlaubt bestimmte Arten der Nutzung gegen Vergütung. Das Ausschließlichkeitsrecht wird zum Vergütungsanspruch reduziert, an die Stelle der „property

---

[41] Amtl. Begr. BT-Drs. IV/270, 55.
[42] *Schricker,* Verlagsrecht, VerlG § 28 Rn. 22 mwN.
[43] Beispiel: Der Autor hat ein Verlagsrecht eingeräumt; der Inhaber des Verlagsrechts erteilt eine ausschließliche Taschenbuchlizenz; der Inhaber dieser Verlagslizenz räumt wiederum Verleger eine einfache Unterlizenz für eine bestimmte Taschenbuchausgabe ein, vgl. *Schricker,* Verlagsrecht, VerlG § 28 Rn. 23.
[44] Ebenso *McGuire* S. 3 ff., 65 ff.; *Pahlow* S. 188 ff.
[45] Vgl. *Ahrens/McGuire,* Modellgesetz für Geistiges Eigentum, 2011, insbes. die Vorschriften über „Lizenzen an Urheberrechten" in §§ 123 ff. Buch 1.
[46] Im Einzelnen → Vor §§ 44a ff. Rn. 11 f.; *Ulmer* § 62 II 2, III mit rechtsvergleichenden Hinweisen.
[47] *Hilty* GRUR 2009, 633 (639 f.); *Krujatz,* Open Access, 2012, S. 279 ff.

rule" tritt eine „liability rule".[48] In der Praxis kann sich ausnahmsweise je nach der Vertragslage und der Rolle der Verwertungsgesellschaften ein Vergütungsanspruch für die Urheberseite günstiger darstellen als das Ausschließlichkeitsrecht.[49]

2. Nutzungsrechte, schuldrechtliche Vereinbarung, Einwilligung

a) Die Stufenleiter der Gestattungen. Will ein Urheber einem Nutzer Handlungen gestatten, die in den Schutzbereich des Urheberrechts fallen, so stehen ihm hierfür unterschiedlich intensive Formen der Gestattung zur Verfügung, wie § 29 Abs. 2 zum Ausdruck bringt. Jede dieser Gestattungsformen bewirkt, dass die Handlung nunmehr erlaubt ist und rechtmäßig vorgenommen werden kann. Allerdings bilden die verschiedenen Gestattungsformen insofern eine **Stufenleiter,** als die **Stärke** der erlangten Rechtsposition nach unten hin **abnimmt.** Sie besteht in vergleichbarer Form bei sämtlichen absoluten Rechten, also auch beim Sacheigentum oder bei den gewerblichen Schutzrechten.[50]

– Grenzfall ist die vollständige, **translative Rechtsübertragung,** die dazu führt, dass der Erwerber sämtliche zuvor dem Urheber vorbehaltenen Handlungen vornehmen darf. Im deutschen Recht ist das Urheberrecht von Todes wegen übertragbar (§ 28 Abs. 1), während die vollständige Übertragung unter Lebenden nur in engen Ausnahmefällen möglich ist (§ 29 Abs. 1).

– Räumt der Urheber einem anderen ein **ausschließliches Nutzungsrecht** ein, so darf der Berechtigte das Werk unter Ausschluss aller anderen Personen, den Urheber eingeschlossen, nutzen (§ 31 Abs. 3 S. 1). Allerdings kann sich der Urheber die eigene Nutzungsmöglichkeit vorbehalten (§ 31 Abs. 3 S. 2). Nach nahezu allgemeiner Ansicht stellt das ausschließliche Nutzungsrecht ein **dingliches**[51] **Recht** dar, das in gewissem Maße mit den beschränkten dinglichen Rechten des Sachenrechts vergleichbar ist.

– Unterhalb des ausschließlichen Nutzungsrechts ist das **einfache Nutzungsrecht** angesiedelt, das den Inhaber berechtigt, das Werk auf die gestattete Art zu nutzen, ohne dass eine Nutzung durch andere ausgeschlossen ist (§ 31 Abs. 2). Das einfache Nutzungsrecht genießt Sukzessionsschutz (§ 33) und weist damit immerhin ein Element der Dinglichkeit auf.

– Wird der Sukzessionsschutz abbedungen, so handelt es sich um eine **rein schuldvertragliche Gestattung,** die den Empfänger zur Vornahme der erlaubten Handlung berechtigt, ohne Dritten gegenüber Wirkungen aufzuweisen.

– Die schwächste Form der Gestattung stellt die **schlichte, einseitige Einwilligung** dar, die auch in konkludenter Form erteilt werden kann und insoweit in der neuesten Rechtsprechung einige Bedeutung gewonnen hat. Die Einwilligung gestattet die Handlung, ist aber jederzeit **widerruflich,** daher erlangt der Einwilligungsempfänger keine verfestigte Rechtsposition.

Auf welche Form der Gestattung sich der Wille der Vertragsparteien richtet, ist mangels ausdrücklicher Regelung durch Auslegung zu klären.[52] Wesentlich ist der **Vertragszweck:** Fehlt es an einer ausdrücklichen Bezeichnung des Nutzungsrechts, so ist nach **§ 31 Abs. 5 S. 2** zu entscheiden, ob ein Nutzungsrecht eingeräumt wird. Für eine bloß schuldrechtliche Berechtigung sprechen der ephemere Charakter und die geringe wirtschaftliche Tragweite der vertraglich vorgesehenen Nutzung. Zu beachten ist bei der Auslegung auch, dass Nutzungsrechte nicht in beliebigem Zuschnitt eingeräumt werden können: Die **dingliche Aufspaltbarkeit** des Urheberrechts findet ihre **Grenze** insbesondere am Verkehrsschutzinteresse der Allgemeinheit.[53] Dagegen können sich rein schuldrechtliche Verträge auch auf kleiner dimensionierte Ausschnitte aus dem Bereich der Verwertungsrechte beziehen, für die ein dingliches Recht nicht begründet werden kann. Bei derartigen enger spezifizierten Nutzungen wird deshalb die Annahme einer rein schuldrechtlichen Berechtigung nahe liegen. Erweist sich eine von den Parteien bezweckte stärkere Form der Gestattung als unwirksam, so kommt eine Umdeutung (§ 140 BGB) in Betracht.

b) Die Übertragung des Urheberrechts. Verkehrsvorgang von größter Tragweite ist die Übertragung des Urheberrechts im Ganzen oder in Teilen. Sie wird vom Gesetz nur in Form der Vererbung (§ 28 Abs. 1) sowie als Übertragung in Erfüllung einer Verfügung von Todes wegen oder an Miterben im Weg der Erbauseinandersetzung (§ 29 Abs. 1) gestattet. Im Übrigen ist das **Urheberrecht unübertragbar** (§ 29 Abs. 1).[54]

c) Einräumung von Nutzungsrechten. Das Gesetz erlaubt es jedoch, dass der Urheber Nutzungsrechte hinsichtlich einzelner oder mehrerer, im Extremfall aller Verwertungsrechte konstitutiv als Tochterrechte einräumt.[55] Die Einräumung eines dinglichen Nutzungsrechts bildet ein Verfügungsge-

---

[48] → Vor §§ 44a ff. Rn. 10; zur ökonomischen Unterscheidung zwischen „property rule" und „liability rule" *Calabresi/Melamed* 85 Harv. L. R. 1089 (1972).
[49] BGH GRUR 2002, 963 (966) – Elektronischer Pressespiegel, s. dazu *Hilty* FS Schricker (2005), 325 ff.
[50] Hierzu im Einzelnen *Ohly,* Volenti non fit iniuria, S. 141 ff.
[51] Zum Begriff der „Dinglichkeit" im urheberrechtlichen Zusammenhang → § 31 Rn. 1.
[52] Zu den Auslegungsgrundsätzen → Vor §§ 31 ff. Rn. 54 ff. und → § 31 Rn. 52 ff.
[53] → § 31 Rn. 29 ff.
[54] → Rn. 8.
[55] → § 31 Rn. 9.

schäft; es kann von dem zugrundeliegenden Verpflichtungsgeschäft gedanklich unterschieden werden. Es gilt also das Trennungsprinzip, während das Abstraktionsprinzips allenfalls sehr eingeschränkt Anwendung findet.[56] Die Verfügung eines Nichtberechtigten ist unwirksam; sie kann von Berechtigten genehmigt werden.[57] Für die Nutzungsrechte besteht im Urheberrecht zwar kein numerus clausus wie im Sachenrecht des BGB; die gegenständliche Aufspaltung des Urheberrechts ist aber nur in bestimmten Grenzen möglich.[58] Nutzungsrechte sind übertragbar, allerdings ist hierfür die Zustimmung des Urhebers erforderlich (§ 34). Aufgrund ausschließlicher Nutzungsrechte können – einfache oder ausschließliche – weitere Nutzungsrechte eingeräumt werden (§ 35).[59] Im Einzelnen werden die dogmatischen Grundlagen der Rechtseinräumung in der Kommentierung zu § 31 erläutert.[60]

27   **d) Schuldrechtliche Vereinbarung.** Die Übertragung des Urheberrechts – soweit sie ausnahmsweise zulässig ist – und die Einräumung von Nutzungsrechten implizieren eine Verfügung über das Urheberrecht;[61] der Verfügung liegt in der Regel ein schuldrechtlicher Verpflichtungsvertrag zugrunde. Das Verhältnis zwischen Verpflichtungs- und Verfügungsgeschäft wird in der Kommentierung zu § 31 behandelt.[62]

28   Die Werknutzung kann aber auch ohne Gewährung eines dinglichen Rechts durch rein schuldrechtliche Vereinbarung erlaubt werden,[63] wie § 29 Abs. 2 verdeutlicht. Das ist der Fall, wenn die Vertragsparteien den **Sukzessionsschutz (§ 33) abbedingen.** Das Geschäft hat dann **keinerlei Wirkungen mehr gegenüber Dritten,** es entbehrt also aller Merkmale der Dinglichkeit. Derartige Verträge werden vielfach dahin gedeutet, dass sich der Rechtsinhaber verpflichtet, dem Vertragspartner die Nutzung zu gestatten und sein Verbotsrecht nicht auszuüben.[64] Überzeugender erscheint es, auch der schuldrechtlichen Erlaubnis eine unmittelbare Gestattung zu entnehmen, die nicht nur Verletzungsansprüche des Rechtsinhabers hemmt, sondern die Handlung rechtfertigt.[65] Die **§§ 31 ff.** sind für rein schuldrechtliche Gestattungen **nicht gedacht;** von Fall zu Fall kann aber eine **analoge Anwendung** in Betracht kommen.[66] Von einer Gestattung in diesem Sinne, die nur vor der erlaubten Handlung erteilt werden kann, ist der **nachträgliche Verzicht** auf Ansprüche wegen einer Verletzung zu unterscheiden, wie er etwa im Fall einer rechtsgeschäftlich vereinbarten Aufbrauchsfrist vorliegen kann.[67]

29   **e) Einwilligung.** Als schwächste Form der Gestattung steht dem Rechtsinhaber die schlichte, einseitige Einwilligung zur Verfügung.[68] Sie bewirkt lediglich, dass die erlaubte Handlung das Urheberrecht nicht verletzt.[69] Ansonsten ist die Einwilligung **frei widerruflich,**[70] sie verschafft ihrem Empfänger also weder gegenüber Dritten noch gegenüber dem Rechtsinhaber selbst eine verlässliche Rechtsposition.[71] Sie ist vor allem dann anzunehmen, wenn dem Rechtsinhaber keine Gegenleistung versprochen wird und wenn der Einwilligungsempfänger seinerseits keinerlei Verpflichtungen übernimmt. Die Einwilligung sollte von der ebenfalls in § 29 Abs. 2 genannten schuldrechtlichen Vereinbarung unterschieden werden, die als zweiseitiges Rechtsgeschäft beide Parteien berechtigt und verpflichtet. Allerdings ist die **gesetzliche Terminologie schwankend** und uneinheitlich. Als Gestattung einer tatsächlichen Handlung, die ansonsten als Rechtsverletzung anzusehen wäre, ist die unrechtsausschließende Einwilligung **scharf von der Einwilligung iSd § 183 BGB zu unter-**

---

[56] → § 31 Rn. 13 ff.

[57] → § 31 Rn. 25 f.

[58] → § 31 Rn. 29 ff.

[59] → § 31 Rn. 49.

[60] → § 31 Rn. 6 ff.

[61] Zum Meinungsstreit über die dingliche oder obligatorische Natur des einfachen Nutzungsrechts → § 31 Rn. 47.

[62] → § 31 Rn. 13 ff.

[63] BGH GRUR 2010, 628 Rn. 34 – Vorschaubilder I; Dreier/Schulze/*Schulze* UrhG § 31 Rn. 6 ff.; Loewenheim/*Loewenheim/J. B. Nordemann*, Handbuch des Urheberrechts, § 25 Rn. 15.

[64] So insbesondere die früher im gewerblichen Rechtsschutz herrschende Lehre von der „negativen Lizenz", dazu *McGuire* S. 39 ff., 102 ff.; *Pahlow* S. 33 ff.; zum Urheberrecht *Ulmer* § 85 III.

[65] *Ohly,* Volenti non fit iniuria, S. 184 f. mwN.

[66] *v. Gamm* UrhG § 33 Rn. 5.

[67] Ohne diese Unterscheidung aber Dreier/Schulze/*Schulze* UrhG § 31 Rn. 8.

[68] BGH GRUR 2010, 628 – Vorschaubilder I; GRUR 2012, 602 Rn. 17 – Vorschaubilder II; hierzu umfassend *Ohly,* Volenti non fit iniuria, S. 178 ff. und passim und GRUR 2012, 983 ff.; *Tinnefeld,* Die Einwilligung in urheberrechtliche Nutzungen im Internet, 2012; *v. Ungern-Sternberg* GRUR 2009, 369 ff.; *v. Zimmermann,* Die Einwilligung im Internet, 2014.

[69] Umstritten, aber ohne größere praktische Bedeutung ist die Frage, ob die Einwilligung bereits tatbestandsausschließend wirkt, so *Ohly,* Volenti non fit iniuria, S. 124 ff. mwN; Wandtke/Bullinger/*Wandtke/Grunert* UrhG § 31 Rn. 37, oder erst die Rechtswidrigkeit entfallen lässt, so (für § 22 KUG) *Dasch* S. 35. Zum Meinungsstand im Strafrecht → § 106 Rn. 32 ff.

[70] Es ist ohne weiteres möglich, eine Gestattung in unwiderruflicher Form zu erteilen, doch dann handelt es sich in diesem Fall nach der Systematik des § 29 Abs. 2 um eine schuldrechtliche Vereinbarung, die zwingend einen Vertrag erfordert, oder sogar um die Einräumung eines Nutzungsrechts, s. *Ohly,* Volenti non fit iniuria, S. 170 ff. mwN. Nach hier vertretener Ansicht wäre es also unscharf, von einer „unwiderruflichen Einwilligung" zu sprechen.

[71] BGH GRUR 2010, 628 Rn. 34 – Vorschaubilder I; *Ohly,* Volenti non fit iniuria, S. 144, 346 ff. mwN.

scheiden, die sich auf ein Rechtsgeschäft bezieht, das ansonsten unwirksam wäre.[72] Ungenau wird der Einwilligungsbegriff in § 23 verwendet: Nach herrschender und richtiger Ansicht kann die Bearbeitung Gegenstand sämtlicher der in § 29 Abs. 2 genannten Rechtsgeschäfte sein.[73] Zur Verfügung steht dort also die gesamte Stufenleiter der Gestattungen, was der Einwilligungsbegriff verdunkelt. Auch nach strafrechtlicher Terminologie, der die §§ 106 ff. folgen, ist die „Einwilligung" Oberbegriff für sämtliche Formen der Gestattung und umfasst daher auch, anders als der Einwilligungsbegriff des § 29 Abs. 2, die Einräumung von Nutzungsrechten.[74]

Die Einwilligung ist ein **einseitiges Rechtsgeschäft,** weil sie das Rechtsverhältnis zwischen dem **30** Rechtsinhaber und dem Einwilligungsempfänger umgestaltet.[75] Hingegen gehen die Rechtsprechung und Teile der Literatur von einer rechtsgeschäftsähnlichen Erklärung aus,[76] ohne allerdings erklären zu können, worin der Unterschied zum Rechtsgeschäft bestehen soll. Einigkeit besteht darüber, dass die Einwilligung der **ausdrücklichen oder konkludenten Erklärung bedarf,**[77] dass sie **zugangsbedürftig** ist, dass sie **nach den Grundsätzen der §§ 133, 157 BGB** sowie **analog § 31 Abs. 5 auszulegen** ist[78] und dass sie bei formularmäßiger Erteilung der **AGB-Kontrolle** unterliegt.[79]

Die Einwilligung kann auch **konkludent** erteilt werden. Allerdings muss das betreffende Verhalten **31** vom objektiven Empfängerhorizont Erklärungswert aufweisen, also zum Ausdruck bringen, dass der Rechtsinhaber mit der betreffenden Handlung einverstanden ist. **Schweigen** ohne einen derartigen Erklärungswert ist **keine Einwilligung.** Die Rechtsfigur der konkludenten Einwilligung hat im Zusammenhang mit **Handlungen im Internet,** insbesondere der **Tätigkeit von Suchmaschinen** Bedeutung erlangt. Sofern Suchmaschinenbetreiber täterschaftlich eine eigene, urheberrechtlich relevante Nutzungshandlung vornehmen, fehlt nach derzeitigem Recht eine geeignete Schranke.[80] Der BGH hat aber angenommen, dass die Anzeige von **Vorschaubildern („thumbnails")** eines geschützten Werks durch eine Bildersuchmaschine durch die Einwilligung „des Rechtsinhabers gedeckt ist, sofern dieser die Abbildungen selbst im Internet bereitgestellt und davon abgesehen hat, seine Website gegen den Suchmaschinenzugriff zu schützen.[81] Diese Entscheidung, die auch angesichts der neuesten Rechtsprechung des BGH zum Linking auf Vorschaubilder[82] seine Bedeutung nicht verloren hat,[83] ist mit der Begründung kritisiert worden, das bloße Unterlassen von Schutzmaßnahmen sei noch keine Einwilligung und es werde eine gesetzlich nicht vorgesehene Schranke für Suchmaschinenbetreiber durch die Hintertür eingeführt.[84] Diese Kritik ist nur teilweise berechtigt. Wer ein Werk im Internet bereitstellt, macht es damit bewusst für die Öffentlichkeit zugänglich und willigt damit auch konkludent in alle internettypischen Verknüpfungen ein, die die Sichtbarkeit des Werks erhöhen.[85] Ganz unabhängig von der rechtspolitischen Frage nach der Notwendigkeit neuer gesetzlicher Schrankenregelungen[86] liegen in diesem Fall die Voraussetzungen für die Annahme einer Einwilligung vor. Allerdings kann von einer konkludenten Einwilligung nur ausgegangen werden, wenn das Werk **vom Rechtsinhaber selbst oder mit seiner Zustimmung** im Internet bereitgestellt wur-

---

[72] BGHZ 29, 33 (36); so bereits *Zitelmann* AcP 99 (1906), 1 (58); dem folgend *Ohly,* Volenti non fit iniuria, S. 4 mwN; missverständl. Loewenheim/*J. B. Nordemann,* Handbuch des Urheberrechts, § 26 Rn. 16. Die Unterscheidung ist insbesondere deshalb auch praktisch bedeutsam, weil auf die vorherige rechtsgeschäftliche Zustimmung (§ 183 BGB) uneingeschränkt sämtliche Vorschriften über Rechtsgeschäfte anwendbar sind, während bei der unrechtsausschließenden Einwilligung zu differenzieren ist, → Rn. 32.

[73] → § 23 Rn. 24 mwN.

[74] → § 106 Rn. 31 ff.

[75] *Ohly,* Volenti non fit iniuria, S. 201 ff. mwN und GRUR 2012, 983 (985 f.); *Kohte* AcP 185 (1985), 105 ff.; *Tinnefeld* S. 12 ff.; *v. Zimmermann* S. 13 ff.; so auch die hM zu § 22 KUG, s. *Dasch* S. 38 ff.; *Götting/Schertz/Seitz/ Schertz,* Handbuch des Persönlichkeitsrechts, 2. Aufl., 2019, § 12 Rn. 34 ff. S. auch die Kommentierung zu → KUG § 22 Rn. 39 mit zutreffendem Hinweis auf die begrenzte praktische Bedeutung der Diskussion.

[76] BGHZ 29, 33 (35 f., zum ärztlichen Heileingriff); offen, aber ebenso in der Tendenz BGH GRUR 2010, 628 Rn. 34 f. – Vorschaubilder I; *v. Ungern-Sternberg* GRUR 2009, 369 (370); Wandtke/Bullinger/*Wandtke/Grunert* UrhG § 31 Rn. 37.

[77] BGH GRUR 2010, 628 Rn. 34 f. – Vorschaubilder I; *v. Ungern-Sternberg* GRUR 2009, 369 (370); *Ohly* GRUR 2012, 983 (985 f.) und Volenti non fit iniuria, S. 327 ff. mwN; *Tinnefeld* S. 64 ff.; *v. Zimmermann* S. 58 ff.

[78] *Ohly,* Volenti non fit iniuria, S. 340 ff. mwN; *Tinnefeld* S. 71 ff.; *v. Ungern-Sternberg* GRUR 2009, 369 (370 f.).

[79] So zu § 7 UWG BGH GRUR 2008, 1010 Rn. 18 – Payback; BGH GRUR 2013, 531 Rn. 19 – Einwilligung in Werbeanrufe II.

[80] BGH GRUR 2010, 628 Rn. 24 ff. – Vorschaubilder I; OLG Jena GRUR-RR 2008, 223 – Thumbnails, beide mwN.

[81] BGH GRUR 2010, 628 Rn. 30 ff. – Vorschaubilder I, anders noch als Vorinstanz OLG Jena GRUR-RR 2008, 223 (225 ff.) – Thumbnails.

[82] BGH GRUR 2018, 178 – Vorschaubilder III mAnm *Ohly.*

[83] BGH GRUR 2010, 628 Rn. 30 ff. – Vorschaubilder I, anders noch als Vorinstanz OLG Jena GRUR-RR 2008, 223 (225 ff.) – Thumbnails.

[84] *Fahl* K&R 2010, 437 (441); *Harte-Bavendamm/Jürgens* FS Schricker (2005), 33 (47); *Hüsch* CR 2010, 452 (455); *Klass* ZUM 2013, 1 (4 ff.); *Schack* MMR 2008, 414 (415); *Schrader/Rautenstrauch* UFITA 2007, 761 (775 ff.); *Spindler* GRUR 2010, 785 (789 ff.); *Wiebe* GRUR 2011, 888 (890); Wandtke/Bullinger/*Wandtke/Grunert* UrhG vor §§ 31 ff. Rn. 46.

[85] Ebenso *Berberich* MMR 2005, 145 (147 f.); *Hüttner* WRP 2010, 1008 (1015); *Leistner/Stang* CR 2008, 499 (504); *Ott* WRP 2011, 655 (668); *v. Ungern-Sternberg* GRUR 2009, 369 (371 f.); ausf. *Tinnefeld* S. 84 ff.

[86] Hierzu etwa *Spindler* GRUR 2010, 785 (792); *Wiebe* GRUR 2011, 888 (894); *Ohly,* Urheberrecht in der digitalen Welt, Gutachten F zum 70. Deutschen Juristentag, 2014, S. F 114; *Leistner* JZ 2014, 846 (855 f.).

de.[87] Die Beweislast hierfür trägt, wer sich auf die Einwilligung beruft. Daher eignet sich die Einwilligung nicht zur Freistellung urheberrechtlich relevanter Handlungen von Suchmaschinenbetreibern, weil vollautomatisch agierende Suchmaschinen nicht zwischen Seiten differenzieren können, auf denen Werke mit Zustimmung des Urhebers bereitgestellt wurden, und solchen, auf denen das Urheberrecht verletzt wird. Die Einbindung eines Share-Buttons in sozialen Netzwerken ist nicht als konkludente Einwilligung in die Nutzung geschützter Texte oder Fotos anzusehen.[88]

32   Eine Einwilligung setzt **Dispositionsbefugnis** voraus, sie muss also vom Rechtsinhaber oder mit seiner Ermächtigung (§ 185 BGB) erklärt werden.[89] Während bei Einwilligungen **Minderjähriger** im höchstpersönlichen Bereich die §§ 104, 107 ff. BGB nach der zutreffenden hM insoweit der Modifikation bedürfen, als neben der Zustimmung der gesetzlichen Vertreter auch die Einwilligung einsichtsfähiger Minderjähriger erforderlich ist („Doppelzuständigkeit"),[90] gelten sie bei Einwilligungen im vermögensrechtlichen Bereich uneingeschränkt. Für das Urheberrecht ist die Rechtslage insofern bisher kaum geklärt. Da sich wegen der monistischen Natur des deutschen Urheberrechts vermögens- und persönlichkeitsrechtliche Interessen nicht immer eindeutig voneinander unterscheiden lassen, spricht die Systematik des Gesetzes für die Doppelzuständigkeit, so dass neben der Einwilligung der gesetzlichen Vertreter stets auch die Einwilligung des einsichtsfähigen Minderjährigen erforderlich ist.[91] Einiges spricht dafür, dass dies auch für stärkere Formen der Gestattung, insbesondere die Einräumung von Nutzungsrechten gilt.[92]

33   Nur die **vor dem Eingriff erklärte Einwilligung** schließt die Verletzung aus, eine nachträgliche Gestattung kann allenfalls einen Verzicht auf Verletzungsansprüche darstellen.[93] Bis zur Vornahme der Handlung ist die Einwilligung **frei widerruflich**. In **Analogie zu § 658 BGB** muss der Widerruf in derselben Weise bekannt gemacht werden wie die Einwilligung oder muss durch besondere Mitteilung erfolgen.[94]

34   Bezieht sich die Einwilligung auf eine Handlung, die zugleich von einer **Schranke des Urheberrechts** erlaubt wird, so soll nach der Rechtsprechung des EuGH die **Einwilligung ins Leere gehen**.[95] Handelt es sich also um eine gesetzliche Lizenz, so ändert die Einwilligung nichts daran, dass eine Vergütungspflicht entsteht. Zwingend ist das keineswegs.[96] Auch die Einräumung von Nutzungsrechten kann unentgeltlich erfolgen[97] und sich auch auf Handlungen erstrecken, die ansonsten von einer gesetzlichen Lizenz erfasst würden. Für die Ungleichbehandlung zwischen Rechtseinräumung und Einwilligung sind keine Gründe ersichtlich. Die Rechtsprechung postuliert inzident und ohne hinreichende Begründung, dass die gesetzliche Lizenz der Privatautonomie des Rechtsinhabers vorgeht. Von der allgemeinen Frage nach dem Verhältnis zwischen Einwilligung und gesetzlicher Lizenz ist die im Einzelfall durch Auslegung zu beantwortende Frage zu unterscheiden, ob eine bestimmte Handlung wirklich als Einwilligung mit der Folge der unentgeltlichen Nutzungserlaubnis zu sehen ist.

3. Rechtsgeschäfte über Urheberpersönlichkeitsrechte

35   Zulässig sind nach der misslungenen Formulierung des § 29 Abs. 2 aE auch „die in § 39 geregelten Rechtsgeschäfte über Urheberpersönlichkeitsrechte". Diese Verweisung geht teilweise ins Leere, weil § 39 nur die Zulässigkeit bestimmter Änderungen im Kontext der Einräumung von Nutzungsrechten regelt. Es könnte also scheinen, als seien Rechtsgeschäfte über das Veröffentlichungsrecht und die Urhebernennung schlechthin ausgeschlossen. Die Formulierung beruht aber auf einem **Redaktionsversehen**.[98] In der Fassung des „Professorenentwurfs"[99] regelte § 39 detailliert Rechtsgeschäfte über das Veröffentlichungsrecht, das Recht auf Anerkennung der Urheberschaft und das Recht auf Werkintegrität. Derartige Vereinbarungen sollten erlaubt werden, sofern die Eingriffe genau bestimmt waren. Bis zur Vornahme der betreffenden Handlung sollten die Vereinbarungen widerruflich sein. In

---

[87] AA BGH GRUR 2012, 628 Rn. 27 f. – Vorschaubilder II; gegen die Lösung des BGH *Conrad* MMR 2012, 480 (481); *Fahl* K&R 2012, 419; *Klass* ZUM 2013, 1 (6 f.); *Ohly* GRUR 2012, 983 (988); *Spindler* MMR 2012, 386.

[88] LG Frankfurt a. M. ZUM–RD 2015, 201.

[89] *Ohly*, Volenti non fit iniuria, S. 393 ff. mwN.

[90] → KUG § 22 Rn. 42 mwN; *Dasch* S. 101; *Ohly*, Volenti non fit iniuria, S. 312 ff. mwN und AfP 2011, 428 (434); *v. Zimmermann* S. 151 ff.; in der Tendenz auch BGH GRUR 1975, 561 – Nacktaufnahmen mAnm *Neubert*.

[91] *Tinnefeld* S. 120 f.; aA *v. Zimmermann* S. 162 f.

[92] Warum sollte einer 17-Jährigen die Veröffentlichung ihrer im Internet abrufbaren Blogeinträge in Buchform von ihren Eltern aufgezwungen werden können, wenn sie traditionelle Verlagsstrukturen ablehnt?

[93] So zu § 7 UWG BGH GRUR 1994, 380 (381) – Lexikothek; allgemein *Ohly*, Volenti non fit iniuria, S. 344 ff. mwN.

[94] *Tinnefeld* S. 157 ff.; dem folgend *Ohly* GRUR 2012, 983 (990 f.).

[95] EuGH GRUR 2013, 812 Rn. 37 – VG Wort/Kyocera mAnm *Gräbig*; dem folgend BGH GRUR 2014, 979 Rn. 45 – Drucker und Plotter III; zust. *Dreier* ZUM 2013, 769 (774); *Stieper* EuZW 2013, 699 (700). Ebenso mittlerweile für entgeltliche Gestattungen EuGH GRUR 2015, 478 Rn. 63 ff. – Copydan/Nokia, dazu krit. *Peukert* GRUR 2015, 452 (453 f.).

[96] AA zuvor *Ohly* GRUR 2012, 983 (989); differenzierter als der EuGH die Schlussanträge der GA Sharpston in VG Wort/Kyocera, BeckEuRS 2013, 695867 Rn. 117 ff.

[97] S. §§ 32 Abs. 3 S. 3; 32a Abs. 3 S. 3; 32c Abs. 3 S. 2.

[98] Hierzu ausf. → 4. Aufl. 2010 Rn. 8; vgl. auch *Erdmann* GRUR 2002, 923 (929).

[99] *Dietz/Loewenheim/Nordemann/Schricker/Vogel*, abgedr. in GRUR 2000, 765.

der „Formulierungshilfe"[100] wurde diese Vorschrift aber gestrichen, ohne dass § 29 Abs. 2 angepasst wurde. Die Absicht des Gesetzgebers ging aber dahin, an der zuvor geltenden Rechtslage insoweit nichts zu ändern. Über § 39 hinaus sind also Rechtsgeschäfte über Urheberpersönlichkeitsrechte in dem Rahmen möglich, der schon vor 2002 eröffnet war.[101]

Demnach steht die soeben dargestellte **Stufenleiter rechtsgeschäftlicher Gestaltungsmöglich-** **36** **keiten** grundsätzlich auch zur Verfügung, wenn es um die Gestattung von Eingriffen in Urheberpersönlichkeitsrechte geht.[102] Die grundsätzliche Unübertragbarkeit des Urheberrechts gilt auch für die Urheberpersönlichkeitsrechte im Ganzen oder in einzelnen Teilen.[103] Eine Verfügung über das Urheberpersönlichkeitsrecht, die mit der Einräumung von Nutzungsrechten vergleichbar wäre, ist im Gesetz nicht vorgesehen. Gleichwohl sind **in gewissen Grenzen Rechtsgeschäfte möglich,**[104] die es erlauben, dass ein anderer urheberpersönlichkeitsrechtliche Befugnisse in ihrem positiven Gehalt ausübt[105] und/oder urheberpersönlichkeitsrechtliche Verbotsrechte geltend macht.[106] Entscheidend ist dabei weniger, ob der Kernbereich des Urheberpersönlichkeitsrechts betroffen ist, als dass der Eingriff konkretisiert und für den Urheber vorhersehbar ist.[107] In der Regel sind derartige, das Urheberpersönlichkeitsrecht berührende Geschäfte mit der Einräumung von Nutzungsrechten verbunden und werden dann in vertraglicher Form vorgenommen.[108] Es ist aber auch eine einseitige, die Rechtswidrigkeit ausräumende Einwilligung in den Eingriff möglich. Eine gesetzliche Regelung, wie sie etwa der „Professorenentwurf" vorsah,[109] wäre gerade im Hinblick auf digitale Werknutzungen[110] wünschenswert.

4. Geschäfte über Vergütungsansprüche

Vergütungsansprüche können dem Urheberrechtsinhaber oder dem Inhaber eines Nutzungsrechts **37** auf vertraglicher Basis oder aufgrund Gesetzes zustehen. Es handelt sich um **schuldrechtliche Geldforderungen.**[111] Von den Vergütungsansprüchen zu unterscheiden ist das Stammrecht, aus dem sie fließen;[112] es unterliegt der Regel der Unübertragbarkeit des Urheberrechts.[113]

Über Vergütungsansprüche kann verfügt werden, insbesondere durch **Abtretung (§§ 398 ff.** **38** **BGB);**[114] das Übertragungsverbot des § 29 S. 2 gilt für diese vom Urheberrecht sich ablösenden schuldrechtlichen Ansprüche nicht. Auch bei der Abtretung von Vergütungsansprüchen ist zwischen der Abtretung als Verfügung über den Anspruch und dem zugrundeliegenden schuldrechtlichen Geschäft zu unterscheiden, selbst wenn beide Geschäfte in der Praxis vielfach zusammenfallen werden.

Die **Verfügung über Vergütungsansprüche** kann **vertraglich** (vgl. § 399 BGB) **oder gesetz-** **39** **lich beschränkt** sein. Auf gesetzliche Vergütungsansprüche kann vorab nicht verzichtet werden, ihre Vorausabtretung ist grundsätzlich nur an eine Verwertungsgesellschaft möglich (§ 63a, ebenso § 26 Abs. 3; 27 Abs. 1 S. 2, 3; 20a Abs. 2, 3; 78 Abs. 3).[115] Ein Abtretungsausschluss besteht ferner gemäß § 400 BGB, §§ 850 ff. ZPO, soweit die Vergütungsansprüche Arbeitseinkommen iSv § 850 ZPO bilden, dh es sich um eine Vergütung für eine Tätigkeit handelt, die die Erwerbstätigkeit des Schuldners vollständig oder zu einem wesentlichen Teil in Anspruch nimmt;[116] nach dem Schutzzweck gilt dieser Abtretungsausschluss nicht für die Übertragung zur Wahrnehmung an Verwertungsgesellschaften.

Insbesondere ist die **Vorausabtretung gesetzlicher Vergütungsansprüche,** die sich aus den **40** Schrankenregelungen des 6. Abschnitts ergeben, nur an eine Verwertungsgesellschaft oder in den Fällen des § 63a S. 2 Alt. 2 möglich. Während der „Professorenentwurf" diese Beschränkung noch als allgemeine Regel für gesetzliche Vergütungsansprüche vorgesehen hatte, hielt es der Gesetzgeber bei inhaltlicher Zustimmung für systematisch richtiger, die Bestimmung in Abschnitt 6 zu verschieben. Dabei wurde übersehen, dass auch außerhalb dieses Abschnitts gesetzliche Vergütungsansprüche vorgesehen werden. Während die §§ 20b Abs. 2 S. 2, 3; 26 Abs. 3 und 27 Abs. 1 S. 2, 3 entsprechende

---

[100] Abgedruckt bei *Hucko,* Urhebervertragsrecht, S. 149 ff.
[101] Näher hierzu → Rn. 5 und → Vor §§ 12 ff. Rn. 20; s. ferner Dreier/Schulze/*Schulze* UrhG § 29 Rn. 20; DKMH/*Kotthoff* UrhG § 29 Rn. 12; *Haas* Nr. 52 ff.; Loewenheim/*Dietz/Peukert,* Handbuch des Urheberrechts, § 15 Rn. 18; *Metzger* GRUR-Int 2003, 9 (10).
[102] Näher hierzu → Vor §§ 12 ff. Rn. 11 ff.
[103] → Rn. 8.
[104] Hierzu umfassend *Metzger,* Rechtsgeschäfte über das Droit moral im deutschen und französischen Urheberrecht, 2001; *Forkel* GRUR 1988, 491 (496 ff.); Wandtke/Bullinger/*Wandtke/Grunert* UrhG vor §§ 31 ff. Rn. 38.
[105] Etwa Erstveröffentlichung.
[106] Etwa Entstellungsschutz.
[107] So auch Loewenheim/*Dietz,* Handbuch des Urheberrechts, § 15 Rn. 18 f.
[108] *Schricker,* Verlagsrecht, VerlG § 8 Rn. 3 mwN; Wandtke/Bullinger/*Wandtke/Grunert* UrhG vor §§ 31 ff. Rn. 36 ff.; *v. Welser,* Die Wahrnehmung urheberpersönlichkeitsrechtlicher Befugnisse durch Dritte, 2000.
[109] GRUR 2000, 765 (767).
[110] *Schricker* in *Schricker* (Hrsg.), Urheberrecht auf dem Weg zur Informationsgesellschaft, 1997, S. 79 ff., 100.
[111] *Ulmer* § 88 I.
[112] *Rossbach* S. 62 ff.; krit. *Schack* Rn. 478; *Pflüger* S. 121 ff.
[113] → Rn. 10.
[114] *Rossbach* S. 104 ff.; *Pflüger* S. 190 ff.; Dreier/Schulze/*Schulze* UrhG § 29 Rn. 23; *Schack* Rn. 597.
[115] Näher hierzu die Kommentierungen der genannten Vorschriften.
[116] *Ulmer* § 88 IV.

Regelungen enthalten, fehlt eine entsprechende Bestimmung in § 27 Abs. 2. Die historische, systematische und teleologische Auslegung spricht für eine analoge Anwendung des § 63a Abs. 2 auf den Fall des § 27 Abs. 2.

41   Soweit die Abtretungsverbote nicht eingreifen, ist auch eine **Verfügung über künftige Ansprüche** möglich, sofern sie **hinreichend bestimmt oder zumindest bestimmbar** sind.[117] Ist der Grund für den Vergütungsanspruch bereits gelegt, so liegt in der Vorausabtretung eine Verfügung über das Anwartschaftsrecht, so dass der Anspruch sogleich, ohne Durchgangserwerb, in der Hand des Zessionars entsteht.[118] Bei gesetzlichen Vergütungsansprüchen liegt der Entstehungsgrund in der gesetzlichen Regelung; es besteht eine unentziehbare Anwartschaft, ohne dass es darauf ankäme, ob das Werk bereits existiert; die Vorausabtretung führt zum Direkterwerb. Wenn der Autor eines Werks der Literatur beispielsweise seine künftigen Vergütungsansprüche aus § 27 oder § 54 an eine Verwertungsgesellschaft abtritt, wachsen die Ansprüche mit ihrer Entstehung dieser unmittelbar zu. Durch die Vorausverfügung begibt sich der Inhaber des Vergütungsanspruchs seiner Verfügungsmacht.[119] Von mehreren zeitlich aufeinander folgenden Verfügungen ist deshalb nur die erste wirksam; ein gutgläubiger Erwerb zugunsten des Zessionars eines späteren Geschäfts scheidet aus.[120] Hat ein Autor seine bestehenden oder künftigen gesetzlichen Vergütungsansprüche an eine Verwertungsgesellschaft abgetreten, so geht die spätere Abtretung an einen Werknutzer ins Leere.[121]

5. Geschäfte über verwandte Schutzrechte

42   Hinsichtlich **einzelner verwandter Schutzrechte** erklärt das Gesetz die Vorschriften des Teils 1 des UrhG und damit auch diejenigen über den Rechtsverkehr im Urheberrecht (§§ 28 ff.) für **entsprechend anwendbar,** so § 70 Abs. 1 für den **Schutz wissenschaftlicher Ausgaben** und § 72 Abs. 1 für den **Schutz von Lichtbildern** und Erzeugnissen, die ähnlich wie Lichtbilder hergestellt werden. Es handelt sich dabei um Rechte, die eine urheberpersönlichkeitsrechtliche Komponente beinhalten. Was vorstehend für den Rechtsverkehr im Urheberrecht ausgeführt wurde, gilt grundsätzlich auch für diese verwandten Schutzrechte. So ist von der Regel der Unübertragbarkeit unter Lebenden auszugehen (§ 29 Abs. 1); es können Nutzungsrechte eingeräumt werden, rein schuldrechtliche Berechtigungen sind denkbar; Geschäfte über Urheberpersönlichkeitsrechte sind nur beschränkt möglich. Im Einzelnen ist auf die Kommentierung zu § 70 und zu § 72 zu verweisen.

43   Für das **verwandte Schutzrecht der ausübenden Künstler** wurde der Rechtsverkehr durch das erste und zweite Gesetz zur Regelung des Urheberrechts in der Informationsgesellschaft neu geordnet (§ 79). Danach sind die Verwertungsrechte und Ansprüche der §§ 77, 78 grundsätzlich übertragbar. Es können Nutzungsrechte eingeräumt werden; § 79 verweist auf die urhebervertragsrechtlichen Regelungen einschließlich der §§ 32, 32a.[122] Nicht zu den gemäß § 79 abtretbaren Befugnissen gehören das Recht auf Anerkennung gemäß § 74 und der Entstellungsschutz gemäß § 75; insoweit gelten die allgemeinen Grundsätze betreffend Rechtsgeschäfte über Urheberpersönlichkeitsrechte.[123]

44   Die **sonstigen verwandten Schutzrechte** enthalten keine persönlichkeitsrechtliche Komponente; sie sind als Vermögensrechte ganz oder teilweise übertragbar.[124] Ausdrücklich ist die Übertragbarkeit bestimmt für das Recht an der Ausgabe nachgelassener Werke (§ 71 Abs. 2), für die verwandten Schutzrechte des Tonträgerherstellers (§ 85 Abs. 2 S. 1), des Sendeunternehmens (§ 87 Abs. 2 S. 1), des Presseverlegers (§ 87g Abs. 1) sowie des Filmherstellers und des Herstellers von Laufbildern (§ 94 Abs. 2 S. 1).[125] Auch das Datenbankrecht ist übertragbar.[126]

45   An verwandten Schutzrechten können, soweit entsprechende Verwertungsbefugnisse im Schutzbereich des jeweiligen Rechts enthalten sind, wie beim Urheberrecht **Nutzungsrechte eingeräumt werden.** Für das Recht an wissenschaftlichen Ausgaben ergibt sich dies aus der Verweisung in § 70 Abs. 1 auf die Vorschriften im Teil 1 des Gesetzes; für das Recht an Lichtbildern und Erzeugnissen, die ähnlich wie Lichtbilder hergestellt werden, aus § 72 Abs. 1.[127] Für das Recht der ausübenden Künstler s. die ausdrückliche Regelung in § 79 Abs. 2. Möglich sind Nutzungsrechte auch beim Recht der Tonträgerhersteller (§ 85 Abs. 2 S. 2), Sendeunternehmen (§ 87 Abs. 2), Filmhersteller (§ 94 Abs. 2 S. 2), Hersteller von Laufbildern und Datenbanken.

46   Die Abtretung von Vergütungsansprüchen der Inhaber verwandter Schutzrechte beurteilt sich nach den in → Rn. 37 ff. dargestellten Grundsätzen.

---

[117] *Rossbach* S. 121 f.; *Schack* Rn. 597; *Ulmer* § 88 I.
[118] Palandt/*Grüneberg* BGB § 398 Rn. 11 f.; *Rossbach* S. 123 f.
[119] MüKoBGB/*Roth/Kieninger* BGB § 398 Rn. 78.
[120] MüKoBGB/*Roth/Kieninger* BGB § 398 Rn. 27 f.; *Rossbach* S. 135 f.
[121] *Ulmer* § 88 III;. Daher geht nach OLG München GRUR 2014, 272 (275 f.) auch eine Abtretung gesetzlicher Vergütungsansprüche an einen Verleger ins Leere, wenn der Urheber diese Ansprüche zuvor zur Wahrnehmung an eine Verwertungsgesellschaft übertragen hat, vgl. auch BGH GRUR 2016, 596 Rn. 82 – Verlegeranteil. Näher zu dieser Problematik → § 63a Rn. 13, 19 ff.
[122] S. im Einzelnen die Erl. zu § 79.
[123] → Vor §§ 12 ff. Rn. 11 f.; sa die Erl. zu § 83.
[124] §§ 413 mit 398 ff. BGB.
[125] §§ 95 mit 94 Abs. 2.
[126] → Vor §§ 87a ff. Rn. 32.
[127] → § 72 Rn. 58 ff.

6. Übertragung und Einräumung von Rechten zur Wahrnehmung

Soweit Rechte übertragen oder eingeräumt werden können, kann dies zu vollem Recht gesche- 47
hen, so dass der Erwerber eine ungeschmälerte Rechtsstellung erhält. Das Rechtsgeschäft kann aber
auch von beschränkenden Abreden begleitet sein, die die nach außen geschaffene volle Rechtsstellung im Innenverhältnis einschränken, wie dies für treuhänderische Rechtsgeschäfte charakteristisch
ist.

So kann einem **Verwerterunternehmen,** beispielsweise einem Bühnen- oder Musikverlag,[128] ein 48
Recht übertragen oder eingeräumt werden, damit es im Interesse – zumindest auch – des Rechtsinhabers verwertet werde, wobei die Erlöse – zumindest teilweise – an den Rechtsinhaber auszuschütten
sind. Haben die Erben eines Schriftstellers einen Dritten ermächtigt, die Verwertungsrechte am Werk
treuhänderisch wahrzunehmen, so ist der Dritte auch zur Kündigung eines bestehenden Verlagsvertrages berechtigt; er kann die Rechte in eigenem Namen geltend machen.[129] Den praktisch wichtigsten
Fall bilden die Rechtsübertragungen und -einräumungen der Inhaber von Urheberrechten und verwandten Schutzrechten zur Wahrnehmung an Verwertungsgesellschaften;[130] man spricht von **Wahrnehmungsverträgen** oder **Berechtigungsverträgen.** Sie werden in der Kommentierung zum
VGG, insbes. zu § 9 VGG erläutert.

Das allgemeine Urhebervertragsrecht ist grundsätzlich auch auf Wahrnehmungsverträge anwendbar, 49
doch gelten gewisse Besonderheiten. Anwendbar ist die Übertragungszwecklehre (§ 31 Abs. 5),[131] zur
Anwendbarkeit des § 88 s. die dortige Kommentierung.[132] Hingegen bedarf es nach § 35 Abs. 1 S. 2
der Zustimmung des Urhebers zur Einräumung einfacher Nutzungsrechte seitens des Inhabers eines
ausschließlichen Nutzungsrechts nicht, wenn das ausschließliche Nutzungsrecht „nur zur Wahrnehmung der Belange des Urhebers eingeräumt ist".[133]

Schuldrechtlich bilden die mit Verwertungsgesellschaften geschlossenen Wahrnehmungsverträge 50
urheberrechtliche Nutzungsverträge eigener Art, die Elemente des Auftrags, insbesondere der
Treuhandschaft, sowie des Gesellschafts-, Dienst- und Geschäftsbesorgungsvertrags aufweisen.[134] Nutzungsrechte werden in ausschließlicher Form zur Weitergabe einfacher Nutzungsrechte eingeräumt,
Vergütungsansprüche zum Inkasso abgetreten. Von einem normalen Inkassozessionar unterscheiden
sich die Verwertungsgesellschaften jedoch durch die Verselbständigung ihrer Stellung.[135] Die Verwertungsgesellschaft ist von den Weisungen des einzelnen Treugebers weitgehend unabhängig; ihre Stellung richtet sich nach Gesetz und Statuten. Die Rechte werden gemeinsam für alle Beteiligten wahrgenommen, die Erlöse zT den Verteilungsplänen entsprechend (vgl. § 27 VGG) gar nicht an die
einzelnen Treugeber ausgeschüttet, sondern Vorsorge- und Unterstützungseinrichtungen zugeführt
(§ 32 VGG). Auch Ausschüttungen an die einzelnen Verwertungsberechtigten sind vielfach pauschaliert.[136] Bei der Vergabe von Nutzungsrechten findet die Befugnis der Verwertungsgesellschaft ihre
Grenze beim Schutz der Urheberpersönlichkeitsrechte.[137]

Die Rechtsprechung hat aus den Unterschieden zum normalen Treuhandverhältnis verschiedent- 51
lich Konsequenzen gezogen. So kann ein von der Verwertungsgesellschaft wegen Verletzung von ihr
wahrgenommener Urheberrechte auf Schadensersatz in Anspruch Genommener ihr gegenüber nicht
wie gegen einen normalen Inkassozessionar mit Ansprüchen aufrechnen, die ihm gegenüber dem
ursprünglichen Berechtigten zustehen.[138] Die Verwertungsgesellschaften lassen sich Nutzungsrechte
und Vergütungsansprüche idR auch künftiger Werke abtreten.[139] Der Urheber kann insoweit dann
nicht mehr verfügen, etwa in einem später abgeschlossenen Verlagsvertrag.[140] Die Befugnis der Verwertungsgesellschaft zur Geltendmachung von Vergütungsansprüchen für die während der Dauer des
Wahrnehmungsvertrages entstandenen Rechte bleibt grundsätzlich auch nach der Beendigung des
Wahrnehmungsvertrages bestehen.[141]

---

[128] S. zur Wahrnehmung durch Bühnenverlage *Beilharz,* Der Bühnenvertriebsvertrag als Beispiel eines urheberrechtlichen Wahrnehmungsvertrages, 1970, S. 20 ff., 26 ff., 66 ff.; *Schricker,* Verlagsrecht, VerlG § 1 Rn. 84 f.; *Ulmer*
§ 96; → Vor § 31 Rn. 119.
[129] OLG München ZUM 1995, 721 (723 f.) – Hanns Heinz Ewers.
[130] Hierzu im Einzelnen → VGG § 9 Rn. 15 ff.
[131] → § 31 Rn. 59.
[132] → Rn. 28.
[133] → § 35 Rn. 13.
[134] BGH GRUR 2005, 757 (759) – PRO-Verfahren; Loewenheim/*Melichar,* Handbuch des Urheberrechts, § 47
Rn. 15 ff.; sa *Riesenhuber,* Die Auslegung und Kontrolle des Wahrnehmungsvertrags, 2004, S. 7 ff.
[135] BGH GRUR 1968, 321 (327) – Haselnuß; BGH GRUR 1982, 308 (309) – Kunsthändler.
[136] Loewenheim/*Melichar,* Handbuch des Urheberrechts, § 47 Rn. 31 ff.
[137] Dreier/Schulze/*Schulze* UrhG vor § 31 Rn. 130.
[138] BGH GRUR 1968, 321 – Haselnuß; zur Klageberechtigung des Urhebers selbst s. LG Hamburg GRUR
1980, 920 – Kammermusik; LG Berlin UFITA 91 (1981), 245.
[139] Vorausverfügung über die Anwartschaft, vgl. → Rn. 41.
[140] OLG München ZUM 2006, 473 (477); OLG Köln ZUM 1998, 505 (507); Dreier/Schulze/*Schulze* UrhG
vor § 31 Rn. 129.
[141] BGH GRUR 1982, 308 (309) – Kunsthändler; Dreier/Schulze/*Schulze* UrhG vor § 31 Rn. 131.

7. Sonstige besondere Formen von Rechtsgeschäften (Verweisung)

52   Hinzuweisen ist noch auf folgende besonderen Formen oder Gestaltungen von Rechtsgeschäften über Urheberrechte und verwandte Schutzrechte:
– Verträge über künftige Werke, insbesondere Optionen: s. die Erl. zu § 40;
– Verträge mit Arbeitnehmern: s. die Erl. zu § 43;
– Verträge über Werkstücke, dh Originale oder Vervielfältigungsstücke: s. die Erl. zu § 44;
– Rechtsverzichte: → Rn. 15 ff.;
– Verpfändung und Nießbrauchsbestellung: Am Urheberrecht selbst sind diese Geschäfte mangels Übertragbarkeit als solche nicht möglich.[142] Jedoch können Nutzungsrechte eingeräumt werden, die inhaltlich so zugeschnitten sind, dass sie Pfandrecht und Nießbrauch im Wesentlichen entsprechen.[143] Für die Sicherungsübertragung von Urheberrechten gilt Entsprechendes.
– An einem Nutzungsrecht, das der Urheber einem anderen eingeräumt hat, zB an einem Verlagsrecht, ist eine Pfandrechts- und Nießbrauchsbestellung möglich, sofern das Recht übertragbar ist.[144]
– Rechtsgeschäfte zwischen Miturhebern: → § 8 Rn. 10 ff.; zwischen Urhebern verbundener Werke: → § 9 Rn. 7 ff.
– Einbringung von Nutzungsrechten in Gesellschaften und Auseinandersetzung.[145]

§ 30 Rechtsnachfolger des Urhebers

Der Rechtsnachfolger des Urhebers hat die dem Urheber nach diesem Gesetz zustehenden Rechte, soweit nichts anderes bestimmt ist.

Schrifttum: S. die Nachw. zu § 28.

Übersicht*

I. Begriff des Rechtsnachfolgers

1   **Rechtsnachfolger** des Urhebers iSd § 30 ist der Erbe (§ 28 Abs. 1) oder der Erwerber des Urheberrechts kraft ausnahmsweise zulässiger Übertragung unter Lebenden (§ 29 Abs. 1 Hs. 2), nicht aber derjenige, dem lediglich ein Nutzungsrecht eingeräumt oder eine persönlichkeitsrechtliche Befugnis zur Ausübung überlassen wurde.[1] Keine Rolle spielt dabei, ob die Rechtsnachfolge nach dem Urheber selbst (einstufig) eintritt oder ob (mehrstufig) ein Rechtsnachfolger des Urhebers iSd § 30 oder mehrere solche Rechtsnachfolger eingeschaltet sind. Wer dagegen den Inhaber nur eines Nutzungsrechts, etwa des Verlagsrechts, beerbt, ist ebenso wenig Rechtsnachfolger des Urhebers wie der Erblasser.[2]

2   Beim **Vermächtnisnehmer** kommt es darauf an, ob ihm das ganze Urheberrecht oder ein an ihn zu übertragender Teil desselben vermacht wurde[3] – dann ist er Rechtsnachfolger iSd § 30 – oder ob sich das Vermächtnis nur auf die konstitutive Einräumung eines oder mehrerer Nutzungsrechte, etwa des Verlagsrechts, bezieht – in letzterem Fall ist § 30 unanwendbar.

3   Der **Miturheber,** dem der Anteil eines Miturhebers durch dessen Verzicht auf die Verwertungsrechte zugewachsen ist (§ 8 Abs. 4), ist Rechtsnachfolger nur in die Verwertungsrechte; die Anwachsung bezieht sich nicht auf das Urheberpersönlichkeitsrecht.

---

[142] *Ulmer* § 83 IV.

[143] S. im Einzelnen *Ulmer* § 83 IV.

[144] Wandtke/Bullinger/*Wandtke/Grunert* UrhG § 31 Rn. 2; s. im Einzelnen *Schricker*, Verlagsrecht, VerlG § 28 Rn. 29 ff.

[145] S. hierzu OLG München ZUM 1995, 488.

*Die folgenden Erläuterungen beruhen teilweise auf den von *Schricker* verfassten und in der 4. Aufl. von *Loewenheim* aktualisierten Kommentierungen vor §§ 28 ff. und zu § 30.

[1] Dreier/Schulze/*Schulze* UrhG § 30 Rn. 2; Fromm/Nordemann/*J. B. Nordemann* UrhG § 30 Rn. 6; Wandtke/Bullinger/*Hoche* UrhG § 30 Rn. 4; Möhring/Nicolini/*Spautz* UrhG § 30 Rn. 2; *Ulmer* § 82.

[2] Dreier/Schulze/*Schulze* UrhG § 30 Rn. 2; Fromm/Nordemann/*J. B. Nordemann* UrhG § 30 Rn. 7.

[3] Translative Übertragung.

II. Rechtsstellung des Rechtsnachfolgers

1. Grundsatz

Der Rechtsnachfolger in das Urheberrecht im Ganzen hat grundsätzlich die **gleiche Rechtsstel-** 4
lung wie der Urheber. Es stehen ihm nicht nur die **Verwertungsrechte,** sondern auch die **Urhe-**
berpersönlichkeitsrechte[4] in vollem Umfang zu. Das folgt aus der monistischen Konzeption des
deutschen Urheberrechts,[5] insbesondere aus der gesetzgeberischen Entscheidung für eine Gesamtrechtsnachfolge und gegen eine Wahrnehmungslösung,[6] ebenso wie aus dem Fehlen einer Kontrollinstanz, die gegen den „pietätlosen" Rechtsnachfolger vorgehen könnte.[7]

Der Urheber hat die Möglichkeit, die Ausübung des Urheberrechts nach seinem Tod durch Aufla- 5
gen oder die Anordnung von Testamentsvollstreckung zu regeln.[8] Umstritten ist aber, ob der Rechtsnachfolger bei der Ausübung urheberpersönlichkeitsrechtlicher Befugnisse an den Willen des Urhebers gebunden ist, wenn dieser keine derartige Rechtsgestaltung vorgenommen hat, und in welchem
Maße bei allfälligen Interessenabwägungen, etwa im Rahmen des Entstellungsschutzes (§ 14), auf den
Willen des Urhebers oder des Rechtsnachfolgers abzustellen ist.

Nach hM ist der Rechtsnachfolger **nicht an den Willen des Urhebers gebunden,**[9] sofern die- 6
ser weder Testamentsvollstreckung oder Auflagen angeordnet noch sich Dritten gegenüber vertraglich
gebunden[10] hat. Der Erbe kann beispielsweise ein bisher unveröffentlichtes Werk selbst dann veröffentlichen, wenn der Urheber einer Veröffentlichung ablehnend gegenüber gestanden hat.[11] Auch
kann er ein Pseudonym des Urhebers aufdecken oder das Werk anonymisieren; er kann das Werk
ändern, bearbeiten, ja sogar verstümmeln oder entstellen.[12] Allerdings bleiben **für die Interessenab-**
wägung im Rahmen des Urheberpersönlichkeitsrechts die **geistigen und persönlichen Interessen**
des Urhebers maßgeblich.[13] Sie können mit zunehmendem zeitlichem Abstand vom Tod des Urhebers allmählich **verblassen.**[14]

Die hM wird aus zwei Richtungen **kritisiert.** Autoren, die eine **konsequent erbrechtliche Per-** 7
spektive einnehmen,[15] sind zwar ebenfalls der Ansicht, dass der Rechtsnachfolger bei der Ausübung
des Urheberrechts ungebunden ist. Doch dürfe auch im Übrigen nicht zwischen den Interessen des
Urhebers und des Rechtsnachfolgers differenziert werden: Sie verschmölzen im Erbgang, so dass anschließend nicht mehr isoliert auf die Interessen des Urhebers abgestellt werden könne. Auch ein
Verblassen der Urheberinteressen komme nicht in Betracht. Die **Gegenansicht**[16] betont die Parallelen zwischen dem Urheberpersönlichkeitsrecht und dem allgemeinen Persönlichkeitsrecht. Das Urheberpersönlichkeitsrecht sei **treuhänderisch gebunden.** Der Rechtsnachfolger dürfe daher ein voll-
endetes Werk nicht unter Eingriff in die Substanz verändern, auch wenn diese Rechtsverletzung oft
nach dem Motto „Wo kein Kläger, da kein Richter" praktisch nicht verfolgt werden könne. Beide
Ansichten haben gegenüber der hM den Vorzug, eine der beiden Perspektiven konsequent durchzuhalten. Die erbrechtliche Ansicht wird aber der besonderen Natur des Urheberpersönlichkeitsrechts
nicht gerecht. Auch wenn es aufgrund der monistischen Konzeption des Urheberrechts und aus
pragmatischen Gründen der Gesamtrechtsnachfolge unterstellt wird, bezieht es seine Rechtfertigung
doch aus dem besonderen Respekt, den die Rechtsordnung den Interessen des Werkschöpfers erweist.
Das möglicherweise stärker kommerziell geprägte Interesse der Erben hat demgegenüber kein Gewicht. Die hM stellt also zu Recht auf die Interessen des Urhebers ab und geht richtig von deren
Verblassen im Laufe der Zeit aus. Bei einem Streit unter Miterben über die Ausübung urheberpersönlichkeitsrechtlicher Befugnisse setzt sich die Ansicht durch, die mit den Interessen des Urhebers in

---

[4] Zur Stellung des Rechtsnachfolgers hinsichtlich der Urheberpersönlichkeitsrechte im Einzelnen → Vor
§§ 12 ff. Rn. 22 ff.

[5] *Ulmer* § 82 III 1.

[6] Wie sie zB § 22 S. 3 KUG anordnet; dazu *Gloser* S. 127.

[7] Dreier/Schulze/*Schulze* UrhG § 30 Rn. 4.

[8] Ausführlich zu den Gestaltungsmöglichkeiten des Urhebers *Gloser* S. 313 ff. Umgekehrt kann der Urheber-
Erblasser, um Unklarheiten zu vermeiden, dem Erben durch letztwillige Verfügung größtmögliche Freiheit einräumen, s. *Gloser* DNotZ 2013, 497 (505).

[9] Dreier/Schulze/*Schulze* UrhG § 30 Rn. 4; Fromm/Nordemann/*J. B. Nordemann* UrhG § 30 Rn. 10; Möh-
ring/Nicolini/*Spautz* UrhG § 30 Rn. 3; Loewenheim/*A. Nordemann,* Handbuch des Urheberrechts, § 23 Rn. 22;
DKMH/*Kotthoff* UrhG § 30 Rn. 3; → Rn. 8 und → Vor § 12 ff. Rn. 22 ff.

[10] → Rn. 11.

[11] Bekanntestes Beispiel ist die posthume Veröffentlichung der Werke Franz Kafkas durch seinen Freund und
Nachlassverwalter Max Brod, wobei in diesem Fall eine nach heutigem Recht als Auflage zu beurteilende Vernich-
tungsanordnung vorlag, vgl. hierzu *Gloser* S. 324 ff.; *Schack* GRUR 1985, 352 (357).

[12] Ausführlich *Gloser* S. 120 ff.

[13] BGH GRUR 1989, 106 (107) – Oberammergauer Passionsspiele II; *Schack* Rn. 651; näher hierzu → Vor
§§ 12 ff. Rn. 22.

[14] BGH GRUR 1989, 106 (107) – Oberammergauer Passionsspiele II; BGH GRUR 2008, 948 Rn. 29 – St.
Gottfried; BGH GRUR 2012, 172 Rn. 5 – Stuttgart 21; *Elmenhorst/von Brühl* GRUR 2012, 126 (129 f.). Näher
hierzu → Vor §§ 12 ff. Rn. 23.

[15] *Gloser* S. 124 ff.; *Gergen* ZErb 2009, 42 (47 f.).

[16] *Clément* S. 55 ff.; *Schack* Rn. 651 und GRUR 1985, 352 (356 f.); → Rn. 12.

Einklang steht, sofern sich diese nachweisen lassen. Da allerdings das Urheberrecht nach dem Tod des Urhebers zu einem eigenen Recht des Erben wird und da das deutsche Recht auch im urheberpersönlichkeitsrechtlichen Bereich keine Aktivlegitimation eines wahrnehmungsberechtigten Dritten vorsieht, kann der Rechtsnachfolger sein eigenes Urheberrecht nicht durch dessen interessenwidrige Ausübung verletzen. Daher ist der hM im Ergebnis zuzustimmen.

8   Ebenso wie der Urheber **kann der Rechtsnachfolger** bei Verletzung des Urheberpersönlichkeitsrechts **immateriellen Schadensersatz gemäß § 97 Abs. 2 S. 4** verlangen.[17] Die in der Instanzrechtsprechung vorherrschende Gegenmeinung[18] stellt auf den Wortlaut des § 97 Abs. 2 S. 4 ab, betont die Parallele zum allgemeinen Persönlichkeitsrecht[19] und meint, ein Anspruch auf Genugtuung bestehe nach dem Tod des Urhebers nicht mehr. Diese Argumente überzeugen nicht. Beim Hinweis auf den Wortlaut des § 97 Abs. 2 S. 4 wird übersehen, dass gem. § 30 der Rechtsnachfolger dem Urheber gerade gleichsteht. Vom allgemeinen Persönlichkeitsrecht unterscheidet sich das Urheberpersönlichkeitsrecht durch seinen Werkbezug und durch seine enge Verknüpfung mit den Verwertungsrechten.[20] Außerdem würde eine Freistellung vom immateriellen Schadensersatz den Schädiger unbillig entlasten und so ein Sanktionsdefizit schaffen.[21] Beim Rechtsnachfolger kann allenfalls die Interessenabwägung im Rahmen des § 97 Abs. 2 S. 4 anders ausfallen.[22]

9   Nehmen **mehrere Personen** die Stellung des Rechtsnachfolgers ein, so kommen ihnen die Rechte gemeinsam zu; die Ausübung regelt sich nach den für die Gemeinschaft geltenden Vorschriften, insbesondere über die Miterbengemeinschaft.[23]

2. Beschränkungen

10   **Beschränkungen** unterliegt die Stellung des Rechtsnachfolgers in mehrfacher Hinsicht:

a) Zunächst kann der Erblasser, von dem der Rechtsnachfolger sein Recht herleitet – insbesondere der Urheber – die Stellung des Rechtsnachfolgers **erbrechtlich** durch Zuordnung nur eines Teiles des Urheberrechts sowie durch Auflagen oder durch Anordnung der Testamentsvollstreckung einschränken, etwa die Veröffentlichung eines Werks untersagen oder die Art der Werknutzung regeln.[24] Insofern gelten die Vorschriften des BGB.[25]

11   **b)** Das Urheberrecht wird grundsätzlich in der Lage vererbt, in der es sich beim Erblasser zum Todeszeitpunkt befand.[26] Gegen den Rechtsnachfolger gelten daher alle vom Rechtsvorgänger über das Urheberrecht vorgenommenen Rechtsgeschäfte (§ 29 Abs. 2), also **Rechtseinräumungen und schuldrechtliche Vereinbarungen über die Werknutzung**.[27] So wirkt zB die vom Urhebererben getätigte Einräumung des Verlagsrechts an einen Verleger auch gegen den Erben des Urhebererben oder gegen denjenigen, dem dieser das Urheberrecht vermacht. Dabei kann auch die Ausübung des auf den Rechtsnachfolger übergehenden **Urheberpersönlichkeitsrechts** beschränkt werden.[28] Hat der Urheber etwa durch Verfügung unter Lebenden seinen geistigen Nachlass in die Obhut eines Dritten gegeben, so sind die Erben des Urhebers, soweit ihnen Nutzungsrechte nicht zustehen, an die Bestimmung des Dritten über Art und Umfang der Auswertung der nachgelassenen Werke gebunden. Urheberpersönlichkeitsrechtliche Ansprüche können die Erben nur geltend machen, wenn der Dritte durch die Ausübung der Befugnisse die ideellen Interessen des Urhebers am Werke verletzt.[29] Hat der Urheber dem Werknutzer eine Änderungsbefugnis eingeräumt oder war er mit der Nutzung des Werks ohne Namensnennung einverstanden,[30] so müssen die Urhebererben dies gegen sich gelten lassen. Es ist dann freilich noch zu prüfen, ob nicht eine Entstellung vorliegt, wobei in erster Linie auf die urheberpersönlichkeitsrechtlichen Interessen des Urhebers abzustellen ist, die allerdings sowohl

---

[17] LG Mannheim ZUM-RD 1997, 405; *Gloser* S. 214 ff.; *Gergen* ZErb 2009, 42 (48); *Heining* ZUM 1999, 291 (293 ff.); *Ludyga* ZUM 2014, 374 (377 ff.); *Rehbinder* ZUM 1986, 365 (379); *Wandtke/Czernik* GRUR 2014, 835 (840 f.), Dreier/Schulze/*Schulze* UrhG § 30 Rn. 5; Fromm/Nordemann/*J. B. Nordemann* § 30 Rn. 10; DKMH/ *Kotthoff* § 30 Rn. 5.

[18] OLG Hamburg ZUM 1995, 430 (433) – Ile de France; OLG Düsseldorf ZUM 2013, 678 (680) – Ganztagsrealschule; Möhring/Nicolini/*Spautz* UrhG § 30 Rn. 4; *Schack* Rn. 786; *v. Welser* S. 147.

[19] Der Anspruch auf Geldentschädigung wegen einer Verletzung des allgemeinen Persönlichkeitsrechts ist nicht vererblich: BGH GRUR 2014, 702 – Berichterstattung über trauernden Entertainer.

[20] Hierzu grundsätzlich → Vor §§ 12 ff. Rn. 3 ff.

[21] Dreier/Schulze/*Schulze* UrhG § 30 Rn. 5 verweist ergänzend auf Art. 41 Abs. 1 TRIPS.

[22] → Rn. 6 f. mwN.

[23] → § 28 Rn. 12.

[24] Dreier/Schulze/*Schulze* UrhG § 30 Rn. 7; Fromm/Nordemann/*J. B. Nordemann* UrhG § 30 Rn. 12 mit Beispielen.

[25] Zur Möglichkeit des Urhebers, die Rechtsnachfolger ohne Einhaltung erbrechtlicher Formen zu binden, → Vor § 12 ff. Rn. 22.

[26] → § 28 Rn. 8.

[27] OLG Düsseldorf ZUM-RD 2007, 465 (470) – Die drei ???; OLG Frankfurt a. M. GRUR 2015, 374 Rn. 24 – Hessenlöwe; Dreier/Schulze/*Schulze* UrhG § 30 Rn. 7; Fromm/Nordemann/*J. B. Nordemann* UrhG § 30 Rn. 9.

[28] OLG Frankfurt a. M. GRUR 2015, 374 Rn. 24 – Hessenlöwe; Fromm/Nordemann/*J. B. Nordemann* UrhG § 30 Rn. 12; s. im Einzelnen *Clément* S. 22 ff., 57 ff.

[29] BGHZ 15, 249 – Cosima Wagner.

[30] OLG Frankfurt a. M. GRUR 2015, 374 Rn. 24 – Hessenlöwe.

nach der hM als auch der hier vertretenen Ansicht[31] mit dem zeitlichen Abstand an Gewicht verlieren können. **Schuldrechtliche Verpflichtungen,** die ein Rechtsvorgänger eingegangen ist, binden abgesehen von Vereinbarungen iSd § 29 Abs. 2 den Rechtsnachfolger dagegen nur, soweit er für die Verbindlichkeiten des Rechtsvorgängers haftet, etwa als Erbe.

c) Ausnahmsweise mag es sich ergeben, dass der Rechtsnachfolger in das posthum von den Ange- **12** hörigen des Urhebers wahrgenommene **allgemeine Persönlichkeitsrecht** des Urhebers eingreift, dass er etwa die Ehre des Urhebers in einer Weise verletzt, die über den Schutzbereich des Urheberpersönlichkeitsrechts – das der Rechtsnachfolger selbst wahrnimmt – hinausgeht.[32]

d) Schließlich behält § 30 **urhebergesetzliche Abweichungen** hinsichtlich der Stellung des **13** Rechtsnachfolgers vor. Es handelt sich um das Widerrufsrecht bei Einräumung von Rechten an unbekannten Nutzungsarten, das nach § 31a Abs. 2 S. 3 beim Tod des Urhebers erlischt, um das Maßgeblichbleiben des Todes des Urhebers für die **Schutzfristberechnung** (§§ 64 ff.), die Ausübung des **Rückrufsrechts wegen gewandelter Überzeugung**,[33] um die Regelung der Zulässigkeit von **Änderungen bei Sammlungen für den Kirchen-, Schul- und Unterrichtsgebrauch**[34] und um die **Zwangsvollstreckung gegen den Rechtsnachfolger**.[35]

Unterabschnitt 2. Nutzungsrechte

Vorbemerkung

Schrifttum: Acker/Thum, Zulässigkeit der Vereinbarung der freien Weiterübertragbarkeit von urheberrechtlichen Nutzungsrechten durch AGB, GRUR 2008, 671; *H.J. Ahrens,* Brauchen wir einen Allgemeinen Teil der Rechte des Geistigen Eigentums?, GRUR 2006, 617; *Alich,* Neue Entwicklungen auf dem Gebiet der Lizenzierung von Musikrechten durch Verwertungsgesellschaften in Europa, GRUR-Int 2008, 996; *Andernach,* Die vertragliche Beteiligung nach dem neuen Urhebervertragsrecht Deutschlands und dem Urheberrecht Frankreichs, 2004; *Appt,* Der Buy-out-Vertrag im Urheberrecht, 2008; *v. Becker,* Vertrieb von Verlagserzeugnissen, ZUM 2002, 171; *ders.,* Juristisches Neuland, ZUM 2005, 303; *Berberich,* Die Doppelfunktion der Zweckübertragungslehre bei der AGB-Kontrolle, ZUM 2006, 205; *ders.,* Der Content „gehört" nicht Facebook! AGB-Kontrolle der Rechteeinräumung an nutzergenerierten Inhalten, MMR 2010, 736; *ders.,* Zum Leitbildcharakter urheberrechtlicher Rechtsgrundsätze, WRP 2012, 1055; *Berger,* Das neue Urhebervertragsrecht, 2003; *ders.,* Urhebervertragsrecht – Was der Gesetzgeber wollte, in: Urhebervertragsrecht – Gelungen oder reformbedürftig?, 2014, S. 9; *Berger/Freyer,* „Rückrufsrecht wegen anderweitiger Nutzung" – zum Vorschlag eines neuen § 40a UrhG, GRUR 2016, 13; *dies.,* Neue individualvertragliche und kollektivrechtliche Instrumente zur Durchsetzung angemessener Urhebervergütungen, ZUM 2016, 569; *Bornkamm,* Urhebervertragsrecht in der Praxis des Bundesgerichtshofs, in: Urhebervertragsrecht – Gelungen oder reformbedürftig?, 2014, S. 27; *Castendyk,* Lizenzverträge und AGB-Recht, ZUM 2007, 169; *Delp,* Der Verlagsvertrag, 8. Aufl. 2008; *Dietz,* Das Urhebervertragsrecht in seiner rechtspolitischen Bedeutung, FS Schricker (1995), 1; *ders.,* Der Entwurf zur Neuregelung des Urhebervertragsrechts, AfP 2001, 261; *ders.,* Die Pläne der Bundesregierung zu einer gesetzlichen Regelung des Urhebervertragsrechts. Ein Beitrag aus der Sicht des Entwurfsverfassers, ZUM 2001, 276; *ders.,* Schutz der Kreativen (der Urheber und ausübenden Künstler) durch das Urheberrecht, GRUR-Int 2015, 309; *Erdmann,* Urhebervertragsrecht im Meinungsstreit, GRUR 2002, 923; *ders.,* Vereinbarungen über Werksänderungen, FS Loewenheim (2009), S. 81; *Fink-Hooijer,* Fristlose Kündigung im Urhebervertragsrecht, 1990; *Gorčak,* Der Verlagsvertrag über U-Musik, 2003; *Gottschalk,* Wettbewerbsverbote in Verlagsverträgen, ZUM 2005, 359; *Gounalakis/Heinze/Dörr,* Urhebervertragsrecht, 2001; *Grützmacher/Lejeune/Schneider-Brodtmann/Stögmüller,* Stellungnahme der DGRI zum Referentenentwurf eines Gesetzes zur verbesserten Durchsetzung des Anspruchs der Urheber und der ausübenden Künstler auf angemessene Vergütung, CR 2016, 138; *Haberstumpf,* Archivverträge, FS W. Nordemann (2004), S. 167; *Haedicke,* Rechtskauf und Rechtsmängelhaftung, 2003; *Hahn,* Das Verbotsrecht des Lizenznehmers im Urhebervertragsrecht – Grundlagen, Inhalt, Einräumung und Reichweite, 2007; *Hantschel,* Softwarekauf und -weiterverkauf, 2011; *v. Hartlieb/Schwarz,* Handbuch des Film-, Fernseh- und Videorechts, 5. Aufl. 2011; *Hertin,* Urhebervertragsnovelle 2002: Up-Date von Urheberrechtsverträgen, MMR 2003, 16; *Hillig,* Zum neuen Urhebervertragsrecht, AfP 2003, 94; *Hilty,* Vergütungssystem und Schrankenregelungen – Neue Herausforderungen an den Gesetzgeber, GRUR 2005, 819; *ders.,* Die Rechtsnatur des Softwarevertrages, CR 2012, 625; *Hilty/Berger,* Urheberrecht am Scheideweg?, 2002; *Hilty/Peukert,* Das neue deutsche Urhebervertragsrecht im internationalen Kontext, GRUR-Int 2002, 643; *Hoffmann,* Die so genannte „Leerübertragung" im Immaterialgüterrecht, ZGE 6 (2014), S. 1 ff.; *Horz,* Gestaltung und Durchführung von Buchverlagsverträgen, 2005; *Hucko,* Das neue Urhebervertragsrecht, 2002; *ders.,* Zweiter Korb, 2007; *Institut für Rundfunkrecht an der Universität zu Köln* (Hrsg.), Urhebervertragsrecht – Gelungen oder reformbedürftig?, 2014; *Jaeger/Metzger,* Open Source Software, 3. Aufl. 2011; *Jani,* Der Buy-Out-Vertrag im Urheberrecht, 2003; *Kreile/Becker/Riesenhuber* (Hrsg.), Recht und Praxis der GEMA, 2. Aufl. 2008; *Kreile/Schey,* Reform der Reform – Wie viel vom Kölner und Münchner Entwurf steckt im Referentenentwurf zum Urhebervertragsrecht?, ZUM 2015, 837; *Loewenheim,* Das neue Urhebervertragsrecht, FS 50 Jahre Urheberrechtsgesetz (2015), S. 171; *Lucas/Schloetter,* Das neue deutsche Urhebervertragsrecht, GRUR 2017, 235; *dies.,* Die urhebervertragsrechtlichen Bestimmungen des Richtlinienvorschlags über das Urheberrecht im digitalen Binnenmarkt, GRUR-Int 2018, 430; *Moser/Scheuermann* (Hrsg.), Handbuch der Musikwirtschaft, 6. Aufl. 2003; *J.B. Nordemann,* Die erlaubte Einräumung von Rechten für unbekannte Nutzungsarten, FS W. Nordemann (2004), S. 193 ff.; *ders.,* AGB-Kontrolle von Nutzungsrechtseinräu-

---

[31] → Rn. 6f.
[32] So auch Dreier/Schulze/*Schulze* UrhG § 30 Rn. 6; Fromm/Nordemann/*J.B. Nordemann* UrhG § 30 Rn. 10; *Schack* GRUR 1985, 352 (355 ff.); Wandtke/Bullinger/*Hoche* UrhG § 30 Rn. 13.
[33] § 42 Abs. 1 S. 2, s. die Erl. dort, vgl. auch § 46 Abs. 2 S. 1 mit § 42 Abs. 1 S. 2.
[34] § 62 Abs. 4 S. 2, → § 62 Rn. 22.
[35] §§ 115–117, 118; s. die Erl. dort.

mungen durch den Urheber, NJW 2012, 3121; *Nordemann-Schiffel*, Zur internationalen Anwendbarkeit des neuen Urhebervertragsrechts, FS W. Nordemann (2004), S. 479 ff.; *Obergfell*, Filmverträge im deutschen und internationalen Privatrecht, 2001; *dies.*, Deutscher Urheberschutz auf internationalem Kollisionskurs, K&R 2003, 118; *dies.* (Hrsg.), Zehn Jahre reformiertes Urhebervertragsrecht, 2013; *dies.*, Die Verbindung von Urheber und Verleger im Verlagsvertrag, in: Riesenhuber (Hrsg.), Urheber und Verleger: Interessengemeinschaft oder Marktgegner, 2018, S. 3; *Obergfell/Zurth*, Nach der Reform der Reform, ZGE 9 (2017) 21; *Ohly*, „Volenti non fit iniuria" – Die Einwilligung im Privatrecht, 2002; *ders.*, Gesetzliche Schranken oder individueller Vertrag, FS 50 Jahre Urheberrechtsgesetz (2015), S. 379; *v. Olenhusen*, Der Urheber- und Leistungsrechtsschutz der arbeitnehmerähnlichen Personen, GRUR 2002, 11; *Ory*, Verschärfung des Urhebervertragsrechts, AfP 2015, 389; *ders.*, Urhebervertrag individuell oder kollektiv?, ZRP 2015, 241; *Peifer*, Wissenschaftsmarkt und Urheberrecht: Schranken, Vertragsrecht, Wettbewerbsrecht, GRUR 2009, 22; *ders.*, Urhebervertragsrecht in der Reform: Der Kölner Entwurf, ZUM 2015, 437; *ders.* (Hrsg.), Urhebervertragsrecht in der Reform. Der „Kölner Entwurf" in Text Erläuterung und Kritik, 2016; *ders.*, Das neue Urhebervertragsrecht – Herausforderungen für die Vertragsgestaltung, AfP 2018, 109; *ders.*, Die urhebervertragsrechtlichen Normen in der DSM-Richtlinie, ZUM 2019, 648; *Pfennig*, Urhebervertragsrecht in der Reform: Der Entwurf der Initiative Urheberrecht, ZUM 2015, 443; *Reber*, Die urhebervertragsrechtlichen Regelungen zur „angemessenen Vergütung" in der DSM-Richtlinie, GRUR 2019, 891; *Riesenhuber*, Die Auslegung und Kontrolle des Wahrnehmungsvertrags, 2004; *ders.*, Die Auslegung des Wahrnehmungsvertrags, GRUR 2005, 712; *ders.*, Die gerichtliche Kontrolle von Verteilungsregeln der Verwertungsgesellschaften, GRUR 2006, 201; *Riesenhuber/Klöhn* (Hrsg.), Das Urhebervertragsrecht im Lichte der Verhaltensökonomik, 2010; *Russ*, Verlagsgesetz, 2014; *Schack*, Urhebervertragsrecht im Meinungsstreit, GRUR 2002, 853; *ders.*, Urhebervertragsrecht – Probleme und Perspektiven, in: Urhebervertragsrecht – Gelungen oder reformbedürftig?, 2014, S. 55; *Schaefer*, Vom Nutzen neuer Nutzungsarten, FS W. Nordemann (2004), S. 227 ff.; *Schierholz/Müller*, Der Herausgeber im Urheberrecht, FS W. Nordemann (2004), S. 115 ff.; *Schippan*, Klare Worte des BGH zur Wirksamkeit von Honorarbedingungen für freie Journalisten, ZUM 2012, 771; *Schlink/Poscher*, Verfassungsfragen der Reform des Urhebervertragsrechts, 2002; *Schricker*, (Hrsg.), Urheberrecht auf dem Weg zur Informationsgesellschaft, 1997; *ders.*, Verlagsrecht, Kommentar, 3. Aufl. 2001; *ders.*, Zum neuen deutschen Urhebervertragsrecht, GRUR-Int 2002, 797; *ders.*, Auswirkungen des Urhebervertragsgesetzes auf das Verlagsrecht, FS W. Nordemann (2004), S. 243 ff.; *Schulze*, Die Übertragungszwecklehre – Auslegungsregel und Inhaltsnorm?, GRUR 2012, 993; *ders.*, Das Urhebervertragsrecht nach Erlass der EU-Richtlinie über das Urheberrecht im digitalen Binnenmarkt, GRUR 2019, 682; *Solmecke/Dam*, Wirksamkeit der Nutzungsbedingungen sozialer Netzwerke, MMR 2012, 71; *Soppe*, Das Urhebervertragsrecht und seine Bedeutung für die Vertragsgestaltung, NJW 2018, 729; *Spindler*, Die neue Urheberrechts-Richtlinie der EU (Teil 2), WRP 2019, 951; *Stieper*, Ein angemessener Interessenausgleich im Verhältnis von Kreativen zu Rechteinhabern und Verwertungsgesellschaften?, ZUM 2019, 393; *Tolkmitt*, Die angemessene Vergütung im Urheberrecht – Vergütungs- und Vertragsgestaltung durch Gerichte, FS Bornkamm (2014), S. 991 ff.; *Ulmer*, Gutachten zum Urhebervertragsrecht, hrsg. v. Bundesminister der Justiz, 1977; *Ulmer-Eilfort/Obergfell*, Verlagsrecht, 2013; *Ventroni*, Das Filmherstellungsrecht, 2001; *Vogel*, Kollektives Urhebervertragsrecht unter besonderer Berücksichtigung des Wahrnehmungsrechts, FS Schricker (1995), S. 117; *Wandtke*, Zum Bühnentarifvertrag und zu den Leistungsschutzrechten der ausübenden Künstler im Lichte der Urheberrechtsreform 2003, ZUM 2004, 505; *Wegner/Wallenfels/Kaboth*, Recht im Verlag, 2. Aufl. 2011; *Wille*, Einräumung von Rechten an unbekannten Nutzungsarten als überraschende Klausel iS des § 305c I BGB, GRUR 2009, 470; *ders.*, Die neue Leitbilddiskussion im Urhebervertragsrecht, ZUM 2011, 206; *Zimmer*, Urheberrechtliche Verpflichtungen und Verfügungen im internationalen Privatrecht, 2006.

S. auch die Nachw. zu den einzelnen Vertragstypen nach → Rn. 99 und zu §§ 29, 31, 31a, 32 und 36–40a.

Übersicht*

*Die folgenden Erläuterungen beruhen teilweise auf den von *Schricker* verfassten und in der 4. Aufl. von *Loewenheim* aktualisierten Kommentierungen vor §§ 28 ff. und zu § 31.

I. Das Urhebervertragsrecht: Begriff, Entwicklung, Rechtsquellen

1. Begriff und Bedeutung

1   Das Urhebervertragsrecht regelt Verträge, die über die Einräumung von Nutzungsrechten an urheberrechtlich geschützten Werken geschlossen werden.[1] Es umfasst **Nutzungsverträge** ebenso wie **Wahrnehmungsverträge,** die Urheber insbesondere mit Verwertungsgesellschaften schließen. Auf Verträge über verwandte Schutzrechte ist das Urhebervertragsrecht teils aufgrund gesetzlicher Verweisung, ansonsten nur eingeschränkt anwendbar.[2] Die Grundsätze des Urhebervertragsrechts sind in den §§ 31–44 geregelt, wenn auch nur fragmentarisch.[3] Teilweise wird der Begriff des Urhebervertragsrechts auf schuldrechtliche Verträge in Abgrenzung zur Rechtseinräumung beschränkt.[4] Da die Vorschriften der §§ 31 ff. aber sowohl Verpflichtungs- als auch Verfügungsgeschäfte betreffen, beide Geschäfte häufig in einer Vertragsurkunde geregelt werden und auch dogmatisch beide Ebenen stärker miteinander verzahnt sind als im allgemeinen Zivilrecht,[5] spricht nichts dagegen, auch die Einräumung von Nutzungsrechten auf dinglicher Ebene unter das Urhebervertragsrecht zu fassen.

2   Ebenso wie in der bürgerlich-rechtlichen Dogmatik üblich kann man zwischen dem **allgemeinen Urhebervertragsrecht,** dessen Regeln für sämtliche Urheberverträge gelten, und dem **besonderen Urhebervertragsrecht** unterscheiden, das die einzelnen Vertragstypen ausgestaltet. Der Aufbau der folgenden Kommentierung folgt dieser Systematik. Die Vorschriften der §§ 31 ff. stellen gleichsam den allgemeinen Teil des Urhebervertragsrechts dar. Das **besondere Urhebervertragsrecht,** also Bestimmungen für spezielle Vertragsarten wie den Verlagsvertrag, den Aufführungsvertrag, den Ausstellungsvertrag usw., wurde bisher nicht kodifiziert, sieht man vom Verlagsgesetz von 1901 und den Vorschriften der §§ 88 ff. für Filmwerke ab.

3   Das **primäre Urhebervertragsrecht** betrifft die Vertragsbeziehungen zwischen Urhebern und Erstverwertern.[6] Es ist von der Zielsetzung geprägt, dem Urheber eine angemessene Vergütung für die Nutzung des Werks zu sichern (§ 11 S. 2). Daher werden allgemeine vertragsrechtliche Grundsätze von Bestimmungen zum Schutz des Urhebers überlagert. Hingegen regelt das **sekundäre Urhebervertragsrecht** die Rechtsbeziehungen zwischen Erstverwertern und Verwertern einer späteren Stufe. Wenig Aufmerksamkeit haben bisher Verträge zwischen Verwertern und Endnutzern gefunden, obwohl auch die Interessen Letzterer des besonderen rechtlichen Schutzes angesichts der überlegenen Marktposition mancher Verwerter bedürfen können,[7] sei es mit dem Mitteln des Urheberrechts, sei es durch das allgemeine Vertragsrecht. Im neueren Schrifttum wird für diese Vertragsbeziehungen der Begriff des **tertiären Urhebervertragsrechts** vorgeschlagen.[8]

4   Die **Bedeutung des Urhebervertragsrechts** lässt sich kaum überschätzen. Da das deutsche Recht das Schöpferprinzip streng durchhält, sind originäre Inhaber des Urheberrechts[9] niemals die Verwerter, sondern nur die Urheber. Sie sind in den seltensten Fällen in der Lage, ihr Werk selbst zu verwerten. Soweit sie nicht in Arbeitsverhältnissen tätig werden und eine Werkverwertung durch den Arbeitgeber erfolgt, sind sie auf **Hilfe kommerzieller Verwerter** angewiesen, die das Bindeglied zwischen dem kreativen Urheber und dem Werknutzer darstellen. Das Urhebervertragsrecht bildet daher die **Grundlage für die Kulturwirtschaft,** indem es eine Brücke schlägt zwischen den Schöpfern und den Nutzern von Kulturgut. Mit der zunehmenden Bedeutung des Urheberrechts, seiner Erstreckung auf neue Formen von Kommunikation und Medien und seiner zunehmend internationalen Dimension geht ebenfalls eine wachsende Bedeutung des Urhebervertragsrechts einher.

5   Das Urhebervertragsrecht verfolgt **zwei Zielsetzungen.** Zum einen dient es, wie das Vertragsrecht im Allgemeinen, dem **Interessenausgleich zwischen den Vertragsparteien.** Es herrscht weitgehende Vertragsfreiheit, auch gilt der Grundsatz einer nach beiden Seiten hin interessengerechten Vertragsauslegung.[10] Zum anderen ist es aber in besonderer Weise berufen, **das Interesse des Urhebers an einer angemessenen Vergütung** zu schützen (§ 11 S. 2). Die §§ 31 ff. beruhen auf der Prämisse, dass der Urheber typischerweise[11] die schwächere, der Verwerter die stärkere Vertragspartei ist.[12]

---

[1] *Ulmer* § 90 I; *Dietz* FS Schricker (1995), 1 (26); weiter Berger/Wündisch/*Berger* § 1 Rn. 1 (Gesamtheit der rechtlichen Regelungen hinsichtlich der Verträge über Urheberrechte oder verwandte Schutzrechte).
[2] → § 31 Rn. 6, 59, → § 31a Rn. 17, → § 32a Rn. 12.
[3] Näher zu den Rechtsquellen des Urhebervertragsrechts → Rn. 17 ff.
[4] *Schack* Rn. 3; ohne ausdrückliche Beschränkung, aber unter Trennung zwischen Urhebervertragsrecht und Verfügungen *Ulmer* §§ 83, 90; ausf. zur Begrifflichkeit *Dietz* FS Schricker (2005), 1 (22 ff.).
[5] → Rn. 24.
[6] *Dietz* FS Schricker (1995), 26 f.; Berger/Wündisch/*Berger* § 1 Rn. 4.
[7] Vgl. *Peukert* und *Guibault* in Hilty/Peukert, Interessenausgleich im Urheberrecht, 2004, S. 11, 24 ff., 44 und 221, 234 ff.
[8] Berger/Wündisch/*Berger* § 1 Rn. 4; vgl. hierzu auch *Ohly* FS 50 Jahre UrhG (2015), 379 ff.
[9] Im Gegensatz zu zahlreichen verwandten Schutzrechten.
[10] BGH GRUR 2003, 669 (701) – Eterna; BGH GRUR 2010, 1093 Rn. 20 – Concierto de Aranjuez; BGH GRUR 2013, 1213 Rn. 32 – SUMO; diesen Aspekt des Urhebervertragsrechts betonend Berger/Wündisch/*Berger* § 1 Rn. 15 ff.
[11] Ausnahmen wie Erfolgsautoren oder Popstars bestätigen die Regel.
[12] *Dietz* FS Schricker (2005), 1 (9 ff.); *Ulmer* § 91 I 2; ebenso BT-Drs. 14/6433, 9; BVerfG NJW 1987, 3115 (3118).

Insofern bestehen gewisse Parallelen zum Arbeitsrecht, in dessen Anwendungsbereich freischaffende Kreative allerdings nicht fallen. Daher gewähren die §§ 32, 32a dem Urheber einen im allgemeinen Vertragsrecht unbekannten, im Voraus unverzichtbaren Anspruch auf angemessene Vergütung. Auch sind die Übertragungszweckregel (§ 31 Abs. 5) und weitere Bestimmungen Ausdruck des Gedankens, dass das Urheberrecht „die Tendenz hat, so weit wie möglich beim Urheber zurückzubleiben".[13] Die Rückrufsrechte der §§ 34 Abs. 3, 41, 42 schränken den Grundsatz „pacta sunt servanda" zugunsten des Urhebers ein.

Die §§ 31 ff. regeln das Urhebervertragsrecht **nur fragmentarisch.** Erstens hielt sich der Gesetz- 6
geber in der Urheberrechtsreform von 1965 in diesem Bereich zurück, weil er noch davon ausging, dass es bald zur Verabschiedung eines Urhebervertragsgesetzes kommen würde.[14] Zweitens ist angesichts der Vielfalt urheberrechtlicher Nutzungen, die im Zeitalter des Internets weiter angewachsen ist, die Möglichkeit detaillierter abstrakt-genereller Regelungen einzelner Typen von Urheberverträgen ohnehin beschränkt. Von einschlägigen gesetzlichen Regelungen wird das Urhebervertragsrecht daher zum Teil erfasst;[15] weitgehend beruht es auf von der Kulturwirtschaft geschaffenen Regelungsmustern, die meist in Formularverträgen und Allgemeinen Geschäftsbedingungen, aber auch in zwischen Organisationen der Vertragsparteien geschaffenen Modellverträgen bestehen. Reine Individualverträge sind eher selten.

2. Entwicklung

a) LUG und KUG. Das LUG und das KUG, die Vorläufer des heutigen UrhG, enthielten kaum 7
Bestimmungen zum Urhebervertragsrecht.[16] Anders als heute unter § 29 war das Urheberrecht unter Lebenden noch übertragbar.[17] Allerdings schützte schon das RG Urheber vor zu weitgehenden Rechtsübertragungen und -einräumungen. Insbesondere hat der Übertragungszweckgedanke, der mittlerweile Ausdruck in § 31 Abs. 5 findet, seine Wurzeln in der Rechtsprechung des RG.[18]

b) Das UrhG von 1965. Unter dem Titel „Rechtsverkehr im Urheberrecht" enthielt der Fünfte 8
Abschnitt des Gesetzes von 1965 gesetzliche Regelungen der Übertragungszwecklehre (§ 31 Abs. 5), über unbekannte Nutzungsarten (§ 31 Abs. 4 aF), Zustimmungserfordernisse bei der Übertragung und Einräumung von Nutzungsrechten (§§ 34, 35), einen, wenn auch restriktiv formulierten „Bestsellerparagraphen" (§ 36 aF), Vermutungsregeln zugunsten des Urhebers (§§ 37–39) und Rückrufrechte (§§ 34 Abs. 3 S. 2, 3, 41, 42). Doch blieb die Regelung rudimentär. Die Unvollständigkeit war dem Gesetzgeber bewusst: Das Verlagsrecht wurde ausdrücklich ausgespart,[19] und die AmtlBegr. verweist in der Vorbemerkung zu § 31 auf ein noch zu schaffendes **Urhebervertragsgesetz.**[20] Die Absicht, ein Urhebervertragsgesetz zu schaffen, wurde zunächst mehrfach bekräftigt.[21] *Ulmer* schlug in seinem im Auftrag des Bundesjustizministeriums erstatteten Gutachten[22] ein stufenweises Vorgehen vor: Regelung der wichtigsten Vertragstypen, beginnend mit dem Recht der Senderträge, Zusammenfügung dieser Regelungen und schließlich deren Ergänzung durch allgemeine Grundsätze.[23] Auch im Schrifttum wurde mit guten Gründen für eine Kodifizierung des Urhebervertragsrechts unter konsequenter Verwirklichung des Beteiligungsgrundsatzes plädiert.[24] Auf die Gesetzgebung wirkten sich diese Anregungen jedoch zunächst nicht aus.[25] Die Arbeiten zur Umsetzung der urheberrechtlichen EG-Richtlinien, die das Urhebervertragsrecht allenfalls punktuell betrafen,[26] ließen das Urhebervertragsrecht in den Hintergrund treten.

c) Das Urhebervertragsgesetz von 2002. Erst nach der Jahrtausendwende gewannen die rechts- 9
politischen Bestrebungen zur Reform des Urhebervertragsrechts eine neue Dynamik. Im Mai 2000 wurde der auf Anregung der Bundesministerin der Justiz von *Dietz, Loewenheim, W. Nordemann, Schricker* und *Vogel* ausgearbeitete **„Professorenentwurf"** vorgelegt,[27] der neben einer Systematisierung

---

[13] *Ulmer* § 84 IV.
[14] → Rn. 8.
[15] → Rn. 17 ff.
[16] Vgl. den Überblick bei Fromm/Nordemann/*J. B. Nordemann* UrhG vor §§ 31 ff. Rn. 14 f.
[17] → § 29 Rn. 4.
[18] BGH GRUR 2011, 714 Rn. 16 ff. – Der Frosch mit der Maske mwN.
[19] AmtlBegr BT-Drs. IV/270, 28.
[20] BT-Drs. IV/270, 56.
[21] Vgl. *Ulmer* § 91 III und *Ulmer,* Urhebervertragsrecht, S. 1 f.; s. dort auch das Vorwort des Bundesministers der Justiz; *Dietz* GRUR-Int 1983, 390.
[22] Veröffentlicht unter dem Titel „Urhebervertragsrecht", 1977.
[23] Zustimmend die Stellungnahme der *Deutschen Vereinigung für gewerblichen Rechtsschutz und Urheberrecht* GRUR 1980, 1046 ff.; *Hubmann* GRUR 1978, 468 ff.; *Nordemann* GRUR 1978, 88 f.; *Schricker* GRUR-Int 1983, 446; krit. v. *Gamm* FuR 1979, 339 f.; *Pakuscher* FuR 1979, 180; *Flechsig* GRUR 1980, 1046 ff. mwN; generell ablehnend gegenüber dem Plan eines Urhebervertragsgesetzes *Sieger* UFITA 77 1976, 79 ff.
[24] *Dietz* FS Schricker (1995), 1 (22 ff.); *Nordemann* GRUR 1991, 1 ff.; *Schricker* GRUR-Int 1983, 446; *Spautz* ZUM 1992, 186.
[25] S. die Berichte der Bundesregierung in BT-Drs. 11/4929, 53 ff.; BT-Drs. 12/7489; dazu *Peper* ZUM 1996, 193.
[26] Näher hierzu → Rn. 16.
[27] Veröffentlicht in GRUR 2000, 765.

des bestehenden Rechts vor allem auf eine Verbesserung der vertragsrechtlichen Stellung des Urhebers zielte. Kernpunkte des Entwurfs waren der Anspruch der Urheber und ausübenden Künstler auf angemessene Vergütung[28] und die Möglichkeit gemeinsamer Vergütungsregeln.[29] Im Sinne einer „kleinen Lösung" beschränkte sich der Entwurf auf das allgemeine Urhebervertragsrecht; eine Kodifikation der wichtigsten Vertragstypen enthielt er nicht. Der Regierungsentwurf vom 23.11.2001[30] baute auf den Professorenentwurf auf und betonte die Bedeutung des Urheberrechts als „Grundlage für das Schaffen aller Kreativen" und als Regelung für die Verwertung und Nutzung ihrer Werke.[31] Damit diene es der Kultur, der demokratischen Meinungsbildung und der Volkswirtschaft. Der Gesetzesentwurf bezwecke den Ausgleich der durch das wirtschaftliche Ungleichgewicht der Vertragsparteien gestörten Vertragsparität.[32] Die Rechtsstellung der Urheber und ausübenden Künstler als der regelmäßig schwächeren Partei solle gegenüber den Verwerterunternehmen gestärkt werden.

10   Allerdings stieß der Entwurf auf vehemente Kritik seitens der Verwerter,[33] die bis zum Vorwurf der Verfassungswidrigkeit reichte.[34] Unter dem Eindruck dieser Kritik schwächte das Bundesministerium der Justiz in einer „Formulierungshilfe" den Entwurf an entscheidenden Stellen ab.[35] In der Fassung der Beschlussempfehlung und des Berichts des Rechtsausschusses vom 23.1.2002[36] wurde schließlich der Regierungsentwurf vom 23.11.2001 im Bundestag nahezu einstimmig angenommen. Am 22.3.2002 wurde das Gesetz zur Stärkung der vertraglichen Stellung von Urhebern und ausübenden Künstlern verkündet, es trat am 1.7.2002 in Kraft. Neben dem Kernpunkt der Reform – der Einführung eines Anspruchs auf angemessene Vergütung (§ 32) und weitere Beteiligung (§ 32a), verbunden mit der Aufstellung gemeinsamer Vergütungsregeln (§ 36) – wurden im Wesentlichen § 11 durch den Schutzzweck der Sicherung einer angemessenen Vergütung ergänzt, §§ 29, 31, 33 und 35 neu gefasst, die Unverzichtbarkeit gesetzlicher Vergütungsansprüche (§ 63a) neu geregelt und das Filmrecht modifiziert.

11   **d) Weitere Entwicklungen.** Weitere Änderungen brachte zunächst das **Gesetz zur Regelung des Urheberrechts in der Informationsgesellschaft** („1. Korb") vom 10.9.2003,[37] durch das die InfoSoc-RL ins deutsche Recht umgesetzt wurde. Auf dem Gebiet des Urhebervertragsrechts führte das neben einer Neufassung des § 36a Abs. 6[38] und der Einfügung des § 42a[39] vor allem zu einer Neugestaltung des Rechts der ausübenden Künstler.[40]

12   Wesentliche Änderungen des Urhebervertragsrechts erfolgten durch das **Zweite Gesetz zur Regelung des Urheberrechts in der Informationsgesellschaft** („2. Korb") vom 26.10.2007.[41] Die Unwirksamkeit der Einräumung von Nutzungsrechten für noch nicht bekannte Nutzungsarten und von Verpflichtungen dazu (§ 31 Abs. 4 aF) wurde aufgehoben und durch eine Regelung ersetzt, die für Verträge über unbekannte Nutzungsarten die Schriftform und ein Widerrufsrecht (§ 31a) sowie einen Anspruch auf eine gesonderte angemessene Vergütung (§ 32c) vorsieht.[42] Ferner wurde die Bestimmung des § 63a über die Abtretbarkeit gesetzlicher Vergütungsansprüche geändert.[43] Dabei wurden die gesetzlichen Vermutungen der §§ 88 und 89 beim Erwerb der Rechte des Filmproduzenten auf unbekannte Nutzungsarten erstreckt und das Widerrufsrecht des § 31a ausgeschlossen.[44]

13   Zusammen mit der Annahme des 2. Korbs hatte der Bundestag am 5.7.2007 eine Entschließung gefasst, in der das Bundesministerium der Justiz gebeten wurde, weitere Fragen zu prüfen, die im 2. Korb keine Regelung gefunden hatten.[45] Von urhebervertraglicher Bedeutung waren vor allem die Forderung nach einem verbesserten Zugang zu wissenschaftlichen Publikationen und nach einer Widerrufsmöglichkeit von Filmurhebern bei unbekannten Nutzungsarten. Auch wenn der 3. Korb bis-

---

[28] §§ 32, 32a sowie 75 Abs. 4 aF, nunmehr in § 79 Abs. 2 S. 2 geregelt.

[29] §§ 36, 36a sowie 75 Abs. 4 aF, nunmehr in § 79 Abs. 2 S. 2 geregelt.

[30] BT-Drs. 14/6433 und 14/7564; abgedruckt auch bei *Hucko,* Urhebervertragsrecht, S. 100 ff.; s. zu Entstehungsgeschichte und Gesetzeszweck auch *Jacobs* NJW 2002, 1905 f.; *Loewenheim* FS 50 Jahre UrhG (2015), 171 ff. mwN; *Nordemann,* Das neue Urhebervertragsrecht, S. 55 ff., 64 f.; *Ory* AfP 2002, 93 ff.; *Dietz* ZUM 2001, 276 ff.; *Erdmann* GRUR 2002, 923 f.; *Flechsig* ZUM 2000, 484 ff.; *Wandtke* K&R 2001, 601 ff.

[31] BT-Drs. 14/6433, 7.

[32] S. auch Dreier/Schulze/*Schulze* UrhG vor § 31 Rn. 2; *Schimmel* ZUM 2001, 289 ff.; Wandtke/Bullinger/*Wandtke/Grunert* UrhG § 32 Rn. 2.

[33] S. die Nachw. in → § 36 Rn. 3 ff.

[34] Vgl. *Gounalakis/Heinze/Dörr,* Urhebervertragsrecht, 2001; *Heinze* K&R 2002, 1 ff.; *Geulen/Klinger* ZUM 2000, 891 ff.; zur Widerlegung → § 36 Rn. 14; *Schlink/Poscher,* Verfassungsfragen der Reform des Urhebervertragsrechts, 2002; *Grzeszick* AfP 2002, 383 ff.

[35] Abgedruckt bei *Hucko,* Urhebervertragsrecht, S. 149 ff.; s. dort auch den Änderungsantrag des Rechtsausschusses des Deutschen Bundestags vom 23.1.2002, S. 169 ff.; kritisch zum Endstadium der Gesetzgebung *v. Becker* GRUR 2002, 687.

[36] BT-Drs. 14/8058.

[37] BGBl. I S. 1774.

[38] Kostenregelung bei Verfahren vor der Schlichtungsstelle zur Aufstellung gemeinsamer Vergütungsregeln.

[39] Zwangslizenz zur Herstellung von Tonträgern.

[40] Dazu → Vor §§ 73 ff. Rn. 29.

[41] BGBl. I S. 2513.

[42] Vgl. dazu im Einzelnen die Kommentierungen zu §§ 31a und 32c.

[43] Vgl. dazu → § 63a Rn. 5 ff.

[44] § 88 Abs. 1 S. 2 und § 89 Abs. 1 S. 2.

[45] Abgedruckt bei *Hucko,* Zweiter Korb, S. 297.

her nicht in seiner Gesamtheit realisiert wurde, griff der Gesetzgeber im Jahre 2013 doch eines der vom Bundestag formulierten Anliegen auf und führte im Zusammenhang mit der Umsetzung der RL über verwaiste Werke durch Gesetz vom 1.10.2013[46] mit **§ 38 Abs. 4** ein **unabdingbares Zweitverwertungsrecht** für Urheber wissenschaftlicher Zeitschriftenbeiträge ein, die überwiegend im Rahmen einer mit öffentlichen Mitteln finanzierten Forschungstätigkeit entstanden sind. Für **Presseverleger,** denen zuvor lediglich vertraglich vom Urheber abgeleitete Rechte zur Verfügung standen, wurde trotz verbreiteter Kritik im Schrifttum[47] durch Gesetz vom 7.3.2013[48] ein eigenes, originäres **Leistungsschutzrecht** geschaffen (§§ 87 f.).

Die rechtspolitische Diskussion über eine Stärkung der Stellung von Urhebern und ausübenden **14** Künstlern verstummte auch nach dem Urhebervertragsgesetz nicht.[49] In ihrem Koalitionsvertrag von 2013 nahmen die CDU, die CSU und die SPD diese Forderung auf.[50] Aus Wissenschaft und Praxis wurden daraufhin drei Entwürfe vorgelegt. Der „Kölner Entwurf"[51] sah eine Stärkung der Leitbildfunktion des Urhebervertragsrechts im Rahmen der AGB-Kontrolle, eine Verschärfung des § 31 Abs. 5 und einen automatischen Rückfall von Nutzungsrechten nach zehn Jahren vor. Eine ähnliche Stoßrichtung verfolgte der Entwurf der „Initiative Urheberrecht".[52] Diesen Entwürfen wurde von Verwerterseite der „Münchner Entwurf" entgegengesetzt.[53]

Das BMJV legte im Oktober 2015 einen **Referentenentwurf** zur **verbesserten Durchsetzung** **14a** **des Anspruchs der Urheber und ausübenden Künstler auf angemessene Vergütung** vor.[54] Die Begründung konstatiert, dass der Schutz der Urheber und ausübenden Künstler auch nach Einführung der §§ 32, 32a, 36 noch Defizite aufweise. Insbesondere seien Kreative aufgrund gestörter Vertragsparität nach wie vor oft gezwungen, ihre Rechte gegen eine unangemessene Einmalzahlung („Total Buy-Out") aus der Hand zu geben. Auch fehle ihnen oft die Markt- und Verhandlungsmacht zur Durchsetzung ihrer Rechte. Zur Lösung schlug der Entwurf einen **gesetzlichen Anspruch auf** **Auskunft und Rechnungslegung** über die erfolgte Nutzung (§ 32d RefE) und eine Ergänzung des § 32 Abs. 2 dahingehend vor, dass **mehrfache Nutzungen** einen Anspruch auf **jeweils gesonderte** **Vergütung** auslösen. Der Urheber sollte nach Ablauf von **fünf Jahren das Recht zum Rückruf** **eingeräumter Nutzungsrechte** erhalten (§ 40a RefE), doch sollte der bisherige Verwerter berechtigt sein, in entsprechender Anwendung der Regeln über das Vorkaufsrecht (§§ 463 ff. BGB) die Verwertung zu den Bedingungen des Konkurrenzangebots fortzusetzen (§ 40b RefE). Von diesen Vorschriften sollte durch gemeinsame Vergütungsregeln oder Tarifverträge abgewichen werden können. Außerdem sollte eine **Verbandsklagebefugnis** für Urheber- und Nutzervereinigungen eingeführt werden (§ 36b RefE): Ihnen sollte ein Unterlassungsanspruch gegen Verwerter zustehen, die durch gemeinsame Vergütungsregeln gebunden sind, aber zum Nachteil des Urhebers von ihnen abweichen. Verwerter sollten sich nicht mehr auf derartige Bestimmungen berufen können, und der Urheber könnte Anpassung an die gemeinsamen Vergütungsregeln verlangen (§ 36c RefE). **Ausübende** **Künstler** sollten, wie zuvor bereits Urheber (§ 32c), einen Anspruch auf **ergänzende Vergütung** **für später bekannt werdende Nutzungsarten** erhalten (§ 79b RefE). Der Entwurf wurde von urheberfreundlichen Stimmen positiv beurteilt, auch wenn kritisiert wurde, dass die AGB-Kontrolle von Vergütungsregeln[55] nicht gestärkt wurde.[56] Hingegen stieß der Entwurf auf erhebliche Kritik seitens der Verwerter. Auch in der wissenschaftlichen Diskussion wurde vor allem das Rückrufsrecht des Urhebers nach nur fünf Jahren als zu weitgehend empfunden.[57]

Im März 2016 beschloss das Bundeskabinett den **Regierungsentwurf eines Gesetzes zur ver** **14b** **besserten Durchsetzung des Anspruchs der Urheber und ausübenden Künstler auf ange** **messene Vergütung.**[58] Der Entwurf teilte zwar den Ausgangspunkt des Referentenentwurfs und

[46] BGBl. I S. 3728, dazu → § 38 Rn. 12 ff., 41 ff. und *Ohly,* Urheberrecht in der digitalen Welt, Gutachten F zum 70. Deutschen Juristentag, 2014, S. F 84 ff., *Peifer* NJW 2014, 6 (10 f.); *Sandberger* ZUM 2013, 466 ff.; krit. *Sprang* ZUM 2013, 461 ff.

[47] S. die Nachw. in der Kommentierung des § 87 f.

[48] BGBl. I S. 1161.

[49] Vgl. *Schulze* FS Bornkamm (2014), 949 ff. und die Beiträge in *Obergfell* (Hrsg.), Zehn Jahre reformiertes Urhebervertragsrecht, 2013, und in *Berger* ua, Urhebervertragsrecht – Gelungen oder reformbedürftig?, 2014.

[50] Koalitionsvertrag zwischen CDU, CSU und SPD, 18. Legislaturperiode, im Internet abrufbar unter http://www.bundesregierung.de/Content/DE/StatischeSeiten/Breg/koalitionsvertrag-inhaltsverzeichnis.html, S. 133.

[51] Text, Begründung und Stellungnahmen sind dokumentiert in *Peifer* (Hrsg.), Urhebervertragsrecht in der Reform, 2016; sa *Peifer* ZUM 2015, 437; zur Bewertung aus der Sicht der interessierten Kreise s. die in ZUM 2015, 451 ff. abgedruckten Beiträge und *v. Becker* GRUR-Prax 2015, 4.

[52] Vorschläge der Initiative Urheberrecht zur Reform des Urhebervertragsrechts vom 4.3.2015, im Internet abrufbar unter http://www.urheber.info/sites/default/files/story/files/initiative-urheberrecht-urhebervertragsrecht-reform.pdf; dazu *Pfennig* ZUM 2015, 443.

[53] Im Internet abrufbar unter http://www.skwschwarz.de/files/muenchner_entwurf_zum_urhebervertragsrecht. pdf.

[54] Im Internet abrufbar unter www.urheber.info; dazu *Kreile/Schley* ZUM 2015, 837.

[55] Näher hierzu → Rn. 42 ff.

[56] *Peifer* GRUR 2016, 6 (11 f.).

[57] *Berger/Freyer* GRUR 2016, 13 (18 ff.).

[58] BT-Drs. 18/8625.

stellte gewisse Defizite der Reform von 2002 fest, reagierte aber zugleich auf die Kritik der Verwerter am Referentenentwurf und schwächte einige dort vorgesehene urheberfreundliche Vorschläge ab. Im Einzelnen sah der Entwurf folgendes vor:

– § 32 Abs. 2 S. 2 wird dahingehend ergänzt, dass bei der Beurteilung der Angemessenheit auch die **Häufigkeit der Nutzung** zu berücksichtigen ist.[59] Der Referentenentwurf hatte noch einen S. 3 enthalten, dem zufolge eine Vergütung in der Regel nur dann angemessen sein sollte, wenn der Urheber für mehrfache Nutzungen desselben Werks Anspruch auf jeweils gesonderte Vergütung hat.

– Ein neuer § 32d RegE räumt dem Urheber bei entgeltlicher Nutzung gegen seinen Vertragspartner einen jährlichen **Anspruch auf Auskunft und Rechenschaft** ein, von dem allerdings Ausnahmen für untergeordnete Beiträge, für Computerprogramme und allgemein für den Fall der Unverhältnismäßigkeit vorgesehen werden. Der Referentenentwurf hatte den Anspruch noch unabhängig von der Entgeltlichkeit der Nutzung, gegen jeden Nutzer und ohne die Ausnahmeregelung vorgesehen.

– Gemäß § 36 Abs. 2 S. 2 RegE gilt eine Vereinigung, die den überwiegenden Teil der jeweiligen Urheber oder Werknutzer vertritt, als zur Aufstellung gemeinsamer Vergütungsregeln ermächtigt.

– In § 36a Abs. 3 RegE werden die Entscheidungsbefugnisse des OLG im Fall des Einigungsmangels präzisiert und erweitert.

– § 36b RegE schafft einen neuen **Unterlassungsanspruch gegen die Verwender von Vertragsbestimmungen,** die von zuvor von ihnen mit vereinbarten gemeinsamen Vergütungsregeln abweichen. Im Gegensatz zum Referentenentwurf erklärt der Regierungsentwurf § 8 Abs. 4 UWG für entsprechend anwendbar und enthält damit einen Missbrauchsvorbehalt.

– Nach § 36c RegE kann sich ein Vertragspartner, der an der Aufstellung gemeinsamer Vergütungsregeln beteiligt war, nicht auf eine Bestimmung berufen, die zum Nachteil des Urhebers von der Vergütungsregel abweicht.

– § 40a RegE gewährt dem Urheber, der ein Nutzungsrecht gegen pauschale Vergütung eingeräumt hat, das Recht, sein Werk **nach Ablauf von zehn Jahren anderweitig zu verwerten.** Allerdings verbleibt dem bisherigen Inhaber des ausschließlichen Nutzungsrechts ein einfaches Nutzungsrecht. Ausnahmen sind in Abs. 3 für untergeordnete Beiträge, Computerprogramme, Werke der Baukunst, Werke, die für Kennzeichen oder Designs bestimmt sind und nicht zu veröffentlichende Werke vorgesehen. Dieses Zweitverwertungsrecht des Urhebers wurde gegenüber dem Regierungsentwurf erheblich abgeschwächt, der noch ein Kündigungsrecht nach fünf Jahren ohne fortbestehendes einfaches Nutzungsrecht des bisherigen Inhabers vorgesehen hatte.

– Der **ausübende Künstler** wird dem Urheber in Bezug auf Übertragungen und Rechtseinräumungen durch § 79 Abs. 2a RegE weitgehend gleichgestellt.

– Die Zustimmungserfordernisse bei der Übertragung von Nutzungsrechten und der Einräumung weiterer Nutzungsrechte (§§ 34, 35), die Rückrufsrechte der §§ 41, 42 und das Recht zur anderweitigen Verwertung (§ 40a RegE) werden als auf das Recht zur Verfilmung (§ 88 Abs. 1) und die Rechte der an einem Film Mitwirkenden (§ 89 Abs. 1) für unanwendbar erklärt (§ 90 RegE).

– Von § 32d Abs. 1, 2, 40a Abs. 1 und 41 Abs. 1–3 kann nur durch eine Vereinbarung abgewichen werden, die auf einer gemeinsamen Vergütungsregel oder auf einem Tarifvertrag beruht.

Die Beurteilung des Entwurfs fiel, wenig überraschend, von Urheber- und Verwerterseite unterschiedlich aus. Aus Urhebersicht wurden vor allem die Abschwächung des Rechts auf gesonderte Vergütung bei mehrfacher Nutzung, die Beschränkung aus Auskunftsansprüche gegen den Vertragspartner und das Zweitverwertungsrecht des Urhebers (§ 40a RegE) kritisiert, das durch das Fortbestehen eines einfachen Nutzungsrechts entwertet werde.[60] Die Verwerterseite konnte mit dem Regierungsentwurf besser leben als mit dem Referentenentwurf, kritisierte aber die Anknüpfung der Vergütung an einzelne Nutzungshandlungen als unzeitgemäß und hielt vor allem den Auskunftsanspruch für kostentreibend und nicht praktikabel.[61]

14c Der Gesetzentwurf wurde am 9.6.2016 in erster Lesung im Bundestag behandelt und an die zuständigen Ausschüsse überwiesen. Der Ausschuss für Recht und Verbraucherschutz führte am 6.7.2016 eine öffentliche Anhörung von Sachverständigen durch. Die Beschlussempfehlung des Ausschusses vom 13.12.2016[62] sah neben kleineren redaktionellen Änderungen die folgenden Neuerungen gegenüber dem Regierungsentwurf vor:

– Gemäß § 32 Abs. 2 S. 2 ist neben der Häufigkeit auch das Ausmaß der Nutzungen zu berücksichtigen.

– Gemeinsame Vergütungsregeln können nach dem neuen § 32 Abs. 2a zur Ermittlung der angemessenen Vergütung auch bei Verträgen berücksichtigt werden, die vor ihrem zeitlichen Anwendungsbereich abgeschlossen wurden.

---

[59] Das war bereits bisher anerkannt: BGH GRUR 2012, 1031 Rn. 39 – Honorarbedingungen Freie Journalisten.
[60] Vgl. die Stellungnahmen der Sachverständigen *Peifer* und *Pfennig* in der Anhörung vom 6.7.2016, Wortprotokoll der 108. Sitzung, Protokoll-Nr. 18/108.
[61] Vgl. die Stellungnahmen der Sachverständigen *Diesbach* und *Hegemann* in der Anhörung vom 6.7.2016, Wortprotokoll der 108. Sitzung, Protokoll-Nr. 18/108; vgl. auch *Berger/Freyer* ZUM 2016, 569 (zur Reform insgesamt) und GRUR 2016, 13 (zu § 40a).
[62] BT-Drs. 18/10637.

– Neben den Auskunftsanspruch gegen den Vertragspartner (§ 32d) tritt ein weiterer **Auskunftsanspruch in der Lizenzkette (§ 32e).** Er greift ein, wenn der Vertragspartner des Urhebers das Nutzungsrecht übertragen oder weitere Nutzungsrechte eingeräumt hat, und richtet sich gegen Dritte, die die Nutzungsvorgänge in der Lizenzkette wirtschaftlich wesentlich bestimmen oder aus deren Erträgnissen oder Vorteilen sich das auffällige Missverhältnis gemäß § 32a Abs. 2 ergibt.

– Die Neufassung der §§ 36 Abs. 4, 36a Abs. 4a, 6 und 7 sieht gewisse Änderungen des Verfahrens vor der Schlichtungsstelle vor.

Daneben schlug der Entwurf eine Änderung des § 27 VGG und die Einfügung eines neuen § 27a VGG vor, die die Verlegerbeteiligung an den Ausschüttungen der Verwertungsgesellschaften im Rahmen des unionsrechtlich Möglichen sicherstellen sollen.[63]

Der Bundestag nahm den Regierungsentwurf in Form der Beschlussempfehlung in zweiter und **14d**
dritter Lesung am 15.12.2016 an. Das **Gesetzes zur verbesserten Durchsetzung des Anspruchs der Urheber und ausübenden Künstler auf angemessene Vergütung und zur Regelung von Fragen der Verlegerbeteiligung vom 20.12.2016** wurde am 23.12.2016 verkündet[64] und trat abgesehen von der Änderung des VGG, die seit dem 24.12.2016 galt, am 1.3.2017 in Kraft.

3. Völker- und unionsrechtlicher Rahmen

Der Bereich des Rechtsverkehrs im Urheberrecht wird im **Völkervertragsrecht** weitgehend aus- **15**
geklammert. Gegenstand der internationalen Konventionen sind in erster Linie die dem Urheber zustehenden Rechte. Lediglich im Wege der Inländerbehandlung[65] erscheint eine Anwendung nationaler urhebervertraglicher Vorschriften möglich. Zum Begriff des „Rechtsnachfolgers" in Art. 2 Abs. 6 S. 2 RBÜ → § 29 Rn. 6.

Im **Unionsrecht** fehlt bisher eine umfassende Regelung des Urhebervertragsrechts, auch wenn **16**
Art. 18 ff. DSM-RL zu einer Teilharmonisierung der Vorschriften der Mitgliedstaaten zum Recht des Urhebers auf eine angemessene Vergütung führen werden.[66]

Vom **Primärrecht** können sich vor allem die Grundfreiheiten, insbesondere die Warenverkehrs- **16a**
freiheit, und das Kartellrecht[67] auf Urheberrechtsverträge auswirken. Im **Sekundärrecht** enthalten, von den im Folgenden darzustellenden Vorschriften der DSM-RL abgesehen, die Vermiet- und Verleih-RL, die Computerprogramm-RL, die Datenbank-RL und die Satelliten- und Kabel-RL im Kontext der jeweiligen Regelungsgegenstände punktuelle Regelungen mit urhebervertragsrechtlicher Bedeutung; der unionsrechtliche Bezug wird in den Kommentierungen zur Umsetzung ergangenen Vorschriften näher erläutert. Die VG-RL harmonisiert einige Aspekte des Rechts der Verwertungsgesellschaften. Der EuGH hat wiederholt in Anknüpfung an Egrd. 10 InfoSoc-RL die Gewährleistung einer angemessenen Vergütung zu den Funktionen des europäischen Urheberrechts gezählt.[68]

Die **Richtlinie (EU) 2019/790 über das Urheberrecht im digitalen Binnenmarkt** **16b**
(DSM-RL) verleiht dem **Grundsatz der angemessenen und verhältnismäßigen Vergütung des Urhebers** nunmehr eine gesetzliche Grundlage (Art. 18 DSM-RL) und verpflichtet in Art. 19–23 DSM-RL die Mitgliedstaaten dazu, Vorschriften zum Schutz des Urhebers und des ausübenden Künstlers in Verwertungsverträgen zu schaffen. Damit geht die Richtlinie deutlich über den Entwurf der Kommission[69] hinaus,[70] der noch lediglich „zaghafte Ansätze einer umfangreicheren Regelung"[71] enthielt und allenfalls „einen ersten Schritt in die richtige Richtung"[72] darstellte.[73]

Zudem erlaubt es Art. 16 DSM-RL, eine **Beteiligung der Verleger** an den Erlösen aus gesetzli- **16c**
chen Lizenzen vorzusehen, und modifiziert damit die bisherige Rechtsprechung des EuGH.[74] Damit

---

[63] Näher hierzu → § 63a Rn. 24.

[64] BGBl. I S. 3037, vgl. den Überblick von *Lucas-Schloetter* GRUR 2017, 235; *Obergfell/Zurth* ZGE 9 (2017), 21; zu den Auswirkungen auf die Vertragsgestaltung *Peifer* AfP 2018, 109; *Soppe* NJW 2018, 729.

[65] Art. 5 Abs. 1 RBÜ, Art. 9 Abs. 1 TRIPS, Art. 2 Rom-Abkommen.

[66] Derzeit unterscheiden sich die Regelungen in den Mitgliedstaaten noch erheblich voneinander, vgl. die Länderberichte in der vom Rechtsausschuss des Europäischen Parlaments in Auftrag gegebenen Studie „Contractual Arrangements applicable to Creators: Law and Practice of Selected Member States", 2014, im Internet abrufbar unter http://www.europarl.europa.eu/meetdocs/2009_2014/documents/juri/dv/contractualarrangements_/contra ctualarangements_en.pdf; vgl. auch den Überblick im Referentenentwurf (→ Rn. 14a), S. 13; zu den 2015 in den Niederlanden eingeführten Vorschriften zum Schutz des Urhebers *Hugenholtz* FS Rosén (2016) S. 397 ff.

[67] Näher hierzu → Rn. 35 und → Einl. UrhG Rn. 81 ff.

[68] Zuletzt EuGH GRUR 2015, 665 Rn. 34 – Dimensione Direct Sales/Knoll; weitere Nachw. bei *Tolkmitt* FS Bornkamm (2014) S. 991 (993).

[69] Vorschlag für eine Richtlinie des Europäischen Parlaments und des Rates über das Urheberrecht im digitalen Binnenmarkt, COM(2016) 593 final, 2016/0280 (COD).

[70] *Peifer* ZUM 2019, 648 (651); *Stieper* ZUM 2019, 211 (212).

[71] So die Stellungnahme der GRUR v. 28.10.2016, S. 11 f., abrufbar unter http://www.grur.org/uploads/tx_ gstatement/2016-10-28-GRUR-Stn-Copyright-Package.pdf.

[72] *Lucas-Schloetter* GRUR–Int. 2018, 430 (431).

[73] Zur Entstehungsgeschichte *Stieper* ZUM 2019, 393 (394 f.).

[74] EuGH GRUR 2016, 55 – Hewlett-Packard/Reprobel; auf dieser Grundlage die Unionsrechtswidrigkeit der bisherigen Verlegerbeteiligung annehmend BGH GRUR 2016, 596 Rn. 43 ff. – Verlegeranteil. Näher hierzu → § 63a Rn. 16 ff.

steht es dem deutschen Gesetzgeber frei, den früheren Rechtszustand wiederherzustellen und § 63a entsprechend zu ergänzen.[75]

16d   Die Bestimmungen der DSM-RL entsprechen in ihren Grundzügen den §§ 11 S. 2, 32a, 32d, 32e, 41 UrhG, bleiben aber teilweise **hinter dem Schutzniveau des bisherigen deutschen Rechts zurück.** Das wirft die Frage auf, ob die Art. 18–23 DSM-RL auf eine **Vollharmonisierung** zielen **oder** ob es sich **lediglich um Mindeststandards** handelt.[76] Einerseits zielen andere Bestimmungen der DSM-RL, insbesondere die Schrankenregelungen und Art. 17 DSM-RL, ersichtlich auf eine vollständige Harmonisierung. Auch können die Öffnungsklauseln in Art. 18 Abs. 2, 19 Abs. 4 und 5, 22 Abs. 2 DSM-RL als Hinweis auf eine Vollharmonisierung angesehen werden. Schließlich neigt der EuGH dazu, auch Bestimmungen des Unionsrechts als abschließend auszulegen, denen das Ziel der Vollharmonisierung auf den ersten Blick nicht anzusehen ist. Andererseits betonen die Egrde. 72 ff. die Schutzbedürftigkeit des Urhebers, ohne zugleich das Binnenmarktziel oder die Notwendigkeit einer weitgehenden Harmonisierung zu erwähnen. Art. 18 Abs. 2 und Egrd. 73 DSM-RL sehen Umsetzungsspielraum der Mitgliedstaaten jedenfalls im Hinblick auf Verfahren und Mechanismen zur Bestimmung der Angemessenheit vor. Auch bleibt das mitgliedstaatliche Vertragsrecht unberührt (Egrd. 78 S. 2), womit aber das allgemeine Vertragsrecht, nicht die spezifischen Schutzvorschriften zugunsten des Urhebers gemeint sein dürften. Zutreffend erscheint eine differenzierende Lösung. Erstens schließen es die Art. 18–23 DSM-RL nicht aus, weitere, in der Richtlinie nicht vorgesehene Schutzvorschriften zugunsten der Urheber vorzusehen, beispielsweise den Angemessenheitsgrundsatz auf die Einräumung einfacher Nutzungsrechte auszudehnen oder ein von der Nichtausübung (Art. 22 DSM-RL) unabhängiges Rückrufs-, Widerrufs- oder Zweitverwertungsrecht zu schaffen, wie es beispielsweise die §§ 40a und 42 vorsehen. Zweitens steht den Mitgliedstaaten bei der Ausgestaltung des Angemessenheitsgrundsatzes jedenfalls im Hinblick auf Mechanismen und Verfahren ein erheblicher Spielraum zu (Art. 18 Abs. 2, Egrd. 73 DSM-RL). Zwar mag es sein, dass der EuGH in Zukunft materielle Kriterien zur Bestimmung der angemessenen und verhältnismäßigen Vergütung vorsehen wird, doch die genaue Bestimmung im Einzelfall fällt in die Kompetenz der nationalen Gerichte. Drittens sind Abweichungen im Wortlaut jedenfalls dann unschädlich, wenn es sich um unbestimmte Rechtsbegriffe handelt, auch wenn es sich auf Gründen der Rechtsklarheit teilweise anbieten mag, den Wortlaut der Richtlinie zu übernehmen. Im Übrigen spricht zwar eine **Auslegung im Licht der Erwägungsgründe** dafür, die **Art. 18–23 DSM-RL lediglich als Mindeststandards** anzusehen. Dennoch wird über Schutzvorschriften des deutschen Rechts, die über den Stand der Richtlinie hinausgehen, das Damoklesschwert der möglichen Unionsrechtswidrigkeit schweben.

16e   Im Einzelnen enthält die Richtlinie die folgenden Regelungen:[77]

– **Art. 18 DSM-RL** statuiert den **Grundsatz der angemessenen und verhältnismäßigen Verfügung,** entspricht damit weitgehend § 11 S. 2, gilt aber auch für ausübende Künstler, was sich im deutschen Recht aus der Verweisung des § 79 Abs. 2a ergibt. Anders als die deutsche Vorschrift betrifft Art. 18 Abs. 1 DSM-RL nur ausschließliche Nutzungsrechte, sperrt nach hier vertretener Auffassung aber nicht die Anwendung des Angemessenheitsgrundsatzes auf in der Richtlinie nicht geregelte Bereiche, insbesondere auf einfache Nutzungsrechte. Egrd. 73 nennt einige Kriterien zur Bestimmung der Angemessenheit und stellt den Mitgliedstaaten (ebenso wie Art. 18 Abs. 2 DSM-RL) zudem die Anwendung bestehender und neu eingerichteter Verfahren, die Kollektivverhandlungen einschließen können, frei. Daher bleiben die Vorschriften über gemeinsame Vergütungsregeln (§§ 36 ff.) unionsrechtskonform.[78] Allerdings kommt bisher in §§ 11 S. 2, 32 Abs. 2 nur unvollkommen zum Ausdruck, dass die Vergütung nicht nur angemessen, sondern auch verhältnismäßig sein muss. Im Übrigen dürften die Kriterien des § 32 Abs. 2 in der Auslegung des BGH den Vorgaben der Richtlinie weitgehend entsprechen.[79]

– **Art. 19 DSM-RL** verpflichtet die Mitgliedstaaten, Lizenznehmern und ihren Rechtsnachfolgern eine **Transparenzpflicht** aufzuerlegen, und entspricht damit weitgehend den §§ 32d und e.[80] Inwieweit sich wegen kleinerer Abweichungen eine Anpassung der deutschen Vorschriften an Art. 19 DSM-RL empfiehlt, wird die weitere Diskussion zeigen müssen.

– Wenn sich die ursprünglich vereinbarte Vergütung im Vergleich zu späteren einschlägigen Einnahmen als unverhältnismäßig niedrig erweist, so kann dem Urheber von seinem Vertragspartner oder dessen Rechtsnachfolger eine zusätzliche, angemessene und faire Vergütung verlangen (**Art. 20 DSM-RL**). Kollektivvereinbarungen gehen diesem Recht vor. Dieser **Vertragsanpassungsme-**

---

[75] Vgl. den Formulierungsvorschlag von *Schulze* GRUR 2019, 682 (683).

[76] Für Mindeststandard → § 32 Rn. 4a; *Schulze* GRUR 2019, 682 (683); *Stieper* ZUM 2019, 393 (396).

[77] Näher hierzu *Peifer* ZUM 2019, 648 ff.; *Schulze* GRUR 2019, 682 ff.; *Spindler* WRP 2019, 951 ff.; *Wandtke* NJW 2019, 1841, 1846 f.

[78] → § 32 Rn. 4d; *Peifer* ZUM 2019, 648 (652 f.); *Schulze* GRUR 2019, 682 (683); *Spindler* WRP 2019, 951 (951 f.).

[79] Im Einzelnen → § 32 Rn. 4c.

[80] Näher hierzu → § 32d Rn. 3a f., § 32e Rn. 3; *Peifer* ZUM 2019, 648 (653 f.); *Schulze* GRUR 2019, 682 (684); *Spindler* WRP 2019, 951 (952). Ob allerdings die Formulierung einer „Pflicht" in Art. 19 DSR-RL über die bisherigen Ansprüche des deutschen Rechts hinausgeht, so → § 32d Rn. 3a, erscheint zweifelhaft: Ohne Pflicht kein Anspruch, ohne Anspruch keine Pflicht.

chanismus betrifft die **„Bestseller-Situation"**[81] und wird daher im deutschen Recht schon jetzt durch § 32a geregelt.[82] Der in § 32 geregelte Anspruch auf angemessene Vergütung unabhängig von späteren Entwicklungen ergibt sich hingegen aus dem allgemeinen Angemessenheitsgrundsatz in Art. 18 DSM-RL. Unklar ist in Art. 20 DSM-RL, ob der gem. Art. 20 DSM-RL vorgegebene Anspruch ebenso wie unter § 32a Abs. 2 gegen jeden Nutzer in der Lizenzkette gerichtet werden kann oder ob zwischen „Rechtsnachfolgern" und „Unterlizenznehmern" zu unterscheiden ist, wie die Systematik des Art. 19 DSM-RL nahelegt.[83] Hält man Art. 20 DSM-RL nicht ohnehin für reine Mindeststandard an, so erscheint es jedenfalls als vertretbare Auslegung, jeden der nach § 32a Abs. 2 UrhG möglichen Anspruchsgegner als „Rechtsnachfolger" anzusehen.

– Streitigkeiten über die Transparenzpflicht und den Vertragsanpassungsmechanismus können zum Gegenstand freiwilliger **alternativer Streitbeilegungsverfahren** gemacht werden **(Art. 21 DSM-RL).** Allerdings bleibt die Richtlinie insoweit vage.[84] Insbesondere sieht sie keine Verpflichtung der Verwerter vor, sich auf derartige Verfahren einzulassen. Auch eine Schlichtung mit verbindlichem Ergebnis wird nicht vorgesehen. Doch betont Egrd. 78, dass Urheber und ausübende Künstler im Verfahren um Vertragsanpassung durch Vertreter unterstützt werden können, die in der Lage sein sollen, die Identität der Vertretenen so lange wie möglich zu schützen.[85]

– Mit **Art. 22 DSM-RL** wird ein Recht zum Widerruf ausschließlicher Lizenzen für den Fall vorgesehen, dass der Lizenznehmer das Werk nicht verwertet. Dem entspricht im deutschen Recht das **Rückrufsrecht wegen Nichtausübung (§ 41).** Die Richtlinie stellt es den Mitgliedstaaten frei, eine Frist vorzusehen, nach deren Ablauf das Recht ausgeübt werden darf. Die in § 41 Abs. 2 bestimmte Frist bewegt sich in diesem Rahmen. Allerdings sieht Art. 22 DSM-RL anders als § 41 Abs. 6 keinen Entschädigungsanspruch des Verwerters vor, dessen Vereinbarkeit mit der Richtlinie daher zweifelhaft ist.[86] Ein generelles Recht, von der Nichtausübung unabhängiges Zweitverwertungsrecht, wie es ins deutsche Recht mit § 40a eingeführt wurde, sieht die DSM-RL nicht vor. Nach hier vertretener Ansicht regeln die Art. 19–23 DSM-RL die Rechte des Urhebers aber nicht abschließend. Demnach kann § 40a beibehalten werden und wird von Art. 22 DSM-RL nicht berührt.[87]

– Ebenso wie im deutschen Recht kann von den Schutzbestimmungen **nicht vertraglich** zum Nachteil des Urhebers oder ausübenden Künstlers **abgewichen werden (Art. 23 Abs. 1 DSM-RL).**

– Rechte an **Computerprogrammen** sind vom Anwendungsbereich der Art. 18–22 DSM-RL **ausgenommen** (Art. 23 Abs. 2 DSM-RL), während § 69a Abs. 5 bisher nur bestimmte urhebervertragliche Vorschriften für unanwendbar erklärt. Ob hier für das deutsche Recht Anpassungsbedarf besteht, hängt davon ab, ob Art. 23 Abs. 2 DSM-RL nur die Verpflichtung der Mitgliedstaaten aus Art. 18–22 DSM-RL begrenzt, sodass sie insoweit in ihrer Kompetenz unbeschränkt sind, oder ob es sich hier der höhere Harmonisierungsgrad des Urheberrechts an Computerprogrammen durchsetzt.

Die Richtlinie ist **bis zum 7.6.2021 umzusetzen.** Es besteht nur geringer Umsetzungsbedarf, weil das deutsche Recht den Anforderungen der Art. 18–23 DSM-RL bereits weitgehend genügt. Dass es dennoch aus Gründen der Rechtsklarheit, insbesondere zur Betonung des Gebots der richtlinienkonformen Auslegung, sinnvoll sein kann, den Wortlaut des deutschen Rechts teilweise an die DSM-RL anzupassen, steht auf einem anderen Blatt.   **16f**

4. Rechtsquellen

a) UrhG. Zu der umfassenden Kodifikation des Urhebervertragsrechts, die der Gesetzgeber im Rahmen der Urheberrechtsreform von 1965 noch ankündigte,[88] ist es nicht gekommen. Daher ist die gesetzliche Regelung fragmentarisch und auf verschiedene Gesetze verstreut. Die **§§ 31 ff.** enthalten die **wesentlichen Grundsätze des allgemeinen Urhebervertragsrechts,** insbesondere Regelungen über   **17**

– die **Einräumung von Nutzungsrechten (§ 31)** und die dabei geltende **Übertragungszweckregel (§ 31 Abs. 5),**

– die **Schriftform bei Verträgen über unbekannte Nutzungsarten (§ 31a)** und **künftige Werke (§ 40),** während im Übrigen der Grundsatz der Formfreiheit gilt,

– die Sicherung der **angemessenen Vergütung** für den Urheber **(§§ 32–32c),** flankierende **Auskunftsansprüche (§§ 32d, e)** und **gemeinsame Vergütungsregelungen (§§ 36–36c),**

---

[81] *Peifer* ZUM 2019, 648 (654).
[82] → § 32a Rn. 4a.
[83] → § 32a Rn. 4a; für Letzteres *Reber* GRUR 2019, 891 (896), allerdings unter der Annahme, dass Art. 20 DSM-RL nur einen Mindeststandard setzt.
[84] *Stieper* ZUM 2019, 393 (397).
[85] → § 32a Rn. 4b.
[86] *Schulze* GRUR 2019, 682 (685) hält sie für mit dem Gestaltungsspielraum, der den Mitgliedstaaten belassen wird, vereinbar.
[87] Insoweit aA → § 40a Rn. 10a f.
[88] → Rn. 8.

– den **Sukzessionsschutz (§ 33)**,
– das Erfordernis der **Zustimmung des Urhebers** bei der **Übertragung** von Nutzungsrechten und der **Einräumung von Enkelrechten (§§ 34, 35)**,
– ein **grundsätzliches Verbot** von **Bearbeitungen (§ 37)** und **Änderungen (§ 39)** des Werks,
– das Recht zur anderweitigen Verwertung nach zehn Jahren bei pauschaler Vergütung (§ 40a),
– **Rückrufsrechte** wegen Nichtausübung und gewandelter Überzeugung **(§§ 41, 42)**,
– Urheber in **Arbeits- oder Dienstverhältnissen (§ 43)**.

Hingegen ist das **besondere Urhebervertragsrecht nicht kodifiziert:** Gesetzliche Bestimmungen zu den einzelnen Vertragstypen fehlen, sieht man vom **Verlagsgesetz** von 1901 und den Vorschriften über **Filmwerke (§§ 88 ff.)** ab.

18   **b) VerlG.** Das VerlG von 1901 betrifft **Verlagsverträge über Werke der Literatur und Tonkunst.** Es enthält im Wesentlichen **dispositive** Regelungen über die vertraglichen Pflichten des Verfassers und des Verlegers und die Beendigung von Verlagsverträgen. Grundsätzlich lässt das UrhG als jüngeres allgemeines Gesetz das VerlG als älteres Spezialgesetz unberührt. Andererseits gelten die Regeln des UrhG über das Urheberrecht im Rechtsverkehr (§§ 28 ff.) auch für den Verlagsbereich; gewisse Modifikationen ergeben sich ferner daraus, dass das Verlagsrecht auf urhebergesetzlichen Begriffen aufbaut, die sich zT geändert haben. Umgekehrt lassen sich gewisse verlagsrechtliche Regelungen für andere Typen von Nutzungsverträgen **analog** heranziehen, die einer eigenen Regelung ermangeln.[89] Insgesamt lässt sich sagen, dass das UrhG von 1965 und das VerlG von 1901 in einer komplexen Wechselwirkung stehen.[90]

19   **c) BGB.** Auch auf Verträge über die Nutzung und Wahrnehmung urheberrechtlich geschützter Werke ist grundsätzlich das allgemeine Vertragsrecht des BGB anwendbar, insbesondere die Vorschriften des **Allgemeinen Teils** über das Zustandekommen sowie die Auslegung von Verträgen (§§ 145 ff. BGB) und über die Grenzen der Vertragsfreiheit (§§ 134, 138 BGB), die Bestimmungen des **Allgemeinen Schuldrechts** über die Kontrolle allgemeiner Geschäftsbedingungen (§§ 305 ff. BGB), über Leistungsstörungen (§§ 275 ff., 320 ff. BGB) sowie der Grundsatz von Treu und Glauben (§ 242 BGB). Je nach Einzelfall können Verträge über die Herstellung und Nutzung von Werken den **Vertragstypen des Besonderen Schuldrechts** entsprechen, insbesondere als Kauf-, Werk-, Dienst-, Miet-, Pacht-, Auftrags- oder Geschäftsbesorgungsverträge anzusehen sein oder zumindest Elemente dieser Vertragstypen aufweisen.[91]

20   **d) Tarifverträge.** Die langjährige Abstinenz des Gesetzgebers und die Verbreitung dispositiver Vorschriften im Bereich des Urhebervertragsrechts legen eine autonome Normierung durch beteiligte Verbände nahe, wie sie auch durch das Urhebervertragsgesetz von 2002 vorrangig angestrebt wird.[92] Für Arbeitnehmerurheber kommt als Mittel kollektiver Normierung der **Tarifvertrag** in Betracht. Tarifverträge mit urhebervertragsrechtlicher Thematik finden sich vor allem im Gebiet von Presse, Rundfunk und Film.[93] Die Möglichkeit der tarifvertraglichen Regelung urheberrechtlicher Fragen und die bestehenden Tarifverträge werden im Einzelnen im Rahmen der Kommentierung des Arbeitnehmerurheberrechts behandelt.[94] Gegenüber dem Anspruch des Urhebers auf Gewährung einer angemessenen Vergütung (§ 32) und ggf. auf weitere Beteiligung (§ 32a) sowie gegenüber gemeinsamen Vergütungsregeln (§ 36) haben tarifvertragliche Regelungen Vorrang (§§ 32 Abs. 4, 32a Abs. 4, 36 Abs. 1 S. 3).[95] Durch die Einführung von § 12a TVG wurde die Möglichkeit geschaffen, Tarifverträge auch für arbeitnehmerähnliche Personen zu vereinbaren.[96] Im Schrifttum ist die Forderung erhoben worden, in verstärktem Umfang Möglichkeiten für eine arbeitsrechtliche Ausgestaltung des Urhebervertragsrechts durch bindende Kollektivverträge zu schaffen, auch soweit es sich nicht um Arbeitnehmer oder arbeitnehmerähnliche Urheber handelt.[97]

21   **e) Gemeinsame Vergütungsregeln.** Mit den gemeinsamen Vergütungsregeln der **§§ 36, 36a** sieht das Urhebervertragsgesetz von 2002[98] **Kollektivverträge neuen Typs** vor. Abweichend von den Gesetzesvorschlägen sind derartige Regelungen nach der in Kraft getretenen Gesetzesfassung nicht erzwingbar.[99] Wo sie zustande kommen, wird gemäß § 32 Abs. 2 S. 1 unwiderleglich vermutet,

---

[89] → Rn. 57 ff.
[90] Fromm/Nordemann/*J. B. Nordemann* vor §§ 31 ff. Rn. 28. Näheres bei *Schricker,* Verlagsrecht, Einl. Rn. 19 ff.; *Schricker* GRUR-Int 1983, 446 ff.; Ulmer-Eilfort/*Obergfell* 1 A Rn. 17 ff.
[91] Im Einzelnen → Rn. 57 ff.
[92] Zur Entwicklung auch → § 36 Rn. 7 ff.
[93] → § 43 Rn. 103 ff.; *Dietz* FS Schricker (1995), 1 (37 ff.); Dreier/Schulze/*Schulze* UrhG vor § 31 Rn. 11; Fromm/Nordemann/*J. B. Nordemann* vor §§ 31 ff. Rn. 296; *Vogel* FS Schricker (1995), 1 (37 ff.); *Steinberg,* Urheberrechtliche Klauseln in Tarifverträgen, 1998; s. ferner die Wiedergabe von aktuellen Tarifverträgen bei *Hillig* (Hrsg.), Urheber- und Verlagsrecht, Beck-Texte im dtv, 18. Aufl. 2019.
[94] → § 43.
[95] Vgl. auch *Soppe* NJW 2018, 729 (730).
[96] S. den Tarifvertrag für arbeitnehmerähnliche freie Journalistinnen und Journalisten an Tageszeitungen idF v. 2.7.2018, s. ferner Dreier/Schulze/*Schulze* UrhG vor § 31 Rn. 11; Wandtke/Bullinger/*Wandtke* § 43 Rn. 11; *v. Olenhusen* GRUR 2002, 11 ff.
[97] *Dietz* FS Schricker (1995), 1 (37 ff.) mwN.
[98] Dazu allgemein → Rn. 9 ff.
[99] BGH GRUR 2017, 894 Rn. 15 ff. – Verhandlungspflicht; krit. *Reber* ZUM 2018, 417 (422 f.).

dass die hiernach ermittelte Vergütung angemessen ist. Zugleich wird auch der Anspruch des Urhebers auf weitere Beteiligung (§ 32a) ausgeschlossen, soweit die Vergütung nach einer gemeinsamen Vergütungsregel bestimmt worden ist und ausdrücklich eine weitere angemessene Beteiligung vorgesehen ist (§ 32a Abs. 4). Im Einzelnen sei auf die Kommentierung zu §§ 32, 32a, 36 und 36a verwiesen.

f) Norm- und Musterverträge. Auch soweit es an der Möglichkeit fehlt, kollektivvertragliche 22 Regelungen in Form von Tarifverträgen abzuschließen, bestehen im Urheberrecht von Verbänden der Urheber und Verwerter gemeinsam geschaffene Normverträge, die allerdings nur den Charakter von **Vertragsmustern oder Empfehlungen** besitzen. Von Bedeutung, wenn auch angesichts der Entwicklungen im Bereich der elektronischen Medien teilweise veraltet,[100] sind vor allem[101] die zwischen dem deutschen Schriftsteller und dem Börsenverein des Deutschen Buchhandels abgeschlossenen **Normverträge für den Abschluss von Verlagsverträgen**[102] und für den Abschluss von **Übersetzungsverträgen**[103] sowie die zwischen dem Börsenverein und dem Hochschulverband vereinbarten **Vertragsnormen für wissenschaftliche Vertragswerke** in der Fassung von 2000.[104] Normverträge haben im Gegensatz zu den Tarifverträgen keine unmittelbare normative Wirkung auf den Einzelvertrag zwischen Verwerter und Urheber. Dessen Inhalt können sie nur mittelbar prägen, indem sie die Vertragschließenden veranlassen, sich an das Muster zu halten. Darüber hinaus können aus Normverträgen, Richtlinien und Vertragsmustern aber auch Rückschlüsse auf Usancen, Bräuche und Verkehrssitten[105] sowie uU auch auf die ethische Bewertung gewisser Praktiken durch beteiligte Kreise gezogen werden.[106] Einerseits pflegen sich Empfehlungen und Muster nach existierenden Standards zu richten; andererseits sind sie im Zug längerer Übung geeignet, Sitte und Anstandsgefühl zu beeinflussen. Als Indiz für eine entsprechende Verkehrssitte können derartige Vertragsnormen, Richtlinien und Vertragsmuster insbesondere über § 157 BGB Bedeutung für die Auslegung von Einzelverträgen gewinnen.[107]

g) Vertragsmuster, Formularverträge. Von den Tarifverträgen und den zwischen Verbänden 23 der Urheber und der Verwerter vereinbarten Normverträgen und Richtlinien abgesehen wird das Urhebervertragsrecht von einseitig aufgestellten Vertragsmustern und Formularverträgen beherrscht, die zumeist von den Verwerterunternehmen und deren Verbänden herstammen.[108] Soweit in der heutigen Urhebervertragspraxis schriftliche Verträge abgeschlossen werden, erscheinen sie von unterschiedlichen Firmenusancen, Normverträgen, Richtlinien, gängigen Mustern und Standardverträgen geprägt, zT wirken noch ältere Formulierungsgepflogenheiten fort, die mit dem geltenden Recht nicht immer in Einklang stehen.[109] In diesem Bereich ist die AGB-Kontrolle gem. §§ 305 ff. BGB von besonderer Bedeutung.[110]

II. Allgemeines Urhebervertragsrecht

1. Schuldrechtliche Verpflichtung und Rechtseinräumung (Teilverweisung auf §§ 29 und 31)

Ebenso wie bei Rechtsübertragungen und -einräumungen im allgemeinen Zivilrecht lassen sich 24 auch im Urheberrecht **Verpflichtungs- und Verfügungsgeschäfte** unterscheiden. Es gilt also das Trennungsprinzip.[111] Das schuldrechtliche Geschäft regelt die Pflichten beider Parteien. Ein Nutzungsvertrag verpflichtet den Urheber in aller Regel zur Einräumung von Nutzungsrechten, den Verwerter zur Zahlung einer angemessenen Vergütung.[112] Die Rechtseinräumung ist ein Verfügungsgeschäft. Abgesehen von der nur sehr eingeschränkt möglichen vollständigen (translativen) Übertragung des Urheberrechts besteht insbesondere die Möglichkeit der Einräumung ausschließlicher und einfacher Nutzungsrechte (konstitutive Rechtseinräumung). Daneben stehen schwächere, rein schuldrechtliche Formen der Gestattung zur Verfügung.[113] Da das Verpflichtungsgeschäft und die Rechtseinräumung üblicherweise in einem Akt erfolgen und da der Umfang der Rechtseinräumung von der

---

[100] Ulmer-Eilfort/Obergfell/*Obergfell* A 1 Rn. 61.

[101] Zu weiteren Normverträgen im Verlagsbereich *Schricker,* Verlagsrecht, Einl. Rn. 9.

[102] Vom 19.10.1978, zuletzt geändert am 6.2.2014, im Internet abrufbar unter http://www.boersenverein.de/sixcms/media.php/976/Autorennormvertrag%206%202%202014_Logo.pdf.

[103] Vom 1.7.1982, zuletzt geändert am 11.5.1992, im Internet abrufbar unter http://www.boersenverein.de/sixcms/media.php/976/Uebersetzernormvertrag.pdf.

[104] Im Internet abrufbar unter https://www.boersenverein.de/sixcms/media.php/976/wiss_vertragsnormen.pdf.

[105] *Ulmer* § 91 II 2.

[106] Vgl. BGHZ 22, 347 (356 f.) – Clemens Laar.

[107] *Schricker,* Verlagsrecht, Einl. Rn. 10 S. 29 f.; *Haberstumpf/Hintermeier* § 11 I; Dreier/Schulze/*Schulze* UrhG vor § 31 Rn. 12 mwN.

[108] S. die Nachw. zu den einzelnen Vertragstypen in → Rn. 57 ff.

[109] *Schricker,* Verlagsrecht, Einl. Rn. 11.

[110] Näher hierzu → Rn. 36 ff.

[111] Näher hierzu → § 31 Rn. 13 ff.

[112] Näher zu den typischen Pflichten der Vertragsparteien → Rn. 61 ff.

[113] Näher zur Stufenleiter der Nutzungsgestattungen → § 29 Rn. 23 ff.

Verpflichtung des Rechtsinhabers abhängig ist, sind das Verpflichtungs- und das Verfügungsgeschäft enger miteinander verzahnt als etwa der Kaufvertrag über eine Sache und die Übereignung. Daher gilt nach hM das **Abstraktionsprinzip im Urhebervertragsrecht allenfalls sehr eingeschränkt.**[114] Beispielsweise fällt ein Nutzungsrecht bei Beendigung der Verpflichtung des Urhebers zur Nutzungsgewährung automatisch zurück, ohne dass es einer gesonderten Rückübertragung bedürfte.[115]

25   Der Schwerpunkt der folgenden Erläuterungen liegt auf der schuldrechtlichen Vereinbarung zwischen Urheber und Verwerter bzw. zwischen Verwertern untereinander, auch wenn wegen der engen Verbindung zwischen Verpflichtung und Verfügung eine scharfe Trennung nicht immer möglich ist. Die **Stufenleiter der Nutzungsgestattungen,** die von der Übertragung des Urheberrechts als Grenzfall über die Einräumung ausschließlicher und einfacher Nutzungsrechte bis zu schuldrechtlichen Vereinbarungen und einseitigen Einwilligungen reicht, ergibt sich aus **§ 29 Abs. 2** und wird daher dort im Einzelnen dargestellt. Die **dogmatischen Grundlagen der Einräumung von Nutzungsrechten,** insbesondere das Verhältnis zwischen Verpflichtungs- und Verfügungsgeschäft, Möglichkeiten und Grenzen der Aufspaltbarkeit von Nutzungsrechten und der Ausschluss des gutgläubigen Erwerbs werden unter **§ 31** erläutert.[116]

2. Entstehung, Rechtsnatur, Wirksamkeit

26   **a) Vertragsfreiheit.** Der Abschluss von Verträgen über Urheberrechte richtet sich nach den allgemeinen Vorschriften, insbesondere nach §§ 145 ff. BGB. Grundsätzlich herrscht **Vertragsfreiheit.**

27   Erstens besteht **kein Typenzwang.** Ohnehin sind die Typen von Urheberrechtsverträgen weitehend nicht gesetzlich ausgestaltet. Auch steht es den Parteien frei, Elemente von verschiedenen Urheberrechtsverträgen oder Vertragstypen des BGB zu kombinieren oder gänzlich atypische Verträge zu schließen. Es „bieten sich für die Ausgestaltung eines Auswertungsvertrages ... neben den Vertragstypen des allgemeinen bürgerlichen Rechts, wie Kauf, Dienstvertrag oder Werkvertrag, auch Sonderformen, wie die des Lizenz-, Verlags- oder Bestellvertrages an, ohne dass damit die rechtsgeschäftlichen Gestaltungsformen erschöpft wären".[117]

28   Zweitens herrscht grundsätzlich **Abschlussfreiheit:** Zwangslizenzen sind im Urheberrecht eine seltene Ausnahme,[118] lediglich die Verwertungsgesellschaften unterliegen einem doppelten Kontrahierungszwang.[119] Auch aus dem Kartellrecht kann sich ausnahmsweise ein Abschlusszwang ergeben.[120]

29   Drittens sind die Vertragsparteien bei der **Ausgestaltung der gegenseitigen Pflichten** weitehend **frei.** Zwar enthält das VerlG Regelungen über den Verlagsvertrag, sie sind aber dispositiver Natur. Auch die Vorschriften über den Sukzessionsschutz (§ 33) und das Erfordernis der Zustimmung des Urhebers bei der Weiterübertragung von Nutzungsrechten und der Begründung von Enkelrechten (§§ 34, 35) sind dispositiv. §§ 37 ff., 88 ff. enthalten Vermutungsregeln, von denen die Parteien abweichen können. Lediglich die Rechte des Urhebers im Zusammenhang mit **unbekannten Nutzungsarten (§§ 31a, 32c),** sein **Anspruch auf angemessene Vergütung und weitere Beteiligung (§§ 32, 32a, 32b),** sein **Recht zur anderweitigen Verwertung nach zehn Jahren bei pauschaler Vergütung (§ 40a)** und seine **Rückrufrechte (§§ 34 Abs. 5, 41 Abs. 4, 42 Abs. 2)** können **nicht individuell abbedungen werden.** Zur Unverzichtbarkeit gesetzlicher Vergütungsansprüche → § 29 Rn. 40.

30   Viertens sind sowohl das Verpflichtungs- als auch das Verfügungsgeschäft **grundsätzlich formfrei. Ausnahmen** bestehen für **Verträge über unbekannte Nutzungsarten (§ 31a Abs. 1 S. 1)** und gewisse schuldrechtliche **Verträge über künftige Werke (§ 40);** für die **Einräumung des Verlagsrechts** als eines dinglichen Nutzungsrechts sieht **§ 9 Abs. 1 VerlG** ausnahmsweise, aber nicht zwingend, das Erfordernis der Manuskriptübergabe vor.[121] Ferner können Formvorschriften aus anderen Gesetzen anwendbar sein.

31   **b) Gesetz- und Sittenverstoß.** Für Urheberrechtsverträge gelten die §§ 134, 138 BGB, während die Gesetzes- oder Sittenwidrigkeit eines Werks seinem urheberrechtlichen Schutz nicht entgegensteht.[122] Eine **Nichtigkeit gem. § 134 BGB** kommt vor allem in Betracht, wenn der Vertrag auf die **Erbringung einer gesetzeswidrigen Leistung** gerichtet ist. Die von der Rechtsprechung entschiedenen Fälle betrafen vor allem Verträge über die Verbreitung oder Wiedergabe strafbarer Pornographie.[123]

---

[114] → § 31 Rn. 15 ff.
[115] → § 31 Rn. 18.
[116] → § 31 Rn. 6 ff.
[117] BGH UFITA 33 [1961], 96 (98) – Heldensagen; *Ulmer* § 90 II 1; näher hierzu → Rn. 57 ff.
[118] Vgl. aber §§ 5 Abs. 3 S. 2; 42a, dazu → § 29 Rn. 21.
[119] §§ 9, 34 VGG.
[120] → Einl. UrhG Rn. 91 und Fromm/Nordemann/*J. B. Nordemann* vor §§ 31 ff. Rn. 85 ff.
[121] *Schricker,* Verlagsrecht, § 9 Rn. 3–5.
[122] → § 2 Rn. 70.
[123] Vgl. BGH GRUR 1981, 530 (532) – PAM-Kino; OLG Hamburg GRUR 1980, 998 – Tiffany; OLG Hamburg GRUR 1984, 663 (664) – Video Intim.

Die Generalklausel der **Sittenwidrigkeit (§ 138 BGB)** ist Einfallstor für verfassungsrechtliche **32**
Wertungen. Nach der Rechtsprechung des BVerfG verpflichtet Art. 2 Abs. 1 GG die Zivilgerichte
dazu, im Fall einer „besonders einseitigen Aufbürdung von vertraglichen Lasten und einer erheblich
ungleichen Verhandlungsposition der Vertragspartner", die dazu führt, dass eine Partei (regelmäßig der
Verwerter) „den Vertragsinhalt faktisch einseitig bestimmen kann", „auf die Wahrung der Grundrechtsposition beider Vertragspartner hinzuwirken, um zu verhindern, dass sich für einen Vertragsteil
die Selbstbestimmung in eine Fremdbestimmung verkehrt".[124] Als zivilrechtliches Instrument zur
Umsetzung dieser Vorgabe kommt neben den §§ 31 Abs. 5; 32, 32a auch § 138 BGB in Betracht.
Dabei lassen sich zwei Fallgruppen unterscheiden.[125]

Erstens wurde die Anwendung des **§ 138 BGB** in der älteren Rechtsprechung und Literatur vor **33**
allem im Fall eines **auffälligen Missverhältnisses** von Leistung und Gegenleistung erwogen.[126] Seit
der Einführung eines Anspruchs auf angemessene Vergütung (§§ 32, 32a) hat sich diese Fallgruppe
weitgehend erledigt, da die urheberrechtlichen Ansprüche auf Vertragsanpassung als leges speciales
gegenüber § 138 BGB vorrangig sind und eine Nichtigkeit wegen Sittenwidrigkeit daher nur in Betracht kommt, wenn sich das Missverhältnis aus anderen Umständen als einer zu niedrigen Vergütung
ergibt.[127]

Zweitens kann sich das Verdikt der Sittenwidrigkeit darauf gründen, dass ein Vertrag zur **Knebe- 34
lung** des Urhebers führt. Beispiele[128] sind ein Vertrag, der den Urheber dauerhaft von der Verwertung seiner wesentlichen Werke abschneidet,[129] ein Künstlervertrag, in denen die künstlerische Freiheit weitestgehend eingeschränkt und der Entscheidungsbefugnis des Managers unterworfen wird,[130]
oder ein Vertrag mit einem Musiker, in dem eine außergewöhnlich lange Bindung im Erfolgsfall einer
schnellen Beendigungsmöglichkeit bei Misserfolg gegenübersteht.[131] Die **Nichtigkeit des Verpflichtungsgeschäfts** gem. §§ 134, 138 BGB **schlägt auf die Rechtseinräumung durch,** so dass
der Verwerter bei Fortsetzung der Werknutzung eine Rechtsverletzung begeht.[132]

c) Kartellrechtliche Grenzen. Urheberverträge unterliegen grundsätzlich der Kontrolle am **35**
Maßstab der Art. 101 Abs. 1 AEUV, § 1 GWB.[133] Allerdings sind gemeinsame Vergütungsregeln
(§ 36) vom Kartellverbot des § 1 GWB ausgenommen.[134] Urheber, jedenfalls sofern sie ihr Werk
wirtschaftlich verwerten, und Inhaber von Leistungsschutzrechten sind Unternehmer im kartellrechtlichen Sinn,[135] erst recht gilt dies für Verlage und Medienunternehmen. Die mit der Einräumung von
Nutzungsrechten zwangsläufig verbundene Wettbewerbsbeschränkung ist als solche kartellrechtlich
nicht zu beanstanden,[136] das gilt auch für ausschließliche Nutzungsrechte ohne absoluten Gebietsschutz.[137] Bestimmte Vertragsklauseln können sich aber als wettbewerbswidrig erweisen, beispielsweise
Preisbindungen,[138] Wettbewerbsverbote[139] oder eine Marktabschottung,[140] etwa durch ein Vertriebsverbot für ausländische Decodiereinrichtungen.[141] Ist der Tatbestand der Art. 101 Abs. 1 AEUV, § 1
GWB erfüllt, so kommt eine Freistellung aufgrund einer Gruppenfreistellungsverordnung oder eine
Einzelfreistellung nach der Legalausnahme der Art. 101 Abs. 3 AEUV, § 2 GWB in Betracht. Aller-
dings fehlt eine Gruppenfreistellung für urheberrechtliche Verwertungsverträge.[142] Lediglich Soft-

---

[124] BVerfG GRUR 2005, 880 – Xavier Naidoo.
[125] Fromm/Nordemann/*J. B. Nordemann* vor §§ 31 ff. Rn. 54 f.
[126] Vgl. BGH GRUR 1962, 256 (257) – Im weißen Rößl; BGH GRUR 1989, 198 (201) – Künstlerverträge; LG
Berlin ZUM-RD 2008, 72.
[127] Ähnl. Fromm/Nordemann/*J. B. Nordemann* vor §§ 31 ff. Rn. 54.
[128] Gegenbeispiel aber: OLG Schleswig ZUM 1995, 867 – Werner-Serie.
[129] LG Berlin GRUR 1983, 438 – Joseph Roth.
[130] Beispiele: OLG Karlsruhe ZUM 2003, 785 (786); LG Berlin ZUM 2007, 754 (756); LG Köln ZUM-
RD 2009, 282 – Managementvertrag; Gegenbeispiel: OLG Hamburg ZUM 2008, 144 (147) – Agentur-Ver-
trag.
[131] OLG Karlsruhe ZUM 2003, 785 (786).
[132] OLG Karlsruhe ZUM-RD 2007, 76 (78 f.); inzident bestätigt in BGH GRUR 2009, 1052 Rn. 15 ff. – Seeing
is believing; näher zur eingeschränkten Geltung des Abstraktionsprinzips bei → § 31 Rn. 15 ff.
[133] S. im Einzelnen Einl. 81 ff.
[134] Entwurf eines Gesetzes zur Stärkung der vertraglichen Stellung von Urhebern und ausübenden Künstlern,
BT-Drs. 14/6433, 12; BGH AfP 2017, 322; zu Art. 101 AEUV *Tolkmitt* GRUR 2016, 564.
[135] BGH GRUR 1988, 782 (784) – GEMA-Wertungsverfahren; KG GRUR-RR 2010, 320 (324) – GEMA-
Verteilungsplan; Fromm/Nordemann/*J. B. Nordemann* UrhG Vor §§ 31 ff. Rn. 56. Ebenso die Beurteilung unter
§ 310 BGB für die Zwecke der AGB-Kontrolle, → Rn. 37.
[136] EuGH GRUR-Int 1983, 175 Rn. 15 ff. – Coditel II; EuGH GRUR 2012, 156 Rn. 137 – Football Association Premier League; EuG ZUM-RD 2013, 293 – CISAC (Gegenseitigkeitsvereinbarungen der Verwertungsgesellschaften kein abgestimmtes Verhalten); Immenga/Mestmäcker/*Ullrich/Heinemann,* EU-Wettbewerbsrecht, ImmaR
B Rn. 28; Fromm/Nordemann/*J. B. Nordemann* UrhG Vor §§ 31 ff. Rn. 58; vgl. auch Fikentscher FS Schricker
(1995), 149 (160 ff.).
[137] „Offene ausschließliche Lizenz": EuGH GRUR-Int 1982, 530 Rn. 54 ff. – Maissaatgut (zum Sortenschutz).
[138] Hierzu Fromm/Nordemann/*J. B. Nordemann* Vor §§ 31 ff. Rn. 76 ff.
[139] Hierzu *Gottschalk* ZUM 2005, 359 ff.
[140] EuGH GRUR-Int 1982, 530 Rn. 61 ff. – Maissaatgut.
[141] EuGH GRUR 2012, 156 Rn. 146 – Football Association Premier League.
[142] Immenga/Mestmäcker/*Ullrich/Heinemann,* EU-Wettbewerbsrecht, ImmaR B Rn. 3.

warelizenzen unterfallen der Technologietransfer-GruppenfreistellungsVO 316/2014.[143] Für weitere
Einzelheiten sei auf das kartellrechtliche Schrifttum verwiesen.[144]

3. AGB-Kontrolle

36   **a) Anwendungsbereich der §§ 305 ff. BGB. aa) AGB.** Allgemeine Geschäftsbedingungen sind
nach der Legaldefinition des § 305 Abs. 1 S. 1 BGB „für eine Vielzahl von Verträgen vorformulierte
Vertragsbedingungen, die eine Vertragspartei (Verwender) der anderen Vertragspartei bei Abschluss
eines Vertrags stellt". Darunter fallen auch formularmäßige Urheberrechtsverträge, insbesondere von
Verwertern gegenüber Urhebern verwendete Standardverträge,[145] standardisierte Lizenzverträge zur
Nutzung von Software[146] und anderen digitalen Medien,[147] aber auch, vorbehaltlich des § 309 Nr. 9
BGB aE, die Wahrnehmungsverträge der Verwertungsgesellschaften.[148]

37   **bb) Verwendung durch Unternehmer.** Nur beschränkt anwendbar sind die §§ 305 ff. BGB,
wenn AGB gegenüber einem Unternehmer verwendet werden (§ 310 Abs. 1 BGB). Unternehmer ist
nach § 14 Abs. 1 BGB, wer bei Abschluss eines Rechtsgeschäfts in Ausübung seiner selbständigen
beruflichen Tätigkeit handelt. Die Definition trifft auf freischaffende Urheber, die ihre Werke vermarkten, grundsätzlich zu;[149] sie werden auch im UWG, GWB und EU-Wettbewerbsrecht als Unternehmer betrachtet.[150] Auch eine nebenberufliche unternehmerische Tätigkeit fällt unter § 14
BGB;[151] erforderlich ist freilich eine nachhaltige Betätigung. Die Unternehmer betreffende Ausnahme
in § 310 Abs. 1 BGB bedeutet, dass die Einbeziehungsvorschriften (§ 305 Abs. 2, 3 BGB) und die
speziellen Klauselverbote (§§ 308, 309 BGB) unanwendbar sind. Da es sich bei Urhebern – Verbrauchern vergleichbar – um die regelmäßig schwächere Vertragspartei handelt, sollte dann aber eine
strengere Inhaltskontrolle erfolgen.[152] Die für Unternehmer gemachte Ausnahme greift auch ein,
wenn es sich um AGB im Verhältnis zwischen Verwerterunternehmen handelt oder wenn ein Urheber einem Verwerterunternehmen AGB stellt. Auf Arbeitsverträge (nicht jedoch auf Tarifverträge)
und auf Verträge mit arbeitnehmerähnlichen Personen sind die §§ 305 ff. BGB mit Ausnahme des
§ 305 Abs. 2, 3 BGB anwendbar, doch sind die im Arbeitsrecht geltenden Besonderheiten angemessen zu berücksichtigen (§ 305 Abs. 4 BGB).

38   **cc) Individualvereinbarung.** Der Klauselkontrolle unterliegen Vertragsbedingungen nicht, die
zwischen den Vertragsparteien **im Einzelnen ausgehandelt** sind (§ 305 Abs. 1 S. 3 BGB). Im Bereich der Urheberverwertungsverträge werden häufig allgemeine Geschäftsbedingungen und Individualvereinbarungen gemischt vorkommen; der Anwendung des Rechts der AGB unterliegen dann nur
Erstere.[153] Individuelle Abreden haben Vorrang vor allgemeinen Geschäftsbedingungen (§ 305b
BGB).

39   **b) Einbeziehung. aa) Hinweis und Möglichkeit der Kenntnisnahme.** Die Einbeziehung von
Vertragsklauseln richtet sich nach §§ 305 Abs. 2, 305a–305c BGB. Der Verwender muss grundsätzlich
die andere Partei auf die AGB hinweisen und ihr die Möglichkeit der Kenntnisnahme verschaffen
(§ 305 Abs. 2 BGB). Da im Bereich des Urhebervertragsrechts die allgemeinen Geschäftsbedingungen
in den schriftlichen Vertrag integriert zu werden pflegen, dürften beide Voraussetzungen in aller Regel
erfüllt sein. Da zudem § 305 Abs. 2 BGB im unternehmerischen Verkehr gem. § 310 Abs. 1 BGB
nicht anwendbar ist,[154] gelten in der Regel großzügigere Maßstäbe. So genügt es, wenn in einer ständigen Geschäftsbeziehung die Aufträge telefonisch erteilt und die AGB erst mit der Gagenabrechnung
zugesandt werden.[155]

40   **bb) Überraschende Klauseln** werden nicht Vertragsbestandteil (§ 305c Abs. 1 BGB). Erforderlich ist die Ungewöhnlichkeit der Klausel und ihr Überraschungs- bzw. Überrumpelungsef-

---

[143] Verordnung (EU) Nr. 316/2014 der Kommission vom 21.3.2014 über die Anwendung von Art. 101 Abs. 3
des Vertrags über die Arbeitsweise der Europäischen Union auf Gruppen von Technologietransfer-Vereinbarungen,
ABl. L 93, S. 17.
[144] *J. B.* Nordemann GRUR 2007, 203 ff.; Immenga/Mestmäcker/*Ullrich/Heinemann,* EU-Wettbewerbsrecht, ImmaR B Rn. 1 ff.; Loewenheim/Meessen/Riesenkampff/*J. B. Nordemann* Art. 101 AEUV 3. Teil Rn. 14 ff., 75 ff.;
Mestmäcker/Schweitzer, Europäisches Wettbewerbsrecht, 3. Aufl. 2014, § 30 Rn. 67 ff., § 33 Rn. 13 ff.
[145] BGH GRUR 2005, 148 (151) – Oceano Mare; BGH GRUR 2012, 1031 Rn. 12 ff. – Honorarbedingungen
Freie Journalisten.
[146] BGH GRUR 2003, 416 (418) – CPU-Klausel.
[147] OLG Hamm GRUR 2014, 853 – Hörbuch-AGB.
[148] BGH GRUR 2009, 395 Rn. 40 – Klingeltöne für Mobiltelefone I; BGH GRUR 2013, 375 Rn. 13 – Missbrauch des Verteilungsplans; BGH GRUR 2015, 596 Rn. 27 – Verlegeranteil; *Castendyck* ZUM 2007, 169 (170);
Fromm/Nordemann/*J.B. Nordemann* UrhG vor §§ 31 ff. Rn. 194; *Riesenhuber* GRUR 2006, 201 (204); *Schack*
Rn. 1088.
[149] Ebenso *Acker/Thum* GRUR 2008, 671 (672); *Jani* S. 236 f.; *Riesenhuber* ZUM 2002, 777 ff.; Dreier/Schulze/
Schulze UrhG vor § 31 Rn. 14; Fromm/Nordemann/*J. B. Nordemann* UrhG Vor §§ 31 ff. Rn. 195.
[150] → Rn. 35 und → Einl. UrhG Rn. 50 ff., 59 ff.
[151] Palandt/*Ellenberger* BGB § 14 Rn. 2 mwN.
[152] Dreier/Schulze/*Schulze* UrhG vor § 31 Rn. 14; Fromm/Nordemann/*J. B. Nordemann* UrhG Vor §§ 31 ff.
Rn. 195; *Schack* Rn. 1088.
[153] Palandt/*Grüneberg* BGB § 305 Rn. 18; *Castendyk* ZUM 2007, 169 (171).
[154] Zur Unternehmereigenschaft freischaffender Urheber → Rn. 37.
[155] BGH GRUR 1984, 119 (120) – Synchronisationssprecher; *Castendyk* ZUM 2007, 169 (170 f.) mwN.

fekt.[156] **Beispiele für überraschende Klauseln** sind eine Berechtigung der Druckerei, bei Zahlungsverzug die Drucksachen selbst zu vertreiben und entsprechende Urheberrechte zu erwerben,[157] oder eine „Mindesthonorargarantie" für mehrere Werke, bei der die die Garantiesumme übersteigenden Absatzhonorare für ein Werk nicht ausbezahlt werden, solange für ein anderes Werk die Absatzhonorare die Garantiesumme nicht erreichen.[158] Auch können Klauseln in den AGB von Internet-Plattformen oder sozialen Netzwerken, durch die Nutzer umfassende Nutzungsrechte an selbst generierten Inhalten einräumen, als überraschend zu beurteilen sein.[159] **Keine überraschende Klausel** ist die Einräumung auch der Schallplattenrechte durch Filmsynchronisationssprecher in AGB des Auftraggebers.[160] Buy out-Klauseln unterliegen zwar der Inhaltskontrolle,[161] sind aber in der Medienbranche so üblich, dass sie nicht überraschend sind.[162] Dasselbe gilt für Klauseln, mit denen sich ein Zeitungsverleger das Recht zur werblichen Nutzung der ihm überlassenen Beiträge einräumen lässt.[163]

cc) Unklarheitenregel. Nach der **Unklarheitenregel** des § 305c Abs. 2 BGB gehen Zweifel bei 41 der Auslegung allgemeiner Geschäftsbedingungen zu Lasten des Verwenders, dh praktisch zu Lasten des Verwerterunternehmens, das als Vertragspartner des Urhebers sich der allgemeinen Geschäftsbedingungen bedient.[164] Allerdings greift die Unklarheitenregel erst ein, wenn nach Ausschöpfung der in Betracht kommenden Auslegungsmöglichkeiten noch mindestens zwei Auslegungen rechtlich vertretbar bleiben.[165] Deshalb ist der Vertrag zuerst im Licht der Übertragungszweckregel (§ 31 Abs. 5) auszulegen, bevor § 305c Abs. 2 BGB zur Anwendung kommt.[166] Beide Instrumente helfen dem Urheber freilich nicht, wenn die betreffende Vertragsklausel eindeutig formuliert ist.[167]

c) Inhaltskontrolle. aa) Überblick. Prüfungsmaßstab für die Kontrolle allgemeiner Geschäfts- 42 bedingungen ist die **Generalklausel des § 307 BGB,** die durch die in §§ 308 und 309 BGB aufgelisteten **Klauselverbote** ergänzt und konkretisiert wird. Für Verträge zwischen Urheberrechtsinhabern und **Verwertungsgesellschaften** sieht § 309 Nr. 9 BGB eine Ausnahme hinsichtlich der Dauer der Verträge vor. Nach der hier vertretenen Meinung von der Unternehmereigenschaft der Urheber ist allerdings § 309 BGB auf Geschäftsbedingungen gegenüber diesen unanwendbar; ganz leer läuft § 309 Nr. 9 BGB gleichwohl im Hinblick auf § 310 Abs. 1 S. 2 BGB nicht.

Der Inhaltskontrolle gem. § 307 BGB kommt besondere Bedeutung zu, weil freischaffende Urhe- 43 ber als Unternehmer gelten und daher die §§ 308, 309 BGB häufig nicht anwendbar sind. Die **Generalklausel der Benachteiligung entgegen Treu und Glauben (§ 307 Abs. 1 S. 1 BGB)** wird in zweifacher Weise konkretisiert. Zum einen gilt das **Transparenzgebot** (§ 307 Abs. 1 S. 2 BGB), es erfasst unstreitig auch formularmäßige Leistungsbeschreibungen und Preisabreden.[168] Nach dieser Bestimmung können sich also auch unklar formulierte Honorarbedingungen als unwirksam erweisen.[169] Zum anderen ist eine unangemessene Benachteiligung im Zweifel anzunehmen, wenn die Klausel mit wesentlichen Grundgedanken der abbedungenen gesetzlichen Vorschrift unvereinbar ist (§ 307 Abs. 2 S. 1 BGB)[170] oder wesentliche Rechte oder Pflichten so einschränkt, dass die Erreichung des Vertragszwecks gefährdet ist (§ 307 Abs. 2 S. 2 BGB).

bb) Eingeschränkte Inhaltskontrolle der Hauptleistungspflichten. Nach § 307 Abs. 3 S. 1 44 BGB gelten die Vorschriften über die Inhaltskontrolle des § 307 Abs. 1 und 2 sowie die §§ 308 und 309 BGB nur für Bestimmungen in Allgemeinen Geschäftsbedingungen, durch die von Rechtsvorschriften abweichende oder diese ergänzende Regelungen vereinbart werden. Daraus folgt, dass die **Hauptleistungspflichten** beider Parteien **nicht der Inhaltskontrolle unterliegen,**[171] auch wenn

---

[156] Palandt/*Grüneberg* BGB § 305c Rn. 4; Fromm/Nordemann/*J. B. Nordemann* UrhG vor §§ 31 ff. Rn. 199; Wandtke/Bullinger/*Wandtke/Grunert* UrhG vor §§ 31 ff. Rn. 102 f.
[157] OLG Frankfurt a. M. GRUR 1984, 515 (515 f.) – Übertragung von Nutzungsrechten.
[158] OLG Frankfurt a. M. ZUM 1991, 551.
[159] *Solmecke/Dam* MMR 2012, 71 (72); *J. B. Nordemann* NJW 2012, 3121; wegen Üblichkeit zweifelnd *Berberich* MMR 2010, 736 (737); nur auf die Inhaltskontrolle abstellend LG Köln ZUM 2014, 436 (438).
[160] BGH GRUR 1984, 119 (121) – Synchronisationssprecher.
[161] → Rn. 44 ff.
[162] *Castendyck* ZUM 2007, 169 (171); inzident auch BGH GRUR 2012, 1031 Rn. 31 – Honorarbedingungen Freie Journalisten.
[163] *Schippan* ZUM 2012, 771 (781).
[164] Beispiel: BGH GRUR 2005, 148 (151) – Oceano Mare: Da dem Formularvertrag keine klare Aussage zum Bestehen einer Auswertungspflicht entnommen werden konnte, war nach § 305c Abs. 2 BGB vom Bestehen einer solchen auszugehen; vgl. auch OLG Düsseldorf ZUM 2002, 221 (225).
[165] Palandt/*Grüneberg* BGB § 305c Rn. 15 mwN.
[166] *Kuck* GRUR 2000, 285 (287); differenzierend Fromm/Nordemann/*J. B. Nordemann* UrhG vor §§ 31 ff. Rn. 198 (Vorrang des § 31 Abs. 5 UrhG nur bei vom Verwerter verwendeten AGB); weiter Wandtke/Bullinger/*Wandtke/Grunert* UrhG vor §§ 31 ff. Rn. 105.
[167] *Schack* Rn. 1083.
[168] MüKoBGB/*Wurmnest* BGB § 307 Rn. 20; vgl. auch Art. 4 Abs. 2 der „Klauselrichtlinie" 93/13/EWG.
[169] Beispiele: BGH GRUR 2012, 1031 Rn. 34 ff. – Honorarbedingungen freie Journalisten; OLG München ZUM 2014, 424; OLG Hamm GRUR-RD 2013, 333; s. auch *Schippan* ZUM 2012, 771 (777).
[170] Zum Leitbildcharakter der §§ 31 Abs. 5, 37, 88 ff. UrhG → Rn. 47 ff.
[171] BGH GRUR 2012, 1031 Rn. 18 – Honorarbedingungen freie Journalisten mwN; MüKoBGB/*Wurmnest* BGB § 307 Rn. 1.

der Wortlaut des § 307 Abs. 3 S. 1 BGB dies nur unvollkommen zum Ausdruck bringt.[172] Grund hierfür ist, dass die Leistungen der Parteien in einer Marktwirtschaft den Gesetzen von Angebot und Nachfrage unterliegen und dass zudem der Hauptleistungspflichten aufgrund ihrer besonderen Bedeutung Gegenstand der Aufmerksamkeit beider Parteien sind.[173] Das **Transparenzgebot** des § 307 Abs. 1 S. 2 BGB ist hingegen auch auf Klauseln **anwendbar,** die Hauptleistungspflichten regeln.[174]

45   Damit ist zum einen die **Leistungsbeschreibung kontrollfrei.** Allerdings bereitet die Abgrenzung zwischen der eigentlichen Beschreibung der Leistung und der Festlegung von Leistungsmodalitäten gerade bei unkörperlichen Leistungen erhebliche Schwierigkeiten.[175] Nach ständiger Rechtsprechung, zuletzt bekräftigt im Grundsatzurteil *Honorarbedingungen Freie Journalisten,*[176] unterliegt der **Umfang der Rechtseinräumung** demnach nicht der Inhaltskontrolle. Etwas anderes muss jedoch gelten, wenn die Rechtseinräumung nur eine Nebenabrede darstellt, etwa wenn sich der Betreiber eines sozialen Netzwerkes umfassende Nutzungsrechte an nutzergenerierten Inhalten[177] oder der Betreiber eines Online-Marktplatzes Nutzungsrechte an Produktfotos[178] einräumen lassen. Allerdings berücksichtigt die Rechtsprechung bei der Abgrenzung der Leistungsbeschreibung im Urheberrecht nicht hinreichend, dass sich der Urheber mit umfassenden Rechtekatalogen konfrontiert sieht, die er selbst oft kaum zuverlässig beurteilen kann. Außerdem sollten der Inhaltskontrolle sämtliche Bestimmungen unterliegen, die nicht Ausdruck einer **marktorientierten, freien Auswahlentscheidung des Vertragspartners** sind.[179] Genau an dieser Freiheit fehlt es aber bei vorformulierten Rechtekatalogen; hier wäre ein Aushandeln im Einzelfall aus Transaktionskostengesichtspunkten ineffizient.[180] Das spricht entgegen der Rechtsprechung dafür, auch die katalogmäßig vorformulierte **Einräumung von Rechten, deren Einräumung nicht um des Vertragszwecks willen erforderlich ist,**[181] als kontrollfähig anzusehen.

46   Zum anderen ist die **unmittelbare Preisabrede** der Inhaltskontrolle (abgesehen von § 307 Abs. 1 S. 2 BGB) entzogen, während Preisnebenabreden kontrollfähig sind.[182] Daher unterliegt die **Vergütungsbestimmung** nicht der Inhaltskontrolle nach § 307 Abs. 1 S. 1, Abs. 2 BGB.[183] Insbesondere lässt sich die **Angemessenheit der Vergütung nicht abstrakt-generell,** sondern nur im Einzelfall beurteilen. Das ist Aufgabe der **individuellen Angemessenheitskontrolle gem. §§ 32, 32a oder gemeinsamer Vergütungsregeln (§§ 36, 36b)** Auch die Vergütungsstruktur ist nach der Rechtsprechung der Inhaltskontrolle entzogen. Dagegen sprechen ähnliche Argumente wie gegen die generelle Kontrollfreiheit der Rechtseinräumung: Je komplexer formularmäßige Vergütungsstrukturen gefasst sind, desto schwerer sind sie für den Urheber durchschaubar und desto weniger ist eine individuelle Vereinbarung möglich und sinnvoll. Daher sollte auch die formularmäßig bestimmte **Vergütungsstruktur**[184] der AGB-Kontrolle unterliegen. Schwierigkeiten bereitet auch hier die Grundsätzen der Rechtsprechung die Abgrenzung zwischen nicht kontrollfähigen unmittelbaren Preisabsprachen und Preisnebenabreden. So soll es sich bei einer pauschalen Honorarkürzung um 50 % für den Fall, dass eine Auftragsarbeit aus nicht vom Verlag zu vertretenden Gründen nicht veröffentlicht wird, um eine mittelbare und damit kontrollfähige Preisabrede handeln; im konkreten Fall wurde die Klausel als unwirksam angesehen.[185] Dem gebührt im Ergebnis Zustimmung, auch wenn die Vereinbarkeit mit der neuesten Rechtsprechung des BGH fraglich erscheint.

47   **cc) Leitbildfunktion urhebervertraglicher Vorschriften.** Eine unangemessene Benachteiligung ist im Zweifel anzunehmen, wenn die betreffende Klausel mit wesentlichen Grundgedanken der rechtlichen Regelung, von der abgewichen wird, nicht zu vereinbaren ist (§ 307 Abs. 2 Nr. 1 BGB). Nach der Absicht des Gesetzgebers kommt **§ 11 S. 2 Leitbildcharakter** zu.[186] Höchst umstritten ist

---

[172] Deutlicher Art. 4 Abs. 2 der „Klauselrichtlinie" 93/13/EWG: „Die Beurteilung der Missbräuchlichkeit der Klauseln betrifft weder den Hauptgegenstand des Vertrages noch die Angemessenheit zwischen dem Preis bzw. dem Entgelt und den Dienstleistungen bzw. den Gütern, die die Gegenleistung darstellen, sofern diese Klauseln klar und verständlich abgefasst sind".
[173] MüKoBGB/*Wurmnest* BGB § 307 Rn. 1.
[174] → Rn. 43.
[175] MüKoBGB/*Wurmnest* BGB § 307 Rn. 15; Staudinger/*Coester,* Neubearb. 2013, BGB § 307 Rn. 322; Ulmer/Brandtner/Hensen/*Fuchs,* AGB-Recht, 11. Aufl. 2011, § 307 Rn. 47 ff.
[176] BGH GRUR 2012, 1031 Rn. 17 f. – Honorarbedingungen Freie Journalisten mAnm *Soppe.*
[177] *Berberich* ZUM 2006, 205 (209) und WRP 2012, 1055 (1059).
[178] OLG Köln GRUR 2015, 880 (883) – Softairmunition, allerdings unangemessene Benachteiligung verneint.
[179] Staudinger/*Coester,* Neubearb. 2013, BGB § 307 Rn. 324; Ulmer/Brandtner/Hensen/*Fuchs,* AGB-Recht, 11. Aufl. 2011, § 307 Rn. 48, 53; *Mackenrodt,* Technologie statt Vertrag?, 2015, S. 128 ff., 141 mwN.
[180] *Berberich* ZUM 2006, 205 (209) und WRP 2012, 1055 (1059).
[181] *Berberich* ZUM 2006, 205 (209 f.); vgl. auch die Nachw. zu → Rn. 46.
[182] Staudinger/*Coester,* Neubearb. 2013, BGB § 307 Rn. 324 mwN; Ulmer/Brandtner/Hensen/*Fuchs,* AGB-Recht, 11. Aufl. 2011, § 307 Rn. 75, beide mwN.
[183] BGH GRUR 2012, 1031 Rn. 28 ff. – Honorarbedingungen Freie Journalisten; *Berberich* WRP 2012, 1055 (1057); Fromm/Nordemann/*J. B. Nordemann* UrhG vor §§ 31 ff. Rn. 206; dazu auch → § 11 Rn. 8.
[184] OLG Hamburg GRUR-RR 2011, 293 (297) – Buy-out mit Pauschalabgeltung; OLG Jena GRUR-RR 2012, 367; *Schulze* GRUR 2012, 993 (995); aA BGH GRUR 2012, 1031 Rn. 28 – Honorarbedingungen Freie Journalisten.
[185] KG ZUM 2010, 799; zust. *J. B. Nordemann* NJW 2012, 3121 (3125); vgl. auch OLG Hamburg GRUR-RR 2011, 293 (297) – Buy-out mit Pauschalabgeltung.
[186] Begründung der Beschlussempfehlung des Rechtsausschusses, BT-Drs. 14/8058, 17 f.

aber, ob dasselbe für **§ 31 Abs. 5**[187] als Ausdruck des Übertragungszweckgedankens und für die urhebervertragsrechtlichen Vermutungsregeln, beispielsweise § 37 oder §§ 88 ff. gilt.[188]

Die **Rechtsprechung**[189] und **Teile der Literatur**[190] **verneinen diese Frage.** In der Leitent-   **48**
scheidung *Honorarbedingungen Freie Journalisten*[191] führt der BGH vier Argumente an. Erstens sei Gegenstand der genannten Vorschriften die Bestimmung der vertraglichen Hauptleistungspflicht, die der Inhaltskontrolle entzogen ist. Zweitens habe eine Auslegungsregel keine Leitbild-, sondern lediglich eine Ersatzfunktion. Es liege in ihrer Natur, dass die Parteien privatautonom abweichende Vereinbarungen treffen können. Drittens richte sich der Umfang der übertragenen Nutzungsrechte nach dem konkreten Vertragszweck. Der Inhaltskontrolle gemäß § 307 BGB sei aber ein abstrakt-genereller Maßstab zugrunde zu legen. Viertens habe die Einführung des § 11 S. 2 an dieser Beurteilung nichts geändert. Zwar möge dem Prinzip der angemessenen Vergütung auch über §§ 32, 32a, 32c, 36, 35a UrhG Leitbildfunktion zukommen, doch habe der Gesetzgeber nicht die Einschränkung der Vertragsfreiheit auf der Ebene der Rechtseinräumung beabsichtigt. Angesichts dieser Rechtsprechung verspricht aus Urhebersicht in geeigneten Fällen vor allem die Berufung auf das Transparenzgebot Erfolg,[192] außerdem kann sich der Urheber auf § 31 Abs. 5 in direkter Anwendung und auf §§ 32, 32a stützen.

Durch die **aktuelle Rechtsprechung** hat sich der **Meinungsstreit für die Praxis erledigt.** Auf   **49**
einem anderen Blatt steht, dass die **Argumente,** die der BGH anführt, **nicht überzeugen.** Erstens spricht der Schutzzweck des § 307 BGB dafür, auch die Preisstruktur und die Einräumung überschießender Rechte der Inhaltskontrolle zu unterwerfen.[193] Erst recht unterliegen Rechtseinräumungen dann der Inhaltskontrolle, wenn sie ausnahmsweise nicht zu den Hauptpflichten des Urhebers gehören. Zweitens überzeugt die Unterscheidung zwischen Auslegungsregeln und dispositivem Recht nicht. Beide Normarten erlauben den Parteien abweichende Vereinbarungen; aus gesetzgeberischer Sicht sind sie häufig austauschbar.[194] Der Unterschied ist kein grundlegend-funktionaler, sondern ein begrifflicher. Drittens mögen sich zwar individuelle Abreden über die Rechtseinräumung und die Vergütung einer Kontrolle anhand abstrakt-genereller Maßstäbe entziehen, das gilt aber nicht für komplexe Vergütungssysteme, die übliche Nutzungssituationen für eine Vielzahl von Verträgen regeln. Hier lassen sich die typisierten Interessen der Parteien ohne weiteres im Rahmen der Inhaltskontrolle berücksichtigen.[195] Vor allem entspricht es viertens der eindeutigen gesetzgeberischen Absicht, dem Grundsatz der angemessenen Vergütung auch Bedeutung für die Klauselkontrolle zu verleihen. § 31 Abs. 5 dient als Fortwirkung des Beteiligungsgrundsatzes diesem Ziel[196] und verwirklicht ein tragendes Wertungsprinzip des Urheberrechts. Die gesetzgeberische Absicht ginge ins Leere, wenn die Rechtseinräumung der Inhaltskontrolle entzogen wäre.[197]

dd) Verträge mit Endnutzern. Die §§ 305 ff. BGB können nicht nur Urheber gegen unange-   **50**
messene Klauseln in Formularverträgen schützen, die von Verwertern verwendet werden. Ein Anwendungsbereich der AGB-Kontrolle, der im digitalen Umfeld an Bedeutung gewinnt, sind Verträge zwischen Verwertern und Endnutzern. Leitbildfunktion kann hier dem Erschöpfungsgrundsatz (§ 17 Abs. 2),[198] einzelnen Schranken des Urheberrechts,[199] aber auch den Vorschriften des BGB über die Rechte von Abnehmern innerhalb bestimmter Vertragstypen zukommen. Mit Klauseln, in denen der Verwender die Abtretung einfacher Nutzungsrechte durch Endnutzer ausschließt, versuchen Software- und Medienunternehmen, einen Weiterverkauf „gebrauchter" Software und anderer Medien zu verhindern. Für die Wirksamkeit eines derartigen **Übertragungsverbots** und **Abtretungsausschlusses** ist zu differenzieren. Die Weiterveräußerung „gebrauchter" **Software** ist nach der Rechtsprechung des EuGH unter bestimmten Voraussetzungen zulässig.[200] Die Übertragung des Datensatzes

---

[187] → § 31 Rn. 57 mwN.

[188] Bisher nicht entschieden hat der BGH über Abweichungen von § 34 und § 38, hierzu *J. B. Nordemann* NJW 2012, 3121 (3123); *Schippan* ZUM 2012, 771 (779).

[189] Grundlegend (zu §§ 31 Abs. 5 und 37) BGH GRUR 2012, 1031 Rn. 16 ff., 22 – Honorarbedingungen Freie Journalisten; ebenso für §§ 88 Abs. 1, 89 Abs. 1, 92 BGH GRUR 2014, 556 Rn. 13 ff. – Rechteeinräumung Synchronsprecher; s. auch OLG München ZUM 2014, 424; OLG Hamm ZUM-RD 2013, 333.

[190] *Kuck* GRUR 2000, 285 (288 f.); Fromm/Nordemann/*J. B. Nordemann* UrhG vor §§ 31 ff. Rn. 204; *Soppe* GRUR 2012, 1039 (1040); Ulmer-Eilfort/Obergfell/*Ulmer-Eilfort* 1 B Rn. 94; *Wille* ZUM 2011, 206 ff.

[191] BGH GRUR 2012, 1031 Rn. 16 ff. – Honorarbedingungen Freie Journalisten.

[192] → Rn. 43.

[193] → Rn. 46.

[194] *Larenz/Wolf,* Allgemeiner Teil des Bürgerlichen Rechts, 9. Aufl. 2004, § 28 Rn. 107, ebenso, wenn auch knapper, die von *Wolf/Neuner* bearb. 11. Aufl. 2016, § 35 Rn. 56; Palandt/*Ellenberger* BGB § 133 Rn. 22.

[195] *Berberich* WRP 2012, 1055 (1058).

[196] BGH GRUR 1996, 121 (122) – Pauschale Rechtseinräumung; *Schulze* GRUR 2012, 993 (994).

[197] *Schulze* GRUR 2012, 993 (994).

[198] Näher hierzu → § 17 Rn. 35 ff.

[199] Hierzu im Einzelnen → Vor §§ 44a ff. Rn. 56 ff.; für Schranken, die Allgemeininteressen dienen Dreier/Schulze/*Schulze* UrhG vor § 44a Rn. 9; für § 53 *Hohagen* FS Schricker, 2005, 353 (364); *Ohly* FS 50 Jahre UrhG (2015), 379 (388 f.); zurückhaltend *Stieper,* Rechtfertigung, Rechtsnatur und Disponibilität der Schranken des Urheberrechts, 2009, S. 364 ff.

[200] EuGH GRUR 2012, 904 – Usedsoft mAnm *Hansen/Wolff-Rojczyk;* BGH GRUR 2014, 264 – Usedsoft II mAnm *Stieper;* näher hierzu → § 69c Rn. 34.

und des Nutzungsrechts bilden dabei eine untrennbare Einheit. Ein gleichwohl vereinbartes Abtretungsverbot kann die Erschöpfung nicht mit dinglicher Wirkung verhindern,[201] auch ein schuldrechtliches Verbot ist gem. § 307 Abs. 2 S. 1 BGB iVm § 69c Nr. 3 S. 2 unwirksam.[202] Einiges spricht dafür, dass dasselbe für ein Verbot der Übertragung von Benutzerprofilen gilt, durch das praktisch der Software die Verkehrsfähigkeit genommen wird.[203] Bei Verträgen über den „Kauf" anderer digitaler Gegenstände wie E-Books oder Musikdateien ist umstritten, ob die Grundsätze des EuGH über die digitale Erschöpfung eingreifen.[204] Auch davon abgesehen kann die Diskrepanz zwischen dem werblich herausgestellten Leistungsversprechen und den klauselmäßig ausgestalteten Leistungsmodalitäten zur Unwirksamkeit der Klausel führen.[205] Richtet sich ein Vertrag zwischen einem Verwerter und einem Endnutzer auf die dauerhafte Überlassung digitaler, online übertragener Medien, wird er als „Kauf" bezeichnet und entsteht beim Käufer der Eindruck, als erlange er eine ähnliche Verfügungsbefugnis wie beim Kauf eines Datenträgers, so kann ein Veräußerungsverbot mit Abtretungsausschluss wegen einer Abweichung vom Leitbild des Kaufs gegen § 307 Abs. 2 Nr. 1 BGB[206] oder wegen einer Vereitelung eines wesentlichen Vertragszwecks gegen § 307 Abs. 2 S. 2 BGB verstoßen.[207]

51   **d) Einzelfälle:**[208]
- **Abnahme bei Bestellverträgen:** AGB, wonach ein Drehbuchautor das Werk nach Wünschen und Vorgaben des Produzenten herzustellen hat und Letzterer nach billigem Ermessen über die Abnahme entscheidet und bei Nichtabnahme eine billige Entschädigung zu leisten hat, wurden als wirksam angesehen.[209]
- **Ausschließliche Rechtseinräumungen:** Es liegt in der Logik der neuesten Rechtsprechung,[210] dass eine Abweichung von der Vermutungsregel des § 38 Abs. 3 S. 1, der zufolge bei Zeitschriftenbeiträgen im Zweifel ein einfaches Nutzungsrecht eingeräumt wird, in AGB möglich ist.[211]
- **Ausschluss der Weiterveräußerung:** → Rn. 50.
- **Bearbeitung:** Ein Bearbeitungsrecht kann jedenfalls dann formularmäßig eingeräumt werden,[212] wenn es hinreichend konkretisiert wird.[213]
- **Eigentumsübertragung:** Klauseln, nach denen ein Journalist einem Verlag nur ein einfaches Nutzungsrecht einräumt, zugleich aber das Eigentum an Negativen oder Dias überträgt, sind gemäß § 307 Abs. 2 Nr. 2 BGB unwirksam.[214]
- **Enthaltungspflichten** können grundsätzlich auch in AGB vereinbart werden, bedürfen aber der Kontrolle im Einzelfall. Unwirksam ist eine Klausel, mit der sich eine Fernsehanstalt ein Zustimmungserfordernis für die Verwertung von Nebenrechten ausbedingt, die ihr nicht eingeräumt wurden.[215]
- **Fälligkeit:** Eine Prüfungsfrist von sechs Wochen, die sich ein Verlag gegenüber Journalisten formularmäßig ausbedingt, ist nicht zu beanstanden.[216]
- **Gesetzliche Vergütungsansprüche** sind im Voraus nicht abtretbar,[217] eines Rückgriffs auf § 307 BGB bedarf es insoweit nicht.[218]
- **Internet-Handelsplattform:** Eine Klausel, mit der sich eine Internet-Handelsplattform an den eingestellten Inhalten, insbesondere an Produktfotos, ein einfaches, unbefristetes und unentgeltliches Nutzungsrecht einräumen lässt, hält der AGB-Kontrolle stand.[219]

---

[201] Vgl. BGH GRUR 2014, 264 Rn. 31, 67 – Usedsoft II; näher hierzu → § 69c Rn. 33 mwN und *Scholz* GRUR 2015, 142 (147 f.).

[202] OLG Hamburg ZUM-RD 2014, 290 (291); LG Hamburg GRUR-RR 2014, 221; *Leistner* WRP 2014, 995 (1002) mit weiteren Differenzierungen; aA *Biehler/Apel* ZUM 2014, 74 (75); Dreier/Schulze/*Schulze* UrhG vor § 31 Rn. 24; *Scholz* GRUR 2015, 142 (147 f.), für die Wirksamkeit eines (auch vom EuGH akzeptierten) Aufspaltungsverbots OLG Karlsruhe GRUR-RR 2012, 98; näher hierzu → § 69c Rn. 34 mwN.

[203] *Marly* EuZW 2012, 654 (657); aA vor dem Urteil des EuGH noch BGH GRUR 2010, 822 Rn. 16 ff. – Half-Life 2, der folgend LG Berlin CR 2014, 400.

[204] Dafür etwa *Grützmacher* ZGE/IPJ 5 2013, 46 (81); *Hilty* CR 2012, 625 (635 f.); *Hoeren/Försterling* MMR 2012, 642 (647); *Malevanny* CR 2013, 422 (426); *Ohly* JZ 2013, 42 (43); dagegen (für Hörbücher) OLG Hamm GRUR 2014, 853 (855 f.); *Biehler/Apel* ZUM 2014, 727; *Marly* EuZW 2012, 654 (657); *Stieper* ZUM 2012, 668 (670).

[205] Vgl. auch MüKoBGB/*Wurmnest* BGB § 307 Rn. 15.

[206] *Zech* ZUM 2014, 3 (9).

[207] AA OLG Hamm GRUR 2014, 853 (861); LG Bielefeld GRUR-RR 2013, 281 (282 f.); Scholz GRUR 2015, 142 (147).

[208] S. auch den Überblick bei Dreier/Schulze/*Schulze* UrhG vor § 31 Rn. 20; *Nordemann* NJW 2012, 3121 ff.

[209] OLG ZUM-RD 1998, 557 (559) – Dr. Monika Lindt; Fromm/Nordemann/*J. B. Nordemann* UrhG vor §§ 31 ff. Rn. 207.

[210] Zur Kritik → Rn. 45, 47 ff.

[211] *J. B. Nordemann* NJW 2012, 3121 (3123); *Schippan* ZUM 2012, 771 (779).

[212] BGH GRUR 2012, 1031 Rn. 22 – Honorarbedingungen Freie Journalisten.

[213] Zu den Grenzen pauschaler Änderungsabreden *Nordemann* NJW 2012, 3121 (3123); → § 37 Rn. 14 ff.

[214] BGH GRUR 2012, 1031 Rn. 44 – Honorarbedingungen Freie Journalisten.

[215] OLG Düsseldorf GRUR-RR 2002, 121 (122) – Das weite Land.

[216] BGH GRUR 2012, 1031 Rn. 52 – Honorarbedingungen Freie Journalisten.

[217] → § 29 Rn. 40.

[218] AA OLG Dresden ZUM-RD 2013, 245.

[219] OLG Köln GRUR 2015, 880 (883 ff.) – Softairmunition.

– **Kündigungsrecht:** Das Recht zur Kündigung aus wichtigem Grund kann nicht vertraglich ausgeschlossen werden. Auch ein Ausschluss der Kündigung gemäß § 627 BGB ist in AGB unwirksam.[220]
– **Mängelhaftung:** Die Mängelhaftung ist nach allgemeinen bürgerlich-rechtlichen Grundsätzen in den Grenzen der §§ 309 Nr. 7, 8 BGB, deren Wertungen auch im Rahmen des § 307 BGB zu beachten sind, und des § 475 BGB grundsätzlich abdingbar.
– **Namensnennung:** Ein vollständiger Verzicht auf die Urhebernennung verstößt gegen § 307 Abs. 2 S. 1 BGB iVm § 13.[221] Unwirksam ist demnach auch eine Klausel, der zufolge ein fehlender Urhebervermerk keine Ansprüche auslöst.[222]
– **Rechtegarantien:** Formularmäßige Rechtegarantieklauseln, die im Fall von Rechtsmängeln eine verschuldensunabhängige Schadensersatzpflicht auslösen, sind als Abweichung vom gesetzlichen Leitbild der Verschuldenshaftung unwirksam.[223]
– **Softwarelizenzverträge:** Eine Zusatzvergütung in einem Softwarelizenzvertrag beim Einsatz stärkerer Rechner ist nicht unangemessen.[224] Zum Ausschluss der Weiterübertragung → Rn. 50.
– **Umfang der Rechtseinräumung:** → Rn. 44 f., 47 ff.
– **Unbekannte Nutzungsarten:** → § 31a Rn. 62.
– **Urhebernennung:** s. Namensnennung.
– **Veränderungen des Werks:** s. Bearbeitung.
– **Vergütungsabreden:** → Rn. 46
– **Verwertungsgesellschaften:** Die Verteilungspläne der Verwertungsgesellschaften mit Ausführungsbestimmungen unterliegen der AGB-Kontrolle.[225] Eine Preiserhöhungsklausel bei Änderung der Vergütungs- und Umsatzsteuersätze in AGB der GEMA ist wirksam.[226] Die Klausel „Beschließt die Mitgliederversammlung in Zukunft Abänderungen des Berechtigungsvertrags, so gelten auch diese Abänderungen als Bestandteil des Vertrags" im Berechtigungsvertrag der GEMA ist unwirksam.[227] Eine pauschalierte Beteiligung der Verleger an von einer Verwertungsgesellschaft vereinnahmten Erlösen ist nach § 307 Abs. 2 Nr. 1 BGB als Abweichung von wesentlichen Grundgedanken der §§ 63a, 7 WahrnG unwirksam, wenn nicht danach differenziert wird, ob eine wirksame Abtretung an den Verleger stattgefunden hat.[228]
– **Weitergabe von Rechten:** → Rn. 50 und → § 34 Rn. 24 ff.
– **Wettbewerbsverbot:** s. Enthaltungspflicht.

e) Rechtsfolgen und Kontrollverfahren. Rechtsfolge ist die Unwirksamkeit der Klausel; der **52** Vertrag bleibt grundsätzlich im Übrigen wirksam (§ 306 Abs. 1 BGB). Die unwirksame Klausel wird durch dispositives Gesetzesrecht ersetzt (§ 306 Abs. 2 BGB); fehlt solches, muss mit einer ergänzenden Vertragsauslegung (§§ 157, 133 BGB) geholfen werden. Im Fall einer unzumutbaren Härte ist ausnahmsweise der ganze Vertrag nichtig (§ 306 Abs. 3 BGB).

Zusätzlich zur gerichtlichen Inzidentkontrolle besteht nach §§ 1, 3 UKlaG ein **abstraktes Kon-** **53** **trollverfahren,** in dessen Rahmen gegen den Verwender unwirksamer allgemeiner Geschäftsbedingungen auf Unterlassung der Verwendung geklagt werden kann. Ein Unterlassungs- und Widerrufsanspruch besteht ferner gegen denjenigen, der AGB für den rechtsgeschäftlichen Verkehr empfiehlt. Hierunter fallen auch von Urheber- und Verwerterverbänden abgegebene Empfehlungen von Vertragsnormen oder Musterverträgen, selbst wenn es sich um gemeinsame Empfehlungen von Verbänden beider Seiten handelt. Zur **Klage befugt** sind nach §§ 3 f. UKlaG „qualifizierte Einrichtungen" zum Schutz von Verbraucherinteressen, Verbände zur Förderung gewerblicher Interessen, Industrie- und Handelskammern sowie Handwerkskammern. Wie bei § 8 Abs. 3 UWG ist der Begriff der „Verbände zur Förderung gewerblicher Interessen" weit auszulegen; es fallen hierunter auch Verbände freiberuflich Tätiger und insbesondere **Urheberverbände**.[229] **Zuständigkeit, Verfahren und Urteilswirkung** sind in §§ 5 ff. UKlaG geregelt. Zudem bestehen nach der Rechtsprechung des BGH gegen die Verwendung unwirksamer AGB Ansprüche aus §§ 8 Abs. 1, 3 Abs. 1, 3a UWG, die auch Mitbewerbern zustehen (§ 8 Abs. 3 Nr. 1 UWG).[230]

---

[220] LG Berlin ZUM 2007, 754 (757); Fromm/Nordemann/*J. B. Nordemann* UrhG Vor §§ 31 ff. Rn. 209.
[221] OLG Hamburg GRUR-RR 2011, 293 (301) – Buy-out mit Pauschalabgeltung.
[222] KG ZUM 2010, 799; einschränkend auf Fälle, in denen eine Urhebernennung branchenüblich ist, *J. B. Nordemann* NJW 2012, 3121 (3124).
[223] BGH NJW 2006, 47; Fromm/Nordemann/*J. B. Nordemann* UrhG Vor §§ 31 ff. Rn. 212; differenzierend nach Vertragstyp dagegen *Castendyk* ZUM 2007, 169 (175), dagegen aber → Rn. 67 ff. (grundsätzliche Anwendung der kaufrechtlichen Vorschriften über die Rechtsmängelhaftung).
[224] BGH GRUR 2003, 416 (418) – CPU-Klausel, dazu *Spindler* JZ 2003, 1117 ff.
[225] BGH GRUR 2013, 375 Rn. 13 ff. – Missbrauch des Verteilungsplans; BGH GRUR 2016, 596 Rn. 26 ff. – Verlegeranteil.
[226] LG Frankfurt a. M. GRUR-RR 2006, 395 – Preiserhöhungsklausel.
[227] BGH GRUR 2009, 395 (400) – Klingeltöne für Mobiltelefone.
[228] OLG München GRUR 2014, 272 (276 f.), vgl. auch BGH GRUR 2016, 596 Rn. 82 – Verlegeranteil. Näher zur umstrittenen Frage der Beteiligung der Verleger an der Ausschüttung einer Verwertungsgesellschaft → § 63a Rn. 7, 13; zu möglichen Änderungen aufgrund der Entwicklung des Unionsrechts → Rn. 16c.
[229] BGH GRUR 1984, 45 (47) – Honorarbedingungen: Sendevertrag; Wandtke/Bullinger/*Wandtke/Grunert* UrhG Vor §§ 31 ff. Rn. 112.
[230] BGH GRUR 2012, 949 Rn. 45 ff. – Missbräuchliche Vertragsstrafe.

4. Auslegung

54 Selbst wenn Urheberrechtsverträge, trotz des Grundsatzes der Formfreiheit, meist schriftlich geschlossen werden, bleiben sie doch oft fragmentarisch und unvollkommen. Von den Vorschriften des VerlG abgesehen, ist dispositives Gesetzesrecht, das die Lücke füllen könnte, nur spärlich vorhanden. Daher kommt der **Auslegung** besondere Bedeutung zu, deren Gegenstand sowohl die **schuldrechtlichen Verpflichtungsverträge** als auch die darauf aufbauenden **Verfügungsverträge** über die Einräumung gegenständlicher Rechte sind. Dabei gelten neben **besonderen urheberrechtlichen Auslegungs- und Vermutungsregelungen** die **allgemeinen Auslegungsgrundsätze des bürgerlichen Rechts.**

55 Als maßgebliche Regel für eine interessengerechte Auslegung von Urheberrechtsverträgen hat sich schon vor der Geltung des UrhG von 1965 die **Übertragungszwecklehre** herauskristallisiert, die § 31 Abs. 5 zugrunde liegt und die eine Ausprägung der teleologischen Auslegungsmethode darstellt: Der Urheber räumt Nutzungsrechte im Zweifel nur in dem Umfang ein, den der Vertragszweck unbedingt erfordert. In dieser Auslegungsregel kommt zum Ausdruck, dass dem Urheberrecht „gleichsam die Tendenz innewohnt, möglichst weitgehend dem Urheber zu verbleiben",[231] damit dieser an den Erträgnissen seines Werkes in angemessener Weise beteiligt wird.[232] Die Übertragungszweckregel wird in der Kommentierung zu § 31 erläutert.[233] Weitere **besondere Auslegungsregeln** finden sich in §§ 37–39. Spezifisch für Filmwerke sind §§ 88, 89 zu beachten; § 88 gilt auch für Laufbilder, s. § 95. Nicht auf der Ebene der Vertragsauslegung, sondern der individuellen Inhaltskontrolle liegen die Regelungen der §§ 32, 32a. Die Vertragsauslegung geht der Anwendung dieser Vorschriften voraus; sie setzen bei dem durch Auslegung gewonnenen Ergebnis an.

56 Auch wenn sich die Übertragungszweckgedanke meist zugunsten des Urhebers auswirkt, gilt deswegen nicht pauschal der allgemeine Grundsatz „in dubio pro auctore".[234] Das UrhG enthält durchaus Auslegungsregeln, die im Zweifel für die Einräumung weitergehender, insbesondere ausschließlicher Rechte sprechen.[235] Zudem gilt ebenso wie im allgemeinen Vertragsrecht auch im Urhebervertragsrecht der Grundsatz einer **nach beiden Seiten hin interessengerechten Vertragsauslegung.**[236] Sofern das Urheber- und Verlagsrecht weder zwingende Vorschriften aufstellt noch Auslegungsregeln bereithält, gelten die **Grundsätze des BGB (§§ 133, 157).** Die Anwendung **dispositiven Rechts** hat Vorrang vor der ergänzenden Vertragsauslegung, es sei denn, sie widerspreche dem mutmaßlichen Parteiwillen oder erlaube keine interessengerechte Regelung.[237] Ausgangspunkt der Auslegung ist der Wortlaut der Vereinbarung.[238] Für die Auslegung ist kein Raum, wenn die Frage, um die es geht, im Vertragswortlaut klar und eindeutig geregelt ist und keine Anhaltspunkte für einen vom Wortlaut abweichenden wahren Willen der Parteien vorliegen.[239] Ergänzend sind die gesamten Umstände des Vertragsschlusses zu würdigen: Vertragszweck, Entstehungsgeschichte des Vertrags, Äußerungen und schlüssiges Verhalten der Parteien.[240] Bei einer in englischer Sprache abgefassten Creative-Commons-Lizenz ist zu berücksichtigen, dass sie zum weltweiten Einsatz bestimmt ist und daher nicht nur vor dem Hintergrund der Begrifflichkeiten des deutschen Rechts interpretiert werden darf.[241] Auch das nachträgliche Verhalten der Vertragsparteien kann zu berücksichtigen sein. Es kann zwar den objektiven Vertragsinhalt nicht mehr beeinflussen, aber Bedeutung für die Ermittlung des tatsächlichen Willens und das tatsächliche Verständnis der Vertragsparteien haben.[242] Vertragsnormen können Aufschluss über die Verkehrssitte bieten. Die Auslegung von Individualvereinbarungen ist grundsätzlich Aufgabe des Tatrichters und unterliegt nur eingeschränkt der revisionsrechtlichen Überprüfung.[243]

5. Vertragsinhalt

57 **a) Vertragstyp.** Als einziger Urheberrechtsvertrag ist der **Verlagsvertrag** im VerlG ausführlich geregelt.[244] Wesentlich ist für den Verlagsvertrag die Verpflichtung des Werknutzers (Verlegers) zur Verwertung (Vervielfältigung und Verbreitung) des Werks.[245] Auf andere Werknutzungsverträge, die

---

[231] *Ulmer* § 84 IV.
[232] BGH GRUR 2013, 1213 Rn. 32 – SUMO.
[233] → § 31 Rn. 52 ff.
[234] Ebenso Berger/Wündisch/*Berger* § 1 Rn. 16; *Riesenhuber* GRUR 2005, 712 (713); Wandtke/Bullinger/ *Wandtke/Grunert* UrhG Vor §§ 31 ff. Rn. 114; für das Verlagsrecht *Schricker,* Verlagsrecht, § 1 Rn. 24; Ulmer-Eilfort/Obergfell/*Ulmer-Eilfort* 1 B Rn. 4 mit Hinweis auf die starke Verhandlungsposition von Erfolgsautoren.
[235] Vgl. §§ 88, 89, 38 Abs. 1 S. 1.
[236] BGH GRUR 2003, 669 (701) – Eterna; BGH GRUR 2010, 1093 Rn. 20 – Concierto de Aranjuez; BGH GRUR 2013, 1213 Rn. 32 – SUMO; Berger/Wündisch/*Berger* § 1 Rn. 16.
[237] BGHZ 137, 153 (157); BGH NJW 2011, 50 Rn. 50, beide mwN; Palandt/*Ellenberger* BGB § 157 Rn. 4 f.
[238] BGH GRUR 2013, 1213 Rn. 18 – SUMO; Palandt/*Ellenberger* BGB § 133 Rn. 14.
[239] BGH GRUR 2007, 693 Rn. 30 f. – Archivfotos; KG GRUR 1986, 536 f. – Kinderoper.
[240] BGH GRUR 1971, 362 (363 f.) – Kandinsky II.
[241] OLG Köln GRUR 2015, 167 (170).
[242] BGH GRUR 2010, 1093 Rn. 19 – Concierto de Aranjuez; BGH GRUR 2013, 1213 Rn. 46 – SUMO.
[243] BGH GRUR 2010, 418 Rn. 12 – Neues vom Wixxer; BGH GRUR 2010, 1093 Rn. 15 – Concierto de Aranjuez; BGH GRUR 2013, 1213 Rn. 17 – SUMO.
[244] Dazu → Rn. 99 ff. – Buchverlag, → Rn. 104 ff. – Zeitschriften- und Zeitungsverlag, → Rn. 113 ff. – Musikverlag, → Rn. 119 – Bühnenverlag; zum Verhältnis des VerlG zum UrhG → Rn. 18.
[245] § 1 S. 2 VerlG, sa BGH UFITA 33 1961, 96 (98) – Heldensagen; *Schricker,* Verlagsrecht, VerlG § 1 Rn. 7.

eine entsprechende **Ausübungspflicht** statuieren, können verlagsrechtliche Vorschriften uU analog angewendet werden, so etwa auf Filmverwertungsverträge[246] und Tonträgerproduktionsverträge.[247] Fehlt eine Ausübungspflicht, wie etwa bei Verfilmungsverträgen,[248] kommt eine entsprechende Heranziehung des Verlagsgesetzes in der Regel nicht in Betracht.[249] Es ist gleichwohl nicht ausgeschlossen, gelegentlich auf verlagsrechtliche Vorschriften zurückzugreifen, soweit sie allgemeingültige urhebervertragsrechtliche Regelungsgedanken enthalten.

Auch wenn Urheberrechtsverträge regelmäßig als **Verträge eigener Art** zu werten sind,[250] kann **58** bei der Bestimmung der Rechte und Pflichten der Vertragsparteien auf eine entsprechende Anwendung **bürgerlich-rechtlicher Regeln** zurückgegriffen werden, insbesondere auf Kaufrecht, Miet- und Pachtrecht, Auftragsrecht, Dienst- und Werkvertragsrecht sowie Gesellschaftsrecht[251] wie auch auf die Regeln des **allgemeinen Teils des Schuldrechts.** Allerdings ist stets zu prüfen, ob die jeweils in Betracht kommenden allgemein-privatrechtlichen Normen nach ihrem Sinn und Zweck auf den Urheberrechtsvertrag passen und welche Modifikationen sich aus den besonderen Verhältnissen ergeben. Bei Verträgen, die Züge verschiedener Typen aufweisen, kann eine **Kombination** bürgerlich-rechtlicher Vorschriften in Betracht kommen, soweit nicht die Merkmale eines Typs derart überwiegen, dass die Abweichungen **absorbiert** werden.

Eine Heranziehung von **Kaufrecht** (§§ 433 ff. BGB) kommt vor allem bei Verträgen in Betracht, **59** die auf eine **Zuordnungsänderung** abzielen.[252] Hierunter fallen einerseits Verträge über eine – nur ausnahmsweise zulässige, s. § 29 Abs. 1 – **Übertragung des Urheberrechts**[253] sowie die – nach § 34 zu beurteilende – **Übertragung** von **Nutzungsrechten.**[254] Der EuGH hat, wenn auch ohne genauere dogmatische Fundierung, die Einräumung und Weiterübertragung von Rechten an Software als Kauf angesehen.[255] Weitergehend gilt generell für Verträge über die **Einräumung (dinglicher) Nutzungsrechte** in entsprechender Anwendung das Kaufrecht des BGB.[256] So sind bei Unterbleiben einer vertragsgemäßen Rechtsverschaffung die kaufrechtlichen Regeln über die Rechtsmängelhaftung entsprechend heranzuziehen.[257]

Miet- und pachtrechtliche Vorschriften (§§ 535 ff., 581 ff. BGB) können entsprechend auf **60** schuldrechtliche Verträge angewendet werden, die auf eine dauernde Werknutzung abzielen.[258] Wahrnehmungsverträge implizieren Merkmale des **Auftragsrechts** (§§ 662 ff. BGB) bzw. des **Geschäftsbesorgungsdienst- oder -werkvertrags** (§ 675 BGB).[259] Auch auf sonstige Urheberrechtsverwertungsverträge kann, wenn sie unentgeltlich sind, Auftragsrecht zur Anwendung gelangen.[260] Verträge über erst zu schaffende Werke tragen häufig **dienst- oder werkvertragliche Züge** (§§ 611 ff., 633 ff. BGB);[261] als Unterfall regelt § 47 VerlG den verlagsrechtlichen Bestellvertrag. Weiterhin können sich Urheberrechtsinhaber und Werknutzer zum gemeinsamen Zweck der Werknutzung **gesellschaftsrechtlich** (§§ 705 ff. BGB) verbinden,[262] oder es kann doch ein in einzelnen Stücken gesellschaftsrechtlich zu beurteilendes Vertragsverhältnis vorliegen.[263] Schließlich kommen auch **Kommissionsverhältnisse** vor.[264] Zu den in **Arbeits- oder Dienstverhältnissen** stehenden Urhebern s. § 43 und die Erl. hierzu.

---

[246] BGHZ 2, 231 (235); OLG München ZUM 2000, 1093 (1096) – Die Legende von Pinocchio; sa BGH GRUR 2003, 173 – Filmauswertungspflicht; Dreier/Schulze/*Schulze* UrhG Vor § 31 Rn. 40.

[247] S. die Nachw. zu → Rn. 116.

[248] S. die Nachw. zu → Rn. 138 ff.

[249] *Schricker,* Verlagsrecht, VerlG § 1 Rn. 98; *Ulmer* § 93 I, § 115 VI.

[250] BGH GRUR 1989, 68 (70) – Präsentbücher; Loewenheim/*Götting,* Handbuch des Urheberrechts, § 3 Rn. 10; Loewenheim/*v. Becker,* Handbuch des Urheberrechts, § 80 Rn. 2; Wandtke/Bullinger/*Wandtke/Grunert* UrhG vor §§ 31 ff. Rn. 67.

[251] Dreier/Schulze/*Schulze* UrhG Vor § 31 Rn. 29; Fromm/Nordemann/*J. B. Nordemann* UrhG Vor §§ 31 ff. Rn. 164; Loewenheim/*J. B. Nordemann,* Handbuch des Urheberrechts, § 59 Rn. 20; *Ulmer* § 90 II 1.

[252] Fromm/Nordemann/*J. B. Nordemann* UrhG Vor §§ 31 ff. Rn. 165; Loewenheim/*J. B. Nordemann,* Handbuch des Urheberrechts, § 59 Rn. 23; sa *Castendyk* ZUM 2007, 169 (175).

[253] Sofern nicht urheberrechtliche Sonderregeln eingreifen.

[254] *Ulmer* § 92 I 3, 4.

[255] EuGH GRUR 2012, 904 Rn. 48 – UsedSoft mAnm *Hansen/Wolff-Rojczyk;* dazu statt vieler *Leistner* WRP 2014, 995 (996); *Stieper* GRUR 2014, 270 (271).

[256] *Haedicke* S. 103, 107; *Hantschel* S. 137 ff.; *Manz/Ventroni/Schneider* ZUM 2002, 409 (412); gegen eine kaufrechtliche Einordnung von Softwareverträgen *Hilty* MMR 2003, 3 ff.; dagegen *Hantschel* S. 149 ff.

[257] Näher hierzu → Rn. 67 ff.; sa BGH ZUM 2003, 776 (777) – Antennenmann; *Manz/Ventroni/Schneider* ZUM 2002, 409 (414); *Ulmer* § 92 II.

[258] Fromm/Nordemann/*J. B. Nordemann* UrhG § 31 Rn. 165; Loewenheim/*J. B. Nordemann,* Handbuch des Urheberrechts, § 59 Rn. 22; s. zB *Beck* S. 31 für die Verlagslizenz.

[259] Fromm/Nordemann/*J. B. Nordemann* UrhG § 31 Rn. 168; Loewenheim/*J. B. Nordemann,* Handbuch des Urheberrechts, § 59 Rn. 26; *Ulmer* § 90 II 1.

[260] So für eine Auftragskomposition OLG Düsseldorf Schulze OLGZ 157 mit krit. Anm. *Neumann.*

[261] Näher hierzu → Rn. 70, 128 ff.

[262] Beispiele: BGH ZUM 1998, 405 – Gesellschaftsvertrag zwischen Künstlern; BGH WM 1982, 1226; OLG Nürnberg ZUM-RD 2003, 260.

[263] Fromm/Nordemann/*J. B. Nordemann* UrhG § 31 Rn. 169; Loewenheim/*J. B. Nordemann,* Handbuch des Urheberrechts, § 59 Rn. 28; für den Verlagsbereich *Schricker,* Verlagsrecht, VerlG § 1 Rn. 55, 73.

[264] Fromm/Nordemann/*J. B. Nordemann* UrhG § 31 Rn. 168; Loewenheim/*J. B. Nordemann,* Handbuch des Urheberrechts, § 59 Rn. 27; s. zum Kommissionsverlag *Schricker,* Verlagsrecht, VerlG § 1 Rn. 73 ff.

61   **b) Typische Pflichten der Vertragsparteien. aa) Pflichten des Urhebers.** Hauptpflicht **des Urhebers** oder sonstigen Rechtsinhabers ist regelmäßig die **Rechtsverschaffungspflicht.**[265] Je nach Art des Vertrags kann die Verpflichtung zur **Herstellung und Ablieferung**[266] oder zur Aufführung des Werks hinzutreten.

62   Außerdem kann sich der Urheber im Fall der Einräumung eines ausschließlichen Nutzungsrechts einer **Enthaltungspflicht** bzw. einem **Wettbewerbsverbot** unterwerfen.[267] Spezialregelungen finden sich in § 88 Abs. 2 S. 2 für die Wiederverfilmung und in § 2 VerlG für den Verlagsvertrag. Nach letzterer Bestimmung verpflichtet der Verlagsvertrag im Zweifel nur dazu, die Verwertung identischer Werke und unfreier Bearbeitungen zu unterlassen.[268] Im Übrigen kann auch eine weitergehende Enthaltungspflicht ausdrücklich vereinbart werden, muss dabei aber den Anforderungen des § 138 BGB, des Kartellrechts[269] und, im Fall von Formularverträgen, der Kontrolle anhand der §§ 305 ff. BGB[270] genügen. Vor allem nachvertragliche Wettbewerbsverbote werden sich demnach meist als unzulässig erweisen.[271] Auch **ohne ausdrückliche Vereinbarung** kann die Vertragsauslegung ergeben, dass der Urheber aufgrund seiner **Treuepflicht** die Veröffentlichung eines ähnlichen Werks zu unterlassen hat, das geeignet ist, mit dem ursprünglichen Werk in Wettbewerb zu treten.[272] Allerdings muss im Rahmen der Auslegung das Interesse des Urhebers an der Freiheit seines künftigen Schaffens berücksichtigt werden. Sichert der Verwerter seine Interessen nicht durch ein ausdrückliches Wettbewerbsverbot ab, so kommt die Annahme einer Enthaltungspflicht aufgrund der Umstände nur in Betracht, wenn durch die Veröffentlichung des neuen Werks die Verwertung des ursprünglichen Werks unmöglich gemacht oder schwerwiegend beeinträchtigt wird.[273]

63   **bb) Pflichten des Verwerters.** Hauptpflicht **des Verwerters** ist die Pflicht zur **Zahlung einer angemessenen Vergütung.**[274] Vergütungsarten und Kriterien der Angemessenheit werden in der Kommentierung zu §§ 32, 32a erläutert. **Abrechnungspflichten** werden regelmäßig ausdrücklich geregelt, doch auch ohne ausdrückliche Vereinbarung trifft den Verwerter im Zweifel eine Pflicht zur Auskunftserteilung und Rechnungslegung.[275] Der mit der Reform des Urhebervertragsrechts 2016[276] eingefügte § 32d sieht einen Auskunftsanspruch vor, den der Urheber einmal jährlich gegen seinen Vertragspartner geltend machen kann. Unter den Voraussetzungen des § 32e kann dieser Anspruch auch gegen weitere Unternehmen entlang der Lizenzkette gerichtet werden.

64   Im Verlagsvertrag verpflichtet sich der Verleger zur Verwertung des Werks (§ 1 S. 2 VerlG).[277] Auch andere Urheberverträge können eine solche **Auswertungspflicht** statuieren. Ist eine solche nicht ausdrücklich vereinbart, so kann sie sich durch Auslegung ergeben.[278] Eine Beteiligungsvergütung spricht im Zweifel für eine Auswertungspflicht,[279] ein weiteres Indiz ist die Übernahme von Werbungs- und Vorbereitungskosten durch den Rechtsinhaber.[280] Auch urheberpersönliche Belange wie ein besonderes persönliches Interesse des Urhebers an der Verbreitung des Werks können für die Annahme einer Auswertungspflicht sprechen.[281] Hingegen stellt die Einräumung umfassender Nutzungsrechte weder ein Indiz für noch gegen eine Auswertungspflicht dar, zumal die Interessen des Urhebers

---

[265] So im Verlagsrecht ausdrücklich § 8 VerlG; s. im Übrigen Dreier/Schulze/*Schulze* UrhG Vor § 31 Rn. 29; *Ulmer* § 92 II.

[266] § 631 Abs. 1 BGB bzw. §§ 650, 433 Abs. 1 BGB; vgl. hierzu Dreier/Schulze/*Schulze* UrhG Vor § 31 Rn. 32.

[267] Dazu Dreier/Schulze/*Schulze* UrhG vor § 31 Rn. 41 ff.; Fromm/Nordemann/*J. B. Nordemann* UrhG Vor §§ 31 ff. Rn. 45 ff.; Beispiele: BGH GRUR 1957, 614 – Ferien vom Ich; BGH GRUR 1969, 364 – Fernsehauswertung; BGH GRUR 1985, 1041 (1043 f.) – Inkasso-Programm; OLG München GRUR 2007, 751.

[268] Verletzt der Urheber diese Pflicht, so liegt darin nicht nur eine Vertragsverletzung, sondern auch eine Verletzung des dem Verleger eingeräumten ausschließlichen Nutzungsrechts: BGH GRUR 1999, 984 (985) – Laras Tochter.

[269] Näher hierzu *Gottschalk* ZUM 2005, 359; Fromm/Nordemann/*J. B. Nordemann* UrhG Vor §§ 31 ff. Rn. 69.

[270] Beispiel: OLG München ZUM 2007, 751, Unwirksamkeit eines Wettbewerbsverbots, das sich über die gesamte Vertragslaufzeit erstreckt.

[271] Ulmer-Eilfort/Obergfell/*Obergfell* VerlG § 2 Rn. 11.

[272] BGH GRUR 1973, 426 (427) – Medizin-Duden; BGH GRUR 1985, 1041 (1044) – Inkasso-Programm; Fromm/Nordemann/*J.B. Nordemann* UrhG vor §§ 31 ff. Rn. 46 ff. mwN; ebenso für Herausgeberverträge OLG Frankfurt a.M. GRUR-RR 2005, 361 – Alles ist möglich.

[273] *Ulmer* § 102 II 2; *Schricker*, Verlagsrecht, § 2 Rn. 8; Dreier/Schulze/*Schulze* UrhG Vor § 31 Rn. 43; vgl. auch OLG Köln ZUM-RD 2012, 337 (341) – Newton-Bilder.

[274] Vgl. hierzu die Kommentierung zu §§ 32, 32a und Dreier/Schulze/*Schulze* UrhG Vor § 31 Rn. 49 ff.; Fromm/Nordemann/*J. B. Nordemann* UrhG Vor §§ 31 ff. Rn. 159 ff.

[275] BGH GRUR 2002, 602 (603) – Musikfragmente; Berger/Wündisch/*Berger* § 2 Rn. 71; Dreier/Schulze/*Schulze* UrhG Vor § 31 Rn. 57; näher hierzu → § 32 Rn. 46.

[276] Näher hierzu → Rn. 14b.

[277] Anders bei Bestellverträgen, § 47 VerlG; zur Abgrenzung BGH GRUR 2005, 148 – Oceano Mare (Übersetzungsvertrag).

[278] BGH GRUR 2005, 148 (151) – Oceano Mare; Fromm/Nordemann/*J. B. Nordemann* UrhG Vor §§ 31 ff. Rn. 41 f. mwN.

[279] BGH GRUR 2003, 173 (175) – Filmauswertungspflicht.

[280] BGH GRUR 2003, 173 (175) – Filmauswertungspflicht; BGH GRUR 2005, 148 (150) – Oceano Mare (anders aber uU bei geringer Erfolgsbeteiligung; Fromm/Nordemann/*J. B. Nordemann* UrhG Vor §§ 31 ff. Rn. 42; *Obergfell* Filmverträge S. 153.

[281] BGH GRUR 2005, 148 (151) – Oceano Mare.

durch das Rückrufsrecht des § 41 geschützt sind.[282] Auch wenn den Verwerter grundsätzlich keine allgemeine Enthaltungspflicht trifft – ein Verlag darf beispielsweise zwei Sachbücher zum selben Gebiet verlegen –, so kann er doch nach Treu und Glauben verpflichtet sein, das Werk des Urhebers nicht zugunsten eines später erschienenen, vergleichbaren Werks zu vernachlässigen.[283]

6. Leistungsstörungen

a) Überblick. §§ 34 Abs. 3 und 41 räumen dem Urheber **Rückrufsrechte** ein, die keine Pflicht- 65 verletzung durch den Verwerter voraussetzen, aber durchaus durch eine solche ausgelöst werden können. Im Übrigen bestehen (dispositive) **Spezialvorschriften** über Leistungsstörungen nur für den **Verlagsvertrag**, sie regeln die Folgen der verspäteten Ablieferung durch den Verfasser (§ 30 VerlG), der mangelhaften Leistung (§ 31 VerlG) und der verspäteten Verwertung durch den Verleger (§ 32 VerlG). Zu weiteren verlagsrechtlichen Vorschriften, die unabhängig von Pflichtverletzungen die Vertragsbeendigung ermöglichen, → Rn. 80.

Im Übrigen **fehlen besondere gesetzliche Vorschriften.** Häufig werden die Parteien ihre 66 Rechte bei Pflichtverletzungen des anderen Teils ausdrücklich regeln. So sieht § 5 Abs. 3 der Vertragsnormen für wissenschaftliche Sprachwerke ein Rücktrittsrecht nach Fristsetzung vor, wenn der Verfasser das Werk nicht fristgerecht abliefert oder wenn der Verlag das Werk nicht vertragsgemäß veröffentlicht. Ansonsten gelten die Vorschriften des BGB, also insbesondere die §§ 280 ff., 311a, 320 ff., 346 ff. BGB.

b) Rechtsmängel. Der Urheber ist regelmäßig verpflichtet, dem Verwerter ein **Nutzungsrecht** 67 einzuräumen, das **frei von Rechten Dritter** ist. Da es sich um eine Veräußerung einer Rechtsposition handelt, lässt sich auf diese Verpflichtung das Kaufrecht des BGB entsprechend anwenden.[284] Dabei sind zwei Konstellationen zu unterscheiden.

Ein Rechtsmangel (§ 435 BGB) liegt vor, wenn **Dritten Rechte an dem Werk** zustehen.[285] Das 68 ist der Fall, wenn es sich um ein **Plagiat** oder eine **unfreie Bearbeitung** eines anderen, noch urheberrechtlich geschützten Werks handelt,[286] wenn das Werk **Persönlichkeitsrechte** Dritter verletzt[287] oder wenn vor Einräumung eines ausschließlichen Nutzungsrechts bereits ein **früheres Nutzungsrecht** gewährt wurde, das gem. § 33 Sukzessionsschutz genießt.[288] In diesen Fällen kann der Verwerter nach Maßgabe des § 437 BGB Nacherfüllung verlangen, nach Fristsetzung zurücktreten und Schadensersatz verlangen.

Außerdem ist denkbar, dass sich das (vermeintliche) Werk nachträglich[289] als **nicht geschützt er-** 69 **weist,** sei es, weil es an einer persönlichen geistigen Schöpfung (§ 2 Abs. 2) fehlt, sei es, weil die Schutzfrist abgelaufen ist. Diese Problematik der **„Leerübertragung"** besteht in vergleichbarer Form im gewerblichen Rechtsschutz, sie ist wegen der Nichtigerklärung von Registerrechten mit ex-tunc-Wirkung praktisch sogar deutlich wichtiger als im Urheberrecht. Dort wendet die Rechtsprechung nicht etwa die Grundsätze über die anfängliche Unmöglichkeit (§ 311a BGB) an,[290] sondern geht seit langem davon aus, dass die Schutzunfähigkeit des Lizenzgegenstands **weder die Rechtsverbindlichkeit des Vertrags noch die Pflicht zur Zahlung von Lizenzgebühren berührt,** solange das Schutzrecht von Dritten geachtet wird und der Lizenznehmer daher eine faktisch-wirtschaftliche Vorzugsstellung erlangt.[291] Diese Grundsätze hat der BGH mittlerweile **auf das Urheberrecht übertragen.**[292] Der Lizenznehmer sei weniger am Rechtsbestand als an der wirtschaftlichen Vorzugsstellung gegenüber Mitbewerbern interessiert. Sie bestehe auch bei einem Scheinrecht, solange es von Dritten anerkannt werde. Wird die Schutzunfähigkeit aber erkannt, so kann der Lizenznehmer den Vertrag fristlos kündigen (§ 314 BGB).[293] Auch steht es den Parteien frei, abweichende Regelungen zu treffen, beispielsweise im Berechtigungsvertrag einer Verwertungsgesellschaft, der auf den Verteilungsplan Bezug nimmt.[294] Trotz beachtlicher Kritik im Schrifttum[295] gebührt dieser Rechtsprechung

---

[282] BGH GRUR 2005, 148 (151) – Oceano Mare; *Ulmer* § 93 I.

[283] Dreier/Schulze/*Schulze* UrhG vor § 31 Rn. 45.

[284] *Manz/Ventroni/Schneider* ZUM 2002, 409 (412). Der EuGH hat im Zusammenhang mit dem Erschöpfungsgrundsatz einen auf dauerhafte Überlassung gerichteten Softwarevertrag als Kauf angesehen, → Rn. 59.

[285] Vgl. BGH ZUM 2003, 776 (777) – Antennenmann; *Manz/Ventroni/Schneider* ZUM 2002, 409 (414).

[286] *Schack* Rn. 1155.

[287] *Ulmer* § 92 II.

[288] Beispiele: OLG München ZUM 1993, 431; OLG Hamburg ZUM-RD 2000, 443. Vgl. auch § 39 Abs. 2 VerlG.

[289] Vgl. auch § 39 Abs. 1 VerlG für Verträge über gemeinfreie Werke.

[290] Bei Anwendung des § 311a BGB wäre der Vertrag zwar ebenfalls wirksam, der Lizenznehmer könnte aber gem. §§ 326 Abs. 4, 346 Abs. 1 BGB geleistete Vergütungen zurückverlangen und einen Anspruch auf Schadensersatz statt der Leistung oder Aufwendungsersatz gem. § 311a Abs. 2 BGB geltend machen.

[291] BGH GRUR 1983, 237 – Brückenlegepanzer; BGH GRUR 2005, 935 (937) – Vergleichsempfehlung II, beide mwN.

[292] BGH GRUR 2012, 910 Rn. 17 ff. – Delcantos Hits; ähnlich zuvor bereits BGH GRUR 1993, 40 (41 f.) – Keltisches Horoskop; Loewenheim/*v. Becker,* Handbuch des Urheberrechts, § 80 Rn. 12; *Manz/Ventroni/Schneider* ZUM 2002, 409 (412 f.); *Schricker,* Verlagsrecht, VerlG §§ 39/40 Rn. 2.

[293] BGH GRUR 2012, 910 Rn. 20 – Delcantos Hits.

[294] BGH GRUR 2012, 910 Rn. 22 ff. – Delcantos Hits.

[295] *Hoffmann* ZGE/IPJ 6 (2014), 1 ff.

Zustimmung: Es erscheint unbillig, das Risiko für eine Fehleinschätzung der Rechtslage einseitig dem Urheber aufzubürden, obwohl es bei Vertragsschluss beiden Parteien gleichermaßen bekannt ist.[296]

70   **c) Sachmängel.** Auch eine **Sachmängelhaftung kann** in Betracht kommen. Sofern nicht § 31 VerlG eingreift, richtet sie sich je nach Natur des Vertrags nach §§ 650, 434, 437 BGB oder nach §§ 633, 635 BGB und kann ebenso wie die Rechtsmängelhaftung einen Nacherfüllungsanspruch, ein Rücktrittsrecht nach Fristsetzung und Schadensersatzansprüche auslösen. Allerdings ist bei der Annahme eines Mangels Zurückhaltung geboten, denn dem künstlerisch Schaffenden ist eine nicht zu eng zu definierende **Gestaltungsfreiheit** zuzubilligen, die künstlerische Eigenart, Schöpferkraft und Schöpferwirken zur Entfaltung bringen kann.[297] Mängel der wissenschaftlichen, künstlerischen oder literarischen Qualität eines Werks kann der Verwerter im Allgemeinen nicht rügen.[298] Ein Sachmangel liegt insbesondere schon dann vor, wenn das Werk nicht den Vorstellungen des Auftraggebers entspricht.[299] Jedoch können Materialmängel, handwerkliche Mängel und eine fehlende Eignung des Werks für die vertraglich vereinbarte Verwertung die Annahme eines Sachmangels rechtfertigen. Jedenfalls wenn es sich um ein beiderseitiges Handelsgeschäft handelt,[300] besteht für den Verwerter die Obliegenheit, den Mangel innerhalb einer angemessenen Frist zu rügen (§ 377 HGB).[301]

71   **d) Verspätete Leistung.** Wird das Werk nicht fristgerecht abgeliefert, so muss der Verwerter nach Setzung einer angemessenen **Nachfrist** die Möglichkeit haben, **sich vom Vertrag zu lösen.** Dasselbe gilt umgekehrt, wenn der Verwerter das Werk nicht vertragsgemäß vervielfältigt, verbreitet oder öffentlich wiedergibt. Häufig wird für diesen Fall ein Rücktrittsrecht vertraglich ausdrücklich vorgesehen. Im Verlagsrecht ergibt es sich aus § 30 VerlG mit der Besonderheit, dass zur Fristsetzung, wie im Schuldrecht vor 2002, eine Ablehnungsandrohung hinzutreten muss. Rechtsfolge ist die Rückabwicklung des Vertrags (§ 37 VerlG iVm §§ 346 ff. BGB), doch kann bei bereits erfolgter Ablieferung der Vertrag teilweise aufrechterhalten werden (§ 38 VerlG). Im Übrigen kommt allgemeines Schuldrecht zur Anwendung. Demnach kann der Gläubiger der nicht rechtzeitig erbrachten Leistung Verzugsschaden verlangen (§§ 280 Abs. 1, 2, 286 BGB) und nach fruchtlosem Ablauf einer angemessenen Nachfrist entweder vom Vertrag zurücktreten (§ 323 BGB) oder Schadensersatz statt der Leistung verlangen (§§ 280 Abs. 1, 3, 281 BGB).

72   **e) Verletzung von Schutz- und Treuepflichten.** Beide Parteien sind dazu verpflichtet, auf die Rechte, Rechtsgüter und Interessen des anderen Teils Rücksicht zu nehmen (§ 241 Abs. 2 BGB). Derartige Schutz- und Treuepflichten entstehen nach den Grundsätzen über die **culpa in contrahendo** bereits vor Vertragsschluss bei Aufnahme von Vertragsverhandlungen oder ähnlichem vorvertraglichen Kontakt (§ 311 Abs. 2 BGB). Werden diese Pflichten verletzt, so steht dem Gläubiger ein Anspruch auf Ersatz des Vertrauensschadens zu (§§ 280 Abs. 1, 311 Abs. 2 BGB). Wichtige Fallgruppen sind der Ersatz vorvertraglich entstandener Kosten beim **Abbruch von Vertragsverhandlungen,** nachdem in zurechenbarer Weise Vertrauen auf den Vertragsschluss geweckt wurde,[302] oder die Haftung für den Verlust von Entwürfen, Dateien oder Filmmaterial, das der Urheber dem Verwerter vor Vertragsschluss überlässt.[303] Eine Verletzung vertraglicher Schutzpflichten kann den Gläubiger zum Rücktritt nach Maßgabe des § 324 BGB berechtigen oder zur Entstehung eines Anspruchs auf Schadensersatz statt der Leistung führen (§§ 280 Abs. 1, 3, 282 BGB).

7. Umgestaltung des Vertrags

73   **a) Anspruch auf Vertragsanpassung aus §§ 32, 32a.** Eine Pflicht des Werknutzers, in eine **Änderung des Vertrags** einzuwilligen, damit dem Urheber eine angemessene Vergütung gesichert wird, sehen die durch das Urhebervertragsgesetz von 2002 eingeführten §§ 32 und 32a vor. Auf die Erläuterung dieser Vorschriften wird verwiesen. § 32a gehört wie § 36 aF in den dogmatischen Zusammenhang der Lehre von der Geschäftsgrundlage.[304] Im Regelungsbereich beider Vorschriften ist eine Anwendung der allgemeinen Regeln über den Wegfall der Geschäftsgrundlage hinsichtlich der dort geregelten Äquivalenzstörungen ausgeschlossen.

---

[296] Ebenso *Schack* Rn. 1155; Dreier/Schulze/*Schulze* UrhG § 31 Rn. 14; Wandtke/Bullinger/*Wandtke/Grunert* UrhG vor §§ 31 ff. Rn. 125.

[297] BGH GRUR 1956, 234 (235) – Kirchenfenster; BGH GRUR 1960, 642 (644) – Drogistenlexikon; KG ZUM-RD 1999, 337 – Dokumentarfilm; Dreier/Schulze/*Schulze* UrhG vor § 31 Rn. 34, 80; *Schricker,* Verlagsrecht, VerlG § 31 Rn. 9.

[298] BGH GRUR 1960, 642 (644) – Drogistenlexikon; OLG München GRUR-RR 2008, 236 – mangelhaftes Manuskript.

[299] OLG München ZUM 2007, 863 (866).

[300] Weitergehend zu § 31 VerlG (allgemeine Rügeobliegenheit) OLG Frankfurt a. M. GRUR 2006, 138 (140) – Europa ohne Frankreich; *Schricker,* Verlagsrecht, VerlG § 31 Rn. 13.

[301] BGH GRUR 1966, 390 (391) – Werbefilm, zur Qualifikation zahlreicher urheberrechtlicher Bestellverträge als Werklieferungsverträge → Rn. 60, 128 ff.; zur Anwendbarkeit des § 377 HGB auf Werklieferungsverträge (§ 650 BGB) Palandt/*Sprau* BGB § 650 Rn. 6.

[302] OLG München ZUM 2000, 965.

[303] OLG Celle ZUM-RD 2001, 549.

[304] → § 32a Rn. 6.

b) Wegfall der Geschäftsgrundlage (§ 313 BGB). Außerhalb des im vorigen Absatz genannten **74** Bereichs sind die seit der Schuldrechtsreform von 2002 in § 313 BGB kodifizierten Grundsätze über den Wegfall der Geschäftsgrundlage jedoch anwendbar.[305] § 313 Abs. 1 BGB betrifft eine schwerwiegende Veränderung der Gesamtumstände (objektive Geschäftsgrundlage), § 313 Abs. 2 BGB den beiderseitigen Irrtum über Vertragsgrundlagen (subjektive Geschäftsgrundlage). Wichtigste Fallgruppen sind die **Äquivalenzstörung**[306] und die **Zweckvereitelung.**[307] Die Veränderung darf nicht einseitig einer Partei anzulasten sein, sei es, dass sie sie zu vertreten hat, sei es, dass sie allein in ihren Risikobereich fällt.

Da bei **vergütungsbezogenen Äquivalenzstörungen** die **§§ 32, 32a vorrangig** sind und da **75** **§ 313 BGB gegenüber der ergänzenden Vertragsauslegung subsidiär** ist,[308] kommt ein Wegfall der Geschäftsgrundlage mittlerweile nur noch in seltenen Ausnahmefällen und nur dann zur Anwendung, „wenn das zur Vermeidung eines untragbaren, mit Recht und Gerechtigkeit nicht zu vereinbarenden Ergebnisses unabweisbar erscheint".[309]

Die Rechtsprechung hat einen Wegfall der Geschäftsgrundlage erstens bei Änderung einer gefestig- **76** ten höchstrichterlichen Rechtsprechung, auf deren Fortbestand die Parteien vertrauen, in Betracht gezogen.[310] Derartige Änderungen haben sich in letzter Zeit vor allem dann ergeben, wenn der EuGH Fragen des Urheberrechts erstmals autonom-unionsrechtlich beurteilt hat. Allerdings muss die Rechtsprechung nach der gemeinschaftlichen Vorstellung der Parteien auf den in Rede stehenden Sachverhalt überhaupt anwendbar sein.[311] Außerdem muss das Festhalten am Vertrag für die eine Partei unzumutbar, ein Abgehen vom Vertrag für die andere Partei zumutbar sein. Zweitens können technische Veränderungen eine Anwendung des § 313 BGB rechtfertigen, etwa die Erweiterung des Ausstrahlungsgebiets aufgrund der Einführung neuartiger Satelliten bei einem Sendevertrag.[312] Drittens kommt ein Wegfall der Geschäftsgrundlage bei gesellschaftlichen oder wirtschaftlichen Umwälzungen in Betracht, wie sie in Folge der Wiedervereinigung Deutschlands[313] oder nach dem ersten Weltkrieg stattgefunden haben.[314]

Zurückgewiesen wurde die Berufung auf den Wegfall der Geschäftsgrundlage beim Streit über **77** das Recht zur Ausstrahlung von Programmen über Satellit nach der Wiedervereinigung,[315] bei Berufung eines Verlegers auf eine Verschlechterung der Absatzlage und seiner wirtschaftlichen Verhältnisse[316] und beim Versuch der Partei eines Video-Lizenzvertrages, die nachträglich zu entrichtende Mehrwertsteuer teilweise auf den Vertragspartner abzuwälzen.[317]

Kommt es zu einer Anpassung des Vertrags, so betrifft sie nur die **schuldrechtliche Ebene,** nicht **78** unmittelbar auch die Ebene der dinglichen Nutzungsrechte.[318] Führt die Anpassung zu einer Verpflichtung, Nutzungsrechte einzuräumen, bedarf sie gesonderter Erfüllung. Verringert sich die Verpflichtung zur Einräumung von Nutzungsrechten, schlägt der Wegfall des Rechtsgrunds allerdings wegen des fehlenden Abstraktionsprinzips[319] auf die Nutzungsrechtslage durch.[320] Ist eine Anpassung des Vertrags nicht möglich oder einem Teil nicht zumutbar, so kann der benachteiligte Teil vom Vertrag zurücktreten oder, im Fall eines Dauerschuldverhältnisses, den Vertrag kündigen (§ 313 Abs. 3 BGB).[321]

---

[305] BGH GRUR 2016, 278 Rn. 11 – Hintergrundmusik in Zahnarztpraxen; Fromm/Nordemann/*J. B. Nordemann* UrhG vor §§ 31 ff. Rn. 100 ff., 155; Wandtke/Bullinger/*Wandtke/Grunert* UrhG vor §§ 31 ff. Rn. 17 ff.; *Schricker,* Verlagsrecht, VerlG § 35 Rn. 13–22.

[306] Palandt/*Grüneberg* BGB § 313 Rn. 25; Wandtke/Bullinger/*Wandtke/Grunert* UrhG vor §§ 31 ff. Rn. 18; Fromm/Nordemann/*J. B. Nordemann* UrhG vor §§ 31 ff. Rn. 103.

[307] MüKoBGB/*Finkenauer* BGB § 313 Rn. 252 ff.

[308] BGH GRUR 2005, 320 (323) – Kehraus mwN.

[309] BGH GRUR 2005, 320 (325) – Kehraus; BGH GRUR 2014, 797 Rn. 23 – Fishtailparka; sa die Nachw. bei Dreier/Schulze/*Schulze* UrhG vor § 31 Rn. 64 ff.; *Schricker,* Verlagsrecht, VerlG § 35 Rn. 15.

[310] BGH GRUR 2016, 278 Rn. 12 – Hintergrundmusik in Zahnarztpraxen; GRUR 2018, 608 Rn. 16 – Krankenhausradio.

[311] BGH GRUR 2018, 608 Rn. 17 – Krankenhausradio.

[312] OLG Frankfurt a. M. GRUR-Int 1996, 247 (250) – Satellit erweitert Lizenzgebiet.

[313] → Vor §§ 120 ff. Rn. 184 ff.; s. insbes. BGH GRUR 1997, 215 (219) – Klimbim; BGH GRUR 2005, 320 (324 f.) – Kehraus.

[314] So in den den Salome-Fällen, denen ein Aufführungsvertrag zugrunde lag, der im Jahre 1906 unter anderen wirtschaftlichen Verhältnissen und unter Geltung einer kürzeren Schutzfrist abgeschlossen wurde: BGH GRUR 1990, 1005 – Salome I; BGH GRUR 1996, 763 – Salome II; GRUR 2000, 869 – Salome III.

[315] BGH GRUR 2005, 320 (324 f.) – Kehraus.

[316] BGH GRUR 1954, 129 (131) – Besitz der Erde.

[317] BGH GRUR 2003, 84 – Videofilmverwertung.

[318] Ebenso Fromm/Nordemann/*J. B. Nordemann* UrhG vor §§ 31 ff. Rn. 109; Wandtke/Bullinger/*Wandtke/Grunert* UrhG vor §§ 31 ff. Rn. 20.

[319] → § 31 Rn. 15 ff.

[320] S. dazu – für die Folgen der deutschen Einigung – BGH GRUR 1997, 215 (219) – Klimbim; BGH GRUR 2005, 320 (324 f.) – Kehraus; Fromm/Nordemann/*J. B. Nordemann* UrhG vor §§ 31 ff. Rn. 109; *Loewenheim* GRUR 1993, 934 (940); *Schricker* IPRax 1992, 216 (219); *Stögmüller* S. 136 f.

[321] Zur Kündigung → Rn. 84 ff.

8. Beendigung des Vertrags

79   **a) Ordentliche Kündigung, Befristung.** Urheberrechtsverträge sehen als Dauerschuldverhältnisse vielfach ein Recht zur ordentlichen **Kündigung** vor.[322] Auch kann eine **Befristung** vereinbart werden.[323] Ein Verlagsvertrag wird typischerweise für eine bestimmte Auflage oder eine Anzahl von Exemplaren geschlossen und endet, wenn diese vergriffen sind (§ 29 Abs. 1 VerlG). Fehlen derartige Vereinbarungen, so besteht, abgesehen von § 314 BGB, kein allgemeines Kündigungsrecht. Der Vorschlag des Professorenentwurfs zum Urhebervertragsrecht[324] und des Regierungsentwurfs von 2001,[325] ein **Kündigungsrecht bei Nutzungsrechtseinräumungen nach 30 Jahren** einzuführen, wurde angesichts massiver Kritik von Verwerterseite nicht verwirklicht. Das spricht auch entscheidend gegen eine analoge Anwendung des § 544 BGB,[326] der bei Mietverträgen ein außerordentliches Kündigungsrecht nach 30 Jahren regelt. **§ 40a Abs. 1,** der im Zuge der Änderung des Urhebervertragsrechts mit Gesetz vom 20.12.2016[327] eingefügt wurde, sieht ein **Recht des Urhebers zur anderweitigen Verwertung nach zehn Jahren** ab Rechtseinräumung oder Ablieferung vor, allerdings nur, falls der Urheber ein ausschließliches Nutzungsrecht gegen eine pauschale Vergütung eingeräumt hat. Der bisherige Nutzungsberechtigte behält ein einfaches Nutzungsrecht. Frühestens fünf Jahre nach Rechtseinräumung oder Ablieferung können die Vertragsparteien die Ausschließlichkeit auf die gesamte Dauer des Nutzungsrechts erstrecken (§ 40a Abs. 2). Ausnahmen gelten für lediglich nachrangige Beiträge zu Werken, für Werke der Baukunst, Werke, die für Marken oder Designs bestimmt sind, für nicht zu veröffentlichende Werke (§ 40 Abs. 3) sowie für Computerprogramme (§ 69a Abs. 5) und Filmwerke (§ 90 Abs. 2). Im Referentenentwurf war noch ein Rückrufsrecht nach fünf Jahren ohne eine anschließende Nutzungsmöglichkeit des bisherigen Rechtsinhabers vorgesehen. Während die nunmehr vorgenommene Regelung den Interessen der Verwerter Rechnung trägt, bleibt zweifelhaft, ob das Zweitverwertungsrecht dem Urheber viel nützen wird, denn er kann einem neuen Verwerter keine ausschließlichen Rechte mehr einräumen.

80   **b) Rückruf von Nutzungsrechten.** In Abweichung vom allgemeinen Grundsatz „pacta sunt servanda" gewährt das UrhG dem Urheber außerordentliche Rückrufsrechte im Fall der Unternehmensveräußerung (§ 34 Abs. 3 S. 2, 3), der Nichtausübung (§ 41) und der gewandelten Überzeugung (§ 42). Auf die Kommentierung dieser Vorschriften wird verwiesen. Gegenüber §§ 41 und 42 sind in dem von ihnen erfassten Regelungsbereich die allgemeinen Grundsätze über **Kündigung aus wichtigem Grund** und **Wegfall der Geschäftsgrundlage** subsidiär.[328]

81   **c) Rücktritt und Kündigung im Verlagsrecht.** Differenzierte Sonderregeln über die Vertragsbeendigung, insbesondere Rücktritt und Kündigung, enthält das Verlagsrecht:[329] Rücktritt des Verfassers bei Verweigerung einer Neuauflage (§ 17 VerlG), Kündigung bei Zweckfortfall (§ 18 VerlG), Weglassen einzelner Beiträge beim Neuabzug von Sammelwerken (§ 19 VerlG), Beendigung, wenn vereinbarte Auflage vergriffen (§ 28 VerlG), Rücktrittsrechte und Leistungsbefreiung bei Leistungsstörungen (§§ 30–33 VerlG), Rücktrittsrecht des Verfassers wegen Änderung der Umstände (§ 35 VerlG) oder bei Insolvenz des Verlegers (§ 36 VerlG), Kündigungsrecht des Verfassers bei Nichtveröffentlichung von Sammelbänden (§ 45 VerlG). Insoweit sei auf die Kommentierungen zum VerlG verwiesen. Die genannten Bestimmungen können bei entsprechender Interessenlage auch auf sonstige Urheberrechtsverträge mit Ausübungspflicht angewendet werden. Manche Vorschriften enthalten darüber hinaus Grundgedanken, deren Anwendung auch für Urheberrechtsverträge ohne Ausübungspflicht in Betracht zu ziehen ist. Dies dürfte insbesondere hinsichtlich der Regelungsmodelle der §§ 18, 29, 30–35, 38 VerlG gelten.

82   **d) Rücktritt wegen Leistungsstörungen.** Auch außerhalb des Verlagsrechts können Leistungsstörungen, insbesondere die mangelhafte und die nicht fristgerechte Leistung, nach den allgemeinen Vorschriften des Schuldrechts zum Rücktritt berechtigen. Auf die Erläuterungen zu Leistungsstörungen wird verwiesen.[330]

83   **e) Kündigung von Werk- und Dienstverträgen.** Der Besteller eines Werks kann den **Werkvertrag** bis zur Vollendung des Werks jederzeit kündigen (**§ 649 S. 1 BGB**). In diesem Fall kann der Unternehmer die Vergütung verlangen, muss sich aber das, was er an Aufwendungen oder durch anderweitige Verwendung seiner Arbeitskraft erlangt, anrechnen lassen (§ 649 S. 2 BGB). Ist der Vertrag als **Dienstvertrag** zu qualifizieren, so erlaubt **§ 627 BGB** die fristlose Kündigung, wenn der zur Dienstleistung Verpflichtete in keinem dauernden Dienstverhältnis mit festen Bezügen steht, Dienste

---

[322] Vgl. zu Auslegungsfragen BGH GRUR 1986, 91 (93) – Preisabstandsklausel; OLG München ZUM-RD 2000, 117; s. allgemein Loewenheim/*Loewenheim/J. B. Nordemann,* Handbuch des Urheberrechts, § 26 Rn. 15.
[323] S. OLG Düsseldorf ZUM 2004, 307.
[324] GRUR 2000, 765 (766).
[325] S. bei *Hucko,* Urhebervertragsrecht, S. 94.
[326] Eine analoge Anwendung der Vorgängervorschrift (§ 567 aF BGB) war von *Fink-Hooijer* S. 182 ff. vorgeschlagen worden.
[327] BGBl. I S. 3037; vgl. → Rn. 14d.
[328] → § 41 Rn. 12; → § 42 Rn. 22.
[329] §§ 17, 18, 19, 29–38, 45 VerlG.
[330] → Rn. 65 ff.

höherer Art zu erbringen hat und eine besondere Vertrauensstellung innehat. Beide Parteien können sich auf § 627 BGB berufen, für die Kündigung durch den Dienstverpflichteten gilt § 627 Abs. 2 BGB. Bei Verträgen mit urheberrechtlicher Bedeutung kann der Urheber entweder der Dienstverpflichtete sein, wenn er im Rahmen einer dienstvertraglichen Tätigkeit auch Werke schafft, er kann aber auch der Dienstberechtigte sein, etwa bei einem Management- oder Verwaltungsvertrag.[331]

f) Fristlose Kündigung aus wichtigem Grund. aa) Grundsatz. Viele Urheberrechtsverträge **84** sind Dauerschuldverhältnisse.[332] Selbst Verträge, deren Laufzeit sich über die gesamte Schutzdauer des Urheberrechts erstreckt, sind keine Seltenheit. Daher kommt der Kündigung aus wichtigem Grund im Urhebervertragsrecht besondere Bedeutung zu.[333] Sie ist seit der Schuldrechtsreform von 2002 in **§ 314 BGB** geregelt. Schon zuvor war der Grundsatz anerkannt, dass die Möglichkeit der außerordentlichen Kündigung bei Dauerschuldverhältnissen zwar eingeschränkt, aber nicht ausgeschlossen werden kann.[334] Im Fall eines **Wegfalls der Geschäftsgrundlage** hat die Vertragsanpassung (§ 313 Abs. 1 BGB) Vorrang.[335] Ist sie nicht möglich oder einem Teil nicht zumutbar, so sieht § **313 Abs. 3 S. 2 auch für diesen Fall ein Kündigungsrecht vor,**[336] das selbständig neben dem Kündigungsrecht aus § 314 BGB steht.[337]

bb) Wichtiger Grund. Ein zur Kündigung berechtigender wichtiger Grund liegt vor, wenn dem **85** kündigenden Teil unter Berücksichtigung aller Umstände des Einzelfalls und unter Abwägung der beiderseitigen Interessen die Fortsetzung des Vertragsverhältnisses bis zur vereinbarten Beendigung oder bis zum Ablauf einer Kündigungsfrist nicht zugemutet werden kann (§ 314 Abs. 1 BGB).[338] Insbesondere kann der wichtige Grund in einer Erschütterung des Vertrauensverhältnisses bestehen, die sich aus einer einzelnen schweren Störung oder der Aufsummierung mehrerer, für sich genommen weniger gravierender Verstöße ergeben.[339] Hierbei sind die Besonderheiten der Vertragsbeziehungen und die gegebene Interessenlage zu berücksichtigen, wie auch Art und Maß der Störung der Vertragsbeziehungen.[340] Ein Nachschieben erst nach der Kündigung entstandener Kündigungsgründe ist im Rahmen der Gesamtabwägung zulässig.[341] Allerdings kann eine außerordentliche Kündigung auch wegen Umständen in Betracht kommen, die das Verhalten einer Vertragspartei zurückzuführen sind, beispielsweise einer nachträglichen Rechtsänderung.[342]

Die Kündigung aus wichtigem Grund bildet die **ultima ratio,** die nur in Betracht kommt, wenn **86** eine Bereinigung auf anderem Weg nicht möglich oder zumutbar ist.[343] Vor allem rechtfertigt **nicht schon jede Vertragsverletzung** eine fristlose Kündigung. Insbesondere bei Verträgen von sehr langer Dauer ist es dem durch eine Vertragsverletzung belasteten Partner in der Regel zuzumuten, den anderen Teil zunächst einmal zur Erfüllung anzuhalten und ihn auf die Folgen einer Nichterfüllung des Vertrags nachdrücklich hinzuweisen,[344] wobei unter Umständen auch zugemutet werden muss, bestehende Ansprüche gerichtlich geltend zu machen.[345] Besteht der wichtige Grund in der Verlet-

---

[331] Vgl. OLG München GRUR-RR 2008, 208 (209) – Concierto; insoweit aber aufgehoben durch BGH GRUR 2010, 1093 – Concierto de Aranjuez.

[332] So für den Musikverlagsvertrag BGH GRUR 1990, 443 (444) – Musikverleger IV; Loewenheim/*Loewenheim*/*J. B. Nordemann,* Handbuch des Urheberrechts, § 26 Rn. 17 ff.; *Manz/Ventroni/Schneider* ZUM 2002, 409 (419 f.).

[333] Dreier/Schulze/*Schulze* UrhG vor § 31 Rn. 83 ff.; Fromm/Nordemann/*J. B. Nordemann* UrhG vor §§ 31 ff. Rn. 121 ff.; Wandtke/Bullinger/*Wandtke/Grunert* UrhG vor § 31 ff. Rn. 6 ff.; *Fink-Hooijer* S. 136 ff.; zur Anwendung im Verlagsrecht *Schricker,* Verlagsrecht, VerlG § 35 Rn. 23–25.

[334] Allgemein Palandt/*Heinrichs* BGB § 314 Rn. 3; für das Verlagsrecht *Krüger-Nieland* UFITA 89 1981, 17 (21); *Schricker,* Verlagsrecht, VerlG § 35 Rn. 23.

[335] Zum Wegfall der Geschäftsgrundlage → Rn. 74 ff.

[336] § 313 Abs. 3 S. 2 BGB; BGH GRUR 2016, 278 Rn. 12 – Hintergrundmusik in Zahnarztpraxen, GRUR 2018, 608 Rn. 16 – Krankanhausradio.

[337] Das Verhältnis zwischen § 313 Abs. 3 S. 2 BGB und § 314 BGB ist str. Wie hier MüKo/*Finkenauer* BGB § 313 Rn. 170 mwN; aA (Vorrang des § 314 BGB) noch im Anschluss an Palandt/*Grüneberg* BGB § 313 Rn. 14 die Voraufl. Der BGB lässt in BGH GRUR 2016, 278 Rn. 12 – Hintergrundmusik in Zahnarztpraxen eine Kündigung gem. § 313 Abs. 3 S. 2 BGB zu, ohne auf § 314 BGB einzugehen, lehnt also wohl auch einen Vorrang des § 314 BGB ab.

[338] So zuvor bereits die stRspr, s. etwa BGH GRUR 1959, 51 (53) – Subverlagsvertrag; BGH GRUR 1977, 551 (553) – Textdichteranmeldung; BGH GRUR 1982, 41 (43 ff.) – Musikverleger III; BGH GRUR 2001, 1134 (1138) – Lepo Sumera.

[339] OLG Schleswig ZUM 1995, 867 (873) – Werner-Serie; Fromm/Nordemann/*J. B. Nordemann* UrhG vor §§ 31 ff. Rn. 123 mwN.

[340] Vgl. BGH GRUR 1990, 669 (672) – Bibelreproduktion; OLG München ZUM-RD 2008, 410 (412); OLG Hamm GRUR-RR 2008, 154 – Copyrightvermerk; OLG Frankfurt a. M. GRUR-RR 2005, 361 – „Alles ist möglich".

[341] Dreier/Schulze/*Schulze* UrhG vor § 31 Rn. 87; Loewenheim/*Loewenheim*/*J. B. Nordemann,* Handbuch des Urheberrechts, § 26 Rn. 18.

[342] → Rn. 95.

[343] BGH GRUR 1974, 789 (792 f.) – Hofbräuhaus-Lied; BGH GRUR 1990, 443 (444 f.) – Musikverleger IV; BGH GRUR 2010, 1093 Rn. 22 – Concierto de Aranjuez; Dreier/Schulze/*Schulze* UrhG vor § 31 Rn. 84; Fromm/Nordemann/*J. B. Nordemann* UrhG vor §§ 31 ff. Rn. 124; *Schricker,* Verlagsrecht, § 35 Rn. 24.

[344] BGH GRUR 1984, 754 (756) – Gesamtdarstellung rheumatischer Krankheiten.

[345] BGH GRUR 1974, 789 (792 f.) – Hofbräuhaus-Lied; BGH GRUR 1982, 41 (45) – Musikverleger III; OLG Schleswig ZUM 1995, 867 (873) – Werner-Serie.

zung einer Pflicht aus dem Vertrag, bestimmt § 314 Abs. 2 S. 1 BGB, dass die Kündigung erst nach erfolglosem Ablauf einer **zur Abhilfe bestimmten Frist** oder nach erfolgloser **Abmahnung** zulässig ist.[346] Durch die Verweisung in § 314 Abs. 2 S. 2 BGB auf den Katalog des § 323 Abs. 2 BGB wird aber klar gestellt, dass in den dort genannten Fällen eine Kündigung auch ohne Abmahnung zulässig ist.[347]

87 Auf ein **Verschulden** kommt es nicht an, auch wenn es vielfach eine Rolle spielen wird, insbesondere als Argument dafür dienen kann, dass in die Vertragstreue und Redlichkeit des Partners kein Vertrauen mehr zu setzen ist. Ein wichtiger Grund kann aber auch vorliegen, wenn es an einem Verschulden des Kündigungsgegners fehlt oder beiden Vertragsparteien ein Verschulden zur Last fällt.[348] Die vom BAG entwickelten Grundsätze der **Verdachtskündigung** können entsprechend angewendet werden.[349] Das Verhalten eines Subunternehmers (zB Subverlegers) ist dem Werknutzer nicht ohne Weiteres nach § 278 BGB anzulasten; es kommt vielmehr darauf an, ob der Werknutzer den Subverleger deckt oder ob er sich um Abhilfe bemüht.[350]

88 **cc) Frist und Erklärung.** Allgemein bestimmt § 314 Abs. 3 BGB, dass nur innerhalb einer **angemessenen Frist** nach Erlangung der Kenntnis vom Kündigungsgrund gekündigt werden kann. Die Frist soll insbesondere zur Ermittlung des Sachverhalts und zur Überlegung dienen.[351] Die Frist ist auch zu gewähren, um die Zustimmung anderer Beteiligter einzuholen; die Zweiwochenfrist des § 626 BGB ist hierfür in der Regel zu kurz.[352] Auf der anderen Seite darf nicht so lange gewartet werden, dass der Zusammenhang der Kündigung mit der Vertragsstörung verloren geht und der Schluss sich rechtfertigt, der Kündigende werte die Umstände nicht als schwerwiegend. Bisher wurde hier mit Verwirkung gearbeitet.[353] Die Kündigungserklärung ist bedingungsfeindlich, sie muss klar und eindeutig sein.[354]

89 **dd) Teilkündigung.** Eine Teilkündigung für einzelne von mehreren vertragsgegenständlichen Werken ist grundsätzlich möglich;[355] der Kündigende darf sich jedoch nicht widersprüchlich verhalten; der Kündigungsgegner kann unter Umständen nach Treu und Glauben das Recht haben, sich vom Rest des Vertrags zu lösen.[356] Ist durch die Störung hinsichtlich einzelner Werke die gesamte Vertrauensgrundlage erschüttert, kann der ganze Vertrag gekündigt werden.[357] Bei **Miturhebern** müssen stets sämtliche Beteiligten kündigen; dies gilt regelmäßig auch bei **verbundenen Werken.**[358] Liegt nur in der Person eines Miturhebers ein wichtiger Grund zur fristlosen Kündigung eines Musikverlagsvertrages vor, so können grundsätzlich sämtliche Miturheber als Gesamthandsgemeinschaft die Kündigung aussprechen.[359]

90 **ee) Fallgruppen.** Die **unzureichende Ausübung** des Nutzungsrechts durch den Verwerter ist **an sich noch kein hinreichender Grund,** weil der Urheber durch sein Rückrufsrecht (§ 41) und durch die, gegebenenfalls auch analog auf andere Dauerschuldverhältnisse anwendbaren, verlagsrechtlichen Rücktrittsvorschriften (§§ 32, 30 VerlG) geschützt ist.[360] Kommen jedoch weitere Umstände hinzu, so kann ein wichtiger Grund bestehen, Beispiele: Ungewissheit über Wiederaufnahme der Verlagstätigkeit nach dem Zweiten Weltkrieg,[361] Streitigkeiten über die Berechtigung der Rechtsausübung auf Verlegerseite.[362] Erstreckt sich der Vertrag auf mehrere Werke, so genügt eine unzureichende Auswertung eines untergeordneten Teils des Repertoires nicht.[363] Umgekehrt können

---

[346] Vgl. dazu auch OLG Stuttgart ZUM-RD 2007, 80 (85).

[347] MüKoBGB/*Gaier* BGB § 314 Rn. 17.

[348] BGH GRUR 1977, 551 (553) – Textdichteranmeldung; BGH GRUR 1959, 51 (53) – Subverlagsvertrag; KG Schulze KGZ 53, 8; Fromm/Nordemann/*J. B. Nordemann* UrhG vor §§ 31 ff. Rn. 125.

[349] BGH GRUR 1977, 551 (553) – Textdichteranmeldung; Wandtke/Bullinger/*Wandtke/Grunert* UrhG vor §§ 31 ff. Rn. 11; Fromm/Nordemann/*J. B. Nordemann* UrhG vor §§ 31 ff. Rn. 126.

[350] BGH GRUR 1964, 326 (331) – Subverleger.

[351] BGH GRUR 1977, 551 (554 f.) – Textdichteranmeldung.

[352] BGH GRUR 1982, 41 (43) – Musikverleger III; BGH GRUR 2001, 1134 – Lepo Sumera; OLG München ZUM-RD 1997, 505; sa Fromm/Nordemann/*J. B. Nordemann* UrhG vor §§ 31 ff. Rn. 142; MüKoBGB/*Gaier* BGB § 314 Rn. 20.

[353] BGH GRUR 1971, 35 (40) – Maske in Blau; LG Passau NJW-RR 1992, 759; sa BGH GRUR 2007, 693 (695) – Archivfotos.

[354] OLG München OLG Report 21/2000, 315.

[355] So auch OLG Nürnberg ZUM-RD 2003, 260 (266); LG München I ZUM 2007, 580 (583).

[356] BGH GRUR 1964, 326 (329 f.) – Subverleger; *Schricker,* Verlagsrecht, VerlG § 35 Rn. 25.

[357] BGH GRUR 1977, 551 (554) – Textdichteranmeldung.

[358] S. im Einzelnen *Schricker,* Verlagsrecht, VerlG § 35 Rn. 25; s. insbes. BGH GRUR 1982, 743 – Verbundene Werke; BGH GRUR 1982, 41 – Musikverleger III; KG Schulze KGZ 63; OLG Frankfurt a. M. GRUR 2004, 144 (145).

[359] BGH GRUR 1990, 443 (446) – Musikverleger IV; Zur Kündigung einzelner im Rahmen des Notverwaltungsrechts des § 744 Abs. 2 BGB s. *Fink-Hooijer* S. 166 ff., 176 ff.

[360] Dreier/Schulze/*Schulze* UrhG vor § 31 Rn. 90; vgl. auch BGH GRUR 1970, 40 (41) – Musikverleger I (dort aber lediglich unterlassene US-Urheberrechtsanmeldung für einen untergeordneten Teil des Repertoires); BGH GRUR 1974, 789 (791 f.) – Hofbräuhaus-Lied (dort aber bereits unzureichende Auswertung verneint).

[361] BGH GRUR 1955, 256 (259) – Ludwig Thoma.

[362] KG Schulze KGZ 53; Dreier/Schulze/*Schulze* UrhG vor § 31 Rn. 90.

[363] BGH GRUR 1970, 40 (41) – Musikverleger I; BGH GRUR 1973, 328 (330) – Musikverleger II; zur Teilkündigung → Rn. 89.

Vertragsverletzungen, die zahlreiche Werke betreffen, eine Kündigung des gesamten Vertrags rechtfertigen.[364]

Bei **Streitigkeiten über die Abrechnung und Zahlung** der Vergütung ist dem Urheber zu- **91** nächst zuzumuten, dass er die **jeweilige Streitfrage gerichtlich klärt,** denn einzelne Vertragsverletzungen rechtfertigen eine Kündigung aus wichtigem Grund für sich genommen noch nicht.[365] Das gilt insbesondere, wenn es sich um verhältnismäßig geringe Beträge, vereinzelte Fehler oder Verspätungen handelt.[366] Wird jedoch ständig oder über einen wesentlichen Zeitraum die Vergütung gar nicht[367] oder verspätet[368] gezahlt, so kann dies die außerordentliche Kündigung rechtfertigen.[369]

Wie sich aus dem Rechtsgedanken der §§ 34, 35 ergibt, hat der Urheber ein schutzwürdiges Inte- **92** resse an der **Person des Verwerters.** Regelmäßig wird dieses Interesse durch die genannten Rückrufrechte hinreichend geschützt.[370] Ausnahmsweise kann aber auch eine Kündigung aus wichtigem Grund in Betracht kommen. So hat der BGH einen estnischen Künstler als berechtigt angesehen, nach der Unabhängigkeit Estlands den Verlagsvertrag mit der früheren sowjetischen Allunions-Agentur für Urheberrechte aus wichtigem Grund zu kündigen.[371]

Einen häufigen Grund für Streitigkeiten bilden **persönliche Zerwürfnisse.** Inwieweit sie zur au- **93** ßerordentlichen Kündigung berechtigen, ist eine Frage des Einzelfalls. Oft rechtfertigt ein ungebührliches Verhalten zunächst nur eine deutliche Rüge und Ermahnung.[372] Eine Rolle kann auch spielen, ob Auseinandersetzungen bereits nach außen gedrungen sind.[373] Ehrverletzende öffentliche Äußerungen können eine fristlose Kündigung rechtfertigen.[374] Die Rechtsprechung hat außerdem einen wichtigen Grund anerkannt im Fall einer eigenmächtigen GEMA-Anmeldung als Textdichter unter einem Pseudonym ohne Abstimmung mit dem Urheber[375] und bei einer nachhaltigen Störung des Vertrauensverhältnisses nach unberechtigter Kündigung eines zugrunde liegenden Arbeitsvertrags durch den Verleger.[376]

Auch **dem Verwerter** kann ein außerordentliches Kündigungsrecht zustehen. Doch reichen auch **94** hierfür einzelne Pflichtverletzungen nicht aus. So wurde ein wichtiger Grund verneint im Fall bloßer Vorwürfe der Verletzung eines Wettbewerbsverbots[377] oder im Fall von Auseinandersetzungen über die Konzeption eines wissenschaftlichen, sukzessiv zu erstellenden Werks, bei denen die Gespräche zwischen den Parteien noch nicht ergebnislos geendet hatten.[378]

Nicht jeder Fall lässt sich den vorgenannten Kategorien zuordnen. So nimmt der BGH ein außer- **95** ordentliches Kündigungsrecht gem. § 314 BGB an, wenn sich nachträglich die Schutzunfähigkeit des Werks herausstellt **(„Leerübertragung").**[379] Auch eine bei Abschluss des Vertrags nicht vorhersehbare **Rechtsänderung** kann ein Recht zur außerordentlichen Kündigung begründen. Das kann vor allem der Fall sein, wenn sich durch ein **Urteil des EuGH** eine bisher in Deutschland vorherrschende Rechtsauffassung als nicht mehr mit dem Unionsrecht vereinbar erweist.[380] Für den Fall der **Insolvenz** des Verwerters hat der BGH eine Herabsetzung der Anforderungen an den wichtigen Grund erwogen, das Verhältnis zu den Rechtsbehelfen des Insolvenzrechts aber offengelassen.[381]

g) Rechtsfolgen der Vertragsbeendigung. Der **Rücktritt** vom Vertrag führt grundsätzlich zur **96** Umwandlung des Vertrags in ein **Rückgewährschuldverhältnis.** Nach Maßgabe der §§ 346 ff. BGB sind also die empfangenen Leistungen zurückzugewähren, insbesondere bereits gezahlte Vorschüsse zurückzuzahlen. Hat der Urheber ein Werk, zu dessen Erstellung er sich verpflichtet hat, aber bereits ganz oder teilweise geliefert, so bestimmt § 38 Abs. 1 VerlG für den Verlagsbereich, dass der Vertrag je nach den Umständen ganz oder teilweise aufrechterhalten werden kann. Es erscheint angebracht, diese Bestimmung auf den Rücktritt von anderen Urheberrechtsverträgen analog anzuwenden: Eine planwidrige Regelungslücke besteht angesichts des Fehlens besonderer urheberrechtlicher Regelungen, und die Interessenlage wird sich je nach Fallgestaltung oft als vergleichbar erweisen.

---

[364] Dreier/Schulze/*Schulze* UrhG vor § 31 Rn. 90.
[365] BGH GRUR 1974, 789 (792) – Hofbräuhauslied; BGH GRUR 1982, 41 (45) – Musikverleger III.
[366] OLG München ZUM 2008, 154 (155).
[367] BGH GRUR 1959, 51 (53) – Subverlagsvertrag (vertragswidrige Verweigerung von Vorschüssen); OLG Düsseldorf ZUM 1998, 61 (63) – Stahlrohrstuhl von Mart Stam.
[368] OLG Köln GRUR 1986, 679 – Unpünktliche Honorarzahlung; OLG München ZUM-RD 2009, 663 (665).
[369] Vgl. auch Dreier/Schulze/*Schulze* UrhG vor § 31 Rn. 92 mwN.
[370] Vgl. aus der Zeit vor Inkrafttreten des UrhG BGH GRUR 1964, 326 (329 ff.) – Subverleger: Kündigung aus wichtigem Grund nach Einsetzung eines Subverlegers im Konflikt mit dem Urheber.
[371] BGH GRUR 2001, 1134 (1138) – Lepo Sumera.
[372] OLG Stuttgart ZUM-RD 2007, 80 (84).
[373] OLG Frankfurt a. M. ZUM 1989, 39 (42).
[374] BGH GRUR 1982, 41 (43 f.) – Musikverleger III.
[375] BGH GRUR 1977, 551 (553 f.) – Textdichteranmeldung.
[376] BGH GRUR 1990, 443 (444 f.) – Musikverleger IV.
[377] OLG Frankfurt a. M. GRUR-RR 2006, 361 – Alles ist möglich.
[378] BGH GRUR 1984, 754 (756) – Gesamtdarstellung rheumatischer Krankheiten.
[379] BGH GRUR 2012, 910 Rn. 20 – Delcantos Hits, näher zur „Leerübertragung" → Rn. 69.
[380] BGH GRUR 2016, 278 Rn. 12 – Hintergrundmusik in Zahnarztpraxen, GRUR 2018, 608 Rn. 16 – Krankenhausradio, allerdings auf der Grundlage des § 313 Abs. 3, näher hierzu → Rn. 76.
[381] BGH GRUR 2003, 699 (701) – Eterna.

97 Bei **Dauerschuldverhältnissen** verdrängt die **Kündigung** den Rücktritt. Sie führt zu einer Auflösung des Vertrags mit Wirksamwerden der Kündigung (§ 130 BGB); der Kündigende kann jedoch eine Frist konzedieren. Anders als der Rücktritt zielt die Kündigung auf eine Vertragslösung **ex nunc** ab, nicht auf eine Rückabwicklung.[382] Im Voraus Geleistetes ist entsprechend §§ 346 ff. BGB zurückzugewähren.[383] Sind Nutzungsrechte eingeräumt worden, so kommt es darauf an, ob sie in dem fortbestehenden, aber durch Kündigung beendigten Teil des Vertrags ihre Rechtsgrundlage haben oder ob sie Vorleistungen im Blick auf den durch die Kündigung abgeschnittenen Vertragteil bilden.[384] § 314 Abs. 4 BGB stellt klar, dass die Berechtigung, **Schadensersatz** zu verlangen, durch die Kündigung nicht ausgeschlossen wird.

98 Mit Wegfall der schuldrechtlichen Verpflichtung kommt es zu einem automatischen Heimfall der Rechte, ohne dass es einer gesonderten Übertragung bedürfte. Das **Abstraktionsprinzip** findet, wie unter § 31 näher erläutert wird,[385] insoweit keine Anwendung.

III. Besonderes Urhebervertragsrecht

1. Buch-, Zeitschriften- und Zeitungsverlag

Literatur: Gesamtdarstellungen, Überblicke, Kommentare. Berger/Wündisch/*Krakies, Wegner, v. Hahn* und *Wallraf* §§ 15–18, 25; *Delp,* Verlagsvertrag, S. 19 ff.; *Dietz,* Urhebervertragsrecht, S. 66 ff.; Dreier/Schulze/ *Schulze* vor § 31 Rn. 192–196; *Knaak,* FS Schricker (1995), S. 263 ff.; Loewenheim/*J. B. Nordemann, Czychowski* und *Nordemann-Schiffel,* Handbuch des Urheberrechts, §§ 64, 65, 67; *Rehbinder/Peukert* § 47; *Russ,* Verlagsgesetz, 2014; *Schack* § 30; *Schricker,* Verlagsrecht, 3. Aufl. 2001; *Straus,* FS Schricker (1995), S. 291 ff.; *Ulmer* §§ 100–111; *Ulmer-Eilfort/Obergfell,* Verlagsrecht, 2013; *Wegner/Wallenfels/Kaboth,* Recht im Verlag, 2. Aufl. 2011, 2. Kap.

Monographien und Aufsätze. *v. Becker,* Vertrieb von Verlagserzeugnissen, ZUM 2002, 171 ff.; *ders.,* Die Leistungen des Buchverlegers, in: Riesenhuber (Hrsg.), Urheber und Verleger: Interessengemeinschaft oder Marktgegner, 2018, S. 19; *Haupt,* Urheber- und verlagsrechtliche Aspekte bei der Hörbuchproduktion, UFITA 2002, 323 ff.; *Horz,* Gestaltung und Durchführung von Buchverlagsverträgen, 2005; *Rehbinder/Schmaus,* Rechtsfragen beim E-Book-Verlagsvertrag, ZUM 2002, 167 ff.; *Schmaus,* Der E-Book-Verlagsvertrag, 2002; *Schulz/Ayar,* Rechtliche Fragestellungen und Probleme rund um das E-Book, MMR 2012, 652; *Sieger,* Die Verlags- und Übersetzungs-Normverträge, ZUM 1986, 319; *Zech,* Lizenzen für die Benutzung von Musik, Film und E-Books in der Cloud, ZUM 2014, 3.

Normverträge. *Börsenverein,* Recht im Verlag, S. 4 ff.; *Schricker,* Verlagsrecht Anh. S. 776 ff.; *Ulmer-Eilfort/ Obergfell* 4 C.

Vertragsmuster. *Börsenverein,* Recht im Verlag, S. 42 ff.; *Delp,* Verlagsvertrag, S. 34 ff.; MünchVertragshandbuch/*Nordemann-Schiffel,* Bd. 3/II, 6. Aufl. 2009, Teil XI Nr. 4 – 10; *Wegner/Wallenfels/Kaboth,* Recht im Verlag, 2. Aufl. 2011, S. 369 ff.

S. auch die Schrifttumsangaben zu § 87 f.

99 **a) Buchverlag.** Der **Buchverlag** bildet den Kern des dem VerlG von 1901 zugewiesenen Regelungsbereichs.[386] Das VerlG gilt nur für Werke der Literatur und Tonkunst.[387] Begriffswesentlich für den Verlagsvertrag im Sinne des VerlG ist einerseits die Verpflichtung des Verfassers oder sonstigen Verlaggebers (§ 48 VerlG), dem Verleger das Werk zur Vervielfältigung und Verbreitung auf eigene Rechnung zu überlassen, und andererseits die **Auswertungspflicht des Verlegers.**[388] Unter das VerlG fällt nur die verlagstypische Vervielfältigung in Print-Form, außerhalb bleiben die elektronischen Vervielfältigungen,[389] auch wenn insoweit eine analoge Anwendung einzelner verlagsrechtlicher Vorschriften in Betracht kommt.[390] Die **Vergütungspflicht** bildet nach dem Gesetz kein wesentliches Merkmal des Verlagsvertrags.[391] Der Anspruch auf angemessene Vergütung und weitere Beteiligung ergibt sich aus §§ 32, 32a.[392] Regelmäßig räumt der Verfasser dem Verleger ein **subjektives Verlagsrecht** ein, dh das ausschließliche Recht zur Vervielfältigung und Verbreitung im Rahmen des Vertrags (§§ 8, 9 VerlG); es bildet ein ausschließliches Nutzungsrecht iSv § 31. Das subjektive Verlagsrecht bedeutet für den Verleger insbesondere die Basis für ein Vorgehen gegen dritte Rechtsverletzer.

---

[382] BGH GRUR 1982, 369 (371) – Allwetterbad; *Schricker,* Verlagsrecht, VerlG § 35 Rn. 25.

[383] Vgl. Dreier/Schulze/*Schulze* vor § 31 Rn. 116; aA – Rückabwicklung nach Bereicherungsrecht – Wandtke/Bullinger/*Wandtke/Grunert* UrhG vor §§ 31 ff. Rn. 15.

[384] Vgl. BGH GRUR 1982, 369 (371) – Allwetterbad; s. auch Loewenheim/*Loewenheim/J. B. Nordemann,* Handbuch des Urheberrechts, § 26 Rn. 23.

[385] → § 31 Rn. 15 ff.

[386] Zum Verhältnis des VerlG zum UrhG → Rn. 18.

[387] § 1 S. 1 VerlG; s. im Einzelnen *Schricker,* Verlagsrecht, VerlG § 1 Rn. 33 ff.; Ulmer-Eilfort/Obergfell/*Ulmer-Eilfort* VerlG § 1 Rn. 4 ff.

[388] § 1 VerlG, s. im Einzelnen *Schricker,* Verlagsrecht, VerlG § 1 Rn. 7 ff.; Ulmer-Eilfort/Obergfell/*Ulmer-Eilfort* VerlG § 1 Rn. 52 ff.

[389] *Schricker,* Verlagsrecht, VerlG § 1 Rn. 51; *Schack* Rn. 1130; für eine weitere Auslegung mit beachtlichen Gründen Ulmer-Eilfort/Obergfell/*Ulmer-Eilfort* VerlG § 1 Rn. 45; sa *Schmaus,* Der E-Book-Verlagsvertrag, 2002, S. 40 ff.

[390] *Schulze* ZUM 2000, 432 (448).

[391] Krit. *Schricker,* Verlagsrecht, Einl. Rn. 29, VerlG § 22 Rn. 1.

[392] S. die Kommentierung dort; vgl. zu den Vergütungsformen auch *Wegner/Wallenfels/Kaboth* S. 93 ff.; zur Verrechnung von Honorarvorschüssen s. OLG Karlsruhe ZUM 1986, 405.

Im Einzelfall kann freilich auch ein einfaches Nutzungsrecht eingeräumt sein;[393] § 38 Abs. 3 S. 1 nimmt dies idR für Zeitungsbeiträge an. **Presseverlegern** steht seit 2013 ein originäres **Leistungs-schutzrecht** am Presseerzeugnis zu (§§ 87f Abs. 1).[394] Verlagsverträge sind auch ohne Einräumung eines dinglichen Rechts möglich; das Verlagsvertragsverhältnis beschränkt sich dann auf rein schuld-rechtliche Abmachungen. Dies gilt insbesondere für **Verlagsverträge über gemeinfreie Werke** (§§ 39, 40 VerlG). Kein Verlagsvertrag liegt vor, wenn sich der Verwerter des Werks nicht zur Verviel-fältigung und Verbreitung verpflichtet, so insbesondere wenn er sich ohne eine Auswertungspflicht ein Werk auf Bestellung anfertigen lässt.[395]

Die Verträge **literarischer Übersetzer** sind im Zweifel Verlagsverträge, nicht Bestellverträge, auch **100** wenn ein Pauschalhonorar vorgesehen ist.[396] In der Vergangenheit entsprachen Übersetzerhonorare häufig nicht dem in § 32 Abs. 2 S. 2 aufgestellten Standard der Redlichkeit. Der BGH hat daher in den Jahren 2009 und 2011 unter § 32 Grundsätze zur Angemessenheit der Übersetzervergütung auf-gestellt,[397] auf die Kommentierung dieser Vorschriften sei insoweit verwiesen.[398]

Inhalt und Umfang der dem Verleger zugewiesenen Rechtsposition zu bestimmen und sie **101** gegenüber den Rechten des Verfassers abzugrenzen, ist in erster Linie Sache des Verlagsvertrags. Man-gels entsprechender Regelung tritt das VerlG, das kombiniert mit den urhebervertragsrechtlichen Regeln des UrhG anzuwenden ist, in die Lücke. Hiernach muss – insbesondere unter Heranziehung der Übertragungszwecklehre des § 31 Abs. 5 – bestimmt werden, wie weit sich das **positive Nut-zungsrecht** des Verlegers erstreckt. Sein **negatives Verbotsrecht** reicht nach der Regelung des § 9 VerlG darüber hinaus.[399] Vom dinglichen Verbotsrecht des Verlegers – das auch gegenüber dem Ver-fasser besteht – zu unterscheiden ist die **schuldrechtliche Enthaltungspflicht** des Verfassers gegen-über dem Verleger (§ 2 VerlG). Sie deckt sich inhaltlich weitgehend mit dem Bereich des Verbots-rechts, kann aber weiter gehen.[400]

In den heute üblichen Verlagsverträgen, namentlich im Bereich der Belletristik, lassen sich Verleger **102** meist über die buchmäßige Vervielfältigung und Verbreitung hinaus noch weitere Nutzungsrechte einräumen, die sog. **Nebenrechte**.[401] In der Praxis unterscheidet man „buchnahe" (zB Buchgemein-schafts-, Taschenbuch-, Reprint-, Mikrofilmrechte, Recht zum Abdruck in Periodika) und „buchfer-ne" Nebenrechte (Filmrechte, Hörbuchrechte, Senderechte). Die Grenze zwischen dem eigentlichen Verlagsrecht, den buchnahen und den buchfernen Nebenrechten ist fließend, insbesondere was digita-le Nutzungsformen betrifft.[402] Für die Vertragsauslegung gewinnt die Übertragungszweckregel des § 31 Abs. 5 zentrale Bedeutung, wonach es mangels ausdrücklicher Bezeichnung der Nutzungsarten auf den Vertragszweck ankommt.[403] Die buchfernen, vielfach aber auch buchnahen Nebenrechte pflegen nicht vom Verleger selbst ausgewertet zu werden, sondern die Auswertung erfolgt über Dritte, denen der Verleger abgeleitete Rechte einräumt oder die betreffenden Nebenrechte überträgt, wozu er regelmäßig der Zustimmung des Urhebers bedarf (§§ 34, 35). Die Stellung des Verlegers ähnelt insofern derjenigen einer Agentur zur Vermarktung von Nutzungsrechten. Am Erlös dieser Verwer-tung wird der Urheber idR prozentual beteiligt.[404] Bei den vom Verlagsrecht abgeleiteten Rechten kann es sich um **Verlagslizenzen** oder sonstige abgeleitete Nutzungsrechte handeln.[405]

Für die Auslegung und rechtliche Behandlung der Verlagsverträge ist ihr **besonderer Charakter** **103** zu berücksichtigen: Im Buchverlag werden herkömmlicherweise Vertragsverhältnisse von längerer Dauer eingegangen, die von persönlichem Vertrauen getragen werden und eine **besondere Treue-bindung** begründen.[406] Vielfach handelt es sich um komplexe Beziehungen, die sich nicht nur auf ein einzelnes Werk, sondern auf wesentliche Teile des Werkschaffens des Verfassers beziehen und die Verwertung in umfassender Weise in die Wege leiten. Dem persönlichen Treue- und Vertrauensver-hältnis entsprechend sind die den Vertrag begleitenden Schutz-, Fürsorge- und Erhaltungspflichten zu bemessen und die Rechtsfolgen von Vertragsverletzungen zu bestimmen.[407]

---

[393] KG ZUM-RD 1997, 81 (83) – Hans Fallada.
[394] → Rn. 107 und die Kommentierung zu §§ 87f–b.
[395] S. zum Bestellvertrag § 47 VerlG und *Schricker*, Verlagsrecht, § 47 Rn. 7 ff.
[396] BGH GRUR 2005, 148 (150) – Oceano Mare, dazu *Schricker* LMK 2005, 30; OLG München GRUR-RR 2001, 151 – SEIDE.
[397] Vgl. nur BGH GRUR 2009, 1148 – Talking to Addison; BGH GRUR 2011, 328 – Destructive Emotions; zur Verfassungsmäßigkeit BVerfG GRUR 2014, 169 – Übersetzerhonorare; Überblick bei *Tolkmitt* FS Bornkamm (2014), 991 ff.
[398] → § 32 Rn. 31 und passim.
[399] *Schricker*, Verlagsrecht, VerlG § 8 Rn. 7 ff.; → § 31 Rn. 51.
[400] *Schricker*, Verlagsrecht, VerlG § 2 Rn. 1, 4, 35 ff.; zur Wirksamkeit von Wettbewerbsverboten → Rn. 62 und *Gottschalk* ZUM 2005, 359 ff.
[401] *Schricker*, Verlagsrecht, § 8 Rn. 5e, g; *Schack* Rn. 1150; Ulmer-Eilfort/Obergfell/*Ulmer-Eilfort* VerlG § 1 Rn. 42.
[402] Zu den Schranken der dinglichen Aufspaltbarkeit → § 31 Rn. 27 ff.
[403] Im Einzelnen → § 31 Rn. 52 ff.; *Schricker*, Verlagsrecht, VerlG § 8 Rn. 5e ff.
[404] *Schricker*, Verlagsrecht, VerlG § 8 Rn. 5g.
[405] → § 29 Rn. 20.
[406] *v. Becker* in Riesenhuber, Urheber und Verleger, S. 19 ff.; *Schricker*, Verlagsrecht, VerlG § 1 Rn. 19 ff.
[407] S. den Überblick über die möglichen Rechtsfolgen bei *Schricker*, Verlagsrecht, VerlG § 35 Rn. 28; insbesondere zur Kündigung aus wichtigem Grund – heute § 314 BGB – *Schricker*, Verlagsrecht, VerlG § 35 Rn. 24 f.; allgemein zur Vertragsbeendigung → Rn. 79 ff.

104   **b) Zeitschriften- und Zeitungsverlag.** Der Zeitschriften- und Zeitungsverlag wird weitgehend durch die Tätigkeit **angestellter Redakteure, Journalisten und sonstiger Mitwirkender** geprägt. Für ihre Vertragssituation sind zT **Tarifverträge** bestimmend, die auch in Bezug auf **arbeitnehmerähnliche Personen** abgeschlossen werden können;[408] im Übrigen sind die Grundsätze des **Arbeitnehmerurheberrechts** anwendbar.[409]

105   Von den Besonderheiten des Arbeitnehmerurheberrechts abgesehen, kommen auch im Zeitschriften- und Zeitungsverlag **Verlagsverträge** nach Maßgabe des VerlG vor. Dieses enthält in §§ 41–46 VerlG Sonderregeln für Beiträge zu periodischen Sammelwerken. Ein Verlagsvertrag liegt vor, wenn den Verleger eine Pflicht zur Vervielfältigung und Verbreitung trifft. Dies ist nach § 45 Abs. 2 VerlG anzunehmen, wenn dem Verfasser vom Verleger der Zeitpunkt bezeichnet worden ist, in welchem der Beitrag erscheinen soll; eine Verwertungspflicht des Verlegers kann aber auch in sonstigen Fällen vereinbart werden.[410]

106   Fehlt es an der Verwertungspflicht, so ist kein Verlagsvertrag gegeben, sondern ein Nutzungsvertrag anderer Art.[411] Er ist nach Maßgabe der urhebervertragsrechtlichen Regeln des UrhG zu beurteilen; das VerlG ist analog anzuwenden, soweit nicht das Fehlen einer Pflicht zur Vervielfältigung und Verbreitung Abweichungen begründet.[412]

107   Von der Frage, ob ein Verlagsvertrag vorliegt, ist die weitere Frage zu unterscheiden, ob der Verleger bei Beiträgen zu Periodika ein **dingliches Recht** erwirbt und welche Natur diesem Recht zukommt. Gemäß § 38 Abs. 3 S. 1 erlangt der Verleger oder Herausgeber bei Zeitungen im Zweifel ein **einfaches Nutzungsrecht** (Abdruckrecht), bei sonstigen Periodika, also insbesondere bei Zeitschriften, ein **ausschließliches Nutzungsrecht zur Vervielfältigung und Verbreitung.** Sind ausschließliche Rechte eingeräumt, so endet die Ausschließlichkeit im Zweifel bei Zeitungen sogleich nach Erscheinen des Beitrags (§ 38 Abs. 3 S. 2), bei sonstigen Periodika nach Ablauf eines Jahres seit Erscheinen (§ 38 Abs. 1 S. 2). Im Einzelnen ist auf die Kommentierung zu § 38 zu verweisen. Seit der Einführung des **Leistungsschutzrechts für Presseverleger** im Jahre 2013 tritt neben das vom Urheber abgeleitete Nutzungsrecht ein originäres verwandtes Schutzrecht des Verlegers am Presseerzeugnis, auf die Kommentierung der §§ 87f–h sei insoweit verwiesen. Angesichts des Schutzes durch abgeleitete Rechte bestand für die Schaffung dieses neuen und in seinem Umfang unbestimmten Rechts keine Notwendigkeit. Daher hat sich das Schrifttum fast einhellig gegen die Schaffung dieses Leistungsschutzrechts ausgesprochen.[413] Derzeit sind die §§ 87f–h UrhG wegen Verstoßes gegen die unionsrechtliche Notifizierungspflicht unanwendbar.[414]

108   Periodika sind typischerweise auf Dauer angelegte **wirtschaftliche Veranstaltungen.** Grundlegend für die rechtliche Behandlung ist, wem das Periodikum zusteht, wer „**Herr des Unternehmens**" ist. Die Inhaberschaft kann beim Verlag liegen, beim Herausgeber oder evtl. auch einem Dritten, etwa einer wissenschaftlichen Vereinigung, Akademie, einem Berufsverband o. dgl.[415] Je nachdem, wer „Herr des Unternehmens" ist, das sich in dem Periodikum verkörpert, werden die Vertragsverhältnisse unterschiedlich gestaltet sein.[416] Ein urhebervertragsrechtlicher Einschlag der Rechtsverhältnisse des **Herausgebers** kann insbesondere dadurch begründet werden, dass der Herausgeber ein Urheberrecht am Periodikum als Sammelwerk (§ 4) erwirbt, hinsichtlich dessen dem Verleger ein Nutzungsrecht (Verlagsrecht) einzuräumen ist.[417]

109   **c) Elektronisches Publizieren.**[418] Zunehmend werden Texte in elektronischer Form genutzt. Im Internet stehen zahlreiche Sprachwerke zum **freien Abruf** bereit, beispielsweise die Online-Ausgaben der meisten Zeitungen, wissenschaftliche Werke, die auf Open Access-Repositorien verfügbar gemacht werden, oder Leseproben von Büchern. Eine weitere verbreitete Nutzungsform sind **Online-Datenbanken,** beispielsweise für juristische Texte. Neben den Verkauf gedruckter Bücher tritt der Vertrieb von **E-Books.**

110   Tritt zwischen den Urheber und den Endnutzer ein Verwerter, so lassen sich zwei Vertragsverhältnisse unterscheiden. Der **Urheber** wird einem **Verleger** die Nutzung in elektronischer Form gestat-

---

[408] Hierzu → Rn. 20.

[409] S. die Kommentierung zu § 43, insbes. → Rn. 103–114.

[410] *Schricker,* Verlagsrecht, VerlG § 45 Rn. 8–10.

[411] *Schricker,* Verlagsrecht, § 42 VerlG/§ 38 UrhG Rn. 4.

[412] *Schricker,* Verlagsrecht, VerlG § 45 Rn. 10.

[413] Vgl. nur *Ehmann/Szilagyi* K&R Beih. 2/2009; *Ohly* WRP 2012, 41; *Rieger,* Ein Leistungsschutzrecht für Presseverleger, 2013, S. 377; *Schack* Rn. 1143; *Stieper* ZUM 2013, 10; dafür aber *Hegemann/Heine* AfP 2009, 201. Weitere Nachw. → Vor §§ 87fff. Rn. 7 und bei *Wandtke* ZUM 2014, 847 ff.

[414] EuGH GRUR 2019, 1188 – VG Media/Google. Vgl. auch den Vorlagebeschluss des LG Berlin GRUR-RR 2017, 262.

[415] Im Einzelnen → § 4 Rn. 37 f.; *Schricker,* Verlagsrecht, VerlG § 41 Rn. 13 ff.

[416] *Schricker,* Verlagsrecht, VerlG § 41 Rn. 15 ff. mwN.

[417] *Schricker,* Verlagsrecht, VerlG § 41 Rn. 18; vgl. auch → § 4 Rn. 28; Dreier/Schulze/*Schulze* UrhG vor § 31 Rn. 199 ff., *Schierholz/Müller* FS Nordemann (2004), 115 ff.; zur Berechnung des Verletzergewinns beim Herausgebervertrag und damit verbundenen Fragen der Beweislast BGH GRUR 2015, 269 Rn. 26 ff. – K-Theory.

[418] Überblick bei Loewenheim/*Koch,* Handbuch des Urheberrechts, § 78 Rn. 23 ff.; Wandtke/Bullinger/ *Wandtke/Grunert* UrhG vor §§ 31 ff. Rn. 70 ff.; *Schack* Rn. 1195 ff.; sa *Loewenheim/Koch,* Praxis des Online-Rechts, 2001; *Schulze* ZUM 2000, 432 ff.

ten. Sowohl bei der Bereitstellung online als auch beim E-Book-Verlag handelt es sich um eigenständige Nutzungsarten.[419] Dennoch ist die Einräumung der für elektronische Nutzungen erforderlichen Rechte, insbesondere des Rechts der öffentlichen Zugänglichmachung (§ 19a) und das Recht zur Vornahme begleitender Vervielfältigungen, mittlerweile üblicher Bestandteil von Verlagsverträgen,[420] auch wenn insoweit die Anwendbarkeit des VerlG von der hM verneint wird.[421] Fehlt es allerdings an der Auswertungspflicht, so liegt ein Urheberrechtsvertrag eigener Art vor.

Das Rechtsverhältnis zwischen **Verwerter** und **Endnutzer** kann je nach Nutzungsform unterschiedliche Gestalt annehmen.[422] Der **Nutzungsvertrag über eine Online-Datenbank**[423] ist ein atypischer Vertrag über die Nutzung von Immaterialgütern, auf den im Einzelfall kauf-, pacht- oder dienstvertragliche Vorschriften Anwendung finden können;[424] §§ 55a, 87e gewähren dem Nutzer gewisse Mindestrechte. Beim **Vertrieb von E-Books** über Downloads[425] wird dem Nutzer eine Datei übertragen, die er auf seinem Lesegerät abspeichert, zugleich wird dem Nutzer das Recht zur Vornahme der erforderlichen Vervielfältigungen eingeräumt,[426] wobei üblicherweise klauselmäßig die Weiterübertragung ausgeschlossen und untersagt wird. Ob gleichwohl Erschöpfung eintritt,[427] ist ebenso umstritten wie die Frage, ob derartige Beschränkungen der AGB-Kontrolle standhalten.[428] Sowohl hinsichtlich des Datensatzes als auch hinsichtlich des Nutzungsrechts handelt es sich bei endgültiger Überlassung der Datei um einen **Kaufvertrag**.[429] Stellt der Verleger das Werk frei im Internet zur Verfügung, wie es beispielsweise bei den Online-Ausgaben der meisten Zeitungen der Fall ist, so kann es sich dabei je nach Einzelfall um eine **schuldrechtliche Gestattung** oder eine **einseitige Einwilligung** handeln. Letztere kommt allerdings nach der dogmatisch nicht über jeden Zweifel erhabenen Rechtsprechung des EuGH dann nicht in Betracht, wenn die Nutzung durch eine Schrankenregelung erlaubt ist.[430] Hier wird die mit dem Bereitstellen der Datei eigentlich erklärte Gestattung durch die Schrankenregelung überlagert, so dass insbesondere die Nutzung eine Vergütungspflicht auslöst, soweit nicht § 44a eingreift.

Das Internet ermöglicht es dem Urheber auch, seine Werke selbst zu verwerten. Die Vermittlungstätigkeit des Verlegers entfällt, für das Rechtsverhältnis zwischen dem Urheber und dem Endnutzer gilt das oben für das Verhältnis zwischen Verleger und Nutzer Ausgeführte. In welchem Maße die Bereitstellung von Inhalten im Internet als Nutzungsgestattung angesehen werden kann, ist Frage des Einzelfalls. Eine Bereitstellung unter Creative-Commons-Lizenz ist in der Regel als Angebot zur Einräumung eines einfachen Nutzungsrechts (§ 31 Abs. 2) anzusehen.[431] Wird ein Inhalt ohne ausdrückliche Erklärung, aber auch ohne Zugriffssperren bereitgestellt, so kann nach den unter § 29 dargestellten Grundsätzen eine konkludente Einwilligung anzunehmen sein.[432]

111

112

2. Verträge über Musikwerke

Literatur. Gesamtdarstellungen, Kommentare und Überblicke: Berger/Wündisch/*Fierdag,* § 21; *Delp,* Verlagsvertrag, S. 19; Dreier/Schulze/*Schulze* vor § 31 UrhG Rn. 221 ff.; Fromm/Nordemann/*J. B. Nordemann* vor §§ 31 ff. UrhG Rn. 358 ff.; *Haberstumpf/Hintermeier* § 26 S. 223 ff.; Loewenheim/*Czychowski,* Handbuch des Urheberrechts, § 68; *Rauscher auf Weeg,* Das Urheberrecht der Musik und seine Verwertung, GRUR-Fs., S. 1265 ff.; *Rossbach/Joos,* FS Schricker (1995), S. 333 ff.; *Schack,* Urheber- und Urhebervertragsrecht, Rn. 1202 ff.; *Schricker,* Verlagsrecht, § 14 Rn. 82 f., § 8 Rn. 42.

Monographien und Aufsätze. *Ahlberg,* Ist der Musikverleger noch Verleger?, FS Raue (2006), 353; *Block,* Die Lizenzierung von Urheberrechten für die Herstellung und den Vertrieb von Tonträgern im Europäischen Binnenmarkt, 1997; *Budde,* Die Leistungen des Musikverlegers, in: Riesenhuber (Hrsg.), Urheber und Verleger: Interessengemeinschaft oder Marktgegner, 2018, S. 31; *Goršcak,* Der Verlagsvertrag über U-Musik, 2003; *Grohmann,* Leistungsstörungen im Musikverlagsvertrag, 2006; *Moser/Scheuermann,* Handbuch der Musikwirtschaft, 7. Aufl. 2018; *Schwenzer,* Die Rechte des Musikproduzenten, 1998.

---

[419] → § 31 Rn. 42; *Rehbinder/Schmaus* ZUM 2002, 167 (168); *Schulz/Ayar* MMR 2012, 652 (653).

[420] Vgl. *Schulze* ZUM 2000, 432 (448).

[421] → Rn. 99.

[422] Vgl. hierzu den Überblick bei *Zech* ZUM 2014, 3 ff. und *Rehbinder/Peukert* § 48; Wandtke/Bullinger/ *Wandtke/Grunert* UrhG vor §§ 31 ff. Rn. 73.

[423] S. hierzu die Kommentierung zu §§ 55a, 87e und *Moufang* FS Schricker (1995), 571 ff.; Loewenheim/*Koch,* Handbuch des Urheberrechts, § 77 (mit Vertragsmuster: Rn. 188).

[424] *Moufang* FS Schricker (1995), 583 ff.; stärker zu einer kaufrechtlichen Qualifizierung neigend Loewenheim/*Koch,* Handbuch des Urheberrechts, § 77 Rn. 141.

[425] Diese Vertriebsart steht beim Buchvertrieb praktisch im Vordergrund. Zu Streaming-Diensten und Cloud-Computing → Rn. 118, 147 f. und *Lehmann* GRUR-Int 2015, 677; *Zech* ZUM 2014, 3 (6 ff.).

[426] *Zech* ZUM 2014, 3 (5) mit Hinweis auf die Schrankenregelungen, die dem rechtmäßigen Nutzer die Lektüre möglicherweise auch ohne den Erwerb von Nutzungsrechten erlauben.

[427] → § 15 Rn. 42, 314.

[428] → Rn. 50.

[429] → Rn. 59 und *Zech* ZUM 2014, 3 (8).

[430] EuGH GRUR 2013, 812 Rn. 37; differenzierter GA *Sharpston* in ihren Schlussanträgen BeckRS 2013, 80163 Rn. 117 ff. – VG Wort; aA zuvor *Ohly* GRUR 2012, 983 (989).

[431] → § 29 Rn. 17.

[432] → § 29 Rn. 29 ff. Beispiel, LG Frankfurt a. M. ZUM-RD 2015, 201: Die Einbindung eines Share-Buttons in sozialen Netzwerken ist nicht als konkludente Einwilligung in die Nutzung geschützter Texte anzusehen.

Vertragsmuster. *Delp,* Verlagsvertrag, S. 68 ff.; MünchVertragshandbuch/*Czychowki*/*J. B. Nordemann,* Bd. 3/II, 6. Aufl. 2009, Teil XI Nr. 16–22.

113 **a) Musikverlag.** Verlagsverträge über Werke der Tonkunst fallen nach § 1 VerlG unter das **Verlagsgesetz.** Im Vergleich zum Bereich der literarischen Werke bestehen aber nicht unerhebliche Besonderheiten. Die Herstellung und Verbreitung von Notenmaterial („Papiergeschäft") erfüllt heute meist nur noch eine dienende Rolle gegenüber der Verwertung der **Nebenrechte,** insbesondere des Aufführungsrechts, Senderechts sowie Tonträgerrechts. Die Nebenrechte werden überwiegend über die Verwertungsgesellschaft **GEMA** ausgewertet.[433] Nicht von der GEMA wahrgenommen wird das Recht der bühnenmäßigen Aufführung dramatisch-musikalischer Werke.[434] Der Schwerpunkt der Tätigkeit der Musikverleger liegt mittlerweile neben dem klassischen Verlagsgeschäft auf dem Management, der Rechteverwaltung, dem Marketing und der Anbahnung von Verträgen.[435]

114 Diesen wirtschaftlichen Gegebenheiten entsprechend sind die Verlagsverträge **auf Dauer** und auf **möglichst umfassende Einbeziehung der Nebenrechte** angelegt. Besonderes Gewicht hat im Gefüge der Vertragspflichten die Pflicht des Verlegers zur **Förderung der Vermarktung des Werks** im Wege der Aufführung, Bild- und Tonaufzeichnung, Hörfunk- und Fernsehsendung uä. Die **Herstellung und Verbreitung von Noten** ist hierauf abzustimmen; gegenüber dem Buchverlag können die einschlägigen Anforderungen modifiziert und insbesondere reduziert sein.[436] Wenn der Verleger nach der vertraglichen Vereinbarung das Eigentum am Originalmanuskript erwirbt, kann er bei vorzeitiger Beendigung des Vertragsverhältnisses zur Rückübereignung verpflichtet sein.[437] Meist werden dem Musikverleger relativ weitgehende Rechte hinsichtlich **Änderungen und Bearbeitungen des Werks** konzediert. Die Rechtsprechung zeigt, dass es bei derartigen langdauernden und umfassenden Vertragsverhältnissen nicht ganz selten zu Spannungen kommt, die zum Versuch einer **außerordentlichen Vertragslösung** führen.[438]

115 Namentlich zur Auslandsverwertung werden von den Musikverlegern **Subverlagsverträge** geschlossen, dh – üblicherweise ausschließliche – Lizenzen erteilt.[439]

116 **b) Tonträgerherstellervertrag und verwandte Verträge.**[440] Bei der **Herstellung von Tonträgern** sind verschiedene Vertragsbeziehungen zu unterscheiden.[441] Tonträgerhersteller schließen mit den Interpreten Künstlerverträge, die oft eine Exklusivbindung enthalten.[442] Der Künstler überträgt dem Hersteller das Vervielfältigungsrecht, das Verbreitungsrecht und das Recht der öffentlichen Wiedergabe (§§ 77 Abs. 1, 2; 78 Abs. 1 Nr. 1), während den Tonträgerhersteller neben der Pflicht zur Gegenleistung, oft in der Form einer Umsatzbeteiligung, im Zweifel eine Auswertungspflicht trifft.[443] Ist das Werk noch urheberrechtlich geschützt, so benötigt der Tonträgerhersteller außerdem das Recht zur Vervielfältigung, Verbreitung und Wiedergabe vom Urheber, das im Zweifel von der GEMA wahrgenommen wird.[444] Weitere Vertragsformen sind der zwischen einem Tonträgerhersteller und einem künstlerischen Produzenten abgeschlossene Musikproduktions- oder Producervertrag[445] und der zwischen einem wirtschaftlichen Produzenten und einem Tonträgerhersteller abgeschlossene Bandübernahmevertrag.[446]

117 **c) Digitale Nutzungsformen.** Der traditionelle Kauf analoger Tonträger, der zwischenzeitlich durch den Kauf digitaler Datenträger (CD, DVD, Blu-ray Disc) ersetzt wurde, wird zunehmend durch den Musikgenuss online abgelöst, sei es im Wege des Downloads von Musikdateien, sei es durch die

---

[433] Zum Verhältnis zwischen dem von der GEMA wahrgenommenen Recht der mechanischen Vervielfältigung und Verbreitung und den graphischen Rechten des Musikverlegers bei Einfuhr von Matrizen aus dem Ausland s. BGH GRUR 1965, 323 – Cavalleria rusticana; zur Auslegung der sog. GEMA-Normalverträge für die phonographische Industrie s. BGH GRUR 1987, 632 – Symphonie d'Amour; zur Verletzung der Treuhandpflicht des Musikverlegers s. OLG München UFITA 53 1969, 322.

[434] Vgl. → § 19 Rn. 44 ff.

[435] *Budde* in Riesenhuber, Urheber und Verleger, S. 31, 36 ff.; Dreier/Schulze/*Schulze* UrhG Vor § 31 Rn. 224; Fromm/Nordemann/*J. B. Nordemann* UrhG vor §§ 31 ff. Rn. 359; *Schricker,* Verlagsrecht, VerlG § 1 Rn. 82 f.

[436] Vgl. *Schricker,* Verlagsrecht, § 14 Rn. 17; s. aus der Rspr. BGH GRUR 1988, 303 (305) – Sonnengesang.

[437] BGH GRUR 1999, 579 – Hunger und Durst.

[438] Vgl. BGH GRUR 2010, 1093 – Concierto de Aranjuez; *Schricker,* Verlagsrecht, VerlG § 35 Rn. 23 ff. mwN; zur Kündigung aus wichtigem Grund → Rn. 84 ff.

[439] *Schricker,* Verlagsrecht, VerlG § 28 Rn. 25 mwN; ausführlich auch Dreier/Schulze/*Schulze* UrhG vor § 31 Rn. 228 ff.; Loewenheim/*Czychowski,* Handbuch des Urheberrechts, § 68 Rn. 75 ff.

[440] Hierzu umfassend Loewenheim/*Rossbach,* Handbuch des Urheberrechts, § 69; *Rossbach*/*Joos* FS Schricker (1995), 333 (364 ff.); sa Dreier/Schulze/*Schulze* UrhG vor § 31 Rn. 233 ff.; Fromm/Nordemann/*J. B. Nordemann* UrhG vor §§ 31 ff. Rn. 363 ff.; *Schack* Rn. 1248 ff.; sa die Kommentierung zu §§ 78, 79.

[441] Dreier/Schulze/*Schulze* UrhG vor § 31 Rn. 233; *Joos*/*Rossbach* FS Schricker (1995), 333 (334 ff.); Loewenheim/*Rossbach,* Handbuch des Urheberrechts, § 69 Rn. 1 ff.

[442] BGH GRUR 1989, 198 – Künstlerverträge; Loewenheim/*Rossbach,* Handbuch des Urheberrechts, § 69 Rn. 4 ff.; Fromm/Nordemann/*J. B. Nordemann* UrhG vor §§ 31 ff. Rn. 363; *Schack* Rn. 1249 ff.

[443] BGH GRUR 1989, 198 (201) – Künstlerverträge; Loewenheim/*Rossbach,* Handbuch des Urheberrechts, § 69 Rn. 28 f. (mit Hinweis auf das Interesse des Künstlers im Regelfall einer Exklusivbindung); *Schack* Rn. 1251.

[444] Dreier/Schulze/*Schulze* vor § 31 Rn. 234; *Schack* Rn. 1248.

[445] Hierzu Loewenheim/*Rossbach,* Handbuch des Urheberrechts, § 69 Rn. 49 ff.

[446] Hierzu Loewenheim/*Rossbach,* Handbuch des Urheberrechts, § 69 Rn. 62 ff.

Nutzung von Streaming-Diensten. Sofern der Tonträgerhersteller nicht selbst Anbieter ist, sind zwei Vertragsverhältnisse zu unterscheiden. Der Produzent räumt dem Anbieter die zur Online-Nutzung erforderlichen Rechte, insbesondere das Recht der öffentlichen Zugänglichmachung (§ 19a) und zur Vornahme begleitender Vervielfältigungen ein.

Beim **Vertrag zwischen Verwerter und Nutzer** sind **drei Vertriebsformen** zu unterscheiden. **118** Der **Verkauf eines Datenträgers,** zB einer CD, ist Kaufvertrag und führt gemäß § 17 Abs. 2 zur Erschöpfung. Wird dem Kunden eine Musikdatei zum **Download** angeboten, so ist die Situation mit dem Vertrieb von E-Books vergleichbar:[447] Verwerter und Kunde schließen einen Kaufvertrag, der die Übermittlung der Datei und die zum Werkgenuss erforderlichen Nutzungsrechte zum Gegenstand hat. Ob sich dadurch die Rechte an der Datei erschöpfen und ob die Übertragbarkeit durch AGB ausgeschlossen werden kann, ist ebenso umstritten wie im Fall von E-Books. Beim **Streaming** wird dem Nutzer vertraglich der Zugang zu einer Plattform gestattet und faktisch ermöglicht, auf der ein umfassendes Repertoire bereitgehalten wird. Dieser Vertrag ist, ebenso wie nach hM ein Vertrag über einen Internet-Zugang,[448] als Dienstvertrag zu qualifizieren.[449] Ob der Endnutzer überhaupt urheberrechtliche Nutzungsrechte benötigt oder ob diese Form des Werkgenusses vollständig in den Anwendungsbereich der §§ 44a, 53 fällt, ist umstritten.[450] Soweit Nutzungsbefugnisse erforderlich sind, verpflichtet sich der Plattformbetreiber, sie einzuräumen.

3. Bühnen- und Aufführungsverträge

Literatur: Gesamtdarstellungen, Kommentare und Überblicke. *Bolwin/Sponer,* Bühnen- und Orchesterrecht (Loseblattslg); *Delp,* Verlagsvertrag, S. 19; Dreier/Schulze/*Schulze* vor § 31 UrhG Rn. 204 ff.; Fromm/Nordemann/*J. B. Nordemann* vor §§ 31 ff. UrhG Rn. 336 ff.; Loewenheim/*Schlatter,* Handbuch des Urheberrechts, § 72; *Schack,* Urheber- und Urhebervertragsrecht, § 31; *Schricker,* Verlagsrecht, § 1 Rn. 84 f.; *Ulmer* §§ 96, 113.

Monographien und Aufsätze. *Kurz,* Praxishandbuch Theaterrecht, 1999; *Nix/Hegemann/Hemke,* Normalvertrag Bühne, 2008; *Wandtke,* Theater und Recht, 1994.

Normverträge, Vertragsmuster. *Deutscher Bühnenverein,* Bühnen- und Musikrecht (Loseblattslg); MünchVertragshandbuch/*Vinck;* Bd. 3/II, 6. Aufl. 2009, Teil XI Nr. 46–56.

a) Bühnenverlag. Das im Buchverlag heute mehr und mehr in Erscheinung tretende, beim Mu- **119** sikverlag gesteigerte Bedeutung gewinnende, jedoch durch die Einschaltung der GEMA modifizierte Moment der **Wahrnehmung der Rechte der Urheber**[451] tritt beim Bühnenverlag[452] derart in den Vordergrund, dass man in der Regel nicht mehr von Verlagsverträgen sprechen kann, sondern von **Nutzungsverträgen eigener Art,** die Elemente des Pacht-, Gesellschafts-, Dienst- oder Werkvertrags sowie des Verlagsrechtes enthalten und bei denen das Moment der Geschäftsbesorgung (§ 675 BGB) besonderes Gewicht erlangt.[453] Zur Vervielfältigung und Verbreitung des **Text- und Notenmaterials** tritt der sog. **Bühnenvertrieb** hinzu, dh der Bühnenverlag erwirbt das ausschließliche Recht der bühnenmäßigen Aufführung und der Sendung sowie uU noch weitere Nebenrechte, bemüht sich um eine entsprechende Verwertung und führt die eingezogenen Vergütungen anteilig an den Urheberrechtsinhaber ab.

b) Bühnenmäßige Aufführung. Zur Aufführung von **dramatischen Werken** und zur **büh-** **120** **nenmäßigen Aufführung musikalisch-dramatischer** Werke[454] werden von Urhebern, Bühnen- und Musikverlagen oder sonstigen Rechtsinhabern **Aufführungsverträge** geschlossen, die Urheberrechtsnutzungsverträge eigener Art bilden.[455] Bei der – im Allgemeinen üblichen – Vereinbarung einer **Aufführungspflicht** des Theaterunternehmens kommt eine entsprechende Anwendung gewisser verlagsrechtlicher Regeln in Betracht.[456] Die Bühnen und Musikverlage verwenden zwar ihre eigenen Vertragswerke, denen aber weitgehend standardisierte Regeln zugrunde liegen.[457] Der Deutsche Bühnenverein und der Verband der Deutschen Bühnen- und Musikverlage haben sich 1976 auf

---

[447] S. daher die Nachw. oben, → Rn. 110 ff.

[448] *Hantschel* S. 165 ff., 177 ff.; Zech ZUM 2014, 3 (8), beide mwN.

[449] *Zech* ZUM 2014, 3 (8).

[450] Vgl. hierzu AG Potsdam ZUM-RD 2014, 587; *Stieper* MMR 2012, 12 ff.; *Wandtke/von Gerlach* GRUR 2013, 676 ff.; *Hilgert/Hilgert* MMR 2014, 85 ff. und → § 44a Rn. 12, 19; offen insoweit EuGH GRUR 2014, 654 – PRCA/NLA.

[451] Zusammenfassend *Ulmer* § 96.

[452] S. dazu aus der Rechtsprechung BGH GRUR 1975, 495 – Lustige Witwe; OLG München GRUR 1980, 912 – Genoveva; OLG Frankfurt a. M. ZUM 2008, 963.

[453] *Schricker,* Verlagsrecht, VerlG § 1 Rn. 85 mwN.

[454] Sog. großes Recht; vgl. → § 19 Rn. 49.

[455] BGHZ 13, 115 (119) – Platzzuschüsse; OLG Hamburg UFITA 67 1973, 245 (261) – Die englische Geliebte; Fromm/Nordemann/*J. B. Nordemann* UrhG vor §§ 31 ff. Rn. 339; Dreier/Schulze/*Schulze* UrhG vor § 31 Rn. 208; Loewenheim/*Schlatter,* Handbuch des Urheberrechts, § 72 Rn. 52 ff.; *Rossbach/Joos* FS Schricker (1995), 333 (358 ff.).

[456] BGHZ 13, 115 (119) – Platzzuschüsse; Loewenheim/*Schlatter,* Handbuch des Urheberrechts, § 72 Rn. 52; *Schack* Rn. 1210; aA *Ulmer* § 113 I.

[457] Loewenheim/*Schlatter,* Handbuch des Urheberrechts, § 72 Rn. 55.

eine seitdem mehrfach aktualisierte Regelsammlung, die „RS Bühne",[458] geeinigt, in der zunächst nur branchenübliche Gepflogenheiten zusammengestellt wurden, der aber mittlerweile Anlagen mit Vergütungssätzen und Muster-Aufführungsverträgen beigefügt wurden.

121   **Rechte und Pflichten** der Vertragsteile können bei den Bühnenaufführungsverträgen unterschiedlich ausgestaltet sein. Die in der Praxis häufige Einräumung des Aufführungsrechts unter räumlicher Beschränkung bei gleichzeitiger paralleler Rechtseinräumung zugunsten von Bühnen an anderen Orten[459] wird idR als einfaches Nutzungsrecht zu deuten sein. Es verleiht dem Theaterunternehmen kein selbständiges Klagerecht[460] gegen konkurrierende Theaterunternehmen. Damit verbundene Uraufführungs- und Erstaufführungszusagen werden in der Regel bloß schuldrechtlichen Charakter haben.[461] Es kann aber auch ein **ausschließliches Aufführungsrecht** für die gesamte Bundesrepublik oder einzelne Teile derselben erteilt werden.[462] Die Rechte werden meist **zeitlich beschränkt** eingeräumt, zB für eine Spielzeit.[463] Für die Aufführung darf das Werk nur insoweit **geändert** werden als der Urheber nach Treu und Glauben seine Einwilligung nicht versagen kann; weitergehende Änderungen bedürfen der Einwilligung des Rechtsinhabers.[464] Zu beachten ist dabei auch der Entstellungsschutz des § 14.[465] Die vom Theaterunternehmen zu leistende **Vergütung** orientiert sich regelmäßig an den Einnahmen, auch kann eine pauschalierte Mindesttantieme vereinbart werden.[466]

122   Zusätzlich zur Rechtseinräumung stellen die Musik- und Bühnenverlage meist auch **Material** (Textbücher, Noten) zur Verfügung, wofür häufig eine **Materialmietgebühr**[467] vereinbart wird.[468] Das ist nicht unproblematisch, weil durch Mietgebühren für gemeinfreie Werke, die oft ähnlich wie Urhebervergütungen errechnet werden, durch die Hintertür des Sachen- und Mietrechts die Schutzdauer des Verlagsrechts perpetuiert wird.[469]

123   **c) Nichtbühnenmäßige Aufführung.** Handelt es sich um eine Aufführung von Werken der **Musik** oder eine **nichtbühnenmäßige Aufführung von musikalisch-dramatischen Werken,**[470] so werden in der Regel die erforderlichen Rechte – in Form von einfachen Nutzungsrechten – von der GEMA gegen Zahlung der entsprechenden Tarifgebühren vergeben.[471] Es handelt sich um Einzel- oder Pauschalverträge, die sich in der Regel auf das gesamte GEMA-Repertoire beziehen. Die Vergütung richtet sich nach Ortsklasse und Saalgröße. Entsprechende Verträge schließt die GEMA für die Vervielfältigung und Verbreitung auf **Ton- oder Bildtonträgern** und die **Sendung** nichtbühnenmäßiger Aufführungen von musikalischen und musikalisch-dramatischen Werken.[472]

4. Verträge über Werke der bildenden Künste und Fotografien

Literatur: Gesamtdarstellungen, Kommentare und Überblicke. Berger/Wündisch/*Dammert, von Eggelkraut-Gottanka, Mues* §§ 26–29; *Delp,* Verlagsvertrag, S. 19; Dreier/Schulze/*Schulze* vor § 31 UrhG Rn. 241 ff.; Fromm/Nordemann/*J. B. Nordemann* vor §§ 31 ff. UrhG Rn. 377 ff.; Loewenheim/*Schulze,* Handbuch des Urheberrechts §§ 70, 71; *Heath, Kur, Ohly* und *A. Nordemann,* FS Schricker (1995), S. 427 ff., 459 ff., 477 ff., 503 ff.; *Rehbinder/Peukert* § 48; *Schack* Rn. 1255 ff.; *ders.,* Kunst und Recht, S. 67 ff., 766 ff., 817 ff., 855 ff.; *Schricker,* Verlagsrecht, § 1 Rn. 86 ff.; *Ulmer* § 117.

Vertragsmuster. Münch Vertragshandbuch/*Vinck,* Bd. 3/II, 6. Aufl. 2009, Teil XI Nr. 37–66; s. ferner *Wegner/Wallenfels/Kaboth,* Recht im Verlag, 2. Aufl. 2011, S. 401; *R. Schmidt,* Urheberrecht und Vertragspraxis des Grafik-Designers, 1983.

124   **a) Kunstverlag.** Verträge über die Vervielfältigung und Verbreitung von Werken der bildenden Kunst, Lichtbildwerken, Lichtbildern und sonstigen Abbildungen sind idR zu den **Verlagsverträgen** im Sinn des VerlG zu rechnen, sofern es sich um einen Abdruck als Illustration[473] oder schmückendes

---

[458] Regelsammlung Verlage [Vertriebe]/Bühnen (Rs. Bühne), s. derzeit aktuell ist Fassung von 2008 („Kölner Fassung"), s. Loewenheim/*Schlatter,* Handbuch des Urheberrechts, § 72 Rn. 55; Dreier/Schulze/*Schulze* UrhG vor § 31 Rn. 209; Fromm/Nordemann/*J. B. Nordemann* UrhG vor §§ 31 ff. Rn. 342 ff.

[459] Vgl. *Ulmer* § 113 III.

[460] → § 31 Rn. 46.

[461] *Ulmer* § 113 III; vgl. auch zur Sicherung der Uraufführung mit Hilfe des Veröffentlichungsrechts → § 12 Rn. 21.

[462] *Ulmer* § 113 III.

[463] *Ulmer* § 113 III.

[464] § 39; im Einzelnen → § 39 Rn. 20 f.

[465] S. die Erläuterungen zu § 14; zur Einwilligung in entstellende Eingriffe → Vor §§ 12 ff. Rn. 11 ff.; *Erdmann* FS Loewenheim (2009), 81 ff. und *Schricker* FS Hubmann (1985), 409 ff.

[466] Loewenheim/*Schlatter,* Handbuch des Urheberrechts, § 72 Rn. 56; *Schack* Rn. 1209; *Ulmer* § 113 V.

[467] In der Praxis ist oft untechnisch von einer „Materialleihgebühr" die Rede.

[468] Loewenheim/*Schlatter,* Handbuch des Urheberrechts, § 72 Rn. 53; *Ulmer* § 113 III; *Beilharz* S. 36 ff.

[469] *Helmer* UFITA 2006, 7 (16 ff.); *Rehbinder* FS Roeber (1982), 321 (328); *Stang,* Das urheberrechtliche Werk nach Ablauf der Schutzfrist, 2011, S. 253.

[470] Sog. kleines Recht.

[471] S. *Rossbach/Joos* FS Schricker (1995), 333 (336 ff.); *Seifert/Pappi/Nicklas/Wolf/Becker* in Kreile/Becker/Riesenhuber (Hrsg.), Recht und Praxis der GEMA, 2. Aufl. 2008, Kap. 15 Rn. 1 ff.; → § 19 Rn. 44 ff.

[472] *Ulmer* § 97 I 4, 5, § 112 I.

[473] S. zum Illustrationsvertrag Dreier/Schulze/*Schulze* UrhG vor § 31 Rn. 254 ff.; Fromm/Nordemann/*J. B. Nordemann* UrhG vor §§ 31 ff. Rn. 390 ff.

Beiwerk in Büchern oder Periodika handelt; ein Kunstverlag im eigentlichen Sinn liegt dann nicht vor.[474] Der **Kunstverlag im engeren Sinn (Kunstwerkverlag)**[475] betrifft Herstellung und Vertrieb von Kunstblättern, Druckgraphik sowie Plastiken; zu den unmittelbar vom VerlG erfassten Gegenständen gehören die Geschäfte dieses Bereiches nicht.[476]

In der Praxis gibt es unterschiedliche Vertragsgestaltungen.[477] Liegt eine Auswertungspflicht des **125** Verlegers vor, so gewinnt der Vertrag **verlagsvertragsähnliche** Züge; das VerlG kann entsprechend angewendet werden.[478] Im Übrigen kann, je nach dem Zuschnitt des Vertragsverhältnisses, dieses auf die Einräumung eines **ausschließlichen oder einfachen Nutzungsrechtes** abzielen; auch **rein schuldrechtliche Berechtigungen** sind denkbar.[479] Schließlich finden sich **Kommissionsverträge.**[480]

Inhaltlich sind die Verträge häufig auf bestimmte Vervielfältigungs- und Verbreitungsarten be- **126** schränkt, wobei die technischen Gegebenheiten, etwa Stoff, Format und Reproduktionstechnik, bestimmend zu sein pflegen.[481] In der Regel wird eine entsprechende Aufspaltbarkeit in dingliche Rechte anzuerkennen sein, da die verschiedenen Reproduktionsarten im Verkehr unterschieden werden und ein schützenswertes Interesse der Rechtsinhaber an einer entsprechend differenzierten Verwertung anzuerkennen sein wird.

Die **Reichweite der Rechtsübertragung** ist nach § 31 Abs. 5 zu bestimmen. Ist zwischen den **127** Parteien eines Kinderbuch-Illustrationsvertrags offengeblieben, ob die Honorierung nur die erste, nicht auch weitere Auflagen abgilt, kann aus der Tatsache des Scheiterns von Verhandlungen über ein Wiederholungshonorar nicht schon gefolgert werden, dass die Künstlerin auf ein solches verzichte.[482] Beim **angestellten Urheber** werden regelmäßig – meist stillschweigend – dem Vertragszweck entsprechende Nutzungsrechte eingeräumt.[483]

b) Bestellung und Verkauf von Kunstwerken. Bestellt der Auftraggeber beim Künstler ein **128** Werk, so handelt es sich um einen Werklieferungsvertrag über eine nicht vertretbare Sache, für den § 650 BGB weitgehend auf das Kaufrecht verweist.[484] § 47 VerlG ist im Bereich der bildenden Kunst regelmäßig nicht anwendbar.[485] Bei der Ausführung genießt der Künstler erhebliche Gestaltungsfreiheit. Das Werk muss dem vereinbarten Verwendungszweck genügen, beispielsweise muss eine für einen öffentlichen Platz bestimmte Skulptur Witterungseinflüssen standhalten. Ein Sachmangel liegt dagegen nicht schon dann vor, wenn dem Auftraggeber das Werk nicht gefällt.[486] Die Übertragung des Eigentums am Original des Kunstwerks schließt im Zweifel die Einräumung von Nutzungsrechten nicht ein (§ 44 Abs. 1),[487] auch der Bestellvertrag verpflichtet den Urheber im Zweifel nicht zur Einräumung von Nutzungsrechten.[488] Doch dürfen der Besteller eines Personenbildnisses und der Abgebildete dieses Bild vervielfältigen oder vervielfältigen lassen (§ 60 Abs. 1).

c) Architektenvertrag. Der Vertrag zwischen einem Bauherrn und einem Architekten ist in ers- **129** ter Linie ein Werkvertrag (§ 631 BGB), der den allgemeinen Vorschriften des BGB unterliegt.[489] Für die Vergütung gilt die Honorarordnung Architekten und Ingenieure (HOAI). Urheberrechtlich relevant wird der Vertrag nur, wenn das Gebäude als Werk der Baukunst (§ 2 Abs. 1 Nr. 4) anzusehen ist. Da der Architekt seinen eigenen Entwurf ausführt, benötigt der Bauherr kein Nutzungsrecht, um in dem Haus zu wohnen und um es zu verkaufen (§ 17 Abs. 2).[490] Zu Streitigkeiten kann insofern lediglich die Frage führen, ob dem Bauherrn bei einem Wechsel des Architekten ein Nachbaurecht zusteht. Diese Frage ist bei Fehlen einer ausdrücklichen Vereinbarung nach § 31 Abs. 5 zu beurteilen[491]

---

[474] Hierzu näher Dreier/Schulze/*Schulze* vor § 31 Rn. 250; Fromm/Nordemann/*J. B. Nordemann* UrhG vor §§ 31 ff. Rn. 387; Loewenheim/*Schulze,* Handbuch des Urheberrechts, § 70 Rn. 50 ff.; *Ohly* FS Schricker (1995), 447 ff.; *Schricker,* Verlagsrecht, VerlG § 1 Rn. 86 ff.

[475] Begriff von *Schricker,* Verlagsrecht, VerlG § 1 Rn. 86 ff.

[476] Dreier/Schulze/*Schulze* UrhG vor § 31 Rn. 247; Fromm/Nordemann/*J. B. Nordemann* vor §§ 31 ff. Rn. 379 f.; *Schricker,* Verlagsrecht, § 1 Rn. 86; *Ulmer* § 117 II.

[477] *Ohly* FS Schricker (1995), 427 (447 f.); *Rehbinder/Peukert* Rn. 1134 ff.; *Schricker,* Verlagsrecht, § 1 Rn. 88; *Schneider* S. 124 ff.; *Ulmer* § 117 II.

[478] Vgl. BGH GRUR 1976, 706 (707) – Serigrafie.

[479] *Schricker,* Verlagsrecht, VerlG § 1 Rn. 91.

[480] *Schricker,* Verlagsrecht, VerlG § 1 Rn. 92.

[481] *Schricker,* Verlagsrecht, § 1 Rn. 89, § 8 Rn. 43.

[482] BGH GRUR 1985, 378 (379) – Illustrationsvertrag.

[483] S. zB BGH GRUR 1974, 480 (481) – Hummelrechte; im Einzelnen → § 43 Rn. 37 ff.

[484] Zur Bestellung von Kunstwerken im Einzelnen *Ott* ZUM 1988, 452 ff.; *Ohly* FS Schricker (1995), 427 (439 ff.); *Schack* Rn. 1255 ff. zum Verkauf vom Werkstücken Dreier/Schulze/*Schulze* UrhG vor § 31 Rn. 242 ff.

[485] *v. Gamm* GRUR 1980, 531 (532); *Schricker,* Verlagsrecht, § 47 Rn. 25.

[486] Grenzfall: OLG Karlsruhe UFITA 73 1973, 292 – Bestelltes Gruppenportrait: Portraitierte Personen nicht erkennbar, obwohl der Künstler normalerweise in gegenständlichem Stil malt.

[487] S. die Kommentierung zu § 44 Abs. 1.

[488] Dreier/Schulze/*Schulze* UrhG vor § 31 Rn. 242; *Schack* Rn. 1258.

[489] Zum Architektenvertrag im Einzelnen Dreier/Schulze/*Schulze* UrhG vor §§ 31 ff. Rn. 260 ff.; Fromm/Nordemann/*J. B. Nordemann* vor §§ 31 ff. Rn. 417 ff.; *Heath* FS Schricker (1995), 459 ff.

[490] Dreier/Schulze/*Schulze* vor § 31 Rn. 262; *Heath* FS Schricker (1995), 459 (465).

[491] → § 31 Rn. 71.

und im Zweifel zu verneinen.[492] Erst recht ist der Bauherr im Zweifel nicht berechtigt, den Entwurf für ein weiteres Bauwerk zu verwenden.[493] Spätere Änderungen des Bauwerks sind erlaubt, sofern sie sich in den Grenzen der §§ 14, 39 Abs. 2 halten.[494]

130   **d) Verwertung von Fotografien.** Für den Fotoverlag und die Bestellung von Fotografien gilt das oben für Werke der bildenden Kunst Ausgeführte. Ob die Fotografie urheberrechtlich geschützt ist oder ob es sich um ein bloßes Lichtbild handelt, ist unerheblich, weil § 72 für Lichtbilder insoweit auf §§ 31 ff. verweist. Eine **Fotoagentur** schließt mit den Fotografen (Exklusiv-)Verträge über die Vermarktung von Fotos. Diese Verträge können, ebenso wie Archivierungsverträge,[495] unterschiedliche Formen annehmen, insbesondere kann es sich um Kauf-, Pacht- oder Leihverträge handeln.[496] Ob sich die Parteien auf eine Übereignung der Fotografie geeinigt haben, ist bei Fehlen ausdrücklicher Vereinbarungen nach dem Übertragungszweckgedanken in analoger Anwendung des § 31 Abs. 5 zu beurteilen.[497] Der Vertrag zwischen der Fotoagentur und dem Verwerter ist ein Vertrag sui generis, in dem Elemente der Leihe mit einer Option auf Abschluss eines urheberrechtlichen Nutzungsvertrags verbunden werden.[498]

5. Sendevertrag

   Literatur: Gesamtdarstellungen, Kommentare und Überblicke. Berger/Wündisch/*Kühn* § 20; Fromm/ Nordemann/*J. B. Nordemann* vor §§ 31 ff. UrhG Rn. 372 ff.; *v. Hartlieb/Schwarz,* Handbuch des Film-, Fernseh- und Videorechts, 5. Aufl. 2011, S. 816 ff.; Loewenheim/*Castendyk,* Handbuch des Urheberrechts, § 75; *Schack* § 32; *Ulmer* § 114.

   Monographien und Aufsätze. *Schricker,* Urheberrechtliche Probleme des Kabelrundfunks, 1986; *M. Schwarz,* Der Erwerb von Video-on-Demand-Rechten an Film- und Fernsehwerken durch die Sendeunternehmen, ZUM 2014, 758; *Ulmer,* Urhebervertragsrecht, S. 57 ff.

   Vertragsmuster. MünchVertragshandbuch/*Ehrhardt* und *Hertin,* Bd. 3/II, 6. Aufl. 2009, Teil XI Nr. 37–43.

131   **a) Senderverträge über vorbestehende Werke** haben die Einräumung des Senderechts (§ 20) an einem bereits geschaffenen Werk zum Gegenstand, unabhängig von der Technik der Übermittlung. Parteien des Sendevertrags sind einerseits die Rechtsinhaber, andererseits die öffentlich-rechtlichen Rundfunkanstalten oder private Sendeunternehmen. Sendeunternehmen steht ein eigenes Leistungsschutzrecht an der Funksendung zu (§ 87), auf die Kommentierung dieser Vorschrift wird verwiesen.

132   Auf der Seite der **Rechtsinhaber** figuriert die GEMA, soweit es sich um Werke der Musik handelt, die nicht in bühnenmäßiger Aufführung gesendet werden (kleine Rechte). Sie schließt mit den Sendeunternehmen Pauschalverträge ab.[499] Bei dramatischen und musikalisch-dramatischen Werken liegen die Rechte (große Rechte) in der Regel in der Hand von Bühnen- und Musikverlagen;[500] die üblichen Vertragsbedingungen finden sich in den Regelsammlungen Bühnenverlag/Rundfunk-Fernsehen und Bühnenverlag/Rundfunk-Hörfunk.[501] Über die Senderechte an Filmen verfügen die Filmproduzenten.[502] Im literarischen Bereich liegen die Senderechte vielfach bei den Buchverlagen, die sich von den Urhebern als Nebenrechte einräumen lassen.[503] Die VG Wort nimmt ein „kleines Senderecht" an erschienenen Werken für kurze Lesungen wahr;[504] Bildrechte werden von der VG Bild-Kunst wahrgenommen.

133   Soweit die Senderverträge mit den Urheberrechtsinhabern selbst abgeschlossen werden, ist zu unterscheiden: Handelt es sich um bei den Sendeanstalten **angestellte Urheber,** sind die Abmachungen in den Arbeitsverträgen maßgeblich; für Arbeitnehmer und arbeitnehmerähnliche Personen bestehen einschlägige Tarifverträge.[505] Für **freie Urheber** werden die Honorarbedingungen der Sendeanstalten zugrundegelegt.[506] Entsprechendes gilt für die ausübenden Künstler.[507] Hier besteht ein Anwen-

---

[492] BGH GRUR 1984, 656 (658) – Vorentwurf; BGH GRUR 1981, 290 (291) – Wohnanlage; OLG Frankfurt a. M. GRUR-RR 2007, 307 (308) – Mehrfamilienhaus; Dreier/Schulze/*Schulze* vor § 31 Rn. 262; Fromm/ Nordemann/*J. B. Nordemann* UrhG § 31 Rn. 140; *Heath* FS Schricker (1995), 459 (468). Weitergehend aber BGH (VII. ZS) GRUR 1974, 445 (446) – Wohnhausneubau m. krit. Anm. *W. Nordemann;* zur Zweitverwertung einer nicht urheberrechtlich schutzfähigen Planung BGH GRUR 2014, 73 – Altenwohnanlage.
[493] BGH GRUR 1981, 196 (197) – Honorarvereinbarung; BGH GRUR 2014, 73 Rn. 20 – Altenwohnanlage.
[494] Näher hierzu → § 14 Rn. 38 ff.; → § 39 Rn. 26.
[495] → Rn. 152.
[496] OLG Hamburg GRUR 1989, 912 (914) – Spiegel-Fotos; → § 44 Rn. 17.
[497] → § 31 Rn. 60 und → § 44 Rn. 17.
[498] *A. Nordemann* FS Schricker (1995), 477 (479).
[499] S. im Einzelnen Kreile/Becker/Riesenhuber/*Pappi* Kap. 15 Rn. 56 ff.; *Ulmer,* Urhebervertragsrecht, Rn. 59.
[500] *Ulmer,* Urhebervertragsrecht, Rn. 60.
[501] Abgedr. bei *Schulze,* Urhebervertragsrecht, S. 438 ff.
[502] Vgl. §§ 88 Abs. 1 Nr. 4, 89.
[503] → Rn. 102.
[504] *Melichar* S. 109 f.; Fromm/Nordemann/*J. B. Nordemann* UrhG vor §§ 31 ff. Rn. 374.
[505] S. zu den Rechtsverhältnissen der beim Rundfunk angestellten Urheber im Einzelnen → § 43 Rn. 115 ff.
[506] *Ulmer,* Urhebervertragsrecht, Rn. 57, 62 ff., 91 ff. mit ausführlicher kritischer Analyse und Vorschlägen de lege ferenda. Zur Anwendung der §§ 305 ff. BGB auf Honorarbedingungen des Rundfunks → Rn. 36 ff.; zu kartellrechtlichen Missbrauchsverfahren s. *Ulmer,* Urhebervertragsrecht, Rn. 59; Loewenheim/*Castendyk,* Handbuch des Urheberrechts, § 75 Rn. 109.
[507] *Ulmer,* Urhebervertragsrecht, Rn. 64 ff., 73 ff.

dungsgebiet für gemeinsame Vergütungsregeln (§ 36), die allerdings noch nicht zustande gekommen sind.

Inhaltlich ist beim Sendevertrag zwischen dem im Vordergrund der Betrachtung stehenden Vertrag **134** über die **Primärsendung** und dem Vertrag über die **Weitersendung,** insbesondere über die zeitgleiche unveränderte Kabelweitersendung zu unterscheiden. Auf **Verträge über die Primärsendung**[508] sind außer den **allgemeinen urhebervertragsrechtlichen Regeln** der §§ 31 ff. auf Fernsehwerke die für **Filmwerke** geltenden §§ 88 und 89 anzuwenden; bei Laufbildern gilt gemäß § 95 ebenfalls die Regel des § 88.[509] Was die **Kabelweitersendung** betrifft,[510] so fällt der Unterschied von Erst- und Weitersendung weniger ins Gewicht, wo die Rechte durch Verwertungsgesellschaften vergeben werden, da diese über beide Typen von Sendungen pauschale Verträge abschließen. Gleiches gilt, soweit die Weitersenderechte in der Hand von Rundfunkunternehmen sind. Anders liegen die Dinge, soweit einzelne Urheber oder deren Rechtsnachfolger das Weitersenderecht zu vergeben haben. Vor allem im Fall der zeitgleichen Weitersendung erscheint ein vorgängiger Vertragsschluss mit den einzelnen Rechtsinhabern praktisch unmöglich. Zur Lösung dieses Problems[511] auf europäischer Ebene ordnet die Satelliten- und Kabel-RL, umgesetzt in §§ 20a, b eine Verwertungsgesellschaftspflicht an (Art. 9 = § 20b Abs. 1 S. 1), von der eine Ausnahme zugunsten von Sendeunternehmen Platz greifen kann (Art. 10 = § 20b Abs. 1 S. 2). Auf die Kommentierungen der betreffenden Vorschriften wird insoweit verwiesen.

Im Mittelpunkt der Verträge steht die Verpflichtung zur **Einräumung des Senderechts,** und **135** zwar in der Regel des ausschließlichen Rechts,[512] begleitet meist von der entsprechenden Rechtseinräumung als Verfügungsakt.[513] Das Senderecht pflegt außer der Erstsendung auch die Wiederholungssendung und Übernahme durch andere Rundfunkanstalten zu beinhalten. Die Rechtseinräumung kann befristet sein oder unbefristet für die ganze Schutzfrist erfolgen;[514] zu regeln ist auch der räumliche Geltungsbereich.[515] Neben dem Senderecht pflegen die Rundfunkanstalten sich[516] **Rechte der Ton- und Bildaufzeichnung** und deren Verwertung zu Sendezwecken einräumen zu lassen. Öffentlich-rechtlich ist nicht ganz unstrittig, ob und inwieweit die Rundfunkanstalten eine nicht Rundfunkzwecken dienende Verwertung durchführen können, zB in Form von Kinofilmen, Tonträgern, Videogrammen.[517] Die Sendeunternehmen schließen regelmäßig eine **Auswertungspflicht** (Sendepflicht) aus.[518] Sofern die Rechte nicht im Einzelnen vertraglich genau bezeichnet sind, richtet sich die Auslegung nach § 31 Abs. 5.[519]

Die **Vergütung** der Urheber erfolgt zT pauschal, zT werden Wiederholungs- und Übernahme- **136** sendungen eigens berücksichtigt. Allgemeinen urheberrechtlichen Gedanken entspräche eine auf Art und Umfang der Verwertung abgestimmte Vergütung, bei der der Urheber auch an der nicht zu Rundfunkzwecken erfolgenden Nutzung angemessen beteiligt wird.[520] Das Urhebervertragsgesetz von 2002 eröffnet in §§ 32, 32a nunmehr die Chance, eine angemessene Vergütung individualvertraglich durchzusetzen.

b) Herstellungsverträge. Verpflichtet sich der Urheber nicht nur zur Einräumung des Sende- **137** rechts, sondern auch zur Herstellung des Werks, so weist der Vertrag ein werkvertragliches Element auf (§ 631 BGB).[521] Das Werk weist einen Mangel auf, der zur Verweigerung der Abnahme (§ 640 BGB) und nach Abnahme zur Geltendmachung von Mängelrechten (§ 635 BGB) berechtigt, wenn es wegen seines rechtsverletzenden Inhalts nicht sendefähig ist oder (zB wegen Überlänge) nicht zum vorausgesetzten Zweck taugt.[522] Mängel der künstlerischen Qualität kann der Verwerter nicht rügen,[523] doch besteht in aller Regel keine Sendeverpflichtung.[524] Je nachdem, ob es sich um eine

---

[508] Inwieweit das Sendeunternehmen auch zu Wiederholungssendungen oder zur Weitersendung berechtigt ist, ist durch Auslegung zu ermitteln, Beispiel: KG GRUR 1986, 536 – Kinderoper.
[509] *Ulmer* § 114 II.
[510] S. zur Kabelweitersendung die Kommentierung zu § 20b und *Schricker* Kabelrundfunk S. 22 ff.
[511] Zu weitergehenden Vorschlägen de lege ferenda s. *Schricker* Kabelrundfunk S. 85 ff.; *Dreier* Kabelweiterleitung S. 203 ff. und die Nachw. zu → § 20b Rn. 2.
[512] *Ulmer* § 114 III.
[513] *Ulmer* § 114 V; vgl. allgemein → Rn. 98 ff.
[514] Kritisch zur unbefristeten und räumlich unbegrenzten Einräumung ausschließlicher Rechte *Schack* Rn. 1217 f.; *Ulmer* § 114 III 1.
[515] Eingehend dazu Loewenheim/*Castendyk,* Handbuch des Urheberrechts, § 75 Rn. 31 ff.
[516] Über § 55 hinausgehende.
[517] Frage der sog. Randnutzung, *Ulmer* § 114 IV 1 mwN; krit. insoweit *Schack* Rn. 1218.
[518] Dreier/Schulze/*Schulze* UrhG Vor § 31 Rn. 174; Loewenheim/*Castendyk,* Handbuch des Urheberrechts, § 75 Rn. 25; kritisch hierzu *Ulmer* § 114 VII 1, der auch auf das Rückrufsrecht des § 41 hinweist.
[519] Grundlegend BGH GRUR 1974, 786 – Kassettenfilm I: die Einräumung des Rechts zur Verwendung des Werkes für „alle Rundfunk- und Filmzwecke" umfasst nicht das Recht zur Zweitauswertung durch den Vertrieb von Bildträgern an Private; vgl. auch Loewenheim/*Castendyk,* Handbuch des Urheberrechts, § 75 Rn. 35. Näher zur Übertragungszwecklehre → §§ 31 Rn. 52 ff.
[520] *Ulmer* § 114 IV 2 und ausführlich Urhebervertragsrecht Rn. 156 ff.
[521] Zur Abgrenzung zum Werklieferungsvertrag *Metzger* AcP 204 2004, 231 (247 f.) mwN.
[522] *Schack* Rn. 1222.
[523] → Rn. 70.
[524] BGH GRUR 1971, 269 (271) – Das zweite Mal mAnm *Bielenberg;* auch → Rn. 143.

eigene Produktion des Sendeunternehmens, eine selbständige Produktion des Produzenten oder eine Zusammenarbeit zwischen Sendeanstalt und Produktionsunternehmen handelt, wird zwischen Eigen-, Fremd- und Koproduktionen unterschieden.[525]

6. Filmverträge

Literatur: Gesamtdarstellungen und Überblicke. Berger/Wündisch/*Blank/Kummermehr/Diesbach*, § 19; Dreier/Schulze/*Schulze* vor § 31 UrhG Rn. 290ff.; *Henning-Bodewig*, FS Schricker (1995), S. 389ff.; *v. Hartlieb/Schwarz* Handbuch des Film-, Fernseh- und Videorechts, 5. Aufl. 2011, Kap. 88ff.; Loewenheim/*Schwarz/Reber*, Handbuch des Urheberrechts, § 74; *Rehbinder/Peukert* § 48; *Schack,* Urheber- und Urhebervertragsrecht, § 33; *Ulmer* § 115.

Monographien und Aufsätze. *Obergfell,* Filmverträge im deutschen und internationalen Privatrecht, 2001; *Peifer,* Werbeunterbrechungen in Spielfilmen, 1994; *Poll,* Zur Bedeutung und Reichweite des »Filmherstellungsrechts« an der Musik bei der Produktion von TV-Shows, ZUM 2014, 877; *Uhlig,* Der Koproduktionsvertrag der Filmherstellung, 2007; *Wallner,* Der Schutz von Urheberwerken gegen Entstellung unter besonderer Berücksichtigung der Verfilmung, 1995; *Ventroni,* Das Filmherstellungsrecht, 2001.

Vertragsmuster. sind enthalten im MünchVertragshandbuch/*Hertin* und *Klages,* Bd. 3/II, 6. Aufl. 2009, Teil XI Nr. 28–36; *Schulze,* Urhebervertragsrecht, S. 776ff.
S. auch die Nachweise vor §§ 88ff.

138 **a) Verfilmungsvertrag.** Das Gesetz unterscheidet einerseits die Verträge über die bei der Filmherstellung **benutzten Werke** (§ 88), wie Roman, Drehbuch und Filmmusik (vgl. § 89 Abs. 3) und andererseits die Verträge mit den **bei der Filmherstellung** in urheberrechtlich relevanter Weise **Mitwirkenden** (§ 89 Abs. 1).[526] Im ersteren Fall spricht man vom Verfilmungsvertrag.[527] Der Verfilmungsvertrag ist ein **Urheberrechtsverwertungsvertrag eigener Art.**[528] Er kann sich auf unabhängig von den filmischen Zwecken bestehende Werke beziehen oder auf Werke, die eigens für die Verfilmung geschaffen werden, wie etwa ein Filmdrehbuch[529] oder nicht selten die Filmmusik.[530] Im letzteren Fall gewinnt der Vertrag werkvertragliche Züge.[531] Auch bei **Laufbildern** (§ 95) können benutzte Werke zugrunde liegen und insofern ein „Verfilmungsvertrag" im weiteren Sinn anzunehmen sein.[532]

139 § 88[533] und § 90 geben für den Verfilmungsvertrag spezielle Auslegungsregeln, bzw. es werden einschlägige urheberrechtliche Vorschriften modifiziert; § 93 reduziert den persönlichkeitsrechtlichen Entstellungsschutz.[534] Hinsichtlich der Einzelheiten sei auf die Kommentierung dieser Vorschriften verwiesen.

140 Kernstück des Verfilmungsvertrages ist die Verpflichtung zur Einräumung des **Verfilmungsrechts**[535] und meist zugleich dessen dingliche Einräumung. Für einen bestimmten Film erworbene Rechte an Kompositionen oder an einem Drehbuch dürfen nicht für einen ganz anderen Film verwendet werden.[536] Das Verfilmungsrecht wird nach § 88 Abs. 1 im Zweifel als ausschließliches Recht eingeräumt; eine ausdrückliche Vereinbarung oder der Zweckübertragungsgrundsatz des § 31 Abs. 5 können jedoch zu einem anderen Ergebnis führen.[537] Das Verfilmungsrecht pflegt als Weltverfilmungsrecht oder in Begrenzung auf Staaten oder Gruppen von Staaten vergeben zu werden.[538] Auch begegnen zeitliche Beschränkungen. Vielfach wird zugleich das **Recht zur Wiederverfilmung** eingeräumt.[539] Bleibt es beim Urheberrechtsinhaber, so unterliegt dieser doch einer – im Zweifel auf 10 Jahre begrenzten – Enthaltungspflicht.[540] Mit dem Verfilmungsrecht werden im Allgemeinen auch

---

[525] Dreier/Schulze/*Schulze* UrhG vor § 31 Rn. 173; *Schack* Rn. 1224ff.
[526] → Rn. 144.
[527] Loewenheim/*Schwarz/Reber,* Handbuch des Urheberrechts, § 74 Rn. 12f.; *Rehbinder/Peukert* Rn. 1143ff.; Dreier/Schulze/*Schulze* UrhG vor § 31 Rn. 290; abweichender Sprachgebrauch bei *Ulmer* § 115 I, der auch die Verträge mit Filmschaffenden als Filmverträge bezeichnet.
[528] BGHZ 5, 116 – Parkstraße 13; *v. Hartlieb/Schwarz* Kap. 93 Rn. 3; Berger/Wündisch/*Diesbach,* Urhebervertragsrecht, § 21 Rn. 53.
[529] Zur Rechtsnatur des Drehbuchauftrags – Vertrag eigener Art – OLG Hamburg UFITA 25 1958, 463.
[530] S. zu den einzelnen Arten von Werken Loewenheim/*Schwarz/Reber,* Handbuch des Urheberrechts, § 12 Rn. 4f.; *v. Hartlieb/Schwarz* Kap. 93; Berger/Wündisch/*Diesbach,* Urhebervertragsrecht, § 21 Rn. 11.
[531] *Ulmer* § 115 I; *v. Hartlieb/Schwarz* Kap. 93 Rn. 3.
[532] ZB Filmaufnahme einer Opernaufführung, s. *Ulmer* § 115 I.
[533] Zu den Änderungen dieser Vorschrift in den Jahren 2002 und 2007 → Rn. 10, 12 und → § 88 Rn. 8.
[534] S. *Wallner,* Der Schutz von Urheberwerken gegen Entstellung unter besonderer Berücksichtigung der Verfilmung, 1995; *Peifer,* Werbeunterbrechungen in Spielfilmen, 1994.
[535] Zur Terminologie s. Berger/Wündisch/*Blank/Kummermehr/Diesbach* § 19 Rn. 12; *Dünnwald* FuR 1974, 76.
[536] BGH GRUR 1957, 611 – Bel ami; BGH UFITA 24 1957, 399 – Lied der Wildbahn III; s. zum Beginn des Rechts des Filmherstellers, Bearbeitungen herstellen zu lassen, beim Optionsvertrag BGH GRUR 1963, 441 – Mit Dir allein; zum Rückruf von Verfilmungsrechten OLG München ZUM 2007, 519.
[537] Loewenheim/*Schwarz/Reber,* Handbuch des Urheberrechts, § 74 Rn. 20; zu Problemen der Vertragsgestaltung bei der Produktion von Filmen und Fernsehfilmen s. *Friccius* ZUM 1991, 392ff.; *M. Schwarz* ZUM 1991, 381ff.; *J. Kreik* ZUM 1991, 386ff.
[538] Dazu → § 88 Rn. 50f.
[539] S. dazu Loewenheim/*Schwarz/Reber,* Handbuch des Urheberrechts, § 74 Rn. 32f.; vgl. aber § 88 Abs. 2 S. 1.
[540] § 88 Abs. 2 S. 2, im Einzelnen → § 88 Rn. 54ff.

umfassende **Rechte zur Filmverwertung**[541] und **Nebenrechte**[542] vergeben. Der Urheber des benutzten Werkes hat bei einer **konkurrierenden Verwertung** auf die Interessen des Filmherstellers nach Treu und Glauben angemessene Rücksicht zu nehmen.[543] Bei der Annahme ungeschriebener Wettbewerbsenthaltungspflichten ist jedoch Zurückhaltung geboten.[544]

Angesichts der Bedürfnisse nach Anpassung der Vorlage, etwa eines Romans, an das filmische Medium, beinhaltet das Verfilmungsrecht im Zweifel auch das Recht, das benutzte Werk zu **bearbeiten und umzugestalten** (§ 88 Abs. 1); einbezogen wird ferner das Recht, Übersetzungen und andere filmische Bearbeitungen oder Umgestaltungen des Filmwerks zu verwerten (§ 88 Abs. 1).[545] | 141

Bei **Werken der Musik** räumen die Urheber der GEMA idR sowohl Verfilmungsrecht (Filmherstellungsrecht)[546] als auch Filmvorführungsrecht ein.[547] Das Filmherstellungsrecht kann zurückübertragen werden, so dass der Urheber darüber mit dem Filmhersteller individuelle vertragliche Regelungen zu treffen vermag. Das Vorführungsrecht wird von der GEMA wahrgenommen, die die entsprechende Urhebervergütung bei den Filmtheatern erhebt.[548] | 142

Hauptpflicht des **Filmherstellers** ist die Pflicht zur Zahlung einer **Vergütung,** die als Pauschalbetrag oder in Form einer Ertragsbeteiligung vereinbart werden kann.[549] Eine **Auswertungspflicht,** also eine Pflicht zur Verfilmung, ist dem Vertrag in der Regel nicht immanent, damit der Filmhersteller frei entscheiden kann, ob er das wirtschaftliche Risiko der Filmherstellung auf sich nimmt.[550] Daher passen die verlagsgesetzlichen Regeln für den Verfilmungsvertrag nicht.[551] Eine Auswertungspflicht kann aber vereinbart werden. Ist der Urheber (ausnahmsweise) am Erlös beteiligt, so darf der Produzent nicht willkürlich von der Herstellung des Films absehen.[552] Hat der Urheber ein ausschließliches Verfilmungsrecht eingeräumt, kann er gemäß § 41 bei unterbliebener Verfilmung wegen Nichtausübung den **Rückruf** erklären; im Übrigen ist das Rückrufsrecht eingeschränkt.[553] | 143

b) **Verträge über die Mitwirkung bei der Filmherstellung.** Bei den an der Filmherstellung Mitwirkenden kann es sich um **Filmurheber** handeln,[554] um ausübende Künstler und andere **Leistungsschutzberechtigte** und um **sonstige Mitwirkende.** Soweit Urheberrechte zugrunde liegen, gelten §§ 89, 90, 93; hinsichtlich der Leistungsschutzrechte sind §§ 92, 93 zu beachten; auf Laufbilder ist § 95 anwendbar. Die Verträge verpflichten die Filmschaffenden zur entgeltlichen Mitwirkung bei der Herstellung des Films; sofern Urheber- und Leistungsschutzrechte in Frage stehen, pflegen Nutzungsrechte eingeräumt zu werden.[555] Filmschaffende sind vielfach **Arbeitnehmer;** insoweit handelt es sich um Arbeitsverträge, deren Inhalt weitgehend durch Tarifverträge ausgestaltet wird.[556] | 144

c) **Verträge der Filmverwertung.** Der Filmhersteller schließt über die **Kinoauswertung des Films Verwertungsverträge mit Verleihfirmen,**[557] denen in bestimmten räumlichen und zeitlichen Grenzen das ausschließliche Verbreitungsrecht eingeräumt wird sowie das Recht, Filmtheaterunternehmern die Filmvorführung zu gestatten. Ferner erhalten die Verleihfirmen das nötige Material (Filmkopien, Plakate, Standfotos) zur Weitergabe an die Filmtheater.[558] Der Verleiher ist gegenüber dem Produzenten zu einem interessengerechten Einsatz des Films verpflichtet.[559] Es handelt sich um | 145

---

[541] Die Vermutungsregel des § 88 Abs. 1 enthielt früher einen Katalog der im Zweifel eingeräumten Rechte, wurde 2002 aber auf „alle bekannten Nutzungsarten", 2007 auf alle, auch unbekannte Nutzungsarten erweitert, dazu näher Loewenheim/*Schwarz/Reber,* Handbuch des Urheberrechts, § 74 Rn. 37 ff.

[542] Videorechte, Rechte zur Tonträgerauswertung der Filmmusik, Merchandising-Rechte etc; näher hierzu Loewenheim/*Schwarz/Reber,* Handbuch des Urheberrechts, § 74 Rn. 56 ff. und § 88 Rn. 37 ff.

[543] So etwa bei der Fernsehverwertung, wenn dem Filmhersteller das Senderecht nicht eingeräumt ist; BGH GRUR 1969, 364 (366) – Fernsehauswertung.

[544] *Ulmer* § 115 V; *Schricker,* Verlagsrecht, § 1 Rn. 99; auch → Rn. 62.

[545] Dazu → § 88 Rn. 50 ff.

[546] S. dazu *Poll* ZUM 2014, 877 ff.; *W. Schwarz/M. Schwarz* ZUM 1988, 429; *Urek* ZUM 1993, 168; *Krüger* FS Reichardt (1990), 79 ff.; *Joch* FS W. Schwarz, 1988, 131 ff.; *Ventroni,* Das Filmherstellungsrecht, 2001; *Schulze* GRUR 2001, 1084 ff.

[547] → § 88 Rn. 30, 46; allgemein zu dem Problemkreis *Becker,* Musik im Film, 1993; sa Loewenheim/*Schwarz/Reber,* Handbuch des Urheberrechts, § 74 Rn. 119.

[548] Vgl. BGH GRUR 1977, 42 – Schmalfilmrechte; Berger/Wündisch/*Blank/Kummermehr/Diesbach,* Urhebervertragsrecht, § 19 Rn. 85 ff.; *Ulmer* § 115 II 2.

[549] *Ulmer* § 115 VI.

[550] RGZ 107, 62; BGH GRUR 1958, 504 (506 f.); Loewenheim/*Schwarz/Reber,* Handbuch des Urheberrechts, § 74 Rn. 64; *v. Hartlieb/Schwarz* Kap. 93 Rn. 4; *Schack* Rn. 1231.

[551] *Schricker,* Verlagsrecht, § 1 Rn. 98; *Ulmer* § 115 VI.

[552] BGH UFITA 37 1962, 336.

[553] § 90 S. 1, 2; → § 41 Rn. 5; dazu OLG München ZUM 2007, 519; *v. Hartlieb/Schwarz* Kap. 93 Rn. 14; Berger/Wündisch/*Blank/Kummermehr/Diesbach,* Urhebervertragsrecht, § 19 Rn. 65.

[554] Regisseur, Kameramann, Cutter, etc, dazu → § 2 Rn. 224; → Vor §§ 88 ff. Rn. 52 ff.

[555] *v. Hartlieb/Schwarz* Kap. 94 Rn. 1, 2, 7, 13; zum Umfang der Rechtseinräumung → § 89 Rn. 10 ff.

[556] → § 43 Rn. 122 ff.; sa Berger/Wündisch/*Blank/Kummermehr/Diesbach,* Urhebervertragsrecht, § 19 Rn. 102 ff.

[557] Ausführlich hierzu Berger/Wündisch/*Blank/Kummermehr/Diesbach,* Urhebervertragsrecht, § 19 Rn. 167 ff.; *v. Hartlieb/Schwarz* Kap. 153 ff.; Loewenheim/*Schwarz/Reber,* Handbuch des Urheberrechts, § 74 Rn. 215 ff.; *Lütje* S. 217 ff.; *Obergfell* S. 145 ff.; s. zur Rechts- und Sachmängelhaftung BGHZ 2, 331; zur Auswertungspflicht des Filmverleihers BGH UFITA 71 1974, 184.

[558] S. zum Verhältnis der urheberrechtlichen Nutzungsrechte zu den Besitz- und Eigentumsrechten an Filmkopien BGH GRUR 1971, 481 – Filmverleih.

[559] OLG München ZUM 2000, 1093.

einen urheberrechtlichen Nutzungsvertrag eigener Art.[560] Musikalische Rechte werden meist von der GEMA wahrgenommen.[561]

146 Bei der **Video-, DVD- und Blu-ray-Disc-Verwertung** von Filmen geht es um deren Vervielfältigung und Verbreitung in Form von Datenträgern.[562] Der Filmhersteller räumt dem Produktionsunternehmen[563] das erforderliche Vervielfältigungs- und Verbreitungsrecht ein, das Produktionsunternehmen übernimmt in der Regel eine Auswertungspflicht.[564] Es veräußert die Datenträger über Großhändler und Einzelhändler an den Letztverbraucher oder an Videotheken, die sie an den Letztverbraucher vermieten. Der Vertrieb ist unterschiedlich organisiert: Der Filmhersteller mag zugleich Produzent der Datenträger sein, die Produktion kann an den Großhandel ausgelagert sein, mitunter wird auch direkt unter Ausschluss von Handelsstufen vertrieben. Dabei lässt sich der Vertrieb zur privaten Nutzung und zur öffentlichen Vorführung (zB in Hotels) unterscheiden. Mit der rechtmäßigen Veräußerung des Datenträgers tritt **Erschöpfung des Verbreitungsrechts** ein;[565] das Vermietrecht ist jedoch von der Erschöpfung ausgenommen (§ 17 Abs. 2). Durch die Veräußerung wird jedoch nur das Verbreitungsrecht, nicht das Recht der öffentlichen Vorführung erschöpft.[566] Für den Verleih der Datenträger ist nach Maßgabe von § 27 eine Vergütung zu bezahlen.[567]

147 Das Geschäft mit verkörperten Werkexemplaren wird zunehmend durch **Online-Angebote** verdrängt, bei denen zwischen einem Angebot des Films zum **Download** und **Streaming-Diensten** zu unterscheiden ist. Tritt zwischen den Filmhersteller und den Endnutzer ein Verwerter oder Plattformbetreiber, so sind zwei Vertragsbeziehungen zu unterscheiden. Der Filmhersteller räumt dem Verwerter das Recht der öffentlichen Zugänglichmachung und das Recht zu begleitenden Vervielfältigungen ein. Im Verhältnis zum Endnutzer gilt dasselbe wie beim Online-Angebot von Musik, daher → Rn. 118.

7. Digitale Medien und Internet

148 Die Digitalisierung erfasst nahezu alle Bereiche des Urhebervertragsrechts. Sprachwerke werden zunehmend online publiziert, auf digitalen Trägern oder als Datei verbreitet. Musik hört mittlerweile eine ganze Generation nicht mehr auf Schallplatte oder CD, sondern per Datei aus dem Internet oder im Wege des Streaming. In der Filmwirtschaft konkurriert das Online-Geschäft mit der Filmvorführung im Kino und verdrängt den Vertrieb von DVDs. Angesichts dieser Entwicklung muss das **Urhebervertragsrecht** für sämtliche der oben genannten Bereiche **an das digitale Umfeld angepasst werden.** Beim „Online-Vertrag" oder „Internet-Vertrag" handelt es sich also **nicht um besondere Typen von Urheberrechtsverträgen,** sondern um Oberbegriffe, die Nutzungsmöglichkeiten verschiedenster Art umfassen. Auch stellt die digitale Nutzung keine eigene Nutzungsart dar; zwischen den einzelnen Nutzungsformen wie etwa dem Angebot von Werkdateien zum Download, zum Abruf in einer Datenbank oder der Nutzung im Wege des Streaming, muss unterschieden werden. Verträge über die Erstellung, die Lieferung und den Vertrieb von Software und Datenbanken folgen eigenen Regeln, die gesetzlich in §§ 69d[568] und 87e[569] ihren Niederschlag gefunden haben. Auf die Erläuterungen dieser Vorschriften wird verwiesen.

149 Im Übrigen können sich hinter Verträgen über digitale Medien herkömmliche Vertragstypen verbergen. Beispielsweise sind beim Vertrieb eines E-Books in der Regel ein Verlagsvertrag[570] zwischen Urheber und Verleger und ein Kaufvertrag über den Datensatz und das Nutzungsrecht daran zwischen Verleger und Endnutzer zu unterscheiden. Digitale Entwicklungen sollten daher stärker als bisher den klassischen Formen der Verwertung einzelner Werkarten zugeordnet werden. Allerdings ist angesichts der schnell wechselnden Technologien und Märkte eine Typisierung nur beschränkt möglich. Auch die Vertragsgestaltung stellt in diesem Bereich eine besondere Herausforderung dar.

---

[560] BGHZ 9, 262 (264 f.) – Lied der Wildbahn; Berger/Wündisch/*Blank*/*Kummermehr*/*Diesbach*, Urhebervertragsrecht, § 19 Rn. 168; Loewenheim/*Schwarz*/*Reber*, Handbuch des Urheberrechts, § 74 Rn. 224; aA *Schack* Rn. 1241: Pachtvertrag.

[561] S. zur Auseinandersetzung zwischen Videounternehmen und der GEMA Ende der 1980er Jahre BGH GRUR 1986, 62 – GEMA-Vermutung I; BGH GRUR 1986, 66 – GEMA-Vermutung II; BGH GRUR 1986, 376 – Filmmusik und den Überblick bei *Schneider* GRUR 1986, 657 ff.

[562] S. im Einzelnen Loewenheim/*Schwarz*/*Reber*, Handbuch des Urheberrechts, § 74 Rn. 285 ff.; *v. Hartlieb*/*Schwarz* Kap. 218 ff.; *Obergfell* S. 165 ff.; *Scheuermann*, Urheber- und vertragsrechtliche Probleme der Videoauswertung von Filmen, 1990.

[563] Zur Frage ihres Leistungsschutzes → § 94 Rn. 12 ff.

[564] *Rehbinder*/*Peukert* Rn. 1154.

[565] → § 17 Rn. 35 ff.

[566] BGH GRUR 1986, 742 (743) – Videofilmvorführung.

[567] S. dazu *v. Hartlieb*/*Schwarz* Kap. 220; Loewenheim/*Schwarz*/*Reber*, Handbuch des Urheberrechts, § 72 Rn. 300.

[568] Vgl. hierzu die Kommentierung zu § 69d und Berger/Wündisch/*Frank*/*Schulz* § 22; Loewenheim/*Lehmann*, Handbuch des Urheberrechts, § 76; *Schack* Rn. 1275 ff.; *Hilty* MMR 2003, 3 ff.

[569] Vgl. die Kommentierung zu § 87e und Loewenheim/*Koch*, Handbuch des Urheberrechts, §§ 77; *Moufang* FS Schricker (1995), 571 ff.

[570] Zur Anwendbarkeit des VerlG → Rn. 99 und 110.

8. Sonstige Urheberrechtsverträge

a) Werbung.[571] Zahlreiche Werke werden für Werbezwecke genutzt. Dabei lassen sich drei Kon-   **150** stellationen unterscheiden. Werden vorbestehende Werke, beispielsweise Musik, in der Werbung genutzt, so muss sich das werbende Unternehmen die erforderlichen Rechte vom Urheber oder sonstigen Rechteinhaber einräumen lassen; Verwertungsgesellschaften nehmen das Recht zur werbemäßigen Nutzung in der Regel nicht wahr.[572] Werden Werke wie Plakate, Filme oder Texte eigens für die Werbung geschaffen,[573] so geschieht dies bei angestellten Werbetextern oder -grafikern im Rahmen eines Arbeitsvertrags, ansonsten in Erfüllung eines Werk- oder Werklieferungsvertrags. Dabei kann neben der Einräumung von Nutzungsrechten auch die Berechtigung an Dateien und an Vorlagen zu klären sein.[574] Schließlich werden Werkteile in der Werbung für das Werk selbst verwendet, beispielsweise durch kostenlose Leseproben oder Trailer von Filmen. Die hierfür erforderlichen Rechte lässt sich der Verwerter vom Urheber einräumen.

b) Merchandising-Verträge.[575] Haben Künstler oder Werke auf dem Primärmarkt Ruhm und   **151** Bekanntheit erlangt, so lässt sich deren Attraktivität zusätzlich in der Werbung oder durch Merchandising-Artikel nutzen. Je nach Gegenstand der Vermarktung sind unterschiedliche Rechte betroffen: das Namensrecht (§ 12 BGB), das Recht am eigenen Bild (§ 22 KUG) bzw. das allgemeine Persönlichkeitsrecht bei der Vermarktung des Images von Personen, das Urheberrecht oder verwandte Schutzrechte bei Cartoonfiguren, Bildern anderer Art oder Musik sowie das Kennzeichenrecht bei Logos, beispielsweise den Wappen von Fußballvereinen. Der Rechteinhaber kann den Vertrag direkt mit dem Verwerter schließen, häufig sind aber auch Produzenten oder Agenturen zwischengeschaltet. Ist Gegenstand des Vertrags die Nutzung eines Werks, so ist das Merchandising-Recht ein selbständiges Nutzungsrecht.[576]

c) Archivierung.[577] Archivverträge stellen keinen eigenen Vertragstyp dar.[578] Es kann sich je   **152** nach Fallgestaltung um Leih-,[579] Kauf-[580] oder Schenkungsverträge handeln, je nach den Umständen des Einzelfalls möglicherweise kombiniert mit der Einräumung eines urheberrechtlichen Nutzungsrechts.[581] Aus der bloßen Überlassung von Fotografien zu Archivierungszwecken kann aber weder auf den Abschluss eines Kaufvertrags noch auf eine Übereignung geschlossen werden, zumal für die Auslegung der Willenserklärungen der Übertragungszweckgedanke (§ 31 Abs. 5) heranzuziehen ist.[582]

d) Agenturverträge. Unter dem Oberbegriff des „Agenturvertrags" werden verschiedenartige   **153** Verträge zusammengefasst,[583] die zwischen einem Urheber oder Künstler einerseits und einem „Agenten", also einem Vermittler im weitesten Sinne andererseits geschlossen werden. Es handelt sich in der Regel um Geschäftsbesorgungsverträge (§ 675 BGB),[584] auch wenn die Agentur für den Urheber die **Verwertung** seiner Urheberrechte übernimmt.[585] **Werbeagenturen** konzipieren Werbung für den Auftraggeber und sind aus dem Agenturvertrag zur Einräumung der erforderlichen Nutzungsrechte verpflichtet. Meist wird es sich dabei um ausschließliche Nutzungsrechte handeln.[586] Der

---

[571] Vgl. hierzu Dreier/Schulze/*Schulze* UrhG vor §§ 31 ff. Rn. 179 ff.; DKMH/*Kotthoff* § 31 Rn. 80; *v. Tucher*, Urheberrechtliche Fragen im Spannungsverhältnis zwischen Werbeagentur und Auftraggeber, 1997.

[572] LG Düsseldorf ZUM 1986, 158 (159 f.); Dreier/Schulze/*Schulze* UrhG vor §§ 31 ff. Rn. 181.

[573] Das OLG Köln GRUR 1986, 889 (891) unterscheidet dabei zwei Stufen: die Konzeptionsentwicklung und die Realisierung des Konzepts. Nur auf der zweiten Stufe ist die Einräumung von Nutzungsrechten erforderlich.

[574] DKMH/*Kotthoff* § 31 Rn. 82.

[575] Hierzu im Einzelnen Berger/Wündisch/*Freitag*, Urhebervertragsrecht, § 31; Dreier/Schulze/*Schulze* UrhG vor § 31 Rn. 186 ff.; Fromm/Nordemann/*J. B. Nordemann* UrhG vor §§ 31 ff. Rn. 422 ff.; Loewenheim/*Schertz*, Handbuch des Urheberrechts, § 79; Wandtke/Bullinger/*Wandtke/Grunert* UrhG vor §§ 31 ff. Rn. 89 f.; *Ruijsenaars* FS Schricker (1995), 597 ff.; *Ruijsenaars* Character Merchandising – Eine rechtsvergleichende Untersuchung zum Schutz der Vermarktung fiktiver Figuren, 1997, S. 228 ff.

[576] Dreier/Schulze/*Schulze* UrhG vor § 31 Rn. 189; vgl. auch BGH GRUR 1983, 370 (373) – Mausfigur (Recht zur Rundfunkverwertung der „Maus" in einem Zeichentrickfilm gibt kein Recht zur Untersagung der Verwertung durch Herstellung und Vertrieb von Puppen).

[577] Hierzu allgemein *Freys*, Das Recht der Nutzung und des Unterhalts von Archiven, 1989; *Haberstumpf* FS Nordemann (2004), 167 ff.; zur Kündigung eines Archivvertrages über den literarischen Nachlass eines Schriftstellers BGH GRUR 1988, 396 – Archivvertrag.

[578] Fromm/Nordemann/*J. B. Nordemann* UrhG vor §§ 31 ff. Rn. 386.

[579] *Sieger* ZUM 1986, 527 gegen KG ZUM 1986, 550.

[580] Vgl. BGH GRUR 2007, 693 Rn. 31 – Archivfotos.

[581] OLG Hamburg GRUR 1989, 912 (914) – Spiegel-Fotos.

[582] BGH GRUR 2007, 693 Rn. 31 – Archivfotos; zur Anwendbarkeit des Übertragungszweckgedankens → § 31 Rn. 70; zum Verhältnis zwischen Nutzungsrechtseinräumung und Übereignung bei Werkstücken und Fotografien → § 44 Rn. 15 ff.

[583] Vgl. den Überblick bei Dreier/Schulze/*Schulze* UrhG vor § 31 Rn. 121 ff.

[584] Dreier/Schulze/*Schulze* UrhG vor § 31 Rn. 121; Jauernig/*Mansel* BGB § 675 Rn. 12; für den Vertrag zwischen Werbeagentur und Unternehmer OLG Hamm GRUR 1988, 564 – Werbevertrag.

[585] Beispiele: der Literaturagent, dazu Loewenheim/*Nordemann-Schiffel/J. B. Nordemann*, Handbuch des Urheberrechts, § 64 Rn. 162 f.; Filmverleih, dazu Loewenheim/*Schwarz/Reber*, Handbuch des Urheberrechts, § 74 Rn. 218.

[586] → § 31 Rn. 48.

Künstleragenturvertrag hat die Vermittlung eines Künstlers zum Gegenstand.[587] Er ist vom **Managementvertrag** zu unterscheiden, der auf die Beratung des Künstlers, seine Förderung („Promotion") und die Koordinierung seiner Aktivitäten im Außenverhältnis zielt und als Dienstvertrag mit Geschäftsbesorgungscharakter anzusehen ist.[588] Im Fall einer übermäßigen Bindung des Künstlers können beide Verträge ausnahmsweise gem. § 138 Abs. 1 BGB nichtig sein. Zu Fotoagenturen → Rn. 130.

154   **e) Verfassen einer Biographie.** Beauftragt eine bekannte Persönlichkeit einen **Autor damit,** eine **Biographie** zu verfassen, so erwirbt die Persönlichkeit gem. § 950 BGB das Eigentum an Tonbändern, auf denen Interviews aufgezeichnet werden.[589] Das Erscheinen der Biographie kann nur verhindert werden, wenn das allgemeine Persönlichkeitsrecht des Dargestellten verletzt wird und diese Verletzung im Einzelnen dargelegt wird.[590]

§ 31 Einräumung von Nutzungsrechten

(1) [1]**Der Urheber kann einem anderen das Recht einräumen, das Werk auf einzelne oder alle Nutzungsarten zu nutzen (Nutzungsrecht).** [2]**Das Nutzungsrecht kann als einfaches oder ausschließliches Recht sowie räumlich, zeitlich oder inhaltlich beschränkt eingeräumt werden.**

(2) **Das einfache Nutzungsrecht berechtigt den Inhaber, das Werk auf die erlaubte Art zu nutzen, ohne dass eine Nutzung durch andere ausgeschlossen ist.**

(3) [1]**Das ausschließliche Nutzungsrecht berechtigt den Inhaber, das Werk unter Ausschluss aller anderen Personen auf die ihm erlaubte Art zu nutzen und Nutzungsrechte einzuräumen.** [2]**Es kann bestimmt werden, dass die Nutzung durch den Urheber vorbehalten bleibt.** [3]**§ 35 bleibt unberührt.**

(4) *[aufgehoben]*

(5) [1]**Sind bei der Einräumung eines Nutzungsrechts die Nutzungsarten nicht ausdrücklich einzeln bezeichnet, so bestimmt sich nach dem von beiden Partnern zugrunde gelegten Vertragszweck, auf welche Nutzungsarten es sich erstreckt.** [2]**Entsprechendes gilt für die Frage, ob ein Nutzungsrecht eingeräumt wird, ob es sich um ein einfaches oder ausschließliches Nutzungsrecht handelt, wie weit Nutzungsrecht und Verbotsrecht reichen und welchen Einschränkungen das Nutzungsrecht unterliegt.**

Schrifttum: *Berberich,* Die Doppelfunktion der Zweckübertragungslehre bei der AGB-Kontrolle, ZUM 2006, 205; *Berger,* Lizenzen in der Insolvenz des Lizenzgebers, GRUR 2013, 321; *Greifeneder/Veh,* Praktische Konsequenzen aus den Entscheidungen des BGH zum grundsätzlichen Fortbestand von urheberrechtlichen Unterlizenzen bei Wegfall der Hauptlizenz, WRP 2014, 17; *Hauck,* Die Verdinglichung obligatorischer Rechte am Beispiel einfacher immaterialgüterrechtlicher Lizenzen, AcP 2011 (2011) 626; *Heidenhain/Reus,* Möglichkeiten der vertraglichen Bindung von Unterlizenzen an den Bestand der Hauptlizenz, CR 2013, 273; *Hilty,* Lizenzvertragsrecht, 2001; *Kraßer,* Verpflichtung und Verfügung im Immaterialgüterrecht, GRUR-Int 1973, 230; *Loewenheim,* Rückruf des Urheberrechts nach § 41 UrhG und Fortbestehen der Enkelrechte, FS Wandtke (2013), S. 199; *McGuire,* Die Lizenz, 2012; *McGuire/Kunzmann,* Sukzessionsschutz und Fortbestand der Unterlizenz nach „M2Trade" und „Take Five" – ein Lösungsvorschlag, GRUR 2014, 28; *J. B. Nordemann,* Die Beendigung urheberrechtlicher Verträge: Automatischer Rechterückfall?, FS Wandtke (2013), S. 187; *ders.,* Der Unterschied zwischen Einräumung und Übertragung von Nutzungsrechten im Urheberrecht – auch ein Beitrag zur Begriffswahl „Übertragungszweckgedanke", FS Bornkamm (2014), S. 907; *Pahlow,* Lizenz und Lizenzvertrag im Recht des Geistigen Eigentums, 2006; *ders.,* Das einfache Nutzungsrecht als schuldrechtliche Lizenz, ZUM 2005, 8; *ders.,* Von Müttern, Töchtern und Enkeln – Zu Rechtscharakter und Wirkung des urhebervertraglichen Rückrufs, GRUR 2010, 112; *Raeschke-Kessler/Christopeit,* Sukzessionsschutz für Lizenzketten (UrhG), ZIP 2013, 345; *Rauer/Ettig,* Zum Fortbestand von Unterlizenzen bei Wegfall der Hauptlizenz, WRP 2012, 1198; *U. Reber,* Zur Frage des Fortbestandes von Sublizenzen im Falle des Wegfalls der Hauptlizenz, ZUM 2009, 855; *Schulze,* Die Übertragungszwecklehre – Auslegungsregel und Inhaltsnorm?, GRUR 2012, 993; *Schweyer,* Die Zweckübertragungstheorie im Urheberrecht, 1982; *Seegel,* Die Insolvenzfestigkeit von Lizenzen und Lizenzverträgen, CR 2013, 205; *Sosnitza,* Gedanken zur Rechtsnatur der ausschließlichen Lizenz, FS Schricker (2005), S. 183; *Spindler,* Lizenzierung nach M2Trade, Take five und Reifen Progressiv, CR 2014, 557; *Srocke,* Das Abstraktionsprinzip im Urheberrecht, GRUR 2008, 867; *Stieper,* Urheberrechtlich wirksame Zweckbindung von Vervielfältigungsstücken?, ZGE 9 (2017) 539; *Wiechmann,* Video-on-Demand als verlängertes Senderecht oder eigenständige Verwertungsart?, ZUM 2014, 764; *Zurth,* Rechtsgeschäftliche und gesetzliche Nutzungsrechte im Urheberrecht, 2016.

S. auch die Nachweise Vor §§ 31 ff.

---

[587] Dreier/Schulze/*Schulze* UrhG vor § 31 Rn. 123; Loewenheim/*Rossbach,* Handbuch des Urheberrechts, § 69 Rn. 101.
[588] OLG Hamburg ZUM 2008, 144 – Nena; Loewenheim/*Rossbach,* Handbuch des Urheberrechts, § 69 Rn. 101.
[589] OLG Köln GRUR-RR 2014, 419 – Kanzler Kohls Tonbänder m. krit. Anm. *Kolb.*
[590] LG Köln AfP 2014, 553 – Kohl-Biographie; KG ZUM 1997, 213 – Willi-Kollo-Biographie.

Übersicht*

I. Allgemeines

1. Zweck und Bedeutung der Norm

§ 31 bildet das Kernstück des Urhebervertragsrechts. Die **Nutzungsrechte** sind das wichtigste **1** rechtliche Instrument für die wirtschaftliche Verwertung von Urheberrechten. Nach der Konzeption des UrhG ist das Urheberrecht zwar vererblich (§ 28), unter Lebenden grundsätzlich aber **unübertragbar** (§ 29 Abs. 1). Eine **dingliche,**[1] Dritten gegenüber gesicherte Rechtsposition kann der Urheberrechtsinhaber dem Werknutzer jedoch durch die **Einräumung von Nutzungsrechten** verschaffen, etwa des Verlagsrechts an einem Schriftwerk, des Aufführungsrechts an musikalischen oder Bühnenwerken, des Vorführungsrechts an einem Film, des Ausstellungsrechts an einem Werk der bildenden Kunst, des Senderechts usw.

§ 31 regelt in seinem Abs. 1 die Zulässigkeit der **Einräumung von Nutzungsrechten,** in Abs. 2 **2** werden die einfachen, in Abs. 3 die ausschließlichen Nutzungsrechte definiert. Abs. 5 enthält den **Übertragungszweckgedanken** (früher meist als „Zweckübertragungsregel"[2] bezeichnet). Abs. 4

---

*Die folgenden Erläuterungen beruhen teilweise auf der von *Schricker* verfassten und in der 4. Aufl. von *Loewenheim* aktualisierten Kommentierung vor §§ 28 ff. und zu § 31.
[1] Bis zur 4. Aufl. war durchgängig von „gegenständlichen" Rechten die Rede, um den immaterialgüterrechtlichen Charakter des Urheberrechts zu betonen: Das Werk ist ein „Gegenstand", aber schwerlich ein „Ding". Nunmehr wird trotz dieses berechtigten Einwandes die allgemein-zivilrechtliche Terminologie verwendet, denn die Unterscheidung von schuldrechtlicher und dinglicher Ebene ist trotz der Unterschiedlichkeit des Gegenstandes in beiden Rechtsgebieten vergleichbar. Auch der BGH spricht von „dinglichen" Nutzungsrechten, s. etwa BGH GRUR 2009, 946 Rn. 20 – Reifen Progressiv; BGH GRUR 2010, 628 Rn. 29 – Vorschaubilder I; BGH GRUR 2016, 266 Rn. 46 – World of Warcraft I.
[2] Näher zur Terminologie → Rn. 55.

stellte das **Verbot der Einräumung von Nutzungsrechten** für noch **nicht bekannte Nutzungsarten** auf, er wurde durch das Zweite Gesetz zur Regelung des Urheberrechts in der Informationsgesellschaft vom 26.10.2007 („2. Korb")[3] **aufgehoben** und durch § 31a ersetzt.[4] Zur Weiterwirkung von Nutzungsrechten (Sukzessionsschutz) vgl. § 33, zur Übertragung von Nutzungsrechten § 34, zur Einräumung weiterer Nutzungsrechte an Nutzungsrechten (Enkelrechte) § 35.

2. Rechtsentwicklung

3   Die ursprüngliche Fassung des § 31 wurde durch das **Gesetz zur Stärkung der vertraglichen Stellung von Urhebern und ausübenden Künstlern (Urhebervertragsgesetz)**[5] geändert. Dabei ging es um klarstellende Änderungen und um eine Anpassung der Regelung an die Entwicklung der Rechtsprechung und der herrschenden Meinung.[6] Der frühere § 32 wurde in § 31 Abs. 1 S. 2 eingearbeitet, in § 31 Abs. 2 wurde die Definition des einfachen Nutzungsrechts klarer gefasst, beim ausschließlichen Nutzungsrecht in Abs. 3 wurde zum Ausdruck gebracht, dass der Inhaber des Nutzungsrechts weitere Nutzungsrechte jeder Art, dh im Rahmen seiner Befugnis auch ausschließliche Nutzungsrechte einräumen kann, sowie dass die Nutzung durch den Urheber vorbehalten bleiben kann. Die Neufassung des § 31 Abs. 5 sollte deutlich machen, dass die **Übertragungszweckregel**[7] nicht nur für die Ermittlung der erfassten Nutzungsarten gelten soll, sondern auch für sonstige Modalitäten des Rechtsgeschäfts.[8]

4   Die jetzige Fassung des § 31 geht auf das **Zweite Gesetz zur Regelung des Urheberrechts in der Informationsgesellschaft** vom 26.10.2007 („2. Korb")[9] zurück. Durch dieses Gesetz wurde das Verbot der Einräumung von Nutzungsrechten für noch nicht bekannte Nutzungsarten sowie Verpflichtungen hierzu in § 31 Abs. 4 aufgehoben und durch die Regelungen in §§ 31a (Verträge über unbekannte Nutzungsarten) und 32c (Vergütung für später bekannt gewordene Nutzungsarten) ersetzt, auf die Kommentierung dieser Vorschriften sei insofern verwiesen.

3. Völker- und unionsrechtlicher Rahmen

5   Auch wenn die Unterscheidung zwischen ausschließlichen und einfachen Nutzungsrechten (im Ausland meist als „Lizenzen" bezeichnet) in den meisten Urheberrechtsordnungen der Welt vorgenommen wird, enthalten das Völker- und das Europarecht hierzu keine Vorgaben. Zu unionsrechtlichen Vorschriften mit Bezug zum Urhebervertragsrecht, insbesondere über die Vorschriften zur Sicherung einer fairen Vergütung (Art. 18–23 DSM-RL) → vor §§ 31 ff. Rn. 16; § 32 Rn. 4a ff.; zur kollisionsrechtlichen Beurteilung von Rechtseinräumungen im grenzüberschreitenden Rechtsverkehr und zur Anwendbarkeit des Übertragungszweckgedankens[10] → vor §§ 120 ff. Rn. 161, 165.

II. Die Einräumung von Nutzungsrechten (Abs. 1 S. 1): dogmatische Grundlagen

1. Regelungsgehalt des § 31 Abs. 1 S. 1

6   **a) Urheber.** Die Vorschrift ist unmittelbar nur auf die Rechtseinräumung durch den Urheber, also im primären Urhebervertragsrecht, anwendbar. § 31 Abs. 1–3 enthalten aber allgemeine Gedanken, die in vergleichbarer Form im gesamten Recht des geistigen Eigentums gelten[11] und die sich bei einer Gesamtkodifikation dieses Rechtsgebiets als Regelungen eines allgemeinen Teils anbieten würden.[12] Daher spricht nichts dagegen, § 31 Abs. 1–3 auch im Verhältnis zwischen Verwertern anzuwenden; auch die Möglichkeit der Einräumung von „Enkelrechten", um die es in § 35 geht, spricht dafür. Auch im Bereich verwandter Schutzrechte können Nutzungsrechte eingeräumt werden. Das ergibt sich teilweise aus eigenen Verweisungen,[13] doch auch im Übrigen gilt § 31 Abs. 1–3 für die Inhaber verwandter Schutzrechte.[14] Zum Anwendungsbereich des Übertragungszweckgedankens (§ 31 Abs. 5) → Rn. 59 ff.

---

[3] BGBl. I S. 2513.
[4] → Vor §§ 31 ff. Rn. 12.
[5] BGBl. I S. 1155.
[6] BT-Drs. 14/6433, 14; Dreier/Schulze/*Schulze* UrhG § 31 Rn. 2.
[7] Seinerzeit noch „Zweckübertragungsregel", zur Terminologie → Rn. 55.
[8] → Rn. 54. Näher zu den Änderungen 4. Aufl./*Schricker/Loewenheim* Rn. 1.
[9] BGBl. I S. 2513.
[10] Vgl. auch BGH GRUR 2015, 264 – Hi Hotel II, dazu *Katzenberger* GRUR-Int 2015, 381: § 31 Abs. 5 UrhG zählt nicht zu den im Sinne von Art. 34 EGBGB zwingenden Bestimmungen, die einen Sachverhalt mit Auslandsberührung ohne Rücksicht auf das jeweilige Vertragsstatut regeln.
[11] Vgl. §§ 15 Abs. 2 PatG; 30 Abs. 1 MarkenG.
[12] S. *Ahrens/McGuire,* Modellgesetz für Geistiges Eigentum, 2011, Buch 1, §§ 110, 123.
[13] §§ 70; 72 Abs. 1; 79 Abs. 2; 81 S. 2; 85 Abs. 2 S. 3; 87 Abs. 2 S. 3; 87g Abs. 1 S. 2; 94 Abs. 2 S. 3; 95 vgl. auch BGH GRUR 2003, 234 (236) – EROC III (Anwendbarkeit des § 31 Abs. 5, nicht aber des § 31 Abs. 4 aF auf die Leistungsschutzrechte der ausübenden Künstler und der Tonträgerhersteller).
[14] Fromm/Nordemann/*J. B. Nordemann* UrhG § 31 Rn. 7.

b) Nutzungsrecht ist das vom Urheber oder einem anderen Rechtsinhaber **abgeleitete subjek-** 7
tive Recht zur Nutzung des Werks in den durch die Rechtseinräumung bestimmten Grenzen, im
Gegensatz zu den „Verwertungsrechten", die dem Urheber gemäß §§ 15 ff. originär zustehen.[15] Der
Begriff des „Nutzungsrechts" entspricht demjenigen der „Lizenz" im gewerblichen Rechtsschutz und
in ausländischen Urheberrechtsordnungen.[16] Abzugrenzen ist das Nutzungsrecht von den schwächeren Formen der Gestattung, die dem Urheber gem. § 29 Abs. 2 ebenfalls zur Verfügung stehen.[17] Im
Unterschied zu rein schuldrechtlichen Vereinbarungen genießen Nutzungsrechte Sukzessionsschutz
(§ 33) und weisen damit zumindest ein **Merkmal der Dinglichkeit** auf.[18] Im Unterschied zur einseitigen Einwilligung kann der Urheber oder sonstige Rechtsinhaber die Einräumung des Nutzungsrechts nicht frei widerrufen.[19] In der Praxis wird die Werknutzung ganz überwiegend auf dingliche
Nutzungsrechte gestützt; rein schuldrechtliche Nutzungsverhältnisse oder schlichte Einwilligungen
bilden die seltene Ausnahme; insbesondere bei Nutzungen von geringer Tragweite sind sie anzutreffen.

c) Nutzungsart ist jede **übliche, technisch und wirtschaftlich eigenständige** und damit nach 8
der Verkehrsauffassung klar **abgrenzbare Verwendungsform eines Werkes.**[20] Sie braucht sich mit
den abstrakt in § 15 aufgezählten Verwertungsrechten nicht zu decken, sondern kann auch Ausschnitte aus einem solchen Verwertungsrecht oder mehreren Verwertungsrechten beinhalten, denn die Verwertungsrechte sind pauschal umschrieben und umfassen meist mehrere, oft zahlreiche verschiedene
wirtschaftliche Nutzungsmöglichkeiten. Nutzungsarten beschreiben den konkreten Einsatzbereich des
Werkes; im Gegensatz zu den Verwertungsrechten können sich Nutzungsarten aufgrund von technischer und sozialer Entwicklung und Verbrauchergewohnheiten laufend ändern. Eine Nutzungsart
kann mehrere Verwertungsrechte umfassen;[21] die Nutzungsart kann aber auch enger als das Verwertungsrecht sein.[22] Da es in § 31 darum geht, wie dingliche Nutzungsrechte zugeschnitten werden, ist
als „Nutzungsart" iSd Vorschrift nur die **selbständig abspaltbare Nutzungsart** zu verstehen.[23] Der
Begriff ist für § 31 Abs. 1, 5 und §§ 31a, 32c **einheitlich.**[24]

2. Die Begründung von Nutzungsrechten als konstitutive Rechtseinräumung

Mit der in § 29 Abs. 1 bestimmten grundsätzlichen Unübertragbarkeit des Urheberrechts und der 9
in §§ 29 Abs. 2, 31 Abs. 1 erwähnten Möglichkeit der Einräumung von Nutzungsrechten erklärt sich
das Gesetz in bewusster Abweichung vom vorher geltenden Recht für eine **dogmatische Konzep-**
tion, die in der AmtlBegr. wie folgt erläutert wird:[25]

„Das Urheberrecht soll grundsätzlich weder als Ganzes noch in seinen Teilen (zB Verwertungsrechte) übertragbar
sein, der Urheber soll vielmehr einem anderen die Verwertung seines Werkes nur dadurch überlassen können, dass
er ihm ein vom Urheberrecht abgeleitetes Nutzungsrecht einräumt, ähnlich wie die auf dem Gebiet des Patentrechts übliche Lizenz. Diese Konstruktion ermöglicht es, dem bereits für das geltende Recht entwickelten Gedanken, dass die vermögensrechtlichen Befugnisse auch nach ihrer Abtretung bis zu einem gewissen Grade im Banne
des Urheberrechts verbleiben, zwanglos Rechnung zu tragen."

Zulässig ist somit, von den Ausnahmefällen des § 29 Abs. 1 Hs. 2 abgesehen, nicht eine translative
Übertragung, sondern nur eine **konstitutive Rechtseinräumung:** Gewisse Verwertungsbefugnisse
werden vom Urheberrecht abgelöst und als Gegenstand eines entsprechenden Nutzungsrechts in die
Rechtszuständigkeit eines anderen überführt, wobei ein Zusammenhang mit dem Stammrecht erhal-
ten bleibt, der in verschiedenen Regelungen[26] seinen Ausdruck findet.[27] *Forkel* spricht aus diesem
Grund von einer „gebundenen Rechtsübertragung".[28] Das Nutzungsrecht lässt sich wegen seiner
fortdauernden Prägung durch das Stammrecht auch als **„Tochterrecht"** des Urheberrechts als des
„Mutterrechts" bezeichnen. Die Rechtseinräumung ist **mehrstufig** möglich, dh aufgrund eines
Tochterrechts[29] kann nach § 35 ein – ausschließliches oder einfaches[30] – **„Enkelrecht"** eingeräumt

---

[15] Näher hierzu → § 29 Rn. 19.
[16] Näher hierzu → § 29 Rn. 20.
[17] Näher hierzu → § 29 Rn. 23 ff.
[18] Zur „Stufenleiter der Gestattungen" → § 29 Rn. 23.
[19] Zur Beendigung von Nutzungsrechten → Vor § 31 ff. Rn. 79 ff.
[20] BGH GRUR 2001, 153 (154) – OEM-Version; BGH GRUR 2005, 937 (939) – Der Zauberberg; BGH
GRUR 2010, 62 Rn. 18 – Nutzung von Musik zu Werbezwecken; BGH GRUR 2017, 266 Rn. 46 – World of
Warcraft I; *Dreier/Schulze/Schulze* UrhG § 31 Rn. 9; *Fromm/Nordemann/J. B. Nordemann* UrhG § 31 Rn. 10;
Schack Rn. 609; *Wandtke/Bullinger/Wandtke/Grunert* UrhG § 31 Rn. 2.
[21] So erfordert die verlagsrechtliche Nutzung die Einräumung des Vervielfältigungs- und des Verbreitungsrechts.
[22] Der Vertrieb von Büchern über den Sortimentsbuchhandel einerseits und über Buchgemeinschaften andererseits sind seit langem als eigenständige Nutzungsarten anerkannt, obwohl nur ein Verwertungsrecht, nämlich das
Verbreitungsrecht, betroffen ist.
[23] Hierzu näher → Rn. 27 ff.
[24] Hierzu näher → Rn. 29 und → § 31a Rn. 28.
[25] BT-Drs. IV/270, 55.
[26] Zustimmungsbedürftigkeit der Weiterübertragung (§ 34), Rückruf (§§ 41, 42), Heimfall.
[27] Näheres zur Dogmatik der konstitutiven Rechtsübertragung bei *Ulmer* § 83 I, II; *Forkel* S. 133 f. mwN.
[28] *Forkel* S. 133 f. und passim.
[29] Zur Frage, ob auch das einfache Nutzungsrecht eine weitere Rechtseinräumung erlaubt, → § 35 Rn. 7.
[30] Vgl. *Forkel* S. 232 f.; *Schricker,* Verlagsrecht, VerlG § 28 Rn. 23.

werden, um im genealogischen Bilde zu bleiben, wobei das ausschließliche Enkelrecht wiederum die Grundlage für die Einräumung von Nutzungsrechten weiterer Stufen bilden kann.[31] Mit der **Belastung des Sacheigentums durch dingliche Rechte** lässt sich das Verhältnis von Urheberrecht und Nutzungsrecht nur entfernt vergleichen:[32] Einerseits ist das Band zum Mutterrecht stärker und wird durch die persönlichkeitsrechtlichen Befugnisse des Urhebers betont; andererseits zeigen abgeleitete Rechte auch eine gesteigerte Selbständigkeit, weil sie nach dem Wegfall des Rechts, von dem sie abgeleitet sind, bestehen bleiben.[33]

10   Die konstitutive Rechtseinräumung stellt eine **Verfügung** über das Urheberrecht oder das ausschließliche Nutzungsrecht dar, auf dessen Grundlage das betreffende Nutzungsrecht eingeräumt wird.[34] Nach allgemeinen Regeln ist sie nur wirksam, wenn derjenige, der sie vornimmt, **Verfügungsmacht** hat oder wenn der Inhaber der Verfügungsmacht seine **Zustimmung** erteilt (§ 185 BGB).[35] Die Verfügungsmacht liegt beim Inhaber des Urheberrechts oder des als Basis der Rechtseinräumung dienenden Nutzungsrechts; im letzteren Fall ist regelmäßig zusätzlich die Zustimmung des Urheberrechtsinhabers erforderlich (§§ 34, 35). Ein **gutgläubiger Erwerb** ist im Urheberrecht ausgeschlossen.[36]

11   Das **Rechtsgeschäft der Einräumung von Nutzungsrechten** wird in § 31 Abs. 1 S. 1 zwar erwähnt, aber nicht näher geregelt; auch die folgenden Vorschriften betreffen nur Einzelfragen. Aus allgemeinen Grundsätzen folgt, dass es zur Einräumung eines **Vertrages** bedarf.[37] Die Überschrift des § 37 erwähnt denn auch „Verträge über die Einräumung von Nutzungsrechten". Für den Vertrag gelten die Regeln im **Allgemeinen Teil des BGB,** ergänzt durch §§ 413, 398 ff. BGB.[38] So kann grundsätzlich eine **auflösende Bedingung** vereinbart werden,[39] auch wenn fraglich ist, inwieweit auf diese Weise schuldrechtliche Beschränkungen „verdinglicht" werden können. Die Frage stellt sich in erster Linie[40] im Zusammenhang mit der „Copyleft"-Klausel bei Open Source- oder Creative Commons-Lizenzen,[41] die einen automatischen Wegfall der Rechte bei Verstoß gegen Lizenzbedingungen vorsehen und von der hM als zulässige auflösende Bedingung (§ 158 Abs. 2 BGB) angesehen werden.[42] Auf Willenserklärungen **Minderjähriger** sind grundsätzlich die §§ 104 ff. BGB anwendbar, doch spricht einiges dafür, insgesamt oder jedenfalls bei Erklärungen mit urheberpersönlichkeitsrechtlicher Bedeutung zusätzlich zur Erklärung des gesetzlichen Vertreters diejenige des Minderjährigen zu verlangen,[43] sofern er über die nötige Einsichtsfähigkeit verfügt.[44] Ebenso wie der Abschluss des zugrunde liegenden Verpflichtungsgeschäfts[45] ist die Einräumung von Nutzungsrechten grundsätzlich[46] **formfrei;** sie kann also auch mündlich oder konkludent geschehen.[47] Allerdings ist gerade bei konkludenten Erklärungen Zurückhaltung geboten, damit der Wille des Urhebers nicht lediglich fingiert wird.[48] Vor allem ist durch Auslegung im Lichte des Übertragungszweckgedankens (§ 31 Abs. 5) zu ermitteln, ob die Einräumung eines Nutzungsrechts oder lediglich eine schlichte Einwilli-

---

[31] Arg. § 35 Abs. 1 S. 1; s. für den Verlagsbereich *Schricker,* Verlagsrecht, VerlG § 28 Rn. 23.

[32] *Forkel* S. 166, sa die Nachw. S. 133 f.

[33] S. für den Verzicht auf das vorgelagerte Recht § 33 S. 2; für dessen Wegfall wegen Rückrufs oder Beendigung des zugrundeliegenden Verpflichtungsgeschäfts → Rn. 20 ff.

[34] Berger/Wündisch/*Berger* § 1 Rn. 24; Fromm/Nordemann/*J. B. Nordemann* UrhG § 31 Rn. 25; *Schack* Rn. 588 ff.; *Ulmer* § 103 I 1; *Schricker,* Verlagsrecht, VerlG § 8 Rn. 4.

[35] OLG Brandenburg NJW-RR 1999, 839 (840); Berger/Wündisch/*Berger* § 1 Rn. 78; Loewenheim/*Loewenheim/J. B. Nordemann,* Handbuch des Urheberrechts, § 26 Rn. 1; Wandtke/Bullinger/*Wandtke/Grunert* UrhG vor §§ 31 ff. Rn. 29 f.

[36] Im Einzelnen → Rn. 25.

[37] Berger/Wündisch/*Berger* § 1 Rn. 64.

[38] *Ulmer* § 83 III vor 1; Wandtke/Bullinger/*Wandtke/Grunert* UrhG vor §§ 31 ff. Rn. 22.

[39] OLG München UFITA 90 (1981), 166; vgl. auch OLG Hamburg ZUM 2001, 507.

[40] Aber auch im Zusammenhang mit einer Bindung einer Unterlizenz an die Hauptlizenz, hierzu → Rn. 20 ff. und *Spindler* CR 2014, 557 (563 ff.).

[41] ZB Ziff. 8 GPL v. 3. Zur Auslegung einer Creative Commons-Lizenz vgl. OLG Köln GRUR 2015, 167.

[42] LG München GRUR-RR 2004, 350 (351) – GPL-Verstoß; LG Frankfurt a. M. CR 2006, 729 (732); *Metzger/Jaeger* GRUR-Int 1999, 839 (843); *Jaeger/Metzger,* Open Source Software, 4. Aufl. 2016, Rn. 152 f.; *Schack* Rn. 612; Wandtke/Bullinger/*Grützmacher* § 69c Rn. 116; krit. *Hoeren* CR 2004, 776 f. („beating the devil with the devil"); aA *Koch* CR 2000, 333 f. (inhaltliche Beschränkung des Nutzungsrechts gem. § 31 Abs. 1 S. 2 UrhG).

[43] Warum sollte einer 17jährigen die Veröffentlichung ihrer im Internet abrufbaren Blogeinträge in Buchform von ihren Eltern aufgezwungen werden, wenn sie traditionelle Verlagsstrukturen ablehnt?

[44] So für die Einwilligung *Tinnefeld,* Die Einwilligung in urheberrechtliche Nutzungen im Internet, 2012, S. 120 f.; aA *v. Zimmermann,* Die Einwilligung im Internet, 2014, S. 162 f. In ausländischen Rechtsordnungen bestehen insoweit teilweise Spezialnormen, die vom allgemeinen Vertragsrecht abweichen, vgl. Art. L 132-7 Code de la propriété intellectuelle (Frankreich), Art. 108 Legge 22 aprile 1941, n. 633 sulla protezione del diritto d'autore (Italien).

[45] Hierzu → Vor §§ 31 ff. Rn. 30.

[46] Ausnahmen: § 31a, § 40 Abs. 1.

[47] BGH GRUR 1971, 362 (363) – Kandinsky; BGH GRUR 2010, 628 Rn. 28 – Vorschaubilder I; OLG Frankfurt a. M. GRUR 2015, 374 (377) – Hessenlöwe; Berger/Wündisch/*Berger* § 1 Rn. 82; Dreier/Schulze/*Schulze* UrhG § 31 Rn. 22; Loewenheim/Loewenheim/*J. B. Nordemann,* Handbuch des Urheberrechts, § 26 Rn. 5.

[48] BGH GRUR 2004, 938 (939) – Comic-Übersetzungen III; *Schack* Rn. 600; Wandtke/Bullinger/*Wandtke/Grunert* UrhG vor §§ 31 ff. Rn. 45.

gung gewollt ist.[49] Die **ausdrückliche „einzelne Bezeichnung"** der eingeräumten Rechte spielt aber für die Auslegung des Vertrags eine Rolle, s. § 31 Abs. 5.[50] Eine Sonderregelung gilt für die Bestellung des **Verlagsrechts** gemäß § 9 VerlG: Zur vertraglichen Einigung muss die Ablieferung des Manuskripts hinzukommen. Die Vorschrift des § 9 VerlG ist aber nicht zwingend; abweichende vertragliche Regelungen sind möglich.[51]

Ebenso wie nach §§ 398 ff. BGB die Vorausabtretung zukünftiger Forderungen möglich ist,[52] wird **12** eine **Vorausverfügung** in Form der Einräumung von Nutzungsrechten an **künftigen Werken** zugelassen.[53] Die betreffenden Werke müssen bestimmt oder bestimmbar sein. Die Vorausverfügung begründet eine Anwartschaft, die mit Schaffung des Werkes zum Vollrecht erstarkt.[54] Für **schuldrechtliche Verträge** über künftige Werke, nicht auch für die Vorausverfügung, gilt § 40; die Vorschrift kann sich gemäß Abs. 3 aber auch auf Verfügungen auswirken.[55]

3. Verhältnis von Verpflichtung und Verfügung

a) Trennungsprinzip. Die Einräumung eines dinglichen Nutzungsrechtes – handle es sich um ein **13** ausschließliches oder einfaches Recht – bildet eine **Verfügung** über das Urheberrecht oder das ausschließliche Nutzungsrecht, auf der Basis dessen das Nutzungsrecht eingeräumt wird. Im System des deutschen Privatrechts trennt man gedanklich zwischen Verpflichtung und Verfügung;[56] dies gilt auch für Geschäfte über Urheberrechte;[57] ein Argument hierfür liefert § 40 Abs. 1 S. 1 und Abs. 3. Während das Verpflichtungsgeschäft grundsätzlich nur Rechte und Pflichten zwischen den Beteiligten schafft, wirkt die Verfügung unmittelbar auf den Bestand eines Rechtes ein und begründet damit auch Rechtswirkungen gegenüber Dritten, bei Übertragungsgeschäften namentlich durch Änderung der Zuordnung des betreffenden Rechts.[58]

In der Praxis werden Verfügungen regelmäßig durch **Verpflichtungsgeschäfte** angebahnt und ge- **14** tragen: Der Urheber verpflichtet sich etwa, unter bestimmten Modalitäten, insbesondere gegen ein vereinbartes Entgelt, ein Nutzungsrecht gewisser Art einzuräumen. Faktisch werden beide Geschäfte häufig zusammentreffen, dh zugleich abgeschlossen und nicht förmlich voneinander unterschieden werden. Oft werden sie in einem einheitlichen Vertragsdokument geregelt. Gleichwohl sind sie nach Voraussetzungen und Wirkungen getrennt zu prüfen. So wird, wenn jemand über ein fremdes Recht in eigenem Namen kontrahiert, regelmäßig die Verpflichtung wirksam sein, die Wirksamkeit der Verfügung dagegen von der Zustimmung des Berechtigten (§ 185 BGB) abhängen.

b) Abstraktionsprinzip. Im deutschen Bürgerlichen Recht gilt zusätzlich zum Trennungsprinzip **15** das Abstraktionsprinzip, dh die Verfügungsgeschäfte sind in ihrer Gültigkeit grundsätzlich von Bestand und Gültigkeit der zugrundeliegenden Verpflichtungsgeschäfte unabhängig.[59] Auf das Urhebervertragsrecht ist das Abstraktionsprinzip jedenfalls nicht uneingeschränkt anwendbar, denn gemäß § 9 Abs. 1 VerlG erlischt das „Verlagsrecht", also das Nutzungsrecht des Verlegers, „mit der Beendigung des Vertragsverhältnisses". Dies wird allgemein als ein Ausschluss des Abstraktionsgrundsatzes im Sinn einer kausalen Bindung des gegenständlichen Verlagsrechtes an Bestand und Wirksamkeit des schuldrechtlichen Verlagsvertrags verstanden.[60] Fehlt der obligatorische Verlagsvertrag oder ist er unwirksam, so entsteht auch das subjektive Verlagsrecht nicht; wird der obligatorische Verlagsvertrag beendet, so kommt auch das Verlagsrecht automatisch in Fortfall. Auch § 40 Abs. 3 deutet auf eine kausale Verknüpfung hin. Ob im **sonstigen Urhebervertragsrecht** das Abstraktionsprinzip gilt oder nicht, ist umstritten.[61]

Die **Befürworter einer Geltung des Abstraktionsprinzips**[62] verweisen darauf, dass es sich um **16** einen **allgemeinen Grundsatz** des deutschen Privatrechts handle; die Darlegungslast liege daher bei den Gegnern des Abstraktionsprinzips. Auch im Urheberrecht diene das Abstraktionsprinzip dem

---

[49] BGH GRUR 2010, 628 Rn. 28 – Vorschaubilder I; Dreier/Schulze/*Schulze* UrhG § 31 Rn. 22; *Ohly* GRUR 2012, 983 (987 f.).

[50] Näher hierzu → Rn. 56.

[51] *Schricker*, Verlagsrecht, VerlG § 9 Rn. 5; Ulmer-Eilfort/Obergfell/*Ulmer-Eilfort* VerlG § 9 Rn. 2.

[52] Für Vergütungsansprüche → § 29 Rn. 37 ff.

[53] S. dazu auch *Ulmer* §§ 83 III 1, 94; *Schricker*, Verlagsrecht, VerlG § 9 Rn. 5.

[54] *Schricker*, Verlagsrecht, VerlG § 9 Rn. 5; Wandtke/Bullinger/*Wandtke/Grunert* UrhG vor §§ 31 ff. Rn. 32 ff.

[55] Im Einzelnen → § 40 Rn. 37.

[56] Vgl. *Wolf/Neuner*, Allgemeiner Teil des Bürgerlichen Rechts, 11. Aufl. 2016, § 29 Rn. 23 ff.

[57] Berger/Wündisch/*Berger* § 1 Rn. 27 ff.; Dreier/Schulze/*Schulze* UrhG § 31 Rn. 16; Fromm/Nordemann/*J. B. Nordemann* UrhG § 31 Rn. 29; Loewenheim/*Loewenheim/J. B. Nordemann,* Handbuch des Urheberrechts, § 26 Rn. 2; *Schack* Rn. 591; Wandtke/Bullinger/*Grunert* UrhG vor §§ 31 ff. Rn. 6; *Wente/Härle* GRUR 1997, 96.

[58] *Wolf/Neuner*, Allgemeiner Teil des Bürgerlichen Rechts, 11. Aufl. 2016, § 29 Rn. 28, 31.

[59] *Wolf/Neuner*, Allgemeiner Teil des Bürgerlichen Rechts, 11. Aufl. 2016, § 29 Rn. 65 ff.

[60] BGH GRUR 1958, 504 (506) – Die Privatsekretärin mAnm *Pfennig,* allerdings mit ausdrücklicher Beschränkung auf das Verlagsrecht; *Forkel* S. 156, 159 f.; *Kraßer* GRUR-Int 1973, 230 ff.; *Schricker*, Verlagsrecht, VerlG § 9 Rn. 3; Ulmer-Eilfort/Obergfell/*Ulmer-Eilfort* VerlG § 9 Rn. 12; *Wente/Härle* GRUR 1997, 96 (97).

[61] S. die Nachw. in den folgenden Fn. und den Überblick über den Meinungsstand bei Berger/Wündisch/*Berger* § 1 Rn. 31 ff.; *Srocke* GRUR 2008, 867 ff.

[62] Berger/Wündisch/*Berger* § 1 Rn. 33; *v. Gamm* Einf. Rn. 70; *Schack* Rn. 589 ff.; *Grützmacher* CR 2004, 814 (815); *Hoeren* CR 2005, 773 (774).

Verkehrsschutz. Das gelte insbesondere bei Rechteketten, weil hier der Erwerber bei Geltung des Kausalprinzips sämtliche Verträge in vollem Umfang prüfen müsse. Auch wenn im Urheberrecht die Rechtseinräumung teilweise inhaltlich durch das Verpflichtungsgeschäft bestimmt werde, bestehe doch kein völliger Gleichlauf. Die Geltung des Abstraktionsprinzips stärke das Nutzungsrecht, was letztlich auch dem Urheber zugutekomme.

17   Die **Ablehnung des Abstraktionsprinzips im Urheberrecht** durch die überwiegende Meinung des Schrifttums[63] und grundsätzlich auch durch die Rechtsprechung[64] hat jedoch die besseren **Gründe** für sich. Das Ergebnis wird durch eine analoge Heranziehung des § 9 Abs. 1 VerlG gestützt, wie auch durch die Tatsache, dass § 40 Abs. 3 ein Durchschlagen des Kausalverhältnisses auf die Verfügung anordnet. Ganz allgemein ist im Urheberrecht die Verfügung mit dem Verpflichtungsvertrag enger verknüpft, da sie erst durch diesen ihre Konturen gewinnt, nicht dagegen durch einen numerus clausus dinglicher Rechte auf vorbestimmte Rechtsfiguren festgelegt wird.[65] Auch sind die zugunsten des Abstraktheitsgrundsatzes angeführten Argumente der Rechts- und Verkehrssicherheit für das Urheberrecht nicht stichhaltig, da hier ein Gutglaubensschutz fehlt. Ferner kann für das Urheberrecht die historische Legitimation des Abstraktionsprinzips aus dem Pandektenrecht nicht ins Feld geführt werden. Als „Exportmodell" für eine zukünftige Harmonisierung des Urhebervertragsrechts in der EU würde das Abstraktionsprinzip nicht taugen, weil es einen deutschen Sonderweg darstellt.[66] Schließlich kommt die kausale Bindung der Verfügung an das Verpflichtungsgeschäft tendenziell dem Gedanken entgegen, dem Urheber möglichst seine Rechte zu erhalten, wie er in § 31 Abs. 5 zum Ausdruck gelangt.

18   Die **Rechtsprechung** war früher schwankend,[67] hat sich aber mittlerweile für einen der praktisch wichtigsten Anwendungsfälle **gegen die Anwendung des Abstraktionsprinzips** ausgesprochen. Bei Beendigung des Verpflichtungsgeschäfts oder im Fall eines Rückrufs gemäß §§ 41, 42 kommt es demnach zum **automatischen Heimfall der Nutzungsrechte,** ohne dass insoweit noch eine Rückübertragung erforderlich wäre.[68] Zur Begründung verwirft der BGH die Anwendung des Abstraktionsprinzips zwar nicht kategorisch, verweist aber darauf, dass „die kausale Verknüpfung von Verpflichtungs- und Verfügungsgeschäft der für das Urheber- und generell für das Immaterialgüterrecht geltenden Besonderheit" entspricht, „dass der Inhalt des Rechts, auf das sich die Verfügung bezieht, im Hinblick auf die Vielfalt der Gestaltungsmöglichkeiten und das Fehlen vorgeformter gesetzlicher Typen erst durch den schuldrechtlichen Vertrag seine nähere Bestimmung und Ausformung erfährt".[69] Auch sei § 9 VerlG als exemplarisch anzusehen. Diese Lösung, die der zuvor hM entspricht, überzeugt dogmatisch und führt zu sachgerechten Ergebnissen.[70]

19   Die Einräumung von Nutzungsrechten hängt also regelmäßig von Bestand und Wirksamkeit des zugrundeliegenden schuldrechtlichen Vertrages **kausal ab.** Das gilt auch für **Wahrnehmungsverträge.**[71] Umstritten ist, ob die kausale Verknüpfung zwischen Verpflichtung und Verfügung nur im primären Urhebervertragsrecht, also bei Rechtseinräumungen durch den Urheber,[72] oder **allgemein** gilt. Die Rechtsprechung geht zu Recht von Letzterem aus.[73] Erstens unterliegen auch Rechtseinräumungen unter Verwertern der Zweckbindung, zweitens ergibt sich die kausale Bindung nicht nur aus dem Gesichtspunkt des Urheberschutzes, sondern aus dem Wesen immaterialgüterrechtlicher Nutzungsverträge, bei denen die Rechtseinräumung allgemein durch das Verpflichtungsgeschäft begrenzt wird.[74] Hingegen gilt für die **Weiterübertragung bereits abgespaltener Nutzungsrechte**

---

[63] Dreier/Schulze/*Schulze* UrhG § 31 Rn. 19; DKMH/*Kotthoff* UrhG § 31 Rn. 18; *Forkel* S. 155 ff.; *Götting* FS Schricker (1995), 53 (70 f.); Fromm/Nordemann/*J. B. Nordemann* UrhG § 31 Rn. 30 ff.; *Kraßer* GRUR-Int 1973, 230 ff.; Loewenheim/*Loewenheim/J. B. Nordemann*, Handbuch des Urheberrechts, § 26 Rn. 3; *Rehbinder/Peukert* Rn. 901; *Spindler* CR 2014, 557 (563); Wandtke/Bullinger/*Wandtke/Grunert* UrhG § 31 Rn. 50; *Ulmer* § 92 I; differenzierend *Wente/Härle* GRUR 1997, 96 (98 ff.); weitere Nachw. zur älteren Lit. und Rspr. in → 4. Aufl. 2010, Vor §§ 28 ff. Rn. 100.

[64] → Rn. 18.

[65] So mittlerweile auch BGH GRUR 2012, 916 Rn. 19 ff. – M2Trade.

[66] Palandt/*Ellenberger* Überblick vor § 104 Rn. 22; *Wacke* ZEuP 2000, 254. Auch in der deutschen Literatur ist die Berechtigung des Abstraktionsprinzips im bürgerlichen Recht wiederholt bestritten worden, für eine Rechtfertigung des Abstraktionsprinzips aber *Stadler*, Verkehrsschutz durch Abstraktion, 1996 mwN.

[67] Für Geltung des Abstraktionsprinzips außerhalb des Verlagsrechts BGH GRUR 1958, 504 (506) – Die Privatsekretärin (ausdrücklich aufgegeben in BGH GRUR 2012, 916 Rn. 1 f. – M2Trade); dagegen wohl BGH GRUR 1966, 567 (569) – GELU; BGH GRUR 1982, 308 (309) – Kunsthändler; deutlicher OLG Karlsruhe ZUM-RD 2007, 76 (78 f.); weitere Nachw. zur älteren Rspr. in 4. Aufl./*Schricker/Loewenheim* UrhG vor § 28 Rn. 100.

[68] BGH GRUR 2012, 916 Rn. 19 ff. – M2Trade; ebenso bereits BGH GRUR 2009, 948 Rn. 18 – Reifen Progressiv; zust. insoweit Dreier/Schulze/*Schulze* UrhG § 31 Rn. 19; Fromm/Nordemann/*J. B. Nordemann* UrhG § 31 Rn. 32; Wandtke/Bullinger/*Wandtke/Grunert* UrhG vor § 31 Rn. 50.

[69] BGH GRUR 2012, 916 Rn. 19 – M2Trade.

[70] Zust. insoweit ebenfalls Dreier/Schulze/*Schulze* UrhG § 31 Rn. 19; Fromm/Nordemann/*J. B. Nordemann* UrhG § 31 Rn. 32; Wandtke/Bullinger/*Wandtke/Grunert* UrhG vor § 31 Rn. 50.

[71] BGH GRUR 2000, 228 – Musical-Gala; BGH GRUR 2010, 62 Rn. 16 – Nutzung von Musik für Werbezwecke; Wandtke/Bullinger/*Wandtke/Grunert* UrhG vor §§ 31 ff. Rn. 53; zweifelnd *Riesenhuber* ZUM 2010, 137 (140).

[72] So Fromm/Nordemann/*J. B. Nordemann* UrhG vor §§ 31 ff. Rn. 231; *Wente/Härle* GRUR 1997, 96 (99).

[73] BGH GRUR 2012, 916 Rn. 20 – M2Trade; zust. Dreier/Schulze/*Schulze* UrhG § 31 Rn. 18.

[74] BGH GRUR 2012, 916 Rn. 20 – M2Trade.

das Abstraktionsprinzip,[75] da hier der Umfang des Nutzungsrechts nicht durch den zugrundeliegenden schuldrechtlichen Kaufvertrag näher ausgestaltet wird. Außerdem vermeidet die Anwendung des Abstraktionsprinzips bei der Weiterübertragung Schwierigkeiten beim Rechtserwerb in Rechteketten.[76] Soweit demnach die **kausale Bindung** reicht, kann sie von den Parteien – ganz oder in einzelnen Stücken – **gelöst werden.** Sie können die Einräumung eines – voll oder teilweise – abstrakt gültigen Nutzungsrechts vereinbaren, das bei Fehlen oder Wegfall des schuldrechtlichen Vertrags fortbesteht und nur einem Bereicherungsanspruch unterliegt.[77]

c) **Fortbestand von Enkelrechten bei Wegfall des Tochterrechts?** Vom Heimfall des Nut- **20** zungsrechts an den Urheber ist die Frage zu unterscheiden, ob ein **Nutzungsrecht späterer Stufe (Enkelrecht) automatisch erlischt,** wenn das **Nutzungsrecht früherer Stufe (Tochterrecht),** von dem es sich ableitet, wegen Beendigung des zugrunde liegenden Verpflichtungsgeschäfts oder wegen Rückrufs (§§ 41, 42) **wegfällt.** Die bisher hM[78] bejahte dies und verwies zur Begründung auf das Verwertungsinteresse des Urhebers, auf den Zweckbindungsgrundsatz und auf die kausale Bindung zwischen Verpflichtungs- und Verfügungsgeschäft.

Der **BGH** nimmt hingegen inzwischen grundsätzlich einen **Fortbestand** des Enkelrechts an[79] und **21** stützt diese Entscheidung auf den Grundsatz des **Sukzessionsschutzes** und auf eine **Abwägung der Interessen des Hauptlizenzgebers und des Unterlizenznehmers.** Gemäß § 33 S. 1 Fall 1 bleibt ein Nutzungsrecht auf späteren Rechtseinräumungen unberührt, gemäß § 33 S. 1 Fall 2 gilt dasselbe, wenn der Rechtsinhaber auf sein Recht verzichtet. Damit schütze das Gesetz das Vertrauen des Rechtsinhabers auf den Fortbestand seines Rechts und ermögliche ihm die Amortisation seiner Investitionen.[80] Der Unterlizenznehmer könne den Fortbestand der Hauptlizenz nicht beeinflussen und erleide bei einem Wegfall seines Nutzungsrechts möglicherweise erhebliche wirtschaftliche Nachteile. Die Interessen des Hauptlizenzgebers überwögen demgegenüber regelmäßig nicht: Im Fall einer Pauschalzahlung habe er die Lizenzgebühr bereits erhalten, im Übrigen könne er unter dem Gesichtspunkt der **Eingriffskondiktion (§ 812 Abs. 1 S. 1 Alt. 2)** vom Hauptlizenznehmer Abtretung des Anspruchs auf ausstehende Lizenzzahlungen verlangen.[81]

Diese Rechtsprechung führt in einigen Fällen zu **praktikablen Lösungen,** zumal es die **Interes-** **22** **senabwägung** erlaubt, den Urheber in Fällen zu schützen, in denen seine persönlichen oder wirtschaftlichen Interessen nachteilig betroffen sind.[82] Sie ist aber erheblichen **dogmatischen Bedenken** ausgesetzt. Aus verschiedenen urheberrechtlichen Bestimmungen ergibt sich die Regel, dass urheberrechtliche Nutzungsrechte „im Bann" des Mutterrechts bleiben[83] und sich nicht vollständig von ihm lösen.[84] Der Sukzessionsschutz folgt nicht etwa bereits aus der dinglichen Natur des Nutzungsrechts,[85] sondern wird in § 33, der insoweit § 566 BGB vergleichbar ist, für einen Spezialfall angeordnet.[86] Konstruktiv kaum möglich ist der Fortbestand der Unterlizenz bei Anfechtung der Hauptlizenz, die in diesem Fall mit ex-tunc-Wirkung entfällt (§ 142 Abs. 1 BGB), so dass der Unterlizenzgeber als von Anfang an Nichtberechtigter anzusehen ist.[87] Eine Ungleichbehandlung zwischen Anfechtung und Kündigung erschiene aber ungerechtfertigt. Der vom BGH angenommene Bereicherungsanspruch des Hauptlizenzgebers steht dogmatisch auf schwachen Füßen, weil es schon an dem für § 812 Abs. 1 S. 1 Alt. 2 BGB konstitutiven Eingriffstatbestand fehlt.[88] Praktisch kann er sich als wenig werthaltig erweisen, etwa wenn die Unterlizenz unentgeltlich vergeben wurde, was vor allem bei konzerninternen Transaktionen durchaus der Praxis entspricht.[89] In die übrigen Rechte des Unterlizenzgebers tritt

[75] Loewenheim/*J. B. Nordemann,* Handbuch des Urheberrechts, § 28 Rn. 4 f.; *Ulmer* § 92 I 4b; *Wente/Härle* GRUR 1997, 96 (99).

[76] Insoweit zutreffend Berger/Wündisch/*Berger* § 1 Rn. 33.

[77] In diesem Sinn wohl auch *Forkel* S. 163.

[78] OLG Karlsruhe ZUM-RD 2007, 76 (79); OLG Hamburg GRUR 2002, 335 (336) – Kinderfernseh-Sendereihe; Dreier/Schulze/*Schulze* UrhG § 33 Rn. 10; *Loewenheim* FS Wandtke (2013), 199 ff.; *Schack* Rn. 590; *W. Nordemann* GRUR 1970, 174; *Platho* FuR 1984, 135 (138); weitere Nachw. in BGH GRUR 2009, 946 Rn. 10 – Reifen Progressiv und in 4. Aufl./*Schricker/Loewenheim* UrhG § 35 Rn. 22.

[79] BGH GRUR 2009, 946 Rn. 17 ff. – Reifen Progressiv (Rückruf wegen Nichtausübung); BGH GRUR 2012, 916 Rn. 15 ff. – Take Five (einvernehmliche Aufhebung des Hauptlizenzvertrags); BGH GRUR 2012, 916 Rn. 19 ff. – M2Trade (Kündigung der Hauptlizenz wegen Zahlungsverzugs; zust. Fromm/Nordemann/*J. B. Nordemann* UrhG § 31 Rn. 34; *Hirte/Knof* JZ 2011, 889; *U. Reber* ZUM 2009, 855 (857 f.); *Raeschke-Kessler/Christopeit* ZIP 2013, 345 ff.; hierfür zuvor bereits *Schwarz/Klinger* GRUR 1998, 103; *Wente/Härle* GRUR 1997, 96 (98 f.).

[80] BGH GRUR 2012, 916 Rn. 24 – M2Trade unter Berufung auf 4. Aufl./*Schricker/Nordemann* UrhG § 33 Rn. 1.

[81] BGH GRUR 2012, 916 Rn. 26 f. – M2Trade.

[82] Dies konzedierend auch *McGuire/Kunzmann* GRUR 2014, 28 (30); Wandtke/Bullinger/*Wandtke/Grunert* UrhG § 35 Rn. 9.

[83] *Ulmer* § 83 II.

[84] *Dietrich/Szalai* MMR 2012, 687 (688); *Spindler* CR 2014, 557 (563); Wandtke/Bullinger/*Wandtke/Grunert* UrhG § 35 Rn. 9.

[85] → Rn. 47.

[86] *Dietrich/Szalai* MMR 2012, 687; *Hauck* AcP 211 (2011), 626 (639 f.); *Spindler* CR 2014, 557 (560).

[87] *Spindler* CR 2014, 557 (563).

[88] *Becker* ZUM 2012, 786 (788); *Dietrich/Szalai* MMR 2012, 687 (688 f.); *Spindler* CR 2014, 557 (561); so bereits zuvor *Pahlow* GRUR 2010, 110 (118).

[89] *McGuire/Kunzmann* GRUR 2014, 28 (31); *Spindler* CR 2014, 557 (562 f.). Allerdings würde in diesem Fall möglicherweise die Interessenabwägung zugunsten des Hauptlizenzgebers ausfallen.

der Urheber nach der Konstruktion des BGH nicht ein.[90] Letztlich ist nicht einzusehen, warum sich der Urheber gegen das Risiko des Wegfalls der Hauptlizenz rechtlich absichern soll, nicht hingegen der Unterlizenznehmer, dem dieses Risiko ebenso vor Augen steht.[91]

23   Dem Urheber stehen verschiedene Möglichkeiten zur Verfügung, sich durch **abweichende vertragliche Vereinbarungen** gegen den Fortbestand der Unterlizenz **abzusichern.** Ohnehin unterliegt die Unterlizenzierung seiner **Zustimmung (§ 35),** die er auch eingeschränkt erteilen kann,[92] etwa indem er auf nachgeordneter Ebene nur eine schuldrechtliche Gestattung unter Abbedingung des Sukzessionsschutzes zulässt.[93] Die Parteien können den Bestand der Unterlizenz an denjenigen der Hauptlizenz koppeln, etwa indem der Unterlizenzvertrag auf die Dauer des Hauptlizenzvertrags befristet oder der Unterlizenzvertrag unter eine auflösende Bedingung (§ 158 Abs. 2 BGB) für den Fall des Erlöschens der Hauptlizenz gestellt wird.[94] Für den Fall des Wegfalls der Hauptlizenz kann eine Übernahme des Unterlizenzvertrags durch den Hauptlizenzgeber vorgesehen werden,[95] auch kann sich der Urheber die Ansprüche des Unterlizenzgebers gegen den Unterlizenznehmer abtreten lassen.

24   **d) Fortbestand bei Insolvenz des Lizenzgebers?** Ungeklärt ist bisher, was aus der soeben dargestellten Rechtsprechung für den Fall **der Insolvenz des Lizenzgebers** folgt.[96] Eine spezialgesetzliche Regelung, wie sie zwei nicht in Kraft getretene Gesetzesentwürfe mit einem neuen § 108a InsO vorsahen,[97] fehlt bisher. Sofern es sich bei der Lizenz um einen noch nicht vollständig erfüllten Vertrag handelt,[98] kann der Insolvenzverwalter gemäß **§ 103 InsO** zwischen Erfüllung und Nichterfüllung des Lizenzvertrags wählen.[99] Im Schrifttum werden verschiedene Konstruktionen vorgeschlagen, um die **Insolvenzfestigkeit** der Lizenz zu erreichen,[100] doch ist deren Vereinbarkeit mit dem geltenden Insolvenzrecht zumindest zweifelhaft. Ob sich aus der neuen Rechtsprechung zum Fortbestand der Unterlizenz auf deren grundsätzliche Insolvenzfestigkeit schließen lässt,[101] erscheint fraglich, da im Fall der Insolvenz die erforderliche Interessenabwägung durchaus anders ausfallen mag als im Verhältnis zwischen solventen Parteien.[102] Eine gesetzgeberische Lösung erscheint erstrebenswert.

4. Kein gutgläubiger Erwerb

25   Im Urheberrecht fehlt es an Publizitäts- und Rechtsscheintatbeständen, an die ein Gutglaubensschutz anknüpfen könnte, wie an den Besitz im Sachenrecht oder an die Eintragung in öffentliche Register. Nach allgemeiner Meinung ist deshalb ein **gutgläubiger Erwerb** immaterialgüterrechtlicher Befugnisse vom Nichtberechtigten im Urheberrecht wie auch im gewerblichen Rechtsschutz ausgeschlossen.[103] Bei doppelter Einräumung von Nutzungsrechten ist der zeitlich erste Erwerbsakt wirksam. Durch ihn begibt sich der Verfügende insoweit seiner Verfügungsmacht, so dass spätere Verfügungen der Wirksamkeit entbehren.[104] Der leer ausgehende Vertragspartner kann nach Maßgabe der §§ 435, 437 BGB[105] Schadensersatzansprüche geltend machen oder vom Vertrag zurücktreten.[106]

26   Dies bedeutet allerdings nicht, dass der Gedanke des Verkehrsschutzes dem Urheberrecht ganz fremd wäre. Hinzuweisen ist vielmehr auf die Urheberschaftsvermutungen des § 10, auf die Sonder-

---

[90] *Dammler/Melullis* GRUR 2013, 781 (788); *Greifeneder/Veh* WRP 2014, 17 (22); *Spindler* CR 2014, 557 (562); für regelmäßige Annahme einer Vertragsübernahme aufgrund ergänzender Vertragsauslegung *McGuire/Kunzmann* GRUR 2014, 28 (34).

[91] *McGuire/Kunzmann* GRUR 2014, 28 (30); *Spindler* CR 2014, 557 (561).

[92] → § 35 Rn. 11 und → § 34 Rn. 25.

[93] Vgl. → § 29 Rn. 28 und *McGuire/Kunzmann* GRUR 2014, 28 (30).

[94] *Greifeneder/Veh* WRP 2014, 17 (23); *Raeschke-Kessler/Christopeit* ZIP 2013, 345 (349 f.); *McGuire/Kunzmann* GRUR 2014, 28 (30); *Rauer/Ettig* WRP 2012, 1198 (1203); Wandtke/Bullinger/*Wandtke/Grunert* UrhG § 35 Rn. 9; beachtliche Bedenken gegen eine dinglich wirkende Verknüpfung aber bei *Spindler* CR 2014, 557 (564 f.).

[95] *McGuire/Kunzmann* GRUR 2014, 28 (30 ff.).

[96] Hierzu im Einzelnen → § 112 Rn. 24 ff.

[97] Wortlaut und Analyse dieses Vorschlags bei *Berger* GRUR 2013, 321 (330 f.).

[98] Dies im Fall einer Patentlizenz mit Zahlung einer einmaligen Lizenzgebühr verneinend LG München I GRUR-RR 2012, 142.

[99] So inzident BGH GRUR 2012, 916 Rn. 26 – M2Trade; *Berger* GRUR 2013, 321 (330); *McGuire/Kunzmann* GRUR 2014, 28 (30 ff.).

[100] Vgl. den Überblick bei *Berger* GRUR 2013, 321 ff.; *Haedicke* ZGE 3 (2011), 377 (für die parallele Konstellation im Patentrecht) und → § 112 Rn. 27 ff.; *Zurth* S. 52 ff.

[101] So Fromm/Nordemann/*J. B. Nordemann* UrhG § 31 Rn. 34; *Klawitter* GRUR-Prax 2012, 425 (427); *Rauer/Ettig* WRP 2012, 1198 (1202); *Raeschke-Kessler/Christopeit* ZIP 2013, 345 (349 f.).

[102] *McGuire/Kunzmann* GRUR 2014, 28 (34 f.); *Seegel* CR 2013, 205 (209 ff.). Das obiter dictum des BGH in GRUR 2012, 916 Rn. 26 – M2Trade betrifft den Sonderfall der gespaltenen Erfüllungswahl durch den Insolvenzverwalter des Hauptlizenznehmers.

[103] BGH GRUR 1952, 530 (531) – Parkstraße 13; BGH GRUR 2009, 946 Rn. 19 – Reifen Progressiv; BGH GRUR 2011, 418 Rn. 15 – UsedSoft I; KG ZUM 1997, 397 (398) – Franz Hessel; Dreier/Schulze/*Schulze* UrhG § 31 Rn. 24; DKMH/*Kotthoff* UrhG § 31 Rn. 37; Fromm/Nordemann/*J. B. Nordemann* UrhG § 31 Rn. 42; *Schack* Rn. 601; *Ulmer* § 83 III 2; Wandtke/Bullinger/*Wandtke/Grunert* UrhG vor §§ 31 ff. Rn. 47.

[104] OLG München GRUR 2014, 272 (275); vgl. auch BGH GRUR 2016, 596 Rn. 82 – Verlegeranteil. Zum Streit um die Ausschüttung eines Verlegeranteils durch Verwertungsgesellschaften → § 63a Rn. 6, 19 ff.; → VGG § 27 Rn. 11 f.

[105] Zur Anwendbarkeit der kaufrechtlichen Vorschriften über die Rechtsmängelhaftung → Vor § 31 Rn. 67 ff.

[106] Vgl. BGH GRUR 1992, 605 (606) – Schadensbegrenzungsvergleich; *Schack* Rn. 601; Wandtke/Bullinger/*Wandtke/Grunert* UrhG vor §§ 31 ff. Rn. 47.

vorschrift des § 89 Abs. 2 für Filmwerke und vor allem auf den Erschöpfungsgrundsatz des § 17 Abs. 2. Nicht ausgeschlossen ist im Urheberrecht auch die Anwendung **bürgerlich-rechtlicher Rechtsscheinvorschriften,** soweit die Voraussetzungen ihrer Anwendung gegeben sind, so etwa der Gutglaubensschutzvorschriften des Vertretungsrechts[107] und des Abtretungsrechts[108] sowie der allgemeinen Grundsätze des Schutzes von Treu und Glauben.[109]

III. Beschränkungen von Nutzungsrechten und Grenzen der Aufspaltbarkeit (Abs. 1 S. 2)

1. Grundsatz

Das Nutzungsrecht kann räumlich, zeitlich oder inhaltlich beschränkt eingeräumt werden, wie   **27** Abs. 1 S. 2 in Konkretisierung des Abs. 1 S. 1 klarstellt. Damit genießen die Parteien beim Zuschnitt des Rechts weitgehende Freiheit, insbesondere besteht, anders als im Sachenrecht, **kein numerus clausus der (dinglichen) Nutzungsrechte.**[110] Missachtet der Erwerber des Nutzungsrechts dessen Grenzen, so verletzt er nicht nur den Vertrag, sondern begeht auch eine Urheberrechtsverletzung.[111]

Einer beliebigen Aufsplitterung von Nutzungsrechten steht aber das **Verkehrsinteresse an**   **28** **Rechtssicherheit** entgegen. Während rein schuldrechtliche Berechtigungen, die nur zwischen den Parteien wirken, von diesen nach Belieben im Rahmen der Vertragsfreiheit definiert werden können, sind die **Grenzen dinglicher Rechte auch für Dritte von Bedeutung:** Dritte können von Inhabern ausschließlicher Nutzungsrechte in Anspruch genommen werden, zukünftige Nutzungsrechtseinräumungen stehen unter dem Vorbehalt des Sukzessionsschutzes,[112] auch auf die Erschöpfung wirkt sich der Zuschnitt von Nutzungsrechten aus.[113] Der Rechtsverkehr soll daher nicht mit beliebig zugeschnittenen Rechten konfrontiert werden, sondern nur mit den herkömmlichen Rechtsfiguren oder doch mit Rechten, die klar abgrenzbar sind und vernünftigen wirtschaftlichen Bedürfnissen entsprechen. Der **Aufspaltbarkeit der urheberrechtlichen Verwertungsbefugnisse** in dingliche Nutzungsrechte werden von der hM deshalb Grenzen gezogen: Dingliche Nutzungsrechte sind nur für **übliche, technisch und wirtschaftlich eigenständige** und damit **nach der Verkehrsauffassung** klar **abgrenzbare Nutzungsarten**[114] zulässig.[115] Aus § 31 Abs. 1 ergibt sich also eine „absolute Untergrenze für die Möglichkeit der Einräumung von Nutzungsrechten mit dinglicher Wirkung gegen Dritte".[116]

Die **Grenzen der Aufspaltbarkeit** müssen von Fall zu Fall unter Berücksichtigung einerseits des   **29** Interesses des Urhebers an einer optimal differenzierten und intensiven Verwertung, andererseits des Verkehrsschutzinteresses der Allgemeinheit bestimmt werden. Der Urheber ist an einer möglichst kleinteiligen Begrenzungsmöglichkeit interessiert, weil das der optimalen Verwertung des Werks zugutekommt. Andererseits soll aber der Verkehr klar erkennen können, welche Rechte bestehen, zu beachten sind und erworben werden können.[117] Entscheidend ist daher die Verkehrsanschauung. Sie kann auch für eine Aufspaltung von Nutzungsarten sprechen, die üblich und wirtschaftlich eigenständig, technisch jedoch identisch sind.[118] Die frühere Rechtsprechung beurteilte die Aufspaltbarkeit im Rahmen der Zulässigkeit neuer Nutzungsarten (§ 31 Abs. 4 aF) strenger und verneinte das Vorliegen einer neuen Nutzungsart auch dann, wenn eine technisch neue Nutzungsart nur zu einer Substitution bereits bekannter und bestehender Werknutzungen führt.[119] Diese Rechtsprechung war nicht zuletzt durch die Bestrebung motiviert, die drakonische Nichtigkeitsfolge des § 31 Abs. 4 aF zu vermeiden. Die Einfügung des § 31a gab Anlass, über eine Neuausrichtung nachzudenken.[120] Mittlerweile gibt es

---

[107] §§ 169 ff. BGB, Grundsätze der Rechtsscheinvollmacht; dazu OLG Düsseldorf ZUM-RD 2015, 8 (9).

[108] §§ 407 ff. BGB, etwa § 409 BGB, *Ulmer* § 83 III.

[109] *Ulmer* § 83 III.

[110] *Ulmer* § 84 I; Fromm/Nordemann/*J. B. Nordemann* UrhG § 31 Rn. 28; *Rehbinder/Peukert* Rn. 980; *Schack* Rn. 605. Hingegen ist umstritten, ob ein numerus clausus der Immaterialgüterrechte auf der Ebene der originären Rechte gilt, vgl. hierzu *Ohly* FS Schricker (2005), 105 ff.

[111] BGH GRUR 2017, 266 Rn. 46 – World of Warcraft I.

[112] Näher hierzu die Kommentierung von § 33.

[113] → Rn. 30 ff. und → § 17 Rn. 35 ff.

[114] Zum Begriff der Nutzungsart → Rn. 8.

[115] BGH GRUR 2001, 153 (154) – OEM-Version; BGH GRUR 2005, 937 (939) – Der Zauberberg; BGH GRUR 2010, 62 Rn. 18 – Nutzung von Musik zu Werbezwecken; BGH GRUR 2017, 266 Rn. 46 – World of Warcraft I; Dreier/Schulze/*Schulze* UrhG § 31 Rn. 9; Fromm/Nordemann/*J. B. Nordemann* UrhG § 31 Rn. 10; *Schack* Rn. 609; Wandtke/Bullinger/*Wandtke/Grunert* UrhG § 31 Rn. 2.

[116] OLG München ZUM 2010, 709 (712) – MyVideo; *Ullrich* ZUM 2010, 311 (314).

[117] OLG Düsseldorf ZUM 2016, 869 (872); Dreier/Schulze/*Schulze* UrhG § 31 Rn. 9; *Castendyk* ZUM 2002, 332 (334); *Joos* S. 97.

[118] So wohl BGH GRUR 2017, 266 Rn. 51 – World of Warcraft I; ausdrückl. *Schack* Rn. 609; *Biehler/Apel* MMR 2017, 174 (175); für kumulative Anwendung der Kriterien *Stieper* ZGE 9 (2017), 539 (549).

[119] BGH GRUR 2005, 937 (939) – Der Zauberberg; BGH GRUR 1997, 215 (217) – Klimbim, beide mwN; zust. *Castendyk* ZUM 2002, 332 (336); krit. *Reber* ZUM 1998, 481 ff.

[120] Vgl. BVerfG GRUR 2010, 332 (333) – Filmurheberrecht; Wandtke/Bullinger/*Wandtke/Grunert* UrhG § 31a Rn. 18. Allerdings wird das Zauberberg-Urteil auch in der neuen Rechtsprechung mit Zustimmung zitiert: BGH GRUR 2012, 501 Rn. 51 – Das Boot.

keinen Grund mehr, den Begriff der **Nutzungsart in § 31 einerseits und in §§ 31a, 32c andererseits unterschiedlich auszulegen.**[121]

30   Die Frage, ob und inwieweit eine Aufspaltung der Nutzungsrechte mit dinglicher Wirkung möglich ist, hat insbesondere für die Erschöpfung des Verbreitungsrechts (§ 17 Abs. 2) Bedeutung.[122] Bringt der Inhaber eines dinglich beschränkten Verbreitungsrechtes Werkexemplare in Verkehr, so kann dadurch nur das Verbreitungsrecht im Rahmen der Rechtseinräumung erschöpft werden; vertreibt er sie über einen anderen, von seinem Recht nicht umfassten Absatzweg, so kommt es nicht zur Erschöpfung.[123] Bewegt sich der Inhaber des Nutzungsrechts beim Inverkehrbringen eines Werkstücks in den Grenzen seines Rechts, so tritt Erschöpfung ein. Der Rechtsinhaber kann in diesem Fall gegen weitere Verbreitungsakte auch dann nicht mit urheberrechtlichen Ansprüchen vorgehen, wenn sie mit der ursprünglichen Begrenzung nicht in Einklang stehen. Beispiel: Vertreibt ein Softwarehersteller neben Fachhandelsversionen seiner Programme auch „OEM-Versionen", die nur für die Erstausrüstung neuer Computer bestimmt sind, und erlaubt er einem autorisierten Unternehmen die Lieferung an ausgewählte Zwischenhändler, so tritt mit der Veräußerung an einen diesen Zwischenhändler Erschöpfung ein, selbst wenn dieser die Programmkopie später abredewidrig an freie Händler weiterverkauft.[124]

31   Von der dinglichen Beschränkung der Nutzungsrechte durch entsprechende Aufspaltung sind die **schuldrechtlichen Beschränkungen in der Ausübung der Nutzungsrechte** zu unterscheiden.[125] Der Einräumung eines Nutzungsrechts liegt meist ein **schuldrechtlicher Vertrag** als Rechtsgrund zugrunde.[126] Er zielt auf die Einräumung des betreffenden Nutzungsrechts; die Nutzung wird in den vorgesehenen Grenzen idR auch schuldrechtlich erlaubt. Überschreitet der Inhaber des Nutzungsrechtes bei der Werkverwertung die seinem Nutzungsrecht im Wege der Aufspaltung dinglich gesetzten Grenzen, so liegt regelmäßig eine Urheberrechtsverletzung und zusätzlich eine Vertragsverletzung vor. Die zugleich im Verhältnis der Anspruchskonkurrenz gegebenen schuldrechtlichen Ansprüche sind von relativ geringer Bedeutung, wenn die dingliche Reichweite des Nutzungsrechts mit dem Inhalt der schuldrechtlichen Verpflichtungen übereinstimmt. Die **schuldrechtlichen Pflichten** können aber über die **dinglichen Beschränkungen** hinausgehen, dh es kann dem Erwerber schuldrechtlich etwas verboten werden, was er an sich im Rahmen seines Nutzungsrechts urheberrechtlich tun dürfte. Schuldrechtlich können insbesondere auch solche Einschränkungen und Modalitäten der Nutzung vereinbart werden, die durch Abspaltung von Nutzungsrechten nicht statuiert werden können. Die Aufspaltung muss sich an klar abgrenzbaren, wirtschaftlich selbständigen Nutzungsarten orientieren; schuldrechtlich können dagegen beliebige weitere Beschränkungen aufgestellt werden;[127] das Schuldrecht kann als Instrument zur Feinabstimmung der Interessen der Vertragspartner dienen. So werden im **Verlagsbereich** etwa schuldrechtliche Abreden über die Ausstattung der Werkexemplare, die Modalitäten des Vertriebs und den Ladenpreis getroffen. Es kann auch über die Reihenfolge der Ausübung verschiedener Nutzungsrechte eine schuldrechtliche Vereinbarung getroffen werden.[128] Hält sich der Inhaber des Nutzungsrechts in dessen dinglichen Grenzen und verletzt er lediglich die schuldrechtlich auferlegten Pflichten, so liegt keine Urheberrechtsverletzung, sondern nur eine Vertragsverletzung vor.[129] Dasselbe gilt, wenn hinsichtlich der urheberrechtlichen Befugnisse mit der Veräußerung an einen Zwischenhändler Erschöpfung eingetreten ist, dieser dann aber Werkstücke abredewidrig weiterverkauft.[130]

2. Arten möglicher dinglicher Beschränkungen

32   Nutzungsrechte können mit dinglicher Wirkung räumlich, zeitlich und inhaltlich beschränkt werden, wobei die verschiedenen Typen der Beschränkung auch kombiniert werden können.[131]

33   **a) Zeitlich.** Keine Schwierigkeiten bereitet die zeitliche Beschränkung von Nutzungsrechten.[132] Sie ist üblich; der Verkehr muss mit ihr rechnen, auch wenn sie für den Außenstehenden nicht oder

---

[121] Ebenso → § 31a Rn. 28; *Kitz* GRUR 2006, 548 (552); Dreier/Schulze/*Schulze* UrhG § 31a Rn. 6; Wandtke/Bullinger/*Wandtke/Grunert* UrhG § 31a Rn. 18 ff.; aA Fromm/Nordemann/*J. B. Nordemann* UrhG § 31 Rn. 14.
[122] § 17 Abs. 2; zu diesem Zusammenhang → § 17 Rn. 35 ff. und Wandtke/Bullinger/*Wandtke/Grunert* UrhG § 31 Rn. 24 ff.
[123] → § 17 Rn. 59 ff.; BGH GRUR 2001, 153 (154) – OEM-Version; BGH GRUR 1986, 736 (737) – Schallplattenvermietung.
[124] BGH GRUR 2001, 153 (153 f.) – OEM-Version; BGH GRUR 2015, 722 Rn. 36 – Usedsoft III; krit. aber *Schricker* FS Dietz (2001), 447 (452); Wandtke/Bullinger/*Wandtke/Grunert* UrhG § 31 Rn. 26.
[125] Dreier/Schulze/*Schulze* UrhG § 31 Rn. 48; *Ulmer* §§ 84 II, 103 II.
[126] → Rn. 4.
[127] BGH GRUR 2003, 418 – CPU-Klausel, vgl. auch BGH GRUR 2010, 822 Rn. 21 – Half Life 2.
[128] Vgl. KG GRUR 1986, 536 – Kinderoper: Wenn Erstsendung im 1. Programm und Wiederholung im 3. Programm vereinbart ist, darf nicht als erstes im 3. Programm gesendet werden. Das KG ging offenbar von einer dinglichen Beschränkung der Nutzungsrechte aus.
[129] Wandtke/Bullinger/*Wandtke/Grunert* UrhG § 31 Rn. 7, 33 f.; vgl. auch zu der – gesetzlich in § 2 VerlG vertypten – Enthaltungspflicht des Verfassers *Schricker,* Verlagsrecht, VerlG § 2 Rn. 1, 9 ff.
[130] BGH GRUR 2001, 153 (155) – OEM-Version; BGH GRUR 2015, 722 Rn. 66 – Usedsoft III.
[131] Dreier/Schulze/*Schulze* UrhG § 31 Rn. 47.
[132] Dreier/Schulze/*Schulze* UrhG § 31 Rn. 34 f.; Fromm/Nordemann/*J. B. Nordemann* UrhG § 31 Rn. 53; Loewenheim/*Loewenheim/J. B. Nordemann,* Handbuch des Urheberrechts, § 27 Rn. 8; Wandtke/Bullinger/*Wandtke/Grunert* UrhG § 31 Rn. 11 f.

nur schwer erkennbar sein mag.[133] Um sicherzugehen, muss der Verkehr ohnehin prüfen, ob ein Nutzungsrecht besteht; die weitere Prüfung, ob das Nutzungsrecht noch besteht, impliziert nichts grundsätzlich anderes.[134] Die zeitliche Begrenzung kann durch Befristung,[135] durch Bindung des Nutzungsbeginns an ein bestimmtes Ereignis (Beispiel: sechs Monate nach Kinostart),[136] aber auch durch Beendigung des Nutzungsvertrags[137] erreicht werden. Mit dem Ablauf des vereinbarten Zeitraums endet die Nutzungsberechtigung;[138] weitere Nutzungen sind erst nach einer erneuten Rechtseinräumung zulässig,[139] für die regelmäßig eine weitere Vergütung geschuldet wird.

b) Quantitativ. Aus denselben Gründen ist auch eine **quantitative Beschränkung** der Nut- 34 zungsrechte in der Regel zulässig.[140] Ein Beispiel einer gesetzlichen Mengenbeschränkung bietet § 5 Abs. 2 VerlG: Der Verleger ist im Zweifel berechtigt, tausend Abzüge herzustellen. Vertraglich können beispielsweise im Verlagsvertrag die Auflagenzahl und -höhe (§ 29 Abs. 1 VerlG), beim Bühnenvertrag die Anzahl der Aufführungen oder beim Sendevertrag die Anzahl der Wiederholungen[141] vereinbart werden.

c) Räumlich. Bei der **räumlichen Beschränkung** ist zu unterscheiden. Geht es um den **Ver-** 35 **trieb von Werkstücken,** so ist der Geltungsbereich des UrhG als einheitliches Wirtschaftsgebiet zu beachten; eine Aufspaltung des Verbreitungsrechtes innerhalb des Staatsgebietes mit dinglicher Wirkung ist im Interesse der Rechtsklarheit und -sicherheit ausgeschlossen.[142] Bei **anderen Nutzungsarten als der Verbreitung von Werkstücken** ist eine räumliche Aufspaltung innerhalb der Bundesrepublik dagegen möglich.[143] So kann das Aufführungsrecht an einem Bühnenwerk einem Theater unter lokaler Beschränkung, beispielsweise unter Ausschluss von Gastspielen, eingeräumt werden; Rundfunkunternehmen können das Senderecht für ihr auf ein Bundesland oder auch enger begrenztes Sendegebiet erhalten.[144]

Aus dem **Territorialitätsprinzip** folgt, dass das Urheberrecht nur in den Grenzen des jeweiligen 36 Staates gilt.[145] Die Einräumung eines **Nutzungsrechts nur für das Gebiet eines Staates oder einer Staatengruppe** wie der EU oder aller deutschsprachigen Gebiete[146] ist daher ohne weiteres **möglich,**[147] sie stellt aber keine Beschränkung iSd § 31 Abs. 1 S. 2 dar, weil für das jeweilige Territorium das volle, räumlich unbeschränkte Recht eingeräumt wird. Beim Recht der öffentlichen Zugänglichmachung (§ 19a) stößt die rechtlich mögliche territoriale Begrenzung allerdings wegen der globalen Abrufbarkeit von Websites an praktische Grenzen.[148] Der Zugriff von außerhalb des Lizenzgebiets kann durch **Geoblocking** verhindert werden, dessen Zulässigkeit innerhalb der EU allerdings der Überprüfung bedarf.[149]

Innerhalb der EU sind territoriale Begrenzungen nur in den Grenzen der Grundfreiheiten und 37 des Kartellrechts (Art. 101 AEUV) möglich. Da insbesondere Beschränkungen der Warenverkehrs- und Dienstleistungsfreiheit zum Schutz des geistigen Eigentums zulässig sind,[150] ist die **territorial begrenzte Rechtevergabe innerhalb der EU mit den Grundfreiheiten und dem EU-Kartellrecht vereinbar.**[151] Auch das Verbreitungsrecht kann auf einzelne Mitgliedstaaten beschränkt

---

[133] Die Nutzungsrechtseinräumung „nur für eine bestimmte Zeit" wird auch in der AmtlBegr. angeführt: BT-Drs. IV/270, 56.

[134] S. zB zur zeitlichen Beschränkung der Verfilmungsrechte BGHZ 5, 116 – Parkstraße 13.

[135] Vgl. § 29 Abs. 3 VerlG.

[136] Weitere Beispiele bei Fromm/Nordemann/*J. B. Nordemann* UrhG § 31 Rn. 53.

[137] Näher zur Beendigung von Urheberrechtsverträgen → Vor §§ 31 ff. Rn. 79 ff.

[138] Beispiel: LG München I ZUM-RD 2007, 208 (210 f.).

[139] OLG München ZUM-RD 2010, 327 (330); Dreier/Schulze/*Schulze* UrhG § 31 Rn. 34.

[140] Berger/Wündisch/*Berger* § 1 Rn. 159; Fromm/Nordemann/*J.B. Nordemann* UrhG § 31 Rn. 57; Loewenheim/Loewenheim/*J. B. Nordemann,* Handbuch des Urheberrechts, § 27 Rn. 9.

[141] KG GRUR 1986, 536 – Kinderoper.

[142] Berger/Wündisch/*Berger* § 1 Rn. 152; Dreier/Schulze/*Schulze* UrhG § 31 Rn. 31; Fromm/Nordemann/*J. B. Nordemann* UrhG § 31 Rn. 47; Loewenheim/*Loewenheim/J. B. Nordemann,* Handbuch des Urheberrechts, § 27 Rn. 5; *Schack* Rn. 605; *Ulmer* § 103 II 2; Wandtke/Bullinger/*Wandtke/Grunert* UrhG § 31 Rn. 9; *Joos* S. 106 ff. Das gilt auch für eine Aufspaltung zwischen der ehemaligen BRD und DDR, doch bleibt eine vor der Wiedervereinigung vorgenommene Segmentierung bestehen, s. BGH GRUR 2003, 699 (702) – Eterna.

[143] Dreier/Schulze/*Schulze* UrhG § 31 Rn. 32; Fromm/Nordemann/*J. B. Nordemann* UrhG § 31 Rn. 50.

[144] Fromm/Nordemann/*J. B. Nordemann* UrhG § 31 Rn. 49; Loewenheim/*Loewenheim/J. B. Nordemann,* Handbuch des Urheberrechts, § 27 Rn. 7; Wandtke/Bullinger/*Wandtke/Grunert* UrhG § 31 Rn. 10.

[145] Zum Territorialitätsprinzip → Vor §§ 120 ff. Rn. 109 ff.

[146] OLG Hamburg NJW-RR 1986, 996 f.; OLG Stuttgart ZUM 2003, 146.

[147] So auch die AmtlBegr. BT-Drs. IV/270, 56; vgl. ferner BGH GRUR 1985, 924 (925) – Schallplattenimport II; BGH GRUR 1986, 736 (738) – Schallplattenvermietung; BGH GRUR 1988, 373 (375) – Schallplattenimport III: Für den Bereich der Schallplattenherstellung entspricht die räumlich auf das Territorium eines Staates beschränkte Lizenzvergabe dem Regelfall.

[148] DKMH/*Kotthoff* UrhG § 31 Rn. 125.

[149] → Rn. 37.

[150] S. für die Warenverkehrsfreiheit Art. 36 AEUV, für die Dienstleistungsfreiheit EuGH GRUR-Int 1980, 602 Rn. 11 ff. – Coditel/Ciné Vog I.

[151] EuGH GRUR-Int 1980, 602 Rn. 11 ff. – Coditel/Ciné Vog; EuGH GRUR-Int 1998, 878 Rn. 22 – Laserdisken; *v. Albrecht/Mutschler-Siebert/Bosch* ZUM 2012, 93 (96 ff.); *Stieper* MMR 2011, 825; Fromm/Nordemann/*Engels/J. B. Nordemann* Portabilitäts-VO Art. 7 Rn. 10 mwN.

eingeräumt werden,[152] doch bewirkt der Grundsatz der unionsweiten Erschöpfung (§ 17 Abs. 2), dass der Import innerhalb in der Union in Verkehr gebrachter Werkexemplare nicht verhindert werden kann. Allerdings sind Ausnahmen von den Grundfreiheiten nur zulässig, sofern sie zur Wahrung des **spezifischen Gegenstands** der Rechte dienen. Zum spezifischen Gegenstand des Urheberrechts gehört nach der Rechtsprechung des EuGH nur die Sicherung einer angemessenen, nicht der höchstmöglichen Vergütung.[153] Unzulässig sind daher weitergehende Beschränkungen, beispielsweise ein Verbot des Vertriebs von Decodern, mit denen der Zugriff auf Pay-TV-Satellitensendungen aus anderen Mitgliedstaaten ermöglicht wird.[154] Das **Geoblocking** kann nach diesen Grundsätzen bei Satellitensendungen gegen die Dienstleistungsfreiheit und das EU-Kartellrecht verstoßen,[155] während es bei Internet-Angeboten vorläufig mit dem Unionsrecht vereinbar ist.[156] Grund für diese Abgrenzung ist, dass die Handlung der öffentlichen Zugänglichmachung (§ 19a), anders als im Anwendungsbereich der Sonderregelung für europäische Satellitensendungen (§ 20a), nach der „Bogsch-Theorie" sowohl im Land der Bereitstellung als auch im Abrufland zu lokalisieren ist[157] und dass daher die Vergabe national begrenzter Lizenzen in der EU mit dinglicher Wirkung erfolgen kann. Solange sich an dieser materiellen Rechtslage nichts ändert, darf die rechtlich bestehende territoriale Begrenzung auch faktisch durchgesetzt werden. Für eine weitergehende Beschränkung des Geoblockings, über das die Kommission zeitweise nachdachte, fehlte eine politische Mehrheit. Verabschiedet wurden bisher die Verordnung zur Gewährleistung der Portabilität bei Online-Diensten[158] und die Erstreckung des Ursprungslandprinzips auf bestimmte Online-Angebote von Rundfunkanstalten.[159]

38   **d) Sachlich.** Die meisten Probleme bereitet die **sachliche Beschränkung** der Nutzungsrechte. Bei der Prüfung ihrer Zulässigkeit ist von Fall zu Fall nach der oben aufgestellten Regel zu verfahren.[160] Dabei ist abzuwägen zwischen Ursprungsland einerseits dem Bedürfnis des Urhebers nach optimaler Gestaltung der Verwertung seiner Rechte und andererseits der Rechts- und Verkehrssicherheit. Unterschiedliche Gebrauchszwecke können für eine Aufspaltbarkeit der Nutzungsarten sprechen.[161] Insbesondere können auch private und gewerbliche Nutzungen mit dinglicher Wirkung abgegrenzt werden, sofern das der Übung in den maßgeblichen Verkehrskreisen entspricht.[162]

39   Umstritten ist, ob in jedem Fall eine **Aufspaltung entlang der Grenzen der im Gesetz vorgesehenen Verwertungsrechte (§§ 15 ff.)** möglich ist.[163] Die Frage stellt sich vor allem dann, wenn bei Internet-Nutzungen die Vervielfältigung nur einen untergeordneten Teilakt zur Ermöglichung einer öffentlichen Zugänglichmachung darstellt.[164] Für die Möglichkeit der Differenzierung wird angeführt, dass schon das Gesetz in den §§ 15 ff. eine Unterscheidung vornimmt, dass auch etliche Schranken des Urheberrechts an den Eingriff in ein bestimmtes Verwertungsrecht anknüpfen und dass im anglo-amerikanischen Recht mechanische Rechte und Aufführungsrechte unterschiedlich verwer-

---

[152] OLG Frankfurt a. M. ZUM-RD 2008, 173 (178 f.); Dreier/Schulze/*Schulze* UrhG § 31 Rn. 31 (s. aber Dreier/Schulze/*Schulze* § 17 Rn. 20); Fromm/Nordemann/*J. B. Nordemann* UrhG § 31 Rn. 48; aA DKMH/*Dreyer* UrhG § 17 Rn. 72; *Marshall* FS Reichardt (1990), 125 (138 f.); zweifelnd Wandtke/Bullinger/*Wandtke/Grunert* UrhG § 31 Rn. 9.

[153] EuGH GRUR 2012, 156 Rn. 108 – Football Association Premier League/QC Leisure und Murphy.

[154] EuGH GRUR 2012, 156 Rn. 93 ff. – Football Association Premier League/QC Leisure und Murphy.

[155] *Kreile* ZUM 2011, 719 (721).

[156] *v. Albrecht/Mutschler-Siebert/Bosch* ZUM 2012, 93 (96 f., 99 f.); näher zum Geoblocking *Wiebe* ZUM 2015, 932 ff.; *Ohly* ZUM 2015, 942 ff.

[157] → Vor §§ 120 ff. Rn. 146, 148; MüKoBGB/*Drexl* IntImmGR Rn. 273; zur Lokalisierung der Handlung bei europäischen Satellitensendungen und den daraus folgenden Konsequenzen für räumlich begrenzte Lizenzen → § 20a Rn. 24 ff.

[158] Verordnung des Europäischen Parlaments und des Rates vom 14.7.2017 zur Gewährleistung der grenzüberschreitenen Portabilität von Online-Inhaltediensten im Binnenmarkt (Portabilitäts-VO), ABl. 2017 L 168, S. 1, vgl. dazu *Eginger* ZUM 2017, 698; *Ranke/Göckler* MMR 2017, 378 und die Kommentierung bei Fromm/Nordemann/*Engels/J. B. Nordemann*.

[159] Richtlinie (EU) 2019/789 des Europäischen Parlaments und des Rates mit Vorschriften für die Ausübung von Urheberrechten und verwandten Schutzrechten in Bezug auf bestimmte Online-Übertragungen von Sendeunternehmen und die Weiterverbreitung von Fernseh- und Hörfunkprogrammen, ABl. L 130 S. 82; dazu *Auinger* ZUM 2019, 537; *Dörr* ZUM 2019, 556; sa *Stieper* GRUR 2015, 1145 ff.

[160] → Rn. 29; sa Dreier/Schulze/*Schulze* UrhG § 31 Rn. 36 ff.; ausführlicher Überblick bei Fromm/Nordemann/*J. B. Nordemann* UrhG § 31 Rn. 38 ff. und Loewenheim/*Loewenheim/J. B. Nordemann,* Handbuch des Urheberrechts, § 27 Rn. 12 f.

[161] BGH GRUR 2010, 62 Rn. 18 – Nutzung von Musik für Werbezwecke; BGH GRUR 2017, 266 Rn. 46 – World of Warcraft I; Fromm/Nordemann/*J. B. Nordemann* UrhG § 31 Rn. 64.

[162] BGH GRUR 2017, 266 Rn. 46 – World of Warcraft I; *Biehler/Apel* MMR 2017, 174 (175); aA *Stieper* ZGE 9 (2017), 539 (549 ff.). Anders als der BGH annimmt, folgt dies aber nicht bereits aus § 53 UrhG, so zutr. *Stieper* ZGE 9 (2017) 539 (549 ff.); *Czychowski* GRUR 2017, 362 (364).

[163] Noch eine weitere Diskussion bejahend 4. Aufl./*Schricker/Loewenheim* vor § 28 Rn. 92.

[164] Wirtschaftlicher Hintergrund ist, dass große US-Musikverlage in Folge der Online-Empfehlung der Kommission vom 18.10.2005 den Verwertungsgesellschaften die „mechanischen Onlinerechte" entzogen haben, die in den USA, anders als das Recht der öffentlichen Wiedergabe, nicht von den Verwertungsgesellschaften wahrgenommen werden. Die EMI hat ihre „mechanischen Rechte" in die CELAS GmbH, ein Gemeinschaftsunternehmen der GEMA und der britischen PRS for Music, eingebracht. Diese Rechtseinräumung ist nur wirksam, wenn eine Aufspaltung zwischen „mechanischen Onlinerechten" und dem Recht der öffentlichen Zugänglichmachung möglich ist. Näher hierzu *Jani* ZUM 2009, 722 ff.; *Müller* ZUM 2011, 13 ff.

tet werden.[165] Hingegen haben das LG und das OLG München eine Aufspaltbarkeit des Online-Nutzungsrechts zum individuellen Abruf verneint[166] und dafür in der Literatur teilweise Zustimmung gefunden.[167] Nutzungsarten seien von den Verwertungsrechten unabhängig. Eine Trennung einer nach Verkehrsanschauung bestehenden Einheit von Vervielfältigung und öffentlicher Wiedergabe führe zu einer unsicheren Rechtslage, einer unpraktischen Fragmentierung und zur Gefahr, dass Nutzer mehrfach in Anspruch genommen werden. Für die letztgenannte Ansicht sprechen gute Gründe. Da aber Egrd. 37 der RL über kollektive Wahrnehmung, der bei der Auslegung der Richtlinie zu berücksichtigen ist, eindeutig von der Möglichkeit einer Aufspaltung entlang der Grenzen der in der InfoSoc-RL geregelten Verwertungsrechte ausgeht, gebietet eine unionsrechtskonforme Auslegung des § 31 Abs. 1, diese Maßgabe für das deutsche Recht zu übernehmen.

Nach allen Ansichten ist eine **Abspaltung der urheberpersönlichen Befugnisse** von den wirt- **40** schaftlichen Nutzungsrechten möglich. Der Urheber kann ein schutzwürdiges Interesse an dieser Aufteilung haben. Zugleich kann der Verkehr zwischen beiden Befugnissen unterscheiden.[168] Der Urheber kann daher einem anderen ein ausschließliches Nutzungsrecht einräumen, ohne ihm zugleich die Befugnis zur Geltendmachung urheberpersönlichkeitsrechtlicher Ansprüche zu erteilen.[169] Auch kann der Urheber einer Verwertungsgesellschaft ein Nutzungsrecht unter dem dinglich wirkenden Vorbehalt einräumen, dass seine Zustimmung zu Eingriffen in Urheberpersönlichkeitsrechte erforderlich bleibt.[170] Beispiele, in denen ein solcher Vorbehalt zulässig wäre, sind Rechte zur Nutzung musikalischer Werke als Klingelton[171] oder in der Werbung.[172]

Digitale Nutzungsformen treten zunehmend neben klassische Nutzungsarten oder verdrängen **41** sie. Es handelt sich daher nicht mehr um eine eigenständige Fallgruppe, die etwa neben Nutzungsformen im Verlagsbereich, im Filmbereich etc stünde. Daher werden hier und in den Erläuterungen zu § 31 Abs. 5 digitale Nutzungen den übrigen Fallgruppen zugeordnet. Die Vielfalt des technisch und wirtschaftlich Möglichen führt zur Herausbildung vieler potentiell selbständiger Nutzungsarten.[173] Die Verkehrsanschauung kann einem schnellen Wandel unterliegen. Die bloße Digitalisierung allein bewirkt noch nicht notwendig eine neue Nutzungsart; es kommt vielmehr auf die technischwirtschaftliche Art der Verwertung der digitalisierten Werke an.[174] Dasselbe gilt für das Cloud Computing.[175] Auch das Schlagwort der „multimedialen" Nutzung ist insoweit von begrenzter Aussagekraft: Es handelt sich um einen unscharfen Oberbegriff, der zu einer Differenzierung je nach konkreter Dienstleistung zwingt.[176] Regelmäßig voneinander abgrenzbar sind jedenfalls der körperliche Vertrieb von Werkstücken, insbesondere auch Datenträgern, einerseits und die Bereitstellung zur Online-Nutzung andererseits. Innerhalb der Online-Nutzung stellen die Bereitstellung von Daten zum Download (zB als E-Book), die Nutzung im Rahmen einer Datenbank und die Nutzung im Wege des Streaming eigenständige Nutzungsarten dar.[177]

e) Einzelfälle der Abspaltbarkeit betreffen oft auch die Reichweite der Rechtseinräumung im **42** Licht des **Übertragungszweckgedankens**. Ergänzend wird daher auf → **Rn. 67 ff.** verwiesen. Im **Verlagsbereich** ist die Aufspaltbarkeit insbesondere hinsichtlich folgender Nutzungsmodalitäten heute anerkannt:[178]

– Einzelausgabe/Gesamtausgabe/Ausgabe in Sammelwerken;
– Luxusausgabe/normale Hardcoverausgabe/Paperback-/Taschenbuchausgabe;[179]
– Ausgabe zum Vertrieb im Buchhandel/Buchgemeinschaftsausgabe oder Buchgemeinschaftsvertrieb;[180]
– Papierausgabe/CD-ROM;[181]

---

[165] *Jani* ZUM 2009, 722 (726 ff.); *Müller* ZUM 2011, 13 (16 ff.).
[166] LG München I ZUM 2009, 789; OLG München ZUM 2010, 709 – MyVideo; offen BGH GRUR 2017, 390 Rn. 28 – East Side Gallery.
[167] LG München I ZUM 2009, 789; OLG München ZUM 2010, 709 – MyVideo; Fromm/Nordemann/*J. B. Nordemann* UrhG § 31 Rn. 64a; *Nérisson* ZUM 2013, 185 (189).
[168] Fromm/Nordemann/*J. B. Nordemann* UrhG § 31 Rn. 64b.
[169] BGH GRUR 1999, 120 (231) – Treppenhausgestaltung; BGH GRUR 2010, 920 Rn. 35 – Klingeltöne für Mobiltelefone II; aA *Ulrich* ZUM 2010, 311 (320).
[170] BGH GRUR 2010, 920 Rn. 35 – Klingeltöne für Mobiltelefone II; BGH GRUR 2012, 1062 Rn. 15 – Elektronischer Programmführer.
[171] BGH GRUR 2009, 395 – Klingeltöne für Mobiltelefone I mAnm *Schulze*; BGH GRUR 2010, 920 Rn. 35 – Klingeltöne für Mobiltelefone II.
[172] Fromm/Nordemann/*J. B. Nordemann* UrhG § 31 Rn. 64b; vgl. auch OLG München ZUM 1997, 275 (279).
[173] Dreier/Schulze/*Schulze* UrhG vor § 31 Rn. 177; Fromm/Nordemann/*J. B. Nordemann* UrhG § 31 Rn. 85.
[174] Vgl. Dreier/Schulze/*Schulze* UrhG § 31 Rn. 46; vgl. auch → § 2 Rn. 75.
[175] Ähnl. Dreier/Schulze/*Schulze* § 31 Rn. 46.
[176] *Hoeren* CR 1995, 710 (712 f.); Fromm/Nordemann/*J. B. Nordemann* UrhG § 31 Rn. 85; *Schmaus*, Der E-Book-Verlagsvertrag, 2002, S. 30; vgl. auch *Loewenheim* GRUR 1996, 830 (835).
[177] *Rehbinder/Schmaus* ZUM 2002, 167 (168); *Schulz/Ayar* MMR 2012, 652 (653).
[178] S. außer den folgenden Fn. die Nachw. bei Dreier/Schulze/*Schulze* UrhG § 31 Rn. 44; *Schricker*, Verlagsrecht, VerlG § 8 Rn. 27, 28a, VerlG § 28 Rn. 23; Ulmer-Eilfort/Obergfell/*Ulmer-Eilfort* VerlG § 8 Rn. 12; *Joos* S. 112 ff.
[179] BGH GRUR 1992, 310 (311 f.) – Taschenbuch-Lizenz; OLG Köln ZUM-RD 1998, 213 (215) – Picasso-Monografie; OLG München ZUM 1989, 585 (587) – Konsalik.
[180] S. für letztere Beschränkung auch die AmtlBegr. BT-Drs. IV/270, 56; BGH GRUR 1959, 200 – Der Heiligenhof; BGH GRUR 1990, 669 (671) – Bibelreproduktion; OLG München GRUR 1996, 972 (973 f.) – Accatone.
[181] BGH GRUR 2002, 248 (251) – SPIEGEL-CD-ROM.

– Papierausgabe/E-Book;[182]
– Printausgabe einer Zeitung/E-Paper.[183]

Nicht möglich ist dagegen eine Aufspaltung des Vertriebs bei äußerlich nicht unterscheidbaren Ausgaben.[184] So kann nicht mit dinglicher Wirkung der Vertrieb im Sortimentsbuchhandel vom Vertrieb auf Nebenmärkten, beispielsweise in Kaufhäusern, Verbrauchermärkten oder Kaffeefilialgeschäften abgespalten werden.[185] Dasselbe gilt im Verhältnis zwischen dem Vertrieb von Büchern über Ladengeschäfte einerseits und das Internet andererseits. Erst recht unmöglich ist die Beschränkung des Verlagsrechts zum Vertrieb nur zu einem bestimmten Ladenpreis.[186]

43   Im Bereich von **Film und Fernsehen** sind abgrenzbar:[187]
– die Fernsehverwertung von der Kinoverwertung;[188]
– die Zweitauswertung durch Vertrieb von Datenträgern (Video, DVD, Blu-ray) von der Erstverwertung in Kino oder Fernsehen,[189] nicht jedoch die Verwendung zur Heimnutzung von der Verwendung in Schulen;[190]
– das Recht zur Vermietung von DVDs;[191]
– die Sendung per Kabel und Satellit von der terrestrischen Sendung;[192]
– die Sendung im Pay-TV von der Sendung im Free-TV;[193]
– die Weiterleitung von Sendesignalen bei Betrieb eines Online-Videorecorders von der Weitersendung an Privathaushalte oder Verteileranlagen;[194]
– die Sendung per Internet-TV von herkömmlichen Formen der Sendung,[195] das mag sich aber in dem Maße ändern, in dem sich Übertragungswege miteinander verschmelzen.[196]

43a   Die Verwendung eines **Werks der Musik** zu Werbezwecken stellt eine eigene Nutzungsart dar,[197] die allerdings nicht die im Filmherstellungs- und Vervielfältigungsrecht erfasste Eigenwerbung in einem Filmtrailer umfasst.[198] Der Vertrieb eines Musikwerks über Internet-Filesharingnetzwerke stellt keine eigene Nutzungsart dar, weil sie sich von anderen Formen von Download-Angeboten im Internet nicht hinreichend unterscheidet.[199]

44   In den Bereichen der **bildenden Kunst** und der **Fotografie** bieten die **Tarife der VG Bild-Kunst**[200] und die Auflistung in den **Bildhonoraren der Mittelstandsgemeinschaft Fotomarketing**[201] Anhaltspunkte. Ist danach keine eigenständige Nutzungsart gegeben, so sollte auch keine Abspaltbarkeit mit dinglicher Wirkung im Rahmen der Nutzungsrechtseinräumung zugelassen werden. Beispiel: Ein beschränktes Nutzungsrecht an Dias zur Verwertung für Ansichtskarten und Kalender ist wirksam,[202] auch die VG Bild-Kunst hat für beide Nutzungsformen besondere Tarife aufgestellt. Für die Online-Nutzung von Fotos gelten die oben für den Verlagsbereich formulierten Grundsätze entsprechend.[203]

45   Beim Vertrieb von **Computerprogrammen** ist eine Aufspaltung zwischen normaler Handelsware und OEM-Versionen, die an den gleichzeitigen Kauf von Hardware gekoppelt sind, möglich.[204] Auch

---

[182] *Schulze* ZUM 2000, 432 (442).
[183] LG Stuttgart ZUM 2009, 77 (83); OLG Zweibrücken ZUM-RD 2015, 20; Dreier/Schulze/*Schulze* UrhG § 31 Rn. 44; Fromm/Nordemann/*J. B. Nordemann* UrhG § 31 Rn. 67; Wandtke/Bullinger/*Wandtke/Grunert* UrhG § 31 Rn. 17.
[184] Fromm/Nordemann/*J. B. Nordemann* UrhG § 31 Rn. 66; *Schricker*, Verlagsrecht, VerlG § 28 Rn. 23.
[185] BGH GRUR 1990, 669 (671) – Bibelreproduktion (bzgl. einer Aufspaltung Kaffeefilialgeschäfte/andere Nebenmärkte); aA Wandtke/Bullinger/*Wandtke/Grunert* UrhG § 31 Rn. 17.
[186] BGH GRUR 1992, 310 (312) – Taschenbuchlizenz vgl. auch die AmtlBegr. BT-Drs. IV/270, 56, wonach Einschränkungen „nur in bestimmter Weise, beispielsweise nur zum privaten Gebrauch", nicht möglich sein sollen.
[187] Vgl. auch den Überblick bei Dreier/Schulze/*Schulze* UrhG § 31 Rn. 45; Fromm/Nordemann/*J. B. Nordemann* UrhG § 31 Rn. 73 ff.; Wandtke/Bullinger/*Wandtke/Grunert* UrhG § 31 Rn. 18.
[188] BGH GRUR 1982, 727 (728) – Altverträge.
[189] BGH GRUR 1991, 133 (136) – Videozweitauswertung; Wandtke/Bullinger/*Wandtke/Grunert* UrhG § 31 Rn. 18; gegen ein Abgrenzung von Video- und DVD-Nutzung unter § 31 Abs. 4 aF aber BGH GRUR 2005, 937 (939) – Der Zauberberg.
[190] *Rademacher* ZUM 2014, 666 (669); aA *v. Bernuth*, Urheber- und Medienrecht in der Schule, 2. Aufl. 2014, S. 31.
[191] Vgl. § 17 Abs. 2; sa BGH GRUR 1987, 37 (38) – Videolizenzvertrag.
[192] → § 88 Rn. 48; Fromm/Nordemann/*J. B. Nordemann* UrhG § 31 Rn. 77; anders zu § 31 Abs. 4 aF aber BGH GRUR 1997, 215 (217) – Klimbim m. krit. Anm. *Loewenheim*.
[193] LG Hamburg GRUR-RR 2016, 68 (69) – Hallo Spencer (zu § 31a); näher hierzu → § 31a Rn. 48.
[194] Schiedsstelle ZUM 2012, 2009 (2013).
[195] *Poll* GRUR 2007, 476 (483) mwN.
[196] Fromm/Nordemann/*J. B. Nordemann* UrhG § 31 Rn. 78.
[197] BGH GRUR 2010, 62 Rn. 18 – Nutzung von Musik für Werbezwecke.
[198] LG Berlin GRUR-RR 2016, 194 (195) – Mainzelmännchen; Fromm/Nordemann/*J. B. Nordemann* UrhG § 31 Rn. 64.
[199] AG Charlottenburg ZUM-RD 2017, 686.
[200] Abrufbar auf www.bildkunst.de.
[201] Zu beziehen über www.bvpa.org.
[202] KG GRUR-RR 2002, 125 (126) – Gruß aus Potsdam.
[203] → Rn. 42; → Rn. 70.
[204] OLG Frankfurt a. M. ZUM 2000, 763; offengelassen von BGH GRUR 2001, 153 (154); aA Wandtke/Bullinger/*Wandtke/Grunert* UrhG § 31 Rn. 19.

die private und die gewerbliche Nutzung einer Software stellen unterschiedliche, dinglich aufspaltbare Nutzungsarten dar.[205] Nicht möglich ist hingegen eine dingliche Beschränkung, nach der Werkstücke nur an Erwerber früherer Versionen veräußert werden dürfen.[206] Bei der „Virtual Reality" handelt es sich nicht per se um eine eigene Nutzungsart, weil sie vor allem im Bereich der Computerspiele derzeit regelmäßig auf bestehende Plattformen aufbauen.[207]

IV. Einfache und ausschließliche Nutzungsrechte (Abs. 2, 3)

1. Einfache Nutzungsrechte (Abs. 2)

Das einfache Nutzungsrecht berechtigt seinen Inhaber zur Nutzung des Werks, verleiht ihm aber **46** keine Exklusivität. Vom ausschließlichen Nutzungsrecht unterscheidet sich das einfache Nutzungsrecht vor allem durch das **Fehlen eines Verbotsrechts.** Der Inhaber eines einfachen Nutzungsrechts kann nicht aus eigenem Recht gegen Dritte klagen, sondern allenfalls das Verbotsrecht desjenigen, der ihm das Recht eingeräumt hat, mit dessen Ermächtigung in gewillkürter Prozessstandschaft geltend zu machen.[208] Der Inhaber eines einfachen Nutzungsrechts kann auch **keine weiteren Nutzungsrechte** einräumen. Er genießt jedoch nach § 33 **Sukzessionsschutz.**

Umstritten ist, ob das einfache Nutzungsrecht wegen des Sukzessionsschutzes als **dinglich**[209] oder **47** wegen der fehlenden Anspruchsberechtigung gegenüber Dritten als **obligatorisch**[210] anzusehen ist. Einerseits vermittelt auch das einfache Nutzungsrecht eine unmittelbar wirkende Nutzungsbefugnis und verpflichtet den Urheber lediglich schuldrechtlich dazu, die Geltendmachung von Ansprüchen gemäß §§ 97 ff. zu unterlassen. Auch genießt es gemäß § 33 Sukzessionsschutz und bleibt als „Enkelrecht" auch dann bestehen, wenn das „Tochterrecht" entfällt.[211] Man mag es daher bereits als dinglich ansehen; auch die Differenzierung zwischen Nutzungsrechten und schuldrechtlichen Vereinbarungen in § 29 Abs. 2 spricht dafür. Andererseits fehlt eine eigene Anspruchsberechtigung des Rechtsinhabers gegenüber Dritten und damit ein entscheidendes Merkmal der Dinglichkeit. Das einfache Nutzungsrecht entzieht sich damit einer eindeutigen Qualifikation als dinglich oder obligatorisch.[212] Aus der allgemeinen Zivilrechtslehre ist das Phänomen der Verdinglichung schuldrechtlicher Rechtspositionen, also die Ausstattung einer schuldrechtlichen Position mit einzelnen Elementen der Dinglichkeit, bekannt.[213] Ob man derartige Zwischenformen als schuldrechtlich oder dinglich ansieht, ist weder von theoretischem noch von praktischem Erkenntniswert.[214] Gerade weil nicht sämtliche Merkmale der Dinglichkeit vorliegen, sind deduktive Schlüsse aus dieser Einordnung unzulässig.[215] Dass der Inhaber der einfachen Lizenz keine Ansprüche gegenüber Dritten geltend machen kann, ergibt sich ebenso aus dem Gesetz (§ 31 Abs. 2) wie der grundsätzlich bestehende Sukzessionsschutz (§ 33). Zwar sollten die Grenzen der Aufspaltbarkeit auch für das einfache Nutzungsrecht gelten.[216] Das folgt aber nicht aus der begrifflichen Qualifizierung als dingliches Recht, sondern ergibt sich daraus, dass angesichts des Sukzessionsschutzes (§ 33) das Verkehrsschutzinteresse, das der Begrenzung zugrunde liegt, auch bei einfachen Nutzungsrechten gilt.

Ob ein ausschließliches oder einfaches Nutzungsrecht eingeräumt werden soll, unterliegt der **Par-** **48** **teivereinbarung;** mangels ausdrücklich geäußerten Willens ist die Tragweite des Vertrages durch **Auslegung** unter Heranziehung der einschlägigen Regeln des UrhG zu ermitteln.[217] Hiernach entscheidet sich mangels ausdrücklicher Bestimmung auch, ob überhaupt ein dingliches Nutzungsrecht eingeräumt werden soll oder ob es bei einer bloß schuldrechtlichen Berechtigung verbleibt. Das Ur-

---

[205] BGH GRUR 2017, 266 Rn. 46 – World of Warcraft I; OLG Dresden ZUM 2015, 336 (337); → Rn. 39.

[206] So zu Updates OLG München ZUM-RD 1998, 107 – Updates; OLG Frankfurt a. M. ZUM-RD 1999, 182 (184) – Updates.

[207] *Franz* ZUM 2017, 207 (211 f.), zu § 31a.

[208] BGH GRUR 1959, 200 (201) – Der Heiligenhof; OLG München ZUM 1989, 89 (90 f.); Dreier/Schulze/*Schulze* UrhG § 31 Rn. 51; DKMH/*Kotthoff* UrhG § 31 Rn. 102; Loewenheim/*Loewenheim*/J. B. Nordemann, Handbuch des Urheberrechts, § 25 Rn. 8; *Ulmer* § 85 III; *Forkel* S. 220 ff., 226 ff.; *Kraßer* GRUR-Int 1973, 230 (234).

[209] So BGH GRUR 2009, 946 Rn. 20 – Reifen Progressiv; BGH GRUR 2010, 628 Rn. 29 – Vorschaubilder I; Berger/Wündisch/*Berger* § 1 Rn. 45; Dreier/Schulze/*Schulze* UrhG § 31 Rn. 52; DKMH/*Kotthoff* UrhG § 31 Rn. 19; *Forkel* S. 222 ff.; Fromm/Nordemann/*J. B. Nordemann* UrhG § 31 Rn. 87; Loewenheim/*Loewenheim*/J. B. Nordemann, Handbuch des Urheberrechts, § 25 Rn. 1; *Schack* Rn. 604; *Ulmer* § 85 III; Wandtke/Bullinger/*Wandtke/Grunert* UrhG § 31 Rn. 31; *Zurth* S. 38 ff.

[210] So *Götting* FS Schricker (1995), 53 (68); *Pahlow* S. 278 ff. mwN und in ZUM 2005, 865; differenzierend *McGuire* S. 529 ff. („verdinglichte Obligation").

[211] → Rn. 21.

[212] *Kraßer* GRUR-Int 1973, 230 (234 f.).

[213] *Dulckeit,* Die Verdinglichung obligatorischer Rechte (1951); *Canaris* FS Flume (1978), 371 ff.; hierzu *McGuire* S. 554 ff.; *Ohly,* Volenti non fit iniuria, 2001, S. 165, beide mwN.

[214] *Kraßer* GRUR-Int 1973, 230 (235); *Stieper* ZGE 10 (2017), 334 (335).

[215] *Hauck* AcP 211 (2011), 626 (627); *Haedicke* ZGE 3 (2011), 377 (380); *Spindler* CR 2014, 557 (559).

[216] Ebenso im Ergebnis, aber mit der hier abgelehnten Begründung 4. Aufl./*Schricker*/*Loewenheim* UrhG vor §§ 28 ff. Rn. 83 und *Schricker,* Verlagsrecht, § 28 Rn. 23.

[217] Vgl. BGH GRUR 2010, 631 Rn. 29 – Vorschaubilder I; OLG Jena GRUR-RR 2002, 379.

hebervertragsgesetz von 2002 unterstellt diese Fragen ausdrücklich der **Übertragungszweckregel,** § 31 Abs. 5 S. 2.

2. Ausschließliche Nutzungsrechte (Abs. 3)

49   Das ausschließliche Nutzungsrecht berechtigt den Inhaber, das Werk unter Ausschluss aller anderen Personen einschließlich des Urheberrechtsinhabers auf die Art zu nutzen, die den Inhalt des Rechts bildet, und weitere – ausschließliche oder einfache – Nutzungsrechte einzuräumen. Die Ausschließlichkeit kann aber auch gemäß Abs. 3 S. 2 zugunsten des Urhebers eingeschränkt sein: Es kann bestimmt werden, dass der Inhaber des ausschließlichen Rechts eine konkurrierende Nutzung durch den Urheberrechtsinhaber dulden muss.[218] Im gewerblichen Rechtsschutz wird diese Gestattungsform als Alleinlizenz bezeichnet.[219] Beispielsweise kann ein Graphiker einer Galerie das ausschließliche Verbreitungsrecht an seinen Blättern einräumen, sich aber selbst den Vertrieb an Privatkunden vorbehalten. Ebenso kann eine konkurrierende Nutzung durch einen Dritten, insbesondere den Inhaber eines einfachen Nutzungsrechts, vorbehalten sein;[220] letztere Situation kann sich insbesondere ergeben, wenn der Urheberrechtsinhaber bereits vorher einem Dritten ein einfaches Nutzungsrecht eingeräumt hatte.[221]

50   Nach weit überwiegender Meinung hat das **ausschließliche Nutzungsrecht dinglichen Charakter.**[222] Das Rechtsverhältnis erschöpft sich nicht in Rechtsbeziehungen zum Vertragspartner wie bei schuldrechtlichen Forderungen, sondern es bestehen Rechtswirkungen auch im Verhältnis zu Dritten. Soweit sein Recht reicht, hat der Inhaber eines ausschließlichen Rechts sowohl das **positive Nutzungsrecht** als auch das **negative Verbotsrecht** gegenüber Dritten, einschließlich des Urhebers, sofern er nicht die Nutzung zu dulden hat, insbesondere seine Ausschließlichkeit entsprechend eingeschränkt ist. Das negative Verbotsrecht bedeutet, dass ihm die in §§ 97 ff. geregelten Rechtsbehelfe zu Gebote stehen.[223] Daneben bleibt der Urheber anspruchsberechtigt, soweit seine Urheberpersönlichkeitsrechte oder verbleibende materielle Interessen betroffen sind.[224] Dasselbe gilt zugunsten des Inhabers eines ausschließlichen Nutzungsrechts, selbst wenn er ein weiteres ausschließliches Nutzungsrecht vergeben hat.[225] Zudem genießt das ausschließliche Nutzungsrecht Sukzessionsschutz (§ 33).

51   Die Reichweite des Nutzungs- und des Verbotsrechts sind durch Auslegung unter Berücksichtigung der Übertragungszweckregel zu ermitteln,[226] wie mittlerweile § 31 Abs. 5 S. 2 ausdrücklich bestimmt. Dabei kann sich ergeben, dass sich das **negative Verbotsrecht über den Bereich des positiven Nutzungsrechts hinaus** erstreckt.[227] Beispielsweise kann der Inhaber umfassender ausschließlicher Nutzungsrechte die unfreie Bearbeitung des Werks selbst dann untersagen, wenn ihm die Werknutzung in dieser Form nicht gestattet ist. Dies gilt auch, wenn der Rechtsinhaber (Verlag) ein ausschließliches Unterverlagsrecht eingeräumt hat, falls er ein berechtigtes Interesse an der Rechtsverfolgung hat, etwa wegen Beteiligung an den Einnahmen des Unterlizenznehmers.[228] Ein Interesse, die Integrität seines Rechtes zu wahren, wird er so gut wie immer haben; das liegt auf der Hand, wenn die Verletzungshandlung sich auf das Lizenzentgelt auswirkt.[229] Kraft Gesetzes (§ 9 VerlG) besteht ein genereller Überschuss des Verbotsrechts über das positive Benutzungsrecht im Verlagsrecht.[230] Das Urhebervertragsgesetz von 2002 hat die Frage der Reichweite von Nutzungsrecht und Verbotsrecht ausdrücklich der Übertragungszweckregel unterstellt, § 31 Abs. 5 S. 2.

---

[218] Sa Dreier/Schulze/*Schulze* UrhG § 31 Rn. 58.

[219] Vgl. *Ingerl/Rohnke,* Markengesetz, 3. Aufl., 2010, Rn. 17; für eine Verallgemeinerung dieser Begrifflichkeit *Ahrens/McGuire,* Modellgesetz für Geistiges Eigentum, Buch 1 § 111 Abs. 3; *Pahlow* S. 216 ff.

[220] Dreier/Schulze/*Schulze* UrhG § 31 Rn. 58; *Loewenheim/J. B. Nordemann,* Handbuch des Urheberrechts, § 25 Rn. 3; Wandtke/Bullinger/*Wandtke/Grunert* UrhG § 31 Rn. 36.

[221] § 33; dort → § 33 Rn. 10.

[222] BGH GRUR 2009, 946 Rn. 20 – Reifen Progressiv; BGH GRUR 2010, 628 Rn. 29 – Vorschaubilder I; Berger/*Wündisch/Berger* § 1 Rn. 45; Dreier/Schulze/*Schulze* UrhG § 31 Rn. 56; DKMH/*Kotthoff* UrhG § 31 Rn. 19; *Forkel* S. 219 ff.; Fromm/Nordemann/*J. B. Nordemann* UrhG § 31 Rn. 92; Loewenheim/*Loewenheim/ J. B. Nordemann,* Handbuch des Urheberrechts, § 25 Rn. 1; *Pahlow* S. 338 ff.; *Schack* Rn. 604; *Ulmer* § 85 III; Wandtke/Bullinger/*Wandtke/Grunert* UrhG § 31 Rn. 31; aA *Hilty,* Lizenzvertragsrecht, S. 136 ff.; *McGuire* S. 537 ff.; *Sosnitza* FS Schricker (2005), 183 ff.

[223] → § 97 Rn. 43.

[224] BGH GRUR 1992, 697 (698 f.) – ALF; BGH GRUR 1999, 984 (985) – Laras Tochter; BGH GRUR 2016, 487 Rn. 26 – Wagenfeld-Leuchte II; OLG Köln GRUR-Prax 2015, 237; ebenso zum Patentrecht (zu Unterlassungs- und Schadensersatzansprüchen) BGH GRUR 2008, 896 – Tintenpatrone; Dreier/Schulze/*Schulze* UrhG § 31 Rn. 59; DKMH/*Kotthoff* UrhG § 31 Rn. 107; Fromm/Nordemann/*J. B. Nordemann* UrhG § 31 Rn. 96; Wandtke/Bullinger/*Wandtke/Grunert* UrhG § 31 Rn. 36; *C. Ahrens* UFITA 2001, 649 ff.

[225] BGH GRUR 1992, 697 (699) – ALF; BGH 1999, 984 (985) – Laras Tochter.

[226] Zum Sonderproblem der Abgrenzung beider Komponenten bei § 37 dort → § 37 Rn. 10.

[227] BGH GRUR 1957, 614 (616) – Ferien vom Ich; BGH GRUR 1999, 984 (985) – Laras Tochter; OLG Köln GRUR-RR 2015, 202 – Playa; OLG München ZUM-RD 2013, 183 (184) – The Walking Dead; Dreier/Schulze/*Schulze* UrhG § 31 Rn. 56; DKMH/*Kotthoff* UrhG § 31 Rn. 107; *Ulmer* §§ 85 II, 115 V.

[228] So BGH GRUR 1999, 984 (985) – Laras Tochter.

[229] BGH GRUR-Int 1993, 257 (258) – ALF; BGH GRUR 1957, 614 (615) – Ferien vom Ich; OLG Düsseldorf GRUR 1993, 503 (507) – Bauhausleuchte; Loewenheim/*Loewenheim/J. B. Nordemann,* Handbuch des Urheberrechts, § 25 Rn. 4.

[230] *Schricker,* Verlagsrecht, VerlG § 8 Rn. 5c, 9, 21 ff.

V. Der Übertragungszweckgedanke (§ 31 Abs. 5)

1. Allgemeines

a) Grundsatz. Der Übertragungszweckgedanke ist der **zentrale Auslegungsgrundsatz des Ur-** 52
hebervertragsrechts. Er modifiziert die ergänzend geltenden Auslegungsmaximen des BGB und tritt
neben den Grundsatz der nach beiden Seiten hin interessengerechten Vertragsausle-
gung.[231] Der BGH fasst den Leitgedanken der Norm in ständiger Rechtsprechung wie folgt zusammen: „Nach dem Übertragungszweckgedanken des § 31 Abs. 5 räumt der Urheber Nutzungsrechte
im Zweifel nur in dem Umfang ein, den der Vertragszweck unbedingt erfordert. In dieser Auslegungsregel kommt zum Ausdruck, dass die urheberrechtlichen Befugnisse die Tendenz haben, soweit
wie möglich beim Urheber zu verbleiben,[232] damit dieser an den Erträgnissen seines Werkes in angemessener Weise beteiligt wird. Dies bedeutet, dass im Allgemeinen nur diejenigen Nutzungsrechte
stillschweigend eingeräumt sind, die für das Erreichen des Vertragszwecks unerlässlich sind. Dagegen
kann die Einräumung von über den Vertragszweck hinausgehenden Nutzungsrechten nur angenommen werden, wenn ein entsprechender Parteiwille – und sei es nur auf Grund der Begleitumstände
und des schlüssigen Verhaltens der Beteiligten – unzweideutig zum Ausdruck gekommen ist."[233]

Der Übertragungszweckgedanke **dient dem Schutz des Urhebers.** Indem der konkret verfolgte 53
Vertragszweck für maßgeblich erklärt wird, soll eine übermäßige Vergabe von Nutzungsrechten durch
umfassende, pauschale Rechtseinräumungen an den Verwerter verhindert werden.[234] Zwar kann der
Vertragszweck auch einmal für eine umfassende Rechtseinräumung sprechen,[235] doch regelmäßig
wirkt sich der Übertragungszweckgedanke zugunsten des Urhebers aus. Gemeinsam mit dem Prinzip
der angemessenen Vergütung (§§ 11 S. 3; 32; 32a) trägt § 31 Abs. 5 zur praktischen Verwirklichung
des Postulats einer möglichst weitgehenden **Beteiligung** des Urhebers an den wirtschaftlichen Früchten der Verwertung seines Werkes bei.[236]

b) Entwicklung.[237] Der früher als Zweckübertragungsregel bezeichnete Gedanke geht auf *Wenzel* 54
Goldbaum[238] zurück und setzte sich in der Rechtsprechung des RG und später des BGH seit den
1920er Jahren als **„allgemeine Zweckübertragungslehre"** durch.[239] Dabei handelte es sich im
Kern um eine **Auslegungsregel,** die sich aber bereits vor 1965 in Verbindung mit dem Beteiligungsgrundsatz[240] zu einem spezifisch urheberrechtlichen, über die Bedeutung einer bloßen Auslegungsmaxime hinausgehenden Grundsatz entwickelt hatte.[241] Im Rahmen der Beratungen zum UrhG von
1965 wurde Abs. 5 auf **Vorschlag des Rechtsausschusses** eingefügt.[242] Der Ausschuss erwog eine
Spezifizierungspflicht mit Nichtigkeitsfolge bei Nichterfüllung, befürchtete von der Nichtigkeitsfolge
jedoch Nachteile für den Urheber. Man entschied sich deshalb für einen der bisherigen Praxis entsprechenden Auslegungsgrundsatz, der für den Fall der nicht oder nicht ausreichend spezifizierten Einräumung von Nutzungsrechten zur zwingenden Rechtsnorm erhoben wurde.[243] Das **Urheberver-**
tragsgesetz hat § 31 Abs. 5 unter Berücksichtigung seiner bisherigen Auslegung im Schrifttum überarbeitet und neu gefasst,[244] insbesondere wurden die Klarstellungen des § 31 Abs. 5 S. 2 eingefügt.

c) Terminologie. In der neueren Rechtsprechung hat mittlerweile der Begriff „Übertragungs- 55
zweckgedanke" denjenigen der „Zweckübertragungsregel" abgelöst.[245] In der Tat ist die neue Termi-

---

[231] BGH GRUR 2002, 532 (534) – Unikatrahmen; BGH GRUR 2010, 1093 Rn. 20 – Concierto de Aranjuez;
BGH GRUR 2013, 1213 Rn. 32 – SUMO.
[232] Insoweit knüpft der BGH an eine von *Ulmer* geprägte Wendung an: *Ulmer* 84 II.
[233] BGH GRUR 2004, 938 – Comic-Übersetzungen III; BGH GRUR 2011, 714 Rn. 20 – Der Frosch mit der
Maske mwN; BGH GRUR 2013, 1213 Rn. 32 – SUMO; ähnl. BGH GRUR 2017, 266 Rn. 44 – World of
Warcraft II.
[234] OLG Hamm GRUR-RR 2016, 188 (189) – Beachfashion; Fromm/Nordemann/*J. B. Nordemann* UrhG § 31
Rn. 109.
[235] Beispiel: BGH GRUR 2003, 234 (236) – EROC III (auf umfassende Nutzung gerichteter Vertrag erstreckt
sich auch auf neue Trägermedien).
[236] BGH GRUR 2002, 248 (251) – Spiegel-CD-ROM; BGH GRUR 2013, 1213 Rn. 32 – SUMO; Dreier/
Schulze/*Schulze* UrhG § 31 Rn. 110; DKMW/*Kotthoff* UrhG § 31 Rn. 131; *Riesenhuber* GRUR 2005, 712 (713 f.);
Schack Rn. 615; *Schulze* GRUR 2012, 993; *Schweyer* S. 117; krit. Berger/Wündisch/*Berger* § 1 Rn. 95; Fromm/
Nordemann/*J. B. Nordemann* UrhG § 31 Rn. 109.
[237] S. zur Entwicklung *Schweyer* S. 1–64; *Genthe* S. 5 ff.; *Donle* S. 6 ff.
[238] *Goldbaum*, Urheberrecht und Urhebervertragsrecht, 2. Aufl., 1927, S. 75 ff.
[239] BGH GRUR 2011, 714 Rn. 16 ff. – Der Frosch mit der Maske mit Hinweis auf RGZ 123, 312 (318) – Wilhelm Busch; BGHZ 9, 262 (264 f.) – Lied der Wildbahn I; BGHZ 15, 249 – Cosima Wagner; BGH GRUR 1957,
611 (612) – Bel ami und mwN. Die allgemeine Zweckübertragungslehre ist für vor dem 1.1.1966 geschlossene
Verträge von besonderer Bedeutung, weil insoweit Nutzungsrechte für unbekannte Nutzungsarten wirksam und
ohne die Vorgaben des § 31a eingeräumt werden konnten, s. BGH aaO und → § 31a Rn. 26.
[240] Zum Zusammenwirken zwischen beiden Grundsätzen in der Rechtsprechung von 1965 BGH GRUR 2011,
714 Rn. 20 – Der Frosch mit der Maske mwN.
[241] S. das Resümee bei *Schweyer* S. 64 ff.; *Schricker*, Verlagsrecht, § 8 Rn. 5a.
[242] BT-Drs. IV/3401, 5; s. zur Entstehungsgeschichte auch *Schweyer* S. 83 f.
[243] In Anknüpfung an den Vorschlag von *Reimer* GRUR 1962, 619 (623).
[244] → Rn. 3.
[245] Seit BGH GRUR 2009, 946 Rn. 11 – Reifen Progressiv; s. zB BGH GRUR 2012, 1031 Rn. 15, 39 – Honorarbedingungen Freie Journalisten; BGH GRUR 2015, 264 Rn. 40 – Hi Hotel II.

nologie genauer, weil es um den Zweck der Übertragung, nicht etwa um eine Übertragung des Zwecks geht.[246] Daher ist auch hier von der „Übertragungszwecklehre" die Rede, ohne dass damit im Vergleich zur früheren Begrifflichkeit etwas anderes gemeint wäre.

56   **d) Wesen und Bedeutung.** In seinem Ausgangspunkt ist der Übertragungszweckgedanke eine **Auslegungsregel,** genauer: eine Ausprägung des Grundsatzes der **teleologischen Auslegung.**[247] Darin erschöpft sich seine Bedeutung aber nicht.[248] Er bewirkt eine **Spezifizierungslast** des Rechts-erwerbers:[249] Sorgt er nicht dafür, dass die Nutzungsarten „ausdrücklich einzeln bezeichnet" werden, so wird die Auslegung zwingend auf den Vertragszweck fixiert, was meist einen Rechtsnachteil für den Erwerber bedeutet. Der Nachteil tritt freilich nicht ein, wenn der Vertragszweck dem gewünsch-ten Umfang der Abmachung entspricht; er realisiert sich jedoch, wenn der Vertragszweck hinter dem Wortlaut der Abmachung bzw. hinter dem nach allgemeinen Regeln resultierenden Auslegungsergeb-nis zurückbleibt. Insbesondere kann § 31 Abs. 5 dazu führen, dass pauschale Formulierungen redu-ziert und auf einzelne Nutzungsarten zurückgeführt werden. § 31 Abs. 5 kann zugleich auch als **Formvorschrift mit abgeschwächter Sanktionierung** verstanden werden, bei deren Nichteinhal-tung nicht Unwirksamkeit, sondern die Rechtsfolge einer besonderen, tendenziell einschränkenden Auslegung eintritt.[250] Abs. 5 verlangt dabei **nicht Schriftform;** der Gesetzgeber hat hiervon bewusst Abstand genommen;[251] es genügt an sich auch eine mündliche Spezifizierung.[252] Die Spezifizierung setzt aber eine **ausdrückliche Benennung** voraus.[253] In der Praxis dürfte sich die Vorschrift aber dahin auswirken, dass im Zweifel schriftliche Verträge abgeschlossen werden. Dies folgt schon aus **Beweisgründen.** Die **Beweislast** dafür, dass ein Recht vom Vertrag gedeckt wird, trägt, wer sich auf die Einräumung des Nutzungsrechts beruft; er hat bei Fehlen einer „einzelnen Bezeichnung" zu be-weisen, dass der Vertragszweck entsprechend weit reicht.[254] Diese Beweislastverteilung gilt auch für Altverträge.[255]

57   **In der Praxis** hat § 31 Abs. 5 bewirkt, dass die Verwerterunternehmen versuchen, umfassende Kataloge der einzuräumenden Rechte aufzustellen und ihren Vertragspartnern vorzuschlagen. In den Urheberrechtsverträgen hat dies zu einer für das kontinental-europäische Recht ungewohnten Kasuis-tik geführt. Wenn eine weitreichende Rechtseinräumung angestrebt wird, könnte außer dem Mittel der möglichst detaillierten und weiterstreckten „einzelnen Bezeichnung" der Nutzungsarten freilich auch dasjenige der Definition und Sicherung eines entsprechend umfangreichen Vertragszwecks be-nutzt oder beide Methoden kombiniert werden.[256] Man hat daher kritisiert, dass die **Wirkung des § 31 Abs. 5** letzten Endes insofern begrenzt ist, als die Verwerter durch geschickte Vertragsformulie-rung praktisch doch jeden gewünschten Umfang der Rechtseinräumung erreichen können,[257] und eine Verschärfung der Vorschrift zugunsten des Urhebers gefordert.[258] Das ist insofern zutreffend, als die Rechtsprechung mit nicht überzeugenden Gründen § 31 Abs. 5 im Rahmen der AGB-Kontrolle die Leitbildfunktion abspricht.[259] Immerhin mögen in Ausnahmefällen bei weit überschießenden Rechtseinräumungen das Kartellrecht[260] oder gar § 138 BGB[261] eingreifen. Auch hiervon abgesehen,

---

[246] Ebenso *Schulze* GRUR 2012, 993; *J. B. Nordemann* FS Bornkamm (2014), 907 ff.; *Riesenhuber* ZUM 2010, 137 (140), allerdings mit berechtigter Kritik auch an dieser Terminologie: Es geht in aller Regel nicht um Rechts-übertragungen, sondern um Rechtseinräumungen, außerdem ist der Zweck des Verpflichtungsgeschäfts entschei-dend, nicht derjenige der Rechtseinräumung.
[247] Vgl. hierzu etwa BGHZ 2, 379 (385); 20, 109 (110); Berger/Wündisch/*Berger* § 1 Rn. 96.
[248] *Donle* S. 77 ff.; *Genthe* S. 47 f.; Dreier/Schulze/*Schulze* UrhG § 31 Rn. 110 ff.; *Schricker,* Verlagsrecht, § 8 Rn. 5b; Wandtke/Bullinger/*Wandtke/Grunert* UrhG § 31 Rn. 40; aA Berger/Wündisch/*Berger,* Urhebervertrags-recht, § 1 Rn. 96; Fromm/Nordemann/*J. B. Nordemann* UrhG § 31 Rn. 109; *Schack* Rn. 615; für reine Ausle-gungsregel im Gegensatz zur Inhaltsnorm BGH GRUR 2012, 1031 Rn. 17 – Honorarbedingungen Freie Journa-listen, dazu näher → Vor § 31 Rn. 48.
[249] OLG Köln ZUM-RD 2012, 337 (339) – Newton-Bilder; Loewenheim/*Loewenheim/J. B. Nordemann,* Hand-buch des Urheberrechts, § 26 Rn. 36; *Schricker,* Verlagsrecht, § 8 Rn. 5b; Wandtke/Bullinger/*Wandtke/Grunert* UrhG § 31 Rn. 40; mit anderem Akzent Berger/Wündisch/*Berger* § 1 Rn. 101: Spezifizierungslast als Ausprägung der Maxime klarer Vertragsgestaltung.
[250] *Schricker,* Verlagsrecht, § 8 Rn. 5b; aA Berger/Wündisch/*Berger* § 1 Rn. 94.
[251] BT-Drs. IV/3401, 5.
[252] Dreier/Schulze/*Schulze* UrhG § 31 Rn. 104, 112.
[253] *Jani,* Der Buy-Out-Vertrag im Urheberrecht, 2003, S. 288; *Haas* Nr. 90; Wandtke/Bullinger/*Wandtke/Grunert* UrhG § 31 Rn. 47 verlangen eine „konkrete Bezeichnung".
[254] BGH GRUR 2011, 714 Rn. 20, 29 – Der Frosch mit der Maske; BGH GRUR 2013, 1213 Rn. 19 – SUMO; Dreier/Schulze/*Schulze* UrhG § 31 Rn. 103; Fromm/Nordemann/*J. B. Nordemann* UrhG § 31 Rn. 189.
[255] BGH GRUR 2011, 714 Rn. 29 – Der Frosch mit der Maske; LG München I GRUR 1991, 377 (379) – Veit Harlan-Videorechte.
[256] Gegenüber unzutreffenden pauschalen Vertragszweckdeklarationen ist freilich Vorsicht geboten, → Rn. 64.
[257] Vgl. *Schweyer* S. 117 ff.; *Katzenberger* GRUR-Int 1983, 410 (412); *Schack* ZUM 2001, 453 (456); Mestmä-cker/Schulze/*Scholz* UrhG § 31 Rn. 113; sa Dreier/Schulze/*Schulze* UrhG § 31 Rn. 113; aus der Sicht der Verhal-tensökonomik *Rehberg* in Riesenhuber/Klöhn S. 41 ff.
[258] § 31 Abs. 5 in der Fassung des „Kölner Entwurfs", im Internet abrufbar unter http://koelner-forum-medienrecht.de/sites/all/files/kfm/veranstaltungen/download/koelner_entwurf_urhebervertragsrecht_20141107_1. pdf, dazu *Peifer* GRUR-Prax 2015, 1 (2); krit. *v. Becker* GRUR-Prax 2015, 4 f.
[259] → Vor §§ 31 ff. Rn. 49.
[260] *Schricker,* Verlagsrecht, § 8 Rn. 5 f.; *Donle* S. 280 ff.
[261] → Vor § 31 Rn. 32 ff.

ist als positive Auswirkung des Abs. 5 doch zu buchen, dass der Urheber auf den Umfang seiner Rechte aufmerksam gemacht wird, wenn sie ihm in einem Katalog „einzelner Bezeichnung" vor Augen geführt werden.[262] Er wird sich dann eher fragen, ob er die Reichweite der Einräumung akzeptieren soll und ob das gebotene Entgelt angemessen erscheint. Insofern wird eine die Position des Urhebers verbessernde Transparenz erzielt, ohne dass tiefer in die Vertragsfreiheit eingegriffen würde.[263]

Die durch das **Urhebervertragsgesetz** 2002 eingeräumte Gegenleistungskontrolle (s. § 32, § 32a) **58** macht § 31 Abs. 5 **nicht überflüssig.**[264] § 31 Abs. 5 dient vielmehr als Ansatzpunkt für die Entgeltkontrolle, die primär bei der „Einräumung von Nutzungsrechten" ansetzt (§ 32 Abs. 1 S. 1) und somit voraussetzt, dass bestimmt wird, welche Nutzungsrechte eingeräumt werden. Die Einführung von §§ 32, 32a bedeutet nicht, dass man bei der Anwendung von § 31 Abs. 5 nunmehr hinsichtlich der Rechtsübertragung großzügiger sein könnte.[265] Ein verbliebenes Verwertungsrecht bietet die Grundlage für weitere Vertragsverhandlungen, die einer richterlichen Festlegung der angemessenen Vergütung vorzuziehen sind.

2. Anwendungsbereich

Nach Wortlaut und Systematik gilt § 31 Abs. 5 umfassend für **Nutzungsrechtseinräumungen 59 durch den Urheber,** also auch im Verlagsrecht,[266] für Softwarelizenzverträge[267] oder im Arbeitnehmerurheberrecht.[268] Auch auf **Wahrnehmungsverträge** ist die Vorschrift anwendbar.[269] Kraft ausdrücklicher Verweisung gilt § 31 Abs. 5 außerdem für die meisten **verwandten Schutzrechte.**[270] Soweit diese vollständig übertragbar sind, richtet sich auch die Frage, ob eine translative Übertragung oder die Einräumung eines Nutzungsrechts gewollt ist, nach § 31 Abs. 5. Lediglich für nachgelassene Werke (§ 71) und Datenbanken (§§ 87aff.) fehlt eine ausdrückliche Regelung, doch erscheint auch insofern entweder § 31 Abs. 5 oder der allgemeine Übertragungszweckgedanke anwendbar. Außer der Nutzungseinräumung unterliegt dem § 31 Abs. 5 zugleich auch der zur Verfügung verpflichtende – mit der Verfügung in der Praxis meist zusammenfallende – **schuldrechtliche Vertrag,** denn es wäre widersinnig, wenn § 31 Abs. 5 zwar die Verfügung begrenzte, die Verpflichtung aber unbegrenzt pauschal bestehen ließe, so dass der Urheber letzten Endes doch entsprechend weitreichende Nutzungsrechte einzuräumen hätte.[271] **Nicht** anwendbar ist § 31 Abs. 5 dagegen auf **rein schuldrechtliche Nutzungsverträge,** die nicht auf die Einräumung eines dinglichen Rechts abzielen. Rein schuldrechtliche Berechtigungen können beliebig zugeschnitten werden;[272] die Verweisung auf die selbständig abspaltbaren Nutzungsarten, an die die gegenständlichen Rechte gebunden sind, macht hier keinen Sinn.

§ 31 Abs. 5 wird in zweifacher Hinsicht durch den **allgemeinen Übertragungszweckgedanken 60** ergänzt.[273] Allerdings fehlt es oft an einer scharfen Abgrenzung; präziser wäre es, jenseits des durch den Wortlaut bestimmten Anwendungsbereichs des § 31 Abs. 5 UrhG von einer analogen Anwendung der Norm zu sprechen.[274] Zum einen erfasst der Übertragungszweckgedanke in seiner allgemeinen Form Rechtseinräumungen durch andere Personen als den Urheber. Obgleich die Übertragungszwecklehre im besonderen Schutzbedürfnis des **Urhebers** wurzelt, wendet die herrschende Meinung sie auch auf Rechtsgeschäfte an, die **zwischen Verwerterunternehmen** getätigt werden, zB die Erteilung einer Verlagslizenz durch einen Verleger an einen anderen Verleger.[275] Zum anderen kann sie Rechtsgeschäfte erfassen, die nicht auf die Einräumung von Nutzungsrechten zielen und hinsichtlich derer der Verweis auf abspaltbare Nutzungsarten nicht sinnvoll ist. Demnach sind Anwen-

---

[262] S. zu diesem Transparenzgesichtspunkt *Schierenberg* AfP 2003, 391 (394).

[263] Vgl. *Ulmer* § 84 III; *Schweyer* S. 119. sa Dreier/Schulze/*Schulze* UrhG § 31 Rn. 113.

[264] AA Berger/Wündisch/*Berger* § 1 Rn. 95: Verlust der traditionellen rechtspolitischen Legitimationsbasis durch Einführung der § 32.

[265] So aber Fromm/Nordemann/*J. B. Nordemann* UrhG § 31 Rn. 109, 133; *Schierenberg* AfP 2003, 391 (392ff.).

[266] *Schricker*, Verlagsrecht, § 8 Rn. 5e.

[267] → Vor §§ 69aff. Rn. 61 mwN; aA *Czychowski* GRUR 2017, 362 (364).

[268] Dreier/Schulze/*Schulze* UrhG § 31 Rn. 118; → UrhG § 43 Rn. 48ff., zur Geltung im Beamtenverhältnis LG Köln ZUM 2015, 419 (421).

[269] BGH GRUR 2013, 618 Rn. 31 – Internet-Videorecorder II; BGH GRUR-RR 2018, 61 Rn. 16 – Die Höhner; Fromm/Nordemann/*J. B. Nordemann* § 31 Rn. 119.

[270] §§ 70; 72 Abs. 1; 79 Abs. 2; 81 S. 2; 85 Abs. 2 S. 3; 87 Abs. 2 S. 3; 87g Abs. 1 S. 2; 94 Abs. 2 S. 3; 95; vgl. auch BGH GRUR 2003, 234 (236) – EROC III (Anwendbarkeit des § 31 Abs. 5, nicht aber des § 31 Abs. 4 aF auf die Leistungsschutzrechte der ausübenden Künstler und der Tonträgerhersteller).

[271] *Schricker*, Verlagsrecht, § 8 Rn. 5c; *Ulmer-Eilfort/Obergfell* VerlG § 8 Rn. 24ff.

[272] → Vor § 31 Rn. 31.

[273] BGH GRUR 1996, 121 (122) – Pauschale Rechtseinräumung.

[274] Ähnl Wandtke/Bullinger/*Wandtke/Grunert* UrhG § 31 Rn. 61–63; ohne Differenzierung Dreier/Schulze/*Schulze* UrhG § 31 Rn. 118.

[275] BGH GRUR 1960, 197 (199) – Keine Ferien für den lieben Gott mwN; BGH GRUR 1976, 382 (383) – Kaviar; KG ZUM-RD 1997, 81 (83) – Hans Fallada; OLG Düsseldorf GRUR-RR 2002, 121 (123) – Das weite Land; Dreier/Schulze/*Schulze* UrhG § 31 Rn. 118; Fromm/Nordemann/*J. B. Nordemann* UrhG § 31 Rn. 118; *Schweyer* S. 66f.; *Beck* S. 58f.; *Lange* S. 72ff.; krit. *Schricker*, Verlagsrecht, § 28 Rn. 22.

dungsfälle des allgemeinen Übertragungszweckgedankens[276] schuldrechtliche Gestattungen[277] und schlichte Einwilligungen,[278] die Abtretung **gesetzlicher Vergütungsansprüche,**[279] Rechtsgeschäfte über das Urheberpersönlichkeitsrecht[280] und darüber hinaus auch allgemein rechtsgeschäftliche Vereinbarungen über Persönlichkeitsrechte. Schließlich ist die allgemeine Übertragungszwecklehre auch heranzuziehen, wenn es um die Frage geht, ob der Urheber das **Eigentum am Original,** etwa an Originalillustrationen, auf den Nutzer überträgt.[281] Hingegen ist die Übertragungszwecktheorie nicht ohne Weiteres auf einen Sachverhalt anwendbar, bei dem der Bestand von Urheberrechten streitig ist und gerade auch dieser Streit durch einen Abfindungsvergleich beigelegt werden soll.[282]

61   Wie § 31 Abs. 5 seit seiner Ergänzung im Jahre 2002 ausdrücklich klarstellt, regelt der Übertragungszweckgedanke nicht nur die Reichweite des positiven Nutzungsrechts wie auch des negativen Verbotsrechts,[283] sondern auch die Frage, **ob überhaupt** ein **Nutzungsrecht eingeräumt** wurde und ob es sich um ein **einfaches oder ausschließliches Nutzungsrecht** handelt. Nach dem Übertragungszweckgedanken bemisst sich auch die Dauer der Nutzungsrechtseinräumung und die Frage, ob und welchen Beschränkungen das Nutzungsrecht unterliegt.

62   Soweit **spezielle Auslegungsregeln,** wie insbesondere §§ 37; 38 Abs. 3; 39 ebenfalls die Tendenz aufweisen, den Urheber zu schützen, so ergänzen sich beide Vorschriften gegenseitig.[284] Zielt die spezielle Auslegungsregel hingegen, wie § 89 Abs. 1, auf eine möglichst umfassende Rechtseinräumung, so ist sie gegenüber § 31 Abs. 5 vorrangig.[285]

3. Begriff der Nutzungsart

63   Der Begriff der Nutzungsart entspricht demjenigen in § 31 Abs. 1[286] und § 31a. Was eine Nutzungsart ist, ist also wirtschaftlich zu bestimmen. Eine Nutzungsart kann mehrere der in §§ 15 ff. geregelten Verwertungsrechte umfassen, aber auch enger als eines dieser Verwertungsrechte sein. Da es in § 31 Abs. 1, 5 um dingliche Rechte geht, kommen nur selbständig abspaltbare Nutzungsarten in Betracht, die nach der Verkehrsauffassung einheitlich und abgrenzbar sind.

4. Vertragszweck

64   Wenn die Nutzungsarten nicht einzeln bezeichnet sind, kommt es nach § 31 Abs. 5 auf den konkreten, aufgrund aller Umstände des Einzelfalls zu bestimmenden[287] **Vertragszweck** an.[288] Die Parteien können den Vertragszweck ausdrücklich im Vertrag definieren, etwa in Form einer Präambel, und ihn so **zum Vertragsinhalt** machen. Er kann auch implizit im Vertrag angegeben werden; für die Auslegung der betreffenden Vertragspassagen gelten die allgemeinen Auslegungsregeln.[289] In der Mehrzahl der Fälle wird der Vertragszweck nicht im Vertrag bestimmt sein; es handelt sich um einen **außerhalb des Vertrags** liegenden Umstand, der diesen nach Art einer subjektiven Geschäftsgrundlage trägt. Maßgeblich ist nur der von **beiden Parteien** verfolgte oder doch jedenfalls akzeptierte Zweck, nicht eine einseitige Zwecksetzung. Vorsicht ist gegenüber pauschalen und umfassenden **Vertragszweckdeklarationen** geboten. Verwerter könnten versuchen, § 31 Abs. 5 durch solche Erklärungen auszuschalten und zu umgehen. Wo solche Vertragszweckdeklarationen als bloße „Lippenbekenntnisse" erscheinen, die dem gemeinsamen Vertragswillen nicht entsprechen, sind sie unbeachtlich, bzw. sie müssen inhaltlich auf den zutreffenden Kern zurückgeführt werden.[290]

65   Die **Ermittlung des Vertragszwecks** ist, strenggenommen, nicht Vertragsauslegung, sondern Feststellung eines für die Auslegung maßgeblichen Elements. Es ist dabei jedoch ähnlich wie bei der Vertragsauslegung zu verfahren. Zu berücksichtigen ist entsprechend §§ 133, 157 BGB, was üblicher-

---

[276] Vgl. zum Folgenden die Aufstellungen bei Dreier/Schulze/*Schulze* UrhG § 31 Rn. 118; Fromm/Nordemann/*J. B. Nordemann* UrhG § 31 Rn. 121; Wandtke/Bullinger/*Wandtke/Grunert* § 31 Rn. 61 ff.; *Schricker,* Verlagsrecht, § 8 Rn. 5c.

[277] Loewenheim/*Loewenheim*/*J. B. Nordemann,* Handbuch des Urheberrechts, § 26 Rn. 38.

[278] *Leistner/Stang* CR 2008, 499 (504); *Ohly* GRUR 2012, 983 (987 f.); *Tinnefeld,* Die Einwilligung in urheberrechtliche Nutzungen im Internet, 2012, S. 76 ff.; *v. Ungern-Sternberg* GRUR 2009, 369 (371).

[279] OLG Köln GRUR 1980, 913 (915) – Presseschau CN; KG ZUM-RD 2011, 157 (162); *Rossbach* S. 129 f., 147.

[280] BGHZ 15, 249 (258) – Cosima Wagner; BGH GRUR 1977, 551 (554) – Textdichteranmeldung.

[281] BGH GRUR 2007, 693 (695) – Archivfotos; OLG München GRUR 1984, 516 (517) – Tierabbildungen; OLG Hamburg GRUR 1980, 909 – Gebrauchsgrafik für Werbezwecke; *Paschke* GRUR 1984, 858 (860 f.); zu der Lage beim Arbeitnehmerurheber → § 43 Rn. 40 ff.

[282] BGH GRUR 1962, 51 – Zahlenlotto.

[283] Zu möglichen Abweichungen zwischen Nutzungs- und Verbotsrecht → Rn. 51.

[284] → § 37 Rn. 10; → § 38 Rn. 10, → § 39 Rn. 9.

[285] BGH GRUR 2005, 937 (939) – Der Zauberberg; → § 88 Rn. 3–6, 9 ff., 25; → § 89 Rn. 3.

[286] Hierzu im Einzelnen → Rn. 8, 27.

[287] BGH GRUR 2012, 1031 Rn. 19 – Honorarbedingungen Freie Journalisten.

[288] S. dazu allgemein *Genthe* S. 60 ff.; umfassend *Donle* S. 169 ff.

[289] Eingehend Fromm/Nordemann/*J. B. Nordemann* UrhG § 31 Rn. 128 ff.

[290] *Schricker,* Verlagsrecht, § 8 Rn. 5b; zustimmend Dreier/Schulze/*Schulze* UrhG § 31 Rn. 121; sa *Schweyer* S. 77 f. Bedenklich BGH GRUR 2003, 234 (236) – EROC III, wo aus der pauschalen Einwilligung auf einen pauschalen Vertragszweck geschlossen wird.

weise nach **Treu und Glauben und der Verkehrssitte** zum Zweck von Verträgen des betreffenden Zuschnitts gemacht wird.[291] Allerdings sind auch unter § 31 Abs. 5 Sitten von Unsitten zu unterscheiden. Die Branchenübung ist insofern nur von Bedeutung, als sie Rückschlüsse auf einen objektivierten rechtsgeschäftlichen Willen der Vertragsparteien hinsichtlich der eingeräumten Nutzungsrechte zulässt.[292] Es kommt auf die Üblichkeit **zum Zeitpunkt des Vertragsschlusses** an,[293] da regelmäßig nur diese, nicht die künftige Entwicklung die Zweckvorstellung der Parteien geprägt haben wird. Bei einem Werbeplakat für eine wiederkehrende Veranstaltung kann der Vertragszweck und damit die Dauer des Nutzungsrechts aber durch die Vorstellung bestimmt werden, dass es um ein „Daueranliegen" ging.[294] Dass eine bestimmte Verwertungsmöglichkeit zum Zeitpunkt des Vertragsschlusses bereits bekannt war, aber nicht üblicherweise mit eingeschlossen wurde, bedeutet für sich allein noch nicht, dass der Vertragszweck sich auf sie erstrecken müsste.[295] Rückschlüsse auf den Vertragszweck[296] können ferner Vorverhandlungen, Begleitumstände, ähnliche Vertragsverhältnisse, übliche Tätigkeit, Geschäftszuschnitt und gewöhnlicher Geschäftsgang der Beteiligten erlauben.[297]

5. Rechtsfolge

Sofern es nach § 31 Abs. 5 auf den Vertragszweck ankommt, reicht die Rechtseinräumung nur so **66** weit, wie ein **zweifelsfreier, gemeinsam verfolgter Zweck** sich ermitteln lässt. Im Zweifel verbleibt das Recht beim Urheber.[298] Die Einräumung von über den Vertragszweck hinausgehenden Nutzungsrechten kann daher nur angenommen werden, wenn ein dahingehender Parteiwille wenigstens in den Begleitumständen und dem schlüssigen Verhalten der Parteien unzweideutig zum Ausdruck gekommen ist.[299]

6. Praktische Beispiele

Im Folgenden wird ein nach Verwertungsbereichen geordneter Überblick über die Rechtsprechung **67** zu § 31 Abs. 5 und zum allgemeinen Übertragungszweckgedanken gegeben.[300] Allerdings sind die Aussagen der Urteile nur begrenzt zu verallgemeinern, weil bei Anwendung des § 31 Abs. 5 sämtliche Umstände des jeweiligen Einzelfalls zu würdigen sind. Außerdem wirken sich Änderungen des Urhebervertragsrechts wie die Einführung der §§ 32, 32a und die Änderung der §§ 88, 89, Verkehrssitten und das technische und wirtschaftliche Umfeld aus, so dass die Aktualität älterer Urteile kritisch überprüft werden muss. Ergänzend sei auf die Darstellung der wichtigsten Typen von Urheberrechtsverträgen in den Vorbemerkungen zu § 31 verwiesen.[301]

a) Verlagswesen **68**
– **Bestellverträge.** Für einen Bestellvertrag gilt die Auslegungsregel des § 5 Abs. 1 VerlG, nach der der Verleger nur zu einer Auflage berechtigt ist, nicht; der Umfang der Rechtseinräumung bemisst sich also nach § 31 Abs. 5.[302]
– **Buchgemeinschaft.** Die Verbreitung über eine Buchgemeinschaft stellt eine selbständige Nutzungsart dar und wird daher von einer Verlagslizenz über eine „Volksausgabe" eines Romans nicht umfasst.[303]
– **Gespaltener Vertrieb.** Der Buchvertrieb über Kaffeefilialgeschäfte stellt gegenüber dem Vertrieb über sonstige Nebenmärkte außerhalb des Sortimentsbuchhandels keine selbständig abspaltbare Nutzungsart iSv § 31 Abs. 5 dar, so dass er von der Rechtseinräumung für den Sortimentsbuchhandel erfasst wird.[304] Zu Buchgemeinschaftsausgaben s. oben.

---

[291] BGH GRUR 1986, 885 (886) – METAXA; BGH GRUR 2004, 938 (939) – Comic-Übersetzungen III; DKMH/*Kotthoff* UrhG § 31 Rn. 140; Fromm/Nordemann/*J. B. Nordemann* UrhG § 31 Rn. 128; *Schack* Rn. 616; *Schierenberg* AfP 2003, 391 (392); *Schricker,* Verlagsrecht, § 8 Rn. 5.

[292] BGH GRUR 1986, 885 (886) – METAXA; BGH GRUR 2004, 938 (939) – Comic-Übersetzungen III; vgl. auch LG München I ZUM 2014, 596 (601): keine lizenzfreie Nutzung von Rezensionsauszügen aufgrund einer Branchenübung, wenn es an einer Rechtseinräumung fehlt.

[293] BGH GRUR 1974, 786 (787) – Kassettenfilm; Fromm/Nordemann/*J. B. Nordemann* UrhG § 31 Rn. 129.

[294] OLG Jena ZUM 2003, 55 (57f.) mAnm von *Nennen*.

[295] BGH GRUR 1974, 786 (787) – Kassettenfilm.

[296] Zur Bestimmung des Vertragszwecks bei Arbeits- und Dienstverhältnissen → § 43 Rn. 52 ff.; *Donle* S. 198 ff.; bei einer Auftragsproduktion OLG Hamburg GRUR 2000, 45 (46 f.).

[297] Vgl. BGH GRUR 1974, 786 (787) – Kassettenfilm; BGH GRUR 1996, 121 (122) – Pauschale Rechtseinräumung; BGH GRUR 2004, 938 (939) – Comic-Übersetzungen III; Dreier/Schulze/*Schulze* UrhG § 31 Rn. 122 ff.; *Schricker,* Verlagsrecht, § 8 Rn. 5b.

[298] Dreier/Schulze/*Schulze* UrhG § 31 Rn. 127; Fromm/Nordemann/*J. B. Nordemann* UrhG § 31 Rn. 126; *Schricker,* Verlagsrecht, § 8 Rn. 5b; *Schack* Rn. 615; *Genthe* S. 60 ff., 87; *Schweyer* S. 96.

[299] BGH GRUR 2011, 714 Rn. 20 – Der Frosch mit der Maske mwN; BGH GRUR 2013, 1213 Rn. 19 – SUMO.

[300] S. im Übrigen die Auflistung von Einzelfällen bei Dreier/Schulze/*Schulze* UrhG § 31 Rn. 128 ff.; Fromm/Nordemann/*J. B. Nordemann* UrhG § 31 Rn. 136 ff.

[301] → Vor §§ 31 ff. Rn. 99 ff.

[302] BGH GRUR 1984, 528 (529) – Bestellvertrag; BGH GRUR 1998, 680 (682) – Comic-Übersetzungen I.

[303] BGH GRUR 1959, 200 (203) – Der Heiligenhof; → Rn. 42.

[304] BGH GRUR 1990, 669 – Bibelreproduktion.

- **Illustrationsvertrag.** Bei einem Illustrationsvertrag handelt es sich dann nicht um einen Bestellvertrag gemäß § 47 VerlG, wenn es an einer engen Einbindung des Beauftragten in die vom Besteller gezogenen Grenzen fehlt, weil die Künstlerin die zu illustrierenden Szenen sowie die Art und Weise der künstlerischen Ausgestaltung selbst auswählt. Ist zunächst offengeblieben, ob durch das Honorar nur die erste Auflage abgegolten ist oder auch Rechte für weitere Auflagen eingeräumt werden, kann aus der Tatsache, dass Verhandlungen über ein Wiederholungshonorar gescheitert sind, noch nicht gefolgert werden, dass die Künstlerin auf ein solches verzichtet.[305]
- **Journalisten.** Freie Journalisten räumen einem Zeitungsverlag im Zweifel nur ein einfaches Nutzungsrecht ein.[306]
- **Neuauflagen.** Nach der Vermutung des § 5 Abs. 1 VerlG ist der Verleger nur zu einer Auflage berechtigt. Außerhalb des Anwendungsbereichs dieser Norm greift § 31 Abs. 5. Für Comic-Übersetzungen hat der BGH mehrfach entschieden, dass der Wille der Vertragsparteien zur Rechtseinräumung für Neuauflagen unzweideutig zum Ausdruck kommen muss.[307] Die Einräumung von Nutzungsrechten an einem Beitrag für ein Handbuch der deutschen Gegenwartsliteratur gilt nach der Übertragungszwecktheorie nur für die konkrete Ausgabe, nicht auch für eine Neuherausgabe.[308]
- **Sammelwerk.** Die Einräumung von Nutzungsrechten für die Herausgabe eines Sammelbandes mit Fotografien von Helmut Newton verschafft dem Berechtigten nicht zugleich das ausschließliche Nutzungsrecht für die Vervielfältigung und Verbreitung der einzelnen Fotografien, wenn sich die schriftliche Vereinbarung nach ihrem Gesamtzusammenhang nur auf das Sammelwerk bezieht.[309]
- **Übersetzer.** Ob ein Übersetzervertrag als Verlags- oder als Bestellvertrag anzusehen ist, ist eine Frage des Einzelfalls.[310] Ersteres liegt bei hochwertigen literarischen Übersetzungen näher,[311] Letzteres bei Übersetzungen mit untergeordneter Bedeutung.[312] Selbst wenn die Auslegungsregel des § 5 Abs. 1 VerlG nicht eingreift, weil es sich demnach um einen Bestellvertrag handelt, erstreckt sich der Vertrag nicht automatisch auch auf Folgeauflagen. Vielmehr muss der Wille der Vertragsparteien hierzu unzweideutig zum Ausdruck kommen.[313] Zwar war es jedenfalls vor den Leitentscheidungen des BGH zur Übersetzervergütung branchenüblich, Übersetzer von Comic-Heften mit einer Einmalzahlung abzufinden und im Fall eines Nachdrucks keine weitere Vergütung zu bezahlen. Die Branchenübung ist aber nur insofern von Bedeutung, als sie Rückschlüsse auf einen objektivierten rechtsgeschäftlichen Willen der Vertragsparteien hinsichtlich der eingeräumten Nutzungsrechte zulässt, was nicht der Fall ist, wenn der Übersetzer die Rechtslage nicht einschätzen kann und das Erfordernis zusätzlicher Nutzungsrechtseinräumungen nicht kennt.[314] Zur Übersetzervergütung → § 32 Rn. 31.
- **Taschenbuch-Ausgaben** bilden gegenüber Hardcover-Ausgaben eine selbständige Nutzungsart,[315] für die es einer gesonderten Rechtseinräumung bedarf. Mit der Vertragsformulierung einer Nutzungsrechtseinräumung für „alle Ausgaben" kommt der Verleger seiner Spezifizierungslast gem. § 31 Abs. 5 nicht nach; im Zweifel erwirbt er nur das Recht zu einer Normalausgabe im Sortimentsbuchhandel, nicht auch die Buchgemeinschafts- und Taschenbuchrechte.[316] Dem Inhaber einer Taschenbuch-Lizenz steht kein Verbietungsrecht gegen eine Hardcover-Sonderausgabe zu.[317] Dasselbe kann im Verhältnis zwischen einer Künstlermonographie im A4-Format und einer verkleinerten und deutlich geringerwertig ausgestatteten Hardcover-Ausgabe gelten.[318]
- **Zeitungsverlag.** Das Recht zum Abdruck von Artikeln und Fotos in der tagesaktuellen Print-Ausgabe einer Zeitung umfasst nicht automatisch auch Nutzungen **im Bereich neuer Medien,** zB auf CD-ROM,[319] im Rahmen von E-Papers[320] oder Internet-Ausgaben,[321] in einem datenbankge-

---

[305] BGH GRUR 1985, 378 (379 f.) – Illustrationsvertrag.
[306] § 38 Abs. 3; BGH GRUR 2016, 62 Rn. 53 ff. – GVR Tageszeitungen I; OLG Köln AfP 2014, 277.
[307] BGH GRUR 1998, 680 (682) – Comic-Übersetzungen I; BGH GRUR 2000, 144 (145) – Comic-Übersetzungen II; BGH GRUR 2004, 938 (939) – Comic-Übersetzungen III.
[308] KG ZUM 2000, 404 (406).
[309] BGH GRUR 2013, 1213 Rn. 16 ff. – SUMO.
[310] BGH GRUR 2005, 148 (150) – Oceano Mare; weitergehend Dreier/Schulze/*Schulze* UrhG § 31 Rn. 130 (regelmäßig Verlagsvertrag).
[311] BGH GRUR 2005, 148 (150) – Oceano Mare.
[312] BGH GRUR 1998, 680 (682) – Comic-Übersetzungen I.
[313] BGH GRUR 1998, 680 (682) – Comic-Übersetzungen I; BGH GRUR 2000, 144 (145) – Comic-Übersetzungen II; BGH GRUR 2004, 938 (939) – Comic-Übersetzungen III.
[314] BGH GRUR 2000, 144 (145) – Comic-Übersetzungen II; BGH GRUR 2004, 938 (939) – Comic-Übersetzungen III; *Obergfell* ZUM 2000, 142 (147).
[315] BGH GRUR 1992, 310 (311 f.) – Taschenbuch-Lizenz.
[316] KG GRUR 1991, 596 (599) – Schopenhauer-Ausgabe.
[317] BGH GRUR 1992, 310 (311 f.) – Taschenbuch-Lizenz.
[318] OLG Köln ZUM-RD 1998, 213 – Picasso-Monographie.
[319] BGH GRUR 2002, 248 (251) – Spiegel-CD-ROM; Dreier/Schulze/*Schulze* UrhG § 31 Rn. 132.
[320] OLG Zweibrücken MMR 2015, 54; LG Frankenthal ZUM-RD 2013, 138; OLG Hamburg ZUM 2000, 870.
[321] OLG Hamburg NJOZ 2005, 4335 (4337 f.); KG GRUR 2002, 252 (254) – Mantellieferung.

stützten Informationsdienst[322] oder in Online-Archiven.[323] Allerdings beziehen sich die meisten Urteile auf Verträge, die vor der digitalen Revolution geschlossen wurden. Angesichts der zunehmenden Konvergenz von Printausgabe, Online-Ausgabe und Archiv mögen aktuelle Verträge je nach den Umständen des Einzelfalls anders zu beurteilen sein.

b) Bildende Kunst (ohne Lichtbildwerke und Architektur) 69
– **Abbildungen von Kunstwerken.** Die Einräumung der Rechte zur filmischen Verwertung einer Plastik deckt nicht den Abdruck eines Fotos in einer Zeitschrift.[324]
– **Bühnenbilder.** Wer als Spielleiter der Oberammergauer Passionsspiele Bühnenbilder der Dorfgemeinschaft ausschließlich und vorbehaltlos zur Verfügung gestellt hat, hat damit stillschweigend auch das Bearbeitungsrecht eingeräumt.[325]
– **Eigentum an Vorlagen.** Inwieweit das Eigentum von Vorlagen (zB Druckstöcke oder Klischees) vom Urheber auf den Verwerter übergeht, ist ebenfalls nach den allgemeinen Übertragungszweckgedanken zu beurteilen.[326] Räumt der Urheber geschützter Abbildungen dem Eigentümer von Vorlagen, die zur Vervielfältigung dieser Abbildungen geeignet sind, die freie Verfügungsbefugnis über diese Vorlagen ein, so ist es eine nach den Gesamtumständen zu entscheidende Auslegungsfrage, ob und in welchem Umfang damit Vervielfältigungsrechte übertragen werden.[327]
– **Filmische Aufzeichnung.** Erteilt ein Gastprofessor einer Universität die Einwilligung, ein von ihm im Rahmen seiner Vorlesung veranstaltetes Happening auf Videoband aufzuzeichnen, umfasst die Einwilligung im Zweifel nicht die Verwertung der Videoaufzeichnung zu außeruniversitären Zwecken.[328] Die Auslegungsregel des § 88 Abs. 1 gilt nur „im Zweifel"; sie greift nicht ein, wenn, wie im entschiedenen Fall, sich aus den Umständen eine entgegenstehende Zweckrichtung des Vertrags ergibt.

c) Fotografien 70
– **Auswahlfotos.** Legt ein Fotograf einem Verlag Auswahlfotos für eine Bildstory vor, erwirbt dieser Nutzungsrechte allenfalls an den zur Veröffentlichung ausgewählten Fotos, nicht jedoch an den nicht veröffentlichten.[329]
– **Befristung.** Die Übertragungszwecklehre spricht für die unbefristete Einräumung des Nutzungsrechts an einem Foto für CD-Cover, eine Befristung wäre von demjenigen zu beweisen, der das Nutzungsrecht eingeräumt hat.[330]
– **Bewerbungsfotos.** Die Anfertigung von Bewerbungsfotos durch ein Fotostudio berechtigt nach der Übertragungszwecktheorie den Fotografierten noch nicht, diese Fotos auf seiner Homepage im Internet öffentlich zugänglich zu machen,[331] auch wenn angesichts der zunehmenden Verwendung von Profilfotos im Internet und in sozialen Medien eine Beschränkung eines Werkvertrags mit einem Fotografen auf Bewerbungsfotos nicht mehr ohne weiteres angenommen werden kann.
– **Creative-Commons-Lizenzen.** Erlaubt ein Fotograf unter einer Creative-Commons-Lizenz die Nutzung eines Fotos nur für nicht-kommerzielle Zwecke, ohne diese Zwecke näher zu spezifizieren, so ist die Reichweite dieser Gestattung nach der Übertragungszwecklehre auszulegen. Sie erlaubt nicht die Verwendung des Fotos auf der Website einer öffentlich-rechtlichen Rundfunkanstalt.[332]
– **Eigentum an Negativen und Dias.** Inwieweit das Eigentum von Negativen, Dias oder Vorlagen vom Urheber auf den Verwerter übergeht, ist ebenfalls nach dem allgemeinen Übertragungszweckgedanken zu beurteilen.[333] Die Übernahme von Fotos eines Berufsfotografen durch einen Zeitungsverleger in sein Archiv bedeutet auch bei Zahlung einer Archivgebühr nicht, dass der Verleger Eigentum an den Fotos erworben hat.[334] Räumt ein Fotograf einem Verlag nur einfache Nutzungsrechte ein, ist nicht davon auszugehen, dass das Eigentum an den Original-Dias an den Verlag übergeht.[335] Stellt eine Bildagentur einem Kunden Dias oder Negative zur Auswahl zur Verfügung und räumt einfache Nutzungsrechte ein, so handelt es sich hinsichtlich der Vorlagen um einen Leihvertrag, aus dem sich bei Verletzung der Rückgabepflicht Schadensersatzansprüche der Agentur ergeben.[336]

[322] BGH GRUR 1997, 464 (465) – CB-infobank II.
[323] OLG Brandenburg GRUR-RR 2012, 450 (452) – Onlinearchivierung; OLG Düsseldorf ZUM 2014, 242; KG GRUR 2002, 252 (254) – Mantellieferung.
[324] OLG Hamburg NJW-RR 2003, 112.
[325] BGH GRUR 1986, 458 – Oberammergauer Passionsspiele; krit. dazu *Sack* JZ 1986, 1017 f.
[326] → Rn. 60; zum Eigentum an Fotonegativen und Dias → Vor §§ 31 ff. Rn. 51.
[327] BGH GRUR 1960, 443 – Orientteppich.
[328] BGH GRUR 1985, 529 – Happening.
[329] LG München I Schulze LGZ 133.
[330] LG München I GRUR-RR 2009, 332 – LP-Cover-Foto.
[331] LG Köln ZUM 2008, 76.
[332] OLG Köln GRUR 2015, 167; LG Köln ZUM 2014, 534.
[333] → Rn. 60; zum Eigentum an Vorlagen wie Druckstöcken oder Klischees → Rn. 69.
[334] BGH NJW-RR 2007, 1530.
[335] BGH GRUR 2012, 1031 Rn. 44 – Honorarbedingungen Freie Journalisten (zu § 307 Abs. 1 S. 2 BGB).
[336] BGH GRUR 2002, 282 – Bildagentur.

– **Gesellschaftsvertrag.** Die Vereinbarung in einem **Gesellschaftsvertrag,** dass bei Ausscheiden eines Gesellschafters (Architekt) der Gesellschaft ein ausschließliches Nutzungsrecht an seinen Werken zustehen soll, ist nach der allgemeinen Übertragungszwecklehre auf eine vertragszweckkonforme Nutzungsrechtseinräumung zu reduzieren.[337]

– **Gutachterfotos.** Fotos, die ein Sachverständiger für ein Unfallgutachten anfertigt, dürfen vom Empfänger des Gutachtens grundsätzlich nicht in eine „Restwertbörse" im Internet eingestellt werden.[338]

– **Pressefotos.** Das Recht zum Abdruck von Fotos in einer Tageszeitung erstreckt sich nicht auf den Abdruck in einer anderen Zeitung, die vertragsgemäß bestimmte Teile der Tageszeitung übernimmt („Mantellieferung").[339] Zur Verwendung von Pressefotos auf CD-ROM und im Internet → Rn. 68.

– **Produktfotos.** Räumt ein Hersteller, dem die ausschließlichen Nutzungsrechte an einem Produktfoto zustehen, einem Händler ein Nutzungsrecht zu Werbezwecken ein, so erhält dieser damit nicht zugleich die Berechtigung, einer Internet-Handelsplattform oder einem Internet-Shop eine Unterlizenz zur Anzeige des Fotos einzuräumen, mit der auch auf Angebote dieses Produkts auch durch andere Händler hingewiesen wird.[340] Ohnehin kann der Händler als Inhaber eines nur einfachen Nutzungsrechts keine Unterlizenzen einräumen.[341] Erteilt hingegen der Inhaber der ausschließlichen Nutzungsrechte an einem Produktfoto dem Internet-Marktplatz selbst per AGB das Recht, das Foto auch für gleiche Produkte anderer Anbieter zu nutzen, so liegt darin auch eine Zustimmung gegenüber dem konkurrierenden Dritten.[342]

– **Werbefotos.** → Rn. 75.

– **Wiederholte Veröffentlichung.** Fertigt ein Fotograf aufgrund eines Bestellvertrags für einen Zeitschriftenverlag eine Fotoserie an und trägt der Verlag das wirtschaftliche Risiko, so darf er im Rahmen des Verlagsprogramms die Fotos auch wiederholt veröffentlichen.[343]

71 **d) Architektur**

– **Bauvorlage.** Fertigt der Architekt vertragsgemäß nicht nur den Vorentwurf, sondern auch Entwurf sowie Bauvorlagen an, wird das Nachbaurecht übertragen.[344]

– **Vorentwurf.** Aus der Übernahme eines Einzelauftrags zur Erstellung eines **Vorentwurfs** für ein Bauwerk durch einen **Architekten** kann hingegen regelmäßig noch nicht auf die Einräumung urheberrechtlicher Nutzungsbefugnisse, insbesondere des Nachbaurechts, geschlossen werden.[345] Wird ein Architekt zunächst nur mit der Genehmigungsplanung beauftragt, soll ihm aber im Falle der Durchführung des Bauvorhabens auch die Ausführungsplanung übertragen werden, so kann ohne nähere Anhaltspunkte nicht von einer Übertragung des urheberrechtlichen Nachbaurechts an den Bauherrn ausgegangen werden.[346]

72 **e) Musik**

– **Handy-Klingeltöne.** Die zur Verwendung von Musik als **Handy-Klingelton** erforderlichen Rechte wurden der GEMA aufgrund des Berechtigungsvertrags von 2002 eingeräumt, während frühere Fassungen sie noch nicht umfassten.[347]

– **Hintergrundmusik.** Besteht der Zweck des Vertrags darin, der Klägerin die weltweite Verwendung der Musik als Hintergrundmusik zu ermöglichen, dann hat sie trotz formularmäßiger Übertragung aller Urheberrechte durch den Komponisten weder das Verlagsrecht noch das große Aufführungsrecht erworben.[348]

– **Werbung.** Zur Verwertung von Musik in der Werbung → Rn. 74, 75.

73 **f) Film und Fernsehen.** Bei Verträgen über die Herstellung von Filmen und die Verfilmung vorbestehender Werke wird § 31 Abs. 5 teilweise von den Auslegungsregeln der §§ 88, 89 verdrängt, denen zufolge der Urheber eines vorbestehenden Werks (§ 88) und die bei der Filmherstellung betei-

---

[337] BGH GRUR 1996, 121 – Pauschale Rechtseinräumung.

[338] BGH GRUR 2010, 623 Rn. 18 – Restwertbörse.

[339] KG GRUR 2002, 252 (254) – Mantellieferung.

[340] OLG Hamm GRUR-RR 2016, 188 (189) – Beachfashion; OLG Frankfurt a. M. ZUM-RD 2016, 720; KG ZUM-RD 2016, 459; aA wegen fehlender dinglicher Aufspaltbarkeit OLG Düsseldorf MMR 2016, 477 – Produktfotos in Google Shopping.

[341] → Rn. 46; LG München I ZUM 2019, 602 (606).

[342] So zu „Amazon Marketplace" Dreier/Schulze/*Schulze* § 31 Rn. 139; zur Wirksamkeit der AGB LG Köln GRUR 2015, 880 Rn. 26, 31 – Softairmunition.

[343] OLG Karlsruhe GRUR 1984, 522 – Herrensitze in Schleswig-Holstein.

[344] BGH GRUR 1975, 445 (446) – Wohnhausneubau; ähnl. OLG Nürnberg NJW-RR 1989, 407 (409) bei Beauftragung des Architekten mit der gesamten Bauplanung.

[345] BGH GRUR 1984, 656 – Vorentwurf; vgl. auch BGH GRUR 1981, 196 (197) – Honorarvereinbarung.

[346] OLG Frankfurt a. M. GRUR-RR 2007, 307.

[347] BGH GRUR 2009, 395 Rn. 21 – Klingeltöne für Mobiltelefone mAnm *Schulze;* anders für die GEMA-Berechtigungsverträge 1997/1998 LG Hamburg CR 2002, 198; OLG Hamburg GRUR-RR 2002, 249 sowie GRUR 2006, 323 (325) und GRUR-RR 2008, 282 (283); *Landfermann,* Handy-Klingeltöne im Urheber- und MarkenR, 2006; *Rehmann/Bahr* CR 2002, 229 ff.; *Poll* MMR 2004, 67 ff. und ZUM 2006, 379; *Castendyck* ZUM 2005, 9; *v. Einem* ZUM 2005, 540.

[348] BGH GRUR 1971, 480 (481) – Schwarzwaldfahrt.

ligten Urheber (§ 89) dem Hersteller umfassende Nutzungsrechte einräumen. § 88 wurde durch das Urhebervertragsgesetz von 2002 erweitert und an § 89 angepasst, durch das 2. Gesetz zur Informationsgesellschaft ("Korb 2") wurde die Auslegungsregel der §§ 88, 89 auf unbekannte Nutzungsarten ausgeweitet, zum Verhältnis zu § 31 Abs. 5 → Rn. 62 und die Erläuterungen zu §§ 88, 89. Die ältere Rechtsprechung gilt uneingeschränkt nach Maßgabe der jeweiligen Übergangsbestimmungen nur noch für Altfälle.

– **Altverträge vor 1965.** Auf Verträge, die vor 1965 abgeschlossen wurden, sind die Vorschriften des UrhG gemäß § 132 Abs. 1, abgesehen von den dort genannten Ausnahmen, nicht anwendbar. Weder galt eine besondere Vermutungsregel für die Verwertung von Filmwerken, noch eine Sondervorschrift über unbekannte Nutzungsarten. Die Reichweite der Rechtseinräumung ist also nach dem allgemeinen Übertragungszweckgedanken unter Berücksichtigung des Beteiligungsgrundsatzes zu beurteilen.[349] Demnach wurden dem Filmhersteller alle Rechte für die bei Vertragsschluss üblichen Nutzungsarten eingeräumt. Von einer Rechtsübertragung für unbekannte Nutzungsarten, beispielsweise die Zweitauswertung von Spielfilmen auf Videokassette oder DVD, konnte hingegen im Fall einer Pauschalvergütung nur bei einer eindeutigen Erklärung des Berechtigten ausgegangen werden.[350] Bezog sich der Vertrag auf die Vorführung des Films in Kinos, so war die Ausstrahlung im Fernsehen nur erfasst, wenn dafür konkrete Anhaltspunkte im Vertrag sprachen.[351] Der Erwerb des ausschließlichen Vorführungsrechts an einem Filmwerk schloss im Zweifel nicht den Erwerb des fotografischen Urheberrechts an den **einzelnen Lichtbildern des Films** ein.[352]

– **Bühnenaufführung und Verfilmung.** Ist in einem Vertrag über die bühnenmäßige Aufführung eines dramatischen oder musikdramatischen Werks das Recht zur Übertragung des Werks auf Bild- oder Tonträgern nicht unzweideutig eingeräumt, so ist eine Verfilmung von geschützten Teilen des Werks, um sie in die bühnenmäßige Aufführung einzublenden, nicht zulässig; aus dem Zweck des Aufführungsvertrags kann die Berechtigung zu solcher Nutzung nicht entnommen werden.[353] Das gilt auch nach neuem Recht, denn der Übertragungszweckgedanke ist uneingeschränkt auf die Frage anwendbar, ob dem Nutzer das Verfilmungsrecht überhaupt eingeräumt worden ist.[354]

– **Fernsehauswertung.** Während mittlerweile die Fernsehauswertung unter die Auslegungsregeln der §§ 88, 89 fällt, umfasste ein Vertrag über die Verfilmung vorbestehender Werke bis 2002 die Fernsehauswertung nur bei ausdrücklicher Vereinbarung; allerdings konnte den Inhaber der Fernsehrechte eine Enthaltungspflicht treffen.[355]

– **Filmmusik.** Ein Filmproduzent, dem die Rechte an **für einen bestimmten Film geschaffenen Kompositionen und Liedertexten** übertragen werden, erwirbt im Zweifel die Rechte zur filmischen Auswertung von Musik und Texten nur für die Filmschöpfung, für die diese Werke verfasst wurden.[356]

– **Pay-TV.** Bei der Pay-TV-Ausstrahlung handelt es sich gegenüber der Free-TV-Ausstrahlung um eine neue, im Jahr 1999 noch unbekannte Nutzungsart.[357]

– **Synchronfassung.** Nutzungsrechte an einer (deutsch) untertitelten Originalfassung eines Films und an der (deutschen) Synchron-/Voice-over-Fassung können getrennt und verschiedenen Berechtigten eingeräumt werden. Die vom Urheber erhaltene Berechtigung, den Originalfilm in jeder beliebigen Sprache mit Untertiteln zu versehen, enthält ohne weitere Anhaltspunkte nicht die Befugnis, den Film auch zu synchronisieren.[358] Steht dem Nutzungsberechtigten ein ausschließliches Recht zur Verwertung eines Films nur in der französischen Original- und der deutschen Synchronfassung zu, so erstreckt sich sein Verbietungsrecht aus § 97 Abs. 1 nicht auf andere als die zu seinen Gunsten lizenzierten Sprachversionen.[359]

– **Talkshow.** Wer an einer Talkshow teilnimmt und dafür bezahlt wird, erteilt durch die bloße Teilnahme konkludent ein einfaches Nutzungsrecht zur Sendung.[360]

– **Video- und DVD-Zweitauswertung.** Zahlreiche ältere Urteile betreffen die Frage, inwieweit dem Filmhersteller neben dem Recht zur Vorführung in Kinos oder zur Ausstrahlung im Fernsehen

---

[349] BGH GRUR 2011, 714 Rn. 19 ff. – Der Frosch mit der Maske mwN.

[350] BGH GRUR 2011, 714 Rn. 27 – Der Frosch mit der Maske.

[351] BGH GRUR 1969, 143 – Curt Goetz-Filme II mAnm *Bielenberg; BGH GRUR 1976, 382 – Kaviar mAnm Reimer* (Rechtseinräumung für Kinovorführung einschließlich „Television" erstreckt sich nicht auf eine Verwendung für einen ausschließlich zur Sendung über Funk bestimmten Film); BGH GRUR 1982, 727 – Altverträge (Fernsehrechte erfasst, wenn Vertrag sich auf den „gefunkten Film" bezieht); vgl. aber OLG Frankfurt a. M. ZUM 2000, 595: Das Recht zur Wiedergabe in Tonfilm und Rundfunk in einem Verlagsvertrag der fünfziger Jahre impliziert nicht die Fernsehrechte und Merchandisingrechte; ihre Einräumung folgt auch nicht aus dem Vertragszweck.

[352] BGHZ 9, 262 – Lied der Wildbahn I.

[353] BGH GRUR 1971, 35 (39 f.) – Maske in Blau.

[354] Dreier/Schulze/*Schulze* UrhG § 88 Rn. 3.

[355] BGH GRUR 1969, 364 (366) – Fernsehauswertung; OLG Frankfurt a. M. ZUM 2000, 595 (596) – Sturm am Tegernsee.

[356] BGH GRUR 1957, 611 – Bel ami.

[357] LG Hamburg GRUR-RR 2016, 68.

[358] OLG Köln ZUM 2007, 401 – Videozweitauswertung.

[359] OLG Köln ZUM-RD 2014, 376.

[360] LG Berlin ZUM 2014, 251.

auch die Rechte für die Auswertung durch Schmalfilme,[361] Videokassetten[362] und DVDs eingeräumt wurden. Ältere Urteile werden mittlerweile durch §§ 88, 89 überlagert, aus denen sich ergibt, dass bei Verfilmungsverträgen (§ 88) und Filmherstellungsverträgen (§ 89) dem Hersteller im
Zweifel ein umfassendes Nutzungsrecht eingeräumt wird, das sich seit 2008 auch auf unbekannte
Nutzungsarten erstreckt. Demnach ist bei Verträgen, die seit 2008 abgeschlossen wurden, davon
auszugehen, dass der Hersteller sämtliche Rechte zur Zweitauswertung erlangt, insbesondere zur
Verwertung durch den Vertrieb und Verleih von DVDs/Blu-ray Discs und durch digitale Nutzun-
gen, etwa durch Bereitstellung zum Download oder Streaming. Zu Verträgen, die zwischen 1966
und 2007 abgeschlossen wurden, → § 89 Rn. 10 und → § 137l Rn. 13 ff., zu Altverträgen aus der
Zeit vor 1966 s. oben. Ein 1997 eingeräumtes Recht zur Auswertung eines Films auf Grundlage
des damals bekannten DVD-Systems erstreckt sich auch auf den Vertrieb des Films auf Blu-ray-
Disc.[363]
– **Werbefilm.** → Rn. 74, 75.
– **Werbezwecke.** Die Einräumung umfassender Nutzungsrechte am Film umfasst üblicherweise nicht
dessen Nutzung zum Zweck der Werbung für andere Produkte als den Film selbst.[364]
– **Werbung für den Film.** Von Filmen, die zur Werbung für andere Produkte produziert werden,
sind Filme (zB Trailer) und Fotos zu unterscheiden, die der Werbung für den Film dienen. Die
hierfür erforderlichen Rechte werden im Verfilmungs- bzw. Filmherstellungsvertrag üblicherweise
eingeräumt. So schließt die ausschließliche Nutzungsberechtigung an einer Fernseh-Auftragspro-
duktion auch die Verwendung einzelner Bilder als Standbild im Internet zum Zweck des Hinweises
auf die Sendung ein.[365] Werden die Nutzungsrechte an einem Foto (nur) zum Zweck der Werbung
für den Film eingeräumt, so ist auch die Benutzung als Coverbild auf Videokassetten eingeschlossen, wenn zum Zeitpunkt des Vertragsschlusses auch eine Videonutzung ins Auge gefasst war.[366]
– **Wiederholungen.** Wenn in einem Vertrag über die Einräumung von Nutzungsrechten an einem
Film dessen dreimalige Ausstrahlung im Fernsehen bis zu einem bestimmten Datum vereinbart wird
und hinsichtlich der Möglichkeit von Ausstrahlungen nach diesem Stichtag ausdrücklich geregelt
ist, die dafür zu zahlenden Beträge seien neu zu vereinbaren, erlaubt dies nicht die Annahme, solche
Ausstrahlungen seien dadurch bereits gestattet worden und lediglich das Entgelt dafür habe noch einer neu zu treffenden Regelung bedurft.[367]

74   **g) Rundfunk (ohne Film und Fernsehen)[368]**
– **Kabel- und Satellitenrechte.** Zur Frage, inwieweit die Ausstrahlung durch Kabel und Satellit
selbständige Nutzungsarten im Verhältnis zur terrestrischen Ausstrahlung darstellen, → Rn. 43 und
→ § 20a Rn. 23.
– **Schulfunk.** Die Einräumung von Rechten zur **„Nutzung für Tonrundfunkzwecke"** impliziert
nicht die Befugnis der Rundfunkanstalt, einer Landesbildstelle zu gestatten, von Arbeitsbändern des
Rundfunks Aufzeichnungen von Schulfunksendungen für Schulen herzustellen.[369]
– **Werbung.** Die Benutzung eines musikalischen Werks in der **Rundfunkwerbung** ist eine eigenständige Nutzungsart.[370] Etwas anderes kann für die Nutzung im Rahmen eines Trailers zur Eigenwerbung für die Ausstrahlung eines Films gelten.[371]

75   **h) Werbung**
– **Corporate Identity.** Gibt ein Unternehmen bei einer Werbeagentur die Erstellung einer „Corpo-
rate Identity" in Auftrag, so erwirbt es an den urheberrechtlich geschützten Werken ein ausschließ-
liches Nutzungsrecht.[372]
– **Film.** Der Hersteller eines Werbefilms räumt dem Besteller üblicherweise ein umfassendes Nut-
zungsrecht zur Nutzung in allen Medien ein, ohne eigene Auswertungsrechte zurückzubehalten.[373]
Eingeräumt werden aber die für den werblichen Einsatz erforderlichen Nutzungsrechte, nicht auch
Rechte betreffend eine „Erinnerungssendung" über den Werbefilmer.[374] Zur werblichen Nutzung

---

[361] BGH GRUR 1974, 786 (787 f.) – Kassettenfilm mAnm *Dünnwald;* BGH GRUR 1977, 42 – Schmalfilmrechte mAnm *Reimer.*
[362] BGH GRUR 1987, 37 – Videolizenzvertrag; BGH GRUR 1991, 133 (136) – Videozweitauswertung; BGH
GRUR 1994, 41 – Videozweitauswertung II; OLG München ZUM 1998, 101; 1998, 413 (Video-on-demand-
Rechte).
[363] OLG München GRUR-RR 2011, 303 – Blu-ray Disc.
[364] OLG Frankfurt a. M. GRUR 1989, 203 (204 f.) – Wüstenflug; Dreier/Schulze/*Schulze* UrhG § 89 Rn. 31.
[365] OLG Köln GRUR-RR 2005, 179.
[366] OLG München ZUM 1995, 798 (799 f.).
[367] OLG München ZUM-RD 2010, 327.
[368] Anwendungsbeispiele des Zweckübertragungsgedankens im Bereich von Filmen und Fernsehsendungen unter
→ Rn. 73.
[369] BGH GRUR 1985, 874 (876) – Schulfunksendung.
[370] OLG Hamburg GRUR 1991, 599.
[371] LG Berlin GRUR-RR 2016, 194.
[372] AG Köln BeckRS 2014, 13598.
[373] → § 89 Rn. 18; Dreier/Schulze/*Schulze* UrhG § 89 Rn. 31. Ebenso bereits aus der älteren Rechtsprechung
BGH GRUR 1960, 609 – Wägen und Wagen; vgl. auch BGH GRUR 1960, 199 – Tofifa.
[374] LG Köln AfP 2000, 196.

eines für andere Zwecke hergestellten Films und zur Nutzung von Trailern und Fotos in der Werbung für den Film → Rn. 73.

– **Fotos.** Wird eine Bildkomposition für einen Flaschenkarton zunächst nur für Vertriebsverhandlungen entworfen, so erfasst die Rechtseinräumung auch den späteren Massenvertrieb des Produkts, wenn die stufenweise Verwertung angestrebt wird, aber noch von einem ungewissen Ereignis abhängt.[375] Die Einräumung eines Nutzungsrechts an einem Foto zur einmaligen Verwendung für Schallplattenhüllen berechtigt nicht zur Benutzung auf Plakaten für Tourneekonzerte.[376] Wenn ein Fotograf für einen Automobilzubehör-Katalog Fotos anfertigt und dem Besteller die Original-Dias übereignet, rechtfertigt dies noch nicht die Annahme eines ausschließlichen Nutzungsrechts, wenn ein einfaches Nutzungsrecht für die Erfüllung des Vertragszwecks ausreicht.[377]

– **Musik.** Das Recht zur Verwertung musikalischer Werke in der Hörfunkwerbung für branchenfremde Erzeugnisse wird nicht auf die GEMA übertragen.[378]

– **Texte.** Aus dem Vertragszweck kann sich bei der Einräumung urheberrechtlicher Nutzungsrechte an einem Werbespruch ergeben, dass diese Rechte zu Werbezwecken zeitlich und sachlich unbeschränkt vergeben werden.[379] Das Nutzungsrecht des Auftraggebers einer Fremdenverkehrsbroschüre erstreckt sich nicht nur auf die einmalige Verwendung, sondern umfasst auch künftige Nachdrucke.[380]

i) Computerprogramme, Datenbanken (Verweisung). Zur Frage der Aufspaltbarkeit von **76** Nutzungsarten → Rn. 45, im Übrigen → Vor §§ 69a Rn. 61, → § 4 Rn. 65, 66, → § 87e Rn. 9 ff.[381]

§ 31a Verträge über unbekannte Nutzungsarten

(1) [1]**Ein Vertrag, durch den der Urheber Rechte für unbekannte Nutzungsarten einräumt oder sich dazu verpflichtet, bedarf der Schriftform.** [2]**Der Schriftform bedarf es nicht, wenn der Urheber unentgeltlich ein einfaches Nutzungsrecht für jedermann einräumt.** [3]**Der Urheber kann diese Rechtseinräumung oder die Verpflichtung hierzu widerrufen.** [4]**Das Widerrufsrecht erlischt nach Ablauf von drei Monaten, nachdem der andere die Mitteilung über die beabsichtigte Aufnahme der neuen Art der Werknutzung an den Urheber unter der ihm zuletzt bekannten Anschrift abgesendet hat.**

(2) [1]**Das Widerrufsrecht entfällt, wenn sich die Parteien nach Bekanntwerden der neuen Nutzungsart auf eine Vergütung nach § 32c Abs. 1 geeinigt haben.** [2]**Das Widerrufsrecht entfällt auch, wenn die Parteien die Vergütung nach einer gemeinsamen Vergütungsregel vereinbart haben.** [3]**Es erlischt mit dem Tod des Urhebers.**

(3) **Sind mehrere Werke oder Werkbeiträge zu einer Gesamtheit zusammengefasst, die sich in der neuen Nutzungsart in angemessener Weise nur unter Verwendung sämtlicher Werke oder Werkbeiträge verwerten lässt, so kann der Urheber das Widerrufsrecht nicht wider Treu und Glauben ausüben.**

(4) **Auf die Rechte nach den Absätzen 1 bis 3 kann im Voraus nicht verzichtet werden.**

Schrifttum: *Bauer/v. Einem,* Handy-TV – Lizenzierung von Urheberrechten unter Berücksichtigung des „2. Korbs", MMR 2007, 698; *von Becker,* Die Last der Verleger: Zum „Kölner Entwurf", GRUR-Prax 2015, 4; *Berger,* Verträge über unbekannte Nutzungsarten nach dem „zweiten Korb", GRUR 2005, 907; *Brexl,* Übertragungszweckregel des § 31 V UrhG gehört nicht zum Ordre Publique International, GRUR-Prax 2015, 91; *Czychowski,* Wenn der Dritte Korb aufgemacht wird ..., GRUR 2008, 586; *Diesbach,* Unbekannte Nutzungsarten bei Altfilmen: Der BGH gegen den Rest der Welt?, ZUM 2011, 623; *Ehmann/Fischer,* Zweitverwertung rechtswissenschaftlicher Texte im Internet, GRUR-Int 2008, 284; *Franz,* Ist »Virtual Reality« eine neue Nutzungsart?, ZUM 2017, 207; *Frey/Rudolph,* Verfügungen über unbekannte Nutzungsarten: Anmerkungen zum Regierungsentwurf des Zweiten Korbs, ZUM 2007, 13; *Grewenig,* Reform des Urhebervertragsrechts aus Sicht des privaten Rundfunks, ZUM 2015, 462; *Goldstein/Hugenholtz,* International Copyright, Principles, Law, and Practice, 3rd Edition, 2013; GRUR-Stellungnahme v. 12.11.2004 GRUR 2005, 743; *Heckmann,* Die retrospektive Digitalisierung von Printpublikationen, in: Costede/Spindler (Hrsg.), Schriften zum Wirtschafts- und Medienrecht, Steuerrecht und Zivilprozeßrecht, Band 49, Diss. Göttingen 2011; *Hesse,* Reform des Urhebervertragsrechts aus Sicht der öffentlich-rechtlichen Rundfunks, ZUM 2015, 460; *Hilgert,* Augmented Reality, CR 2017, 472; *Hoeren,* Der Korb hinter dem Korb – Überlegungen zur Reform des Urheberrechts, MMR 2004, 429; *ders.,* Der Zweite Korb – eine Übersicht zu den geplanten Änderungen im Urheberrechtsgesetz, MMR 2007, 615; *Houareau,* Reform des Urhebervertragsrechts aus Sicht der Musikproduzenten, ZUM 2015, 469; *Jaeger/Metzger,* Open Source Software, Rechtliche Rahmenbedingungen der Freien Software, 4. Aufl. 2016; *Kasten,* Reform des Urhebervertragsrechts aus Sicht der Regisseure, ZUM 2015, 479; *Katzenberger,* Deutsche Zweckübertragungsregelung (§ 31 Abs. 5 UrhG) keine international zwingende Bestimmung – Hi Hotel II, Anmerkung zu BGH, Urt. v. 24.9.2014 – I ZR 35/11, GRUR-Int 2015, 381; *Klickermann,* Sendarchive im Fokus unbekannter Nutzungsarten, MMR 2007, 221; *Klöhn,* Unbekannte

---

[375] BGH GRUR 1986, 885 (886) – METAXA m.krit.Anm. *Hertin.*
[376] OLG Hamburg AfP 1987, 691 (692).
[377] OLG Düsseldorf GRUR 1988, 541 – Warenkatalogfotos; LG Köln GRUR-Prax 2010, 371.
[378] LG Düsseldorf ZUM 1986, 158 – West Side Story.
[379] BGH GRUR 1966, 691 – Schlafsäcke.
[380] BGH GRUR 1988, 300 – Fremdenverkehrsbroschüre.
[381] Zum Umfang der Nutzungsrechtseinräumung für Online-Spiele s. OLG Dresden ZUM 2015, 336.

Nutzungsarten nach dem Zweiten Korb der Urheberrechtsreform, K&R 2008, 77; *Kloth,* Unbekannte Nutzungsarten – Hinweise zur Vertragsgestaltung nach der BGH-Entscheidung „Der Frosch mit der Maske", GRUR-Prax 2011, 285; *Kreile,* Neue Nutzungsarten – Neue Organisation der Rechtsverwaltung?, ZUM 2007, 682; *Kuß,* Gutenberg 2.0 – der Rechtsrahmen für E-Books in Deutschland, K&R 2012, 76; *ders./Schley,* Reform der Reform – Wie viel vom Kölner und Münchner Entwurf steckt im Referentenentwurf zum Urhebervertragsrecht?, ZUM 2015, 837; *W. Nordemann,* Die Reform des § 31 Abs. 4 UrhG – gut gemeint, aber daneben getroffen?, FS Raue, 2006, S. 587; *Peifer,* Urhebervertragsrecht in der Reform: Der Kölner Entwurf, ZUM 2015, 437; *Pfennig,* Urhebervertragsrecht in der Reform: Der Entwurf der Initiative Urheberrecht, ZUM 2015, 443; *Rengshausen/Zielasko,* Rechtliche Einordnung „Sprechender Bücher", K&R 2011, 702; *Rudolph,* Die unbekannten Nutzungsarten im Wandel der Zeit – Ein Beitrag zur Entwicklung der unbekannten Nutzungsarten in Gesetzgebung und Rechtsprechung, ZGE 2 (2010), 453; *Salagean,* Sampling im deutschen, schweizerischen und US-amerikanischen Urheberrecht, 2008; *Schuchardt,* Verträge über unbekannte Nutzungsarten nach dem „Zweiten Korb", in: Juristische Fakultät der Heinrich-Heine-Universität Düsseldorf (Hrsg.), Düsseldorfer Rechtswissenschaftliche Schriften, Band 65, Diss. Düsseldorf 2008, 2009; *Schulz/Ayar,* Rechtliche Fragen rund um das ebook, MMR 2012, 652; *Schulze,* Die Einräumung unbekannter Nutzungsarten nach neuem Urheberrecht, UFITA 2007/III, 641; *Schwarz,* Reform des Urhebervertragsrechts aus Sicht der Filmproduzenten, ZUM 2015, 466; *Seibold,* Neue Nutzungsarten – Neue Organisation der Rechteverwaltung?, ZUM 2007, 702; *Soppe,* Reform des Urhebervertragsrechts aus Sicht der Presseverleger, ZUM 2015, 457; *Spindler/Heckmann,* Der rückwirkende Entfall unbekannter Nutzungsrechte (§ 137l UrhG-E) – schließt die Archive?, ZUM 2006, 620; *Sprang,* Reform des Urhebervertragsrechts aus Sicht der Buchverleger, ZUM 2015, 451; *Staudinger,* Internationales Wirtschaftsrecht (IPR des KartellR, LauterkeitsR, MarkenR, PatentR und UrheberR), Neubearb. 2015; *Verweyen,* Pacta sunt servanda? Anmerkungen zu § 31a UrhG nF, ZUM 2008, 217; *ders.,* Reform des Urhebervertragsrechts aus Sicht der ausübenden Künstler, ZUM 2015, 488; *Wandtke,* Korb II und die unbekannten Nutzungsarten im Arbeitsverhältnis, FS Loewenheim, 2009, S. 393; *Weber,* Neue Nutzungsarten – neue Organisation der Rechteverwaltung?, ZUM 2007, 688; *Wille,* Die kollisionsrechtliche Geltung der urheberrechtlichen Neuregelungen zu den unbekannten Nutzungsarten – §§ 31a, 32c UrhG im Lichte des Internationalen Privatrechts, GRUR-Int 2008, 389; *Wille,* Die Kategorie der sog. Risikogeschäfte – eine überholte Rechtsprechung?, AfP 2008, 575; *ders.,* Einräumung von Rechten an unbekannten Nutzungsarten als überraschende Klauseln, GRUR 2009, 470; *ders.,* Anm. zu BVerfG, Beschl. v. 24.11.2009 – 1 BvR 213/08 – Filmurheberrecht, ZUM 2010, 240.

Schrifttum zur Reform: *Castendyk/Kirchherr,* Das Verbot der Übertragung von Rechten an nicht bekannten Nutzungsarten – erste Überlegungen für eine Reform des § 31 Abs. 4 UrhG, ZUM 2003, 751; *J. B. Nordemann/ W. Nordemann,* Für eine Abschaffung des § 31 IV UrhG im Filmbereich, GRUR 2003, 947; *Schwarz,* Das Damoklesschwert des § 31 Abs. 4 UrhG – Regelungsbedarf für neue Nutzungsarten, ZUM 2003, 733; *Wandtke/ Holzapfel,* Ist § 31 IV UrhG noch zeitgemäß?, GRUR 2004, 284; *Zentek/Meinke,* Urheberrechtsreform 2002, 2002.

Schrifttum zu § 31 Abs. 4 aF: *Ahlberg,* Der Einfluss des § 31 IV UrhG auf die Auswertungsrechte von Tonträgerunternehmen, GRUR 2002, 313; *ders.,* Neue Ansätze zum Problem der unbekannten Nutzungsart in § 31 Abs. 4 UrhG, ZUM 2002, 332; *Castendyk,* Gibt es ein „Klingelton-Herstellungsrecht"? – Zur Einräumung von Rechten zur Herstellung und Nutzung von Handy-Klingeltönen nach dem aktuellen GEMA-Berechtigungsvertrag, ZUM 2005, 9; *Donhauser,* Der Begriff der unbekannten Nutzungsart gem. § 31 Abs. 4 UrhG, 2001; *Drewes,* Neue Nutzungsarten im Urheberrecht, 2002; *Endter,* Internet – die unbekannte Nutzungsart, FS Engelschall, 1996, S. 199; *Fitzek,* Die unbekannte Nutzungsart, 2000; *ders.,* Elektronische Printmedien, 1996; *Katzenberger,* Film auf DVD als neue Nutzungsart, GRUR-Int 2003, 889; *ders.,* Film auf DVD – Neue Fakten und Überlegungen zu § 31 Abs. 4, GRUR-Int 2005, 215; *Kitz,* Die unbekannte Nutzungsart im Gesamtsystem des urheberrechtlichen Interessengefüges, GRUR 2006, 548; *Loewenheim,* Die Verwertung alter Spielfilme auf DVD – eine noch nicht bekannte Nutzungsart, GRUR 2004, 36; *J. B. Nordemann,* Die erlaubte Einräumung von Rechten für unbekannte Nutzungsarten, FS Nordemann, 2004, S. 193 ff.; *Presser/Williams/Nelson et al.,* Interpretating Old Grants in a Digital World: A U. S. Perspective, FS Nordemann, 2004, S. 729; *Rehmann/Bahr,* Klingeltöne für Handys – eine neue Nutzungsart?, CR 2002, 229; *Sasse/Waldhausen,* Musikverwertung im Internet und deren vertragliche Gestaltung – MP3, Streaming, Webcast, On-Demand-Service etc., ZUM 2000, 837; *Schaefer,* Vom Nutzen neuer Nutzungsarten, FS Nordemann, 2004, S. 227; *Schweyer,* Die Zweckübertragungstheorie im Urheberrecht, 1982; *Stieper/Frank,* DVD als neue Nutzungsart?, MMR 2000, 643; *Wandtke,* Aufstieg und Fall des § 31 Abs. 4 UrhG?, FS Nordemann, 2004, S. 267; *ders./Schäfer,* Music on Demand – Neue Nutzungsart im Internet, GRUR-Int 2000, 187; *Zielinski,* Zur Geschichte des Videorecorders, 1986; *Zscherpe,* Zweitverwertungsrecht und § 31 Abs. 4 UrhG, 2004.

Übersicht

I. Allgemeines[1]

1. Rechtsentwicklung

§ 31a UrhG ersetzt die lange Zeit gültige Regelung des § 31 Abs. 4 UrhG aF,[2] die eine vertragliche **1** Bestimmung und Verfügung über Rechte an bei Vertragsschluss unbekannten Nutzungsarten für unwirksam erklärte. Damit sollte dem Schutz des Urhebers gedient werden; „Ihm soll, wenn neue Nutzungsarten entwickelt werden, stets die Entscheidung darüber vorbehalten bleiben, ob und gegen welches Entgelt er mit der Nutzung seines Werks auch auf die neue Art einverstanden ist".[3] Es können auch persönlichkeitsrechtliche Überlegungen ins Spiel kommen.[4] Die Vorschrift war aber nur auf Verträge nach dem 1.1.1966 anwendbar,[5] für ältere Verträge konnte allenfalls mit einer einengenden Vertragsauslegung nach dem Zweckübertragungsgedanken[6] oder einer Korrektur nach § 138 BGB geholfen werden.[7] Daran hat auch § 137l UrhG nichts geändert, der als Übergangregelung ebenfalls nur für Verträge ab dem 1.1.1966 gilt, → § 137l Rn. 1.[8]

Die Vorschrift stand indes immer wieder im Kreuzfeuer der Kritik, führte sie doch zu erheblichen **2** Problemen in internationalen Lizenzverträgen, da andere Rechtsordnungen kein derart strenges Verbot kannten, insbesondere nicht die US-amerikanische Rechtsordnung. Auch führte § 31 Abs. 4 aF dazu, dass gerade bei komplexen Werken wie Filmen in nicht unerheblichem Maße nachlizenziert werden musste.[9] Daher wurde etwa für den Filmbereich die vollständige Abschaffung des § 31 Abs. 4

---

[1] Die Kommentierung beruht zum Teil auf der früheren Kommentierung des § 31 UrhG von *Schricker*.
[2] Zu dieser Vorschrift *Schuchardt* S. 28 ff.
[3] Begr. RegE BT-Drs. IV/270, 56; *Fitzek* S. 21 ff.; *Castendyk* ZUM 2002, 332 (335).
[4] *Loewenheim/J. B. Nordemann* § 26 Rn. 40; *Wandtke/Holzapfel* GRUR 2004, 284 (286 f., 292).
[5] § 132 Abs. 1 S. 1 aF, § 143 Abs. 2 aF.
[6] BGH GRUR 1991, 133 (135) – Videozweitauswertung.
[7] Vgl. zur älteren Rechtsprechung *v. Gamm* § 31 Rn. 15; *Ulmer* § 84 II S. 363 f.; *Haupt* ZUM 1999, 898 (904); s. zur Auslegung eines Altvertrages LG München I GRUR 1991, 377 (379) – Veit Harlan-Videorechte; OLG München ZUM 2000, 61 (65) – Paul Verhoeven: Mitübertragung setzte ausdrückliche Einbeziehung voraus; LG Hamburg ZUM-RD 1999, 134 – Heinz Erhardt-Rechte; LG München I ZUM 1999, 332 (335).
[8] Zur Lage in der DDR s. *Haupt* UFITA 2003/I, 33 (53 f.).
[9] Zur Entwicklung der Praxis *Lütje* FS Schwarz, 1988, 115 ff.; eingehend zur geschichtlichen Entwicklung *Rudolph* ZGE 2 (2010), 453 ff. mwN.

aF vorgeschlagen[10] oder dessen Herabstufung zu einem Vergütungsanspruch[11] oder zu einer bloßen Vertragsanpassungsnorm.[12] Andererseits schob § 31 Abs. 4 aF der Macht der Verwerter einen wirksamen Riegel vor, da sonst die Gefahr bestand, in Formularverträgen von vornherein sämtliche Rechte zu übertragen – was die US-amerikanische Praxis eindrucksvoll belegt.

3   Der Professorenentwurf zum **Urhebervertragsgesetz**[13] schlug vor, die Bekanntheit der Nutzungsart zu definieren. Ferner sollte klargestellt werden, dass die Vorschrift keine Anwendung finden solle, wenn das Nutzungsrecht einer Verwertungsgesellschaft eingeräumt wird.[14] Letztlich zielte der Entwurf auf eine vorsichtige Anpassung des § 31 Abs. 4 aF ab und sollte dessen Schutz weitgehend beibehalten.[15] Die Vorschläge wurden vom Regierungsentwurf allerdings nicht übernommen.[16]

4   Vielmehr bemühte sich der **„Zweite Korb"**[17] um einen Kompromiss. Die Vorschläge des Referentenentwurfes v. 27.9.2004, die bereits von einer Aufhebung des § 31 Abs. 4 ausgingen (Art. 1 Nr. 2) und stattdessen die Schriftform sowie ein Widerrufsrecht und einen Vergütungsanspruch für den Urheber als Eckpfeiler vorsahen, fanden letztlich Eingang in das Gesetz. Damit sollte eine „der wenigen effizienten Schutzbestimmungen zu Gunsten der Urheber" gestrichen werden.[18] Kritisiert wurde schon im Gesetzgebungsverfahren, dass die Vorschrift durch die Kautelarpraxis ebenso überspielt würde wie die Spezifizierungslast des § 31 Abs. 5 nF. Auch das Widerrufsrecht ermuntere die Verwerter geradezu, nach dem Prinzip „Augen zu und durch" zu verfahren.[19] Die Schutzfunktion des § 31 Abs. 4 aF zugunsten des Urhebers, der im Verhältnis zum Verwerter allgemein die schwächere Vertragspartei ist, könne nicht aufgegeben werden, solange nicht erwiesen sei, dass die in den §§ 32 ff. enthaltenen Rechte und Ansprüche einen Ausgleich für die Aufhebung leisten können.[20] Das Risiko des Verwerters, der sich wirksam sämtliche Nutzungsrechte einräumen ließ, das Werk möglicherweise ohne das erforderliche Recht für die unbekannte Nutzungsart zu nutzen, entfalle, während sich das Risiko des Urhebers verdopple, der nicht nur beweisen muss, welche Vergütung angemessen ist, sondern auch, dass die Nutzungsart unbekannt ist und ihm hierfür eine gesonderte Vergütung zusteht.[21] Er trage das Prozessrisiko, einen etwaigen Anspruch auf angemessene Vergütung nach § 32c Abs. 1 durchzusetzen.[22] Wenn der Urheber die Nutzung seines Werkes nicht länger verbieten kann, solange die Vergütungsfrage nicht geklärt ist, sondern der Verwerter erst einmal mit der Nutzung beginnen kann und erst anschließend eine angemessene Vergütung auszuhandeln ist, sei die Verhandlungsposition des Urhebers so weit geschwächt, dass unsicher ist, ob der Urheber in der Lage ist, ein faires Entgelt auszuhandeln.[23] Mit der Aufhebung des § 31 Abs. 4 aF werde der gesetzliche Automatismus beseitigt, dass aufgrund der gem. § 31 Abs. 4 aF fehlenden Möglichkeit von Vorausverfügungen hinsichtlich noch unbekannter Nutzungsarten neue Befugnisse automatisch in der Person des Urhebers entstehen.[24] Bisher musste die Initiative zur Nutzung des Werkes durch eine neue Nutzungsart von den Verwertern ausgehen, während nun der wirtschaftlich unterlegene Urheber der Nutzung widersprechen muss.[25] Schließlich hätte es zur Behebung des Problems, dass gerade bei Mehrautorenwerken die einzelnen Urheber nur noch schwer ermittelbar sind, nicht der Erstreckung des neuen § 31a auch auf Einzelautorenwerke bedurft, zumal hier über die Abrechnungen der Vergütung der einzelne Autor oftmals dem Rechteverwerter bekannt ist.[26] Stattdessen wurde gefordert, § 31 Abs. 4 aF nur bei Filmwerken und ggf. bei Beiträgen zu Sammelwerken oder anderen Werken mit einer unüberschaubaren Zahl von Urhebern oder einer Bindung der Urheber zur einheitlichen Verwertung einzuschränken.[27]

5   Der Gesetzgeber blieb von dieser **Kritik** und anderen Vorstößen **unbeeindruckt.** Trotz der Aufhebung der alten Schutzregel des § 31 Abs. 4 aF sieht der Gesetzgeber den primären Zweck des § 31a

---

[10] *J. B.* und *W. Nordemann* GRUR 2003, 947 ff.; s. auch *Schwarz* ZUM 2003, 733 ff.; *Castendyk/Kirchherr* ZUM 2003, 751 ff.; *Schmechel-Gaumé* K&R 2001, 74 ff.

[11] S. dazu *Donhauser* S. 152 ff.

[12] Vgl. *Schaefer* FS Nordemann, 2004, 227 ff.

[13] Abgedr. in GRUR 2000, 765 (766).

[14] Kritisch hierzu *Schack* GRUR 2002, 853 (854).

[15] So auch *Fitzek* S. 241; generell gegen Abschaffung des § 31 Abs. 4 aF auch *Wandtke* FS Nordemann, 2004, 267 ff.; *Wandtke/Holzapfel* GRUR 2004, 284 ff.; *Schulze* GRUR 2005, 828 (831 ff.).

[16] Für eine Übersicht der einzelnen Vorschläge zur Reform des § 31 Abs. 4 siehe *Castendyk/Kirchherr* ZUM 2003, 751 (755).

[17] Zweites Gesetz zur Regelung des Urheberrechts in der Informationsgesellschaft → Einl. UrhG Rn. 126.

[18] *Hoeren* MMR 2004, 429 (430).

[19] → 3. Aufl. 2006, § 31 Rn. 25a.

[20] *GRUR-Stellungnahme* GRUR 2005, 743; *Schulze* GRUR 2005, 828 (832); dies verneinend *Castendyk/Kirchherr* ZUM 2003, 751 (756); *Schwarz* ZUM 2003, 733 (740).

[21] *Schulze* GRUR 2005, 829 (831).

[22] *Frey/Rudolph* ZUM 2007, 13 (20); *Klickermann* MMR 2007, 221 (224); ähnlich *W. Nordemann* FS Raue, 2006, 587 (590); so zu § 32a auch *Wandtke* FS Nordemann, 2004, 268 (270).

[23] *Wandtke/Holzapfel* GRUR 2004, 284 (293).

[24] *Wandtke* FS Nordemann, 2004, 268 (270).

[25] *Klickermann* MMR 2007, 221 (224).

[26] Zutr. die Kritik von *Dreier/Schulze/Schulze* UrhG § 31a Rn. 3; *Frey/Rudolph* ZUM 2007, 13 (18); *GRUR-Stellungnahme* GRUR 2005, 743.

[27] *GRUR-Stellungnahme* GRUR 2005, 743; *Schulze* GRUR 2005, 829 (832); *W. Nordemann* FS Raue, 2006, 587 (588); sa umfassend zur Reform *Schuchardt* S. 16 ff.

in dem Schutz des Urhebers durch die zwingende Schriftform und durch die Einräumung eines Widerrufsrechts.[28] Auch bleibt es bei den schon früher bestehenden **Abgrenzungsproblemen,** wann eine Nutzungsart gegenüber bestehenden bekannten Nutzungsarten als neue und damit unbekannte Nutzungsart angesehen werden kann.[29] Für eine sich noch aus der nun aufgehobenen Nichtigkeitsfolge des § 31 Abs. 4 aF ergebende zurückhaltende Einstufung einer Nutzungsart als neu bestehe kein Anlass mehr; dies gelte insbesondere auch für die durch die technische Weiterentwicklung erfolgende **Substitution** einer Werkform;[30] diese Probleme werden lediglich verlagert, genauso wie umstritten bleibt, wann eine bisher unbekannte Nutzungsart bekannt geworden ist.[31] Denn Voraussetzung für die Anwendung der Norm, insbesondere auch der Schriftform und des Widerrufsrechts, ist nach wie vor, dass es sich um eine bei Vertragsschluss unbekannte Nutzungsart handelt (→ Rn. 29 ff.). Gleiches gilt für die Anwendung der Übergangsnorm in § 137l UrhG.[32]

2. Internationales und Auslandsrecht

Die Bundesregierung hat sich für die Regelung des § 31a UrhG-E an dem **französischen** 6 Art. L. 131-6 **Code de la proprieté intellectuelle** orientiert.[33] Hiernach können Nutzungsrechte in einer am Tag des Vertragsschlusses unvorhersehbaren oder nicht vorhergesehenen Art eingeräumt werden, sofern dies ausdrücklich vereinbart wird und eine Beteiligung des Urhebers im Verhältnis zum Verwertungsergebnis festgesetzt wird. Handelt es sich jedoch um eine allgemein unbekannte Nutzungsart, ist eine Festlegung des Umfangs der gestatteten Verwertung nicht möglich, so dass sowohl das Erfordernis der ausdrücklichen Nennung als auch das der prozentualen Beteiligung nicht erfüllt werden können.[34] Diese Kritik nimmt der Regierungsentwurf auf, wenn dort ausgeführt wird, dass eine zum Zeitpunkt des Vertragsschlusses unbekannte Nutzungsart selbstverständlich nicht im Einzelnen bezeichnet werden könne. Anknüpfend an das Erfordernis der ausdrücklichen Formulierung in der französischen Regelung könne eine vergleichbare Schutzfunktion durch die jetzige Schriftformklausel des § 31a gewährleistet werden, die eine pauschale Rechtseinräumung ermöglicht, bei der die Vereinbarung auch Nutzungsrechte an erst künftig entstehenden Technologien erfassen kann.

Das **US-amerikanische Recht** behandelt unbekannte Nutzungsarten aufgrund seiner unterschied- 7 lichen Konzeption anders: Dem Urheber sollen die Vorteile gesichert werden, die aus seinem Arbeitsaufwand bei der Herstellung des Werkes gezogen werden.[35] Es geht gerade nicht davon aus, dass das Urheberrecht unmittelbar mit dem Persönlichkeitsrecht des Urhebers verknüpft ist, sondern behandelt es als verkehrsfähiges Wirtschaftsgut.[36] Das Copyright kann daher als Ganzes übertragen werden.[37] Der mit dem Urheberpersönlichkeitsrecht verbundene Schutzzweck des § 31 Abs. 4 aF bzw. § 31a nF, dem Urheber bei der Entwicklung neuer Nutzungsarten die Entscheidung vorzubehalten, ob und gegen welches Entgelt er mit der Nutzung seines Werks auch auf die neue Art einverstanden ist,[38] kommt hier nicht zum Tragen. Sect. 201 (d) (2) US Copyright Act erfordert für eine Lizenzierung gerade nicht, dass eine zu lizensierende Nutzungsart bereits bekannt ist.[39] Eine Verbotsvorschrift für die Einräumung von Rechten an unbekannten Nutzungsarten existiert im US-Copyright nicht; ob der Verwerter solche Rechte eingeräumt bekommen hat, ist dann eine Frage der Auslegung des Vertragstextes.[40] Die in Sect. 106 US Copyright Act abschließend aufgezählten ausschließlichen Verwertungsrechte erfassen alle derzeit bekannten und künftigen Verwertungsformen.[41] Da das Urheberrecht als solches übertragen werden kann, entstehen also auch Verwertungsrechte an neuen Nutzungsarten unmittelbar beim Erwerber des Urheberrechts.[42] Denn wird das Copyright vollständig auf einen Dritten übertragen, gebühren ihm auch sämtliche Nutzungsmöglichkeiten.[43] Bei einer vollständigen Übertragung behält der Urheber nichts zurück, aufgrund dessen er eine später entstandene Nutzungsmöglichkeit ausüben könnte.

---

[28] BT-Drs. 16/1828, 22, 24.
[29] Dazu → Rn. 29 ff.; ebenso Mestmäcker/Schulze/*Scholz* UrhG § 31a Rn. 10 ff. (45. EL, Dez. 2007), die aber auf Grund der geänderten Rechtsfolgen eine andere Auslegung des Begriffs der neuen Nutzungsart in Betracht ziehen.
[30] Hierzu → Rn. 34; in diesem Sinne wohl auch Wandtke/Bullinger/*Grunert* UrhG § 31a Rn. 18.
[31] Dreier/Schulze/*Schulze* UrhG § 31a Rn. 5.
[32] → § 137l Rn. 1, 13; zum Ganzen auch Dreier/Schulze/*Schulze* UrhG § 31a Rn. 2; *Czychowski* GRUR 2008, 586 (587 f.).
[33] Gesetzesentwurf der Bundesregierung v. 22.3.2006, BR-Drs. 257/06, 49.
[34] *Drewes* S. 95.
[35] „The primary purpose of copyright is to secure the general benefits derived by the public from the labors of authors" *Nimmer* Nimmer on Copyright Rel. 67-8/05 Vol. 1 § 1.03 [A].
[36] *Straßer/Stumpf* GRUR-Int 1997, 801 (806).
[37] „The ownership can be transferred in whole [...]" Sect. 201d (1) US Copyright Act.
[38] Begr. RegE BT-Drs. IV/270, 56.
[39] Vgl. *Goldstein/Hugenholtz* International Copyright, 2013, § 7.6 S. 263, § 7.6.1 S. 266.
[40] *Presser/Williams/Nelson et al.* FS Nordemann, 2004, 729 (730).
[41] *H. Spindler* GRUR-Int 1977, 421 (425).
[42] *Straßer/Stumpf* GRUR-Int 1997, 801 (806).
[43] *Drewes* S. 95.

8   Auch für die Einräumung von Rechten an unbekannten Nutzungsarten gilt grundsätzlich das Territorialitätsprinzip und damit das **Schutzlandprinzip.**[44] Schon zum alten Recht galt aber, dass das Verbot der Rechteeinräumung an unbekannten Nutzungsarten zwingendes Recht war und somit auch für im Ausland geschlossene Verträge galt oder, wenn ausländisches Recht gewählt wurde, sofern es um in Deutschland verwendete Nutzungsarten ging. Entsprechende Klauseln, insbesondere in US-amerikanischen Lizenzverträgen, waren demgemäß für Deutschland unwirksam.[45] Nach früherer Auffassung hatte sich daran trotz der Liberalisierung und der Möglichkeit der Einräumung von Rechten an unbekannten Nutzungsarten im Grundsatz nichts geändert: Sowohl die Schriftform als auch die Widerrufsmöglichkeit sollten zwingendes Recht bleiben,[46] so dass nun jetzt eine Klausel bezüglich unbekannter Nutzungsarten in einem ausländischen Recht unterliegenden Lizenzvertrag zulässig ist. Ob dies in Zukunft indes weiterhin gilt, erscheint mehr als zweifelhaft. Nachdem die Einordnung der §§ 31 ff. UrhG als zwingende Vorschriften iSd Art. 34 EGBGB (jetzt: Art. 9 Abs. 2 ROM I-VO) bisher umstritten war und ist,[47] hat der BGH in Bezug auf Art. 34 EGBGB jüngst entschieden, dass die Regelungen zum zwingenden Urhebervertragsrecht keinen international zwingenden Charakter haben;[48] dies gilt nun mehr für die Rom I-VO (Art. 9 Abs. 1), die nur Ausnahmen für den **ordre public** vorsieht. Die Regelungen zum zwingenden Urhebervertragsrecht schützen zwar den Urheber, doch zählen sie kaum zu dem Kanon an Vorschriften, „deren Einhaltung von einem Staat als so entscheidend für die Wahrung seines öffentlichen Interesses, insbesondere seiner politischen, sozialen oder wirtschaftlichen Organisation" angesehen werden kann, wie es Art. 9 Abs. 1 Rom I-VO verlangt. Die Einordnung einer Vorschrift als zwingende Vorschrift iSd Art. 9 ROM I-VO hat, sofern sie nicht auf der Umsetzung von sekundärem Unionsrecht beruht, restriktiv zu erfolgen, um das seitens der Rom I-VO intendierte Rechtsvereinheitlichung nicht zu konterkarieren.[49] Sieht das ausländische Vertragsstatut noch strengere Regeln als das deutsche Recht vor, ist dieses neben den zwingenden Vorgaben des deutschen Rechts anzuwenden, etwa wenn im ausländischen Recht die Einräumung von Rechten an unbekannten Nutzungsarten unwirksam ist.[50]

9   Selbst wenn man somit nach deutschem Recht aber eine **zwingende Wirkung des § 31a** hinsichtlich Schriftformgebot und Widerrufsrecht gegenüber dem Vertragsstatut eines ausländischen Staates annimmt,[51] besteht die Gefahr einer anderen Sichtweise durch die Gerichte des jeweiligen Staates, in dem Rechtsschutz begehrt wird. Einer solchen Gefahr kann durch die Vereinbarung der Geltung deutschen Rechts für den jeweiligen Vertrag und damit für die Einräumung von Rechten an unbekannten Nutzungsarten begegnet werden. Jedoch würde diese Rechtswahl nur die Einräumung der Rechte an unbekannten Nutzungsarten bzw. die Verpflichtung hierzu betreffen, nicht jedoch die **Nutzung im Ausland** selbst. Die Auslegung des Begriffs der Nutzungsart sowie die Bestimmung des Bekanntheitszeitpunkts würden sich jedoch wiederum, entsprechend des Schutzlandprinzips, nach dem Recht desjenigen Landes richten, in dem Rechtsschutz gesucht wird.[52]

3. Sinn und Zweck der Vorschrift – Bedeutung

10   Auch nach Aufhebung des § 31 Abs. 4 aF und einer deutlichen Berücksichtigung der Positionen der Rechteverwerter, soll der primäre Zweck des § 31a, der Schutz des Urhebers, bestehen bleiben.[53] Demgemäß hat sich auch die Auslegung hieran zu orientieren. Ausdruck dieses Schutzes des Urhebers ist ferner der auch den § 31a beherrschende **Beteiligungsgrundsatz,** wonach der Urheber möglichst an dem wirtschaftlichen Erfolg seines Werkes zu beteiligen ist.[54] Diese gebotene Beteiligung

---

[44] → Vor §§ 120 ff. Rn. 109 ff., 121 ff.

[45] → Vor §§ 120 ff. Rn. 154; Dreier/Schulze/*Schulze* UrhG § 31a Rn. 24.

[46] Dreier/Schulze/*Schulze* UrhG § 31a Rn. 24; im Ergebnis wohl auch Mestmäcker/Schulze/*Scholz* UrhG § 31a Rn. 48 (45. EL, Dez. 2007), der aber zu bedenken gibt, dass gegen eine zwingende Anwendung sprechen könnte, dass § 32b im Zuge des Zweiten Korbes nicht geändert, vor allem nicht auf die §§ 31a, 32c UrhG erstreckt, wurde; aA Fromm/Nordemann/*J. B. Nordemann* UrhG § 31a Rn. 13: Eine Anknüpfung über das Schutzlandprinzip scheide aus; sowohl Schriftformgebot als auch Widerrufsrecht seien vertraglicher Natur, so dass an das Vertragsstatut (Art. 3 ROM I-VO) angeknüpft werden solle: dies gelte sowohl für das Verpflichtungs- als auch für das Verfügungsgeschäft.

[47] Der zwingende Charakter der §§ 32, 32a UrhG wird bejaht von MüKoBGB/*Martiny* ROM I-VO Art. 9 Rn. 86; Wandtke/Bullinger/*v. Welser* UrhG § 32b Rn. 2, Vor §§ 120 ff. Rn. 8 ff.; aA MüKoBGB/*Drexl* IntImmGR Rn. 259; den zwingenden Charakter von § 31 Abs. 5 UrhG verneinend BGH GRUR 2015, 265 Rn. 48 ff. – Hi Hotel II; der Entscheidung zust. → Vor §§ 120 ff. Rn. 165; Vor §§ 120 ff. Rn. 165 (Umkehrschluss); Fromm/Nordemann/*Nordemann-Schiffel* UrhG Vor §§ 120 ff. Rn. 88; aA OLG Köln ZUM 2011, 574 (575 aE, f.); Dreier/Schulze/*Schulze* UrhG § 31 Rn. 118, 120; Vor §§ 120 ff. Rn. 55; ausf. zu weiteren urheberrechtlichen Vorschriften → Vor §§ 120 ff. Rn. 165; Fromm/Nordemann/*Nordemann-Schiffel* UrhG Vor §§ 120 ff. Rn. 86 ff.; Staudinger/*Fezer/Koss* Internationales Wirtschaftsrecht, D. Internationales Immaterialgüterprivatrecht, Neubearb. 2015 IV. 7. Rn. 1124.

[48] BGH GRUR 2015, 264 Rn. 47 – Hi Hotel II m. in dogmatischer Hinsicht krit. Anm. *Katzenberger* GRUR-Int 2015, 381 (382 ff.); zu der Entscheidung auch *Brexl* GRUR-Prax 2015, 91.

[49] MüKoBGB/*Drexl* IntImmGR Rn. 259.

[50] Dreier/Schulze/*Schulze* UrhG § 31a Rn. 24.

[51] Hierzu → Vor §§ 120 ff. Rn. 153.

[52] → Vor §§ 120 ff. Rn. 153; nicht ganz eindeutig Dreier/Schulze/*Schulze* UrhG § 31a Rn. 25.

[53] BT-Drs. 16/1828, 22, 24.

[54] BGHZ 129, 66 (72) = GRUR 1995, 673 – Mauer-Bilder; BGH GRUR 1974, 786 (787) – Kassettenfilm; auch → § 31a Rn. 10.

kommt nicht zuletzt auch in den Möglichkeiten zum Widerruf sowie der zwingenden angemessenen gesonderten Vergütung nach § 32c zum Ausdruck.[55] Es bildet insbesondere keine unzulässige Rechtsausübung, wenn der Rechtsinhaber gegen die ungenehmigte Verwertung mit der Unterlassungsklage vorgeht; der Rechteverwerter kann sich nicht darauf berufen, dass der Rechteinhaber nach **Treu und Glauben zur Duldung** verpflichtet sei.[56]

4. Verfassungsrechtlicher Hintergrund

Anders als im Rahmen von § 137l[57] bestehen für § 31a nicht in demselben Maße verfassungsrecht- **11** liche Bedenken. Denn an sich ist im Rahmen der von Art. 2 Abs. 1 GG geschützten Privatautonomie die Übertragung auch zukünftiger Rechte möglich. Den Staat trifft hier allerdings eine Schutzpflicht, sofern die Urheber typischerweise des Schutzes vor unüberlegten Entscheidungen oder der Marktmacht ihres Vertragspartners bedürfen.[58] In diesem Rahmen ist besonders zu berücksichtigen, dass die Verfügung über Nutzungsrechte auch das Urheberpersönlichkeitsrecht als Ausprägung des allgemeinen Persönlichkeitsrechts nach Art. 2 Abs. 1 iVm Art. 1 Abs. 1 GG[59] berührt. Zwar wird dem Urheber schon durch § 14 ein unentziehbares und unverzichtbares Recht gegen Beeinträchtigungen und Entstellungen gewährt;[60] doch ist das Selbstbestimmungsrecht auch im Rahmen von § 31a und dessen Auslegung, insbesondere hinsichtlich der Interessenabwägung, zu berücksichtigen.[61] Schon das alte Recht trug dem besonderen Interesse des Urhebers an der Art und Weise, wie sein Werk durch zuvor nicht vorhergesehene Formen genutzt wird, Rechnung, gerade im Hinblick auf sein Persönlichkeitsrecht.[62] Aus verfassungsrechtlicher Sicht bestehen daher gegen die weitgehend als zwingendes Recht ausgestalteten Regelungen des § 31a weit weniger Bedenken als gegen § 137l UrhG – das BVerfG hat bislang eine konkrete Stellungnahme vermieden und im Rahmen der Subsidiarität bzw. der gesetzgeberischen Einschätzungsprärogative als ausreichend erachtet, dass der Gesetzgeber die Wirkung des neuen Gesetzes beobachten könne und die Fachgerichte die Vorschrift verfassungskonform auslegen können.[63]

5. Verhältnis zu anderen Vorschriften

§ 31a ist eine **Sonderregelung** zu **§ 31,** sodass sämtliche Grundsätze des § 31 auch für § 31a gel- **12** ten.[64] Anknüpfungspunkt bleiben nach wie vor die beim Urheber entstehenden Verwertungsrechte, sofern sie nicht bereits gesetzlich dem Auftraggeber/Arbeitgeber wie etwa für Computerprogramme (§ 69b) zustehen. Demgemäß gelten auch hier die Grundsätze über die konstitutive Rechtseinräumung, die Unterscheidung von einfachen und ausschließlichen Nutzungsrechten, deren mögliche Beschränkung in sachlicher, räumlicher oder zeitlicher Hinsicht,[65] ebenso auch die Zweckübertragungslehre.[66] Ergänzend können die Regeln über die Inhaltskontrolle nach § 305 ff. BGB eingreifen, die allerdings gegenüber den spezielleren Regeln der §§ 31 ff. UrhG zurücktreten.[67]

Gegenüber § 32 sind §§ 31a, 32c leges speciales[68] und betreffen andere Anwendungsfälle: § 32 be- **13** zieht sich nur auf bekannte Nutzungsarten. Wird die zum Zeitpunkt des Vertragsschlusses unbekannte Nutzungsart aber bekannt, greift auch § 32c ein, mit der Folge, dass der Urheber gem. § 32 Abs. 1 S. 1 eine Anpassung des Vertrages an die gem. § 32c geschuldete angemessene Vergütung verlangen kann.[69] Widerruft der Urheber, wird das Werk aber bis dahin in der neuen Weise genutzt, behält der Urheber den Anspruch nach § 32c.[70]

Zum Verhältnis des § 31a zu **§ 88** → § 88 Rn. 12; zu **§ 89** → § 89 Rn. 12. **14**

---

[55] Begr. RegE BT-Drs. 16/1828, 25.
[56] OLG Hamburg MMR 1999, 225; *Schulze* ZUM 2000, 432 (445 f.); Dreier/Schulze/*Schulze* UrhG § 37 Rn. 22; anders LG Hamburg CR 1998, 32; *Katzenberger* AfP 1997, 434 (440 f.).
[57] *Spindler*/Schuster/*Heckmann* UrhG § 137l Rn. 6 ff.; s. dazu *Spindler*/*Heckmann* ZUM 2006, 620 (622 ff.); *Spindler*/*Heckmann* GRUR-Int 2008, 271 (277 ff.); *Heckmann* S. 237 ff.; dagegen *Schulze* UFITA 2007/III, 641 (647 f.).
[58] BVerfG NJW 1990, 1469 (1470); 1994, 36 (38); 1994, 2749 (2750); 1996, 2021; 2001, 957 (958); GRUR 2005, 880 (882).
[59] BGH NJW 1954, 1404 (1405) – Dr. H. Schacht & Co.; BGH NJW 1955, 197 (198) – Leserbrief; BGH NJW 1957, 1146 (1147) – Krankenpapiere; BGH NJW 1971, 885 (886) – Petite Jacqueline.
[60] Dies hält *Kreile* ZUM 2007, 682 (687) für ausreichend; dagegen Dreier/Schulze/*Schulze* UrhG § 31a Rn. 4.
[61] Ähnlich Dreier/Schulze/*Schulze* UrhG § 31a Rn. 4.
[62] Begr. RegE BT-Drs. IV/270, 56.
[63] BVerfG GRUR 2010, 332 Rn. 56 ff. – Filmurheberrecht; dazu *Wille* ZUM 2010, 240.
[64] Dreier/Schulze/*Schulze* UrhG § 31a Rn. 6; Fromm/Nordemann/*J. B. Nordemann* UrhG § 31a Rn. 82.
[65] Dazu → § 31 Rn. 27 ff.
[66] Dazu → § 31 Rn. 32 ff.
[67] Näher etwa zu § 305c BGB *Wille* GRUR 2009, 470 ff.
[68] *Wandtke*/Bullinger/*Grunert* UrhG § 31a Rn. 4.
[69] Dreier/Schulze/*Schulze* UrhG § 31a Rn. 59.
[70] Ausführlich zum Verhältnis von § 32 zu § 32c unter → § 32c Rn. 6.

6. Anwendungsbereich

15   **a) Sachlicher Anwendungsbereich.** § 31a gilt für sämtliche Werkarten, einschließlich des Films.[71] Gerade der Film mit seiner Vielzahl an beteiligten Kreativen war ua Auslöser der Novellierung, § 31a findet hier – ebenso wie schon § 31 Abs. 4 aF[72] – grundsätzlich Anwendung. So muss auch für den Filmvertrag die Schriftform beachtet werden, ebenso das Recht auf besondere angemessene Vergütung gem. § 32c.[73] Allerdings gilt für den Film gem. § 88 Abs. 1 S. 2 das Widerrufsrecht des Urhebers nicht, so dass hier die Verwerter eine noch stärkere Stellung als ohnehin schon besitzen.[74] Auch kommt es nicht darauf an, ob es sich um Mehrautorenwerke oder Einzelwerke handelt.[75]

16   Die Vorschrift gilt aber **nur für unbekannte Nutzungsarten** (dazu → Rn. 29 ff.); bei bekannten Nutzungsarten findet sie keine Anwendung, so dass hier die Nutzungsrechte auch mündlich oder gar stillschweigend eingeräumt werden können.[76] Ebenso wenig hat der Urheber einen Anspruch auf gesonderte angemessene Vergütung nach § 32c oder ein Widerrufsrecht, wohl aber den allgemeinen Anspruch auf angemessene Vergütung nach § 32.

17   Nur eingeschränkte Anwendung findet § 31a auf **verwandte Schutzrechte:** Wie schon für § 31 Abs. 4 aF[77] gilt § 31a nur für diejenigen Schutzrechte, die auf den ersten Teil verweisen. Damit ist § 31a nur auf die Schutzrechte zugunsten der Verfasser wissenschaftlicher Ausgaben (§ 70 Abs. 1) sowie der Lichtbildner (§ 72 Abs. 1) anwendbar, nicht aber auf andere Schutzrechte, insbesondere nicht auf Veranstalter (§ 81), Tonträgerhersteller (§ 85), Sendeunternehmen (§ 87), Datenbank- (§ 87a) und Filmhersteller (§ 94).[78] Dies schließt nicht aus, dass diese Rechteinhaber ihren Anspruch auf Vergütung für unbekannte Nutzungsarten im Rahmen von § 32 geltend machen[79] und etwa § 31 Abs. 4 aF – Zweckübertragungslehre – für sie angewandt werden kann.[80] Die anderen Rechte bzw. Schutzmechanismen des § 31a greifen indes für sie nicht ein.

18   **b) Persönlicher Anwendungsbereich. aa) Urheber und Rechtsnachfolger.** Die in § 31a bestimmten Rechte können vom **Urheber** und dessen **Rechtsnachfolger** (§ 30) wahrgenommen werden – mit Ausnahme des Widerrufsrechts, für das § 31a Abs. 2 S. 3 ausdrücklich die Höchstpersönlichkeit anordnet, so dass der Rechtsnachfolger hiervon ausgeschlossen ist. Alle anderen von §§ 31a, 32c vorgesehenen Rechte stehen im Umkehrschluss aber auch dem Rechtsnachfolger zu.[81]

19   **bb) Arbeitsverhältnis.** Für das alte Recht war umstritten, inwieweit § 31 Abs. 4 aF im Arbeitsverhältnis abbedungen werden konnte.[82] Für § 31a ist diese Frage nicht mehr relevant, da sich der Arbeitgeber jetzt von dem Urheber als Arbeitnehmer bei Einhaltung der Schriftform und gegen eine angemessene Vergütung im Vorhinein die Rechte an unbekannten Nutzungsarten einräumen lassen kann; der Arbeitgeber nimmt hier keine Sonderrolle ein.[83] Umgekehrt kann der Arbeitnehmer nach Maßgabe seines Arbeitsverhältnisses verpflichtet sein, seine Rechte dem Arbeitgeber einzuräumen.[84] Wenig ausgelotet ist allerdings bislang, inwieweit hier eine Inhaltskontrolle nach § 307 BGB eingreift.

20   **cc) Verwerter und Dritte.** § 31a schützt den Urheber als ursprünglichen Inhaber aller Rechte und ist Ausfluss seines Urheberpersönlichkeitsrechts. Der **Verwerter** und jeder andere Dritte, der die Rechte vom Urheber eingeräumt erhalten hat, benötigt dagegen nicht den Schutz des § 31a – wie dies schon zuvor für § 31 Abs. 4 aF angenommen wurde.[85] Demgemäß bedarf es für Verträge zwischen einem Verwerter und einem Dritten nicht der Schriftform; ebenso wenig kommt das Widerrufsrecht zwingend zum Tragen.[86] Vielmehr besteht hier in der Lizenzkette Vertragsfreiheit. Daher kann der Verwerter sich auch verpflichten, die Rechte an unbekannten Nutzungsarten einem Dritten zu übertragen, auch wenn der Urheber das Widerrufsrecht hat – in der Praxis ist der Verwerter natür-

---

[71] BeckOK UrhR/*Soppe* § 31a Rn. 2.

[72] BGH GRUR 1991, 133 (135) – Videozweitauswertung; BGH GRUR 2005, 937 (939) – Der Zauberberg.

[73] Dreier/Schulze/*Schulze* UrhG § 31a Rn. 8.

[74] Dazu → § 88 Rn. 2, → § 89 Rn. 2.

[75] BT-Drs. 16/1828, 22.

[76] Vgl. → § 31 Rn. 11.

[77] BGH GRUR 2003, 234 (235) – EROC III; Begr. RegE BT-Drs. 14/8058, 21; aA *Ahlberg* GRUR 2002, 313 (315 f.).

[78] AllgM; Dreier/Schulze/*Schulze* UrhG § 31a Rn. 9; Fromm/Nordemann/*J. B. Nordemann* UrhG § 31a Rn. 19.

[79] Ebenso Dreier/Schulze/*Schulze* UrhG § 31a Rn. 9.

[80] Zu § 31 aF BGH GRUR 2003, 234 (236) – EROC III; BGH GRUR 1979, 637 (638 f.) – White Christmas.

[81] Dreier/Schulze/*Schulze* UrhG § 31a Rn. 10; Mestmäcker/Schulze/*Scholz* UrhG § 31a Rn. 42 (45. EL, Dez. 2007).

[82] Offengelassen in BGH GRUR 1991, 133 (135) – Videoauswertung; dafür → § 43 Rn. 7, 55a; dagegen Dreier/Schulze/*Schulze* UrhG § 31a Rn. 13; *Schulze* GRUR 1994, 855 (868); *Zscherpe* S. 45.

[83] Ebenso Dreier/Schulze/*Schulze* UrhG § 31a Rn. 13; nach Mestmäcker/Schulze/*Scholz* UrhG § 31a Rn. 29 (45. EL, Dez. 2007) kommt ein Widerruf ausnahmsweise nicht in Betracht, wenn das Wesen des Arbeitsvertrages entgegensteht; für eine Abdingbarkeit des § 31a im Arbeitsverhältnis entgegen Abs. 4 Fromm/Nordemann/*J. B. Nordemann* UrhG § 31a Rn. 18, 79.

[84] Näher dazu → § 43 Rn. 21 ff., 37 ff.; ausführlich zur Anwendung des § 31a auf das Arbeitsverhältnis *Wandtke* FS Loewenheim, 2009, 393 ff.

[85] LG München I ZUM 1993, 370 (375) – NS-Propagandafilme: Keine Anwendung des § 31 Abs. 4 auf Verträge zwischen Nutzungsberechtigten.

[86] Vgl. BT-Drs. 16/1828, 22, 24; Dreier/Schulze/*Schulze* UrhG § 31a Rn. 11, 63.

lich gut beraten, für einen Gleichklang und entsprechende Kündigungs- oder Ausstiegsklauseln zu sorgen.[87]

dd) Verwertungsgesellschaften. Für Verwertungsgesellschaften gilt § 31a grundsätzlich ebenfalls, **21** allerdings nur sofern es sich nicht um Rechte handelt, die von Gesetzes wegen nur durch die Verwertungsgesellschaften wahrgenommen werden können. Hier kann kein Raum für § 31a sein, da diese Rechte von vornherein nicht durch den Urheber geltend gemacht werden können, weswegen der entsprechende Schutz durch § 31a ins Leere läuft.[88] Insbesondere für die gesetzlichen Vergütungsansprüche, die nach § 63a im Vorhinein nur an eine Verwertungsgesellschaft abgetreten werden können, gilt § 31a daher nicht;[89] gerade hier wäre es ein Widerspruch, wenn man etwa das Widerrufsrecht des Urhebers zulassen würde.

Anders liegen die Dinge dagegen für die nicht verwertungsgesellschaftspflichtigen Rechte: Hier **22** greift § 31a grundsätzlich ein, da es dem Urheber überlassen bleibt, ob er einen Wahrnehmungsvertrag mit der – gem. § 11 Abs. 1 UrhWahrnG kontrahierungspflichtigen – Verwertungsgesellschaft abschließt. Schon für das alte Recht wurde teilweise die Anwendung des § 31 Abs. 4 aF angenommen.[90] Die für das frühere Recht noch vorgebrachten Bedenken einer unnötigen Komplikation und der Verweis auf die Möglichkeit des Rückrufs des Rechts[91] sind durch das neue Recht weitgehend obsolet geworden. Vielmehr besteht jetzt kein Grund mehr, § 31a nicht auch auf die Wahrnehmungsverträge mit Verwertungsgesellschaften anzuwenden, da es außerhalb des Bereichs der nicht gesetzlich den Verwertungsgesellschaften zugewiesenen Rechte weiterhin Sache des Urhebers bleiben muss, ob und wie er neue Nutzungsarten verwerten will – dann aber räumt das neue Recht genügend Flexibilität und Spielraum bei gleichzeitiger Wahrung der Rechte des Urhebers durch die Möglichkeit des Widerrufs ein.

Probleme bereitet bei einer Einräumung der Rechte für unbekannte Nutzungsarten das **Fehlen 23 eines Tarifs** zum Zeitpunkt der Rechteinräumung. Denn der Kontrahierungszwang nach § 11 Abs. 1 UrhWahrnG ist verknüpft mit den angemessenen Bedingungen für die Rechteinräumung – die aber eben noch nicht existieren.[92] Indes sind diese Probleme nicht unüberwindlich, da nichts dagegen spricht, dass die Einräumung nur bedingt erfolgt, insbesondere dann, wenn eine Primärverwertung nach Bekanntwerden der Nutzungsart in Rede steht, die von einer Verwertungsgesellschaft nicht wahrgenommen werden soll. Ferner steht dem Urheber ein nicht entziehbares und auch durch den Kontrahierungszwang der Verwertungsgesellschaft nicht betroffenes Widerrufsrecht zu, so dass keine Gründe bestehen, die Übertragung unbekannter Nutzungsarten auf eine Verwertungsgesellschaft zu verwehren.[93]

Dies gilt auch – und gerade – für die **Einräumung künftiger Rechte,** die den bisherigen einge- **24** räumten Rechten entsprechen, sofern diese neue Nutzungsarten umfassen – wie es etwa § 1 lit. l des GEMA-Berechtigungsvertrages vorsieht. Eine stillschweigende Erklärung, wie sie bislang für zulässig angesehen wurde,[94] ist hier nicht mehr zulässig, sofern es sich um neue Nutzungsarten handelt. Nur bei bekannten Nutzungsarten kann eine solche stillschweigende Erklärung genügen, sofern hier wiederum § 308 Nr. 5 BGB beachtet wird.

c) Zeitlicher Anwendungsbereich. § 31a findet erst ab dem 1.1.2008 Anwendung. Für **Verträ- 25 ge, die in der Zeit vom 1.1.1966 und dem 31.12.2007 geschlossen wurden,** gilt im Hinblick auf unbekannte Nutzungsarten § 137l UrhG. § 31 Abs. 4 aF findet für diesen Zeitraum insoweit Anwendung, als es um die Frage der Nichtigkeit von Umgehungsversuchen geht, etwa durch Optionsverträge oder Verpflichtungen, nach Bekanntwerden einer Nutzungsart entsprechende Rechte einzuräumen. Alle solche Vertragsklauseln waren, da es für die Frage der Bekanntheit der Nutzungsart auf den Zeitpunkt des Vertragsschlusses ankommt,[95] nichtig ohne Heilungsmöglichkeit.[96]

---

[87] Vertragsgestaltungen, die für den Sublizenzgeber das Risiko des Rückfalls abgeleiteter Rechte verringern, sind nach der neueren Rspr. des BGH zum Sukzessionsschutz in der Lizenzkette (BGH GRUR 2012, 914 – Take Five; BGH GRUR 2012, 916 – M2Trade, dazu → § 31 Rn. 15 ff.; Fromm/Nordemann/*J. B. Nordemann* UrhG § 31 Rn. 34 ff.) nicht mehr erforderlich; so auch Fromm/Nordemann/*J. B. Nordemann* UrhG § 31 Rn. 39.

[88] So schon für § 31 Abs. 4 aF → 5. Aufl. 2017, § 31 Rn. 29; BGH GRUR 1986, 62 (65) – GEMA-Vermutung I.

[89] Für § 31 Abs. 4 aF: Dreier/Schulze/*Schulze* UrhG § 31a Rn. 16; Fromm/Nordemann/*J. B. Nordemann* UrhG § 31a Rn. 20; *Rossbach,* Die Vergütungsansprüche im deutschen Urheberrecht, 1990, S. 142 f.

[90] So vor allem BGH GRUR 1986, 62 (65) – GEMA Vermutung I; BGH GRUR 1988, 296 (298) – GEMA-Vermutung IV; OLG Hamburg ZUM 2002, 480 (481) – Handy-Klingelton; Dreier/Schulze/*Schulze* UrhG § 31a Rn. 14; *Haberstumpf* Rn. 406; *Wandtke/Holzapfel* GRUR 2004, 284 (288 f.); diff. *Riesenhuber,* Die Auslegung und Kontrolle des Wahrnehmungsvertrags, 2003, S. 59 ff.; einschränkend → 5. Aufl. 2017, § 31 Rn. 29.

[91] → 5. Aufl. 2017, § 31 Rn. 29; *J. B. Nordemann* FS Nordemann, 2004, 193 (196 f.); *Castendyk* ZUM 2002, 332 (343); *Fitzek* S. 204 f. ist für die Anwendung des Rechtsgedankens des § 43 auf Wahrnehmungsverträge und damit für eine teleologische Reduktion des § 31 Abs. 4 aF, sobald die Treuhandfunktion der Verwertungsgesellschaft in den Vordergrund tritt. Denn dann ergäbe sich nämlich aus dem Wahrnehmungsvertrag etwas anderes iSd § 43.

[92] Darauf weist zu Recht Dreier/Schulze/*Schulze* UrhG § 31a Rn. 17 hin.

[93] Ähnlich im Ergebnis Dreier/Schulze/*Schulze* UrhG § 31a Rn. 17.

[94] BGH GRUR 1988, 296 (298) – GEMA-Vermutung IV; LG Hamburg ZUM 2001, 711 (712) für die VG Bild-Kunst.

[95] BGH GRUR 1974, 786 (788) – Kassettenfilm.

[96] → 5. Aufl. 2017, § 31 Rn. 25; Dreier/Schulze/*Schulze* UrhG § 31a Rn. 19.

26   Für **Verträge vor dem 1.1.1966** greifen weder § 31a noch § 137l UrhG ein.[97] Einer Schriftform bedurfte es damals nicht, allerdings galt auch die Zweckübertragungslehre, so dass nicht ohne Weiteres von einer Einräumung von Rechten an unbekannten Nutzungsarten ausgegangen werden konnte.[98] Die **Zweckübertragungslehre** führte regelmäßig dazu, dass neue Nutzungsarten nicht umfasst waren, selbst wenn keinerlei Einschränkungen für die eingeräumten Rechte vorgesehen waren. Schon das Reichsgericht entschied, dass eine Übertragung etwa von Senderechten deutlich dem Vertrag hätte entnommen werden müssen,[99] für Tonverfilmungen eine prozentuale Beteiligung an deren späteren Erlösen vereinbart werden musste.[100] Dies setzte der BGH weitgehend fort.[101] Daher ist es nicht verwunderlich, dass die heutige Rechtsprechung davon ausgeht, dass es keinen Erfahrungssatz dergestalt gegeben habe, wonach die Urheber auch Rechte an unbekannten Nutzungsarten eingeräumt hätten.[102] Wurden diese nicht ausdrücklich eingeräumt, hat der Verwerter den Erwerb der Nutzungsrechte zu beweisen. Zweifelhaft ist daher die Annahme, dass etwa bei Wochenschauen aufgrund der mangelnden Nennung der Filmurheber auch unbekannte Nutzungsarten stillschweigend eingeräumt worden seien.[103] Nach damaligem Recht konnten Rechte an unbekannten Nutzungsarten jedoch wirksam eingeräumt werden, sofern dies ausdrücklich geschah, so etwa für Videorechte an einem Film aus den fünfziger Jahren.[104] Die Rechtsprechung hält selbst eine Klausel in einem **vorformulierten Lizenzvertrag,** wonach alle jetzigen und zukünftigen Nutzungsarten lizenziert werden, für nicht ausreichend und verlangt auch hier eine ausdrückliche Erklärung.[105] Dies soll auch für Tarifverträge gelten.[106] Auch wenn ein gewisses Unbehagen gegenüber derartigen, alten „Buyout"-Klauseln nicht zu verhehlen ist, erweckt die Rechtsprechung Zweifel, da die Zweckübertragungslehre nur eine Auslegungsregel darstellt und zudem vor 1966 keine Regeln der AGB-Inhaltskontrolle Anwendung finden können.[107]

27   Zum räumlichen Anwendungsbereich → Rn. 6 „Internationales und Auslandsrecht".

II. Unbekannte Nutzungsarten (Abs. 1 S. 1)

1. Nutzungsart

28   Was als lizenzierbare Nutzungsart gelten kann, bestimmt sich nach wie vor nach den für § 31 herausgearbeiteten Kriterien (→ § 31 Rn. 64). Unter **„Nutzungsart"** ist in § 31a deshalb nicht begriffsjuristisch das gesetzlich definierte Verwertungsrecht iSd §§ 15 ff. zu verstehen, sondern wie bei § 31 Abs. 5 eine sich aus wirtschaftlicher Sicht als wirtschaftlich-technisch selbständige und abgrenzbare Art und Weise der Auswertung darstellende konkrete Nutzungsart.[108] Der Begriff der Nutzungsart in § 31 Abs. 4 aF ist derselbe wie in § 31 Abs. 5.[109] Nur dann kann wegen der möglichen Einschränkung der Verkehrsfähigkeit der betreffenden Werkstücke eine dingliche Wirkung des Nutzungsrechts in Betracht kommen.[110] Der Rechtsverkehr muss nur mit den üblichen Beschränkungen rechnen. Was keine selbständige Nutzungsart ist, kann auch keine zulässige inhaltliche Beschränkung des Nut-

---

[97] OLG Frankfurt a.M. WRP 2014, 1344 – Landeswappen; Für § 31 Abs. 4 aF BGH GRUR 1986, 62 (66) – GEMA-Vermutung I; GRUR 1988, 296 (299) – GEMA-Vermutung IV; GRUR 1999, 152 (154) – Spielbankaffaire; eingehend *Heckmann* Die retrospektive Digitalisierung von Printpublikationen.

[98] BGH GRUR 1988, 296 (299) – GEMA-Vermutung IV; BGH GRUR 1991, 133 (135) – Videozweitauswertung; Fromm/Nordemann/*J. B. Nordemann* UrhG § 31a Rn. 5; *Wandtke*/Bullinger/*Grunert* UrhG § 31a Rn. 39.

[99] RGZ 123, 312 (318) – Wilhelm Busch.

[100] RGZ 140, 255 (258) – Der Hampelmann.

[101] BGH GRUR 2011, 714 Rn. 21 ff. – Der Frosch mit der Maske: eindeutige Erklärung erforderlich auch vor 1965; BGH ZUM 2011, 498 Rn. 12, 15 – Weltverfilmungsrechte (auch bezeichnet als Polizeirevier Davidswache); BGH GRUR 1957, 611 (612) – Bel Ami; BGH GRUR 1960, 197 (199) – Keine Ferien für den lieben Gott; zuvor schon BGHZ 11, 135 (143) = GRUR 1954, 216 (220) – Schallplattenlautsprecherübertragung.

[102] In diese Richtung BGH GRUR 2011, 714 Rn. 30 ff. – Der Frosch mit der Maske; OLG Köln MMR 2009, 337 (339); OLG München ZUM 1985, 514 (515) – Olympiafilm; LG München I ZUM 1993, 370 (374) – NS-Propagandafilme; GRUR 1991, 377 (379) – Veit Harlan-Videorechte.

[103] So LG München I ZUM-RD 1998, 89 (92) – Wochenschauen; krit. zu Recht Dreier/Schulze/*Schulze* UrhG § 31a Rn. 22.

[104] BGH GRUR 2011, 714 Rn. 21 ff. – Der Frosch mit der Maske: eindeutige Erklärung erforderlich auch vor 1965; s. aber auch OLG München ZUM 2000, 61 (65 f.) – Das kalte Herz; LG Hamburg ZUM-RD 1999, 134 (136).

[105] BGH ZUM 2011, 498 Rn. 15 – Weltverfilmungsrechte (auch bekannt als Polizeirevier Davidswache).

[106] LG München I ZUM 1999, 332 (334 f.) – Der Ölprinz.

[107] Krit. dazu zu Recht *Diesbach* ZUM 2011, 623 (626 f.); anders und unter Rekurs auf § 28 AGBG aF auch OLG München ZUM 2000, 61 (66) – Das kalte Herz; Fromm/Nordemann/*J. B. Nordemann* UrhG § 31 Rn. 174.

[108] BGH GRUR 1991, 133 (136) – Videozweitauswertung; GRUR 1992, 310 (311) – Taschenbuch-Lizenz; BGH GRUR 1995, 212 (213 f.) – Videozweitauswertung III; BGH GRUR 1997, 215 (217) – Klimbim; BGH GRUR 1997, 464 (465) – CB-Infobank II; Fromm/Nordemann/*J. B. Nordemann* UrhG § 31 Rn. 10; Möhring/Nicolini/*Soppe* UrhG § 31 Rn. 63; *Wandtke*/Bullinger/*Grunert* UrhG § 31 Rn. 2; *Reber* GRUR 1997, 162 (168); *Castendyk* ZUM 2002, 332 (337 ff.); aA *v. Gamm* UrhG § 31 Rn. 2, 15; *Brugger* UFITA 56 1970, 1 (7 ff.); *Schwaiger*/Kockler UFITA 73 1975, 21 (35 f.); kritisch auch *Dünnwald* GRUR 1973, 245 (248); *Dünnwald*, GRUR 1974, 788 f.; *Fitzek* S. 30 ff. S. zum Meinungsstand *Reber* GRUR 1997, 162 ff.

[109] So auch *Mielke* UFITA-Schriftenreihe 74 1987, 24.

[110] BGH NJW 2000, 3571 (3572); *Schack* UrhR Rn. 609.

zungsrechts sein.[111] Bloße Vereinbarungen über die Ausübung eines Nutzungsrechts können demnach keine dingliche Wirkung gegenüber Dritten entfalten, sondern stellen lediglich den Vertragspartner bindende schuldrechtliche Vereinbarungen dar.[112] Sowohl § 31 Abs. 4 aF als auch § 31 Abs. 5 dienen dem Schutz des Urhebers und wollen einen weitgehenden Rechtsübergang an den Verwerter beschränken.[113] Dem Urheber nützt im Zweifel eine möglichst enge Definition der Nutzungsart. Die Grenze liegt freilich beim Schutz des Allgemeininteresses an Rechtsklarheit. Auch dieses Interesse ist in beiden Fällen gleich; es liegt kein Grund vor, es bei § 31 Abs. 4 aF stärker ins Gewicht fallen zu lassen, als bei § 31 Abs. 5, wie es der BGH in der Klimbim-Entscheidung tat.[114] Der Begriff der Nutzungsart ist somit **einheitlich**.[115] Abzulehnen ist demgemäß die vom BGH mit der Klimbim-Entscheidung gemachte Einschränkung, von einer neuen Nutzungsart könne nicht gesprochen werden, wenn eine bisherige Nutzungsmöglichkeit durch den technischen Fortschritt nur erweitert und verstärkt werde, ohne dass die Nutzung in der Sicht der Endverbraucher entscheidend verändert werde.[116] Die Haltung des BGH ist zugestandenermaßen ergebnisbestimmt: Er möchte die Folge der Vertragsnichtigkeit möglichst vermeiden; § 31 Abs. 4 aF wurde die Gefolgschaft versagt.[117] Dieser Ausgangspunkt des BGH – die Nichtigkeit des Vertrages – ist mit der Reform des § 31a nunmehr erst recht entfallen, so dass kein Grund besteht, die Frage der Nutzungsarten unterschiedlich zu behandeln.[118]

2. Unbekannt

Wann eine **Nutzungsart als noch nicht bekannt** anzusehen ist, muss nach dem Sinn und Zweck der Vorschrift bestimmt werden. Zwar ist der frühere unbedingte Schutz des § 31 Abs. 4 aF wesentlich abgeschwächt worden, doch bleibt es für den Schutz des Urhebers nach § 31a dabei, dass er durch die zwingenden Vorgaben des § 31a vor Geschäften geschützt werden soll, deren **wirtschaftliche Tragweite** noch nicht abgeschätzt werden kann. Maßgeblich für die Bekanntheit einer Nutzungsart ist der Zeitpunkt des Vertragsschlusses.[119] Ist jedoch jährlich eine Freigabeerklärung vorgesehen, kommt es für die Bekanntheit der Nutzungsart auf den Zeitpunkt der letzten Freigabeerklärung an.[120] Einer solchen Erklärung, in der ausdrücklich die Freigabe für sämtliche Nutzungsrechte erteilt wird, kommt vertragsändernde Wirkung zu. **29**

„**Bekannt**" ist eine neue Nutzungsart nicht schon dann, wenn Techniker oder andere Experten sie erschließen können oder von ihr wissen, sondern die Bekanntheit ist aus **Urhebersicht** zu beurteilen. Denn das Gesetz will den Urheber vor einer Rechtsvergabe hinsichtlich Nutzungen schützen, deren Tragweite er zum Zeitpunkt des Vertragsschlusses[121] noch nicht absehen kann.[122] Im Interesse der Rechtssicherheit kann dabei freilich nicht auf den jeweils als Vertragspartner auftretenden Urheber abgestellt werden; „bekannt" zielt auf einen generalisierenden Maßstab ab. Entscheidend ist, ob die Nutzungsart **in den einschlägigen Urheberkreisen** bereits hinlänglich bekannt war; es kommt auf den **durchschnittlichen Urheber** an.[123] Jedenfalls ist Bekanntheit iSd § 31a aber anzunehmen, wenn die Nutzungsart dem **Publikum** bekannt war, insbesondere infolge der faktischen Verbreitung der Nutzungsart, der Information durch die Presse oder andere Massenmedien u. dgl.[124] **Bekanntheit** **30**

[111] *Schack* UrhR Rn. 608 f.

[112] BGH GRUR 1992, 310 (311) – Taschenbuch-Lizenz; *Ulmer* § 84 I 3.

[113] *Reber* ZUM 1998, 481 (483).

[114] BGH GRUR 1997, 215 (217).

[115] So auch *Donhauser* S. 132; aA *Castendyk* ZUM 2002, 332 (336 f.), s. auch Loewenheim/*J. B. Nordemann* § 24 Rn. 5 die die Meinung des BGH referieren, mwN.

[116] BGH GRUR 1997, 215 (217) – Klimbim; s. zum Ganzen *Katzenberger* GRUR-Int 2003, 889 (890 f.); *Katzenberger*, GRUR-Int 2005, 213 (216); *Donhauser* S. 119 ff. mwN.

[117] Kritisch *Schricker* EWiR 1996, 1139 (1140); *Katzenberger* GRUR-Int 2003, 889 (897); *Reber* GRUR 1998, 792 (794 f.); *Reber*, ZUM 1998, 481 ff.

[118] Ähnlich Mestmäcker/Schulze/*Scholz* UrhG § 31a Rn. 13 (45. EL, Dez. 2007): Mit dem Wegfall der einschneidenden Rechtsfolge der Nichtigkeit liege es nicht fern, eine neue Nutzungsart unter weniger strengen Voraussetzungen als nach altem Recht zu bejahen; wohl zustimmend *Wandtke*/Bullinger/*Grunert* UrhG § 31a Rn. 18.

[119] BGH GRUR 1974, 786 (788) – Kassettenfilm; Dreier/Schulze/*Schulze* UrhG § 31a Rn. 29, 39; *Wandtke*/Bullinger/*Grunert* UrhG § 31a Rn. 21; DKMH/*Kotthoff* UrhG § 31a Rn. 8; BeckOK/*Soppe* UrhG § 31a Rn. 5; aA Zeitpunkt der Nutzungshandlung: Fromm/Nordemann/*J. B. Nordemann* UrhG § 31a Rn. 23; *Schwarz* ZUM 2000, 816 (825).

[120] OLG Köln ZUM 2003, 317 (318); Dreier/Schulze/*Schulze* UrhG § 31a Rn. 56.

[121] *Castendyk* ZUM 2002, 332 (341).

[122] Fromm/Nordemann/*J. B. Nordemann* UrhG § 31a Rn. 1 ff., 43; Möhring/Nicolini/*Soppe* UrhG § 31a Rn. 5; *Wandtke*/Bullinger/*Grunert* UrhG § 31a Rn. 22; stärker objektivierend *v. Gamm* UrhG § 31 Rn. 15; ähnlich *Ulmer* § 84 III, der auf die weitere Korrekturmöglichkeit nach § 31 Abs. 5 verweist.

[123] Fromm/Nordemann/*J. B. Nordemann* UrhG § 31a Rn. 43; *Wandtke*/Bullinger/*Grunert* UrhG § 31a Rn. 22; Möhring/Nicolini/*Soppe* UrhG § 31a Rn. 5; Dreier/Schulze/*Schulze* UrhG § 31a Rn. 3; DKMH/*Kotthoff* UrhG § 31a Rn. 8; *Zentek/Meinke* S. 35 f.; *Donhauser* S. 137 f.; *Castendyk* ZUM 2002, 332 (342); *Zscherpe* S. 112 f.; OLG Köln ZUM 2003, 317 (318); diff. *Fitzek* S. 167 ff., der auf das Wissen des durchschnittlichen Urhebers in Relation zur Kenntnis des Werknutzers abstellt. Auf Hersteller und Durchschnitt der Urheber hebt OLG München ZUM-RD 1997, 354 (356) ab. Der BGH lässt es in GRUR 1991, 133 (136) offen, ob auf die konkreten Vertragsparteien oder den durchschnittlichen Urheber abzustellen ist.

[124] Vgl. BGH GRUR 1982, 727 (730 f.) – Altverträge, worin zwar nicht § 31 Abs. 4 aF angewendet wurde, da es sich um Altverträge handelte, der Sache nach aber doch nach der Vorhersehbarkeit einer neuen Nutzungsart –

bedeutet dabei, dass sich die Nutzungsart nicht nur als technisch möglich, sondern auch wirtschaftlich relevant abzeichnet, auch wenn die Praktizierung noch in den Anfängen steckt.[125] Auch wenn die Absatzzahlen der neuen im Verhältnis zur herkömmlichen Verwendungsform noch nicht über einen längeren Zeitraum hinweg beobachtet werden konnten, muss die Frage, ob eine neue Verwendungsform eine neue Nutzungsart isd § 31a ist, vom Gericht entschieden werden, sodass der Tatrichter aufgrund seiner eigenen Erfahrungen die Konsumgewohnheiten der Verbraucher aufgrund der vorhandenen Anhaltspunkte prognostizieren darf.[126]

31   Die Nutzungsart muss sich als **wirtschaftlich bedeutsam** und verwertbar darstellen, ohne dass sie dabei bereits Erfolge aufweisen muss.[127]

32   Für das alte Recht hatte der BGH darüber hinaus den Begriff der **Risikogeschäfte** über eine technisch zwar bekannte, aber wirtschaftlich zunächst noch bedeutungslose Nutzungsart entwickelt, sofern die neue Nutzungsart konkret benannt, ausdrücklich vereinbart und von den Vertragspartnern auch erörtert und damit erkennbar zum Gegenstand von Leistung und Gegenleistung gemacht wurde; § 31 Abs. 4 aF greife in diesen Fällen nicht ein.[128] Die früher daran geübte Kritik, dass § 31 Abs. 4 aF reduziert werde,[129] ist indes durch die Neufassung des § 31a obsolet geworden, denn der Urheber wird durch die Schriftform geschützt; gerade Risikogeschäfte sollen auch durch die nunmehr ermöglichte Einräumung von Rechten an unbekannten Nutzungsarten erfasst werden.[130] Für diese Begriffskategorie besteht daher kein Bedürfnis mehr, auch dann nicht, wenn die Rechte nicht schriftlich etc eingeräumt wurden.[131] Denn der Schutz des § 31a hängt nur von dem Begriff der unbekannten Nutzungsart ab; alles andere würde das Verhältnis von Tatbestand und Rechtsfolge umkehren.

33   Es genügt für § 31a, wenn eine Nutzungsart bekannt ist, auch wenn die mit ihr verbundenen Verwertungshandlungen **noch nicht rechtlich geschützt** sind, da es auf die mögliche **wirtschaftliche** Tragweite ankommt. Für den Fall der Einführung eines Rechtsschutzes können somit wirksame Rechtsgeschäfte geschlossen werden.[132] Zwischen der Abgrenzung der Nutzungsart und der Definition der Schranken des Urheberrechts, etwa in § 53, besteht kein zwingender Normzusammenhang.[133]

34   Für das frühere Recht hatte die Rechtsprechung für die sog. **technische Substitution** eine Einschränkung des § 31 Abs. 4 aF entwickelt: Demnach musste sich eine neue Nutzungsart signifikant von den bisherigen Nutzungsarten unterscheiden, was nicht der Fall sei, wenn die bisherige Nutzung nur iRd technischen Fortschritts durch eine andere Technologie substituiert würde, ohne sich aber aus Sicht des Endnutzers wesentlich zu verändern. Ohne die Erschließung neuer Märkte und neuer Erwerbsmöglichkeiten läge keine unbekannte Nutzungsart vor. Daher sah die Rechtsprechung in Satellitensendungen oder Kabelweitersendungen trotz technisch unterschiedlicher Empfangsgeräte keine neue Nutzungsart, da der Werkgenuss und die Werkvermittlung für den Endnutzer unverändert seien.[134] Auch für die **DVD** wurde keine neue Nutzungsart gegenüber einer Videokassette angenommen (dazu → Rn. 47).[135] Hinter dieser Rechtsprechung stand der Gedanke, dass die wirtschaftlich-technische Fortentwicklung nicht durch die Annahme unbekannter Nutzungsarten behindert werden dürfe.[136] Diese Rechtsprechung hat indes durch die Reform bezüglich § 31a ihre Berechtigung verloren: Da Rechte an unbekannten Nutzungsarten jetzt auch von vornherein eingeräumt werden können, gibt es keinen Grund mehr für eine einschränkende Auslegung; der vom BGH gerade betonte Schutz durch den Bestsellerparagraphen wird jetzt durch § 32c UrhG übernommen; Entwickler neuer Technologien können sich die Rechte einräumen lassen. Entscheidend für das Vorliegen einer neuen Nutzungsart ist vielmehr, ob eine wirtschaftlich relevante zusätzliche Ausbeutung besteht, die etwa

---

Fernsehverwertung von Filmen – gefragt und zu diesem Zweck eine Fülle von Fakten und Publikationen ausgewertet wurde.

[125] BGH GRUR 1986, 62 (65) – GEMA-Vermutung I; BGH GRUR 1991, 133 (136) – Videozweitauswertung; Möhring/Nicolini/*Soppe* UrhG § 31a Rn. 5; Dreier/Schulze/*Schulze* UrhG § 31a Rn. 29; zu weitgehend *v. Gamm* UrhG § 31 Rn. 15, wonach auch wirtschaftlich völlig bedeutungslose Nutzungsarten schon bekannt sein sollen.

[126] BGH GRUR 2005, 937 (940); krit. für § 31 Abs. 4 aF *Stieper* MMR 2005, 842 (843); Dreier/Schulze/*Schulze* UrhG § 31a Rn. 29, aber anders für das neue Recht.

[127] BGH GRUR 1986, 62 (63) – GEMA-Vermutung I; BGH GRUR 1988, 296 (298) – GEMA-Vermutung IV; BGH GRUR 1991, 133 (136) – Videozweitauswertung; BGH GRUR 1995, 212 (213 f.) – Videozweitauswertung; BGH GRUR 1997, 464 (465) – CB-Infobank II; OLG München ZUM-RD 1997, 354 (355). S. zu Umfang und Intensität der Kenntnis auch *Fitzek* S. 169 ff.

[128] BGH GRUR 1995, 212 (214) – Videoauswertung III; ähnlich OLG München GRUR 1994, 115 (116) und ZUM-RD 1997, 354 (357); Fromm/Nordemann/*J. B. Nordemann* UrhG § 31a Rn. 46.

[129] S. *Fitzek* S. 198 ff.

[130] S. auch DKMH/*Kotthoff* UrhG § 31a Rn. 9; aA *Fitzek* S. 202.

[131] Wie hier *Wille* AfP 2008, 575 (577 ff.); anders aber Dreier/Schulze/*Schulze* UrhG § 31a Rn. 30; Mestmäcker/Schulze/*Scholz* UrhG § 31a Rn. 21 (45. EL, Dez. 2007).

[132] Zu § 31 Abs. 4 aF Fromm/Nordemann/*Hertin* (9. Aufl.) UrhG §§ 31/32 Rn. 12; *Schweyer* S. 90 f.

[133] BGH GRUR 1997, 464 (465 f.) – CB-infobank II.

[134] BGH GRUR 1997, 215 (217) – Klimbim.

[135] BGH GRUR 2005, 937 (939) – Zauberberg, bestätigt in BGH GRUR 2012, 496 Rn. 51 – Das Boot.

[136] BGH GRUR 1997, 215 (217) – Klimbim; zusammenfassend zur Kritik → 5. Aufl. 2017, § 31 Rn. 26; Dreier/Schulze/*Schulze* UrhG § 31a Rn. 35.

schon in **Qualitätssteigerungen** (hochauflösende Filme, Möglichkeiten der interaktiven Auswertung von Werken, Szenenbestimmungen etc) liegen kann. Keine Rolle können etwa **veränderte Herstellungstechnologien** spielen, sofern die Nutzung des Werkes dadurch nicht verändert wird, so etwa beim Übergang zu einem neuen Druckverfahren[137] und damit vom Bleisatzverfahren auf das Offsetverfahren beim Drucken eines Buches.

Umstritten bleibt allerdings, **welche Sichtweise** hierfür maßgeblich ist. In Betracht kommt diejenige des **Endverbrauchers.** Hiergegen wird eingewandt, dass für den Endverbraucher gleichgültig sein könne, ob er etwa ein Buch als Hardcover oder als Taschenbuch, als CD-Rom oder Buchclubausgabe bekomme.[138] Indes verkennt dies, dass es ökonomisch stets auf die Substituierbarkeit von Produkten ankommt; diese liegt eben gerade bei Märkten wie Hardcover und Taschenbüchern nicht vor. Gleiches gilt aber auch für eine CD-ROM, die völlig andere Möglichkeiten der Nutzung bietet als ein gedrucktes Buch. Gerade diese Änderung aber, die Schaffung neuer Möglichkeiten der Nutzung und damit neuer Märkte, die Veränderung der Substitutionsmöglichkeiten, ist ausschlaggebend für die Annahme neuer Nutzungsarten. Zwar findet sich die Definition, dass es sich bei einer neuen Nutzungsart um eine „selbständige Nutzungsart mit dinglicher Wirkung" handeln müsse;[139] doch ist diese Formel letztlich inhaltsleer, da Voraussetzung für dinglich wirkende Nutzungsrechte eine selbständige Nutzungsart ist (→ Rn. 28). Die dingliche Wirkung sagt jedoch nichts darüber aus, wann eine neue Nutzungsart vorliegt. Im Ergebnis kommt aber auch diese Auffassung zu ähnlichen Ergebnissen, etwa wenn ein Qualitätssprung für ausschlaggebend gehalten wird, wie von der Vinyl-Platte zur CD.[140] Gleiches gilt für den Zwang, sich neue Abspiel- oder Empfangsgeräte zu verschaffen.[141]

Pauschale Einräumungen von Nutzungsarten haben stets das Problem aufgeworfen, ob die in Streit stehende Nutzungsart bereits wirtschaftlich bedeutsam und bekannt war. Allein eine pauschale Einräumung, etwa „aller bekannten Nutzungsarten", kann jedenfalls nicht dazu führen, dass auch Rechte an einer Nutzungsart, die zwar technisch bekannt ist aber erst in Zukunft wirtschaftlich bedeutsam wird, ebenfalls eingeräumt wären. Da anderenfalls das Risiko der Prognose in mit dem Schutzzweck des § 31 Abs. 4 aF nicht zu vereinbarender Weise auf den Urheber übertragen würde, können die Parteien über bekannte aber wirtschaftlich zunächst noch bedeutungslose Nutzungsarten nur dann wirksame Vereinbarungen schließen, wenn die Nutzungsart konkret benannt, ausdrücklich vereinbart und von den Vertragspartnern auch erörtert und damit erkennbar zum Gegenstand von Leistung und Gegenleistung gemacht wird.[142] Dementsprechend lehnte es die Rechtsprechung ab, für die Rechteinräumung bei einem Filmwerk für „alle bekannten Nutzungsarten" auch die damals jedenfalls aus wirtschaftlicher Sicht noch unsichere Videozweitauswertung als einbezogen anzusehen.[143] Diese Grundsätze gelten auch für gleich lautende Klauseln in **Tarifverträgen**.[144] Andererseits genügte eine auslegungsfähige **Konkretisierung des Risikogeschäfts,** also von Nutzungen, die die Gattung der Nutzungsart umfassten, auch wenn die konkrete Nutzungsart zwar technisch bekannt, aber wirtschaftlich noch nicht bedeutsam war. So konnte die Formulierung „im Wege audiovisueller Verfahren" auch die Videozweitauswertung erfassen.[145] Entscheidend kommt es in Zweifelsfällen auf den Horizont beider Vertragspartner insbesondere des Urhebers an, ob bei Risikogeschäften eine Nutzungsart bereits bekannt war.[146] Dementsprechend müssen beide Vertragspartner bei Vertragsschluss **Kenntnis** gehabt haben, dass die „riskante" Nutzungsart realistischerweise auch wirtschaftliche Bedeutung erlangen wird, etwa bei Videokassetten von Filmen.[147] Je konkreter die Bezeichnung ist, desto eher kann von dieser Kenntnis ausgegangen werden; bei pauschalen Bezeichnungen dagegen nicht. Voraussetzung ist daher, dass die Nutzungsart von den Parteien erörtert wurde,[148] sodass ein deutlicher Verweis auf die Nutzungsart erforderlich ist. Eine solche Erörterung setzt jedoch nicht zwingend eine individualvertragliche Vereinbarung voraus, kann also auch in einem Formularvertrag

35

36

---

[137] RGZ 123, 312 (316) – Wilhelm Busch.

[138] So Dreier/Schulze/*Schulze* UrhG § 31a Rn. 38.

[139] So Dreier/Schulze/*Schulze* UrhG § 31a Rn. 38.

[140] Dreier/Schulze/*Schulze* UrhG § 31a Rn. 38; *Reber* ZUM 1998, 481 f.

[141] Dreier/Schulze/*Schulze* UrhG § 31a Rn. 38; aA insofern BGH GRUR 2005, 937 (939 f.) – Zauberberg: Filme auf DVD gegenüber der Auswertung auf Videokassette keine neue Nutzungsart; BGH GRUR 1997, 215 (217) – Klimbim: Satellitensendung keine neue Nutzungsart; ebenso *Weber* ZUM 2007, 688: nur Substitution, da kein anderes Zuschauerpublikum erreicht werden kann.

[142] BGH GRUR 1995, 212 (214) – Videoauswertung III; ähnlich Dreier/Schulze/*Schulze* UrhG § 31a Rn. 31; auch gegen die Zulässigkeit derartiger Risikogeschäfte *Wandtke*/Bullinger/*Grunert* UrhG § 31a Rn. 23, da diese im Erfolgsfall zu Lasten des Urhebers gehen und die so vorgenommene enge Auslegung des § 31 Abs. 4 aF dessen Zweck als die Interessen des Urhebers schützende Norm widersprach; aA *Schwarz* ZUM 1997, 94.

[143] BGH GRUR 1991, 133 (136) – Videozweitauswertung; BGH GRUR 1995, 212 (214) – Videozweitauswertung II.

[144] OLG München NJW-RR 1998, 335 – Videozweitauswertung; Dreier/Schulze/*Schulze* UrhG § 31a Rn. 31.

[145] BGH GRUR 1995, 212 (214) – Videozweitauswertung III.

[146] Ähnlich Dreier/Schulze/*Schulze* UrhG § 31a Rn. 32; nach DKMH/*Kotthoff* UrhG § 31a Rn. 9 ist eine Nutzungsart schon dann nicht mehr unbekannt und mithin der Anwendungsbereich des § 31a nicht eröffnet, wenn der Urheber wenigstens die Möglichkeit einer neuen Nutzungsart erkannt hat.

[147] OLG München GRUR 1994, 115 (116) – Audiovisuelle Verfahren.

[148] BGH GRUR 1995, 212 (214).

enthalten sein.[149] Die Beweislast dafür, dass eine solche Erörterung erfolgt ist, trägt der Verwerter bzw. Nutzer.[150] Schließlich galt schon zum alten Recht und aufgrund des eingeführten Schriftformerfordernisses erst recht für das neue Recht, dass die Nutzungsarten sich in der Vergütung bzw. der Gegenleistung niederschlagen muss. Dementsprechend kommt bei einem Missverhältnis zwischen vereinbarter Vergütung und tatsächlichen Erträgen eine Vertragsanpassung nach § 32a (§ 36 aF) in Betracht.[151]

37   In **Zweifelsfällen** sollte von einer unbekannten Nutzungsart ausgegangen werden, da neue Technologien nicht mehr durch die Unwirksamkeit von Verträgen behindert werden, andererseits der Urheber zwingend eine angemessene Vergütung erhält.[152] Auch das Widerrufsrecht lässt die Entwicklung neuer Technologien dadurch nicht impraktikabel erscheinen.

3. Einzelfälle

38   **a) Audio-Visuelle Verwertungen.** In der **Praxis**[153] hat der BGH[154] die Feststellung der Instanzgerichte gebilligt, dass die wirtschaftlichen Auswirkungen des **Fernsehens** bereits 1939 erkennbar gewesen seien.[155] Den daneben erforderlichen ausdrücklichen Hinweis auf die einzuräumende Nutzungsart sah der BGH in der im Vertrag verwendeten Bezeichnung „gefunkter Film". Mit dieser Bezeichnung sei ersichtlich die Vorführung eines Films mit Mitteln der Funktechnik gemeint, wobei der Begriff „Funk" in seiner physikalisch-technischen Bedeutung zu verstehen sei. Danach umfasse Funk entsprechend der amtl. Begründung zu § 20 UrhG[156] jede Übertragung von Zeichen, Tönen oder Bildern durch elektromagnetische Wellen, die von einer Sendestelle ausgesandt werden und an anderen Orten von einer beliebigen Zahl von Empfangsanlagen aufgefangen und wieder in Zeichen, Töne oder Bilder verwandelt werden können. In anderen Fällen, etwa wenn nur die Schmalfilmauswertung eingeräumt wird, werden damit nicht die Fernsehrechte erfasst.[157]

39   Strittig ist, ab wann die **audio-visuelle Verwertung von Filmen,** dh die Vervielfältigung und Verbreitung von Videogrammen durch Verkauf an das Publikum bzw. an Mietunternehmen, als bekannt betrachtet werden kann; die Schätzungen schwanken zwischen etwa 1970 und 1980.[158] Jedenfalls 1936 war die Herstellung und Verbreitung von Videokassetten als Nutzungsart völlig unbekannt,[159] aber auch 1967 lag noch keine bekannte Nutzungsart vor;[160] gleiches gilt für das Jahr 1968[161] und auch noch für 1972[162] und bis 1975.[163] Angesichts des langsamen Anlaufens der wirtschaftlichen Auswertung ist Bekanntheit erst ab ca. 1980 anzunehmen[164] (zur DVD → Rn. 47, zu mobilen Abspielgeräten (Smartphones, Tablets etc) und Streaming → Rn. 49). Die Nutzung von **Fotos für Schallplattencover** war 1982 schon bekannt, auch die Nutzung für **CD-Cover**.[165] Für **Musik-Videos** gilt, dass sie erst Anfang der 80er Jahre durch MTV etc. bekannt wurden.[166]

40   Für die **Kabel- und Satellitensendung** will der BGH eine Anwendung von § 31 Abs. 4 aF bzw. § 31a offenbar schon deshalb ausschließen, weil es sich nicht um eigene Nutzungsarten handele.[167] Die Entscheidung stellt unzutreffend auf die Perspektive des Fernsehzuschauers ab[168] und erfasst auch diese nicht in überzeugender Weise; im Ergebnis läuft sie auf eine wesentliche Entwertung des § 31

---

[149] BGH GRUR 1995, 212 (214); kritisch Fromm/Nordemann/*J. B. Nordemann* UrhG § 31a Rn. 46: „Erörtern" setze eine eingehende Besprechung oder Diskussion voraus.

[150] Dreier/Schulze/*Schulze* UrhG § 31a Rn. 34; DKMH/*Kotthoff* UrhG § 31a Rn. 10.

[151] BGH GRUR 1995, 212 (214) – Videozweitauswertung III.

[152] Ebenso Dreier/Schulze/*Schulze* UrhG § 31a Rn. 40.

[153] S. auch den Überblick von *Castendyk* ZUM 2002, 332 (333 ff.); Dreier/Schulze/*Schulze* UrhG § 31a Rn. 41 ff.; *Donhauser* Rn. 17 ff.

[154] GRUR 1982, 727 (730) – Altverträge.

[155] Bekanntheit bereits 1938 nimmt OLG München ZUM 1995, 484 (485)) an; aA LG Berlin GRUR 1983, 438 (440) – Joseph Roth: 1939 sei das Fernsehen noch eine nicht bekannte Nutzungsart gewesen.

[156] BT-Drs. IV/270, 50.

[157] BGH GRUR 1960, 197 (199) – Keine Ferien für den lieben Gott.

[158] Ausführlich *Hubmann,* in Poll, Videorecht-Videowirtschaft, S. 66 ff.; s. umfassend *Zielinski,* 1986; *Mielke* UFITA-Schriftenreihe 74 (1987), 20 ff.; *Scheuermann* S. 95; 1970 als Jahr der Bekanntheit für sämtliche Werknutzungsformen im Videobereich. S. dazu auch BGH GRUR 1995, 212 ff. – Videozweitauswertung III.

[159] OLG München ZUM 1985, 514 (515) – Olympiafilm.

[160] LG München I FuR 1984, 664; s. dazu *Moser* MR 5/1984, 15; vgl. auch → § 89 Rn. 12.

[161] BGH GRUR 1991, 133 (136) – Videozweitauswertung; OLG München GRUR 1987, 908 (909) – Videozweitverwertung; OLG München ZUM 1989, 146 (148).

[162] OLG München GRUR 1994, 115 (116).

[163] OLG München NJW-RR 1998, 335 (336).

[164] *Wandtke*/Bullinger/*Grunert* UrhG § 31a Rn. 47, 48; aA BGH GRUR 1995, 212 (213) – Videozweitauswertung III; OLG München NJW-RR 1998, 335 (336); Dreier/Schulze/*Schulze* UrhG § 31a Rn. 33, 45: ab 1977 bekannt.

[165] OLG Hamburg GRUR 2000, 45 (48) – CD-Cover.

[166] Ebenso *Mahlmann* in *Moser/Scheuermann,* Handbuch der Musikwirtschaft, S. 178, 188; Fromm/Nordemann/ *Hertin* (9. Aufl.) UrhG §§ 31/32 Rn. 15, darauf verweisend Fromm/Nordemann/*J. B. Nordemann* UrhG § 31a Rn. 47; Dreier/Schulze/*Schulze* UrhG § 31a Rn. 46.

[167] BGH GRUR 1997, 215 (217) – Klimbim; s. zur Kritik *Schricker* EWiR 1996, 1139 (1140); *Loewenheim* GRUR 1997, 220 (221); *Marshall* FS Reichardt, 1990, 125 (132).

[168] Dies kritisieren auch Möhring/Nicolini/*Spautz* (2. Aufl.) UrhG § 31a Rn. 44; aA wohl Möhring/Nicolini/ *Soppe* UrhG § 31a Rn. 5.

Abs. 4 aF bzw. § 31a hinaus.[169] Die Konsequenz wäre – bei einem einheitlichen Begriff der Nutzungsart –, dass die Kabel- und Satellitenrechte auch nicht mit gegenständlicher Wirkung abgespalten und für sich eingeräumt werden könnten, was aber in der Praxis durchaus üblich ist.[170]

b) Digitale Nutzungsarten. Für die **digitalen Nutzungsarten** lassen sich einheitliche Be- **41** kanntheitsdaten nicht angeben;[171] zwischen Offline- und Online-Medien ist dabei zu unterscheiden.[172] § 31 Abs. 4 aF kann umgehen, wer bereits das Vorliegen einer eigenen Nutzungsart verneint und eine bloße irrelevante „technische Fortentwicklung" einer bekannten Nutzungsart annimmt.[173] Im Einzelnen ergibt sich folgendes Bild:

Musik auf CD: Musik auf CDs war jedenfalls noch 1971[174] bzw. 1972,[175] wohl aber bis 1982 **42** noch unbekannt.[176] Das Vorliegen einer eigenen Nutzungsart wird von manchen in unzutreffender Restriktion des § 31 Abs. 4 aF bzw. § 31a geleugnet: Trotz des andersartigen Abspielgeräts, der digitalen Aufnahmetechnik und der höheren Verschleißtoleranz handele es sich bei der CD lediglich um eine Anpassung der technisch veralteten Schallplatte an neuzeitliche Gegebenheiten ohne grundlegende Veränderung von Nutzungsrichtung und Nutzungsintensität.[177] Der Vorgang der Werkvermittlung sei gegenüber der Schallplatte seiner Art nach im Wesentlichen unverändert geblieben.[178] Aus der Sicht des Nutzers stelle die CD nur einen ebenfalls über die bisherigen Vertriebswege zu erwerbenden alternativen Tonträger dar.[179] Dem steht jedoch entgegen, dass die Rezeptionsmöglichkeit der CD zu einer quantitativen Veränderung des Adressatenkreises und dadurch zu einem eigenständigen Nachfragemarkt geführt hat:[180] Verbesserte Klangqualität, erhöhte Speicherkapazität sowie vereinfachte Handhabung führen zu neuen Verwendungsmöglichkeiten und gerade die technischen Verbesserungen, insbesondere die verlustfreie Wiedergabe, haben zu Mehrfachkäufen geführt ebenso wie zu Vermietungen.[181] Der taktgenaue Zugriff auf ein Musikstück ermöglicht nicht nur ein bewussteres Anhören, sondern auch verbesserte Recherchemöglichkeiten, was die Annahme einer neuen Nutzungsart rechtfertigt.[182] Auch besteht eine wesentlich umfangreichere Einsatzmöglichkeit, insbesondere eine weitergehende Nutzung sowie eine andersartige Handhabung.[183] Verträge vor 1983, die dem Verwerter nur die mechanischen Vervielfältigungsrechte einräumten, erstrecken sich grundsätzlich nicht auf die Digitalisierung, sondern müssen hinsichtlich der Nutzung auf CD[184] ergänzt werden.[185] Dies gilt in gleicher Form auch für Wahrnehmungsverträge mit Verwertungsgesellschaften.[186]

Das **Sound-Sampling** ist ebenfalls als neue Nutzungsart zu qualifizieren.[187] Darunter ist neben **43** dem Aufnahmeverfahren konkreter Klangsequenzen der Vorgang der Ausarbeitung oder Gestaltung entnommener Sequenzen durch computergesteuerte Vorrichtungen zu verstehen.[188] Bekannt ist Sampling erst seit Mitte der 80er Jahre.[189] Urheberrechtliche Relevanz kann das Sampling jedoch nur dann haben, wenn die verwendeten Klangteile schutzfähig sind, was umso eher ausscheidet, je kürzer

---

[169] Ablehnend auch *Donhauser* S. 147 ff.; *Wandtke*/Bullinger/*Grunert* UrhG § 31a Rn. 24, 25 mwN; *Fitzek* S. 94 ff.

[170] S. zB OLG Koblenz AfP 1988, 39; OLG Hamburg ZUM 1989, 471 (472); wie der BGH für das Kabelfernsehen auch OLG Hamburg GRUR 1989, 590; OLG München ZUM-RD 2002, 77 (84) – Kehraus für Satelliten- u. Kabelfernsehen; OLG Stuttgart ZUM 2003, 239 (240); für Satellitensendung LG München I ZUM 1986, 484 (486); *Platho* ZUM 1986, 572 (577).

[171] So für Multimedia *Dreier* in Becker/Dreier, Urheberrecht und digitale Technologie, 1994, S. 123, 145; Loewenheim/*J. B. Nordemann* § 26 Rn. 47; *Donhauser* Rn. 27 ff., 141 ff.; *Hoeren* CR 1995, 710 (712).

[172] S. zum Ganzen *Wandtke*/Bullinger/*Grunert* UrhG § 31a Rn. 33 ff.; *Zentek/Meinke* S. 35 ff.; *Schulze* ZUM 2000, 432 ff.; *Fitzek* S. 109 ff., zu den Bekanntheitszeitpunkten S. 213 ff.; *Reber* GRUR 1998, 792 ff.; durchweg restriktiv *Wegner*/Wallenfels/Kaboth S. 86 ff.

[173] So der BGH beim Kabel- und Satellitenfernsehen, s. Nachweise und Kritik in → Rn. 40; s. dazu – referierend – auch Loewenheim/*J. B. Nordemann* § 26 Rn. 44 ff.

[174] OLG Düsseldorf NJW-RR 1996, 420.

[175] OLG Düsseldorf ZUM 2001, 164 (165).

[176] Nach OLG Hamburg GRUR 2000, 45 (47) ist ab Dezember 1982 von einer bekannten Nutzungsart auszugehen; *Wandtke*/Bullinger/*Grunert* UrhG § 31a Rn. 30 f.; Dreier/Schulze/*Schulze* UrhG § 31a Rn. 47.

[177] OLG Hamburg GRUR-RR 2002, 153 (157).

[178] OLG Köln ZUM 2001, 166 (172).

[179] DKMH/*Kotthoff* UrhG § 31 Rn. 114.

[180] *Fitzek* S. 104.

[181] OLG Düsseldorf ZUM 2001, 164 (166).

[182] KG NJW-RR 2000, 270 (271).

[183] OLG Düsseldorf ZUM 2001, 164 (166); *Reber* GRUR 1998, 792 (796); aA *Schack* UrhR Rn. 624; Fromm/Nordemann/*J. B. Nordemann* UrhG § 31a Rn. 39: Keine wirtschaftliche Eigenständigkeit, sondern nur Verbesserung; *Castendyk* ZUM 2002, 332 (344): Mehrfachverkäufe nur in Übergangsphase; offen BGH GRUR 2003, 234 (235) – EROC III.

[184] Sowie andere digitale Medien.

[185] Zutr. Dreier/Schulze/*Schulze* UrhG § 31a Rn. 47.

[186] *Lehmann* in Lehmann, Internet- und Multimediarecht (Cyberlaw), 1997, S. 57, 62; s. zum Ganzen auch die Nachweise bei Loewenheim/*J. B. Nordemann* § 26 Rn. 47.

[187] Gegen eine generelle Bejahung einer eigenen Nutzungsart dagegen Fromm/Nordemann/*J. B. Nordemann* UrhG § 31a Rn. 39.

[188] *Salagean* S. 21.

[189] Fromm/Nordemann/*Hertin* (9. Aufl.) UrhG §§ 31/32 Rn. 18, unter Verweis auf die Voraufl. Fromm/Nordemann/*J. B. Nordemann* UrhG § 31a Rn. 48; Dreier/Schulze/*Schulze* UrhG § 31a Rn. 48.

die entnommenen Fragmente sind.[190] Die Vervielfältigung von Teilen eines Werkes und ihre Integration in ein neues Werk in umgestalteter oder identischer Form ist eine über die bloße Werkvervielfältigung hinausgehende eigenständige Nutzung des Werkes.[191] Folglich reicht allein die Einräumung des Vervielfältigungsrechts nicht aus, sondern es ist das Einverständnis des Rechtsinhabers mit der Teilvervielfältigung sowie der Umgestaltung und Bearbeitung der entnommenen Werkteile einzuholen. Der Erwerb entsprechender Nutzungsrechte erfolgt im Rahmen eines sog. Sample-Clearance-Vertrags.[192] Die vertragliche Legitimierung erfolgt durch eine sog. Sampling-Lizenz, durch die der Urheber dem Abnehmer die benötigte Vervielfältigungs- und ggf. Bearbeitungslizenz – grundsätzlich gegen eine Vergütung – erteilt.[193]

44   Als Spielart des Sound-Sampling kann auch die Verwendung von Musik als **Handyklingelton** gewertet werden. Diese ist erst ab ca. 1999 als abgrenzbare Nutzungsart zu qualifizieren.[194] Die Nutzung als Handyklingelton stellt gerade nicht die Wahrnehmung der Tonfolge als Musikwerk in Form eines sinnlich-klanglichen Erlebnisses dar, sondern dient als rein funktionales Erkennungszeichen, für das der künstlerische Gehalt und dramaturgische Komposition des Werkes nur nebensächlich sind und ein vorhandener ästhetischer Spannungsbogen durch das „Annehmen" des Gesprächs gerade bewusst zerstört wird.[195] Das Werk als Klingelton soll in seiner ureigensten Zweckbestimmung gerade nicht (vollständig) erklingen, sondern nur die ersten Töne bzw. Tonfolgen als prägnantes Erkennungszeichen genutzt werden. Klingeltöne werden auf eigenen Vertriebswegen eigenständig neben den ursprünglichen Musikstücken vermarktet, so dass eine neue, selbstständige Einnahmequelle und ein eigenständiger Markt entstanden sind.[196]

45   **CD-ROM-Nutzung von Zeitungen und Zeitschriften:** Die Einschätzungen, ab wann die digitale Nutzung von Zeitungen und Zeitschriften bekannt war, gehen auseinander: So soll zum einen 1988 maßgeblich sein,[197] andere gehen von 1995 aus,[198] die Rechtsprechung schwankt ebenfalls: So soll die CD-ROM-Nutzung von Zeitungen und Zeitschriften 1989 nicht mehr unbekannt gewesen sein.[199] Die höchstrichterliche Rechtsprechung geht dagegen für die CD-ROM-Verwertung von bis 1993 veröffentlichter Fotografien davon aus, dass die alten Verträge die neue Nutzungsart nicht abdecken.[200] Eine pauschale Aussage dürfte sich hier verbieten, da für verschiedene Branchen und Werkarten durchaus unterschiedliche Verbreitungsgrade der CD-ROM und des beginnenden Einsatzes verzeichnet werden kann: So dürfte für den wissenschaftlichen Bereich, insbesondere Fachzeitschriften 1989 die CD-ROM bereits bekannt gewesen sein, etwa bei juristischen Fachzeitschriften; bei Büchern ab 1993, für multimediale Werke jedoch erst ab 1995.[201] Sog. **„sprechende Bücher"**, bei denen mit Hilfe eines elektronischen Stiftes Teile eines Buches akustisch wiedergegeben werden können, stellen aufgrund der andersartigen Nutzung gegenüber einem klassischen Hörbuch ebenfalls eine neue Nutzungsart dar und sind frühestens seit 2010 bekannt.[202]

46   Eng im Zusammenhang damit steht die **Digitalisierung von Bildern.** Diese stellt eine selbständige Nutzungsart dar[203] und erfasst insbesondere das **Picture-Sampling.** Die digitale Erfassung von Bildern ist seit 1988 jedenfalls technisch bekannt.[204] Hinsichtlich der wirtschaftlichen Bekanntheit lässt sich angesichts der zahlreichen und sich deutlich unterscheidenden Verwendungsbereiche digitaler Bildnutzung kein einheitlicher Bekanntheitszeitpunkt nennen, sondern dieser muss für jeden Einzelfall gesondert festgestellt werden.[205]

---

[190] *Schulze* ZUM 1994, 15 (19).

[191] *Häuser* S. 72.

[192] *Salagean* S. 113.

[193] Ausführlich zum Sampling-Vertrag *Zimmermann* in Moser/Scheuermann Handbuch der Musikwirtschaft S. 1180 ff.

[194] BGH GRUR 2009, 395 Rn. 19 f.; OLG Hamburg ZUM 2002, 480 (484); MMR 2003, 49 (52); 2006, 315 (317); LG Hamburg ZUM 2001, 443 (444); Dreier/Schulze/*Schulze* UrhG § 31a Rn. 55 (ab 2000); *Rehmann/Bahr* CR 2002, 229 (233); *Castendyk* ZUM 2005, 9 (13): Ende 1999; ebenso DKMH/*Kotthoff* UrhG § 31a Rn. 116; *Wandtke*/Bullinger/*Grunert* UrhG § 31a Rn. 32 unter Berufung auf OLG Hamburg ZUM 2002, 480 und Fromm/Nordemann/*J. B. Nordemann* UrhG § 31a Rn. 48 unter Berufung auf OLG Hamburg GRUR-RR 2002, 249 (250 ff.).

[195] OLG Hamburg ZUM 2002, 480 (482).

[196] *Castendyk* ZUM 2005, 9 (13).

[197] *Katzenberger* S. 102; s. auch *Katzenberger,* AfP 1997, 434 (440 f.); s. allgemein zur CD-ROM als Nutzungsart *Fitzek* S. 123 ff.

[198] *Nordemann*/*Schierholz* AfP 1998, 365 (367).

[199] LG Hamburg CR 1998, 32 (33).

[200] BGH GRUR 2002, 248 – SPIEGEL-CD-ROM.

[201] Zutr. *Wandtke*/Bullinger/*Grunert* UrhG § 31a Rn. 36.

[202] *Rengshausen*/*Zielasko* K&R 2011, 702 ff.

[203] *Maaßen* ZUM 1992, 338 (349); *Schulze* GRUR 1994, 855 (865); aA *Schwarz* GRUR 1996, 836 (837) wonach die Digitalisierung als solche noch nicht zu einer neuen Nutzungsart führt.

[204] *Maaßen* ZUM 1992, 338 (349); *Schulze* GRUR 1994, 855 (865).

[205] Zutr. Dreier/Schulze/*Schulze* UrhG § 31a Rn. 49; *Schulze* GRUR 1994, 855 (865); *Lehmann* in Lehmann, Internet- und Multimediarecht (Cyberlaw), 1997, S. 57, 61 f.; differenzierend *Dreier* in Lehmann, Internet- und Multimediarecht (Cyberlaw), 1997, S. 119, 127: Werden innerhalb eines Produktionsvorgangs analoge Bearbeitungsschritte lediglich durch digitale ersetzt, um ein nach wie vor analoges Produkt zu erzeugen, so könne in wirtschaftlicher Hinsicht nicht von einer neuen Nutzungsart gesprochen werden; ähnlich *Wandtke*/Bullinger/*Grunert* UrhG § 31a Rn. 28.

Als neue, eigenständige Nutzungsart hat auch die **Verwertung von Filmen auf DVD** zu gel- 47
ten.[206] Zwar wird hier oft angeführt, dass die Einführung der DVD im Vergleich zur Verwertung auf
Video nicht zur Entstehung eines neuen signifikanten Marktes geführt habe, so dass der Nutzungsart
die wirtschaftliche Eigenständigkeit fehle.[207] Beide Verwertungsformen seien austauschbar, neue Nutzerkreise würden nicht erschlossen. Die DVD sei gerade nur ein Bild- und Tonträger, der die Videokassette substituieren soll und auch tatsächlich ersetze.[208] Trotz der qualitativen und quantitativen
Verbesserungen, höheren Benutzerfreundlichkeit und gegenüber der Videokassette verschiedenen Art
und Weise der Nutzung, sei eine entscheidende Wesensänderung aus der Sicht der Endverbraucher
mit der DVD nicht verbunden. Wie bisher, werde der Film zu einem selbst gewählten Zeitpunkt und
an einem selbst gewählten Ort betrachtet.[209] Der BGH[210] hat sich dieser Auffassung angeschlossen
und das Vorliegen einer neuen Nutzungsart im Verhältnis zur herkömmlichen Videozweitverwertung
verneint. Allerdings vermögen diese Begründungen nicht zu überzeugen. Denn mit der Reform des
§ 31a hat die restriktive Rechtsprechung ihre Legitimation verloren, da es nicht mehr um die Behinderung neuer Technologien gehen kann (→ Rn. 34). Ein deutliches Indiz sind die Substitutionskäufe
von DVDs sowie das umfangreiche Umkopieren alter Spielfilme auf DVD durch die jeweiligen Verwerter; ohne neue Nutzungsmöglichkeiten für die Endabnehmer und einen signifikanten Qualitäts-
gewinn wäre es nur schwer verständlich, warum die Vermarktung über DVD offenbar einen großen
wirtschaftlichen Erfolg auch für ältere Filme hätte. Die DVD bietet erheblich mehr und bessere technische Möglichkeiten als eine Videokassette. Was für die CD gilt, muss auch für die DVD gelten, da
sie ein „Mehr" an Nutzung gegenüber der klassischen Videocassette ermöglicht. Gleiches gilt für
Blu-ray-Träger, die wiederum gegenüber der DVD noch weitere Möglichkeiten bieten[211] – auch
hier ist eine Verlagerung der alten Repertoires auf Blu-Ray zu verzeichnen (zu **Online-Videorekordern** und **Cloud-Nutzung** → Rn. 49).

Die Nutzung von Fernsehen und Rundfunk auf **mobilen Abspielgeräten** stellt aufgrund der erheblich erweiterten Nutzerkreise seit der Verbreitung von **Smartphones,** aber auch **Tablets** (iPads,
Android-Tablets etc) und TV-empfangsbereiten Laptops eine neue Nutzung dar – ohne dass es auf die
Art der Verschlüsselung und Übertragungsart ankommt.[212] Maßgeblich ist vielmehr die Möglichkeit
der mobilen Nutzung. Diese dürfte ab 2006 mit der Verbreitung der UMTS-Ausstrahlung der Fußballweltmeisterschaft bekannt sein.[213]

Eigenständige Nutzungsarten sind das Abonnement- oder Bezahlfernsehen ganzer Programme 48
(Pay-TV) oder ausgewählter Programmteile **(Pay-per-View).**[214] Jedenfalls seit den 90er Jahren sind
beide Nutzungsarten als bekannt zu betrachten.[215] Nach anderer Auffassung ist Pay-TV keine eigenständige Nutzungsart; Zwar soll die neue Technik sich allein auf die Verhinderung der Erschleichung
dieser Nutzung, nicht auf die Nutzung selbst beziehen, so dass keine eigenständige Nutzungsart vorliege;[216] doch stellt das Bezahlfernsehen eine Alternative zum Free-TV dar, soll dieses jedoch nicht
ersetzen. Es finanziert sich über Gebühren und nicht durch Werbung, so dass sich das wirtschaftliche
Konzept des Bezahlfernsehens maßgeblich von jenem des frei empfangbaren Fernsehens unterscheidet.[217] Hierin liegt nicht allein eine Änderung der Vergütungsstruktur,[218] sondern auch die konkrete
technische und wirtschaftliche Ausprägung der beschriebenen Nutzungsmöglichkeiten, die vom herkömmlichen Fernsehen abweicht. Diesem ist eine individuelle, zeitunabhängige Auswahl eines ganz
bestimmten Programms bzw. einzelner Programmbestandteile fremd.[219] Die Pay-TV-Dienste ermög-

---

[206] So *Katzenberger* GRUR-Int 2003, 889 (897 ff.); *Lehmann* GRUR-Int 2005, 215 (216); *Reber* GRUR 1998,
792 (797); *Stieper*/*Frank* MMR 2000, 643 (646); Dreier/Schulze/*Schulze* UrhG § 31a Rn. 51; *Wandtke*/Bullinger/
Grunert UrhG § 31a Rn. 50; OLG Köln ZUM 2003, 317 (318): 1998 bekannt; LG München ZUM 2002, 71 (73):
1980 unbekannt; zustimmend *Zentek*/*Meinke* S. 37 ff.; aA LG München ZUM 2003, 147 (149 f.); OLG München
GRUR 2003, 50 (53); *Castendyk* ZUM 2002, 332 (345 f.); *Fette* ZUM 2003, 49 (50 ff.); *Loewenheim* GRUR 2004,
36 (37 ff.); DKMH/*Kotthoff* UrhG § 31 Rn. 120.
[207] *Castendyk* ZUM 2002, 332 (345).
[208] DKMH/*Kotthoff* UrhG § 31 Rn. 120.
[209] *Loewenheim* GRUR 2005, 36 (38).
[210] BGH GRUR 2005, 937 – Der Zauberberg, bestätigt in BGH GRUR 2012, 496 Rn. 51 – Das Boot.
[211] Wie hier *Wandtke*/Bullinger/*Grunert* UrhG § 31a Rn. 50; dagegen aber OLG München GRUR-RR 2011,
303 (304) – Blu-ray-Disc.
[212] *Wandtke*/Bullinger/*Grunert* UrhG § 31a Rn. 51; *Bauer*/*v. Einem* MMR 2007, 698 (701); s. aber auch *Weber*
ZUM 2007, 688 ff.; *Kreile* ZUM 2007, 682 (686 f.).
[213] *Wandtke*/Bullinger/*Grunert* UrhG § 31a Rn. 51.
[214] Dreier/Schulze/*Schulze* UrhG § 31a Rn. 44; *Donhauser* S. 149; DKMH/*Kotthoff* UrhG § 31 Rn. 121; *Ernst*
GRUR 1997, 592 (596); s. im Einzelnen *Wandtke*/Bullinger/*Grunert* UrhG § 31a Rn. 46; *Fitzke* S. 130 ff., für Pay-
TV, 139 ff. (Pay-per-view).
[215] In jüngerer Zeit LG Hamburg ZUM 2016, 673 (675 f.); Dreier/Schulze/*Schulze* UrhG § 31a Rn. 44; *Reber*
GRUR 1998, 792 (798); *Ernst* GRUR 1997, 592 (596); nach *v. Hartlieb* S. 518 Rn. 11 handelt es sich bei Pay-TV
um keine vor Inkrafttreten des UrhG noch unbekannte Nutzungsart, da dies bereits seit den zwanziger Jahren bekannt sei.
[216] So KG ZUM-RD 2000, 384 (386); *Platho* ZUM 1986, 572 (578); *Schwarz* ZUM 1997, 94 (95); Fromm/Nor-
demann/*J. B. Nordemann* UrhG § 31a Rn. 37; dagegen zutreffend *Fitzke* S. 130 ff.; *Reber* GRUR 1998, 792 (796 f.).
[217] DKMH/*Kotthoff* UrhG § 31 Rn. 121.
[218] So aber Fromm/Nordemann/*J. B. Nordemann* UrhG § 31a Rn. 37.
[219] *Reber* GRUR 1998, 792 (796).

lichen den durch Rundfunkgebühr oder Werbung finanzierten Veranstaltern damit zusätzliche Einnahmen, an denen die Urheber somit zu beteiligen sind.[220]

49   **Video on Demand** (VoD) und **Music on Demand** (MoD), **Streaming, Online-Videorekorder** und **Cloud-Nutzung:** Video on Demand stellt eine selbständige Nutzungsart dar.[221] Diese soll seit 1995 bekannt sein.[222] Dies dürfte angesichts der fehlenden Vermarktung und wirtschaftlichen Bedeutung zu diesem Zeitpunkt aber kaum der Fall sein,[223] sondern erst ab 2000.[224] Zwar sollen Video und Music on Demand mangels wirtschaftlicher Eigenständigkeit keine neuen Nutzungsarten sein, da eine Substitution der Trägermedien in Betracht komme, sofern eine – wenn auch nur temporäre – beliebig häufige Nutzung vorliegt.[225] Speziell im Fall des von Music on Demand erfassten mp3-Downloads sprechen indes die wirtschaftliche Realität und die zahlreichen Download-Plattformen gegen eine bloße Substitution.[226] Music on Demand in Form des Downloads zur permanenten und beliebig häufigen Nutzung entspricht wirtschaftlich nicht dem CD-Verkauf.[227] Abrufdienste sind mit den herkömmlichen Mitteln der Werknutzung nicht zu vergleichen, denn der Nutzer kann einfach, billig, schnell und ohne das Haus zu verlassen die Werke jederzeit mit grds. weltweiter Verfügbarkeit abrufen.[228] Er bestimmt Ort, Zeitpunkt und Inhalt der Übertragung individuell, Lieferzeiten und -schwierigkeiten entfallen.[229] Nach erfolgtem Download kann die Musik sofort angehört, auf einen portablen Player überspielt oder auf einen CD-Rohling gebrannt werden, womit Music on Demand von den herkömmlichen Arten, Musik körperlich oder unkörperlich zu verwerten, deutlich abgrenzbar ist.[230] Gerade der Download eines bestimmten Songs ohne den Zwang, sich bei einer fehlenden Single-Auskoppelung das komplette Album eines Künstlers kaufen zu müssen, spricht für einen eigenständigen Absatzmarkt, da nicht lediglich der Vertrieb mittels körperlichem Werkstück gegen den durch Download ersetzt wird. Gerade aber wenn noch gar kein eigenständiger Markt für die separate Nutzung auf Trägermedien bestand, und erst die on-demand Nutzung auf individuellem Abruf eine Nutzung eröffnet, ist eine neue Nutzungsart zu bejahen.[231] Eine Substitution der Werknutzung auf CD kommt mithin allenfalls für den Verkauf kompletter Alben in Betracht. Hier spricht jedoch vieles dafür, dass die Nachfrage nach Werken auf Tonträgern bestehen bleibt, so dass sich der Markt für Music on Demand neben dem für Tonträger etablieren und diesen nicht verdrängen konnte,[232] mithin als alternativer Vertriebsweg genutzt wird.[233] **Konvergenztendenzen** zum CD-Verkauf durch das Rippen von CDs mit anschließender Nutzung am PC oder Überspielung auf einen MP3-Player sind zwar nicht zu verkennen, sprechen aber nicht zwingend gegen die Annahme von Music on Demand als neue Nutzungsart. Gleiches gilt für Video-On-Demand, aber auch für die neueren Formen des **Streaming** von Filmen ebenso wie von Musik, ebenso wie für **Online-Videorekorder**[234] und die **Cloud-Nutzung:** In allen diesen Fällen wird dem Nutzer sogar der Download erspart, er kann von jedem beliebigen Platz aus die Musik hören oder einen Film genießen; gegenüber Music/Video on Demand stellt aber das Streaming keine neue Nutzungsart dar, da beide Angebote oft kumulativ angeboten und genutzt werden, etwa indem Streaming-Angebote oft gleichzeitig den Download anbieten, falls Zugänge zum Internet nicht bestehen. Im Falle der Cloud-Nutzung handelt es sich nur um eine andere Form der Speicherung im Internet, die selbst keine neuen eigenständigen Nutzungsmöglichkeiten erlaubt.[235]

Schließlich stellen auch **E-Books** eine neue Nutzungsart dar, da sie ähnlich wie eine CD-ROM oder andere digitale Speichermedien und Aufbereitungen eine wesentlich erweiterte Nutzung eines Buches erlauben als das klassische Buch, sei es per Navigation, Stichwortsuche oder auch der mobilen Anwendung auf einem einzelnen Lesegerät von einer Vielzahl von Büchern. E-Books dürften ab ca. 2006 bekannt gewesen sein, da sich hier die ersten Lesegeräte auf dem Markt etablierten.[236] Zu sog.

---

[220] *Schack* UrhR Rn. 624; *Ernst* GRUR 1997, 592 (596).

[221] Umfassend *Ostermaier* S. 130 ff.; ebenso für selbständige Nutzungsart *Fitzek* S. 135 ff.; *Reber* GRUR 1998, 792 (796).

[222] So OLG München MMR 1998, 365 (368); *Donhauser* S. 147.

[223] Kritisch auch *Lauktien* MMR 1998, 369 (371): seit 1995 nur im Rahmen von Pilotprojekten; vgl. auch *Zentek/Meinke* S. 41 f.

[224] *Wandtke*/Bullinger/*Grunert* UrhG § 31a Rn. 45; ebenso für neue Nutzungsarten Dreier/Schulze/*Schulze* UrhG § 31a Rn. 52; *Donhauser* S. 146 f. VoD, 151 (MoD); *Wandtke/Schäfer* GRUR-Int 2000, 187 (188 f.).

[225] Fromm/Nordemann/*J. B. Nordemann* UrhG § 31a Rn. 41.

[226] S. auch für den Download einer mp3-Datei als eigenständige Nutzungsart Loewenheim/*Czychowski* § 68 Rn. 97; DKMH/*Kotthoff* UrhG § 31 Rn. 117; *Sasse/Waldhausen* ZUM 2000, 837 (840 f.); s. auch zur historischen Entwicklung digitaler Musiknutzung Loewenheim/*Czychowski* § 68 Rn. 92 ff.

[227] So aber Fromm/Nordemann/*J. B. Nordemann* UrhG § 31a Rn. 41.

[228] *Wandtke*/Bullinger/*Grunert* UrhG § 31a Rn. 44; *Donhauser* S. 151.

[229] *Wandtke/Schäfer* GRUR-Int 2000, 187 (189).

[230] *Wandtke/Schäfer* GRUR-Int 2000, 187 (189).

[231] So auch Fromm/Nordemann/*J. B. Nordemann* UrhG § 31a Rn. 41.

[232] *Donhauser* S. 151.

[233] Hoeren/Sieber/Holznagel/*Müller* 7.5 46. El 2018 Rn. 112.

[234] Für neue Nutzungsart OLG München MMR 2011, 106 (106 aE, f.).

[235] Anders wohl *Wandtke*/Bullinger/*Grunert* UrhG § 31a Rn. 50 unter Verweis auf Einigungsvorschlag der Schiedsstelle des *DPMA* ZUM 2012, 1009 (1013).

[236] *Wandtke*/Bullinger/*Grunert* UrhG § 31a Rn. 52; *Schulz/Ayar* MMR 2012, 652 ff.; s. aber auch *Kuß* K&R 2012, 76 (82): 2000 mit der ersten Vorstellung auf Frankfurter Buchmesse 2000 „ebook award" unter Berufung auf Loewenheim/*Nordemann-Schiffel/J. B. Nordemann* § 64 Rn. 97.

„**sprechenden Büchern**" als neue multimediale Nutzungsart zwischen E-Books und Hörbüchern → Rn. 45.

c) Internet-Nutzung.[237] Eine Online-Nutzung von Werken im Internet ist aufgrund der Eröff- **50** nung einer wesentlich intensiveren Nutzung durch Zusatzfunktionen oder digitale Bearbeitungsmöglichkeiten eine neue Nutzungsart.[238] Der Online-Bereich unterliegt eigenen technischen und wirtschaftlichen Gesetzmäßigkeiten, da Werke hier neue Kundenschichten erreichen und zu neuen Produkten kombiniert werden können. Dementsprechend finden sich auch für diesen Bereich eigene Benutzerkreise, eigene Zeitschriften und eigene Dienstleister. Bedeutung als Verbreitungsform für die Allgemeinheit hinsichtlich einer hinreichend klar abgrenzbaren, wirtschaftlich-technischen Verwertungsform hat das Internet erst ab dem Jahre **1995**.[239] Da seine Anwendungsmöglichkeiten völlig verschieden sind, ist für jede konkrete Nutzungsart im Einzelfall festzustellen, ob diese zum Zeitpunkt des Vertragsschlusses schon bekannt war.[240]

Zeitung im Internet war im Jahre 1980 auf jeden Fall noch unbekannt,[241] allgemein dürften die **51** Internetnutzung von Zeitungen und Zeitschriften seit 1982–1984 bekannt gewesen sein,[242] zu weit (und wohl auf das www, bzw. die Darstellung in dann aufkommende Browser bezogen) geht dagegen die Annahme, dass dies erst seit 1995 der Fall sei.[243] Die Onlineverwertung speziell von wissenschaftlichen Texten ist seit 1993 bekannt,[244] Kinderbücher seit 1995.[245]

Die Nutzung eines **Fernsehmagazinbeitrags im Internet** war 1996 noch eine unbekannte Nut- **52** zungsart; eine Pflicht bei älteren Verträgen nach **Treu und Glauben** dem Nacherwerb zuzustimmen, besteht nicht.[246]

d) Sonstiges. Merchandising war für Verlagsverträge in den 50er Jahren jedenfalls nicht allge- **53** mein üblich.[247] In Deutschland setzte eine strategisch geplante Vermarktung von Lizenzthemen erst Anfang der 70er Jahre ein.[248] Neben den klassischen Urheberrechtsverträgen in der Film- und Medienwirtschaft hat sich der Merchandising-Vertrag als eine eigenständige Vertragsform entwickelt.[249] Merchandisingverträge sind dadurch gekennzeichnet, dass die Primärnutzung der meisten Merchandising-Objekte im Zusammenhang mit einer Unterhaltungs- oder Werbefunktion erfolgt, die Sekundärnutzung im Rahmen des Merchandising baut dann auf der durch die Primärnutzung erlangten Popularität auf.[250] Gerade diese Trennung zwischen Primär- und Sekundärverwertung spielt eine entscheidende Rolle bei der Frage, welche konkreten Nutzungsrechte in einem Vertrag unter dem Begriff „Merchandisingrechte" übertragen werden. Der Gegenstand von Merchandisingverträgen lässt sich daher definieren als die umfassende, neben die jeweilige Primärverwertung tretende Sekundärverwertung von populären Erscheinungen, insbes. fiktiven Figuren, realen Persönlichkeiten, Namen, Titeln etc.[251] Die Benutzung eines Landeswappens und dessen Kolorierung stellt ebenfalls keine eigene unbekannte Nutzungsart dar, auch wenn digitale Vervielfältigungen vorgenommen werden, da diese lediglich die alten Formen ersetzen (etwa auf Briefbögen etc).[252]

Virtual Reality (VR) ist die Darstellung einer computergenerierten, Bewegungssensorik abhängi- **53a** gen drei-dimensionalen Welt.[253] Derzeit am Markt befindliche Nutzungsmöglichkeiten dieser Technik setzen dabei eine Art Brille (sog. Head Mounted Display, HMD) und die Nutzung einer bestehenden Plattform, wie eines PCs oder Smartphones voraus.[254] Anwendung findet VR momentan insbesondere im Bereich der Videospiele. Wenngleich VR eine technisch eigenständige Verwendungsform darstellt, die sich insbesondere durch die Dreidimensionalität in sowohl visueller als auch

---

[237] S. hierzu auch *Schwarz* ZUM 2000, 816 ff.; *Schulze* ZUM 2000, 432 ff.
[238] *Schack* UrhR Rn. 624.
[239] OLG Hamburg ZUM 2005, 833 (836) – Yacht Archiv: ab 1993; OLG Hamburg ZUM 2000, 870 (873); OLG München GRUR-RR 2004, 33 (34); KG GRUR 2002, 252 – Mantellieferung; *Hoeren* CR 1995, 710 (714); *Schulze* ZUM 2000, 432 (443); *Ehmann/Fischer* GRUR-Int 2008, 284 (286); differenzierend und iE offen lassend Fromm/Nordemann/*J. B. Nordemann* UrhG § 31a Rn. 49.
[240] *Wandtke*/Bullinger/*Grunert* UrhG § 31a Rn. 41.
[241] OLG Hamburg ZUM 2000, 870 (873).
[242] *Katzenberger* S. 99; s. auch *Katzenberger* AfP 1997, 434 (440 f.): 1984; *Katzenberger* AfP 1998, 479 (485); *Rath-Glawatz/Dietrich* AfP 2000, 222 (230): 1984; ebenso *Rehbinder/Lausen/Donhauser* UFITA 2000/II, 395 (401), s. auch BGH GRUR 1997, 464 (465) – CB-Infobank II.
[243] *Nordemann/Schierholz* AfP 1998, 365 (367); *Schulze* ZUM 2000, 432 (443).
[244] *Ehmann/Fischer* GRUR-Int 2008, 284 (286).
[245] OLG München GRUR-RR 2004, 33 (34) – Pumuckl-Illustrationen – für Kinderbücher; vgl. auch *Endter* FS Engelschall, 1996, 199 ff.
[246] So LG München MMR 2000, 291 (294) für 1996; LG Berlin ZUM 2014, 251 für Fernsehtalkshow 1985; aA für die Online-Nutzung von Print-Beiträgen freier Autoren *Rath-Glawatz/Dietrich* AfP 2000, 222 (227) unter Berufung auf *Katzenberger*.
[247] OLG Frankfurt a. M. ZUM 2000, 595 (596) – Sturm am Tegernsee.
[248] *Böll* S. 22; *Ruijsenaars* FS Schricker, 1995, 597 (601).
[249] Loewenheim/*Schertz* § 79 Rn. 2.
[250] Fromm/Nordemann/*J. B. Nordemann* UrhG Vor §§ 31 ff. Rn. 422; Loewenheim/*Schertz* § 79 Rn. 4.
[251] Loewenheim/*Schertz* § 79 Rn. 6.
[252] OLG Frankfurt a. M. WRP 2014, 1344 – Landeswappen.
[253] Vgl. *Franz* ZUM 2017, 207 (207 f.); ähnlich *Hilgert* CR 2017, 472 (473).
[254] *Franz* ZUM 2017, 207 (209).

akustischer Form auszeichnet, ist für die Frage danach, ob es sich bei VR um eine unbekannte Nutzungsart handelt, schwieriger zu beurteilen, ob es sich auch um eine wirtschaftliche eigenständige Verwendungsform handelt. Jedenfalls bei den HMDs mit eigenem Display ist von einer Qualitätssteigerung und damit einer wirtschaftlich relevanten zusätzlichen Ausbeutung auszugehen (dazu → Rn. 34). Eine neue Vertriebsstruktur ist hierfür nicht zu fordern und auch allein aus Gründen der Rechtsunsicherheit hinsichtlich der Feststellung der wirtschaftlichen Relevanz der Ausbeutung lässt sich eine wirtschaftlich eigenständige Verwendungsform und damit eine unbekannte Nutzungsart nicht verneinen.[255] Es kann von 2012 als Bekanntheitszeitpunkt von VR für Spiele ausgegangen werden.[256]

III. Schriftform für Verträge (Abs. 1 S. 1)

1. Überblick

54   § 31a räumt dem Urheber jetzt die Möglichkeit ein, auch für die unbekannten Nutzungsarten die Nutzungsrechte vorab einzuräumen. Allerdings steht diese Übertragung unter der Bedingung, dass der Urheber bei Bekanntwerden der Nutzungsart die Rechteeinräumung nicht widerruft. Dies kann nicht abbedungen werden kann. Damit handelt es sich um eine gesetzlich zwingende Bedingung, die auch **gegenüber Dritten** wirkt (siehe auch § 32c Abs. 2) was entsprechende Auswirkungen auch in der Lizenzkette haben kann. Da es einen gutgläubigen Erwerb von Rechten nicht gibt, kann auch ein Dritter die Nutzungsrechte nur in dem Umfang erwerben, wie sie der ursprüngliche Lizenznehmer erhalten hat, ein Widerruf schlägt demgemäß folgerichtig auch auf den Dritten durch.[257] Mit dem Widerruf fällt das Recht uneingeschränkt an den Urheber zurück. Zur Treuepflicht gegenüber dem Lizenznehmer bzw. Verwerter (→ Rn. 81).

55   Ferner gewährt § 32c dem Urheber zwingend einen Anspruch auf eine gesonderte angemessene Vergütung, falls die unbekannte Nutzungsart genutzt wird. Das im Grundsatz vertragliche Schuldverhältnis wird durch das Gesetz teilweise zwingend ausgestaltet; zu dem Vertrag tritt mit Nutzung der Rechte an den unbekannten Nutzungsarten ein gesetzliches Schuldverhältnis hinzu.[258]

56   Die Regelung über unbekannte Nutzungsarten erfasst indes nicht nur die eigentliche Einräumung der Rechte an unbekannten Nutzungsarten, sondern – wie schon der Wortlaut von § 31a Abs. 1 S. 1 nahelegt – auch eine Verpflichtung dazu, also auch **Optionen**.[259] Ausführlich hierzu → § 40 Rn. 16 ff.

57   Die Einordnung der Übertragung oder Verpflichtung hierzu, als bedingt durch das Widerrufsrecht, löst indes noch nicht die Frage, ob der Widerruf aufschiebende (§ 158 Abs. 1 BGB) oder auflösende (§ 158 Abs. 2 BGB) Wirkung hat. Bei einer aufschiebenden Bedingung wäre die von der Bedingung abhängig gemachte Rechtsfolge einstweilen suspendiert. Der Widerruf würde somit die Rechtseinräumung oder Verpflichtung mit **ex-tunc-Wirkung** aufheben, der Verwerter würde die Rechte an den unbekannten Nutzungsarten rückwirkend verlieren.[260] Bei der auflösenden Bedingung träte die Rechtsfolge ab dem Zeitpunkt des Widerrufs ein, so dass der frühere Rechtszustand **ex-nunc** wieder hergestellt würde, der Verwerter behielte also die Rechte bis zur Ausübung des Widerrufsrechts.[261] Erst dann würden eingeräumte Nutzungsrechte wieder an den Urheber zurückfallen.

58   Gegen eine ex-tunc und für eine ex-nunc-Wirkung des Widerrufs wird angeführt, dass der Wortlaut des § 31a für eine aufschiebende Bedingung („kein Widerruf") nichts hergebe.[262] Die §§ 31a, 32c enthielten kein Verbot der Aufnahme der Nutzung auf die neue Nutzungsart vor Ablauf der Widerspruchsfrist.[263] Systematisch spreche insbesondere § 32c Abs. 1 S. 3 gegen eine ex-tunc-Wirkung, wonach dem Einräumungsempfänger die (legale) Möglichkeit zustehe, die Rechte auch ohne Entscheidung des Urhebers nicht zu widerrufen, zu nutzen. Sonst könnte eine (vertraglich) angemessene Vergütung nach § 32c nicht geschuldet sein, sondern nur nach § 97 als Schadensersatz in Form einer angemessenen Lizenzgebühr. Die Geltendmachung einer vertraglichen Vergütung neben einem deliktischen Anspruch für dieselbe Nutzungshandlung sei aber konstruktiv unmöglich.[264] Dem ist entgegenzuhalten, dass § 32c als zusätzlicher gesetzlicher Vergütungsanspruch ausgestaltet ist.[265] Dieser besteht zusätzlich zu einem vertraglichen Anspruch, soweit der vertragliche Anspruch den gesetzli-

---

[255] So im Ergebnis auch Fromm/Nordemann/*J. B. Nordemann* UrhG § 31a Rn. 49; aA *Franz* ZUM 2017, 207 (212 ff.).

[256] Vgl. *Franz* ZUM 2017, 207 (213).

[257] Dreier/Schulze/*Schulze* UrhG § 31a Rn. 60, 80; Fromm/Nordemann/*J. B. Nordemann* UrhG § 31a Rn. 61; *Wandtke*/Bullinger/Grunert UrhG § 31a Rn. 75, 82.

[258] Dreier/Schulze/*Schulze* UrhG § 31a Rn. 58.

[259] Dreier/Schulze/*Schulze* UrhG § 31a Rn. 77; Fromm/Nordemann/*J. B. Nordemann* UrhG § 31a Rn. 16.

[260] BeckOK BGB/*Rövekamp* § 158 Rn. 20.

[261] BeckOK BGB/*Rövekamp* § 158 Rn. 23; BeckOK UrhG/*Soppe* § 31a Rn. 12.

[262] Fromm/Nordemann/*J. B. Nordemann* UrhG § 31a Rn. 59.

[263] DKMH/*Kotthoff* UrhG § 31a Rn. 15.

[264] Fromm/Nordemann/*J. B. Nordemann* UrhG § 31a Rn. 59; ebenso für eine ex-nunc-Wirkung Mestmäcker/Schulze/*Scholz* UrhG § 31a Rn. 30 (45. EL, Dez. 2007); wohl auch *Berger* GRUR 2005, 907 (909.).

[265] BT-Drs. 16/1828, 22, 25.

chen Anspruch nicht bereits abdeckt.[266] Ein Nebeneinander von vertraglicher Vergütung und deliktischem Anspruch liegt somit nicht vor. § 32c enthält zudem lediglich eine finanzielle Kompensation.[267] Das Widerrufsrecht dient gerade der Wahrung der urheberpersönlichkeitsrechtlichen Interessen des Urhebers, darüber zu entscheiden, ob er überhaupt mit der Nutzung des Werkes auf die neue Art einverstanden ist. Der Verwerterseite wird damit der Einwand genommen, es sei zwischenzeitlich bereits über die vom Rückfall tangierten Rechte zu Lasten des Urhebers verfügt worden. Das Widerrufskonzept darf nicht dazu dienen, den Verwertern durch das Unterlassen der Mitteilung der neuen Art der Werknutzung die (heimliche) Schaffung vollendeter Tatsachen zu Lasten der Urheber zu ermöglichen.[268]

Vor allem aber die mit dem beabsichtigten Schutz des Urhebers zusammenhängende **Beweislast-** **59** **verteilung** spricht dafür, von einer aufschiebenden Bedingung auszugehen: Wer aus einem Rechtsgeschäft Rechte herleitet, trägt die Beweislast dafür, dass das Rechtsgeschäft ohne aufschiebende Bedingung vorgenommen worden ist.[269] Er ist ebenso für den Bedingungseintritt beweispflichtig.[270] Die Gegenpartei trägt die Beweislast für die Vereinbarung und den Eintritt einer auflösenden Bedingung.[271] Da das Widerrufsrecht zwingend ist, steht die Rechtseinräumung oder eine Verpflichtung hierzu schon von Gesetzes wegen stets unter der Bedingung der Nichtausübung. Der Beweis des Gegenteils kann somit niemals erbracht werden. Allerdings bleibt die Beweislast für den Eintritt der Bedingung, mithin der Nichtausübung des Widerrufs. Geht man von einer aufschiebenden Bedingung aus, obliegt es dem Verwerter bzw. Lizenznehmer, nachzuweisen, dass der Urheber über die neue Nutzungsart informiert wurde und keinen Widerruf ausgeübt hat. Der Gesetzgeber hat zwar hierzu keine eindeutige Stellung bezogen,[272] doch spricht der vom Gesetzgeber eindeutig in den Vordergrund gestellte Schutz des Urhebers dafür, die Beweislast für den nicht erfolgten Widerruf dem Verwerter aufzubürden. Dem entspricht eine Qualifikation des Widerrufs als **aufschiebende Bedingung.**[273] Nähme man eine auflösende Bedingung an, müsste der Urheber beweisen, dass der Widerruf erfolgt ist und damit der Rechtserwerb aufgehoben wurde. § 31a soll aber gerade weiterhin Schutzvorschrift zu Gunsten des Urhebers sein, gleichzeitig aber die Verwertung von Werken erleichtern, indem die ansonsten langwierige und kostspielige Suche nach den Urhebern, die bei Bekanntwerden neuer Nutzungsarten vor einer Verwertung notwendig würde, um die entsprechenden Nutzungsrechte zu erwerben, entfallen kann, wenn bereits unbekannte Nutzungsarten eingeräumt werden können. Sofern also nicht gerade dieser Zweck der Rechtsänderung berührt ist, dürften dem Urheber durch die Rechtsänderung nicht mehr Obliegenheiten auferlegt werden, als er bereits aufgrund des § 31 Abs. 4 aF hatte. Folglich dürfte die Ausübung des Widerrufs den Urheber nicht mehr Aufwand kosten als die Berufung auf § 31 Abs. 4 aF. In diesem Fall hätte aber der Verwerter, der geltend macht, Inhaber von Nutzungsrechten zu sein, beweisen müssen, dass die entsprechende Nutzungsart zum Zeitpunkt des Vertragsschlusses nicht unbekannt war. Darüber hinaus kann dem Verwerter zugemutet werden, sich darum zu bemühen, dass Klarheit herrscht, ob der Urheber den Widerruf ausüben will, sei es durch Nachfragen oder gar durch eine einvernehmliche Regelung. In der **Insolvenz** ändert sich am Widerrufsrecht des Urhebers nichts: Da das Urheberrecht gem. § 29 Abs. 1 ein grds. unveräußerliches Recht ist, fällt es gem. § 36 Abs. 1 S. 2 InsO iVm § 857 Abs. 3 ZPO nicht in die Insolvenzmasse.[274] § 857 Abs. 3 ZPO erfasst sowohl das Urheberrecht als Ganzes, als auch die einzelnen aus dem Urheberpersönlichkeitsrecht folgenden Berechtigungen.[275] Da das Widerrufsrecht auch Ausdruck des Urheberpersönlichkeitsrechts ist,[276] wird das Widerrufsrecht folglich nicht von den insolvenzrechtlichen Verfügungsbeschränkungen des § 80 Abs. 1 InsO erfasst, sodass der Urheber in der Insolvenz weiterhin die Einräumung von Nutzungsrechten an unbekannten Nutzungsarten widerrufen kann.[277] Aber auch in der Insolvenz des Erwerbers kann der Urheber noch die Einräumung der Nutzungsrechte widerrufen.[278] § 103 InsO enthält ein Wahlrecht des Insolvenzverwalters, einen gegenseitigen Vertrag, der von beiden Seiten noch nicht vollständig erfüllt wurde, zu erfüllen oder die Erfüllung abzulehnen. Das Wahlrecht besteht dabei sowohl im Interesse der allgemeinen Gläubiger,[279] als auch zum Schutz des Vertragspartners. Es soll dem Insolvenzverwalter ermöglichen, das Massevermögen zu Gunsten der allgemeinen Gläubiger bestmöglich zu vermehren

---

[266] Dreier/Schulze/*Schulze* UrhG § 32c Rn. 9.
[267] BT-Drs. 16/1828, 25.
[268] *Hertin* UrhR S. 119 Rn. 388.
[269] BGH NJW 1985, 497; 2002, 2862 (2863).
[270] BGH NJW 1981, 2403 (2404); 1998, 1302.
[271] BGH MDR 1966, 571; NJW 2000, 362 (363).
[272] Begr. RegE BT-Drs. 16/1828, 24.
[273] Ebenso Dreier/Schulze/*Schulze* UrhG § 31a Rn. 61; *Schulze* UFITA 2007/III, 641 (671); *Hertin* UrhR S. 119 Rn. 388; anders *Wandtke*/Bullinger/*Grunert* UrhG § 31a Rn. 75.
[274] Fromm/Nordemann/*Boddien* UrhG Nach § 119 Rn. 2.
[275] Dreier/Schulze/*Schulze* UrhG § 112 Rn. 4; Fromm/Nordemann/*Boddien* UrhG Nach § 119 Rn. 2; Wandtke/Bullinger/*Kefferpütz* UrhG § 112 Rn. 9.
[276] → Rn. 1, 10 f.; *Castendyk* ZUM 2002, 332 (333); *Kitz* GRUR 2006, 548 (549).
[277] Ebenso Dreier/Schulze/*Schulze* UrhG § 31a Rn. 61.
[278] So Dreier/Schulze/*Schulze* UrhG § 31a Rn. 61.
[279] Vgl. § 1 S. 1 InsO.

und vor Verlusten zu bewahren.[280] Da urheberrechtliche Nutzungsverträge regelmäßig als Dauernutzungsverträge zu qualifizieren sind,[281] kann § 103 InsO auch hier zur Anwendung kommen. Die Ausübung des Widerrufsrechts könnte somit dieses Wahlrecht des Insolvenzverwalters unterlaufen. Jedoch gelten bedingt begründete Rechte im Insolvenzfall als bereits bestehend.[282] Dies gilt selbst dann, wenn die Bedingung erst nach Insolvenzeröffnung eintritt.[283] Zur Insolvenzmasse gehören folglich solche Nutzungsrechte nicht, die dem Schuldner nur aufschiebend bedingt eingeräumt wurden.[284] Da die Einräumung von Nutzungsrechten an unbekannten Nutzungsarten aufschiebend bedingt hinsichtlich der Nichtausübung des Widerrufs erfolgt, dürften Nutzungsrechte an unbekannten Nutzungsarten somit nicht in die Insolvenzmasse des Lizenznehmers fallen. Anderes würde hinsichtlich der Verpflichtung zur Einräumung von Rechten an unbekannten Nutzungsarten als der Nutzungsrechtseinräumung zugrundeliegendes Verpflichtungsgeschäft (→ § 31 Rn. 24) gelten. Hier tritt erst mit Einräumung der Nutzungsrechte an unbekannten Nutzungsarten Erfüllung ein. Mithin würde das Verpflichtungsgeschäft grds. unter § 103 InsO fallen. Sofern der insolvente Verwerter seine regelmäßig in einem Geldbetrag bestehende Gegenleistung erbracht hat, wäre aber der Vertrag bereits vom Schuldner erfüllt und damit der Anwendungsbereich des § 103 Abs. 1 InsO nicht eröffnet. Jedenfalls aber wäre bei der Verwertung der so eingeräumten Nutzungsrechte das Einwilligungserfordernis des § 34 Abs. 1 zu beachten.

2. Vertragsgegenstand

60   Erfasst werden können von § 31a nur Rechteeinräumungen an urheberrechtlich geschützten Werken in der Form, wie es der Urheber veröffentlicht hat. Mit der Einräumung von unbekannten Nutzungsarten ist **nicht das Recht zur Bearbeitung oder Umgestaltung** verbunden.[285] Geht mit der unbekannten Nutzungsart eine solche Bearbeitung einher, müssen die hierfür erforderlichen Rechte gesondert eingeräumt werden. Zwar lassen sich auch solche Rechte von vornherein einräumen, doch bedürfen sie der hinreichenden Konkretisierung,[286] was gerade bei unbekannten Nutzungsarten schwierig sein dürfte.

61   Eingeräumt werden die unbekannten Nutzungsarten entsprechend den allgemeinen urhebervertraglichen Grundsätzen (→ § 31 Rn. 6 ff.) als Ausschnitt aus dem jeweiligen Verwertungsrecht, so dass alle üblichen lizenzvertraglichen Prinzipien hier zur Anwendung gelangen. Anders als die bekannten Nutzungsarten, **müssen die unbekannten Nutzungsarten selbstverständlich nicht näher bezeichnet** werden, was logisch ein Unding wäre.[287] Konkretisierungen, die aber nicht auf die Nutzungsart bezogen sind, können allenfalls hinsichtlich bereits absehbarer Änderungen oder Anpassungen des Werkes erforderlich sein.[288] Spricht der Vertrag nur allgemein von „allen" Nutzungsarten, so sollen davon nicht die unbekannten Nutzungsarten umfasst sein, selbst bei Einhaltung der Schriftform.[289] Indes wird es hier entsprechend den allgemeinen Vertragsauslegungsgrundsätzen darauf ankommen, was die Parteien gewollt haben, so dass bei gemeinsamem Grundverständnis davon auch die unbekannten Nutzungsarten umfasst sein können.

Im Anschluss an Entscheidungen des BGH zu Lizenzverträgen vor Inkrafttreten des UrhG 1965, für die der BGH eine ausdrückliche Erklärung des Urhebers zur Einräumung auch unbekannter Nutzungsarten verlangte[290] und zudem eine Klausel allein in **allgemeinen Geschäftsbedingungen** für nicht ausreichend hielt,[291] wird gefolgert, dass auch nach neuem Recht eine solche **individuelle, ausdrückliche Erklärung** erforderlich sei, mithin allein allgemeine (Lizenz-)Vertragsbedingungen nicht ausreichen würden.[292] Dies dürfte jedoch gerade angesichts der zwingenden Rechte für den Urheber zum Widerruf etc. **zu weit gehen.** Solange es sich nicht zudem um überraschende Klauseln handelt, können auch durch allgemein vorformulierte Lizenzverträge (wie sie in der Praxis gang und gäbe sind) entsprechende unbekannte Nutzungsarten einbezogen werden, es bedarf keiner besonderen individuell erklärten Einräumung.

62   Eingeräumt werden können sowohl **einfache, als auch ausschließliche Nutzungsrechte.** Ebenso können räumlich, zeitliche oder inhaltlich beschränkte Rechte eingeräumt werden, wobei allerdings die gleichen Einschränkungen für eine dingliche Wirkung wie bei bekannten Nutzungsar-

[280] Wandtke/Bullinger/*Bullinger* InsO §§ 103, 105, 108 Rn. 2.
[281] BGH GRUR 2006, 435 (437); → Vor §§ 31 ff. Rn. 79.
[282] BGH NJW 2003, 2744 (2746); 2006, 435 (436).
[283] BGH NJW 1955, 544; 1978, 642 (643).
[284] BGH GRUR 2006, 435 (436).
[285] Dreier/Schulze/*Schulze* UrhG § 31a Rn. 64.
[286] → Vor §§ 12 ff. Rn. 28b.
[287] Begr. RegE BT-Drs. 16/1828, 24.
[288] Dreier/Schulze/*Schulze* UrhG § 31a Rn. 67.
[289] So Dreier/Schulze/*Schulze* UrhG § 31a Rn. 67; Fromm/Nordemann/*J. B. Nordemann* UrhG § 31a Rn. 53; *Schulze* UFITA 2007/III, 641 (661).
[290] BGH GRUR 2011, 714 Rn. 21 ff. – Der Frosch mit der Maske: eindeutige Erklärung erforderlich auch vor 1965.
[291] BGH ZUM 2011, 498 Rn. 12, 15 – Weltverfilmungsrechte.
[292] So *Kloth* GRUR-Prax 2011, 285 (287).

ten gelten,[293] die aber schuldrechtlich nicht eingreifen. So können die unbekannten Nutzungsarten auf bestimmte Technologien beschränkt werden, zB Verbreitungsformen bzw. -technologien.[294] Das Widerrufsrecht ist indes absolut zwingend und kann nicht in irgendeiner Form unterlaufen werden.

3. Zweckübertragungslehre

Auch für § 31a gilt die Zweckübertragungslehre nach § 31 Abs. 5.[295] § 31a regelt lediglich einen   **63**
Sonderfall des § 31. Anders als für die Konkretisierung der Nutzungsart selbst, die per se nicht vorgenommen werden kann, können für die genaue Umschreibung der Bereiche, für die die Rechte an der unbekannten Nutzungsart verwandt werden sollen, ähnliche Anforderungen wie für bekannte Nutzungsarten gestellt werden. So kann auch für unbekannte Nutzungsarten verlangt werden, dass die Nutzerkreise oder Märkte angegeben werden, für die die Rechte an der unbekannten Nutzungsart genutzt werden sollen – vorausgesetzt, dass sich dies schon zum Zeitpunkt des Vertragsschlusses konkretisieren lässt.[296] Auch Weiterübertragungsrechte für Rechte an unbekannten Nutzungsarten müssen ausdrücklich eingeräumt werden.[297]

Die Regelungen waren rechtspolitisch umstritten:[298] Der sog. Kölner Entwurf (KE)[299] sah in seiner Fassung des § 31 Abs. 5 UrhG-KE eine nicht unerhebliche Verschärfung der Spezifizierungslast vor. In § 31 Abs. 5 UrhG-KE hieß es: „Die Einräumung eines ausschließlichen Nutzungsrechts erfasst nur diejenigen Nutzungsarten, die in dem der Einräumung zugrundeliegenden Vertrag ausdrücklich einzeln bezeichnet wurden und die der Erwerber dieser Rechte benötigt, um den von den Parteien vereinbarten Vertragszweck zu erreichen."[300] Damit sollte der Situation begegnet werden, dass § 31 Abs. 5 UrhG durch AGB ausgehebelt werden kann.[301] Der sog. Münchner Entwurf zum Urhebervertragsrecht[302] traf keine entsprechende Regelung. Auch der RefE[303] des Bundesministeriums der Justiz und für Verbraucherschutz (BMJV) übernahm diese Änderung nicht. Schließlich fand eine solche Änderung auch final keinen Einzug in das Gesetz zur verbesserten Durchsetzung des Anspruchs der Urheber und ausübenden Künstler auf angemessene Vergütung und zur Regelung der Frage der Verlegerbeteiligung.[304]

4. Schriftform

Die Schriftform nach § 126 BGB ist zwingend einzuhalten, kann aber auch durch die elektronische   **64**
Form mit qualifizierter elektronischer Signatur[305] nach § 126a BGB ersetzt werden, § 126 Abs. 3 BGB. Als Schriftform gilt eine von beiden Vertragspartnern eigenhändig unterzeichnete oder zwei gleichlautende und von jeweils einem Vertragspartner unterzeichnete Urkunden.[306] Vorschläge aufgrund der Erwartung, dass Nutzungsverträge zukünftig in zunehmender Weise auf dem elektronischen Weg geschlossen werden,[307] bereits die Textform gem. § 126b BGB genügen zu lassen,[308] haben als Recht wegen der Warnfunktion der Schriftform nicht durchgesetzt. Denn das Formerfordernis des § 31a Abs. 1 S. 1 dient nicht nur Dokumentations- und Informationszwecken, sondern soll vor allem dem Urheber die Tragweite seiner Rechtseinräumung vor Augen führen.[309]

---

[293] Hierzu bereits → Rn. 27; Loewenheim/*J. B. Nordemann* § 27 Rn. 2 f.

[294] BT-Drs. 16/1828, 24.

[295] So auch Dreier/Schulze/*Schulze* UrhG § 31a Rn. 74; Fromm/Nordemann/*J. B. Nordemann* UrhG § 31 Rn. 172; *Wandtke*/Bullinger/*Grunert* UrhG § 31a Rn. 14; *Schuchardt* S. 58.

[296] Dreier/Schulze/*Schulze* UrhG § 31a Rn. 74; *Schulze* UFITA 2007/III, 641 (661); dagegen *Klöhn* K&R 2008, 77 (79): Da die Nutzungsart noch unbekannt ist, sei eine den Anforderungen des § 31 Abs. 5 genügende Bestimmung bei zukünftigen Nutzungsarten überhaupt nicht möglich; so auch *Schuchardt* S. 56.

[297] Dreier/Schulze/*Schulze* UrhG § 31a Rn. 74; *Schulze* UFITA 2007/III, 641 (661).

[298] Zum Kölner und Münchner Entwurf vgl. die aus den unterschiedlichen Perspektive vorgenommenen Stellungnahme von *Sprang* ZUM 2015, 451 ff.; *Soppe* ZUM 2015, 457 ff.: *Hesse* ZUM 2015, 460 ff.; *Grewenig* ZUM 2015, 462 ff.; *Schwarz* ZUM 2015, 466 ff.; *Houareau* ZUM 2015, 469 ff.; *Kasten* ZUM 2015, 479 ff.; *Wandtke* ZUM 2015, 488 ff.

[299] http://koelner-forum-medienrecht.de/sites/all/files/kfm/veranstaltungen/download/koelner_entwurf_urheberertragsrecht_20141107_l.pdf: dazu *von Becker* GRUR-Prax 2015, 4 ff.; *Pfeifer* ZUM 2015, 437 ff.; *Pfennig* ZUM 2015, 443 ff.

[300] http://koelner-forum-medienrecht.de/sites/all/files/kfm/veranstaltungen/download/koelner_entwurf_urheberertragsrecht_20141107_l.pdf: S. 3.

[301] http://koelner-forum-medienrecht.de/sites/all/files/kfm/veranstaltungen/download/koelner_entwurf_urheberertragsrecht_20141107_l.pdf: S. 12; *von Becker* GRUR-Prax 2015, 4 (4 f.), welcher dies stark kritisiert.

[302] http://www.skwschwarz.de/files/muenchner entwurf zum urhebververtragsrecht.pdf.

[303] Entwurf eines Gesetzes zur verbesserten Durchsetzung des Anspruchs der Urheber und ausübenden Künstler auf angemessene Vergütung abrufbar im Internet: http://www.urheber.info/sites/default/files/story/files/bmjv-referentenentwurfurhebervertragsrecht-2015-10-05.pdf; dazu → Vor §§ 31 ff. Rn. 14a; *Kreile*/*Schley* ZUM 2015, 837 ff.

[304] Gesetz zur verbesserten Durchsetzung des Anspruchs der Urheber und ausübenden Künstler auf angemessene Vergütung und zur Regelung von Frage der Verlegerbeteiligung, BGBl. I S. 3037.

[305] Zu deren inhaltlichen Anforderungen siehe § 7 SigG.

[306] § 126 Abs. 2 S. 1, 2 BGB.

[307] Berger/Wündisch/*Berger* § 1 Rn. 110.

[308] *Berger* GRUR 2005, 907 (909) *Berger*/Wündisch, Urhebervertragsrecht, § 1 Rn. 110.

[309] *Schuchardt* S. 61; aA *Berger*/Wündisch § 1 Rn. 110, der davon ausgeht, dass der Urheber bereits durch das Widerrufsrecht hinreichend geschützt werde.

65   Nur die Einräumung der Rechte an den **unbekannten** Nutzungsarten oder die Verpflichtung hierzu muss schriftlich fixiert werden, nur hierauf bezieht sich die Schriftform. Die Schriftform muss aber überall dort beachtet werden, wo unbekannte Nutzungsarten einbezogen werden sollen, etwa bei allen Änderungen bestehender Verträge, Erstreckung von bereits bestehenden Rechtseinräumung auf unbekannte Nutzungsarten, etwa Umgestaltung des Werkes etc;[310] ansonsten bleiben diese Rechte beschränkt auf bekannte Nutzungsarten. Demgegenüber können Rechte an bekannten Nutzungsarten wie bislang auch mündlich eingeräumt werden – wenngleich dies in der Praxis nur selten der Fall sein dürfte, da schon aufgrund der Zweckübertragungslehre gem. § 31 Abs. 5 möglichst zahlreiche Rechte und Nutzungsarten aufgeführt und dokumentiert werden.

66   Schon der Wortlaut des § 31a Abs. 1 S. 1 („Vertrag") legt nahe, dass die Schriftform sich auf den **ganzen Vertragsinhalt** erstreckt, der mit der Einräumung der Rechte an unbekannten Nutzungsarten oder der Verpflichtung hierzu verbunden ist, und nicht nur die Einräumung der Rechte oder Verpflichtung selbst. Haben die Parteien etwa eine Vergütungsregelung schon vorab vereinbart – auch wenn der Anspruch auf angemessene Vergütung erst mit der Aufnahme der neuen Art der Werknutzung entsteht, § 32c Abs. 1 S. 1 – erstreckt sich die Schriftform auch hierauf. Zwingend ist eine solche Vergütungsregelung indes nicht.

5. Ausnahme vom Schriftformerfordernis: Open Content

67   Eine Ausnahme vom Schriftformerfordernis enthält § 31a Abs. 1 S. 2 für unentgeltlich eingeräumte Nutzungsrechte für jedermann. Damit will der Gesetzgeber explizit – ähnlich wie in §§ 32 Abs. 3 S. 3, 32c Abs. 3 S. 2 – keine formalen Hindernisse für die Open Content- und Open Source-Bewegung aufstellen, um jedermann die Weiterentwicklung von Inhalten aufgrund dieser Lizenzformen zu ermöglichen.[311] Eine Werknutzung soll ohne direkten Kontakt zu dem Urheber möglich sein, der zudem angesichts der typischerweise kollaborativ erstellten Werke mit entsprechend vielen Urhebern auch gar nicht möglich wäre.[312] Es ist indes durchaus fraglich, ob es tatsächlich solcher Sonderregelungen bedarf, da gerade die Open Content- und Open Source-Lizenzen häufig darauf beruhen, dass bei jeder neuen Bearbeitung fiktiv davon ausgegangen wird, dass die Lizenz neu vereinbart wird.[313] Insofern würden bei Bekanntwerden neuer Nutzungsarten diese gleich von der dann wiederum erteilten Lizenz umfasst.

68   Es muss sich um **einfache Nutzungsrechte** handeln.[314] Die Rechteeinräumung darf nicht auf bestimmte Personen beschränkt sein und es muss sich um ein Angebot an **jedermann**, ad incertas personas, handeln.[315] Mehr verlangt das Gesetz allerdings nicht, insbesondere nicht, dass – wie häufig bei Creative Commons- oder Open Source-Lizenzen anzutreffen – die Rechteeinräumung davon abhängig gemacht wird, dass der Lizenznehmer sich verpflichtet, sein neues Werk wiederum unter die gleiche Lizenz zu stellen.

69   Auch wenn das Gesetz keine Schriftform in diesen Fällen fordert, muss doch wenigstens erkennbar sein, dass der Urheber die Rechte an unbekannten Nutzungsarten einräumen will und nicht nur an bekannten Nutzungsarten.[316] Denn auch hier gilt die Zweckübertragungslehre, § 31 Abs. 5.[317] In der Regel ist allerdings gerade bei Open Content (Creative Commons) Lizenzen davon auszugehen, dass sie keinen Beschränkungen unterliegen sollen, um die freie Weiterentwicklung des Werkes zu gewährleisten.

6. Rechtsfolgen und Heilung

70   Wird die Schriftform nicht eingehalten, ist der Vertrag über die unbekannten Nutzungsarten und die Einräumung der Rechte unwirksam. Eine Heilungsmöglichkeit, etwa indem der Verwerter ohne Widerruf und ohne Widerspruch des Urhebers die Nutzung der neuen Nutzungsarten aufnimmt, besteht nicht.[318] Gerade bei einer im Gesetz nicht vorgesehenen Heilung durch Erfüllung liefe der Schutzzweck des § 31a leer.[319] Eine Heilung des Formmangels ist damit nur durch erneute Vornahme des formgültigen Rechtsgeschäfts durch Urheber und Vertragspartner entsprechend der Formvor-

---

[310] Dreier/Schulze/*Schulze* UrhG § 31a Rn. 76.
[311] BT-Drs. 16/5939, 44.
[312] Näher zu Open Content- und Open Access-Lizenzen *Mantz* in Spindler, Rechtliche Rahmenbedingungen von Open Access-Publikationen, S. 55 ff.; zu Open Source-Lizenzen *Jaeger/Metzger* Open Source Software Rn. 23 ff.
[313] So *Jaeger/Metzger* Open Source Software Rn. 27, 126; krit. *Spindler* in Spindler, Rechtsfragen bei Open Source, 2004, S. 21, 53 ff.
[314] Dazu → § 31 Rn. 46 ff.
[315] So für die Open Source-Lizenz auch *Jaeger/Metzger* Open Source Software Rn. 27, 126; allgemein zu einem Angebot ad incertas personas MüKo/*Busche* BGB § 145 Rn. 13 f., 17; BGH NJW 2002, 363 (364), BGH NJW 2005, 53 (54).
[316] Ähnlich Dreier/Schulze/*Schulze* UrhG § 31a Rn. 84.
[317] *Spindler* in Spindler, Rechtsfragen bei Open Source, 2004, S. 21, 71 Rn. 59 ff.
[318] Fromm/Nordemann/*J. B. Nordemann* UrhG § 31a Rn. 51; Mestmäcker/Schulze/*Scholz* UrhG § 31a Rn. 18 (45. EL, Dez. 2007); *Wandtke*/Bullinger/*Grunert* UrhG § 31a Rn. 61.
[319] *Wandtke*/Bullinger/*Grunert* UrhG § 31a Rn. 61.

schrift möglich (§ 141 BGB).[320] Bei Verletzung der Schriftform verbleiben die Rechte somit beim Urheber, allerdings nur hinsichtlich der Rechte an unbekannten Nutzungsarten. Nur dies ist vom Schriftformerfordernis erfasst.[321] Inwieweit sich der Verwerter auf den Einwand des Rechtsmissbrauchs (§ 242) durch den Urheber berufen kann, ist bislang ungeklärt. In Ausnahmefällen kann die Berufung des Urhebers auf den Formmangel nach den allgemeinen Grundsätzen von Treu und Glauben unbeachtlich sein, etwa dann, wenn die Parteien die Vereinbarung bei Kenntnis der Werknutzung auch auf unbekannte Nutzungsarten längere Zeit als gültig behandelt haben, und auch der Urheber hieraus erhebliche Vorteile gezogen hat, bspw. für die Werknutzung auf unbekannte Nutzungsarten angemessen vergütet wurde.[322] Da die Schriftform gerade dem Schutz des Urhebers dienen soll, dürfte ein solcher Ausnahmefall selten vorliegen und damit der Einwand des Rechtsmissbrauchs gegenüber der Verletzung der Schriftform in aller Regel nicht durchschlagen.

Die **Beweislast** für die Einhaltung der Schriftform trägt der Lizenznehmer bzw. Vertragspartner, da **71** er für sich die Rechte an den unbekannten Nutzungsarten reklamiert.[323] Dies entspricht auch dem Schutzzweck der Norm bzw. dem Schutz des Urhebers. Auch für die Open Content-Klausel gilt, dass derjenige, der sich hierauf beruft, die Voraussetzungen darlegen und beweisen muss, also, dass es sich um eine für jedermann zugängliche Einräumung von einfachen Nutzungsrechten handelt.[324]

IV. Widerruf (Abs. 1 S. 3)

1. Schutzzweck

Neben der Schriftform dient vor allem das zwingende, nicht abdingbare Recht auf Widerruf dem **72** Schutz des Urhebers. Damit soll dem Urheber die Gelegenheit gegeben werden, seine frühere Entscheidung zu überdenken, sobald die neue Nutzungsart bekannt geworden ist. Dies soll gleichzeitig auch das in der Regel bestehende Ungleichgewicht zwischen den Vertragspartnern ausgleichen.[325] Das Gesetz schlägt damit eine Kompromisslinie zwischen einer vollständigen, endgültigen Einräumung von Rechten von Anfang an, wie sie etwa das US-amerikanische Recht kennt, und der früheren Regel des deutschen Urheberrechts ein. Dadurch wird erreicht, dass sich der Verwerter gerade bei mehreren Urhebern[326] in einer besseren Rechtsposition als früher befindet, andererseits aber der Urheber sich nicht von vornherein seiner Rechte vollständig entledigt. Während der Diskussion um die Reform ist zwar die Befürchtung geäußert worden, dass der Urheber sofort nach Vertragsschluss die gerade eben eingeräumten Rechte widerrufen könne,[327] dies ist in der Praxis bislang aber offenbar nicht eingetreten und ist auch nicht zu erwarten, da der Urheber ja bezüglich der bekannten Nutzungsarten nach wie vor in einer vertraglichen Bindung gegenüber seinem Lizenznehmer steht.[328] Zwar gibt es hinsichtlich der Retrodigitalisierung etwa im akademischen Bereich durchaus Bestrebungen, die elektronischen Rechte möglichst von den Printrechten abzuspalten, doch betrifft dies zum einen Spezialfälle, die nicht verallgemeinert werden können, zum anderen können Urheber in solchen Fällen durchaus legitime Interessen haben, ihre Rechte an andere Verwerter zu vergeben, die eher in der Lage sind, die neuen Nutzungsarten wahrzunehmen, etwa wenn ein Verwerter (Verlag) nicht die Investitionen in den Aufbau von Datenbankstrukturen leisten kann.

2. Widerrufsberechtigter

Entsprechend dem Schutzzweck des § 31a dient das Widerrufsrecht nicht nur den wirtschaftlichen, **73** sondern auch den urheberpersönlichkeitsrechtlichen Interessen des Urhebers. Es steht nur dem Urheber bis zu dessen Tod, nicht aber dessen Rechtsnachfolger und Erben zu, § 31a Abs. 2 S. 3. Aufgrund dieses urheberpersönlichkeitsrechtlichen Einschlags und dem Ausschluss eines Übergangs auf den

---

[320] *Wandtke*/Bullinger/*Grunert* UrhG § 31a Rn. 62; Fromm/Nordemann/*J. B. Nordemann* UrhG § 31a Rn. 51.
[321] Begr. RegE BT-Drs. 16/1828, 24; Dreier/Schulze/*Schulze* UrhG § 31a Rn. 79; *Schulze* UFITA 2007/III, 641 (663); dagegen Mestmäcker/Schulze/*Scholz* UrhG § 31a Rn. 16, 18 (45. EL, Dez. 2007); *Wandtke*/Bullinger/*Grunert* UrhG § 31a Rn. 57: Entsprechend § 139 BGB sei der Vertrag im Zweifel im Ganzen nichtig, nicht nur der formbedürftige Teil über unbekannte Nutzungsarten.
[322] *Wandtke*/Bullinger/*Grunert* UrhG § 31a Rn. 63.
[323] Dreier/Schulze/*Schulze* UrhG § 31a Rn. 82; *Schulze* UFITA 2007/III, 641 (663).
[324] Dreier/Schulze/*Schulze* UrhG § 31a Rn. 85.
[325] Begr. RegE BT-Drs. 16/1828, 24.
[326] Und erst recht bei deren Rechtsnachfolgern.
[327] So *Berger* GRUR 2005, 907 (909); ähnlich *Bornkamm* Stellungnahme zum Entwurf eines Zweiten Gesetzes zum Urheberrecht in der Informationsgesellschaft, S. 3: Das Widerrufsrecht berücksichtige nicht ein etwaiges berechtigtes Interesse des Vertragspartners an der Nutzung, abrufbar unter: http://www.urheberrecht.org/topic/Korb-2/st/ra-2006-nov/teil-5/Prof__Bornkamm.pdf (Stand: 15.6.2015); für eine ersatzlose Streichung des Widerrufsrechts, da der Urheber durch den Anspruch auf angemessene Vergütung und urheberpersönlichkeitsrechtliche Vorschriften ausreichend geschützt sei *Stellungnahme der Filmwirtschaft zum Gesetzentwurf der Bundesregierung für ein Zweites Gesetz zur Regelung des Urheberrechts in der Informationsgesellschaft „Zweiter Korb"*, S. 3, abrufbar unter: http://www.urheberrecht.org/topic/Korb-2/st/ra-2006-nov/teil-5/SPIO.pdf (Stand: 15.6.2015); in diesem Sinne auch Fromm/Nordemann/*J. B. Nordemann* UrhG § 31a Rn. 56.
[328] So auch Dreier/Schulze/*Schulze* UrhG § 31a Rn. 86.

Rechtsnachfolger oder Erben des Urhebers ist das Widerrufsrecht insofern als **höchstpersönliches Recht** ausgestaltet.[329] Auch wenn der primär verfolgte Zweck des Erlöschens des Widerrufsrechts mitunter darin gesehen wird, die Verwertung bestehender Werke auf Grundlage umfassender Nutzungsverträge ohne das Erfordernis der mühsamen Nachverfolgung oder Ermittlung etwaiger Rechtsnachfolger zu ermöglichen,[330] so kann dieser Zweck nach dem Tod des Urhebers jedoch nur gerade deswegen vorrangig sein, weil dem Urheberpersönlichkeitsrecht mit dem Tode des Urhebers nach Abwägung mit dem vorgenannten Zweck nicht mehr der Vorrang einzuräumen ist.[331] Der Urheber kann demnach sein Widerrufsrecht auch nicht einem Dritten übertragen,[332] auch nicht in Form einer Treuhandlösung. Kann der Urheber selbst seinen Willen nicht mehr erklären, übt für den Urheber dessen Vormund oder Betreuer das Widerrufsrecht aus. Erst recht kann der Urheber einen Dritten mit der Erklärung beauftragen, etwa einen Rechtsanwalt; dieser darf jedoch nicht nach seinem freien Ermessen den Widerruf erklären, sondern nur als Bote, eine Vertretung scheidet aus.[333]

3. Ausübung des Widerrufs

74   Der Widerruf selbst ist eine einseitige, empfangsbedürftige Willenserklärung und unterliegt den allgemeinen Regeln über Willenserklärungen.[334] Dementsprechend ist auch eine Anfechtung etwa nach § 119 BGB möglich, da die §§ 119 ff. BGB für alle Arten von Willenserklärungen gelten.[335] Die Anfechtung hätte in diesen Fällen allerdings den Schadensersatz nach § 122 Abs. 1 BGB zur Folge. Eine besondere **Form** ist für den Widerruf nicht vorgeschrieben.[336] Aus Gründen der Beweissicherung sind jedoch die üblichen für eine empfangsbedürftige Willenserklärung möglichen Mittel der Dokumentation, dass der Vertragspartner den Widerruf erhalten hat, ratsam, etwa Einschreiben mit Rückschein oder E-Mail mit Lesebestätigung.[337] Ebenso wenig muss der Urheber den Widerruf begründen; er ist frei in seiner Entscheidung. Der Widerruf muss nicht ausdrücklich als solcher bezeichnet werden.[338]

75   Die **Widerrufserklärung** selbst kann beschränkt werden auf die Rechte an jetzt erst bekannt gewordenen Nutzungsarten, sodass Rechte an noch unbekannten Nutzungsarten von dem Widerruf nicht erfasst werden. Der Widerruf kann aber auch pauschal für die Rechte an allen bei Vertragsschluss unbekannten Nutzungsarten erklärt werden.[339] Auch kann sich der Widerruf auf mehrere Verträge erstrecken oder nur auf bestimmte Verträge beschränkt werden.[340] Gegebenenfalls muss durch Auslegung der Erklärung und des Verhaltens des Urhebers ermittelt werden (§§ 133, 157 BGB), ob er die Einräumung der unbekannten Nutzungsarten bzw. die Verpflichtung hierzu widerrufen wollte und für welche Werke.

76   Der Widerruf kann **an den Vertragspartner, aber auch an einen Dritten, der Rechteinhaber geworden ist,** gerichtet werden. Das Gesetz sieht einen bestimmten Erklärungsempfänger nicht vor. Adressat des Widerrufs ist zunächst grundsätzlich der Vertragspartner des Urhebers.[341] Erhält der Urheber die Mitteilung iSd § 31a Abs. 1 S. 4 von einem Dritten, der die Rechte innerhalb der Lizenzkette erworben hat, so kann auch ihm gegenüber widerrufen werden.[342] Dies schließt nicht den Widerruf gegenüber dem bisherigen Vertragspartner aus. Denn es ist nicht Sache des Urhebers, die Lizenzkette zu erforschen und den jetzigen Rechteinhaber aufzufinden.[343] Jedenfalls kann das Widerrufsrecht nicht allein dadurch entfallen, dass der Vertragspartner das Nutzungsrecht auf einen Dritten überträgt. Ansonsten könnte das Widerrufsrechts durch eine dem Ersterwerb unmittelbar nachfolgen-

---

[329] So auch Fromm/Nordemann/*J. B. Nordemann* UrhG § 31a Rn. 57.
[330] *Wandtke*/Bullinger/*Grunert* UrhG § 31a Rn. 66; *Klöhn* K&R 2008, 77 (78).
[331] So gerade BT-Drs. 16/1828, 24.
[332] Dreier/Schulze/*Schulze* UrhG § 31a Rn. 87; Fromm/Nordemann/*J. B. Nordemann* UrhG § 31a Rn. 57; nach *Wandtke*/Bullinger/*Grunert* UrhG § 31a Rn. 65 ist das Widerrufsrecht als akzessorisches Gestaltungsrecht ausgestaltet, das jedenfalls nicht isoliert vom Nutzungsrecht abtretbar ist.
[333] Missverständlich Dreier/Schulze/*Schulze* UrhG § 31a Rn. 87; Fromm/Nordemann/*J. B. Nordemann* UrhG § 31a Rn. 57.
[334] So auch Fromm/Nordemann/*J. B. Nordemann* UrhG § 31a Rn. 58; Mestmäcker/Schulze/*Scholz* UrhG § 31a Rn. 22 (45. EL, Dez. 2007); *Schuchardt* S. 89.
[335] MüKoBGB/*Armbrüster* § 119 Rn. 3.
[336] So auch Fromm/Nordemann/*J. B. Nordemann* UrhG § 31a Rn. 58; DKMH/*Kotthoff* UrhG § 31a Rn. 14; Mestmäcker/Schulze/*Scholz* UrhG § 31a Rn. 22 (45. EL, Dez. 2007); *Wandtke*/Bullinger/*Grunert* UrhG § 31a Rn. 71; *Schuchardt* S. 90; *Verweyen* ZUM 2008, 217.
[337] Einzelheiten bei MüKoBGB/*Einsele* § 130 Rn. 46; ebenso mit Hinweis auf die Schriftform des § 126 BGB *Schuchardt* S. 90.
[338] Fromm/Nordemann/*J. B. Nordemann* UrhG § 31a Rn. 58; *Wandtke*/Bullinger/*Grunert* UrhG § 31a Rn. 71; *Schuchardt* S. 90.
[339] So auch Fromm/Nordemann/*J. B. Nordemann* UrhG § 31a Rn. 57.
[340] S. auch Dreier/Schulze/*Schulze* UrhG § 31a Rn. 90.
[341] Dreier/Schulze/*Schulze* UrhG § 31a Rn. 92; *Schulze* UFITA 2007/III, 641 (669); Mestmäcker/Schulze/*Scholz* § 31a Rn. 25 (45. EL, Dez. 2007).
[342] Dreier/Schulze/*Schulze* UrhG § 31a Rn. 92, allerdings ohne nähere Begründung; *Schulze* UFITA 2007/III, 641 (669).
[343] AA Fromm/Nordemann/*J. B. Nordemann* UrhG § 31a Rn. 62: Widerruf muss gegenüber dem Dritten erfolgen; *Schuchardt* S. 91 ff.: Widerruf nur gegenüber dem Dritten, da volle Änderung der Rechtszuständigkeit, aber Mitteilungspflicht des Vertragspartners von der Übertragung.

de Übertragung auf einen Dritten umgangen werden.[344] Dem Urheber darf durch die Rechtsübertragung kein Nachteil entstehen.[345] Da diese Frage durch die Rspr. noch nicht geklärt wurde, sollte der Urheber seine Widerrufserklärung sowohl an den Vertragspartner als auch an den Zweiterwerber richten.[346]

Fraglich ist, ob der Urheber auch **gegenüber den Inhabern von Unterlizenzen** widerrufen   77
kann. Gegenstand des Widerrufs kann nach § 31a Abs. 1 S. 1, 3 sowohl das Verpflichtungs- als auch das Verfügungsgeschäft sein. Das Verpflichtungsgeschäft zwischen Vertragspartner und Drittem enthält keine Verpflichtung des Urhebers Rechte an unbekannten Nutzungsarten einzuräumen. Anknüpfungspunkt kann daher nur von vornherein nur die Rechtseinräumung an den Erstverwerter sein. Dem Gesetzeswortlaut nach könne aber nur „diese Rechtseinräumung" selbst widerrufen werden, sodass danach an sich von dem Ersterwerber erteilte Unterlizenzen nicht Gegenstand eines Widerrufs sein könnten.[347] Da das Widerrufsrecht jedoch den Zweck hat, dem Urheber ein umfassendes Recht an die Hand zu geben, seine Gestattung der Werknutzung auf neue Art zu revidieren, kann die Widerrufsmöglichkeit gegenüber abgeleitet Berechtigten nicht davon abhängig gemacht werden, ob diesem Rechte vom Ersterwerber übertragen oder im Wege der Unterlizenz eingeräumt wurden. Der Urheber kann aber auf jeden Fall dem Vertragspartner gegenüber allein den Widerruf erklären, sodass der Dritte automatisch die Rechte verliert.

Sind die Rechte an unbekannten Nutzungsarten einer **Verwertungsgesellschaft** eingeräumt worden, kann selbstverständlich auch dieser gegenüber der Widerruf erklärt werden.[348] Ist der ursprüngliche Vertragspartner nicht mehr existent, sei es durch Insolvenz, Umwandlung, Fusion etc oder nicht mehr bekannt, etwa durch Sitzverlegung ins Ausland, oder sind dessen Rechtsnachfolger nicht bekannt, muss der Urheber gegebenenfalls durch **öffentliche Zustellung,** § 132 Abs. 2 BGB, §§ 185 ff. ZPO, den Widerruf erklären.[349]   78

4. Beweislast

Wenn man davon ausgeht, dass die Rechtseinräumung bzw. die Verpflichtung hierzu unter der aufschiebenden Bedingung der Nichtausübung des Widerrufs stehen, liegt die **Darlegungs- und Beweislast** für den Eintritt dieser Bedingung beim Vertragspartner des Urhebers. Sofern der Urheber jedoch dagegen beweisen muss, dass der Widerruf erfolgte, ist fraglich, welche Anforderungen an die Beweisführung zu stellen sind. Während das Gesetz für den Lizenznehmer bzw. Vertragspartner Erleichterungen vorsieht, indem es nach § 31a Abs. 1 S. 4 genügt, dass die Mitteilung über die Aufnahme neuer Nutzungsarten an die letztbekannte Anschrift des Urhebers gesandt wird, fehlt es an vergleichbaren Regelungen für den Urheber. Dementsprechend wird vorgeschlagen, dass ähnlich § 31a Abs. 1 S. 4 für den Urheber der Nachweis genüge, dass er unter zumutbaren Aufwand versucht habe, die konkrete Anschrift des Vertragspartners ausfindig zu machen, er den Widerruf ansonsten aber an die zuletzt bekannte Anschrift richten könne.[350] Allerdings bietet gerade das Verfahren der öffentlichen Zustellung einen Behelf für den Urheber, während der Lizenznehmer sich häufig einer Mehrheit von Urhebern gegenüber sieht. Nicht damit zu verwechseln ist die Frage, ob den Verwerter bzw. den Dritten eine Mitteilungsobliegenheit trifft, seinerseits Adressenänderungen und Änderungen der Inhaberschaft dem Urheber mitzuteilen, wenn es um die Frage geht, ob die Frist zur Ausübung des Widerrufsrechts in Gang gesetzt wurde (dazu → Rn. 94).   79

5. Rechtsfolge

Übt der Urheber sein Widerrufsrecht aus, entfallen ex tunc die Rechte an den zuvor unbekannten   80
Nutzungsarten[351] – ob dies auch in der Lizenzkette bzw. gegenüber Unterlizenznehmern gilt, ist angesichts der den Unterlizenznehmer schützenden Rechtsprechung[352] zweifelhaft (zu den Auswirkungen des Rechtewegfalls auf die innerhalb einer Lizenzkette erteilten Rechte → § 31 Rn. 20 ff. und → Vor §§ 69a ff. Rn. 60) und mit Wirkung für die Dritten – (→ Rn. 54). § 139 BGB findet keine Anwendung, sodass der Vertrag im Übrigen wirksam bleibt.[353] Sofern der Vertrag auch eine Einräumung von Rechten an bekannten Nutzungsarten enthält, ist diese vom Widerruf nicht erfasst.[354] Da

---

[344] *Wandtke*/Bullinger/*Grunert* UrhG § 31a Rn. 81.
[345] *Schuchardt* S. 91.
[346] *Hertin* UrhR S. 118 Rn. 384.
[347] So Mestmäcker/Schulze/*Scholz* UrhG § 31a Rn. 26 (45. EL, Dez. 2007).
[348] Dreier/Schulze/*Schulze* UrhG § 31a Rn. 93.
[349] Ebenso Dreier/Schulze/*Schulze* UrhG § 31a Rn. 92; Mestmäcker/Schulze/*Scholz* UrhG § 31a Rn. 25 (45. EL, Dez. 2007).
[350] So Dreier/Schulze/*Schulze* UrhG § 31a Rn. 94.
[351] Dreier/Schulze/*Schulze* UrhG § 31a Rn. 96; *Wandtke*/Bullinger/*Grunert* UrhG § 31a Rn. 75; *Schulze* UFITA 2007/III, 641 (671); *Hertin* UrhR S. 119 Rn. 388; aA Fromm/Nordemann/*J. B. Nordemann* UrhG § 31a Rn. 59; Mestmäcker/Schulze/*Scholz* UrhG § 31a Rn. 30 f. (45. EL, Dez. 2007); wohl auch *Berger* GRUR 2005, 907 (909).
[352] BGHZ 194, 136 = GRUR 2012, 916 – M2 Trade; BGH GRUR 2012, 914 – Take Five; krit. dazu *Spindler* CR 2014, 557.
[353] Berger/Wündisch/*Berger* § 1 Rn. 112.
[354] Fromm/Nordemann/*J. B. Nordemann* UrhG § 31a Rn. 59; *Wandtke*/Bullinger/*Grunert* UrhG § 31a Rn. 75; *Berger* GRUR 2005, 907 (909).

das Urheberrecht keinen gutgläubigen Erwerb von Rechten kennt, ändern auch weitere Transaktionen des Vertragspartners oder von Dritten nichts daran, dass die Rechte an den Urheber zurückfallen.

81   Hat der Urheber die Einräumung nicht widerrufen, verbleiben die Rechte beim Verwerter bzw. Lizenznehmer und ggf. bei Dritten, die diese Rechte vom Lizenznehmer eingeräumt erhalten haben. Solange der Urheber nicht widerrufen hat, kann er nicht anderweitig über die Rechte verfügen; davon unberührt bleiben indes schuldrechtliche Verpflichtungen, die der Urheber eingehen kann, sei es als Option für den Fall des Widerrufs, sei es als unbedingte Pflicht, auch wenn der Urheber sich dadurch aus dem Vertrag gegenüber dem Lizenznehmer schadensersatzpflichtig macht. Schließlich kann der Widerruf durch den Urheber seine **Treuepflichten** gegenüber dem bisherigen Vertragspartner verletzen, wenn der Urheber nur den Widerruf ausübt, um anderweitig zu verfügen[355] und dadurch in ein Konkurrenzverhältnis zum bisherigen Vertragspartner tritt.[356] Da § 31a für die Ausübung des Widerrufsrechts aber gerade keine Beschränkung durch das Vorliegen eines berechtigten Interesses enthält, kann diese allenfalls nach § 242 BGB durch das Verbot widersprüchlichen Verhaltens (venire contra factum proprium) oder den allgemeinen Grundsatz von Treu und Glauben begrenzt sein.[357] Dies soll etwa dann der Fall sein, wenn der Urheber dem Verwerter zu verstehen gibt, er werde die neue Werknutzung nicht widerrufen und begrüße diese sogar und der Verwerter mit Kenntnis des Urhebers im Vertrauen auf den Bestand bereits Investitionen tätigt, der Urheber aber dennoch mit dem Widerruf droht, etwa um eine höhere Vergütung durchzusetzen.[358] Ebenso wie sich nach alter Rechtslage aus dem Grundsatz von Treu und Glauben generell eine Verpflichtung des Urhebers ergeben konnte, seinem Vertragspartner die Nutzungsrechte auch für die neue Nutzungsart einzuräumen,[359] müsste auch über § 31a Abs. 3 hinaus die freie Widerrufbarkeit durch Treu und Glauben begrenzt sein.[360] Allerdings kann man derartige Treuepflichten nur in besonderen Ausnahmefällen annehmen, da sonst der unbedingte Schutz des Urhebers und sein Recht auf Widerruf ausgehöhlt würden. Dies gilt vor allem deshalb, da in der Ausübung gesetzlich verankerter Rechte kein Vertragsbruch gesehen werden kann.[361]

82   Der Vertragspartner kann im Fall des Widerrufs keine Entschädigung vom Urheber verlangen;[362] andernfalls wäre das Ziel des Gesetzgebers, dem Urheber zu seinem Schutz ein frei ausübbares Widerrufsrecht zu gewähren, unterlaufen.[363]

83   Nutzt der Vertragspartner das Werk bereits auf die zuvor unbekannte Nutzungsart, hat er ohne Rechtsgrundlage gehandelt, da die Rechte ex tunc an den Urheber zurückfallen.[364] Der Urheber kann daher nach § 97 sowohl Schadensersatz einschließlich des dreifach berechneten Schadens (→ § 97 Rn. 96 f.) als auch Herausgabe des Erlangten nach § 812 BGB verlangen; umgekehrt hat der Urheber die bereits vom Verwerter geleistete Vergütung im Falle des Herausgabeverlangens zu erstatten.[365] Der Ausschluss des Widerrufs nach Mitteilung soll den Verwerter vor Schäden durch sinnlose Investitionen schützen.[366] Die Nutzung ohne zumutbare Information des Urhebers beinhaltet die Gefahr, das Werk infolge eines späteren Widerrufs nicht mehr nutzen zu dürfen und nicht nur die angemessene Vergütung, sondern ggf. auch Schadensersatz wegen einer Urheberrechtsverletzung leisten zu müssen.[367] Somit hat der Vertragspartner zwar die Möglichkeit, den Urheber zu einer Entscheidung zu „zwingen", ob er widerrufen möchte.[368] Für den Zeitraum von drei Monaten kann der Vertragspartner aber gerade nicht sicher sein, ob er das Werk wie geplant auf die neue Nutzungsart wird nutzen können oder nicht.[369] Da der Widerruf für den Urheber gerade uneingeschränkt und folgenlos möglich sein soll (s. o.), können sich für die Schwebefrist grundsätzlich keine Besonderheiten ergeben. Fraglich ist, ob besondere Anforderungen an die Treuepflichten des Urhebers zu stellen sind, wenn der Vertragspartner ihn detailliert auf seine geplante Verwertung und die Wichtigkeit der Nutzung hinweist und der Urheber dann kurz vor Ende der Dreimonatsfrist widerruft. Dagegen spricht, dass der Vertragspartner über die Ausschlussmöglichkeiten des Widerrufs gem. § 31a Abs. 2 S. 1, 2 Rechtssicherheit erlangen kann.[370]

---

[355] Dreier/Schulze/*Schulze* UrhG § 31a Rn. 81.
[356] *Schulze* ZUM 2000, 432 (446).
[357] *Wandtke*/Bullinger/*Grunert* UrhG § 31a Rn. 72; ähnlich Fromm/Nordemann/*J. B. Nordemann* UrhG § 31a Rn. 56.
[358] *Wandtke*/Bullinger/*Grunert* UrhG § 31a Rn. 72.
[359] BGH GRUR 2002, 248 (252) – Spiegel-CD-ROM.
[360] DKMH/*Kotthoff* UrhG § 31a Rn. 13.
[361] *Verweyen* ZUM 2008, 217 (219).
[362] So auch Mestmäcker/Schulze/*Scholz* UrhG § 31a Rn. 31 (45. EL, Dez. 2007).
[363] Begr. RegE BT-Drs. 16/1828, 24: Ausübung des Widerrufs bleibt uneingeschränkt und folgenlos.
[364] Zutr. Dreier/Schulze/*Schulze* UrhG § 31a Rn. 98; *Wandtke*/Bullinger/*Grunert* UrhG § 31a Rn. 75; aA Mestmäcker/Schulze/*Scholz* UrhG § 31a Rn. 30 (45. EL, Dez. 2007).
[365] Für eine analoge Anwendung der §§ 346 ff. BGB Fromm/Nordemann/*J. B. Nordemann* UrhG § 31a Rn. 60; für §§ 812 ff. BGB *Verweyen* ZUM 2008, 217 (219).
[366] *Hucko* „Zweiter Korb", 2007, S. 23.
[367] Dreier/Schulze/*Schulze* UrhG § 31a Rn. 101.
[368] Fromm/Nordemann/*J. B. Nordemann* UrhG § 31a Rn. 63.
[369] *Klett* K&R 2008, 1 (2).
[370] AA Fromm/Nordemann/*J. B. Nordemann* UrhG § 31a Rn. 66: Die Dreimonatsfrist könne durch Parteivereinbarung verkürzt werden. Es sei nicht ersichtlich, warum der Verwerter drei Monate warten muss, wenn der Urheber verbindlich erklärt, dass er sein Widerrufsrecht nicht ausübt.

V. Mitteilung, Widerrufsfrist und Erlöschen (Abs. 1 S. 4)

1. Überblick

Das Widerrufsrecht besteht zeitlich nicht unbeschränkt; vielmehr kann der Vertragspartner durch **84** eine Mitteilung über die beabsichtigte Aufnahme einer vormals unbekannten Nutzungsart dafür sorgen, dass der Urheber sich erklären muss, da sonst sein Widerrufsrecht nach drei Monaten erlischt. Das Widerrufsrecht entsteht mit dem Tag des Vertragsabschlusses und existiert bis zum Ablauf der genannten Frist; der Widerruf kann daher sofort und jederzeit erklärt werden.[371] Die Mitteilungspflicht nach § 31a Abs. 1 ist nicht zu verwechseln mit der Unterrichtungspflicht nach § 32c Abs. 1 S. 3, die sicherstellen soll, dass der Urheber die gesonderte angemessene Vergütung erhält.

Das Widerrufsrecht **endet mit dem Ablauf der Frist** von drei Monaten, nachdem die Mittei- **85** lung über die beabsichtigte Nutzungsaufnahme gem. § 31a Abs. 1 S. 4 abgesandt wurde. Weitergehenden Vorstellungen des RegE, nach dem das Widerrufsrecht schon mit Beginn der Nutzung erlöschen sollte,[372] ist zu Recht eine Absage erteilt worden.[373] Dem Urheber muss nicht zwingend die neue Nutzungsart bekannt sein. Entsprechende Recherchen können nicht von ihm verlangt werden.

Die Mitteilung ist **keine sanktionslose Obligation,** sondern ist – jedenfalls nach der Gesetzesbe- **86** gründung[374] – vom Gesetzgeber als echte Pflicht des Vertragspartners oder des Dritten vorgesehen, bevor die neue Nutzung aufgenommen wird.[375] Neben der Gesetzesbegründung spricht auch der Zweck der Mitteilung, den Urheber in die Lage zu versetzen, sein Widerrufsrecht noch vor der Nutzungsaufnahme auszuüben, für eine echte Pflicht.[376] Sie fließt auch nicht allein aus dem Vertragsverhältnis zwischen Vertragspartner und Urheber, sondern ist gesetzlich angeordnet. Kommt der Verwerter bzw. Vertragspartner seiner Pflicht nicht nach, bleibt das Widerrufsrecht bestehen. Der Rechtserwerb steht weiterhin unter der aufschiebenden Bedingung der Nichtausübung des Widerrufsrechts. Die Nutzung durch den Vertragspartner stellt dann eine zum Schadensersatz verpflichtende Urheberrechtsverletzung dar.[377] Verletzt der Vertragspartner oder Dritte seine Pflicht rechtzeitiger Unterrichtung des Urhebers, so hat er den Urheber schadensrechtlich so zu stellen, wie er bei ordnungsgemäßer Unterrichtung stünde.[378]

Die Mitteilung muss sich eindeutig auf die **Absicht** über die Aufnahme der Nutzung auf die neuen **87** Nutzungsarten beziehen. Voraussetzung ist daher jedenfalls, dass die Nutzungsart zum Zeitpunkt der Mitteilung bekannt ist. Damit ist ausgeschlossen, dass der Vertragspartner quasi auf Vorrat Mitteilungen an den Urheber sendet, um die Widerrufsfrist ablaufen zu lassen. Es genügt folglich nicht, wenn der Vertragspartner die beabsichtigte Nutzung ohne nähere Bestimmung mitteilt oder Nutzungsarten umschreibt, die mangels technischer und wirtschaftlicher Bedeutung zum Zeitpunkt der Mitteilung noch gar nicht bekannt sind.[379] Um dem Vertragspartner aber schon frühzeitig die für seine weiteren Aktivitäten notwendige Klarheit zu verschaffen, ob ein Widerruf erfolgt oder er mit den Rechten arbeiten kann, müssen aber an die Absicht des Vertragspartners keine zu hohen Anforderungen gestellt werden. Eine beabsichtigte Werknutzung liegt danach schon dann vor, wenn der Vertragspartner die Nutzung als realistische geschäftliche Option behandelt.[380] Für die Frage, ob eine Nutzungsart bekannt ist, gelten die unter → Rn. 30 dargelegten Kriterien. Sendet der Verwerter oder Vertragspartner an den Urheber eine Mitteilung, ohne dass die Nutzungsart bereits bekannt ist, wird die Frist nicht in Gang gesetzt;[381] allerdings verbleibt das Risiko der Beurteilung, ob eine Nutzungsart noch unbekannt ist, beim Urheber.

2. Mitteilungspflichtiger

Voraussetzung für das Erlöschen des Widerrufsrechts ist eine Mitteilung des Vertragspartners oder **88** des Rechteinhabers (Dritten) an den Urheber. **Wer diese Mitteilung abzugeben hat,** lässt das Gesetz offen; vielmehr spricht es nur von dem „anderen". Eine Einschränkung ergibt sich schon daraus, dass Gegenstand der Mitteilung die beabsichtigte Aufnahme der Nutzung sein muss. Folglich muss

---

[371] AllgM, Dreier/Schulze/*Schulze* UrhG § 31a Rn. 99.

[372] Begr. RegE BT-Drs. 16/1828, 5, 24.

[373] BT-Rechtsausschuss BT-Drs. 16/5939, 44; *GRUR-Stellungnahme* GRUR 2005, 743.

[374] BT-Rechtsausschuss BT-Drs. 16/5939, 44.

[375] Ebenso Dreier/Schulze/*Schulze* UrhG § 31a Rn. 101; Mestmäcker/Schulze/*Scholz* UrhG § 31a Rn. 37 (45. EL, Dez. 2007); aA *Schuchardt* S. 101.

[376] Mestmäcker/Schulze/*Scholz* UrhG § 31a Rn. 37 (45. EL, Dez. 2007).

[377] Dreier/Schulze/*Schulze* UrhG § 31a Rn. 101; *Wandtke*/Bullinger/*Grunert* UrhG § 31a Rn. 90; *Schulze* UFITA 2007/III, 641 (682).

[378] Mestmäcker/Schulze/*Scholz* UrhG § 31a Rn. 38 (45. EL, Dez. 2007).

[379] *Wandtke*/Bullinger/*Grunert* UrhG § 31a Rn. 84.

[380] Fromm/Nordemann/*J. B. Nordemann* UrhG § 31a Rn. 64; weitergehend *Schuchardt* S. 103 f.: Das schon die Herausbildung konkreter Nutzungspläne häufig mit erheblichen Kosten verbunden sei, sei ein umfassender Planungs- und Investitionsschutz nur gewährleistet, wenn der Verwerter die Mitteilung auch ohne konkrete Nutzungspläne direkt nach technischem Bekanntwerden der Nutzungsart absenden kann.

[381] Dreier/Schulze/*Schulze* UrhG § 31a Rn. 102; ähnlich Fromm/Nordemann/*J. B. Nordemann* UrhG § 31a Rn. 64; *Wandtke*/Bullinger/*Grunert* UrhG § 31a Rn. 84.

derjenige, der die Mitteilung absendet und damit die Frist auslösen will, selbst Berechtigter also Inhaber der Rechte sein. Hat etwa der ursprüngliche Vertragspartner die Rechte an einen Dritten weiterübertragen, so kann eine Mitteilung des Vertragspartners diese Frist nicht mehr in Gang setzen.[382]

89   Besonderheiten bestehen bei der **Verwertung der Rechte durch eine Verwertungsgesellschaft:** Denn diese nutzt die Werke nicht selbst, sondern vergibt nur Rechte an Nutzer (Dritte). Der vom Urheber mit der Verwertungsgesellschaft abgeschlossene Vertrag ist ein urheberrechtlicher Nutzungsvertrag eigener Art, der Elemente des Auftrags, insbesondere der Treuhandschaft, sowie des Gesellschafts-, Dienst- und Geschäftsbesorgungsvertrags aufweist.[383] Diese Einräumung von Nutzungsrechten erfolgt in der Regel exklusiv iSv § 31 Abs. 3, so dass der Berechtigte über die Rechte nicht noch einmal verfügen kann.[384] Die Nutzungsrechte werden somit in ausschließlicher Form zur Weitergabe einfacher Nutzungsrechte eingeräumt.[385] Dementsprechend erhält die Verwertungsgesellschaft zwar selbst die Rechte auch an unbekannten Nutzungsarten bzw. nimmt diese wahr, sie überträgt diese aber nur zur Nutzung an die Dritten. Allein die Verfügung über urheberrechtliche Befugnisse stellt aber keine Werknutzung dar.[386] Eine Werknutzung erfolgt erst durch den Dritten, dem von der Verwertungsgesellschaft Nutzungsrechte eingeräumt werden. Der Wahrnehmungsvertrag begründet jedoch ausschließlich Verpflichtungen zwischen der Verwertungsgesellschaft und dem jeweiligen Berechtigten.[387] Vertragspartner des Urhebers ist somit ausschließlich die Verwertungsgesellschaft, nicht jedoch der Dritte, dem die Verwertungsgesellschaft Nutzungsrechte einräumt. Gegenstand des Widerrufsrechts kann somit nur die Rechtseinräumung an die Verwertungsgesellschaft sein. Betrifft die Nutzungsrechtseinräumung durch die Verwertungsgesellschaft eine Nutzungsart, die zum Zeitpunkt der Rechtseinräumung an die Verwertungsgesellschaft noch unbekannt, zum Zeitpunkt der Einräumung durch die Verwertungsgesellschaft an den Dritten jedoch mittlerweile bekannt ist, so trifft die Verwertungsgesellschaft aufgrund der fehlenden eigenen Werknutzung keine Mitteilungspflicht; beim Dritten selbst fehlt es jedenfalls für eine Mitteilungspflicht an der Unbekanntheit der Nutzungsart. Jedoch würde – da § 31a auch gegenüber Verwertungsgesellschaften gilt (→ Rn. 21) – so das Widerrufsrecht des Urhebers umgangen. Dieser müsste daher eine Mitteilung über die beabsichtigte Nutzung durch den Dritten von der Verwertungsgesellschaft erhalten, um sein Widerrufsrecht ausüben zu können. Eine Unterlizenzierung durch den Vertragspartner des Urhebers an einen Dritten soll diesen gerade nicht aus seiner Verantwortung entlassen, für eine Mitteilung zu sorgen[388] (auch → Rn. 77). Die Verwertungsgesellschaft müsste demnach verpflichtet sein, dem Urheber die Mitteilung iSd § 31a zukommen zu lassen oder für eine Mitteilung durch den Dritten zu sorgen, sobald sie diesem Nutzungsrechte am Werk für eine bei Vertragsschluss mit dem Urheber noch unbekannte mittlerweile aber bekannte Nutzungsart einräumt.[389]

3. Form und Inhalt

90   Eine bestimmte **Form** für die Mitteilung schreibt das Gesetz nicht vor; doch spricht es von „Anschrift", wobei dies vom Gesetzgeber kaum als technischer Begriff gemeint sein dürfte, sondern viel mehr als Adresse, unter der der Urheber Nachrichten empfangen kann. Dies können daher sowohl die traditionelle postalische Adresse als auch E-Mail oder Faxanschluss sein.[390] Die Mitteilung kann ebenfalls mündlich erfolgen, zB bei einem persönlichen Zusammentreffen.[391] Ebenso sollte auch ein Telefonat hierunter fallen, sofern dem Urheber eine Mitteilung gemacht werden kann – denn entscheidend ist allein, dass der Urheber von dem Vorhaben des Verwerters in Kenntnis gesetzt wird. Die Schriftform ergibt sich dementsprechend auch nicht aus der Bezeichnung „Absendung" in Abs. 1 S. 4, weil sich diese Regelung nur auf den Fall der Unerreichbarkeit des Urhebers bezieht.[392] Aus Dokumentations- und Beweisgründen ist freilich in der Regel mindestens Textform ratsam.[393] Der Verwerter sollte sich daher bei der Wahl der Form von Erwägungen der Beweisbarkeit leiten lassen[394] und daher einen Kommunikationsweg wählen, der ihm einen anerkannten und einfachen Nachweis

---

[382] Ebenso Dreier/Schulze/*Schulze* UrhG § 31a Rn. 104; Mestmäcker/Schulze/*Scholz* UrhG § 31a (45. EL, Dez. 2007) Rn. 35; *Wandtke*/Bullinger/*Grunert* UrhG § 31a Rn. 83, 87.

[383] BGH GRUR 1966, 567 (569) – GELU; BGH GRUR 1968, 321 (327) – Haselnuss; BGH GRUR 1982, 308 (309) – Kunsthändler; LG Köln ZUM 1998, 1043 (1045); → § 29 Rn. 50.

[384] Loewenheim/*Melichar* § 47 Rn. 16.

[385] LG Köln ZUM 1998, 168 (169).

[386] BGH GRUR 1999, 152 (154) – Spielbankaffaire; BGH ZUM 1999, 478 (480) – Hunger und Durst; BGH NJW 2002, 3393.

[387] Dreier/Schulze/*Schulze* UrhG Vor § 31 Rn. 125.

[388] *Wandtke*/Bullinger/*Grunert* UrhG § 31a Rn. 83.

[389] Unklar, ob die Verwertungsgesellschaft eine solche Pflicht trifft Dreier/Schulze/*Schulze* UrhG § 31a Rn. 105: „Sinnvollerweise"; ähnlich Fromm/Nordemann/*J. B. Nordemann* UrhG § 31a Rn. 64: Als Nutzung iSd Mitteilungspflicht soll auch die Einräumung der Rechte an Dritte gelten, die ihrerseits nutzen.

[390] Dreier/Schulze/*Schulze* UrhG § 31a Rn. 106; *Wandtke*/Bullinger/*Grunert* UrhG § 31a Rn. 87; *Schulze* UFITA 2007/III, 641 (665); aA *Schuchardt* S. 105.

[391] Fromm/Nordemann/*J. B. Nordemann* UrhG § 31a Rn. 63.

[392] Fromm/Nordemann/*J. B. Nordemann* UrhG § 31a Rn. 63.

[393] Ebenso Fromm/Nordemann/*J. B. Nordemann* UrhG § 31a Rn. 63.

[394] DKMH/*Kotthoff* UrhG § 31a Rn. 17.

der Absendung einschließlich des Datums ermöglicht.[395] Stets ist aber die Mitteilung an den Urheber selbst erforderlich; eine Mitteilung an die Allgemeinheit, etwa in einem Verlagsprogramm, genügt nicht.[396]

Die Mitteilung muss ferner **Aussagen über die beabsichtigte Aufnahme** der neuen Nutzungsart enthalten, damit dem Urheber ermöglicht wird, sich selbst ein Bild darüber zu machen, ob er die Einräumung der Rechte widerruft. Auch muss die Mitteilung den konkreten Widerruf durch eine hinreichend konkrete Bezeichnung der Nutzungsart ermöglichen.[397] Darüber hinaus soll der Absender der Mitteilung den Urheber **über seine Rechte** sowie über das Absendedatum als maßgeblichen Termin für die Berechnung der Frist **belehren;** dies folge aus der Schutzfunktion der Norm sowie aus den Nebenpflichten der getroffenen Vereinbarung über die Einräumung.[398] Dem kann indes nur hinsichtlich der vertraglich geschuldeten Treuepflichten zwischen Urheber und ursprünglichem Vertragspartner zugestimmt werden; solche Treuepflichten bestehen hier aufgrund des dauerschuldähnlichen Charakters. Sind die Rechte jedoch an einen Dritten übertragen worden, fehlt es an einer entsprechenden Rechtsgrundlage, da hier keine vertraglichen Beziehungen zum Urheber bestehen. Die in Rede stehenden außervertraglichen Belehrungspflichten, deren Verletzung auch entsprechende Rechtsfolgen nach sich ziehen müssten, bedürften indes einer gesetzlichen Grundlage.[399] Auch wäre fraglich, was der nötige Inhalt der Belehrung[400] wäre, um Rechtsfolgen daraus abzuleiten. Außerhalb von vertraglichen Beziehungen bestehen daher erhebliche Bedenken, über die vom Gesetz geforderte Mitteilung hinaus derartige Pflichten anzunehmen. Schließlich kann dem Bedürfnis des Urhebers nach Mitteilung des Absendedatums dadurch Rechnung getragen werden, dass dieser sich auf das Datum der Mitteilung verlassen können muss; bei Mitteilung per Fax oder Mail dürfte sich diese Frage daher kaum stellen, ebenso wenig hinsichtlich der Einräumung von Nutzungsrechten bei gleichzeitiger Mitteilung der Einräumung durch Verwertungsgesellschaften.

91

4. Mitteilung der Adresse durch Urheber

Zustellproblemen, die in der Vergangenheit insbesondere durch die Rechtsnachfolge auf Urheberseite entstanden, begegnet § 31a auch dadurch, dass die Absendung der Mitteilung durch den Verwerter an die ihm zuletzt bekannte Anschrift des Urhebers genügt. Da diese nicht mit der aktuellen Anschrift übereinstimmen muss, liegt es im Interesse des Urhebers dafür zu sorgen, dass dem Verwerter stets die aktuelle Anschrift bekannt ist.[401] Diese Mitteilung ist somit bloße Obliegenheit des Urhebers, sein Widerrufsrecht zu erhalten.[402] Allerdings bleibt offen, wem der Urheber seine Anschrift mitzuteilen hat, ebenso wie zu verfahren ist, wenn der Urheber von einer Änderung auf Seiten des Vertragspartners oder Verwerters nichts erfährt. Statt etwa für die Einrichtung einer Clearing-Stelle hat sich der Gesetzgeber nur für einseitig formulierte Pflichten bzw. Obliegenheiten ausgesprochen.[403] Auch wenn der Gesetzeswortlaut keine entsprechende Pflicht der Rechteinhaber bzw. Vertragspartner zur Mitteilung von Änderungen der Anschrift enthält, entspricht es doch gerade dem vom Gesetzgeber intendierten Schutzzweck der Norm, dass der Urheber seine Rechte ausüben können soll. Daher trifft auch die Verwerter bzw. Vertragspartner eine Pflicht zur Mitteilung von Änderungen der Anschrift, aber auch der Rechteinhaberschaft.[404] Versäumt der Verwerter dies, kann er sich nicht auf die Regelung berufen, dass er seinerseits die Mitteilung an die zuletzt bekannte Anschrift des Urhebers gerichtet habe. Schließlich muss es genügen, dass der Urheber seine Anschrift dem Vertragspartner bekannt gibt, wenn er von diesem keine Mitteilung über die Änderung der Inhaberschaft erhalten hat.[405]

92

Das Gesetz sieht zwar vor, dass der Verwerter die Mitteilung an die ihm zuletzt bekannte Anschrift des Urhebers senden kann; es legt damit aber nicht etwa einen objektiven Maßstab zugrunde, sondern einen subjektiven, indem es auf die **Kenntnis des Verwerters** abstellt. Doch ging der Gesetzgeber klar von einer Recherchepflicht des Verwerters aus.[406] Dies kommt zwar nicht der Einrichtung einer Clearing-Stelle gleich, ist aber ein Schritt in die richtige Richtung. Dem Verwerter ist daher zumindest eine Nachfrage bei einer Verwertungsgesellschaft zuzumuten, da diese oftmals in Besitz der gülti-

93

[395] *Wandtke*/Bullinger/*Grunert* UrhG § 31a Rn. 87.
[396] Zutr. Dreier/Schulze/*Schulze* UrhG § 31a Rn. 106.
[397] Dreier/Schulze/*Schulze* UrhG § 31a Rn. 107; Fromm/Nordemann/*J. B. Nordemann* UrhG § 31a Rn. 63; DKMH/*Kotthoff* UrhG § 31a Rn. 18; *Wandtke*/Bullinger/*Grunert* UrhG § 31a Rn. 84.
[398] So Dreier/Schulze/*Schulze* UrhG § 31a Rn. 108; *Schulze* UFITA 2007/III, 641 (665); wohl zustimmend *Wandtke*/Bullinger/*Grunert* UrhG § 31a Rn. 84, dagegen *Schuchardt* S. 104.
[399] Fromm/Nordemann/*J. B. Nordemann* UrhG § 31a Rn. 64; DKMH/*Kotthoff* UrhG § 31a Rn. 18; *Klett* K&R 2008, 1 (2).
[400] Außer der Information über das Absendedatum.
[401] BT-Rechtsausschuss BT-Drs. 16/5939, 44.
[402] *Wandtke*/Bullinger/*Grunert* UrhG § 31a Rn. 86.
[403] S. auch die Kritik bei Dreier/Schulze/*Schulze* UrhG § 31a Rn. 109.
[404] Dreier/Schulze/*Schulze* UrhG § 31a Rn. 109.
[405] Ähnlich, aber wohl weitergehend Dreier/Schulze/*Schulze* UrhG § 31a Rn. 109.
[406] BT-Rechtsausschuss BT-Drs. 16/5939, 44.

gen Adressen des Urhebers ist.[407] Aber auch eine Recherche im Internet erscheint zumutbar;[408] demgegenüber wird eine Einwohnermeldeauskunft nicht erforderlich sein, da der Gesetzgeber dann auch eine öffentliche Zustellung hätte verlangen können. Vielmehr lässt das Gesetz erkennen, dass es sich mit weniger zufriedengibt. Die Zumutbarkeit hängt auch davon ab, wie viele Urheber betroffen sind; bei mehreren Urhebern ist das Widerrufsrecht von vornherein beschränkt (dazu → Rn. 113).

5. Frist

94   Die Frist von drei Monaten beginnt entgegen der üblichen bürgerlich-rechtlichen **Zugangsregeln** der §§ 130 ff. BGB bereits mit der Absendung der Mitteilung.[409] Der Verwerter muss somit nicht den Zugang der Mitteilung beweisen.[410] Gegen einen Fristbeginn erst mit Zugang der Mitteilung, der damit begründet wird, dass dem Urheber lediglich das Risiko fehlenden Zugangs infolge eines ihm unbekannt gebliebenen Wohnsitzwechsels des Urhebers genommen werden solle,[411] spricht der eindeutige Wortlaut des Gesetzes. Zugunsten des Verwerters unterstellt das Gesetz, dass sich der die Kenntnisnahme ermöglichende Machtbereich des Urhebers unter der dem Verwerter zuletzt bekannten Anschrift befindet.[412] Das Absendedatum ist auch nicht gleichzusetzen mit dem Datum des Schreibens, sondern mit dem Datum, zu welchem ein Schreiben zur Post gegeben wurde, also dem Poststempel,[413] bei anderen Kommunikationsmitteln mit dem „Einlieferungsdatum", was aber oft mit dem Empfangsvorgang zusammen fällt; allerdings wird es hier manchmal schwierig sein, das Absendedatum korrekt zu erfassen, etwa durch Logfiles. Einen richtigen Grund für diese Regelung und Privilegierung gibt es letztlich nicht, da zahlreiche andere Gläubiger sich mit Zugangsproblemen auseinandersetzen müssen. Zumindest muss der Verwerter seiner Pflicht Genüge getan haben, die aktuelle Anschrift zu ermitteln. Hat er dies versäumt und die Mitteilung ohne Weiteres an eine alte Anschrift gesandt, ist sein Einwand, dass die Mitteilung abgesandt worden sei, rechtsmissbräuchlich; die Mitteilung muss wiederholt werden.[414] Erst recht kann sich der Verwerter im Falle eines späteren Widerrufs nicht darauf berufen, er habe die Mitteilung ordnungsgemäß abgesandt, wenn die Sendung als unzustellbar zurückkommt, der Faxbericht negativ ist oder auf die E-Mail eine Nachricht der Unzustellbarkeit folgt. Denn dann ist für den Verwerter erkennbar, dass die Mitteilung den Urheber nicht erreicht hat.[415]

95   Ferner muss die Mitteilung zwingend an die **letzte ihm bekannte Anschrift** gesandt werden; dies gilt auch dann, wenn der Verwerter der Auffassung ist – selbst nach Recherchen – dass die ihm als einzige bekannte letzte Anschrift, nicht mehr die richtige ist.[416]

6. Beweislast

96   Es obliegt dem Verwerter, seine Anstrengungen zur Ermittlung der Anschrift darzulegen und zu beweisen.[417] Auch muss er die Absendung an die ihm zuletzt bekannte Anschrift nachweisen.[418] Der Urheber ist dagegen beweispflichtig für die Mitteilung seiner Anschrift gegenüber dem Vertragspartner oder Verwerter.

VI. Wegfall des Widerrufsrechts (Abs. 2)

97   Abs. 2 enthält drei abschließend aufgezählte Ausnahmen von der Regel des Widerrufsrechts; Raum für weitere Ausnahmen besteht nicht, auch nicht im Wege der Analogie, da damit sonst der vom Gesetzgeber intendierte Schutz des Urhebers ausgehöhlt würde.

1. Vereinbarung einer Vergütung

98   Das Widerrufsrecht entfällt nach § 31a Abs. 2 S. 1, 2, wenn die Parteien eine Vergütung vereinbart haben. Hierbei unterscheidet das Gesetz zwei Unterfälle: Die Vergütungsvereinbarung auf der Grundlage einer gemeinsamen Vergütungsregel, die auch – entgegen des missverständlichen Wortlauts des

---

[407] Dreier/Schulze/*Schulze* UrhG § 31a Rn. 110; Fromm/Nordemann/*J. B. Nordemann* UrhG § 31a Rn. 65; dagegen *Wandtke*/Bullinger/*Grunert* UrhG § 31a Rn. 86; *Hoeren* MMR 2007, 615 (616); *Hucko* „Zweiter Korb", 2007, S. 23: Eine Recherchepflicht des Verwerters enthält das Gesetz nicht.
[408] Ebenso Fromm/Nordemann/*J. B. Nordemann* UrhG § 31a Rn. 65: Internetrecherche unter Benutzung der gängigen Suchmaschinen ebenso zumutbar wie die Recherche in öffentlich zugänglichen Adressverzeichnissen.
[409] Dreier/Schulze/*Schulze* UrhG § 31a Rn. 111; Fromm/Nordemann/*J. B. Nordemann* UrhG § 31a Rn. 66; *Wandtke*/Bullinger/*Grunert* UrhG § 31a Rn. 88.
[410] Dreier/Schulze/*Schulze* UrhG § 31a Rn. 111; *Wandtke*/Bullinger/*Grunert* UrhG § 31a Rn. 87; *Hoeren* MMR 2007, 615 (616).
[411] So Mestmäcker/Schulze/*Scholz* UrhG § 31a Rn. 33 f. (45. EL, Dez. 2007).
[412] *Wandtke*/Bullinger/*Grunert* UrhG § 31a Rn. 87.
[413] Dreier/Schulze/*Schulze* UrhG § 31a Rn. 112.
[414] Im Ergebnis ebenso Dreier/Schulze/*Schulze* UrhG § 31a Rn. 111.
[415] *Wandtke*/Bullinger/*Grunert* UrhG § 31a Rn. 87.
[416] Zutr. Dreier/Schulze/*Schulze* UrhG § 31a Rn. 111.
[417] Dreier/Schulze/*Schulze* UrhG § 31a Rn. 111.
[418] *Wandtke*/Bullinger/*Grunert* UrhG § 31a Rn. 87.

Gesetzes – schon möglich ist, wenn die neue Nutzungsart noch nicht bekannt ist (Satz 2), und auf der Grundlage einer individuellen Vereinbarung, aber erst nach Bekanntwerden der neuen Nutzungsart (Satz 1).

Die Einigung muss zwischen dem Urheber und dem Vertragspartner oder demjenigen zustande **99** kommen, der das Nutzungsrecht übertragen erhalten hat. Das Gesetz enthält hier zwar keine Festlegung; doch muss der Vertragspartner nicht derjenige sein, der auch die Nutzungsrechte erhalten hat, da schuldrechtlich auch der Vertragspartner des Urhebers diesem die Vergütung einräumen kann.[419]

Einer **besonderen Form** bedarf die Einigung in keinem der beiden Fälle.[420] **100**

2. Vereinbarung vor Bekanntwerden der Nutzungsart

Existiert eine gemeinsame Vergütungsregel[421] kann obwohl die Nutzungsart noch nicht bekannt **101** ist, bereits das Widerrufsrecht entfallen, wenn beide Parteien sich auf eine solche Regel einigen. Der Grund hierfür liegt darin, dass in derartigen Fällen kollektiver Vereinbarungen oder Regeln das Ungleichgewicht zwischen beiden Vertragsparteien beseitigt wird; bei Vorliegen einer gemeinsamen Vergütungsregel iSd § 36 gilt als angemessen, was dort für die betreffende Branche niedergelegt ist, sodass für eine vertraglich vereinbarte Vergütung die unwiderlegliche gesetzliche Vermutung der Angemessenheit gilt, wenn sie der jeweiligen Vergütungsregel entspricht.[422]

Voraussetzung ist eine **gemeinsame Vergütungsregel** im Sinne von § 32 – was gerade bei unbe- **102** kannten Nutzungsarten aber eher die Ausnahme sein dürfte. Denn eine solche Nutzungsart ist zum relevanten Zeitpunkt allenfalls technisch existent, hat sich jedoch wirtschaftlich noch nicht durchgesetzt.[423] Solange aber die wirtschaftlichen Möglichkeiten nicht hinreichend klar absehbar sind, wird eine gemeinsame Vergütungsregel kaum aufzustellen sein.[424] Darüber hinaus muss die jeweilige Vereinigung repräsentativ, unabhängig und befugt sein, um solche Regeln zu vereinbaren.[425] Aber auch ein Tarifvertrag muss für die Anwendung von § 31a Abs. 2 S. 2 genügen, da er nach der Systematik von § 32 Vorrang vor einer gemeinsamen Vergütungsregel hat. Es wäre nicht einzusehen, warum eine solche Regel eher in der Lage sein sollte, das Widerrufsrecht zu beseitigen als ein Tarifvertrag.

3. Vereinbarung nach Bekanntwerden der Nutzungsart

Der Gesetzgeber hat bewusst keine Vergütungsabrede bei Einräumung der Rechte an unbekannten **103** Nutzungsarten oder der Verpflichtung hierzu genügen lassen, um das Widerrufsrecht entfallen zu lassen. Denn gerade bei Vertragsabschluss können sich beide Parteien noch nicht über die wirtschaftliche Bedeutung der unbekannten Nutzungsarten im Klaren sein, zumal der Urheber zwecks Veröffentlichung und Verwertung seines Werkes eher geneigt sein wird, seine Rechte vollständig zu übertragen, wobei die zwingend geschuldete angemessene Vergütung keinen adäquaten Ausgleich bietet. Mit dem Modell der gemeinsamen Vergütungsregeln soll den Parteien ein Selbstregulierungsmodell zur Verfügung gestellt werden, in dessen Rahmen sie die in ihren Branchen gebündelte Fachkompetenz zur Festlegung von Vergütungssätzen nutzen können.[426] Dadurch, dass der Urheber sich diese Fachkompetenz zu Nutze machen kann, wird der strukturellen Unterlegenheit des Urhebers gegenüber der Verwerterseite entgegengewirkt. Andernfalls hätte es auch nahegelegen, ganz auf das US-amerikanische Modell einer vollständigen, unbedingten Übertragung von Rechten auch an unbekannten Nutzungsarten zu wechseln.

Ob die neue Nutzungsart bekannt ist, bestimmt sich nach den oben dargelegten Kriterien **104** (→ Rn. 30).

Erforderlich ist eine **gesonderte angemessene Vergütung nach § 32c Abs. 1,** die nur für die **105** jetzt bekannt gewordene Nutzungsart gilt. Sie tritt zu der ursprünglich vereinbarten Vergütung hinzu. Ob die Vergütung angemessen ist, bestimmt sich nach den Kriterien des § 32 Abs. 2, 4, mithin zunächst nach einer tariflichen Vergütung, sodann nach einer gemeinsamen Vergütungsregel und schließlich nach der redlicherweise und üblichen angemessenen Vergütung. Für den Fall der mehrfachen Werknutzung sah der RefE des BMJV von 2015[427] die Ergänzung des § 32 Abs. 2 um einen Satz 3-RefE vor, wonach „[e]ine Vergütung nach Satz 2 in der Regel nur dann angemessen [ist], wenn der Urheber für mehrfache Nutzungen desselben Werkes Anspruch auf jeweils gesonderte Vergütung hat.“[428] Der Zweck der Vorschrift sollte in der Herstellung eines „fairen Interessenausgleich[s]

---

[419] Im Ergebnis ähnlich Dreier/Schulze/*Schulze* UrhG § 31a Rn. 119.
[420] AllgM, Dreier/Schulze/*Schulze* UrhG § 31a Rn. 118; Fromm/Nordemann/*J. B. Nordemann* UrhG § 31a Rn. 68; *Wandtke/Bullinger*/Grunert UrhG § 31a Rn. 93.
[421] Oder ein Tarifvertrag, → Rn. 102.
[422] So für § 32 Abs. 2 Loewenheim/*v. Becker* § 80 Rn. 28.
[423] Dreier/Schulze/*Schulze* UrhG § 31a Rn. 125.
[424] DKMH/*Kotthoff* UrhG § 31a Rn. 20.
[425] Näher dazu Loewenheim/*v. Becker* § 29 Rn. 83 ff.
[426] Loewenheim/*v. Becker* § 29 Rn. 72.
[427] Dazu → Vor §§ 31 ff. Rn. 14a.
[428] Entwurf eines Gesetzes zur verbesserten Durchsetzung des Anspruchs der Urheber und ausübenden Künstler auf angemessene Vergütung abrufbar im Internet: http://www.urheber.info/sites/default/files/story/files/bmjv-referentenentwurf-urhebervertragsrecht-2015-10-05 pdf. S. 3.

zwischen Urhebern und Verwertern." bestehen;[429] die mit dem sog. Münchner Entwurf (ME) vorge-schlagenen Erweiterungen des § 32 Abs. 2, 5-ME nahm der RefE ebenso wie die sonstigen Vorschlä-ge des ME damit nicht auf.[430] Im RegE[431] und abschließend im Gesetz zur verbesserten Durchset-zung des Anspruchs der Urheber und ausübenden Künstler auf angemessene Vergütung und zur Regelung von Fragen der Verlegerbeteiligung[432] fand die Ergänzung des § 32 Abs. 2 keinen Einzug. Die Festlegung einer angemessen Vergütung iSd § 32c Abs. 1 gestaltet sich außerordentlich schwierig, erst recht, wenn es sich um eine unbekannte Nutzungsart handelt; allein jede noch so geringe Vergü-tung kann nicht ausreichen, so dass die Vereinbarung einer unangemessenen Vergütung das Wider-rufsrecht nicht entfallen lässt.[433] Denn die zwingende angemessene Vergütung soll ebenso wie § 32 letztlich das Ungleichgewicht zwischen den Parteien beseitigen. Allein ein Anspruch auf Vertragsän-derung (§ 32) gäbe dem Urheber nur ein schwächeres Druckmittel in die Hand.[434] Nicht jede Ver-einbarung kann nach § 31a Abs. 2 S. 1 den Wegfall des Widerrufsrechts zur Folge haben, sondern nur eine solche, die nach den Kriterien des § 32 Abs. 2, 4 angemessen ist. Den Schwierigkeiten bei der Vereinbarung einer angemessenen Vergütung steht gerade die Alternative gegenüber, von einer ge-meinsamen Vergütungsregel Gebrauch zu machen. Zudem könnte sonst das Widerrufsrecht leicht beseitigt werden, sodass dann der Urheber damit belastet wäre, eine angemessene Vergütung erst gel-tend zu machen, womöglich auf dem Klageweg. Dies wäre jedoch mit dem Schutzzweck des § 31a nicht zu vereinbaren.[435]

4. Widerrufsrecht zu Lebzeiten des Urhebers

106   Das Widerrufsrecht des Urhebers ist höchstpersönlich ausgestaltet, es vererbt sich nicht,[436] einerlei um welche Form der Erbfolge es sich handelt, ob testamentarisch oder gesetzlich. Auch wenn der Urheber noch zu Lebzeiten einen Widerruf abgesandt haben sollte, dieser bis zu seinem Tod aber noch nicht zugegangen ist, ist der Widerruf unwirksam.[437] Gegen die Unvererbbarkeit des Widerrufs-rechts werden im Hinblick auf Art. 14 GG verfassungsrechtliche Bedenken geäußert.[438] Vor dem Hintergrund, dass das Urheberrecht als geistiges Eigentum von Art. 14 Abs. 1 GG geschützt werde, müsse der Gesetzgeber bei der aktuellen Regelung nicht zu entnehmende konkrete Interessenabwä-gung vornehmen.[439] Das Erlöschen des Widerrufsrechts widerspreche zudem der Systematik des UrhG, da die vermögenswerten Bestandteile des Urheberrechts vollständig auf die Erben übergingen, was somit auch für das vermögenswerte Interessen des Urhebers schützende Widerrufsrecht gelten müsse.[440] Diese Argumente vermögen jedoch nicht zu überzeugen.[441] Die Erbrechtsgarantie des Art. 14 Abs. 1 S. 1 gewährleistet zwar das Erbrecht als Rechtsinstitut und als Individualrecht.[442] Inhalt und Schranken werden jedoch gem. Art. 14 Abs. 1 S. 2 GG durch den Gesetzgeber bestimmt.[443] Welche Befugnisse einem Eigentümer in einem bestimmten Zeitpunkt konkret zustehen, ergibt sich somit aus der Zusammenschau aller in diesem Zeitpunkt geltenden, die Eigentümerstellung regelnden gesetzlichen Vorschriften.[444] In Abwägung der verschiedenen Interessen dürfte sich die Regelung insgesamt als verfassungsgemäß darstellen, zumal die Erben über die zwingende angemessene Vergü-tung einen Ausgleich erhalten. Zwar geht das Urheberrecht im Unterschied zu anderen Persönlich-keitsrechten als Ganzes nicht nur mit den vermögenswerten, sondern auch den ideellen Bestandteilen

---

[429] Entwurf eines Gesetzes zur verbesserten Durchsetzung des Anspruchs der Urheber und ausübenden Künstler auf angemessene Vergütung abrufbar im Internet: http://www.urheber.info/sites/default/files/story/files/bmjv-referentenentwurf-urhebervertragsrecht-2015-10-05 pdf. S. 15.

[430] *Kreile/Schley* ZUM 2015, 837 (840 f.).

[431] Gesetzentwurf der Bundesregierung, Entwurf eines Gesetzes zur verbesserten Durchsetzung des Anspruchs der Urheber und ausübenden Künstler auf angemessene Vergütung, BR-Drs. 18/8625.

[432] Gesetz zur verbesserten Durchsetzung des Anspruchs der Urheber und ausübenden Künstler auf angemessene Vergütung und zur Regelung von Frage der Verlegerbeteiligung, BGBl. I S. 3037.

[433] Dreier/Schulze/*Schulze* UrhG § 31a Rn. 122; Fromm/Nordemann/*J. B. Nordemann* UrhG § 31a Rn. 68; *Schulze* UFITA 2007/III, 641 (672), differenzierend *Schardt* S. 109; aA DKMH/*Kotthoff* UrhG § 31a Rn. 19; *Wandtke*/Bullinger/*Grunert* UrhG § 31a Rn. 92; *Berger* GRUR 2005, 907 (909).

[434] So aber Mestmäcker/Schulze/*Scholz* UrhG § 31a Rn. 40 (45. EL, Dez. 2007); ähnlich DKMH/*Kotthoff* UrhG § 31a Rn. 19: Dem Urheber bliebe der Korrekturanspruch nach § 32 Abs. 1 S. 3; *Wandtke*/Bullinger/*Grunert* UrhG § 31a Rn. 92: Soweit die Vereinbarung keine angemessene Vergütung vorsieht, könne der Urheber die Differenz zur angemessenen Vergütung nach § 32c Abs. 1 geltend machen.

[435] Siehe hierzu auch die Kritik von Dreier/Schulze/*Schulze* UrhG § 31a Rn. 122: „Missbräuchen [würde] Tür und Tor geöffnet".

[436] BT-Drs. 16/1828, 24.

[437] Dreier/Schulze/*Schulze* UrhG § 31a Rn. 131.

[438] Dreier/Schulze/*Schulze* UrhG § 31a Rn. 129 ff.; Mestmäcker/Schulze/*Scholz* UrhG § 31a Rn. 42 (45. EL, Dez. 2007); *Wandtke*/Bullinger/*Grunert* UrhG § 31a Rn. 99; *Frey/Rudolph* ZUM 2007, 13 (19); *Klickermann* MMR 2007, 221 (224).

[439] *Frey/Rudolph* ZUM 2007, 13 (19).

[440] *Klickermann* MMR 2007, 221 (224); ähnlich Mestmäcker/Schulze/*Scholz* UrhG § 31a Rn. 42 (45. EL, Dez. 2007).

[441] Ebenso Fromm/Nordemann/*J. B. Nordemann* UrhG § 31a Rn. 71.

[442] BVerfG NJW 1977, 1677; 1985, 1455; 1995, 2977; 1999, 1853.

[443] BVerfG NJW 1966, 195 (196); 1977, 1677; 1985, 1455; 1999, 1853 (1854).

[444] BVerfG NJW 1982, 745 (749).

auf die Erben über.[445] Allerdings ist nicht recht ersichtlich, warum der Urheber über seinen Tod hinaus aus persönlichkeitsrechtlichen Erwägungen heraus die Einräumung von unbekannten Nutzungsarten widerrufen können soll; Beeinträchtigungen seiner Persönlichkeit werden dadurch nicht tangiert, da das Urheberpersönlichkeitsrecht nicht durch § 31a durchbrochen wird.[446]

5. Beweislast

Die Darlegungs- und Beweislast für das Vorliegen der Voraussetzungen des § 31a Abs. 2, insbesondere auch der Einigung über die Vergütung, trägt der Verwerter.   **107**

VII. Mehrere Urheber (Abs. 3)

1. Überblick

Haben mehrere Urheber ein Werk erschaffen, sei es als Miturheber, als Werkgesamtheit oder in einem Sammelwerk, stellte sich für den Verwerter bei Bekanntwerden neuer Nutzungsarten regelmäßig das Problem, dass er die Einräumung der Rechte durch jeden Urheber benötigte, um das gesamte Werk in der neuen Art zu nutzen. Oftmals waren (und sind) die Aufenthaltsorte dieser Urheber oder ihrer Rechtsnachfolger nicht bekannt, so dass etwa eine Digitalisierung von Sammelwerken aufgrund der ungeklärten Rechtslage unterbleiben musste.[447] Der Gesetzgeber wollte mit der Einschränkung des Widerrufsrechts für diese Fälle ausdrücklich eine Erleichterung herbeiführen,[448] ohne dass das Widerrufsrecht damit aufgehoben wäre. Daraus folgt aber auch die Ratio der Norm, dass die Ausübung des Widerrufsrechts umso mehr eingeschränkt wird, je mehr Urheber an einem Werk beteiligt sind, um das Schicksal und die Verwertung der Werkgesamtheit nicht zu gefährden. Damit kommt es auf die gegenseitige Rücksichtnahme nicht nur im Verhältnis zum Verwerter, sondern auch der Urheber untereinander an. Die kann aber auch der Verwerter vorbringen; ansonsten würde § 31a Abs. 3 nur eine Selbstverständlichkeit wiederholen, nämlich dass jede Rechtsausübung unter dem Vorbehalt von Treu und Glauben bzw. fehlenden Rechtsmissbrauchs steht. Zwar waren schon bislang mehrere Urheber in der Regel zur Ausübung ihrer Rechte nach Treu und Glauben aufgrund der zwischen ihnen bestehenden Verwertungsgemeinschaft verpflichtet (→ § 9 Rn. 14), erst recht bei der Miturheberschaft nach § 8.[449] Doch greift diese Pflicht nur für die Urheber untereinander ein, sie kann nicht vom Vertragspartner bzw. Verwerter ins Feld geführt werden. Demgegenüber ermöglicht § 31a Abs. 3, die Treubindungen als Einwand gegenüber der Rechtsausübung eines (Mit-) Urhebers geltend zu machen.   **108**

Eine weitergehende Regelung hat der Gesetzgeber des zweiten Korbs für Filme vorgesehen: Hier steht im Zweifel gem. §§ 88 Abs. 1, 89 Abs. 1 das Recht für alle Nutzungsarten ohne Widerrufsrecht der Urheber dem Filmhersteller zu, um der besonderen Situation der Vielzahl an Urhebern beim Film gerecht zu werden.[450]   **109**

2. Mehrere Werke oder Werkbeiträge

Das Gesetz stellt nicht auf eine Mehrzahl von Urhebern ab, sondern allein darauf, ob mehrere Werke oder Werkbeiträge so zu einer Gesamtheit zusammengefasst sind, dass die Verwertung in einer neuen Nutzungsart nur unter Verwendung sämtlicher Werke oder Werkbeiträge möglich ist, § 31a Abs. 3. Selbst wenn nur ein Urheber mehrere Werkbeiträge geschaffen hat, die miteinander verbunden werden, steht demnach sein Widerrufsrecht unter dem Vorbehalt der Ausübung nach Treu und Glauben – auch wenn der Gesetzgeber selbst offenbar nur an den Fall mehrerer Urheber gedacht hat.[451] Handelt es sich um einen Urheber mit mehreren Werkbeiträgen, besteht aber nach der Ratio der Norm, dem Verwerter die Bürde der Nachlizenzierung zu erleichtern, kein Bedürfnis, das Widerrufsrecht gleich strengen Kautelen wie im Fall mehrerer Urheber zu unterwerfen.[452]   **110**

Als **Gesamtheiten von Werken oder Werkbeiträgen** kommen Werkverbindungen nach § 9, etwa Opern, Operetten, Musicals, Lieder und Schlager als Verbindung von Musik und Text, Verbindungen von Sprachwerken mit Werken der bildenden Kunst oder Lichtbildwerke wie Kunstbücher und Buchillustrationen sowie Comic-Strips, naturwissenschaftliche und technische Bücher, in denen Darstellungen wissenschaftlicher Art mit Text verbunden werden,[453] Ballett als Verbindung zwischen   **111**

---

[445] → § 28 Rn. 2.
[446] Kritisch Dreier/Schulze/*Schulze* UrhG § 31a Rn. 129: Zwar würden durch diesen Anspruch die materiellen Interessen der Erben bedacht, andererseits ihnen aber das Selbstbestimmungsrecht hierüber genommen.
[447] Zur Retrodigitalisierung s. die Kommentierung von *Katzenberger* § 137 Rn. 1, 36.
[448] Begr. RegE BT-Drs. 16/1828, 24 f.
[449] → § 8 Rn. 16; *Spindler* FS Schricker, 2005, 539 (545 f.).
[450] §§ 88 Rn. 68.
[451] Begr. RegE BT-Drs. 16/1828, 24: „viele Mitwirkende".
[452] Ebenso Dreier/Schulze/*Schulze* UrhG § 31a Rn. 133.
[453] *Wandtke*/Bullinger/*Grunert* UrhG § 31a, § 9 Rn. 9.

Choreographie, Musik und Balletterzählung[454] ebenso wie Sammelwerke nach § 4, zB Lexika aus Beiträgen mehrerer Autoren oder Zeitschriftenbände, des Weiteren sowohl unperiodisch erscheinende Sammlungen wie wissenschaftliche Festschriften, Konversationslexika, Handbücher, Enzyklopädien, Gedichtsammlungen als auch periodisch erscheinende Sammlungen wie Zeitungen und Zeitschriften[455] in Betracht. Auswahl und Anordnung der im Sammelwerk enthaltenen Elemente müssen eine persönliche geistige Schöpfung erkennen lassen.[456] Nicht als Sammelwerk geschützt sind daher bloß alphabetisch geordnete Telefonbücher[457] oder eine schlichte Gesetzeswiedergabe, die sich auf eine routinemäßige Auswahl oder Anordnung beschränkt.[458] Gleiches gilt für die Miturheberschaft an einem gemeinsamen einheitlichen Werk nach § 8, etwa Computerprogrammen,[459] juristischen Kommentaren, sofern die Individualität der einzelnen Co-Autoren auch in die Gestaltung des Gesamtwerks eingeflossen ist[460] sowie den Film, für den aber §§ 88, 89 vorgehen. Neben diesen Fällen der gemeinsamen, quasi „horizontalen" Schaffung von Werken oder Werkgesamtheiten erfasst § 31a Abs. 3 aber auch die „vertikale" Verbindung von mehreren Urhebern, insbesondere wenn eine Bearbeitung eines Werkes verwertet werden soll, da hier sowohl der ursprüngliche Urheber als auch der Bearbeiter über ein Urheberrecht an dem bearbeiteten Werk verfügen.[461]

112   Probleme wirft der Fall auf, dass der **Verwerter selbst die Werke bzw. Werkbeiträge zu einer Gesamtheit zusammenfügt** hat. § 31a Abs. 3 differenziert nicht danach, wer die Gesamtheit letztlich hergestellt hat, sondern stellt nur auf die Verbindung der Werke ab. Ausweislich der Gesetzesbegründung wollte der Gesetzgeber gerade auch diese Fälle unter den Vorbehalt des § 31a Abs. 3 stellen.[462] Damit habe es der Verwerter nun in der Hand, Werke von bislang nicht in Beziehung zueinander stehenden Urhebern zusammenzuführen und dadurch die Ausübung der betroffenen Urheber zu erschweren.[463] Der Gesetzgeber geht über die schon bestehenden internen Bindungen von Urhebern bei Verwertungsgemeinschaften hinaus, da auch die ohne Wissen und Wollen der Urheber gebildeten Gesamtheiten erfasst werden. Allerdings begrenzt das Urheberpersönlichkeitsrecht den Verwerter, verschiedene Werke beliebig neu zu kombinieren.[464] Dies wird zwar etwa bei der Neuzusammenstellung von Beiträgen und Aufsätzen zu einem Thema in einem Sammelband eher selten betroffen sein, wohl aber bei der Unterlegung von Gedichten mit Musik eines anderen Urhebers, wenn dadurch das Werk einen neuen, vom Urheber nicht intendierten Charakter erhält.[465] Fraglich ist, **wann die Zusammenstellung** erfolgen muss: Nach der gesetzgeberischen Intention[466] ist eine Gesamtheit von Werken oder Werkbeiträgen auch dann anzunehmen, wenn diese erst durch den Verwerter im Rahmen der neuen Nutzung hergestellt wird bzw. sinnvoll hergestellt werden kann.[467] Es sind durchaus unbekannte Nutzungsarten vorstellbar, die erst durch eine Kombination von Werken ihren prägenden Charakter erhalten, auch in diesen Fällen entsteht dann ein zusammengesetztes Werk im Sinne der Norm.[468]

3. Ausübung des Widerrufsrechts nach Treu und Glauben

113   Bilden die Urheber eine Urhebergemeinschaft,[469] können sie ihren Widerruf nur gemeinschaftlich ausüben.[470] Denn alle Rechte, die das gemeinsame Werk betreffen, können nur gemeinschaftlich ausgeübt werden. Allerdings bleibt es den Urhebern unbenommen, im Innenverhältnis andere Regelungen zu treffen.[471] Ohne eine solche Urhebergemeinschaft steht jedem Urheber selbst sein Widerrufsrecht zu.

[454] Fromm/Nordemann/*Wirtz* UrhG § 9 Rn. 1; Fromm/Nordemann/*W. Nordemann* (10. Aufl.) UrhG § 9 Rn. 10; Einzelheiten unter → § 9 Rn. 5.
[455] Wandtke/Bullinger/*Wandtke*//*Grunert* UrhG § 31a, § 4 Rn. 7; Einzelheiten unter → § 4 Rn. 65.
[456] BGH GRUR 1990, 669 (673) – Bibelreproduktion.
[457] BGH GRUR 1999, 923 (924) – Tele-Info-CD.
[458] BGH GRUR 1954, 129 (130).
[459] BGH GRUR 1994, 39 (40) – Buchhaltungsprogramm.
[460] *Wandtke*/Bullinger/*Grunert* UrhG § 31a Rn. 103, § 8 Rn. 8.
[461] Dreier/Schulze/*Schulze* UrhG § 31a Rn. 136.
[462] Begr. RegE BT-Drs. 16/1828, 25.
[463] Mestmäcker/Schulze/*Scholz* UrhG § 31a Rn. 45 (45. EL, Dez. 2007); *Frey/Rudolph* ZUM 2007, 13 (19): Vereinbarkeit mit Art. 14 GG zweifelhaft.
[464] Ebenso Dreier/Schulze/*Schulze* UrhG § 31a Rn. 137; ähnlich Mestmäcker/Schulze/*Scholz* UrhG § 31a Rn. 45 (45. EL, Dez. 2007): Zusammenführung darf nicht in urheberrechtliche Ausschlussbefugnisse eingreifen; anders DKMH/*Kotthoff* UrhG § 31a Rn. 24: Persönlichkeitsrechtliche Belange könnten im Rahmen der Abwägung berücksichtigt werden, ob der Widerruf mit Treu und Glauben vereinbar ist.
[465] Einzelheiten unter → § 14 Rn. 31 ff.
[466] Keine Blockade durch einzelne Urheber, keine Behinderung der Entwicklungsoffenheit des Gesetzes hinsichtlich neuartiger Werkkombinationen BT-Drs. 16/1828, 24 f.
[467] Mestmäcker/Schulze/*Scholz* UrhG § 31a Rn. 45 (45. EL, Dez. 2007); Fromm/Nordemann/*J. B. Nordemann* UrhG § 31a Rn. 74; ähnlich *Berger* GRUR 2005, 907 (909 f.).
[468] DKMH/*Kotthoff* UrhG § 31a Rn. 24; aA aber unter Berufung auf den Gesetzeswortlaut Dreier/Schulze/*Schulze* UrhG § 31a Rn. 137.
[469] Miturheberschaft nach § 8, Werkverbindung, § 9.
[470] → § 8 Rn. 21, → § 9 Rn. 11; s. auch *Spindler* FS Schricker, 2005, 539 (548 f.).
[471] Hierzu etwa → § 8 Rn. 19; s. auch *Spindler* FS Schricker, 2005, 539 (544 f.).

Für die Ausübung nach Treu und Glauben kommt es im Wesentlichen darauf an, welches Gewicht **114** der einzelne Urheber mit seinem Werk bzw. Werkbeitrag an dem gesamten Werk hat. Dies gilt erst recht, wenn große Teile des Werkes entweder gemeinfrei geworden sind oder das Widerrufsrecht der anderen Autoren durch deren Tod erloschen ist. Andererseits trifft den Urheber keine Pflicht zur Zustimmung bzw. zum Verzicht auf sein Widerrufsrecht; hat er sachliche Gründe, um den Widerruf zu erklären, kann ihm die Ausübung seines Widerrufsrechts nicht verwehrt werden. Auch kommt es auf die Art des Beitrags des jeweiligen Urhebers an, etwa ob dadurch das Gesamtwerk eine gewisse Prägung erhält. Eine rein quantitative Betrachtungsweise würde den persönlichkeitsrechtlichen Wurzeln nicht gerecht. Diese sollten im Rahmen der Abwägung besonders berücksichtigt werden.[472] Letztlich kommt es auf eine umfassende Würdigung aller Umstände des Einzelfalls an[473] – was naturgemäß ein erhebliches Maß an Rechtsunsicherheit mit sich bringt.

4. Beweislast

Die Darlegungs- und Beweislast dafür, dass der Widerruf durch den Urheber gegen Treu und **115** Glauben verstößt, trägt der Verwerter.

VIII. Unverzichtbarkeit (Abs. 4)

Die Regelungen des § 31a sind zwingend, der Urheber kann nicht im Voraus auf seinen Schutz **116** verzichten. Der Gesetzgeber trägt damit dem strukturellen Verhandlungsungleichgewicht zwischen den Vertragsparteien Rechnung[474] und flankiert so den durch das Widerrufsrecht gewährten Schutz, indem ein sich aus der Verhandlungsmacht des Verwerters ergebender Vorausverzicht auf das Widerrufsrecht nicht möglich ist.[475] Auch einem Verzicht nahekommende Regelungen in einem Vertrag, zB Vertragsstrafen für die Ausübung eines Widerrufs oder pauschalierter Schadensersatz, unterfallen dem Verbot.[476] Ebenso sind andere inhaltsgleiche Regelungen unwirksam, in denen der Urheber nicht ausdrücklich auf die Rechte nach Abs. 1–3 verzichtet.[477] Unwirksam ist danach eine Regelung, wonach der Urheber auf einen späteren Widerruf verzichtet, der Widerruf insgesamt ausgeschlossen ist, die Rechtseinräumung unbekannter Nutzungsarten „unwiderruflich" ist, oder der Urheber erklärt, seine Rechte nicht auszuüben.[478]

Demgegenüber kann der Urheber **nachträglich auf sein Widerrufsrecht verzichten** – aller- **117** dings erst dann, wenn die neue Nutzungsart bekannt geworden ist und er eine Mitteilung hierüber erhält.[479] Andernfalls wäre dem Missbrauch Tür und Tor geöffnet, dass der Urheber kurz nach dem Vertragsabschluss auch einen „nachträglichen" Verzicht erklären müsste.

§ 32 Angemessene Vergütung

(1) [1]Der Urheber hat für die Einräumung von Nutzungsrechten und die Erlaubnis zur Werk-nutzung Anspruch auf die vertraglich vereinbarte Vergütung. [2]Ist die Höhe der Vergütung nicht bestimmt, gilt die angemessene Vergütung als vereinbart. [3]Soweit die vereinbarte Vergü-tung nicht angemessen ist, kann der Urheber von seinem Vertragspartner die Einwilligung in die Änderung des Vertrages verlangen, durch die dem Urheber die angemessene Vergütung gewährt wird.

(2) [1]Eine nach einer gemeinsamen Vergütungsregel (§ 36) ermittelte Vergütung ist angemes-sen. [2]Im Übrigen ist die Vergütung angemessen, wenn sie im Zeitpunkt des Vertragsschlusses dem entspricht, was im Geschäftsverkehr nach Art und Umfang der eingeräumten Nutzungs-möglichkeit, insbesondere nach Dauer, Häufigkeit, Ausmaß und Zeitpunkt der Nutzung, unter Berücksichtigung aller Umstände üblicher- und redlicherweise zu leisten ist.

(2a) Eine gemeinsame Vergütungsregel kann zur Ermittlung der angemessenen Vergütung auch bei Verträgen herangezogen werden, die vor ihrem zeitlichen Anwendungsbereich abge-schlossen wurden.

---

[472] So *Wandtke*/Bullinger/*Grunert* UrhG § 31a Rn. 110.

[473] Dreier/Schulze/*Schulze* UrhG § 31a Rn. 140; Fromm/Nordemann/*J. B. Nordemann* UrhG § 31a Rn. 76; DKMH/*Kotthoff* UrhG § 31a Rn. 26; *Wandtke*/Bullinger/*Grunert* UrhG § 31a Rn. 110.

[474] Begr. RegE BT-Drs. 16/1818, 24.

[475] Ebenso Dreier/Schulze/*Schulze* UrhG § 31a Rn. 142; DKMH/*Kotthoff* UrhG § 31a Rn. 27; *Wandtke*/Bullinger/*Grunert* UrhG § 31a Rn. 115; BeckOK UrhG/*Soppe* § 31a Rn. 32.

[476] DKMH/*Kotthoff* UrhG § 31a Rn. 27; *Spindler* NJW 2008, 9; *Verweyen* ZUM 2008, 217 (219); aA Fromm/Nordemann/*J. B. Nordemann* UrhG § 31a Rn. 77: Eine solche Erschwerung des Widerrufsrechts könne grundsätzlich erfolgen, sofern die nach § 31a zu schützenden wirtschaftlichen und urheberpersönlichkeitsrechtlichen Interessen des Urhebers berücksichtigt werden.

[477] Mestmäcker/Schulze/*Scholz* UrhG § 31a Rn. 47 (45. EL, Dez. 2007); *Wandtke*/Bullinger/*Grunert* UrhG § 31a Rn. 115.

[478] *Wandtke*/Bullinger/*Grunert* UrhG § 31a Rn. 115.

[479] Dreier/Schulze/*Schulze* UrhG § 31a Rn. 142; Fromm/Nordemann/*J. B. Nordemann* UrhG § 31a Rn. 80, aA *Schuchardt* S. 138: Lediglich Regelung über Ausübung des Widerrufsrechts zulässig.

(3) [1]Auf eine Vereinbarung, die zum Nachteil des Urhebers von den Absätzen 1 bis 2a abweicht, kann der Vertragspartner sich nicht berufen. [2]Die in Satz 1 bezeichneten Vorschriften finden auch Anwendung, wenn sie durch anderweitige Gestaltungen umgangen werden. [3]Der Urheber kann aber unentgeltlich ein einfaches Nutzungsrecht für jedermann einräumen.

(4) Der Urheber hat keinen Anspruch nach Absatz 1 Satz 3, soweit die Vergütung für die Nutzung seiner Werke tarifvertraglich bestimmt ist.

1. Materialien: Entwurf eines Gesetzes zur Stärkung der vertraglichen Stellung von Urhebern und ausübenden Künstlern (sog. Professorenentwurf, zweite Fassung) mit Vorwort von *Herta Däubler-Gmelin*, Bundesministerin der Justiz, GRUR 2000, 764 (765); Gesetzentwurf der Bundesregierung – Entwurf eines Gesetzes zur Stärkung der vertraglichen Stellung von Urhebern und ausübenden Künstlern vom 23.11.2001 (BT-Drs. 14/7564 iVm BT-Drs. 14/6433), UFITA Bd. 2002/II, 484 (zit. RegE); Beschlussempfehlung und Bericht des Rechtsausschusses des Bundestages vom 23.1.2002 (BT-Drs. 14/8058), UFITA Bd. 2002/II, 552 (zit. RA-Beschlussempfehlung). **Zur Urheberrechtsreform 2016:** Regierungsentwurf eines Gesetzes zur verbesserten Durchsetzung des Anspruchs der Urheber und ausübenden Künstler auf angemessene Vergütung, BT-Drs. 18/8625; Beschlussempfehlung und Bericht des Ausschusses für Recht und Verbraucherschutz v. 3.5.2016, BT-Drs. 18/10637; Stellungnahme des Bundesrates v. 13.5.2016, BR-Drs. 163/1/16.

2. Schrifttum: *Basse,* Gemeinsame Vergütungsregeln im Urhebervertragsrecht, 2008; *Bayreuther,* Zum Verhältnis zwischen Arbeits-, Urheber- und Arbeitnehmererfindungsrecht, GRUR 2003, 570; *B. v. Becker,* „Juristisches Neuland". Angemessene Vergütung, Vergütungsregeln, Zweckübertragungsregel, ZUM 2005, 303; *ders.,* Die angemessene Übersetzervergütung – Eine Quadratur des Kreises?, ZUM 2007, 249; *ders./Wegner,* Offene Probleme der angemessenen Vergütung, ZUM 2005, 695; *J. Becker,* §§ 32 ff. UrhG – Eine gelungene oder verfehlte Reform? Eine Zwischenbilanz, ZUM 2010, 89; *Bergau,* Modelle kollektiver Beteiligung an der Filmverwertung – Gemeinsame Vergütungsregeln zwischen Filmproduzenten und Vereinigungen von Urhebern, ZUM 2013, 725; *C. Berger,* Zum Anspruch auf angemessene Vergütung (§ 32 UrhG) und weitere Beteiligung (§ 32a UrhG) bei Arbeitnehmer-Urhebern, ZUM 2003, 173; *ders.,* Das neue Urhebervertragsrecht, 2003; *ders.,* Grundfragen der weiteren Beteiligung des Urhebers nach § 32a UrhG, GRUR 2003, 675; *ders./Freyer,* Neue individualvertragliche und kollektiv-rechtliche Instrumente zur Durchsetzung angemessener Urhebervergütungen, ZUM 2016, 569; *C. Berger,* Sieben Jahre §§ 32 ff. UrhG – Eine Zwischenbilanz aus Sicht der Wissenschaft, ZUM 2010, 90; *D. Berger,* Der Anspruch auf angemessene Vergütung gemäß § 32 UrhG: Konsequenzen für die Vertragsgestaltung, ZUM 2003, 521; *Boeser,* Modelle kollektiver Beteiligungsregelungen in der Filmverwertung, ZUM 2013, 737; *Brauner,* Das Haftungsverhältnis mehrerer Lizenznehmer eines Filmwerks innerhalb einer Lizenzkette bei Inanspruchnahme aus § 32a UrhG, ZUM 2004, 96; *Bullinger,* Angemessene Vergütung eines Synchronsprechers – „Fluch der Karibik", GRUR-Prax 2012, 537; *Castendyk,* Erlösstrukturen in den audiovisuellen Medien in Deutschland, ZUM 2013, 709; *ders.,* Das Fell des Bären wird verteilt, wenn er erlegt ist, ZUM 2016, S. 314–322; *ders.* Alarm für Cobra 11, Alphateam und der Bulle von Tölz – Strukturen der angemessenen Vergütung und weiterer Beteiligungen bei TV-Produktionen, in Zwischen Gestern und Morgen Medien im Wandel, FS Schwarz 65. Geb.; S. 245–268; *Czychowski,* Die angemessene Vergütung im Spannungsfeld zwischen Urhebervertrags- und Arbeitnehmererfindungsrecht – ein Beitrag zur Praxis des neuen Urhebervertragsrechts im Bereich der angestellten Computerprogrammierer, FS Nordemann (2004), S. 157; *ders.,* Offene Fragen nach den ersten Urteilen des Bundesgerichtshofs zum neuen Vergütungsrecht im Urheberrecht, GRUR 2010, 793; *ders.,* Die Entwicklung der unter- und obergerichtlichen Rechtsprechung zum Urheberrecht 2016, GRUR-RR, 2016, 169–180; *Datta,* Die Ausgestaltung des Anspruchs aus § 32a II 1 UrhG- Besprechung BGH „Derrick", GRUR-RR 2017, S. 209–212; *Dörfelt,* Zur Zukunft der Zweckübertragungslehre. Nach dem Urheberrechtsreformen von 2002–2008, 2017; *Dorner,* Umfassende Nutzungsrechteeinräumung gegen Pauschalabgeltung – Ende für „Buy-outs"?, MMR 2011, 780; *Dreier,* Creative Commons, Science Commons – Ein Paradigmenwechsel im Urheberrecht?, in FS Schricker (2005), S. 283; *Dresen,* Wirtschaftliche Auswirkungen des BGH-Urteils zur Übersetzer-Vergütung für Verlage, GRUR-Prax 2009, 4; *Drexl,* Der Anspruch der Werkschöpfer und ausübenden Künstler auf angemessene Vergütung in der europäischen Wettbewerbsordnung, FS Schricker (2005), S. 651; *Eichelberger,* Die Ansprüche auf angemessene Vergütung (§ 32 UrhG) und weitere angemessene Beteiligung (§ 32a UrhG): System, Vergleichsmaßstab und Verjährung, WRP 2017, 127; *Fette,* Sender einer Auftragsproduktion als Werknutzer im Sinne des § 36 UrhG, ZUM 2013, 29; *Fischer,* §§ 32 ff. UrhG – Eine gelungene oder verfehlte Reform? Eine Zwischenbilanz, ZUM 2010, 124; *Gerecke,* Rechtliche Bewertung von Rückstellungsvereinbarungen in Filmproduktionen, ZUM 2012, 289; *Gialeli/v. Olenhusen,* Das Spannungsverhältnis zwischen Urheberrecht und AGB-Recht, ZUM 2012, 389; *Grabig,* Die Bestimmung einer weiteren angemessenen Beteiligung in gemeinsamen Vergütungsregeln und in Tarifverträgen nach § 32a Abs. 4 UrhG, Berlin 2005; *Haas,* Das neue Urhebervertragsrecht, 2002; *Haupt/Flisak,* Angemessene Vergütung in der urheberrechtlichen Praxis, KUR 2003, 41; *Hertin,* Werklohn und angemessene Vergütung, GRUR 2011, 1065; *ders.,* Fairnessausgleich nach Rechteeinbringung in eine autorenbeteiligte Gesellschaft bürgerlichen Rechts, FS M. Schwarz (2017), S. 57; *Hillig,* Wiederholungshonorare für Drehbuchautoren und Regisseure von Fernsehsendereihen bei Übernahmesendungen anderer Rundfunkanstalten, ZUM 2010, 514; *ders,* Zur angemessenen Vergütung freier hauptberuflicher Journalisten an Tageszeitungen, AfP 2016; 228; *Höckelmann,* Der neue „Bestsellerparagraph", ZUM 2005, 526; *Hoeren,* Auswirkungen der §§ 32, 32a UrhG nF auf die Dreiecksbeziehung zwischen Urheber, Produzent und Sendeanstalt im Filmbereich, NJW-Sonderheft 100 Jahre Max-Planck-Gesellschaft (2004). S. 181 ff.; *ders.,* Was bleibt von §§ 32, 32a, 36 UrhG? Überlegungen zur Zukunft des Urhebervertragsrechts, FS Wandtke (2013), S. 159; *Homburg/Klarmann,* Betriebswirtschaftliche Auswirkungen möglicher Veränderungen der Honorarsituation in Verlagen als Folge der Urheberrechtsnovellierung, ZUM 2004, 704; *G. Höss,* Der Streit um „das Boot" – Eine Frage der Gerechtigkeit, in: Zwischen Gestern und Morgen Medien im Wandel, FS Schwarz (2017), S. 199; *Jacobs,* Die angemessene und die unangemessene Vergütung – Überlegungen zum Verständnis der §§ 32, 32a UrhG, FS Ullmann (2006), S. 79; *ders.,* Die Karlsruher Übersetzertarife, Zugleich Anmerkung zu BGH „Destructive Emotions", GRUR 2011, 306; *ders,* „Das Boot in der Karibik" – Überlegungen zu § 32a UrhG, FS Bornkamm (2014), S. 811; *Jani,* Der Buy-Out-Vertrag im Urheberrecht, 2003; *Konertz,* Die Sondervergütung und das Recht auf Zweitverwertung im Arbeitnehmerurheberrecht, NZA 2017, 614; *Klett/Schlüter,* Die Entwicklung des Urheberrechts seit Mitte 2016, K&R 2017, S. 447–453; *Kromer,* Zur angemessenen Vergütung in der digitalen Welt, AfP 2013, 29; *Leistner,* Der Anspruch auf weitere Beteiligung nach § 32a UrhG in Lizenzketten, in: Zwischen Gestern und Morgen Medien im Wandel, FS Schwarz (2017), S. 19; *Loschelder/Wolff,* Der Anspruch des Urhebers auf „weitere Beteiligungen" nach § 32a UrhG bei Schaffung einer Marke, FS Schricker (2005), S. 425; *Ludwig/Suhr,* Geburtstagszug, Geburtstagszug II und nun Geburtstagskarawane? Welche Auswirkung hat die Verjährung auf den Abänderungsanspruch nach § 32a UrhG?,

WRP 2016, 692; *Neubauer,* Gemeinsame Vergütungsregeln (GVR), ZUM 2013, 716; *J. B. Nordemann,* AGB-Kontrolle von Nutzungsrechtseinräumungen durch den Urheber, NJW 2012, 3121; *Obergfell* (Hrsg.), Zehn Jahre reformiertes Urhebervertragsrecht, 2013; *dies./Zurth,* Die Angemessenheit vertraglicher Urhebervergütungen und ihre gesetzlichen Sicherungsmechanismen, ZGE 2016, 1; *dies.,* Auf der Suche nach der fairen Balance – Ein Lehrstück zur Austarierung der Parteiinteressen im Urhebervertragsrecht, FS Schulze (2017), S. 275; *v. Olenhusen,* Anmerkung zu BAG, Urteil vom 17. Februar 2009 – 9 AZR 611/07, ZUM 2009, 889; *ders.,* Der Arbeitnehmer-Urheber im Spannungsfeld zwischen Urheber-, Vertrags- und Arbeitsrecht, ZUM 2010, 474; *Ory,* Erste Entscheidungen zur angemessenen und redlichen Vergütung nach § 32 UrhG, AfP 2006, 10; *ders.,* Durchsetzung einer Gemeinsamen Vergütungsregel nach § 36 UrhG gegen den Willen der anderen Partei, ZUM 2006, 914; *ders.,* Arbeitnehmer-Urheber im privaten Rundfunk, ZUM 2010, 506; *ders.* Urhebervertragsrecht – Die Reform der Reform- Von der angemessenen Vergütung zum Besonderen Urhebervertragsrecht?, 2016, S. 11; *ders.* Neues Recht für Verträge mit Kreativen, NJW 2017, 753; *ders.,* Entwicklung des Europäischen Urheberrechts. Der Vorschlägen für ein Urheberrechtspaket im digitalen Binnenmarkt, AfP 2017, 14; *Peifer,* Die AGB-Kontrolle von Urheberverträgen – Götterdämmerung für das Leitbild der Durchsetzung einer angemessenen Vergütung, AfP 2012, 510; *ders.* (Hrsg.), *ders.* Der Referentenentwurf zum Urhebervertragsrecht, GRUR 2016, 6; *ders.,* Urhebervertragsrecht in der Reform – Der „Kölner Entwurf" in Text, Erläuterung und Kritik, 2016; *ders.,* Urhebervertragsrecht in der Reform – mehr Geld für Kreative oder nur mehr Arbeit für alle?, K&R Beil. (7/8) 2017; S. 17; *ders.,* Die urhebervertragsrechtlichen Normen in der Copyright Richtlinie, ZUM 2013, 648; *Poll,* Darf's noch ein bisschen mehr sein? – Zur Unangemessenheit der Anwendung des Bestsellerparagraphen (§ 32a) auf den Filmbereich, ZUM 2009, 611; *Reber,* Territorial gespaltene Tonträgernutzung und Künstler- Nachvergütung -Elvis Presley inflationsbedingt kein Bestseller-Künstler?, GRUR 2017, 943; *Reber,* Die Redlichkeit der Vergütung (§ 32 UrhG) im Film- und Fernsehbereich, GRUR 2003, 393; *ders.,* „Gemeinsame Vergütungsregelungen" in den Guild Agreements der Film- und Fernsehbranche in den USA – ein Vorbild für Deutschland (§§ 32, 32a, 36 UrhG)?, GRUR-Int 2006, 9; *ders.,* Der „Ertrag" als Grundlage der angemessenen Vergütung/Beteiligung des Urhebers in der Film- und Fernsehbranche, GRUR-Int 2011, 569; *ders.,* Auch Sendeanstalt kann „Werknutzer" iSd. § 36 UrhG sein, GRUR-Prax 2012, 560; *ders.,* Der lange Weg zur ersten gemeinsamen Vergütungsregel für den Kinofilm, GRUR 2013, 1106; *ders.,* Fallstricke des § 32a Abs. 2 UrhG – der Anspruch des Urhebers auf „Fairnessausgleich" (Bestseller) gegenüber dem Drittnutzer, GRUR-Int 2015, 802; *ders.,* Der „Werknutzer"-Begriff im Recht der gemeinsamen Vergütungsregeln (§§ 36, 36a UrhG) – alle Fragen offen?, ZUM 2018, 417; *Schaub,* Der „Fairnessausgleich" nach § 32a UrhG im System des Zivilrechts, ZUM 2005, 212; *dies.,* Die Angemessenheit im Urhebervertragsrecht, §§ 32 ff. UrhG, in: Riesenhuber (Hrsg.), Die „Angemessenheit" im Urheberrecht, 2013, S. 97; *Schimmel,* Das Urhebervertragsrecht – Fehlschlag oder gelungene Reform, ZUM 2010, 95; *Schippan,* Klare Worte des BGH zur Wirksamkeit von Honorarbedingungen für freie Journalisten, ZUM 2012, 771; *ders.,* Auf dem Prüfstand: Die Honorar- und Nutzungsrechtsregelungen zwischen Zeitungs- und Zeitschriftenverlagen und ihren freien Mitarbeitern, ZUM 2010, 782; *Schmitt,* § 36 UrhG – Gemeinsame Vergütungsregelungen europäisch gesehen, GRUR 2003, 294; *Schricker,* Auswirkungen des Urhebervertragsgesetzes auf das Verlagsrecht, FS Nordemann (2004), S. 243; *Schrader,* Auswirkungen des neuen Designrechts auf das „unveränderte" Urheberrecht, WRP 2017, 1421; *G. Schulze,* Nachschlag bei Dinner for One, FS Nordemann (2004), S. 251; *ders.,* Vergütungssystem und Schrankenregelungen – Neue Herausforderungen an den Gesetzgeber, GRUR 2005, 828; *ders.,* Die Übertragungszwecklehre – Auslegungsregel und Inhaltsnorm?, GRUR 2012, 993; *ders.,* Die verschiedenen Interessen der Urheber und der Werkmittler beim Urhebervertragsrecht- Versuch einer Annäherung, in: Zwischen Gestern und Morgen Medien im Wandel, FS Schwarz (2017) S. 3; *ders.,* Das Urhebervertragsrecht nach Erlass der EU-Richtlinie über das Urheberrecht, GRUR 2019, 682; *Schwarz,* Der Ergänzungstarifvertrag Erlösbeteiligung Kinofilm, ZUM 2013, 730; *ders.,* Die Vereinbarung angemessener Vergütungen und der Anspruch auf Bestsellervergütungen aus Sicht der Film- und Fernsehbranche, ZUM 2010, 107; *ders.* Das Recht zur „Wiederverfilmung" nach den Urheberrechtsnovellen, in Anwalt des Urheberrechts FS Schulze (2017); S. 317; *Soppe,* Das Urhebervertragsrecht und seine Bedeutung für die Vertragsgestaltung, NJW 2018, 729; Verträge zwischen Kreativen und Verwertern – Überblick über die gemeinsamen Vergütungsregeln, in Ory/Cole (Hrsg.), Reform des Urhebervertragsrechts, 2016, S. 169; *Spindler,* Reformen der Vergütungsregeln im Urhebervertragsrecht, ZUM 2012, 921; *Sprang,* Die Vereinbarung angemessener Vergütung in der Verlagsbranche, ZUM 2010, 116; *Stern/Peifer/Hain* (Hrsg.), Urhebervertragsrecht – Gelungen oder reformbedürftig? 2014; *Stieper,* Die Richtlinie über das Urheberrecht im digitalen Binnenmarkt, ZUM 2019, 211; *ders.,* Ein angemessener Interessenausgleich im Verhältnis zu Rechteinhabern und Verwertungsgesellschaften?, ZUM 2013, 393; *Thüsing,* Neue Formen des Tarifrechts: Die Gesamtvereinbarung nach § 36 UrhG, in: Thüsing (Hrsg.), Tarifautonomie im Wandel, 2003, S. 191 (vorläufige Fassung u. d. T. „Tarifvertragliche Chimären – Verfassungsrechtliche und arbeitsrechtliche Überlegungen zu den gemeinsamen Vergütungsregeln nach § 36 UrhG nF", GRUR 2002, 203); *Thum,* Vertragsänderung nach dem Urteil „Talking to Addison", GRUR-Prax 2010, 558; *Tolkmitt,* Die angemessene Vergütung im Urheberrecht – Vergütungs- und Vertragsgestaltung durch Gerichte, FS Bornkamm (2014), S. 991; *ders.,* Gemeinsame Vergütungsregeln – ein kartellrechtlich weiterhin ungedeckter Scheck, GRUR 2016, 564; *Voss,* Der Anspruch des Urhebers auf die angemessene Vergütung und die weitere angemessene Beteiligung. Dogmatik, Bestimmung der Angemessenheit gemeinsamer Vergütungsregeln, 2005; *Wandtke,* Der Anspruch auf angemessene Vergütung für Filmurheber nach § 32 UrhG, GRUR-Int 2010, 704; *ders.,* Urheberrecht in Reform oder wohin steuert das Urheberrecht? – Wiedersprüche in den Reformen des Urheberrechts, MMR, 2017, S. 367–373; *K. Wagner,* Aktuelle Möglichkeiten und rechtliche Probleme der Creative Commons-Lizenzmodelle. Digitale Revolution des Urheberrechts durch CC-Lizenzen, MMR 2017, 216; *Weber,* Rahmenverträge und gemeinsame Vergütungsregeln nach Urhebervertragsrecht – aus der Praxis des ZDF, ZUM 2013, 740; *Wegner,* „Tarifdekret" zur Vergütung der Übersetzer literarischer Werke, GRUR-Prax 2009, 14; *v. Westphalen,* Die angemessene Vergütung nach § 32 Abs. 2 S. 2 UrhG und die richterliche Inhaltskontrolle, AfP 2008, 21; *Wille,* Die neue Leitbilddiskussion im Urhebervertragsrecht, ZUM 2011, 206; *Zirkel,* Das neue Urhebervertragsrecht und der angestellte Urheber, WRP 2003, 59.

Übersicht

I. Allgemeines

1. Grundlagen

1   § 32 wurde durch das **Urhebervertragsgesetz vom 22.3.2002**[1] eingeführt und durch das Reformgesetz vom 22.12.2016[2] geringfügig (Abs. 2, Abs. 2a) geändert. § 32 dient dem primärvertraglichen Interessenausgleich zwischen dem Urheber und seinem Vertragspartner auf der Verwerterseite. Im Einklang mit § 11 S. 2 sollen die §§ 32, 32a–d, 36, 36a–c, 40a dem Urheber eine angemessene Vergütung für die Verwertung seiner Werke sichern. Zur Stärkung seiner Rechtsstellung gegenüber den Verwertern wird die formale Vertragsfreiheit eingeschränkt. Zu Lasten des Urhebers können keine unangemessen niedrigen Vergütungen wirksam vereinbart und der Urheber somit auch nicht in solche Vereinbarungen gedrängt werden. Damit wird individualvertraglich der Beteiligungsgrundsatz (§ 11 S. 2) umgesetzt, wonach Urheber nicht nur überhaupt, sondern auch *angemessen* an den Erlösen aus der Werkverwertung zu beteiligen sind.[3] Anders als der sog. Professorenentwurf aus dem Jahr 2000,[4] sieht § 32 UrhG **keinen gesetzlichen Anspruch auf angemessene Vergütung** vor, **sondern** verlangt lediglich, dass die vertraglich vereinbarte Vergütung eine **angemessene Beteiligung** an den wirtschaftlichen Vorteilen der Werkverwertung ermöglicht.

   Verfassungsrechtlich schränken § 32 Abs. 1, 2 UrhG die wirtschaftliche Entfaltungsfreiheit in Form der Berufsfreiheit aus Art. 12 Abs. 1 GG ein. Diese Einschränkung ist gerechtfertigt, da sie dem Zweck dient, sozialen und wirtschaftlichen Ungleichgewichten entgegenzuwirken und die Rechte des Urhebers aus Art. 14 Abs. 1 GG zu schützen. Insbesondere die gerichtliche Angemessenheitskontrolle ist ein verfassungsrechtlich zulässiges Mittel, um den vom Gesetzgeber erstrebten Interessenausgleich zu erreichen.[5] Art. 14 Abs. 1 GG ist auf Seiten der Verwerter nicht betroffen, wohl aber gehört die Sicherung der angemessenen Vergütung zu den verfassungsrechtlich geschützten Eigentumsinteressen der Urheber.[6]

   Um eine angemessene Beteiligung des Urhebers zu ermöglichen, wird eine **Inhaltskontrolle des Einzelvertrags** in Form einer **Gegenleistungskontrolle** eingeführt.[7] Das Gesetz schlägt zur Bestimmung der Angemessenheit der Gegenleistung des Urhebers sowohl einen individualrechtlichen als auch einen kollektivrechtlichen Weg ein. **Individualrechtlich** kann der Urheber bei nicht angemessener Vergütung nach § 32 Abs. 1 von seinem Vertragspartner die Einwilligung in eine Änderung des Vertrages verlangen, durch die dem Urheber die angemessene Vergütung gewährt wird. Der Urheber ist somit an seinen bei Vertragsschluss geäußerten Willen im Hinblick auf die Vergütungshöhe im Nachhinein nicht gebunden.[8] Fordert er nach Vertragsschluss einen höheren (angemessenen) Betrag als den mit dem Verwerter vereinbarten unangemessenen Betrag, so kann ihm der Einwand des *venire contra factum proprium* (§ 242 BGB) nicht entgegengehalten werden.[9] Fehlt es an einer Bestimmung der Höhe der Vergütung, hat der Urheber nach dem Gesetz einen unmittelbaren Anspruch auf Vertragsanpassung (§ 32 Abs. 1 S. 3). Zusätzlich gibt § 32a dem Urheber einen Anpassungsanspruch, wenn sich nach Abschluss des Vertrages herausstellt, dass die Bedingungen der Nutzungsrechtseinräumung

---

[1] BGBl. I S. 1155. → Vor §§ 31 ff. Rn. 5.
[2] BGBl. I S. 3037. → Vor §§ 31 ff. Rn. 14d, zur Vorgeschichte der Reform → Vor §§ 31 ff. Rn. 14–14d.
[3] *Tolkmitt* FS Bornkamm, 2014, 991 (993).
[4] → Vor §§ 31 ff. Rn. 9.
[5] BVerfGE 134, 204 Rn. 68 – Übersetzerhonorare.
[6] Vgl. BVerfG NJW 2018, 2036 Rn. 25 – Verlegeranteil.
[7] Vgl. *Erdmann* GRUR 2002, 923 (925): objektive Inhaltskontrolle.
[8] *Tolkmitt* FS Bornkamm, 2014, 991 (994).
[9] *Tolkmitt* FS Bornkamm, 2014, 991 (994).

zu einem auffälligen Missverhältnis von Gegenleistung und Erträgnissen führen, der sich nicht nur gegen den ursprünglichen Vertragspartner, sondern auch gegen dessen Partner in einer Lizenzkette richten kann. **Kollektivrechtlich** ermöglicht § 36 die einvernehmliche Schaffung gemeinsamer Vergütungsregeln und deren kollektive und individuelle Durchsetzung durch die 2016 eingeführten §§ 36b, 36c.[10] Tarifverträge als weitere kollektivrechtliche Mechanismen bleiben unberührt. Kollektivrechtliche Maßstäbe sind vorrangig: Eine nach einer Gemeinsamen Vergütungsregel ermittelte Vergütung gilt unwiderleglich als angemessen (§ 32 Abs. 2 S. 1); der individualrechtliche Anspruch entfällt bei tarifvertraglicher Bestimmung (§ 32 Abs. 4). Entsprechendes gilt für § 32a, soweit eine Beteiligung an Übererlösen kollektivrechtlich vorgesehen ist (§ 32a Abs. 4). Gem. § 79 Abs. 2 S. 2 gilt § 32 für den ausübenden Künstler; → § 79 Rn. 37–43; ferner soll § 32 kraft Verweisung zugunsten des Herausgebers wissenschaftlicher Ausgaben (§ 70 Abs. 1) und des Lichtbildners (§ 72 Abs. 1) anwendbar sein.[11] Ob eine solche Ausdehnung angemessen ist, ist zu bezweifeln. Das Reformgesetz hat an Urheber und ausübende Künstler gedacht, die Ausdehnung auf andere Berufsgruppen wurde weder 2002 noch 2016 diskutiert. Jedenfalls bei Lichtbildnern ist zu bezweifeln, ob die besonderen Schutzregeln ihrem Zweck nach anwendbar sind. Sinnvoller wäre es, die Schutzregeln auf den kreativen Kernbereich zu beschränken und die generelle Verweisung in §§ 70 Abs. 1, 72 Abs. 1 insoweit teleologisch zu reduzieren. Auf die Inhaber sonstiger verwandter Schutzrechte ist die Vorschrift nicht anwendbar.

Urheber, die ihre Werke durch eine **Gesellschaft bürgerlichen Rechts** verwerten, deren alleinige Gesellschafter sie sind, können in entsprechender Anwendung des § 32 Abs. 1 S. 3 von dem Vertragspartner der Gesellschaft die Einwilligung in die Änderung des Vertrags verlangen. Insoweit liegt eine planwidrige Regelungslücke vor.[12] Wegen der vergleichbaren Interessenlage ist § 32 bei Personengesellschaften entsprechend anwendbar.[13]

Dem **Rechtsnachfolger des Urhebers iSd § 30,** insbesondere dem Urhebererben, steht das Recht des § 32 zu.[14] Entsprechendes gilt für Rechtsnachfolger iSd § 30 von Verfassern wissenschaftlicher Ausgaben und von Lichtbildnern. Zur Stellung der Rechtsnachfolger ausübender Künstler → § 79 Rn. 40. Hinsichtlich der Behandlung **mehrerer Berechtigter** ist auf die Ausführungen zu § 32a zu verweisen.[15] Im Folgenden ist der Einfachheit halber nur vom Urheber die Rede.

2. Die individualrechtliche Angemessenheitskontrolle

Anders als in der geltenden Fassung des § 32 war im Regierungsentwurf – in Übereinstimmung mit dem Vorschlag des Professorenentwurfs – vorgesehen, dass der Urheber einen **gesetzlichen Anspruch auf angemessene Vergütung** für jede mit seiner Erlaubnis erfolgende Nutzung des Werks gegen den Nutzer erhalten sollte (→ Vor §§ 31 ff. Rn. 9). Die Kritik daran führte zum jetzigen Regelungsmodell eines vertraglichen Anspruchs eigener Art.[16] Der Anspruch richtet sich nur gegen den Vertragspartner, nicht wie § 32a Abs. 2 auch gegen Dritte.[17] Bei unangemessenen Vertragsbedingungen besteht nach dem Gesetz ein **Anspruch gegen den Vertragspartner auf Einwilligung in eine entsprechende Änderung des Vertrages** (§ 32 Abs. 1 S. 3), nach der Rechtsprechung kann der Urheber aber auch unmittelbar auf Zahlung der angemessenen Vergütung klagen.[18] Möglich ist es auch, unmittelbar auf Zahlung zu klagen, darin liegt eine verdeckte Leistungsklage auf Einwilligung in die Änderung des bestehenden Vertrages.[19] **2**

§ 32 nF wird durch **§ 32a** ergänzt, der eine **überarbeitete Fassung des Bestsellerparagraphen § 36 aF** darstellt. Die Vertragskorrektur nach § 32 stellt auf den Zeitpunkt des Vertragsschlusses ab und lässt die nachträgliche Entwicklung damit außer Betracht. Daher entsteht der Anspruch auch bei fortlaufender Nutzung nur einmal, nämlich im Zeitpunkt des Vertragsschlusses, wenn die vereinbarte Vergütung in diesem Moment nicht angemessen ist.[20] § 32a führt dagegen zu einem jeweils neuen Anspruch, wenn bei fortlaufender Nutzung ein **auffälliges Missverhältnis** zwischen der ursprünglichen (möglicherweise durchaus angemessenen) Vergütung und den Vorteilen des Werkverwerters entsteht.[21] Die Kritik am System der individualrechtlichen Angemessenheitskontrolle entzündet sich daran, dass sie es dem Urheber überantwortet, eine höhere Vergütung individuell durchzusetzen, ihn **3**

---

[10] S. im Einzelnen die Kommentierung zu §§ 36, 36a–c.

[11] Dreyer/*Kotthoff*/Meckel UrhG § 32 Rn. 6.

[12] BGHZ 193, 194 Rn. 22 – Kommunikationsdesigner; anders noch die Vorinstanz OLG Stuttgart ZUM-RD 2012, 704; vgl. Wandtke/Bullinger/*Wandtke/Grunert* UrhG § 32 Rn. 13; Fromm/Nordemann/*Czychowski* UrhG § 32 Rn. 17.

[13] Vgl. BGH GRUR 2012, 1022 (1024) – Kommunikationsdesigner; weitergehend für eine Anwendung auch auf eine zwischengeschaltete GmbH *Jacobs* GRUR 2012, 1025.

[14] Begründung zum RegE S. 14.

[15] → § 32a Rn. 23 f.

[16] So *Erdmann* GRUR 2002, 923 (925).

[17] *Zentek/Meinke* S. 57 f.; Dreier/Schulze/*Schulze* UrhG § 32 Rn. 17; *Hoeren* FS Nordemann, 2004, 181 f.

[18] BGH GRUR 2016, 1291 Rn. 20 – Geburtstagskarawane; OLG Celle GRUR-RR 2016, 267 Rn. 6.

[19] OLG Hamm ZUM 2016, 1049 (1054).

[20] BGH GRUR 2016, 1291 Rn. 24, 49 – Geburtstagskarawane; *Eichelberger* WRP 2017, 127 (129).

[21] BGH GRUR 2016, 1291 Rn. 26 – Geburtstagskarawane.

also auch dem Risiko der Auslistung („Blacklisting") aussetzt.[22] Von Interessenvertretern der Urheberseite wurde kritisiert, dass es keine Möglichkeit der Verbandsklage gibt, welche den Urhebern die tatsächliche (auch anonyme) Durchsetzung ihrer Ansprüche erleichtern würde.[23] Aus Sicht der Urheber besteht ein **Vollzugsdefizit**.[24] Die zur Behebung dieses Defizites unterbreiteten Vorschläge[25] wurden allerdings nur sehr beschränkt umgesetzt. Am System der individuellen Rechtsdurchsetzung hält das Gesetz im Bereiche der Angemessenheitskontrolle fest. Nur in § 36b wurde die Möglichkeit einer Verbands- und Konkurrentenklage geschaffen: Mit ihr kann der – ebenfalls neue – Unterlassungsanspruch gegen Werknutzer durchgesetzt werden, die an der Aufstellung gemeinsamer Vergütungsregeln beteiligt waren und von diesen zulasten der Urheber abweichen.[26] Klagebefugt sind Urheberverbände, aber auch Verwerterverbände sowie Werknutzer, also etwa die Konkurrenten derjenigen Werknutzer, die sich an ihre in Gemeinsamen Vergütungsregeln eingegangenen Verpflichtungen nicht halten.

3. Verhältnis zu anderen Regelungen; örtlicher und zeitlicher Anwendungsbereich

4   S. zum Verhältnis von § 32 und § 32a die Kommentierung bei → § 32a Rn. 9. Zur Berufung auf die Störung der Geschäftsgrundlage → § 32a Rn. 10. Zur kollisionsrechtlichen Regelung s. § 32b, zur intertemporalen Anwendbarkeit § 132 Abs. 3.

Gegenüber **§ 138 BGB** ist § 32 insoweit speziell, als ein Vertrag mit unangemessener Vergütung auch bei einem krassen Missverhältnis von Leistung und Gegenleistung wirksam bleibt, so dass der Urheber einen Anspruch auf Vertragsanpassung und folglich auch einen vertraglichen Erfüllungsanspruch geltend machen kann.[27] Weiter hat der Urheber die Wahl, ob er den Vertrag gem. **§ 123 BGB** anfechten oder die vereinbarte Vergütung verlangen will.

Die **AGB-Kontrolle** einer formularmäßig unmittelbar bestimmten Vergütung findet nicht statt. Vertragliche Regelungen, die unmittelbar den Umfang der Hauptleistungspflichten bestimmen, fallen in den Kernbereich der Privatautonomie und sind regelmäßig der Kontrolle nach §§ 307 ff. BGB entzogen. Hieran ändert auch das in § 11 S. 2 geregelte Prinzip der angemessenen Vergütung nichts. Wo eine Inhaltskontrolle Allgemeiner Geschäftsbedingungen nicht stattfindet, kommt die Sicherung der angemessenen Vergütung nach §§ 32, 32a in Betracht.[28] Möglich bleibt eine AGB-Kontrolle jedoch, wenn formularmäßig eingebrachte Honorarbedingungen intransparent sind (§ 307 Abs. 1 S. 2 BGB) oder Vergütungsstrukturen enthalten, die dem Urheber stets die Möglichkeit einer angemessenen Beteiligung nehmen, weil pauschale Rechteeinräumungen mit pauschalen Vergütungsregeln kombiniert werden, ohne die angestrebten Vertragszwecke zu erläutern oder über die beabsichtigten Nutzungen zu informieren.[29] Zudem greift die AGB-Kontrolle bei der formularmäßigen Einräumung von Rechten als Nebenpflichten einer anderen Zwecken dienenden Vereinbarung. So verstößt die Einräumung von Nutzungsrechten in AGB der Betreiber Sozialer Netzwerke typischerweise gegen § 307 Abs. 1 S. 1 BGB (vgl. hierzu → Vor §§ 31 ff. Rn. 45).

§ 32 gilt – unter Beachtung von § 43 – auch für **Urheber in Arbeits- und Dienstverhältnissen**.[30] Ziel des Urhebervertragsgesetzes ist es, die vertragliche Stellung aller Urheber und ausübenden Künstler zu stärken, auch wenn die freiberuflich Tätigen besonders herausgestellt werden.[31] Dass die ursprünglich geplante Regelung in § 43[32] nach Bedenken von Seiten des Bundesrats[33] fallen gelassen wurde, bedeutet nicht die Unanwendbarkeit von § 32 und § 32a; es wurde vielmehr von einer Sonderregelung für Arbeitnehmerurheber abgesehen. Die Verweisung auf die Abgrenzung zu den tarif-

---

[22] Vgl. hierzu bereits *Ulmer,* Urhebervertragsrecht, Nr. 7, S. 12; *Däubler-Gmelin* ZUM 1999, 265 (273); *Schulze* GRUR 2012, 993 (995); *Schulze* in Peifer (Hg.), Urhebervertragsrecht, 2014, S. 149.

[23] *Schimmel* in Peifer (Hg.), Urhebervertragsrecht, 2014, S. 121, 137.

[24] Vgl. hierzu mwN *Reber* GRUR-Int 2015, 802 (804); *Pech* ZUM 2015, 474 (478); *Peifer* ZUM 2015, 437 (441 f.); aA *Soppe* ZUM 2015, 457 (458).

[25] Vgl. hierzu *Peifer,* Urhebervertragsrecht in der Reform, 2016, S. 5 ff.; *Peifer* ZUM 2015, 437; *Pfennig* ZUM 2015, 443.

[26] Hierzu → Vor § 31 ff. Rn. 14a–d; *Peifer* GRUR-Prax 2017, 1.

[27] Vgl. LG München I ZUM 2006, 154 (157).

[28] BGH GRUR 2012, 1031 (1036 f.) – Honorarbedingungen freie Journalisten; OLG München WRP 2018, 1125 Rn. 38 – Videoberichterstattung im Amateurfußball II; aA noch OLG Hamburg GRUR-RR 2011, 293; vgl. *Fromm/Nordemann/Czychowski* UrhG § 32 Rn. 124.

[29] Vgl. zu einer solchen AGB-Strukturkontrolle *Schulze* GRUR 2012, 993 (995); *Peifer* AfP 2012, 510 (514 f.); aus der Rechtsprechung zB OLG Hamburg GRUR-RR 2011, 293 (296 f.); OLG Jena ZUM-RD 2012, 393.

[30] So *Hilty/Peukert* GRUR-Int 2002, 643 (648); *Thüsing* GRUR 2002, 203 (210); *Jacobs* NJW 2002, 1905 (1906); *Mestmäcker/Schulze/Lindner* UrhG § 32 Anm. 5; *Dreier/Schulze/Schulze* UrhG § 32 Rn. 13; *Wegner/Wallenfels/Kaboth* S. 48; *Flechsig/Hendriks* ZUM 2002, 423 (425); *Wandtke/Bullinger/Wandtke/Grunert* UrhG § 32 Rn. 4; *Nordemann* S. 87; *Schack* Rn. 1113; *Schack* GRUR 2002, 853 (855); *Pakuscher* K & R 2003, 182; *Zirkel* WRP 2003, 59 ff.; *Konertz* NZA 2017, 614 (615); aA *Ory* AfP 2002, 93 (95); *Bayreuther* GRUR 2003, 570 (573 ff.); Berger/Wündisch/*Berger* § 2 Rn. 40 ff.; *Berger* ZUM 2003, 173 ff.; *Hillig* AfP 2003, 94 f.; Loewenheim/*v. Becker* § 29 Rn. 56, 99; differenzierend *Haas* Rn. 35, 209, 419 ff., 425, 433: anwendbar auf Arbeitnehmer, nicht aber auf öffentlich-rechtliche Dienstverhältnisse.

[31] S. die Begründung BT-Drs. 14/6433, 1.

[32] S. RegE, BT-Drs. 14/6433, 5, 18.

[33] Vgl. BT-Drs. 14/7546, 9.

vertraglichen Regelungen in § 32 Abs. 4 und § 32a Abs. 4 und die Begründung der RA-Beschluss-empfehlung[34] zeigen, dass § 32 und § 32a auch auf Arbeitnehmer Anwendung finden können. Für die in § 43 gleichgestellten Bediensteten kann nichts anderes gelten.[35] Ob es sich im Einzelfall um „Pflichtwerke" oder sonstige Werke handelt, macht für die Anwendbarkeit des § 32 keinen Unterschied, ist aber – soweit überhaupt ein Nutzungsverhältnis vorliegt – bei der Beurteilung der Angemessenheit zu berücksichtigen. Bei Pflichtwerken wird der Arbeitslohn häufig bereits die angemessene Vergütung enthalten.[36] § 32 greift auch zugunsten des angestellten oder bediensteten Urhebers von Computerprogrammen ein.[37] § 69b steht nicht entgegen; § 32 betrifft nicht die Ausübung von Vermögensrechten am Werk, sondern die vertragliche Gegenleistung.[38]

Auf **Treuhandverträge**, insbesondere **Wahrnehmungsverträge mit Verwertungsgesellschaften**, sind § 32 und § 32a dagegen nicht anwendbar. Es fehlt an einem Verhältnis, das auf eine Werknutzung gegen eine Gegenleistung gerichtet wäre. Da Verwertungsgesellschaften den Interessen der Urheber verpflichtet sind, zahlen sie Vergütungen nicht als Gegenleistung für die eigennützige Werknutzung aus. Für den Vertragsinhalt von Wahrnehmungsverträgen ist die Sonderregelung des § 9 VGG (früher § 6 Abs. 1 S. 1 WahrnG) maßgeblich, den die Neuregelung nicht berührt. Die Verteilung der Einnahmen richtet sich nach §§ 26, 27 VGG (§ 7 Abs. 1 WahrnG).[39]

Der **Kabelweitersendevergütungsanspruch** gemäß § 20b Abs. 2 steht neben dem Anspruch nach § 32. Bei der Angemessenheitsprognose im Rahmen des § 32[40] ist aber in Rechnung zu stellen, was der Urheber aus der Wahrnehmung des Anspruchs aus § 20b Abs. 2 zu erwarten hat.[41]

4. Unionsrechtliche Grundlagen

Die Vorschriften zum Urhebervertragsrecht waren bisher ohne unionsrechtliche Grundlage. Wie **4a** das Vertragsrecht insgesamt galt auch das Urhebervertragsrecht als Domäne der Mitgliedstaaten. Die **Richtlinie zum Urheberrecht im einheitlichen digitalen Binnenmarkt**[42] (Copyright in the Digital Single Market, DSM-RL) vom 17.4.2019 hat erstmals einige Vorschriften eingefügt, die in vielerlei Hinsicht vom deutschen Vorbild der Urhebervertragsrechtsreformen 2002 und 2016 inspiriert sind. Interessanterweise **verbindet** die Richtlinie zudem erstmals **Vorschriften, welche den Haftungsbereich des Urheberrechts ausweiten mit zwingenden Beteiligungsregeln zugunsten der Urheber**.[43] Die Erweiterungen des Urheberrechts betreffen die Einführung eines Leistungsschutzrechts für Presseverleger (Art. 16 DSM-RL) und der Verantwortlichkeit für mittelbare Verletzungen auf Internet-Service-Provider (Art. 17 DSM-RL). Zum Teil einseitig zwingende Beteiligungsregeln, Auskunftsansprüche, ein Widerrufsrecht und kollektive Durchsetzungsregeln finden sich in Art. 18–23 DSM-RL. Art. 18 und 20 DSM-RL entsprechen strukturell den §§ 32, 32 a. Art. 19 DSM-RL ergänzt Auskunftspflichten der primären Verwertungspartner, die den deutschen §§ 32d, 32e ähneln. Art. 21 DSM-RL ermöglicht im Kern die Einführung kollektiver und individueller Streitschlichtungsmechanismen, Art. 22 DSM-RL führt ein den §§ 40a, 41 ähnelndes „Widerrufsrecht" ein. Art. 23 DSM-RL erklärt die Art. 19, 20 und 21 DSM-RL für einseitig zwingend, nimmt allerdings gleichzeitig (wie § 69a Abs. 5) Computerprogramme von den Schutzbestimmungen aus. Die unionsrechtlichen Regelungen sind ab dem 7.6.2021 anwendbar, sie gelten nicht für „Handlungen und Rechte, die vor 7.6.2021 abgeschlossen bzw. erworben wurden" (Art. 26 Abs. 2 DSM-RL). Art. 27 DSM-RL regelt, dass die Transparenzpflicht der Art. 19 DSM-RL ab dem 7.6.2022, also ein Jahr später als die Richtlinie im Übrigen, wirksam wird. Das deutsche Urhebervertragsrecht wird daher vermutlich zum Juni 2021 Änderungen erfahren müssen, die zwar nach ersten Stellungnahmen in der Lehre als geringfügig angesehen werden,[44] allerdings auch die Chance zu Anpassungen und Nachbesserungen verschaffen, die bei den bisherigen Reformversuchen erfolglos blieben. Das Unionsrecht stellt nur eine Mindestharmonisierung dar. Es lässt den Mitgliedstaaten in vielen Formulie-

---

[34] BT-Drs. 14/8058, 21.

[35] AA *Haas* Rn. 35.

[36] Weitergehend Berger/Wündisch/*Berger* § 2 Rn. 40 ff.; Dreyer/*Kotthoff*/Meckel UrhG § 32 Rn. 7: Anwendung nur auf freie Werke, nicht auf Pflichtwerke von Arbeitnehmern. So im Ergebnis auch *Zirkel* ZUM 2004, 626 (630).

[37] *Zentek*/*Meinke* S. 98; differenzierend *Haas* Rn. 427 f.: § 32 nur für Arbeitnehmer, nicht für Bedienstete anwendbar. Gegen Anwendbarkeit auf Programmierer *Czychowski* FS Nordemann, 2004, 157 ff.

[38] Anders – für die Rechtslage vor Einführung des § 32 – BGH GRUR 2001, 155 (157) – Wetterführungspläne, der aus § 69b grundsätzliche Vergütungsfreiheit herleitet; s. auch BGH GRUR 2002, 149 (152 f.) – Wetterführungspläne II, wonach jedoch § 36 aF zur Anwendung gelangen kann.

[39] *Schricker* GRUR-Int 2002, 797 (804); Dreier/Schulze/*Schulze* UrhG § 32 Rn. 8; Wandtke/Bullinger/*Wandtke*/*Grunert* UrhG § 32 Rn. 7; *Berger* Rn. 29, 78; Berger/Wündisch/*Berger* § 2 Rn. 49.

[40] → Rn. 27.

[41] AA – Subsidiarität des § 20b Abs. 2 gegenüber § 32 – *Mand* ZUM 2003, 812 (819 f.); wie hier *Ehrhardt* ZUM 2004, 300 ff.

[42] Richtlinie (EU) 2019/790 vom 17.4.2019 über das Urheberrecht und die verwandten Schutzrechte im digitalen Binnenmarkt und zur Änderung der Richtlinien 96/9/EG und 2001/29/EG, EU-ABl. L 130/92. Die Richtlinie ist zum 7.6.2019 in Kraft getreten.

[43] Ähnliches gilt bei der späteren Aufnahme unbekannter Nutzungsarten gem. § 137l Abs. 5 sowie für ausübende Künstler seit 2017 nach § 79b Abs. 1 UrhG, letzteres eingeführt durch Gesetz v. 20.12.2016, BGBl. I 3037.

[44] *Schulze* GRUR 2019, 682 (685).

rungen (z. B. Art 18 Abs. 2 DSM-RL) einen großen Umsetzungsspielraum. Dort wo die DSM-RL Vorschriften setzt, müssen die Mitgliedstaaten allerdings tätig werden, soweit sie bisher keine urheberschützenden Vertragsnormen eingeführt haben.[45] Daher wird es spätestens ab 2021 in den EU-Staaten Vorschriften über eine angemessene Beteiligung und Weiterbeteiligung, Auskunftspflichten der Rechteverwerter sowie ein Widerrufsrecht im Falle unterbliebener Verwertung geben müssen. Den Zweck dieser Regelungen betont Erwägungsgrund Nr. 72: Die schwächere Verhandlungsposition der Urheber und ausübenden Künstler soll kompensiert werden. Das entspricht der Ausgangslage auch im deutschen Recht.[46]

4b   Als **Grundnorm** verpflichtet **Art. 18 DSM-RL** die Mitgliedstaaten sicherzustellen,

> „(1) ... dass die Urheber und ausübenden Künstler, die eine Lizenz- oder Übertragungsvereinbarung für ihre ausschließlichen Rechte an der Verwertung ihrer Werke oder sonstigen Schutzgegenstände abschließen, das Recht auf eine angemessene und verhältnismäßige Vergütung haben.
>
> (2) Bei der Umsetzung des in Absatz 1 festgelegten Grundsatzes in nationalen Recht steht es den Mitgliedstaaten frei, auf verschiedene Mechanismen zurückzugreifen und sie tragen dem Grundsatz der Vertragsfreiheit und dem fairen Ausgleich der Rechte und Interessen Rechnung."

Art. 18 DSM-RL (dazu Erwägungsgründe 72 und 73) stimmt mit **§ 32** überein, der zudem den Grundsatz der angemessenen Vergütung aus **§ 11** S. 2 umsetzt.[47] Folgende **Unterschiede** sind hervorzuheben: Während Art. 18 DSM-RL **Urheber und ausübende Künstler** nennt, sind letztere im deutschen Recht erst über die Verweisungsnorm in **§ 79** Abs. 2a erfasst, in **§ 11** S. 2 werden sie nicht genannt. Da der deutsche Gesetzgeber das Recht auf angemessene Vergütung nur sicherzustellen hat, sind Änderungen in **§ 32** insoweit nicht erforderlich.[48] Während Art. 18 DSM-RL nur **ausschließliche Rechteeinräumungen** erfasst, verschafft **§ 32** Abs. 1 UrhG einen Anspruch auf angemessene Vergütung bei der Einräumung jeglicher Nutzungsrechte und Erlaubnisse zur Werkverwertung.[49] Da das Unionsrecht nur eine Mindestharmonisierung vornimmt, ist die weitergehende deutsche Regelung richtlinienkonform. Die Mitgliedstaaten haben das Recht auf angemessene Vergütung „sicherzustellen" und sind dabei „frei", auf verschiedene Mechanismen zurückzugreifen. Daher bleibt das deutsche System, einen vertraglichen Anspruch auf Gewährung und Anpassung vorzusehen, der mit kollektiven Verhandlungen gestaltbar ist, intakt.

4c   Zur **Höhe des Anspruchs** schweigt Art. 18 DSM-RL. Das dort genannte Recht auf „angemessene und verhältnismäßige" Vergütung lässt durchblicken, dass auch die Position des Rechteverwerters und die Branchenübung zu berücksichtigen ist. Das findet sich auch in Erwägungsgrund 73, der vornehmlich auf den „wirtschaftlichen Wert der Rechte" abstellt und als Kriterien zur verhältnismäßigen Bemessung der Vergütung den „Beitrag zum Gesamtwerk" und sonstige Umstände, darunter „Marktpraktiken oder tatsächliche Verwertung" nennt. Der Katalog in § 32 Abs. 2 S. 2 ist umfangreicher, die besondere Hervorhebung des „wirtschaftlichen Werts der Rechte" im EU-Recht sollte Anlass sein, diesen Gesichtspunkt in § 32 Abs. 2 S. 2 an die Spitze zu stellen, eine direkte Umsetzungspflicht besteht aber nicht, denn die Erwägungsgründe sind nicht bindend, sondern nur erläuternd für die Normauslegung. Das EU-Recht betont in Erwägungsgrund Nr. 73, dass Pauschalzahlungen zulässig, aber „nicht die Regel" sein sollten und ermächtigt die Mitgliedstaaten, Sonderfälle zu bestimmen, in denen eine Pauschalzahlung zulässig ist. Diesen Weg ist der deutsche Gesetzgeber bisher nicht gegangen. Er musste ihn auch nicht geben, weil insoweit die Möglichkeit besteht, in Gemeinsamen Vergütungsregeln branchenbezogen Sonderfälle zu definieren. **Creative Commons-Lizenzen** werden in § 32 Abs. 3 S. 3 ausdrücklich privilegiert, das EU-Recht schweigt im Normtext, erwähnt aber in Erwägungsgrund Nr. 82, dass solche Lizenzen zulässig bleiben sollen. Auch Erwägungsgrund Nr. 74 stellt im Kontext der Transparenzpflichten des Art. 19 DSM-RL klar, dass der Schutz durch solche Pflichten nicht benötigt wird, „wenn der Urheber oder der ausübende Künstler sein Werk gemeinfrei und unentgeltlich zur Verfügung gestellt hat".

4d   Art. 18 DSM-RL wird bei den **einseitig zwingend** auszugestaltenden Vorschriften der Richtlinie (Art. 23 Abs. 1 DSM-RL) nicht aufgelistet. Das bedeutet aber nicht, dass der Grundsatz der angemessenen Vergütung insgesamt zur Disposition der Mitgliedstaaten gestellt ist. Sie haben jedenfalls „sicherzustellen", dass solche Vergütungen erzielt werden können. Die deutsche Lösung, den Anspruch auf angemessene Vergütung einseitig zwingend auszugestalten (§ 32 Abs. 3) bleibt mithin zulässig. Zulässig ist das **System der kollektiven Durchsetzung und der Gemeinsamen Vergütungsregeln.** Erwägungsgrund 73 ermächtigt die Mitgliedstaaten, „bestehende oder neue Verfahren", darunter auch „Kollektivverhandlungen" bereitzustellen, „sofern sie geltendem Unionsrecht entsprechen". Für die Vergütungsregeln des deutschen Rechts ist bezweifelt worden, dass sie „dem geltenden Unionsrecht entsprechen".[50] Da die Richtlinie in Erwägungsgrund Nr. 73 allerdings den Mitglied-

---

[45] *Peifer* ZUM 2019, 648.
[46] BT-Drs. 14/6433, S. 7.
[47] *Schulze* GRUR 2019, 682 (683).
[48] Etwas zweifelnd für § 11 S. 2 *Schulze* GRUR 2019, 682 (683).
[49] *Schulze* GRUR 2019, 682 (683).
[50] Vgl. *St. Thomas*, Kollektive Preisabsprache mit Selbstständigen, in Ory/Cole (Hg.), Reform des Urhebervertragsrechts, 2016, S. 47; aA für das deutsche (Kartell-)Recht BGH NZKart 2017, 315; OLG Hamm ZUM 2018, 788 (791).

740   *Haedicke/Peifer*

staaten einen Freiraum zur Sicherstellung überantworten, welche eine Verhandlung auch über die Transparenzpflicht und die Vertragsanpassung ermöglicht, besteht kein Anlass, eine branchenbezogene Vergütungsregel bei Art. 18 DSM-RL für unzulässig zu halten. Auch die Richtlinie möchte dieses Instrument nicht angreifen. Für den Vertragsanpassungsanspruch (Art. 20 DSM-RL) formuliert Erwägungsgrund Nr. 78 am Ende des ersten Absatzes wie folgt: „Vertreter von Urhebern und ausübenden Künstlern, die gemäß dem nationalen Recht und gemäß dem Unionsrecht ordnungsgemäß bestellt wurden, sollten einen oder mehrere Urheber oder ausübende Künstler im Hinblick auf Anträge zur Vertragsanpassung unterstützen können". Damit wird inhaltlich das Verfahren zur Aufstellung kollektiver Vergütungsregeln, wie es im deutschen Recht geregelt wurde, sogar ausdrücklich adressiert.

Die Erwägungsgründe stellen mittelbar klar, dass **Arbeitnehmerurheber** von dem Anspruch auf **4e** angemessene Vergütung nicht ausgenommen sind. Satz 2 von Erwägungsgrund Nr. 72 betont insoweit, dass das für Art. 18 DSM-RL typische Schutzbedürfnis fehlen kann, wenn der Vertragspartner als Endnutzer handelt und meint, dies „könnte im Rahmen bestimmter Arbeitsverträge der Fall sein". Die vorsichtige Formulierung zeigt, dass es auf die Umstände des Einzelfalls ankommt, Arbeitnehmerurheber also nicht generell von dem Schutz ausgenommen sind, den der Anspruch auf angemessene Vergütung bereitstellen soll.[51] Das entspricht der hier vertretenen Ansicht zum deutschen Recht.[52]

II. Tatbestandsvoraussetzungen

1. Einräumung von Nutzungsrechten und Erlaubnis zur Werknutzung

§ 32 knüpft den Vergütungsanspruch des Urhebers an die **„Einräumung von Nutzungsrechten** **5** **und die Erlaubnis zur Werknutzung".** Erforderlich ist daher eine **rechtsgeschäftliche Transaktion** in Form der Nutzungsrechtseinräumung als Gegenleistung des Urhebers für die gezahlte Vergütung. Auf die verwendete Zeit oder die Arbeitsleistung als solche kommt es dagegen nicht an.[53] § 32 UrhG dient zwar dem Ziel, dem Urheber eine angemessene Vergütung zukommen zu lassen, er verfolgt aber keine sozialpolitische Zielsetzung derart, dass dem Urheber ein Grundeinkommen garantiert werden soll.[54] Betrifft eine Vereinbarung zwischen Urheber und Werknutzer auch andere Zahlungen, etwa Fahrkosten, so ist die in § 32 UrhG geregelte Angemessenheitskontrolle nur auf diejenigen Vergütungselemente anwendbar, die das eingeräumte Nutzungsrecht betreffen.[55] Hierauf deutet auch die in S. 2 enthaltene Bezugnahme auf die „vertraglich vereinbarte" Vergütung hin. Fahrkosten, die einem Journalisten im Zusammenhang mit seiner Recherchetätigkeit entstehen, fallen daher nicht in den Anwendungsbereich des § 32.[56] Die Vorschrift ist auf **alle Arten von Rechtsgeschäften** anwendbar, die (zumindest auch) die Nutzung eines urheberrechtlich geschützten Werkes[57] erlauben.[58] § 32 ist auch anwendbar, wenn das Vertragsangebot vom Urheber an den Nutzer herangetragen wurde.[59] Gleiches gilt bei Vertragsverhältnissen, bei denen Pauschalvergütungen vereinbart wurden.[60] Der Schutz kommt grundsätzlich auch Werken der kleinen Münze zugute,[61] allerdings kann im Rahmen der Angemessenheitsbetrachtung die geringere Schöpfungshöhe auch eine geringere Vergütung rechtfertigen.[62] § 32 gilt auch für **Verlagsverträge**, wie schon § 22 Abs. 2 VerlG andeutet.[63] Auf **Vergleichsverträge** ist § 32 nicht anzuwenden, soweit durch den Vergleich Konflikte über die Vergütung beigelegt werden sollen[64] und soweit Ansprüche nach § 32 thematisiert wurden.[65] Durch die Einbringung von Werken in eine Gesellschaft darf dem Urheber die angemessene Vergütung nicht vorenthalten werden, der Urheber behält vielmehr seinen Anspruch auch gegen den Vertragspartner der Gesellschaft, in die Rechte eingebracht wurden (vgl. → Rn. 1).[66]

---

[51] Verkannt bei *Hentsch* MMR 2019, 351 (352), der andeutet, dass die Anstellung als Arbeitnehmerurheber dem Rechteverwerter generell mehr Freiraum verschaffe.

[52] → Rn. 4.

[53] BGH GRUR 2009, 1148 (1154) – Talking to Addison; bestätigt in BGH GRUR 2012, 496 (498) – Das Boot; sa BGH GRUR 2016, 67 Rn. 43 – GVR Tageszeitungen II: Angemessenheitskontrolle allein bei [...] Vergütungselemente[n] [...], die auf das eingeräumte Nutzungsrecht entfallen; Wandtke/Bullinger/*Wandtke*/*Grunert* UrhG § 32 Rn. 38; aA Fromm/Nordemann/*Czychowski* UrhG § 32 Rn. 17a.

[54] Begr. RegE, BT-Drs. 18/8625, 13.

[55] BGH GRUR 2016, 67 (Leitsatz 2) – GVR Tageszeitungen II.

[56] BGH GRUR 2016, 67 Rn. 43 – GVR Tageszeitungen II.

[57] Zur Anwendung auf Verträge über verwandte Schutzrechte → Rn. 1.

[58] Wandtke/Bullinger/*Wandtke*/*Grunert* UrhG § 32 Rn. 4.

[59] LG Stuttgart ZUM 2008, 163 (167).

[60] LG Stuttgart ZUM 2008, 163 (167); → Rn. 35.

[61] *Berger* Rn. 68.

[62] OLG München ZUM-RD 2018, 208 (219); *Ory* AfP 2002, 93 (98).

[63] *Schricker* FS Nordemann, 2004, 243 ff. unter Berufung auf die Begründung. Abweichend *Haas* Rn. 159 ff., 179, der davon ausgeht, das Verlagsgesetz habe als lex specialis Vorrang; im Ergebnis zeigt sich jedoch kein nennenswerter Unterschied.

[64] IErg auch Berger/Wündisch/*Berger* § 2 Rn. 53; aA 3. Auflage.

[65] Fromm/Nordemann/*Czychowski* § 32 Rn. 17a.

[66] BGH GRUR 2012, 1022 Rn. 22 – Kommunikationsdesigner; *Hertin* FS Schwarz, 2017, 57 f.; aA für § 32a: KG 30.9.2016 – 5 U 76/15 (zit. bei *Hertin,* FS Schwarz 2017, 57 f.).

6   Nicht in den Anwendungsbereich der Vorschrift fallen **gesetzliche erlaubte Werknutzungen** im Rahmen gesetzlicher Lizenzen[67] sowie **unberechtigte Werknutzungen,** die Ansprüche nach §§ 97 ff. auslösen.[68] Allerdings gibt es durchaus Berührungspunkte zwischen der im Rahmen des Schadensersatzes geschuldeten fiktiven Lizenzgebühr und der angemessenen Vergütung nach § 32, denn in beiden Fällen geht es um Annäherungen an den objektiven Marktwert einer Werknutzung (vgl. → § 97 Rn. 271–274).[69]

7   Für die Anwendung des § 32 kommen alle Rechtsgeschäfte in Betracht, durch die eine Werknutzung legitimiert werden kann.[70] Dazu gehört nach der Begründung des Regierungsentwurfs jede Werknutzung „... aufgrund eines Nutzungsrechts oder einer schuldrechtlichen Erlaubnis oder Einwilligung des Urhebers ...".[71] Zwar knüpfte der seinerzeitige Vorschlag an die Nutzung als solche an; die Werknutzung war jedoch nur relevant, wenn sie auf rechtsgeschäftlicher Basis erfolgte. Die in Betracht kommenden Rechtsgeschäfte wurden bereits als das „vom Urheber eingeräumte Nutzungsrecht" und die „Erlaubnis zur Werknutzung" bezeichnet; auf das Verständnis dieser Passage bezieht sich die vorstehend zitierte Wendung aus der Begründung. Es erscheint deshalb geboten, diesen Begründungswortlaut zu berücksichtigen, zumal er mit der Systematik der im Urheberrecht möglichen Rechtsgeschäfte übereinstimmt.
   Demgemäß findet § 32 bei folgenden Typen von Rechtsgeschäften Anwendung:[72]
   – bei der Einräumung gegenständlicher Nutzungsrechte;
   – bei schuldrechtlichen vertraglichen Nutzungserlaubnissen;
   – bei der einseitigen Einwilligung in die Werknutzung.
   Zusammenfassend kann man von rechtsgeschäftlichen Nutzungsverhältnissen sprechen.[73]

8   Die **Einräumung von Nutzungsrechten** betrifft konstitutive Rechtsübertragungen, dh die Begründung ausschließlicher oder einfacher Nutzungsrechte.[74] Der Umfang der Rechtseinräumung ist nach allgemeinen Regeln, insbesondere unter Berücksichtigung der Übertragungszweckregel zu bestimmen.[75] Da die Regelung nach ihrem Zweck nur dem Urheber[76] zugutekommen soll, scheidet die Einräumung von Nutzungsrechten zweiter oder späterer Stufe durch den Inhaber eines Nutzungsrechts früherer Stufe für die Anwendung des § 32 grundsätzlich aus, ebenso wie die Übertragung von Nutzungsrechten durch deren Inhaber. Die Gründe, die für eine entsprechende Anwendung des § 31 Abs. 5 zugunsten von Nutzungsberechtigten angeführt werden, schlagen hier nicht durch. Das Verhältnis von Nutzungsrechtsinhabern in der Lizenzkette wird im Gesetz nur ausnahmsweise angesprochen (s. § 32a Abs. 2); nichts deutet darauf hin, dass die allein den Kreativen zugedachte Begünstigung des § 32 analog auch den Nutzungsrechtsinhabern gewährt werden sollte.[77] Der vom Urheber in Anspruch genommene Verwerter kann freilich einen Ausgleich mit seinem Lizenznehmer vereinbaren.[78] Besondere Überlegungen sind allerdings bei Treuhandverhältnissen, insbesondere bei der Wahrnehmung von Nutzungsrechten durch Verwertungsgesellschaften am Platze.[79]

9   Die Einräumung von Nutzungsrechten erfolgt in der Regel aufgrund eines **schuldrechtlichen Verpflichtungsvertrages,** der von der Nutzungsrechtseinräumung zu trennen ist.[80] Es fragt sich, ob der schuldrechtliche Vertrag oder die gegenständliche Nutzungsrechtseinräumung oder beides den Anspruch nach § 32 Abs. 1 S. 3 auslöst. § 32 Abs. 1 S. 3 ist jedenfalls auf das **kumulative Rechtsgeschäft** anwendbar, wenn also Verpflichtung und Verfügung – wie in der Praxis häufig – zusammenfallen. Die in § 32 Abs. 1 S. 1 angesprochene „vertragliche Vergütung" bezieht sich dann auf die schuldrechtliche Vereinbarung der Gegenleistung; bei der Angemessenheitsprüfung ist unter dem Aspekt der Leistung des Urhebers die Einräumung des Nutzungsrechts in Rechnung zu stellen.

10   Wenn das schuldrechtliche **Verpflichtungsgeschäft** und die **Verfügung** der Bestellung des Nutzungsrechts **auseinanderfallen,** insbesondere die Verpflichtung vorangeht, die Verfügung später nachfolgt,[81] so ist im Interesse des Urheberschutzes für § 32 an das zeitlich frühere Element anzuknüpfen, insbesondere bei einem der Verfügung vorhergehenden Verpflichtungsvertrag bereits an

---

[67] Wandtke/Bullinger/*Wandtke/Grunert* UrhG § 32 Rn. 6; *Berger* Rn. 38; Dreier/Schulze/*Schulze* UrhG § 32 Rn. 9, 19.
   [68] In diesem Sinne schon die Begründung zum RegE, BT-Drs. 14/6433, 15; s. ferner Wandtke/Bullinger/*Wandtke/Grunert* UrhG § 32 Rn. 6, 66; Berger/Wündisch/*Berger* Rn. 37, 52 f., 73; Dreier/Schulze/*Schulze* UrhG § 32 Rn. 10, 18.
   [69] Das hat der Vorschlag des sog. Kölner Entwurf (→ Vor §§ 31 ff. Rn. 14) berücksichtigt, vgl. *Peifer,* Urhebervertragsrecht in der Reform, § 2, S. 23.
   [70] Vgl. hierzu auch § 29 Abs. 2 UrhG, → § 29 Rn. 19 ff.
   [71] BT-Drs. 14/6433, 15.
   [72] Sa Dreier/Schulze/*Schulze* UrhG § 32 Rn. 7.
   [73] Zustimmend Dreyer/*Kotthoff*/Meckel UrhG § 32 Rn. 6.
   [74] Vgl. → § 29 Rn. 23.
   [75] Vgl. *v. Becker* ZUM 2005, 303 (305 f.).
   [76] Vgl. gemäß § 30 auch dem gleichgestellten Rechtsnachfolger, → Rn. 16.
   [77] So im Ergebnis auch Wandtke/Bullinger/*Wandtke/Grunert* UrhG § 32 Rn. 7; Dreier/Schulze/*Schulze* UrhG § 32 Rn. 16; Dreyer/*Kotthoff*/Meckel UrhG § 32 Rn. 3, 5; *Berger* Rn. 29; *Hillig* AfP 2003, 94; *Haas* Rn. 181.
   [78] *Haas* Rn. 182.
   [79] → Rn. 18.
   [80] Vgl. → § 31 Rn. 13 ff.
   [81] Vgl. zB die Verhältnisse im Verlagsrecht, s. *Schricker,* Verlagsrecht, § 9 Rn. 3, 4.

diesen. Wenn der Verpflichtungsvertrag auch noch keine Einräumung eines Nutzungsrechts impliziert, so bedeutet er doch bereits eine „Erlaubnis zur Werknutzung" im Sinne des § 32 Abs. 1 S. 1, worunter ja auch isolierte schuldrechtliche Nutzungsverträge zu subsumieren sind (→ Rn. 11).[82] Die „vertraglich vereinbarte Vergütung" wird durch den schuldrechtlichen Vertrag bestimmt, die Leistung des Urhebers durch die intendierte Nutzung und Nutzungsrechtseinräumung.

Geht die Einräumung des Nutzungsrechts voran und folgt der schuldrechtliche Vertrag nach, so führt bereits die Einräumung des Nutzungsrechts zur Anwendung des § 32. Ist zum maßgeblichen Entscheidungszeitpunkt der schuldrechtliche Vertrag bereits nachgeholt, so kann wie bei kumulativen Rechtsgeschäften[83] vorgegangen werden. Fehlt es am schuldrechtlichen Vertrag, liegt insbesondere der Fall einer isolierten, von schuldrechtlichen Verpflichtungen losgelösten, nur von einer Rechtsgrundabrede begleiteten Nutzungsrechtseinräumung vor, so knüpft der Anspruch nach § 32 Abs. 1 S. 3 an die Einräumung des Nutzungsrechts an. Soweit die „Höhe der Vergütung nicht bestimmt" ist (§ 32 Abs. 1 S. 2), gelangt man unmittelbar zum Anspruch auf „angemessene Vergütung" (§ 32 Abs. 1 S. 2). Für die Anwendung des § 32 Abs. 1 S. 2 kann es keine Rolle spielen, ob ein Vertrag vorliegt, der eine Lücke hinsichtlich der Bestimmung der Vergütung aufweist, oder ob es an einem Vertrag überhaupt fehlt, wie zB bei der isolierten Einwilligung. Wenn schon eine Vertragslücke den Anspruch auf angemessene Vergütung auslöst, gilt dies erst recht beim Fehlen eines Vertrages.[84]

Rein **schuldrechtliche Nutzungsvereinbarungen,** die nicht auf die Einräumung eines gegen‑ **11** ständlichen Nutzungsrechts abzielen, fallen unter den Begriff der „Erlaubnis zur Werknutzung" iSd § 32 Abs. 1 S. 1. Soweit bei ihnen eine vertragliche Vereinbarung über die Vergütung nicht vorliegt, wird die angemessene Vergütung geschuldet.[85] Unter den Begriff der „Erlaubnis zur Werknutzung" fallen ebenso **einseitige Einwilligungen,**[86] bei denen sich der Wille des Einwilligenden aber oft auf eine unentgeltliche Nutzung richten wird, was nach § 32 Abs. 3 S. 3 möglich ist.

Vereinbarungen über die **Abtretung gesetzlicher Vergütungsansprüche** fallen nicht unter § 32. **12** Die gesetzlichen Vergütungsansprüche sind dem Urheber zugedacht und sollen ihm als Teil seiner angemessenen Vergütung verbleiben.[87] Ein Verzicht im Voraus ist deshalb ausgeschlossen (§ 63a S. 1). Um den Zugriff Dritter, insbesondere von Verwerterunternehmen, zu verhindern, ist auch die Abtretbarkeit im Voraus in § 63a S. 2 ausgeschlossen; eine Ausnahme wird nur zugunsten der Vorausabtretung an Verwertungsgesellschaften gemacht. Der Wert gesetzlicher Vergütungsansprüche hat daher auch bei der Berechnung der angemessenen Vergütung unberücksichtigt zu bleiben. Eine unangemessene Vergütung wird nicht dadurch angemessen, dass der Urheber auf seine Ansprüche aus der Wahrnehmung gesetzlicher Vergütungen verwiesen wird.

Nach ihrer Entstehung können gesetzliche Vergütungsansprüche abgetreten werden; es handelt sich dann um Geldforderungen; die Abtretung wird weder von § 63a noch von § 32 Abs. 3 S. 1 erfasst. Soweit es sich um Ansprüche auf Ausschüttungen gegenüber Verwertungsgesellschaften handelt, sehen deren Wahrnehmungsverträge in der Regel Beschränkungen der Abtretbarkeit vor.

Auf **Vereinbarungen über die Ausübung von Persönlichkeitsrechten** ist § 32 nicht sinnge‑ **13** mäß anwendbar. Soweit solche Vereinbarungen möglich sind, ist aber in Betracht zu ziehen, dass sich jemand urheberpersönlichkeitsrechtliche Befugnisse faktisch „abkaufen" lässt, dh gegen Zahlung auf deren Ausübung verzichtet oder diese einem anderen überlässt. Darin kann zwar keine „Einräumung von Nutzungsrechten" gesehen werden, aber möglicherweise doch eine „Erlaubnis zur Werknutzung" iSd § 32 Abs. 1 S. 1. In der Regel wird die persönlichkeitsrechtliche Disposition mit verwertungsrechtlichen Abmachungen Hand in Hand gehen, etwa mit der Einräumung eines Bearbeitungsrechts. In die Angemessenheitsprüfung bezüglich der Werkverwertung können dann auch urheberpersönlichkeitsrechtliche Wertungen einfließen. Seltener wird die isolierte, von Verwertungsrechten unabhängige Disposition über Urheberpersönlichkeitsrechte vorkommen. Es muss dabei von Fall zu Fall entschieden werden, ob eine vermögensrechtliche Kompensation angemessen ist und damit die Regelung des § 32 ausgelöst wird.

2. Modalitäten der Werknutzung

Die Einräumung von Nutzungsrechten und die Erlaubnis zur Werknutzung können **unterschied‑ 14 liche Modalitäten der Werknutzung** zum Inhalt haben. Während der Zuschnitt gegenständlicher Nutzungsrechte gewisse, im Interesse des Verkehrsschutzes gesetzte, Grenzen einhalten muss, sind rein schuldrechtliche Nutzungsverträge und Einwilligungen zur Werknutzung an solche Grenzen nicht gebunden. Für § 32 gilt, dass – von der begrenzten Aufspaltbarkeit gegenständlicher Nutzungsrechte abgesehen – die Nutzungsrechtseinräumungen und Erlaubnisse Werknutzungen jeder Art erfassen können, ganz gleich, was ihr **persönlicher, sachlicher, zeitlicher, quantitativer und räumlicher**

---

[82] → Rn. 7.
[83] → Rn. 9.
[84] → Rn. 21.
[85] → Rn. 10, 19 ff.
[86] *D. Berger* ZUM 2003, 521 (522).
[87] Begründung zum RegE, BT-Drs. 14/6433, 15; ebenso BGHZ 210, 77 Rn. 39 – Verlegeranteil; bestätigt durch BVerfG NJW 2018, 2036 Rn. 28.

Geltungsbereich ist.[88] Die Tragweite des Rechtsgeschäfts ist bei der Bemessung der angemessenen Vergütung zu berücksichtigen. Wesentlich ist, dass bei dem Rechtsgeschäft eine dem Urheber vorbehaltene Werknutzung involviert ist.

15   Voraussetzung für die Anwendung des § 32 ist, dass die Einräumung von Nutzungsrechten oder die Erlaubnis zur Werknutzung **rechtswirksam** ist.[89] Unter § 32 fallen auch **befristete Rechtsgeschäfte** (vgl. § 29 VerlG). Bei **bedingten Verträgen, Optionen und Vorverträgen** kommt es darauf an, ob damit bereits eine Vorzugsstellung des Begünstigten und Bindung des Urhebers hinsichtlich der Werknutzung impliziert wird, bei der eine Urhebervergütung angemessen erscheint.[90] Eine solche Vorzugsstellung liegt jedenfalls bei qualifizierten Optionen vor.[91] So hat der BGH für eine Optionsabrede im Verlagsbereich entschieden, dass sie als sittenwidrig nach § 138 Abs. 1 BGB zu betrachten ist, wenn der Verleger keine angemessene Gegenleistung für die Option, insbesondere in Form einer Optionspauschale, anbietet.[92] Soweit derartige Verträge nicht bereits mangels Gegenleistung sittenwidrig und nichtig sind, unterliegen sie dem § 32, dh der Urheber hat Anspruch auf angemessene Vergütung.

16   § 32 Abs. 1 knüpft an die **Einräumung von Nutzungsrechten und die Erlaubnis zur Werknutzung** an, während der Professorenentwurf auf die Nutzung als solche abstellte.[93] Die **faktische Werknutzung,** die den Gegenstand des eingeräumten Nutzungsrechts oder der Erlaubnis bildet, braucht nicht schon stattgefunden zu haben oder auch nur in Angriff genommen worden zu sein.[94] Dagegen stellt § 32a auf die „Erträge und Vorteile aus der Nutzung des Werks" ab; somit wird es in der Regel bereits zu einer Werknutzung gekommen sein.[95] Nach der Gesetzesfassung wird die angemessene Vergütung auch dann geschuldet, wenn (noch) gar keine Nutzung stattgefunden hat.[96] Entsprechend bezeichnet das Gesetz in § 32 Abs. 2 S. 2 die Vergütung als eine solche für die „eingeräumte **Nutzungsmöglichkeit**".

3. Abtretbarkeit, Beteiligung von Verwertungsgesellschaften

17   Der Anspruch auf Vertragsänderung bildet ein **akzessorisches Nebenrecht** zu dem Verwertungsrecht, auf das sich die Nutzungsrechtseinräumung oder Erlaubnis zur Werknutzung bezieht. Davon zu unterscheiden ist der **Vergütungsanspruch,** der sich aufgrund der Vertragsänderung ergibt. Letzterer ist als Geldanspruch nach allgemeinen Grundsätzen abtretbar, soweit nicht § 32 Abs. 3 entgegensteht. Das Abtretungs- und Verzichtsverbot des § 63a gilt für den Zahlungsanspruch aus § 32 Abs. 1 S. 3 nicht.[97]

Für akzessorische Nebenrechte ist davon auszugehen, dass sie grundsätzlich nicht isoliert, sondern nur zusammen mit dem Hauptrecht, auf das sie sich beziehen, **abgetreten** werden können.[98] Urheberrechtliche Verwertungsrechte sind als solche freilich – wie das Urheberrecht im Ganzen – unübertragbar, eine Abtretung des Vertragsänderungsanspruchs zusammen mit der Übertragung eines Verwertungsrechts scheidet somit aus. Der Zweck der Unabtretbarkeit akzessorischer Rechte, dass nämlich Zusammengehöriges nicht auseinander gerissen werden soll, bliebe allerdings gewahrt, wenn man den Vertragsänderungsanspruch mit dem jeweils eingeräumten Nutzungsrecht, um dessen Vergütung es geht, in Verbindung setzte und mit diesem zur Abtretung brächte. Insofern wäre jedoch zu befürchten, dass der Erwerber des Nutzungsrechts und Schuldner des Vertragsänderungsanspruchs sich diesen von vornherein mit übertragen ließe, sodass der Urheber leer ausginge. Um dies zu verhindern, war im Regierungsentwurf bestimmt, dass der gesetzliche Anspruch auf angemessene Vergütung im Voraus nur an eine Verwertungsgesellschaft abgetreten werden könne.[99] Die RA-Beschlussempfehlung verfolgt dasselbe Ziel in § 32 Abs. 3 durch eine allgemeiner gehaltene Formulierung, die sich an Regelungsmodelle in der Neufassung des BGB anlehnt.[100] Eine Abtretung des Vertragsänderungsanspruchs an den Vertragspartner oder an einen sonstigen Zessionar, durch die dem Urheber die ihm zugedachte angemessene Vergütung entzogen würde, scheidet somit grundsätzlich aus. Die Unabtretbarkeit ergibt sich auch aus der höchstpersönlichen Natur des Anspruchs auf Vertragsänderung. Der Anspruch dient dazu, das nach Auffassung des Gesetzgebers bei Vertragsschluss bestehende Ungleich-

---

[88] Internationalprivatrechtliche Anwendbarkeit, s. § 32b, und intertemporale Anwendbarkeit, s. § 132 Abs. 3, vorausgesetzt.

[89] Vgl. *C. Berger* Rn. 66.

[90] AA Berger/Wündisch/*Berger* § 2 Rn. 22, der die Anwendung von § 32 bei Optionsverträgen generell ablehnt.

[91] Vgl. → § 40 Rn. 10; sa *D. Berger* ZUM 2003, 521 (526).

[92] BGHZ 22, 374; s. dazu *Schricker,* Verlagsrecht, § 1 Rn. 48.

[93] S. zum Wechsel des Gesichtspunkts die RA-Beschlussempfehlung, BT-Drs. 14/8058, 18.

[94] BGH GRUR 2016, 64 (65) – GVR Tageszeitungen I.

[95] → § 32a Rn. 17.

[96] Wandtke/Bullinger/*Wandtke/Grunert* UrhG § 32 Rn. 14, bestätigt durch BGH GRUR 2016, 62 Rn. 39 f. – GVR Tageszeitungen I, der aber auch auf die Bedeutung der tatsächlichen Nutzung hinweist.

[97] So ausdrücklich die Begründung zur RA-Beschlussempfehlung, BT-Drs. 14/8058, 21.

[98] MünchKomBGB/*Roth* § 399 Rn. 18.

[99] § 32 Abs. 4 S. 2 des RegE; sa die Begründung, BT-Drs. 14/6433, 15.

[100] S. Begründung der RA-Beschlussempfehlung, BT-Drs. 14/8058, 19.

gewicht zwischen Urheber und Verwerter aufzuwiegen und damit das Selbstbestimmungsrecht des Urhebers zu gewährleisten.[101] Damit wird auch eine Pfändung ausgeschlossen.[102]

Der von § 32 Abs. 3 intendierte Schutz des Urhebers würde dagegen eine **treuhänderische Geltendmachung** des Vertragsänderungsanspruchs, insbesondere durch **Verwertungsgesellschaften,** nicht ausschließen.[103] Hier entsteht freilich eine konstruktive Schwierigkeit. Denn die Verwertungsgesellschaften schließen die Nutzungsverträge über die ihnen eingeräumten Rechte in der Regel im eigenen Namen.[104] Der mögliche Korrekturanspruch nach § 32 kann aber nur den Urhebern erwachsen. Es fehlt somit, formal betrachtet, an dem in § 32 Abs. 1 vorausgesetzten Nutzungsverhältnis mit dem Urheber, an das der Anspruch auf Vertragsänderung anknüpfen könnte. Die Verwertungsgesellschaften sind zwar Partner des Nutzungsverhältnisses, ihnen wird aber wie § 32 der Anspruch auf angemessene Vergütung nicht gegeben, da sie nicht Urheber sind. Aus diesem Dilemma gäbe es zwei Auswege: Entweder ruft der Urheber das der Verwertungsgesellschaft erteilte Nutzungsrecht nach Maßgabe des Wahrnehmungsvertrages zurück, schließt einen eigenen Verwertungsvertrag mit dem Nutzer und wahrt seinen Anspruch auf angemessene Vergütung im Anschluss an diesen Vertrag; oder aber der Nutzer überträgt seinen Anspruch auf angemessene Vergütung zur treuhänderischen Wahrnehmung an die Verwertungsgesellschaft bezüglich der von dieser wahrgenommenen Rechte. In der Praxis dürfte sich wohl der zweite Weg empfehlen. Im Interesse des Urheberschutzes muss die Abtretung des Vertragsänderungsanspruchs zusammen mit dem Nutzungsrecht an die Verwertungsgesellschaft erlaubt werden.[105] Dies führt ausnahmsweise dazu, dass der Anspruch auf angemessene Vergütung nicht an die Einräumung eines Nutzungsrechts erster Stufe, sondern zweiter Stufe anknüpft.

Die Problematik wird freilich dadurch entschärft, dass die Verwertungsgesellschaften ohnehin verpflichtet sind, Nutzungsrechte oder Einwilligungen zu „angemessenen Bedingungen" zu erteilen; die Angemessenheit ist auch beim Abschluss von Gesamtverträgen und der Aufstellung von Tarifen zu wahren.[106] Die Angemessenheit der Bedingungen ist nicht nur im Blick auf den Werknutzer zu bestimmen, sondern muss auch eine angemessene Vergütung des Urhebers enthalten.[107] Eine Diskrepanz könnte sich indessen insofern ergeben, als die Gesamtverträge und Tarife der Verwertungsgesellschaften die Angemessenheit generell an der Gesamtheit der Nutzungsvorgänge auszurichten haben, während § 32 auf eine individuelle Vergütungskontrolle abzielt.

III. Die angemessene Vergütung

1. System der §§ 32 Abs. 2, Abs. 2a

§ 32 dient dem in § 11 S. 2 formulierten Ziel, dem Urheber eine **angemessene Vergütung** für die Ermöglichung der Nutzung des Werks zu sichern. Anders als die Vergütung des Werkunternehmers ist die angemessene Vergütung nach § 32 Abs. 1 nicht Entlohnung für die erbrachte Leistung und die damit verbundene Arbeit, sondern Vergütung für die Einräumung der Nutzungsrechte oder die Erlaubnis zur Werknutzung.[108] Zentraler Behelf zur Erreichung dieses Zieles ist der in § 32 Abs. 1 S. 3 statuierte **Anspruch des Urhebers**[109] **gegen seinen Vertragspartner auf Einwilligung in die Änderung des Vertrags,** durch den dem Urheber die angemessene Vergütung gewährt wird. Der Änderungsanspruch betrifft nur die Vergütungsregelung, nicht auch andere Vertragsbestandteile.[110] Anders als bei § 32a ist der Anspruch nur gegen den Vertragspartner, nicht aber gegen Dritte, etwa Lizenznehmer gegeben.[111] Dies gilt auch nach Übertragung des Nutzungsrechts; der Veräußerer bleibt Vertragspartner und damit für den Korrekturanspruch passiv legitimiert; § 34 Abs. 4 ändert hieran nichts.[112] Voraussetzung für den Korrekturanspruch gegen den Vertragspartner ist, dass die vereinbarte Vergütung zu Lasten des Urhebers[113] nicht angemessen ist. Im Einzelnen sind folgende Fälle zu unterscheiden:

Ist die **Vergütung vertraglich bestimmt und angemessen,** so hat der Urheber Anspruch auf die solchermaßen vereinbarte Vergütung (§ 32 Abs. 1 S. 1) und muss sich mit dieser zunächst begnü-

---

[101] Berger/Wündisch/*Berger* § 2 Rn. 25, Rn. 62.

[102] Berger/Wündisch/*Berger* § 2 Rn. 25, Rn. 62.

[103] Vgl. Berger/Wündisch/*Berger* § 2 Rn. 39: „Ermächtigung zur Ausübung" sei trotz Unabtretbarkeit möglich.

[104] Vgl. § 1 Abs. 1 WahrnG; *Melichar,* Die Wahrnehmung von Urheberrechten durch Verwertungsgesellschaften, S. 66.

[105] Dreier/Schulze/*Schulze* UrhG § 32 Rn. 8; so im Ergebnis auch *Nordemann* S. 88 f.

[106] § 11 Abs. 1, § 12, § 13 WahrnG.

[107] Sa Dreier/Schulze/*Schulze* UrhG § 32 Rn. 8.

[108] BGH GRUR 2009, 1148 (1154) – Talking to Addison; BGH GRUR 2011, 328 (332) – Destructive Emotions; *Tolkmitt* FS Bornkamm, 2014, 991 (1004); zum Verhältnis von Werklohn nach § 632 zur angemessenen Vergütung nach § 32 s. *Czychowski* GRUR 2010, 793 (794).

[109] Zu sonstigen Anspruchsberechtigten → Rn. 1.

[110] Berger/Wündisch/*Berger* § 2 Rn. 24, 26.

[111] *C. Berger* Rn. 77, 79.

[112] *C. Berger* Rn. 80.

[113] Vgl. Dreier/Schulze/*Schulze* UrhG § 32 Rn. 26.

gen. § 32 Abs. 1 S. 1 hat insofern nur deklaratorische Bedeutung.[114] Eine nachträgliche Korrektur ist nur über § 32a mit Blick auf die weitere Entwicklung möglich.

21   Ist die Höhe der Vergütung **nicht bestimmt,** so gilt die angemessene Vergütung als vereinbart (§ 32 Abs. 1 S. 2). Da ein solcher gesetzlicher Anspruch auf angemessene Vergütung nicht eingeführt wurde,[115] wird durch die geltende Fassung des § 32 Abs. 2 S. 2 ein vertraglicher Anspruch fingiert. Ein lückenhafter Vertrag ist insofern zu ergänzen.[116] Fehlt es an einem Vertrag, wird gleichwohl ein vertraglicher Anspruch fingiert. Er richtet sich nicht nur auf Vertragsänderung, sondern zugleich – oder auch isoliert – unmittelbar auf Zahlung der angemessenen Vergütung. Angesichts der gesetzlichen Fiktion bedarf es keiner Einwilligung des Partners in eine vertragliche Vereinbarung.[117] Vom Beginn der Nutzung des Werkes ist die Entstehung des Anspruchs nicht abhängig, da es sich um einen vertraglichen Anspruch als Gegenleistung für die Möglichkeit der Werknutzung handelt, der an die Einräumung des Nutzungsrechts anknüpft.[118] Zur Vereinbarung einer unentgeltlichen Werknutzung → Rn. 36 und → § 32a Rn. 16.

22   Ist die vertragliche Vergütung **bestimmt, aber nicht angemessen,** so begründet § 32 Abs. 3 S. 3 einen Anspruch auf Einwilligung in eine, die angemessene Vergütung gewährende Vertragsänderung (§ 32 Abs. 1 S. 3). Es handelt sich um einen Anspruch auf Abgabe einer entsprechenden Vertragserklärung, die vom Kläger konkludent angenommen wird.[119] Aus dem geänderten Vertrag ergibt sich unter Beibehaltung der Identität des Anspruchs und damit auch unter Wahrung der für den Anspruch bestellten Sicherungsrechte der Anspruch auf Zahlung der angemessenen Vergütung.[120] Auch hier kann die Klage auf Vertragsänderung mit einer Klage auf Zahlung der angemessenen Vergütung verbunden werden (→ Rn. 2).[121] Zur Durchsetzung und Verjährung → Rn. 44 ff.

      Einer besonderen Betrachtung bedarf der Fall, dass eine **Vergütung vertraglich ausgeschlossen** ist. Schenkungen sind der Angemessenheitskontrolle nicht entzogen.[122] Vielmehr besteht gerade bei ihnen eine erhebliche Missbrauchsgefahr, so dass die Angemessenheit fehlender Vergütung besonders gründlich zu prüfen ist. Jedoch sind Schenkungen trotz § 32 Abs. 3 S. 1 zur Wahrung der Privatautonomie auch zulässig, wenn nicht die Ausnahmeregelung des § 32 Abs. 3 S. 3 greift. § 32 Abs. 3 S. 1 steht der Gestattung unentgeltlicher Nutzungen nicht entgegen, wenn sie ernstlich von beiden Parteien gewollt sind, so dass jedenfalls keine ungewollte Abweichung zum Nachteil des Urhebers iSv § 32 Abs. 3 S. 1 vorliegt.[123]

      Erst wenn § 32 Abs. 3 S. 1 aufgrund der Umstände des Einzelfalls ausnahmsweise eine Berufung des Vertragspartners auf die vereinbarte Unentgeltlichkeit ausschließt, etwa weil der Urheber in einen Vertrag gedrängt worden ist, führt dies zur Angemessenheitskontrolle des § 32 Abs. 1 S. 3. Sie greift auch ein, wenn die Vergütung vertraglich auf Null gestellt wird, ohne dass es sich um eine Schenkung handelt.[124] *Nordemann* will im Falle des Ausschlusses einer Vergütung § 32 Abs. 1 S. 2 anwenden.[125] Letztere Vorschrift betrifft aber die Füllung einer Vertragslücke, § 32 Abs. 1 S. 3 denjenigen der Korrektur einer von den Parteien getroffenen Vertragsregelung, die auch in der Festsetzung der Höhe der Vergütung auf Null liegen kann.

2. Vorrang und Reichweite von Tarifverträgen (§ 32 Abs. 4)

23   Ist die Vergütung für die Nutzung der Werke **tarifvertraglich** bestimmt, entfällt der Anspruch auf Vertragsänderung nach § 32 Abs. 1 S. 3 im Rahmen des sachlichen und persönlichen Geltungsbereichs des Tarifvertrags,[126] soweit die tarifvertragliche Bestimmung reicht **(§ 32 Abs. 4).** Der Vorrang des Tarifvertrags gilt auch für den Direktanspruch auf angemessene Vergütung[127] nach § 32 Abs. 1 S. 2.[128] Soweit eine Gemeinsame Vergütungsregel besteht, ergibt sich der Vorrang des Tarifvertrags auch für § 32 Abs. 1 S. 2 bereits aus der generellen Regel des § 36 Abs. 1 S. 3. Aus der systematischen Abstufung der Bestimmungsgründe für die Angemessenheit folgt aber auch, dass sich der Tarifvertrag gegenüber der individuell nach § 32 Abs. 1 S. 2 durchzuführenden Angemessenheitsbestimmung durchsetzt. Es besteht kein Grund für die Durchbrechung des Systems in diesem Fall. Wenn der Tarifvertrag unangemessenen Vertragsregelungen vorgeht, muss Gleiches gelten, wenn es an einer Bestim-

---

[114] Wandtke/Bullinger/*Wandtke/Grunert* UrhG § 32 Rn. 8.
[115] S. Begründung zur RA-Beschlussempfehlung, BT-Drs. 14/8058, 18.
[116] Näheres → Rn. 10 f.
[117] Dreier/Schulze/*Schulze* UrhG § 32 Rn. 24.
[118] AA *Nordemann* S. 92 Rn. 57.
[119] Berger/Wündisch/*Berger* § 2 Rn. 74.
[120] *C. Berger* Rn. 60 f.; Berger/Wündisch/*Berger* § 2 Rn. 61.
[121] BGH GRUR 2016, 1291 Rn. 20 – Geburtstagskarawane; OLG Hamm ZUM 2016, 1049 (1054); OLG Celle GRUR-RR 2016, 267 Rn. 6; LG Düsseldorf ZUM-RD 2017, 404 (407).
[122] So aber Dreyer/*Kotthoff*/Meckel UrhG § 32 Rn. 46 f.
[123] Zweifelnd Wandtke/Bullinger/*Wandtke/Grunert* UrhG § 32 Rn. 11; wie hier Berger/Wündisch/*Berger* § 2 Rn. 18; iErg ähnlich Dreyer/*Kotthoff*/Meckel UrhG § 32 Rn. 47 f.
[124] Dreier/Schulze/*Schulze* UrhG § 32 Rn. 23, 27.
[125] S. 66, ebenso Wandtke/Bullinger/*Wandtke/Grunert* UrhG § 32 Rn. 10.
[126] Wandtke/Bullinger/*Wandtke/Grunert* UrhG § 32 Rn. 74.
[127] → Rn. 21.
[128] Sa Dreier/Schulze/*Schulze* UrhG § 32 Rn. 82; Dreyer/*Kotthoff*/Meckel UrhG § 32 Rn. 15.

mung der Höhe der Vergütung überhaupt fehlt. Dass § 32 Abs. 1 S. 2 in § 32 Abs. 4 nicht genannt wird, ist somit als Redaktionsversehen zu behandeln.

Der **Vorrang des Tarifvertrags** ist gemäß § 32 Abs. 4 und § 36 Abs. 1 S. 3 **absolut;** der Tarifvertrag bestimmt die Angemessenheit unwiderleglich.[129] Dies gilt für Tarifverträge sowohl für Arbeitnehmer als auch für arbeitnehmerähnliche Personen.[130] Für die Vorrangwirkung des Tarifvertrags[131] ist erforderlich, dass die Vergütung für die Nutzung der betreffenden Werke tarifvertraglich bestimmt ist. Der zu entscheidende Sachverhalt muss in den sachlichen und persönlichen Geltungsbereich des Tarifvertrags einzuordnen sein,[132] insbesondere müssen Urheber und Werknutzer tarifgebunden iSv § 3 Abs. 1 TVG sein.[133] Dies wird für freie Werke und außerbetriebliche Nutzungen in der Regel nicht der Fall sein.[134] Für die Vorrangwirkung des Tarifvertrags genügt es nicht, wenn der Individualvertrag auf einen – an sich unanwendbaren – Tarifvertrag Bezug nimmt,[135] der Verwerter soll sich nicht durch Verweisung auf einen für andere Fälle konzipierten Tarifvertrag, der eine niedrige Vergütung und ggf. andere Regeln, wie zB über Urlaub, enthalten mag, der Angemessenheitskontrolle entziehen können. Die Vergütungsbestimmung durch Verweisung auf einen Tarifvertrag ist somit nach § 32 Abs. 1 S. 3 zu überprüfen. Außerhalb seines Geltungsbereichs hat der Tarifvertrag indizielle Wirkung für die Branchenüblichkeit der dort genannten Vergütung.[136]

Fällt der Vertrag in den Geltungsbereich des Tarifs, so richtet sich die angemessene Vergütung nach dem Tarif; sie wird vermutet, ohne dass der Tarifvertrag einer Nachprüfung unterläge. Der Vorrang des Tarifvertrags reicht so weit wie sich seine Wirkung erstreckt.[137] Der Tarifvertrag verdrängt unangemessene Vergütungsregelungen; fehlt es an einer vertraglichen Bestimmung der Vergütung, tritt die tarifliche Bestimmung in die Lücke. Eine übertariflich vereinbarte Vergütung ist nach dem Sinn und Zweck des Gesetzes nicht ausgeschlossen,[138] ein Vorrang des Tarifs gegenüber § 32 Abs. 1 S. 1 ist in § 32 Abs. 4 nicht bestimmt. Hier wäre auch auf das tarifvertragliche Günstigkeitsprinzip zu verweisen.[139]

3. Bedeutung und Reichweite Gemeinsamer Vergütungsregeln §§ 32 Abs. 2, Abs. 2a

Die **Gemeinsamen Vergütungsregeln** schließen nicht wie Tarifverträge den Anspruch auf Vertragsänderung aus, sondern gelten nur als Maßstab für die Angemessenheit (§ 32 Abs. 2 S. 1), wobei Tarifverträge den Vorrang haben (§ 36 Abs. 1 S. 3). An die Gemeinsamen Vergütungsregeln knüpft sich eine unwiderlegliche Vermutung der Angemessenheit.[140] Diese tritt sowohl ein, wenn die vereinbarte Vergütung nicht bestimmt ist, als auch, wenn es um die Angemessenheit der vertraglichen Vergütung geht. Ein Unterschied besteht hinsichtlich des persönlichen Geltungsbereichs: Während die tarifvertragliche Bestimmung nicht weiter reicht als der Anwendungsbereich des Tarifvertrags, wird die Wirkung der Gemeinsamen Vergütungsregeln in personeller Hinsicht nicht beschränkt; sie gilt insbesondere nicht nur für die Angehörigen der beteiligten Verbände.[141]

Wie Tarifverträge gelten auch Gemeinsame Vergütungsregeln **absolut.**[142] Die unwiderlegliche Angemessenheitsregel des § 32 Abs. 2 S. 1 würde ausgehöhlt, die vom Gesetzgeber bezweckte Rechtssicherheit zunichte gemacht, wenn die Gemeinsame Vergütungsregel einer Nachprüfung auf Angemessenheit unterläge. Gerichtlich überprüfbar ist allerdings das wirksame Zustandekommen.[143] Ist die Gemeinsame Vergütungsregel nicht wirksam zustande gekommen, etwa weil die jeweilige Vereinigung nicht repräsentativ, unabhängig oder ermächtigt war, dann kommt der Vergütungsregel grundsätzlich weder Bindung noch Indizwirkung zu.[144] Eine im Schlichtungsverfahren gescheiterte Vergütungsregel kann Indizwirkung haben, die allerdings eingeschränkt ist, wenn eine Partei die Vergü-

24

---

[129] Wandtke/Bullinger/*Wandtke*/*Grunert* UrhG § 32 Rn. 25.

[130] *Haas* Rn. 204.

[131] Zu Beispielen tarifvertraglicher Bestimmung s. Wandtke/Bullinger/*Wandtke*/*Grunert* Rn. 25.

[132] Wandtke/Bullinger/*Wandtke*/*Grunert* UrhG § 32 Rn. 25; *Haas* Rn. 205 ff.

[133] LG Stuttgart ZUM 2009, 77 (81); Fromm/Nordemann/*Czychowski* UrhG § 32 Rn. 27.

[134] *Haas* Rn. 206 f.

[135] *C. Berger* Rn. 75; Berger/Wündisch/*Berger* § 2 Rn. 38; *Ory* AfP 2002, 93 (96); *Zentek*/*Meinke* S. 53; Loewenheim/*v. Becker* § 29 Rn. 70; iE ebenso Dreyer/*Kotthoff*/Meckel UrhG § 32 Rn. 15 mit dem zusätzlichen Hinweis, dass dies auch gelte, wenn die Anwenbarkeit der maßgebenden Bestimmungen des Tarifvertrags vertraglich vereinbart wurde.

[136] BGH GRUR 2016, 62 Rn. 27 – GVR-Tageszeitungen I (obiter); Dreier/Schulze/*Schulze* UrhG § 32 Rn. 82, 83 f.

[137] Sa *Nordemann* S. 86 f.; *Ory* AfP 2002, 93 (96); zum Geltungsbereich von Tarifen statt aller *Dütz*, Arbeitsrecht, 12. Aufl. 2007, S. 272 ff.

[138] *Zentek*/*Meinke* S. 55; Dreier/Schulze/*Schulze* UrhG § 32 Rn. 84.

[139] *Dütz* S. 282 ff.

[140] BGH GRUR 2011, 808 (809) – Schlichtungsverfahren zur Aufstellung gemeinsamer Vergütungsregeln; Wandtke/Bullinger/*Wandtke*/*Grunert* UrhG § 32 Rn. 27; *Haas* Rn. 166.

[141] → Rn. 28; vgl. *Ory* AfP 2002, 93 (96); → § 36 Rn. 45.

[142] Vgl. → Rn. 23.

[143] Weitergehend Berger/Wündisch/*Berger* § 2 Rn. 166: Überprüfbarkeit auch auf die evidente Nichtbeachtung allgemein anerkannter Bewertungsmaßstäbe.

[144] BGH GRUR 2016, 1296 Rn. 23 – GVR Tageszeitungen III; BGH GRUR 2011, 808 (809) – Aussetzung eines Schlichtungsverfahrens; Dreier/Schulze/*Schulze* UrhG § 32 Rn. 31; Berger/Wündisch/*Berger* § 2 Rn. 113 ff.

tungsregelung wegen Unangemessenheit abgelehnt hat.[145] Ist eine Vergütungsregelung nur deshalb nicht verbindlich, weil die Handelnden als vollmachtlose Vertreter gehandelt hatten, um die von ihnen repräsentierten Unternehmen nicht zu binden, kann von einer gewissen Indizwirkung ausgegangen werden.[146] Soweit sich nicht tatsächliche Umstände geändert haben, können Gemeinsame Vergütungsregeln bereits für die Zeit vor ihrem Inkrafttreten als starkes Indiz für eine angemessene Vergütung herangezogen werden.[147]

Zur Problematik mehrerer konkurrierender Vergütungsregelungswerke → § 36 Rn. 70.[148]

24a   Unklar war, ob die Angemessenheitsvermutung gemeinsamer Vergütungsregeln auch Rückwirkung auf bestehende Verträge entfalten kann. Der BGH hat dies im Grundsatz bejaht und klargestellt, dass die Orientierungswirkung sich auch auf Verträge erstrecken kann, die vor der gemeinsamen Vergütungsregel datieren.[149] Die Urhebervertragsrechtsnovelle 2016 (→ Vor §§ 31 ff. Rn. 14d) hat diese Erweiterung der **Orientierungs- und Indizfunktion** gemeinsamer Vergütungsregeln durch die Anfügung eines **§ 32 Abs. 2a UrhG** noch **kodifizieren wollen.** Nach der dort verwendeten Formulierung, die sich an die vom BGH formulierte Wendung anschließt, kann eine gemeinsame Vergütungsregel „zur Ermittlung der angemessenen Vergütung auch bei Verträgen herangezogen werden, die vor ihrem zeitlichen Anwendungsbereich abgeschlossen wurden". Die Formulierung wurde auf Vorschlag des Rechtsausschusses eingefügt.[150] In der dortigen Begründung wurde gleichzeitig klargestellt, dass die Ausdehnung nur den zeitlichen Anwendungsbereich betrifft. Daraus kann man entnehmen, dass Gemeinsame Vergütungsregeln weder in persönlicher noch in inhaltlicher Hinsicht auf Sachverhalte außerhalb des Anwendungsbereichs übertragen werden sollen. Die Kodifikation ist sinnvoll,[151] weil sie Inhalt, aber auch Grenzen der Wirkung Gemeinsamer Vergütungsregeln klarer beschreibt, ohne den Gerichten die Möglichkeit zu nehmen, die Orientierungswirkung solcher Regeln nur in zeitlicher Hinsicht zu erweitern. Die Vermutungswirkung der Vergütungsregel setzt weiterhin voraus, dass sie zum **Zeitpunkt des Vertragsschlusses** bereits vorhanden war (→ Rn. 28).[152] Die Orientierungswirkung für die Bestimmung der Angemessenheit geht allerdings weiter.

4. Anwendungsfragen

25   Insgesamt ergibt sich eine **Hierarchie der Kriterien für die Prüfung der Angemessenheit.**[153] Voran steht der Tarifvertrag,[154] es folgen die Gemeinsamen Vergütungsregeln (§ 32 Abs. 2 S. 1); erst nachrangig wird der Weg für die individuelle Bestimmung anhand § 32 Abs. 2 S. 2 frei. Das Gesetz sieht eine absolute Bindung an die Kollektivregelungen vor, wobei der Tarifvertrag der Gemeinsamen Vergütungsregel vorgeht. Eine zu überprüfende vertragliche Regelung hält stand, wenn sie der Angemessenheit nach Maßgabe des jeweils einschlägigen kollektivrechtlichen Kriteriums entspricht oder zugunsten des Urhebers (Arg. § 32 Abs. 3 S. 1) über dieses hinausgeht.

26   Einer genaueren Abgrenzung bedarf der Fall der **nicht bestimmten Höhe der Vergütung** von demjenigen der **bestimmten aber nicht angemessenen Vergütung.** Während im ersten Fall unmittelbar die angemessene Vergütung verlangt werden kann, richtet sich der Anspruch im zweiten Fall auf eine Vertragsänderung.[155] Es fragt sich, ob die **„Bestimmung" ausdrücklich** erfolgen muss oder ob es genügt, wenn die Höhe der Vergütung durch **Auslegung des Vertrages,** erforderlichenfalls durch ergänzende Auslegung nach allgemeinen Regeln, ermittelt werden kann. Dem Aufbau des § 32 Abs. 1 lässt sich entnehmen, dass bei der Ermittlung der Vergütung – soweit nicht ein Tarifvertrag eingreift – die vertragliche Vereinbarung den Vorrang haben soll. Für die Anwendung des § 32 Abs. 1 S. 1 und S. 3 muss es deshalb genügen, wenn sich durch Vertragsauslegung eine bestimmte Höhe der Vergütung ermitteln lässt.[156] Die so ermittelte Vergütung ist dann auf Angemessenheit zu überprüfen, § 32 Abs. 1 S. 3. Erst wenn die Auslegung nicht zum Erfolg führt, greift die – nach dem Vorbild des § 22 Abs. 2 VerlG konzipierte – gesetzliche Regel des § 32 Abs. 1 S. 2 UrhG ein; es kann unmittelbar die angemessene Vergütung verlangt werden.

---

[145] → § 36 Rn. 35; zweifelnd Dreyer/*Kotthoff*/Meckel UrhG § 32 Rn. 24.

[146] OLG München ZUM 2007, 142 (148).

[147] BGH GRUR 2016, 62 Rn. 21 – GVR–Tageszeitungen I; OLG Karlsruhe ZUM 2015, 504 (508), wo für eine kurze Periode vor Inkrafttreten (ca. ein Jahr) eine starke Indizwirkung, für eine Periode von vier Jahren vor Inkrafttreten eine tendenziell abgeschwächte Indizwirkung angenommen wird; OLG Köln GRUR-RR 2014, 321 (321) – Lokalreporter; LG Düsseldorf ZUM-RD 2017, 404 (408); LG Mannheim ZUM 2014, 155 (158); LG Köln GRUR-RR 2013, 454 (455 f.).

[148] Sa Berger/Wündisch/*Berger* § 2 Rn. 119 ff.; Dreier/Schulze/*Schulze* UrhG § 32 Rn. 35.

[149] BGH GRUR 2016, 62 Rn. 16 – GVR Tageszeitungen I: zu den geschlossenen Vergütungsregeln vgl. *Soppe,* in Ory/Cole (2016), S. 169.

[150] BT-Drs. 18/10637, 22.

[151] Zweifelnd Fromm/Nordemann/*Czychowski* § 32 Rn. 32a.

[152] BGH GRUR 2016, 62 (63) – GVR Tageszeitungen I; *Jani* S. 297.

[153] BGH GRUR 2016, 62 Rn. 13 – GVR Tageszeitungen I; sa Dreier/Schulze/*Schulze* UrhG § 32 Rn. 29; ausführlich zur Methode zur Ermittlung der angemessenen Vergütung *Tolkmitt* FS Bornkamm, 2014, 991 (998 ff.).

[154] § 32 Abs. 4, § 36 Abs. 1 S. 3.

[155] Es kann allerdings unmittelbar auf Zahlung geklagt werden. Vgl. → Rn. 21 f.

[156] So im Ergebnis auch *Haas* Rn. 141. Für Verlagsverträge gilt nichts Abweichendes, *Haas* Rn. 159 ff.

Was den maßgeblichen **Zeitpunkt für die Bestimmung der Angemessenheit** der Vergütung 27
betrifft, so kommt es, wie sich § 32 Abs. 2 S. 2 entnehmen lässt, auf den **Zeitpunkt des Vertragsschlusses** an.[157] Da die angemessene Vergütung für die Rechtseinräumung gezahlt wird, ist der Zeitpunkt des Beginns der Werknutzung bzw. der Ablieferung des Werkes hingegen unerheblich.[158] Ergeben sich Zweifel an der Angemessenheit aufgrund von Entwicklungen nach Vertragsschluss, etwa
wegen des besonderen Erfolgs des Werkes, kommt die weitere Beteiligung des Urhebers gem. § 32a
in Betracht.

§ 32 bezieht sich unmittelbar nur auf die individuelle Bestimmung der Angemessenheit. Für die
Anwendung von Tarifverträgen und Gemeinsamen Vergütungsregeln kann aber nichts anderes gelten.
Tarifverträge sind anwendbar, wenn der Vertragsschluss in den zeitlichen Anwendungsbereich des
Tarifvertrags fällt; Gemeinsame Vergütungsregeln sind entsprechend zu behandeln. Abweichendes gilt,
soweit die Tarifverträge oder Gemeinsamen Vergütungsregeln ihren Anwendungsbereich anders
bestimmen (vgl. auch § 32a Abs. 4).

Die angemessene Vergütung ist im Wege der **Prognose** für die **gesamte Laufzeit des Vertrages**
vom Zeitpunkt des Vertragsschlusses an zu berechnen.[159] Dabei ist nicht nur die zukünftige Entwicklung, sondern **rückwirkend** auch die – bis zum Zeitpunkt des Vertragsschlusses zurückverfolgte –
Vergangenheit mit in Rechnung zu stellen.[160] Der Urheber kann jede, auch eine geringfügige Unterschreitung der Angemessenheit geltend machen; eine **Bagatellklausel** wurde bewusst nicht ins Gesetz
aufgenommen.[161] In diesem Sinne geht auch die Rechtsprechung bereits bei einer Unterschreitung
von weniger als 10 % vom Bestehen eines Anspruchs aus § 32 aus.[162] Dagegen verlangt § 32a ein
„auffälliges" Missverhältnis.[163] Die **spätere Entwicklung** nach dem Vertragsschluss kann im Rahmen
von § 32 nur in Form der Prognose berücksichtigt werden; für die Anpassung an die faktische Entwicklung ist § 32a zuständig.[164] § 32 dient dazu, das zum Zeitpunkt des Vertragsschlusses vorliegende
Ungleichgewicht zwischen Urheber und Verwerter auszugleichen. Würde man für die Bestimmung
der Angemessenheit gem. § 32 spätere Entwicklungen mit in Rechnung stellen, bliebe für § 32a
kaum mehr ein Anwendungsbereich. Auch ist das Kriterium der Redlichkeit bei § 32 mit dem Handeln beim Vertragsschluss verbunden; es kann nicht als unredlich bezeichnet werden, wenn eine unvorhersehbare spätere Entwicklung nicht vorhergesehen wurde.[165]

Hinsichtlich des **Entstehungszeitpunkts des Anspruchs auf angemessene Vergütung,**
genauer gesagt der Aufstockung des vertraglichen Vergütungsanspruchs,[166] ist zu differenzieren:

– Soweit § 32 Abs. 1 S. 2 mangels Bestimmung der Höhe der Vergütung die angemessene Vergütung
fingiert, gilt diese als von Anfang an vereinbart.
– Soweit ein Tarifvertrag oder eine Gemeinsame Vergütungsregel durchschlägt, kommt es auf deren
zeitliche Geltung an. Im Normalfall der beim Vertragsschluss bereits bestehenden kollektiven Regelungen gelten diese vom Vertragsschluss an.
– Wird die Angemessenheit über § 32 Abs. 1 S. 3 durch Vertragsänderung erreicht, so fragt sich,
ob die Erhöhung des Vergütungsanspruchs ex nunc mit der – freiwilligen oder gerichtlich erzwungenen – Erteilung der Einwilligung erfolgt oder ob ihr Rückwirkung auf den Zeitpunkt
des Vertragsschlusses beizumessen ist. Da es um den Vergütungsanspruch geht, den der Werkverwerter schon im Vertrag, dh von Anfang an hätte gewähren sollen, ist eine Rückwirkung anzunehmen. Der Anspruch ist nicht nur auf die gesamte Nutzung ab Vertragsschluss zu beziehen,
sondern in Übereinstimmung mit den vorstehend behandelten Fällen auch so anzusehen, als sei
er bereits zum Vertragsschluss entstanden. Der Urheber kann somit für in der Vergangenheit liegende Zeiträume unmittelbar Zahlung der Differenz zwischen vereinbarter und angemessener Vergütung verlangen.[167] Solange der Vertrag nicht geändert worden ist, ist der Verwerter mangels

---

[157] BGH GRUR 2016, 62 Rn. 39 – GVR-Tageszeitungen I; BGH GRUR 2009, 1148 (1150) – Talking to Addison; *C. Berger* Rn. 141; Berger/Wündisch/*Berger* § 2 Rn. 110; *Berger* GRUR 2003, 675 (676); *Schack* GRUR
2002, 853 (855); *Erdmann* GRUR 2002, 923 (926); *Schmidt* ZUM 2002, 781 (784 f.); *D. Berger* ZUM 2003, 521
(523); Loewenheim/*v. Becker* § 29 Rn. 24; Mestmäcker/Schulze/*Lindner* UrhG § 32 Anm. 3; Dreier/Schulze/
Schulze UrhG § 32 Rn. 44; Dreyer/*Kotthoff*/Meckel UrhG § 32 Rn. 29; OLG München ZUM 2007, 317 (326).
[158] Berger/Wündisch/*Berger* § 2 Rn. 110.
[159] BGH GRUR 2009, 1148 (1150) – Talking to Addison; Begründung zur RA-Beschlussempfehlung, BT-Drs.
14/8058, 18; vgl. auch Loewenheim/*v. Becker* § 29 Rn. 16, 24, 36.
[160] Wandtke/Bullinger/*Wandtke*/Grunert UrhG § 32 Rn. 19; Dreier/Schulze/*Schulze* UrhG § 32 Rn. 28; Drey-
er/*Kotthoff*/Meckel UrhG § 32 Rn. 12, 29, 30.
[161] *Haas* Rn. 184; Berger/Wündisch/*Berger* § 2 Rn. 128, Rn. 31, 71; *Schack* GRUR 2002, 853 (856); *Haupt*/
Flisak KUR 2003, 41 (43); Loewenheim/*v. Becker* § 29 Rn. 23; OLG München ZUM 2007, 142 (148).
[162] BGH GRUR 2011, 328 (334) – Destructive Emotions.
[163] *C. Berger* Rn. 251.
[164] Sa *Jacobs* NJW 2002, 1905 (1907); *Jacobs* FS Ullmann, 2006, 79 (81); *Nordemann* S. 70, 71; *Ory* AfP 2002, 93
(97); Mestmäcker/Schulze/*Lindner* UrhG § 32 Anm. 3; Berger/Wündisch/*Berger* § 2 Rn. 110 ff.
[165] Ebenso OLG München ZUM 2007, 317 (326), wonach später eingetretene Abweichungen eine anfängliche
Unbilligkeit nicht nachträglich „heilen" können.
[166] *C. Berger* Rn. 93.
[167] Dreier/Schulze/*Schulze* UrhG § 32 Rn. 28; Wandtke/Bullinger/*Wandtke*/Grunert UrhG § 32 Rn. 19; *Tölkmitt* FS Bornkamm, 2014, 991 (994).

eines fälligen Zahlungsanspruchs mit der Entrichtung des erhöhten Entgelts allerdings nicht in Verzug.[168]

Für Fälle der Beteiligung **mehrerer Anspruchsteller** gilt das zu § 32a Ausgeführte entsprechend.[169]

Die **Darlegungs- und Beweislast** im Prozess trägt, wer die angemessene Vergütung geltend macht, also idR der Urheber.[170] Für den Auskunftsanspruch gelten die allgemeinen Regeln, insbesondere kann eine vertragliche Nebenpflicht auf Auskunftserteilung bestehen.[171]

5. Die Üblichkeit und Redlichkeit der Angemessenheit der Vergütung

28   **a) Ermittlung durch Gemeinsame Vergütungsregeln.** Angemessen ist – wenn nicht ein Tarifvertrag eingreift, § 32 Abs. 4 – gemäß § 32 Abs. 2 S. 1 „die **nach einer gemeinsamen Vergütungsregel (§ 36) ermittelte Vergütung**". Die Angemessenheit wird bei Vorliegen dieser Voraussetzung unwiderleglich vermutet.[172] Dies soll auch gelten, wenn die Vergütungsregel einen Rahmen vorsieht und sich das vereinbarte Entgelt in dieser Spanne bewegt.[173] Wie die Begründung hervorhebt, genießen „in allen diesen Fällen (...) Urheber und Verwerter Rechtssicherheit".[174] Es kann sich somit nicht nur der Verwerter bei Konformität[175] auf Angemessenheit, sondern bei Unterschreitung auch der Urheber auf Unangemessenheit berufen.[176]

Die Wendung „nach einer Gemeinsamen Vergütungsregel **ermittelt**" bedeutet nicht etwa, dass die Parteien die Geltung der Vergütungsregel vereinbaren oder auf sie Bezug nehmen müssen.[177] Die Vergütungsregelung hat auch im Verhältnis zu Außenseitern Bedeutung, sofern sich der Vergütungssachverhalt innerhalb des Regelungsbereichs der Vergütungsregel bewegt. Die „Ermittlung" bezieht sich auf die Angemessenheitsprüfung, die erforderlichenfalls das Gericht vorzunehmen hat. Die Vergütungsregel schlägt in ihrem Anwendungsbereich insoweit ohne weiteres durch, als die dort vereinbarte Vergütung eine redliche Branchenübung reflektiert.[178] Das erweitert in sinnvoller Weise die Wirkung der Vergütungsregel. Möglich ist überdies, dass Parteien, die an sich nicht vom Anwendungsbereich der Vergütungsregel erfasst werden, gleichwohl auf diese Bezug nehmen können; sie bildet dann ein Indiz für die Angemessenheit im Rahmen dieses Vertrags.[179] Parteien, die unmittelbar durch die Vergütungsregel gebunden sind, müssen sie einhalten. Dies ist individuell und kollektiv durchsetzbar über die 2016 eingeführten §§ 36c, 36d (siehe dort).

Voraussetzung für das Eingreifen der gesetzlichen Vermutung, die sich an die gemeinsame Vergütungsregel knüpft, ist, dass sie wirksam zustande gekommen ist[180] und dass das fragliche Nutzungsverhältnis in den **Regelungsbereich** der Gemeinsamen Vergütungsregel fällt.[181] Zur **Konkurrenz mehrerer Vergütungsregeln** → § 36 Rn. 70.[182] In sachlicher Hinsicht ist dabei auf die betreffende Branche, den Typus des Nutzungsverhältnisses und die Art der Nutzung abzustellen.[183] In persönlicher Hinsicht wird die Anwendbarkeit der Gemeinsamen Vergütungsregel jedenfalls zu bejahen sein, wenn die Parteien den an der Gemeinsamen Vergütungsregel beteiligten Vereinigungen angehören. Die Regelung gilt darüber hinaus aber auch für Nichtmitglieder, soweit die Vereinigungen als **„repräsentativ"** anzusehen sind.[184] Eine **Ermächtigung** der Vereinigung durch die jeweils betroffenen Parteien ist nicht zu verlangen; es genügt, wenn die Mitglieder der Vereinigung diese generell zur

---

[168] Vgl. *C. Berger* Rn. 92, Berger/Wündisch/*Berger* § 2 Rn. 60; vgl. die Parallele im Mietrecht bei Mieterhöhungsverlangen im Zustimmungsrechtsstreit, BGH NJW 2005, 2310.

[169] → § 32a Rn. 23 f.

[170] → Rn. 46; vgl. *Jani* S. 304; *C. Berger* Rn. 101; Dreyer/*Kotthoff*/Meckel UrhG § 32 Rn. 14.

[171] → Rn. 46; *Nordemann* S. 90; *Jani* S. 304 f.; Berger/Wündisch/*Berger* § 2 Rn. 71; RA-Beschlussempfehlung, BT-Drs. 14/8058, 18.

[172] Begründung zur RA-Beschlussempfehlung BT-Drs. 14/8058, 18; so auch BGH GRUR 2016, 62 Rn. 13 – GVR Tageszeitungen I.

[173] RA-Beschlussempfehlung, BT-Drs. 14/8058, 18.

[174] RA-Beschlussempfehlung, BT-Drs. 14/8058, 18.

[175] Zumindest mit der unteren Marge des Rahmens, s. Dreyer/*Kotthoff*/Meckel UrhG § 32 Rn. 16.

[176] Anders wohl *Haas* Rn. 173 f.; *Haupt/Flisak* KUR 2003, 41 f.: Es handele sich um eine bloße Empfehlung; vgl. auch *D. Berger* ZUM 2003, 521 (529); Dreyer/*Kotthoff*/Meckel UrhG § 32 Rn. 16.

[177] So aber *Hucko* S. 12; *Erdmann* GRUR 2002, 923 (925 f.); *D. Berger* ZUM 2003, 521 (528); Loewenheim/*v. Becker* § 29 Rn. 93 und wohl auch *Jani* S. 296 f.

[178] So zutreffend *Haas* S. 167 ff.; Dreier/Schulze/*Schulze* UrhG § 32 Rn. 36; → § 36 Rn. 16. Das relativiert die Kritik bei *Erdmann* GRUR 2002, 923 (925); *Thüsing* GRUR 2002, 203 (204).

[179] Für unwiderlegliche Wirkung in diesem Fall Mestmäcker/*Schulze* § 32 Anm. 4b unter Berufung auf *Ory* AfP 2002, 93 (96); sa Dreyer/*Kotthoff*/Meckel UrhG § 32 Rn. 24: Vergleichs- und Orientierungsmaßstab.

[180] BGH GRUR 2016, 62 (63) – GVR Tageszeitungen I; Berger/Wündisch/*Berger* § 2 Rn. 117.

[181] Vgl. § 36 Abs. 1 S. 2; Dreier/Schulze/*Schulze* UrhG § 32 Rn. 32; Berger/Wündisch/*Berger* Rn. 114 ff.

[182] Sowie auch Berger/Wündisch/*Berger* Rn. 119 ff.; Dreyer/*Kotthoff*/Meckel UrhG § 32 Rn. 21; Dreier/Schulze/*Schulze* UrhG § 32 Rn. 35.

[183] *Haas* Rn. 171.

[184] Vgl. § 36 Abs. 2; → § 36 Rn. 52 ff.; Dreier/Schulze/*Schulze* UrhG § 32 Rn. 31; *Hoeren* FS Nordemann, 2004, 181 (183); Mestmäcker/Schulze/*Lindner* § 32 Anm. 4b; → § 36 Rn. 45; *Haas* Rn. 170; aA *Erdmann* GRUR 2002, 923 (925 f.); *Haupt/Flisak* KUR 2003, 41 (42): Bindung nur für „beteiligte Urheber und Verwerterkreise"; sa Dreyer/*Kotthoff*/Meckel UrhG § 32 Rn. 23.

Aufstellung Gemeinsamer Vergütungsregeln ermächtigt haben. Im Übrigen ist auf die Kommentierung zu § 36 zu verweisen.[185]

Die Vermutungswirkung der Vergütungsregel setzt voraus, dass sie zum **Zeitpunkt des Vertragsschlusses** bereits vorhanden war.[186] Auf Kenntnis der Parteien kommt es nicht an. Allerdings haben auch Vergütungsregelungen, deren Anwendungsvoraussetzungen nicht (vollständig) erfüllt sind, eine orientierende Bedeutung bei der Bestimmung der angemessenen Vergütung (→ Rn. 24a). Soweit die Interessenlage vergleichbar ist, können sie im Rahmen von § 32 Abs. 2 S. 2 UrhG als Vergleichsmaßstab und Orientierungshilfe herangezogen werden und entfalten eine Indizwirkung.[187]

Wenn die Vergütungsregel nur **teilweise** auf das Nutzungsverhältnis anwendbar ist, weil dieses weiter greift, insbesondere atypische Abmachungen enthält, kommt eine teilweise Anwendung der Vermutung in Betracht.[188] Erweist sich nur ein Teil der vertraglichen Vereinbarung als unangemessen, so richtet sich der Anspruch des § 32 Abs. 1 S. 3 auf eine auf den betreffenden Teil beschränkte Vertragsänderung.

Die zwingende Vermutungswirkung **endet,** wo der Regelungsbereich der jeweiligen allgemeinen Vergütungsregeln überschritten wird. Eine Ausstrahlungswirkung als Wertungsfaktor können die allgemeinen Vergütungsregeln aber auch außerhalb ihres Regelungsbereichs haben. So kann die Bestimmung einer angemessenen Vergütung für Übersetzer an die Gemeinsamen Vergütungsregeln vergleichbarer Branchen, dh etwa für Autoren belletristischer Literatur, angelehnt werden,[189] sofern den Unterschieden zwischen den Branchen hinreichend Rechnung getragen wird.

b) Angemessenheit und Üblichkeit – Kriterien. Die „Angemessenheit" ist ein unbestimmter **29** Rechtsbegriff, dessen Konkretisierung Schwierigkeiten bereitet,[190] die aber immer nur dann zu bewältigen sind, wenn weder tarifvertragliche Vergütungsregelungen[191] noch gemeinsame Vergütungsregeln[192] eingreifen. Dann haben die Gerichte nach der **Generalklausel des § 32 Abs. 2 S. 2** die Angemessenheit einer Vergütung selbst festzulegen. Angemessen ist

„was im Geschäftsverkehr … üblicher- und redlicherweise zu leisten ist" (→ Rn. 29 ff.),

Maßstab für die Festlegung sind

„Art und Umfang der eingeräumten Nutzungsmöglichkeit, insbesondere nach Dauer, Häufigkeit, Ausmaß und Zeitpunkt der Nutzung, unter Berücksichtigung aller Umstände" (→ Rn. 32 ff.).

Angemessenheit setzt einen **Rahmen,** in dem sich eine vertragliche Vereinbarung bewegen kann.[193] Es geht nicht darum, einen „gerechten Preis" für eine konkrete Nutzung zu bestimmen. Dies ist schon deshalb nicht möglich, weil die Präferenzen der Marktbeteiligten komplex sind, die Verhältnisse sich in den einzelnen Branchen stark unterscheiden und eine gerichtliche oder gesetzgeberische Preisfestlegung bzw. -kontrolle daher an Grenzen stößt.[194] Die Ermittlung der angemessenen Vergütung erfordert eine dem Tatrichter vorbehaltene Würdigung gem. § 287 Abs. 2 ZPO, bei der alle relevanten Umstände nach freier Überzeugung und billigem Ermessen des Gerichts zu berücksichtigen sind.[195] Die Gerichte verwenden zur Ausfüllung des unbestimmten Rechtsbegriffs Vergleichsmarktkonzepte in Verbindung mit normativen Kriterien.[196] Da die Möglichkeiten der Gerichte zur Ermittlung des angemessenen Preises notwendigerweise begrenzt sind, sollte es in erster Linie Sache der Verbände sein, Gemeinsame Vergütungsregeln zu vereinbaren; die Festlegung der „Angemessenheit" durch die Gerichte kann demgegenüber immer nur der zweitbeste Weg sein. Es ist eine große Herausforderung für die Gerichte, angemessene Regelungen aufzustellen, wenn sich die sachnäheren Verbände nicht auf Gemeinsame Vergütungsregeln einigen können.[197]

Der **Regierungsentwurf 2001** konkretisierte die Angemessenheit lediglich durch den Hinweis auf „Art und Umfang der Werknutzung"; die Begründung verwies weiter auf die „Marktverhältnisse,

---

[185] → § 36 Rn. 58.
[186] BGH GRUR 2016, 62 Rn. 27 – GVR Tageszeitungen I; OLG Stuttgart ZUM-RD 2019, 20 (54).
[187] BGH GRUR 2016, 62 Rn. 27 – GVR Tagezeitungen I; Dreier/Schulze/*Schulze* § 32 Rn. 83.
[188] Vgl. auch Dreier/Schulze/*Schulze* UrhG § 32 Rn. 34.
[189] BGH GRUR 2009, 1148 (1151) – Talking to Addison; BGH GRUR 2011, 328 (330 ff.) – Destructive Emotions; OLG München ZUM 2007, 142 (148, 151); 2007, 308 (325); hierzu *v. Becker* ZUM 2007, 249 (252).
[190] Zur Methode zur Ermittlung der angemessenen Vergütung vgl. *Tolkmitt* FS Bornkamm, 2014, 991 (998 ff.); für eine Untersuchung des Begriffs der „Angemessenheit" aus unterschiedlichen Perspektiven siehe auch die verschiedenen Beiträge in *Riesenhuber* (Hrsg.), Die „Angemessenheit" im Urheberrecht, 2013.
[191] → Rn. 23.
[192] → Rn. 24.
[193] BGH GRUR 2011, 328 (334) – Destructive Emotions; BGH GRUR 2009, 1148 (1154) – Talking to Addison; RegE, BT-Drs. 14/6433, 4; *Ory* AfP 2002, 93 (96); *Jani* S. 301 f.
[194] Sa *Tolkmitt* FS Bornkamm, 2014, 991 (993).
[195] BGH GRUR 2009, 1148 (1151) – Talking to Addison; BGH GRUR 2011, 328 (330) – Destructive Emotions; OLG Karlsruhe ZUM 2015, 504 (508); *Tolkmitt* FS Bornkamm, 2014, 991 (997).
[196] Vgl. ausführlich zur Methode *Tolkmitt* FS Bornkamm, 2014, 991 (998 ff.).
[197] Kritisch zu den bisherigen Erfahrungen mit der Regelung Fromm/Nordemann/*Czychowski* § 32 Rn. 2; vgl. auch *Hoeren* FS Wandtke, 2013, 159 (163), wonach die vom Gesetzgeber angestrebte Selbstregulierung nicht erreicht wird, wenn die Gerichte die angemessene Vergütung ermitteln.

Investitionen, Risikotragung, Kosten, Zahl der hergestellten Werkstücke oder öffentlichen Wiedergaben, zu erzielende Einnahmen" und bezeichnete das üblicher- und redlicherweise für vergleichbare Werknutzungen in der jeweiligen Branche Bezahlte als „Anhaltspunkt".[198] Für die Ermittlung der Angemessenheit ist eine **generalisierende Betrachtungsweise** und nicht eine individuelle Einzelfallbetrachtung erforderlich.[199] Die Reform 2016 ergänzte die beiden Begriffe „Häufigkeit" und „Ausmaß" der Nutzung, um klarzustellen, dass mehrfache und intensive Nutzungen zu berücksichtigen sind.[200]

Das Beteiligungsprinzip ist als Wertungsfaktor in Rechnung zu stellen.[201] Das „üblicher- und redlicherweise" impliziert eine Interessenabwägung und -wertung und stellt angreifbare, aber eingerissene Branchenübungen unter einen normativen Vorbehalt, der in Einklang zu bringen ist mit dem Beteiligungsprinzip als gesetzlichem Leitbild und den in der Begründung zum Regierungsentwurf genannten Umständen.[202]

30 Zentrales Kriterium ist **„was im Geschäftsverkehr ... üblicher- und redlicherweise zu leisten ist"**.[203] Bei der Festsetzung sind alle zum Zeitpunkt des Vertragsschlusses erkennbaren Umstände zu berücksichtigen. Leitbild ist der Beteiligungsgrundsatz,[204] denn die vermögenswerten Vorteile einer Werkverwertung stehen grundsätzlich dem Urheber zu.[205] Abweichungen davon müssen daher begründet werden. Das Gesetz nennt Kriterien, die eine Abwägung zwischen Verwerter- und Urheberinteressen anleiten sollen. Auf der Verwerterseite ist etwa zu berücksichtigen, welchen Anteil dessen Organisationsleistung an der Werkvermittlung hat. **„Art und Umfang der Nutzung"** stellen klar, dass einzelne Verwertungshandlungen geringer zu vergüten sind als umfassende Auswertungen. Es handelt sich um Oberbegriffe, die nachfolgend erläutert werden. **„Dauer und Zeitpunkt der Nutzung"** knüpfen an die Lizenzdauer und den Zeitpunkt der Lizenzausübung, zB die Sendezeit eines Werkes an. Die 2016 eingeführten Begriffe **„Häufigkeit"** und **„Ausmaß"** der Nutzung betreffen Wiederholungen[206] – insbesondere auch bei Nutzungen im öffentlich-rechtlichen Rundfunk – sowie räumlich intensive Nutzungen, etwa eine weltweite Nutzung, eine Nutzung, die potentiell besonders publikums- oder aufmerksamkeitsträchtig ist. Es liegt auf der Hand, dass langdauernde Nutzungen ebenso höher zu vergüten sind wie Werkdarbietungen, die tages- oder jahreszeitabhängig ein großes Publikum erreichen. Besondere Belange der **Verwerterseite** werden angesprochen, wenn auf die **Marktverhältnisse,** die **Investitionen,** die **Risikotragung,** die **Kosten** und die **Zahl** der hergestellten Werkstücke oder öffentlichen Wiedergaben sowie auf die Höhe der zu erzielenden Einnahmen abgestellt wird. Werke, die nur eine geringe Nachfrage bedienen (zB Dissertationen), daher auch nur in wenigen Werkstücken angeboten werden, können geringer, gar nicht oder negativ („Druckkostenzuschuss") zu vergüten sein, weil der Verwerter mit ihrer Herstellung und Verbreitung nicht oder nur wenig kostendeckend operiert. Auch ist gegebenenfalls Rücksicht zu nehmen auf Struktur und Größe des Verwerters, die geringe Verkaufserwartung, das Vorliegen eines Erstlingswerkes, die beschränkte Möglichkeit der Rechteverwertung, den außergewöhnliche Lektoratsaufwand, die Notwendigkeit umfangreicher Lizenzeinholung, den ggf. niedrigen Endverkaufspreis, genrespezifische Entstehungs- und Marktbedingungen, ferner auf einen im Einzelfall besonders hohen Aufwand bei Herstellung, Werbung, Marketing, Vertrieb oder bei wissenschaftlichen Gesamtausgaben.[207] Der Werkbezug ist dabei zu wahren. Weder die rein persönlichen Umstände des Urhebers noch einseitige subjektive Merkmale des Verwerters, wie zB dessen Zahlungsschwierigkeiten, können Berücksichtigung finden.[208] Auch der zeitliche Aufwand des Urhebers spielt keine Rolle. Er kann allerdings mittelbar für die Höhe des Seitenhonorars von Bedeutung sein.[209] § 32 gewährt eine angemessene Vergütung für die Einräumung von Nutzungsrechten und ist nicht am sozialrechtlichen Prinzip der Alimentation ausgerichtet.[210] Wesentlich ist eine objektive Sichtweise, dh die berechtigten Verwertungserwartungen vor dem Hintergrund der objektiven Realität, insbesondere der Marktlage. Auf die Sichtweise der Parteien kommt es nicht an.[211] Allerdings muss die Regelung den Umständen des Einzelfalls gerecht werden.[212]

---

[198] RegE, BT-Drs. 14/6433, 14.

[199] OLG München ZUM 2007, 308 (312); zustimmend *v. Becker* ZUM 2007, 249 (254); ebenso OLG München ZUM-RD 2007, 166 (175), 182, 188.

[200] RegE, BT-Drs. 18/8625, 17, 25 („Häufigkeit"), Begründung in der Fassung des Rechtsausschusses, BT-Drs. 18/10637, 21.

[201] RegE, BT-Drs. 14/6433, 14 f.

[202] RA-Beschlussempfehlung, BT-Drs. 14/8058, 18.

[203] S. dazu monografisch *Andernach* S. 132 ff.

[204] Vgl. BGH GRUR 2009, 1148 (1150) – Talking to Addison.

[205] RegE, BT-Drs. 14/6433, 14.

[206] Vgl. OLG Stuttgart ZUM-RD 2019, 20 (53) (Das Boot); *Obergfell* FS Schulze, 2017, 275 (277).

[207] BGH GRUR 2009, 1148 (1154) – Talking to Addison unter Verweisung auf die Vergütungsregeln für Autoren (VRA).

[208] Berger/Wündisch/*Berger* § 2 Rn. 106 ff.; sa LG Berlin ZUM 2008, 603 (607) – nrkr.

[209] BGH GRUR 2009, 1148 (1153 f.) – Talking to Addison.

[210] Vgl. OLG München ZUM 2007, 317 (326); Möhring/Nicolini/*Soppe* UrhG § 32 Rn. 78.

[211] Loewenheim/*v. Becker* § 29 Rn. 31; Dreyer/*Kotthoff*/Meckel UrhG § 32 Rn. 31.

[212] Fromm/Nordemann/*Czychowski* § 32 Rn. 38.

In zahlreichen Branchen haben sich Vergütungsstrukturen entwickelt, die als Vergleichsmaßstab **30a** herangezogen werden können.[213] Die Begründung zur Einführung dieses Kriteriums durch die RA-Beschlussempfehlung spricht von „Branchenübung" oder „Branchenpraxis".[214] Demnach ist in erster Linie auf die **Branche**[215] **und den Nutzungstyp** abzustellen, denen das Nutzungsverhältnis zuzurechnen ist.[216] Schwierigkeiten bereitet insbesondere die Bestimmung eines Vergleichsmaßstabs für digitale nicht-physische Produkte, für die es erst wenige verlässliche Maßstäbe gibt.[217] Auch im Softwarebereich fehlten vielfach Anhaltspunkte zur Bestimmung der üblichen Vergütung.[218] Die Üblichkeit ist eine der Beweisaufnahme zugängliche Tatfrage.[219] Es kommt auf den kommerziellen Verkehr an.[220] Als Angemessenheitsmaßstab[221] können Gemeinsame Vergütungsregelungen herangezogen werden, die auch für andere Berufsgruppen Indizwirkung haben.[222] Dies gilt auch dann, wenn die Bestimmung der Vergütung an der tatsächlichen Werknutzung ausgerichtet ist.[223] Auch sind die Tarife von Verwertungsgesellschaften ein wichtiger Vergleichsmaßstab.[224] Für bestimmte Bereiche kann auf Ansätze zu gemeinsamer Regelung,[225] wie etwa auf Regelsammlungen zurückgegriffen werden, wie sie zB im Theaterbereich bestehen[226] sowie auf Honorarempfehlungen zB der Mittelstandsgemeinschaften Übersetzer, Schriftsteller und Journalisten[227] und der Mittelstandsgemeinschaft Foto-Marketing.[228] Bestehende Empfehlungen erhalten aber nicht automatisch den Status einer gemeinsamen Vergütungsregel nach § 36;[229] nicht angenommenen Schlichtungsvorschlägen kommt eine indizielle Wirkung zu.[230] Eine Regelung, die in einem Schlichtungsverfahren von hierzu nicht berechtigten Parteien aufgestellt wird, entfaltet in einem Rechtsstreit über eine angemessene Vergütung hingegen weder eine Bindungs- noch eine Indizwirkung.[231] Zurückhaltung ist hinsichtlich des Vergleichs mit ausländischen Verhältnissen geboten; anderes Urheberrechtsverständnis und abweichende Marktstrukturen stehen der Vergleichbarkeit vielfach im Wege.[232] Bleibt die Vergütung hinter dem Üblichen zurück, liegt schon aus diesem Grund Unangemessenheit vor.[233] Entspricht die Vergütung dem Üblichen, so kommt es auf die Redlichkeitskontrolle an. Dies gilt auch, soweit es um die Einordnung der Vergütung in eine Spanne der Üblichkeit geht.

Zur näheren Bestimmung des „üblicherweise zu Leistenden" kann auf die Definition der **31** **Verkehrssitte** im Rahmen von § 157 BGB zurückgegriffen werden.[234] Die Rechtsprechung versteht unter der Verkehrssitte die „den Verkehr tatsächlich beherrschende Übung".[235] Erforderlich ist demnach zum einen ein faktisches Element, dh ein hoher Grad eines im Wesentlichen gleichförmigen Verhaltens in der betreffenden Branche, wodurch zumindest ein Rahmen abgesteckt wird.[236] Zum anderen ist der Moment einer sozialnormativen (nicht rechtlichen) Geltung des Geübten zu verlangen, was in der gesetzlichen Formel mit der Wendung „was … zu leisten ist" zum Ausdruck kommt. Auf Kenntnis der Beteiligten oder Erkennbarkeit des Üblichen kommt es nicht an.[237]

c) Kontrolle der Üblichkeit am normativen Maßstab der Redlichkeit. Die hiernach zu bestimmende als geltend praktizierte Übung unterliegt dem normativen Korrektiv der **Red-**

---

[213] Vgl. ausführlich Fromm/Nordemann/*Czychowski* § 32 Rn. 59 ff.
[214] RA-Beschlussempfehlung, BT-Drs. 14/8058, 18.
[215] Loewenheim/*v. Becker* § 29 Rn. 41.
[216] *C. Berger* Rn. 121 ff.
[217] Ausführlich Kromer AfP 2013, 29 (33 f.).
[218] OLG Frankfurt/M. GRUR 2015, 784 Rn. 58; Fromm/Nordemann/*Czychowski* § 32 Rn. 9.
[219] *Erdmann* GRUR 2002, 923 (926).
[220] *Haas* Rn. 147.
[221] Vgl. auch die Auflistung der Orientierungshilfen bei Fromm/Nordemann/*Czychowski* § 32 Rn. 47 ff.
[222] BGH GRUR 2011, 328 – Destructive Emontions zieht die Gemeinsamen Vergütungsregeln belletristischer Autoren auch als Maßstab für die Beurteilung der Vergütung von Übersetzern heran; sa BGH GRUR 2016, 62 (63) – GVR Tageszeitungen I. Ausreichend ist eine vergleichbare Interessenlage.
[223] BGH GRUR 2016, 63 (65) – GVR Tageszeitungen I.
[224] Dreier/Schulze/*Schulze* UrhG § 32 Rn. 53; vgl. BGH GRUR 2002, 602 (604) – Musikfragmente.
[225] Vgl. zu Beispielen Gemeinsamer Vergütungsregelungen und sonstiger, nur als Orientierungshilfe geltender Vertragsmuster und Honorarempfehlungen Dreier/Schulze/*Schulze* UrhG § 32 Rn. 38 ff.; Fromm/Nordemann/ *Czychowski* UrhG § 32 Rn. 59 ff.
[226] S. dazu Wandtke/Bullinger/*Wandtke*/*Grunert* UrhG § 32 Rn. 34; *C. Berger* Rn. 123.
[227] S. dazu *Zentek*/*Meinke* S. 52, 163 ff.
[228] S. dazu *J. B. Nordemann* ZUM 1998, 642; BGH GRUR 2006, 136 (138) – Pressefotos.
[229] *Haupt*/*Flisak* KUR 2003, 41 (42).
[230] S. Bericht des Rechtsausschusses; *Erdmann* GRUR 2002, 923 (926 f.) unter Hinweis auf BGH GRUR 2001, 1139 (1142) – Gesamtvertrag privater Rundfunk.
[231] BGH GRUR 2011, 808 – Aussetzung eines Schlichtungsverfahrens.
[232] *Tölkmitt* FS Bornkamm, 2014, 991 (999); positiver *C. Berger* Rn. 128; zur Vorbildfunktion der US-amerikanischen Guild Agreements in der Film- und Fernsehbranche vgl. *Reber* GRUR-Int 2006, 9 (16); für die grundsätzliche Empfehlung der im eur. Ausland bereits teilweise verwendeten proportionalen Beteiligung der Urheber *Hoeren* FS Wandtke, 2013, 159 (163).
[233] *Haas* Rn. 176.
[234] Wandtke/Bullinger/*Wandtke*/*Grunert* UrhG § 32 Rn. 36 verweisen auf § 242 BGB.
[235] S. hierzu und zum Folgenden die Nachweise im MünchKomBGB/*Busche* § 157 Rn. 16.
[236] *Haas* Rn. 149; Dreyer/*Kotthoff*/Meckel UrhG § 32 Rn. 34.
[237] *Nordemann* S. 83 Rn. 35; *Jani* S. 298 f.

lichkeit am Maßstab des § 11 S. 2.[238] Die Begründung zur RA-Beschlussempfehlung bemerkt hierzu:[239]

> „Der Begriff der Redlichkeit berücksichtigt neben der Interessenlage der Verwerter gleichberechtigt die Interessen der Urheber und ausübenden Künstler. Sofern eine übliche Branchenpraxis feststellbar ist, die nicht der Redlichkeit entspricht, bedarf es einer wertenden Korrektur nach diesem Maßstab."

Beispiel für eine Vergütung, die nicht dem Standard der Redlichkeit entspricht, ist die frühere unzureichende Vergütung der **Übersetzer**.[240] Der BGH[241] hat in den Jahren 2009 und 2011 entschieden, dass für Übersetzer belletristischer Werke grundsätzlich eine Absatzvergütung iHv 2% des Nettoladenverkaufspreises bei Hardcover-Ausgaben und iHv 1% des Nettoladenverkaufspreises bei Taschenbuchausgaben sowie eine hälftige Beteiligung an den Nettoerlösen aus der Einräumung von Nebenrechten als angemessen anzusehen ist; erhalten Übersetzer – wie regelmäßig – das Seitenhonorar als Garantiehonorar, ist die Absatzvergütung im Normalfall für Hardcover-Ausgaben auf 0,8% und für Taschenbuchausgaben auf 0,4% herabzusetzen und jeweils erst ab dem 5000. Exemplar zu zahlen. Besondere Umstände können es als angemessen erscheinen lassen, diese Vergütungssätze zu erhöhen oder zu senken.[242] Ein höheres Seitenhonorar kann eine entsprechende Verringerung der Absatzvergütung rechtfertigen und umgekehrt. Der Ausgleich für die Übernahme des Verwertungsrisikos durch den Werknutzer erfolgt nicht durch eine Anrechnung der Absatzvergütung, sondern durch eine Verminderung des Vergütungssatzes der Absatzbeteiligung.[243] Die Absatzvergütung ist auch für die Zweitverwertung als Taschenbuch, für die regelmäßig kein Garantiehonorar entrichtet wird, erst ab dem 5000. Exemplar zu zahlen, da dem Verlag auch für die Taschenbuchversion erneut Herstellungs- und Vertriebskosten entstehen.[244] Gleiches gilt für Übersetzer von Sachbüchern.[245]

Den Erlösen aus der Einräumung von Nebenrechten an der Übersetzung ist der Übersetzer als Urheber zu beteiligen, soweit bei der Verwertung von seiner Leistung Gebrauch gemacht wird. Während der BGH in der Entscheidung „Talking to Addison" noch von einer hälftigen Teilung der erzielten Nettoerlöse zwischen Verlag und Übersetzer ausging,[246] änderte er seine Rechtsprechung in der Entscheidung „Destructive Emotions" dahingehend, dass dem Übersetzer ein Fünftel der Beteiligung zusteht, die der Autor des fremdsprachigen Werkes für diese Nutzung erhält. Der Erlösanteil, den der Übersetzer erhält, darf allerdings nicht größer sein als der Erlösanteil, den der Verleger verbleibt.[247]

Die **Redlichkeit** ist ein **rechtlich-normatives Kriterium**,[248] das eine (unangemessenen) Übung verbietet[249] und sie unbeachtlich macht.[250] Zur Ermittlung einer redlichen Praxis sind „neben der Interessenlage der Verwerter gleichberechtigt die Interessen der Urheber und ausübenden Künstler" zu berücksichtigen.[251] Die Interessen des Urhebers sind grundsätzlich ausreichend gewahrt, wenn er an jeder wirtschaftlichen Nutzung seines Werkes angemessen beteiligt ist.[252]

---

[238] Wandtke/Bullinger/*Wandtke/Grunert* UrhG § 32 Rn. 36; *Haas* Rn. 178; für den Film- und Fernsehbereich s. ausführlich *Reber* GRUR 2003, 393 ff.; *Reber* GRUR-Int 2006, 9 (11 ff.); sa Loewenheim/*v. Becker* § 29 Rn. 33.

[239] RA-Beschlussempfehlung, BT-Drs. 14/8058, 18.

[240] Vgl. zur Situation vor BGH GRUR 2009, 1148 – Talking to Addison; *Haupt/Flisak* KUR 2003, 41 (45); zur früheren Übung des Einmalhonorars vgl. KG ZUM 2002, 291; sa OLG München ZUM 2003, 684 (686), wonach übliche Übersetzerhonorare häufig in einem groben Missverhältnis zu den Erträgen der Verlage stehen, mwN; s. auch LG Berlin ZUM 2005, 904 (906), mAnm *Beisler* S. 907 f.; LG München ZUM 2007, 228 (230); LG Berlin ZUM 2005, 901; LG München ZUM 2006, 73 m. krit. Anm. von *v. Becker* ZUM 2006, S. 39 ff.; OLG München ZUM 2007, 142.

[241] BGH GRUR 2009, 1148 (1152) – Talking to Addison; bestätigt in BGH GRUR 2011, 328 (331 f.) – Destructive Emotions; vgl. dazu *Jacobs* GRUR 2011, 306.

[242] BGH GRUR 2009, 1148 (1152) – Talking to Addison; bestätigt in BGH GRUR 2011, 328 (332) – Destructive Emotions; kritisch hierzu *Dresen* GRUR-Prax 2009, 4 (7). Im Falle einer Übersetzung, die besonders schwierig war und unter hohem Zeitdruck erstellt werden musste, hielt das LG München I eine Erhöhung der Absatzbeteiligung um 0,1 Prozentpunkte, also um ein Viertel, für angemessen, LG München I ZUM 2015, 587 (593).

[243] BGH GRUR 2009, 1148 (1153) – Talking to Addison; bestätigt in BGH GRUR 2011, 328 (331). – Destructive Emotions.

[244] BGH GRUR 2009, 1148 (1153) – Talking to Addison; best. in BGH GRUR 2011, 328 (332) – Destructive Emotions; aA OLG München ZUM 2010, 805 – Talking to Addison; ZUM 2010, 807; GRUR 2011, 337 (338) – Übersetzervergütung.

[245] BGH ZUM-RD 2010, 16 – Angemessene Vergütung für die Übersetzung von Sachbüchern.

[246] BGH GRUR 2009, 1148 (1153) – Talking to Addison; kritisch *Dresen* GRUR-Prax 2009, 4 (7), im Grundsatz zustimmend *v. Becker* ZUM 2010, 55 (56).

[247] BGH GRUR 2011, 328 (333) – Destructive Emotions; dass auf diese Weise diejenigen Verlage, die ihnen eingeräumte Nutzungsrechte im Wege der Lizenzvergabe verwerten, deutlich höhere Vergütungen an die Übersetzer zahlen müssen, als diejenigen, die entsprechende Rechte selbst auswerten, ist nicht unangemessen, BVerfG GRUR 2014, 169 (174); LG Hamburg ZUM 2015, 587 (593).

[248] *Erdmann* GRUR 2002, 923 (926).

[249] Auf Treu und Glauben als Maßstab für die Redlichkeit verweisen auch Wandtke/Bullinger/*Wandtke/Grunert* UrhG § 32 Rn. 36.

[250] BGH GRUR 2009, 1148 (1150) – Talking to Addison: Übliche Vergütung von 15,34 EUR pro Normseite entspricht nicht der Redlichkeit; im Anschluss daran sah das OLG München eine Vergütung von 17,50 EUR als innerhalb der redlichen Bandbreite an, OLG München ZUM 2011, 866 (868).

[251] BGH GRUR 2009, 1148 (1150) – Talking to Addison; vgl. auch Dreier/Schulze/*Schulze* UrhG § 32 Rn. 50; *Haas* Rn. 150, 152; Berger/Wündisch/*Berger* § 2 Rn. 93.

[252] BGH GRUR 2009, 1148 (1150) – Talking to Addison.

d) Anwendungen. Soweit eine **Branchenübung nicht festgestellt** werden kann, ist die ange- 32
messene Vergütung der Begründung zufolge „**nach billigem Ermessen** festzusetzen".[253] Der Begriff
des „billigen Ermessens" erinnert an die bürgerlich-rechtliche Regelung der Leistungsbestimmung
durch einen Vertragspartner, bei Unbilligkeit durch das Gericht, gemäß § 315 Abs. 3 S. 2 BGB. Auch
diese Generalklausel ist freilich nach heute hM[254] durch eine Interessenabwägung und Wertung auszufüllen, die „Austauschgerechtigkeit im Einzelfall" schaffen soll.[255] Insofern liegt Gleichklang mit
dem Korrektiv der Redlichkeit vor.[256] In der Tat verweist die Begründung auch für den Fall auf die
Billigkeit, dass zwar eine Übung besteht, sie aber nicht der Redlichkeit entspricht.[257] Bei oberflächli-
cher Betrachtung mag die Textstelle den Anschein geben, als gehe es um zwei Kriterien: zum einen
um die Redlichkeit, nach der die Übung zu überprüfen ist und zum anderen um die Billigkeit, die an
die Stelle einer unredlichen oder fehlenden Übung tritt. Andererseits ist drei Sätze vorher in der Begründung davon die Rede, dass bei einer Branchenübung, die nicht der Redlichkeit entspricht, es
„einer wertenden Korrektur **nach diesem Maßstab**" bedarf.[258] Hieraus ist zu folgern, dass der
„Redlichkeitstest" einer bestehenden Übung und die Ausfüllung der Lücke bei fehlender oder unredlicher Übung nach einem einheitlichen Maßstab zu erfolgen hat, wie dies auch der Sache entspricht.[259] In beiden Fällen ist nach einer **Abwägung und Wertung der Interessen** zu entscheiden.
„Redlichkeit" und „Billigkeit" sind zwei Bezeichnungen für ein und dieselbe Generalklausel.[260]

Schon die Begründung zum Regierungsentwurf verweist auf das **Beteiligungsprinzip** als wichti- 33
gen Wertungsfaktor für die Beurteilung der Angemessenheit der Vergütung.[261] Die Begründung zur
RA-Beschlussempfehlung führt diesen Gedanken fort.[262] Nach dem Professorenentwurf sollte der
Beteiligungsgrundsatz sogar ins Gesetz aufgenommen werden; nach dem Beteiligungsprinzip war die
„angemessene Vergütung" im Regelfall zu berechnen.[263] Dass das Beteiligungsprinzip nicht mehr im
Gesetzestext aufscheint, bedeutet kein Votum gegen seine Geltung, sondern im Gegenteil, dass es als
selbstverständliche ungeschriebene Maxime vorausgesetzt wird.[264] Der Beteiligungsgrundsatz setzt die
Urhebervergütung zu dem Ertrag in Beziehung, den der Werknutzer durch die Verwertung des
Werks erzielt, schließlich wird mit jedem verkauften Exemplar die Leistung des Urhebers aufs Neue
wirtschaftlich genutzt.[265] Gemäß § 39 Abs. 1 VGG (früher § 13 Abs. 3 S. 1 WahrnG) sollen Berechnungsgrundlage für die Tarife der Verwertungsgesellschaften regelmäßig die geldwerten Vorteile sein,
die durch die Verwertung erzielt werden.[266] Ebenfalls auf dem Beteiligungsprinzip beruht § 32a.

Entscheidend für die Beteiligung ist der durch die Werkverwertung erzielte **Bruttoerlös**, nicht dagegen der Gewinn.[267] Art. 14 GG gebietet, die vermögenswerten Ergebnisse der Verwertung des
geistigen Eigentums grundsätzlich dem Urheber zuzuordnen.[268] Andererseits erhebt der Werknutzer
Anspruch auf das wirtschaftliche Ergebnis seiner gewerblichen Tätigkeit. In Abwägung beider Positionen ist zu fragen, „welcher Anteil an dem Endprodukt jeweils der Leistung des Werknutzers und welcher dem Beitrag des Urhebers zuzurechnen ist".[269]

Als „Faustregel" kann gelten, dass die Leistung des Urhebers und diejenige des Werkverwerters je- 34
denfalls als gleichgewichtig einzuschätzen sind, so dass eine hälftige Verteilung der Bruttoerträge als
angemessen erscheint.[270] In der Praxis hat freilich das Übergewicht der Verwerterseite dazu geführt,
dass die Urheber eine hälftige Beteiligung am Verwertungsertrag kaum je erreichen können. Hier

---

[253] RA-Beschlussempfehlung, BT-Drs. 14/8058, 18.
[254] S. MünchKomBGB/*Gottwald* § 315 Rn. 31.
[255] MünchKomBGB/*Gottwald* § 315 Rn. 31.
[256] → Rn. 30.
[257] RA-Beschlussempfehlung, BT-Drs. 14/8058, 18.
[258] RA-Beschlussempfehlung, BT-Drs. 14/8058, 18.
[259] Ebenso Loewenheim/*v. Becker* § 29 Rn. 33 Fn. 61; aA Dreyer/*Kotthoff*/Meckel UrhG § 32 Rn. 38.
[260] Im Ergebnis wohl auch *Nordemann* S. 83 Rn. 36.
[261] BT-Drs. 14/8058, 18; s. dazu auch *Nordemann* S. 71; *Reber* GRUR 2003, 393; sa OLG München ZUM 2007,
142 (147); BGH GRUR 2009, 1148 (1150) – Talking to Addison.
[262] BT-Drs. 14/8058, 18.
[263] GRUR 2000, 764 (766).
[264] Seine Bedeutung betont besonders *Andernach* S. 152 ff.
[265] S. BGH GRUR 2011, 328 (330) – Destructive Emotions; *Tolkmitt* FS Bornkamm, 2014, 991 (1001).
[266] S. dazu BGH GRUR 2001, 1139 (1142) – Gesamtvertrag privater Rundfunk.
[267] So ausdrücklich in Bezug auf § 32a UrhG entschieden in BGH GRUR 2012, 1248 (1250) – Fluch der Karibik; BGH GRUR 2012, 496 (499) – Das Boot; sowie KG GRUR-Int 2016, 1072 (1074) – Fluch der Karibik II;
OLG München GRUR-RR 2011, 405 (407) – Pumuckl; ebenso Dreier/Schulze/*Schulze* UrhG § 32 Rn. 55;
Reber GRUR 2003, 393 (396); *Reber* GRUR 2011, 569 (571); aA für § 32a und den Filmbereich *Castendyk* ZUM
2016, 314 (315): „Nettogewinnmodell"; vgl. aber auch *Jacobs* FS Ullmann, 2006, 79 (86 ff.), der betont, dass es sich
bei dem Bruttoerlös um einen „rein fiktiven Parameter" handele, der mit den Bruttoeinnahmen des Urhebers nicht
gleichzusetzen sei, der sich allerdings in der Praxis als nützlich erwiesen habe; für Berücksichtigung der Nettoerlöse;
Möhring/Nicolini/*Soppe* UrhG § 32 Rn. 86; *Jacobs* GRUR 2011, 306 (307 f.).
[268] RegE, BT-Drs. 14/6433, 14.
[269] RegE, BT-Drs. 14/6433, 14.
[270] Vgl. BGH GRUR 2009, 1148 (1153) – Talking to Addison für die hälftige Verteilung des Nettoerlöses aus
den Nebenrechten für Übersetzer; für Beteiligung iHv 20 % an den Nettoerlösen aus Nebenrechten für Übersetzer
dann allerdings BGH GRUR 2011, 328 (333) – Destructive Emotions; ablehnend Dreyer/*Kotthoff*/Meckel UrhG
§ 32 Rn. 40; Möhring/Nicolini/*Soppe* UrhG § 32 Rn. 83. Eingehend zur Verteilung in der Filmbranche *Andernach*
S. 157 ff.

besteht Korrekturbedarf. Insbesondere gilt dies gegenüber der in vielen Verwertungsbereichen als „Richtzahl" fungierenden Marge von **10 % vom Umsatz.**[271] Die Größe von 10 % stammt aus dem Verlagsgewerbe, genauer gesagt aus der Notzeit nach dem 1. Weltkrieg.[272] Die 10 %-Beteiligung am Ladenpreis ist in Wirklichkeit keine allgemein gültige Größe,[273] bei ihrer Übertragung auf andere Verwertungsbereiche werden gravierende Systemfehler begangen. Denn der Ansatz am Ladenpreis bedeutet, dass der Ertrag nachgeordneter Verteilungsstufen zum Ausgangspunkt gemacht wird, die keine urheberrechtlich relevanten Handlungen beinhalten. Rechnet man das Urheberhonorar vom Ertrag des Verlegers, des eigentlichen Werknutzers, so ergeben die 10 % vom Ladenpreis je nach der Höhe des Buchhändlerrabatts einen Honorarsatz von 20 bis 25 %.[274] Von diesem Prozentsatz wäre auszugehen, wenn man die Angemessenheit des Urheberhonorars beurteilt oder Anhaltspunkte für die Vergütungshöhe in anderen Branchen sucht.[275] Zu berücksichtigen wäre dabei auch, dass der Verleger körperliche Werkstücke produziert und vertreibt, die vom Abnehmer im Ladenpreis mit entgolten werden. Wo es an derartigen sächlichen Werten fehlt, wie bei Formen der unkörperlichen Verwertung zB im Internet, ist dies im Sinne einer vergleichsweise höheren Bewertung des Urheberbeitrags zu berücksichtigen.

35 Die **prozentuale Beteiligung** des Urhebers an den Erträgen des Verwerters hat den Vorteil einer **Anpassung an die Ertragsentwicklung** und stellt regelmäßig die gebotene Form der Vergütung dar, da sie das **Beteiligungsprinzip** verwirklicht.[276] Es wird die **Marktlage** berücksichtigt, von der der Verwertungserfolg abhängt. Die Proportionalität der Urhebervergütung zum Ertrag der Werkverwertung kann deshalb wesentlich zur Sicherung der Angemessenheit beitragen. Es kommt dann nur noch auf den Beteiligungsprozentsatz an, der seinerseits flexibel sein kann, etwa mit der Auflagenhöhe angemessen zu steigen hat, um die sich aus der Fixkostendegression ergebenden Vorteile gerecht aufzuteilen.[277] Allerdings hat der BGH[278] entschieden, dass – in Abweichung zu den Vergütungsregeln für Autoren – zugunsten des Übersetzers eine Progression des Beteiligungssatzes bei steigenden Absatzzahlen nicht zwingend geboten ist, da für Absatzsteigerungen die Leistungen des Autors oder des Verwerters, kaum aber jemals die des Übersetzers maßgeblich sind.

Zwar entspricht es dem urheberrechtlichen Beteiligungsgrundsatz in besonderem Maße, wenn die Vergütung des Urhebers mit dem Absatz der Vervielfältigungsstücke verknüpft wird, insbesondere mit Preis und Stückzahl der verkauften Werke.[279] Das heißt freilich nicht, dass § 32 eine Honorierung in **Festbeträgen** in Kombination mit einer Beteiligungsvergütung oder auch in Form eines einmaligen Pauschalhonorars für eine umfassende Einräumung von Nutzungsrechten (**„Buy-Out"**) generell ausschließen würde, wie von Kritikern der Reform befürchtet wurde.[280] Vielmehr kann eine Pauschalvergütung der Redlichkeit entsprechen und angemessen sein, wenn sie eine angemessene Beteiligung des Urhebers am voraussichtlichen Gesamtertrag der Nutzung gewährleistet.[281] Zwar wird dem Beteiligungsgrundsatz am besten durch eine erfolgsabhängige Vergütung entsprochen,[282] doch besteht insbesondere im Bereich von Sammelwerken wie Zeitungen und Zeitschriften regelmäßig kein unmittelbares Verhältnis zwischen dem wirtschaftlichen Erfolg des Sammelwerks und dem Beitrag eines einzelnen Urhebers.[283] Zudem gibt es dort aufgrund der großen Zahl der beteiligten Urheber ein praktisches Bedürfnis nach administrativer Vereinfachung der Honorarabrechnung. Weiterhin kann ein Buy-Out-Honorar durchaus im Interesse des Urhebers liegen, der zum einen rasch seine Ver-

---

[271] Wo 10 % üblich ist, wäre aber 5 % jedenfalls unangemessen, so Wandtke/Bullinger/*Wandtke/Grunert* UrhG § 32 Rn. 67; kritisch zur 10 %-Regel *Schricker* GRUR 2002, 737 (739 ff.).

[272] S. zur Geschichte und Kritik *Schricker* GRUR 2002, 737 ff.; *Andernach* S. 157 f.; Dreier/Schulze/*Schulze* UrhG § 32 Rn. 48; *Haupt/Flisak* KUR 2003, 41 (43), 47. Kritisch zur schweizerischen 10 %-Regel *Marbach/Riva* in Hilty, Die Verwertung von Urheberrechten in Europa, 1995, S. 59 ff.; *Reber* GRUR 2003, 393 (398).

[273] Sa *Hertin* MMR 2003, 16; *Wegner/Wallenfels/Kaboth* S. 39 f., 95 f.; *Homburg/Klarmann* ZUM 2004, 704 ff.

[274] *Schricker* GRUR 2002, 737 (741 f.); *Haberstumpf/Hintermeier* S. 131; *Reber* GRUR 2003, 393 (398).

[275] Sa Dreier/Schulze/*Schulze* UrhG § 32 Rn. 48.

[276] BGH GRUR 2011, 328 (330) – Destructive Emotions; BGH GRUR 2009, 1148 (1151 f.) – Talking to Addison.

[277] BGH GRUR 2009, 1148 (1152) – Talking to Addison; *Tolkmitt* FS Bornkamm, 2014, 991 (1003).

[278] BGH GRUR 2009, 1148 (1152) – Talking to Addison.

[279] OLG München ZUM 2007, 147.

[280] S. dazu umfassend *Jani,* Der Buy-Out-Vertrag im Urheberrecht, S. 39 ff., 277 ff.; s. ferner *Andernach* S. 184 ff.; Dreier/Schulze/*Schulze* UrhG § 32 Rn. 56 ff.; Wandtke/Bullinger/*Wandtke/Grunert* UrhG § 32 Rn. 56 f.; Dreyer/ *Kotthoff*/Meckel UrhG § 32 Rn. 39; Berger/Wündisch/*Berger* § 2 Rn. 103; Loewenheim/*v. Becker* § 29 Rn. 61; *Erdmann* GRUR 2002, 923 (927); *Jacobs* FS Ullmann, 2006, 79 (85); *Hertin* MMR 2003, 16 (17); *Poll* ZUM 2009, 611 (615) für den Filmbereich; kritisch *Reber* GRUR 2003, 393 (394); *Schack* GRUR 2002, 853 (855); ablehnend *Nordemann* S. 78 f., 79 ff.

[281] BGH GRUR 2009, 1148 (1150 f.) – Talking to Addison; BGH GRUR 2012, 1031 (1037) – Honorarbedingungen freie Journalisten; LG Mannheim ZUM 2014, 155 (159) bei Artikeln in freien, werbefinanzierten Online-Magazinen siehe OLG Celle ZUM-RO 2016, 520; Wandtke/Bullinger/*Wandtke/Grunert* UrhG § 32 Rn. 57; Möhring/Nicolini/*Soppe* UrhG § 32 Rn. 88; kritisch *Hoeren* FS Wandtke, 2013, 159 (166), der bei der Einräumung umfassender Nutzungsrechte eine Pauschalvergütung nur für angemessen erachtet, wenn sich der Umfang der Verwendung ex ante abschätzen lässt.

[282] BGH GRUR 2009, 1148 (1150 f.) – Talking to Addison.

[283] BGH GRUR 2009, 1032 (1037) – Honorarbedingungen freie Journalisten; *Tolkmitt* FS Bornkamm, 2014, 991 (1001).

gütung erhält und zum anderem vollkommen vom Risiko der erfolglosen Verwertung freigestellt wird.

Ähnliches gilt im Filmbereich.[284] Bereits in der Begründung zur RA-Beschlussempfehlung wurde davon ausgegangen, dass derartige Vergütungsstrukturen unberührt bleiben, soweit sie üblich und redlich sind; als Beispiele wurden Sammelwerke im Verlagsbereich sowie die Werbewirtschaft genannt.[285] Diese Beispiele zeigen allerdings, dass ein „Buy-Out" nach dem Willen des Gesetzgebers nur für spezielle Fallkonstellationen als redlich angesehen werden kann, während in der Regel eine Beteiligung des Urhebers an der gesamten Werknutzung geboten ist.[286] Demnach ist auch hier eine Interessenabwägung und Wertung am Platze, wobei Verwaltungs- und Kostenfaktoren der Honorierung berücksichtigt werden können, insbesondere bei zahlreichen nur jeweils geringfügig Beteiligten.[287] Wesentlich ist gerade auch bei Einmalbeiträgen die Höhe; dem Urheber dürfen nicht im Rahmen eines Minimalhonorars die Verwertungsrisiken einseitig überbürdet werden, während die positive Entwicklung allein dem Verwerter zugutekommt.[288] Es muss vielmehr sichergestellt sein, dass der Urheber angemessen an dem im Zeitpunkt des Vertragsschlusses zu erwartenden Gesamtertrag der Nutzung beteiligt wird.[289] Der Bemessungsmodus ist bei der Angemessenheitsprüfung mit einzubeziehen. In einem Fall, in dem sich der Verleger sämtliche Nutzungsrechte an der Übersetzung eines Sachbuches räumlich, zeitlich und inhaltlich unbeschränkt einräumen lassen hat, sah der BGH die Vereinbarung einer vom Umfang der Nutzung des Werkes unabhängigen Pauschalvergütung als unangemessen an, weil sie den Urheber nicht ausreichend an den Chancen einer erfolgreichen Verwertung beteiligt.[290]

„Innovativen Vergütungsmodellen" will die RA-Beschlussempfehlung den Weg nicht versperren (vgl. auch § 34 Abs. 2 VGG), soweit dabei das Prinzip der Redlichkeit beachtet wird: **„Quersubventionierungen** und **Mischkalkulationen** bleiben zulässig, wenn hierbei den Interessen der Urheber hinreichend Rechnung getragen wird".[291]

Wie die Begründung zum Regierungsentwurf hervorhebt, gilt das **Beteiligungsprinzip nicht** 36 **absolut:** „Nicht überall wo Einnahmen erzielt werden, ist eine Beteiligung begründbar; aber auch wo keine Einnahmen erzielt werden, kann sich durchaus ein Vergütungsanspruch ergeben".[292] Als Beispiel für die erste Fallgruppe wird der Verlag von Dissertationen oder von Festschriften in kleiner Auflage genannt, der sich angesichts von Kosten und Absatzmöglichkeiten nur honorarfrei oder gar nur mit Hilfe eines Druckkostenzuschusses bewerkstelligen lässt. Die **angemessene Vergütung schrumpft dann auf Null.**[293] Ein Nachforderungsrecht nach § 32a kann jedoch entstehen, wenn sich ein lukrativer Absatz entwickelt.[294] Bei der Vergütung kann in solchen Fällen auch zu berücksichtigen sein, ob und inwieweit der Verfasser die abzuliefernden Pflichtexemplare als Freiexemplare erhält.[295]

Die zweite Fallgruppe ist zB einschlägig, wenn ein Verlag eine Jahresgabe für Geschäftsfreunde herstellt, die unentgeltlich verteilt wird; es besteht kein Grund, dem Verfasser das Honorar vorzuenthalten.[296] Allgemein gilt, dass der Urheber nicht nur dort zu beteiligen ist, wo die Werkverwertung einen Ertrag abwirft; der Urheber hat vielmehr von Verfassungs wegen grundsätzlich **immer einen Vergütungsanspruch, wenn das Werk genutzt wird.**[297]

Nach § 22 Abs. 2 VerlG ist eine „angemessene Vergütung **in Geld** als vereinbart anzusehen", wenn 37 die Höhe der Vergütung nicht bestimmt ist. Die gesetzliche Verweisung auf die Geldzahlung gilt freilich nur bei mangelnder Bestimmung der geschuldeten Vergütung; bestimmt werden kann auch eine nicht in Geld bestehende Vergütung. Die festgesetzte Vergütung kann in jeder vermögenswerten Leistung liegen, insbesondere auch in der Lieferung von Freiexemplaren.[298] Ist die vertraglich bestimmte

---

[284] OLG Köln GRUR-RR 2014, 323 (326) – Alarm für Cobra 11; LG Berlin ZUM 2009, 781; ausdrücklich für die Angemessenheit von Buy-Out-Verträgen: *Poll* ZUM 2009, 611.

[285] RegE S. 14 f.

[286] OLG München ZUM 2007, 308 (313); BGH GRUR 2009, 1148 (1150) – Talking to Addison.

[287] BGH GRUR 2012, 1031 (1037) – Honorarbedingungen freie Journalisten, kritisch *Reber* GRUR 2003, 393 (395 f.).

[288] *Reber* GRUR 2003, 393 (396 f.).

[289] BGH GRUR 2009, 1148 (1150) – Talking to –Addison; BGH GRUR 2012, 1032 (1037) – Honorarbedingungen freie Journalisten.

[290] BGH GRUR 2009, 1148 (1151) – Talking to Addison.

[291] RA-Beschlussempfehlung, BT-Drs. 14/8058, 18 f.; Berger/Wündisch/*Berger* § 2 Rn. 101; Dreier/Schulze/ *Schulze* UrhG § 32 Rn. 58; Möhring/Nicolini/*Soppe* § 32 Rn. 88. Skeptisch *Nordemann* S. 81. Zur Verteidigung der Mischkalkulation aus Verlagssicht s. Loewenheim/*v. Becker* § 29 Rn. 30; für den Filmbereich *Poll* ZUM 2009, 611 (616); BGH GRUR 2009, 1148 (1152) – Talking to Addison; BGH GRUR 2011, 328 (331) – Destructive Emotions.

[292] RegE S. 14 f.

[293] Vgl. Loewenheim/*v. Becker* § 29 Rn. 61 f.; Dreier/Schulze/*Schulze* UrhG § 32 Rn. 20, 61 f.; *Jacobs* FS Ullmann, 2006, 79 (85).

[294] RegE S. 15; vgl. auch *Nordemann* S. 82; *Zentek/Meinke* S. 51.

[295] Zur Frage, ob die Vergütung in Geld zu leisten ist, → Rn. 37.

[296] RegE, BT-Drs. 14/6433, 15.

[297] BVerfG GRUR 1980, 44 (48) – Kirchenmusik.

[298] *Schricker,* Verlagsrecht, § 22 Rn. 6.

Vergütung angemessen, so bleibt es dabei, auch wenn die Vergütung nicht in Geld besteht. Erst bei Unangemessenheit gelangt man zum Geldanspruch des § 22 Abs. 2 VerlG.

In § 32 UrhG wird die angemessene Vergütung nicht als Vergütung in Geld definiert. Da „alle relevanten Umstände" zu berücksichtigen sind,[299] sind – wie im Verlagsrecht – alle relevanten Vermögensvorteile in Rechnung zu stellen, die als eine Gegenleistung für die fragliche Einräumung von Nutzungsrechten oder die Erlaubnis zur Werknutzung zu werten sind.[300] Allerdings wird sich nur ausnahmsweise ein anderer Vergütungsmodus anbieten.[301] Jedenfalls kann der Verwerter nicht auf eine Reduktion der Leistung des Urhebers ausweichen, etwa durch Rückgabe eines Teils der Nutzungsrechte.[302]

38 Bei der Bestimmung der angemessenen Vergütung sind „Art und Umfang der eingeräumten Nutzungsmöglichkeit, insbesondere (...) Dauer und Zeitpunkt der Nutzung, unter Berücksichtigung aller Umstände" in Rechnung zu stellen (§ 32 Abs. 2 S. 2). Die Begründung zum Regierungsentwurf und die RA-Beschlussempfehlung stellen auf **„alle relevanten Umstände"** ab und erwähnen beispielhaft außer den ins Gesetz aufgenommenen Faktoren noch Marktverhältnisse, Investitionen, Risikotragung, Kosten, Zahl der Werkstücke oder öffentlichen Wiedergaben und zu erzielende Einnahmen.[303] Weitere Faktoren wären etwa sachliche Reichweite und Art der Lizenz[304] sowie die Berücksichtigung vorheriger, späterer oder konkurrierender Nutzungen. Denkbar ist auch eine Differenzierung nach der **Schöpfungshöhe des Werkes**.[305] Sie stößt allerdings auf Schwierigkeiten, wenn das Werk zum Zeitpunkt des Vertragsschlusses noch nicht geschaffen ist.[306] Allerdings geht es hier nicht um eine Qualitätsbetrachtung, die darauf hinausläuft zB „gute" wissenschaftliche Lehrbücher von „schlechten" zu unterscheiden, zumal der Markterfolg oft nicht an solchen Qualitäten, sondern am tatsächlichen Nachfrageverhalten ansetzt. Gerade triviale Werke mögen oft zum Markterfolg führen, hochstehende Werke einen Misserfolg verzeichnen. Allerdings kann man durchaus an dem kreativen Gewicht eines Beitrages ansetzen und daher fotografische Werke anders vergüten als Lichtbilder.

39 Wörtlich genommen kann die Verknüpfung der angemessenen Vergütung bereits mit der Einräumung des Nutzungsrechts gewisse Schwierigkeiten machen, insbesondere beim **Absatzhonorar**.

So ist es im Verlagsgewerbe üblich, dass spätestens mit der Manuskriptübergabe das Verlagsrecht eingeräumt wird,[307] eine Vergütung ist aber regelmäßig erst dann zu leisten, wenn Werkexemplare hergestellt und vertrieben werden, wobei das Beteiligungshonorar vom Ladenpreis der abgesetzten Exemplare berechnet wird.[308] Die Vergütung knüpft nach der gängigen Praxis somit an die Vervielfältigung und Verbreitung der Werkexemplare an, nicht bereits an die Einräumung des Nutzungsrechts, sofern nicht ein Vorschusshonorar gewährt wird. Man wird davon ausgehen können, dass diese bewährte, an den Absatz geknüpfte Art der Honorierung in Zukunft nicht ausgeschlossen werden soll, auch wenn der Anspruch auf angemessene Vergütung nach § 32 bereits mit der Einräumung des Nutzungsrechts bzw. der Erlaubnis zur Werknutzung entsteht. Insofern wird zwar die bisherige verlagsrechtliche Rechtslage, nach der der Honoraranspruch nicht zu den wesentlichen Erfordernissen des Verlagsvertrags gehörte,[309] durch das neue Urhebervertragsrecht überlagert.[310] Nicht ausgeschlossen ist aber, dass der Honoraranspruch als Beteiligungsanspruch nach wie vor an den Absatz der Werkexemplare anknüpft und insofern zeitlich hinausgeschoben ist. Die Regelung bedeutet zum einen, dass die Höhe der Vergütung erst durch den Absatz konkretisiert wird, zum anderen, dass die Fälligkeit des Anspruchs erst nach dem Absatz (und Verstreichen der Abrechnungsfrist) eintritt.[311] Während der Professorenentwurf eine eigene **Fälligkeitsregelung** vorsah (§ 32 Abs. 2 S. 2, 3 des Entwurfs), verweist die RA-Beschlussempfehlung auf § 271 BGB und gibt abweichenden vertraglichen Abreden Raum.[312]

40 Ob der Gesamtkomplex einer derartigen Honorarregelung der Angemessenheit entspricht, hängt von allen Umständen ab, wobei insbesondere zu berücksichtigen ist, ob der Verleger zur Vervielfältigung und Verbreitung verpflichtet ist, wie dies dem gesetzlichen Modell des **Verlagsvertrages** ent-

[299] RA-Beschlussempfehlung, BT-Drs. 14/8058, 18.
[300] Sa *C. Berger* Rn. 87, 129.
[301] Generell für Geldanspruch *Haas* Rn. 142.
[302] *Berger/Wündisch/Berger* § 2 Rn. 57.
[303] RegE, BT-Drs. 14/6433, 14; RA-Beschlussempfehlung, BT-Drs. 14/8058, 18; s. zur Auslegung im Einzelnen *Dreier/Schulze/Schulze* UrhG § 32 Rn. 52, 63 ff.; *Nordemann* S. 73 ff.; *C. Berger* Rn. 121 ff., *Berger/Wündisch/Berger* § 2 Rn. 95 ff. Eine Checkliste der relevanten Umstände geben *Haupt/Flisak* KUR 2003, 41 (48); sa *Loewenheim/v. Becker* § 29 Rn. 34 ff.
[304] Zur Bewertung von Nebenrechten s. *D. Berger* ZUM 2003, 521 (525); *Wegner/Wallenfels/Kaboth* S. 40.
[305] OLG München ZUM-RD 2018, 208 (219); *C. Berger* Rn. 130, *Berger/Wündisch/Berger* § 2 Rn. 98, *Ory* AfP 2000, 93 (98) und *Dreyer/Kotthoff/Meckel* UrhG § 32 Rn. 32; ablehnend *Zentek/Meinke* S. 51; *Grabig* S. 182; OLG München ZUM 2007, 308 (314).
[306] Vgl. → Rn. 27.
[307] § 9 Abs. 1 VerlG; s. dazu *Schricker,* Verlagsrecht, § 9 Rn. 1, 5.
[308] Vgl. *Schricker,* Verlagsrecht, § 22 Rn. 7.
[309] Vgl. *Schricker,* Verlagsrecht, § 22 Rn. 1.
[310] S. im Einzelnen *Schricker* FS Nordemann, 2004, 243 ff.
[311] Vgl. *Schricker,* Verlagsrecht, § 23 Rn. 7a.
[312] RA-Beschlussempfehlung, BT-Drs. 14/8058, 19. S. dazu *Nordemann* S. 89; *Haas* Rn. 157; *Loewenheim/v. Becker* § 29 Rn. 147.

spricht.[313] Besteht eine solche Auswertungspflicht nicht, wie beim Bestellvertrag,[314] so wird die Angemessenheit verlangen, dass die Vergütung bereits bei der Einräumung des Nutzungsrechts im Blick auf die ermöglichte Nutzung zu zahlen ist.[315] Unangemessen wäre jedenfalls eine Regelung, die dem Urheber nur ein Absatzhonorar gewährt, den Vertragspartner aber zur Verwertung nicht verpflichtet, so dass offen bleibt, ob der Urheber überhaupt etwas erhält oder ganz leer ausgeht.

Ergibt sich, dass die vereinbarte Vergütung unangemessen ist, so ist der Vertrag nicht nur insoweit **41** zu korrigieren, als dies unter Berücksichtigung der gesamten Beziehungen der Parteien erforderlich ist, um die Unangemessenheit gerade noch zu beseitigen. Vielmehr ist angesichts der urheberfreundlichen Tendenz des Gesetzes eine Abänderung des Vertrages vorzunehmen, die zu einer umfassend angemessenen Vergütung führt. Dies ergibt sich aus Sinn und Zweck des § 32, der darauf abzielt, das fehlende Gleichgewicht der Kräfte zwischen Verwerter und Urheber herzustellen.[316] Anderenfalls würde der Verwerter privilegiert, der keine angemessene Vergütung leistet, da er allenfalls damit rechnen müsste, eine gerade nicht mehr unangemessene Vergütung leisten zu müssen. Der Urheber kann also **innerhalb des Angemessenen ein durchschnittliches Honorar** verlangen.

IV. Zwingender Charakter, Umgehungsschutz und Open Content-Lizenzen ("Linux"-Klausel, Abs. 3)

Nach § 32 Abs. 3 S. 1 UrhG ist der Gesamtkomplex der in § 32 enthaltenen Regelungen – **einsei-** **42** **tig zugunsten des Urhebers – zwingend.** Das Gesetz orientiert sich dabei an Regelungsmodellen des bürgerlichen Rechts mit verbraucherschützendem Charakter.[317] Dadurch wird betont, dass die Rechtfertigung für Vergütungsregeln im Bereich einer strukturellen Ungleichgewichtslage zu Lasten der Urheberseite besteht. Durch die Formulierung wird sichergestellt, dass „der Nutzungsvertrag mit den sonstigen Rechten und Pflichten wirksam bleibt".[318] Die zum Nachteil des Urhebers abweichende vertragliche Vereinbarung ist nicht de lege unwirksam, doch darf sich der Vertragspartner auf die nachteilige Vereinbarung nicht berufen, wenn auf den Vorgang deutsches Recht anwendbar ist (§ 32b). Diese Wirkung schont formal international gebrauchte Vertragsformulierungen außerhalb dieses Anwendungsbereichs. Zum Nachteil des Urhebers kann eine Vereinbarung sein, die eine Vergütung ausschließt, eine unangemessen niedrige Vergütung festsetzt, den Maßstab der zu berücksichtigenden Angemessenheitskriterien verkürzt oder die Wahrnehmung der gesetzlichen Rechte durch den Urheber ausschließt.[319] Spezialgesetzlich geregelt ist seit 2016 der Fall, dass eine Vereinbarung von einer Gemeinsamen Vergütungsregel abweicht (§ 36c). Durch § 32 Abs. 2a wird klargestellt, dass eine Vergütungsregel auch Orientierung bieten kann, wenn sie erst nach dem Vertragsschluss mit dem Urheber zustande gekommen ist.

§ 32 Abs. 3 S. 2 enthält zusätzlich einen **Umgehungsschutz.** Abtretungen seitens des Urhebers an den Verwerter, an diesem nahe stehende Unternehmen oder sonstige Praktiken, wie etwa Verzichte oder konzerninterne Erlösverschiebungen, welche die zwingenden Vorschriften des § 32 Abs. 1, 2 ganz oder teilweise aushöhlen oder entwerten, werden durch § 32 Abs. 3 S. 2 ausgeschlossen.[320] Die Wahrnehmung der Ansprüche des Urhebers durch Verwertungsgesellschaften ist keine Umgehungspraktik zum Schaden des Urhebers.[321] Vorsicht ist gegenüber Erlassverträgen geboten. Auf einen im Voraus vereinbarten Erlass oder auf die Verpflichtung zu einem solchen kann sich der Vertragspartner nicht berufen. Zu akzeptieren ist ein Erlass dagegen, wenn sich die Parteien über den Anspruch auf Zahlung der angemessenen Vergütung einig geworden sind.[322]

Nicht berührt werden von § 32 Abs. 3 S. 2 im Innenverhältnis zwischen dem Verwerter und dessen Vertragspartnern, etwa Lizenznehmern, getroffene Abreden, die für den Anspruch des Urhebers einen internen Ausgleich schaffen.[323] Bei missbräuchlichen Abreden, die darauf abzielen, die Urhebervergütung zu schmälern, kann § 32 Abs. 3 S. 2 eingreifen.[324]

Die so genannte **„Linux-Klausel"** des **§ 32 Abs. 3 S. 3** will Open-Source-Vertriebssystemen, **43** insbesondere von Computersoftware, entgegenkommen, bei denen die Urheber auf die Vergütung verzichten und ihre Werke jedermann zur Nutzung zur Verfügung stellen, beispielsweise unter der General Public License (GPL).[325] In diesen Fällen ist dem Urheber nicht an der durch § 32 Abs. 1

---

[313] Vgl. § 1 S. 2 VerlG; *Schricker,* Verlagsrecht, VerlG § 1 Rn. 7.
[314] Vgl. § 47 Abs. 1 VerlG; *Schricker,* Verlagsrecht, VerlG § 47 Rn. 13.
[315] Vgl. *Schricker,* Verlagsrecht, VerlG § 47 Rn. 20.
[316] OLG München ZUM 2007, 142 (148); Dreyer/*Kotthoff*/Meckel UrhG § 32 Rn. 13.
[317] RA-Beschlussempfehlung, BT-Drs. 14/8058, 19.
[318] RA-Beschlussempfehlung, BT-Drs. 14/8058, 19; s. dazu auch *Nordemann* S. 83 ff. mit Beispielen; *Haas* Rn. 193; *C. Berger* Rn. 109 f.; Dreier/Schulze/*Schulze* UrhG § 32 Rn. 75.
[319] Dreier/Schulze/*Schulze* UrhG § 32 Rn. 75.
[320] *Loewenheim*/v. *Becker* § 29 Rn. 66; Dreier/Schulze/*Schulze* UrhG § 32 Rn. 78 f.; Dreyer/*Kotthoff*/Meckel UrhG § 32 Rn. 46. Vgl. insoweit *Hertin* FS Schwarz, 2017, 57 f.
[321] → Rn. 18.
[322] Berger/Wündisch/*Berger* § 2 Rn. 79; aA Dreier/Schulze/*Schulze* UrhG § 32 Rn. 77.
[323] *Hillig* AfP 2003, 94; *Haas* Rn. 182.
[324] Dreier/Schulze/*Schulze* UrhG § 32 Rn. 17.
[325] Vgl. näher *Jaeger/Metzger,* Open Source Software, Rn. 26 ff.

gewährleisteten angemessenen Vergütung gelegen, grundsätzlich fehlt in solchen Situationen auch die strukturelle Unterlegenheit gegenüber einem Vertragspartner, sofern der Urheber sich selbst für diesen Vertriebsweg entscheidet und der Vertragspartner zu diesem Zeitpunkt nicht einmal feststeht. Daher ist sicherzustellen, dass Softwareentwickler, die ihre Programme einer Open-Source-Lizenz unterstellen, gegen Lizenznehmer nicht nachträglich Vergütungsansprüche stellen können, da sich anderenfalls erhebliche Unsicherheiten für das Vertriebssystem ergäben. Um dies zu vermeiden, schließt § 32 Abs. 3 S. 3 UrhG die Geltendmachung des Anspruchs auf angemessene Vergütung aus, wenn ein unentgeltliches einfaches Nutzungsrecht an jedermann eingeräumt worden ist.[326] Sollte es sich jedoch ergeben, dass es sich beim Vertragspartner des Urhebers nicht um den Nutzer handelt, sondern um einen Verwerter wie zB ein Softwareunternehmen, das den Urheber zwingt zu erklären, jedermann könne das Werk unentgeltlich verwerten, so läge eine Umgehung iSv § 32 Abs. 3 S. 2 vor.

Eine Rolle könnte § 32 Abs. 3 S. 3 auch für Werke spielen, die ins **Internet** eingestellt werden, etwa von Wissenschaftlern in Vollzug des **„Open Access"**-Systems oder im Rahmen einer **Creative Commons-Lizenz.**[327] Die Sicherung des freien Zugangs durch Einstellen ins Internet bedeutet freilich noch nicht, dass unentgeltlich ein einfaches Nutzungsrecht, etwa zur Vervielfältigung und Verbreitung im Sinne des § 32 Abs. 3 S. 3 für jedermann eingeräumt wird.[328] Mangels ausdrücklicher einzelner Bezeichnung bleibt es vielmehr dabei, dass im Zweifel ein Nutzungsrecht nicht eingeräumt wird. Es besteht dann Kopierfreiheit nur nach Maßgabe des § 53, was den Bedürfnissen idR auch genügen wird.

V. Verjährung

44   Hinsichtlich der Verjährung enthält § 32 keine Regelung. § 102 UrhG ist unanwendbar, da die Nichtgewährung der angemessenen Vergütung keine Urheberrechtsverletzung im Sinne des § 97 ist.[329] Es gelten die **allgemeinen Vorschriften der §§ 194 ff. BGB.**[330] Zwischen verschiedenen Ansprüchen ist zu unterscheiden. Zum einen geht es um den Anspruch auf Einwilligung in die Änderung des Vertrags (§ 32 Abs. 1 S. 3), zum anderen um den Anspruch auf die angemessene Vergütung, wenn sie von vornherein vertraglich vereinbart oder durch nachträgliche freiwillige oder im Klageweg erreichte Vertragsänderung festgelegt ist. Auf die angemessene Vergütung kann auch unmittelbar geklagt werden, wenn der Vertrag die Höhe der Vergütung nicht bestimmt (§ 32 Abs. 1 S. 2). Auf den Beginn der Nutzung kommt es nicht an, da Anknüpfungspunkt für den Anspruch die Einräumung von Nutzungsrechten ist.[331] Es handelt sich in jedem Fall um vertragliche Ansprüche, ganz gleich, ob sich die Angemessenheit nach Tarifvertrag, Gemeinsamer Vergütungsregel oder individueller Bestimmung bemisst.

45   Die **Verjährungsfrist** beträgt 3 Jahre (§ 195 BGB). Sie beginnt mit dem Schluss des Jahres, in dem der Anspruch entstanden ist und der Gläubiger von den den Anspruch begründenden Umständen und der Person des Schuldners Kenntnis erlangt oder ohne grobe Fahrlässigkeit erlangen müsste (§ 199 Abs. 1 BGB). Ohne Rücksicht auf die Kenntnis oder grobfahrlässige Unkenntnis verjährt der Anspruch in 10 Jahren von der Entstehung an (§ 199 Abs. 4 BGB). Der Anspruch auf Änderung des Vertrags entsteht mit Vertragsschluss. Umstritten ist, ob der Anspruch aus § 32 nur einmal entsteht, nämlich wenn seit Vertragsschluss und anhand der Umstände erkennbar ist, dass eine unangemessene Vergütung vereinbart wurde,[332] oder ob der Anspruch auch mehrfach entstehen kann.[333] Die Argumentation einer nur einmaligen Entstehung ruht auf der Überlegung, dass der Urheber zusätzlich ergänzende Beteiligung nach § 32a verlangen kann, insoweit also eine kontinuierliche Angemessenheitskontrolle möglich bleibt. Dieses Argument ist aber insoweit nicht überzeugend, weil der Anspruch aus § 32a schärfere Voraussetzungen als der aus § 32 hat („auffälliges Missverhältnis"). Es spricht daher mehr dafür, eine fortlaufende Angemessenheitskontrolle auch über § 32 zu ermöglichen, den Anspruch also neu entstehen zu lassen, wenn sich die Branchenübungen und die Verwerterpraktiken dahingehend ändern, dass die Unangemessenheit der Ausgangsvergütung sich erst später oder später erneut zeigt. Ergibt sich der Anspruch auf angemessene Vergütung erst aus der Änderung des Vertrags, entsteht der Anspruch nicht, bevor diese erfolgt ist. Soweit der Anspruch von der Unangemessenheit der Vergütung abhängt, ist die Kenntnis bzw. grobfahrlässige Unkenntnis auf die zugrunde liegenden Umstände zu beziehen.[334]

---

[326] *Jaeger/Metzger,* Open Source Software, Rn. 135 f.
[327] Vgl. hierzu *Dreier* FS Schricker, 2005, 283.
[328] Vgl. BGH GRUR 2010, 628 (629 ff.) – Vorschaubilder; sa Dreier/Schulze/*Schulze* UrhG § 32 Rn. 81.
[329] AA Wandtke/Bullinger/*Wandtke/Grunert* UrhG § 32 Rn. 21.
[330] LG Hamburg ZUM 2015, 587 (590 f.); Berger/Wündisch/*Berger* § 2 Rn. 65.
[331] So. LG Nürnberg-Fürth ZUM 2014, 907 (915); gebilligt von OLG Nürnberg ZUM 2015, 515 (519); Dreier/Schulze/*Schulze* UrhG § 32 Rn. 90; *Struppler* ZUM 2014, 867 (875 f.).
[332] So BGH GRUR 2016, 1291 Rn. 24 – Geburtstagskarawane; OLG Schleswig WRP 2014, 1331 Rn. 43–60 – Geburtstagszug II; LG Düsseldorf ZUM-RD 2017, 404 (411); Loewenheim/*v. Becker* § 29 Rn. 153; *v. Becker/ Wegner* ZUM 2005, 695 (701); *Eichelberger* WRP 2017, 127 (129); wohl auch *Grünberger* ZUM 2017, 361 (378).
[333] → Rn. 14.
[334] Insbesondere Üblichkeit, Redlichkeit, Existenz einer tarifvertraglichen Bestimmung oder gemeinsamen Vergütungsregel; auf die Kenntnis der exakten gesetzlich angemessenen Vergütung für Übersetzer, wie sie der BGH im

VI. Rechtsdurchsetzung

Der Anspruch auf Vertragsanpassung ist im Wege der Individualklage durch den einzelnen Urheber **46** geltend zu machen.[335] Zur Vorbereitung der Ansprüche nach § 32 Abs. 1 S. 2 und 3 kann nach allgemeinen Regeln auf **Auskunft und Rechnungslegung** geklagt werden,[336] insbesondere im Wege der Stufenklage.[337] Ein Auskunftsanspruch ist insbesondere erforderlich, wenn ein Absatzhonorar vereinbart ist oder wenn sich Gemeinsame Vergütungsregelungen am Absatz des Werkes orientieren. Auskunft über die Verwertung seines Werkes benötigt der Urheber aber auch im Falle eines Pauschalhonorars, da auch dann ein Anspruch auf angemessene Vergütung besteht und der Urheber die Voraussetzungen dieses Anspruchs prüfen können muss.[338] Der Auskunftsanspruch ergibt sich regelmäßig als Nebenpflicht aus dem Nutzungsvertrag,[339] seit 2016 auch als gesetzlicher Anspruch aus § 32d, anderenfalls (insbesondere in den Fällen des § 32d Abs. 2) aus § 242.[340] Der Auskunftsanspruch besteht, soweit nachprüfbare Tatsachen **klare Anhaltspunkte** für das Bestehen eines Anspruchs aus § 32 liefern.[341] Über den Auskunftsanspruch kann bei einer Stufenklage durch Teilurteil entschieden werden.[342] Bei rechtzeitigem Vortrag und schützenswerten Interessen des Verwerters kann ein **Wirtschaftsprüfervorbehalt** in Betracht kommen.[343]

Mit dem Anspruch auf Vertragsanpassung gem. § 32 Abs. 1 S. 3[344] kann bereits der **Anspruch auf Zahlung der Differenz verbunden** werden.[345] Es bedarf also keiner vorgeschalteten isolierten Klage auf Einwilligung in eine Vertragsänderung.[346] Ggf. muss zunächst ein Teilurteil zur Vertragsanpassung ergehen[347] oder die vorläufige Vollstreckbarkeit des Zahlungstitels muss entfallen, weil der Vertrag vor Rechtskraft noch nicht wirksam angepasst worden ist.[348] Problematisch ist die Frage, ob der Anspruch aus § 32 (ebenso wie der aus § 32a) während des Verzugs zu verzinsen ist. Soweit es um einen Vertragsanpassungsanspruch geht, wäre dies zweifelhaft, weil nur Geldansprüche zu verzinsen sind (§ 288 Abs. 1 S. 1 BGB).[349] Soweit die Gerichte allerdings richtigerweise davon ausgehen, dass der Anpassungs- mit einem Leistungsanspruch verbunden werden kann, ist diese Folge nicht selbstverständlich. Daher ist jedenfalls in Höhe des berechtigten Leistungsbegehrens auch Verzinsung geschuldet.

Das Begehren muss bereits im Klageantrag **ziffernmäßig bestimmt** werden. Dafür genügt es, dass in der Klage eine **Größenordnung angegeben** wird.[350] Soweit der Kläger im Wege der Stufenklage vorgeht, kann er sich die Angabe des Erhöhungsbetrags, den er der Größenordnung nach zu benennen hat, bis zur Erteilung der Auskunft vorbehalten.[351]

Für die **Verwirkung** des Anspruchs aus § 32 UrhG verbleibt wenig Raum. Insbesondere das Argument, der Urheber habe sich in Kenntnis der Unangemessenheit seiner Vergütung auf den Vertrag eingelassen, kann nicht verfangen. Bereits die Existenz des § 32 UrhG trägt der Tatsache Rechnung, dass der Urheber häufig in seinem Entscheidungsspielraum eingeschränkt ist.[352] Angesichts der Rückwirkung[353] des Anspruchs nach § 32 Abs. 1 S. 3 kann der Kläger **neben dem Anspruch auf Ver-**

Jahr 2009 ausgeurteilt hat, kommt es dagegen nicht an, LG Hamburg ZUM 2015, 587 (591); vgl. auch Wandtke/Bullinger/*Wandtke*/*Grunert* UrhG § 32 Rn. 21; *Nordemann* S. 92 f.; Loewenheim/*v. Becker* § 29 Rn. 150 ff.; Dreier/Schulze/*Schulze* UrhG § 32 Rn. 89 f.

[335] *Hoeren* FS Wandtke, 2013, 159 (185) regt wegen der hiermit verbundenen Gefahr negativer Konsequenzen für Folgeverträge die ausdrückliche Normierung einer Aktivlegitimation von Vereinigungen von Urhebern in Anlehnung an die Vorschriften des § 8 Abs. 3 Nr. 2 UWG bzw., § 3 Abs. 1 S. 1 Nr. 2 UKlaG an.

[336] Vgl. zum Auskunftsanspruch auch die Ausführungen unter → § 32a Rn. 26.

[337] Wandtke/Bullinger/*Wandtke*/*Grunert* UrhG § 32 Rn. 20; Berger/Wündisch/*Berger* § 2 Rn. 71 f.; Dreier/Schulze/*Schulze* UrhG § 32 Rn. 87; Dreyer/*Kotthoff*/Meckel UrhG § 32 Rn. 10; Loewenheim/*v. Becker* § 29 Rn. 161 ff.: s. LG Berlin ZUM 2009, 781.

[338] Dreier/Schulze/*Schulze* UrhG § 32 Rn. 85.

[339] Vgl. RA-Beschlussempfehlung, BT-Drs. 14/8058, 18.

[340] So für § 32a BGH GRUR 2012, 496 – Das Boot; vgl. Berger/Wündisch/*Berger* § 2 Rn. 71.

[341] KG ZUM 2010, 346 (347); vgl. zum Anspruch aus § 32a BGH GRUR 2012, 496 (497) – Das Boot; Fromm/Nordemann/*Czychowski* UrhG § 32 Rn. 129.

[342] KG ZUM 2010, 346; OLG München ZUM 2007, 142 (146).

[343] So für § 32a BGH GRUR 2012, 496 (504) – Das Boot; BGH ZUM 2015, 53 (53); OLG Köln GRUR-RR 2014, 323 (328) – Alarm für Cobra 11; ebenso Fromm/Nordemann/*Czychowski* UrhG § 32 Rn. 148.

[344] Durchsetzung nach § 894 ZPO, Berger/Wündisch/*Berger* § 2 Rn. 61.

[345] Fromm/Nordemann/*Czychowski* UrhG § 32 Rn. 126; Berger/Wündisch/*Berger* § 2 Rn. 73; Wandtke/Bullinger/*Wandtke*/*Grunert* UrhG § 32 Rn. 18; *Haas* Rn. 190; *Erdmann* GRUR 2002, 923 (925); Dreyer/*Kotthoff*/Meckel UrhG § 32 Rn. 11; OLG München ZUM 2007, 142 (146); LG Hamburg ZUM 2008, 603 (608).

[346] LG Mannheim ZUM 2014, 155 (157)(nrkr) mwN; *Tolkmitt* FS Bornkamm, 2014, 991 (994).

[347] LG München ZUM 2006, 73 (79).

[348] Dreier/Schulze/*Schulze* UrhG § 32 Rn. 87.

[349] Ablehnend daher OLG Stuttgart ZUM-RD 2019, 20 – Das Boot.

[350] Berger/Wündisch/*Berger* § 2 Rn. 74; LG Stuttgart ZUM 2008, 163; aA OLG München ZUM 2007, 308 (315) sowie ZUM 2007, 142 (148), wonach die Bestimmung der Angemessenheit in das Ermessen des Gerichts gelegt werden kann und dieses nach freier Überzeugung die angemessene Höhe schätzt und unter Würdigung aller Umstände entscheidet.

[351] Berger/Wündisch/*Berger* § 2 Rn. 72.

[352] Vgl. Fromm/Nordemann/*Czychowski* UrhG § 32 Rn. 24.

[353] → Rn. 27.

tragsänderung für die Zukunft gleichzeitig Zahlung der erhöhten Vergütung für die Vergangenheit geltend machen.[354]

Entsprechend den allgemeinen Regeln zur **Beweislast** trägt der Urheber die Beweislast für die Unangemessenheit der vereinbarten Vergütung sowie dafür, welche Vergütung angemessen wäre.[355] Ggf. muss ein Sachverständigengutachten eingeholt werden.[356]

§ 32a Weitere Beteiligung des Urhebers

(1) [1]Hat der Urheber einem anderen ein Nutzungsrecht zu Bedingungen eingeräumt, die dazu führen, dass die vereinbarte Gegenleistung unter Berücksichtigung der gesamten Beziehungen des Urhebers zu dem anderen in einem auffälligen Missverhältnis zu den Erträgen und Vorteilen aus der Nutzung des Werkes steht, so ist der andere auf Verlangen des Urhebers verpflichtet, in eine Änderung des Vertrages einzuwilligen, durch die dem Urheber eine den Umständen nach weitere angemessene Beteiligung gewährt wird. [2]Ob die Vertragspartner die Höhe der erzielten Erträge oder Vorteile vorhergesehen haben oder hätten vorhersehen können, ist unerheblich.

(2) [1]Hat der andere das Nutzungsrecht übertragen oder weitere Nutzungsrechte eingeräumt und ergibt sich das auffällige Missverhältnis aus den Erträgnissen oder Vorteilen eines Dritten, so haftet dieser dem Urheber unmittelbar nach Maßgabe des Absatzes 1 unter Berücksichtigung der vertraglichen Beziehungen in der Lizenzkette. [2]Die Haftung des anderen entfällt.

(3) [1]Auf die Ansprüche nach den Absätzen 1 und 2 kann im Voraus nicht verzichtet werden. [2]Die Anwartschaft hierauf unterliegt nicht der Zwangsvollstreckung; eine Verfügung über die Anwartschaft ist unwirksam. [3]Der Urheber kann aber unentgeltlich ein einfaches Nutzungsrecht für jedermann einräumen.

(4) [1]Der Urheber hat keinen Anspruch nach Absatz 1, soweit die Vergütung nach einer gemeinsamen Vergütungsregel (§ 36) oder tarifvertraglich bestimmt worden ist und ausdrücklich eine weitere angemessene Beteiligung für den Fall des Absatzes 1 vorsieht. [2]§ 32 Absatz 2a ist entsprechend anzuwenden.

Schrifttum: S. die Schrifttumsnachweise zu § 32.

Übersicht

I. Allgemeines

1. Altes und neues Recht

1 Der durch das **Urhebervertragsgesetz von 2002** geschaffene § 32a bildet eine **Weiterentwicklung des alten Bestsellerparagraphen** § 36 aF.[1] Wie Letzterer hat § 32a die Aufgabe, einen **„Fairnessausgleich ex post"** zu gewährleisten, was nach der alten Regelung nur unzureichend gelungen war. Die Maßstäbe von altem und neuem Recht differieren: Früher wurde ein „grobes

---

[354] Berger/Wündisch/*Berger* § 2 Rn. 72; Loewenheim/*v. Becker* § 29 Rn. 159.
[355] LG Berlin ZUM 2005, 904 (906); OLG München ZUM 2007, 308 (313); Möhring/Nicolini/*Soppe* UrhG § 32 Rn. 108; → Rn. 27.
[356] BGH GRUR 2006, 136 (138) – Pressefotos.
[1] Zu dessen Kommentierung s. die 2. Aufl.; zu Entwicklungstendenzen bei § 36 aF → 3. Aufl. 2006, Rn. 7.

Missverhältnis" und Unerwartetheit verlangt,[2] nunmehr genügt ein „auffälliges Missverhältnis" und es ist unerheblich, ob die Erträge oder Vorteile vorhergesehen wurden oder vorhersehbar waren, § 32a Abs. 1 S. 2. Der Anspruch kann sowohl gegenüber Vertragspartnern (Abs. 1) als auch gegenüber Dritten geltend gemacht werden, denen Nutzungsrechte eingeräumt worden sind (Abs. 2). Damit können auch solche Verwerter Schuldner des Anspruchs sein, mit denen der Urheber keinen Vertrag geschlossen hat. Die Grundstruktur des § 36 Abs. 1 aF ist beibehalten worden.[3] Soweit nicht eine Änderung beabsichtigt ist, kann auf die zur Auslegung des § 36 aF entwickelten Grundsätze zurückgegriffen werden.[4]

Im Übrigen behält § 36 aF unter bestimmten Voraussetzungen seine Anwendbarkeit für **Altverträ-** **2** **ge:** Nach § 132 Abs. 3 S. 1 ist auf Verträge und Sachverhalte, die vor dem 1.7.2002 geschlossen wurden oder entstanden sind, grundsätzlich weiter die am 28.3.2002 geltende Fassung des UrhG anzuwenden (Fassung vom 1.1.1966). Gemäß § 132 Abs. 3 S. 2 findet § 32a auf Sachverhalte Anwendung, die nach dem 28.3.2002 entstanden sind. Relevante Sachverhalte im letzteren Sinne sind die faktischen Voraussetzungen für das „auffällige Missverhältnis" des § 32a Abs. 1, also insbesondere die „Erträge und Vorteile aus der Nutzung des Werks".[5] Tritt das Missverhältnis nach dem 28.3.2002, dem Tag der Verkündung des Urhebervertragsgesetzes im Bundesgesetzblatt ein, ist somit neues Recht anzuwenden, ganz gleich, ob es sich um einen Alt- oder Neuvertrag handelt.[6] Eine vor dem Stichtag gewährte Vergütung ist hinsichtlich der Frage, ob ein auffälliges Missverhältnis nach dem Stichtag eingetreten ist, zu berücksichtigen.[7] Bei einem vor dem 28.3.2002 eingetretenen Missverhältnis – dabei wird es sich um Altverträge handeln – ist nur bis zum Inkrafttreten des neuen Gesetzes altes Recht anzuwenden.[8] Hat das Missverhältnis vor dem 28.3.2002 bestanden und besteht es über den 28.2.2002 hinaus fort, so ist § 32a anwendbar.[9] Wie § 32a auf ein altes Nutzungsverhältnis bei bis in die Gegenwart getätigter Nutzungen anwendbar ist, zeigt *G. Schulze* in Bezug auf den Silvester-Klassiker „Dinner for One".[10]

Die Anwendung des § 32a auf Altverträge bezeichnet die Gesetzesbegründung als **„unechte** **3** **Rückwirkung".**[11] Sie ist grundsätzlich zulässig,[12] weil das Nutzungsverhältnis während der Dauer des eingeräumten Urheberrechts andauert, also in der Vergangenheit begründete, aber noch andauernde Rechtsverhältnisse für die Zukunft abändert. Abgeschlossen ist nur der formale Akt des Vertragsschlusses. Ein Vertrauen in den Fortbestand eines Vertrages, aufgrund dessen auch zukünftig nur unangemessen niedrige Beteiligungen trotz wirtschaftlicher Erfolge geschuldet werden, ist angesichts des Beteiligungsgrundsatzes jedenfalls nicht schutzwürdig. Es fragt sich, wie weit die Rückwirkung reicht. Nach dem 28.3.2002 entstandenen relevanten Sachverhalten unterliegen, jedenfalls Verträge, die zwischen dem 1.1.1966 (Inkrafttreten des UrhG von 1965) und dem 1.7.2002 geschlossen wurden, der Korrektur nach § 32a UrhG; § 36 aF wird insoweit verdrängt. Die RA-Beschlussempfehlung besagt darüber hinaus, dass der Fairnessausgleich „zeitlich unbegrenzt für alle Altverträge gilt", dh auch für vor dem 1.1.1966 geschlossene Verträge,[13] obgleich § 36 aF nach § 132 Abs. 1 S. 1 auf diese nicht anwendbar war.[14] Erforderlich ist für die Anwendung des § 32a somit nur, dass der für § 32a relevante Sachverhalt erst nach dem 28.3.2002 entstanden ist;[15] auf den Zeitpunkt des Vertragsschlusses kommt es nicht an (natürlich muss das Werk zum Zeitpunkt der fraglichen Nutzung noch geschützt sein und verwertet werden).

Bei der Verwertung eines **Werkes der angewandten Kunst,** das einem Designschutz zugänglich ist und das die Durchschnittsgestaltung nicht deutlich überragt, ist der Anspruch aus § 32a nicht für Verwertungshandlungen begründet, die vor dem Inkrafttreten des Geschmacksmusterreformgesetzes am 1.6.2004 vorgenommen wurden.[16]

Bei Verträgen **ausübender Künstler** ist zu beachten, dass § 36 aF auf sie nicht anwendbar war. Gemäß § 79 Abs. 2 S. 2a gilt für sie ab 1.7.2002 der neue § 32a (§ 132 Abs. 3 S. 1). Altverträge führen freilich nur zu einer Korrektur, soweit die relevanten Missverhältnis-Sachverhalte erst nach dem

---

[2] → 2. Aufl. 1999, § 36 Rn. 12.
[3] S. zum Ganzen die RA-Beschlussempfehlung, S. 19.
[4] BGH GRUR 2012, 1248 (1251) – Fluch der Karibik; RA-Beschlussempfehlung, S. 19; Wandtke/Bullinger/ *Wandtke/Grunert* UrhG § 32a Rn. 1; *C. Berger* Rn. 249; Berger/Wündisch/*Berger* § 2 Rn. 222; Dreier/Schulze/ *Schulze* UrhG § 32a Rn. 6.
[5] BGH GRUR 2012, 496 Rn. 55 – Das Boot; *Haas* Nr. 499; auch → § 132 Rn. 15.
[6] Wandtke/Bullinger/*Wandtke/Grunert* UrhG § 32a Rn. 41; Loewenheim/*v. Becker* § 29 Rn. 134; Dreier/ Schulze/*Schulze* UrhG § 32a Rn. 1, 11, 38; OLG Naumburg ZUM 2009, 759 (760 f.).
[7] BGH GRUR 2012, 496 (501 f.) – Das Boot; OLG Nürnberg ZUM 2015, 515 (520); OLG Köln GRUR-RR 2014, 323 (324 f.) – Alarm für Cobra 11.
[8] S. OLG Hamm GRUR-RR 2008, 154 (156).
[9] Dreier/Schulze/*Schulze* § 32a Rn. 11.
[10] *Schulze* FS Nordemann, 2004, 251 ff.
[11] RA-Beschlussempfehlung S. 22.
[12] Vgl. BVerfG NVwZ 2017, 702 Rn. 20, 23.
[13] RA-Beschlussempfehlung S. 22; Wandtke/Bullinger/*Wandtke/Grunert* UrhG § 32a Rn. 41; Dreier/Schulze/ *Schulze* UrhG § 32a Rn. 11.
[14] S. zur Problematik auch → § 132 Rn. 14.
[15] So auch OLG Naumburg GRUR-RR 2006, 82 (83).
[16] BGH GRUR 2014, 175 (179) – Geburtstagszug.

28.3.2002 entstanden sind (§ 132 Abs. 3 S. 2). Die folgende Kommentierung beschränkt sich im Wesentlichen auf die Ansprüche der Urheber, gilt aber grundsätzlich auch für die ausübenden Künstler. Wegen der Besonderheiten des Rechts der ausübenden Künstler sei auf die Erläuterungen zu § 79 verwiesen.

Die Einzelheiten des intertemporalen Rechts werden in der Kommentierung von § 132 Abs. 3 behandelt.

Was die Erläuterung von § 36 aF betrifft, so ist die 2. Aufl. heranzuziehen. Wegen der geänderten Verjährungsregelung → Rn. 39.

2. Entstehungsgeschichte des § 32a[17]

4   Nach dem **„Professorenentwurf"**[18] und dem **Regierungsentwurf**[19] knüpfte der vorgesehene einheitliche gesetzliche Anspruch auf angemessene Vergütung an die jeweilige Nutzung des Werkes an; der Bestsellerparagraph war deshalb entbehrlich.[20] Unter dem Eindruck der Kritik von Verwerterseite kehrte die RA-Beschlussempfehlung[21] dann jedoch zu dem Schema der Vertragskorrektur zurück. Diese wurde in zwei Spielarten vorgesehen: Zum einen als anfängliche Angemessenheitskontrolle zum Zeitpunkt des Vertragsschlusses in § 32 und zum anderen als nachträgliche Missverhältniskontrolle im Laufe der Nutzung des Werkes in § 32a. Die nachträgliche Kontrolle richtete sich nach dem Vorbild des alten § 36; die schwer handhabbare Vorschrift sollte jedoch griffiger ausgestaltet, die Eingriffsschwelle deutlich herabgesetzt werden.[22] Einer ausdrücklichen Regelung wurde dabei auch die bisher der Interpretation in der Lehre[23] überlassene Frage der Dritthaftung zugeführt (§ 32a Abs. 2). Mit der **Urhebervertragsrechtsnovelle 2016** (→ Vor §§ 31 ff. Rn. 14c) wurde die Norm selbst nur geringfügig geändert durch Einfügung des **Abs. 4 S. 2,** der die Relevanz von Gemeinsamen Vergütungsregeln durch Verweisung auf **§ 32 Abs. 2a** auch auf Verträge erstreckt, die vor Geltung der Vergütungsregeln geschlossen wurden. Damit ist endgültig klargestellt, was auch vorher unbestritten war: Gemeinsame Vergütungsregeln können auch Regeln für eine angemessene weitere Beteiligung im Sinne eines Fairnessausgleichs treffen. Sie tun dies bereits dadurch, dass der Fairnessausgleich an die Angemessenheit einer Vergütung nach § 32 anknüpft. Sofern ein Fairnessausgleich in Gemeinsamen Vergütungsregeln vorgesehen ist, hat er eine orientierende Funktion auch für vergleichbare Sachverhalte, für welche die Vergütungsregel nicht unmittelbar gilt (→ § 32 Rn. 24a). Hinzu kommt, dass der **gesetzliche Auskunftsanspruch** nach § 32d durch die Einführung eines flankierenden **§ 32e** auch auf die Lizenzkette erstreckt wird.

3. Unionsrechtliche Grundlage

4a   Im Recht der Europäischen Union erhält der Fairnessausgleich eine Grundlage durch **Art. 20 DSM-RL** (→ § 32 Rn. 4a).[24]

(1) Bestehen keine anwendbaren Kollektivvereinbarungen, die einen Mechanismus vorsehen, der dem in diesem Artikel festgelegten vergleichbar ist, so gewährleisten die Mitgliedstaaten, dass Urheber und ausübende Künstler oder ihre Vertreter das Recht haben, eine zusätzliche, angemessene und faire Vergütung von der Partei, mit der sie einen Vertrag über die Verwertung ihrer Rechte geschlossen haben, oder von den Rechtsnachfolgern einer solchen Partei zu verlangen, wenn sich die ursprünglich vereinbarte Vergütung im Vergleich zu sämtlichen späteren einschlägigen Einnahmen aus der Verwertung der Werke oder Darbietungen als unverhältnismäßig niedrig erweist.

(2) Absatz 1 des vorliegenden Artikels findet keine Anwendung auf Vereinbarungen, die von Organisationen im Sinne von Artikel 3 Buchstabe a und b der Richtlinie 2014/26/EU oder sonstigen Einrichtungen, die bereits den nationalen Vorschriften zur Umsetzung jener Richtlinie unterliegen, geschlossen wurden.

Der **Anspruch richtet sich gegen Vertragspartner und** deren **„Rechtsnachfolger",** nicht aber gegen Verwertungsgesellschaften. Er gilt nicht für Computerprogramme (Art. 23 Abs. 2 DSM-RL; anders bisher § 69a Abs. 5, der § 32a nicht erwähnt[25]). Das deutsche Recht sieht mit § 32a einen vergleichbaren „Bestseller"-Anspruch vor. Er richtet sich sowohl gegen den Erstverwerter als auch gegen dessen Lizenznehmer in der Verwertungskette. Wenn das Unionsrecht den „Rechtsnachfolger" einbezieht, könnten damit begrifflich auch Lizenznehmer erfasst werden. Da es um die Erfassung der Mehrerlöse in der Lizenzkette geht, wäre ein solches Verständnis auch sachlich angemessen. Allerdings differenziert Art. 19 DSM-RL zwischen Rechtsnachfolgern und Unterlizenznehmern, sodass die genaue Auslegung unklar bleibt. § 32a ist jedenfalls richtlinienkonform, wenn er den Vertragspartner

---

[17] S. dazu *Haas* Nr. 276 ff.
[18] GRUR 2000, 765 ff.
[19] BT-Drs. 14/6433 iVm 14/7564.
[20] Begründung zum RegE S. 14.
[21] BT-Drs. 14/8058.
[22] RA-Beschlussempfehlung S. 19.
[23] → 2. Aufl. 1999, § 36 Rn. 8.
[24] Richtlinie (EU) 2019/790 vom 17.4.2019 über das Urheberrecht und die verwandten Schutzrechte im digitalen Binnenmarkt und zur Änderung der Richtlinien 96/9/EG und 2001/29/EG, ABl. L 130/92. Zum Entwurf *Czychowski* FS Schulze, 2017, S. 235; *Ory* AfP 2017, 14 (18); *Lucas-Schloetter* GRUR-Int 2018, 430 (431), zur Umsetzung *Schulze* GRUR 2019, 682; *Peifer* ZUM 2019, 648.
[25] *Schulze* GRUR 2019, 682 (685).

einbezieht. Da die Richtlinie im Übrigen Mindestharmonisierung betreibt, ist der weitergehende Regelungsgehalt nicht richtlinienwidrig. Die Ausnahme zugunsten der Verwertungsgesellschaften gehört systematisch in das VGG, allerdings empfiehlt sich durchaus ein Hinweis in § 32a neu darauf, dass Verwertungsgesellschaften als Treuhänder von den Ansprüchen aus §§ 32, 32a ausgenommen sind. Ergänzt wird Art. 20 DSM-RL durch den im Richtlinienvorschlag noch fehlenden, aber notwendigen Art. 18 DSM-RL, der erst die Grundlage für die Bemessung der Angemessenheit bietet. Damit wird betont, dass Urheber stets eine angemessene Vergütung verlangen können, und zwar unabhängig von einem späteren besonderen Erfolg und insbesondere nicht nur dann, wenn die vereinbarte Vergütung unverhältnismäßig niedrig ist. Anspruchsberechtigt sind **Urheber und ausübende Künstler,** letzteres folgt im deutschen Recht aus § 79 Abs. 2a. Inhaltlich bezweckt Art. 20 DSM-RL die Korrektur des Ungleichgewichts zwischen ursprünglich vereinbarter Vergütung und den tatsächlich erzielten „Einnahmen" aus der Verwertung. Das entspricht § 32a, der auf das **Missverhältnis zwischen** vereinbarter **Gegenleistung** sowie „Erträgen und Vorteilen" aus der Werknutzung abstellt. Die in § 32a erwähnten „Vorteile" gehen über den Begriff der **„Einnahmen"** (engl. „revenues", frz. „revenus", it. „remunerazione") hinaus, denn sie erfassen auch den Nutzen, der etwa aus der Verwendung des Werkes als Aufmerksamkeitsfänger oder dem Einsatz gebührenfinanzierter Rundfunknutzung resultiert. Das deutsche Recht kommt daher stärker an die Bezugsgrundlage der Vergütung, nämlich den „wirtschaftlichen Wert der Rechte" (Erwägungsgrund Nr. 73) heran und ist insoweit richtlinienkonform. Der Beteiligungsanspruch stellt – anders als Art. 18 DSM-RL – nicht auf eine ausschließliche Rechteeinräumung ab und entspricht insoweit dem § 32a.[26] Die Richtlinienbestimmung formuliert einen Anspruch auf angemessene (weitere) Vergütung, das deutsche Recht sollte daher seine bisherige Formulierung, die von einer Einwilligung in eine Vertragsänderung spricht, anpassen und gleichfalls klarstellen, dass der betroffene Anspruchsteller unmittelbar auf Zahlung klagen kann. Art. 20 DSM-RL ist gem. Art. 23 Abs. 1 DSM-RL **einseitig zwingend,** sodass § 32a Abs. 3 nicht verändert werden muss. Die Ausnahmebestimmung, die § 32a Abs. 3 S. 2 für Creative Commons-Lizenzen vorsieht, ist durch Erwägungsgrund 74, 82 der DSM-RL gedeckt.[27]

Die Überschrift zu Art. 20 lautet „Vertragsanpassungsmechanismus". Es geht mithin um vertragliche Ansprüche. Ein **kollektives Verhandlungsverfahren** sieht die Regelung nicht vor, sie schließt es aber auch nicht aus (Erwägungsgrund Nr. 77). Art. 21 DSM-RL verlangt ein Verfahren der „Streitbeilegung" als freiwilliges und alternatives Verfahren zur gerichtlichen Durchsetzung. Die Regelung wird gerechtfertigt mit der „schwächeren Verhandlungsposition" von Urhebern und ausübenden Künstlern gegenüber ihren Vertragspartnern (Erwägungsgründe Nr. 72, 78), ferner mit der langen Laufzeit der meisten Verträge (Erwägungsgrund Nr. 78). Für das deutsche Recht ist besonders relevant, dass auch „Vertreter" der genannten Anspruchsteller das Recht haben, eine zusätzliche faire Vergütung zu verlangen. Erwägungsgrund Nr. 78 deutet darauf hin, dass damit insbesondere Urheberverbände einbezogen werden. Sofern sie „ordnungsgemäß bestellt wurden", sollten sie „Urheber oder ausübende Künstler im Hinblick auf Anträge zur Vertragsanpassung unterstützen können, wobei sie, falls angezeigt, auch die Interessen anderer Urheber oder ausübender Künstler berücksichtigen". Hintergrund der Regelung ist die Bekämpfung des sog. **„Blacklisting"** von Urhebern, die offen gegen ihre Verwerter vorgehen.[28] Daher formuliert Erwägungsgrund Nr. 78: „Die Vertreter sollten die Identität der Urheber und ausübenden Künstler, die sie vertreten, so lange wie möglich schützen". Die in Deutschland nur unvollständig in § 36b verwirklichte Verbandsklagebefugnis erfährt durch die Einbeziehung der „Vertreter" in Art. 20 DSM-RL eine erhebliche Stärkung. Das System der Gemeinsamen Vergütungsregeln und ihrer kollektiven Aushandlung wird unionsrechtlich gestützt und gegen kartellrechtliche Einwände abgesichert.[29] Allerdings erfordert Art. 20 DSM-RL vor diesem Hintergrund auch eine Erweiterung der Klagebefugnis für Ansprüche auf weitere Beteiligung. § 36b sieht derzeit eine Verbandsklage nur vor, wenn Gemeinsame Vergütungsregeln von gebundenen Beteiligten nicht eingehalten werden. Art. 20 DSM-RL deutet darauf hin, dass bereits der Anspruch auf weitere Beteiligung kollektiv durchsetzbar ist, wenn Urheber ihre Verbände dazu ermächtigen. Die Umsetzung dieses unionsrechtlichen Auftrags ist nicht einfach. Eine richtlinienkonforme Umsetzung könnte sich darauf konzentrieren, die „Vertreter" im Normtext des § 32a zu erwähnen und (unbefriedigenderweise) die Ausfüllung dieser Befugnis der Praxis zu überlassen. Sinnvoller wäre ein Erweiterung des § 36b, der dann allerdings seinen Charakter stark verändern würde. Im Ergebnis haben die Mitgliedstaaten hier die Chance, ein System durchzusetzen, das über die US-amerikanischen Guilds im Filmbereich nicht ohne Erfolg geblieben ist, wenn es um die Durchsetzung von Ansprüchen auf Folgevergütungen (sog. „residuals") geht.[30]

4b

---

[26] → § 32a Rn. 8.
[27] → § 32 Rn. 4c.
[28] → § 32 Rn. 3.
[29] → § 32 Rn. 4a; → § 36 Rn. 29.
[30] *Datta* S. 174 mwN.

4. Wesen, Bedeutung

5   § 32a gibt einen Anspruch auf Einwilligung in eine **Vertragsänderung** zugunsten des Urhebers, durch die ihm ein vertraglicher Anspruch auf eine **weitere angemessene Beteiligung** gewährt wird. Es geht dabei um einen vertraglichen, nicht einen gesetzlichen Anspruch,[31] soweit sich der Beteiligungsanspruch gegen den Vertragspartner richtet. § 32a Abs. 2 erstreckt den Anspruch allerdings auch gegen einen Dritten in der Lizenzkette. Da mit diesem Dritten kein Vertrag besteht, muss man diesen Teil des Fairnessausgleichs als gesetzlichen (quasi-vertraglichen) Anspruch interpretieren.[32] Ansonsten müsste man den Erstvertrag als Vertrag zu Lasten Dritter ansehen, was jedenfalls mit dem Grundsatz der Privatautonomie in Konflikt geriete.[33]

6   Der alte Bestsellerparagraph § 36 aF war in den Problemkreis der **Lehre von der Geschäftsgrundlage** einzuordnen.[34] Das Erfordernis der Unerwartetheit begründete eine Nähe zur so genannten **subjektiven Geschäftsgrundlage**,[35] bei der gemeinsame Vorstellungen oder Erwartungen der Parteien durch die tatsächliche Situation falsifiziert werden. Auf subjektive Erwartungen soll es bei § 32a gemäß Abs. 1 S. 2 nicht mehr ankommen; die objektive Lage entscheidet. Tritt das auffällige Missverhältnis ein, so wird der Korrekturanspruch ausgelöst, auch wenn die Parteien die Höhe der erzielten Erträge oder Vorteile vorhergesehen haben oder hätten vorhersehen können.[36] Damit kann die Neuregelung der so genannten **objektiven Geschäftsgrundlage** zugeordnet werden, bei der eine Änderung der Verhältnisse das Wesentliche ist. § 32a stellt sich als Fall der Äquivalenzstörung dar; konsequent wird ein Vertragsänderungsanspruch gegeben. Über das herkömmliche Schema der objektiven Geschäftsgrundlage, wonach die fraglichen Umstände ganz außerhalb der Vorstellungen der Parteien liegen müssen und nicht vorhergesehen wurden,[37] geht freilich der – lediglich einen Teilbereich bildende – Fall hinaus, dass das Missverhältnis vorhergesehen wurde, den § 32a Abs. 1 S. 2 ausdrücklich einbezieht.[38] Durch diese Modifikation und Erweiterung des Anwendungsbereichs wird aber die grundsätzliche dogmatische Einordnung in die Lehre von der Geschäftsgrundlage nicht berührt.[39]

7   Der Gesetzgeber erwartet von § 32a, dass „die Hürde, die nach dem geltenden § 36 (Grobes Missverhältnis) vor dem Anspruch auf Vertragsanpassung aufgestellt war ...“ deutlich herabgesetzt werde.[40] Die **praktische Bedeutung** des § 32a hat sich in jüngster Zeit erheblich gesteigert. Es kommt zunehmend häufig zu erfolgreichen Korrekturen unzureichender Gegenleistungen. Fast sämtliche der von den Gerichten entschiedenen Fälle betreffen den Bereich der Filmverwertung.[41] Dies wurde erst dadurch ermöglicht, dass auch die Film- und Fernsehproduktion in den Fairnessausgleich einbezogen wurden, während vor 2002 eine Bestsellerbeteiligung in § 90 S. 2 aF ausgeschlossen wurde.[42] Hinzu kommt, dass gerade im Film- und Fernsehbereich der besondere Erfolg nicht schon beim Vertragspartner des Urhebers (Filmproduzent), sondern oft erst bei dessen Auftraggeber (Rundfunkveranstalter) entsteht.[43]

5. Verhältnis zu anderen Vorschriften

8   Gemäß § 32a Abs. 4 haben **Gemeinsame Vergütungsregeln (§ 36)** und **Tarifverträge** Vorrang vor § 32a.[44] Voraussetzung ist freilich, dass die erwähnten kollektiven Regelungen ausdrücklich eine weitere angemessene Beteiligung für den Fall des Abs. 1 des § 32a vorsehen. Ob eine derartige Regelung vorliegt, unterliegt richterlicher Nachprüfung. § 32a Abs. 4 nimmt auf Regelungen im Sinne des Abs. 1 Bezug; es muss also um die Korrektur auffälliger Missverhältnisse gehen. Nicht jedes Beteiligungshonorar wird diese Voraussetzung erfüllen.[45] Ist eine einschlägige kollektivrechtliche Regelung

---

[31] Vgl. auch → 2. Aufl. 1999, § 36 Rn. 3; s. zum Sonderfall der Dritthaftung → Rn. 30 ff.
[32] *Leistner* FS Schwarz, 2017, 19 (21): „als eigenständiger Anspruch ausgestaltet". Vgl. auch OLG München GRUR-RR 2017, 376 Rn. 54: „Durchgriffshaftung".
[33] *Datta* GRUR-RR 2017, 209 (212).
[34] → 2. Aufl. 1999, § 36 Rn. 3.
[35] Palandt/*Heinrichs* BGB § 313 Rn. 3.
[36] Vgl. BGH GRUR 2012, 498 (498), Fn. 25 – Das Boot.
[37] Vgl. § 313 Abs. 1 BGB.
[38] Auch im Fall der Vorhersehbarkeit wird die Lehre von der Geschäftsgrundlage prinzipiell für unanwendbar gehalten, s. Palandt/*Heinrichs* BGB § 313 Rn. 23 mN, und § 36 aF gleichwohl als Fall der Lehre von der Geschäftsgrundlage behandelt, obgleich § 36 UrhG auch bei Vorhersehbarkeit zur Anwendung gelangte, → 2. Aufl. 1999, § 36 Rn. 12.
[39] S. RA-Beschlussempfehlung S. 19: „Grundstruktur des geltenden § 36 Abs. 1 wird beibehalten"; s. auch *Hucko* S. 13 f. Ebenso mit ausführlicher Begründung *Schaub* ZUM 2005, 212 (215 ff.); aA Wandtke/Bullinger/*Wandtke*/*Grunert* UrhG § 32a Rn. 15; *Hilty*/*Peukert* GRUR-Int 2002, 643 (646): „inhaltsändernder Korrekturanspruch"; *Jani* S. 309; *Haas* Nr. 283, 300: „Norm der Inhaltskontrolle"; *C. Berger* Rn. 255 ff.; Berger/*Wündisch*/*Berger* § 2 Rn. 227 f.: „bereicherungsrechtlicher Ausgleichsanspruch", s. auch *Berger* GRUR 2003, 675 (677); ebenso Dreyer/*Kotthoff*/Meckel UrhG § 32a Rn. 1; Dreier/Schulze/*Schulze* UrhG § 32a Rn. 4, 8: „Inhaltskontrolle"; *Jacobs* FS Ullmann, 2006, 79 (92): „geschlossenes Vergütungssystem zusammen mit § 32".
[40] RA-Beschlussempfehlung S. 19.
[41] Ausnahme BGH GRUR 2016, 1291 – Geburtstagskarawane (Designschaffen).
[42] *Berger* in Stern/Peifer/Hain (Hg.), Urhebervertragsrecht, 2014, 2014, S. 9, 24.
[43] *Diesbach* in Stern/Peifer/Hain (Hg.), Urhebervertragsrecht, 2014, S. 85, 92.
[44] Und dabei gehen Tarifverträge wiederum den Gemeinsamen Vergütungsregeln vor, § 36 UrhG Abs. 1 S. 3.
[45] Wandtke/Bullinger/*Wandtke*/*Grunert* UrhG § 32a Rn. 23.

gegeben, so bemisst sich die Angemessenheit der weiteren Beteiligung nach dieser Regelung. Da § 32a auf das Verhältnis der gewährten zur angemessenen Vergütung nach § 32 Bezug nimmt, spielen Tarifverträge und Gemeinsame Vergütungsregeln aber auch im Rahmen des § 32a stets eine Rolle (vgl. § 32a Abs. 4 S. 2 mit § 32 Abs. 2a).

Hinsichtlich des **Verhältnisses von § 32 und § 32a** geht die h.M: davon ausss für die Anwendung   **9** des § 32 ex ante auf den Zeitpunkt des Vertragsschlusses (§ 32 Abs. 2 S. 2), für diejenige des § 32a hingegen ex post auf die weitere Entwicklung abzustellen ist.[46] Der BGH folgert daraus, dass der Anspruch aus § 32 nur einmalig, der aus § 32a dagegen fortlaufend, also potentiell auch mehrfach entstehen kann. Das ist durchaus zweifelhaft, weil die Frage der Angemessenheit in § 32a an höhere Voraussetzungen anknüpft als im Bereich des § 32 (dazu → § 32 Rn. 45).[47] Der Formulierung des § 32a Abs. S. 1 ist zu entnehmen, dass „Erträge und Vorteile aus der Nutzung des Werkes" erzielt worden sein müssen. Die Angemessenheitsprüfung des § 32 hat zwar ebenfalls diese Erträgnisse und Vorteile in Rechnung zu stellen, aber da sie bei bloßer Einräumung eines Nutzungsrechts noch nicht angefallen sein werden, kann dies regelmäßig nur im Sinne einer Prognose geschehen. So ist bei § 32 auf die objektiv zu erwartenden Erträgnisse und Vorteile, bei § 32a auf die tatsächlich angefallenen abzustellen.[48] Die Erwartung muss sich anhand der Realität und des objektiven Maßstabs der Üblichkeit und Redlichkeit nachvollziehen lassen.[49] Dies erklärt, warum auch eine erwartete Entwicklung zur Anwendung von § 32a führen kann[50] und nicht schon notwendig im Rahmen der Prognose von § 32 aufgefangen werden muss. Wenn freilich die Erwartungen der Parteien mit der beim Vertragsschluss anzustellenden objektiven Prognose übereinstimmen, wird die Lösung bereits über § 32 zu suchen sein; es braucht nicht abgewartet zu werden, ob sich die objektivierten Erwartungen auch realisieren, so dass § 32a zum Zuge käme. Ein Vorgehen nach § 32 hat für den Urheber den Vorteil, dass bereits die einfache Unterschreitung des Angemessenen anspruchsbegründend ist, während § 32a die Überwindung der höheren Schwelle des „auffälligen" Missverhältnisses voraussetzt.[51] Die Angemessenheitskontrolle nach § 32 muss nicht rückgängig gemacht werden, wenn sich die Erfolgsprognose nicht realisiert; insofern trägt der Werknutzer das Risiko. Will er es mit dem Urheber teilen, ist ein Beteiligungshonorar am Platze, wie es das Verlagsgewerbe kennt.[52]

§ 32 und § 32a können **nebeneinander angewendet** werden.[53] Dies kann geschehen, wenn das vertraglich Vereinbarte hinter der angemessenen Vergütung zurückbleibt, wie sie sich in objektiver Prognose beim Vertragsschluss darstellt und wenn zusätzlich die Prognose durch die tatsächlich erzielten Erträge und Vorteile überholt wird. In diesem Sinne spricht § 32a Abs. 1 S. 1 von der „weiteren angemessenen Beteiligung".[54] Der Anspruch auf Zahlung einer angemessenen Vergütung ist in § 32 verortet, geht – anders als § 32a – von einer ex-ante-Perspektive aus und kann ein anderes Schicksal als derjenige nach § 32a haben, zB bei der Verjährung.[55] Beide Ansprüche können im Wege der objektiven Klagehäufung gemäß § 260 ZPO geltend gemacht werden.[56] Ist § 32 bereits verjährt oder findet der Anpassungsanspruch nach § 132 Abs. 3 keine Anwendung, so ist es eine Wertungsfrage, ob gemäß § 32a nur der Betrag verlangt werden kann, um den die tatsächlichen Einnahmen das „Angemessene" überschreiten. Da zwei unterschiedliche Ansprüche vorliegen, kann argumentiert werden, dass mittels § 32a nach Verjährung bzw. nach rechtskräftiger Entscheidung über den Anspruch aus § 32 nur die Vergütung geltend gemacht werden kann, die als „Sockelbetrag" nicht über § 32 geltend gemacht werden kann.[57] Mit dem Gesetzeswortlaut und Gesetzeszweck besser vereinbar ist allerdings die Gegenauffassung, wonach die angemessene Vergütung insgesamt geltend gemacht werden kann, wenn die Voraussetzungen des § 32a vorliegen.[58] Für diese Auffassung spricht insbesondere, dass anderenfalls § 32a seines Anwendungsbereichs weitgehend beraubt wäre. Denn um den „Sockelbetrag" gerichtlich geltend machen zu können, müsste der Urheber innerhalb der dreijährigen Verjährungsfrist gemäß § 32 Abs. 1 S. 3 gegen seinen Vertragspartner vorgehen.[59]

---

[46] BGH GRUR 2009, 1148 (1150) – Talking to Addison; *Jacobs* FS Ullmann, 2006, 79 (82); *Schack* Rn. 1098; *v. Becker/Wegner* ZUM 2005, 695 ff.; *Schaub* ZUM 2005, 212 f.; Loewenheim/*v. Becker* § 29 Rn. 103 f.; so im Grundsatz auch Dreier/Schulze/*Schulze* UrhG § 32a Rn. 7; *C. Berger* Rn. 64, 250; Berger/Wündisch/*Berger* § 2 Rn. 223.

[47] BGH GRUR 2016, 1291 Rn. 26 – Geburtstagskarawane.

[48] „Verlaufskontrolle", s. *C. Berger* Rn. 64, 250; Dreyer/*Kotthoff*/Meckel UrhG § 32a Rn. 2.

[49] → § 32 Rn. 38; vgl. auch *D. Berger* ZUM 2003, 521 (523).

[50] S. § 32a UrhG Abs. 1 S. 2.

[51] Für einen Vorrang des § 32a dagegen Loewenheim/*v. Becker* UrhG § 29 Rn. 116.

[52] Vgl. *Hertin* MMR 2003, 16 (18).

[53] Dreyer/*Kotthoff*/Meckel UrhG § 32a Rn. 2; Dreier/Schulze/*Schulze* UrhG § 32 Rn. 92, UrhG § 32a Rn. 7.

[54] *Haas* Nr. 301, 321; vgl. dazu auch Wandtke/Bullinger/*Wandtke/Grunert* UrhG § 32 Rn. 75 ff., UrhG § 32a Rn. 33.

[55] Dreyer/*Kotthoff*/Meckel UrhG § 32a Rn. 3; *Ory* AfP 2002, 93 (100).

[56] Berger/Wündisch/*Berger* § 2 Rn. 249.

[57] Offen gelassen in BGH GRUR 2012, 496 (499) – Das Boot; *Zentek* ZUM 2006, 117 (119).

[58] So OLG Nürnberg ZUM 2015, 515 (518); LG Hamburg ZUM 2015, 587 (594); offen gelassen von BGH GRUR 2012, 496 (498) – Das Boot; vgl. → Rn. 3.

[59] AA noch die Vorauflage; wie hier Dreier/Schulze/*Schulze* UrhG § 32a Rn. 7, 38; *Reber* GRUR-Prax 2012, 560 (Fn. 52); LG Hamburg ZUM 2015, 587 (594).

Nebeneinander anwendbar sind auch die Ansprüche gegen den Vertragspartner nach § 31a Abs. 1 und gegen den Drittnutzer nach § 31a Abs. 2.[60] Zur Berechnung der Vergütung kann der Urheber vom Vertragspartner nach § 32d, vom Partner in der Lizenzkette nach § 32e jeweils einmal jährlich Auskunft verlangen.

10 Was die Anwendung allgemeiner Behelfe betrifft, so gilt das zu § 36 aF Ausgeführte:[61] Die **Regeln über die Störung der Geschäftsgrundlage** (§ 313 BGB) sind hinsichtlich der in § 32 und § 32a geregelten Verhältnisse unanwendbar; die Berufung auf die Störung der Geschäftsgrundlage tritt subsidiär zurück.[62] Gegenüber **§§ 138, 826 BGB** sind §§ 32, 32a leges speciales, soweit der Schutz des Urhebers betroffen ist. Der Vertrag bleibt auch bei einem krassen Missverhältnis von Leistung und Gegenleistung zugunsten des Urhebers wirksam.[63] Die **Kündigung aus wichtigem Grund** (§ 314 BGB) bleibt neben § 32a möglich.[64] Die Anwendung der §§ 32, 32a neben § 32c bleibt unberührt.[65]

II. Voraussetzungen der Anwendung

1. Einräumung eines Nutzungsrechts

11 § 32a gilt zugunsten des **Urhebers** und seines **Rechtsnachfolgers** iSd § 30.[66] Verwerter als Inhaber von Nutzungsrechten können sich auf § 32a nicht berufen;[67] es gilt hier dasselbe wie für § 32.[68] § 32a ist kraft Verweisung in § 79 Abs. 2 S. 2 auch zugunsten des ausübenden Künstlers anwendbar[69] und gilt gemäß § 70 Abs. 1 für den Herausgeber wissenschaftlicher Ausgaben sowie nach § 72 Abs. 1 für den Lichtbildner.[70] Diese generelle Verweisung ist – wie bei § 32 – wenig reflektiert und auch nicht stets angebracht, wenn es um marginale Leistungen geht (→ § 32 Rn. 1). Die Inhaber sonstiger Leistungsschutzrechte können sich nicht auf § 32a berufen.[71] Je nach den Umständen des Einzelfalls kann eine Anwendung der Regeln über die Störung der Geschäftsgrundlage in Betracht kommen. Voraussetzung für die unmittelbare Anwendung des § 32a ist das Vorliegen eines **geschützten Werkes,** dessen Schutz in den zeitlichen Anwendungsbereich der Vorschrift fällt.[72] § 32a gilt insbesondere auch für Verlagsverträge über geschützte Werke.[73] Anders als § 36 aF ist § 32a auch zugunsten der **Filmurheber** anwendbar.[74] Die Neuregelung des § 90 wird der im Schrifttum geübten Kritik an der bisherigen Schlechterstellung der Filmurheber gerecht.[75]

Wie § 36 aF gilt § 32a auch für Urheber im Rahmen von **Arbeits- oder Dienstverhältnissen.**[76] Die für § 36 aF vorgenommene Differenzierung zwischen Arbeits- und Dienstverhältnissen unter Ausschluss Letzterer[77] ist für § 32 und § 32a nicht haltbar. Den Gesetzesmaterialien ist dafür nichts zu entnehmen. Generell lässt das UrhG erkennen, dass beide Gruppen gleich behandelt werden sollen;[78] die Vergütungspraxis konvergiert zunehmend. Die vergütungsrechtliche Situation soll nicht von der oft zufälligen Einordnung einer Stelle als Angestellten- oder Beamtenposition abhängen. Besonderheiten des Beamtenverhältnisses können im Rahmen der „Berücksichtigung der gesamten Beziehungen des Urhebers zu dem anderen" in Rechnung gestellt werden.[79] Einzubeziehen

---

[60] *Reber* GRUR 2015, 802 (805).

[61] → 2. Aufl. 1999, § 36 Rn. 4.

[62] Dreyer/*Kotthoff*/Meckel UrhG § 32 Rn. 4; Wandtke/Bullinger/*Wandtke/Grunert* UrhG § 32 Rn. 80; aA Dreier/Schulze/*Schulze* UrhG § 32a Rn. 8.

[63] LG München I ZUM 2006, 154 (157); ähnlich auch *Haas* Nr. 323 f., die trotz Nichtigkeit des Vertrags dem Urheber eine Berufung auf § 32a erlauben will; tendenziell anders noch die 3. Auflage.

[64] S. auch Wandtke/Bullinger/*Wandtke/Grunert* UrhG § 32 Rn. 81.

[65] BT-Drs. 16/1828, 25; ebenso Berger/Wündisch/*Berger* § 2 Rn. 290 mwN.

[66] Zum Auskunfts- und Vergütungsanspruch des Erben OLG München BeckRS 2013, 12174 – Elvis Presley (Auskunft), sowie OLG München GRUR-RR 2017, 376 – Elvis Presley (Nachvergütung); dazu *Reber* GRUR-Int 2017, 943.

[67] LG Hamburg ZUM 2008, 530 (533); *C. Berger* Rn. 260; Berger/Wündisch/*Berger* § 2 Rn. 231; Dreier/Schulze/*Schulze* UrhG § 32a Rn. 22.

[68] Dort → § 32a Rn. 8.

[69] → Rn. 12; vgl. *C. Berger* Rn. 258, Berger/Wündisch/*Berger* § 2 Rn. 231.

[70] Dreyer/*Kotthoff*/Meckel UrhG § 32a Rn. 6.

[71] Dreier/Schulze/*Schulze* UrhG § 32a Rn. 15.

[72] → Rn. 2, 3.

[73] Dreier/Schulze/*Schulze* UrhG § 32a Rn. 13.

[74] S. § 90 nF, der den in § 90 S. 2 aF enthaltenen Ausschluss nicht mehr vorsieht.

[75] → 2. Aufl. 1999, § 36 Rn. 6; äußerst kritisch dagegen *Poll* ZUM 2009, 611.

[76] OLG Stuttgart ZUM-RD 2019, 20 (48); Dreier/Schulze/*Dreier* § 43 Rn. 30; Möhring/Nicolini/*Lindhorst* § 43 Rn. 23; s. für Computerprogramme → § 69 Rn. 17.

[77] Vgl. → 2. Aufl. 1999, § 43 Rn. 71 f.

[78] S. §§ 43, 69b UrhG.

[79] Für Anwendung des § 32a auf Arbeits- und Dienstverhältnisse *Jacobs* NJW 2002, 1905 f.; *Haas* Nr. 436 ff.; ebenso bezüglich Arbeitnehmern *Zentek/Meinke* S. 69, 97; *Bayreuther* GRUR 2003, 570 (572 f.); *Zirkel* WRP 2003, 59 ff.; *Grabig* S. 70 f., 231; Dreier/Schulze/*Schulze* UrhG § 32 Rn. 16; *Berger* ZUM 2003, 173 (178 f.), aber unter Ausschluss Beamter → Rn. 44 ff., 48; Berger/Wündisch/*Berger* § 2 Rn. 231; aA [keine Anwendung auf Arbeits- und Dienstverhältnisse] *Ory* AfP 2002, 95; Loewenheim/*v. Becker* § 29 Rn. 124. Gegen Anwendung für angestellte Programmierer *Czychowski* FS Nordemann, 2004, 157 ff.; vgl. auch OLG Düsseldorf ZUM 2004, 756.

sind **Bestellverträge;**[80] die Anwendung der Vorschrift ist nicht auf bestimmte Vertragstypen beschränkt.[81]

Nach § 79 Abs. 2 S. 2 ist § 32a entsprechend auf die **ausübenden Künstler** anwendbar. Der Regierungsentwurf ging bereits für § 32 in diese Richtung; die RA-Beschlussempfehlung bezog § 32a in § 75 Abs. 4 aF ein. Das Gesetz vom 10.9.2003 transponierte die Regelung in § 79 Abs. 2 S. 2. Die Anwendung von §§ 32 und 32a zugunsten der ausübenden Künstler entspricht dem in der Begründung zum Regierungsentwurf aufgezeigten Schutzbedürfnis der gesamten Gruppe der Kreativen.[82] Auch das Unionsrecht möchte sowohl Urheber als auch ausübende Künstler in einen Fairnessausgleich einbeziehen (→ Rn. 4a). Im Einzelnen ist auf die Kommentierung des § 79 zu verweisen. 12

Voraussetzung für die Anwendung des § 32a ist nach dem Wortlaut des Abs. 1 S. 1 die Einräumung eines **Nutzungsrechts.** Wie bei § 36 aF ist darunter das gegenständliche − ausschließliche oder einfache − Nutzungsrecht zu verstehen,[83] wobei es auf den zugrunde liegenden Vertragstyp nicht ankommt.[84] Bei § 36 aF war der − als Modell dienende − identische Wortlaut so zu interpretieren, dass rein schuldrechtliche oder auf einer einseitigen Einwilligung beruhende Nutzungsverhältnisse nicht unter den Fairnessausgleich fielen. Für § 32a ist die entsprechende Beschränkung auf gegenständliche Nutzungsrechte nicht ohne weiteres einleuchtend. Denn die anfängliche Angemessenheitskontrolle schließt auch die nicht-gegenständliche **„Erlaubnis zur Werknutzung"** mit ein.[85] Es wäre schwer verständlich, wenn man zwar die anfängliche Kontrolle derartige Nutzungsverhältnisse einbezöge, nachträglich aber auffällige Missverhältnisse diesbezüglich hingenommen werden müssten. Der Bedarf nach einem nachträglichen Fairnessausgleich besteht hier in gleicher Weise; die dogmatische Konstruktion kann nicht ausschlaggebend sein. Der erst − in Eile − durch die Formulierungshilfe eingeführte § 32a muss deshalb im Lichte des § 32 verstanden und wie dieser nicht nur auf die Einräumung gegenständlicher Nutzungsrechte, sondern zumindest analog auch auf die sonstigen Formen rechtsgeschäftlicher Erlaubnis zur Werknutzung angewendet werden.[86] Das Unionsrecht wird ggf. eine solche Auslegung erzwingen, denn die bisherigen Textvorschläge (→ Rn. 4a) stellen nur darauf ab, dass Vertragsbeziehungen vorliegen, was auch bei einfachen Nutzungsrechtserlaubnissen der Fall sein kann. Die Einbeziehung der rein schuldrechtlichen Nutzungsverhältnisse bereitet dabei keine konstruktiven Schwierigkeiten. Für sie spricht auch, dass es dann auf die Entscheidung des Streits um die gegenständliche Natur des einfachen Nutzungsrechts[87] nicht ankommt: Verträge über einfache Nutzungsrechte fallen unter § 32a, ganz gleich, ob man sie als gegenständlich oder als rein schuldrechtlich betrachtet. Rein einseitige Erlaubnisse, die nicht von einem schuldrechtlichen Vertrag begleitet sind, werden in der Praxis selten zu Erträgen oder Vorteilen führen, die für § 32a relevant sind; meist handelt es sich um ephemere, wenig ins Gewicht fallende Nutzungen. Wenn es doch zu einer Anwendung des § 32a kommt, richtet sich der Korrekturanspruch analog § 32 Abs. 1 S. 2 direkt auf die angemessene Beteiligung.[88] 13

Ebenso wie § 32 ist § 32a auf **treuhänderische Nutzungsrechtseinräumungen und Erlaubnisse,** insbesondere zugunsten von **Verwertungsgesellschaften** unanwendbar (zur Begründung → § 32 Rn. 4).[89] Entsprechend wurde bereits § 36 aF verstanden.[90] 14

§ 32a gilt ferner nicht für **gesetzliche Lizenzen** und für die **unerlaubte Werknutzung.**[91]

2. Auffälliges Missverhältnis der Gegenleistung zu den Erträgen und Vorteilen aus der Nutzung des Werkes

Die Anwendung des § 32a ist von einer Vergleichsrechnung abhängig, bei der von der **vereinbarten Gegenleistung** für die Einräumung des Nutzungsrechts[92] auszugehen ist.[93] Hierunter ist in erster Linie die Vergütung in Geld zu verstehen; es gehören aber auch sonstige vertragsgemäße Zuwendungen dazu, wie etwa Freiexemplare oder Sonderdrucke.[94] Nicht zur Gegenleistung gehören Leistun- 15

---

[80] Wandtke/Bullinger/*Wandtke/Grunert* UrhG § 32a Rn. 2; *Haas* Nr. 287; Dreier/Schulze/*Schulze* UrhG § 32a Rn. 16; s. bereits BGH GRUR 1998, 680 (683) − Comic-Übersetzungen für § 36 aF; auch → 2. Aufl. 1999, § 36 Rn. 6.

[81] Wandtke/Bullinger/*Wandtke/Grunert* UrhG § 32a Rn. 2.

[82] RA-Beschlussempfehlung S. 7 ff.

[83] Vgl. → 2. Aufl. 1999, § 36 Rn. 7.

[84] Wandtke/Bullinger/*Wandtke/Grunert* UrhG § 32a Rn. 7.

[85] Zur Tragweite dieser Formel → § 32 Rn. 7.

[86] So im Ergebnis auch Dreier/Schulze/*Schulze* UrhG § 32a Rn. 24; ablehnend *Haas* Nr. 286.

[87] → 2. Aufl. 1999, Vor §§ 28 ff. Rn. 49.

[88] Vgl. im Einzelnen → § 32 Rn. 21.

[89] So auch Wandtke/Bullinger/*Wandtke/Grunert* UrhG § 32a Rn. 2; Dreier/Schulze/*Schulze* UrhG § 32a Rn. 17.

[90] → 2. Aufl. 1999, § 36 Rn. 7.

[91] Wandtke/Bullinger/*Wandtke/Grunert* UrhG § 32a Rn. 2; Dreier/Schulze/*Schulze* UrhG § 32a Rn. 19, 20; vgl. → § 32 Rn. 6.

[92] Bzw. die Erlaubnis zur Werknutzung, → Rn. 13.

[93] → Rn. 19.

[94] *Haas* Nr. 293; *C. Berger* Rn. 273, Berger/Wündisch/*Berger* § 2 Rn. 244; *Zentek/Meinke* S. 70; Dreier/Schulze/*Schulze* UrhG § 32a Rn. 26.

gen, die der Werknutzer auch im eigenen Interesse erbringt, wie Werbe- und Vertriebsmaßnahmen;[95] jedoch können Aufwendungen des Nutzers für die Werkverwertung im Rahmen der „gesamten Beziehungen" berücksichtigungsfähig sein.[96] Ebenfalls nicht zu berücksichtigen sind Ausschüttungen von Verwertungsgesellschaften.[97]

16   § 32a gilt nicht nur bei Vereinbarung eines **Pauschalhonorars,** sondern auch bei derjenigen eines – sich als unzureichend erweisenden – **Beteiligungshonorars,**[98] etwa im Verlagsbereich eines bescheidenen Honorarprozentsatzes vom Ladenpreis, der auch bei hohen Verkaufszahlen nicht entsprechend erhöht wird. Eine Pauschalvergütung ist einheitlich als Gegenleistung anzusehen und nicht aufzuteilen in eine Teilvergütung für einen geleisteten Arbeitsaufwand und eine solche für die Nutzungsrechtseinräumung.[99] Keine Gegenleistung sind gezahlte Arbeitgeberanteile zu Sozialversicherungssystemen.[100]

§ 32a kann auch zur Anwendung gelangen, wenn der Urheber keine vertragliche Gegenleistung erhält, der Vertrag **honorarfrei** ist oder der Urheber einen **Druckkostenzuschuss** leisten muss. Wenn sich gleichwohl ein lukrativer Absatz entwickelt, kann ein Korrekturanspruch entstehen.[101]

Die **unentgeltliche Einräumung von Nutzungsrechten,** die *donandi causa* erfolgt, ist im Grundsatz von § 32a auszunehmen.[102] Haben die Parteien eine Schenkung vereinbart, ohne dass der Urheber missbräuchlich in einen solchen Vertrag gedrängt worden ist, so ist das Fehlen einer Gegenleistung nicht unangemessen iSv § 32a. Ein Anspruch ergibt sich im Falle einer Schenkung konsequenterweise allerdings in der Regel auch dann nicht, wenn mit dem überlassenen Werk lukrative Geschäfte gemacht werden.[103] Eine solche Ausnahme von § 32a wäre mit dem Gedanken der Rechtssicherheit unvereinbar und würde die Privatautonomie unverhältnismäßig beschränken. Denn schließlich kommt § 32a seinem gesetzgeberischen Zweck nach gerade dann zur Anwendung, wenn lukrative Geschäfte gemacht werden und wäre somit auch aufgrund dieser Gegenausnahme bei Schenkungen dann doch stets anwendbar. Etwas anderes kann – ebenso wie bei § 32 – ausnahmsweise nur gelten, wenn die Schenkung zu einem nicht-kommerziellen Zweck erfolgte.[104]

17   Ausgenommen vom Anspruch auf weitere Beteiligung gemäß § 32a ist auch die Einräumung eines einfachen Nutzungsrechts für jedermann gemäß § 32a Abs. 3 S. 3. Die Privilegierung galt sinngemäß bereits vor der Einfügung von § 32a Abs. 3 S. 3.[105] Um einer befürchteten Rechtsunsicherheit für Open-Source-Programme und anderen **Open Content** auch für Bestsellerfälle entgegen zu wirken, wurde mit dem Zweiten Korb § 32a Abs. 3, der mit § 32 Abs. 3 S. 3 wortgleich ist, eingefügt (→ § 32 Rn. 43).[106] Somit ist klargestellt, dass auch durch § 32a die unentgeltliche Einräumung eines einfachen Nutzungsrechts gegenüber jedermann nicht beschränkt wird.[107] Demnach entfällt bei unentgeltlich lizenzierter Computersoftware der Korrekturanspruch im Verhältnis zwischen dem Urheber und dem Nutzer der Software als einem Dritten im Sinn des § 32a Abs. 2.[108]

Für die Anwendung des § 32a ist die vertragsgemäße Gegenleistung zu den **„Erträgen und Vorteilen"** aus der Nutzung des Werkes in Bezug zu setzen. Unter **„Erträgen"** sind die aus der Werkverwertung erzielten Vermögensvorteile[109] zu verstehen. Umstritten ist, ob hierbei die Bruttoerlöse relevant sind oder ob unter Berücksichtigung von Herstellungs-, Vertriebs- und allgemeinen Kosten auf die Nettoerlöse abzustellen ist. Es wird vertreten, dass es den Interessen der Urheber und Verwerter am ehesten gerecht würde, auf die Nettoerträge abzustellen.[110] Dafür spricht, dass der Urheber auf diese Weise an dem Gewinn partizipiert, wobei die den Gewinn schmälernden Aufwendungen des Verwerters berücksichtigt werden können. Der Urheber soll schließlich nur insoweit beteiligt werden, als dem Verwerter tatsächlich Vorteile aus der Werkverwertung entstanden sind. Außerdem gewährleistet diese Berechnungsweise Planungssicherheit für den Verwerter.[111] Die Rechtsprechung dagegen

---

[95] Wandtke/Bullinger/*Wandtke/Grunert* UrhG § 32a Rn. 9.
[96] → Rn. 18.
[97] BGH GRUR 2012, 496 (499) – Das Boot; Fromm/Nordemann/*Czychowski* UrhG § 32a Rn. 13.
[98] Wandtke/Bullinger/*Wandtke/Grunert* UrhG § 32a Rn. 8; *Haas* Nr. 294; Dreier/Schulze/*Schulze* UrhG § 32a Rn. 26; so schon zu § 36 aF → 2. Aufl. 1999, § 36 Rn. 9 mwN.
[99] KG GRUR-Int 2016, 1072 (1074) – Fluch der Karibik II.
[100] KG GRUR-Int 2016, 1072 (1074) – Fluch der Karibik II.
[101] S. zu diesen Verträgen im Blick auf den Anspruch auf angemessene Vergütung die Begründung zum RegE S. 15; vgl. auch → 2. Aufl. 1999, § 36 Rn. 9.
[102] *C. Berger* Rn. 275; Berger/Wündisch/*Berger* § 2 Rn. 246; Dreier/Schulze/*Schulze* UrhG § 32a Rn. 26.
[103] So aber Dreyer/*Kotthoff*/Meckel UrhG § 32a Rn. 11; Wandtke/Bullinger/*Wandtke/Grunert* UrhG § 32a Rn. 10.
[104] Dreier/Schulze/*Schulze* UrhG § 32a Rn. 26; ähnlich Wandtke/Bullinger/*Wandkte/Grunert* § 32a Rn. 10.
[105] Vgl. → 3. Aufl. 2006, Rn. 43.
[106] BT-Drs. 16/1828, 25.
[107] → § 32 Rn. 43 zur sogenannten „Linux-Klausel" und → § 32a Rn. 35.
[108] Vgl. auch → § 32 Rn. 43.
[109] Abzüglich Mehrwertsteuer, Fromm/Nordemann/*Czychowski* UrhG § 32a Rn. 14; Mestmäcker/Schulze/ *Lindner* § 32a Anm. 2b.
[110] So noch die 4. Aufl. sowie *C. Berger* Rn. 262; Berger/Wündisch/*Berger* § 2 Rn. 233; Möhring/Nicolini/ *Soppe* UrhG § 32a Rn. 17; *Berger* GRUR 2003, 675. Ebenso *Schaub* ZUM 2005, 212 (218) sowie *Jacobs* FS Ullmann, 2006, 79 (90 ff.); *Jacobs* FS Bornkamm, 2014, 811 (817); *Poll* ZUM 2009, 611 (615 f.); *Castendyk* ZUM 2016, 314 (315): „Nettogewinnmodell".
[111] So auch *Jacobs* FS Ullmann, 2006, 79 (90 ff.).

orientierte sich bei § 36 aF an den **Bruttoerlösen** abzüglich der Umsatzsteuer.[112] Im Rahmen von § 32a wird diese Rechtsprechung fortgeführt.[113] Erst im Rahmen der Prüfung, ob ein auffälliges Missverhältnis besteht, sind die gesamten Beziehungen des Urhebers zum Verwerter und damit auch die den Gewinn des Verwerters schmälernden Aufwendungen zu berücksichtigen.[114] Der Linie der Rechtsprechung ist zuzustimmen, da so einerseits die Belastungen des Verwerters Berücksichtigung finden, andererseits wird aber auch verhindert, dass sich Verwerter bereits im Vorfeld „arm rechnen".[115]

Unter § 36 aF war zweifelhaft, ob auch Vermögensvorteile zu berücksichtigen waren, die nicht durch Verwertung des Werkes auf dem Markt, sondern durch dessen Einsatz im eigenen Betrieb erzielt wurden.[116] Die ausdrückliche Bezugnahme auf **„Vorteile"** im Text des § 32a verdeutlicht aber, dass nicht nur Umsatzgeschäfte, sondern auch andere Verwertungshandlungen sowie „interne" Vermögensvorteile umfasst sind.[117] So erlangt beispielsweise eine öffentlich-rechtliche Sendeanstalt, die einen Film in ihrem – weitgehend gebührenfinanzierten – Programm zeigt, einen Vorteil in Form der Ersparnis für Aufwendungen die Erstellung anderer Inhalte, die den Sendeplatz füllen könnten.[118] Werbeeinnahmen eines Privatsenders sind zwar keine Gegenleistung für die Ausstrahlung eines bestimmten Films, können aber aus denselben Erwägungen zur Ermittlung des Gewinns herangezogen werden, auch sie sind „Vorteile" aus der Werknutzung.[119] „Vorteile" sind im Übrigen Lizenzerlöse aus der Weitergabe der Rechte,[120] Auslandserlöse aus der Verwertung einer Synchronsprecherleistung im deutschsprachigen Ausland und die Auswertungserlöse auf Home-Entertainment-Plattformen,[121] Merchandisingerlöse, die (auch) auf den konkreten Werkbeitrag anfallen,[122] sowie die Erlöse aus der Durchführung von Filmstudiotouren, bei denen die in Rede stehende Leistung zu einem beachtlichen Anteil (in casu: $1/7$ der Gesamttour) genutzt wird.[123] Eine Rolle können auch ausländische Nutzungsverhältnisse spielen,[124] etwa Einnahmen aus der Lizenzierung an einen ausländischen Fernsehsender.[125] Auch öffentlich-rechtliche Rundfunkanstalten erzielen Vorteile, wenn sie Werke nutzen. Das gilt insbesondere auch für wiederholte Werknutzungen durch Werkwiederholungen auf mehreren Sendern des Anstaltsnetzes. Um diesen Umstand zu berücksichtigen, ist anlässlich der Urhebervertragsrechtsreform 2016 die „Häufigkeit" einer Werknutzung in § 32 Abs. 2 S. 2 als Bemessungskriterium aufgenommen worden. Die Vorteile bemessen sich dabei nicht an den Lizenzvorteilen, die man für gleichwertige Nutzungen erzielen würde, sondern an den tariflich vereinbarten Wiederholungsvergütungssätzen.[126]

Die Erträge und Vorteile müssen bereits **angefallen** sein;[127] dabei ist auch der Wert erlangter Zahlungsansprüche zu berücksichtigen. Dass die Erträge und Vorteile **„aus der Nutzung des Werks"** stammen müssen, bedeutet nicht, dass der Vertragspartner das Werk selbst nutzen muss; auch Einnahmen aus der rechtsgeschäftlichen Verwertung, insbesondere der Lizenzierung sind zu berücksichtigen.[128] Dabei kann nur der Teil der vereinbarten Gegenleistung berücksichtigt werden, der konkret auf das fragliche, vom Dritten genutzte Nutzungsrecht entfällt.[129] Allerdings kann die Dritthaftung

---

[112] → 2. Aufl. 1999, § 36 Rn. 10 mwN; BGH GRUR 2002, 153 (154) – Kinderhörspiele.
[113] BGH GRUR 2012, 1248 (1250) – Fluch der Karibik; BGH GRUR 2012, 496 (499) – Das Boot; KG GRUR-Int 2016, 1072 (1074) – Fluch der Karibik II; OLG München GRUR-RR 2011, 405 (407) – Pumuckl; OLG München ZUM-RD 2018, 208 (215) – Das Boot III; OLG Stuttgart ZUM-RD 2019, 20 (52) – Das Boot.
[114] BGH GRUR 2012, 1248 (1250) – Fluch der Karibik; BGH GRUR 2012, 496 (499) – Das Boot; kritisch hierzu *Jacobs* FS Bornkamm, 2014, 811 (817 f.).
[115] Anders die Vorauflage; wie hier Dreier/Schulze/*Schulze* § 32a Rn. 28, Wandtke/Bullinger/*Wandtke/Grunert* UrhG § 32a Rn. 11; Fromm/Nordemann/*Czychowski* UrhG § 32a Rn. 18; *Reber* GRUR-Int 2011, 569 (572 f.); *Reber* GRUR-Int 2015, 802 (808); *Tolkmitt* FS Bornkamm, 2014, 991 (1002 f.); vgl. aber auch *Castendyk* ZUM 2013, 909 (715 f.).
[116] Für Einbeziehung → 2. Aufl. 1999, § 36 Rn. 10 mwN.
[117] So ausdrücklich die RA-Beschlussempfehlung S. 19, die als Beispiel den Einsatz in der Werbung nennt; s. auch *C. Berger* Rn. 265 f.; Berger/Wündisch/*Berger* § 2 Rn. 236; Dreier/Schulze/*Schulze* UrhG § 32a Rn. 29; *Zentek/Meinke* S. 70; OLG Dresden ZUM 2018, 443 (444); OLG Naumburg ZUM 2005, 759 (760); s. ferner Wandtke/Bullinger/*Wandtke/Grunert* UrhG § 32a Rn. 12, 13, die auch den Fall der Gelder aus Fördermaßnahmen anführen.
[118] BGH GRUR 2012, 496 (500) – Das Boot; OLG München ZUM-RD 2018, 208 (225) – Das Boot III; vgl. auch KG GRUR-RR 2010, 276 (277); OLG Stuttgart ZUM-RD 2019, 20 (53) – Das Boot.
[119] BGH GRUR 2012, 496 (504) – Das Boot; OLG Köln ZUM-RD 2016, 27; OLG München GRUR-RR 2010, 416 (420); aA KG ZUM 2010, 346 (350); mwN; für die Berücksichtigung nur von Werbeerlösen, die kausal mit dem Werk zusammenhängen, Fromm/Nordemann/*Czychowski* UrhG § 32a Rn. 14.
[120] OLG München ZUM-RD 2018, 208 (215) – Das Boot III; LG Stuttgart ZUM-RD 2018, 245 (258) – Das Boot und OLG Stuttgart ZUM-RD 2019, 20 (57) – Das Boot.
[121] KG GRUR-Int 2016, 1072 – Fluch der Karibik II.
[122] OLG München ZUM-RD 2018, 208 (220) – Fluch der Karibik III.
[123] OLG München ZUM-RD 2018, 208 (215) – Fluch der Karibik III.
[124] BGH GRUR 2012, 1248 (1253) – Fluch der Karibik; Fromm/Nordemann/*Czychowski* UrhG § 32a Rn. 14; *Hilty/Peukert* GRUR-Int 2002, 643 (664).
[125] OLG Köln GRUR-RR 2014, 323 (325) – Alarm für Cobra 11.
[126] OLG Stuttgart ZUM-RD 2019, 20 (56) (nrkr; insoweit nicht anders die Vorinstanz).
[127] *C. Berger* Rn. 269, 270; Berger/Wündisch/*Berger* § 2 Rn. 240.
[128] *C. Berger* Rn. 267; *Brauner* ZUM 2004, 96 (97 f.).
[129] *Reber* GRUR 2015, 802 (807).

nach Abs. 2 hier dazu führen, dass der Anspruch gegen den Lizenzgeber entfällt; dies muss aber nicht notwendig der Fall sein.[130] Zur besonderen Situation bei der Schaffung einer Marke s. *Loschelder/ Wolff*,[131] zu einem Firmenlogo s. OLG Naumburg,[132] das einen Anspruch auf Vertragsanpassung gemäß § 32a UrhG verneint.

18   Beim Vergleich der Gegenleistung mit den Erträgen und Vorteilen sind die **„gesamten Beziehungen"** des Urhebers zum Vertragspartner im Rahmen einer **umfassenden Abwägung**[133] zu berücksichtigen. Die Formel ist aus § 36 aF übernommen. Hierbei können besondere Aufwendungen des Vertragspartners bei der Verwertung des betreffenden Werkes in Rechnung gestellt werden.[134] Die Darlegungs- und Beweislast hierfür liegt beim Werkverwerter.[135] Verhältnisse bezüglich anderer Werke des Urhebers (etwa bei früheren Werken erlittene Verluste) dürfen nach der Rechtsprechung des BGH berücksichtigt werden,[136] eine **Mischkalkulation** sieht der BGH als erlaubt an. Die Berücksichtigung von Verlusten des Verwerters mit Werken anderer Urheber **(Quersubventionierung)** ist dagegen unzulässig.[137] Im Sinne eines Missverhältnisses kann auch mit in Rechnung gestellt werden, dass sich der Verwerter gesetzliche Vergütungsansprüche abtreten lässt und sich damit Einnahmen verschafft, die das Gesetz dem Urheber zugedacht hat (→ § 32 Rn. 12). Mit *Wandtke/Grunert*[138] ist in jedem Fall ein **Bezug der fraglichen Umstände zu der Werknutzung** zu verlangen, hinsichtlich derer § 32a angerufen wird. „Unter Berücksichtigung" der Beziehungen bedeutet, dass mit ihnen nicht rein mechanisch-rechnerisch umzugehen ist, sondern dass sie als Wertungsfaktoren im Rahmen der Prüfung des Missverhältnisses zu behandeln sind. Bei einer krassen Abweichung von der angemessenen Vergütung spricht freilich eine tatsächliche Vermutung für ein relevantes Missverhältnis;[139] will sich der Werknutzer auf modifizierende Umstände berufen, trifft ihn die Darlegungs- und Beweislast. Die Üblichkeit der Vergütung braucht der Annahme eines auffälligen Missverhältnisses nicht entgegen zu stehen.[140]

19   § 32a setzt voraus, dass sich bei dem Gesamtvergleich zwischen einerseits der vereinbarten Gegenleistung[141] und andererseits den Erträgen und Vorteilen[142] unter Berücksichtigung der gesamten Beziehungen[143] in objektiver Betrachtung[144] ein **„auffälliges Missverhältnis"** ergibt.

In mittlerweile stRspr nimmt der BGH zur Bestimmung des auffälligen Missverhältnisses eine vierstufige Prüfung vor: Zuerst wird die vereinbarte Vergütung, sodann werden die durch den Verwerter erzielten Erlöse und Vorteile ermittelt. Danach ist die Vergütung zu bestimmen, die – im Nachhinein betrachtet – insbesondere unter Berücksichtigung der erzielten Erträge und Vorteile angemessen iSd § 32 Abs. 2 S. 2 ist. Schließlich ist zu prüfen, ob die vereinbarte Vergütung im Blick auf diese angemessene Vergütung in einem auffälligen Missverhältnis zu den Erträgen und Vorteilen steht. Ein auffälliges Missverhältnis liegt jedenfalls vor, wenn die vereinbarte Vergütung nur die Hälfte der angemessenen Vergütung beträgt.[145] Besonderheiten ergeben sich bei **Buy-Out-Modellen.** Hier ist die der Abrede zugrunde liegende Risikoverteilung bei der Prüfung eines Missverhältnisses zu berücksichtigen. Gleiches gilt bei Abreden, die eine Pauschalvergütung mit einer Absatzvergütung kombinieren.[146] Ein Missverhältnis kann sich bei derartigen Verträgen auch daraus ergeben, dass die Kalkulation des Pauschalhonorars auf der Annahme einer alleinigen Verwertung im Inland erfolgte und es später zur Lizenzierung an Nutzer im Ausland kam.[147]

---

[130] → Rn. 30 ff.

[131] *Loschelder/Wolff* FS Schricker, 2005, 425 ff.

[132] OLG Naumburg ZUM 2005, 759; kritisch hierzu *Zentek* ZUM 2006, 117 (121); *Jacobs* FS Ullmann, 2006, 79 (88).

[133] Fromm/Nordemann/*Czychowski* UrhG § 32 Rn. 18.

[134] Dreier/Schulze/*Schulze* UrhG § 32a Rn. 33.

[135] KG GRUR-Int 2016, 1072 (1076) – Fluch der Karibik II.

[136] BGH GRUR 2012, 496 (499) – Das Boot; noch zu § 36 aF BGH GRUR 2002, 153 (154) – Kinderhörspiele; Fromm/Nordemann/*Czychowski* UrhG § 32a Rn. 18; aA LG Hamburg ZUM 2008, 608 (612); ebenso noch die Vorauflage; ablehnend auch *Berger* GRUR 2003, 675 (678).

[137] BGH GRUR 2012, 496 (499) – Das Boot; Dreier/Schulze/*Schulze* UrhG § 32a Rn. 34; Fromm/Nordemann/*Czychowski* UrhG § 32a Rn. 18; Wandtke/Bullinger/*Wandtke/Grunert* UrhG § 32a Rn. 14.

[138] Wandtke/Bullinger/*Wandtke/Grunert* UrhG § 32a Rn. 14.

[139] BGH GRUR 1991, 901 – Horoskop-Kalender; BGH GRUR 2002, 153 (154 f.) – Kinderhörspiele; BGH GRUR 2002, 602 (604) – Musikfragmente – sämtliche Entscheidungen zu § 36 aF, aber auf § 32a erst recht anwendbar.

[140] Vgl. BGH GRUR 2002, 602 (604) – Musikfragmente: Was üblich ist, kann sogar ein grobes Missverhältnis implizieren.

[141] → Rn. 15 f.

[142] → Rn. 17.

[143] → Rn. 18.

[144] Dreier/Schulze/*Schulze* UrhG § 32a Rn. 35.

[145] BGH GRUR 2012, 496 (498) – Das Boot; best. in BGH GRUR 2012, 1248 (1252) – Fluch der Karibik; OLG München GRUR 2014, 323 (324) – Alarm für Cobra 11; maßgeblich ist die gesamte Vergütung, siehe KG ZUM-RD 2016, 510 (516); die Gegenleistung kann unter Umständen auch mit null anzusetzen sein, vgl. LG München I GRUR 2016, 776 (780) – nrkr; LG Hamburg ZUM 2015, 587 (592); vgl. hierzu *Jacobs* FS Bornkamm, 2014, 811 (814 ff.); *Reber* GRUR-Int 2015, 802 (804 ff.).

[146] LG Hamburg ZUM 2015, 587 (593).

[147] OLG Köln GRUR-RR 2014, 323 (326) – Alarm für Cobra 11.

§ 36 aF stellte auf ein „grobes Missverhältnis" ab. Wie die Gesetzesmaterialien besagen, wird „die Hürde, die dem geltenden § 36 (grobes Missverhältnis) vor dem Anspruch auf Vertragsanpassung aufgestellt war, ... damit deutlich herabgesetzt".[148] **„Auffällig"** ist demnach weniger als ein die Erkennbarkeit betreffendes Kriterium zu verstehen als vielmehr eine quantitative Bestimmung.

Zur Interpretation des Begriffs des **Missverhältnisses** ist bei § 32 anzusetzen, mit dem § 32a in engem Zusammenhang steht.[149] Hält sich die Gegenleistung im Rahmen der angemessenen Vergütung, ist ein Missverhältnis auszuschließen. Ein Missverhältnis wird begründet, wenn der Rahmen der Angemessenheit zum Nachteil des Urhebers unterschritten wird. Vom Urheber als weitere Vergütung vereinnahmte Werbeerlöse sind bei der Feststellung, ob greifbare Anhaltspunkte für ein auffälliges Missverhältnis vorliegen, nicht zu berücksichtigen. Ob diese Vergütung geeignet ist, ein auffälliges Missverhältnis auszuschließen, kann sich erst aus einem Vergleich mit den erzielten Erträgen und gegebenenfalls nach Durchsetzung eines entsprechenden Auskunftsverlangens ergeben. Diese Frage ist daher prozessual erst in der weiteren Stufe des Verfahrens nach Bezifferung der Zahlungsansprüche zu klären.[150] Im Gegensatz zu § 32 genügt die bloße Unterschreitung jedoch bei § 32a nicht als Ansatzpunkt für eine Korrektur.[151] Das Defizit muss bei § 32a vielmehr ein bestimmtes Ausmaß erreichen; es muss „auffällig" sein. Als „auffällig" ist das Missverhältnis dann zu erachten, wenn es eine evidente, bei objektiver Betrachtung erheblich ins Gewicht fallende Abweichung von der Angemessenheit impliziert.[152] Die früher maßgebliche Schwelle des „groben" Missverhältnisses[153] braucht dabei nicht erreicht zu sein[154] und schon gar nicht die Marge der Sittenwidrigkeit (§ 138 BGB). Das Unionsrecht verwendet „unverhältnismäßig niedrig" („disproportionately low", → Rn. 4a), was unterstreicht, dass die Grenze der Anwendbarkeit nicht zu hoch gesetzt werden darf.

Unter Berücksichtigung dieser Anhaltspunkte kann eine **Quantifizierung** versucht werden, wobei **20** freilich die Umstände, insbesondere die Berücksichtigung der „gesamten Beziehungen" im Einzelfall zu deutlichen Abweichungen führen können.[155] Nach der Begründung zur RA-Beschlussempfehlung[156] liegt ein auffälliges Missverhältnis jedenfalls vor, wenn die vereinbarte Vergütung zu 100% von der angemessenen Beteiligung abweicht,[157] dh die gewährte Vergütung nur 50% der angemessenen Vergütung erreicht.[158] Dem hat sich mittlerweile der BGH ausdrücklich angeschlossen und zudem hervorgehoben, dass unter Berücksichtigung der gesamten Beziehungen des Urhebers zum Verwerter unter Umständen bereits geringere Abweichungen ein auffälliges Missverhältnis begründen können.[159] Der Anpassungsanspruch des französischen Rechts greift bei einer Differenz von mehr als $^7/_{12}$, setzt allerdings voraus, dass eine Pauschalvergütung vereinbart war.[160] Da das „auffällige" Missverhältnis nach der Gesetzesbegründung deutlich weniger krass als das „grobe" Missverhältnis zu sein braucht, gehen *Wandtke/Grunert* von einer Eingriffsschwelle aus, die bei einer Unterschreitung der üblichen und redlichen Vergütung um 20 bis 30% liegt.[161] Nicht zuletzt angesichts der – praktisch kaum zu bewältigenden – Abgrenzungsschwierigkeiten sind Quantifizierungen mit Vorsicht zu handhaben, weil sowohl der Rahmen der angemessenen Vergütung als auch der unter Berücksichtigung der „gesamten Beziehungen" zu bestimmende Begriff des Missverhältnisses keine festen Größen sind, son-

---

[148] RA-Beschlussempfehlung S. 19; s. auch *Haas* Nr. 281, 296.

[149] So auch Wandtke/Bullinger/*Wandtke/Grunert* UrhG § 32a Rn. 17.

[150] BGH GRUR 2012, 1248 (1253) – Fluch der Karibik; krit. zu der Verlagerung wesentlicher Rechtsfragen in das Auskunfts- und ggf. auch das Ordnungsmittelverfahren *Diesbach* in Hain/Peifer/Stern (Hg.), Urhebervertragsrecht, 2014, S. 85, 99.

[151] Berger/Wündisch/*Berger* § 2 Rn. 252 f.

[152] Möhring/Nicolini/*Soppe* UrhG § 32a Rn. 11.

[153] S. hierzu Dreier/Schulze/*Schulze* UrhG § 32a Rn. 36.

[154] *C. Berger* Rn. 282, Berger/Wündisch/*Berger* § 2 Rn. 253.

[155] S. zu den Quantifizierungsversuchen in der Literatur Loewenheim/*v. Becker* UrhG § 29 Rn. 108 ff.; Berger/Wündisch/*Berger* § 2 Rn. 253 f.

[156] Begründung zur RA-Beschlussempfehlung S. 19.

[157] So auch *C. Berger* Rn. 282, 284; vgl. auch Dreyer/*Kotthoff*/Meckel UrhG § 32a Rn. 18, Dreier/Schulze/*Schulze* UrhG § 32a Rn. 37; LG Berlin ZUM-RD 2012, 281 (283).

[158] Vgl. Berger/Wündisch/*Berger* § 2 Rn. 253; Dreier/Schulze/*Schulze* UrhG § 32a Rn. 37; Loewenheim/*v. Becker* UrhG § 29 Rn. 109; Dreyer/*Kotthoff*/Meckel UrhG § 32a Rn. 18; Wandtke/Bullinger/*Wandtke/Grunert* UrhG § 32a Rn. 20; Fromm/Nordemann/*Czychowski* UrhG § 32a Rn. 16; *Höckelmann* ZUM 2005, 526 (527); OLG München ZUM 2006, 473 (479) – nrkr.

[159] BGH GRUR 2012, 496 (498) – Das Boot; BGH GRUR 2012, 1248 (1252) – Fluch der Karibik; vgl. OLG München GRUR-RR 2011, 405 (408) – Pumuckl, das bei einer ausgezahlten Vergütung von 25% der angemessenen Vergütung ein auffälliges Missverhältnis annahm; OLG Nürnberg ZUM 2015, 515 (520); vgl. BGH GRUR 1991, 901 (903) – Horoskop-Kalender, wo für § 36 aF bei 20–35% der angemessenen Vergütung ein „grobes" Missverhältnis angenommen wurde. S. auch Schack Rn. 1098, der sich einem „Schematismus" widersetzt und sich für eine Einzelfallbetrachtung ausspricht.

[160] Art. L 131-5 Abs. 1 mit Abs. 2 Code de la propriété intéllectuelle.

[161] Wandtke/Bullinger/*Wandtke/Grunert* UrhG § 32a Rn. 20 unter Berufung auf *Hagen,* der bereits bei einer Unterschreitung von 20% ein grobes Missverhältnis annimmt; s. ferner die Beispiele bei Wandtke/Bullinger/ *Wandtke/Grunert* UrhG § 32a Rn. 21. Ablehnend Berger/Wündisch/*Berger* § 2 Rn. 254 mit dem Hinweis darauf, dass die Festlegung geringerer Abweichungen unpraktikabel sei, da eine Abgrenzung zwischen einer noch angemessenen Vergütung, einem „bloßen" Missverhältnis und einem „auffälligen" Missverhältnis kaum rational nachvollziehbar vorgenommen werden könne.

dern Wertungen erfordern.[162] Die weitere angemessene Beteiligung des Urhebers ist nicht darauf beschränkt, dass das auffällige Missverhältnis gerade noch beseitigt wird.[163]

21 Wie bei § 36 aF[164] spielen auch bei § 32a **Kausalitätserwägungen** für die Begründung des Korrekturanspruchs grundsätzlich keine Rolle.[165] Wenn das Werk in gesteigertem, ertragbringendem Umfang genutzt wird, ist dies unter den Voraussetzungen des § 32a zugunsten des Urhebers zu berücksichtigen, ohne dass es darauf ankäme, wie der Erfolg zustande gekommen ist.[166] Auch bei einem Werk der „kleinen Münze", dessen Nutzung etwa durch eine Modeströmung gefördert wird, kann der Urheber eine Teilhabe an den gesteigerten Erträgnissen beanspruchen.[167] Dies schließt nicht aus, dass den Erfolg fördernde besondere Leistungen des Werknutzers im Rahmen der Missverhältnisprüfung berücksichtigt werden.[168] Wird allerdings der Beitrag des Urhebers nicht verwendet, beispielsweise die Leistung des Übersetzers im Zusammenhang mit Merchandising-Artikeln, entfällt der Anspruch.[169]

Die Anwendung des § 32a kommt **auch bei untergeordneten Leistungen** in Betracht. So sind die Leistungen eines Synchronsprechers des Hauptdarstellers eines Kinofilms üblicherweise nicht derart marginal, dass der Anwendungsbereich des § 32a generell ausgeschlossen wäre.[170] Ein geringes Gewicht kann allerdings beim Merkmal des auffälligen Missverhältnisses zu berücksichtigen sein; eine pauschale Abgeltung untergeordneter Leistung kann er angemessen sein.[171] Die Figur der untergeordneten Leistung hat mittlerweile Eingang in §§ 32d Abs. 1 Nr. 1 und § 40a Abs. 3 Nr. 1 gefunden. Dort führt das Vorhandensein eines „nachrangigen Beitrags" zum Ausschluss eines Auskunftsanspruchs (§ 32d) bzw. eines Zweitverwertungsrechts des Urhebers (§ 40a). Beide Vorschriften sprechen von einem Beitrag, der „den Gesamteindruck eines Werkes oder die Beschaffenheit eines Produktes oder einer Dienstleistung wenig prägt", etwa weil er „nicht zum typischen Inhalt" gehört. Die Formulierung hat ersichtlich den Fall „Tatort-Vorspann" vor Augen, der eine Designleistung zu einem Serienvorspann betraf und in dieser Gestalt zwar die Wiedererkennbarkeit der Serie, nicht aber den Inhalt von Serie oder einzelnen Episoden betrifft.[172] Gedacht wurde ferner an Logos und Markenzeichen, die zwar eine Herkunftsbedeutung für das Unternehmen begründen, nicht aber deren Produkte oder Leistungen inhaltlich prägen.[173] Davon abzugrenzen ist eine künstlerische Leistung, die das Produkt (zB ein Holzspielzeug) prägt und daher auch zu seinem Markterfolg beiträgt.[174] Nur bei im Vergleich zum Gesamtwerk gänzlich marginalen Beiträgen ist ein Anspruch aus § 32a ausgeschlossen.[175] Die RA-Beschlussempfehlung spricht von einer „zurückhaltenden Anwendung" des § 32a.[176]

22 Gemäß § 32a Abs. 1 S. 2 ist unerheblich, ob die Vertragspartner die Höhe der erzielten Erträge oder Vorteile **vorhergesehen haben oder hätten vorhersehen können.** Bei § 36 aF kam es nach bisherigem Verständnis zwar nicht auf die Vorhersehbarkeit an,[177] jedoch musste das Missverhältnis **„unerwartet"** sein.[178] In der Praxis zu § 36 aF spielte dieses – ungeschriebene – einschränkende Kriterium eine nicht unerhebliche Rolle für den häufigen Anspruchsausschluss.[179]

3. Mehrere Berechtigte bei § 32a Abs. 1

23 Treffen die Voraussetzungen des § 32a Abs. 1 auf mehrere Urheber zu, so kommt es auf das Verhältnis an, in dem sie zueinander stehen. Handelt es sich um **Miturheber** (§ 8 UrhG), so stehen die Ansprüche nach § 32a, da sie der Verwertung des gemeinsamen Werkes zuzuordnen sind, der Mitur-

[162] Vgl. hierzu beispielhaft LG München I ZUM 2015, 2013 – nrkr.
[163] LG Hamburg ZUM 2015, 587 (595).
[164] → 2. Aufl. 1999, § 36 Rn. 12.
[165] OLG München ZUM 2011, 422 (426) – Tatort-Vorspann; Wandtke/Bullinger/*Wandtke*/*Grunert* UrhG § 32a Rn. 14; Mestmäcker/Schulze/*Lindner* UrhG § 32a Anm. 2c; Dreier/Schulze/*Schulze* UrhG § 32a Rn. 30; Dreier/*Kotthoff*/Meckel UrhG § 32a Rn. 15; *C. Berger* Rn. 276; *Erdmann* GRUR 2002, 923 (928).
[166] In diesem Sinne auch die Begründung zur RA-Beschlussempfehlung S. 19.
[167] Vgl. zu § 36 aF BGH GRUR 2002, 153 (155) – Kinderhörspiele; BGH GRUR 1991, 901 (901 f.) – Horoskop-Kalender.
[168] → Rn. 18.
[169] Vgl. OLG München ZUM-RD 2018, 208 (220).
[170] BGH GRUR 2012, 1248 (1248) – Fluch der Karibik.
[171] Vgl. OLG München GRUR-RR 2011, 245 (246) – Tatort-Vorspann.
[172] OLG München GRUR-RR 2011, 245 (246) – Tatort-Vorspann.
[173] OLG München ZUM-RD 2015, 188 – Unternehmenslogo.
[174] BGH GRUR 2016, 1291 – Geburtstagskarawane; so zum Werbejingle OLG Dresden ZUM 2018, 443 (444).
[175] BGH GRUR 2012, 1248 (1251 f.) – Fluch der Karibik; so etwa OLG München GRUR-RR 2011, 245 (246) – Tatort-Vorspann (nrkr) bzgl. der Gestaltung des Vorspanns einer TV-Serie.
[176] RA-Beschlussempfehlung S. 19, vgl. auch Loewenheim/*v. Becker* UrhG § 29 Rn. 142 unter Hinweis auf die Begründung; s. ferner *Zentek*/*Meinke* S. 70 f.; Dreier/*Kotthoff*/Meckel UrhG § 32a Rn. 15; OLG Naumburg ZUM 2005, 759 (761): Gestaltung eines Firmenlogos nur von untergeordneter Bedeutung für den Unternehmenserfolg. Kritisch hierzu *Zentek* ZUM 2006, 117 (121); s. zu § 36 aF BGH GRUR 2002, 153 (155) – Kinderhörspiele; BGH GRUR 2002, 602 (603 f.) – Musikfragmente; zur Beteiligung mehrerer Berechtigter → Rn. 23 f.
[177] → 2. Aufl. 1999, § 36 Rn. 12.
[178] → 2. Aufl. 1999, § 36 Rn. 12 mN; BGH GRUR 2002, 602 (604) – Musikfragmente; vgl. auch Dreier/Schulze/*Schulze* UrhG § 32a Rn. 39.
[179] Paradigmatisch BGHZ 137, 387 = GRUR 1998, 680 (684) – Comic-Übersetzungen.

hebergemeinschaft zu und sind grundsätzlich von dieser geltend zu machen.[180] Da die gesetzliche Prozessstandschaft des § 8 Abs. 2 S. 3 nur auf Urheberrechtsverletzungen, nicht aber auf die Geltendmachung vertraglicher Ansprüche anwendbar ist,[181] kann eine auf § 32a gestützte Klage des einzelnen Miturhebers mit § 8 Abs. 2 S. 3 nicht begründet werden. Ein einzelner Miturheber kann den Anspruch des § 32a aber in Notgeschäftsführung im Rahmen der Gesamthand[182] geltend machen. Ferner können die Miturheber, im Rahmen der Regelung von Geschäftsführung und Vertretung, einzelne Miturheber zur Anspruchserhebung für alle legitimieren. Hat ein Miturheber mit seinem Vertragspartner einen eigenen Vertrag mit einer individuellen Vergütung geschlossen, kann er einen Anspruch auf weitere Beteiligung unabhängig von anderen Miturhebern geltend machen.[183] Bei Einbringung der Ansprüche in eine Gesellschaft, kann diese Gesellschaft den Anspruch geltend machen, er berechnet sich aber nach den Verhältnissen der Urheber, die ihre Werke oder Werkbeiträge in die Gesellschaft eingebracht haben.[184]

Wird für eine Miturhebergemeinschaft nach § 32a vorgegangen, so kann dies nur für die Werknutzung im Ganzen erfolgen; die interne Verteilung im Innenverhältnis muss nach § 8 Abs. 3 vorgenommen werden. Könnte ein einzelner Miturheber ohne Rücksicht auf weitere Miturheber vorgehen, so ergäbe sich die Gefahr, dass der Verwerter insgesamt mehr als die angemessene Vergütung entrichten müsste. Den Anspruch auf **Auskunftserteilung** kann jeder Miturheber unabhängig von den anderen für sich geltend machen.[185] Vgl. auch § 32d.

Handelt es sich um **verbundene Werke** mehrerer Urheber (§ 9 UrhG), so richtet sich die Geltendmachung von Ansprüchen aus § 32a nach den Regelungen der zwischen den Urhebern bestehenden BGB-Gesellschaft. Dies wird in der Regel zu einem einheitlichen Korrekturanspruch für alle beteiligten Urheber mit interner Aufteilung wie bei der Miturheberschaft führen (→ Rn. 23). Der einzelne Urheber ist dagegen für sich legitimiert, wenn es um die gesonderte Verwertung seines Werkes geht.   **24**

In sonstigen Fällen mehrerer Beteiligter (**Beiträger zu Sammelwerken, Herausgeber und Beiträger, Originalautoren und Bearbeiter**) kann sich jeder Beteiligte für sich auf § 32a berufen.[186] Bei der Bemessung der angemessenen Vergütung als Basis für die Prüfung des Missverhältnisses ist freilich die anteilige Teilhabe an der gesamten Vergütung für die Nutzung der von den mehreren Urhebern verfassten Werksgesamtheit in Rechnung zu stellen. In dem Maße, wie es für den Beteiligten angemessen ist, am ursprünglich veranschlagten vertraglichen Gesamthonorar zu partizipieren, kommt auch eine Beteiligung an der Aufstockung in Betracht. Entsprechendes gilt für das Verhältnis von **Urhebern und Leistungsschutzberechtigten,** insbesondere **ausübenden Künstlern,** wenn es um eine gemeinsame Verwertung von Werk und Leistung geht und die Erträge und Vorteile für diese einheitliche Nutzung angefallen sind.

III. Rechtsfolgen

1. Anspruch gegenüber dem Vertragspartner

Liegen die Voraussetzungen des § 32a Abs. 1 vor, so erwirbt der Urheber gegenüber seinem Vertragspartner einen **Anspruch auf Einwilligung in eine Vertragsänderung,**[187] durch die dem Urheber eine den Umständen nach weitere angemessene Beteiligung gewährt wird. Wie bei § 36 aF handelt es sich um einen Anspruch, nicht um ein Gestaltungsrecht.[188] Der Anspruch richtet sich auf die Abgabe einer vertragsändernden Willenserklärung, die, vom Berechtigten angenommen, zu einer Vertragsanpassung in puncto Gegenleistung führt. Erforderlichenfalls ist der Anspruch einzuklagen. Auch wenn § 32a zunächst keinen Zahlungsanspruch, sondern nur einen Anspruch auf Vertragsanpassung gibt, kann mit der Klage auf Einwilligung in die Vertragsänderung zugleich die Klage auf Zahlung der sich aus der Vertragsänderung ergebenden Nachforderung verbunden werden.[189] Die **Vollstreckung** des Vertragsänderungsanspruchs erfolgt nach § 894 ZPO. Der Klageantrag muss nicht beziffert sein, allerdings ist eine Größenordnung anzugeben.[190] Die Frage, ob der Anspruch aus § 32a   **25**

---

[180] Loewenheim/*v. Becker* UrhG § 29 Rn. 144; aA (grundsätzliche Alleinbefugnis des Miturhebers) OLG Zweibrücken ZUM 2016, 1065 (1068); Dreier/Schulze/*Schulze* UrhG § 32a Rn. 66; LG München I ZUM 2009, 794 (800).
[181] Wandtke/Bullinger/*Thum* UrhG § 8 Rn. 115.
[182] Wandtke/Bullinger/*Thum* UrhG § 8 Rn. 115.
[183] OLG München ZUM 2011, 422 (426) – Tatort-Vorspann.
[184] Vgl. den bei *Hertin* FS Schwarz, 2017, 57 f. zitierten Fall KG 30.9.2016 – 5 U 76/15 und die Ausgangskonstellation bei BGH GRUR 2012, 1022 Rn. 22 – Kommunikationsdesigner.
[185] BGH GRUR 2012, 496 (497) – Das Boot; Fromm/Nordemann/*Czychowski* UrhG § 32a Rn. 45.
[186] Zum Online-Bereich s. *Lober* K&R 2002, 526 (529).
[187] *Haas* Nr. 309; kritisch *Berger* Rn. 288; Berger/Wündisch/*Berger* § 2 Rn. 260; *Berger* GRUR 2003, 675 (677 f.): unmittelbarer Zahlungsanspruch – was praktikabel sein mag, mit dem Wortlaut aber unvereinbar ist.
[188] Nachw. → 2. Aufl. 1999, § 36 Rn. 14.
[189] BGH GRUR 2016, 1291 Rn. 20 – Geburtstagskarawane; BGH GRUR 2009, 939 (941) – Mambo No. 5; Dreier/Schulze/*Schulze* UrhG § 32a Rn. 62.
[190] Berger/Wündisch/*Berger* § 2 Rn. 279; enger (keine Bezifferung) noch die 3. Auflage und Dreier/Schulze/*Schulze* UrhG § 32a Rn. 61 ff.; Wandtke/Bullinger/*Wandtke/Grunert* UrhG § 32a Rn. 24.

während des Verzugs zu verzinsen ist, wird bisher verneint, weil es um einen Vertragsanpassungsanspruch gehe und nur Geldansprüche zu verzinsen sind (§ 288 Abs. 1 S. 1 BGB).[191] Da der Anpassungs- mit einem Leistungsanspruch verbunden werden kann, ist dies allerdings nicht selbstverständlich. Überzeugender ist es anzunehmen, dass in Höhe des berechtigten Leistungsbegehrens auch Verzugszinsen geschuldet werden.

26   Der Urheber kann immer dann, wenn aufgrund nachprüfbarer Tatsachen klare Anhaltspunkte für seinen Vertragsänderungsanspruch bestehen, **Auskunft** und gegebenenfalls **Rechnungslegung** verlangen, um im Einzelnen die weiteren Voraussetzungen dieses Anspruchs ermitteln und die zu zahlende Vergütung berechnen zu können.[192] Für die Geltendmachung des Auskunftsanspruchs ist noch keine genaue Bezifferung, der durch den Dritten erzielten Erträge und eine Gegenüberstellung mit der Gegenleistung, erforderlich. Ein solcher Vergleich erfolgt erst in der nächsten Stufe des Verfahrens auf der Grundlage der erteilten Auskünfte.[193] Für das Bestehen des Auskunftsanspruchs genügen bereits greifbare Anhaltspunkte dafür, dass ein auffälliges Missverhältnis besteht. Diese können zB bei einem Spielfilm in langen Kinolaufzeiten, breiter Resonanz in den Medien sowie erheblich höheren Vergütungen für die ausübenden Künstler bei Folgeproduktionen liegen.[194] Die Grenzen des Auskunftsanspruchs ergeben sich aus Treu und Glauben. Er scheidet nicht nur dann aus, wenn auf Seiten des Berechtigten die geforderten Angaben zur Erreichung des Vertragszwecks nicht unbedingt erforderlich sind, sondern setzt auch auf Seiten des Verpflichteten voraus, dass er dem Auskunftsverlangen ohne unzumutbaren Aufwand und ohne Beeinträchtigung berechtigter Interessen nachkommen kann.[195] Der Auskunftsanspruch wird nicht allein dadurch ausgeschlossen, dass die Erteilung der Auskunft dem Schuldner Mühe bereitet und ihn Zeit und Geld kostet. Vielmehr kann die Auskunft „unschwer" erteilt werden, wenn die Belastungen des Schuldners in Anbetracht der Darlegungs- und Beweisnot des Gläubigers nicht unbillig sind.[196] Der Anspruch kann so weit gehen, dass Verwerter Auskunft über Namen und Adressen ihrer Vertragspartner geben müssen und zur Vorlage der entsprechenden Verträge verpflichtet sind.[197] Bei rechtzeitigem Vortrag und schützenswerten Interessen des Verwerters kann ein **Wirtschaftsprüfervorbehalt** angeordnet werden.[198] Der Anspruch entfällt, soweit die begehrten Informationen öffentlich zugänglich sind.[199] § 32d gibt dem Urheber zudem einen voraussetzungslosen Anspruch auf Auskunft, der einmal jährlich gestellt werden kann, für bestimmte Werke und Werkbeiträge allerdings ausgeschlossen bleibt (§ 32d Abs. 2).

27   Der Vertragsänderungsanspruch zielt darauf ab, dem Urheber **„eine den Umständen nach weitere angemessene Beteiligung"** zu gewähren. Unter § 36 aF war strittig, ob der Anspruch nur soweit reiche, dass das grobe Missverhältnis eben noch ausgeräumt würde[200] oder ob die Vertragsanpassung das Niveau der angemessenen Vergütung erreichen müsste. Der BGH hat sich für die – bereits vom Wortlaut des § 36 aF nahegelegte – zweitgenannte Auffassung entschieden.[201] Dem ist beizutreten. Entsprechend ist § 32a auszulegen.[202] Es sind somit zwei Grenzen zu unterscheiden: Die Eingriffsschwelle des „auffälligen Missverhältnisses" und das Anspruchsziel der „angemessenen Beteiligung". Ist die höhere Eingriffsschwelle überwunden, wird eine Anpassung des Vertrags an den Maßstab voller Angemessenheit geschuldet.[203] Dass dadurch der Urheber, dessen Vergütung in einem auffälligen Missverhältnis zu seiner Leistung steht, besser gestellt ist als derjenige, dessen Vergütung

---

[191] Ablehnend daher OLG Stuttgart ZUM-RD 2019, 20 – Das Boot.
[192] BGH GRUR 2012, 1248 (1251) – Fluch der Karibik; BGH GRUR 2012, 496 (497) – Das Boot; BGH GRUR 2009, 939 (941) – Mambo No. 5; so bereits zu § 36 aF BGH GRUR 2002, 602 (603) – Musikfragmente; zu § 32a s. OLG München GRUR 2014, 323 (323 f.) – Alarm für Cobra 11; OLG München GRUR-RR 2008, 37 (40) – Pumuckl-Illustrationen II; LG München I ZUM 2009, 794; LG Berlin ZUM 2009, 781; *Zentek/Meinke* S. 73; Loewenheim/*v. Becker* UrhG § 29 Rn. 161 ff.; Dreier/Schulze/*Schulze* UrhG § 32a Rn. 63 f.; Dreyer/*Kotthoff*/Meckel UrhG § 32a Rn. 23; Fromm/Nordemann/*Czychowski* UrhG § 32a Rn. 46.
[193] BGH GRUR 2012, 1248 (1253) – Fluch der Karibik; OLG Köln GRUR-RR 2014, 323 (324) – Alarm für Cobra 11.
[194] BGH GRUR 2012, 1248 (1253) – Fluch der Karibik; OLG Köln GRUR-RR 2014, 323 (324) – Alarm für Cobra 11.
[195] BGH GRUR 2012, 1248 (1253) – Fluch der Karibik; BGH GRUR 2012, 496 (503) – Das Boot; BGH GRUR 2002, 602 (603 f.) – Musikfragmente; OLG Köln GRUR-RR 2014, 323 (328) – Alarm für Cobra 11; Fromm/Nordemann/*Czychowski* UrhG § 32a Rn. 46.
[196] OLG München GRUR-RR 2008, 37 (41) – Pumuckl-Illustrationen II.
[197] BGH GRUR 2012, 496 (504) – Das Boot; OLG München GRUR 2013, 276 (277 f.) – Das Boot II: Pflicht des Verwerters, Daten über Unterlizenznehmer herauszugeben, soweit für ihn eine rechtliche Handhabe besteht, diese Informationen von seinem Lizenznehmer zu erlangen; Fromm/Nordemann/*Czychowski* UrhG § 32a Rn. 46.
[198] BGH GRUR 2012, 496 (504) – Das Boot; BGH ZUM 2015, 53 (53); OLG Köln GRUR-RR 2014, 323 (328) – Alarm für Cobra 11; Fromm/Nordemann/*Czychowski* UrhG § 32a Rn. 46.
[199] OLG Hamburg ZUM-RD 2010, 229 (231) – nrkr; Fromm/Nordemann/Czychowski UrhG § 32a Rn. 46.
[200] So → 2. Aufl. 1999, § 36 Rn. 15 mN.
[201] BGH GRUR 2002, 153 (155) – Kinderhörspiele; so auch OLG Nürnberg ZUM 2015, 515 (518 f.); LG Hamburg ZUM 2015, 587 (595).
[202] So auch *Erdmann* GRUR 2002, 923 (927); Dreier/Schulze/*Schulze* UrhG § 32a Rn. 41; *Schack* Rn. 1098; so wohl auch BGH GRUR 2009, 1148 – Talking to Addison; *Reber* GRUR-Int 2015, 802 (808).
[203] So auch Mestmäcker/Schulze/*Lindner* UrhG § 32a Anm. 2d; *Höckelmann* ZUM 2005, 526 (529); Wandtke/Bullinger/*Wandtke*/Grunert UrhG § 32a Rn. 26; Loewenheim/*v. Becker* UrhG § 29 Rn. 110; Haas Nr. 304 ff.; Berger/Wündisch/*Berger* § 2 Rn. 261. aA Dreyer/*Kotthoff*/Meckel Rn. 20 f.; Loewenheim/*v. Becker* UrhG § 29 Rn. 110; *Zentek* ZUM 2006, 117 (119).

trotz Vorliegens eines Missverhältnisses diese Schwelle nicht erreicht und der daher keine weitere Beteiligung verlangen kann, ist hinzunehmen. Der Gesetzgeber hat entschieden, Urheber nur oberhalb der Eingriffsschwelle des „auffälligen" Missverhältnisses zu schützen und ein einfaches Missverhältnis – vorbehaltlich des § 32 – hinzunehmen.

Wenn in § 32a von der **„weiteren" angemessenen Beteiligung** die Rede ist, so wird damit implizit auf § 32 Bezug genommen.[204] Welche Ansprüche der Urheber bei Vertragsschluss hat, ergibt sich aus § 32, ohne dass die Korrektur von einem „auffälligen" Missverhältnis abhängig wäre. § 32a baut auf der nach § 32 zu beanspruchenden angemessenen Vergütung auf und ermöglicht bei auffälligem Missverhältnis eine weitere Vertragskorrektur.[205] Inhaltlich sind beide Anspruchsgrundlagen gleichermaßen auf eine angemessene Vergütung gerichtet.[206] Bei einer entsprechenden Entwicklung der Erträge und Vorteile ist, insbesondere bei Pauschalhonoraren, auch eine mehrfache, stufenweise Anwendung des § 32a denkbar.[207]

Die im § 32a in Bezug genommene **„angemessene Beteiligung"** ist im wirtschaftlichen Sinne zu verstehen. Es muss sich nicht notwendig um ein Beteiligungshonorar im technischen Sinne handeln, obgleich das Beteiligungsprinzip durch einen vom Ertrag berechneten Prozentsatz am ehesten wird verwirklicht werden können. Die Gewährung eines (weiteren) Pauschalhonorars ist jedoch nicht ausgeschlossen; sie wird insbesondere nahe liegen, wenn nicht an „Erträge", sondern an „Vorteile" anzuknüpfen ist.

Die Verweisung auf die **„Umstände"** in § 32a Abs. 1 S. 1 bringt gegenüber der mit der Angemessenheitsprüfung nach § 32 verbundenen umfassenden Wertung[208] nichts wesentlich Neues. Die von § 32a als Anpassungsziel genannte „weitere angemessene Beteiligung" ist ihrer Natur nach nichts anderes als die „angemessene Vergütung" des § 32, die jedoch der Höhe nach im Lichte der aus der Nutzung des Werks sich ergebenden Umstände zu bestimmen ist.

2. Haftung bei Einschaltung Dritter

Nach der ursprünglich im Professoren- und Regierungsentwurf vorgesehenen gesetzlichen Haftung für die Nutzung des Werks aufgrund eines Nutzungsrechts oder einer Erlaubnis erstreckte sich die Zahlungspflicht ohne Weiteres auf Dritte, die diese Voraussetzungen erfüllten. Die Kritik erblickte in der Haftung mehrerer und dem möglichen Regress zwischen ihnen jedoch „kaum lösbare Schwierigkeiten".[209] Die RA-Beschlussempfehlung vom 23.1.2002 ging zum Modell eines vertraglichen Vergütungsanspruchs mit Korrektur ex ante und ex post über und wollte für den – in Anlehnung an § 36 aF gebildeten – zweiten Fall den Regressanspruch zwischen dem Vertragspartner und Lizenzgeber einerseits und dem Lizenznehmer andererseits regeln.[210] Der Änderungsantrag vom 23.1.2002 gab einer **Durchgriffshaftung**[211] der Dritten den Vorzug und schlug im Wesentlichen den nunmehr im Gesetz enthaltenen Text vor. Die Begründung nahm darauf Bezug, dass in der Lehre schon unter § 36 aF[212] eine Dritthaftung angenommen worden war.[213] Ob die Dritthaftung noch als Vertragshaftung angesehen werden kann, ist fraglich. Naheliegender ist es, den Anspruch gegen Dritte als gesetzlichen Vergütungsanspruch anzusehen, der sich gegen den Erwerber eines Nutzungsrechts richtet (→ Rn. 5). Eine funktional vergleichbare Situation findet sich bereits mit der Anerkennung eines Folgerechts (→ § 26 Rn. 4).

Erste Voraussetzung für die Dritthaftung ist nach § 32a Abs. 2 S. 1, dass der Vertragspartner des Urhebers – wirksam[214] – das **Nutzungsrecht übertragen** oder **weitere Nutzungsrechte eingeräumt** hat. Mit „Übertragung" ist die – von § 29 Abs. 1 nicht ausgeschlossene – volle Übertragung des abgeleiteten Rechts zu verstehen, unter der „Einräumung weiterer Nutzungsrechte" die konstitutive Begründung ausschließlicher oder einfacher weiterer Nutzungsrechte. Bei der Übertragung können mehrere Übertragungsakte hintereinander folgen; abgeleitete Nutzungsrechte können mehrstufig begründet werden.[215] Die Erwähnung der „Lizenzkette" in § 32a Abs. 2 S. 1 aE bekräftigt dies. Es kann – in den Grenzen der Aufspaltbarkeit – das Nutzungsrecht auch aufgeteilt werden oder es können nebeneinander bestehende abgeleitete Nutzungsrechte eingeräumt werden.[216]

Vorstehend[217] wurde die analoge Anwendung des § 32a Abs. 1 auf **schuldrechtliche Nutzungsverträge und einseitige Einwilligungen** begründet. Diese Analogie gilt entsprechend für § 32a

28

29

30

31

---

[204] *Haas* Nr. 305.
[205] Zum Verhältnis von § 32 und § 32a auch → Rn. 9, 19.
[206] OLG Nürnberg ZUM 2015, 515 (518).
[207] OLG München ZUM-RD 2018, 208 (222); LG Berlin ZUM 2005, 901 (904); *C. Berger* Rn. 291; Berger/Wündisch/*Berger* § 2 Rn. 262; Dreier/Schulze/*Schulze* UrhG § 32a Rn. 42.
[208] → § 32 Rn. 28 ff.
[209] S. zB Stellungnahme des Bundesrats zum RegE BT-Drs. 14/7564, 7.
[210] S. *Hucko* S. 153, 163.
[211] Zur Kritik am Terminus „Haftung" in diesem Zusammenhang s. *Berger* GRUR 2003, 675 (680).
[212] → 2. Aufl. 1999, § 36 Rn. 8.
[213] RA-Beschlussempfehlung S. 19; Wandtke/Bullinger/*Wandtke/Grunert* UrhG § 32a Rn. 27 mwN.
[214] *C. Berger* Rn. 294; Berger/Wündisch/*Berger* § 2 Rn. 265.
[215] Wandtke/Bullinger/*Wandtke/Grunert* UrhG § 32a Rn. 28.
[216] *Reinhard/Distelkötter* ZUM 2003, 269 (271 ff.).
[217] → Rn. 13.

Abs. 2. Unter § 32a Abs. 2 fällt somit auch die – vom Urheber zugelassene (vgl. § 399 BGB) – Übertragung schuldrechtlicher Nutzungsrechte und einseitiger Einwilligungen sowie die Gewährung schuldrechtlicher Unterbefugnisse.

Gegenüber dem bloßen **Erwerber von Werkstücken** gilt § 32a Abs. 2 mangels Einräumung urheberrechtlicher Befugnisse nicht. Veräußert der Erwerber ein Werk der bildenden Kunst weiter, kommt jedoch das Folgerecht gem. § 26 in Betracht.

32   Hinsichtlich der weiteren Voraussetzungen der Dritthaftung verweist § 32a Abs. 2 auf Abs. 1, wobei auf die „Erträgnisse oder Vorteile" des Dritten abzustellen ist und die „vertraglichen Beziehungen in der Lizenzkette" zu berücksichtigen sind. Die Haftung des ursprünglichen Vertragspartners des Urhebers entfällt. Das Entfallen der Haftung bezieht sich nur auf die konkrete Nutzungsform, für die die Rechte dem Dritten eingeräumt worden sind und auf die insoweit vom Dritten erwirtschafteten Erträge.[218]

Soweit auf die **„Erträgnisse oder Vorteile des Dritten"** abgestellt wird (wenn § 32a Abs. 1 S. 1 von „Erträgen", Abs. 2 S. 1 von „Erträgnissen" spricht, so dürfte dies keinen Unterschied machen, ebenso wenig wie die Abweichung, dass es in Abs. 2 S. 1 im Gegensatz zu Abs. 1 S. 1 „oder" statt „und" heißt, sinngemäß ist in beiden Fällen „und/oder" gemeint), bedeutet dies im Verein mit der Verweisung auf Abs. 1, dass das **Missverhältnis abschnittsweise zu beurteilen** ist. Dabei ist in erster Linie von den Erträgnissen und Vorteilen des Dritten auszugehen. Die Erträge und Vorteile aus der Nutzung des Werks sind zur vereinbarten Gegenleistung in Beziehung zu setzen. Sinngemäß gemeint ist dabei nicht die vom Dritten, sondern **die von dem ursprünglichen Vertragspartner des Urhebers diesem zu erbringende Gegenleistung.**[219] Maßgeblich ist die „angemessene" Vergütung. Sofern die im ursprünglichen Vertrag vereinbarte Gegenleistung angemessen ist, ist diese maßgeblich. Anderenfalls ist die fiktive angemessene Vergütung zugrunde zu legen.[220] Es kann nur der Teil der „vereinbarten Gegenleistung" berücksichtigt werden, der auf das vom Dritten verwertete Nutzungsrecht entfällt. Nutzt der Dritte also nur eines von mehreren ursprünglich eingeräumten Rechten, etwa das Recht zur Fernsehverwertung, nicht aber das Recht zur Videoverwertung, darf auch die ursprünglich vereinbarte Gegenleistung nur anteilig berücksichtigt werden.[221] Bei mehreren beteiligten Zessionaren kommt es für jeden auf das Verhältnis zwischen der Gegenleistung und den von ihm erzielten Erträgen und Vorteilen an.[222] Wie im Rahmen des Abs. 1[223] gehören zu den Erträgen und Vorteilen nicht nur Einnahmen aus der Nutzung des Werks, sondern auch rechtsgeschäftliche Einnahmen, insbesondere aus der Lizenzierung.[224]

33   **„Unter Berücksichtigung der vertraglichen Beziehungen in der Lizenzkette"** bedeutet, dass die Haftung jedes Beteiligten sich nach den jeweiligen vertraglichen Vereinbarungen zu richten hat und jede einzelne Vereinbarung im Verhältnis zum Urheber auf ihre Angemessenheit hin zu untersuchen ist. Eine Addition der Erträge mehrerer Beteiligter findet nicht statt. Anderenfalls würde den letzten Lizenznehmer wegen der Freistellung der übrigen Lizenznehmer gem. Abs. 2 S. 2 die gesamte Last treffen.[225] Jeder hat für das einzustehen, was er im Rahmen seiner Berechtigung erzielt.[226] Greift der Nutzungsberechtigte in der Lizenzkette über seine Berechtigung hinaus, liegt insoweit eine für § 32a unbeachtliche, nach §§ 97 ff. zu verfolgende Urheberrechtsverletzung vor.

Nach den vertraglichen Regelungen in der Lizenzkette sind auch die für die **Prüfung des Missverhältnisses** heranzuziehenden Erträge und „gesamten Beziehungen" zu bestimmen. Die vom Dritten als Lizenznehmer dem Lizenzgeber zu erbringende Gegenleistung ist dabei zu berücksichtigen.[227] Der Lizenznehmer kann die Gegenleistung[228] von seinen Erträgen abziehen; sie schlägt aber bei dem Lizenzgeber zu Buche. Es soll verhindert werden, dass der Urheber mehrfach dieselben Erträge liquidieren kann. Dem Urheber gegenüber haftet jedes Glied der Kette nach dem Verhältnis seiner Erträge und Vorteile zur Gegenleistung, die dem Urheber zu gewähren war. Es liegt keine Gesamtschuld vor.[229] Die Verweisung auf die „vertraglichen Beziehungen in der Lizenzkette" bedeutet jedoch nicht,

---

[218] *Reber* GRUR-Int 2015, 802 (807).
[219] So auch Dreier/Schulze/*Schulze* UrhG § 32a Rn. 49; *Höckelmann* ZUM 2005, 526 (530); *Reinhard/Distelkötter* ZUM 2003, 269 (270); *Leistner* FS Schwarz, 2017, 19 f. Anders noch *Schricker* in Quellen des Urheberrechts, Deutschland V/1/a S. 41 ff.; anders auch Dreyer/*Kotthoff*/Meckel UrhG § 32a Rn. 30, 31; *Schaub* ZUM 2005, 212 (219).
[220] Berger/Wündisch/*Berger* § 2 Rn. 270, 249; auch → Rn. 19.
[221] Vgl. *Reber* GRUR-Int 2015, 802 (807).
[222] *Brauner* ZUM 2004, 96 (98 f.); *Wegner/Wallenfels/Kaboth* S. 43.
[223] → Rn. 17.
[224] So auch *Brauner* ZUM 2004, 96 (97 f.); *Reinhard/Distelkötter* ZUM 2003, 269 (271).
[225] Berger/Wündisch/*Berger* § 2 Rn. 275; *Berger* GRUR 2003, 675 (681); so auch Dreyer/*Kotthoff*/Meckel UrhG § 32a Rn. 35; Dreier/Schulze/*Schulze* UrhG § 32a Rn. 51 f.; aA *Hertin* MMR 2003, 16 (20).
[226] *Berger* GRUR 2003, 675 (681); Dreier/Schulze/*Schulze* UrhG § 32a Rn. 53; KG ZUM 2010, 346 (354) – Der Bulle von Tölz.
[227] Loewenheim/*v. Becker* § 29 Rn. 119; Dreier/Schulze/*Schulze* UrhG § 32a Rn. 51 f.; *Brauner* ZUM 2004, 96 (100); aA, wenn auch zweifelnd, *Zentek/Meinke* S. 67, 71 f.; aA Dreier/Schulze/*Schulze* UrhG § 32a Rn. 52; *Reber* GRUR-Int 2015, 802 (805). Differenzierend Fromm/Nordemann/*Czychowski* UrhG § 32a Rn. 33 ff.; *Leistner* FS Schwarz, 2017, 19 (24).
[228] Nicht aber sonstige Kosten, so auch *Höckelmann* ZUM 2005, 526 (535); aA *Brauner* ZUM 2005, 96 (104).
[229] *Brauner* ZUM 2004, 96 (98 ff.) mwN, aA *Schack* Rn. 1100.

dass im Innenverhältnis begründete Freistellungs- oder Regressansprüche nach außen durchschlagen, da dies ein unzulässiger Vertrag zu Lasten Dritter wäre.[230] Es soll allerdings für die Verwerter nicht möglich sein, durch geschickte Dispositionen in der Lizenzkette hohe Erträge zu verschieben und unbeachtlich werden zu lassen.[231] In solchen Missbrauchsfällen, etwa bei zahlreichen Weiterlizenzierungen innerhalb eines Konzerns, bei denen jeweils die Voraussetzungen für die Anwendung des § 32a gerade nicht erfüllt sind, wird der Anspruch zu gewähren sein.[232]

Außerdem soll § 32a Abs. 2 S. 2 gewährleisten, dass die einzelnen Verwerter nicht unangemessen belastet werden, indem sie für Erlöse einstehen müssen, die andere Verwerter in der Rechtekette erzielt haben. Soweit eine weitere angemessene Vergütung von einem Dritten geschuldet wird, **entfällt die Haftung des ursprünglichen Vertragspartners des Urhebers,** aber auch diejenige anderer vorhergehender Kettenglieder.[233]

Es kommt dabei auf das Bestehen eines Anspruchs, nicht auf seine Durchsetzung an.[234] Der ursprüngliche Vertragspartner haftet jedoch, soweit er aus einer eigenen Nutzung unmittelbar Erträge und Vorteile erzielt.[235] Entsprechendes gilt für die übrigen Glieder der Kette.[236]

Es besteht die Gefahr, dass durch **Freistellungsvereinbarungen,** die jedes Glied in der Lizenzkette mit seinem Lizenzgeber vereinbart, letztlich doch der erste Lizenznehmer für sämtliche Ansprüche des Urhebers haftet, die diesem gegenüber den einzelnen Verwertern wegen ihrer Erträgnisse zustehen. Im Einzelfall mag eine solche Freistellungsklausel gem. § 138 BGB unwirksam sein.[237] Generell sind Freistellungsklauseln allerdings eine übliche und sinnvolle Maßnahme des Lizenzgebers, die nicht als sittenwidrig qualifiziert werden kann. Für eine entsprechende Anwendung von § 32a Abs. 2 S. 2, der unmittelbar für das Verhältnis zwischen Urheber und Erstverwerter gilt, auf das Verhältnis zwischen den weiteren Lizenznehmern,[238] ist kein Raum, da es den einzelnen Verwertern in der Rechtekette unbenommen ist, ihre Rechtsverhältnisse entsprechend ihren Interessen zu gestalten.

Die vorstehend begründete Auslegung sei an einigen Beispielen erläutert:
– Der Vertragspartner des Urhebers hat einem Dritten gegen eine mäßige Lizenzgebühr eine ausschließliche Lizenz eingeräumt. Der Dritte erzielt gute, wenn auch nicht exorbitante Erträge. Die Missverhältnisprüfung ist zum einen im Verhältnis zwischen Urheber und Lizenzgeber und zum anderen zwischen Urheber und Lizenznehmer durchzuführen. Führt sie beide Male zu einem negativen Ergebnis, so besteht kein Anspruch. Eine Zusammenrechnung der Erträge findet nicht statt.
– Der Vertragspartner nutzt selbst sehr erfolgreich und hat zusätzlich eine Lizenz vergeben; der Lizenznehmer erzielt mäßige Erträge. Hier wird der Lizenznehmer nicht haften; der Lizenzgeber haftet, wenn seine Erträge aus der Eigennutzung zuzüglich der Lizenzgebühren insgesamt in einem Missverhältnis zu der mit dem Urheber vereinbarten Gegenleistung stehen.
– Der Vertragspartner hat eine ausschließliche Lizenz gegen mäßige Gebühr vergeben. Der Lizenznehmer erzielt exorbitante Erträge. Hier kann ein Missverhältnis zwar nicht in Bezug auf den Lizenzgeber, aber in Bezug auf den Lizenznehmer gegeben sein. Der Lizenznehmer kann seine Lizenzzahlungen absetzen; er haftet gleichwohl, wenn seine restlichen Erträge immer noch in einem Missverhältnis zu der mit dem Urheber vereinbarten Gegenleistung stehen. Der Lizenzgeber haftet nicht.
– Der Vertragspartner hat eine ausschließliche Lizenz gegen hohe Gebühr vergeben; der Lizenznehmer erzielt hohe Erträge. Die Haftung des Lizenznehmers hängt davon ab, ob nach Abzug der Lizenzgebühren immer noch ein Missverhältnis zur Gegenleistung besteht. Der Lizenzgeber haftet zwar nicht für die Erträge des Lizenznehmers, aber doch so weit, als die von ihm eingenommenen Lizenzgebühren ihrerseits ein Missverhältnis zur Gegenleistung begründen. Je nachdem wie die Missverhältnisprüfung ausfällt, können Lizenzgeber, Lizenznehmer, beide oder keiner von ihnen haften.
– Der Vertragspartner hat eine ausschließliche Lizenz gegen niedrige Gebühr vergeben; der Hauptlizenznehmer erzielt niedrige Erträge. Der Unterlizenznehmer erzielt hohe Erträge, hat aber mit dem Hauptlizenznehmer vereinbart, dass die Nutzung frei von Rechten Dritter erfolgt und er von jeglichen Ansprüchen Dritter freigestellt wird. Der Urheber kann, falls ein Missverhältnis zwischen seiner Lizenzgebühr und den Erträgen des Unterlizenznehmers besteht, gegen den Unterlizenznehmer

---

[230] So auch *C. Berger* Rn. 301; Berger/Wündisch/*Wündisch* § 2 Rn. 272; *Nordemann* S. 102 Rn. 17; Dreier/Schulze/*Schulze* UrhG § 32a Rn. 55; LG München ZUM-RD 2007, 302 (311) – nrkr.
[231] Dreier/Schulze/*Schulze* UrhG § 32a Rn. 53 f.
[232] Dreyer/*Kotthoff*/Meckel UrhG § 32a Rn. 36; vgl. auch die Ausführungen unter → Rn. 17.
[233] So auch Wandtke/Bullinger/*Wandtke/Grunert* UrhG § 32a Rn. 31; *C. Berger* Rn. 303; Berger/Wündisch/*Berger* § 2 Rn. 274; *Reinhard/Distelkötter* ZUM 2003, 269 (273); *Brauner* ZUM 2004, 96 (102); aA *Höckelmann* ZUM 2005, 526 (531); *Schack* Rn. 1100.
[234] *Haas* Nr. 314.
[235] So auch *Reinhard/Distelkötter* ZUM 2003, 269 (272); *Berger* GRUR 2003, 675 (680); Dreyer/*Kotthoff*/Meckel UrhG § 32a Rn. 36.
[236] *Reinhard/Distelkötter* ZUM 2003, 269 (273).
[237] Vgl. Dreier/Schulze/*Schulze* UrhG § 32a Rn. 55, ebenso Wandtke/Bullinger/*Wandtke/Grunert* Rn. 31; *Hoeren* FS Nordemann, 2004, 187; aA *Schack* Rn. 1100.
[238] Dreyer/*Kotthoff*/Meckel UrhG § 32a Rn. 38.

vorgehen. Da für die Sittenwidrigkeit der – in der Praxis allgemein üblichen – Garantie keine Anhaltspunkte ersichtlich sind, kann der Lizenznehmer Regress beim Lizenzgeber nehmen.

34   § 32a Abs. 2 gewährt wie Abs. 1 dem **Urheber** (und seinem Rechtsnachfolger nach § 30) einen Anspruch; Inhaber abgeleiteter Rechte können sich darauf nicht berufen.[239] Der Anspruch gegen den Dritten ist zwar ein **gesetzlicher Anspruch;** er ist aber „nach Maßgabe des Absatzes 1" zu konstruieren. § 32a Abs. 1 gibt einen Anspruch auf Änderung des Vertrages. Da keine vertragliche Beziehung zum Dritten besteht und diese zur Wahrung der Privatautonomie nicht erzwungen werden kann, richtet sich der Anspruch des Abs. 2 auf Zahlung, **nicht** hingegen auf den **Abschluss eines auf die Gewährung einer angemessenen Beteiligung gerichteten Vertrages.**[240] Es handelt sich um einen Einzelanspruch, keine gesamtschuldnerische Haftung.[241] Zum Auskunftsanspruch siehe oben[242] und zum neuen gesetzlichen Auskunftsanspruch unten § 32e.

IV. Unverzichtbarkeit, Unveräußerlichkeit, Unpfändbarkeit

35   Das Gesetz möchte den Änderungsanspruch des § 32a und den Anspruch auf die sich daraus ergebende Zusatzvergütung dem Urheber möglichst erhalten. Deshalb wird **Unverzichtbarkeit im Voraus** angeordnet (Abs. 3 S. 1); dies bedeutet auch einen Ausschluss der Verpflichtung zu einem Verzicht.[243] Die zukünftigen Ansprüche sind **unveräußerlich und unpfändbar** (Abs. 3 S. 2). Die Ansprüche gegen Dritte gemäß Abs. 2 werden ausdrücklich einbezogen. Eine Ausnahme für die Abtretung an Verwertungsgesellschaften wird – anders als etwa in § 63a S. 2 – nicht gemacht.[244] Nach dem Schutzzweck des § 32a Abs. 3 wäre eine Abtretung der Anwartschaft an Verwertungsgesellschaften zur treuhänderischen Wahrnehmung nicht ausgeschlossen, soweit es sich um Rechte handelt, welche die Verwertungsgesellschaft wahrnimmt. Insofern entsteht dieselbe Problematik wie bei § 32.[245] Allerdings ist der Anspruch nach § 32a stärker einzelfallbezogen als derjenige nach § 32; eine „gemeinsame Auswertung" für mehrere Rechtsinhaber im Sinne des § 2 Abs. 1 VGG (früher § 1 Abs. 1 WahrnG) dürfte praktisch ausscheiden.

Ist der **Honoraranspruch** aufgrund der – freiwilligen oder gerichtlich durchgesetzten – Vertragsänderung entstanden, so sind Verzicht, Abtretung, Verpfändung und Pfändung nach allgemeinen Grundsätzen möglich.[246]

Auch die unentgeltliche Einräumung eines einfachen Nutzungsrechts bleibt möglich: Mit dem Zweiten Gesetz zur Regelung des Urheberrechts in der Informationsgesellschaft[247] wurde § 32a Abs. 3 S. 3 eingefügt, um einer befürchteten Rechtsunsicherheit für Open-Source-Programme und anderen „Open Content" auch für Bestsellerfälle entgegen zu wirken.[248]

V. Vorrang der kollektivrechtlichen Regelungen

36   Nach § 32a Abs. 4 kann der Anspruch des Urhebers nach Abs. 1 bei Vorhandensein einer **Gemeinsamen Vergütungsregel** (§ 36) oder eines **Tarifvertrages** entfallen. Da § 32a Abs. 2 auf Abs. 1 verweist, gilt der Vorrang der kollektivrechtlichen Regelungen auch für Drittansprüche nach Abs. 2.[249]

Voraussetzung des Vorrangs ist zum einen, dass die Vergütung nach der gemeinsamen Vergütungsregel oder tarifvertraglich bestimmt worden ist, und zum anderen, dass kollektivrechtlich ausdrücklich eine weitere angemessene Beteiligung für den Fall des Absatzes 1 vorgesehen ist.[250] Es soll mit anderen Worten, wenn für § 32 der kollektivrechtliche Weg einzuschlagen ist, dieser auch für den Bereich des § 32a gelten, sofern für diesen Fall kollektivrechtliche Vorsorge getroffen ist. § 32a Abs. 4 soll für die **Kohärenz des Systems** sorgen. Die Urheberrechtsreform 2016 hat dies durch Einfügung eines **S. 2,** der auf die **entsprechende Anwendung des § 32 Abs. 2a** verweist, bekräftigt. Dadurch wird

[239] *C. Berger* Rn. 295; Berger/Wündisch/*Berger* § 2 Rn. 266.

[240] So jetzt auch BGH GRUR-RR 2017, 185 Rn. 29 – Derrick; OLG Stuttgart ZUM-RD 2019, 20 (48); LG München I GRUR-RR 2016, 324 Ls. = GRUR-RS 2016, 10094 – Das Boot III; ferner Wandtke/Bullinger/*Wandtke/Grunert* UrhG § 32a Rn. 30; Dreyer/*Kotthoff*/Meckel UrhG § 32a Rn. 29; *Soppe* in *Möhring/Nicolini*, UrhG, 3. Aufl. 2014, § 32a Rn. 50; *Schaub* ZUM 2005, 212 (219); Berger/Wündisch/*Berger* § 2 Rn. 277; aA noch die 3. Auflage; ebenso Dreier/Schulze/*Schulze* UrhG § 32a Rn. 48 mwN.

[241] *C. Berger* Rn. 293, Berger/Wündisch/*Berger* § 2 Rn. 264. Anders die Haftung nach § 34 Abs. 4 UrhG.

[242] → Rn. 26 sowie *C. Berger* Rn. 307 f.; Berger/Wündisch/*Berger* § 2 Rn. 278.

[243] Dreyer/*Kotthoff*/Meckel UrhG § 32a Rn. 39.

[244] Vgl. Berger/Wündisch/*Berger* § 2 Rn. 280.

[245] → § 32 Rn. 18.

[246] So auch Wandtke/Bullinger/*Wandtke/Grunert* UrhG § 32a Rn. 36; Dreier/Schulze/*Schulze* UrhG § 32a Rn. 56.

[247] BGBl. 2007 I S. 2513.

[248] BT-Drs. 16/1828, 25; bereits → Rn. 16 sowie → UrhG § 32 Rn. 43; vgl. auch Dreier/Schulze/*Schulze* UrhG § 32a Rn. 57a.

[249] *C. Berger* Rn. 287; Dreier/Schulze/*Schulze* UrhG § 32a Rn. 58; vgl. aber LG München I GRUR-RR 2015, 369 (nrkr).

[250] Dreyer/*Kotthoff*/Meckel UrhG § 32a Rn. 41; Dreier/Schulze/*Schulze* § 32a Rn. 59.

klargestellt, dass Gemeinsame Vergütungsregeln eine Orientierungswirkung für die Angemessenheit der geschuldeten Vergütung haben, und zwar auch, wenn Vergütungsregeln erst nach Vertragsschluss entstehen. Die durch Vergütungsregeln ermittelte Branchenübung begründet zu Recht auch eine Redlichkeitsvermutung über ihren konkreten zeitlichen Anwendungsbereich hinaus.

Die Wendung **„bestimmt worden ist"** in § 32a Abs. 4 ist nicht so zu verstehen, dass der Vertrag **37** auf die kollektivrechtliche Regelung Bezug genommen haben muss oder dass eine Vertragskorrektur unter Anwendung der kollektivrechtlichen Regelung bereits stattgefunden haben muss, sondern es kommt darauf an, dass bei einer Vertragskorrektur nach Maßgabe der gesetzlichen Vorschriften die kollektivrechtliche Regelung zur Anwendung zu gelangen hat. Dies ist der Fall, wenn ein **Tarifvertrag** existiert, der für das fragliche Nutzungsverhältnis gilt und der die Vergütung regelt.[251] Die Ausschlusswirkung des § 32 Abs. 4 tritt also nur dann ein, wenn Urheber und Werknutzer tarifgebunden iSv § 3 Abs. 1 TVG sind.[252] Der Vorrang der kollektivrechtlichen Regelung gilt auch, wenn eine – nicht durch einen Tarifvertrag ausgeschaltete (§ 36 Abs. 1 S. 3) – **Gemeinsame Vergütungsregel** vorhanden ist, in deren Anwendungsbereich der Vertrag fällt.[253] Auch in letzterem Fall spielt es keine Rolle, ob die angemessene Vergütung unter Bezugnahme auf die Vergütungsregel festgesetzt wurde.[254]

Der Vorrang der kollektivrechtlichen Regelung setzt voraus, dass sie **„ausdrücklich eine weitere 38 angemessene Beteiligung für den Fall des Absatzes 1 vorsieht".** Es muss sich um eine Regelung für Sachverhalte handeln, die typologisch unter das Modell des § 32a Abs. 1 subsumiert werden können.[255] Wesentlich ist die Anknüpfung an das Verhältnis der Gegenleistung zu den Erträgen und Vorteilen aus der Nutzung des Werks und die Gewährung einer „weiteren angemessenen Beteiligung" bei einem „auffälligen Missverhältnis". Ob eine derartige auf eine Aufstockung zielende Regelung gegeben ist, unterliegt richterlicher Nachprüfung.[256] Was die Angemessenheit der weiteren Beteiligung betrifft, so ist sie analog § 32 Abs. 2 S. 1 unwiderleglich zu vermuten; der absolute Vorrang des Tarifvertrags[257] führt zum selben Ergebnis.[258] Dies wird durch die vom Gesetz angestrebte Rechtssicherheit geboten. Der kollektivrechtlichen Regelung bleibt auch überlassen, ob sie eine Dritthaftung vorsehen will oder ob es eine solche nicht geben soll.

VI. Verjährung

Die Verjährung richtet sich nach den allgemeinen Vorschriften des BGB.[259] § 102 UrhG ist nicht **39** einschlägig, da es sich nicht um Verletzungsansprüche handelt. Gemäß §§ 194, 195 BGB beträgt die Verjährungsfrist drei Jahre. Die Verjährung beginnt gem. § 199 Abs. 1 BGB mit dem Schluss des Jahres, in dem der Anspruch entstanden ist und der Gläubiger von den den Anspruch begründenden Umständen und der Person des Schuldners Kenntnis erlangt hat oder ohne grobe Fahrlässigkeit erlangen musste.[260] Ohne Rücksicht auf die Kenntnis oder grob fahrlässige Unkenntnis verjähren die Ansprüche nach § 199 Abs. 4 BGB in 10 Jahren von ihrer Entstehung an.[261] Die Darlegungslast hinsichtlich der Kenntnis liegt bei dem Werknutzer.[262] Die kurze Verjährungsfrist ist nicht unproblematisch, weil sich die Durchsetzung von Ansprüchen gem. § 32a oft erst nach Ablauf eines längeren Zeitraums lohnt, soweit sich erst dann hohe Nachforderungen ergeben. Die Gerichte haben das aber mittlerweile abgefedert, indem sie klargestellt haben, dass der Anspruch auf weitere Beteiligung fortlaufend und neu entsteht, sobald ein auffälliges Missverhältnis eintritt.[263]

Zu den anspruchsbegründenden Umständen, auf deren Kenntnis oder grob fahrlässige Unkenntnis es ankommt, gehören die das „auffällige Missverhältnis" begründenden Tatsachen, insbesondere die „Erträge und Vorteile". Entscheidend ist hierbei die Kenntnis oder grob fahrlässige Unkenntnis von greifbaren Anhaltspunkten, die auf ein auffälliges Missverhältnis zwischen den Erträgen und Vorteilen einerseits und der vereinbarten Gegenleistung andererseits schließen lassen.[264] Ein solcher Anhaltspunkt kann beispielsweise die überaus erfolgreiche Kinoverwertung eines Films und die damit verbundene breite Resonanz in der lokalen und überregionalen Öffentlichkeit sein. Dem Urheber kann

---

[251] § 32 UrhG Abs. 4, § 36 UrhG Abs. 1 S. 3; *Haas* Rn. 327. auch → § 32 Rn. 23, 27.

[252] LG Stuttgart ZUM 2009, 77 (81); Dreier/Schulze/*Schulze* § 32a Rn. 59.

[253] § 32 UrhG Abs. 2 S. 1, § 36 UrhG; → § 32 Rn. 24, 27.

[254] *Haas* Rn. 328.

[255] Zu den Schwierigkeiten einer solchen Regelung s. *Zentek/Meinke* S. 72 f.

[256] Auch → Rn. 8.

[257] § 32 UrhG Abs. 4, § 36 UrhG Abs. 1 S. 3.

[258] *Haas* Rn. 327; Dreyer/*Kotthoff*/Meckel UrhG § 32a Rn. 41.

[259] Wandtke/Bullinger/*Wandtke*/Grunert UrhG § 32a Rn. 32; *Haas* Nr. 318 f.; *C. Berger* Rn. 313.

[260] BGH GRUR 2012, 1248 (1250) – Fluch der Karibik; OLG Köln GRUR-Prax 2010, 130; Fromm/Nordemann/*Czychowski* UrhG § 32a Rn. 27.

[261] LG München I ZUM 2010, 733 (740) – Tatort-Vorspann.

[262] LG Berlin ZUM-RD 2007, 194 (197) – nrkr – noch zu § 36 aF; bestätigt in KG ZUM 2010, 346 (355) – Der Bulle von Tölz; Dreier/Schulze/*Schulze* UrhG § 32a Rn. 67.

[263] BGH GRUR 2016, 1291 Rn. 55 – Geburtstagskarawane; OLG Zweibrücken ZUM 2016, 1065 (1067); OLG Schleswig GRUR-RR 2015, 1 Rn. 62 – Geburtstagszug II.

[264] BGH GRUR 2012, 1248 (1250) – Fluch der Karibik.

aber nicht bereits wegen fehlender Verfolgung des Marktgeschehens grobe Fahrlässigkeit angelastet werden, insoweit dürfen an sein Verhalten keine zu hohen Anforderungen gestellt werden.[265] Es besteht **keine allgemeine Marktbeobachtungspflicht.**[266] Der Auskunftsanspruch verjährt zwar im Verhältnis zum Hauptanspruch selbstständig,[267] nach der Verjährung des Hauptanspruchs entfällt jedoch das Rechtsschutzinteresse an der Geltendmachung des Auskunftsanspruchs.[268]

Inwieweit die Rechtsprechungsänderung zur Absenkung der Anforderungen an die Gestaltungshöhe von Werken der angewandten Kunst[269] eine Verjährungshemmung bewirkt, ist mittlerweile geklärt.[270] Eine Verjährung des Anspruchs aus § 32a Abs. 1 konnte frühestens mit Inkrafttreten des § 32a eintreten.[271] Sofern es für den Nachvergütungsanspruch zudem darauf ankam, ob eine Leistung auch urheberrechtlichen Schutz genießt, konnte die Kenntnis darüber, ob eine Vergütung unangemessen war, erst beginnen, nachdem der BGH 2014 durch Änderung seiner Rechtsprechung zum Schutz von Werken der angewandten Kunst eine auf § 32a gestützte Klage aussichtsreich gemacht hat.[272] Die Verjährungsfrist konnte daher frühestens mit dem Ablauf des Jahres 2014 beginnen.

S. zur vertraglichen Verkürzung der Verjährung *Hertin,*[273] der mit Recht auf § 32 Abs. 3 hinweist.

§ 32b Zwingende Anwendung

Die §§ 32 und 32a finden zwingend Anwendung,

1. **wenn auf den Nutzungsvertrag mangels einer Rechtswahl deutsches Recht anzuwenden wäre oder**
2. **soweit Gegenstand des Vertrages maßgebliche Nutzungshandlungen im räumlichen Geltungsbereich dieses Gesetzes sind.**

Schrifttum: *Baumbach/Hopt,* Handelsgesetzbuch: HGB Kommentar, 38. Aufl. 2018; *Berger,* Das neue Urhebervertragsrecht, 2003; Contractual Arrangements Applicable to Creators: Law and Practice of Selected Member States, Study, im Auftrag des Europäischen Parlaments, Brussels 2014; *Dorfmayr,* Faire Verträge mit Urhebern und ausübenden Künstlern auf dem Weg zu einer europäischen Bestsellerregelung, MR 2017, 131; *Dreier,* Die Schlacht ist geschlagen – ein Überblick. Zum Ergebnis des Copyright Package der EU-Kommission, GRUR 2019, 771; *Drexl,* Internationales Immaterialgüterrecht, in: Münchener Kommentar zum Bürgerlichen Gesetzbuch, Band 12, Internationales Privatrecht II, Internationales Wirtschaftsrecht, 7. Aufl. 2018, S. 1241 (zit.: MüKo/BGB*Drexl*); *Fezer/Koos,* Internationales Immaterialgüterprivatrecht, in: J. von Staudingers Kommentar zum Bürgerlichen Gesetzbuch mit Einführungsgesetz und Nebengesetzen, Internationales Wirtschaftsrecht, Neubearbeitung 2015 (zit.: Staudinger/*Fezer/Koos*); *Freitag,* Eingriffsnormen (international zwingende Bestimmungen), Berücksichtigung ausländischer Devisenvorschriften, Formvorschriften, in: Reithmann/Martiny, Internationales Vertragsrecht, 8. Aufl. 2015, S. 349; *Giuliano/Lagarde,* Bericht über das Übereinkommen über das vertragliche Schuldverhältnisse anzuwendende Recht, BTDrucks. 10/503, S. 33; *Haas,* Das neue Urhebervertragsrecht, 2002; *Hertin,* Urhebervertragsnovelle 2002: Up-Date von Urheberrechtsverträgen, MMR 2003, 16; *Hilty/Peukert,* Das neue deutsche Urhebervertragsrecht im internationalen Kontext, GRUR-Int 2002, 643; *von Hoffmann,* Inländische Sachnormen mit zwingendem internationalem Anwendungsbereich, IPRax 1989, 261; *von Hoffmann/Thorn,* Internationales Privatrecht, 9. Aufl. 2007; *Hucko,* Das neue Urhebervertragsrecht, 2002; *Katzenberger,* Urheberrechtsverträge im Internationalen Privatrecht und Konventionsrecht, FS Schricker (1995), S. 225; *ders.,* TRIPS und das Urheberrecht, GRUR-Int 1995, 447; *ders.,* Neuregelung des Urhebervertragsrechts aus rechtsvergleichender Sicht, AfP 2001, 265; *ders.,* Inländerbehandlung ausübender Künstler nach dem ROM-Abkommen, GRUR-Int 2017, 443; *ders.,* Auf dem Weg zum „Tu felix Austria" auch im Urhebervertragsrecht, FS Michel M. Walter (2018), S. 523; *ders.,* Anmerkung zu BGH, 24.9.2014, I ZR 35/11 – Hi Hotel II, GRUR-Int 2015, 375/381; *Kropholler/von Hein,* Europäisches Zivilprozessrecht, 9. Aufl. 2011; *Loewenheim,* Eingriffsnormen im Urheberrecht, FS Bornkamm (2014), S. 887; *Lucas-Schloetter,* Das neue Urhebervertragsrecht, GRUR 2017, 235; *dies.,* Die urhebervertragsrechtlichen Bestimmungen des Richtlinienvorschlags über das Urheberrecht im digitalen Binnenmarkt, GRUR-Int 2018, 430; *dies.,* Einige Überlegungen zum Urhebervertragsrecht, FS Michel M. Walter (2018), S. 547; *Mankowski,* Contracts Relating to Intellectual or Industrial Property Rights under the Rome I Regulation, in: Leible/Ohly (Hrsg.), Intellectual Property and Private International Law, 2009, S. 31; *Martiny,* Verordnung (EG) Nr. 593/2008 des Europäischen Parlaments und des Rates vom 17. Juni 2008 über das auf vertragliche Schuldverhältnisse anzuwendende Recht (Rom I-VO), vor Art. 1–Art. 9 Anh. III, in: Münchener Kommentar zum Bürgerlichen Gesetzbuch, Band 10, Internationales Privatrecht I, 6. Aufl. 2015, S. 135 (zit.: MüKoBGB/*Martiny*); *ders.,* Europäisches Internationales Schuldrecht – Feinarbeit an Rom I- und Rom II-Verordnungen, ZEuP 2018, 218; *Mittwoch,* Vollharmonisierung und europäisches Privatrecht, 2013; *Neu,* Der Zwang zur angemessenen Vergütung und weiteren Beteiligung nach der Urheberrechtsreform, 2013; *Nordemann,* Das neue Urhebervertragsrecht, 2002; *W. Nordemann/J. B. Nordemann,*

---

[265] BGH GRUR 2012, 1248 (1250) – Fluch der Karibik; OLG Nürnberg ZUM 2015, 515 (519); Fromm/Nordemann/*Czychowski* UrhG § 32a Rn. 27, 42.

[266] Wandtke/Bullinger/*Wandtke/Grunert* UrhG § 32a Rn. 33.

[267] BGH GRUR 2012, 1248 (1250) – Fluch der Karibik; OLG Köln GRUR-RR 2014, 323 (327) – Alarm für Cobra 11.

[268] OLG Köln GRUR-RR 2014, 323 (327) – Alarm für Cobra 11; OLG Köln BeckRS 2010, 46475; Fromm/Nordemann/*Czychowski* UrhG § 32a Rn. 27a.

[269] BGH GRUR 2014, 175 – Geburtstagszug.

[270] BGH GRUR 2016, 1291 Rn. 55 – Geburtstagskarawane. Vgl. die Vorinstanz OLG Schleswig GRUR-RR 2015, 1 Rn. 47–49 – Geburtstagszug II; *Ludwig/Suhr* WRP 2016, 692 (694 f.).

[271] OLG Zweibrücken ZUM 2016, 1065 (1067).

[272] BGH GRUR 2016, 1291 Rn. 43–45 – Geburtstagskarawane; vorher bereits *Ludwig/Suhr* WRP 2016, 692 (695 ff.); zust. *Eichelberger* WRP 2017, 127 (131); aA noch OLG Schleswig GRUR-RR 2015, 1 (53) – Geburtstagszug II.

[273] *Hertin* MMR 2003, 16 (18 f.).

Die US-Doktrin des „work made for hire" im neuen deutschen Urhebervertragsrecht – ein Beitrag insbesondere zum Umfang der Rechtseinräumung für Deutschland, FS Schricker (2005), S. 473; *Nordemann-Schiffel,* Zur internationalen Anwendbarkeit des neuen Urhebervertragsrechts, FS Nordemann (2004), S. 479; *Obergfell,* Deutscher Urheberschutz auf internationalem Kollisionskurs, K&R 2003, 118; *dies.,* Urheberrechtsverträge, in: Reithmann/ Martiny (Hrsg,), Internationales Vertragsrecht, 8. Aufl. 2015, S. 892; *dies.,* Urheberrecht im kollisionsrechtlichen Focus, FS Martiny (2014), S. 475; *Ory,* Das neue Urhebervertragsrecht, AfP 2002, 93; *Peifer,* Die gesetzliche Regelung über verwaiste und vergriffene Werke, NJW 2014, 6; *ders.,* Die urhebervertragsrechtlichen Normen in der DSM-Richtlinie, ZUM 2019, 648; *Pütz,* Parteiautonomie im internationalen Urhebervertragsrecht – Eine rechtsdogmatische und rechtspolitische Betrachtung der Grenzen freier Rechtswahl im internationalen Urhebervertragsrecht unter besonderer Berücksichtigung des neuen deutschen Urhebervertragsrechts, 2005; *dies.,* Zum Anwendungsbereich des § 32b UrhG: Internationales Urhebervertragsrecht und angestellte Urheber, IPRax 2005, 13; *Reber, N.,* Fallstricke des § 32a Abs. 2 UrhG – der Anspruch des Urhebers auf „Fairnessausgleich" (Bestseller) gegenüber dem Drittnutzer, GRUR-Int 2015, 802; *ders.,* The „further fair participation" provision in Art. 32a (2) German Copyright Act – Claims against a third-party exploiter of a work, JIPLP vol. 11, p. 382 (2016); *ders.,* Territorial gespaltene Tonträgernutzung und Künstler-Nachvergütung: Elvis Presley inflationsbedingt kein Bestseller-Künstler?, GRUR-Int 2017, 943; *ders.,* Die urhebervertragsrechtlichen Regelungen zur „angemessenen Vergütung" in der DSM-Richtlinie, GRUR 2019, 891; *ders.,* Anmerkung zu KG, 1.6.2016, 24 U 25/15 – Fluch der Karibik II, GRUR-Int 2016, 1072/1078; *Reich,* Grundgesetz und internationales Vertragsrecht, NJW 1994, 2128; *Schack,* Urhebervertragsrecht im Meinungsstreit, GRUR 2002, 853; *ders.,* International zwingende Normen im Urhebervertragsrecht, FS Heldrich (2005), S. 997; *Schaper/Verweyen,* Die Europäische Urheberrechtsrichtlinie, K&R 2019, 433; *Schaub,* Vollharmonisierung im europäischen Privat- und Wirtschaftsrecht, in: Karakostas/Riesenhuber (Hrsg.), Methoden- und Verfassungsfragen der europäischen Rechtsangleichung, 2011, S. 81; *Schlosser,* EU-Zivilprozessrecht Kommentar, 4. Aufl. 2015; *Schulze,* Das Urhebervertragsrecht nach Erlass der EU-Richtlinie über das Urheberrecht im digitalen Binnenmarkt, GRUR 2019, 682; *Sonnenberger,* Eingriffsrecht – Das trojanische Pferd im IPR oder notwendige Ergänzung? IPRax 2003, 104; *Sprang,* Zweitveröffentlichungsrecht – ein Plädoyer gegen § 38 Abs. 4 UrhG-E, ZUM 2013, 461; *Stimmel,* Die Beurteilung von Lizenzverträgen unter der Rom I-Verordnung, GRUR-Int 2010, 783; *Thorn,* in: Palandt. Bürgerliches Gesetzbuch Kommentar, 77. Aufl. 2018, Rom I, Art. 9, S. 2812 (zit. Palandt/*Thorn*); *v. Ungern-Sternberg,* Die Bindungswirkung des Unionsrechts und die urheberrechtlichen Verwertungsrechte, FS Bornkamm (2014), S. 1007; *Wandtke/Neu,* Die Bedeutung des § 32b in Bezug auf die Vereinigten Staaten von Amerika, GRUR-Int 2011, 693; *von Welser,* Neue Eingriffsnormen im internationalen Urhebervertragsrecht, IPRax 2002, 364; *Wildgans,* Zuckerbrot oder Peitsche? – Ein Plädoyer für Open Access im juristischen Publikationswesen, ZUM 2019, 21; *Wille,* Die kollisionsrechtliche Geltung der urheberrechtlichen Neuregelungen zu den unbekannten Nutzungsarten – §§ 31a, 32c UrhG im Lichte des Internationalen Privatrechts, GRUR-Int 2008, 389; *Zöller,* Zivilprozessordnung: ZPO Kommentar, 32. Aufl. 2018; s. ferner die Schrifttumsnachweise zu Vor §§ 31 ff. und Vor §§ 120 ff.

Übersicht

I. Zweck, Bedeutung und europäische Einordnung des § 32b

§ 32b ist im Rahmen des **Urhebervertragsgesetzes** aus dem Jahr **2002**[1] neu in das Gesetz eingefügt worden. Seine unmittelbaren Bezugsbestimmungen sind der seinerzeit neugefasste **§ 32** und der neue **§ 32a**. Als Kernpunkte der Reform des Urhebervertragsrechts normieren diese Bestimmungen den **Anspruch des Urhebers auf angemessene Vergütung** für die Einräumung von Nutzungsrechten und für die Erlaubnis zur Werknutzung, und zwar sowohl von Anfang der vertraglichen Beziehung an (§ 32) als auch in Bezug auf den nachträglichen Eintritt eines auffälligen Missverhältnisses zwischen Leistung und Gegenleistung (§ 32a). Für Fälle unangemessener vertraglicher Vergütungsvereinbarungen sehen beide Bestimmungen zugunsten des betroffenen Urhebers Ansprüche auf Einwilligung in eine Vertragsänderung vor, durch die dem Urheber eine angemessene (§ 32 Abs. 1 S. 3) bzw. eine weitere angemessene (§ 32a Abs. 1 S. 1) Vergütung gewährt wird; § 32a ist dabei dem früheren sog. Bestsellerparagraphen (§ 36 aF) nachgebildet.[2] Der Anspruch des Urhebers auf anfänglich angemessene vertragliche Vergütung ist – einseitig zugunsten des Urhebers – **zwingend** ausgestaltet (§ 32

1

---

[1] Dazu → Vor §§ 31 ff. Rn. 9 f.
[2] Zum Ganzen zusammenfassend → Vor §§ 31 ff. Rn. 9 sowie die Kommentierung der §§ 32 und 32a.

Abs. 3 S. 1) und gegen Umgehung geschützt (§ 32 Abs. 3 S. 2). Gleiches gilt für den Anspruch auf weitere angemessene Vergütung: Auf diesen Anspruch kann im Voraus nicht verzichtet werden, und eine Verfügung über die Anwartschaft ist unwirksam (§ 32a Abs. 3 S. 1, 2). In einem sehr späten Stadium des Gesetzgebungsverfahrens, nämlich im Rahmen einer Formulierungshilfe der Bundesregierung vom 14.1.2002,[3] wurde die Einführung des § 32b vorgeschlagen, um „die Vergütungsansprüche **gegen Umgehungen durch Flucht in ausländisches Recht**" zu schützen.[4] Die Rechtfertigung dieses Motivs folgte auch daraus, dass der vertragsrechtliche Schutz von Urhebern und Künstlern in vielen Ländern, einschließlich von Mitgliedstaaten der EU, bei weitem nicht das hohe Schutzniveau des deutschen Rechts erreicht hatte, sondern zu einem erheblichen Teil durch ein enormes Schutzgefälle bis auf nahe Null gekennzeichnet war.[5] Erst in neuerer Zeit wurde über Fortschritte in einigen EU-Staaten berichtet, wie zB über Bestsellerregelungen nach Art des § 32a des deutschen Gesetzes in Belgien, Polen, Spanien und Ungarn,[6] in den Niederlanden[7] und in Tschechien.[8] Mit der neuen DSM-RL vom 17.4.2019[9] hat dann eine neue Ära des Urhebervertragsrechts in Europa begonnen.

2   **Rechtlicher Hintergrund** jenes Vorschlags und seines Motivs und damit auch des § 32b selbst waren und sind einerseits der grundsätzlich[10] **vertragsrechtliche Charakter** der in den §§ 32 und 32a vorgesehenen Ansprüche[11] und andererseits die **Regeln des internationalen Urhebervertragsrechts.** Dessen normative Grundlagen haben sich seit Einführung des § 32b im Jahr 2002 geändert. Heute handelt es sich dabei primär um die in Deutschland und der EU unmittelbar[12] und universell[13] anwendbare europäische sog. **Rom I-Verordnung** (Rom I-VO) (EG) Nr. 593/08.[14] Sie ist nach ihrem Art. 29 Abs. 1 am 24.7.2008 in Kraft getreten,[15] gilt nach ihrem Art. 29 Abs. 2 im Allgemeinen seit dem 17.12.2009 und wird gemäß ihrem Art. 28 auf Verträge angewandt, die nach diesem Datum geschlossen wurden oder noch werden. Gemäß ihrem Art. 24 Abs. 1 ist die Verordnung in den Mitgliedstaaten der EU an die Stelle des **Übereinkommens von Rom,** üblicherweise abgekürzt **EVÜ,** getreten. Bei diesem handelt es sich um das ebenfalls europäische und nach seinem Art. 2 universell anzuwendende Übereinkommen über das auf vertragliche Schuldverhältnisse anzuwendende Recht vom 19.6.1980.[16] Ihm ist von Deutschland durch Gesetz vom 25.7.1986[17] zugestimmt worden, und zwar gemäß Art. 1 Abs. 2 dieses Gesetzes mit der Maßgabe, dass die Art. 1 bis 21 des Übereinkommens innerstaatlich keine unmittelbare Wirkung entfalten. Sie wurden vielmehr durch das **IPR-Neuregelungsgesetz,**[18] ebenfalls vom 25.7.1986, in das deutsche Einführungsgesetz zum Bürgerlichen Gesetzbuch **(EGBGB)** insbesondere als dessen **Art. 27 bis 37** eingearbeitet. Das IPR-Neuregelungsgesetz ist nach seinem Art. 7 § 2 am 1.9.1986 in Kraft getreten und enthält in seinem Art. 1 Nr. 11 mit Art. 220 Abs. 1 EGBGB Übergangsvorschriften in Bezug auf vor diesem Datum geschlossene schuldrechtliche Verträge. Aus Art. 28 Rom I-VO folgt, dass die Vorschriften des EGBGB idF von 1986 weiterhin auf Verträge anzuwenden sind, die bis zum 17.12.2009 (einschließlich) geschlossen wurden. Es ist demnach in Deutschland gegenwärtig von **zwei unterschiedlichen normativen Grundlagen** des internationalen Urhebervertragsrechts auszugehen.[19]

3   Was den **Inhalt** des internationalen Urhebervertragsrechts betrifft, so finden, abgesehen von Vorbehalten zugunsten des auf das Urheberrecht als solches anwendbaren Rechts, auf Urheberrechtsverträge die für **schuldrechtliche Verträge** geltenden Regeln Anwendung.[20] Diese Regeln gehen von der **freien Wahl des anwendbaren Rechts** durch die Vertragsparteien (sog. subjektive Anknüpfung) aus,[21] mangels einer solchen Rechtswahl von der Anwendbarkeit des Rechts desjenigen Staates, mit dem der Vertrag die **engsten Verbindungen** aufweist[22] (sog. objektive Anknüpfung). Dies ist im

---

[3] Abgedruckt bei *Hucko* S. 149 ff.

[4] S. *Hucko* S. 149.

[5] S. *Katzenberger* AfP 2001, 265 ff.

[6] S. Contractual Arrangements, S. 39 sowie 113, 136, 143 147 f. zu den entsprechenden Länderberichten im Anhang.

[7] S. *N. Reber,* GRUR-Int 2015, 802, und JIPLC vol. 11, p. 382 (2016).

[8] S. den Hinweis in *Lucas-Schloetter,* FS Walter, S. 547/552 Fn. 26. Aus kontinentaleuropäischer Sicht vorsintflutlich ist erstaunlicherweise das gesetzliche Urhebervertragsrecht Österreichs. Jedoch bewahrheitet sich hier das Sprichwort: „Den Seinen gibt's der Herr im Schlaf", s. *Katzenberger* FS Walter, S. 523/526 ff.

[9] ABl. EU 2019 Nr. L 130/92; dazu → Rn. 45 f.

[10] Aber → Rn. 23.

[11] S. dazu die Kommentierung der §§ 32 und 32a.

[12] S. Art. 3 Nr. 1 Buchst. b) EGBGB idF des Gesetzes zur Anpassung der Vorschriften des Internationalen Privatrechts an die Verordnung (EG) Nr. 593/2008 (IPR-Anpassungsgesetz 2009) vom 25.6.2009, BGBl. I S. 1574.

[13] S. Art. 2 Rom I-VO.

[14] Verordnung (EG) Nr. 593/2008 vom 17.6.2008 über das auf vertragliche Schuldverhältnisse anzuwendende Recht (Rom I), ABl. EU 2008 Nr. L 177/6.

[15] Veröffentlichung im ABl. EU Nr. L 177/6 am 4.7.2008.

[16] BGBl. 1986 II S. 810, unterzeichnet in Rom; abgekürzt auch bezeichnet als Europäisches Schuldvertragsübereinkommen oder (Römisches) EWG (EG)-Vertragsrechtsübereinkommen (EVÜ).

[17] BGBl. 1986 II S. 809.

[18] Gesetz zur Neuregelung des Internationalen Privatrechts, BGBl. 1986 I S. 1142.

[19] Und sogar von drei, wenn man die Rechtslage vor dem 1.9.1986 noch hinzunimmt.

[20] Dazu → Vor §§ 120 ff. Rn. 151 ff.

[21] S. Art. 3 Abs. 1 Rom I-VO, Art. 27 EGBGB.

[22] S. Art. 3 Abs. 2–4 Rom I-VO, Art. 28 Abs. 1 EGBGB.

Regelfall das Recht des Staates, in dem diejenige Partei ihren gewöhnlichen Aufenthalt bzw. ihre Haupt- oder geschäftsführende Niederlassung hat, welche die für den Vertrag charakteristische Leistung zu erbringen hat.[23] Kommt aus deutscher Sicht auf einen Urheberrechtsvertrag auf die vorstehend geschilderte eine oder andere Art und Weise **ausländisches Recht zur Anwendung,** so werden durch dieses grundsätzlich nicht nur die dispositiven, sondern auch die **zwingenden Vorschriften des deutschen Rechts verdrängt.**[24] Allgemein ausgeschlossen ist das letztere Ergebnis nur, wenn die Anwendung fremden Rechts auf ein Vertragsverhältnis vereinbart wird, welches ausschließlich im deutschen Inland belegen ist und keinerlei Auslandverbindungen aufweist (Art. 3 Abs. 3 Rom I-VO, Art. 27 Abs. 3 EGBGB), sowie wenn es sich um eine zwingende Bestimmung des europäischen Gemeinschaftsrechts handelt, alle Elemente des Sachverhalts in Deutschland oder in einem oder in mehreren anderen Mitgliedstaaten der EU belegen sind und die Vertragsparteien das Recht eines Drittstaats gewählt haben (Art. 3 Abs. 4 Rom I-VO, Art. 3 Abs. 3 EVÜ).

§ 32b verfolgt das **Ziel,** die zugunsten der Urheber zwingenden Ansprüche nach §§ 32, 32a **gegen Umgehung mit Mitteln des IPR** zu schützen, wie sie sich aus den vorstehend (→ Rn. 3) dargestellten Regeln ergeben. § 32b hat dabei ausweislich seiner Nr. 1 und 2 **zwei Fallkonstellationen enger Verbindung eines Vertrags mit der deutschen Rechtsordnung** im Blick: zum einen die Wahl ausländischen Rechts bei so starker Verbindung eines Vertragsverhältnisses mit Deutschland, dass mangels einer solchen Wahl aufgrund objektiver Anknüpfung deutsches Recht anwendbar wäre **(Nr. 1),** und zum anderen, unabhängig vom Geltungsgrund[25] des ausländischen Rechts, die Vornahme maßgeblicher Nutzungshandlungen in Deutschland als Vertragsgegenstand **(Nr. 2).**[26] Dies entspricht im Grundsatz auch der schon früher vertretenen, wenn auch umstrittenen Auffassung von der Sonderanknüpfung zwingender Normen des deutschen Urhebervertragsrechts im Allgemeinen.[27] **4**

Nicht ausreichend für eine international zwingende Anwendung der §§ 32 und 32a[28] sind andere denkbare, mehr oder weniger enge Verbindungen eines Urheberrechtsvertrags mit der deutschen Rechtsordnung. Dies gilt zB für die **deutsche Staatsangehörigkeit des Urhebers** und für seinen Wohnsitz bzw. **ständigen Aufenthalt in Deutschland,** jeweils **als solche.** Die Berücksichtigung nur deutscher Urheber stünde im Widerspruch zum Diskriminierungsverbot des europäischen Rechts[29] oder müsste nach dem konventionsrechtlichen Grundsatz der sog. Inländerbehandlung auch konventionsgeschützten ausländischen Urhebern zugestanden werden.[30] Ähnliches gilt für die **erste Veröffentlichung** bzw. das erste Erscheinen eines Werkes **im deutschen Inland.**[31] Nicht ausreichend ist auch der Niederlassung oder der **Sitz des Verwerterunternehmens in Deutschland,** wiederum jeweils **für sich genommen.** Ein anderes Ergebnis hätte einen durch nichts gerechtfertigten Standortnachteil für deutsche Unternehmen zur Folge. Mutmaßungen gehen im Gegenteil dahin, dass speziell **§ 32b Nr. 2** sogar der **Standortsicherung Deutschlands** dienen soll, indem er durch Unterwerfung maßgeblicher Nutzungshandlungen als Vertragsgegenstand unter §§ 32 und 32a deutschen Unternehmen einen Anreiz nimmt, zur Vermeidung von Ansprüchen der Urheber aus diesen Bestimmungen gemäß § 32b Nr. 1 ihren Sitz ins Ausland zu verlegen.[32] Mit der Standortsicherung gegen Abwanderung deutscher Unternehmen in Staaten mit einem geringeren oder fehlenden vertragsrechtlichen Schutz von Urhebern und Künstlern einher geht auch die **Gewährleistung unverfälschten Wettbewerbs** auf dem deutschen Markt zugunsten deutscher Verwerterunternehmen. Findet auf Verträge ausländischer Wettbewerber mit Urhebern oder Künstlern durch Rechtswahl oder Standort im Ausland ausländisches Recht Anwendung, so bleibt es dank § 32b Nr. 2 im Hinblick auf den deutschen Verwertungsmarkt bei der zwingenden Anwendung der §§ 32 und 32a wie zu Lasten von Verwerterunternehmen mit Standort in Deutschland. Es handelt sich bei dieser Fallgestaltung um eine **nationale Parallele zum Fall Ingmar** des EUGH.[33] Hier hatte ua. der Gesichtspunkt des unverfälschten Wettbewerbs auf dem europäischen Binnenmarkt das Gericht bewogen, den gemeinschaftsrechtlich zwingend geregelten Ausgleichsanspruch eines hier tätigen Handelsvertreters auch bei Wahl kalifornischen Rechts, das einen solchen Anspruch nicht anerkannte, als international zwingend zu qualifizieren, um Wettbewerbsverzerrungen im europäischen Binnenmarkt zu verhindern. **5**

Ansatzpunkt für die **Einführung des § 32b** als einer speziellen IPR-Vorschrift über international zwingende Bestimmungen des deutschen Urhebervertragsrechts war, dass seinerzeit (im Jahr 2002) **Art. 34 EGBGB** bereits gegenüber den allgemeinen Regelungen des deutschen IPR der Schuldver- **6**

---

[23] S. Art. 4 Abs. 2, Art. 19 Rom I-VO, Art. 28 Abs. 2 S. 1 EGBGB.
[24] → Vor §§ 120 ff. Rn. 156, 163.
[25] Rechtswahl oder engste Verbindung; → Rn. 3.
[26] S. zu beiden Alternativen auch die Begründung der Formulierungshilfe vom 14.1.2002 bei *Hucko* S. 164, und der Beschlussempfehlung des Rechtsausschusses des Deutschen Bundestags vom 23.1.2002, BT-Drs. 14/8058, S. 20.
[27] Dazu → Vor §§ 120 ff. Rn. 164.
[28] Und anderer national zwingender Vorschriften des deutschen Urhebervertragsrechts, → Rn. 33 f.
[29] → § 120 Rn. 4.
[30] → Rn. 27 ff.
[31] S. zB § 121 Abs. 1 UrhG, Art. 3 Abs. 1 Buchst. b) RBÜ (Pariser Fassung).
[32] So *Hilty/Peukert* GRUR-Int 2002, 643 (644); *Obergfell* K & R 2003, 118 (125).
[33] Urt. v. 9.11.2000, Rs. C-381/98, Slg. 2000, I-9305 Rn. 23–25. S. zu dieser Entscheidung auch → Rn. 7a.

träge (Art. 27 bis 37 EGBGB) einen generellen Vorbehalt zugunsten zwingender Bestimmungen des deutschen Rechts als der *lex fori* vorsah.[34] Art. 34 EGBGB diente seinerseits dazu, **Art. 7 Abs. 2 EVÜ** betr. den gleichen, europäisch vereinheitlichten Vorbehalt in das deutsche Schuldvertrags-IPR zu integrieren.[35] Im Vergleich mit Art. 34 EGBGB und dem EVÜ stellte auch das **Regelungsziel des § 32b, Urheber als in der Regel schwächere Vertragsparteien** mit Mitteln des IPR besonders zu schützen,[36] **keinen Fremdkörper** dar, normierten doch auch damals schon die Art. 29, 29a und 30 EGBGB sowie die Art. 5 und 6 EVÜ Einschränkungen der freien Rechtswahl durch die Vertragsparteien als des Grundprinzips des IPR der Schuldverträge in Bezug auf Verbraucher- und Arbeitsverträge.[37] Darüber hinaus ist die IPR-Lehre von der sog. Sonderanknüpfung zwingender Normen zugunsten der schwächeren Vertragspartei in ihrer speziellen Anwendung auf das Urhebervertragsrecht geradezu zum Vorbild für die Formulierung des § 32b geworden.[38]

7   Was die **Vereinbarkeit des § 32b** mit dem **EVÜ** betrifft, so wird sie aus vorrangig **urheberrechtlich orientierter Sicht** wohl nahezu einhellig **bejaht.**[39] Beurteilungsgrundlagen sind dabei bisher ausschließlich Art. 7 Abs. 2 EVÜ und dessen Umsetzung in Art. 34 EGBGB. Zitiert, und auch das idR nur beiläufig, wird dabei ganz überwiegend nur die letztere Vorschrift. Dies ändert aber am Ergebnis nichts, weil Art. 34 EGBGB gemäß Art. 38 EGBGB iVm. Art. 18 EVÜ iSd. Art. 7 Abs. 2 EVÜ auszulegen ist. Bei §§ 32 und 32a iVm. § 32b handelt es sich demzufolge nach der im Schrifttum zum Urheberrecht nahezu allgemein vertretenen Auffassung um (international) zwingende Bestimmungen iSd. Art. 34 EGBGB und des Art. 7 Abs. 2 EVÜ. Unmittelbar einschlägige höchstrichterliche Rechtsprechung zu dieser Frage gibt es, soweit ersichtlich, nicht.[40] Die Tendenz der deutschen Gerichte in Bezug auf ähnliche, die schwächere Vertragspartei durch zwingende Regelungen ohne Klarstellung durch nach Art des § 32b schützende Bestimmungen, wie **§ 31 Abs. 4 UrhG aF**[41] und **§ 31 Abs. 5 UrhG** (Prinzip der Zweckübertragung),[42] ging aber, bis vor kurzem **vom BGH im Fall Hi Hotel II in Frage gestellt,**[43] in die gleiche Richtung. Die vorwiegend **internationalprivatrechtlich motivierten Ansichten** sind **geteilt.** Auch ihr gemeinsamer Ausgangspunkt ist der Begriff der (international) zwingenden Bestimmungen in Art. 34 EGBGB und Art. 7 Abs. 2 EVÜ. Die traditionelle Deutung orientiert sich an spezifisch vom IPR geprägten Wertungskategorien, wie am internationalen Entscheidungseinklang, der durch Ausnahmen von den Grundregeln des Vertrags-IPR zugunsten unterschiedlicher nationaler Sachrechtslagen als gestört angesehen wird, sowie an dem Postulat der sachrechtlichen Gleichwertigkeit aller nationalen Rechtsordnungen[44] bis zur Grenze eine Verstoßes gegen den ordre public desjenigen Staates, dessen Gerichte einen Fall zu entscheiden haben.[45] Dieser wohl mehrfach vertretenen Deutung entspricht die Annahme, dass nur solchen gesetzlichen Regelungen des nationalen zwingenden Vertragsrechts die Qualität auch als international zwingender Bestimmungen zuerkannt werden kann, die **vor- oder gleichrangig Allgemeininteressen** verfolgen, nicht aber solchen Regelungen, bei denen die Wahrung privater Interessen im Vordergrund steht.[46] Dieser Linie folgen zB sogar **zwei Senate des**

---

[34] S. die AmtlBegr. zu § 32b in BT-Drs. 14/8058, 19 f. (20).
[35] S. dazu die AmtlBegr. zu Art. 34 EGBGB, BT-Drs. 10/504, 83 f. sowie Art. 1 Abs. 2 mit Begründung des Entwurfs des Zustimmungsgesetzes zum EVÜ, BT-Drs. 10/503, 5.
[36] S. die AmtlBegr. zum Urhebervertragsgesetz im Allgemeinen in BT-Drs. 14/7564, 1 f. iVm. BT-Drs. 14/6433, 1, (7 ff.), sowie BT-Drs. 14/8058. 1.
[37] S. dazu die Begründungen der Formulierungshilfe gemäß Rn. 1 bei *Hucko* S. 164 und der Beschlussempfehlung des Rechtsausschusses des Deutschen Bundestags vom 23.1.2002, BT-Drs. 14/8058, 20.
[38] So die Vermutungen von *Haas* S. 126 Rn. 472, und von *v. Welser*, IPRax 2002, 364 (365); Letzterer unter Hinweis auf → 2. Aufl. 1999, Vor §§ 120 ff. Rn. 167.
[39] So zB *Dreyer/Schulze/Schulze* Rn. 2; *Dreyer/Kotthoff/*Meckel, 2. Aufl. 2009, § 31 Rn. 21, 24 f.; *Fromm/Nordemann/Nordemann-Schiffel* Rn. 2; *Nordemann-Schiffel* FS Nordemann (2004), S. 479 (480); *Haas* Rn. 47; *Hilty/Peukert* GRUR-Int 2002, 643 (648 f.); *Obergfell* K&R 2003, 118 (121, 124); *Pütz* S. 174 f.; *Pütz* IPRax 2005, 13 (14). *Schack* (3. Aufl. 2005) Rn. 1148; *Schack* FS Heldrich (2005), S. 997 (998, 1000); *von Welser* IPRax 2002, 364 (365).
[40] BGH GRUR 2012, 1248 (1252 f.) Rn. 56 – Fluch der Karibik hat keinen Fall der Anwendbarkeit des § 32b gegen ein ausländisches Vertragsstatut, sondern einen solchen der internationalen Reichweite des § 32a bei von den Vertragsparteien nach Art. 27 EGBGB vereinbarter Anwendung des deutschen Rechts zum Gegenstand.
[41] S. zB das *obiter dictum* mit positiver Tendenz und Zitierung des Schrifttums zur Lehre der Sonderanknüpfung zwingender Vorschriften zum Schutz der schwächeren Vertragspartei in BGH in BGHZ 136, 380 (388) – Spielbankaffaire; Frage offen gelassen in BGHZ 147, 244 (254) – Barfuß ins Bett.
[42] S. OLG Köln ZUM 2011, 574 (576) – Hi Hotel, ebenso die Vorinstanz LG Köln ZUM-RD 2010, 644 (647 f.); LG München I ZUM-RD 2002, 21 (25 f.) – Just be free (oder: Aguilera).
[43] S. jetzt die zu § 31 Abs. 5 UrhG aA des BGH in GRUR 2015, 264 (267 f. Rn. 47 ff.) – Hi Hotel II mit krit. Anm. von *Katzenberger* GRUR-Int 2015, 381 ff., unter Hinweis auf die Konsequenzen für § 32b.
[44] Zur Förderung der Rechtssicherheit durch einheitliches Kollisionsrecht sowie, darauf basierend, zum internationalen Entscheidungseinklang in Europa über das auf Verträge anwendbare Recht als Ziel des EVÜ s. den offiziellen Bericht von *Giuliano/Lagarde* in BT-Drs. 10/503, 33 (36), sowie *von Hoffmann* IPRax 1989, 261 (264). Zur Gleichwertigkeit aller Rechtsordnungen aus der Sicht des IPR s. *Schack* Urheber- und Urhebervertragsrecht Rn. 1291; *Obergfell* K&R 2003, 118 (123); *Obergfell* in Reithmann/Martini, Internationales Vertragsrecht, S. 879 (926 Rn. 2034); *Fromm/Nordemann/Nordemann-Schiffel*, Rn. 20.
[45] Art. 6 EGBGB, Art. 16 EVÜ.
[46] So zB MüKoBGB/*Sonnenberger*, 4. Aufl. (2006), Einl. IPR Rn. 51 Fn. 169; *Sonnenberger* IPRax 2003, 104 (112 und Fn. 167), jeweils mit Kritik ua. an § 32b UrhG; sa. Palandt/*Heldrich*, 64. Aufl. (2005), (IPR) EGBGB Art. 34

BGH.[47] Demgegenüber wird aber auch aus allgemeiner IPR-Sicht von anderen Autoren vertreten, dass es sich auch bei zwingenden Regelungen des nationalen Rechts zum **Schutz schwächerer Vertragsparteien** um international zwingende Bestimmungen iSd. Art. 34 EGBGB bzw. Art. 7 Abs. 2 EVÜ handeln kann.[48]

Seit Inkrafttreten und Anwendbarkeit der Rom I-Verordnung auf nach dem 17.12.2009 geschlos-   **7a** sene Verträge[49] ist an die Stelle des Art. 34 EGBGB und des Art. 7 Abs. 2 EVÜ **Art. 9 Rom I-VO** getreten. International zwingende Bestimmungen des Vertragsrechts werden seitdem auch offiziell als **Eingriffsnormen** bezeichnet. Der deutsche Gesetzgeber hat aus diesem Anlass in seinem **IPR-Anpassungsgesetz von 2009**[50] nicht nur die Art. 27 bis 37 und damit auch Art. 34 EGBGB auf-gehoben[51] und das EGBGB auch anderweitig geändert, sondern auch andere Rechtsvorschriften überarbeitet und ergänzt.[52] Die Vorschriften des UrhG und mit ihnen **§ 32b** sind davon **unberührt** geblieben. Es kann daher davon ausgegangen werden, dass der **deutsche Gesetzgeber** diese Bestim-mung als auch mit der **Rom I-Verordnung vereinbar** beurteilt hat. Dieses Ergebnis entspricht wie-derum der allgemeinen Auffassung der urheberrechtlichen Schrifttums[53] wird auch von dem IPR zuzurechnenden Autoren[54] vertreten. Immerhin vertritt aber zB *Drexl* die Meinung, dass **§ 32b we-gen seiner Unvereinbarkeit mit der vorrangigen Rom I-VO nicht mehr anwendbar** sei.[55] Dieses Ergebnis, welches der Autor unter den Vorbehalt der zukünftigen Rechtsprechung des EuGH stellt, kann aus der Sicht der bisherigen Diskussion über § 32b in der Tat nicht ausgeschlossen werden. Es ist in der **Entwicklung der Rechtsprechung des EuGH** zu den international zwingenden Be-stimmungen bzw. Eingriffsnormen des europäischen Vertrags-IPR tendenziell angelegt: von schlich-ten, wie selbstverständlich angenommenen **Vorrang des europäisch harmonisierten Sachrechts** der Art. 17 bis 19 der Handelsvertreterrichtlinie 86/653/EWG[56] betreffend den Anspruch des Han-delsvertreters auf Ausgleichszahlungen bei Beendigung seines Vertragsverhältnisses **vor** der ebenfalls durch Gemeinschaftsrecht vorgesehenen **kollisionsrechtlich freien Wahl des Rechts eines Dritt-staats** (Kalifornien), das einen solchen Anspruch nicht kannte, und zwar in der Sache nach Art. 7 Abs. 2 iVm. Art. 3 Abs. 1 EVÜ in dem bereits an anderer Stelle[57] zitierten Urteil **Ingmar**[58] bis zum Urteil *Unamar*.[59] Der letztere Fall hatte sachrechtlich wiederum die Umsetzung der Handelsvertre-terrichtlinie in nationales Recht zum Gegenstand, und zwar diesmal in zwei Mitgliedstaaten der EU, nämlich in Belgien und Bulgarien. Im Vertrag zwischen einem belgischen Handelsvertreter und ei-nem bulgarischen Auftraggeber war die Anwendung des bulgarischen Rechts vereinbart worden. Nach einer vorzeitigen Kündigung des Vertrags durch das bulgarische Unternehmen machte der bel-gische Handelsvertreter in Belgien gegen seinen bulgarischen Auftraggeber Ansprüche gerichtlich geltend, die über das Mindestschutzniveau der Richtlinie und des bulgarischen Umsetzungsgesetzes hinausgingen, aber im belgischen Gesetz vorgesehen waren. Die betreffenden Bestimmungen machte er als international zwingend und rechtswahlfest geltend. Im Urteil des EuGH ist von einem **Vorrang des Sachrechts** vor dem europäischen Kollisionsrecht nunmehr aber **nicht mehr die Rede.** Zwar anerkennt das Gericht die Bedeutung und den zwingenden Charakter der Richtlinie und seiner Be-

---

Rn. 3, § 32b UrhG nur erwähnt; s. jetzt auch BGH GRUR 2015, 264 (267 f. Rn. 47) – Hi Hotel II, mkritAnm *Katzenberger* GRUR-Int 2015, 375 (381 ff.).

[47] I. Senat: BGH GRUR 2015, 264/268/Rn. 47–50 – Hi Hotel II unter Berufung auf XI. Senat, BGHZ 165, 248/257 ff. zum deutschen Verbraucherschutzgesetz; siehe auch VIII. Senat: BGHZ 135, 124,135/139 zum Vor-rang der allgemeinen und strengeren Ordre-public-Klausel gemäß Art. 6 EGBGB nF und Art. 30 EGBGB aF vor Art. 34 EGBGB bei Beurteilung der Sittenwidrigkeit eines Vertrags.

[48] So zB *von Hoffmann/Thorn*, Internationales Privatrecht, 9. Aufl. 2007, S. 471 Rn. 96: § 32b positiv zitiert; *von Hoffmann* IPRax 1989, 261 (266) im Allgemeinen; Palandt/*Thorn*, Rom I 9 (IPR), S. 2812 (2814) Rn. 10.

[49] → Rn. 2.

[50] Gesetz zur Anpassung der Vorschriften des Internationalen Privatrechts an die Verordnung (EG) Nr. 593/2008 vom 25.6.2009, BGBl. I S. 1574; nach seinem Art. 3 in Kraft seit 17.12.2009.

[51] Art. 1 Nr. 4 des IPR-Anpassungsgesetzes von 2009.

[52] Art. 2 des IPR-Anpassungsgesetzes von 2009.

[53] So zB Dreier/Schulze/*Schulze* § 32b Rn. 2; DKMH/*Kotthoff*, § 31 Rn. 27; Fromm/Nordemann/*Nordemann-Schiffel*, § 32b Rn. 2, 20, Vor §§ 120ff. Rn. 48; Möhring/Nicolini/*Lauber-Rönsberg/Soppe*, KollisionsR Rn. 35, 37, § 32b Rn. 1; *Schack* Rn. 1291; Wandtke/Bullinger/*v. Welser*, § 32b Rn. 1, Vor §§ 120ff. Rn. 25; *Loewenheim* FS Bornkamm (2014), S. 887 (888 f.); *Obergfell*, in Reithmann/Martiny, S. 892 (952 f.) Rn. 6.1227; *Obergfell* FS Marti-ny (2014), S. 475 (486 f.).

[54] So zB Palandt/*Thorn*, (IPR) Rom I 9, S. 2812 (2814) Rn. 10; *Freitag*, in Reithmann/Martiny, S. 349 (389 Rn. 5.112); Staudinger/*Fezer/Koos* (2010) IntWirtschR Rn. 1124; MüKoBGB/*Martiny* Art. 4 Rom I-VO Rn. 251 (Einordnung der Norm zweifelhaft), sa. Art. 9 Rom I-VO Rn. 86.

[55] S. MüKoBGB/*Drexl*, S. 1241 (1365) Rn. 259.

[56] ABl Nr. L 382/17.

[57] → Rn. 5.

[58] Im Urteil *Ingmar* heißt es unter Rn. 25, dass der beklagte kalifornische Auftraggeber des klagenden, im Verei-nigten Königreich tätigen Handelsvertreters die genannten Bestimmungen des europäischen Gemeinschaftsrechts „nicht schlicht durch eine Rechtswahlklausel umgehen kann". Das Urteil vermeidet jede ausdrückliche Benennung des EVÜ und seiner international zwingenden Bestimmungen. Dies hat seinen Grund wohl in dem Umstand, dass dem Fall durch das Erste und Zweite Brüsseler Protokoll betreffend die Auslegung des EVÜ durch den Gerichtshof vom 19.12.1988 (BGBl. 1995 II S. 916) übertragen worden ist und die Protokolle erst am 1.8.2004 in Kraft getreten sind (s. die Bek. vom 11.1.2005, BGBl. II S. 147 f.).

[59] EuZW 2013, 956.

stimmungen über den Ausgleichsanspruch des Handelsvertreters,[60] betont aber jetzt auch den **Grundsatz der Vertragsautonomie der Parteien nach Art. 3 Abs. 1 EVÜ** als den „**Eckstein**" des **EVÜ**,[61] der auch **in die Rom I-VO übernommen** worden sei.[62] Demgegenüber könnten nationale **zwingende Vorschriften** im Sinne von **Art. 7 Abs. 2 EVÜ** nur als **eng auszulegende Ausnahmen** von den im Übereinkommen ausdrücklich vorgesehenen Freiheiten und als **zwingende Gründe des Gemeinwohls** berücksichtigt werden.[63] Die Art. 3 und 7 Abs. 2 EVÜ seien demnach in dem Sinne auszulegen, dass das von den Parteien gewählte Recht eines Mitgliedstaats der Union (konkret: Bulgariens), das den durch die Richtlinie 86/653 vorgeschriebenen Mindestschutz gewährt, von dem angerufenen Gericht eines anderen Mitgliedstaats (konkret: Belgiens) nur dann zugunsten der *lex fori* mit der Begründung unangewendet gelassen werden kann, dass die Vorschriften über selbständige Handelsvertreter in der Rechtsordnung dieses Mitgliedstaats zwingenden Charakter haben, „wenn das angerufene **Gericht substantiiert**[64] **feststellt,** dass der **Gesetzgeber** des Staates dieses Gerichts es im Rahmen der Umsetzung dieser Richtlinie für **unerlässlich**[65] erachtet hat, dem Handelsvertreter in der betreffenden Rechtsordnung einen Schutz zu gewähren, der über den in der genannten Richtlinie vorgesehenen hinausgeht, und dabei die Natur und den Gegenstand dieser zwingenden Vorschriften berücksichtigt". Nach der argumentativen Einbeziehung der Rom I-VO in die Auslegung des EVÜ durch den EuGH dürfte nicht zweifelhaft sein, dass diese strengen Grundsätze auch für die **Rom I-VO** gelten. Im Ergebnis bestätigen sie, bezogen auf das deutsche Recht, den nicht international zwingenden Charakter des § 31 Abs. 5 UrhG iSd. Art. 7 Abs. 2 EVÜ bzw. Art. 34 EGBGB, wie ihn der BGH im Fall **Hi Hotel II**[66] angenommen hat. In Bezug auf **§ 32b des deutschen UrhG** konkurrieren um den Vorrang das nationale Sachrecht der §§ 32 und 32a UrhG in Kombination mit der ebenfalls nationalen Kollisionsnorm des § 32b UrhG des EU-Mitgliedstaats Deutschland einerseits und andererseits das europäisch vereinheitlichte Kollisionsrecht des EVÜ und der Rom I-VO im Bereich des bisher erst jüngst und auch nur teilweise harmonisierten[67] Urhebervertragsrechts als Sachrecht. Im Fall der EuGH-Entscheidung **Ingmar** war das harmonisierte Kollisionsrecht gegenüber dem ebenfalls harmonisierten Handelsvertreterrecht als Sachrecht ganz in den Hintergrund getreten.[68] Im jüngeren Fall **Unamar** haben sich die Verhältnisse umgekehrt: Die kollisionsrechtliche Freiheit der Rechtswahl durch die Vertragsparteien ist als das Regelprinzip stark betont worden und ist seine mögliche Einschränkung zugunsten rechtswahlfester zwingender Bestimmungen nationaler Vorschriften auf **eng auszulegende Ausnahmefälle im Sinne des Gemeinwohls** begrenzt worden.[69] Dieser Vorrang der gemeinschaftsrechtlich freien Rechtswahl durch die Vertragsparteien könnte in einer zukünftigen Entscheidung des EuGH als Argument benutzt werden, um dem deutschen Sonderrecht des § 32b UrhG die Vereinbarkeit sowohl mit dem EVÜ als auch mit der Rom I-VO abzusprechen. Andererseits könnten der gesetzliche Wortlaut des § 32b, seine Vorgeschichte und Motive[70] sowie seine kultur- und sozialpolitische Einbettung in das Sozialrecht der freiberuflich tätigen Urheber, Publizisten und Künstler auch dahingehend gedeutet werden, dass er und seine Bezugsbestimmungen §§ 32 und 32a als international zwingende Vorschriften bzw. Eingriffsnormen iSd. Art. 7 Abs. 2 EVÜ und Art. 9 Abs. 1 und 2. Rom I-VO anerkannt werden. Auch eine unterschiedliche Beurteilung der Nr. 1 und 2 des § 32b ist denkbar. Die Rechtslage ist damit zur Zeit unsicher.

7b   Die eingangs[71] dargestellte, bislang weithin vertretene **Rechtsauffassung** von der Vereinbarkeit des § 32b sowohl mit Art. 34 EGBGB/Art. 7 Abs. 2 EVÜ als auch mit Art. 9 Abs. 1 und 2 Rom I-VO bleibt im Übrigen an der **Oberfläche,** wenn man nur vom Ergebnis ausgeht. Das **Ergebnis** nämlich ist **erklärungsbedürftig,** wenn man die **Regelungsziele** des § 32b iVm. §§ 32 und 32a UrhG den im IPR mehrheitlich, aber auch im Urheberrecht nicht nur vereinzelt vertretenen Anforderungen der zitierten Vorschriften des EVÜ und der Rom I-Verordnung gegenüberstellt: vorrangig **privater Interessenausgleich** zwischen Werkverwertern einerseits sowie andererseits Urhebern und Künstlern als den idR schwächeren Vertragsparteien als primärer Zweck der urhebervertragsrechtlichen Bestimmungen auf der einen Seite[72] und primäre oder zumindest gleichrangige **Verfolgung von Allgemeininteressen** als Charakteristikum international zwingender Vorschriften bzw. von Eingriffsnor-

---

[60] Rn. 36 bis 40.
[61] In zeitlicher Hinsicht war der Rechtsstreit im Fall *Unamar* wie im Fall *Ingmar* auf der Grundlage des EVÜ und noch nicht der Rom I-VO zu entscheiden.
[62] Rn. 49 des Urteils. Zur freien Rechtswahl durch die Parteien als einen der „Ecksteine" des Systems der Kollisionsnormen im Bereich der vertraglichen Schuldverhältnisse auch in der Rom I-VO s. deren Erwgr. 11.
[63] Rn. 46 des Urteils.
[64] Hervorhebung hinzugefügt.
[65] Hervorhebung hinzugefügt.
[66] GRUR 2015, 264 (267 f. Rn. 47 ff.) = GRUR-Int 2015, 275 mkritAnm *Katzenberger,* S. 281 ff., unter Hinweis auf die Konsequenzen für § 32b UrhG.
[67] → Rn. 45 f.
[68] → Rn. 5 und zu Beginn der vorliegend erörterten → Rn. 7a.
[69] S. vorstehend.
[70] → Rn. 4 und 6 und nachfolgend Rn. 7c.
[71] → Rn. 7 und 7a.
[72] → Rn. 6.

men nach dem unionsrechtlichen Konzept des Vertrags-IPR auf der anderen Seite.[73] Erwgr. 37 der Rom I-VO stellt darauf ab, dass Eingriffsnormen der Wahrung **„des öffentlichen Interesses"** eines Staates dienen; die entsprechenden, vom EuGH im Fall **Unamar** geforderten **„zwingenden Gründe des Gemeinwohls"** sind bereits dargestellt worden.[74]Das pauschal positive Ergebnis zum Verhältnis des § 32b zu den zitierten allgemeinen IPR-Vorschriften ist darüber hinaus **stark relativierbar,** wenn man bedenkt, dass es verbreitet auf einer eindeutigen **Fehleinschätzung** beruht. Diese besteht in der Annahme nicht weniger Autoren, die vom traditionellen Konzept des Vertrags-IPR ausgehen, dass die Qualifikation der §§ 32 und 32a UrhG als international zwingender Bestimmungen bzw. Eingriffsnormen allein schon aus der entsprechenden Anordnung des § 32b als eines **Aktes des deutschen Gesetzgebers** folge: Dieser habe mit § 32b den §§ 32 und § 32a durch „ausdrückliche gesetzgeberische Widmung" die von Art. 34 EGBGB ausgesprochene Wirkung beigelegt.[75] Aus IPR-Sicht könne nur der Erlassstaat selbst über die international zwingende Geltung seiner vertragsrechtlichen Normen befinden;[76] der nationale Gesetzgeber habe primär die Definitionshoheit.[77]

Dem jeweiligen nationalen Gesetzgeber die der **lex fori die Definitionshoheit** über den international **7c** zwingenden Charakter einer vertragsrechtlichen Regelung zu überlassen, **widerspricht** jedoch dem **Harmonisierungsziel** von **EVÜ**[78] und **Rom I-Verordnung.**[79] Die vorstehend als Fehleinschätzung beurteilte Auffassung ist zu Recht auch von anderer Seite kritisiert worden.[80] Sie gibt nur die halbe Wahrheit wieder: nämlich dass die *lex fori* **mit** darüber entscheiden muss, ob eine ihrer zwingenden vertragsrechtlichen Regelungen auch international zwingend sein soll. Dies bedarf auch keines Aktes der Gesetzgebung, es genügt eine entsprechende Überzeugung der Gerichte und der Wissenschaft, die durch Auslegung zu gewinnen ist.[81] Die zweite Hälfte der Wahrheit besagt, dass es sich bei den Begriffen der international zwingenden Bestimmungen iSd. Art. 7 Abs. 2 EVÜ und der Eingriffsnormen iSd. Art. 9 Abs. 1 und 2 Rom I-VO um autonom und einheitlich auszulegende **Begriffe des europäischen Rechts** handelt, an dessen Vorgaben nationale Regelungen wie § 32b sich zu orientieren haben.[82] Stellt man dies in Rechnung, so hat die vorstehend als Fehleinschätzung erkannte Deutung des § 32b keine Chance auf Anerkennung durch den EuGH. Dieser hat im **Fall Krombach**[83] schon im Jahr 2000 zu einer ganz ähnlichen rechtlichen Konstellation entschieden, dass der Begriff der „öffentlichen Ordnung des Vollstreckungsstaats" in Art. 27 Nr. 1 EuGVÜ[84] zwar auf die innerstaatlichen Anschauungen dieses Staates von seiner öffentlichen Ordnung verweist, die Abgrenzung dieses Begriffs aber gleichwohl durch Auslegung des Übereinkommens vorzunehmen ist.[85] Im selben Sinne hat der EuGH sogar unmittelbar zu Art. 7 Abs. 2 EVÜ in dem schon mehrfach angesprochenen **Fall Unamar**[86] entschieden, dass die Qualifizierung nationaler Vorschriften der Mitgliedstaaten als international zwingend nichts daran ändert, dass sie **„dafür sorgen müssen, dass diese Vorschriften mit dem Unionsrecht im Einklang stehen".** Dies bedeutet im Fall der §§ 32 und 32a UrhG, deren internationaler Geltungswille durch § 32b dokumentiert ist, nichts anderes, als dass sie mit Art. 7 Abs. 2 EVÜ und erst recht mit Art. 9 Abs. 1 und 2 Rom I-VO nur dann vereinbar sind, wenn diese Bestimmungen sich auch auf zwingende vertragliche Regelungen erstrecken, welche vor- oder gleichrangig nicht Belangen der Allgemeinheit dienen, sondern dem **privaten Interessenausgleich** unter Vertragsparteien, im vorliegenden Zusammenhang zugunsten von Urhebern und Künstlern als regelmäßig schwächeren Vertragsparteien. Für dieses Ergebnis sprechen im Blick auf die IPR-Begünstigungen auch von Verbrauchern und Arbeitnehmern[87] sowie von Handelsvertretern[88] weiterhin **gute Gründe,**[89] darunter nicht zuletzt die **Verzahnung**[90] des zwingenden urheberver-

---

[73] → Rn. 7; unter den dem Urheberrecht zuzurechnenden Autoren zB vertreten von *Hilty/Peukert* GRUR-Int 2002, 643 (649), *Loewenheim* FS Bornkamm (2014), S. 887 (889 f.). *Obergfell* K&R 2003, 118 (123); *Obergfell,* in Reithmann/Martini, S. 892 (952) Rn. 6.1227; *Pütz,* S. 186 (188 ff.).

[74] → Rn. 7a.

[75] So *Hilty/Peukert* GRUR-Int 2002, 643 (648).

[76] So *Obergfell* K&R 2003, 118 (124).

[77] So *Obergfell,* in Reithmann/Martini, S. 892 (952) Fn. 3 unter Berufung auf *Sonnenberger* IPRax 2003, 104 (106); s. ferner *Obergfell* FS Martiny (2014), S. 475 (486 f.); *Loewenheim* FS Bornkamm (2014), S. 887 (891); *Stimmel* GRUR-Int 2010, 783 (790); *Wille* GRUR-Int 2008, 389 (392); tendenziell auch MüKoBGB/*Martiny* Art. 9 Rom I-VO Rn. 9.

[78] S. Art. 18 EVÜ, Art. 36 EGBGB.

[79] S. Erwgr. 6 Rom I-VO.

[80] S. zB *Mankowski* in Leible/Ohly, Intellectual Property and Private International Law, 2009, S. 31 (64 f.).

[81] S. MüKoBGB/*Martiny* Art. 9 Rom I-VO Rn. 9 f.; BGH BGHZ 165, 248 (256).

[82] S. MüKoBGB/*Martiny* Art. 9 Rom I-VO Rn. 10.

[83] Urt. v. 28.3.2000, Rs. C-7/98, Slg I 2000, 1056.

[84] Übereinkommen über die gerichtliche Zuständigkeit und die Vollstreckung gerichtlicher Entscheidungen in Zivil- und Handelssachen v. 27.9.1968, BGBl. 1972 II S. 774.

[85] Urt. Krombach Rn. 22 f.

[86] → Rn. 7a f.

[87] → Rn. 6.

[88] → Rn. 6.

[89] Die zB von MüKoBGB/*Martiny* Art. 9 Rom I-VO Rn. 15 f. ua. unter der Rom I-Verordnung angenommene Ablehnung der Sonderanknüpfung aus sozialpolitischen Gründen wird daher auch zu Recht nicht allgemein geteilt (s. dazu die Nachw. aaO).

[90] Zu diesem Aspekt im Allgemeinen s. MüKoBGB/*Martiny* Art. 9 Rom I-VO Rn. 12.

tragsrechtlichen Schutzes von Urhebern und Künstlern mit der gesetzlichen, öffentlichrechtlichen **Sozialversicherung selbständiger Künstler und Publizisten** gemäß dem Künstlersozialversicherungsgesetz:[91] Selbständige Künstler und Publizisten und damit auch sehr viele Begünstigte der §§ 32 und 32a UrhG tragen durch Beiträge in Höhe eines Prozentsatzes ihrer vertraglichen, gegebenenfalls auch vom KSVG begünstigten Vergütungen zur Hälfte selbst zur **Finanzierung ihrer Renten-, Kranken- und Pflegeversicherung** bei.[92] Der Umstand, dass die zweite Hälfte der erforderlichen Mittel durch die Künstlersozialabgabe und einen beträchtlichen **Bundeszuschuss** aufgebracht wird,[93] belegt das erhebliche kultur- und sozialpolitische Interesse des deutschen Staates an der wirtschaftlichen Förderung und Absicherung von selbständigen Künstlern und Publizisten, dem auch das zwingende Urhebervertragsrecht und mit ihm § 32b UrhG dienen. Eine zuverlässige Prognose über die zukünftige Rechtsprechung des **EuGH** erscheint aber dennoch kaum möglich.[94]

8   **Ursache** der vorstehend[95] behandelten Zweifelsfragen um das Verhältnis des § 32b zum EVÜ und zur Rom I-Verordnung ist der Umstand, dass es bisher wohl ausschließlich unter dem Gesichtspunkt der Ausnahmebestimmungen des Art. 7 Abs. 2 EVÜ und des Art. 9 Abs. 1 und 2 Rom I-VO[96] erörtert wurde. Zwei Gegebenheiten legen es jedoch nahe bzw. zwingen sogar dazu, einen **anderen Lösungsansatz** zu verfolgen, der demjenigen der bisherigen Erörterungen sogar vorgelagert ist: nämlich der Frage nach dem **Geltungsbereich der beiden europäischen Rechtsakte** und der **Regelungszuständigkeit der nationalen Gesetzgeber**[97] zur Schließung von Lücken jener Akte. Die erste dieser Gegebenheiten folgt aus **Erwgr. 23** der **Rom I-VO**. Er enthält eine Selbstverpflichtung der Verordnung dahingehend, für Verträge, bei denen regelmäßig eine der Parteien schwächer als die andere ist, **spezielle Kollisionsnormen** zu schaffen, die für die **schwächere Partei günstiger** sind als die allgemeinen Regeln. Dies soll generell gelten.[98] Die Verordnung enthält demzufolge auch eine ganze Reihe von Sondervorschriften für Verträge solcher Art,[99] sieht jedoch für **Verträge mit Urhebern und Künstlern keinerlei spezielle Kollisionsnorm** vor, obwohl dem europäischen Verordnungsgeber beispielsweise aus der Vermiet- und Verleihrechtsrichtlinie[100] bekannt und vorgegeben war, dass Urheber und auch ausübende Künstler in ihren Beziehungen zu Werkverwertern einen besonderen Schutz durch zwingende vertragsrechtliche Vorschriften benötigen.[101] Noch nicht einmal eine ganz rudimentäre Regelung über den gewöhnlichen Aufenthalt des Rechteinhabers als Anknüpfungspunkt nur für die objektive Anknüpfung[102] von Verträgen über Rechte an geistigem Eigentum im Verordnungsvorschlag der Kommission[103] ist in den Verordnungstext übernommen worden. Diese Umstände, zusammen mit der früher nur sehr punktuellen und auch nach Erlass der DSM-RL noch unvollständigen Angleichung des Urhebervertragsrechts in Europa,[104] offenbaren eine **Regelungslücke**,[105] welche zwingende urhebervertragsrechtliche Regelungen zugunsten von Urhebern und Künstlern generell und von vorneherein aus dem Geltungsbereich des EVÜ und der Rom I-VO ausschließt, ohne dass die Voraussetzungen für Eingriffsnormen erfüllt sein müssten.

8a   Die zweite Gegebenheit[106] ist die **Zuständigkeitsverteilung** zwischen **Europäischer Union** und den **Mitgliedstaaten**. Die Rom I-Verordnung stützt sich nach ihrer Präambel auf Art. 61 Buchst. c) und Art. 67 Abs. 5, zweiter Gedankenstrich des EG-Vertrags,[107] die beide auf Art. 65 des Vertrags betr. die Zuständigkeit der Gemeinschaft (jetzt: Union) für Maßnahmen über die justizielle Zusam-

---

[91] Gesetz über die Sozialversicherung der selbständigen Künstler und Publizisten (KSVG) v. 27.7.1981 BGBl. I S. 705, abgekürzt bezeichnet als KSVG.

[92] S. § 14 KSVG.

[93] S. ebenfalls § 14 KSVG. Der Bundeszuschuss betrug zB im Jahr 2018 nicht weniger als fast 211 Mio. Euro; s. www.künstlersozialkasse.de/service/ksk-in-zahlen.html.

[94] So im Ergebnis auch MüKoBGB/*Drexl*, S. 1241 (1365) Rn. 259, sowie MüKoBGB/*Martiny* Art. 9 Rom I-VO Rn. 19.

[95] → Rn. 7–7c.

[96] Und der Begleitregelungen in Art. 7 Abs. 1 EVÜ und Art. 9 Abs. 1 und 3 Rom I-VO.

[97] Und der Rechtsprechung der Gerichte in Auslegung der nationalen Gesetze.

[98] S. das Wort „insbesondere" zu Beginn des Erwgr. 24.

[99] Art. 5: Beförderungsverträge, Art. 6: Verbraucherverträge, Art. 7: Versicherungsverträge, Art. 8 Individualarbeitsverträge.

[100] Richtlinie 2006/115/EG v. 12.12.2006 zum Vermietrecht und Verleihrecht sowie zu bestimmten dem Urheberrecht verwandten Schutzrechten im Bereich des geistigen Eigentums (kodifizierte Fassung), ABl.EU L 376/28; zuvor Richtlinie 92/100/EWG v. 19.11.1992, ABl.EG L 346/61.

[101] Erwgr. 12 und Art. 5 Abs. 1 und 2 Vermiet-und VerleihrechtsRL 2006/115/EG; Erwgr. 15 und Art. 4 Abs. 1 und 2 Vermiet- und Verleih-RL 92/100/EWG; siehe jetzt auch Erwgr. 72 der DSM-RL.

[102] → Rn. 3.

[103] Vorschlag für eine Verordnung des Europäischen Parlaments und des Rates über das auf vertragliche Schuldverhältnisse anzuwendende Recht (Rom I) (von der Kommission vorgelegt), KOM (2005) 650 endgültig, 2005/0261 (COD) vom 15.12.2005, Art. 4 Abs. 1 Buchst. (f).

[104] → Vor §§ 31 ff. Rn. 16 und → Rn. 45 zum vorliegend kommentierten § 32b.

[105] So auch sinngemäß die Einschätzung von MüKoBGB/*Martiny* Art. 4 Rom I-VO Rn. 251; möglicherweise auch *Schack* Urheber- und Urhebervertragsrecht, Rn. 1291: „Zu diesem Mittel musste der Gesetzgeber in § 32b greifen …".

[106] Zur ersten → Rn. 8.

[107] Vertrag zur Gründung der Europäischen Gemeinschaft (EG-Vertrag, EGV).

menarbeit, einschließlich der in den Mitgliedstaaten geltenden Kollisionsnormen,[108] verweisen. Bereits nach Art. 2 Abs. 1 EUV seit dessen Fassung von Maastrich[109] galt für die Verteilung der Regelungszuständigkeiten zwischen Europäischer Gemeinschaft (EG) und ihren Mitgliedstaaten das **Subsidiaritätsprinzip** zulasten der Gemeinschaft. Es ist in Art. 5 Abs. 1 bis 3 EUV in der Fassung von Lissabon[110] um die Grundsätze der **begrenzten Einzelermächtigung** der Europäischen Union (EU) und der **Verhältnismäßigkeit** ihrer Maßnahmen präzisiert und um Regeln über die **ausschließliche und die geteilte Zuständigkeit** gemäß Art. 2 bis 4 AEUV ergänzt worden. Im vorliegenden Zusammenhang ist gemäß Art. 4 Abs. 1 und 2 AEUV der Bereich der **geteilten Zuständigkeit** von Interesse. Für sie gilt nach Art. 2 Abs. 2 Satz 1 AEUV, dass sowohl die **Union** als auch die **Mitgliedstaaten** „gesetzgeberisch" tätig werden und verbindliche Rechtsakte erlassen" können. Nach Satz 2 dieser Bestimmung nehmen die **Mitgliedstaaten** in diesem Bereich „ihre Zuständigkeit wahr, sofern und soweit die **Union ihre Zuständigkeit nicht ausgeübt hat**". So verhält es sich, wie dargestellt,[111] in Bezug auf die von der Rom I-Verordnung geforderten und auch zehn Jahre nach Inkrafttreten der Verträge von Lissabon **immer noch fehlenden speziellen europäischen Kollisionsnormen zugunsten von Urhebern und ausübenden Künstlern** als den regelmäßig schwächeren Parteien ihrer Verträge mit Werkverwertern. Es erscheint angezeigt, die gleiche Beurteilung wie diejenige zur Rom I-Verordnung auch auf die Rechtslage nach dem **EVÜ** und dem **EGBGB**[112] zu übertragen. Zwar ermöglichen die letzteren Rechtsgrundlagen den notwendigen kollisionsrechtlichen Schutz der Urheber und ausübenden Künstler als regelmäßig schwächerer Vertragsparteien auch unter dem Gesichtspunkt der (international) zwingenden Bestimmungen gemäß Art. 7 Abs. 2 EVÜ und Art. 34 EGBGB.[113] Dieser Schutz erscheint jedoch durch die neue Rechtsprechung sowohl des BGH[114] als auch des EUGH[115] in Frage gestellt. Dies bedarf einer Kompensation durch erhöhte Anforderungen an den Geltungsbereich dieser älteren Kollisionsregeln, um den vertragsrechtlichen Schutz der Urheber und ausübenden Künstler kollisionsrechtlich nicht dem freien Spiel der allgemeinen kollisionsrechtlichen Regeln, insbesondere der freien Rechtswahl der Vertragsparteien, auszuliefern. § 32b ist **auf dieser Rechtsgrundlage alleine aufgrund der deutschen Gesetzgebung** sowohl mit dem EVÜ als auch mit der Rom I-Verordnung vereinbar und **rechtsgültig**, und die diesbezüglich im Zusammenhang mit dem Aspekt der Eingriffsnormen als Fehleinschätzung kritisierte, weit verbreitete Beurteilung im Schrifttum[116] ist letztlich im Ergebnis doch zutreffend.

Die vorstehend[117] vorgeschlagene Problemlösung sieht sich in **Übereinstimmung** mit der Beurteilung von **Regelungslücken** im europäischen **Richtlinienrecht**. Europäische Verordnungen und Richtlinien unterscheiden sich hinsichtlich Art und Grad ihrer Verbindlichkeit. Verordnungen beinhalten unmittelbar und in allen ihren Teilen geltendes Recht in allen EU-Mitgliedstaaten,[118] Richtlinien dagegen sind nur hinsichtlich ihrer Ziele verbindlich und überlassen den Mitgliedstaaten die Wahl der Form und Mittel der Zielerreichung[119] und damit einen gewissen Gestaltungsspielraum. Sog. vollharmonisierende Richtlinien können dabei eine derartige Regelungsdichte erreichen, dass der Spielraum der Mitgliedstaaten weitgehend eingeschränkt ist.[120] Dennoch können sich für sie aus den jeweiligen Bestimmungen über Anwendungsbereich und Geltungsbereich durch Auslegung nach europäischen Maßstäben Gestaltungsspielräume ergeben.[121] So verhält es sich auch bei der Rom I-Verordnung als einer anderen Art der Vollharmonisierung des Rechts in Europa: Es ist davon auszugehen, dass sowohl das EVÜ als auch die Rom I-Verordnung auf Verträge mit Urhebern und ausübenden Künstlern anwendbar sind.[122] In Bezug auf Art. 10 EVÜ und Art. 12 Rom I-VO wird zwar angenommen, dass der jeweilige Geltungsbereich grundsätzlich umfassend zu verstehen ist, aber zB Art. 12 Rom I-VO die Sonderanknüpfung von Eingriffsnormen nach Art. 9 der VO und damit deren

    8b

---

[108] Art. 65 Buchst. b) EGV.
[109] In Kraft seit 1.11.1993.
[110] In Kraft seit 1.12.2009.
[111] → Rn. 8.
[112] → Rn. 2.
[113] → Rn. 6, 7 sowie die Anm. von *Katzenberger* zum Urteil des BGH in Sachen Hi Hotel II, GRUR-Int 2015, 381 (383), unter 8. zu Art. 7 Abs. 2 EVÜ.
[114] Urt. v. 24.9.2014, I ZR 35/11 – Hi Hotel II, GRUR 2015, 264 (267 f. Rn. 47 ff.), mkritAnm *Katzenberger* GRUR-Int 2015, 381; → Rn. 7 und 7a.
[115] Urteil Unamar, → Rn. 7a f.
[116] → Rn. 7b f.
[117] → Rn. 8 f.
[118] Art. 288 Abs. 2 AEUV.
[119] Art. 288 Abs. 3 AEUV.
[120] S. *Mittwoch*, S. 17.
[121] S. *v. Ungern-Sternberg* FS Bornkamm (2014), S. 1007 (1011) mwN; insbes. *Schaub* in Karakostas/Riesenhuber, S. 81 (86).;
[122] In den Ausschlussvorschriften der Art. 1 EVÜ und Art. 1 Rom I-VO sind sie nicht aufgeführt. Speziell Erwgr. 7 Rom I-VO verweist außerdem auf den Einklang ua. des Rom II-VO (EG) Nr. 864/2007 über das auf außervertragliche Schuldverhältnisse anzuwendende Recht, die in ihrem Art. 8 die Verletzung von Rechten des geistigen Eigentums und damit gem. Erwgr. 26 auch von Urheberrechten und verwandten Schutzrechten ausdrücklich regelt.

Vorrang nicht ausschließt.[123] Gleiches kann dann aber aufgrund der besonderen Umstände der zwingenden vertragsrechtlichen Regelungen zugunsten von Urhebern und ausübenden Künstlern auch für § 32b UrhG und dessen Sonderstellung[124] gelten.

8c   Im Ergebnis ist **§ 32b** nicht nur mit **EVÜ** und **Rom I-VO unabhängig** von seiner Qualifikation als **Eingriffsnorm** iS beider Rechtsakte[125] **vereinbar** sowie **wirksam und rechtsgültig.** Er enthält zugleich eine verbindliche Konkretisierung der schon traditionellen Lehre von der Sonderanknüpfung der zwingenden urhebervertragsrechtlichen Regelungen der §§ 32 und 32a UrhG zugunsten von Urhebern und ausübenden Künstlern als regelmäßig schwächeren Vertragsparteien[126] und als rechtlich zulässiges **autonomes deutsches Vertrags-IPR** neben EVÜ und Rom I-VO aufgrund von deren Regelungslücken.

II. International zwingender Charakter der §§ 32, 32a aufgrund engster Verbindung des Vertrags mit Deutschland und Wahl ausländischen Rechts (§ 32b Nr. 1)

9   Sinngemäß **von § 32b von vornherein nicht erfasst** sind diejenigen Fälle, in denen die Vertragsparteien die **Anwendung deutschen Rechts vereinbart** haben. In einem solchen Fall ist die Anwendung des deutschen Urhebervertragsrechts einschließlich der § 32 und 32a UrhG ohne weiteres gegeben.[127] Es bedarf keiner Sonderanknüpfung über § 32b, und der Vertragsinhalt entscheidet, ob die Rechtseinräumung und damit auch die zwingenden Vergütungsregeln der §§ 32 und 32a sich auch auf die Auslandsnutzungen erstrecken.[128] Weist ein Urheberrechtsvertrag seine **engste Verbindung mit Deutschland** auf und haben die Vertragsparteien **keine Rechtswahl** getroffen, so ist auch auf diesen Vertrag deutsches Urhebervertragsrecht insgesamt anwendbar.[129] Als Bestandteile des deutschen Urhebervertragsrechts gelten die §§ 32 und 32a auch insoweit ohne weiteres, ohne dass es eines Rückgriffs auf § 32b oder einer sonstigen Sonderanknüpfung bedarf. Als national zwingende Bestimmungen[130] sind die §§ 32 und 32a ebenfalls unabhängig von § 32b oder einer anderen Sonderanknüpfung anwendbar, wenn zwar ausländisches Recht gewählt worden ist, der Urheberrechtsvertrag jedoch abgesehen von dieser Rechtswahl **keinerlei Auslandsverbindungen** aufweist.[131]

10   Die **AmtlBegr.**[132] nennt als **Beispielsfall** für die Anwendbarkeit deutschen Rechts aufgrund fiktiver objektiver Anknüpfung und für die Anwendbarkeit der §§ 32 und 32a gemäß **§ 32b Nr. 1** trotz Wahl eines ausländischen Rechts einen urheberrechtlichen Nutzungsvertrag mit einem **Lizenznehmer mit Sitz im Ausland,** der **keine Ausübungspflicht**[133] vorsieht. In diesem Falle erbringt nicht der ausländische Lizenznehmer, sondern der Lizenzgeber bzw. der **Urheber mit ständigem Aufenthalt in Deutschland** die charakteristische Leistung iSd. Art. 4 Abs. 2 Rom I-VO bzw. begründet diese im Regelfall die nach Art. 28 Abs. 1 Satz 1 und Abs. 2 EGBGB für das objektiv anwendbare Recht entscheidende engste Verbindung mit diesem Staat.

11   Trifft im **amtlichen Beispielsfall** das ausländische Verwerterunternehmen vertragsgemäß eine **Ausübungspflicht,** so erbringt dieses Unternehmen und nicht der deutsche Urheber die charakteristische Leistung.[134] Folge davon ist, dass die fiktive objektive Anknüpfung des Vertragsverhältnisses auf das betreffende ausländische und nicht auf das deutsche Recht verweist. Eine international zwingende Anwendung der §§ 32 und 32a über **§ 32b Nr. 1 scheidet aus.** In Betracht kommt lediglich eine Anwendung kraft **§ 32b Nr. 2** oder unter der Voraussetzung, dass die Vertragsparteien die Anwendung deutschen Rechts vereinbart haben.[135]

12   Bei vertauschten Rollen, also im Fall eines Urheberrechtsvertrags zwischen einem **Urheber** mit **gewöhnlichem Aufenthalt im Ausland** und einem **Verwerterunternehmen** mit Niederlassung **in Deutschland,** verhalten sich die Dinge **umgekehrt** zum amtlichen Beispielsfall. **§ 32b Nr. 1** und über ihn auch §§ 32 und 32a sind wegen fiktiver objektiver Anknüpfung an das deutsche Recht **anwendbar,** wenn die Vertragsparteien keine Rechtswahl getroffen haben, aber das Verwerterunternehmen eine **Ausübungspflicht** trifft. Das deutsche Unternehmen erbringt hier die zur fiktiv-objektiven Anknüpfung an das deutsche Recht führende charakteristische Leistung.[136] Bei **fehlender Ausübungspflicht** führt die fiktive objektive Anknüpfung zum ausländischen Recht, und eine Anwendbarkeit der §§ 32 und 32a kann sich nur aus **§ 32b Nr. 2** ergeben.

---

[123] S. MüKoBGB/*Martiny* Art. 12 Rom I-VO Rn. 3, 5.
[124] → Rn. 8 und 8a.
[125] → Rn. 7–7c.
[126] → Rn. 6.
[127] → Rn. 3 zu Art. 3 Abs. 1 Rom I-VO und Art. 27 EGBGB.
[128] S. BGH GRUR 2012, 1248 (1252 f.) – Fluch der Karibik.
[129] Art. 4 Abs. 2–5 Rom I-VO, Art. 28 EGBGB, → Rn. 3.
[130] → Rn. 1.
[131] Art. 3 Abs. 3 Rom I-VO, Art. 27 Abs. 3 EGBGB, → Rn. 3.
[132] Formulierungshilfe vom 14.1.2002 bei *Hucko* S. 164, und Beschlussempfehlung des Rechtsausschusses des Deutschen Bundestags vom 23.1.2002, BT-Drs. 14/8058, S. 20.
[133] Zu dieser Pflicht gleichgestellten Umständen → Vor §§ 120 ff. Rn. 159.
[134] → Vor §§ 120 ff. Rn. 159.
[135] → Rn. 9.
[136] → Vor §§ 120 ff. Rn. 159.

Sind die **objektiven Anknüpfungskriterien** [137] hinsichtlich **beider Vertragsparteien in** **13**
Deutschland gegeben, so sind bei gleichwohl erfolgter Wahl eines ausländischen Rechts[138] die §§ 32
und 32a über **§ 32b Nr. 1** anwendbar, wenn das Vertragsverhältnis zB wegen der Einräumung von
Nutzungsrechten für zwei oder mehr Staaten oder gar von Weltrechten Auslandsbeziehungen aufweist, mangels solcher Beziehungen über Art. 3 Abs. 3 Rom I-VO und Art. 27 Abs. 3 EGBGB. Bei
Vorliegen jener Kriterien **im Ausland** kann sich eine Anwendbarkeit der §§ 32 und 32a nur aus
§ 32b Nr. 2 oder der **Wahl deutschen Rechts** durch die Vertragsparteien ergeben.

III. International zwingender Charakter der §§ 32, 32a aufgrund maßgeblicher Nutzungshandlungen in Deutschland als Vertragsgegenstand (§ 32b Nr. 2)

Die **AmtlBegr.**[139] geht davon aus, dass die **Mehrzahl der IPR-Sachverhalte,** auf welche die **14**
§§ 32 und 32a wegen ihres international zwingenden Charakters anwendbar sind, nicht über § 32b
Nr. 1, sondern **über § 32b Nr. 2 erfasst** werde. Nach dieser Bestimmung genügt es für die Anwendbarkeit der §§ 32 und 32a, wenn **maßgebliche Nutzungshandlungen in Deutschland Ver-**
tragsgegenstand sind. Weder die Wahl ausländischen Rechts durch die Vertragsparteien noch die
engste Verbindung der Vertragverhältnisse mit einem ausländischem Staat iSd. objektiven Anknüpfung (→ Rn. 3) stehen unter dieser Voraussetzung der Anwendbarkeit der §§ 32 und 32a entgegen. In
diesem Falle sind diese Bestimmungen daher insbesondere auch dann anwendbar, wenn ein **Urheber**
mit ständigem Aufenthalt in Deutschland vertraglich mit einem **ausländischen Verwertungs-**
unternehmen verbunden ist, welches eine Ausübungspflicht übernommen hat oder dessen Recht
gewählt worden ist (so. Rn. 11), sowie im Fall vertauschter Rollen bei fehlender Ausübungspflicht des
inländischen Unternehmens (→ Rn. 12). **Gleiches gilt** und § 32b Nr. 2 ist gegeben, wenn **beide**
Vertragsparteien ihren gewöhnlichen Aufenthalt bzw. ihre Hauptverwaltung **im Ausland** haben
und gegebenenfalls auch noch die Anwendung des betreffenden ausländischen Rechts gewählt haben,
die Rechtseinräumung sich aber auch auf das Territorium Deutschlands und damit auf den **deutschen**
Markt erstreckt.[140]

Als **Anwendungsfall** des § 32b Nr. 2 werden in der **AmtlBegr.**[141] Nutzungsverträge von Urhe- **15**
bern mit Lizenznehmern im Ausland über **inländische Verwertungshandlungen** genannt, wobei es
unerheblich sei, ob die Parteien ein Recht gewählt hätten. Unerheblich ist es dabei aber auch, ob der
Urheber seinen ständigen Aufenthalt in Deutschland oder im Ausland hat und ob das Verwerterunternehmen als den Lizenznehmer eine Ausübungspflicht trifft oder nicht.

Aus den vorgenannten Umständen ergibt sich auch, dass eine Sitz- bzw. **Niederlassungsverlage-** **16**
rung deutscher Verwerterunternehmen ins Ausland, wie insbesondere in die deutschsprachigen
Länder Österreich oder Schweiz, keinen Vorteil derart verspricht, sich dadurch Ansprüchen der Urheber als Vertragspartei aus den §§ 32 und 32a entziehen zu können; es sei denn, sie verzichten
zugleich auf Deutschland als den weitaus größten deutschsprachigen Markt. Dies ist mit der bereits
erwähnten[142] Funktion des § 32b Nr. 2 als Faktor der **Standortsicherung** gemeint.

Die Anwendung des § 32b Nr. 2 setzt voraus, dass **maßgebliche Nutzungshandlungen in** **17**
Deutschland Vertragsgegenstand sind. Neben den bereits erwähnten[143] Nutzungsverträgen von
Urhebern mit Lizenznehmern im Ausland über inländische Verwertungshandlungen als Anwendungsfall des § 32b Nr. 2 besagt die AmtlBegr.[144] zu dieser Bestimmung nur, dass sich über sie die §§ 32
und 32a gegenüber ausländischem Recht durchsetzen, „soweit eine **maßgebliche Nutzungshand-**
lung im Inland vorliegt".[145] Dies bedeutet aber nicht, dass eine solche Nutzungshandlung tatsächlich vorgenommen werden oder worden sein muss. Nach dem entscheidenden Gesetzeswortlaut
reicht es vielmehr für die Anwendung des § 32b Nr. 2 aus, dass eine solche Nutzungshandlung **Ver-**
tragsgegenstand ist.[146] Dies entspricht auch dem Grundkonzept der §§ 32 und 32a: Auch für den

---

[137] Gewöhnlicher Aufenthalt und Haupt- oder geschäftsführende Niederlassung, → Rn. 3.
[138] Zu einer solchen Wahl → Vor §§ 120 ff. Rn. 156.
[139] Wie → Rn. 10.
[140] Siehe in diesem Sinne OLG München ZUM 2017, 849 ff. – Elvis Presley, zu einem Nachvergütungsverlan-
gen nach §§ 32a, 79 Abs. 2 Satz 2 des deutschen UrhG der US-amerikanischen Gesamtrechtsnachfolgerin des US-
Künstlers Elvis Presley gegen die ebenfalls US-amerikanische Nachfolgerin der Plattenfirma RCA im Hinblick auf
Verträge zwischen Elvis Presley und RCA über die Tonträgerauswertung von Darbietungen des Künstlers, die dem
Recht des US-Bundesstaates Delaware unterlagen. Die Ansprüche wurden nicht wegen Unanwendbarkeit der
§§ 32a, 79 Abs. 2 Satz 2 und § 32b des deutschen UrhG verweigert, sondern wegen angeblichen Mangels eines
„auffälligen Missverhältnisses" iSd. § 32a Abs. 1 Satz 1 zwischen der vereinbarten Künstlervergütung und den Erträgen der Beklagten. S. zu diesem Urteil *Reber*, GRUR-Int 2017, 943 ff., zur Aussage im Text *Katzenberger*, FS
Walter, S. 523 (530); *Reber*, GRUR-Int 2016, 1079.
[141] Wie → Rn. 10.
[142] → Rn. 5.
[143] → Rn. 15.
[144] Wie → Rn. 10.
[145] Hervorhebung hinzugefügt.
[146] Ebenso Dreier/Schulze/*Schulze* Rn. 9; Fromm/Nordemann/*Nordemann-Schiffel* Rn. 9; Wandtke/Bullinger/
v. Welser, Rn. 4.

Anspruch des Urhebers auf angemessene Vergütung nach § 32 ist eine tatsächliche Nutzung des Werkes des Urhebers nicht Voraussetzung,[147] und selbst ein Anspruch des Urhebers auf weitere Beteiligung gemäß § 32a wegen eines auffälligen Missverhältnisses zwischen seiner Vergütung und den Erträgen und Vorteilen des Nutzungsberechtigten „aus der Nutzung des Werkes"[148] hat eine tatsächliche Nutzungshandlung nicht zur Bedingung, es genügen zB Lizenzeinnahmen[149] oder auch die Teilnahme an den Ausschüttungen deutscher Verwertungsgesellschaften.

18   **Nutzungshandlungen im Inland** als Vertragsgegenstand sind jedenfalls alle Handlungen, die in ein dem Urheber durch die §§ 15 ff. UrhG vorbehaltenes Verwertungsrecht, wie das Vervielfältigungsrecht, das Verbreitungsrecht und das Recht der öffentlichen Wiedergabe, eingreifen. Erfasst sind damit zB auch Vervielfältigungen für den Export,[150] Funksendungen von Deutschland aus für das Ausland, sei es als europäische Satellitensendungen,[151] sei es terrestrisch,[152] Import nach und Export aus Deutschland,[153] nicht aber der bloße Transit[154] und der nach Deutschland einwirkende unvermeidliche spill over ausländischer Funksendungen.[155]

19   Die AmtlBegr.[156] gibt keinen ausdrücklichen Hinweis darauf, nach welchen Kriterien zu beurteilen ist, ob eine Nutzungshandlung in Deutschland als Vertragsgegenstand **maßgeblich** ist. Ausgehend von der Konzeption des § 32b Nr. 2, die auf den Vertragsgegenstand und nicht auf eine tatsächliche Nutzung abstellt,[157] ist davon auszugehen, dass grundsätzlich bereits die Einräumung eines Nutzungsrechts für Deutschland ausreicht, um die Voraussetzung der Maßgeblichkeit annehmen zu können. Dies gilt insbesondere für die im Film- und Verlagsbereich verbreitet übliche Einräumung ausschließlicher und räumlich unbegrenzter sog. Weltrechte für die filmische oder verlagsmäßige Werkverwertung.[158] Insoweit muss auch kein Schwellenwert quantitativer oder qualitativer Art überschritten sein.[159] Auch kommt es nicht darauf an, in welchem Verhältnis die Werknutzung in Deutschland zu derjenigen in anderen Ländern vertraglich vorgesehen ist oder praktiziert wird.[160] Eine konkrete Verwertungsabsicht in Bezug auf Deutschland[161] oder der große Erfolg eines US-amerikanischen Filmes in Deutschland[162] sind aber zusätzliche Indizien für die Anwendbarkeit des § 32b Nr. 2. Nicht ausreichend sind nur ganz untergeordnete Nutzungshandlungen in Deutschland als Vertragsgegenstand[163] und grenzüberschreitende Nutzungshandlungen, die ohnehin nicht in deutsche urheberrechtliche Befugnisse eingreifen.[164] Ob und in welcher Höhe bei darüber hinausgehend für Deutschland eingeräumten Nutzungsrechten und tatsächlicher Werknutzung hier Ansprüche des Urhebers nach §§ 32 und 32a bestehen, ist eine Frage der Auslegung und Anwendung dieser Vorschriften, nicht des § 32b.[165]

IV. Rechtsfolgen der international zwingenden Anwendbarkeit der §§ 32, 32a

20   In den **Rechtsfolgen** unterscheiden sich die Alternativen des § 32b Nr. 1 und Nr. 2. Nach ganz überwiegender, aber nicht einhelliger Auffassung sind bei der Beurteilung von Ansprüchen des Urhebers nach den §§ 32 und 32a im Fall der **Nr. 1** die Nutzungen und Nutzungserträgnisse des Werkverwerters insgesamt, also nicht beschränkt auf die Verhältnisse in Deutschland zugrunde zu legen, im Fall der **Nr. 2** jedoch nur die Nutzungen und Nutzungserträgnisse im deutschen Inland.[166] Der hM ist zuzustimmen.

---

[147] → § 32 Rn. 2.
[148] § 32a Abs. 1 Satz 1.
[149] → § 32a Rn. 17.
[150] → Vor §§ 120 ff. Rn. 132; ebenso Dreier/Schulze/*Schulze* Rn. 9; *Schack* FS Heldrich, S. 997 (999 Fn. 13); aA *Berger* Rn. 338.
[151] S. § 20a sowie → Vor §§ 120 ff. Rn. 139.
[152] So BGHZ 152, 317/322 ff. – Sender Felsberg; dazu → Vor §§ 120 ff. Rn. 140.
[153] → Vor §§ 120 ff. Rn. 133 f.
[154] → Vor §§ 120 ff. Rn. 135.
[155] → Vor §§ 120 ff. Rn. 138; im Ergebnis ebenso Fromm/Nordemann/*Nordemann-Schiffel* Rn. 9; *Schack* FS Heldrich, S. 997 (999); *von Welser* IPRax 2002, 364 (365).
[156] Wie → Rn. 10.
[157] → Rn. 17.
[158] In diesem Sinne auch Dreier/Schulze/*Schulze* Rn. 9; Wandtke/Bullinger/*v. Welser* Rn. 4; *v. Welser* IPRax 2002, 364 (365); aA *Obergfell* K&R 2003, 118 (125).
[159] So Fromm/Nordemann/*Nordemann-Schiffel* Rn. 9; *Nordemann-Schiffel* FS Nordemann, S. 479 (483).
[160] Ebenso Fromm/Nordemann/*Nordemann-Schiffel* Rn. 9; *Nordemann-Schiffel* FS Nordemann, S. 479 (483); Wandtke/Bullinger/*von Welser* Rn. 4; aA *Obergfell* K&R 2003, 118 (125), die eine Nutzung in Deutschland als primär beabsichtigt fordert.
[161] So Wandtke/Bullinger/*v. Welser* Rn. 4.
[162] So *Nordemann* Rn. 6.
[163] So *Haas* Rn. 478.
[164] So *v. Welser* IPRax 2002, 364 (365); sa. Fromm/Nordemann/*Nordemann-Schiffel* Rn. 9; *Schack* FS Heldrich, S. 997 (999), und → Rn. 18.
[165] Ebenso im Ergebnis wohl *Nordemann-Schiffel* FS Nordemann, S. 479 (483).
[166] So Dreier/Schulze/*Schulze* Rn. 7 (9); Fromm/Nordemann/*Nordemann-Schiffel* Rn. 5 (10), jedoch im Fall der Nr. 2 unter Berücksichtigung aller Erlöse und Vergütungen gem. Rn. 11; *Nordemann-Schiffel* FS Nordemann, S 479

V. Von § 32b begünstigte und betroffene Vertragsparteien

§ 32b betrifft wie die §§ 32 und 32a Nutzungsverträge und gleichgestellte rechtsgeschäftliche Nut- **21**
zungsverhältnisse,[167] an denen einerseits ein **Urheber** oder Urhebererbe oder sonstiger Rechtsnachfolger iSd. § 30[168] und andererseits ein nutzungsberechtigter **Werkverwerter** beteiligt ist. Ungeachtet
der in der AmtlBegr. zu § 32b[169] etwas ungewöhnlich verwendeten Begriffe Lizenzgeber und Lizenznehmer findet § 32b wie die §§ 32 und 32a[170] auf urheber- oder verlagsrechtliche Lizenzverträge
oder sonstige **Rechtsgeschäfte zwischen Werkverwertern** und damit zugunsten der Inhaber bloßer Nutzungsrechte **keine Anwendung.**[171]

Kraft ausdrücklicher gesetzlicher Verweisung in §§ 70 Abs. 1, 72 Abs. 1 und 79 Abs. 2 Satz 2 findet **22**
§ 32b ebenso wie die §§ 32 und 32a auch Anwendung auf Nutzungsverträge etc. von **Verfassern
wissenschaftlicher Ausgaben, Lichtbildnern** und **ausübenden Künstlern.** Die Nichterwähnung
des § 32b in § 74 Abs. 4 idF des Urhebervertragsgesetzes aus dem Jahre 2002[172] betreffend Nutzungsverträge ausübender Künstler beruhte auf einem unschädlichen Redaktionsversehen.[173]

§ 32a Abs. 2 S. 1 statuiert in Bezug auf eine weitere Beteiligung des Urhebers die **Haftung eines** **23**
Dritten, wenn der Vertragspartner des Urhebers das erworbene Nutzungsrecht auf den Dritten übertragen oder ihm ein weiteres Nutzungsrecht eingeräumt hat und sich das auffällige Missverhältnis zur
Vergütung des Urhebers aus den Erträgnissen oder Vorteilen des Dritten ergibt. Die Haftung des Dritten gilt nach Maßgabe des § 32a Abs. 1. Es handelt sich hierbei um einen **gesetzlichen Anspruch**
des Urhebers, der auf den Abschluss eines Vertrages mit dem Dritten gerichtet ist, durch den dem
Urheber eine angemessene Beteiligung gewährt wird.[174] Internationalprivatrechtlich ist aus der Qualifikation dieses Anspruchs als eines gesetzlichen und nicht vertragsrechtlichen Anspruchs geschlossen
worden, dass die Frage seiner Anwendbarkeit nicht nach den Regeln des § 32b und den allgemeinen
Regeln des internationalen Urhebervertragsrechts,[175] sondern nach den für das internationale Urheberrecht geltenden Regeln über die Anwendbarkeit des Rechts des jeweiligen Schutzlandes[176] zu
beurteilen ist.[177] Demgegenüber ist der Gesetzgeber bei der Formulierung des § 32b mit seiner uneingeschränkten Bezugnahme auf § 32a offensichtlich von der Anwendbarkeit der Regeln des internationalen Urhebervertragsrechts auch auf den Anspruch des Urhebers nach § 32a Abs. 2 Satz 1 ausgegangen. Er hat damit einen **Annexaspekt zu § 32a Abs. 1 Satz 1**[178] verbindlich den **Regeln**
über das internationale Urhebervertragsrecht und nicht dem Urheberrechtsstatut **zugeordnet.**

VI. Rechtsstellung von Ausländern

Geht man davon aus, dass gesetzliche Bestimmungen über vertragliche Ansprüche der Urheber, wie **24**
die §§ 32 und 32a, überhaupt Teil des „Urheberrechts" und des „urheberrechtlichen Schutzes" iSd.
§§ 120ff. sind,[179] so ist auch die Frage nach den **persönlichen** und **fremdenrechtlichen**
Voraussetzungen[180] für das Bestehen solcher Ansprüche und folglich auch für die Anwendbarkeit
des § 32b zu beantworten.

Ohne weiteres gegeben sind diese Voraussetzungen bei **deutschen** Urhebern[181] sowie bei Ur- **25**
hebern, die Staatsangehörige anderer **EU-** und **EWR-Staaten** sind.[182] Dasselbe gilt für die übrigen
Anspruchsberechtigten,[183] nämlich Verfasser wissenschaftlicher Ausgaben, Lichtbildner und ausübende
Künstler.[184] Bei Rechtsnachfolgern als Anspruchsberechtigten kommt es auf die Staatsangehörigkeit
der Urheber oder sonstigen originär Berechtigten als ihrer Rechtsvorgänger an.[185]

(482, 483 f.); *Obergfell* K&R 2003, 118 (124); wohl auch *Nordemann* Rn. 4/6; sa. *Berger* Rn. 338; *Wandtke/*
Bullinger/v. Welser Rn. 3, 4; *v. Welser* IPRax 2002, 364 (365); aA *Hilty/Peukert* GRUR-Int 2002, 643 (663).
[167] → § 32 Rn. 5 ff., → § 32a Rn. 11 ff.
[168] → § 32 Rn. 8, → § 32a Rn. 11.
[169] Wie → Rn. 10.
[170] → § 32 Rn. 8, → § 32a Rn. 11.
[171] Wie hier Dreier/Schulze/*Schulze* Rn. 10; *Haas* Rn. 480; DKMH/*Kotthoff* Rn. 3.
[172] → Rn. 1.
[173] So die AmtlBegr. zur aktuell gültigen Fassung des § 79 Abs. 2, BT-Drucks. 15/38, S. 24.
[174] S. aber abweichend → § 32a Rn. 34.
[175] → Rn. 2f.
[176] → Vor §§ 120 ff. Rn. 113 ff., 121 ff., 153.
[177] S. *Obergfell* K&R 2003, 118 (124); s. auch *Ory* AfP 2002, 93 (101).
[178] So zutreffend *Hilty/Peukert* GRUR-Int 2002, 643 (647).
[179] So zutreffend Dreier/Schulze/*Schulze* Rn. 11; Fromm/Nordemann/*Nordemann-Schiffel* Rn. 18; *Hertin* MMR
2003, 16 (19); *Hilty/Peukert* GRUR-Int 2002, 643 (652, jedoch anders zum Konventionsrecht, S. 653 ff., →
Rn. 28); *Nordemann* Rn. 7; *Wandtke/Neu* GRUR-Int 2011, 693 (696 ff.)
[180] → Vor §§ 120 ff. Rn. 1 ff.
[181] § 120 Abs. 1, 2 Nr. 1.
[182] § 120 Abs. 2 Nr. 2.
[183] → Rn. 22.
[184] §§ 124, 125 Abs. 1.
[185] → § 120 Rn. 10.

26   Urheber und andere Berechtigte aus **Drittstaaten** können sich auf die §§ 32, 32a und 32b jedenfalls berufen, wenn die Schutzvoraussetzungen der §§ 121 Abs. 1, 2 oder 125 Abs. 2 bis 4[186] erfüllt sind oder die Gegenseitigkeit gewährleistet und amtlich bekannt gemacht ist;[187] eine solche Bekanntmachung ist bisher aber nicht erfolgt.[188]

27   Darüber hinaus verweisen die deutschen fremdenrechtlichen Vorschriften[189] auf den Schutz nach Inhalt der Staatsverträge, also durch **internationale Abkommen.** In der Praxis hat dieser Schutz für Angehörige von Drittstaaten im Vergleich mit dem vorgenannten Schutz aufgrund bereits des deutschen Fremdenrechts die bei weitem größte Bedeutung.[190] Die nur für die Urheber wichtigsten dieser Abkommen sind heute die **Revidierte Berner Übereinkunft,**[191] der **WIPO-Urheberrechtsvertrag**[192] und, für die in Deutschland weit verbreiteten Werke US-amerikanischer Urheber, das bilaterale **deutsch-amerikanische Urheberrechts-Übereinkommen** von 1892[193] und auch noch, mit inzwischen verminderter Bedeutung, das **Welturheberrechtsabkommen.**[194] Dem internationalen Schutz ua. der ausübenden Künstler dienen das **Rom-Abkommen**[195] und der **WIPO-Vertrag über Darbietungen und Tonträger;**[196] der **WIPO-Vertrag zum Schutz audiovisueller Darbietungen**[197] ist noch nicht in Kraft getreten. Beide Gruppen Kreativer, also sowohl Urheber als auch ausübende Künstler, können sich darüber hinaus grundsätzlich auf das **TRIPS-Übereinkommen**[198] berufen.

28   Von namhafter Seite wird die **These** vertreten, dass **alle diese Abkommen** zwar Urheberrechte und das verwandte Schutzrecht der ausübenden Künstler, **nicht** aber deren **vertragsrechtliche Ansprüche schützen,** welche die innerstaatliche Gesetzgebung der Mitgliedstaaten vorsieht; ausländische Urheber und Künstler könnten sich demgemäß auch nicht über den in allen diesen Abkommen verankerten Grundsatz der Inländerhandlung[199] auf die §§ 32, 32a und 32b berufen.[200]

29   Der vorgenannten These kann **nicht zugestimmt** werden. Bei ihrer Überprüfung ist von der **Revidierten Berner Übereinkunft** (RBÜ) als dem ältesten hier relevanten Staatsvertrag auszugehen. In ihrem Art. 5 Abs. 1 formuliert sie die Inländerbehandlung, im Fall der §§ 32, 32a und 32b also die Gleichstellung mit deutschen Urhebern, dahingehend, dass die Urheber für ihre konventionsgeschützten Werke in allen Verbandländern „die Rechte (genießen), die die einschlägigen Gesetze den inländischen Urhebern gegenwärtig gewähren oder in Zukunft gewähren werden". Unter diesen **Rechten** sind auch gesetzlich vorgesehene **vertragsrechtliche Rechtspositionen und Ansprüche** zu verstehen. Zwar finden sich in der Übereinkunft nur wenige spezielle Bestimmungen vertragsrechtlicher Art,[201] darunter mit Art. 11bis Abs. 3 S. 1 aber doch auch eine vertragsrechtliche Schutzbestimmung zugunsten der Urheber über den Umfang der vertraglichen Rechtseinräumung.[202] Im Zusammenhang mit möglichen gesetzlichen oder Zwangslizenzen zugunsten von Sendeunternehmen ist außerdem in Art. 11bis Abs. 2 S. 2 RBÜ vorgesehen, dass solche Lizenzen in keinem Fall den Anspruch des Urhebers auf eine angemessene Vergütung beeinträchtigen dürfen. Darüber hinaus folgt die Einbeziehung des vertragsrechtlichen Urheberschutzes in die Schutzziele der Übereinkunft in allgemeiner Art und Weise aus **Art. 5 Abs. 2 RBÜ:** Diese zentrale Vorschrift unterscheidet in ihrem Satz 1 in Anknüpfung an den Grundsatz der Inländerbehandlung in Bezug auf die weiteren konventionsrechtlichen Grundprinzipien der Formfreiheit und der Unabhängigkeit des Schutzes von demjenigen im Ursprungsland eines Werkes[203] zwischen dem „Genuss" und der „Ausübung" der dem Urheber gewährten Rechte. Unter der Rechteausübung ist dabei auch der Abschluss von Urheberrechtsverträgen gemeint.[204] Damit ist über den Aspekt der Rechteausübung auch der vertragsrechtliche Urheberschutz Gegenstand der Übereinkunft. In die gleiche Richtung weist der in der Präambel geäußerte Wunsch nach einem möglichst wirksamen Schutz der Rechte der Urheber; dieser ist ohne entsprechende vertragsrechtliche Komponente nicht gewährleistet.[205] Demgegenüber kann insbesondere der

---

[186] S. jeweils die Kommentierung dieser Bestimmungen.
[187] §§ 121 Abs. 4 S. 2, 125 Abs. 5 S. 2.
[188] → § 121 Rn. 13, → § 125 Rn. 16.
[189] §§ 121 Abs. 4 S. 1, 125 Abs. 5 S. 1.
[190] → § 121 Rn. 2.
[191] RBÜ, → Vor §§ 120ff. Rn. 27ff.
[192] WCT, → Vor §§ 120ff. Rn. 36ff.
[193] → Vor §§ 120ff. Rn. 58.
[194] → Vor §§ 120ff. Rn. 43ff.
[195] → Vor §§ 120ff. Rn. 61ff.
[196] WPPT, → Vor §§ 120ff. Rn. 69ff.
[197] → Vor §§ 120ff. Rn. 77ff.
[198] → Vor §§ 120ff. Rn. 14ff.; s. aber auch → Rn. 30.
[199] S. zB zu TRIPS, RBÜ und Rom-Abkommen → Vor §§ 120ff. Rn. 19, 32 und 64.
[200] So grundlegend *Hilty/Peukert,* GRUR-Int 2002, 643 (653f.); zust. *Hertin,* MMR 2003, 16 (19); aA und wie hier Dreier/Schulze/*Schulze* Rn. 11; Fromm/Nordemann/*Nordemann-Schiffel* Rn. 18; *Nordemann* § 32b Rn. 7; *Nordemann-Schiffel,* FS Nordemann, S. 479 (487) mit Ausnahme des Abkommensschutzes ausübender Künstler.
[201] Art 11 Abs. 3 S. 1, 14 Abs. 2, b) bis d), Abs. 3.
[202] S. Näheres bei *Katzenberger* FS Schricker (1995,) S. 225 (236f.).
[203] → Vor §§ 120ff. Rn. 32.
[204] S. *Katzenberger* FS Schricker (1995), S. 225 (238); zu TRIPS auch *Hilty/Peukert* GRUR-Int 2002, 643 (655).
[205] Auch → Vor §§ 31ff. Rn. 15.

Hinweis auf die Rechtesituation bei Unterzeichnung der RBÜ im Jahre 1886[206] nicht überzeugen. Auszugehen ist allenfalls von der Rechtslage in den Verbandsländern der Berner Union im Jahre 1971 anlässlich der Unterzeichnung der derzeit jüngsten Konventionsfassung der RBÜ,[207] als es nationale vertragsrechtliche Schutzbestimmungen zugunsten der Urheber längst gab.[208]

Zählen im Rahmen der RBÜ Bestimmungen über den vertragsrechtlichen Schutz der **Urheber** zu   **30**
dem durch die Übereinkunft gewährleisteten „Umfang des Schutzes",[209] so gilt dies auch für das **TRIPS-Übereinkommen.** Dieses übernimmt in seinem Art. 9 Abs. 1 S. 1 den Schutzgehalt der RBÜ in deren Fassung von 1971[210] und erläutert in seiner Anmerkung 3 den Schutz in Form der Inländerbehandlung gemäß Art. 3 dahingehend, dass er ua. den Umfang der Rechte des Geistigen Eigentums einschließt. Die in dieser Anmerkung daneben enthaltene Beschränkung des Schutzes betreffend die Ausübung von Rechten des Geistigen Eigentums auf Angelegenheiten, die im TRIPS-Übereinkommen ausdrücklich behandelt werden, findet ihre Erklärung im Hinblick auf verfahrensrechtliche Aspekte der Rechtsdurchsetzung.[211] Einen Ausschluss vertragsrechtlicher Befugnisse der Urheber vom TRIPS-Schutz rechtfertigt sie nicht.[212] Das zur RBÜ dargestellte Ergebnis[213] gilt kraft Verweisung ua. auf Art. 5 RBÜ in seinem Art. 3 auch für den **WIPO-Urheberrechtsvertrag**[214] sowie aufgrund seiner weiten Formulierung der Inländerbehandlung in Art. II Abs. 1 und 2 und auf den Kontext mit der RBÜ[215] für das **Welturheberrechtsabkommen** in seinen beiden Fassungen von 1952 und 1971.[216] Fraglich ist das Ergebnis somit lediglich im Hinblick auf das **deutsch-amerikanische Urheberrechts-Übereinkommen** von 1892, weil dieses in seinem Art. 1 nur den Schutz des Urheberechts gegen Nachbildung benennt.[217]

Nicht einbezogen in den staatsvertraglichen Schutz sind die **Ansprüche der ausübenden Künst-**   **31**
ler nach den §§ 32, 32a und 32b aus der Sicht des **TRIPS-Übereinkommens.** Dieses nämlich bestimmt in seinem Art. 3 Abs. 1 S. 2, dass die Verpflichtung der Mitglieder zur Inländerbehandlung ua. solcher Künstler nur für diejenigen Rechte gilt, die in dem Übereinkommen selbst vorgesehen sind.[218] Dies sind die in Art. 14 Abs. 1 TRIPS geregelten Rechte, zu denen vertragsrechtliche Befugnisse nicht gehören.[219] Ebenfalls ist die Inländerbehandlung in Art. 4 Abs. 1 des **WIPO-Vertrags über Darbietungen und Tonträger** wie im TRIPS-Übereinkommen ausdrücklich auf die in diesem Abkommen ausdrücklich gewährten Rechte beschränkt, zu denen vertragliche Ansprüche ebenfalls wieder nicht zählen.[220] **Anders** verhält es sich aber beim **Rom-Abkommen.** Dort ist einerseits in Art. 2 Abs. 1 der Grundsatz der Inländerbehandlung weit formuliert[221] und an denjenigen der RBÜ angelehnt,[222] andererseits entgegen einer neueren Lehre nicht auf die in dem Abkommen selbst definierten Rechte limitiert.[223]

Folgt man entgegen den vorstehenden Ausführungen[224] der Auffassung, dass die Ansprüche der   **32**
Urheber und ausübenden Künstler nach §§ 32, 32a und 32b als vertragsrechtliche Befugnisse generell keine Rechte oder Schutzinhalte der einschlägigen internationalen Abkommen[225] sind, so stellt sich mit grundsätzlich gleicher Berechtigung die Frage, ob es sich bei solchen Befugnissen um einen „urheberrechtlichen" Schutz iSd. §§ 120 ff. handelt. Verneint man die Frage entgegen der zutreffenden hM,[226] so sind die Ansprüche nach den §§ 32, 32a und 32b sowie alle sonstigen vertragsrechtlichen Rechtspositionen und Ansprüche des Urheberrechtsgesetzes allen ausländischen Urhebern und Künstlern ohne weiteres und vollinhaltlich zu gewähren, weil dann das **allgemeine zivilrechtliche Prinzip der Nichtdiskriminierung** Platz greift.[227]

---

[206] S. *Hilty/Peukert* GRUR-Int 2002, 643 (654).
[207] → Vor §§ 120 ff. Rn. 27.
[208] S. den rechtsvergleichenden Überblick bei *Katzenberger* AfP 2001, 265 (267 ff.).
[209] → Rn. 29.
[210] → Vor §§ 120 ff. Rn. 18.
[211] S. *Katzenberger* GRUR-Int 1995, 447 (460).
[212] AA *Hilty/Peukert* GRUR-Int 2002, 643 (655).
[213] → Rn. 29.
[214] Konsequent aA *Hilty/Peukert* GRUR-Int 2002, 643 (655).
[215] → Vor §§ 120 ff. Rn. 45.
[216] → Vor §§ 120 ff. Rn. 43 (48); im Ergebnis wiederum aA *Hilty/Peukert* GRUR-Int 2002, 643 (654).
[217] S. *Hilty/Peukert* GRUR-Int 2002, 643 (655).
[218] → Vor §§ 120 ff. Rn. 19.
[219] So auch *Hilty/Peukert* GRUR-Int 2002, 643 (655).
[220] → Vor §§ 120 ff. Rn. 71; im Ergebnis wie hier *Hilty/Peukert* GRUR-Int 2002, 643 (655).
[221] S. BGH GRUR 2016, 1048 (1053 ff.) – An Evening with Marlene Dietrich.
[222] S. ebenso früher schon *Katzenberger* GRUR-Int 2014, 443 (448).
[223] S. auch *Katzenberger*, GRUR-Int 2014, 443 (447 ff.) und GRUR-Int 2015, 381 ff.; aA speziell auch zum Vertragsrecht *Hilty/Peukert* GRUR-Int 2002, 643 (655). Zum Ganzen auch → Vor §§ 120 ff. Rn. 64.
[224] → Rn. 29–31.
[225] → Rn. 27.
[226] → Rn. 24.
[227] Zu den Konsequenzen im vorliegenden Zusammenhang s. *Hilty/Peukert* GRUR-Int 2002, 643 (652).

VII. International zwingender Charakter anderer urhebervertragsrechtlicher Bestimmungen?

33   Der **international zwingende Charakter,** der den §§ 32 und 32a durch § 32b ausdrücklich beigelegt wird, kommt nach **umstrittener, vom BGH**[228] im **Fall Hi Hotel II** zu **§ 31 Abs. 5 UrhG ausdrücklich abgelehnter Auffassung** auch **anderen urhebervertragsrechtlichen Bestimmungen** aufgrund ungeschriebener allgemeiner Rechtsgrundsätze zu.[229] Daran hat sich durch die Sonderregelung des § 32b in Bezug nur auf die im Jahre 2002 neugefassten bzw. neu eingeführten Bestimmungen der §§ 32 und 32a nichts geändert. Insbesondere ist diesbezüglich **kein Umkehrschluss erlaubt.**[230] Ein Automatismus dieser Art ist nicht angebracht. Vielmehr ist nach dem gesamten, bereits in seinem Titel zum Ausdruck kommenden Zweckrichtung des Urhebervertragsgesetzes von 2002[231] zu konstatieren, dass sein Ziel die Stärkung der vertraglichen Stellung der Urheber und Künstler ist und nicht eine Schwächung dieser Stellung. Eine solche aber wäre die Folge, wenn die bisherige Rechtslage in Bezug auf den international zwingenden Charakter der herkömmlichen urhebervertragsrechtlichen Schutzinstrumente durch einen Umkehrschluss aus § 32b geändert würde. Diese Bestimmung hat vielmehr lediglich klarstellende Funktion speziell im Hinblick auf die §§ 32 und 32a.[232] Auch kann der AmtlBegr.[233] nichts Abweichendes entnommen werden.

34   Im Gegenteil: Neben der Klarstellung zu §§ 32 und 32a findet sich in der Amtl. Begr. aaO im Zusammenhang mit § 32b Nr. 1 die weiterführende Bemerkung, dass diese Bestimmung „auch im Sinne eines **Programmsatzes**"[234] zu verstehen sei. Dies wiederholt die Aussage der Motive zum neuen § 11 Satz 2, dass das dort verankerte Prinzip der angemessenen Vergütung „künftig **Leitbildfunktion**" habe[235] und „als wesentlicher **Grundgedanke des Urheberrechts** zu achten"[236] sei.[237] Bedenkt man, dass die wichtigsten Bestimmungen des Urhebervertragsrechts sich am Schutz des Urhebers als der regelmäßig schwächeren Vertragspartei[238] und damit auch an seinem Vergütungsinteresse orientieren, so ist als Folge jenes Leitbildes und Grundgedankens der Schluss naheliegend, diesen Bestimmungen weiterhin international zwingenden Charakter zuzugestehen, und zwar nunmehr in **Analogie zu § 32b.** Den Urhebern und Künstlern muss aus der Sicht des deutschen Rechts mit diesem Vorbild und seinem Programmcharakter billig sein, was zB den Handelsvertretern in Bezug auf ihren international zwingenden Ausgleichsanspruch bei Vertragsbeendigung europarechtlich recht ist.[239] Ihr liegt die europäische Richtlinie Nr. 86/653/EWG vom 18.12.1986 zur Koordinierung der Rechtsvorschriften der Mitgliedstaaten betreffend die selbständigen Handelsvertreter[240] zugrunde, die neben ihrem Harmonierungsziel auch den Schutz der Handelsvertreter bezweckt. Letzteres kommt in den Schlussanträgen des Generalanwalts *Léger*[241] deutlicher zum Ausdruck als in der Entscheidung des EuGH selbst.

34a   **Von der Analogie zu § 32b nicht erfasst** werden alle Vorschriften des deutschen UrhG, welche das **Urheberrecht** selbst betreffen.[242] Sie unterliegen dem **Urheberrechtsstatut,** nicht dem Urhebervertragsstatut. Für solche Vorschriften gilt kollisionsrechtlich das **Schutzlandprinzip,** die lex protectionis, d.h. die Anwendbarkeit des Rechts desjenigen Landes (bzw. Staates), für das der in Frage stehende Schutz beansprucht wird;[243] das Vertragsstatut greift insoweit nicht Platz. Speziell im Zusammenhang mit Urhebervertragsverträgen handelt es sich dabei um Vorschriften über die **erste, originäre Rechtsinhaberschaft**[244] und damit um das Schöpferprinzip gemäß **§ 7 UrhG** sowie um die **Übertragbarkeit**[245] einer urheberrechtlichen Befugnis, der die **Verzichtbarkeit** gleichgestellt werden kann, und um die **Aktivlegitimation.**[246] Betroffen sind insoweit die **§§ 29 Abs. 1 und 2** sowie

---

[228] BGH GRUR 2015, 264 Rn. 45–53 – Hi Hotel II, mkritAnm *Katzenberger,* GRUR-Int 2015, 381 ff.

[229] → Vor § 120 ff. Rn. 162 ff., 165 mit weithin abweichender Beurteilung.

[230] AA BGH GRUR 2015, 264 Rn. 52 – Hi Hotel II; Fromm/Nordemann/*Nordemann-Schiffel* Rn. 10; *Hilty/Peukert* GRUR-Int 2002, 643 (650); *W. Nordemann/J. B. Nordemann,* FS Schricker (2005), S. 473 (482); *Obergfell* K&R 2003, 118 (125); *Obergfell,* Reithmann/Martiny Rn. 6.1226; Wandtke/Bullinger/*v. Welser* Rn. 2; gegen Umkehrschluss, aber krit. zum Ergebnis *Schack* FS Heldrich, S. 997 (1001).

[231] → Vor §§ 31 ff. Rn. 9 f.

[232] → Rn. 6.

[233] Wie → Rn. 10.

[234] Hervorhebung hinzugefügt.

[235] Hervorhebung hinzugefügt.

[236] Hervorhebung hinzugefügt.

[237] S. hierzu die Formulierungshilfe vom 14.1.2002 bei *Hucko* S. 158, und die Beschlussempfehlung des Rechtsausschusses des Deutschen Bundestags vom 31.1.2002, BT-Drucks. 14/8058, S. 17 (18) zu Nr. 1.

[238] → Vor §§ 120 ff. Rn. 164 f., jedoch restriktiver als hier vertreten.

[239] S. dazu die Ingmar-Entscheidung des EuGH, Slg. 2000 I, S. 9305 f. (9327 ff.) – Rs. C-381/98, so. Rn. 5 und 7a.

[240] ABl. L 382, S. 317.

[241] Slg. 2000 I, S. 9307 (9316 f., 9319).

[242] → Rn. 3, → Vor §§ 120 ff. Rn. 165.

[243] So ausdrücklich Art. 8 Abs. 1 der Verordnung (EG) Nr. 864/2007 vom 11.7.2007 über das auf außervertragliche Schuldverhältnisse anwendbare Recht (Rom II), ABl. 2007 Nr. L 199/40. → Vor 120 ff. Rn. 113 ff., 153.

[244] → Vor §§ 120 ff. Rn. 118.

[245] → Vor §§ 120 ff. Rn. 118.

[246] → Vor §§ 120 ff. Rn. 118.

die **§§ 12 bis 14 UrhG** betreffend die grundsätzliche Unübertragbarkeit des Urheberrechts sowie der Urheberpersönlichkeitsrechte und der Verwertungsrechte, des weiteren **§ 26 Abs. 3 UrhG,** wonach das Folgerecht der bildenden Künstler unveräußerlich ist und sie auf ihre Anteile im Voraus nicht verzichten können.[247] Ferner waren nach früherem Recht die Einräumung von Nutzungsrechten für unbekannte Nutzungsarten und Verpflichtungen hierzu nach **§ 31 Abs. 4 UrhG aF** unwirksam und wurde diese Regelung vom BGH dem deutschen Schutzlandrecht zugeordnet.[248] Daraus wird heute abgeleitet, dass Gleiches auch für die gesetzlichen Surrogate der früheren Regelung gelte, nämlich für das unverzichtbare Widerrufsrecht des Urhebers nach **§ 31a Abs. 1 Satz 3, Abs. 4 UrhG,** sowie für die unverzichtbaren gesetzlichen Vergütungsansprüche gemäß **§§ 32c** und **137l Abs. 5 UrhG.**[249] Dasselbe soll auch für die Unwirksamkeit des Verzichts auf das Recht zur Kündigung von Verträgen über künftige Werke nach **§ 40 Abs. 2 Satz 1 UrhG** und für die unverzichtbaren und im Voraus nur an eine Verwertungsgesellschaft abtretbaren Vergütungsansprüche des Urhebers für die Kabelweitersendung gemäß **§ 20b Abs. 2 UrhG** gelten,[250] ebenso für die unverzichtbaren Rückrufsrechte wegen Nichtausübung und gewandelter Überzeugung gemäß **§§ 41** und **42 UrhG** sowie für die Beschränkungen für die Abtretung gesetzlicher Vergütungsansprüche nach **§§ 63a** und **78 Abs. 3 UrhG.**[251] Es liegt in der Logik des weiten Verständnisses des Schutzlandprinzips, wie es sich in den vorstehend genannten Beispielen äußert, dass ihm auch die unverzichtbaren Vergütungsansprüche der ausübenden Künstler gemäß den **§§ 79a** und **79b UrhG** sowie die neuen Vorschriften des **§ 32d UrhG** über den Anspruch des Urhebers auf Auskunft und Rechenschaft, des **§ 32e UrhG** über den gleichen Anspruch in der Lizenzkette und des **§ 40a UrhG** über das Zweitverwertungsrecht des Urhebers unterliegen.[252] Zwar sind diese Ansprüche nicht unverzichtbar ausgestaltet, sie unterliegen jedoch speziellen Verfügungsbeschränkungen speziell zugunsten der Urheber, indem sie lediglich Vereinbarungen auf der Grundlage von kollektiven gemeinsamen Vergütungsregeln iSd. § 36 UrhG oder von Tarifverträgen zulassen.[253]

Versteht man das Schutzlandprinzip derartig weit,[254] so wundert es nicht, dass die Gruppe der international zwingenden Vorschriften im Sinne des Vertragsstatuts und damit der **Anwendungsbereich der Analogie zu § 32b „deutlich kleiner** als bisher angenommen"[255] ist. Er erstreckt sich insbesondere **nicht** auf Vorschriften, die nicht dem Schutz der Urheber oder ausübenden Künstler[256] dienen. Dies gilt für die **§§ 45d, 60g Abs. 1, 69d, 69e, 87e UrhG** sowie für die **§§ 89 Abs. 1** und **92 Abs. 1 UrhG** betreffend die gesetzlichen Vermutungen umfassender Rechtseinräumung an den Filmhersteller zulasten der Filmurheber und ausübenden Künstler beim Film. Dies schließt es allerdings nicht aus, dass eine solche Bestimmung qua eigenen Rechts, also nicht in Analogie zu § 32b, international zwingend iSd Art. 9 Abs. 1 und 2 Rom I-VO und Art. 7 Abs. 2 EVÜ iVm. Art. 34 EGBGB ist. Ein Beispiel dafür ist **Art. 7 Abs. 2 der europäischen Portabilitäts-VO.**[257] **Anwendbar** ist die Analogie zu § 32b dagegen auf die Zustimmungsvorbehalte gemäß **§§ 34 Abs. 1** und **35 Abs. 1 UrhG** betreffend die Weiterübertragung von eingeräumten Nutzungsrechten und die Übertragung weiterer Nutzungsrechte durch Urheber und nach **§ 79 Abs. 2a UrhG** durch ausübende Künstler[258] in den Fällen, in denen die betreffenden Zustimmungen nicht schon bei Abschluss der ursprünglichen Vereinbarungen erteilt worden sind, wie insbesondere bei mündlichen Vertragsschlüssen sowie bei Verträgen, die ohne qualifizierte Rechtsberatung zustande gekommen sind.[259] Ein weiterer Anwendungsfall ist das Widerspruchsrecht des Urhebers gemäß **§ 137l Abs. 1 bis 4 UrhG,** welches weder unverzichtbar noch unübertragbar ausgestaltet ist. Als weiterer Anwendungsfall sei es des urheberrechtlichen Schutzlandprinzips, sei es einer Analogie zu § 32b kommt das Zweitveröffentlichungsrecht wissenschaftlicher Autoren gemäß **§ 38 Abs. 4** in Betracht.[260]

34b

---

[247] → Vor §§ 120 ff. Rn. 153.

[248] S. BGH GRUR 1988, 296 (298) – GEMA-Vermutung IV.

[249] → Vor §§ 120 ff. Rn. 153.

[250] → Vor §§ 120 ff. Rn. 153.

[251] → Vor §§ 120 ff. Rn. 165.

[252] Zu den im Text zuletzt genannten drei Bestimmungen, die durch das Gesetz zur verbesserten Durchsetzung der Ansprüche der Urheber und ausübenden Künstler auf angemessene Vergütung und zur Regelung von Fragen der Verlegerbeteiligung vom 20.12.2016, BGBl. 2016 I S. 3037, eingeführt wurden, s. den Beitrag von *Lucas-Schloetter* GRUR 2017, 235 (236–238).

[253] S. dazu die zusammenfassende Darstellung von *Lucas-Schloetter* GRUR 2017, 235 ff. sowie die Kommentierung der zitierten neuen Bestimmungen.

[254] Vgl. dem gegenüber → 4. Aufl. 2010, Vor §§ 120 ff. Rn. 127, 150, 166.

[255] So nach Wechsel der Update-Autoren in → 5. Aufl. 2017, Vor §§ 120 ff. Rn. 165.

[256] Oder der unter → Rn. 22 genannten weiteren zu 32b Berechtigten.

[257] Verordnung (EU) 2017/1128 vom 14.6.2017 zur grenzüberschreitenden Portabilität von Online-Inhaltediensten im Binnenmarkt, ABl. EU 2017 Nr. L 168/1. Zum Ergebnis s. Wandtge/Bullinger/*v. Welser* Vor §§ 120 ff. Rn. 25; *Martiny* ZEuP 2018, 218 (236).

[258] AA → Vor §§ 120 ff. Rn. 165.

[259] Solche Umstände werden in der ablehnenden Darstellung unter Vor §§ 120 ff. Rn. 165 nicht in Betracht gezogen.

[260] Jedoch im Ergebnis verneinend § 38 Rn. 42; Fromm/Nordemann/*Nordemann-Schiffel* § 38 Rn. 8 iVm. Vor §§ 120 ff. Rn. 80 ff.; Wandtke/Bullinger/*v. Welser* Rn. 2; *Peifer* NJW 2014, 6 (11); *Sprang* ZUM 2013, 461 (462); zweifelnd Dreier/Schulze//*Schulze* § 38 Rn. 38; *Wildgans* ZUM 2019, 21 (24).

34c   Zu **§ 31 Abs. 5 UrhG** über das besonders bedeutsame urhebervertragsrechtliche Prinzip der Zweckübertragung oder des Übertragungszwecks ist bereits unter → Rn. 33 auf die **Ablehnung der analogen Anwendung des § 32b** durch den **BGH** im Urteil „**Hi Hotel II**" hingewiesen worden. Diese Entscheidung ist **umstritten**.[261] Das Urteil verdient schon deshalb Kritik, weil es jene zentrale Bestimmung für den urhebervertragsrechtlichen Schutz des Urhebers[262] schon nach deutschem Recht unabhängig von einem internationalen Bezug als bloße Auslegungsregel ohne zwingenden Charakter versteht.[263] Sie ist jedoch eine **zwingende** Bestimmung, weil sie sich vor allem bei pauschalen umfassenden Rechtseinräumungen selbst bei diesbezüglich völlig eindeutigem Wortlaut durchzusetzen vermag.[264] Aus **Art. 34 EGBGB, Art. 7 Abs. 2 EVÜ und Art. 9 Rom I-VO** ergeben sich gegen die hier befürwortete analoge Anwendung des § 32b[265] **keine Bedenken,** wenn man, wie ebenfalls hier als geboten erachtet,[266] das Ergebnis als solches des **autonomen deutschen Vertrags-IPR** akzeptiert.

34d   Als **Gesamtresüme** kann festgehalten werden, dass die dargestellte, nahezu umfassende **Kaperaktion** gegen die in einem sehr weiten Sinne verstandenen zwingenden Bestimmungen des deutschen Urhebervertragsrechts **zugunsten** der Anwendung des kollisionsrechtlichen **Schutzlandprinzips** und zulasten des Vertragsstatuts dazu führt, dass der Problematik der **analogen Anwendung des § 32b überschaubare Relevanz** zukommt. Selbst die **§§ 32 und 32a UrhG** als Bezugsbestimmungen des § 32b normieren im Übrigen unveräußerliche und unverzichtbare Vergütungsansprüche der Urheber,[267] unterliegen damit grundsätzlich dem **Schutzlandprinzip** und vermögen bei einer allfälligen **Unwirksamkeit des § 32b**[268] weithin an dessen Stelle zu treten und eine **Rechtswahl der Vertragsparteien nach Vertrags-IPR auszuschließen.**

35   Für Urheber, Verfasser wissenschaftlicher Ausgaben, Lichtbildner und ausübende Künstler,[269] die ihre kreativen Leistungen im Rahmen von **Arbeitsverhältnissen** erbringen, sind neben der vorstehenden Beurteilung auch Art. 30 EGBGB und Art. 8 Rom I-VO mit den dort geregelten Besonderheiten zu beachten,[270] in Bezug auf Nutzungsverträge mit **Verbrauchern,** wie solche über Software, § 46b EGBGB und Art. 6 Rom I-VO.[271]

VIII. Prozessuale Fragen

36   Im Schrifttum[272] ist es als die „**eigentliche Achillesferse**" bzw. als „**Sollbruchstelle**" der §§ 32a und 32 bezeichnet worden, dass deren international zwingende Geltung gemäß § 32b den Urhebern und Künstlern nichts bringe, wenn von den Werk- oder Leistungsverwertern bewirkte **Gerichtsstandsklauseln** den deutschen Gerichten die internationale Zuständigkeit entziehen und sie ausländischen Gerichten zuweisen, welche auf der Grundlage des zudem gewählten ausländischen Rechts[273] das deutsche Vertragsrecht und damit auch die §§ 32 ff. nicht anwenden. Dabei ist zutreffend die Rechtslage nach deutschem und nach europäischem Recht unterschieden worden.[274] Insgesamt betrachtet ist aber die Rechtslage aus der Sicht der Urheber und Künstler **weniger ungünstig**, als es das eingangs wiedergegebene Zitat vermuten lässt. Dies gilt insbesondere in Bezug auf die **Dritthaftung** gemäß **§ 32a UrhG**, weil **der Dritte**, wie zB ein Unterlizenznehmer, **ursprünglich nicht in vertraglichen Beziehungen zum Urheber oder Künstler steht** und deshalb eine **Gerichtsstandvereinbarung mit dem Dritten** allenfalls **nachträglich in Frage kommt** und deshalb unschwer **vermieden** werden kann. Beispiele sind Sendeunternehmen als Lizenznehmer von Filmproduzenten, die ihre Verträge mit Filmurhebern und -künstlern im eigenen Namen schließen.

37   Was im Übrigen zunächst das **deutsche Recht** betrifft, so sind **Gerichtsstandsvereinbarungen nicht unbeschränkt zulässig**. Eine Zulässigkeit solcher Vereinbarungen unter Kaufleuten gemäß § 38 Abs. 1 ZPO scheitert im Kontext mit den §§ 32 ff. daran, dass Urheber und Künstler, auch wenn sie selbständig und damit freiberuflich tätig sind, in der Regel kein Gewerbe betreiben und damit auch keine Kaufleute sind.[275] Die Zuständigkeit eines ausländischen Gerichts kann auch nicht nach

---

[261] Zustimmend → Vor §§ 120 ff. Rn. 165; kritisch *Katzenberger* GRUR-Int 2015, 381 ff.
[262] → § 31 Rn. 52 f.
[263] S. BGH GRUR 2015, 264 Rn. 51.
[264] S. BGH, Urt. v. 27.9.1995, I ZR 215/93, BGHZ 131, 8 (12 f.); auch → § 31 Rn. 56.
[265] So bereits in der → 4. Aufl. 2010, Vor §§ 120 ff. Rn. 166.
[266] → Rn. 8–8c.
[267] Und ausübenden Künstler iVm. § 79 Abs. 2a UrhG; zu den sonstigen Begünstigten → Rn. 22.
[268] → Rn. 7–7c.
[269] → Rn. 21 f.
[270] S. dazu im Einzelnen *Pütz* Parteiautonomie, und IPRax 2005, 13 ff.; Fromm/Nordemann/*Nordemann-Schiffel*, § 32b Rn. 15.
[271] S. DKMH/*Kotthoff* § 31 Rn. 25.
[272] *Hilty/Peukert* GRUR-Int 2002, 643 (661); sa. Fromm/Nordemann/*Nordemann-Schiffel*, § 32b Rn. 16; *Nordemann-Schiffel*, FS Nordemann, S. 479 (488).
[273] → Rn. 3, 9 ff.
[274] AaO S. 660 f.
[275] S. § 1 HGB und dazu *Baumbach/Hopt* § 1 Rn. 19 mit Abweichungen von diesem traditionellen Berufsbild unter Rn. 20; *Hilty/Peukert* GRUR-Int 2002, 643 (662, Fn. 313).

§ 38 Abs. 2 ZPO vereinbart werden, wenn beide Vertragsparteien einen allgemeinen Gerichtsstand, wie zB den Wohnsitz des Urhebers oder Künstlers[276] und den Sitz des Verwertungsunternehmens,[277] im deutschen Inland haben.[278] Eine gemäß § 38 Abs. 3 Nr. 1 ZPO zulässige Gerichtsstandsvereinbarung nach Entstehen der Streitigkeit ist weniger schädlich, weil vermeidbar, als eine solche bereits in dem der Streitigkeit zugrunde liegenden Nutzungsvertrag.

Es bleiben nach § 38 Abs. 2 ZPO zulässige Vereinbarungen der ausschließlichen Zuständigkeit aus- **38** ländischer Gerichte, wenn beide Parteien ihren Sitz (bzw. Wohnsitz) im Ausland haben[279] oder zB nur das Verwerterunternehmen als Partei eines Nutzungsvertrags seinen Sitz im Ausland hat. Hierzu haben *Hilty/Peuker*[280] freilich selbst auf eine Tendenz der deutschen Gerichte verwiesen, eine vertragliche Derogation der an sich zuständigen deutschen Gerichte nicht zu beachten, wenn dadurch zwingendes deutsches Sachrecht, wie dasjenige der §§ 32, 32a und 32b, ausgeschaltet würde.[281] Die Zuständigkeit der deutschen Gerichte für Klagen gegen ausländische Unternehmen kann sich dabei außerhalb des vorrangigen europäischen Rechts vor allem aus § 23 ZPO unter dem Gesichtspunkt eines in Deutschland belegenen Vermögens, wie der Beteiligung an einer deutschen Tochtergesellschaft, von Ansprüchen gegen einen deutschen Lizenz- oder Abnehmer oder der Teilhabe an Ausschüttungen einer deutschen urheberrechtlichen Verwertungsgesellschaft, ergeben.[282] Im Fall Elvis Presley war die ausschließliche Zuständigkeit der Gerichte wohl des US-Bundesstaates Delaware zwar vereinbart worden, dies aber nicht in den die Klage begründenden Verträgen von Elvis Presley selbst, sondern nur in einem nachträglichen Audit Settlement Agreement der Klageparteien aus dem Jahr 2002, sodass dadurch die Zuständigkeit der Münchener Gerichte nicht beeinträchtigt war.

Großzügiger als im nationalen deutschen Recht und **ungünstiger für Urheber und ausübende** **39** **Künstler** ist die Zulässigkeit von **Gerichtsstandsvereinbarungen** im **europäischen Recht** geregelt. In seinem Anwendungsbereich kommt diesem der Vorrang vor dem deutschen Recht zu.[283] Rechtsgrundlage in Bezug auf seit dem 10.1.2015 anhängig gemachte Klagen ist Art. 25 der Verordnung (EU) Nr. 1215/2012 vom 12.12.2012 über die gerichtliche Zuständigkeit und die Anerkennung und Vollstreckung von Entscheidungen in Zivil- und Handelssachen (EuGVVO nF)[284] als Nachfolgebestimmung des Art. 23 der gleichnamigen Verordnung (EG) Nr. 44/2001 vom 22.12.2000[285] (EuGVVO aF).

Voraussetzung für die Anwendung von Art. 25 EuGVVO nF auf eine Gerichtsstandsvereinbarung **40** ist im Prinzip lediglich, dass mindestens eine der Vertragsparteien ihren Wohnsitz[286] in einem Mitgliedstaat hat und vereinbart ist, dass ein Gericht oder die Gerichte eines Mitgliedstaats einen Rechtsstreit entscheiden sollen; mangels anderweitiger Vereinbarung sind die gewählten Gerichte ausschließlich zuständig.[287] Für **reine Inlandsfälle** eines Mitgliedstaates gilt diese Bestimmung aber nicht.[288] Ua. aus Art. 23 Abs. 5 EuGVVO aF iVm. Art. 13, 17 und 21 EuGVVO aF über die mögliche **Unwirksamkeit von Gerichtsstandsvereinbarungen** nur in Versicherungs-, Verbraucher- und Arbeitssachen ist jedoch von der wohl hM der Grundsatz abgeleitet worden, dass eine solche Unwirksamkeit jedenfalls nicht auf zwingende Normen einer nationalen Rechtsordnung gestützt werden kann.[289] Den zitierten Bestimmungen entsprechen nunmehr die Art. 25 Abs. 4 EuGVVO nF iVm. Art. 15, 19 und 23 EuGVVO nF. Auch dies ist im Vergleich mit dem nationalen deutschen Recht[290] für die Urheber und Künstler ungünstig.[291]

Diese ungünstige europäische Rechtslage im Zusammenhang mit Gerichtsstandsvereinbarungen **41** zugunsten der Gerichte anderer europäischer Staaten wird aber durch **Art. 9 Abs. 3 Rom I-VO** (Verordnung (EG) Nr. 593/2008 vom 17.6.2008 über das auf vertragliche Schuldverhältnisse anzu-

---

[276] § 13 ZPO.
[277] § 17 ZPO.
[278] § 38 Abs. 2 S. 1 ZPO.
[279] So zB im Fall Elvis Presley eine Gesellschaft nach dem Rechts des US-Bundesstaates Delaware, die den Nachlass des Künstlers verwaltet, als Klägerin und eine Gesellschaft nach dem Recht des US-Bundesstaates New York als Nachfolgerin der US-Plattenfirma RCA Records, welche seit 1955 Tonträgeraufnahmen mit Darbietungen von Elvis Presley verwertete, als Beklagte, s. LG München I ZUM-RD 2012, 49 (58); OLG München BeckRS 2013, 12174, S. 15. S. zu diesem Fall auch den Besprechungsaufsatz von *N. Reber* GRUR-Int 2017, 943–947 und dazu → Rn. 44.
[280] GRUR-Int 2002, 643 (662).
[281] Sa. *Zöller*, ZPO Kommentar, 30. Aufl. 2014, § 38 Rn. 30; aA *Nordemann-Schiffel* FS Nordemann, S. 479 (489), *Neu*, S. 141 für den Regelfall, mit Gegenüberstellung der verschiedenen Auffassungen auf den S. 139 f.
[282] So die vorstehende zitierten Urteile des LG München I und des OLG München im Fall Elvis Presley, aaO.
[283] S. *Kropholler/von Hein*, Europäisches Zivilprozeßrecht Kommentar, 2011, Einl. Rn. 40; *Schlosser*, EU-Zivilprozeßrecht Kommentar, 2009, Einl. Rn. 4, Art. 2 EuGVVO Rn. 1.
[284] ABl.EU 2012 Nr. L 351 S. 1.
[285] ABl.EG 2001 Nr. L 12 S. 1.
[286] Bzw. Sitz, s. Art. 63 EuGVVO nF.
[287] Art. 25 Abs. 1 EuGVVO nF; zu Einzelheiten im Hinblick auf die EuGVVO aF s. *Kropholler/von Hein*, aaO Art. 23 Rn. 1 ff.; *Schlosser* aaO Art. 23 EuGVVO Rn. 2 ff.
[288] S. *Kropholler/von Hein*, aaO, Art. 23 Rn. 2; *Schlosser*, aaO, Art. 23 EuGVVO Rn. 6.
[289] S. *Kropholler/von Hein*, aaO, Art. 23 Rn. 17, 22, 91; *Schlosser*, aaO, Art. 23 EuGVVO Rn. 31, 32; ablehnend auch *Neu*, S. 137 f. unter Hinweis auf entsprechende Entscheidungen des EuGH in Fn. 669.
[290] → Rn. 38.
[291] Sa. *Hilty/Peukert* GRUR-Int 2002, 643/661; *Nordemann-Schiffel,* FS Nordemann, S. 479 (488).

wendende Recht (Rom I), ABl. 2008 L 177/6), früher **Art. 7 Abs. 1 EVÜ**,[292] weitgehend kompensiert. Er bestimmt auf der Ebene des Internationalen Privatrechts der EU-Staaten, dass bei der Anwendung ihres Rechts den zwingenden Bestimmungen des Rechts eines anderen Staates, mit dem der Sachverhalt eine enge Verbindung aufweist, Wirkung verliehen werden kann, soweit diese Bestimmungen ohne Rücksicht darauf anzuwenden sind, welchem Recht der Vertrag unterliegt. Dem entspricht der **internationale Anwendungswille des § 32b.**[293]

42   Jedenfalls im Geltungsbereich des europäischen Rechts ist darüber hinaus auch damit zu rechnen, dass die **Anerkennung** und **Vollstreckung** deutscher, auf der Grundlage der §§ 32, 32a und 32b ergangener Gerichtsentscheidungen nach Art. 36 Abs. 1, Art. 45 Abs. 1 Buchst. a) bis d) EuGVVO nF (Art. 33 Abs. 1, 34 EuGVVO aF)[294] keinen ernsten Schwierigkeiten begegnen wird.[295] Allerdings ist in Bezug auf die **USA** auch konstatiert worden, dass in Bezug auf die Anerkennung deutscher Entscheidungen zu jenen deutschen Bestimmungen § 32b dem US-amerikanischen Recht zwar nicht grundlegend widerspricht, bei einer Einzelfallbetrachtung die Anerkennung in den USA aber wohl scheitert und dies insbesondere dann gilt, wenn ein deutsches Erstgericht seine Zuständigkeit auf den Gerichtsstand des Vermögens nach § 23 ZPO stützt,[296] wie dies im Fall Elvis Presley geschehen ist.[297]

IX. Zeitliches Übergangsrecht

43   Der **zeitliche Anwendungsbereich** des im Jahre 2002 neu geregelten Urhebervertragsrechts und damit auch der §§ 32, 32a und 32b ist in **§ 132 Abs. 3** und **4 UrhG** geregelt. Bezüglich der Einzelheiten s. die Kommentierung dieser Bestimmungen.

X. Bestsellerergebnisse in Deutschland

44   Die Neuregelung der Bestsellerproblematik in **§ 32a UrhG** im Jahr 2002 anstelle des vorangegangenen § 36 UrhG aF hat in der Rechtsprechung bereits zu **erheblichen Ergebnissen zugunsten eines Urhebers und eines ausübenden Künstlers** geführt. So hat das OLG München dem Chefkameramann des bekannten, vielfach preisgekrönten und weltweit erfolgreichen Films „**Das Boot**" in einem Rechtsstreit gegen die Filmherstellerin sowie eine öffentlich-rechtliche Rundfunkanstalt und eine DVD-Produzentin einen bezifferten Nachzahlungsbetrag in Höhe von über 438 000,– Euro und zusätzlich ca. 150 000,– Euro Zinsen zugesprochen.[298] In einem Parallelverfahren desselben Klägers gegen eine Reihe anderer öffentlich-rechtlicher Rundfunkanstalten deutscher Bundesländer lautete das Urteil des OLG Stuttgart auf einen Fairnessausgleich in Höhe von insgesamt nahezu 309 000,– Euro.[299] Beide Urteile sind gegenwärtig in der Revisionsinstanz beim BGH bzw. nach Zurückverweisung bei der Vorinstanz anhängig, die genannten Urteile somit noch nicht rechtskräftig. Einen beträchtlichen Nachzahlungsbetrag in Höhe von über 67 000,– Euro konnte gemäß § 32a UrhG iVm. § 79 Abs. 2a UrhG als ausübender Künstler der Synchronsprecher der Filmfigur des von Johnny Depp dargestellten „Jack Sparrow" in den Spielfilmen „**Fluch der Karibik I bis III**" vor dem Kammergericht Berlin[300] erzielen. **Erfolglos** war dagegen die auf Verträge des US-Künstlers **Elvis Presley** mit dessen US-Plattenfirma RCA Records gestützte Nachzahlungsklage der US-amerikanischen Nachlassverwalterin des Künstlers gegen eine ebenfalls US-amerikanische Nachfolgerin von RCA für die Tonträgerauswertung von Darbietungen Elvis Presleys in Deutschland zu den Münchener Gerichten.[301] Die Klage scheiterte dabei nicht an den verfahrensrechtlichen Besonderheiten des Falles,[302]

---

[292] Europäisches Übereinkommen über das auf vertragliche Schuldverhältnisse anwendbare Recht vom 19.6. 1980, BGBl. 1986 II S. 810.

[293] Im Ergebnis ebenso *Hilty/Peukert* GRUR-Int 2002, 643 (657 f.) mit Hinweisen auf Vorbehaltserklärungen einzelner EU-Mitgliedstaaten zu Art. 7 EVÜ sowie auch auf die Rechtslage in der Schweiz und den USA als Nicht-EU-Mitgliedstaaten; DKMH/*Kotthoff* § 32b UrhG Rn. 11; *Nordemann-Schiffel,* Fs. für Nordemann, S. 879 (889 f.).

[294] Art. 26 Abs. 1, 27 Nr. 1 EuGVÜ und Lugano-Übereinkommen, Art. 32 ff. revidiertes Lugano-Übereinkommen v. 30.10.2007.

[295] IdS auch *Hilty/Peukert* GRUR-Int 2002, 643 (659) mit Hinweisen auch auf die Rechtslage in den USA; DKMH/*Kotthoff* § 32b UrhG Rn. 12; Nordemann-Schiffel, FS Nordemann, S. 479 (489). Zur Urteilsanerkennung in den USA s. auch das Werk von *Neu* zu § 32b sowie den Beitrag von *Wandtke/Neu,* GRUR-Int 2011, 693 (698 ff.).

[296] So *Neu,* S. 224 auf der Grundlage einer umfassenden Analyse des § 32b in dessen Verhältnis zu den USA.

[297] → Rn. 38.

[298] OLG München ZUM-RD 2018, 208 – Das Boot III; die genannten Zahlen sind der Pressemitteilung 92/2017 des Bayerischen Staatsministeriums der Justiz entnommen, abgerufen aus dem Internet am 7.7.2018.

[299] OLG Stuttgart ZUM-RD 2019, 20 – Das Boot IV. Dabei wurde angesichts der geringeren Zahl potentieller österreichischer Zuschauer die Wertigkeit der deutschen Sendungen mit dem Achtfachen der Wertigkeit österreichischer Sendungen veranschlagt.

[300] Urt. v. 1.6.2016, 24 U 25/15, mit Berichtigungsbeschluss v. 6.7.2016 – Fluch der Karibik II, GRUR-Int 2016, 1072 mAnm *N. Reber.*

[301] S. zu den verfahrensrechtlichen Aspekten des Falles → Rn. 38 mit Angabe der Daten und Fundstellen der Urteile des LG München I vom 23.11.2011 und des OLG München 18.7.2013. Zu den inhaltlichen Aussagen des OLG München s. den Besprechungsaufsatz von *N. Reber* GRUR-Int 2017, 943 ff.

sondern daran, dass ein „auffälliges Missverhältnis" zwischen den Künstlervergütungen Elvis Presleys und den Erträgen der Plattenfirma verneint wurde. Dieses Ergebnis wurde auf die währungsrechtlich fragwürdige Berücksichtigung eines **Inflationsausgleichs** und damit auf eine Hochrechnung der Künstlervergütung von maßgeblich und tatsächlich knapp 184 000,– US-Dollar für den Vergütungszeitraum vom 29.3.2002 bis zum 23.3.2017 auf nicht weniger als über eine Million US-Dollar, nicht aber parallel dazu auf eine Inflationsanpassung auch der Erträge der Beklagten gestützt;[303] dies ging notwendig zulasten des Unterschieds zwischen Künstlervergütung und Erträgen der Verwerterin mit der Folge, dass ein Nachvergütungsanspruch nach § 32a UrhG verneint wurde. Vom OLG München wurde noch nicht einmal die Revision zugelassen, und über eine Nichtzulassungsbeschwerde oder deren Erfolg oder Nichterfolg ist öffentlich nichts bekannt geworden, sodass das eigentliche Klageziel rätselhaft bleibt.

XI. Neue Ära des Urhebervertragsrechts in Europa: die DSM-RL

Fragen um **§ 32b** werden sich in Zukunft auch unter dem Gesichtspunkt der **neuesten europäischen Rechtsentwicklung** stellen. Am 17.4.2019 ist die neue **Richtlinie (EU) 2019/790 über das Urheberrecht und die verwandten Schutzrechte im digitalen Binnenmarkt und zur Änderung der Richtlinien 96/9/EG und 2001/29/EG (DSM-RL)** erlassen und am 17.5.2019 im Amtsblatt der Europäischen Union[304] veröffentlicht worden. Diese Richtlinie enthält in ihrem Titel IV unter der Überschrift „Maßnahmen zur Schaffung eine funktionsfähigen Marktes für den Urheberrechtsschutz" in Kapitel 3 mit der Überschrift **„Faire Vergütung in Verwertungsverträgen mit Urhebern und ausübenden Künstlern"** in den **Art. 18 bis 23 DSM-RL** neben weiteren Regelungsgegenständen der Richtlinie insgesamt[305] auch eine Reihe von Vorschriften über das **Urhebervertragsrecht.** Nach umfangreich erörterten Vorarbeiten ist es dabei selbst in Fachkreisen als überraschend empfunden worden, dass die Richtlinie ähnlich wie im deutschen Recht (§§ 32 nF. und 32a) eine Regelung sowohl über den **„Grundsatz der angemessenen und verhältnismäßigen Vergütung"** (Art. 18 DSM-RL) als auch unter der Bezeichnung **„Vertragsanpassungsmechanismus"** über die bekannte Bestsellerproblematik (Art. 20 DSM-RL) als Kernstücke der Regelung enthält.[306] Wie bei einem so ambitionierten Vorhaben wie dem Urhebervertragsrecht nicht anders zu erwarten, enthalten die europäischen Regelungen der Richtlinie zB im Vergleich mit dem deutschen Recht auch **Lücken,** unter denen hier nur zwei zu erwähnen sind: **Art. 18 Abs. 1 DSM-RL** normiert den Grundsatz der angemessenen und verhältnismäßigen Vergütung nur in Bezug auf die Übertragung oder Lizenzierung von **ausschließlichen** Rechten, eine Einschränkung, die zB dem deutschen Recht fremd ist.[307] Die Richtlinienregelung zum Vertragsanpassungsmechanismus **(Art. 20 Abs. 1 DSM-RL)** sieht eine zusätzliche, angemessene und faire Vergütung zwar auch zulasten der Rechtsnachfolger von Verwertungsunternehmen als Vertragsparteien von Urhebern und ausübenden Künstlern vor. Aus der ausdrücklichen Einbeziehung von Lizenznehmern nur in die in Art. 19 DSM-RL neben dem Rechtnachfolgern geregelte Transparenzpflicht ist jedoch naheliegend, anzunehmen, dass unter **Rechtsnachfolgern** iSd. Art. 20 Abs. 1 DSM-RL nur **Gesamtrechtsnachfolger** zu verstehen sind.[308] Im Vergleich mit § 32a Abs. 2 des deutschen Gesetzes offenbarte ein solches Ergebnis ebenfalls eine gewichtige Regelungslücke.

Der neue europäische Richtlinienvorschlag enthält neben den vorerwähnten sachrechtlichen Beispielen im Vergleich mit dem deutschen Recht eine weitere wesentliche **Regelungslücke** auch insoweit, als ihm auch eine **Bestimmung analog der kollisionsrechtlichen Regelung des § 32b des deutschen Gesetzes fehlt.** Zugleich geht auch der neue Richtlinie nach ihrem ErwGr. 72 wiederum davon aus, dass es sich bei Urhebern und ausübenden Künstlern in der Regel um schutzwürdige schwächere Vertragsparteien handelt. Und ebenfalls zugleich haben es auch die Verfasser der neuen Richtlinie **versäumt,** die diesbezügliche **Lücke im Rahmen der Rom I-VO**[309] zu schließen. Diese Lücke ist daher auch unter der neuen DSM-RL nach dem bereits dargestellten Ergebnis zu schließen, dass **§ 32b als autonomes deutsches Vertrags-IPR** anwendbar bleibt.[310]

---

[302] → Rn. 38.

[303] Kritisch und ablehnend hierzu OLG Stuttgart, Urt. v. 26.9.2018, 4 U 2/18 – Das Boot IV, ZUM-RD 2019, 20 (…); nunmehr auch OLG München, Urt. v. 21.12.2017, 29 U 2619/16 – Das Boot III, ZUM-RD 2018, 208 (2015); *N. Reber,* GRUR-Int 2017, 943 (946).

[304] Nr. L 130/92.

[305] S. dazu den Gesamtüberblick über die Richtlinie von *Dreier* GRUR 2019, 771 ff. und *Schaper/Verweyen* K&R 2019, 433 ff.

[306] S. *Dreier* GRUR 2019, 771 (777); auch *Peifer* ZUM 2019, 648 (650).

[307] → § 32 Rn. 8.

[308] S. *Lucas-Schloetter* FS Walter, 547 (552); *Reber* GRUR 2019, 891 (896); *Stieper* ZUM 2019, 393 (396).

[309] → Rn. 8.

[310] → Rn. 8c.

§ 32c Vergütung für später bekannte Nutzungsarten

(1) [1]Der Urheber hat Anspruch auf eine gesonderte angemessene Vergütung, wenn der Vertragspartner eine neue Art der Werknutzung nach § 31a aufnimmt, die im Zeitpunkt des Vertragsschlusses vereinbart, aber noch unbekannt war. [2]§ 32 Abs. 2 und 4 gilt entsprechend. [3]Der Vertragspartner hat den Urheber über die Aufnahme der neuen Art der Werknutzung unverzüglich zu unterrichten.

(2) [1]Hat der Vertragspartner das Nutzungsrecht einem Dritten übertragen, haftet der Dritte mit der Aufnahme der neuen Art der Werknutzung für die Vergütung nach Absatz 1. [2]Die Haftung des Vertragspartners entfällt.

(3) [1]Auf die Rechte nach den Absätzen 1 und 2 kann im Voraus nicht verzichtet werden. [2]Der Urheber kann aber unentgeltlich ein einfaches Nutzungsrecht für jedermann einräumen

Schrifttum: S. auch § 31a sowie § 32. *Berger,* Verträge über unbekannte Nutzungsarten nach dem „Zweiten Korb", GRUR 2005, 907; *Franz,* Ist „Virtual Realtiy" eine neue Nutzungsart?, ZUM 2017, 207; *Frey/Rudolph,* Verfügungen über unbekannte Nutzungsarten: Anmerkungen zum Regierungsentwurf des Zweiten Korbs, ZUM 2007, 13; *Hoeren,* Der Zweite Korb – Eine Übersicht zu den geplanten Änderungen im Urheberrechtsgesetz, MMR 2007, 615; *Jacobs,* Die angemessene und die unangemessene Vergütung – Überlegungen zum Verständnis der §§ 32, 32a UrhG, FS Ullmann, 2006, S. 79; *Klöhn,* Unbekannte Nutzugsarten nach dem „Zweiten Korb" der Urheberrechtsreform, K&R 2008, 77; *Kreile/Schley,* Reform der Reform – Wie viel vom Kölner und Münchener Entwurf steckt im Referentenentwurf zum Urhebervertragsrecht?, ZUM 2015, 837; *W. Nordemann,* Die Reform des § 31 Abs. 4 UrhG – gut gemeint, aber daneben getroffen?, FS Raue, 2006, S. 587; *Ory,* Verschärfung des Urhebervertragsrechts, AfP 2015, 389; *Schack,* Urhebervertragsrecht im Meinungsstreit, GRUR 2002, 853; *Peifer,* Zur angemessenen Vergütung im Urhebervertragsrecht, AfP 2008, 545; *Schulze,* Die Einräumung unbekannter Nutzungsrechte nach neuem Urheberrecht, UFITA 2007/III, 641; *ders.,* Wann beginnt eine urheberrechtlich relevante Nutzung?, FS Nordemann, 1999, S. 237 = ZUM 2000, 126; *Spindler/Heckmann,* Der rückwirkende Entfall unbekannter Nutzungsrechte (§ 137l UrhG-E) – Schließt die Archive?, ZUM 2006, 620; *Wandtke/Holzapfel,* Ist § 31 IV UrhG noch zeitgemäß?, GRUR 2004, 284; *Wille,* Die kollisionsrechtliche Geltung der urheberrechtlichen Neuregelungen zu den unbekannten Nutzungsarten – §§ 31a, 32c UrhG im Lichte des Internationalen Privatrechts, GRUR-Int 2008, 393.

I. Allgemeines

1. Bedeutung

1   Die in § 32c zwingend vorgesehene Vergütung soll die von § 31a ermöglichte Einräumung von unbekannten Nutzungsarten flankieren.[1] Unbeschadet vertraglicher Vereinbarungen hat der Urheber einen gesonderten, zwingenden gesetzlichen Vergütungsanspruch,[2] für den auch ein Dritter haftet, wenn er das Nutzungsrecht übertragen erhalten hat. An der Regelung ist zu Recht kritisiert worden, dass nunmehr der Urheber aktiv werden muss, um zu seinem Geld zu kommen, da selbst die Verletzung der Mitteilungspflicht nach Abs. 1 S. 3 nicht vom Gesetz mit Sanktionen belegt ist,[3] mithin der Urheber selbst klären muss, ob eine neue Nutzungsart vorliegt und er die angemessene Vergütung notfalls einklagen muss.[4] Zudem ist die Regelung lückenhaft hinsichtlich der Unterrichtungspflichten,

---

[1] BT-Drucks. 16/1828, S. 1, 25.

[2] *Schuchardt,* S. 144.

[3] So auch Fromm/Nordemann/*Czychowski* UrhG § 32c Rn. 14.

[4] Dreier/Schulze/*Schulze* UrhG § 32c Rn. 2; *Schulze* GRUR 2005, 828 (831); *W. Nordemann* FS Raue, 2006, 587 (590); kritisch zur Regelung § 31a/§ 32c auch *Schack* UrhR Rn. 619; ähnliche Kritik auch schon von Fraktionsseite im Gesetzgebungsverfahren, BT-Drucks. 16/5939, S. 38.

wenn die Rechte auf einen Dritten übertragen wurden.[5] Auch wäre es sachgerecht gewesen, den Vergütungsanspruch verwertungsgesellschaftspflichtig zu machen für den Fall, dass der Urheber nicht mehr erreichbar ist, vergleichbar der Regelung in § 137l Abs. 5 S. 3.[6] Entsprechendes war aus Praktikabilitätsgründen auch schon vom PEN-Verband in der öffentlichen Anhörung zum Zweiten Korb vorgeschlagen worden.[7] Gegenstimmen wiesen auf die mangelnde Berücksichtigung der Bedeutung der Werke im Einzelfall hin, auf die durch die Tarifierung der Vergütung bei einer etwaigen Verwertungsgesellschaftenpflichtigkeit nicht eingegangen werden könne.[8]

Ein gewisses Vorbild hat der gesetzliche Vergütungsanspruch im sog. **Professoren-Entwurf** vom 26. Juni 2001, der weitergehend sogar den Anspruch auf angemessene Vergütung sowohl für die Nutzung aufgrund bekannter als auch zunächst unbekannter Nutzungsarten in § 32 Prof-E als gesetzlichen Anspruch ausgestalten wollte.[9] Im Gesetzgebungsverfahren blieb § 32c trotz der umfangreichen Diskussionen im Rechtsausschuss letztlich (auch nach der Gesetzesnovelle 2016) unverändert. Die vom Bundesrat geforderte Einordnung der Regelung als vertraglicher Anspruch und dessen Verankerung im Rahmen von § 32 wurde nicht umgesetzt. Damit soll nach Ansicht des Gesetzgebers die Bedeutung des Vergütungsanspruchs als „unverzichtbares Element" im System der Neuregelung des Umgangs mit unbekannten Nutzungsarten unterstrichen werden.[10]

Eine ähnliche Vorschrift für ausübende Künstler auf angemessene Vergütung wurde im Rahmen der Novellierung des Urhebervertragsrechts durch den neugeschaffenen § 79b UrhG geschaffen.[11]

2. Anwendungsbereich

Wie bei § 31a gilt der zwingende Vergütungsanspruch nur gegenüber dem Urheber, hier allerdings auch für dessen Erben oder Rechtsnachfolger, zB iSv. § 34 UrhG, nicht aber für Rechtsinhaber bzw. Verwerter.[12] Im Arbeitsverhältnis hat der Arbeitnehmer, der als Urheber Werke für den Arbeitgeber schafft, ebenfalls einen Anspruch auf eine gesonderte Vergütung, wenn mit den neuen Nutzungsarten zusätzliche wirtschaftliche Werte geschaffen werden können.[13] Unberechtigte Nutzer begehen eine Urheberrechtsverletzung und haften gem. §§ 97 ff. auf Schadensersatz.[14] § 32c gilt auch im Filmbereich, da er in § 88 Abs. 1 S. 2 nicht aufgezählt ist, für sonstige Leistungsschutzrechte dagegen nicht, § 79 Abs. 2.

Der **zeitliche Anwendungsbereich** erstreckt sich nur auf Verträge, die ab Inkrafttreten der Regelung am 1.1.2008 geschlossen wurden.[15] Für Verträge, die zwischen dem 1.1.1966 und dem 31.12. 2007 geschlossen wurden, finden die Bestimmungen über die Vergütung in § 137l Abs. 5, der Übergangsregelung zu den unbekannten Nutzungsarten, Anwendung,[16] da die Einräumung von Nutzungsrechten für auch zum Zeitpunkt des Vertragsschlusses noch unbekannte Nutzungsarten fingiert, falls bereits im Vertrag alle wesentlichen Nutzungsrechte ausschließlich sowie räumlich und zeitlich uneingeschränkt eingeräumt wurden. Für vor dem 1.1.1966 geschlossene Verträge bestand noch kein Verbot über die Einräumung von Rechten für unbekannte Nutzungsarten, sodass eine Anwendung sowohl von § 137l als auch von §§ 31a, 32c ausscheidet und stattdessen die Vergütung anhand der Regelung in den geschlossenen Verträgen gegebenenfalls durch ergänzende Vertragsauslegung zu ermitteln ist.[17]

Kollisionsrechtlich gehört § 32c zu den zwingenden Normen[18] und kann durch Rechtswahl nicht abbedungen werden;[19] § 32b bleibt zudem anwendbar, wenn für die neue Nutzungsart – unab-

---

[5] *W. Nordemann* FS Raue, 2006, 587 (590); Fromm/Nordemann/*Czychowski* UrhG § 32c Rn. 15; außerdem → Rn. 22 f.

[6] Zu Recht krit. Dreier/Schulze/*Schulze* UrhG § 32c Rn. 30; Fromm/Nordemann/*Czychowski* UrhG § 32c Rn. 14 will hier durch eine Mitwirkungspflicht des Urhebers zur Mitteilung seiner Adresse Abhilfe schaffen; siehe dazu auch *Berger* GRUR 2005, 907 (910), der die Benennung einer Verwertungsgesellschaft als Empfangsbevollmächtigte für die Unterrichtung empfiehlt; auch → Rn. 30.

[7] Sitzungsprotokoll des Rechtsausschusses vom 29. November 2006 zur Urheberrechtsnovelle „2. Korb" Teil V: Unbekannte Nutzungsarten, S. 5 f.

[8] Sitzungsprotokoll, S. 7 f.

[9] BT-Drucks. 14/6433, 3, 12; näher zum Professorenentwurf siehe *Schack* GRUR 2002, 853 ff.

[10] Gegenäußerung der Bundesregierung, BT-Drucks. 16/1828, 47.

[11] Gesetz zur verbesserten Durchsetzung des Anspruchs der Urheber und ausübenden Künstler auf angemessene Vergütung und zur Regelung von Fragen der Verlegerbeteiligung vom 20 Dezember 2016, in Kraft getreten am 1. März 2017, BGBl. I 3037; zur vorherigen Entwurfsfassung *Ory* AfP 2015, 389 ff.

[12] *Wandtke*/Bullinger/*Grunert* UrhG § 32c Rn. 4; Dreier/Schulze/*Schulze* UrhG § 32c Rn. 3 f.; Mestmäcker/Schulze/*Scholz* UrhG § 32c Rn. 17 (45. EL, Dez. 2007); BeckOK UrhR/*Soppe* § 32c Rn. 2.

[13] Dreier/Schulze/*Schulze* UrhG § 32c Rn. 5.

[14] *Wandtke*/Bullinger/*Grunert* UrhG § 32c Rn. 6.

[15] OLG Frankfurt WRP 2014, 1344 (1349).

[16] Näher dazu § 137l Rn. 58; *Spindler*/Heckmann ZUM 2006, 620 (622, 629 f.); *Berger* GRUR 2005, 907 (910 ff.); *Dietrich* UFITA 2008, 359 (364 ff.).

[17] OLG Frankfurt WRP 2014, 1344 (1349); *Spindler*/Heckmann ZUM 2006, 620 (627 f.); zur Auslegung von alten Lizenzverträgen s. BGH GRUR 2011, 714 – der Frosch mit der Maske; ferner § 31a Rn. 1, 25 ff.

[18] Auch → Rn. 41; Art. 9 Rom I-VO.

[19] Lex loci protectionis; *Wille* GRUR-Int 2008, 389 (391); *Schack* UrhR Rn. 622 bei Fn. 103.

hängig vom gesetzlichen Vergütungsanspruch – eine vertragliche Vergütungsvereinbarung geschlossen wird. Für Verträge aus der früheren **DDR** gilt § 32c ebenfalls.[20]

3. Verhältnis zu anderen Normen

6   Die Regelung in § 32c geht als Spezialregelung § 32 Abs. 1 S. 1 vor; lediglich für Vergütungsvereinbarungen über die ehemals unbekannte Nutzungsart nach deren Bekanntwerden ist nur § 32 anwendbar.[21] § 32a und § 32c stehen in Anspruchskonkurrenz zueinander.[22] Dadurch, dass dem Urheber über die Regelung in § 32c zu einer angemessenen Vergütung verholfen werden kann, scheidet eine Kündigung des Vertrags zwischen Urheber und Verwerter wegen unangemessen niedriger Vergütung als wichtigem Grund und damit die Anwendung von § 314 Abs. 1 BGB aus.[23]

II. Anspruch auf angemessene Vergütung, Abs. 1

1. Gesonderte angemessene Vergütung

7   Der Anspruch des Urhebers ist gesetzlich zwingend vorgesehen, entspricht also nicht einem vertraglichen Anspruch nach § 32 Abs. 1, so dass der Gesetzgeber bewusst nur auf § 32 Abs. 2, 4 verwiesen hat.[24] Demgemäß besteht auch kein Anspruch auf Vertragsanpassung hinsichtlich der vereinbarten Vergütung;[25] vielmehr entsteht und besteht der Anspruch auf Zahlung einer Vergütung in angemessener Höhe für die Verwertung in einer neuen Nutzungsart von Gesetzes wegen **gesondert,** dh völlig **unabhängig von vertraglichen Vereinbarungen,** allerdings seinerseits abhängig von der vertraglichen Einräumung der Rechte an den unbekannten Nutzungsarten.[26] Da aber andererseits der gesetzliche Anspruch nicht weitergehen soll oder noch zu einem vertraglichen Anspruch hinzutreten soll, kann es nur darum gehen, dass der gesetzliche Anspruch den vertraglichen Anspruch auf eine Vergütung für die Verwertung in einer zunächst unbekannten Nutzungsart überlagert bzw. ergänzt. Der Anspruch nach § 32c steht damit neben dem Anspruch aus § 32,[27] ist aber auf diesen ggf. anzurechnen,[28] sodass der Urheber insgesamt eine Vergütung in angemessener Höhe nur einmal verlangen kann. Die nach § 32c einforderbare Vergütung muss als gesonderter Berechnungsposten bei der Abrechnung der Vergütung notiert werden.[29] Bedeutsam ist der Anspruch aus § 32c, wenn keine vertraglichen Beziehungen bestehen, zB etwa gegenüber Dritten[30] oder wenn der vertraglich festgeschriebene Anspruch der Höhe nach hinter einer angemessenen Vergütung zurückbleibt. Ist hingegen die in einer Vergütungsabsprache getroffene Vergütung angemessen hoch, kommt dem Anspruch aus § 32c keine eigenständige Bedeutung zu.[31]

8   Voraussetzung für die Anwendbarkeit von § 32c ist eine **wirksame Einräumung des Nutzungsrechts** nach § 31a. Fehlt es daran, liegt eine Urheberrechtsverletzung vor und es kommt nicht § 32c, sondern §§ 97 ff. zur Anwendung.[32] Damit kommt es also auf eine genaue Abgrenzung an, welche noch unbekannten bzw. noch als unbekannt geltenden Nutzungsarten mit in den Vertrag einbezogen sind oder nicht.[33]

9   Wird die **neue Nutzungsart aufgenommen** (näher dazu § 31a), kann der Urheber eine Vereinbarung nach § 32 beanspruchen, einschließlich der angemessenen Vergütung – die dann aber vertraglichen Charakter hat.[34] Eine Anrechnung dieser dann vertraglich vereinbarten Vergütung auf die nach § 32c forderbare Vergütung kann dann ergeben, dass die Höhe der vertraglich vereinbarten Vergütung angemessen ist und aus § 32c kein höherer Betrag gefordert werden kann. Dass das Gesetz die angemessene Vergütung als gesonderte Vergütung erwähnt, hat für den Urheber insbesondere dann eine Bedeutung, wenn die ursprüngliche Vergütung als **Pauschalvergütung** vereinbart war. Das Gesetz stellt dadurch nämlich klar, dass durch diese Pauschalvergütung grundsätzlich die neuartige Nutzung

---

[20] *Wandtke*/Bullinger/*Grunert* UrhG § 32c Rn. 3; Wandtke/Bullinger/*Wandtke* EVtr Rn. 66.

[21] *Wandtke*/Bullinger/*Grunert* UrhG § 32c Rn. 23 f.; Mestmäcker/Schulze/*Scholz* UrhG § 32c Rn. 25 (45. EL, Dez. 2007); aA DKMH/*Kotthoff* UrhG § 32c Rn. 5, 11: § 32c nur klarstellend bis auf die Regelung in § 32c Abs. 2 S. 1.

[22] *Wandtke*/Bullinger/*Grunert* UrhG § 32c Rn. 25; Mestmäcker/Schulze/*Scholz* UrhG § 32c Rn. 25 (45. EL, Dez. 2007); *Kreile* ZUM 2007, 682 (684); *Klöhn* K&R 2008, 77 (78).

[23] Fromm/Nordemann/*Czychowski* UrhG § 32c Rn. 22.

[24] Begr. RegE BT-Drucks. 16/1828, 25.

[25] *Wandtke*/Bullinger/*Grunert* UrhG § 32c Rn. 14.

[26] Zu dem Fall, dass es an der Einräumung fehlt, auch → Rn. 8.

[27] Begr. RegE BT-Drucks. 16/1828 25; Dreier/Schulze/*Schulze* UrhG § 32c Rn. 9; *Wandtke*/Bullinger/*Grunert* UrhG § 32c Rn. 13 ff.

[28] Dreier/Schulze/*Schulze* UrhG § 32c Rn. 7, 8: kann darin „aufgehen"; im Ergebnis ebenso *Wandtke*/Bullinger/ *Grunert* UrhG § 32c Rn. 13, 24; *Hoeren* MMR 2007, 615 (616).

[29] *Hoeren* MMR 2007, 615 (616).

[30] Dann Abs. 2; zutr. Dreier/Schulze/*Schulze* UrhG § 32c Rn. 7.

[31] *Wandtke*/Bullinger/*Grunert* UrhG § 32c Rn. 15.

[32] *Wandtke*/Bullinger/*Grunert* UrhG § 32c Rn. 6.

[33] *Hoeren* MMR 2007, 615 (616).

[34] Dreier/Schulze/*Schulze* UrhG § 32c Rn. 9.

noch nicht mitabgegolten ist,[35] weil dies grundsätzlich dem vom Gesetzgeber beabsichtigten Schutz des Urhebers vor frühzeitiger endgültiger Begebung seiner wirtschaftlichen Beteiligungsmöglichkeiten widerspricht.[36] Gleichwohl kann eine in einem Vertrag vereinbarte Pauschalvergütung, wenn sie laut Vertrag sowohl die Verwertung in den bekannten als auch in unbekannten Nutzungsarten abdecken soll, im Einzelfall hoch genug sein, um in angemessener Höhe sowohl die Verwertung in ursprünglich bekannten als auch den ursprünglich unbekannten Nutzungsarten zu entgelten,[37] und zwar inklusive der eventuellen Mehrerträge aufgrund verbesserter wirtschaftlicher Auswertungsmöglichkeiten. [38] Insbesondere wenn eine bislang unbekannte Nutzungsart die Verwertung in der schon bekannten, durch Pauschalzahlung vergüteten Nutzungsart vollständig ablöst und ersetzt, trifft dies zu.[39]

Aber auch bei **Scheitern einer vertraglichen Vergütungsvereinbarung** hat der Urheber den   **10** gesetzlichen Vergütungsanspruch aus § 32c. Sowohl § 32a als auch § 32b finden nach wie vor Anwendung, wenn der Urheber eine vertragliche Vergütungsvereinbarung abgeschlossen hat.[40] Selbst wenn der Urheber die Einräumung der neuen Nutzungsarten nach § 31a Abs. 1 **widerruft,** besitzt er den gesetzlich zwingenden Vergütungsanspruch für die Zeit, in der der Verwerter das Werk in der neuen Art nutzt bzw. genutzt hat;[41] ab dem Widerruf steht dem Urheber zudem ein Schadensersatzanspruch zu.[42]

Der **Anspruch entsteht** erst, wenn die bei Vertragsabschluss unbekannte Nutzungsart bekannt   **11** geworden ist,[43] mithin noch nicht mit der vertraglichen Einräumung der Rechte an den unbekannten Nutzungsarten, was sich auch daraus begründet, dass zunächst jegliche Anhaltspunkte für die Bestimmung einer angemessenen Vergütung fehlen.[44] Allein das Bekanntwerden der neuen Nutzungsart genügt jedoch nicht, der Vertragspartner (oder der Dritte) muss auch den neue Form der Werknutzung aufgenommen haben[45] – ohne Nutzung muss der Verwerter keine Vergütung nach § 32c leisten.[46] Die gegenteilige Auslegung[47] stützt sich maßgeblich auf eine ergänzende Vertragsauslegung iSd. §§ 133, 157 BGB[48] – was aber in Widerspruch zur Ausgestaltung des Anspruchs nach § 32c als gesetzlichem Anspruch steht.

Mit Beginn der Auswertung wird die Vergütung **fällig.**[49] Dass die Rechte auf einen Dritten über-   **12** tragen worden sind, genügt für die Fälligkeit noch nicht; erst wenn dieser mit der Nutzung in der neuen Form beginnt, wird der Anspruch fällig, da allein die Übertragung der Rechte keine urheberrechtlich relevante Nutzung darstellt.[50]

Der Anspruch auf die Vergütung **verjährt** gem. § 195 BGB nach 3 Jahren, die gem. § 199 Abs. 2   **13** BGB mit dem Ende des Jahres beginnen, in dem der Urheber Kenntnis von der Entstehung des Vergütungsanspruchs erlangt bzw. ohne grobe Fahrlässigkeit hätte erlangen können. Diese Kenntnis muss alle anspruchsbegründenden Tatsachen umfassen. Dazu gehört insbesondere die Kenntnis des Urhebers davon, dass sein Werk in der neuen Nutzungsart verwertet wird. Von der Kenntnis des Urhebers in dieser Hinsicht ist auszugehen, wenn der Verwerter den Urheber gem. § 32c Abs. 1 S. 3 ordnungsgemäß unterrichtet hat. Zusätzlich bedarf es der Kenntnis darüber, ob Umsätze bei der Verwertung erzielt wurden.[51] Problematisch ist, dass die Entstehung des Anspruchs auch von dem Bekanntwerden einer neuen Nutzungsart abhängt und damit vom Ergebnis der Auslegung eines unbestimmten Rechtsbegriffs.[52] Hier wird man verlangen müssen, dass dem Urheber keine vernünftigen Zweifel an dem Bekanntwerden einer neuen Nutzungsart kommen dürfen,[53] zB aufgrund höchstrichterlicher

---

[35] Fromm/Nordemann/*Czychowski* UrhG § 32c Rn. 8, so auch Dreier/Schulze/*Schulze* UrhG § 32c Rn. 8; *Wandtke*/Bullinger/*Grunert* UrhG § 32c Rn. 16; DKMH/*Kotthoff* UrhG § 32c Rn. 6.

[36] *Wandtke*/Bullinger/*Grunert* UrhG § 32c Rn. 22.

[37] Fromm/Nordemann/*Czychowski* UrhG § 32c Rn. 8.

[38] Sonst fehlt es gerade an der neuen Nutzungsart, BGHZ 163, 109 (115 f.) – Zauberberg; darauf weisen auch Fromm/Nordemann/*Czychowski* UrhG § 32c Rn. 8 und *Klöhn* K&R 2008, 77 (78) bei Fn. 16 hin; s. auch → § 31a Rn. 36; der 1. Referentenentwurf vom 27.9.2004, S. 49 berücksichtigt dies nicht; auch Dreier/Schulze/*Schulze* UrhG § 32c Rn. 8, 17 und *Berger* GRUR 2005, 907 (910), die auf dies den RefE verweisen, übersehen dies.

[39] AA Dreier/Schulze/*Schulze* UrhG § 32c Rn. 8: neben Pauschalvergütung tritt in jedem Fall noch eine zusätzliche Vergütung nach § 32c, Mitabgeltung hingegen nur bei **fortlaufender Zahlung,** dazu → Rn. 16.

[40] Dreier/Schulze/*Schulze* UrhG § 32c Rn. 10 f.

[41] Dreier/Schulze/*Schulze* UrhG § 32c Rn. 14; Mestmäcker/Schulze/*Scholz* UrhG § 32c Rn. 6 (45. EL, Dez. 2007).

[42] Dazu → § 31a Rn. 81.

[43] Zum Begriff des Bekanntwerdens → § 31a Rn. 30.

[44] *Berger* GRUR 2005, 907 (910).

[45] Dazu → Rn. 27.

[46] *Berger* GRUR 2005, 907 (910); Dreier/Schulze/*Schulze* UrhG § 32c Rn. 12; Fromm/Nordemann/*Czychowski* UrhG § 32c Rn. 7.

[47] Mestmäcker/Schulze/*Scholz* UrhG § 32c Rn. 13 (45. EL, Dez. 2007).

[48] Unter Verweis auf BGH GRUR 2005, 148 (150) – Oceano Mare.

[49] Fromm/Nordemann/*Czychowski* UrhG § 32c Rn. 7.

[50] Dazu → § 15 Rn. 16; ferner BGH GRUR 1999, 579 (580) – Hunger und Durst; Dreier/Schulze/*Schulze* UrhG § 32c Rn. 13; *Berger* GRUR 2005, 907 (910); anders aber *Schulze* ZUM 2000, 126 (131); auch → Rn. 23.

[51] *Wandtke*/Bullinger/*Grunert* UrhG § 32c Rn. 48.

[52] Fromm/Nordemann/*Czychowski* UrhG § 32c Rn. 7.

[53] Fromm/Nordemann/*Czychowski* UrhG § 32c Rn. 7 und dort § 32 Rn. 23.

Rechtsprechung zu der in Rede stehenden Nutzungsart. Spätestens 10 Jahre nach Aufnahme der Verwertung in der neuen Nutzungsart ist der Anspruch gem. § 199 Abs. 4 BGB verjährt.[54] Allerdings gilt es noch zu beachten, dass der Anspruch auf angemessene Vergütung nach § 32c nicht einmal einheitlich entsteht, sondern laufend für die gesamte Nutzungszeit. Dementsprechend sind immer nur Ansprüche auf Vergütungen für die Nutzung in dem Zeitraum bis 3 Jahre vor Geltendmachung verjährt.[55]

14   **Anspruchsgegner** ist der Vertragspartner des Urhebers (bzw. seine Erben oder Rechtsnachfolger), bei Übertragung der Rechte an einen Dritten dieser, § 32c Abs. 2.[56] Eine besondere Situation ergibt sich, wenn der Vertragspartner die Rechte zwar nicht überträgt, aber einem Dritten einräumt (§ 35); denn hier bleibt an sich der Vertragspartner derjenige, der die Rechte inne hat. Wenngleich der Urheber dementsprechend das Insolvenzrisiko des Vertragspartners trägt, spricht der klare Gesetzeswortlaut, der auf die Aufnahme durch den Vertragspartner abstellt, dennoch dagegen, dass der Anspruch auf eine Vergütung auch gegen den Dritten gerichtet ist, der nur die Rechte eingeräumt erhalten hat (→ Rn. 36).[57]

2. Vergütungshöhe

15   Das Gesetz stellt wie in § 32 auf die Angemessenheit der Vergütung ab. Dazu verweist die Norm hier explizit auf § 32 Abs. 2, 4. Die dortigen Maßstäbe gelten dementsprechend auch für § 32c.[58] Die heranzuziehenden Vergleichsmaßstäbe sind auch in der Reihenfolge die gleichen wie in § 32 Abs. 2, 4, nämlich zuerst ein Tarifvertrag, dann die gemeinsamen Vergütungsregeln[59] und schließlich das, was üblicher- und redlicherweise für die jeweilige Nutzungsart vergütet wird.[60] Allerdings kommt es darauf an, dass der **Tarifvertrag** oder die gemeinsame Vergütungsregel nicht nur pauschal alle unbekannten Nutzungsarten erfasst, sondern zumindest abstrakt die neue Nutzungsart beschreibt, auch wenn sie konkret bzw. in ihrer spezifischen Ausprägung noch unbekannt war.[61] Bis auf die Anmerkung, dass die wirtschaftlichen Rahmenbedingungen bei der Bestimmung der Vergütungshöhe zu beachten sind, enthält sich der Gesetzgeber weiterer Hinweise; die Konkretisierung der Angemessenheit soll der Rechtsprechung überlassen bleiben.[62]

16   Als erster **Anhaltspunkt für die Bestimmung der Vergütungshöhe** kann dabei die Ausgangsvergütung in Betracht kommen.[63] Wurde etwa eine **prozentuale Beteiligung** für eine Nutzungsart vereinbart und erfolgt die Verwertung in der neuen Nutzungsart daneben in ähnlichem wirtschaftlichen Umfang, spricht viel dafür, dass die angemessene Vergütung auch hier in einer prozentualen Beteiligung, auch in derselben Höhe, besteht.[64] Bei Pauschalvergütungen kann sich ergeben, dass die Höhe der im Vertrag vereinbarten **Pauschalvergütung** auch die Verwertung in der unbekannten Nutzungsart in ihrer Höhe mit abdeckt, so dass darüber hinausgehend aus § 32c nichts weiter verlangt werden kann.[65] War im Vertrag eine **fortlaufend** zu zahlende Vergütung für die Verwertung in der bekannten Nutzungsart vereinbart, kann nicht angenommen werden, dass diese die Verwertung in der neuen Nutzungsart abgilt, egal, wie hoch sie ist,[66] da auch weiterhin eine Nutzung in dieser Nutzungsart erfolgt.[67] Auch die Vergütung gem. § 32c mag dann als fortlaufend zu zahlende Vergütung festgesetzt werden. Maßstab für die Höhe können zB der wirtschaftliche Erfolg der Verwertung in der neuen Nutzungsart[68] bzw. die Erfolgsmöglichkeiten sein;[69] weitere Maßstäbe können sich aus der Schöpfungshöhe bzw. dem Grad der Individualität des geschützten Werkes, der Reichweite des Werkes bzw. der bei den Rezipienten erreichten Aufmerksamkeit, Exklusivität zB durch Erst- oder Zweitverwertung und dem Arbeitsaufwand bei der Erschaffung des Werkes ergeben.[70] Bei Erfolglosigkeit der neuen Nutzungsart kann die Vergütung sehr gering ausfallen und „gegen Null" gehen.[71]

---

[54] Wandtke/Bullinger/*Grunert* § 32c Rn. 48.

[55] Fromm/Nordemann/*Czychowski* UrhG § 32c Rn. 7 und dort § 32 Rn. 23.

[56] Mestmäcker/Schulze/*Scholz* UrhG § 32c Rn. 17 (45. EL, Dez. 2007); Fromm/Nordemann/*Czychowski* UrhG § 32c Rn. 10; *Wandtke*/Bullinger/*Grunert* UrhG § 32c Rn. 5 f.; BeckOK UrhR/*Soppe* § 32c Rn. 3.

[57] AA Dreier/Schulze/*Schulze* UrhG § 32c Rn. 16.

[58] Fromm/Nordemann/*Czychowski* UrhG § 32c Rn. 8.

[59] S. auch Wandtke/Bullinger/*Grunert* UrhG § 32c Rn. 17 f.

[60] Näher → § 32 Rn. 25; zu den Problemen bei der Ausfüllung dieses unbestimmten Rechtsbegriffs *Schack* GRUR 2002, 853 (855); *Jacobs* FS Ullmann, 2006, 79 ff.

[61] *Schulze* UFITA 2007, 641 (673 aE, f.); zust. *Wandtke*/Bullinger/*Grunert* UrhG § 32c Rn. 17.

[62] BT-Drucks. 16/1828, 25.

[63] Sitzungsprotokoll Rechtsausschuss vom 29. November 2006, S. 31.

[64] Weitergehend Dreier/Schulze/*Schulze* UrhG § 32c Rn. 17: auch bei Ersatz der Verwertung in der bekannten Nutzungsart durch die „neue" Nutzungsart.

[65] Auch schon → Rn. 9.

[66] Anders Dreier/Schulze/*Schulze* UrhG § 32c Rn. 17.

[67] Ansonsten fehlt es bei bloßer **vollständiger Substitution** schon an der unbekannten Nutzungsart, Nachw. → bei Rn. 9.

[68] BT-Drucks. 16/1828, S. 25.

[69] *Berger* GRUR 2005, 907 (910).

[70] *Peifer* AfP 2008, 545 (548 ff.).

[71] *Kreile* ZUM 2007, 682 (685); Fromm/Nordemann/*Czychowski* UrhG § 32c Rn. 8; *Klöhn* K&R 2008, 77 (78); zur problematischen Berechnung einer angemessenen Vergütung bei *Virtual-Reality*-Anwendungen (unter der Annahme, dass diese eine neue Nutzungsart darstellen) *Franz* ZUM 2017, 207 (214).

Wird umgekehrt aufgrund der Verwertung des Werkes in der neuen Nutzungsart das Werk in einer bei Vertragsschluss bekannten Nutzungsart gar nicht mehr verwertet (**Substitution,** zB DVD gegenüber VHS-Cassette, Blu-ray, ggf. On-Demand.Streamingdienste etc.) und war dafür eine fortlaufend zu zahlende Vergütung unter der Bedingung der fortlaufenden Nutzung vereinbart, sinkt diese vertraglich vereinbarte Vergütung auf Null, während für die neue Nutzungsart die Vergütung gem. § 32c zu zahlen ist.[72]

Entscheidender **Zeitpunkt** für die Bestimmung der Angemessenheit der Höhe der Vergütung ist   **17** abweichend von der Regelung zu § 32 aber nicht der Vertragsschluss, sondern der Zeitraum der Nutzung, für den konkret der Vergütungsanspruch geltend gemacht wird; zur Zeit des Vertragsschlusses kann kaum der ökonomische Wert der unbekannten Nutzungsart bestimmt werden.[73] Verändert sich die Einnahmelage, so steigt oder fällt auch das nach § 32c erforderliche Niveau der angemessenen Vergütung.[74]

Haben sich die Parteien auf eine Vergütung, die den Anforderungen des § 32c Abs. 1 an eine an-   **18** gemessene Vergütung genügt, **geeinigt,** bewirkt dies, dass der Urheber gem. § 31a Abs. 2 S. 1 **sein Widerrufsrecht** gegen die Aufnahme der Verwertung in der neuen Nutzungsart **verliert.**[75] Ob die Einigung der Höhe nach den Vorgaben von § 32c genügt oder ein aus § 32c begründeter, darüber hinausgehender Anspruch auf weitere Zahlung besteht, ist einer gerichtlichen Überprüfung zugänglich, in deren Zentrum die Prüfung von § 32c iVm. § 32 Abs. 2 und 4 steht.[76] Kommt eine Einigung zwischen den Parteien auf eine den Anforderungen des § 32c genügende Vergütung nicht zustande, kann nicht ohne Weiteres auf die §§ 315–316 BGB zurückgegriffen werden,[77] da § 32c gerade nicht auf dem Prinzip beruht, dass eine Partei einseitig über die angemessene Höhe der Vergütung bestimmt. Vielmehr sollen nach dem Willen des Gesetzgebers bei der Bestimmung der Angemessenheit die wirtschaftlichen Rahmenbedingungen beachtet werden,[78] was eher für die Vornahme eines umfassenden Interessenausgleichs spricht, was wiederum dem Gedanken einer einseitigen Festsetzung zuwider läuft. Daher kann der Anspruchsberechtigte, anstatt weitere Anstrengungen zu unternehmen, um zu einer Einigung über die Vergütung zu kommen, umgehend aus § 32c gegen den Anspruchsgegner vorgehen und die angemessen hohe Vergütung einklagen. Gleichwohl bleibt es den Parteien unbenommen, in dem Vertrag, der die Übertragung der Rechte für die Verwertung in der neuen Nutzungsart regelt, ein Verfahren vorzusehen, um die Höhe der Vergütung für die Verwertung in der unbekannten Nutzungsart zu konkretisieren. Ziel ist es hierdurch den Parteien zu ermöglichen nach Vertragsschluss eine Vergütungsregelung zu vereinbaren, die ihrer Höhe nach dem entspricht, was der Anspruchsberechtigte auf Maßgabe des § 32c fordern könnte, wenn eine konkrete Vergütung zuvor kein Vertragsbestandteil war.[79] Allerdings kann ein solches Verfahren nicht die gerichtliche Kontrolle und Festsetzung des zwingenden Vergütungsanspruchs aus § 32 binden.

3. Unterrichtungspflicht (Abs. 1 S. 3)

§ 32c Abs. 1 S. 3 sieht eine Unterrichtungspflicht gegenüber dem Urheber vor, wenn der Verwer-   **19** ter die neue Art der Werknutzung aufnimmt. Diese Unterrichtung ist unabhängig von der Mitteilung nach § 31a Abs. 1 S. 4,[80] die die Frist zur Ausübung des Widerrufsrechts für den Urheber in Gang setzt.[81] Die Mitteilungen können zwar miteinander verbunden werden, was sich jedoch nicht empfiehlt, da sie zwecks Vermeidung von Rechtsunsicherheit und Schadensersatzansprüchen zu unterschiedlichen Zeitpunkten erfolgen sollten: die Mitteilung nach § 31a, sobald die neue Nutzungsart bekannt und deren wirtschaftliche Auswertung konkret abgeschätzt werden kann; die Unterrichtung nach § 32c nach Beginn der Verwertung versehen mit konkreten Informationen, auf deren Basis die Vergütungshöhe bemessen werden kann. Da erst nach Ablauf der Widerspruchsfrist ohne die Gefahr einer Schadensersatzpflicht mit der Verwertung begonnen werden darf,[82] werden idR zwischen der Mitteilung nach § 31a und der Aufnahme der Verwertung – dem Zeitpunkt für die nach § 32c notwendige Unterrichtung – 3 Monate vergehen.[83] Verzichtet der Verwerter gleichwohl auf die zunächst erforderliche Mitteilung nach § 31a so wird erst durch die Unterrichtung die 3-monatige Widerspruchsfrist in Gang gesetzt.[84] Fallen Unterrichtung und Mitteilung zusammen, kann der Verwerter

---

[72] *Wandtke*/Bullinger/*Grunert* § 32c Rn. 20.
[73] Dreier/Schulze/*Schulze* UrhG § 32c Rn. 27; Fromm/Nordemann/*Czychowski* UrhG § 32c Rn. 7; Wandtke/Bullinger/*Grunert* UrhG § 32c Rn. 19; Möhring/Nicolini/*Soppe* UrhG § 32c Rn. 20; aA DKMH/*Kotthoff* UrhG § 32c Rn. 7: Vertragsschluss.
[74] *Klöhn* K&R 2008, 77 (78).
[75] → § 31a Rn. 103 ff.
[76] Unentschieden noch *Berger* GRUR 2005, 907 (910).
[77] So aber Fromm/Nordemann/*Czychowski* UrhG § 32c Rn. 8.
[78] Begr. RegE BT-Drucks. 16/1828, 25.
[79] Fromm/Nordemann/*Czychowski* UrhG § 32c Rn. 8.
[80] Dazu → § 31a Rn. 84.
[81] So auch *Wandtke*/Bullinger/*Grunert* UrhG § 32c Rn. 33.
[82] So → § 31a Rn. 83.
[83] So auch *Wandtke*/Bullinger/*Grunert* UrhG § 32c Rn. 33.
[84] *Wandtke*/Bullinger/*Grunert* UrhG § 32c Rn. 36; DKMH/*Kofhoff* UrhG § 32c Rn. 8; *Schulze* UFITA 2007, 641 (678).

sich hinsichtlich der Unterrichtung nicht auf § 31a Abs. 1 S. 4 berufen. Der Urheber soll mit dieser Unterrichtung in die Lage versetzt werden, seinen Vergütungsanspruch geltend zu machen. Die Unterrichtungspflicht nach § 32c Abs. 1 S. 3 ist als gesetzliche Pflicht ausgestaltet, die wiederum **neben vertraglich geschuldeten Mitteilungspflichten** besteht, die aus dem Lizenzvertrag zwischen dem Urheber und dem Verwerter resultieren.[85] Denn der Verwerter ist aufgrund seines Informationsvorsprungs und den mit der neuen Nutzung des Werkes auch verbundenen vertraglichen Ansprüchen des Urhebers gehalten, den Urheber davon zu unterrichten, dass und in welchem Umfang er die Verwertung in einer neuen Nutzungsart aufgenommen hat.[86] Dogmatisch handelt es sich bei der Unterrichtungspflicht um die spezialgesetzliche Ausgestaltung der allgemein anerkannten Pflicht zur Auskunft bzw. zur Rechnungslegung über alle Angaben, die zur Feststellung eines Anspruchs erforderlich sind; daneben braucht auf § 242 BGB nicht mehr zurückgegriffen werden.[87] Im Rahmen der Reform des Urhebervertragsrechts wurde zudem mit § 32d ein neuer Auskunfts- und Rechenschaftsanspruch geschaffen, welcher mindestens einmal im Jahr zu erfüllen ist (§ 32d Abs. 1 S. 2).[88] Der Anspruch, der nach dem Muster des in dieser Hinsicht strengeren und auch in systematischer Hinsicht abweichenden Kölner Entwurfs (KE)[89] in § 32 Abs. 3-KE[90] gebildet wurde,[91] ist dispositiv, wobei zu Lasten des Urhebers „nur durch Vereinbarung abgewichen werden [kann], die auf einer gemeinsamen Vergütungsregel (§ 36) oder einem Tarifvertrag beruht."[92] Ziel dieses neuen Anspruch ist mithin Problemen des Urhebers bei der Realisierung seiner Ansprüche aus den §§ 32a, 32c zu begegnen.[93]

20   **Anspruchsberechtigter** ist der Urheber, aber auch seine Erben und Rechtsnachfolger[94] da es sich anders als beim Widerrufsrecht nicht um die Ausübung des höchstpersönlichen Rechts handelt, sondern „nur" um den gesetzlichen Vergütungsanspruch.[95] Neben dem gesetzlichen Anspruch kann der Urheber aber aus dem vertraglichen Anspruch (→ Rn. 1) vorgehen – im Gegensatz zur Verletzung der gesetzlichen Unterrichtungspflicht kann der Urheber in letzterem Fall dann sogar einen Anspruch auf Schadensersatz geltend machen, wenn der Vertragspartner seine Pflichten verletzt.[96] Anspruchsberechtigt sind aufgrund der Verweisungen auch die Herausgeber wissenschaftlicher Ausgaben (§ 70 Abs. 1) und Lichtbildner (§ 72 Abs. 1). Mangels Übernahme in die Aufzählung in § 79 Abs. 2 können ausübende Künstler den Anspruch aus § 32c nicht geltend machen.[97] Eine Vergütung für die Verwertung in neuen Nutzungsarten können ausübende Künstler daher nur in dem Umfang geltend machen, wie es bei Vertragsschluss mit dem Vertragspartner festgelegt wurde.

21   Schwieriger ist dagegen die Frage zu beurteilen, wer **Unterrichtungspflichtiger** ist: Das Gesetz selbst sieht in § 32c Abs. 1 nur vor, dass der Vertragspartner des Urhebers zur Mitteilung über die Aufnahme der Nutzung verpflichtet ist, was sich auch dann nicht ändert, wenn das Recht an einen Dritten übertragen worden ist, dazu → Rn. 24.

22   Hinsichtlich **Dritter** trifft das UrhG jedoch keine ausdrücklichen Regelungen. Ausgangspunkt ist zunächst, dass § 32c Abs. 2 nur bestimmte „Dritte" betrifft. So sind Dritte iSv. § 35 UrhG und Dritte iSv. §§ 414 ff. BGB überhaupt nicht von § 32c Abs. 2 erfasst. Wer durch schuldrechtliche **Vertragsübernahme** Rechtsnachfolger des ursprünglichen Vertragspartners des Urhebers wird, ist von vornherein nicht „Dritter", sondern nach § 414 BGB schon nach § 32c Abs. 1 S. 3 UrhG als Vertragspartner des Urhebers zur Mitteilung verpflichtet.[98] Da der ursprüngliche Vertragspartner des Urhebers dann nicht mehr Vertragspartner ist, ist er nicht mehr nach § 32c zur Unterrichtung verpflichtet. Für ihn können sich Informationspflichten nur noch aus nachvertraglichen Pflichten gem. § 241 BGB ergeben. Wem Nutzungsrechte nur **eingeräumt** wurden, wer also **Unterlizenznehmer** ist, ist gem. § 35 Abs. 2 mangels Verweises auf die gesamtschuldnerische Haftung mit dem Unterlizenzgeber in § 34 Abs. 4 hingegen nicht zur Mitteilung an den Urheber verpflichtet. Allerdings ist der Unterlizenznehmer dem Unterlizenzgeber gem. § 32c Abs. 1 S. 3 in analoger Anwendung zur Mitteilung

---

[85] Ähnl. Rehbinder/Peukert/*Rehbinder/Peukert,* Urheberrecht, 4. Teil Rn. 894.

[86] Näher → Rn. 27.

[87] Wohl anders Mestmäcker/Schulze/*Scholz* UrhG § 32c Rn. 36 (45. EL, Dez. 2007): Auskunftsanspruch aus § 242 BGB besteht weiter.

[88] Bereits zum Referentenentwurf *Kreile/Schley* ZUM 2015, 839 ff.

[89] http://koelner-forum-medienrecht.de/sites/files/kfm/veranstaltungen/download/koelner_entwurf_urheber-vertragsrecht_20141107_1.pdf

[90] § 32 Abs. 3 KE lautet: „Wird die Vergütung nicht nach einer gemeinsamen Vergütungsregel ermittelt, ist dem Urheber im Falle einer ausschließlichen Nutzungsrechtseinräumung auf Verlangen vom Werknutzer jährlich Auskunft über den Umfang der Nutzung des Werkes und die heraus gezogenen Erträge und Vorteile zu erteilen."

[91] *Kreile/Schley* Zum 2015, 839 (838).

[92] http://www.urheber.info/sites/default/files/story/files/bmjv-referentenentwurf-urhebervertragsrecht-2015-10-05.pdf, S. 4.

[93] http://www.urheber.info/sites/default/files/story/files/bmjv-referentenentwurf-urhebervertragsrecht-2015-10-05.pdf, S. 16.

[94] Fromm/Nordemann/*Czychowski* UrhG § 32c Rn. 9.

[95] So auch Mestmäcker/Schulze/*Scholz* § 32c Rn. 29 (45. EL, Dez. 2007).

[96] *Berger* GRUR 2005, 907 (910); Dreier/Schulze/*Schulze* UrhG § 32c Rn. 22, auch → Rn. 31; von einer anderen Regelung ausgehend, aber kritisch dazu *Frey/Rudolph* ZUM 2007, 13 (20).

[97] Fromm/Nordemann/*Czychowski* UrhG § 32c Rn. 9 mit Verweis auf BGH GRUR 2003, 234 (235) – EROC III.

[98] Mestmäcker/Schulze/*Scholz* UrhG § 32c Rn. 38 (45. EL, Dez. 2007).

über die Aufnahme einer neuen Art der Nutzung verpflichtet, was letzterer dann dem Urheber mit- teilen muss,[99] was sich iR erweiternder Auslegung aus § 32c Abs. 1 S. 3 ergibt.[100]

Wem die dinglichen Nutzungsrechte gem. § 34 **übertragen** worden sind, wer also ein Dritter iSv. **23** § 32c Abs. 2 ist,[101] wird ebenfalls vom Gesetz dem Wortlaut nach nicht zur Mitteilung angehalten, da das Gesetz hier nur die Haftung für die Vergütung, nicht aber die Pflicht zur Unterrichtung auf den Dritten überleitet.[102] Die gegenteilige Auffassung[103] geht von § 32c Abs. 2 S. 1 als Rechtsgrundver- weisung aus und nimmt eine Unterrichtungspflicht des Dritten an. Dies übersieht indes, dass die Un- terrichtung nicht zu den Tatbestandsvoraussetzungen für die Vergütungspflicht des Vertragspartners bzw. des Dritten gehört, sondern die Vergütungspflicht auch ohne die Unterrichtung entsteht, die Unterrichtungspflicht mithin nicht Tatbestandsvoraussetzung ist, auf die für den Dritten nur mittels Annahme einer Rechtsgrundverweisung in § 32c Abs. 2 S. 1 zurückzugreifen wäre. Entscheidend ist allein, welche Pflichten § 32c Abs. 2 selbst für den Dritten statuiert. Ausgeschieden werden muss in diesem Zusammenhang auch von vornherein die Auffassung, dass allein die Rechteübertragung eine urheberrechtlich relevante Nutzung darstellt[104] – was gerade im Fall der unbekannten Nutzungsarten auch unsinnig wäre, da die Nutzungsarten im Zeitpunkt der Rechteübertragung nicht bekannt sein müssen.[105] Das Gesetz weist damit im Fall der Rechteübertragung auf einen Dritten einen **konstruk- tiven Fehler** auf, da der Dritte derjenige ist, der über die Aufnahme der neuen Nutzungsart ent- scheidet und hierüber informiert ist, nicht aber der ursprüngliche Vertragspartner. Der Ausgestaltung des Vergütungsanspruchs als gesetzlichen Anspruch, der nach dem Vertragspartner denjenigen trifft, der das Werk in neuer Art nutzt, hätte es entsprochen, wenn auch die Mitteilungspflicht auf den Drit- ten erstreckt wird. Hier muss von einer planwidrigen Regelungslücke und damit von einer **analogen Anwendung des § 32c Abs. 1 S. 3 auf den Dritten** ausgegangen werden, da sonst die Unterrich- tungspflicht in derartigen Fällen ins Leere geht.[106] Dies trifft für alle **Dritten in der Lizenzkette** zu **(Unterlizenzen).** Der Vertragspartner (der Ersterwerber) selbst verfügt möglicherweise über keine Informationen, wann der Dritte die Nutzung aufnimmt.[107] Er ist aber schon aus seinen vertraglichen Nebenpflichten heraus verpflichtet, dem Urheber die zustellungsfähige Adresse des Dritten mitzutei- len, und, falls er über entsprechende Informationen über die Aufnahme der neuen Nutzungsart ver- fügt, auch diese.[108] Denn ansonsten könnte der Urheber den ihm nach § 32c Abs. 2 S. 1 gegen den Dritten zustehenden Vergütungsanspruch nicht geltend machen, da er diesen nicht einmal kennt. Weil ihm aber gleichzeitig gem. § 32c Abs. 2 S. 2 der Vergütungsanspruch gegen seinen Vertragspartner genommen wird, muss der Urheber vom diesem zumindest Informationen über wiederum dessen Nacherwerber erhalten können, damit der Anspruch des Urhebers aus § 32c Abs. 2 S. 1 nicht leer- läuft. Verletzt der Vertragspartner diese Pflicht, hat der Urheber vertragliche Ansprüche auf Schadens- ersatz gegen den Vertragspartner.[109]

Auch den **Dritten trifft die Pflicht, dem Urheber die Anschrift des nächsten Rechteer- werbers mitzuteilen:** Zwar hat das Gesetz die Unterrichtung nicht ausdrücklich als eine allgemeine Auskunftspflicht ausgestaltet,[110] sondern nur als eine Mitteilungspflicht des Verwerters an den Urhe- ber, die nur das Ob, Wann und Wie der Aufnahme der Werknutzung in einer neuen Nutzungsart betrifft. Der Vergütungsanspruch würde aber gerade bei Lizenzketten leerlaufen, wenn der Urheber nicht wenigstens Informationen über die Person des Folgeerwerbers vom Vorerwerber verlangen könnte. Ein umfassender Auskunftsanspruch ist also letztlich notwendige Voraussetzung, um den Ur- heber an seinem Werk wirtschaftlich teilhaben zu lassen, wie es die Begründung des RegE[111] und die Rechtsprechung verlangt.[112]

Das Gesetz regelt auch nicht, ob der **ursprüngliche Vertragspartner** des Urhebers von seinen **24** Unterrichtungspflichten **frei** wird, wenn man (Rn. 23) eine Unterrichtungspflicht des Dritten an- nimmt.[113] Dem Wortlaut lässt sich keine eindeutige Aussage entnehmen. § 32c Abs. 2 S. 2 bezieht sich jedenfalls auf § 32c Abs. 2 S. 1, der ebenfalls von „hafte(n)" spricht und sich dabei auf den ge- samten § 32c Abs. 1 bezieht, der in S. 3 auch die Unterrichtungspflicht enthält. Eine Befreiung des

---

[99] Mestmäcker/Schulze/*Scholz* UrhG § 32c Rn. 40 (45. EL, Dez. 2007).
[100] Zur Vergütungspflicht des Unterlizenznehmers außerdem → Rn. 36.
[101] Mestmäcker/Schulze/*Scholz* UrhG § 32c Rn. 39 (45. EL, Dez. 2007).
[102] Mestmäcker/Schulze/*Scholz* UrhG § 32c Rn. 44 (45. EL, Dez. 2007); *Frey/Rudolph* ZUM 2007, 13 (20).
[103] Fromm/Nordemann/*Czychowski* UrhG § 32c Rn. 15.
[104] → § 15 Rn. 16; BGH GRUR 1999, 579 (580) – Hunger und Durst; *Berger* GRUR 2005, 907 (910); so aber *Schulze* ZUM 2000, 126 (131).
[105] Ähnlich Dreier/Schulze/*Schulze* UrhG § 32c Rn. 25.
[106] So auch *Wandtke*/Bullinger/*Grunert* UrhG § 32c Rn. 29, 45; ähnlich Dreier/Schulze/*Schulze* UrhG § 32c Rn. 26.
[107] So auch Mestmäcker/Schulze/*Scholz* UrhG § 32c Rn. 45 (45. EL, Dez. 2007).
[108] Ebenso Dreier/Schulze/*Schulze* UrhG § 32c Rn. 25; *Wandtke*/Bullinger/*Grunert* UrhG § 32c Rn. 31 f.; im Ergebnis ebenso Mestmäcker/Schulze/*Scholz* UrhG § 32c Rn. 44 (45. EL, Dez. 2007).
[109] Weitergehend Dreier/Schulze/*Schulze* UrhG § 32c Rn. 25.
[110] Im Ergebnis ebenso Dreier/Schulze/*Schulze* UrhG § 32c Rn. 26; für eine solche Auskunftspflicht auch Fromm/Nordemann/*Czychowski* UrhG § 32c Rn. 14.
[111] BT-Drucks. IV/240, 54.
[112] BGHZ 97, 37 (41) – Zeitschriftenauslage in Wartezimmern, st. Rspr.
[113] *Wandtke*/Bullinger/*Grunert* UrhG § 32c Rn. 45.

ursprünglichen Vertragspartners würde jedoch dem Schutzzweck des § 32c widersprechen, da der Urheber keinen Einblick in die Vorgänge bei seinem Vertragspartner hat. Der ursprüngliche Vertragspartner kann zudem Vorsorge treffen, um die nötigen Informationen von den folgenden Erwerbern zu erhalten;[114] allerdings wird man dies auf Vorgänge im Verhältnis zum Vertragspartner auf der jeweils nächsten Stufe einer Lizenzkette beschränken müssen.

25   Erforderlich ist ferner die **Aufnahme der Nutzung** in einer neuen Art, die gestattet worden war, einerlei in welcher Verwertungshandlung. Entscheidend ist also der Beginn der Nutzungshandlung.[115]

26   Das Gesetz schreibt **keine besondere Form** für die Unterrichtung des Urhebers vor, mithin genügt auch die Textform; selbst eine mündliche Unterrichtung wäre ausreichend,[116] was aber aus Beweisführungsgründen eher ausscheiden wird.[117] Ebenso wenig sieht das Gesetz eine besondere **Frist** für die Unterrichtung vor, sie muss jedoch unverzüglich, also ohne schuldhaftes Zögern (§ 121 Abs. 1 S. 1 BGB), nach der Aufnahme der Nutzung erfolgen.[118] Allerdings löst eine Verletzung der Pflicht keine besondere Sanktion aus.[119]

27   Vom **Inhalt der Unterrichtung** her, muss diese dem Urheber konkret die aufgenommene neue Nutzungsart bezeichnen; sonst kann der Urheber nicht einschätzen, welchen Vergütungsanspruch er geltend machen könnte, den er aber beziffern muss. Auch muss der Zeitpunkt der Aufnahme der neuen Nutzungsart angegeben werden.[120] Hat der Vertragspartner des Urhebers die Rechte an einen Dritten übertragen, muss dies in der Unterrichtung angegeben werden, versehen mit Einzelheiten zu Person und Erreichbarkeit, insbesondere zustellungsfähiger Anschrift des Dritten.

28   Die Unterrichtung ist eine **empfangsbedürftige Wissenserklärung,** auf die die Vorschriften über die Geschäftsfähigkeit sowie über die Abgabe, den Zugang und die Auslegung von Willenserklärungen entsprechend anwendbar sind: Wie bei Willenserklärungen ist im Fall des § 32c Abs. 1 S. 3 an die Unterrichtung eine Rechtsfolge geknüpft,[121] nämlich der Lauf der Verjährung.[122] Im Gegensatz zu § 31a Abs. 1 S. 4 gewährt das Gesetz dem Vertragspartner aber keine Erleichterung hinsichtlich der Recherchepflichten[123] bei der Zustellung der Unterrichtung, indem dieser die Unterrichtung an die letzte bekannte Anschrift zustellen könnte. § 31a Abs. 1 S. 4 kann als Ausnahmeregelung auch nicht analog angewandt werden, obwohl die Mitteilung nach § 31a der Unterrichtung nach § 32c stets vorauszugehen hat. Damit fehlt in § 32c Abs. 1 S. 2 ein Hinweis, welche Anstrengungen der Verwerter zu unternehmen hat, um mit der Unterrichtung den Urheber auch tatsächlich zu erreichen. Der Vertragspartner muss versuchen, die aktuelle zustellungsfähige Adresse des Urhebers ausfindig zu machen und ggf. über die öffentliche Zustellung §§ 185 ff. ZPO die Unterrichtung zuzustellen.[124]

29   Aber auch den **Urheber** trifft eine **Obliegenheit,** seinen Vertragspartner über seine aktuelle Anschrift zu informieren.[125] Gegen die Annahme einer solchen Obliegenheit spricht nicht, dass es in § 32c an einer dem § 31a Abs. 1 S. 4 aE entsprechenden Formulierung fehlt,[126] der eine Mitwirkungspflicht bzw. Obliegenheit zur Informationsweitergabe durch den Urheber entnommen werden kann.[127] In § 31a war eine solche Regelung nötig, da an die Absendung der Mitteilung der Lauf der Widerrufsfrist geknüpft ist, deren Ablauf für den endgültigen Rechtserwerb und damit hinsichtlich der Frage einer Urheberrechtsverletzung entscheidend ist. Bei § 32c fehlt es an einer solch schwerwiegenden Folge für das Unterbleiben der Unterrichtung des Urhebers durch den Dritten, so dass der Gesetzgeber auf eine entsprechende Regelung verzichten konnte. Zudem kann im Vertrag mit dem Urheber eine solche Pflicht **schuldrechtlich statuiert werden,** auch mit Wirkung gegenüber späteren Erwerbern bzw. Nachfolgern in der Lizenzkette.[128]

30   Ist der Urheber nicht mehr ausfindig zu machen, fehlt es an einer vergleichbaren Regelung wie in § 137l Abs. 5 S. 3, die den Vergütungsanspruch den Verwertungsgesellschaften zuführen würde;[129] denn der Vertragspartner (bzw. der Dritte) ist in der Lage, das Werk zu nutzen, ohne dass der Vergü-

---

[114] Anders *Wandtke*/Bullinger/*Grunert* UrhG § 32c Rn. 45.

[115] *Wandtke*/Bullinger/*Grunert* UrhG § 32c Rn. 10.

[116] Mestmäcker/Schulze/*Scholz* UrhG § 32c Rn. 34 (45. EL, Dez. 2007).

[117] Dreier/Schulze/*Schulze* UrhG § 32c Rn. 29; *Wandtke*/Bullinger/*Grunert* UrhG § 32c Rn. 31.

[118] Dreier/Schulze/*Schulze* UrhG § 32c Rn. 31; Mestmäcker/Schulze/*Scholz* UrhG § 32c Rn. 30 (45. EL, Dez. 2007).

[119] Dazu → Rn. 31.

[120] Dreier/Schulze/*Schulze* UrhG § 32c Rn. 28; aA offenbar *Wandtke*/Bullinger/*Grunert* UrhG § 32c Rn. 32: Zeitpunktangabe nicht erforderlich.

[121] MüKoBGB/*Armbrüster* Vor § 116 Rn. 17.

[122] Im Ergebnis so auch *Wandtke*/Bullinger/*Grunert* UrhG § 32c Rn. 31.

[123] Dazu → § 31a Rn. 93.

[124] Enger der Vorschlag von *Berger* GRUR 2005, 907 (910): Zustellung durch Veröffentlichung im Bundesanzeiger, wie es sich § 46 Abs. 3 vorsieht, wenn sich die Parteien darauf geeinigt haben.

[125] Strenger Fromm/Nordemann/*Czychowski* UrhG § 32c Rn. 14: Mitwirkungspflicht.

[126] So auch DKMH/*Kotthoff* UrhG § 32c Rn. 9: In der Sache entsprechende Anwendung von § 31a Abs. 1 S. 4 auf § 32c.

[127] Dazu näher → § 31a Rn. 92.

[128] Fromm/Nordemann/*Czychowski* UrhG § 32c Rn. 15.

[129] Die Einführung einer solchen Regelung fordernd *GRUR-Stellungnahme* GRUR 2005, 743 (744); sich anschließend Dreier/Schulze/*Schulze* UrhG § 32c Rn. 30.

tungsanspruch geltend gemacht werden könnte.[130] Eine analoge Anwendung von § 137l Abs. 5 S. 3 scheidet aus.

4. Rechtsfolgen

Verletzt der Vertragspartner seine gesetzliche Unterrichtungspflicht, drohen ihm keine besonderen **31** urheberrechtlichen **Rechtsfolgen,** insbesondere liegt in einer gleichwohl ohne Unterrichtung durchgeführten Verwertung in der neuen Nutzungsart keine Urheberrechtsverletzung.[131] Der Vergütungsanspruch bleibt von einer Verletzung der Unterrichtungspflicht unberührt, er entsteht auch ohne die Unterrichtung.[132] Einen besonderen urheberrechtlichen Schadensersatz kann der Urheber nicht geltend machen.[133] Unberührt bleiben davon aber vertragliche Nebenpflichten (und damit ein Schadensersatz nach § 280 Abs. 1 BGB), die jedoch nicht von § 32c selbst erfasst werden.[134] Auch kann § 32c als Schutzgesetz zugunsten des Urhebers qualifiziert werden, da die Unterrichtungspflicht den Vergütungsanspruch des Urhebers sichern soll.[135]

5. Beweislast

Soweit es um die Geltendmachung des Vergütungsanspruchs und seiner Höhe geht, ist der Urheber **32** darlegungs- und beweisbelastet.[136] Auch muss er den Beginn der neuen Nutzungsart beweisen, wobei konkrete Anhaltspunkte hierfür genügen; dann muss der Verwerter bzw. Vertragspartner darlegen und beweisen, dass er mit der Nutzung noch nicht begonnen habe. Die ordnungsgemäße Unterrichtung inklusive des Zugangs muss hingegen der zur Unterrichtung Verpflichtete beweisen.[137]

III. Haftung (Abs. 2)

1. Überblick

Mit § 32c Abs. 2 sollte eine dem § 32a Abs. 2 vergleichbare Regelung getroffen werden. Beabsich- **33** tigt war vom Gesetzgeber, die Haftung für die Vergütungsansprüche nur demjenigen aufzuerlegen, der tatsächlich die neue Nutzungsart aufgenommen hat; der Vertragspartner soll nicht gesamtschuldnerisch mit dem Dritten zusammen für die Vergütung einstehen.[138] Ob eine solche Regelung wirklich sinnvoll ist, kann sehr bezweifelt werden.[139] Zudem wird der Vertragspartner bei unbekannten Nutzungsarten besser gestellt, als wenn er die Rechte an bekannten Nutzungsarten überträgt.[140]

2. Verhältnis zum vertraglichen Vergütungsanspruch

Schwierig zu bestimmen ist das **Verhältnis zum vertraglichen Vergütungsanspruch:** Der An- **34** spruch nach § 32c ist als gesetzlicher Vergütungsanspruch ausgestaltet, so dass die vertraglichen Verhältnisse zum Vertragspartner unberührt bleiben. Wird aber eine Nutzungsart aufgenommen, so entsteht auch der Anspruch aus § 32 Abs. 1 auf Abschluss einer Vergütungsvereinbarung zu angemessener Bedingung, die sich gegen den Vertragspartner richtet. Für diesen wird aber zu Recht darauf hingewiesen, dass der Vertragspartner weiterhin nach § 34 Abs. 4 gesamtschuldnerisch haftet, auch wenn er die Nutzungsrechte einem Dritten überträgt.[141] Dem scheint zwar § 32c Abs. 2 entgegenzustehen, der ausdrücklich den Vertragspartner aus der Haftung entlässt; doch betrifft § 32c Abs. 2 nur den gesetzlichen Vergütungsanspruch, nicht den vertraglichen.[142]

---

[130] Darauf weisen auch *Frey/Rudolph* ZUM 2007, 13 (20) hin.

[131] So auch *Berger* GRUR 2005, 907 (910), Spindler/Schuster/*Wiebe,* UrhG § 32c Rn. 3 und Dreier/Schulze/ *Schulze* UrhG § 32c Rn. 31 f., anders nur für den Fall, dass zuvor auch nicht gem. § 31a mitgeteilt wurde, dass die Nutzung beabsichtigt ist, Dreier/Schulze/*Schulze* UrhG § 32c Rn. 31 (33); kritisch zu den sich daraus ergebenden Problemen *Wandtke/Holzapfel* GRUR 2004, 284 (292): Kredit für den Verwerter zulasten des Urhebers sowie Einbuße einer besseren Verhandlungsposition des Urhebers bei den Verhandlungen über die Vergütungshöhe.

[132] Dreier/Schulze/*Schulze* UrhG § 32c Rn. 32.

[133] Für einen solchen Anspruch de lege ferenda, nämlich in Gestalt eines doppelten Vergütungssatzes Dreier/ Schulze/*Schulze* UrhG § 32c Rn. 32; dies bereits de lege lata bejahend *Schuchardt,* S. 187.

[134] *Wandtke*/Bullinger/*Grunert* UrhG § 32c Rn. 36; weitergehend Mestmäcker/Schulze/*Scholz* UrhG § 32c Rn. 33 (45. EL, Dez. 2007): vom Gesetz angeordnete vertragliche Nebenpflicht; Fromm/Nordemann/*Czychowski* UrhG § 32c Rn. 14; dazu auch *Schuchardt,* S. 185 ff.; anders *Frey/Rudolph* ZUM 2007, 13 (20): keine Ansprüche; offen *Berger* GRUR 2005, 907 (910).

[135] Zutr. *Wandtke*/Bullinger/*Grunert* UrhG § 32c Rn. 36.

[136] Dreier/Schulze/*Schulze* UrhG § 32c Rn. 19, 34; BeckOK UrhR/*Soppe* § 32c Rn. 31.

[137] Dreier/Schulze/*Schulze* UrhG § 32c Rn. 29; *Wandtke*/Bullinger/*Grunert* UrhG § 32c Rn. 31.

[138] Mestmäcker/Schulze/*Scholz* UrhG § 32c Rn. 46 (45. EL, Dez. 2007).

[139] Kritisch mit Hinweis auf das Insolvenzrisiko Mestmäcker/Schulze/*Scholz* UrhG § 32c Rn. 47 (45. EL, Dez. 2007).

[140] *GRUR-Stellungnahme* GRUR 2005, 743 (744); Dreier/Schulze/*Schulze* UrhG § 32c Rn. 36; *Frey/Rudolph* ZUM 2007, 13 (20).

[141] Dreier/Schulze/*Schulze* UrhG § 32c Rn. 37.

[142] *Schuchardt,* S. 189 aE.

3. Haftung des Dritten

35   Der Dritte muss zunächst **überhaupt wirksam das Recht auf Nutzung in der neuen Nutzungsart erworben** haben. Nach § 34 Abs. 1 bedarf es für die Übertragung eines Nutzungsrechts der Zustimmung des Urhebers, wobei das Recht zur Weiterübertragung als selbstständig einräumbares Nutzungsrecht angesehen wird. Dessen Einräumung und damit die Möglichkeit der Weiterübertragung müssen daher explizit dem Vertragspartner eingeräumt werden.[143] Auch wenn daher dem Vertragspartner das Recht zur Nutzung des Werkes in unbekannten Nutzungsarten eingeräumt wurde, bleibt das Recht zur Weiterübertragung beim Urheber, wenn es nicht ebenfalls dem Vertragspartner eingeräumt wurde. Ohne solche Einräumung kann der Dritte nicht die neue Nutzungsart aufnehmen, da er das Recht nicht wirksam vom Vertragspartner erwerben konnte; dem Urheber stehen dann sämtliche Ansprüche aus § 97 gegen den Dritten zur Verfügung, aber auch gegen den Vertragspartner, da dieser ebenfalls an der Urheberrechtsverletzung mitgewirkt hat.[144] Auch im Falle der Veräußerung eines Unternehmens oder Unternehmensteils mitsamt allen Rechten kann der Urheber die Rechte nach § 34 Abs. 3 zurückrufen.[145]

36   Strittig ist die Rechtslage, wenn der Dritte das **Nutzungsrecht** nicht erwirbt, sondern es nur seinerseits vom Vertragspartner nach § 35 **eingeräumt erhält.** Denn in diesem Fall bleibt der Urheber vertraglich an den Vertragspartner gebunden, das Gesetz sieht hier keinen gesetzlichen Vergütungsanspruch gegen den Dritten vor. Trotzdem soll der Dritte auch hier haften, da der gesetzliche Vergütungsanspruch sich gegen jeden richte, der das Werk erlaubtermaßen nutze.[146] Dem widerspricht aber neben dem eindeutigen Wortlaut des Gesetzes in § 35 Abs. 2, der nicht auf § 34 Abs. 4 verweist,[147] auch die Konstruktion der Einräumung: Denn der Dritte kann das Werk nur im Rahmen der vertraglichen Absprachen mit dem Vertragspartner nutzen, er kann nicht nach seinem Belieben entscheiden, ob und wie er das Werk in der neuen Nutzungsart verwertet. Das Gesetz sieht aber eindeutig vor, dass die Haftung des Vertragspartners für den gesetzlichen Vergütungsanspruch nur dann entfällt, wenn er die Rechte auf einen Dritten übertragen hat, § 32c Abs. 2 S. 2; dem Urheber bleibt der Vergütungsanspruch – sowohl vertraglich als auch gesetzlich – gegenüber dem Vertragspartner. Warum der Vertragspartner, bei dem die Rechte letztlich ja verbleiben, hier nicht das Insolvenzrisiko desjenigen, der wiederum sein Vertragspartner ist, tragen soll, und den er sich schließlich selbst gewählt hat, wäre ansonsten nicht nachvollziehbar.[148]

37   Wer der Dritte ist, bestimmt sich nach der **Kette** der (wirksamen) Übertragungen. Auch ein weiterer Dritter kann „Dritter" im Sinne der Vorschrift sein.[149] Ist die Übertragung etwa unwirksam, auch durch Anfechtung, und fällt das Recht etwa an den Vorerwerber wieder zurück, wird dieser Dritter. Derjenige, der dann das Werk in der neuen Nutzungsart nutzt, begeht eine Urheberrechtsverletzung. Ansprüche richten sich dann nicht nach § 32c, sondern nach § 97.[150] Allerdings ist hier die diesbezügliche Rechtsprechung zu berücksichtigen, der zufolge die Schutzbedürftigkeit des Unterlizenznehmers – basierend auf dem Sukzessionsschutz – einen Bestand bei einem Dritten liegenden Enkelrechte gebietet, wenn die Nutzungsrechte des Hauptlizenznehmers entfallen[151]

38   Nehmen Dritte neben dem Vertragspartner die Nutzung auf, zB aufgrund einfacher Lizenzen, so besteht der Anspruch des Urhebers gegen jeden einzelnen Dritten aus § 32c Abs. 2 S. 1 neben dem Anspruch gegen den Vertragspartner aus § 32c Abs. 1 S. 1.[152]

39   Die neue Nutzungsart muss **aufgenommen** worden sein (so. Rn. 25). Ist die neue Nutzungsart bereits vom Vertragspartner begonnen worden, liegt streng genommen keine Aufnahme der neuen Nutzungsart durch den Dritten vor.[153] Auch kann der Urheber inzwischen eine Vergütungsvereinbarung mit dem Vertragspartner geschlossen haben. Allerdings ist es möglich, dass der Urheber keine Kenntnis von der Aufnahme der neuen Nutzungsart hat, insbesondere wenn die Nutzung ohne Unterrichtung des Urhebers aufgenommen wurde. Daher erscheint es gerechtfertigt, den Dritten für den auf ihn entfallenden Anteil der Nutzung in der neuen Art auch dann haften zu lassen, wenn er selbst gar nicht die neue Nutzungsart aufgenommen hat; andernfalls müsste der Urheber das Insolvenzrisiko des Vertragspartners und die Folgen aus einer mangelnden Unterrichtung tragen.[154]

---

[143] → § 34 Rn. 17.
[144] Dreier/Schulze/*Schulze* UrhG § 32c Rn. 38.
[145] Einzelheiten → § 34 Rn. 40.
[146] So Dreier/Schulze/*Schulze* UrhG § 32c Rn. 41; *Wandtke*/Bullinger/*Grunert* UrhG § 32c Rn. 37.
[147] Mestmäcker/Schulze/*Scholz* UrhG § 32c Rn. 40 (45. EL, Dez. 2007).
[148] Ähnlich Mestmäcker/Schulze/*Scholz* UrhG § 32c Rn. 40 (45. EL, Dez. 2007).
[149] *Wandtke*/Bullinger/*Grunert* UrhG § 32c Rn. 38 (44); BeckOK UrhR/*Soppe* § 32c Rn. 35.
[150] *Wandtke*/Bullinger/*Grunert* UrhG § 32c Rn. 39.
[151] BGH GRUR 2009, 946 – Reifen Progressiv; BGH GRUR 2012, 916 (918) – M2Trade; BGH GRUR 2012, 914 (915) – Take Five; krit. dazu *Spindler* CR 2014, 557 ff. mwN.
[152] *Wandtke*/Bullinger/*Grunert* UrhG § 32c Rn. 43.
[153] *Wandtke*/Bullinger/*Grunert* UrhG § 32c Rn. 40.
[154] Im Ergebnis ebenso Dreier/Schulze/*Schulze* UrhG § 32c Rn. 44.

4. Haftung des Vertragspartners

Der Vertragspartner wird – entgegen den allgemeinen Regeln bei der Übertragung von Nutzungs- **40** rechten gem. § 34 Abs. 4[155] – von der Haftung für den gesetzlichen (nicht den vertraglichen!, → Rn. 34) Vergütungsanspruch befreit, sobald das Nutzungsrecht auf den Dritten übertragen worden ist.[156] Eine reine Einräumung nach § 35 genügt hierfür nicht (→ Rn. 36). Ferner darf der Vertragspartner selbst nicht mit der neuen Nutzungsart begonnen haben, da sich sonst der gesetzliche Vergütungsanspruch direkt gegen ihn richtet. Schließlich bedarf es der Unterrichtung des Urhebers, auch hinsichtlich der Übertragung des Nutzungsrechts (→ Rn. 27), da er andernfalls in jedem Falle weiter haftet.

Die Befreiung von der Haftung gilt analog auch für Dritte, die lediglich als Lizenzmittler fungieren, die also wiederum unterlizenzieren, ohne selbst das Werk in der neuen Nutzungsart zu nutzen. Denn der gesetzliche Vergütungsanspruch soll sich nur gegen diejenigen richten, die tatsächlich die neue Nutzungsart verwenden.[157]

Die Haftung für den vertraglichen Vergütungsanspruch bleibt von § 32c Abs. 2 S. 2 unberührt. Alle schuldrechtlichen Verpflichtungen bleiben zwischen Urheber und Vertragspartner bestehen, auch die Pflicht, eine angemessene Vergütung nach § 32 mit dem Urheber zu vereinbaren.

IV. Zwingendes Recht

Wie die meisten Regelungen zur Vergütung im Urhebervertragsrecht, ist auch § 32c als zwingen- **41** des Recht ausgestaltet, § 32c Abs. 3 S. 1, der seinerseits § 32a Abs. 3 nachgebildet ist.[158] Ein Verzicht im Voraus auf den Vergütungsanspruch ist daher ebenso wenig möglich wie ein Verzicht auf die Unterrichtungspflicht oder den Anspruch gegenüber dem Dritten.[159] Auch Regelungen, die die Ausübung der Rechte des Urhebers beeinträchtigen können, unterfallen dem Verbot, etwa Vertragsstrafen oder Schadenspauschalen. Insoweit kann auf § 134 BGB zurückgegriffen werden.[160] Erfasst sind sowohl ein ausdrücklicher Rechtsverzicht als auch inhaltsgleiche Regelungen, zB Vergütungsvereinbarungen, die bestimmen, dass durch eine Pauschalzahlung auch der Anspruch aus § 32c abgegolten sein soll.[161] Ein nachträglicher Verzicht nach Bekanntwerden der neuen Nutzungsart ist demgegenüber möglich,[162] wobei der maßgebliche Zeitpunkt derjenige der Nutzungsaufnahme ist.[163] Die Ausgestaltung als zwingendes Recht steht auch der Auffassung entgegen, die in AGB eine nähere Konkretisierung zugunsten des Urhebers, zB hinsichtlich der Einführung eines Schriftformerfordernisses der Unterrichtung, zulassen will.[164]

Der Schutz des § 32c bedingt zudem, dass der Vergütungsanspruch **nicht** im Vorhinein **abgetreten** **42** werden kann – denn hiermit könnte wiederum der Urheber seiner Rechte beraubt werden, etwa indem er sie an bestimmte Organisationen abtreten müsste. Davon ausgenommen sind jedoch Verwertungsgesellschaften, die im Interesse der Urheber die Ansprüche geltend machen können, zumal hier ein praktisches Bedürfnis besteht, wenn der Urheber nicht mehr ermittelbar ist.[165]

§ 32c Abs. 3 enthält trotz der Identität des § 32a Abs. 3 S. 1, 3 mit § 32c Abs. 3 S. 1, 2 keine dem § 32a Abs. 3 S. 2 vergleichbare Vorschrift.[166] Die Anwartschaft auf die Ansprüche gem. § 32c Abs. 1 unterliegt damit der Zwangsvollstreckung, des Weiteren ist eine Verfügung über sie möglich.[167] Eine Analogie zu § 32a Abs. 3 S. 2 Hs. 1, Hs. 2 scheitert aufgrund der sonst gleichen Normstruktur der §§ 32a Abs. 3, 32c Abs. 3 an dem Fehlen einer planwidrigen Regelungslücke.[167]

V. Open Content-Klausel

Wie in anderen Vergütungsvorschriften auch, hat der Gesetzgeber für eine spezielle Ausnahme zu- **43** gunsten von unentgeltlichen einfachen Nutzungsrechten für jedermann gesorgt, die typisch sind für

---

[155] So auch schon *Berger* GRUR 2005, 907 (910).
[156] Kritisch dazu zu Recht *Wandtke*/Bullinger/*Grunert* § 32c Rn. 42 mit Verweis auf das Insolvenzrisiko; Dreier/Schulze/*Schulze* UrhG § 32c Rn. 35; *Spindler*/Heckmann ZUM 2006, 620 (630); G. *Schulze* UFITA 2007, 641 (681); anders dagegen Möhring/Nicolini/*Soppe* UrhG § 32c Rn. 38: „Diese Sonderregelung ist [...] angemessen [...]".
[157] Wandtke/Bullinger/*Wandtke*/Grunert UrhG § 32c Rn. 44.
[158] Begr. RegE BT-Drucks. 16/1828, 25.
[159] *Wandtke*/Bullinger/*Grunert* UrhG § 32c Rn. 46.
[160] Mestmäcker/Schulze/*Scholz* UrhG § 32c Rn. 48 (45. EL, Dez. 2007).
[161] *Wandtke*/Bullinger/*Grunert* UrhG § 32c Rn. 46.
[162] AllgM, Dreier/Schulze/*Schulze* UrhG § 32c Rn. 48.
[163] *Schuchardt* S. 195.
[164] So aber Mestmäcker/Schulze/*Scholz* UrhG § 32c Rn. 34 (45. EL, Dez. 2007); strenger Fromm/Nordemann/*Czychowski* UrhG § 32c Rn. 21: keine vertraglichen Änderungen möglich.
[165] → Rn. 1; ebenso Dreier/Schulze/*Schulze* § 32c Rn. 49; Spindler/Schuster/*Wiebe*, Recht der elektronischen Medien, § 32c UrhG Rn. 4.
[166] *Schuchardt* S. 198 f.
[167] *Schuchardt* S. 198 f.

sog. Open Content-Lizenzen.[168] Die Regelung ist insofern die logische Fortsetzung der Privilegierung derartiger Lizenzen, wie schon § 31a Abs. 1 S. 2, § 32 Abs. 3 S. 3 und § 32a Abs. 3 S. 3 zeigen, mit denen der Gesetzgeber einer Rechtsunsicherheit bei Open Source und Open Content vorbeugen wollte.[169] Mittels dieser, auch Linux-Klausel genannten, Ausnahmeregelung[170] kann der Urheber sehr wohl im Voraus auf seinen Vergütungs- und Unterrichtungsanspruch verzichten. Voraussetzung ist allerdings nicht nur, dass der Urheber unentgeltlich jedermann ein einfaches Nutzungsrecht eingeräumt hat, sondern auch, dass die Auslegung ergibt, dass sich dies auch auf unbekannte Nutzungsarten bezieht.[171] § 32c Abs. 3 S. 2 erlaubt nicht die unentgeltliche Nutzungsrechtseinräumung nur an bestimmte Personen, da damit dem Sinn und Zweck der Vorschrift, die Open-Source-Bewegung nicht zu beeinträchtigen, nicht genügt wird.[172]

§ 32d Anspruch auf Auskunft und Rechenschaft

(1) **Bei entgeltlicher Einräumung oder Übertragung eines Nutzungsrechts kann der Urheber von seinem Vertragspartner einmal jährlich Auskunft und Rechenschaft über den Umfang der Werknutzung und die hieraus gezogenen Erträge und Vorteile auf Grundlage der im Rahmen eines ordnungsgemäßen Geschäftsbetriebes üblicherweise vorhandenen Informationen verlangen.**

(2) **Der Anspruch nach Absatz 1 ist ausgeschlossen, soweit**

1. **der Urheber einen lediglich nachrangigen Beitrag zu einem Werk, einem Produkt oder einer Dienstleistung erbracht hat; nachrangig ist ein Beitrag insbesondere dann, wenn er den Gesamteindruck eines Werkes oder die Beschaffenheit eines Produktes oder einer Dienstleistung wenig prägt, etwa weil er nicht zum typischen Inhalt eines Werkes, eines Produktes oder einer Dienstleistung gehört, oder**
2. **die Inanspruchnahme des Vertragspartners aus anderen Gründen unverhältnismäßig ist.**

(3) **Von den Absätzen 1 und 2 kann zum Nachteil des Urhebers nur durch eine Vereinbarung abgewichen werden, die auf einer gemeinsamen Vergütungsregel (§ 36) oder einem Tarifvertrag beruht.**

Schrifttum: *Hegemann/Schwarz,* Der neue Auskunftsanspruch nach §§ 32d und 32e UrhG – ein Danaer-Geschenk für Urheber und ausübende Künstler?, FS Schwarz, 2017, S. 27; s. auch die Schrifttumshinweise zu § 32 UrhG.

Übersicht

---

[168] Open Source, Creative Commons, näher dazu → § 31a Rn. 69 sowie → § 32 Rn. 43, dort auch zur Anwendbarkeit der Open Content – Klauseln auf Open Access zB im Wissenschaftsbereich.
[169] *Wandtke*/Bullinger/*Grunert* UrhG§ 32c Rn. 47.
[170] Mestmäcker/Schulze/*Scholz* UrhG § 32c Rn. 49 (45. EL, Dez. 2007).
[171] *Wandtke*/Bullinger/*Grunert* UrhG § 32c Rnr 47.
[172] *Schuchardt* S. 198; Dreier/Schulze/*Schulze* UrhG § 32c Rn. 50.

I. Allgemeines

1. Bedeutung, Zweck und Aufbau der Norm

§ 32d wurde durch die **Urhebervertragsrechtsreform 2016** (→ Vor §§ 31 ff. Rn. 14c) mit Wir- 1
kung zum 1.3.2017 neu eingeführt.[1] Die Vorschrift verschafft dem Urheber einen **jährlichen Anspruch auf Auskunft und Rechenschaftslegung gegenüber seinem unmittelbaren Vertragspartner.** Der Anspruch ergänzt den gewohnheitsrechtlich auf §§ 259, 242 BGB gestützten Auskunftsanspruch und tritt neben eventuelle vertragliche Auskunftsrechte.[2] Ausgenommen sind die Urheber von Computerprogrammen (§ 69a Abs. 5) und Urheber, die Gratislizenzen nach dem Open-Content-Prinzip einräumen (→ Rn. 17). Der neue Anspruch bringt dem Urheber gegenüber den bestehenden Ansprüchen Erleichterungen. Er vereinfacht den auf §§ 259, 242 BGB gestützten Auskunftsanspruch,[3] weil er anlasslos besteht und nicht zur Voraussetzung hat, dass die Auskunft zur Durchsetzung vertraglicher Ansprüche erforderlich ist. Überdies erfordert er keine Verhältnismäßigkeitsprüfung bereits im Tatbestand, sondern schiebt diese auf die Ebene der Anspruchsbegrenzung (Abs. 2), was Bedeutung für die Beweislastverteilung hat. Der neue Anspruch greift schließlich bei Vereinbarungen, aufgrund derer der Urheber mit einer Pauschalvergütung abgegolten wurde. Bei solchen Vereinbarungen war bisher unklar, ob Auskunftsansprüche überhaupt bestehen, weil der Verwerter hier an sich keine Rechenschaft darüber schuldet, in welchem Umfang er das Werk nutzt.[4] Der Anspruch aus § 32d knüpft an primäre Vertragsvereinbarungen an (→ § 32 Rn. 2), ist aber ein gesetzlicher Anspruch,[5] über den die Parteien nur in Grenzen disponieren können (Abs. 3).

Der **Zweck des Anspruchs** liegt darin, dem Urheber ohne besonderen Anlass Transparenz über 2
das Ausmaß der Nutzung seines Werkes und die dabei erzielten Erträge und sonstigen Vorteile zu verschaffen. Damit sollen zum einen die Kontrollrechte des Urhebers über das Schicksal seines Werkes verbessert, also urheberpersönlichkeitsrechtlich relevante Interessen geschützt werden.[6] Zum anderen soll der Anspruch den Urheber auch in die Lage versetzen, Ansprüche auf angemessene Beteiligung an der Werkverwertung nach §§ 32, 32a UrhG zu prüfen und ggf. gerichtlich durchzusetzen. Der Anspruch richtet sich zunächst nur gegen den primären Vertragspartner, wird allerdings ergänzt durch § 32e, der auch Dritte in einer Lizenzkette erfasst und somit Ansprüche auf weitere Beteiligung nach § 32a gegen diese Dritten vorbereiten kann. Die gesetzliche Intervention wird – wie auch die übrigen Bestimmungen des Urhebervertragsrechts – damit gerechtfertigt, dass der Urheber individualrechtlich typischerweise nicht die Verhandlungsstärke hat, auf die Einführung transparenzfördernder Mechanismen in seinen primären Vertragsverhältnissen hinzuwirken.[7] Das Bundesverfassungsgericht hat im Zusammenhang mit den 2002 eingeführten Vorschriften der §§ 32 ff. ausgeführt, dass dieses Ziel eine ausreichende Rechtfertigung für die Verbesserung der Vertragsparität in primären Urheberrechtsverträgen darstellt.[8] Zu einer aufwändigen empirischen Erforschung der Vertragspraktiken ist der Gesetzgeber danach nicht verpflichtet.[9] Die Kritik an einer unzureichenden empirischen Basis für die gesetzgeberische Intervention[10] hat das Gericht nicht überzeugt.

Der Auskunftsanspruch hat künftig zum Teil auch eine **unionsrechtliche Grundlage.** Art. 19 3
DSM-RL[11] verpflichtet die Mitgliedstaaten, eine Auskunftpflicht der primären Vertragspartner – und subsidiär auch ihrer Lizenzpartner – zur Vorbereitung von Ansprüchen auf weitere Beteiligung, also nicht im Bereich des Art. 18 DSM-RL – nach Maßgabe der Verhältnismäßigkeit vorzusehen.[12] Für Computerprogramme gilt dies nicht (Art. 23 Abs. 2 DSM-RL, § 69a Abs. 5). Die EU-Kommission hat in einem Impact Assessment ermittelt, dass zahlreiche Mitgliedstaaten Auskunftsansprüche in primären Urhebervertragsverhältnissen vorsehen.[13] Zum Teil richten sie sich gegen bestimmte Verwerter,[14] zum Teil erfassen sie – wie die Zielrichtung des § 32d auch – Auskünfte in Verträgen mit

---

[1] Art. 3 Gesetz zur verbesserten Durchsetzung des Anspruchs der Urheber und ausübenden Künstler auf angemessene Vergütung und zur Regelung von Fragen der Verlegerbeteiligung vom 20.12.2016, BGBl. I S. 3037; zur Vorgeschichte und zum Verlauf *Peifer* GRUR 2016, 6 (Referentenentwurf); *Peifer* K&R Beil. 2017, 17.

[2] BGH GRUR 2002, 602 (603) – Musikfragmente; Dreier/Schulze/*Schulze* UrhG § 32d Rn. 1; Möhring/Nicolini/*Soppe* UrhG § 32d Rn. 2.

[3] BGH GRUR 2002, 602 – Musikfragmente.

[4] RegE BT-Drs. 18/8625, 26.

[5] AA *Hegemann/Schwarz* FS Schwarz, 2017, 27 (30) (ohne Begründung).

[6] So noch zutreffend der Referentenentwurf (RefE), S. 22 (→ Vor §§ 31 ff. Rn. 14a); die Formulierung fehlt im RegE BT-Drs. 18/8625, 26.

[7] Begr. RegE BT-Drs. 18/8625, 1.

[8] BVerfGE 134, 204 = GRUR 2014, 169 Rn. 70.

[9] BVerfGE 134, 204 = GRUR 2014, 169 Rn. 77 gegen *Gounalakis*/Heinze/Dörr, Urhebervertragsrecht, Verfassungs- und europarechtliche Bewertung des Entwurfs der Bundesregierung vom 30.5.2001, 2001, S. 11, 97–105.

[10] ZB *Soppe* NJW 2018, 729.

[11] → § 32 Rn. 4a.

[12] Richtlinie (EU) 2019/790 vom 17.4.2019 über das Urheberrecht und die verwandten Schutzrechte im digitalen Binnenmarkt und zur Änderung der Richtlinien 96/9/EG und 2001/29/EG, ABl. L 130/92.

[13] Studie der Europäischen Kommission, Impact Assessment on the modernisation of EU copyright rules, 14.9.2016, SWD (2016) 301 final, Part 3/3, Annex 14, S. 200.

[14] So etwa das französische Recht für den Verlagsvertrag in Art. L 132-13 Code de la propriété intéllectuelle.

Pauschalvergütung.[15] Die Auskunftspflicht stellt also keine Besonderheit dar.[16] Der durch die Erwägungsgründe Nr. 74 bis 77 erläuterte Art. 19 DSM-RL formuliert wie folgt:

(1) Die Mitgliedstaaten stellen sicher, dass die Urheber und ausübenden Künstler regelmäßig – mindestens einmal jährlich – und unter Berücksichtigung der branchenspezifischen Besonderheiten, aktuelle, einschlägige und umfassende Informationen über die Verwertung ihrer Werke und Darbietungen, vor allem über die Art der Verwertung, sämtliche erzielten Einnahmen von und die fälligen Forderungen gegenüber denjenigen, denen sie Lizenzrechte erteilt oder an die sie Rechte übertragen haben, sowie von deren Rechtsnachfolgern erhalten.

(2) Die Mitgliedstaaten stellen sicher, dass in den Fällen, in denen für die in Absatz 1 genannten Rechte später Unterlizenzen erteilt wurden, die Urheber und ausübenden Künstler oder ihre Vertreter auf Verlangen von den Unterlizenznehmern zusätzliche Informationen erhalten, falls die erste Vertragspartei nicht über alle Informationen verfügt, die für die Zwecke von Absatz 1 notwendig wären.
Werden diese zusätzlichen Informationen angefordert, so stellt der erste Vertragspartner der Urheber und ausübenden Künstler Informationen über die Identität der Unterlizenznehmer bereit.
Die Mitgliedstaaten können vorsehen, dass sämtliche an Unterlizenznehmer gerichteten Verlangen gemäß Unterabsatz 1 direkt oder indirekt über den Vertragspartner des Urhebers oder ausübenden Künstlers gestellt werden.

(3) Die in Absatz 1 genannte Pflicht muss verhältnismäßig und im Hinblick auf die Sicherstellung eines hohen Maßes an Transparenz in jeder Branche effektiv sein. Die Mitgliedstaaten können vorsehen, dass in hinreichend begründeten Fällen, in denen der Verwaltungsaufwand aufgrund der in Absatz 1 genannten Pflicht im Verhältnis zu den durch die Verwertung des Werks oder der Darbietung erzielten Einnahmen unverhältnismäßig hoch wäre, die Pflicht auf die Arten und den Umfang der Informationen beschränkt ist, deren Bereitstellung in derartigen Fällen nach billigem Ermessen erwartet werden kann.

(4) Die Mitgliedstaaten können festlegen, dass die in Absatz 1 des vorliegenden Artikels genannte Pflicht keine Anwendung findet, wenn der Beitrag des Urhebers oder ausübenden Künstlers vor dem Hintergrund des Gesamtwerks oder der Gesamtdarbietung nicht erheblich ist, es sei denn, der Urheber oder ausübende Künstler legt dar, dass er die Informationen zur Ausübung seiner Rechte nach Artikel 20 Absatz 1 benötigt und zu diesem Zweck anfordert.

(5) Die Mitgliedstaaten können vorsehen, dass bei Vereinbarungen, die Gegenstand von Kollektivvereinbarungen sind oder auf Kollektivvereinbarungen beruhen, die Transparenzvorschriften der einschlägigen Kollektivvereinbarung gelten, sofern diese Vorschriften die in den Absätzen 1 bis 4 vorgesehenen Kriterien erfüllen.

(6) Ist Artikel 18 der Richtlinie 2014/26/EU anwendbar, so findet die in Absatz 1 des vorliegenden Artikels genannte Pflicht keine Anwendung auf Vereinbarungen, die von Organisationen im Sinne von Artikel 3 Buchstabe a und b jeder Richtlinie oder sonstigen Einrichtungen, die den nationalen Vorschriften zur Umsetzung jener Richtlinie unterliegen, geschlossen wurden.

3a   Begünstigte der Pflicht sind **Urheber und ausübende Künstler,** in Deutschland folgt letzteres aus § 79 Abs. 2a, sodass das deutsche Recht insoweit richtlinienkonform sein wird. Der wichtigste Unterschied zum deutschen Recht liegt darin, dass §§ 32d, 32e subjektive Ansprüche, Art. 19 DSM-RL dagegen eine **Auskunftspflicht** formulieren. Die Auskunft ist also auch dann zu gewähren, wenn der Berechtigte sie nicht verlangt. Dies erspart es dem Urheber, sich beim Verwerter unbeliebt machen zu müssen, weil er Auskunft verlangt (sog. „Blacklisting-Problematik"[17]). § 32d muss insofern teilweise angepasst werden. Art. 27 DSM-RL sieht hierfür in Bezug auf Art. 19 DSM-RL eine – gegenüber der allgemeinen Frist (Art. 26 DSM-RL) – um ein Jahr verlängerte **Umsetzungsfrist bis zum 7.6.2022** vor. Die Auskunftspflicht besteht – anders als in Art. 18 DSM-RL vorgesehen – nicht nur bei Einräumung ausschließlicher Rechte, sie besteht also auch gegenüber einfachen Lizenzgebern. Dafür besteht sie aber wohl nur in dem Umfang, in dem sie zur Geltendmachung der Fairnessvergütung nach Art. 20 Abs. 1 DSM-RL erforderlich ist (arg. ex Art. 19 Abs. 4 DSM-RL). Der weitergehende Anspruch des § 32d müsste daher jedenfalls nicht als Pflicht ausgestaltet werden. Die **Erfüllung** kann hier wegen der potentiell zahlreichen Berechtigten aufwändig werden, dies ist jedenfalls dadurch abgemildert, dass die Richtlinie nicht vorgibt, auf welche Weise die Pflicht zu erfüllen ist. Denkbar sind also auch allgemeine Informationen auf der Homepage. Dementsprechend schwierig ist die Sanktionierung. Sie macht es erforderlich, dass der Auskunftsberechtigte für die Pflichterfüllung eine Frist mit Ablehnungsandrohung setzt und danach Schadensersatz nach § 280 Abs. 1 BGB durch Auskunftserteilung verlangt. Der **Inhalt der Auskunft** ist in Art. 19 DSM-RL etwas ausführlicher als in § 32d geregelt. Der ohnehin zu ändernde § 32d sollte diesbezüglich künftig an die Richtlinienvorgabe angepasst werden. Bei den **Begrenzungen** des Anspruchs sieht Art. 19 DSM-RL zweierlei vor. Die Richtlinie selbst begrenzt die Pflicht auf verhältnismäßige Ansprüche (Art. 19 Abs. 3 DSM-RL), das entspricht inhaltlich § 32d Abs. 2 Nr. 2. Darüber hinaus gibt sie den Mitgliedstaaten die Möglichkeit, die Auskunftspflicht für „unerhebliche Beiträge" auszuschließen (Art. 19 Abs. 4 DSM-RL), was trotz der etwas abweichenden Wortwahl dem § 32d Abs. 2 Nr. 1 entspricht. Allerdings darf dieser Ausschluss nicht strikt sein, sondern muss dem Urheber ermöglichen darzulegen, warum er die Information gleichwohl benötigt. Diese Schranken-Schranke fehlt in § 32d Abs. 2 Nr. 1, sodass die Norm auch insofern anzupassen ist. Die Richtlinie sieht vor, dass die **Auskunftspflicht unabdingbar** ist, allerdings durch Kollektivvereinbarungen ausgefüllt werden kann. Das gilt aber nur, sofern die grundsätzlichen Anforderungen an die Auskunftspflicht dabei erhalten bleiben. Der Spielraum ist daher enger als im deutschen Recht. Keine Umsetzungspflicht dürfte Art. 19 Abs. 6 DSM-RL auslö-

---

[15] Vgl. insoweit auch Art. L 131-5 Abs. 1 mit Abs. 2 Code de la propriété intéllectuelle.
[16] *Lucas-Schloetter* GRUR 2017, 235 (236).
[17] → § 32 Rn. 3.

sen. Er betrifft Verwertungsgesellschaften, für die besondere Auskunftspflichten im VGG vorgesehen sind. Es dürfte sinnvoll sein, diese Vorschriften in einem künftigen § 32d zu erwähnen.

Die Auskunftspflicht nach Art. 19 Abs. 1 DSM-RL besteht gegenüber den Urhebern und aus- **3b** übenden Künstlern. Subsidiär können beide Gruppen von Berechtigten nach Art. 19 Abs. 2 DSM-RL auch gegen Unterlizenzpartner vorgehen, wenn nur diese über die Informationen zur Werknutzung verfügen. Dieser Anspruch kann **auch von Vertretern der Urheber und ausübenden Künstler** geltend gemacht werden. Damit möchte die Richtlinie ersichtlich dem Umstand Rechnung tragen, dass diese Vertreter es den Urhebern ermöglichen können, anonym zu bleiben. Das eröffnet insgesamt die Möglichkeit, kollektive Vereinbarungen darüber zu treffen, dass eine Auskunft gegenüber dem Verband genügend ist, jedenfalls soweit es um Urheber und Künstler geht, die den Verband ermächtigt haben, Auskünfte für sie entgegenzunehmen. Eine solche Lösung kann die kollektive Durchsetzung von Auskunftsansprüchen erheblich stärken, aber für die Verwerter auch erheblich vereinfachen. Das deutsche Recht sieht ein solches Vorgehen bisher nicht vor. § 32d könnte also diesbezüglich erweitert werden. Auch § 32e muss überdacht werden, weil die Richtlinie den Auskunftsanspruch gegenüber Unterlizenznehmern anders als das deutsche Recht ausgestaltet.[18]

§ 32d Abs. 1 regelt die wesentliche **Tatbestandsvoraussetzung** („entgeltliche Einräumung oder **4** Übertragung eines Nutzungsrechts") und die Rechtsfolge (Auskunft über Umfang der Werknutzung und daraus gezogene Vorteile). **Absatz 2** begrenzt den Tatbestand durch eine **Ausnahmebestimmung.** Ausgeschlossen ist der Anspruch, wenn seine Geltendmachung unverhältnismäßig ist. Als besondere Form der Unverhältnismäßigkeit wird ein Sonderfall („nachrangige Beiträge") genannt. Eine weitere Ausnahme betrifft die Urheber von Computerprogrammen. Sie fand sich bereits im RegE, wurde auf Intervention des Rechtsausschusses[19] aber in den § 69a Abs. 5 verschoben (→ Rn. 35). **Abs. 3** stellt ein **Abweichungsverbot** auf. Danach ist der Auskunftsanspruch individualvertraglich einseitig bindend, darf also nur zu Gunsten des Urhebers modifiziert werden. Zulässig bleiben Modifikationen auf kollektiver Ebene durch Tarifverträge und Gemeinsame Vergütungsregeln.

2. Vorgeschichte und Entwicklung der Norm

Ein generelles Auskunftsrecht des Urhebers wurde bereits durch den **Regierungsentwurf** aus dem **5** Jahr **2001** vorgeschlagen (§ 32 RefE 2001, → Vor §§ 31 ff. Rn. 9). Danach sollte der Urheber „Anspruch auf eine nach Art und Umfang der Werknutzung angemessene Vergütung" haben, sowie auch auf „die zu ihrer Geltendmachung erforderlichen Auskünfte" und zwar „gegen jeden, der aufgrund eines vom Urheber eingeräumten Nutzungsrechtes oder einer Erlaubnis des Urhebers ein Werk nutzt".[20] Dieser Auskunftsanspruch hätte jedes Nutzungsrecht, auch ein einfaches, erfasst, solange es auf die Erlaubnis des Urhebers zurückgeht. Ausgenommen wären nur Auskunftsansprüche gegen Begünstigte von Schrankenbestimmungen, Open-Content-Lizenzgeber und Verwertungsgesellschaften sowie Urheberrechtsverletzer. Im Rahmen der Urhebervertragsrechtsnovelle 2002 wurde der Auskunftsanspruch allerdings nicht eingeführt.

Anlässlich der **Diskussion vor der Urhebervertragsrechtsreform 2016** wurde die Idee wieder **6** aufgegriffen. In den Bundestag wurde 2013 ein Antrag der Partei Bündnis90/Die Grünen eingebracht, wonach der direkte Vertragspartner des Urhebers, der das Werk aufgrund einer Pauschalvergütung nutzen darf, einmal jährlich Auskunft über den Umfang der Werknutzung erteilen sollte.[21] An diesen Vorschlag knüpfte der am 5.11.2014 der Öffentlichkeit vorgestellt **Kölner Entwurf** an.[22] Er schlug im Rahmen des § 32 – also im Zusammenhang mit dem Anspruch auf angemessene Vergütung – folgende Formulierung vor:

> „Wird die Vergütung nicht nach einer gemeinsamen Vergütungsregel ermittelt, ist dem Urheber im Falle einer ausschließlichen Nutzungsrechtseinräumung auf Verlangen vom Werknutzer jährlich Auskunft über den Umfang und das Ausmaß der Nutzung des Werkes und die hieraus gezogenen Erträge und Vorteile zu erteilen."

Der Anspruch sollte das berechtigte Interesse des Urhebers befriedigen, über die Nutzung seines Werkes informiert zu werden.[23] Adressiert wurden vor allem Pauschalvergütungen. Die Idee des Entwurfs war es, solche Vereinbarungen grundsätzlich an die Einhaltung zusätzlicher Transparenzpflichten zu knüpfen und branchenspezifische Modifikationen nur durch Verhandlungen auf Augenhöhe, also Verhandlungen im Rahmen Gemeinsamer Vergütungsregeln (§ 36), zu ermöglichen. Der Auskunftsanspruch sollte nur bei ausschließlicher Nutzungsrechtseinräumung greifen. Er sollte dazu anreizen, für massenhafte Nutzungen, auch durch die Betreiber sozialer Netzwerke, nur einfache Nutzungsrechte einzuholen.[24] Der hierauf aufbauende Entwurf der Initiative Urheberrecht (gelegentlich als

---

[18] → § 32e Rn. 3.
[19] Begr. RA, BT-Drs. 18/10637, 7, 12, S. 22.
[20] BT-Drs. 14/6433, 14; ebenso der vorhergehende Referentenentwurf, nicht aber der Professorenentwurf GRUR 2002, 765, auf dem der RefE beruhte.
[21] BT-Drs. 17/12625, 2.
[22] Abgedruckt bei *Peifer,* Urhebervertragsrecht in der Reform, S. 23.
[23] *Peifer,* Urhebervertragsrecht in der Reform, S. 24.
[24] *Peifer* GRUR 2016, 6 (8).

„Berliner Entwurf" bezeichnet[25]) unterstützte den Auskunftsanspruch, befürwortete aber eine Einbeziehung einfacher Nutzungsrechte, um die im Journalismus häufigen einfachen Nutzungsrechtseinräumungen an mehrere Zeitungsunternehmen angemessen erfassen zu können.[26] Auch aus dem Designbereich wurde eine solche Einbeziehung befürwortet.[27]

7   Der **Referentenentwurf vom 5.10.2015** (RefE; → Vor §§ 31 ff. Rn. 14a) übernahm die Formulierung des Kölner Entwurfs zum Teil, weitete dessen Anwendungsbereich aber erheblich aus, indem alle Werknutzungen und alle Werknutzer einbezogen wurden. Zudem schlug er eine eigenständige Norm, nämlich einen neuen § 32d, vor, der im Kern folgenden Wortlaut haben sollte:

> „Jeder Werknutzer hat dem Urheber Auskunft über den Umfang der Werknutzung und die hieraus gezogenen Erträge und Vorteile zu erteilen sowie hierüber Rechenschaft abzulegen. Auskunft und Rechenschaft sind auf Verlangen des Urhebers mindestens einmal jährlich zu erteilen. Von den Sätzen 1 und 2 kann zum Nachteil des Urhebers nur durch eine Vereinbarung abgewichen werden, die auf einer gemeinsamen Vergütungsregel (§ 36) oder einem Tarifvertrag beruht."

Der Anspruch sollte Teil der individualvertraglichen Mittel zur Beseitigung einer Vertragsdisparität sein und insbesondere Pauschalvergütungsvereinbarungen adressieren.[28] Der Wortlaut ging aber erheblich darüber hinaus. Der Entwurf bezog nicht nur massenhafte Nutzungen, auch im digitalen Umfeld, ein, sondern hatte sogar die Kraft, zusätzliche Auskunftsansprüche etwa gegen Nutzer ohne Lizenz oder mit unzureichender Lizenz einzubeziehen. Er wäre zudem ein sehr wirksames Mittel gegen die Betreiber sozialer Medien und die Betreiber von Suchmaschinen gewesen.[29] Aus Kreisen der klassischen Werkverwerter entzündete sich – stets unverständlich angesichts der stets beklagten Mängel der Rechtsdurchsetzung in digitalen Umgebungen – allerdings erhebliche Kritik an einem voraussetzungslosen und branchenübergreifenden Auskunftsanspruch.[30]

8   Unter dem Eindruck der Kritik nahm der **Regierungsentwurf**[31] dem Auskunftsanspruch einiges an Schärfe. Er beschränkte den Anspruch auf den unmittelbaren Vertragspartner des Urhebers und die entgeltliche Werknutzung, fügte die Wendung ein, dass der Verwerter nur die im Rahmen eines ordnungsgemäßen Geschäftsbetriebs angefallenen Informationen mitzuteilen hat. Der Anspruch wurde für die Urheber „lediglich untergeordneter Beiträge" ebenso ausgeschlossen wie für Fälle, in denen „Gegenstand des Schutzes ein Computerprogramm ist". Schließlich wurde ein Anspruchsausschluss für unverhältnismäßige Auskunftsverlangen eingeführt, der sich auch im geltenden Recht in § 32d Abs. 2 Nr. 2 findet. Aus dem Kölner Entwurf und dem Referentenentwurf übernommen wurde die Möglichkeit, den Anspruch zu Lasten des Urhebers durch Gemeinsame Vergütungsregeln oder Tarifverträge zu modifizieren. Die **Kritik** am RegE bemängelte die Beschränkung des Anspruchs auf den unmittelbaren Vertragspartner, weil dies zur Folge habe, dass Nutzer in der Lizenzkette oder die Auftraggeber von Sendeproduktionen über die Werkverwertung und die entstandenen Vorteile nicht auskunftspflichtig wären.[32] Im **Ausschuss für Recht und Verbraucherschutz** (RA) wurde daher dem § 32d ein sich gegen Dritte in der Lizenzkette richtender und an § 32a Abs. 2 angepasster, weiterer Auskunftsanspruch zugefügt. Die „entgeltliche Nutzung" in § 32d RegE wurde zur „entgeltlichen Einräumung oder Übertragung eines Nutzungsrechts". Der Ausschlusstatbestand für „lediglich untergeordnete" wurde auf „lediglich nachrangige" Werkbeiträge bezogen, die Ausnahme für Computerprogramme in § 69a Abs. 5 verlagert.[33] In dieser Fassung wurde die Norm **mit Gesetz vom 20.12.2016 umgesetzt**.[34] Sie erfasst Sachverhalte ab dem 1.3.2017.

3. Verhältnis zu konkurrierenden Auskunftsansprüchen

9   Der Auskunftsanspruch aus § 32d richtet sich gegen den unmittelbaren Vertragspartner. Daneben tritt ein paralleler Anspruch gegen Dritte in der Lizenzkette nach § 32e. Beide Ansprüche treten wiederum neben den ungeschriebenen Anspruch auf Auskunftserteilung und Rechenschaftslegung, der herkömmlich auf eine erweiternde Auslegung der **§§ 259, 242 BGB** gestützt wird.[35] Gegenüber diesem ungeschriebenen Anspruch haben die **Ansprüche aus §§ 32d, 32e** aus der Sicht des Urhebers den **Vorzug,** da sie nicht davon abhängen, dass der Berechtigte in entschuldbarer Weise über Bestehen und Umfang seines Anspruchs im Unklaren ist. § 32d besteht unabhängig davon, ob ein

---

[25] Abgedruckt bei *Peifer,* Urhebervertragsrecht in der Reform, S. 148.

[26] *Pöppelmann/Endter,* in *Peifer,* Urhebervertragsrecht in der Reform, S. 95.

[27] *Zentek,* in *Peifer,* Urhebervertragsrecht in der Reform, S. 142.

[28] Begr. RefE, S. 10 und S. 22.

[29] Wenig überraschend daher die Kritik des Verbandes Bitkom, Stellungnahme zum Referentenentwurf „Urhebervertragsrecht" v. 6.1.2016, abrufbar unter https://www.bitkom.org/Bitkom/Publikationen/Stellungnahme-zum-Referentenentwurf-Urhebervertragsrecht.html.

[30] Vgl. stellvertretend *Hegemann/Schwarz* FS Schwarz, 2017, 28 (37); aA: Stellungnahme des Deutschen Journalistenverbandes v. 21.12.2015, S. 15 f.

[31] RegE BT-Drs. 18/8625.

[32] Empfehlungen des Bundesrates v. 3.5.2016, BR-Drs. 163/1/16, 3.

[33] Begr. RA, BT-Drs. 18/10637, 3.

[34] BGBl. I S. 3037. Der Bundesrat hatte beschlossen, keinen Antrag auf Einberufung des Vermittlungsausschusses zu stellen, BT-Drs. 765/16/B.

[35] BGH GRUR 2002, 603 (604) – Musikfragmente.

auffälliges Missverhältnis zwischen vereinbarter Vergütung und Werkerfolg vorliegt. Er besteht auch in Fällen der Absatzbeteiligung, wenn unklar ist, ob und welche vertraglichen Auskunftsansprüche bestehen. Er greift, wenn neue Nutzungsarten aufgenommen werden, über deren Beteiligung bisher keine Vereinbarungen getroffen wurden.[36] Bei § 32d müssen schließlich keine Anhaltspunkte dafür vorgetragen werden, dass ein Anspruch auf angemessene Vergütung besteht, der Anspruch ist vielmehr weitgehend voraussetzungslos. Darüber, dass die bisherigen Auskunftsansprüche durch die neu eingeführten §§ 32d, 32e nicht verdrängt werden sollen, war man sich im Gesetzgebungsverfahren einig. Der Urheber sollte durch diese Ansprüche besser, nicht schlechter gestellt werden.[37]

Unberührt bleiben Auskunftsansprüche aus § 97 mit § 242 BGB sowie § 101 gegen den Verlet- **10** zer,[38] denn die Ansprüche aus §§ 32d, 32e richten sich nur gegen unmittelbare Vertragspartner oder Dritte in der Lizenzkette. Auch Ansprüche aus dem VGG (§§ 54, 55 VGG) bleiben unberührt, Verwertungsgesellschaften sind daher nicht auskunftspflichtig nach §§ 32d, 32e, was im Einklang mit Art. 14 Abs. 4 RL-E COM (2016) 593 endg. steht (→ Rn. 3). Über § 79 Abs. 2a sind ausübende Künstler einbezogen, deren Anspruch auf eine weitere Beteiligung, die durch die Verlängerung von Schutzfristen möglich wird (§ 79a Abs. 4), bleibt unberührt.[39]

II. Anspruchsvoraussetzungen (Abs. 1)

1. Aktiv- und Passivlegitimation

a) Aktivlegitimation. Aktivlegitimiert sind **Urheber,** nicht nur, aber vor allem, wenn sie An- **11** sprüche aus §§ 32, 32a und 32c prüfen wollen,[40] ferner deren **Rechtsnachfolger** (§ 30).[41] Über § 79 Abs. 2a haben **ausübende Künstler** den Auskunftsanspruch aus § 32d. Urheber von Computerprogrammen sind über § 69a Abs. 5 ausgenommen. Kraft genereller Verweisung in §§ 70, 72 scheint der Auskunftsanspruch auch Verfassern wissenschaftlicher Ausgaben und Lichtbildnern zuzustehen.[42] Bei ihnen ist allerdings schon fraglich, ob sie Vergütungsansprüche nach den §§ 32, 32a haben können (→ § 32 Rn. 1; → § 32a Rn. 11). Der Gesetzgeber hat das weder 2002 noch 2016 problematisiert, ungeachtet dessen aber für ausübende Künstler eine ausdrückliche Verweisung eingeführt, die er der Sache nach für angebracht hielt und halten durfte. Dieses Schweigen spricht dafür, dass die **Inhaber verwandter Schutzrechte** mit Ausnahme der ausübenden Künstler insgesamt keine Auskunftsansprüche nach § 32d haben.

Der Anspruch kann von einzelnen Urheber, von Urhebern verbundener Werke (§ 9) und **Mitur-** **12** **hebern** ausgeübt werden. Miturheber sind regelmäßig befugt, auch individuell Auskunft zu verlangen, allerdings betrifft der Auskunftsanspruch das Gesamtwerk,[43] nicht den individuellen Werkanteil (→ Rn. 26). Auch bei Sammelwerken (zB Komposition und Text) kann eine Aufschlüsselung des Auskunftsanspruchs nach Werkanteilen nicht verlangt werden. Eine Empfehlung des Bundesrates, wonach der Auskunftsanspruch in Kollektiven durch einen Vertreter oder den Leiter des Kollektivs entsprechend § 80 ausgeübt werden müsse,[44] ist nicht umgesetzt worden. Der Gesetzgeber hat die Frage einer Anspruchskonzentration also gesehen, ohne sie zugunsten einer allein kollektiven Wahrnehmung zu lösen. Das schafft Raum für die Konzentration solcher Ansprüche in gemeinsamen Vergütungsregeln oder Tarifverträgen.

Umstritten ist, ob **Arbeitnehmer** einbezogen sind.[45] Im Rahmen des Gesetzgebungsverfahrens **13** wurde die Frage nicht problematisiert, unter anderem unberührt gelassen. Die Frage, ob Arbeitnehmerurheber Vergütungsansprüche nach den §§ 32ff. haben, ist ebenso umstritten (→ § 32 Rn. 4),[46] auch sie wurde weder bei der Reform 2002 noch im Gesetzgebungsverfahren 2016 berührt. In der Gesetzesbegründung wird davon ausgegangen, dass Pauschalvergütungen im Arbeitsverhältnis regelmäßig zulässig sind.[47] Daraus wird in der Literatur gefolgert, dass auch Auskunftsansprüche im Arbeitsverhältnis ausgeschlossen seien.[48] Gegen einen vollständigen Ausschluss spricht aber bereits, dass sowohl die Vergütungsansprüche aus §§ 32, 32a, als auch die Auskunftsansprüche aus §§ 32d, 32e kollektiv-

---

[36] Dreier/Schulze/*Schulze* UrhG § 32d Rn. 4.
[37] Empfehlungen des Bundesrates v. 3.5.2016, BR-Drs. 163/1/16, 3; für ein Nebeneinander der Ansprüche auch *Hegemann/Schwarz* FS Schwarz, 2017, 27.
[38] Fromm/Nordemann/*Czychowski* UrhG § 32d Rn. 8.
[39] *Lucas-Schloetter* GRUR 2017, 235 (236).
[40] Vgl. *Berger/Freyer* ZUM 2016, 569 (571) (noch zum weitergehenden Anspruch aus dem RefE).
[41] Möhring/Nicolini/*Soppe* UrhG § 32d Rn. 7.
[42] So Möhring/Nicolini/*Soppe* UrhG § 32d Rn. 8.
[43] RegE, BT-Drs. 18/8625, 26.
[44] Empfehlung des Bundesrates v. 3.5.2016, BR-Drs. 163/1/16, 3 f.
[45] Dagegen: RegE BT-Drs. 18/8625, 22; Fromm/Nordemann/*Czychowski* UrhG § 32d Rn. 18 mit dem Hinweis, dass bereits Ansprüche aus §§ 32, 32a nicht erfasst sind; *Berger/Freyer* ZUM 2016, 569 (573); *Ory* AfP 2015, 389 (394); vorsichtiger allerdings *Ory* in Ory/Cole, Reform des Urhebervertragsrechts, 2016, S. 11, 20. Für Auskunftsansprüche auch von Arbeitnehmerurhebern nach § 32d: *Konertz* NZA 2017, 614 (616).
[46] Zusammenfassend *Konertz* NZA 2017, 614 (617).
[47] Begr. RegE BT-Drs. 18/8625, 26.
[48] Möhring/Nicolini/*Soppe* UrhG § 32d Rn. 6.

vertraglich modifiziert werden können (§ 32d Abs. 3). Das Gesetz geht also seinem Wortlaut und seiner Systematik nach jeweils davon aus, dass Ansprüche entstehen und insoweit auch Auskunftsrechte bestehen können. Daher sind Arbeitnehmerurheber nicht generell ausgeschlossen. Es kommt vielmehr – wie auch sonst – auf die Besonderheiten des jeweiligen Arbeitsverhältnisses an (§ 43).

14   Unklar ist die Frage, ob der Auskunftsanspruch abtretbar ist.[49] Die Relevanz der Frage resultiert unter anderem daraus, dass eine **Abtretung** solcher Ansprüche eine kollektive Wahrnehmung durch Verbände, aber auch Verwertungsgesellschaften ermöglichen würde. Eine solche kollektive Wahrnehmung würde für Urheber die Blacklisting-Problematik entschärfen können (→ § 32 Rn. 3), den Verwertern ein allzu kleinteiliges Verfahren der Auskunftserteilung ersparen und für Verwertungsgesellschaften neue (auch anonymisierte, also Geheimhaltungsinteressen der Verwerter berücksichtigende) Betätigungsmöglichkeiten eröffnen. Gegen die Abtretbarkeit spricht noch nicht, dass Hilfsansprüche nicht isoliert zediert werden können,[50] denn zum einen ist es nicht ausgeschlossen, den Vergütungsanspruch mit abzutreten (zumal er auch von Rechtsnachfolgern wahrgenommen werden kann). Zum anderen ist es denkbar, die Abtretung zu Zwecken der Vereinfachung einer Rechtsverfolgung jedenfalls an bestimmte Personen vorzunehmen.[51]

15 **b) Passivlegitimation.** Passivlegitimiert ist nur der **unmittelbare Vertragspartner** des Urhebers, der möglichen Vergütungsansprüchen nach §§ 32, 32a ausgesetzt sein kann. Nach dem Referentenentwurf sollte noch jeder Werknutzer auskunftspflichtig sein (→ Rn. 7), der Regierungsentwurf wollte nur den Vertragspartner verpflichten,[52] auf Empfehlung des Rechtsausschusses wurde dem Auskunftsanspruch gegen den primären Vertragspartner dann ein weiterer Anspruch gegen Dritte in der Lizenzkette (§ 32e) angefügt. Die Frage, wer bei Übertragung des dem Vertragspartner eingeräumten Nutzungsrechts auskunftspflichtig ist, hat sich aber durch die Einfügung des § 32e nicht erledigt.[53] Die Ansprüche aus § 32e betreffen nur die weitere angemessene Beteiligung nach § 32a. Die Frage, ob die Anfangsvergütung angemessen war, kann aber darüber hinausgehen. Sie kann auch relevant werden, wenn das Nutzungsrecht abgetreten wird. Dann haftet der Zessionar auch für die Auskunftsansprüche des Urhebers nach § 32d.[54] Beim **Einschalten von Agenten oder Vertretern** gelten die allgemeinen Regeln, dh der Vertreter, der seine Vertretung offenlegt, haftet nicht, sofern er Vertretungsmacht hat (sonst § 179 BGB), der verdeckt operierende Vertreter muss auch Auskunftsansprüche gegen sich gelten lassen, wenn der Urheber mit ihm persönlich kontrahieren wollte und es keinen Anlass gibt, von einem Fremdgeschäft auszugehen.[55]

2. Entgeltliche Einräumung oder Übertragung eines Nutzungsrechts

16   Der Auskunftsanspruch besteht nach § 32d nur bei entgeltlicher Einräumung eines Nutzungsrechts. Er ist damit vertragsakzessorisch und richtet sich nur gegen den unmittelbaren Vertragspartner. Der Referentenentwurf v. 9.10.2015 (→ Vor §§ 31 ff. Rn. 14a) hatte noch vorgesehen, dass sich der Anspruch gegen jeden Werknutzer richte, der Regierungsentwurf hatte dies auf die „entgeltliche Nutzung des Werkes" verengt und damit die Möglichkeit offengelassen, den Anspruch auch gegenüber Dritten (in der Lizenzkette) geltend zu machen.[56] Erst im **Rechtsausschuss** wurde die später Gesetz gewordene Formulierung vorgeschlagen, um klarzustellen, dass sich die Entgeltlichkeit nicht auf die Werknutzung, sondern auf die Einräumung des Nutzungsrechtes beziehen muss. Die Begründung führt aus: „Damit wird dem Missverständnis vorgebeugt, dass ein Auskunftsrecht schon deshalb entfallen könnte, weil die endgültige Nutzung – etwa über eine werbefinanzierte Plattform – aus Sicht des Endnutzers unentgeltlich gestattet ist".[57] Die Klarstellung diente also dem Schutz des Urhebers. Die Bindung des Anspruchs an den Vertragspartner war beabsichtigt, sie ist aber durch die Formulierung „Übertragung eines Nutzungsrechts" auch dahingehend interpretierbar, dass der Zessionar des Nutzungsrechts von den Auskunftsansprüchen mit erfasst wird (→ Rn. 14).

17   Die **entgeltliche Einräumung oder Übertragung eines Nutzungsrechts** fehlt eindeutig nur, wenn der Urheber die Nutzung bei Open-Content-Nutzungsmodellen jedermann gestattet (§ 32 Abs. 3 S. 3).[58] Umstritten ist dagegen, ob der Auskunftsanspruch auch bereits entfällt, wenn der Urheber die Nutzung durch seinen Vertragspartner unentgeltlich gestattet, um eine kommerzielle Nutzung zu erleichtern. Führt eine solche Nutzung dann gleichwohl zu kommerziell wertvollen Nutzungen, soll nach teilweise vertretener Meinung kein Auskunftsanspruch bestehen.[59] Vom Wortlaut der

---

[49] Ablehnend Möhring/Nicolini/*Soppe* UrhG § 32d Rn. 7.1 (Beck-OK-Online-Version April 2018) mit Hinweis auf BGH NJW 1989, 1601 (1602).
[50] Insoweit Palandt/*Sprau* § 666 Rn. 1.
[51] So gerade auch BGH NJW 1989, 1601 (1602).
[52] Zust. dazu *Berger/Freyer* ZUM 2016, 569 (572); *Obergfell* FS Schulze, 2017, 275 (278).
[53] Vgl. dazu *Berger/Freyer* ZUM 2016, 569 (572).
[54] IE auch Fromm/Nordemann/*Czychowski* UrhG § 32d Rn. 7.
[55] IE auch Dreier/Schulze/*Schulze* UrhG § 32d Rn. 6.
[56] Begr. RegE BT-Drs. 18/8625, 26.
[57] Begr. RA BT-Drs. 18/10637, 21.
[58] Dass dieser Fall ausgeschlossen bleibt, ist unstreitig, Begr. RegE BT-Drs. 18/8625, 26; *Ory* NJW 2017, 753 (755).
[59] So wohl Möhring/Nicolini/*Soppe* UrhG § 32d Rn. 19 (der Open Content-Vereinbarungen nur beispielhaft nennt); wohl auch Fromm/Nordemann/*Czychowski* UrhG § 32d Rn. 7.

Norm wäre diese Auslegung gedeckt, von ihrem Ziel her allerdings nicht mehr. Der Anspruch soll dem Urheber gerade die Prüfung ermöglichen, ob eine angemessene Vergütung gezahlt wurde, oder eine angemessene weitere Beteiligung vom Vertragspartner gefordert werden kann. Das spricht dafür, den Auskunftsanspruch nur auszuschließen, wenn eine Open-Content-Nutzung von vornherein be-absichtigt wurde. Würde man dieser Auslegung nicht folgen, so wäre an eine Störung der Geschäfts-grundlage zu denken, die wiederum einen Auskunftsanspruch aus § 242 BGB (→ Rn. 9) ermögli-chen würde.[60] Gegenüber Partnern in der Lizenzkette bleibt es in den genannten Fällen ohnedies beim Auskunftsanspruch nach § 32e.

Der Anspruch ist im Übrigen an keine weiteren Voraussetzungen geknüpft. Es handelt sich also um **18** einen **anlasslosen Anspruch**. Insbesondere müssen keine „klaren, greifbaren Anhaltspunkte" dafür vorliegen, dass eine Vergütung unangemessen war oder eine weitere Beteiligung angemessen wäre.[61] Dementsprechend müssen auch keine Tatsachen vorgetragen werden, die eine Unangemessenheit der Vergütung nahelegen. Der Urheber soll vielmehr stets die Möglichkeit haben, einmal jährlich nach dem wirtschaftlichen Vorteil einer Werkverwertung zu fragen. *Lucas-Schloetter* bezeichnet den An-spruch als die „größte Errungenschaft der Kreativen" im Rahmen der Reform.[62]

Soweit sich der Anspruch gegen den unmittelbaren Vertragspartner richtet, kann er sowohl der **19** **Vorbereitung von Ansprüchen aus § 32 als auch zu solchen aus § 32a** dienen. Die ergänzen-den Voraussetzungen, die bisher an einen Auskunftsanspruch aus § 32a gerichtet wurden (vorige → Rn. 18), entfallen damit gegenüber dem primären Vertragspartner. Dasselbe muss gelten, wenn das Nutzungsrecht vom primären Vertragspartner weiterübertragen wurde. Die Formulierung „Einräu-mung oder Übertragung eines Nutzungsrechts" kann nur so verstanden werden, dass sie den Fall der Zession erfasst. Der Zessionar bleibt daher so gebunden, wie es der Zedent gegenüber dem Urheber war. Auf diese Weise wird verhindert, dass der Zedent sich der Bindungen des Auskunftsanspruchs durch Weitergabe des Nutzungsrechts (etwa an ein konzernangehöriges Unternehmen) oder durch Einbringung des Nutzungsrechtes in eine Personengesellschaft oder Körperschaft entzieht.

3. „Einmal jährlich" auf Verlangen Auskunft und Rechenschaft

Auskunft kann „einmal jährlich" verlangt werden, nicht öfter, aber auch nicht nur ausnahmsweise. **20** Der Referentenentwurf (→ Vor §§ 31 ff. Rn. 14a)[63] hatte noch vorgesehen, dass die Auskunftspflicht „mindestens einmal jährlich" besteht. Dafür hätte es Gründe gegeben, zumal auch die Kautelarpraxis gelegentlich viertel- oder halbjährliche Abrechnungsperioden (also auch Auskunftsmöglichkeiten) vorsieht[64] und der BGH in der Vergangenheit bei einer Beteiligungsvergütung „regelmäßige" Aus-kunftspflichten befürwortet hat.[65] Gleichwohl ist die Formulierung „mindestens" zu Recht als zu unsicher und zu vage gestrichen worden.[66] Sowohl der Referentenentwurf als auch der Regierungs-entwurf deuten die Begrenzung dahingehend, dass der Verwerter durch Auskunftsverlangen nicht übermäßig belastet werden soll.[67]

Aus der Formulierung „einmal jährlich" ist im Schrifttum teilweise gefolgert worden, der Verwer- **21** ter müsse jeweils nur über die letzten zwölf Monate, nicht aber darüber hinaus berichten,[68] er habe im Übrigen auch zwölf Monate Zeit, um über das jeweils vergangene Jahr Auskunft zu erteilen.[69] Beide **Begrenzungen** ergeben sich weder aus dem Tatbestand, noch aus Telos oder Historie der Norm. Die einzige Begrenzung, welche § 32d aufstellt, betrifft die Häufigkeit der Auskunftsverlangen. Selbst-verständlich könnte sich das Verlangen daher auch auf zurückliegende Zeiträume beziehen, für welche der Anspruch noch nicht erfüllt oder verjährt ist.[70] Die Begrenzung dient zweifelsohne dem Schutz des Verwerters, allerdings soll sie nur verhindern, dass unverhältnismäßige Ansprüche gestellt werden. Ein Urheber, der etwa nur alle drei Jahre Auskunft begehrt, verlangt nichts Unverhältnismäßiges, im Gegenteil: er schont sogar die Ressourcen des Verwerters.[71] Das Gesetz sagt nicht, in welcher Zeit das Auskunftsverlangen zu erfüllen ist. Daher wird man mit § 242 BGB arbeiten müssen, um zu verhin-dern, dass die Auskunft bis zum Ablauf der Verjährungsfrist hinausgezögert wird. Auch diesbezüglich gäbe es Raum für genauere Fristen in Gemeinsamen Vergütungsregeln oder Tarifverträgen.

Der Anspruch besteht nur **auf Verlangen des Urhebers.** Wer nichts verlangt, muss auch nicht in- **22** formiert werden. Die Begründung des RegE geht sogar davon aus, dass maximal zwischen 10% und

---

[60] IE auch Dreier/Schulze/*Schulze* UrhG § 32d Rn. 5.

[61] So die Rechtsprechung aber bisher zu dem ungeschriebenen Auskunftsanspruch zur weiteren Beteiligung gem. § 32a: BGH GRUR 2009, 939 Rn. 35 – Mambo No. 5; BGH GRUR 2012, 496 Rn. 11 – Das Boot; BGH GRUR 2012, 1249 Rn. 23 – Fluch der Karibik.

[62] *Lucas-Schloetter* GRUR 2017, 235 (236).

[63] RefE v. 5.10.2015, S. 22.

[64] Dreier/Schulze/*Schulze* UrhG § 32d Rn. 11; Fromm/Nordemann/*Czychowski* UrhG § 32d Rn. 14.

[65] BGH GRUR 2002, 602 (603) – Musikfragmente.

[66] *Peifer* GRUR 2016, 6 (8).

[67] RefE S. 22; Begr. RegE BT-Drs. 18/8625, 26.

[68] *Hegemann/Schwarz* FS Schwarz, 2017, 28 (33).

[69] *Berger/Freyer* ZUM 2016, 569 (572).

[70] IE so auch Dreier/Schulze/*Schulze* UrhG § 32d Rn. 11.

[71] So zutreffend Dreier/Schulze/*Schulze* UrhG § 32d Rn. 11.

20% der Urheber von ihrem Auskunftsverlangen Gebrauch machen.[72] Allerdings hat der Verwerter es in der Hand, dem Auskunftsverlangen zuvorzukommen und die Auskunft nach seinen Dispositionen in die Betriebsabläufe einzupassen. Das Gesetz hindert den Verwerter weder daran, halbjährlich oder vierteljährlich Auskunft zu erteilen, noch daran, Auskünfte auch in einer Form zu erteilen, die das Auskunftsverlangen bereits erschöpfend beantwortet, zB durch regelmäßige Informationen an eine Mehrzahl von Autoren, sofern diese über ein gemeinsames Werk miteinander verbunden sind. Transparenz über die Werknutzung kann im Übrigen bereits im primären Vertrag vermittelt werden, wenn dort etwa bestimmte Nutzungsarten und deren voraussichtlicher Umfang angesprochen werden.[73] Einem Urheber, der erfragt, was er schon oder selbst auf einfache Weise ermessen kann, mag durchaus entgegengehalten werden, dass der Auskunftsanspruch durch Transparenz und eigene Informationen bereits erfüllt ist oder verbleibende marginale Informationen zu einem unverhältnismäßigen Auskunftsverlangen führen.

23   Der Anspruch ist gerichtet auf Auskunft und Rechenschaft. Das sich der Anspruch an die bürgerlich-rechtlichen Ansprüche anlehnt, kann für seine inhaltliche Bestimmung auf §§ 259, 260, 666 BGB Bezug genommen werden. **Auskunft** ist danach eine **Wissenserklärung,** die grundsätzlich **schriftlich** zu erteilen ist, aber keine Unterschrift tragen muss.[74] Letzteres ist wichtig, weil damit elektronische Abrechnungen möglich werden, was die Abwicklung erheblich erleichtert. Ein „Bestandsverzeichnis" als verkörperte Erklärung ist für das bloße Auskunftsverlangen allerdings nicht nötig. Der korrespondierende Auskunftsanspruch aus § 260 BGB sieht ein solches Bestandsverzeichnis nur deswegen vor, weil der dort zugrunde gelegte Anspruch (zB §§ 667, 985 BGB) auf die Herausgabe von Sachen gerichtet ist. Darum geht es bei § 32d nicht, so dass lediglich die Wissenserklärung, nicht aber ein bestimmter Beleg geschuldet wird.

24   Der gleichfalls in § 32d geregelte Anspruch auf **Rechenschaftslegung** ist umfassender. Im Rahmen des § 259 BGB ist hierbei neben der auch mit der Auskunft verbundenen Unterrichtung zusätzlich eine genauere Information durch die Vorlage einer geordneten Aufstellung über die einer geschuldeten Information zugrundeliegenden Umstände (Werknutzung, Einnahmen und Vorteile) erforderlich.[75] Die weitergehende Rechnungslegung kann daher die gesonderte Auskunft entbehrlich machen. Die geordnete Aufstellung kann in einer Vorlage von Einnahmen und Ausgaben sowie in einer Aufstellung von Werknutzungsvorgängen bestehen. Kommentiert oder erläutert werden muss diese Aufstellung nicht, solange sie aus sich heraus verständlich ist.[76] Das hat den Vorteil, dass die ohnehin vorhandenen Informationen, auf die § 32d bereits tatbestandlich Bezug nimmt, auch in der vorhandenen Form (etwa als interne Auflistung) an den Auskunftsgläubiger weitergegeben werden können. Ein bestimmtes Format für die Aufstellung ist nicht vorgegeben. Eine **Versicherung an Eides statt** sehen weder §§ 32d, 32e noch §§ 259, 260 BGB im Grundtatbestand vor. Das diesbezügliche Begehren ist dort in eigenständigen Absätzen kodifiziert. Nach §§ 259 Abs. 3; 260 Abs. 2 BGB kann eine Versicherung an Eides statt nur verlangt werden, sofern „Grund zu der Annahme (besteht), dass (die Angaben) nicht mit der erforderlichen Sorgfalt" erfolgten. Beide Vorschriften zeigen, dass die Versicherung nicht zum Standard eines Auskunftsverlangens gehört. Daher kann sie grundsätzlich vom Urheber nicht nach § 32d verlangt werden.[77] Da die eidesstattliche Versicherung die einzige Möglichkeit ist, die Richtigkeit der Angaben zu erzwingen, ist das bedauerlich und möglicherweise auch ein Redaktionsversehen des Gesetzgebers.

4. Umfang der Werknutzung

25   Geschuldet werden Angaben (also Wissenserklärungen) zum Umfang der Werknutzung. Das betrifft grundsätzlich nur die Nutzungen, die der Vertragspartner des Urhebers selbst durchgeführt oder veranlasst hat.[78] Zur Werknutzung gehören **alle Nutzungsarten,** seien es solche, die auf die Verwertungsrechte der §§ 15 ff. UrhG zurückgehen oder vertragliche Nutzungen, die inhaltlich, örtlich oder zeitlich begrenzt sind.[79] Darauf, welche Umsatzrelevanz die konkrete Werknutzung hatte oder ob sie überhaupt Umsätze erzeugt hat, kommt es zunächst nicht an.[80] Das liegt bereits daran, dass die Werknutzung für sich genommen einen Wert hat, auch wenn sie keine konkreten Erlösströme erzeugt hat.[81] Das Gesetz spricht nur vom Umfang der Werknutzung und trennt davon die Erträge und Vorteile ab. Zur Werknutzung gehören vorübergehende, also zeitlich limitierte Nutzungen, die Angabe konkreter Stückzahlen veräußerter Werkexemplare, Anzahl und Zeitpunkt von Mehrfachsendungen,

---

[72] Begr. RegE BT-Drs. 18/8625, 22.
[73] Vgl. *Soppe* NJW 2018, 729 (734).
[74] BGH NJW 2008, 917 Rn. 12–15 (§ 260 BGB beim Zugewinnausgleich).
[75] BGHZ 93, 327 (329) = NJW 1985, 1693 – Thermotransformator (Patentverletzung).
[76] BGHZ 93, 327 (329) = NJW 1985, 1693 – Thermotransformator; ebenso für § 32d Möhring/Nicolini/*Soppe* UrhG § 32d Rn. 23.
[77] So bereits *Berger/Freyer* ZUM 2016, 569 (572); ihnen folgend Möhring/Nicolini/*Soppe* UrhG § 32d Rn. 23.
[78] Vgl. Möhring/Nicolini/*Soppe* UrhG § 32d Rn. 24: „selbst genutzt".
[79] Dreier/Schulze/*Schulze* UrhG § 32d Rn. 7.
[80] Zu Unrecht Kritik bei *Hegemann/Schwarz* FS Schwarz, 2017, 28 (32).
[81] Vgl. dazu BGH GRUR 2013, 717 Rn. 26 – Covermount; BGH GRUR 2012, 711 Rn. 20 – Barmen Live; BGH GRUR 2012, 715 Rn. 26 – Bochumer Weihnachtsmarkt; OLG München ZUM-RD 2018, 208 (221).

Zahl und Ort von Kino- oder Schauspielaufführungen sowie Downloadmöglichkeiten.[82] Auch zur Zeit des Vertragsschlusses unbekannte, aber im späteren Verlauf vorgenommene Nutzungen sind aufzuführen.[83] Sofern der Verwerter die Nutzung nicht selbst vorgenommen, aber veranlasst hat, wird es sich um die Vergabe von Lizenzen oder die Weiterübertragung von Rechten handeln. Auch hierüber ist zu berichten, denn nur so kann der Urheber ggf. herausfinden, welche Ansprüche er gegen Dritte, etwa nach § 32a haben kann.[84] Die Kritik daran bemerkt, dass sich solche Informationen der Kenntnis des Verwerters entziehen.[85] Das ist jedenfalls auf der ersten Lizenzebene unrichtig, da dort bekannt ist, welche Rechte an wen weiterlizenziert wurden. Im übrigen ist die Auskunft begrenzt auf das Wissen, das der Verwerter hat.

Berichtet werden muss nur über die **Nutzung des konkreten Gesamtwerkes,**[86] eine Aufschlüs-   **26** selung nach Werkteilen ist grundsätzlich nicht geschuldet[87] und oft auch nicht möglich. Man mag dagegen einwenden, dass eine Ausschnittnutzung, die nur einen konkreten Werkteil betrifft oder diesen stärker nutzt als den Rest des Werkes, besondere Berichtpflichten erzeugen sollte. Dies ist allerdings nur der Fall, wenn eine Nutzung oder Lizenzierung lediglich kleine Werkteile, nicht aber den Rest des Werkes betrifft. So mag die Nutzung eines Einzelstandbildes aus einem Filmwerkes besonderes Interesse und daher eine hohe Marktnachfrage erzeugen. Wenn die Nutzung sich derart auf einen Werkbestandteil konzentriert, bestehen diesbezüglich auch Auskunftsansprüche.

5. Erträge und Vorteile aus der Werknutzung

Erträge aus der Werknutzung sind alle **Erlösströme,** die auf die Nutzung des Werkes (→ Rn. 25)   **27** zurückgehen. Vorteile sind auch **Vorzüge,** die nicht Erlösströmen entsprechen müssen, also in der Gratisnutzung eines Werkes zu Werbezwecken bestehen oder die zur Erzeugung von Aufmerksamkeit dienen. Im letztgenannten Fall mögen die Vorteile in einer Erlösbeteiligung an Werbeumsätzen, in der Zurverfügungstellung von Werberaum, aber auch der Datennutzung oder Profilerstellung von Portalnutzern bestehen.[88] Vorteile sind zudem Sponsoringeinnahmen sowie Fördergelder.[89] Der Umstand, dass keine konkrete Vergütung geflossen ist, führt nicht dazu, dass es an einem Vorteil fehlt. Der Gesetzgeber hat zu Recht von Vorteilen gesprochen und damit auch nicht direkt umsatzbezogene Elemente einbeziehen wollen. Das folgt auch aus der Gesetz gewordenen Fassung des § 32d in der vom Rechtsausschuss formulierten Fassung. Damit nämlich sollte „dem Missverständnis vorgebeugt [werden], dass ein Auskunftsrecht schon deshalb entfallen könnte, weil die endgültige Nutzung – etwa über eine werbefinanzierte Plattform – aus Sicht des Endnutzers unentgeltlich gestattet ist".[90] Damit verbunden war die Überzeugung, dass es eine gegenleistungsfreie Nutzung von Werken nur ausnahmsweise (oder im Falle von Open Content, → Rn. 17) geben wird. Zu informieren ist über die Bruttoerlöse (ohne Abzug von Herstellungs-, Vertriebs-, Unkosten oder sonstige Aufwendungen) denn diese Bruttoerlöse sind die Grundlage für den Anspruch auf angemessene Vergütung oder weitere Beteiligung (→ § 32 Rn. 33; → § 32 Rn. 17).[91]

Allerdings sind auch im Zusammenhang mit Erträgen und Vorteilen nur solche Vorzüge zu berich-   **28** ten, die auf das **Gesamtwerk** entfallen (→ Rn. 26). Eine Aufschlüsselung auf Werkteile ist weder in Bezug auf den Umfang der Werknutzung noch in Bezug auf Erträge und Vorteile geschuldet.[92] Dies mag nur anders sein, wenn konkrete Erlösströme auf die erfolgreiche Vermarktung nur des betreffenden Werkbestandteils (zB ein Filmbild) entfallen. Schwierig ist die Erfüllung des Auskunftsverlangens in allen Fällen, in denen Finanzierungsbeiträge nicht werkbezogen, sondern etwa auf eine Gesamtveranstaltung erfolgen, ferner wenn Werke auf Portalen eingebunden sind und dort in Bündeln vergütet werden. Das Problem stellt sich bei der Gewichtung von Rundfunkbeiträgen bei öffentlich-rechtlichen Veranstaltern, Kulturzuschüssen zu Verlags- oder Kinoprogrammen sowie Werbeeinnahmen auf Online-Portalen.[93] Doch kann aus diesen Schwierigkeiten nicht gefolgert werden, dass eine Auskunftspflicht bereits von vornherein entfällt. Bei Online-Portalen ist eine Aufzeichnung von Click-Raten auch in individueller, werkbezogener Form möglich und sie wird auch üblich werden. Bei öffentlich-rechtlichen Rundfunkgebühren wird man über die öffentlich bekannten Rundfunkbeiträge ohne Schwierigkeiten auch individuell informieren können. Ein Werkbezug, der nicht vorhanden ist, kann allerdings auch nicht Gegenstand von werkbezogenen Auskunftsansprüchen sein. Bei

---

[82] Dreier/Schulze/*Schulze* UrhG § 32d Rn. 7; *Hegemann/Schwarz* FS Schwarz, 2017, 28 (32).
[83] Dreier/Schulze/*Schulze* UrhG § 32d Rn. 7.
[84] Dreier/Schulze/*Schulze* UrhG § 32d Rn. 8 mit Verweisung auf BGH GRUR 2012, 496 Rn. 80, 82 – Das Boot; OLG München ZUM 2013, 499 (502) – Das Boot II.
[85] Möhring/Nicolini/*Soppe* UrhG § 32d Rn. 24.
[86] Begr. RegE BT-Drs. 18/8625, 26.
[87] Fromm/Nordemann/*Czychowski* UrhG § 32d Rn. 19.
[88] *Peifer* K&R 2017, Beilage 1 zu Heft 7/8 2018, 17 (20).
[89] OLG Köln ZUM-RD 2016, 27 (zu § 32); Dreier/Schulze/*Schulze* UrhG § 32d Rn. 8.
[90] Begr. RA BT-Drs. 18/10637, 21.
[91] *Hegemann/Schwarz* FS Schwarz, 2017, 28 (32).
[92] Dreier/Schulze/*Schulze* UrhG § 32d Rn. 14.
[93] Insoweit *Ory* in Ory/Cole, Reform des Urhebervertragsrechts, 2016, S. 11, 25 f.; *Ory* NJW 2017, 753 (755); Fromm/Nordemann/*Czychowski* UrhG § 32d Rn. 24 und Rn. 25.

Kulturzuschüssen, die nicht werkbezogen erfolgen, wird man ebenso argumentieren müssen. Allerdings trägt die Darlegungslast hierfür der Verwerter.

6. Begrenzung auf im Geschäftsbetrieb vorhandene Informationen

29 Die Auskunfts- und Rechenschaftspflicht beschränkt sich auf nutzungs- und vergütungsrelevante Informationen, die **üblicherweise im Rahmen eines ordnungsgemäßen Geschäftsbetriebes** beim Vertragspartner des Urhebers **vorhanden** sind. Den Verwerter trifft daher weder eine Informationsbeschaffungspflicht,[94] noch muss er umfassend über alle verwertungsrelevanten Umstände Informationen anlegen oder preisgeben.[95] Die bereits im Regierungsentwurf enthaltene Formulierung ist Ausdruck des Verhältnismäßigkeitsgrundsatzes, der jedem Auskunftsanspruch innewohnt, aber auch in Abs. 2 nochmals geregelt wird (→ Rn. 31). Ersichtlich wollte der Gesetzgeber an mehreren Stellen sicherstellen, dass die Befürchtung der Verwerter, mit unzumutbaren Pflichten belastet zu werden, entschärft wird.[96] Dass der Auskunftsanspruch zu unangemessenen Anstrengungen und Kosten führen wird, die auch die Erlöse der Verwerter und damit die Fähigkeit zur Zahlung angemessener Vergütungen schmälern,[97] überzeugt in dieser Allgemeinheit nicht. Denn die Begrenzung auf die vorhandenen Informationen verhindert gerade, dass Informationsstrukturen geschaffen werden müssen, die nicht ohnehin vorgehalten werden.[98]

30 Der Begriff „üblicherweise" stellt auf **Branchenstandards** ab, die allerdings auch durch gesetzliche Informationspflichten (zB Buchführungspflichten, handels- und steuerrechtliche Dokumentationspflichten) sowie Gesichtspunkte einer ordnungsgemäßen kaufmännischen Buchführung normativ geprägt sind.[99] Eine nachlässige Buchführung kann daher nicht mit dem Hinweis auf Üblichkeit entschuldigt werden.[100] Typischerweise müssen sich Verwerter auch auf Rechtsstreitigkeiten in Verletzungsverfahren vorbereiten, in deren Verlauf umfangreiche Auskunftsverlangen im Rahmen der §§ 97, 101 UrhG geltend gemacht werden.[101]

III. Anspruchsausschluss (Abs. 2) und Verjährung

1. Zweck des Abs. 2

31 Der Auskunftsanspruch ist nicht grenzenlos. Bereits tatbestandlich ausgeschlossen sind Nutzungen im Zusammenhang mit Open-Content-Lizenzen (§ 32 Abs. 3 S. 3), in § 69a Abs. 5 ausdrücklich ausgenommen sind Computerprogramme. Darüber hinaus begrenzt Abs. 2 den Auskunftsanspruch aus Gründen der **Verhältnismäßigkeit,** wie § 32d Abs. 2 Nr. 2 klarstellt („aus sonstigen Gründen unverhältnismäßig"). Ein unverhältnismäßiges Auskunftsverlangen wird in zwei Fällen angenommen, einem speziellen, der die Urheber nachrangiger Werkbeiträge betrifft, und einem generalklauselartigen Auffangtatbestand. Beide Ausnahmen sollen den Verwerter vor übermäßigen und allzu sehr belastenden Auskunftsansprüchen schützen. Erforderlich war die Kodifikation an sich nicht, da Auskunftsansprüche stets nur nach Maßgabe der Zumutbarkeit durchgesetzt werden können.[102] Da Abs. 2 einen Ausschlusstatbestand kodifiziert, trägt die **Darlegungs- und Beweislast** für die fehlende Zumutbarkeit der Vertragspartner des Urhebers.[103]

2. Fälle der Unverhältnismäßigkeit

32 **a) Nachrangige Beiträge.** Urheber „lediglich nachrangiger Beiträge" zu einem Werk haben keinen Auskunftsanspruch. Die Formulierung „nachrangige Beiträge" erfolgte auf **Vorschlag des Rechtsausschusses.**[104] Der Regierungsentwurf sprach noch von „lediglich untergeordneten Beiträgen" und meinte, bei ihnen sei ein Auskunftsanspruch nicht erforderlich.[105] Diese Begrifflichkeit wurde der Rechtsprechung zu § 32a UrhG entnommen. Dort stellte sich auch bereits vor der Kodifikation eines gesetzlichen Auskunftsanspruchs die Frage, ob ein Anspruch auf erweiterte Beteiligung eines Urhebers, dessen Vertrag eine Vergütung vorsah, die im auffälligen Missverhältnis zu den Ver-

[94] BT-Drs. 18/8625, 26.
[95] Möhring/Nicolini/*Soppe* UrhG § 32d Rn. 27.
[96] *Berger/Freyer* ZUM 2016, 569, 572 mwN auf Branchenstellungnahmen.
[97] *Hegemann/Schwarz* FS Schwarz, 2017, 28 (37) sprechen von einem „Danaergeschenk"; krit. auch *Ory* in Ory/Cole, Reform des Urhebervertragsrechts, 2016, S. 11, 25 f.
[98] *Peifer* ZUM 2015, 437 (440); *Peifer*, Urhebervertragsrecht in der Reform, S. 8.
[99] Dreier/Schulze/*Schulze* UrhG § 32d Rn. 10.
[100] Zutreffend Möhring/Nicolini/*Soppe* UrhG § 32d Rn. 27: „objektivierte Branchenüblichkeit"; etwas missverständlich Hegemann/Schwarz FS Schwarz, 2017, 28 (32): Streit über die Branchenüblichkeit solle nicht zu Lasten der Verwerter gehen.
[101] *Peifer* GRUR 2016, 6 (8); vgl. auch BGH GRUR 2010, 1090 – Werbung eines Nachrichtensenders.
[102] So zum Informationsanspruch zur Durchsetzung des § 36 aF: BGH GRUR 2002, 602 (603) – Musikfragmente; ebenso Begr. RA BT-Drs. 18/10637, 22; *Lucas-Schloetter* GRUR 2017, 235 (237). Für sinnvoll hält die gesetzliche Festschreibung *Obergfell* FS Schulze, 2017, 275 (278).
[103] Begr. RegE BT-Drs. 18/8625, 25.
[104] Begr. RA BT-Drs. 18/10637, 22.
[105] Begr. RegE BT-Drs. 18/8625, 27.

wertungserfolgen steht, auch besteht, wenn der Beitrag lediglich „untergeordnet" war. Die Kategorie des „untergeordneten Werkbeitrags" betraf meist Fälle der Miturheberschaft, genauer der Mitwirkung an Filmwerken. Bejaht wurde eine untergeordnete Leistung im Falle des „Tatort-Vorspanns" für die Leistung der Designerin, welche die Vorspann- und Erkennungsmelodie der bekannten Krimiserie entworfen hatte. Obgleich der Beitrag mehr als 19 000 mal gesendet wurde, hielt das OLG München den Beitrag für im Verhältnis zur Bedeutung des Gesamtwerks „nachgeordnet", weil er lediglich kennzeichnenden Charakter habe, den Inhalt des nachfolgenden Filmwerkes jedoch nicht beeinflusse.[106] Der Gesetzgeber hatte offensichtlich diesen Fall vor Augen, als der Ausschlussgrund formuliert wurde. „Nachrangig" ist nach der gesetzlichen Definition nämlich ein Beitrag, der „nicht zum typischen Inhalt eines Werkes, eines Produktes oder einer Dienstleistung gehört".

Die Historie erleichtert die **Auslegung** nicht. Handelt es sich um den Fall eines unverhältnismäßi- **33** gen Auskunftsbegehrens wegen der zahlreichen Beteiligten,[107] so müsste man den Auskunftsanspruch bei Miturhebern generell begrenzen. Das wäre in dieser Allgemeinheit nicht vertretbar. Angemessener wäre es in einem solchen Fall, das Auskunftsrecht auf die Gruppe der Miturheber, ggf. auf die Auskunft gegenüber einem Leiter der Gruppe der Miturheber zu beschränken, wie es der Bundesrat vorgeschlagen hatte (→ Rn. 12).[108] Geht man davon aus, dass ein Auskunftsanspruch nur besteht, wenn ein Beitrag schöpferisch für das Gesamtwerk, nicht aber lediglich kennzeichnend dafür ist, so fällt die Rechtfertigung einfacher. Ist ein Beitrag nicht **inhaltlich werkprägend,** sondern dient er anderen Zwecken, so kann man vermuten, dass der Werkerfolg nicht hierauf, sondern auf der urheberrechtlichen Kernleistung beruht. Damit würde bei lediglich kennzeichnenden Leistungen die Kausalität für den Werkerfolg entfallen, jedenfalls eine Vermutung dahingehend begründet sein, dass der Werkerfolg nur auf den inhaltlich prägenden Werkbestandteilen beruht. „Nachgeordnet" heißt dann: nicht kausal für den Werkerfolg". Fragt man drittens, ob eine über die Pauschalvergütung hinausgehende Vergütung überhaupt angemessen ist,[109] so würde man alle Leistungen, die zur kleinen Münze gehören, pauschal vergüten dürfen, während nur die eigenpersönlichen, inhaltlich werkprägenden Bestandteile Aussicht auf eine Beteiligungsvergütung und ggf. auch eine weitere angemessene Beteiligung beanspruchen können.[110] Diese Auslegung betritt einen urhebergeschichtlich sinnvollen Weg, der allerdings an qualitative Wertungen des Richters nicht mehr vorbeikommt. Der Rechtsausschuss hatte zwar bemerkt, dass es auf qualitative Wertungen nicht ankommen soll.[111] Allerdings geht es nicht um die Frage, ob die Werkleistung gelungen oder misslungen ist, solche qualitativen Wertungen sind dem Richter selbstverständlich nicht gestattet. Dagegen geht es sehr wohl um die Frage, ob ein Werkbestandteil inhaltlich prägend ist oder nicht. Diese Wertung muss im Rahmen des § 2 Abs. 2 und zur Abgrenzung von Werken und verwandten Schutzrechten vom Richter bereits von Gesetzes wegen vorgenommen werden. Meint der Richter, dies aus eigener Sachkunde nicht tun zu können, muss er sachverständige Hilfe in Anspruch nehmen.[112] „Nachgeordnet" heißt daher, nicht prägend für den Erfolg des Gesamtwerks oder nur marginal oder gar nicht schöpferisch.

Erfasst vom Auskunftsanspruch sind danach typischerweise die zentralen Werkleistungen der **34** Autoren, Übersetzer, Komponisten, Drehbuchautoren, Regisseure, Kameraleute, Musiker und bei den ausübenden Künstlern die Schauspieler und sonstigen Interpreten.[113] **Nicht erfasst sind** nur kennzeichnende, aber nicht werkprägende Beiträge, wie Logos, Erkennungsmelodien, Marken, Werbe- oder Gebrauchsgrafiken[114] sowie die Leistung von Statisten im schauspielerischen Bereich. Ausgenommen vom Auskunftsanspruch sind Leistungen der kleinen Münze, Lichtbildner und die Hersteller wissenschaftlicher Ausgaben, soweit ihre Beiträge keine werkschöpferische und nur sehr geringe schöpferische Qualität aufweisen (→ Rn. 33). **Auf den Einzelfall,** nämlich die individuelle Prägung des verwerteten Werkes, ist abzustellen bei Synchronsprecherleistungen im Film,[115] dem Design eines Gegenstands, der um seiner selbst (und nicht nur in einer dienenden Funktion als Logo oder Beiwerk) erworben wird (zB Möbel),[116] Fotos in journalistischen Werken oder Buchbeiträgen (die durchaus ikonischen und werkprägenden Charakter erlangen können),[117] wissenschaftliche Beiträge in Bücher oder Zeitschriften,[118] Elemente und Figuren in Computerspielen.[119]

---

[106] OLG München ZUM 2011, 422 (426).
[107] So im Ausgangspunkt *Berger/Freyer* ZUM 2016, 569 (571) (mit Hinweis auf Zeitungen und Zeitschriften); Hegemann/Schwarz FS Schwarz, 2017, 27 (37) (in Bezug auf Tageszeitungen).
[108] Empfehlung des Bundesrates v. 3.5.2016, BR-Drs. 163/1/16, 3 f.
[109] So *Hegemann/Schwarz* FS Schwarz, 2017, 28 (36 f.).
[110] So wohl *Hegemann/Schwarz* FS Schwarz, 2017, 28 (31) (mit Hinweis auf § 32a und BGH GRUR 2002, 602 (603) – Musikfragmente).
[111] BT-Drs. 18/10637, 22; ablehnend Fromm/Nordemann/*Czychowski* UrhG § 32d Rn. 31; krit. auch Möhring/Nicolini/*Soppe* UrhG § 32d Rn. 32.
[112] BGH WRP 2015, 1507 Rn. 66 – Goldrapper.
[113] Begr. RegE BT-Drs. 18/8625, 27.
[114] Begr. RegE BT-Drs. 18/8625, 27; Dreier/Schulze/*Schulze* UrhG § 32d Rn. 12.
[115] BGH GRUR 2012, 1248 – Fluch der Karibik.
[116] BGH GRUR 2016, 1291 – Geburtstagskarawane; OLG Schleswig GRUR-RR 2015, 1; Dreier/Schulze/ *Schulze* UrhG § 32d Rn. 12.
[117] BEgr. RA BT-Drs. 18/10637, 22.
[118] Dreier/Schulze/*Schulze* UrhG § 32d Rn. 12.
[119] BEgr. RA BT-Drs. 18/10637, 22.

35   Bei dem zuletzt genannten Fall bestand zur Fassung des RegE, der die Urheber von Computerprogrammen in § 32d Abs. 2 ausnahm, Streit, ob die Ausnahme über die Software hinaus auch weitere softwarebezogene Werke, wie insbesondere **Computerspiele** erfassen sollte.[120] Auf Empfehlung des Bitkom-Verbandes ist die Ausnahme für Software vollständig in den § 69a Abs. 5 verlagert worden. § 69a Abs. 5 ist nahezu identisch mit der Textempfehlung des Verbandes.[121] Damit hat sich die Frage einer extensiven Auslegung erledigt, denn die §§ 69a ff. erfassen nur Computerprogramme im engeren Sinne, nicht dagegen sämtliche computerbezogenen Werkschöpfungen, also auch keine Computerspiele. Die Ausnahme für Computerspiele wäre unabhängig davon nicht überzeugend gewesen. Stützt man sie darauf, dass Auskünfte gegen Miturheber stets unzumutbar sind,[122] so hätte man auch die gesamte Filmwirtschaft ausnehmen müssen. Gerade diese Branche hat allerdings am nachhaltigsten und auch überzeugend darauf hingewiesen, dass die Schlechterstellung einer Urhebergruppe allein mit dem Hinweis auf das miturheberschaftliche Schaffen nicht zu begründen ist.[123] Die Zumutbarkeitsgrenze bei der Miturheberschaft ist dadurch gezogen, dass nur über das Gesamtwerk, nicht aber über den Erfolg des miturheberschaftlichen Teilbeitrags informiert werden muss, zum anderen die Auskunft über das Gesamtwerk identisch gegenüber allen Miturhebern erfolgen darf. In Tarifverträgen oder Gemeinsamen Vergütungsregeln (dazu noch → Rn. 12, 33) könnte man darüber hinaus vereinbaren, dass die Auskunft gegenüber einer von den Urhebern zu bestimmenden Person, zB entsprechend § 80 einem Gruppenleiter zu erfolgen hat. Auch das würde den Aufwand deutlich mindern.

36   **b) Sonstige Fälle der Unverhältnismäßigkeit.** Der Fall eines unverhältnismäßigen Auskunftsverlangens soll nach der **Begründung des RegE** vorliegen, wenn (1) der Aufwand für die Bereitstellung der Informationen für den Vertragspartner unzumutbar erscheint, (2) den Vertragspartner Rechtspflichten zur Verweigerung der Auskunft treffen, (3) berechtigte Geheimhaltungsinteressen Dritter (Geschäftspartner) beeinträchtigt würden, (4) die Geltendmachung rechtsmissbräuchlich (zB im Falle von Mehrfachanfragen) ist oder (5) mit der Nutzung des Werkes erkennbar keine Gewinnerzielungsabsicht verbunden ist, so dass von vornherein keine ergänzenden Vergütungsansprüche der Kreativen in Betracht kommen.[124]

37   Nicht alle diese Ausschlussgründe überzeugen. Ein **unzumutbarer Aufwand** (oben 1) entsteht häufig schon deswegen nicht, weil der Verwerter gerade keine Daten ermitteln oder beschaffen muss, die nicht ohnehin bei ihm vorhanden sind (→ Rn. 29).[125] Zudem muss der Verwerter nur über das Gesamtwerk Auskunft erteilen, also keine kleinteilige Aufteilung in Miturheberbeiträge vornehmen (→ Rn. 26, 28). Dass mit der Nutzung des Werkes erkennbar keine Gewinnerzielungsabsicht verbunden ist (5), dürfte vor allem beiläufige Nutzungen durch ideelle Vereinigungen betreffen. Die Ausnahme sollte allerdings eng ausgelegt werden. Jedenfalls in Fällen, in denen sich doch kommerzielle Nutzungen auftun, wird man den Auskunftsanspruch schon im Hinblick auf § 32a nicht gänzlich verweigern können (→ Rn. 17).

38   Ein Auskunftsanspruch besteht nicht, wenn die Erteilung der Auskunft Rechte oder **berechtigte Interessen Dritter verletzen würde.** Diese Grenze wurde auch schon in der Vergangenheit von den Gerichten formuliert.[126] Sie ist aber restriktiv zu behandeln. Der pauschale Hinweis darauf, dass Kundendaten nicht preisgegeben werden dürfen, überzeugt schon deswegen nicht, weil die Informationen nicht öffentlich gemacht werden müssen, sondern nur dem Urheber zur Berechnung seiner Vergütungsansprüche anvertraut werden.[127] Dass diese Daten auch vom Urheber nicht weitergegeben oder veröffentlicht werden dürfen, kann im Zusammenhang mit der Informationserteilung selbst oder im Nutzungsvertrag vereinbart werden. Datenschutzrechtliche Grenzen stehen dem nicht entgegen, weil die Datennutzung der Erfüllung von Rechtspflichten dient (Art. 6 Abs. 1 lit. c DS-GVO). Rechtsverletzende Auskünfte über den Schutz von Betriebs- und Geschäftsgeheimnissen hinaus, sind kaum denkbar. Dass Rechtspflichten zur Geheimhaltung beachtlich sind, versteht sich von selbst. Das Problem taucht insgesamt aber auch bei Auskunftsverlangen in Verletzungsverfahren (§§ 97, 101 mit § 242 BGB) auf. Dort ist anerkannt, dass die Auskunft auch unter einen Wirtschaftsprüfervorbehalt gestellt werden kann.[128] Diese Möglichkeit besteht äußerstenfalls auch gegenüber Auskunftsverlangen des Urhebers. Ein vollständiger Ausschluss der Auskunft tut daher nicht not, eine abgestufte Form der Geheimhaltung genügt.[129]

---

[120] Dafür *Berger/Freyer* ZUM 2016, 569 (572) (mit Hinweis auf die Verwobenheit der Miturheberleistungen); zust. *Hegemann/Schwarz* FS Schwarz, 2017, 28 (39); dagegen Empfehlung des Bundesrates, BR-Drs. 163/1/16, 4.

[121] Bitkom, Stellungnahme zum Regierungsentwurf „Urhebervertragsrecht" v. 1.6.2016, abrufbar unter www. mittelstand-tour.de/bitkom/org/noindex/Publikationen/2016/Positionspapiere/Stellungnahme-Urhebervertragsrecht-Regierungsentwurf/20160601-Bitkom-Stellungnahme-RegE-Urhebervertragsrecht-final.pdf.

[122] So *Berger/Freyer* ZUM 2016, 569 (572).

[123] So Empfehlung des Bundesrates, BR-Drs. 163/1/16, 4.

[124] Begr. RegE BT-Drs. 18/8625, 27; ähnlich *Berger/Freyer* ZUM 2016, 569 (572).

[125] So Begr. RegE BT-Drs. 18/8625, 22; ebenso *Lucas-Schloetter* GRUR 2017, 235 (237).

[126] BGH GRUR 2002, 602 (603) – Musikfragmente.

[127] Für eine weite Auslegung *Lucas-Schloetter* GRUR 2017, 235 (237).

[128] Dazu BGH GRUR 2000, 226 (227) – Planungsmappe; *Hegemann/Schwarz* FS Schwarz, 2017, 28 (39); Fromm/Nordemann/*Czychowski* UrhG § 32d Rn. 27.

[129] So zutreffend *Berger/Freyer* ZUM 2016, 569 (573).

Rechtsmissbräuchlich ist ein Auskunftsverlangen, wenn es in schikanöser Weise oder mit schädi- 39
gender Absicht gestellt wird. Die Begründung zum RegE nennt als Beispiel mehrfache Auskunftsverlangen, die allerdings für sich genommen noch nicht unzumutbar sind (→ Rn. 14).[130] Da der Anspruch nur einmal jährlich überhaupt besteht, ist die Gefahr solcher Mehrfachauskunftsbegehren nicht
allzu groß. Denkbar bleibt aber, dass eine einmalige Nutzung in der Vergangenheit, die erkennbar
erschöpfend mit einer Auskunft berichtet wurde, nicht konstant nochmals erfragt werden darf. Allerdings dürfte sich selbst in solchen Fällen der Aufwand, der darin liegt, auf die Auskunft der Vergangenheit und damit die Erfüllung des Auskunftsanspruchs hinzuweisen, in Grenzen halten.[131]

3. Verjährung

Der Auskunftsanspruch verjährt in der regelmäßigen Frist des § 195 BGB, also nach drei Jahren ab 40
Ende des Jahres von Anspruchsentstehung und Kenntnis von den anspruchsbegründenden Umständen. Unabhängig von der Kenntnis verjährt er in zehn Jahren ab Anspruchsentstehung (§ 199 Abs. 4
BGB). Der Urheber wird oft ohne weiteres Kenntnis von dem geschlossenen Nutzungsvertrag mit
dem primären Verwerter und der dort getroffenen Vergütungsvereinbarung haben. Häufig fehlt es
aber an der Kenntnis darüber, ob die getroffene Vergütungsvereinbarung angemessen ist. Hinzu
kommt, dass der **Auskunftsanspruch** jährlich neu, also **erst mit seiner Geltendmachung durch
den Gläubiger entsteht.** Daher spricht man von einem „verhaltenen Anspruch".[132] Kennzeichnend
dafür ist, dass er jederzeit, aber erst auf Verlangen des Gläubigers zu erfüllen ist.[133] Damit besteht die
Möglichkeit, ihn entweder sofort mit Jahresende entstehen zu lassen,[134] oder aber die Entstehung an
die erste Geltendmachung zu knüpfen. Ersteres setzt voraus, dass der Urheber Kenntnis vom Anspruch hat oder haben müsste, letzteres würde dazu führen, dass der Anspruch für zurückliegende
Zeiträume auch Jahre später noch geltend gemacht werden kann. Da vom Verwerter nichts Unzu-
mutbares verlangt werden soll, spricht mehr dafür, den Anspruch zum Jahresende entstehen zu lassen.
Die Kenntnis davon könnten die Verwerter durch Informationen in ihren Vertrags- und Abrech-
nungsunterlagen selbst herbeiführen. Die Verjährung würde dann zum Schluss des jeweiligen dem
Auskunftsjahr folgenden Jahres beginnen und nach weiteren drei Jahren enden.[135] Besondere Härten
kann man dadurch auffangen, dass auch die grundsätzliche Kenntnis von einer angemessenen Vergütung vorliegen muss. Der Zeitpunkt, zu dem dies der Fall ist, kann variieren.

IV. Abweichende Vereinbarungen (Abs. 3)

Aus § 32d Abs. 3 lässt sich entnehmen, dass der Auskunftsanspruch **einseitig zwingend** ist und 41
Abweichungen individualvertraglich daher nur zulässig sind, wenn sie die Stellung des Urhebers gegenüber seinem Vertragspartner verbessern. Der Vertrag darf also vorsehen, dass häufiger als einmal
jährlich Auskunft erteilt wird,[136] er darf erweiterte Transparenzpflichten als die gesamtwerkbezogenen
Pflichten des § 32d enthalten und auch für nachgeordnete Leistungen Auskunftspflichten des Verwerters oder Auskunftsrechte des Kreativen enthalten.[137] Nicht zulässig ist es, dem Urheber Kosten für
die Erfüllung des Auskunftsbegehrens aufzuerlegen, denn die Kosten hat – wie auch sonst – der Auskunftspflichtige zu tragen.[138] Auch darf dem Urheber nicht die Beweislast für das Nichtvorliegen
eines Ausschlusstatbestandes auferlegt werden.

Den Urheber schlechter stellende Abweichungen von § 32d sind nur zulässig, **wenn sie in** 42
Tarifverträgen oder Gemeinsamen Vergütungsregeln enthalten sind. Hier entfällt nach der
nachvollziehbaren Überlegung des Gesetzgebers die strukturelle Unterlegenheit, die Individualverträge häufig kennzeichnet, weil Verbände auf Augenhöhe miteinander verhandeln.[139] Dass es hierbei
auch zu Schlechterstellungen gegenüber dem gesetzlichen Standard kommt, wird vom Gesetz auch
deswegen in Kauf genommen, weil kollektive Regelungen oft ein Gesamtpaket schnüren. Eine günstigere Vergütung kann durch Einbußen bei der Transparenz über die Vertragsdurchführung kompensiert werden. Keine strukturelle Übervorteilung liegt typischerweise auch vor, wenn der Urheber über
seinen Auskunftsanspruch einen **Prozessvergleich** schließt.[140] Da der Vergleich Unklarheiten über
die Reichweite des Anspruchs beseitigen soll, er ferner unter der Anleitung oder jedenfalls Kontrolle
des Gerichts geschlossen wird, ist auch hier die Gefahr der strukturellen Benachteiligung gering.

---

[130] Begr. RegE, BT-Drs. 18/8625, 27.
[131] So wohl auch iE Dreier/Schulze/*Schulze* UrhG § 32d Rn. 14.
[132] Fromm/Nordemann/*Czychowski* UrhG § 32d Rn. 42.
[133] BGH NJW-RR 1988, 1374 (1376); MüKoBGB/*Grote* BGB § 199 Rn. 7.
[134] So BGH NJW-RR 1988, 1374 (1376) (Schadensersatzanspruch im Transportvertrag nach Ablieferung des
Gutes); BGH NJW-RR 2000, 647 (Anspruch auf Gebrauchsgewährung und Fruchtgenuss im Pachtrecht).
[135] AA Fromm/Nordemann/*Czychowski* UrhG § 32d Rn. 42: Beginn erst mit Geltendmachung.
[136] Dreier/Schulze/*Schulze* UrhG § 32d Rn. 11; Fromm/Nordemann/*Czychowski* UrhG § 32d Rn. 14.
[137] Begr. RegE BT-Drs. 18/6825, 27.
[138] Begr. RegE BT-Drs. 18/6825, 27; Fromm/Nordemann/*Czychowski* UrhG § 32d Rn. 50.
[139] Begr. RegE BT-Drs. 18/6825, 27.
[140] Möhring/Nicolini/*Soppe* UrhG § 32d Rn. 40.1 (Online-Version).

§ 32e Anspruch auf Auskunft und Rechenschaft in der Lizenzkette

(1) Hat der Vertragspartner des Urhebers das Nutzungsrecht übertragen oder weitere Nutzungsrechte eingeräumt, so kann der Urheber Auskunft und Rechenschaft nach § 32d Absatz 1 und 2 auch von denjenigen Dritten verlangen,

1. die die Nutzungsvorgänge in der Lizenzkette wirtschaftlich wesentlich bestimmen oder
2. aus deren Erträgnissen oder Vorteilen sich das auffällige Missverhältnis gemäß § 32a Absatz 2 ergibt.

(2) Für die Geltendmachung der Ansprüche nach Absatz 1 genügt es, dass aufgrund nachprüfbarer Tatsachen klare Anhaltspunkte für deren Voraussetzungen vorliegen.

(3) Von den Absätzen 1 und 2 kann zum Nachteil des Urhebers nur durch eine Vereinbarung abgewichen werden, die auf einer gemeinsamen Vergütungsregel (§ 36) oder einem Tarifvertrag beruht.

Schrifttum: S. die Schrifttumshinweise zu §§ 32, 32d UrhG.

Übersicht

I. Allgemeines

1. Bedeutung, Zweck und Aufbau der Norm

1   § 32e wurden zusätzlich zu § 32d durch die **Urhebervertragsrechtsreform 2016** (→ Vor §§ 31 ff. Rn. 14c) mit Wirkung zum 1.3.2017 neu eingeführt.[1] Danach hat der Urheber einen jährlichen Auskunfts- und Rechenschaftsanspruch gegen dritte Verwertungsunternehmen in der Lizenzkette (→ Rn. 9 f.). Dieser Auskunftsanspruch ergänzt den nach § 32d bestehenden Anspruch gegen den unmittelbaren Vertragspartner des Urhebers. Er steht Urhebern von Computerprogrammen nicht zu (§ 69a Abs. 5), ebenso wenig den Urheber von Open-Content-Inhalten (→ Rn. 15). Ob ein Anspruch gegen die Glieder der Lizenzkette erforderlich ist, wird zum Teil bezweifelt mit dem Argument, dem Urheber genüge der Anspruch gegen seinen unmittelbaren Vertragspartner, dem wiederum seine Lizenzpartner auskunftspflichtig sind.[2] Doch ist weder zwingend, dass Auskunftspflichten in der Lizenzkette bestehen, noch, dass sie durchgesetzt werden. Jedenfalls ist der Anspruch über mehrere Glieder der Lizenzkette nicht nur aufwändig, sondern auch ineffizient, wenn es nur um das Interesse eines einzelnen Urhebers geht. Auskunftsansprüche sind auch nicht per se unverhältnismäßige Eingriffe in die Berufsfreiheit (kleinerer Betriebe).[3] Auskunftsansprüche sind im Verletzungsfall üblich (§§ 97, 101 mit § 242 BGB),[4] die Eingriffsintensität hängt von der Ausgestaltung und Begrenzung des Anspruchs ab. Der Anspruch aus § 32e ist inhaltlich begrenzt (→ Rn. 12) und unverhältnismäßige Auskunftsverlangen können nicht durchgesetzt werden (→ Rn. 14). Es handelt sich daher um ein angemessenes Instrument, um die Interessen des Urhebers in der Lizenzkette nicht nur mit materiellen Vergütungsansprüchen zu versehen, sondern auch die dazu nötigen Informationsrechte durchzusetzen. Auch bisher hatte die Rechtsprechung Auskunftsansprüche in der Lizenzkette bereits anerkannt (→ Rn. 6).[5]

2   Der Anspruch aus § 32e dient insbesondere der **Vorbereitung eines Anspruchs auf weitere Beteiligung nach § 32a UrhG** gegen den betreffenden Unternehmer in der Lizenzkette. Es handelt sich um einen gesetzlichen Anspruch, denn regelmäßig hat der Urheber zu den weiteren Gliedern in

---

[1] Zur Vorgeschichte *Peifer* K&R 2017, Beilage 1 zu Heft 7/8, S. 17; *Peifer* GRUR 2016, 6.
[2] *Obergfell* FS Schulze, 2017, 275 (279).
[3] So aber Fromm/Nordemann/*Czychowski* UrhG § 32e Rn. 6: in Bezug auf kleinere Unternehmen.
[4] Vgl. dazu BGH GRUR 2010, 1090 – Werbung eines Nachrichtensenders.
[5] So iE nun auch *Obergfell/Zurth* ZGE 9 (2017), 21 (28).

der Lizenzkette keine eigenen vertraglichen Beziehungen.[6] § 32e hat insbesondere den Zweck, dem Urheber Auskunftsansprüche gegen diejenigen Glieder der Lizenzkette zu gewähren, die das Werk hauptsächlich nutzen, also auch den stärksten wirtschaftlichen Vorteil aus der Werknutzung erzielen. In der differenzierten Medienwelt sind das nicht unbedingt diejenigen Unternehmen, die als Vertragspartner des Urhebers die Masterkopie der Leistung erstellen,[7] sondern oftmals deren Auftraggeber (§ 32e Abs. 1 Nr. 1) oder auch deren Lizenzpartner (§ 32e Abs. 1 Nr. 2). § 32e möchte dem Urheber daher Direktansprüche gegen diese Protagonisten verschaffen.

Der Auskunftsanspruch gegen Unterlizenznehmer hat künftig eine **unionsrechtliche Vorgabe** in 3 dem durch Erwägungsgründe Nr. 76 erläuterten Art. 19 Abs. 2 DSM-RL.[8] Art. 19 Abs. 1 DSM-RL verpflichtet die Mitgliedstaaten sicherzustellen, dass auskunftspflichtig auch Rechtsnachfolger und **Unterlizenznehmer** sind. Während die Rechteinhaber eine Auskunftspflicht trifft,[9] gewährt die Richtlinie gegenüber Unterlizenznehmern einen Anspruch (Art. 19 Abs. 2 DSM-RL: „auf Verlangen"). Abweichend von § 32e ist der Anspruch aus Art. 19 Abs. 2 DSM-RL nicht inhaltlich auf Lizenznehmer beschränkt, die „Nutzungsvorgänge […] wesentlich bestimmen" und „aus deren Erträgnissen oder Vorteilen sich das auffällige Missverhältnis […] ergibt". Der Auskunftsanspruch ist einzig daran geknüpft, dass „die erste Vertragspartei über alle Informationen verfügt", die für die Berechnung des wirtschaftlichen Wertes und einen darauf gestützten Beteiligungsanspruch erforderlich sind (ebenso Erwägungsgrund Nr. 76). Der Anspruch ist mithin **subsidiär gegenüber der Pflicht des Hauptvertragspartners nach Art. 19 Abs. 1 DSM-RL.** Die zusätzlichen Qualifikationen in § 32e sind dagegen stark auf die Auftragsproduktionen der Sendeanstalten zugeschnitten. Der darin enthaltene Gedanke lässt sich auch über Art. 19 Abs. 2 DSM-RL fruchtbar machen. Für einen Auskunftsanspruch gegenüber dem Unterlizenznehmer genügt es nach dem obligatorisch umzusetzenden Richtlinientext, dass die maßgeblichen Informationen über die Werkverwertung beim Vertragspartner nicht vorhanden sind und dieser das gegenüber dem Urheber bestätigt. Art. 19 Abs. 2 UAbs. 2 gewährt den Urhebern und ausübenden Künstlern für diese Zwecke einen Anspruch auf Auskunft über die Identität der Unterlizenznehmer. Alternativ können die Mitgliedstaaten vorsehen, dass die an Unterlizenznehmer gerichteten Auskunftsverlangen über den Hauptvertragspartner gestellt werden (Art. 19 Abs. 2 UAbs. 3 DSM-RL). Wichtig und eine bedeutsame Abweichung vom deutschen Recht ist, dass der Auskunftsanspruch gegen Unterlizenznehmer auch durch „Vertreter" der Urheber und ausübenden Künstler geltend gemacht werden kann. Hierdurch wird – zur Vermeidung eines Blacklisting der gegen die Verwerterkette vorgehenden Kreativen – die Möglichkeit einer kollektiven Auskunftsklage eröffnet, die weit über das hinausgeht, was im deutschen Recht in § 36b bisher zugelassen wurde. Insgesamt ist § 32e daher mit Ablauf der Umsetzungsfrist zum 7.6.2022 (Art. 27 DSM-RL) an die Richtlinienbestimmung anzupassen. Das kann durch Übernahme des Art. 19 Abs. 2 DSM-RL in den Text des § 32e geschehen, klarer wäre es, § 32e zu streichen und Art. 19 Abs. 2 DSM-RL in einen neuen § 32d zu integrieren.

§ 32e besteht aus **drei Absätzen.** Fragen der Aktivlegitimation sowie Anspruchsvoraussetzungen 4 und Anspruchsgrenzen werden in Abs. 1 geregelt, der hinsichtlich der Anspruchsgrenzen auf § 32d Abs. 2 verweist. § 32e Abs. 1 konkretisiert zudem die Passivlegitimation, indem er die zwei Hauptschuldnergruppen des Auskunftsanspruchs nennt. Es handelt sich jeweils um Verwerter, die nicht direkt mit dem Urheber vertraglich verbunden sind, darunter diejenigen Verwerter, welche die Nutzungsvorgänge in der Lizenzkette wesentlich bestimmten, insbesondere Auftraggeber von Film- und Fernsehproduktionen (§ 32e Abs. 1 Nr. 1), ferner jeder Dritte in der Lizenzkette, bei dem Erträge entstehen, die im auffälligen Missverhältnis zu der dem Urheber im Primärvertrag zugesicherten Vergütung stehen (§ 32e Abs. 1 Nr. 2). **Abs. 2** stellt zusätzliche Anforderungen an die Substantiierung des Auskunftsanspruchs, die in § 32d fehlen, **Abs. 3** enthält ein Abweichungsverbot, das – etwas unreflektiert (→ Rn. 17) – § 32d Abs. 3 nachgebildet ist.

2. Vorgeschichte und Entwicklung der Norm

Auskunftsansprüche waren bereits Gegenstand der Urhebervertragsrechtsnovelle 2001 (vgl. 5 → § 32d Rn. 5). In früheren Entwürfen waren sie gegen jeden Werknutzer gerichtet, also nicht davon abhängig, dass es direkte vertragliche Beziehungen des Urhebers zu dem Werknutzer gibt. Der Referentenentwurf zur Urhebervertragsrechtsreform (→ § 32d Rn. 7) sah einen einheitlichen Anspruch gegen jeden Werknutzer vor, der mithin auch die Lizenzkette erfasst hätte. Auf massive Kritik hin sah der RegE 2016 nur noch einen Anspruch gegen den direkten Vertragspartner des Urhebers vor (→ § 32d Rn. 8),[10] wie dies auch der Entwurf einer Copyright-Richtlinie der Kommission tut (→ Rn. 3). Diese Verkürzung stieß wiederum auf Gegenkritik der Urheber und ihrer Verbände. Kritisiert wurde, dass die Gefahr besteht, dass die Mitwirkenden in Auftragsproduktionen ihr nur gegen den Auftragsproduzenten als Vertragspartner gerichtetes Auskunftsrecht kaum wirksam nutzen kön-

---

[6] Dreier/Schulze/*Schulze* UrhG § 32e Rn. 4.
[7] Dreier/Schulze/*Schulze* UrhG § 32d Rn. 1; → § 32e Rn. 1.
[8] → § 32 Rn. 4a; → § 32a Rn. 3 (dort auch Textabdruck der Richtlinienbestimmung).
[9] → § 32d Rn. 3a.
[10] RegE BT-Drs. 18/8625.

nen, weil dieser weder verpflichtet sei, sich Informationen von Dritten zu beschaffen, noch der Dritte selbst zwangsläufig auskunftspflichtig sei.[11] Der Rechtsausschuss des Deutschen Bundestages schlug daher die Gesetz gewordene Lösung von getrennten Ansprüchen einerseits gegen den unmittelbaren Vertragspartner (§ 32d), andererseits gegen Dritte in der Lizenzkette vor.[12] Die Formulierung insbesondere des § 32e Abs. 1 Nr. 1 geht auf ein Thesenpapier des Arbeitskreises Urheberrecht der SPD-Fraktion vom 12.7.2016 zurück.[13] Dort lautet die These 2 wie folgt:

> „Ein Auskunftsanspruch, der sich nur gegen den unmittelbaren Vertragspartner richtet, gleichzeitig aber diejenigen Verwerter nicht erfasst, die ein Werk nach erneuter Rechtabtretung mehrfach nutzen und verwerten, ist für die Urheber nutzlos. Der Auskunftsanspruch liefe damit bei Verwertungen im Rahmen komplexer Lizenzketten – man denke an die Auftragsproduktion im Fernsehbereich – leer. Um dies zu vermeiden, sollte sich der Auskunftsanspruch jedenfalls im Ergebnis auch gegen diejenigen Verwerter wenden, die letztlich die wirtschaftliche Kontrolle über die Nutzung innehaben und über die Häufigkeit und das Ausmaß der Nutzung bestimmen."

An dem Text sind im Gesetzgebungsverfahren keine Änderungen mehr vorgenommen worden. Die Diskussion um die konkrete Textfassung war daher spärlich.

3. Verhältnis zu konkurrierenden Auskunftsansprüchen

6   § 32e kodifiziert die Rechtsprechung zu § 32a bisheriger Fassung, soweit es um Auskünfte gegen Verwerter in der Lizenzkette geht, die neben dem Vertragspartner ggf. auf Zahlung einer weiteren Beteiligung nach § 32a Abs. 2 haften.[14] Auskunftsansprüche gegen den direkten Vertragspartner sind mit der Urheberrechtsnovelle 2016 anlasslos direkt gegen den Vertragspartner nach § 32d zu richten. Der Anspruch aus § 32e ist von seinen Voraussetzungen her etwas strenger als der aus § 32d (→ Rn. 12). Beide Ansprüche treten neben die bisher durch die Rechtsprechung auf §§ 259, 242 BGB gestützten Auskunftsansprüche (→ § 32 Rn. 9). Auskunftsansprüche gegen Urheberrechtsverletzer sind auf §§ 97, 101 mit § 242 BGB zu stützen (→ § 32 Rn. 10). Auskünfte gegen Verwertungsgesellschaften ergeben sich aus §§ 54, 55 VGG.

II. Anspruchsvoraussetzungen (Abs. 1 und Abs. 2)

1. Aktiv- und Passivlegitimation

7   a) Aktivlegitimation. Aktivlegitimiert sind Urheber, die Ansprüche aus § 32a geltend machen wollen, sowie deren Rechtsnachfolger (§ 30).[15] Über § 79 Abs. 2a haben auch ausübende Künstler den Auskunftsanspruch aus § 32e.[16] Urheber von Computerprogrammen sind über § 69a Abs. 5 ausgenommen. Kraft genereller Verweisung in §§ 70, 72 scheint der Auskunftsanspruch auch Verfassern wissenschaftlicher Ausgaben und Lichtbildnern zuzustehen.[17] Bei ihnen ist allerdings fraglich, ob sie Vergütungsansprüche nach den §§ 32, 32a haben können (→ § 32 Rn. 1; → § 32a Rn. 11). Der Gesetzgeber hat das Problem weder 2002 noch 2016 gesehen, wohl aber für ausübende Künstler eine ausdrückliche Verweisung eingeführt, die er der Sache nach für angebracht hielt und halten durfte. Das spricht dafür, dass die Inhaber verwandter Schutzrechte insgesamt keine Auskunftsansprüche nach § 32e haben, es sei denn, es handelt sich um ausübende Künstler, die in § 79 Abs. 2a ausdrücklich und bewusst einbezogen wurden. Für Arbeitnehmer gilt bereits das zu § 32d Gesagte (→ § 32d Rn. 13). Sie sind potentiell anspruchs- und auskunftsberechtigt, auch wenn die Begründung zum RegE die Auffassung äußert, dass Arbeitnehmer regelmäßig pauschal vergütet werden dürfen und deshalb auch keine Auskunftsansprüche nach den §§ 32d, 32e haben.[18]

8   b) Passivlegitimation (Abs. 1 Nr. 1 und Nr. 2). Passivlegitimiert sind Verwerter in der Lizenzkette nach dem direkten Vertragspartner des Urhebers, wenn sie entweder den Verwertungsprozess steuern (Abs. 1 Nr. 1) oder bei ihnen eine Bestsellersituation eintritt (Abs. 2 Nr. 2). Die in Nr. 2 genannten Verwerter unterlagen auch bisher Auskunftsansprüchen, die auf § 32a iVm §§ 259, 242 BGB gestützt wurden.[19] Der in § 32e Abs. 1 Nr. 1 geregelte Anspruch gegen denjenigen, der den Verwertungsprozess maßgeblich steuert, ist neu. Er betrifft eine Konstellation, die im Umfeld der §§ 36 ff. aufgetreten ist.[20] Im Kern geht es um Auftragsproduktionen im Sendebereich, die dazu führen, dass der grundsätzlich verantwortliche Produzent seinerseits durch Vorgaben eines Auftraggebers (Sendeveranstalter) wirtschaftlich kontrolliert wird, also faktisch eine Verlagerung der Verantwortlich-

---

[11] Empfehlungen des Bundesrates v. 3.5.2016, BR-Drs. 163/1/16, 3; krit. auch die Stellungnahme des Deutschen Journalistenverbandes vom 21.12.2015, S. 15 f.

[12] Begr. RA, BT-Drs. 18/10637, 3.

[13] Abrufbar unter www.spdfraktion.de/system/files/documents/thesenpapier_urhebervertragsrecht_0.pdf.

[14] Vgl. nur BGH GRUR 2012, 498, Rn. 22 – Das Boot.

[15] Möhring/Nicolini/*Soppe* UrhG § 32e Rn. 4.

[16] Begr. RA BT-Drs. 18/10637, 22.

[17] So Möhring/Nicolini/*Soppe* UrhG § 32e Rn. 5.

[18] Begr. RA BT-Drs. 18/10637, 22; ebenso für § 32e Möhring/Nicolini/*Soppe* § 32e Rn. 3.

[19] BGH GRUR 2012, 496 Rn. 22 – Das Boot; Fromm/Nordemann/*Czychowski* UrhG § 32e Rn. 9.

[20] Vgl. LG München ZUM 2012, 1000; *Reber* GRUR-Prax 2012, 560; *Fette* GRUR 2013, 29; *Weber* ZUM 2013, 740 (741).

keit auf einen Vertragspartner des Urhebers stattfindet, der selbst nur die Produktion erstellt, nicht aber die wirtschaftlich werthaltige Nutzung steuert oder gar verantwortet. In einer solchen Situation kann der Urheber gegen den Auftragsproduzenten nicht nach § 32d vorgehen, weil dieser nur Informationen preisgeben muss, über die er selbst verfügt. Auskunftsansprüche gegen seinen Auftraggeber können fehlen oder gar bewusst ausgeschlossen sein. Das Auskunftsverlangen des Urhebers könnte daher ins Leere gehen.[21] Nicht unter § 32e fallen dagegen Verletzer (§§ 97, 101), Schrankenbegünstigte und Verwertungsgesellschaften (für Letztere bestehen eigene Informationpflichten nach den §§ 54, 55 VGG).

Nicht weiter definiert ist, wer gem. **Abs. 1 Nr. 1 „Nutzungsvorgänge in der Lizenzkette we-** **9** **sentlich bestimmen"** kann. Gemeint sind insbesondere Sendeveranstalter als Auftragsproduzenten. Auffällig ist, dass für diese Auskunftsschuldner die für eine Bestsellersituation geltende Einschränkung, dass es nämlich klare Anhaltspunkte für ein Missverhältnis zwischen gezahlter Vergütung und wirtschaftlichen Erfolgen gibt, nicht genannt wird. Der Anspruch ist also an geringe Voraussetzungen gebunden, sofern es tatsächlich Anhaltspunkte für die Beherrschung der Nutzungsvorgänge in der Lizenzkette gibt. Daher greift der Anspruch dem Wortlaut nach sowohl in Fällen der echten Auftragsproduktion als auch bei der unechten Auftragsproduktion, die dadurch gekennzeichnet ist, dass der Produzent und Auftragnehmer den Weisungen des Auftraggebers zu folgen hat, im Namen und auf Rechnung des Auftraggebers Verträge schließt und Rechte erwirbt sowie diesem die Finanzierung und das Risiko voll überlässt.[22] Die Begründung zum Textvorschlag des Rechtsausschusses des Deutschen Bundestages erwähnt nicht nur Sendeunternehmen, sondern auch „Einheiten von verbundenen Unternehmen in der Medienwirtschaft, die den Verwertungsprozess maßgeblich steuern".[23] Das Gesetz spricht nicht davon, dass nur der mit dem Vertragspartner des Urhebers verbundene Auftragsproduzent auskunftspflichtig ist. Daher können nicht nur Dritte, sondern auch fernere Beteiligte in der Lizenzkette auskunftspflichtig nach § 32e Abs. 1 Nr. 1 werden, sofern sie die zentralen Glieder in der Verwertungskette sind.[24] Hier droht eine Vermischung der Voraussetzungen nach Nr. 1 und Nr. 2,[25] von der nicht klar ist, ob sie dem Gesetzgeber vor Augen stand. Man muss den Anspruch aus Nr. 1 aber jedenfalls auf die Auftragsproduktion beziehen. Bei den ferneren Beteiligten wird zu prüfen sein, ob sie nur auskunftspflichtig sind, wenn eine Konzernstruktur darauf ausgerichtet ist, die Verantwortlichkeiten im Konzern zu verlagern. Eine Lücke entstünde nicht, denn die sonstigen Beteiligten sind über den – allerdings strengeren – § 32e Abs. 1 Nr. 2 erfasst (nachfolgende → Rn. 10).

Als Beispiel für die potentiell **für eine Bestsellersituation Verantwortlichen (Nr. 2)** nennt die **10** Begründung des Rechtsausschusses den Fall, dass die Hardcoverausgabe eines Buches mäßige Erträge erzielt, das unterlizenzierte Taschenbuch aber ein Bestseller wird.[26] Weitere Fälle betreffen den besonderen Erfolg auf Verwertungsstufen, die der primären Nutzung nachgelagert sind, etwa die Video-, DVD- oder Blu-ray-Nutzung eines Filmes sowie dessen Nutzung in Online-Videoportalen.[27] Wo genau in der Lizenzkette dieser Erfolg anfällt, ist gleichgültig. Das Gesetz verlangt aber, dass der Erfolg noch von einem Glied dieser Kette erzielt wird, ohne dass der für den Erfolg Verantwortliche unmittelbar mit dem Urheber vertraglich verbunden sein muss. Insoweit sind auch Dritte, Vierte und fernere Glieder der Kette potentiell auskunftspflichtig.[28] Der Anspruch gegen den Nr. 2 Auskunftspflichtigen ist schwieriger durchzusetzen als der gegen den Schuldner nach Nr. 1. Denn nach Nr. 2 müssen nach wie vor Tatsachen vorliegen, die klare Anhaltspunkte für eine Bestsellersituation liefern. Das Darlegungsprogramm, das der Urheber hier zu erbringen hat, ist daher aufwändiger als bei Nr. 1. Im Ergebnis ist der Auskunftsanspruch bei Nr. 2 an § 32a angelehnt.

2. Übertragung oder Einräumung von Nutzungsrechten (Abs. 1)

Gemeinsame Voraussetzung für den Auskunftsanspruch gegen die in Abs. 1 Nr. 1 und 2 Genannten **11** ist, dass ihnen Nutzungsrechte (vom Vertragspartner des Urhebers oder dessen Zessionar) vollständig übertragen wurden oder dass ein Glied der vom Urheber ausgehenden Lizenzkette ihnen „weitere Nutzungsrechte", also Sublizenzen, eingeräumt hat. Damit wird die zentrale Tatbestandsvoraussetzung des § 32d auch hier verwendet (vgl. insoweit → § 32d Rn. 17). Sie stellt klar, dass die Auskunftspflichten nur in der Lizenzkette entstehen, Verletzer oder sonstige Dritte also typischerweise nach §§ 97, 101 iVm § 242 BGB, nicht aber nach § 32e auskunftspflichtig werden können. Gleichwohl ist im Ergebnis die gesamte, vom Urheber ausgehende legale Verwertungskette erfasst. Darin liegt ein wesentlicher Fortschritt durch die Urhebervertragsrechtsreform 2016.

---

[21] Empfehlung des Bundesrates v. 3.5.2016, BR-Drs. 163/1/16, 3.
[22] Vgl. *v. Hartlieb/Schwarz*, Handbuch des Filmrechts, 85. Kap. Rn. 1 ff.
[23] Begr. RA BT-Drs. 18/10637, 22.
[24] Fromm/Nordemann/*Czychowski* UrhG § 32e Rn. 10.
[25] Krit. zur potentiellen Reichweite des Anspruchs daher Fromm/Nordemann/*Czychowski* UrhG § 32e Rn. 15 (mit Beispielen).
[26] Begr. RA BT-Drs. 18/10637, 22.
[27] *Reber* GRUR-Int 2015, 802 (803).
[28] Möhring/Nicolini/*Soppe* UrhG § 32e Rn. 11 f.

3. Voraussetzungen nach § 32d (Abs. 2)

12   Anders als der anlass- und beinahe voraussetzungslose § 32d erlegt der Auskunftsanspruch gegen Dritte in der Lizenzkette dem Urheber die Last auf, „nachprüfbare Tatsachen" zu nennen, aufgrund derer „klare Anhaltspunkte" für das Vorliegen der Voraussetzungen des Abs. 1 zu erbringen sind. Im Bereich der Nr. 1 muss der Urheber also Tatsachen darlegen, aufgrund derer der von ihm in Anspruch Genommene wesentlichen Einfluss auf die Nutzungsvorgänge in der Lizenzkette hat. Bei Nr. 2 sind Tatsachen vorzubringen, die eine Bestsellersituation nahelegen, was letztlich der Rechtsprechung zu § 32a entspricht.[29] In beiden Fällen des § 32e Abs. 1 muss der Urheber zwar dem Beweis zugängliche Tatsachen[30] vorbringen, aber nicht den Vollbeweis dafür erbringen, dass der Auskunftspflichtige Nutzungsvorgänge wesentlich bestimmt oder besondere Erfolge bei der Verwertung erzielt hat. Die Tatsachen müssen für beides Indizien liefern, also das Gericht davon überzeugen, dass diese Voraussetzungen vorliegen könnten.[31] Da es zunächst nur um einen Auskunftsanspruch geht, dürften die Voraussetzungen gegenüber dem Zahlungsanspruch aus § 32a abgesenkt sein. Das erspart dem Urheber den Vollbeweis.[32]

4. Auskunft und Rechenschaft nach § 32d Abs. 1, Abs. 2

13   **a) Auskunft und Rechenschaft nach § 32d Abs. 1.** Der Inhalt des Anspruchs ist nicht gesondert in § 32e geregelt, die Vorschrift verweist vielmehr vollständig auf § 32d Abs. 1, so dass die Rechtsfolge in beiden Normen identisch ist. Der Dritte schuldet im Rahmen des § 32e einmal jährlich (→ § 32d Rn. 20) Auskunft (→ § 32d Rn. 23) und Rechenschaft (→ § 32d Rn. 24), wie auch der Vertragspartner des Urhebers dies nach § 32d schuldet. Geschuldet ist Auskunft über den Umfang der Werknutzung (→ § 32d Rn. 25) sowie die dabei erzielten Erträge und Vorteile (→ § 32d Rn. 27), beides allerdings nur nach Maßgabe der beim Auskunftspflichtigen im Rahmen eines ordnungsgemäßen Geschäftsbetriebes üblicherweise vorhandenen Informationen (→ § 32d Rn. 29) und nur auf Verlangen des Urhebers (→ § 32d Rn. 22).

14   **b) Anspruchsausschluss nach § 32d Abs. 2.** Der Anspruch aus § 32e unterliegt denselben Ausschlüssen wie nach § 32d Abs. 2. Die Urheber lediglich nachgeordneter Beiträge haben daher auch hier kein Auskunftsrecht (→ § 32d Rn. 33). „Nachgeordnet" bedeutet wie bei § 32d „nicht inhaltlich werkprägend". Entscheidend ist daher auch beim Dritten, inwieweit der besondere Erfolg auch auf der Werkleistung des Urhebers beruht. Bei einer Synchronleistung des Sprechers der Hauptrolle kann die gelungene Adaption des Charakters mit verantwortlich für den Erfolg der jeweiligen Sprachfassung des Filmes sein.[33] Denkbar ist durchaus, wie *Soppe* richtig bemerkt, dass der Erfolg beim Vertragspartner des Urhebers auf anderen Umständen beruht als beim Lizenzpartner.[34] So kann die Verwendung eines Werkes auf einer Videoplattform relevant für die Abonnentenzahl sein und die Gesamterträge des Portalbetreibers erheblich beeinflussen. Schwierig ist in solchen Fällen die **Ermittlung der Kausalität.** Das Problem stellt sich beim Auskunfts- wie auch beim Vergütungsanspruch. Es ist in beiden Fällen nicht unlösbar. Der Auskunftspflichtige im Rahmen des § 32e darf sich ohnehin darauf beschränken, Erträge und Vorteile der Art zu nennen, die in seinen Unterlagen vorhanden sind. Denkbar bleibt es daher auch, Gesamterträge oder Vorteile mitzuteilen, wenn sich nicht ermitteln lässt, ob und wie sich diese Erträge auch die verwendeten Werke verteilen. Der auf das Einzelwerk entfallende Vorteil ist dann äußerstenfalls als Quote aus der Anzahl der Gesamtwerke zu ermitteln. Dem Verwerter bleibt die Möglichkeit, eine andere als eine quotale Vorteilsverteilung darzulegen. Die Problematik entspricht allerdings derjenigen, die sich auch in Verletzungsverfahren nach §§ 97, 101 iVm § 242 BGB stellt.[35]

15   Tatbestandlich ausgeschlossen ist, dass Urheber, die ihre Werke durch Open-Content-Lizenzen vermarkten, Auskunftsansprüche haben (→ § 32d Rn. 17). Allerdings gilt dies nur, wenn sich Dritte an die Lizenzbestimmungen der Open-Content-Lizenz halten, denn nur unter dieser Voraussetzung verzichtet der Urheber auf eine Vergütung. Im Übrigen bestehen Auskunftsansprüche nicht, wenn sie unverhältnismäßig, insbesondere rechtsmissbräuchlich sind (→ § 32d Rn. 37–39).

5. Verjährung

16   Der Auskunftsanspruch nach § 32e verjährt in der regelmäßigen Frist des § 195 BGB, also nach drei Jahren ab Ende des Jahres von Anspruchsentstehung und Kenntnis von den anspruchsbegründenden Umständen. Unabhängig von der Kenntnis verjährt er in zehn Jahren ab Anspruchsentstehung (§ 199 Abs. 4 BGB). Anders als bei § 32d wird der Urheber bei § 32e nicht ohne weiteres Kenntnis

---

[29] BGH GRUR 2012, 496 Rn. 31 – Das Boot; Begr. RA BT-Drs. 18/10637, 22.
[30] Insoweit zutreffend Möhring/Nicolini/*Soppe* UrhG § 32e Rn. 23.
[31] Vgl. Dreier/Schulze/*Schulze* UrhG § 32e Rn. 8; Etwas missverständlich Möhring/Nicolini/*Soppe* UrhG § 32e Rn. 23.
[32] Fromm/Nordemann/*Czychowski* UrhG § 32 Rn. 19; iE auch Möhring/Nicolini/*Soppe* UrhG § 32e Rn. 23.
[33] BGH GRUR 2012, 1248 – Fluch der Karibik.
[34] Möhring/Nicolini/*Soppe* UrhG § 32e Rn. 19.1 (Online-Version).
[35] Vgl. dazu BGH GRUR 2010, 1090 Rn. 20, 21 – Werbung eines Nachrichtensenders.

von den anspruchsbegründenden Tatsachen (wesentliche Bestimmung der Nutzungsvorgänge in der Lizenzkette bzw. Eintreten einer Bestsellersituation) haben, zumal der Vertrag mit dem unmittelbaren Verwertungspartner noch nicht notwendig Aufschluss über das Schicksal des Werkes in der Lizenzkette vermittelt. § 32e gibt dem Urheber aber – wie auch § 32d – einen jährlichen Anspruch auf Auskunft und Rechenschaft. Daher muss der Urheber an sich nur den Verwerter in der Lizenzkette kennen, notfalls durch Befragen des eigenen Vertragspartners, zu dessen Auskunftspflicht auch Informationen über die Lizenzpartner gehören. Der **Auskunftsanspruch** gegen ihn entsteht jährlich **mit seiner Geltendmachung durch den Gläubiger,** also jeweils zum Jahresende (→ § 32d Rn. 40). Die Verjährung beginnt daher zum Schluss des jeweiligen dem Auskunftsjahr folgenden Jahres und endet nach weiteren drei Jahren.[36]

III. Abweichende Vereinbarungen (Abs. 3)

Wie § 32d sieht auch § 32e vor, dass von den Absätzen 1 und 2 nicht zum Nachteil des Urhebers **17** abgewichen werden kann, es sei denn, dies geschieht durch kollektive Regeln wie Tarifverträge oder Gemeinsame Vergütungsregeln. § 32e ist also **einseitig zwingendes Gesetzesrecht.** Die Norm überrascht zunächst, weil für den Auskunftsanspruch nach § 32e ja gerade typisch ist, dass es keine direkten Vereinbarungen zwischen Urheber und Drittem gibt.[37] Dass Verträge zwischen dem direkten Vertragspartner des Dritten und dem Lizenzpartner nicht zu Lasten des Urhebers geschlossen werden können, versteht sich aufgrund bürgerlich-rechtlicher Grundsätze von selbst. Gedacht sein kann also nur an Vereinbarungen, die anlässlich eines vom Urheber gestellten Auskunftsverlangens geschlossen werden, etwa der Versuch des Dritten, die Auskunft gegenüber dem Urheber an Bedingungen zu knüpfen, welche die Voraussetzungen des § 32e verkürzen oder verschlechtern. Soweit Auskunftsansprüche vom gesetzlichen Standard nach unten abweichen, bedarf es hierfür einer gemeinsamen Vergütungsregel oder eines Tarifvertrages. Da der Urheber über seine Verbände an solchen Regeln mittelbar beteiligt ist, zudem doch auf Augenhöhe verhandelt wird, ist der urheberbezogene Schutzzweck des § 32e in solchen Fällen nicht gefährdet. Prozessvergleiche über die Art und Weise der Auskunftsbefriedigung werden damit nicht gehindert, soweit der Vergleich Ergebnis eines gegenseitigen Nachgebens ist und Unklarheiten über die Auskunftsverpflichtung beseitigt.

§ 33 Weiterwirkung von Nutzungsrechten

[1] **Ausschließliche und einfache Nutzungsrechte bleiben gegenüber später eingeräumten Nutzungsrechten wirksam.** [2] **Gleiches gilt, wenn der Inhaber des Rechts, der das Nutzungsrecht eingeräumt hat, wechselt oder wenn er auf sein Recht verzichtet.**

Schrifttum: S. die Nachw. zu Vor §§ 31 ff. und zu § 31.

Übersicht[*]

I. Allgemeines

1. Zweck und Bedeutung der Norm

§ 33 gewährt dem Inhaber bestehender Nutzungsrechte einen Bestandsschutz gegenüber der späte- **1** ren Einräumung von Nutzungsrechten, dem Wechsel der Inhaberschaft am Mutterrecht oder dem Verzicht auf dieses **(Sukzessionsschutz). Zweck** des § 33 ist es damit, „unbillige Ergebnisse" zu vermeiden, dh das Vertrauen des Rechtsinhabers auf den Fortbestand seines Rechts zu schützen und ihm die Amortisation seiner Investitionen zu erlauben.[1] Dem Sukzessionsschutz liegt der Gedanke

---

[36] AA für § 32d: Fromm/Nordemann/*Czychowski* UrhG § 32d Rn. 42: Beginn erst mit Geltendmachung.
[37] Möhring/Nicolini/*Soppe* UrhG § 32e Rn. 24.1 (Online-Version).
[*] Die folgenden Erläuterungen beruhen teilweise auf der von *Schricker* verfassten und in der 4. Aufl. von *Loewenheim* aktualisierten Kommentierung des § 33.
[1] Amtl. Begr. BT-Drs. IV/270, 56; BGH GRUR 2012, 916 Rn. 24 – M2Trade.

zugrunde, dass der Urheber nur noch die Rechte übertragen kann, die er selbst noch besitzt.[2] An sich folgt der Sukzessionsschutz bei dinglichen Nutzungsrechten schon aus dem (partiellen) Verbrauch des Verfügungsrechts durch die Rechtseinräumung.[3]

2   Der bereits in § 33 aF (dazu → Rn. 5) angeordnete Sukzessionsschutz zugunsten einfacher Nutzungsrechte ist **rechtsdogmatisch** von nicht unerheblicher Bedeutung. Nach der Amtl. Begr.[4] brachte die Bestimmung „eine Ausnahme von dem Grundsatz, dass ein einfaches Nutzungsrecht nur schuldrechtliche Wirkung hat". Die Amtl. Begr. knüpfte mit dieser Bemerkung an die früher verbreitete Lehre von der **rein schuldrechtlichen Natur des einfachen Nutzungsrechts** an. Mittlerweile qualifizieren Rechtsprechung und herrschende Lehre nicht zuletzt wegen des Sukzessionsschutzes auch das einfache Nutzungsrecht als dinglich. In der Tat stellt er eines von mehreren Merkmalen der Dinglichkeit dar, wobei offenbleiben kann, ob das einfache Nutzungsrecht deshalb als dingliche oder lediglich, vergleichbar der Stellung des Wohnraummieters (§ 566 BGB), als verdinglichte schuldrechtliche Rechtsposition anzusehen ist.

3   Der Unterschied zwischen der schuldrechtlichen und der dinglichen Deutung des einfachen Nutzungsrechts ist freilich **praktisch** nicht allzu bedeutsam: Der Sukzessionsschutz ergibt sich in jedem Fall aus § 33; ein Verbotsrecht gegenüber Dritten besteht auch bei einem dinglich aufgefassten einfachen Recht nicht.

4   Der Sukzessionsschutz gem. § 33 ist **abdingbar**.[5] Da der Sukzessionsschutz zu den wesentlichen Merkmalen des dinglichen Rechts gehört, ist die Vereinbarung einer Berechtigung, bei der er von vornherein völlig ausgeschlossen ist, als Einräumung einer **rein schuldrechtlichen Nutzungsbefugnis**[6] anzusehen. Anders kann eine Beschränkung des Sukzessionsschutzes zugunsten einzelner kollidierender Nutzungen zu beurteilen sein, die den Voraussetzungen eines wirksamen Zuschnitts dinglicher Rechte[7] entspricht.[8] Der Charakter eines dinglichen Rechts kann dabei bestehen bleiben. So kann sich der Urheber zB bei der Einräumung eines ausschließlichen Verlagsrechts vorbehalten, einem Dritten ein Taschenbuchrecht zu gewähren; das Verlagsrecht ist hierdurch beschränkt und genießt insoweit keinen Sukzessionsschutz.[9] Eine vertragliche Beschränkung des Sukzessionsschutzes kann auch durch Vereinbarung einer auflösenden Bedingung erreicht werden.[10]

2. Entstehungsgeschichte

5   Die **bis zum 30.6.2002 geltende Fassung** des § 33 regelte nur den Sukzessionsschutz des älteren einfachen Nutzungsrechts gegenüber einem später eingeräumten ausschließlichen Nutzungsrecht. Das Gesetz zur Stärkung der vertraglichen Stellung von Urhebern und ausübenden Künstlern vom 22.3.2002[11] hat den Gedanken des Sukzessionsschutzes auf weitere Fälle der Kollision von Verfügungen ausgedehnt.

6   Der **Professorenentwurf**[12] hatte noch einen Satz 3 vorgesehen, wonach Nutzungsrechte erlöschen sollten, wenn das Recht, aufgrund dessen sie eingeräumt worden sind, wegfällt. Der Regierungsentwurf sah von diesem Zusatz ab; die Streitfrage, die inzwischen durch die Rechtsprechung geklärt wurde,[13] solle nicht präjudiziert werden.

7   Für Verträge, die **vor dem 1.7.2002 geschlossen** wurden, gilt weiter § 33 aF.[14] Da schon § 33 aF erweiternd ausgelegt wurde, fällt der Unterschied der Rechtsgrundlage nicht ins Gewicht.[15]

3. Anwendungsbereich

8   § 33 gilt auch im Bereich der **verwandten Schutzrechte**.[16]

---

[2] BGH GRUR 1986, 91 (93) – Preisabstandsklausel.
[3] *Forkel* S. 84 f.; Wandtke/Bullinger/*Wandtke/Grunert* UrhG § 33 Rn. 1.
[4] BT-Drs. IV/270, 56.
[5] S. auch zur aF die Amtl. Begr. BT-Drs. IV/270, 56; vgl. auch Loewenheim/*Loewenheim/J. B. Nordemann*, Handbuch des Urheberrechts, § 26 Rn. 32; Dreier/Schulze/*Schulze* UrhG § 33 Rn. 6; DKMH/*Kotthoff* UrhG § 33 Rn. 5; *Zurth* S. 49.
[6] → § 29 Rn. 28.
[7] → § 31 Rn. 29.
[8] S. zur Zulässigkeit von Einschränkungen allgemein → § 31 Abs. 1 S. 2, Abs. 5 S. 2 aE.
[9] Vgl. auch Mestmäcker/Schulze/*Scholz* UrhG § 33 Rn. 24.
[10] DKMH/*Kotthoff* UrhG § 33 Rn. 5.
[11] BGBl. I S. 1155; → Vor §§ 31 ff. Rn. 9 ff.
[12] GRUR 2000, 765 (766).
[13] Dazu → § 31 Rn. 20 ff.
[14] § 132 Abs. 3 S. 1.
[15] S. auch Wandtke/Bullinger/*Wandtke/Grunert* UrhG § 33 Rn. 12; Dreier/Schulze/*Schulze* UrhG § 33 Rn. 2.
[16] § 70 Abs. 1, § 71, § 72 Abs. 1, § 79 Abs. 2, § 81, § 85 Abs. 2, § 87 Abs. 2, § 87a, § 94 Abs. 2, § 95; Dreier/Schulze/*Schulze* UrhG § 33 Rn. 3; Fromm/Nordemann/*J. B. Nordemann* UrhG § 33 Rn. 6.

II. Tatbestandsvoraussetzungen

1. Sukzessionsschutz bei späterer Einräumung von Nutzungsrechten (S. 1)

Der Inhaber eines **(dinglichen) Nutzungsrechts**[17] genießt Schutz gegen nachfolgende Rechts-   **9**
einräumungen. Anders als die bis 2002 geltende Fassung, die nur den Fortbestand einfacher Nutzungsrechte regelte, **schützt § 33** mittlerweile **Nutzungsrechte jeder Art.** Auch auf der passiven
Seite sind sowohl **ausschließliche als auch einfache Nutzungsrechte** einzubeziehen.

Folgt ein **ausschließliches auf ein einfaches Nutzungsrecht,** so ist die Einräumung des späte-   **10**
ren ausschließlichen Nutzungsrechts zwar wirksam, es ist aber gleichsam mit dem früheren Nutzungsrecht belastet: Der Erwerber des ausschließlichen Nutzungsrechts kann gegen den Inhaber des einfachen Nutzungsrechts urheberrechtliche Ansprüche ebenso wenig erheben, wie dies der Urheberrechtsinhaber selbst vermag.[18] Umgekehrt kann freilich auch der einfach Nutzungsberechtigte nicht
gegen den Inhaber des ausschließlichen Nutzungsrechts vorgehen, sondern er hat nur einen Duldungsanspruch, da ihm ein urheberrechtliches Verbotsrecht gegenüber Dritten in keinem Fall zusteht.
Es tritt also Koexistenz ein. Dem Erwerber des ausschließlichen Nutzungsrechts bleibt es freilich unbenommen, gegen den Urheberrechtsinhaber **vertragliche Ansprüche** zu erheben. Wurde schuldrechtlich die Gewährung uneingeschränkter Ausschließlichkeit vereinbart, kommt eine Rechtsmängelhaftung in Frage.[19]

Sukzessionsschutz gilt nach § 33 S. 1 auch – erst recht – für den Fall, dass der **Urheber** nach Ein-   **11**
räumung eines **ausschließlichen Nutzungsrechts** ein weiteres **ausschließliches Nutzungsrecht**
einräumt. In diesem Fall ist der zweite Verfügungsakt wegen Verbrauchs der Verfügungsmacht unwirksam; das erste Nutzungsrecht besteht ungeschmälert fort.[20] Gleiches gilt, wenn **auf die Einräumung eines ausschließlichen Nutzungsrechts diejenige eines einfachen Nutzungsrechts
folgt.** In den letzten beiden Fällen liegt auf der Hand, dass es sich um den Verbrauch der Verfügungsmacht nach allgemeinen Grundsätzen geht, unter Ausschluss eines gutgläubigen Erwerbs.

Folgt ein weiteres einfaches Nutzungsrecht auf ein früher eingeräumtes einfaches Nut-   **12**
zungsrecht, so ergibt sich die Koexistenz bereits aus der Definition des einfachen Nutzungsrechts;[21]
beide haben einander zu tolerieren. Wer nur ein einfaches Nutzungsrecht erwirbt, muss damit rechnen, dass weitere einfache Rechte oder erteilt werden. Der Urheberrechtsinhaber kann dem
Erwerber eines einfachen Rechts allerdings rein schuldrechtlich die Ausschließlichkeit zusichern; bei
Verletzung der Abrede ist ein Vertragsanspruch gegen die Urheberrechtsinhaber gegeben.[22]

§ 33 nimmt auf die Einräumung von Nutzungsrechten schlechthin Bezug,[23] gilt also auch für **Nut-**   **13**
zungsrechte zweiter Stufe (Enkelrechte).[24] Die Vergabe weiterer Nutzungsrechte ist freilich nur
dem **Inhaber eines ausschließlichen Nutzungsrechts** möglich; er kann im Rahmen seiner Berechtigung sowohl ausschließliche als auch einfache Nutzungsrechte vergeben (§ 31 Abs. 3), wobei
das Zustimmungserfordernis des § 35 zu beachten ist. Der Sukzessionsschutz gilt dabei wiederum für
alle Kombinationen von Rechtskollisionen, wie sie vorstehend für den Urheber erörtert wurden.

Der durch den Sukzessionsschutz Begünstigte kann sich auf diesen Schutz auch gegenüber dem   **14**
Urheber berufen, mit dessen Zustimmung sein Nutzungsrecht entstanden ist und auf dessen Verfügung es letzten Endes zurückgeht.[25]

2. Sukzessionsschutz bei Inhaberwechsel und Verzicht (S. 2)

Nach § 33 S. 2 wird Sukzessionsschutz auch in dem Fall gewährt, dass der **Inhaber,** der das Recht   **15**
eingeräumt hat, **wechselt.**[26]

Dies betrifft zunächst den Wechsel der **Inhaberschaft am Urheberrecht.** Soweit es sich dabei um   **16**
einen Inhaberwechsel durch Erbfall handelt, ergibt sich der Sukzessionsschutz schon daraus, dass der
Rechtsnachfolger in die Stellung des Urhebers eintritt (§ 30) und die vom Urheber eingeräumten
dinglichen Nutzungsrechte mit Wirkung zu Lasten des Rechtsnachfolgers fortbestehen. Gleiches gilt
aber auch für den Fall, dass eine Übertragung des Urheberrechts unter Lebenden ausnahmsweise nach
§ 29 Abs. 1 zulässig ist. Der Rechtsnachfolger wird im Blick auf den Sukzessionsschutz so behandelt,
wie wenn er das fragliche Nutzungsrecht selbst eingeräumt hätte.

§ 33 S. 2 betrifft weiterhin den **Wechsel des Inhabers eines ausschließlichen Nutzungsrechts.**   **17**
Wird dieses Recht von Todes wegen oder unter Lebenden übertragen,[27] so muss der Erwerber die

---

[17] Näher hierzu → § 31 Rn. 47, 50.
[18] Wandtke/Bullinger/*Wandtke/Grunert* UrhG § 33 Rn. 8.
[19] Vgl. Fromm/Nordemann/*J. B. Nordemann* UrhG § 33 Rn. 10; Dreier/Schulze/*Schulze* UrhG § 33 Rn. 6;
Wandtke/Bullinger/*Wandtke/Grunert* UrhG § 33 Rn. 11; BeckOK UrhR/*Soppe* UrhG § 33 Rn. 1.
[20] Dreier/Schulze/*Schulze* UrhG § 33 Rn. 8.
[21] Fromm/Nordemann/*J. B. Nordemann* UrhG § 33 Rn. 9; Dreier/Schulze/*Schulze* UrhG § 33 Rn. 8.
[22] Zu möglichen vertraglichen Ansprüchen sa Wandtke/Bullinger/*Wandtke/Grunert* UrhG § 33 Rn. 11.
[23] § 33 aF stellte auf die Rechtseinräumung durch den Urheber ab.
[24] Dreier/Schulze/*Schulze* UrhG § 33 Rn. 7; Fromm/Nordemann/*J. B. Nordemann* UrhG § 33 Rn. 5.
[25] Wandtke/Bullinger/*Wandtke/Grunert* UrhG § 33 Rn. 4.
[26] Wandtke/Bullinger/*Wandtke/Grunert* UrhG § 33 Rn. 6.
[27] In letzterem Fall ist § 34 zu beachten, vgl. → § 34 Rn. 19.

von seinem Rechtsvorgänger wirksam eingeräumten dinglichen Nutzungsrechte gegen sich gelten lassen; sie genießen Sukzessionsschutz.

18   Schließlich gewährt § 33 S. 2 Sukzessionsschutz auch für den Fall, dass der Inhaber des Rechts, der das Nutzungsrecht eingeräumt hat, auf sein Recht **verzichtet.** Auf das Urheberrecht im Ganzen kann der **Urheber** allerdings nicht verzichten.[28] Zwar erlaubt § 8 Abs. 4 den Verzicht des **Miturhebers** auf seinen Anteil an den Verwertungsrechten; da er aber an seinem Anteil keine Nutzungsrechte einzuräumen vermag,[29] kann die Konstellation eines Sukzessionsschutzes zugunsten solcher Rechte nicht eintreten. Der Fall, dass alle Miturheber ein Nutzungsrecht bestellt haben und dann ein Miturheber verzichtet, ist unter die Alternative des (partiellen) Inhaberwechsels zu subsumieren.

19   Möglich ist ein Verzicht des **Inhabers eines ausschließlichen Nutzungsrechts;** es tritt dann ein **Heimfall** des Nutzungsrechts an den Urheber ein.[30] § 33 S. 2 gewährt auch hier zugunsten der von dem verzichtenden Nutzungsrechtsinhaber eingeräumten Nutzungsrechte Sukzessionsschutz, dh der Urheber muss diese Rechte[31] weiter gegen sich gelten lassen.

20   Entsprechendes gilt bei einer **mehrstufigen Kette von Nutzungsrechtseinräumungen:** Der Heimfall tritt hier zugunsten des Nutzungsrechtsinhabers ein, der das Nutzungsrecht, auf das verzichtet wurde, eingeräumt hatte. Ihm gegenüber kann der Inhaber eines von dem Verzichtenden eingeräumten Nutzungsrechts Sukzessionsschutz beanspruchen. Der Schutz besteht auch gegenüber dem Urheber, auf dessen Verfügung die Nutzungsrechtskette immer noch beruht.

21   Der Verzicht auf ein ausschließliches Nutzungsrecht, das die Basis für ein weiteres Nutzungsrecht bildet, ist ein Unterfall der **allgemeineren Problematik des Fortbestands von Nutzungsrechten, deren Grundlage entfallen ist.** Prototypische Konstellation ist der Wegfall eines Verlagsrechts, aufgrund dessen der Verleger eine Taschenbuchlizenz erteilt hatte. Entgegen einer früher verbreiteten, auch hier bis zur 4. Aufl.[32] vertretenen Ansicht geht die Rechtsprechung mittlerweile davon aus, dass trotz Wegfalls des „Tochterrechts" das „Enkelrecht" fortbesteht.[33] Zur Begründung zieht der BGH ua den Rechtsgedanken des § 33 heran: Ebenso wie es Zweck des Sukzessionsschutzes sei, das Vertrauen des Rechtsinhabers auf den Fortbestand seines Rechts zu schützen und ihm die Amortisation seiner Investitionen zu ermöglichen, überwiege auch bei Wegfall der Hauptlizenz wegen Rückrufs oder wegen Beendigung des Hauptlizenzvertrags das Interesse des Unterlizenznehmers.[34]

III. Rechtsfolgen

22   Der Sukzessionsschutz nach § 33 greift nur zugunsten **dinglicher Nutzungsrechte** ein, nicht auch zum Schutz rein schuldrechtlicher Befugnisse. Die **vom Sukzessionsschutz begünstigten Rechte „bleiben ... wirksam",** wenn die Voraussetzungen des Sukzessionsschutzes erfüllt sind. Die fortbestehende Wirkung richtet sich nach dem jeweiligen Rechtstypus: Ausschließliche Nutzungsrechte wirken gegenüber jedermann und geben auch Abwehransprüche;[35] Letztere fehlen bei einfachen Nutzungsrechten, die sich auf eine Nutzungsbefugnis im Verhältnis zu denjenigen beschränken, denen gegenüber die Rechte wirksam sind.[36]

23   Die **Rechte, zu deren Nachteil der Sukzessionsschutz eingreift,** sind unwirksam, soweit dem Einräumenden die Verfügungsbefugnis fehlt;[37] im Übrigen haben ihre Inhaber die begünstigten Rechte zu tolerieren; es tritt Koexistenz ein.[38]

24   Was den **dinglichen Zuschnitt** der Rechte betrifft, die Sukzessionsschutz genießen, so bemisst er sich nach dem beim Eintritt des Sukzessionsschutzes geltenden Rechtszustand.

25   Die zugrunde liegenden **schuldrechtlichen Verträge** werden vom Sukzessionsschutz nicht modifiziert. In den Fällen des § 33 S. 1 bleibt weiter Vertragspartner, wer das Recht eingeräumt hat. Nach den schuldrechtlichen Verträgen ist insbesondere zu entscheiden, ob durch die Existenz des Sukzessionsschutz genießenden älteren Rechts Vertragspflichten gegenüber dem Inhaber des jüngeren Rechts verletzt sind.[39]

26   Im Falle des **Inhaberwechsels** (§ 33 S. 2) unter Lebenden bleibt, wenn zwischen den Beteiligten nichts anderes vereinbart wird, der alte Inhaber Partner des schuldrechtlichen Vertrages. Zwischen ihm und dem Inhaber des Sukzessionsschutz genießenden Rechts ist nach Maßgabe ihrer schuldrechtlichen Beziehungen zu prüfen, ob aus dem Inhaberwechsel Ansprüche herzuleiten sind. Bei der

---

[28] Näher dazu → § 29 Rn. 22 ff.
[29] → § 8 Rn. 12.
[30] → § 29 Rn. 15, dort auch zur dogmatischen Konstruktion (regelmäßig Vertrag).
[31] Wenn sie wirksam bestellt worden waren, s. § 35.
[32] 4. Aufl. 2010, § 33 Rn. 21, § 35 Rn. 22.
[33] Hierzu im Einzelnen → § 31 Rn. 20 ff.
[34] BGH GRUR 2012, 916 Rn. 24 f. – M2Trade.
[35] Wandtke/Bullinger/*Wandtke*/*Grunert* UrhG § 33 Rn. 9.
[36] Wandtke/Bullinger/*Wandtke*/*Grunert* UrhG § 33 Rn. 9; Dreier/Schulze/*Schulze* UrhG § 33 Rn. 5.
[37] Wandtke/Bullinger/*Wandtke*/*Grunert* UrhG § 33 Rn. 10; Dreier/Schulze/*Schulze* UrhG § 33 Rn. 8.
[38] → Rn. 9, 11, 12; Wandtke/Bullinger/*Wandtke*/*Grunert* UrhG § 33 Rn. 4, 8.
[39] Auch → Rn. 10.

Rechtsnachfolge von Todes wegen sind die schuldrechtlichen Beziehungen nach erbrechtlichen Grundsätzen zu beurteilen.

Wenn der Inhaber eines vom Urheber eingeräumten ausschließlichen Nutzungsrechts auf dieses **27** **verzichtet,** sind hinsichtlich des schuldrechtlichen Vertrages zwischen dem Verzichtenden und dem Inhaber des Sukzessionsschutz genießenden Nutzungsrechts verschiedene Konstellationen denkbar. Die naheliegendste Lösung wäre, dass Verzichtender, Urheber und Inhaber des wirksam bleibenden Nutzungsrechts eine Vertragsübernahme vereinbaren, durch die der schuldrechtliche Vertrag auf den Urheber und den Inhaber des wirksam bleibenden Rechts übergeleitet wird, so dass der Anspruch auf Lizenzgebühren dem Urheber zusteht. Kommt es nicht zur Vertragsübernahme, so bleibt der Verzichtende Vertragspartner und kann insbesondere weiter Lizenzgebühren kassieren. Ob der Verzichtende diese Erträge behalten darf, hängt von seinen schuldrechtlichen Abmachungen mit dem Urheber ab. Soweit es keinen Rechtsgrund für das Behalten der Erträge gibt, sind sie dem Urheber bereicherungsrechtlich herauszugeben.[40] Bezieht sich der Verzicht auch auf den schuldrechtlichen Vertrag mit dem Inhaber des wirksam bleibenden Rechts, so entfällt der Anspruch des Verzichtenden auf Lizenzgebühren. Der Urheber hat keine vertraglichen Ansprüche gegen den Inhaber des wirksam bleibenden Rechts. Gegenüber dem Urheber bildet das wirksam bleibende Recht einen Rechtsgrund für die in seinem Rahmen veranstaltete Werknutzung. Der Rechtsgrund deckt aber nur die entgeltliche Nutzung nach Maßgabe des bisherigen Vertrages. Der Urheber wird deshalb bereicherungsrechtlich entweder vom Verzichtenden Abtretung der Ansprüche gegen dessen Vertragspartner oder ein entsprechend zu bemessendes Nutzungsentgelt von dem Inhaber des wirksam bleibenden Rechts verlangen können. Die Situation beim Verzicht in einer längeren Kette abgeleiteter Rechte ist entsprechend zu beurteilen.

§ 34 Übertragung von Nutzungsrechten

(1) [1]**Ein Nutzungsrecht kann nur mit Zustimmung des Urhebers übertragen werden.** [2]**Der Urheber darf die Zustimmung nicht wider Treu und Glauben verweigern.**

(2) **Werden mit dem Nutzungsrecht an einem Sammelwerk (§ 4) Nutzungsrechte an den in das Sammelwerk aufgenommenen einzelnen Werken übertragen, so genügt die Zustimmung des Urhebers des Sammelwerkes.**

(3) [1]**Ein Nutzungsrecht kann ohne Zustimmung des Urhebers übertragen werden, wenn die Übertragung im Rahmen der Gesamtveräußerung eines Unternehmens oder der Veräußerung von Teilen eines Unternehmens geschieht.** [2]**Der Urheber kann das Nutzungsrecht zurückrufen, wenn ihm die Ausübung des Nutzungsrechts durch den Erwerber nach Treu und Glauben nicht zuzumuten ist.** [3]**Satz 2 findet auch dann Anwendung, wenn sich die Beteiligungsverhältnisse am Unternehmen des Inhabers des Nutzungsrechts wesentlich ändern.**

(4) **Der Erwerber des Nutzungsrechts haftet gesamtschuldnerisch für die Erfüllung der sich aus dem Vertrag mit dem Urheber ergebenden Verpflichtungen des Veräußerers, wenn der Urheber der Übertragung des Nutzungsrechts nicht im Einzelfall ausdrücklich zugestimmt hat.**

(5) [1]**Der Urheber kann auf das Rückrufsrecht und die Haftung des Erwerbers im Voraus nicht verzichten.** [2]**Im Übrigen können der Inhaber des Nutzungsrechts und der Urheber Abweichendes vereinbaren.**

Schrifttum: *Acker/Thum,* Zulässigkeit der Vereinbarung der freien Weiterübertragbarkeit von urheberrechtlichen Nutzungsrechten durch AGB, GRUR 2008, 671; *Berger,* Der Rückruf urheberrechtlicher Nutzungsrechte bei Unternehmensveräußerungen nach § 34 Abs. 3 S. 2 UrhG, FS Schricker (2005), S. 223; *Brauer/Sopp,* Sicherungsrechte an Lizenzrechten; eine unsichere Sicherheit, ZUM 2004, 112; *Grützmacher,* Gebrauchtsoftware und Übertragbarkeit von Lizenzen, CR 2007, 549; *Joppich,* § 34 UrhG im Unternehmenskauf, K&R 2003, 211; *Koch-Sembdner,* Das Rückrufsrecht des Urhebers bei Unternehmensveräußerungen, 2004; *ders.,* Das Rückrufsrecht des Autors bei Veränderungen im Verlagsunternehmen, AfP 2004, 211; *Lößl,* Rechtsnachfolge in Verlagsverträge, 1997; *Partsch/Reich,* Die Change-of-Control-Klausel im neuen Urhebervertragsrecht, AfP 2002, 298; *Peters,* Rechte des Geistigen Eigentums bei Unternehmenstransaktionen, 2016; *v. Pfeil,* Urheberrecht und Unternehmenskauf – Die Übertragung urheberrechtlicher Nutzungsrechte beim Asset Deal, 2007; *Raitz v. Frentz/Masch,* Rechtehandelsunternehmen und Unternehmenskauf, ZUM 2009, 354; *Royla/Gramer,* Urheberrecht und Unternehmenskauf – Reichweite von Zustimmungserfordernis und Rückrufsrecht des Urhebers von Computerprogrammen, CR 2005, 154; *Scholz,* Zum Fortbestand abgeleiteter Nutzungsrechte nach Wegfall der Hauptlizenz, GRUR 2009, 1107; *ders.,* Mögliche vertragliche Gestaltungen zur Weitergabe von Software nach „Usedsoft II"; GRUR 2015, 142; *Wernicke/Kockentiedt,* Das Rückrufsrecht aus § 34 Abs. 3 UrhG – Rechtsfragen und ihre Auswirkungen auf Unternehmenskäufe, ZUM 2004, 348.

S. auch die Nachweise zu Vor §§ 31 ff. und zu § 31.

---

[40] So für den Fall der Beendigung des Hauptlizenzvertrags BGH GRUR 2012, 916 Rn. 26 f. – M2Trade.

Übersicht[*]

I. Allgemeines

1. Zweck und Bedeutung der Norm

1   Die Vorschrift schützt zum einen die **persönlichen Interessen** des Urhebers. Dem Gesetzgeber erschien es „nicht gerechtfertigt, dass das Nutzungsrecht ohne Wissen des Urhebers in die Hand von Personen gelangt, die sein Vertrauen nicht besitzen und von denen er befürchten muss, dass sie von dem Nutzungsrecht einen seinen Absichten zuwiderlaufenden Gebrauch machen werden".[1] § 34, der in den Gesetzen des gewerblichen Rechtsschutzes keine Entsprechung findet, kann daher zu den urheberpersönlichkeitsrechtlichen Regelungen im weiteren Sinn gerechnet werden.[2] Zum anderen werden aber auch **verwertungsrechtliche Gesichtspunkte** berührt:[3] Welches Verwerterunternehmen sich mit der Nutzung des Werks befasst, kann für die Wahrung der Vermögensinteressen des Urhebers von entscheidender Bedeutung sein. Strukturell gehört § 34 – wie §§ 31 Abs. 5, 35 und § 37 – zu den Vorschriften, die den Urheber vor weitgehender Rechtsvergabe schützen, ihm die Kontrolle seiner Rechte möglichst erhalten wollen. Der Schutz wird allerdings dadurch abgeschwächt, dass Abs. 1–3 dispositiv ist (Abs. 5 S. 2); nur auf das Rückrufsrecht und die Erwerberhaftung kann der Urheber im Voraus nicht verzichten (Abs. 5 S. 1).

2   Die vom Gesetz mangels abweichender Vereinbarung in Abs. 1–3 vorgesehene differenzierte Regelung bemüht sich um einen angemessenen Ausgleich zwischen den Interessen des Urhebers und des Nutzungsrechtsinhabers. Allerdings liegt der Regelung die typische Interessenlage beim Verlagsvertrag[4] oder vergleichbaren Verträgen zwischen Urheber und Verwerter zugrunde. Hier räumt der Urheber einem Verwerter ein ausschließliches Nutzungsrecht ein und hat dabei ein erhebliches ideelles und wirtschaftliches Interesse an der Kapazität, dem Ruf und der Bonität des Verwerters. Je stärker sich die Rechtseinräumung von diesem Leitbild entfernt, desto schwächer wird die Rechtfertigung der Vorschrift. Schon bei der Einräumung einfacher Nutzungsrechte besteht zwischen Urheber und Nutzungsberechtigtem ein weniger ausgeprägtes Vertrauensverhältnis. Der Anwendungsbereich des § 34 erstreckt sich aber sogar **auf die Einräumung einfacher Nutzungsrechte an anonyme Endnutzer in einer Vielzahl gleichartiger Fälle.** In diesem Fall, der häufig bei der Verbreitung von Standardsoftware, aber auch der digitalen Nutzung von Büchern, Filmen und Musik auftritt, schränkt das Zustimmungserfordernis des § 34 die **Verkehrsfähigkeit digitaler Güter** ein, ohne dass ein Interesse des Urhebers an der Identität des Nutzungsberechtigten ersichtlich wäre. Auch die Zustimmungspflicht im Fall des § 34 Abs. 1 S. 2 hilft dem Nutzer hier nicht weiter, weil ihre Durchsetzung übermäßige Transaktionskosten verursacht. So verschafft § 34 dem Urheber in diesem Fall die

---

[*] Die folgenden Erläuterungen beruhen teilweise auf der von *Schricker* verfassten und in der 4. Aufl. von *Loewenheim* aktualisierten Kommentierung des § 34.

[1] BT-Drs. IV/270, 57.

[2] Vgl. → Vor §§ 12 ff. Rn. 9; *Schricker,* Verlagsrecht, VerlG § 28 Rn. 1; Fromm/Nordemann/*J. B. Nordemann* UrhG § 34 Rn. 2; Wandtke/Bullinger/*Wandtke/Grunert* UrhG § 34 Rn. 1; DKMH/*Kotthoff* UrhG § 34 Rn. 1; Loewenheim/*Loewenheim/J. B. Nordemann,* Handbuch des Urheberrechts, § 28 Rn. 6.

[3] Fromm/Nordemann/*J. B. Nordemann* UrhG § 34 Rn. 2; Dreier/Schulze/*Schulze* UrhG § 34 Rn. 1; *v. Gamm* UrhG § 34 Rn. 10; *Forkel* S. 147; OLG Frankfurt a. M. CR 1998, 525 (526); *Berger* FS Schricker (2005), 223 f.

[4] Zur Vorbildfunktion des § 28 VerlG aF für § 34 → Rn. 3.

Möglichkeit, den Preis entlang der Vertriebskette zu kontrollieren; Nutznießer ist praktisch in erster Linie der Verwerter. De lege ferenda sollte über eine **Einschränkung des § 34** für den Fall nachgedacht werden, dass an einem Werk eine Vielzahl einfacher Nutzungsrechte in gleichartiger Form eingeräumt wird.[5] Schon de lege lata ist für diesen Fall eine teleologische Reduktion des § 34 zu erwägen,[6] auch die Anwendbarkeit der Vorschrift auf Rechte an Computerprogrammen wird bezweifelt.[7]

2. Entstehungsgeschichte

Vor 1965 fehlte eine allgemeine gesetzliche Regelung. Doch schränkte der (2002 aufgehobene) **3** **§ 28 VerlG** die freie Übertragbarkeit von Verlagsrechten ein,[8] indem er die Übertragung einzelner Rechte des Verlegers an die Zustimmung des Urhebers band. Dieser durfte seine Zustimmung allerdings nur aus wichtigem Grunde verweigern. Auch wenn außerhalb des Verlagsrechts kein weiteres gesetzliches Zustimmungserfordernis bestand, leitete die hM aus dem persönlichkeitsrechtlichen Kern des Urheberrechts den Grundsatz ab, dass die Weiterübertragung eines Nutzungsrechts regelmäßig der Zustimmung des Urhebers bedurfte.[9]

Durch das **UrhG von 1965** wurde das Zustimmungserfordernis des **§ 28 VerlG,** den die Amtl. **4** Begr. ausdrücklich als Vorbild nennt,[10] **auf alle Arten von Nutzungsrechten** erweitert.[11] „Der Urheber soll den Vorbehalt seiner Zustimmung jedoch nicht dazu missbrauchen dürfen, eine seine Interessen in keiner Weise beeinträchtigende Übertragung des Nutzungsrechts willkürlich zu verhindern", weshalb S. 2 angefügt wurde.[12]

Das **Gesetz zur Stärkung der vertraglichen Stellung von Urhebern und ausübenden** **5** **Künstlern** vom 22.3.2002[13] hat § 34 mit dem Ziel der Verbesserung des Urheberschutzes in einigen Punkten modifiziert.[14]
– Für den Fall der **Gesamtveräußerung von Unternehmen und Unternehmensteilen,** bei der nach wie vor die Nutzungsrechte ohne Zustimmung des Urhebers übertragen werden können, wurde ein **Rückrufsrecht des Urhebers** für den Fall der Unzumutbarkeit eingeführt.[15]
– In § 34 Abs. 4 wurde eine **eingeschränkte gesamtschuldnerische Haftung des Erwerbers** angeordnet. Nach zuvor geltendem Recht war eine solche nur in den Fällen vorgesehen, in denen die Übertragung des Nutzungsrechts nach Vertrag oder kraft Gesetzes ohne Zustimmung des Urhebers zulässig war. Der Professorenentwurf schlug eine zwingende Haftung für alle Übertragungsfälle vor.[16] Die Kritik von Verwerterseite führte zu einer Beschränkung der Haftung auf die Fälle, in denen der Urheber im Einzelfall ausdrücklich zustimmt hat. Wie die Begründung hervorhebt, kann dem Erfordernis der ausdrücklichen Zustimmung nicht in Pauschal- oder Formularverträgen, sondern nur in Individualabreden genügt werden.[17]
– Die **verlagsrechtliche Sonderregelung des § 28 VerlG wurde** als überflüssige Doppelregelung **gestrichen.**[18] Damit hat sich der zuvor bestehende Streit um das Verhältnis zwischen § 28 VerlG und § 34 erledigt.[19]

In **zeitlicher Hinsicht** findet die Neufassung des § 34 gemäß § 132 Abs. 3 S. 1 jedenfalls auf Ver- **6** träge Anwendung, die ab dem 1.7.2002 geschlossen wurden. Einigkeit besteht auch darüber, dass vorher erfolgte Rechtsübertragungen nach altem Recht (einschließlich § 28 VerlG) zu beurteilen sind. Umstritten ist lediglich, ob für die Anwendbarkeit des § 34 nF auf den Zeitpunkt der vertraglichen Begründung des Nutzungsrechts[20] oder den Zeitpunkt der Rechtsübertragung[21] abzustellen ist. Wortlaut und Systematik des § 132 Abs. 3 sprechen für Ersteres. Vor allem das in § 34 Abs. 3 S. 2 geregelte Rücktrittsrecht im Fall von Unternehmensveräußerungen ist also nur auf Urheberrechtsverträge anwendbar, die ab dem 1.7.2002 geschlossen wurden.

---

[5] *Zech* ZUM 2014, 3 (10); *Ohly,* Urheberrecht in der digitalen Welt, Gutachten F zum 70. Deutschen Juristentag, 2014, S. F 56.
[6] → Rn. 10.
[7] → Rn. 19.
[8] Diese Einschränkung war während der Gesetzesberatungen durchaus umstritten, s. *Berger* FS Schricker (2005), 223 (225 f.).
[9] Dreier/Schulze/*Schulze* UrhG § 34 Rn. 4; Fromm/Nordemann/*J. B. Nordemann* UrhG § 34 Rn. 3.
[10] Amtl. Begr. BT-Drs. IV/270, 57; s. zur Vorbildfunktion des § 28 VerlG auch *Berger* FS Schricker (2005), 223 (225 f.).
[11] Zur Begründung auch → Rn. 1.
[12] Amtl. Begr. BT-Drs. IV/270, 57.
[13] Näher hierzu → Vor §§ 31 ff. Rn. 9.
[14] Ausführlich zu diesen Änderungen → 4. Aufl. 2010, § 34 Rn. 4–9.
[15] § 34 Abs. 3 S. 2, dazu → Rn. 40 ff. Die Neuregelung war wortgleich schon im Professorenentwurf vorgeschlagen worden; dort war auch die Unverzichtbarkeit bereits vorgesehen, s. GRUR 2000, 765 (766).
[16] GRUR 2000, 765 (766).
[17] Abgedruckt bei *Hucko* Urhebervertragsrecht S. 94 f., 123, 124.
[18] Zur seit Wegfall des § 28 VerlG erforderlichen analogen Anwendung des § 34 auf schuldrechtliche Vereinbarungen → Rn. 11.
[19] Hierzu → 2. Aufl. 1999, UrhG § 24 Rn. 3 mwN.
[20] So Fromm/Nordemann/*J. B. Nordemann* UrhG § 34 Rn. 6; vgl. auch *Peukert* GRUR-Int 2005, 962 (963).
[21] So bis zur → 4. Aufl. 2010, UrhG § 34 Rn. 23; *Koch-Sembdner* AfP 2004, 211 (214 f.); Dreier/Schulze/*Schulze* UrhG § 34 Rn. 4.

3. Unionsrechtlicher Rahmen und Rechtsvergleich

7   Das Unionsrecht lässt bisher, von Art. 18–23 DSM-RL und wenigen weiteren Bestimmungen abgesehen, das Urhebervertragsrecht unberührt, so dass den Mitgliedstaaten bisher auch überlassen bleibt, ob sie bei der Übertragung von Nutzungsrechten die Zustimmung des Urhebers verlangen. Einige ausländische Rechtsordnungen kennen vergleichbare Regeln allgemeiner Art[22] oder speziell für Verlagsverträge,[23] in anderen Ländern hängt die Übertragbarkeit der Lizenz von der vertraglichen Vereinbarung zwischen Urheber und Lizenznehmer ab.[24]

II. Das Zustimmungserfordernis (Abs. 1, 2)

1. Voraussetzungen

8   **a) Nutzungsrechte. Nutzungsrecht** ist das vom Urheber oder einem anderen Rechtsinhaber **abgeleitete subjektive Recht zur Nutzung des Werks** in den durch die Rechtseinräumung bestimmten Grenzen.[25]

9   Sowohl die Übertragung **ausschließlicher** als auch diejenige **einfacher Nutzungsrechte** fällt unter § 34.[26] Da aber bei der Übertragung einfacher Nutzungsrechte die Interessen des Urhebers oft weniger schwer wiegen, kommt hier eher eine Zustimmungspflicht des Urhebers gem. § 34 Abs. 1 S. 2 in Betracht.

10   Allerdings weist § 34 eine **überschießende Tendenz** auf, wenn entweder der Urheber selbst oder ein Verwerter mit seiner Zustimmung (§ 35) einfache Nutzungsrechte an namentlich nicht bekannte Endverbraucher in einer Vielzahl gleichartiger Fälle erteilen, wie dies beim Vertrieb von Software und anderen Werken in digitaler Form geschieht. In diesem Fall hat der Urheber kein persönlichkeitsrechtliches Interesse an der Person des Endnutzers. Sein wirtschaftliches Interesse – praktisch eher das wirtschaftliche Interesse des Verwerters – beschränkt sich darauf, die Verkehrsfähigkeit digitaler Güter einzuschränken und Preise auf nachgelagerten Vertriebsstufen zu binden,[27] es hat aber wenig mit dem Interesse an Bonität, Kapazität und Zuverlässigkeit des Nutzers zu tun, das § 34 primär schützt. Die Zustimmungspflicht gem. § 34 Abs. 1 S. 2 läuft in diesen Fällen leer, weil die Transaktionskosten für deren Durchsetzung unverhältnismäßig sind: Dem Endverbraucher fehlen die Information, die Motivation und die Mittel, die Zustimmung zu erzwingen. Der Gesetzgeber von 1965 orientierte sich am Modell des Verlagsrechts und hatte in der Zeit vor der digitalen Revolution gleichgelagerte Massenlizenzen nicht im Blick. Das spricht de lege ferenda für eine Einschränkung des § 34[28] und schon de lege lata für eine **teleologische Reduktion** des § 34 Abs. 1 S. 1 für den Fall der **Erteilung einfacher Nutzungsrechte an anonyme Endnutzer in einer Vielzahl gleichgelagerter Fälle.** Dass der Verwerter gegenüber dem Endnutzer vertraglich[29] gem. § 399 BGB die Weiterübertragung ausschließen kann, steht auf einem anderen Blatt.

11   Auf die Übertragung **schuldrechtlicher Rechte** sollte § 34 nach früher herrschender Meinung nur im Verlagsbereich im Zusammenhang mit § 28 VerlG zur Anwendung gelangen.[30] Nach der Streichung des § 28 VerlG durch das Urhebervertragsgesetz von 2002[31] ist die Aufgabe, die Übertragung schuldrechtlicher Nutzungsrechte zu kontrollieren, dem § 34 zugewachsen. Auch wenn unter „Nutzungsrecht" primär nur das dingliche Nutzungsrecht zu verstehen ist,[32] erscheint angesichts der Zwecksetzung des Urhebervertragsgesetzes eine analoge Anwendung des § 34 auf schuldrechtliche Nutzungsbefugnisse geboten.[33] Hierfür sprechen erstens die Zwecksetzung des Urhebervertragsgesetzes (vgl. § 11 S. 2 UrhG), zweitens die Absicht des Gesetzgebers, mit § 28 VerlG nur Überflüssiges zu streichen, drittens der Gleichklang mit § 35, der ebenfalls auf schuldrechtliche Nutzungsbefugnisse, die der Inhaber eines dinglichen Rechtes erteilt, für analog anwendbar gehalten wird.[34] Das Schutzbedürfnis des Urhebers ist das gleiche wie bei den dinglichen Rechten; auch im Rahmen von § 32 werden dingli-

---

[22] S. § 27 Abs. 2 des österreichischen UrhRG.

[23] S. Art. L 132-16 des französischen Code de la propriété intellectuelle.

[24] So das britische Recht, vgl. *Davies/Caddick/Harbottle,* Copinger and Skone James on Copyright, 17. Aufl. 2016, Rn. 5–235. Wird das Urheberrecht hingegen übertragen, so kann es frei weiterübertragen werden, → Rn. 5–210.

[25] Zum Begriff des Nutzungsrechts im Einzelnen → § 31 Rn. 7 ff.

[26] Dreier/Schulze/*Schulze* UrhG § 34 Rn. 11; Fromm/Nordemann/*J. B. Nordemann* UrhG § 34 Rn. 8; Wandtke/Bullinger/*Wandtke/Grunert* UrhG § 34 Rn. 4.

[27] Ob dieses Interesse schutzwürdig ist, erscheint angesichts der Rechtsprechung des EuGH zweifelhaft: Der Gerichtshof betont die Beschränkung des Rechtsschutzes auf das zur Wahrung des spezifischen Gegenstands des Schutzrechts Erforderliche und die Notwendigkeit einer Vermeidung von Marktabschottungen, s. EuGH GRUR 2012, 904 Rn. 62 f. – UsedSoft/Oracle mwN.

[28] → Rn. 2.

[29] Unter dem Vorbehalt der AGB-Kontrolle, hierzu → Vor §§ 31 ff. Rn. 36 ff.

[30] → 2. Aufl. 1999, Rn. 5 mwN.

[31] → Rn. 5.

[32] Vgl. § 29 Abs. 2, § 31 Abs. 1 S. 1.

[33] *Schricker* FS W. Nordemann, (2004), 243 (249 f.); aA Dreier/Schulze/*Schulze* UrhG § 34 Rn. 10; Wandtke/Bullinger/*Wandtke/Grunert* UrhG § 34 Rn. 4; sa Fromm/Nordemann/*J. B. Nordemann* UrhG § 34 Rn. 8: analoge Anwendung des § 35.

[34] → § 35 Rn. 8.

che und schuldrechtliche Nutzungsbefugnisse gleichgestellt.[35] In der Praxis kommen allerdings rein schuldrechtliche Nutzungsvereinbarungen relativ selten vor,[36] noch seltener ist die Übertragung solcher Rechte. Auf andere schuldrechtliche Rechte als Nutzungsrechte, zB Vergütungsansprüche[37] oder Ansprüche auf Schadensersatz wegen einer Rechtsverletzung,[38] ist § 34 dagegen unanwendbar.

Soweit **urheberpersönlichkeitsrechtliche Befugnisse** überhaupt übertragen werden können,[39] **12** bedarf eine Weiterübertragung grundsätzlich der Zustimmung des Urhebers.[40] Wenn urheberpersönlichkeitsrechtliche Befugnisse der Ausübung von Nutzungsrechten zu dienen bestimmt sind und diese begleiten, spricht bereits einiges für eine unmittelbare Anwendung des § 34. Jedenfalls ist die Vorschrift analog anwendbar.[41]

Nicht unter § 34 fällt die **Veräußerung von Werkstücken.**[42] An einer Übertragung **fehlt es** auch, **13** wenn die Veräußerung zur **Erschöpfung** des Verbreitungsrechts (§§ 17 Abs. 2, 69c Nr. 3) mit der Folge führt, dass der Erwerber das Werkstück frei weiterveräußern und Computerprogramme gem. § 69d nutzen[43] darf.[44] Zu diesen Handlungen ist der Erwerber von Gesetzes wegen befugt, einer Zustimmung des Urhebers bedarf es daher nicht. Dogmatische Schwierigkeiten bestehen in diesem Zusammenhang beim Verkauf „gebrauchter" Software. Nach der Rechtsprechung des EuGH wird die Erschöpfung durch den Verkauf einer Kopie eines Computerprogramms auch dann ausgelöst, wenn diese nicht auf einem Datenträger verkörpert ist, sondern wenn sie der Erwerber durch Download von der Website des Herstellers erlangt.[45] Auch in diesem Fall erlangt der Erwerber aber eine gesetzliche Nutzungsbefugnis,[46] keine rechtsgeschäftliche Lizenz.[47] Es findet also keine teleologische Reduktion des § 34 statt,[48] vielmehr ist die Vorschrift von vornherein mangels Übertragung eines Nutzungsrechts nicht anwendbar. Unklar ist bisher, ob die Rechtsprechung des EuGH auf die andere Werkarten (E-Books, Hörbücher, Musikdateien) übertragbar ist. Lehnt man diese Übertragung ab, so kommt nur eine rechtsgeschäftliche Übertragung von Nutzungsrechten in Betracht, auf die nach hM § 34 anwendbar ist.

b) Übertragung. Übertragung ist die **vollständige Änderung der Rechtszuständigkeit.** Sie **14** ist dadurch gekennzeichnet, dass der Zedent das Recht komplett verliert und der Zessionar es erwirbt (§§ 413, 398 BGB).[49] Die Übertragung setzt voraus, dass das betreffende Recht schon zuvor in vom Stammrecht abgegrenzter Form besteht.[50] Mit diesem Kriterium kann die Übertragung von **der Einräumung** von Nutzungsrechten zweiter oder weiterer Stufe[51] **abgegrenzt werden,** die unter § 35 fällt.[52]

§ 34 gilt für die **Übertragung dinglicher Nutzungsrechte als Verfügungsgeschäft,** nicht **15** auch für das zugrundeliegende **Verpflichtungsgeschäft,** das regelmäßig einen Rechtskauf darstellen wird, aber auch Einbringung in eine Gesellschaft, Schenkung oder dgl. sein kann.[53]

Sämtliche Formen der rechtsgeschäftlichen Übertragung fallen unter § 34, also auch die **Siche- 16 rungsübertragung** von Nutzungsrechten. § 34 ist entsprechend auf die Belastung von Nutzungs-

---

[35] → § 32 Rn. 11.
[36] Vgl. → § 29 Rn. 24.
[37] AA *Rossbach,* Die Vergütungsansprüche im deutschen Urheberrecht, 1990, S. 130 f.
[38] LG Köln ZUM 2010, 369 (371); Fromm/Nordemann/*J. B. Nordemann* UrhG § 34 Rn. 9.
[39] → Vor §§ 12 ff. Rn. 11 ff.
[40] Fromm/Nordemann/*J. B. Nordemann* UrhG § 34 Rn. 8; Dreier/Schulze/*Schulze* UrhG § 34 Rn. 12; Wandtke/Bullinger/*Wandtke/Grunert* UrhG § 34 Rn. 7.
[41] ZB Verlagsrecht und Erstveröffentlichungsrecht; Aufführungsrecht und Recht der Übersetzung eines Bühnenwerkes.
[42] OLG Frankfurt a. M. NJW-RR 1997, 494 für Computersoftware.
[43] Zur Anwendbarkeit des § 69d im Fall der Erschöpfung BGH GRUR 2014, 264 Rn. 30 – UsedSoft II mAnm *Stieper* und → § 69d Rn. 4.
[44] BGH GRUR 2011, 418 Rn. 15 – UsedSoft I; BGH GRUR 2014, 264 Rn. 28, 43 – UsedSoft II; Fromm/Nordemann/*J. B. Nordemann* UrhG § 34 Rn. 9a; *Scholz* GRUR 2015, 142.
[45] EuGH GRUR 2012, 904 – UsedSoft/Oracle mAnm *Hansen/Wolff-Rojczyk.*
[46] BGH GRUR 2014, 264 Rn. 43 – UsedSoft II. Ein anderer, konstruktiv überzeugenderer Weg, um das vom EuGH vorgegebene Ergebnis zu erreichen, bestünde in der Annahme einer freien, von der Zustimmung des Urhebers und des Nutzungsrechtsinhabers unabhängigen Übertragbarkeit der Lizenz. Diesen Weg, bei dem das Verhältnis zu § 34 klärungsbedürftig wäre, lehnt der BGH aber ausdrücklich ab. Vgl. *Haberstumpf* CR 2012, 561 (567); *Ohly,* Urheberrecht in der digitalen Welt, Gutachten F zum 70. Deutschen Juristentag, 2014, S. F 55 f.; *Stieper* GRUR 2014, 270 (271).
[47] Fromm/Nordemann/*J. B. Nordemann* UrhG § 34 Rn. 9a.
[48] *Scholz* GRUR 2015, 142 (142 f.); zur hier befürworteten teleologischen Reduktion des § 34 Abs. 1 S. 1 bei Massengeschäften → Rn. 10. Begründet man hingegen im Gegensatz zum BGH das vom EuGH erzielte Ergebnis einer digitalen Erschöpfung mit der Verkehrsfähigkeit der Lizenz, so müsste § 34 Abs. 1 S. 1 eingeschränkt werden, s. *Haberstumpf* CR 2012, 561 (567).
[49] Auch → § 31 Rn. 11.
[50] Dabei ist allerdings denkbar, dass das übertragene Recht von einem vorbestehenden Nutzungsrecht abgespalten wird, so dass der Zedent das Recht im Übrigen behält, s. Fromm/Nordemann/*J. B. Nordemann* UrhG § 34 Rn. 9; vgl. zur Abgrenzung auch BGH GRUR 2013, 618 Rn. 26 ff. – Internet-Videorecorder II; *J. B. Nordemann* FS Bornkamm (2014), 907 ff.
[51] → Vor §§ 28 ff. Rn. 51.
[52] Fromm/Nordemann/*J. B. Nordemann* UrhG § 34 Rn. 8; Wandtke/Bullinger/*Wandtke/Grunert* UrhG § 34 Rn. 4. Dasselbe gilt in analoger Anwendung des § 35 für die Übertragung der vom Nutzungsrechtsinhaber einem Dritten gewährte bloße schuldrechtliche Benutzungsbefugnis, → § 35 Rn. 8.
[53] Dreier/Schulze/*Schulze* UrhG § 34 Rn. 10; Fromm/Nordemann/*J. B. Nordemann* UrhG § 34 Rn. 9; Loewenheim/*Loewenheim/J. B. Nordemann,* Handbuch des Urheberrechts, § 28 Rn. 2; Wandtke/Bullinger/*Wandtke/Grunert* UrhG § 34 Rn. 4; zur Unterscheidung von Verpflichtung und Verfügung → § 31 Rn. 13 ff.

rechten mit einem **Nießbrauch** und auf ihre **Verpfändung** anwendbar.[54] Die **Pfändung von Nutzungsrechten in der Zwangsvollstreckung** unterliegt ebenfalls dem § 34.[55] In der Insolvenz des Nutzungsrechtsinhabers fallen die Rechte in die Masse, ohne dass § 34 im Wege stünde.[56] Die Übertragung durch den **Insolvenzverwalter** richtet sich wiederum nach § 34, auch wenn in diesem Fall die Anforderungen an die Annahme einer konkludenten Zustimmung nicht hoch sind, weil der Urheber in der Regel keine vernünftigen Gründe hat, sich der Verwertung zu widersetzen.[57]

17   Die **Weiterübertragung von Nutzungsrechten** durch den Zessionar unterliegt erneut und selbständig den Regeln des § 34.[58] Zustimmen muss stets der Urheber,[59] nicht auch der aktuelle oder frühere Inhaber eines Nutzungsrechts.[60] § 34 ist auch bei **gestufter Rechtseinräumung** anwendbar: Wenn der Inhaber eines Nutzungsrechts (Tochterrecht) mit Zustimmung des Urhebers (§ 35) ein Nutzungsrecht zweiter Stufe (Enkelrecht) einräumt, ist dessen Übertragung erneut nur mit Zustimmung des Urhebers zulässig, während die Zustimmung des Inhabers des Tochterrechts nicht erforderlich ist.[61] Hierfür sprechen sowohl der Wortlaut des § 34, der nicht zwischen Nutzungsrechten verschiedener Stufen differenziert, als auch die Interessenlage. Beispiel: Ein Schriftsteller räumt einem Verlag A das Verlagsrecht ein, dieser erteilt mit Zustimmung des Urhebers einem Taschenbuchverlag B eine Taschenbuchlizenz. Deren Übertragung auf einen dritten Verlag C bedarf der gesonderten Zustimmung des Urhebers, nicht jedoch des über das umfassende Verlagsrecht verfügenden Verlegers A. Dieses umfassende Zustimmungserfordernis, das sich sowohl aus dem Wortlaut als auch dem Zweck des § 34 ergibt, führt allerdings dann zu ungereimten Ergebnissen, wenn der Urheber dem Verwerter die Erteilung einfacher Nutzungsrechte an eine Vielzahl von Endnutzern gestattet hat, wie es etwa beim Vertrieb von Standardsoftware, aber auch anderen Werken in digitaler Form der Fall ist,[62] und so zu erkennen gegeben hat, dass ihm die Person des Nutzungsberechtigten gleichgültig ist. In diesem Fall ist § 34 Abs. 1 S. 1 nach hier vertretener Ansicht teleologisch zu reduzieren.[63] Auch kann je nach den Umständen des Einzelfalls anzunehmen sein, dass der Urheber gemeinsam mit seiner Zustimmung zur Einräumung von Enkelrechten (§ 35) auch eine konkludente Zustimmung zur Weiterübertragung durch den Endnutzer erteilt hat, die der Verwerter bei der Einräumung des Enkelrechts an diesen weitergibt.[64]

18   Die **Vererbung von Nutzungsrechten** – gleich ob aufgrund einer Verfügung von Todes wegen oder kraft Gesetzes – fällt nicht unter § 34,[65] wie die Entstehungsgeschichte der Vorschrift belegt.[66] Auch die Rechtsgeschäfte unter Lebenden zur Erfüllung eines **Vermächtnisses** oder einer **Auflage** oder zwischen Miterben im Wege der **Erbauseinandersetzung** sind entsprechend § 29 S. 1 von § 34 freizustellen,[67] weil sie lediglich dazu dienen, dem Willen des Erblassers zur Geltung zu verhelfen. Dagegen ist § 34 anwendbar, wenn Erben Nutzungsrechte an Dritte übertragen.[68] Soweit von Todes wegen ein Rechtsinhaberwechsel eintritt, der die Belange des Urhebers in unzumutbarer Weise beeinträchtigt, kommt eine **Kündigung aus wichtigem Grund** in Betracht, die das Nutzungsrecht zurückfallen lässt. Die **Vererbung von Nutzungsrechten** kann dadurch **ausgeschlossen** werden, dass sie nur auf die Lebenszeit des Nutzers vergeben werden.

19   Nach hM gilt § 34 für **sämtliche Arten von Werken** unter Einschluss von Computerprogrammen.[69] Nach aA[70] ist § 34 hingegen **auf Software nicht anwendbar**. Hier handle es sich um ein

---

[54] Dreier/Schulze/*Schulze* UrhG § 34 Rn. 7; Fromm/Nordemann/*J. B. Nordemann* UrhG § 34 Rn. 9a; Einzelheiten bei *Schricker,* Verlagsrecht, VerlG § 28 Rn. 29–31; *Lößl* S. 181 ff.

[55] Dreier/Schulze/*Schulze* UrhG § 34 Rn. 7; Fromm/Nordemann/*J. B. Nordemann* UrhG § 34 Rn. 9; *v. Gamm* UrhG § 34 Rn. 19; s. im Einzelnen *Schricker,* Verlagsrecht, VerlG § 28 Rn. 32–38.

[56] Str., s. *Schricker,* Verlagsrecht, VerlG § 36 Rn. 3 mwN, Dreier/Schulze/*Schulze* UrhG § 34 Rn. 7.

[57] BGH GRUR 2005, 860 (862) – Fash 2000.

[58] Dreier/Schulze/*Schulze* UrhG § 34 Rn. 6; *Schricker,* Verlagsrecht, VerlG § 28 Rn. 8; *Beck* S. 13 f.; zT abweichend *Lößl* S. 55 ff.

[59] Bzw. sein Rechtsnachfolger nach § 30.

[60] Dreier/Schulze/*Schulze* UrhG § 34 Rn. 6; *Schricker,* Verlagsrecht, VerlG § 28 Rn. 1.

[61] DKMH/*Kotthoff* UrhG § 34 Rn. 4; ebenso für die Weiterübertragung von Softwarelizenzen *Haberstumpf* CR 2012, 561 (566 f.); *Scholz* GRUR 2015, 142; *Stieper* GRUR 2014, 270 (271).

[62] Vgl. für den Softwarevertrieb *Grützmacher* CR 2007, 549 (554 f.); dagegen aber Dreier/Schulze/*Schulze* UrhG § 34 Rn. 6.

[63] Zu entsprechenden Möglichkeiten de lege lata und de lege ferenda → Rn. 2, 10.

[64] Ähnl., aber offen hinsichtlich der dogmatischen Konstruktion DKMH/*Kotthoff* UrhG § 34 Rn. 4: Für die Anwendung des § 34 Abs. 1 S. 1 bleibe kein Raum mehr, wenn der Urheber der Einräumung weiterer Nutzungsrechte nach § 35 Abs. 1 S. 1 zugestimmt habe.

[65] Dreier/Schulze/*Schulze* UrhG § 34 Rn. 8; DKMH/*Kotthoff* UrhG § 34 Rn. 5; Fromm/Nordemann/ *J. B. Nordemann* UrhG § 34 Rn. 10; Loewenheim/*Loewenheim/J. B. Nordemann,* Handbuch des Urheberrechts, § 28 Rn. 2; *Berger* FS Schricker (2005), 223 (229); aA *Lößl* S. 204 ff.

[66] Der Rechtsausschuss hielt dies für selbstverständlich und eine ausdrückliche Klarstellung daher nicht für erforderlich, s. BT-Drs. IV/3401, 5.

[67] *Schricker,* Verlagsrecht, VerlG § 28 Rn. 41 mwN.

[68] *Schricker,* Verlagsrecht, VerlG § 28 Rn. 39.

[69] → § 69a Rn. 25; BGH GRUR 2005, 860 (862) – Fash 2000; OLG Frankfurt a. M. MMR 2011, 727 (729); OLG München ZUM 2009, 70 (71); Dreier/Schulze/*Schulze* UrhG § 34 Rn. 6; § 69a Rn. 34. Zur erleichterten Annahme einer konkludenten Zustimmung in diesen Fällen → Rn. 25.

[70] *Grützmacher* CR 2007, 549 (533); *Herzog* ZUM 2009, 71 (72); *Pres,* Gestaltungsformen urheberrechtlicher Softwareverträge, 1994, S. 225; *v. Pfeil* S. 46.

Industriegut. Persönlichkeitsrechtliche Interessen, deren Schutz § 34 vorrangig dient, fehlten. Zudem stelle § 34 auf die Zustimmung des Urhebers, nicht auf diejenige des Nutzungsberechtigten ab. An der Programmierung von Software sei aber oft eine Vielzahl von Programmierern aus verschiedenen Ländern beteiligt. Für diese Ansicht sprechen gute Gründe. Zwar differenziert der Wortlaut des § 34 UrhG nicht zwischen den Werkkategorien, doch stand dem Gesetzgeber bei der Formulierung der Vorschrift der Typus des Verlagsvertrags vor Augen, während Massenlizenzen seinerzeit im analogen Umfeld noch kein praktisches Problem darstellten. Nach hier vertretener Ansicht liegt die Lösung jedoch nicht in einer allgemeinen Ausnahme für Software, da ein Urheber auch in diesem Bereich ein erhebliches Interesse an der Person des primären Verwerters haben kann, sondern in einer teleologischen Reduktion des § 34 für einfache Nutzungsrechte, die in einer Vielzahl gleichartiger Fälle erteilt werden.[71] Jedenfalls kann sich weder der Urheber noch der Inhaber ausschließlicher Nutzungsrechte unter Berufung auf § 34 der Weiterübertragung widersetzen, wenn sich die Rechte an einer Programmkopie durch deren Verkauf erschöpfen.[72]

§ 34 gilt auch im **Arbeits- und Dienstverhältnis**.[73] Allerdings ist innerhalb von Arbeitsverhält- **20** nissen eine stillschweigende Zustimmung gem. § 34 anzunehmen, wenn die Weitergabe von Nutzungszwecken vom Betriebszweck des Arbeitgebers erfasst wird.[74] Auch ein Rückruf gem. § 34 Abs. 3 S. 2 wird dem Arbeitnehmer regelmäßig verwehrt sein, weil die Verwertung von Werken, die im Rahmen der Arbeitstätigkeit entstanden sind, im neuen Unternehmen meist nicht nach Treu und Glauben unzumutbar ist.[75] Im **Filmbereich** wird die Anwendung des § 34 durch § 90 eingeschränkt.[76]

§ 34 gilt auch zugunsten der Inhaber von **verwandten Schutzrechten an wissenschaftlichen** **21** **Ausgaben** (§ 70) und **Lichtbildern** (§ 72), wenn diese Nutzungsrechte eingeräumt haben,[77] sowie für **ausübende Künstler** (s. § 79 Abs. 2 S. 2). Auf andere Leistungsschutzrechte ist § 34 nicht anwendbar.[78]

Gesellschaftsrechtliche Änderungen, die nicht zu einer Änderung der Rechtszuständigkeit füh- **22** ren, insbesondere Übertragungen von Anteilen an einer juristischen Person, fallen nicht unter § 34 Abs. 1.[79] Jedoch hat das Urhebervertragsgesetz das Rückrufsrecht des § 34 Abs. 3 S. 1 auch auf die wesentliche Änderung der Beteiligungsverhältnisse am Unternehmen des Inhabers des Nutzungsrechts erstreckt (§ 34 Abs. 3 S. 3). Eine Verschiebung von Nutzungsrechten innerhalb eines Konzerns ist zustimmungsbedürftig, wenn sich die Rechtsinhaberschaft ändert,[80] auch wenn der Urheber in diesen Fällen in aller Regel nach Treu und Glauben (§ 34 Abs. 1 S. 2) zur Zustimmung verpflichtet ist.

Hilfspersonen, die der Nutzungsrechtsinhaber zur Ausübung seines Nutzungsrechts einschaltet **23** (zB Druckerei, Auslieferer), erhalten weder eine dingliche noch eine schuldrechtliche Rechtsposition gegenüber dem Urheber; ihr Handeln ist unmittelbar dem Nutzungsrechtsinhaber zuzurechnen, der nach § 278 BGB für sie einzustehen hat. §§ 34, 35 scheiden aus.[81]

2. Die Zustimmung des Urhebers

a) Grundsatz (Abs. 1 S. 1). Haben Urheber und Werknutzer hinsichtlich der Übertragbarkeit **24** des Nutzungsrechts keine abweichenden Vereinbarungen getroffen (§ 34 Abs. 5),[82] so gilt nach § 34 Abs. 1 S. 1 der Grundsatz, dass eine Übertragung des Rechts der **Zustimmung des Urhebers** bedarf, dh in der Wirkung von dieser abhängt (§ 182 Abs. 1 BGB). Zustimmen muss der Urheber,[83] nicht auch der bloße Inhaber eines Nutzungsrechts.[84] Die Zustimmung darf nach Abs. 1 S. 2 nicht wider Treu und Glauben verweigert werden.[85] Gewisse Erleichterungen bestehen nach Abs. 2 bei Sammelwerken.[86] Einer Zustimmung bedarf es nach Abs. 3 ausnahmsweise bei Gesamt- oder Teilveräußerung des Unternehmens des Nutzungsrechtsinhabers nicht.[87]

---

[71] → Rn. 10.
[72] Näher zum Verhältnis zwischen § 34 und dem Erschöpfungsgrundsatz → Rn. 13.
[73] → § 43 Rn. 56 f. mwN.
[74] OLG Düsseldorf ZUM-RD 2009, 63 (66).
[75] Weitergehend *Berger* FS Schricker (2005), 223 (231): Rückruf nach § 34 Abs. 3 S. 2 ist dem Arbeitnehmer-Urheber bei Pflichtwerken versagt.
[76] Im Einzelnen → § 90 Rn. 4, 5, 14.
[77] *Schricker,* Verlagsrecht, VerlG § 28 Rn. 1.
[78] Dreier/Schulze/*Schulze* UrhG § 34 Rn. 13.
[79] Dreier/Schulze/*Schulze* UrhG § 34 Rn. 30; *v. Frentz/Masch* ZUM 2009, 354 (364); *Royla/Gramer* CR 2005, 154 (156); Wandtke/Bullinger/*Wandtke/Grunert* UrhG § 34 Rn. 22; ebenso für konzerninterne Verschiebungen Fromm/Nordemann/*J. B. Nordemann* UrhG § 34 Rn. 11; zT abweichend *Lößl* S. 78 ff.; → Rn. 43.
[80] AA Fromm/Nordemann/*J. B. Nordemann* UrhG § 34 Rn. 11.
[81] OLG Frankfurt a. M. CR 1998, 525; Dreier/Schulze/*Schulze* UrhG § 34 Rn. 9; *Schricker,* Verlagsrecht, VerlG § 28 Rn. 10; *v. Gamm* UrhG § 34 Rn. 4.
[82] Hierzu → Rn. 52 ff.
[83] Bzw. sein Rechtsnachfolger nach § 30.
[84] Dreier/Schulze/*Schulze* UrhG § 34 Rn. 15; DKMH/*Kotthoff* UrhG § 34 Rn. 4; Fromm/Nordemann/ *J. B. Nordemann* UrhG § 34 Rn. 9; Wandtke/Bullinger/*Wandtke/Grunert* UrhG § 34 Rn. 8.
[85] Hierzu → Rn. 26 ff.
[86] Hierzu → Rn. 30.
[87] Hierzu → Rn. 36 ff.

25   Die **Zustimmung** erfolgt durch **empfangsbedürftige Willenserklärung,** die den **Vorschriften des Allgemeinen Teils des BGB** (insbes. §§ 182 ff. BGB) **unterliegt.**[88] Gleiches gilt für die Versagung der Zustimmung. Beide können **ausdrücklich** oder **konkludent,**[89] vor der Rechtsübertragung **(Einwilligung, § 183 BGB)** oder nachträglich **(Genehmigung, § 184 BGB)** erfolgen. Fehlt es an einer Einwilligung, so ist die Übertragung schwebend unwirksam.[90] Ob im Einzelfall eine Zustimmung durch schlüssiges Verhalten angenommen werden kann, ist aufgrund der Gesamtumstände unter Berücksichtigung des Übertragungszweckgedankens (§ 31 Abs. 5) und der vorangegangenen Vertragspraxis zu beurteilen.[91] Bei Massenwerken geringer Schöpfungshöhe kann eine konkludente Zustimmung des Urhebers eher naheliegen als bei stark persönlich geprägten Werken.[92] Die Zustimmung kann bereits gemeinsam mit der Einräumung des Nutzungsrechts allgemein erteilt werden; in diesem Fall ist keine gesonderte Zustimmung zur Übertragung im jeweiligen Einzelfall erforderlich.[93] Die Erklärung kann gegenüber dem Veräußerer oder dem Erwerber abgegeben werden,[94] zur formularmäßigen Erteilung → Rn. 55. Sie ist grundsätzlich **formfrei** (§ 182 Abs. 2 BGB); nur soweit es sich um Nutzungsrechte an noch unbekannten Nutzungsarten handelt, ist gemäß § 31a Schriftform erforderlich.[95] Die Zustimmung kann unter **Einschränkungen** oder **Bedingungen** (§ 158 BGB) erteilt werden; insbesondere kann der Urheber seine Zustimmung davon abhängig machen, dass der Erwerber die Verpflichtungen des Veräußerers übernimmt.[96]

26   **b) Zustimmungspflicht nach Treu und Glauben (Abs. 1 S. 2).** Nach dem Wortlaut des Abs. 1 S. 2 kann die **Zustimmung regelmäßig verweigert** werden, sofern dies nicht **ausnahmsweise gegen Treu und Glauben** (§ 242 BGB) verstößt. Bei Verweigerung der Zustimmung muss derjenige, der sich auf die Ausnahme beruft, deren Voraussetzungen im Streitfall beweisen.[97] Im Zweifel besteht keine Verpflichtung zur Zustimmung.[98] Nach § 28 Abs. 1 S. 3 VerlG war dagegen umgekehrt die Verweigerung der Zustimmung die Ausnahme; die verlagsrechtliche Regelung wurde insofern durch § 34 zugunsten des Urhebers modifiziert.[99] Zu den Folgen einer treuwidrigen Verweigerung der Zustimmung → Rn. 32.

27   Ob ein Verstoß gegen Treu und Glauben vorliegt, ist aufgrund einer **umfassenden Abwägung und Wertung der Interessen des Urhebers und des Werknutzers** zu bestimmen.[100] Treuwidrig ist nicht allein die willkürliche Verweigerung,[101] die jedes sachlichen Grundes entbehrt, sondern auch die Verweigerung, bei der sich aufgrund der **Interessenabwägung und -wertung** ergibt, dass den Urheberinteressen so schwerwiegende Interessen des Nutzers entgegenstehen, dass dem Nutzer eine Blockierung der Übertragung seiner Rechte nicht zugemutet werden kann. Urheber- und Verwerterinteressen sind dabei gleichermaßen mit dem ihnen eigenen Gewicht in Rechnung zu stellen.[102] **Zugunsten des Urhebers** sind zunächst seine ideellen, urheberpersönlichkeitsrechtlichen Interessen zu berücksichtigen: Sie wiegen bei sehr individuellen und stark persönlich geprägten Werken mehr als bei Werken mit Massencharakter.[103] Sowohl für die persönlichen als auch die wirtschaftlichen Interessen des Urhebers sind die Verhältnisse des Erwerbers von Belang, insbesondere seine persönliche Eignung, die Tendenz seines Unternehmens, dessen Geschäftszuschnitt sowie Geschäftsgebaren, Konkurrenzsituation, Ruf, Ansehen usw.[104] Begründete negative Erwartungen können für eine Verweigerung der Zustimmung ausreichen.[105] Auch Zweck und Umstände des Vertrags sind von Bedeu-

---

[88] Fromm/Nordemann/*J. B. Nordemann* UrhG § 34 Rn. 14; DKMH/*Kotthoff* UrhG § 34 Rn. 6; *Schricker,* Verlagsrecht, VerlG § 28 Rn. 14 mwN; Wandtke/Bullinger/*Wandtke/Grunert* UrhG § 34 Rn. 8.

[89] BGH GRUR 2005, 860 (862) – Fash 2000; BGH GRUR 2011, 59 Rn. 19 – Lärmschutzwand; Dreier/Schulze/*Schulze* UrhG § 34 Rn. 14; Fromm/Nordemann/*J. B. Nordemann* UrhG § 34 Rn. 14; Wandtke/Bullinger/*Wandtke/Grunert* UrhG § 34 Rn. 9; *v. Gamm* UrhG § 34 Rn. 15; *Schricker,* Verlagsrecht, VerlG § 28 Rn. 15.

[90] Zu den Rechtsfolgen bei Fehlen der Zustimmung und bei wirksamer Erteilung → Rn. 31 ff.

[91] BGH GRUR 1984, 528 (529) – Bestellvertrag; BGH GRUR 2005, 860 (862) – Fash 2000; BGH GRUR 2011, 59 Rn. 19 – Lärmschutzwand; OLG Köln GRUR-RR 2010, 149 (151) – Kalk-Lady; Dreier/Schulze/*Schulze* UrhG § 34 Rn. 16; ausführlich zu Entscheidungskriterien Fromm/Nordemann/*J. B. Nordemann* UrhG § 34 Rn. 14 f.

[92] Fromm/Nordemann/*J. B. Nordemann* UrhG § 34 Rn. 15.

[93] Arg. e § 34 Abs. 4, der allerdings für diesen Fall eine gesamtschuldnerische Haftung des Veräußerers anordnet; BGH GRUR 2011, 59 Rn. 19 – Lärmschutzwand.

[94] § 182 Abs. 1 BGB; *Schricker,* Verlagsrecht, VerlG § 28 Rn. 16.

[95] Dreier/Schulze/*Schulze* UrhG § 34 Rn. 16.

[96] BT-Drs. IV/270, 57.

[97] Fromm/Nordemann/*J. B. Nordemann* UrhG § 34 Rn. 43.

[98] LG Frankfurt a. M. ZUM 2012, 162 (165); Dreier/Schulze/*Schulze* UrhG § 34 Rn. 18; *Schricker,* Verlagsrecht, VerlG § 28 Rn. 13.

[99] *Schricker,* Verlagsrecht, VerlG § 28 Rn. 13.

[100] Berger/Wündisch/*Berger* § 1 Rn. 167; Dreier/Schulze/*Schulze* UrhG § 34 Rn. 18; DKMH/*Kotthoff* UrhG § 34 Rn. 8; Fromm/Nordemann/*J. B. Nordemann* UrhG § 34 Rn. 18; Wandtke/Bullinger/*Wandtke/Grunert* UrhG § 34 Rn. 11.

[101] Amtl.Begr. BT-Drs. IV/270, 57.

[102] *Schricker,* Verlagsrecht, VerlG § 28 Rn. 13.

[103] Berger/Wündisch/*Berger* § 1 Rn. 167; BeckOK/*Soppe* UrhG § 34 Rn. 11; Fromm/Nordemann/*J. B. Nordemann* UrhG § 34 Rn. 19; *v. Gamm* UrhG § 34 Rn. 17; *Schricker,* Verlagsrecht, VerlG § 28 Rn. 13; Wandtke/Bullinger/*Wandtke/Grunert* UrhG § 34 Rn. 13.

[104] Fromm/Nordemann/*J. B. Nordemann* UrhG § 34 Rn. 19; *Schricker,* Verlagsrecht, VerlG § 28 Rn. 13.

[105] Loewenheim/*Loewenheim*/*J. B. Nordemann,* Handbuch des Urheberrechts, VerlG § 28 Rn. 10.

tung.[106] So wird die Weisungsabhängigkeit des Verfassers im Rahmen einer Auftragsproduktion oder eines Dienst- oder Arbeitsverhältnisses für die Übertragbarkeit sprechen.[107] **Auf der Seite des Werknutzers** sind vor allem betriebswirtschaftliche Gegebenheiten zu berücksichtigen, Konsequenzen seiner Geschäftspolitik, wirtschaftliche Zwänge, aber auch ideelle Momente, wie etwa Änderung der Tendenz, Konflikte mit anderen Urhebern etc.[108]

Für die Abwägung und Wertung anhand des Maßstabes von Treu und Glauben können die **Ver-** **28** **kehrssitte** und die von beiden Teilen anzuerkennende **Branchenübung** Anhaltspunkte liefern.[109] Eine **Verwertungsgesellschaft** kann die Zustimmung zur Weiterübertragung der von ihr einge-räumten einfachen Nutzungsrechte verweigern, weil eine solche Weiterübertragung die Kontrolle über die Nutzung erschweren würde und ein potentieller Erwerber im Hinblick auf § 34 VGG die Rechte bei ihr unmittelbar erwerben kann.[110]

Ergebnis der Abwägung und Wertung kann auch sein, dass der Urheber **nur unter gewissen** **29** **Modalitäten** zur Zustimmung verpflichtet ist,[111] insbesondere nur unter der Voraussetzung, dass der Erwerber auch in die Vertragspflichten eintritt. Es widerspricht nicht Treu und Glauben, wenn der Urheber vernünftige Bedingungen stellt, wozu auch das Verlangen einer angemessenen Vergütung gehören kann.[112]

c) Sammelwerke (Abs. 2). Nach Abs. 2 genügt, soweit ein Zustimmungserfordernis besteht, die **30** Zustimmung des **Urhebers des Sammelwerks** (§ 4). Sie deckt nicht nur die Übertragung des Nut-zungsrechts am eigenen Urheberrecht des Zustimmenden, sondern auch diejenige der Nutzungsrech-te an den in das Sammelwerk aufgenommenen **Beiträgen;** die Urheber Letzterer brauchen nicht zuzustimmen. Dies gilt freilich nur, soweit dem Übertragenden Nutzungsrechte eingeräumt waren.[113] Die Vorschrift soll die Übertragung der Nutzungsrechte am Sammelwerk erleichtern.[114] Sie ist natur-gemäß nur auf schutzfähige Sammelwerke im Sinn des § 4 UrhG anwendbar; andernfalls gibt es kei-nen „Urheber des Sammelwerks" im Rechtssinn.[115] Abs. 2 ist abdingbar.[116]

3. Rechtsfolgen

a) Rechtslage bei fehlender Zustimmung. Hat der Urheber seine Zustimmung nicht vorab als **31** Einwilligung (§ 183 BGB) erteilt, so ist die Übertragung bis zur Erteilung oder Versagung der Ge-nehmigung schwebend unwirksam. Die Genehmigung hat Rückwirkung (§ 184 Abs. 2).[117] Ein gut-gläubiger Erwerb ist nach allgemeinen Grundsätzen ausgeschlossen.[118] Nutzt der Erwerber das Werk trotz fehlender Zustimmung, so verletzt er das Urheberrecht und ist Ansprüchen gem. §§ 97 ff. ausge-setzt. Der **Veräußerer** haftet dem **Erwerber** bei Unwirksamkeit der Übertragung mangels Zustim-mung des Urhebers, wenn nichts anderes vereinbart ist, nach den allgemeinen Vorschriften des BGB. Ist die Erteilung der Genehmigung unsicher, erscheint es für den Veräußerer ratsam, sie zur Wir-kungsbedingung für den Veräußerungsvertrag zu machen.

Auch wenn dem Veräußerer nach Treu und Glauben ein **Anspruch des Nutzers auf Erteilung** **32** **der Zustimmung** zusteht, bleibt bis zu ihrer Erteilung die **Veräußerung unwirksam.**[119] Das Nut-zungsrecht verbleibt also beim Veräußerer, der Erwerber darf das Werk vorerst nicht benutzen. Der Anspruch kann durch den Inhaber des Nutzungsrechts **eingeklagt** werden. Eine zur Genehmigung verurteilende rechtskräftige Entscheidung ersetzt die Genehmigung nach **§ 894 ZPO;** sie macht die Übertragung rückwirkend wirksam.[120] Bereits geschehene Nutzungshandlungen des Erwerbers sind dann als von vornherein rechtmäßig zu betrachten. Außerdem stellt die wider Treu und Glauben erfolgende Verweigerung der Genehmigung durch den Urheber eine Vertragspflichtverletzung dar, die bei Verschulden zum **Schadensersatz** verpflichten und uU auch eine fristlose Kündigung des Nutzers aus wichtigem Grund rechtfertigen kann.[121] Wird die Klage abgewiesen, bleibt die Übertra-

---

[106] Fromm/Nordemann/*J. B. Nordemann* UrhG § 34 Rn. 19; BeckOK/*Soppe* UrhG § 34 Rn. 11; *Schricker,* Ver-lagsrecht, VerlG § 28 Rn. 13; *Lange* S. 50.

[107] Fromm/Nordemann/*J. B. Nordemann* UrhG § 34 Rn. 19; *Schricker,* Verlagsrecht, VerlG § 28 Rn. 13; Wandt-ke/Bullinger/*Wandtke/Grunert* UrhG § 34 Rn. 13; auch → § 43 Rn. 56 ff.

[108] *Schricker,* Verlagsrecht, VerlG § 28 Rn. 13.

[109] Fromm/Nordemann/*J. B. Nordemann* UrhG § 34 Rn. 19; Wandtke/Bullinger/*Wandtke/Grunert* UrhG § 34 Rn. 13; *Schricker,* Verlagsrecht, VerlG § 28 Rn. 13.

[110] OLG München ZUM-RD 2008, 360 (369).

[111] Zur Möglichkeit, die Zustimmung unter Einschränkungen und Bedingungen zu erteilen, → Rn. 25.

[112] Fromm/Nordemann/*J. B. Nordemann* UrhG § 34 Rn. 19; DKMH/*Kotthoff* UrhG § 34 Rn. 8.

[113] Vgl. Dreier/Schulze/*Schulze* UrhG § 34 Rn. 26.

[114] Amtl.Begr. BT-Drs. IV/270, 57.

[115] Dreier/Schulze/*Schulze* UrhG § 34 Rn. 27; Fromm/Nordemann/*J. B. Nordemann* UrhG § 34 Rn. 22; *Lößl* S. 87; Wandtke/Bullinger/*Wandtke/Grunert* § 34 UrhG.

[116] § 34 UrhG Abs. 5 S. 2.

[117] Dreier/Schulze/*Schulze* UrhG § 34 Rn. 22; Fromm/Nordemann/*J. B. Nordemann* UrhG § 34 Rn. 16; *Schri-cker,* Verlagsrecht, VerlG § 28 Rn. 14 mwN; Wandtke/Bullinger/*Wandtke/Grunert* UrhG § 34 Rn. 10.

[118] → § 31 Rn. 25 f.

[119] Dreier/Schulze/*Schulze* UrhG § 34 Rn. 20; Fromm/Nordemann/*J. B. Nordemann* UrhG § 34 Rn. 20.

[120] *Schricker,* Verlagsrecht, VerlG § 28 Rn. 14; *Ulmer* § 108 II 2.

[121] Fromm/Nordemann/*J. B. Nordemann* UrhG § 34 Rn. 20; Wandtke/Bullinger/*Wandtke/Grunert* UrhG § 34 Rn. 12, 14.

gung unwirksam und durch den Erwerber vorgenommene Nutzungshandlungen stellen eine Urheberrechtsverletzung dar. Der **Erwerber** hat mangels materiellrechtlichen Anspruchs **kein eigenes Klagerecht;**[122] er kann vom Veräußerer jedoch zur Klage **in gewillkürter Prozessstandschaft** ermächtigt werden.[123] Nimmt der Urheber den Erwerber in diesem Fall wegen Urheberrechtsverletzung auf Unterlassung in Anspruch, so kann dieser bei treuwidriger Versagung den Anspruch auf Erteilung dem Verletzungsunterlassungsanspruch **einredeweise** nach dem Grundsatz „dolo agit, qui petit quod statim redditurus est" (§ 242 BGB) **entgegenhalten.**[124] Die patentrechtlichen Grundsätze über den kartellrechtlichen Zwangslizenzeinwand[125] sind nicht übertragbar,[126] weil es dort um ein Zweipersonenverhältnis geht, innerhalb dessen der Verletzer dem Rechtsinhaber eine angemessene Lizenzgebühr schuldet, während dem Urheber in der Konstellation des § 34 UrhG bei Bestehen des Anspruchs aus § 34 Abs. 1 S. 2 keine Ansprüche gegen den Erwerber zustehen.

33   **b) Rechtslage bei wirksamer Rechtsübertragung.** Ist die Übertragung des Nutzungsrechts wirksam erfolgt, so wird der Erwerber dessen Inhaber, dh er erwirbt das jeweils den Rechtsinhalt bildende **positive Nutzungsrecht und negative Verbotsrecht,** und kann diese Befugnisse ausüben, ohne dass der Urheber aufgrund seines Urheberrechts dagegen vorgehen könnte. § 28 Abs. 2 S. 1 VerlG sprach diese Rechtsfolge für das Recht zur Vervielfältigung und Verbreitung klarstellend noch eigens aus.[127]

34   Der Veräußerer kann **nicht mehr Rechte übertragen als er selbst hat;** ein gutgläubiger Erwerb scheidet aus.[128] Da Existenz und Inhalt des Nutzungsrechts sich wegen seiner kausalen Bindung nach dem zugrunde liegenden **schuldrechtlichen Vertrag**[129] richten, schlägt dieser insoweit auf den Erwerber durch,[130] ohne Rücksicht darauf, ob er in die Rechte und Pflichten aus dem schuldrechtlichen Vertrag eintritt oder für die daraus fließenden Verpflichtungen haftet. Wenn der Veräußerer zB aufgrund des Verlagsvertrags zu einer Auflage von 1000 Stück berechtigt ist und schon 600 Stück gedruckt hat, kann der Erwerber nicht mehr als ein Verlagsrecht zu 400 Stück erwerben.[131] Ist der zwischen Urheber und Veräußerer geschlossene Vertrag ungültig oder enden seine Wirkungen, so **erlischt das Nutzungsrecht** auch in der Hand des Erwerbers und fällt an den Urheber zurück.[132] Zum Fortbestehen von Nutzungsrechten zweiter und weiterer Stufe (Enkelrechte) → § 31 Rn. 20 ff.

35   Durch die Übertragung des Nutzungsrechts als solchem kommen noch **keine vertraglichen Beziehungen** zwischen Urheber und Erwerber zustande; Partner des der ursprünglichen Rechtseinräumung zugrundeliegenden schuldrechtlichen Vertrags bleibt der Veräußerer.[133] Dieser haftet nicht für den Erwerber nach § 278 BGB,[134] zur gesamtschuldnerischen Haftung des Erwerbers gem. § 34 Abs. 4 → Rn. 48 ff. Die Beteiligten können diese schuldrechtliche Situation jedoch durch entsprechende **Vereinbarungen** im Rahmen der Vertragsfreiheit mehr oder weniger weitgehend modifizieren.

– Nahe liegt es, dass Veräußerer und Erwerber vereinbaren, dass ersterer an letzteren zusammen mit dem Nutzungsrecht die ihm gegenüber dem Urheber zustehenden **schuldrechtlichen Ansprüche und sonstigen Rechte abtritt** (§§ 398 ff. BGB). Aus dem Vertragszweck wird sich häufig ergeben, dass eine derartige Abtretung gewollt ist, auch wenn sie nicht ausdrücklich vereinbart wurde.[135]

– Eine **befreiende Übernahme** der dem Veräußerer gegenüber dem Urheber obliegenden Pflichten setzt die Mitwirkung des Letzteren voraus (§§ 414, 415 BGB).[136] Möglich ist auch ein zwischen Urheber und Veräußerer vereinbarter Erlassvertrag.[137] Eine formularmäßige Haftungsfreistellung des Veräußerers kann sich gem. § 309 Nr. 10 BGB oder § 307 BGB[138] als unwirksam erweisen.[139]

---

[122] Berger/Wündisch/*Berger* § 1 Rn. 168; *Beck* S. 12; Fromm/Nordemann/*J. B. Nordemann* UrhG § 34 Rn. 44; *Schricker,* Verlagsrecht, VerlG § 28 Rn. 16.

[123] Dreier/Schulze/*Schulze* UrhG § 34 Rn. 20; Fromm/Nordemann/*J. B. Nordemann* UrhG § 34 Rn. 44; Wandtke/Bullinger/*Wandtke/Grunert* UrhG § 34 Rn. 14; vgl. auch Berger/Wündisch/*Berger* § 1 Rn. 168 (Abtretbarkeit zweifelhaft, Ermächtigung aber möglich).

[124] Berger/Wündisch/*Berger* § 1 Rn. 168; einschränkend Fromm/Nordemann/*J. B. Nordemann* UrhG § 34 Rn. 20.

[125] EuGH GRUR 2015, 764, dazu *Heinemann* GRUR 2015, 855; BGH GRUR 2009, 694 – Orange Book Standard.

[126] AA Fromm/Nordemann/*J. B. Nordemann* UrhG § 34 Rn. 20.

[127] *Schricker,* Verlagsrecht, VerlG § 28 Rn. 17; weitergehend *Haberstumpf* FS Hubmann (1985), 127 (132 f.).

[128] → § 31 Rn. 25 f.

[129] → § 31 Rn. 15 ff.

[130] *Haberstumpf* FS Hubmann (1985), 127 (137 f.).

[131] *Schricker,* Verlagsrecht, VerlG § 28 Rn. 15.

[132] Hierzu im Einzelnen → § 31 Rn. 18.

[133] Hierzu im Einzelnen *Schricker,* Verlagsrecht, VerlG § 28 Rn. 19.

[134] Dreier/Schulze/*Schulze* UrhG § 34 Rn. 40; *Schricker,* Verlagsrecht, VerlG § 28 Rn. 17; *Haberstumpf/Hintermeier* § 22 III 1a; Wandtke/Bullinger/*Wandtke/Grunert* UrhG § 34 Rn. 32; aA Fromm/Nordemann/*J. B. Nordemann* UrhG § 34 Rn. 36.

[135] *Schricker,* Verlagsrecht, VerlG § 28 Rn. 17.

[136] Dreier/Schulze/*Schulze* UrhG § 34 Rn. 40; *Schricker,* Verlagsrecht, VerlG § 28 Rn. 20, 21.

[137] *Schricker,* Verlagsrecht, VerlG § 28 Rn. 20a.

[138] Zur regelmäßig vorliegenden Unternehmereigenschaft des Urhebers und der daraus gem. § 310 BGB folgenden Nichtanwendbarkeit des § 309 BGB → Vor §§ 31 ff. Rn. 37.

[139] Dreier/Schulze/*Schulze* UrhG § 34 Rn. 40; offen Fromm/Nordemann/*J. B. Nordemann* UrhG § 34 Rn. 37.

– Ohne Zustimmung des Urhebers können Erwerber und Veräußerer nur eine **kumulative Schuld-übernahme** oder eine **Erfüllungsübernahme** vereinbaren.
– Schließlich können Abtretung und Schuldübernahme auch zur **Vertragsübernahme** kombiniert werden: Die drei Beteiligten können vereinbaren, dass mit dem Nutzungsrecht das gesamte Vertragsverhältnis auf den Erwerber übergeht.

III. Unternehmensveräußerung (Abs. 3)

1. Ausnahme vom Zustimmungserfordernis (Abs. 3 S. 1)

Nach Abs. 3 ist die Zustimmung des Urhebers entbehrlich, wenn die Übertragung im Rahmen der **36** **Gesamtveräußerung eines Unternehmens** oder der **Veräußerung von Teilen eines Unternehmens** geschieht; es wäre für die Beteiligten unzumutbar, wenn die Zustimmung aller Urheberrechtsinhaber eingeholt werden müsste.[140] Die **Beweislast** für die Voraussetzungen des Abs. 3 trägt, wer sich auf die Zustimmungsfreiheit beruft.[141]

Für den **Begriff des Unternehmens** fehlt sowohl im Urheberrecht als auch in der Rechtsord- **37** nung insgesamt eine allgemeingültige Definition.[142] Merkmale des Unternehmensbegriffs sind Selbständigkeit, anbietende Tätigkeit am Markt, Entgeltlichkeit und Planmäßigkeit.[143] Entscheidend ist die Funktion des Unternehmensbegriffs im jeweiligen Regelungszusammenhang. Orientierung für den Unternehmensbegriff in § 34 Abs. 3 verspricht vor allem die Rechtsprechung zum Unternehmenskauf, die das Unternehmen als Inbegriff von Sachen, Rechten und sonstigen Vermögenswerten vom einzelnen Wirtschaftsgut abgrenzt.[144] Demnach kann das **Unternehmen für die Zwecke des § 34 Abs. 3 definiert werden** als rechtlich selbständige Wirtschaftseinheit, der Rechte, Sachen und sonstige Vermögenswerte zugeordnet sind.[145] Die Rechtsform ist nicht entscheidend, es kann sich um eine juristische Person, eine Personengesellschaft, eine GbR oder das Unternehmen eines Einzelkaufmanns handeln. Nach unten ist das Unternehmen von den Rechten an einem einzelnen Werk abzugrenzen, deren Übertragung auch dann nur unter § 34 Abs. 1 fällt, wenn das Nutzungsrecht den wesentlichen Vermögenswert des Unternehmens ausmacht.[146] Wird allerdings das gesamte Unternehmen übertragen, so kann § 34 Abs. 3 auch dann eingreifen, wenn das Unternehmen nur ein einziges Werk herausgegeben hat.[147] Nach oben erfolgt die Abgrenzung zum Konzern, in dem mehrere selbständige Unternehmen zusammengefasst sind.[148]

Teil eines Unternehmens ist ein in sich geschlossener und nach sachlichen Kriterien abgegrenz- **38** ter Bereich,[149] zB die Klassikabteilung eines Plattenlabels, die juristische Abteilung eines Verlags oder der Teil eines Softwareunternehmens, der Computerspiele konzipiert und vertreibt.[150] Das zum Unternehmen gehörende Vermögen kann unterschiedlich beschaffen sein; entscheidend ist, dass alle Unternehmenssubstrate oder abgeschlossenen Teile im Wesentlichen voll übertragen werden, während die Übertragung einzelner Nutzungsrechte nicht ausreicht. Hat aber ein Verlag alle Vermögenswerte bis auf die Verlagsrechte verloren, so genügt für Abs. 3 die Übertragung der Verlagsrechte en bloc oder nach selbständigen Abteilungen zusammengefasst.[151]

Bei der **Unternehmensveräußerung** wird zwischen dem **echten Unternehmenskauf (asset** **39** **deal),** bei dem das Unternehmen selbst erworben wird, und dem **Anteils- oder Beteiligungskauf (share deal)** unterschieden, bei dem die Identität des Unternehmensträgers gleichbleibt und sich nur die Beteiligungsverhältnisse ändern.[152] Abs. 3 S. 1 erfasst nur den echten Unternehmenskauf, nicht den Kontrollwechsel durch Anteilserwerb.[153] Beim Wechsel der Beteiligungsverhältnisse ohne Änderung der Rechtsinhaberschaft kommt es nicht zu einer Übertragung von Nutzungsrechten, so dass es einer Ausnahmeregelung zu Abs. 1 S. 1 nicht bedarf. Das gilt auch für den Gesellschafterwechsel in-

---

[140] Amtl.Begr. BT-Drs. IV/270, 57.
[141] Fromm/Nordemann/*J. B. Nordemann* UrhG § 34 Rn. 43.
[142] BGHZ 31, 105 (108); 69, 334 (336).
[143] MüKoHGB/*Schmidt* HGB Vor § 1 Rn. 8.
[144] BGHZ 65, 246 (251); BGH NJW 1990, 44 (45); NZG 2002, 298 (299).
[145] Vgl. auch Fromm/Nordemann/*J. B. Nordemann* UrhG § 34 Rn. 43: „Unternehmen ist die auf Dauer angelegte, am Wirtschaftsleben teilhabende Zusammenfassung personeller und sachlicher Mittel, die sich der Urheber als sachlichen Rahmen für die Nutzung seines Werkes ausgesucht hat."
[146] BGH GRUR 2005, 860 (862) – Fash 2000; *Raitz v. Frentz/Masch* ZUM 2009, 354 (358); Fromm/Nordemann/*J. B. Nordemann* UrhG § 34 Rn. 43.
[147] BGHZ 15, 1 (5) – Sport-Wette; Wandtke/Bullinger/*Wandtke/Grunert* UrhG § 34 Rn. 17.
[148] Zur Verschiebung einzelner Nutzungsrechte innerhalb eines Konzerns → Rn. 22.
[149] Dreier/Schulze/*Schulze* UrhG § 34 Rn. 32; *Raitz v. Frentz/Masch* ZUM 2009, 354 (358); *Schricker,* Verlagsrecht, VerlG § 28 Rn. 6; Wandtke/Bullinger/*Wandtke/Grunert* UrhG § 34 Rn. 19.
[150] Dreier/Schulze/*Schulze* UrhG § 34 Rn. 32; *v. Gamm* UrhG § 34 Rn. 14 f.; *Raitz v. Frentz/Masch* ZUM 2009, 354 (358); *Schricker,* Verlagsrecht, VerlG § 28 Rn. 6.
[151] Vgl. OLG Köln GRUR 1950, 579 (580).
[152] Dreier/Schulze/*Schulze* UrhG § 34 Rn. 30; *v. Pfeil* S. 5 ff.
[153] *Royla/Gramer* CR 2005, 154 (157); *Raitz v. Frentz/Masch* ZUM 2009, 354 (364 f.); Dreier/Schulze/*Schulze* UrhG § 34 Rn. 30; DKMH/*Kotthoff* UrhG § 34 Rn. 10; *v. Pfeil* S. 59; Wandtke/Bullinger/*Wandtke/Grunert* UrhG § 34 Rn. 22, 26; aA Fromm/Nordemann/*J. B. Nordemann* UrhG § 34 Rn. 25; *Joppich* K&R 2003, 211 (212).

nerhalb von Personengesellschaften.[154] Anwendbar ist in diesen Fällen nur Abs. 3 S. 3, der diese Auslegung bestätigt: Einer Erstreckung des Rückrufsrechts hätte es nicht bedurft, wenn die wesentliche
Änderung der Beteiligungsverhältnisse bereits als Veräußerung im Sinn des Abs. 3 S. 1 zu werten
wäre. Entscheidend ist jeweils, ob sich der Rechtsträger ändert, was etwa bei einer Verschmelzung,
Aufspaltung oder Abspaltung der Fall ist.[155] Nicht unter § 34 Abs. 3 sollte allerdings der bloße Form-
wechsel fallen, bei dem sich die Rechtsform ändert, das Unternehmen einschließlich der zur Ausübung der Nutzungsrechte zuständigen Personen aber gleichbleibt, wie es etwa bei der Umwandlung
eines einzelkaufmännischen Betriebs in eine Ein-Mann-GmbH der Fall ist.[156]

2. Rückrufsrecht des Urhebers (Abs. 3 S. 2, 3)

40   **a) Voraussetzungen.** Auch wenn nach Abs. 3 eine Zustimmung des Urhebers nicht erforderlich
ist, können im Einzelfall durch besondere Umstände berechtigte Interessen des Urhebers derart
schwerwiegend verletzt sein, dass es ihm nicht zuzumuten sein kann, die Nutzung seiner Rechte
durch den Erwerber hinzunehmen, etwa bei Übertragung der Rechte an ein Unternehmen mit kont-
rärer Tendenz. Abs. 3 S. 2 gewährt dem Urheber daher ein **Rückrufsrecht,** wenn ihm die Ausübung
des Nutzungsrechts durch den Erwerber nach Treu und Glauben nicht zuzumuten ist. Das Rückrufrecht besteht auch, wenn sich die Beteiligungsverhältnisse am Unternehmen des Inhabers des Nutzungsrechts wesentlich ändern (Abs. 2 S. 3). Der Urheber kann auf das Rückrufsrecht nicht im Voraus
verzichten (Abs. 5 S. 1). Das Rückrufsrecht entfällt aber, wenn der Urheber der Veräußerung zugestimmt hat. Gegenüber dem Rückruf sind die Berufung auf die Störung der Geschäftsgrundlage und
die Kündigung aus wichtigem Grund subsidiär,[157] denn das Rückrufsrecht bildet eine für den Urheber günstigere Spezialregelung.[158]

41   Wie die Treu und Glauben-Klausel des § 34 Abs. 1 S. 2 setzt diejenige des Abs. 3 S. 2 eine **Interessenabwägung und -wertung** voraus. Dabei sind die Interessen des Urhebers, des bisherigen
Inhabers des zu übertragenden Nutzungsrechts und des Erwerbers in Rechnung zu stellen.[159] Hinsichtlich der zu berücksichtigenden Gesichtspunkte kann auf das zu § 34 Abs. 1 S. 2 Ausgeführte
verwiesen werden.[160] Ein Unterschied in der Wertung wird dadurch begründet, dass bei § 34 Abs. 1
S. 2 die Zustimmung regelmäßig verweigert werden kann und die Verweigerung nur ausnahmsweise
als treuwidrig zu beurteilen ist, während bei § 34 Abs. 3 die zustimmungsfreie Übertragung die Regel
bildet, der Rückruf als Ausnahme statuiert ist.[161] Bei § 34 Abs. 1 S. 2 ist zu fragen, ob die Übertragung dem Urheber ausnahmsweise gegen seinen Willen zuzumuten ist, bei § 34 Abs. 3, ob der Urheber ausnahmsweise seinen gegen die Übertragung gerichteten Willen durchsetzen kann, weil ihm die
Ausübung des Nutzungsrechts durch den Erwerber nicht zuzumuten ist. Entsprechend unterschiedlich
ist die **Beweislastverteilung:** Für die eine Treuwidrigkeit begründenden Umstände des § 34 Abs. 1
S. 2 ist der Inhaber des Nutzungsrechts, für die den Rückruf nach § 34 Abs. 2 S. 2 tragenden Umstände der Urheber beweisbelastet.[162]

42   Beim Rückruf des Abs. 3 müssen so **schwerwiegende Umstände zu Lasten des Urhebers** vorliegen, dass die Anwendung des vom Gesetzgeber in § 34 Abs. 1 statuierten Grundsatzes der freien
Übertragbarkeit bei der Gesamtveräußerung als unzumutbar erscheint.[163] Es kommt auf die Situation
beim Erwerber an; sie ist zu derjenigen beim Veräußerer in Vergleich zu setzen. Die Nutzungssituation für den Urheber muss sich wesentlich verschlechtern. In der Regel wird es um persönlichkeitsrechtliche Komponenten gehen, wie etwa eine konträre Tendenz beim Erwerber oder schwere Auseinandersetzungen mit dem Erwerber aus anderem Anlass. Wirtschaftliche Erwägungen sind aber nicht
ausgeschlossen.[164] Dass das Werk des Urhebers durch die Übertragung in Konkurrenz zu anderen

---

[154] Inhaber der Nutzungsrechte ist in diesem Fall die teilrechtsfähige Personengesellschaft, s. § 124 Abs. 1 HGB
und MüKoHGB/*Schmidt* § 124 Rn. 3; *Royla/Gramer* CR 2005, 154 (157); anders → 4. Aufl. 2010, Rn. 39.

[155] Vgl. die Übersicht bei *Royla/Gramer* CR 2005, 154 (157 f.) und Wandtke/Bullinger/*Wandtke/Grunert* UrhG
§ 34 Rn. 21.

[156] *Berger* FS Schricker (2005), 223 (228); Fromm/Nordemann/*J. B. Nordemann* UrhG § 34 Rn. 25; Wandtke/
Bullinger/*Wandtke/Grunert* UrhG § 34 Rn. 21.

[157] Wandtke/Bullinger/*Wandtke/Grunert* UrhG § 34 Rn. 24; sa Fromm/Nordemann/*J. B. Nordemann* UrhG § 34
Rn. 27; für eine Orientierung an den früheren Grundsätzen über eine Kündigung aus wichtigem Grund aber *Berger*
FS Schricker (2005), 223 (230).

[158] *Koch-Sembdner* AfP 2004, 211 (212 ff.).

[159] Fromm/Nordemann/*J. B. Nordemann* UrhG § 34 Rn. 30; Wandtke/Bullinger/*Wandtke/Grunert* UrhG § 34
Rn. 25; enger (nur Urheber- und Erwerberinteressen) wohl Dreier/Schulze/*Schulze* UrhG § 34 Rn. 37; *Partsch/
Resch* AfP 2002, 298 (299).

[160] → Rn. 27 ff.

[161] *Berger* FS Schricker (2005), 223 (229 f.); Fromm/Nordemann/*J. B. Nordemann* UrhG § 34 Rn. 30; DKMH/
Kotthoff UrhG § 34 Rn. 11.

[162] *Berger* FS Schricker (2005), 223 (230); Fromm/Nordemann/*J. B. Nordemann* UrhG § 34 Rn. 43; aA Dreier/
Schulze/*Schulze* UrhG § 34 Rn. 38 (zu Abs. 3 S. 3).

[163] *Berger* FS Schricker (2005), 223 (230); Dreier/Schulze/*Schulze* UrhG § 34 Rn. 37; Fromm/Nordemann/
J. B. Nordemann UrhG § 34 Rn. 31.

[164] *Joppich* K&R 2003, 211 (213 f.); Fromm/Nordemann/*J. B. Nordemann* UrhG § 34 Rn. 31; aA *Berger* FS Schricker (2005), 223 (230).

vom Erwerber betreuten Werken gerät, wird in der Regel für den Rückruf nicht genügen; es sei denn, die Befürchtung ist begründet, dass der Erwerber das Werk des Urhebers in unzumutbarer Weise vernachlässigen würde. Die eine Unzumutbarkeit begründenden Umstände müssen gerade durch die Übertragung des Nutzungsrechts begründet sein und somit ohne die Übertragung nicht vorliegen. Insofern ist der Rückruf des § 34 Abs. 3 von demjenigen wegen gewandelter Überzeugung nach § 42 abzugrenzen. Letzterer hängt nicht vom jeweiligen Inhaber des Nutzungsrechts ab, sondern ist gegenüber jedem Inhaber gegeben.

Nach Abs. 3 S. 3 findet der das Rückrufsrecht statuierende Abs. 2 auch dann Anwendung, wenn **43** sich die **Beteiligungsverhältnisse am Unternehmen des Inhabers des Nutzungsrechts wesentlich ändern.**[165] Führt die Änderung der Beteiligungsverhältnisse zu einem Wechsel der Rechtszuständigkeit, kommen bereits S. 1 und 2 zur Anwendung.[166] S. 3 betrifft die sonstigen gesellschaftsrechtlichen Änderungen, also insbesondere die Übertragung von Anteilen an Kapitalgesellschaften wie AG und GmbH („share deal").[167] „Wesentlich" ist die Änderung der Beteiligungsverhältnisse, wenn sie zu einem Wechsel in der Kontrolle über die Ausübung der Nutzungsrechte führt.[168] Ob aus der Sicht eines vernünftigen und verständigen Urhebers die für den Rückruf relevante Verschlechterung seiner Lage zu befürchten ist,[169] ist hingegen in erster Linie eine Frage der Interessenabwägung nach Treu und Glauben. Im Schrifttum werden zum Teil bestimmte Anteilsschwellen vorgeschlagen.[170] Diese Grenzwerte werden der Vielfalt der Einzelfälle aber nicht gerecht. Entscheidend sind die gesellschaftsrechtlichen Einflussmöglichkeiten;[171] ein exakter Prozentsatz lässt sich nicht formulieren.[172] Immerhin begründet ein mehrheitlicher Anteilsübergang die Vermutung, dass es zu einem Wechsel der Unternehmenspolitik kommen kann.[173]

b) Erklärung und Rechtsfolgen. Der Rückruf bedarf der **Erklärung.** Im Falle der Übertragung **44** des Nutzungsrechts (§ 34 Abs. 3 S. 2) kann der Rückruf entsprechend § 182 Abs. 1 BGB **sowohl dem Veräußerer als auch dem Erwerber gegenüber erklärt** werden.[174] Im Falle der bloßen Änderung der Beteiligungsverhältnisse ohne Wechsel der Rechtszuständigkeit (§ 34 Abs. 3 S. 3) ist der Rückruf dem **Inhaber des Nutzungsrechts** zu erklären. Die Erklärung des Rückrufs muss innerhalb einer angemessenen **Frist** erfolgen, wobei einiges dafür spricht, statt des offen formulierten § 314 Abs. 3 BGB[175] oder der Zweimonatsfrist des aufgehobenen § 28 Abs. 1 S. 4 aF VerlG[176] den für Arbeitsverhältnisse geltenden **§ 613a Abs. 6 BGB analog** anzuwenden.[177] Demnach müssen der Veräußerer oder der Erwerber den Urheber über den Betriebsübergang informieren. Nach Zugang der Unterrichtung muss der Rückruf **innerhalb eines Monats** erklärt werden.

Der Rückruf bewirkt, dass ein dingliches Nutzungsrecht an den Urheber **zurückfällt;**[178] ein **45** schuldrechtliches Nutzungsrecht erlischt. Eine Härte für den Erwerber, die zu einer Modifikation der Rechtsfolgen des Rückrufs Anlass geben würde, entsteht dadurch nicht. Der Erwerber muss bei einschlägigen Veräußerungsvorgängen mit dem Rückruf rechnen und die Rückruffrist abwarten oder sich der Zustimmung des Urhebers vergewissern, bevor er investiert. Der zugrunde liegende schuldrechtliche Vertrag wird aufgelöst.[179] Eine Entschädigungspflicht wie bei § 41 Abs. 6 besteht nicht.[180]

c) Abweichende Vereinbarungen, Verzicht (Abs. 5). Auch für den Fall des § 34 Abs. 3 S. 1 **46** gilt gemäß § 34 Abs. 5 S. 2, dass **abweichende Vereinbarungen** zulässig sind, insbesondere kann die

---

[165] Kritisch hierzu DKMH/*Kotthoff* UrhG § 34 Rn. 12: „innerhalb von § 34 ein Fremdkörper".

[166] → Rn. 36 ff.

[167] *Raitz v. Frentz/Masch* ZUM 2009, 354 (366); *Royla/Gramer* CR 2005, 154 (156 f.).

[168] DKMH/*Kotthoff* UrhG § 34 Rn. 13; Fromm/Nordemann/*J. B. Nordemann* UrhG § 34 Rn. 35.

[169] So Wandtke/Bullinger/*Wandtke/Grunert* UrhG § 34 Rn. 27, in der Tendenz auch → 4. Aufl. 2010, § 34 Rn. 44.

[170] Dreier/Schulze/*Schulze* Rn. 38 gehen in Übereinstimmung mit dem Normvertrag VS/Börsenverein von einem Richtwert von 25 % aus, ebenso *Wernicke/Kockentiedt* ZUM 2004, 348 (353), s. dazu aber Fromm/Nordemann/*J. B. Nordemann* UrhG § 34 Rn. 35; Wandtke/Bullinger/*Wandtke/Grunert* UrhG § 34 Rn. 28; auch schon Verschiebungen unterhalb der 25 %-Grenze können relevant sein Loewenheim/*Loewenheim/J. B. Nordemann,* Handbuch des Urheberrechts, § 28 Rn. 14.

[171] *Joppich* K & R 2003, 211 (214); Berger/Wündisch/*Berger* § 1 Rn. 176.

[172] Fromm/Nordemann/*J. B. Nordemann* UrhG § 34 Rn. 35; Loewenheim/*Loewenheim/J. B. Nordemann,* Handbuch des Urheberrechts, § 28 Rn. 14; *Royla/Gramer* CR 2005, 154 (156 f.); Wandtke/Bullinger/*Wandtke/Grunert* UrhG § 34 Rn. 22; so letztlich auch Dreier/Schulze/*Schulze* UrhG § 34 Rn. 38.

[173] Berger/Wündisch/*Berger* § 1 Rn. 176; *Partsch/Reich* AfP 2002, 298 (301 f.).

[174] Dreier/Schulze/*Schulze* UrhG § 34 Rn. 39 (unter Aufgabe der früher vertretenen Ansicht); Fromm/Nordemann/*J. B. Nordemann* UrhG § 34 Rn. 32; Wandtke/Bullinger/*Wandtke/Grunert* UrhG § 34 Rn. 24.

[175] Hierfür 4. Aufl./*Schricker/Loewenheim* § 34 Rn. 47; für unverzügliche Erklärung DKMH/*Kotthoff* UrhG § 34 Rn. 15; für Abstellen auf Grundsätze der Verwirkung *Joppich* K&R 2003, 211 (214 f.).

[176] Dreier/Schulze/*Schulze* UrhG § 34 Rn. 39; Wandtke/Bullinger/*Wandtke/Grunert* UrhG § 34 Rn. 22.

[177] *Berger* FS Schricker (2005), 223 (231 f.); Fromm/Nordemann/*J. B. Nordemann* UrhG § 34 Rn. 33; *Koch-Sembdner* AfP 2004, 211 (213 ff.); Loewenheim/*Loewenheim/J. B. Nordemann,* Handbuch des Urheberrechts, § 28 Rn. 14.

[178] Wie bei § 41 → § 41 Rn. 28; für einen Rückfall an den Veräußerer (so *Berger* FS Schricker (2005), 223 (232 f.) und Berger/Wündisch/*Berger* § 1 Rn. 177) oder eine soziale Auslauffrist (so *Haas* Nr. 113 f.) gibt das Gesetz keinen Anhaltspunkt.

[179] Vgl. → § 41 Rn. 28.

[180] *Koch-Sembdner* AfP 2004, 211 (214).

freie Übertragbarkeit ausgeschlossen oder beschränkt werden oder es kann ein Rückrufsrecht des Urhebers über die gesetzlichen Voraussetzungen hinaus vereinbart werden.[181]

47   Auf das Rückrufsrecht des § 34 Abs. 3 S. 2, 3 kann im Voraus nicht **verzichtet** werden (Abs. 5 S. 1); ein nachträglicher Verzicht auf das bereits entstandene Rückrufsrecht ist möglich.[182] Wie bei der außerordentlichen Kündigung aus wichtigem Grund sind vertragliche Konkretisierungen möglich, soweit sie keine wesentliche Einschränkung des Rückrufsrechts bedeuten.

IV. Haftung des Erwerbers gegenüber dem Urheber (Abs. 4)

48   Für den Fall, dass der Urheber der Übertragung nicht im Einzelfall ausdrücklich zugestimmt hat, bestimmt Abs. 4 eine **gesamtschuldnerische Haftung des Erwerbers** für die Erfüllung der sich aus dem Vertrag mit dem Urheber ergebenden Verpflichtungen des Veräußerers. Die Vorschrift steht einer pauschalen Zustimmung nicht im Wege, sondern belegt im Gegenteil deren Möglichkeit, indem der Zustimmung nicht die Wirkung versagt, sondern lediglich eine zusätzliche Haftung angeordnet wird. Die Haftung ist verfassungsgemäß, sie verstößt nicht gegen Art. 14 GG.[183] Sie tritt neben andere Haftungsgründe, insbesondere die Haftung bei Fortführung eines Handelsgeschäfts (§ 25 HGB).

49   **Ausdrückliche Zustimmung „im Einzelfall"** bedeutet, dass der jeweilige Übertragungsvorgang bezüglich eines bestimmten Erwerbers Gegenstand einer ausdrücklichen (nicht nur konkludenten) Zustimmung war.[184] Es scheiden deshalb die in allgemeinen Geschäftsbedingungen oder sonst pauschal erteilten Zustimmungen aus.[185] Abs. 4 lässt nicht erkennen, dass er sich auf die Fälle beschränkt, in denen eine Zustimmung erforderlich ist. Die Vorschrift erfasst vielmehr auch die Fälle, in denen das Gesetz von einer Zustimmung absieht, insbesondere gemäß Abs. 3, oder in denen die Zustimmungspflicht generell vertraglich abbedungen ist.[186] Denn in diesen Fällen bestand bereits nach früherem Recht eine Haftung;[187] die Neuregelung wollte die Haftung nicht reduzieren, sondern ausdehnen, indem sie den Gedanken der ursprünglichen Gesetzesbegründung aufgriff, dass die Haftung nur entfallen soll, wenn der Urheber die Chance hatte, im Einzelfall eine Haftung auszuhandeln. Die Beweislast für die ausdrückliche Zustimmung im Einzelfall obliegt dem Erwerber, der eine Ausnahme von der Haftung geltend macht.[188]

50   Die Haftung des Erwerbers aus Abs. 4 tritt **gesamtschuldnerisch** neben diejenige des Veräußerers. Sie erfasst alle Haupt- und Nebenansprüche aus dem Vertrag und beurteilt sich nach §§ 421 ff. BGB.[189] Der Korrekturanspruch nach § 32 Abs. 1 S. 3 kann nicht gegen den Erwerber geltend gemacht werden, da der Erwerber den Vertrag nicht ändern kann; wohl haftet der Erwerber aber für den Anspruch auf Zahlung einer angemessenen Vergütung. Die Erwerberhaftung nach § 32a Abs. 2 ist besonders geregelt.

51   Auf die Haftung gemäß Abs. 4 kann **im Voraus nicht verzichtet werden (Abs. 5 S. 1);** sie ist zwingenden Rechts.[190] Ist vertraglich eine Schuld- oder Erfüllungsübernahme vereinbart, so tritt die gesetzliche Haftung daneben.[191] Abs. 5 ist auch im **Verlagsrecht** anwendbar.[192]

V. Vertragliche Regelungen der Übertragbarkeit (Abs. 5 S. 2)

52   Gemäß Abs. 5 S. 2 ist § 34 mit Ausnahme des Rücktrittsrechts und der Erwerberhaftung dispositiv; **abweichende vertragliche Regelungen sind zulässig.** Eine vertragliche Vereinbarung kann einerseits das **Zustimmungserfordernis einschränken oder ganz aufheben;** dh der Urheber kann Zugeständnisse jeder Art machen bis hin zu der Abrede, die es dem Nutzungsberechtigten von vornherein freistellt, das Nutzungsrecht zu übertragen, an wen und unter welchen Umständen er immer will.[193] Anstelle einer Abbedingung des Zustimmungserfordernisses kann die Zustimmung auch anti-

---

[181] S. hierzu zB den Normvertrag VS/Börsenverein; *Joppich* K&R 2003, 211 (212).

[182] Dreier/Schulze/*Schulze* UrhG § 34 Rn. 47; Fromm/Nordemann/*J. B. Nordemann* UrhG § 34 Rn. 39; Wandtke/Bullinger/*Wandtke/Grunert* UrhG § 34 Rn. 36.

[183] BVerfG GRUR 2006, 410 – Nachhaftung des Verlegers.

[184] Kritisch *Haas* Nr. 121.

[185] Amtl. Begr. BT-Drs. 14/6433, 16; Dreier/Schulze/*Schulze* UrhG § 34 Rn. 43; Fromm/Nordemann/ *J. B. Nordemann* UrhG § 34 Rn. 37; Loewenheim/*Loewenheim/J. B. Nordemann,* Handbuch des Urheberrechts, § 28 Rn. 16.

[186] Vgl. Abs. 5 S. 2; *Haas* Nr. 121; Dreier/Schulze/*Schulze* UrhG § 34 Rn. 41, 46.

[187] S. 2. Aufl./*Schricker* UrhG § 34 Rn. 25.

[188] Vgl. Dreier/Schulze/*Schulze* UrhG § 34 Rn. 43; Fromm/Nordemann/*J. B. Nordemann* UrhG § 34 Rn. 43.

[189] Dreier/Schulze/*Schulze* UrhG § 34 Rn. 42; Fromm/Nordemann/*J. B. Nordemann* UrhG § 34 Rn. 36; Wandtke/Bullinger/*Wandtke/Grunert* UrhG § 34 Rn. 31; Einzelheiten bei *Schricker,* Verlagsrecht, VerlG § 28 Rn. 20a.

[190] S. zB OLG München ZUM 1995, 890: Fallen die Nutzungsrechte, die der Urheber einem Subverleger eingeräumt hat, kraft vertraglicher Befristung an den Originalverleger zurück und werden sie von diesem an einen anderen Subverleger vergeben, haftet der neue Subverleger entsprechend § 34 UrhG Abs. 4.

[191] *Schricker,* Verlagsrecht, VerlG § 28 Rn. 18.

[192] *Schricker,* Verlagsrecht, VerlG § 28 Rn. 6; *Ulmer* § 108 II 4; *Haberstumpf* FS Hubmann (1985), 127 (135).

[193] Vgl. Fromm/Nordemann/*J. B. Nordemann* UrhG § 34 Rn. 38; *Schricker,* Verlagsrecht, VerlG § 28 Rn. 2; *Ulmer* § 86 I 4.

zipiert und pauschal für sämtliche zukünftigen Übertragungen erteilt werden, was zu einem ähnlichen Ergebnis führt.[194] Andererseits kann auch eine **Verschärfung des Zustimmungserfordernisses** verabredet werden, bis hin zur vertraglichen Vereinbarung der Unveräußerlichkeit des Nutzungsrechts ohne Zustimmung des Urhebers.[195]

Eine derartige Vereinbarung kann **ausdrücklich** getroffen werden, sie kann sich aber auch durch **53** **Auslegung** aus den Umständen ergeben, dh konkludent (stillschweigend) abgeschlossen werden.[196] Anders ist es nur, wenn es sich um Nutzungsrechte an noch unbekannten Nutzungsarten handelt; hier ist gemäß § 31a Schriftform erforderlich.[197] Wer sich auf eine von der dispositiven Gesetzesregelung abweichende Vereinbarung berufen will, hat sie im Streitfall zu **beweisen**.[198] Generell ist bei der Annahme einer konkludenten oder stillschweigenden Abbedingung des Zustimmungserfordernisses Zurückhaltung geboten.[199] Für die Auslegung gelten im Grundsatz die gleichen Kriterien wie für die Frage, ob der Urheber konkludent seine Zustimmung zur Übertragung erteilt hat (§ 31 Abs. 1 S. 1),[200] insbesondere sind der Vertragszweck (Rechtsgedanke des § 31 Abs. 5) und der Charakter des Werks von Bedeutung. Bei engen Bindungen mit individuellem Einschlag, etwa wenn der Urheber einem Verleger die Rechte an mehreren Werken zur Betreuung langfristig überlässt, wird sich der Wille des Urhebers im Zweifel nicht auf eine Abbedingung des Zustimmungserfordernisses richten.[201] Dagegen wird bei **Rechtseinräumungen zur Wahrnehmung** in der Regel das Zustimmungserfordernis für die dem Wahrnehmungszweck entsprechenden Übertragungen im Zweifel als stillschweigend abbedungen zu betrachten sein.[202]

Ist zwischen dem Urheber und dem Werknutzer im Vertrag über die Einräumung des Nutzungs- **54** rechts, in einem Zusatzvertrag, in einer sonstigen Abrede oder durch schlüssiges, als vertraglich auszulegendes Verhalten die **freie Übertragbarkeit** der eingeräumten Nutzungsrechte vereinbart worden, so kann der Nutzungsrechtsinhaber sein Nutzungsrecht nach Belieben übertragen. Die zwingende Haftungsregelung des § 34 Abs. 4 bleibt davon allerdings unberührt. Der Nutzer darf den Urheber aber nicht vorsätzlich durch eine Rechtsübertragung schädigen (§§ 826, 242 BGB); er darf durch die Modalitäten der Übertragung, insbesondere durch die Wahl des Partners, nicht schuldhaft vertragliche Treue- und Obhutspflichten verletzen. Bei Pflichtverletzung ist die Übertragung zwar wirksam, der Nutzer ist aber aus dem Gesichtspunkt der Vertragspflichtverletzung zu Schadensersatz verpflichtet. Verstößt die Übertragung selbst gegen die guten Sitten, tritt Nichtigkeit nach § 138 Abs. 1 BGB ein.

Umstritten ist, ob und unter welchen Voraussetzungen eine **formularmäßige Vereinbarung der** **55** **freien Übertragbarkeit** der AGB-Kontrolle standhält. Der BGH nimmt Vereinbarungen über den Umfang der Rechteeinräumung von der AGB-Kontrolle mit der Begründung aus, es handle sich um eine Bestimmung der Hauptleistungspflicht und § 31 Abs. 5 habe als Auslegungsregel keine Leitbildfunktion.[203] Abgesehen von den grundsätzlichen Bedenken gegen diese Rechtsprechung[204] steht sie einer Klauselkontrolle von Vereinbarungen gem. § 34 Abs. 5 nicht entgegen. Erstens handelt es sich bei Abreden über die Übertragbarkeit von Nutzungsrechten nicht um die Rechtseinräumung selbst, so dass die Abrede nicht die Hauptleistungspflicht betrifft.[205] Zweitens ist § 34 Abs. 5 keine Auslegungsregel, sondern erklärt nur die Zustimmungspflicht des § 34 Abs. 1 für dispositiv. Der Anwendungsbereich des § 307 BGB ist damit eröffnet. Das bedeutet aber keineswegs, dass Vereinbarungen iSd § 35 Abs. 5 S. 2 niemals formularmäßig möglich sind.[206] Vielmehr kommt es auf den Einzelfall an.[207] Oft kann ein erhebliches praktisches Bedürfnis nach einer Regelung der freien Übertragbarkeit

---

[194] Beispiel: BGH GRUR 2011, 59 Rn. 19 – Lärmschutzwand; Fromm/Nordemann/*J. B. Nordemann* UrhG § 34 Rn. 38.

[195] → Rn. 56.

[196] BGH GRUR 2011, 59 Rn. 19 – Lärmschutzwand (allerdings für die im Ergebnis ähnliche antizipierte pauschale Zustimmung); Dreier/Schulze/*Schulze* UrhG § 34 Rn. 49.

[197] Dreier/Schulze/*Schulze* UrhG § 34 Rn. 16.

[198] Fromm/Nordemann/*J. B. Nordemann* UrhG § 34 Rn. 43; *Held* GRUR 1983, 161; *Schricker,* Verlagsrecht, VerlG § 28 Rn. 2.

[199] DKMH/*Kotthoff* UrhG § 34 Rn. 20.

[200] → § 31 Rn. 11.

[201] *Schricker,* Verlagsrecht, VerlG § 28 Rn. 2 mwN.

[202] Vgl. den Gedanken des § 35 Abs. 1 S. 2; Dreier/Schulze/*Schulze* UrhG § 34 Rn. 50; Fromm/Nordemann/ *J. B. Nordemann* UrhG § 34 Rn. 15.

[203] BGH GRUR 2012, 1031 – Honorarbedingungen freie Journalisten mAnm *Soppe;* BGH GRUR 2014, 556 – Honorarbedingungen Synchronsprecher; näher hierzu → Vor §§ 31 ff. Rn. 45, 48.

[204] → Vor §§ 31 ff. Rn. 45, 49.

[205] AA Fromm/Nordemann/*J. B. Nordemann* UrhG § 34 Rn. 42.

[206] In BGH GRUR 1984, 45 (52) – Honorarbedingungen: Sendevertrag hielt der BGH eine Klausel, die dem SFB einen Auswertungsvertrag mit einer noch unbestimmten Auswertungsfirma ermöglichte, als Abweichung vom Leitbild des § 34 Abs. 1 für unwirksam. Eine Klausel, die dem SFB das allgemeine Recht zur Übertragung von Nutzungsrechten einräumte, war aber nicht Gegenstand der Revision. Eine Unwirksamkeit klauselmäßiger Abweichungen von § 34 Abs. 1 folgern daraus Dreier/Schulze/*Schulze* UrhG § 34 Rn. 51; Wandtke/Bullinger/*Wandtke*/ *Grunert* UrhG § 34 Rn. 40; *v. Pfeil* S. 46; dagegen OLG München GRUR-RR 2011, 401 (405); Fromm/Nordemann/*J. B. Nordemann* UrhG § 34 Rn. 42.

[207] Ebenso *Acker/Thum* GRUR 2008, 671 ff.; Berger/Wündisch/*Berger* § 1 Rn. 165; DKMH/*Kotthoff* UrhG § 34 Rn. 19.

in AGB bestehen, etwa bei Tageszeitungsartikeln[208] oder bei umfangreichen Werken mit vielen Autoren, etwa bei Fernstudienmaterial, bei dem zahlreiche Autoren mitwirken.[209] Etwas anderes gilt für Werken anspruchsvollen Niveaus mit erheblichen urheberpersönlichkeitsrechtlichen Implikationen.[210] Hier ist der Kernbereich des § 34 Abs. 1 betroffen, so dass eine abweichende Regelung gegen den Grundgedanken der gesetzlichen Vorschrift verstößt. Wann dies allerdings der Fall ist, ist eine Frage der Abwägung im Einzelfall.

56   Ist die **Übertragbarkeit vertraglich ausgeschlossen,** dh ist sie in jedem Fall nur mit Zustimmung des Urhebers möglich, so hat dies nicht nur schuldrechtliche Wirkung zwischen den Parteien, sondern es liegt – entsprechend § 399 BGB, wobei das Recht zu einem unveräußerlichen iSd § 137 BGB wird – im Interesse der Rechtsklarheit und des Urheberschutzes eine absolute, gegenüber jedermann wirkende Verfügungsbeschränkung vor.[211] Gleiches gilt für eine Regelung, nach der die Übertragung nur an bestimmte Empfänger zulässig ist.[212] Ein **gutgläubiger Erwerb** ist **ausgeschlossen.**[213] Tritt der Nutzungsrechtsinhaber das Nutzungsrecht gleichwohl ab, begeht er eine Vertragspflichtverletzung,[214] die Übertragung ist unwirksam; der Erwerber, der das vermeintlich erworbene Recht ausübt, begeht eine Urheberrechtsverletzung.[215] Gegen eine Klausel, mit der der Urheber die Zustimmung zur Weiterübertragung ausschließt, bestehen im Verhältnis zum Verwerter keine Bedenken. Eine andere Frage ist, ob § 307 BGB einem Abtretungsverbot (§ 399 BGB) zwischen Verwerter und Endverbraucher entgegensteht, weil von wesentlichen Grundgedanken des Erschöpfungsgrundsatzes oder der Grundsätze des Kaufrechts abgewichen wird.

§ 35 Einräumung weiterer Nutzungsrechte

(1) [1]**Der Inhaber eines ausschließlichen Nutzungsrechts kann weitere Nutzungsrechte nur mit Zustimmung des Urhebers einräumen.** [2]**Der Zustimmung bedarf es nicht, wenn das ausschließliche Nutzungsrecht nur zur Wahrnehmung der Belange des Urhebers eingeräumt ist.**

(2) **Die Bestimmungen in § 34 Abs. 1 Satz 2, Abs. 2 und Abs. 5 Satz 2 sind entsprechend anzuwenden.**

Schrifttum: S. die Nachweise zu § 34.

Übersicht*

I. Allgemeines

1. Zweck und Bedeutung der Norm

1   Zusammen mit § 34 sichert § 35 die Stellung des Urhebers gegenüber Dritten, denen Rechtspositionen an seinem Recht zum Zwecke der Verwertung verschafft werden. § 34 stellt eine Sicherung gegenüber einer **translativen Übertragung** dinglicher Nutzungsrechte dar, dh gegenüber Rechtsgeschäften, die eine volle Änderung der Rechtszuständigkeit bewirken. Der Inhaber eines ausschließli-

---

[208] OLG München GRUR-RR 2011, 401 (405); LG Berlin ZUM-RD 2008, 18 (23); Fromm/Nordemann/ *J. B. Nordemann* UrhG § 34 Rn. 42.

[209] Ebenso *J. B. Nordemann* NJW 2012, 3121 (3123); Fromm/Nordemann/*J. B. Nordemann* UrhG § 34 Rn. 41.

[210] Ebenso *Acker/Thum* GRUR 2008, 671 (677); Berger/Wündisch/*Berger* § 1 Rn. 165; DKMH/*Kotthoff* UrhG § 34 Rn. 19; ausführlich *Lößl* S. 227 ff.; einschränkend Fromm/Nordemann/*J. B. Nordemann* UrhG § 34 Rn. 41.

[211] BGH GRUR 1987, 37 (39) – Videolizenzvertrag; OLG München GRUR 1984, 524 (525) – Nachtblende; OLG Frankfurt a. M. CR 1998, 525 (526); LG Hamburg ZUM-RD 2017, 227 (231); Dreier/Schulze/*Schulze* UrhG § 34 Rn. 52; Fromm/Nordemann/*J. B. Nordemann* UrhG § 34 Rn. 17; *Partsch/Reich* AfP 2002, 298 (299); *Schricker,* Verlagsrecht, VerlG § 28 Rn. 4 mwN; Wandtke/Bullinger/*Wandtke/Grunert* UrhG § 34 Rn. 36.

[212] AA OLG München GRUR 1996, 972 (973).

[213] Berger/Wündisch/*Berger* § 1 Rn. 162; Dreier/Schulze/*Schulze* UrhG § 34 Rn. 52; Fromm/Nordemann/ *J. B. Nordemann* UrhG § 34 Rn. 16; *v. Gamm* UrhG § 34 Rn. 9; *Schricker,* Verlagsrecht, VerlG § 28 Rn. 4; Wandtke/*Wandtke/Grunert* UrhG § 34 Rn. 10; *Ulmer* § 83 III 2; zT abweichend *Lößl* S. 51 ff. mwN.

[214] Fromm/Nordemann/*J. B. Nordemann* UrhG § 34 Rn. 17.

[215] *Schricker,* Verlagsrecht, VerlG § 28 Rn. 4; Wandtke/Bullinger/*Wandtke/Grunert* UrhG § 34 Rn. 10.

* Die folgenden Erläuterungen beruhen teilweise auf der von *Schricker* verfassten und in der 4. Aufl. von *Loewenheim* aktualisierten Kommentierung des § 35.

chen Nutzungsrechts kann Dritte aber auch dadurch zu Inhabern dinglicher Nutzungsrechte machen, dass er **konstitutiv Nutzungsrechte weiterer Stufe einräumt.**[1] Der Inhaber des „Tochterrechts", der diese „Enkelrechte" schafft, begibt sich dadurch seiner Rechtsstellung in Bezug auf das Urheberrecht zwar nicht völlig; Folge ist aber doch, dass ein Dritter Nutzungsrechte mit Wirkung gegenüber dem Urheber erlangt. Hieraus resultiert ein Schutzbedürfnis des Urhebers, das demjenigen bei § 34 gleichkommt: Der Urheber soll die Kontrolle darüber behalten, wer sein Recht verwertet.[2] Dementsprechend trifft § 35 eine Regelung in weitgehender Parallele zu § 34.

2. Entstehungsgeschichte

§ 35 in der Fassung von 1965 galt unmittelbar nur für den Fall, dass der Inhaber eines ausschließlichen Nutzungsrechts ein einfaches Nutzungsrecht einräumt; für die Einräumung eines ausschließlichen Nutzungsrechts wurde die Vorschrift von der hM entsprechend angewendet.[3] **2**

Das **Urhebervertragsgesetz**[4] hat diese Lücke geschlossen, indem § 31 Abs. 3 „Nutzungsrechte" **3** schlechthin und § 35 jede Einräumung von „weiteren Nutzungsrechten" erfasst, seien sie einfache, seien sie ausschließliche Rechte.[5] Nach der Begründung zum Regierungsentwurf handelt es sich um eine Klarstellung;[6] gegenüber dem bereits unter der alten Fassung herrschenden Verständnis wird die Rechtslage nicht geändert. In § 35 Abs. 2 wurde die Verweisung auf § 34 an dessen Neufassung angepasst; auch hierin liegt sachlich keine Änderung.

Da die Neufassung des § 35 den Wortlaut nur an die bisherige Rechtslage angepasst hat, spielt die **4** zeitliche Abgrenzung der Anwendbarkeit des § 35 in der Neufassung praktisch keine Rolle.[7] Auf die Absätze des § 34, die 2002 wesentlich geändert wurden,[8] verweist § 35 gerade nicht.

3. Systematik der Vorschrift

§ 35 folgt weitgehend der Regelung des § 34. Das **Zustimmungserfordernis des § 34 Abs. 1** **5** **S. 1** wird in § 35 Abs. 1 S. 1 wiederholt. Der folgende **§ 34 Abs. 1 S. 2** ist gemäß § 35 Abs. 2 entsprechend anwendbar. Gleiches gilt für **§ 34 Abs. 2** betreffend Sammelwerke. **Abs. 3 des § 34** wird nicht aufgenommen, da eine entsprechende Konstellation wohl schwer vorstellbar war. Immerhin mag etwa bei einer Unternehmensverpachtung eine umfassende Erteilung ausschließlicher oder einfacher Nutzungsrechte zugunsten des Pächters in Betracht kommen; es wäre zu erwägen, § 34 Abs. 3 wegen der Vergleichbarkeit der Interessenlage entsprechend heranzuziehen. Dagegen spricht freilich, dass auch eine dem § 34 Abs. 5 aF (jetzt § 34 Abs. 4) entsprechende Regelung in § 35 fehlt, die im Rahmen des § 34 als Korrektiv fungiert. Man wird sich deshalb damit begnügen müssen, die besondere Situation der Geschäfte über das ganze Unternehmen oder über Unternehmensteile im Rahmen der Interessenabwägung und -wertung nach § 35 Abs. 1 in Verbindung mit § 34 Abs. 1 S. 2 zu berücksichtigen.[9] **Abs. 5 S. 2 (früher Abs. 4) des § 34** wird in § 35 Abs. 2 wiederum für entsprechend anwendbar erklärt.

Als zusätzlichen Regelungsgehalt gegenüber § 34 weist **§ 35 Abs. 1** den **Satz 2** auf, der eine Aus- **6** nahme von der Zustimmungspflicht macht, da sie nicht für Fälle passe, „in denen das ausschließliche Nutzungsrecht nur zur Wahrnehmung der Belange des Urhebers eingeräumt ist, wie insbesondere bei den Verwertungsgesellschaften und Bühnenvertrieben, deren Aufgabe es gerade ist, das ausschließliche Recht durch Vergabe von einfachen Nutzungsrechten auszuwerten".[10] Die in Abs. 1 S. 2 enthaltene Regel bringt einen verallgemeinerungsfähigen Gedanken zum Ausdruck, mit dessen Hilfe auch in anderem Zusammenhang eine Privilegierung der Wahrnehmungsverträge begründet werden kann.

II. Voraussetzungen und Anwendungsbereich

1. Voraussetzungen

Nur der Inhaber eines **ausschließlichen Nutzungsrechts,** nicht auch derjenige eines einfachen **7** Nutzungsrechts, kann ein weiteres Nutzungsrecht einräumen; im Gegensatz zu § 31 Abs. 3 sieht § 31 Abs. 2 dies nicht vor.[11] Dementsprechend beschränkt sich die Regelung in § 35 auf die Inhaber aus-

---

[1] → § 31 Rn. 9 ff.; Wandtke/Bullinger/*Wandtke/Grunert* § 35 Rn. 3.
[2] Loewenheim/*Loewenheim/J. B. Nordemann,* Handbuch des Urheberrechts, § 25 Rn. 10; → UrhG § 34 Rn. 1 ff.
[3] *Schricker,* Verlagsrecht, VerlG § 28 Rn. 25 mwN.
[4] *Gesetz zur Stärkung der vertraglichen Stellung von Urhebern und ausübenden Künstlern* vom 22.3.2002, BGBl. I S. 1155, dazu → Vor §§ 31 ff. Rn. 6 ff.
[5] Dreier/Schulze/*Schulze* § 35 Rn. 8.
[6] Abgedruckt bei *Hucko* Urhebervertragsrecht S. 124.
[7] Wandtke/Bullinger/*Wandtke/Grunert* § 35 Rn. 14. Zur Beurteilung des § 34 nach intertemporalem Recht (§ 132) → § 34 Rn. 6.
[8] § 34 Abs. 3, 4.
[9] Wandtke/Bullinger/*Wandtke/Grunert* § 35 Rn. 1; für analoge Anwendung von § 34 Abs. 3 und § 34 Abs. 5 Fromm/Nordemann/*J. B. Nordemann* § 35 Rn. 13; *Lößl* S. 152 ff.
[10] Amtl. Begr. BT-Drs. IV/270, 57.
[11] Berger/Wündisch/*Berger* § 1 Rn. 51; aA Dreier/Schulze/*Schulze* § 31 Rn. 55; Fromm/Nordemann/ *J. B. Nordemann* § 35 Rn. 5.

schließlicher Nutzungsrechte und bezieht Inhaber einfacher Nutzungsrechte nicht ein; auf diese ist § 35 nicht anzuwenden.[12] Denkbar ist allerdings, dass der Urheber den Inhaber eines einfachen Nutzungsrechts zur Vergabe eines Nutzungsrechts weiterer Stufe gem. § 185 BGB ermächtigt.[13] Einer Anwendung des § 35 bedarf es in diesem Fall nicht, da bereits eine Willenserklärung des Urhebers erforderlich ist, um den Nutzungsberechtigten die erforderliche Rechtsmacht zu verschaffen.

8   Das grundsätzliche Erfordernis der Zustimmungsbedürftigkeit gilt wie bei § 34[14] für das **Verfügungsgeschäft,** dh die Einräumung eines dinglichen – einfachen oder ausschließlichen – Nutzungsrechts. Der dem Verfügungsgeschäft zugrundeliegende **Verpflichtungsvertrag** untersteht dem § 35 nicht.[15] Wie bei § 34 ist § 35 auf die **Erteilung rein schuldrechtlicher Nutzungsermächtigungen analog** anzuwenden.[16]

9   Im **Filmbereich** ist die Anwendung des § 35 weitgehend ausgeschlossen.[17]

10   Gemäß § 35 Abs. 2 mit § 34 Abs. 5 S. 2 ist bei § 35 die Regelung in vollem Umfang **dispositiv.**[15]

2. Zustimmung des Urhebers

11   Soweit das Zustimmungserfordernis nicht vertraglich abbedungen ist und es auch nicht nach Abs. 1 S. 2 oder Abs. 2 mit § 34 Abs. 2 entfällt, ist zur Rechtseinräumung die **Zustimmung des Urhebers**[18] erforderlich. Hierbei handelt es sich um eine Willenserklärung (§§ 182 ff. BGB); wegen der Voraussetzungen gilt dasselbe wie unter § 34, auf die dortigen Erläuterungen wird verwiesen.[19] Sie kann, wie unter § 34 Abs. 1, ausdrücklich oder konkludent erklärt werden.[20] Der Urheber darf die Zustimmung **nicht wider Treu und Glauben versagen.**[21] Die Treu und Glauben-Klausel ist durch eine umfassende Interessenabwägung und -wertung zu konkretisieren.[22] Im Zweifel kann keine Zustimmung verlangt werden.[23] Bei Versagung der Zustimmung ist die Rechtseinräumung (schwebend) unwirksam. Das gilt auch im Fall der treuwidrigen Verweigerung der Zustimmung. Hier muss der Rechtsinhaber auf Erteilung der Zustimmung klagen, wenn er Treuwidrigkeit geltend machen will.[24]

12   Hingegen verlangt § 35 bei gestufter Rechtseinräumung nicht zusätzlich die Zustimmung des Inhabers vorgelagerter Nutzungsrechte. Räumt der Urheber dem A ein ausschließliches Nutzungsrecht, dieser wiederum dem B ein abgeleitetes ausschließliches Nutzungsrecht ein, so bedarf B nicht der Zustimmung des A, um Dritten weitere abgeleitete Rechte einzuräumen. Allerdings kann sich der Inhaber eines Nutzungsrechts ein solches Zustimmungsrecht vertraglich vorbehalten. Das ist in bestimmten Bereichen üblich, insbesondere bei Film- und Videolizenzverträgen.[25] Der Zustimmungsvorbehalt stellt eine inhaltliche Beschränkung des Nutzungsrechts dar und hat daher dingliche Wirkung.[26]

3. Ausnahmen vom Zustimmungserfordernis

13   Eine **Ausnahme vom Zustimmungserfordernis** macht **§ 35 Abs. 1 S. 2,** wenn das ausschließliche Nutzungsrecht, das als Basis für die Einräumung weiterer Nutzungsrechte dient, **„nur zur Wahrnehmung der Belange des Urhebers"** eingeräumt ist. Nach der Amtl. Begr.[27] ist dabei insbesondere an **Verwertungsgesellschaften** und **Bühnenvertriebe** gedacht; hierzu dürften auch **Musikverlage**[28] zählen, die schwerpunktmäßig Nutzungsrechte zur Ausübung durch Dritte vermarkten,[29] nicht aber schon die bloße **Nebenrechtsverwertung durch Buchverlage,**[30] sofern nicht der Wahrnehmungszweck bei der Rechtseinräumung an den Verleger das Bild beherrscht. Die bloße

---

[12] Konsequent für Anwendung des § 35 Dreier/Schulze/*Schulze* § 35 Rn. 5; Fromm/Nordemann/*J. B. Nordemann* § 35 Rn. 5.
[13] Berger/Wündisch/*Berger* § 1 Rn. 51.
[14] → § 34 Rn. 15.
[15] → § 34 Rn. 15, 35 und Dreier/Schulze/*Schulze* § 35 Rn. 7; *Schricker,* Verlagsrecht, § 28 Rn. 25.
[16] → § 34 Rn. 11 und Dreier/Schulze/*Schulze* § 35 Rn. 9; Fromm/Nordemann/*J. B. Nordemann* § 35 Rn. 8; Wandtke/Bullinger/*Wandtke/Grunert* § 35 Rn. 6.
[17] § 90 S. 1; → § 90 Rn. 4, 5, 14.
[18] Bzw. seines Rechtsnachfolgers iSd § 30.
[19] → § 34 Rn. 24 f.
[20] → § 34 Rn. 25; nach LG Leipzig ZUM 2007, 671 (672) muss sich die Zustimmung des Urhebers „aus den Umständen des Vertragsschlusses eindeutig ergeben". Eine konkludente Zustimmung folgt noch nicht aus der bloßen Einräumung des ausschließlichen Nutzungsrechts, s. OLG Frankfurt a. M. GRUR-RS 2016, 12035 Rn. 54.
[21] § 35 Abs. 2 mit § 34 Abs. 1 S. 2.
[22] Im Einzelnen → § 34 Rn. 27 ff.
[23] Dreier/Schulze/*Schulze* § 35 Rn. 12.
[24] → § 34 Rn. 32 und Loewenheim/*Loewenheim/J. B. Nordemann,* Handbuch des Urheberrechts, § 25 Rn. 12 f.
[25] S. dazu BGH GRUR 1987, 37 (38 f.) – Videolizenzvertrag.
[26] GRUR 1987, 37 (39) – Videolizenzvertrag; OLG Frankfurt a.M. CR 1998, 525 (526); Dreier/Schulze/*Schulze* UrhG § 35 Rn. 11; Fromm/Nordemann/*J. B. Nordemann* UrhG § 35 Rn. 9; Wandtke/Bullinger/*Wandtke/Grunert* UrhG § 35 Rn. 11; aA *Schricker,* Verlagsrecht, § 28 Rn. 23 aE: nur schuldrechtliche Wirkung.
[27] BT-Drs. IV/270, 57.
[28] Vgl. → Vor § 31 ff. Rn. 113 f.
[29] Loewenheim/*Loewenheim/J. B. Nordemann,* Handbuch des Urheberrechts, § 25 Rn. 11; enger DKMH/*Kotthoff* UrhG § 35 Rn. 6.
[30] So auch Dreier/Schulze/*Schulze* UrhG § 35 Rn. 15.

Nutzungsrechtsausübung durch den Inhaber einer ausschließlichen Lizenz durch Einräumung einfacher Nutzungsrechte fällt ebenfalls nicht unter § 35 Abs. 1 S. 2, sondern bildet den Grundfall des § 35 Abs. 1 S. 1.[31] Nicht unter § 35 Abs. 1 S. 2 fällt auch die **Sicherungstreuhand.** Die Ausnahme des § 35 Abs. 1 S. 2 gilt sowohl für die Vergabe **einfacher** als auch **ausschließlicher** Rechte.[32]

Eine **weitere Ausnahme vom Zustimmungserfordernis** besteht gemäß § 35 Abs. 2 iVm § 34 Abs. 2 für Sammelwerke: Die Zustimmung der Urheber der einzelnen in das Sammelwerk aufgenommenen Beiträge ist nicht erforderlich, es genügt die Zustimmung des Urhebers des Sammelwerks.[33] Eine § 34 Abs. 3 entsprechende Ausnahme bei Unternehmensveräußerungen besteht nicht. **14**

III. Rechtsfolgen

Wird die Zustimmung erteilt, erlangt der Nutzungsberechtigte das ihm eingeräumte einfache oder ausschließliche Nutzungsrecht zweiter (oder weiterer) Stufe. **Vertragliche Beziehungen zum Urheber** werden dadurch nicht hergestellt,[34] sofern nicht entsprechende Übertragungsgeschäfte wie Abtretung, Schuldübernahme, Vertragsübernahme[35] getätigt werden. Eine Haftung kraft Gesetzes (vgl. § 34 Abs. 4) trifft den Erwerber nicht.[36] **15**

Ist eine Zustimmung erforderlich, wird sie aber nicht erteilt, so ist eine gleichwohl vorgenommene Nutzungsrechtseinräumung **unwirksam,** ein gutgläubiger Erwerb ist nicht möglich.[37] Räumt der Nutzungsrechtsinhaber ein Nutzungsrecht gleichwohl ein, so begeht er eine Vertragspflichtverletzung; der Erwerber, der das vermeintlich erworbene Nutzungsrecht ausübt, begeht eine Urheberrechtsverletzung.[38] **16**

Zum Fortbestand des Enkelrechts bei Wegfall des Tochterrechts und zur Behandlung von Unterlizenzen bei Insolvenz des Hauptlizenzgebers → § 31 Rn. 20 ff. **17**

§ 36 Gemeinsame Vergütungsregeln

(1) [1]**Zur Bestimmung der Angemessenheit von Vergütungen nach § 32 stellen Vereinigungen von Urhebern mit Vereinigungen von Werknutzern oder einzelnen Werknutzern gemeinsame Vergütungsregeln auf.** [2]**Die gemeinsamen Vergütungsregeln sollen die Umstände des jeweiligen Regelungsbereichs berücksichtigen, insbesondere die Struktur und Größe der Verwerter.** [3]**In Tarifverträgen enthaltene Regelungen gehen gemeinsamen Vergütungsregeln vor.**

(2) [1]**Vereinigungen nach Absatz 1 müssen repräsentativ, unabhängig und zur Aufstellung gemeinsamer Vergütungsregeln ermächtigt sein.** [2]**Eine Vereinigung, die einen wesentlichen Teil der jeweiligen Urheber oder Werknutzer vertritt, gilt als ermächtigt im Sinne des Satzes 1, es sei denn, die Mitglieder der Vereinigung fassen einen entgegenstehenden Beschluss.**

(3) [1]**Ein Verfahren zur Aufstellung gemeinsamer Vergütungsregeln vor der Schlichtungsstelle (§ 36a) findet statt, wenn die Parteien dies vereinbaren.** [2]**Das Verfahren findet auf schriftliches Verlangen einer Partei statt, wenn**

1. **die andere Partei nicht binnen drei Monaten, nachdem eine Partei schriftlich die Aufnahme von Verhandlungen verlangt hat, Verhandlungen über gemeinsame Vergütungsregeln beginnt,**
2. **Verhandlungen über gemeinsame Vergütungsregeln ein Jahr, nachdem schriftlich ihre Aufnahme verlangt worden ist, ohne Ergebnis bleiben oder**
3. **eine Partei die Verhandlungen endgültig für gescheitert erklärt hat.**

(4) [1]**Die Schlichtungsstelle hat allen Parteien, die sich am Verfahren beteiligt haben oder nach § 36a Absatz 4a zur Beteiligung aufgefordert worden sind, einen begründeten Einigungsvorschlag zu machen, der den Inhalt der gemeinsamen Vergütungsregeln enthält.** [2]**Er gilt als angenommen, wenn innerhalb von sechs Wochen nach Empfang des Vorschlages keine der in Satz 1 genannten Parteien widerspricht.**

Schrifttum: S. die Schrifttumsnachweise zu § 32.

---

[31] LG München I ZUM 2003, 73 (76).

[32] Dreier/Schulze/*Schulze* Rn. 14; vgl. *Ulmer* § 86 II: zB Einräumung eines ausschließlichen Aufführungsrechts durch Bühnenverlag.

[33] Vgl. näher → § 34 Rn. 30.

[34] *Haberstumpf/Hintermeier* § 22 III 2.

[35] Vgl. → § 34 Rn. 35.

[36] Berger/Wündisch/*Berger* § 1 Rn. 191; Dreier/Schulze/*Schulze* Rn. 20; *Haberstumpf/Hintermeier* § 22 III 2: auch eine analoge Anwendung scheidet aus; aA *Lößl* S. 171 f.

[37] Vgl. → § 34 Rn. 34.

[38] Vgl. → § 34 Rn. 31.

Übersicht

I. Allgemeines

1. Grundgedanken der Regelung in §§ 36, 36a

1 Die sachlich zusammenhängende Regelung in den §§ 36 und 36a enthält zusammen mit § 32 den **Kerngedanken des Gesetzes zur Stärkung der vertraglichen Stellung von Urhebern und ausübenden Künstlern vom 22.3.2002** (BGBl. I S. 1155). Er besteht aus zwei Vorgaben: „Die Verwerter sollen ihre Urheber angemessen vergüten. Die Verbände der Verwerter und der Urheber sollen sich zusammensetzen und vereinbaren, was jeweils angemessen ist".[1] Der Grundsatz der angemessenen Vergütung ist in § 32, die Regelung über die kollektive Aufstellung von Angemessenheitsmaßstäben und ein mögliches Verfahren vor einer Schlichtungsstelle in den §§ 36 und 36a verankert worden. § 36 tritt an die Stelle des durch Einführung des § 32a überflüssig gewordenen früheren Bestsellerparagraphen. § 36 wurde zuletzt geändert durch Gesetz vom 20.12.2016 (BGBl. I S. 3037), der eine Vermutung in § 36 Abs. 2 S. 2 und eine leichte Beschleunigung des Verfahrens vor der Schlichtungsstelle eingeführt hat. Die Änderung der Vorschrift ist seit dem 1.3.2017 in Kraft. Gemäß der Verweisung in § 79 Abs. 2 S. 2 gelten die Vorschriften in §§ 36 und 36a auch für ausübende Künstler und ihre Vereinigungen.[2] Kraft allgemeiner Verweisung auf Teil 1 des UrhG in § 70 Abs. 1 und § 72 Abs. 1 sollen sie darüber hinaus auch für Verfasser wissenschaftlicher Ausgaben und für Lichtbildner und ihre jeweiligen Vereinigungen gelten, was allerdings zweifelhaft ist (→ § 32 Rn. 1; → § 32a Rn. 11).[3]

2 Die Fassung der Vorschrift in Form der RA-Beschlussempfehlung hat zum Ausgangspunkt, dass der **Gesetzgeber keine Vorgaben über die Bemessung der Vergütung für Kreative machen möchte, sondern die Beteiligten selbst Maßstäbe darüber bilden sollen,** wie branchen- und situationsadäquat eine angemessene Vergütung zu finden ist. Urheber und ausübende Künstler erhalten einen gesetzlichen Anspruch auf Anpassung des Nutzungsvertrags, wenn keine angemessene Vergütung vereinbart ist. Konkretisiert wird die Angemessenheit über Gemeinsame Vergütungsregeln, die Verbände von Urhebern gemeinsam mit Verbänden von Werknutzern oder einzelnen Werknutzern unter Nutzung der Fachkunde der jeweils Betroffenen selbst aufstellen. Auf diese Weise, so jedenfalls die Vorstellung des Gesetzgebers, sollen die Beteiligten in einem konsensorientierten Verfahren selbst

---

[1] So aus Sicht des Bundesjustizministeriums: *Hucko* S. 8.
[2] Allgemein dazu *Haas* Rn. 347 ff.
[3] → § 32 Rn. 1 und 14 sowie → § 32a Rn. 11 f.; die letzteren Anwendungsfälle bleiben hier im Wesentlichen unberücksichtigt.

bestimmen, was in den einzelnen, ganz unterschiedlichen Bereichen der Kulturwirtschaft angemessen ist. Unterschiede und Besonderheiten, zB die von kleinen Verlagen oder Verwertungszyklen, könnten und sollten hierbei berücksichtigt werden. Auch im Verfahren vor der Schlichtungsstelle (§ 36a) könnte der Sachverstand der Branche eingebracht werden.

Der **Normaufbau** nennt das **Regelungsziel**, definiert die Beteiligten und enthält Bestimmungen **3** über ein ggf. durchzuführendes Schiedsverfahren. **§ 36 Abs. 1** nennt das Ziel des Findungsverfahrens und setzt fest, dass die Parteien Regeln hierfür aufstellen. Es gibt weder einen Zwang zur konsensualen Preisfindung noch eine Verhandlungspflicht,[4] allerdings unter den in § 36 Abs. 3 genannten Voraussetzungen eine Pflicht, sich auf ein Einigungsverfahren einzulassen. **Beteiligte** des Verfahrens zur Aufstellung von Vergütungsregeln sind Vereinigungen von Urhebern auf der einen und Vereinigungen von Werknutzern oder einzelne Werknutzer auf der anderen Seite. Die Anforderungen an diese Vereinigungen (nicht an Werknutzer) nennt **§ 36 Abs. 2.** Unter welchen Voraussetzungen ein **Einigungs- oder Schlichtungsverfahren** stattfindet, setzt **Abs. 3** fest. Die **Aufgaben** der **Schlichtungsstelle** nennt **Abs. 4.**

Die durch diese rechtspolitischen Kernüberlegungen des Gesetzgebers charakterisierte Gesamtregelung **4** (einschließlich der Regelung in den §§ 36 und 36a) ist Ausdruck eines **politischen Kompromisses.** Vorausgegangen war ein **heftiger Meinungsstreit** über das Gesamtkonzept[5] sowie insbesondere über die Frage, inwieweit der Gesetzgeber Vorgaben für die Preisfindung machen darf, welche Verbindlichkeit die kollektiven Vereinbarungen für Parteien und Außenseiter haben, insbesondere ob Schlichtungsverfahren gerichtlich überprüfbar sein sollen[6] und ob es sinnvoll ist, die Vereinbarungen so zu konzipieren, wie die Gesamtverträge von Verwertungsgesellschaften beschaffen sind, wie es § 36 der Professorenentwurfs vorschlug.[7] Hinzu kam eine vor allem von Verwerterseite mit großem publizistischem Aufwand auch in der **Tagespresse geführte Kampagne** zur Verhinderung oder doch „Entschärfung" des Gesetzesvorhabens.[8]

Den **Kritikern des Gesamtkonzepts** des Gesetzes zur Stärkung der vertraglichen Stellung von **5** Urhebern und ausübenden Künstlern ist entgegenzuhalten, dass dem Urheberrecht insgesamt (einschließlich des Urhebervertragsrechts) im Rahmen seiner europäisch harmonisierten eine über die verfassungsrechtliche Absicherung in den Art. 1, 2 und 14 GG hinausweisende eigenständige, moderne **rechtspolitische Rechtfertigung** zugewachsen ist.[9]

Aufgrund einer spezifischen Mischung sozial-, industrie- und kulturpolitischer Postulate geht die **6** Regelung der §§ 36, 36a ua von der **Notwendigkeit der rechtlichen und wirtschaftlichen Absicherung** und – wo nötig – Besserstellung der Kreativen (Urheber und ausübenden Künstler) in der Gesellschaft aus, insbes. im Kontext moderner Kultur- und Medienindustrien und der dabei zu beobachtenden nationalen und internationalen Konzentrationstendenzen. Eine Zusammenfassung der rechtspolitischen Ziele hinter moderner Urheberrechtsgesetzgebung findet sich dabei in den Erwägungsgründen 22 der EU-Richtlinie 2001/29/EG vom 22.5.2001 zur Harmonisierung bestimmter Aspekte des Urheberrechts und der verwandten Schutzrechte in der Informationsgesellschaft.[10] Die dem Gesetz zur Stärkung der vertraglichen Stellung von Urhebern und ausübenden Künstlern zugrunde liegenden rechtspolitischen Grundgedanken und Leitideen, insbes. die durch einen speziellen kooperativen Verhandlungs- und Schlichtungsmechanismus erleichterte und gesetzlich geförderte Durchsetzung des Anspruchs auf eine angemessene Vergütung, stimmen mit diesem modernen Leitbild des europäischen Urheberrechts überein. Dass diese Ziele durch die bisherigen Regelungen nur teilweise erreicht wurden, ist weitgehend anerkannt.[11] Das Vorgehen des Gesetzgebers ist grundsätzlich vom BVerfG gebilligt worden.[12] § 36 wird künftig auch einen **unionsrechtlichen Hintergrund**

---

[4] BGH GRUR 2017, 894 Rn. 17 – Verhandlungspflicht.

[5] Kritisch ua *Flechsig* ZUM 2000, 484 (493 f.); *Flechsig* ZRP 2000, 529 (530 ff.); *Flechsig/Hendricks* ZUM 2000, 721 ff.; *Hoeren* MMR 2000, Heft. 7 S. V; *Hoeren* MMR 2000, 449 f.; *Hoeren* MMR 2001 Heft 7 S. V f.; *Ory* AfP 2000, 426 ff.; *Ory* ZUM 2001, 195 ff.; *Schack* ZUM 2001, 453 ff.; *Stickelbrock* GRUR 2001, 1087 (1091 ff.); *Weber* ZUM 2001, 311 (313); sowie das im Auftrag der deutschen Medienwirtschaft erstellte umfangreiche Gutachten zur verfassungs- und europarechtlichen Bewertung des RegE von *Gounalakis/Heinze/Dörr* 2001; dezidiert aA iSd Vereinbarkeit mit Grundgesetz und Gemeinschaftsrecht das im Auftrag des Deutschen Journalisten-Verbands und der Vereinigten Dienstleistungsgewerkschaft erstellte Gutachten von *Schlink/Poscher* 2002; befürwortend auch *Dietz* ZUM 2001, 276 (279 ff.); *Dietz* AfP 2001, 261 (262 ff.); *Götz von Olenhusen* ZUM 2000, 736 ff.; *Götz von Olenhusen/Steyert* ZRP 2000, 526 (529); *Reber* – insbes. unter Hinweis auf die für Filmschaffende günstige kollektivvertragliche Situation in den USA – ZUM 2000, 729 ff.; *Reber* ZUM 2001, 282 f.; *Schimmel* ZUM 2001, 289 (292 ff.); *Schricker* MMR 2000, 713 (714); *Spautz* ZUM 2001, 317 ff.; *Vogel* in Schwarze/Becker Regulierung S. 29, 37 ff.; *Wandtke* K&R 2001, 601 ff.

[6] Vgl. § 36 Abs. 6 und Abs. 8 RegE, BT-Drs. 14/6433.

[7] § 36 ProfE, GRUR 2000, 765.

[8] S. die Einzelnachweise bei Mestmäcker/Schulze/*Dördelmann* UrhG § 36 Rn. 6; *Erdmann* GRUR 2003, 923; *Hoeren* MMR 2002, 137 f.; *Hucko* S. 3; *v. Lucius* KUR 2002, 2 f.: „nachhaltige Öffentlichkeits- und Lobbyarbeit der Verbände"; *W. Nordemann,* Das neue UVR, Vorwort S. V sowie Einführung S. 57; *Schack* GRUR 2002, 853; kritisch dazu *Breinersdorfer* in Klages, Grundzüge des Filmrechts, S. 95, 97: „gehässige Kampagne", sowie *Hilty* S. 103 f.

[9] *Dietz* ZUM 2002, 276 (277 ff.); allgemein bereits *Schricker* GRUR 1992, 242 (244 f.).

[10] ABl. 2001 L 167, S. 10 f.; dazu *Dietz* ZUM 2001, 276 (278 f.); *Hensche* Rn. 933 sowie *Schlink/Poscher* S. 68 f.

[11] Vgl. hierzu RefE Urhebervertragsrecht; mwN *Peifer* ZUM 2015, 437; *Reber* GRUR 2013, 1106.

[12] BVerfG GRUR 2014, 169 Rn. 70.

haben. Die bis zum 7.6.2021 umzusetzende DSM-RL[13] führt erstmals Pflichten der Mitgliedstaaten zur Sicherstellung einer angemessenen weiteren Beteiligung von Urhebern und ausübenden Künstlern (Art. 20 DSM-RL) sowie Transparenzpflichten für deren Vertragspartner und Unterlizenznehmer (Art. 19 DSM-RL) ein und sieht für deren Durchsetzung in Art. 21 DSM-RL ein Verfahren zur Streitbeilegung vor.[14] Zwar enthält die Richtlinie keine eigenen Vorschriften über die kollektive Durchsetzung der genannten Ansprüche, sie sieht allerdings für beide Ansprüche vor, dass auch „Vertreter" der Urheber und ausübenden Künstler diese Rechte geltend machen können (Art. 19 Abs. 2, 20 Abs. 1 DSM-RL). Aus den Erwägungsgründen Nr. 73, 77 und 78 folgen weitere Hinweise darauf, dass die Richtlinie kollektive Verfahren und Gemeinsame Vergütungsregeln, wie sie das deutsche Recht kennt, akzeptiert. Erwägungsgrund Nr. 73 ermöglicht es den Mitgliedstaaten, allgemein die angemessene Vergütung (Art. 18 DSM-RL) durch kollektive Verfahren zu ermitteln, Erwägungsgrund Nr. 77 ermöglicht Kollektivverhandlungen in Bezug auf die Durchsetzung von Transparenzpflichten, Erwägungsgrund Nr. 78 erwähnt im Zusammenhang mit der Durchsetzung von Ansprüchen auf ergänzende Beteiligung (Art. 20 DSM-RL), dass „Vertreter" der Urheber und ausübenden Künstler diese geltend machen können, dabei die Interessen auch anderer Urheber zu wahren und die Identität der die Verbände beauftragenden Kreativen „so lange wie möglich" zu schützen ist. Die Regelungen in §§ 36 ff. werden damit auch künftig richtlinienkonform sein, sie erhalten durch die „Vertreterregelung" der Richtlinie sogar Rückenwind, der sich bei der künftigen Gestaltung des § 36b auswirken kann. Der Gesetzgeber sollte diesen Rückenwind bei der anstehenden Umsetzung nutzen. Bei allen Schwierigkeiten, welche die kollektive Durchsetzung in der Praxis bereitet, erscheint sie der eigentlich wirksame Anker zu sein, um angemessene Beteiligung nicht nur unter Wahrung der Anonymitätsinteressen betroffener Urheber, sondern auch unter Senkung von Transaktionskosten für die Verwerter durchzusetzen.[15] Die grundsätzliche Kritik an den urhebervertragsrechtlichen Vorschriften ist damit überholt. Die Frage, ob das Verfahren zur Aufstellung von Vergütungsregeln zu verbessern ist, bleibt dagegen aktuell. Im Rahmen der **Urhebervertragsrechtsreform 2016** wollte der Gesetzgeber durch Veränderungen in §§ 36, 36a das Einigungsverfahren beschleunigen, ferner hat er durch Einführung der §§ 36b, 36c versucht, die Durchsetzung bindend gewordener Vergütungsregeln kollektiv und individuell zu stärken. Der denkbare Regelungsinhalt gemeinsamer Vergütungsregeln wurde auf Auskunftsansprüche (§ 32d Abs. 3, § 32e Abs. 3), Zweitverwertungsrechte (§ 40a Abs. 4) und Rückrufsrechte (§ 41 Abs. 4) erweitert.[16]

2. Rechtspolitischer Entwicklungsgang

7   **a) Unzulänglichkeiten des ersten Anlaufs 1974 zur Ermöglichung kollektivvertraglicher Lösungen im Urhebervertragsrecht.** Die **Inaussichtstellung einer ergänzenden Regelung zum Urhebervertragsrecht** im Rahmen der Vorbereitung des UrhG von 1965 (s. BT-Drs. IV/270, *M. Schulze,* Materialien, Bd. 1, S. 16, S. 63 und S. 125, 126) beruhte erkennbar noch auf der Vorstellung von einer **„großen Lösung"** bei der Schaffung eines umfassenden Urhebervertragsgesetzes, das „für alle Vertragstypen auf dem Gebiet des Urheberrechts Vorschriften enthalten" sollte.[17] Der Ausbau des individuellen Urhebervertragsrechts anhand von Regelungen über Vertragstypen wurde aber vom Gesetzgeber nicht mehr verfolgt, nachdem mit dem sog. Ulmer-Gutachten[18] noch einmal der – gescheiterte – Versuch unternommen worden war, der gesetzlichen Regelung eines Teilbereichs, nämlich des Sendevertrags, näher zu treten.[19]

8   Demgegenüber wurde, auch unter dem Eindruck nachdrücklicher **Reformbegehren der organisierten Urheberschaft,**[20] ein außerhalb des UrhG angesiedelter Reformversuch gestartet, und zwar durch Heranziehung von Gestaltungsmitteln des kollektiven Arbeitsrechts.[21] Durch Einführung des § 12a in das Tarifvertragsgesetz (TVG) aufgrund Art. II des Gesetzes zur Änderung des Heimarbeitsgesetzes (Heimarbeitsänderungsgesetz) vom 29.10.1974[22] wurde sog. arbeitnehmerähnlichen, dh wirtschaftlich abhängigen und vergleichbar einem Arbeitnehmer sozial schutzbedürftigen

---

[13] Richtlinie (EU) 2019/790 vom 17.4.2019 über das Urheberrecht und die verwandten Schutzrechte im digitalen Binnenmarkt und zur Änderung der Richtlinien 96/9/EG und 2001/29/EG, ABl. L 130/92. Die Richtlinie ist zum 7.6.2019 in Kraft getreten.

[14] → § 32a Rn. 4a; → § 32d Rn. 3; → § 32e Rn. 3.

[15] So im Wesentlichen die Einschätzung von *Datta* S. 428–430.

[16] Vgl. zur Reform *Peifer* GRUR 2016, 1; *Peifer* K&R 2017, Beilage 1 zu Heft 7/8, S. 17.

[17] Vgl. die Kritik an der „großen Lösung" bei *Schack* GRUR 2002, 853; *Schack* ZUM 2001, 453 (455) gegenüber der vom ihm favorisierten „kleinen" bzw. „punktuellen" Lösung; sa *Dietz* AfP 2001, 261 f.; *Gounalakis/Heinze/Dörr* passim, insbes. S. 33 ff. und S. 86 f. sowie den dort S. 273 ff. abgedruckten, auf einer „kleinen Lösung" beruhenden Vorschlag aus der Medienwirtschaft für ein Urhebervertragsrecht; *Stickelbrock* GRUR 2001, 1087 f.; *Vogel* in *Schwarze/Becker* Regulierung S. 29, 39.

[18] Urhebervertragsrecht 1977.

[19] Sa *Ory* AfP 2002, 93.

[20] Insbes. deutscher Schriftstellerkongress vom November 1970 in Stuttgart und Kongress deutscher Künstler vom Juni 1971 in Frankfurt; Nachweise bei *Dietz* GRUR 1972, 11 (13).

[21] Vgl. allgemein *Steinberg* S. 22 ff.

[22] BGBl. 1974 I S. 2879 (2884).

Personen[23] die **Möglichkeit des Abschlusses von Tarifverträgen** mit der „Quasi-Arbeitgeberseite" eröffnet.[24] Dies galt unter den erleichterten Voraussetzungen des § 12a Abs. 1 iVm Abs. 3 TVG insbes. auch für schutzbedürftige Personen aus dem Bereich des Urheber- und Künstlerschaffens.[25]

Insgesamt betrachtet erwies sich diese Regelung aber als nur eingeschränkt wirksam.[26] Zwar kam es **9** **beim Abschluss von Tarifverträgen** nach § 12a TVG, soweit diese auch oder ausschließlich Urheberrechts-, insbes. Vergütungsfragen behandelten, durchaus zu **anfänglichen Erfolgen**.[27] Diesen Erfolgen standen aber im weiteren Verlauf **Blockadesituationen** gegenüber, so dass trotz Bemühens der Urheberverbände der Abschluss derartiger Tarifverträge und entsprechende Verhandlungen darüber nicht mehr gelangen.[28] Dies zeigte sich deutlich im Bereich des Buchverlagswesens, in Teilen des öffentlich-rechtlichen Rundfunks sowie insbes. im Bereich des Privatfernsehens.[29]

Die **Unzulänglichkeit der quasi-arbeitsrechtlichen Lösung** nach § 12a TVG beruhte auf der **10** mangelnden Erzwingbarkeit von kollektiven Vereinbarungen oder Schiedsentscheidungen in diesem Bereich. Genau an dieser Stelle sollte demgemäß eine Lösung gesucht werden,[30] hier traten erwartungsgemäß aber auch die größten Widerstände und die heftigsten Interessengegensätze zu Tage.[31] Hervorzuheben ist jedoch, dass der Ausbau kollektivvertraglicher Gestaltungen anstelle der nicht mehr weiterverfolgten „großen Lösung" eines Urhebervertragsgesetzes unter gleichzeitiger Klärung der kartellrechtlichen Zulässigkeit einer derartigen Regelung zunächst fast einhellig befürwortet worden war, insbes. in verschiedenen **Dokumenten mehrerer Bundesregierungen**.[32]

Auch der sog. **Professorenentwurf**[33] versuchte den quasi-arbeitsrechtlichen Lösungsweg iSd **11** Überwindung der aufgetretenen Schwierigkeiten weiterzuentwickeln,[34] freilich in Form einer allgemeinen Lösung, die konsequenterweise im Urheberrechtsgesetz selbst verankert werden sollte. Auch wenn der in erster Linie betroffene Personenkreis mit den arbeitnehmerähnlichen Personen iSv § 12a TVG vermutlich weitgehend übereinstimmen würde,[35] sollte gemäß § 36 Abs. 1 Professorenentwurf allen Verbänden von Urhebern (und ausübenden Künstlern) zugunsten ihrer Mitglieder ohne Rücksicht auf deren beruflichen Status der **Abschluss verbindlicher Gesamtverträge** ermöglicht werden.[36] Dabei sollten Gesamtverträge über Mindestvergütungen und andere Mindestbedingungen von Verträgen über die Einräumung von Nutzungsrechten zwischen Urheberverbänden einerseits und einzelnen Werknutzern oder zum Abschluss ermächtigten Vereinigungen von Werknutzern andererseits zugelassen werden. Von den Gesamtverträgen sollte zu Lasten der betroffenen Urheber nicht abgewichen werden können.

---

[23] Vgl. zu diesem Begriff und zu der – ständig zunehmenden – Anzahl der potentiell Betroffenen *Steinberg* S. 31 ff. bzw. S. 38 ff. und S. 49 ff. sowie *Götz v. Olenhusen* Freie Mitarbeit Rn. 1 ff., 14 ff., 33 ff.

[24] § 12a Abs. 1 Nr. 1 TVG.

[25] S. im Einzelnen *Dietz* FS Schricker, 2005, 39; *Götz v. Olenhusen* Freie Mitarbeit Rn. 59 ff.

[26] Ebenso *Hucko* S. 7.

[27] Vgl. *Dietz* FS Schricker, 2005, 39 sowie *Steinberg* S. 41 ff.; sa den Textanhang bei *Götz v. Olenhusen* Freie Mitarbeit S. 147 ff. [im Vergleich dazu *Götz v. Olenhusen* Medienarbeitsrecht, CD-ROM-Anhang S. 7 ff.: Zusammenstellung „echter" Arbeitnehmertarifvertrag bei Hörfunk und Fernsehen; ähnlich *Götz v. Olenhusen* für den Bereich von Film und Fernsehen, in: Film und Fernsehen S. 56 ff.] sowie die bei *Hillig* S. 130 ff. abgedruckten Tarifverträge in ihrer heute geltenden Fassung; vgl. allgemein die Kommentierung zu § 12a TVG von *Reinecke* in Däubler, Kommentar zum Tarifvertragsgesetz, 2003; daneben *Junker* in Entwicklung des Urheberrechts... S. 73, 84 ff.; *Ory* ZUM 2001, 195 f.; *Wandtke/Bullinger/Wandtke/Grunert* UrhG § 32 Rn. 25; sowie die Zusammenstellungen bei *Götz v. Olenhusen* GRUR 2002, 11 (15 ff.); *Götz v. Olenhusen* Freie Mitarbeit Rn. 59 ff. und 259 ff.; Wandtke/ Bullinger/*Wandtke* UrhG § 43 Rn. 122; *Zentek/Meinke* S. 82 und S. 123 ff. und die detaillierten Übersichten über Normverträge/Tarifverträge, Vergütungsempfehlungen und Vertragsmuster bei *A. Nordemann/Czychowski* S. 1328 ff.; wegen des auf „echte" Arbeitnehmer zugeschnittenen Tarifvertrags für Film- und Fernsehschaffende [mit gekündigter Urheberrechtsklausel] s. *Götz v. Olenhusen,* Film und Fernsehen, S. 56 ff. [Text] und S. 75 ff. [Kommentar]; *Homann,* Praxishandbuch Filmrecht, S. 250 ff. sowie *Steinberg* S. 23 f.; Angaben über Einkommensverhältnisse von Kreativen im Bereich Hörfunk und Fernsehen bei *Hummel* ZUM 2001, 660 ff.

[28] S. Begr. des RegE zu § 36, S. 16: ein „nicht länger hinzunehmender Zustand struktureller Benachteiligung der Urheber"; s. auch *Grzeszick* AfP 2002, 383 f.; *Hensche* Rn. 901; *Reber* ZUM 2000, 729 f. sowie allgemein *Schimmel* ZUM 2001, 289 ff.

[29] Vgl. *Steinberg* S. 45 f.

[30] Vgl. *Götz v. Olenhusen* Mitarbeit Rn. 240; sa *Schlink/Poscher* S. 18 zur Berechtigung des Staates, das Defizit durch eine staatliche Regelung zu kompensieren.

[31] Bereits → Rn. 3.

[32] S. Bericht der Bundesregierung über die Auswirkungen der Urheberrechtsnovelle 1985 und Fragen des Urheber- und Leistungsschutzrechts, BT-Drs. 11/4929, 58 ff. sowie – insoweit zurückhaltender – Bericht der Bundesregierung über die Entwicklung des Urhebervertragsrechts, BT-Drs. 12/7489, 12 f.; weitere Nachweise bei *Dietz* FS Schricker, 2005, 42 f.; wegen der „Ersatzlösung" der Vorlage einseitiger oder zweiseitiger Honorarempfehlungen s. die Nachweise bei *Zentek/Meinke* S. 56 und 83 sowie deren auszugsweisen Abdruck S. 163 ff.

[33] Zweite Fassung abgedruckt in GRUR 2000, 765 ff.; ausführlich dazu auch Mestmäcker/Schulze/*Dördelmann* UrhG § 36 Rn. 3 ff.; *Haas* Rn. 3 ff. und Rn. 214; *Ory* AfP 2002, 93 f.

[34] Sa *Hensche* Rn. 904 und 914.

[35] S. allgemein *Bayreuther* UFITA Bd. 2002/III, 663 ff.; *Thüsing* Neue Formen S. 191, 196; der Hinweis auf Schüler und Studenten bei *Ory* ZUM 2001, 195 (196 f.) ist wenig überzeugend.

[36] „Schutz des Schwächeren", vgl. *Schricker* MMR 2000, 713 (714); *Schricker* GRUR-Int 2002, 797 (798), *Vogel* FS Schricker, 2005, 117 (122 f.); *Vogel* in Schwarze/Becker Regulierung S. 29, 37 f.; dagegen: *Gounalakis/ Heinze/Dörr* S. 61 f., 94 ff. In der kritischen Nachbetrachtung bei *v. Lucius* KUR 2002, 2 (4): „Kollektivrecht vor Vertragsrecht" sowie bei *Schack* GRUR 2002, 853 „Zwangskollektivierung"; dagegen *Hensche* Rn. 928: Ausgleich bestehender Disparität.

12   Trotz der vorgesehenen Verallgemeinerung des quasi-arbeitsrechtlichen Ansatzes waren aber die **Schwächen der bisherigen Lösung in § 12a TVG** damit noch nicht überwunden. Dies sollte vielmehr dadurch geschehen, dass in Blockadesituationen (Scheitern oder Nichtzustandekommen von Verhandlungen über Gesamtverträge) die Möglichkeit eines Verfahrens vor der Schiedsstelle nach § 14 WahrnG (gegebenenfalls mit anschließendem Überprüfungsverfahren vor dem OLG) oder eines Schiedsverfahrens nach §§ 1025 ff. ZPO sollte eröffnet werden können, so dass es letztlich zu einer **verbindlichen Festsetzung von Mindestvergütungen und Mindestbedingungen** sollte kommen können.[37] Letzteres sollte freilich mit der Maßgabe gelten, dass Vereinigungen von Werknutzern mit der Erklärung, nicht zum Abschluss ermächtigt zu sein, das Verfahren durch Einstellung ohne Resultat zu Ende bringen können.[38] In einem solchen Fall sollte auch der Weg des Abschlusses eines Gesamtvertrages mit einem einzelnen Werknutzer gewählt werden können, dem naturgemäß das Argument mangelnder Ermächtigung zum Abschluss nicht mehr hätte zu Gebote stehen können. Der letztere Weg sollte im Übrigen iS einer Alternative auch von Anfang an offen stehen.[39]

13   **b) Wechsel von der quasi-arbeitsrechtlichen Lösung zum System der Vergütungsregeln (Systemwechsel) und seine Konsequenzen.** Im Laufe des Gesetzgebungsverfahrens, insbes. in der Phase der öffentlich angekündigten[40] Erarbeitung des RegE,[41] zeigte sich nicht zuletzt angesichts zahlreicher **teils dogmatischer, teils interessengeleiteter Einwände,**[42] dass das dem Professorenentwurf zugrunde liegende Konzept einer verallgemeinerten quasi-arbeitsrechtlichen bzw. tarifvertragsähnlichen Lösung verbunden mit Elementen der Erzwingbarkeit nicht durchsetzbar war.[43] Die in § 36 RegE vorgeschlagene Regelung sowie die schließlich angenommene gesetzliche Regelung vollzogen eine **Schwenkung hin zu einer eigenständigen Lösung** in Form der vom Gesetzgeber erwünschten und im Sinne eines Appells an die betroffenen Parteien durchaus geforderten und auch geförderten **Aufstellung Gemeinsamer Vergütungsregeln.**[44]

14   Diese neue und **gesetzestechnisch „mittleren Lösung"**[45] nimmt ebenfalls Abstand von einer „großen" gesetzlichen Lösung. Ihre rechtliche Funktion besteht aber ausschließlich in der unwiderlegbaren Konkretisierung des unbestimmten Rechtsbegriffs der angemessenen Vergütung[46] nach § 32 Abs. 1 S. 1 für Rechtsanwender (etwa Parteien eines individuellen Urheberrechtsvertrags, Anwälte, Gerichte), also für die *allgemeine Rechts- und Vertragspraxis.*[47] Insbes. gilt hier nicht das Prinzip der Tarifbindung.[48] Dieser **Systemwechsel** vom Professorenentwurf zum RegE[49] und zur gesetzlichen Regelung hat den besonders unter dem Gesichtspunkt des Art. 9 GG gegen den Vorschlag in § 36 Professorenentwurf vorgebrachten Einwänden[50] weitgehend den Boden entzogen.[51] Die kritischen Gegenpositionen leiden auch daran, dass sie die **Notwendigkeit schützender und unterstützender Zuwendung des Gesetzgebers zu den Kreativen** insbes. mit Mitteln des Urheberrechts, die auf einer spezifischen Mischung kultur- und sozialstaatlicher Erwägungen und Erfordernisse beruht,[52] weitgehend außer Acht lassen.

15   **Tarifverträge über Urhebervergütungen**[53] können nach allgemeinem Arbeitsrecht ebenso wie nach § 12a TVG auch weiterhin geschlossen werden, wie sich bereits aus § 36 Abs. 1 S. 3 er-

---

[37] Kritisiert als staatliche Zwangsschlichtung; s. *Bayreuther* UFITA Bd. 2002/III, 676; *Gounalakis*/Heinze/Dörr S. 43, 48; Gounalakis/*Heinze*/Dörr S. 201 ff.; *Ory* AfP 2000, 426 f.; *Schack* ZUM 2001, 453 (462); *Ory* GRUR 2002, 853 (857); *Thüsing* Neue Formen S. 191 f.
[38] § 36 Abs. 2–5 ProfE.
[39] Wegen einer entsprechenden Regelung in dem jetzigen § 36 Abs. 1 S. 1 iVm Abs. 2 → Rn. 50.
[40] S. Vorwort von *Däubler-Gmelin* GRUR 2000, 764 f.
[41] Wegen der Entwicklung vom Professorenentwurf zum RegE sa *Haas* Rn. 8 ff.; *Ory* AfP 2002, 93 (94 f.) und *Thüsing* Neue Formen S. 191 f.
[42] Bereits → Rn. 4 sowie die Zusammenstellung der Kritikpunkte bei *Haas* Rn. 20 ff. und Rn. 132 ff.
[43] S. auch *Haas* Rn. 39 ff.
[44] Vgl. die Formulierung „stellen … auf" in § 36 Abs. 1 S. 1; dazu → Rn. 46.
[45] S. *Dietz* AfP 2001, 261 f.; *Grzeszick* AfP 2002, 383 (384, 386).
[46] S. auch *C. Berger* Rn. 35 sowie Rn. 118 ff.
[47] Insoweit ebenso *Bayreuther* UFITA Bd. 2002/III, 650.
[48] Insoweit ebenso *Haas* Rn. 170.
[49] Nach *Haas* Rn. 215 eine bloße Umwandlung in einigen Punkten; nach *Bayreuther* UFITA Bd. 2002/III, 624: eine erhebliche Abänderung.
[50] S. insbes. *Gounalakis*/Heinze/Dörr S. 113 ff. und Gounalakis/*Heinze*/Dörr S. 139 ff.; *Heinze* K&R 2002, 1 ff.; aA *Schlink*/Poscher S. 12 ff. aus der Sicht des Art. 9 Abs. 3 GG sowie S. 18 ff. aus der Sicht des Art. 9 Abs. 1 GG; s. auch *Hensche* Rn. 913 f.; *Wandtke* K&R 2001, 601 (604 f.); allgemein bereits → Rn. 3.
[51] S. allgemein *Schlink*/Poscher passim sowie *W. Nordemann*, Das neue UVR, § 36 Rn. 1; *Flechsig*/Hendricks ZUM 2002, 423 (432): unter dem Gesichtspunkt der Subsidiarität richtig und zielführend; *Hensche* Rn. 906; *Bayreuther* UFITA Bd. 2002/III, 683 ff.: wenn auch vor erhebliche Zweifel an der Verfassungsmäßigkeit der Regelung in §§ 32 und 36 trotz Anerkennung einer besonderen „Sozialordnung" für symbiotische Rechtsverhältnisse und entsprechender Abwägung von Grundrechtspositionen; s. demgegenüber *Grzeszick* AfP 2002, 383: bisherige Diskussion verfassungsrechtlich defizitär.
[52] Bereits → Rn. 5 f. sowie → Rn. 23.
[53] Wegen des Unterschieds sa *Loewenheim/v. Becker* § 29 Rn. 75; *Loewenheim/v. Becker* § 29 Rn. 76 f. zur Vergleichbarkeit mit Gesamtverträgen nach § 12 WahrnG; *W. Nordemann*, Das neue UVR, § 32 Rn. 43 f.; zum Inhalt und zur rechtlichen Qualifikation von Urheberrechtsklauseln in Urheberverträgen s. allgemein *Wandtke*/Bullinger/*Wandtke* UrhG Rn. 125 ff.; zur verfassungsrechtlichen Zulässigkeit einerseits und zur ggf. korrektiven Verbindlichkeit urheberrechtlicher Grundsätze andererseits vgl. *Steinberg* S. 54 ff. bzw. 76 ff. sowie – speziell zum zulässigen Inhalt von Tarifverträgen nach § 12a TVG – S. 106 ff.

gibt.[54] Dies bedeutet eine Ausweitung der strategischen Optionen der Urhebervereinigungen, soweit es sich dabei um Gewerkschaften handelt; demgemäß haben letztere die Reform des Urhebervertragsrecht auch durchwegs unterstützt.[55] **Anders als Tarifverträge** begründen die Vergütungsregeln nach § 36 als solche weder für die sie aufstellenden Parteien (Vereinigungen) noch für deren Mitglieder direkte vertragliche Anwendungsverpflichtungen, da die Vergütungsregeln eben nicht unmittelbar für diese Parteien, sondern **für die allgemeine Rechtspraxis bestimmt** sind.[56] Die gemeinsamen Vergütungsregeln beinhalten als solche keinen Vertrag;[57] es handelt sich lediglich um kooperativ ermittelte Maßstäbe einer angemessenen Vergütung.[58] Sie sind akzessorisch zur gerichtlichen Vertragsauslegung[59] und eher dem DIN-Normen-Modell vergleichbar (→ Rn. 21 f.).[60] Gemeinsame Vergütungsregeln haben **keine normative Wirkung** wie Tarifverträge,[61] dienen aber als Grundlage der Bemessung der im Gesetz grundsätzlich bereits vorgeschriebenen Angemessenheit von Vergütungen,[62] und haben insofern jedenfalls **normausfüllenden Charakter.**[63] Wegen ihres vom Gesetz angeordneten normausfüllenden Charakters findet keine AGB-Kontrolle von Vergütungsregeln statt.[64]

Demgemäß sind die Vergütungsregeln bei der Auslegung und Konkretisierung des in § 32 verankerten Gebots zur Angemessenheit von Vergütungen (etwa durch Parteien von Urheberrechtsverträgen, Anwälte und Gerichte) immer dann heranzuziehen, wenn gerade die Angemessenheit der zu vereinbarenden bzw. vereinbarten Vergütung geltend gemacht werden soll oder strittig ist und die angemessene Vergütung gemäß § 32 Abs. 2 S. 1 **nach dem Maßstab einer einschlägigen Vergütungsregel „ermittelt"** wird.[65] *Haas* (Rn. 222) demgegenüber will aufgestellten Vergütungsregeln eine in diesem Sinne unmittelbare und allgemeine Wirkung absprechen. Es bestehe keine Rechtspflicht, die in Gemeinsamen Vergütungsregeln vorgesehenen Vergütungssätze bei Abschluss eines Nutzungsvertrages anzuwenden. Sie seien nur eine Empfehlung für die Parteien.[66] Das ist missverständlich. Richtig ist, dass die Gemeinsame Vergütungsregel keine Vertragspflichten unter Parteien begründet. Sie legt aber fest, was angemessen ist. Vergütungsvereinbarungen, die eine nachteiligere Regelung vorsehen, können nicht von der Vermutung des § 32 Abs. 2 S. 1 profitieren. Wenn eine Berufung auf eine Gemeinsame Vergütungsregel ohne entsprechende vertragliche Vereinbarung[67] unzulässig wäre, so wäre übrigens die gesamte politisch so heiß umkämpfte Regelung nach § 32 Abs. 2 S. 1 iVm § 36 wirkungslos.[68] Es kommt deshalb ausschließlich darauf an, ob sich der einzelne Kreative (ggf. auch ein Werknutzer) bei einem Streit über die Vergütung innerhalb oder außerhalb eines gerichtlichen Verfahrens auf deren fehlende Angemessenheit beruft und ob für den betroffenen Regelungsbereich (konkret für die betroffene Vergütung) eine einschlägige gemeinsame Vergütungsregel besteht, nach der die Vergütung zu ermitteln ist.[69]

Vergütungsregeln als solche, also der eigentliche Gegenstand der Aufstellungsverhandlungen der Parteien gemäß § 36 Abs. 1 S. 1, sind daher wegen des **fehlenden Verpflichtungscharakters** im Verhältnis zwischen den sie aufstellenden Parteien (ebenso wenig wie ein die Vergütungsregeln aufstellender Einigungsvorschlag der Schlichtungsstelle, → Rn. 89) **nicht vollstreckbar.**[70] Deshalb kann es sich um privatrechtliche Verträge oder Vereinbarungen nur insoweit handeln, als es um den prozeduralen Aspekt (Rahmenvereinbarung über das gemeinsame Vorgehen bei der Aufstellung Gemein-

16

17

---

[54] Vgl. auch § 32 Abs. 4 und § 32a Abs. 4.

[55] S. nur *Schimmel* ZUM 2001, 289; aA – erhebliche Einschränkung der Gewerkschaftstätigkeit – *Thüsing* Neue Formen S. 191, 195.

[56] Insoweit ebenso *Bayreuther* UFITA Bd. 2002/III, 650 ff.; sa *C. Berger* Rn. 18: nicht auf Privatautonomie, sondern auf gesetzlicher Ermächtigung beruhend; ebenso Berger/Wündisch/*Berger* § 2 Rn. 157; aA *Schmitt* GRUR 2003, 294: gegenseitige Bindung.

[57] Zust. Möhring/Nicolini/*Soppe* UrhG § 36 Rn. 7; aA Berger/Wündisch/*Berger* § 2 Rn. 159, wohl Fromm/Nordemann/*Czychowski* UrhG § 36 Rn. 1: Dauerschuldverhältnis.

[58] So *Schlink*/*Poscher* S. 27.

[59] So. *Hensche* Rn. 911.

[60] Zust. Möhring/Nicolini/*Soppe* UrhG § 36 Rn. 4.

[61] S. *Schlink*/*Poscher* S. 37: keine private Rechtsetzung, sondern kooperative Selbstauskunft von Urhebern und Werknutzern; ebenso *Hensche* Rn. 911 und 925; aA *Hertin* MMR, 16 f. „Normcharakter".

[62] So *C. Berger* Rn. 145.

[63] AA offenbar *Bayreuther* UFITA Bd. 2002/III, 627 „privatautonomer Willensakt"; s. aber *Bayreuther* UFITA Bd. 2002/III, 657 (668, 678) „wesentlich schwächere Wirkung als Tarifnormen" und „noch nicht einmal unmittelbar"; vgl. auch *Ory* AfP 2002, 93 (102): dem schuldrechtlichen Teil von Tarifverträgen nachgebildete rechtsgestaltende Vereinbarungen.

[64] BGH GRUR 2012, 1031 (1036 f.) – Honorarbedingungen Freie Journalisten; vgl. → § 32 Rn. 4.

[65] → § 32 Rn. 28 sowie → Rn. 69 und die dort zitierten kontroversen Positionen.

[66] Ihm folgend *Haupt*/*Flisak* KUR 2003, 41 f.; für die Möglichkeit einer stillschweigenden Einbeziehung von gemeinsamen Vergütungsregeln sowie jedenfalls für den allgemeinverbindlichen Angemessenheitscharakter von nicht dahinter zurückbleibenden, insbes. früheren individualvertraglichen Vergütungsabreden *v. Hartlieb*/*Schwarz*/*U. Reber* Kap. 53. Rn. 5 und 23.

[67] Übernahme oder in Bezugnahme.

[68] → § 32 Rn. 28 sowie *Bayreuther* UFITA Bd. 2002/III, 650.

[69] Ebenso *Breinersdorfer* in *Klages*, Grundzüge des Filmrechts, S. 95, 96; aA *Homann* Praxis-Handbuch des Filmrechts S. 107; → § 32 Rn. 28 und → Rn. 69.

[70] Zu Letzterem Dreier/Schulze/*Schulze* UrhG § 36 Rn. 36; ebenso *Flechsig*/*Hendricks* ZUM 2002, 423 (428).

samer Vergütungsregeln) geht.[71] Demgemäß sind die Vorschriften des BGB zur Wirksamkeit, Anfechtung (zB wegen arglistiger Täuschung über die Ermächtigung der anderen Vereinigung gemäß § 36 Abs. 2) und Kündbarkeit allenfalls unter dem Gesichtspunkt dieser Rahmenvereinbarung anwendbar, also soweit es das (wirksame) Zustandekommen sowie Bestand und Dauer der Vergütungsregeln betrifft.[72] Die Auslegung der Vergütungsregeln selber erfolgt nach allgemeinen Grundsätzen.

18   Eine über den konkreten Anwendungsbereich des betreffenden Einzelnutzers hinaus reichende (allgemeine) Rechtswirkung entsteht, wenn auf der Nutzerseite gemäß § 36 Abs. 1 S. 1 bei der Aufstellung der Gemeinsamen Vergütungsregeln **ein einzelner Werknutzer** handelt. Zwar sind die Vergütungsregeln in diesem Fall in erster Linie auf die Verhältnisse in dem betroffenen Nutzerunternehmen zugeschnitten, doch beruht ihre Rechtswirkung schon ihm selbst gegenüber ausschließlich auf § 32 Abs. 2 S. 1, nicht etwa auf einer hier ebenso wenig anzunehmenden Vereinbarung. Die Vergütungsregeln können darüber hinaus aber durchaus auch als verallgemeinerte Angemessenheitsmaßstäbe in Frage kommen, soweit es um Nutzungen in anderen vergleichbaren Unternehmen geht.[73] Praktisch wird es sich in diesen Fällen deshalb vielfach nicht einfach um die Anwendung der Angemessenheitsfiktion nach § 32 Abs. 2 S. 1, sondern um die Heranziehung der betroffenen Vergütungsregeln als Bezugs- und Vergleichsgröße im Vergütungsstreit handeln. Etwas anderes – im Sinne verstärkter Wirkung nach § 32 Abs. 2 S. 1 – mag gelten, wenn – wie im Falle der Vergütungsregeln für Autoren belletristischer Werke (→ Rn. 94) – eine ganze Reihe von Verlagen unterschiedlicher Größe und programmatischer Ausrichtung iS einer losen Gruppierung uno actu identische gemeinsame Vergütungsregeln jeweils für sich akzeptiert haben, so dass die Annahme der Aufstellung der Vergütungsregeln durch eine Nutzervereinigung ohnehin naheliegt. Hier wird zumindest faktisch ein gewisses Maß an Repräsentativität erreicht, das bei der Anwendung der Vergütungsregeln nicht unbeachtet bleiben kann.[74] Es ergeben sich allerdings wegen der Unterschiedlichkeit der einzelnen Branchen Schwierigkeiten bei der Übertragung einer Vergütungsregelung in andere Bereiche, so dass gewisse Zu- und Abschläge in Betracht kommen. Klare Kriterien, anhand derer die Vergütungsregeln auf andere Märkte übertragen und angepasst werden könnten, sind allerdings bisher nicht ersichtlich[75] und dürften sich auch zukünftig nur schwer finden lassen.

Wegen des fehlenden Vereinbarungscharakters der gemeinsam aufgestellten Vergütungsregeln entstehen weder bei ihrer gemeinsamen Aufstellung mit Vereinigungen von Nutzern noch bei Aufstellung mit einem Einzelnutzer *unmittelbare vertragliche* Anwendungspflichten.[76] Die Vergütungsregeln haben in allen Fällen nur insofern **mittelbare Rechtswirkung** für die Parteien, als sie die unwiderlegliche Vermutung der Angemessenheit der von ihnen aufgestellten Vergütungsregeln in den sie (im späteren Verlauf) gegebenenfalls selbst betreffenden *Anwendungsfällen* auch für und gegen sich gelten lassen müssen. Anders als bei Einzelnutzern wird dies bei den im Rahmen des § 36 handelnden Vereinigungen bzw. Verbänden selbst eher die seltene Ausnahme sein, da sie kaum als Werknutzer auftreten werden.

19   **c) Die gesetzliche Lösung als – auch kartellrechtlich – juristisches Neuland.** Die konstruktive Lösung über Gemeinsame Vergütungsregeln betritt auch nach Auffassung der Bundesregierung[77] zum Teil **juristisches Neuland.**[78] § 36 legt die konkrete Bestimmung der Angemessenheit von Vergütungen **in die Hände der Verbände** der betroffenen Kreativen und ihrer primären Vertragspartner bei der Verwertung ihrer Werke und Leistungen **(Selbstregulierungsmodell).**[79] Doch bedeutet dies lediglich die **Ausfüllung und Konkretisierung des im Gesetz selbst – subsidiär –**

---

[71] Wie hier *Schlink/Poscher* S. 27; zu undifferenziert insbesondere *Haas* Rn. 215 und passim, wo stets nur von Vereinbarungen schlechthin die Rede ist; ähnlich Wandtke/Bullinger/*Wandtke/Grunert/Hollenders* UrhG § 36 Rn. 8 sowie Rn. 28 f.

[72] Ohne eine solche Differenzierung *C. Berger* Rn. 186; Berger/Wündisch/*Berger* § 2 Rn. 159; *Loewenheim/ v. Becker* § 29 Rn. 91; ebenso *W. Nordemann,* Das neue UVR, § 32 Rn. 10: Vergütungsregeln als Dauerschuldverhältnis; sa die Kündigungsklausel in § 9 – sechs Monate zum Jahresende – der unbefristet beschlossenen Vergütungsregeln für Autoren belletristischer Werke → Rn. 95.

[73] hierzu ausführlich → Rn. 50 f.; ebenso *Haas* Rn. 170; Dreier/Schulze/*Schulze* UrhG § 36 Rn. 8 unter Hinweis auf die Beweislast für das Zustandekommen einer Vergütungsregel.

[74] Vgl. insoweit die vergleichsweise Heranziehung der Vergütungsregeln für Autoren belletristischer Werke in den Übersetzervergütungsfällen durch die Gerichte, exemplarisch BGH GRUR 2009, 1148 – Talking to Addison; BGH GRUR 2011, 328 – Destructive Emotions.

[75] Kritisch auch *v. Becker* ZUM 2007, 249 (252); zur Methode des Vergleichs s. *Tolkmitt* FS Bornkamm, 2014, 991 (999 f.).

[76] Ebenso *Loewenheim/v. Becker* § 29 Rn. 9.

[77] Begr. d. RegE UFITA Bd. 2002/II, 506.

[78] S. auch *Loewenheim/v. Becker* § 29 Rn. 69 „eine vollkommen neuartige rechtssystematische Konstruktion"; *Gounalakis/*Heinze/Dörr S. 22 „im deutschen Zivilrecht unbekannt", ähnlich *Gounalakis/*Heinze/Dörr S. 63; Wandtke/Bullinger/*Wandtke/Grunert/Hollenders* UrhG § 36 Rn. 1: eine Art kollektives Urheberrecht auch für Freischaffende; ähnlich *C. Berger* Rn. 163; wohl auch Fromm/Nordemann/*Czychowski* § 36 Rn. 1.

[79] So Begr. des RegE zu § 36, S. 16 f.; *Hucko* S. 11 f.; *Loewenheim/v. Becker* § 29 Rn. 70; *Erdmann* GRUR 2002, 923 (929): eine sinnvolle flankierende Regelung; *Schack* Rn. 1096 „an die Verbände delegiert"; *Schmidt* ZUM 2002, 781 (788); Wandtke/Bullinger/*Wandtke/Grunert/Hollenders* UrhG § 36 Rn. 2; *Zentek/Meinke* S. 54 „Pioniertat"; kritisch *Bayreuther* UFITA Bd. 2002/III, 654 ff. und – noch bezüglich des RegE – Gounalakis/*Heinze/*Dörr S. 200 sowie *Ritgen* JZ 2002, 114 (115); sa *Schack* ZUM 2001, 453 (465): „parlamentarische Gesetzgebung auf sachkundige Vereinigungen delegiert".

bereits angelegten Maßstabs von Üblichkeit und Redlichkeit gemäß § 32 Abs. 2 S. 2, was auch für die kartellrechtliche Beurteilung von Bedeutung ist.[80]

Dieses vom Gesetzgeber derart zugrunde gelegte **„in die Hände legen"** impliziert insbes., dass er **20** eine solche Regelung – etwa iSd ursprünglich geplanten großen Lösung – hätte selber treffen können; dabei würde es sich speziell bei den Vergütungsvorschriften dem Typus nach um eine gesetzliche Honorarordnung handeln, wie sie bei freien Berufen so etwa in Form der VO über die Honorare für Leistungen der Architekten und der Ingenieure (HOAI) besteht. Die Vergleichbarkeit besteht darin, dass die Honorarordnungen der freien Berufe jedenfalls *auch* auf Einkommenssicherung der freiberuflich Tätigen ausgerichtet sind.[81]

Bei Urhebern und ausübenden Künstlern ist der Gesetzgeber bewusst einen anderen Weg gegan- **21** gen. Für die Aufgabe der näheren Ausfüllung und **Konkretisierung des im Gesetz grundsätzlich bereits verankerten Angemessenheitsgebots (§ 11 S. 2 und § 32 Abs. 1) und abstrakt vorgegebenen Angemessenheitsmaßstabs (§ 32 Abs. 2 S. 2)** bedient er sich wegen deren größerer Sachnähe und Sachkenntnis privater Organisationen bzw. Vereinigungen, die die konkreten Maßstäbe einer angemessenen Vergütung lediglich kooperativ ermitteln sollen.[82] Eine **ähnliche gesetzliche Inbezugnahme** erfolgt auch beim DIN-Normen-Modell, bei dem es Vereinszweck (des DIN = Deutsches Instituts für Normung) ist, durch Gemeinschaftsarbeit der interessierten Kreise zum Nutzen der Allgemeinheit Normen oder andere Arbeitsergebnisse, die der Rationalisierung, der Qualitätssicherung, der Sicherheit und der Verständigung in Wirtschaft, Technik, Wissenschaft, Verwaltung und Öffentlichkeit dienen, aufzustellen, sie zu veröffentlichen und ihre Anwendung zu fördern.[83] Nach den Ausführungen der Bundesregierung[84] hat sie ein starkes Interesse an der Aufrechterhaltung der Normung durch private Institutionen. Auch der Gesetzgeber nutze diese Normen häufig, indem er auf sie in Gesetzen, Rechtsverordnungen, amtlichen Verlautbarungen etc Bezug nimmt. Der Gesetzgeber erspare es sich, eigene Regelungen zu erarbeiten, was häufig sehr lange Zeit in Anspruch nähme und erhebliche Kosten verursachen würde. Nichts anderes gilt letztlich auch für die Festlegung konkreter Maßstäbe für angemessene Vergütungen im Bereich des Urhebervertragsrechts.

Die hier angesprochene Inbezugnahme, die bei technischen Normen etwa in dem vom BGH ent- **22** schiedenen Fall[85] jeweils bezüglich bestimmter Normen durch Gesetze (Bauordnungen) der Länder erfolgt ist, ist bei den Vergütungsregeln nach §§ 36, 36a in Form der unwiderleglichen Vermutung der Angemessenheit unmittelbar in § 32 Abs. 2 S. 1 verankert und wird hier gewissermaßen **in allgemeiner Form vorweggenommen.** Dabei wird die Aufstellung der in Bezug zu nehmenden Vergütungsregeln nach §§ 36 und 36a nicht nur als eine Möglichkeit vorgesehen; angesichts der dahinter stehenden rechtspolitischen Ziele wird diese Aufstellung von den betroffenen Parteien im Sinne eines Appells zur Kooperation vielmehr erwartet.[86] Letzteres ergibt sich auch aus dem normativen Indikativ in § 36 Abs. 1 S. 1 („Zur Bestimmung der Angemessenheit von Vergütungen nach § 32 *stellen* Vereinigungen … gemeinsame Vergütungsregeln *auf*"); diese Formulierung führt über die bloße Möglichkeitsform („können aufstellen") hinaus, und zwar im Sinne eines wenn auch letztlich **sanktionslosen rechtlichen Sollens.**[87]

Auf diese Weise versucht der Gesetzgeber auf indirektem Wege die ihm kraft der sozialen Funktion **23** des Urheberrechts[88] bzw. kraft seiner **Fürsorgepflicht aufgrund des Sozialstaats- wie des Kulturstaatsprinzips** obliegende Aufgabe der speziellen Zuwendung zu den Kreativen zu erfüllen.[89] Es

---

[80] → Rn. 21 u. 26 ff.

[81] S. Begr. des RegE zu § 36, S. 16; *Dietz* FS Schricker, 2005, 42 f.; daneben *Bayreuther* UFITA Bd. 2002/III, 656; deutliche Zweifel an der Vergleichbarkeit hat Möhring/Nicolini/*Soppe* UrhG § 36 Rn. 2.2. (Online-Version).

[82] So *Schlink/Poscher* S. 27; s. auch *Schlink/Poscher* S. 68 wegen des Vergleichs mit kommunalen Mietspiegeln, die unter Mitwirkung von Mieter- und Vermieterverbänden zustande kommen und Auskunft über Mietniveaus geben; s. auch *Hensche* Rn. 902 und 911 „Mandat der Verbände zur Feststellung der Angemessenheit"; *Hensche* Rn. 927.

[83] Zitiert bei BVerfG GRUR 1999, 226 f. – DIN-Normen II; vgl. auch die ausführliche Erläuterung des DIN-Normensystems sowie der Entstehung der Normen und ihrer Bezugnahme durch den Gesetzgeber in der Antwort der Bundesregierung auf die Kleine Anfrage der FDP-Fraktion [BT-Drs. 15/248] zur Änderung von § 5 UrhG, BT-Drs. 15/319, 2 ff.

[84] BT-Drs. 15/319 S. 3 zu Frage 1.

[85] GRUR 1990, 1003 f. – DIN-Normen; sa den Nichtannahmebeschluss des BVerfG GRUR 1999, 226 – DIN-Normen II in der gleichen Sache.

[86] Ähnlich *Loewenheim/v. Becker* § 29 Rn. 69; *Dreyer/Kotthoff/*Meckel UrhG § 36 Rn. 2; § 36 „ermuntert" zur Aufnahme von Verhandlungen; *Zentek/Meinke* S. 84: Urheberverbände und Verwertervereinigungen sind „aufgefordert".

[87] Ähnlich Wandtke/Bullinger/*Wandtke/*Grunert/Hollenders UhrG § 36 Rn. 6; aA *Haas* Rn. 228: keine Rechtsverpflichtung, bloßer Appell; s. auch *Haas* Rn. 215: „Normalfall".

[88] So *Schricker* GRUR 1992, 242 (246).

[89] Bereits → Rn. 5 und 6; s. daneben BVerfGE 75, 108 (159) = ZUM 1987, 574 (583): das Verhältnis von Künstlern und Publizisten einerseits und Vermarktern andererseits als *kulturgeschichtlicher Sonderbereich;* zustimmend Dreyer/*Kotthoff/*Meckel UrhG § 31 Rn. 6; sa *Grzeszick* AfP 2002, 383 (385 ff.); zweifelnd an der Tragfähigkeit der Berufung auf das Sozialstaatsprinzip *Bayreuther* UFITA Bd. 2002/III, 632 ff.; jedoch *Bayreuther* UFITA Bd. 2002/III, 642 ff.: beachtlicher Regelungsspielraum des Gesetzgebers jedenfalls im Hinblick auf die Prognostizierbarkeit der Wirkungen, nicht jedoch bezüglich der Beurteilung der Ausgangslage der Neuregelung; ähnlich *Gounalakis/*Heinze/Dörr S. 58 ff.; *Grzeszick* AfP 2002, 383 (389) demgegenüber vermisst hier die Rechtfertigung durch den Gesetzgeber; sie liegt aber jeder urheberrechtlichen Regelung als deren ratio von vornherein zugrunde; sa BVerf-

geht hier insbes. auch darum, die **strukturell bedingte wirtschaftliche und organisatorische Unterlegenheit der Kreativen** gegenüber den Primärverwertern ihrer Werke und Leistungen auch im allgemeinen Interesse der Kreativitäts- und Kulturförderung zu korrigieren oder doch zu kompensieren.[90] Es handelt sich darüber hinaus um einen spezifischen Fall des **Schutzes der Schwächeren.**[91]

24 Die **Etablierung allgemein anwendbarer Maßstäbe für die angemessene Vergütung** bei der Verwertung von Rechten und Leistungen von Kreativen zur Ausfüllung des gesetzlichen Angemessenheitsgebots nach § 32 Abs. 1 ist also **das der Regelung zugrunde liegende rechtspolitische Ziel,** das bereits durch den (subsidiären) Maßstab von Üblichkeit und Redlichkeit gemäß § 32 Abs. 2 S. 2 abstrakt ausgefüllt wird und durch Einschaltung der Fachorganisation und Branchenvereinigungen beider betroffenen Seiten konkret realisiert und durch besondere Verfahren auch gefördert werden soll.[92] Von sachkundigen Vereinigungen beider Seiten aufgestellte gemeinsame Vergütungsregeln entfalten ihre Wirkung demgemäß anders als Tarifverträge **nicht etwa nur für deren Mitglieder, sondern für alle davon konkret betroffenen Urheber und ausübenden Künstler.**[93] Die Aufstellung Gemeinsamer Vergütungsregeln als unwiderlegliche Vergütungsmaßstäbe gemäß § 32 Abs. 2 S. 1 kann allerdings nicht erzwungen werden, weil das Ergebnis eines obligatorischen Schlichtungsverfahrens (Einigungsvorschlag) gemäß § 36 Abs. 4 S. 2 von den Parteien abgelehnt werden kann. Die Rechtswirkung nach § 32 Abs. 2 S. 1 kann dann zwar nicht eintreten, gleichwohl kann sie indiziell dafür wirken, welche Maßstäbe für die Angemessenheit in der Branche bestehen (→ § 32 Rn. 24 f.).

25 Die Etablierung solcher Maßstäbe kann **im wohlverstandenen Interesse beider Seiten** liegen, insbes. bezüglich Transparenz, Rechtssicherheit und Akzeptanz unter den Betroffenen.[94] Nachdem sich die Erwartungen in den ersten Jahren nach der Reform nur teilweise erfüllt haben und manche Verwerterverbände keinen Anlass sahen, sich auf dieses Verfahren einzulassen,[95] sind vor allem im Filmbereich mehrere Gemeinsame Vergütungsregeln aufgestellt worden.[96]

26 Die **Rechtsnatur der Vergütungsregeln** nach §§ 36, 36a muss also im Licht des gesetzgeberischen Ziels der Aufstellung Gemeinsamer Vergütungsregeln iSd – unwiderlegbaren – Konkretisierung des Angemessenheitsmaßstabs gemäß § 32 und mit Blick auf das Schwert der verhandelnden Parteien verstanden werden, was auch für die **kartellrechtliche Betrachtungsweise** entsprechende Konsequenzen hat. Die Aufstellung von Vergütungsregeln kommt demgemäß auch insoweit weder dem Abschluss von Vergütungsvereinbarungen iSv (grundsätzlich verbotenen) Preisvereinbarungen (oder abgestimmten Verhaltensweisen) noch Preisempfehlungen[97] gleich.[98]

27 Der Gesetzgeber und der BGH gehen davon aus, dass ein **Konflikt zu § 1 GWB** schon deshalb nicht besteht, weil § 36 die Gemeinsamen Vergütungsregeln vom Kartellverbot ausnehme.[99] Damit hat sich der Streit für das deutsche Kartellrecht beruhigt. Zweifel ergeben sich vor dem Hintergrund

---

GE 36, 321 = NJW 1974, 689: Kulturstaat als Staatszielbestimmung; ähnlich zuletzt BVerfG ZUM 2004, 306 f. [Nichtannahmebeschluss]: Aufgabe des Staates zur Erhaltung und Förderung eines freiheitlichen Kunstlebens; s. daneben die Empfehlung im Zwischenbericht der Enquete-Kommission „Kultur in Deutschland" v. 1.6.2005 [BT-Drs. 15/5560] zur Verankerung der Kultur als Staatsziel in einem zu schaffenden Art. 20b GG; vgl. allgemein auch *Fechner,* Geistiges Eigentum und Verfassung, S. 296 f. und S. 359 ff.: das Kulturstaatsprinzip als wichtige Orientierungsfunktion für die grundsätzliche Ausrichtung der Rechtsvorschriften des geistigen Eigentums; *Ermecke,* Die Verantwortung von Staat und Gesellschaft für das geistige Schöpfertum, 1956; *Jänecke* Das urheberrechtliche Zerstörungsverbot S. 124 ff.

[90] S. Begr. des RegE UFITA Bd. 2002/II, 500; sa *Hensche* Rn. 926 f.; *Schlink/Poscher* S. 36 ff.; Wandtke/Bullinger/*Wandtke/Grunert/Hollenders* UrhG § 32 Rn. 2 und UrhG § 36 Rn. 1; *Katzenberger* in Obergfell, Zehn Jahre reformiertes Urhebervertragsrecht, 2012, S. 55, 57.

[91] *Grzeszick* AfP 2002, 383 (388 f.); bereits → Rn. 11.

[92] S. obligatorisches Schlichtungsverfahren; dazu → Rn. 74 ff., insbes. 78 ff.; sa Wandtke/Bullinger/*Wandtke/Grunert* UrhG § 36 Rn. 2: ein gewisser Druck, sich gemeinsam zu einigen.

[93] Bereits → Rn. 15 sowie → Rn. 45.

[94] S. Begründung des RegE S. 2, 16 f.; ebenso *D. Berger* ZUM 2003, 521 (527); *v. Lucius* KUR 2002, 2 (5); *W. Nordemann,* Das neue UVR, UrhG § 36 Rn. 2; *Zentek/Meinke* S. 91 sowie *Haas* Rn. 166 und 222; *Fette* ZUM 2013, 29; letzterer unter besonderer Betonung des Schutzes des Verwerters vor einem Erhöhungsverlangen des Urhebers; ebenso *Haupt/Flisak* KUR 2003, 41 (42); *Schmidt* ZUM 2002, 781 (789).

[95] → Rn. 93 ff.; skeptisch bezüglich des potentiellen Interesses der Verwerterverbände *C. Berger* Rn. 164; Berger/Wündisch/*Berger* § 2 Rn. 133; zweifelnd ebenso *Jacobs* NJW 2002, 1905 (1907); ebenso kritisch *Fette* ZUM 2013, 29.

[96] Vgl. → Rn. 93 ff.

[97] §§ 1 und 2 Abs. 2 und 22 GWB bzw. Art. 81 Abs. 1 lit. a EGV.

[98] So aber *Schmidt* ZUM 2002, 781 (788, 790); *Homann* Praxishandbuch Filmrecht S. 108; wie hier *Hensche* Rn. 932; *Schlink/Poscher* S. 67; aA *C. Berger* Rn. 184; Berger/Wündisch/*Berger* § 2 Rn. 158; *W. Nordemann,* Das neue UVR, Einführung S. 57 sowie → § 36 Rn. 2; *J. B. Nordemann* GRUR 2007, 203 (210 f.); *Schack* GRUR 2002, 853 (857): „lex specialis"; vgl. auch *Schack* ZUM 2001, 453 (462); ebenso *Schmidt* ZUM 2002, 781 (789): „lex specialis zum kartellrechtlichen Empfehlungsverbot"; vgl. daneben *Schmitt* GRUR 2003, 294; Dreier/Schulze/*Schulze* UrhG § 36 Rn. 3; Wandtke/Bullinger/*Wandtke/Grunert/Hollenders* UrhG § 36 Rn. 4; *Zentek/Meinke* S. 83, 84 „kartellrechtlich notwendige Ermächtigungsgrundlage"; s. zum Ganzen auch *Schricker,* Verlagsrecht, 3. Aufl., Einl., Rn. 68 f.; wegen der kartellrechtlichen Unbedenklichkeit von Urheberrechtsklauseln in Tarifverträgen für arbeitnehmerähnliche Personen s. *Steinberg* S. 155 f.

[99] BGH NZKart 2017, 315 Rn. 5 mit Hinweis auf BT-Drs. 14/6433, 12; insoweit zust. Möhring/Nicolini/*Soppe* § 36 Rn. 2.6.

des **Unionskartellrechts** (Art. 101 AEUV). Unklar ist zunächst, ob die nationalen Regelungen den zwischenstaatlichen Handel beeinträchtigen.[100] Zweifel rekurrieren auf eine jüngere EuGH-Entscheidung zum Tarifvertragsrecht. Der EuGH hatte dort geurteilt, dass eine Gewerkschaft, die auch freie Urheber vertritt, nicht vom Verbot des Art. 101 AEUV befreit sei, wenn sie Mindesttarife mit einem Verband schließe, die auch für freie Orchestermusiker gelten sollen.[101] Diese Entscheidung hat in Teilen der Literatur die Meinung bestärkt, dass auch die Aufstellung Gemeinsamer Vergütungsregeln gegen Art. 101 AEUV verstoße.[102] Für die Gemeinsamen Vergütungsregeln greift dies in mehrfacher Hinsicht zu kurz.[103] Sie sind bereits keine Vereinbarungen im kartellrechtlichen Sinne oder gar Beschlüsse von Unternehmensvereinigungen, weil ihnen jeweils die Verbindlichkeit im Sinne einer unmittelbar wirkenden Verpflichtung fehlt.[104] Ihre mittelbare Wirkung auf Verträge folgt erst daraus, dass sie Teil einer Vergütungsvereinbarung werden können (aber nicht müssen). Auch inhaltlich handelt es sich weder um Preisvereinbarungen noch um die Aufstellung von Mindesttarifen, sondern um Auslegungshilfen für die allgemeine Rechtspraxis bei der Anwendung des unbestimmten Rechtsbegriffs der angemessenen Vergütung.[105] **Der Begriff der Gemeinsamen Vergütungsregeln** beruht demnach auf der Grundlage von § 36 als Sollvorschrift zur Bestimmung der Angemessenheit von Vergütungen. Die Rechtswirkung der Vergütungsregeln beruht nicht auf Vereinbarungen, sondern sie ergibt sich unmittelbar aus dem Gesetz (§ 32 Abs. 2 S. 1).[106]

Die Rechtswirkung gemäß § 32 Abs. 2 S. 1 wird aus **sozial- und kulturpolitischen Gründen** 28 für notwendig erachtet; sie setzt zwar das Tätigwerden branchenkundiger Vereinigungen voraus, ist aber – abgesehen davon, dass es gerade kooperativ erarbeitete *Gemeinsame* Vergütungsregeln sein müssen – **nicht von deren Verbindlichkeitswillen abhängig.** Diese Besonderheit wird übersehen, wenn man die Vereinbarkeit der in § 32 iVm § 36 getroffenen Lösung mit dem (europäischen) Kartellrecht in Zweifel zieht.[107] Es gilt vielmehr umgekehrt: Die Vergütungsregeln bewirken keine unangemessene Preisfestsetzung, sondern beschreiben eine Grenze, unterhalb derer Vergütungen aufgrund unredlicher Vertragspraxis unangemessen niedrig sind. Solche Vergütungen wären dann eine Folge wirtschaftlicher Marktmacht, die zu kompensieren auch im Interesse eines funktionsfähigen Wettbewerbs liegt.[108]

Unklar ist aus unionsrechtlicher Sicht allenfalls, **ob der Gesetzgeber auch verbindliche Preis-** 29 **vereinbarungen zum Schutz kulturpolitischer Interessen vom Kartellverbot freistellen dürfte.** Für eine kartellrechtliche Bereichsausnahme spricht hier, dass kulturpolitische Belange in der Kompetenz der Mitgliedstaaten verblieben sind,[109] ferner, dass der EuGH eine kartellrechtliche Bereichsausnahme zugelassen hat, wenn kollektiv verhandelte Mindesttarife zugunsten scheinselbständiger Kreative vereinbart werden.[110] Diese Argumente sprechen dafür, dass die kartellrechtlichen Bedenken weitaus weniger gravierend sind als angenommen. Wenn eine kulturpolitische Bereichsausnahme vorliegt, fallen die Bedenken weg. Wenn eine Preisregelung durch Vereinbarungen oder Beschlüsse vorläge, so stellt sich noch die Frage der Freistellbarkeit. Hier hat das EU-Recht Schwierigkeiten, kulturpolitische Belange (Anreizstrukturen für Kreative) ökonomisch abzubilden und in den dadurch bewirkten Anreizen einen Rationalisierungsgewinn für Kulturverbraucher zu sehen. Da allerdings auch das Unionsrecht mittlerweile akzeptiert, dass Vergütungsgerechtigkeit auch im Bereich

---

[100] Zweifel daran bei BGH NZKart 2017, 315 Rn. 5.
[101] EuGH GRUR-Int 2015, 384 Rn. 27 f. – FNV Kunsten Informatie en Media/Staat der Nederlanden) = EuZW 2015, 313 mAnm *Haußmann/Steinle*.
[102] So *Thomas* in Ory/Cole, Reform des Urhebervertragsrechts (2016), S. 47; ebenso *Tolkmitt* FS Bornkamm, 2014, 991 (1000); *Tolkmitt* GRUR 2016, 564 (569); *Ory* NJW 2017, 753 (756); Möhring/Nicolini/*Soppe* § 36 Rn. 2.7; Zweifel auch beim Wissenschaftlichen Dienst des Dt. Bundestages, Ausarbeitung v. 9.9.2016, PE6–3000–121/16: „zweifelsfrei zu klären, ob die Regelungen zum Urhebervertragsrecht im UrhG gegen das Kartellverbot des Art. 101 AEUV verstoßen"; ebenso bereits früher *Schmitt* GRUR 2003, 294 f.; zurückhaltender *Schmidt* ZUM 2002, 781 (788 f.).
[103] Hierzu bereits früher *Loewenheim/v. Becker* § 29 Rn. 102; *Flechsig/Hendricks* ZUM 2002, 423 (425); *Gutsche* E. I. P. R. 2002, 366 (370); *Schack* GRUR 2002, 853 (857).
[104] *Bayreuther* NJW 2017, 357 (361).
[105] Ebenso *Schlink/Poscher* S. 30 f.; ähnlich *Hensche* Rn. 911; bereits → Rn. 14 ff.
[106] *Thüsing* Neue Formen, S. 197 und 204.
[107] Sa § 32 Rn. 24; ebenso *Loewenheim/v. Becker* § 29 Rn. 99; *Erdmann* GRUR 2002, 923 (926 f.) unter Hinweis auf die Berücksichtigung der angenommenen Einigungsvorschlags der Schiedsstelle nach dem WahrnG durch den BGH im Fall „Gesamtvertrag privater Rundfunk", BGH GRUR 2001, 1139 (1142); *Schricker* GRUR-Int 2002, 797 (805) „eine gewisse Ausstrahlungswirkung als Wertungsfaktor"; Dreier/Schulze/*Schulze* § 36 UrhG Rn. 2 und 33; *Zentek/Meinke* S. 54; ablehnend *C. Berger* Rn. 242; Berger/Wündisch/*Berger* § 2 Rn. 216 f.; *Ory* AfP 2002, 93 (96, 99); *Ory* ZUM 2006, 914 (916): „indirekte Indizwirkung".
[108] Vgl. BGH GRUR 2011, 808 – Schlichtungsverfahren zur Aufstellung gemeinsamer Vergütungsregeln: Danach entfaltet eine gemeinsame Vergütungsregel, die in einem Schlichtungsverfahren von hierzu nicht berechtigten Parteien aufgestellt wird, in einem Rechtsstreit über eine angemessene Vergütung weder eine Bindungs- noch eine Indizwirkung.
[109] Vgl. Art. 167 AEUV; ferner *Drexl* FS Schricker, 2005, S. 651 (668): Da die Gemeinsamen Vergütungsregeln ausgewogene Wettbewerbsverhältnisse begründen und potentielle Wettbewerbsversagen gerade ausschließen sollen, ist das Vorliegen einer Wettbewerbsbeschränkung aufgrund einer normativen Wertung abzulehnen bzw. liegt eine ungeschriebene Bereichsausnahme vor.
[110] EuGH GRUR-Int 2015, 384 Rn. 31 – FNV Kunsten Informatie en Media.

zu Urhebern und ausübenden Künstlern herzustellen ist, wäre der Schritt zur Anerkennung dieser Regelungsziele auch im Kartellrecht nicht allzu weit.

3. Entstehungsgeschichte des § 36 (und des § 36a)

30   **a) Gesetzestechnik.** Der **Gesamtkomplex der Vorschriften** über die Aufstellung Gemeinsamer Vergütungsregeln und über ein sich gegebenenfalls anschließendes Schiedsstellenverfahren bzw. – in der endgültigen Fassung der Regelung – eines Verfahrens vor der Schlichtungsstelle war im Professorenentwurf ebenso wie noch im RegE gesamthaft in dem darin jeweils vorgeschlagenen neuen § 36 geregelt. Dieser Regelungskomplex ist auf Empfehlung des Rechtsausschusses[111] auf zwei Vorschriften (§ 36 und § 36a) aufgeteilt worden; dabei wurden die verfahrensrechtlichen Teile (in der Gesetzesfassung nicht mehr auf einem Schieds-, sondern auf einem Schlichtungsverfahren beruhend) zum größeren Teil aus § 36 ausgegliedert und in § 36a aufgenommen.[112] Die Regelung hat in **formaler und gesetzestechnischer Hinsicht** dadurch an Übersichtlichkeit gewonnen, wirft jedoch auch einige Auslegungsfragen auf.[113]

31   **b) Wirkung der Vergütungsregeln.** Bedeutsame Änderungen auch noch im Vergleich zum RegE brachte die angenommene gesetzliche Regelung **in inhaltlicher Hinsicht.** Der RegE hatte bereits den Systemwechsel (→ Rn. 13 ff.) weg von der quasi-arbeitsrechtlichen Verbändevereinbarung von Mindestvergütungen (Professorenentwurf) hin zur gemeinsamen Aufstellung von Vergütungsregeln für die allgemeine Rechtspraxis getan. Die bedeutsamsten inhaltlichen **Unterschiede zwischen RegE und gesetzlicher Regelung** liegen bei der Ausgestaltung des zunächst vorgesehenen Schiedsstellenverfahrens[114] bzw. des schließlich gewählten Schlichtungsverfahrens[115] und der damit verbundenen bedeutsamen Frage der **Vorbedingungen für die Erreichung der rechtlichen Verbindlichkeit der Vergütungsregeln.** Der RegE hatte den Parteien zur Wahl gestellt, entweder ein Verfahren vor der Schiedsstelle nach dem Urheberrechtswahrnehmungsgesetz oder ein Schiedsverfahren nach den Regeln der ZPO durchzuführen. In beiden Fällen sollten die Beteiligten zur **Aufstellung verbindlicher Vergütungsregeln** gelangen, wenn nicht schon durch freiwillige Verhandlungen der betroffenen Vereinigungen bzw. Verbände so wenigstens durch Schiedsspruch bzw. Einigungsvorschlag der Schiedsstelle. Letztendlich sollte dies (bei Schiedssprüchen nur im Fall der Beteiligung eines einzelnen Werknutzers als Partei) sogar in einem im Anschluss daran möglichen Gerichtsverfahren[116] erreicht werden können.

32   Nach den Vorstellungen des RegE (§ 36 Abs. 5–8) sollten also idR verbindliche Vergütungsregeln erreicht werden können, wenn auch mit der bedeutsamen Ausnahme einer Erklärung der Nichtbereitschaft von Vereinigungen gemäß § 36 Abs. 4 RegE. Solche Vergütungsregeln wären aber gemäß § 32 Abs. 1 S. 3 RegE noch mit einer weniger weitreichenden **rechtlich-funktionalen Wirkung,** nämlich einer bloß widerleglichen Vermutung ihrer Angemessenheit verbunden gewesen.[117] Angesichts des bereits im Kern vollzogenen Systemwechsels (→ Rn. 13 ff.) war es im Übrigen wenig systemkonform, wenn gemäß § 32 Abs. 1 S. 3 RegE Tarifverträge bezüglich der (von widerlegbarer) vermuteten Angemessenheit der in ihnen festgelegten Vergütungen mit Vergütungsregeln gleichbehandelt werden sollten; dieser Regelungsvorschlag wurde mit Recht nicht übernommen.[118] Die gesetzliche Regelung (§ 32 Abs. 2 S. 1) demgegenüber hat eine **verstärkte rechtliche Wirkung, nämlich die unwiderlegliche Vermutung der Angemessenheit** einer nach einer Gemeinsamen Vergütungsregel ermittelten Vergütung (§ 32 Abs. 2 S. 1) eingeführt.

33   Diese **verstärkte Wirkung** wurde im Rahmen des schließlich gefundenen politischen Kompromisses,[119] aber mit einer wesentlich **geringeren Chance** verbunden, im Falle fehlender Einigung der beteiligten Vereinigungen **zu einem verbindlichen Schlichtungsspruch (Einigungsvorschlag der Schlichtungsstelle) zu gelangen;** dessen Verbindlichkeit hängt nämlich vollständig vom Willen der beteiligten Parteien ab (§ 36 Abs. 4 S. 2). Der erhöhte Grad der rechtlichen Wirkung (unwiderlegliche Vermutung der Angemessenheit) besteht im Falle fehlender Einigung der Parteien demgemäß nur bei einem solchen Einigungsvorschlag der Schlichtungsstelle, dem die Parteien nicht innerhalb von sechs Wochen[120] nach Empfang schriftlich widersprochen haben (§ 36 Abs. 4 S. 2). Ein gewisses, allerdings stark abgeschwächtes Erzwingungselement ist aber auch in der gesetzlichen Lösung insofern erhalten geblieben, als ein Schlichtungsverfahren unter den Voraussetzungen des § 36 Abs. 3 S. 2 auch

---

[111] S. RA-Beschlussempfehlung UFITA Bd. 2002/II, 559 f., diese wiederum gestützt auf eine entsprechende Formulierungshilfe des BMJ, s. UFITA Bd. 2002/II, 542 (547).
[112] S. aber die verbleibenden Bestimmungen in § 36 Abs. 3 und 4; → Rn. 78 ff.
[113] → § 36a Rn. 1, 3 und 8.
[114] § 36 Abs. 3–8 RegE.
[115] § 36 Abs. 3 und 4 sowie § 36a.
[116] § 36 Abs. 6 bzw. 8 RegE.
[117] Sa *Zentek/Meinke* S. 52 f.
[118] S. jedoch nunmehr die Vorrangregelung in § 32 Abs. 4 und entsprechend in § 32a Abs. 4; dazu → § 32 Rn. 24 bzw. → § 32a Rn. 36 ff.
[119] Vgl. *Hucko* S. 16; Mestmäcker/Schulze/*Dördelmann* UrhG § 36 Rn. 9; *Schmidt* ZUM 2002, 781 (789).
[120] Bis zur Urhebervertragsrechtsform 2016 betrug die Frist drei Monate, vgl. Vorauflage.

auf das schriftliche Verlangen *nur einer* Partei stattfindet, dessen Durchführung sich die andere Partei[121] zunächst nicht entziehen kann (**obligatorisches Schlichtungsverfahren**). Dies gilt, obwohl die Partei (Vereinigung oder einzelner Werknutzer) dem Einigungsvorschlag als Ergebnis des Verfahrens letztendlich doch widersprechen und ihm damit seine unmittelbare Rechtswirkung entziehen kann.[122]

c) Schlichtungsverfahren und Einigungsvorschlag. Das gemäß § 36 Abs. 3 S. 2 auch gegen **34** den Willen einer Partei durchsetzbare und insoweit **obligatorische Schlichtungsverfahren** (→ Rn. 78 ff.) setzt voraus, dass das einseitige Durchführungsverlangen konstruktiv ist, nämlich einen Vorschlag über die Aufstellung Gemeinsamer Vergütungsregeln enthält.[123] Diese in § 36a Abs. 4 enthaltene Regelung fand kein unmittelbares Vorbild im RegE, wohl aber in § 36 Abs. 2 Professorenentwurf, wonach die Schiedsstelle nach dem WahrnG nur unter Vorlage des von der betreffenden Partei angestrebten Gesamtvertrages sollte angerufen werden können. Eine solche Regelung sollte und soll vermeiden, dass der angerufene Spruchkörper (im Gesetz die ad hoc zu bildende Schlichtungsstelle) ohne jede Grundlage und ohne genauere Informationen über die einschlägigen Vorstellungen und Wünsche der das Verfahren betreibenden Partei entscheiden müsste. Das unter dieser Voraussetzung obligatorisch durchzuführende Schlichtungsverfahren, dessen Ergebnis (Einigungsvorschlag) im Hinblick auf seine Rechtswirkung dennoch unter dem Vorbehalt widerspruchsloser Akzeptanz durch beide Parteien steht (§ 36 Abs. 4 S. 2), ist Teil des im Laufe des Gesetzgebungsverfahrens gefundenen politischen Kompromisses.[124]

Teil dieses Kompromisses ist auch die Vorstellung des Gesetzgebers, dass ein nach Durchführung **35** des Schlichtungsverfahrens vorgelegter begründeter Einigungsvorschlag selbst im Falle seiner Ablehnung Wirkungen entfalten kann.[125] In der Rechtsanwendung können nicht verbindliche Einigungsvorschläge als **Indiz zur Bestimmung der Angemessenheit der Vergütung**[126] herangezogen werden (→ § 32 Rn. 24).[127] Allerdings muss jeweils geprüft werden, ob die indizielle Wirkung im Einzelfall angemessen ist.[128] Bei der Bewertung solcher Einigungsvorschläge ist zu berücksichtigen, dass es sich um einmalige und ad hoc gebildete Spruchkörper ohne personelle Kontinuität handeln dürfte, die ggf. keine aufgrund langjähriger Erfahrung gesteigerte Sachkunde entwickeln konnten.[129]

Die Bedeutung, die der Gesetzgeber dieser von ihm erhofften **indirekten Wirkung nicht ange- 36 nommener Einigungsvorschläge** beimisst, ergibt sich nicht zuletzt aus der in der Begründung des Rechtsausschusses[130] getroffenen Feststellung, dass nach Inkrafttreten des Gesetzes sorgfältig zu beobachten sei, ob sich die Erwartungen erfüllen, die diesem Konzept der obligatorischen Schlichtung zugrunde liegen, und dass, sollte dies nicht der Fall sein, der Gesetzgeber erneut zum Handeln aufgerufen ist.[131] An dem **allgemeinen politischen Ziel**, für möglichst viele Branchen zu möglichst verbindlichen und durch Gerichte handhabbaren Maßstäben für Vergütungen der Urheber (und ausübenden Künstlern) zu gelangen, wird also auch insoweit festgehalten.

Das in der gesetzlichen Regelung allein als **Schlichtungsverfahren**[132] ausgestaltete **Verfahren zur 37 Lösung von Konflikten** der Parteien bei (gescheiterten oder von vornehrein nicht zustande gekommenen) Verhandlungen über die Aufstellung Gemeinsamer Vergütungsregeln[133] ist nunmehr **selbstständig geregelt**, wenn auch unter teilweiser Verweisung auf Vorschriften der ZPO (s. § 36a Abs. 3). Bestimmte Formulierungen, insbes. der Begriff des Einigungsvorschlags (§ 36 Abs. 4) verraten dennoch eine gewisse Anlehnung an Regelungsgedanken in §§ 92 ff. VGG.[134] Im Professorenentwurf demgegenüber war entsprechend der dort vorgesehenen Möglichkeit einer verbindlichen

---

[121] Auch Vereinigungen nicht, wie dies nach § 36 Abs. 4 RegE noch der Fall gewesen wäre; → Rn. 32; s. auch *Bayreuther* UFITA Bd. 2002/III, 678; *Haas* Rn. 256; *Zentek/Meinke* S. 93.

[122] Im Einzelnen → Rn. 86 ff.; zur Kritik an der schwachen Bindungswirkung des Schlichterspruchs → Rn. 91.

[123] Zu den Anforderungen an diesen Vorschlag → § 36a Rn. 22.

[124] S. auch *Mestmäcker/Schulze/Dördelmann* UrhG § 36 Rn. 9.

[125] So ausdrücklich Begr. der RA-Beschlussempfehlung S. 20.

[126] Scil. gemäß § 32 Abs. 1 und 2.

[127] BGH GRUR 2016, 62 Rn. 21 – GVR-Tageszeitungen I; ebenso *Loewenheim/v. Becker* § 29 Rn. 99; *Erdmann* GRUR 2002, 923 (926 f.) unter Hinweis auf die Berücksichtigung eines von der Schiedsstelle ausgesprochenen Einigungsvorschlags der Schiedsstelle nach dem WahrnG durch den BGH im Fall „Gesamtvertrag privater Rundfunk", BGH GRUR 2001, 1139 (1142); *Schricker* GRUR-Int 2002, 797 (805) „eine gewisse Ausstrahlungswirkung als Wertungsfaktor"; *Dreier/Schulze/Schulze* UrhG § 36 Rn. 2 und 34; *Zentek/Meinke* S. 54; ablehnend *C. Berger* Rn. 242; Berger/Wündisch/*Berger* § 2 Rn. 216 f.; *Ory* AfP 2002, 93 (96, 99); *Ory* ZUM 2006, 914 (916): „indirekte Indizwirkung".

[128] Vgl. BGH GRUR 2011, 808 – Schlichtungsverfahren zur Aufstellung Gemeinsamer Vergütungsregeln: Danach entfaltet eine Gemeinsame Vergütungsregel, die in einem Schlichtungsverfahren von hierzu nicht berechtigten Parteien aufgestellt wird, in einem Rechtsstreit über eine angemessene Vergütung weder eine Bindungs- noch eine Indizwirkung.

[129] *Tolkmitt* FS Bornkamm, 2014, 991 (1005).

[130] RA-Beschlussempfehlung, BT-Drs. 14/8058, 20.

[131] S. auch *Mestmäcker/Schulze/Dördelmann* UrhG § 36 Rn. 29; *Dreier/Schulze/Schulze* UrhG § 36 Rn. 2. Ausführlich zu den mittlerweile im RefE Urhebervertragsrecht konkretisierten Änderungsvorschlägen bzgl. der §§ 36 ff. UrhG → UrhG Vor §§ 31 ff. Rn. 14a.

[132] Wegen vergleichbarer Fälle s. *Flechsig/Hendricks* ZUM 2002, 423.

[133] § 36 Abs. 3 und 4 sowie § 36a.

[134] Etwa § 105 VGG (früher § 14a WahrnG).

Entscheidung des Konflikts noch das aus dieser Sicht sich anbietende Verfahren nach §§ 14 ff. des früheren Urheberrechtswahrnehmungsgesetzes (WahrnG) als Regellösung vorgesehen, obwohl alternativ auch der Weg über eine Schiedsvereinbarung nach § 1029 ZPO in Frage kommen sollte (§ 36 Abs. 2 ProfE). Dementsprechend wurde für die Einzelheiten des Verfahrens in § 36 Abs. 6 Professorenentwurf nicht nur auf eine Reihe von Vorschriften in den §§ 14 ff. WahrnG verwiesen, sondern es wurden auch Regelungsvorbilder des früheren WahrnG in abgewandelter Form übernommen.[135]

38   Demgegenüber war die in § 36 Abs. 3–6 RegE vorgeschlagene Regelung – insoweit noch in Übereinstimmung mit dem Professorenentwurf – von der Möglichkeit einer verbindlichen Entscheidung in einem Schiedsverfahren in Anlehnung an §§ 1025 ff. ZPO (bzw. in einem daran anschließenden Gerichtsverfahren) ausgegangen; alternativ war dabei – wenn sich die Parteien darauf geeinigt hätten – aber ebenfalls die Möglichkeit der Festsetzung von Vergütungsregeln durch die **Schiedsstelle nach dem WahrnG** vorgesehen (§ 36 Abs. 3 RegE). Dementsprechend wurde in § 36 Abs. 7 und 8 RegE teils in Anlehnung an Formulierungen des WahrnG, teils unter Verweisung auf eine Reihe seiner Vorschriften die notwendige Detailregelung getroffen. Dass die nunmehr vorgesehene gesetzliche Regelung[136] dagegen von einer **in jedem Einzelfall ad hoc zu bildenden Schlichtungsstelle** ausgeht[137] und demgemäß auf die Vorteile einer institutionalisierten Lösung ganz verzichtet, ist freilich zu bedauern. Die große Erfahrung der Schiedsstelle nach dem VGG mit der Lösung von Urheberrechtsstreitigkeiten, insbes. von Vergütungsstreitigkeiten, hätte auch bei einem zum Schlichtungsverfahren abgeschwächten Lösungsweg Berücksichtigung verdient.[138] Dies hätte im Sinne des Grundanliegens des Stärkungsgesetzes zu einer verbesserten Gesamtposition der Kreativen auch in ihrer verbandlich organisierten Form erheblich beitragen können, da bekanntlich Ungleichgewichte insbes. in der Finanzausstattung gerade auch auf der Verbandsebene bestehen. Die durch das Gesetz zur Regelung des Urheberrechts in der Informationsgesellschaft vom 10.9.2003 erfolgte Verbesserung der Kostenregelung in § 36a Abs. 6[139] ist nur ein erster, wenn auch wichtiger Schritt in diese Richtung.

39   **d) Anforderungen an Vereinigungen.** Ein Anklang an die gesetzliche Voraussetzung, dass die betroffenen Vereinigungen gemäß § 36 Abs. 2 repräsentativ, unabhängig und zur Aufstellung Gemeinsamer Vergütungsregeln ermächtigt sein müssen (→ Rn. 52 ff.), findet sich bezüglich des **Ermächtigungserfordernisses** bereits in § 36 Abs. 1 S. 1 Professorenentwurf, ergänzt durch § 36 Abs. 3 ProfE; danach sollte für Vereinigungen von Werknutzern, die von Urheberverbänden in das Schiedsverfahren hineingezogen wurden, jederzeit, auch noch im Verfahren vor der Schiedsstelle, die Erklärung fehlender Ermächtigung möglich sein. Die noch weitergehende Vorschrift in § 36 Abs. 4 RegE, die es Vereinigungen von Urhebern wie von Werknutzern jederzeit erlauben sollte zu erklären, dass sie zur Aufstellung der betreffenden Vergütungsregeln nicht bereit seien, ist dagegen nicht übernommen worden. Dies lässt die Frage entstehen, wann bzw. wie lange und mit wem gegenüber das Fehlen des Ermächtigungserfordernisses oder der beiden anderen Erfordernisse gemäß § 36 Abs. 2 (Repräsentativität und Unabhängigkeit) geltend gemacht bzw. von wem sie geprüft werden können oder müssen (→ Rn. 61 f.). Das Fehlen einer Regelung entsprechend § 36 Abs. 4 RegE (jederzeitige Möglichkeit der Erklärung der Nichtbereitschaft) im nunmehr geltenden Recht ist jedoch auch vor dem Hintergrund der deutlichen Verminderung der Chance, zu verbindlichen Vergütungsregeln zu kommen, zu sehen (→ Rn. 33). Die nunmehr für alle in Frage kommenden Parteien vorgesehene Möglichkeit, einem Einigungsvorschlag der Schlichtungsstelle gemäß § 36 Abs. 4 S. 2 schriftlich zu widersprechen, ließ eine zusätzliche Sicherung wie in § 36 Abs. 4 RegE, der noch das Ziel der Erreichung verbindlicher Schiedsstellen- bzw. Gerichtsentscheidungen verfolgt hatte, entbehrlich erscheinen.

40   Die Voraussetzungen für das wirksame **schriftliche Verlangen nur einer Partei,** ein Verfahren zur Aufstellung Gemeinsamer Vergütungsregeln vor der Schlichtungsstelle nach § 36a durchzuführen, sind in § 36 Abs. 3 S. 2 unverändert aus der entsprechenden Regelung in § 36 Abs. 3 RegE (dort jedoch für ein Schiedsverfahren nach näherer Maßgabe der ZPO) übernommen worden: fehlender Beginn von Verhandlungen binnen drei Monaten oder ergebnislose Verhandlungen nach einem Jahr oder Erklärung des endgültigen Scheitern der Verhandlungen durch eine Partei (→ Rn. 81 ff.). In § 36 Abs. 2 Professorenentwurf waren diese Voraussetzungen (dort wiederum für die Durchführung eines Schiedsverfahrens nach § 14 WahrnG) bereits in ähnlicher Weise, nämlich ergebnisloses Verhandeln nach einem Jahr oder Weigerung einer Partei zur Aufnahme von Verhandlungen, formuliert worden.

41   **e) Verhältnis zu Tarifverträgen.** Auch das **Verhältnis Gemeinsamer Vergütungsregeln nach § 36 zu Tarifverträgen** über Urhebervergütungen (→ Rn. 71 ff.), insbes. solchen nach § 12a TVG,[140] ist in den jeweiligen Entwicklungsstadien der Regelung in teilweise unterschiedlicher Weise

---

[135] S. § 36 Abs. 3 und 4 Professorenentwurf einerseits und 14a WahrnG sowie § 1 Abs. 3 Urheberrechtsschiedsstellenverordnung v. 20.12.1985 andererseits (heute §§ 102 ff. VGG).

[136] § 36 Abs. 3 iVm § 36a Abs. 1.

[137] → § 36a Rn. 12 sowie *C. Berger* Rn. 200; Berger/Wündisch/*Berger* § 2 Rn. 173; Mestmäcker/Schulze/*Dördelmann* UrhG § 36a Rn. 3 und 5; Dreier/Schulze/*Schulze* UrhG § 36a Rn. 2.

[138] Ähnlich Mestmäcker/Schulze/*Dördelmann* UrhG § 36a Rn. 11.

[139] → § 36a Rn. 2 und 27.

[140] → Rn. 8 ff., insbes. die Hinweise auf bestehende Vergütungstarifverträge → Rn. 9.

bestimmt worden. Gemäß § 36 Abs. 1 S. 3 Professorenentwurf sollte § 12a TVG unberührt bleiben, es sollte also – trotz der inneren Verwandtschaft der im Professorenentwurf noch vorgeschlagenen tarifvertragsähnlichen Gesamtverträge mit Tarifverträgen[141] – bei vorbestehenden Tarifverträgen für arbeitnehmerähnliche Kreative nach § 12a TVG (von Tarifverträgen für echte Arbeitnehmerurheber war hier nicht die Rede) nicht nach dem Grundsatz der lex posterior, sondern allgemein nach dem Grundsatz des Vorrangs von Tarifverträgen vor Gesamtverträgen verfahren werden, naturgemäß nur, soweit es sich bei den Urhebern (oder ausübenden Künstlern) um tarifgebundene Personen handeln würde.[142]

Nach dem Wechsel zum System der gemeinsamen Aufstellung von Vergütungsregeln im RegE wie **42** in der gesetzlichen Regelung selber (→ Rn. 13 ff.) war das Verhältnis der Vor- oder Nachrangigkeit schon deswegen neu zu bestimmen, weil die **rechtlich-funktionale Wirkung sowie der betroffene Personenkreis bei Tarifverträgen einerseits und Gemeinsamen Vergütungsregeln andererseits nunmehr gänzlich unterschiedlich sind.**[143] Dies wurde offenbar noch verkannt, als gemäß § 32 Abs. 1 S. 3 RegE Tarifverträge (ohne Beschränkung auf solche für Arbeitnehmer) und Gemeinsame Vergütungsregeln gleichbehandelt und für die darin jeweils festgelegten Vergütungen in gleicher Weise die Angemessenheit (bei Tarifverträgen für wen?) vermutet werden sollte.[144] Diese Regelung wurde im Rechtsausschuss zu Recht fallen gelassen und durch die Vorschrift in § 32 Abs. 4 ersetzt, dass der (einzelne) Urheber keinen Anspruch auf Vertragsänderung nach § 32 Abs. 1 S. 3 (also auch nicht nach dem Angemessenheitsmaßstab aufgrund Gemeinsamer Vergütungsregeln gemäß § 32 Abs. 2 S. 1) hat, soweit die Vergütung für die Nutzung seiner Werke tarifvertraglich bestimmt ist. Es gilt also im Rahmen des § 32 – insoweit in Übereinstimmung schon mit dem Professorenentwurf – ebenso wie beim „Fairnessausgleich" gemäß § 32a Abs. 4 der Vorrang von Tarifverträgen vor Gemeinsamen Vergütungsregeln.[145] Aus dem Vorrang des Tarifvertrags folgt allerdings kein Verbot zur Aufstellung Gemeinsamer Vergütungsregeln, auch das Einfordern eines Schlichtungsverfahrens bleibt möglich.[146]

Gemäß § 36 Abs. 1 S. 3 RegE sollten im Übrigen in **Tarifverträgen *für Arbeitnehmer*** enthaltene **43** Regelungen Gemeinsamen Vergütungsregeln vorgehen.[147] Angesichts der Bedeutung von Tarifverträgen für arbeitnehmerähnliche Urheber (und ausübende Künstler) nach § 12a TVG war die hier[148] vorgenommene Einschränkung auf Tarifverträge nur für Arbeitnehmer, die in der Begr. nicht näher erläutert wurde, wenig einsichtig. Dementsprechend ist diese Einschränkung, falls sie im RegE so überhaupt gewollt war,[149] in der gesetzlichen Regelung (§ 36 Abs. 1 S. 3) fallen gelassen worden: nach der Begr. des Rechtsausschusses[150] ist mit der Streichung des Zusatzes „für Arbeitnehmer" in § 36 Abs. 1 S. 3 die Klarstellung enthalten, dass *auch* Tarifverträge arbeitnehmerähnlicher Personen (nach § 12a TVG) Vorrang vor gemeinsamen Vergütungsregeln genießen.[151] Diese Klarstellung wird der Bedeutung und dem Stellenwert solcher Tarifverträge nach § 12a TVG gerecht, soll aber **Tarifverträge für „echte" Arbeitnehmerurheber naturgemäß nicht ausschließen.**[152] Der hier ebenso wie in § 32 Abs. 4[153] bestimmte Vorrang von Tarifverträgen vor gemeinsamen Vergütungsregeln gilt selbstverständlich nur, soweit ein Urheber (ausübender Künstler) durch den Tarifvertrag gebunden ist (→ Rn. 72 f.). Die ursprünglich im RegE vorgesehene (vermutlich so gar nicht gewollte) Einschränkung auf Tarifverträge nur für Arbeitnehmer weist aber darauf hin, dass die Auffassung, das gesamte System der Gemeinsamen Vergütungsregeln sei im Bereich angestellter Urheber und damit auf Tarifverträge für (echte) Arbeitnehmerurheber von vorneherein nicht anwendbar,[154] abzulehnen ist.[155]

f) Änderungen durch die Urhebervertragsrechtsreform 2016. § 36 ist durch Gesetz vom **43a** 20.12.2016 (BGBl. I S. 3037) marginal verändert worden. Der Gesetzgeber wollte das kollektive Verfahren zur Aufstellung von Gemeinsamen Vergütungsregeln straffen und stärken.[156] Im Vorfeld der Reform ist insbesondere von Urheberverbänden kritisiert worden, dass die Verfahren zur Aufstellung

---

[141] Ähnlich *Flechsig/Hendricks* ZUM 2002, 423 (425).
[142] Wegen nicht tarifgebundener Personen s. *Zentek/Meinke* S. 83.
[143] → Rn. 24 sowie *W. Nordemann*, Das neue UVR, § 32 Rn. 9.
[144] Bereits → Rn. 32 sowie → § 32 Rn. 25.
[145] → § 32a Rn. 36 ff.; *Hensche* Rn. 922; Dreyer/*Kotthoff*/Meckel UrhG § 32a Rn. 40 ff.; Dreier/Schulze/*Schulze* UrhG § 32a Rn. 58 ff.
[146] LG München I ZUM 2015, 823 (826); insoweit nicht angegriffen durch BGH GRUR 2017, 894 – Verhandlungspflicht; ebenso Dreier/Schulze/*Schulze* UrhG § 36 Rn. 14.
[147] S. auch Begr. des RegE UFITA Bd. 2002/II, 517.
[148] Genau umgekehrt wie im Professorenentwurf; → Rn. 42.
[149] Die Begr. der RA-Beschlussempfehlung UFITA Bd. 2002/II, 573 spricht von einer Klarstellung.
[150] RA-Beschlussempfehlung UFITA Bd. 2002/II, 573.
[151] Sa *Schlink/Poscher* S. 18: dadurch keine Beeinträchtigung der materiellen Tarifautonomie.
[152] → § 32 Rn. 4 und 23 ebenso *Bayreuther* UFITA Bd. 2002/III, 661; im Einzelnen → Rn. 71 ff.
[153] → § 32 Rn. 23.
[154] So aber *Loewenheim/v. Becker* § 29 Rn. 124; *C. Berger* Rn. 40 ff. insbes. 44 sowie Rn. 155; Berger/Wündisch/*Berger* Rn. 40 ff.
[155] → Rn. 71 sowie → § 32 Rn. 4.
[156] Begr. BT-Drs. 18/8625, 2.

von Gemeinsamen Vergütungsregeln zu lange dauern, der Anreiz zur Teilnahme zu schwach sei und den Regeln zu wenig Verbindlichkeit zukomme und von Seiten der Verwerter auch der Wille zur Befolgung zu schwach sei.[157] Insbesondere der sog. „Berliner Entwurf" der Initiative Urheberrecht (→ Vor §§ 31 ff. Rn. 14) wollte im Anschluss an Vorschläge aus den politischen Parteien in den Jahren 2012 und 2013 die Verbindlichkeit zur Teilnahme an Verhandlungen und auch die Verbindlichkeit von Entscheidungen, notfalls durch gerichtliche Feststellungen, in einer Weise stärken, die zu den ursprünglichen Vorschlägen des Professorenentwurfs (→ Rn. 34) zurückgekehrt wäre.[158] Die Vorschläge konnten sich im Gesetzgebungsverfahren jedoch nicht durchsetzen. Die Änderungen in § 36 sind marginal. § 36 Abs. 2 wurde um eine Vermutungsregel erweitert, die eine Vereinigung als zur Aufstellung Gemeinsamer Vergütungsregeln als ermächtigt ansieht, wenn sie einen „wesentlichen Teil" der jeweiligen Urheber oder Werknutzer vertritt,[159] wobei es den Mitgliedern vorbehalten bleibt, diese Vermutung durch einen entgegenstehenden Beschluss zu beseitigen. Leicht modifiziert wurde Abs. 4. Die Annahmefiktion von S. 2 wurde von drei Monaten auf sechs Wochen verkürzt. S. 1 nimmt darauf Rücksicht, dass der gleichfalls neu eingefügte § 36a Abs. 4a die Möglichkeit eröffnet, Parteien zur Beteiligung am Einigungsverfahren aufzufordern. Weitere Veränderungen betreffen das Verfahren vor der Schlichtungsstelle, also § 36a (s. dazu unten). Bedeutsamer ist die Einführung der §§ 36b und 36c, die eine kollektive Durchsetzung der Gemeinsamen Vergütungsregeln erlauben sollen (dazu unten bei §§ 36b, 36c).

43b   Nicht unerheblich ist die **Ausweitung der möglichen Inhalte gemeinsamer Vergütungsregeln**, die im Verfahren nach § 36 eine Rolle für die Angemessenheitsbetrachtung spielen können. Bereits der Kölner Entwurf hatte darauf hingewiesen, dass die Angemessenheit von Vergütungen nicht nur den Preis für Nutzungsmöglichkeiten, sondern auch die weiteren Bestimmungen der Nutzungsvereinbarung zu betrachten habe, insbesondere die Vergütung also auch davon abhänge, ob und welche Auskunftsrechte der Urheber hat, ob er sich aus der Bindung an einen Verwerter wieder lösen kann und inwiefern er Nutzungsrechte zurückrufen kann.[160] Der Ansatz des Kölner Entwurfs ging dahin, die Standardregeln des Urhebervertragsrechts urheberfreundlicher zu gestalten, hiervon aber branchenspezifische Abweichungen dadurch zuzulassen, dass die Parteien bei der Angemessenheit der gezahlten Vergütung auch weitere Gegenstände passgenauer bestimmten können. Eine höhere Vergütung könnte dann durch erleichterte Auskunftsmechanismen oder auch durch eine längere Vertragsbindung gerechtfertigt werden. Diesen Grundansatz hat das spätere Gesetz partiell übernommen, indem es in §§ 32d Abs. 3, 32e Abs. 3, 40a Abs. 4, 41 Abs. 4 klarstellt, dass Abweichungen von den jeweils dort geregelten Standards in Tarifverträgen, aber auch in Gemeinsamen Vergütungsregeln möglich sind.

II. Aufstellung Gemeinsamer Vergütungsregeln (Abs. 1, Abs. 2)

1. Zweck: Bestimmung der Angemessenheit von Vergütungen nach § 32 (Abs. 1)

44   Die wechselseitige Inbezugnahme von § 36 in § 32 Abs. 2 S. 1 einerseits und von § 32[161] in § 36 andererseits verdeutlicht die Funktion und rechtliche Wirkung der nach Maßgabe der §§ 36, 36a durch Verhandlungen oder Schlichtungsspruch (Einigungsvorschlag) aufgestellten gemeinsamen Vergütungsregeln. Sie sollen das in § 32 zugunsten von Kreativen (Urhebern und ausübenden Künstlern) auf der Grundlage zivilrechtlicher Ansprüche allgemein verankerte **gesetzliche Gebot zur Gewährung angemessener Vergütungen** für die Einräumung von Nutzungsrechten ausfüllen, konkretisieren und für die Rechtsanwendung handhabbar machen. Demgemäß gelten nach gemeinsamen Vergütungsregeln im Sinne der §§ 36, 36a ermittelte Vergütungen (→ § 32 Rn. 28) aufgrund der unwiderleglichen Vermutung nach § 32 Abs. 2 S. 1 als angemessen. Diese Rechtswirkung entsteht kraft Gesetzes und beruht nicht auf dem Parteiwillen der betreffenden Verhandlungspartner, die diese Rechtswirkung im Falle erfolgreich verlaufener Verhandlungen zwar intendieren, sie indes von ihnen kooperativ aufgestellten Gemeinsamen Vergütungsregeln ohne den gesetzlichen Befehl aber nicht beilegen können.[162] Folgerichtig ist in § 36 Abs. 1 S. 1 von der **Aufstellung, nicht aber der Vereinbarung** Gemeinsamer Vergütungsregeln durch Vereinigungen von Urhebern (kraft Verweisung in § 79 Abs. 2 S. 2 auch Vereinigungen von ausübenden Künstlern) einerseits und Vereinigungen von Werknutzern (bzw. kraft derselben Verweisung von Nutzern von Darbietungen ausübender Künstler) andererseits die Rede; nichts anderes gilt, wenn einzelne Werknutzer (Nutzer von Darbietungen) an der Aufstellung der Vergütungsregeln beteiligt waren (→ Rn. 18).

---

[157] Zur Diskussion *Katzenberger* in Obergfell (Hrsg.): Zehn Jahre reformiertes Urhebervertragsrecht (2012), S. 55; die Beiträge in Stern/Peifer/Hain (Hg.), Urhebervertragsrecht (2014); sowie *Peifer*, Urhebervertragsrecht in der Reform (2016), S. 11 ff. mwN.

[158] Zur Diskussion *Peifer*, Urhebervertragsrecht in der Reform (2016), S. 40 ff. mwN sowie *Pfennig* in Peifer, Urhebervertragsrecht in der Reform (2016), S. 148, 154 ff.

[159] Im RegE noch „den überwiegenden Teil", vgl. die Synopse in BT-Drs. 18/10637, 8.

[160] *Peifer*, Urhebervertragsrecht in der Reform (2016), S. 60.

[161] Scil. von § 32 Abs. 2 S. 1.

[162] Auch die Auslegung als bloße „Empfehlungen" an die Parteien, so *Haas* Rn. 222 und ihm folgend *Haupt/Flisak* KUR 2003, 41 f. geht an der Sache vorbei.

Sind derartige Gemeinsame Vergütungsregeln, sei es durch Verhandlungen, sei es durch einen bei- **45** derseits widerspruchslos hingenommenen Einigungsvorschlag (§ 36 Abs. 4 S. 2) einmal wirksam aufgestellt worden, so kann ihnen die Rechtswirkung nach § 32 Abs. 2 S. 1 durch einseitige Erklärung einer Partei nicht mehr genommen werden.[163] Die getroffene Feststellung der Angemessenheit gilt insbes. auch für sog. „**Außenseiter**", also Nichtmitglieder der die Vergütungsregeln aufstellenden Vereinigungen.[164] **In dieser Breitenwirkung liegt gerade ein wesentliches rechtspolitisches Ziel des Gesetzes zur Stärkung der vertraglichen Stellung von Urhebern und ausübenden Künstlern.** Verfahrensvorschriften für die Erstellung der Vergütungsregeln bestehen nicht,[165] doch ist Schriftform oder zumindest Textform praktisch unumgänglich.[166] Die zwingende Vermutungswirkung gilt nur für den Regelungsbereich der Vergütungsregeln; doch kann ihnen darüber hinaus Ausstrahlungswirkung als Wertungsfaktor zukommen (→ § 32 Rn. 28).

2. Aufstellung Gemeinsamer Vergütungsregeln als vom Gesetzgeber gewünschter, geförderter und geforderter Vorgang (keine bloße Parteivereinbarung, Abs. 1)

Dass der Gesetzgeber des StärkungsG entsprechend dem Grundanliegen zur Stärkung der vertragli- **46** chen Stellung der Kreativen das Zustandekommen Gemeinsamer Vergütungsregeln durchaus wünscht und fördern will, ergibt sich auch aus dem in Abs. 1 S. 1 verwendeten **normativen Indikativ** „stellen (...) auf" (→ Rn. 22). Dieses Anliegen wird dadurch verstärkt, dass der Mechanismus der §§ 36, 36a im Rahmen des „obligatorischen Schlichtungsverfahrens" (→ Rn. 78 ff.) darauf angelegt ist, im Fall seiner Ingangsetzung möglichst zu irgendeiner **ausformulierten Fassung gemeinsamer Vergütungsregeln** zu gelangen, selbst wenn diesen mangels widerspruchsloser Annahme durch beide Parteien nicht die Rechtswirkung nach § 32 Abs. 2 S. 1 zukommt. Eine **Indizwirkung** für die Bestimmung der Angemessenheit von Vergütungen können nämlich nach Auffassung des Gesetzgebers bei der Rechtsanwendung auch abgelehnte (nicht verbindliche) Einigungsvorschläge für Vergütungsregeln entfalten (→ Rn. 35 sowie → Rn. 92).[167]

Um soweit wie möglich zu dem rechtspolitischen Ziel der Etablierung allgemein anwendbarer Ver- **47** gütungsmaßstäbe zu gelangen, wäre eine **öffentliche Verlautbarung** ggf. sogar eine halbamtliche Veröffentlichung wirksam aufgestellter Gemeinsamer Vergütungsregeln etwa im Bundesanzeiger[168] oder zumindest in der Fachpresse oder auch bei einer zentralen Einsichtstelle angebracht.[169] Entsprechend der gesetzlich festgelegten Funktion der Vergütungsregeln als Auslegungshilfen für die allgemeine Rechtspraxis, die deren Bekanntgabe und öffentliche Zugänglichkeit voraussetzt, wäre die Vereinbarung der Geheimhaltung oder ein einseitig an die Bedingung ihrer Geheimhaltung erklärter Bindungsvorbehalt unbeachtlich. Jedenfalls bezüglich widerspruchslos angenommener Einigungsvorschläge der Schlichtungsstelle könnten die öffentliche Verlautbarung und das entsprechende Verfahren in der nach § 36a Abs. 8 vorgesehenen Rechtsverordnung,[170] ggf. auch bereits in einer Parteivereinbarung nach § 36a Abs. 7 als Teil einer Regelung über Einzelheiten des Schlichtungsverfahrens verankert werden.[171]

3. Die an der Aufstellung Gemeinsamer Vergütungsregeln beteiligten Parteien (Abs. 1)

Gemäß Abs. 1 S. 1 werden die Gemeinsamen Vergütungsregeln auf Seiten der Kreativen durch Ver- **48** einigungen von Urhebern sowie kraft Verweisung ua auf § 36 in § 79 Abs. 2 S. 2 durch Vereinigungen ausübender Künstler, auf Nutzerseite durch Vereinigungen von Werknutzern (bzw. kraft derselben Verweisung durch Vereinigungen von Nutzern künstlerischer Darbietungen) oder durch einzelne

---

[163] Wegen der Beendigung bzw. Ersetzung bestehender Vergütungsregeln → Rn. 67.

[164] → § 32 Rn. 24; ebenso *Bayreuther* UFITA Bd. 2002/III, 647 ff. mit Kritik S. 686; wie hier *Haas* Rn. 170; *Jacobs* NJW 2002, 1905 (1909); *Dreier/Schulze/Schulze* UrhG § 32 Rn. 36 und UrhG § 36 Rn. 16 unter Hinweis auf eine eingeschränkte Widerlegbarkeit der Angemessenheitsvermutung; *Zentek/Meinke* S. 54; einschränkend für den Fall unmittelbar für ihre Mitglieder verhandelnder Berufsverbände Wandtke/Bullinger/*Wandtke/Grunert/Hollenders* UrhG § 36 Rn. 25; ablehnend – keine zwingende Anwendung – *Ory* AfP 2002, 93 (96, 98 f.); *Erdmann* GRUR 2002, 922 (925 f.); ebenso Dreyer/*Kotthoff*/Meckel UrhG § 32 Rn. 23, jedoch für Bedeutung im Sinne einer vorsichtig zu handhabenden Indizwirkung.

[165] Dreyer/*Kotthoff*/Meckel UrhG § 36 Rn. 9; *W. Nordemann*, Das neue UVR, § 36 Rn. 3.

[166] So *Haas* Rn. 229; Dreyer/*Kotthoff*/Meckel UrhG § 36 Rn. 9; wohl auch Fromm/Nordemann/*Czychowski* § 36 Rn. 5.

[167] So auch BGH GRUR 2016, 62 Rn. 21 – GVR-Tageszeitungen I.

[168] Vgl. wegen einer entsprechenden Regelung für Tarife von Verwertungsgesellschaften § 13 Abs. 2 WahrnG.

[169] So Mestmäcker/Schulze/*Dördelmann* UrhG § 36a Rn. 11; Dreier/Schulze/*Schulze* UrhG § 36a Rn. 2; ähnlich Dreyer/*Kotthoff*/Meckel UrhG § 36 Rn. 9; *W. Nordemann*, Das neue UVR, § 36 Rn. 16 und *Thüsing* Neue Formen S. 211; *Hertin* MMR 2003, 16 f. unter Berufung auf den „Normcharakter" der Vergütungsregeln; aA – keine Notwendigkeit, zur Informierung der interessierten Öffentlichkeit im eigenen Interesse der Parteien – *Haas* Rn. 230. Vgl. auch den Vorschlag in § 36 Abs. 1 S. 4 Kölner Entwurf, bei *Peifer*, Urhebervertragsrecht in der Reform (2016), S. 55 mit Erläuterung S. 72.

[170] Ebenso *C. Berger* Rn. 197 und Berger/Wündisch/*Berger* § 2 Rn. 170.

[171] → § 36a Rn. 17 und 18.

Werknutzer (bzw. einzelne Nutzer von Darbietungen) aufgestellt.[172] Der bewusst rechtsformenneutral gewählte **Begriff der Vereinigung lässt unterschiedliche Rechts- und Organisationsformen** zu, insbes. Vereine und Gesellschaften (auch solche Bürgerlichen Rechts), Berufsverbände, Gewerkschaften,[173] soweit diese die Voraussetzungen nach Abs. 2 (Repräsentativität, Unabhängigkeit und Ermächtigung) erfüllen (→ Rn. 52 ff.). Eine mitgliedschaftliche Organisationsform ist aber vorausgesetzt, so dass etwa die gemeinsame Beauftragung eines Rechtsanwalts ausscheidet.[174] Verwertungsgesellschaften zählen jedoch nicht dazu (→ Rn. 57). Streitig ist, ob es sich bei Vereinigungen nach § 36 um Koalitionen gemäß Art. 9 Abs. 3 GG handelt.[175] Auch ausländische Werknutzer können in Frage kommen, aber nur für Nutzungen im Inland.[176] Ihre im Ausland erlangte Rechts- und Parteifähigkeit ist dann anzuerkennen, wenn sie sie in einem Mitgliedsstaat der Europäischen Union erlangt hat.[177] Zweifelhaft ist, ob auch **ausländische Gemeinsame Vergütungsregeln,** wie etwa die Vereinbarungen der amerikanischen Guilds,[178] für die Auswertung in Deutschland eine unwiderlegliche Angemessenheitsvermutung iSv § 32 Abs. 2 S. 1 begründen können;[179] hier wäre zumindest zu fordern, dass sie den Anforderungen nach § 36 Abs. 2 gerade für die Auswertung in Deutschland entsprechen und dass sie ihre Anwendung als Gemeinsame Vergütungsregeln gerade *auch* für die Auswertung in Deutschland intendieren. Sind diese Voraussetzungen nicht gegeben, so können sie allenfalls als Beweismittel für die Üblichkeit und Redlichkeit von Vergütungen im Rahmen von § 32 Abs. 2 S. 2 dienen.

49 Gemäß dem Grundanliegen der Neuregelung zum Urhebervertragsrecht, die kollektive Verhandlungsmacht der Kreativen zu stärken und dabei allgemein anwendbare Maßstäbe für angemessene Vergütungen zu erreichen, wäre es nicht sinnvoll gewesen, auf Seiten der Kreativen **einzelnen Urhebern** (ausübenden Künstlern) als solchen die gesetzliche Befugnis zur Aufstellung allgemein anwendbarer Gemeinsamer Vergütungsregeln mit der Verwerterseite zu verleihen; sie können nur für sich selbst verhandeln.[180] Doch können einzelne Urheber und ausübende Künstler an Verhandlungen nach § 36 als Verhandlungsführer oder Vertreter der betroffenen Vereinigungen beteiligt sein.

50 Sinnvoll und notwendig erschien die Öffnung des Weges zur Aufstellung gemeinsamer Vergütungsregeln für **einzelne Werknutzer oder einzelne Nutzer von Darbietungen,** da sie oft als Medienveranstalter abhängig von ihrer Größe und Bedeutung uU eine große Zahl von Werken und Darbietungen zahlreicher Kreativer unter gleichförmigen Gegebenheiten nutzen.[181] Außerdem kann es für die Vereinigungen der Kreativen angesichts der unterschiedlichen Gegebenheiten in unterschiedlichen Branchen mit unterschiedlichem Organisationsgrad der Verwerterseite einfacher, ggf. sogar die einzige Möglichkeit sein, zu Verhandlungsergebnissen iSd Aufstellung Gemeinsamer Vergütungsregeln zu gelangen, wenn sie mit einzelnen Werknutzer (Nutzer von Darbietungen) verhandeln.[182] Dieser kann sich überdies nicht mit dem Argument fehlender Repräsentativität, Unabhängigkeit oder Ermächtigung den Verhandlungen entziehen.[183] Tatsächlich würden mit einzelnen Werknutzern aufgestellte Gemeinsame Vergütungsregeln dabei helfen, auf Struktur und Größe der Verwerter gemäß § 36 Abs. 1 S. 2 passgenau einzugehen. Werknutzer iSv § 36 Abs. 1 kann auch sein, wer nicht Vertragspartner des Urhebers ist, aber unmittelbar bestimmenden Einfluss auf die zwischen dem Urheber und seinen primären Vertragspartner geschlossenen Vereinbarungen hat. Rundfunkanstalten sind im Bereich der Eigenproduktionen als Werknutzer anzusehen, nicht jedoch im Bereich der Lizenz- und Koproduktion.[184] Bei der Auftragsproduktion ist danach zu differenzieren, in welchem Maße der Auftraggeber Einfluss auf die Produktion nimmt. Selbst bei einer 100%-Finanzierung ist die Eigen-

---

[172] Wegen der zusätzlichen Verweisungen betreffend Verfasser wissenschaftlicher Ausgaben und Lichtbildner → Rn. 1.

[173] S. *C. Berger* Rn. 171 f.; Berger/Wündisch/*Berger* § 2 Rn. 143 f.; *Flechsig/Hendricks* ZUM 2002, 423 (424 f.); Dreier/Schulze/*Schulze* UrhG § 36 Rn. 7; Fromm/Nordemann/*Czychowski* § 36 Rn. 5; Wandtke/Bullinger/*Wandtke/Grunert/Hollenders* UrhG § 36 Rn. 13 und 15 mit zahlreichen konkreten Beispielen.

[174] So *C. Berger* Rn. 171 und Berger/Wündisch/*Berger* § 2 Rn. 144.

[175] Hierzu *Grabig* Teil II 2. bb.

[176] AA offenbar *Hilty/Peukert* GRUR-Int 2002, 643 (663, 664, dort These 10).

[177] Berger/Wündisch/*Berger* Rn. 144 unter Berufung auf EuGH NJW 2002, 3614 – Überseering.

[178] S. im Einzelnen *N. Reber* Die Beteiligung von Urhebern S. 308 ff.; *N. Reber* GRUR-Int 2006, 9 (15 f.) sowie *v. Hartlieb/Schwarz/U. Reber* Kap. 53 Rn. 25.

[179] So *v. Hartlieb/Schwarz/U. Reber* Kap. 53. Rn. 5 und 13.

[180] Im Ergebnis ebenso Wandtke/Bullinger/*Wandtke/Grunert/Hollenders* UrhG § 36 Rn. 17; *C. Berger* Rn. 166 unter Hinweis auf die dann weiterhin bestehende strukturelle Unterlegenheit des Einzelurhebers; Berger/Wündisch/*Berger* Rn. 138; *Flechsig/Hendricks* ZUM 2002, 423 f.; vgl. OLG München GRUR-RR 2011, 441 – Schlichtungsstellenbesetzung.

[181] Ähnlich Wandtke/Bullinger/*Wandtke/Grunert/Hollenders* UrhG § 36 Rn. 17; *C. Berger* Rn. 170: aus praktischen Gründen nur größere Verwerterunternehmen; Berger/Wündisch/*Berger* § 2 Rn. 138.

[182] Vgl. OLG München ZUM-RD 2018, 208; *Reber* GRUR 2013, 1106 f.

[183] Arg. aus § 36 Abs. 2; s. auch *C. Berger* Rn. 222; *Flechsig/Hendricks* ZUM 2002, 423 f.; nicht gefolgt werden kann *Bayreuther* UFITA Bd. 2002/III, 680 ff. und 687, der verbandsangehörige Verwerter im Falle bestehender mit dem Verband abgeschlossener Vergütungsregeln vor separater Inanspruchnahme schützen will; ebenso Dreyer/*Kotthoff*/Meckel UrhG § 36 Rn. 22; *Ory* AfP 2002, 93 (102); das widerspräche aber der Zulässigkeit des Nebeneinanderbestehens konkurrierender Vergütungsregeln; → Rn. 70.

[184] LG München I ZUM 2015, 823 (826 f.), insoweit nicht aufgehoben durch BGH GRUR 2017, 894 – Verhandlungspflicht.

schaft als Werknutzer erst gegeben, wenn der als Werknutzer geltende Unternehmer die Vertragsbedingungen mit dem Urheber wesentlich bestimmt (vgl. § 32e Abs. 1 Nr. 1).[185]

Angesichts der bisherigen Erfahrungen mit dem neuen Recht und der dabei zu Tage getretenen **51** Schwierigkeiten bei der Erreichung des Ziels Gemeinsamer Vergütungsregeln in Verhandlungen mit Nutzervereinigungen (→ Rn. 93 ff.) mag der Weg über **Verhandlungen mit einzelnen Werknutzern** (Nutzern von Darbietungen) möglicherweise als erfolgversprechender erscheinen. Das zeigen die zahlreichen Vergütungsregeln, die im Sendebereich mittlerweile entstanden sind (→ Rn. 100). Die mit einzelnen Werknutzer aufgestellten Gemeinsamen Vergütungsregeln sind in ihrer Anwendung auch keineswegs auf das betroffene Nutzerunternehmen beschränkt,[186] sofern die Vergütungsregel den typisierten Bereich erfasst, in dem es im Nutzungsvertrag geht.[187] Dies gilt im Hinblick darauf, dass auch dem Einzelnutzer die Möglichkeit zu Gebote steht, sich Verhandlungen oder deren erfolgreichem Abschluss zu verweigern[188] oder einem Einigungsvorschlag der Schlichtungsstelle im Ergebnis eines Schlichtungsverfahrens,[189] das er als solches nicht verhindern kann, zu widersprechen. Der einzelne Werknutzer kann Verhandlungen allerdings nicht mit der Begründung verweigern, dass er einer Vereinigung von Werknutzern angehört, die zur Aufstellung gemeinsamer Vergütungsregeln ermächtigt ist. Ein negatives Tatbestandsmerkmal, dass Verhandlungen nicht mit einer solchen Vereinigung geführt werden können, setzt § 32 Abs. 3 S. 2 nicht voraus.[190] Es besteht keine Subsidiarität von Verhandlungen mit einzelnen Werknutzern gegenüber Verhandlungen mit Vereinigungen von Werknutzern.[191] Angesichts der normalerweise relativ überschaubaren Verhältnisse bei einem Einzelunternehmen wird aber die vom Gesetzgeber erwartete Indizwirkung nicht angenommener Einigungsvorschläge bei vergleichbaren Verhältnissen in anderen Unternehmen auch hier zur Geltung kommen (→ Rn. 35).

4. Gesetzliche Anforderungen an zur Aufstellung Gemeinsamer Vergütungsregeln befugte Vereinigungen (Abs. 2)

Vereinigungen, die nach Abs. 1 in wirksamer Weise Gemeinsame Vergütungsregeln mit ihren Verhandlungspartnern aufstellen wollen und im Sinne der Erwartungshaltung des Gesetzgebers auch entsprechend initiativ werden sollen, müssen gemäß Abs. 2 **repräsentativ, unabhängig und zur Aufstellung ermächtigt** sein,[192] und zwar zum Zeitpunkt der Aufstellung der Vergütungsregeln.[193] Durch das Erfordernis **Repräsentativität**[194] soll angesichts der rechtlichen Wirkung, die erfolgreich aufgestellten Vergütungsregeln gemäß § 32 Abs. 2 S. 1 für die allgemeine Rechtspraxis zukommt (unwiderlegliche Vermutung der Angemessenheit der darin enthaltenen Vergütungen), verhindert werden, dass unbedeutende Gruppierungen gutgläubig oder in manipulativer Absicht, ggf. im Zusammenspiel mit willigen Verhandlungspartnern auf der Gegenseite,[195] zur Aufstellung untauglicher oder unangemessener Vergütungsregeln gelangen.[196] Das Erfordernis soll also Missbräuche verhindern. Vielfach geht es allerdings darum, dass die Vereinigung verlässlich für die Besonderheiten in der Branchen sprechen kann.[197] Die 2016 eingefügte Vermutung in Abs. 2 S. 2 hat keine Bedeutung für die Repräsentativität einer Vereinigung, sondern nur für die Frage, ob die Vereinigung auch als ermächtigt angesehen werden kann, Vergütungsregeln mit aufzustellen.[198]

Repräsentativität ist nach einem gemischt qualitativen und quantitativen Maßstab zu messen.[199] **53** Dabei ist ua nach der Zahl der angeschlossenen Mitglieder im Verhältnis zu der Gesamtzahl der auf dem betreffenden Verwertungsgebiet[200] tätigen Personen oder Unternehmen, also zur näher zu bestimmenden Branche,[201] aber auch im Verhältnis zu anderen Gruppierungen auf dem gleichen Ver-

---

[185] LG München I ZUM 2015, 823 (827); vgl. auch LG München I ZUM 2012, 1000, wo der Auftraggeber als Werknutzer eingeordnet wurde. Zum Problem der Werknutzerstellung bei Sendeunternehmen als Auftraggebern: *Reber* ZUM 2018, 417.

[186] Bereits → Rn. 18.

[187] *Haas* Rn. 171; dagegen *D. Berger* ZUM 2003, 521 (528).

[188] Arg. aus § 36 Abs. 3 S. 2; ebenso BGH GRUR 2017, 894 Rn. 15 – Verhandlungspflicht.

[189] Abs. 3 und 4 sowie § 36a.

[190] OLG München GRUR-RR 2011, 441 f.; LG München I ZUM-RD 2013, 84 (86).

[191] LG München I ZUM-RD 2013, 84 (86).

[192] Bereits → Rn. 39.

[193] *Dreyer/Kotthoff*/Meckel UrhG § 36 Rn. 16.

[194] Grundsätzliche Zweifel an der Handhabbarkeit dieses Kriteriums bei *Thüsing* Neue Formen S. 191, 205 f.

[195] Beispiele bei *W. Nordemann*, Das neue UVR, UrhG § 32 Rn. 9.

[196] S. auch *Loewenheim/v. Becker* § 29 Rn. 84; *Homann*, Praxishandbuch Filmrecht, S. 106.

[197] BGH GRUR 2016, 1296 Rn. 23 – GVR Tageszeitungen III mit Übernahme einer Formulierung von Möhring/*Nicolini*/*Soppe* UrhG § 36 Rn. 31.

[198] Begr. BT-Drs. 18/8625, 27.

[199] Zust. BGH GRUR 2016, 1296 Rn. 23 – GVR-Tageszeitungen III. Vgl. *Hilty*/*Peukert* GRUR-Int 2002, 643 (663) „Gesamtschau"; ähnlich trotz grundsätzlicher Zweifel auch *Thüsing* Neue Formen S. 191, 206, im Vergleich mit dem Begriff der „representativité" des frz. Arbeitsrechts.

[200] Und zwar bezogen auf Deutschland; so *Haas* Rn. 225.

[201] So *C. Berger* Rn. 173; Berger/Wündisch/*Berger* § 2 Rn. 146; *Loewenheim/v. Becker* § 29 Rn. 85 f.; *W. Nordemann*, Das neue UVR, § 36 Rn. 7; *Zentek/Meinke* S. 92; für hohe Anforderungen *Ory* AfP 2002, 93 (102); sa *Flechsig/Hendricks* ZUM 2002, 423 (425).

wertungsgebiet und nach der geografischen Verteilung der Mitglieder zu fragen. Auch wohlorganisierte regionale Vereinigungen können repräsentativ sein,[202] insbes., aber nicht nur, wenn sie die einzige einschlägige Vereinigung darstellen.[203] Auch nach der Bedeutung entsprechender Aktivitäten der Vereinigung (ggf. auch ihrer Mitglieder) im gesellschaftlich-politischen Raum u. dgl. kann gefragt werden.[204] Das LG München I ging von der Repräsentativität des einzigen Berufsverbandes der Film- und Fernsehregisseure, in dem ca. 50 % der bundesweit Berufstätigen organisiert sind, aus.[205]

54   Zweifelhaft ist, ob die Tätigkeit einer Vereinigung **auf Dauer angelegt** sein muss;[206] jedenfalls in Bereichen, in denen es insbes. auf Verwerterseite noch keine repräsentativen oder zur Aufstellung von Vergütungsregeln ermächtigte Vereinigungen gibt, kann ad hoc gegründeten Vereinigungen nicht schon deswegen die Repräsentativität abgesprochen werden.[207]

55   Die Frage der Repräsentativität steht auch in Zusammenhang mit der Frage, ob auf ein und demselben Verwertungsgebiet mehrere Vereinigungen uU **konkurrierende und sich widersprechende Vergütungsregeln** aufstellen können. Auch wenn mehrere, sich in ihrer Mitgliederstruktur nicht deckende, sondern allenfalls überschneidende Vereinigungen auf beiden Seiten durchaus Repräsentativität erreichen können,[208] vermag dieses Erfordernis immerhin das **leichtfertige Auftreten unbedeutender Parallelvereinigungen** zu behindern (→ Rn. 52). Im Übrigen sollten bei mehreren einschlägigen Vergütungsregeln, deren Zustandekommen selten sein wird, aber nicht ausgeschlossen werden kann, im konkreten Einzelfall diejenigen Regeln zur Anwendung kommen, die dem betreffenden Kreativen nach den gesamten Umständen, auch unter Berücksichtigung der Mitgliederstruktur der betroffenen Vereinigungen, am ehesten zuzurechnen sind.[209]

56   **Unabhängigkeit** der Vereinigung nach Abs. 1 bedeutet wie im kollektiven Arbeitsrecht Gegnerfreiheit, also Unabhängigkeit von der jeweiligen Verhandlungsgegenseite.[210] Mitglieder, die ggf. in anderen beruflichen oder gewerblichen Zusammenhängen entgegengesetzte Interessen verfolgen oder zu vertreten haben (etwa ein einem Schriftstellerverband angehöriger, zugleich als Verleger oder Verlagsgeschäftsführer tätiger Schriftsteller), dürfen in der Vereinigung insoweit keinen bestimmenden Einfluss haben.[211] Auch insoweit ist in praktischer Hinsicht die **Unabhängigkeit der im Rahmen von § 36 bereits aktiv gewordenen Vereinigungen** offenbar nicht in Frage gestellt worden. Weitere Anforderungen an die Unabhängigkeit etwa iS organisatorischer Selbständigkeit gegenüber umfassenderen Trägerorganisationen (zB der Schriftstellerverband oder der Übersetzerverband im Rahmen der Dienstleistungsgewerkschaft Ver.di) sind nicht gerechtfertigt.[212] Auch öffentlich-rechtlich organisierte Verwerter können Vergütungsregeln vereinbaren. Allerdings muss ihre Freiheit von unmittelbaren staatlichen Bindungen gewährleistet sein, so dass beispielsweise Gebietskörperschaften ausscheiden.[213] Das vom Gesetzgeber durchaus gewünschte System der Aufstellung gemeinsamer Vergütungsregeln sollte durch zu anspruchsvolle organisatorische Anforderungen nicht konterkariert werden.

---

[202] Ebenso BGH GRUR 2016, 1296 Rn. 24 – GVR-Tageszeitungen III (anders aber die Vorinstanz OLG Brandenburg ZUM 2015, 253 jeweils für Vergütungsregeln eines westdeutschen Zeitungsverlegerverbandes); *C. Berger* Rn. 174; Berger/Wündisch/*Berger* § 2 Rn. 147; *Hensche* Rn. 920; zweifelnd aA *W. Nordemann*, Das neue UVR, § 36 Rn. 7: nur auf Bundesebene tätige Vereinigungen und ihm folgend Fromm/Nordemann/*Czychowski* UrhG § 36 Rn. 7.

[203] Dreier/Schulze/*Schulze* UrhG § 36 Rn. 18; sa *Loewenheim/v. Becker* § 29 Rn. 85, 86: „Größe, Erfahrung, Alter, Ansehen, wirtschaftliche Bedeutung und Organisationsdichte"; ähnlich *Hensche* Rn. 920; aA Fromm/Nordemann/*Czychowski* UrhG § 36 Rn. 7, der gerade hier ein Missbrauchspotential sieht.

[204] Für eine Orientierung an den Kriterien für klagebefugte Verbände nach § 13 Abs. 2 Nr. 2 UWG *W. Nordemann*, Das neue UVR, § 36 Rn. 7 mwN; ebenso *Hensche* Rn. 919; Dreyer/*Kotthoff*/Meckel UrhG § 36 Rn. 18; Dreier/Schulze/*Schulze* UrhG § 36 Rn. 18; vgl. auch *Erdmann* GRUR 2002, 923 (929); ähnlich – auch im Hinblick auf die Kriterien für klagebefugte Verbände in § 3 Abs. 1 S. 1 Nr. 2 UKlaG – doch eher zweifelnd Wandtke/Bullinger/*Wandtke/Grunert* UrhG § 36 Rn. 11.

[205] LG München I ZUM 2012, 1000 (1003).

[206] So Dreyer/*Kotthoff*/Meckel UrhG § 36 Rn. 18.

[207] Im Falle der Bildung entsprechend spezialisierter Vereinigungen – nach dem Beispiel der Initiative des Börsenvereins – letztlich ebenso Dreyer/*Kotthoff*/Meckel UrhG § 36 Rn. 21; die Dauer dieser spezialisierten Verlegervereinigungen steht aber zunächst nicht fest; auch → Rn. 96.

[208] Ebenso *C. Berger* Rn. 174; Berger/Wündisch/*Berger* § 2 Rn. 147; *Hensche* Rn. 920 und 930; *Thüsing* Neue Formen S. 191, 205 ff.

[209] → Rn. 70; s. auch *Erdmann* nach Diskussionsprotokoll *Meier-Ewert* GRUR 2002, 867 f.: Zuordnung der in Rede stehenden Schöpfung zu einer der überschneidenden Nutzervereinigungen; aA *Zentek*/*Meinke* S. 86: bei konkurrierenden Vergütungsregeln Wegfall von deren Verbindlichkeit.

[210] *C. Berger* Rn. 177; Berger/Wündisch/*Berger* § 2 Rn. 149 f.; *Loewenheim/v. Becker* § 29 Rn. 87; Fromm/Nordemann/*Czychowski* UrhG § 36 Rn. 9; *Hensche* Rn. 918; Dreyer/*Kotthoff*/Meckel UrhG § 36 Rn. 19; *W. Nordemann*, Das neue UVR, § 36 Rn. 8; *Ory* AfP 2002, 93 (101); *Ory* ZUM 2006, 914 f.; *Katzenberger* in Obergfell (Hrsg.): Zehn Jahre reformiertes Urhebervertragsrecht (2012), S. 55, 61; s. auch Dreier/Schulze/*Schulze* UrhG § 36 Rn. 21; *Haas* Rn. 226; stark zweifelnd *Thüsing* Neue Formen S. 191, 194; ähnlich Wandtke/Bullinger/*Wandtke/Grunert/Hollenders* UrhG § 36 Rn. 11; kritisch, aber zu stark arbeitsrechtlich orientiert und deswegen zu rigoros Gounalakis/*Heinze*/Dörr S. 199 f.

[211] Ähnlich Mestmäcker/Schulze/*Dördelmann* UrhG § 36 Rn. 17 bezüglich der Unabhängigkeit von einem kleinen, aber einflussreichen Teil der potentiell Vertretenen; Fromm/Nordemann/*Czychowski* UrhG § 36 Rn. 9; zu streng jedoch *Thüsing* Neue Formen S. 191, 194.

[212] Ebenso *Hensche* Rn. 918; *W. Nordemann*, Das neue UVR, § 36 Rn. 8.

[213] Berger/Wündisch/*Berger* § 2 Rn. 149.

Nicht geeignet als Vereinigungen gemäß Abs. 1 und 2 erscheinen aber **Verwertungsgesellschaf-** 57 **ten.**[214] Soweit sie neben Urhebern oder ausübenden Künstlern auch andere Personen (zB Verleger) als reguläre Mitglieder oder Wahrnehmungsberechtigte in sich vereinigen, fehlt es bereits an der geforderten Unabhängigkeit. Im Übrigen aber sind ihre Aufgaben, insbes. im Hinblick auf die Bestimmungen über die Aufstellung von Tarifen (§ 38 VGG) und den Abschluss von Gesamtverträgen (§ 35 VGG) im VGG in eigenständiger Weise geregelt, eine Kompetenz zu Verhandlungen nach §§ 36, 36a UrhG kommt ihnen grundsätzlich nicht zu.[215] Hingegen ist offen, ob Vereinigungen, die abgeleitete Urheberrechte – ggf. durchaus auch im Interesse der Urheber – vertreten (wie etwa der Verband der Bühnenverleger), als Urhebervereinigungen fungieren können; hierfür spricht jedenfalls, dass für die „Gegnerfreiheit" in diesem Sinne nur die „Gegnerfreiheit" in Bezug auf die jeweiligen Verhandlungen entscheidend sein kann.[216] Würde man dieser Ansicht folgen, dann wären die strukturell möglicherweise mit Vergütungsregeln vergleichbare Regelsammlung Verlage (Vertriebe)/Bühnen als solche zu werten.[217] Die Entscheidung ist eine Wertungsfrage. Jedenfalls wird solchen Regelungen eine indizielle Wirkung zukommen.[218]

Als dritte Voraussetzung müssen die Vereinigungen nach Abs. 1 auch zur **Aufstellung Gemein-** 58 **samer Vergütungsregeln ermächtigt sein.** Die Ermächtigung legitimiert die in § 32 Abs. 1 S. 2, Abs. 2 S. 1 geregelte Maßgeblichkeit der Gemeinsamen Vergütungsregel für den Einzelvertrag.[219] Sie betrifft nur das Innenverhältnis zu den Mitgliedern; eine irgendwie geartete behördliche Ermächtigung ist damit nicht gemeint.[220] Eine Ermächtigung zum Abschluss von Tarifverträgen ist nicht ausreichend.[221] Ausreichend ist aber, dass eine Mehrheit von Mitgliedern der Vereinigung diese bzw. ihre handelnden Organe zur Führung und zum Abschluss von entsprechenden Verhandlungen ermächtigt haben. Ad hoc (zum Beispiel in Mitgliederversammlungen oder veranlasst durch Rundbriefe) erklärte Ermächtigungen durch die einzelnen Mitglieder, die aus Beweisgründen jedoch schriftlich erfolgen oder jedenfalls im Versammlungsprotokoll dokumentiert sein sollten, genügen.[222] Am sichersten erscheint eine **ausdrückliche Verankerung der Ermächtigung** in der Satzung der betroffenen Vereinigung dahin, dass es sich gerade um Verhandlungen zur Aufstellung Gemeinsamer Vergütungsregeln im Rahmen von § 36 handeln soll und kann.[223] Dabei reicht eine Ermächtigung durch eine relevante Zahl von Mitgliedern aus; eine lückenlose Ermächtigung durch alle oder die übergroße Mehrheit der Mitglieder kann nicht verlangt werden, soweit dies nicht von der Satzung ausdrücklich gefordert ist.[224] Um zu verhindern, dass die Aufforderung zur Führung von Verhandlungen durch eine Vereinigung gegenüber einer anderen bereits deswegen leerläuft, weil unklar ist, ob die aufgeforderte Vereinigung zur Aufstellung von Vergütungsregeln ermächtigt ist,[225] ist 2016 eine Vermutung in § 36 Abs. 2 S. 2 eingefügt worden. Danach gilt eine Vereinigung, die einen „wesentlichen" Teil der jeweiligen Urheber oder Werknutzer vertritt, als ermächtigt, Vergütungsregeln aufzustellen. Der RegE hatte noch formuliert, dass die Vereinigung „den überwiegenden Teil der Urheber oder Werknutzer" vertreten muss.[226] Auf Vorschlag des Rechtsausschusses ist diese Formulierung nochmals geändert worden, um der Praxis mehr Spielraum bei der Bestimmung zu geben.[227] Die Vermutung kann dadurch beseitigt werden, dass die Mitglieder der Vereinigung einen ihr entgegenstehenden ausdrücklichen Beschluss fassen. Damit büßt die Bestimmung an Wirkungskraft ein, schont allerdings die negative Vereinigungsfreiheit der Beteiligten.

Eine zu Beginn bestehende Ermächtigung bleibt für die laufenden Verhandlungen über die Aufstel- 59 lung von Vergütungsregeln erhalten, weil anderenfalls im Falle nicht genehmer Entwicklungen manipulative Verhaltensweisen (Verhinderung des obligatorischen Schlichtungsverfahrens im Falle des Scheiterns der Verhandlungen) zu befürchten sind.[228] Dies gilt insbes. für den Fall, dass während oder

---

[214] Mestmäcker/Schulze/*Dördelmann* UrhG § 36 Rn. 18 und 23; Wandtke/Bullinger/*Wandtke/Grunert/Hollenders* UrhG § 36 Rn. 14; Fromm/Nordemann/*Czychowski* UrhG § 36 Rn. 8; Ory AfP 2002, 93 (101); aA für den Fall, dass sie nur Interessen von Kreativen vertreten, Dreier/Schulze/*Schulze* UrhG § 36 Rn. 26.

[215] Ebenso *C. Berger* Rn. 178; Berger/Wündisch/*Berger* § 2 Rn. 151; Wandtke/Bullinger/*Wandtke/Grunert/ Hollenders* UrhG § 36 Rn. 14.

[216] *Katzenberger* in Obergfell, Zehn Jahre reformiertes Urhebervertragsrecht, 2012, S. 55, 59 f.

[217] So. *Katzenberger* in Obergfell, Zehn Jahre reformiertes Urhebervertragsrecht, 2012, S. 55, 59 f.

[218] Dreier/Schulze/*Schulze* UrhG § 36 Rn. 22.

[219] Berger/Wündisch/*Berger* § 2 Rn. 151.

[220] S. *Homann* Praxishandbuch Filmrecht S. 107.

[221] Berger/Wündisch/*Berger* § 2 Rn. 152 f.

[222] *C. Berger* Rn. 181; *Loewenheim/v. Becker* § 29 Rn. 83; *W. Nordemann,* Das neue UVR, § 36 Rn. 9; Dreier/ Schulze/*Schulze* UrhG § 36 Rn. 23; enger – nur Ermächtigung durch Satzung – *Zentek/Meinke* S. 92; ähnlich Dreyer/*Kotthoff*/Meckel UrhG § 36 Rn. 20; Ory AfP 2002, 93 (101); wesentlich weitergehend demgegenüber *Hensche* Rn. 917: die bisher an den Tag gelegte Praxis eines Verbands ausreichend.

[223] Generell zu den Anforderungen an die Ermächtigung LG Frankfurt a. M. ZUM 2006, 948 f. mwN; vgl. auch OLG Brandenburg ZUM 2015, 253 (256): Ermächtigung durch Satzung oder Gesellschaftervertrag oder Mitgliederbeschluss.

[224] Ebenso *C. Berger* Rn. 182; Berger/Wündisch/*Berger* § 2 Rn. 151.

[225] Eine solche Blockade ist aufgetreten in KG ZUM 2005, 229 (230); LG Frankfurt a. M. ZUM 2006, 948 (949).

[226] Begr. RegE BT-Drs. 18/8625, 27.

[227] Begr. RA BT-Drs. 18/10637, 22.

[228] Ebenso *Hensche* Rn. 917; *W. Nordemann,* Das neue UVR, § 36 Rn. 9; aA *C. Berger* Rn. 183 sowie Berger/ Wündisch/*Berger* § 2 Rn. 156: Wegfall der Ermächtigung hat Außenwirkung.

nach erfolglos abgebrochenen Verhandlungen die vorher bestehende **Ermächtigung zurückgezogen** oder sonst beendet wird. Eine bloße Erklärung der ursprünglich ermächtigten Vereinigung, nicht mehr ermächtigt zu sein, ist demnach unbeachtlich mit der Folge, dass sich die Vereinigung dem obligatorischen Schlichtungsverfahren nach § 36 Abs. 3 und 4 und § 36a auf diese Weise nicht entziehen kann. Es verbleibt ihr die Möglichkeit, einem von der Schlichtungsstelle vorgelegten Einigungsvorschlag zu widersprechen (Abs. 4 S. 2). Es ist in solchen Fällen genau zu prüfen, wie weit die Indizwirkung einer – gescheiterten – Vergütungsregel reichen kann. Ein rein taktisches Verhalten, das nach Beginn von Verhandlungen auf die Verhinderung eines Schlichtungsverfahrens abzielt, sollte im Interesse der hinter der Regelung der §§ 36, 36a stehenden gesetzgeberischen Intentionen[229] weitgehend unbeachtlich sein.[230] Für den Fall, dass sich eigens für die Verhandlungen gegründete Vereinigungen gleich ganz auflösen und keine Vereinbarung zustande kommt, hilft dies freilich nicht weiter. In einem solchen Fall mag es weiterführen, einzelne große Werknutzer als Verhandlungspartner zu gewinnen.[231]

60   Das oben Gesagte sollte auch gelten, wenn trotz einschlägiger Verhandlungen über die Aufstellung Gemeinsamer Vergütungsregeln von einer beteiligten Vereinigung erklärt wird, dass „formelle" Verhandlungen iSv Abs. 1 nicht beabsichtigt seien oder gewesen seien oder dass sich das Verhandlungsmandat nur auf „freiwillige" Verhandlungen unter Ausschluss eines Mandats für eine Schlichtung erstreckt habe. Hier dürfte ein unbeachtliches **venire contra factum proprium** vorliegen. Das Schlichtungsverfahren findet nach Abs. 3 S. 2 auf schriftliches Verlangen auch nur einer Partei gerade dann statt (→ Rn. 78 ff.), wenn eine der dort genannten drei Voraussetzungen (insbesondere Scheitern der Verhandlungen) eingetreten ist. Daher ist ein Vorbehalt der anderen Partei unbeachtlich. Keine zu Verhandlungen aufgeforderte Partei hat eine Einigungs- oder Verhandlungspflicht,[232] wohl aber uU die Pflicht, ein Einigungsverfahren zu dulden. Dennoch ist jedenfalls Vereinigungen von Kreativen eine genaue Prüfung der Ernsthaftigkeit einer von der Gegenseite erklärten Bereitschaft zum Eintritt in Verhandlungen nach Abs. 1 zu empfehlen,[233] insbes. im Hinblick auf die Tatsache, dass der stets offen stehende alternative Weg der Verhandlung mit einzelnen Werknutzern das Problem der fehlenden Ermächtigung erst gar nicht entstehen lässt.

61   Die **Prüfung des Vorliegens der drei Voraussetzungen** nach Abs. 2 kann nicht durch die Schlichtungsstelle erfolgen, da diese auch wegen des fehlenden institutionellen Unterbaus nicht mit Aufgaben überfrachtet werden kann.[234] Daher überantwortet § 36b Abs. 3 Nr. 3a) seit 2016 die **Prüfung dieser Voraussetzungen dem nach § 1062 ZPO zuständigen Oberlandesgericht** im Zusammenhang mit dessen weiteren Kompetenzen nach § 36a Abs. 3 (Bestellung des Vorsitzenden, Entscheidung über die Zahl der Beisitzer der Schlichtungsstelle und einseitige Erzwingung des Verfahrens vor der Schlichtungsstelle). Der BGH[235] hatte bisher offen gelassen, ob das Oberlandesgericht im Rahmen des Verfahrens zur Bestellung eines Vorsitzenden der Schlichtungsstelle oder der Bestimmung der Anzahl der Beisitzenden nach § 36a Abs. 3 zu prüfen hat, ob das Schlichtungsverfahren zulässig ist und ob es sich dabei gegebenenfalls auf eine kursorische Prüfung auf offensichtliche Unzulässigkeit beschränken darf.[236] Diese Unklarheit hat die Urhebervertragsrechtsnovelle 2016 mit Wirkung zum 1.3.2017 beseitigt (vgl. für die früher umstrittene Frage → 5. Aufl. 2017, Rn. 61).

62   Die umfassende **Prüfung der Voraussetzungen nach Abs. 2**[237] kann überdies in einem **Zivilprozess** erfolgen, in dem die Angemessenheit einer nach einer Gemeinsamen Vergütungsregel ermittelten Vergütung nach Maßgabe von § 32 Abs. 2 S. 1 geltend gemacht wird, sowie insbesondere auch im Rahmen einer (negativen) Feststellungsklage, die auf die Feststellung der Zulässigkeit bzw. Unzulässigkeit eines Schlichtungsverfahrens gerichtet ist.[238] Die Prüfung in unterschiedlichen Zivilprozessen kann allerdings zu erheblicher Rechtsunsicherheit und zu Verzögerungen führen.[239] Vergütungsregeln, die unter Verstoß gegen die Voraussetzungen des § 36 Abs. 2 aufgestellt wurden, ermangeln der Rechtswirkung nach § 32 Abs. 2 S. 1 und können vom Gericht deshalb auch nicht iS einer unwiderleglichen Vermutung als Vergütungsmaßstab herangezogen werden. Ob derartige mangelhafte, aber ausformulierte Vergütungsregeln, die ohne Rücksicht auf diesen Verstoß in ansonsten erfolgreichen

---

[229] → Rn. 13 und 46 f.

[230] Ebenso Dreier/Schulze/*Schulze* UrhG § 36 Rn. 24.

[231] Vgl. die Verhandlungen zwischen Autoren und Übersetzer belletristischer Literatur und Verlegervereinigungen, → Rn. 94 ff.; hierzu KG ZUM 2005, 229 f.

[232] BGH GRUR 2017, 894 Rn. 15 – Verhandlungspflicht.

[233] Ähnlich *Ory* AfP 2002, 93 (101); *Ory* ZUM 2006, 914 (915 ff.).

[234] → § 36a Rn. 8; vgl. auch *Ory* AfP 2002, 93 (102); *Ory* ZUM 2006, 914.

[235] BGH GRUR 2011, 808 – Schlichtungsverfahren zur Aufstellung Gemeinsamer Vergütungsregeln; so auch OLG München GRUR-RR 2011, 441 (441 f.): s. auch *Spindler* ZUM 2012, 921 (923 f.), der sich für ein Anerkennungs- und Registrierungsverfahren von Urheber- und Werknutzervereinigungen ausspricht und eine Verfahrenskonzentration fordert.

[236] Für eine (kursorische) Prüfungsbefugnis sprach sich das OLG als untere Instanz aus, OLG München GRUR-RR 2011, 441 (442); ebenso OLG München ZUM 2016, 451 (452).

[237] Nicht aber die Nachprüfung der Vergütungsregeln auf Angemessenheit; → § 32 Rn. 24; aA Dreyer/*Kotthoff*/Meckel UrhG § 32 Rn. 18; differenzierend Berger/Wündisch/*Berger* § 2 Rn. 166: Überprüfbarkeit auch auf die evidente Nichtbeachtung allgemein anerkannter Bewertungsmaßstäbe.

[238] So die Verfahren LG München I ZUM 2015, 823 (825); 2012, 1000; s. dazu *Fette* ZUM 2013, 29.

[239] Kritisch auch *Spindler* ZUM 2012, 921 (923 f.).

Verhandlungen oder ggf. im Schlichtungsverfahren aufgestellt wurden, wenigstens die Indizwirkung entsprechend der gesetzgeberischen Erwartung (→ Rn. 35) entfalten können, muss der Beurteilung im Einzelfall überlassen bleiben. Zu berücksichtigen ist dabei auch, ob die Mängel unmittelbar Einfluss auf die Vergütungsregeln hatten, sowie inwieweit der vom Gericht festgestellte Mangel während der Verhandlungen oder ggf. während des Schlichtungsverfahrens ohne weiteres erkennbar gewesen wäre oder nur nach Klärung schwieriger Tatsachen- und Rechtsfragen hätte festgestellt werden können.

5. Gegenstand Gemeinsamer Vergütungsregeln

Gegenstand und Inhalt Gemeinsamer Vergütungsregeln nach § 36 Abs. 1 S. 1 ergeben sich 63 zwanglos aus ihrer rechtlichen Funktion zur Bestimmung der Angemessenheit von Vergütungen nach § 32 im Sinne von Mindestvergütungen.[240] Jede Form von Vergütung, die Urheber (bzw. kraft der Verweisung in § 79 Abs. 2 S. 2 auch ausübende Künstler) für die Einräumung eines Nutzungsrechts oder für eine Erlaubnis zur Werknutzung im Einzelfall vereinbaren können,[241] kann auch Gegenstand Gemeinsamer Vergütungsregeln sein, es sei denn die betreffende Vergütungsform eignet sich ausnahmsweise nicht zu einer Verallgemeinerung. Es besteht insgesamt eine **große Freiheit für die Regelung.**[242] **Beispiele geeigneter Vergütungsformen** sind insbes. alle Arten von Beteiligungsvergütungen (Prozentsätze oder Royalties), weil diese jedenfalls bei andauernden Nutzungen von Werken oder Darbietungen dem Gedanken der angemessenen Beteiligung der Kreativen am ehesten entsprechen.[243] Das schließt die Einbeziehung anderer Vergütungsmethoden wie etwa die Aufteilung in Auftrags- oder Grundvergütungen und Zusatz- oder Wiederholungsvergütungen wie ggf. auch Einmalvergütungen (Pauschalvergütungen) nicht aus.[244]

Gemeinsame Vergütungsregeln können auch einen **Vergütungsrahmen** vorsehen, innerhalb des- 64 sen Angemessenheit definiert ist.[245] Auch die Frage der weiteren angemessenen Beteiligung isV § 32a Abs. 1 kann gemäß § 32a Abs. 4 Gegenstand Gemeinsamer Vergütungsregeln sein.[246] Naturgemäß sind Vergütungsregeln wegen ihrer Bestimmung zur allgemeinen Anwendung abstrakt und müssen sich vom Einzelfall lösen;[247] sie dürfen auch nicht willkürlich ungleich behandeln, müssen – wo notwendig – aber auch differenzieren.[248]

Vergütungsregeln können nicht nur aus einfachen Tarifen isV bloßen Zahlentabellen beispielsweise 65 bezogen auf Auflagenziffern bei Buchverlagen bestehen, schon weil sie gemäß Abs. 1 S. 2 von Gesetzes wegen die **Umstände des jeweiligen Regelungsbereichs,** insbes. die Struktur und Größe der Verwerter berücksichtigen sollen.[249] Auch wenn die in § 36 Abs. 1 Professorenentwurf ursprünglich vorgeschlagene Regelung nicht aufgegriffen wurde, wonach Gesamtverträge über Mindestvergütungen und *andere Mindestbedingungen* von Verträgen über die Einräumung von Nutzungsrechten sollten abgeschlossen werden können, müssen die Vergütungsregeln doch derart in die jeweils einschlägigen **Umstände der Werknutzung** (Nutzung von Darbietungen) „eingebettet" werden, dass für die Anwendung nach § 32 deutlich wird, für welche konkreten Umstände die einzelne Vergütung ge-

---

[240] *C. Berger* Rn. 191; Berger/Wündisch/*Berger* § 2 Rn. 160 ff.

[241] Bereits → § 32 Rn. 5 ff.

[242] *Haas* Rn. 218; Dreyer/*Kotthoff*/Meckel UrhG § 36 Rn. 7; Wandtke/Bullinger/*Wandtke/Grunert/Hollenders* UrhG § 36 Rn. 6; zum Vorbild- bzw. Orientierungscharakter bereits bestehender Honorarempfehlungen mit detaillierten praktischen und Zahlenbeispielen, insbes. für den Bereich literarischer Übersetzer und von Grafik- und Foto-Designern *Zentek/Meinke* S. 87 ff. und mit weiteren Angaben S. 163 ff.; ähnlich *Flechsig/Hendricks* ZUM 2002, 423 (426); *Haupt/Flisak* KUR 2003, 41 (44 ff.); mit der Forderung, dass Vergütungsregeln einen repräsentativen Vergütungsquerschnitt enthalten sollen, der die übliche Vergütung über die ganze Bandbreite der Urheber regelt *Kasten* ZUM 2015, 479 (484); wegen ihrer möglichen Heranziehung als Branchenübung → § 32 Rn. 30.

[243] S. *Schricker* GRUR-Int 2002, 797 (806 f.); *Schricker* GRUR 2002, 737 ff.; → § 32 Rn. 32 ff.

[244] → § 32 Rn. 35 ff. zu den unterschiedlichen Vergütungsformen; s. auch *Haupt/Flisak* KUR 2003, 41 (47); Dreyer/*Kotthoff*/Meckel § 31 Rn. 39 ff. sowie zu Buy-Out-Verträgen § 32 Rn. 39; Dreier/Schulze/*Schulze* UrhG § 32 Rn. 54 ff. und UrhG § 36 Rn. 9; *Schricker* in Quellen des Urheberrechts S. 21 ff.; *Zentek/Meinke* S. 45; *Reber* GRUR-Int 2006, 9 f.; zum eher prekären Charakter von sog. Buy-Out-Verträgen auch im Verhältnis zum Beteiligungsprinzip → § 32 Rn. 33 ff.

[245] So RA-Beschlussempfehlung UFITA Bd. 2002/II, 569; s. auch *Erdmann* GRUR 2003, 923 (925); *Lindner* § 32 Anm. 4b; Dreier/Schulze/*Schulze* UrhG § 32 Rn. 30; Wandtke/Bullinger/*Wandtke/Grunert/Hollenders* UrhG § 36 Rn. 6; *Zentek/Meinke* S. 54 und S. 87; einschränkend *C. Berger* Rn. 71: Vergütungsrahmen entbindet weder Kläger noch Richter davon, die jeweils exakten Betrag zu benennen bzw. zu ermitteln.

[246] → § 32a Rn. 36 ff.; ebenso *C. Berger* Rn. 189; Berger/Wündisch/*Berger* § 2 Rn. 162; zweifelnd wegen Nichterwähnung des § 32a in § 36 *Zentek/Meinke* S. 84; dem ist jedoch die – insoweit durchaus ausreichende – ausdrückliche Verweisung auf § 36 in § 32a Abs. 4 entgegenzuhalten.

[247] S. *Loewenheim/v. Becker* § 29 Rn. 89 „Schaffung abstrakter Normen" sowie Dreier/Schulze/*Schulze* UrhG § 36 Rn. 11; wegen der uU möglichen Einbeziehung unbekannter Nutzungsarten Dreier/Schulze/*Schulze* UrhG § 32 Rn. 30; für die Anwendbarkeit von § 36 im Rahmen der Bestimmung einer angemessenen Vergütung für unbekannte Nutzungsarten s. *Klickermann* MMR 2007, 223.

[248] So *C. Berger* Rn. 192; Berger/Wündisch/*Berger* § 2 Rn. 165.

[249] Wegen des Charakters von Abs. 1 S. 2 als – sanktionslose – Sollvorschrift Dreier/Schulze/*Schulze* UrhG § 36 Rn. 13; Wandtke/Bullinger/*Wandtke/Grunert/Hollenders* UrhG § 36 Rn. 8; zweifelnd am Sinn von Abs. 1 S. 2 *W. Nordemann,* Das neue UVR, § 36 Rn. 4 und *Haas* Rn. 219; s. auch *C. Berger* Rn. 190: keine Nivellierung von Marktgegebenheiten; nach *Thüsing* Neue Formen S. 211 f. nur relative Wirksamkeit der Vergütungsregeln bei Verstoß gegen die Sollvorschrift des § 36 Abs. 1 S. 2; für deren Nichtigkeit *Flechsig/Hendricks* ZUM 2002, 423 (426).

dacht ist,[250] insbes. auch gemäß der Struktur und Größe der betroffenen Verwerterunternehmen[251] sowie gemäß der Bedeutung des jeweiligen schöpferischen Beitrags.[252] Für eine Verrechenbarkeit von Erfolgen und Misserfolgen als Element der „Angebotsstruktur"[253] ist im Rahmen von Vergütungsregeln jedoch kein Raum.[254]

66   **Auch mit Vergütungen zusammenhängende Fragen** wie beispielsweise Fragen der Dauer oder der Kündigung eines Nutzungsvertrags können – jedenfalls seit der Urhebervertragsrechtsnovelle 2016 – Gegenstand von Vergütungsregeln sein (vgl. → Rn. 43b). Diese Ausweitung war sinnvoll, weil die Angemessenheit von Vergütungen nicht nur den Preis für Nutzungsmöglichkeiten, sondern auch die weiteren Bestimmungen der Nutzungsvereinbarung reflektiert,[255] insbesondere die Vergütung also auch davon abhängt, ob und welche Auskunftsrechte der Urheber hat, ob er sich aus der Bindung an einen Verwerter wieder lösen kann und inwiefern er Nutzungsrechte zurückrufen kann.[256] Daher stellt das Gesetz nun in §§ 32d Abs. 3, 32e Abs. 3, 40a Abs. 4, 41 Abs. 4 klar, dass Abweichungen von den jeweils dort geregelten Standards in Tarifverträgen, aber auch in Gemeinsamen Vergütungsregeln möglich sind. **Vorbilder** dafür sind sowohl die aufgrund § 12a TVG geschlossenen Tarifverträge, soweit sie sich auf Vergütungen beziehen,[257] als auch von Verwertungsgesellschaften aufgestellte Tarife (§ 38 VGG) bzw. von ihnen abgeschlossene Gesamtverträge (§ 35 VGG), sowie bereits bestehende Honorarempfehlungen.[258]

6. Dauer und Beendigung Gemeinsamer Vergütungsregeln

67   Gemeinsame Vergütungsregeln, deren rechtliche Funktion in der unwiderleglichen Vermutung der Angemessenheit von Vergütungen nach § 32 besteht, können angesichts des stetigen Wandels der Verhältnisse nicht unwandelbar bleiben;[259] sie müssen auf die eine oder andere Weise **den Verhältnissen angepasst werden** können. Die einfachste – dem System des Abschlusses von Tarifverträgen nachgebildete[260] – Lösung ist eine in den ausgehandelten Vergütungsregeln selbst oder in unmittelbarem Zusammenhang damit festgelegte zeitliche Begrenzung (ggf. mit Verlängerungsmöglichkeit) oder Kündigungsmöglichkeit.[261] Dem Argument *Thüsings*,[262] eine – zeitlich einschränkende – Regelung in der Vereinbarung könne die sich aus dem Gesetz ergebende Angemessenheitswirkung nicht beschränken, ist entgegenzuhalten, dass § 32 Abs. 2 S. 1 nach § 36 *wirksam* aufgestellte Vergütungsregeln voraussetzt, die demgemäß über die zeitlichen Grenzen ihrer Wirksamkeit selbst bestimmen können. Demgemäß können Gemeinsame Vergütungsregeln durch die beteiligten Vereinigungen – gewissermaßen in einem umgekehrten Aufstellungsverfahren – kooperativ auch nachträglich beendet werden, sei es im Zusammenhang mit Neuverhandlungen oder ohne einen solchen. Durch **zeitlichen Ablauf, Kündigung oder nachträgliche Beendigung** unwirksam gewordene gemeinsame Vergütungsregeln kann die erwähnte rechtliche Wirkung gemäß § 32 Abs. 2 S. 1 nicht mehr entfalten; es kann ihnen freilich bei ihrem ersatzlosem Wegfall ähnlich wie nicht angenommenen Einigungsvorschlägen der Schlichtungsstelle[263] nach wie vor eine gewisse Indizwirkung zur Bestimmung der Angemessenheit von Vergütungen etwa durch Gerichte zukommen.[264]

68   Auch wenn keine Festlegungen über die Dauer, die Möglichkeit der Kündigung oder die nachträgliche Beendigung von Gemeinsamen Vergütungsregeln getroffen worden sind, bleibt es den beteiligten Vereinigungen ebenso wie anderen Vereinigungen unbenommen, den geänderten Verhältnissen angepasste neue Vergütungsregeln aufzustellen, denen dann ebenfalls die Rechtswirkung nach § 32

---

[250] Ebenso *Hensche* Rn. 912; vgl. auch die „Checkliste" vergütungsrelevanter Umstände bei *Haupt/Flisak* KUR 2003, 41 (48).

[251] S. Dreyer/*Kotthoff*/Meckel UrhG § 36 Rn. 8; zweifelnd bezüglich der Notwendigkeit einer Differenzierung nach Größe Dreier/Schulze/*Schulze* UrhG § 36 Rn. 12.

[252] S. *Ory* AfP 2002, 93 (103): Abgrenzung der kleinen Münze.

[253] So *Ory* AfP 2002, 93 (103).

[254] Dreier/Schulze/*Schulze* UrhG § 36 Rn. 12.

[255] Sa *C. Berger* Rn. 187 f.; Berger/Wündisch/*Berger* § 2 Rn. 160 f.; für eine Gesamtbetrachtung Dreier/Schulze/*Schulze* UrhG § 36 Rn. 10; weitergehend iSd Zulässigkeit auch nicht vergütungsbezogener Regeln *Loewenheim*/*v. Becker* § 29 Rn. 90; Dreyer/*Kotthoff*/Meckel UrhG § 36 Rn. 7 und 13; Wandtke/Bullinger/*Wandtke/Grunert*/*Hollenders* UrhG § 36 Rn. 7; wesentlich einschränkender *Ory* AfP 2002, 93 (102).

[256] *Peifer*, Urhebervertragsrecht in der Reform (2016), S. 60.

[257] Insoweit nur teilweise abgedruckt bei *Hillig* S. 130 ff.

[258] So *Zentek/Meinke* S. 87 ff.

[259] Ähnlich *C. Berger* Rn. 196; Berger/Wündisch/*Berger* § 2 Rn. 169; Dreyer/*Kotthoff*/Meckel UrhG § 36 Rn. 10; s. auch *Thüsing* Neue Formen S. 191, 209: „statische Fixierungen eines angemessenen Gehaltsniveaus".

[260] S. etwa die bei *Hillig* S. 148 ff. und S. 169 ff. abgedruckten Tarifverträge des WDR jeweils am Ende.

[261] Ebenso Dreyer/*Kotthoff*/Meckel UrhG § 36 Rn. 10; Dreier/Schulze/*Schulze* UrhG § 36 Rn. 37; im letzteren Sinn – Abschluss auf unbestimmte Zeit mit sechsmonatiger Kündigungsfrist jeweils zum Jahresende – § 9 der ersten nach § 36 aufgestellten Gemeinsamen Vergütungsregeln, → Rn. 95. Vgl. auch Basse, Gemeinsame Vergütungsregeln im urhebervertragsrecht (2007), S. 132 mit der Empfehlung, in Anlehnung an § 77 Abs. 5 BetrVG eine Kündigungsfrist von drei Monaten auch dann für zulässig zu halten, wenn sie nicht vereinbart wurde, dem zust. Dreier/Schulze/*Schulze* UrhG § 36 Rn. 13.

[262] Neue Formen S. 191, 210.

[263] → Rn. 35 sowie → Rn. 92.

[264] Ähnlich Dreyer/*Kotthoff*/Meckel UrhG § 36 Rn. 11.

Abs. 2 S. 1 zukommt.[265] Es kommt dann entscheidend darauf an, nach welcher der **zeitlich aufeinander folgenden Gemeinsamen Vergütungsregeln** eine Vergütung iSv § 32 Abs. 2 S. 1 konkret ermittelt wird.

Bezüglich der **Ermittlung von Vergütungen** gemäß dieser Vorschrift kann man freilich allgemein **69** wie auch in diesem Fall **nicht allein auf den Willen der Vertragsparteien** eines Nutzungsvertrags nach § 32 Abs. 1 S. 1 abstellen, da andernfalls eine entsprechende Weigerung des Vertragspartners des Urhebers oder ausübenden Künstlers, die Vergütung nach einer bestimmten gemeinsamen Vergütungsregel zu ermitteln, den gesamten Schutzmechanismus nach den §§ 32, 36 aushebeln könnte.[266] Die Vergütung ist demgemäß auch hier **im Rahmen der Rechtsanwendung, also insbes. durch die Gerichte** bei der Lösung eines Vergütungsstreits nach objektiven Gesichtspunkten zu ermitteln, bei sich überschneidenden Vergütungsregeln ggf. auch unter Heranziehung der Vorstellungen der Parteien.[267] Auch eine Bindung an die von Urheber und Werknutzer vertraglich vereinbarte Anwendung einer bestimmten Vergütungsregel[268] ist aus diesem Grund dann abzulehnen, wenn die Heranziehung der Vergütungsregel willkürlich erfolgt, sie nach objektiven Gesichtspunkten deutlich als nicht einschlägig angesehen werden kann und den Urheber deshalb benachteiligt. Dem Angemessenheitsgebot nach § 32 würde damit nicht mehr Genüge getan. Den Urheber begünstigende Vereinbarungen dieser Art können stets getroffen werden.

Beim **Nebeneinanderbestehen zeitlich älterer und jüngerer Vergütungsregeln** derselben **70** Vereinigungen auf beiden Seiten und entsprechend geänderten Verhältnissen wird in der Regel die besser geeignete jüngere Vergütungsregel anzuwenden sein, falls die älteren nicht ohnehin durch Kündigung oder Aufhebung außer Kraft gesetzt wurden (möglicherweise auch durch konkludentes Handeln). Bei **unterschiedlichen Vergütungsregeln unterschiedlicher Vereinigungen** auf einer oder auf beiden Seiten der verhandelnden Vereinigungen sollten ohnehin diejenigen Vergütungsregeln zur Anwendung kommen, die dem betreffenden Urheber oder ausübenden Künstler nach den gesamten Umständen am ehesten zuzurechnen sind,[269] also die sachnähere, den Tätigkeitsbereich des Urhebers näher umschreibende Regel. Die Mitgliedschaft in den betroffenen Vereinigungen ist ebenso wie eine vertraglich vereinbarte Inbezugnahme einer bestimmten Vergütungsregel ein sehr starkes Indiz für die beste Zurechnung der betreffenden Vergütungsregel zu werten. Bei konkurrierenden Vergütungsregeln kann insgesamt ein Rahmen der Angemessenheit abgesteckt sein.[270]

7. Vorrang von Tarifverträgen

Gemäß Abs. 1 S. 3 gehen in Tarifverträgen enthaltene Regelungen Gemeinsamen Vergütungsregeln **71** vor. Durch diesen Grundsatz des Vorrangs von Tarifverträgen vor gemeinsamen Vergütungsregeln,[271] der indirekt auch in § 32 Abs. 4 verankert ist,[272] soll berücksichtigt werden, dass in vielen Bereichen gut funktionierende Tarifverträge bestehen und in Tarifverträgen regelmäßig angemessene Bedingungen und Vergütungen vereinbart werden.[273] Die gegenüber dem Vorschlag in § 36 Abs. 1 S. 3 RegE durch den Beschluss des Rechtsausschusses erfolgte Streichung des Zusatzes „für Arbeitnehmer" in Abs. 1 S. 3 bedeutet im Sinne einer Klarstellung,[274] dass *auch* Tarifverträge arbeitnehmerähnlicher Personen nach § 12a TVG Vorrang genießen.[275] Dieses „auch" impliziert andererseits, dass Tarifverträge über Urhebervergütungen für **„echte" Arbeitnehmerurheber** gegenüber Gemeinsamen Vergütungsregeln ebenfalls Vorrang genießen,[276] was aber wiederum dafür spricht, dass solche Gemeinsamen Vergütungsregeln, falls entsprechende tarifvertragliche Regelungen fehlen,[277] auch für Urheber in Arbeitsverhältnissen aufgestellt werden können.[278] Naturgemäß müssen dabei gemäß Abs. 1 S. 2 die

---

[265] Sa *Ory* AfP 2002, 93 (103): keine ewige Sperrwirkung, aber bei einseitigem Verlangen neues Verfahren zwischen denselben Parteien in Entsprechung zu § 40 Abs. 1 nur nach Ablauf von fünf Jahren.

[266] Bereits → Rn. 16 sowie → § 32 Rn. 28; ebenso *Schricker* GRUR-Int 2002, 797 (805); aA – Wirkung nur durch Verweisung im Individualvertrag – *Loewenheim/v. Becker* § 29 Rn. 92 f.; *Erdmann* GRUR 2002, 923 (926).

[267] Ähnlich *C. Berger* Rn. 154; Berger/Wündisch/*Berger* § 2 Rn. 157.

[268] So aber Dreyer/*Kotthoff*/Meckel UrhG § 32 Rn. 16 und 19.

[269] Bereits → Rn. 55.

[270] So Dreier/Schulze/*Schulze* UrhG § 32 Rn. 35; insoweit ebenso *C. Berger* Rn. 152; Berger/Wündisch/*Berger* § 2 Rn. 120; *Ory* AfP 2002, 96.

[271] Bereits → Rn. 41 ff.

[272] → Rn. 42 sowie → § 32 Rn. 24 f.

[273] So Begr. des RegE UFITA Bd. 2002/II, 517; zum verfassungsrechtlichen Aspekt des Schutzes der Koalitionsfreiheit s. *Bayreuther* UFITA Bd. 2002/III, 671; zum Wegfall des Schutzbedürfnisses im Verhältnis Arbeitgeber/Arbeitnehmer einerseits und zu der bei Urheberrechtsklauseln möglicherweise fortbestehenden Schutzbedürftigkeit einzelner Urheber-Mitglieder andererseits s. *Steinberg* S. 122 ff. bzw. S. 125 ff. und S. 146 f.

[274] S. RA-Beschlussempfehlung UFITA Bd. 2002/II, 573 sowie bereits → Rn. 43.

[275] *Flechsig/Hendricks* ZUM 2002, 423 (425).

[276] → § 32 Rn. 4 und → § 32a Rn. 11.

[277] Dies freilich eher als Ausnahmefall; s. *Bayreuther* UFITA Bd. 2002/III, 662; *Bayreuther* GRUR 2003, 570 (575).

[278] Ebenso *Bayreuther* UFITA Bd. 2002/III, 661 f.; *Bayreuther* GRUR 2003, 570 (574); *Jacobs* NJW 2002, 1905 f.; *Schricker* in Hartmer/Detmer [Hrsg.] Hochschulrecht S. 419, 430 und – unter Ausschluss der Anwendung auf im öffentlich-rechtlichen Dienstverhältnis geschaffene Werke und erbrachte Darbietungen – *Haas* Rn. 35 und Rn. 430; aA *Loewenheim/v. Becker* § 29 Rn. 124; *C. Berger* Rn. 44 und 155; Berger/Wündisch/*Berger* § 2 Rn. 124; *Ory* AfP 2002, 93 (95, 102).

Umstände eines solchen Regelungsbereichs, also insbes. die Tatsache, dass es sich um angestellte Urheber (oder ausübende Künstler) handelt, berücksichtigt werden.[279] Eine zwischen selbständigen und angestellten Urhebern bzw. ausübenden Künstlern sich nicht näher differenzierende allgemeine Vergütungsregel dürfte schon aus diesem Grund den gesetzlichen Anforderungen nicht gerecht werden. Eine entsprechende Anwendung dieser Grundsätze auf **Betriebsvereinbarungen** über „rein" urheberrechtliche Nutzungsentgelte kann durchaus in Betracht kommen.[280]

72   Missverständlich ist die zu Abs. 1 S. 3 (Fassung des RegE) in der Begr. des RegE (S. 17) geäußerte Auffassung, dass, soweit bereits Tarifverträge bestehen, keine Gemeinsamen Vergütungsregeln mehr aufgestellt werden können.[281] Diese Auffassung ist im Zusammenhang mit der in § 32 Abs. 1 S. 3 RegE vorgeschlagenen, später jedoch zu Recht fallen gelassenen Regelung[282] zu sehen, wonach auch die Angemessenheit von in einem Tarifvertrag festgelegten Vergütungen vermutet werden sollte. Es kann nicht davon ausgegangen werden, dass damit, wenn auch nur im Sinne einer widerleglichen Vermutung, Tarifverträgen Außenwirkung zugunsten nicht tarifgebundener Personen zugesprochen werden sollte. Eine solche Regelung hätte die unterschiedlichen persönlichen und sachlichen Reichweiten von Tarifverträgen und Vergütungsregeln verkannt.[283] Gelten erstere – abgesehen von der hier kaum praktizierten Möglichkeit der Allgemeinverbindlicherklärung nach § 5 TVG[284] – nur für tarifgebundene Personen (Arbeitnehmer bzw. arbeitnehmerähnliche Personen), so gelten Gemeinsame Vergütungsregeln im Sinne der unwiderleglichen Vermutung nach § 32 Abs. 2 S. 1 als **Anwendungsregeln für alle einschlägigen Fälle** (soweit nicht der Vorrang eines Tarifvertrags eingreift), und zwar ohne Rücksicht auf die Zugehörigkeit des betreffenden Urhebers zu der Vereinigung, die auf Seiten der Kreativen die Vergütungsregeln ausgehandelt bzw. an deren Aufstellung mitgewirkt hat, also auch für sog. Außenseiter oder Außenstehende.[285]

73   Der in § 36 Abs. 1 S. 3 sowie mittelbar auch in § 32 Abs. 4 verankerte Vorrang von Tarifverträgen vor Gemeinsamen Vergütungsregeln gilt daher nur im **Geltungsbereich des jeweils betroffenen Tarifvertrags,** nur für die davon betroffenen tarifgebundenen Personen und auch nur dann, wenn der Tarifvertrag für die konkrete Werknutzung eine Vergütung vorsieht.[286] Der Vorrang gilt nicht für die individualvertragliche Einbeziehung der einschlägigen Tarifverträge, da eine solche jederzeit wieder aufgehoben werden kann.[287] Der Vorrang gilt auch für später abgeschlossene Tarifverträge gegenüber früher aufgestellten Gemeinsamen Vergütungsregeln.[288] Andererseits können auch in Bereichen, in denen bereits Tarifverträge bestehen, Gemeinsame Vergütungsregeln aufgestellt werden,[289] und zwar selbst während laufender Tarifverhandlungen;[290] diese finden im Sinne der unwiderleglichen Vermutung der Angemessenheit nach § 32 Abs. 2 S. 1 freilich nur auf Werke und Darbietungen solcher Urheber und ausübender Künstler Anwendung, die von den bestehenden Tarifverträgen nicht erfasst werden.[291] Auch die auf beiden Seiten verhandelnden Vereinigungen (etwa Gewerkschaften oder bestimmte Nutzervereinigungen bzw. Einzelnutzer) sind in beiden Fällen nicht notwendigerweise identisch; schon deshalb wäre die Nichtzulassung von Verhandlungen über gemeinsame Vergütungsregeln bei auf dem gleichen Verwertungsgebiet bestehenden Tarifverträgen nicht angängig.[292] Naturgemäß werden Vereinigungen, die in ihrem Sinne günstige Tarifverträge über Urhebervergütungen ausgehandelt haben, nicht ohne Weiteres geneigt sein, möglicherweise kurz danach zum selben Thema gemäß § 36 Abs. 1 Verhandlungen zu führen oder anzustreben. Angesichts der Vielgestaltigkeit der Verhältnisse und möglicher taktischer Überlegungen ist das jedoch auch nicht auszuschließen und jedenfalls rechtlich zulässig.

---

[279] → § 32 Rn. 4.
[280] So Wandtke/Bullinger/*Wandtke/Grunert/Hollenders* UrhG § 36 Rn. 10; aA *C. Berger* Rn. 158 und Berger/Wündisch/*Berger* § 2 Rn. 127.
[281] Ebenso offenbar Dreyer/*Kotthoff*/Meckel UrhG § 36 Rn. 13: Maßgeblich sei der vom Tarifvertrag geregelte „Lebenssachverhalt", möglich jedoch die Aufnahme von Verhandlungen über Vergütungsregeln.
[282] Bereits → Rn. 42.
[283] Ebenso *Loewenheim/v. Becker* § 29 Rn. 95; *Hensche* Rn. 925; *W. Nordemann,* Das neue UVR, § 32 Rn. 43 und § 36 Rn. 5; *Zentek/Meinke* S. 84 f.; ebenso für den VTV Design LG Stuttgart ZUM 2008, 163 (168): Der VTV Design könne allenfalls als Anhaltspunkt für die angemessene Vergütung dienen, aus ihm ergebe sich jedoch nicht bereits selbst die Angemessenheit der verlangten Vergütung.
[284] S. *Zentek/Meinke* S. 82.
[285] Bereits → Rn. 45 sowie → § 32 Rn. 24; *Bayreuther* UFITA Bd. 2002/III, 647 ff.; *Haas* Rn. 170 und Rn. 221; *W. Nordemann,* Das neue UVR, § 32 Rn. 9; *Schricker* GRUR-Int 2002, 797 (804 f.); zur begrenzten Indizwirkung auch von Tarifverträgen für nicht tarifgebundene Kreative vgl. *W. Nordemann,* Das neue UVR, § 32 Rn. 43 ff.
[286] S. *Bayreuther* UFITA Bd. 2002/III, 671 f.; *Haas* Rn. 221; *Hensche* Rn. 929; Dreier/Schulze/*Schulze* UrhG § 36 Rn. 14; *Thüsing* Neue Formen S. 191, 209.
[287] OLG München GRUR-RR 2011, 441 (442) – Schlichtungsstellenbesetzung; LG München I ZUM-RD 2013, 84 (86).
[288] Ebenso *C. Berger* Rn. 157; Berger/Wündisch/*Berger* § 2 Rn. 126.
[289] LG München I ZUM 2015, 823 (826); *Bayreuther* UFITA Bd. 2002/III, 672; *Zentek/Meinke* S. 84 f.
[290] AA wegen angeblicher Rechtsmissbräuchlichkeit *Ory* AfP 2002, 93 (102); zur Kündigung von Tarifverträgen zwecks Abschlusses von Vergütungsregeln s. *Hensche* Rn. 923.
[291] *Hensche* Rn. 929.
[292] Ähnlich Dreier/Schulze/*Schulze* UrhG § 36 Rn. 14; *Zentek/Meinke* S. 85; dagegen *Ory* AfP 2002, 93 (102).

III. Schlichtungsverfahren (Abs. 3)

1. Allgemeines

Im Interesse der tatsächlichen Erreichung der vom Gesetzgeber erwünschten Maßstäbe für die an- **74** gemessene Vergütung von Kreativen (Urhebern und ausübenden Künstlern) nach § 32 ist für den Fall des Nichtzustandekommens Gemeinsamer Vergütungsregeln auf dem Verhandlungswege[293] ein besonderes Verfahren vor der in § 36a näher geregelten Schlichtungsstelle vorgesehen, das in § 36a Abs. 1 *und* 4 vom Gesetz selbst **Schlichtungsverfahren** genannt wird.[294] Das Verfahren ist teilweise – bzgl. der Voraussetzungen seiner Ingangsetzung und bzgl. seines Ergebnisses (Einigungsvorschlag) – bereits in § 36 Abs. 3 und 4, im Übrigen – insbes. bzgl. der Bildung, Zusammensetzung und Beschlussfassung der Schlichtungsstelle und bzgl. der näheren Ausgestaltung des Schlichtungsverfahrens sowie seiner Kosten – in § 36a geregelt.[295] 2016 sind geringfügig beschleunigende Regelungen ergänzt worden (→ Rn. 43a, 52, 58, 61). Neu ist die in § 36a Abs. 4 eingeführte Möglichkeit, potentiell betroffene Beteiligte aufzufordern, an dem Einigungsverfahren teilzunehmen. Auch hier besteht allerdings kein Teilnahmezwang. Die Möglichkeit hat zu einer geringfügigen Änderung des § 36 Abs. 4 S. 1 geführt (Übermittlung des Einigungsvorschlages der Schlichtungsstelle auch an die zur Beteiligung aufgeforderte Partei).

Gemäß Abs. 3 sind alternativ zwei Möglichkeiten zur Ingangsetzung eines Schlichtungsverfahrens **75** vorgesehen, nämlich zum einen kraft Vereinbarung der Parteien (Abs. 3 S. 1), zum anderen auf schriftliches Verlangen nur einer der Parteien nach Maßgabe der Voraussetzungen gemäß Abs. 3 S. 2, wenn dieses Verlangen gleichzeitig einen Vorschlag über die Aufstellung der erstrebten gemeinsamen Vergütungsregeln enthält.[296] Bei Vorliegen dieser Voraussetzungen soll die Gegenpartei die Ingangsetzung des Schlichtungsverfahrens bis hin zur Vorlage eines begründeten Einigungsvorschlags nicht verhindern können (obligatorisches Schlichtungsverfahren), obwohl es ihr unbenommen bleibt, dem später vorgelegten Einigungsvorschlag gemäß Abs. 4 S. 2 zu widersprechen und somit seine rechtliche Wirkung gemäß § 32 Abs. 2 S. 1 (unwiderlegliche Vermutung der Angemessenheit der darin enthaltenen Vergütungen) zu verhindern.[297] Das obligatorische Schlichtungsverfahren soll – auch im Hinblick auf die Indizwirkung eines nicht angenommenen Einigungsvorschlags (→ Rn. 35) – einen Anreiz für die Parteien geben, sich an dem Verfahren zu beteiligen, um Einfluss auf den Inhalt des Schlichtungsspruchs nehmen zu können.[298] In den ersten Jahren nach der Reform wurden diese Erwartungen zunächst nicht erfüllt. Es ergab sich vielmehr der Eindruck, dass das Zwangsschlichtungsverfahren bewirkt, dass die potentiellen Parteien eines Schlichtungsverfahrens, insbes. die Verwerterseite, schon die Aufnahme von Verhandlungen verweigern. Mittlerweile sind jedoch einige Schlichtungsverfahren erfolgreich abgeschlossen worden. Insbes. die Möglichkeit, einzelne Werknutzer ins obligatorische Schlichtungsverfahren zu ziehen, erhöht die Verhandlungsbereitschaft der Verbände.

Die erste der beiden Möglichkeiten, nämlich die Ingangsetzung eines **Schlichtungsverfahrens** **76** **kraft Parteivereinbarung,** erscheint beinahe als eine Selbstverständlichkeit, da es den Verhandlungsparteien im Falle fehlender Einigung über die aufzustellenden Vergütungsregeln nach allgemeinen Grundsätzen jederzeit freisteht, die Durchführung eines Schieds- oder Schlichtungsverfahrens zu vereinbaren. Die Besonderheit des Schlichtungsverfahrens kraft Parteivereinbarung nach Abs. 3 S. 1 besteht aber darin, dass nur das Ergebnis eines solchen speziellen Verfahrens im Falle seines erfolgreichen Abschlusses (beidseitig nicht widersprochener Einigungsvorschlag) die erwähnte Rechtswirkung gemäß § 32 Abs. 2 S. 1 entfalten kann. Wenn nämlich § 32 Abs. 2 S. 1 von „einer gemeinsamen Vergütungsregel (§ 36)" spricht, so ist damit nicht etwa nur eine durch Verhandlungen der Parteien selbst gemäß § 36 Abs. 1 erfolgreich erarbeitete (aufgestellte) Gemeinsame Vergütungsregel gemeint, sondern auch ein von der Schlichtungsstelle gemäß Abs. 4 – aber eben nur von einer solchen – vorgelegter begründeter (und von beiden Seiten nicht widersprochener) Einigungsvorschlag, „der den Inhalt der Gemeinsamen Vergütungsregeln enthält". Auch wenn es die Schlichtungsstelle ist, die – im Normalfall durchaus im Zusammenwirken mit den Parteien – die Vergütungsregeln erarbeitet hat, so machen die Parteien sich diese durch widerspruchslose Hinnahme des Schlichtungsspruchs (Eini-

---

[293] Abs. 1 und 2; → Rn. 44 ff.

[294] Wegen der Mischnatur dieses Verfahrens bestehend aus Elementen des Schiedsstellenverfahrens nach § 14 ff. WahrnG, des Schiedsgerichtsverfahrens nach §§ 1025 ff. ZPO und des Verfahrens der Einigungsstelle in §§ 76, 77 BetrVG; s. *Loewenheim/v. Becker* § 29 Rn. 56, *v. Becker* ZUM 2005, 303 f.; *v. Becker* ZUM 2007, 249 (255); *C. Berger* Rn. 199 und Berger/Wündisch/*Berger* § 2 Rn. 172; wegen der Ansätze einer Mediation → § 36a Rn. 21 und 23 f.

[295] Wegen der Vorgeschichte der erst im Laufe des Gesetzgebungsverfahrens aufgeteilten Regelung bereits → Rn. 1 und 30.

[296] § 36a Abs. 4; → § 36a Rn. 22; zum Begriff der Parteien des Schlichtungsverfahrens, der dem des Abs. 1 S. 1 entspricht, → § 36a Rn. 4.

[297] Wegen der Bedeutung dieser Gesamtregelung iS eines politischen Kompromisses → Rn. 33 ff.; *Schack* GRUR 2002, 853 (858) erblickt darin die möglicherweise verfassungswidrige „Durchführung eines Zwangsschlichtungsverfahrens"; zweifelnd auch *Flechsig/Hendricks* ZUM 2002, 423 (427).

[298] So *Schmidt* ZUM 2002, 781 (790).

gungsvorschlags) so zu eigen, dass die Vergütungsregeln in der Tat „gemeinsame Vergütungsregeln" mit der Rechtswirkung nach § 32 Abs. 2 S. 1 werden.

77   Denkbar ist auch die **Durchführung anderweitiger Schieds-, Schlichtungs- oder Mediationsverfahren** außerhalb des Verfahrens nach § 36a, deren Ergebnis dann als Verhandlungsergebnis im Sinne von Abs. 1 zu interpretieren ist.[299] Der Weg, wie die Parteien zu einvernehmlichen Lösungen (Aufstellung Gemeinsamer Vergütungsregeln im Sinne von Abs. 1) kommen, ist nicht vorgeschrieben. Die eigentliche Bedeutung der Regelung nach Abs. 3 liegt in der zweiten Möglichkeit, nämlich der Ingangsetzung eines Schlichtungsverfahrens auf schriftliches Verlangen nur einer der Parteien, also dem obligatorischen Schlichtungsverfahren. Die praktische Bedeutung ist gleichwohl nicht hoch. Bis 2018 hat nur in einem Falle ein obligatorisches Schlichtungsverfahren stattgefunden,[300] die weiteren Verfahren wurden entweder einvernehmlich (→ Rn. 94)[301] oder außerhalb der Schlichtung durchgeführt. Das liegt im Wesentlichen daran, dass weder eine Verhandlungs- noch eine Einigungspflicht für die nicht verhandlungswillige Partei besteht. Aus Sicht der verhandlungswilligen Seite ist der Anreiz, das obligatorische Verfahren mit viel Zeitaufwand zu betreiben, daher gering.

2. Das obligatorische Schlichtungsverfahren (Abs. 3 S. 2)

78   Das obligatorische Schlichtungsverfahren findet vor der gemäß § 36a zu bildenden Schlichtungsstelle[302] statt, wenn eine der Parteien dies unter den in § 36 Abs. 3 S. 2 genannten Voraussetzungen schriftlich verlangt. Das Verlangen nach § 36 Abs. 3 S. 2 ist identisch mit dem in § 36a Abs. 1 genannten **einseitigen Verlangen auf Durchführung eines Schlichtungsverfahrens**.[303] Es hat **schriftlich zu erfolgen** und ist – am sichersten mit Empfangsbekenntnis – an die jeweils andere Partei zu richten.[304] Es muss in eindeutiger Weise das Verlangen nach Durchführung eines Schlichtungsverfahrens (und damit nach Bildung einer Schlichtungsstelle) gemäß § 36a zum Ausdruck bringen, den Grund für dieses Verlangen (ggf. auch mehrere davon) nach Maßgabe der drei in Abs. 3 S. 2 genannten Voraussetzungen (kein Verhandlungsbeginn binnen drei Monaten, ergebnislose Verhandlungen nach einem Jahr oder Erklärung des endgültigen Scheiterns) nennen (→ Rn. 81 ff.) und gemäß § 36a Abs. 4 gleichzeitig einen Vorschlag über die im konkreten Fall erstrebten gemeinsamen Vergütungsregeln enthalten.[305] Ist Letzteres der Fall und liegt eine der Voraussetzungen nach Abs. 3 S. 2 vor, so kann sich die andere Partei dem obligatorischen Schlichtungsverfahren als solchem nicht mehr entziehen. An den Vorschlag dürfen nicht zu hohe Anforderungen gestellt werden,[306] dies würde insbes. kleinere Urheberverbände überfordern. Es genügt, wenn der Vorschlag substantiiert, aus sich heraus verständlich und konsistent ist. Hierfür ist es erforderlich und ausreichend, dass für alle in Betracht kommenden Nutzungen konkrete Vergütungsvorstellungen enthalten sind, sämtliche Einzelheiten müssen nicht geregelt sein.[307]

79   In Entsprechung zu § 1044 ZPO ist hier davon auszugehen, dass **das Schlichtungsverfahren** bereits **mit dem Tag beginnt,** an dem die andere Partei das schriftliche Verlangen unter Angabe des Grundes sowie des Vorschlags Gemeinsamer Vergütungsregeln empfangen hat. Auch der Wortlaut des § 36 Abs. 3 S. 2 („Das Verfahren findet auf schriftliches Verlangen einer Partei statt, wenn …") bestätigt dieses Ergebnis. Die andere Partei hat demgemäß im Rahmen eines bereits begonnenen Schlichtungsverfahrens gemäß § 36a Abs. 1 mit der das Verfahren verlangenden Partei in Verhandlungen über die konkrete Bildung einer Schlichtungsstelle in der Zusammensetzung gemäß § 36a Abs. 2 einzutreten.[308]

80   Weigert sich die andere Partei jedoch, in derartige **Verhandlungen über die konkrete Bildung der Schlichtungsstelle** einzutreten, so kann die das Verfahren verlangende Partei wegen des Anspruchs auf Bildung einer Schlichtungsstelle nicht auf den Prozessweg verwiesen werden,[309] gerade weil das Schlichtungsverfahren in Entsprechung zu § 1044 ZPO bereits begonnen hat. Dies wird durch die übrige Regelung in § 36a Abs. 3 (Bestellung der Person des Vorsitzenden und Entscheidung

---

[299] So in der Tat das Zustandekommen der ersten Vergütungsregeln nach § 36 aufgrund einer Mediation des BMJ; → Rn. 95.

[300] Auf Initiative des Berufsverbandes Kinematografie eV (BVK) mit dem Werknutzer Constantin Film Produktion, vgl. dazu aus Sicht der Beteiligten *Neubauer* ZUM 2013, 716; *Bergau* ZUM 2013, 725.

[301] Vgl. das vom Bundesjustizministerium 2005 abgeschlossene Mediationsverfahren zwischen dem Verband Deutscher Schriftsteller (VdS) und mehreren Verlagen, http://www.boersenverein.de/sixcms/media.php/976/Verg%C3%BCtungsregeln%20f%C3%BCr%20belletristische%20Autoren.pdf.

[302] → § 36a Rn. 3 ff.

[303] Über diesen Zusammenhang von § 36 Abs. 3 und § 36a Abs. 1 → § 36 Rn. 3.

[304] Dreier/Schulze/*Schulze* UrhG § 36 Rn. 29; *Haas* Rn. 223.

[305] Dreyer/Kotthoff/*Meckel* UrhG § 36a Rn. 7; wegen der nicht zu hohen Anforderungen an die Perfektion eines solchen Vorschlags s. *Haas* Rn. 238.

[306] OLG München GRUR-RR 2011, 441 f.; LG München I ZUM-RD 2013, 84 (86); in diese Richtung LG München I ZUM 2012, 1000 (1003).

[307] Fromm/Nordemann/*Czychowski* UrhG § 36 Rn. 41; *Fette* ZUM 2013, 29 (32).

[308] Des Näheren → § 36a Rn. 5 ff.

[309] Ebenso *Haas* Rn. 239; anders wohl KG ZUM 2005, 229 f. im Fall eines wegen Weiterverweisung an das LG Frankfurt a. M. unentschieden gebliebenen Begehrens auf Feststellung der Einlassungspflicht der anderen Partei.

über die Zahl der Beisitzer durch das zuständige OLG) bestätigt, die darauf abzielt, die Durchführung des Schlichtungsverfahrens auch bei entsprechenden Differenzen zwischen den Parteien zu gewähr-leisten. Die dabei genannten Fallgestaltungen, dass **keine Einigung über die Person des Vorsit-zenden zustande kommt und keine Einigung über die Zahl der Beisitzer** erzielt wird, schließen bei weiter Auslegung auch den Fall ein, dass die andere Partei Verhandlungen über die Bil-dung einer Schiedsstelle überhaupt verweigert; die Einigung über die Zahl der Beisitzer und über die Person des Vorsitzenden machen ohnehin den wesentlichen Inhalt der Vereinbarungen über die Bil-dung einer Schiedsstelle aus.[310] Das nach § 1062 ZPO zuständige Oberlandesgericht hat daher auch in diesem Fall einen Vorsitzenden zu bestellen bzw. über die Zahl der Beisitzer zu entscheiden.[311]

Die drei in Abs. 3 S. 2 Nr. 1–3 genannten **alternativen Voraussetzungen für das** auf Verlangen **81** nur einer Partei in Gang zu setzende und insoweit **obligatorische Schlichtungsverfahren** stehen in einem **chronologischen Zusammenhang,** auch wenn eine scharfe zeitliche Abgrenzung in der Praxis nicht immer möglich sein wird.[312] Sie schließen sich im Regelfall aber gegenseitig aus: Entwe-der es wurden binnen drei Monaten nach schriftlichem Aufnahmeverlangen Verhandlungen über-haupt nicht begonnen (Nr. 1) oder diese sind nach ihrer effektiven Aufnahme nach einem Jahr ergeb-nislos geblieben (Nr. 2) oder sie wurden schon vorher von einer der Parteien (ggf. auch von beiden Parteien) endgültig für gescheitert erklärt (Nr. 3). Freilich können Verhandlungen auch nach Ablauf der Dreimonatsfrist gemäß Nr. 1 noch aufgenommen worden sein, die aber nach Jahresfrist dann doch ohne Ergebnis bleiben können, so dass ursprünglich der Grund nach Nr. 1, später derjenige nach Nr. 2 gegeben ist. Auch kann eine Erklärung über das endgültige Scheitern nach Nr. 3 noch nach Ablauf der erwähnten Jahresfrist aus Nr. 2 erfolgen, wenn auch danach noch etwa in der (letztlich unbegründeten) Erwartung eines möglicherweise doch erfolgreichen Abschlusses weiterverhandelt worden war. In einem solchen Fall kann zur Ingangsetzung des obligatorischen Schlichtungsverfahrens wahlweise auf den Zeitablauf nach Nr. 2 oder auf die Erklärung über das endgültige Scheitern nach Nr. 3 oder auf beides gleichzeitig abgestellt werden.

Ebenso wie das Verlangen auf Durchführung des Schlichtungsverfahrens selbst muss im Falle des **82** Abs. 3 S. 2 Nr. 1 (**Kein Verhandlungsbeginn binnen drei Monaten nach schriftlichem Auf-nahmeverlangen**) auch das an die andere Partei zu richtende Verlangen nach Aufnahme von Ver-handlungen schriftlich erfolgt sein. Als zeitlicher Bezugspunkt für die Dreimonatsfrist ist das möglichst durch entsprechenden Nachweis (Empfangsbekenntnis) dokumentierte Datum des Zugangs des Auf-nahmeverlangens bei der Gegenpartei anzunehmen. Da das konkrete Datum des Beginns von Ver-handlungen nicht immer genau zu ermitteln ist, es andererseits aber für die Geltendmachung der Voraussetzung nach Abs. 3 S. 2 Nr. 1 gerade auf den Beginn der Verhandlungen innerhalb von drei Monaten ankommt, ist zu empfehlen, dass in dem das Aufnahmeverlangen enthaltenden Schreiben dazu ein konkreter zeitlicher Bezugspunkt genannt wird, etwa der Beginn der ersten gemeinsamen Verhandlungsrunde.[313] Der Eingang eines bloßen Bestätigungsschreibens ohne jede inhaltliche Erörte-rung kann noch nicht als fristgerechter Beginn von Verhandlungen gewertet werden. Auch hier sollen im Interesse der Regelung insgesamt zugrunde liegenden Schutzgedankens unzumutbare Verzöge-rungen bei der Aufstellung Gemeinsamer Vergütungsregeln vermieden werden, wie gerade die relativ kurze Dreimonatsfrist zeigt. Sie ist gerade in den Fällen von Bedeutung, in denen die Bereitschaft der anderen Seite, in ernsthafte Verhandlungen zur gemeinsamen Aufstellung von Vergütungsregeln ein-zutreten, von vorneherein erkennbar fehlt.

Auch der Fall des **Abs. 3 S. 2 Nr. 2** (ergebnislose Verhandlungen ein Jahr nach dem schriftlichen **83** Aufnahmeverlangen) setzt als zeitlichen Bezugspunkt den Zugang (möglichst mit Empfangsbekennt-nis) des schriftlichen Aufnahmeverlangens bei der Gegenpartei voraus. Anders als der Beginn von Verhandlungen (→ Rn. 82) ist deren Ergebnislosigkeit wohl leichter festzustellen, weil ihr Erfolg vom Willen beider beteiligter Parteien abhängt. Voraussetzung ist aber weder, dass die Verhandlungen an-dauern, noch dass sie förmlich beendet sind (so *Haas* Rn. 236). Zweifelsfragen können allenfalls dann auftreten, wenn über bestimmte Vergütungen oder Vergütungskomplexe bereits eine **Teileinigung** erzielt ist, weitere Vergütungskomplexe oder Vergütungen aber weiterhin strittig sind. In diesem Fall könnte von einem Teilergebnis gesprochen werden, das aber im Sinne der darin enthaltenen Vergü-tungsregeln verselbständigt werden müsste. Da aber auch dies das Einvernehmen der Parteien vor-aussetzt, ist ein positives (End-)Ergebnis der Verhandlungen nur anzunehmen, wenn die Parteien ge-rade hierüber einig sind und die dann gemeinsam erarbeiteten Vergütungsregeln zumindest ihren Mitgliedern, möglichst aber auch der Fachöffentlichkeit mitteilen.[314]

Ab wann der dritte Fall (**Abs. 3 S. 2 Nr. 3**), dass nämlich eine Partei die **Verhandlungen end-** **84** **gültig für gescheitert erklärt** hat, eintreten kann, muss im Zusammenhang mit den übrigen Fäl-len[315] geklärt werden. Verhandlungen können nur dann endgültig für gescheitert erklärt werden,

---

[310] → § 36a Rn. 7.

[311] Wegen der in bestimmten Fällen gebotenen Offensichtlichkeitsprüfung des Nichtvorliegens der gesetzlichen Voraussetzungen für die Durchführung eines Schlichtungsverfahrens durch das OLG → § 36a Rn. 9.

[312] So Dreyer/*Kotthoff*/Meckel UrhG § 36 Rn. 24.

[313] Ähnlich *W. Nordemann,* Das neue UVR, § 36 Rn. 12; Dreier/Schulze/*Schulze* UrhG § 36 Rn. 30.

[314] Wegen deren wünschenswerter öffentlicher Verlautbarung oder Veröffentlichung bereits → Rn. 47.

[315] Abs. 3 S. 2 Nr. 1 und 2.

wenn zuvor überhaupt verhandelt wurde;[316] im Falle des Nichtverhandelns reichen gemäß Nr. 1 ohnehin bereits drei Monate aus, um ein einseitiges Verlangen auf ein Schlichtungsverfahren zu begründen, so dass es einer Erklärung nach Nr. 3 nicht bedarf. Kommt es dagegen zu Verhandlungen, so braucht es die Gegenpartei selbst bei erheblichen Positionsunterschieden nicht hinzunehmen, dass die andere Partei gewissermaßen aus dem Stand gleich zu Beginn das Scheitern erklärt, um möglichst rasch zu einem obligatorischen Schlichtungsverfahren zu gelangen.[317] Naturgemäß ist iSv Abs. 3 S. 1 die *Vereinbarung* eines Schlichtungsverfahrens jederzeit, also auch gleich zu Beginn der Verhandlungen möglich. Andererseits muss auch nicht der Ablauf der Jahresfrist nach Abs. 3 S. 2 Nr. 2 abgewartet werden, wenn sich nach einer gewissen Dauer der Verhandlungen trotz entsprechenden Bemühens der Parteien wegen der Gegensätzlichkeit ihrer Positionen abzeichnet, dass mit einem positiven Abschluss der Verhandlungen nicht (mehr) gerechnet werden kann.[318]

85   Die **Erklärung des Scheiterns** kann auch von derjenigen Partei ausgehen, die dies sodann selbst zum Anlass eines schriftlichen Verlangens auf Einleitung eines obligatorischen Schlichtungsverfahrens nimmt,[319] ja dies von vornherein beabsichtigt hat. Die Erklärung ist am besten schriftlich mit Empfangsbekenntnis an die andere Partei zu richten, obwohl eine mündliche Erklärung gegenüber den Vertretern der anderen Partei etwa im Verhandlungsraum in diesem Fall ausreicht.[320] Eine mögliche Lösung im Falle unvereinbarer Positionen der Parteien besteht auch darin, dass die Erklärung des Scheiterns – ggf. bereits zu Beginn der Verhandlungen – einvernehmlich durch eine oder auch beide der Parteien erfolgt, wenn beide Parteien an einer alsbaldigen Klärung durch die Schlichtungsstelle interessiert sind. Dies entspricht praktisch aber einer Vereinbarung der Parteien über die Durchführung eines Schlichtungsverfahrens iSv Abs. 3 S. 1, die um der Klarheit willen dann aber ausdrücklich und ohne Rückgriff auf den (einseitigen) Grund nach Abs. 3 S. 2 Nr. 3 getroffen werden sollte.

3. Ergebnis des Schlichtungsverfahrens: Einigungsvorschlag

86   Gemäß Abs. 4 hat die Schlichtungsstelle, deren Bildung, Zusammensetzung, Verfahren und Beschlussfassung in § 36a (s. dort) näher geregelt sind, den Parteien – einschließlich der zur Teilnahme gem. § 36a Abs. 4a aufgeforderten weiteren Beteiligten – einen **begründeten Einigungsvorschlag** zu machen, der den Inhalt der Gemeinsamen Vergütungsregeln enthält. Dies gilt in allen Fällen des Tätigwerdens der Schlichtungsstelle, also sowohl im Falle einer entsprechenden Parteienvereinbarung nach Abs. 3 S. 1 als auch aufgrund des schriftlichen Verlangens einer Partei nach Abs. 3 S. 2. Im letzteren Fall muss der Schlichtungsstelle gleichzeitig ein entsprechender Vorschlag dieser Partei über die Aufstellung der von ihr erstrebten Gemeinsamen Vergütungsregeln unterbreitet worden sein.[321] Die Schlichtungsstelle wird sich bei der **Formulierung ihres Einigungsvorschlags** an diesem unterbreiteten Vorschlag ebenso wie an den von der Gegenseite unterbreiteten Gegenvorschlägen und Gegenvorstellungen orientieren,[322] ist aber bei der Beschlussfassung über den Einigungsvorschlag nicht daran gebunden; iS eines weitest möglichen Ausgleich der gegenseitigen Interessen angelegten Schlichtungsverfahrens ist eine Bindung an die Vorschläge und Vorstellungen der Parteien etwa nach dem Grundsatz *ne ultra petita* also nicht gegeben.[323] Naturgemäß hat sich die Schlichtungsstelle aber an den betroffenen Regelungsbereich zu halten. Waren die Vorgaben aber unangemessen, kann die Schlichtungsstelle auch davon abweichen; insoweit steht ihr ein Gestaltungsspielraum zu.[324]

87   Eine zu enge Fassung der **Befugnisse der Schlichtungsstelle** ist schon deswegen abzulehnen, weil das Verfahren teilweise Mediationscharakter aufweist und insoweit ohnehin unter der Kontrolle der Parteien verbleibt;[325] schließlich kann jede Partei dem Einigungsvorschlag gemäß Abs. 4 S. 2 widersprechen und damit das Eintreten der Rechtswirkung nach § 32 Abs. 2 S. 1 verhindern.[326] Es gibt gegen den Einigungsvorschlag **keinen Rechtsbehelf.**[327]

88   Der Begriff des (begründeten) Einigungsvorschlags ist aus § 14a WahrnG aF (jetzt § 105 VGG) übernommen, wie überhaupt eine Reihe von Vorschriften des früheren WahrnG dem Schlichtungs-

---

[316] Ähnlich Dreier/Schulze/*Schulze* UrhG § 36 Rn. 32.
[317] Ähnlich *Ory* AfP 2002, 93 (103): ultima ratio.
[318] Ebenso *C. Berger* Rn. 217; Berger/Wündisch/*Berger* § 2 Rn. 191 sowie schon für den ersten Dreimonatszeitraum Dreier/Schulze/*Schulze* UrhG § 36 Rn. 32.
[319] Ebenso *Haas* Rn. 237.
[320] Arg. aus Nr. 1 und 2.
[321] Bereits → Rn. 78.
[322] *Flechsig/Hendricks* ZUM 2002, 423 (427).
[323] Ebenso Dreyer/*Kotthoff*/Meckel UrhG § 36 Rn. 27; aA *W. Nordemann* UrhG § 36a Rn. 4.
[324] Ebenso Dreier/Schulze/*Schulze* UrhG § 36 Rn. 33; *C. Berger* Rn. 218 unter Einschränkung auf den Fall eines Vorschlags gemäß § 36a Abs. 4; für Zulässigkeit der Aufnahme anderer Elemente als die bloße Vergütung Dreyer/*Kotthoff*/Meckel UrhG § 36 Rn. 27; für Orientierung auch an der Gegenleistung *Flechsig/Hendricks* ZUM 2002, 423 (427); → Rn. 66.
[325] → § 36a Rn. 21 und 23 f.
[326] Ebenso Dreyer/*Kotthoff*/Meckel UrhG § 36 Rn. 27.
[327] Dreier/Schulze/*Schulze* UrhG § 36 Rn. 34; wegen der möglichen Indizwirkung eines nicht angenommenen Einigungsvorschlags → Rn. 92.

verfahren als Vorbild gedient haben, so § 14 Abs. 2 S. 1 und 2 sowie § 14c Abs. 1 S. 1 WahrnG für Abs. 4 S. 1 und § 14a Abs. 3 S. 1 WahrnG für Abs. 4 S. 2.[328] Der Einigungsvorschlag enthält „den **Inhalt der Gemeinsamen Vergütungsregeln**",[329] was insofern ungenau ist, als die darin vorgeschlagenen Vergütungsregeln erst dann zu „Gemeinsamen Vergütungsregeln" mit der Rechtswirkung nach § 32 Abs. 2 S. 1 (unwiderlegliche Vermutung der Angemessenheit der nach ihnen ermittelten Vergütungen) werden,[330] wenn der Einigungsvorschlag von beiden Parteien angenommen wurde oder iS einer Annahmefiktion[331] als angenommen gilt, weil ihm nicht innerhalb von sechs Wochen[332] nach Empfang des Einigungsvorschlages von einer der Parteien oder beiden schriftlich widersprochen wurde.[333] Dabei ist auf den **Eingang des Widerspruchs** bei der Schlichtungsstelle bzw. bei deren Vorsitzendem abzustellen.[334] Nach *Kotthoff*[335] handelt es sich bei einem unwidersprochen gebliebenen Einigungsvorschlag um einen Vergleichsvertrag;[336] dessen vertragliche Elemente können aber nur soweit reichen wie der Vereinbarungscharakter gemeinsam aufgestellter Vergütungsregeln selber (→ Rn. 17); die rechtliche Wirkung iSd unwiderleglichen Vermutung der Angemessenheit von Vergütungen beruht nicht auf Vereinbarung (Vergleichsvertrag), sondern auf dem Gesetzesbefehl des § 32 Abs. 2 S. 1 iVm § 36 Abs. 4.

Ab dem Zeitpunkt seiner **widerspruchslosen Hinnahme** nach Ablauf der Dreimonatsfrist[337] wirken die in dem Einigungsvorschlag enthaltenen Vergütungsregeln in gleicher Weise wie solche, die von den Parteien gemäß Abs. 1 direkt ohne Zwischenschaltung einer Schlichtungsstelle durch erfolgreiche Verhandlungen gemeinsam aufgestellt wurden.[338] Sie begründen auch in dieser Gestalt keine vertraglichen Verpflichtungen zwischen den Parteien, sondern bilden kraft gesetzlicher Anordnung den allgemeinen Angemessenheitsmaßstab nach § 32 Abs. 2 S. 1, und zwar konkret dann, wenn ein Urheber sich auf die Vergütungsregel beruft bzw. gegen den Verwerter den Anspruch auf Abänderung des Nutzungsvertrages (letztlich im Klagewege) geltend macht.[339] Aus eben diesem Grund findet auch keine AGB-Kontrolle nach § 305 BGB statt.[340] Der Einigungsvorschlag als solcher ist nicht vollstreckbar (→ Rn. 17), auch wenn auf seiner Grundlage gemäß § 32 Abs. 1 iVm Abs. 2 S. 1 von den einzelnen Urhebern und ausübenden Künstlern angemessene Vergütungen beansprucht werden können.[341]

Die **Begründung des Einigungsvorschlags** wird sich mit den Vorstellungen der Parteien, insbes. mit dem Vorschlag auseinander zu setzen haben, der von einer das Schlichtungsverfahren einseitig betreibenden Partei gemäß § 36a Abs. 4 zu unterbreiten war, und zwar sowohl wenn die Schlichtungsstelle den darin enthaltenen Vorschlägen folgt, als auch wenn sie sie verwirft oder davon abweicht. Im Hinblick auf die Rechtswirkung eines angenommenen (nicht widersprochenen) Einigungsvorschlags iSd Aufstellung allgemein anwendbarer Angemessenheitsmaßstäbe nach § 32 darf auch erwartet werden, dass die Begründung des Einigungsvorschlags ebenso wie bereits die Formulierung der darin enthaltenen Vergütungsregeln mit einem Blick auf die Rechtsanwender sowie die interessierte Fachöffentlichkeit erfolgt.[342] Die Begründung sollte sowohl die **Struktur als auch die Einzelheiten der Vergütungsregeln**,[343] insbes. deren prozentuale oder absolute Bezifferung ansprechen; eine kommentarhafte Darlegung aller Einzelheiten wird man aber nicht erwarten können. Eine aufschlussreiche Begründung ist aber iSd Indizwirkung (→ Rn. 35) eines möglicherweise dann nicht angenommenen Einigungsvorschlags von Bedeutung.[344]

Der Einigungsvorschlag bedarf grundsätzlich der **Annahme,** da eine Zwangsschlichtung nicht stattfindet und ein abgelehnter Einigungsvorschlag nicht iSd § 32 Abs. 2 S. 1 wirksam werden kann (→ Rn. 33). Die Annahme *kann* auch ausdrücklich erklärt werden; zur Ausschaltung der **Annahmefiktion** nach § 36 Abs. 4 S. 2[345] muss aber bei fehlender ausdrücklicher Annahme jedenfalls die Ab-

89

90

91

[328] Wegen entsprechender Zusammenhänge aus der Entstehungsgeschichte → Rn. 37 f.
[329] Dazu *Haas* Rn. 258.
[330] Bereits → Rn. 76.
[331] Dreyer/*Kotthoff*/Meckel UrhG § 36 Rn. 28.
[332] Vor der Urhebervertragsrechtsnovelle 2016: 3 Monate.
[333] → Rn. 91.
[334] So Mestmäcker/Schulze/*Dördelmann* UrhG § 36 Rn. 27; Wandtke/Bullinger/*Wandtke/Grunert/Hollenders* UrhG § 36 Rn. 34; zweifelnd wegen der mangelnden Dauerhaftigkeit der Schlichtungsstelle Dreier/Schulze/ *Schulze* UrhG § 36 Rn. 35.
[335] Dreyer/*Kotthoff*/Meckel UrhG § 36 Rn. 30.
[336] Ähnlich *Flechsig/Hendricks* ZUM 2002, 423 (428).
[337] 6 Wochen nach dem RefE Urhebervertragsrecht.
[338] Ebenso C. *Berger* Rn. 237; Berger/Wündisch/*Berger* § 2 Rn. 211; Mestmäcker/Schulze/*Dördelmann* UrhG § 36 Rn. 28.
[339] Bereits → Rn. 16 und 69; vgl. auch C. *Berger* Rn. 237 f.
[340] Im Ergebnis ebenso Dreier/Schulze/*Schulze* UrhG § 36 Rn. 36; *Flechsig/Hendricks* ZUM 2002, 423 (429); Berger/Wündisch/*Berger* § 2 Rn. 159.
[341] So Dreier/Schulze/*Schulze* UrhG § 36 Rn. 36; *Flechsig/Hendricks* ZUM 2002, 423 (428); auch → § 36a Rn. 15; wegen der im Gegensatz zu einem nicht möglichen Widerruf möglichen Berichtigung analog § 319 ZPO s. C. *Berger* Rn. 236 und Berger/Wündisch/*Berger* § 2 Rn. 210.
[342] Wegen einer zu empfehlenden Veröffentlichung der Vergütungsregeln bereits → Rn. 47.
[343] Ebenso W. *Nordemann,* Das neue UVR, UrhG § 36 Rn. 13; sa C. *Berger* Rn. 232.
[344] *Haas* Rn. 259.
[345] Dreyer/*Kotthoff*/Meckel UrhG § 36 Rn. 28.

lehnung erklärt werden.[346] Schweigen gilt als Einverständnis.[347] Die Annahme kann im Übrigen nicht selektiv erfolgen, sondern muss sich auf den gesamten Einigungsvorschlag beziehen.[348] Wurde demgemäß einem von der Schlichtungsstelle vorgelegten begründeten Einigungsvorschlag fristgerecht[349] nach Empfang des Vorschlags von einer Partei oder von beiden Parteien durch Erklärung gegenüber dem Vorsitzenden[350] widersprochen, so vermögen der Einigungsvorschlag bzw. die in ihm enthaltenen Vergütungsregeln, da sie nicht zu Gemeinsamen Vergütungsregeln werden konnten, die Rechtswirkung nach § 32 Abs. 2 S. 1 nicht zu entfalten.[351] Rechtsbehelfe sind nicht vorgesehen,[352] auch nicht im Sinne eines nachgeschalteten Gerichtsverfahrens etwa vergleichbar mit § 128 VGG.[353] Die fehlende Bindungswirkung des Schlichterspruchs wird – hauptsächlich von Seiten der Urheber – kritisiert. Es solle mehr Druck geschaffen werden, die Ergebnisse der Schlichtung umzusetzen (→ Rn. 43a).[354] Als Möglichkeit hierzu wird vorgeschlagen, nach der Ablehnung des Schlichterspruchs in ein Gerichtsverfahren überzugehen, in dessen Rahmen die Wirksamkeit des Schlichterspruchs per Urteil festgestellt werden kann.[355] Der Gesetzgeber hat sich diesen Vorschlag nicht zu eigen gemacht, weil er die damit einhergehende Beeinträchtigung der Einigungsfreiheit der Parteien scheute. Der fehlende Zwang – bei gleichzeitig schwachen Standardregeln zugunsten der Urheber – dürfte auch weiterhin dafür sorgen, dass die Zwecke des § 11 S. 2 für die Urheber nur schwer umsetzbar sein werden. Die Überzeugungskraft des Urheberrechts in der Öffentlichkeit wird darunter zu leiden haben.

92   Nach den zugrunde liegenden Vorstellungen des Gesetzgebers (→ Rn. 35) sollen aber nichtverbindliche Einigungsvorschläge dennoch nicht ohne jede Wirkung bleiben; sie sollen gewissermaßen mit der ihnen innewohnenden Überzeugungskraft auf die Praxis einwirken, und zwar jedenfalls als **Indizien zur Bestimmung der Angemessenheit von Vergütungen** bei der Auslegung des § 32 neben anderen Indizien.[356] Wie weit die Indizwirkung gehen kann, muss jeweils unter Würdigung der Umstände des Einzelfalls entschieden werden. Zu berücksichtigen ist, dass in abgelehnten Einigungsvorschlägen enthaltene Vergütungsregeln das Ergebnis der Überlegungen und Diskussionen von und mit Sachkennern beider Seiten ist, auch wenn sie gerade wegen ihrer fehlenden Annahme durch mindestens eine Partei auf zumindest teilweise kontroversen Annahmen beruhen werden. Zu berücksichtigen ist andererseits aber auch der Grund für die Ablehnung, insbes. die Auffassung der Partei, die die gefundene Vergütungsregel ggf. für unangemessen hält. Zu denken ist ggf. auch an eine einverständliche Fortsetzung des Schlichtungsverfahrens selbst nach Ablehnung des Einigungsvorschlags durch eine Partei oder auch beide Parteien.[357]

IV. Die bisherige Praxis von Verhandlungen nach § 36

1. Überblick

93   Erwartungsgemäß bedurfte es einer gewissen Anlaufzeit, bis sich erste **konkrete Ergebnisse** aus der Anwendung der §§ 36 und 36a abzeichneten.[358] Wichtige Verwerterverbände scheinen bis heute zu zögern, sich auf das Verfahren der Gemeinsamen Vergütungsregeln einzulassen. Andere Verbände, aber auch Werknutzer, erkennen in Gemeinsamen Vergütungsregeln (GVR) Vorteile und Effizienzsteigerungen, da Vergütungsregeln für sie eine verlässliche Kalkulationsgrundlage bilden.[359] Angesichts der anfangs sehr kontroversen Debatte um das Urhebervertragsrecht war absehbar, dass sich die tat-

---

[346] So *C. Berger* Rn. 233; Berger/Wündisch/*Berger* § 2 Rn. 207.

[347] S. auch *Flechsig/Hendricks* ZUM 2002, 423 (428): Notfrist mit der Möglichkeit der Wiedereinsetzung in den vorigen Stand.

[348] *C. Berger* Rn. 234; Berger/Wündisch/*Berger* § 2 Rn. 208.

[349] Innerhalb von drei Monaten bzw. innerhalb der von den Parteien einvernehmlich verkürzten oder verlängerten Frist; so *C. Berger* Rn. 235; Berger/Wündisch/*Berger* § 2 Rn. 209; bzw. nach dem RefE Urhebervertragsrecht zukünftig innerhalb einer Frist von 6 Wochen.

[350] *Haas* Rn. 262 und Fromm/Nordemann/*Czychowski* UrhG § 36 Rn. 49.

[351] S. auch *Haas* Rn. 261.

[352] *C. Berger* Rn. 244; Berger/Wündisch/*Berger* § 2 Rn. 218.

[353] Wegen der nur beschränkten Möglichkeit der Rechtsbeschwerde gegen Entscheidungen des OLG gemäß § 36a Abs. 3 → § 36a Rn. 16.

[354] *Peifer* ZUM 2015, 437 (443).

[355] *Pfennig* ZUM 2015, 443 (448); eine solche Regelung hat jedoch keinen Eingang in den RefE Urhebervertragsrecht gefunden; ausführlich zu diesem Referentenentwurf → UrhG Vor §§ 31 ff. Rn. 14a.

[356] Wegen der zustimmenden und ablehnenden Äußerungen s. bereits die Nachweise → Rn. 35.

[357] So *C. Berger* Rn. 240 f.; Berger/Wündisch/*Berger* § 2 Rn. 214 f. ähnlich *Flechsig/Hendricks* ZUM 2002, 423 (428).

[358] Kritisch zu den bisherigen Ergebnissen Berger/Wündisch/*Berger* § 2 Rn. 133 und *G. Schulze* GRUR 2005, 828 ff.; *Hoeren* FS Wandtke, 2013, 159 (161 f.); dagegen optimistisch *Katzenberger* in Obergfell, Zehn Jahre reformiertes Urhebervertragsrecht, 2012, S. 55, 57 f.; für eine umfassende Bewertung vgl. *Neubauer* ZUM 2013, 716; *Bergau* ZUM 2013, 725; *Schwarz* ZUM 2013, 730; *Boeser* ZUM 2013, 737; *Weber* ZUM 2013, 740; sowie bereits *Becker* ZUM 2010, 89; *Berger* ZUM 2010, 90; *Schimmel* ZUM 2010, 95; *Schwarz* ZUM 2010, 107; *Sprang* ZUM 2010, 116; *Fischer* ZUM 2010, 124; *Karsten* ZUM 2010, 130.

[359] Zu Abstimmungsproblemen zwischen verschiedenen beteiligten Berufsgruppen und Verbänden auf Urheberseite vgl. *Schimmel* ZUM 2010, 95 (103 f.).

sächliche Bestimmung der angemessenen Vergütung durch Urheber und Verwerter mindestens ebenso schwierig gestalten würde wie das Gesetzgebungsverfahren selber.[360] Hinzu kommt, dass Verhandlungen über Vergütungsvereinbarungen ausgesprochen komplex sind,[361] da sich die Vergütungen aus unterschiedlichen Faktoren (gestaffelte prozentuale Beteiligung, Mindestzahlungen etc) zusammensetzen. Mittlerweile gibt es eine Reihe Gemeinsamer Vergütungsregeln,[362] die sowohl nach direkten Verhandlungen als auch nach dem vorgesehenen Schlichtungsverfahren zu Stande gekommen sind. Die Rechtsprechung hat dazu beigetragen, indem sie die gesetzlichen Vorgaben zu Verfahren vor der Schlichtungsstelle so weit konkretisiert, dass Schlichtungsverfahren effektiver durchgeführt und Blockadesituationen besser vermieden werden können. Die zügige Durchführung des Schlichtungsverfahrens wurde durch eine von drei Monaten auf sechs Wochen verkürzte Frist in § 36 Abs. 4 S. 1 sowie durch erweiterte gerichtliche Zuständigkeiten in § 36a Abs. 3 für die einzelnen Verfahrensschritte gefördert (→ Rn. 43a, 52, 58, 61).

2. Autoren belletristischer Literatur

Die ersten Gemeinsamen Vergütungsregeln kamen am 9.6.2005 für Autoren belletristischer Werke **94** zustande. Sie waren das Ergebnis einer **Mediation durch das Bundesjustizministerium und nicht eines Schlichtungsverfahrens** gemäß §§ 36, 36a.[363] Einbezogen sind die Mitglieder des Verbandes Deutscher Schriftsteller (VdS) und mehrere Literaturverlage. Sie gelten nur für selbständige belletristische Werke. Nach den gemeinsamen **Belletristik-Vergütungsregeln** werden Autoren im Regelfall mit 10% am Nettoladenverkaufspreis jedes Hardcover-Exemplars beteiligt. An den Erlösen aus der Verwertung als Taschenbuch sind die Autoren mit 5% zu beteiligen, wobei fixe Steigerungsstufen für besonders hohe Auflagen festgelegt sind. Bei den buchnahen Nebenrechten beträgt die Beteiligung 50%, die Erlöse aus buchfernen Nebenrechten stehen zu 60% den Autoren zu.

Bemerkenswert an den **Belletristik-Vergütungsregeln** ist das **vorausgegangene Scheitern einer Verbandslösung auf Verlegerseite.** Die zu diesem Zweck eigens als BGB-Gesellschaft gegründete „Verlegervereinigung Belletristik" hat sich wieder aufgelöst, als die Verhandlungen zunächst ergebnislos blieben und ein Schlichtungsverfahren drohte. Den Ausweg bot schließlich die erwähnte Mediation im BMJ, die auf Verlegerseite nicht mehr zu einer echten Verbandslösung, sondern allenfalls zu einer **losen Gruppenbildung** führte.

Unter dem Gesichtspunkt von § 36 Abs. 1 ist diese Lösung dahin zu interpretieren, dass auf Nut- **95** zerseite (Verlegerseite) **keine Nutzervereinigung, sondern nur eine Reihe lose verbundener Werknutzer (Verlage)** stehen, die je für sich − wenn auch uno actu − Gemeinsame Vergütungsregeln mit der Urhebervereinigung VS/ver.di aufgestellt haben. Diese Lösung des Parallelverhandelns mit mehreren Einzelnutzern hat den Vorteil, dass die Wirksamkeit der Vergütungsregeln hier nicht unter Berufung auf § 36 Abs. 2 in Frage gestellt werden kann. Die Frage der Repräsentativität der an der Erstellung der Vergütungsregeln Belletristik beteiligten Vereinigung ist von der Rechtsprechung bei der Übertragung auf andere Branchen nicht problematisiert worden. Die Vergütungsrichtlinien wurden von den Gerichten sogar als Indiz für die Vergütung von literarischen Übersetzern herangezogen, weil es für diese Bereiche noch keine eigenen Vergütungsregeln gab (→ Rn. 97).[364]

Die **Rechtswirkung** der auf diese Weise jeweils von den einzelnen Verlagen gemeinsam mit der **96** Urhebervereinigung aufgestellten Vergütungsregeln ist nicht auf die betroffenen Einzelnutzer (Verlage) beschränkt. Es handelt sich schließlich nicht um (Haus-)Tarifverträge und um das damit verbundene Kriterium der Tarifbindung. Das rechtspolitische Ziel hinter § 32 Abs. 1 S. 1, nämlich die Etablierung von verallgemeinerungsfähigen Maßstäben für die angemessene Urhebervergütung,[365] muss auch hier im Auge behalten werden. Die Belletristik-Vergütungsregeln sind daher − über die unmittelbar betroffenen Verlage hinaus − als **Bezugs- und Vergleichsgröße im Vergütungsstreit** einsetzbar. Sie können auch als Orientierungsgröße für andere Branchen dienen, insbes. für Übersetzer. Dabei muss allerdings den Unterschieden zwischen den Branchen hinreichend Rechnung getragen werden.[366] Die **Indizwirkung dieser Vergütungsregeln** ergibt sich ähnlich wie bei nicht angenommenen Einigungsvorschlägen der Schlichtungsstelle (→ Rn. 35) aus der Tatsache, dass die − hier sogar wirksam aufgestellten − Vergütungsregeln von Sachkennern beider Seiten formuliert bzw. im Rahmen einer Mediation ausgehandelt und akzeptiert wurden.

---

[360] Vgl. schon die Kleine Anfrage aus den Kreisen der Bundestagsfraktion der FDP im April 2004, BT-Drs. 15/2937.
[361] Vgl. *Diesbach,* in Stern/Peifer/Hain (Hg.), Urhebervertragsrecht (2014), S. 85, 99.
[362] Überblick bei Wissenschaftliche Dienste Deutscher Bundes, WD 10 − 3000 − 059/16 (2016); Möhring/Nicolini/*Soppe* UrhG § 36 Rn. 113 (2018); *Soppe* NJW 2018, 729 (730) spricht von 13 GVR.
[363] Gemeinsame Vergütungsregeln für Autoren belletristischer Werke in deutscher Sprache, abgedruckt bei *Hillig,* Urheber- und Verlagsrecht, 11. Aufl. 2008; s. dazu auch *G. Schulze* GRUR 2005, 828 (830).
[364] LG München I ZUM 2006, 159 (163), gebilligt von BGH GRUR 2009, 1152 Rn. 32 − Talking to Addison; benso BGH GRUR 2011, 328 − Destructive Emotions.
[365] → Rn. 24 ff.
[366] Vgl. *v. Becker* ZUM 2006, 39 f., der die erheblichen Unterschiede zwischen Autoren und Übersetzern sowie ihren jeweiligen Interessen betont.

3. Übersetzer

97   Die **Verhandlungen über Vergütungsregeln im Bereich der literarischen Übersetzer** waren zunächst gescheitert.[367] Eine Schlichtungsstelle war zwar gebildet, aber ein Schlichtungsverfahren nicht eingeleitet worden. Die Nutzerseite hatte zuletzt in Form von BGB-Gesellschaften (Verlegervereinigung Belletristik und Verlegervereinigung Sachbuch) mit der Übersetzerseite verhandelt, sich nach dem Scheitern der Verhandlungen aber aufgelöst, um sich einem Schlichtungsverfahren entziehen zu können, und zwar – wie die Entscheidung des Kammergerichts bekräftigt – mit Erfolg.[368] Wegen des zusätzlichen Begehrens auf Feststellung der Verpflichtung des Börsenvereins, sich auf das Schlichtungsverfahren einzulassen, war die Sache zuständigkeitshalber an das LG Frankfurt a. M. verwiesen worden, das die Klage abgewiesen hat.[369] Stattdessen wurde mit einzelnen Verlagen über die Vereinbarung gemeinsamer Vergütungsregeln verhandelt. Am Ende dieser Verhandlungen stand der Entwurf einer Gemeinsamen Vergütungsregel, der eine nicht verrechenbare und nicht rückzahlbare Grundvergütung nach Normseiten in Kombination mit einer Absatzbeteiligung sowie einer Beteiligung an den Nebenrechtserlösen vorsah. Der Vorschlag wurde jedoch von der Mitgliederversammlung der Übersetzer abgelehnt.[370] Parallel zu den Verhandlungen über Gemeinsame Vergütungsregeln liefen eine Reihe von Klagen von Übersetzern auf Vertragsanpassung nach § 32,[371] von denen sich viele Übersetzer eine bessere Vergütung als nach den ausgehandelten Ergebnissen versprachen.[372] Letztlich teilte der BGH die Einschätzung der Instanzgerichte, dass eine **Signal- und Indizwirkung der Belletristik-Vergütungsregeln** anzunehmen ist und ausgehend von diesen unter Abschlägen die angemessene Vergütung für Übersetzer zu bestimmen ist.[373] Die gegen die BGH-Rechtsprechung eingelegte Verfassungsbeschwerde des Hanser-Verlages war erfolglos.[374] Diese Entwicklung hat immerhin dazu geführt, dass einige Verlage mit den literarischen Übersetzern erneut in Verhandlungen getreten sind, und zwar auch, um die aus Sicht der Verlage unbequemen Folgen der Rechtsprechung abzumildern.[375] Im März 2014 wurde eine Gemeinsame Vergütungsregel zwischen dem Verband der Übersetzer (VdÜ) und zunächst acht Verlagen (Hanser München, Hanser Berlin, Nagel & Kimche, Frankfurter Verlagsanstalt, Hoffmann & Campe, marebuch, Schöffling, Wallstein) vereinbart, die zum 1.4.2014 in Kraft getreten ist. Sie ist auf unbestimmte Zeit geschlossen und war mit einer Frist von 6 Monaten zum Jahresende erstmals zum 31.12.2016 kündbar.

98   Die **Gemeinsamen Vergütungsregeln für Übersetzungen**[376] gelten für Verlagsverträge und urheberrechtliche Nutzungsverträge über Übersetzungen mit Ausnahme der Übersetzung von Fachbüchern. Sie sehen (ab 2015) eine Grundvergütung von 19 Euro für eine Normseite (30 Zeilen à 60 Anschläge) vor, verlagsbezogen, auch niedriger, allerdings mindestens 15,– Euro, bei besonders anspruchsvollen Übersetzungen sind es 23 Euro. Hinzu kommt eine Absatzbeteiligung ab dem ersten Exemplar, die degressiv gestaffelt ist und sich am Nettoladenpreis bemisst. Bei Taschenbüchern ist die Absatzbeteiligung halbiert, bei Hörbüchern angehoben. Hinzu kommen Beteiligungen an Lizenzerlösen zwischen 5 % (Taschenbuchrechte) und 50 % (bei alleiniger Lizenzierung der Übersetzung). Außerhalb der Vergütungsbestimmungen sehen die GVR Abrechnungspflichten vor, die potentiell § 32d Abs. 4 betreffen.

4. Journalisten

99   Im Bereich des Journalismus sind zunächst die am 1.2.2010 nach sechsjährigen Verhandlungen[377] in Kraft getretenen Gemeinsamen Vergütungsregeln für **freie hauptberufliche Journalisten an Tageszeitungen** zu nennen. Die hier zwischen dem Zeitungsverlegerverband (BDZV) und dem Deutschen Journalisten-Verband (DJV) sowie ver.di vereinbarten Honorare orientieren sich mit Abschlägen am Tarifvertrag für arbeitnehmerähnliche freie Journalisten an Tageszeitungen. Vom persönlichen

[367] S. auch den Vorschlag für Übersetzervergütungsregeln des Verbands deutscher Schriftsteller – Bundessparte Übersetzer, veröffentlicht in KUR 2002, 110; sa *Loewenheim/v. Becker* § 29 Rn. 43 Fn. 86.

[368] Vgl. KG ZUM 2005, 229 f.

[369] LG Frankfurt a. M. ZUM 2006, 948: Der Börsenverein sei nicht passivlegitimiert und infolgedessen nicht iSd § 36 Abs. 2 zur Aufstellung gemeinsamer Vergütungsregeln ermächtigt.

[370] Vgl. *Czychowski/Nordemann* GRUR-RR 2010, 225 (226); *Schimmel* ZUM 2010, 90 (103).

[371] Vgl. LG München I AfP 2005, 569 (573 ff.); LG Berlin ZUM 2005, 904 ff.; LG München ZUM 2006, 73 ff. – nrkr; LG München ZUM 2006, 159 ff. – nrkr; LG München ZUM 2006, 154 ff. – nrkr; LG München ZUM 2006, 164 ff. – nrkr; LG Hamburg ZUM 2006, 683 ff.; LG Berlin ZUM 2006, 942 ff. – nrkr; LG Berlin ZUM-RD 2007, 194 ff.; OLG München ZUM 2006, 142 ff.; 2007, 308 ff. – nrkr; OLG München ZUM 2007, 317 ff. – nrkr; OLG München ZUM-RD 2007, 166 ff. – nrkr; OLG München ZUM-RD 2007, 182 ff. – nrkr.

[372] Vgl. *Schimmel* ZUM 2010, 95 (103).

[373] Vgl. BGH GRUR 2009, 1148 – Talking to Addision, sowie die Parallelverfahren BGH ZUM-RD 2010, 8; 2010, 62; ZUM 2010, 255; ZUM-RD 2010, 16; GRUR 2011, 328 – Destructive Emotions; vgl. hierzu → § 32 Rn. 31.

[374] BVerfGE 134, 204 = GRUR 2014, 169.

[375] So die Darstellung bei https://www.boersenblatt.net/790698.

[376] Abrufbar ua bei https://literaturuebersetzer.de/berufspraktisches/rechtliches/gemeinsame-verguetungsregel-gvr/.

[377] *Katzenberger* in Obergfell, Zehn Jahre reformiertes Urhebervertragsrecht, S. 55, 58.

Anwendungsbereich umfasst ist die Tätigkeit hauptberuflicher Journalisten für Tageszeitungen. Eine ausschließliche Tätigkeit für Tageszeitungen ist dagegen nicht erforderlich, weshalb auch freie Journalisten einbezogen sind.[378] Die Vergütung richtet sich nach dem Umfang des Beitrages sowie der Auflage[379] der Zeitung. Die Geltung der Vereinbarung erstreckt sich auf das Gebiet der Regionalverbände der Verleger, die dem BDZV zu Verhandlungen ermächtigt haben, dementsprechend soll sie sich nach Meinung einiger Gerichte nicht auf die Gebiete der übrigen Regionalverbände erstrecken,[380] was der BGH aber zu Recht für zweifelhaft hielt (→ Rn. 53).[381] Mit Inkrafttreten des Urhebervertragsrechtsreformgesetzes 2016 zum 1.3.2017 hat der BDZV die Vergütungsregeln gekündigt, obgleich der Text der GVR ein Kündigungsrecht nicht vorsieht. Begründet wurde die Kündigung mit der Einführung der Verbandsklagebefugnis in § 36b. Schon weil der Zusammenhang zwischen den GVR und der Einführung eines kollektiven Mechanismus unklar ist, dürfte die Kündigung fragwürdig sein.[382] Auch im Übrigen ist die Wirkung der Kündigung fragwürdig, da GVR keine Dauerschuldverhältnisse darstellen wie Tarifverträge, sondern lediglich die Angemessenheit der Vergütung festlegen. Dass die Vergütung durch die Einführung einer kollektiven Klagemöglichkeit unangemessen wird, ist kaum anzunehmen.

Nachdem weder ver.di/DJV noch der BDZV Widerspruch gegen den Schlichterspruch eingelegt haben, trat am 1.5.2013 die Gemeinsame Vergütungsregel für **Zeitungsfotos** in Kraft. Hier wurden die Honorare für Erst- und Zweitdruckrecht in Abhängigkeit von der Auflage der Zeitung und der Größe des Fotos geregelt.

Im Übrigen haben die genannten Vergütungsregeln auch für zeitlich vor deren Inkrafttreten gelieferte Beiträge eine starke Indizwirkung.[383] Die GVR sehen **Mindesthonorare für Text- und Vorgaben für Bildbeiträge** vor, die sich an Verkaufsauflage, Textgenre, Zeilenanzahl, Bildgröße sowie der Art des eingeräumten Rechts (Erstabdruck und Zweitabdruck) orientieren. So werden für das Zweitabdruckrecht einer Textzeile einer Nachricht bei einer Verkaufsauflage von bis zu 10 000 mindestens 38 Eurocent, für das Erstabdruckrecht der Zeile eines Leitartikels bei einer Auflage über 200 000 mindestens 165 Eurocent gezahlt. Bei Bildmaterial variieren die Sätze zwischen 14,50 Euro (Zweitabdruck eines Bildes, das kleiner als 1-spaltig ist in einer Zeitung mit einer Auflage bis zu 10 000) und 75,50 Euro (Erstabdruckrecht, 4-spaltig und größer, Auflage über 200 000). Bei **Archivnutzungen** kommt auch eine Erlösbeteiligung in Betracht (§ 9 Nr. 7). Mehrfache Nutzungen sind individuell zu vergüten. Zusätzlich enthalten sind Regelungen über Auslagenersatz (§ 5), Haftung, Fälligkeit und den Umfang der Rechteübertragung (teilweise relevant für § 40a).

Weiterhin wird verhandelt über Gemeinsame Vergütungsregeln für **freie Mitarbeiter an Zeitschriften** und **freie Fotojournalisten an Tageszeitungen.** Tarifliche Regeln, wie der Tarifvertrag für arbeitnehmerähnliche freie Journalistinnen und Journalisten an Tageszeitungen vom 29.6.2016 hatten Einfluss auch auf den Inhalt der GVR (vgl. dort §§ 5–7). Dagegen sehen die Manteltarifverträge für Redakteure und Redakteurinnen an Tageszeitungen (gültig ab 1.1.2011) und für Zeitschriftenredakteure (gültig ab 1.1.2014) keine werkbezogenen Vergütungen, sondern ein Festgehalt vor (§ 3). Unklar ist für freie Mitarbeiter, ob und welche Vergütungen für Online-Magazine als angemessen anzusehen sind[384] und ob die gesonderte Nutzung eines E-Papers neben der gedruckten Ausgabe eine weitere zu vergütende Nutzung ist.[385] Die Gerichte haben beides bisher abgelehnt.

5. Film, Rundfunk, und weitere Branchen

Nachdem seit mehreren Jahren zähe Verhandlungen liefen,[386] gibt es mittlerweile im Filmbereich **100** eine ganz Reihe von Gemeinsamen Vergütungsregeln, die → Vor §§ 88 Rn. 74 ff. kommentiert werden. Im Rahmen eines Schlichtungsverfahrens einigten sich der Bundesverband Kinematografie (BVK) mit der Constantin Film Produktion im März 2013 auf Gemeinsame Vergütungsregeln für **Kameraleute bei TV-Produktionen und Kinofilmen.** Diese sehen eine gestaffelte Beteiligung der Kameraleute an den Erträgen der Constantin Film Produktion iHv 0,85 % bzw. 1,6 % vor, die allerdings erst ab dem Zeitpunkt anfällt, in dem der Verwerter definierte Unkosten gedeckt hat und selbst einen Gewinn vereinnahmt hat.

Zudem wurden in trilateralen Verhandlungen zwischen dem Verband der Drehbuchautoren (VDD) und ZDF sowie der Produzentenallianz Rahmenbedingungen für Verträge zwischen **Drehbuchauto-**

---

[378] OLG Köln GRUR-RR 2014, 321 (322) – Lokalreporter.

[379] Wobei auf die Auflagen der Teilausgaben einer Zeitung abzustellen ist, in denen die fraglichen Beiträge tatsächlich erschienen sind, OLG Köln GRUR-RR 2014, 321 (322) – Lokalreporter.

[380] OLG Brandenburg ZUM 2015, 253 (255); LG Potsdam ZUM-RD 2013, 418 (420).

[381] BGH GRUR 2016, 1296 Rn. 24 – GVR-Tageszeitungen III (Aufhebung des in der vorigen Fußnote genannten Berufungsurteils und Zurückverweisung).

[382] *Wandtke/Leidl* ZUM 2017, 609 (614).

[383] OLG Karlsruhe ZUM 2015, 504.

[384] OLG Düsseldorf ZUM-RD 2010, 663.

[385] OLG Celle GRUR-RR 2016, 267 – Onlinezeitschrift.

[386] Vgl. *Schimmel* ZUM 2010, 95 (103 f.); vgl. umfassend zu den Vergütungsregeln im Filmbereich *Reber* GRUR 2013, 1106.

ren und Auftragsproduzenten aufgestellt.[387] Der Bundesverband der Film- und Fernsehregisseure (BVR) sowie der Bundesverband der Film- und Fernsehschauspieler (BFFS) verhandelten erfolgreich mit ProSiebenSat.1 über Gemeinsame Vergütungsregeln für **Regisseure bei Fernseh- und Kinofilmen** sowie für **Schauspieler bei Fernseh- und Kinofilmen.** Beide Vereinbarungen sehen neben einem Grundhonorar eine Erfolgsbeteiligung vor.

Der **VTV Design** ist nicht als Gemeinsame Vergütungsregel einzuordnen, da er als Tarifvertrag keine direkte Wirkung für Dritte entfaltet. Er kann jedoch ein Indiz für eine angemessene Vergütung sein.[388]

Im Bereich der öffentlich-rechtlichen und privaten **Rundfunkveranstalter** finden sich überwiegend tarifvertragliche Regeln, die zum Teil über § 12a TVG auch für arbeitnehmerähnliche Personen gelten. Bemühungen um GVR betreffen insbesondere Auftragsproduktionen, also gewissermaßen die Auslagerung der Produktion vom Werknutzer auf den direkten Vertragspartner der Urheber und ausübenden Künstler.

Keine GVR finden sich in den Bereichen Musik, Bühne, Fotografie, Grafik, Illustration, Architektur und **bildende Kunst.** Im zuletzt genannten Bereich bemüht sich der Bundesverband Bildender Künstlerinnen und Künstler vorrangig um die gesetzliche Einführung einer Ausstellungsvergütung für veröffentlichte Werke (für unveröffentlichte Werke vgl. § 18). Im Bereich **Musik** beschränken sich die Kreativen auf die kollektive Rechtewahrnehmung. Der Berufsverband für **Illustratoren** eV beklagt, dass die Breite des Einsatzes von Illustrationen so vielfältige Bereiche abdeckt (von der Lebensmittelverpackung über die fachmedizinische Illustration), dass es bereits herausfordernd ist, repräsentative Verwertervereinigungen zu finden. Das Konzept der GVR könnte daher an den Bedürfnissen dieser Kreativen vorbeigehen. Ähnliches dürfte für die in der **Werbung** Tätigen gelten. Der Verband Spiele-Autoren-Zunft eV, der **Game-Designer** vertritt, hat erfolglos mit Spieleherstellern Verhandlungen aufgenommen, die von den Herstellerverbänden mit Hinweis auf kartellrechtliche Bedenken begegnet wurden.[389] Insoweit könnten sich Versuche, unmittelbar mit Werknutzern zu verhandeln, als geeigneter erweisen.

§ 36a Schlichtungsstelle

(1) **Zur Aufstellung gemeinsamer Vergütungsregeln bilden Vereinigungen von Urhebern mit Vereinigungen von Werknutzern oder einzelnen Werknutzern eine Schlichtungsstelle, wenn die Parteien dies vereinbaren oder eine Partei die Durchführung des Schlichtungsverfahrens verlangt.**

(2) **Die Schlichtungsstelle besteht aus einer gleichen Anzahl von Beisitzern, die jeweils von einer Partei bestellt werden, und einem unparteiischen Vorsitzenden, auf dessen Person sich die beiden Parteien einigen sollen.**

(3) [1]**Wenn sich die Parteien nicht einigen, entscheidet das nach § 1062 der Zivilprozessordnung zuständige Oberlandesgericht auf Antrag einer Partei über**

1. die Person des Vorsitzenden,

2. die Anzahl der Beisitzer,

3. die Voraussetzungen des Schlichtungsverfahrens in Bezug auf

    a) die Fähigkeit der Werknutzer sowie Vereinigungen von Werknutzern und Urhebern, Partei des Schlichtungsverfahrens zu sein (§ 36 Absatz 1 Satz 1 und Absatz 2),

    b) ein Verfahren vor der Schlichtungsstelle, das auf Verlangen nur einer Partei stattfindet (§ 36 Absatz 3 Satz 2).

[2]**Solange der Ort des Schlichtungsverfahrens noch nicht bestimmt ist, ist für die Entscheidung das Oberlandesgericht zuständig, in dessen Bezirk der Antragsgegner seinen Sitz oder seinen gewöhnlichen Aufenthalt hat.** [3]**Für das Verfahren vor dem Oberlandesgericht gelten die §§ 1063 und 1065 der Zivilprozessordnung entsprechend.**

(4) [1]**Das Verlangen auf Durchführung des Schlichtungsverfahrens gemäß § 36 Abs. 3 Satz 2 muss einen Vorschlag über die Aufstellung gemeinsamer Vergütungsregeln enthalten.** [2]**Die Schlichtungsstelle stellt den Schriftsatz, mit dem die Durchführung des Verfahrens verlangt wird, der anderen Partei mit der Aufforderung zu, sich innerhalb eines Monats schriftlich zur Sache zu äußern.**

(4a) [1]**Jede Partei kann binnen drei Monaten nach Kenntnis vom Schlichtungsverfahren verlangen, dass die Schlichtungsstelle andere Vereinigungen von Urhebern zur Beteiligung auffordert, wenn der Vorschlag nach Absatz 4 Satz 1 Werke oder verbundene Werke betrifft, die üblicherweise nur unter Mitwirkung von weiteren Urhebern geschaffen werden können, die von den benannten Vereinigungen vertreten werden.** [2]**Absatz 4 Satz 2 ist entsprechend anzuwenden.**

---

[387] So auch *Katzenberger* in Obergfell, Zehn Jahre reformiertes Urhebervertragsrecht, S. 55, 58; zurückhaltend Wandtke/Bullinger/*Wandtke/Grunert/Hollenders* UrhG § 36a Rn. 38; Fromm/Nordemann/*Czychowski* UrhG § 36 Rn. 33.

[388] LG Stuttgart ZUM 2008, 163 (168).

[389] https://www.spieleautorenzunft.de/dokumentation-von-2012-13.html.

³Beteiligt sich die Vereinigung von Urhebern, so benennt sie und die Partei der Werknutzer je weitere Beisitzer.

(5) ¹Die Schlichtungsstelle fasst ihren Beschluss nach mündlicher Beratung mit Stimmenmehrheit. ²Die Beschlussfassung erfolgt zunächst unter den Beisitzern; kommt eine Stimmenmehrheit nicht zustande, so nimmt der Vorsitzende nach weiterer Beratung an der erneuten Beschlussfassung teil. ³Benennt eine Partei keine Mitglieder oder bleiben die von einer Partei genannten Mitglieder trotz rechtzeitiger Einladung der Sitzung fern, so entscheiden der Vorsitzende und die erschienenen Mitglieder nach Maßgabe der Sätze 1 und 2 allein. ⁴Der Beschluss der Schlichtungsstelle ist schriftlich niederzulegen, vom Vorsitzenden zu unterschreiben und beiden Parteien zuzuleiten.

(6) ¹Die Parteien tragen ihre eigenen Kosten sowie die Kosten der von ihnen bestellten Beisitzer. ²Die sonstigen Kosten tragen die Parteien der Urheber, die sich am Verfahren beteiligen, und die Partei der Werknutzer jeweils zur Hälfte. ³Sie haben als Gesamtschuldner auf Anforderung des Vorsitzenden zu dessen Händen einen für die Tätigkeit der Schlichtungsstelle erforderlichen Vorschuss zu leisten.

(7) ¹Die Parteien können durch Vereinbarung die Einzelheiten des Verfahrens vor der Schlichtungsstelle regeln. ²Die Schlichtungsstelle informiert nach Absatz 4a beteiligte Vereinigungen von Urhebern über den Gang des Verfahrens.

(8) Das Bundesministerium der Justiz wird ermächtigt, durch Rechtsverordnung ohne Zustimmung des Bundesrates die weiteren Einzelheiten des Verfahrens vor der Schlichtungsstelle zu regeln sowie weitere Vorschriften über die Kosten des Verfahrens und die Entschädigung der Mitglieder der Schlichtungsstelle zu erlassen.

Schrifttum: Vgl. das Schrifttumsverzeichnis zu § 32.

Übersicht

I. Allgemeines. Entstehungsgeschichte

§ 36a ergänzt § 36 und konkretisiert die dort in Abs. 3 und 4 enthaltenen Vorschriften über das Schlichtungsverfahren und die Schlichtungsstelle in verfahrensmäßiger Hinsicht.¹ § 36 betrifft die **Aufstellung Gemeinsamer Vergütungsregeln und erwähnt, dass diese über ein freiwilliges oder auch ein obligatorisches Schlichtungsverfahren** realisiert werden können. § 36 Abs. 3 regelt die Zulässigkeit des freiwilligen und die Anforderungen an das obligatorische Schlichtungsverfahren, Abs. 4 die Hauptaufgabe der Schlichtungsstelle. § 36a betrifft demgegenüber Zusammensetzung, Verfahren, Ziel und Kosten des Schlichtungsverfahrens. Abs. 1 wiederholt § 36 Abs. 3 und regelt, wer ein Schlichtungsverfahren vereinbaren darf. Abs. 2 regelt die Zusammensetzung der Schlichtungsstelle, Abs. 3 die Befugnisse des OLG im (obligatorischen) Schlichtungsverfahren, Abs. 4 dessen Voraussetzungen, Abs. 4a seine Erweiterung auf weitere Beteiligte, Abs. 5 die Beschlussfassung durch die Schlichtungsstelle, Abs. 6 die Kostentragungspflichten der aktiven Beteiligten, Abs. 7 die Dispositionsfreiheit der Parteien über das Verfahren und Abs. 8 die Möglichkeit, weitere Regelungen durch eine Rechtsverordnung zu erlassen. Zu den Grundgedanken der Gesamtregelung in den §§ 36 und 36a sowie zum rechtspolitischen Hintergrund und zur allgemeinen Entstehungsgeschichte ist auf die Ausführungen zu § 36 zu verweisen.² Die Aufteilung der in Professorenentwurf und Regierungsentwurf noch einheitlichen Regelung in zwei Vorschriften erfolgte aufgrund Beschlussempfehlung des Rechtsausschusses Das Schlichtungsverfahren hat seinen Charakter als freiwilliges Verfahren auch durch die Reform 2016 nicht verloren. Die Vorstöße, den Einigungsvorschlag im obligatorischen Schlichtungsverfahren durch eine gerichtliche Erklärung für bindend zu erklären,³ haben sich wegen der Befürchtung, die negative Koalitionsfreiheit der Beteiligten zu beeinträchtigen (vgl. → § 36 Rn. 71), nicht durchsetzen können. Die Neufassung durch Gesetz vom 20.12.2016 (BGBl. I S. 3037) ist zum 1.3.2017 wirksam geworden (§ 132 Abs. 3a).

1

¹ Vgl. bereits → § 36 Rn. 74.
² → § 36 Rn. 1 ff., insbes. 6 und 30 ff., insbes. 34 ff.
³ Vorschlag der Partei Bündnis 90/DIE GRÜNEN, BT-Drs. 18/7515.

2   In der Praxis zeigte sich, dass das obligatorische Schlichtungsverfahren erhebliches Blockadepotential für die nicht einigungswillige Partei bereitstellt. Ein Anliegen der **Urhebervertragsrechtsreform 2016** (→ Vor §§ 31 ff. Rn. 14) war es, das obligatorische Schlichtungsverfahren zu vereinfachen und zu straffen, insbesondere die Verfahrensvoraussetzungen einer weitgehenden Kontrolle durch das zuständigen OLG zu überantworten.[4] Daher wurde § 36a Abs. 3 S. 1 Nr. 3 sowie S. 2 eingefügt (→ Rn. 8). Ferner wurde die Widerspruchsfrist gegen einen Einigungsvorschlag der Schlichtungsstelle von drei Monaten auf sechs Wochen verkürzt (§ 36 Abs. 4) und zudem die Basis für das Schlichtungsverfahren durch Einfügung eines Abs. 4a in § 36a verbreitert. **Abs. 4a** ist·auf Empfehlung des Rechtsausschusses eingefügt worden.[5] Die Vorschrift geht auf den sog. „Münchener Entwurf" (→ Vor §§ 31 ff. Rn. 14) aus der Praxis zurück.[6] Sie soll insbesondere in Fällen kollektiver Werkschöpfung (Miturheberschaft) dafür sorgen, dass alle betroffenen Vereinigungen an dem Schlichtungsverfahren teilnehmen, so dass die Parallelverhandlung unterschiedlicher Vergütungsregeln für unterschiedliche Gruppen von Mitwirkenden vermieden wird. Die Vorschrift zielt insofern vor allem auf die Verbreiterung der Beteiligung betroffener Urheber im Filmbereich ab, ohne hierauf beschränkt zu sein.[7] Die Einfügung des Abs. 4a hat weitere redaktionelle Anpassungen erforderlich gemacht. So hat die Schlichtungsstelle gem. § 36a Abs. 4 S. 2 mit der Aufforderung zur Beteiligung zugleich den verfahrenseinleitenden Schriftsatz an die beteiligte Partei zu übermitteln; die Partei ist danach auch über den Fortgang zu informieren (Abs. 7). Beteiligt sich die aufgeforderte Partei, so hat sie auch das Recht, Beisitzer zu bestellen (§ 36a Abs. 4a S. 3). Damit können sie auch Kostenfolgen nach Abs. 6 treffen.

II. Schlichtungsverfahren und Bildung der Schlichtungsstelle (Abs. 1 und Abs. 2)

3   Die Vorschrift über die Bildung der Schlichtungsstelle in Abs. 1 wiederholt § 36 Abs. 3. § 36a Abs. 4 stellt zusätzlich klar, dass das in § 36 Abs. 3 S. 2 angesprochene „schriftliche Verlangen" dem „Verlangen auf Durchführung des Schlichtungsverfahren" iSv § 36a Abs. 1 entspricht.[8] Das schriftliche Verlangen auf Durchführung eines Schlichtungsverfahrens ist daher Voraussetzung und Anlass für die Bildung einer Schlichtungsstelle durch die Parteien gemäß § 36a Abs. 1. Diese Bildung der Schlichtungsstelle wird vom Gesetz mit einem normativen Indikativ („bilden" = sollen bilden) ausdrücklich verlangt.

4   Eine **Vereinbarung beider Parteien über die Bildung einer Schlichtungsstelle** zur Aufstellung Gemeinsamer Vergütungsregeln iSd *ersten* Alternative des § 36a Abs. 1 muss nicht, kann aber (teil-)identisch oder zumindest eng verbunden sein mit der logisch **vorgelagerten Vereinbarung über die Durchführung eines Schlichtungsverfahrens vor der Schlichtungsstelle** gemäß § 36 Abs. 3 S. 1. Diese beiden inhaltlich zu differenzierenden Arten von Vereinbarungen der Parteien[9] können zeitlich demnach auseinander fallen, etwa in dem Sinn, dass man sich zunächst grundsätzlich auf die Durchführung eines Schlichtungsverfahrens einigt und sich erst in einem späteren Zeitpunkt über die konkrete Bildung der Schlichtungsstelle verständigt. Der Begriff der Parteien ergibt sich hier wie dort aus § 36 Abs. 1 S. 1; er umfasst demgemäß auf Seiten der Kreativen Vereinigungen von Urhebern und/oder ausübenden Künstlern, auf Nutzerseite Vereinigungen von Werknutzern oder einzelne Werknutzer.[10] Soweit die Einzelregelung des Schlichtungsverfahrens nach § 36a betroffen ist, findet bezüglich der Nutzerseite keine weitere Differenzierung nach Vereinigungen und einzelnen Werknutzern statt.[11] Beide Seiten haben das Recht, weitere Beteiligte zur Teilnahme am Verfahren aufzufordern (Abs. 4a, vgl. → Rn. 2). Diese weiteren Beteiligten haben die Möglichkeit, nicht aber die Pflicht, sich am Verfahren zu beteiligen.

5   Das Schlichtungsverfahren findet demnach statt, wenn entweder eine Parteivereinbarung über die konkrete Bildung einer Schlichtungsstelle oder das schriftliche Verlangen (nur) einer Partei auf Durchführung eines Schlichtungsverfahrens (als Voraussetzung und Anlass für die Bildung einer Schlichtungsstelle) vorliegt. In entsprechender Anwendung von § 1044 ZPO[12] **beginnt das Schlichtungsverfahren mit dem Tag**, der von den Parteien vereinbart wurde, bzw. für den Fall des schriftlichen Verlangens (nur) einer Partei (obligatorisches Schlichtungsverfahren nach § 36 Abs. 3 S. 2) mit dem

---

[4] Begr. RegE BT-Drs. 18/8625, 19.

[5] Begr. RegE BT-Drs. 18/10637, 23.

[6] § 36 Abs. 3 ME lautet: „Jede der Parteien des Schlichtungsverfahrens kann verlangen, dass weitere Vereinigungen von Urhebern an dem Schlichtungsverfahren zu beteiligen sind, wenn die zu verhandelnden Gemeinsamen Vergütungsregeln Nutzungen von Werken oder von zu einer Gesamtheit verbundenen Werkbeiträgen zum Gegenstand haben, die in angemessener Weise nur unter Verwendung der Werke oder Werkbeiträge verschiedener Berufsgruppen von Urhebern erfolgen können."

[7] Begr. RA BT-Drs. 18/10637, 23; ebenso Münchner Entwurf, Begründung S. 16.

[8] Im Ergebnis ebenso Mestmäcker/Schulze/*Dördelmann* UrhG § 36 Rn. 3; sa Dreyer/*Kotthoff*/Meckel UrhG § 36a Rn. 6.

[9] Ebenso *C. Berger* Rn. 200.

[10] → § 36 Rn. 48 ff.; ebenso *C. Berger* Rn. 221 f.; Berger/Wündisch/*Berger* § 2 Rn. 137 f.; wegen der möglichen Beteiligung ausländischer Werknutzer und Kreativer s. *Hilty/Peukert* GRUR-Int 2002, 643 (663) sowie Berger/Wündisch/*Berger* § 2 Rn. 144.

[11] Wegen einer solchen Differenzierung bei § 36 UrhG Abs. 2 → § 36 Rn. 50 f.

[12] → § 36 Rn. 79 f.

Tag, an dem das schriftliche Verlangen nebst Angabe des Grundes sowie des Vorschlags gemäß § 36a Abs. 4 der anderen Partei zugestellt wurde.[13] Die Eröffnung des Verfahrens verpflichtet die Parteien, Beisitzer zu bestellen.[14] Die Urhebervertragsrechtsreform 2016 hat Abs. 4 S. 2 dahingehend verändert, dass die Schlichtungsstelle den verfahrenseröffnenden Schriftsatz gegenüber der anderen Partei mit der Aufforderung verbinden muss, sich innerhalb einer Monatsfrist zu äußern. Weitere betroffene Parteien sind nach Abs. 4a innerhalb einer Dreimonatsfrist zur Beteiligung aufzufordern. Beide Regelungen sorgen für eine zügige Verfahrensdurchführung.

Die **Bildung der Schlichtungsstelle** iSv § 36a Abs. 1 erfolgt,[15] wie sich aus Abs. 2 und 3 ergibt, **6** in erster Linie durch die einvernehmliche Festlegung der (gleichen) Anzahl von Beisitzern[16] sowie die Einigung auf einen unparteiischen Vorsitzenden. Letzteres kann auch den Beisitzern überlassen werden.[17] In dem vom Gesetz vorausgesetzten Regelfall erfordert dies (erneut) entsprechende Verhandlungen und Vereinbarungen der beteiligten Parteien.[18] Dies betrifft auch das obligatorische Schlichtungsverfahrens auf Verlangen nur einer Partei, sofern – etwa im Falle des § 36 Abs. 3 S. 2 Nr. 1 – noch keine Verhandlungen zwischen den Parteien vorausgegangen waren. Abs. 7 gibt den Parteien die Dispositionsmacht auch über Einzelheiten des Schlichtungsverfahrens.[19]

Die Weigerung einer der Parteien, in solche Gespräche und Verhandlungen über die Bildung der **7** Schlichtungsstelle einzutreten, verhindert nicht das Schlichtungsverfahren;[20] die in Abs. 2, 3 und 5 getroffenen gesetzlichen Vorkehrungen lassen vielmehr erkennen, dass die Bildung der Schlichtungsstelle auch bei fehlender Einigung der Parteien sowie ggf. auch gegen den Widerstand oder gegen die **Verweigerungshaltung der anderen Partei** erfolgen können soll. Einer gesonderten Klage auf Feststellung der Pflicht der Gegenpartei, sich auf das Schlichtungsverfahren einzulassen bedarf es daher nicht.[21] Das nach § 1062 ZPO zuständige Oberlandesgericht[22] kann zwecks Bestellung des unparteiischen Vorsitzenden, Bestimmung der Anzahl der Beisitzer und Beurteilung der Voraussetzungen des Schlichtungsverfahrens angerufen werden, wenn sich die Parteien trotz entsprechender Verhandlungen und trotz der ausdrücklichen Aufforderung des Gesetzes[23] hierüber nicht einigen konnten. Es kann auch angerufen werden, wenn eine Einigung deswegen nicht zustande kommt, weil wegen der Verweigerungshaltung einer Partei überhaupt keine derartigen Verhandlungen oder Gespräche zur konkreten Bildung der Schlichtungsstelle im Sinne von Abs. 1 stattgefunden haben, denn auch dies steht letztlich einer fehlenden Einigung gleich.[24] Jede andere Lösung würde den Grundgedanken des in § 36 Abs. 3 und 4 sowie in § 36a verankerten obligatorischen Schlichtungsverfahrens beeinträchtigen. Sie würde das Ziel des Gesetzes vereiteln, bei mangelnder Einigung der Parteien über die Aufstellung von Vergütungsregeln jedenfalls zu einem von Sachkennern ausformulierten (von den Parteien am Ende entweder angenommenen oder gemäß § 36 Abs. 4 durch Widerspruch abgelehnten) Einigungsvorschlag für Vergütungsregeln zu gelangen.[25] Das Gesetz stellt allerdings nicht sicher, dass der Einigungsvorschlag auch gegen den Willen einer Partei bindend wird.

Wegen des Zusammenhangs zwischen § 36a Abs. 1–4 und § 36 Abs. 3 hat die Bildung der Schlich- **8** tungsstelle allerdings nur unter den dort geregelten Voraussetzungen, im Falle eines obligatorischen Schlichtungsverfahrens nach den **Vorgaben in § 36 Abs. 3 S. 2** zu erfolgen.[26] Ein darüber hinaus gehender Zwang, etwa auch ein offensichtlich unzulässiges Verfahren zu beginnen, wäre unangebracht. Die Frage, wann und von welcher Stelle das Vorliegen dieser Voraussetzungen geprüft werden soll, betraf eine Schwachstelle des Gesetzes,[27] welche die Urheberrechtsreform 2016 zu beseitigen versuchte (nachfolgende → Rn. 9).

Da eine – auch abgelehnte – Vergütungsregel, selbst wenn sie im Rahmen eines verfahrensfehler- **9** haften Schlichtungsverfahrens zustande gekommen ist, gewisse Indizwirkungen entfalten kann, und da

---

[13] Ebenso *C. Berger* Rn. 200: einseitige Verfahrenseinleitung nach Maßgabe des § 36 UrhG Abs. 3 S. 2.

[14] Dreier/Schulze/*Schulze* UrhG § 36a Rn. 9.

[15] Wegen der Abfolge der Schritte bei der Bildung der Schlichtungsstelle s. auch *Haas* Rn. 240 ff.

[16] Nicht notwendigerweise auch schon deren konkrete Benennung; arg. aus Abs. 5 S. 3; ebenso *C. Berger* Rn. 201; *Haas* Rn. 247.

[17] *C. Berger* Rn. 205; Berger/Wündisch/*Berger* § 2 Rn. 179.

[18] Sie müssen sich „einigen"; so *Zentek/Meinke* S. 93; in diesem Sinne wohl auch das wegen Weiterverweisung an das LG Frankfurt a. M. unentschiedene Streitbeendigungsbegehren im Falle KG ZUM 2005, 229; kritisch zu diesem „etwas hilflos wirkenden" Ergebnis *v. Becker* ZUM 2005, 303 (305).

[19] → Rn. 17.

[20] Wegen der Folgen fehlender Einlassung oder fehlender Einigung bereits → § 36 Rn. 80 sowie → Rn. 9.

[21] AA offenbar KG ZUM 2005, 229 f.: Verweisung der Klage auf Feststellung einer Verpflichtung zur Durchführung eines Schlichtungsverfahrens an das LG Frankfurt a. M.; LG Frankfurt a. M. ZUM 2006, 948; kritisch aus der Sicht der gerichtlichen Zuständigkeit *v. Becker* ZUM 2005, 303 (305); kritisch auch *Ory* ZUM 2006, 914 (918); wegen der schwerwiegenden praktischen Konsequenzen einer generellen Verweigerungshaltung s. *Haas* Rn. 257.

[22] → Rn. 13.

[23] S. Abs. 2: die Parteien „sollen" sich einigen.

[24] Im Ergebnis ebenso *Haas* Rn. 239; sa KG ZUM 2005, 229 f.: Bestellungsverfahren soll schnelle Bildung der Schlichtungsstelle ermöglichen; Bedenken gegen die Zulässigkeit des Schlichtungsverfahrens wie etwa bzgl. der Repräsentativität der antragstellenden Vereinigung oder des Ermächtigtseins des Antragsgegners hindern nur, wenn ganz offensichtlich.

[25] Zur Indizwirkung eines nicht angenommenen Einigungsvorschlags → § 36 Rn. 35.

[26] → § 36 Rn. 81 ff.

[27] Überblick hierzu bei *v. Becker* ZUM 2007, 249 (255); ausführlich *Ory* ZUM 2006, 914.

die Schlichtungsstelle organisatorisch nicht in der Lage sein dürfte, die Zulässigkeitsvoraussetzungen des Schiedsverfahrens im Einzelnen zu überprüfen, sprach bereits bisher vieles dafür, dem OLG zumindest die Kompetenz zu einer **Offensichtlichkeitsprüfung auf Vorliegen der gesetzlichen Voraussetzungen** des Schlichtungsverfahrens nach § 36 Abs. 3 S. 2 sowie nach § 36a Abs. 4, ggf. auch nach § 36 Abs. 1 und 2 zuzusprechen.[28] Diese Frage wurde dadurch entschärft, dass § 36 Abs. 3 Nr. 3 in der Fassung des Gesetzes vom 20.12.2016 die Entscheidung über die Zulässigkeit des Verfahrens nun weitgehend dem zuständigen OLG überantwortet. Vorher hatte der BGH die Frage nach dem Umfang der Prüfungsbefugnis (Offensichtlichkeitsprüfung oder umfassende Prüfungsbefugnis) mit der Begründung dahinstehen lassen, dass das OLG nicht die Befugnis hat, mit bindender Wirkung über die Zulässigkeit oder Unzulässigkeit des Schlichtungsverfahrens als solches zu entscheiden.[29] Diese Entscheidung konnte damit vielmehr insbesondere im Rahmen einer **(negativen) Feststellungsklage** vor den ordentlichen Gerichten getroffen werden.[30] Das Verfahren vor dem OLG musste während der Dauer dieses Verfahrens ausgesetzt werden.[31] Dadurch kam es zu Verzögerungen und Blockaden des Einigungsverfahrens.

10   Die Bildung der Schlichtungsstelle ist abgeschlossen, wenn sie – mit oder ohne Einschaltung des OLG[32] – die gemäß Abs. 2 **vorgeschriebene Zusammensetzung**, bestehend aus einer gleichen Anzahl[33] von Beisitzern und einem unparteiischen Vorsitzenden, aufweist.[34] Hinsichtlich der Qualifikation der Mitglieder der Schlichtungsstelle (Vorsitzender und Beisitzer) trifft das Gesetz keine Aussagen;[35] es sollten fachkundige Personen (keineswegs nur Juristen) bestellt werden. Besonders wichtig für den erfolgreichen Ablauf des Verfahrens erscheint die Neutralität des Vorsitzenden, der dagegen nicht zwingend über detaillierte Branchenkenntnis verfügen muss. Diese wird über die von den Parteien zu benennenden Beisitzer in das Gremium eingebracht.[36] Aus dem Gesamtzusammenhang der Vorschriften in Abs. 2, 3 und 5 ergibt sich dabei, dass eine Schlichtungsstelle in der Besetzung mit nur einem Schlichter (dem Vorsitzenden allein) nicht gebildet werden kann; neben dem Vorsitzenden ist auf jeder Seite mindestens ein Beisitzer **(Dreierlösung als Mindestlösung)** vorzusehen.[37] Bei der Frage wie viele Beisitzer je Partei vorzusehen sind, sind die Gegebenheiten des konkreten Verfahrens zu berücksichtigen. Nur ein Beisitzer pro Partei wird regelmäßig nicht ausreichen, um die verschiedenen Interessenverbände innerhalb der Partei angemessen zu vertreten. Im Sinne eines möglichst zügigen Verfahrens sind nicht mehr Beisitzer als erforderlich einzubeziehen.[38] Um die Herstellung konsensfähiger Ergebnisse innerhalb einer Gruppe zu ermöglichen, kann sich eine ungerade Zahl von Beisitzern für jede Seite empfehlen.[39] Fällt ein Beisitzer weg, so ist ein neuer Beisitzer zu bestellen, ohne dass das Schlichtungsverfahren nochmals von vorne beginnen müsste.[40] Wie sich jedoch aus Abs. 5 S. 3 (erste Alternative) ergibt, müssen nicht alle Beisitzer beider Parteien konkret benannt sein,[41] so dass auch eine im Sinne unvollständig besetzte Schlichtungsstelle funktions- und beschlussfähig ist. Andererseits müssten zur Herbeiführung der Beschlussfähigkeit gemäß Abs. 5 S. 3 iSd hier geforderten Plurals („die erschienenen Mitglieder") neben dem Vorsitzenden mindestens zwei Beisitzer der Parteien erschienen sein; bei nur einem erschienenen Beisitzer wäre eine Beschlussfassung im ersten Durchgang „zunächst unter den Beisitzern"[42] gemäß Abs. 5 S. 2 Hs. 1 demnach ausgeschlossen. Eine solche Situation würde insbesondere bei sog. Dreierlösung eintreten, wenn zwar der einzige Beisitzer der einen Partei in der Sitzung erscheint, der einzige bestellte, ggf. auch benannte Beisitzer der anderen Partei ihr jedoch fernbleibt.

11   Zu fragen ist deshalb, ob ganz generell wie insbesondere speziell in diesem Fall der Dreierlösung das **Erscheinen nur eines Beisitzers** (neben dem Vorsitzenden) für die Beschlussfähigkeit ausreicht.

---

[28] Offengelassen in BGH GRUR 2011, 808 f.; die Kompetenz zu einer Offensichtlichkeitsprüfung bejahend siehe OLG München ZUM 2016, 451 (452); aA noch die Vorauflage; *Ory* ZUM 2006, 914; *Ory* AfP 2002, 93 (102); tendenziell auch v. *Becker* ZUM 2005, 303 (305); Berger/Wündisch/*Berger* § 2 Rn. 181.

[29] BGH GRUR 2011, 808 (809) – Aussetzung eines Schlichtungsverfahrens.

[30] BGH GRUR 2011, 808 (809) – Aussetzung eines Schlichtungsverfahrens; OLG München GRUR-RR 2011, 441; so auch LG München I ZUM 2015, 823 (825 f.); ZUM-RD 2013, 84 (85 f.); ZUM 2012, 1000 (1002); Fromm/Nordemann/*Czychowski* UrhG § 36 Rn. 45.

[31] BGH GRUR 2011, 808 (808 f.) – Aussetzung eines Schlichtungsverfahrens.

[32] → Rn. 13.

[33] Also einer geraden Anzahl; Dreyer/*Kotthoff*/Meckel UrhG § 36a Rn. 9.

[34] Wegen der Kriterien für die Unparteilichkeit des Vorsitzenden Wandtke/Bullinger/*Wandtke/Grunert/Hollenders* UrhG § 36a Rn. 6; wegen seiner möglichen Abberufung wegen später begründeter Parteilichkeit durch Anrufung des OLG entsprechend Abs. 3 S. 1 Dreyer/*Kotthoff*/Meckel UrhG § 36a Rn. 10; ein eine Partei begünstigender Einigungsvorschlag oder schon die Erkennbarkeit einer entsprechenden Beurteilung darf aber nicht als Parteilichkeit gedeutet werden.

[35] *Flechsig/Hendricks* ZUM 2002, 423 (430).

[36] OLG München GRUR-RR 2011, 441 (443) – Schlichtungsstellenbesetzung.

[37] Ebenso Dreier/Schulze/*Schulze* UrhG § 36a Rn. 6; Wandtke/Bullinger/*Wandtke/Grunert/Hollenders* UrhG § 36a Rn. 4; Berger/Wündisch/*Berger* § 2 Rn. 174; sa KG ZUM 2005, 229 f.: fünf Beisitzer auf jeder Seite.

[38] OLG München GRUR-RR 2011, 441 (443) – Schlichtungsstellenbesetzung: Das OLG sah den Vorschlag von jeweils zwei Beisitzern als angemessen und ausreichend an.

[39] So. Wandtke/Bullinger/*Wandtke/Grunert/Hollenders* UrhG § 36a Rn. 4.

[40] So. *C. Berger* Rn. 202; Berger/Wündisch/*Berger* § 2 Rn. 175.

[41] → Rn. 18.

[42] → Rn. 23.

Man könnte etwa trotz des Plurals in Abs. 5 S. 2 und 3 im ersten Durchgang eine Beschlussfassung ohne Einschaltung des Vorsitzenden auch durch nur einen Beisitzer zulassen, der dann das Ergebnis allein bestimmen würde, so dass ein zweiter Durchgang gar nicht mehr erforderlich wäre. Sicherlich wäre eine solche Lösung besonders unter dem den §§ 36 und 36a zugrunde liegenden Gesichtspunkt des beiderseitigen „Aushandelns" von Vergütungsregeln äußerst zweifelhaft; andererseits ist jedoch zu bedenken, dass es die andere Partei bei einer Dreierlösung stets in der Hand hätte, durch Nichterscheinen ihres einzigen Beisitzers die gesamte Beschlussfassung zu blockieren. Im Ergebnis wird man deshalb die Beschluss*fähigkeit* auch bei Anwesenheit nur eines einzigen Beisitzers neben dem Vorsitzenden bejahen müssen, gleichzeitig aber eine Beschluss*fassung* nur unter Einschaltung des Vorsitzenden nach Maßgabe des Abs. 5 S. 2 Hs. 2 bzw. S. 3, also unmittelbar im zweiten Durchgang (bei Ausfall des ersten Durchgangs) zulassen müssen. Im Ergebnis muss also zur Herbeiführung der Beschlussfähigkeit neben dem Vorsitzenden mindestens ein Beisitzer irgendeiner der Parteien erschienen sein; in der Besetzung allein mit dem Vorsitzenden ist die Schlichtungsstelle nicht ausreichend besetzt und nicht beschlussfähig, soweit es sich nicht um reine Verfahrensbeschlüsse (zB Anberaumung eines neuen Sitzungstermins) handelt.

Die private, nicht hoheitliche[43] Schlichtungsstelle ist im Übrigen **für jeden Fall ad hoc neu zu** **12** **bilden.** Das **Fehlen eines institutionellen Unterbaus**[44] bzw. einer Dauereinrichtung[45] erschwert aber die Erreichung rascher Ergebnisse, da bei mangelnder Einigung der Parteien und der damit verbundenen Einschaltung des OLG schon die Bildung der Schlichtungsstelle selbst die Überwindung einer Reihe von Verfahrenshindernissen erfordert.[46] Es bleibt den Parteien (ggf. auch solchen aus mehreren Branchen und Teilbranchen) aber unbenommen, eine bestimmte Besetzung der Schlichtungsstelle aus früheren Verfahren erneut zu vereinbaren oder eine solche Besetzung iS einer Rahmenvereinbarung festzulegen und dabei ein Minimum an institutionellem Unterbau (zB ein Sekretariat) selbst zu schaffen.

III. Einschaltung des Oberlandesgerichts (Abs. 3)

Die **Zuständigkeit des OLG** wurde durch die Urhebervertragsrechtsreform 2016 erweitert. Dies **13** erfolgte, um die Möglichkeit verzögernder und das Einigungsverfahren blockierender (negativer) Feststellungsklagen[47] gegen einzelne Voraussetzungen des obligatorischen Schlichtungsverfahrens zu begrenzen.[48] Das OLG kann nunmehr nach Abs. 3 S. 1 Nr. 1 über die Person des Vorsitzenden, nach Abs. 3 S. 1 Nr. 2 über die Zahl der Beisitzer und (neu) nach Nr. 3 auch über die Voraussetzungen des Schlichtungsverfahrens entscheiden. Zu Letzterem zählt zum einen die Entscheidung über die Fähigkeit von Vereinigungen und Werknutzern, am Verfahren teilzunehmen (§ 36 Abs. 2)[49] und zum anderen die Entscheidung über die drei Voraussetzungen des obligatorischen Schlichtungsverfahrens nach § 36 Abs. 3.[50] Einer (negativen) Feststellungsklage über diese Fragen fehlt damit das Rechtsschutzbedürfnis.[51] **Örtlich zuständig** ist das OLG am vereinbarten Ort des Verfahrens; solange dieser Ort nicht feststeht, ist das OLG, in dessen Bezirk der Antragsgegner seinen Sitz oder gewöhnlichen Aufenthalt hat, seit der Reform 2016 zuständig (§ 36a Abs. 3 S. 2). Für Entscheidungen nach Abs. 3 S. 1 Nr. 1 (Bestellung des Vorsitzenden) und Nr. 2 (Festlegung der Zahl der Beisitzer)[52] ergab sich dies auch bisher kraft der entsprechenden Verweisung in Abs. 3 S. 1 aus § 1062 ZPO, der freilich im Hinblick darauf, dass das Buch 10 der ZPO (§§ 1025–1066) das schiedsrichterliche Verfahren, nicht aber Verfahren vor Schlichtungsstellen betrifft, nur entsprechend anwendbar ist; Letzteres gilt auch für die übrigen einschlägigen Vorschriften des Zehnten Buches.[53]

Kompetenziell zuständig ist der für Urheberrechtsstreitsachen zuständige Senat innerhalb des **14** OLG. Auch wenn das Schlichtungsverfahren keine Urheberrechtsstreitsache als Klageverfahren ist, werden urheberrechtliche Fragen behandelt.[54]

Eine Zuständigkeit des OLG nach § 1062 Abs. 1 Nr. 3 (vorläufige und sichernde Maßnahmen) **15** und Nr. 4 ZPO (Aufhebung bzw. Vollstreckbarerklärung des Schiedsspruchs) scheidet wegen der **andersartigen Natur des Schlichtungsverfahrens** von vornherein aus; dieses kennt angesichts seiner in der Aufstellung Gemeinsamer Vergütungsregeln bestehenden Finalität nicht die Anordnung

---

[43] So. *Jacobs* NJW 2002, 1905 (1908).
[44] Bereits → § 36 Rn. 38.
[45] So. Dreier/Schulze/*Schulze* UrhG § 36a Rn. 2.
[46] → Rn. 6 ff.
[47] Vgl. OLG München ZUM 2016, 451 (452).
[48] Begr. RegE BT-Drs. 18/8625, 19.
[49] Vgl. LG München I GRUR-RR 2015, 369 – Werknutzer.
[50] Vgl. früher KG ZUM 2005, 229 (230).
[51] Vgl. Fromm/Nordemann/*Czychowski* § 36a Rn. 4, 6.
[52] Nicht etwa der – allein von den Parteien bestimmten – *Personen* der Beisitzer; s. Wandtke/Bullinger/*Wandtke/Grunert/Hollenders* UrhG § 36a Rn. 4 und 7.
[53] Arg. aus § 1066 ZPO; so Fromm/Nordemann/*Czychowski* UrhG § 36a Rn. 9.
[54] So auch Dreier/Schulze/*Schulze* UrhG § 36a Rn. 4; Fromm/Nordemann/*Czychowski* UrhG § 36a Rn. 5 („tunlichst dem für Urheberrecht zuständigen Senat zuzuweisen"); aA wohl KG ZUM 2005, 229.

vorläufiger oder sichernder Maßnahmen; auch ist das Ergebnis (der begründete Einigungsvorschlag nach § 36 Abs. 4), abgesehen von der einem angenommenen Einigungsvorschlag von Gesetzes wegen zukommenden Vermutungswirkung nach § 32 Abs. 2 S. 1, in keiner Weise vollstreckbar.[55]

16   Im Übrigen gelten gemäß § 36a Abs. 3 S. 3 für das **Verfahren vor dem OLG** die §§ 1063, 1065 ZPO entsprechend. Angesichts der andersartigen Natur des Schlichtungsverfahrens nach §§ 36, 36a kommen für eine entsprechende Anwendung jedoch nur § 1063 Abs. 1[56] und Abs. 4[57] sowie die Vorschriften über Rechtsmittel in § 1065 in Frage. Letztere gelten jedoch ebenfalls nur in stark eingeschränkter Form, da die wichtigsten Entscheidungen das OLG im Rahmen von § 36a Abs. 3, nämlich die Bestellung des Vorsitzenden sowie die Entscheidung über die Zahl der Beisitzer, in entsprechender Anwendung von § 1065 Abs. 1 S. 1 und S. 2 iVm § 1062 Abs. 1 Nr. 1 ZPO[58] unanfechtbar sind.[59]

IV. Die Befugnis zur Regelung von Einzelheiten des Verfahrens (Abs. 7–Abs. 8)

17   Grundsätzlich hat das Verfahren vor der Schlichtungsstelle allgemeinen rechtsstaatlichen Grundsätzen, insbesondere dem Grundsatz des rechtlichen Gehörs zu genügen.[60] Die Einzelheiten des Schlichtungsverfahrens können gemäß Abs. 7 und 8 durch Vereinbarung der Parteien wie insbesondere auch durch Rechtsverordnung geregelt werden. Die **Regelung durch Parteivereinbarung** kann entweder bereits anlässlich der (grundsätzlichen) Vereinbarung des Schlichtungsverfahrens gemäß § 36 Abs. 3 S. 1 oder anlässlich der Vereinbarung über die Bildung einer Schlichtungsstelle gemäß § 36a Abs. 1 (erste Alt.) erfolgen.[61] Da im Regelfall selbst dann, wenn die Bildung der Schlichtungsstelle aufgrund eines schriftlichen Verlangens nur einer Partei erfolgt (§ 36a Abs. 1, zweite Alt.), entsprechende Gespräche und Verhandlungen über deren konkrete Besetzung zu führen sind, kann eine solche Vereinbarung über die Einzelheiten des Schlichtungsverfahrens auch noch in diesem Rahmen getroffen werden.[62] Im Übrigen kann eine Vereinbarung auch nach diesem Zeitpunkt sowie jederzeit auch bereits vorher, ggf. auch als Rahmenvereinbarung für mehrere Fälle von Schlichtungsverfahren nach den §§ 36, 36a getroffen werden.[63] Eine Abweichung von den Vorschriften in § 36a Abs. 2–5 ist zwar möglich, doch handelt es sich dann im strengen Sinn nicht mehr um „das" Schlichtungsverfahren nach § 36a Abs. 4, sondern um ein selbstbestimmtes Verfahren zur konsensualen Aufstellung von Vergütungsregeln iSv § 36 Abs. 1.[64] Bei einseitigem Parteiverlangen gemäß § 36 Abs. 3 S. 2 bzw. § 36a Abs. 1 (zweite Alt.) kann die Partei auf der Anwendung der gesetzlichen Vorschriften für das Schlichtungsverfahren bestehen.

18   Die Ermächtigung zur **Regelung durch Rechtsverordnung** des Bundesministeriums der Justiz (ohne Zustimmung des Bundesrates) in Abs. 8 betrifft die „weiteren" Einzelheiten des Verfahrens vor der Schlichtungsstelle. Dies ist zunächst als Ergänzung zu den in Abs. 5 enthaltenen Vorschriften (insbesondere über die Beschlussfassung der Schlichtungsstelle) zu verstehen, die das Verfahren *vor* der Schlichtungsstelle, dh das Verfahren im Rahmen der bereits gebildeten Schlichtungsstelle, also die eigentliche Schlichtung betreffen. Bei weiter Auslegung können darunter aber auch weitere Einzelheiten des Schlichtungsverfahrens insgesamt einschließlich der die Bildung der Schlichtungsstelle regelnden Vorschriften in § 36 Abs. 3 und § 36a Abs. 1–4 fallen, zumal § 36 Abs. 3 ganz allgemein vom „*Verfahren* zur Aufstellung Gemeinsamer Vergütungsregeln *vor der Schlichtungsstelle*" handelt. In Frage kommen also etwa Vorschriften über den genauen Beginn der in § 36 Abs. 3 Nr. 1 und 2 geregelten Fristen, über den Zugang des schriftlichen Verlangens der Partei gemäß § 36 Abs. 3 S. 2 oder über formale Einzelheiten bezüglich des Ergebnisses des Schlichtungsverfahrens, nämlich Vorlage eines begründeten Einigungsvorschlags gemäß § 36 Abs. 4; hier wäre etwa an Vorschriften bzgl. der Zuleitung des Einigungsvorschlags an die Parteien zu denken, eine Frage, wie sie unter dem Gesichtspunkt der Zuleitung des Beschlusses der Schlichtungsstelle bereits in § 36a Abs. 5 S. 4 angesprochen ist. Auch Vorschriften über die Veröffentlichung der Einigungsvorschläge iSd vom Gesetzgeber durchaus gewünschten Breitenwirkung[65] können in Frage kommen.[66] In entsprechender Weise ist die zusätzliche Ermächtigung zum Erlass „weiterer" Vorschriften über die Kosten des Verfahrens und die Entschädigung der Mitglieder der Schlichtungsstelle in Abs. 8 iS einer Ergänzung zu den bereits beste-

---

[55] → § 36 Rn. 17 und 89.
[56] Entscheidung durch Beschluss nach Anhörung des Gegners; Dreyer/*Kotthoff*/Meckel UrhG § 36a Rn. 12.
[57] Anträge und Erklärungen zu Protokoll der Geschäftsstelle vor Anordnung einer mündlichen Verhandlung.
[58] Bestellung eines Schiedsrichters.
[59] Insoweit ebenso *C. Berger* Rn. 203; Berger/Wündisch/*Berger* § 2 Rn. 181; Dreyer/*Kotthoff*/Meckel UrhG § 36a Rn. 12; Dreier/Schulze/*Schulze* UrhG § 36a Rn. 7; Wandtke/Bullinger/*Wandtke/Grunert/Hollenders* UrhG § 36a Rn. 8; Fromm/Nordemann/*Czychowski* UrhG § 36a Rn. 7; aA offenbar *Haas* Rn. 244.
[60] S. Wandtke/Bullinger/*Wandtke/Grunert/Hollenders* UrhG § 36a Rn. 16; Dreyer/*Kotthoff*/Meckel UrhG § 36a Rn. 4.
[61] Zur Regelung von Kostenfragen in diesem Rahmen s. *Flechsig/Hendricks* ZUM 2002, 423 (431).
[62] → Rn. 6.
[63] Wegen der möglichen Probleme bei der Übernahme „fremder" Verfahrensregeln s. *Haas* Rn. 266.
[64] So Wandtke/Bullinger/*Wandtke/Grunert/Hollenders* UrhG § 36a Rn. 14 f.
[65] → § 36 Rn. 47.
[66] Ebenso Dreier/Schulze/*Schulze* UrhG § 36a Rn. 22.

henden Vorschriften über die Kosten in Abs. 6 zu verstehen.[67] Im Übrigen wäre eine baldige derartige Regelung weiterer Einzelheiten des Schlichtungsverfahrens durch Rechtsverordnung, die bisher nicht erlassen wurde, durchaus wünschenswert.[68] Derzeit ist allerdings damit nicht zu rechnen.

Die Regelung „weiterer" Einzelheiten des Verfahrens durch Rechtsverordnung bezieht sich trotz **19** der insoweit systematisch etwas verfehlten Abfolge von Abs. 7 und 8 im Übrigen nicht auf die ebenfalls zugelassene Regelung der Einzelheiten des Schlichtungsverfahrens durch Parteivereinbarung,[69] schon weil die Regelungen auf unterschiedlichen Ebenen liegen. Die Regelung durch Rechtsverordnung bezieht sich auf alle gemäß §§ 36, 36a durchzuführenden Schlichtungsverfahren, während sich die Parteivereinbarung jeweils nur auf ein konkretes, zwischen den betroffenen Parteien durchzuführendes Schlichtungsverfahren[70] bezieht. Auch aus praktischer Sicht wäre es dem Verordnungsgeber – von zufälligen Kenntnissen abgesehen – kaum möglich, einschlägige Regelungen von Verfahrenseinzelheiten in Vereinbarungen von Parteien zu kennen, die dann durch die Regelung „weiterer" Einzelheiten ergänzt werden könnten. Dennoch stellt sich die Frage des **Verhältnisses von Regelungen durch Parteivereinbarung nach Abs. 7 zu solchen kraft Rechtsverordnung nach Abs. 8.** Genauso wenig wie die Parteien die zwingenden gesetzlichen Vorschriften in § 36a Abs. 5 durch vertragliche Vereinbarungen beiseitesetzen könnten, könnten sie dies auch nicht gegenüber durch Rechtsverordnung geregelten Einzelheiten des Schlichtungsverfahrens tun, soweit dort nicht ausdrücklich eine abweichende Regelung durch Parteivereinbarung zugelassen wird.[71]

V. Ablauf der Schlichtung. Beratung und Beschlussfassung bei fehlender Parteivereinbarung (Abs. 4–6)

1. Vorbereitung der Sitzung

Unter Berücksichtigung der in § 36a Abs. 2–6 sowie § 36 Abs. 4 enthaltenen grundsätzlichen Vor- **20** schriften über Besetzung und Beschlussfassung der Schlichtungsstelle sowie über die Vorlage eines begründeten Einigungsvorschlags zeichnet sich für den Regelfall ein **bestimmter Ablauf des Verfahrens** vor der Schlichtungsstelle ab,[72] vorausgesetzt ihre – durch Einigung der Parteien oder Ersatzbestellung durch das OLG zustande gekommene – Zusammensetzung mit dem unparteiischen Vorsitzenden und einer gleichen Anzahl von Beisitzern steht fest.[73] Andererseits wird es aber zunächst Aufgabe des Vorsitzenden sein, zu der ersten Sitzung (später auch zu weiteren Sitzungen) der Schlichtungsstelle an dem von den Parteien vereinbarten oder von ihm festzulegenden Ort einzuladen;[74] spätestens zu diesem Zeitpunkt hat er die Parteien auch zur Benennung der von ihnen in die Schlichtungsstelle zu entsendenden Beisitzer innerhalb einer solchen Frist aufzufordern, dass eine rechtzeitige Einladung der sodann benannten Beisitzer gemäß § 36a Abs. 5 S. 3 noch möglich ist.[75] Freilich kann der Vorsitzende bis zum Beginn der Sitzung nicht sicher sein, ob die gemäß Abs. 5 mindestens erforderliche Zahl von Beisitzern der Parteien auch konkret benannt wird und nach der erforderlichen Einladung sodann auch erscheint. Auch wenn sitzungsvorbereitende Absprachen zwischen dem Vorsitzenden und den Beisitzern (etwa über den konkreten Sitzungsort) außerhalb der Sitzungen möglich sind, erfolgt die Beschlussfassung gemäß Abs. 5 S. 1 zwingend nach mündlicher Beratung, also in mündlicher Verhandlung.[76] Unter dem Gesichtspunkt der Kostenreduzierung wird man auch Videokonferenzen, ggf. sogar Telefonkonferenzen zuzulassen haben.[77] Ein rein schriftliches Verfahren (etwa ein rein schriftliches Umlauf- und Anhörungsverfahren) entsprechend § 1047 ZPO ist demnach ausgeschlossen.[78] Der Ausschluss des rein schriftlichen Verfahrens ergibt sich auch aus der Regelung über die Folgen des Erscheinens oder Nichterscheinens benannter Beisitzer in Abs. 5 S. 3.

---

[67] → Rn. 27.

[68] Ebenso mit Nachdruck *Haas* Rn. 267; Dreyer/*Kotthoff*/Meckel UrhG § 36a Rn. 3; aA *C. Berger* Rn. 212; *W. Nordemann,* Das neue UVR, UrhG § 36a Rn. 8: mit Ausnahme einer sofort notwendigen KostenVO Erlass zunächst noch aufschieben; zweifelnd *Flechsig/Hendricks* ZUM 2002, 423 (431).

[69] → Rn. 17.

[70] Ggf. im Sinne einer Rahmenvereinbarung auch auf mehrere konkrete Verfahren dieser Art; → Rn. 12.

[71] AA *C. Berger* Rn. 211 und Berger/Wündisch/*Berger* § 2 Rn. 186; *Haas* Rn. 268: Verordnung im Wesentlichen subsidiär.

[72] S. im Einzelnen auch *Haas* Rn. 251 ff.

[73] → Rn. 10.

[74] Vgl. *C. Berger* Rn. 208; Berger/Wündisch/*Berger* § 2 Rn. 183; Dreyer/*Kotthoff*/Meckel UrhG § 36a Rn. 14; Wandtke/Bullinger/*Wandtke*/*Grunert*/Hollenders UrhG § 36a Rn. 17.

[75] So sinngemäß *W. Nordemann,* Das neue UVR, UrhG § 36a Rn. 5; für eine einvernehmliche Bestimmung dieser Frist durch die Parteien *C. Berger* Rn. 201.

[76] S. Wandtke/Bullinger/*Wandtke*/*Grunert*/*Hollenders* UrhG § 36a Rn. 16; s. auch Dreier/Schulze/*Schulze* UrhG § 36a Rn. 11.

[77] *C. Berger* Rn. 229; Berger/Wündisch/*Berger* § 2 Rn. 200.

[78] Ebenso Mestmäcker/Schulze/*Dördelmann* UrhG § 36a Rn. 9; s. daneben *C. Berger* Rn. 226 sowie Berger/Wündisch/*Berger* § 2 Rn. 200: Nur Beratung des Spruchkörpers ist zwingend mündlich; im Übrigen kann Verfahren auch schriftlich erfolgen oder auf andere Weise etwa durch Videokonferenz; zweifelnd Fromm/Nordemann/*Czychowski* UrhG § 36a Rn. 13; für die Möglichkeit eines schriftlichen Verfahrens Dreier/Schulze/*Schulze* UrhG § 36a Rn. 11.

2. Beratung durch die Schlichtungsstelle

21   Die **Beratung durch die Schlichtungsstelle** dient – vorbehaltlich der Beschlussfassung iSv Abs. 5[79] – naturgemäß ganz dem Ziel, möglichst einvernehmlich zur Aufstellung gemeinsamer Vergütungsregeln mit der Rechtswirkung gemäß § 32 Abs. 2 S. 1 für die betreffende Branche oder Teilbranche der Kultur- und Medienwirtschaft zu gelangen. Die gemäß Abs. 5 S. 1 zwingende mündliche Beratung muss den Mindestanforderungen an ein rechtsstaatliches Verfahren, insbesondere dem Grundsatz des rechtlichen Gehörs genügen.[80] Die Verhandlung ist jedoch nicht öffentlich.[81] Dem Vorsitzenden kommt im Übrigen, wie auch die Regelung über die Beschlussfassung im ersten Durchgang nach Abs. 1 S. 2 zeigt, teilweise eine nur moderierende Rolle im Sinne eines Mediators zu, wie überhaupt das Schlichtungsverfahren Züge einer Mediation aufweist.[82] Aus diesem Grunde unterliegen auch die von den Parteien benannten Beisitzer (anders als etwa alle Schiedsrichter gemäß § 1035 ZPO, s. insbes. dort Abs. 5 S. 1) nicht dem Gebot der Unabhängigkeit, sondern sie können an Weisungen der Parteien gebunden werden.[83] Im Gesetz kommt die Zulässigkeit von Parteiweisungen an die von ihnen bestellten Beisitzer indirekt durch Charakterisierung nur des Vorsitzenden (und gerade nicht der Beisitzer) als unparteiisch zum Ausdruck (Abs. 2). Die Beisitzer fungieren demnach als Vertreter der Parteien, die sie benannt haben, auch wenn ihnen ein gewisser Verhandlungsspielraum zugestanden werden muss. Sie sollen eben den Sachverstand beider Parteien repräsentieren und in der Schlichtungsstelle zusammenführen,[84] was laufende (informelle) Rücksprachen mit anderen Fachleuten der beteiligten Parteien naturgemäß nicht ausschließt. Die formelle Beiziehung weiterer Sachverständiger sollte aber aus eben diesem Grund normalerweise unterbleiben, es sei denn, die Parteien einigen sich vorweg über die Kostentragung.

22   Im Falle eines auf Verlangen (nur) einer Partei gemäß § 36 Abs. 3 S. 2 durchgeführten (obligatorischen) Schlichtungsverfahrens ist der Beratung zunächst der **Vorschlag über die Aufstellung Gemeinsamer Vergütungsregeln** zugrunde zu legen, der von dieser Partei gemäß Abs. 4 zugleich mit dem schriftlichen Verlangen auf Durchführung des Schlichtungsverfahrens vorzulegen war. Dieser Vorschlag ist auch den nach Abs. 4a möglicherweise weiteren zu beteiligenden Parteien (→ Rn. 2) zuzustellen. Die Vorlage ist eine Verfahrensvoraussetzung[85] des Schlichtungsverfahrens, die von der Schlichtungsstelle aus eigener Initiative zu prüfen ist.[86] Ist in den Fällen nach Abs. 3 S. 1 der Vorsitzende durch das OLG bestellt worden, so ist diese Voraussetzung im Zweifel bereits vom OLG geprüft worden.[87] Jedenfalls der **Entwurf** eines Regelungsvorschlags muss als Voraussetzung für die einseitige Verfahrenseinleitung vorliegen.[88] An diesen Entwurf dürfen nicht zu hohe inhaltliche Anforderungen gestellt werden, um insbesondere kleineren Verbänden von Urhebern nicht den Zugang zum Schlichtungsverfahren zu versperren.[89] Sind beide Parteien jedoch darüber einig, dass die Sacherörterung unabhängig vom Vorliegen oder Fehlen des Parteivorschlags erfolgen soll (was letztlich einer einvernehmlichen Durchführung des Schlichtungsverfahrens gemäß § 36 Abs. 3 S. 1 gleichkommt), wird man von der Heilung des Verfahrensmangels ausgehen können.[90] Im Übrigen wird ein solcher Fall angesichts des letztlich dem gesamten (obligatorischen) Schlichtungsverfahren zugrunde liegenden Interesses der betroffenen Partei, um zu für sie günstigen Vergütungsregeln zu gelangen und dabei von vornherein eine günstige Ausgangsposition einzunehmen, kaum praktisch werden. Es ist vielmehr aus demselben Grund damit zu rechnen, dass spätestens nach Beginn der Sacherörterung auch die Gegenpartei ihre ggf. modifizierten Vorschläge erneut oder etwa im Falle des § 36 Abs. 3 Nr. 1 (einseitiges Schlichtungsverlangen wegen fehlenden Verhandlungsbeginns) erstmals auf den Tisch legt.

3. Beschlussfassung der Schlichtungsstelle

23   Die **Beschlussfassung der Schlichtungsstelle** ist in Abs. 5 Sätze 1–4 geregelt; dabei wird in S. 3 ohne einleuchtenden Grund der in § 36a (auch in Abs. 5 Sätze 1 und 2) ansonsten verwendete Begriff des Beisitzers durch den Begriff „Mitglied" ersetzt, was wohl auf einem Redaktionsversehen beruht.

---

[79] → Rn. 23 ff.

[80] S. Wandtke/Bullinger/*Wandtke/Grunert/Hollenders* UrhG § 36a Rn. 16.

[81] C. Berger Rn. 227; Berger/Wündisch/*Berger* § 2 Rn. 201.

[82] Ähnlich *Haas* Rn. 255; die Mediation vor dem BMJ im konkreten Fall der Vergütungsregeln für belletristische Autoren – → § 36 Rn. 95 – fand jedoch außerhalb des Verfahrens nach § 36a statt.

[83] Ebenso Dreier/Schulze/*Schulze* UrhG § 36a Rn. 3; aA Berger/Wündisch/*Berger* § 2 Rn. 184: Schlichter sind unabhängig und Weisungen nicht unterworfen; gegen Angehörige der Parteien als ernannte Beisitzer auch Dreyer/*Kotthoff*/Meckel UrhG § 36a Rn. 10.

[84] S. Begründung des RegE S. 517: das vorhandene Sachwissen aller Beteiligten in prozesshafter Weise zu verobjektivieren; ähnlich Wandtke/Bullinger/*Wandtke/Grunert/Hollenders* UrhG § 36a Rn. 3.

[85] *W. Nordemann*, Das neue UVR, UrhG § 36a Rn. 4: Verfahrensgrundlage.

[86] Ebenso KG ZUM 2005, 229 f.; zum praktischen Aspekt – Wechsel von Schriftsätzen – s. *Flechsig/Hendricks* ZUM 2002, 423 (430).

[87] → Rn. 14.

[88] AA 3. Auflage; wie jetzt hier Dreier/Schulze/*Schulze* UrhG § 36a Rn. 9.

[89] Zu den genauen Anforderungen an den Vorschlag → § 36 Rn. 78.

[90] Ebenso, sogar im Sinne eines ohne Vorschlag dennoch wirksamen Schlichtungsverlangens, Wandtke/Bullinger/*Wandtke/Grunert/Hollenders* UrhG § 36a Rn. 18.

Die Beschlussfassung, die vielfach auch in Teilschritten vor sich gehen wird,[91] erfolgt nach mündlicher Beratung grundsätzlich mit Stimmenmehrheit (Abs. 5 S. 1), wobei dem Vorsitzenden zunächst eine auffallend zurückhaltende Rolle als Mediator zugewiesen ist.[92] Im **ersten Durchgang** erfolgt die Beschlussfassung gemäß Abs. 5 S. 2 nämlich zunächst nur unter den Beisitzern. Dabei ist jedoch davon auszugehen, dass mindestens zwei Beisitzer (und sei es auch nur einer Partei) erschienen sein müssen; das Erscheinen nur eines Beisitzers würde eine Beschlussfassung im ersten Durchgang nicht zulassen.[93] Im ersten Durchgang ist also stets die Abstimmung unter mindestens zwei Beisitzern erforderlich, die freilich etwa bei einer „Fünferlösung" auch nur von einer Partei benannt sein können; denn auch bei Nichterscheinen aller benannten Mitglieder (Beisitzer) einer Partei erfolgt die Beschlussfassung gemäß Abs. 5 S. 3 dennoch zunächst nach Maßgabe des S. 2, also im ersten Durchgang ohne Teilnahme des Vorsitzenden.[94]

Ein erster Durchgang der **Beschlussfassung ohne Teilnahme des Vorsitzenden** entspricht dem 24 Kerngedanken des Schlichtungsverfahrens nach §§ 36, 36a, das den durch die Parteien und ihre benannten Beisitzer repräsentierten Sachverstand zur Aufstellung Gemeinsamer Vergütungsregeln für die Urheberrechtspraxis fruchtbar machen will. So ist es nur konsequent, wenn diese Fachleute sich zunächst untereinander zu einigen versuchen und dem Vorsitzenden insofern zunächst die Rolle eines Mediators zukommt. In der Konstellation, dass im ersten Durchgang nur Beisitzer einer Partei beteiligt sind, ist dies freilich nicht voll überzeugend; doch liegt die Verhinderung eines solchen Ergebnisses in der Hand der anderen Partei, und zwar schlicht durch Benennung und Entsendung ihrer Beisitzer. Im Übrigen kann die „unterlegene" Partei einen im Ergebnis der Beschlussfassung vorgelegten begründeten Einigungsvorschlag iSv § 36 Abs. 4 ohnehin durch schriftlichen Widerspruch ablehnen und ihn dadurch der Rechtswirkung nach § 32 Abs. 2 S. 1 (unwiderlegliche Vermutung der Angemessenheit der vorgeschlagenen Vergütungen) nehmen; für die auch vom Gesetzgeber erwünschte Indizwirkung eines nicht angenommenen Einigungsvorschlags[95] gilt dies freilich nicht.

Erst wenn eine Stimmenmehrheit unter den Beisitzern nicht zustande kommt, nimmt der Vorsit- 25 zende **im zweiten Durchgang** nach weiterer Beratung an der erneuten Beschlussfassung teil (Abs. 5 S. 2); hier lässt er also die Rolle des bloßen Mediators hinter sich und stimmt mit den übrigen Mitgliedern (Beisitzern) der Schlichtungsstelle als gleichberechtigter Schlichter ohne Vorzugsstimme nach dem Grundsatz der Stimmenmehrheit (Abs. 5 S. 1) ab.[96] Dies gilt im Übrigen auch dann, wenn eine Partei keine Mitglieder (Beisitzer) benennt, worunter auch der Fall der nicht vollständigen Benennung zu zählen ist,[97] wenn also von der Partei eine geringere Anzahl von Mitgliedern (Beisitzern) benannt wird, als ihr gemäß Abs. 2 und 3 S. 2 an sich zustehen. Auch in diesem Fall der (und sei es auch nur teilweise) fehlenden Benennung von Mitgliedern (Beisitzern) erfolgt die Abstimmung nach Maßgabe der Sätze 1 und 2, das heißt, der Vorsitzende nimmt auch hier im zweiten Durchgang an der Beschlussfassung teil.[98] Wegen der in diesem Fall unter Umständen nur einseitigen Besetzung der Beisitzerbank wird es hier sogar mit geringerer Wahrscheinlichkeit überhaupt zu einem zweiten Durchgang kommen. All dieses gilt auch für den in Abs. 5 S. 3 ebenfalls angesprochenen Fall, dass Mitglieder (Beisitzer) von einer Partei zwar benannt wurden, der Sitzung jedoch trotz rechtzeitiger Einladung fernbleiben.[99] Bei endgültigem Fernbleiben der Beisitzer entscheiden die erschienenen Mitglieder (Beisitzer) und der Vorsitzende auch hier allein,[100] jedoch ausdrücklich nach Maßgabe der Sätze 1 und 2, dh im ersten Durchgang ohne Teilnahme und – falls notwendig – im zweiten Durchgang unter Teilnahme des Vorsitzenden an der Beschlussfassung. Auch Mischsituationen sind denkbar etwa in dem Sinne, dass nur ein Teil der von einer Partei oder auch der anderen Partei benannten Mitglieder nicht erscheint; es gelten die gleichen Regeln.

Der Beschluss der Schlichtungsstelle ist gemäß Abs. 5 S. 4 schriftlich niederzulegen, vom Vorsitzen- 26 den zu unterschreiben und allen Parteien zuzuleiten,[101] die nach Abs. 4a zur Beteiligung Aufgeforderten sind jedenfalls zu informieren (Abs. 7 Abs. 2).[102] Der bedeutendste Beschluss der Schlichtungsstelle ist die **Vorlage eines begründeten Einigungsvorschlags** gemäß § 36 Abs. 4, der den Inhalt der Vergütungsregeln enthält.[103] Auf diesen Beschluss (Einigungsvorschlag) hin ist das gesamte Schlich-

---

[91] *W. Nordemann,* Das neue UVR, UrhG § 36a Rn. 5.

[92] → Rn. 21.

[93] → Rn. 10.

[94] Ebenso Wandtke/Bullinger/*Wandtke/Grunert/Hollenders* UrhG § 36a Rn. 18.

[95] → § 36 Rn. 35.

[96] S. auch *C. Berger* Rn. 230; Berger/Wündisch/*Berger* § 2 Rn. 204; Wandtke/Bullinger/*Wandtke/Grunert/ Hollenders* UrhG § 36a Rn. 19; Dreier/Schulze/*Schulze* UrhG § 36a Rn. 12.

[97] Ebenso Wandtke/Bullinger/*Wandtke/Grunert/Hollenders* UrhG § 36a Rn. 21.

[98] Bereits → Rn. 24; ebenso Wandtke/Bullinger/*Wandtke/Grunert/Hollenders* UrhG § 36a Rn. 20.

[99] Wegen der insoweit erforderlichen Geduld s. *W. Nordemann,* Das neue UVR, UrhG § 36a Rn. 5; ebenso *C. Berger* Rn. 231 und Berger/Wündisch/*Berger* § 2 Rn. 205: Vorsitzender kann bzw. – bei höherer Gewalt – muss vertagen.

[100] S. auch Dreier/Schulze/*Schulze* UrhG § 36a Rn. 13.

[101] Am besten durch Empfangsbekenntnis oder Einschreiben mit Rückschein; Dreier/Schulze/*Schulze* UrhG § 36a Rn. 14.

[102] Begr., RA BT-Drs. 18/10637, 24.

[103] Dreyer/*Kotthoff*/Meckel UrhG § 36a Rn. 17; s. auch Dreier/Schulze/*Schulze* UrhG § 36a Rn. 14.

tungsverfahren nach §§ 36, 36a ausgerichtet.[104] Geht man jedoch davon aus, dass die Schlichtungsstelle die Voraussetzungen für die Ingangsetzung eines obligatorischen Schlichtungsverfahrens nach § 36 Abs. 3 S. 2 (kein rechtzeitiger Verhandlungsbeginn; ergebnislose Verhandlungen oder Erklärung des Scheiterns) zumindest kursorisch,[105] ebenso wie das Vorliegen eines eigenen Vorschlags der das Verfahren verlangenden Partei nach § 36a Abs. 4 als Verfahrensvoraussetzung[106] zu prüfen hat, so kann die Beschlussfassung auch Entscheidungen zu diesen Vorfragen betreffen. Sind die Voraussetzungen nach Auffassung der Mehrheit der Schlichter gegeben, so bedarf es insoweit jedoch keiner eigenen Beschlüsse; soweit das Vorliegen der Voraussetzungen zuvor strittig war, kann in der Begründung des Einigungsvorschlags darauf eingegangen werden. Sind eine oder mehrere dieser Voraussetzungen nach mehrheitlicher Auffassung der Schlichtungsstelle auf Dauer nicht gegeben,[107] so hat die Schlichtungsstelle die Beendigung des Schlichtungsverfahrens durch Beschluss festzustellen (entsprechend § 1056 Abs. 2 ZPO).

4. Kostenregelung

27 Die zunächst in Abs. 6 enthaltene **Kostenregelung** („Soweit zwischen den Parteien keine anderweitige Vereinbarung getroffen wird, trägt der Antragsteller die Kosten des Schlichtungsverfahrens") ist bereits kurze Zeit nach ihrem Erlass aufgrund Art. 1 Nr. 6a des Gesetzes zur Regelung des Urheberrechts in der Informationsgesellschaft vom 10.9.2003 mit Recht durch die jetzige Regelung in Abs. 6 (Kostenaufhebung und Kostenteilung) ersetzt worden.[108] Die Reform 2016 hat in Abs. 6 klargestellt, dass die Kostenregelung nur Parteien betrifft, die sich aktiv am Einigungsverfahren beteiligen, daher sind nach Abs. 4a zur Beteiligung aufgeforderte Parteien nur kostenpflichtig, wenn sie der Aufforderung folgen und aktiv am Verfahren teilnehmen. Nach dem Prinzip der Kostenteilung gemäß S. 1 und 2 tragen die Parteien ihre eigenen Kosten sowie die Kosten der von ihnen bestellten Beisitzer,[109] während die übrigen Kosten, also insbesondere des unparteiischen Vorsitzenden[110] sowie die Sachkosten des Verfahrens (Sekretariatskosten etc) von den Parteien jeweils zur Hälfte getragen werden.[111] Die Kostenvorschrift ist auf das Schlichtungsstellenverfahren insgesamt zugeschnitten und findet auch auf das gerichtliche Bestellungsverfahren nach § 36a Abs. 3 Anwendung. Dieses Verfahren bildet eine notwendige Voraussetzung zur Arbeit der Schlichtungsstelle, und ist somit kostenrechtlich nicht anders zu behandeln.[112] Durch Rechtsverordnung gemäß Abs. 8 können weitere Vorschriften über die Kosten des Verfahrens und die Entschädigung der Mitglieder der Schlichtungsstelle erlassen werden.[113] Im Gegensatz zum Wortgebrauch in Abs. 5[114] ist hier unter dem Begriff „Mitglieder" neben den Beisitzern auch der Vorsitzende zu verstehen, weil gerade dessen Entschädigung wegen der hälftigen Kostentragung durch die Parteien möglicherweise einer nach oben begrenzenden Regelung bedarf. Auch hier ist das **Grundanliegen des Gesetzes zum Urhebervertragsrecht** zu beachten, den Kreativen und ihren Vereinigungen bei der Erarbeitung von Angemessenheitsmaßstäben für die Urhebervergütung gesetzliche Hilfestellung zu leisten, was durch unangebracht hohe Verfahrenskosten wieder konterkariert werden könnte.[115] Dass möglicherweise Verfahren eingeleitet werden, die sich im Nachhinein als unberechtigt erweisen, etwa weil die Gegenseite nicht passivlegitimiert ist, hat der Gesetzgeber bewusst in Kauf genommen.[116] Mit dieser Überlegung ist die Regelung in Abs. 6 S. 3[117] allerdings nur schwer vereinbar, wonach die Parteien *als Gesamtschuldner* auf Anforderung des Vorsitzenden zu dessen Händen einen für die Tätigkeit der Schlichtungsstelle erforderlichen Vorschuss zu leisten haben. Die hälftige Teilung dieser Verpflichtung wäre auch hier angebracht gewesen.[118]

---

[104] Wegen der inhaltlichen Bedeutung des Einigungsvorschlags → § 36 Rn. 86 ff.

[105] → Rn. 8.

[106] → Rn. 22.

[107] Wegen der möglichen Heilung eines Mangels → Rn. 22.

[108] Zur Kritik an der freilich wegen ihrer kurzzeitigen Geltung nicht praktisch gewordenen ursprünglichen Regelung → 3. Aufl. 2010, § 36a Rn. 2; Wandtke/Bullinger/*Wandtke*/*Grunert* Ergänzungsband UrhG § 36a Rn. 1; sowie Dreier/Schulze/*Schulze* UrhG § 36a Rn. 15; *Zentek*/*Meinke* S. 94.

[109] Einschließlich ihrer Honorare; s. im Einzelnen Wandtke/Bullinger/*Wandtke*/*Grunert*/*Hollenders* UrhG § 36a Rn. 25 f.

[110] Einschließlich seiner Vergütung; s. auch Dreyer/*Kotthoff*/Meckel UrhG § 36a Rn. 19: Festlegung durch den Vorsitzenden selbst gem. § 317 BGB.

[111] S. im Einzelnen Wandtke/Bullinger/*Wandtke*/*Grunert*/*Hollenders* UrhG § 36a Rn. 27; s. auch Wandtke/Bullinger/*Grunert*/*Hollenders* Rn. 28 f. wegen der Erstellungskosten für den Vorschlag nach § 36a Abs. 4.

[112] OLG München ZUM 2011, 511 (511).

[113] → Rn. 18; zur Dringlichkeit einer solchen Regelung wegen der Vergütungsfrage Haas Rn. 274.

[114] → Rn. 23.

[115] In diese Richtung OLG München ZUM 2011, 511 (511 f.); ebenso Mestmäcker/Schulze/*Dördelmann* UrhG § 36a Rn. 13 unter Hinweis auf das wesentlich preisgünstigere Verfahren der Schiedsstelle nach dem WahrnG.

[116] OLG München ZUM 2011, 511 (511 f.).

[117] S. im Einzelnen Wandtke/Bullinger/*Wandtke*/*Grunert*/*Hollenders* UrhG § 36a Rn. 30 ff.

[118] S. auch Dreier/Schulze/*Schulze* UrhG § 36a Rn. 18; Wandtke/Bullinger/*Wandtke*/*Grunert*/*Hollenders* UrhG § 36a Rn. 33.

§ 36b Unterlassungsanspruch bei Verstoß gegen gemeinsame Vergütungsregeln

(1) [1] Wer in einem Vertrag mit einem Urheber eine Bestimmung verwendet, die zum Nachteil des Urhebers von gemeinsamen Vergütungsregeln abweicht, kann auf Unterlassung in Anspruch genommen werden, wenn und soweit er

1. als Werknutzer die gemeinsamen Vergütungsregeln selbst aufgestellt hat oder
2. Mitglied einer Vereinigung von Werknutzern ist, die die gemeinsamen Vergütungsregeln aufgestellt hat.

[2] Der Anspruch auf Unterlassung steht denjenigen Vereinigungen von Urhebern oder Werknutzern und denjenigen einzelnen Werknutzern zu, die die gemeinsamen Vergütungsregeln aufgestellt haben.

(2) [1] Auf das Verfahren sind § 8 Absatz 4 sowie § 12 Absatz 1, 2, 4 und 5 des Gesetzes gegen den unlauteren Wettbewerb anzuwenden. [2] Für die Bekanntmachung des Urteils gilt § 103.

Schrifttum: S. die Schrifttumsnachweise zu § 32.

Übersicht

I. Allgemeines

1. Bedeutung, Zweck und Aufbau der Norm

§ 36b ist durch das Gesetz vom 20.12.2016 (BGBl. I S. 3037) eingeführt worden. Er ist anwendbar **1** auf Verträge und sonstige Sachverhalte, die ab dem 1.3.2017 geschlossen wurden bzw. entstanden sind (§ 132 Abs. 3a). Die Vorschrift führt (erstmals) einen Unterlassungsanspruch für Vereinigungen in das UrhG ein. § 36b soll die **kollektive Durchsetzung der in Gemeinsamen Vergütungsregeln (§ 36) übernommenen Bindungen stärken,** indem er Vereinigungen von Urhebern, aber auch Werknutzern das Recht verschafft, gegen Werknutzer vorzugehen, die Vorgaben aus Gemeinsamen Vergütungsregeln nicht einhalten. Anlass zur Einführung der Norm war die von Urhebervereinigungen (insbesondere aus dem Bereich Presse) vorgetragene Beobachtung, dass sich einzelne Mitgliedsunternehmen von Vereinigungen nicht an gemeinsam aufgestellte Vergütungsregeln halten (näher → Rn. 6).[1] § 36b wird mit § 36c ein individueller Unterlassungs- und Beseitigungsanspruch für Kreative an die Seite gestellt wird (dazu unten § 36c).

§ 36b verfolgt den **Zweck,** dem Urheber ein exponiertes Vorgehen gegen seinen Vertragspartner **2** zu ersparen und eine durch offenes Vorgehen mögliche Auslistung bei seinem Auftraggeber (**„Black-listing",** dazu → Rn. 5) zu **verhindern.**[2] Das Vorgehen gegen Werknutzer, die Gemeinsame Vergütungsregeln missachten, soll zur Wahrung der Anonymität des Betroffenen daher Vereinigungen ermöglicht werden.[3] Zusätzlich sollen **gemeinsame Verhaltensregeln für Verwerter** auch im Interesse ihrer Konkurrenten durchgesetzt werden. § 36b enthält daher auch eine Konkurrentenklagebefugnis. Aufgrund widersprüchlicher Formulierung in den Gesetzesmaterialien ist unklar, ob § 36b überdies eine Verbandsklagebefugnis in das UrhG einführt (dazu → Rn. 12).[4] Dafür spricht der an §§ 1–2a UKlaG orientierte Wortlaut der Norm sowie die Verweisung auf § 8 Abs. 4 UWG in § 36b Abs. 3.

Die **Vorschrift** ist als **Anspruchsgrundlage mit Besonderheiten für ein kollektives Verfah- 3 ren** formuliert. Sie enthält zwei Absätze, der erste nennt die Normadressaten und das in den Normbereich fallende Verhalten sowie die Rechtsfolge, der zweite verweist für das negatorische Verfahren

---

[1] Begr. RegE BT-Drs. 18/8625, 19.
[2] *Berger/Freyer* ZUM 2016, 569 (577).
[3] Dreier/Schulze/*Schulze* UrhG § 36b Rn. 1.
[4] So Begr. RegE BT-Drs. 18/8625, 23; dagegen aber Begr. RA BT-Drs. 18/10637, 23.

auf die Anwendung der Vorschriften des UWG über den Missbrauch einer (kollektiven) Klagebefugnis (§ 8 Abs. 4 UWG), die vorgerichtliche Abmahnung und Kostenerstattung (§ 12 Abs. 1), Erleichterungen bei der einstweiligen Rechtsdurchsetzung (§ 12 Abs. 2 UWG) sowie eine mögliche Streitwertherabsetzung (§ 12 Abs. 4 und Abs. 5 UWG). Statt der Einbeziehung des § 12 Abs. 3 UWG findet sich eine Verweisung auf § 103 UrhG, die der obsiegenden Partei eine aus Transparenzgründen sinnvolle Veröffentlichung des Unterlassungsurteils ermöglicht.

2. Vorgeschichte und Entwicklung der Norm

4   § 36b steht im Zusammenhang mit zwei als Defizit empfundenen Auswirkungen des 2002 reformierten Urhebervertragsrechts. Zum einen geht es um das Phänomen des sog. **„Blacklisting"**, zum anderen um die kollektive Durchsetzung von individuellen Ansprüchen der Kreativen auf **Sicherung einer angemessenen Beteiligung** an den Erfolgen der Verwertung ihrer Leistungen vor allem in Fällen, in denen Gemeinsame Vergütungsregeln bereits existieren. § 36b fügt sich damit insgesamt in die Pläne des Gesetzgebers ein, die strukturell unterlegene Position des individuellen Urhebers gegenüber den besser organisierten, professioneller agierenden und dadurch in ihrer Verhandlungsmacht überlegenen Verwertern zu verbessern. Die §§ 32 ff. verfolgen insgesamt das Ziel, die Position der Kreativen gegenüber ihren Vermarktungspartnern zu stärken. Dass dieses gesetzgeberische Anliegen verfassungsrechtlich vertretbar umgesetzt wurde, ist mittlerweile vom BVerfG bestätigt worden.[5]

5   **„Blacklisting"** kann auftreten, wenn der vertragliche Nutzer kreativer Leistungen nicht auf bestimmte Kreative angewiesen ist und daher unliebsam werdende Personen durch pflegeleichtere Vertragspartner ersetzen kann. Kreative, die eine Verbesserung ihrer vertraglichen Situation offensiv erstreben, stehen daher vor dem Risiko, dass sie als unbequeme Vertragspartner „ausgelistet" und möglicherweise auch branchenweit nicht mehr beauftragt werden. Dass es dieses Phänomen gibt, wird nicht ernsthaft bestritten,[6] wohl aber, dass es hierfür genügend empirische Nachweise gibt. Da die Betroffenen aus den das Phänomen kennzeichnenden Gründen oft nicht in die Öffentlichkeit treten, ist der Gesetzgeber insoweit auf Alltagserfahrungen und Einzelschilderungen angewiesen. Plausibel geworden ist die Gefahr der Auslistung im Zusammenhang mit der Klage des Kameramanns *Jost Vacano*, der gegen eine öffentlich-rechtliche Rundfunkanstalt und mit ihnen zusammenarbeite Filmproduktionsgesellschaften zwecks Erzielung einer angemessenen weiteren Beteiligung an Nebenrechts- und Wiederholungsvergütungen erst im fortgeschrittenen Alter und nach Erreichen erheblicher Prominenz vorgegangen ist. Das Klageverfahren dauerte 2018 ein Jahrzehnt,[7] auf die dann erreichte Stufe waren die Gerichte der Auffassung, dass beträchtliche Nachzahlungen durch die Werknutzer zu leisten sind.[8] Ein weiterer Fall betrifft den deutschen Synchronsprecher des Kinofilms „Fluch der Karibik".[9] Obgleich der BGH der deutschen Synchronstimme eine den Filmerfolg mitprägende Bedeutung zubilligte, wurde der Sprecher nach Einreichen seiner Klage durch einen anderen Sprecher ersetzt, also „ausgelistet".[10] Die Gefahr, dass auch andere Filmproduzenten ihn nicht mehr beauftragen, er also auf einer „schwarzen Liste" geführt wird, ist naheliegend. Ein weiterer Synchronsprecher, der für die deutsche Fassung des Kinofilms „Die Tribute von Panem" eingesetzt worden war, wurde für die Fortsetzung umbesetzt, nachdem er namentlich im Filmabspann genannt zu werden verlangte.[11]

6   Der weitere Anlass für die Einführung des § 36b wird mit der **Missachtung von Gemeinsamen Vergütungsregeln trotz Mitwirkung an deren Aufstellung** beschrieben.[12] Auch diesbezüglich wird aus Kreisen der Verwerter bemerkt, dass es an Erhebungen über den behaupteten Sachverhalt fehlt.[13] Die Vorwürfe der Urhebervereinigungen betreffen wiederum den Pressebereich. In den Erläuterung des „Berliner Entwurfs" in Vorbereitung der Urhebervertragsrechtsreform 2016 (→ Vor §§ 31 ff. Rn. 14) wird vorgebracht, dass „Verbände von Verwertern Vergütungsregeln abschließen, ohne in ausreichendem Umfang in ihren Mitgliedsreihen dafür zu sorgen, dass die Regeln eingehalten werden".[14] Zitiert wird ein Schreiben des niedersächsischen Zeitungsverlegerbandes an seine Mitgliedsunternehmen, in dem es heißt: „Die Gemeinsamen Vergütungsregeln müssen nicht zwingend von den Verlagen angewendet werden. Die Vergütungsregeln nicht anzuwenden kann nicht sanktio-

---

[5] BVerfG GRUR 2014, 169.

[6] Vgl. *Schimmel* in Stern/Peifer/Hain (Hg.), Urhebervertragsrecht (2014), S. 121, 137; *Schulze*, in Stern/Peifer/Hain (Hg.), Urhebervertragsrecht S. 149; *Obergfell/Zurth* ZGE 8 (2016), 1 (5); *Berger/Freyer* ZUM 2016, 569 (577); in der früheren Literatur bereits *Ulmer*, Urhebervertragsrecht, Nr. 7; *Däubler/Gmelin* ZUM 1999, 1905 (1906); *Jacobs* NJW 2002, 1905 (1906); vgl. auch *Schricker* GRUR-Int 2002, 797 (798).

[7] Der Prozess begann 2008 vor dem LG München I mit einem Auskunftsanspruch, ZUM 2009, 794; das vorläufig letzte Urteil ist im Betragsurteil OLG München GRUR-RR 2018, 225 – Das Boot III (Nichtzulassungsbeschwerde unter BGH – I ZR 9/18).

[8] OLG München GRUR-RR 2018, 225 – Das Boot III.

[9] Vgl. BGH GRUR 2012, 1248 – Fluch der Karibik und zuletzt KG GRUR-Int 2016, 1072 – Fluch der Karibik II.

[10] Pressemitteilung des Interessenverbandes Synchronsprecher (IVS), https://ivs-ev.de/pressemitteilungen/synchronschauspieler-gewinnt-prozess-gegen-walt-disney/.

[11] „Auf der Zunge zerronnen", in: Blickpunkt: Film 46/15, S. 20, 21.

[12] Begr. RegE BT-Drs. 18/8625, 19.

[13] Möhring/Nicolini/*Soppe* UrhG § 36b Rn. 2.

[14] *Pfennig* in Peifer (Hg.), Urhebervertragsrecht (2016), S. 148, 163 f.

niert werden".[15] Die darin zum Ausdruck kommende Gefahr, dass mit erheblichem Aufwand verhandelte Vergütungsregeln nach ihrer Aufstellung als unverbindlich angesehen werden, hat den Gesetzgeber zur Einführung der §§ 36b, 36c bewogen. Dabei spielt für § 36b wiederum eine Rolle, dass eine geltende Vergütungsregel zwar individuell auch durch einen Anspruch auf angemessene Vergütung nach § 32 Abs. 1 S. 3 durchgesetzt werden könnte,[16] gleichwohl dann aber wiederum die Gefahr einer Auslistung (vorige → Rn. 5) für den Klagewilligen droht. Zum anderen ist unbefriedigend, dass Spielregeln, die im Wege der vom Gesetzgeber eröffneten Selbstkontrolle entstanden sind, um den Betroffenen eine schärfere Regulierung (etwa durch gesetzliche Honorarordnungen) zu ersparen (vgl. → § 36 Rn. 7 ff.),[17] von manchen Beteiligten nicht praktiziert werden. Für befolgungsunwillige Werknutzer entsteht die aus dem UWG bekannte Situation, dass die Befolgung gleicher Verhaltensregeln in einer Branche durch das Ausbrechen Einzelner zum Nachteil der rechtstreuen Konkurrenten gefährdet wird.[18]

Angesichts der Schwierigkeiten einer individuellen Rechtsdurchsetzung wurde seit längerem gefordert, den **Verbänden eine Klagemöglichkeit** zu **verschaffen,** die nicht nur auf die Durchsetzung angemessener Vergütungen beschränkt sein sollte.[19] Ein erster Textvorschlag hierzu findet sich in einer **Initiative der Partei DIE LINKE,** die 2012 empfahl, einen neuen § 36 Abs. 7 mit folgendem Wortlaut einzuführen: **7**

„Die Anwendung gemeinsamer Vergütungsregeln durch Werknutzer kann auf dem Wege der Verbandsklage durch Vereinigungen (…) geltend gemacht werden."[20]

Damit wurde die Tendenz der heutigen Regelung bereits angedeutet. Es ging dogmatisch um den Versuch, die Nichtbefolgung einer existierenden Vergütungsregel in der betreffenden Branche als eine Art Rechtsbruch zu charakterisieren, der in einem kollektiven Klageverfahren beseitigt werden kann. Mit dem bis dahin geltenden Recht war dieses Ergebnis allerdings nicht zu erzielen. Die Durchsetzung von Vergütungsregeln durch den Urheber nach § 32 war zwar möglich, aber aus den in → Rn. 5 genannten Gründen nicht zu erwarten. Eine lauterkeitsrechtliche Unterlassungsklage nach § 8 Abs. 1 iVm Abs. 3 UWG stand (und steht) gleichfalls nicht zur Verfügung, weil Vergütungsregeln als Branchenvereinbarungen nicht ohne weiteres Marktverhaltensregeln im Sinne des § 3a UWG 2015 (bzw. § 4 Nr. 11 UWG 2008) darstellen,[21] insbesondere gelten Vorschriften, die private Interessen, wie etwa dem Schutz urheberrechtlicher Vergütungsansprüche, dienen, nicht als Marktverhaltensregeln.[22]

Der sog. **„Kölner Entwurf"** (→ Vor §§ 31 ff. Rn. 14) modifizierte den vorgenannten Vorschlag   **8** durch klarere Vorgaben an die Aktivlegitimation und das Ziel des Anspruchs sowie die Einführung eines vorgerichtlichen Verfahrens mit folgender Formulierung:

§ 32 Abs. 6 KE:

„[1]Werden gemeinsame Vergütungsregeln oder Tarifverträge, an die der Werknutzer gebunden ist, zum Nachteil des Urhebers nicht angewendet, kann dieser Werknutzer von derjenigen Vereinigung nach § 36 Abs. 1, welche die jeweilige Vereinbarung geschlossen hat, auf Beseitigung und bei Wiederholungsgefahr auf Unterlassung in Anspruch genommen werden. [2]Der Anspruch kann nur geltend gemacht werden, wenn kein außergerichtliches Verfahren zur Durchsetzung von Vergütungsregeln besteht oder wenn ein solches Verfahren erfolglos durchlaufen wurde."[23]

Das vorgeschaltete außergerichtliche Verfahren sollte den Parteien einer Vergütungsvereinbarung die Möglichkeit einer Selbstregulierung belassen, also ein Gütestellenverfahren vorschalten, das nicht bei staatlichen Gerichten geführt werden muss. Eine solche Lösung ist in Ansätzen im sog. Ergänzungstarifvertrag Erlösbeteiligung Kinofilm vom 13.5.2013[24] verwirklicht. Dieser Vertrag befasst sich in erster Linie mit der Aufstellung von Vergütungsregeln für tarifgebundene Beschäftigte. Nr. 11.3 des Ergänzungstarifvertrages sieht aber zusätzlich vor, dass sog. „Verteilstellen (…) sich nach besten Kräften bemühen (werden), dass auch die nicht tarifgebundenen Berechtigten die auf sie entfallenden

---

[15] *Pfennig* in Peifer (Hg.), Urhebervertragsrecht (2016), S. 148, 164.
[16] Vgl. insoweit die Verfahren OLG Karlsruhe AfP 2015, 255; OLG Köln ZUM-RD 2014, 373; OLG Brandenburg BeckRS 2015, 00691.
[17] *Schimmel* in Stern/Peifer/Hain, Urhebervertragsrecht (2014), S. 121, 137: „Wenn das funktioniert, muss über staatliche Stellen und eine staatliche Überwachung nachgedacht werden."
[18] Vgl. Dreier/Schulze/*Schulze* UrhG § 36b Rn. 1.
[19] *Schimmel* in Stern/Peifer/Hain, Urhebervertragsrecht (2014), S. 121, 137 mwN.
[20] Gesetzentwurf v. 17.10.2012, BT-Drs. 17/11040.
[21] Vgl. BGHZ 166, 154 = GRUR 2006, 773 Rn. 19 f. – Probeabonnement.
[22] BGHZ 140, 183 (189) = GRUR 1999, 325 – Elektronische Pressearchive; vgl. aber *Katzenberger,* Gemeinsame Vergütungsregeln als kollektives Instrument, in Obergfell (Hg.), Zehn Jahre Urhebervertragsrecht (2013), S. 57, 72 mit dem Vorschlag, Gemeinsame Vergütungsregeln ähnlich gesetzlichen Mindestvergütungsvorschriften mit einer solchen Bindungswirkung auszustatten.
[23] Erläuterung bei *Peifer,* Urhebervertragsrecht in der Reform, S. 48 f. und S. 69 f.
[24] Ergänzungstarifvertrag zwischen dem Schauspielerverband (BFFS), ver.di und der Produzentenallianz für unabhängig produzierte Kinoproduktionen, http://www.bffs.de/files/downloads/2013/05/Ergaenzungstarifvertrag-Erloesbeteiligung-Kinofilm.pdf.

Anteile erhalten". Damit wird den Verteilstellen, also Institutionen im Vergütungsverfahren, eine erweiterte Regelungsbefugnis zu Gunsten nicht anspruchsberechtigter Personen verschafft.

9   Der Vorschlag des Kölner Entwurfs wurde von den **Verfassern des** sog. **Berliner Entwurfs** (→ Vor §§ 31 ff. Rn. 14) aufgegriffen, aber unter Rückgriff auf das Tarifvertragsrecht modifiziert.[25] Der Berliner Entwurf schlägt die Umsetzung des Anspruchs in einer eigenen Vorschrift, nämlich einem § 36b, vor. Danach sollen Vereinigungen von Werknutzern oder einzelne Werknutzer durch Vereinigungen von Urhebern auf Durchführung, Beseitigung oder Unterlassung in Anspruch genommen werden können. Gerichtliche Entscheidungen von Urheberrechtskammern (§ 105) sollten Bindungswirkung auch für andere Vergütungsstreitigkeiten haben. Ein Urteil nach § 36b sollte auf Kosten der anderen Partei veröffentlicht werden dürfen. Ansprüche aus dem UWG sollten unberührt bleiben.[26] Dieser Vorschlag dürfte das Modell für die heutige gesetzliche Norm sein.

10   Der **Referentenentwurf** des Bundesministeriums der Justiz und für Verbraucherschutz (BMJV) hat 2015 das Grundmodell des Berliner Entwurfs übernommen, diesem Anspruch allerdings noch eine individualrechtliche Norm, nämlich § 36c, zugefügt. Der **Regierungsentwurf** hat Vorschlag und Erläuterungen aus dem Referentenentwurf übernommen und dabei lediglich dem in § 36b Abs. 2 vom RefE in Bezug genommenen § 12 UWG noch den § 8 Abs. 4 UWG hinzugefügt.[27] Diese Änderung dürfte maßgeblich darauf zurückzuführen sein, dass die Verbände der Verwerter die Einfügung eines kollektiven Durchsetzungsinstruments als potentiell missbrauchsträchtig angesehen haben.[28] Der **Rechtsausschuss** des Deutschen Bundestages hat den Vorschlag aus dem RegE gleichfalls übernommen, lediglich aus dem „wenn" in § 36b Abs. 1 RegE ein „wenn und soweit" gemacht. Durch diese eine übermäßige Außenwirkung vermeidende Einfügung sollte klargestellt werden, „dass der Unterlassungsanspruch in verschiedener Hinsicht durch die Gemeinsamen Vergütungsregeln eingeschränkt sein kann, deren Durchsetzung er dienen soll. Der Anspruch kann beispielsweise erfolgreich nur in dem räumlichen Bereich geltend gemacht werden, für den die Gemeinsamen Vergütungsregeln gelten, und auch nur gegen die einzelnen Werknutzer oder Mitglieder derjenigen Vereinigungen, die die Gemeinsamen Vergütungsregeln abgeschlossen haben."[29] In der Fassung durch den Rechtsausschuss sind §§ 36b, 36c kodifiziert worden.

11   § 36b muss aufgrund **unionsrechtlicher Entwicklungen** zum 7.6.2021 bzw. 7.6.2022 angepasst werden (Art. 26, 27 DSM-RL). Zunächst sieht Art. 21 DSM-RL[30] die Einführung eines alternativen Streitbeilegungsmechanismus für Fragen der angemessenen Beteiligung und Transparenzpflichten der Verwerter über vergütungsrelevante Umstände vor.[31] Dieser Vorschlag könnte dazu führen, dass das vom „Kölner Entwurf" empfohlene Gütestellenverfahren noch Relevanz erlangen könnte.[32] Zum anderen sieht die DSM-RL vor, dass sowohl die Ansprüche auf angemessene Weiterbeteiligung (Art. 20 DSM-RL, § 32a) als auch der Anspruch auf Auskunft gegenüber Unterlizenznehmern (Art. 19 Abs. 2 DSM-RL, § 32e) nicht nur von den Berechtigten, sondern auch von nach dem nationalen Recht „ordnungsgemäß bestellten" Vertretern durchgesetzt werden können (Erwägungsgrund Nr. 78). Die bisherige deutsche Lösung, eine Verbandsklage nur zur Durchsetzung von bereits geschlossenen GVR vorzusehen, erweist sich angesichts dieser Vorschriften als zu eng. Das deutsche Recht müsste daher jedenfalls dahingehend erweitert werden, dass auch die Durchsetzung der Ansprüche auf angemessene Weiterbeteiligung in Bestsellersituationen (§ 32a) sowie Auskunftsansprüche gegenüber Unterlizenznehmern (§ 32e) auch kollektiv durchsetzbar sind. Dafür würde sich eine Erweiterung des § 36b konstruktiv anbieten.

3. Systematik und Anwendungsbereich

12   **a) Systematik.** Die Gesetzgebungsgeschichte zeigt, dass durch § 36b eine **Verbandsklagebefugnis** zur Durchsetzung Gemeinsamer Vergütungsregeln eingeführt werden sollte. Ebenso charakterisieren sowohl RefE als auch RegE die Vorschrift.[33] Die Literatur stimmt dem zu,[34] einzig der Rechtsausschuss formuliert in seiner Begründung, dass durch § 36b kein Verbandsklagerecht einge-

---

[25] Vgl. *Pöppelmann/Endter* in Peifer (Hg.), Urhebervertragsrecht (2016), S. 92, 100.

[26] *Pfennig* in Peifer (Hg.), Urhebervertragsrecht (2016), S. 148, 156 mit Erläuterung S. 163 ff.

[27] Begr. RegE BT-Drs. 18/8625, 28.

[28] Einen gewissen Anhaltspunkt dafür liefert der Versuch einer Kündigung der Gemeinsamen Vergütungsregeln für freie Journalisten durch den Bundesverband Deutscher Zeitungsverleger und weitere Verbände im Jahr 2017, vgl. dazu → § 36 Rn. 98.

[29] Begr. RA, BT-Drs. 18/10637, 23.

[30] Richtlinie (EU) 2019/790 vom 17.4.2019 über das Urheberrecht und die verwandten Schutzrechte im digitalen Binnenmarkt und zur Änderung der Richtlinien 96/9/EG und 2001/29/EG, ABl. L 130/92. Die Richtlinie ist zum 7.6.2019 in Kraft getreten.

[31] → § 36 Rn. 6.

[32] → § 36b Rn. 8; vgl. auch den Vorschlag bei *Schulze* GRUR 2019, 682 (685) hierfür die frühere Schiedsstelle für Vergütungsstreitigkeiten gem. § 17a UrhWahrnG beim DPMA wieder fruchtbar zu machen.

[33] Begr. RegE BT-Drs. 18/8625, 28: „§ 36b UrhG-E schafft ein Verbandsklagerecht zur Durchsetzung von gemeinsamen Vergütungsregeln."

[34] Möhring/Nicolini/*Soppe* UrhG § 36b Rn. 1.2 (Online-Version); Dreier/Schulze/*Schulze* UrhG § 36b Rn. 6.

führt werde.[35] Der Hintergrund dieser angesichts der Vorgeschichte kryptischen Formulierung dürfte wiederum damit zusammenhängen, dass gegen kollektive Durchsetzungsmechanismen erhebliche Widerstände durch die Vertragspartner der Kreativen geäußert werden (→ Rn. 10). In der Sache geht es allerdings um eine Klagebefugnis für Verbände. Sie führt dazu, dass Vereinigungen im eigenen Namen Interessen der betroffenen Kreativen durchsetzen können.[36] Dazu erhalten sie eine Prozessführungsbefugnis und sie werden aktivlegitimiert, dh mit einem eigenen materiellen Durchsetzungsanspruch versehen. § 36b hat insoweit – wie auch § 8 Abs. 3 UWG – sowohl eine prozessuale als auch eine materiell-rechtliche Bedeutung, er hat eine Doppelrelevanz.[37] Im Unterlassungsverfahren haben die Verbände vorzubringen, dass sie an der Aufstellung Gemeinsamer Vergütungsregeln beteiligt waren und hinreichende Anhaltspunkte dafür bestehen, dass der von ihnen auf Unterlassung in Anspruch genommene Werknutzer sich an dadurch erzeugte Bindungen nicht hält. Die Frage, wie genau man diese Befugnis nennt, mag zum Teil akademischer Natur sein. Relevanz besitzt sie in Fällen, in denen einer „Vereinigung", die an der Aufstellung Gemeinsamer Vergütungsregeln mitgewirkt hat, die Fähigkeit fehlt, eigene Rechte zu besitzen (vgl. → § 36 Rn. 48). Nur Vereinigungen, die körperschaftlich organisiert sind (etwa als eingetragener Verein), können dann eigene Rechte besitzen und nach § 36b vorgehen.

Unbestritten verschafft § 36b auch Werknutzern die Befugnis, die Einhaltung Gemeinsamer Vergü- **13** tungsregeln gegenüber anderen Werknutzern einzuklagen. § 36b verschafft also auch die Möglichkeit zu einer Art **Konkurrentenklage** (→ Rn. 20),[38] ohne dass allerdings ein Konkurrenzverhältnis zwischen den Beteiligten vorliegen oder geprüft werden muss. Eine solche wettbewerbsrechtliche Ausrichtung des § 36b wird zum Teil kritisch gesehen,[39] sie erhöht allerdings die Durchsetzungskraft des Anspruchs und sie sorgt überdies dafür, dass auch Werknutzer selbst einen Anreiz erhalten, für gleiche Vertragsbedingungen in ihrer jeweiligen Branche zu sorgen.

§ 36b lässt **andere Regeln zur kollektiven Rechtsdurchsetzung** unberührt. Denkbar bleibt **14** insbesondere die Unterlassungsklage nach § 1 UKlaG zur Durchsetzung rechtswidriger AGB.[40] Auch die Klagemöglichkeiten nach dem UWG bleiben unberührt. Allerdings sind Gemeinsame Vergütungsregeln keine Marktverhaltensvorschriften im Sinne des § 3a UWG (→ Rn. 7), daher dürfte typischerweise ein auf § 8 Abs. 1 UWG gerichteter Unterlassungsanspruch, der allein auf die Nichtbefolgung gemeinsam aufgestellter Vergütungsregeln gestützt wird, ausscheiden. Dieser Mangel war eine der Hauptursachen für die Einführung des § 36b in das Urheberrecht.

b) Anwendungsbereich. Unklar ist der **zeitliche Anwendungsbereich** der Vorschrift. § 36b ist **15** – wie die übrigen durch die Urhebervertragsrechtsreform 2016 eingeführten Vorschriften (→ Vor §§ 31 ff. Rn. 14c) – nach § 132 Abs. 3a S. 1 nicht anwendbar auf „Verträge und sonstige Sachverhalte, die vor dem 1. März 2017 geschlossen worden oder entstanden sind". Die Reichweite der Bestimmung ist unklar. Legt man sie eng aus, so wären überhaupt nur Verträge angreifbar, die seit dem 1.3.2017 geschlossen wurden, zudem könnten nur Gemeinsame Vergütungsregeln durchgesetzt werden, die nach diesem Datum aufgestellt wurden.[41] Indem die Vorschrift allerdings „Sachverhalte" einbezieht, „die vor dem 1. März 2017 entstanden sind", eröffnet sie auch eine Auslegung, aufgrund derer ein „Sachverhalt", der erst nach dem 1.3.2017 entsteht, gerade dadurch auftreten kann, dass eine Vergütungsregel nach diesem Datum nicht befolgt wird. So ist es, wenn ein Vertrag zwar nach dem 1.3.2017 geschlossen wird, aber einer vorher aufgestellten Vergütungsregel nicht entspricht, denn in einem solchen Fall kann die vertraglich vereinbarte Vergütung unangemessen sein. Damit wäre die individuelle Klage nach §§ 32, 36c ebenso eröffnet wie die kollektive Klage nach § 36b.[42] Ebenso ist es, wenn ein an der Aufstellung einer Gemeinsamen Vergütungsregel beteiligter Werknutzer seine AGB dergestalt ändert, dass sie die in der Vergütungsregel als angemessen festgestellte Vergütung nicht mehr reflektieren, mag die Vergütungsregel auch vor dem 1.3.2017 datieren. Der „Sachverhalt", von dem § 132 Abs. 3a spricht, ist also durchaus offen für Veränderungen, die erst nach dem 1.3.2017 eintreten. Diese Auslegung entspricht derjenigen, die auch der BGH beim Anwendungsbereich des § 32a zur Einwirkung vergangener Ereignisse auf künftige Sachverhalte gewählt hat.[43] Darin liegt keine echte Rückwirkung, weil nicht Sachverhalte der Vergangenheit korrigiert, sondern lediglich

---

[35] Begr. RA, BT-Drs. 18/10637, 23: „Der Ausschuss für Recht und Verbraucherschutz weist darauf hin, dass der Unterlassungsanspruch bei Verstoß gegen gemeinsame Vergütungsregeln gemäß § 36b **kein Verbandsklagerecht** im Sinne etwa der §§ 1 ff. des Unterlassungsklagengesetzes oder § 8 des Gesetzes gegen den unlauteren Wettbewerb darstellt."

[36] Vgl. zur parallelen Betrachtung des § 8 Abs. 3 UWG Köhler/Bornkamm/Feddersen/*Köhler/Feddersen* UWG § 8 Rn. 3.8.

[37] Zur Lehre von der „Doppelnatur" im UWG BGH GRUR 2016, 517 Rn. 15 – Blutdruckmessungen; GRUR 2015, 1240 Rn. 13 – Der Zauber des Nordens; Teplitzky/*Büch,* Wettbewerbsverfahrensrecht, Kap. 13 Rn. 25 f.

[38] *Berger/Freyer* ZUM 2016, 569 (570) und 578; *Ory* ZUM 2017, 457 (460).

[39] *Ory* ZUM 2017, 457 (460).

[40] BGHZ 193, 268 = GRUR 2012, 1031 – Honorarbedingungen Freie Journalisten; *Peifer* AfP 2012, 510 (514); BGH WRP 2012, 1086 Rn. 23 – Missbräuchliche Vertragsstrafe.

[41] So Möhring/Nicolini/*Soppe* UrhG § 36b Rn. 49 f.; wohl auch *Berger/Freyer* ZUM 2016, 569 (579).

[42] So zutreffend Dreier/Schulze/*Schulze* UrhG § 36b Rn. 2.

[43] Vgl. BGH GRUR 2016, 1291 (1295) – Geburtstagskarawane.

tatsächliche Entwicklungen auf in der Vergangenheit begründete Sachverhalte angewendet werden (vgl. → § 32a Rn. 3).

16   Potentiell unklar ist der **inhaltliche Anwendungsbereich** der Norm. Durch die Formulierung des Gesetzes wird einerseits klargestellt, dass Gemeinsame Vergütungsregeln nur in den Grenzen ihres räumlichen, zeitlichen und persönlichen Anwendungsbereichs binden können („soweit", vgl. hierzu → Rn. 10).[44] Andere Regeln zur angemessenen Vergütung, insbesondere gesetzliche Standards, können nicht nach § 36b kollektiv durchgesetzt werden.[45] Damit ist einerseits nicht ausgeschlossen, dass Vergütungsregeln Indizien für die Angemessenheit einer Vergütung darstellen können (vgl. → § 32 Rn. 23–24a; → § 36 Rn. 36), andererseits kann diese bloße Indizwirkung nach dem Wortlaut der Norm keine Handhabe für eine kollektive Durchsetzung nach § 36b sein.[46] Hier liegt eine Schwäche in dem Versuch, die kollektive Durchsetzung angemessener Vergütungen zu verbessern. Diese Schwäche ist allerdings darin begründet, dass der Gesetzgeber darum bemüht war, die negative Koalitionsfreiheit der Parteien nicht übermäßig zu beeinträchtigen. Hinzu kommt, dass eine übermäßige direkte Bindung Außenstehender kartellrechtlich relevant sein kann (→ § 36 Rn. 27).[47]

II. Tatbestandsvoraussetzungen

1. Anspruchsberechtigung (§ 36b Abs. 1 S. 2)

17   Den Unterlassungsanspruch aus § 36b kann Verbänden (Vereinigungen von Urhebern und Werknutzern) sowie einzelnen Werknutzern zustehen. Die primäre Absicht bei Einführung der kollektiven Durchsetzungsbefugnis zielte auf **Vereinigungen von Urhebern.** Einbezogen sind gem. § 79 Abs. 2a ausübende Künstler und ihre Vereinigungen.[48] Kraft allgemeiner Verweisung auf Teil 1 des UrhG in § 70 Abs. 1 und § 72 Abs. 1 sollen darüber hinaus auch Verfasser wissenschaftlicher Ausgaben und Lichtbildner sowie ihre jeweiligen Vereinigungen profitieren,[49] was allerdings zweifelhaft ist (→ § 32 Rn. 1; → § 32a Rn. 11).

18   **Vereinigungen** (Verbände) sind nur klagebefugt, wenn sie die einschlägigen Gemeinsamen Vergütungsregeln selbst mitaufgestellt haben.[50] Für **Werknutzer** gilt dies ebenfalls mit der zusätzlichen Maßgabe, dass sie auch klagebefugt sind, sofern sie einer Vereinigung angehören, welche die Regeln mitaufgestellt hat. In beiden Fällen gilt dies auch für nach §§ 36 Abs. 4, 36a Abs. 4a zur Beteiligung aufgeforderte Parteien,[51] sofern diese sich aktiv an der Aufstellung der Vergütungsregeln beteiligt haben, also nach Beiladung tatsächlich teilnehmen. Wer kraft Rechtsnachfolge in die Position einer der vorgenannten Parteien einrückt, kann gleichfalls nach § 36b vorgehen.[52] Entscheidend für die Klagebefugnis ist, dass der Klagende selbst an der Aufstellung von Regeln beteiligt war. Außenseiter sind nicht klagebefugt.

19   Hier liegt die maßgebliche **Abgrenzung zu der kollektiven Klagebefugnis nach § 8 Abs. 3 UWG.** Während im UWG alle Konkurrenten, zudem Konkurrenten- und Verbraucherschutzverbände auf die Einhaltung lauterkeitsrechtlicher Regeln dringen können, verschafft § 36b nur den Parteien, die an der Ermittlung eines Branchenstandards aktiv beteiligt waren, also selbstverantwortlich hieran teilgenommen haben, eine Durchsetzungsbefugnis. Daher sind Bedenken dahingehend, dass wettbewerbsrechtliche Elemente in das UrhG eingeführt werden, nur begrenzt überzeugend.[53] Ebenso wenig müssen für die Klagebefugnis nach § 36b weitere Voraussetzungen, insbesondere solche aus § 8 Abs. 1 oder Abs. 3 UWG, erfüllt sein.[54] Ein Spürbarkeitserfordernis entsprechend § 3a UWG besteht ebenso wenig.[55] Es wäre auch nicht sinnvoll, denn zum einen ist eine Abweichung von Gemeinsamen Vergütungsregeln regelmäßig relevant (also auch „spürbar"), weil sie individuelle Nachteile für den Betroffenen erzeugt. Zum anderen geht es um die Durchsetzung einer im vergütungsbezogenen Interesse auch einzelner Kreativer aufgestellten Vergütungsregel, nicht (allein) um die Herstellung gleicher Marktbedingungen.

20   Die **Klagebefugnis wirkt in mehrere Richtungen.** Eine **Werknutzervereinigung,** die an der Aufstellung Gemeinsamer Vergütungsregeln beteiligt war, kann ihr eigenes Mitglied auf Unterlassung in Anspruch nehmen, wenn dieses Mitglied sich nicht an die Standards der Vergütungsregel hält. Das wird als verbandspolitisch problematisch angesehen,[56] doch reflektiert es nur den Umstand, dass die Selbstkontrolle, auf die der Gesetzgeber gesetzt hat, erst funktioniert, wenn die sich selbst kontrollie-

---

[44] Begr. RA, BT-Drs. 18/10637, 23.
[45] Begr. RA, BT-Drs. 18/10637, 23.
[46] *Berger/Freyer* ZUM 2016, 569 (577).
[47] Fromm/Nordemann/*Czychowski* UrhG § 36c Rn. 4.
[48] Allgemein dazu *Haas* Rn. 347 ff.
[49] Fromm/Nordemann/*Czychowski* UrhG § 36b Rn. 7.
[50] Möhring/Nicolini/*Soppe* UrhG § 36b Rn. 26.
[51] Dreier/Schulze/*Schulze* UrhG § 36b Rn. 6.
[52] Möhring/Nicolini/*Soppe* UrhG § 36b Rn. 26 (nur bei Gesamtrechtsnachfolge).
[53] So aber Möhring/Nicolini/*Soppe* UrhG § 36b Rn. 29 mit Hinweis auf *Berger/Freyer* ZUM 2016, 569 (578).
[54] So auch Möhring/Nicolini/*Soppe* UrhG § 36b Rn. 29, der dies aber für sinnvoll erachtet.
[55] Für sinnvoll gehalten von Möhring/Nicolini/*Soppe* UrhG § 36b Rn. 29.
[56] Möhring/Nicolini/*Soppe* UrhG § 36b Rn. 2.4.

renden Unternehmen auch ihre eingegangenen Verpflichtungen ernst nehmen und durchsetzen können. Unproblematischer ist der Fall, dass eine Werknutzervereinigung die Mitglieder anderer Vereinigungen, die ebenfalls an der Aufstellung der Vergütungsregel beteiligt waren, auf Unterlassung in Anspruch nimmt. Sofern einzelne Werknutzer auf Unterlassung klagen, wird sich das typischerweise gegen potentielle Konkurrenten richten. Damit erhält § 36b Züge einer Konkurrentenklagebefugnis (→ Rn. 13). In den Gesetzesmaterialien wird diese Möglichkeit ausdrücklich hervorgehoben. Der Werknutzer müsse nicht hinnehmen, dass „andere Verwerter sich nicht an die aufgestellten Vergütungsregeln halten, obwohl beide Parteien denselben Vergütungsregeln unterworfen sind".[57]

2. Anspruchsgegner (§ 36b Abs. 1 S. 1 Nr. 1 und Nr. 2)

Der Anspruch richtet sich gegen **Werknutzer,** die in einem Vertrag mit dem Urheber eine Bestimmung verwenden, die zum Nachteil des Urhebers (bzw. eines ausübenden Künstlers, § 79 Abs. 2a) von einer Gemeinsamen Vergütungsregel abweicht, wenn und soweit diese Regel direkt (weil der Werknutzer sie aufgestellt hat) oder indirekt (weil er Mitglieder einer Vereinigung ist, welche die Regel aufgestellt hat) für den Verwender Geltung hat. Die Passivlegitimation ruht also auf dem Bruch oder der Nichteinhaltung einer Selbstverpflichtung. Die Selbstverpflichtung betrifft systematisch die Gegenleistung für die Einräumung von Nutzungsrechten, nach den §§ 32 ff. angemessen zu vergüten ist. Nicht passivlegitimiert sind daher die Bestimmung **Vereinigungen von Werknutzern,** selbst wenn sie ihren Mitgliedern empfehlen, Vertragsbestimmungen zu verwenden, die mit der Vergütungsregel nicht im Einklang stehen.[58] Hier weist das Gesetz eine (unbewusste) Lücke auf, die durch analoge Anwendung des § 36b zu schließen ist, um den Schutzzweck verwirklichen zu können. 21

Anspruchsauslösendes Verhalten ist nach § 36b die Verwendung einer Vertragsbestimmung, die von einer Gemeinsamen Vergütungsregel zum Nachteil des Urhebers (oder ausübenden Künstlers, § 79 Abs. 2a) abweicht. Ziel des Anspruchs ist es also, eine Schlechterstellung der vergütungsrechtlichen Position des Urhebers zu beseitigen. Die Anspruchsverpflichtung betrifft daher nur „gebundene Werknutzer". **Grundlage** dieser Bindung ist nicht das Gesetz (§§ 32, 32a),[59] sondern eine **Selbstbindung des Werknutzers.** Daher ist auch nur verpflichtet, wer diese Selbstbindung direkt oder indirekt eingegangen ist. Auf diese Weise kann die Vertragstreue dieses Werknutzers von anderen Personen als dem Vertragspartner durchgesetzt werden kann. Das setzt voraus, dass die Vergütungsregel räumlich, inhaltlich und persönlich auf den Werknutzer anwendbar ist.[60] Persönlich anwendbar ist die Vergütungsregel auch, wenn der Werknutzer nach ihrer Aufstellung der Vereinigung beitritt, die aktiv an der Aufstellung beteiligt war.[61] Verlässt der Werknutzer die Vereinigung, bleibt er gebunden, denn die Selbstbindung war bereits eingegangen und sie kann nicht durch Austritt aus der Vereinigung beendet werden.[62] Die Selbstbindung besteht allerdings erst nach Aufstellung der Vergütungsregel. Erst zu diesem Zeitpunkt kann daher auch ein Unterlassungsanspruch nach § 36b entstehen.[63] 22

3. Abweichung von Gemeinsamen Vergütungsregeln

Anspruchsauslösendes Verhalten ist die **Abweichung von Gemeinsamen Vergütungsregeln zum Nachteil des Urhebers** (oder des ausübenden Künstlers, § 79 Abs. 2a) in einem mit dem Urheber geschlossenen Vertrag. Es geht mittelbar um eine Vertragsverletzung, nicht eine Gesetzesverletzung.[64] Mit der Urhebervertragsrechtsreform 2016 wurde der Gegenstand vergütungsrelevanter Regelungen, die dadurch betroffen sein können, allerdings erweitert. Nicht nur die eigentliche Vergütungsbestimmung kann unangemessen sein, auch Nebenbestimmungen, die auf die Vergütungshöhe Einfluss haben, etwa die Vereinbarung von Transparenzpflichten nach §§ 32d Abs. 3, 32e Abs. 3 oder der Ausschluss von Zweitverwertungsrechten nach § 40a Abs. 4, Rückrufrechten (§ 41 Abs. 2) oder Weiterverwertungsmöglichkeiten im Bereich vorbestehender Werke im Film (§ 88 Abs. 2), wirken auf die Vergütungshöhe ein. Sofern diese Befugnisse in Vergütungsregeln nicht angesprochen, insbesondere auch gegenüber dem gesetzlichen Standard nicht modifiziert sind, liegt allerdings kein Verstoß gegen eine Selbstbindung vor. Wer die gesetzlichen Standards unterläuft, kann auf ihre Einhaltung nicht über § 36b verpflichtet werden.[65] Diese Lücke im kollektiven Rechtsschutz ist aus Urhebersicht schmerzlich, weil sie das Blacklisting-Problem (→ Rn. 5) in einigen Bereichen perpetuiert,[66] sie ist aber Teil der vom Gesetzgeber gewählten Regelungskonzeption. 23

---

[57] Begr. RegE BT-Drs. 18/8625, 28; ähnlich Dreier/Schulze/*Schulze* UrhG § 36b Rn. 7: Ziel der Regelung sei es, das Vorgehen gegen „abtrünnige Mitglieder und Konkurrenten" zu erleichtern.
[58] Ein solches Verhalten adressiert *Pfennig* in Peifer, Urhebervertragsrecht (2016), S. 148, 164.
[59] *Berger/Freyer* ZUM 2016, 569 (578); Möhring/Nicolini/*Soppe* UrhG § 36b Rn. 10.
[60] Vgl. Möhring/Nicolini/*Soppe* UrhG § 36b Rn. 18; Dreier/Schulze/*Schulze* UrhG § 36b Rn. 5; Fromm/Nordemann/*Czychowski* UrhG §§ 36b/36c Rn. 5.
[61] Möhring/Nicolini/*Soppe* UrhG § 36b Rn. 23; Dreier/Schulze/*Schulze* UrhG § 36b Rn. 5.
[62] Dreier/Schulze/*Schulze* UrhG § 36b Rn. 5.
[63] Möhring/Nicolini/*Soppe* UrhG § 36b Rn. 21.
[64] *Berger/Freyer* ZUM 2016, 569 (578); Möhring/Nicolini/*Soppe* UrhG § 36b Rn. 10.
[65] Zutreffend *Berger/Freyer* ZUM 2016, 569 (578).
[66] Krit. hierzu auch *Lucas-Schloetter* GRUR 2017, 235 (240).

24   Die Abweichung von der Gemeinsamen Vergütungsregel muss zum Nachteil des Urhebers sein, ihn also schlechterstellen als durch die Gemeinsame Vergütungsregel beabsichtigt. Die Ermittlung dieser **Schlechterstellung** wird die Praxis durchaus vor Probleme stellen. Einfach ist der Fall, dass es nur um eine Vergütungsregelung geht, von welcher der Werknutzer nach unten abweicht.[67] Komplizierter sind Fälle, in denen es um Vergütungspakete geht (Rechtebündel mit unterschiedlichen Preisen für einzelne Nutzungsbefugnisse), die in einer Gesamtbetrachtung teilweise Besser- und teilweise Schlechterstellungen beinhalten. Eine Gesamtbetrachtung ist bereits deswegen problematisch, weil die kollektive Klagebefugnis nicht nur die individuelle Vergütungslage des Betroffenen offenbaren wird (er soll ja gerade anonym bleiben), sondern Standardverfehlungen angreift. Das spricht dafür, dass im Ausgangsfall jede nachteilige Abweichung von den Standards der Vergütungsregel auch für den Urheber nachteilig ist, mag sie auch über Besserstellungen an anderer Stelle kompensiert werden.[68]

25   Manche Anwendungsschwierigkeiten werden sich dadurch lösen, dass die Gemeinsame Vergütungsregel eine **Angemessenheitsvermutung** ausstrahlt **(§ 32 Abs. 2 S. 1)**. Sieht sie eine Pauschalvergütung vor, wird dem Urheber dagegen eine Beteiligungsvergütung angeboten, die ihn im Einzelfall besser stellt, liegt normativ keine Schlechterstellung vor. Dasselbe gilt bei Vereinbarung eines hohen Festhonorars, während die Gemeinsame Vergütungsregel eine Beteiligungsvergütung vorsieht.[69] Eine faktische Besserstellung des Urhebers wird bereits deswegen keine praktischen Probleme erzeugen, weil typischerweise der Urheber selbst auf die Vereinigung zugehen wird, um eine von ihm als Schlechterstellung angesehene Vergütungssituation kollektiv angreifen zu lassen.

4. Anspruchsziel: Unterlassung

26   § 36b verschafft nur einen **Unterlassungs-, keinen Beseitigungsanspruch.** Er wirkt also in die Zukunft. Dass eine Beseitigungspflicht nicht besteht, unterstreicht der Vergleich mit § 36c, der ausdrücklich Unterlassung und Beseitigung (einer nachteiligen Vertragsbindung) durch Vertragsanpassung als Rechtsfolge ermöglicht. Damit ist klargestellt, dass Verbände nur einen Verstoß gegen eine Selbstbindung des Werknutzers für die Zukunft abstellen, nicht aber auf eine Anpassung individueller Verträge hinwirken können.[70] Das steht in Übereinstimmung mit den §§ 1–2a UKlaG, die Vorbild für die gesetzliche Anordnung in § 36b waren.[71]

27   Der Unterlassungsanspruch zielt darauf, dass die angegriffene und dem Urheber nachteilige Vertragsbestimmung nicht (mehr) verwendet wird. Eine Rückabwicklung der Folgen ihrer Verwendung in der Vergangenheit muss der Urheber selbst über §§ 32 ff., 32a, 36c durchsetzen.[72] Etwas mehr Durchsetzungskraft erhält § 36b dadurch, dass man auch die Aufstellung von Standardverträgen, die von Gemeinsamen Vergütungsregeln abweichende Vereinbarungen enthalten, zum Gegenstand von Unterlassungsansprüchen machen kann. Unabhängig davon, ob Vereinbarungen bereits praktiziert werden, folgt aus ihnen jedenfalls eine Begehungsgefahr, so dass ein vorbeugender Unterlassungsanspruch besteht.[73]

III. Verfahrensfragen (§ 36b Abs. 2)

1. Allgemeines

28   § 36b Abs. 2 erklärt einige Vorschriften des kollektiven Verfahrens aus dem UWG für anwendbar, insbesondere die Bestimmung über die missbräuchliche Ausübung der Klagebefugnis (§ 8 Abs. 4 UWG) und die Verfahrensbestimmungen des § 12 UWG mit Ausnahme von § 12 Abs. 3 UWG, der mit § 103 im UrhG eigenständig geregelt ist. § 36b Abs. 2 ist im Gesetzgebungsverfahren kaum diskutiert worden. Auslöser für seine Einführung war vermutlich die Bestimmung im Berliner Entwurf (→ Rn. 9), die in allgemeiner Form lauterkeitsrechtliche Vorschriften auch für den urhebergesetzlichen Unterlassungsanspruch anwenden wollte. Dahinter steht möglicherweise die Vorstellung, dass das Verfahren nach § 36b Elemente einer Marktverhaltenskontrolle aufnehmen soll. Besonders überzeugend ist die Regelung allerdings nicht, weil sie teilweise überflüssig ist bzw. kaum Anwendungsfelder haben dürfte (vgl. nachfolgende → Rn. 29).

2. Missbrauch der Klagebefugnis (§ 8 Abs. 4 UWG)

29   § 36b erklärt § 8 Abs. 4 UWG auch auf das Unterlassungsverfahren des § 36b für anwendbar. Damit soll ausweislich der Gesetzesmaterialien der von einer Abmahnung oder Klage Betroffene

---

[67] Dreier/Schulze/*Schulze* UrhG § 36b Rn. 4.
[68] Für eine Einzelbetrachtung ohne Gesamtsaldierung iE auch Möhring/Nicolini/*Soppe* UrhG § 36b Rn. 12; Dreier/Schulze/*Schulze* UrhG § 36b Rn. 6; Fromm/Nordemann/*Czychowski* UrhG §§ 36b/36c Rn. 10.
[69] Zu Unrecht in beiden Konstellationen zweifelnd insoweit Möhring/Nicolini/*Soppe* UrhG § 36b Rn. 14, 14.1.
[70] Insoweit dürfte die Befürchtung von *Berger/Freyer* ZUM 2016, 569 (578) unbegründet sein.
[71] Vgl. Begr. RegE BT-Drs. 18/8625, 28.
[72] *Berger/Freyer* ZUM 2016, 569 (578).
[73] Zutreffend Dreier/Schulze/*Schulze* UrhG § 36b Rn. 3, vgl. auch den von *Pfennig* zitierten Brief des Niedersächsischen Zeitungsverlegerverbandes, wiedergegeben bei Peifer (Hrsg.), Urhebervertragsrecht, S. 148, 163 f., dazu → Rn. 6.

ebenso wie das angerufene Gericht davor geschützt werden, dass die Befugnis missbräuchlich ausgeübt wird.[74] Was genau mit einem Missbrauch gemeint ist, erläutern die Materialien nicht. Man wird daher davon ausgehen müssen, dass die UWG-Rechtsprechung und Kommentarliteratur zur Beantwortung der Frage herangezogen werden muss. Danach geht es im Wesentlichen darum zu verhindern, dass mit der Geltendmachung sachfremde Zwecke, also gerade nicht die Einhaltung von Vergütungsregeln, verfolgt werden.[75] Im September 2018 hat das Bundesministerium der Justiz und für Verbraucherschutz (BMJV) den Entwurf eines Gesetzes „zur Stärkung des fairen Wettbewerbs" vorgelegt.[76] Der Entwurf sieht Änderungen bei den §§ 8–13 UWG vor, auf die § 36b verweist, vor. Der Entwurf sollte im Januar 2019 umgesetzt werden. Er würde inhaltlich an § 36b wenig ändern, sondern nur die neu einzuführenden Vorschriften in Bezug nehmen.

Im UWG möchte § 8 Abs. 4 verhindern, dass Klagen oder vorgerichtliche Unterlassungsbegehren **30** zum Zwecke der Einnahmenerzielung eingesetzt werden. Diese Gefahr besteht bei § 36b kaum. Zum einen ist die Anspruchsbefugnis auf die an der Aufstellung einer Gemeinsamen Vergütungsregel Beteiligten beschränkt und damit gegenüber § 8 Abs. 3 UWG erheblich verengt. Zum anderen geht es um die Einhaltung von Bindungen, die zwischen den Beteiligten vereinbart wurden, Dritte, die Vergütungsregeln aufstellen, um deren Nichteinhaltung später abmahnen zu können, dürften in diesem System kaum vorkommen.[77] Die Verweisung auf § 8 Abs. 4 scheint also wenig relevante Probleme bekämpfen zu wollen.

3. Abmahnung, einstweilige Verfügung, Streitwertermäßigung und Urteilsveröffentlichung (§ 12 UWG)

Die Verweisung auf §§ 12 Abs. 1, Abs. 2, Abs. 4–5 UWG sorgt dafür, dass auch im kollektiven **31** Verfahren nach § 36b ein Verstoß zunächst abgemahnt werden soll (§ 12 Abs. 1 S. 1 UWG). War diese **Abmahnung** berechtigt, können die dazu erforderlichen Kosten (insbesondere Anwaltskosten) ersetzt verlangt werden (§ 12 Abs. 1 S. 2 UWG).[78] Diese Rechtsfolgen finden sich bereits derzeit für das Abmahnverfahren bei Urheberrechtsverletzungen in § 97a Abs. 4 S. 1, sie stellen urheberrechtsgesetzlich nur insoweit etwas Neues dar, als sie an eine kollektive Anspruchsbefugnis geknüpft sind. Die Abmahnung ist Obliegenheit, bei Nichtbeachtung wird die Klage nicht unzulässig. Allerdings droht bei sofortigem Anerkenntnis eine Kostentragungspflicht des vorschnell Klagenden aus § 93 ZPO. Dass diese Folge bei § 36b einmal eintritt, ist kaum zu befürchten, weil Verbände schon im Interesse einer schonenden Erledigung nicht übereifrig klagen, sondern zunächst den Anspruchsgegner außergerichtlich kontaktieren werden. Für eine schonende Lösung eher nachteilig ist, dass diese Kontaktaufnahme die etwas sperrige Form eines Abmahnverlangens annehmen muss.

Anwendbar sind – etwas überraschend, aber für den Abmahnenden günstig – die erleichterten **32** **Voraussetzungen des UWG im einstweiligen Verfügungsverfahren.** Nach § 12 Abs. 2 UWG muss der Anspruchsteller eine besondere Dringlichkeit seines Unterlassungsverlangens nicht nachweisen, sie wird vielmehr vermutet. Das erlaubt ein schnelles Vorgehen, ist also im Interesse eines effektiven Rechtsschutzverlangens. Allerdings bringt die Vorschrift einen Gedanken in das Urheberrecht, der bisher nur im UWG eine Rolle spielte, nämlich, dass Unterlassungsverlangen der in § 36b beschriebenen Art stets dringlich sind, während sie im Verletzungsverfahren nach ganz herrschender Meinung nicht ohne weiteres sind. Da § 36b lediglich einen Unterlassungs- nicht aber einen Beseitigungsanspruch enthält, kann das Verfügungsverfahren noch nicht dazu führen, dass bereits eine Umstellung individueller Verträge erforderlich wird. Es genügt, wenn der Verwender während des Verfügungsverfahrens die dortigen Vergütungsregeln, sofern sie nachteilig sind, vorübergehend nicht anwendet.[79]

Durch den Hinweis auf § 12 Abs. 4 und Abs. 5 UWG wird dem Unterlassungsgläubiger die Mög- **33** lichkeit eröffnet, eine **Herabsetzung des Streitwertes** zu beantragen. Diese Möglichkeit hat den Vorzug, dass auch kleinere und weniger finanzkräftige Verbände in die Lage versetzt werden, ein Unterlassungsverfahren durchzuführen, was sie möglicherweise sonst aus Kostengründen vermeiden würden. Auch dieser Weg ist für das UrhG neu.

Nicht für anwendbar erklärt wird § 12 Abs. 3 UWG. Im UWG geht es hierbei um die Befugnis **34** der obsiegenden Partei, das Urteil auf Kosten der unterliegenden Partei veröffentlichen zu dürfen. Dafür bedarf es einer richterlichen Anordnung. Das UrhG sieht eine solche Anordnung in § 103 vor, dies hat auch der Gesetzgeber gesehen[80] und daher klarstellend darauf verweisen, dass diese Befugnis auch im Verfahren nach § 36b gilt. Mit einiger Berechtigung wird die Verweisung daher als überflüssig angesehen,[81] jedenfalls ist es aber nicht schädlich, klarzustellen, dass auch das Verfahren nach § 36b eine „Klage aufgrund dieses Gesetzes" betrifft (§ 103).

---

[74] Begr. RegE BT-Drs. 18/8625, 28.
[75] Möhring/Nicolini/*Soppe* UrhG § 36b Rn. 35; Dreier/Schulze/*Schulze* UrhG § 36b Rn. 9.
[76] Abrufbar über die Website des BMJV, www.bmjv.de (dort unter Gesetzgebungsvorhaben).
[77] Ebenso Dreier/Schulze/*Schulze* UrhG § 36b Rn. 9: regelmäßig nicht sachfremd; vgl. auch Möhring/Nicolini/ *Soppe* UrhG § 36b Rn. 36, der jedenfalls Abmahnaktionen für nicht wahrscheinlich hält.
[78] Begr. RegE BT-Drs. 18/8625, 28.
[79] Vgl. *Berger/Freyer* ZUM 2016, 569 (578).
[80] Begr. RegE BT-Drs. 18/8625, 28.
[81] Möhring/Nicolini/*Soppe* UrhG § 36b Rn. 47; Dreier/Schulze/*Schulze* UrhG § 36b Rn. 11.

§ 36c Individualvertragliche Folgen des Verstoßes gegen gemeinsame Vergütungsregeln

[1]Der Vertragspartner, der an der Aufstellung von gemeinsamen Vergütungsregeln gemäß § 36b Absatz 1 Satz 1 Nummer 1 oder 2 beteiligt war, kann sich nicht auf eine Bestimmung berufen, die zum Nachteil des Urhebers von den gemeinsamen Vergütungsregeln abweicht. [2]Der Urheber kann von seinem Vertragspartner die Einwilligung in die Änderung des Vertrages verlangen, mit der die Abweichung beseitigt wird.

Schrifttum: S. die Schrifttumsnachweise zu § 32.

Übersicht

I. Allgemeines

1. Bedeutung, Zweck und Aufbau der Norm

1 § 36c ist durch das Gesetz vom 20.12.2016 (BGBl. I S. 3037) eingeführt worden. Er ist anwendbar auf Verträge und sonstige Sachverhalte, die nach dem 1.3.2017 geschlossen wurden bzw. entstanden sind (§ 132 Abs. 3a, hierzu → § 36b Rn. 15). Die Vorschrift ergänzt den parallel eingeführten (und für das UrhG neuartigen) Unterlassungsanspruch für Vereinigungen nach § 36b. Während § 36b die kollektive Durchsetzung der in Gemeinsamen Vergütungsregeln (§ 36) übernommenen Bindungen ermöglichen soll (→ § 36b Rn. 1), komplettiert § 36c das gesetzgeberische Programm durch einen **individuellen Unterlassungs- und Beseitigungsanspruch** für Kreative gegen Vertragspartner, die Vorgaben aus Gemeinsamen Vergütungsregeln ihnen gegenüber nicht einhalten.

2 **Zweck der Norm** ist es, Urhebern und ausübenden Künstlern (§ 79 Abs. 2a) die Durchsetzung von Bindungen aus Gemeinsamen Vergütungsregeln (§ 36) individuell zu ermöglichen. Die Norm geht unabhängig von der Frage einer möglichen Auslistung unbequemer Urheber (→ § 36b Rn. 5) inzident davon aus, dass Kreative von ihren Rechten auch selbst Gebrauch machen wollen und dies auch können sollen. Die Durchsetzung Gemeinsamer Vergütungsregeln soll also nicht nur Verbänden überlassen bleiben. Zu diesem Zweck enthält § 36c ein Durchführungsverbot für den Verwerter und einen Anpassungsanspruch des Urhebers. Ob die Norm erforderlich war oder ob insoweit die Ansprüche aus §§ 32, 32a genügen, ist umstritten (dazu → Rn. 4).

3 Der **Aufbau der Norm** knüpft an § 36b an, auf dessen Voraussetzungen zum Teil auch implizit verwiesen wird. Die beiden Ansprüche des Urhebers sind auf zwei Sätze verteilt, Satz 1 enthält die Unterlassungskomponente, nämlich das gegen den Verwerter gerichtete Verbot, sich auf eine von Gemeinsamen Vergütungsregeln zum Nachteil des Urhebers abweichende Bestimmung zu berufen. Darin kann man ein Durchführungsverbot sehen. Satz 2 enthält eine Art Beseitigungsanspruch, nämlich einen Anspruch auf Anpassung des Vertrags mit dem Verwerter, so dass dieser in Einklang mit der Gemeinsamen Vergütungsregel steht.

2. Vorgeschichte und Entwicklung der Norm

4 § 36c war bereits im Referentenentwurf des BMJV vom Oktober 2015 vorgesehen. Von dort wurde er unverändert mit den Erläuterungen des Refentenentwurfs in den **Regierungsentwurf** übernommen.[1] Der Rechtsausschuss des Deutschen Bundestages hat keine weiteren Änderungen oder Erläuterungen angefügt.[2] Die Vorschrift wurde offensichtlich angeregt durch den sog. **„Berliner Entwurf"** (→ § 36b Rn. 9). Der Entwurf beschränkte sich zwar auf eine kollektive Regelung wie sie heute in § 36b enthalten ist. Innerhalb dieses Anspruches war aber auch vorgesehen, dass Verbände (insbesondere an Urhebervereinigungen war gedacht) Werknutzern die Durchführung von Verträgen untersagen können sollten, in denen von Gemeinsamen Vergütungsregeln abgewichen wird.[3] In der Diskussion vor Veröffentlichung des Referentenentwurfs wurde hervorgehoben, dass es sinnvoll sei,

---

[1] Begr. RegE BT-Drs. 18/8625, 28.
[2] Begr. RA BT-Drs. 18/10637, 23.
[3] Vgl. dazu die Erläuterungen von *Pfennig* in Peifer (Hg.), Urhebervertragsrecht (2016), S. 148, 163 f.

den Verbänden ein Recht auf Anpassung der Verträge, also einen kollektiven Beseitigungsanspruch zuzugestehen.[4] Ein solcher kollektiver Beseitigungsanspruch hätte allerdings die ohnehin schon komplexe Regelung überfrachtet. Ob er in der Praxis funktioniert hätte, ohne dass die Urheber exponiert werden müssen, die im kollektiven Verfahren an sich anonym bleiben sollen, ist auch fraglich.

3. Systematik

Dogmatisch ist der Anspruch **als Unterlassungs- und Beseitigungsanspruch konzipiert.** Die **5** in Satz 1 enthaltene Unterlassungskomponente formuliert ein Durchführungsverbot für Verträge, die für den Urheber nachteilig von Vergütungsregeln abweichen, Satz 2 sieht einen Anpassungsanspruch vor, also die Beseitigung der vergütungsregelwidrigen Regelung. Umstritten ist, ob der Anpassungsanspruch erforderlich war.

Zum Teil wird dies bezweifelt mit Hinweis darauf, dass § 32 Abs. 1 S. 3 einen solchen Vertragsan- **6** passungsanspruch bereits enthält.[5] Die Begründung zum RegE gesteht zu, dass der Anpassungsanspruch in Satz 2 nach dessen Vorbild formuliert ist.[6] Gleichzeitig wird betont, dass die Norm individuelle Korrekturansprüche etwa nach den §§ 32, 32a unberührt lasse. Die neue Vorschrift sei insbesondere dort anzuwenden, „wo es um vertragliche Bestimmungen geht, die nicht unmittelbar die Höhe des geschuldeten Honorars berühren".[7] Diese Formulierung hat Zweifel und Kritik ausgelöst. Bezweifelt wird, dass es Regelungen in Gemeinsamen Vergütungsregeln ohne direkten Vergütungsbezug gibt,[8] kritisiert wird, dass, falls es solche Vorschriften gibt, diese kartellrechtswidrig sein könnten.[9] Beide Einwände überzeugen nicht. Zum einen hat die Urhebervertragsrechtsreform 2016 die Möglichkeit eröffnet, von den §§ 32d, 32e, 40a, 41, 88 Abs. 2 (auch zum Nachteil des Urhebers) abweichende Bestimmungen in branchenspezifischen Gemeinsamen Vergütungsregeln zu schaffen (vgl. §§ 32d Abs. 3, 32e Abs. 3, 40a Abs. 4, 41 Abs. 4, 88 Abs. 2 S. 3). Diese Regelungen haben insoweit keinen „direkten Vergütungsbezug", weil es nicht um Regelungen zur Höhe der gezahlten Vergütung geht, sondern nur um Vorschriften, die auf den Wert der Gegenleistung mittelbar Einfluss haben. Die Kartellrechtsverträglichkeit dieser Bestimmungen folgt daraus, dass diese Regelungen letztlich nur das Merkmal der Angemessenheit einer Vergütung branchenspezifisch und als Selbstkontrollinstrument der Beteiligten ausfüllen (→ § 36 Rn. 27). Ersichtlich zielen die Erläuterungen zu § 36c im RegE auf diese Konstellation ab, auch wenn dies etwas klarer hätte hervorgehoben werden können.

II. Anspruchsvoraussetzungen

1. Anspruchsinhaberschaft und Anspruchsverpflichtete

§ 36c verpflichtet den **Werknutzer,** soweit er direkter Vertragspartner des Kreativen ist. An- **7** spruchsinhaber ist der **Urheber,** nach § 79 Abs. 2a auch der ausübende Künstler. Systematisch einbezogen sein können theoretisch auch Lichtbildner (§ 72) und Verfasser wissenschaftlicher Ausgaben (§ 70).[10] Ob diesen die Ansprüche der §§ 32, 32a aber zustehen können, ist zweifelhaft (→ § 32 Rn. 1; → § 32a Rn. 11). Die Anspruchsinhaberschaft besteht nur, wenn der Urheber Mitglied einer Vereinigung ist oder wird, die an der Aufstellung der streitgegenständlichen Gemeinsamen Vergütungsregeln beteiligt war. Auch der Werknutzer als potentieller Anspruchsgegner muss selbst oder über eine Vereinigung, der er angehört, an der Aufstellung beteiligt gewesen sein. Die Vereinbarung, die Werknutzer und Urheber verbindet, muss die Einräumung von Nutzungsrechten zum Gegenstand haben, denn nur hierfür ist eine angemessene Vergütung zu zahlen.

2. Abweichung der vertraglichen Bestimmung von Gemeinsamen Vergütungsregeln zum Nachteil des Urhebers

Die Anwendungsvoraussetzung des § 36c entspricht im Wortlaut derjenigen des § 36b. Unterlas- **8** sungs- und Beseitigungsansprüche setzen eine Abweichung einer vertraglichen Bestimmung von einer Gemeinsamen Vergütungsregel voraus. Die Abweichung muss für den Urheber nachteilig sein (vgl. insoweit bereits → § 36b Rn. 23). Für § 36b genügt eine Abweichung im Einzelfall, denn im kollektiven Rechtsschutzverfahren kann auf die individuelle Situation des betroffenen Urhebers oft schon deswegen keine Rücksicht genommen werden, weil dieser Urheber im Verfahren anonym bleibt und bleiben soll (→ § 36b Rn. 2, 24). Bei der individuellen Klage des Betroffenen nach § 36c besteht dieses Hindernis nicht. Daher wird hier geltend gemacht, dass hier auch eine **Gesamtbetrachtung** dergestalt möglich ist, bei der vorteilhaftere mit nachteiligen Regelungen „saldiert" werden können, so dass

---

[4] *Pöppelmann/Endter* in Peifer (Hg.), Urhebervertragsrecht (2016), S. 92, 100.
[5] *Berger/Freyer* ZUM 2016, 569 (578); Fromm/Nordemann/*Czychowski* UrhG §§ 36b, 36c Rn. 19.
[6] Begr. RegE BT-Drs. 18/8625, 28.
[7] Begr. RegE BT-Drs. 18/8625, 28.
[8] *Berger/Freyer* ZUM 2016, 569 (578); Möhring/Nicolini/*Soppe* UrhG § 36c Rn. 13.1 (Online-Version).
[9] Fromm/Nordemann/*Czychowski* UrhG § 36c Rn. 4.
[10] Möhring/Nicolini/*Soppe* UrhG § 36c Rn. 3.

es an einem Nachteil fehlt, wenn der Urheber „unter dem Strich" nicht schlechter steht als er bei vollständiger Anwendung der Gemeinsamen Vergütungsregel gestanden hätte.[11] Der Grundgedanke der Regelung steht dieser Lösung nicht entgegen. Ein Anreiz zur Klage kann bestehen, wenn ein „Rosinenpicken" aus Urhebersicht in Betracht kommt. Da sich der Werknutzer selbst an getroffene Verträge halten muss, sollte man ihm den Einwand der Besserstellung des Urhebers durch die Gesamtregelung nicht vorschnell nehmen, ihm allerdings die Darlegungs- und Beweislast für eine Besserstellung überantworten.

3. Durchführungsverbot (§ 36c S. 1)

9   Nach § 36c S. 1 kann sich der Werknutzer auf eine für den Urheber nachteilig von einer Gemeinsamen Vergütungsregel abweichende Vertragsbestimmung nicht berufen. Diese Bestimmung darf daher nicht durchgeführt oder angewendet werden. Sie ist damit im Ergebnis einseitig unwirksam.

4. Vertragsanpassung (§ 36c S. 2)

10   Zur Beseitigung der nachteiligen Vertragssituation kann der Urheber einen Anspruch auf Vertragsanpassung gegen den Werknutzer erheben. Das kommt einem Beseitigungsverlangen gleich (→ Rn. 26).[12] Die Norm ist § 32 Abs. 1 S. 3 nachgebildet, so dass die dortigen Erläuterungen auch hier gelten (→ § 32 Rn. 22, 46). Konstruktiv ist der Anspruch auf Abgabe einer Willenserklärung gerichtet und insoweit nach § 894 ZPO vollstreckbar.[13] Denkbar ist es aber auch, wie bei §§ 32 Abs. 1 S. 3, 32a die Beseitigungsklage dahingehend auszulegen, dass der Werknutzer künftig verpflichtet ist, die in der Gemeinsamen Vergütungsregel vorgesehene, günstigere Regelung anzuwenden. Allerdings mag dies zu Härten führen, wenn es nicht um eine einfache, sondern komplexere Regelung geht, die eine Anpassung mehrerer Vertragsbestimmungen erfordert. Ein gewisses, wenn auch kein grenzloses Auswahlermessen wird man dem Werknutzer dann belassen müssen.[14] Allerdings kann dies nicht dazu führen, dass der Werknutzer die Möglichkeit tiefgreifender und umfassender Änderungen der Vertragskonstruktion erhält. § 36c zielt nur darauf, die nachteilige Situation für die Zukunft zu beseitigen. Rückwirkende Bedeutung kommt der Regelung nicht zu.[15]

5. Verjährung

11   Die Ansprüche des § 36c sind nicht an Fristen gebunden. Da es sich jeweils um Ansprüche im Sinne des § 195 BGB handelt, unterliegen sie der Regelverjährung von drei Jahren ab Kenntnis. Diese Kenntnis bezieht sich auf die Vertragsregelung sowie die Gemeinsame Vergütungsregel. In der Regel wird der Anspruch daher entstehen, wenn beide Regelungen zum Nachteil des Urhebers nicht übereinstimmen.

§ 37 Verträge über die Einräumung von Nutzungsrechten

(1) **Räumt der Urheber einem anderen ein Nutzungsrecht am Werk ein, so verbleibt ihm im Zweifel das Recht der Einwilligung zur Veröffentlichung oder Verwertung einer Bearbeitung des Werkes.**

(2) **Räumt der Urheber einem anderen ein Nutzungsrecht zur Vervielfältigung des Werkes ein, so verbleibt ihm im Zweifel das Recht, das Werk auf Bild- oder Tonträger zu übertragen.**

(3) **Räumt der Urheber einem anderen ein Nutzungsrecht zu einer öffentlichen Wiedergabe des Werkes ein, so ist dieser im Zweifel nicht berechtigt, die Wiedergabe außerhalb der Veranstaltung, für die sie bestimmt ist, durch Bildschirm, Lautsprecher oder ähnliche technische Einrichtungen öffentlich wahrnehmbar zu machen.**

Schrifttum: S. die Schrifttumsnachweise Vor §§ 31 ff.

Übersicht

---

[11] So Möhring/Nicolini/*Soppe* UrhG § 36c Rn. 9 (mit Beispiel in Rn. 9.1–3 der Online-Version), so wohl auch *Ory* ZUM 2017, 457 (459).
[12] Ebenso iE Möhring/Nicolini/*Soppe* UrhG § 36c Rn. 16.
[13] Möhring/Nicolini/*Soppe* UrhG § 36c Rn. 14.
[14] Für ein Auswahlermessen Möhring/Nicolini/*Soppe* UrhG § 36c Rn. 16.
[15] Zutreffend Möhring/Nicolini/*Soppe* UrhG § 36c Rn. 17.

I. Allgemeines

1. Zweck und Entstehungsgeschichte

§ 37 konkretisiert den **Übertragungszweckgedanken** (§ 31 Abs. 5) und basiert wie jener auf 1
dem Grundsatz, dass „das Urheberrecht gleichsam die Tendenz hat, soweit wie möglich beim Urheber zurückzubleiben".[1] Dem Urheber als typischerweise schwächerer Vertragspartei soll die Chance erhalten werden, ein angemessenes Entgelt für jeden Bereich der Nutzung seines Werkes auszuhandeln.[2]

Die Auslegungsregel des **§ 37 Abs. 1** baut auf den im Wesentlichen gleich lautenden Regelungen 2
des § 14 LUG und § 2 Abs. 2 VerlG auf, führt für die dort enumerierten Einzelfälle aber den Oberbegriff „Bearbeitung des Werkes" ein, was der Regelung eine nicht unerheblich erweiterte Tragweite verleiht. § 2 Abs. 2 VerlG ist durch das UrhG weder aufgehoben noch textlich angetastet worden; das Verhältnis zu § 37 Abs. 1 ist aber nicht unproblematisch. **Abs. 2** betrifft die vor Inkrafttreten des UrhG systematisch und in der Sache unbefriedigend unter die Bearbeitungen eingereihten Fälle der Vervielfältigung auf Bild- und Tonträger. **Abs. 3** regelt die Frage, ob die Einräumung eines Nutzungsrechts zur öffentlichen Wiedergabe das im UrhG 1965 neu kodifizierte Recht zur Bildschirm- und Lautsprecherübertragung gem. § 19 Abs. 3 umfasst.

Auffällig ist in § 37 die **unterschiedliche Formulierung der Rechtsfolge:** Nach Abs. 1 ver- 3
bleibt dem Urheber das Einwilligungsrecht, nach Abs. 2 das Recht, die betreffende Nutzung vorzunehmen; in Abs. 3 schließlich ist nicht vom Urheber die Rede, sondern von der mangelnden Berechtigung des Werknutzers. Der Unterschied der Formulierung ist nicht ohne Bedeutung; die Entstehungsgeschichte kann hierzu Aufschlüsse geben. Der RefE (§ 29) versagte dem Nutzer in Abs. 1 die Einwilligung und enthielt ihm in Abs. 2 das Recht der Nutzung vor. Der MinE (§ 32) stellte beide Absätze – wenn auch in Nuancen unterschiedlich formuliert – um, „um klarzustellen, dass im Fall der Einräumung eines ausschließlichen Nutzungsrechts der Nutzungsberechtigte im Zweifel weder selbst eine Bearbeitung des Werks verwerten noch die Verwertung einer Bearbeitung durch den Urheber verbieten kann".[3] Dem Urheber sollte mit anderen Worten im fraglichen Bereich zum einen das positive Nutzungsrecht verbleiben, und er sollte zum anderen auch nicht einem (überschießenden) Verbotsrecht des Nutzungsrechtsinhabers ausgesetzt sein.[4] In der Endfassung von Abs. 1 ist zwar in einer weiteren Abwandlung des Textes vom „Recht der Einwilligung" die Rede; die AmtlBegr. macht aber deutlich, dass an der Konzeption der parallelen Erfassung von positivem Benutzungsrecht und negativem Verbotsrecht festgehalten werden soll. Es heißt zu Abs. 1:[5]

„Danach darf beispielsweise ein Verleger, dem der Urheber das Nutzungsrecht zur Vervielfältigung und Verbreitung an einem Roman eingeräumt hat, im Zweifel nur die Originalfassung des Romans vervielfältigen und verbreiten, nicht dagegen eine Übersetzung, eine Dramatisierung oder eine Verfilmung. Auch sein Verbotsrecht erstreckt sich im Zweifel nicht auf solche Bearbeitungen des Werks, dh. er kann die Vervielfältigung und Verbreitung der Bearbeitungen weder dem Urheber noch einem Dritten verbieten."

Für **Abs. 2** wird diese Konzeption ausdrücklich bestätigt:[6]

„Wie Abs. 1 hat auch diese Bestimmung eine doppelte Bedeutung: Der Erwerber des Nutzungsrechts zur Vervielfältigung darf im Zweifel weder selbst das Werk auf Tonträger übertragen noch dem Urheber oder einem Dritten eine solche Übertragung verbieten."

Demgegenüber soll mit der abweichenden Fassung des **Abs. 3,** der nicht vom Recht des Urhebers, sondern von der mangelnden (positiven) Berechtigung des Nutzungsrechtsinhabers spricht, eine abweichende Rechtsfolge statuiert werden:[7]

„Im Gegensatz zu den Auslegungsregeln in den Absätzen 1 und 2 beschränkt sich Abs. 3 auf die positive Seite des Nutzungsrechts: Der Erwerber des Nutzungsrechts soll lediglich im Zweifel selbst eine Bildschirm- oder Lautsprecherübertragung nicht vornehmen dürfen; ein Recht, eine solche Übertragung Dritten oder auch dem Urheber selbst zu verbieten, bleibt unberührt; denn der Urheber hat seinerseits kein schutzwürdiges Interesse daran, gegen den Willen des Nutzungsberechtigten eine Bildschirm- oder Lautsprecherübertragung anderen zu gestatten oder selbst vorzunehmen."

2. Anwendungsbereich

§ 37 ist lediglich als **Auslegungsregel** konzipiert. Nur „im Zweifel" sollen dem Urheber Verwer- 4
tungsrechte verbleiben (Abs. 1 und 2) bzw. die Nutzerbefugnis begrenzt sein (Abs. 3). Die Vorschrift greift also erst ein, wenn es an einer ausdrücklichen vertraglichen Regelung fehlt oder über den Um-

---

[1] *Ulmer* § 84 IV.
[2] BGH ZUM 2012, 793 Rn. 17, 22 – Honorarbedingungen Freie Journalisten; *Schack* Rn. 615; Wandtke/Bullinger/*Wandtke*/*Grunert* UrhG § 37 Rn. 1.
[3] Erläuternde Bem. S. 41.
[4] Zum Verhältnis von positivem Benutzungsrecht und negativem Verbotsrecht allgemein → Vor §§ 28 ff. Rn. 81 f.
[5] RegE UrhG 1965, BT-Drs. IV/270, S. 58.
[6] RegE UrhG 1965, BT-Drs. IV/270, S. 58.
[7] RegE UrhG 1965, BT-Drs. IV/270, S. 58.

fang einer Rechtseinräumung Unklarheiten bestehen.[8] Abweichende Vereinbarungen sind also zulässig. Aufgrund dieses dispositiven Charakters der Norm unterliegt die ausdrückliche Einräumung des Bearbeitungsrechts in **allgemeinen Geschäftsbedingungen** nicht der Inhaltskontrolle gem. § 307 Abs. 2 Nr. 1 BGB.[9] Auch stellt § 37 keine international zwingende Eingriffsnorm dar, die sich gegen ein von den Parteien vereinbartes oder sonst gem. Art. 4 Abs. 2 Rom I-VO anwendbares, ausländisches Vertragsstatut durchsetzt.[10]

5   § 37 gilt ausweislich seines Wortlauts zunächst für die Einräumung des Nutzungsrechts als **Verfügungsgeschäft.** Zugleich ist aber auch der Inhalt des zugrundeliegenden **Verpflichtungsgeschäfts** entsprechend auszulegen.[11] Auf rein schuldrechtliche Einwilligungen und Vereinbarungen zu Verwertungsrechten (§ 29 Abs. 2 Alt. 2)[12] ist die Vorschrift entsprechend anzuwenden, denn auch in dieser Gestaltungsvariante ist der Urheber schutzbedürftig.[13] Konkludente, schlichte Einwilligungen[14] sind anders als die in § 37 geregelten Fälle nicht auf bestimmte Nutzungen zugeschnitten, so dass § 37 hierfür nicht gilt. Auf die Rechtseinräumung zur Wahrnehmung ist die Vorschrift hingegen anwendbar. Für Wahrnehmungsverträge mit Verwertungsgesellschaften dürfte die Frage freilich angesichts der üblicherweise umfassenden Formulierung solcher Verträge kaum Bedeutung besitzen.

6   Nach seinem Wortlaut erfasst § 37 vom **Urheber** getätigte Rechtsgeschäfte; die Vorschrift gilt auch zugunsten seines Rechtsnachfolgers iSd § 30. Ob § 37 ferner sinngemäß heranzuziehen ist, wenn der **Inhaber eines ausschließlichen Nutzungsrechts** ein weiteres Nutzungsrecht einräumt, ist streitig.[15] Gegen eine solche, über den Wortlaut hinausgehende Anwendung der Vorschrift spricht in teleologischer Hinsicht, dass sich Inhaber ausschließlicher Nutzungsrechte anders als Urheber nicht in einer strukturell schwächeren Verhandlungsposition befinden, die durch gesetzliche Regelungen wie § 37 ausgeglichen werden soll. Auf Vertragsverhältnisse zwischen Nutzungsrechtsinhabern sind daher die allgemeinen Auslegungsgrundsätze anzuwenden, die die Interessen beider Vertragsparteien gleichrangig berücksichtigen.

7   Für diese restriktive Lesart spricht auch, dass § 37 auf Verträge über die verwandten Schutzrechte unternehmerischer Investoren, die eines vertragsrechtlichen Schutzes ebenfalls nicht bedürfen, ausweislich entsprechend begrenzter Verweise auf das Urhebervertragsrecht nicht anwendbar ist.[16] Demgegenüber gilt § 37 entsprechend **für Verfasser wissenschaftlicher Ausgaben** (§ 70 Abs. 1), **Lichtbildner** (§ 72 Abs. 1) und **ausübende Künstler** (§ 79 Abs. 2a). Bei ihnen handelt es sich wie bei Urhebern um natürliche Personen, die neue Inhalte schaffen und beim Abschluss von Nutzungsverträgen typischerweise die Rolle der schwächeren Vertragspartei einnehmen.[17]

8   Auf **Altverträge,** die vor dem 1.1.1966 abgeschlossen worden sind, ist die Vorschrift gem. § 132 Abs. 1 S. 1 nicht anzuwenden. Freilich kommt dann das auch schon zum früheren Recht anerkannte, allgemeine Übertragungszweckprinzip zum Tragen.[18]

9   Die **internationalen Konventionen** und das **Unionsrecht,** insbesondere die Art. 18–23 DSM-RL, enthalten keine dem § 37 entsprechenden Auslegungsregeln.

3. Verhältnis zu anderen Vorschriften

10   **§ 37** und **§ 31 Abs. 5** streben im Wesentlichen dasselbe Regelungsziel an; sie ergänzen sich gegenseitig. § 37 knüpft in allen drei Absätzen an eine Situation des „Zweifels" an, dh es darf hinsichtlich der in der Vorschrift behandelten Nutzungsarten ein eindeutiger Vertragsinhalt weder im positiven noch im negativen Sinn vorliegen, insbes. nicht bereits aus einer Vertragsauslegung nach allgemeinen Vorschriften zu gewinnen sein, wozu nach § 157 BGB auch Treu und Glauben und die Verkehrssitte gehören.[19] Bei dieser Vertragsauslegung ist § 31 Abs. 5 zu berücksichtigen, dh mangels spezieller Bezeichnung der Nutzungsarten kommt es auf den **Vertragszweck** an. § 31 Abs. 5 erwähnt ausdrücklich die Frage der Reichweite von Nutzungsrecht und Verbotsrecht; die Antwort kann für beide unterschiedlich sein.[20] Bleibt die Erfassung der fraglichen Nutzungsarten nach dem Vertragszweck zweifelhaft, so ist eine diesbezügliche Rechtseinräumung schon nach § 31 Abs. 5 nicht anzunehmen. Insofern konvergieren § 31 Abs. 5 und § 37 im Ergebnis; die selbständige Bedeutung des § 37 redu-

---

[8] BGH ZUM 2012, 793 Rn. 17, 22 – Honorarbedingungen Freie Journalisten.
[9] BGH ZUM 2012, 793 Rn. 22 – Honorarbedingungen Freie Journalisten.
[10] Vgl. allgemein → Vor § 120 Rn. 165.
[11] Dreier/Schulze/*Schulze* UrhG § 37 Rn. 4, 9. S.; allgemein zum Verhältnis von Verpflichtung und Verfügung → Vor §§ 28 ff. Rn. 98 ff.
[12] BGH GRUR 2010, 628 Rn. 32 – Vorschaubilder I.
[13] Dreier/Schulze/*Schulze* UrhG § 37 Rn. 9.
[14] BGH GRUR 2010, 628 Rn. 8 f. – Vorschaubilder I.
[15] Vgl. allgemein → Vor §§ 31 ff. Rn. 54 f.; für Anwendung auch bei Weiterübertragung Dreier/Schulze/*Schulze* UrhG § 37 Rn. 5; aA Fromm/Nordemann/*J. B. Nordemann* UrhG § 37 Rn. 4.
[16] Vgl. §§ 71 Abs. 1 S. 3, 85 Abs. 2 S. 3, 87 Abs. 2 S. 3, 87g Abs. 1 S. 2, 94 Abs. 2 S. 3.
[17] *Rehbinder/Peukert* Rn. 642 f.
[18] → § 132 Rn. 3, 10; Dreier/Schulze/*Schulze* UrhG § 37 Rn. 7; *Schack* Rn. 1104 f.
[19] S. LG Berlin K&R 2007, 588 (591).
[20] Zum Wandel der Vertragszwecke im digitalen Bereich s. Dreier/Schulze/*Schulze* UrhG § 37 Rn. 21 f.

ziert sich.[21] Die Hauptbedeutung des § 37 neben § 31 Abs. 5 dürfte in der Präzisierung der Tragweite der Nutzungsrechtseinräumung bezüglich des positiven Benutzungsrechts und des negativen Verbotsrechts liegen. Bleibt die Einräumung der in Abs. 1 und Abs. 2 behandelten Rechte nach einer Vertragsauslegung anhand aller Umstände des Einzelfalles zweifelhaft, so ergibt sich, dass beide Komponenten des Verwertungsrechts beim Urheber verbleiben.[22] Bei Abs. 3 wird dem Urheber dagegen nur das positive Benutzungsrecht belassen, das negative Verbotsrecht aber dem Werknutzer zugestanden.[23] Im Übrigen verfolgt § 37 den Zweck, die in § 31 Abs. 5 nicht klar ausgesprochene Regel der Auslegung „in dubio pro auctore"[24] für den behandelten Bereich explizit zum Ausdruck zu bringen.

§§ 88, 89 gehen als spezielle Auslegungsregeln dem § 37 vor, soweit darin die Rechtseinräumung   **11** auch auf Bearbeitungen erstreckt wird.[25] Hingegen betreffen **§ 55a** und **§ 69d Abs. 1** die andersgelagerte Frage, ob Bearbeitungen von Datenbankwerken und Computerprogrammen, die für deren übliche bzw. bestimmungsgemäße Benutzung erforderlich sind, urheberrechtlich zulässig und ob diese Schranken disponibel sind. Die Vorschriften verdrängen § 37 daher nicht.[26] Vielmehr ist § 37 uneingeschränkt auf Datenbankwerke und Computerprogramme anzuwenden.

Für das Verhältnis des § 37 Abs. 1 zu **§§ 23, 39** gilt Folgendes: Auszugehen ist davon, dass im Bereich der Bearbeitungen bei der Rechtsstellung des Urhebers eine änderungsrechtliche und eine verwertungsrechtliche Komponente zu unterscheiden sind; erstere hat auch persönlichkeitsrechtliche Implikationen.[27] Es fragt sich, ob der Urheber hinnehmen muss, dass das Werk in veränderter Gestalt in Erscheinung tritt (hierfür gelten §§ 23 und 39) und weiter, ob die Verwertung des geänderten Werkes in den Schutzumfang seines Verwertungsrechtes fällt (hierfür gilt § 23). Geht es um die Veröffentlichung oder Verwertung einer vom Urheber selbst oder von einem Dritten mit seiner Zustimmung hergestellten Bearbeitung, so wird nur die verwertungsrechtliche Komponente berührt; für sie gilt § 37 Abs. 1. Soll die Bearbeitung erst durch den Nutzer oder einen nicht vom Urheber autorisierten Dritten hergestellt werden, so wird auch die änderungsrechtliche Komponente betroffen. Die Herstellung der Bearbeitung ist, sofern nicht § 23 S. 2 eingreift, frei. Frei sind auch Änderungen, die sich im Rahmen des § 39 Abs. 2 halten. Ansonsten braucht der Urheber die Veröffentlichung oder Verwertung eines geänderten Werkes schon nach § 39 Abs. 1 im Zweifel – dh bei Fehlen einer zweifelsfrei im Sinn einer Zustimmung auslegbaren Vereinbarung – nicht hinzunehmen, auch wenn es sich um eine Bearbeitung handelt; der Heranziehung des § 37 Abs. 1 bedarf es insofern nicht.[28] Geht es um die Veröffentlichung oder Verwertung einer vom Urheber nicht autorisierten Bearbeitung, muss man somit zum einen fragen, ob sich das Recht des Nutzers überhaupt auf Bearbeitungen erstreckt – die Antwort gibt im Zweifel § 37 – und zum anderen, ob die konkret vorliegende Bearbeitung vom Urheber toleriert werden muss – die Antwort folgt aus §§ 23, 39.

Nach der Regelung des **§ 2 VerlG** verbleibt dem Verfasser mangels anderweitiger Vereinbarung   **13** hinsichtlich der in § 2 Abs. 2 Nr. 1–3 aufgezählten Bearbeitungsformen das positive Nutzungsrecht, und er wird auch von der Enthaltungspflicht und dem Verbotsrecht (§ 9 Abs. 2 VerlG) freigestellt. Bezüglich sonstiger Bearbeitungen stand dem Verfasser vor Einführung des § 37 Abs. 1 zwar an sich das positive Nutzungsrecht zu, dessen Ausübung war aber durch die Enthaltungspflicht des Verfassers und das Verbotsrecht des Verlegers praktisch paralysiert.[29] § 37 Abs. 1 will, wie in der AmtlBegr. besonders betont wird (→ Rn. 2), nunmehr hinsichtlich aller Bearbeitungen dem Urheber im Zweifel sowohl das positive Nutzungsrecht als auch das negative Verbotsrecht vorbehalten. Wie das dabei erwähnte verlagsrechtliche Beispiel zeigt, soll dies auch für das Verlagsrecht gelten. Enthaltungspflicht des Verfassers und Verbotsrecht des Verlegers werden somit zugunsten des Verfassers gegenüber der bisherigen verlagsrechtlichen Regelung eingeschränkt, was tendenziell durchaus im Sinn des UrhG liegt; auch an anderen Punkten, zB in der Unübertragbarkeitsregelung, wirkt das UrhG in dieser Weise auf das Verlagsrecht aus.[30] Allzu groß ist die praktische Bedeutung der Einwirkung des § 37 Abs. 1 auf das Verlagsrecht freilich nicht, da § 2 Abs. 2 Nr. 1–3 VerlG bereits die wichtigsten Fälle der Bearbeitung iSd § 37 Abs. 1 regelt. Ausnahmsweise kann, auch soweit § 37 Abs. 1 die Bearbeitung freistellt, deren konkurrierender Nutzung eine verlagsvertragsimmanente Treuepflicht entgegenstehen.[31] Erst recht kann sich der Verfasser auf sein Recht an der Bearbeitung nicht berufen, wenn dessen Ausübung eine vorsätzliche sittenwidrige Schädigung des Verlegers bildet.

---

[21] So auch *Schweyer* S. 95 f.; Fromm/Nordemann/*J. B. Nordemann* UrhG § 37 Rn. 1; s. auch Dreyer/*Kotthoff*/Meckel UrhG § 37 Rn. 2.
[22] So auch Dreier/Schulze/*Schulze* UrhG § 37 Rn. 2.
[23] Dreier/Schulze/*Schulze* UrhG § 37 Rn. 2.
[24] *Schack* Rn. 615 f.; *Mestmäcker*/*Schulze* UrhG § 31 Anm. 5; *Schricker*, Verlagsrecht, VerlG § 8 Rn. 5a.
[25] Vgl. aber LG München UFITA 56 (1970), 354, worin § 37 Abs. 1 ohne Diskussion von § 88 auf die Bearbeitung eines in den Film aufgenommenen musikalischen Werkes angewendet wird.
[26] AA Fromm/Nordemann/*J. B. Nordemann* UrhG § 37 Rn. 24.
[27] *Forkel* S. 181 f.
[28] Vgl. Dreier/Schulze/*Schulze* UrhG § 37 Rn. 15.
[29] *Schricker* GRUR-Int 1983, 446 (453 f.).
[30] *Schricker*, Verlagsrecht, VerlG § 2 Rn. 12; *Schricker* GRUR-Int 1983, 446 (453 f.); Dreier/Schulze/*Schulze* UrhG § 37 Rn. 16; Dreyer/*Kotthoff*/Meckel UrhG § 37 Rn. 5; *Wegner*/*Wallenfels*/*Kaboth* S. 75 f., 83 f.; *Haberstumpf* FS Schricker, 2005, 311 (322).
[31] *Schricker*, Verlagsrecht, UrhG § 2 Rn. 12; Wandtke/Bullinger/*Wandtke*/*Grunert* UrhG § 37 Rn. 6.

II. Die Regelung im Einzelnen

1. Bearbeitungen (Abs. 1)

14   Die Auslegungsregel des Abs. 1 gilt „**im Zweifel**", dh wenn aus der Auslegung des Vertrages nach allgemeinen Regeln (→ Rn. 4) nicht ein zweifelsfreies – positives oder negatives – Ergebnis resultiert. Da nach den allgemeinen Regeln der Rechtsgeschäftslehre auch stillschweigende Vereinbarungen Vorrang genießen, greift Abs. 1 nicht bereits dann ein, wenn eine **ausdrückliche** Vereinbarung fehlt.[32] Wird ein Bearbeitungsrecht eingeräumt, legitimiert dies im Zweifel nur zu einer Bearbeitung, nicht zu mehreren.[33] Unklarheiten über die Beschränkung eines eingeräumten Bearbeitungsrechts (zB über die zulässigen Sprachfassungen von Übersetzungen) sind gem. § 37 Abs. 1 im Sinne einer restriktiven Auslegung der Befugnisse des Vertragspartners zu lösen.[34]

15   Nach der Auslegungsregel des Abs. 1 steht dem Urheber das „Recht der Einwilligung zur Veröffentlichung oder Verwertung der Bearbeitung des Werkes" zu. Die Vorschrift bezieht sich, wie die in der AmtlBegr. gebrachten Beispiele erkennen lassen (→ Rn. 2), nur auf solche **Bearbeitungen**, die schutzfähige Werke iSd § 3 bilden.[35] Der Erhalt der Schaffensfreiheit des Urhebers gebietet es nicht, ihm unwesentliche, unschöpferische Änderungen von Werken zu gestatten, über deren Nutzung vertraglich disponiert wurde. Überdies wäre der Vertragspartner in diesem Fall konkurrierenden Verwertungen schutzlos ausgesetzt, denen ein nur leicht abgeändertes Werk zugrunde liegt. Bei Umgestaltungen unterhalb des Niveaus der schutzfähigen Bearbeitung bleibt es somit bei den allgemeinen Regeln der Vertragsauslegung unter Berücksichtigung des Übertragungszweckgedankens.

16   Für die **verwandten Schutzrechte** der Verfasser wissenschaftlicher Ausgaben und der Lichtbildner gilt Entsprechendes. Ihnen verbleibt im Zweifel das Recht, wesentliche Umgestaltungen der betreffenden Ausgabe bzw. des Lichtbilds zu veröffentlichen und zu verwerten, da und soweit hierdurch das Verwertungsinteresse des Vertragspartners nicht beeinträchtigt wird. Auf das verwandte Schutzrecht der ausübenden Künstler passt § 37 Abs. 1 eigentlich nicht. Denn sie verfügen über kein Bearbeitungsrecht nach dem Vorbild des § 23, das sie ihrem Vertragspartner einräumen könnten. Die Veröffentlichung und Verwertung einer neuerlichen Interpretation desselben Werkes kann ihnen allenfalls auf vertraglicher Basis untersagt sein. Ob ein solches Wettbewerbsverbot vereinbart wurde, ist nach allgemeinen Grundsätzen ggf. durch Vertragsauslegung zu ermitteln. Entsprechend anwendbar ist § 37 aber auf die Frage, ob der ausübende Künstler Teile einer Darbietung, die Gegenstand eines Nutzungsvertrags ist, verwerten darf und ob der Vertragspartner ihm dies untersagen kann (zB Samples).

17   Die Auslegungsregel behält dem Urheber jede **Verwertung** der Bearbeitung vor, dh alle Formen der Verwertung iSd §§ 15–22. Dem Urheber wird jeweils sowohl das **positive Nutzungsrecht** als auch das **negative Verbotsrecht** zugeordnet.[36] Auch **Dritten** kann der Nutzungsrechtsinhaber eine Verwertung der Bearbeitung nicht verbieten, ganz gleich, ob sie vom Urheber autorisiert sind oder nicht.[37] Mit **Veröffentlichung** ist die Erstveröffentlichung iSd § 12 gemeint.[38]

2. Bild- oder Tonträger (Abs. 2)

18   In Anbetracht der heutigen Verwertungspraxis trifft § 37 Abs. 2 eine überraschende Aussage. Obwohl der Urheber einem anderen das Vervielfältigungsrecht eingeräumt hat und die Übertragung eines Werkes auf Bild- oder Tonträger gem. § 16 Abs. 2 eine Vervielfältigung darstellt, soll dem Urheber im Zweifel gleichwohl das Recht verbleiben, eine solche Vervielfältigung durch Übertragung des Werkes auf Bild- oder Tonträger vorzunehmen. Erklären lässt sich die Vorschrift denn auch nur **historisch**. Sie geht zurück auf § 14 Nr. 4 LUG und § 2 Abs. 2 Nr. 4 VerlG. Die Bestimmungen besag(t)en, dass dem Urheber bzw. Verfasser im Zweifel die Befugnis verbleibt, ein Werk der Literatur oder Tonkunst zum Zwecke der mechanischen Wiedergabe für das Gehör zu benutzen. Dieses 1910 neu kodifizierte Verwertungsrecht wurde in der damaligen Praxis nicht den Verlagen übertragen, die nur Printmedien produzierten. Vor diesem Hintergrund meinte der Gesetzgeber im Jahr 1910, es entspreche im Zweifel nicht dem Willen des Urhebers, mit der Übertragung des Urheberrechts an

---

[32] Siehe Fromm/Nordemann/*J. B. Nordemann* UrhG § 37 Rn. 10; zutreffend *Mestmäcker/Schulze* UrhG § 37 Anm. 1.

[33] Arg. § 88 Abs. 2 S. 1; s. Dreier/Schulze/*Schulze* UrhG § 37 Rn. 12; aA Fromm/Nordemann/*J. B. Nordemann* UrhG § 37 Rn. 11.

[34] Dreier/Schulze/*Schulze* UrhG § 37 Rn. 11.

[35] *Schricker*, Verlagsrecht, VerlG § 2 Rn. 12; Dreier/Schulze/*Schulze* UrhG § 37 Rn. 16; Dreyer/*Kotthoff*/Meckel UrhG § 37 Rn. 3; *Schricker* GRUR-Int 1983, 446 (454); so wohl auch OLG Karlsruhe GRUR 1983, 300 (309) – Inkasso-Programm. S. im Einzelnen zur Problematik des Bearbeitungsbegriffs in diesem Zusammenhang *Haberstumpf* FS Schricker, 2005, 311 (318 ff.).

[36] *Mestmäcker/Schulze* UrhG § 37 Anm. 1a; Wandtke/Bullinger/*Wandtke/Grunert* UrhG § 37 Rn. 5; Dreyer/*Kotthoff*/Meckel UrhG § 37 Rn. 4.

[37] *Schricker*, Verlagsrecht, VerlG § 2 Rn. 12, VerlG § 8 Rn. 22; *Mestmäcker/Schulze* UrhG § 37 Anm. 1a; *Ulmer* § 103 III 1; Dreier/Schulze/*Schulze* UrhG § 37 Rn. 16; *Rintelen* S. 310. Abweichend nehmen *Bußmann/Pietzcker/Kleine* S. 424 ein Verbotsrecht gegenüber nicht autorisierten Dritten an. So im Ergebnis auch BGH GRUR-Int 1999, 884 (885) – Laras Tochter unter Übergehung des § 37; s. zur Kritik *Schricker* EWiR 1999, 967 (968).

[38] Vgl. → § 23 Rn. 7; → § 12 Rn. 7 ff.

den Verleger zugleich die Befugnis zur mechanischen Wiedergabe zu übertragen. Denn diese Verwertung könne nicht zu den „verlagsmäßigen Arten der Vervielfältigung" gezählt werden.[39]

Klassischer Anwendungsfall ist demgemäß der **Musikverlagsvertrag iSd § 1 VerlG**, der im Zwei- **19** fel nicht die Befugnis des Verlags zur Vervielfältigung auf Bild- und Tonträgern umfasst.[40] Soweit die Verwertung auf Bild- oder Tonträgern unter Berücksichtigung der Verkehrssitte (§§ 133, 157 BGB) aber dem Sinn und Zweck des Vertrages entspricht und folglich über die Einräumung der betreffenden Nutzungsrechte keine Unklarheiten bestehen,[41] ist für § 37 Abs. 2 als lediglich subsidiär einschlägiger Auslegungsregel kein Raum.[42] Da im digitalen Zeitalter immer mehr Werkarten auch multimedial vermarktet werden (Hörbücher!) und umgekehrt die klassisch-verlagsmäßige Konzentration auf Printmedien im Verschwinden begriffen ist, ist die **praktische Bedeutung des § 37 Abs. 2 gering**.

Hingegen kann der historisch überholte Regelungszweck des § 37 Abs. 2 nicht in extensiver Weise **20** gegen heutige Verkehrssitten ausgespielt werden. Denn die historischen Vorläufernormen, an die § 37 Abs. 2 anknüpft, sollten gerade die herrschende Verkehrssitte abbilden und nicht konterkarieren. Folglich ist Abs. 2 nicht anwendbar, wenn sich aus dem Vertrag ergibt, dass eine Vervielfältigung auf Bild- oder Tonträgern gestattet sein soll, aber zweifelhaft ist, ob die Klausel auch eine **neue Nutzungsart** (Vervielfältigungstechnologie) erfasst. Hierfür gelten allein die §§ 31 Abs. 5, 31a.[43] Auch kann unter Berufung auf § 37 Abs. 2 die vertragsgemäße Gestattung digitaler Vervielfältigungen nicht auf eine der beiden Varianten Bild- oder Tonträger aufgespalten werden. Denn digitale Medien und die entsprechenden Verwertungsübungen unterlaufen auch diese historisch überkommene Unterscheidung.

3. Öffentliche Wahrnehmbarmachung einer öffentlichen Wiedergabe (Abs. 3)

Abs. 3 betrifft das wirtschaftlich wenig bedeutsame, zum Vortrags- und Aufführungsrecht gehören- **21** de Recht, Vorträge und Aufführungen außerhalb des Raumes, in dem die persönliche Darbietung stattfindet, **durch Bildschirm, Lautsprecher oder ähnliche technische Einrichtungen öffentlich wahrnehmbar zu machen** (§ 19 Abs. 3) sowie das zum Recht der öffentlichen Wiedergabe von Vorträgen oder Aufführungen durch Bild- oder Tonträger gehörende entsprechende Recht.[44] Allerdings spricht Abs. 3 im Gegensatz zu § 19 Abs. 3 nicht von „Raum", in dem die Wiedergabe „stattfindet", sondern von der „Veranstaltung", für die sie „bestimmt" ist, „weil bei einer Auslegungsregel nicht auf objektive Merkmale, sondern auf den subjektiven Willen der Vertragsparteien abzustellen ist".[45] Folglich kann die Videoübertragung eines Theaterstücks im Foyer für zu spät kommende Besucher als vom Nutzungsvertrag erfasst angesehen werden, weil die Wiedergabe noch im Rahmen der Veranstaltung erfolgt, wenn auch außerhalb des Zuschauerraums.[46]

Wie die AmtlBegr. weiter erläutert, soll durch die unterschiedliche Formulierung der Rechtsfolge **22** dem Urheber nur das **positive Nutzungsrecht** vorbehalten werden, nicht aber das **negative Verbotsrecht,** dh der Werknutzer ist im Zweifel zwar nicht zur öffentlichen Wahrnehmbarmachung berechtigt, er kann sie aber einem Dritten und ggf. auch dem Urheber, der in der Regel an einer eigenständigen Verwertung dieser Nutzung kein eigenständiges Interesse hat, verbieten.[47]

Auf die **verwandten Schutzrechte** der Verfasser wissenschaftlicher Ausgaben, der Lichtbildner **23** und der ausübenden Künstler ist § 37 Abs. 3 entsprechend anzuwenden, wobei der Vorschrift für das Verwertungsrecht des ausübenden Künstlers gem. § 78 Abs. 1 Nr. 3 noch die größte praktische Relevanz zukommen dürfte.

§ 38 Beiträge zu Sammlungen

(1) [1]Gestattet der Urheber die Aufnahme des Werkes in eine periodisch erscheinende Sammlung, so erwirbt der Verleger oder Herausgeber im Zweifel ein ausschließliches Nutzungsrecht zur Vervielfältigung, Verbreitung und öffentlichen Zugänglichmachung. [2]Jedoch darf der Urheber das Werk nach Ablauf eines Jahres seit Erscheinen anderweit vervielfältigen, verbreiten und öffentlich zugänglich machen, wenn nichts anderes vereinbart ist.

(2) **Absatz 1 Satz 2 gilt auch für einen Beitrag zu einer nicht periodisch erscheinenden Sammlung, für dessen Überlassung dem Urheber kein Anspruch auf Vergütung zusteht.**

---

[39] Entwurf eines Gesetzes v. 12.3.1910 zur Ausführung der revidierten Berner Übereinkunft v. 13.11.1908, RT-Drs. Nr. 341, abgedruckt bei *M. Schulze* I, S. 241, 253.
[40] *Schack* Rn. 616.
[41] BGH ZUM 2012, 793 Rn. 17, 22 – Honorarbedingungen Freie Journalisten.
[42] Dreier/Schulze/*Schulze* UrhG § 37 Rn. 21.
[43] Fromm/Nordemann/*J. B. Nordemann* UrhG § 37 Rn. 15; aA Schricker/*Schricker* (3. Aufl.) UrhG § 14 Rn. 12; Dreier/Schulze/*Schulze* UrhG § 37 Rn. 20, 22; Wandtke/Bullinger/*Wandtke/Grunert* UrhG § 37 Rn. 7.
[44] § 21 Abs. 3 mit § 19 Abs. 3.
[45] RegE UrhG 1965, BT-Drs. IV/270, S. 58.
[46] Siehe Dreier/Schulze/*Schulze* UrhG § 37 Rn. 26.
[47] Wandtke/Bullinger/*Wandtke/Grunert* UrhG § 37 Rn. 8; Dreier/Schulze/*Schulze* UrhG § 37 Rn. 27; Dreyer/Kotthoff/*Meckel* UrhG § 37 Rn. 7.

(3) [1]Wird der Beitrag einer Zeitung überlassen, so erwirbt der Verleger oder Herausgeber ein einfaches Nutzungsrecht, wenn nichts anderes vereinbart ist. [2]Räumt der Urheber ein ausschließliches Nutzungsrecht ein, so ist er sogleich nach Erscheinen des Beitrags berechtigt, ihn anderweit zu vervielfältigen und zu verbreiten, wenn nichts anderes vereinbart ist.

(4) [1]Der Urheber eines wissenschaftlichen Beitrags, der im Rahmen einer mindestens zur Hälfte mit öffentlichen Mitteln geförderten Forschungstätigkeit entstanden und in einer periodisch mindestens zweimal jährlich erscheinenden Sammlung erschienen ist, hat auch dann, wenn er dem Verleger oder Herausgeber ein ausschließliches Nutzungsrecht eingeräumt hat, das Recht, den Beitrag nach Ablauf von zwölf Monaten seit der Erstveröffentlichung in der akzeptierten Manuskriptversion öffentlich zugänglich zu machen, soweit dies keinem gewerblichen Zweck dient. [2]Die Quelle der Erstveröffentlichung ist anzugeben. [3]Eine zum Nachteil des Urhebers abweichende Vereinbarung ist unwirksam.

Schrifttum: *Bruch/Pflüger,* Das Zweitveröffentlichungsrecht des § 38 Abs. 4 UrhG – Möglichkeiten und Grenzen bei der Anwendung in der Praxis, ZUM 2014, 389; *Ehmann/Fischer,* Zweitverwertung rechtswissenschaftlicher Texte im Internet, GRUR-Int 2008, 284; *Hansen,* Zugang zu wissenschaftlicher Information – alternative urheberrechtliche Ansätze, GRUR-Int 2005, 378; *ders.,* Für ein Zweitveröffentlichungsrecht für Wissenschaftler, GRUR-Int 2009, 799; *Hilty,* Das Urheberrecht und der Wissenschaftler, GRUR-Int 2006, 179; *Hirschfelder,* Anforderungen an eine rechtliche Verankerung des Open Access Prinzips, 2008; *ders.,* Open Access-Zweitveröffentlichungsrecht und Anbietungspflicht als europarechtlich unzulässige Schrankenregelung?, MMR 2009, 444; *Klass,* Die deutsche Gesetzesnovelle zur „Nutzung verwaister und vergriffener Werke und einer weiteren Änderung des Urheberrechtsgesetzes" im Kontext der Retrodigitalisierung in Europa, GRUR-Int 2013, 881; *Krings/Hentsch,* Das neue Zweitverwertungsrecht, ZUM 2013, 909; *Kunz-Hallstein/Loschelder,* Stellungnahme der GRUR zum Referentenentwurf eines Gesetzes zur Nutzung verwaister Werke und zu weiteren Änderungen des Urheberrechtsgesetzes und des Urheberrechtswahrnehmungsgesetzes vom 20.2.2013, GRUR 2013, 480; *Melichar,* Die Begriffe „Zeitung" und „Zeitschrift" im Urheberrecht, ZUM 1988, 14; *Peifer,* Die gesetzliche Regelung über verwaiste und vergriffene Werke. Hilfe für verborgene Kulturschätze, NJW 2014, 6; *ders.,* Wissenschaftsmarkt und Urheberrecht: Schranken, Vertragsrecht, Wettbewerbsrecht, GRUR 2009, 22; *Peukert,* Das Verhältnis zwischen Urheberrecht und Wissenschaft: Auf die Perspektive kommt es an!, JIPITEC 4(2) (2013), 142; *ders.,* Ein wissenschaftliches Kommunikationssystem ohne Verlage – zur rechtlichen Implementierung von Open Access als Goldstandard wissenschaftlichen Publizierens, in: Grünberger/Leible, Die Kollision von Urheberrecht und Nutzerverhalten im Informationszeitalter, 2014, 145; *Pflüger,* Positionen der Kultusministerkonferenz zum Dritten Gesetz zur Regelung des Urheberrechts in der Informationsgesellschaft, ZUM 2010, 938; *Pflüger/Ertmann,* E-Publishing und Open Access-Konsequenzen für das Urheberrecht im Hochschulbereich, ZUM 2004, 436; *Reimer,* Die Rechte der Autoren und Verleger bei Vervielfältigungen von Zeitschriften im Wege der Mikrophotographie, GRUR 1948, 98; *Sandberger,* Zweitverwertungsrecht, ZUM 2013, 466; *Schricker,* Zur Bedeutung des Urheberrechtsgesetzes von 1965 für das Verlagsrecht, GRUR-Int 1983, 446; *Sellier,* Die Rechte der Herausgeber, Mitarbeiter und Verleger bei Sammelwerken, Diss. München 1964; *Spindler/Heckmann,* Der rückwirkende Entfall unbekannter Nutzungsrechte (§ 137l UrhG-E). Schließt die Archive?, ZUM 2006, 620; *Sprang,* Zweitveröffentlichungsrecht – ein Plädoyer gegen § 38 Abs. 4 UrhG-E, ZUM 2013, 461.

Übersicht

I. Zweck und Entstehungsgeschichte

1. Systematik und Zweck des § 38

Soll ein Werk als einer mehrerer Beiträge im Rahmen einer Sammlung erscheinen, besteht eine **1** **besondere Interessenlage,** die vom Normalfall der gesonderten Verwertung eines Werkes (etwa als Buch) abweicht. Während der Verleger/Herausgeber der Sammlung zur Amortisation seiner Produktionsinvestitionen wie sonst auch den Erwerb möglichst umfassender Nutzungsrechte anstrebt, haben sowohl der Urheber als auch die Allgemeinheit ein Interesse daran, den Beitrag nach dem Erscheinen der Sammlung gesondert oder als Teil einer anderen Sammlung erneut nutzen zu können. Dieses Zweitverwertungsinteresse beruht darauf, dass die erste Sammlung im Hinblick auf ihre Zusammensetzung, ihre Ausstattung und damit letztlich ihren Preis bestimmte Verwertungsinteressen des Urhebers bzw. Zugangsinteressen der Allgemeinheit vernachlässigt.[1]

Mit Rücksicht auf diese besondere Interessenlage regelt die urhebervertragsrechtliche Vorschrift des **2** § 38 zum einen, **welche Nutzungsrechte der Verleger/Herausgeber einer periodisch erscheinenden Sammlung im Zweifel erlangt** (Abs. 1 S. 1, Abs. 3 S. 1). Die Antwort ergibt sich in erster Linie aus der – ausdrücklichen oder konkludenten – vertraglichen Vereinbarung, deren Inhalt, wenn er nicht klar auf der Hand liegt, durch Auslegung nach allgemeinen Grundsätzen zu ermitteln ist.[2] Lässt sich ein zweifelsfreies Auslegungsergebnis nicht gewinnen, so greift die gesetzliche Vermutung ein: Sie spricht bei Zeitungen für ein einfaches Nutzungsrecht (§ 38 Abs. 3 S. 1), bei allen anderen periodischen Sammlungen, also insbes. bei Zeitschriften, für ein ausschließliches Nutzungsrecht (§ 38 Abs. 1 S. 1). Für die in § 38 Abs. 2 geregelten Beiträge zu nichtperiodischen Sammlungen, für deren Überlassung dem Urheber kein Anspruch auf Vergütung zusteht, fehlt eine derartige Vermutung. Folglich verbleibt es bei den allgemeinen Auslegungsgrundsätzen, wie sie auch unter der alten Regelung des § 3 VerlG galten,[3] wobei für Verlagsverträge § 8 VerlG freilich regelmäßig zugunsten eines ausschließlichen Rechts spricht.[4] Auch für vergütete Beiträge zu nichtperiodischen Sammlungen gelten die allgemeinen Auslegungsgrundsätze.[5]

Zum anderen trägt das Gesetz dafür Sorge, dass der **Urheber** eines Beitrags auch dann, wenn er **3** dessen Aufnahme in eine Sammlung gestattet hat, **zu einer Zweitnutzung berechtigt bleibt.** Soweit als Vertragsinhalt – infolge Auslegung oder nach Maßgabe der gesetzlichen Vermutung – ein einfaches Nutzungsrecht anzunehmen ist, kann der Urheber den Beitrag ohne Weiteres anderweitig verwerten, und zwar auch zum gleichzeitigen oder sogar vorherigen anderweitigen Erscheinen. Für den Fall, dass sich die Einräumung eines ausschließlichen Nutzungsrechts als Vertragsinhalt ergibt, sehen Abs. 1 S. 2, Abs. 2, Abs. 3 S. 2 und Abs. 4 Beschränkungen der vertraglich an sich begründeten Ausschließlichkeit zugunsten des Urhebers vor. **Zweck dieser Regelungen** ist es, dem Urheber im eigenen sowie im Interesse der Allgemeinheit alternative Verwertungs- bzw. Zugangsmöglichkeiten zu erschließen; die Werke und Leistungen sollen nicht nur als Bestandteil der einen, ggf. vergriffenen oder hochpreisigen Sammlung verfügbar sein.[6] Um dies zu erreichen, spricht sich das Gesetz gegen eine zeitlich und sachlich uneingeschränkte, ausschließliche Nutzungsrechtseinräumung aus.

Dabei unterscheidet § 38 in seinen Absätzen **vier Kategorien von Beiträgen und Sammlun-** **4** **gen. Zeitungsverleger** sind vor allem darauf bedacht, eine Tagesneuigkeit als Erste zu publizieren. Da die nackte Information ohnehin gemeinfrei ist und schnell Verbreitung findet, reicht ihr Exklusivitätsinteresse nicht über das erstmalige Erscheinen in ihrem Blatt hinaus. Zugleich sind Journalisten darauf angewiesen, tagesaktuelle Beiträge mehreren Redaktionen gleichzeitig zur Veröffentlichung anzubieten, ohne sich bereits hiermit exklusiv zu binden. Deshalb sieht § 38 Abs. 3 vor, dass Zeitungen im Zweifel nur ein einfaches Nutzungsrecht erlangen, und selbst die Einräumung eines ausschließlichen Nutzungsrechts einer parallelen Printverwertung sogleich nach dem Erscheinen nicht entgegensteht, wenn nichts anderes vereinbart ist.[7] Bei nicht derart schnelllebigen, aber gleichwohl **periodisch erscheinenden Sammlungen („Zeitschriften"),** ist das Exklusivitätsinteresse des Verlegers langfristiger angelegt, während eine Zweitverwertungs- und -zugangsmöglichkeit im Interesse der Urheber und der Allgemeinheit weniger dringlich erscheint. Dementsprechend erwirbt der Verleger/Herausgeber in diesen Fällen im Zweifel ein ausschließliches Nutzungsrecht, während der Urheber seinen Beitrag erst nach Ablauf eines Jahres nach dem Erscheinen der Sammlung anderweit

---

[1] Zur Komplementarität der Urheberinteressen mit den Zugangsinteressen der Allgemeinheit allgemein *Peukert* in Hilty/Peukert, Interessenausgleich im Urheberrecht, 2004, 11 (43 ff.) (Urheberschutz als Nutzerschutz); *Hansen* Warum Urheberrecht?, 2009.
[2] Näheres bei *Schricker* VerlG § 42/UrhG § 38 Rn. 7.
[3] S. im Einzelnen *Schricker* VerlG § 3/UrhG § 38 Rn. 1.
[4] *Schricker* VerlG § 8 Rn. 2.
[5] § 47 VerlG; Näheres bei *Schricker* VerlG § 47 Rn. 10 ff.
[6] In diesem Sinne die Begründung zu § 3 VerlG, abgedr. bei *M. Schulze* S. 53: wissenschaftliche Festgaben pflegten als Ganzes nur geringen Absatz zu finden, während die Nachfrage nach einzelnen Beiträgen häufig eine Stärkere sei.
[7] Vgl. LG München I BeckRS 2012, 23415 (Journalisten müssten in der Lage sein, tagesaktuelle Beiträge mehreren Zeitungen gleichzeitig anzubieten, ohne hierdurch jeweils exklusive Bindungen einzugehen); *Rehbinder/Peukert* Rn. 985.

verwerten kann, wenn nichts anderes vereinbart ist (§ 38 Abs. 1). Für **überwiegend öffentlich geförderte wissenschaftliche Beiträge** zu periodischen Sammlungen erklärt Abs. 4 diese Zweitnutzungsmöglichkeit unter bestimmten weiteren Bedingungen sogar für unabdingbar, um dem besonderen Zugangsinteresse der Allgemeinheit zu diesem steuerfinanzierten Output der Wissenschaft Rechnung zu tragen. Bei **nicht periodisch erscheinenden Sammlungen** wie Festschriften, Kommentaren, Foto- und sonstigen Sammelbänden besteht schließlich der geringste Anlass, eine konkurrierende Zweitverwertung der einzelnen Beiträge zu ermöglichen. Steht dem Urheber aber für einen Beitrag zu einer solchen Sammlung kein Vergütungsanspruch zu, soll er gem. § 38 Abs. 2 wie bei Beiträgen zu periodischen Sammlungen ein Jahr nach dem Erscheinen zu einer Zweitverwertung berechtigt sein. Hiermit reflektiert das Gesetz zum einen die vergleichsweise geringe Investition und die folglich geringere Schutzwürdigkeit des Verlegers/Herausgebers und zum anderen das Interesse des Urhebers, mit dem Beitrag ggf. doch noch Einkünfte erzielen zu können. Für **vergütete Beiträge zu nicht periodischen Sammlungen** verbleibt es mangels abweichender Regelungen in § 38 bei der vertraglichen Regelung, dh die Ausschließlichkeit besteht ggf. bis zum Ende des Nutzungsrechts fort.

2. Die Auslegungsregeln gem. § 38 Abs. 1–3

5   § 38 Abs. 1–3 traten **mit dem UrhG am 1.1.1966 in Kraft.** Zuvor gewährte § 3 VerlG bei Sammelwerken ohne Verfasservergütung dem Verfasser das Recht anderweitiger Verwendung nach einem Jahr seit Ablauf des Kalenderjahres des Erscheinens; § 42 VerlG enthielt bei periodischen Sammelwerken eine Vermutung gegen die Ausschließlichkeit des Rechts des Verlegers; bei ausschließlicher Berechtigung war die anderweitige Verfügung nach einem Jahr, bei Zeitungen alsbald nach dem Erscheinen freigestellt. In § 11 Abs. 1 KUG fand sich eine im Wesentlichen dem § 42 VerlG entsprechende Regelung, die von § 1 Abs. 2 KUG auf nichtperiodische Sammelwerke bei Vergütungsfreiheit erstreckt wurde. Die genannten Vorschriften wurden zugunsten des § 38 UrhG aufgehoben.

6   Nach der **AmtlBegr.**[8] habe die zuvor geltende Regelung bei periodischen Sammlungen zu Zweifeln und Unklarheiten geführt; die Herausgeber oder Verleger wollten in der Regel ausschließliche Rechte an den Beiträgen erwerben und dies erscheine auch gerechtfertigt.[9] Die Befugnis des Verfassers zu anderweitiger Verfügung nach einem Jahr werde beibehalten; jedoch solle das Jahr nicht vom Ablauf des Kalenderjahres nach dem Erscheinen, sondern unmittelbar vom Erscheinen an gerechnet werden, um zufallsabhängige Schwankungen der Fristlänge, die unzweckmäßig und nicht gerechtfertigt erscheinen, auszuschließen.[10] Für nicht periodische Sammlungen mit Vergütungsanspruch halte sich § 38 Abs. 2 in Übereinstimmung mit dem früheren Recht. Abs. 3 des RegE enthielt zunächst nur den jetzigen S. 2. Auf Vorschlag des Rechtsausschusses, der sich das Votum des Ausschusses für Kulturpolitik und Publizistik zu eigen machte, wurde der heutige Abs. 3 S. 1 eingefügt, „der der besonderen Interessenlage bei Zeitungen besser Rechnung trägt".[11] Zum Übergangsrecht s. § 132.

7   Seit ihrem Inkrafttreten haben die Auslegungsregeln des § 38 Abs. 1–3 lediglich eine Änderung erfahren. Und zwar wurden die dem Urheber gem. Abs. 1 (und damit zugleich auch Abs. 2) vorbehaltenen Nutzungsrechte im Zuge des Gesetzes zur Nutzung verwaister und vergriffener Werke und einer weiteren Änderung des Urheberrechtsgesetzes (nämlich derjenigen des § 38)[12] **um das Recht der öffentlichen Zugänglichmachung erweitert.** Hiermit sollte die Vorschrift an die technische Entwicklung angepasst werden. Im Ergebnis erlangen Verleger/Herausgeber von periodischen und nicht periodischen Sammlungen demnach im Zweifel ein ausschließliches Recht nicht nur zur klassischen Print-, sondern auch zur Online-Nutzung, das nach Ablauf eines Jahres nach Erscheinen vom Urheber aber ebenfalls anderweit verwertet werden kann, soweit nichts anderes vereinbart wurde.[13] Die Neufassung des Abs. 1 gilt für Verträge, die ab dem Tag des Inkrafttretens der Gesetzesänderung, dem 1.1.2014, abgeschlossen wurden.[14] Allerdings war bereits § 38 Abs. 1 aF analog auf das Recht der öffentlichen Zugänglichmachung anzuwenden.[15]

8   Die Regelungen gem. § 38 Abs. 1–3 sind **dispositiv;** sie kommen nur „im Zweifel" zur Anwendung, „wenn nichts anderes vereinbart ist".[16] Welches Nutzungsrecht im Zusammenhang mit der Gestattung eingeräumt wird, richtet sich also in erster Linie nach den vertraglichen Abmachungen der Beteiligten, die ggf. auszulegen sind. § 38 Abs. 1–3 greift entsprechend seiner Natur als Auslegungsre-

---

[8] RegE UrhG 1965, BT-Drs. IV/270, S. 59.
[9] Vgl. auch *Ulmer* § 111 II 2a. Die Umstellung der Vermutung vom einfachen auf das ausschließliche Recht bei Zeitschriftenbeiträgen gehört damit zu den wenigen Vorschriften des UrhG, die partiell zu einer „Verschlechterung" der Rechtslage für die Urheber führten.
[10] Kritisch zur Fristverkürzung *Kleine* UFITA 19 (1955), 142 (150 f.).
[11] *Haertel/Schiefler* S. 198.
[12] BGBl. 2013 II S. 3728 ff.
[13] RegE, BT-Drs. 17/13423, S. 10. Zur öffentlichen Zugänglichmachung von Beiträgen zu Zeitungen (§ 38 Abs. 3) → Rn. 40.
[14] BeckOK/*Soppe* UrhG § 38 Rn. 27.
[15] → 4. Aufl. 2010, Rn. 10a.
[16] Dreyer/*Kotthoff*/Meckel UrhG § 38 Rn. 3.

gel mit anderen Worten erst ein, wenn es an einer ausdrücklichen vertraglichen Regelung fehlt oder über den Umfang einer Rechtseinräumung Unklarheiten bestehen.[17]

In der Praxis ist die Frage der Nutzungsrechtseinräumung regelmäßig Gegenstand **allgemeiner** 9 **Geschäftsbedingungen** (AGB). Zwar sind die Regelungen gem. § 38 Abs. 1–3 wie der Übertragungszweckgedanke (§ 31 Abs. 5) und die Auslegungsregel des § 37 dispositiv. Auch ist § 38 Abs. 1 S. 2, Abs. 2 und Abs. 3 S. 1 kein Grundsatz zu entnehmen, wonach ein zeitlich unbegrenztes ausschließliches Nutzungsrecht überhaupt nicht eingeräumt werden kann.[18] Gleichwohl sind Klauseln in AGB, die die dispositiven Zweitverwertungsbefugnisse ausschließen oder einschränken, gem. § 307 Abs. 2 Nr. 1 BGB **unwirksam.** Denn der wesentliche Grundgedanke der gesetzlichen Regelung besteht gerade darin, dem Urheber die Möglichkeit der Zweitverwertung auch dann vorzubehalten, wenn ausschließliche Nutzungsrechte eingeräumt wurden. Wird hiervon in AGB und nicht im Rahmen einer Individualabrede abgewichen, benachteiligt dies den Urheber entgegen den Geboten von Treu und Glauben unangemessen.[19] Eine solch unangemessene Benachteiligung kann sich ferner daraus ergeben, dass die betreffende Bestimmung nicht klar und verständlich ist (§ 307 Abs. 1 S. 2 BGB).[20] In beiden Fällen tritt an die Stelle der unwirksamen Klausel die einschlägige gesetzliche Auslegungsregel gem. § 38 Abs. 1–3.

Zur allgemeinen **Zweckübertragungsregel des § 31 Abs. 5** steht § 38 Abs. 1–3 in einem Ver- 10 hältnis gegenseitiger Ergänzung, wobei § 38 als der spezielleren Regelung partiell der Vorrang zukommt.[21] Ist hinsichtlich der Rechtseinräumung nichts ausdrücklich vereinbart noch durch Vertragsauslegung zu erschließen, so führt § 38 Abs. 1 S. 1 zur Annahme eines ausschließlichen, § 38 Abs. 3 S. 1 zur Annahme eines einfachen Nutzungsrechts. Die allgemeine Auslegungsregel, dass im Zweifel gegen die Einräumung eines gegenständlichen Rechts zu entscheiden ist,[22] wird insofern ausgeschaltet. Das vom Gesetz gewollte Ergebnis ist auch nicht gemäß § 31 Abs. 5 daraufhin zu überprüfen, ob es im Einzelfall konkret dem Vertragszweck entspricht; der Gesetzgeber hat sich in § 38 für eine typisierende Regelung entschieden. § 31 Abs. 5 ist aber zur **näheren Bestimmung von Inhalt und Umfang des Nutzungsrechts** heranzuziehen. Denn § 38 besagt nur, dass ein – ausschließliches oder einfaches – Nutzungsrecht zur Vervielfältigung, Verbreitung und öffentlichen Zugänglichmachung **in der betreffenden Sammlung** anzunehmen ist,[23] wobei für die Ausschließlichkeit mangels anderer Vereinbarung zeitliche Grenzen gesetzt werden. Offen bleibt dagegen, was für andere Arten der Vervielfältigung und Verbreitung gilt, etwa für eine separate Buchausgabe des Beitrags, welche Nebenrechte eingeräumt werden etc. Insoweit ist der Vertrag unter Heranziehung von § 31 Abs. 5 auszulegen. Auch **§ 37** ist anwendbar. Bei Zeitungen, Zeitschriften und sonstigen periodischen Sammelwerken sind darüber hinaus ggf. die **§§ 41, 43 ff. VerlG** anzuwenden; sie sind durch das UrhG nicht außer Kraft gesetzt worden.[24]

Bedeutsam sind ferner die Implikationen einer Beschränkung des Nutzungsrechts gem. § 38 Abs. 1 11 S. 2, Abs. 2, Abs. 3 S. 2 für die **Übergangsregelung für neue Nutzungsarten.** Gem. § 137l Abs. 1 S. 1 gelten die zum Zeitpunkt eines zwischen dem 1.1.1966 und dem 1.1.2008 geschlossenen Nutzungsvertrags unbekannten Nutzungsarten als eingeräumt, wenn diese Nutzungsrechtseinräumung „ausschließlich sowie räumlich und zeitlich unbegrenzt" war. Nach überwiegender Meinung ist diese Voraussetzung nicht gegeben, wenn der Urheber gem. § 38 ein eigenes Verwertungsrecht zurückerlangt und so die Ausschließlichkeit des Verlegers/Herausgebers eingeschränkt wird. Das hätte zur Folge, dass es nicht zu einem umfassenden Rechtserwerb des Verlags hinsichtlich unbekannter Nutzungsarten kommen würde und daher die Archive von Zeitschriften, Zeitungen und anderen periodischen Sammlungen vielfach nicht öffentlich zugänglich gemacht werden dürften.[25] Für eine Anwendung der Einräumungsfiktion des § 137l Abs. 1 S. 1 auch in den Fällen des § 38 spricht indes, dass beide Regelungen die intensive Auswertung von Zeitschriften- und Zeitungsbeiträgen bezwecken. Überdies liegt in den problematischen Fällen gerade eine ausschließliche Nutzungsrechtseinräumung vor, die lediglich ex post zugunsten einer gesonderten Verwertung des Beitrags beschränkt wird.[26]

---

[17] Vgl. BGH ZUM 2012, 793 Rn. 17 – Honorarbedingungen Freie Journalisten.

[18] Vgl. BGH ZUM 2012, 793 Rn. 12 ff., 22 – Honorarbedingungen Freie Journalisten; OLG München ZUM 2014, 424 (429 f.).

[19] LG München I BeckRS 2012, 23415 (zu § 38 Abs. 3). Vgl. auch BGH ZUM 2012, 793 Rn. 57 – Honorarbedingungen Freie Journalisten (keine Abweichung der streitgegenständlichen Klausel von § 38 Abs. 1).

[20] Vgl. BGH ZUM 2012, 793 Rn. 55 f. – Honorarbedingungen Freie Journalisten (Vorbehalt zugunsten „wichtiger Verlagsinteressen" intransparent).

[21] *Schricker* VerlG § 42 UrhG § 38 Rn. 7; Wandtke/Bullinger/*Wandtke/Grunert* UrhG § 38 Rn. 1; vgl. auch *Schweyer* S. 97 f.

[22] *Schricker* VerlG § 8 Rn. 5c; OLG Hamburg UFITA 67 (1973), 245 (259, 263).

[23] Vgl. auch § 4 VerlG.

[24] OLG Frankfurt a. M. GRUR 1967, 151 (153) – Archiv; *Schulze* Urhebervertragsrecht S. 70; *Schricker* VerlG § 41 Rn. 1; Dreier/Schulze/*Schulze* UrhG § 38 Rn. 3. Vgl. für Sammelwerke auch § 18 Abs. 2 VerlG – Unterbleiben der Vervielfältigung eines Sammelwerks und § 25 Abs. 3 VerlG – Freiexemplare als Sonderdrucke.

[25] S. *Spindler/Heckmann* ZUM 2006, 620 (627); *Langhoff/Oberndörfer/Jani* ZUM 2007, 593 (599 f.); *Ehmann/Fischer* GRUR-Int 2008, 284 (288).

[26] Im Ergebnis ebenso *Schulze* UFITA 2007/III, 641 (691).

3. Das zwingende Zweitnutzungsrecht gem. § 38 Abs. 4

12   Der am 1.1.2014 in Kraft getretene Absatz 4 des § 38 betrifft zwar wie die Absätze 1–3 Verträge über Beiträge zu Sammlungen. Die Vorschrift weicht in Tatbestand und Rechtsfolgen aber so maßgeblich von den übrigen Regelungen des § 38 ab, dass eine gesonderte Darstellung geboten erscheint. Anders als Absätze 1–3 orientiert sich die Regelung nicht an einem bestimmten Typ der Sammlung, sondern an einem bestimmten Typ des Beitrags. Regelungsgegenstand sind nämlich nur **wissenschaftliche Beiträge,** die im Rahmen einer mindestens zur Hälfte mit öffentlichen Mitteln geförderten Forschungstätigkeit entstanden und in einer periodisch mindestens zweimal jährlich erscheinenden Sammlung erschienen sind. Ferner ist dem Urheber nur die öffentliche Zugänglichmachung seines Beitrags im Internet gestattet, die überdies anders als in den Fällen des § 38 Abs. 1–3 keinem gewerblichen Zweck dienen darf. Aufgrund letztgenannter Einschränkung sollte § 38 Abs. 4 nicht als Zweitverwertungs-, sondern als **Zweitnutzungsrecht** bezeichnet werden.[27] Dieses Zweitnutzungsrecht ist schließlich im Gegensatz zu den dispositiven Auslegungsregeln der Absätze 1–3 **unabdingbar.**

13   Die genannten Besonderheiten beruhen auf den Zwecken, die § 38 Abs. 4 im **Kontext des Wissenschaftsurheberrechts** verfolgt. Die Begründung des Regierungsentwurfs, dessen Gesetzeswortlaut mit der in Kraft getretenen Fassung übereinstimmt, führt vier Ziele auf, die mit der Vorschrift erreicht werden sollen:[28] Erstens bestehe ein herausragendes **Allgemeininteresse am freien Zugang zu wissenschaftlichen Informationen.** Ein möglichst ungehinderter Wissensfluss sei Grundvoraussetzung für innovative Forschung und für den Transfer der Ergebnisse in Produkte und Dienstleistungen. Die Potenziale des Internets für die digitale Wissensgesellschaft seien aber noch nicht vollständig erschlossen. Dies beruhe im Bereich des wissenschaftlichen Publikationssystems insbes. auf der sog. **Zeitschriftenkrise,** auf die § 38 Abs. 4 zweitens reagieren soll. Demnach werde der Markt wissenschaftlicher Publikationen von wenigen großen Wissenschaftsverlagen dominiert. Diesen marktmächtigen Akteuren räumten Autoren wissenschaftlicher Beiträge vielfach ausschließliche Rechte zur kommerziellen Verwertung ein. Folglich verfügten allein die Wissenschaftsverlage über das Recht, diese Inhalte über Onlinemedien zugänglich zu machen. Zugleich seien seit Mitte der 1990er-Jahre die Preise für Zeitschriften in den Bereichen Naturwissenschaft, Technik und Medizin stark angestiegen, während die Etats der Bibliotheken stagnierten oder rückläufig waren. Im Ergebnis laufe dieses Publikationssystem darauf hinaus, dass die mit Steuergeldern finanzierten Ergebnisse wissenschaftlicher Forschung für weitere Forschungsarbeiten ein zweites Mal durch die öffentliche Hand bezahlt werden müssten. Drittens stärke § 38 Abs. 4 die **Position der Wissenschaftsurheber.** Diese seien nämlich häufig vor allem daran interessiert, ihre Forschungsergebnisse einer möglichst breiten (Fach-)Öffentlichkeit zugänglich zu machen und auf diesem Wege Zitationen zu generieren. Dem komme der sog. grüne Open Access entgegen, wonach wissenschaftliche Beiträge, die in begutachteten Verlagszeitschriften erschienen sind, mit einer gewissen Verzögerung im Internet ohne Zugangshindernisse freigeschaltet werden. Viertens schließlich schaffe § 38 Abs. 4 **Rechtssicherheit.** Für die Autoren sei es oft nicht klar, ob und unter welchen konkreten Bedingungen der jeweilige Wissenschaftsverlag eine Zweitnutzung gestatte. Auf der Basis der Neuregelung könnten sich Urheber und Wissenschaftsinstitution hingegen sicher sein, dass der Urheber zu einem bestimmten Zeitpunkt das Recht hat, die öffentliche Zugänglichmachung des von ihm verfassten wissenschaftlichen Beitrags im Wege des grünen Open Access zu gestatten.

14   Die Idee, **die Open Access-Bewegung im Wissenschaftsbereich durch ein zwingendes Zweitnutzungsrecht** im Rahmen des § 38 **zu fördern,** geht auf *Gerd Hansen* zurück.[29] Zwei Jahre später griff der Bundesrat diesen Vorschlag auf.[30] Die Bundesregierung wies das Ansinnen aber zunächst zurück, weil fraglich sei, ob es sich hierbei um eine europarechtlich unzulässige Schrankenregelung handele und deutschen Wissenschaftlern ggf. der Zugang zu internationalen Zeitschriften mit hoher Reputation erschwert werde.[31] Doch verstummte die Forderung nach einer wissenschaftsfreundlicheren Ausgestaltung des UrhG fortan nicht mehr. Zum Ende der 16. Legislaturperiode forderte der Bundestag, die Zulässigkeit und Erforderlichkeit eines zwingenden Zweitnutzungsrechts für öffentlich finanzierte, wissenschaftliche Beiträge eingehend zu prüfen.[32] In der **17. Legislaturperiode** drängten zunächst alle Oppositionsparteien auf eine entsprechende Änderung des UrhG.[33] Im

---

[27] Auch der Begriff „Zweitveröffentlichungsrecht" (so Bundesrats-Beschluss v. 3.5.2013, BR-Drs. 265/1/13, S. 2) ist verfehlt, da das Veröffentlichungsrecht gem. § 12 nur die Erstveröffentlichung erfasst.

[28] RegE, BT-Drs. 17/13423, S. 9 f.; vgl. auch *Pflüger/Ertmann* ZUM 2004, 436 (439).

[29] *Hansen* GRUR-Int 2005, 378 (387 f.).

[30] S. BT-Drs. 16/1828, S. 39. Demnach sollte der Urheber „an wissenschaftlichen Beiträgen, die im Rahmen einer überwiegend mit öffentlichen Mitteln finanzierten Lehr- und Forschungstätigkeit entstanden sind und in Periodika erscheinen, … auch bei Einräumung eines ausschließlichen Nutzungsrechts das Recht, den Inhalt längstens nach Ablauf von sechs Monaten seit Erstveröffentlichung anderweitig öffentlich zugänglich zu machen, soweit dies zur Verfolgung nicht kommerzieller Zwecke gerechtfertigt ist und nicht in der Formatierung der Erstveröffentlichung erfolgt. Dieses Recht kann nicht abbedungen werden."; vgl. *Pflüger* ZUM 2010, 938.

[31] S. BT-Drs. 16/1828, S. 47.

[32] BT-Drs. 16/5939, S. 3.

[33] Vgl. Gesetzentwurf der SPD-Fraktion v. 16.3.2011, BT-Drs. 17/5053 („An wissenschaftlichen Beiträgen, die im Rahmen einer mindestens zur Hälfte mit öffentlichen Mitteln finanzierten Lehr- und Forschungstätigkeit entstanden sind und in Periodika oder Sammelwerken nach § 38 Absatz 2 erscheinen, hat der Urheber auch bei Ein-

Frühjahr 2013 legte schließlich das BMJV einen Referentenentwurf vor, der jedoch in mehrerer Hinsicht hinter den Oppositionsforderungen zurückblieb. So sollten nur Publikationen in Periodika und nicht mehr auch solche aus einmalig erscheinenden Sammelwerken wie zB Festschriften umfasst sein; die Embargofrist für Zeitschriftenbeiträge sollte 12 statt sechs Monate betragen; und statt der Formatierung der Erstveröffentlichung sollte der Urheber nur noch die akzeptierte Manuskriptversion öffentlich zugänglich machen dürfen.[34] Der am 10.4.2013 von der Bundesregierung beschlossene Entwurfstext wich vom Referentenentwurf nur noch in einem Punkt, nämlich der Streichung der Lehrtätigkeiten, aus denen der wissenschaftliche Beitrag hervorgeht, ab.[35] Trotz wiederholter Kritik von Seiten des Bundesrats und der Oppositionsparteien[36] wurde die Fassung des Regierungsentwurfs mit den Stimmen der Regierungsfraktionen verabschiedet.[37] Nachdem der Bundesrat trotz seiner bereits zuvor geäußerten Bedenken darauf verzichtet hatte, den Vermittlungsausschuss anzurufen und damit das Gesetzesvorhaben an der Diskontinuität scheitern zu lassen,[38] trat § 38 Abs. 4 als Teil des Gesetzes zur Nutzung verwaister und vergriffener Werke und einer weiteren Änderung des Urheberrechtsgesetzes am 1.1.2014 in Kraft.[39]

Nach seinem Regelungsgehalt und seiner systematischen Stellung stellt § 38 Abs. 4 nicht etwa **15** eine Schranke des Urheberrechts, sondern eine freilich zwingende **vertragsrechtliche Vorschrift** dar. Sie schränkt die Verfügungsbefugnis der Urheber wissenschaftlicher Beiträge dahingehend ein, dass diese keine zeitlich und inhaltlich unbegrenzten ausschließlichen Nutzungsrechte mehr einräumen können, sondern nach Ablauf der einjährigen Enthaltungsfrist kraft Gesetzes zu nicht kommerziellen Online-Nutzungen berechtigt sind, ohne dass ihr Vertragspartner hiergegen vorgehen kann.[40] Dogmatische Grundlage hierfür ist die Unübertragbarkeit des Urheberrechts gem. § 29 Abs. 1, die ebenfalls die gem. Art. 14 GG grundsätzlich unbeschränkte Verfügungsbefugnis des Urhebers einschränkt.[41]

Als vertragsrechtliche Vorschrift ist § 38 Abs. 4 **nicht unionsrechtswidrig.** Denn die Art. 18–23 **16** DSM-RL bilden weder eine abschließende Regelung des Urhebervertragsrechts noch harmonisieren sie die Frage der Übertragbarkeit des Urheberrechts.[42] Das zwingende Zweitnutzungsrecht wissenschaftlicher Autoren **verletzt auch keine Grundrechte.** Ein Eingriff in das Eigentumsgrundrecht der Verlage liegt schon tatbestandsmäßig nicht vor, da sie die in der Tat unter Art. 14 GG fallenden ausschließlichen Nutzungsrechte von vornherein um das Zweitnutzungsrecht des Urhebers beschränkt erwerben. Auch die Wissenschaftsfreiheit ist insoweit nicht berührt, da diese nicht die Vermarktung wissenschaftlicher Beiträge umfasst.[43] Selbst wenn man die Regelung als Eingriff in die wirtschaftliche Handlungsfreiheit der Verlage gem. Art. 2 Abs. 1, 12 Abs. 1 GG auffasst, ist dieser Eingriff in Anbetracht der mit § 38 Abs. 4 verfolgten Ziele verfassungsrechtlich gerechtfertigt. Selbiges gilt für den Eingriff in das Eigentumsgrundrecht des Urhebers. Denn die mit der Vorschrift verbundene Einschränkung seiner Verfügungsbefugnis stärkt zugleich seine Wissenschaftsfreiheit, da es unverändert ihm obliegt, ob und wie er von der zusätzlichen Nutzungsoption Gebrauch macht. Es ist auch nicht ersichtlich, dass Wissenschaftsverlage nur aufgrund des unabdingbaren Zweitnutzungsrechts keine Beiträge inländischer Autoren mehr annehmen, zumal ihnen die Möglichkeit der Flucht in eine andere Rechtsordnung offensteht.[44] Schließlich entfaltet § 38 Abs. 4 auch keine verfassungsrechtlich be-

---

räumung eines ausschließlichen Nutzungsrechts das Recht, den Inhalt längstens nach Ablauf von sechs Monaten bei Periodika und von zwölf Monaten bei Sammelwerken seit der Erstveröffentlichung anderweitig nicht kommerziell öffentlich zugänglich zu machen. Die Zweitveröffentlichung ist in der Formatierung der Erstveröffentlichung zulässig; die Quelle der Erstveröffentlichung ist anzugeben. Ein dem Verleger eingeräumtes ausschließliches Nutzungsrecht bleibt im Übrigen unberührt. Eine zum Nachteil des Urhebers abweichende Vereinbarung ist unwirksam."); Antrag der Fraktion Die Linke v. 12.4.2011, BT-Drs. 17/5479; Antrag der Fraktion Bündnis 90/Die Grünen v. 21.9.2011, BT-Drs. 17/7031, S. 3; Antrag der Fraktion Die Linke v. 22.11.2011, BT-Drs. 17/7864.

[34] Vgl. RefE BMJ, Entwurf eines Gesetzes zur Nutzung verwaister Werke und zu weiteren Änderungen des Urheberrechtsgesetzes und des Urheberrechtswahrnehmungsgesetzes, 20.2.2013, abrufbar unter http://blog.die-linke.de/digitalelinke/wp-content/uploads/Ref.Entwurf.pdf, 20 f.

[35] RegE, BT-Drs. 17/13423, S. 5; dazu eingehend *Sandberger* ZUM 2013, 466 (467 f.).

[36] Vgl. Bundesrats-Beschluss v. 3.5.2013, BR-Drs. 265/1/13, S. 2 f. („Der Urheber eines wissenschaftlichen Beitrags, der im Rahmen einer mindestens zur Hälfte mit öffentlichen Mitteln geförderten Lehr- und Forschungstätigkeit entstanden und in einer Sammlung erschienen ist, hat auch dann, wenn er dem Verleger oder Herausgeber ein ausschließliches Nutzungsrecht eingeräumt hat, das Recht, den Beitrag nach Ablauf von sechs Monaten seit der Erstveröffentlichung öffentlich zugänglich zu machen, soweit dies keinem gewerblichen Zweck dient."); Entwürfe und Anträge der Fraktion die Linke, BT-Drs. 17/4661 und 17/5479; Gesetzentwurf Fraktion Bündnis 90/Die Grünen v. 26.6.2013, BT-Drs. 17/14252; erneut eingebracht mit BT-Drs. 17/14253.

[37] Vgl. Bericht des Rechtsausschusses v. 26.6.2013, BT-Drs. 17/14217; BT-Drs. 17/14194; Protokoll der 250. Sitzung des Deutschen Bundestags, Tagesordnungspunkte 20a und b, S. 32222 f., Anlage 38 S. 32442 ff.

[38] Bundesrats-Beschluss v. 20.9.2013, BR-Drs. 643/13.

[39] BGBl. 2013 II S. 3728 ff.

[40] *Krings/Hentsch* ZUM 2013, 909 (911 f.).

[41] *Rehbinder/Peukert* Rn. 851 ff.

[42] Vgl. Art. 22 Abs. 1 DSM-RL (Widerrufsrecht bei ausschließlicher Lizenz oder Übertragung); ferner RegE; BT-Drs. 17/13423, S. 10; *Hansen* GRUR-Int 2009, 799 (801); aA *Sprang* ZUM 2013, 461 (465 f.).

[43] BVerfG 28.9.2007 – 2 BvR 1121/06 ua, juris Rn. 26 mwN.

[44] Dazu → Rn. 17.

denkliche Rückwirkung, da die Vorschrift nur für Verträge gilt, die ab dem Tag ihres Inkrafttretens am 1.1.2014 abgeschlossen wurden.[45]

II. Die Auslegungsregeln des § 38 Abs. 1–3 im Einzelnen

1. Anwendungsbereich

17   Verträge über Beiträge zu Sammlungen weisen regelmäßig selbst dann internationale Berührungspunkte auf, wenn beide Vertragspartner ihren gewöhnlichen Aufenthalt im Inland haben. Denn das Lizenzgebiet ist typischerweise nicht auf Deutschland begrenzt, sondern erstreckt sich auf alle Länder und damit die Weltrechte. Auf einen solchen internationalen Nutzungsvertrag sind die dispositiven Auslegungsregeln gem. § 38 Abs. 1–3 nur anwendbar, wenn der betreffende Nutzungsvertrag kraft einer Rechtswahl oder sonst nach Maßgabe von Art. 4 Rom I-VO **deutschem Recht unterliegt**.[46]

18   § 38 regelt das Verhältnis zwischen dem Verleger oder Herausgeber der Sammlung (→ Rn. 23) einerseits und dem **Inhaber des Urheberrechts am Einzelbeitrag** andererseits. Für die vom **Urheber des Sammelwerks** als Ganzem (§ 4) abgeschlossenen Verträge gilt § 38 seinem Sinn und Zweck nach (→ Rn. 1 ff.) nicht; es sind vielmehr die allgemeinen urhebervertragsrechtlichen Regeln anwendbar.[47] Im Übrigen kann § 38 auf geschützte Werke jeder Art angewandt werden.[48] In Bezug auf **schutzunfähige Beiträge** gilt im klassischen Printverlagsbereich § 39 VerlG; § 38 kann zur näheren Bestimmung der Enthaltungspflicht analog herangezogen werden.[49]

19   Kraft ausdrücklicher Verweisungen gilt § 38 entsprechend für **Verträge über die verwandten Schutzrechte** der Verfasser wissenschaftlicher Ausgaben (§ 70 Abs. 1), Lichtbildner (§ 72 Abs. 1) und seit dem Inkrafttreten des Gesetzes zur Regelung des Urheberrechts in der Informationsgesellschaft am 13.9.2003 für Nutzungsverträge ausübender Künstler (§ 79 Abs. 2a), Veranstalter (§ 81 S. 2), Tonträgerhersteller (§ 85 Abs. 2 S. 3), Sendeunternehmen (§ 87 Abs. 2 S. 3) und Filmhersteller (§ 94 Abs. 2 S. 3),[50] wenn deren Leistungen Bestandteil einer Sammlung werden. Die entsprechende Anwendung des § 38 auf Verträge über verwandte Schutzrechte wurde damit begründet, dass die Vorschrift weder eine vertragsrechtliche Konkretisierung des Urheberpersönlichkeitsrechts darstelle noch dem Schutz des Urhebers als der regelmäßig schwächeren Vertragspartei diene.[51] In der Tat haben sowohl die genannten Rechtsinhaber als auch die Allgemeinheit ein berechtigtes Interesse, die betreffenden Leistungsergebnisse nicht nur im Rahmen einer bestimmten Sammlung zu nutzen.

20   § 38 Abs. 1–3 gilt sowohl für die Bestimmung des Inhalts der **gegenständlichen Nutzungsrechte** als auch der zugrundeliegenden **schuldrechtlichen Verträge**.[52] Überdies können **schuldrechtliche Vorzugsrechte und Enthaltungspflichten** vereinbart werden. So kann der Urheber einem Nutzungsrechtsinhaber zusichern, dass der Beitrag bei ihm zuerst und exklusiv erscheinen werde, also keinem Dritten Nutzungsrechte eingeräumt werden. Da derartige Vereinbarungen das Zweitverwertungsinteresse des Urhebers ebenso berühren wie die Einräumung unbeschränkter ausschließlicher Nutzungsrechte, ist § 38 Abs. 1–3 auf derartige Verpflichtungen entsprechend anzuwenden.[53] In AGB-Klauseln enthaltene Vorzugsrechte und Enthaltungspflichten sind gem. § 307 Abs. 2 Nr. 1 BGB unwirksam, wenn sie die Zweitverwertungsbefugnisse des Urhebers gem. § 38 Abs. 1–3 aushebeln (→ Rn. 9). Die Auslegungsregeln gelten gem. **§ 43 ferner für Arbeitsverträge, soweit diese keine eindeutige Regelung zu den Nutzungsrechten enthalten**.[54]

21   **Überträgt der Verlag/Herausgeber das ausschließliche Nutzungsrecht** am Beitrag gem. § 34 auf einen Dritten, so kann sich der Urheber auch jenem gegenüber auf ein etwaiges Zweitverwertungsrecht gem. § 38 Abs. 1–3 berufen. Denn der Erwerber erlangt das Nutzungsrecht nur mit demjenigen Inhalt, den es mangels anderweitiger Regelung in der Hand des ersten Nutzungsrechtsinhabers hatte. Einfache **Nutzungsrechte zweiter oder späterer Stufe** stehen einem Zweitverwertungsrecht des Urhebers schon ihrem Inhalt nach nicht entgegen. Soweit man eine Einräumung weiterer ausschließlicher Nutzungsrechte gem. § 35 für möglich erachtet, bleiben die Befugnisse des Urhebers zur anderweitigen Verwertung des Beitrags ebenfalls unberührt. Denn der erste Nutzungsrechtsnehmer kann Dritten keine weitergehenden Nutzungsrechte einräumen als er selbst erlangt hat.

22   Hingegen trifft § 38 Abs. 1–3 keine Aussage zum **Eigentumserwerb an den Werkstücken**, die die geistige Leistung des Urhebers verkörpern. Die Vorschrift kommt deshalb auch nicht als gesetzliches Leitbild iSv § 307 Abs. 2 Nr. 1 BGB für diesbezügliche AGB-Klauseln in Betracht.[55]

---

[45] Wandtke/Bullinger/*Wandtke/Grunert* UrhG § 38 Rn. 18; aA *Kunz-Hallstein/Loschelder* GRUR 2013, 480 (482); anders wohl auch BeckOK/*Soppe* UrhG § 38 Rn. 81.
[46] Dazu → Vor §§ 120 ff. Rn. 156–157.
[47] Wandtke/Bullinger/*Wandtke/Grunert* UrhG § 38 Rn. 4; Dreier/Schulze/*Schulze* UrhG § 38 Rn. 6.
[48] Dreier/Schulze/*Schulze* UrhG § 38 Rn. 7.
[49] Wandtke/Bullinger/*Wandtke/Grunert* UrhG § 38 Rn. 2.
[50] Dreier/Schulze/*Schulze* UrhG § 38 Rn. 4.
[51] S. RegE, BT-Drs. 15/38, S. 25.
[52] Wandtke/Bullinger/*Wandtke/Grunert* UrhG § 38 Rn. 2; aA Dreier/Schulze/*Schulze* UrhG § 38 Rn. 4.
[53] Wandtke/Bullinger/*Wandtke/Grunert* UrhG § 38 Rn. 2.
[54] Wandtke/Bullinger/*Wandtke/Grunert* UrhG § 38 Rn. 5.
[55] BGH ZUM 2012, 793 Rn. 43 – Honorarbedingungen Freie Journalisten.

2. Beiträge zu periodisch erscheinenden Sammlungen (§ 38 Abs. 1)

a) Gestattung. § 38 Abs. 1 setzt voraus, dass der Urheber die Aufnahme des Werks in die betref- **23** fende Sammlung gestattet, dh zumindest einseitig in die Aufnahme einwilligt.[56] Dies kann ausdrück- lich oder konkludent erfolgen, beispielsweise auch durch kommentarlose Einsendung eines Beitrags an die Redaktion, wenn sie als Einverständnis mit dem Abdruck anzusehen ist, was regelmäßig ange- nommen werden kann.[57]

b) Sammlung. § 38 baut auf dem Begriff der „Sammlung" auf, während die §§ 3, 42 VerlG so- **24** wie auch § 11 KUG auf „Sammelwerke" abstellten. „Sammlung" wird in § 4 Abs. 1 als Oberbegriff für urheberrechtlich schutzfähige Sammelwerke und sonstige Sammlungen aus „Werken, Daten oder anderen unabhängigen Elementen" verwendet.[58] Der Begriff der „Sammlung" wird in § 4 einerseits und § 38 andererseits in unterschiedlicher Funktion eingesetzt: Bei § 4 geht es darum, den Rahmen abzustecken, in dem die schöpferische Auswahl und Anordnung Urheberrechtsschutz begründen kann; bei § 38 ist der Begriff dagegen auf die in der Vorschrift getroffenen urhebervertragsrechtlichen Regelungen zu beziehen, und es ist zu fragen, ob es sich um eine Zusammenstellung handelt, bei der die im Zweifel zugelassene gesonderte Verwertung unter den Voraussetzungen des § 38 als sach- und interessengerecht erscheint. Bei dieser funktionsspezifischen Differenzierung ergibt sich für § 38 ein **eigenständiger Begriff der Sammlung.**[59]

So ergibt sich aus dem Gesamtzusammenhang, dass § 38 eine Sammlung von mindestens **drei Bei-** **25** **trägen** voraussetzt, unter denen sich zumindest **ein geschütztes Werk** einer beliebigen Werkkatego- rie befindet.[60] Bei einer „Sammlung" von nur zwei Beiträgen besteht nämlich kaum ein Interesse an einer gesonderten Zweitverwertung des einzelnen Beitrags. Es muss sich um eine von einem Verleger oder Herausgeber veranstaltete Sammlung handeln, die nicht nur Werke ein und desselben Urhebers enthält.[61] Auf § 38 soll sich nur berufen können, wer seinen Beitrag zur Aufnahme in die Sammlung verfasst oder übergeben hat,[62] denn es ist die vom Urheber übernommene Zweckbin- dung, die regelmäßig sein Bedürfnis nach anderweitiger Verwertung rechtfertigt. Die Beiträge müssen zum Bereich von Literatur, Wissenschaft und Kunst gehören, gleichgültig, ob sie geschützt sind.[63] Sie können der gleichen oder unterschiedlichen Kunstgattungen angehören. Ein inneres Band ist nicht erforderlich; es genügt der verkehrsübliche engere äußere Zusammenhang. Es braucht sich nicht um ein urheberrechtlich schutzfähiges Sammelwerk iSd § 4 zu handeln.[64] Auf die Art des Speicherme- diums (analog/digital) kommt es nicht an. Auch eine (Fernseh-)Sendung kann mehrere Beiträge enthal- ten und damit eine Sammlung darstellen, auf die der Rechtsgedanke des § 38 entsprechend anzuwen- den ist, soweit – wie allerdings regelmäßig – keine eindeutige Vereinbarung zu den Nutzungsrechten getroffen wurde.[65]

Die Sammlung des § 38 ist zu unterscheiden vom **Reihenwerk (Serienwerk),** bei dem die Ein- **26** zelbeiträge in der Regel nicht eigens für das Werk geschaffen oder zur Verfügung gestellt werden und es an einer engeren Verbindung fehlt.[66] Keine „Sammlung" iSd § 38 sind auch Lieferungs- oder Fortsetzungswerke, insbesondere in Form von Subskriptionswerken.[67] Es handelt sich um einheitliche Werke, die aus technischen und/oder wirtschaftlichen Gründen in Teillieferungen erscheinen. Eben- falls keine Beiträge zu „Sammlungen" stellen **Updates elektronischer Datenbanken** dar, weil hier lediglich ein bestehendes Werk aktualisiert, nicht aber ein Bestand gesonderter Werke erweitert wird.[68] Ferner gehören nicht zu den „Sammlungen" die **Gesamtausgaben,** die in **Miturheber-** **schaft** geschaffenen Werke und die **verbundenen Werke** mehrerer Urheber.[69]

Als **Beispiele** für „Sammlungen" iSd § 38 nennt die AmtlBegr. Zeitung (dazu aber Abs. 3), Zeit- **27** schrift, Kalender, Almanach oder dgl.[70] Über den klassischen Verlagsbereich hinaus kommen auch Kunstmappen, Sammlungen von Fotografien und dgl. in Betracht, ferner Sammlungen von Bild- und/oder Tonaufzeichnungen wie analoge oder digitale Musikalben. Die Datenbank-RL 96/6/EG

---

[56] So auch *Katzenberger* Elektronische Printmedien S. 89; Möhring/Nicolini/*Spautz* UrhG § 38 Rn. 2.
[57] Wandtke/Bullinger/*Wandtke/Grunert* UrhG § 38 Rn. 6.
[58] Zur Terminologie → § 4 Rn. 2.
[59] *Schricker* VerlG § 3/UrhG § 38 Rn. 2; *Schricker* GRUR-Int 1983, 446 (448 f.).
[60] Vgl. Dreier/Schulze/*Schulze* UrhG § 38 Rn. 8; Möhring/Nicolini/*Spautz* UrhG § 38 Rn. 3. Nicht hierher gehört deshalb zB eine Gesetzessammlung, auch wenn sie ein schutzfähiges Sammelwerk iSd § 4 bilden kann, vgl. OLG Frankfurt a. M. GRUR 1986, 242 – Gesetzessammlung.
[61] S. im Einzelnen *Schricker* VerlG § 3/UrhG § 38 Rn. 3.
[62] So auch Fromm/Nordemann/*Nordemann-Schiffel* UrhG § 38 Rn. 10; aA *Riedel* VerlG § 41 Anm. 1; *Leiss* VerlG § 41 Anm. 2.
[63] *Ulmer* § 29 I 1, 2.
[64] HM; so auch Wandtke/Bullinger/*Wandtke/Grunert* UrhG § 38 Rn. 7; Dreyer/*Kotthoff*/Meckel UrhG § 38 Rn. 4.
[65] Dreier/Schulze/*Schulze* UrhG § 38 Rn. 24.
[66] ZB wissenschaftliche Schriftreihe, Reihe von Gesetzeskommentaren, Romanheften, Reclams Universalbib- liothek etc; Einzelheiten bei *Sellier* S. 7 ff.; Dreier/Schulze/*Schulze* UrhG § 38 Rn. 9; OLG Köln GRUR 1950, 579 (582) – Bücherei des …; sa bereits RGSt 16, 355 – Aus dem Reich für das Reich.
[67] *Schricker* VerlG § 3/UrhG § 38 Rn. 3.
[68] S. Dreier/Schulze/*Schulze* UrhG § 38 Rn. 10.
[69] *Schricker* VerlG § 3/UrhG § 38 Rn. 3 mwN.
[70] RegE UrhG 1965, BT-Drs. IV/270, S. 59.

lässt die Rechte am Inhalt der Datenbank unberührt (Art. 3 Abs. 2) und regelt demgemäß das Verhältnis zwischen dem Inhaber der Rechte an der Datenbank und den Inhabern der Rechte an darin aufgenommenen Werken nicht; insofern kommt eine Anwendung von § 38 UrhG in Betracht.

28   **c) Periodisches Erscheinen.** § 38 unterscheidet zwischen periodischen (Abs. 1) und nichtperiodischen Sammlungen (Abs. 2). Unter periodisch erscheinenden Sammlungen versteht man Sammlungen, die darauf angelegt sind, in fortlaufender und prinzipiell unbegrenzter Folge zu erscheinen.[71] Klassische Beispiele sind Zeitungen und Zeitschriften. Auch unregelmäßig und selten erscheinende Sammlungen erfüllen das Kriterium der Periodizität, soweit dieser Rhythmus planmäßig ist.[72]

29   **d) Auslegungsregel.** Das Rechtsverhältnis zwischen Urheber und Verleger/Herausgeber richtet sich **in erster Linie** nach den getroffenen Vereinbarungen, deren Inhalt ggf. der Auslegung bedarf. Nur wenn hierbei Zweifel verbleiben, kommt die Auslegungsregel des § 38 Abs. 1 zum Tragen. Eine wichtige Rolle bei der vorrangigen **Auslegung** gem. §§ 133, 157 BGB werden der Zuschnitt der Sammlung und die dafür entwickelten Vertragsgewohnheiten spielen, sofern sie dem Urheber bekannt sind. So deutet etwa der stehende Vermerk „Nachdruck nur mit Genehmigung des Verlags" darauf hin, dass der Verlag ein ausschließliches Recht erwerben möchte; lässt sich der Verfasser hierauf ohne Widerspruch ein, kann ein entsprechender Vertragsinhalt anzunehmen sein. Auch die Gewährung eines verhältnismäßig hohen Honorars kann für ein ausschließliches Recht sprechen. Hat das Periodikum ein großes Verbreitungsgebiet, so dass es räumlich mit einer Vielzahl ähnlicher Angebote in Konkurrenz steht, so deutet dies ebenfalls auf das Interesse am Erwerb ausschließlicher Rechte hin. Bei einem Lokalblatt von beschränktem Verbreitungsgebiet wird man sich eher mit einfachen Abdruckrechten begnügen.[73] Wurde der Beitrag vom Verleger angeregt oder bestellt, spricht dies für ein ausschließliches Recht, ebenso wie eine intensive ständige Mitarbeit des Verfassers mit entsprechender gesteigerter Treuepflicht. Dies gilt erst recht, wenn der Urheber Arbeitnehmer des Verwerterunternehmens ist.[74] Legt der Verfasser seinen Beitrag in einer äußeren Form vor, die erkennen lässt, dass mehrere Exemplare existieren und dass auch andere Wege gleichzeitiger Nutzung beschritten werden, lässt dies auf die Absicht des Verfassers schließen, nur ein einfaches Recht einzuräumen. Werden einer großen deutschsprachigen Illustrierten Abdruckrechte an einer Fotoserie exklusiv eingeräumt, ist nach dem Vertragszweck ein ausschließliches Nutzungsrecht für das gesamte Kernverbreitungsgebiet der Illustrierten (Deutschland und deutschsprachiges Ausland) anzunehmen.[75]

30   Soweit demnach nichts anderes vereinbart ist, steht das ausschließliche Recht gem. § 38 Abs. 1 dem „**Verleger oder Herausgeber**" zu. Die Bestimmung des Partners ist problemlos, wenn es nur einen Verleger gibt, ein Herausgeber fehlt; oder wenn nur ein Herausgeber vorhanden ist, dieser etwa noch nicht mit einem Verlag in Verbindung steht. Sind sowohl Verleger als auch Herausgeber vorhanden, kommt es darauf an, wem der Urheber die Aufnahme des Werkes in die Sammlung gestattet hat.[76] Kontrahiert der Urheber mit dem Verleger, erwirbt dieser das Nutzungsrecht. Ist der Herausgeber Adressat der Gestattung, kommt es darauf an, ob er in eigenem Namen oder in Vertretung für den Verleger handelt.[77] Im Zweifel soll der Träger des die Sammlung verwertenden Unternehmens die Nutzungsrechte erwerben.[78] Auf einer anderen Regelungsebene als derjenigen des Urhebervertragsrechts liegt die Frage, wem die Sammlung, insbes. die Zeitschrift oder Zeitung, als dem „Herrn des Unternehmens" zusteht und wie seine Rechtsverhältnisse zu den anderen Beteiligten zu beurteilen sind.[79]

31   Nach Ablauf eines Jahres seit Erscheinen (§ 6 Abs. 2) endet, wenn nichts anderes vereinbart ist, die Ausschließlichkeit; das **ausschließliche** wird zum **einfachen Nutzungsrecht**. Damit entfällt auch das Recht des Verwerters, Dritten Nutzungsrechte am Beitrag einzuräumen,[80] während der Urheber diese Freiheit (wieder)erlangt; er wird darin auch durch vertragsimmanente Treuepflichten regelmäßig nicht beschränkt.[81] Den Eintritt dieser Rechtsfolgen ausschließende oder weiter hinauszögernde Allgemeine Geschäftsbedingungen sind wegen Abweichung vom Leitbild des § 38 Abs. 1 gem. § 307 Abs. 2 Nr. 1 BGB unwirksam (→ Rn. 9). Räumt der Urheber ein ausschließliches Recht ein, genießt der Inhaber des – nunmehr – einfachen Nutzungsrechts nach § 33 Sukzessionsschutz. Ob der Urheber von seinem Recht zur anderweitigen Vervielfältigung, Verbreitung und öffentlichen Zugänglichmachung Gebrauch macht oder nicht, ist für dessen Entstehung belanglos.[82] Allerdings bleibt der

---

[71] *Schricker* VerlG § 3/UrhG § 38 Rn. 3.
[72] Wandtke/Bullinger/*Wandtke/Grunert* UrhG § 38 Rn. 7; Dreier/Schulze/*Schulze* UrhG § 38 Rn. 4.
[73] LG Köln ZUM-RD 2013, 655 (658).
[74] Im Einzelnen → § 43 Rn. 60.
[75] OLG Hamburg NJW-RR 1986, 996 f.
[76] So auch Möhring/Nicolini/*Spautz* UrhG § 38 Rn. 4; Dreier/Schulze/*Schulze* UrhG § 38 Rn. 14; Dreyer/*Kotthoff*/Meckel UrhG § 38 Rn. 5.
[77] Vgl. *Schricker* VerlG § 41 Rn. 18; sa *Ulmer* § 111 II: Soll der Vertrag mit einer die Herausgabe der Sammlung tragenden Institution geschlossen werden, gilt § 38 entsprechend.
[78] BeckOK/*Soppe* UrhG § 38 Rn. 23.
[79] Zu dieser unternehmens- und wettbewerbsrechtlichen Problematik → § 4 Rn. 70.
[80] Vgl. § 35; Dreier/Schulze/*Schulze* UrhG § 38 Rn. 16. S. dort und bei *Schricker* VerlG § 43 Rn. 1 auch zur Frage, ob dem Verleger noch eigene Nachdrucke gestattet sind.
[81] *Schricker* VerlG § 42/UrhG § 38 Rn. 11.
[82] OLG Frankfurt a. M. GRUR 1967, 151 (153) – Archiv.

Verleger/Herausgeber im Zweifel noch bis zu diesem Zeitpunkt zur Geltendmachung von Ansprüchen wegen Rechtsverletzungen aktivlegitimiert, da primär er in seinen materiellen Interessen betroffen ist.

3. Beiträge zu nicht periodisch erscheinenden Sammlungen (§ 38 Abs. 2)

Nichtperiodisch erscheinende Sammlungen sind zB Festschriften, Enzyklopädien und Hand- **32** bücher. Bei elektronischen Datenbanken kommt es darauf an, ob sie fortlaufend um neue Beiträge erweitert werden (dann periodische Sammlung, zB Zeitschriftendatenbank) oder ob ein im Prinzip abgeschlossener Bestand lediglich aktualisiert wird (dann nicht periodische Sammlung, zB Online-Kommentar zu einem Gesetz).[83]

In § 38 Abs. 2 ist nur der Fall geregelt, dass der Urheber für die Überlassung eines Beitrags zu einer **33** nicht periodisch erscheinenden Sammlung **keinen Vergütungsanspruch** erhält. Auf die Vergütungshöhe kommt es für die Annahme eines vergüteten Beitrags nicht an; es muss sich jedoch um eine echte, nicht nur eine Scheingegenleistung handeln.[84] Abzustellen ist dabei auf die vertragliche Vereinbarung, nicht das Ergebnis einer Vergütungskontrolle nach §§ 32, 32a, 32c UrhG, da für die Nutzungsrechtslage von vornherein Klarheit bestehen sollte. Fehlt es am vertraglichen Vergütungsanspruch, gilt über § 38 Abs. 2 die Regel des Abs. 1 S. 2, auch wenn sich über § 32 und/oder §§ 32a, 32c ein Vergütungsanspruch ergibt. Denn wenn der Verleger den Beitrag honorarfrei stellt, gibt er im Zweifel zu erkennen, dass dieser ihm den Erwerb eines permanenten Ausschließlichkeitsrechts nicht wert ist.[85] Ob eine Gestattung der Aufnahme in die Sammlung gegeben ist, ob ein ausschließliches oder einfaches Nutzungsrecht eingeräumt wird, wer – Herausgeber oder Verleger – Vertragspartner ist und ob ein Vergütungsanspruch besteht,[86] ist nach den allgemeinen, für die **Vertragsauslegung** geltenden Regeln, unter Heranziehung auch von § 31 Abs. 5 zu ermitteln (vgl. → Rn. 10).

Ergibt sich, dass eine Gestattung vorliegt, dass ein ausschließliches Nutzungsrecht eingeräumt und **34** keine Vergütung geschuldet wird, so greift Abs. 2 in Verbindung mit Abs. 1 S. 2 ein: Die **Ausschließlichkeit endet** (vgl. → Rn. 6) mit Ablauf eines Jahres seit Erscheinen (§ 6 Abs. 2) der Sammlung, wenn nichts anderes vereinbart ist. Als Beispiel sind die in der Regel honorarfreien Beiträge zu Festschriften zu nennen: Auch wenn Herausgeber oder Verleger ein ausschließliches Nutzungsrecht zur Vervielfältigung, Verbreitung und öffentlichen Zugänglichmachung beanspruchen, erhält der Autor mangels anderer Vereinbarung ein Jahr nach Erscheinen der Festschrift das Recht, den Beitrag anderweitig, zB in einer Zeitschrift oder auf seiner Homepage zu publizieren. Allgemeine Geschäftsbedingungen, die dieses Zweitverwertungsrecht abbedingen, sind gem. § 307 Abs. 2 Nr. 1 BGB unwirksam (→ Rn. 9).

4. Beiträge zu Zeitungen (§ 38 Abs. 3)

a) Zeitung. § 38 Abs. 3 regelt den Fall, dass ein Urheber sein Werk einer „Zeitung" überlässt. **35** Andernfalls handelt es sich um eine periodisch erscheinende Sammlung, für die § 38 Abs. 1 gilt. Zeitungsverleger/-herausgeber erwerben im Zweifel nur ein einfaches Nutzungsrecht, Verleger/Herausgeber anderer periodischer Sammlungen hingegen ein ausschließliches Nutzungsrecht. Dieser Unterschied wurde im analogen Zeitalter mit dem Begriffspaar Zeitung und Zeitschrift markiert. So führte der Rechtsausschuss zum UrhG 1965 aus: „In Übereinstimmung mit dem geltenden Recht sind unter Zeitungen die lediglich Tagesinteressen dienenden periodischen Sammlungen zu verstehen, wobei es sich nicht notwendig um Tageszeitungen zu handeln braucht, während Zeitschriften in ihren Beiträgen vorwiegend **Fragen von bleibendem Interesse** behandeln.[87] „Zeitungen" dienen demnach in funktionaler Betrachtung der **Übermittlung von Tagesneuigkeiten.**[88] Ihrem Zweck entsprechend erscheinen sie in kurzer, regelmäßiger Periodizität, vielfach täglich, bisweilen mehrmals täglich, gelegentlich 3–4 mal wöchentlich. Zu den „Zeitungen" iSd § 38 Abs. 3 zählen auch (Fernseh-)Sendungen, News-Portale, Blogs und andere Online-Formate, die Tagesinteressen bedienen. In all diesen Fällen erlischt das Interesse des Publikums und damit das Interesse des Nutzungsrechtsinhabers an einer exklusiven Verwertung der Werke typischerweise mit dem Ende des Erscheinungstages, so dass eine Zweitverwertungsbefugnis des Urhebers auch im Interesse einer schnellen Information der Öffentlichkeit (Lichtbilder) bereits mit dem Erscheinen angemessen erscheint.

Demgegenüber sind **sonstige periodische Sammlungen („Zeitschriften")** nicht unmittelbar **36** von den Tagesereignissen abhängig, da sie „Fragen von bleibendem Interesse" behandeln. Zeitschriften dienen häufig der Pflege eines bestimmten, meist wissenschaftlichen, wirtschaftlichen, kulturellen oder gesellschaftlichen Gebietes.[89] Hierzu zählen auch wöchentlich erscheinende „Zeitungen" wie die „Zeit", und Nachrichtenmagazine wie „Der Spiegel", die Informationsinteressen bedienen, die

---

[83] Ähnlich Fromm/Nordemann/*Nordemann-Schiffel* UrhG § 38 Rn. 11.
[84] Möhring/Nicolini/*Spautz* UrhG § 38 Rn. 7.
[85] Dreier/Schulze/*Schulze* UrhG § 38 Rn. 18; aA BeckOK/*Soppe* UrhG § 38 Rn. 34.
[86] Vgl. dazu auch § 22 Abs. 1 S. 2 VerlG.
[87] *Haertel/Schiefler* S. 198.
[88] Politische Berichterstattung, kulturelle, wirtschaftliche, sportliche Tagesereignisse.
[89] Insbesondere auch im Bereich der Freizeitbeschäftigung.

nicht bereits am Ende des Erscheinungstages erlöschen.[90] An den gesammelten Beiträgen besteht folglich ein längerfristiges Exklusivitätsinteresse des Nutzungsrechtsinhabers, das gem. § 38 Abs. 1 im Zweifel den Erwerb ausschließlicher Rechte und einen einjährigen Aufschub der Zweitverwertung rechtfertigt. Hierfür spricht auch, dass die Urheber von Beiträgen zu Fragen von bleibendem Interesse nicht zwingend darauf angewiesen sind, ihre Werke gleichzeitig mehreren Redaktionen anzubieten. Vielmehr ist ihnen zuzumuten, ihren Beitrag den in Betracht kommenden Publikationsmedien nacheinander anzubieten. Entscheidend ist letztlich, ob unter Berücksichtigung des Zwecks der Regelung dem typologischen Zuschnitt des Periodikums ein schutzwürdiges Ausschließlichkeitsinteresse entspricht oder ob ein einfaches Nutzungsrecht angemessen erscheint.[91]

37   Freilich zeigen die Beispiele der Wochenzeitungen und Nachrichtenmagazine, dass die typologische Abgrenzung von „Zeitungen" zu anderen periodischen Sammlungen seit jeher mit Unsicherheiten behaftet war. Im **digitalen Zeitalter** sind solch **starre Kategorien ohnehin hinfällig.** Informationsportale umfassen sowohl Tagesneuigkeiten, die zT bereits nach Minuten wieder gelöscht werden, als auch Beiträge und Kolumnen zu langfristig relevanten Themen, die im Online-Archiv zT unbegrenzt vorgehalten werden.

38   **b) Auslegungsregel.** Die Abgrenzungsproblematik zwischen Zeitungen und sonstigen periodischen Sammlungen wird dadurch entspannt, dass § 38 Abs. 3 wie Abs. 1 ohnehin nur mangels **abweichender Vereinbarung** gilt, die auch konkludent getroffen werden kann.[92] Für die vorrangige Auslegung der Nutzungsrechtseinräumung ist neben dem Typus der Sammlung auch auf den Zweck des konkreten Beitrags abzustellen. Bedient dieser lediglich Tagesinteressen, ist das Exklusivitätsinteresse des Verlegers/Herausgebers so begrenzt, dass auch bei einer Veröffentlichung in einer Wochenzeitschrift nur von einem einfachen oder einem mit Erscheinen endenden ausschließlichen Nutzungsrecht auszugehen ist (vgl. § 38 Abs. 3 S. 2). Betrifft der Beitrag hingegen Fragen von bleibendem Interesse (zB historische Betrachtungen, zeitgeschichtliche Kolumnen, wissenschaftliche Erörterungen, Fortsetzungsbeiträge),[93] spricht dies auch bei der Überlassung an eine Tageszeitung oder ein News-Portal für die Einräumung eines ausschließlichen Nutzungsrechts.

39   Ergibt sich hingegen, dass die Einräumung eines ausschließlichen Nutzungsrechts vereinbart ist, so ist der Urheber mangels anderer Vereinbarung – für die der Verwerter darlegungs- und beweispflichtig ist – **sogleich nach Erscheinen (§ 6 Abs. 2)** des Beitrags berechtigt, den Beitrag **anderweit zu vervielfältigen und zu verbreiten.** Der Nutzungsrechtsinhaber kann somit nur verbieten, dass der Beitrag vorher oder gleichzeitig anderweit erscheint.[94] Grund für diese knappe Bemessung der Ausschließlichkeit ist das Interesse freiberuflicher Journalisten, ihren tagesaktuellen Beitrag mehreren Zeitungen gleichzeitig anbieten zu können, ohne zunächst die Entscheidung einer Redaktion abwarten zu müssen. Um dies zu gewährleisten, darf die Überlassung eines schnelllebigen Zeitungsbeitrags keine exklusive Bindung begründen.[95] Eine Klausel in **Allgemeinen Geschäftsbedingungen,** die von diesem Leitgedanken des § 38 Abs. 3 abweicht und vom Erscheinen unabhängige oder über das Erscheinen hinausreichende ausschließliche Nutzungsrechte des Verlags begründet, ist gem. § 307 Abs. 2 Nr. 1 BGB unwirksam.[96]

40   Abs. 3 S. 2 erklärt den Urheber nur für berechtigt, den Beitrag sogleich nach Erscheinen zu vervielfältigen und zu verbreiten. Die **öffentliche Zugänglichmachung** des Beitrags wird anders als in Abs. 1 (und 2) nicht erwähnt. Auch in der AmtlBegr. wird die Erweiterung der Auslegungsregel auf die Online-Nutzung nur im Hinblick auf Abs. 1 begründet.[97] Diese ausdrückliche Einschränkung, die im Wortlaut des Gesetzes zum Ausdruck gekommen ist, stellt kein Redaktionsversehen dar.[98] Abs. 3 S. 1 spricht undifferenziert von einem einfachen Nutzungsrecht des Verlegers. Ob jenes auch das Recht der öffentlichen Zugänglichmachung umfasst, ist unter Berücksichtigung des Übertragungszweckgedankens gem. § 31 Abs. 5 durch Auslegung zu ermitteln. Räumt ein Urheber aber einem Zeitungsverleger ausschließliche Nutzungsrechte ein, so ist er gem. § 38 Abs. 3 S. 2 nur zu einer **konkurrierenden Offline-Nutzung in anderen Printmedien**[99] berechtigt, wenn er sich

---

[90] Fromm/Nordemann/*Nordemann-Schiffel* UrhG § 38 Rn. 19; BeckOK/*Soppe* UrhG § 38 Rn. 41 (ausschließlich werktäglich erscheinende Zeitungen); differenzierend Wandtke/Bullinger/*Wandtke/Grunert* UrhG § 38 Rn. 11 f.; aA Dreier/Schulze/*Schulze* UrhG § 38 Rn. 20.

[91] *Schricker* VerlG § 41 Rn. 5, 6; Möhring/Nicolini/*Spautz* UrhG § 38 Rn. 8; Dreier/Schulze/*Schulze* UrhG § 38 Rn. 20, 21; Wandtke/Bullinger/*Wandtke/Grunert* UrhG § 38 Rn. 11. Allein auf den Inhalt stellen *Haberstumpf/Hintermeier* § 27 I 2 b ab; *Melichar* will unter Zeitungen iSd § 38 nur Tageszeitungen verstehen, ZUM 1988, 14 (18).

[92] Beispiel für eine dem Transparenzgebot genügende AGB-Klausel: OLG München ZUM 2014, 424 (429).

[93] Dazu Fromm/Nordemann/*Nordemann-Schiffel* UrhG § 38 Rn. 16; *Schricker* § 42 VerlG/§ 38 UrhG Rn. 11; Dreier/Schulze/*Schulze* UrhG § 38 Rn. 23.

[94] Wandtke/Bullinger/*Wandtke/Grunert* UrhG § 38 Rn. 13.

[95] OLG München GRUR-RR 2011, 401 (404 f.); LG München I BeckRS 2012, 23415; Dreier/Schulze/*Schulze* UrhG § 38 Rn. 20.

[96] OLG München GRUR-RR 2011, 401 (404 f.); LG München I BeckRS 2012, 23415; LG Braunschweig ZUM 2012, 66 (72); vgl. auch LG Rostock BeckRS 2011, 21812; Dreier/Schulze/*Schulze* UrhG § 38 Rn. 23; differenzierend Fromm/Nordemann/*Nordemann-Schiffel* UrhG § 38 Rn. 17.

[97] RegE, BT-Drs. 17/13423, S. 13 f.

[98] AA BeckOK/*Soppe* UrhG § 38 Rn. 56.

[99] Bzw. bei journalistischen Beiträgen für Nachrichtensendungen zur Vergabe von Senderechten, → Rn. 35.

(wofür er darlegungs- und beweispflichtig ist) keine weitergehenden Rechte vorbehalten hat. Rechtfertigen lässt sich diese Unterscheidung zwischen „Zeitungen" und sonstigen periodischen Sammlungen mit dem besonderen Exklusivitätsinteresse der Zeitungsverleger im Internet, das nicht sogleich mit dem Erscheinen erlischt (vgl. auch §§ 87f–h). Die bei ihnen erschienenen, tagesaktuellen Beiträge sollen nicht im nächsten Moment von einem anderen Portal abrufbar sein und konkurrierend in Suchmaschinen gelistet werden.

III. Die Regelung des § 38 Abs. 4 im Einzelnen

1. Tatbestandsvoraussetzungen des Zweitnutzungsrechts

a) Anwendbares Recht. Als vertragsrechtliche Vorschrift folgt § 38 Abs. 4 nicht dem Immaterial- **41**
güterrechtsstatut nach Maßgabe des Schutzlandprinzips,[100] sondern ist anwendbar, **wenn der betreffende Autorenvertrag dem deutschen Recht unterliegt.** Die von Amts wegen zu prüfende Vorfrage der Anwendbarkeit des deutschen Vertragsrechts unter Einschluss des § 38 Abs. 4 stellt sich dabei in der Regel selbst dann, wenn Urheber und Verlag ihren gewöhnlichen Aufenthalt bzw. Sitz im Inland haben. Denn auch solche Autorenverträge weisen typischerweise internationale Berührungspunkte auf, weil das Lizenzgebiet nicht auf Deutschland begrenzt ist, sondern sich auf alle Länder und damit die Weltrechte erstreckt.

Auf solche internationale Verträge ist § 38 Abs. 4 folglich nur anwendbar, wenn die Parteien die **42**
Geltung des deutschen Rechts vereinbart haben (Art. 3 Rom I-VO) oder der Vertrag gem. Art. 4 Rom I-VO **deutschem Recht unterliegt.** Letzteres ist der Fall, wenn der Urheber seinen gewöhnlichen Aufenthalt im Inland hat oder wenn sich ein inländischer Verlag zur Ausübung seiner Nutzungsrechte verpflichtet.[101] Gilt für den Vertrag hingegen ein ausländisches Vertragsstatut, kann sich der Urheber auf das Zweitnutzungsrecht gem. § 38 Abs. 4 nicht berufen. Denn im Umkehrschluss aus § 32b folgt, dass der Gesetzgeber nur die in dieser Vorschrift genannten Ansprüche auf angemessene Vergütung für international zwingend erachtet, nicht aber die übrigen vertragsrechtlichen Vorschriften zum Schutz des Urhebers, selbst wenn diese wie § 38 Abs. 4 nicht abbedungen werden können.[102] Dieser begrenzte internationale Anwendungsbereich entspricht auch dem Zweck der Norm, der auf das inländische, mit deutschen Steuergeldern geförderte wissenschaftliche Publikationssystem abzielt.

b) Wissenschaftlicher Beitrag. Das Zweitnutzungsrecht gem. § 38 Abs. 4 kommt nur für wis- **43**
senschaftliche Beiträge in Betracht. Der Beitrag muss zumindest teilweise **als Werk geschützt** sein, da es sonst an einem berechtigten Urheber und an Urheberrechten fehlt, deren vertragliche Zuordnung zu regeln ist. Typischerweise handelt es sich bei wissenschaftlichen Beiträgen um Sprachwerke (§ 2 Abs. 1 Nr. 1), die ggf. wissenschaftliche Darstellungen (§ 2 Abs. 1 Nr. 7) umfassen.[103]

Allerdings sind nicht alle wissenschaftlichen Werke iSd Urheberrechts auch wissenschaftliche „Bei- **44**
träge" iSd § 38 Abs. 4. Denn der Wissenschaftsbegriff des Urheberrechts reicht viel weiter als der Wissenschaftsbegriff gem. Art. 5 Abs. 3 S. 1 GG, der für die Auslegung des § 38 Abs. 4 nach dem Sinn und Zweck der Vorschrift (→ Rn. 13) maßgeblich ist.[104] So wurden Lehrpläne als wissenschaftliches Sprachwerk gem. § 2 Abs. 1 Nr. 1 qualifiziert, weil sich „der [urheberrechtliche, A. P.] Bereich der Wissenschaft … nicht nur auf Forschung und Lehre im engeren verfassungsrechtlichen Sinne [beschränkt]".[105] Für „wissenschaftliche" Darstellungen gem. § 2 Abs. 1 Nr. 7 genügt es, dass sie der Vermittlung von belehrenden oder unterrichtenden Informationen über den dargestellten Gegenstand mit dem Ausdrucksmittel der grafischen oder plastischen Darstellung dienen. Dabei lässt die Rechtsprechung die Darstellung „einfachster wissenschaftlicher Erkenntnisse" genügen und subsumiert hierunter Kreuzwort- und Silbenrätsel sowie Lernspiele für Kleinkinder.[106] Lehrpläne, Rätsel und Lernspiele sind aber nicht Gegenstand des wissenschaftlichen Publikationssystems, das § 38 Abs. 4 reguliert. Vielmehr muss ein wissenschaftlicher Beitrag iSd § 38 Abs. 4 sowohl den Anforderungen des § 2 Abs. 2 als auch denjenigen des **verfassungsrechtlichen Wissenschaftsbegriffs gem. Art. 5 Abs. 3 S. 1 GG** genügen. Das Werk muss also einen nach Inhalt und Form ernsthaften, planmäßig methodischen und systematischen Versuch zur Ermittlung der Wahrheit darstellen.[107] Nicht zur Wissenschaft in diesem Sinne zählt auch, was den Anspruch von Wissenschaftlichkeit systematisch verfehlt, weil die Äußerung nicht auf Wahrheitserkenntnis gerichtet ist, sondern vorgefassten Meinungen oder Ergebnissen lediglich der Anschein wissenschaftlicher Gewinnung oder Nachweisbarkeit verliehen wird.[108]

---

[100] AA Gesetzentwurf der SPD-Fraktion, BT-Drs. 17/5053, S. 5.
[101] Dazu → Vor §§ 120 ff. Rn. 157.
[102] *Sprang* ZUM 2013, 461 (462); *Peifer* NJW 2014, 6 (11); Fromm/Nordemann/*Nordemann-Schiffel* UrhG § 38 Rn. 8.
[103] Wandtke/Bullinger/*Wandtke/Grunert* UrhG § 38 Rn. 16.
[104] AA BeckOK/*Soppe* UrhG § 38 Rn. 58 (weites Begriffsverständnis).
[105] BGH GRUR 1991, 130 (132 f.) – Themenkatalog.
[106] BGH GRUR 2011, 803 Rn. 43 mwN – Lernspiele; OLG München GRUR 1992, 510 ff. – „Rätsel"; näher *Peukert* JIPITEC 4(2) (2013), 142 Rn. 4 ff.
[107] BVerfGE 35, 79 (112 ff.); 47, 327 (367).
[108] BVerfG NJW 1994, 1781 (1782).

45 **c) Forschungstätigkeit.** Der wissenschaftliche Beitrag muss im Rahmen einer mindestens zur Hälfte mit öffentlichen Mitteln geförderten Forschungstätigkeit entstanden sein. Die in den Entwürfen des Bundesrats, der Oppositionsparteien und auch im Referentenentwurf (→ Rn. 14) hingegen zusätzlich genannte „Lehrtätigkeit" wurde im Regierungsentwurf gestrichen. Nach der Begründung beschränkt sich der Anwendungsbereich des Zweitnutzungsrechts damit auf Forschungstätigkeiten, die im Rahmen der **öffentlichen Projektförderung** oder an einer **institutionell geförderten außeruniversitären Forschungseinrichtung** durchgeführt werden. In diesen Bereichen sei das staatliche Interesse an einer Verbreitung der Forschungsergebnisse besonders hoch. Zudem sei es anders als bei der rein universitären Forschung üblich, dass öffentliche Zuwendungsgeber ihre Förderung mit programmatischen Vorgaben und Richtlinien auch im Hinblick auf die Verwertung und Verbreitung der Ergebnisse verknüpften.[109]

46 Zwar blieb der Wortlaut des Entwurfs trotz der im Laufe des Gesetzgebungsverfahrens geäußerten, expliziten Kritik an dieser Begrenzung des Anwendungsbereichs der Vorschrift auf Projektforschung und außeruniversitäre Einrichtungen unverändert.[110] Gleichwohl kann der **Entstehungsgeschichte nicht entnommen werden,** dass der Bundestag bei der Verabschiedung des Gesetzes den gesamten Bereich der grundständigen Hochschulforschung, die einen sehr erheblichen Teil, wenn nicht die Mehrzahl der öffentlich geförderten wissenschaftlichen Beiträge in der Bundesrepublik hervorbringt, ausgrenzen wollte. Im Rechtsausschuss gab die Fraktion der CDU/CSU zu Protokoll, „bei den Hochschulen" müssten die für Open Access-Modelle notwendigen Mittel zügig bereitgestellt werden; § 38 Abs. 4 „sei insoweit Bestandteil eines übergreifenden Konzepts".[111] Bereits an diesen Aussagen wird deutlich, dass die Mehrheitsfraktion davon ausging, dass mit dem Begriff der „Forschungstätigkeit" auch die reguläre Hochschulforschung gemeint ist, die insbesondere im Bereich der Geisteswissenschaften ganz überwiegend ohne besondere Projektförderung auskommt. Diese Annahme liegt auch der Entschließung zugrunde, die der Bundestag zusammen mit § 38 Abs. 4 verabschiedete. Demnach begrüßt der Bundestag die Bemühungen der Bundesregierung, Open Access zu unterstützen und durch § 38 Abs. 4 Rechtssicherheit für „Wissenschaftler herzustellen, die nach einer 12-monatigen Karenzfrist ihre wissenschaftlichen Publikationen ins Internet einstellen möchten." Darüber hinaus fordert der Bundestag die Bundesregierung auf, ein Förderinstrument zu etablieren, „das Publikationskosten für Wissenschaftlerinnen und Wissenschaftler *insbesondere an den Hochschulen* erstattet, die im Wege von golden open access veröffentlichen möchten".[112] Hier wie in der Debatte im Bundestag ist undifferenziert von „Wissenschaftlern" und ihren Beiträgen die Rede, was nach herkömmlicher Wortbedeutung das wissenschaftliche Personal an Hochschulen selbstverständlich umfasst.[113] Nur vor diesem Hintergrund erklärt sich schließlich, weshalb der Bundesrat das Gesetz nicht durch Anrufung des Vermittlungsausschusses am unmittelbar bevorstehenden Ende der Legislaturperiode und damit der Diskontinuität scheitern ließ, sondern davon ausging, dass sich § 38 Abs. 4 „zumindest im Wege einer verfassungskonformen Auslegung" auf das „gesamte, an den Hochschulen beschäftigte wissenschaftliche Personal" erstreckte.[114] Im Ergebnis haben also beide beteiligten Verfassungsorgane mit hinreichender Deutlichkeit zum Ausdruck gebracht, dass das im Regierungsentwurf erläuterte, restriktive Begriffsverständnis der „Forschungstätigkeit" nicht maßgeblich sein soll.[115]

47 Ohnehin ist die **Auffassung der Verfasser des Regierungsentwurfs,** wonach die reguläre Hochschulforschung von § 38 Abs. 4 nicht erfasst sei, **für die Auslegung** dieser Vorschrift **nicht maßgeblich.** Die vorrangig am objektiven Sinn und Zweck des Gesetzes zu orientierende Auslegung kann nicht durch Motive gebunden werden, die im Gesetzgebungsverfahren dargelegt wurden, im Gesetzeswortlaut aber keinen Ausdruck gefunden haben.[116] So verhält es sich auch im Hinblick auf den **Begriff der „Forschungstätigkeit".** Nach dem allgemeinen Sprachgebrauch umfasst dieser Terminus ohne Weiteres die „reine" Hochschulforschung außerhalb gesondert geförderter Projektbereiche. Dieser Bedeutungsgehalt liegt auch dem **Wissenschaftsrecht** zugrunde, das § 38 Abs. 4 in funktionaler Hinsicht flankiert.

48 Auch die **Zwecke des § 38 Abs. 4** (→ Rn. 13) und damit eine teleologische Auslegung des Begriffs „Forschungstätigkeit" sprechen dafür, die nicht projektgebundene Hochschulforschung zu sub-

---

[109] RegE, BT-Drs. 17/13423, S. 10, 14; BeckOK/*Soppe* UrhG § 38 Rn. 59 ff.; *Klass* GRUR-Int 2013, 881 (893); krit. Fromm/Nordemann/*Nordemann-Schiffel* UrhG § 38 Rn. 15b.
[110] Vgl. Gesetzentwurf Fraktion Bündnis 90/Die Grünen, BT-Drs. 17/14252; erneut eingebracht mit BT-Drs. 17/14253; Bundesrats-Beschluss v. 3.5.2013, BR-Drs. 265/13, S. 2 f.; Stellungnahme des Bundesrats, BT-Drs. 17/13423, S. 22 f. und ablehnende Gegenäußerung der Bundesregierung, BT-Drs. 17/13423, S. 24.
[111] Bericht des Rechtsausschusses, BT-Drs. 17/14217, S. 6.
[112] Beschlussempfehlung Rechtsausschuss, BT-Drs. 17/14194; angenommen mit den Stimmen der Regierungsfraktionen, vgl. Protokoll der 250. Sitzung des Bundestages, 17. Wahlperiode, 27.6.2013, S. 32222 f. (Hervorh. v. Verf.).
[113] Protokoll der 250. Sitzung des Bundestages, 17. Wahlperiode, 27.6.2013, S. 32442 ff.
[114] Bundesrats-Beschluss v. 20.9.2013, BR-Drs. 643/13; *Bruch/Pflüger* ZUM 2014, 389 (391).
[115] Ebenso offenbar *Krings/Hentsch* ZUM 2013, 909 (911 f.). *Krings* war zum Zeitpunkt der Gesetzesberatung -verabschiedung stellvertretender Vorsitzender der CDU-/CSU-Bundestagsfraktion und verantwortete für seine Fraktion die Innen- und Rechtspolitik und damit auch das Urheberrecht.
[116] Vgl. in anderem Zusammenhang BGH GRUR 2012, 1026 Rn. 29 f. mwN – Alles kann besser werden; Wandtke/Bullinger/*Wandtke/Grunert* UrhG § 38 Rn. 17.

sumieren. Erstens sind die Zugangsinteressen der Wissensgesellschaft keineswegs auf projektgebundene und außeruniversitäre Forschung beschränkt, sondern setzen im Gegenteil eine möglichst vollständige Verfügbarkeit des wissenschaftlichen Outputs voraus, dessen Relevanz überdies im Vorhinein oftmals noch gar nicht absehbar ist. Zweitens lässt sich die sog. Zeitschriftenkrise bei einem Ausschluss der reinen Hochschulforschung nicht angemessen adressieren, da ein erheblicher, zumindest in den Geisteswissenschaften sogar überwiegender Anteil der Beiträge unverändert nur in Verlagspublikationen verfügbar wäre. Drittens können sich alle forschenden Hochschulmitglieder auf die Wissenschaftsfreiheit gem. Art. 5 Abs. 3 S. 1 GG berufen, ohne dass ein sachlicher Grund erkennbar ist, ihnen den Vorteil des Zweitnutzungsrechts vorzuenthalten. Folglich ist § 38 Abs. 4 mit Rücksicht auf Art. 3 Abs. 1 iVm Art. 5 Abs. 3 S. 1 GG verfassungskonform weit auszulegen.[117] Viertens würde sich erhebliche Rechtsunsicherheit einstellen, wenn für jeden Beitrag eines Angehörigen einer staatlichen Hochschule geprüft werden müsste, ob dieser im Rahmen eines besonderen Projekts (etwa eines Sonderforschungsbereichs) entstanden oder aber aus der sonstigen, hiermit naturgemäß eng verflochtenen Forschungstätigkeit hervorgegangen ist.

Im Ergebnis zählt mithin die **gesamte Forschung an Hochschulen** zur „Forschungstätigkeit" **49** iSd § 38 Abs. 4. Erfasst sind demnach alle wissenschaftlichen Beiträge der Hochschullehrer (Professoren und Juniorprofessoren) und der wissenschaftlichen Mitarbeiter, soweit Letzteren die selbständige Wahrnehmung von Aufgaben in der Forschung übertragen bzw. hierzu Gelegenheit gegeben wurde.[118] Aufgrund der Streichung der „Lehrtätigkeiten" vom Anwendungsbereich des § 38 Abs. 4 ausgeschlossen sind hingegen **Publikationen, die ausschließlich didaktischen Zwecken dienen,** wie zB Skripte, juristische Übungsklausuren, Anleitungen zum wissenschaftlichen Arbeiten etc. Für derartige Publikationen aus dem Bereich der Lehre gilt das Zweitnutzungsrecht auch seinem Sinn und Zweck nach nicht.[119]

d) Mindestens zur Hälfte öffentlich gefördert. Die Forschungstätigkeit muss mindestens zur **50** Hälfte öffentlich gefördert sein, also **mindestens zu 50 % aus Steuermitteln finanziert** werden. Ob die Gelder aus dem Landes- oder Bundeshaushalt stammen, spielt keine Rolle. Auch die Forschungsförderung der EU fällt unter die Vorschrift, da diese ebenfalls auf Steuereinnahmen beruht, die wiederum teilweise aus Deutschland stammen. Der hälftige Anteil der öffentlichen Mittel bezieht sich auf die **Finanzierung der Forschungstätigkeit,** also insbesondere auf die Kosten der empirischen Forschung und der Datenauswertung. Zur Forschung zählt auch die Abfassung des wissenschaftlichen Beitrags, so dass die hierfür anfallenden Personal- und Sachkosten zu berücksichtigen sind. Publikationszuschüsse hingegen bleiben außer Betracht, da es sinnwidrig wäre, die Kosten für eine Verlagspublikation zugleich für die gewissermaßen konkurrierende Open Access-Nutzung in Anschlag zu bringen.[120]

Kein Zweitnutzungsrecht kommt damit Urhebern wissenschaftlicher Beiträge zu, die im Rahmen **51** einer zu **mehr als 50 % privat finanzierten Forschungstätigkeit** entstanden sind. Hierunter fällt zunächst der gesamte Bereich der Forschung in Unternehmen, etwa der pharmazeutischen Industrie, soweit diese nicht in Kooperation mit Hochschulen oder sonstigen Forschungseinrichtungen auf einer mindestens hälftigen öffentlichen Förderung beruht. Auch die Forschungsergebnisse privater Hochschulen unterfallen § 38 Abs. 4 grundsätzlich nicht. Schließlich gilt das Zweitnutzungsrecht nicht für Beiträge von Angehörigen staatlicher Hochschulen, die auf private Drittmittelprojekte oder Auftragsgutachten zurückgehen.[121] In all diesen Fällen überlässt es der Gesetzgeber allein der privatautonomen Entscheidung der beteiligten Urheber und Verlage, ob es zu einer nachgeschalteten Open Access-Nutzung kommt. Eine weitergehende Einschränkung der Verfügungsbefugnis des Urhebers im Interesse von Open Access sah der Gesetzgeber mit Rücksicht auf die insgesamt relativ geringe Bedeutung privat finanzierter Forschung und die Interessen der Verlage nur bei einer mindestens hälftigen öffentlichen Forschungsförderung als geboten an. Die Differenzierung zwischen öffentlicher und privater Forschung beruht daher auf sachlichen Gründen und ist nicht verfassungswidrig.[122]

e) Im Rahmen der Forschungstätigkeit entstanden. Der fragliche Beitrag muss im Rahmen **52** der mindestens zur Hälfte mit öffentlichen Mitteln geförderten Forschungstätigkeit entstanden sein. Es muss also ein **ausreichender innerer Zusammenhang** zwischen der öffentlich finanzierten Forschung und dem Beitrag bestehen. Ein solcher ist auch dann gegeben, wenn die Forschungstätigkeit, etwa ein Feldforschungsaufenthalt, abgeschlossen wurde und der Urheber beim Erscheinen des Beitrags bereits nicht mehr im öffentlichen Wissenschaftsbereich tätig ist.[123] Auf die Dauer zwischen dem Ende der Forschungstätigkeit und dem Erscheinen des Beitrags kommt es nicht an. Entscheidend ist allein, ob der Beitrag in der Sache auf die Forschungstätigkeit zurückgeht und die entsprechenden

---

[117] Bundesrats-Beschluss v. 20.9.2013, BR-Drs. 643/13; *Sandberger* ZUM 2013, 466 (470); *Bruch/Pflüger* ZUM 2014, 389 (391).
[118] Vgl. §§ 42 f., 53 HRG; Wandtke/Bullinger/*Wandtke/Grunert* UrhG § 38 Rn. 17.
[119] *Bruch/Pflüger* ZUM 2014, 389 (390).
[120] *Bruch/Pflüger* ZUM 2014, 389 (392).
[121] *Peifer* NJW 2014, 6 (11).
[122] AA *Sprang* ZUM 2013, 461 (465).
[123] *Bruch/Pflüger* ZUM 2014, 389 (391).

Ergebnisse präsentiert. Beruht der Beitrag auf mehreren Forschungsprojekten, kommt es darauf an, ob diese in ihrer Gesamtheit mindestens zur Hälfte öffentlich gefördert wurden.

53   **f) Periodisch mindestens zweimal jährlich erscheinende Sammlung.** Voraussetzung für das Entstehen des Zweitnutzungsrechts ist weiter, dass der wissenschaftliche Beitrag in einer periodisch mindestens zweimal jährlich erscheinenden Sammlung erschienen ist. Zu den Begriffen der Sammlung und des periodischen Erscheinens siehe Abs. 1 und die entsprechen Erläuterungen → Rn. 24–28. Den Normalfall bildet die **wissenschaftliche Zeitschrift,**[124] sei es als Print- oder reines Onlinejournal. Abzustellen ist auf den planmäßigen Erscheinungsrhythmus, der **wenigstens zwei Ausgaben pro Jahr** vorsehen muss. Verzögert sich das Erscheinen einer Ausgabe über die Jahresfrist hinaus, so ist dies so lange unschädlich, wie unter Berücksichtigung aller Umstände noch von einem regel- und planmäßigen, zweimaligen Erscheinen pro Jahr ausgegangen werden kann. Hingegen fallen Monografien und Beiträge zu Handbüchern, Kommentaren, Enzyklopädien und anderen selbständigen Schriften nicht in den Anwendungsbereich des § 38 Abs. 4. Selbiges gilt für Beiträge zu Sammelbänden, selbst wenn diese wiederum Teil einer Reihe sind, in der ggf. zwei und mehr Schriften pro Jahr erscheinen.[125]

54   **g) Einräumung eines ausschließlichen Nutzungsrechts.** Das zwingende Zweitnutzungsrecht entsteht nur, wenn der Urheber dem Verleger oder Herausgeber (dazu → Rn. 30) ein **ausschließliches Nutzungsrecht** eingeräumt hat. Denn ein einfaches Nutzungsrecht des Verlags blockiert eine ggf. gewünschte Freischaltung im Open Access-Modus von vornherein nicht.[126] Bereits das dispositive Zweitverwertungsrecht gem. § 38 Abs. 1 gilt für **schuldrechtliche Enthaltungspflichten** des Urhebers entsprechend.[127] Das zwingende Zweitnutzungsrecht wissenschaftlicher Autoren gem. Abs. 4 setzt sich gegen derartige Abreden erst recht durch.

55   **h) Enthaltungsfrist.** Mit Rücksicht auf das Interesse der Verlage, ihre Investitionen in die Produktion des Beitrags zu amortisieren, entsteht das Zweitnutzungsrecht **erst nach Ablauf von zwölf Monaten seit der Erstveröffentlichung.**[128] Die Erstveröffentlichung kann gem. § 6 Abs. 1 in Gestalt einer Printpublikation oder online erfolgen.[129] Die Fristberechnung richtet sich nach § 188 Abs. 2 BGB, so dass der Urheber einen zB am 17.3. veröffentlichten Beitrag mit Ablauf des 17.3. des Folgejahres nach Maßgabe von § 38 Abs. 4 öffentlich zugänglich machen darf. Um zu verhindern, dass die Wahrnehmung des ab diesem Zeitpunkt bestehenden Zweitnutzungsrechts aus Nachlässigkeit unterbleibt, ist die Ablage des Beitrags auf einem fachlichen und/oder institutionellen Open Access Repositorium schon zu einem früheren Zeitpunkt als zulässig zu erachten. Auch der Titel des Beitrags und der in der Regel gemeinfreie, weil pure Information vermittelnde Abstract darf bereits früher öffentlich zugänglich gemacht werden. Der Beitrag als solcher darf hingegen erst nach Ablauf der einjährigen Embargofrist zum Download freigeschaltet werden.[130]

56   **i) Abweichende Vereinbarungen.** Gem. § 38 Abs. 4 S. 3 ist eine zum Nachteil des Urhebers abweichende Vereinbarung unwirksam. Die Unabdingbarkeit des Zweitnutzungsrechts soll der Rechtsklarheit dienen und die urhebervertragsrechtliche Position des Urhebers stärken.[131] Unwirksam sind demnach ein expliziter Ausschluss bzw. Verzicht auf das Zweitnutzungsrecht, die Verlängerung der Enthaltungsfrist über ein Jahr hinaus und sonstige Einschränkungen wie namentlich Zahlungsverpflichtungen des Urhebers. **Den Urheber besser stellende Vereinbarungen,** etwa im Hinblick auf eine kürzere Enthaltungsfrist oder die Erlaubnis, den Beitrag im Verlagslayout zugänglich zu machen, sind im Umkehrschluss wirksam.

2. Rechtsfolgen

57   **a) Urheber als Berechtigter.** Begünstigter des Zweitnutzungsrechts ist der **Urheber des Beitrags.** Aus dem ihm ohnehin verbliebenen Stammrecht (§ 29 Abs. 1) und der Wissenschaftsfreiheit folgt, dass allein ihm die Entscheidung obliegt, ob und in welcher Weise er von seiner Befugnis Gebrauch macht. Eine Übertragung des Zweitnutzungsrechts gem. § 34 und die Einräumung eines oder mehrerer einfacher Nutzungsrechte gem. § 35, insbesondere an fachliche oder institutionelle Open Access-Repositorien, ist aber zulässig.

58   Wurde ein wissenschaftlicher Beitrag, der die übrigen Tatbestandsvoraussetzungen des § 38 Abs. 4 erfüllt, von **Miturhebern** verfasst, steht diesen die Entscheidung über die Zweitnutzung gemeinschaftlich zu.[132] Ein Miturheber darf jedoch seine diesbezügliche Einwilligung gem. § 8 Abs. 1 S. 2 nicht wider Treu und Glauben verweigern. Ein solcher Missbrauch des Vetorechts liegt vor, wenn der betreffende Miturheber keine ideellen oder materiellen Interessen in Bezug auf den Beitrag geltend

---

[124] RegE, BT-Drs. 17/13423, S. 14.
[125] RegE, BT-Drs. 17/13423, S. 14.
[126] Wandtke/Bullinger/*Wandtke/Grunert* UrhG § 38 Rn. 19.
[127] → Rn. 20.
[128] RegE, BT-Drs. 17/13423, S. 14.
[129] Wandtke/Bullinger/*Wandtke/Grunert* UrhG § 38 Rn. 22.
[130] *Bruch/Pflüger* ZUM 2014, 389 (393).
[131] RegE, BT-Drs. 17/13423, S. 14.
[132] *Bruch/Pflüger* ZUM 2014, 389 (390).

machen kann, die gegen die wissenschaftlich zunehmend übliche Zugänglichmachung erschienener Beiträge im Wege des grünen Open Access sprechen.

b) Beitrag in der akzeptierten Manuskriptversion. Das Zweitnutzungsrecht bezieht sich auf 59 den erschienenen Beitrag. § 38 Abs. 4 berechtigt den Urheber also nicht, eine abgewandelte Fassung unter einem anderen Titel zu publizieren. Ein solches „Selbstplagiat" kann Bearbeitungsrechte des Verlags verletzen und außerdem wissenschaftliches Fehlverhalten darstellen.

Die Zweitnutzung des Beitrags durch den Urheber soll das Verlagsangebot nicht obsolet werden 60 lassen. Deshalb gestattet § 38 Abs. 4 nur die öffentliche Zugänglichmachung der „akzeptierten Manuskriptversion" und nicht die üblicherweise zitierte Verlagsversion im Verlagslayout mit Seitenzahlen usw.[133] Der Urheber darf also nicht einfach einen Scan des erschienenen Beitrags oder ein Original-PDF aus der Verlagsdatenbank zugänglich machen.[134] Denn dieses spezielle Format repräsentiert die Investition des Verlags. Um aber zu verhindern, dass unterschiedliche inhaltliche Fassungen des Beitrags kursieren, darf der Urheber sein **Manuskript mit sämtlichen Änderungen** verwenden, die sich im Zuge des Review- und Korrekturprozesses noch ergeben haben.[135] Die Verlags- und Open Access-Version dürfen also im Wortlaut und im Hinblick auf Grafiken und sonstige Darstellungen vollkommen übereinstimmen. Allerdings ist von § 38 Abs. 4 auch die öffentliche Zugänglichmachung des **ursprünglichen Manuskripts** ohne spätere Änderungen gedeckt. Die damit einhergehenden Abweichungen zwischen beiden Versionen beeinträchtigen zwar ggf. den wissenschaftlichen Diskurs, aber nicht die hier allein relevanten urheberrechtlichen Interessen des Verlags.

c) Öffentliche Zugänglichmachung. § 38 Abs. 4 erlaubt dem Wissenschaftsurheber nur die öf- 61 fentliche Zugänglichmachung seines Beitrags sowie im Sinne einer Annexkompetenz die hierfür erforderlichen Vervielfältigungen.[136] Die **Beschränkung des Zweitnutzungsrechts auf den Online-Bereich** entspricht dem Zweck der Norm, die den Zugang zu wissenschaftlicher Information über das Internet (Open Access) verbessern soll. Der Urheber verstößt daher gegen das ausschließliche Nutzungsrecht des Verlegers, wenn er seinen Beitrag in einer Printfassung als eine Art Sonderdruck vervielfältigt und verbreitet, soweit er sich insoweit auf keine Schranke des Urheberrechts berufen kann.

d) Kein gewerblicher Zweck. Die öffentliche Zugänglichmachung darf keinem gewerblichen 62 Zweck dienen. Vielmehr soll durch dieses Erfordernis gewährleistet werden, dass die Zweitnutzung nur zu wissenschaftlichen Zwecken nach den von der Wissenschaft selbst definierten **Regeln des Open Access** erfolgt. Aus diesem Grund sollte die dem Urheber gem. § 38 Abs. 4 vorbehaltene Befugnis auch nicht Zweitverwertungs-, sondern Zweitnutzungsrecht genannt werden. Nach der Begründung des Regierungsentwurfs dient eine öffentliche Zugänglichmachung abweichend vom gewerbe- oder steuerrechtlichen Gewerbebegriff bereits dann einem gewerblichen Zwecken und ist folglich nicht von § 38 Abs. 4 gedeckt, wenn sie „mittelbar oder unmittelbar der Erzielung von Einnahmen dient, sowie jede Zugänglichmachung, die im Zusammenhang mit einer Erwerbstätigkeit steht".[137]

Das **Merkmal des „gewerblichen Zwecks"** wird **im UrhG** zwar auch im Kontext der Zwangs- 63 lizenz gem. § 42a Abs. 1 S. 1, Abs. 4, der Schranken (§ 60 Abs. 1 S. 1) der Leistungsschutzrechte (§§ 87c Abs. 1 Nr. 2 und 3; 87f Abs. 1 S. 1) und des Rechtsschutzes technischer Maßnahmen (§§ 95a Abs. 3, 108b Abs. 2, 111a Abs. 1 lit. b) verwendet. Bei der grundsätzlich einheitlichen Auslegung dieses Wortlauts sollten jedoch die unterschiedlichen Normkontexte beachtet werden. Maßgeblich für § 38 Abs. 4 ist der Zweck, den die öffentliche Zugänglichmachung des wissenschaftlichen Beitrags aus der Sicht des Urhebers erfüllen soll. Dabei sind sämtliche Umstände des Einzelfalls zu berücksichtigen.

Der unzulässige gewerbliche Zweck kann sich nach der Gesetzesbegründung (→ Rn. 13) aus zwei 64 Umständen ergeben. Erstens darf der Urheber mit der öffentlichen Zugänglichmachung seines Beitrags weder mittelbar noch unmittelbar Einnahmen erzielen wollen. Zulässig ist es demnach, den Beitrag auf der persönlichen Homepage[138] und ggf. zusätzlich auf den fachlichen bzw. institutionellen Open Access-Repositorien der Wissenschaftsinstitutionen (Universitätsbibliotheken, Forschungseinrichtungen) zugänglich zu machen.[139] Hingegen verfolgt der Urheber mit der öffentlichen Zugänglichmachung ein **unmittelbares Vermarktungsinteresse,** wenn der Beitrag einem Verlag oder sonstigen Anbieter gegen Zahlung eines Honorars überlassen wird.[140] Ob diese konkurrierende Verwertung über eine zugangskontrollierte Online-Datenbank oder unverschlüsselt werbefinanziert erfolgt, spielt keine Rolle.[141] Zulässig ist aber eine Freischaltung des Beitrags auf kommerziell betriebenen Datenbanken wie dem Social Science Research Network,[142] solange diese wissenschaftliche

---

[133] RegE, BT-Drs. 17/13423, S. 14.
[134] Wandtke/Bullinger/*Wandtke/Grunert* UrhG § 38 Rn. 23; *Bruch/Pflüger* ZUM 2014, 389 (393).
[135] *Sandberger* ZUM 2013, 466 (470).
[136] Vgl. zur entsprechenden Annexkompetenz bei → UrhG § 52a Rn. 21.
[137] RegE, BT-Drs. 17/13423, S. 14.
[138] Vgl. Fromm/Nordemann/*Nordemann-Schiffel* UrhG § 38 Rn. 15c.
[139] RegE, BT-Drs. 17/13423, S. 14.
[140] *Sandberger* ZUM 2013, 466 (467); *Bruch/Pflüger* ZUM 2014, 389 (393).
[141] Vgl. BeckOK/*Soppe* UrhG § 38 Rn. 77.
[142] http://www.ssrn.com/en/.

Beiträge nach den Kriterien des Open Access frei im Internet zugänglich machen und keine Autoren-honorare zahlen. Denn § 38 Abs. 4 verbietet es *dem Urheber,* mit seinem Zweitnutzungsrecht gewerbliche Zwecke zu verfolgen. Hingegen hat die Vorschrift nicht den Zweck, die Entstehung innovativer Geschäftsmodelle rund um Open Access zu verhindern.[143] Ein **mittelbares Einnahmenziel** verfolgt der Urheber, wenn die öffentliche Zugänglichmachung sonstige Dritte zur Zahlung einer Vergütung veranlassen soll.

65   Zweitens darf die öffentliche Zugänglichmachung nicht im Zusammenhang mit einer Erwerbs-tätigkeit des Urhebers stehen. Hierfür genügt es nicht, dass der Urheber mit der Zweitnutzung Downloads und Zitationen generieren will, um seine Karriere und damit zugleich sein Einkommen (Stichwort Leistungszulagen) als Wissenschaftler zu fördern.[144] Denn wenn der Zusammenhang zur Erwerbstätigkeit als Wissenschaftler das Kriterium des „gewerblichen Zwecks" erfüllte, liefe § 38 Abs. 4 komplett leer. Erforderlich ist vielmehr ein **Zusammenhang zu einer sonstigen Erwerbs-tätigkeit,** die zur Beschäftigung als Wissenschaftler hinzutritt oder an ihre Stelle getreten ist. Ein solcher Fall ist zB gegeben, wenn ein Ingenieur seine wissenschaftlichen Beiträge auf der Homepage seines Spin-off-Unternehmens veröffentlicht, um hiermit für die Produkte oder generell dieses Unternehmen Werbung zu treiben.

66   **e) Quellenangabe.** Bei der öffentlichen Zugänglichmachung ist die Quelle der Erstveröffentli-chung anzugeben. Hiermit soll den Verlegerinteressen Rechnung getragen werden.[145] Die Angaben müssen so vollständig und verständlich sein, dass ein Nutzer in die Lage versetzt wird, die Verlagspub-likation zu identifizieren und nach dieser zu zitieren. Gleichzeitig ist auf die Zitierübungen in der betreffenden Disziplin Rücksicht zu nehmen. Der Urheber ist nicht zu Angaben verpflichtet, die über gängige Fundstellenverweise hinausgehen. Dabei darf der Name der Sammlung auch abgekürzt wer-den, soweit dies üblich ist. Eine Verpflichtung, auf die Homepage des Verlags oder der Zeitschrift zu verlinken, besteht nicht.[147]

67   Das **Unterlassen einer ausreichenden Quellenangabe** soll dazu führen, dass die konkrete Zweitnutzung insgesamt unberechtigt sei und mit allen Konsequenzen der §§ 97 ff. in das ausschließ-liche Nutzungsrecht des Verlags eingreife.[148] Doch ist diese weitreichende Rechtsfolge selbst im Kon-text der Schranken-Schranke des § 63 nicht unumstritten.[149] § 38 Abs. 4 stellt überdies keine Schran-ke des Urheberrechts zugunsten beliebiger Dritter, sondern eine unabdingbare Nutzungsbefugnis des Urhebers im Verhältnis zum Inhaber eines ausschließlichen Nutzungsrechts dar. Zudem ist das Gebot der Quellenangabe systematisch getrennt von den übrigen Tatbestandsvoraussetzungen der Vorschrift geregelt. Diese Unterscheidung zeigt, dass es der Gesetzgeber nicht für geboten erachtet, den Urheber allein wegen einer unzureichenden Quellenangabe im Verhältnis zum Verlag den Ansprüchen der §§ 97 ff. auszusetzen. Es handelt sich bei § 38 Abs. 4 S. 2 also nicht um eine Tatbestandsvoraussetzung des Zweitnutzungsrechts, sondern um eine Anspruchsgrundlage, mit der der Verlag vom Urheber die **Ergänzung einer fehlenden oder unzureichenden Quellenangabe verlangen** kann. Ansprüche auf Unterlassung, Beseitigung oder Schadensersatz bestehen hingegen nicht.

§ 39 Änderungen des Werkes

(1) **Der Inhaber eines Nutzungsrechts darf das Werk, dessen Titel oder Urheberbezeichnung (§ 10 Abs. 1) nicht ändern, wenn nichts anderes vereinbart ist.**

(2) **Änderungen des Werkes und seines Titels, zu denen der Urheber seine Einwilligung nach Treu und Glauben nicht versagen kann, sind zulässig.**

Schrifttum: S. die Schrifttumsnachweise zu § 14 und Vor §§ 12 ff.

Übersicht

---

[143] Wohl aA RegE, BT-Drs. 17/13423, S. 14 (Repositorien nicht gewerblich handelnder Wissenschaftsinstitutio-nen); *Bruch/Pflüger* ZUM 2014, 389 (393).
[144] Wandtke/Bullinger/*Wandtke/Grunert* UrhG § 38 Rn. 20.
[145] RegE, BT-Drs. 17/13423, S. 14.

I. Zweck und Entstehungsgeschichte

§ 39 steht im Zusammenhang mit dem Recht auf Anerkennung der Urheberschaft gem. § 13 so- **1**
wie dem Entstellungsverbot gem. § 14. Die Vorschrift stellt allerdings keine selbständige Verbotsnorm
neben §§ 13 f. dar, sondern **präzisiert** die in jenen Normen kodifizierten **Urheberpersönlichkeits-**
rechte im Verhältnis zum vertraglich Nutzungsberechtigten.[1] Dabei kommt § 39 eine in
mehrerer Hinsicht klarstellende Funktion zu.[2] Erstens gilt nicht nur für denjenigen, der ein Werk
widerrechtlich nutzt, sondern über § 39 UrhG auch für den Nutzungsrechtsinhaber ein generelles
Änderungsverbot, es sei denn, mit dem Urheber besteht eine Änderungsabrede (§ 39 Abs. 1 UrhG)
oder der vereinbarte Nutzungszweck macht bestimmte Änderungen des Werkes, des Titels und der
Urheberbezeichnung unumgänglich.[3] Zweitens bestätigt § 39 Abs. 1, dass Vereinbarungen über die
Änderung des Werkes, seines Titels oder auch der Urheberbezeichnung zulässig sind, die Urheberpersönlichkeitsrechte also in gewissem Umfang disponibel sind.[4] Drittens stellt § 39 Abs. 2 klar, dass das
Entstellungsverbot gem. § 14 auch im Verhältnis zu einem Nutzungsrechtsinhaber nur nach Maßgabe
einer Interessenabwägung gilt. Selbst wenn dem Vertragspartner also weder ausdrücklich noch stillschweigend Änderungen gestattet sind, gilt keine starre Veränderungssperre. Vielmehr ist im Wege
einer Interessenabwägung unter besonderer Berücksichtigung des Vertragszwecks und der einschlägigen Verkehrssitten ("Branchenübungen") zu beurteilen, welche Änderungen geeignet sind, die berechtigten geistigen oder persönlichen Interessen des Urhebers zu gefährden.[5] Das Recht auf Anerkennung der Urheberschaft in Gestalt der vom Urheber gewählten Bezeichnung steht hingegen nicht
unter einem solchen Abwägungsvorbehalt, sondern ist strikt zu beachten.

§ 39 hatte im früheren Recht bereits unmittelbare Vorläufer, und zwar in § 9 LUG und § 12 KUG **2**
sowie in dem durch § 141 Nr. 4 UrhG aufgehobenen § 13 VerlG mit der – aufrechterhaltenen –
Sondervorschrift des § 44 VerlG.[6] Im Laufe des **Gesetzgebungsverfahrens**[7] erfuhr die Regelung des
späteren § 39, abgesehen von der vorübergehenden Eliminierung der ausdrücklichen Erwähnung der
Zulässigkeit von Änderungsvereinbarungen im MinE 1959 (§ 34), nur geringfügige Korrekturen. Der
Referentenentwurf eines Gesetzes zur Stärkung der vertraglichen Stellung von Urhebern und ausübenden Künstlern v. 30.5.2001 enthielt eine ausdrückliche Regelung zur Wirksamkeit und Reichweite von Änderungsvereinbarungen, die jedoch nicht verabschiedet wurde.[8]

II. Die Regelung im Einzelnen

1. Anwendungsbereich

Das Anwendungsgebiet des § 39 liegt nach Wortlaut und systematischer Stellung im Unterabschnitt **3**
des Gesetzes über die Nutzungsrechte (§§ 31 ff.) **im Bereich der vertraglichen Werknutzung.**
Dazu gehört – wie sich aus § 23 und § 37 Abs. 1 ergibt – auch die vertragliche Einräumung von
Rechten zur Veröffentlichung oder Verwertung einer Bearbeitung des Werkes. Erfasst sind zunächst
Verträge über die Einräumung einfacher oder ausschließlicher Nutzungsrechte gem. § 31.[9] Entsprechend anwendbar ist § 39 ferner auf rein schuldrechtliche Vereinbarungen über die Nutzung.[10] Die
Rechtsgedanken des § 39, insbesondere die Berücksichtigung von Treu und Glauben gem. Abs. 2,
können auch zur Bestimmung der Reichweite schlichter Einwilligungen in Werkänderungen, die mit
üblichen Online-Nutzungen einhergehen, zum Tragen kommen.[11] Dies gilt etwa für die Fragen, ob

---

[47] RegE, BT-Drs. 17/13423, S. 14 (es bleibe den Beteiligten überlassen, sich darüber zu verständigen, wie die Quellenangabe technisch zu gestalten ist).

[148] Fromm/Nordemann/*Nordemann-Schiffel* UrhG § 38 Rn. 15e.

[149] Dazu → § 63 Rn. 20.

[1] → § 14 Rn. 1 ff.

[2] LG Köln ZUM-RD 2009, 90 (93); *Jänecke* S. 81; Dreyer/*Kotthoff*/Meckel UrhG § 14 Rn. 7 ff.; *Schack* Rn. 351; *Schilcher* S. 56; Wandtke/Bullinger/*Wandtke*/*Grunert* UrhG § 39 Rn. 3; wohl auch Fromm/Nordemann/*A. Norde-mann* UrhG § 39 Rn. 2.

[3] LG Hamburg ZUM 2011, 264 (267).

[4] Allgemein → Vor §§ 12 ff. Rn. 12 ff.

[5] Anders Schricker/*Dietz* (3. Aufl.) UrhG § 39 Rn. 14 ff.

[6] Vgl. auch RegE UrhG 1965, BT-Drs. IV/270, S. 59; *Schricker* VerlG § 13/§ 39 Rn. 1, VerlG § 44 Rn. 1.

[7] RefE 1954 § 31; MinE 1959 § 34; RegE 1962 § 39.

[8] Abrufbar unter http://www.urheberrecht.org/UrhGE-2000/download/GesEUrhVertrR300501.pdf. (§ 39 Abs. 3: „Der Urheber kann durch Vereinbarung dem Inhaber eines Nutzungsrechts gestatten, im Zusammenhang mit der Werknutzung stehende Änderungen des Werkes, seines Titels oder der Urheberbezeichnung vorzunehmen. Die Vereinbarung ist nur wirksam, wenn die beabsichtigten Änderungen nach Art und Ausmaß genau bezeichnet sind und sich auf eine bestimmte beschränkte Nutzung des Werkes beziehen. Für den Widerruf der Gestattung gilt Absatz 2 Satz 2 entsprechend." Abs. 4: „Änderungen des Werkes und seines Titels, zu denen der Urheber seine Einwilligung nach Treu und Glauben nicht versagen kann, sind stets zulässig."); *Jänecke* S. 189 ff.

[9] RegE UrhG 1965, BT-Drs. IV/270, S. 59.

[10] Vgl. § 29 Abs. 2 Alt. 2 sowie → Vor §§ 12 ff. Rn. 14.

[11] → Vor §§ 12 ff. Rn. 13.

Lichtbildwerke im Rahmen von Bildersuchen verkleinert wiedergegeben[12] oder ob Werke für die Herstellung von Mashups und Remixes verwendet werden dürfen.[13]

4 Auf das **Verhältnis zwischen dem Urheber und einem Eigentümer eines Werkexemplars,** dem keine urheberrechtlich relevanten Nutzungen oder Werkänderungen gestattet sind, ist § 39 hingegen auch nicht entsprechend anwendbar. Insoweit verbleibt es vielmehr, wie im Verhältnis zu allen nicht vertraglich mit dem Urheber verbundenen Nutzern, bei der Anwendung des § 14, allerdings unter Berücksichtigung der Befugnisse des Eigentümers.[14]

2. Änderungen des Werkes, des Titels und der Urheberbezeichnung

5 Mit „**Änderungen des Werkes**" sind nicht nur Eingriffe in die Sachsubstanz des Originals oder eines Vervielfältigungsstücks gemeint.[15] Denn das Werk ist von seiner Verkörperung in Werkexemplaren zu unterscheiden (vgl. § 44). So wird ein Sprachwerk zB auch dadurch geändert, dass es in gekürzter Fassung[16] oder in einem entstellenden Sachzusammenhang verwertet wird. Dass auch indirekte Eingriffe in den geistig-ästhetischen Gehalt eines Werkes Änderungen iSd § 39 darstellen, folgt überdies aus dem systematisch-teleologischen Zusammenhang des § 14 und des § 39.[17] Auch Art. 6bis Abs. 1 RBÜ verwendet die Begriffe „sonstige Änderung oder Beeinträchtigung" als gleichgeordnete Oberbegriffe für Entstellungen und Verstümmelungen.[18]

6 Der geistig-ästhetische Gesamteindruck des Werkes wird auch durch seinen vom Urheber gewählten **Titel** bestimmt. Diesen Titel darf der Werknutzungsberechtigte gem. § 39 Abs. 1 nicht ändern, weil hierdurch zugleich die Werkintegrität beeinträchtigt würde.[19]

7 Schließlich darf der Werknutzungsberechtigte **die vom Urheber gem. § 13 S. 2 gewählte Urheberbezeichnung** nicht ändern. Der bürgerliche Name, der Künstler- oder Deckname dürfen also nicht modifiziert oder ausgetauscht werden. Hat der Urheber sich entschieden, anonym zu bleiben, so darf sein Vertragspartner das Werk auch nicht unter Nennung des bürgerlichen oder eines sonst zur Identifikation geeigneten Namens oder Kürzels verwenden.[20] Eine ohne Weiteres unzulässige Urheberschaftsanmaßung gem. § 13 S. 1 und keine Änderung der vom Urheber gewählten Bezeichnung stellt es dar, das Werk unter dem eigenen Namen des Nutzungsberechtigten oder dem Namen eines Dritten zu verwerten.

3. Vereinbarungen über Änderungen und die Urheberbezeichnung (§ 39 Abs. 1)

8 Mit dem **ausdrücklichen Vorbehalt zugunsten vereinbarter Änderungen** des Werkes, des Titels und der Urheberbezeichnung stellt § 39 Abs. 1 klar, dass das Entstellungsverbot und das Recht auf Anerkennung der Urheberschaft in gewissem Rahmen Gegenstand von Vereinbarungen sein können. Einerseits kann der Integritätsschutz bis zu einem absoluten Werkänderungsverbot gesteigert werden,[21] andererseits kann sich der Urheber mit Eingriffen in seine Urheberpersönlichkeitsrechte einverstanden erklären. Gestattet der Urheber seinem Vertragspartner eine Änderung, entfällt die Indizwirkung einer objektiv vorliegenden Entstellung oder Beeinträchtigung iSd Gefährdung der Urheberinteressen nach § 14[22] bzw. es liegt keine Urheberschaftsleugnung gem. § 13 vor.[23] Eine derartige Gestattung kann sich auf eine schlichte Einwilligung beschränken, eine schuldrechtlich bindende Duldungspflicht des Urhebers darstellen oder dem Vertragspartner sogar ein quasidingliches Nutzungsrecht zur Änderung verschaffen.[24] Rechtsgeschäfte über Urheberpersönlichkeitsrechte haben also dieselbe Rechtsnatur wie Gestattungen im Hinblick auf Verwertungsrechte. Der eine solche Differenzierung nahelegende Verweis auf § 39 in § 29 Abs. 2 ist ein Redaktionsversehen, da der Vor-

---

[12] BGH GRUR 2010, 628 Rn. 28 ff., 33 ff. – Vorschaubilder I.
[13] Vgl. *Peukert* GRUR Beil. 2014, 77 (86 ff.).
[14] *Schöfer* S. 123 ff.; aA Schricker/*Dietz* (3. Aufl.) UrhG § 39 Rn. 25 ff. (entsprechende Anwendung des § 39 Abs. 2 iVm § 14); BGH GRUR 1974, 675 (676) – Schulerweiterung; OLG Frankfurt a. M. GRUR 1986, 244 – Verwaltungsgebäude; andeutungsweise auch OLG München GRUR-RR 2001, 177 (180) – Kirchenschiff; vgl. auch LG Berlin Schulze LGZ 143, 5 und LG München I Schulze LGZ 158, 5 f.
[15] AA OLG Stuttgart GRUR-RR 2011, 56 (58) – Stuttgart 21.
[16] RegE UrhG 1965, BT-Drs. IV/270, S. 59.
[17] Vgl. auch *Schricker* FS Hubmann, 1985, 409 (417); *Metzger* GRUR-Int 2003, 9 (12); *Müller* S. 181 ff.; *Ulmer* § 41 II; Dreier/Schulze/*Schulze* UrhG § 39 Rn. 3; vgl. für den Fall der Entstellung auch *Heeschen* S. 78 ff., S. 91 f.; vgl. auch BGH GRUR 1986, 458 (459) – Oberammergauer Passionsspiele I; dazu *Sack* JZ 1986, 1015.
[18] Wie hier Wandtke/Bullinger/*Wandtke*/*Grunert* UrhG § 39 Rn. 3 f.; *Grunert* S. 167 f.; Dreyer/*Kotthoff*/Meckel UrhG § 39 Rn. 4; wohl auch LG Berlin GRUR 2007, 964 (967) – Hauptbahnhof Berlin; aA BGH GRUR 1982, 107 (109) – Kirchen-Innenraumgestaltung; LG Hamburg GRUR-RR 2001, 259 (260) – Handy-Klingeltöne; Dreyer/Kotthoff/Meckel UrhG § 14 Rn. 7 ff.; *Schöfer* S. 122 f., 198; offengelassen von OLG Stuttgart GRUR-RR 2011, 56 (58) – Stuttgart 21; anders in der Tendenz RegE UrhG 1965, BT-Drs. IV/270, S. 59 („Verbot des Absatzes 1").
[19] RegE UrhG 1965, BT-Drs. IV/270, S. 59.
[20] RegE UrhG 1965, BT-Drs. IV/270, S. 59.
[21] *Schricker* Informationsgesellschaft S. 90.
[22] → § 14 Rn. 23 ff.; ähnlich *Schricker* FS Hubmann, 1985, 409 (417); selbst für den Fall der Annahme einer gröblichen Entstellung iSd § 93 aF auch OLG München GRUR 1986, 460 (463) – Die unendliche Geschichte.
[23] Dazu → § 13 Rn. 10 ff.
[24] Allgemein → Vor §§ 12 ff. Rn. 12 ff.

schlag zu einer gesonderten Regelung der Rechtsgeschäfte über Urheberpersönlichkeitsrechte nicht in Kraft trat.[25]

Auch die **Auslegung entsprechender Vereinbarungen** folgt den allgemein für Urheberpersön- **9** lichkeitsrechte geltenden Grundsätzen.[26] Änderungsklauseln in Nutzungsverträgen sind gem. §§ 133, 157 BGB nach dem Maßstab von Treu und Glauben und der Verkehrssitte auszulegen.[27] Allerdings folgt aus dem grundsätzlichen Änderungsverbot gem. §§ 14, 39 Abs. 1 sowie dem Bezeichnungsrecht des Urhebers gem. § 13 S. 2 und dem **Übertragungszweckgedanken,** dass der Urheber im Zweifel nur diejenigen Änderungen des Werkes, des Titels und der Urheberbezeichnung gestattet, die für die Erreichung des Vertragszwecks unabdingbar sind.

Aus der Maßgeblichkeit des Vertrags- bzw. des vereinbarten Verwertungszwecks[28] folgt für die Fra- **10** ge, ob Änderungen des Werkes gestattet sind, dass zwischen **Nutzungsverträgen mit und ohne Bearbeitungscharakter** zu unterscheiden ist. Bei Verträgen der ersten Art, etwa Übersetzungs- oder Bühnenaufführungsverträgen, umfasst die vom Urheber zugestandene Nutzung des Werkes in bearbeiteter Form notwendigerweise bereits eine mindestens stillschweigende Erlaubnis der damit verbundenen Änderungen.[29] Freilich kann der Urheber auch dann, wenn er dem Werknutzer Änderungen gestattet hat, unter Berufung auf § 14 UrhG weiterhin gegen schwerwiegende Eingriffe in den geistig-ästhetischen Gesamteindruck des Werkes (Entstellungen) vorgehen, insbesondere wenn diese auf abweichenden ästhetischen Auffassungen und nicht den Erfordernissen der vereinbarten Werkverwertung beruhen.[30]

Bei **Nutzungsverträgen ohne Bearbeitungscharakter** bedürfen mehr als minimale Eingriffe in **11** das Werk hingegen der ausdrücklichen Zustimmung.[31] Bei Werken der bildenden Kunst können dementsprechend Verkleinerungen bzw. Dimensionsänderungen, Vergrößerungen oder nicht voll farbechte Wiedergaben im Rahmen des vertraglich vereinbarten Reproduktionsverfahrens gerechtfertigt sein.[32]

Bei der **Schaffung von Werken in Erfüllung von Verpflichtungen aus einem Arbeits- oder** **12** **Dienstverhältnis (§ 43)** führt die Interessenabwägung unter Berücksichtigung des Vertragszwecks wiederum zu nicht unerheblichen Maß von Änderungsbefugnissen des Dienstherrn oder Arbeitgebers.[33] Dabei spielt der Gesichtspunkt der rein faktischen Einflussnahme des Dienstherrn oder Arbeitgebers während der Entstehungsphase des Werkes bereits eine maßgebliche Rolle. Eine letzte **Auffangposition des Urhebers** zum Schutz vor unzumutbaren Eingriffen in seine persönlichen und geistigen Interessen bleibt aber auch hier bestehen.[34]

Titeländerungen bedürfen hingegen grundsätzlich einer ausdrücklichen Vereinbarung. Von einer **13** stillschweigend gestatteten Titeländerung kann nur ausgegangen werden, wenn diese für die vereinbarte Nutzung zwingend erforderlich ist und das Integritätsinteresse des Urhebers nicht beeinträchtigt wird (zB Aufnahme des Titels einer Reihe in den Werktitel, Bezeichnung eines Computerprogramms als Folgeversion einer bereits entsprechend bezeichneten Software). **Änderungen der Urheberbezeichnung** setzen stets eine ausdrückliche Gestattung voraus (arg. § 39 Abs. 2).

Die in § 39 Abs. 1 bekräftigte Privatautonomie trägt auch weitreichende Einschränkungen des **14** UPR, insbesondere entstellende Eingriffe in die Werkintegrität (§ 14) und die Unterlassung der vom Urheber eigentlich bestimmten Bezeichnung des Werkes (§ 13 S. 2).[35] Die früher herrschende Kernbereichstheorie machte die **Wirksamkeit derartiger Vereinbarungen** davon abhängig, dass sie den „Kern" des UPR unberührt ließen. Doch ist die Antwort auf die Frage der Wirksamkeit von Rechtsgeschäften über das UPR im Vertrags- und nicht im Urheberrecht zu suchen.[36] Sittenwidrig und daher gem. § 138 Abs. 1 BGB nichtig sind demnach insbesondere Änderungsvereinbarungen, die eine Zwangslage des Urhebers ausnutzen und/oder dem Werknutzer völlig unspezifische, unvorhersehbare Änderungsbefugnisse einräumen. Eine hinreichend konkrete Vereinbarung kann demgegenüber auch

---

[25] → Rn. 2 sowie → § 29 Rn. 5.

[26] → Vor §§ 12 ff. Rn. 7 ff.

[27] Vgl. *Grohmann* S. 186; zust. *Heeschen* S. 80 f.; *Riekert* S. 137.

[28] ZB Werbung; dabei ist auch der Gedanke der Zweckübertragung entsprechend heranzuziehen; siehe *Metzger* Rechtsgeschäfte, S. 200 ff.; *Metzger* GRUR-Int 2003, 9 (21 ff.) („erweiterte Vorhersehbarkeitslehre"); ebenso *Grohmann* S. 153, 178 ff.; *Riekert* S. 91 f., 131 ff.; *Schilcher* S. 171 ff.; *Tölke* S. 71; instruktiv LG München I, *Schulze* LGZ 41, 4 (Zulässigkeit der Anpassung der Farbgebung eines Werbeprospekts nach Umgestaltung des zugrunde liegenden Produkts).

[29] Vgl. zB BGH GRUR 1971, 35 – Maske in Blau; ferner *Schricker* VerlG § 13/UrhG § 39 Rn. 6; *Dreyer/Kotthoff/Meckel* UrhG § 14 Rn. 17.

[30] RegE UrhG 1965, BT-Drs. IV/270, S. 59; KG ZUM-RD 2005, 381 (385 ff.) – Die Weber; OLG München IBR 2008, 97 – Strehle Schulzentrum; LG Berlin GRUR 2007, 964 (967) – Hauptbahnhof Berlin; Wandtke/Bullinger/*Wandtke/Grunert* UrhG § 39 Rn. 9; *Müller* S. 181 f.

[31] BGH GRUR 1999, 230 (231) – Treppenhausgestaltung; *Heeschen* S. 91; *Riekert* S. 134; obiter auch OLG Frankfurt a. M. ZUM 2006, 58 (60); ferner *Federle* S. 29 ff.; bei ungezeichneten Beiträgen zu Periodika gilt § 44 VerlG.

[32] Vgl. *Tölke* S. 45 f., 69 f.

[33] Ebenso Dreier/Schulze/*Schulze* UrhG § 39 Rn. 12.

[34] → § 14 Rn. 13 ff. und KG ZUM-RD 1997, 175 (180) – POLDOK.

[35] Wie hier Dreier/Schulze/*Schulze* UrhG Vor § 12 Rn. 12; *Jänecke* S. 82.

[36] Allgemein → Vor §§ 12 ff. Rn. 17.

zu entstellenden Eingriffen berechtigen.[37] Je schwerer der Eingriff ist, desto konkreter muss er dem Urheber vor der Einwilligung bekannt gewesen sein.[38]

15   In **allgemeinen Geschäftsbedingungen** sind pauschale Änderungsvorbehalte wegen Unvereinbarkeit mit den wesentlichen Grundgedanken des Urheberpersönlichkeitsrechts gem. § 307 Abs. 2 Nr. 2 BGB ebenfalls unwirksam, es sei denn, sie enthalten die Einschränkung, dass die Bearbeitung und Umgestaltung „unter Wahrung der geistigen Eigenart" des Werkes zu erfolgen hat.[39] Eine allgemeine Geschäftsbedingung, wonach der Auftraggeber eine Bauplanung ohne Mitwirkung des Urhebers ändern darf und jenen selbst bei wesentlichen Änderungen nur anzuhören hat, ist wegen Verstoßes gegen das gesetzliche Leitbild des grundsätzlichen Änderungsvorbehalts gem. § 307 Abs. 1, Abs. 2 Nr. 1 BGB unwirksam.[40] Jedenfalls intransparent und damit gem. § 307 Abs. 1 S. 2 BGB unwirksam ist eine Klausel, mit der Journalisten verboten wird, ihr Urheberpersönlichkeitsrecht bzw. die sich etwa aus den Ausprägungen dieses Rechts gemäß §§ 13 S. 2, 14 UrhG ergebenden Rechte nur so auszuüben, dass (bei Zugrundelegung der gebotenen verwenderfeindlichen Auslegung) jeder Konflikt mit irgendwelchen wirtschaftlichen Interessen des Klauselverwenders ausgeschlossen ist.[41]

4. Zulässigkeit nicht vereinbarter Änderungen (Abs. 2)

16   Gem. § 39 Abs. 2 sind Änderungen des Werkes und seines Titels zulässig, zu denen der Urheber seine Einwilligung nach Treu und Glauben nicht versagen kann. Die Vorschrift betrifft nach ihrem Wortlaut also nur Konstellationen, in denen der Urheber eine Änderung des Werkes oder des Titels nicht gestattet hat, es mit anderen Worten **an einer ausdrücklichen oder stillschweigenden Änderungsvereinbarung gem. § 39 Abs. 1 fehlt.** Die Zulässigkeit von Änderungen gemäß Abs. 2 ergibt sich dabei unmittelbar aus dem Gesetz; die Zustimmung des Urhebers, die er in diesem Fall nicht versagen könnte, braucht nicht besonders eingeholt zu werden.[42]

17   Nach der AmtlBegr. soll § 39 Abs. 2 insbesondere Fälle erfassen, bei denen **Änderungen durch Art oder Zweck der erlaubten Nutzung des Werkes** geboten sind, zB Druckfehlerberichtigungen, Übertragung eines Bildes in eine andere Größe und dergleichen.[43] Derartige Änderungen sind allerdings in der Regel bereits als stillschweigend gestattet anzusehen, so dass es des Rückgriffs auf die gesetzliche Änderungsbefugnis nach § 39 Abs. 2 eigentlich nicht bedarf. Da sich zudem die Kriterien für die Annahme einer stillschweigend vereinbarten Änderungsbefugnis und einer Änderungsbefugnis gem. § 39 Abs. 2 decken, indem insbesondere auf den Vertrags- bzw. vereinbarten Nutzungszweck und den Grundsatz von Treu und Glauben abzustellen ist, kann häufig offenbleiben, welche der beiden Rechtsgrundlagen einschlägig ist.[44]

18   Nach zutreffender Auffassung des BGH können allgemeingültige Richtlinien, welche Änderungen nach Treu und Glauben zu gestatten sind, nicht aufgestellt werden, da die **Umstände des Einzelfalls zu würdigen** sind.[45] Ein von vornherein feststehendes Rangverhältnis der betroffenen Interessen, etwa zugunsten geistiger Interessen des Urhebers und zuungunsten bloß wirtschaftlich-finanzieller Interessen seines Vertragspartners, ist nicht anzunehmen; Urheber und Werknutzer haben unter Berücksichtigung der Verkehrssitte auf die Interessen des anderen Rücksicht zu nehmen.[46] Neben dem Vertragszweck ist ergänzend auf diejenigen Kriterien abzustellen, die auch im Rahmen der Interessenabwägung bei § 14 zum Tragen kommen.[47] Eine Änderung des Sinngehalts eines Werkes vermag § 39 Abs. 2 nicht zu rechtfertigen.[48]

19   § 39 Abs. 2 gilt anders als Abs. 1 nicht für **Änderungen der** vom Urheber gem. § 13 S. 2 bestimmten **Urheberbezeichnung.** Insoweit soll nach der AmtlBegr. stets die Einwilligung des Urhebers erforderlich sein.[49] Wenn demnach der vereinbarte Nutzungszweck unter Berücksichtigung von

---

[37] *Metzger* GRUR-Int 2003, 9 (12); *Schricker* FS Hubmann, 1985, 409 (417); *v. Welser* S. 70 f.
[38] KG ZUM-RD 2005, 381 (386) – Die Weber; LG Hannover BeckRS 2008, 11525 Rn. 25 ff.
[39] Vgl. BGH GRUR 1984, 45 (51) – Honorarbedingungen Sendevertrag; KG UFITA 59 (1971), 279 (282 f.) – Kriminalspiel; KG ZUM-RD 2005, 381 (385) – Die Weber; LG Hamburg ZUM-RD 2008, 30 (32) – Gerhard Schröder; LG Hannover BeckRS 2008, 11525.
[40] KG ZUM-RD 2005, 381 (385) – Die Weber; LG Hannover BeckRS 2007, 18718; wirksam aber ist die Klausel, ein Filmwerk „ganz oder teilweise" zu nutzen, siehe OLG Köln GRUR-RR 2005, 179 – Standbilder.
[41] OLG Rostock ZUM 2012, 706 (711).
[42] LG Hamburg ZUM-RD 2008, 30 (32) – Gerhard Schröder (gesetzliche Änderungsbefugnis im Interesse des Nutzungsberechtigten); Dreyer/Kotthoff/Meckel UrhG § 39 Rn. 9; zu Änderungsrechten des Softwarebenutzers vgl. *Günther* CR 1994, 321 mwN.
[43] Vgl. auch RegE UrhG 1965, BT-Drs. IV/270, S. 59.
[44] Ähnlich Schricker/*Dietz* (3. Aufl.) UrhG § 39 Rn. 14–16 (Maßgeblichkeit einer Interessenabwägung); ferner *Schilcher* S. 170; *Grohmann* S. 96; *Flechsig* FuR 1976, 589 (595); *Gerlach* GRUR 1974, 622.
[45] So BGH GRUR 1971, 35 (37) – Maske in Blau; BGH GRUR 1974, 675 (676) – Schulerweiterung; *Riekert* S. 168 ff.
[46] KG ZUM-RD 2005, 381 (386) – Die Weber; LG Hamburg ZUM-RD 2008, 30 (32) – Gerhard Schröder; *Federle* S. 48 ff.; Dreyer/Kotthoff/Meckel UrhG § 39 Rn. 10; aA offenbar LG Köln ZUM-RD 2009, 90 (93); *Gerlach* GRUR 1976, 613 (622).
[47] Vgl. → § 14 Rn. 26 ff.
[48] So OLG München GRUR 1993, 332 (333) – Christoph Columbus; zu Änderungen des Notensatzes vgl. Dreier/Schulze/*Schulze* UrhG § 39 Rn. 22.
[49] RegE UrhG 1965, BT-Drs. IV/270, S. 59.

Treu und Glauben eine Änderung der Urheberbezeichnung nicht zu rechtfertigen vermag, scheidet auch eine auf denselben Erwägungen beruhende stillschweigende Änderungsvereinbarung im Hinblick auf die Urheberbezeichnung aus (→ Rn. 8 ff.).

5. Einzelfälle nach Verwertungsbereichen

Im Printbereich sind zunächst (zulässige) Maßnahmen aus der Betrachtung auszuscheiden, die **20** überhaupt keinen Änderungscharakter haben.[50] Dabei handelt es sich etwa um äußerliche Zugaben wie die Beifügung der Namens- und Firmenbezeichnung des Verlegers, der Erscheinungszeit und des Erscheinens- und Druckortes. Gleiches gilt für die Beifügung von Verlagsanzeigen am Schluss einer Buchausgabe und für das Einheften von Reklameblättern in Einzelhefte einer Zeitschrift, nicht jedoch für die Einfügung von Werbeseiten in den fortlaufenden Text einer Buchausgabe. Insgesamt ist hier, wie auch beim Einsatz von Werbebannern im Internet, darauf zu achten, dass nicht die Grenze zu einem indirekten Eingriff im Sinne eines das Werk beeinträchtigenden Sachzusammenhangs überschritten wird. Um relevante und ohne Zustimmung des Urhebers in der Regel nicht zulässige Änderungen handelt es sich etwa bei Zusätzen und Kürzungen[51] sowie bei Änderungen an Rechtschreibung und Zeichensetzung, die der Autor in charakteristischer Weise verwendet.[52] Für mehr als für Tagesinteressen bestimmte Texte, insbes. im belletristischen Bereich, bedarf auch eine Umstellung auf geänderte Rechtschreibregeln der Einwilligung des Autors.[53] In der Regel zulässig ist hingegen die bloße Korrektur offenkundiger Flüchtigkeitsfehler, Zeichensetzungsfehler und falscher Zahlenangaben, bei einem Sammelwerk die Vereinheitlichung der Formatierung.[54] Nicht zulässig sind im Regelfalle immer Redaktionsbemerkungen oder die Vermengung von Ausführungen des Verfassers mit gegnerischen Erörterungen anderer Verfasser sowie im eigentlichen Kunstverlag Änderungen der Größenordnung oder der Farbe des Werkes.[55] Zu weiteren Beispielen → § 14 Rn. 35 ff.

Bei **Beiträgen zu periodischen Sammelwerken** ohne Namensnennung des Verfassers gilt als **21** Sondervorschrift die erweiterte Änderungsbefugnis des Verlegers nach § 44 VerlG, der im Gegensatz zu § 13 VerlG nicht durch das UrhG von 1965 aufgehoben wurde.[56] Ähnlich wie bei § 62 Abs. 2–4 können dieser Vorschrift Elemente gesetzgeberischer Wertung im Rahmen der Interessenwertung nach § 39 Abs. 2 entnommen werden.[57]

Für den Bereich der Inszenierung von Bühnenwerken muss zwischen dem zulässigen Inter- **22** pretations- und Modernisierungsspielraum einerseits und den hiervon nicht mehr gedeckten Änderungen, Verzerrungen und sonstigen Entstellungen unterschieden werden.[58] Die Rechtsprechung gesteht dem Nutzungsberechtigten ein erhebliches Maß an Änderungsfreiheit zu, soweit das Werk nicht in seinen wesentlichen Zügen verändert wird.[59] Da jede Bühnenaufführung von den Realitäten des jeweiligen Theaters, von seinen räumlichen Verhältnissen, der Zusammensetzung seines künstlerischen Personals sowie dem für die Ausstattung zur Verfügung stehenden Etat abhängig ist, ist die Theaterpraxis darauf angewiesen, nicht zu eng an die Werkfassung des Bühnenautors, insbesondere an seine etwaigen Regieanweisungen, gebunden zu sein. Der Regisseur darf daher unwesentliche Kürzungen oder Streichungen kleiner Rollen sowie Anpassungen an die erforderliche Spieldauer vornehmen.[60] Er ist unter den Bedingungen des zeitgenössischen Theaterbetriebs nicht nur als „Gehilfe" des Urhebers anzusehen, sondern ist bei der Umsetzung des Schriftwerks von der begrifflichen in die sinnlich fassbare Sphäre ggf. sogar schöpferisch tätig. All dies gilt gewissermaßen erst recht, wenn für eine Regieleistung Änderungsschutz im Verhältnis zu einer weiter modifizierten Inszenierung geltend gemacht wird.[61] Nicht gerechtfertigt ist demgegenüber die Änderung des Werkes in seinen wesentli-

---

[50] Vgl. die Beispiele bei *Schricker* VerlG § 13/UrhG § 39 Rn. 7; Dreier/Schulze/*Schulze* UrhG § 39 Rn. 19.

[51] OLG Frankfurt a. M. ZUM 2006, 58 (60).

[52] Ebenso Dreyer/*Kotthoff*/Meckel UrhG § 39 Rn. 10.

[53] *Wasmuth* ZUM 2001, 858 (861 ff.).

[54] Vgl. *Schierholz*/*Müller* FS Nordemann, 2004, 115 (130), dort auch wegen unzulässiger Eingriffe des Herausgebers eines Sammelwerks.

[55] Einzelheiten bei *Schricker* VerlG § 13/§ 39 Rn. 6, 14.

[56] Vgl. *Schricker* VerlG § 44 Rn. 1; Dreier/Schulze/*Schulze* UrhG § 39 Rn. 20.

[57] Zum Änderungsrecht der Presseverlage *Ulmer* § 105 II 2; *Rojahn* S. 120 ff.

[58] So Dreier/Schulze/*Schulze* UrhG § 39 Rn. 21.

[59] Siehe BGH GRUR 1971, 35 – Maske in Blau; zu den Grenzen KG ZUM-RD 2005, 381 ff. – Die Weber (skandalträchtige Zufügung von Tötungsphantasien in Bezug auf namentlich genannte Bürger ohne gesonderte Zustimmung unzulässig); siehe ferner – auf der Basis der Zuerkennung eines Urheberrechts an den Bühnenregisseur – *Grunert* S. 61 ff., 165 ff., 220 ff.; *Rehbinder* ZUM 1996, 613 (616); *Schack* GRUR 1983, 555 (556); *Erdmann* FS Nirk, 1992, 209; *Schmieder* NJW 1990, 1945 (1946 ff.); *Schultze* FuR 1972, 250 (252 ff.); *Streller* S. 2 ff.; zum Begriff der Werktreue vgl. insbes. *v. Foerster* S. 41 ff. sowie – auch aus theaterwissenschaftlicher Sicht – *Raschèr* UFITA 117 (1991), 21 (26); *Raschèr* S. 66 ff.

[60] Vgl. auch Grohmann S. 183 sowie grundsätzlich aus der Sicht des modernen Regietheaters *Raschèr* S. 66 ff.

[61] So OLG Frankfurt a. M. GRUR 1976, 199 (201) – Götterdämmerung; anders dagegen LG Leipzig ZUM 2000, 331 wegen eines – auf Publikumsproteste reagierenden – Eingriffs der Intendanz in ein Regiekonzept, wobei das Gericht der Inszenierung Werkqualität zuspricht; im Ergebnis bestätigt von OLG Dresden ZUM 2000, 955, wenn auch primär unter Rückgriff auf die Leistungsschutzrechte des Theaterregisseurs gemäß § 83 aF [§ 75]; dazu *Grunert* ZUM 2001, 210 ff.; *Grunert* KUR 2000, 128 ff.; im letzteren Sinn ebenso OLG München ZUM 1996, 598 (Beeinträchtigung einer Regieleistung bei Eliminierung eines in eine Schauspielinszenierung eingefügten Bewe-

chen Zügen oder in seinem wesentlichen Aussagegehalt, ohne Rücksicht darauf, ob die das Werk ändernden Regieeinfälle vom künstlerischen Standpunkt vertretbar oder erfolgsfördernd sind. So verhält es sich ggf., wenn männlich konzipierte Rollen mit Schauspielerinnen besetzt werden und dies der ausdrücklichen Anweisung des Urhebers widerspricht.[62] Die Aufnahme von Chortexten mit Tötungsphantasien in Bezug auf namentlich genannte prominente Bürger und einfache Mitarbeiter von Arbeitsämtern in eine Inszenierung von Gerhart Hauptmanns „Die Weber" wurde als unzulässige Entstellung eingeordnet, die auch vom vertraglich zugestandenen Bearbeitungsrecht nicht mehr gedeckt sei, weil das Werk dadurch in den „Grenzbereich des Skandalträchtigen" hineingezogen werde.[63] Keine Beeinträchtigung liegt dagegen vor bei im Wesentlichen durch eiskunstkünstlerische Gegebenheiten bestimmten Kurzdarstellungen von Operetten im Rahmen von so genannten Eisrevuen.[64] Ferner → § 14 Rn. 35.

23   Beim **Verlag von Werken der sog. E-Musik** ist die Änderung der Akzentuierung zulässig.[65] Nicht zulässig sind im Regelfalle die Beigabe von Abbildungen, die Textunterlegung eines Musikstücks[66] wie umgekehrt die Musikbegleitung eines Dramas. Zu weiteren Beispielen im Musikbereich → § 14 Rn. 36.

24   Für **Filmwerke und Laufbilder** muss im Hinblick auf den Gesamtzusammenhang der einschlägigen Vorschriften[67] auch bei der Auslegung des § 39 die Sondervorschrift des § 93 Abs. 1 berücksichtigt werden. Demnach ist der Schutz der Urheber vorbestehender Werke sowie der Filmurheber hinsichtlich der Herstellung und Verwertung des Filmwerks auf gröbliche Entstellungen oder andere gröbliche Beeinträchtigungen des Filmwerkes selbst oder der zu seiner Herstellung benutzten Werke beschränkt. Die beteiligten Urheber und Leistungsschutzberechtigten haben überdies aufeinander und auf den Filmhersteller angemessen Rücksicht zu nehmen. Im Rahmen dieser Vermutungsregelungen wird somit ein unter dem Gesichtspunkt der Filmherstellung notwendiges und umfassendes Maß an Änderungsbefugnissen gem. § 39 Abs. 1 eingeräumt.[68] Darüber hinaus bleibt im Hinblick auf den reduzierten Beeinträchtigungsschutz nach § 93 Abs. 1 für die isolierte Anwendung des § 39 Abs. 2 kein Raum.[69] Entsprechendes gilt für Werke, die ähnlich wie Filmwerke geschaffen werden.[70] Ferner → § 14 Rn. 42.

25   Im **Bereich der Werbung** sind ähnlich wie im Bereich der **Gebrauchskunst und der kleinen Münze sowie bei Computerprogrammen** zwecks Anpassung an die betrieblichen Gegebenheiten die finanziellen und betriebswirtschaftlichen Interessen der Nutzungsberechtigten, die sich auf täglich veränderte Situationen einstellen müssen, in besonderer Weise zu berücksichtigen.[71] So ist die Anpassung der Farbgebung eines Werbeprospekts nach Umgestaltung des zugrundeliegenden Produkts zulässig.[72] Andererseits ist das nachträgliche Versehen eines mit menschlichen Gesichtszügen ausgestatteten gläsernen Eisbechers mit einem vom Künstler zuvor bewusst weggelassenen Glasstiel auf einem Werbeplakat nicht zulässig, wenn nach Abwägung im Rahmen von Treu und Glauben keine zwingenden Gründe für eine Auswertung in veränderter Form vorliegen.[73] Als ebenso rechtswidrig eingeordnet wurde die Nutzung eines in verschiedener Hinsicht veränderten **Lichtbildwerkes,** das der Fotograf vom ehemaligen Kanzler Gerhard Schröder zur Verwendung in der Wahlwerbung erstellt hatte. Der allgemeine Hinweis, das Foto sei für den konkreten Verwendungszweck nicht geeignet gewesen und der Abgebildete habe für neue Fotos nicht zur Verfügung gestanden, genüge nicht, um eine Kürzung der Haare, die Bearbeitung eines Ohrs und des Kragens, die Aufhellung der Gesichtsfarbe und die Retuschierung von Falten zu rechtfertigen.[74]

26   Bei **Bauwerken** bietet der Architektenvertrag im Hinblick auf darin oft enthaltene Urheberrechtsklauseln ggf. Anhaltspunkte für ausdrückliche Änderungsbefugnisse gem. § 39 Abs. 1.[75] Keine Beein-

---

[62] gungschores im Zuge der Wiederaufnahme des Stücks); wegen der weiteren Frage, inwieweit Streichungen und Abänderungen eines Texts die Voraussetzung für eine schutzfähige Bearbeitung begründen, vgl. BGH UFITA 64 (1972), 288 – Biografie: Ein Spiel.

[62] Vgl. Arrondissementsrechtbank Haarlem Informatierecht/AMI 1988, 83 – Warten auf Godot mAnm v. *Cohen Jehoram*, unter Berufung auf den allgemein-menschlichen Charakter des Stücks und seiner Rollen; aA Tribunal de grande instance Paris RIDA 155 (1993), 225 = Informatierecht/AMI 1994, 14 mAnm *Quaedvlieg*, unter Berufung auf die Notwendigkeit der Respektierung des ausdrücklich geäußerten Willens des Urhebers; vgl. auch *Schack* Rn. 354; Bericht in FuR 1982, 492; *Schmieder* NJW 1990, 1945; KG UFITA 58 (1970), 285 (289) – Jeder von uns.

[63] KG ZUM-RD 2005, 381 (385 ff.) – Die Weber.

[64] BGH GRUR 1966, 570 (572) – Eisrevue III.

[65] So KG ZUM 1986, 470 (473); weitere Beispiele bei *Schricker* VerlG § 13/§ 39 Rn. 11.

[66] Vgl. BGH GRUR 1977, 551 (555) – Textdichteranmeldung.

[67] §§ 14, 39 und 93 Abs. 1.

[68] Dreier/Schulze/*Schulze* UrhG § 39 Rn. 27.

[69] → § 93 Rn. 1.

[70] Dreier/Schulze/*Schulze* UrhG § 39 Rn. 28.

[71] Vgl. allgemein *Schmidt* S. 116 ff.; *Tölke* S. 71.

[72] LG München I Schulze LGZ 41, 4.

[73] So LG München I UFITA 57 (1970), 339 (341 f.) – JOPA-Eiskrem.

[74] LG Hamburg ZUM-RD 2008, 30 – Gerhard Schröder; allgemein zur bildenden Kunst sowie zu Lichtbildwerken Dreier/Schulze/*Schulze* UrhG § 39 Rn. 24 und 26.

[75] Vgl. *Schöfer* S. 41 f., 125; *Gerlach* GRUR 1976, 613 (625); siehe ferner OLG Hamm GRUR 1970, 565 (566) – Aulaanbau; OLG Hamburg UFITA 81 (1978), 263 (268) – Reihenhäuser; LG München I Schulze LGZ 158, 5 f.;

trächtigung bedeutet freilich das bloße Abbrechen eines Herstellungsvorgangs im Falle der Weigerung des Bestellers, ein Werk nach der ursprünglichen Planung ausführen zu lassen, da gegen die Behinderung künstlerischer Eigendarstellung kein Schutz besteht.[76] Eine Verletzung des Urheberinteresses setzt andererseits die Fertigstellung des Bauwerks nicht voraus, sondern kann gerade auch dann eintreten, wenn der Bauherr **bei der Errichtung des Bauwerks** vom Bauplan des Architekten abweicht. Die Vorstellung des Architekten muss jedoch im Bauplan des Architekten sichtbar ihren Niederschlag gefunden haben, andernfalls handelt es sich nicht um eine änderungsrechtliche Problematik.[77] Ferner → § 14 Rn. 38.

III. Rechtsfolgen unzulässiger Änderungen

Änderungen des Werkes, des Titels oder der Urheberbezeichnung, die weder von einer entsprechenden Gestattung gedeckt sind (§ 39 Abs. 1) noch gem. § 39 Abs. 2 zulässig sind, stellen zum einen eine **Verletzung der Pflichten aus dem Werknutzungsvertrag** dar. Dieser kann ggf. gem. § 314 BGB aus wichtigem Grund gekündigt werden. Überdies kommen Schadensersatzansprüche gem. § 280 BGB in Betracht. Zum anderen handelt es sich um Verstöße gegen das Entstellungsverbot gem. § 14 (Werk- und Titeländerungen) bzw. um eine gem. § 13 S. 1 verbotene Urheberschaftsleugnung mit allen zivilrechtlichen Folgen nach den **§§ 97 ff.**[78]

§ 40 Verträge über künftige Werke

(1) [1]Ein Vertrag, durch den sich der Urheber zur Einräumung von Nutzungsrechten an künftigen Werken verpflichtet, die überhaupt nicht näher oder nur der Gattung nach bestimmt sind, bedarf der schriftlichen Form. [2]Er kann von beiden Vertragsteilen nach Ablauf von fünf Jahren seit dem Abschluss des Vertrages gekündigt werden. [3]Die Kündigungsfrist beträgt sechs Monate, wenn keine kürzere Frist vereinbart ist.

(2) [1]Auf das Kündigungsrecht kann im voraus nicht verzichtet werden. [2]Andere vertragliche oder gesetzliche Kündigungsrechte bleiben unberührt.

(3) Wenn in Erfüllung des Vertrages Nutzungsrechte an künftigen Werken eingeräumt worden sind, wird mit Beendigung des Vertrages die Verfügung hinsichtlich der Werke unwirksam, die zu diesem Zeitpunkt noch nicht abgeliefert sind.

Schrifttum: *Schricker,* Verlagsrecht, § 1 VerlG Rn. 16 ff., 35 ff.; *Bock,* Die Option im Musik- und Buchverlag, 2002; *Brandi-Dohrn,* Der urheberrechtliche Optionsvertrag, 1967; *Brauneck/Brauner,* Optionsverträge über künftige Werke im Filmbereich, ZUM 2006, 513; *Holzer,* Die Übertragung urheberrechtlicher Befugnisse an künftigen Werken, 1963; *Isele,* Optionsrechte des Verlegers, FS Bappert, (1964), S. 87; *Schmitt-Kammler,* Die Schaffensfreiheit des Künstlers in Verträgen über künftige Geisteswerke, 1978.

Übersicht

LG Berlin GRUR 2007, 964 (968) – Hauptbahnhof Berlin, zur Unterscheidung zwischen erlaubten Änderungen und nicht zulässiger Entstellung.

[76] So KG Schulze KGZ 73, 4 – Kugelobjekt; zur Werkvernichtung → § 14 Rn. 19 ff.

[77] So BGH Schulze BGHZ 201, 6 – Farbanstrich; LG Berlin Schulze LGZ 143, 4 bzw. 8; OLG Düsseldorf GRUR 1979, 318 – Treppenwangen; kritisch dazu *Gerlach* GRUR 1976, 613 (627); vgl. auch *Grohmann* S. 200.

[78] BGH GRUR 2002, 532 (535) – Unikatrahmen; vgl. allgemein *Grohmann* S. 222 ff.; Dreier/Schulze/*Schulze* UrhG § 39 Rn. 29 f.

Die Randnummer 27 steht am rechten Rand neben dem Abschnitt III.

I. Allgemeines

1. Zweck und Entstehungsgeschichte

1   § 40 betrifft wie § 31a **vertragliche Dispositionen des Urhebers über die Zukunft.** Die Vorschriften sollen den Urheber als typischerweise schwächere Vertragspartei vor zu weitgehenden Bindungen für die Zukunft schützen.[1] § 31a regelt Verträge über künftige, noch unbekannte Nutzungsarten, § 40 Verträge über künftige Werke, die im Vertrag überhaupt nicht näher oder nur der Gattung nach bestimmt sind.

2   In beiden Konstellationen ist die **wirtschaftliche Tragweite** solcher Geschäfte nicht absehbar; sie lassen fürchten, dass dem Urheber entgegen § 11 S. 2 eine angemessene Beteiligung an dem Ertrag der Werknutzung vorenthalten wird. Bei Verträgen über künftige Werke kommt hinzu, dass der Urheber über seine **Schaffensfreiheit (Art. 5 Abs. 3 GG)** disponiert. Während diese Bindung bei einem Vertrag über ein bestimmtes künftiges Werk überschaubar und deshalb ohne Weiteres von der Privatautonomie gedeckt ist, erscheinen weitergehende Verträge über nicht näher konkretisierte künftige Werke mit Rücksicht auf die ökonomischen und künstlerisch-wissenschaftlichen Interessen des Urhebers problematisch.[2]

3   Das Schriftformerfordernis gem. § 40 Abs. 1 S. 1 soll den Urheber auf die Bedeutung des Vertrages hinweisen, **Schutz vor übereilten Entscheidungen** bieten und der **Beweiserleichterung** dienen.[3] Das Kündigungsrecht hat den Zweck, beiden Parteien nach einer gewissen Zeit eine **Überprüfung des Vertragsverhältnisses** zu ermöglichen.[4] Der Urheber soll die Vergütung neu aushandeln und ggf. die Kontrolle über sein Werkschaffen zurückerlangen können. Das Recht auf angemessene Vergütung nach § 32 UrhG lässt das Interesse an einer Verhandlungsposition und überdies das Schutzbedürfnis im Hinblick auf die Erhaltung der Schaffensfreiheit nicht entfallen.[5] Im Interesse der Waffengleichheit steht das Kündigungsrecht überdies auch dem anderen Vertragsteil zu Gebote, der sich von den Verwertungskonditionen möglicherweise lösen möchte. Vor diesem Hintergrund besteht für eine besonders restriktive Auslegung der Vorschrift kein Anlass.[6]

4   Die Vorschrift ist ohne Vorbild im **früheren Recht.** Exzessive vertragliche Bindungen für die Zukunft unterlagen nur einer Kontrolle nach allgemeinen Vorschriften, insbesondere § 138 BGB.[7] Der RefE (§ 32) hatte noch keine Schriftform, sondern nur Kündbarkeit nach 4 Jahren mit 1-Jahresfrist vorgesehen. Der MinE (§ 35) führte zur Beweiserleichterung und als Übereilungsschutz die Schriftform ein; im Interesse namentlich der Verleger wissenschaftlicher Fachbücher wurde die Höchstbindungsfrist auf 5 Jahre verlängert, dafür aber die Kündigungsfrist verkürzt.[8]

2. Anwendungsbereich

5   Die Vorschrift ist gem. §§ 70 Abs. 1, 72 Abs. 1, 79 Abs. 2a entsprechend anwendbar auf Verträge der **Verfasser wissenschaftlicher Ausgaben, der Lichtbildner und der ausübenden Künstler** über künftige Ausgaben, Lichtbilder und Darbietungen. Bei diesen Leistungsschutzberechtigten handelt es sich wie bei Urhebern um natürliche Personen, die in Ausübung ihrer grundrechtlich garantierten Handlungs-, Kunst- und Wissenschaftsfreiheit neue Inhalte schaffen und beim Abschluss von Verwertungsverträgen typischerweise die Rolle der schwächeren Vertragspartei einnehmen.[9]

6   § 40 gilt hingegen nicht für **Nutzungsverträge von Rechtsnachfolgern,** die selbst keine künftigen Werke/Leistungen erbringen können.[10] Ausweislich entsprechend begrenzter Verweise auf das Urhebervertragsrecht ist § 40 ferner nicht auf Verträge über Rechte an künftigen Leistungen **unternehmerischer Investoren** anwendbar, die keines vertragsrechtlichen Schutzes bedürfen.[11]

7   Gemäß § 132 Abs. 1 S. 3 gilt § 40 auch für Verträge von Urhebern, die **vor dem Inkrafttreten des UrhG** abgeschlossen worden sind mit der Maßgabe, dass die Fünfjahresfrist des § 40 Abs. 1 S. 2 mit dem Inkrafttreten des Gesetzes am 1.1.1966 zu laufen begann. Vor diesem Tag getroffene Verfügungen bleiben gem. § 132 Abs. 2 wirksam.

3. Verhältnis zu anderen Vorschriften

8   Keiner Erwähnung im Gesetz bedurfte, dass die nach allgemeinen Vorschriften gegebenen **Nichtigkeitsgründe** für die Verträge des § 40 in Geltung bleiben, so insbesondere **§ 138 BGB.**[12] Nach

---

[1] Wandtke/Bullinger/*Wandtke* UrhG § 40 Rn. 1; Dreier/Schulze/*Schulze* UrhG § 40 Rn. 1.
[2] BT-Drs. IV/270, S. 59 f.
[3] BT-Drs. IV/270, S. 59 f.
[4] BT-Drs. IV/270, S. 59 f.
[5] Dreyer/*Kotthoff*/Meckel UrhG § 40 Rn. 1.
[6] AA Fromm/Nordemann/*J. B. Nordemann* UrhG § 40 Rn. 1 f.
[7] S. zB BGH GRUR 1957, 387 – Clemens Laar, betreffend die Nichtigkeit einer Optionsvereinbarung.
[8] S. erläuternde Bemerkungen S. 42.
[9] *Rehbinder/Peukert* Rn. 642 ff.
[10] Dreier/Schulze/*Schulze* UrhG § 40 Rn. 9.
[11] Vgl. §§ 71 Abs. 1 S. 3, 81 S. 2, 85 Abs. 2 S. 3, 87 Abs. 2 S. 3, 87g Abs. 1 S. 2, 94 Abs. 2 S. 3.
[12] BT-Drs. IV/270, S. 59 f.; *Schack* Rn. 1108; Wandtke/Bullinger/*Wandtke* UrhG § 40 Rn. 5; Dreier/Schulze/*Schulze* UrhG Vor § 31 Rn. 156; *Ulmer* § 94 II 1, 2.

BGH[13] sind verlagsrechtliche Optionsvereinbarungen, die einen Verfasser verpflichten, künftige Werke zuerst einem bestimmten Verleger zum Abschluss eines Verlagsvertrages anzubieten, wegen Verstoßes gegen die guten Sitten nichtig, wenn sie ohne zeitliche oder gegenständliche Beschränkung für das gesamte künftige Schaffen des Verfassers gelten sollen und der Verleger für die Einräumung des Optionsrechtes keine angemessene Gegenleistung übernimmt. Eine Anwendung von § 138 BGB wird heute freilich seltener in Betracht kommen, da die Bindung bereits durch das zwingende Kündigungsrecht des § 40 reduziert wird[14] und ein zwingender Anspruch auf angemessene Vergütung gem. §§ 32 ff. besteht. In Betracht kommen Fälle der Ausbeutung des Urhebers, vor allem bei Optionsverträgen im engeren Sinn.[15]

Allein nach allgemeinen Regeln ist zu entscheiden, ob die **Verpflichtung zur Übereignung von** 9 **Werkstücken,** insbesondere bei Werken der bildenden Kunst, ohne gleichzeitige Verpflichtung zur Einräumung von Nutzungsrechten (vgl. § 44) eine übermäßige und damit unwirksame Bindung impliziert bzw. unter welchen Voraussetzungen sie beendet werden kann. Die Bedeutung der Veräußerung von Werkstücken ist sehr unterschiedlich; sie ist nicht generell mit derjenigen der Einräumung von Nutzungsrechten zu vergleichen.[16]

Die Anwendung der Vorschriften über die **angemessene Vergütung (§§ 32, 32a)** wird durch 10 § 40 nicht ausgeschlossen. In der Regel wird es um § 32 gehen, der die angemessene Vergütung an die Eröffnung der Möglichkeit der Werknutzung knüpft, während § 32a voraussetzt, dass bereits Erträge angefallen sind. Für Vorverträge und Optionen gilt § 32, wenn sie eine relevante Vorzugsstellung des Begünstigten und eine Bindung des Urhebers implizieren. Bei qualifizierten Optionen wird dies regelmäßig der Fall sein.[17]

Die **internationalen Konventionen** und das **Unionsrecht**, insbesondere die Art. 18-23 DSM- 11 RL, enthalten keine dem § 40 entsprechenden Vorschriften. Auch stellt § 40 keine international zwingende Eingriffsnorm dar, die sich gegen ein von den Parteien vereinbartes oder sonst gem. Art. 4 Abs. 2 Rom I-VO anwendbares, ausländisches Vertragsstatut durchsetzt.[18]

II. Die Regelung im Einzelnen

1. Erfasste Vertragstypen

a) Verpflichtung und Verfügung. § 40 bezieht sich seinem Wortlaut nach auf **Verträge, die** 12 **zur Einräumung von Nutzungsrechten an künftigen Werken (Ausgaben, Lichtbildern, Darbietungen) verpflichten.** Er zielt demnach auf schuldrechtliche Verpflichtungsverträge,[19] gleich welchen Typs,[20] wie sie der Einräumung von Nutzungsrechten zugrunde liegen und von der Einräumung selbst als Verfügungsgeschäft gedanklich zu trennen sind, mag es auch in der Praxis beide Geschäfte zusammenfallen mögen.[21] Ohne weiteres fallen unter § 40 dabei die isolierten Verpflichtungsverträge, aufgrund deren noch keine Verfügung erfolgt ist, sondern bei denen die Einräumung des Nutzungsrechtes erst nachfolgen soll, etwa wenn das Werk abgeliefert wird. Aber auch Verpflichtungsverträge, bei denen bereits in Erfüllung der Verpflichtung des Urhebers eine Vorausverfügung über das Urheberrecht am künftigen Werk[22] erfolgt ist, fallen unter § 40, wie sich aus § 40 Abs. 3 ergibt.[23] Formvorschrift und Kündigungsrecht gelten jedoch auch hier nur für den Verpflichtungsvertrag, nicht für die Verfügung.[24] Freilich haben sowohl ein Formmangel als auch die Kündigung des Verpflichtungsgeschäfts Auswirkungen auf die Verfügungsebene.

Auf **rein schuldrechtliche Vereinbarungen zu Verwertungsrechten** an künftigen Werken 13 (§ 29 Abs. 2 Alt. 2)[25] ist § 40 entsprechend anzuwenden. Denn auch die Verpflichtung, die Nutzung überhaupt nicht oder nur der Gattung nach bestimmter Werke durch den Vertragspartner zu dulden,

---

[13] BGH GRUR 1957, 387 – Clemens Laar. S. ferner KG NJWE-WettbR 1998, 269 (270) (keine sittenwidrige Knebelung, wenn die Option sich nur auf das nächste Werk bezieht); OLG Karlsruhe ZUM 2003, 785; BVerfG GRUR 2005, 880 (882); OLG Karlsruhe ZUM-RD 2007, 76 – Xavier Naidoo (Sittenwidrigkeit eines Künstlervertrags ua wegen einer einseitigen Option des Produzenten zur Verlängerung des Vertrags um mehr als fünf Jahre).
[14] *Schmitt-Kammler* S. 174.
[15] *Schricker* VerlG § 1 Rn. 49; siehe OLG Karlsruhe ZUM 2003, 785; BVerfG GRUR 2005, 880 (882), OLG Karlsruhe ZUM-RD 2007, 76 – Xavier Naidoo.
[16] So im Ergebnis auch *Brandi-Dohrn* S. 90; Fromm/Nordemann/*J. B. Nordemann* UrhG § 40 Rn. 12. Für entsprechende Anwendung des § 40 dagegen *Schmitt-Kammler* S. 176 f.; Dreier/Schulze/*Schulze* UrhG § 40 Rn. 8 mwN.
[17] Vgl. auch → § 32 Rn. 15.
[18] Aber → Vor § 120 Rn. 155 ff.
[19] Fromm/Nordemann/*J. B. Nordemann* UrhG § 40 Rn. 10; Wandtke/Bullinger/*Wandtke* UrhG § 40 Rn. 2; Dreier/Schulze/*Schulze* UrhG § 40 Rn. 7; *Schack* Rn. 630.
[20] *Schmitt-Kammler* S. 185; vgl. OLG Frankfurt a. M. WRP 2015, 603 (608) (Gesellschaftsvertrag).
[21] → Vor §§ 31 ff. Rn. 24.
[22] → Vor §§ 31 ff. Rn. 12.
[23] Wandtke/Bullinger/*Wandtke* UrhG § 40 Rn. 3; *Ulmer* § 94 III 1; *Schmitt-Kammler* S. 181 ff.; *Bock* S. 235, 236; Dreyer/*Kotthoff*/Meckel UrhG § 40 Rn. 4.
[24] Dreier/Schulze/*Schulze* UrhG § 40 Rn. 7.
[25] BGH GRUR 2010, 628 Rn. 32 – Vorschaubilder I.

erzeugt eine ungewöhnlich starke, in ihren wirtschaftlichen und die Schaffensfreiheit betreffenden Folgen kaum abzusehende Bindung.

14 Erst recht besteht das entsprechende Schutzbedürfnis, wenn sich ausübende Künstler dazu verpflichten, **Rechte an künftigen Darbietungen im Wege der Vorausabtretung zu übertragen** (vgl. § 79 Abs. 1 S. 1 UrhG). Daher gelten das Schriftformerfordernis und das Kündigungsrecht des § 40 für solche Verpflichtungsgeschäfte gem. § 79 Abs. 2a entsprechend. Unabhängig hiervon kann die Vorausabtretung nach allgemeinen zessionsrechtlichen Grundsätzen mangels Bestimmbarkeit des betroffenen Rechts unwirksam sein.

15 **b) Vorverträge.** Von den schuldrechtlichen Verträgen, die zur Einräumung eines Nutzungsrechtes verpflichten, sind die **Vorverträge** zu unterscheiden. Vorverträge verpflichten nicht schon zur Erbringung der letzten Endes angestrebten Leistung, hier der Einräumung des Nutzungsrechts, sondern lediglich zum Abschluss eines auf die Leistungserbringung gerichteten (schuldrechtlichen) Hauptvertrags. Wirksamkeitsvoraussetzung des Vorvertrags ist dabei, dass der Inhalt des Hauptvertrags genügend bestimmt oder doch soweit bestimmbar ist, dass der Richter im Streitfall zumindest durch ergänzende Auslegung den Inhalt des Hauptvertrages feststellen kann.[26] Vorverträge pflegen geschlossen zu werden, wenn bereits eine Bindung gewünscht wird, der Hauptvertrag jedoch noch nicht eingegangen werden kann, insbesondere weil rechtliche oder faktische Hindernisse im Wege stehen. Im urheberrechtlichen Bereich sind Vorverträge selten. Zielt ein Vorvertrag auf einen unter § 40 fallenden Hauptvertrag ab, so **unterliegt bereits der Vorvertrag dem § 40,** dh es gilt Schriftform, und es besteht das Kündigungsrecht; andernfalls könnte § 40 durch Abschluss von Vorverträgen umgangen werden.[27]

16 **c) Optionsverträge.** Von den Vorverträgen sind des Weiteren die **Optionsverträge** (Vorrechtsverträge) zu unterscheiden; sie begründen nur eine einseitige Bindung.[28] Unter einem **Optionsvertrag im engeren Sinn**[29] versteht man einen Vertrag, der dem Optionsberechtigten das Gestaltungsrecht verleiht, durch einseitige Erklärung einen Vertrag bestimmten Inhalts in Geltung zu setzen. Der Verfasser räumt dem Verleger beispielsweise das Recht ein, ein noch zu schaffendes Werk in Verlag zu nehmen, wobei durch Ausübung der Option ein Verlagsvertrag bestimmten Inhalts zustande kommt. Konstruktiv könnte ein entsprechendes Ergebnis auch dadurch erreicht werden, dass der Verfasser ein bindendes Vertragsangebot mit langzeitiger Annahmefrist abgibt, das der Verleger zum gegebenen Zeitpunkt annehmen kann. Voraussetzung ist in jedem Fall, dass der Vertrag, der zustande kommen soll, bereits in den wesentlichen Punkten festgelegt ist. In der Praxis wird die Option häufig mit einem bereits abgeschlossenen Verlagsvertrag über ein anderes Werk verbunden; hinsichtlich der Bedingungen kann dann auf diesen Bezug genommen werden.

17 Beim **Optionsvertrag im weiteren Sinn**[30] unterliegt der eine Vertragsteil einer Anbietungspflicht. Geht der andere Teil auf die Option ein, ist ein entsprechender Hauptvertrag, etwa ein Verlagsvertrag, zu schließen. Strittig ist, ob und inwieweit der Optionsverpflichtete gehalten ist, sich bei Ausübung der Option auf den Vertragsschluss einzulassen. Während eine Meinung annimmt, er sei verpflichtet, einen Vertrag zu „angemessenen Bedingungen" abzuschließen,[31] verneint die gegenteilige herrschende Meinung einen Abschlusszwang; der Optionsverpflichtete dürfe mit einem anderen Werknutzer aber nur abschließen, wenn dieser günstigere Bedingungen biete.[32] Richtigerweise wird man annehmen müssen, dass es den Parteien freisteht, welche der beiden Alternativen sie vereinbaren: Sie bewegen sich im Rahmen der Vertragsfreiheit und können selbst entscheiden, ob sie sich stärker oder nur lockerer binden wollen. Ratsam ist dabei freilich, die Optionsbedingungen im Vertrag klar auszuformulieren. Lässt sich aus dem Vertrag nicht zweifelsfrei entnehmen, welche Alternative gewollt ist, muss angesichts der Unüblichkeit einer Verpflichtung zum Vertragsschluss auf „angemessene Bedingungen" und der mit ihr verbundenen Praktikabilitätsschwierigkeiten angenommen werden, dass nicht diese, sondern nur die lockere Optionsbindung gewollt ist, die als die typische Gestaltung betrachtet werden kann.[33]

---

[26] Palandt/*Ellenberger* BGB Einf. v. § 145 Rn. 20 mwN; *Schricker* VerlG § 1 Rn. 50.
[27] *Schricker* VerlG § 1 Rn. 50; *Haberstumpf/Hintermeier* § 9 IV 3; *Schack* Rn. 1109; Wandtke/Bullinger/*Wandtke* UrhG § 40 Rn. 6, 11.
[28] S. zum Begriff *Schricker* VerlG § 1 Rn. 40 ff.; *Isele* FS Bappert, 1964, 87; *Brandi-Dohrn* S. 10 ff., 60 ff.; *Schmitt-Kammler* S. 177 ff.; *Bock* S. 34 ff., 78 ff.; *Dreier/Schulze/Schulze* UrhG Vor § 31 Rn. 153 ff.; *Brauneck/Brauner* ZUM 2006, 513 (516 ff.). Zur praktischen Durchführung der Optionsverträge s. im Einzelnen *Bock* S. 266 ff.; *Schricker* VerlG § 1 Rn. 44–47; zur Auslegung und Ausübung einer Optionsklausel BGH ZUM 2010, 427 – Neues vom Wixxer; zur Möglichkeit eines höchstpersönlichen Optionsrechts s. OLG München ZUM-RD 1998, 130; zur Frage der Rückgabe von Unterlagen bei Nichtausübung der Option s. OLG München ZUM 2000, 66 (68); vgl. auch BGH ZUM 1999, 478 – Hunger und Durst; zur fristlosen Kündigung einer Option s. LG Berlin ZUM-RD 2002, 257.
[29] Qualifizierter oder absoluter Optionsvertrag.
[30] Einfacher oder relativer Optionsvertrag.
[31] *Voigtländer/Elster* VerlG § 1 Anm. 12 II b; *Bappert* BBl. 1955, 87 f.
[32] BGH GRUR 1957, 387 (388) – Clemens Laar; *Schricker* VerlG § 1 Rn. 42; *Ulmer* § 94 I 2; *Schmitt-Kammler* S. 179; *Brandi-Dohrn* S. 61, 75, 102; *Isele* FS Bappert, 1964, 87 (94); *Brauneck/Brauner* ZUM 2006, 513 (517); differenzierend *Bock* S. 95 ff.
[33] S. zB LG Hamburg ZUM 2002, 158.

Jedenfalls die **Optionsverträge im engeren Sinn** fallen unter § 40. Praktisch binden sie den Urheber. Ob die Bindung realisiert wird, hängt allein vom Belieben des Optionsberechtigten ab. Das Schutzbedürfnis des Urhebers ist hier in der Sache nicht anders einzuschätzen als bei den sonstigen unter § 40 fallenden Vertragsgestaltungen.[34] Aber auch beim **einfachen Optionsvertrag** ist eine zumindest **analoge Anwendung des § 40** angezeigt.[35] Wenn der Urheber sein Werk verwerten will und sich günstigere Bedingungen anderwärts nicht finden lassen, besteht auch hier praktisch eine Bindung, wie sie § 40 in Grenzen halten will. Durch die Anwendbarkeit des § 40 auf Optionsverträge ist die ältere Rechtsprechung zu § 138 BGB in diesem Bereich weitgehend überholt.[36] **18**

d) Verlags-, Wahrnehmungs- und Arbeitsverträge. § 40 gilt auch für **Verpflichtungsverträge im Anwendungsbereich des VerlG;**[37] unberührt bleiben insbesondere die §§ 11 Abs. 2, 30, 34, 35, 38 VerlG.[38] Dem § 40 unterliegt dabei nicht nur ein dem Verlagsvertrag zeitlich vorgeordneter Verpflichtungsvertrag, sondern auch die Verpflichtungskomponente im Verlagsvertrag selbst, sofern sich jene auf ein künftiges Werk richtet und die Voraussetzungen des § 40 erfüllt sind.[39] § 40 gilt ferner für **Wahrnehmungsverträge,** genauer gesagt, deren schuldrechtlichen Teil.[40] **19**

Dagegen entspricht es den besonderen Verhältnissen bei **Arbeits- oder Dienstverträgen** und ist mit dem Schutzzweck des § 40 vereinbar, auf die in ihnen enthaltene Verpflichtung zur Einräumung künftiger Nutzungsrechte § 40 nicht anzuwenden.[41] Dies gilt für die sog. Pflichtwerke; außerhalb dieses Bereichs ist § 40 dagegen anwendbar.[42] **20**

2. Künftige Werke

Der Vertrag muss sich auf **künftige** Werke (Ausgaben, Lichtbilder, Darbietungen) beziehen, dh zum Zeitpunkt des Vertragsabschlusses dürfen die Werke bzw. Leistungen noch nicht geschaffen, genauer gesagt, noch nicht vollendet sein. **21**

Nach dem Wortlaut des Gesetzes muss der Vertrag eine Mehrzahl von künftigen Werken, also mindestens zwei, betreffen. Allerdings kann der Schutzzweck der Vorschrift bereits dann berührt sein, wenn sich der Urheber zur Schaffung **eines überhaupt nicht oder nur der Gattung nach bestimmten Werkes** (zB des „nächsten" Romans)[43] verpflichtet. Der Wortlaut ist daher teleologisch auf Verträge über ein einzelnes Werk zu reduzieren, wenn der Vertrag eine ungewöhnlich starke Bindung des künftigen Schaffens impliziert. Dies ist insbesondere der Fall, wenn die Herstellung des nicht näher individualisierten Werkes sehr aufwändig ist.[44] **22**

Umgekehrt ist auch bei Verträgen über mehrere künftige Werke (zB mehrere Lichtbildwerke oder Kurzanmerkungen) darauf abzustellen, ob der Vertrag eine ungewöhnlich starke, in ihren wirtschaftlichen und sonstigen Folgen kaum abzusehende Bindung auslöst. Nicht jeder Vertrag über mehrere künftige Werke fällt unter § 40, sondern nur der Vertrag, der sich seinem Inhalt nach – der erforderlichenfalls durch Auslegung zu ermitteln ist – entweder auf **„überhaupt nicht näher"** bestimmte künftige Werke oder **nur „der Gattung nach" bestimmte** künftige Werke bezieht, dh bei dem es an einer näheren Konkretisierung[45] fehlt. Bei genügender Konkretisierung fallen auch Langzeitverträge nicht unter § 40; die Bindung ist dann überschaubar.[46] **23**

Überhaupt nicht näher bestimmt dürfte der Vertragsgegenstand nur selten sein. Zu denken ist an Verträge, die das gesamte Schaffen eines Urhebers auf Lebenszeit oder in einem bestimmten Zeitabschnitt dem Vertrag unterstellen.[47] **24**

„Nur der Gattung nach" bestimmt sind künftige Werke, wenn sie nicht[48] individualisiert, sondern nur durch allgemeine Merkmale bezeichnet werden, die für mehrere, zu einer Gattung zusam- **25**

---

[34] Fromm/Nordemann/*J. B. Nordemann* UrhG § 40 Rn. 8; Wandtke/Bullinger/*Wandtke* UrhG § 40 Rn. 8; *Bock* S. 239; Dreyer/*Kotthoff*/Meckel UrhG § 40 Rn. 6; *Schricker* VerlG § 1 Rn. 18, 49; *Ulmer* § 94 III 3; *Schmitt-Kammler* S. 178; *Brandi-Dohrn* S. 102. AA *Samson* UFITA 50 (1967), 491 ff. (entsprechende Anwendung möglich).
[35] OLG Schleswig ZUM 1995, 867 (872); Fromm/Nordemann/*J. B. Nordemann* UrhG § 40 Rn. 8; *Schack* Rn. 1109; Wandtke/Bullinger/*Wandtke* UrhG § 40 Rn. 8; *Schricker* VerlG § 1 Rn. 18, 49; *Ulmer* § 94 III 3; *Brandi-Dohrn* S. 102; *Schmitt-Kammler* S. 179; differenzierend *Bock* S. 239, 240; Dreyer/*Kotthoff*/Meckel UrhG § 40 Rn. 7.
[36] OLG Schleswig ZUM 1995, 867 (872).
[37] *Schricker* VerlG § 1 Rn. 16, 49; Wandtke/Bullinger/*Wandtke* UrhG § 40 Rn. 4.
[38] Vgl. *v. Gamm* UrhG § 40 Rn. 3.
[39] *Schricker* VerlG § 1 Rn. 16; *Haberstumpf/Hintermeier* § 9 IV 3; aA *v. Gamm* UrhG § 40 Rn. 3.
[40] Wandtke/Bullinger/*Wandtke* UrhG § 40 Rn. 4; Dreier/Schulze/*Schulze* UrhG § 40 Rn. 4; vgl. auch *Ulmer* § 94 III 1; aA Fromm/Nordemann/*J. B. Nordemann* UrhG § 40 Rn. 4.
[41] LG Köln MMR 2007, 465; → UrhG § 43 Rn. 43 f. mwN; Dreier/Schulze/*Schulze* UrhG § 40 Rn. 5; *Rehbinder/Peukert* Rn. 939; Fromm/Nordemann/*J. B. Nordemann* UrhG § 40 Rn. 7; aA Wandtke/Bullinger/*Wandtke* UrhG § 40 Rn. 4; *Schack* Rn. 630.
[42] Dreier/Schulze/*Schulze* UrhG § 40 Rn. 5.
[43] S. zur Auslegung dieser Klausel BGHZ 9, 237 – Gaunerroman („Nächstes Werk" ist das erste nach Vertragsschluss fertiggestellte Werk, das der Verfasser zur Veröffentlichung für geeignet erachtet).
[44] Fromm/Nordemann/*J. B. Nordemann* UrhG § 40 Rn. 15 f.; Wandtke/Bullinger/*Wandtke* UrhG § 40 Rn. 12 f.; Dreier/Schulze UrhG § 40 Rn. 10; *Schmitt-Kammler* S. 175.
[45] Damit wird mehr als nur Bestimmbarkeit – s. zu dieser *Holzer* S. 51 ff. – verlangt, *v. Gamm* UrhG § 40 Rn. 5.
[46] AA – analoge Anwendung des § 40 – *Schmitt-Kammler* S. 186 f.
[47] Fromm/Nordemann/*J. B. Nordemann* UrhG § 40 Rn. 16; Wandtke/Bullinger/*Wandtke* UrhG § 40 Rn. 13.
[48] Siehe OLG Hamburg NJW-RR 1999, 1495 (1497) für einen Vertrag über die Nutzungsrechtseinräumung an Dias; OLG Köln GRUR-RR 2010, 149 (150) – Kalk-Lady; OLG Dresden BeckRS 2011, 25634 (Werbelogo).

menfassbare Werke gelten, wie durch Bezugnahme auf Werkform, Werkinhalt oder Art der Werkverwertung. Nur gattungsmäßig bestimmt sind zB alle oder alle in bestimmter Zeit produzierten Romane, Theaterstücke, Fachveröffentlichungen zu einem bestimmten Wissensgebiet, Biographien, Ölbilder, Plastiken, Opern, Kammermusikwerke, Hörspiele etc eines bestimmten Urhebers.[49] Die Grenze zwischen den als hinreichend individualisiert zu betrachtenden und den nur gattungsmäßig bestimmten Werken ist im Einzelfall in einer wertenden, am Schutzzweck der Norm ausgerichteten Betrachtung zu ermitteln. Die Verpflichtung des Herausgebers eines periodischen Sammelwerkes hinsichtlich der künftigen Folgen erscheint hinreichend konkretisiert.[50] Nicht unter § 40 fallen zB ein Vertrag über ein Werkverzeichnis eines bestimmten Malers[51] sowie ein Stoffrechtevertrag über die Bücher einer bestimmten, durch die Titelfigur charakterisierten Reihe („Werner-Serie").[52]

26   § 40 bezieht sich seinem Wortlaut nach nicht isoliert auf die Verpflichtung zur Einräumung von Nutzungsrechten an nicht näher oder nur der Gattung nach bestimmten künftigen Werken, sondern auf den gesamten *Vertrag,* durch den sich der Urheber zu solchen Nutzungsrechtseinräumungen verpflichtet. Die Vorschrift ist daher auch dann anwendbar, wenn sich ein **einheitlicher Verpflichtungsvertrag** sowohl auf nicht näher bestimmte künftige Werke als auch auf bestehende oder bestimmte künftige Werke bezieht. Die sich hieraus ergebenden Folgen für die Schriftform und das unabdingbare, den gesamten Vertrag beschlagende Kündigungsrecht sollten bei der Einbeziehung unbestimmter künftiger Werke in einen Nutzungsvertrag von beiden kündigungsberechtigten Parteien bedacht werden.

3. Rechtsfolgen

27   **a) Schriftform.** Der unter Abs. 1 S. 1 fallende Vertrag bedarf der Schriftform; insofern gilt eine Ausnahme von der im Urheberrecht sonst herrschenden Formfreiheit. Die Voraussetzungen der Schriftform bestimmen sich nach **§ 126 BGB.** Demnach müssen die Parteien den Vertrag auf derselben Urkunde eigenhändig durch Namensunterschrift oder mittels notariell beglaubigten Handzeichens unterzeichnen. Werden über den Vertrag mehrere gleichlautende Urkunden aufgenommen, so genügt es, wenn jede Partei die für die andere Partei bestimmte Urkunde unterzeichnet. Ein bloßer Brief- oder E-Mail-Wechsel genügt also nicht.[53] Allerdings kann diese Schriftform nicht nur durch notarielle Beurkundung (§ 126 Abs. 4 BGB), sondern auch durch die elektronische Form (§§ 126 Abs. 3, 126a BGB) ersetzt werden. Hierfür müssen die Parteien jeweils einem gleichlautenden Dokument ihren Namen hinzufügen und das elektronische Dokument mit einer qualifizierten elektronischen Signatur nach dem Signaturgesetz versehen.

28   Wird die Form nicht gewahrt, ist der Vertrag **nichtig** (§ 125 S. 1 BGB), ohne die Möglichkeit einer Heilung.[54] Bildet die nichtige Vereinbarung den **Teil eines einheitlichen Vertrags,** so ist dieser nach dem Wortlaut von § 40 insgesamt formbedürftig und damit ggf. nichtig.[55] Die an sich nicht von § 40 erfassten, aber im Vertrag ggf. enthaltenen **Vorausverfügungen** hinsichtlich unbestimmter künftiger Werke sollen nach dem Willen der Parteien idR mit den zugrunde liegenden Verpflichtungen „stehen und fallen". Aufgrund dieses rechtlichen Zusammenhangs erstreckt sich die Nichtigkeitsfolge auch auf diese Verfügungen.[56]

29   **b) Kündigung.** Das **gesetzliche Kündigungsrecht** des Abs. 1 S. 2 entsteht für jede der beiden Parteien nach Ablauf von 5 Jahren[57] nach dem Abschluss des Vertrages. Es kommt auf den Beginn der vertraglichen Wirkung an, nicht auf die bloße Unterzeichnung.[58]

30   Das in Abs. 2 S. 1 enthaltene Verbot eines Vorausverzichts auf das Kündigungsrecht gilt nicht nur für den **Urheber,** sondern auch den **anderen Vertragsteil.**[59] Verzicht **„im Voraus"** bedeutet, dass auf das Kündigungsrecht nicht vor seiner Entstehung[60] verzichtet werden kann; auf das entstandene

---

[49] Vgl. *v. Gamm* UrhG § 40 Rn. 5.
[50] *Schricker* VerlG § 1 Rn. 16; iErg ebenso OLG Frankfurt a. M. GRUR-RR 2005, 361 (362): Ein Herausgebervertrag verpflichte lediglich zur Auswahl der Werke von Drittautoren, so dass § 40 auch nicht entsprechend anwendbar sei.
[51] OLG Frankfurt a. M. ZUM 1992, 143 (144).
[52] So OLG Schleswig ZUM 1995, 867 (874 f.); zustimmend Dreier/Schulze/*Schulze* § 40 Rn. 13; kritisch Loewenheim/*J. B. Nordemann* UrhG § 26 Rn. 7 mwN; Dreyer/*Kotthoff*/Meckel UrhG § 40 Rn. 8.
[53] Fromm/Nordemann/*J. B. Nordemann* UrhG § 40 Rn. 18.
[54] Helfen kann nur eine formgerechte Neuvornahme oder Bestätigung, § 141 BGB. Nach *v. Gamm* UrhG § 40 Rn. 6; *Bock* S. 245, kann sie auch in der Ablieferung des Werkes liegen, *Ulmer* § 94 III 2. Insofern ist aber Zurückhaltung geboten, Loewenheim/*J. B. Nordemann* UrhG § 26 Rn. 8.
[55] S. allgemein Palandt/*Ellenberger* BGB § 125 Rn. 7; für Anwendung der Teilnichtigkeitsregeln hingegen Haberstumpf/*Hintermeier* § 9 IV 3; Dreier*Schulze* UrhG § 40 Rn. 15.
[56] S. allgemein BGH NJW 1988, 132 mwN; Wandtke/Bullinger/*Wandtke* UrhG § 40 Rn. 3; zu den Auswirkungen auf Verträge, die aufgrund einer Option entstanden sind s. *Bock* S. 251 ff.
[57] Vgl. § 188 Abs. 2 BGB.
[58] Wandtke/Bullinger/*Wandtke* UrhG § 40 Rn. 14; Dreyer/*Kotthoff*/Meckel UrhG § 40 Rn. 11; Fromm/Nordemann/*J. B. Nordemann* UrhG § 40 Rn. 23.
[59] AmtlBegr. *Haertel/Schiefler* S. 199.
[60] Dh vor dem Ablauf der Fünfjahresfrist.

Kündigungsrecht kann dagegen – einseitig oder durch Vertrag – Verzicht geleistet werden, es beginnt dann eine neue Fünfjahresfrist zu laufen.[61]

Die gesetzliche **Kündigungsfrist** beträgt sechs Monate; sie kann vertraglich verkürzt, aber nicht **31** verlängert werden.[62] Die Formvorschrift des Abs. 1 S. 1 gilt nicht für Vereinbarungen über die Kündigungsfrist.[63] Die – nicht formgebundene – Kündigung kann schon vor Ablauf der 5 Jahre[64] erklärt werden; ihre Wirkungen treten aber frühestens zum gesetzlich geregelten Zeitpunkt ein.[65]

Gemäß Abs. 2 S. 2 bleiben **„andere vertragliche oder gesetzliche Kündigungsrechte** unbe- **32** rührt". Wie allgemein bei Dauerschuldverhältnissen kann eine vertragliche Kündigung vereinbart werden. Sie ist in allen Modalitäten zulässig, insbesondere in kürzerer Frist;[66] es darf nur – für keinen der beiden Partner – das Kündigungsrecht des Abs. 1 S. 2 im Voraus abbedungen werden. Ferner kommen gesetzliche Kündigungsrechte in Betracht, insbesondere eine Kündigung aus wichtigem Grund gem. § 314 BGB.[67] Gesetzliche Rücktrittsrechte[68] bleiben ebenfalls unberührt, auch wenn sie im Gesetz nicht genannt werden.[69] Entsprechendes gilt für das Lösungsrecht beim Wegfall der Geschäftsgrundlage gem. § 313 BGB.[70]

c) Wirkungen der Kündigung. Die Kündigung beendet den gesamten schuldrechtlichen Vertrag **33** **ex nunc.**[71] Eine Teilkündigung nur hinsichtlich der Verpflichtungen für nicht näher oder nur der Gattung nach bestimmte künftige Werke ist grundsätzlich unzulässig, weil sich sonst ein einseitiges Gestaltungsrecht zur Änderung des Vertrages im Widerspruch zum Grundsatz pacta sunt servanda ergäbe.[72]

Eine **Vergütung,** zB Optionspauschale, die als Gegenleistung für die Verpflichtung des Urhebers **34** bis zum Kündigungszeitpunkt anzusehen ist, verbleibt dem Urheber; ebenso bleiben die im Rahmen bereits erfolgter Werkverwertungen erbrachten Leistungen unberührt.[73] Dagegen sind auf die weitere Laufdauer des Vertrags bezogene, bereits entrichtete Vergütungen gem. § 812 Abs. 1 S. 2 BGB[74] zurückzugewähren; der Rechtsgrund für sie ist entfallen. Zurückzuzahlen sind insbesondere Vorschüsse auf die Verwertung künftiger Werke, sofern es zu einer solchen nicht kommt.[75]

Die Kündigung beendet den schuldrechtlichen Vertrag. Auf **die Nutzungsrechtseinräumung** **35** **selbst** ist § 40 Abs. 1 nicht anwendbar. Nach allgemeinen Regeln würden mit der Beendigung des schuldrechtlichen Vertrages auch diejenigen Verfügungen ihre Basis verlieren und unwirksam werden, die sich auf den aufgehobenen Vertrag stützen; das Abstraktionsprinzip gilt insofern nach hM nicht.[76] Abs. 3 trifft eine hiervon abweichende Regelung, wonach es entscheidend auf die **Ablieferung** des Werkes ankommt.

Hinsichtlich der zum Zeitpunkt der Vertragsbeendigung[77] bereits **geschaffenen und abgeliefer- 36** **ten Werke** bleibt – wie sich im Umkehrschluss aus Abs. 3 ergibt – die Vorausverfügung, die mit Entstehung des Werkes die Wirkung einer voll durchgeführten Einräumung des Nutzungsrechts erlangt hat, in ihrer Wirksamkeit trotz der Vertragsbeendigung bestehen.[78] Der Verwerter bleibt Inhaber der Nutzungsrechte und kann diese im Verhältnis zu Dritten – je nach Reichweite der Nutzungsrechtseinräumung – auch im Verhältnis zum Urheber weiterhin geltend machen. Allerdings hat die Kündigung das Verpflichtungsgeschäft in seiner Gesamtheit beendet, nicht nur die Verpflichtungen hinsichtlich der noch nicht abgelieferten Werke. Daher kann der Urheber die wirksam eingeräumten Nutzungsrechte gem. § 812 Abs. 1 S. 2 Alt. 1 BGB kondizieren, weil der rechtliche Grund für ihre Innehabung ex nunc weggefallen ist. Diese komplizierte Konstruktion ist praktisch durchaus sinnvoll: Einerseits ist der Verwerter in der Lage, die vom Urheber immerhin abgelieferten Werke zunächst weiter zu nutzen. Andererseits kann der Urheber über die Geltendmachung des Kondiktionsanspruchs auch insoweit verbesserte Vertragsbedingungen durchsetzen.

Ist ein Werk zum Zeitpunkt der Vertragsbeendigung zwar geschaffen, aber **noch nicht abgelie- 37** **fert,** so ist an sich die Vorausverfügung bereits zur vollen Wirksamkeit gelangt – soweit es nach § 9

[61] Vgl. *Ulmer* § 94 IV; Dreier/Schulze/*Schulze* UrhG § 40 Rn. 20.
[62] Abs. 1 S. 3; Fromm/Nordemann/*J. B. Nordemann* UrhG § 40 Rn. 23; Wandtke/Bullinger/*Wandtke* UrhG § 40 Rn. 14; Dreyer/*Kotthoff*/Meckel UrhG § 40 Rn. 13.
[63] BeckOK/*Spautz*/*Götting* UrhG § 40 Rn. 11.
[64] *V. Gamm* UrhG § 40 Rn. 8.
[65] BeckOK/*Spautz*/*Götting* UrhG § 40 Rn. 10; aA Wandtke/Bullinger/*Wandtke* UrhG § 40 Rn. 14.
[66] Dreier/Schulze/*Schulze* UrhG § 40 Rn. 19 f.
[67] *Schack* Rn. 1109; Wandtke/Bullinger/*Wandtke* UrhG § 40 Rn. 17; Dreyer/*Kotthoff*/Meckel UrhG § 40 Rn. 15; dazu im Einzelnen → Vor §§ 31 ff. Rn. 79 ff.
[68] ZB wegen Verzugs oder Unmöglichkeit – soweit sie nicht bei Dauerschuldverhältnissen durch Kündigungsrechte ersetzt werden.
[69] Vgl. *v. Gamm* UrhG § 40 Rn. 3.
[70] Dazu allgemein → Vor §§ 31 ff. Rn. 74 ff.
[71] Zur Einheit des Vertrages auch *Ulmer* § 94 III 1.
[72] Allgemein BGH NJW 1993, 1320 (1322); Palandt/*Grüneberg* BGB § 346 Rn. 12.
[73] *v. Gamm* UrhG § 40 Rn. 9; Dreier/Schulze/*Schulze* UrhG § 40 Rn. 23.
[74] Sa § 537 Abs. 1 S. 2 BGB.
[75] Vgl. Abs. 3; *Ulmer* § 94 IV.
[76] → Vor §§ 31 ff. Rn. 24.
[77] Wirksamwerden der Kündigung.
[78] Wandtke/Bullinger/*Wandtke* UrhG § 40 Rn. 20.

Abs. 1 VerlG nicht zusätzlich auf die Ablieferung ankommt –; der Gesetzgeber statuiert aber dennoch die Unwirksamkeit der Verfügung. Ein bereits entstandenes Nutzungsrecht fällt automatisch an den Urheber zurück.[79] Entsprechendes gilt, wenn Werke weder abgeliefert noch auch nur geschaffen worden sind; hier wird die Vorausverfügung unwirksam. Für diese Werke muss der Verwerter also einen neuen Nutzungsvertrag abschließen.

38   Dass der Gesetzgeber auf die „**Ablieferung**" abgestellt hat, reflektiert das vertragskonforme und beim Nutzungsrechtsinhaber Vertrauen schaffende Verhalten des Urhebers und dürfte sich zudem aus dem Streben nach Rechtsklarheit sowie einer Anknüpfung an § 9 Abs. 1 VerlG erklären. Für den Begriff der Ablieferung kann somit auf verlagsrechtliche Lehren zurückgegriffen werden; Ablieferung verlangt eine zum Zweck der Vertragserfüllung erfolgende Verschaffung eines körperlichen Werkexemplars an den Werknutzer.[80] Verweigert der Urheber die Ablieferung eines Werks in treuwidriger Weise, haftet er wegen Pflichtverletzung und ggf. gem. § 826 BGB auf Schadensersatz;[81] außerdem kann er sich mit Blick auf die Wirkungen des Abs. 3 nicht auf die fehlende Ablieferung berufen, so dass der Vertragspartner Inhaber der Nutzungsrechte bleibt.[82] Bei **Wahrnehmungsverträgen** erscheint das Abstellen auf die Ablieferung nicht sachgerecht; hier ist sinngemäß ein Rückfall aller Rechte ex nunc anzunehmen.[83]

§ 40a Recht zur anderweitigen Verwertung nach zehn Jahren bei pauschaler Vergütung

(1) [1]**Hat der Urheber ein ausschließliches Nutzungsrecht gegen eine pauschale Vergütung eingeräumt, ist er gleichwohl berechtigt, das Werk nach Ablauf von zehn Jahren anderweitig zu verwerten.** [2]**Für die verbleibende Dauer der Einräumung besteht das Nutzungsrecht des ersten Inhabers als einfaches Nutzungsrecht fort.** [3]**Die Frist nach Satz 1 beginnt mit der Einräumung des Nutzungsrechts oder, wenn das Werk später abgeliefert wird, mit der Ablieferung.** [4]**§ 38 Absatz 4 Satz 2 ist entsprechend anzuwenden.**

(2) **Frühestens fünf Jahre nach dem in Absatz 1 Satz 3 genannten Zeitpunkt können die Vertragspartner die Ausschließlichkeit auf die gesamte Dauer der Nutzungsrechtseinräumung erstrecken.**

(3) **Abweichend von Absatz 1 kann der Urheber bei Vertragsschluss ein zeitlich unbeschränktes ausschließliches Nutzungsrecht einräumen, wenn**

1. **er einen lediglich nachrangigen Beitrag zu einem Werk, einem Produkt oder einer Dienstleistung erbringt; nachrangig ist ein Beitrag insbesondere dann, wenn er den Gesamteindruck eines Werkes oder die Beschaffenheit eines Produktes oder Dienstleistung wenig prägt, etwa weil er nicht zum typischen Inhalt eines Werkes, eines Produktes oder einer Dienstleistung gehört,**
2. **es sich um ein Werk der Baukunst oder den Entwurf eines solchen Werkes handelt,**
3. **das Werk mit Zustimmung des Urhebers für eine Marke oder ein sonstiges Kennzeichen, ein Design oder ein Gemeinschaftsgeschmacksmuster bestimmt ist oder**
4. **das Werk nicht veröffentlicht werden soll.**

(4) **Von den Absätzen 1 bis 3 kann zum Nachteil des Urhebers nur durch eine Vereinbarung abgewichen werden, die auf einer gemeinsamen Vergütungsregel (§ 36) oder einem Tarifvertrag beruht.**

Schrifttum: *Berger/Freyer,* Neue individualvertragliche und kollektivrechtliche Instrumente zur Durchsetzung angemessener Urhebervergütungen, ZUM 2016, 569; *dies.,* „Rückrufsrecht wegen anderweitiger Nutzung" – Zum Vorschlag eines neuen § 40a UrhG, GRUR 2016, 13; *Konertz,* Die Sondervergütung und das Recht auf Zweitverwertung im Arbeitnehmerurheberrecht, NZA 2017, 614; *Lucas-Schloetter,* Das neue Urhebervertragsrecht, GRUR 2017, 235; *dies.,* Die urhebervertragsrechtlichen Bestimmungen des Richtlinienvorschlages über das Urheberrecht im digitalen Binnenmarkt, GRUR-Int 2018, 430; *J.B. Nordemann,* Der neue § 40a UrhG: Das Recht zur anderweitigen Verwertung nach zehn Jahren bei pauschaler Vergütung, FS Schulze (2017), S. 265; *Obergfell,* Auf der Suche nach der fairen Balance – Ein Lehrstück zur Austarierung der Parteiinteressen im Urhebervertragsrecht, FS Schulze (2017), S. 275; *Ory,* Urhebervertragsrecht – Die Reform der Reform – Von der angemessenen Vergütung zum Besonderen Urhebervertragsrecht?, in Ory/Cole, Reform des *Urhebervertragsrechts* (2016), S. 11; *Peifer,* Die Urhebervertragsrechtsreform 2016, GRUR-Prax 2017, 1; *ders.,* Urhebervertragsrecht in der Reform, K&R Beil. zu Heft 7/8 (2017), S. 17; *Schulze,* Kein Pauschalentgelt bei zeitlich unbegrenzter Rechtseinräumung, FS Bornkamm (2014), S. 939; *ders.,* Die verschiedenen Interessen der Urheber und der Werkvermittler beim Urhebervertragsrecht – Versuch einer Annäherung, FS Schwarz (2017), S. 3; *ders.,* Desiderate der Urheberrechtsregulierung heute, ZUM 2018, 242; *Schwarz,* Das Recht zur „Wiederverfilmung" nach den Urheberrechtsnovellen, FS Schulze (2017), S. 307; *Soppe,* Das Urhebervertragsrecht und seine Bedeutung für die Vertragsgestaltung, NJW 2018, 729; *Wandtke,* Urheberrecht in der Reform oder wohin steuert das Urheberrecht?, MMR 2017, 367. (sa. Schrifttumsnachweise bei § 32).

---

[79] OLG Karlsruhe ZUM-RD 2007, 46; Wandtke/Bullinger/*Wandtke* UrhG § 40 Rn. 19; Dreier/Schulze/*Schulze* UrhG § 40 Rn. 25.
[80] *Schricker* VerlG § 9 Rn. 4; Dreier/Schulze/*Schulze* UrhG § 40 Rn. 26.
[81] Dreier/Schulze/*Schulze* UrhG § 40 Rn. 26.
[82] § 242 BGB; iErg ebenso *Brauneck/Brauner* ZUM 2006, 513 (521).
[83] *Ulmer* § 94 III 1; Dreier/Schulze/*Schulze* UrhG § 40 Rn. 27.

Übersicht

I. Allgemeines

1. Bedeutung, Zweck und Aufbau der Norm

§ 40a wurde im Rahmen der **Urhebervertragsrechtsreform 2016** durch das Gesetz vom 1 20.12.2016 (BGBl. I S. 3037) eingeführt. Er ist zum 1.3.2017 in Kraft getreten. Die Norm verschafft dem Urheber ein „Recht zur anderweitigen Verwertung", also ein Zweitverwertungsrecht, das konstruktiv dem in § 38 Abs. 3 S. 2 nahekommt, allerdings zusätzliche Voraussetzungen und Rechtsfolgen hat. Das Recht entsteht nur unter der Voraussetzung, dass einem Werknutzer ausschließliche Nutzungsrechte gegen eine pauschale Vergütung eingeräumt wurden. Seine Wirkung besteht darin, dass der Urheber nach zehn Jahren erneut über das Nutzungsrecht verfügen, insbesondere also selbst oder durch einen anderen Werknutzer konkurrierende Nutzungen des Werkes ermöglichen kann. Dem bisherigen Verwerter verbleibt ein einfaches Nutzungsrecht, er verliert nicht die bisherige Nutzungsmöglichkeit, wohl aber die exklusive Stellung. Bei bestimmten Werkarten und Leistungen (§ 40a Abs. 3) kann der Urheber nach wie vor ein zeitlich unbegrenztes ausschließliches Nutzungsrecht einräumen, darüber hinaus können die Parteien auch bei den erfassten Nutzungsrechten vor Ablauf der Zehn-Jahres-Frist in zeitlichen Grenzen die Exklusivität durch gesonderte Vereinbarung wieder herstellen (§ 40a Abs. 2). Darüber hinaus sind Vereinbarungen zum Nachteil des Urhebers aber nur in kollektiven Regelungen, insbesondere Gemeinsamen Vergütungsregeln (§ 36), zulässig (§ 40a Abs. 4).

Anlass für die Einführung ist die beobachtete „Praxis, dass ausschließliche Nutzungsrechte oft über 2 die gesamte Schutzdauer vereinbart werden, bei urheberrechtlichen Werken also nicht selten über einen Zeitraum von mehr als 100 Jahren, und dass der Urheber hierfür keine laufende Beteiligung an den Erlösen erhält".[1] Dass diese Praxis dem Grundsatz des § 11 S. 2 zutiefst zuwiderläuft und die im Zentrum des Gesetzes stehende Person des Werkschöpfers zum noch zum „Berechnungsfaktor für die Schutzdauer"[2] degradiert, musste zu korrigierenden Eingriffen des Gesetzgebers führen. § 40a fügt sich in den mit der Urhebervertragsrechtsform 2016 insgesamt verfolgten **Zweck** ein, die individualvertragliche Stellung des Urhebers gegenüber seinem Verwertungspartner zu stärken[3] und Pauschalvergütungen zu begrenzen. § 40a erhöht die Dispositionsmöglichkeiten des Urhebers über sein Werk. Die Norm soll den Anreiz begrenzen, pauschale Rechteeinräumungen auf die gesamte Schutzdauer zu vereinbaren.[4] Dadurch soll auch die Nutzung des Werkes durch konkurrierende Verwertungen erleichtert werden. Das erhöht die Chance, dass nicht ausreichend genutzte Rechte alternativen Verwertungen zugänglich werden. Hierdurch wiederum kann entweder die Aussicht auf weitere Vergü-

---

[1] Begr. RegE BT-Drs. 18/8625, 29; ebenso Dreier/Schulze/*Schulze* UrhG § 40a Rn. 1 mit der Bemerkung, dass in solchen Fällen nicht der Urheber, sondern der Verwerter Nutznießer der langen Schutzfrist werde.
[2] So *Schulze* FS Bornkamm, 2014, 949 (953 f.).
[3] Begr. RegE BT-Drs. 18/8625, 18: „stärkt die Stellung der Urheber in Vertragsverhandlungen vor, während und nach der Nutzung".
[4] Begr. RegE BT-Drs. 18/8625, 18.

tungen erhöht oder jedenfalls der Zugang zu dem Recht verbessert werden. Der Umstand, dass nur ausschließliche Rechteeinräumungen gegen pauschale Vergütung erfasst sind, zeigt, dass die Vorschrift den sog. „Rechte-Buyout" (vollständige Rechteeinräumung gegen Einmalzahlung) begrenzen soll. Hierdurch sollen die Chancen des Urhebers auf nutzungsabhängige oder erfolgsbezogene Vergütungen erhöht werden. Sofern nutzungs- oder erfolgsabhängige Vergütungen im Nutzungsvertrag vereinbart werden, erhält sich der Verwerter seine exklusive Rechtsposition. Da § 40a in die vertragliche Disposition des Werknutzers eingreift, finden sich an mehreren Stellen Begrenzungen. So entsteht das Recht nur einmal, nämlich nach zehn Jahren, der Verwerter hat die Chance, innerhalb dieser zehn Jahre seine Investitionen in die Werknutzung zu amortisieren. Zudem sind frühestens nach fünf Jahren Vereinbarungen möglich, schließlich verliert der Werknutzer die eigene Verwertungsmöglichkeit nach zehn Jahren nicht.

3   Der **Aufbau der Norm** reflektiert die Absicht des Gesetzgebers, das neu eingeführte Recht an einschränkende Voraussetzungen, Ausnahmen und Dispositionsmöglichkeiten der Parteien zu knüpfen. Abs. 1 regelt die Voraussetzungen, unter denen das Recht auf anderweitige Verwertung entsteht. Abs. 2 erlaubt die Wiederherstellung der Exklusivität zugunsten des Verwerters nach Ablauf einer Frist von fünf Jahren. Abs. 3 gewährt dem Werknutzer die Möglichkeit, ein zeitlich unbegrenztes Nutzungsrecht zu erwerben, knüpft diese Möglichkeit aber an bestimmte Werkarten und Leistungen. Abs. 3 ist damit eine Art Ausnahmebestimmung zum Recht auf anderweitige Verwertung. Abs. 4 schützt den Urheber im Rahmen des zwingenden Normgehalts vor nachteilig abweichenden Vereinbarungen in Individualverträgen, erlaubt solche Abweichungen allerdings in kollektiven Vereinbarungen. Damit folgt § 40a dem auch in andere Vorschriften des Gesetzes verfolgten Plan, die Standards in Verträgen zu Gunsten der Urheber zu erhöhen und Anreize zu kollektiven branchenspezifischen Verhandlungen zu setzen (vgl. insoweit auch §§ 32d Abs. 3, 32e Abs. 3, 41 Abs. 4, 88 Abs. 2 S. 3).

2. Entwicklung der Norm

4   § 40a steht im Kontext einer seit langem im deutschen Urheberrecht geführten **Kritik an überlangen Vertragsbindungen in Nutzungsverträgen.** Auch die Kritik an der langen Schutzdauer des Urheberrechts insgesamt hat in den letzten Jahren erheblich zugenommen.[5] Es ist nicht nur eine Kritik an der Vorenthaltung von Kulturgütern gegenüber Nutzungswünschen kreativer Nachschaffender, Wissenschaftler und der Allgemeinheit.[6] Es ist auch eine Kritik daran, dass von der langen Schutzdauer der im Zentrum des Gesetzes stehende Werkschöpfer nicht profitiert, wenn er das Recht (ggf. auch zu einem frühen Zeitpunkt) exklusiv einem Werknutzer einräumt, dafür oft nur eine pauschale Vergütung erhält und die lange Schutzdauer damit faktisch nur dem Werknutzer zugutekommt. Die Kritik hieran hat auch zu Forderungen geführt, die Dauer von Nutzungsrechtseinräumungen zeitlich zu begrenzen, den Urhebern jedenfalls nach einer gewissen Dauer Kündigungs- und Rückrufrechte zu gewähren oder einen automatischen Rückfall von Nutzungsrechten nach einer angemessenen Amortisationsdauer vorzusehen.[7] Beendigungsrechte (wenngleich dispositiver Natur) sieht auch das US-amerikanische Recht nach 30 Jahren vor,[8] zwingende Befristungen auf zehn Jahre finden sich im bulgarischen Urheberrecht.[9]

5   Ein Regelungsvorschlag von *W. Nordemann* wollte dem Urheber bei Nutzungsrechtseinräumungen von mehr als dreißig Jahren eine Kündigungsmöglichkeit mit einer Frist von einem Jahr zum Ende des jeweiligen Kalenderjahrs eröffnen.[10] Diese Idee wurde in § 32 Abs. 3 des sog. **„Professorenentwurfs",** welcher der Urhebervertragsrechtsnovelle 2002 voranging, aufgegriffen.[11] Die Norm wollte beiden Seiten nach 30 Jahren Nutzungsdauer ein Kündigungsrecht verschaffen, das für den Urheber unverzichtbar und zwingend gestalt sein sollte. In der Urhebervertragsrechtsnovelle 2002 wurde der Vorschlag allerdings nicht umgesetzt.

6   Im Vorfeld der Urhebervertragsrechtsnovelle 2016 wurde die Frage der Befristung von Nutzungsrechteinräumungen zunächst durch die im damaligen Bundestag vertretenen **politischen Parteien** und die vom Deutschen Bundestag eingerichtete **Enquête-Kommission** „Internet und digitale Ge-

---

[5] Vgl. *Schulze* FS Bornkamm, 2014, 949 (958); *Schulze* ZUM 2018, 242 (244 f.).

[6] Insoweit *Hansen,* Warum Urheberrecht? (2010), der eine Begrenzung der Schutzdauer auf 5 Jahre vorschlägt. Vgl. auch die Diskussion im 3. Zwischenbericht der Enquête-Kommission „Internet und Digitale Gesellschaft", BT-Drs. 17/7899, 24 (unter 1.6.).

[7] Vgl. ua *Kohnen,* Die Beendigung von Nutzungsrechten im US-amerikanischen und deutschen Urheberrecht (2004), S. 59 ff.; *Dietz* FS Schricker, 2005, 1 (33, 48); *Hoeren* FS Wandtke, 2013, 159 (166); *Schulze* FS Bornkamm, 2014, 949 (958).

[8] Sec. 203 USCA 1976 (Termination Right), dazu *Kohnen,* Die Beendigung von Nutzungsrechten im US-amerikanischen und deutschen Urheberrecht (2004).

[9] Art. 37 Abs. 2 des bulgarischen Urheberrechtsgesetzes vom 29.6.1993 lautet in der englischen Übersetzung durch die WIPO (http://www.wipo.int/wipolex/en/text.jsp?file_id=280106): „A contract on the use of a work may not be concluded for a term exceeding ten years. Whenever the contract has been concluded for a longer term, it shall have effect for ten years only. This limitation shall not apply to contracts related to architectural works." Deutsche Übersetzung bei Wandtke (Hg.), Urheberrecht in Mittel- und Osteuropa, Band I, 1997, S. 191 ff.

[10] *W. Nordemann* GRUR 1991, 1 (§ 31 Abs. 5-Entwurf).

[11] GRUR 2000, 765; insoweit zust. *Schack* in Stern/Peifer/Hain (Hg.), Urhebervertragsrecht, 2014, S. 55, 59 mit branchentypischen Modifikationen.

sellschaft" aufgegriffen.[12] 2012 brachte die Partei DIE LINKE einen Gesetzesvorschlag mit zahlreichen Empfehlungen zur urhebervertragsrechtlichen Situation der Werkschöpfer ein, darunter findet sich § 31 Abs. 6-E, wonach Urheber, die ein ausschließliches Nutzungsrecht von mehr als fünf Jahren eingeräumt haben, das Vertragsverhältnis nach Ablauf von fünf Jahren unter Einhaltung einer Kündigungsfrist von einem Jahr zum Ende eines jeden Kalenderjahres kündigen können.[13] Die Formulierung entspricht zum Teil dem ProfE (→ Rn. 5), sieht allerdings eine wesentliche kürzere Frist vor. Die Berliner Fraktion Partei DIE PIRATEN schloss sich dem Vorschlag im Wesentlichen an und empfahl gleichfalls eine Vorschrift, wonach der Urheber ein eingeräumtes ausschließliches Nutzungsrecht nach fünf Jahren zurückrufen können sollte.[14]

Der sog. **„Kölner Entwurf"** (→ Vor §§ 31 ff. Rn. 14) griff diese Diskussion auf und empfahl die **7** Einfügung einer Vorschrift in § 31, die einen Rechterückfall an den Urheber nach 10 Jahren Nutzungsdauer bei Einräumung eines ausschließlichen Nutzungsrechtes vorsah. Ausgenommen bleiben sollten Konstellationen der Miturheberschaft, also auch der Filmbereich.[15] Die Vorschrift sollte folgenden Wortlaut haben:

(7) [1]Ein von einem Urheber eingeräumtes ausschließliches Nutzungsrecht fällt nach Ablauf von zehn Jahren seit Vertragsschluss an den Urheber zurück, es sei denn, der Urheber und sein Vertragspartner vereinbaren nicht früher als zwei Jahre vor dem Rechtfall eine Verlängerung der Nutzungsdauer, die höchstens weitere zehn Jahre betragen kann. [2]Der Urheber kann frühestens ein Jahr vor Ablauf der Zehn-Jahres-Frist durch schriftliche Erklärung gegenüber dem Vertragspartner auf den Rechterückfall verzichten. [3]Sätze 1 bis 3 finden keine Anwendung in Fällen der Miturheberschaft. [4]Abweichende vertragliche Vereinbarungen zu Lasten des Urhebers sind nichtig. [5]Ein Rechterückfall ist ausgeschlossen, soweit die Einräumung des ausschließlichen Nutzungsrechts im Rahmen einer gemeinsamen Vergütungsregel im Sinne des § 36 oder einer dieser gleichgestellten Regelung erfolgt. [6]§ 41 bleibt unberührt.

Die Rückfalllösung wurde gewählt, weil ein effektiver Schutz gegen „Blacklisting" (→ § 36b Rn. 5) es als sinnvoll erscheinen lässt, dass nicht der Urheber sich exponieren muss, sondern der Werknutzer die Initiative zur Sicherung einer eventuellen ergänzenden Nutzung zu neuen Vergütungs- und Vertragsbedingungen ergreifen sollte. Der Zeitpunkt, zu dem diese Verhandlungen erstmals möglich sein sollten, sollte nicht zu früh gesetzt werden, damit sowohl Verwerter als auch Urheber einen besseren Überblick über den Werkerfolg haben. Der Urheber, der mit dem Verwerter zu den bisherigen Konditionen weiter zusammenarbeiten wollte, sollte dies durch Erklärung gegenüber dem Verwerter kundtun können. Eine für den Urheber nachteiligere Regelung sollte nur in kollektiven Regelwerken (Tarifvertrag oder Gemeinsame Vergütungsregel) realisierbar sein. Der Kölner Entwurf hat die Lösung kombiniert mit einer Modifikation des Rückrufrechts aus § 41 in Fällen, in denen die ursprünglich eingeräumte Nutzung über längere Zeit nicht mehr ausgeübt wird. Beide Rechte sollten nebeneinander stehen.

Elemente des Kölner Entwurfs sind vom Bundesministerium der Justiz und für Verbraucherschutz **8** (BMJV) zunächst im **Referentenentwurf** (RefE), später im Regierungsentwurf (RegE) aufgegriffen worden. Dazu gehören die 10-Jahresfrist, die standardmäßig für die Amortisation der Werknutzerinvestitionen vorgesehen ist, die mögliche Veränderung der Regelung in kollektiven Vereinbarungen bei einer im Übrigen einseitig zwingenden Regelung und die vorgelagerte Frist, Verhandlungen über die Verlängerung der Nutzungsmöglichkeit zu führen (Abs. 2). Die im Gesetz realisierte Lösung ist aber in mehrfacher Hinsicht modifiziert. Die Gesetzesgeschichte zeigt einen grundlegenden Konzeptwechsel zwischen Referenten- und Regierungsentwurf. Der RefE des BMJV sah ein Rückrufrecht des Urhebers für von ihm eingeräumte ausschließliche Nutzungsrechte nach Ablauf von fünf Jahren vor, allerdings unter der Voraussetzung, dass sich ein anderer Vertragspartner zur Nutzung nach dem Rückruf verpflichtet. Das Recht sollte auch auf Fälle der Miturheberschaft und verbundene Werke Anwendung finden, aber ausgeschlossen sein, wenn das „Werk Grundlage ... eines ... Kennzeichens, eines Designs oder Gemeinschaftsgeschmacksmusters ist und das entsprechende Schutzrecht besteht". Der Rückruf sollte das Nutzungsrecht zum Erlöschen bringen, der bisherige Verwerter aber ein Vorkaufsrecht nach einem neu einzufügenden § 40b haben, um sich eine weitere Nutzung zu den vom neuen Werknutzer angebotenen Konditionen sichern zu können.

Die Lösung des RefE wurde aus Kreisen der Werkverwerter erheblich kritisiert.[16] Die Kritik kon- **9** zentrierte sich zum Teil auf die als zu kurz empfundene Fünf-Jahres-Frist, aber auch die Aussicht auf den vollständigen Verlust der Nutzungsmöglichkeit wurde als unverhältnismäßig angesehen.[17] Der

[12] 13. Zwischenbericht, BT-Drs. 17/12542, 87 f.
[13] BT-Drs. 17/11040, 2.
[14] § 31 Abs. 1 S. 3-Entwurf der Piratenfraktion Berlin, Urheberrechtsgesetz. Änderungen und Begründungen v. 14.9.2012: „Der Urheber kann ein eingeräumtes ausschließliches Nutzungsrecht nach fünf Jahren gegenüber dem Inhaber zurückrufen. Das Rückrufsrecht schließt das Ausstellungsrecht nicht ein, es sei denn, der Urheber hat sich dies bei der Veräußerung des Originals ausdrücklich ausbedungen."
[15] Dokumentiert bei Peifer (Hg.), Urhebervertragsrecht in der Reform (2016), S. 29, 32 mit weiteren Erläuterungen S. 54, 59.
[16] Vgl. die Stellungnahmen der Verbände, archiviert auf http://www.urheberrecht.org/topic/UrhV/#anchor2; ferner Ory AfP 2015, 389.
[17] Zusammenfassend zur dogmatischen Kritik an dem Ansatz Berger/Freyer GRUR 2016, 13; Berger/Freyer ZUM 2016, 569 (573); Obergfell/Zurth ZGE 8 (2017), 1 (23).

Regierungsentwurf gab unter dem Eindruck dieser Kritik die Konzeption eines Rückrufrechts auf und entschied sich für eine Art Zweitverwertungsrecht des Urhebers, nämlich ein Recht auf „anderweitige Verwertung".[18] Dieses Konzept ist vom **Rechtsausschuss** des Deutschen Bundestages nicht mehr verändert worden. Der Rechtsausschuss hat nur noch kleinere Textänderungen vorgenommen. So wurde eine vom RegE vorgeschlagene Ausnahmebestimmung für Computerprogramme in § 69a Abs. 5 verschoben, der Ausschluss vom Zweitverwertungsrecht für „nachrangige" Leistungen wurden wie bei § 32d zu einem Ausschluss für „untergeordnete" Leistungen (→ § 32d Rn. 33).[19]

10   Die Einführung des Rechts auf anderweitige Nutzung hat Kompromisscharakter. In der **rechtspolitischen Diskussion** wird der Kompromiss von Urheberverbänden wie auch Verwerterverbänden gleichermaßen kritisiert. Zum Teil wird ein unverhältnismäßiger Eingriff in die Vertragsfreiheit und eine verstärkte Unsicherheit beim Lizenzerwerb[20] sowie eine gesetzliche Überregulierung moniert.[21] Zum anderen wird bezweifelt, dass das als kompliziert empfundene Abwicklungsregime dem Urheber nennenswerte Vorteile verschaffen wird.[22] Manche Stellungnahmen verweisen darauf, dass es Branchen gibt, in denen eine langfristige Rechteeinräumung gegen Pauschalzahlung nicht nur üblich, sondern auch angemessen sei. So wird auf die Interessen der Werbeagenturen, Lizenzbedürfnisse kleinerer Unternehmen für Logos oder Fotos auf ihren Homepages oder auch auf schwierig zu vermarktende Werkarten verwiesen.[23] Zum Teil wird bezweifelt, dass eine Pauschalvergütung den Urheber stets schlechter stellt, daran könne es etwa fehlen, wenn eine hohe Einmalzahlung im Ergebnis günstiger ist als eine niedrige Absatzbeteiligung, die zudem das Risiko der Werkverwertung zum Teil auf den Urheber verlagert.[24] Die Kritik von beiden Seiten zeigt jedenfalls, dass die Regelung nicht einseitig begünstigend ist. Einen Eingriff in die formale Vertragsfreiheit bedeutet sie zweifelsohne, allerdings übersieht die hieran geäußerte Kritik, dass die Vertragsfreiheit nicht nur eine formelle, sondern auch eine materielle Komponente hat.[25] Wenn eine wirklich freie Entscheidung schon deshalb für eine Seite nicht möglich ist, weil ihr die Verhandlungsstärke aufgrund der Abhängigkeiten von Verwertern fehlt, darf der Gesetzgeber korrigierend eingreifen.[26] Die Rechtfertigung für einen solchen Eingriff gehört seit mehr als zwanzig Jahren zum vertrags- und verfassungsrechtlichen Standard.[27] Dass es Branchen und Werkarten gibt, bei denen Modifikationen erforderlich sind, berücksichtigt sowohl der Ausnahmekatalog des § 40a Abs. 3 mit § 69a Abs. 5 als auch die Möglichkeit, in Gemeinsamen Vergütungsregeln branchengenauere Standards zu vereinbaren. Dass hierfür ein Anreiz durch strengere Standards geschaffen werden soll, gehört zur Regelungsabsicht des Gesetzgebers.[28] Aus Sicht der Urheber mag das Recht auf anderweitige Verwertung schwierig zu vermarkten sein, weil die neue Verwertung immer in einen bereits etablierten Verbreitungsbereich des bisherigen Verwerters hineintreten muss. Immerhin verschafft es dem Urheber aber die Möglichkeit, auch selbst über sein Werk nochmals zu verfügen, sei es auch nur im Wege der eine große Verbreitung sichernden Open-Source-Nutzung.

10a   § 40a hatte **bisher keine unionsrechtliche Grundlage.** Das kann sich ändern mit der zum 7.6.2021 umzusetzenden DSM-RL.[29] Art. 22 DSM-RL (mit Erwägungsgrund Nr. 80) sieht vor, dass die Mitgliedstaaten sicherstellen müssen, dass Urheber und ausübende Künstler ein „Widerrufsrecht" im Falle der Nichtverwertung ihrer Werke bzw. ihrer Leistungen haben. Dahinter verbirgt sich eine Art Rückrufrecht wegen mangelnder Benutzung, wie es derzeit in § 41 vorgesehen ist. Den Mitgliedstaaten ist allerdings freigestellt, statt des Widerrufs (oder Rückrufs) ein Kündigungsrecht (Art. 22 Abs. 2 S. 4 DSM-RL) oder ein Zweitverwertungsrecht (wie in § 40a) vorzusehen (Art. 22 Abs. 3 S. 3 DSM-RL). Insoweit erhält auch § 40a einen unionsrechtlichen Hintergrund, der fragen lässt, ob die Norm künftig unionsrechtskonform ist. Das betrifft auch die Überschneidungen zum Regelungsgehalt des § 41 (siehe Kommentierung dort). Art. 22 DSM-RL war im Kommissionsentwurf noch nicht vorgesehen. Die durchaus aufwändige Norm ist erst im Trilogverfahren formuliert worden. Sie ist getrieben von dem Bemühen, Urhebern und ausübenden Künstlern mehr Kontrolle über das Schicksal ihrer Werke zu verschaffen, insbesondere zu verhindern, dass Rechteblockaden ohne Auswertung entstehen. Die Vorschrift möchte Vorratseinkäufe von Rechten und umfangreiche Buy-Outs be-

---

[18] RegE BT-Drs. 18/8625.
[19] Begr. RA BT-Drs. 18/10637.
[20] *Berger/Freyer* ZUM 2016, 569 (574); ähnlich *Obergfell/Zurth* ZGE 9 (2017), 21 (37).
[21] Fromm/Nordemann/*J. B. Nordemann* UrhG § 40a Rn. 3.
[22] Dreier/Schulze/*Schulze* UrhG § 40a Rn. 1; *Schulze* FS Schwarz, 2017, 3 (14); *Lucas-Schloetter* GRUR 2017, 235 (238).
[23] Fromm/Nordemann/*J. B. Nordemann* UrhG § 40a Rn. 3.
[24] *Berger/Freyer* ZUM 2016, 569 (574).
[25] Vgl. nur *Fuchs* AcP 196 (1996), 313 (328); *Hönn*, Kompensation gestörter Vertragsparität (1982), S. 88 ff., 253 ff.; zurückgehend bereits auf *von Gierke*, Die soziale Aufgabe des Privatrechts (1889), S. 28 f.
[26] BVerfG GRUR 2014, 169.
[27] Nämlich seit BVerfG NJW 1994, 2749 (2750).
[28] Vgl. Begr. RegE BT-Drs. 18/8625, 15; Begr. RA BT-Drs. 18/10637, 15 (Stellungnahme der CDU/CSU-Fraktion im Deutschen Bundestag).
[29] Richtlinie (EU) 2019/790 vom 17.4.2019 über das Urheberrecht und die verwandten Schutzrechte im digitalen Binnenmarkt und zur Änderung der Richtlinien 96/9/EG und 2001/29/EG, ABl. L 130/92. Die Richtlinie ist zum 7.6.2019 in Kraft getreten.

kämpfen. Das entspricht auch dem Schutzzweck des § 40a. Der Umsetzungsspielraum für die Mitgliedstaaten ist groß, sodass auch ein Nebeneinander von §§ 40a, 41 künftig denkbar bleibt.

Kern des Art. 22 DSM-RL ist, dass Urheber und ausübende Künstler eine Rückrufoption haben **10b** müssen (in Deutschland für beide Gruppen gewährt nach §§ 41 Abs. 1, 79 Abs. 2a, der allerdings § 40a für ausübende Künstler nicht einbeziehet), Verpflichteter bzw. Betroffener ist der Vertragspartner des Kreativen (ebenso §§ 41, 40a). Das Rückrufrecht betrifft nur ausschließliche Rechtseinräumungen (ebenso §§ 40a, 41, bei § 40a ist allerdings die Vereinbarung einer Pauschalvergütung zusätzlich erforderlich). Art. 22 DSM-RL sieht in der Hauptsache einen Widerruf vor (in Deutschland: Rückruf nach § 41), erlaubt aber auch (nicht nur alternativ, sondern auch kumulativ) ein Kündigungs- oder Zweitverwertungsrecht (Art. 22 Abs. 2 UAbs. 4; so § 40a Abs. 1 S. 1). Für die Ausgestaltung des Widerrufs- oder Kündigungsverfahrens gibt es eine Reihe zwingender Vorgaben und optionaler Gestaltungen. Zwingend vorsehen müssen die Mitgliedstaaten eine (nicht weiter spezifizierte) Mindestfrist für die Ausübung des Nutzungsrechts (Art. 22 Abs. 3 DSM-RL; so bereits § 41 Abs. 2, § 40a Abs. 1). Das Recht besteht nicht, wenn der Urheber die Nichtnutzung zu vertreten hat (Art. 22 Abs. 4 DSM-RL, ebenso § 40a Abs. 1 S. 2, keine Regelung in § 40a), es darf durch kollektive Vereinbarungen (also auch Gemeinsame Vergütungsregeln) modifiziert werden (Art. 22 Abs. 5 DSM-RL, ebenso §§ 41 Abs. 4, 40a Abs. 4). Aus der Richtlinienbestimmung ausgenommen sind Computerprogramme (Art. 23 Abs. 2 DSM-RL). Diese Ausnahme erfordert möglicherweise eine Anpassung, weil bisher zwar § 40a, nicht aber § 41 in § 69a Abs. 5 erwähnt wird.[30]

Folgende **Unterschiede zum deutschen Recht** sind beachtlich: Zwingend vorzusehen ist eine **10c** Mitteilung über die Kündigung an den Lizenzpartner mit Fristsetzung für eine Verwertung (Art. 22 Abs. 3 DSM-RL, ebenso § 41 Abs. 3 S. 1, keine Regelung in § 40a). Voraussetzung für Rückruf, Kündigung oder Zweitverwertung ist die Nichtverwertung des Werkes, dagegen sieht § 41 auch einen Rückruf bei Unternutzung vor, § 40a qualifiziert die Möglichkeit zur Zweitverwertung inhaltlich nicht. Ausnahmen von dem gewährten Recht erlaubt Art. 22 DSM-RL regelmäßig nur, wenn diese Werke mit mehreren Urhebern betreffen, was die Ausschlüsse in §§ 88, 89, 90 für den Filmbereich abdeckt. Im Übrigen sind Ausnahmen aber nur zugelassen, wenn diese branchen- oder werkbezogen gerechtfertigt sind (Art. 22 Abs. 2 Nr. 1 Nr. 3 DSM-RL). Die werkbezogenen Totalausnahmen in § 40a Abs. 3 Nr. 2–4 sind damit nicht vereinbar. Sie bleiben es nur, wenn man zusätzlich die Möglichkeiten des § 41 heranzieht. Hier allerdings dürfte die zusätzliche Voraussetzung, dass ein Rückruf nur möglich ist, wenn die Unternutzung die Interessen des Urhebers erheblich verletzt, künftig nicht richtlinienkonform sein. Die Umsetzung der Richtlinie kann beide Vorschriften aufrechterhalten, muss sie aber dann beide modifizieren. Sie könnte auch § 40a mit § 41 verschmelzen und dabei insgesamt näher an die Richtlinienbestimmung heranrücken.

3. Charakter und Systematik

§ 40a hat unstreitig nicht den **Charakter** einer gesetzlichen Schrankenbestimmung im Sinne der **11** §§ 44a ff.[31] Die Norm verschafft dem Urheber auch kein gänzlich neues Verwertungsrecht. Ebenso wenig verbietet sie im Sinne eines Verbotsgesetzes nach § 134 BGB bestimmte Vereinbarungen.[32] Sie hat aber schuldrechtliche und dingliche Wirkungen. § 40a Abs. 4 stellt klar, dass Abweichungen von dem Grundsatz des § 40a Abs. 1 zu Lasten des Urhebers unzulässig sind. Die Norm ist daher einseitig zwingend, auf eine gegenteilige Vereinbarung kann sich der Werknutzer nicht berufen. Soweit keine Ausnahmebestimmung greift, verändert § 40a Abs. 1 nach zehn Jahren den Inhalt des dem Werknutzer eingeräumten Nutzungsrechts, indem das Recht vom ausschließlichen zum einfachen Nutzungsrecht wird. Damit verändert (oder begrenzt) das Gesetz selbst das Nutzungsrecht in einer Weise, die unter den Parteien auch vereinbart werden könnte. Wie § 31 Abs. 1 zeigt, kann jedes Nutzungsrecht grundsätzlich inhaltlich, zeitlich oder räumlich beschränkt werden. *Berger/Freyer* sprechen daher anschaulich von der gesetzlichen Beschränkung einer vertraglichen Regelung.[33] Hinzufügen könnte man, dass diese gesetzliche Beschränkung auch auf den Inhalt des Rechts selbst einwirkt, also nicht nur Wirkung unter den Parteien hat (dazu → Rn. 15, 16, 25).

Systematisch tritt § 40a neben die weiteren Befugnisse des Urhebers, eine angemessene Vergü- **12** tung oder eine angemessene weitere Beteiligung zu beanspruchen (§§ 32, 32a).[34] Auskunftsansprüche des Urhebers bleiben ebenso unberührt (§§ 32d, 32e) wie die Befugnis, ein Nutzungsrecht nach § 41 zurückzurufen. Keine Einwirkungen hat § 40a auch auf die Befugnisse bei der Wahrnehmung unbekannter Nutzungsarten nach § 31a.[35]

---

[30] *Schulze* GRUR 2019, 682 (685).
[31] *Berger/Freyer* ZUM 2016, 569 (574).
[32] *Berger/Freyer* ZUM 2016, 569 (574); abweichend zu § 134 BGB allerdings Möhring/Nicolini/*Soppe* UrhG § 40a Rn. 10.
[33] *Berger/Freyer* ZUM 2016, 569 (574).
[34] Fromm/Nordemann/*J. B. Nordemann* UrhG § 40a Rn. 44.
[35] Dreier/Schulze/*Schulze* UrhG § 40a Rn. 7.

II. Anspruchsvoraussetzung

1. Aktiv- und Passivlegitimation

13 **a) Berechtigung.** Das Recht auf anderweitige Nutzung steht **nur dem Urheber** zu. Gleichgestellt sind seine Rechtsnachfolger (§§ 28 Abs. 1, 30). Nicht einbezogen sind die Urheber von Computerprogrammen (§ 69a Abs. 5), die Urheber der in Abs. 3 genannten Werke sowie Filmurheber, einschließlich der Urheber vorbestehender Werke (§ 90 Abs. 2). Die Urheber vorbestehender Werke werden zum Teil kompensiert durch die Regelung in § 88 Abs. 2.[36] **Nicht einbezogen sind ausübende Künstler.** Anders als für §§ 32, 32a, 32d und 32e fehlt nämlich bewusst eine Verweisung auf § 40a in § 79 Abs. 2a. Systematisch anwendbar wäre § 40a dagegen auf die Urheber wissenschaftlicher Ausgaben (§ 70) und Lichtbilder (§ 72).[37] Diese Wirkung ist angesichts der Ausnahmen, die in §§ 79 Abs. 2a, 90 Abs. 2 vorgenommen wurden, nicht nachvollziehbar. Der Gesetzgeber hat die Frage weder diskutiert noch in der Begründung reflektiert. Die Ausnahme für ausübende Künstler wurde allerdings bewusst vorgenommen, um zu verhindern, dass „in einer Vielzahl von Fällen (...)bereits die große Zahl der mitwirkenden ausübenden Künstler zu erheblichen praktischen Problemen führen (würde), wenn diesen ein Recht auf anderweitige Verwertung zustünde".[38] Vor diesem Hintergrund kann die generelle Verweisung in §§ 70, 72 nicht als bewusste Einbeziehung durch den Gesetzgeber angesehen werden. Ein unbemerkt gebliebenes Redaktionsversehen liegt sehr nahe. Sie ist auch angesichts des Ausnahmekatalogs in § 40a Abs. 3 teleologisch nicht zu rechtfertigen. § 40a ist daher auf die in §§ 70, 72 Genannten nicht anzuwenden.

14 **Miturheber** sind – anders als im RefE (→ Rn. 8) – in § 40a nicht gesondert erwähnt. Das ist auch nicht nötig, denn für sie bleibt es bei den Regelungen in § 8 bzw. für die Urheber verbundener Werke bei § 9. Ob der jeweilige Werkbeitrag gesondert verwertet werden kann, ist unter den Miturhebern nach diesen Regeln zu entscheiden. Ohnehin müssen sie sich danach auf einen neuen Verwerter einigen. Bei den Urhebern verbundener Werke bestehen ebenfalls Verpflichtungen zur wechselseitigen Rücksichtnahme. Problematisch ist allerdings, dass ein automatischer Verlust der Exklusivität beim Hauptverwerter dazu führen kann, dass die Einigung auf einen neuen Verwerter erheblich erschwert wird. Scheitert diese Einigung, so behält der bisherige Werknutzer faktisch einen großen Teil seiner exklusiven Stellung. Die erhoffte Wirkung, konkurrierende Werknutzungen zum Vorteil der Urheber zu erleichtern, würde in einem solchen Fall ausbleiben. Eine Lösung mag darin liegen, das Recht auf anderweitige Verwertung über eine Gesellschaft auszuüben.[39]

15 Keinen Anspruch auf anderweitige Verwertung haben **Lizenznehmer** des Werknutzers.[40] Sie sind an die Ausübung des Rechts wie der Vertragspartner des Urhebers gebunden, profitieren aber nicht von der nur dem Urheber zustehenden erweiterten Kontrollbefugnis. Ob das Recht aus § 40a auf **Arbeitnehmer** anwendbar oder für sie generell ausgeschlossen ist, ist umstritten. Die Begründung zum RegE deutet darauf hin, dass der Arbeitnehmer nicht profitieren soll.[41] Teile der Literatur halten diesen Ausschluss für interessengerecht.[42] Für einen Ausschluss können Besonderheiten im Arbeitsverhältnis durchaus sprechen, sie müssten allerdings individuell begründet werden. Allein die Gefahr, dass der Arbeitnehmer mit einer anderweitigen Werkverwertung seinem Arbeitgeber keine Konkurrenz machen soll, muss nicht mit urheberrechtlichen Regeln verhindert werden, hierfür genügen arbeitsvertragliche oder auch gesetzliche Konkurrenzverbote.[43]

16 **b) Verpflichtete.** Durch das Recht auf anderweitige Verwertung wird die Stellung des Werknutzers beeinträchtigt. Dazu zählt nur derjenige Werknutzer, der **direkte Vertragspartner des Urhebers** ist, also der erste Lizenznehmer.[44] Sofern von diesem Unterlizenzen eingeräumt werden, können sie allerdings keine weitergehenden Rechte erwerben, als beim Lizenzgeber vorhanden waren. Das den Unterlizenznehmern eingeräumte oder übertragene ausschließliche Nutzungsrecht ist daher mit der Befugnis aus § 40a belastet.[45] Ein gutgläubiger Erwerb eines einschränkungslosen Rechts kommt nicht in Betracht.[46]

17 **Verwertungsgesellschaften** sind keine Werknutzer im vorgenannten Sinn, daher werden die ihnen eingeräumten Rechte nicht durch § 40a belastet. Das folgt nicht zwangsläufig daraus, dass Verwertungsgesellschaften keine Pauschalvergütungen erhalten,[47] sondern bereits daraus, dass der Urheber

---

[36] BT-Drs. 18/8625, 31.
[37] So in der Tat Möhring/Nicolini/*Soppe* UrhG § 40a Rn. 10–13.
[38] BT-Drs. 18/8625, 31.
[39] Für zulässig gehalten von Dreier/Schulze/*Schulze* UrhG § 40a Rn. 4 mit Hinweis auf BGH GRUR 2012, 1022 Rn. 22 f. – Kommunikationsdesigner.
[40] Dreier/Schulze/*Schulze* UrhG § 40a Rn. 4; wohl auch *Obergfell/Zurth* ZGE 9 (2017), 21 (38).
[41] BT-Drs. 18/8625, 30: „in der Regel".
[42] *Berger/Freyer* ZUM 2016, 569 (577); Möhring/Nicolini/*Soppe* UrhG § 40a Rn. 15; Fromm/Nordemann/*J. B. Nordemann* UrhG § 40a Rn. 39; zust. auch Dreier/Schulze/*Schulze* UrhG § 40a Rn. 2.
[43] So zutreffend *Konertz* NZA 2017, 614 (617 f.) mit Hinweis auf § 60 HGB.
[44] Möhring/Nicolini/*Soppe* UrhG § 40a Rn. 16.
[45] So iE auch Begr. RegE BT-Drs. 18/8625, 29; Dreier/Schulze/*Schulze* UrhG § 40a Rn. 7.
[46] *Berger/Freyer* ZUM 2016, 569 (575 f.).
[47] Mit dieser Begründung wie hier Dreier/Schulze/*Schulze* UrhG § 40a Rn. 2.

Rechte aus Verwertungsgesellschaften nach eigenständigen Normen wieder an sich ziehen kann (§ 12 VGG). Diese Normen sind nicht nur spezieller, sie sind unter Umständen auch wesentlich großzügiger und flexibler. Hinzu kommt, dass das VGG keine Regeln darüber enthält, dass der Verwertungsgesellschaft ihr einmal entzogene Rechte als einfache Nutzungsrechte verbleiben sollen.

2. Voraussetzungen für die Entstehung des Rechts zur anderweitigen Verwertung (Abs. 1)

a) Ausschließliches Nutzungsrecht. Das Recht des Urhebers auf anderweitige Verwertung besteht nicht in allen Nutzungsverträgen, sondern nur in solchen, bei denen der Urheber einem Werknutzer ein ausschließliches Nutzungsrecht gegen Zahlung einer Pauschalvergütung einräumt. Ein solcher Fall liegt auch vor, wenn dem Urheber selbst eine Nutzung seines Rechts nach § 31 Abs. 3 S. 2 gestattet bleibt, denn diese Nutzung wäre nur auf den Urheber bezogen, würde diesem aber nicht die Möglichkeit verschaffen, einem neuen Werknutzer Lizenzen einzuräumen.[48] Der Gesetzestext verlangt die **Einräumung eines ausschließlichen Nutzungsrechts.** Danach müsste dem Werknutzer eine dingliche Rechtsstellung verschafft werden. Ob auch die Gestattung einer exklusiven Nutzung auf schuldrechtlicher Basis dafür genügt, wird zum Teil bezweifelt.[49] Die Frage ist allerdings eher akademischer Natur. Die Wirkung des § 40a geht jeweils dahin, dass die Exklusivbefugnis des Erstverwerters unter den in Abs. 1 genannten Umständen nach 10 Jahren endet. Ob dies durch Rückfall des Nutzungsrechts geschieht oder durch schlichtes Erlöschen der Möglichkeit, an Dritte lizenzierte Nutzungen zu verhindern, sollte keine Bedeutung haben. Welchen Inhalt die Lizenz hatte, ist gesetzlich ohnehin nicht vorgegeben, solange sie nur exklusiv war. Es muss sich daher nicht um die Einräumung inhaltlich, räumlich und zeitlich vollständiger Rechte gehandelt haben. Auch inhaltliche Teillizenzen fallen unter § 40a, solange sie exklusiv und pauschal abgegolten waren.   18

b) Nutzungsdauer von mehr als zehn Jahren. Von § 40a betroffen sind nur Nutzungsrechtseinräumungen von **mehr als zehn Jahren** Nutzungsdauer. Hat der Werknutzer sich die exklusive Nutzung für einen kürzeren Zeitraum gesichert, ist § 40a nicht anwendbar.[50] Der Gesetzgeber wollte solche kürzeren Nutzungsrechtseinräumungen durch die Schaffung der Norm fördern und anreizen (→ Rn. 2). Er hat sich erhofft, dass der Werknutzer bei Zahlung von Pauschalvergütungen selbst prüft, ob eine langdauernde oder vollständige Nutzrechtseinräumung benötigt wird, um die Investitionen in die Werknutzung zu amortisieren.[51]   19

Die **Berechnung der Zehnjahresfrist** erfolgt ab Vertragsschluss oder Ablieferung des Werkes (§ 40a Abs. 1 S. 3), je nachdem, welcher Zeitpunkt später liegt. Dadurch werden die Interessen des Werknutzers insoweit geschützt, als ihm die zehn Jahre Auswertungsdauer als Mindestamortisationszeit tatsächlich zur Verfügung stehen sollen. Die Einführung der Zehnjahresfrist erfolgte auch als Reaktion auf die erhebliche Kritik, die der RefE mit seiner nur fünfjährigen Auswertungsfrist erfahren hatte.[52] Auch der Kölner Entwurf hatte die Zehnjahresfrist vorgeschlagen und dabei unterstellt, dass diese Frist der regelmäßigen Amortisationszeit samt Gewinnchance für die meisten Werke entsprechen wird (→ Rn. 7). Vereinbarungen, wonach ein Nutzungsrecht erst ab einem späteren Zeitpunkt als eingeräumt gelten soll, können den Lauf der Zehnjahresfrist jedenfalls dann nicht hemmen, wenn das Werk bereits abgeliefert war und der Werknutzer auch bereits zur Auswertung befugt war.[53] Erfolgt eine Nutzung tatsächlich, etwa durch Veröffentlichung des Werkes, beginnt die Frist ebenso wie in Fällen, in denen die Nutzung durch einen Unterlizenznehmer erfolgt.[54] Abgeliefert ist ein Werk, wenn es verwertet werden kann. Insoweit muss es auch frei von Mängeln sein,[55] bei Nachlieferungen beginnt der Zeitpunkt mit Abgabe der betreffenden Teillieferung in mangelfreiem Zustand.[56]   20

c) Pauschalvergütung. § 40a soll klassische Buyouts erschweren, also die Vollrechtseinräumung gegen Einmalvergütung. Diese Situation kann den Urheber deswegen regelmäßig benachteiligen, weil er an späteren alternativen Nutzungen durch zahlungswilligere Verwerter gehindert ist.[57] Diese Gefahr ist auch nicht dadurch ausgeräumt, dass der Erstverwerter eine durchaus beachtliche Einmalzahlung leistet. Verändern sich die Verwertungsmärkte, so kann sich die Großzügigkeit – bezogen auf die Schutzdauer – letztlich doch als bescheiden erweisen. Aus diesem Grunde setzt das Recht auf anderweitige Verwertung voraus, dass die mehr als zehnjährige Nutzungsdauer durch eine **Pauschalvergütung** abgefunden wird. Eine Pauschalvergütung ist eine Einmalzahlung, die weder an die Nutzungsdauer, noch die Nutzungsintensität oder den erhofften oder spätere erzielten Nutzungserfolg anknüpft. Ob die Pauschalvergütung durch eine Einmalzahlung geleistet oder durch Ratenzahlung erbracht wird, ist daher unbeachtlich.[58] Zu prüfen ist allerdings, ob eine Ratenzahlung Zahlungsmo-   21

---

[48] IE ebenso Möhring/Nicolini/*Soppe* UrhG § 40a Rn. 3.
[49] Möhring/Nicolini/*Soppe* UrhG § 40a Rn. 3; aA Dreier/Schulze/*Schulze* UrhG § 40a Rn. 5.
[50] Begr. RegE BT-Drs. 18/8625, 18.
[51] Begr. RegE BT-Drs. 18/8625, 18.
[52] *Berger/Freyer* ZUM 2016, 569 (575).
[53] Missverständlich insoweit Möhring/Nicolini/*Soppe* UrhG § 40a Rn. 25.
[54] Dreier/Schulze/*Schulze* UrhG § 40a Rn. 9.
[55] Insoweit zutreffend Möhring/Nicolini/*Soppe* UrhG § 40a Rn. 26.
[56] Dreier/Schulze/*Schulze* UrhG § 40a Rn. 9.
[57] Hierauf weisen hin *Berger/Freyer* ZUM 2016, 569 (575) und *Ory* ZUM 2017, 753 (755).
[58] IE ebenso *Berger/Freyer* ZUM 2016, 569 (575); Möhring/Nicolini/*Soppe* UrhG § 40a Rn. 6.

dalität oder nutzungsabhängige Vergütung ist. Die Darlegungs- und Beweislast hierfür trägt der Werknutzer.

22   In der Begründung zum RegE wird betont, dass die Pauschalvergütung die Preisabrede prägen muss.[59] Umgehungen, wie die **Aufteilung einer Vergütung in mehrere Zahlungen,** um den Eindruck einer nutzungs- oder erfolgsbezogenen Vergütung zu erwecken, hindern die Anwendung des § 40a daher nicht.[60] Ist die Pauschalzahlung mit einer Beteiligungsvergütung kombiniert, gilt § 40a ebenfalls, sofern die Gesamtvergütung im Vordergrund steht, also „prägend" ist. Die Lösung, Pauschalvergütungen aufzusplitten,[61] kann zur Anwendung des § 40a führen, weil eine nutzungsabhängige Vergütung[62] ebenso wie eine Erfolgsbeteiligung offenlegen muss, wie sie berechnet und ermittelt wird. Fehlt jede Verbindung der Vergütung zu Nutzung oder Erfolg, ist es naheliegend, dass lediglich eine Pauschalvergütung mit Ratenzahlung vorliegt. Dann bleibt es bei der Anwendung des § 40a. Der Umstand, dass der Urheber in solchen Fällen auch aus §§ 32, 32a vorgehen und eine ergänzende Vergütung beanspruchen könnte, bleibt unberührt. § 40a hat dabei den Vorteil, dass er Aspekte des Blacklistings (→ § 36b Rn. 5) dadurch begrenzen kann, dass der Urheber alternative Verwertungswege auch ohne Mitwirkung oder Kooperation mit dem ersten Werknutzer betreten kann.[63]

3. Wirkungen des Rechts zur anderweitigen Verwertung (Abs. 1)

23   **a) Anderweitige Nutzung durch den Urheber oder dessen Lizenzpartner.** Nach Ablauf von zehn Jahren **endet die Exklusivität der Rechteeinräumung** an den Werknutzer. Diese Folge tritt **automatisch** ein,[64] ohne dass eine der Parteien Erklärungen abgeben oder sonstige Handlungen vornehmen muss. Eine Exklusivrechtseinräumung mit Pauschalvergütung ist also stets gesetzlich befristet (vgl. hierzu → Rn. 11). Der Urheber kann nach Ablauf dieser Frist das Werk selbst nutzen oder durch einen neuen Lizenzpartner verwerten lassen. Damit wird eine Zweit-, potentiell sogar eine Mehrfachverwertung eröffnet. In Betracht kommt zudem eine Open-Content-Nutzung. Für den Gesetzgeber war wichtig, dass die kreative Leistung dem Markt und der Öffentlichkeit zur Verfügung steht.[65] Die weitere Nutzung kann also insbesondere wichtig werden, wenn der Erstverwerter keine nennenswerten Vermarktungsbemühungen mehr vornimmt, das Werk möglicherweise sogar vergriffen bleibt.

24   Der Urheber darf – unabhängig davon, ob er bereits vorher zur Eigennutzung nach § 31 Abs. 1 S. 3 befugt war – das **Recht einem anderen Werknutzer einräumen.** Für den Inhalt dieser anderweitigen Nutzung gibt es keine gesetzlichen Vorgaben. Der Urheber kann sie daher auch auf mehrere Verwerter aufteilen. Er ist in der Disposition über das an ihn zurückgefallene Recht insoweit frei.[66] Denkbar ist es sogar, die anderweitige Nutzung wieder mit einer gewissen Exklusivität auszustatten, obgleich der Erstnutzer stets zu konkurrierenden Nutzungen berechtigt bleibt. Vom Wortlaut der Norm wohl ausgeschlossen ist, dass die Einräumung des Rechts an den neuen Verwerter ebenfalls eine Begrenzung nach § 40a erfährt.[67] Dafür fehlt es an der auch formal exklusiven Rechtseinräumung, solange der Erstnutzer noch nutzungsberechtigt bleibt. Ob der Gesetzgeber diese Folge bedacht hat, ist unklar. An sich spricht der Telos der Norm dafür, auch das neue Recht nach § 40a zu begrenzen. Allerdings dürfte es schwierig sein, für ein allzu sehr begrenztes Recht noch einen zweiten Verwerter zu finden, zumal der Erstverwerter als Konkurrent ohnehin potentiell erhalten bleibt. Würde man dem zweiten Verwerter seine Lizenz nun auch noch durch eine Befristung belasten, wäre sie möglicherweise unattraktiv. Daher muss die gesetzliche Befristung nur für die erste Rechtseinräumung hingenommen werden.

25   Als Anforderung an die anderweitige Nutzung enthält § 40a nur die **Pflicht, die Quelle der Erstveröffentlichung zu nennen** (§ 38 Abs. 4 S. 2). Diese Pflicht trifft zunächst den Urheber als Vertragspartner des Werknutzers. Dieser ist im Verhältnis zum ersten Werknutzer verpflichtet, die Erfüllung durch den neuen Werknutzer sicherzustellen. Er wird diese Pflicht dem neuen Werknutzer daher vertraglich auferlegen müssen.[68] Allerdings wird weder der zweite Werknutzer noch der Urheber zum Verletzer, wenn die Pflicht nicht erfüllt wird.[69] Dies liegt bereits daran, dass dem bisherigen Werknutzer die Aktivlegitimation für ein Vorgehen gegen Dritte mit Verlust der Exklusivität fehlt.[70] Es handelt sich also nur um eine Pflichtverletzung nach § 280 BGB im Verhältnis zum Erstnutzer. Ein

---

[59] Begr. RegE BT-Drs. 18/8625, 29.
[60] Begr. RegE BT-Drs. 18/8625, 29.
[61] So offenbar die Empfehlung von *Soppe* NJW 2018, 729 (734); ähnlich Möhring/Nicolini/*Soppe* UrhG § 40a Rn. 6.
[62] Zu den diesbezüglichen Varianten Fromm/Nordemann/*J. B. Nordemann* UrhG § 40a Rn. 10.
[63] IE ebenso Dreier/Schulze/*Schulze* UrhG § 40a Rn. 6.
[64] Dreier/Schulze/*Schulze* UrhG § 40a Rn. 7.
[65] Begr. RegE BT-Drs. 18/8625, 29.
[66] Missverständlich Möhring/Nicolini/*Soppe* UrhG § 40a Rn. 20.
[67] Möhring/Nicolini/*Soppe* UrhG § 40a Rn. 20.1 (Online-Version).
[68] Dreier/Schulze/*Schulze* UrhG § 40a Rn. 10.
[69] Gegen Fromm/Nordemann/*J. B. Nordemann* UrhG § 40a Rn. 18.
[70] So auch Fromm/Nordemann/*J. B. Nordemann* UrhG § 40a Rn. 15; ebenso *Lucas-Schloetter* GRUR 2017, 235 (238).

Nichtvermögensschaden kann daraus allerdings nicht entstehen, denn dem Lizenznehmer steht kein gesetzliches Namensnennungsrecht zu. Ob Vermögensschäden aus einer unterlassenen Nennung der Erstveröffentlichungsquelle resultieren, mag fraglich sein, so dass die Verletzung der Pflicht sanktionslos sein kann. Die Vereinbarung einer Vertragsstrafe wäre denkbar, sie kann aber an Abs. 4 scheitern, der solche Benachteiligungen der Stellung des Urhebers grundsätzlich verbietet und sie nur durch kollektive Regelungen ermöglicht. **Weitere Anforderungen** an die anderweitige Nutzung enthält § 40a nicht. Auch eine Information des Erstnutzers über die anderweitige Verwertung ist gesetzlich nicht geschuldet.[71] Wird eine solche Informationspflicht im Lizenzvertrag vereinbart, droht wiederum eine Kollision mit § 40a Abs. 4.

b) Fortbestehen eines einfachen Nutzungsrechts beim bisherigen Werknutzer. Zum Schutz der Investitionen des Erstverwerters verbleibt diesem ein einfaches Nutzungsrecht (§ 40 Abs. 1 S. 2) für die jeweils vereinbarte Restlaufzeit und im Umfang der bisher vereinbarten Nutzungsarten. Die ausschließliche Lizenz besteht also als **einfaches Nutzungsrecht** fort. Diese Lizenz könnte der Erstverwerter auch weiter übertragen.[72] Unterlizenzen kann er nicht mehr einräumen, die bisher eingeräumten genießen Sukzessionsschutz nur im Rahmen der Erstlizenz.[73] Umstritten ist, ob sie auch nach Ablauf der Zehnjahresfrist noch als einfache Nutzungsrechte fortbestehen können. Dafür spricht an sich § 33. Allerdings eröffnet dies die vom Zweck der Norm unerwünschte Folge, dass der Werknutzer durch die Einräumung von Unterlizenzen die anderweitige Nutzung durch den Urheber erschweren und für eine konkurrierende Nutzung gänzlich unattraktiv machen könnte. Das spricht dafür, den Sukzessionsschutz nur für die Dauer der Zehnjahresfrist zuzulassen, das Nutzungsrecht des Unterlizenznehmers nach Ablauf dieser Frist aber enden zu lassen.[74] Dogmatisch folgt dies bereits daraus, dass das Erstnutzungsrecht ohnehin gesetzlich mit dem Fristablauf belastet ist.

Im Übrigen bleibt das einfache Nutzungsrecht dem Erstverwerter in dem Umfang erhalten, in dem es ursprünglich eingeräumt wurde. Der Erstverwerter darf also weiterhin alle Nutzungen vornehmen, die ihm auch als Exklusivlizenznehmer gestattet waren.[75] Keine Aussagen trifft das Gesetz über eine Anpassung der Vergütungspflicht. Da die **Angemessenheit der Vergütung** Gegenleistung für das eingeräumte Recht ist und dessen Wert auch von der Exklusivitätsstellung des Erstverwerters abhängt, ist es naheliegend, anzunehmen, dass die Vergütung nach Ablauf der Zehn-Jahres-Frist anzupassen ist, die aktualisierte Möglichkeit zur anderweitigen Verwertung also vergütungsmindernd zu berücksichtigen ist.[76] Gegen eine Anpassung spricht allerdings, dass § 40a ohnehin eine Pauschalvergütung voraussetzt. Diese Vergütung muss von vornherein berücksichtigen, dass ein gesetzlich beschränktes Recht eingeräumt wurde, so dass nach Ablauf der Zehnjahresfrist nichts Unvorhergesehenes geschieht, insbesondere auch die Geschäftsgrundlage für die gezahlte Vergütung nicht entfällt.[77]

Die gesetzliche Begrenzung hat keine Auswirkungen auf die Auskunftspflicht nach § 32d.[78] Sie ist nur unverhältnismäßig, wenn sie für den Werkverwerter zu aufwändig ist, nicht schon deswegen, weil er eine Pauschalvergütung gezahlt hat.

4. Vereinbarungen über die Beendigung des Rechts zur anderweitigen Verwertung (Abs. 2)

§ 40a Abs. 2 sieht vor, dass Urheber und Werknutzer vorzeitig, nämlich frühestens fünf Jahre nach Beginn der Zehnjahresfrist (→ Rn. 20), **vereinbaren** dürfen, **dass die Rechtsfolge des § 40a Abs. 1 S. 1 nicht eintritt.** Damit würde die Exklusivität des Werknutzers, die § 40a Abs. 1 S. 1 gesetzlich begrenzt, durch Vereinbarung wiederhergestellt. Das Nutzungsrecht des Werknutzers würde zum Exklusivrecht erstarken, gleichzeitig die Befugnis des Urhebers zur anderweitigen Verwertung entfallen. Die Vereinbarung nach Abs. 2 hat daher einen verzichtenden[79] und einen konstitutiven Inhalt. Der Urheber verzichtet auf die anderweitige Verwertung, der Verwerter erhält entgegen der gesetzlichen Standardregelung ein erweitertes Nutzungsrecht. Zweck der Regelung ist es, dem Urheber nach einer gewissen Karenzfrist die Möglichkeit zu verschaffen, das Nutzungsrecht vollständig beim Werknutzer zu belassen. Die Karenzfrist soll ihm einerseits mehr Informationen über den Wert des von ihm eingeräumten Nutzungsrechts verschaffen, andererseits seine Verhandlungsmöglichkeiten insbesondere in Situationen verbessern, in denen sich das Werk am Markt erfolgreich entwickelt. Die Chance auf eine zweite Verhandlung ist damit auch die Chance auf eine höhere Vergütung.[80] Problematisch ist, dass der Urheber diese Chance nur einmal hat. Wenn nach fünf Jahren eine Verlänge-

26

27

28

29

---

[71] AA Möhring/Nicolini/*Soppe* UrhG § 40a Rn. 22 (ungeschriebene Nebenpflicht auf Information des Erstnutzers).

[72] *Obergfell/Zurth* ZGE 9 (2017), 21 (38).

[73] Insoweit zutreffend *Berger/Freyer* ZUM 2016, 569 (575); Möhring/Nicolini/*Soppe* UrhG § 40a Rn. 31.

[74] So Dreier/Schulze/*Schulze* UrhG § 40a Rn. 9.

[75] Möhring/Nicolini/*Soppe* UrhG § 40a Rn. 32; Fromm/Nordemann/*J. B. Nordemann* UrhG § 40a Rn. 15.

[76] So Möhring/Nicolini/*Soppe* UrhG § 40a Rn. 33.1 (Online-Version).

[77] AA wohl Fromm/Nordemann/*J. B. Nordemann* UrhG § 40a Rn. 15 (bei auskömmlich bemessener Pauschalvergütung).

[78] Gegen Möhring/Nicolini/*Soppe* UrhG § 40a Rn. 33.1 (Online-Version).

[79] Möhring/Nicolini/*Soppe* UrhG § 40a Rn. 43.

[80] Begr. RegE BT-Drs. 18/8625, 29.

rung verabredet wird, ist die Wahrscheinlichkeit hoch, dass sie auf die gesamte Schutzdauer erstreckt wird.[81] Sinnvoller wäre es gewesen, die Möglichkeit der Nachverhandlung mehrfach zu eröffnen. Ungeachtet der scheinbar nur eine Variante der Nutzungsrechtsverlängerung erlaubenden Formulierung in § 40a bleibt es allerdings möglich, dass die Parteien eine für den Urheber günstigere Vereinbarung treffen, also die Exklusivität für einen weiteren befristeten Zeitraum vereinbaren. Einen gesetzlichen Anspruch darauf hat der Urheber nicht.

30   Die Formulierung des Gesetzes wurde kritisiert, weil durch eine Vereinbarung lediglich eine Möglichkeit des Urhebers zur anderweitigen Verwertung entfällt, die Vereinbarung also keine erstreckende Wirkung habe.[82] Wenn es darum geht, „die Ausschließlichkeit auf die gesamte Dauer der Nutzungsrechtseinräumung zu erstrecken", so ist aber gemeint, dass hierdurch die Exklusivität des Rechtes auch über den Zehnjahreszeitraum hinaus vereinbart werden kann, was gesetzlich ohne Vereinbarung nicht eintreten würde. Dass die Exklusivität nach § 40a automatisch endet, bedeutet im Übrigen nicht, dass der Urheber das Recht anderweitig verwerten muss und eine unterlassene Verwertung das Recht verwirken lässt.

31   Teilweise wird argumentiert, der Urheber könne dem Werknutzer auch bereits bei Abschluss des ersten Nutzungsvertrages die **Option** zur Verlängerung oder ein Vorkaufsrecht einräumen.[83] Das ist fragwürdig. Die Optionslösung, die der RefE noch vorgeschlagen hatte, hat der RegE gerade nicht übernommen (→ Rn. 8). Die vom Gesetz gewählte Lösung würde an Ausgewogenheit verlieren, wenn für den Urheber nachteilige Vereinbarungen getroffen werden könnten. Dies gilt umso mehr als der Gesetzgeber gerade von einer schwachen Verhandlungsposition des Urhebers ausgeht. Die Karenzfrist von fünf Jahren hat gerade den Zweck, diese Verhandlungsposition zu verbessern, also ein bestehendes Machtungleichgewicht zu beseitigen.[84] Das spricht dafür, Vereinbarungen, die über das in § 40 Abs. 2 oder Abs. 4 Geregelte hinausgehen, nicht zuzulassen.[85]

32   Die Vereinbarung ist nach Abs. 2 an keine weiteren Voraussetzungen gebunden, insbesondere auch **formlos** gültig. Allerdings muss der Werknutzer ggf. beweisen können, dass der Urheber auf eine Befugnis, die ihm das Gesetz eingeräumt hat, vorzeitig verzichtet hat. Da ein solcher Verzicht vor Ablauf der Fünfjahresfrist unwirksam ist, müsste auch der Zeitpunkt einer Erklärung des Urhebers nachgewiesen werden können.

5. Ausnahmen von der Entstehung des Rechts zur anderweitigen Verwertung (Abs. 3)

33   **a) Grundsatz.** § 40a Abs. 3 eröffnet dem Urheber die Möglichkeit, exklusive Nutzungsrechte auch über den Zeitraum von zehn Jahren hinaus gegen Pauschalvergütung einzuräumen, insbesondere also auch einen vollständigen Rechtebuyout gegen Einmalzahlung vorzunehmen. Das Recht auf anderweitige Verwertung entfällt in diesem Fall. Das Gesetz eröffnet damit, was möglicherweise nicht im Verhandlungsinteresse des Urhebers liegt, sondern eher vom Werkverwerter verlangt oder vorausgesetzt wird. Die Norm berücksichtigt mit der gewählten Formulierung aber, dass es Branchen und Leistungsbereiche gibt, in denen auch der Urheber gegen Einmalzahlung weitreichende Rechte einräumen möchte oder jedenfalls die Interessen des Werknutzers an einer vollständigen und auch zeitlich nicht begrenzten exklusiven Nutzung als höherwertig angesehen werden. Damit werden branchenspezifische Erleichterungen ermöglicht, welche die Kritik an der Einführung des Rechts (→ Rn. 10) schwächen. Dass Abs. 3 pauschale Rechteeinräumungen gegen Einmalzahlungen eröffnet, bedeutet naturgemäß, dass günstigere Vereinbarungen für die dort erfassten Leistungen zulässig sind und möglich bleiben.

34   Zusätzlich zu den in Abs. 3 ausdrücklich genannten Leistungen, bei denen das Recht auf anderweitige Verwertung entfällt, finden sich **weitere Ausnahmen** in § 69a Abs. 5 für Computerprogramme, in § 90 Abs. 2 für Filmwerke und vorbestehende Werke. Ausübende Künstler werden nicht einbezogen, weil § 79 Abs. 2a diese Vorschrift nicht für anwendbar erklärt. In allen genannten Fällen hat der Gesetzgeber die Rechtsfolge des § 40a für unverhältnismäßig gehalten, weil er dem Werknutzer allzu aufwändige Verfahren ersparen wollte.[86]

35   **b) Nachrangige Beiträge (§ 40a Abs. 3 Nr. 1).** Erbringt der Urheber einen „lediglich nachrangigen" Beitrag zu einem Werk, einem Produkt oder einer Dienstleistung, so besteht kein Recht auf anderweitige Verwendung nach zehn Jahren. Der RegE sprach noch von „untergeordneten" Beitrag und lehnt sich damit an den in der Rechtsprechung zu § 32a entwickelten Begriff an (→ § 32d Rn. 32).[87] Wie auch bei § 32d Abs. 3 ist die Formulierung auf Vorschlag des Rechtsausschusses des Deutschen Bundestages geändert worden.[88] Die Definition entspricht derjenigen in

---

[81] So Dreier/Schulze/*Schulze* UrhG § 40a Rn. 11.
[82] Möhring/Nicolini/*Soppe* UrhG § 40a Rn. 35.
[83] Fromm/Nordemann/*J. B. Nordemann* UrhG § 40a Rn. 23; *J. B. Nordemann* FS Schulze, 2017, 265 (269 f.).
[84] Begr. RegE BT-Drs. 18/8625, 29.
[85] Ebenso Dreier/Schulze/*Schulze* UrhG § 40a Rn. 13.
[86] Vgl. Begr. RegE BT-Drs. 18/8625, 29.
[87] BGH GRUR 2012, 1249 Rn. 42 f. – Fluch der Karibik; KG GRUR-Int 2016, 1072 (1075) – Fluch der Karibik III.
[88] Begr. RA BT-Drs. 18/10637, 24.

§ 32d. Nachrangig ist ein Beitrag insbesondere, wenn er „nicht zum typischen Inhalt eines Werkes, eines Produktes oder einer Dienstleistung gehört". Diesbezüglich kann teilweise auf die Kommentierung bei § 32d verwiesen werden (→ § 32d Rn. 33). Allerdings ist die Funktion bei § 40a eine andere als bei § 32d. Beim Ausschluss vom Auskunftsanspruch geht es auch um die Frage, ob und wie viele Auskunftsverlangen über die Werknutzung und den Werkerfolg dem Verwerter zumutbar sind. Da der Verwerter nur gesamtwerkbezogen und nur unter Rückgriff auf die bei ihm gewöhnlich vorhandenen Informationen (→ § 32d Rn. 28 und 29) Auskunft erteilen muss, ist die Wirkung des Auskunftsanspruchs weniger gravierend als die Begrenzung des Nutzungsrechts in § 40a. Beim Recht auf anderweitige Verwertung geht es auch um die Frage, in welchem Maße dem Werknutzer Einzelverhandlungen über Werkbestandteile zumutbar sind, wenn er sich diese Leistungen, die oftmals Bestandteil eines Paketes von Rechten sind, auf Dauer exklusiv sichern will und muss. Daher ist die Frage bei § 40a gravierender für den Werknutzer als bei § 32d. Es könnte auch dazu führen, dass ein Beitrag, der „untergeordnet" im Sinne von § 40a ist, nicht zwangsläufig auch „untergeordnet" im Sinne von § 32d ist.

Literatur und Rechtsprechung haben zu dem Begriff der „nachrangigen Werkbeiträge" noch keine **36** klaren Kriterien entwickeln können. Bisher wird darauf hingewiesen, dass eine wertende Einzelfallabwägung erforderlich ist, um herauszufinden, ob ein nachrangiger Beitrag vorliegt.[89] Qualitative Wertungen können dabei durchaus eine Rolle spielen, auch wenn die Begründung zum RegE darauf hinweist, dass solche Wertungen nicht angebracht seien.[90] Vom Wortlaut der Norm her ist „nachrangig" **jeder Beitrag, der das Werk nicht prägt.** Da es um die Weiterverwendung von Beiträgen über die Zehnjahresfrist hinaus geht, kommt es nicht nur darauf an, ob der Beitrag für den Werkerfolg kausal ist (→ § 32d Rn. 33), sondern auch darauf, ob er auswechselbar ist. Je stärker der Urheber das Gesamtwerk persönlich geprägt hat, desto eher erscheint es auch gerechtfertigt, dem Urheber Kontrollbefugnisse zurückzugeben. Bei marginalen Werkbestandteilen, die um eine Kernleistung herum gruppiert werden, ist die Pauschalabgeltung ohne nachfolgende Kontrollbefugnisse für den Urheber zumutbarer.

c) Werke der Baukunst (§ 40a Abs. 3 Nr. 2). Kein Recht auf anderweitige Verwendung hat **37** der Urheber von Werken der Baukunst (§ 2 Abs. 1 Nr. 4, → § 2 Rn. 174). Das wird damit gerechtfertigt, dass Urheber hier „angesichts der gesetzlich geregelten Honorarordnung für Architekten und Ingenieure (HOAI) keines besonderen Rechts zur anderweitigen Verwertung" bedürften. Außerdem gebe es bei diesen Werken ein gesteigertes und berechtigtes Interesse an einer für lange Zeiträume bestehenden Exklusivität der Nutzung.[91]

Diese **Begründung überzeugt weder inhaltlich noch systematisch.** Zum einen fällt auf, dass **38** Werke der Baukunst bereits definitionsgemäß in keiner Weise „nachrangig" sind. Sie also in eine Reihe mit dem Schutzausschluss nach Nr. 1 zu stellen, dürfte eine Ungleichbehandlung sein, die nach den Maßstäben des Art. 3 Abs. 1 GG zweifelhaft ist. Da es beim Recht auf anderweitige Verwendung nicht nur um eine angemessene Vergütung, sondern auch um den Schutz der Kontrollbefugnisse des Urhebers geht (→ Rn. 2), ist der Hinweis auf die HOAI allein nicht geeignet, das Recht vollständig auszuschließen.[92] Dass bei diesen Werken ein berechtigtes Interesse an langer Nutzung besteht, ist nachvollziehbar, allerdings bedarf es für eine solche Nutzung keiner exklusiven Verwertungsrechte. Der Eigentümer oder Mieter, der typischerweise keine Nutzungsrechte eingeräumt erhält, kann selbstverständlich vom Urheber nicht an der Ausübung seiner sachen- und schuldrechtlichen Befugnisse gehindert werden. Die Nutzungsrechte, um die es geht, betreffen daher allenfalls den Nachbau. Warum der ungehinderte Nachbau ohne Kontrolle des Urhebers zulässig sein soll, ist ebenfalls nicht vermittelbar. Auch bei den von *Schulze* zu Recht als Anwendungsfelder genannten Beispielen des Nachbaus von Gebäuden, die zur Corporate Identity eines Unternehmens werden (Gastronomiebetriebe, Hotels mit immer gleicher Architektur),[93] ist nicht ersichtlich, warum die Interessen der Bauherren denjenigen des Urhebers vorzuziehen sind. Man mag anführen, dass im Bereich gewerblicher Architektur die Verhandlungsstärke der Urheber ausgeprägter ist als im Bereich von Literatur und Kunst. Auch dafür fehlt allerdings ein Nachweis. Es drängt sich daher der Eindruck auf, dass hier eine Ausnahme sehr unreflektiert in das Gesetz geraten ist. Das nährt den Verdacht, dass dieser Ausschluss verfassungsrechtlich fragwürdig ist.

d) Werke, die für Kennzeichen oder Muster bestimmt sind (§ 40a Abs. 3 Nr. 3). Ist ein **39** Werk mit Zustimmung des Urhebers für eine Marke oder ein sonstiges Kennzeichen, ein Design oder Gemeinschaftsmuster bestimmt, so hat der Urheber kein Recht auf anderweitige Nutzung nach zehn Jahren. Die im Gesetz genannten Begriffe nehmen ersichtlich Bezug auf die Definitionen in §§ 3, 5 MarkenG bzw. §§ 1, 2 DesignG sowie Art. 3, 4 GeschmackmusterVO EG/6/2002. Die Regelung

---

[89] So Möhring/Nicolini/*Soppe* UrhG § 40a Rn. 52; Dreier/Schulze/*Schulze* UrhG § 40a Rn. 15; Fromm/Nordemann/*J. B. Nordemann* UrhG § 40a Rn. 27.
[90] Fromm/Nordemann/*J. B. Nordemann* UrhG § 40a Rn. 28 einerseits Begr. RA BT-Drs. 18/10637, 22 andererseits.
[91] Begr. RegE BT-Drs. 18/8625, 30.
[92] Ebenso Dreier/Schulze/*Schulze* UrhG § 40a Rn. 16.
[93] Dreier/Schulze/*Schulze* UrhG § 40a Rn. 1.

befasst sich daher mit Werkverwendungen, bei denen ein Werk oder Werkbestandteil nicht um seiner selbst willen, sondern allein wegen seiner Funktion als Kennzeichen oder Produktform eingesetzt wird, also letztlich um eine besondere Nutzungsart. Insoweit liegt auch ein Unterschied zu Bauwerken vor, die nicht nur wegen ihrer Nutzbarkeit, sondern auch ihrer ästhetischen Wirkung beauftragt werden. In den Materialien zu § 40a findet sich die Erläuterung, dass die Vorschrift dabei helfen soll, „Probleme bei urheberrechtlichen Schutzgegenständen (zu) vermeiden, die für *Firmen- oder Produktlogos* verwendet werden". Denn „[d]ie fortdauernde Nutzung beruht hier oft eher auf den Leistungen des Unternehmens bzw. seiner Produkte als auf der kreativen Schöpfung des Urhebers" und ein Recht zur anderweitigen Verwertung „hätte negative Auswirkungen auf Marken, Kennzeichen, und Designs".[94]

40   Diese Erläuterung erzeugt zahlreiche **Probleme.** Es geht einerseits um Schwierigkeiten, die dadurch entstanden sind, dass potentiell jede Form- oder Grafikgestaltung Werkschutz nach § 2 Abs. 2 genießen kann, sei es auch nur am unteren Ende der persönlichen Prägung als Werke der „kleinen Münze" (→ § 2 Rn. 61). Das Problem ist durch die BGH-Entscheidung „Geburtstagszug"[95] erheblich verschärft worden (→ § 2 Rn. 184). Es leuchtet andererseits ein, dass die Nutzung eines Werkes als Kennzeichen, Logo oder Produktform auf verlässliche Nutzung und damit langdauernde Nutzungsrechte angewiesen ist. Ebenso leuchtet ein, dass bei der Nutzung eines Produkt- oder Unternehmenslogos eine erfolgsbezogene Vergütung weder berechenbar noch angebracht ist, weil in der Tat der Unternehmenserfolg nicht auf dem Logo, sondern auf den Marktergebnissen der Unternehmung beruht.

41   Die gesetzliche **Lösung** ist aber möglicherweise ein zu gravierender Eingriff in die Stellung des Urhebers. Nimmt man die Nutzung eines Werkes als Kennzeichen oder Produktform zum Anlass, den Schutz des Urhebers nach § 40a gänzlich auszuschließen, ist die Zurückdrängung der Urheberinteressen unverhältnismäßig. Hinzu kommt, dass die Gleichbehandlung mit „nachrangigen" Beiträgen dieselben Zweifel aufwirft wie bei den Werken der Baukunst (→ Rn. 36). Das spricht für eine **einschränkende Auslegung der Norm.** Denkbar bleibt eine Auslegung dahingehend, dass bei der Werkverwendung zu den in Nr. 3 genannten Zwecken nur die dafür erforderliche Nutzungsart als auf Dauer eingeräumt gilt. Das ermöglicht dem Urheber, das Werk zu anderen Zwecken zu verwenden, zB ein Möbelstück, das ein Werk der angewandten Kunst ist,[96] für eine filmische Nutzung zu lizenzieren.[97] Der Designer oder Markeninhaber bleibt gegenüber Missbräuchen geschützt, weil er kennzeichenmäßige Nutzungen und den Nachbau für industrielle Zwecke auf Basis seiner gewerblichen Schutzrechte abwehren kann.[98] Auf diese Weise würden die Belange beider Interessengruppen miteinander in ein harmonisches Verhältnis gebracht, also praktische Konkordanz hergestellt werden. Um eine verfassungsmäßige Lösung zu erreichen, wird daran ohnehin kein Weg vorbeiführen.

42   Der Ausschluss des Rechts auf anderweitige Verwendung setzt stets voraus, dass die Nutzung zu den in Nr. 3 genannten Zwecken **mit Zustimmung des Urhebers** erfolgte. Erforderlich ist also eine zweckgerichtete Nutzungsrechtseinräumung,[99] aus der klar hervorgeht, dass das Werk als Marke oder Muster genutzt werden soll. Dieser Zweck muss auch so genau wie möglich bestimmt werden, damit der Urheber über den Umfang seiner Disposition informiert ist.[100]

43   Urheberrechtlich nicht zwingend erforderlich ist, dass das Werk auch als Marke oder Design schutzfähig ist. Fehlt es aber daran, fehlt auch der Anlass, § 40a anzuwenden.[101] Allerdings ist darauf zu achten, ob die in Aussicht genommene kennzeichenmäßige oder produktformgestaltende Verwendung ernsthaft betrieben wird. Sonst besteht das Risiko, dass Werknutzer sich durch Verschaffung eines solchen Nutzungsrechts die Ausnahme von § 40a erschleichen. Daher sollte gefordert werden, dass eine Nutzung erfolgt, die zum Markenrechtserwerb führt (§ 4 Nr. 1 oder Nr. 2 MarkenG), also eine markenmäßige Nutzung nachgewiesen werden kann.[102] Diese Deutung erlaubt es im Übrigen, die auf Dauer erfolgende Nutzungsrechtseinräumung an die Bedingung zu knüpfen, dass der Schutz als Design oder Marke erlangt wird und fortbesteht. Endet dieser Schutz, besteht kein Anlass mehr, die Rechte aus § 40a Abs. 1 zu beschränken.[103]

---

[94] Begr. RegE BT-Drs. 18/8625, 30.
[95] BGH GRUR 2014, 175 – Geburtstagszug.
[96] Gegen eine Anwendung des § 40a Abs. 3 Nr. 3 auf diese Werkart Dreier/Schulze/*Schulze* UrhG § 40a Rn. 18.
[97] AA Fromm/Nordemann/*J. B. Nordemann* UrhG § 40a Rn. 35: alle Nutzungen würden durch die nach Nr. 3 angezielte „infiziert".
[98] Zutreffend Fromm/Nordemann/*J. B. Nordemann* UrhG § 40a Rn. 36.
[99] So auch Begr. RegE BT-Drs. 18/8625, 30; Dreier/Schulze/*Schulze* UrhG § 40a Rn. 18 aA Möhring/Nicolini/*Soppe* UrhG § 40a Rn. 61.
[100] Etwas großzügiger Fromm/Nordemann/*J. B. Nordemann* UrhG § 40a Rn. 33: Einhaltung der Übertragungszwecklehre.
[101] IE auch Fromm/Nordemann/*J. B. Nordemann* UrhG § 40a Rn. 32.
[102] Dafür auch Dreier/Schulze/*Schulze* UrhG § 40a Rn. 17: Antrag auf Markenschutz innerhalb von 10 Jahren erforderlich; aA Fromm/Nordemann/*J. B. Nordemann* UrhG § 40a Rn. 33: Nutzungsrechtseinräumung genüge; ebenso wohl Möhring/Nicolini/*Soppe* UrhG § 40a Rn. 60.
[103] Ebenso Dreier/Schulze/*Schulze* UrhG § 40a Rn. 18.

e) Werke, die nicht veröffentlicht werden sollen (§ 40a Abs. 3 Nr. 4). Kein anderweitiges **44** Nutzungsrecht soll der Urheber für Werke haben, die nicht veröffentlicht werden sollen. Die Materialien zum Gesetz rechtfertigen diese Ausnahme mit dem „legitimen Bestreben der Parteien", Werke geheim zu halten. Als Bsp. nennen die Materialien Gutachten, die nur zum internen Gebrauch von Unternehmen oder Behörden erstellt werden.[104] Ersichtlich geht es hierbei um den Versuch, interne Expertisen unter Berufung auf das Urheberrecht der Öffentlichkeit auf Dauer entziehen zu können. Bezeichnend vor diesem Hintergrund ist, dass sogar die Weitergabe an Journalisten als Veröffentlichung anzusehen sein soll,[105] selbst wenn die Journalisten den Inhalt nicht publizieren. Sofern der Ausschluss der Befugnis wenigstens formal wirksam sein soll, muss er davon abhängen, dass der Zweck der Verwendung klar im Nutzungsvertrag bezeichnet wird.[106]

Der Schutzausschluss überzeugt von allen in Abs. 3 genannten am wenigsten. Kaum einleuchtend **45** ist bereits, warum der Auftraggeber eines Gutachtes Nutzungsrechte benötigt, wenn er das Gutachten selbst nur intern verwenden will. Das einzige Motiv liegt darin, dass er sich der Auftraggeber die Nutzungsrechte einräumen lässt, um den Zugang zu dem Werk durch den Urheber und vor allem durch Dritte auf Dauer zu blockieren. Gegenüber dem Urheber kann der Auftraggeber diesen Zugang ohne weiteres vertraglich absichern. Gegenüber Dritten sollte nicht das Urheberrecht dazu funktionalisiert werden, eine Geheimhaltung durchzusetzen, die allein durch das Urheberrecht nicht zu rechtfertigen wäre. Im wirtschaftlichen Bereich hilft hier das Recht der Betriebs- und Geschäftsgeheimnisse.[107] Im behördlichen Bereich bestehen strafrechtliche Nutzungs- und Verwertungsverbote, die durch das Urheberrecht weder ausgedehnt noch unterhöhlt werden sollten. Am wenigsten überzeugt, warum der Urheber eine vom Auftraggeber beabsichtigte Geheimhaltung durch offenbar auf Dauer eingeräumte Nutzungsrechte unterstützen muss. Der Schutzausschluss dürfte noch höheren verfassungsrechtlichen Bedenken unterliegen als die für Nr. 2 und Nr. 3 angeführten (→ Rn. 36 und 39).

III. Abweichende Vereinbarungen (Abs. 4)

Das Recht auf anderweitige Verwertung ist zwar mehrfach eingeschränkt (Abs. 3), der Urheber **46** selbst kann zudem vorzeitig über dieses Recht disponieren (Abs. 2), im Übrigen ist es aber einseitig zwingend, dh ihm zuwiderlaufende Vereinbarungen sind grundsätzlich unwirksam. Daher kann der Urheber nicht daran gehindert werden, seine Befugnis auch dann auszuüben, wenn sie ihm vertraglich genommen oder wenn sie vertraglich durch den Werknutzer eingeschränkt wurde. International-privatrechtlich ist die Norm allerdings nur schwer durchsetzbar. Der Gesetzgeber hat versäumt, eine § 32b entsprechende Regelung auch für dieses Recht einzuführen.[108]

Eine Disposition zum Nachteil des Urhebers ist aber in kollektiven Vereinbarungen, dh in Tarifver- **47** trägen oder Gemeinsamen Vergütungsregeln ausdrücklich zugelassen (Abs. 4).[109] In solchen Vereinbarungen wären auch Regeln darüber denkbar, ob und ggf. welche nachrangigen Werkleistungen von dem Zweitverwertungsrecht profitieren können, ob für die unterlassene Zweitverwertung ergänzende Vergütungen gezahlt werden und auf welche Weise der Urheber den Erstverwerter über eine konkurrierende Nutzung zu informieren hat.

Vereinbarungen darüber, ob und inwieweit ein Nutzungsvertrag, der unter § 40a Abs. 1 fällt, nach **48** dem Wegfall des ausschließlichen Rechts zB in seinen Vergütungsregelungen anzupassen ist, können unter das Abweichungsverbot des Abs. 4 fallen, wenn sie faktisch verhindern, dass der Urheber von der Zweitverwertung Gebrauch machen kann. Wenn bereits im Ursprungsvertrag Vereinbarungen über die Ausübung des erst später wirksam werdenden Rechts getroffen werden sollen, wären die die Dispositionsfreiheit des Urhebers beschränkenden Kauteln, zB eine Absenkung der Vergütung, Informationsrechte des Werknutzers oder gar Mitentscheidungsbefugnisse des Werknutzers, unwirksam.[110] Sie gehören in kollektive Vereinbarungen.

IV. Intertemporaler Anwendungsbereich der Norm

§ 40a ist zum 1.3.2017 in Kraft getreten. Auf Verträge, die vor dem 1.3.2017 geschlossen wurden, **49** findet er nach § 132 Abs. 3a keine Anwendung.[111] Dh, bei Altverträgen hat der Urheber kein Recht

[104] Begr. RegE BT-Drs. 18/8625, 30.
[105] So Möhring/Nicolini/*Soppe* UrhG § 40a Rn. 63.
[106] Abweichend Möhring/Nicolini/*Soppe* UrhG § 40a Rn. 64: Zweck muss dem Urheber nur bekannt sein.
[107] Dazu die seit Juni 2018 umzusetzende Richtlinie (EU) 2016/943 des Europäischen Parlaments und des Rates vom 8.6.2016 über den Schutz vertraulichen Know-Hows und vertraulicher Geschäftsinformationen (Geschäftsgeheimnisse) vor rechtswidrigem Erwerb sowie rechtswidriger Nutzung und Offenlegung, ABl. EU 2016 L 157/1, S. 1; zur Umsetzung liegt der im Oktober 2018 in den Bundestag eingebrachte Regierungsentwurf eines Gesetzes zur Umsetzung der genannten Richtlinie vor (abrufbar über https://www.bmjv.de/SharedDocs/Gesetzgebungsverfahren/DE/GeschGehG.html.
[108] Fromm/Nordemann/*J. B. Nordemann* UrhG § 40a Rn. 5: keine Eingriffsnorm iSv Art. 9 Abs. 1 Rom-I-VO.
[109] Begr. RegE BT-Drs. 18/8625, 30.
[110] AA Möhring/Nicolini/*Soppe* UrhG § 40a Rn. 34.
[111] Insoweit unstreitig, vgl. nur Dreier/Schulze/*Schulze* UrhG § 40a Rn. 1; *J. B. Nordemann* FS Schulze, 2017, 265.

zur anderweitigen Verwertung. Anders mag es sein, wenn der Vertrag vor dem 1.3.2017 abgeschlossen, das Werk aber erst nach diesem Zeitpunkt abgeliefert wurde. Dann nämlich liegt ein „Sachverhalt" vor, der bereits in den Anwendungsbereich des Gesetzes fällt.[112]

§ 41 Rückrufsrecht wegen Nichtausübung

(1) [1]Übt der Inhaber eines ausschließlichen Nutzungsrechts das Recht nicht oder nur unzureichend aus und werden dadurch berechtigte Interessen des Urhebers erheblich verletzt, so kann dieser das Nutzungsrecht zurückrufen. [2]Dies gilt nicht, wenn die Nichtausübung oder die unzureichende Ausübung des Nutzungsrechts überwiegend auf Umständen beruht, deren Behebung dem Urheber zuzumuten ist.

(2) [1]Das Rückrufsrecht kann nicht vor Ablauf von zwei Jahren seit Einräumung oder Übertragung des Nutzungsrechts oder, wenn das Werk später abgeliefert wird, seit der Ablieferung geltend gemacht werden. [2]Bei einem Beitrag zu einer Zeitung beträgt die Frist drei Monate, bei einem Beitrag zu einer Zeitschrift, die monatlich oder in kürzeren Abständen erscheint, sechs Monate und bei einem Beitrag zu anderen Zeitschriften ein Jahr.

(3) [1]Der Rückruf kann erst erklärt werden, nachdem der Urheber dem Inhaber des Nutzungsrechts unter Ankündigung des Rückrufs eine angemessene Nachfrist zur zureichenden Ausübung des Nutzungsrechts bestimmt hat. [2]Der Bestimmung der Nachfrist bedarf es nicht, wenn die Ausübung des Nutzungsrechts seinem Inhaber unmöglich ist oder von ihm verweigert wird oder wenn durch die Gewährung einer Nachfrist überwiegende Interessen des Urhebers gefährdet würden.

(4) Von den Absätzen 1 bis 3 kann zum Nachteil des Urhebers nur durch eine Vereinbarung abgewichen werden, die auf einer gemeinsamen Vergütungsregel (§ 36) oder einem Tarifvertrag beruht.

(5) Mit Wirksamwerden des Rückrufs erlischt das Nutzungsrecht.

(6) Der Urheber hat den Betroffenen zu entschädigen, wenn und soweit es der Billigkeit entspricht.

(7) Rechte und Ansprüche der Beteiligten nach anderen gesetzlichen Vorschriften bleiben unberührt.

Schrifttum: *Adolphsen/Tabrizi,* Zur Fortwirkung zurückgerufener Nutzungsrechte, GRUR 2011, 384; *Budde,* Das Rückrufsrecht des Urhebers wegen Nichtausübung in der Musik, 1997; *Ehle/Schwiddessen,* Urheberrechtliches Rückrufsrecht in der Insolvenz – Rückruf von Nutzungsrechten durch den Urheber wegen Nichtausübung in der Insolvenz des Lizenznehmers, MMR 2012, 355; *Fink-Hooijer,* Fristlose Kündigung im Urhebervertragsrecht, 1991; *Gräbitz,* Die Wirkung des Rückrufs auf mehrstufige Nutzungsrechte im Urheberrecht, 2016; *Graef,* Das Recht am „Remake" – Rückrufmöglichkeiten des Wiederverfilmungsrechts GRUR-Prax 2010, 192; *Koch-Sembdner,* Das Rückrufsrecht des Urhebers bei Unternehmensveräußerungen, 2004; *W. Nordemann,* Vorschlag für ein Urhebervertragsgesetz, GRUR 1991, 1; *Pahlow,* Von Müttern, Töchtern und Enkeln – Zu Rechtscharakter und Wirkung des urhebervertraglichen Rückrufs, GRUR 2010, 112; *Peifer,* Die Urhebervertragsrechtsreform 2016, GRUR-Prax 2017, 1; *ders.,* Urhebervertragsrecht in der Reform, 2016; *Schricker,* Zur Bedeutung des Urheberrechtsgesetzes von 1965 für das Verlagsrecht, GRUR-Int 1983, 446; *Schulze,* Das Urhebervertragsrecht nach Erlass der EU-Richtlinie über das Urheberrecht im digitalen Binnenmarkt, GRUR 2019, 682; *T. J. Schwarz,* Die Beendigung urheberrechtlicher Nutzungsrechte, 2018; *Spindler,* Die neue Urheberrechts-Richtlinie der EU (Teil 2), WRP 2019, 951; *Stier,* Die Unterbrechung urheberrechtlicher Lizenzketten, 2014; *Witte,* Rückruf von Softwarerechten, ITRB 2011, 93.

Übersicht

---

[112] AA Fromm/Nordemann/*J. B. Nordemann* UrhG § 40a Rn. 4 (unter Ausnahme von Kurzarbeitszeitverhältnissen).

I. Allgemeines

1. Zweck und Entstehungsgeschichte

Nach der AmtlBegr.[1] hat der Urheber ein **schutzwürdiges Interesse daran, dass sein Werk in** **1** **der Öffentlichkeit bekannt werde.** Das Bekanntwerden könne aber dadurch verhindert werden, dass der Inhaber eines ausschließlichen Nutzungsrechts sein Recht nicht oder nur unzureichend ausübt; denn neben dem Inhaber des ausschließlichen Nutzungsrechts dürfe kein anderer, auch nicht der Urheber selbst, das Werk verwerten. Sei überdies keine Ausübungspflicht durch den Nutzungsrechtsinhaber vereinbart oder habe dieser das Nutzungsrecht gem. § 34 übertragen, verfüge der Urheber über keine Handhabe, diese Blockade zu beseitigen. Um dem Urheber auch in einer solchen Konstellation zu ermöglichen, sich gegen die Nichtausübung eines ausschließlichen Nutzungsrechts zu wehren, gewähre § 41 ein über die Bestimmungen des BGB und des VerlG hinausgehendes, allgemeines Rückrufsrecht wegen Nichtausübung. Auf Vorschlag des Rechtsausschusses wurde für Zeitungs- und Zeitschriftenbeiträge, um deren Aktualitätscharakter Rechnung zu tragen, in § 41 Abs. 2 S. 2 eine kürzere Wartefrist eingeführt.[2]

Mit diesem Schutzzweck berührt § 41 sowohl die ideellen Belange des Urhebers als auch sein ma- **2** terielles Verwertungsinteresse. § 41 lässt deshalb eine **Doppelnatur:** Einerseits kann man darin eine urheberpersönlichkeitsrechtliche Vorschrift im weiteren Sinne sehen,[3] die mit dem stärker urheberpersönlichkeitsrechtlich akzentuierten § 42 eng zusammenhängt und auch mit dem Veröffentlichungsrecht des § 12 in Verbindung steht. Andererseits handelt es sich um eine die vermögensrechtliche Verwertung unterstützende Norm.[4] In dogmatischer Hinsicht handelt es sich um ein Gestaltungsrecht mit unmittelbar verfügender Wirkung.[5]

Die Tatbestandsvoraussetzungen für einen wirksamen Rücktritt, insbesondere die erhebliche Inte- **3** ressenbeeinträchtigung gem. Abs. 1, die Entschädigungspflicht gem. Abs. 6 und nicht zuletzt die Möglichkeit nach § 41 Abs. 4 aF, die Ausübung des Rückrufsrechts im Voraus für bis zu fünf Jahre auszuschließen oder hierauf ex post zu verzichten, haben dazu beigetragen, dass die praktische, urheberschützende Wirksamkeit des § 41 seit langem als gering eingeschätzt wird.[6] Einen Vorschlag des sog. Kölner Entwurfs zum Urhebervertragsrecht aufgreifend war im Referentenentwurf für die Urhebervertragsrechtsreform 2016 vorgesehen gewesen, die Absätze 1 und 2 neu zu fassen und dabei insbesondere das Erfordernis der Interessenbeeinträchtigung aufzugeben und das Rückrufsrecht spätestens nach Ablauf der in § 41 Abs. 2 vorgesehenen Wartefristen eingreifen zu lassen.[7] Im folgenden Regierungsentwurf war von den auf § 41 bezogenen Änderungsvorschlägen nur noch die schließlich Gesetz gewordene **Neufassung von Absatz 4** übrig geblieben.[8] Im Zuge der parlamentarischen Beratungen wurde vom darin vorgesehenen Verbot individualvertraglicher Abweichungen von § 41 Abs. 1–3 zu Lasten des Urhebers schließlich auch noch das Recht zum Rückruf des Verfilmungsrechts vor Drehbeginn ausgenommen, dessen Ausübung gem. § 90 Abs. 1 S. 3 unverändert auch individualvertraglich im Voraus für eine Dauer von bis zu fünf Jahren ausgeschlossen werden kann.[9] Für alle anderen Anwendungsfälle des Rückrufsrechts gilt nunmehr, dass Abweichungen zu Lasten des Urhebers nur noch kollektivvertraglich vereinbart werden können (→ Rn. 26 f.).

Wie das Urhebervertragsrecht insgesamt war auch das Rückrufsrecht wegen Nichtausübung lange **4** Zeit weder Gegenstand internationalen noch des EU-Rechts. Mit dem Art. 18–23 der am 19.4.2019 erlassenen DSM-RL erkennt nun aber auch der EU-Gesetzgeber an, dass sich Urheber und ausübende Künstler beim Abschluss entgeltlicher Verwertungsverträge in der Regel in einer schwächeren Verhandlungsposition befinden und daher des Schutzes bedürfen, um die nach Unionsrecht harmonisierten Rechte umfassend wahrnehmen zu können.[10] Zu den diesbezüglich erlassenen Mindestvorgaben zählt auch das **Widerrufsrecht gem. Art. 22 DSM-RL.** Nach Absatz 1 und 3 dieser Vorschrift haben die Mitgliedstaaten zu gewährleisten, dass Urheber und ausübende Künstler eine ausschließliche Lizenz oder eine Rechteübertragung nach Ablauf eines angemessenen Zeitraums nach Abschluss der Lizenz oder Übertragung ganz oder teilweise widerrufen können, wenn ihr Werk oder

---

[1] RegE UrhG 1965, BT-Drs. IV/270, S. 60 f.; ErwGrd. 72, 80 DSM-RL; vgl. auch *Peifer* S. 35 ff.
[2] *Haertel/Schiefler* S. 202 f.
[3] → Vor §§ 12 ff. Rn. 5.
[4] Für gemischte urheberpersönlichkeits- und verwertungsrechtliche Natur auch BGH GRUR 2009, 946 (948) – Reifen Progressiv; Wandtke/Bullinger/*Wandtke* UrhG § 41 Rn. 2; *Budde* S. 37 ff.; Dreyer/*Kotthoff*/Meckel UrhG § 41 Rn. 1; allein Urheberpersönlichkeitsrecht *Ulmer* S. 87.
[5] Wandtke/Bullinger/*Wandtke* UrhG § 41 Rn. 1. Gem. Art. 22 Abs. 2 UAbs. 4 DSM-RL können die Mitgliedstaaten vorsehen, dass Urheber oder ausübende Künstler die Ausschließlichkeit eines Vertrags kündigen können, anstatt die Lizenzierung oder die Übertragung der Rechte zu widerrufen.
[6] *W. Nordemann* GRUR 1991, 1 (4).
[7] Referentenentwurf des Bundesministeriums der Justiz und für Verbraucherschutz eines Gesetzes zur verbesserten Durchsetzung des Anspruchs der Urheber und ausübenden Künstler auf angemessene Vergütung v. 5.10.2015, S. 26; *Peifer* S. 35 ff., 57.
[8] BT-Drs. 18/8625, S. 9.
[9] BT-Drs. 18/10637, S. 24.
[10] Erwgr. 72 DSM-RL.

ihre Darbietung nicht verwertet wird. Bei der Ausgestaltung des „Widerrufsverfahrens" räumen Art. 22 Abs. 2 und 5 DSM-RL den Mitgliedstaaten erheblichen Umsetzungsspielraum ein. Für Urheber von Computerprogrammen gilt das Widerrufsrecht nicht (Art. 23 DSM-RL). Es ist ferner im Einzelfall ausgeschlossen, wenn die nicht erfolgte Nutzung vorwiegend auf Umstände zurückzuführen ist, deren Behebung nach billigem Ermessen von dem Urheber oder ausübenden Künstler erwartet werden kann (Art. 22 Abs. 4 DSM-RL). Umzusetzen ist Art. 22 DSM-RL bis zum 7.6.2021 (Art. 29 Abs. 2 S. 1 DSM-RL). Die Vorgaben des Art. 22 DSM-RL gelten für alle Lizenzen und Rechteübertragungen, die ab diesem Tag geschlossen werden (Art. 26 Abs. 2 DSM-RL). Welcher Anpassungsbedarf sich aus Art. 22 DSM-RL ergibt, wird bei den einzelnen Voraussetzungen und Rechtsfolgen des § 41 erläutert.

2. Anwendungsbereich

5   § 41 trat mit dem UrhG am 1.1.1966 in Kraft. Das frühere Recht sah eine entsprechende Vorschrift nicht vor. Die Vorschrift gilt gem. § 132 Abs. 1 S. 3 aber auch für **vor dem Inkrafttreten des UrhG geschlossene Urheberrechtsverträge.** Die zeitliche Anwendbarkeit des im Zuge des Gesetzes zur verbesserten Durchsetzung des Urhebervertragsrechts (→ Rn. 3) geänderten **§ 41 Abs. 4** richtet sich nach **§ 132 Abs. 3a.** Demnach gilt die Neufassung, wonach überhaupt nur noch in Kollektivvereinbarungen, nicht aber mehr individualvertraglich zum Nachteil des Urhebers von § 41 Abs. 1–3 abgewichen werden kann, zunächst für alle Nutzungsverträge, die seit dem 1.3.2017 geschlossen wurden (§ 132 Abs. 3a S. 1). Anders als die übrigen Änderungen des Urhebervertragsrechts durch die Reform 2016 ist die Neufassung des Abs. 4 indes auch auf Altverträge anwendbar, die vor dem 1.3.2017 abgeschlossen wurden. In solchen Verträgen enthaltene, nach früherem Recht wirksame Klauseln, die das Rückrufsrecht zum Nachteil des Urhebers einschränken – insbesondere ein Ausschluss der Ausübung des Rückrufsrechts für fünf Jahre (§ 41 Abs. 4 S. 2 aF) – sind mit Wirkung ab dem 1.3.2018 mit § 41 Abs. 4 unvereinbar und daher gem. § 134 BGB nichtig (§ 132 Abs. 3a S. 2).[11] Mit der Übergangsregelung des § 132 Abs. 3a soll zum einen den berechtigten Interessen der Urheber an einer Anwendung der geänderten Norm auch auf Bestandsverträge Rechnung getragen werden, zum anderen sollte ihren Vertragspartnern ein Jahr Zeit gegeben werden, sich in tatsächlicher Hinsicht auf die neue Rechtslage vorzubereiten, also zu erwägen, ob nicht doch noch eine das Rückrufsrecht ausschließende Nutzung aufgenommen werden soll.[12] Seit dem 1.3.2018 ist § 41 in seiner geltenden Fassung unterschiedslos auf sämtliche Urheberrechtsverträge anwendbar, auch auf solche, die vor dem 1.1.1966 geschlossen wurden (§§ 132 Abs. 1 S. 3, Abs. 3a S. 2). Anders verhält es sich im Hinblick auf **Übertragungen von Künstlerverwertungsrechten und die Nutzungsrechtseinräumungen gem. § 79 Abs. 1 und 2.** Auf derartige Verträge ist § 41 gem. § 79a Abs. 2a entsprechend anwendbar, wenn sie seit dem 13.9.2003 abgeschlossen wurden.[13]

6   Von § 41 erfasst sind dabei alle Verträge zur Einräumung ausschließlicher Nutzungsrechte, auch im Rahmen von **Arbeits- oder Dienstverhältnissen.**[14] Im **Filmbereich** gilt das Rückrufsrecht gem. § 90 UrhG jedoch nur eingeschränkt, nämlich für das Verfilmungsrecht (§ 88 Abs. 1) lediglich bis zum Beginn der Dreharbeiten und überhaupt nicht für die Rechte der Filmurheber am Filmwerk (§ 89 Abs. 1); überdies kann die Ausübung des Rechts zum Rückruf des Verfilmungsrechts bis zum Beginn der Dreharbeiten in Abweichung von § 41 Abs. 4 individualvertraglich im Voraus für eine Dauer von bis zu fünf Jahren ausgeschlossen werden (§ 90 Abs. 1 S. 3). Diese Einschränkungen sind gem. § 95 auch für Nutzungsrechtseinräumungen zur Herstellung von Laufbildern zu beachten.[15] Gem. Art. 23 DSM-RL darf § 41 nicht mehr auf Nutzungsrechtsverträge über Urheberrechte an **Computerprogrammen** angewendet werden, die ab diesem Tag geschlossen werden. Für **rein schuldrechtliche Vereinbarungen zu Verwertungsrechten** (vgl. § 29 Abs. 2) gilt § 41 auch dann nicht, wenn diese mit umfassenden Enthaltungspflichten des Urhebers verknüpft sind. Denn der vertragliche Nutzungsbefugnis ist anders als ein quasidingliches Nutzungsrecht gem. § 34 nicht gesondert übertragbar, so dass sich der Urheber stets an seinen Vertragspartner halten und von diesem die vereinbarte Ausübung verlangen oder den Vertrag gem. § 41 Abs. 7 iVm § 314 BGB kündigen kann. **Einschränkungen des Kündigungsrechts,** die dessen Ausübung an strengere Voraussetzungen knüpfen als in § 41 Abs. 1–3 für das Rückrufsrecht vorgesehen, sind mit Rücksicht auf das schutz-

---

[11] Dreier/Schulze/*Schulze* UrhG § 41 Rn. 34 (Verlängerung der Wartefrist in Altverträgen endete zum 1.3.2018); Fromm/Nordemann/*J. B. Nordemann* UrhG § 41 Rn. 49b.

[12] BT-Drs. 18/8625, S. 32.

[13] § 132 Abs. 3a, 4; → 79 Rn. 15; → § 42 Rn. 6.

[14] Wandtke/Bullinger/*Wandtke* UrhG § 41 Rn. 4; *Budde* S. 109 ff.; Dreier/Schulze/*Schulze* UrhG § 41 Rn. 5; vgl. aber ErwGrd. 72 S. 2 DSM-RL (das ua im Widerrufsrecht des Art. 22 DSM-RL niedergelegte Schutzbedürfnis der Urheber und ausübenden Künstler bestehe nicht, „wenn der Vertragspartner als Endnutzer handelt und das Werk oder die Darbietung selbst nicht verwertet – das könnte etwa im Rahmen bestimmter Arbeitsverträge der Fall sein").

[15] Die Einschränkungen des Rückrufsrechts im Filmbereich sind unionsrechtskonform, vgl. Art. 22 Abs. 2 DSM-RL.

würdige Interesse des Urhebers daran, dass sein Werk in der Öffentlichkeit bekannt werde (→ Rn. 1), allerdings analog § 41 Abs. 4 iVm § 134 BGB nichtig.[16]

Der Rückruf steht nach dem Wortlaut sowie dem Sinn und Zweck der Vorschrift nur dem **Urhe-** 7 **ber** zu, ferner seinem Rechtsnachfolger iSd § 30,[17] nicht aber Inhabern von Nutzungsrechten gem. § 31.[18] § 41 gilt kraft Verweisung ferner zugunsten der Inhaber bestimmter verwandter Schutzrechte, die originär natürlichen Personen zustehen und eine persönlichkeitsrechtliche Komponente aufweisen. Für das Recht an **wissenschaftlichen Ausgaben** (§ 70) und an **Lichtbildern** (§ 72) folgt die Anwendbarkeit aus der Verweisung auf die für Urheberrechte geltenden Vorschriften,[19] für die Leistungsschutzrechte der **ausübenden Künstler** aus § 79 Abs. 2a.[20]

3. Verhältnis zu anderen Vorschriften (Abs. 7)

Das Rückrufsrecht wegen Nichtausübung soll die Rechtsposition des Urhebers im Verhältnis zu 8 Inhabern ausschließlicher Nutzungsrechte stärken. Demgemäß bleiben nach § 41 Abs. 7 Rechte und Ansprüche der Beteiligten nach **anderen gesetzlichen Vorschriften** unberührt. Hierzu zählen insbes. das Recht zur anderweitigen Verwertung nach zehn Jahren bei pauschaler Vergütung (§ 40a), das Rückrufsrecht wegen gewandelter Überzeugung (§ 42) sowie im Anwendungsbereich des VerlG die Behelfe der §§ 32 mit 30, 17, 45 VerlG.[21] Im Übrigen kommen je nach den Umständen des Einzelfalls zivilrechtliche Rechtsbehelfe in Betracht. So kann der Urheber seine Zustimmung zur Nutzungsrechtseinräumung anfechten, wenn er sich im Irrtum über eine verkehrswesentliche Eigenschaft wie zB die Sachkunde, Zuverlässigkeit oder Vertrauenswürdigkeit des Nutzungsrechtsinhabers befand (§ 119 Abs. 2 BGB). Wusste der Nutzungsberechtigte von Anfang an, dass er das Werk nicht wie vereinbart nutzen werde, kann der Urheber wegen arglistiger Täuschung gem. § 123 BGB anfechten.[22] In Vollzug gesetzte Dauerschuldverhältnisse (Lizenzverträge) können gem. § 314 BGB insbesondere dann **aus wichtigem Grund gekündigt** werden, wenn der Nutzungsrechtsnehmer einer Ausübungspflicht nicht nachkommt.[23] Auch einzelvertraglich vereinbarte Kündigungs- oder Rücktrittsrechte bleiben von § 41 unberührt, soweit sie die Möglichkeiten des Urhebers, sich vom Vertrag zu lösen, nicht über die gesetzlichen Rückrufsvoraussetzungen hinaus erschweren (Abs. 4).[24] Die genannten Rechtsbehelfe führen im Unterschied zum Rückrufsrecht des § 41 allerdings grundsätzlich nicht zu einem automatischen Rechterückfall an den Urheber.[25]

Wenn sich der Urheber **in nicht näher spezifizierter Weise vom Vertrag löst,** entsteht die 9 Frage, welches von mehreren ihm zustehenden Lösungsrechten er ausübt. In der Regel wird hier anzunehmen sein, dass der Urheber in erster Linie die ihm günstigere Lösungsmöglichkeit anstrebt, hilfsweise andere Rechte.[26]

II. Voraussetzungen des Rückrufs

1. Einräumung eines ausschließlichen Nutzungsrechts

§ 41 ist anwendbar, wenn ein **ausschließliches Nutzungsrecht** vergeben wurde. Auch die Ein- 10 räumungsfiktion des § 137l Abs. 1 S. 1 im Hinblick auf unbekannte Nutzungsarten unterliegt dem Rückrufsrecht des § 41, wobei die Wartefrist mit dem 1.1.2008 begann.[27] Ein **einfaches Nutzungsrecht** kann hingegen nicht gemäß § 41 zurückgerufen werden, da es dem Urheber eine anderweitige Nutzung nicht versperrt.[28] Auch für den Fall, dass der Urheber zwar ein ausschließliches Nutzungs-

---

[16] Gem. Art. 22 Abs. 2 UAbs. 4 DSM-RL können die Mitgliedstaaten vorsehen, dass Urheber oder ausübende Künstler die Ausschließlichkeit eines Vertrags kündigen können, anstatt die Lizenzierung oder die Übertragung der Rechte zu widerrufen.

[17] *v. Gamm* UrhG § 41 Rn. 8.

[18] Fromm/Nordemann/*J. B. Nordemann* UrhG § 41 Rn. 9; vgl. auch ErwGrd. 72, 80 DSM-RL.

[19] Unionsrechtskonform, da Art. 18–23 DSM-RL das Urhebervertragsrecht nicht abschließend regeln.

[20] Dreier/Schulze/*Schulze* UrhG § 41 Rn. 6.

[21] Unionsrechtskonform mangels abschließender Regelung des Urhebervertragsrechts in Art. 18–23 DSM-RL. Vgl. ferner *Ulmer* §§ 87 II 1, 110 I 2, 110 II 1; *Budde* S. 25; *Schricker* VerlG § 32 Rn. 9 S. 566 f. mwN; Wandtke/Bullinger/*Wandtke* UrhG § 41 Rn. 3, 6; Dreier/Schulze/*Schulze* UrhG § 41 Rn. 7; OLG München ZUM-RD 1997, 451 (453); ZUM 2008, 154; aA Dreyer/*Kotthoff*/Meckel UrhG § 41 Rn. 20; OLG München UFITA 70 [1974], 302 (303); BGH GRUR 1988, 303 (305) – Sonnengesang. Dahingestellt in BGH GRUR 1986, 613 – Ligäa: Fehlt es an einer Auswertungspflicht des Verlegers, so dass kein Verlagsvertrag im technischen Sinn vorliegt, ist § 41 jedenfalls anwendbar; LG München I GRUR-RR 2007, 195 (196 f.) – T.C. Boyle, zu § 17 VerlG.

[22] *Pahlow* GRUR 2010, 112 (114).

[23] BGH GRUR 1973, 328 (330) – Musikverleger II; dazu allgemein → Vor §§ 31 ff. Rn. 84 ff. Gem. Art. 22 Abs. 3 S. 3 DSM-RL „kann" der Urheber oder ausübende Künstler „die Ausschließlichkeit des Vertrags kündigen, anstatt die Lizenz für die Rechte bzw. die Übertragung der Rechte zu widerrufen".

[24] OLG Schleswig ZUM 1995, 867 (871).

[25] *Pahlow* GRUR 2010, 112 (114 ff.).

[26] *Budde* S. 27.

[27] Fromm/Nordemann/*J. B. Nordemann* UrhG § 41 Rn. 4.

[28] Art. 22 Abs. 1 DSM-RL (ausschließliche Lizenz); BGH GRUR 2009, 946 (948) – Reifen Progressiv; *Budde* S. 22; zum Rückfall einfacher Enkelrechte → Rn. 31.

recht eingeräumt, sich **eine eigene Nutzung aber gem. § 31 Abs. 3 S. 2 vorbehalten** hat, soll § 41 nach der AmtlBegr. nicht einschlägig sein.[29] Und in der Tat verfügt der Urheber in dieser Konstellation über die Möglichkeit, sein Werk zu verwerten. Des besonderen, über die allgemeinen Rechtsbehelfe des Verlags- und Zivilrechts hinausgehenden Rückrufsrechts gem. § 41 bedarf es dann nicht. Hingegen kommt es nicht darauf an, ob der Nehmer eines ausschließlichen Nutzungsrechts – wie in der Regel – zur Ausübung des Nutzungsrechts verpflichtet ist. Denn auch und gerade wenn eine solche Benutzungspflicht nicht besteht, der Urheber aber zugleich an einer anderweitigen Verwertung gehindert ist, besteht ein berechtigtes Bedürfnis, das Nutzungsrecht nach Maßgabe des § 41 zurückrufen zu können.[30]

11   Aus § 41 Abs. 2 S. 1 Hs. 1 und der Entstehungsgeschichte (→ Rn. 1) ergibt sich, dass das Rückrufsrecht nicht nur gegenüber dem Vertragspartner ausgeübt werden kann, sondern auch gegenüber Dritten, die **das ausschließliche Nutzungsrecht kraft Übertragung (§ 34 UrhG) erworben** haben. Die zweijährige Wartefrist beginnt in diesem Fall mit der Übertragung des Nutzungsrechts bzw. der erst später erfolgenden Ablieferung des Werkes zu laufen. Für die Frage, ob das Nutzungsrecht nicht oder nur unzureichend ausgeübt wurde, ist auf das Verhalten des Nutzungsrechtserwerbers abzustellen.[31] Da der Urheber sogar ausschließliche Nutzungsrechte zurückrufen kann, die an Dritte weiterübertragen wurden, so besteht diese Befugnis erst recht, wenn der Vertragspartner des Urhebers gem. § 35 **weitere ausschließliche Nutzungsrechte („Enkelrechte")** eingeräumt hat, zB zur Übersetzung und Verwertung eines Romans in einem anderen Sprachraum. Wiederum beginnt die Wartefrist des Abs. 2 erst mit der Einräumung des Enkelrechts zu laufen, der der Urheber immerhin zugestimmt hat. Der Rückruf sowie eine etwaige Nachfristsetzung sind gegenüber dem Inhaber des Enkelrechts zu erklären (vgl. § 41 Abs. 3 S. 1). Die Geltung des Rückrufsrechts gegenüber Nutzungsrechtserwerbern steht im Einklang mit Art. 22 DSM-RL.[32] Die Vorschrift unterscheidet den „Widerruf" von Lizenzen bzw. Rechteübertragungen ausdrücklich von der Kündigung der „Ausschließlichkeit des Vertrages" (Art. 22 Abs. 3 S. 3 DSM-RL). Auch kann der Zweck der Norm, Kreativen zu ermöglichen, anderen Verwertern Rechte einzuräumen bzw. zu übertragen,[33] nur erreicht werden, wenn das Widerrufsrecht nicht nur gegenüber dem ersten, sondern auch gegenüber weiteren Inhabern der lizenzierten bzw. übertragenen Rechte geltend gemacht werden kann.

2. Fehlende oder unzureichende Ausübung (Abs. 1 S. 1 und S. 2)

12   § 41 setzt nicht voraus, dass der Nutzungsrechtsinhaber gegenüber dem Urheber (oder Dritten) verpflichtet ist, das Nutzungsrecht auszuüben (→ Rn. 1 und 9). Indem § 41 die unzureichende Ausübung gleichwohl sanktioniert, erzeugt die Vorschrift eine entsprechende Obliegenheit, eine **„Last"** des Nutzungsberechtigten.[34] Bei Nutzungsverträgen, die wie der klassische Verlagsvertrag eine Ausübungspflicht implizieren, fällt die Prüfung auf unzureichende Ausübung im Sinne des § 41 praktisch mit der Frage zusammen, ob der Nutzungsberechtigte seiner Vertragspflicht genügt hat.

13   Grundfall des § 41 ist die **Nichtausübung,** dh die ganz unterbliebene Ausübung.[36] Sie rechtfertigt einen Rückruf auch und gerade dann, wenn keine vertragliche Ausübungspflicht besteht und eine aktive Nutzung aller Voraussicht nach erfolglos sein wird.[37] Der Nichtausübung steht die **unzureichende Ausübung** gleich.[38] Ob der Nutzungsberechtigte seine Ausübungslast ausreichend wahrgenommen hat, ist unter Berücksichtigung der Umstände des Einzelfalls und der Verkehrssitte nach Maßgabe des Vertragszwecks zu ermitteln.[39] Unzureichende Ausübung wird regelmäßig vorliegen, wenn die Ausübung im Planungsstadium stecken bleibt;[40] wenn beim klassischen Verlagsvertrag nur vervielfältigt, nicht verbreitet wird; wenn neue und ggf. beim Vertragsschluss **unbekannte Nutzungsarten** wie insbesondere die Online-Verwertung nicht aktiv wahrgenommen werden, obwohl sie vom Vertrag erfasst sind;[41] wenn die Verwertung von **Nebenrechten** nicht aktiv betrieben wird;[42]

---

[29] RegE UrhG 1965, BT-Drs. IV/270, S. 60 f.
[30] RegE UrhG 1965, BT-Drs. IV/270, S. 60 f.; OLG Rostock ZUM 2012, 706 (711 f.); Fromm/Nordemann/*J. B. Nordemann* UrhG § 41 Rn. 48c.
[31] Fromm/Nordemann/*J. B. Nordemann* UrhG § 41 Rn. 8.
[32] Zweifelnd *Spindler* WRP 2019, 951 (954).
[33] ErwGrd. 80 DSM-RL.
[34] *Ulmer* § 87 II 1.
[35] *Schricker* VerlG § 32 Rn. 9; Dreier/Schulze/*Schulze* UrhG § 41 Rn. 14.
[36] S. zur vollständigen Einstellung des Geschäftsbetriebs OLG Köln GRUR-RR 2005, 303 – Entwurfsmaterial; zur Frage, ob in der Herausgabe eines Musikstückes auch eine Ausübung hinsichtlich eines darin enthaltenen anderen Musikstücks liegt, s. BGH GRUR 1986, 613 f. – Ligäa.
[37] Fromm/Nordemann/*J. B. Nordemann* UrhG § 41 Rn. 9a.
[38] Das ist unionsrechtskonform, da Art. 22 DSM-RL eine nicht abschließende Mindestharmonisierung vorsieht; im Ergebnis ebenso *Schulze* GRUR 2019, 682 (685).
[39] OLG München ZUM-RD 1997, 451 (452 f.); ZUM 2008, 154; LG München I GRUR-RR 2007, 195 (197) – T. C. Boyle; Wandtke/Bullinger/*Wandtke* UrhG § 41 Rn. 12 f.; Dreier/Schulze/*Schulze* UrhG § 41 Rn. 15, 16.
[40] Wobei je nach der Art des Werkes auch eine längere Vorbereitung erforderlich sein kann, so für das Werkverzeichnis eines Malers, s. OLG Frankfurt a. M. ZUM 1992, 143 (145).
[41] Fromm/Nordemann/*J. B. Nordemann* UrhG § 41 Rn. 22; *Peifer* S. 37.
[42] OLG München ZUM 2008, 154 (155): Rückruf des Nebenrechts für Taschenbuch- oder Buchgemeinschaftsausgaben im Verlagsvertrag.

wenn der Nutzungsberechtigte gegen **Rechtsverletzungen** erheblichen Umfangs nicht vorgeht. Nicht erforderlich ist hingegen die Neuauflage eines Buches im Hardcover neben einer Taschenbuchausgabe.[43] Zu prüfen ist auch, ob der Nutzungsberechtigte – etwa der **Musikverleger** – das zur Förderung des Absatzes Gebotene – insbesondere durch Werbung, Kontaktaufnahme, Verteilung von Noten, Bandaufnahmen etc – getan hat.[44] Eine Verpflichtung zum Besuch von Messen besteht nicht; wichtiger kann der Kontakt zu potentiellen Nutzern wie im Musikbereich dem Rundfunk und zu Musikern sein.[45] Der **Bühnenverleger** muss das ihm anvertraute Werk immer wieder anbieten, und zwar nicht nur in Prospekten, Katalogen und Hauszeitschriften, sondern auch durch persönliche Kontaktaufnahme, und es, soweit erforderlich, durch Neuauflagen und moderne Übersetzungen fördern.[46]

Das Rückrufsrecht gilt gem. Abs. 1 S. 2 ausnahmsweise nicht, wenn die Nichtausübung oder unzu- **14** reichende Ausübung des Nutzungsrechts **überwiegend auf Umständen beruht, deren Behebung dem Urheber zuzumuten ist.**[47] Das Rückrufsrecht scheidet mit anderen Worten aus, wenn die hauptsächliche Ursache für die Nichtausübung im Verantwortungsbereich des Urhebers wurzelt. Nach der AmtlBegr.[48] ist hiermit besonders an den Fall gedacht, dass ein Werk wegen veränderter Umstände nicht herausgebracht werden kann, es dem Urheber aber zumutbar ist, das Werk den veränderten Umständen anzupassen. Ein Beispiel bildet etwa die erforderliche Anpassung eines Lehrbuchs an den aktuellen Wissensstand oder eines Gesetzeskommentars an das geltende Recht.[49] Hierher gehören ferner Fälle, in denen eine vertragswidrige Beschaffenheit des Werkes oder mangelnde Ausgabefähigkeit eines Verlagswerkes vorliegt;[50] der Urheber kann sich den wegen der Mangelhaftigkeit des Werkes gegebenen Ansprüchen des Nutzers nicht ohne Weiteres durch Rückruf entziehen. Es kann dem Urheber auch zuzumuten sein, an der Behebung von Schwierigkeiten mitzuwirken, die durch teilweise Übereinstimmung zwischen mehreren Werken des Urhebers entstehen.[51] Große Zurückhaltung ist gegenüber der Zumutung geboten, der Urheber möge sich an den Publikumsgeschmack anpassen.[52]

Die **Beweislast** dafür, dass nur eine unzureichende Ausübung vorliegt, trägt nach allgemeinen Re- **15** geln der Urheber.[53] Soweit es sich um für ihn schwer zugängliche, für den Nutzungsberechtigten dagegen ohne Weiteres beweisbare Umstände handelt, etwa Interna aus der Sphäre des Letzteren, sind nach dem Grundsatz der redlichen Prozessführung Beweiserleichterungen in Richtung auf eine Umkehrung der Darlegungs- und Beweislast zu gewähren.[54] Macht der Nutzungsrechtsnehmer geltend, dass die unzureichende Ausübung gem. Abs. 1 S. 2 überwiegend auf Umständen beruht, deren Behebung dem Urheber zuzumuten ist, so hat er diesen für ihn günstigen Ausnahmefall darzulegen und ggf. zu beweisen.

3. Erhebliche Verletzung berechtigter Interessen (Abs. 1 S. 1)

Zum Rückruf berechtigt nur eine Nichtausübung oder unzureichende Ausübung, durch die **be-** **16** **rechtigte Interessen** des Urheberrechtsinhabers **erheblich** verletzt werden. Die Interessenverletzung muss gerade auf der Nichtausübung beruhen. Im Übrigen kann der Urheber persönlichkeitsrechtliche und/oder vermögensrechtliche Interessen am Bekanntwerden seines Werkes geltend machen. Das Gesetz stellt dabei allein auf die Interessen des Urhebers ab, verlangt also keine Interessenabwägung wie in Abs. 3 S. 2 aE, wohl aber ein gewisses absolutes Gewicht der Beeinträchtigung („erheblich").[55] Den Interessen des Nutzungsrechtsinhabers trägt das Gesetz in Abs. 1 S. 2, Abs. 2, 3 und 6 Rechnung.

Wegen des Interesses des Urhebers an einer Nutzung des Werkes **impliziert** die fehlende oder un- **17** zureichende Ausübung regelmäßig eine **erhebliche Interessenverletzung.**[56] Auch wenn der Urheber kein weiteres Honorar zu erwarten hat, besteht doch ein erhebliches Interesse daran, dass das Werk weiterhin verwertet und an das Publikum gebracht wird. Die Interessenklausel soll lediglich einen **Missbrauch des Rückrufsrechts verhindern,** bei der dieses mutwillig als Selbstzweck gel-

---

[43] LG München I GRUR-RR 2007, 195 (197) – T. C. Boyle.
[44] Vgl. BGH GRUR 1970, 40 (43) – Musikverleger I; BGH GRUR 1973, 328 – Musikverleger II; OLG München ZUM 2008, 154 f. Zu niedrig sind die Anforderungen an die Tätigkeit des Verlegers in BGH GRUR 1974, 789 – Hofbräuhaus-Lied – angesetzt. Eingehend zu den Verhältnissen im Musikverlag *Budde* S. 47 ff.
[45] KG ZUM 1986, 470 (471).
[46] LG München I UFITA 90 [1981], 227 (230).
[47] Entsprechend Art. 22 Abs. 4 DSM-RL.
[48] RegE UrhG 1965, BT-Drs. IV/270, S. 60 f.
[49] *V. Gamm* UrhG § 41 Rn. 11.
[50] *Schricker* VerlG § 31 Rn. 4 ff., 11 f.
[51] BGH GRUR 1986, 613 (614) – Ligäa.
[52] Vgl. Wandtke/Bullinger/*Wandtke* UrhG § 41 Rn. 18; ausführlich *Budde* S. 68 ff.; Dreier/Schulze/*Schulze* UrhG § 41 Rn. 21; Dreyer/*Kotthoff*/Meckel UrhG § 41 Rn. 8.
[53] De lege ferenda für eine Umkehr der Beweislast bei Nichtausübung nach drei Jahren *Peifer* S. 37 f.
[54] Dreier/Schulze/*Schulze* UrhG § 41 Rn. 18.
[55] *Ulmer* § 87 II 2a; Dreyer/*Kotthoff*/Meckel UrhG § 41 Rn. 7; *Samson* S. 146.
[56] OLG Köln GRUR-RR 2005, 303 – Entwurfsmaterial; OLG München ZUM 2008, 154 (155); 2008, 519 f.; Fromm/Nordemann/*J. B. Nordemann* UrhG § 41 Rn. 23; *Budde* S. 65.

tend gemacht wird, um den redlich agierenden Verwerter zu schädigen.[57] Hierfür müssen besondere Umstände gegeben sein, die die Geltendmachung des Rückrufsrechts trotz fehlender oder unzureichender Ausübung ganz ausnahmsweise als missbräuchlich erscheinen lassen. Insbesondere ist die sog. kleine Münze nicht generell vom Rückruf ausgeschlossen, zumal Werke geringer individueller Kreativität von hohem ökonomischem Wert sein können.[58] Nicht berechtigt ist das Interesse an einem Rückruf ausschließlicher Nutzungsrechte an einer Übersetzung, wenn die Rechte am Originalwerk beim auswertungsverpflichteten Verlag bleiben und der Übersetzer seine Bearbeitung daher auch nach dem Rückruf nicht verwerten könnte.[59]

4. Wartefrist (Abs. 2)

18   Gem. § 42 Abs. 2 S. 1 kann das Rückrufsrecht **nicht vor Ablauf von zwei Jahren** seit Einräumung oder Übertragung des Nutzungsrechts, oder, wenn das Werk später abgeliefert wird, seit der Ablieferung geltend gemacht werden.[60] Ein vor Ablauf dieser Wartefrist erklärter Rückruf vermag die Rechtsfolge des § 41 – automatischer Rechterückfall – nicht herbeizuführen. Dies gilt selbst dann, wenn die Ausübung dem Nutzungsberechtigten endgültig unmöglich ist oder von ihm verweigert wird (arg. § 41 Abs. 3 S. 2).[61] Der Rechtsausschuss hatte eine vorzeitige Geltendmachung des Rückrufsrechts bei endgültiger Erfüllungsverweigerung erwogen; man meinte im Ergebnis aber, dass „nicht über den allgemeinen Grundsatz von Treu und Glauben hinausgegangen" und dass deshalb von einer ausdrücklichen Regelung abgesehen werden solle.[62] Die Unmöglichkeit der Nutzungsrechtsausübung und die Erfüllungsverweigerung führen nach § 41 Abs. 3 S. 2 lediglich dazu, dass der Urheber nach Ablauf der Wartefrist nicht auch noch eine zusätzliche Nachfrist gewähren muss. Besteht eine Ausübungspflicht, enden die gegenseitigen Leistungspflichten bei Unmöglichkeit der Ausübung ipso iure automatisch; verweigert der Nutzungsrechtsinhaber die Ausübung, kann der Urheber den Vertrag überdies gem. § 314 BGB **aus wichtigem Grund kündigen.**[63]

19   Die Frist beginnt mit der **Einräumung des Nutzungsrechts** zu laufen, bei späterer Ablieferung des Werkes von der **Ablieferung** an. Im Verlagsrecht fallen beide Zeitpunkte regelmäßig zusammen (§ 9 Abs. 1 VerlG).[64] Wird das Nutzungsrecht gem. § 34 **übertragen** oder ein ausschließliches Enkelrecht gem. § 35 eingeräumt, so beginnt eine neue Wartefrist zu laufen (→ Rn. 10 f.). Dies gilt grundsätzlich auch bei einer Übertragung bzw. Enkelrechtseinräumung innerhalb eines Konzerns.[65] Die AmtlBegr.[66] verweist darauf, dass der Urheber durch das Zustimmungserfordernis gem. § 34 davor geschützt sei, dass der Rückruf durch fortgesetzte Übertragung vereitelt wird. In Missbrauchsfällen kann aber der Rückruf ohne Rücksicht auf den Ablauf der Wartefrist im Verhältnis zum aktuellen Inhaber des betreffenden Nutzungsrechts geltend gemacht werden kann.[67]

20   Die **zweijährige Wartefrist** des Abs. 2 S. 1 wird von der AmtlBegr.[68] als für den Regelfall angemessen bezeichnet. Die aus Urheberkreisen vorgebrachten Wünsche nach einer Fristverkürzung führten im Rechtsausschuss zur Aufnahme der gestaffelten Fristen von **3, 6 bzw. 12 Monaten bei Periodika,** um dem Aktualitätsinteresse zu genügen. Demnach beträgt die Frist bei einer Zeitung[69] drei Monate, bei einer Zeitschrift,[70] die monatlich oder in kürzeren Abständen erscheint, sechs Monate und bei einem Beitrag zu anderen, in größeren Abständen erscheinenden Zeitschriften, zwölf Monate. Der Begriff des „Beitrags" erfasst jedes urheberrechtlich geschützte Werk, das in einer periodischen Sammlung erscheint.[71]

21   Die **Fristen** können gem. Abs. 4 nur im Rahmen gemeinsamer Vergütungsregeln oder Tarifverträge, nicht aber einzelvertraglich **verlängert** werden.[72] Entsprechende Fristverlängerungen sind gem. § 134 BGB nichtig, während der übrige Nutzungsvertrag wirksam bleibt.

---

[57] RegE UrhG 1965, BT-Drs. IV/270, S. 60 f.; OLG Köln GRUR-RR 2005, 303 f. – Entwurfsmaterial. Auch Art. 22 Abs. 1 DSM-RL knüpft das Widerrufsrecht allein an den Tatbestand der fehlenden Verwertung.
[58] Wandtke/Bullinger/*Wandtke* UrhG § 41 Rn. 15; Dreier/Schulze/*Schulze* UrhG § 41 Rn. 17.
[59] Siehe LG München I GRUR-RR 2007, 195 (196 f.) – T. C. Boyle mit Verweis auf BGH GRUR 2005, 148 (151 f.) – Oceano Mare zu § 17 VerlG.
[60] Vgl. Art. 22 Abs. 3 S. 1 DSM-RL (Widerruf darf erst nach Ablauf eines „angemessenen Zeitraums" erfolgen).
[61] AA Fromm/Nordemann/*J. B. Nordemann* UrhG § 41 Rn. 29; Dreier/Schulze/*Schulze* UrhG § 41 Rn. 24; *T. J. Schwarz* S. 251; im Ergebnis auch OLG München ZUM-RD 1997, 451 ff. – Fix und Foxi.
[62] *Haertel/Schiefler* S. 203.
[63] Vgl. Wandtke/Bullinger/*Wandtke* UrhG § 41 Rn. 23 zum Fall der Insolvenz; Dreyer/*Kotthoff*/Meckel UrhG § 41 Rn. 12.
[64] Art. 22 Abs. 3 S. 1 DSM-RL stellt allein auf den Abschluss des Lizenz- bzw. Übertragungsvertrags ab.
[65] Fromm/Nordemann/*J. B. Nordemann* UrhG § 41 Rn. 30.
[66] RegE UrhG 1965, BT-Drs. IV/270, S. 60 f.
[67] Fromm/Nordemann/*J. B. Nordemann* UrhG § 41 Rn. 30; Dreier/Schulze/*Schulze* UrhG § 41 Rn. 23. Einschränkend Dreyer/*Kotthoff*/Meckel UrhG § 41 Rn. 10: neue Frist nur, wenn der Urheber der Übertragung ausdrücklich zugestimmt hat.
[68] RegE UrhG 1965, BT-Drs. IV/270, S. 60 f.
[69] Dazu → § 38 Rn. 35.
[70] Dazu → § 38 Rn. 36.
[71] Dreier/Schulze/*Schulze* UrhG § 41 Rn. 22.
[72] Unionsrechtskonform, vgl. Art. 22 Abs. 5 DSM-RL.

5. Nachfrist (Abs. 3) und Erklärung des Rückrufs

Nach Ablauf der Wartefrist gem. Abs. 2 muss der Urheber dem Inhaber des Nutzungsrechts unter **22** Ankündigung des Rückrufs grundsätzlich eine **angemessene Nachfrist zur zureichenden Ausübung des Nutzungsrechts setzen**.[73] Der Nutzungsberechtigte muss zur zureichenden Ausübung aufgefordert und es muss der Rückruf angekündigt werden. Die Nachfrist kann nicht vor Ablauf der Frist gemäß Abs. 2 zu laufen beginnen, kann aber – ebenso wie der Rückruf selbst – bereits vorher erklärt werden.[74]

Die Frist muss **angemessen,** dh unter Abwägung der Interessen und der Verhältnisse der Parteien **23** ausreichend sein, um dem Nutzungsberechtigten eine Chance zu ausreichender Nutzung zu geben, ohne den Urheber mit einer unzumutbaren Verzögerung zu belasten. Zeitliche Durchschnittswerte der betreffenden Branche können dabei Anhaltspunkte geben, die Prüfung ist aber individualisierend durchzuführen, da es um eine – außerordentliche – Korrektur der individuellen Vertragsverhältnisse der Parteien geht.[75] Bei Verfilmungsverträgen erscheint eine Nachfrist von 6 bis 12 Monaten als angemessen;[76] für die weniger aufwendige Verwertung von Sprach- und Musikwerken sind diese Nachfristen allemal ausreichend. Eine vom Urheber **zu kurz bemessene Nachfrist** setzt eine angemessene Frist in Lauf.[77] An eine zu lang bemessene Nachfrist ist der Urheber aber gebunden; der Nutzungsberechtigte darf darauf vertrauen.[78]

Die Nachfristsetzung ist gemäß Abs. 3 S. 2 bei **Unmöglichkeit** rechtzeitiger Ausübung,[79] bei – **24** definitiver – **Verweigerung** oder bei **Gefährdung überwiegender Interessen** des Urhebers durch die Gewährung der Nachfrist entbehrlich. Letzteres ist der Fall, wenn die Verwertung des Werkes aufgrund besonderer Umstände besonders dringlich ist, zB, wenn das Werk eine aktuelle wissenschaftliche Debatte oder zeithistorische Ereignisse (Jubiläen) betrifft.[80] Allein der Umstand, dass über das Vermögen des Nutzungsrechtsinhabers das **Insolvenzverfahren** eröffnet wurde, lässt das Erfordernis einer Nachfristsetzung nicht entfallen.[81] Umgekehrt rechtfertigt ein Insolvenzverfahren auch keine besonders langen Nachfristen; erst recht ist der Urheber nicht verpflichtet, die Gläubiger auf einen bereits erklärten Rückruf hinzuweisen.[82] Steht fest, dass das Nutzungsrecht 60 Jahre lang nicht ausgeübt wurde, muss keine offenbar aussichtslose und die Interessen des Urhebers zusätzlich gefährdende Nachfrist gesetzt werden.[83]

Der Rückruf selbst erfolgt durch **einseitige, empfangsbedürftige Willenserklärung** gegenüber **25** dem Inhaber des ausschließlichen Nutzungsrechts, sei es der Vertragspartner des Urhebers oder derjenige, an den das Recht gem. § 34 übertragen oder dem ein ausschließliches Nutzungsrecht zweiter Stufe gem. § 35 eingeräumt wurde.[84] Die Erklärung ist formlos gültig und wird bei Vorliegen der Voraussetzungen des § 41 mit Zugang (§ 130 BGB) **wirksam.**[85]

6. Abdingbarkeit (Abs. 4)

Im Gegensatz zum früheren Recht[86] kann von den Absätzen 1–3 zum Nachteil des Urhebers nicht **26** mehr individualvertraglich, sondern nur noch durch eine Vereinbarung abgewichen werden, die auf einer **gemeinsamen Vergütungsregel (§ 36) oder einem Tarifvertrag** beruht.[87] § 41 Abs. 4 folgt damit dem Konzept der „halbzwingenden Regulierung", wonach Abweichungen vom gesetzlichen Urhebervertragsrecht nur in Kollektivvereinbarungen wirksam möglich sind (ebenso §§ 32d Abs. 3, 32e Abs. 3, 40a Abs. 4, 88 Abs. 2 S. 3). Dieser Ansatz beruht auf der Annahme, dass gemeinsame Vergütungsregeln und Tarifverträge auch dann sachgerechte und faire Verwertungsbedingungen statuieren, wenn sie vom gesetzlichen Urheberschutz abweichen, weil sich Urheber- und Verwerterverbände auf Augenhöhe begegnen. Die Möglichkeit, in solchen Kollektivvereinbarungen Regelungen zu treffen, die in Individualverträgen mit Urhebern unwirksam wären, setzt überdies einen Anreiz, gemeinsame Vergütungsregeln oder Tarifverträge abzuschließen.[88] Dementsprechend können in gemein-

---

[73] Unionsrechtskonform, vgl. Art. 22 Abs. 3 S. 2 DSM-RL.

[74] Dreier/Schulze/*Schulze* UrhG § 41 Rn. 26.

[75] OLG München ZUM 2008, 519 f.

[76] OLG München ZUM 2008, 519 f.; krit. Fromm/Nordemann/*J. B. Nordemann* UrhG § 41 Rn. 31; Dreier/Schulze/*Schulze* UrhG § 41 Rn. 27.

[77] Fromm/Nordemann/*J. B. Nordemann* UrhG § 41 Rn. 33; *Budde* S. 79, 80.

[78] Dreier/Schulze/*Schulze* UrhG § 41 Rn. 28.

[79] ZB Mangel an Finanzmitteln, Stilllegung des Betriebs: OLG Köln GRUR-RR 2005, 303 f. – Entwurfsmaterial; auf Vertretenmüssen kommt es dabei nicht an, Fromm/Nordemann/*J. B. Nordemann* UrhG § 41 Rn. 35.

[80] Fromm/Nordemann/*J. B. Nordemann* UrhG § 41 Rn. 36.

[81] Anders Wandtke/Bullinger/*Wandtke* UrhG § 41 Rn. 23.

[82] AA Ehle/*Schwiddessen* MMR 2012, 355 (357 f.).

[83] KG ZUM 2005, 820 (822) – Wagenfeld-Tischleuchte; Wandtke/Bullinger/*Wandtke* UrhG § 41 Rn. 25.

[84] BGH GRUR 2009, 946 (948) – Reifen Progressiv; KG GRUR 2006, 53 (55) – Bauhaus Glasleuchte II; OLG München ZUM 2008, 519 f.; Dreier/Schulze/*Schulze* UrhG § 41 Rn. 2, 31; Art. 22 Abs. 3 S. 2 DSM-RL („Person, der die Lizenz für die Rechte erteilt wurde bzw. der die Rechte übertragen wurden").

[85] Fromm/Nordemann/*J. B. Nordemann* UrhG § 41 Rn. 38.

[86] → Rn. 3.

[87] Unionsrechtskonform gem. Art. 22 Abs. 5 DSM-RL.

[88] BT-Drs. 18/8625, S. 18, 30.

samen Vergütungsregeln und Tarifverträgen beliebige Abweichungen von den Absätzen 1–3 vorgesehen werden; selbst der völlige Ausschluss des Rückrufsrechts oder der Aufschub seiner Ausübung für fünf oder mehr Jahre wären grundsätzlich wirksam.[89] Fällt ein Nutzungsvertrag in den Anwendungsbereich einer gemeinsamen Vergütungsregel oder eines Tarifvertrags, bedarf es keiner individualvertraglichen Bestätigung der entsprechenden Klauseln, um das Rückrufsrecht wirksam einzuschränken.[90]

27   In **Individualverträgen** hingegen kann von § 41 Abs. 1–3 wirksam nur noch zugunsten des Urhebers, nicht aber zu seinen Lasten abgewichen werden. Eine zulässige Begünstigung des Urhebers stellt es etwa dar, wenn die Wartefrist gem. § 41 Abs. 2 verkürzt oder ihr Ablauf als stets erhebliche Interessenbeeinträchtigung gem. § 41 Abs. 1 definiert wird. Gem. § 41 Abs. 4 iVm § 134 BGB nichtig sind hingegen zB Verlängerungen der Fristen gem. Abs. 2 und 3, die Verknüpfung des Rückrufsrechts mit der Pflicht, das Honorar zurückzuzahlen oder das Nutzungsrecht nach einem Rückruf erneut dem Verwerter oder einem Dritten anzubieten.[91] Auch eine Bestimmung, die das ausschließliche Nutzungsrecht nach Rückruf automatisch in ein einfaches Nutzungsrecht umwandelt, weicht zum Nachteil des Urhebers von der automatischen Rechtsfolge eines Rückrufs ab und ist daher individualvertraglich unwirksam;[92] selbiges gilt für einen Verzicht auf ein bereits entstandenes Rückrufsrecht.[93] Verschärfungen der Entschädigungspflicht gem. § 41 Abs. 6 sind vom individualvertraglichen Verschlechterungsverbot des Abs. 4 zwar nicht ausdrücklich erfasst. Indem Abs. 6 indes eine Entschädigung des Verwerters nur vorsieht, soweit dies der Billigkeit entspricht, gibt die Vorschrift selbst zu erkennen, dass dieser Maßstab nicht disponibel ist.[94] Ein entstandenes Rückrufsrecht kann daher im bilateralen Verhältnis allenfalls noch **verwirkt** werden. Selbst dann aber der Urheber jederzeit eine neue, ggf. sehr kurze Nachfrist setzen und so die Voraussetzungen des Rückrufs wieder herbeiführen. Denn eine Verwirkung des in die Zukunft gerichteten Rückrufsrechts als solchem ist ausgeschlossen.[95]

III. Rechtsfolgen des Rückrufs

1. Erlöschen des Nutzungsrechts (Abs. 5)

28   Fehlt es an den vorgenannten Voraussetzungen des § 41, so ist der erklärte Rückruf ohne rechtliche Wirkungen; das Nutzungsrecht und der zugrundeliegende Verpflichtungsvertrag bestehen fort.[96] Andernfalls **erlischt das Nutzungsrecht** mit dem Zugang der rechtsgestaltenden Rückrufserklärung (Abs. 5). Zugleich erstarkt das in der Hand des Urhebers verbliebene Stammrecht, von dem das Nutzungsrecht als Tochterrecht abgespalten war, ex nunc insoweit wieder zum Vollrecht.[97] Da das Nutzungsverhältnis ex nunc aufgelöst wird, kann für den Zeitraum bis zur Auflösung eine Anwendung der §§ 32–32c in Betracht kommen, zB wenn der Verwerter das Werk zunächst gegen eine unangemessene Vergütung nutzt, die an sich aussichtsreiche Förderung des Werkes dann aber einstellt.

29   § 41 regelt an sich nur das Schicksal des quasidinglichen ausschließlichen Nutzungsrechts. Ein eingeräumtes Tochterrecht fällt mit dem wirksamen Rückruf ipso iure an den Urheber zurück. Aufgrund der stärkeren kausalen Verknüpfung von Verpflichtungs- und Verfügungsgeschäft im Urhebervertragsrecht **endet** mit dem Rückruf des Nutzungsrechts automatisch auch der der Einräumung des Nutzungsrechts zugrundeliegende **schuldrechtliche Lizenzvertrag**.[98] Im Übrigen ist davon auszugehen, dass der Urheber mit der Rückrufserklärung im Zweifel zugleich eine Kündigung des Lizenzvertrags aus wichtigem Grund gem. § 314 BGB erklärt.[99] Ein Ausschluss dieses Kündigungsrechts wegen Nichtausübung im Individualvertrag ist analog § 41 Abs. 4 unwirksam (→ Rn. 5). Ein „Auslaufrecht" bezüglich bereits hergestellter Werkexemplare besteht nicht.[100]

30   Wurde **das ausschließliche Nutzungsrecht gem. § 34 übertragen** oder wurden **gem. § 35 ausschließliche Enkelrechte eingeräumt,** kann der Urheber für einen Heimfall dieser Rechte sorgen, indem er den Rückruf gegenüber dem jeweiligen Inhaber des ausschließlichen Nutzungs-

---

[89] Fromm/Nordemann/*J. B. Nordemann* UrhG § 41 Rn. 48a.

[90] Anders wohl BeckOK/*Wegner* UrhG § 41 Rn. 19.

[91] Fromm/Nordemann/*J. B. Nordemann* UrhG § 41 Rn. 48b.

[92] AA Fromm/Nordemann/*J. B. Nordemann* UrhG § 41 Rn. 48b.

[93] AA Dreier/Schulze/Schulze/*Schulze* UrhG § 41 Rn. 35; Fromm/Nordemann/*J. B. Nordemann* UrhG § 41 Rn. 49.

[94] Fromm/Nordemann/*J. B. Nordemann* UrhG § 41 Rn. 50; vgl. auch LG Braunschweig BeckRS 2011, 23441.

[95] Wandtke/Bullinger/*Wandtke* UrhG § 41 Rn. 27; allgemein zur Verwirkung im Urheberrecht BGH ZUM 2014, 401 Rn. 37 ff. – Peter Fechter.

[96] BGH GRUR 1986, 613 – Ligäa.

[97] OLG München ZUM 2008, 519 f.; Wandtke/Bullinger/*Wandtke* UrhG § 41 Rn. 28; *Budde* S. 89.

[98] Vgl. für den umgekehrten Fall des Rückfalls der Nutzungsrechte bei Beendigung des Verpflichtungsgeschäfts BGH ZUM 2012, 782 Rn. 19 f. – M2Trade.

[99] Einzelheiten s. bei *Schricker* VerlG § 32 Rn. 9; Dreier/Schulze/*Schulze* UrhG § 41 Rn. 37; Wandtke/Bullinger/*Wandtke* UrhG § 41 Rn. 28; *Pahlow* GRUR 2010, 112 (114); *Budde* S. 90. Vgl. auch Art. 22 Abs. 3 S. 3 DSM-RL (der Kreative „kann … die Ausschließlichkeit des Vertrags kündigen, anstatt die Lizenz für die Rechte bzw. die Übertragung der Rechte zu widerrufen").

[100] *Budde* S. 91.

rechts erklärt. Hierfür müssen die Voraussetzungen des Rückrufsrechts allerdings im Verhältnis zu diesem Zweit- oder Dritterwerber gegeben sein, insbesondere im Hinblick auf den Ablauf der Wartefrist gem. Abs. 2 (→ Rn. 10 f.). Einen Lizenzvertrag mit dem ursprünglichen Inhaber des ausschließlichen Nutzungsrechts muss der Urheber gem. § 314 BGB gesondert kündigen.

Hat der ursprüngliche oder spätere Inhaber eines ausschließlichen Nutzungsrechts hingegen gem. **31** § 35 weitere **einfache Enkelrechte** eingeräumt, so kommt ein Rückruf gegenüber den Inhabern dieser einfachen Nutzungsrechte nicht in Betracht. Nach Auffassung des BGH führt auch ein wirksamer Rückruf des ausschließlichen Tochterrechts, von dem sich die einfachen Enkelrechte ableiten, nicht zu einem Heimfall der Enkelrechte.[101] § 33 S. 2 verdeutliche, dass die einmal eingeräumten, weiteren einfachen Nutzungsrechte nach ihrer Abspaltung vom „Tochterrecht" von dessen Fortbestand unabhängig seien. Da nur ein einfaches Nutzungsrecht bestehen bleibe, sei der Urheber nicht übermäßig in einer Nutzung seines Rechts beeinträchtigt, während der Sublizenznehmer ein häufig erhebliches Interesse am Erhalt seines Nutzungsrechts habe. Der Urheber (Hauptlizenzgeber) kann vom Inhaber des ausschließlichen Nutzungsrechts (Hauptlizenznehmer) gem. § 812 Abs. 1 S. 1 Alt. 2 Abtretung der Ansprüche auf Lizenzzahlungen gegen den Inhaber des einfachen Enkelrechts (Unterlizenznehmer) verlangen.[102] Letztgenannte Konstruktion vermag jedoch nicht zu überzeugen. Der schuldrechtliche Zahlungsanspruch ist dem Hauptlizenznehmer aufgrund des fortbestehenden Lizenzvertrags mit dem Unterlizenznehmer zugewiesen. Die andauernde Nutzung erfolgt nicht durch ihn, sondern durch den Sublizenznehmer, der hierdurch überdies nach Auffassung des BGH gerade nicht in den Zuweisungsgehalt des Urheberrechts eingreift.[103] Auch die praktischen Vorteile des Fortbestands des Enkelrechts sind begrenzt, da der Urheber beispielsweise nicht verpflichtet ist, dem Sublizenznehmer Softwareupdates oder andere Fortentwicklungen des Lizenzgegenstands zu verschaffen. Mit Rücksicht auf den Rechtsgrundsatz, dass die urheberrechtlichen Befugnisse die Tendenz haben, soweit wie möglich beim Urheber zu verbleiben, damit dieser an den Erträgnissen seines Werkes in angemessener Weise beteiligt wird,[104] erscheint es daher insgesamt **überzeugender, von einem automatischen Heimfall auch der Enkelrechte auszugehen.**[105] Härten für den betroffenen Inhaber des Enkelrechts sind durch einen Entschädigungsanspruch gegen den Urheber gem. § 41 Abs. 6 abzufedern.

Hinsichtlich der Frage, ob ein **Teilrückruf** möglich ist, ist zu unterscheiden.[106] Sind **von mehre-** **32** **ren Werken** nur einzelne nicht hinreichend verwertet worden, so sind die Nutzungsrechte nur bezüglich dieser rückrufbar, nicht auch die Rechte an den anderen Werken.[107] Sind **mehrere Nutzungsrechte hinsichtlich eines Werkes** eingeräumt, kann der Rückruf auch für jedes selbständig abspaltbare Nutzungsrecht ausgeübt werden.[108] Ist ein Teilrückruf wirksam ausgeübt, bestimmt sich das Schicksal des verbleibenden Teils des Rechtsgeschäfts **entsprechend § 139 BGB.**[109]

Bei **Miturheberschaft** muss der Rückruf von allen Miturhebern erklärt werden.[110] Bei **verbun- 33** **denen Werken** – etwa Text und Musik bei Liedern – besteht zwischen den beteiligten Urhebern eine BGB-Gesellschaft, wie dies § 9 UrhG anerkannt wird.[111] Bei gemeinschaftlicher Geschäftsführung (§ 709 Abs. 1 BGB) muss der Rückruf von allen Gesellschaftern ausgeübt werden.[112] Fehlt es an einer gesellschaftlichen Verbundenheit,[113] kann jeder Beteiligte den Rückruf gesondert für sich ausüben.[114]

Der Rückruf wegen Nichtausübung steht häufig im Zusammenhang mit der **Insolvenz des Nut-** **34** **zungsrechtsnehmers.** Allein der Umstand, dass über das Vermögen des Inhabers des Nutzungsrechts das Insolvenzverfahren eröffnet wurde, berechtigt nicht zum Rückruf wegen Nichtausübung; viel-

---

[101] BGH GRUR 2009, 946 ff. – Reifen Progressiv mwN; BGH ZUM 2012, 782 – M2Trade; zustimmend *Reber* ZUM 2009, 855 ff.; vgl. auch *Gräbitz* S. 165 ff.; *T. J. Schwarz* S. 380 ff.
[102] BGH ZUM 2012, 782 Rn. 26 f. – M2Trade; anders *Pahlow* GRUR 2010, 112 (117 f.) (direkter Zahlungsanspruch des Urhebers gegen den Sublizenznehmer gem. §§ 32a Abs. 2, 32c Abs. 2 analog).
[103] Vgl. *Stier* S. 78 ff.
[104] Vgl. BGH GRUR 2010, 628 Rn. 30 – Vorschaubilder I.
[105] Eingehend *Stier* S. 127 ff. und zu vertraglichen Sicherungsmöglichkeiten S. 185 ff.; kritisch auch *Adolphsen/ Tabrizi* GRUR 2011, 384 (388) (mit Hinweis auf § 546 Abs. 2 BGB).
[106] Für Zulässigkeit OLG München ZUM 2008, 154 (155); *Schricker* VerlG § 32 Rn. 9 S. 567 f.; Wandtke/ Bullinger/*Wandtke* UrhG § 41 Rn. 3; *Budde* S. 28 ff.; Dreier/Schulze/*Schulze* UrhG § 41 Rn. 10; *Haberstumpf/ Hintermeier* § 24 III 2.
[107] BGH GRUR 1973, 328 (330) – Musikverleger II; LG München I UFITA 90 [1981], 227 (230); Fromm/ Nordemann/*J. B. Nordemann* UrhG § 41 Rn. 20. Ebenso Art. 22 Abs. 1 DSM-RL (Rechte an „einem" Werk oder sonstigen Schutzgegenstand).
[108] OLG München ZUM 2008, 154 (155) – Rückruf des Nebenrechts für Taschenbuch- und Buchgemeinschaftsausgaben im Verlagsvertrag; *T. J. Schwarz* S. 266; zurückhaltend *Peifer* S. 74. Ebenso Art. 22 Abs. 1 DSM-RL (Lizenz oder Übertragung „ganz oder teilweise" widerrufen).
[109] Fromm/Nordemann/*J. B. Nordemann* UrhG § 41 Rn. 2.
[110] *Budde* S. 31 ff.; Dreier/Schulze/*Schulze* UrhG § 41 Rn. 32. Unionsrechtskonform, vgl. Art. 22 Abs. 2 UAbs. 1 Buchst. b.
[111] *Ulmer* § 35 II 2.
[112] BGH GRUR 1973, 328 (329) – Musikverleger II; vgl. auch BGH GRUR 1964, 326 (330) – Subverleger – für die Kündigung aus wichtigem Grund; sa *Budde* S. 33 ff.
[113] Vgl. BGH GRUR 1964, 326 (330) – Subverleger.
[114] Dreier/Schulze/*Schulze* UrhG § 41 Rn. 33.

mehr müssen die Tatbestandsvoraussetzungen des § 41 wie in allen anderen Fällen erfüllt sein (→ Rn. 24). Gem. § 36 Abs. 1 VerlG findet bei einer Insolvenz des Verlegers die Vorschrift des § 103 InsO auch dann Anwendung, wenn das Werk bereits vor Eröffnung des Verfahrens abgeliefert worden war. Allerdings kann der Verfasser gem. § 36 Abs. 3 VerlG vom Vertrag zurücktreten, wenn zur Zeit der Eröffnung des Insolvenzverfahrens mit der Vervielfältigung noch nicht begonnen worden war. Auch sonst sperren weder die Eröffnung des Insolvenzverfahrens noch ein explizites Erfüllungsverlangen des Insolvenzverwalters einen wirksamen Rückruf wegen Nichtausübung, und zwar unabhängig davon, ob die Voraussetzungen für den Rückruf bereits vor oder erst nach Eröffnung des Insolvenzverfahrens erfüllt waren.[115] Nach hier vertretener Auffassung fallen Enkelrechte mit dem Rückruf des ausschließlichen Tochterrechts automatisch an den Urheber zurück (→ Rn. 31).[116] Dies gilt erst recht, wenn der Insolvenzverwalter des Sublizenznehmers die weitere Erfüllung des Unterlizenzvertrags ablehnt.[117]

2. Entschädigungspflicht (Abs. 6)

35   Gem. § 41 Abs. 6 hat der Urheber den Betroffenen zu entschädigen, wenn und soweit es der Billigkeit entspricht. Die Entschädigungspflicht soll die schutzwürdigen Interessen des Nutzungsberechtigten berücksichtigen, der im Vertrauen auf sein Nutzungsrecht Aufwendungen gemacht oder für den Erwerb des Rechts ein Entgelt gezahlt hat.[118] Aus einem Vergleich zu § 42 Abs. 3 S. 3 und der Entstehungsgeschichte folgt, dass die Wirksamkeit des Rückrufs nicht von der vorherigen Zahlung der Entschädigung oder einer Sicherheitsleistung abhängt.[119] Vielmehr handelt es sich um einen **gesonderten Zahlungsanspruch**.[120] „Betroffener" und damit Anspruchsinhaber iSd Abs. 6 ist nur, wer durch den Rückruf ein ausschließliches Nutzungs- oder einfaches Enkelrecht verliert; eine Drittentschädigung gewährt das Gesetz nicht.[121] Da Art. 22 DSM-RL eine entsprechende Entschädigungspflicht nicht vorsieht, sollte § 41 Abs. 6 gestrichen werden.[122]

36   Ob und in welcher Höhe der Urheber den Nutzungsberechtigten zu entschädigen hat, ist unter **Berücksichtigung aller relevanten Umstände** zu entscheiden. Eine Zahlung muss dem Urheber unter Abwägung der Interessen der Beteiligten zugemutet werden können.[123] Für eine Entschädigung kann sprechen, dass der Nutzungsberechtigte bereits Aufwendungen getätigt oder ein Entgelt gezahlt hat.[124] Verletzt der Nutzungsberechtigte eine vertragliche Pflicht zur Ausübung des Nutzungsrechts, scheidet eine Entschädigung hingegen aus. Bei einem ausnahmsweise nicht ausübungsverpflichteten Nutzungsrechtsnehmer kommt es auf die Gründe für die mangelnde Ausübung an, ferner auf den Gewinn, der ihm entgeht.[125] Im Verhältnis zu den Inhabern ausschließlicher Nutzungsrechte gebietet die Billigkeit demnach **in der Regel keine Entschädigung,** da die Nutzungsrechtsinhaber bis zum Ablauf der Warte- und einer weiteren Nachfrist genügend Gelegenheit hatten, von ihrer Befugnis in zureichendem Maße Gebrauch zu machen.[126] Den vom Rechterückfall nach hier vertretener Auffassung ebenfalls **betroffenen Inhabern einfacher Enkelrechte** (→ Rn. 31) ist der Rechtsverlust hingegen nicht zuzurechnen, so dass sie in der Regel eine billige Entschädigung vom Urheber verlangen können. Deren Höhe bestimmt sich nicht nach den Methoden zur Berechnung eines Schadensersatzes, sondern nach dem Wert der durch den Rückruf verlorenen Investitionen des Nutzungsrechtsinhabers.[127] Eine Klausel in AGB, wonach der Urheber auch nach wirksamer Ausübung des Rückrufsrechts Erlöse aus der Werkverwertung mit dem früheren Nutzungsrechtsinhaber teilen muss, verstößt gegen § 307 Abs. 2 Nr. 1 BGB und ist damit unwirksam, da sie mit dem wesentlichen Grundgedanken der gesetzlichen Regelung des § 41 Abs. 6 nicht zu vereinbaren ist, wonach der Urheber eine Entschädigung nur nach Maßgabe der Billigkeit schuldet.[128]

---

[115] *Ehle/Schwiddessen* MMR 2012, 355 (356 ff.).
[116] AA BGH ZUM 2012, 782 Rn. 26 – M2Trade (stattdessen Anspruch des Hauptlizenzgebers gegen den Hauptlizenznehmer auf Abtretung des gegen den Unterlizenznehmer bestehenden Anspruchs auf ausstehende Lizenzzahlungen gem. § 812 Abs. 1 S. 1 Alt. 2 als Masseverbindlichkeit gem. § 55 Abs. 1 Nr. 3 InsO).
[117] *Ehle/Schwiddessen* MMR 2012, 355 (359).
[118] RegE UrhG 1965, BT-Drs. IV/270, S. 60 f.
[119] RegE UrhG 1965, BT-Drs. IV/270, S. 60 f.
[120] Vgl. OLG München ZUM-RD 1997, 451 (453) – Fix und Foxi (Widerklage auf Zahlung einer Entschädigung bei wirksamem Rückruf).
[121] Wandtke/Bullinger/*Wandtke* UrhG § 41 Rn. 31.
[122] *Schulze* GRUR 2019, 682 (685).
[123] RegE UrhG 1965, BT-Drs. IV/270, S. 60 f.
[124] RegE UrhG 1965, BT-Drs. IV/270, S. 60 f.
[125] OLG München ZUM-RD 1997, 451 (453).
[126] Dreier/Schulze/*Schulze* UrhG § 41 Rn. 38; *Peifer* S. 75. Dabei ist auch zu berücksichtigen, dass Art. 22 DSM-RL keine Entschädigungspflicht vorsieht; vgl. *Schulze* GRUR 2019, 682 (685).
[127] Wandtke/Bullinger/*Wandtke* UrhG § 41 Rn. 31; *Fink-Hooijer* S. 79.
[128] LG Braunschweig BeckRS 2011, 23441.

§ 42 Rückrufsrecht wegen gewandelter Überzeugung

(1) [1]Der Urheber kann ein Nutzungsrecht gegenüber dem Inhaber zurückrufen, wenn das Werk seiner Überzeugung nicht mehr entspricht und ihm deshalb die Verwertung des Werkes nicht mehr zugemutet werden kann. [2]Der Rechtsnachfolger des Urhebers (§ 30) kann den Rückruf nur erklären, wenn er nachweist, dass der Urheber vor seinem Tode zum Rückruf berechtigt gewesen wäre und an der Erklärung des Rückrufs gehindert war oder diese letztwillig verfügt hat.

(2) [1]Auf das Rückrufsrecht kann im voraus nicht verzichtet werden. [2]Seine Ausübung kann nicht ausgeschlossen werden.

(3) [1]Der Urheber hat den Inhaber des Nutzungsrechts angemessen zu entschädigen. [2]Die Entschädigung muss mindestens die Aufwendungen decken, die der Inhaber des Nutzungsrechts bis zur Erklärung des Rückrufs gemacht hat; jedoch bleiben hierbei Aufwendungen, die auf bereits gezogene Nutzungen entfallen, außer Betracht. [3]Der Rückruf wird erst wirksam, wenn der Urheber die Aufwendungen ersetzt oder Sicherheit dafür geleistet hat. [4]Der Inhaber des Nutzungsrechts hat dem Urheber binnen einer Frist von drei Monaten nach Erklärung des Rückrufs die Aufwendungen mitzuteilen; kommt er dieser Pflicht nicht nach, so wird der Rückruf bereits mit Ablauf dieser Frist wirksam.

(4) Will der Urheber nach Rückruf das Werk wieder verwerten, so ist er verpflichtet, dem früheren Inhaber des Nutzungsrechts ein entsprechendes Nutzungsrecht zu angemessenen Bedingungen anzubieten.

(5) Die Bestimmungen in § 41 Abs. 5 und 7 sind entsprechend anzuwenden.

Schrifttum: (s. auch die Schrifttumsnachweise Vor §§ 12 ff.) *Alexander,* Urheber- und persönlichkeitsrechtliche Fragen eines Rechts auf Rückzug aus der Öffentlichkeit, ZUM 2011, 382; *Bollack,* Die Rechtsstellung des Urhebers im Dienst- oder Arbeitsverhältnis, GRUR 1976, 74; *Hirsch, E. E.,* Zum „Rückrufsrecht" des Urhebers wegen gewandelter Überzeugung, FS Nipperdey (1965), Bd. 1 S. 351; *Rauda,* Der Rückruf wegen gewandelter Überzeugung nach § 42 UrhG, GRUR 2010, 22; *Rohlfing/Kobusch,* Das urheberrechtliche Rückrufsrecht an Dissertationen wegen gewandelter Überzeugung, ZUM 2000, 305.

Übersicht

I. Zweck und Entstehungsgeschichte

In der Regel ist ein Urheber, der einem anderen ein Nutzungsrecht an seinem Werk eingeräumt **1** hat, daran interessiert, dass das Werk verwertet und hierdurch dem Publikum zur Kenntnis gebracht wird.[1] Entspricht aber das Werk nicht mehr der Überzeugung des Urhebers und kann ihm deshalb die weitere Verwertung nicht zugemutet werden, so gewährt § 42 Abs. 1 S. 1 dem Urheber ein Rückrufsrecht „wegen gewandelter Überzeugung" gegenüber jedem Inhaber eines Nutzungsrechts. Auch diese Befugnis beruht auf der urheberpersönlichkeitsrechtlichen Annahme,[2] dass zwischen Urheber und Werk ein besonderes geistiges Band besteht, dass das Werk Ausdruck der Persönlichkeit oder zumindest der individuellen Kreativität des Urhebers ist. Allerdings gewährleistet § 42 nicht den ungestörten Bestand dieses geistigen Bandes, sondern das allgemeine persönlichkeitsrechtliche Interesse am **Schutz der Identität des Persönlichkeits- und Charakterbildes des Urhebers,** das durch die weitere Verwertung eines früheren Werkes verfälscht würde.[3]

Aufgrund dieser allgemein-persönlichkeitsrechtlichen Schutzrichtung nimmt das Rückrufsrecht **2** wegen gewandelter Überzeugung nicht wie andere Urheberpersönlichkeitsrechte am Erbgang teil, sondern kann vom Rechtsnachfolger des Urhebers nur unter den besonderen Voraussetzungen des Abs. 1 S. 2 geltend gemacht werden.[4] Aus der persönlichkeitsrechtlichen Zwecksetzung folgt ferner,

---

[1] RegE UrhG 1965, BT-Drs. IV/270, S. 61.
[2] BGH ZUM 2019, 508 Rn. 26, 47 – HHole (for Mannheim); Wandtke/Bullinger/*Wandtke* UrhG § 42 Rn. 1.
[3] Vgl. allgemein zur Fallgruppe des Identitätsschutzes durch das allgemeine Persönlichkeitsrecht MüKo/ *Rixecker* BGB Anh. zu § 12 Rn. 85 ff.; ferner Dreyer/*Kotthoff*/Meckel UrhG § 42 Rn. 1; *Schack* Rn. 357.
[4] RegE UrhG 1965, BT-Drs. IV/270, S. 61.

dass kommerzielle Interessen – wie zB die Gefährdung des Absatzes von durch eine neue Überzeugung geprägten Werken – einen Rückruf nicht rechtfertigen können.[5] Schließlich ist § 42 auf bindende Verwertungsverträge über **nicht urheberrechtlich geschützte Ausprägungen der Persönlichkeit** wie zB Briefe, Tagebücher, Fotos usw entsprechend anwendbar, allerdings ohne das Entschädigungserfordernis gem. Abs. 3.[6]

3   Obwohl das Rückrufsrecht wegen gewandelter Überzeugung nicht nur im Verhältnis zu den Vertragspartnern des Urhebers, sondern gegenüber jedem Inhaber eines Nutzungsrechts gilt, zählt es ausweislich seiner systematischen Stellung und der vorausgesetzten rechtsgeschäftlichen Einräumung des betreffenden Nutzungsrechts zum **Urhebervertragsrecht.** Eine vergleichbare Norm findet sich weder im **internationalen Urheberrecht noch im EU-Recht,** insbesondere auch nicht in den Art. 18–23 DSM-RL.[7]

4   § 42 trat mit dem UrhG am 1.1.1966 in Kraft. Einen unmittelbaren **Vorläufer im früheren Recht** hatte die Vorschrift nicht. Allerdings sollte mit § 42 der Rechtsgedanke des § 35 VerlG verallgemeinert werden.[8] Demnach kann der Verfasser bis zum Beginn der Vervielfältigung von dem Verlagsvertrag zurücktreten, wenn sich Umstände ergeben, die beim Abschluss des Vertrages nicht vorauszusehen waren und ihn bei Kenntnis der Sachlage und verständiger Würdigung des Falles von der Veröffentlichung des Werkes zurückgehalten haben würden.[9] Auch hatte das Schrifttum, über § 35 VerlG hinausgehend, im Falle schwerwiegender Beeinträchtigung persönlicher Interessen des Urhebers bereits nach früherem Recht ein sog. Widerrufsrecht befürwortet.[10] Die Änderungen im Laufe des **Gesetzgebungsverfahrens**[11] bezogen sich im Wesentlichen auf die Frage der Entschädigungspflicht des Urhebers.[12] In der Fassung des § 34 RefE betraf die entsprechende Anwendung der Vorschriften über das Rückrufsrecht wegen Nichtausübung auch noch die Pflicht zur Entschädigung des Nutzungsrechtsinhabers nach dem Maßstab der Billigkeit. Seit dem MinE war demgegenüber die später ins Gesetz übernommene, darüber hinausgehende Entschädigungspflicht nach dem Maßstab der Angemessenheit mit dem Aufwendungsersatz als Mindestentschädigung vorgesehen. Auch wurde seit dem MinE das Rückrufsrecht des Rechtsnachfolgers des Urhebers auf Fälle der nachgewiesenen Rückrufsberechtigung des Urhebers selbst beschränkt. Die Entschädigungsregelung wurde zuungunsten des Urhebers schrittweise noch dadurch verschärft, dass es dem Inhaber des Nutzungsrechts zunächst (§ 37 Abs. 4 MinE) ermöglicht wurde, durch eine Aufforderung mit Fristsetzung die Wirksamkeit des Rückrufs bis zum Aufwendungsersatz oder zur Sicherheitsleistung durch den Urheber zu suspendieren, und dass sodann (§ 42 Abs. 4 RegE) die Wirksamkeit des Rückrufs von Gesetzes wegen an Aufwendungsersatz oder Sicherheitsleistung durch den Urheber gebunden wurde. Die im RegE dabei noch vorgesehene Frist von einem Monat für die Mitteilung der Aufwendungen durch den Nutzungsrechtsinhaber wurde vom Rechtsausschuss schließlich auf drei Monate verlängert. Dies bedeutete unter dem Aspekt einer möglichst raschen Wirkung des Rückrufs eine zusätzliche Verschärfung zu Lasten des Urhebers, doch kann der längere Zeitraum „für die Ermittlung der Aufwendungen des Nutzungsberechtigten"[13] uU auch den Urheber davor schützen, dass ihm allzu rasche und pauschale Rechnungen über entstandene Aufwendungen präsentiert werden. Schließlich wurde seit dem MinE auch die Verpflichtung des Urhebers vorgesehen, dem früheren Inhaber des Nutzungsrechts im Falle der Wiederverwertung ein entsprechendes Nutzungsrecht zu angemessenen Bedingungen anzubieten.

5   Die **praktische Bedeutung** der Vorschrift ist gering.[14] Vielen Gebrauchswerken (Computerprogramme!) und Werken der „kleinen" Münze wohnt kaum personalisierbare Überzeugung inne, die eine weitere Verwertung unzumutbar erscheinen lassen könnte. Bereits in Verkehr gebrachte Werke können über § 42 nicht „zurückgerufen" werden, so dass ein Prozess erst die öffentliche Aufmerksamkeit auslösen könnte, die der Urheber gerade zu vermeiden sucht. Nicht zuletzt steht das Rückrufsrecht wegen des Entschädigungserfordernisses nur „vermögenden" Urhebern zu Gebote und erscheint daher insgesamt fragwürdig.[15]

---

[5] Vgl. Cour de Cassation RIDA 151 [1992], 272 mAnm *Sirinelli,* wonach die Geltendmachung der entsprechenden Vorschrift des französischen Urheberrechts über das „droit de repentir ou de retrait" aufgrund einer rein vermögensrechtlichen Zielsetzung rechtsmissbräuchlich ist; aA Schricker/*Dietz* (3. Aufl.) Rn. 1.

[6] Vgl. AG Berlin-Charlottenburg GRUR-RR 2002, 187; *Alexander* ZUM 2011, 382 (387 f.).

[7] Zum Rechtsvergleich siehe Schricker/*Dietz* (3. Aufl.) Rn. 3; *Dietz* Droit moral S. 72 ff.; *Dietz* Urheberrecht in der Europ. Gemeinschaft, Rn. 170 ff.; *Strömholm* Bd. II 2 S. 208 ff., 300 ff.

[8] Vgl. schon Begr. des RefE zu § 34.

[9] RegE UrhG 1965, BT-Drs. IV/270, S. 61.

[10] Vgl. *Ulmer* § 56 III 1, § 87 I.

[11] § 34 RefE; § 37 MinE; § 42 RegE.

[12] Zur Anwendbarkeit des § 42 auf Arbeitnehmerurheber → Rn. 7.

[13] Bericht Rechtsausschuss UrhG 1965, BT-Drs. IV/3401 bzgl. § 42.

[14] S. jedoch OLG Celle ZUM 2000, 325 (326) – Dissertationsexemplare; obiter OLG München BeckRS 2006, 14738 – Lizenz für Tonträger (konkludenter Rückruf wegen gewandelter Überzeugung und Relevanz für die Wahrnehmungsbefugnis der zuständigen Verwertungsgesellschaft); vgl. auch den Hinweis auf vom Markt erzwungene Aktualisierungen von Werken bei Dreier/Schulze/*Schulze* UrhG § 42 Rn. 3 und 23; ferner *Müller* S. 198; *Samson* S. 149; Zweifel an der sachlichen Bedeutung insbes. bei *Samson* S. 146, 149; *Rojahn* S. 142.

[15] Vgl. *Dietz* Droit moral S. 81; *Hirsch* FS Nipperdey, 1965, 351 (356); Wandtke/Bullinger/*Wandtke* UrhG § 42 Rn. 11.

II. Tatbestandsvoraussetzungen

1. Zeitlicher Anwendungsbereich

Gem. § 132 Abs. 1 S. 1 ist § 42 auch auf vor Inkrafttreten des UrhG am 1.1.1966 abgeschlossene   **6**
Urheberrechtsverträge anzuwenden.[16] Für **Verwertungsverträge ausübender Künstler** gilt § 42
erst entsprechend seit dem Gesetz zur Regelung des Urheberrechts in der Informationsgesellschaft,
das am 13.9.2003 in Kraft trat.[17] Die betreffende Vorschrift – § 79 Abs. 2 S. 2 aF – entfaltete keine
Rückwirkung auf Altverträge, die vor dem 13.9.2003 abgeschlossen wurden.[18] Im Zuge der Urhebervertragsrechtsreform 2016 wurde § 79 Abs. 2 S. 2 aF aufgehoben und § 79 Abs. 2a hinzugefügt,
um klarzustellen, dass ua das Rückrufsrecht des § 42 auch auf translative Rechtsübertragungen gem.
§ 79 Abs. 1 entsprechende Anwendung findet; diese Regelung ist am 1.3.2017 in Kraft getreten.[19] Sie
entfaltet gem. § 132 Abs. 4 iVm Abs. 3a S. 1 zwar ebenfalls keine Rückwirkung. Allerdings war bereits § 79 Abs. 2 S. 2 aF nach zutreffender Auffassung nicht auf Nutzungsrechtseinräumungen gem.
§ 79 Abs. 2 S. 1 aF beschränkt, sondern erfasste bereits translative Rechtsübertragungen gem. § 79
Abs. 1.[20] Im Ergebnis ist § 42 daher auf alle seit dem 13.9.2003 abgeschlossenen Verwertungsverträge
ausübender Künstler entsprechend anwendbar.

2. Rückrufsberechtigte

Rückrufsberechtigt ist der **Urheber** eines Werkes. **Miturheber** können den Rückruf gem. § 8   **7**
Abs. 2 S. 1 nur gemeinsam erklären.[21] § 42 gilt gem. § 43 grundsätzlich auch für **Urheber in Ar-**
beits- oder Dienstverhältnissen.[22] Hierfür spricht, dass § 35 RefE und § 38 MinE die Ausübung
des Rückrufsrechts durch angestellte Urheber im Bereich der Werke der angewandten Kunst noch
ausgeschlossen hatten.[23] Diese Regelung wurde weder in den RegE noch in das geltende Gesetz
übernommen, sondern vielmehr durch die allgemeine Regelung über die Urheber in Arbeits- oder
Dienstverhältnissen (§ 43) ersetzt. Die besondere Interessenlage ist im Rahmen der Zumutbarkeitsprüfung zu berücksichtigen.[24]

Eine erhebliche Einschränkung erfährt das Rückrufsrecht wegen gewandelter Überzeugung aller-   **8**
dings gem. **§ 90 im Bereich der Herstellung von Filmwerken und Laufbildern** (§ 95). Danach
gilt das Rückrufsrecht wegen gewandelter Überzeugung nur für das Recht zur Verfilmung gem. § 88
Abs. 1 bis zum Beginn der Dreharbeiten, nicht jedoch für die in § 89 Abs. 1 bezeichneten Rechte.
Die Auswertung eines bereits in Herstellung befindlichen wie insbes. eines bereits hergestellten Filmwerks kann demnach im Falle eines Überzeugungswandels auch von den Urhebern vorbestehender
Werke nicht mehr verhindert werden.

Inhaber vertraglich begründeter Nutzungsrechte können sich nicht auf das Rückrufsrecht   **9**
gem. § 42 berufen. Auch der **Rechtsnachfolger** des verstorbenen Urhebers kann den Rückruf nur
unter den besonderen Voraussetzungen des Abs. 1 S. 2 wirksam erklären. Hierzu muss der Rechtsnachfolger nachweisen, dass die Voraussetzungen für den Rückruf in der Person des Urhebers vor
dessen Tode erfüllt waren und dass der Urheber entweder an der Erklärung des Rückrufs gehindert
war – etwa weil ihm die Person oder der Aufenthaltsort des Nutzungsberechtigten nicht bekannt
waren –, oder er den Rückruf letztwillig verfügt hat.[25] In der Vorschrift kommt der allgemeine
Grundsatz zum Ausdruck, dass der Erbe die persönlichkeitsrechtlichen Befugnisse des Verstorbenen
nach dessen Vorstellungen auszuüben hat.[26] Ohnehin sind die Überzeugungen des Urhebers mit seinem Tode endgültig festgelegt, so dass ein Überzeugungswandel während der Schutzfrist post mortem
auctoris nicht mehr eintreten kann. Auch deshalb bleibt die Überzeugung des Rechtsnachfolgers
außer Betracht.

Verfasser wissenschaftlicher Ausgaben und Lichtbildner können sich auf das Rückrufsrecht   **10**
wegen gewandelter Überzeugung nicht berufen. § 70 Abs. 1 und § 72 Abs. 1 erklären die Vorschriften des 1. Teils des UrhG nur im Hinblick auf den Schutz ihrer Leistungen für entsprechend anwendbar. Damit ist der Rechtsschutz der Leistungsergebnisse vor unerlaubten Nutzungen gemeint, nicht
hingegen der Schutz der Verfasser und Lichtbildner im vertragsrechtlichen Kontext. Darüber hinaus
beruht § 42 auf der Annahme einer besonderen persönlichen Prägung des Werkes, in dem eine (frü-

---

[16] → § 132 Rn. 4.
[17] Art. 6 Abs. 1 Gesetz v. 10.9.2003, BGBl. I S. 1774.
[18] Arg. § 132 Abs. 1 S. 2.
[19] Art. 3 Gesetz v. 20.12.2016, BGBl. I 2016, S. 3037.
[20] → § 79 Rn. 15.
[21] *Fromm/Nordemann/J. B. Nordemann* UrhG § 42 Rn. 5.
[22] So *Dreier/Schulze/Schulze* UrhG § 42 Rn. 7; *Wandtke/Bullinger/Wandtke* UrhG § 42 Rn. 2; *Kraßer* FS
Schricker, 1995, 77 (95); *Rojahn* S. 141; *Schacht* S. 194; *Vinck* S. 75 ff.; *Bollack* GRUR 1976, 74 (76); einschränkend
Osenberg S. 75; eher verneinend auch RegE UrhG 1965, BT-Drs. IV/270, S. 62.
[23] Im RefE noch bei der Urheberbenennung von öffentlichen Rechtsträgern herausgegebenen Werken.
[24] Vgl. auch *Rojahn* S. 141; *Vinck* S. 76 f.
[25] RegE UrhG 1965, BT-Drs. IV/270, S. 61.
[26] → Vor §§ 12 ff. Rn. 22.

here) Überzeugung des Urhebers zum Ausdruck kommt (→ Rn. 1). An einer solchen Prägung fehlt es bei wissenschaftlichen Ausgaben und Lichtbildern aber gerade. Daher kann kein relevanter Überzeugungswandel eintreten, der einen Rückruf entsprechend § 42 rechtfertigt.

11   Dass sich Verfasser wissenschaftlicher Ausgaben und Lichtbildner nicht auf das Rückrufsrecht wegen gewandelter Überzeugung berufen können, ergibt sich auch im Umkehrschluss aus § 79 Abs. 2a. Demnach gilt das Rückrufsrecht wegen gewandelter Überzeugung ausdrücklich entsprechend für Verträge, in denen ein **ausübender Künstler** einem anderen seine Rechte und Ansprüche aus den §§ 77 und 78 überträgt oder das Recht einräumt, die Darbietung auf einzelne oder alle der ihm vorbehaltenen Nutzungsarten zu nutzen. Folglich kann der Interpret ein vertragliches Nutzungsrecht gegenüber jedem Inhaber zurückrufen, wenn die Darbietung seiner Überzeugung nicht mehr entspricht und ihm deshalb die Verwertung der Darbietung nicht mehr zugemutet werden kann. Das Rückrufsrecht des ausübenden Künstlers findet gem. § 92 Abs. 3 iVm § 90 S. 1 keine Anwendung auf Verträge über die Mitwirkung bei der Herstellung eines Filmwerks.

3. Rückrufsgegner, Gegenstand des Rückrufs und Rückrufserklärung

12   Anders als das Rückrufsrecht wegen Nichtausübung nach § 41, das auf den Fall der vorausgegangenen Einräumung eines ausschließlichen Nutzungsrechts beschränkt ist, kann das Rückrufsrecht wegen gewandelter Überzeugung **gegenüber jedem Inhaber eines ausschließlichen oder einfachen[27] Nutzungsrechts** geltend gemacht werden. Rückrufsgegner ist nicht nur der ursprüngliche Vertragspartner des Urhebers, sondern auch der Erwerber übertragener Nutzungsrechte (§ 34) und der Inhaber von Enkelrechten und sonstigen abgeleiteten Nutzungsrechten (§ 35).[28] Dies folgt aus dem Wortlaut der Vorschrift ("gegenüber dem Inhaber") und entspricht dem Grundgedanken dieses besonderen Gestaltungsrechts, wonach der Urheber in die Lage versetzt werden soll, im Falle gewandelter Überzeugung jede weitere Verwertung des Werkes unterbinden zu können.

13   Dieser Rechtsgedanke des § 42 trägt auch für **rein schuldrechtliche Verwertungsverträge,** bei denen es nicht zu einer Einräumung quasidinglicher Nutzungsrechte kommt (vgl. § 29 Abs. 2). Auch jene sollen beendet werden können, wenn dem Urheber aufgrund gewandelter Überzeugung eine weitere Verwertung des Werkes nicht mehr zugemutet werden kann. Um die Pflicht zur Duldung der weiteren Werkverwertung auf der Basis eines solchen Vertrages zu beseitigen, kann der Vertrag aus wichtigem Grund gem. § 314 BGB gekündigt werden, wenn die Voraussetzungen des § 42 im Übrigen gegeben sind. **Schlichte Einwilligungen in übliche Online-Nutzungen** nach der Vorschaubilder-Doktrin[29] können ohnehin jederzeit widerrufen werden, so dass es des Rückgriffs auf § 42 nicht bedarf.

14   Gegenstand des Rückrufsrechts sind urheberrechtliche Nutzungsrechte, nicht hingegen das **Eigentum an Werkstücken.** Ein diesbezüglicher Herausgabeanspruch ergibt sich aus § 42 nicht.[30] Allerdings kommen bei einer ggf. auch erst drohenden Rechtsverletzung nach wirksam erklärtem Rückruf auch die Ansprüche auf Vernichtung, Rückruf und Überlassung rechtswidrig hergestellter, verbreiteter oder zur rechtswidrigen Verbreitung bestimmter Vervielfältigungsstücke gem. § 98 in Betracht.[31]

15   Allerdings scheitert auch diese Rechtsfolge eines wirksamen Rückrufs aller Nutzungsrechte, soweit in Verkehr gebrachte Werkstücke ohne Verletzung des Urheberrechts genutzt werden. Denn wenn eine Nutzung nicht zustimmungsbedürftig ist, bedürfen Nutzer auch keines Rechtes, dessen Rückruf § 42 ermöglicht. **Kraft Gesetzes zulässige Nutzungen seines Werkes** muss der Urheber also hinnehmen, was die praktische Wirksamkeit des Rückrufsrechts erheblich reduzieren kann. Auch nach einem wirksamen Rückruf aller Nutzungsrechte ist es demnach zulässig, das Original oder Vervielfältigungsstücke eines veröffentlichten Werkes der bildenden Künste oder eines Lichtbildwerks öffentlich zur Schau zustellen (vgl. § 18)[32] und in der EU bzw. dem EWR ursprünglich mit Zustimmung des Urhebers in Verkehr gebrachte Werkstücke, etwa nach Ablieferung der Pflichtexemplare einer Dissertation an die Universität, weiter zu verbreiten (§ 17 Abs. 2).[33] Jenseits der urheberrechtlichen Befugnisse liegt ferner der Diskurs über den gemeinfreien Inhalt eines veröffentlichten Werkes (vgl. § 12 Abs. 2).

16   Auch die **Berufung auf Schrankenvorschriften** durch die Allgemeinheit unter Benutzung rechtmäßigerweise in den Verkehr gelangter Werkstücke, insbesondere Zitate gem. § 51, kann der Urheber nicht unterbinden.[34] Ausnahmen sieht das Gesetz allerdings für Sammlungen für den religiö-

---

[27] *Rauer/Ettig* WRP 2012, 1198 (1201 f.).

[28] *Schricker* VerlG § 35 Rn. 27; *Haberstumpf* Rn. 233; weniger deutlich Wandtke/Bullinger/*Wandtke* UrhG § 42 Rn. 2 f.; vgl. auch *Mues* S. 134 für den Fall des Ausstellungsrechts.

[29] → § 29 Rn. 31.

[30] Vgl. *Müller* S. 197 f. wegen des Rückrufs bei noch in der Planungs- oder Bauphase befindlichen Projekten von Bauwerken.

[31] Auch → Rn. 34.

[32] Dreier/Schulze/*Schulze* UrhG § 42 Rn. 10.

[33] So OLG Celle ZUM 2000, 325 (326) – Dissertationsexemplare; dazu *Rohlfing/Kobusch* ZUM 2000, 305 ff.; vgl. auch Dreier/Schulze/*Schulze* UrhG § 42 Rn. 10.

[34] Vgl. Dreier/Schulze/*Schulze* UrhG § 42 Rn. 12; *Haberstumpf* Rn. 238; Wandtke/Bullinger/*Wandtke* UrhG § 42 Rn. 4; *Samson* S. 149 f.; vgl. auch OLG Celle ZUM 2000, 325 (326) – Dissertationsexemplar.

sen Gebrauch (§ 46 Abs. 5 S. 1) und für Zwangslizenzen zur Herstellung von Tonträgern vor (§ 42a Abs. 1 S. 1 Hs. 2).[35] Diese Schrankennutzung kann der Urheber verbieten bzw. er ist zur Einräumung eines Nutzungsrechts nicht verpflichtet, wenn der Tatbestand des § 42 Abs. 1 S. 1 gegeben ist und der Urheber ein etwa bestehendes Nutzungsrecht zurückgerufen hat, und zwar bereits vor dem Zugang der Mitteilung nach § 46 Abs. 3 bzw. der Mitteilung des Wunsches nach einer Zwangslizenz.[36] Dem liegt der Gedanke zugrunde, dass ohne die vorausgehende Ausübung des Rechts nach § 42 der behauptete Überzeugungswandel im Rahmen der betroffenen Urheberrechtsschranken nicht ernst zu nehmen wäre. Im Übrigen sieht § 46 Abs. 5 S. 2 die entsprechende Anwendung von § 136 Abs. 1 und 2 vor. Demgemäß bleiben selbst nach Ausübung des Rückrufs noch die Vollendung der Herstellung von Vervielfältigungsstücken sowie die Verbreitung bereits hergestellter oder zulässigerweise noch herzustellender Vervielfältigungsstücke zulässig. Eine analoge Anwendung des § 46 Abs. 5 auf anderen Schranken kommt aufgrund des Ausnahmecharakters der Vorschrift nicht in Betracht.[37]

Der Rückruf ist eine **einseitige, empfangsbedürftige Willenserklärung,** die nach allgemeinen **17** Grundsätzen auch konkludent erklärt werden kann.[38] Sie wird nach allgemeinen Regelungen mit dem Zugang der Erklärung beim Nutzungsrechtnehmer wirksam (§ 130 BGB); eine allgemeine öffentliche Verlautbarung genügt nicht.[39]

4. Überzeugungswandel und Unzumutbarkeit

a) Überzeugungswandel. Der in der amtlichen Überschrift des § 42 nach wie vor verwendete **18** Ausdruck „gewandelte Überzeugung" war ursprünglich (§ 34 Abs. 1 RefE) auch in der Regelung selbst verwendet, seit dem MinE jedoch durch die Voraussetzung, dass das Werk des Urhebers „seiner Überzeugung nicht mehr entspricht", ersetzt worden. Ein sachlicher Unterschied ist damit nicht verbunden. Zwar ist eine kleinliche Handhabung des Nachweises des Überzeugungswandels angesichts der weitgehenden Sicherung des Nutzungsrechtsinhabers vor Missbrauch durch den Urheber[40] und der hinzutretenden Zumutbarkeitsprüfung unangebracht.[41] Die **bloße Behauptung, eine frühere Überzeugung verworfen zu haben,** und erst recht der bloße Hinweis auf die seit der Werkveröffentlichung vergangene Zeitspanne genügen aber nicht.[42] Vielmehr muss der Urheber „triftige" Gründe vorbringen, die als Unterschied zwischen einer früheren und der jetzigen Überzeugung des Urhebers objektiv erkennbar und damit nachweisbar werden.[43]

Unter den **Begriff der Überzeugung** fallen nicht nur „verbalisierbare" Überzeugungen, sondern **19** auch in anderen als literarischen oder wissenschaftlichen Werken zum Ausdruck kommende künstlerische oder ästhetische Auffassungen.[44] Der typische Bereich des Überzeugungswandels liegt freilich in den gewandelten politischen, wissenschaftlichen, religiösen oder ideologischen Auffassungen.[45]

Bei **ausübenden Künstlern** kommt es hingegen auf veränderte künstlerische Einstellungen zur **20** Art und Weise sowie zur Qualität einer Darbietung an, weil politisch-gesellschaftliche Überzeugungen in der Regel im allenfalls urheberrechtlich geschützten Text zum Ausdruck kommen, der Überzeugungswandel sich aber gem. §§ 79 Abs. 2a, 42 auf die Interpretationsleistung als solche beziehen muss. Möchte der ausübende Künstler sich vom Inhalt der Darbietung (etwa einer Nacktszene oder dem gesprochenen Text) distanzieren, kann er sich nur auf sein allgemeines Persönlichkeitsrecht berufen.[46]

b) Unzumutbarkeit der weiteren Verwertung des Werkes. Aufgrund des nachgewiesenen **21** Überzeugungswandels muss die weitere Verwertung des Werkes für den Urheber unzumutbar sein. Der **Überzeugungswandel muss kausal für die Unzumutbarkeit** sein. Andere Gründe als der Überzeugungswandel (zB eine unzureichende Ausübung des Nutzungsrechts oder die Person des

---

[35] Vgl. *Dietz* Droit moral S. 88.

[36] → § 46 Rn. 29 und → § 42a Rn. 18. Da Urheber vorbestehender Werke und Filmurheber gem. § 90 über kein Rückrufsrecht wegen gewandelter Überzeugung verfügen, können sie sich auch nicht auf § 46 Abs. 5 berufen; aA Schricker/*Dietz* (3. Aufl.) Rn. 16.

[37] Zum Ausnahmecharakter der Regelungen Bericht Rechtsausschuss UrhG 1965, BT-Drs. IV/3401, S. 6; Fromm/Nordemann/*J. B. Nordemann* UrhG § 42 Rn. 11; differenzierend hingegen *Hirsch* FS Nipperdey, 1965, 351 (354 ff., 364 f.); *Dietz* Droit moral S. 88 ff.

[38] Vgl. OLG München BeckRS 2006, 14738 – Lizenz für Tonträger (Erklärung, dass 10 Jahre alte Tonaufnahmen so „grauenhaft" seien, dass sie von den Kritikern „zerrissen" würden).

[39] So Dreyer/*Kotthoff*/Meckel UrhG § 42 Rn. 3.

[40] Angemessene Entschädigung; Bindung der Wirksamkeit an Aufwendungsersatz oder Sicherheitsleistung; Wiederanbietungspflicht.

[41] Fromm/Nordemann/*J. B. Nordemann* UrhG § 42 Rn. 8; aA offenbar *Homann* S. 127.

[42] Zu den Voraussetzungen des datenschutzrechtlichen „Rechts auf Vergessenwerden" EuGH GRUR 2014, 895 Rn. 81, 97 – Google Spain/AEPD und Art. 17 DS-GVO.

[43] RegE UrhG 1965, BT-Drs. IV/270, S. 61; Wandtke/Bullinger/*Wandtke* UrhG § 42 Rn. 6 und 7; Fromm/Nordemann/*J. B. Nordemann* UrhG § 42 Rn. 9; Dreyer/Schulze/*Schulze* UrhG § 42 Rn. 17; aA Schricker/*Dietz* (3. Aufl.) Rn. 23.

[44] Dreyer/Schulze/*Schulze* UrhG § 42 Rn. 16; Dreyer/*Kotthoff*/Meckel UrhG § 42 Rn. 7; *Rauda* GRUR 2010, 22 (25).

[45] Ausführlich dazu *Leiss* § 35 Anm. 27 ff.; vgl. *Homann* S. 127 (krasser Gegensatz zum aktuellen Schaffen); zum Beamtenverhältnis *Leuze* S. 102 f.

[46] AA Dreyer/Schulze/*Schulze* UrhG § 42 Rn. 36; Wandtke/Bullinger/*Büscher*/*Wandtke* UrhG § 79 Rn. 23.

Nutzungsrechtsinhabers) rechtfertigen einen Rückruf gem. § 42 nicht; ggf. muss sich der Urheber auf §§ 40a, 41 oder § 34 Abs. 3 S. 2 und 3 berufen.

22   Die weitere Verwertung des Werkes ist **unzumutbar**, wenn sie aufgrund des zwischenzeitlich eingetretenen Überzeugungswandels dazu führen würde, dass das Lebens-, Persönlichkeits- oder Charakterbild des Urhebers verfälscht, seine **Identität entstellt** würde.[47] Die Werkverwertung muss geeignet sein, den Urheber in ein falsches Licht zu rücken.[48]

23   Ob dies der Fall ist, wird durch den nachgewiesenen Überzeugungswandel nicht indiziert, sondern ist durch eine **Interessenabwägung unter Berücksichtigung aller Umstände des Einzelfalls** positiv festzustellen. Unzumutbar ist die weitere Werkverwertung nur, wenn das Schutzinteresse des Urhebers die schutzwürdigen Belange des Nutzungsrechtsinhabers überwiegt.[49] Eine nachträgliche Unzufriedenheit mit dem Werk, geschmackliche Nuancen und sonstige Kleinigkeiten, die nicht auf das Persönlichkeitsbild des Urhebers durchschlagen, genügen nicht.[50]

24   Aus der **Sicht des Urhebers** ist dabei primär auf die Art des Überzeugungswandels abzustellen. Bei ausformulierten, von jedermann nachvollziehbaren, eindeutigen Auffassungen und Überzeugungen aus dem Bereich von Wissenschaft und Religion, Politik und Ideologie wird im Falle ihrer Änderung die Unzumutbarkeitsschwelle eher erreicht werden als bei nur durch Interpretation erschließbaren, durch formale, stilistische und ästhetische Kriterien nachzuweisenden Auffassungsänderungen, insbesondere im Bereich von Belletristik, Musik und bildender Kunst.[51] Bei wissenschaftlichen Werken steht der Erkenntnisfortschritt, der ein Werk überholt erscheinen lässt, im Vordergrund;[52] im politischen und weltanschaulichen Bereich kann der Urheber geltend machen, dass die Gefahr der „Vereinnahmung" für Positionen im politischen und weltanschaulichen Meinungskampf besteht, für die er nicht mehr einstehen will. An der Unzumutbarkeit fehlt es in der Regel, wenn der Urheber den Rückruf nur gegenüber bestimmten Nutzungsrechtsinhabern[53] oder nur bezüglich bestimmter Nutzungsrechte (etwa nur bezüglich der Online-Nutzung)[54] erklärt. Denn wenn der Urheber eine sonstige Werkverwertung akzeptiert, ist mit dem Werk ersichtlich keine erhebliche Gefahr der Identitätsverfälschung verbunden. Ebenso verhält es sich, wenn ein Werk **anonym oder pseudonym** veröffentlicht wurde und die wahre Identität des Urhebers nicht allgemein bekannt ist. Denn in diesen Fällen besteht nicht die Gefahr, dass die Öffentlichkeit die im Werk zum Ausdruck kommende Überzeugung fälschlicherweise auf den Urheber projiziert.[55] Schließlich kann auch ein langes Zuwarten mit dem Rückruf ein Indiz dafür sein, dass die Diskrepanz zwischen der früheren und der aktuellen Überzeugung des Urhebers keine identitätsverletzenden Ausmaße annimmt.[56]

25   Die **Inhaber von Nutzungsrechten bzw. die schuldrechtlich zur Verwertung Berechtigten** haben zunächst ein schutzwürdiges Interesse daran, die im Vertrauen auf die Wirksamkeit und Dauerhaftigkeit ihrer Berechtigung vorgenommenen Investitionen und Aussichten nicht ohne eigenes Zutun zu verlieren. Freilich sind diese kommerziellen Interessen bereits weitgehend über die Entschädigungspflicht des Urhebers gem. Abs. 3 abgedeckt. Eigenständig relevant ist aber das **Interesse der Öffentlichkeit,** über die immerhin wahre (!) politische, wissenschaftliche oder künstlerische Entwicklung eines Urhebers informiert zu werden.[57] Kann dieses Informationsinteresse durch die in Verkehr gebrachten und im Rahmen der Schranken nutzbaren Werkexemplare nicht ausreichend gedeckt werden, muss der Urheber die weitere Werkverwertung trotz Überzeugungswandels hinnehmen.

5. Entschädigungspflicht

26   Anders als beim Rückrufsrecht wegen Nichtausübung gem. § 41 Abs. 6 ist die Entschädigungspflicht des Urhebers nicht Rechtsfolge des wirksam erklärten Rückrufs, sondern gem. § 42 Abs. 3 S. 3 **Tatbestandsvoraussetzung.** Solange der Urheber die Aufwendungen des Nutzungsrechtsinhabers nicht ersetzt oder Sicherheit dafür geleistet hat,[58] wird der Rückruf nicht wirksam. Die Amtl.-Begr. rechtfertigt diesen Unterschied damit, dass das Rückrufsrecht wegen gewandelter Überzeugung ausschließlich auf Gründen beruht, die in der Person des Urhebers liegen.[59]

---

[47] Zum Zweck des § 42 → Rn. 1.
[48] MüKoBGB/*Rixecker* BGB Anh. zu § 12 Rn. 85 mwN.
[49] Entsprechend für das allgemeine Persönlichkeitsrecht MüKoBGB/*Wagner* BGB § 823 Rn. 242.
[50] Fromm/Nordemann/*J. B. Nordemann* UrhG § 42 Rn. 10; BeckOK/*Spautz/Götting* UrhG § 42 Rn. 8; Dreier/Schulze/*Schulze* UrhG § 42 Rn. 18.
[51] Vgl. auch BeckOK/*Spautz/Götting* UrhG § 42 Rn. 8 (Wandel der Kunstrichtung begründet regelmäßig noch keine Unzumutbarkeit); ebenso Fromm/Nordemann/*J. B. Nordemann* UrhG § 42 Rn. 10; vgl. auch Wandtke/Bullinger/*Wandtke* UrhG § 42 Rn. 7 f.
[52] Vgl. RegE UrhG 1965, BT-Drs. IV/270, S. 61.
[53] Fromm/Nordemann/*J. B. Nordemann* UrhG § 42 Rn. 11.
[54] *Homann* S. 128.
[55] Fromm/Nordemann/*J. B. Nordemann* UrhG § 42 Rn. 12; großzügiger *Rauda* GRUR 2010, 22 (25).
[56] Fromm/Nordemann/*J. B. Nordemann* UrhG § 42 Rn. 29.
[57] *Alexander* ZUM 2011, 382 (386); Fromm/Nordemann/*J. B. Nordemann* UrhG § 42 Rn. 10; vgl. auch EuGH GRUR 2014, 895 Rn. 81 – Google Spain/AEPD; aA Schricker/*Dietz* (3. Aufl.) Rn. 26; *Leiss* § 35 Anm. 33.
[58] Entsprechend §§ 232 ff. BGB.
[59] RegE UrhG 1965, BT-Drs. IV/270, S. 61.

Auch **hinsichtlich der Höhe** unterscheiden sich die Entschädigungspflichten gem. § 41 Abs. 6 **27** und § 42 Abs. 3. Während der Rückruf wegen Nichtausübung den Urheber nur zu einer Entschädigung verpflichtet, wenn und soweit es der Billigkeit entspricht, sieht § 42 Abs. 3 S. 1 eine Pflicht zur angemessenen Entschädigung des Nutzungsrechtsinhabers vor. Gem. Abs. 3 S. 2 muss die Entschädigung mindestens die **Aufwendungen** decken, die der Inhaber des Nutzungsrechts bis zur Erklärung des Rückrufs gemacht hat; jedoch bleiben hierbei Aufwendungen, die auf bereits gezogene Nutzungen entfallen, außer Betracht. Zu unterscheiden ist also zwischen Aufwendungen für bereits abgeschlossene Verwertungsvorgänge einerseits (keine Entschädigungspflicht, auch nicht bei Verlusten) und Aufwendungen für künftige, durch den Rückruf unmöglich werdende Nutzungshandlungen andererseits (Entschädigungspflicht). Zu letztgenannter Kategorie zählen insbesondere die Kosten für die Herstellung nicht abgesetzter Vervielfältigungsstücke, aber auch Produktionskosten im Hinblick auf künftige Nutzungen, zB Kosten für noch ausstehende Bühnenaufführungen oder für die Herstellung eines Hörbuchs/E-Books. Soweit das gezahlte Honorar auch solch künftige Nutzungshandlungen entgelten sollte, zählt es zu Aufwendungen, die der Urheber zu erstatten hat. Da der Urheber nur eine angemessene Entschädigung und keinen vollen Schadensersatz zu leisten hat, kann der Nutzungsrechtsinhaber nur solche Gemeinkosten geltend machen, die unmittelbar dem betreffenden Werk zugerechnet werden können.[60] Aus diesem Grund erscheint eine Entschädigung auch dann nicht angemessen, wenn der Nutzungsrechtsinhaber bis zum Rückruf Umsätze erzielt hat, die seine gesamten Aufwendungen (auch bezüglich noch nicht abgesetzter Werkexemplare etc) amortisieren.[61]

Gem. § 42 Abs. 3 S. 2 Hs. 1 muss die Entschädigung **„mindestens"** die vorgenannten Aufwen- **28** dungen abdecken. Mit dieser Öffnungsklausel ist das negative Interesse des Nutzungsrechtsinhabers gemeint. Dieser ist so zu stellen, als habe er nie etwas von dem Werk, auf das sich der Rückruf bezieht, gehört. Hierzu zählen neben den versunkenen und nicht amortisierten Aufwendungen (→ Rn. 27) etwa Schadensersatzzahlungen, die der Nutzungsrechtsinhaber an Dritte aufgrund des Wegfalls seiner Nutzungsberechtigung leisten muss, nicht aber der entgangene Gewinn gem. § 252 BGB[62] und die Kosten einer ohnehin kaum in Betracht kommenden Ersatzbeschaffung.[63]

Gem. Abs. 3 S. 4 hat der Inhaber des Nutzungsrechts dem Urheber binnen einer Frist von drei **29** Monaten nach Erklärung des Rückrufs die **Aufwendungen mitzuteilen;** kommt er dieser Pflicht nicht nach, so wird der Rückruf bereits mit Ablauf dieser Frist wirksam. Dadurch soll das Hinauszögern des Wirksamwerdens des Rückrufs durch den Inhaber des Nutzungsrechts verhindert werden.[64] Einer besonderen Aufforderung durch den Urheber und Fristsetzung für die Mitteilung der Aufwendungen bedarf es nicht.[65] Der Rückruf wird in diesem Fall also drei Monate nach Zugang der formlos gültigen Rückrufserklärung automatisch wirksam, wenn der Inhaber des Nutzungsrechts seine Aufwendungen bis dahin nicht mitgeteilt hat. Diese Rechtsfolge tritt auch ein, wenn die Mitteilung nicht den Anforderungen des § 259 Abs. 1 BGB genügt, insbesondere nur ein Gesamtbetrag genannt wird.[66] Doch bleibt der Urheber auch im Fall unterbliebener oder unzureichender Mitteilung der zu erstattenden Aufwendungen zur angemessenen Entschädigung verpflichtet. Denn Abs. 3 S. 4 soll nur ein Hinauszögern des Wirksamwerdens des Rückrufs (Abs. 3) verhindern, nicht hingegen die Entschädigungspflicht gem. Abs. 3 S. 1 ausschließen, die in diesem Fall zur Rechtsfolge des wirksam erklärten Rückrufs wird.[67]

Hiervon zu unterscheiden ist der Fall, dass die Mitteilung den Anforderungen genügt, der **Urheber** **30** **die genannte Summe aber für zu hoch hält** und nur einen geringeren Betrag als gefordert leistet. Ob in einer solchen Konstellation der Rückruf gem. Abs. 3 S. 3 wirksam geworden ist, ist im Rahmen einer anschließenden Unterlassungs- oder Feststellungsklage zu klären. Hingegen sind das Rückrufsrecht des Urhebers und der Entschädigungsanspruch des Nutzungsrechtsinhabers nicht wie die Rechte und Pflichten in einem gegenseitigen Vertrag verknüpft, so dass eine Zug-um-Zug-Verurteilung ausscheidet.[68]

6. Unzulässigkeit von Vorausverzicht und Ausschluss der Ausübung

Gem. Abs. 2 kann auf das Rückrufsrecht nicht im Voraus wirksam verzichtet werden; seine Aus- **31** übung kann – auch befristet[69] – nicht ausgeschlossen werden. In beiden Fällen geht es darum, dass die Geltendmachung des Rückrufsrechts wegen gewandelter Überzeugung **vorab und in pauschaler Weise vertraglich ausgeschlossen** wird. Während eine derartige Vereinbarung gem. § 134 BGB

[60] Generell ablehnend zur Berücksichtigung von Gemeinkosten *Rauda* GRUR 2010, 22 (25).
[61] Fromm/Nordemann/*J. B. Nordemann* UrhG § 42 Rn. 22.
[62] AA → 3. Aufl. 2006, Rn. 29; BeckOK/*Spautz*/*Götting* UrhG § 42 Rn. 17 (angemessener Zuschlag für den entgangenen Gewinn); Fromm/Nordemann/*J. B. Nordemann* UrhG § 42 Rn. 23; Dreyer/*Kotthoff*/Meckel UrhG § 42 Rn. 13; *Homann* S. 128.
[63] AA *v. Gamm* UrhG § 42 Rn. 9.
[64] RegE UrhG 1965, BT-Drs. IV/270, S. 61.
[65] Vgl. *Samson* S. 148.
[66] Dreier/Schulze/*Schulze* UrhG § 42 Rn. 26; Fromm/Nordemann/*J. B. Nordemann* UrhG § 42 Rn. 25.
[67] Fromm/Nordemann/*J. B. Nordemann* UrhG § 42 Rn. 25; BeckOK/*Spautz*/*Götting* UrhG § 42 Rn. 20.
[68] Fromm/Nordemann/*J. B. Nordemann* UrhG § 42 Rn. 32; aA *Rauda* GRUR 2010, 22 (27).
[69] RegE UrhG 1965, BT-Drs. IV/270, S. 61.

iVm § 42 Abs. 2 nichtig ist, kann der Urheber nach Entstehen des Rückrufsrechts in einem konkreten Fall auf die Geltendmachung wirksam verzichten.[70] Ferner kann der Urheber sein **Rückrufsrecht verwirken,** insbes. im Falle länger dauernder Nichtausübung des Rückrufsrechts trotz bestehender sachlicher Voraussetzungen.[71] Allerdings wird es dann ohnehin an der Unzumutbarkeit der Weiterverwertung des Werkes fehlen. Dies schließt ein Wiederaufleben des Rückrufsrechts auf der Grundlage eines neuerlichen Überzeugungswandels nicht aus.[72]

III. Rechtsfolgen

32   Gem. § 42 Abs. 5 iVm § 41 Abs. 5 führt ein wirksamer Rückruf zum **Erlöschen des Nutzungsrechts ex nunc** iSd Heimfalls und der Vereinigung mit dem in der Hand des Urhebers verbliebenen Mutter-Urheberrecht.[73] Der Rückruf translativ übertragener Verwertungsrechte des ausübenden Künstlers gem. §§ 79 Abs. 2a, 42 führt ebenfalls dazu, dass die exklusive Nutzungsberechtigung des bisherigen Inhabers erlischt und ab diesem Zeitpunkt allein der ausübende Künstler befugt ist, über die Nutzung der Darbietung zu entscheiden. Demgegenüber bestehen gem. § 35 eingeräumte **Enkelrechte** trotz Rückrufs eines ausschließlichen Tochterrechts fort. Sie müssen gesondert durch Erklärung gegenüber dem Inhaber des Enkelrechts unter angemessener Entschädigung seiner Aufwendungen zurückgerufen werden.[74]

33   Der Rückruf eines Nutzungsrechts führt aufgrund des im Urhebervertragsrecht nur eingeschränkt geltenden Abstraktionsprinzips eo ipso zur **Beendigung des der Nutzungsrechtseinräumung zugrundeliegenden schuldrechtlichen Verpflichtungsgeschäfts.**[75] Rein schuldrechtliche Verwertungsverträge enden mit der Kündigung aus wichtigem Grund gem. § 314 BGB iVm § 42.[76] Jeweils ist der Nutzungsrechtsinhaber gem. § 241 Abs. 2 verpflichtet, das der Nutzung zugrundeliegende Werkexemplar (zB Manuskript) an den Urheber herauszugeben.

34   **Nach Wirksamwerden des Rückrufs** ist der frühere Nutzungsrechtsinhaber nicht mehr berechtigt, das Werk zu nutzen, soweit die Nutzung nicht kraft Gesetzes zulässig ist (→ Rn. 15). Dennoch vorgenommene Nutzungshandlungen stellen Rechtsverletzungen dar, die die Rechtsfolgen der §§ 97 ff. nach sich ziehen. Anders als im Spezialfall des § 46 Abs. 5 iVm § 136 Abs. 1 und 2 (→ Rn. 16) und im Umkehrschluss aus diesen Vorschriften kommt ein weiterer Vertrieb noch vorrätiger Exemplare im Hinblick auf den inneren Sinn des Rückrufsrechts wegen gewandelter Überzeugung nicht in Frage.

35   Der Urheber soll das Rückrufsrecht wegen gewandelter Überzeugung nicht dazu missbrauchen können, ein bestehendes Vertragsverhältnis zu lösen, nur um später einen Vertrag zu günstigeren Bedingungen abzuschließen. Absatz 4 verpflichtet deshalb den Urheber, das Werk dem früheren Nutzungsberechtigten zu angemessenen Bedingungen anzubieten, falls er es wieder verwerten will.[77] Ein Verstoß gegen die **Anbietungspflicht** macht gem. § 280 BGB schadensersatzpflichtig.[78]

IV. Andere Beendigungsgründe

36   Gemäß § 42 Abs. 5 iVm § 41 Abs. 7 bleiben Rechte und Ansprüche der Beteiligten nach anderen gesetzlichen Vorschriften unberührt. Hierzu zählen zum einen die **§§ 12, 35 VerlG.** Zunächst kann die Ausübung des Änderungsrechts nach § 12 VerlG ausreichen, um dem betreffenden, in Verlag gegebenen Werk den von ihm desavouierenden Charakter zu nehmen, insbes. wenn dies durch bloße Änderungen einzelner Stellen möglich ist. Jedenfalls bis zur Beendigung der Vervielfältigung darf der Urheber demnach Änderungen an dem Werke vornehmen, soweit durch sie nicht ein berechtigtes Interesse des Verlegers verletzt wird.[79] Ist Letzteres der Fall, bleibt dem Urheber nur der Weg über § 42 UrhG; allerdings wird die Interessenabwägung im Rahmen des § 12 VerlG im Falle nachgewiesenen Überzeugungswandels die Bedenken des Urhebers nur selten beiseite setzen können. Im Gegensatz zur Entschädigungspflicht des Urhebers nach § 42 sieht § 12 Abs. 3 VerlG generell keine Ersatzpflicht, sondern nur Kostenersatz für die das übliche Maß übersteigenden Änderungen nach dem Beginn der Vervielfältigung vor. Selbst diese Ersatzpflicht entfällt aber, wenn Umstände, die inzwischen eingetreten sind, die Änderung rechtfertigen. Ferner ist der Verfasser gem. § 35 Abs. 1 VerlG bis zum Beginn der Vervielfältigung berechtigt, vom Verlagsvertrag zurückzutreten, wenn sich

---

[70] Vgl. Wandtke/Bullinger/*Wandtke* UrhG § 42 Rn. 10; vgl. auch *Osenberg* S. 85 f.

[71] Dreier/Schulze/*Schulze* UrhG § 42 Rn. 22.

[72] Dreyer/*Kotthoff*/Meckel UrhG § 42 Rn. 10.

[73] Vgl. *Schricker* VerlG § 35 Rn. 27; *Hirsch* FS Nipperdey, 1965, 351 (353).

[74] Fromm/Nordemann/*J. B. Nordemann* UrhG § 42 Rn. 17; anders beim Rückruf wegen Nichtausübung, vgl. → § 41 Rn. 31 (nicht gesondert rückrufbare Enkelrechte erlöschen).

[75] Ebenso *Haberstumpf* Rn. 233; differenzierend *Schricker* VerlG § 35 Rn. 27 iVm VerlG § 32 Rn. 9.

[76] → Rn. 13.

[77] RegE UrhG 1965, BT-Drs. IV/270, S. 61; *Ulmer* § 87 III 3; Wandtke/Bullinger/*Wandtke* UrhG § 42 Rn. 14; Dreyer/*Kotthoff*/Meckel UrhG § 42 Rn. 14.

[78] Fromm/Nordemann/*J. B. Nordemann* UrhG § 42 Rn. 27.

[79] S. allgemein *Schricker* VerlG § 12 Rn. 1 ff.

Umstände ergeben, die bei dem Abschluss des Vertrags nicht vorauszusehen waren und den Verfasser bei Kenntnis der Sachlage und verständiger Würdigung des Falles von der Herausgabe des Werkes zurückgehalten haben würden.[80] Voraussetzungen und Rechtsfolgen der beiden Gestaltungsrechte sind jedoch unterschiedlich. Insbes. ist der Rücktritt nach § 35 VerlG nur bis zum Beginn der Vervielfältigung, der Rückruf nach § 42 UrhG auch danach erlaubt. Ferner stellt § 42 wegen seines persönlichkeitsrechtlichen Charakters allein auf den Überzeugungswandel des Urhebers ab, während § 35 VerlG auch den Eintritt nicht vorauszusehender äußerer Umstände genügen lässt.[81] Sind die Voraussetzungen beider Vorschriften gegeben, hat der Urheber die Wahl, welches Gestaltungsrecht er geltend macht. Im Zweifel ist anzunehmen, dass der Urheber das Recht mit den für ihn günstigeren Rechtsfolgen ausübt.[82]

Unberührt bleiben ferner das Recht zur **Kündigung des Nutzungsvertrags aus wichtigem** 37 **Grund (§ 314 BGB)** und die Grundsätze über den **Wegfall der Geschäftsgrundlage (§ 313 BGB).** Allerdings ist der werkbezogene Überzeugungswandel des Urhebers als Grund zur Beendigung von Nutzungsverträgen grundsätzlich abschließend in § 42 geregelt. Dessen Voraussetzungen dürfen nicht unter Berufung auf diese allgemeinen Rechtsgrundlagen unterlaufen werden.[83]

§ 42a Zwangslizenz zur Herstellung von Tonträgern

(1) [1]Ist einem Hersteller von Tonträgern ein Nutzungsrecht an einem Werk der Musik eingeräumt worden mit dem Inhalt, das Werk zu gewerblichen Zwecken auf Tonträger zu übertragen und diese zu vervielfältigen und zu verbreiten, so ist der Urheber verpflichtet, jedem anderen Hersteller von Tonträgern, der im Geltungsbereich dieses Gesetzes seine Hauptniederlassung oder seinen Wohnsitz hat, nach Erscheinen des Werkes gleichfalls ein Nutzungsrecht mit diesem Inhalt zu angemessenen Bedingungen einzuräumen; dies gilt nicht, wenn das bezeichnete Nutzungsrecht erlaubterweise von einer Verwertungsgesellschaft wahrgenommen wird oder wenn das Werk der Überzeugung des Urhebers nicht mehr entspricht, ihm deshalb die Verwertung des Werkes nicht mehr zugemutet werden kann und er ein etwa bestehendes Nutzungsrecht aus diesem Grunde zurückgerufen hat. [2]Der Urheber ist nicht verpflichtet, die Benutzung des Werkes zur Herstellung eines Filmes zu gestatten.

(2) Gegenüber einem Hersteller von Tonträgern, der weder seine Hauptniederlassung noch seinen Wohnsitz im Geltungsbereich dieses Gesetzes hat, besteht die Verpflichtung nach Absatz 1, soweit in dem Staat, in dem er seine Hauptniederlassung oder seinen Wohnsitz hat, den Herstellern von Tonträgern, die ihre Hauptniederlassung oder ihren Wohnsitz im Geltungsbereich dieses Gesetzes haben, nach einer Bekanntmachung des Bundesministers der Justiz im Bundesgesetzblatt ein entsprechendes Recht gewährt wird.

(3) Das nach den vorstehenden Bestimmungen einzuräumende Nutzungsrecht wirkt nur im Geltungsbereich dieses Gesetzes und für die Ausfuhr nach Staaten, in denen das Werk keinen Schutz gegen die Übertragung auf Tonträger genießt.

(4) Hat der Urheber einem anderen das ausschließliche Nutzungsrecht eingeräumt mit dem Inhalt, das Werk zu gewerblichen Zwecken auf Tonträger zu übertragen und diese zu vervielfältigen und zu verbreiten, so gelten die vorstehenden Bestimmungen mit der Maßgabe, daß der Inhaber des ausschließlichen Nutzungsrechts zur Einräumung des in Absatz 1 bezeichneten Nutzungsrechts verpflichtet ist.

(5) Auf ein Sprachwerk, das als Text mit einem Werk der Musik verbunden ist, sind die vorstehenden Bestimmungen entsprechend anzuwenden, wenn einem Hersteller von Tonträgern ein Nutzungsrecht eingeräumt worden ist mit dem Inhalt, das Sprachwerk in Verbindung mit dem Werk der Musik auf Tonträger zu übertragen und diese zu vervielfältigen und zu verbreiten.

(6) [1]Für Klagen, durch die ein Anspruch auf Einräumung des Nutzungsrechts geltend gemacht wird, sind, sofern der Urheber oder im Falle des Absatzes 4 der Inhaber des ausschließlichen Nutzungsrechts im Geltungsbereich dieses Gesetzes keinen allgemeinen Gerichtsstand hat, die Gerichte zuständig, in deren Bezirk das Patentamt seinen Sitz hat. [2]Einstweilige Verfügungen können erlassen werden, auch wenn die in den §§ 935 und 940 der Zivilprozeßordnung bezeichneten Voraussetzungen nicht zutreffen.

(7) Die vorstehenden Bestimmungen sind nicht anzuwenden, wenn das in Absatz 1 bezeichnete Nutzungsrecht lediglich zur Herstellung eines Filmes eingeräumt worden ist.

Schrifttum: *Block,* Die Lizenzierung von Urheberrechten für die Herstellung und den Vertrieb von Tonträgern im Europäischen Binnenmarkt, 1997; *Hilty,* Renaissance der Zwangslizenzen im Urheberrecht?, GRUR 2009, 633; *Kraft,* § 42a UrhG – Zwangslizenz im Spannungsfeld zwischen Kartellrecht und Immaterialgüterrecht, 2006; *Rickert,* Der Schutz des Musikurhebers bei Coverversionen, 2003; *Uchtenhagen,* Haben die Zwangslizenzen im Urhe-

---

[80] S. die Nachweise bei *Schricker* VerlG § 35 Rn. 27.
[81] S. im Einzelnen *Schricker* VerlG § 35 Rn. 27; *Schricker* GRUR-Int 1983, 454 f.
[82] *Ulmer* § 110 III 2a; *Schricker* VerlG § 35 Rn. 27.
[83] Vgl. *Ulmer* § 110 IV.

berrecht ausgedient?, FS Kreile (1994), S. 779; *Vitols,* Der Zwangslizenzeinwand gegen Unterlassungsansprüche des Immaterialgüterrechts, 2013; *Wolff,* Zwangslizenzen im Immaterialgüterrecht, 2005.

Übersicht

I. Allgemeines

1. Zweck und Bedeutung der Vorschrift

1   Die Bestimmung sieht **zugunsten von Tonträgerherstellern** für das ausschließliche Vervielfältigungsrecht (§ 16 Abs. 1), einschließlich des Rechts zur Übertragung auf Tonträger (§ 16 Abs. 2), und das Verbreitungsrecht (§ 17 Abs. 1) eine **Zwangslizenz** vor. Damit soll die Möglichkeit der Monopolstellung eines einzelnen Tonträgerherstellers unterbunden werden.[1] Zu Recht ging der Gesetzgeber davon aus, dass ein solches Monopol nicht nur aus wirtschaftlichen, sondern vor allem auch aus kulturellen Gründen unerwünscht wäre, „da dadurch zum Schaden der Allgemeinheit und des Urhebers das Erscheinen des Werkes in verschiedenen miteinander wetteifernden Interpretationen unterbunden werden könnte".[2] Diese Bestimmung ist daher **nicht nur kartellrechtlicher Natur.**[3]

2   Der Umfang dieser Bestimmung ist allerdings umgekehrt proportional zu ihrer praktischen Bedeutung.[4] Denn das Recht zur sog. **mechanischen Vervielfältigung** wird seit jeher durch Verwertungsgesellschaften wahrgenommen, so dass eine Monopolbildung durch einzelne Schallplattenproduzenten von vornherein ausgeschlossen war. Die kollektive Verwaltung erfolgte zunächst durch die 1909 gegründeten Anstalt für mechanisch-musikalische Rechte (AMMRE), später durch die GEMA.[5] Da § 42a in diesem Fall gemäß Abs. 1 S. 1 Hs. 2 nicht greift,[6] hat die Zwangslizenz **in der Praxis bisher kaum Bedeutung** erlangt.[7] Dennoch wurden Vorschläge auf internationaler und nationaler Ebene, die Zwangslizenz gänzlich zu **streichen,**[8] bisher nicht realisiert. Gerade heute wäre die Aufhebung der Zwangslizenz kulturpolitisch höchst bedenklich, beherrschen doch einige wenige, global agierende Konzerne – die Verlag und Tonträgerproduktion in sich vereinigen – den internationalen Tonträgermarkt. Für sie wäre es – gäbe es die Zwangslizenz nicht mehr – ein leichtes, den Verwertungsgesellschaften die sog. mechanischen Rechte zu entziehen und damit ihre „Hits" zu monopolisieren.[9] Weltweit gefragte Kompositionen der Populärmusik würden dann nur noch in einer Version, von einem Interpreten aufgenommen, existieren. Solcher **Verarmung der Kulturlandschaft** beugt die Zwangslizenz zu Recht vor, indem sie einen Anreiz bietet, die entsprechenden Rechte in eine Verwertungsgesellschaft einzubringen.[10]

---

[1] AmtlBegr. BT-Drs. IV/270, 77 zu § 64 des RegE.

[2] Schriftl. Bericht des Rechtsausschusses, zu BT-Drs. IV/3401, 11.

[3] So aber *v. Gamm* § 61 Rn. 2; vgl. auch *Hilty* GRUR 2009, 633 (641), wonach die Vorschrift „genuin wettbewerbspolitischen Überlegungen" entspringe.

[4] So *Schack* UrheberR Rn. 899, der allerdings der bloßen Existenz der Vorschrift eine abschreckende Wirkung beimisst.

[5] Zeitweilig wurden die mechanischen Rechte auch durch die internationale Vereinigung von Verwertungsgesellschaften BIEM wahrgenommen, was jedoch wegen kartellrechtlicher Bedenken wieder aufgegeben wurde, vgl. dazu BKartA GRUR 1963, 643 (644 f.) – BIEM-GEMA-IFPI.

[6] → Rn. 17.

[7] *Ulmer* § 76 II 2.

[8] Vgl. *Dreier* in Schricker, Urheberrecht auf dem Weg zur Informationsgesellschaft, 1997, S. 145, 173.

[9] Vgl. *Uchtenhagen* FS Kreile, 1994, 779 (786), der ebenfalls auf die Bedeutung der Zwangslizenz in Bezug auf die keiner Urheberrechts-Gesellschaft angehörenden Urheber und Verleger verweist.

[10] Ähnlich Fromm/Nordemann/*Schaefer* UrhG § 42a Rn. 1.

2. Entstehungsgeschichte

Die ursprünglich in § 61 enthaltene Regelung wurde im Wesentlichen unverändert aus den **§§ 22,   3 22b und 22c LUG** übernommen. Referenten- und Regierungsentwurf zum UrhG 1965 hatten allerdings anstelle der bisherigen Zwangslizenz zugunsten der Schallplattenhersteller ein „gesetzliches Nutzungsrecht" vorgesehen.[11] Der Gesetzgeber ist dagegen dem Vorschlag des Rechtsausschusses gefolgt, die gesetzliche Lizenz in eine Zwangslizenz „abzuschwächen"; dem Interesse der Schallplattenindustrie an einer schnellen Produktionsaufnahme werde durch die Möglichkeit einer einstweiligen Verfügung Rechnung getragen.[12] Im Zuge der Diskussion um die 5. Urheberrechtsnovelle ist sowohl im „Diskussionsentwurf" von 1999 als auch im Referentenentwurf zum „1. Korb" von 2002 die ersatzlose Streichung der bis dahin in **§ 61** stehenden Zwangslizenz zur Herstellung von Tonträgern vorgeschlagen worden.[13] Der Gesetzgeber hat dann aber betont, dass die Beibehaltung der bisher in § 61 enthaltenen Zwangslizenz „aus kartellrechtlicher wie kulturpolitischer Hinsicht" geboten ist.[14] Um die „richtige systematische Zuordnung" zu verdeutlichen, wurde die bisher in § 61 im Abschnitt „Schranken" enthaltene Regelung außerdem unter vollständiger Beibehaltung des Wortlautes in den 5. Abschnitt als § 42a vorgezogen.[15]

3. Konventions- und unionsrechtlicher Rahmen

Konventionsrechtlich beruht die Einschränkung des Vervielfältigungs- und Verbreitungsrechts auf   4 der 1908 eingeführten Ermächtigung von **Art. 13 Abs. 1 RBÜ**.[16] Wie in Deutschland werden die sog. mechanischen Rechte weltweit üblicherweise durch Verwertungsgesellschaften wahrgenommen, die sich international zum Bureau International des Sociétés Gérant lès Droits d'Enregistrement et de Reproduction Méchanique (BIEM) zusammengeschlossen haben.[17] In den Verhandlungen zu den WIPO-Verträgen von 1996 wurde die **Abschaffung** der Zulässigkeit von Zwangslizenzen für die Herstellung von Tonträgern vorgeschlagen, dann aber aus guten Gründen verworfen.[18] Teilweise wird die Zwangslizenz jedoch für unvereinbar mit den unionsrechtlichen Vorgaben in **Art. 5 InfoSoc-RL** gehalten, da diese Bestimmung eine Zwangslizenz nach Art des § 42a nicht vorsehe.[19] Auch im Zuge der Umsetzung der InfoSoc-RL im „1. Korb" waren entsprechende Bedenken geäußert worden.[20] Nach Auffassung des Gesetzgebers stellt die Zwangslizenz jedoch keine „Ausnahme oder Beschränkung" der Ausschließlichkeitsrechte iSv Art. 5 Abs. 1–3 InfoSoc-RL dar, weil sie nicht selbst in das Ausschließlichkeitsrecht eingreife, sondern „ausschließlich Teilfragen bezüglich dessen Ausübung" regele.[21] Dem wird man jedenfalls im Ergebnis zustimmen können. Die Zwangslizenz unterscheidet sich von den in §§ 44a ff. geregelten gesetzlichen Lizenzen dadurch, dass die Verbotsrechte des Urhebers formal gewahrt bleiben, der insoweit lediglich einem Kontrahierungszwang unterliegt.[22] Der Begriff der **„Ausnahmen oder Beschränkungen"** in Art. 5 InfoSoc-RL ist zwar weiter als der Begriff der „Schranken" iSd 6. Abschnitts und kann uU auch Beschränkungen des Ausschließlichkeitsrechts durch Zwangslizenzen erfassen.[23] Das ergibt sich nicht zuletzt aus Art. 10 Abs. 2 S. 2 Vermiet- und Verleih-RL, der Zwangslizenzen ausdrücklich zu den „Beschränkungen" in diesem Sinne zählt. Die Zwangslizenz in § 42a ähnelt jedoch erweiterten kollektiven Lizenzen, bei denen der Richtliniengeber selbst davon ausgeht, dass sie durch die InfoSoc-RL nicht berührt werden.[24] Gleiches gilt für die Verwertungsgesellschaftenpflichtigkeit eines Verwertungsrechts, die in ihrer Wirkung ebenfalls einer Zwangslizenz gleichkommt,[25] im Unionsrecht jedoch nicht als Schranke des Verbotsrechts angesehen wird.[26] Im Hinblick auf die auch von Art. 101, 102 AEUV gedeckte Zielsetzung, eine Monopolstellung einzelner Tonträgerhersteller zu verhindern, kann daher nicht davon ausgegangen werden, dass der Richtliniengeber mit dem abschließenden Katalog fakultativer Schranken in

---

[11] Dazu *Stieper*, Rechtfertigung, Rechtsnatur und Disponibilität der Schranken des Urheberrechts (2009), S. 138 f.

[12] Schriftl. Bericht des Rechtsausschusses, zu BT-Drs. IV/3401, 11; → Rn. 21.

[13] Begr. zum RefE UFITA 2004, 143 (170).

[14] AmtlBegr. BT-Drs. 15/38, 17.

[15] AmtlBegr. BT-Drs. 15/38, 17; vgl. dazu → Vor §§ 44a ff. Rn. 11.

[16] Vgl. *Dietz*, Urheberrecht in der Europ. Gemeinschaft, Rn. 217 ff.; *Hilty* GRUR 2009, 633 (641).

[17] Einzelheiten in *WIPO* (Hrsg.), Collective Administration of Copyright and Neighbouring Rights, 1990, S. 20 ff.; Loewenheim/*Melichar* § 45 Rn. 24.

[18] *Reinbothe/von Lewinski*, The WIPO Treaties 1996, Chapter 3 Rn. 3 und 8.

[19] So DKMH/*Dreyer* UrhG § 42a Rn. 4 f.; Fromm/Nordemann/*Schaefer* UrhG § 42a Rn. 4.

[20] Begr. zum RefE UFITA 2004, 143 (170).

[21] AmtlBegr. BT-Drs. 15/38, 17; ebenso Wandtke/Bullinger/*Bullinger* UrhG § 42a Rn. 1 f.; *Poeppel*, Die Neuordnung der urheberrechtlichen Schranken im digitalen Umfeld, S. 36 f.

[22] Dreier/Schulze/*Schulze* § 42a Rn. 2; *Rehbinder/Peukert* Rn. 480; *Schack* UrheberR Rn. 897; dazu → Vor §§ 44a ff. Rn. 12.

[23] Ebenso Wandtke/Bullinger/*Schaefer* UrhG § 85 Rn. 30; Dreier/Schulze/*Schulze* § 42a Rn. 2; für eine Anwendung des Dreistufentests auch *Hilty* GRUR 2009, 633 (642); vgl. auch → Vor §§ 44a ff. Rn. 27.

[24] Erwgr. 18 InfoSoc-RL.

[25] Vgl. → Vor §§ 44a ff. Rn. 13.

[26] S. ErwG 28 RL 93/83/EWG.

Art. 5 InfoSoc-RL auch solchen nationalen Ausübungsregelungen Grenzen setzen wollte, die über Art. 13 Abs. 1 RBÜ hinausgehen.[27]

II. Voraussetzungen der Zwangslizenz

1. Gegenstand

5   Gegenstand der Zwangslizenz können nur **Werke der Musik** (Abs. 1 S. 1) und Sprachwerke sein, soweit sie als Text mit einem Werk der Musik verbunden sind (Abs. 5). Die Freigabe im Rahmen der Zwangslizenz bezieht sich somit auf **alle** Werke der Musik iSv § 2 Abs. 1 Nr. 2 einschließlich der Bearbeitungen gemäß § 3. Sprachwerke iSv § 2 Abs. 1 Nr. 1 sind nur insoweit erfasst, als sie mit dem Werk der Musik iSv § 9 verbunden sind; der Text allein ist nicht der Zwangslizenz unterworfen.[28] Somit fallen auch Lieder, Opern, Operetten, Musicals, Musikdramen uÄ unter die Ausnahmebestimmung.[29] Dabei ist unerheblich, ob der Text für die Musik erst geschaffen oder ob ein vorbestehender Text (zB ein Gedicht) später vertont wurde.[30] Nicht der Zwangslizenz unterliegen aber lockere Werkverbindungen, in denen die Musik lediglich untermalende Funktion hat;[31] die Zwangslizenz kommt nur zur Anwendung, wenn der Schwerpunkt des Werkcharakters auf dem Musikwerk liegt.[32] Deshalb gilt bei Bühnenwerken mit Musikeinlagen nur für Letztere die Zwangslizenz, nicht für das gesamte Bühnenwerk.[33] Soweit es sich um Musikwerke im vorgenannten Sinne handelt, findet die Zwangslizenz auch für die Leistungsschutzrechte nach §§ 70 f. Anwendung.

6   Die Zwangslizenz greift nur für **erschienene Werke** iSv § 6 Abs. 2 ein. Dabei ist unerheblich, ob das Werk nur in Form von Noten, nur in Form von Tonträgern oder mittels beider Medien[34] und ob es im In- oder Ausland erschienen ist.[35]

7   Die Zwangslizenz umfasst nur das **Urheberrecht** (und ggf. das Leistungsschutzrecht nach §§ 70 f.) am Werk, nicht dagegen die Benutzung der fremden Tonträger selbst oder Eingriffe in andere verwante Schutzrechte.[36] Konsequenterweise wird § 42a in § 85 nicht aufgeführt. Für **ausübende Künstler** war § 79 mit dem „1. Korb" um einen Abs. 2 (jetzt Abs. 2a) ergänzt worden, wonach auf die Nutzungsrechte an Darbietungen ausübender Künstler „§§ 32 bis 43" entsprechend anwendbar waren. Damit wären dem Wortlaut nach auch ausübende Künstler der Zwangslizenz unterworfen gewesen. Dieses offensichtliche Redaktionsversehen wurde mit dem „2. Korb" korrigiert und die Verweisung auf § 42a ausgenommen.[37]

2. Vorhergehende Nutzungsrechtseinräumung

8   Die Zwangslizenz kann erst geltend gemacht werden, wenn bereits ein **einem anderen Hersteller von Tonträgern** ein Nutzungsrecht zur Herstellung, Vervielfältigung und Verbreitung eines Tonträgers eingeräumt worden ist (Abs. 1 S. 1). Diese drei Rechte müssen kumulativ eingeräumt worden sein.[38] Ob es sich um ein einfaches oder ein ausschließliches Nutzungsrecht handelt, ist nur für die Passivlegitimation relevant.[39] Der Begriff des Tonträgerherstellers entspricht dem des § 85.[40] Tonträgerhersteller in diesem Sinne können zB Tonträgerproduzenten oder Rundfunkanstalten sein, nicht aber der Verleger, „weil in diesem Fall noch kein Hersteller eine Monopolstellung erlangt hat".[41] Eine Zwangslizenz scheidet aus, wenn der Urheber selbst sein Werk auf Tonträger vervielfältigt und verbreitet.[42] Nach einem treffenden Vergleich von *Runge*[43] ist ähnlich dem Vorkaufsrecht gem. § 463 BGB Voraussetzung für eine Zwangslizenz, dass die Vereinbarung mit dem anderen Tonträgerhersteller **wirksam** zustande gekommen ist. Ob sie vom Urheber selbst oder einem Dritten (zB dem Verlag) vereinbart wurde, ist – wie sich schon aus dem passivischen Wortlaut des Gesetzes ergibt – unerheblich.

---

[27] Ähnlich Dreier/Schulze/*Schulze* § 42a Rn. 2.
[28] *v. Gamm* § 61 Rn. 4.
[29] Fromm/Nordemann/*Schaefer* UrhG § 42a Rn. 5.
[30] Ebenso Wandtke/Bullinger/*Bullinger* UrhG § 42a Rn. 6; Fromm/Nordemann/*Schaefer* UrhG § 42a Rn. 5.
[31] *v. Gamm* § 61 Rn. 4.
[32] *Ulmer* § 76 III 1.
[33] *v. Gamm* § 61 Rn. 4; *Ulmer* § 76 III 1; Dreier/Schulze/*Schulze* § 42a Rn. 4; Fromm/Nordemann/*Schaefer* UrhG § 42a Rn. 5.
[34] Vgl. Dreier/Schulze/*Schulze* § 42a Rn. 11.
[35] Wandtke/Bullinger/*Bullinger* UrhG § 42a Rn. 9.
[36] Dreier/Schulze/*Schulze* § 42a Rn. 5; DKMH/*Dreyer* UrhG § 42a Rn. 13.
[37] Amtl. Begr. BT-Drs. 16/1828, 32.
[38] BeckOK UrhR/*Lindhorst* UrhG § 42a Rn. 3.
[39] → Rn. 10.
[40] Dazu → § 85 Rn. 33 ff.
[41] AmtlBegr. BT-Drs. IV/270, 77.
[42] Fromm/Nordemann/*Schaefer* UrhG § 42a Rn. 10.
[43] *Runge,* Urheber- und Verlagsrecht (1953), S. 205.

III. Inhalt der Zwangslizenz

Inhalt der Zwangslizenz ist die Verpflichtung zur vertraglichen Einräumung weiterer (nicht aus- **9** schließlicher) Nutzungsrechte.[44] Eine Werknutzung ohne eine solche Vereinbarung oder ohne entsprechende gerichtliche Entscheidung (Abs. 6) stellt eine **Urheberrechtsverletzung** dar, auch wenn die Voraussetzungen für den Abschluss einer Zwangslizenz vorliegen.[45] Angesichts der Möglichkeit, den Kontrahierungszwang im Wege des einstweiligen Rechtsschutzes durchzusetzen, kann der **Zwangslizenzeinwand** dem Rechtsinhaber im Verletzungsprozess nicht entgegengehalten werden.[46]

1. Anspruchsgegner

Nach dem Wortlaut des Gesetzes ist „**der Urheber**" zu dieser Nutzungsrechtseinräumung ver- **10** pflichtet. Es können dies Musik-, Textautor und Bearbeiter sein; soweit es sich um Werkverbindungen handelt, wird es sich in der Regel um mehrere Urheber in Form einer Gesellschaft bürgerlichen Rechts handeln. Hat der Urheber die vorgenannten Nutzungsrechte einem Dritten **ausschließlich** eingeräumt, so ist dieser anstelle des Urhebers zum Abschluss der Zwangslizenz verpflichtet (Abs. 4). Oft wird dies der Verleger sein.[47] Voraussetzung hierfür ist allerdings, dass dem Verleger das ausschließliche Recht im Verlagsvertrag zweifelsfrei eingeräumt ist, da ansonsten die Vermutung nach § 37 Abs. 2 Platz greift. Auch der Tonträgerhersteller, der Vertragspartner des Erstlizenzvertrags ist, wird hiervon erfasst, wenn er ein ausschließliches Nutzungsrecht erworben hat, und ist damit zur Einräumung einfacher Nutzungsrechte verpflichtet.[48] Die Einräumung einer iSv § 31 Abs. 3 ausschließlichen Nutzungsbefugnis zur gewerblichen Übertragung auf Tonträger ist für die von § 42a erfassten Werke damit ausgeschlossen.[49]

2. Anspruchsberechtigter

Anspruch auf eine Zwangslizenz haben nur **Hersteller von Tonträgern.**[50] Voraussetzung ist **11** nicht, dass der die Zwangslizenz Begehrende bereits als Tonträgerhersteller gewerbsmäßig in Erscheinung getreten ist, es genügt die erklärte Absicht, Tonträger (zukünftig) gewerbsmäßig nutzen zu wollen.

Nach Abs. 2 soll die Privilegierung des § 42a nur für solche Tonträgerhersteller gelten, die ihre **12** **Hauptniederlassung** (§§ 13–13c HGB, § 17 ZPO) oder ihren **Wohnsitz** (§ 7 BGB) im Geltungsbereich dieses Gesetzes haben. Nach Art. 18 AEUV ist diese Regelung jetzt freilich auch auf Tonträgerhersteller auszudehnen, die ihren Sitz in einem anderen Mitgliedstaat der EU oder des EWR haben.[51] Sonstige Tonträgerhersteller haben die Rechte aus § 42a nur, soweit mit dem Staat, in dem Hauptniederlassung oder Wohnsitz liegen, **Gegenseitigkeit** besteht **und** dies vom Bundesministerium der Justiz (jetzt BMJV) im **Bundesgesetzblatt** entsprechend bekannt gemacht ist (Abs. 2). Die Gegenseitigkeit allein reicht also noch nicht aus, die Verkündung im Bundesgesetzblatt muss als weitere Voraussetzung hinzutreten.[52] Bislang gibt es keine entsprechende Bekanntmachung des Bundesjustizministeriums.

3. Umfang des Anspruchs

Gegenstand der Zwangslizenz sind die auch dem Erstlizenznehmer eingeräumten Nutzungsrechte **13** zur **Übertragung des Werks auf einen Tonträger sowie dessen Vervielfältigung und Verbreitung.**[53] Ein zur Zwangslizenz Berechtigter kann nur sämtliche drei genannten Rechte gemeinsam erwerben.[54] Die Berechtigung zur öffentlichen Wiedergabe, insbesondere zur öffentlichen Zugänglichmachung über das Internet (§ 19a), wird von § 42a nicht erfasst.[55] Die Zwangslizenz bezieht sich ferner nur auf **Ton**träger, dh insbesondere CDs, Schallplatten und Audiokassetten. Die gewählte Technik spielt keine Rolle, weshalb auch DVDs hierunterfallen, sofern sie als bloße Tonträger genutzt werden. Nicht von der Zwangslizenz erfasst sind kombinierte Bild-Ton-Träger, auch wenn dabei Bild- und Tonträger körperlich getrennt sind, sofern sie nur zum gemeinsamen Auswertung bestimmt sind; Abs. 1 S. 3 behält dem Urheber das Filmherstellungsrecht ausdrücklich vor. Ebenso wenig werden Multimedia-Erzeugnisse erfasst.[56]

---

[44] Zum Wesen der Zwangslizenz → Vor §§ 44aff. Rn. 11f.
[45] BGH GRUR 1998, 376 (378) – Coverversion.
[46] *Vitols* S. 95ff., 114ff. mwN.
[47] *Ulmer* § 76 III 3.
[48] Vgl. DKMH/*Dreyer* UrhG § 42a Rn. 13.
[49] Vgl. Fromm/Nordemann/*Schaefer* UrhG § 42a Rn. 11.
[50] Zum Begriff → Rn. 8.
[51] Vgl. die notwendige Gleichstellung in § 126 Abs. 1 S. 3 und § 127a Abs. 2.
[52] DKMH/*Dreyer* UrhG § 42a Rn. 18.
[53] → Rn. 8.
[54] DKMH/*Dreyer* UrhG § 42a Rn. 12; Fromm/Nordemann/*Schaefer* UrhG § 42a Rn. 18.
[55] DKMH/*Dreyer* UrhG § 42a Rn. 12; aA *Wolff* S. 74.
[56] Dreier/Schulze/*Schulze* § 42a Rn. 6.

14 Das Nutzungsrecht mit dem vorgenannten Inhalt ist zu **angemessenen Bedingungen** einzuräumen. Einigen sich die Parteien nicht über die Höhe der angemessenen Vergütung, so ist sie gegebenenfalls vom Gericht – eventuell unter Hinzuziehung von Sachverständigen – festzusetzen. Maßstab für die Höhe der Vergütung kann zum einen die für die erste vereinbarte Vergütung sein.[57] Zum anderen kann die Höhe auch im Vergleich mit den von Verwertungsgesellschaften für entsprechende Nutzungen aufgestellten Tarifen ermittelt werden, wobei freilich Gesamtvertragsrabatte uÄ außer Ansatz bleiben müssen.[58] Für die Fälligkeit kann § 23 VerlG entsprechend angewendet werden.[59]

15 Der Zwangslizenznehmer hat das **Urheberpersönlichkeitsrecht** zu wahren. Dies ergibt sich aufgrund der Verlegung der Zwangslizenz vom 6. in den 5. Abschnitt zum einen unmittelbar aus §§ 13 und 39. Zum anderen hat der Gesetzgeber durch Einfügung von Abs. 1 S. 2 im Rahmen des „2. Korbs" klargestellt, dass § 63 entsprechend anzuwenden ist.[60] Ein Recht zur – zustimmungsfreien – **Änderung des Werkes** gibt es nur in den engen Grenzen von § 39 Abs. 2. So sind erhebliche Kürzungen, zB in Potpourris oder Medleys, ohne Zustimmung unzulässig.[61] Die Grenze ist dort überschritten, wo aus der bloßen Interpretation eine Bearbeitung des interpretierten Werkes iSv § 23 wird.[62] Gerade im Bereich der Popularmusik ist der interpretatorische Spielraum bei **Coverversionen** allerdings sehr groß.[63] Veränderungen des Arrangements wird man daher auch ohne Genehmigung als bloße Interpretationen hinnehmen können, wenn der Kern des Werkes dadurch nicht verändert wird.[64] In diesem Sinn ist wohl auch die Äußerung des Gesetzgebers zu verstehen, wonach „im Wege der Auslegung ... auch die Änderung der Tonart oder Stimmlage im Rahmen des § 39 berücksichtigt werden" kann.[65] Ähnliches dürfte auch – jedenfalls im Bereich der Unterhaltungsmusik – für übliche Kürzungen gelten. Die Aufnahme einer **Instrumentalversion**, bei der die Gesangsmelodie eines Liedes von einem Instrument eingespielt wird, ist ebenfalls keine Bearbeitung des Musikwerkes, da hier lediglich die Werkverbindung zwischen Musik- und Sprachwerk aufgehoben, das Musikwerk aber unverändert übernommen wird.[66] Wenn das zuerst eingeräumte Nutzungsrecht nur die Übertragung des Musikwerkes in Verbindung mit dem Sprachwerk erfasst (vgl. Abs. 5), bezieht sich die Zwangslizenz aber gleichfalls nur auf eine gemeinsame Nutzung der verbundenen Werke.

4. Räumliche Wirkung (Abs. 3)

16 Die räumliche Wirkung der Zwangslizenz beschränkt sich gemäß Abs. 3 auf das **Inland.** Ausfuhren sind nur in solche Staaten zulässig, in denen das Werk (zB wegen Ablaufs der Schutzfrist) keinen Schutz des mechanischen Rechts genießt oder das Recht vom den Verbreitenden erworben wurde. Entsprechend dem Wortlaut von Abs. 3 gilt diese territoriale Beschränkung sowohl für inländische wie (gem. Abs. 2) für ausländische Tonträgerhersteller. Diese Regelung ist mit der Freiheit des Warenverkehrs im EU-Binnenmarkt vereinbar. Da es sich um eine echte Zwangslizenz handelt, kommen die von der EuGH-Rechtsprechung entwickelten Regeln der **unionsweiten Erschöpfung** nicht zur Anwendung.[67]

5. Ausschluss der Zwangslizenz

17 In den folgenden Fällen scheidet eine Zwangslizenz – auch bei Vorliegen der sonstigen Voraussetzungen – aus:

a) Gemäß Abs. 1 S. 1 Hs. 2 gilt die Zwangslizenzregelung nicht, wenn die betreffenden Nutzungsrechte von einer **Verwertungsgesellschaft** wahrgenommen werden. Im Hinblick auf den Abschlusszwang nach § 34 VGG bedarf es in diesen Fällen keiner besonderen Zwangslizenz. In aller Regel lassen inländische Autoren ihre sog. mechanischen Rechte über die GEMA wahrnehmen, gleiches gilt für ausländische Autoren über ihre nationalen Verwertungsgesellschaften aufgrund von Gegenseitigkeitsverträgen mit der GEMA.[68] Auch der Gesetzgeber hat erkannt, dass infolge der Wahrnehmung des mechanischen Rechts durch Verwertungsgesellschaften „die Zwangslizenz kaum praktische Bedeutung" haben wird.[69]

18 **b)** Gemäß Abs. 1 S. 1 Hs. 2 ist der Urheber nicht verpflichtet, eine Zwangslizenz einzuräumen, wenn das betreffende Werk nicht mehr seiner Überzeugung entspricht und er deshalb von seinem

---

[57] Fromm/Nordemann/*Schaefer* UrhG § 42a Rn. 21.
[58] DKMH/*Dreyer* UrhG § 42a Rn. 15.
[59] *Allfeld* LUG § 22 Anm. 8 unter Hinweis auf den Kommissionsbericht zum LUG.
[60] AmtlBegr. BT-Drs. 16/1828, 25.
[61] Fromm/Nordemann/*Schaefer* UrhG § 42a Rn. 22.
[62] *Wolff* S. 65 f.
[63] Vgl. Fromm/Nordemann/*Schaefer* UrhG § 42a Rn. 22; ferner LG München I ZUM-RD 2002, 14 (16).
[64] Vgl. *Rickert* S. 169 f.
[65] AmtlBegr. BT-Drs. IV/270, 77.
[66] AA noch → 5. Aufl. 2017, § 42a Rn. 15.
[67] *Block* S. 131 ff.
[68] → Rn. 2.
[69] Schriftl. Bericht des Rechtsausschusses, zu BT-Drs. IV/3401, 11.

Rückrufsrecht nach § 42 Gebrauch gemacht hat. Wie beim insoweit wörtlich übereinstimmenden § 46 Abs. 5 ist auch hier Voraussetzung, dass der Urheber zu dem Zeitpunkt, zu dem der Wunsch nach einer Zwangslizenz herangetragen wird, die Rückrufserklärung gemäß § 42 Abs. 1 bereits **abgegeben hat;** eine spätere Rückrufserklärung rechtfertigt die Verweigerung der Zwangslizenz nicht.[70] Als Adressat der Rückrufserklärung kommt hier in erster Linie derjenige in Betracht, bei dem das Werk erschienen ist, in zweiter Linie der Tonträgerhersteller, der das Werk erstmals vervielfältigt und verbreitet hat.

c) Die Zwangslizenz umfasst nicht das Recht zur **Herstellung eines Filmes.** Entsprechend der **19** Überschrift zu §§ 88 ff. sind unter Filmen dabei sowohl Filmwerke als auch Laufbilder zu verstehen. Diese Ausnahme bezieht sich zum einen auf den Umfang des im Rahmen der Zwangslizenz einzuräumenden Nutzungsrechts (Abs. 1 S. 3),[71] zum anderen aber auch auf das betreffende Werk selbst: Sind Vervielfältigungs- und Verbreitungsrechte nur zur Herstellung eines Filmes, also für **Bild- und Tonträger,** eingeräumt, so scheidet dieses Werk als Gegenstand einer Zwangslizenz aus (Abs. 7). Die Einräumung eines Nutzungsrechts an einen Filmproduzenten lässt daher keine Zwangslizenz zugunsten anderer Film- oder Tonträgerhersteller entstehen. Werden im Erstlizenzvertrag getrennte Nutzungsrechte zur Filmherstellung sowie zur Tonträgerherstellung eingeräumt, so findet in Bezug auf letztere jedoch § 42a Anwendung.[72]

IV. Prozessuales

Der Anspruch auf Einräumung der Zwangslizenz ist vor den ordentlichen Gerichten geltend zu **20** machen. Der **Antrag** ist auf Zustimmung zu dem im Antrag zu nennenden Vertragsangebot gerichtet, also auf Abgabe einer Willenserklärung iSv § 894 ZPO. Die sachliche und örtliche **Zuständigkeit** richten sich nach den allgemeinen Regeln.[73] Für einstweilige Verfügungen gelten §§ 937, 942 ZPO.[74] Lediglich für Klagen (oder Anträge auf einstweilige Verfügung) gegen ausländische Urheber oder ausschließlich Nutzungsberechtigte, die im Inland keinen allgemeinen Gerichtsstand haben, gilt Abs. 6 S. 1; danach sind erstinstanzlich zuständig das AG München und das LG München I.

Für **einstweilige Verfügungen** gilt gem. Abs. 6 S. 2 die Vermutung der Dringlichkeit.[75] Die Inte- **21** ressen des Urhebers gebieten es allerdings, dass einstweilige Verfügungen, mit denen eine Zwangslizenz eingeräumt wird, gem. §§ 936, 921 S. 2 ZPO nur gegen Sicherheitsleistung auszusprechen sind.[76]

Im Hinblick auf die geringe praktische Bedeutung der Zwangslizenz wären auch die **prozessualen** **22** **Bestimmungen** in Abs. 6 von wenig Relevanz. Allerdings soll in analoger Anwendung von Abs. 6 S. 2 auch im Falle einer gegen § 34 Abs. 1 VGG (§ 11 Abs. 1 WahrnG aF) verstoßenden Lizenzverweigerung seitens einer Verwertungsgesellschaft eine einstweiligen Verfügung in Betracht kommen, sofern dem Nutzungsinteressenten durch die Lizenzverweigerung schwere finanzielle Nachteile drohen.[77]

§ 43 Urheber in Arbeits- oder Dienstverhältnissen

Die Vorschriften dieses Unterabschnitts sind auch anzuwenden, wenn der Urheber das Werk in Erfüllung seiner Verpflichtungen aus einem Arbeits- oder Dienstverhältnis geschaffen hat, soweit sich aus dem Inhalt oder dem Wesen des Arbeits- oder Dienstverhältnisses nichts anderes ergibt.

Schrifttum: *Amtmann,* Das Urheberrecht des „unselbständigen Urhebers" insbesondere des wissenschaftlichen Assistenten, Diss. Tübingen 1960; *Barthel,* Die Arbeitnehmerurheberrechte in Filmwerken in Arbeitsverträgen, Tarifverträgen und Betriebsvereinbarungen, Frankfurt a. M., 2002; *Ann,* Arbeitnehmererfinderrecht und Arbeitnehmerurheberrecht, in Obergfell, Zehn Jahre reformiertes Urheberrecht, 2013, 85; *Bayreuther,* Zum Verhältnis zwischen Arbeits-, Urheber- und Arbeitnehmererfindungsrecht – Unter besonderer Berücksichtigung der Sondervergütungsansprüche des angestellten Softwareerstellers, GRUR 2003, 570 ff.; *ders.,* Münchener Handbuch Arbeitsrecht, Bd. 1, § 99, 4. Aufl. 2018; *Becker,* Urheberrechte und Arbeitsverhältnisse – Strukturfragen zwischen Kreativität und Arbeitsverhältnis, ZUM 2010, 473; *Berger,* Das neue Urhebervertragsrecht, 2003; *ders.* Zum Anspruch auf angemessene Vergütung (§ 32 UrhG) und weitere Beteiligung (§ 32a UrhG), ZUM 2003, 173 ff.; *ders., Berger/ Wündisch,* Urhebervertragsrecht, 2. Aufl 2014 *Blatz,* Das Recht des Arbeitgebers an literarischen Arbeitsergebnissen, Köln 1967; *Bollack,* Die Rechtsstellung des Urhebers im Dienst- oder Arbeitsverhältnis, GRUR 1976, 74;

---

[70] Vgl. → § 46 Rn. 24.
[71] → Rn. 13.
[72] Fromm/Nordemann/*Schaefer* UrhG § 42a Rn. 6.
[73] §§ 23, 71 GVG; §§ 12 ff. ZPO; § 105 UrhG.
[74] Das übersieht Fromm/Nordemann/*Schaefer* UrhG § 42a Rn. 25, der aus § 919 ZPO eine Zuständigkeit am Sitz des Zwangslizenzberechtigten herleitet.
[75] Vgl. die identische Regelung in § 12 Abs. 2 UWG.
[76] Dreier/Schulze/*Schulze* § 42a Rn. 21; Fromm/Nordemann/*Schaefer* UrhG § 42a Rn. 26; DKMH/*Dreyer* UrhG § 42a Rn. 23.
[77] OLG München GRUR 1994, 118 (119) – Beatles-CDs; LG München I ZUM 2004, 79 (81); *Vitols* S. 121.

Buchner, Die Vergütung für Sonderleistungen des Arbeitnehmers – ein Problem der Äquivalenz der im Arbeitsverhältnis zu erbringenden Leistungen, GRUR 1985, 1; *Bußmann,* Im Arbeits- und Dienstverhältnis geschaffene urheberrechtliche Werke, Fs. für Bappert, 1964, S. 13; *Däubler,* Arbeitsrecht und Informationstechnologien, CR 2005, 767; *Dittrich,* Arbeitnehmer- und Urheberrecht, 1978; *Dietz,* Die Pläne der Bundesregierung zu einer gesetzlichen Regelung des Urhebervertragsrechts, ZUM 2001, 276 ff.; *Dressel,* Der angestellte Urheber – Kein Handlungsbedarf für den Gesetzgeber, GRUR 1989, 319; *Erdmann,* Urhebervertragsrecht im Meinungsstreit, GRUR 2002, 923 ff.; *Fahse,* Artikel 5 GG und das Urheberrecht der Architektur-Professoren, GRUR 1996, 331; *Fintel,* Tarifverträge für kreative Arbeitnehmer, ZUM 2010, 483; *Frieling,* Forschungstransfer: Wem gehören universitäre Forschungsergebnisse?, GRUR 1987, 407; *Fuchs,* Der Arbeitnehmerurheber im System des § 43 UrhG, GRUR 2006, 561; *ders.,* Arbeitnehmer-Urhebervertragsrecht, UFITA-Schriftenreihe Bd. 234, 2005; *v. Gamm,* Die Urheberbenennung in Rechtsprechung und Praxis, NJW 1959, 318; *Gaul,* Wechselwirkung zwischen Urheberrecht und Arbeitsrecht, NJW 1961, 1509; *ders.,* Die Arbeitnehmererfindung im technischen, urheberrechtsfähigen und geschmacksmusterfähigen Bereich, RdA 1993, 90; *Geerlings,* Urheberrechtliche Konfliktlagen des Beamten im öffentlichen Dienst, Der öffentliche Dienst 2006, 195; *Gennen,* Grundzüge des Arbeitnehmerurheberrechts in Moll (Hrsg) Münchner Anwaltshandbuch des Arbeitsrecht, 4. Auflage 2017; *Gloy,* Das Urheberrecht des Angestellten unter besonderer Berücksichtigung der Rechtsverhältnisse bei Film- und Gruppenwerken, Diss. Hamburg 1962; *Grabig,* Die Bestimmung einer weiteren angemessenen Beteiligung in gemeinsamen Vergütungsregeln und in Tarifverträgen nach § 32a Abs. 4 UrhG, Berlin 2005; *Grobys/Foerstl,* Die Auswirkungen der Urheberrechtsreform auf Arbeitsverträge, NZA 2002, 1015 ff.; *Hertin,* Öffentlich-rechtliche Rundfunkanstalten und ihre Grenzen bei der Ausgestaltung von Urheberverträgen, UFITA 66 (1973) 95; *ders.,* Beteiligungsansprüche von Urhebern und Leistungsschutzberechtigten, FuR 1975, 303; *Hauptmann,* Abhängige Beschäftigung und der urheberrechtliche Schutz des Arbeitsergebnisses, 1994; *Hesse,* Der Arbeitnehmerurheber, dargestellt am Beispiel der tarifvertraglichen Regelungen für Redakteure an Tageszeitungen und Zeitschriften, AfP 1987, 562; *Himmelmann,* Vergütungsrechtliche Ungleichbehandlung von Arbeitnehmer-Erfinder und Arbeitnehmer-Urheber, München 1997, UFITA-Schriftenreihe Bd. 158, 1998 und GRUR 1999, 897 ff.; *Hillig,* Zur Rechtsstellung des festangestellten Rundfunkredakteurs, FuR 6/1963, 9; *ders.,* Besondere Probleme des Urhebervertragsrechts im Fernsehen und Hörfunk, FuR 1974, 789; *ders.,* Urhebervertragsrecht des Fernsehens und des Hörfunks, UFITA 73 (1975) 107; *Hock,* Das Namensnennungsrecht des Urhebers, 1993; *Honig,* Der angestellte Urheber, Erlangen-Nürnberg 1962; *Hoecht,* Urheberrechte im Arbeitsverhältnis, Duisburg 2006; *Hubmann,* Das Recht am Arbeitsergebnis, Fs. für A. Hueck, 1959, S. 43; *ders.,* Die Urheberrechtsklauseln in den Manteltarifverträgen für Redakteure an Tageszeitungen und Zeitschriften, RdA 1987, 89; *Jacobs,* Das neue Urhebervertragsrecht, NJW 2002, 1905 ff.; *Kellerhals,* Urheberpersönlichkeitsrechte im Arbeitsverhältnis, München 2000; *Kraßer,* Urheberrecht in Arbeits-, Dienst- und Auftragsverhältnissen, Fs. für Schricker, 1995, S. 77; *Kraßer/Schricker,* Patent- und Urheberrecht an Hochschulen, 1988; *Kuhlmann,* Das Urheberrecht von Arbeitnehmern, DB 1955, 1089; *Kuckuk,* Die Vergütungsansprüche des Arbeitnehmerurhebers im Spannungsfeld zwischen Arbeitsrecht und neuem Urheberrecht, 2005, Frankfurt a. M.; *Kunze,* Arbeitnehmererfinder- und Arbeitnehmerurheberrecht als Arbeitsrecht, RdA 1975, 43; *Larese,* Zum originären Rechtserwerb des Arbeitgebers am Werk des Arbeitnehmers nach französischem Urheberrecht, UFITA 74 (1975) 41; *Leuze,* Urheberrecht im Beamtenverhältnis, ZBR 1997, 37; *ders.* Urheberrechte der Beschäftigten im öffentlichen Dienst, öffentliche Verwaltung, Hochschulen, außeruniversitäre Forschungseinrichtungen, Schulen, 3. Aufl. 2008; *ders.,* Das Urheberrecht der wissenschaftlichen Mitarbeiter, GRUR 2006, 552; *Lippert,* Übertragbarkeit der Rechtsprechung des BGH zum Urheberrecht an Ausgrabungsunterlagen auf Krankenunterlagen?, NJW 1993, 769; *ders.,* Der Krankenhausarzt als Urheber, MedR 1994, 135; *Loos,* Das Urheberrecht des Arbeitnehmers an Computerprogrammen, Aachen, 2006; *Mathis,* Der Arbeitnehmer als Urheber, 1988; *v. Moltke,* Das Urheberrecht an den Werken der Wissenschaft, 1992; *Niepalla,* Statusklagen freier Mitarbeiter gegen Rundfunkanstalten, ZUM 1999, 353 ff.; *W. Nordemann/A. Nordemann,* Die zeitliche Dauer der Nutzungsrechteinräumung im Arbeitsverhältnis, in Fs. für Wandtke, 2013, 143; *Müller-Höll,* Der Arbeitnehmerurheber in der Europäischen Gemeinschaft, Frankfurt a. M. 2005; *v. Olenhusen,* Filmarbeitsrecht, Handbuch des Medienrechts, Teil 3, 1990; *ders.,* Das Urheber- und Leistungsschutzrecht der arbeitnehmerähnlichen Personen, GRUR 2002, 11 ff.; *ders.,* Medienarbeitsrecht für Hörfunk und Fernsehen, 2004; Der arbeitnehmerähnliche-Urheber im Spannungsfeld zwischen Urheber-, Vertrags- und Arbeitsrecht, ZUM 2010, 474; *Opolony,* Schriftform bei befristeten Bühnenarbeitsverhältnissen, ZUM 2003, 358; *Ory,* Arbeitnehmer-Urheber im privaten Rundfunk, ZUM 2010, 506; *Pakuscher,* Arbeitgeber und Arbeitnehmer im Spiegel des Urheberrechts – Zur Problematik des § 43 UrhG –, Fs. für Gaedertz, 1992, S. 441; *Poll,* Der angestellte Urheber im deutschen und amerikanischen Recht, Diss. München 1972; *Poppendiek,* Vertragsverhältnisse Filmschaffender. Arbeitsrechtliche und urheberrechtliche Aspekte, Diss., München 2000; *Pütz,* Zum Anwendungsbereich des § 32b UrhG: Internationales Urhebervertragsrecht und angestellte Urheber, IPRax 2005, 13; *Reber,* Die Beteiligung von Urhebern und ausübenden Künstlern an der Verwertung von Filmwerken in Deutschland und den USA, München, 1998; *ders.,* Die Redlichkeit der Vergütung (§ 32 UrhG) im Film- und Fernsehbereich, GRUR 2003, 393 ff.; *Recher,* Der Arbeitnehmer als Urheber und das Recht des Arbeitgebers am urheberrechtsschutzfähigen Arbeitsergebnis, 1975; *Rehbinder,* Das Arbeitsverhältnis im Spannungsfeld des Urheberrechts, RdA 1968, 309; *ders.,* Urheberrecht, 2002; *ders.,* Recht am Arbeitsergebnis und Urheberrecht, Fs. für Roeber, 1973, S. 481; *ders.,* Über die urheberrechtliche Nutzungsberechtigung der Zeitungsverlage am Arbeitsergebnis ihrer festangestellten Redakteure, AfP 1983, 305; *ders.,* Der Urheber als Arbeitnehmer, WiB 1994, 461; *Rieg,* Die Verwertungsrechte des im privaten Rundfunk angestellten Journalisten, GRUR 1994, 425; *Riepenhausen,* Die Bedeutung des Tarifvertrages über Urheber- und Leistungsschutzrechte in Gegenwart und Zukunft, RdA 1972, 232; *ders.,* Tarifvertragliche Regelung der Urheberrechte und verwandte Schutzrechte, insbesondere Leistungsschutzrechte im Arbeitsverhältnis, AR-Blattei (D), Urheberrechte II, II Tarifvertragsrecht; *Riesenhuber,* Die doppelte Voraussetzigung des Arbeitnehmer-Urhebers zu Gunsten der Verwertungsgesellschaft und Arbeitgeber, NZA 2004, 1363 ff.; *Röthlisberger,* Der journalistische Arbeitsvertrag, UFITA (2007) 795; *Roithmaier,* Das Recht des Arbeitgebers am kunstschutzfähigen Arbeitsergebnis nach geltendem und künftigem Recht, Köln 1962; *Rojahn,* Der Arbeitnehmerurheber in Presse, Funk und Fernsehen, 1978; *Rothaar,* Urheberrechtliche Gleichstellbarkeit von Arbeitnehmern und arbeitnehmerähnlichen Personen, 2014; *Rumphorst,* Der Urheber im Arbeits- und arbeitnehmerähnlichen Verhältnis, FuR 1974, 436; *Sahmer,* Der Arbeitnehmer im Spiegel des Urheberrechts und der verwandten Schutzrechte, UFITA 21 (1956) 34; *Samson,* Die urheberrechtliche Regelung in Dienst- und Tarifverträgen, Fs. für Roeber, 1973, S. 547; *Schacht,* Die Einschränkungen des Urheberpersönlichkeitsrechts im Arbeitsverhältnis, Kiel 2004 (7. Band der Schriften zum deutschen und internationalen Persönlichkeits- und Immaterialgüterrecht, Göttingen); *Schack,* Urheber- und Urhebervertragsrecht, *ders.,* Urhebervertragsrecht im Meinungsstreit, GRUR 2002, 853 ff.; *Schaub,* Arbeitsrechts-Handbuch, *Schmieder,* Die Rechtsstellung der Urheber und künstlerischen Werkmittler im privaten und öffentlichen Dienst, GRUR 1963, 297; *Scholz,* Die rechtliche Stellung des Computerprogramme erstellenden Arbeitnehmers nach Urheberrecht, Patentrecht und Arbeitnehmererfindungsrecht, 1989; *Schricker,* Das Recht des Hochschullehrers an seinen wissenschaftlichen Papieren, Fs. für W. Lorenz, 1991, S. 233; *ders.,* Zum Begriff der angemessenen Vergütung im Urheberrecht – 10 % vom Umsatz als Maßstab?, GRUR 2002, 737 ff.; *Schwab,* Das Namensnennungsrecht des angestellten Werkschöpfers, NZA 1999, 1254; *ders.,* Das Urheberrecht des Arbeitnehmers, AR-Blattei SD 1630; *ders.,* Warum kein Arbeitnehmerurheberrecht? – Zur Unzulänglichkeit des § 43 UrhG –, AuR 1993, 129; *Seewald/Freudling,* Der Beamte als Urheber, NJW 1986, 2688; *Silberschmidt,* Das Urheberrecht des abhängigen Arbeitnehmers, LZ 1927, 707; *Spautz,* Urhebervertragsrecht der Künstler und Arbeitnehmer, RdA 1981, 219; *Spindler,* Europäisches Urheberrecht in der Informationsgesellschaft, GRUR 2000, 105 ff.; *Steidle,* Orchestermusiker in befristeten Arbeitsverhältnissen?, ZUM 2000, 457 ff.; *Stolz,* Der Ghostwriter im deutschen Recht, 1971; *Troidl,* Der Urheber im öffentlichen Dienst, BayVBl. 1972, 93; *Uhl,* Der beamtete Urheber, Diss. Bremen 1988; *Ullmann,* Das urheberrechtlich geschützte Arbeitsergebnis – Verwertungsrecht und Vergütungsrecht, GRUR 1987, 6; *Ulrici,* Vermögensrechtliche Grundfragen des Arbeitnehmer-Urheberrechts, Tübingen, 2008; *Vinck,* Die Rechtsstellung des Urhebers im Arbeits- und Dienstverhältnis, 1972; *ders.,* Der Urheber im Arbeits- und arbeitnehmerähnlichen Verhältnis, RdA 1975, 162; *ders.,* § 43 UrhG im Licht der neueren Rechtsprechung, FuR 1979, 65; *Vogel,* Der Arbeitnehmer als Urheber, NJW Spezial 2007, 177; *Voß,* Der Anspruch des Urhebers auf die angemessene Vergütung und die weitere angemessene Beteiligung, München 2005; *Wallraf,* Zur crossmedialen Herausforderung der Presseverlage, ZUM 2010, 492; *Wandtke,* Der Urheber im Arbeitsverhältnis, GRUR 1990, 843; *ders.,* Zum Vergütungsanspruch des Urhebers im Arbeitsverhältnis, GRUR 1992, 139; *ders.,* Reform des Arbeitnehmerurheberrechts?, GRUR 1999, 390 ff.; *ders.* 50 Jahre Urhebergesetz – eine unendliche Geschichte des Arbeitnehmerurhebergesetztes, GRUR 2015, 831; *Wandtke/Haupt,* Die Rechte der Urheber und ausübenden Künstler im Arbeits- und Dienstverhältnis, 1993; *Wartinger,* Urheberrecht und Arbeitsverhältnis, Wien 2006; *Westen,* Zur urheberrechtlichen Stellung des Wissenschaftlers im Arbeits- oder Dienstverhältnis nach deutschem Recht, JR 1967, 401; *Wiechmann,* Urhebertarifrecht für Arbeitnehmer und freie Mitarbeiter im öffentlich-rechtlichen Rundfunk, ZUM 2010, 496; *Wimers/Rode,* Der angestellte Softwareprogrammierer und die neuen urheberrechtlichen Vergütungsansprüche, CR 2003, 399; *Zirkel,* Das neue Urhebervertragsrecht und der angestellte Urheber, WRP 2003, 59; *ders.,* Der angestellte Urheber und § 31 Abs. 4 UrhG, ZUM 2004, 626 ff.; *Zöllner,* Die Reichweite des Urheberrechts im Arbeitsverhältnis untypischer Urheber, Fs. für Hubmann, 1985, S. 523.

Übersicht

I. Allgemeines

1. Rechtssystematischer Überblick

1   Wer ein Werk geschaffen hat, soll es verwerten dürfen; die §§ 15 ff. und 31 ff. sollen dem Urheber die wirtschaftliche Basis für sein kreatives Schaffen sichern. Wurde der Urheber für seine Tätigkeit als Angestellter oder Beamter bezahlt, entsteht ein Spannungsverhältnis zwischen dieser Zuordnung und dem Anspruch von Arbeitgeber und Dienstherrn auf die Nutzung von Werken, deren Schöpfung sie letztlich finanziert haben. § 43 bekräftigt aber das Schöpferprinzip: Grundsätzlich verbleiben die Nutzungsrechte beim Urheber, auch wenn dieser lediglich seinen Pflichten aus einem Dienst- oder Arbeitsverhältnis nachgekommen ist, indem er das Werk schuf. Allerdings kann sich aus Inhalt oder Wesen des jeweiligen Verhältnisses etwas anderes ergeben, also eine Ausnahme zum Grundsatz der Zuordnung bilden.

Rechtssystematisch durchbricht die materielle Finanzierung des Schaffens damit nicht prinzipiell die Zuordnung der Rechte zur wirtschaftlichen Verwertung. Dieses Regel-Ausnahme-Verhältnis ist in § 69b genau umgedreht umgesetzt, da dort die Rechte zur wirtschaftlichen Nutzung grundsätzlich dem Arbeitgeber zugeordnet werden.

Andere Lösungen setzen nicht nur bei der Zuordnung kommerzieller Rechte an, sondern durchbrechen weitergehend die Beziehung zwischen Schöpfer und Werk, wie etwa die Fiktionen in § 3 KUG und § 5 LUG.[1] Entsprechende Regelungen finden zudem in zahlreichen ausländischen Rechtsordnungen wie beispielsweise dem Urheberrecht der USA.[2]

Eine über Arbeitsverträge hinausgehende Regelung enthält § 89, der an jeder Verpflichtung zur Mitwirkung an der Herstellung eines Filmes ansetzt, somit etwa auch Werk- oder Gesellschaftsverträge umfasst.[3]

2. Ausländische Rechtsordnungen, internationales Recht und kollisionsrechtliche Beurteilung

Ausländische Rechtsordnungen lösen das Spannungsverhältnis häufig auf andere Weise. Unter **2** teilweise ähnlichen Voraussetzungen wie den in § 43 bestimmten werden etwa Arbeitgeber als Urheber bestimmt oder fingiert, vgl. etwa die Regelungen in den USA (§ 201 (b) CA – works-made-for-hire), Großbritannien (Sec. 11 Abs. 2 CDPA), Kanada (Sec. 13 Abs. 3 CA), Neuseeland (Sec. 21 Abs. 2 CA), Irland (Sec. 23 Abs. 1 (a) CA), den Niederlanden (Art. 7 nied. URG), Japan (Art. 15 Abs. 1 CA),[4] Israel (Art. 34 CA). Das französische Urheberrecht betont einerseits ausdrücklich das Schöpferprinzip, enthält andererseits eine Ausnahmeregelung zugunsten von Arbeitgebern für gemeinschaftlich von mehreren Arbeitnehmern geschaffene Werke.[5] Das chinesische Urheberrecht erkennt die Stellung des Arbeitnehmers als Schöpfer an, ordnet dem Arbeitgeber aber ein Vorrecht auf Verwertung zu. In der Türkei (Art. 18 Abs. 2 türk. URG) wurde gesetzlich geregelt, dass der Arbeitgeber die Urheberschaft originär erwirbt.[6]

Nach hM ist weder in der **RBÜ noch im WUA** die urheberrechtliche Stellung der Arbeitnehmer **3** und Beamten geregelt.[7] In **grenzüberschreitenden Szenarien** können die Parteien eines Arbeitsvertrages das anwendbare Recht vereinbaren, Art. 3 Rom I Verordnung,[8] Art. 30 Abs. 1 EGBGB. Dies gilt jedoch nur für das Vertragsstatut, das Sachstatut richtet sich nach dem Territorialitätsprinzip.[9] Das Arbeitsvertragsstatut kommt auch bei Verträgen mit angestellten Urhebern nur insoweit zum Zuge, als nicht zwingendes Recht des Schutzlandes vorgeht. Ausgenommen hiervon ist die Frage, ob der Arbeitnehmer oder Arbeitgeber originärer Inhaber des Urheberrechts ist.[10]

3. Grundzüge des geltenden Rechts

Der Gesetzgeber von 1965 hat unter Hinweis auf das dem UrhG zugrundeliegende Schöpferprin- **4** zip sich bewusst dagegen entschieden, die Sonderregelung der § 3 LUG und § 5 KUG oder die teilweise sogar geforderte Ausdehnung dieser Sonderbestimmung zu übernehmen.[11]

---

[1] Zur historischen Herleitung vgl. → 5. Aufl. 2017, Rn. 1 f.
[2] 17 U. S. C. § 101 definiert den Begriff *„works made for hire"*, nach § 17 USC § 201 (b) gilt der Arbeit oder Auftraggeber als *„author"*.
[3] → § 89 Rn. 9.
[4] *Saito* UFITA 108 (1988), 117 (119 ff.).
[5] Art. L111-1 Code de la propriété intellectuelle: Arbeitnehmer ist grundsätzliche Urheber, nach Art. L113-2 allerdings der Arbeitgeber, wenn er ein auf seine Initiative geschaffenes Werk im eigenen Namen verlegt und veröffentlicht, die Beiträge der Arbeitnehmer im gemeinschaftlichen Werk aufgegangen sind, ohne daß es möglich ist, jedem von ihnen ein bestimmtes Werk zuzuordnen.
[6] Zur Übersicht im EU-Bereich: *Dietz,* Urheberrecht in der Europ. Gemeinschaft, 1978, Rn. 148–151; Zur Rechtsvergleichung *Frey* UFITA 98 [1984], 53; *Dietz,* Thesen zum Thema: Werke angestellter Urheber und Auftragswerke in rechtsvergleichender Sicht, in: Die Revision des Urheberrechts: Erfahrungen im Ausland, 1990, S. 11; Zu Kollisionsfällen *Birk* FS Hubmann, 1985, 1; *Birk* UFITA 108 [1988], 101; *Quadvlig,* Denker im Dienstverhältnis. Kernfragen des Arbeitnehmer-Immaterialgüterrechts. Eine Analyse nach niederländischem Recht, GRUR-Int 2002, 901.
[7] AA die für RBÜ Art. 2 eine Regelung zugunsten des Schöpferprinzips annehmen: Nordemann/Vinck/*Hertin* RBÜ Art. 2 Rn. 7 und WUA Art. 1 Rn. 5; Zum aktuellen Stand der Urheberrechtsgesetzgebung in Europa, vgl. www.urheberrecht.org; ebenso *Troller* Bd. II S. 815.
[8] VO Nr. 593/2008 vom 17.6.2008.
[9] OLG München ZUM 1999, 643 (655); LG München I ZUM RD 2002, 21.
[10] Ausführlich dazu mwN *Pütz* IPRax 2005, 13; *Klass* GRUR-Int 2008, 546 (555).
[11] AmtlBegr. BT-Drs. IV/270, 61, 62.

5   **a) Schöpferprinzip.** Die Schöpfung eines Werkes ist ein Realakt. Folglich ist nur die sie erbringende natürliche Person als tatsächlicher Schöpfer der Urheber des Werkes, § 7.[12] Diese Norm gilt ohne Einschränkung auch für Arbeitnehmer und Beamte, welche **originäre Träger des Urheberrechts** sind. Die mit dem 2. UrhGÄndG v. 9.6.1993 erlassene Spezialvorschrift für die Schaffung von Computerprogrammen in Arbeits- oder Dienstverhältnissen (§ 69b) weist dem Arbeitgeber bzw. Dienstherrn das Recht zur Ausübung aller vermögensrechtlichen Befugnisse an dem Computerprogramm zu, lässt die Stellung des abhängigen Werkschöpfers als Urheber jedoch ebenfalls unberührt.[13]

6   **b) Nutzungseinräumung.** Als Folge dieser Zuordnung darf der Arbeitgeber oder Dienstherr die im Arbeits- oder Dienstverhältnis geschaffenen Werke nur dann verwerten, wenn ihm der Schöpfer die hierfür erforderlichen **Nutzungsrechte vertraglich einräumt,** eine **schuldrechtliche Nutzungsbefugnis** oder zumindest die **Einwilligung** zur Nutzung erteilt. Das Gesetz regelt allerdings keine Einzelheiten zu diesem vertraglichen Rechtserwerb des Arbeitgebers oder Dienstherrn. Den Materialien zum UrhG[14] ist zu entnehmen, dass der Gesetzgeber hierzu keine Notwendigkeit sah, da der Rechtserwerb durch den Arbeitgeber oder Dienstherrn bisher keine Schwierigkeiten ergeben habe. Auch anlässlich des Gesetzes zur Stärkung der vertraglichen Stellung von Urhebern und ausübenden Künstlern[15] hat der Gesetzgeber auf eine Neufassung verzichtet.

7   **c) Anwendung von §§ 31–42 UrhG.** Auch für den Rechtserwerb durch den Arbeitgeber oder Dienstherrn sind somit die Bestimmungen der §§ 31–42 anzuwenden. Diese überwiegend zugunsten des Urhebers wirkenden Schutzvorschriften können jedoch im Hinblick auf die besonderen Verpflichtungen, die sich aus dem Arbeits- oder Dienstverhältnis ergeben, abgeändert werden. Bis zur Urheberrechtsnovelle gingen der RefE (§ 35) und der MinE (§ 38) noch davon aus, dass einige Schutzvorschriften für Arbeitnehmer und Beamte auszuschließen seien. Der RegE hatte diese Einschränkung bereits aufgegeben. In der AmtlBegr. wurde hierzu ausgeführt, dass einige **vertraglich unabdingbare Schutzvorschriften** zugunsten des Urhebers (§§ 31 Abs. 4, 36, 41, 42) zwar in erster Linie zum Schutze des freischaffenden Urhebers bestimmt seien, **grundsätzlich** jedoch **auch für Arbeitnehmer oder Beamte** gelten.[16] In welchem Umfang die Vorschriften des Unterabschnitts „Nutzungsrechte" auf Urheber in Arbeits- oder Dienstverhältnissen Anwendung finden, richte sich jedoch stets nach den besonderen Umständen des Einzelfalles. In den Vorentwürfen zur UrhG-Novelle war dann geplant, in § 43 einen Absatz 3 einzufügen, wonach die §§ 31 ff. „in vollem Umfang" auf einen Arbeitnehmer Anwendung finden, „soweit die Nutzung seiner Werke nicht durch Lohn oder Gehalt tatsächlich ausgeglichen ist".[17] Diese Regelung hat jedoch ebenfalls keinen Eingang in das Gesetz gefunden. Vielmehr soll „das bisher geltende Recht beibehalten werden (...) die von Rechtsprechung und Lehre entwickelten Grundsätze zu den Vergütungsansprüchen der Urheber in Arbeits- und Dienstverhältnissen bleiben unberührt".[18]

Werden Computerprogramme in Arbeits- oder Dienstverhältnissen geschaffen, so gilt § 69b. Danach stehen dem Arbeitgeber bzw. dem Dienstherrn weitergehend als nach § 43 – jedoch unter Beibehaltung des Schöpferprinzips – *alle* vermögensrechtlichen Befugnisse an den geschaffenen Computerprogrammen zu, sofern die Parteien nichts anderes vereinbart haben. Eine weitere Übertragungsvermutung enthalten §§ 88 ff. für die Filmherstellung. Für ausübende Künstler ist § 43 entsprechend anzuwenden, § 79 S. 2.

4. Generalklausel und praktische Bedeutung

8   § 43 ist eine **Generalklausel,** deren **Ausfüllung der Rechtsprechung und Literatur überlassen wird.** Die erhebliche Bedeutung dieser Bestimmung wird nicht nur durch den Umfang der sich mit § 43 befassenden Literatur dokumentiert,[19] sondern auch durch die Tatsache, dass weit überwiegend urheberrechtlich relevante Leistungen im Rahmen von Arbeits- und Dienstverhältnissen erbracht werden.[20]

Die praktische Bedeutung der Bestimmung ist hoch, da die überwiegende Anzahl kreativ Tätiger nicht freischaffend arbeitet, sondern schöpferischen Aufgaben im Rahmen derartiger Beschäftigungsverhältnisse nachgeht.

---

[12] → § 7 Rn. 1, 4, 5.
[13] Fromm/Nordemann/*Axel Nordemann* UrhG § 43 Rn. 4; → § 69b Rn. 1; Dreier/Schulze/*Dreier* UrhG § 43 Rn. 3.
[14] AmtlBegr. BT-Drs. IV/270, 62.
[15] BGBl. 2002 I S. 1155.
[16] In der Entscheidung Lärmschutzwand, BGH GRUR 2011, 59 (60), hat der BGH ausdrücklich festgestellt, dass auch bei einem Beamten sich der Umfang der Einräumung von Nutzungsrechten aus §§ 31 ff. ergibt.
[17] BT-Drs. 14/6433, 18.
[18] AmtlBegr. BT-Drs. 14/8058, 1, 58.
[19] S. Schrifttumsnachweise.
[20] Wandtke/Bullinger/*Bücher* UrhG § 43 Rn. 13; *Rehbinder* Rn. 624; *v. Olenhusen* ZUM 2010, 474 (476).

5. Urhebervertragsrecht

Das Gesetz zur Stärkung der vertraglichen Stellung von Urhebern und ausübenden Künstlern trat **9** zum 1.7.2002 in Kraft. Es hat wesentliche Vorschriften des Urheberrechtsgesetzes über die vertragliche Einräumung von urheberrechtlichen Nutzungsrechten geändert. Kernstück der Reform ist der neu eingeführte Anspruch des Urhebers auf angemessene Vergütung gemäß § 32 UrhG und weitere Vergütung gemäß § 32a UrhG. Mit der Reform soll die angemessene wirtschaftliche Beteiligung der Urheber und ausübenden Künstler an der Verwertung ihrer Werke gesichert werden. Urheber und ausübende Künstler in Arbeitsverhältnissen standen nicht im Fokus der Reformüberlegungen; dennoch sind sie nicht von der Reform ausgenommen. Die ursprüngliche Intention, die für Arbeitsverhältnisse maßgebliche Vorschrift des § 43 UrhG stärker mit den allgemeinen Vorschriften über die Einräumung und Abgeltung von Nutzungsrechten zu verzahnen, wurde im Laufe des Gesetzgebungsverfahrens jedoch fallengelassen. § 43 UrhG blieb insoweit unverändert. Arbeitgeber und Arbeitnehmer versuchen der einer Generalklausel immanenten Rechtsunsicherheit dadurch zu begegnen, dass die gegenseitigen Rechte und Pflichten vertraglich geregelt werden. Im **Medienbereich,** in dem zahlreiche Arbeitnehmer schöpferisch tätig sind, haben sich die Vertragsparteien verstärkt um kollektive Regelungen bemüht, insbesondere in Tarifverträgen.[21] Nach hM können in Tarifverträgen Regelungen über den Umfang der urheberrechtlichen Nutzungseinräumung und Beschränkungen der Urheberpersönlichkeitsrechte aufgenommen werden.[22] Gerade für diese Gebiete zeichnet sich die Entwicklung eines besonderen **Urhebervertragsrechts** ab.[23] Die vielfach begonnenen Neuverhandlungen der tarifvertraglichen Urheberrechtsklauseln sind wegen der gegensätzlichen Interessen der Tarifvertragsparteien außerordentlich langwierig, wenngleich in den letzten Jahren zahlreiche Abschlüsse zu verzeichnen sind.[24]

II. Arbeits- und Dienstverhältnisse

1. Begriff

§ 43 gilt nur für die in einem Arbeits- oder Dienstverhältnis stehenden Urheber. **Arbeitsverhält-** **10** **nis** ist das Dauerschuldverhältnis zwischen Arbeitnehmer und Arbeitgeber, das in der Regel durch einen Arbeitsvertrag begründet wird. Seit dem 1.4.2017 enthält § 611a BGB eine Legaldefinition des Arbeitsvertrages. Der Gesetzgeber hat hierbei allein die von der Rechtsprechung entwickelten Kriterien kodifiziert, das Verständnis aber nicht geändert.[25] In einem privatrechtlichen Arbeitsverhältnis stehen die Arbeitnehmer der Privatwirtschaft, aber auch die Angestellten und Arbeiter im öffentlichen Dienst.[26]

Dienstverhältnisse sind hingegen die öffentlich-rechtlichen Dienstverhältnisse der Beamten. Nicht gemeint ist das aufgrund Dienstvertrag (§ 611 BGB) begründete privatrechtliche Dauerschuldverhältnis, für das die zivilrechtliche Terminologie ebenfalls den Begriff „Dienstverhältnis" verwendet: Dieser umfasst als Oberbegriff auch Arbeitsverhältnisse; eine Verwendung beider Begriffe mit zivilrechtlicher Bedeutung würde folglich keinen Sinn machen. Darüber hinaus ergibt sich diese Auslegung des Begriffs Dienstverhältnis aber auch aus der Entstehungsgeschichte und dem Sinn und Zweck der Vorschrift. Dem Gesetzgeber kam es darauf an, alle **in abhängiger Arbeit Beschäftigten** zu erfassen, und zwar gleichgültig, ob sie in der Privatwirtschaft oder im öffentlichen Dienst tätig sind, ob sie in einem privatrechtlichen oder öffentlich-rechtlichen Beschäftigungsverhältnis stehen.

§ 43 umfasst somit die privatrechtlichen und öffentlich-rechtlichen Arbeits- bzw. Dienstverhältnisse der Arbeiter, Angestellten und Beamten.[27]

2. Arbeitnehmer

a) Begriff. Oft ist fraglich, ob ein Urheber als Arbeitnehmer anzusehen ist. Der Gesetzgeber hat in **11** § 43 keinen etwa spezifisch urheberrechtlichen, vom allgemeinen juristischen Sprachgebrauch abweichenden Begriff des Arbeitsverhältnisses schaffen wollten. **Abzustellen ist auf die Bedeutung, die dem Begriff Arbeitsverhältnis im Arbeitsrecht** als jenem Rechtsgebiet zukommt, dem er entnommen ist. Wer Arbeitnehmer im Sinne des Arbeitsrechts ist, steht in einem Arbeitsverhältnis iSd § 43.

---

[21] → Rn. 110, 115.

[22] *Wandtke* Rn. 123 mwN; BGH GRUR 2005, 937 – Zauberberg, zur Auslegung der Rechtseinräumung Nr. 3, 6 des Tarifvertrages für Filmschaffende.

[23] Vgl. allgemein → Vor §§ 28 ff. Rn. 4 ff.

[24] Vgl. → Rn. 103 ff. und zum „Medienarbeitsrecht" ausführlich *v. Olenhusen* mit zahlreichen weitere Nachweisen.

[25] So ausdrücklich die Begründung des Gesetzentwurfs der Bundesregierung, BT-Drs. 18/9232, 31.

[26] BAG NZA 2012, 1147 Rn. 14; Wandtke/Bullinger/*Büscher* UrhG § 43 Rn. 13.

[27] BGH GRUR 2011, 59 – Lärmschutzwand; ausführlich Dreier/Schulze/*Dreier* UrhG § 43 Rn. 6 ff.; Wandtke/Bullinger/*Wandtke* UrhG § 43 Rn. 13 ff.; Möhring/Nicolini/*Spautz* (2. Aufl.) UrhG § 43 Rn. 2; Fromm/Nordemann/*Axel Nordemann* UrhG § 43 Rn. 11.

12 **b) Arbeitnehmereigenschaft.** Der Legaldefinition in § 611a S. 1 BGB zufolge ist Arbeitnehmer, wer aufgrund eines Vertrages **im Dienste eines anderen** zur Leistung **weisungsgebundener** fremdbestimmter Arbeit in **persönlicher Abhängigkeit** verpflichtet ist. Der Gesetzgeber hat sich bei der Gestaltung aller 6 Sätze des § 611a Abs. 1 BGB größtenteils wörtlich aus der Rechtsprechung des BAG bedient und den Status quo kodifiziert. Somit bleiben die Grundsätze der BAG-Rechtsprechung auch im Übrigen anwendbar.

Die **persönliche Abhängigkeit** wird vor allem festgemacht daran, dass ein Arbeitnehmer die Arbeit weisungsgebunden in eigener Person erbringen muss und in die Organisation des Arbeitgebers eingebunden ist.[28] Eine wirtschaftliche Abhängigkeit ist hingegen nicht entscheidend.[29] Ob eine persönliche Abhängigkeit gegeben ist, muss aufgrund von Indizien und unter Einbeziehung der Eigenart der jeweiligen Tätigkeit entschieden werden.[30] Das **fachliche Weisungsrecht** des Auftraggebers kann im Bereich begrenzt sein, ohne dass deswegen der Arbeitnehmerstatus zu verneinen wäre. Schöpferisch tätige Mitarbeiter wie Regisseure, Journalisten, Übersetzer oder programmgestaltende Rundfunkmitarbeiter können Arbeitnehmer sein.[31]

13 **Kriterien** für die Klärung der **persönlichen Abhängigkeit** sind:
– Umfang der Weisungsgebundenheit;
– Unterordnung unter andere Personen im Dienst des Geschäftsherrn;
– Bindung an feste Arbeitszeiten;
– Rechtspflicht zum regelmäßigen Erscheinen;
– Einteilung in Dienstpläne oder Erwartung von ständiger Dienstbereitschaft;[32]
– Zulässigkeit von Nebentätigkeiten oder Pflicht, die gesamte Arbeitskraft dem Geschäftsherrn zur Verfügung zu stellen;
– Ort der Erledigung der Tätigkeit;
– Form der Vergütung; Frage der Abführung von Steuern und Sozialversicherung;
– Gewährung von Urlaub;
– Zurverfügungstellung von Arbeitsgeräten;
– Führung von Personalunterlagen.

14 **c) Abgrenzungen.** Geschäftsführer und Vorstände juristischer Personen sind somit nicht Arbeitnehmer. §§ 43, 69b finden auf sie keine Anwendung.[33] Die Einräumung der Nutzungsrechte kann sich aus der Treuepflicht gegenüber der Gesellschaft ergeben.[34]

Besondere Bedeutung für die Praxis hat die **Abgrenzung des Arbeitsvertrags vom sonstigen privatrechtlichen Dienstvertrag.** Die Abgrenzung zwischen derartig Dienstverpflichteten und Arbeitnehmern kann im Einzelfall schwierig sein, da die Grenze zwischen Arbeits- und Dienstvertrag in der Praxis häufig fließend ist. Für die Unterscheidung sind auch hinsichtlich der Arbeitnehmerurheber **die von der arbeitsrechtlichen Rechtsprechung entwickelten Grundsätze heranzuziehen.**[35]

Keine Arbeitnehmer sind ferner **die allein aufgrund eines Werkvertrages** (§ 631 BGB) zur Werkschöpfung verpflichteten Personen.[36] § 43 findet ferner keine Anwendung in sonstigen Auftragsverhältnissen.[37]

---

[28] Etwa jüngst BAG NZA 2015, 101 mwN.

[29] BAG 13, 43.

[30] Entscheidend ist die praktische Durchführung des Vertrages, nicht sein Wortlaut, stRspr BAG NZA 2012, 1433 Rn. 14, 15; Ausführlich dazu *v. Olenhusen* S. 49 ff.; MüKoBGB/*Söllner* (3. Aufl.) § 611 Rn. 130; *Schaub* Arbeitsrechts-HdB § 8 I 1.

[31] Vgl. nur BAG ZUM 1998, 863 (864) – Fotoreporter; BAG ZUM 2000, 686 (688); 2000, 690 (691); 2001, 266 – Arbeitnehmereigenschaft eines Rundfunkredakteurs; BAG AfP 2007, 289 – Arbeitnehmerstatus eines Sportredakteurs; siehe aber auch ArbG Berlin NZA-RR 2004, 546 – Lektor in einer TV-Produktionsfirma als freier Mitarbeiter; abgelehnt hingegen für einen Redakteur in BAG NZA-RR 2010, 172.

[32] Allein die Einbindung in ein festes Programmschema und die Vorgabe eines Programmverlaufs begründet bei programmgestaltenden Mitarbeitern allein keinen Arbeitnehmerstatus, BAG NZA-RR 2010, 172.

[33] BGH GRUR 2005, 860 – Fash 2000; Berger/Wündisch/*Wündisch* § 15 Rn. 8.

[34] BGH GRUR 2005, 860 – Fash 2000; Berger/Wündisch/*Wündisch* § 15 Rn. 8; aA Fromm/Nordemann/*Axel Nordemann* UrhG § 43 Rn. 10 der darauf abstellt, dass Geschäftsführer und Vorstände aus gesicherten Einkommensverhältnissen schöpferisch für Unternehmen tätig werden, so dass sie vom Schutzbedürfnis her eher dem Arbeitnehmer vergleichbar seien.

[35] EuGH GRUR 2009, 867 – Nachbildung Kuckucksuhren – zum Arbeitsverhältnis bei Art. 14 Abs. 3 LPJDI; BAG NJW 1967, 1982 – Kameramann; BAG DB 1976, 298; ZUM 1993, 306 – Statusbeurteilung von Fernsehreportern; BAG ZUM 1995, 621 – Statusbeurteilung eines Rundfunkmitarbeiters; BAG DB 1976, 299 – Statusbeurteilung eines Orchestermusikers, BAG ZUM-RD 2002, 319 – Statusbeurteilung einer Orchesteraushilfe; Wandtke/Bullinger/*Büscher* UrhG § 43 Rn. 5; BAG NJW 2013, 2984 (2985) – Cutterin; BAG NJW 2012, 2903 (2904); 2010, 2455 (2456); LAG Rheinland-Pfalz ZUM-RD 2002, 328 – Arbeitnehmereigenschaft eines Pressefotografen; ArbG Berlin NZA-RR 2004, 546 – Statusbeurteilung eines Lektors in TV-Produktionsfirma.

[36] Zur selbständigen Tätigkeit von Regisseuren/Kameraleuten bei der Herstellung von Werbespots BFH NV 2008, 1485; Dreier/Schulze/*Dreier* UrhG § 43 Rn. 5.

[37] OLG Köln BeckRS 2017, 151600 Rn. 33 – Glyphosat Addendum.

3. Befristete Arbeitsverträge

Die Rechtsprechung hat Grundsätze entwickelt, denen zufolge **Arbeitsverträge** unter **Befristung** 15
auf eine bestimmte Zeit oder für die Durchführung eines bestimmten Projekts, insbesondere begrenzt
durch die Produktionsdauer, geschlossen werden können.[38] Während der Dauer des befristeten Arbeitsvertrages gelten die allgemeinen arbeitsvertraglichen Bestimmungen. Mit Ablauf der Frist endet
das Arbeitsverhältnis, ein Kündigungsschutz besteht nicht. Gerade schöpferisch tätigen Arbeitnehmern
wird häufig nur ein befristeter Arbeitsvertrag angeboten, und zwar in der Form, dass die Verträge nur
für die jeweiligen Projekte „auf Produktionsdauer" geschlossen werden, die jedoch mehr oder weniger nahtlos ineinander übergehen. Damit verbunden ist die Frage nach der Wirksamkeit von **Ketten-
arbeitsverträgen.** Die Zulässigkeit befristeter Arbeitsverträge richtet sich danach, ob bei Abschluss
des Arbeitsvertrages ein sachlicher Grund für die Befristung iSv § 14 des Gesetzes über Teilzeitarbeit
und befristete Arbeitsverträge (TzBfG) vorliegt.[39] Fehlt es an einem sachlichen Grund, kann sich der
Arbeitnehmer auf die Kündigungsschutzbestimmungen berufen.[40] Die Freiheiten des Rundfunks
können die Befristung der Arbeitsverträge **programmgestaltender Rundfunkmitarbeiter** rechtfertigen; allerdings sind die Belange der Rundfunkanstalten und des betroffenen Arbeitnehmers nach
der Rspr. des BAG in Einzelfall konkret gegeneinander abzuwägen.[41] Entsprechendes gilt etwa für die
Befristung von Arbeitsverträgen von Schauspielern bei Produktionsgesellschaften oder Maskenbildnern bei Bühnen, welche sich in diesem Zusammenhang auf die Kunstfreiheit berufen können.[42] Die
Darlegungs- und Beweislast für den die Befristung rechtfertigenden Sachgrund obliegt dem Arbeitgeber.[43] Auf den Sachgrund „Rundfunkfreiheit" kann ein Sender eine Befristung des Arbeitsvertrages
einer Redakteurin nicht stützen, wenn er im Regelfall seine Redakteure unbefristet beschäftigt und
nicht darlegt, warum im Einzelfall der Redakteur nur befristet beschäftigt wird, um die Rundfunkfreiheit zu wahren".[44] Für die Frage, ob die Befristung wirksam ist, kommt es nur auf den zuletzt
abgeschlossenen befristeten Arbeitsvertrag an.[45]

4. Freie Mitarbeiter

Freie Mitarbeiter unterscheiden sich von Arbeitnehmern durch ihre Selbstständigkeit bei der Leis- 16
tungserbringung, was die Gerichte anhand der Kriterien des § 84 Abs. 1 S. 2 HGB beurteilen.[46]
Selbstständig ist, wer im Wesentlichen frei ist, seine Tätigkeit zu gestalten und seine Arbeitszeit zu
bestimmen. Freie Mitarbeiter spielen im werkschöpferischen Bereich eine nicht unerhebliche Rolle.
Sie werden idR im Rahmen eines Dienst- oder Werkvertrages tätig und sind daher grundsätzlich
keine Arbeitnehmer. Allerdings ist wiederholt die Frage aufgeworfen worden, ob Künstler, die für
bestimmte Projekte beschäftigt werden und einen Vertrag als **freie Mitarbeiter** erhalten haben,
gleichwohl – dh entgegen der vertraglichen Vereinbarung – **als Arbeitnehmer anzusehen sind.**
Dieses Problem hat sich in besonderer Schärfe den Rundfunkanstalten gestellt. Die Arbeitsgerichte
wurden zunehmend von in diesem Bereich tätigen Mitarbeitern mit dem Begehren angerufen, das
Bestehen eines Arbeitsverhältnisses trotz der vertraglichen Vereinbarung einer Beschäftigung als freier
Mitarbeiter festzustellen. Die Rechtsprechung der Arbeitsgerichte bejahte in der Mehrzahl der Fälle
das Vorliegen eines Arbeitsverhältnisses.[47]

Dieser Entwicklung hat für den **Rundfunkbereich** (Hörfunk und Fernsehen) des **BVerfG** eine 17
Grenze gesetzt.[48] Das BVerfG geht davon aus, dass die Rundfunkanstalten die ihnen obliegende Mei-
nungsvielfalt in den Programmen unter anderem nur dann gewährleisten können, wenn sie auch auf
einen weit gestreuten Kreis freier Mitarbeiter zurückgreifen können. Zu der verfassungsmäßig garan-

---

[38] Vgl. für den Hochschul-, Medien- bzw. Bühnenbereich: *Pallasch,* Münchener HdB ArbR Bd. 2, § 200
Rn. 27; *v. Olenhusen* FuR 1981, 344 u. FuR 1982, 298; *Rehbinder* RdA 1971, 211 u. FuR 1977, 804; *Richardi* DB
1981, 1461; *Wiedemann* RdA 1977, 85.
[39] Vgl. BAG BeckRS 2004, 40630.
[40] So auch schon BAG NJW 1961, 798; BB 1990, 1907; *Blomeyer* RdA 1967, 406; *Daman* AuR 1978, 65; *Linder*
DB 1975, 2082.
[41] Nach BAG NZA 2014, 1018 Rn. 32 ist insbesondere maßgeblich, mit welcher Intensität der betroffene Mitarbeiter auf das Programm der Rundfunk- und Fernsehanstalten Einfluss nehmen kann und wie groß die Gefahr im
Falle eines unbefristeten Arbeitsverhältnisses ist, dass die Rundfunkanstalt nicht mehr den Erfordernissen eines
vielfältigen Programms und den sich künftig ändernden Informationsbedürfnissen und Publikumsinteressen gerecht
werden kann; vgl. zudem BAG NZA 2007, 147 Rn. 11, 20 f.; BAGE 119, 138, BAG NJOZ 2018, 1223 (1226 ff.)
sowie BVerfG NZA 2000, 653; → Rn. 17, dies gilt aber nicht für nicht programmgestaltende Mitarbeiter; BAG
NJW 2013, 2984 – Cutterin.
[42] BAG NJW 2018, 810 – Schauspieler; NZA 2018, 656 – Maskenbildner. Auch wenn befristete Arbeitsverhältnisse in diesem Bereich häufig zulässig sein können, akzeptieren die Arbeitsgerichte pauschale Begründungen für
Befristungen zuletzt nicht mehr.
[43] BAG NJOZ 2018, 1223 (1226).
[44] LAG Köln NZA-RR 2001, 234 ff.
[45] BAG NZA 2004, 1119 – Musiker.
[46] Die Vorschrift enthält eine über das Handelsrecht hinausgehende gesetzliche Wertung, die bei der Abgrenzung
von Dienst- und Arbeitsvertrag heranzuziehen ist, BAG NZA 2000, 1102; 1995, 622.
[47] BAG UFITA 81 [1978], 305 (314); 85 [1979], 286 (294 u. 305).
[48] BVerfG NJW 1982, 1447; NZA 2000, 653 zur einzelfallbezogener Abwägung.

tierten Rundfunkfreiheit gehöre daher auch, selbst die Auswahl, Einstellung und Beschäftigung der Rundfunkmitarbeiter zu bestimmen. Die Arbeitsgerichte müssten daher den durch Richterrecht entwickelten Begriff des Arbeitnehmers und die sich daraus ergebenden arbeitsrechtlichen Konsequenzen im Lichte der Rundfunkfreiheit auslegen. Die arbeitsgerichtliche Rechtsprechung stellt bei programmgestaltenden Mitarbeitern auf die Umstände des Einzelfalles ab.[49] Für die freien Mitarbeiter gelten im Rahmen der freien Dienst- oder Auftrags-, Werk- oder Werklieferungsverträge im Medienbereich idR allgemeine Honorarbedingungen der Nutzer, in denen üblicherweise auch die urheberrechtlichen Nutzungsrechtseinräumungen und deren Vergütung geregelt sind.

5. Arbeitnehmerähnliche Personen

18   Als **arbeitnehmerähnliche** Personen werden diejenigen bezeichnet, die nicht persönlich weisungsgebunden, sondern selbständig als Dienstverpflichtete arbeiten, aber vom Dienstberechtigten wirtschaftlich abhängig und einem Arbeitnehmer vergleichbar schutzbedürftig sind.[50] Zu der Klärung des Status ist nicht auf die Gesamttätigkeit, sondern auf das konkrete jeweilige Beschäftigungsverhältnis abzustellen.[51] Für **arbeitnehmerähnliche Personen** gilt jedoch **nur ein Teil der** speziellen **arbeitsrechtlichen Vorschriften** (Regelung über die Zuständigkeit der Arbeitsgerichte, § 5 ArbGG, über den Urlaub, § 2 BUrlG, über den Abschluss von Tarifverträgen, § 12a TVG). Im Übrigen ist das Arbeitsrecht auf arbeitnehmerähnliche Personen grundsätzlich nicht anwendbar.[52] § 12a TVG eröffnet für diesen Personenkreis wegen seiner besonderen sozialen Schutzbedürftigkeit – insbesondere bei den Rundfunkanstalten – die Möglichkeit zum Abschluss von Tarifverträgen.[53]

Das Tatbestandsmerkmal „Arbeitsverhältnisse" in § 43 trifft auf arbeitnehmerähnliche Personen nicht zu. Die in Teilbereichen vorgesehene Geltung einzelner arbeitsrechtlicher Normen macht arbeitnehmerähnliche Personen nicht zu Arbeitnehmern. Sie beruht im Übrigen auf der Erwägung, der „einem Arbeitnehmer vergleichbaren Schutzbedürftigkeit" arbeitnehmerähnlicher Personen durch die Anwendung bestimmter, zugunsten des Arbeitnehmers wirkender Schutzvorschriften Rechnung zu tragen. Dieser Gesichtspunkt greift aber bezüglich § 43 gerade nicht ein.

§ 43 ist keine Schutzvorschrift zugunsten der Arbeitnehmer, sondern regelt die Einschränkung von (Urheber-)Rechtspositionen eines werkschöpferisch tätigen Arbeitnehmers. **Arbeitnehmerähnliche Personen werden daher von § 43 nicht erfasst** (hM).[54]

6. Beamte

19   **a) Beamtenverhältnis.** Im Sinne der Beamtengesetze und im staatsrechtlichen Sinne ist **Beamter nur, wer in einem gültigen Beamtenverhältnis steht.** Das Beamtenverhältnis wird durch Ernennung begründet, § 8 Abs. 1 Nr. 1 BeamtStG. Nur dem Bund, den Ländern, den Gemeinden sowie Gemeindeverbänden und sonstigen Körperschaften, Anstalten und Stiftungen des öffentlichen Rechts, denen dieses Recht verliehen worden ist, steht das Recht zu, Dienstherr von Beamten zu sein, § 121 BRRG. Das Beamtenverhältnis ist als **öffentlich-rechtliches Dienst- und Treueverhältnis** gestaltet, Art. 33 Abs. 4 GG. Aus ihm leitet sich die gegenseitige Treuepflicht ab. Der Beamte ist verpflichtet, seine ganze Persönlichkeit dauernd und uneingeschränkt für das ihm übertragene Amt einzusetzen. Dieser Verpflichtung entspricht auf Seiten des Dienstherrn die umfassende Fürsorgepflicht, insbes. die Pflicht, für eine ausreichende lebenslange Versorgung seiner Beamten Sorge zu tragen (Alimentationsprinzip).

20   **b) Andere öffentlich-rechtliche Dienstverhältnisse.** In einem öffentlich-rechtlichen Dienstverhältnis stehen neben den Beamten ferner die **Soldaten** und **Richter.** Soldatenverhältnis, Richterverhältnis und Beamtenverhältnis weisen voneinander abweichende Besonderheiten auf, die sie als jeweils spezifische und eigenständige Dienstverhältnisse kennzeichnen. Ihnen sind jedoch die gleichen

---

[49] Zusammenfassend BAG ZUM 1995, 621 unter ausdrücklicher Aufgabe von BAG UFITA 85 [1979], 294; vgl. auch BAG AP BGB § 611 Nr. 33 – keine Arbeitnehmereigenschaft eines programmgestaltenden Rundfunkmitarbeiters; BAG NJW 2013, 2984 – Cutterin, an der Unterscheidung zwischen programmgestaltender und programmgestaltender Tätigkeit hält das BAG ausdrücklich fest; v. Olenhusen S. 49 zur Kontroverse zwischen BVerfG und BAG; zur Arbeitnehmereigenschaft eines Mitarbeiters der Pressestelle einer ARD-Anstalt BAG ZUM-RD 2007, 506; BAG AP § 611 Nr. 13 – die redaktionelle rundfunkrechtliche Abnahme von Texten ändert nichts an dem Status freier Mitarbeiter.

[50] BAG BeckRS 2006, 42231. § 12a TVG enthält dem BAG zufolge keine allgemein gültige Legaldefinition des Begriffs, kann aber ergänzend zur Bestimmung des Kreises arbeitnehmerähnlicher Personen herangezogen werden BAG NZA 1991, 402, NJOZ 2006, 3821 Rn. 13.

[51] BAG NJW 1973, 1994; ZUM-RD 2005, 422; LAG München BeckRS 2009, 61619 – ein Tarifvertrag kann nicht völlig von den gesetzlichen Merkmalen des Begriffs der arbeitnehmerähnlichen Person absehen; ausführlich v. Olenhusen GRUR 2002, 11 ff.; vgl. auch LAG Köln ZUM 2002, 840 ff. – Musiker mit Künstlerexklusivvertrag als arbeitnehmerähnliche Person.

[52] BAG AP HGB § 90a Nr. 1; v. Olenhusen GRUR 2002, 11.

[53] Ausführlich zu den Tarifverträgen Presse, Rundfunk und Fernsehen, Film, Bühne, Design, v. Olenhusen S. 15 ff. zur Kontroverse zwischen BVerfG und BAG.

[54] Vgl. nur Dreier/Schulze/*Dreier* UrhG § 43 Rn. 8; Möhring/Nicolini/*Spautz* (2. Aufl.) UrhG § 43 Rn. 2; Wandtke/Bullinger/*Wandtke* UrhG § 43 Rn. 9; Fromm/Nordemann/*A. Nordemann* UrhG § 43 Rn. 9.

grundlegenden Strukturprinzipien gemeinsam. Weitere Beispiele sind das Zivildienstverhältnis sowie das Dienstverhältnis der Notarassessoren im Bereich des hauptberuflichen Notariats (§ 7 BNotO).[55]

Soweit daher aus Vereinfachungsgründen hier von Beamten oder Beamtinnen die Rede ist, gelten die Ausführungen sinngemäß für Soldaten, Richter und sonstige öffentlich-rechtliche Dienstverhältnisse, die ieS keine Beamtenverhältnisse sind.

III. In Arbeits- und Dienstverhältnissen geschaffene Werke

§ 43 erfasst nicht schlechthin alle Werke eines Arbeitnehmers oder Beamten. Als weitere Tatbe- **21** standsvoraussetzung muss hinzukommen, dass das Werk **in Erfüllung der Verpflichtungen aus dem Arbeits- oder Dienstverhältnis** geschaffen wurde. Soweit dies nicht der Fall ist, handelt es sich um außervertragliche bzw. nichtdienstliche Werke, für die § 43 nicht eingreift, die jedoch einer Anbietungspflicht unterliegen können.[56]

1. Verpflichtungen aus dem Arbeitsverhältnis

a) Kriterien zur Bestimmung der arbeitsvertraglichen Pflichten. Die **Verpflichtungen des** **22** **Arbeitnehmers** ergeben sich aus den **arbeitsrechtlichen Normen,** etwaigen kollektivvertraglichen Regelungen und den jeweiligen individuellen Vereinbarungen der Parteien des Arbeitsverhältnisses. Haben die Vertragspartner – wie wohl in den meisten Fällen – die urheberrechtlich relevanten Fragen nicht arbeitsvertraglich ausdrücklich geregelt, so sind zur Klärung der arbeitsvertraglichen Pflichten die **betriebliche Funktion des Arbeitnehmers, sein Berufsbild** und die **Verwendbarkeit des Werkes** für den Arbeitgeber heranzuziehen.[57] Reichen ausnahmsweise diese Kriterien für eine eindeutige Klärung nicht aus, so kann auch auf die „**Branchenüblichkeit**" abgestellt werden. Was zu den Aufgaben des Arbeitnehmers (oder Bediensteten) gehört, ergibt sich primär aus dem Arbeitsvertrag (Dienstvertrag), daneben aus der betrieblichen Funktion,[58] tarifvertraglichen Regelungen, dem Berufsbild und der Üblichkeit.[59] Die Einbeziehung der Branchenübung wird zumindest als problematisch angesehen, da meist nur eingerissene Gepflogenheiten zu Lasten des strukturell schwächeren Urhebers fortgeschrieben werden.[60]

Auf den Willen des Arbeitnehmers, etwas „für sich" oder „für den Arbeitgeber" zu schaffen, **23** kommt es nicht an; abzustellen ist vielmehr auf eine an den **objektiven Umständen** gemessene Auslegung.[61] Die Artikel, die der angestellte Redakteur für eine Sendung der Rundfunkanstalt schreibt, werden also im Rahmen seiner arbeitsvertraglichen Pflichten verfasst. Dasselbe gilt für die Texte des Werbetexters, für die Fotos des Fotografen, für Zeichnungen des Grafikers, für Computerprogramme des Programmierers, Notizen eines Concierge zu Hotelkunden,[62] nicht hingegen für Fotos, die eine wissenschaftliche Mitarbeiterin einer Universität für ihre Dissertation erstellt.[63]

Fallen Werke nach objektiver Sicht in das im Arbeitsvertrag festgelegte Aufgabengebiet des Arbeitnehmers, ist deren Erstellung grundsätzlich der Erfüllung der arbeitsvertraglichen Pflichten zuzurechnen, auch wenn sie zu Hause und in der Freizeit geschaffen wurden. Im Unterschied zu anderen Arbeitsleistungen lässt sich die schöpferische Tätigkeit eines Urhebers nicht in einen bestimmten Stundenrhythmus pressen. Geistige Arbeitsleistung kann weder räumlich noch zeitlich eindeutig eingegrenzt werden. **Ort und Zeit der Arbeitsleistung sind daher idR keine geeigneten Kriterien zur Abgrenzung vertraglicher von außervertraglichen Werken.**[64]

b) Besondere Abhängigkeitsverhältnisse. Sehr weitgehende Verpflichtungen können sich aus **24** einem **besonderen Abhängigkeitsverhältnis** ergeben. Nach der Ordensregel des Dritten Ordens

[55] Nicht hingegen Notare, aA Dreier/Schulze/*Dreier* UrhG § 43 Rn. 7.
[56] → Rn. 100.
[57] RGZ 110, 393 (394) – Riviera; BGHZ 33, 20 = NJW 1960, 2043 – Figaros Hochzeit; BGH GRUR 1952, 257 (258) – Krankenhauskartei; BGH GRUR 1974, 480 (482) – Hummelrechte; BGH GRUR 1978, 244 – Ratgeber für Tierheilkunde; BGH GRUR 1985, 129 (130) – Elektrodenfabrik; BGH GRUR 2011, 59 (60) – Lärmschutzwand; BGH GRUR 1961, 491 (492) – Nahverkehrschronik; BGH GRUR 1984, 429 (431) – Statikprogramme; LAG Hessen GRUR 1965, 50 – Wirtschaftsjurist; ArbG Köln BB 1981, 1032 (1033) – Arbeitnehmerzeichnungen in arbeitgebereigener Zeitung; *v. Gamm* Rn. 2 u. Einf. Rn. 80f.; *Ulmer* § 95 II 1; *Recher* S. 270, 271; *Buchner* GRUR 1985, 1; *Bayreuther,* Münchener HdB ArbR (4. Aufl.) Bd. 1, § 99 Rn. 9f.
[58] In BGH GRUR 2001, 155 (157) – Wetterführungspläne; GRUR 2002, 149 (152) – Wetterführungspläne II.
[59] OLG Düsseldorf ZUM 2004, 756 (757).
[60] *Honig* S. 46; Dreier/Schulze/*Dreier* UrhG § 43 Rn. 10; aA *Recher* S. 277; Wandtke/Bullinger/*Wandtke* UrhG § 43 Rn. 19; Fromm/Nordemann/*A. Nordemann* UrhG § 43 Rn. 14.
[61] BGH GRUR 1952, 257 – Krankenhauskartei; OLG Koblenz BB 1983, 992 – Nutzungsrecht des Arbeitgebers am Computerprogramm des Arbeitnehmers; Dreier/Schulze/*Dreier* UrhG § 43 Rn. 10.
[62] LAG Hessen BeckRS 2018, 25765.
[63] OLG Hamm MMR 2012, 119 (120).
[64] So auch OLG Nürnberg ZUM 1999, 656; OLG Köln GRUR-RR 2005, 302 – Zur Schaffung von Computerprogrammen außerhalb der regulären Arbeitszeit, ebenso Wandtke/Bullinger/*Wandtke* UrhG § 43 Rn. 20; aA *Westen* JR 1967, 401 (406), der hinsichtlich des angestellten Wissenschaftlers auch auf die Arbeitszeit abstellt; *Blatz* S. 67; *Honig* S. 74; *Recher* S. 227; *Roithmaier* S. 129; *Mathis* S. 52ff.; Fromm/Nordemann/*Axel Nordemann* UrhG § 43 Rn. 14, der auf das Kriterium der Zeit abstellt; *Dreier* spricht den Kriterien von Ort und Zeit eine gewisse Indizwirkung zu, Dreier/Schulze/*Dreier* UrhG § 43 Rn. 10.

des Hl. Franziskus war die Ordensschwester Berta Hummel verpflichtet, alles durch ihre Arbeit Erworbene der Oberin für die Kongregation zur Verfügung zu stellen. Der BGH entschied, dass sie alle während ihrer Zugehörigkeit zum Kloster geschaffenen Werke gemäß dieser Ordensregel für die Kongregation erbracht hat.[65]

25   **c) Arbeitsleistungen außerhalb der arbeitsvertraglichen Pflichten.** Besondere Schwierigkeiten zeigen die Fallgestaltungen, in denen der Arbeitnehmer eine schöpferische Leistung zwar für den Arbeitgeber – evtl. auch während der Arbeitszeit – erbringt, diese jedoch **weder seinem Berufsbild, noch seiner Funktion im Betrieb** entspricht oder die er erst aufgrund eines **Einzelauftrages** des Arbeitgebers geschaffen hat.

Ergibt sich die **Verpflichtung** zu der bestimmten schöpferischen Leistung **weder aus den Aufgaben des Arbeitsvertrages noch aus dem Berufsbild** des Arbeitnehmers noch aufgrund der **Branchenüblichkeit,** handelt es sich **nicht** um eine **im Rahmen des Arbeitsverhältnisses** erbrachte schöpferische Leistung.[66] Ist ein als Statiker beschäftigter Arbeitnehmer arbeitsvertraglich nicht verpflichtet, Computerprogramme zu schreiben, und erstellt er dennoch während der Arbeitszeit Programme für Rechenanlagen für seinen Arbeitgeber, geschieht diese Leistung nicht im Rahmen der arbeitsvertraglichen Pflichten.[67] Schreibt ein Wirtschaftsjurist, der als Unternehmensberater bei einer Wirtschaftsberatungsfirma angestellt ist, einen Zeitungsartikel aufgrund eigener Initiative, so geht dies über die vertraglichen Pflichten hinaus, selbst dann, wenn dieser Artikel für den Arbeitgeber eine gewisse Reklamewirkung hat.[68] Abzulehnen ist daher die Auffassung des Arbeitsgerichts Köln,[69] das im Fall eines als Grafiker beschäftigten Arbeitnehmers, der nebenbei auch Illustrationen für eine arbeitgebereigene Zeitung gemacht und diese den Arbeitgebern ohne Vorbehalte übergeben hatte, zu folgendem Ergebnis kam: Der Arbeitnehmer habe diese Leistungen im Rahmen des Arbeitsverhältnisses erbracht; denn wäre der Arbeitnehmer nur bereit gewesen, diese Zeichnungen als außervertragliche Leistungen zu erbringen, so hätte er dies ausdrücklich kenntlich machen müssen. Wird hingegen ein Leiter der Presseabteilung vom Arbeitgeber **beauftragt,** eine Betriebschronik während der Arbeitszeit zu erstellen, so geschieht dies im Rahmen des **Arbeitsverhältnisses.**[70] Entsprechendes entschied auch das OLG Köln[71] für die Erstellung eines Computerprogramms, wenn der Arbeitgeber den Arbeitnehmer für diese Erstellung von sonstigen Tätigkeiten sowie von der betrieblichen Anwesenheitspflicht zeitweilig freistellt und der Arbeitnehmer das Programm sodann überwiegend außerhalb der regulären Arbeitszeiten entwickelt. Auch in diesem Falle ist der Arbeitgeber Inhaber der in § 69b UrhG beschriebenen Rechte.

26   **d) Arbeitsleistungen vor Abschluss eines Arbeitsvertrages.** Für den Arbeitnehmer besteht **keine Verpflichtung,** dem Arbeitgeber bereits **vor dem Arbeitsverhältnis** geschaffene schutzfähige Werke unentgeltlich zu überlassen, selbst dann, wenn die Übergabe während des Arbeitsverhältnisses geschieht. Hat ein Arbeitnehmer bereits vor Erteilung eines Einzelauftrages durch den Arbeitgeber aufgrund eigener Initiative an einer Betriebschronik gearbeitet, so werden diese privaten Vorarbeiten nicht vom Arbeitsverhältnis erfasst.[72]

2. Verpflichtungen aus dem Dienstverhältnis

27   Die unter **II 1** dargestellten **Grundsätze gelten entsprechend für die Werke,** die ein **Beamter** in Erfüllung seiner Dienstpflichten schafft.[73] Freilich kann zur Bestimmung der Dienstpflichten von Beamten – im Unterschied zu Arbeitnehmern – nicht auf vertragliche Vereinbarungen zurückgegriffen werden. Inhalt und Umfang der **Dienstpflichten des Beamten** richten sich vielmehr im Rahmen der für das jeweilige Beamtenverhältnis geltenden Vorschriften des öffentlichen Dienstrechts nach dem vom Beamten wahrzunehmenden Aufgabenbereich, der sich aus dem übertragenen Amt, der zugewiesenen Funktion, dem behördeninternen Geschäftsverteilungsplan und den Anweisungen des hierzu befugten Vorgesetzten ergeben kann.[74]

---

[65] BGH GRUR 1974, 480 – Hummelrechte; ebenso OLG München Schulze OLGZ 209 = DStR 78, 175 – AD VITAM.

[66] Möhring/Nicolini/*Spautz* (2. Aufl.) UrhG § 43 Rn. 3; Dreier/Schulze/*Dreier* UrhG § 43 Rn. 9; Wandtke/Bullinger/*Wandtke* UrhG § 43 Rn. 25; Fromm/Nordemann/*Axel Nordemann* UrhG § 43 Rn. 24 ff.

[67] BAG GRUR 1984, 429 – Statikprogramme. Weil der Schöpfer das Programm seinem Arbeitgeber mehrere Jahre zur Nutzung überlassen hatte, nahm das BAG dennoch die unentgeltliche Einräumung eines einfachen, dauerhaften Nutzungsrechts an.

[68] LAG Hessen GRUR 1965, 50 – Wirtschaftsjurist.

[69] ArbG Köln BB 1981, 1032.

[70] BAG GRUR 1961, 491 – Nahverkehrschronik.

[71] OLG Köln CR 2005, 557.

[72] BAG GRUR 1961, 491 – Nahverkehrschronik; ebenso BGH GRUR 1985, 129 – Elektrodenfabrik: Keine Verpflichtung des Arbeitnehmers, lange vor Beginn des Arbeitsverhältnisses gefertigte Pläne zur Erstellung einer Schweißelektrodenfabrik dem Arbeitgeber unentgeltlich zu überlassen.

[73] Allg. Meinung; *Ulmer* § 95 II 2; VG Berlin GRUR-Prax 2013, 471 – Wissenschaftliche Dienste und der Sprachendienst des Deutschen Bundestages üben Aufgaben der öffentlichen Verwaltung aus, die Rechtseinräumung erfolgt gemäß § 43 UrhG; bestätigt durch BVerwG GRUR-RR 2016, 137.

[74] *Seewald/Freudling* NJW 1986, 2688 (2690). Beispiel hierfür ist etwa die Erstellung militärischer Lageberichte, OLG Köln NJW-RR 2016, 165 Rn. 23 – Afghanistan Papiere.

a) Außerdienstliche Leistungen. Wird der Beamte aufgrund **eigener Initiative** tätig oder er- 28
hält er von seinem Dienstherrn einen **gesonderten Auftrag,** der nicht seinem Aufgabenbereich
entspricht, erbringt diese Leistungen nicht im Rahmen des Dienstverhältnisses.[75] Dies gilt auch dann,
wenn dies im Interesse und für den Dienstherrn erfolgt. Wird zB ein Beamter, der als Dezernent des
Arbeitsgebiets Musikwesen im Bundeswehramt tätig ist, damit beauftragt, den historischen Teil eines
Militärmusikfilmes zu überwachen und das Drehbuch zu begutachten, umfasst dies keine schöpferische Mitarbeit als Dienstpflicht.[76] Gleiches gilt für einen Bediensteten der Bundespost, der mit der
Abnahme und Instandhaltung von Datenübertragungseinrichtungen betraut ist und daneben aus eigener Initiative ein Computerprogramm entwickelt, das zur Verwendung durch den Dienstherrn bestimmt ist.[77]

b) Leistungen unter Verwertung dienstlicher Kenntnisse und Erfahrungen. § 100 Abs. 2 29
Nr. 2 BBG gestattet den Beamten eine schriftstellerische, wissenschaftliche oder künstlerische **Nebentätigkeit** ohne besondere Genehmigung der Behörden. Verfasst ein Museumsdirektor ein Werk über
die Geschichte des Museums, ist er hierzu dienstrechtlich nicht verpflichtet. Leistungen dieser Art
erfolgen nicht im Rahmen des Dienstverhältnisses.[78]

Aus dem **Umstand,** dass der **Beamte schöpferische Leistungen unter Verwertung der bei** 30
seiner dienstlichen Tätigkeit gewonnenen Kenntnisse und Erfahrungen erbringt, kann **nicht** ohne weiteres geschlossen werden, **dass es sich um Dienstwerke handelt.** Der Kommentar
eines Ministerialbeamten zu einem Gesetz, an dessen Erarbeitung er im Rahmen seiner Dienstpflich-
ten maßgeblich mitgewirkt hat, stellt kein dienstliches Werk dar. Zu den Pflichtaufgaben der Hochschulprofessoren gehört es nicht, ihre Forschungsergebnisse zu veröffentlichen. Veröffentlichungen
dieser Art sind daher auch keine Dienstwerke.[79] *Hubmann* nimmt eine Veröffentlichung der Forschungsergebnisse als Dienstpflicht an, lehnt jedoch eine Verpflichtung zur Einräumung der Nutzungsrechte zugunsten des Dienstherrn ab;[80] ähnlich *Fahse*;[81] *Rehbinder* sieht zwar in der Veröffentlichung von Forschungsergebnissen ein Arbeitsergebnis, verneint aber, dass für Hochschulprofessoren
hierzu eine Rechtspflicht besteht. Nach seiner Auffassung handelt es sich, obwohl Arbeitsergebnisse
vorliegen, um freie Werke.[82]

c) Amtliche Werke. Schöpferische Tätigkeiten der Beamten im Rahmen ihres Dienstverhältnisses 31
umfassen auch häufig Werke, an deren Veröffentlichung ein unmittelbares amtliches Interesse besteht.
Für amtliche Werke gemäß § 5 besteht kein Urheberrechtsschutz.[83]

3. Beweislast

Die Beweislast, dass der Arbeitnehmer im Einzelfall in Erfüllung seiner Arbeitspflicht tätig gewor- 32
den ist, trifft nach allgemeinen Grundsätzen den Arbeitgeber.[84] Entsprechendes gilt für den Dienstherrn in Dienstverhältnissen.

IV. Allgemeines zu den Einschränkungen bei Arbeits- und Dienstverhältnissen

Rechtsfolge des § 43 ist die Anwendbarkeit des 2. Unterabschnitts (§§ 31–44), „soweit sich aus 33
dem Inhalt oder dem Wesen des Arbeits- oder Dienstverhältnisses nichts anderes ergibt".

---

[75] OLG München NJW-RR 2000, 1574 (1575) – Literaturhandbuch; Dreier/Schulze/*Dreier* UrhG § 43 Rn. 11;
aA wohl Fromm/Nordemann/*A. Nordemann* UrhG § 43 Rn. 18.
[76] BGH GRUR 1972, 713 – Im Rhythmus der Jahrhunderte. Hat er gleichwohl schöpferisch am Exposé und am
Drehbuch mitgearbeitet, so hat er damit zwar im dienstlichen Interesse gehandelt, diese Tätigkeit ging aber über
den Rahmen seiner Dienstverpflichtungen hinaus.
[77] LG München I ZUM 1997, 659.
[78] So auch OLG Nürnberg ZUM 1999, 656; weitere Beispielsfälle siehe *Schmieder* GRUR 1963, 297 (300);
Troidl BayVBl. 1972, 93 (94).
[79] BGH GRUR 1991, 523 (527) – Grabungsmaterialien; *Ulmer* § 95 II 2; *Ullmann* GRUR 1987, 6 (8); Dreier/
Schulze/*Dreier* UrhG § 43 Rn. 11; Möhring/Nicolini/*Spautz* (2. Aufl.) UrhG § 43 Rn. 5; Wandtke/Bullinger/
Wandtke UrhG § 43 Rn. 26; aA Fromm/Nordemann/*A. Nordemann* UrhG § 43 Rn. 21; das LG Köln hat das
Forschungsprivileg für Assistenten, die Multiple-Choice Klausuren entworfen hatten, verneint, LG Köln ZUM
2000, 597 (598); VG Berlin NJW 1978, 848.
[80] *Hubmann* MittHV 1977, 77.
[81] *Fahse* GRUR 1996, 331 (336) (Pflicht, die Forschungsergebnisse in geeigneter Weise der Öffentlichkeit zugänglich zu machen).
[82] *Rehbinder* FS Hubmann, 1985, 359 (365).
[83] *Katzenberger* GRUR 1972, 686; *v. Ungern-Sternberg* GRUR 1977, 766; Zur Frage, ob Tarifverträge amtliche
Werke sind *Leydecker* GRUR 2007, 1030.
[84] BGH GRUR 1978, 244 – Ratgeber für Tierheilkunde; OLG Düsseldorf ZUM-RD 2009, 63; im Rahmen
einer Datenschutzklage entschied das VG Berlin, dass die Speicherung von Daten der Urheber zum Nachweis der
Aktivlegitimation bei Urheberrechtsverletzungen zulässig sei, VG Berlin ZD 2014, 316; für den öst. Rechtskreis
Dittrich S. 64; Dreier/Schulze/*Dreier* UrhG § 43 Rn. 9; Wandtke/Bullinger/*Wandtke* UrhG § 43 Rn. 61.

1. Inhalt und Wesen von Arbeits- und Dienstverhältnissen

34   Mit dem Begriff „**Inhalt**" ist klargestellt, dass es auf die Ausgestaltung des jeweiligen konkreten Arbeits- oder Dienstverhältnisses ankommt. Der Begriff „**Wesen**" bringt zum Ausdruck, dass die diesen Beschäftigungsverhältnissen allgemein innewohnenden Eigenarten und Besonderheiten, dh die den Arbeits- und Dienstverhältnissen immanenten rechtlichen Grundprinzipien, zu berücksichtigen sind. Zum Wesen des **Arbeitsverhältnisses** gehört, dass es eine über die Elemente des reinen Austauschvertrages – Lohn für Arbeit – hinausgehende personenrechtliche Beziehung besonderer Art aufweist, die etwa in den gegenseitigen arbeitsrechtlichen Treuepflichten ihren Niederschlag findet.[85]

Wesensmerkmale des Dienstverhältnisses sind die „hergebrachten Grundsätze des Berufsbeamtentums" (Art. 33 Abs. 5 GG). Hier sind in erster Linie die verstärkten wechselseitigen **Treue- und Fürsorgepflichten** des Beamten und Dienstherrn sowie das an die Stelle des Äquivalenzprinzips tretende **Alimentationsprinzip** zu nennen. Allerdings ist auch dem Alimentationsprinzip ein synallagmatischer Zusammenhang von Leistung und Gegenleistung nicht ganz wesensfremd.[86] Aufgrund des öffentlich-rechtlichen Dienst- und Treueverhältnisses sind Beamten größere Beschränkungen zuzumuten als Arbeitnehmern.[87] Der Status des Beamten kann daher auch dazu führen, dass die Urheberrechte für in einem Dienstverhältnis geschaffene Werke erhebliche Beschränkungen erfahren.[88]

35   Was die **Interessenlage** auf Seiten **des Arbeitgebers/Dienstherrn** anbelangt, ist ferner folgendes zu beachten: Der private Arbeitgeber wird in der Regel primär das legitime wirtschaftliche Interesse an Gewinnerzielung verfolgen. Ein solches Ziel scheidet beim öffentlich-rechtlichen Dienstherrn – soweit nicht Unternehmen der öffentlichen Hand am Wettbewerb teilnehmen – grundsätzlich aus. Hier steht vielmehr das Ziel im Vordergrund, die dem Staat und anderen öffentlichen Einrichtungen originär obliegenden oder übertragenen Aufgaben des Gesetzesvollzugs und der sonstigen Verwaltung ordnungsgemäß zu erfüllen. Das Interesse des Dienstherrn an der Dienstleistung seiner Bediensteten ist somit zugleich ein öffentliches Interesse der Allgemeinheit. Allerdings hat der BGH den Umfang der Rechtseinräumung strikt auf diejenigen Rechte beschränkt, die der Dienstherr zur Erfüllung seiner Aufgaben benötigt. Selbst wenn die Zusammenarbeit zwischen Bund und Ländern bei der Verwaltung der Bundesfernstraßen üblich und auch vorhersehbar ist, gehört diese nicht zur obliegenden Aufgabe eines Bundeslandes. Der Landesbedienstete hat daher seinem Dienstherrn nur das Nutzungsrecht an der Gestaltung der Lärmschutzwände für das Gebiet des Bundeslandes, nicht jedoch auch für andere Bundesländer eingeräumt.[89] Beispiel für eine Erweiterung der Rechtseinräumung ist die Nutzung von Werken für die Erfüllung der Aufgaben durch die Zwangsansprüche nach dem Informationsfreiheitsgesetz.[90]

2. Reichweite der Einschränkungen

36   Vorschriften des 2. Unterabschnitts, die außerhalb des Anwendungsbereichs des § 43 zwingendes Recht sind, können nicht oder nur modifiziert anwendbar sein (str.).[91] Andere Auffassungen lehnen eine stillschweigende bzw. pauschalen Abdingbarkeit teilweise[92] und für § 31 Abs. 4 regelmäßig ab.[93] Die unabdingbaren Regelungen, wie etwa § 31 Abs. 4, gelten grundsätzlich auch im Arbeitsverhältnis, zumindest wenn der Urheber kein wirtschaftlich gesicherter Arbeitnehmer oder Beamter ist, der kein Risiko für sein Schaffen trägt und für den das Alimentationsprinzip des Dienstherrn gilt.[94] § 43 ist insoweit eine **die Nichtabdingbarkeit durchbrechende Spezialnorm**, solange damit der unterschiedlichen Interessenlage und Schutzbedürftigkeit des abhängigen Werkschöpfers gegenüber dem freischaffenden Urheber einerseits und den Interessen des Arbeitgebers und Dienstherrn andererseits Rechnung getragen wird.[95]

§ 43 verweist seinem Wortlaut nach nur auf die Vorschriften des 2. Unterabschnitts. Der Bereich der Nutzungsrechte ist von der Eigenart der Arbeits- und Dienstverhältnisse hauptsächlich betroffen: nur hierfür hat der Gesetzgeber ein Bedürfnis für eine ausdrückliche Regelung gesehen. Dies schließt jedoch nicht aus, dass **Inhalt oder Wesen des Arbeits- oder Dienstverhältnisses auch auf andere, außerhalb des 2. Unterabschnitts geregelte Normen des Gesetzes Auswirkungen ha-**

---

[85] Ausführlich zu den Begriffen „Inhalt" und „Wesen" des Arbeitsverhältnisses, *Mathis* S. 67 ff.

[86] BVerwG ZBR 1981, 281; GKÖD III, K vor § 1 Rn. 21.

[87] *Maunz/Dürig/Herzog/Scholz* GG Art. 33 Rn. 71–73.

[88] *Schmieder* GRUR 1963, 297; *Troidl* BayVBl. 1972, 93; *Westen* JR 1967, 401; Dreier/Schulze/*Dreier* UrhG § 43 Rn. 16, 17.

[89] BGH GRUR 2011, 59 (60) – Lärmschutzwand.

[90] BVerwG GRUR-RR 2016, 137 Rn. 41.

[91] *Hoeren/Sieber/v. Olenhusen* Teil 7.3. Rn. 92; *Loewenheim/Nordemann* § 63 Rn. 33; Möhring/Nicolini/*Spautz* (2. Aufl.) UrhG § 43 Rn. 3.

[92] Möhring/Nicolini/*Spautz* (2. Aufl.) UrhG § 43 Rn. 3.

[93] Dreier/Schulze/*Dreier* UrhG § 43 Rn. 17; Wandtke/Bullinger/*Wandtke* UrhG § 43 Rn. 69; Fromm/Nordemann/*A. Nordemann* UrhG § 43 Rn. 3; *Gernot Schulze* GRUR 1994, 855 (868); *Rieg* GRUR 1994, 425 (428); offen gelassen von BGH GRUR 1991, 133 (135) – Videozweitauswertung.

[94] Vgl. auch AmtlBegr. BT-Drs. IV/270, 62.

[95] Zustimmend Dreier/Schulze/*Dreier* UrhG § 43 Rn. 17.

ben können. So kommen in einem Arbeits- oder Dienstverhältnis insbesondere auch **Einschränkungen der Urheberpersönlichkeitsrechte** (§§ 12–14 und 41) in Betracht.[96]

V. Einräumung von Nutzungsrechten

1. Verpflichtung zur Nutzungseinräumung

Das Arbeitsergebnis steht dem Arbeitgeber zu.[97] Dies gilt auch für urheberrechtsschutzfähige **37** Werke, die im Rahmen von Arbeits- oder Dienstverhältnissen geschaffen werden.[98]

a) Grundsätzliche Verpflichtung des Arbeitnehmers. Wer Sacheigentum erwirbt, erhält nicht **38** per se auch immaterielle Nutzungsrechte. Der Arbeitgeber ist darauf angewiesen, dass ihm der Arbeitnehmer die Nutzungsrechte einräumt.[99] Die **grundsätzliche Verpflichtung** des Arbeitnehmers zur Einräumung von Nutzungsrechten ergibt sich aus dem Zweck des Arbeitsvertrages: dem Arbeitgeber soll die schöpferische Leistung des Arbeitnehmers zur Verfügung stehen, der Arbeitnehmer wiederum erhält für seine Arbeitsleistungen den vereinbarten Lohn. Das aus Arbeitsvertrag geschuldete Entgelt ist die Vergütung für das als Gegenwert erwartete Arbeitsergebnis.

b) Grundsätzliche Verpflichtung eines Beamten. Auch Beamte sind verpflichtet, Nutzungs- **39** rechte einzuräumen. Bei Werken, die ein Beamte im Rahmen seiner dienstrechtlichen Verpflichtungen geschaffen hat, ergibt sich diese Pflicht aus den Regeln des öffentlichen Rechts (Ob der Rechtseinräumung). Die Rechtseinräumung selbst erfolgt jedoch zivilrechtlich (Wie der Rechtseinräumung).[100]

Das öffentliche Dienstrecht stellt keine Normen zur Verfügung, kraft derer sich ein Dienstherr Nutzungsrechte an Werken seiner Beamten im Wege hoheitlichen Handelns verschaffen könnte.

2. Stillschweigende Nutzungseinräumung

Haben die Parteien im Arbeits-, Dienst oder Tarifvertrag keine urheberrechtlichen Regelungen ge- **40** troffen, so ist im Rahmen der arbeits- bzw. dienstrechtlichen Verpflichtungen idR von einer **stillschweigenden Einräumung** auszugehen.[101]

3. Zeitpunkt der stillschweigenden Nutzungseinräumung

a) Bei Übergabe des Werkes. Übergibt der Arbeitnehmer das Werk dem Arbeitgeber, so ist **41** nach ganz hM spätestens zu diesem Zeitpunkt auch die stillschweigende Einräumung der Nutzungsrechte anzunehmen.[102]

b) Bei Aufnahme des Arbeits- oder Dienstverhältnisses. Es sind jedoch auch Fallgestaltun- **42** gen möglich, in denen der Arbeitgeber ein Interesse daran hat, die Nutzungsrechte nicht erst bei Übergabe des Werkes durch den Arbeitnehmer zu erwerben, sondern bereits **beim Abschluss des Arbeitsvertrages** oder bei **Begründung des Dienstverhältnisses**, so zB wenn der Arbeitgeber vor Übergabe des Werkes, dieses durch einen anderen Arbeitnehmer fertig stellen lassen will.

Die stillschweigende Rechtseinräumung müsste sich somit bereits bei der Aufnahme des Arbeits- **43** oder Dienstverhältnisses auf künftige Werke beziehen. § 40 verlangt für eine Verpflichtung zur Einräumung von Nutzungsrechten an künftigen Werken, die überhaupt nicht näher oder nur der Gattung nach bestimmt sind, die **Schriftform** und sieht ein **Kündigungsrecht** vor. Durch den Formzwang soll der Werkschöpfer auf die weitgehende Verpflichtung und damit Bindung hingewiesen werden.[103]

Einer entsprechenden Schutzfunktion bedarf es jedoch in der Regel für den im Arbeits- **44** **oder Dienstverhältnis tätigen Urheber nicht.** Der Urheber weiß, welche Aufgaben er im Rahmen seiner Arbeits- und Dienstpflichten zu erfüllen hat. Ihm ist somit auch bekannt, welche Werke

---

[96] → Rn. 73 ff.
[97] *Schaub* Arbeitsrechts-HdB § 113 II 2 mwN.
[98] BGH GRUR 1952, 257 – Krankenhauskartei; BAG GRUR 1961, 491 – Nahverkehrschronik; *Hubmann* FS A. Hueck, 1959, 43 (46); *Schaub* Arbeitsrechts-HdB § 115 II Rn. 4.
[99] *Ulmer* § 95 II 1.
[100] *Ulmer* § 95 I 1.
[101] RGZ 153, 1 (8) – Rundfunksendung von Schallplatten; BGH GRUR 1952, 257 (258) – Krankenhauskartei; BGH GRUR 1960, 609 (612) – Wägen und Wagen; BGH GRUR 1974, 480 (483) – Hummelrechte; BGH GRUR 2011, 59 – Lärmschutzwand; KG GRUR 1976, 264 – Gesicherte Spuren; BAG GRUR 1961, 491 – Nahverkehrschronik LG Köln MMR 2007, 465; BGH GRUR 2011, 59 (60); BGH NZA 1997, 765 (766) – Schaufensterdekoration; OLG Karlsruhe GRUR-RR 2013, 423 (425); *v. Gamm* Rn. 2; *Hubmann* § 19 III 1; *Ulmer* § 95 II 1; *Honig* S. 45; *Roithmaier* S. 97 f.; *Vinck* S. 19; *Rehbinder* RdA 1968, 309 (312); Dreier/Schulze/*Dreier* § 43 Rn. 19; Fromm/Nordemann/*A. Nordemann* § 43 Rn. 30, 31; Wandtke/Bullinger/*Wandtke* § 43 Rn. 51.
[102] Vgl. nur BGH GRUR 1974, 480 (483) – Hummelrechte; BGH GRUR-Int 2001, 873 (875) – Barfuß im Bett; Fromm/Nordemann/*A. Nordemann* UrhG § 43 Rn. 30; *Ulmer* § 95 II 2; amtlBegr. RegE 1962 BT-Drs. IV/270, 61 (62).
[103] Vgl. → § 40 Rn. 2.

durch den Arbeitgeber genutzt werden. Eine bei Aufnahme des Arbeits- oder Dienstverhältnisses erfolgende stillschweigende Rechtseinräumung für künftige Werke ist somit möglich.[104]

Eine Anwendung des § 40 auf den in einem Arbeits- oder Dienstverhältnis stehenden Urheber käme nur dann in Betracht, wenn er nicht zum Zwecke einer schöpferischen Tätigkeit angestellt wurde, sondern nur beiläufig oder auf der Grundlage gesonderter Vereinbarungen schutzfähige Werke schafft. In diesem Fall kann der Arbeitnehmer bzw. der Beamte die Auswirkungen einer Verpflichtung zur Einräumung der Nutzungsrechte an allen künftigen Werken bei Abschluss des Arbeitsvertrages oder bei Begründung des Dienstverhältnisses nicht überblicken, so dass die Schutzfunktion des § 40 in diesem Fall eingreift.[105] Eine stillschweigende Nutzungsrechtseinräumung für diese künftigen Werke zum Zeitpunkt des Abschlusses des Arbeitsvertrages ist insoweit unwirksam, so dass die Einräumung der Nutzungsrechte idR erst mit Ablieferung des Werkes erfolgt.

4. Verfügung über die Nutzungsrechte

45   Die Einräumung **ausschließlicher** Nutzungsrechte, um die es sich im Rahmen von Arbeits- und Dienstverhältnissen idR handeln wird, bedarf der **Verfügung** über die Nutzungsrechte.[106]

46   **a) Vorausverfügungen in Arbeits- und Dienstverhältnissen.** Ist nach dem Vertragsinhalt unter Berücksichtigung der wechselseitigen Interessen davon auszugehen, dass dem Arbeitgeber bereits bei Abschluss des Arbeitsvertrages oder bei Aufnahme des Dienstverhältnisses die Nutzungsrechte stillschweigend eingeräumt werden sollen, erfasst dies nicht nur die schuldrechtliche Verpflichtung, sondern auch die **Vorausverfügung über die Nutzungsrechte** selbst.[107] Das Interesse des Arbeitgebers geht dahin, die Arbeitsergebnisse nutzen zu können, ohne dass er zusätzlich noch jeweils auf eine Verfügung über die Nutzungsrechte nach deren Schaffung angewiesen wäre. Eine nur schuldrechtliche Verpflichtung des Arbeitnehmers, die Nutzungsrechte an allen zukünftig zu schaffenden Werken dem Arbeitgeber einzuräumen, stellt keine ausreichende Sicherung des Arbeitgebers dar. So könnte der Arbeitnehmer unter Verletzung seiner arbeitsvertraglichen Pflichten die Nutzungsrechte wirksam Dritten einräumen. Der Arbeitgeber wäre auf Schadensersatzansprüche gegenüber seinem Arbeitnehmer angewiesen. In der Regel ist daher auch **von einer stillschweigenden Vorausverfügung über die Nutzungsrechte in Arbeits- und Dienstverhältnissen auszugehen.**[108]

47   **b) Vorausverfügungen in Tarifverträgen.** Ausdrückliche Vorausverfügungen über die Nutzungsrechte finden sich auch in **Tarifverträgen.**[109] Die Reichweite der tarifvertraglichen Regelungsmöglichkeiten wird durch § 1 TVG bestimmt. Danach regelt der Tarifvertrag die Rechte und Pflichten der Vertragsparteien und enthält Rechtsnormen, die den Inhalt, den Abschluss und die Beendigung von Arbeitsverhältnissen sowie betriebliche und betriebsverfassungsrechtliche Fragen ordnen können. Zum Inhalt des Arbeitsverhältnisses gehören auch die aus ihm resultierenden Rechte und Pflichten des Arbeitnehmers und des Arbeitgebers, so dass in einem Tarifvertrag alles das geregelt werden kann, was auch in einem Einzelarbeitsvertrag zulässig ist.[110] Auch die urheberrechtliche Vereinbarung über die Vorausverfügung ist ein Teil des Arbeitsvertrages. Als Inhalt des Arbeitsverhältnisses ist sie somit einer kollektiven Regelung zugänglich.[111] Dementsprechend **können Urheberrechtsklauseln** auch in einen **Tarifvertrag** aufgenommen werden.[112] Dies umfasst auch eine Vorausverfügung über die Nutzungsrechte selbst.[113]

---

[104] LG München I BeckRS 2012, 13691; LG Köln ZUM 2008, 76 (77); Dreier/Schulze/*Dreier* UrhG § 43 Rn. 19; Möhring/Nicolini/*Spautz* (2. Aufl.) UrhG § 43 Rn. 8; Fromm/Nordemann/*Axel Nordemann* UrhG § 43 Rn. 49; v. Gamm § 31 Rn. 7; *Ulmer,* für Arbeitsverträge, der eine Anwendung des § 40 für Dienstverhältnisse bereits deshalb verneint, weil § 40 einen Vertrag voraussetze: Die Verpflichtung aus dem Dienstverhältnis beruhe jedoch nicht auf Vertrag, sondern auf Regeln des öffentlichen Rechts.; Uhl S. 171; *Bayreuther,* Münchener HdB ArbR, Bd. 1 (4. Aufl.) § 99 Rn. 7; *Schweyer* CR 1994, 684 (685); *Rehbinder* WiB 1994, 461 (463); *Kraßer* FS Schricker, 1995, 77 (93); aA Wandtke/Bullinger/*Wandtke* UrhG § 43 Rn. 48; OLG Celle CR 1994, 681 (683 f.).
[105] *Bollack* GRUR 1976, 74; *Rehbinder* RdA 1968, 309 (313), so wohl auch Dreier/Schulze/*Dreier* UrhG § 43 Rn. 19.
[106] Vgl. → Vor §§ 28 ff. Rn. 19, 43.
[107] Vgl. → Vor §§ 28 ff. Rn. 46; ebenso Dreier/Schulze/*Dreier* UrhG § 43 Rn. 19; Wandtke/Bullinger/*Wandtke* UrhG § 43 Rn. 51.
[108] *Recher* S. 202 ff.; *Roithmaier* S. 92; *Bayreuther* Münchener HdB ArbR (4. Aufl.) Bd. 1 § 99 Rn. 7, aA wohl *Sack,* Münchener HdB ArbR, (2. Aufl.) Bd. 1 § 102 Rn. 14, siehe hierzu auch *v. Olenhusen* S. 177 mwN.
[109] → Rn. 110.
[110] *Hueck/Nipperdey,* Lehrbuch des Arbeitsrechts, 1967, Bd. II/1 § 15 II 5a.
[111] *Siebert* FS Nipperdey, 1955, 119 (140); zur Problematik der kollektiven Regelung von Persönlichkeitsrechten vgl. allerdings *Blomeyer* FS Hubmann, 1985, 23 mwN.
[112] *Herschel* UFITA 94 [1982], 35; *Samson* FS Roeber, 1973, 547; *Riepenhausen* RdA 1972, 232; *Riepenhausen* AR- Blattei [D], Urheberrechte II, II Tarifvertragsrecht; *Roeber* FuR 1975, 321; ausführlich zur Frage, in welchem Umfang Urheberrechte in einem Tarifvertrag geregelt werden können Wandtke/Bullinger/*Wandtke* UrhG § 43 Rn. 127 ff.; Fromm/Nordemann/*Axel Nordemann* UrhG § 43 Rn. 34.
[113] *Herschel* UFITA 94 [1982], 35 (43 f.); *Rehbinder* WiB 1994, 461 (464); *Bayreuther* Münchener HdB ArbR (4. Aufl.) Bd. 1 § 99 Rn. 7. *Herschel* begründet die Regelungsmöglichkeit im Tarifvertrag kraft Sachzusammenhangs. *Hubmann* RdA 1987, 89 (91) sowie *Sack,* Münchener HdB ArbR, (2. Aufl.) Bd. 1 § 102 Rn. 14 nehmen lediglich eine Verpflichtung zur Einräumung von Nutzungsrechten an.

5. Umfang der Nutzungseinräumung

a) Vertragliche Regelung. aa) Übertragungszweckgedanke. Nach hM gilt der Übertra- **48** gungszweckgedanke grundsätzlich auch für in einem Arbeits- oder Dienstverhältnis geschaffene Werke.[114] Der **Übertragungszweckgedanke** kommt jedoch dann **nicht zur Anwendung,** wenn die Vertragsparteien den **Umfang der Rechtseinräumung im Einzelnen vertraglich geregelt** haben.[115] Mit steigender Tendenz sind sowohl in Arbeits- wie auch in Tarifverträgen zum Teil umfassende Urheberrechtsklauseln zu finden.[116] Der Arbeitgeber bzw. der Dienstherr kann sich vertraglich die Nutzungsrechte inhaltlich, räumlich und zeitlich unbeschränkt einräumen lassen. Die Vertragsfreiheit wird nicht durch die betrieblichen Zwecke eingeschränkt. Der Arbeitgeber kann sich daher vertraglich auch Nutzungsrechte einräumen lassen, die er offenkundig für seinen Betrieb nicht benötigen wird. Die **Grenze der Vertragsfreiheit** wird auch hier **erst durch § 138 BGB gezogen.**

bb) Abdingbarkeit der zwingenden Normen des Urheberrechtsgesetzes. Grundsätzlich **49** sind im Anwendungsbereich des § 43 auch die **zwingenden Normen des Urheberrechtsgesetzes abdingbar.**[117] So kann der Arbeitnehmer auf seine Namensnennung im Arbeitsvertrag verzichten. Ebenso kann vertraglich ein unbeschränktes Änderungsrecht vereinbart werden. Diese Vereinbarungen finden jedoch da ihre Grenze, wo das Urheberpersönlichkeitsrecht in seinem Kern getroffen wird.[118]

Haben die Parteien im Arbeits- oder Tarifvertrag bei der Einräumung des Nutzungsrechts die Nut- **50** zungsarten, auf die sich das Recht erstrecken soll, nicht einzeln bezeichnet, so ist für die **Auslegung der Verträge** wiederum die Lehre von dem **Übertragungszweck** heranzuziehen.

b) Stillschweigende Nutzungseinräumung. aa) Anwendung des Übertragungszweckge- **51 danken.** Soweit die den Gegenstand der Rechtseinräumung bildenden Nutzungsarten nicht einzeln bezeichnet sind, es sich insbesondere um eine stillschweigende Nutzungseinräumung handelt, ist der Umfang gemäß dem Übertragungszweckgedanken zu klären.[119] Der Grundsatz, dass das Urheberrecht die Tendenz hat, soweit als möglich beim Urheber zu bleiben,[120] ist auch bei Arbeits- oder Dienstverhältnissen zu berücksichtigen. Dieser Grundsatz erfährt jedoch insofern eine Einschränkung, als den berechtigten Interessen des Arbeitgebers oder Dienstherrn an einer ungestörten Verwertung der im Rahmen eines Arbeits- oder Dienstverhältnisses geschaffenen Werke Rechnung zu tragen ist. Nach hM sind daher dem Arbeitgeber oder dem Dienstherrn **die Nutzungsrechte insoweit einzuräumen,** wie er sie für seine **betrieblichen** oder **dienstlichen Zwecke** benötigt.[121] Diese ist auch maßgeblich für die Frage, ob ein ausschließliches oder ein einfaches Nutzungsrecht eingeräumt wird.[122] Soll ein Arbeitgeber nach dem betrieblichen Zweck das Werk etwa gegenüber Kunden vermarkten können, spricht bereits § 35 UrhG für die Einräumung ausschließlicher Rechte. Die dienstlichen oder betrieblichen Zwecke sind ebenfalls maßgeblich für die Frage, ob die Rechtseinräumung räumlich, zeitlich oder inhaltlich beschränkt bzw. unbeschränkt erfolgt.[123] Die Reform des Urhebervertragsrecht 2016, insbesondere die Einfügung des neuen § 40a UrhG haben keine Auswirkungen auf § 43 und seine Auslegung, da der Arbeitnehmer oder Beamte unabhängig von der Verwertung des Werkes bezahlt wird, infolgedessen nicht das wirtschaftliches Risiko trägt. Zudem würde eine anderweitige eigene Verwertung oder Verwertung über Dritte mit den berechtigten Interessen des Arbeitgebers kollidieren.[124]

bb) Begriff der betrieblichen Zwecke. Die herrschende Auffassung in der Literatur stellt an **52** diese Stelle für Arbeitsverhältnisse auf „betriebliche Zwecke" und den Begriff des Betriebs ab.[125] Letzterer sei *Hueck/Nipperdey* folgend „die organisatorische Einheit, innerhalb derer ein Unternehmer allein oder in Gemeinschaft mit seinen Mitarbeitern mit Hilfe von sächlichen und immateriellen Mitteln bestimmte arbeitstechnische Zwecke fortgesetzt verfolgt".[126] Für den Umfang der Rechteinräumung stellt die hL dann auf die Zwecke des konkreten Betriebs ab, und zieht hieraus ua den Schluss, daß eine Nutzung schutzfähiger Arbeitsergebnisse durch verbundene Unternehmen des konkreten

---

[114] AA *Zöllner* FS Hubmann, 1985, 523 (531), der jedenfalls für den „untypischen" Urheber auf eine Abwägung der beiderseitigen Interessen unter Zugrundelegung der arbeitsvertraglichen Schutz-, Rücksichts- und Förderungspflichten abstellt.
[115] § 31 Abs. 5 UrhG.
[116] → Rn. 110.
[117] → Rn. 36.
[118] Zu den Beschränkungsmöglichkeiten der Urheberpersönlichkeitsrechte → Rn. 73 ff.
[119] → UrhG §§ 31/32 Rn. 39 f.
[120] *Ulmer* § 84 III, IV.
[121] Vgl. BGH GRUR 1974, 480 (482) – Hummelrechte; BGH GRUR 2011, 59 (60) – Lärmschutzwand; KG GRUR 1976, 264 – Gesicherte Spuren; Dreier/Schulze/*Dreier* UrhG § 43 Rn. 20; Wandtke/Bullinger/*Wandtke* UrhG § 43 Rn. 55 mit Beispielen; *v. Gamm* Rn. 2; Fromm/Nordemann/*Axel Nordemann* UrhG § 43 Rn. 30; *Ulmer* § 95 III 2; zum öst. Recht OLG Wien Schulze Ausl. Öst. 106.
[122] Ähnlich Fromm/Nordemann/*A. Nordemann* UrhG § 43 Rn. 44; *Bayreuther* Münchener HdB ArbR (4. Aufl.) Bd. 1 § 99 Rn. 11 nimmt weitergehend im Zweifelsfall ein ausschließliches Nutzungsrecht an.
[123] Vgl. zur zeitlichen Beschränkung → Rn. 64 am Ende.
[124] So die Gesetzesbegründung BT-Drs. 18/8625, 26 und 30.
[125] Ua → 5. Aufl. 2017, Rn. 52.
[126] *Hueck/Nipperdey* Bd. I § 16 II Rn. 47.

Betriebes nicht abgedeckt sei. Änderungen des Betriebszwecks nimmt sie unter Anwendung eher urheberrechtlicher Kriterien zur Auslegung von Nutzungsrechten an, differenziert dann teilweise bei der Bewertung der Frage, ob die Rechteinräumung diese Änderungen umfasst hat bzw. eine Verpflichtung zur Einräumung von Nutzungsrechten besteht.[127]

53   Der Begriff des Betriebs ist bereits im Arbeitsrecht schillernd, wird beeinflusst durch die systematisch abweichende Rechtsprechung des EuGH im Zusammenhang mit § 613a BGB.[128] Eine Regelung zur Änderung des betrieblichen Zwecks findet sich in § 111 BetrVG, auf welchen die urheberrechtliche Literatur jedoch – soweit ersichtlich – nicht eingeht. Die Rechtsprechung verwendet den Begriff nicht unmittelbar, sondern stellt auf die „Zwecke des Dienstherrn"[129] oder die Notwendigkeit zur Erfüllung der Aufgaben des Dienstherrn ab.[130] Da Betriebsbegriff selber eher wenig Erkenntnisgewinn bringt, muss sich die Auslegung an den konkreten Umständen des Einzelfalles orientieren. Ist der Arbeitnehmerurheber etwa für einen Arbeitgeber tätig, welcher im Rahmen einer Aufgabenteilung innerhalb eines Konzerns für die Unternehmensgruppe schöpferische Aufgaben erbringt, dann wird die Rechteinräumung häufig auch die Nutzung der Ergebnisse durch die konzernangehörigen Gesellschaften abdecken.[131] Bei einem Dienstherrn, dessen Tätigkeit auf die Erfüllung öffentlicher Aufgaben in einem Bundesland beschränkt ist, deckt die Rechteinräumung hingegen nicht die Lizenzierung eines Werkes an Behörden anderer Bundesländer ab.[132]

54   **cc) Änderung oder Erweiterung des Betriebszweckes.** Während der Dauer eines Arbeitsverhältnisses kann sich der **Betriebszweck ändern,** oder es können sich – sei es durch unternehmerische Diversifikation, sei es durch die Einführung neuer Techniken – **neue Verwertungsmöglichkeiten** ergeben, die beim Abschluss des Arbeitsvertrages noch nicht bekannt waren.

In **urheberrechtlicher Hinsicht kann dies zur Folge haben, dass der Arbeitgeber weitere Nutzungsrechte benötigt.** Beispiele: Ausdehnung des wirtschaftlichen Betätigungsfeldes eines Buch- oder Zeitschriftenverlages auf Hörfunk- und Fernsehproduktionen; eine Rundfunkanstalt verwertet bislang terrestrisch ausgestrahlte Sendungen nunmehr auch über Kabel, Satellit und Internet.

In **diesen Fällen können auch die neuen, weiteren Nutzungsrechte von der stillschweigenden Nutzungseinräumung umfasst sein:** Der Betrieb des Arbeitgebers entwickelt sich regelmäßig marktentsprechend weiter. Die Rechtseinräumung kann nicht statisch sein; andernfalls wäre der Arbeitgeber in seinem Fortkommen durch die jeweils erforderliche zusätzliche Rechtseinholung über Gebühr beschwert.[133] Als Dauerschuldverhältnis ist das Arbeitsverhältnis in Bezug auf die gegenseitigen Rechte und Pflichten der Parteien Veränderungen unterworfen, denen durch ergänzende Vertragsauslegung und bei einschneidendem Wandel durch Anpassung an die geänderte Geschäftsgrundlage gemäß § 242 BGB Rechnung zu tragen ist. Maßgeblicher Zeitpunkt für die Beurteilung kann insofern nicht der Vertragsschluß, sondern allenfalls der Zeitpunkt der Schöpfung sein. Aus der Verpflichtung zur Einräumung weiterer Nutzungsrechte kann jedoch nicht in jedem Fall geschlossen werden, dass die bisherige Nutzungseinräumung sich auch auf diese weiteren Nutzungsrechte bezieht: Ersetzt der Arbeitgeber für die Verwertung der urheberrechtlich geschützten Arbeitsergebnisse alte durch **neue Technologien,** so wird idR von einer stillschweigenden Nutzungseinräumung auszugehen sein. Bei der Aufnahme des Arbeitsverhältnisses weiß der Arbeitnehmer, dass der Arbeitgeber im Laufe der Zeit auch neue technische Entwicklungen übernehmen wird, bei der konkreten Werkschöpfung sind sie häufig bereits konkret erkennbar.[134] **Dehnt der Arbeitgeber hingegen seinen Geschäftsbetrieb auf neue Unternehmungen** aus, kann nicht mehr von einer stillschweigenden Nutzungseinräumung ausgegangen werden. Vielmehr benötigt der Arbeitgeber in diesem Fall eine ausdrückliche Nutzungseinräumung durch den Arbeitnehmer, da dieser nicht mit einer Diversifikation des Unternehmens auf andere Branchen rechnen muss.[135]

55   **dd) Rechtsprechung.** Auch die **Rechtsprechung** geht davon aus, dass sich der Umfang **der Nutzungseinräumung nach dem jeweiligen Betriebszweck** richtet. Die Rechtsprechung

---

[127] Ua → 5. Aufl. 2017, Rn. 53 f. Wandtke/Bullinger/*Wandtke* UrhG § 43 Rn. 59 ff.; abweichend hierzu ua Berger/Wündisch/*Wündisch* 2. Aufl. § 13 Rn. 28.

[128] Welcher anders als das BAG nicht die organisatorische, sondern die wirtschaftliche Einheit in den Vordergrund stell, vgl. hierzu ua ErfK/Preis, 19. Aufl. 2019, BGB § 613a Rn. 6 f. mwN.

[129] BGH GRUR 1974, 480 (482 f.) – Hummelrechte.

[130] BGH GRUR 2011, 59 Rn. 19 f. – Lärmschutzwand.

[131] AA → 5. Aufl. 2017, Rn. 53; ähnlich wie hier *Bayreuther,* Münchener HdB ArbR,(4. Aufl.) Bd. 1 § 99 Rn. 13; weitergehend Berger/Wündisch/*Wündisch* 2. Aufl. § 13 Rn. 28, was ohne einen konkreten Anhaltspunkt allerdings nicht zu pauschal erscheint.

[132] BGH GRUR 2011, 59 Rn. 19 f. – Lärmschutzwand.

[133] So auch *Blatz* S. 73 ff.; Fromm/Nordemann/*Axel Nordemann* UrhG § 43 Rn. 31; Dreier/Schulze/*Dreier* UrhG § 43 Rn. 20; *Loewenheim/Nordemann* § 63 Rn. 31, der auf den Betriebsweck im Zeitpunkt des Rechtsübergangs abstellt; *v. Olenhusen/Ernst* in *Hoeren/Sieber* Teil 7.3 Rn. 98 der von einer stillschweigenden Vertragsänderung ausgeht, wenn der Arbeitnehmer der Nutzung nicht widerspricht; aA *Dittrich* S. 66, 67, der auf den Zeitpunkt des Abschlusses des Arbeitsvertrages abstellt.

[134] AA *Vinck* S. 35, der für diese Fallgestaltung eine ausdrückliche Rechtseinräumung fordert; Wandtke/Bullinger/*Wandtke* UrhG § 43 Rn. 71/72 ausführlich zu unbekannten Nutzungsarten und die Konsequenzen der Reform durch § 31a UrhG.

[135] So auch Dreier/Schulze/*Dreier* UrhG § 43 Rn. 20.

schwankt zwischen einer arbeitgeber- und arbeitnehmerfreundlichen Tendenz.[136] Zum Teil wird davon ausgegangen, dass bei der Ermittlung des Vertragszweckes die Interessen des Arbeitgebers in besonderer Weise zu berücksichtigen sind.[137] Ebenso wird das wirtschaftliche Risiko des Arbeitgebers zu seinen Gunsten in Erwägung gezogen.[138]

Besonders weitgehend interpretierte das KG den Stiftungszweck der Stiftung Preußischer Kulturbesitz[139] und entschied, dass letztere gemäß ihrem Stiftungszweck selbst einen Bildband mit Abbildungen von Exponaten aus ihrem Museumsbestand herausgeben und daher für einen solchen Bildband auch die Fotografien einer angestellten Fotografin verwenden könne. Dass der Stiftungszweck auch umfasst haben soll, derartige Fotografien einem der leitenden wissenschaftlichen Mitarbeiter der Stiftung zur eigenen kommerziellen Nutzung zu überlassen, überrascht allerdings und ist zu weitgehend.

Andererseits hat der BGH in der Entscheidung „Ratgeber für Tierheilkunde"[140] dem Arbeitgeber die Beweislast dafür aufgebürdet, dass er mit der Zahlung des Lohnes auch sämtliche Nutzungsrechte erworben hat. Mit der Entscheidung „Lärmschutzwand"[141] hat der BGH die Einräumung der Nutzungsrechte auf das Gebiet des Bundeslandes, bei dem der Architekt als Bauoberrat tätig ist, beschränkt, obwohl die Zusammenarbeit der Bundesländer für Baumaßnahmen an den Autobahnen üblich ist. Das BOSchG hat den Vertrag zwischen einem Bühnenbildner und einem Theaterunternehmer dahingehend ausgelegt, dass das Bühnenbild mangels anderer ausdrücklicher Vereinbarungen nur für das in Frage kommende Theater benutzt werden dürfe.[142]

Nach einem Urteil des OLG Nürnberg[143] umfasst die stillschweigende Nutzungsrechtseinräumung an einem Museumsführer, den ein Museumsdirektor außerhalb seiner Dienstpflichten geschaffen hatte, neben dem Vervielfältigungs- und Verbreitungsrecht nur das Recht, das Werk um Abschnitte zu ergänzen, die neu hinzukommende Ausstellungsobjekte beschreiben und erläutern. Vom Zweck der Nutzungsrechtseinräumung nicht mehr gedeckt sei hingegen die Änderung von Abschnitten über bereits fertiggestellte und unveränderte Museumsobjekte.

ee) Noch nicht bekannte Nutzungsarten. § 31a wie auch § 31 Abs. 4 aF gelten grundsätzlich **55a** auch für Urheber in Arbeits- oder Dienstverhältnissen und kann bzw. konnte damit vertraglich auch im Arbeitsvertrag geregelt werden;[144] *Zirkel* bejaht jedoch für diesen Fall grundsätzlich einen gesonderten Vergütungsanspruch;[145] *Dreier* lehnt im Regelfall die Abdingbarkeit des § 31 Abs. 4 aF und des § 31a ab;[146] *Castendyk*[147] stellt darauf ab, ob sich aus Inhalt und Wesen des konkreten Arbeitsverhältnisses ergibt, dass der Geschäftszweck des Unternehmens gerade die Erschließung eines neuen Geschäftsfeldes im Zusammenhang mit einer technisch bekannten, aber wirtschaftlich noch unbedeutenden Nutzungsart ergibt und befürwortet daher eine einschränkende Auslegung des § 31 Abs. 4 aF.[148] Der BGH[149] verneinte die stillschweigende Abbedingung der Schutzvorschrift, da im konkreten Fall die Vergütung des Regisseurs bei Kenntnis von der Nutzungsart der Videozweitauswertung von Spielfilmen voraussichtlich höher ausgefallen wäre. Bewusste Risikogeschäfte im Vorfeld einer sich abzeichnenden wirtschaftlichen Bedeutung bleiben nach der Urheberrechtsnovelle von 2002 entsprechend der bisherigen Rechtsprechung des BGH zulässig.

§ 31a gewährt auch dem Arbeitgeber das Recht, sich vertraglich die Rechtseinräumung auch für unbekannte Nutzungsarten zu sichern. Die Formvorschriften gelten als Schutzvorschrift auch für den Arbeitsvertrag.[150] Tarifverträge, die eine entsprechende Klausel über die Rechtseinräumung unbekannter Nutzungsarten enthalten, genügen dem Schriftformerfordernis.[151]

Fraglich ist, ob dem Arbeitnehmer ein Widerrufsrecht zusteht, § 31a Abs. 1 bzw. ein Vergütungsanspruch, § 32c.[152] Ein Widerrufsrecht ist abzulehnen. Bei der Interessenabwägung zwischen der Sicherung der Arbeitsergebnisse für das Unternehmen auch für noch unbekannte Nutzungsarten und

---

[136] *Vinck* FuR 1979, 65.

[137] BGH GRUR 1974, 480 (482) – Hummelrechte; OLG Hamburg GRUR 1977, 556 (558) – Zwischen Marx und Rothschild.

[138] OLG Karlsruhe GRUR 1984, 522 – Herrensitze in Schleswig-Holstein – allerdings zu einem Bestellvertrag.

[139] GRUR 1976, 264 – Gesicherte Spuren.

[140] GRUR 1978, 244.

[141] BGH GRUR 2011, 59 (60) – Lärmschutzwand.

[142] Zitiert bei *Riepenhausen,* Das Arbeitsrecht der Bühne, (2. Aufl.), 1956, S. 126 f.

[143] OLG Nürnberg ZUM 1999, 656.

[144] *Loewenheim* EWiR 1991, 83 (84); Rehbinder WiB 1994, 461 (465); G. *Schulze* GRUR 1994, 855 (868); Loewenheim/*Nordemann* § 63 Rn. 33; zum alten Recht § 31 Abs. 4 und damit zur Frage der Wirksamkeit der Altverträge bei arbeitsvertraglicher Regelung: BGH GRUR 1991, 133 (135) – Videozweitauswertung; OLG München GRUR 1994, 115 (116) – audiovisuelle Verfahren; *Castendyk* S. 332, 343; aA *Mathis* S. 125 ff. mwN.

[145] *Zirkel* WRP 2003, 59 (62); *Zirkel* ZUM 2004, 626 ff.

[146] Dreier/Schulze/*Dreier* § 43 Rn. 17.

[147] *Castendyk* S. 332, 343.

[148] AA *Kraßer* FS Schricker, 1995, 77 (92).

[149] BGH GRUR 1991, 133 (135) – Videozweitauswertung.

[150] Dreier/Schulze/*Dreier* UrhG § 43 Rn. 17 sowie → § 31a Rn. 13.

[151] Wandtke/Bullinger/*Wandtke* UrhG § 43 Rn. 68 u. 69.

[152] Zumindest für einen zusätzlichen Vergütungsanspruch: Dreier/Schulze/*Dreier* UrhG § 31a Rn. 13; für ein Widerrufsrecht und einen Vergütungsanspruch: Wandtke/Bullinger/*Wandtke* UrhG § 43 Rn. 68.

dem Interesse des Arbeitnehmerurhebers an einer weiteren Vergütung bedarf es nicht eines Widerrufsrechts.

VI. Übertragung der Nutzungsrechte an Dritte

1. Weiterübertragung der Nutzungsrechte durch den Arbeitgeber

56   **a) Vertragliche Regelung.** Der Nutzungsberechtigte kann die ihm eingeräumten Rechte nur mit Zustimmung des Urhebers an Dritte übertragen, § 34. Ebenso kann der ausschließliche Nutzungsberechtigte Dritten ein einfaches Nutzungsrecht nur mit Zustimmung des Urhebers einräumen, § 35. Der Urheber darf jedoch diese Zustimmung nicht wider Treu und Glauben verweigern.[153]

Auch der Arbeitgeber oder der Dienstherr kann die eingeräumten Nutzungsrechte nur mit Zustimmung des Arbeitnehmerurhebers oder des Beamten an Dritte weiter übertragen, da sowohl die vermögensrechtlichen als auch die urheberpersönlichkeitsrechtlichen Belange des Arbeitnehmerurhebers oder des Beamten tangiert sein können.[154]

Die **Zustimmung** zur Weiterübertragung kann **arbeitsvertraglich geregelt** werden. Die erforderliche Zustimmung kann der Urheber auch schon bei Abschluss des Arbeitsvertrages oder bei Aufnahme des Dienstverhältnisses für alle künftigen Werke erteilen.[155]

57   **b) Stillschweigende Zustimmung.** Die **Zustimmung** des Urhebers **zur Weiterübertragung** der Rechte kann **stillschweigend** erfolgen (→ § 34 Rn. 18). Sie wird dann vorliegen, wenn die **Weitergabe** der Rechte an Dritte noch vom **Betriebszweck** selbst erfasst wird,[156] insbesondere wenn die Verwertungsform für das Unternehmen typisch ist.[157]

58   **c) Einzelfälle.** Ist ein **Zeitungsverlag** einer Redaktionsgemeinschaft angegliedert, weiß der Arbeitnehmer schon bei Vertragsschluss, dass seine Werke auch in den Anschlussblättern erscheinen werden; es kann von einer stillschweigenden Zustimmung ausgegangen werden. Dies gilt auch bei einer sonstigen redaktionellen Zusammenarbeit von Verlagen.[158]

Das OLG Hamburg[159] hat in der **entgeltlichen Weitergabe einer Rundfunkproduktion** an **ausländische Rundfunkanstalten** noch eine „rundfunkmäßige" Verwertung gesehen. Der Umfang der Nutzungseinräumung richte sich nach den Erfordernissen der Rundfunkanstalt, wobei bei der Ermittlung des Vertragszwecks die Interessen des Arbeitgebers in besonderer Weise zu berücksichtigen seien. Zu den Aufgaben der Rundfunkanstalten gehöre nicht lediglich der Programmaustausch innerhalb der ARD, sondern auch ein, sogar entgeltlicher, Austausch mit ausländischen Rundfunkanstalten.[160]

Das OLG Düsseldorf hat mangels vertraglicher Regelung das Recht des Arbeitgebers verneint, den Text einer Imagebroschüre, die keine direkten Bezüge das Unternehmen und die Produkte enthält und auch eine Nutzung durch andere als den Arbeitgeber zulässt, Dritten einzuräumen. Von einer stillschweigenden Zustimmung könne nicht ausgegangen werden, da die Weitergabe nicht mehr vom Betriebszweck erfasst worden sei.[161]

Der **Verkauf von Unternehmensteilen** ist ein seit mehreren Jahrzehnten allgemein bekannter, prägender Aspekt der Realität der Wirtschaft. Folglich wird auch hier häufig eine stillschweigende Zustimmung zur Übertragung angenommen werden können.

2. Weiterübertragung der Nutzungsrechte durch den Arbeitnehmer oder Beamten

59   **a) Beschränkung durch die arbeitsvertragliche Treuepflicht.** Nutzungsrechte, die dem Arbeitgeber nicht ausdrücklich oder stillschweigend eingeräumt worden sind, verbleiben beim Urheber. Inwieweit jedoch der Werkschöpfer die ihm verbleibenden Nutzungsrechte selbst oder durch Dritte verwerten kann, ist nach arbeitsrechtlichen Grundsätzen zu klären. Der angestellte Urheber ist bei der **eigenständigen Verwertung seines Werkes** durch seine **arbeitsrechtliche Treuepflicht gebunden.** Nach § 60 Abs. 1 HGB darf der Handlungsgehilfe ohne Einwilligung seines Prinzipals weder ein Handelsgewerbe betreiben noch in dessen Handelszweig für eigene oder fremde Rechnung Geschäfte machen. Für sonstige Arbeitnehmergruppen fehlen entsprechende gesetzliche Regelungen. Nach ständiger **Rechtsprechung des BAG** obliegt jedoch allen Arbeitnehmern während **der Dauer des Arbeitsvertrages ein Wettbewerbsverbot.** Diese Verpflichtung des Arbeitnehmers ergibt

[153] Im Einzelnen → § 34 Rn. 15 ff.
[154] BGH GRUR 2011, 59 (60) – Lärmschutzwand; *v. Gamm* § 34 Rn. 11, 17; *Blatz* S. 73; *Gloy* S. 36; *Vinck* S. 78; *Bollack* GRUR 1976, 74 (77).
[155] *Dreier/Schulze/Dreier* UrhG § 43 Rn. 21.
[156] BGH GRUR 2005, 860 (862) – Fash 2000; OLG Jena GRUR-RR 2002, 379 (380) – Rudolstädter Vogelschießen; Wandtke/Bullinger/*Wandtke* UrhG § 43 Rn. 81; Fromm/Nordemann/*Axel Nordemann* UrhG § 43 Rn. 47; *Rehbinder* RdA 1968, 309 (313).
[157] *Bayreuther*, Münchener HdB ArbR (4. Aufl.) Bd. 1, § 99 Rn. 13 mwN.
[158] Zu den entsprechenden tarifvertraglichen Regelungen → Rn. 107.
[159] GRUR 1977, 556 – Zwischen Marx und Rothschild.
[160] Ebenso *Herrmann* AÖR 90 (1965), 286 (312); *Hillig* FuR 1963, 12; *Samson* FS Roeber, 1973, 547 (553).
[161] OLG Düsseldorf ZUM-RD 2009, 63.

sich aus der allgemeinen Treuepflicht.[162] Somit darf der angestellte Werkschöpfer durch die eigene Verwertung der ihm verbleibenden Rechte oder durch die Übertragung dieser Rechte an Dritte dem Arbeitgeber keine Konkurrenz machen. Im Einzelfall kann dies so weit gehen, dass der Urheber von einer eigenen Verwertung der ihm verbleibenden Rechte ganz ausgeschlossen ist. Manche Tarifverträge enthalten Klauseln, die den Umfang und die Modalitäten der Übertragung der dem Arbeitnehmer verbliebenen Rechte festlegen.[163]

b) Auslegung des § 38 UrhG. Im Hinblick auf die arbeitsvertragliche Treuepflicht finden auch **60** die Auslegungsregeln des **§ 38 UrhG für Beiträge zu Sammlungen eine Einschränkung.** Grundsätzlich gelten zwar diese Auslegungsregeln auch für den Arbeitnehmer, jedoch sind bei ihrer Anwendung die besonderen Interessen des Arbeitgebers zu berücksichtigen. Gemäß § 38 Abs. 1 kann der Werkschöpfer nach Ablauf eines Jahres seit Erscheinen seines Beitrages diesen anderweitig vervielfältigen und verbreiten; für angestellte Urheber gilt dies jedoch idR nur dann, wenn der Arbeitgeber den Beitrag nicht mehr benötigt und der Urheber dadurch zu seinem eigenen Arbeitgeber nicht in Konkurrenz tritt.[164]

Nach § 38 Abs. 3 erwirbt der Zeitungsverleger, wenn nichts anderes vereinbart ist, nur ein einfaches Nutzungsrecht. Anders im Arbeitsverhältnis: Hier ist bei einem in einem **Zeitungsverlag** angestellten Urheber regelmäßig davon auszugehen, dass er seinem Arbeitgeber **stillschweigend ein ausschließliches Nutzungsrecht einräumt.**[165] Nach Veröffentlichung des Beitrages kann der Urheber diesen auch nur insoweit verwerten, als er dadurch die Interessen seines Arbeitgebers nicht verletzt. Wollen zB sowohl der Redakteur wie auch der Verlag den Beitrag an Dritte weitergeben, dann müssen die Belange des Werkschöpfers hinter denen des Arbeitgebers zurückstehen. Die schöpferische Tätigkeit des Redakteurs erfolgt im Dienst des Verlages, der seinen Geschäftsbetrieb auch auf die Verwertung der geschriebenen Beiträge ausgerichtet hat. Die Nutzung des Arbeitsergebnisses gebührt grundsätzlich dem Arbeitgeber. Der Arbeitnehmer muss aufgrund der Treuepflicht dem Verlag die Einwilligung zur Weitergabe erteilen. Davon zu trennen ist die Frage, ob dem Redakteur für diese Weitergabe ein zusätzliches Entgelt zusteht.[166]

c) Beamtenverhältnis. Das Arbeitsergebnis eines **Beamten** gehört dem Dienstherrn grundsätz- **61** lich **ohne zeitliche Beschränkung.**[167] Ein Recht des Beamten, seinen in einer Sammlung des Dienstherrn veröffentlichten Beitrag nach Ablauf eines Jahres selbst anderweitig zu vervielfältigen und zu verbreiten, kann daher nur ausnahmsweise in Betracht kommen, wenn ein Interesse des Dienstherrn am Unterlassen der anderweitigen Verwertung unter keinem Gesichtspunkt ersichtlich ist.[168]

Der **Beamte** wird die ihm verbleibenden Nutzungsrechte idR nur im Rahmen einer **Nebentä-** **62** **tigkeit** verwerten können. Nebentätigkeiten sind jedoch in einem Dienstverhältnis nur insofern zulässig, als sie die hauptberufliche Arbeit nicht beeinträchtigen. Sie werden zum Teil nach näherer Maßgabe der Vorschriften über das Nebentätigkeitsrecht von einer **Genehmigung des Dienstherrn** abhängig gemacht, die allerdings nur bei Vorliegen sachlicher Gründe verweigert werden darf.[169] Erarbeitet ein Beamter zB im Auftrage seiner Dienststelle ein Gutachten betreffend Steuerreformen, so kann er dieses nicht ohne Genehmigung der Dienststelle publizieren. Anderes gilt, soweit ein Beamter nicht das Arbeitsergebnis als solches, sondern nur die bei der Erstellung des Arbeitsergebnisses gewonnenen Kenntnisse und Erfahrungen anderweitig – etwa im Rahmen einer genehmigungsfreien schriftstellerischen Tätigkeit – verwerten will.[170] In der Entscheidung „Lärmschutzwand" hatte der Beamte die ihm zustehenden Rechte nicht selbst verwertet, sondern der Dienstherr einem anderen Bundesland die Nutzungsrechte unbefugter Weise eingeräumt.[171] Der BGH sprach dem Beamten einen Schadensersatzanspruch aus § 37 Abs. 1 zu. Dies bedeutet im Umkehrschluss aber auch, dass der Beamte die ihm zustehenden Rechte auch hätte selbst verwerten können. Damit hätte das Bundesland dem Beamten auch eine entsprechende Nebentätigkeit für die Verwertung der Rechte zubilligen müssen.[172]

d) Hochschulangehörige. Eine Sonderstellung nehmen die **verbeamteten Hochschulangehö-** **63** **rigen** ein. Ein Professor wird im Rahmen seiner Forschungs- und Lehrtätigkeit in der Regel urheberrechtsschutzfähige Werke schaffen. Die Veröffentlichung von Forschungsergebnissen und Unter-

---

[162] BAG AP BGB § 611 Nr. 7; Nr. 10 – Treuepflicht; *Schaub* Arbeitsrechts-HdB § 53 II N22 Rn. 61; *Bayreuther,* Münchener HdB ArbR, (4. Aufl.), Bd. 1, § 99 Rn. 29.

[163] *Dittrich* S. 68; *Vinck* S. 32; *Zöllner* FS Hubmann, 1985, 523 (536); Dreier/Schulze/*Dreier* UrhG § 43 Rn. 22; Wandtke/Bullinger/*Wandtke* UrhG § 43 Rn. 83.

[164] Zustimmend *Sack,* Münchener HdB ArbR, (2. Aufl.) Bd. 1 § 102 Rn. 19.

[165] *Schmidt-Osten* Der Journalist 1962, 2 (3).

[166] → Rn. 65, 66.

[167] *Schmieder* GRUR 1963, 297 (300).

[168] *Troidl* ist hingegen für ein weitergehendes Recht des Beamten, BayVBl. 1972, 93 (95).

[169] *Pakuscher* FS Roeber, 1973, 307; *Schmieder* GRUR 1963, 297; *Troidl* BayVBl. 1972, 93.

[170] → Rn. 31.

[171] BGH GRUR 2011, 59 (60) – Lärmschutzwand.

[172] *Schnelle/Hopkins* NVwZ 2010, 1333 – ausgewählte Probleme des Nebentätigkeitsrechts; interessant ist, dass der Beamte bei der Verwertung seiner Rechte je nach Sachverhalt die erzielten Einnahmen nach den Nebentätigkeitsverordnungen abführen muss, bei den Einnahmen aus Urheberverletzungen besteht diese Pflicht nicht.

richtsmaterialien gehört nicht mehr zum Aufgabenbereich der Professoren.[173] Allerdings hat das LG Köln die Erstellung von Klausuren für universitäre Prüfungsaufgaben als Dienstpflicht gewertet. Die Nutzungsrechte gehören somit der Universität.[174] Im Hinblick auf die besondere, durch Art. 5 Abs. 3 GG garantierte Wissenschaftsfreiheit der Hochschulangehörigen können diese unabhängig von ihrem Dienstherrn entscheiden, ob sie ihre Forschungsergebnisse und Unterrichtsmaterialien veröffentlichen wollen. Dies gilt aber nicht für weisungsabhängig arbeitende Hochschulangehörige, zB wissenschaftliche Mitarbeiter oder wissenschaftliche Hilfskräfte:[175] Hier kann uU aus dienstrechtlichen Gründen die Veröffentlichung untersagt werden.[176]

VII. Vergütungsansprüche für die Nutzungseinräumung

1. Vergütung durch den Arbeitslohn

64   Der Arbeitnehmer hat gegenüber dem Arbeitgeber einen Anspruch auf Zahlung des vereinbarten oder – falls eine Vergütung nicht geregelt wurde – des angemessenen Lohnes.[177] **Mit dieser Lohnzahlung** ist nach hM **auch die Einräumung derjenigen Nutzungsrechte,** die der Arbeitgeber für die betrieblichen Zwecke benötigt, **abgegolten.**[178]

Ist die Höhe der **Vergütung nicht bestimmt** ist, hat der Urheber nach § 32 einen Anspruch auf die angemessene Vergütung. Soweit die vereinbarte Vergütung nicht angemessen ist, kann der Urheber von seinem Vertragspartner die Einwilligung in die Änderung des Vertrages verlangen, durch die dem Urheber die angemessene Vergütung gewährt wird, § 32 S. 3. Ein Anspruch auf Vertragsanpassung nach § 32 Abs. 2 S. 2 ist dann gegeben, wenn die vereinbarte Vergütung nicht dem entspricht, was in der jeweiligen Branche für vergleichbare Werknutzungen üblicherweise – und redlicherweise – gezahlt wird.[179] Im ursprünglichen Gesetzentwurf der Bundesregierung[180] war in § 43 ausdrücklich auf § 32 Bezug genommen worden. Nach Bedenken des Bundesrates wurde der Verweis auf § 32 fallen gelassen. Der Bundesrat hat nicht die Nachprüfbarkeit bei arbeitsvertraglichen Vereinbarungen als solche beanstandet, sondern die Bedenken beruhten auf evtl. Ungleichbehandlungen der Arbeitnehmer. Nach Auffassung des Bundesrates würde eine Bezugnahme auf § 32 Abs. 1 S. 1 dort zu Problemen führen, wo – wie etwa bei Rundfunkanstalten – einheitliche, an die Funktion (zB Redakteur) anknüpfende Tarifverträge bestehen, bei denen die Vergütung unabhängig davon erfolgt, ob und ggf. in welchem Umfang Nutzungsrechte übertragen werden. Arbeitnehmer, die für ihren Arbeitgeber urheberrechtlich geschützte Leistungen erbringen, hätten die Möglichkeit gehabt, Tarifbestimmungen von den Gerichten auf ihre Angemessenheit überprüfen zu lassen, denn die in § 32 Abs. 1 S. 3 aufgestellte Vermutung sei gemäß § 292 ZPO widerleglich.[181]

Hieraus ist jedoch nicht zu entnehmen, dass der Gesetzgeber von einer Nichtanwendbarkeit des § 32 im Rahmen des § 43 ausgegangen ist. Vielmehr blieb es beim ursprünglichen Gesetzeswortlaut des § 43. Demgemäß wird auf die Anwendbarkeit der Vorschriften des Unterabschnitts verwiesen, soweit sich aus dem Inhalt oder dem Wesen des Arbeits- oder Dienstverhältnisses nichts anderes ergibt. § 32 Abs. 1 S. 1 und S. 2 ist somit grundsätzlich auch auf **Arbeits- und Dienstverträge** anzuwenden. Ist jedoch eine Vergütung zwischen Arbeitgeber und Arbeitnehmer vereinbart worden, ist dies unter arbeitsrechtlichen Gesichtspunkten bindend, da grundsätzlich **Vertragsfreiheit** besteht.[182] Die Vertragsfreiheit gilt jedoch auch im Arbeitsrecht nicht schrankenlos. Art. 157 AEUV schreibt die Gleichbehandlung von Mann und Frau im Erwerbsleben vor. Dies ist unmittelbar geltendes Recht.[183] Besteht bei den betreffenden Arbeitnehmern eine vergleichbare Lage,[184] hat eine Frau den gleichen Lohnanspruch wie ihr männlicher Kollege.[185] Zu Gunsten des freischöpferischen Urhebers hat der Gesetzgeber die Vertragsfreiheit dahingehend eingeschränkt, dass der Urheber eine Vertragsänderung

---

[173] → Rn. 31.

[174] LG Köln NJW-RR 2000, 1294; zustimmend Wandtke/Bullinger/*Wandtke* UrhG § 43 Rn. 43; *Leuze* GRUR 2006, 552 (557); *Schricker* in *Hartmer/Detmer*, Hochschulrecht, 2004, S. 435 Rn. 68.

[175] LG Köln ZUM 2000, 579; Dreier/Schulze/*Dreier* UrhG § 43 Rn. 12.

[176] *Rehbinder* FS Hubmann, 1985, 359 (370); vgl. → Rn. 136.

[177] Ausführlich zur Angemessenheit der Vergütung unter Berücksichtigung von § 32 und 32a, *Schricker* GRUR 2002, 737 ff.; *Schricker* GRUR-Int 2002, 797 ff.; zur Redlichkeit der Vergütung im Film- und Fernsehbereich, *Reber* GRUR 2003, 393 ff.

[178] BT-Drs. 14/8058, 44 und Begr. RegE BT-Drs. 14/6433, 18; statt vieler Dreier/Schulze/*Dreier* UrhG § 43 Rn. 30; Fromm/Nordemann/*A. Nordemann* UrhG § 43 Rn. 58; aA Wandtke/Bullinger/*Wandtke* UrhG § 43 Rn. 137 unter umfangreicher Zitierung der Rspr., die jedoch nicht zu § 43 ergangen ist; und *Himmelmann* GRUR 1999, 877 ff. die zwischen Arbeitsentgelt und Nutzungsentgelt unterscheiden; ebenso *Grunert* GRUR 2000, 128 (143).

[179] → § 32 Rn. 30 ff.

[180] BT-Drs. 14/7564.

[181] *Hucko* S. 141, 142.

[182] BAG NJW 2000, 3580.

[183] EuGH Slg. 1976, 455 Rn. 30, 34 – Defrenne II.

[184] EuGH NZA 2002, 143.

[185] BAG NJW 2000, 3589; BB 2002, 1381.

auf die Angemessenheit der Vergütung von seinem Vertragspartner verlangen kann. Dies gilt auch für in einem Arbeitsverhältnis tätige Urheber, welche somit eine entsprechende **Nachprüfung** und damit Neufestsetzung der angemessenen Vergütung erwirken können.[186] Auch § 32 Abs. 4 verweist auf die Abgrenzungen zu den tarifvertraglichen Regelungen; damit wird implizit anerkannt, dass §§ 32, 32a auch auf Arbeitnehmer Anwendung finden können.[187]

Wegen des besonderen **Wesens des Dienstverhältnisses im Beamtentum** ist § 32 nicht bei beamteten Urhebern anwendbar. Aufgrund des besonderen Treueverhältnisses erhält der Beamte eine angemessene lebenslange Versorgung. Er erhält den Unterhalt, den er für sich und seine Familie benötigt, zB ein höheres Gehalt, sofern er für Kinder zu sorgen hat. Die Alimentation wird nicht zwischen den Parteien vereinbart, sondern durch Gesetz festgelegt. Der Dienstherr hat grundsätzlich kein wirtschaftliches Interesse an einer Einnahmeerzielung aus den Leistungen seiner Beamten.[188] Der beamtenrechtliche Alimentationsgedanke trägt dann jedoch nicht mehr, wenn der Staat die Werke seiner Urheber mit Gewinnabsicht verwertet. Werden zB die Reden des Bundeskanzlers oder des Bundespräsidenten in Buchform herausgegeben, käme vom Grundsatz her die Anwendung des § 32 in Betracht.

Ob § 32 für den Arbeitnehmerurheber über Einzelfälle hinausgehend eine relevante Bedeutung gewinnen wird, ist eher zweifelhaft. Zwar werden dreiviertel aller schöpferischen und künstlerischen Leistungen in Deutschland von abhängigen Beschäftigten erbracht,[189] aber in einem erheblichen Umfang sind die Vergütungen für die Nutzung der Werke des Arbeitnehmerurhebers tarifvertraglich geregelt.[190] Bei Werken, die im Rahmen der einzelarbeitsvertraglichen Verpflichtungen geschaffen werden, wird der Arbeitslohn in der Regel die angemessene Vergütung enthalten. Hieran hat sich auch durch die Einführung des neuen § 32 nichts geändert.

Die **Vergütungsregelungen des ArbnErfG können für das Urheberrecht nicht herangezogen werden.**[191] Der angestellte Naturwissenschaftler oder Ingenieur wird von seinem Arbeitgeber mit der Lösung eines technischen Problems beauftragt. Ob diese Lösung gelingt, bleibt offen; die „erfinderische" Leistung des Arbeitnehmers lässt sich nicht vereinbaren. Die Bezahlung erfolgt somit nicht für die „Erfindung", sondern für die Leistungen des Arbeitnehmers, der sich um die Lösung eines technischen Problems bemüht; eine gesonderte Erfindervergütung ist gerechtfertigt. Hingegen ist die Schaffung urheberrechtsschutzfähiger Werke voraussehbar. Der Architekt wird angestellt, um Baupläne zu zeichnen; der Redakteur erhält den Auftrag, Artikel zu schreiben; der Grafiker zeichnet ein Werbeplakat. Einer besonderen Belohnung bedarf es daher für die Schaffung urheberrechtsschutzfähiger Werke grundsätzlich nicht;[192]

Ob die **zeitlich unbegrenzte Einräumung** von Nutzungsrechten über das Ende des Arbeitsverhältnisses hinaus ebenfalls mit dem gezahlten Arbeitslohn angemessen vergütet wird, ist umstritten. Die hM geht von einem unbeschränkten Nutzungsrecht nach Beendigung des Arbeits- oder Dienst-

---

[186] BAG NZA 2006, 107 – Zur Bestimmung der angemessenen Vergütung Gehaltstarif für Redakteure bei Tageszeitungen; so auch *Grobys/Foerstl* NZA 2002, 1015 (1017), die eine Widerlegung der Angemessenheitsvermutung für zulässig erachten; *Hilty/Peukert* GRUR-Int 2002, 643 (648); *Thüsing* GRUR 2002, 203 (210); *Jacobs* NJW 2002, 1905 (1906); *Mestmäcker/Schulze/Lindner* § 32 Anm. 5; *Dreier/Schulze/Dreier* UrhG § 43 Rn. 30; *Wandtke/Bullinger/Wandtke* UrhG § 43 Rn. 145 ff.; *Fromm/Nordemann/A. Nordemann* UrhG § 43 Rn. 59; *Flechsig/Hendriks* ZUM 2002, 423 (425); *Wandtke/Grunert* § 32 Rn. 4; *Nordemann* S. 87; *Schack* GRUR 2002, 851 (855); *Pakuscher* K & R 2003, 182; *Zirkel* WRP 2003, 50 ff.; aA *Ory* AfP 2002, 93 (95) und *Ory* ZUM 2010, 506; *Bayreuther* GRUR 2003, 570 (573 ff.); *C. Berger* Rn. 44, 48; *C. Berger* ZUM 2003, 173 ff.; *Hillig* AfP 2003, 94 f.; *Loewenheim/v. Becker* § 29 Rn. 56, 99.

[187] *Hucko* S. 166; zu → § 32 Rn. 4.

[188] Ebenso *Möhring/Nicolini/Spautz* (2. Aufl.) § 43 Rn. 11; *Rehbinder* (2. Aufl.) Rn. 339; *Kraßer* FS Schricker, 1995, 77 (110); *Leuze* GRUR-Int 2006, 552 (557); *Hauptmann* S. 108; *Ulmann* GRUR 1987, 6 (7); *Haas* Rn. 35, 209, 419 ff., 425, 433; aA *Hilty/Peukert* GRUR-Int 2002, 643 (648); *Thüsing* GRUR 2002, 203 (210); *Jacobs* NJW 2002, 1905 (1906); *Mestmäcker/Schulze/Lindner* § 32 Anm. 5; *Dreier/Schulze/Dreier* UrhG § 43 Rn. 30; *Flechsig/Hendriks* ZUM 2002, 423 (425); *Wandtke/Grunert* UrhG § 32 Rn. 4; *Nordemann* S. 87; *Schack* GRUR 2002, 85 (855); *Pakuscher* K & R 2003, 182; *Zirkel* WRP 2003, 50 ff.

[189] *Schack* Rn. 978.

[190] → Rn. 103–123; aA *Wandtke/Bullinger/Wandtke* UrhG § 43 Rn. 131, der die Auffassung vertritt, dass sich der Unterschied zwischen Gehalt/Lohn und urheberrechtlicher Vergütung auch im Tarifvertrag widerspiegeln muss, und *Wandtke* GRUR 1992, 39; *Himmelmann* GRUR 1999, 877 ff. geht von einer getrennten Betrachtung von Lizenzansprüchen und Arbeitsvergütung aus.

[191] BGH GRUR 2002, 149 (152) – Wetterführungspläne II führt aus, dass die Ungleichbehandlung von Arbeitnehmererfindern und angestellten Urhebern auch im Hinblick auf § 69b nicht gegen höherrangiges Recht verstößt; aA *Wandtke/Bullinger/Wandtke* UrhG § 43 Rn. 138, der die Auffassung vertritt, dass § 43 Rechtscharakter der urheberrechtlichen Vergütung vergleichbar ist mit der gesonderten Erfindervergütung nach § 9 ArbErfG, welche ebenfalls unabhängig vom Arbeitsentgelt geschuldet wird; *Himmelmann* GRUR 1999, 897 ff. ausführlich zum Vergleich von Arbeitnehmer-Erfinder und Arbeitnehmer-Urheber; zum Streitstand generell auch *Wandtke/Bullinger/Wandtke* UrhG § 43 Rn. 134, 139, 143.

[192] *Dreier/Schulze/Dreier* UrhG § 43 Rn. 30; *Fromm/Nordemann/A. Nordemann* UrhG § 43 Rn. 64; *Ulmer* § 95 IV; *Rehbinder* FS Roeber, 1973, 481 (498); *Ullmann* GRUR 1987, 6 (7); *Vinck* S. 31; *Dressel* GRUR 1989, 319 (323); *Bayreuther*, Münchener HdB ArbR, (4. Aufl.) Bd. 1 § 99 Rn. 22 mwN; *Hauptmann* S. 108; *Kraßer* FS Schricker, 1995, 77 (110); aA *Dittrich* S. 88 schlägt im Prinzip anlehnend an das Recht der Diensterfindung eine besondere angemessene Vergütung zugunsten des Arbeitnehmers vor; *Sahmer* UFITA 21 (1956), 34 (38); *Gaul* RdA 1993, 90 (93); *Parkuscher* FS Gaedertz, 1992, 441 (446); *Wandtke* GRUR 1992, 139 (141); *Schwab* ArbnR 1993, 129 (134).

verhältnisses aus.[193] Von einer gesetzlichen Regelung wurde iRd Urheberrechtsnovelle vom 1.7.2002 mit dem Hinweis abgesehen, mangels ausdrücklicher Abreden sei die Frage, ob und für wie lange das Nutzungsrecht nach Auflösung des Arbeitsverhältnisses fortbestehe, nach den Umständen des Einzelfalls unter Berücksichtigung insbesondere der betrieblichen Erfordernisse zu bestimmen.[194] In einigen Tarifverträgen ist die zeitlich unbefristete Rechtseinräumung verbunden mit einem Vergütungsanspruch für die Nutzung der Werke nach Beendigung des Arbeitsverhältnisses ausdrücklich geregelt.[195]

2. Vergütungsansprüche für außerhalb des Betriebszweckes liegende Verwertungen der Nutzungsrechte

65   **a) Abgeltung mit dem Lohn.** Selbst wenn sich der Arbeitgeber weit **über den eigentlichen Betriebszweck hinaus** vertraglich **Nutzungsrechte hat einräumen lassen,** ist diese Einräumung mit dem **vereinbarten Lohn abgegolten,** sofern dies vereinbart wurde und noch als angemessen gemäß § 32 anzusehen ist. Im Rahmen der Vertragsfreiheit ist eine entsprechend weitgehende Rechtseinräumung zulässig;[196] es ist idR nicht sittenwidrig, wenn sie vertraglich mit dem üblichen Lohn abgegolten wird.[197]

66   **b) Zusätzliches Entgelt.** Bestehen jedoch keine entsprechenden vertraglichen Regelungen und verwertet der Arbeitgeber das Werk des angestellten Urhebers **außerhalb der betrieblichen Zwecke,** so gebührt dem Urheber hierfür grundsätzlich **ein zusätzliches Entgelt.** Dies ergibt sich sowohl aus urheberrechtlichen wie aber auch aus arbeitsrechtlichen Grundsätzen. Schon das RG prägte den Grundsatz, dass dem Urheber überall, wo aus seinem Werk wirtschaftliche Früchte gezogen werden, grundsätzlich die Möglichkeit gewährt werden soll, daran teilzuhaben.[198] Diese Rechtsprechung wurde vom BGH[199] fortgesetzt und fand ua in § 31 Abs. 5 ihren Niederschlag. Der Arbeitgeber erzielt durch die Verwertung des urheberrechtsschutzfähigen Arbeitsergebnisses außerhalb des Betriebszweckes idR einen zusätzlichen Ertrag; daran ist der Arbeitnehmer zu beteiligen. Durch den Arbeitslohn ist diese Verwertung nicht bereits abgegolten, da der Arbeitslohn im Zweifel nur für die Rechtseinräumung zu betrieblichen Zwecken abdeckt. Ob der Verkauf eines Werkes durch den Arbeitgeber einen Anspruch des Arbeitnehmerurhebers auf eine zusätzliche Vergütung auslöst, ist anhand der konkreten Umstände des Einzelfalles zu bestimmen.[200] Aus dem Umstand allein, dass der angestellte Urheber der Verwertung außerhalb der betrieblichen Zwecke zustimmt, kann nicht geschlossen werden, dass er damit auch auf Vergütungsansprüche verzichtet.[201] Eine zusätzliche Vergütung für Pflichtwerke kann durch tarifvertragliche Regelungen ausgeschlossen sein.[202]

3. Vergütungsansprüche für urheberrechtsschutzfähige Sonderleistungen

67   **a) Zusätzliche Vergütungsansprüche außerhalb der Anwendung von § 43 UrhG. Zusätzliche Vergütungsansprüche** bestehen auch dann, wenn der Arbeitnehmer zwar für den Arbeitgeber eine **urheberrechtsschutzfähige Leistung** erbringt, diese jedoch **nicht mehr von** seinen **arbeitsvertraglichen Pflichten** und damit von § 43 **erfasst** wird. Was zu den Aufgaben des Arbeitnehmers (oder Bediensteten) gehört, ergibt sich primär aus dem Arbeitsvertrag (Dienstvertrag), daneben aus

---

[193] BAG ZUM 1997, 67 (69); *v. Olenhusen/Ernst* in *Hoeren/Sieber* Teil 7.3 Rn. 102; *Bayreuther,* Münchener HdB ArbR, (4. Aufl.) Bd. 1 § 992 Rn. 14 mwN, 31; *Berger/Wündisch/Wündisch* § 15 Rn. 35; aA *Samson* FS Roeber, 1973, 547 (553) hält die zeitlich unbegrenzte Einräumung der Nutzungsrechte für bedenklich, da mit dem Ende des Arbeitsverhältnisses jede Gegenleistung für die jeweilige Nutzung des Werkes entfalle; *Pakuscher* FS Gaedertz, 1992, 441 (453) für eine Begrenzung der Nutzungsrechte des Arbeitgebers auf die Zeit der Zugehörigkeit des abhängigen Urhebers zum Arbeits- oder Dienstbereich des Arbeitgebers oder Dienstherrn; für einen gesonderten Vergütungsanspruch des Arbeitnehmers nach Beendigung des Arbeitsverhältnisses: *Wandtke* GRUR 1992, 139 (144); *Wandtke* GRUR 1999, 390 (394) und Wandtke/Bullinger/*Wandtke* UrhG § 43 Rn. 78, 149; *Schwab* AuR 1993, 129 (135); differenzierend für wissenschaftliche Tätigkeit *Westen* JR 1967, 401 (406).
[194] BT-Drs. 14/7564; so wohl auch Dreier/Schulze/*Dreier* UrhG § 43 Rn. 32, der für eine Korrektur im Einzelfall auf §§ 32, 32a verweist.
[195] Vgl. nur § 12 Abs. 7 des MTV für Redakteure an Zeitschriften idF v. 4.11.2011; § 17 Abs. 6 des MTV für Redakteure an Tageszeitungen idF v. 24.4.2014.
[196] → Rn. 48.
[197] Dreier/Schulze/*Dreier* UrhG § 43 Rn. 31.
[198] RGZ 123, 312 – Wilhelm Busch.
[199] BGHZ 11, 135 = NJW 1954, 305 – Lautsprecherübertragung; BGHZ 13, 115 (118) = NJW 1954, 1081 – Platzzuschüsse; BGHZ 33, 1 (16) = GRUR 1960, 619 – Künstlerlizenz Schallplatten; BGHZ 36, 171 (179) = NJW 1962, 532 – Rundfunkempfang im Hotelzimmer I.
[200] Enger → 5. Aufl. 2017, Rn. 67 (Verkauf eines Artikels oder einer Serie durch Zeitungsverleger begründet weiteren Vergütungsanspruch des Arbeitnehmerurhebers) unter Verweis auf *Hubmann* FS A. Hueck, 1959, 43 (55); *Sahmer* UFITA 21 [1956], 34 (38); *Westen* JR 1967, 401 (402); Dreier/Schulze/*Dreier* UrhG § 43 Rn. 31; Wandtke/Bullinger/*Wandtke* UrhG § 43 Rn. 146; *v. Olenhusen/Ernst* in *Hoeren/Sieber* Teil 7.3 Rn. 125; aA *Recher* S. 273; *Reichel* GRUR 1960, 582 (585); auch *Rehbinder* FS Roeber, 1973, 481 (498): nimmt ein zusätzliches Entgelt nur bei Sonderleistungen an; Möhring/Nicolini/*Spautz* (2. Aufl.) UrhG § 43 Rn. 11: nimmt zusätzliches Entgelt nur in den Sonderfällen des § 36 aF oder § 138 BGB an; wohl auch *Zirkel* WRP 2003, 59 (63).
[201] Vgl. auch BGH GRUR 1985, 129 – Elektrodenfabrik.
[202] LAG Köln ZUM 2001, 612 (613); § 32 Abs. 4 Vorrang des Tarifvertrages dort → § 32 Rn. 23 ff.

der betrieblichen Funktion, tarifvertraglichen Regelungen, dem Berufsbild und der Üblichkeit.[203] Gemäß stRspr des Bundesarbeitsgerichts[204] steht dem Arbeitnehmer für eine besondere Leistung, insbesondere für eine Leistung schöpferischer Art, die über die übliche Arbeitsleistung hinausgeht und eine echte Sonderleistung darstellt, auch ohne besondere Vereinbarung nach Treu und Glauben zusätzlich eine Vergütung zu, wenn sich der Arbeitgeber die ihm angebotenen Nutzungsrechte einräumen lässt.

Schafft ein Arbeitnehmer für seinen Arbeitgeber also außerhalb seiner arbeitsvertraglichen Pflichten ein urheberrechtsschutzfähiges Werk, so steht ihm hierfür ein zusätzlicher Arbeitslohn zu[205] (zu tarifrechtlichen Vorbehalten;[206] für die quantitative und qualitative Mehrarbeit[207]) Dies gilt grundsätzlich auch für Beamte.[208]

b) Rechtsprechung. Überraschend und im Widerspruch zur sonstigen Rspr. erscheint ein Urteil **68** des BAG,[209] in dem **trotz Feststellung** einer **nicht arbeitsvertraglich** bedingten **schöpferischen Leistung** dem Arbeitnehmer hierfür **keine zusätzliche Vergütung** gewährt wird: **Der Arbeitnehmer habe versäumt klarzustellen,** dass die **Einräumung von** Nutzungsrechten an einem derartig geschaffenen Werk **nur gegen Entgelt** geschehen sollte. Zu Recht stellt *Ulmer* in seiner Anmerkung zu diesem Urteil[210] die Ablehnung eines Vergütungsanspruches in Frage.

Diese Entscheidung steht auch im Gegensatz zu der Rechtsprechung des BGH, der für **69** das Entstehen eines Vergütungsanspruchs nicht verlangt, dass der Arbeitnehmer die Nutzungsrechte ausdrücklich nur gegen Entgelt einräumt.[211] Der BGH sieht keine Verpflichtung des Arbeitnehmers, zur Wahrung seiner Vergütungsansprüche ausdrücklich Honorarvereinbarungen herbeizuführen. Bereits in der Entscheidung „Ratgeber für Tierheilkunde"[212] hatte der BGH die Auffassung vertreten, dass eine über die vertraglich geschuldete Dienstleistungspflicht hinausgehende schöpferische Mitarbeit an einem Buchmanuskript nicht mit dem vereinbarten Entgelt abgegolten ist.

Das BOSchG hat die arbeitsvertraglichen Pflichten sogar besonders eng gefasst: Ein bei einer Bühne angestellter Bühnenbildner verlangte für seine künstlerischen Leistungen, die er speziell für eine Fernsehübertragung des Bühnenwerkes eingesetzt hatte, eine zusätzliche Vergütung. Das BOSchG erkannte diese Forderung an. Zwar habe der Bühnenbildner seine Nutzungsrechte auf den Arbeitgeber übertragen und könne für deren Inanspruchnahme keine zusätzliche Sonderleistung verlangen. Für die Fernsehübertragung habe er jedoch spezielle künstlerische Aufgaben erledigt, die über die normale Theateraufführung hinausgingen und gesondert zu vergüten seien.[213]

4. Vergütungsansprüche im Dienstverhältnis

Die für **das Arbeitsverhältnis entwickelten Grundsätze** über Vergütungsansprüche für die **70** Nutzungseinräumung sind auf **öffentlich-rechtliche Dienstverhältnisse** wegen deren andersgearteter Struktur **nicht übertragbar.** Weder wird der Beamte für seine Tätigkeit wie ein Arbeitnehmer der Privatwirtschaft im Sinne des Äquivalenzprinzips „entlohnt", noch verfolgt der Dienstherr idR ein wirtschaftliches Interesse an Einnahmenerzielung.[214] Vergütungsansprüche eines Beamten für die Nutzungseinräumung können daher grundsätzlich nicht in Betracht kommen.[215] Etwas anderes wird allerdings dann zu gelten haben, wenn Ansprüche bestehen und der **Dienstherr** das Werk des Beamten **durch einen anderen Amtsträger** in einer Weise nutzen lässt, dass nicht dem Dienstherrn, sondern dem Nutzenden **persönlich zusätzliche Einnahmen zufließen.**[216] Bei derartigen Fallkonstellationen, in denen die besondere Struktur der öffentlich-rechtlichen Dienstverhältnisse nicht zum Tragen kommt, besteht kein Grund, dem **Beamten das Recht auf angemessene Beteiligung** an dem von einem anderen persönlich gezogenen Gewinn zu versagen.[217]

---

[203] OLG Düsseldorf ZUM 2004, 756 (757).

[204] BAG GRUR 1961, 491 – Nahverkehrschronik; BAG GRUR 1966, 88 – Abdampfverwertung.

[205] BAG ZUM 2005, 389 – Götterdämmerung; GRUR 2005, 670 – Wirtschaftswoche; Wandtke/Bullinger/ *Wandtke* UrhG § 43 Rn. 146; *Blatz* S. 100; *Buchner* GRUR 1985, 1 mwN der Rspr.; *Koch* ZUM 1986, 75 (78); *Hubmann* FS A. Hueck, 1959, 43 (55); *Rehbinder* RdA 1968, 309 (315).

[206] Dreier/Schulze/*Dreier* UrhG § 43 Rn. 33.

[207] *v. Olenhusen/Ernst* in Horen/Sieber Teil 7.3 Rn. 124 f.

[208] So auch LG München I ZUM 1997, 659; Dreier/Schulze/*Dreier* UrhG § 43 Rn. 33; Wandtke/Bullinger/ *Wandtke* UrhG § 43 Rn. 144; aA *Schmieder* GRUR 1963, 297 (300): unter Hinweis auf die Pflicht zu unentgeltlichen Überstunden.

[209] BAG GRUR 1984, 429 – Statikprogramme.

[210] BPG GRUR 1984, 437.

[211] BGH GRUR 1985, 129 (130) – Elektrodenfabrik.

[212] BGH GRUR 1978, 244. Einen Vergütungsanspruch bejaht etwa auch OLG München NZA-RR 2000, 258.

[213] AP BGB § 612 Nr. 1 – Leistungsschutz.

[214] → Rn. 34.

[215] Möhring/Nicolini/*Spautz* (2. Aufl.) UrhG § 43 Rn. 11; *Axel Nordemann* Rn. 18; aA Dreier/Schulze/*Dreier* UrhG § 43 Rn. 31; Wandtke/Bullinger/*Wandtke* UrhG § 43 Rn. 144.

[216] Beispiel: Ein Minister oder sonstiger Amtsträger erhält für die ihm von einem Beamten in dienstlicher Eigenschaft geschriebenen Reden oder Aufsätze ein Honorar, oder er veröffentlicht die Reden später in einem Buch; ein Professor erhält für das vom Assistenten im Rahmen seiner Dienstpflichten erarbeitete Gutachten privat ein Honorar.

[217] BGH GRUR 2011, 59 (60) – Lärmschutzwand, etwas anderes gilt jedoch dann, wenn der Dienstherr die ihm eingeräumten Nutzungsrechte an andere Bundesländer weitergibt, ohne dass dies zu den öffentlich-rechtlichen

5. Ansprüche auf weitere Beteiligung nach § 32a und § 36 UrhG aF

71   § 32a ersetzt seit der Reform von 2002 die Bestsellerregelung des vormaligen § 36 aF. Dieser bleibt für Altverträge nach Maßgabe des § 132 Abs. 3 anwendbar. Nach der Amtlichen Begründung[218] dient § 36 aF in erster Linie dem Schutz freischaffender und damit wirtschaftlich ungesicherter Urheber; ihre Anwendbarkeit auf wirtschaftlich gesicherte Arbeitnehmer ist aber nicht ausgeschlossen.[219] § 36 aF sichert dem Urheber eine angemessene Beteiligung an ungewöhnlichen Erträgnissen des Nutzungsberechtigten zu. Zwar wird mit dem Lohn die Leistung – auch die schöpferische – des Arbeitnehmers abgegolten. Dennoch ist es auch in einem Arbeitsverhältnis möglich, dass zwischen dem vereinbarten Lohn und dem aus dem Werk des Arbeitnehmers gezogenen Ertrag des Arbeitgebers ein grobes Missverhältnis besteht. Zu denken ist dabei insbesondere an Nutzungsarten, deren wirtschaftliche Bedeutung erst im Laufe des Arbeitsverhältnisses oder sogar erst nach seiner Beendigung zum Tragen kommt bzw. an sehr hohe Nutzungsverträge aus einem Werk bei relativ kurzer Dauer des Arbeitsverhältnisses und insbesondere bei befristeten Arbeitsverhältnissen.

Im Bereich des öffentlichen Rundfunks legen die Tarifverträge für auf Produktionsdauer Beschäftigte und arbeitnehmerähnliche Personen Wiederholungsvergütungen fest; auch die Tarifverträge für Redakteure bei Zeitschriften, § 12 Nr. 7 MTV, und Tageszeitungen, § 17 Nr. 6 MTV, sehen einen solchen Vergütungsanspruch auch nach Beendigung des Arbeitsverhältnisses vor.[220] Die vom Gesetzgeber in § 36 aF/32a geregelte Interessenlage kann daher auch in einem Arbeitsverhältnis vorliegen,[221] wenngleich im Rahmen des arbeitsrechtlichen Dauerschuldverhältnisses auf die gesamte Entlohnung während des Arbeitsvertrages abzustellen ist.[222] Die **Anwendung des § 36 aF bei Dienstverhältnissen ist umstritten.**[223]

72   § 32a stellt den Urheber gegenüber dem früheren § 36 aF insoweit besser, als bereits ein auffälliges Missverhältnis zwischen den Erträgen des Verwerters und dem Honorar des Urhebers genügt, um einen Beteiligungsanspruch auszulösen. § 32a gilt uneingeschränkt für Filmurheber und ausübende Künstler und nach herrschender Meinung grundsätzlich auch für in einem Arbeitsverhältnis geschaffene Werke.[224] Folgerichtig hat das OLG Stuttgart den Anspruch eines Kameramanns als Miturheber iSv § 89 iVm § 8 am Filmwerk „Das Boot" bejaht.[225] Ansprüche auf weitere Beteiligung sind ausgeschlossen in den in § 32a Abs. 4 geregelten Konstellationen.[226] Es ist ferner zu berücksichtigen, dass das Gesetz nunmehr für die Beurteilung des Missverhältnisses zwischen Erträgen und Vorteilen aus der Nutzung ausdrücklich bestimmt, dass „die gesamten Beziehungen des Urhebers zu dem anderen" zugrunde zu legen sind. Die grundsätzliche Geltung des § 32a für Arbeitnehmerurheber schließt aber nicht aus, dessen soziale Absicherung bei der Ermittlung der Höhe einer nachträglichen Vergütung zu berücksichtigen.[227]

VIII. Urheberpersönlichkeitsrechte und ihre Einschränkung durch das Arbeitsverhältnis

1. Das Veröffentlichungsrecht

73   **a) Umfang.** Das Veröffentlichungsrecht gewährt dem Urheber das ausschließliche Recht zu bestimmen, ob, wann und in welcher Form sein Werk der Öffentlichkeit zugänglich gemacht wird, § 12.[228] Das Veröffentlichungsrecht gehört zu den Urheberpersönlichkeitsrechten im engeren Sinne; es ist jedoch mit den Nutzungsrechten eng verbunden.[229] Arbeitgeber und Dienstherr können die

---

Aufgaben des Dienstherrn gehört. In diesem Fall werden die Urheberrechte des Beamten unbefugt genutzt und ihm stehen Schadensersatzansprüche zu.

[218] BT-Drs. IV/270, 62.
[219] Letztere bedürften „in der Regel" keinen derartigen Schutz.
[220] Vgl. → Rn. 103 ff. und *v. Olenhusen* S. 220 ff.; AG München ZUM 2010, 545 für arbeitnehmerähnliche Urheber.
[221] Möhring/Nicolini/*Spautz* (2. Aufl.) UrhG § 43 Rn. 11; Dreier/Schulze/*Dreier* UrhG § 43 Rn. 32; Fromm/Nordemann/*A. Nordemann* UrhG § 43 Rn. 60; *Ulmer* § 95 IV; Blatz S. 99; *Rehbinder* RdA 1968, 309 (315); allgemein zur Vertragspraxis *Katzenberger* GRUR-Int 1983, 410; *Vinck* S. 61.
[222] OLG Düsseldorf ZUM 2003, 756 (759) – Wetterführungspläne, zu § 69b.
[223] Gegen eine Anwendung → 5. Aufl. 2017, Rn. 72 unter Verweis auf BT-Drs. IV/270, 62 und *Ulmer* § 95 IV; aA Dreier/Schulze/*Dreier* UrhG § 43 Rn. 30; teilw. differenzierend Wandtke/Bullinger/*Wandtke* UrhG § 43 Rn. 153; Fromm/Nordemann/*A. Nordemann* UrhG § 43 Rn. 60; *Kraßer* FS Schricker, 1995, 77 (98); *Sack*, Münchener HdB ArbR, (2. Aufl.) Bd. 1, § 102 Rn. 34; *Ullmann* GRUR 1987, 6 (14); *Troidl* BayVBl. 1972, 93 (95). Aus diesseitiger Sicht kommt es auf die Umstände des konkreten Einzelfalles an: Der Gesetzgeber von 1965 hatte die Anwendbarkeit „*regelmäßig*" ausgeschlossen.
[224] Die Gesetzesbegründung 2002 differenziert nicht mehr zwischen freischaffenden und wirtschaftlich gesicherten Urhebern; *Bayreuther* GRUR 2003, 570 (572 und 573); *Schack* GRUR 2002, 853 (855); *Zirkel* WRP 2003, 59 (65); Dreier/Schulze/*Dreier* UrhG § 43 Rn. 17, 30; Wandtke/Bullinger/*Wandtke* UrhG § 43 Rn. 134, 145, 153; aA *Berger* ZUM 2003, 173 (179); *Wimmers/Rode* CR 2003, 399 (404).
[225] OLG Stuttgart ZUM-RD 2019, 20.
[226] Vgl. → § 32a Rn. 36 ff.
[227] Zutreffend LG Stuttgart GRUR-RR 2019, 241 – Porsche 911.
[228] Zur Begriffsbestimmung → § 12 Rn. 7 ff.
[229] BGHZ 15, 249 (258) = NJW 1955, 260 – Cosima Wagner; *Ulmer* § 39 I 1.

ihnen eingeräumten Nutzungsrechte nur dann in Anspruch nehmen, wenn der Werkschöpfer ihnen auch die Veröffentlichung des Werkes gestattet. **Soweit** der Urheber verpflichtet ist, dem Arbeitgeber bzw. dem Dienstherrn **die Nutzungsrechte einzuräumen**, hat er ihm **auch das Veröffentlichungsrecht zur Ausübung**[230] sowie zugleich das Recht der ersten öffentlichen Mitteilung zu überlassen, § 12 Abs. 2.[231] Das Recht als solches kann nicht übertragen werden, da es als Urheberpersönlichkeitsrecht nicht verkehrsfähig ist.[232] Die Einschränkungen können auch nicht so weit gehen, dass dem Urheber die urheberpersönlichkeitsrechtlichen Befugnisse in ihrem Kern vorenthalten werden.

b) Zeitpunkt der Veröffentlichung. Auch wenn dem Arbeitgeber das Veröffentlichungsrecht **74** stillschweigend oder ausdrücklich eingeräumt worden ist, kann der **Zeitpunkt der Veröffentlichung** Interessen des Arbeitnehmers berühren.

Der Arbeitnehmer kann nämlich ein starkes ideelles Interesse daran haben, dass sein Werk erst dann veröffentlicht wird, wenn es seinem Erachten nach fertiggestellt ist. Andererseits hat der Arbeitgeber über die wirtschaftliche Verwertung des Werkes und damit auch über den Zeitpunkt der Verwertung zu entscheiden. Je höher der Schöpfungsgrad des Werkes anzusetzen ist, umso stärker sind die persönlichkeitsrechtlichen Interessen des Werkschöpfers zu beachten. Hat ein in Fachkreisen angesehener Designer für seinen Arbeitgeber ein Teeservice kreiert, das seinen eigenen Vorstellungen noch nicht entspricht, kann der Arbeitgeber dieses Werk nicht ohne weiteres gegen den Willen des Urhebers verwerten. Die Reputation des Designers und damit auch sein persönliches Fortkommen kann durch die Verwertung des nicht gelungenen Werkes durchaus tangiert werden. Die Lösung dieser Konfliktsituation ist idR dahingehend zu treffen, dass der **Arbeitgeber auch gegen den Willen des Arbeitnehmers das Werk** dann **veröffentlichen** kann, wenn die **Namensnennung** des Werkschöpfers **unterbleibt.**[233] Der beamtete Urheber unterliegt grundsätzlich der Weisungsbefugnis des Dienstvorgesetzten hinsichtlich der Bestimmung des Fertigstellungszeitpunkts.[234]

c) Form der Veröffentlichung. Nicht nur der Zeitpunkt, sondern auch die **Form der Veröf- 75 fentlichung** kann urheberpersönlichkeitsrechtliche Belange des Urhebers berühren. Dies gilt insbesondere für den Medienbereich. In der Presse hat der Arbeitnehmerurheber idR ein starkes Interesse daran, wie sein Beitrag veröffentlicht wird, etwa ob als Leitartikel oder als weniger prominent platzierter Kommentar. Für die Arbeitnehmer der Rundfunkanstalten ist die Sendezeit entscheidend. Auch für den Werbegrafiker ist es von erheblicher Bedeutung, ob seine Comicfigur zum Helden einer Werbekampagne gemacht wird oder nur gelegentlich in Anzeigen erscheint. Das Veröffentlichungsrecht beinhaltet nicht nur die Entscheidung über das Ob, sondern auch das Wie der Erstveröffentlichung.[235] Bei späteren Veröffentlichung fehlt dem Arbeitnehmer somit idR die Möglichkeit, seine Belange gegenüber dem Arbeitgeber durchzusetzen. Dem Arbeitgeber werden für die jeweiligen Betriebszwecke die ausschließlichen Nutzungsrechte eingeräumt. **Die Entscheidung, welche Veröffentlichungsform den betrieblichen Belangen entspricht, steht bei späteren Veröffentlichungen dem Arbeitgeber zu.** Bei der Erstveröffentlichung dahingegen muss der Arbeitnehmer auch hinsichtlich der Form die Entscheidung des Arbeitgebers oder Dienstherrn hinnehmen, wenn seine Namensnennung unterbleibt.[236]

2. Anerkennung der Urheberschaft und das Recht der Namensnennung

a) Anerkennung der Urheberschaft. aa) Inhalt und Wesen des Rechts der Urheber- 76 schaftsanerkennung. Die Anerkennung der Urheberschaft gehört zum Kern der Urheberpersönlichkeitsrechte. Dieses **Recht** ist als solches **unverzichtbar** und **unübertragbar.**[237] Es beinhaltet die Befugnis, sich auf seine Urheberschaft zu berufen und jedem entgegenzutreten, der diese bestreitet oder sich selbst die Urheberschaft anmaßt. Zulässig sind in bestimmten Grenzen jedoch Abreden über die Ausübung des Rechts.[238] Das **Recht der Urheberschaftsanerkennung ist auch in einem Dienst- oder Arbeitsverhältnis grundsätzlich zu berücksichtigen.**[239] Der Arbeitgeber ist nicht berechtigt, sich selbst oder

---

[230] Dreier/Schulze/*Dreier* UrhG § 43 Rn. 35; Wandtke/Bullinger/*Wandtke* UrhG § 43 Rn. 87; *v. Gamm* § 11 Rn. 56, § 12 Rn. 3; *Stolz* S. 88; *Vinck* S. 36, 37; *Bußmann* FS Bappert, 1964, 13 (21); *Zöllner* FS Hubmann, 1985, 523 (531); BVerwG GRUR-RR 2016, 137 Rn. 39.

[231] *Blatz* S. 82; *Zöllner* FS Hubmann, 1985, 523.

[232] → § 12 Rn. 28; aA *Baumgarten*, Die rechtl. Stellung der bei den öffentl. Rundfunk- und Fernsehanstalten Beschäftigten, Diss. Würzburg 1967, 115 (116), die von einer Übertragung des Veröffentlichungsrechts in einem Arbeitsverhältnis ausgeht.

[233] Zustimmend Dreier/Schulze/*Dreier* UrhG § 43 Rn. 35; für Ausnahmefälle → Rn. 87.

[234] *Uhl* S. 176 ff.; VG Berlin GRUR-Prax 2013, 471 zum Erstveröffentlichungsrecht des deutschen Bundestages bei Ausarbeitungen des wissenschaftlichen Dienstes und des Sprachendienstes.

[235] → § 12 Rn. 7, 8, 11.

[236] Vgl. → Rn. 74.

[237] *v. Gamm* § 13 Rn. 13; Möhring/Nicolini/*Kroitzsch* (2. Aufl.) § 13 Rn. 16; aA *Zöllner* FS Hubmann, 1985, 523 (536).

[238] Im Einzelnen → § 13 Rn. 8 m. 26 ff.

[239] AmtlBegr. RegE 1962, BT-Drs. IV 270/44; RGZ 110, 393 – Riviera; BGH GRUR 1978, 360 – Hegel-Archiv; Dreier/Schulze/*Dreier* UrhG § 43 Rn. 36; Fromm/Nordemann/*A. Nordemann* UrhG § 43 Rn. 54; Wandt-

einen anderen Arbeitnehmer als Urheber zu benennen. Ebenso wenig muss es ein Urheber dulden, dass ihm für ein Werk, das er nicht verfasst hat, die Urheberschaft zugeschrieben wird. Ein überwiegendes wirtschaftliches Interesse des Arbeitgebers, die Urheberschaft des Arbeitnehmers zu unterdrücken, ist nicht ersichtlich. Neben Gesichtspunkten von Ehre und Ansehen spielen auch wirtschaftliche Aspekte für den Urheber eine nicht unerhebliche Rolle. Durch den Nachweis seiner Urheberschaft für bestimmte Werke kann er sein Können gegenüber Dritten dokumentieren.

77   **bb) Ghostwriter. Eine Ausnahme** ist beispielsweise anzuerkennen, wenn der Arbeitnehmer oder Beamte als **sogenannter Ghostwriter** arbeitet.[240] Diese Tätigkeit gibt es in der Arbeitswelt in allen Variationen. Zu den typischen Fällen des Ghostwriters gehört der Beamte, der für „seinen" Minister Reden schreibt, und der Journalist, der die Memoiren einer bekannten Person der Zeitgeschichte verfasst.

Ist der Beamte oder Arbeitnehmer schwerpunktmäßig als „Ghostwriter" tätig, ist damit die **vertragliche Vereinbarung verbunden, dass er grundsätzlich auf die Ausübung des Rechtes der Anerkennung der Urheberschaft verzichtet.**[241]

Auch auf anderen Ebenen wird die **Urheberschaft des Verfassers zurückgedrängt.** Referentenentwürfe oder Bebauungspläne werden – nach außen hin – nicht vom Werkschöpfer gezeichnet, sondern vom verantwortlichen Beamten. Dies gilt auch für Briefe, Stellungnahmen oder sonstige schriftliche Äußerungen der Behörde nach außen. Ebenso werden in der Geschäftswelt Geschäftsberichte vom verantwortlichen Geschäftsführer vorgelegt, dem auch in aller Regel die Urheberschaft an dem Bericht zuerkannt wird.

78   **cc) Verzicht der Anerkennung der Urheberschaft.** Ist es von der **Aufgabenstellung des Beamten oder Arbeitnehmers** her erforderlich, dass seine Urheberschaft nicht nach außen in **Erscheinung** tritt, wird man ebenso einen **Verzicht** auf die Ausübung des Rechtes der **Anerkennung der Urheberschaft** annehmen müssen.[242]

Dies gilt insbesondere, wenn eine irgendwie geartete Eigennutzung des Werkes durch den Beamten oder Arbeitnehmer als Urheber nicht in Betracht kommt.[243]

Als Indiz ist die für den jeweiligen Aufgabenbereich übliche **Praxis** heranzuziehen. Allerdings sind zum Schutze des Urhebers an die Überprüfung der Verkehrssitte strenge Maßstäbe anzulegen. Rechte des Urhebers können nicht dadurch eingeschränkt werden, **dass** man die nicht nach außen in Erscheinung tretende Anerkennung der Urheberschaft schlicht zur Verkehrssitte erklärt. Ferner ist zu beachten, dass eine **„innerbetriebliche" oder „innerdienstliche" Anerkennung der Urheberschaft in jedem Falle unverzichtbar ist.** Der Urheber muss es nicht hinnehmen, dass seine Leistungen als eigene Leistungen von Vorgesetzten beansprucht werden. Dienstliche oder betriebliche Gründe sind hier nicht mehr gegeben.[244]

79   **b) Recht der Namensnennung. aa) Einschränkungen im Arbeits- und Dienstverhältnis.** Mit der Urheberbezeichnung dokumentiert der Werkschöpfer seine Urheberschaft nach außen. Auch dieses Recht ist als Persönlichkeitsrecht im Kern unübertragbar und unverzichtbar,[245] allerdings **kann der Urheber vertraglich auf seine Namensnennung** im konkreten Einzelfall, etwa bei der Veröffentlichung des Werkes oder auf die Signierung der Werkstücke **verzichten;**[246] *Stolz* hält einen Verzicht auf die Namensnennung nur bei einem Bezug zum Namensträger für gerechtfertigt.[247] Ein Verzicht auf Nennung kann auch in Tarifverträgen vorgesehen werden.[248] Soweit ein wirksamer Verzicht des Urhebers nicht vorliegt, kann er bestimmen, in welcher Art, Form und Umfang die Benennung zu erfolgen hat.

80   Auch der angestellte Urheber oder Beamte hat grundsätzlich **das Recht,** seinen Namen oder eine andere **Urheberbezeichnung** an seinen Werken **anzubringen.**[249]

Im Arbeits- oder Dienstverhältnis wird dieser Grundsatz jedoch durch die Eigenart des Arbeits- oder Dienstverhältnisses eingeschränkt; ausdrückliche oder stillschweigende Modifikationen sind zu berücksichtigen. In der Regel werden **Beamten** und **im öffentlichen Dienst** tätigen angestellten Urhebern weitergehende Beschränkungen des Rechts auf Urheberbenennung auferlegt als anderen Arbeitnehmern – wegen der Natur des Vertragsverhältnisses im Rahmen der vorzunehmenden umfas-

---

ke/*Bullinger*/*Wandtke* UrhG § 43 Rn. 90; *v. Gamm* § 13 Rn. 3, 8, 9; Möhring/Nicolini/*Kroitzsch* (2. Aufl.) § 13 Rn. 7; *Blatz* S. 75; *Roithmaier* S. 63; *Vinck* S. 39; *Ulmer* § 40 III, IV).

[240] → § 13 Rn. 27, 28.
[241] OLG Köln GRUR 1953, 499 – Kronprinzessin Cäcilie; KG WRP 1977, 187 – Manfred Köhnlechner; *v. Gamm* § 13 Rn. 8; *Ulmer* § 40 V 1; grundlegend dazu *Stolz,* Der Ghostwriter im deutschen Recht, 1971, zu den Einschränkungen → UrhG § 13 Rn. 37 f.
[242] Ebenso *Zöllner* FS Hubmann, 1985, 523 (536).
[243] *Zöllner* FS Hubmann, 1985, 523 (537).
[244] *Zöllner* FS Hubmann, 1985, 523 (537).
[245] Allgemein → Vor §§ 12 ff. Rn. 26 ff.
[246] Dreier/Schulze/*Dreier* UrhG § 43 Rn. 36; Wandtke/Bullinger/*Wandtke* UrhG § 43 Rn. 92; *v. Olenhusen/Ernst* in *Hoeren/Sieber* Teil 7.3 Rn. 108 ff.; *v. Gamm* § 13 Rn. 3; einschränkend *Ulmer* § 40 IV; *Dittrich* S. 101.
[247] *Stolz* S. 81.
[248] *Bayreuther,* Münchener HdB ArbR, (4. Aufl.) Bd. 1 § 99 Rn. 17.
[249] RGZ 110, 393 – Riviera; BGH GRUR 1978, 360 – Hegel Archiv; *v. Gamm* § 13 Rn. 8; → § 13 Rn. 27.

senden Interessenabwägung.[250] Wenn überhaupt eine Namensnennung erfolgt, so vielfach diejenige des Behördenleiters oder sonstiger unterschriftsberechtigter Vorgesetzter.[251] *Uhl* zufolge handelt es sich auch in letzterem Fall nicht um eine Autorennennung im urheberrechtlichen Sinne, sondern um die Zuordnung der behördlichen, funktionalen und hierarchischen Verantwortlichkeit.[252]

Der **Arbeitgeber ist grundsätzlich berechtigt, die Namensnennung zu untersagen,** wenn sich die **Notwendigkeit** dazu aus dem **Inhalt des Arbeitsvertrages** ergibt.[253] Die wirtschaftliche Verwertung des Arbeitsergebnisses darf durch die Namensnennung oder Signierung nicht beeinträchtigt werden. So kann der Arbeitgeber die Signierung einer Werbegrafik unterbinden, wenn durch ihre Auffälligkeit der Werbezweck gefährdet würde.[254] Andererseits ist das Interesse des Arbeit- bzw. Dienstgebers, ein Produkt nicht mit Namensnennung zu belasten, im digitalen Bereich geringer zu bewerten.[255] Der Arbeitnehmer kann seinerseits grundsätzlich die negative Seite des Rechts aus § 13 S. 2 wahrnehmen und seine Nennung als Urheber verbieten, es sei denn, die Vertragsauslegung ergäbe, dass der Arbeitgeber zur Werbung mit dem Namen des (bekannten) Urhebers berechtigt sein soll.[256]

bb) Branchenübung. Haben sich bezüglich der Namensnennung oder Signierung **branchenübliche Gepflogenheiten** entwickelt, so ist der Arbeitgeber nur verpflichtet, in diesem Rahmen die Urheberbezeichnung vorzunehmen.[257] Zu prüfen ist aber, ob die Branchenübung nicht missbräuchlich ist, so dass sie bei der Vertragsauslegung zu ignorieren ist.[258] Mit **Abschluss des Arbeitsvertrages akzeptiert der Arbeitnehmer mangels anderer ausdrücklicher Vereinbarungen idR die branchenübliche Namensnennung.**[259] Sein Recht auf Namensnennung dann von vornherein auf die branchenübliche Gepflogenheit beschränkt. Für das Bestehen einer das Recht des Urhebers einschränkenden Branchenübung ist der Arbeitgeber beweispflichtig.[260]

Hat das Unternehmen hinsichtlich der Namensnennung eine **Betriebsübung** entwickelt, so kommt es in erster Linie auf diese an. Die **betriebsübliche Namensnennung hat Vorrang vor der Branchenübung.**

Branchen- und Betriebsübungen sind keine unveränderlichen Größen, sondern können sich im Laufe der Zeit ändern. So war es vor Jahrzehnten im Hochschulbereich noch üblich, wissenschaftliche Assistenten nicht bei Veröffentlichungen zu benennen. Inzwischen ist hier jedoch ein Umbruch festzustellen.[261]

cc) Einzelfälle. Im **Zeitungs- und Zeitschriftenbereich** wird tarifvertraglich bzw. einzelvertraglich die Klausel verwendet, dass die Namensnennung zu erfolgen hat, wenn es „presseüblich" ist. Eine einheitliche Übung der Urheberbenennung ist im Pressebereich nicht festzustellen; jedes Presseunternehmen hat seine eigene Praxis entwickelt. Fast alle der angestellten Urheber können damit eine Namensnennung nur im Rahmen der jeweiligen Betriebsübung durchsetzen. Der größte Teil der Betriebsübungen im Zeitungsbereich geht wohl dahin, dass Textbeiträge in einer Zeitung mit dem Namen des Autors versehen werden. Dies lässt sich auch für Zeichnungen und Karikaturen feststellen. Werden Photographien von Bilderdiensten übernommen, so wird deren Name angegeben. Auch der angestellte Reporter wird idR bei der Erstveröffentlichung genannt. Weitere Veröffentlichungen erfolgen unter der Kennzeichnung des jeweiligen Zeitungsarchivs. Im **Zeitschriftenbereich** werden üblicherweise Photos unter Angabe des Namens des Photoreporters veröffentlicht. Hinsichtlich der Kennzeichnung bei Textbeiträgen ist im Zeitschriftenbereich keine überwiegende Tendenz erkennbar.[262]

Die **Fernseh- und Rundfunkanstalten** haben mit ihren jeweiligen Tarifpartnern die Vereinbarung getroffen, dass eine Nennung des Urhebers und der Mitwirkenden erfolgen soll, soweit es rundfunküblich ist.[263] Im Gegensatz zum Pressebereich hat sich hier eine einheitliche Übung entwickelt. Bei Sendungen der Meinungsbildung und Information werden die Namen der Nachrichtensprecher wie auch die der Korrespondenten und Kommentatoren genannt. Bei Unterhaltungssendungen wie auch bei Kultursendungen ist die Nennung der Sprecher, Moderatoren wie auch die der Verfasser der

---

[250] Zustimmend Dreier/Schulze/*Dreier* UrhG § 43 Rn. 36.
[251] *Schmieder* GRUR 1963, 297 (300); *Hock* S. 149.
[252] *Uhl* S. 183; s. aber zum Recht, einer Urheberschaftsbestreitung entgegenzutreten: → Rn. 78 und → UrhG § 13 Rn. 27.
[253] Dreier/Schulze/*Dreier* UrhG § 43 Rn. 36; Wandtke/Bullinger/*Wandtke* UrhG § 43 Rn. 92, 93, der sich jedoch für eine strenge Prüfung der Interessenlage ausspricht; *Vinck* S. 41; *Rehbinder* FS Roeber, 1973, 481 (495); *Dittrich* S. 103.
[254] OLG München GRUR 1969, 146 – Werbegrafik; *Ulmer* § 40 III.
[255] Vgl. hierzu Dreier/Schulze/*Dreier* UrhG § 43 Rn. 36.
[256] *Kraßer* FS Schricker, 1995, 77 (94).
[257] *Ulmer* § 40 IV 2; *Blatz* S. 76; *Gloy* S. 42; *Vinck* S. 42; *v. Gamm* NJW 1959, 319; *Rehbinder* RdA 1968, 309 (313); *Schmieder* GRUR 1963, 297 (299); *Hock* S. 144.
[258] → § 13 Rn. 25; zustimmend auch Dreier/Schulze/*Dreier* UrhG § 43 Rn. 36; Wandtke/Bullinger/*Wandtke* UrhG § 43 Rn. 93.
[259] Vgl. § 157 BGB.
[260] AA *Rehbinder* WiB 1994, 461 (466).
[261] Vgl. auch → § 13 Rn. 25.
[262] Vgl. zu den Einzelheiten *Rojahn* S. 112.
[263] Etwa § 22.1 TV für auf Produktionsdauer Beschäftigte des WDR idF v. 1.4.2001.

81

82

einzelnen Beiträge rundfunküblich. Bei größeren Sendungen wird ebenfalls der Name des Aufnahmeleiters genannt. Bei Hörspielen wird die Namensnennung noch um die Verantwortlichen von Ton, Schnitt und Regie erweitert. Bei den Fernsehsendungen steigt die Anzahl der zu Nennenden noch erheblich an. In Nachrichtensendungen erfolgen eingeblendete Kommentare und Reportagen unter der Namensnennung des Verfassers. Genannt werden in der hier aufgeführten Reihenfolge bei einer Fernsehserie der Autor des Drehbuchs, die Schauspieler, Masken- und Kostümbildner, die Verantwortlichen für die Ausstattung, Musik, Ton, Kamera, Schnitt, der Regieassistent, der Aufnahme- und der Produktionsleiter, sowie der Redaktionsleiter und zum Schluss der Regisseur.[264]

Im Filmbereich ist die Namensnennung im Tarifvertrag für Film- und Fernsehschaffende geregelt. Gemäß Ziff. 3.10 des Tarifvertrages haben Regisseure, Hauptdarsteller, Kameramänner, Architekten, Tonmeister, Cutter, 1. Aufnahmeleiter, Masken- und Kostümbildner einen Anspruch auf Namensnennung im Vor- oder Nachspann, andere Filmschaffende jedoch nur dann, wenn ihre Nennung einzelvertraglich geregelt wurde.[265]

In der Werbebranche ist die Benennung des angestellten Urhebers auf Werbeprospekten, bei Werbetexten, Werbeslogans, Werbefilmen etc nicht üblich. Wenn überhaupt ein Name genannt wird, dann der der Werbeagentur. Die Rechtsprechung hat den Anspruch auf Namensnennung bereits für den freiberuflichen Werbegrafiker erheblich eingeschränkt.[266]

Bei künstlerischen Industrie-Erzeugnissen ist die Benennung des angestellten Urhebers nicht üblich. Die Produkte werden nur mit dem Namen der Herstellerfirma gekennzeichnet. Eine Ausnahme besteht nur für diejenigen Künstler, die bereits zumindest in Fachkreisen einen „Namen" erworben haben.[267]

In der **Informationstechnologie** ist – geprägt durch die US-amerikanische Praxis – eine Nennung auch angestellter Urheber eher unüblich;[268] anders ist dies allerdings im Open Content Bereich.[269]

3. Änderungs- und Entstellungsverbot

83   **a) Anwendung im Arbeits- und Dienstverhältnis.** Das Werk des Urhebers wird in seiner Individualität sowohl durch den Inhalt als auch durch die Formgebung geprägt. Die Gestaltung des Werkes ist aufs Engste mit der Persönlichkeit des Urhebers verknüpft. Der Gesetzgeber hat daher **in § 39** auch für den Nutzungsberechtigten ein **Änderungsverbot normiert**. Obwohl diese Norm unter dem Abschnitt „Nutzungsrecht" aufgeführt ist, **schützt sie die urheberpersönlichkeitsrechtlichen Belange** des Werkschöpfers und ist insofern mit § 14 eng verbunden.[270] Von diesem generellen Änderungsverbot lässt jedoch das Gesetz selbst zwei Ausnahmen zu: Zum einen kann die Änderungsbefugnis vertraglich eingeräumt werden, § 39 Abs. 1, zum anderen muss der Urheber diejenigen Änderungen dulden, zu denen er nach Treu und Glauben die Einwilligung nicht versagen kann, § 39 Abs. 2.[271] Selbst wenn vertraglich ein Änderungsrecht vereinbart wurde oder sich die Änderungsbefugnis aus § 242 BGB ergibt, **darf der Nutzungsberechtigte** durch die erlaubten Änderungen **nicht** das **Werk entstellen**, § 14.[272]

§ 39 ist zugunsten der Arbeitnehmerurheber anzuwenden. Auch diese haben ein anzuerkennendes Interesse an der unveränderten Veröffentlichung ihrer Werke, wenngleich die Änderungsbefugnis des Arbeitgebers weiter reicht als die regelmäßig eng auszulegende Änderungsbefugnis des freien Erwerbers von Nutzungsrechten.[273]

84   Dem Nutzungsberechtigten kann eine Änderungsbefugnis **vertraglich** eingeräumt werden. Gerade bei Arbeitsverhältnissen, die eine schöpferische Tätigkeit des Arbeitnehmers zum Inhalt haben, wird dem Arbeitgeber vielfach das Recht einer umfassenden Änderung und auch Bearbeitung des Werkes zugestanden. Die Änderungsbefugnis wird sich oft schon aus dem generellen Weisungsrecht des Arbeitgebers ergeben.[274] Die vertraglich eingeräumte weitgehende Änderungsbefugnis kann vom Arbeitgeber bis zur Grenze der Entstellung, § 14, ausgeübt werden.[275]

---

[264] Vgl. zu den Einzelheiten *Rojahn* S. 116.

[265] Zu den tarifvertraglichen Regelungen → Rn. 122 ff.

[266] OLG München GRUR 1969, 146 – Werbegrafik; LG Berlin GRUR 1974, 412 – Werbeprospekt; aA OLG Hamm UFITA 28 [1959], 352 – Werbepostkarte; vgl. ausführlich zur Namensnennung in der Werbung, *Schmidt*, Urheberrechtsprobleme in der Werbung, 1982, S. 172.

[267] RGZ 124, 68 – Besteckmuster; RGZ 139, 214 – Bauhaus-Türdrücker; BGH GRUR 1961, 635 – Stahlrohrstuhl; OLG München GRUR 1957, 145 – Gießkanne; *v. Gamm* § 13 Rn. 14; *Vinck* S. 45.

[268] Vgl. → § 69b Rn. 15.

[269] Näher hierzu → § 13 Rn. 33.

[270] Im Einzelnen → § 14 Rn. 9 ff.

[271] Zu den Einzelheiten vgl. → § 39 Rn. 1 ff., 14 ff.

[272] Zu den Einzelheiten vgl. → § 14 Rn. 18 ff., 34.

[273] Dreier/Schulze/*Dreier* UrhG § 43 Rn. 37; *Möhring/Nicolini/Spautz* (2. Aufl.) UrhG § 43 Rn. 13; *Wandtke/Bullinger/Wandtke* UrhG § 43 Rn. 99; *Gloy* S. 45; *Honig* S. 64; *Vinck* S. 48; *Rehbinder* RdA 1968, 309 (313); aA KG NJW-RR 1996, 1066 (1068) – Poldok.

[274] BAG AfP 2007, 289 (291) – Weisungs- und Änderungsrecht der Rundfunkanstalt im Hinblick auf sachliche Richtigkeit, Einhaltung des Zeitrahmens und Beseitigung offenkundiger Widersprüche; *v. Olenhusen/Ernst* in *Hoeren/Sieber* Teil 7.3 Rn. 113.

[275] → § 14 Rn. 34; Dreier/Schulze/*Dreier* UrhG § 43 Rn. 37; *Vinck* S. 41; nach Wandtke/Bullinger/*Wandtke* UrhG § 43 Rn. 99, 100 soll eine vertragliche Änderungsgestattung nur wirksam sein, wenn die beabsichtigten

Im **Dienstverhältnis** wird dem Dienstherrn eine größere Änderungsbefugnis zuzustehen als dem 85
Arbeitgeber beim Arbeitsverhältnis. Der Beamte steht in einem öffentlich-rechtlichen Treueverhältnis.[276] Aufgrund dieses besonderen Treueverhältnisses ist der Beamte verpflichtet, Anordnungen seiner Vorgesetzten und die allgemeinen Richtlinien zu befolgen. Der Beamte muss daher grundsätzlich Änderungen seines Werkes hinnehmen,[277] es sei denn, sein Werk wird durch die Änderungen entstellt. In diesem Fall kann uU der Beamte berechtigt sein, seine Namensnennung zu untersagen. Die Beurteilung hängt von der vorzunehmenden Interessenabwägung ab.[278] Dabei kann auch eine Rolle spielen, ob der Beamte auf die Anerkennung der Urheberschaft verzichtet hat.[279] Hat der Beamte die Änderungsbefugnis seinem Dienstherrn auf vertraglichem Wege eingeräumt, so gilt auch hier die Grenze der Entstellung. Für das besondere Beamtenverhältnis der im Hochschulbereich tätigen Wissenschaftler gilt die weitgehende Änderungsbefugnis des Dienstherrn jedoch nicht.[280]

b) Kriterien für die Änderungsbefugnis. Bestehen **keine vertraglichen Regelungen,** so 86
muss der Arbeitnehmerurheber **diejenigen Änderungen hinnehmen, die er nach Treu und Glauben nicht verweigern kann.** Die Rechtsprechung hat die Änderungsbefugnis außerhalb des Arbeits- oder Dienstverhältnisses stets eng ausgelegt.[281] Für Werke, die in einem Arbeitsverhältnis geschaffen worden sind, können diese Grundsätze nicht ohne Einschränkungen herangezogen werden: Der Arbeitgeber ist auf die wirtschaftliche Verwertung des Werkes angewiesen. Um ihm eine optimale Verwertung zu ermöglichen, benötigt er eine weit unabhängigere Stellung gegenüber dem Arbeitnehmer als andere Auftraggeber oder Nutzungsberechtigte. **Welche Änderungen des Werkes und des Titels** der angestellte Werkschöpfer aus Treu und Glauben hinzunehmen hat, **richtet sich somit nach dem Zweck des jeweiligen Arbeitsverhältnisses.**[282] Auch bei einer weitgehenden Einschränkung des Änderungsverbotes muss der angestellte Urheber aber nicht jede Änderung des Arbeitgebers hinnehmen.[283] Vielmehr ist **im Einzelfall** das **Interesse des Arbeitgebers** an der Änderung des Werkes **gegenüber den ideellen Interessen des Urhebers,** die Änderung auszuschließen, abzuwägen:[284] Beim Arbeitgeber sind technische und wirtschaftliche Gründe zu berücksichtigen. Eine Änderungsbefugnis ist ihm insbesondere zuzusprechen, wenn Form oder Inhalt des Werkes andernfalls Rechte Dritter verletzen könnten. Soweit das Arbeitsverhältnis eine geistige Unterordnung unter den Willen und die Meinung des Arbeitgebers bedingt, ist dieser auch zu inhaltlichen Änderungen des Werkes berechtigt, so zB bei Tendenzbetrieben.[285]

Beim Arbeitnehmer können wirtschaftliche Gründe, die nach seinem Erachten gegen die Änderung des Werkes sprechen, idR nicht berücksichtigt werden. Er wird durch das Gehalt für seine Werkschöpfung entlohnt. Der Arbeitgeber kann somit allein über die wirtschaftliche Verwertungsform entscheiden, selbst dann, wenn diese Entscheidung offensichtlich falsch ist. Bei der Berücksichtigung der ideellen Interessen des Werkschöpfers ist die Schöpfungshöhe des Werkes[286] von Bedeutung; ferner, ob das betreffende Werk zu den Arbeits- oder Dienstpflichten gehörte.[287] Soll der Arbeitnehmer nach dem Inhalt des Arbeitsvertrages Gelegenheit erhalten, sich als Autor, Komponist oder Künstler einen Namen zu machen, spricht dies gegen eine weitgehende Änderungsbefugnis.[288]

c) Einzelne Branchenübungen. In welchem Umfang der Arbeitgeber zur Änderung des Werkes 87
berechtigt ist, richtet sich auch nach den jeweiligen **Branchengewohnheiten.**[289] Die Verkehrssitte ist gemäß § 157 BGB als Kriterium für die Vertragsauslegung heranzuziehen; soweit keine vertragliche Gestaltung vorliegt, kann die Verkehrssitte im Rahmen der Interessenabwägung nach § 39 Abs. 2 eine Rolle spielen.[290] Beruft sich der Arbeitgeber hinsichtlich seiner Änderungsbefugnis auf eine Bran-

---

Änderungen nicht nur pauschal, sondern nach Art und Ausmaß soweit bezeichnet sind, das der Urheber in etwa vorhersehen kann, wie sich die vereinbarte Änderung auf die Gestalt des geänderten Werkes auswirken, wenngleich hieran keine zu hohen Anforderungen zu stellen seien.

[276] → Rn. 9.
[277] Zustimmend wohl auch Dreier/Schulze/*Dreier* UrhG § 43 Rn. 37; Möhring/Nicolini/*Spautz* (2. Aufl.) UrhG § 43 Rn. 10; *Vinck* S. 51; *Schmieder* GRUR 1963, 297 (300); *Troidl* BayVBl. 1972, 93 (95); *Uhl* S. 201; eher ablehnend Wandtke/Bullinger/*Wandtke* UrhG § 43 Rn. 101.
[278] → § 14 Rn. 18 ff., 28 ff.; → § 39 Rn. 17 ff., 23 f.
[279] → Rn. 80.
[280] Vgl. dazu → Rn. 135; KG ZUM-RD 1997, 175 (180) – Poldok, hat sich auch im Hochschulbereich bei einer Projekttätigkeit für ein weitgehendes Änderungsrecht ausgesprochen.
[281] RGZ 119, 401 (403) – Technische Mitteilungen; RGZ 151, 50 (55) – Babbit-Übersetzung; RGZ 79, 397 (399) – Felseneiland mit Sirenen; BGHZ 13, 334 (339) = NJW 1954, 1404 – Schacht-Briefe; BGH GRUR 1954, 80 (81) – Politische Horoskope.
[282] *Blatz* S. 84; *Gloy* S. 45; *Vinck* S. 48; *Rehbinder* RdA 1968, 309 (313).
[283] LAG Berlin UFITA 24 [1957], 134 (141) – Tod des Handelsreisenden; aA *Dittrich* S. 105, 106 lässt die Änderung stets bis zur Grenze der Entstellung zu; sehr weitgehend auch *Schmieder* GRUR 1963, 297 (299); *Rehbinder* FS Roeber, 1973, 481 zieht die Grenze der Änderungsbefugnis bei dem Direktionsrecht des Arbeitgebers.
[284] Vgl. allgemein → § 14 Rn. 18 ff., 28 ff. und speziell 34; → § 39 Rn. 17 ff. und speziell Rn. 23.
[285] → Rn. 87.
[286] OLG Frankfurt a. M. GRUR 1976, 199 – Götterdämmerung; *v. Gamm* § 14 Rn. 9.
[287] OLG Nürnberg ZUM 1999, 656 – unzulässige Änderungen an einem Museumsführer.
[288] *Kraßer* FS Schricker, 1995, 77 (95).
[289] *v. Gamm* § 39 Rn. 5.
[290] Zur Abgrenzung → § 39 Rn. 11 ff.

chengewohnheit, so ist er für deren Bestehen beweispflichtig. Auf die Kenntnis des Arbeitnehmers kommt es hingegen nicht an. Bei ungezeichneten Beiträgen zu Periodika erlaubt § 44 VerlG ausdrücklich Änderungen im Rahmen des Üblichen.[291]

Das OLG Köln[292] entschied, dass der Herausgeber einer Illustrierten den Beitrag eines Redakteurs ohne dessen Einwilligung ändern darf, da eine dementsprechende Übung in der **Zeitschriftenbranche** festzustellen sei. Diese stillschweigend vereinbarte Änderungsbefugnis könne nur durch eine gegenteilige ausdrückliche einzelvertragliche Vereinbarung abbedungen werden. Branchenübliche Änderungen sind in der Regel technisch bedingt. Im Zeitungs- und Zeitschriftenbereich kann deshalb die Kürzung oder auch Verlängerung von Beiträgen erlaubt sein. Ebenso wird es ein angestellter Autor als branchenübliche Änderung akzeptieren müssen, wenn sein Beitrag statt in einer Folge in zwei oder drei Folgen erscheint. Da Zeitungs- und Zeitschriftenverlage Tendenzbetriebe sind, kann uU ein tendenzwidriger Artikel geändert werden. Wird durch eine Tendenzänderung das Werk in seinen Wesenszügen geändert, so ist dem Arbeitnehmer zuzubilligen, dass er die Nennung seines Namens untersagen kann.[293]

Ist allerdings in einem inhaltlich geänderten Artikel der Urheber auch ohne Namensnennung erkennbar, wie zB der im Feuilleton einer Zeitung beschäftigte Theaterkritiker, so wird in diesem Ausnahmefall dem Urheber das Recht zuzubilligen sein, eine Veröffentlichung des geänderten Artikels zu untersagen.[294]

Die **Rundfunk- und Fernsehanstalten** dürfen ebenfalls Änderungen aus technischen medienspezifischen Gründen durchführen. Die Programmfreiheit und damit auch die Gestaltungsfreiheit der einzelnen Beiträge wird durch die Neutralitätspflicht und die rundfunkrechtlichen Programmrichtlinien der öffentlich-rechtlichen Rundfunk- und Fernsehanstalten begrenzt. Werden diese Grundsätze verletzt, können der Intendant oder der Abteilungsleiter Änderungen vornehmen. Es lässt sich natürlich trefflich darüber streiten, ob diese Grundsätze verletzt sind oder nicht. Dem angestellten Urheber ist daher das Recht zuzubilligen, im Falle der Änderung seine Namensnennung zu untersagen.[295]

Weitgehende Änderungen sind auch in der **Werbebranche** üblich.[296] Der Arbeitgeber ist berechtigt, den Entwurf seines angestellten Grafikers selbst oder durch andere Arbeitnehmer zu ändern. Zudem muss die Werbeagentur darauf achten, dass ihre Werbekampagne weder die Urheberrechte anderer noch Lauterkeitsrecht verletzt.

Bei **Bühnenwerken** genießt der Nutzungsberechtigte der Rechtsprechung zufolge eine weitgehende Änderungsbefugnis, soweit das Werk nicht wesentlich verändert wird.[297] Hierbei sind auch bei größeren künstlerischen Leistungen durchaus die wirtschaftlichen Verwertungsmöglichkeiten zu berücksichtigen. In der Entscheidung „Götterdämmerung"[298] hat das OLG Frankfurt a. M. ausgeführt, dass bei der Interessenabwägung zur Ermittlung der Änderungsbefugnis auch die beengten Realitäten des Theaterlebens, insbesondere die etatmäßigen Schwierigkeiten berücksichtigt werden müssen. Wird eine Inszenierung von Publikum und Presse einmütig als misslungen abgelehnt, muss dem Werknutzer die Möglichkeit verbleiben, die Anregungen der Kritik aufzugreifen und die Inszenierung diesen Anregungen anzupassen.[299]

4. Rückrufsrecht

88   **a) wegen Nichtausübung.** § 41 gewährt dem Schöpfer ein Rückrufsrecht wegen Nichtausübung, wenn der Inhaber eines ausschließlichen Nutzungsrechts das Werk nicht oder nur unzureichend verwertet. Das Rückrufsrecht bezieht sich immer nur auf das konkret nichtgenutzte Werk.[300] § 41 schützt sowohl **urheberpersönlichkeitsrechtliche** als auch **verwertungsrechtliche Belange.**[301]

---

[291] Im Einzelnen *Bappert/Maunz/Schricker* § 44 Rn. 1 ff.
[292] GRUR 1953, 499 (500) – Kronprinzessin Cäcilie.
[293] LG Saarbrücken UFITA 79 (1977), 358 – allerdings für einen freiberuflichen Journalisten – Entstellung eines Fernsehdokumentarfilms; sa. *Rojahn* S. 120 mwN; *Neumann-Duesberg* NJW 1964, 1968; *Löffler* NJW 1964, 1101; *Rehbinder* RdA 1968, 309 (314); einschränkend *Bappert/Maunz/Schricker* UrhG § 13/§ 39 Rn. 11, § 44 Rn. 6 ff.
[294] Im Einzelnen zur Anwendbarkeit des § 44 VerlG *Bappert/Maunz/Schricker* VerlG § 44 Rn. 3, sowie → § 39 Rn. 18.
[295] So zB geregelt in Ziff. III, 3 der SWF-Grundsätze; KG ZUM-RD 1997, 175 (180); zu den Einzelheiten vgl. *Rojahn* S. 128; *Ulmer*, Urhebervertragsrecht, Rn. 144 ff., 149.
[296] OLG Hamm UFITA 28 [1959], 352 (357 f.) – Werbepostkarte; LG Berlin GRUR 1974, 412 (413) – Werbeprospekt; sehr zurückhaltend gegenüber Änderungen, jedoch ohne Berücksichtigung des Arbeitsverhältnisses *Schmidt* S. 115 Rn. 82; → § 39 Rn. 25.
[297] Vgl. hierzu → § 39 Rn. 22 mwN. Ein weitgehendes Änderungsverbot hatte hingegen das LAG Berlin in dem Fall eines angestellten Bühnenbildners angenommen; UFITA 24 [1957], 134 – Tod des Handelsreisenden. Da das geänderte Bühnenbild beim Publikum einen völlig anderen Eindruck erweckte als vom Bühnenbildner beabsichtigt, waren die Änderungen nicht mehr vom Direktionsrecht des Arbeitgebers gedeckt.
[298] *OLG Frankfurt a. M.* GRUR 1976, 199; OLG Dresden ZUM 2000, 955 – Csárdásfürstin allerdings freier Gastregisseur.
[299] Im Einzelnen zur Interessenabwägung → § 14 Rn. 28 ff.; → § 39 Rn. 22.
[300] Vgl. → § 41 Rn. 23.
[301] → § 41 Rn. 4.

Das vertraglich nicht abdingbare Rückrufsrecht wegen Nichtausübung wird jedoch durch Inhalt und Wesen des **Arbeits- und Dienstverhältnisses erheblich eingeschränkt.**[302] Wirtschaftliche Interessen des Urhebers, sein Werk optimal auszunützen, sind in einem Arbeitsverhältnis idR nicht relevant. Die finanzielle Situation des angestellten Urhebers ist mit der des freischaffenden Urhebers nicht vergleichbar. Unabhängig von der Verwertbarkeit seiner schöpferischen Leistung erhält er seinen Lohn; er trägt das wirtschaftliche Risiko der Werkschöpfung nicht.

Auch das Interesse des angestellten Urhebers an der Veröffentlichung eines Werkes ist mit dem eines freischaffenden Urhebers nicht identisch. Der angestellte Urheber hat, wie jeder andere Arbeitnehmer auch, keinen Anspruch darauf, dass seine Werke überhaupt vom Arbeitgeber verwertet werden. Abgesehen von der Pflicht des Arbeitgebers, dem Arbeitnehmer überhaupt die Möglichkeit zu geben, seine schöpferischen Fähigkeiten unter Beweis zu stellen,[303] hat der Urheber grundsätzlich kein Recht, die betriebliche Nutzung seines Werkes zu fordern. Wenn der angestellte Werkschöpfer jedoch im Einzelfall gerade an der Veröffentlichung eines bestimmten Werkes ein besonderes persönliches Interesse hat, so kann er **aufgrund seiner urheberpersönlichkeitsrechtlichen Belange die eingeräumten Nutzungsrechte zurückfordern.**[304]

Insbesondere im Hinblick auf die Praxis der Arbeitsverträge ist es notwendig, auch dem Arbeitnehmer das Rückrufsrecht wegen Nichtausübung grundsätzlich zuzubilligen. Viele Unternehmer lassen sich das ausschließliche Nutzungsrecht für alle denkbaren Nutzungsarten von ihren Arbeitnehmern einräumen. Die **Einräumung** erfasst somit **auch Nutzungsrechte, die der Arbeitnehmer** für seine **betrieblichen Zwecke nicht benötigt.** Zum Teil wird der Unternehmer die eingeräumten Nutzungsrechte selbst gar nicht ausüben können und auch Dritten nicht zur Ausübung überlassen. Diese Verwertungsmöglichkeiten liegen somit brach. Dem angestellten **Urheber ist grundsätzlich die Möglichkeit zuzugestehen,** diese Nutzungsrechte wegen Nichtausübung zurückzurufen.[305] Eine Einschränkung besteht, **wenn** der Arbeitnehmer durch die zurückgerufenen Rechte und die damit verbundene Eigenverwertung oder Weiterveräußerung an Dritte die berechtigten Interessen des Arbeitgebers verletzen würde, er zB **dem Arbeitgeber unmittelbar oder mittelbar Konkurrenz macht.**[306] 89

Der **Beamte** ist gegenüber seinem Dienstherrn grundsätzlich zur Zurückstellung aller persönlichen Interessen in Bezug auf seine Arbeitsergebnisse verpflichtet. Die Möglichkeiten, diesem eingeräumte Nutzungsrechte wegen Nichtausübung **zurückzurufen,** sind daher **auf Ausnahmefälle beschränkt,** in denen ein überragendes persönlichkeitsrechtliches Interesse des Beamten an der Veröffentlichung seines Werkes anzuerkennen ist und die Interessen des Dienstherrn durch die Veröffentlichung nicht tangiert werden.[307] 90

Für die Arbeitnehmer, die im **Film- und Fernsehbereich** beschäftigt sind, spielt das Rückrufsrecht **wegen Nichtausübung nur eine untergeordnete Rolle,** da der Gesetzgeber den Anwendungsbereich des § 41 **durch § 90 eingeschränkt hat.** In diesem Bereich ergibt sich zusätzlich die Schwierigkeit, dass stets eine Vielzahl von Miturhebern und Leistungsschutzberechtigten an der Schaffung des Werkes beteiligt war.[308] 91

b) wegen gewandelter Überzeugung. Während das Rückrufsrecht wegen Nichterfüllung den 92 Urheber hinsichtlich seines Veröffentlichungsinteresses schützt, gewährt ihm das Rückrufsrecht wegen gewandelter Überzeugung (§ 42) das Recht, eine Veröffentlichung seines Werkes zu verhindern. Das Rückrufsrecht wegen gewandelter Überzeugung schützt in besonderem Maße die persönlichen Interessen des Urhebers.[309]

Die Interessenlage des angestellten Urhebers unterscheidet sich im Vergleich zum freischaffen 93 den Urheber nicht grundsätzlich. Auch in einem Arbeitsverhältnis kann ein Überzeugungswandel des Urhebers eintreten. § 42, der die ideellen Belange des Werkschöpfers schützt, ist somit **auch für den angestellten Urheber eine grundsätzlich zu berücksichtigende Schutzvorschrift.**[310]

---

302 Vgl. → Rn. 36.
303 BAG AP BGB § 611 Nr. 2 – Beschäftigungspflicht.
304 So im Ergebnis auch die hM, wenn auch im Detail sehr differenzierend: *Ulmer* § 95 III 3; *Blatz* S. 89; *Gloy* S. 47; *Poll* S. 54, 55; *Rehbinder* RdA 1968, 309 (314); Dreier/Schulze/*Dreier* UrhG § 43 Rn. 38; Möhring/ Nicolini/*Spautz* (2. Aufl.) UrhG § 43 Rn. 13; Wandtke/Bullinger/*Wandtke* UrhG § 43 Rn. 116.
305 So auch Dreier/Schulze/*Dreier* UrhG § 43 Rn. 38; Wandtke/Bullinger/*Wandtke* UrhG § 43 Rn. 116; *v. Olenhusen/Ernst* in *Hoeren/Sieber* Teil 7.3 Rn. 117 f.; aA *v. Gamm* § 41 Rn. 12: erachtet den Rückruf bezüglich eines Teils der eingeräumten Nutzungsrechte am gleichen Werkgegenstand grundsätzlich für unzulässig; dagegen → § 41 Rn. 22, 23; *Bayreuther,* Münchener HdB ArbR, (4. Aufl.) Bd. 1 § 99 Rn. 19, der ein Rückrufsrecht im Wesentlichen nur in Ausnahmefällen ein Interesse an der Veröffentlichung unter Nennung des Namens bei Werken mit starker persönlicher Prägung anerkennt.
306 Zustimmend Dreier/Schulze/*Dreier* UrhG § 43 Rn. 38.
307 So im Ergebnis auch Dreier/Schulze/*Dreier* UrhG § 43 Rn. 38.
308 Zu diesem Problembereich *Ulmer,* Urhebervertragsrecht, Rn. 169.
309 Zu den Einzelheiten s. die Erl. zu § 42; allgemein zum Rückrufsrecht nach § 42 *Rohlfing/Kobusch* ZUM 2000, 305 ff.
310 → § 42 Rn. 11; so auch Dreier/Schulze/*Dreier* UrhG § 43 Rn. 38; *Mathis* S. 153; *Ulmer* § 95 III 3; *Blatz* S. 89; *Gloy* S. 47; *Poll* S. 59 f.; *Roithmaier* S. 66; *Rehbinder* RdA 1968, 309 (314); aA *Löffler,* Presse- und Urheberrechtsreform, in *Löffler* [Hrsg.], Die Urheberrechtsreform, 1973, S. 18.

Bereits für den freischaffenden Urheber stellt § 42 strenge Anforderungen. Die Verwertung des Werkes muss infolge des Überzeugungswandels für den Urheber unzumutbar geworden sein. Dies ist anhand objektiver Kriterien zu ermitteln. Die künstlerische oder wissenschaftliche Weiterbildung des Werkschöpfers reicht allein nicht aus. Er kann die Veröffentlichung nicht versagen, weil er den Stil oder die äußere Form verbessern will. Weiterhin erfolgt die Feststellung der Unzumutbarkeit durch eine Interessenabwägung zwischen den Belangen des Urhebers und denen des Nutzungsberechtigten, wobei auch die Schöpfungshöhe des Werkes einen Einfluss haben kann.[311]

94   **Durch das Arbeitsverhältnis wird der Bereich dessen, was als zumutbar hinzunehmen ist, erweitert.**[312] Die Verwertung des Werkes kann nur dann untersagt werden, wenn die ideellen Belange des angestellten Urhebers unter Berücksichtigung der Stärke der Verwertungsinteressen des Arbeit- bzw. Dienstgebers sowie der Schöpfungshöhe des betreffenden Werkes einen erheblichen Schaden erleiden würden.[313] So ist eine ideelle Beeinträchtigung zu verneinen, wenn der Urheber das Werk unabhängig von seiner eigenen künstlerischen Auffassung geschaffen hat[314] oder er mangels Namensnennung nicht als Urheber nach außen aufgetreten ist.[315] *Rehbinder* billigt dem Arbeitnehmer stets einen Rückruf wegen gewandelter Überzeugung zu, wenn das Werk unter dem Namen des Urhebers erscheinen soll.[316] Für den angestellten Urheber hat das Recht des Rückrufes wegen gewandelter Überzeugung keine große praktische Bedeutung.[317]

94a   **c) wegen Unternehmensveräußerung.** Gemäß § 34 Abs. 3 S. 2 und 3 ist der Urheber bei Unternehmensveräußerungen oder einer wesentlichen Änderung der Beteiligungsverhältnisse berechtigt, das Nutzungsrecht zurückzurufen, wenn ihm die Ausübung des Nutzungsrechts durch den Erwerber nach Treu und Glauben nicht zuzumuten ist.

In Arbeits- oder Dienstverhältnissen ist dieses Rückrufsrecht nicht grundsätzlich ausgeschlossen.[318] Der Anwendungsbereich dürfte aber eher theoretischer denn praktischer Natur sein. Die Motivationslage ist derjenigen der gewandelten Überzeugung angenähert, mit der Maßgabe, dass die Auffassungen des Erwerbers nicht mit denen des angestellten Urhebers übereinstimmen und sich dies auch auf die schöpferische Tätigkeit auswirkt. Da jedoch auch bei den grundsätzlich in Betracht kommenden Presseunternehmen der angestellte Urheber vorrangig für die tägliche oder wöchentliche Ausgabe der Zeitung oder Zeitschrift schreibt, scheiden diese Beiträge de facto als Konfliktfall aus. Zu denken ist höchstens an Bücher, die ein angestellter Urheber für den Zeitschriften- oder Zeitungsverlag geschrieben hat und die über einen längeren Zeitraum verlegt werden.

5. Zugang zum Werkstück

95   Nach § 25 kann der Urheber den Zugang zu seinem Werkstück verlangen, wenn dies für ihn erforderlich ist, um ein Vervielfältigungsstück – Abschriften, Fotokopien – auf seine Kosten herzustellen, oder soweit es für die Bearbeitung des Werkes notwendig ist. Dabei können ideelle und/oder materielle Interessen zugrunde liegen.[319] Das Werkstück in der Hand des Eigentümers darf nicht bearbeitet oder beschädigt werden.[320] Der Besitzer des Werkstückes ist nicht verpflichtet, das Werkstück oder ein Vervielfältigungsstück herauszugeben, er muss lediglich den Zugang ermöglichen. Er kann den Zugang verweigern, wenn seine berechtigten Interessen dadurch beeinträchtigt würden.[321]

96   **Auch dem Arbeitnehmerurheber steht das Recht auf freien Zugang zum Werkstück zu.**[322] Das Zugangsrecht kann im Einzelfall für den angestellten Urheber sogar wichtiger sein als für den freischaffenden Urheber.[323] Nach einhelliger Meinung von Rechtsprechung und Schrifttum erwirbt der Arbeitgeber an dem im Rahmen des Arbeitsverhältnisses geschaffenen Werken das Eigentum.[324] In der Regel wird der Arbeitnehmerurheber vor der Abgabe des Werkes keine Abschriften oder Fotokopien für sich herstellen. Das Zugangsrecht gewährt ihm die einzige Möglichkeit, dies nachzuholen.

---

[311] Im Einzelnen → § 42 Rn. 42 ff.; Dreier/Schulze/*Dreier* UrhG § 43 Rn. 38; *v. Gamm* § 42 Rn. 6; Möhring/Nicolini/*Spautz* (2. Aufl.) UrhG § 42 Rn. 8.

[312] *Blatz* S. 47; *Roithmaier* S. 65 f. *Vinck* S. 76, die alle einen grundlegenden Überzeugungswandel fordern.

[313] Zustimmend Dreier/Schulze/*Dreier* UrhG § 43 Rn. 38.

[314] BGHZ 19, 382 (384) = NJW 1956, 627 – Kirchenfenster; *v. Gamm* § 42 Rn. 6; Möhring/Nicolini/*Spautz* (2. Aufl.) UrhG § 43 Rn. 13.

[315] Möhring/Nicolini/*Spautz* (2. Aufl.) UrhG § 43 Rn. 13.

[316] *Rehbinder* RdA 1968, 309 (314).

[317] *Ulmer*, Urhebervertragsrecht, Rn. 177.

[318] Dreier/Schulze/*Dreier* UrhG § 43 Rn. 38; Wandtke/Bullinger/*Wandtke* UrhG § 43 Rn. 120; *Wernicke/Kockentiedt* ZUM 2004, 348 (355 mwN); aA *Berger* FS Schricker, 2005, 223 (231).

[319] → § 25 Rn. 3.

[320] Vgl. dazu → § 25 Rn. 11.

[321] § 25 Abs. 2; im Einzelnen → § 25 Rn. 9 ff.

[322] Dreier/Schulze/*Dreier* UrhG § 43 Rn. 39; Möhring/Nicolini/*Spautz* (2. Aufl.) UrhG § 43 Rn. 13; Wandtke/Bullinger/*Wandtke* UrhG § 43 Rn. 109; *Blatz* S. 87; *Dittrich* S. 106; *Gloy* S. 48; *Honig* S. 38; *Roithmaier* S. 67; *Vinck* S. 67; *Hubmann* FS A. Hueck, 1959, 43 (47); *Kuhlmann* DB 1955, 1089.

[323] Ebenso *Vinck* S. 68.

[324] → Rn. 37.

Zumeist wird der angestellte Urheber aus **urheberpersönlichkeitsrechtlichen Motiven** den Zugang zum Werk verlangen, entweder um für eine Bewerbung den Nachweis über seine bisherige schöpferische Tätigkeit zu erbringen, seine künstlerische Entwicklung unter Beweis zu stellen oder auch seine Werke zu sammeln. So hat der angestellte Arzt einen Anspruch darauf, Zugang zu Krankenunterlagen zu erhalten, um diese wissenschaftlich auszuwerten.[325] Soweit mit dem Zugangsrecht gleichzeitig auch vermögensrechtliche Interessen verfolgt werden, ist dies zulässig und beeinflusst das Recht auf freien Zugang nicht.[326]

Der **Arbeitgeber** kann **den Zugang zum Werkstück verweigern, wenn** dadurch **seine be-** **97** **rechtigten Interessen verletzt würden.** Zwischen Arbeitgeber und Arbeitnehmer werden hier wirtschaftliche Belange eine größere Rolle spielen als die ideellen. Ob die berechtigten Interessen des Arbeitgebers verletzt werden, ist durch eine Güter- und Interessenabwägung im Einzelfall zu ermitteln, wobei die Stellung des Urhebers und der Schöpfungsgrad des Werkes zu berücksichtigen sind.[327] Dem Arbeitgeber ist dann ein Versagungsrecht zuzubilligen, wenn die Zugangsverschaffung im Verhältnis zum Anliegen des Arbeitnehmers einen unverhältnismäßig hohen organisatorischen Aufwand erfordert.

Das **Zugangsrecht** hat für die Zeit **nach der Beendigung des Arbeitsverhältnisses** in der Re- **98** gel eine größere Bedeutung als während der arbeitsvertraglichen Bindung. Arbeitet ein angestellter Urheber anschließend bei einem Konkurrenzunternehmen und will er seine Arbeiten im Archiv einsehen, ist der Arbeitgeber zur Untersagung berechtigt, wenn der Arbeitnehmer die dem Arbeitgeber übertragenen Nutzungsrechte selbst ausüben würde.[328] Das Zugangsrecht darf also nicht dazu benutzt werden, dem Arbeitgeber die Verwertung der Nutzungsrechte zu erschweren oder die Verwertung zu behindern.[329] So kann auch ein Photograph seine Bilder nicht ablichten, um sie dann an eine andere Verlage zu veräußern. Mit Hilfe des Zugangsrechts darf der angestellte Urheber die Nutzungseinräumung zugunsten des Arbeitgebers nicht umgehen.

In Arbeitsverträgen ist zT das Zugangsrecht des Urhebers ausdrücklich geregelt, unterliegt jedoch **99** einer **zeitlichen Beschränkung.** In einigen **Manteltarifverträgen** der Rundfunkanstalten[330] wird den Urhebern zB das Recht eingeräumt, mit ausdrücklicher Zustimmung der Rundfunkanstalt und der anderen Berechtigten im Einzelfall innerhalb einer Frist von sechs Wochen nach der Herstellung oder nach der Erstsendung Ton- oder Bildträgerkopien auf eigene Kosten zum eigenen Gebrauch und unter Ausschluss jeglicher anderweitiger Verwertung herzustellen oder herstellen zu lassen. Die Rundfunkanstalten können, wenn der Aufwand unzumutbar ist, die Zustimmung zur Anfertigung dieser Kopien verweigern. Die zeitliche Ausschlussfrist dient der schnellen Abwicklung der bestehenden Ansprüche. Im Hinblick auf die große Anzahl der bei einer Sendung beteiligten Arbeitnehmerurheber haben die Rundfunkanstalten ein berechtigtes Interesse daran, das Recht auf Zugang innerhalb einer gewissen Zeitspanne abzuwickeln. Grundsätzlich ist es den angestellten Urhebern zumutbar, innerhalb der tariflich vereinbarten Frist von ihrem Recht Gebrauch zu machen.

IX. Anbietungspflicht bezüglich außervertraglich geschaffener Werke des Arbeitnehmers

Viele Arbeitnehmer beschränken ihre schöpferische Tätigkeit nicht auf ihre arbeitsvertraglichen **100** Verpflichtungen, sondern schaffen aus eigenem Antrieb Werke, ohne dass hierzu arbeitsvertragliche Pflichten bestehen. § 43 regelt nur die Rechtsfolgen für Werke, die der „Urheber in Erfüllung seiner Dienstpflichten aus einem Arbeits- oder Dienstverhältnis geschaffen hat". Die außervertraglich geschaffenen Werke des Arbeitnehmers sind keine Arbeitsergebnisse, so dass dem Arbeitgeber die Nutzungsrechte an diesem Werk nicht eingeräumt sind. Der Arbeitgeber ist jedoch oft an einer Verwertung interessiert, da er diese Werke für seinen Geschäftsbetrieb ebenfalls nutzen kann. **Die Interessen des Arbeitgebers** an einer solchen Verwertung **können durch eine Anbietungspflicht des Urhebers gesichert werden.** Die für eine Anbietungspflicht in Betracht kommenden Sachverhalte lassen sich in drei Gruppen teilen:

1. Dem Arbeitnehmer wird vom Arbeitgeber eine schöpferische Tätigkeit zugewiesen, die nicht mehr dem arbeitsvertraglichen Aufgabenkreis entspricht (ein Zeitungsverlag beauftragt seinen Karikaturisten, auch Zeichnungen für Werbezwecke anzufertigen).
2. Der Arbeitnehmer schafft auf eine Anregung des Arbeitgebers und/oder unter Verwendung von Betriebsmitteln ein Werk (ein Prokurist verfasst aufgrund einer Anregung seines Arbeitgebers in seiner Freizeit unter Verwendung des Betriebsarchivs eine Betriebschronik).

---

[325] BGH GRUR 1952, 257 – Krankenhauskartei.
[326] *v. Gamm* § 25 Rn. 4; Möhring/Nicolini/*Spautz* (2. Aufl.) § 25 Rn. 1.
[327] → § 25 Rn. 11; Dreier/Schulze/*Dreier* UrhG § 43 Rn. 39.
[328] *Blatz* S. 87; *Gloy* S. 48; *Vinck* S. 68; *Rehbinder* RdA 1968, 309 (414).
[329] So auch Dreier/Schulze/*Dreier* UrhG § 43 Rn. 39; Möhring/Nicolini/*Spautz* (2. Aufl.) UrhG § 43 Rn. 13; Wandtke/Bullinger/*Wandtke* UrhG § 43 Rn. 113 weist zu Recht auf die Probleme der Softwareindustrie hin: die Anfertigung von Kopien kann an Dritte weitergegeben werden, ein Zugangsrecht kann daher verweigert werden; *v. Olenhusen/Ernst* in *Hoeren/Sieber* Teil 7.3 Rn. 120i.
[330] Etwa in Ziff. 11.3 des TV Deutschlandradio vom 10.12.1986; dazu *v. Olenhusen* S. 190.

3. Der Arbeitnehmer erstellt aus eigener Initiative und ohne Unterstützung des Arbeitgebers ein Werk, das für den Arbeitsbereich des Betriebes verwendbar ist (ein bei einer Rundfunkanstalt angestellter Wirtschaftsredakteur schreibt ein Hörspiel).

101   Die wohl überwiegende Ansicht **bejaht eine Anbietungspflicht** des in einem Arbeitsverhältnis stehenden Urhebers für außervertraglich geschaffene Werke. Ein Teil der Literatur begründet die Anbietungspflicht durch eine Analogie zum ArbnErfG, da der Gesetzgeber hier die bei technischen Erfindungen ähnlich gelagerte Problematik ausführlich geregelt habe. Das ArbnErfG unterscheidet zwischen Diensterfindung und freier Erfindung (§ 4 ArbnErfG). Bei einer Diensterfindung ist der Arbeitgeber berechtigt, diese unbeschränkt in Anspruch zu nehmen; als Gegenleistung muss er dem Arbeitnehmer eine angemessene Vergütung gewähren (§ 9 ArbnErfG). Bei einer freien Erfindung ist der Arbeitnehmer verpflichtet, seine außervertraglichen Leistungen dem Arbeitgeber mitzuteilen und anzubieten, wenn die Erfindung im Arbeitsbereich des Betriebes des Arbeitgebers liegt (§§ 18, 19 ArbnErfG).[331] Gegen eine Analogie zu §§ 18, 19 ArbnErfG wird einerseits die größere Reichweite des Patent- oder Gebrauchsmusterschutzes im Vergleich zum urheberrechtlichen Schutz angeführt.[332] *Bayreuther* nennt ergänzend den fehlenden persönlichkeitsrechtlichen Einschlag bei Erfindungen.[333] Andererseits wird der auf den Rechtsgedanken des § 69b UrhG verwiesen, der die weitergehende Rechtsübertragung für Computerprogramme ausdrücklich auf Werke beschränkt, die in Wahrnehmung der Aufgaben des angestellten Programmierers entstanden sind.[334]

Andere Autoren, die eine Analogie zum ArbnErfG ablehnen, **begründen** die **Anbietungspflicht** des Urhebers mit der **Treuepflicht des Arbeitnehmers.**[335] Die Treuepflicht verpflichtet den Arbeitnehmer, nicht zum Konkurrenten des eigenen Betriebes zu werden, sondern sich nach besten Kräften für diesen einzusetzen. Der Betriebsfrieden soll durch ein Konkurrenzverhalten des Arbeitnehmers nicht gefährdet werden.

Der angestellte Urheber kann jedoch für diese zusätzlichen Leistungen und für die damit verbundene Einräumung der Nutzungsrechte eine angemessene **Honorierung** fordern. Was als „angemessen" zu betrachten ist, hängt von den Umständen des Einzelfalles ab. In der Regel wird man von dem Betrag ausgehen, den der angestellte Urheber bei einem Vertragsabschluss mit anderen Unternehmen hätte erzielen können.[336]

Ein **Teil der Literatur lehnt** eine **Anbietungspflicht** für außerhalb des Arbeitsverhältnisses geschaffene Werke **ab.** Den Arbeitnehmer treffe allenfalls ein Wettbewerbsverbot, das nicht mit einer Anbietungspflicht gleichzusetzen sei.[337] Der Arbeitgeber sei durch das Wettbewerbsverbot hinreichend geschützt.[338] Eine Analogie zu §§ 18, 19 ArbnErfG wird unter Hinweis auf die größere Reichweite des Patent- oder Gebrauchsmusterschutzes im Vergleich zum urheberrechtlichen Schutz abgelehnt.[339]

102   Die obergerichtliche **Rechtsprechung** und der BGH haben bisher die Frage der Anbietungspflicht von Urhebern kaum behandelt. In den Urteilen, die außervertragliche Werke von Angestellten betrafen, war nur zu entscheiden, ob außervertragliche Werke vorlagen oder ob der Arbeitnehmer für die bereits eingeräumten Rechte eine zusätzliche Vergütung beanspruchen konnte.[340] Das LG München I hat sich für die entsprechende Anwendung des ArbnErfG ausgesprochen hinsichtlich eines Computerprogramms, das teilweise während der Dienstzeit und unter Benutzung des Amtsrechners geschaf-

---

[331] Für eine analoge Anwendung des ArbnErfG: *Vinck* S. 21; *Schmieder* GRUR 1963, 297 (299); *Westen* JR 1967, 401; *Scholz* S. 117; *Kraßer/Schricker* S. 104; *Kraßer* FS Schricker, 1995, 77 (104).

[332] *Kraßer/Schricker* S. 104; *Kraßer* FS Schricker, 1995, 77 (104).

[333] *Bayreuther* GRUR 2003, 570 (577), der ergänzend den fehlenden persönlichkeitsrechtlichen Einschlag bei Erfindungen nennt.

[334] Vgl. nur Dreier/Schulze/*Dreier* UrhG § 43 Rn. 25.

[335] *Blatz* S. 27; *Gloy* S. 40; *Poll* S. 72; *Roithmaier* S. 147; *Gaul* NJW 1961, 1509 (1510); *Kunze* RdA 1975, 43 (48); *Rehbinder* S. 278 differenzierend, der grundsätzlich darauf abstellt, ob das Werk in den Arbeitsbereich des Arbeitgebers oder Unternehmens fällt; vgl. auch *Rehbinder* WiB 1994, 461 (463); *Rehbinder* RdA 1968, 309 (312), wo er unter Aufgabe seiner bisherigen Ansicht in RdA 1968 eine Anbietungspflicht insoweit verneint, als der Urheber in Ausübung seines Rechts aus § 12 Abs. 1 UrhG sein freies Werk nicht nutzen will; *Möhring/Nicolini*/Spautz (2. Aufl.) UrhG § 43 Rn. 12 stellt auf das Sachzusammenhang und benutzte Hilfsmittel des Arbeitgebers ab; ebenso *Loewenheim/Nordemann* § 63 Rn. 26 ff.; *Ullmann* GRUR 1987, 6 (9), die darüber hinaus eine Anbietungspflicht nur für den Fall eines arbeitsrechtlichen Wettbewerbsverbotes bejahen; so auch Dreier/Schulze/*Dreier* UrhG § 43 Rn. 26, wonach die Anbietungspflicht sowohl für Arbeitnehmer als auch für Dienstverpflichtete aus der Treuepflicht wegen § 12 Abs. 1 UrhG jedenfalls auf Ausnahmefälle begrenzt bleiben müsse; nach *Kraßer/Schricker* S. 104 ff. besteht eine Anbietungspflicht nur unter den Voraussetzungen und in den Grenzen des § 40 UrhG; nach *Bayreuther,* Münchener HdB ArbR, (4. Aufl.) Bd. 1 § 99 Rn. 29 ausnahmsweise, wenn der Arbeitnehmer durch das Arbeitsverhältnis zur Wertschöpfung angeregt wurde.

[336] BGH GRUR 1985, 129 (130) – Elektrofabrik; Allgemein zu Vergütungsansprüchen für Sonderleistungen des Arbeitnehmers: *Buchner* GRUR 1985, 1.

[337] Fromm/Nordemann/*Axel Nordemann* UrhG § 43 Rn. 26; Wandtke/Bullinger/*Wandtke* UrhG § 43 Rn. 34 ff.; *Bayreuther,* Münchener HdB ArbR, (4. Aufl.) Bd. 1 § 99 Rn. 29; *Kraßer* FS Schricker, 1995, 77 (104), der eine Anbietungspflicht nur bei besonderer Vereinbarung bejaht.

[338] *Schwab* AuR 1993, 429 (433).

[339] *Kraßer/Schricker* S. 104; *Kraßer* FS Schricker, 1995, 77 (104).

[340] BGH GRUR 1985, 129 – Elektrofabrik; BAG GRUR 1961, 491 – Nahverkehrschronik; BAG GRUR 1984, 429 – Statikprogramme.

fen worden war.[341] Aus Österreich liegt eine gegenteilige Entscheidung vor.[342] Der BGH hat in seiner Entscheidung Grabungsmaterialien[343] eine – unentgeltliche – Anbietungspflicht von Erben eines Hochschulprofessors im Rahmen einer nachwirkenden Treuepflicht hinsichtlich der urheberrechtlichen Nutzungsrechte angenommen. Begründet wurde diese Anbietungspflicht im konkreten Fall mit dem erheblichen Personal- und Sacheinsatz der Universität und Dritter.[344]

X. Einzelne arbeitsvertragliche Regelungen

1. Presse

Unter **„Presse" versteht der allgemeine Sprachgebrauch nur Zeitungen und Zeitschriften,** während das Grundgesetz und auch das Landespresserecht mit dem Begriff „Presse" alle Druckwerke sowie den für die Erstellung der Druckwerke tätigen Personenkreis umfassen.[345] Im Folgenden beschränkt sich die Darstellung auf die Situation des angestellten Urhebers beim Zeitungs- und Zeitschriftenverlag.[346] **103**

Schutzfähige Werke im Pressewesen sind Berichte, Reportagen, Artikel, Interviews, Photographien, ggf. auch Zeichnungen, Karten, Skizzen, Tabellen sowie die Zeitung und Zeitschrift als Ganzes.[347] Die Nachricht selbst ist gemäß § 49 Abs. 2 vom urheberrechtlichen Schutz ausgenommen.

Arbeitnehmer im Pressebereich, die eine urheberrechtlich relevante Tätigkeit ausüben, sind Redakteure, Reporter, Korrespondenten, Pressezeichner, Grafiker und Photographen.[348] Durch kollektive oder einzelvertragliche Abmachungen wird die dispositive Regelung des § 38 Abs. 3 vielfach modifiziert.

a) Vertragsgestaltung der Zeitungsverlage. Zwischen dem Bundesverband Deutscher Zeitungsverleger (BDZV) einerseits und dem Deutschen Journalisten-Verband, Gewerkschaft der Journalisten, sowie der IG Medien, Druck und Papier, Publizistik und Kunst andererseits gilt der **Manteltarifvertrag (MTV) für Redakteure/Redakteurinnen an Tageszeitungen vom 24.4.2014,** gültig ab 1.1.2014.[349] Der Manteltarifvertrag gilt für alle Verlage, die in der Bundesrepublik Deutschland Tageszeitungen herausgeben, und für alle hauptberuflich an Tageszeitungen fest angestellten Wort- und Bild-Redakteure.[350] Ausgenommen sind also Zeitschriftenverlage, Presseagenturen sowie Wochenzeitungen. Letztere wenden aber zumeist, soweit die Verlage Mitglieder des BDZV sind, den Manteltarif entsprechend an.[351] **104**

Eine **urheberrechtliche Regelung** enthält der **MTV in § 17.** Sie sieht seit 1985 (bei den jeweiligen neuen Tarifabschlüssen wurde die Weiterentwicklung der Technologie berücksichtigt), eine **umfassende ausschließliche Rechtseinräumung** zugunsten des Verlages für Rechte, die in Erfüllung der vertraglichen Pflichten aus dem Arbeitsverhältnis erworben werden, vor. Die Rechtseinräumung geht weit über die Einräumung für Verlagszwecke hinaus. Der Verlag kann die Urheberrechte und verwandten Schutzrechte sowohl in Printmedien als auch im Film und im Rundfunk – ungeachtet der Übertragungs- und Trägertechniken – nutzen. Ausdrücklich aufgenommen wurden die Rechte zur Nutzung in digitalen Medien.[352] **Nicht** von der **Einräumung erfasst** wird die Vergütung für die Nutzung im so genannten **Pressespiegel** gemäß § 49 UrhG sowie sämtliche sonstigen von Verwertungsgesellschaften wahrgenommenen Zweitverwertungsrechte und Vergütungsansprüche. Diese Rechte bleiben dem Redakteur persönlich vorbehalten. Die Nutzung der eingeräumten Rechte, einschließlich derer an digitalen Ausgaben, erfolgt ohne gesonderte Vergütung, § 17 Abs. 6 MTV („vergütungsfrei"). **105**

In § 17 Abs. 2 MTV haben die Tarifparteien festgelegt, dass die **Urheberpersönlichkeitsrechte des Redakteurs** an seinen Beiträgen unberührt bleiben. Insbesondere hat er das Recht, Entstellungen, andere Beeinträchtigungen oder Nutzungen zu verbieten, die geeignet sind, seine berechtigten geistigen oder persönlichen Interessen am Beitrag zu gefährden. Der Tarifvertrag verweist somit lediglich auf den Gesetzestext.

[341] ZUM 1997, 659.
[342] OGH GRUR-Int 1994, 71.
[343] BGH GRUR 1991, 523 ff. – Grabungsmaterialien.
[344] Anders noch die Vorinstanz, OLG Karlsruhe GRUR 1988, 536; vgl. zu Hochschulangestellten → Rn. 130 ff.
[345] *Löffler,* Presserecht Bd. I⁴, 1997, Einl. Rn. 1; *Rehbinder,* Presserecht, 1967, Rn. 1, 5.
[346] Zur Abgrenzung der Zeitung von der Zeitschrift siehe *Löffler* FS Bappert, 125; → § 38 Rn. 12–14.
[347] Vgl. dazu näher *Rojahn* S. 17.
[348] *Rojahn* S. 22.
[349] Am 20.1.2019 abrufbar unter https://www.djv.de/fileadmin/user_upload/2014-01-01_MTV_Zusatz-Endnote_2018_07_02.pdf.
[350] Zum Begriff des Redakteurs vgl. Protokollnotiz zu § 1 Manteltarifvertrag für Redakteure/Redakteurinnen an Tageszeitungen vom 24.4.2014, gültig ab 1.1.2014; gemäß Protokoll vom 24.4.2014 B) 1. Soll der Manteltarifvertrag auch für Onlineredakteurinnen und -redakteure gelten; vgl. zur Bedeutung der online Verwertung für Presseverlage *Wallraff* ZUM 2010, 492 – Zur crossmedialen Herausforderung der Presseverlage.
[351] Der EuGH hat in seinem Urteil vom 11.2.2010, EuGH NJW 2010, 2563, zur Auslegung von Art. 7 der Richtlinie 2002/14/EG darauf hingewiesen, dass ein verstärkter Kündigungsschutz für Arbeitnehmervertreter nicht verlangt wird, jedoch hat jede Umsetzung dieser Richtlinie, sei es durch Gesetz oder durch Tarifvertrag, den in Art. 7 vorgesehenen Mindestschutz zu wahren, unerheblich, ob der Arbeitnehmer dem Tarifvertrag unterliegt.
[352] Zur Auslegung § 18 MTV von 1990 für elektronische Nutzung vgl. KG GRUR-RR 2004, 228 (229).

106   Von **wesentlicher Bedeutung** im Tarifvertrag ist die **Regelung der Weiterübertragung der erworbenen Nutzungsrechte** durch den Verlag **an Dritte** und die damit verbundenen Vergütungsansprüche des Redakteurs. Gemäß § 17 Abs. 3 MTV kann der Verlag die ihm eingeräumten Rechte auch Dritten übertragen. Der Redakteur hat bei der Weitergabe seiner Beiträge an Dritte stets einen **Anspruch auf eine zusätzliche angemessene Vergütung.** Als angemessen gilt die Vergütung von mindestens 40 % des Netto-Erlöses, den der Verlag aus der Verwertung erzielt bzw. erzielen könnte, § 17 Abs. 6 MTV. Tarifvertraglich wurde auch geregelt, dass der Redakteur einen Anspruch auf eine **zusätzliche angemessene Vergütung** hat, wenn seine Textbeiträge **in anderen Verlagsobjekten des anstellenden Verlages genutzt werden.** Werden die Textbeiträge oder Bildbeiträge des Redakteurs in Buchform oder im Rahmen der öffentlichen Wiedergabe unkörperlich verwertet, hat der Redakteur ebenfalls einen zusätzlichen Vergütungsanspruch, soweit es sich hierbei nicht um eine Nutzung zu Werbezwecken für den Verlag handelt. Der Verlag kann jedoch die Beiträge des Redakteurs ohne Zahlung einer weiteren Vergütung innerhalb einer Redaktionsgemeinschaft, bei Mantellieferung und sonstiger vergleichbarer redaktioneller Zusammenarbeit verwerten.

107   Der **Redakteur darf** nach Beendigung des Arbeitsverhältnisses ohne Einwilligung des Verlages über seine Beiträge weiterverfügen, wenn seit dem Erscheinen mindestens ein Jahr verstrichen ist. **Die Nutzungsrechte an Bildbeiträgen bleiben allerdings unbefristet und ausschließlich beim Verlag,** sofern im Einzelfall nichts anderes vereinbart ist, § 17 Abs. 4 MTV. Diese Ungleichbehandlung der Bild- und der Wortredakteure ist aus sachlichen Gründen gerechtfertigt. Während das Hauptinteresse des Verlages an Wortbeiträgen nach ihrer Veröffentlichung idR erlischt, haben Photos für die Zeitung weiterhin ihren Wert. Sie werden archiviert und können so jederzeit wieder veröffentlicht werden.[353] **Übt der Verlag die ihm eingeräumten Rechte nicht oder nur unzureichend aus** und werden dadurch berechtigte Interessen des Redakteurs erheblich verletzt, so kann dieser das Nutzungsrecht frühestens sechs Monate nach Ablieferung des Textbeitrages **zurückrufen.** In der Regel ist zuvor eine **Nachfristsetzung** erforderlich, § 17 Abs. 5 MTV. Dem Verlag verbleibt jedoch stets ein einfaches Nutzungsrecht, § 17 Abs. 5 MTV. Auch nach erfolgtem Rückruf darf der Redakteur seine Rechte nur dann verwerten, wenn dies den berechtigten Interessen des Verlages nicht abträglich ist.

108   Bei den **Zeitungsverlagen** gibt es eine ganze **Anzahl von weiteren Arbeitnehmerurhebern, die nicht unter den Geltungsbereich des Manteltarifes fallen;** zu denken ist hier an den Reporter und Photoreporter, den Korrespondenten, an den Pressezeichner und den Grafiker. In den Arbeitsverträgen mit diesen Personen wird jedoch häufig – ebenso wie in den Verträgen mit nicht tarifgebundenen Redakteuren – pauschal auf die Vorschriften des Manteltarifvertrages verwiesen.

109   Im **Tarifvertrag für arbeitnehmerähnliche freie Journalistinnen und Journalisten** an Tageszeitungen vom 2.7.2018, gültig ab 1.1.2018,[354] haben die Tarifvertragsparteien in § 10 iVm § 13 MTV die Abdruckrechte („Erstdruckrecht", „Zweitdruckrecht", „Alleinveröffentlichungsrecht") und in § 11 MTV das Rückrufs-/Kündigungsrecht geregelt. Weitergehende urheberrechtliche Bestimmungen sind nicht enthalten. Für die Nutzung journalistischer Beiträge im Internet haben Fachausschüsse des DJV Übersichten über mögliche und angemessene Vertragsbedingungen und Honorare erarbeitet.[355]

110   **b) Zeitschriftenverlage.** Zwischen dem Verband Deutscher Zeitschriftenverleger (VDZ) einerseits und dem Deutschen Journalisten-Verband (DJV) sowie der IG Medien, Druck und Papier, Publizistik und Kunst andererseits gilt der **Manteltarifvertrag für Redakteurinnen und Redakteure an Zeitschriften vom** 4.11.2011, gültig ab 1.1.2010.[356]

Der **Manteltarifvertrag gilt nur für Redakteure.** Wer als Redakteur im Sinne des Manteltarifvertrages anzusehen ist, ergibt sich aus § 1 Ziff. 1 MTV.

Für alle anderen Arbeitnehmer im Zeitschriftenbereich bestehen keine Tarifverträge oder Musterarbeitsverträge mit Urheberrechtsklauseln. Eine einheitliche Praxis hat sich hier auch bisher nicht herausgebildet.

111   In § 12 MTV sind **Urheberrechte** und **verwandte Schutzrechte zusammen geregelt worden.** Die **einzuräumenden ausschließlichen Rechte** sind **enumerativ** aufgezählt. Sie gehen weit über den eigentlichen Bereich eines Zeitschriftenverlages hinaus. So ist der Redakteur unter anderem verpflichtet, dem Verlag die Rechte an seinem in Erfüllung seiner konkreten vertraglichen Pflichten aus dem Arbeitsverhältnis entstandenen Werk im In- und Ausland zur Vervielfältigung und Verbreitung, zur audiovisuellen Wiedergabe, zur Sendung in Hörfunk und Fernsehen, zur Verfilmung und Vorführung sowie zur Werbung für den Verlag in körperlicher und unkörperlicher Form zu übertragen. Noch nicht geregelt sind die Rechte aus § 19a UrhG. Die Rechte an digitalen Ausgaben sind von der Nutzungsrechtseinräumung nur erfasst, soweit sich die vertragliche Arbeitspflicht auf die digi-

---

[353] *Schmidt-Osten* Der Journalist 1959, Heft 2, Beilage Nr. 20.
[354] Am 20.1.2019 abrufbar unter https://www.djv.de/fileadmin/user_upload/2018_07_02_12a-TV.pdf.
[355] Am 20.1.2019 abrufbar unter https://www.djv.de/fileadmin/user_upload/Freiendateien/Freie-Honorare/Honorare2013.pdf.
[356] Am 20.1.2019 abrufbar unter https://www.djv.de/fileadmin/_migrated_uploads/media/MTV-ZS-2011_Homepage.pdf.

tale Ausgabe bezieht.[357] Sind Nutzungsarten nicht im MTV enthalten, ist auch eine stillschweigende Einräumung von Rechten im Rahmen des § 31 Abs. 5 möglich. Soweit die Nutzungseinräumungen betriebsbedingt sind, erhält der Redakteur keine gesonderte Vergütung (§ 12 Abs. 7 MTV). Ihm verbleiben jedoch – wie im MTV für Redakteure von Tageszeitungen geregelt, die von den Verwertungsgesellschaften wahrgenommenen Zweitverwertungsrechte und Vergütungsansprüche.

Demgegenüber entsteht für die **nicht betriebsbedingte ("weitergehende") Nutzungsein-** 112 **räumung in der Regel ein zusätzlicher Vergütungsanspruch.** Nutzt der Verlag die Rechte zur öffentlichen Wiedergabe in unkörperlicher Form, vergibt der Verlag die eingeräumten Rechte an Dritte – mit Ausnahme der Nutzung innerhalb einer Redaktionsgemeinschaft, bei Mantellieferungen oder vergleichbarer Zusammenarbeit – oder nutzt er sie selbst in anderen, eigenen Verlagsobjekten, auf die sich der Anstellungsvertrag nicht erstreckt, oder werden die Beiträge für Bücher verwandt, hat der Redakteur stets einen Anspruch auf eine zusätzliche angemessene Vergütung. Als angemessen gilt eine Vergütung von mindestens 40% des Netto-Erlöses. Diesen Vergütungsanspruch hat der Redakteur auch nach Beendigung des Arbeitsverhältnisses (§ 12 Abs. 7 MTV).

Übt der Verlag die ihm eingeräumten Rechte nicht oder nur unzureichend aus und werden da- 113 durch berechtigte Interessen des **Redakteurs** erheblich verletzt, so **kann dieser das Nutzungsrecht** frühestens zwölf Monate nach der Übertragung **zurückrufen,** vgl. hierzu im Einzelnen § 12 Abs. 5 MTV. Der Tarifvertrag enthält hinsichtlich der **urheberpersönlichkeitsrechtlichen Befugnisse des Redakteurs nur eine relativ knappe,** den Gesetzeswortlaut wiederholende **Regelung** in § 12 Abs. 2 MTV hat. Ob und in welchem Maße der Verlag redaktionelle Änderungen vornehmen darf, wird tarifvertraglich nicht geregelt. Auch hier bleibt es bei der Einzelfallentscheidung in der Praxis.[358]

2. Funk und Fernsehen

Die öffentlich-rechtlichen Rundfunkanstalten der ARD und das ZDF haben jeweils in ihren **Tarif-** 114 **verträgen auch Urheberrechtsklauseln vereinbart.** Da die ARD kein Arbeitgeber-Tarifvertragsverband und auch keine Tarifgemeinschaft gemäß § 2 Abs. 1 TVG ist, hat **jede Landesrundfunkanstalt mit den zuständigen Gewerkschaften einen eigenen Tarifvertrag abgeschlossen.** Tarifpartner sind jeweils die Landesrundfunkanstalten der ARD und das ZDF; auf der Gewerkschaftsseite zumeist die vereinigte Dienstleistungsgewerkschaft ver.di (frühere IG Medien im DGB, DAG und innerhalb der DAG die Deutsche Orchestervereinigung DOV) und der Deutsche Journalistenverband (DJV). Um innerhalb der ARD-Anstalten und des ZDF eine Vereinheitlichung der Arbeitsbedingungen – und damit auch der Urheberrechtsklauseln – zu erzielen, wurde in Zusammenarbeit mit den Gewerkschaften **ein einheitlicher Manteltarifvertrag** (eMTV) auf der Basis des Manteltarifvertrages des Südwestfunks vom 1.1.1971[359] **erarbeitet.** Die Manteltarifverträge von BR, HR, MDR, SR, WDR und ZDF sind nicht nach dem System des eMTV strukturiert. Sie sind aber inhaltlich und materiellrechtlich den Manteltarifverträgen der Anstalten sehr ähnlich, die sich am eMTV orientiert haben.[360]

Bei den Rundfunkanstalten sind neben den festangestellten Mitarbeitern arbeitnehmerähnliche 115 (sog. feste Freie) und freie Mitarbeiter beschäftigt. Bei den arbeitnehmerähnlichen Personen gibt es seit langem tarifvertragliche Regelungen über die Übertragung und Abgeltung ihrer Nutzungsrechte.[361] Für die freien Mitarbeiter sehen die AGB/Honorarbedingungen der Sender idR umfassende Rechtseinräumungen vor.

Ein großer Teil der bei den Rundfunkanstalten beschäftigten Arbeitnehmer gehört keiner Gewerkschaft an, so dass der Tarifvertrag für sie nicht bindend ist. **Die Rundfunkanstalten schließen die Arbeitsverträge grundsätzlich durch Formularverträge ab.** Diese Musteranstellungsverträge enthalten entweder selbst eine Urheberrechtsklausel oder verweisen auf den Tarifvertrag.[362]

Gemäß allen Tarifverträgen ist der Arbeitnehmerurheber verpflichtet, **den Rundfunkanstalten** 116 **das ausschließliche Recht einzuräumen, Urheberrechte und verwandte Schutzrechte,** die in Erfüllung der Dienstverpflichtung erworben werden, **für Rundfunkzwecke zu nutzen** (darunter fällt generell das Senderecht, einschließlich der Kabelweitersendung, das Recht zur Nutzung in Abruf- und Online-Diensten, das Vervielfältigungs-, Verbreitungs-, Ausstellungs-, Vortrags-, Aufführungs- und Vorführungsrecht, das Recht der Wiedergabe durch Bild- oder Tonträger, das Recht zur Verfilmung und Wiederverfilmung, die Rechte an Lichtbildern und Laufbildern, das Recht am Filmwerk, das Recht zur öffentlichen Wiedergabe im Zusammenhang mit Funkausstellungen, Festivals,

---

[357] Vgl. Protokollnotiz zu § 12 Abs. 7 Hs. 1 MTV.
[358] Zu den tariflichen Regelungen für festangestellte Journalisten im Privatbereich Fromm/Nordemann/*Czychowski* UrhG § 32 Rn. 66 u. 67.
[359] UFITA 63 [1972], 205.
[360] Ausführlich hierzu *v. Olenhusen; Wiechmann* ZUM 2010, 496 – Urhebertarifrecht für Arbeitnehmer und freie Mitarbeiter im öffentlich-rechtlichen Rundfunk: RB, NDR, SWR, DW.
[361] Vgl. *v. Olenhusen* S. 163 und GRUR 2002, 10 (15 ff.).
[362] AG München ZUM 2010, 545 – Anspruch eines Autors auf Wiederholungsvergütung gegenüber Rundfunkanstalt. Der WDR hatte mit einem Autor die Geltung des Tarifvertrages über die Urheberrechte arbeitnehmerähnlicher Personen abgeschlossen. Da im Tarifvertrag für Spartenprogramme die Höhe des Wiederholungshonorars nicht geregelt war, hat das Gericht unmittelbar § 32 Abs. 2 S. 2 UrhG angewandt.

Wettbewerben, Werbemaßnahmen, zu den tarifvertraglich aufgeführten einzelnen Nutzungsarten).[363] Der Begriff der Verwertung für Rundfunkzwecke wird in den Tarifverträgen selbst nicht näher erläutert. Die Bestimmung des Rundfunkzweckes hat durch den Aufgabenbereich der Rundfunkanstalten zu erfolgen: Ihnen obliegt die Gestaltung und Sendung von Programmen. Der angestellte Urheber muss somit diejenigen Nutzungsrechte einräumen, die die Rundfunkanstalten für Programmveranstaltungen benötigen.[364] Vom Rundfunkzweck mit umfasst ist auch die Weitergabe von Werken im Rahmen des Programmaustausches, und zwar auch an private Rundfunkanbieter.[365]

117   Die meisten Rundfunkanstalten lassen sich in ihren Tarifverträgen jedoch nicht nur die Nutzungsrechte für Rundfunkzwecke einräumen, sondern **verpflichten die angestellten Urheber, ihnen auch Nutzungsrechte ohne Beschränkung auf Rundfunkzwecke umfassend zu gewähren.** Darunter fällt die Kinoauswertung, die Schmalfilmauswertung, die Audio- und audiovisuelle Auswertung und der Mitschnitt von Funksendungen jeweils unabhängig von öffentlicher oder nicht-öffentlicher Wiedergabe.[366] Für diese zusätzliche Rechtseinräumung **erhält der Urheber idR eine zusätzliche Vergütung.**[367] Diese erfolgt jedoch nicht durch eine individuelle Abgeltung, sondern die angestellten Urheber- und Leistungsschutzberechtigten **erhalten idR vom pauschalisierten Gesamtnettoerlös der Rundfunkanstalten aus der Produktionsverwertung eine Beteiligung.**[368]

118   Die **Urheberpersönlichkeitsrechte** wurden auch im Tarifvertrag der Rundfunkanstalten nur knapp geregelt. Die **Namensnennung** der Arbeitnehmerurheber soll im Medienbereich dann erfolgen, **wenn es rundfunküblich ist.**[369] Der Arbeitnehmer erteilt tarifvertraglich ferner seine Einwilligung zu jeglicher Bearbeitung seines Werkes. Mit **Bearbeitungen** oder **Änderungen** dürfen jedoch keine **Entstellungen** oder **andere Beeinträchtigungen** verbunden sein. Ob der Urheber Änderungen oder Bearbeitungen seines Werkes unterbinden kann, hängt damit von den Umständen des Einzelfalles ab.[370]

119   Interessanterweise ist das **Zugangsrecht tarifvertraglich** gesondert geregelt.[371] Darüber hinaus können Urheber und Mitwirkende mit ausdrücklicher Zustimmung der anderen Berechtigten im Einzelfall innerhalb einer Frist von sechs Wochen nach der Herstellung oder nach der Erstsendung Ton- oder Bildträgerkopien auf eigene Kosten zum eigenen Gebrauch und unter Ausschluss jeglicher anderweitiger Verwertung herstellen und herstellen lassen. Diese Regelung ist im Hinblick auf eine Arbeitskontrolle der Urheber und Mitwirkenden von wesentlicher Bedeutung.

120   **Rückrufrechte** wurden tarifvertraglich nicht geregelt. Für angestellte Urheber, die bei den Rundfunkanstalten im Fernsehbereich beschäftigt sind, spielt das Rückrufrecht in der Regel auch nur eine untergeordnete Rolle, da der Gesetzgeber den Anwendungsbereich der §§ 41 und 42 für Urheber an Filmwerken durch § 90 stark eingeschränkt hat. Eine weitere Problematik, die eine kollektive Vereinbarung sehr erschwert, besteht darin, dass in diesem Medienbereich meist mehrere Mitarbeiter ein Werk schaffen.

121   Die **Manteltarifverträge** im Bereich des **privaten Rundfunks** enthalten keine Regelungen zum Urheberrecht.[372] Es verbleibt bis dahin bei der Anwendung des § 43 auf individualvertraglicher Ebene.[373]

---

[363] Vgl. *v. Olenhusen* S. 177 ff. mwN.

[364] *Rojahn* S. 75 mwN.

[365] OLG Hamburg GRUR 1977, 556 – Zwischen Marx und Rothschild; OLG Köln GRUR-RR 2005, 179 – Umfassende Übertragung von Nutzungsrechten auf Fernsehanstalt; ausführlich auch *v. Olenhusen* S. 175 mwN.

[366] Ausführlich hierzu *v. Olenhusen* S. 184 ff.

[367] Vgl. zB TV-ZDF: „Das ZDF wird die Arbeitnehmer an den Erlösen aus Verwertungen gegenüber Dritten grundsätzlich angemessen beteiligen"; TV-WDR: „(...) werden dem WDR auch ohne Beschränkung auf Rundfunkzwecke zur eigenen Nutzug oder zur Übertragung von Nutzungsrechten auf Dritte eingeräumt. Diese Nutzung soll grundsätzlich gegen Entgelt erfolgen" (Protokollnotiz: „eine unentgeltliche Nutzung soll auf seltene, begründete Ausnahmefälle beschränkt werden"); TV-SWR: „(...) soll diese Nutzung grundsätzlich gegen Entgelt erfolgen".

[368] Vgl. nur ZDF Tarifvertrag Erlösbeteiligung gemäß § 15 MTV oder Beteiligungs-TV WDR; Beteiligungs-TV SWR (15 %); ausführlich auch *v. Olenhusen* S. 184 ff.; *Wiechmann* ZUM 2010, 496 (500). Ein zusätzlicher Vergütungsanspruch entsteht idR auch bei der kommerziellen Verwertung von Nutzungsrechten, etwa bei der Weitergabe gegen Entgelt an eine andere Rundfunkanstalt. Anteilsberechtigt sind idR diejenigen, die nach Maßgabe eines allgemeinen Tätigkeitskataloges in die namentliche Beteiligungsliste aufgenommen worden sind. Die Zulässigkeit dieser kollektiven Beteiligung an Verwertungserlösen war nicht unumstritten, hat sich jedoch in der Praxis bewährt; vgl. zur Problematik ausführlich *Rojahn* S. 91.

[369] Vgl. → Rn. 82.

[370] Ausführlich *v. Olenhusen* S. 186.

[371] Es wird ausdrücklich auf § 25 verwiesen; vgl. ausführlich *v. Olenhusen* S. 190 ff.

[372] Siehe Manteltarifvertrag für die Arbeitnehmerinnen und Arbeitnehmer in Unternehmen des privatrechtlichen Rundfunks vom 26.3.2012, gültig ab 1.1.2012, Manteltarifvertrag für den Lokalfunk NRW, vom 3.5.1993 und Manteltarifvertrag für Mitarbeiter im privaten Hörfunk in Bayern betreffend lokalen Hörfunk in Bayern vom 11.3.1999, gültig ab 11.3.1999; Manteltarifvertrag für Mitarbeiter im privaten Rundfunk in Baden-Württemberg vom 13.1.1998, gültig ab 1.1.1998 betreffend lokalen oder regionalen Hörfunk, die am 20.1.2019 unter https://www.djv.de/startseite/info/beruf-betrieb/uebersicht-tarife-honorare.html abrufbar waren. Ein Ergebnis der Verhandlungen der Tarifvertragsparteien über Urheber- und Leistungsschutzrechte (Protokollnotiz zu § 16 MTV privatrechtlicher Rundfunk) liegt noch nicht vor.

[373] *Rieg* GRUR 1994, 425; zu den tarifrechtlichen Regelungen im Rundfunkbereich Fromm/Nordemann/*Czychowski* UrhG § 32 Rn. 79–84; *Ory* ZUM 2010, 506 – Arbeitnehmer-Urheber im privaten Rundfunk; *Fintel* ZUM 2010, 483 – Tarifverträge für kreative Arbeitnehmer.

3. Film

Im Filmbereich gilt seit dem 1.1.2018 ua der Tarifvertrag für auf Produktionsdauer beschäftigte **122** Film- und Fernsehschaffende vom 29.5.2018, der vier Unterverträge enthält.[374] Die Tarifverträge für die Arbeitnehmerinnen und Arbeitnehmer in den technischen Betrieben für Film und Fernsehen wurden zum Ende 2011 gekündigt; eine Einigung über einen neuen Flächentarifvertrag ist bislang nicht erfolgt.[375]

Ziffer 3 des Tarifvertrags für auf Produktionsdauer beschäftigte Film- und Fernsehschaffende enthält **123** eine differenzierende Einräumung von Rechten zugunsten des Filmherstellers: Er erhält ein ausschließliches Recht zur Nutzung, Übersetzung und Bearbeitung des Filmwerkes sowie eines vorbestehenden Werkes für alle Nutzungsarten (Ziffer 3.1 lit. a–c). Das Recht zur Nutzung von Ausschnitten zur Werbung oder für nicht-kommerzielle Zwecke wird nur als nicht-ausschließliches Recht eingeräumt (Ziffer 3.2). Weitergehende Rechte an einem vorbestehenden Werk für unbekannte Nutzungsarten (Ziffer 3.1 lit. d) bedürfen einer schriftlichen Vereinbarung; noch detaillierter ist die mögliche Einräumung von Rechte für die Verwertung von Waren oder Dienstleistungen mit oder ohne Bezug zum Filmwerk (Ziffer 3.3) geregelt.

Hinsichtlich der **Namensnennung sind** in der Ziff. 3.4 diejenigen Filmschaffenden ausdrücklich **124** aufgeführt worden, die einen Anspruch auf Nennung des Namens im Vor- oder Nachspann haben.

4. Lehre, Wissenschaft und Forschung

Wissenschaftliche Arbeiten werden heutzutage überwiegend in Arbeits- oder Dienstverhältnissen **125** erbracht. Der unabhängige „Privatgelehrte" ist kaum noch zu finden. Wissenschaftler sind in der Privatwirtschaft, bei staatlichen Instituten oder im Hochschulbereich tätig. **In der Privatwirtschaft und auch bei staatlichen Instituten liegt das Schwergewicht der Forschung im naturwissenschaftlichen Bereich.** Der naturwissenschaftlich ausgebildete Wissenschaftler löst für seinen Arbeitgeber wissenschaftliche und technische Probleme, sei es auf dem Gebiet der Physik, Chemie, Biologie oder der Medizin. Nach ständiger Rechtsprechung des BGH erstreckt sich der Urheberrechtsschutz bei wissenschaftlichen Sprachwerken und Darstellungen wissenschaftlicher und technischer Art in erster Linie auf die äußere Form des Werkes, also auf das sprachliche Gewand und die Art der Darstellung, die sich auch in Aufbau, Gliederung, Gedankenführung sowie Auswahl und Anordnung des Stoffes ausdrücken kann; die eigentlichen wissenschaftlichen Ideen, Theorien, Erkenntnisse sind urheberrechtsfrei.[376] Falls es sich um technische Verbesserungsvorschläge oder um Erfindungen handelt, ist das ArbnErfG einschlägig. Gemäß § 1 Abs. 3 Nr. 1 PatG wird aber ein patentrechtlicher Schutz für Entdeckungen sowie für wissenschaftliche und mathematische Theorien nicht gewährt. Ein Schutz besteht jedoch insoweit, als der Erfinder einen allgemein-persönlichkeitsrechtlichen Anspruch auf Nennung hat.[377]

a) Privatwirtschaft. Eine allgemeine Übung, urheberrechtliche Belange vertraglich mit den an- **126** gestellten Wissenschaftlern zu regeln, besteht nicht. Offensichtlich sehen die Vertragspartner das Schwergewicht in der Forschung und weniger in der Publizierung der Forschungsergebnisse. **Die meisten Arbeitsverhältnisse von Wissenschaftlern beinhalten nicht die Aufgabe, in urheberrechtlich relevanter Weise tätig zu werden.** Publizieren diese Arbeitnehmer ihre für den Arbeitgeber erbrachten Forschungsergebnisse, handelt es sich idR um Sonderleistungen, für die sie eine zusätzliche Vergütung verlangen können.[378]

Manche Arbeitsverhältnisse mit Wissenschaftlern werden jedoch **eine zusätzliche oder sogar eine hauptsächliche urheberrechtlich relevante Tätigkeit beinhalten.** Dies gilt zB für forschende Unternehmen, die ihre Ergebnisse in den einschlägigen Fachzeitschriften veröffentlichen; damit werden angestellte Wissenschaftler beauftragt. Eine verbreitete Praxis findet sich zB in der Pharmaindustrie. Für abhängig tätige wissenschaftliche oder künstlerische Mitarbeiter ist § 43 anwendbar.[379] Gehört die urheberrechtlich relevante Tätigkeit des Wissenschaftlers zum Vertragsinhalt des Arbeitsverhältnisses, kann er für diese Leistungen keine zusätzliche Vergütung fordern.[380]

Für den angestellten Wissenschaftler ist die Frage der **Veröffentlichung seiner Forschungser-** **127** **gebnisse** von großer Bedeutung, denn sein wissenschaftlicher Ruf ist für sein berufliches Fortkommen entscheidend. Dem Urheber steht gemäß § 12 das Recht der Erstveröffentlichung zu. Der

---

[374] Am 20.1.2019 abrufbar unter https://filmunion.verdi.de/tarife/++co++a0a66a4c-0b7a-11e4–9afb-52540059119e.

[375] Vgl. https://filmunion.verdi.de/tarife/++co++d4a214a6–21c2–11e3–957f-525400438ccf; abgerufen am 20.1.2019.

[376] Im Einzelnen → § 2 Rn. 122, 125 f.

[377] *Beier/Straus,* Der Schutz wissenschaftlicher Forschungsergebnisse, 1982, S. 13; *Engel* GRUR 1982, 705; *Katzenberger* GRUR 1984, 319.

[378] → Rn. 101, zum Sonderfall der Hochschulangestellten und Hochschulangehörigen, vgl. ausführlich *Schricker,* Freiheit von Wissenschaft und Lehre, Rn. 62 ff.

[379] Vgl. auch *Schricker,* Freiheit von Wissenschaft und Lehre, Rn. 93 ff.; *Heermann* GRUR 1999, 468 ff.

[380] So auch *Schricker,* Freiheit von Wissenschaft und Lehre, Rn. 51, der jedoch auf die nunmehr zu bejahende grundsätzliche Anwendbarkeit von §§ 32 und 32a verweist; *Leuze* GRUR 2006, 552 (557); aA *Westen* JR 1967, 401 (404 und 406).

Wissenschaftler muss entscheiden, ob seine Forschungsergebnisse, Erkenntnisse oder Theorien veröffentlichungsreif sind oder nicht. Sein wissenschaftlicher Ruf kann einen erheblichen Schaden erleiden, wenn Forschungsergebnisse noch ungesichert oder fehlerhaft publiziert werden.[381] Will der Arbeitgeber entgegen dem Willen des angestellten Urhebers ein Forschungsergebnis veröffentlichen, so kann der angestellte Wissenschaftler seine Namensnennung bei der Publikation untersagen.[382]

Erfolgt die Veröffentlichung im Einverständnis mit dem oder den angestellten Wissenschaftlern, **so sind die Autoren der Publikation namentlich zu nennen.** Mitwirkende, die nicht Mitverfasser sind, aber an der Erarbeitung der **wissenschaftlichen Ergebnisse** maßgeblich beteiligt waren, sind aufgrund allgemein-persönlichkeitsrechtlicher Grundsätze in dieser ihrer Funktion (dh nicht als Mitverfasser) zu nennen.[383] Bei wissenschaftlichen Autoren kann nicht davon ausgegangen werden, dass sie stillschweigend auf die Namensnennung evtl. zugunsten eines Vorgesetzten verzichtet haben.[384] Der Arbeitgeber kann eine Namensnennung des Autors nur dann untersagen lassen, wenn er hierfür wesentliche wirtschaftliche Gründe hat. Bei der Publikation von wissenschaftlichen Forschungsergebnissen sind derartige wirtschaftliche Gründe nicht ersichtlich. Soweit noch eine gewisse Praxis dahingehend besteht, nicht den tatsächlichen Autor, sondern zB den Abteilungsleiter zu nennen, handelt es sich um eine Unsitte, die nicht als anzuerkennende Branchen- oder Betriebsübung bewertet werden kann.[385]

128   Für den angestellten Wissenschaftler ist **der Zugang zu den Forschungsunterlagen und auch das Recht, selbst vom Arbeitgeber nicht verwertete Forschungsergebnisse zu veröffentlichen, von besonderer Bedeutung.** In welchem Umfang der angestellte Wissenschaftler von diesen Rechten Gebrauch machen kann, hängt jedoch von den wirtschaftlichen Interessen des Arbeitgebers ab. So wird dem Wissenschaftler, der sein Arbeitsverhältnis beendet hat, im Hinblick auf die dann bestehende Konkurrenzsituation der Zutritt zu den Forschungsunterlagen untersagt werden können.

129   **b) Hochschulbereich.** Auch im Hochschulbereich sind die urheberrechtlichen Rechte und Pflichten vertraglich kaum geregelt worden, so dass sich auch für diesen Bereich der Umfang der Rechtseinräumung nach § 43 richtet.[386] Mit *Schricker*[387] sind im Hochschulbereich in Bezug auf die dienstrechtliche Verpflichtung zur Schaffung eines Werks drei Konstellationen zu unterscheiden:

1. Das Werk wird außerhalb des Arbeits- oder Dienstverhältnisses im Rahmen einer Nebentätigkeit geschaffen. Hier findet § 43 keine Anwendung, die §§ 31 ff. gelten uneingeschränkt.
2. Das Werk entsteht nicht in Erfüllung einer arbeitsvertraglichen oder dienstlichen Verpflichtung, jedoch im (äußeren) Rahmen des Arbeits- oder Dienstverhältnisses, zB unter Einsatz von Mitteln des Arbeitgebers oder Dienstherrn; das Werk kann auch geeignet oder sogar dafür bestimmt sein, betrieblichen oder dienstlichen Zwecken zu dienen. Auch in diesem Fall greift § 43 nicht ein. Es kann lediglich eine stillschweigende Einräumung von Nutzungsrechten für ein bereits existentes oder ein konkretes zu schaffendes Werk in Betracht kommen.
3. Das Werk wird in Erfüllung einer Verpflichtung aus dem Arbeits- oder Dienstverhältnis geschaffen. § 43 findet Anwendung.

Hinsichtlich der tätigen Personengruppen ist sodann wie folgt zu unterscheiden:

130   **aa) Professoren.** Hauptberuflich im Hochschulbereich tätige Professoren werden idR in das Beamtenverhältnis berufen und zu Beamten auf Lebenszeit ernannt; es ist jedoch auch möglich, dass Professoren im Angestelltenverhältnis beschäftigt werden, § 46 HRG.[388] Zu den dienstlichen Aufgaben eines Hochschulprofessors gehört die selbständige Vertretung eines Faches oder mehrerer Fächer in Forschung und Lehre sowie die selbständige Wahrnehmung aller weiteren Aufgaben der Hochschule, die nach § 2 Abs. 9 HRG durch das jeweilige Bundesland bestimmt werden.[389] Die Publikation der wissenschaftlichen Forschung und Lehre gehört jedoch nicht zum Aufgabenbereich der Professoren.[390]

Soweit ein Hochschulprofessor im Rahmen seines Aufgabenbereiches *Erfindungen* macht, handelt es sich nicht mehr um freie Erfindungen, § 42 ArbnErfG. Das Hochschullehrerprivileg wurde mit Wirkung für die seit dem 7.2.2002 gemachten Erfindungen abgeschafft, §§ 43, 42 ArbnErfG. Alle an der Hochschule fertig gestellten Erfindungen sind im Regelfall Diensterfindungen.[391] Die gesetzliche Änderung im Bereich des Erfindungswesens hat jedoch keine Konsequenzen für die urheberrechtliche Bewertung. **Unter Berücksichtigung der besonderen freien Stellung des Hochschulprofessors** bleiben die Werke eines Hochschullehrers, ungeachtet des Umstandes, dass er sie im Rahmen seines Dienstverhältnisses gefertigt hat, seine freie und eigenverantwortliche ihm zuzurechnende wis-

---

[381] *Engel* GRUR 1982, 705; *Hubmann* UFITA 24 [1957], 1.
[382] So auch *Schricker,* Freiheit von Wissenschaft und Lehre, Rn. 112.
[383] Vgl. nur § 24 HRG; → Rn. 126.
[384] So auch *Katzenberger* GRUR 1984, 319; *Leuze* GRUR 2006, 552 (555).
[385] Ausführlich hierzu *Schricker,* Freiheit von Wissenschaft und Lehre, Rn. 146 ff.
[386] *Rehbinder* FS Hubmann, 1985, 359 (360).
[387] *Kraßer/Schricker* S. 100 ff. (190).
[388] *Dallinger/Bode/Dellian* HRG § 46 Rn. 1, 12.
[389] *Dallinger/Bode/Dellian* HRG § 43 Rn. 6.
[390] → Rn. 31, *Haberstumpf* ZUM 2001, 819 (825); *Schricker,* Freiheit von Forschung und Lehre, Rn. 62 ff.
[391] Vgl. *Bartenbach/Volz,* Arbeitnehmererfindergesetz, 4. Aufl. § 42 nF Rn. 1.

senschaftliche Leistung.[392] Dies schließt die Befugnis ein, das Werk eigenständig und auf eigene Rechnung zu verwerten. Eine urheberrechtliche Verpflichtung, dem Dienstherrn Nutzungsrechte einzuräumen oder Erlöse abzuführen, besteht nicht.[393] **Eine Anbietungspflicht bei urheberrechtlichen Werken ist abzulehnen.** Die Wissenschaftsfreiheit gebietet, dem Hochschulprofessor die Möglichkeit zu geben, das nach seinem Erachten für ihn beste Publikationsorgan auszuwählen, ohne hieran durch eine Anbietungspflicht gehindert zu sein.[394] Nur in Ausnahmefällen kann bei Professoren eine Pflicht zur Schaffung urheberrechtlich schutzfähiger Werke angenommen werden; etwa bei Professoren an einer Fernuniversität eine Pflicht zur Erstellung von Lehrmaterial, das zur Verwendung über längere Zeiträume hinweg bestimmt ist.[395] Das KG qualifiziert eine Sammlung von Abstracts, die ein Honorarprofessor im Rahmen seiner Tätigkeit als Geschäftsführer der Leitstelle Politische Dokumentation eines Universitätsinstituts herausgegeben hatte, als Dienstwerk.[396] Für entscheidend hielt das KG, dass er in erheblichem Umfang Personal- und Sachmittel der Universität in Anspruch genommen hatte.[397]

Der BGH nahm für die Erben eines Hochschulprofessors, der 20 Jahre lang für ein Universitätsinstitut tätig war und unter erheblicher Mithilfe von Institutsangehörigen eine archäologische Grabungsdokumentation erstellt hatte, eine Anbietungspflicht als nachwirkende Treuepflicht an.[398] Wesentlich differenzierter war das Urteil der Vorinstanz ausgefallen,[399] das die Erben lediglich dazu verpflichtete, die Dokumentation bei einer Einrichtung ihrer Wahl zu weiteren Forschungszwecken zur Verfügung zu halten und sie der Hochschule im Bedarfsfall befristet zu überlassen.[400]

Hinsichtlich der Aufgabenstellung sind die urheberrechtlich relevanten Tätigkeiten der Hochschuldozenten, außerplanmäßigen Professoren, Honorarprofessoren, Lehrbeauftragten und Gastprofessoren denen der Hochschulprofessoren gleichzusetzen.[401]

bb) Sonstige Hochschulangehörige. Zum Hochschulpersonal nach dem HRG gehören die 131 wissenschaftlichen (und künstlerischen) Mitarbeiter, § 53 HRG, sowie die Lehrkräfte für besondere Aufgaben, § 56 HRG.[402] Darüber hinaus sind im Landesrecht nebenberufliche Tätigkeiten wie die der wissenschaftlichen Hilfskräfte und Tutoren geregelt.[403] Für diesen Personenkreis ist die unselbständige, weisungsgebundene Tätigkeit charakteristisch. Soweit nicht ausnahmsweise Gelegenheit zu eigener wissenschaftlicher Arbeit eingeräumt wird, unterliegt das urheberrechtliche Werkschaffen § 43.[404]

Sind wissenschaftliche Mitarbeiter **im Rahmen ihrer wissenschaftlichen Dienstleistungen tätig, so gehören ihre Arbeitsergebnisse unter Anwendung des § 43 dem Dienstherrn.** Vielfach wird aber auch hier keine Verpflichtung zur Erarbeitung bzw. Publikation geschützter Werke bestehen.

Nutzt der Fachbereich für sich urheberrechtlich relevante Arbeitsergebnisse dieser Hochschulange- 132 hörigen, zu denen sie **verpflichtet** sind, besteht kein Anspruch auf eine zusätzliche Vergütung, denn die Nutzung des Werkes ist durch das Gehalt bereits abgegolten. Besteht **keine Pflicht** zur Erarbeitung bzw. Publikation geschützter Werke, so kann der Urheber die Werke auf eigene Rechnung verwerten; uU besteht eine Anbietungspflicht;[405] Eine besondere Problematik stellt sich, **wenn der Hochschulprofessor seine Forschungsergebnisse publiziert und hierbei urheberrechtlich geschützte Werke seiner ihm zugeteilten wissenschaftlichen Assistenten oder wissenschaftlichen Mitarbeiter verwertet.** Erhält der Hochschulprofessor für diese Verwertung eine Vergütung, **sind die wissenschaftlichen Mitarbeiter hieran angemessen zu beteiligen.** Die Erarbeitung von Beiträgen oder Büchern im geschäftlichen Interesse eines Dritten gehört regelmäßig nicht zum Zweck des universitären Dienstverhältnisses, auch wenn das Buch (Literaturlexikon) vom Lehrstuhlinhaber herausgegeben wird.[406] Ausgehend von dem urheberrechtlichen Grundgedanken, dass der

---

[392] BGH GRUR 1991, 523 (527) – Grabungsmaterialien.
[393] Ganz hM, vgl. nur *Schricker,* Freiheit von Forschung und Lehre, Rn. 78; Fromm/Nordemann/*A. Nordemann* UrhG § 43 Rn. 2; Möhring/Nicolini/*Spautz* (2. Aufl.) UrhG § 43 Rn. 5; zum Verwertungsrecht eines Medizinprofessors an Krankenunterlagen *Lippert* NJW 1993, 769 (770); *Lippert* MedR 1994, 135 (138).
[394] AA *Rehbinder* FS Hubmann, 1985, 359 (361); *v. Moltke* S. 227; *Dünnwald,* Der Urheber im öffentlichen Dienst, 1999, S. 153; *Haberstumpf* ZUM 2001, 819 (827).
[395] LG Köln GRUR 2001, 152; Wandtke/Bullinger/*Wandtke* UrhG § 43 Rn. 43; *Kraßer/Schricker* S. 113.
[396] KG NJW-RR 1996, 1066 – Poldok.
[397] Die Besonderheit des Falles dürfte jedoch darin liegen, dass die Veröffentlichung von Nachschlagewerken dieser Art, die primär zur Nutzung durch die Universität bestimmt sind, zu den Aufgaben der Leitstelle gehörte. Die Anwendung des § 43 ist daher im Ergebnis überzeugend.
[398] GRUR 1991, 523 – Grabungsmaterialien. Zugleich wurde der Hochschule sachenrechtlich ein dauerhaftes Recht zum Besitz iSd § 986 BGB zugebilligt.
[399] OLG Karlsruhe GRUR 1988, 536 (540).
[400] Überzeugend kritisieren *Schricker* FS Lorenz, 1991, 233 (239) und *Fahse* GRUR 1996, 331 (337) das BGH Urteil.
[401] *Kraßer/Schricker* S. 139.
[402] Die Sonderregelungen für wissenschaftliche Assistenten, Oberassistenten und Oberingenieure sind durch die Reform des HRG im Jahr 2005 abgeschafft worden.
[403] *Hailbronner/Krüger* § 42 Rn. 6.
[404] *Kraßer/Schricker* S. 145.
[405] → Rn. 100 ff.
[406] So auch *Schricker,* Freiheit von Forschung und Lehre, Rn. 94, 50, 51; vgl. auch OLG München NJW-RR 2000, 1574 (1575) – Literaturhandbuch.

Urheber soweit wie möglich an der wirtschaftlichen Verwertung seines Werkes zu beteiligen ist, muss auch im Verhältnis zwischen Hochschulprofessor und wissenschaftlichen Mitarbeitern eine zusätzliche Vergütung anerkannt werden.

133 In § 24 HRG ist geregelt, dass bei der Veröffentlichung von Forschungsergebnissen Mitarbeiter, die einen eigenen wissenschaftlichen oder wesentlichen sonstigen Beitrag geleistet haben, als Mitautoren zu nennen sind. Hierbei handelt es sich nach herrschender Auffassung **nicht um eine urheberrechtliche, sondern ausschließlich um eine dienstrechtliche Verpflichtung.**[407] § 24 HRG meint nicht den Miturheber der Veröffentlichung, sondern den Mitarbeiter, der zu den Forschungsergebnissen beigetragen hat. Er ist in dieser Funktion und nicht als Mitautor im urheberrechtlichen Sinne zu nennen, sofern er nicht auch Mitverfasser ist. Diese Regelung wird gerade bei Publikationen aus dem naturwissenschaftlichen Bereich eine erhebliche Rolle spielen. Bei der Veröffentlichung von Forschungsergebnissen im Bereich der Geisteswissenschaften werden die Autoren der Publikation und der Forschungsergebnisse in der Regel identisch sein.

Unabhängig von § 24 besteht gemäß § 13 UrhG das Recht der **Mitverfasser der Publikation,** die in urheberrechtlich relevanter Weise tätig gewesen sind, als solche genannt zu werden. Gerade für wissenschaftlichen Nachwuchs ist es von wesentlicher Bedeutung, durch die Namensnennung auf wissenschaftliche Leistungen hinweisen zu können. Ein stillschweigender Verzicht auf die Namensnennung ist daher nicht anzunehmen.[408]

134 Soweit wissenschaftliche Assistenten oder wissenschaftliche Mitarbeiter **aufgrund eigener Initiative** wissenschaftlich tätig sind und ihre **Forschungsergebnisse publizieren** bzw. es sich um Publikationen handelt, die außerhalb ihrer Dienstpflichten liegen,[409] **unterliegen sie keiner dienstlichen oder arbeitsvertraglichen Beschränkung.** Art. 5 GG sichert ihnen die wissenschaftliche Freiheit zu.

135 **Handelt** es sich hingegen um **Arbeitsergebnisse,**[410] **so steht das Nutzungsrecht zunächst der Hochschule bzw. durch Übertragung dem Hochschulprofessor zu.** Verzichten diese auf eine Veröffentlichung, so können die Hochschulassistenten, wissenschaftlichen Mitarbeiter und Tutoren ihre urheberrechtlichen Werke selbst veröffentlichen. Zum Teil sehen die Landesgesetze einen **Genehmigungsvorbehalt vor.** Gemäß Art. 6 Abs. 3 des Bayerischen Hochschulgesetzes können die Hochschulen die Veröffentlichung wissenschaftlicher Arbeiten durch wissenschaftliche Mitarbeiter einem Genehmigungsvorbehalt unterstellen. Auch hier handelt es sich um eine dienstrechtliche Regelung, die aber auch urheberrechtliche Auswirkungen hat. Eine dienstrechtliche Genehmigung kann nur dann verweigert werden, wenn Belange der Hochschule durch die Veröffentlichung schwerwiegend tangiert würden.

§ 44 Veräußerung des Originals des Werkes

(1) **Veräußert der Urheber das Original des Werkes, so räumt er damit im Zweifel dem Erwerber ein Nutzungsrecht nicht ein.**

(2) **Der Eigentümer des Originals eines Werkes der bildenden Künste oder eines Lichtbildwerkes ist berechtigt, das Werk öffentlich auszustellen, auch wenn es noch nicht veröffentlicht ist, es sei denn, dass der Urheber dies bei der Veräußerung des Originals ausdrücklich ausgeschlossen hat.**

Schrifttum: *Abels,* Zum Begriff Original bei Kunstwerken, Weltkunst 1985, 397; *Bachler/Dünnebier,* Bruckmann's Handbuch der modernen Druckgraphik, 1973; *Berger/Gallwitz/Leinz* (Hrsg.), Posthume Güsse – Bilanz und Perspektiven, 2009; *Dreier,* Sachfotografie, Urheberrecht und Eigentum, FS Dietz (2001), S. 235; *Erdmann,* Sacheigentum und Urheberrecht, FS Piper (1996), S. 655; *ders.,* Benachteiligt das geltende Ausstellungsrecht den Künstler? GRUR 2011, 1061; *Götz v. Olenhusen,* Das Recht am Manuskript und sonstigen Werkstücken im Urheber- und Verlagsrecht, ZUM 2000, 1056; *Hamann,* Der urheberrechtliche Originalbegriff der bildenden Kunst, 1980; *ders.,* Grundfragen der Originalfotografie, UFITA 90 [1981] 45; *Heinbuch,* Kunsthandel und Kundenschutz, NJW 1984, 15; *Hillig/Blechschmidt,* Die Materialentschädigung für reversgebundenes Notenmaterial, ZUM 2005, 505; *Jacobs,* Die zeitgenössische digitale Fotografie – Werkschöpfung und Original, FS Samwer (2008), S. 141; *Katzenberger,* Das Folgerecht, 1970; *Locher,* Das Recht der bildenden Kunst, 1970; *Koschatzky,* Die Kunst der Graphik, 9. Auflage 1986; *ders.,* Die Kunst der Photographie, 1987; *Michl,* Die limitierte Auflage – Rechtsfragen zeitgenössischer Fotokunst, Diss. Heidelberg 2015, Heidelberg University Publishing http://heiup.uni-heidelberg.de; *Schneider,* Das Recht des Kunstverlags, 1991; Schneider, „Leihmaterial" und „Materialentgelt", UFITA 95 [1983] 191; *Schöfer,* Die Rechtsverhältnisse zwischen dem Urheber eines Werkes der bildenden Kunst und dem Eigentümer des Originalwerkes, 1984; *Schicker,* Das Recht des Hochschullehrers an seinen wissenschaftlichen Papieren, FS Lorenz (1991), S. 233; *G. Schulze,* Die Übertragungszwecklehre – Auslegungsregel oder Inhaltsnorm, GRUR 2012, 993; *Schweyer,* Die Zweckübertragungstheorie im Urheberrecht, 1982; *Ullmann,* Das urheberrechtlich geschützte Arbeitsergebnis – Verwertungsrecht und Vergütungspflicht, GRUR 1987, 6.

---

[407] *Dallinger/Bode/Dellian* HRG § 24; *Rehbinder* FS Hubmann, 1985, 359 (360).
[408] *Katzenberger* GRUR 1984, 705; aA *Hubmann/Haberstumpf* MittHV 1982, 211 (213).
[409] → Rn. 132.
[410] → Rn. 132.

I. Allgemeines

1. § 44 im Spannungsverhältnis von Sach- und geistigem Eigentum

§ 44 gehört zu den Vorschriften des UrhG, die angesichts der strengen **dogmatischen Unter-** 1
scheidung von Sacheigentum am Werkstück, dessen rechtliche Beurteilung grundsätzlich den
§§ 903 ff. BGB folgt, **und dem Urheberrecht am immateriellen Gut** der geistigen Schöpfung[1]
einen Interessenausgleich herbeiführen, wenn Werkstück und Nutzungsrecht getrennte Wege gehen.
§ 44 betrifft dabei **den Bereich des Urhebervertragsrechts.**

Im **Spannungsverhältnis** beider **Eigentumsformen**[2] steht § 44 ua neben dem Gesamtkomplex 2
der das Werkintegritätsinteresse des Urhebers nur relativ schützenden, unter dem Vorbehalt eines
Interessenausgleichs stehenden änderungsrechtlichen Vorschriften der §§ 14, 39 und 62;[3] dem ebenso
wie diese Bestimmungen im Schwerpunkt persönlichkeitsrechtlich ausgerichteten Zugangsrecht gemäß § 25;[4] dem als vermögensrechtlicher Ausgleich für die Erschöpfung des Verbreitungsrechts gewährten Vergütungsanspruch nach § 27 Abs. 2;[5] dem Folgerechtsanspruch nach § 26, der den Urheber an den mit der Weiterveräußerung des Werkoriginals erzielten Umsätzen teilhaben lässt;[6] und
schließlich neben den erlaubnisfreien Nutzungen von Bildern in Ausstellungen und öffentlich zugänglichen Einrichtungen gemäß § 58 und § 60f, von Werken an öffentlichen Plätzen nach § 59[7] und
von Bildnissen gemäß § 60.

2. Entstehungsgeschichte

Die gesetzliche Festlegung der prinzipiellen **Trennung der Verfügung über das Werkoriginal** 3
einerseits und der Verfügung über urheberrechtliche Befugnisse andererseits geht zurück
auf Art. 35 des bayerischen Gesetzes zum Schutze der Urheberrechte an literarischen Erzeugnissen
und Werken der Kunst vom 28.6.1865, der freilich noch auf Werke der bildenden Kunst[8] beschränkt
war.[9] § 8 KG und § 7 PhG vom 9. bzw. 10.1.1876 übernahmen diese Regelung ebenso wie § 10
Abs. 4 des KUG vom 9.1.1907. Das KUG verzichtete allerdings im Rahmen dieser Vorschrift auf eine
Ausnahme zugunsten von Bildnissen und traf stattdessen in den §§ 18 Abs. 2, 22–24 KUG gesonderte
Regelungen.[10]

---

[1] RGZ 79, 397 (400) – Felseneiland mit Sirenen; RGZ 108, 44 (45) – Lichtbilder von Bildhauerarbeiten; BGH
GRUR 1952, 257 (258) – Krankenhauskartei; BGHZ 15, 249 (255) = GRUR 1955, 201 – Cosima Wagner;
BGHZ 24, 55 (70 f.) = GRUR 1957, 391 – Ledigenheim; BGHZ 33, 1 (15) = GRUR 1960, 619 – Schallplatten-
Künstlerlizenz; BGHZ 44, 288 (293) = GRUR 1966, 503 – Apfel-Madonna; BGHZ 62, 331 (333) = GRUR
1974, 675 – Schulerweiterung; GRUR 1995, 673 (675) – Mauer-Bilder, ferner BGH GRUR 1990, 390 f. – Friesenhaus; anders BGH (V. Zivilsenat) GRUR 2011, 323 – Preußische Gärten und Parkanlagen I mAnm *Lehment*
sowie BGH GRUR 2013, 623 – Preußische Gärten und Parkanlagen II mAnm *Elmenhorst;* → § 59 Rn. 4 ff.
[2] Dazu → Einl. UrhG Rn. 25 ff.; *Dreier* FS Dietz, 2001, 235 ff.; *Erdmann* FS Piper, 1996, 655 ff.; *Ulmer* § 2;
Schack Rn. 35 ff.
[3] Vgl. → § 14 Rn. 5 ff.
[4] Vgl. → § 25 Rn. 1 ff.
[5] Vgl. → § 27 Rn. 1.
[6] Vgl. → § 26 Rn. 7 f.
[7] Vgl. insbesondere → § 59 Rn. 5 ff.
[8] Mit der Ausnahme von Bildnissen.
[9] Dazu *Mandry,* Das Gesetz vom 28.6.1865, Erlangen 1867, Art. 35 vor Anm. 1; zur Rechtslage unter dem preußischen Gesetz von 1837 s. *Osterrieth,* KUG, S. 2.
[10] Vgl. *Allfeld,* KUG (1. Aufl.), § 10 Anm. 8 sowie *Allfeld,* KUG, S. 68.

4   Die Rspr. des RG[11] hat diesen Grundsatz wiederholt hervorgehoben. Zudem fand er Eingang in die **Richtlinien für Abschluss und Auslegung von Verträgen zwischen bildenden Künstlern und Verlegern** vom 2.11.1926,[12] die in den §§ 15 und 23 den Verleger nach der Vervielfältigung zur Rückgabe des Werkoriginals verpflichten. Wenig später enthielten die Entwürfe von Goldbaum (§ 8 Abs. 2) und Hoffmann (§ 9 Abs. 2),[13] der RefE (§ 36), der MinE (§ 39) und der RegE (§ 44) bereits sinngemäß die gegenüber § 10 Abs. 4 KUG um die Ausnahmeregelung des § 44 Abs. 2 erweiterte und – einer großzügigen Rspr. folgend[14] – sämtliche Werkarten betreffende Fassung. Ihr Abs. 2 wurde durch Beschluss des Bundesrates auch auf Lichtbildwerke erstreckt und in dieser Form 1965 endlich Gesetz.[15]

3. Rechtsnatur, Schutzzweck und Bedeutung der Norm

5   § 44 Abs. 1 basiert auf zwei Grundregeln, in deren Lichte seine Auslegung zu erfolgen hat. Zunächst bekräftigt er die **gegenständliche Unterscheidung von Sach- und geistigem Eigentum,**[16] bleibt jedoch in seinem Wortlaut gegenüber diesem allgemeinen Grundsatz in mehrfacher Hinsicht zurück (→ Rn. 8–13). Sodann enthält er seiner **Rechtsnatur** und seiner **systematischen Stellung** im Unterabschnitt des Gesetzes über die vertragliche Einräumung von Nutzungsrechten entsprechend eine **Auslegungsregel in Form einer Vermutung,** der zufolge im Zweifel mit der Veräußerung des Werkoriginals eine Nutzungsrechtseinräumung nicht verbunden ist. Dasselbe gilt umgekehrt bei der Einräumung von Nutzungsrechten (→ Rn. 6, 15 ff.). Dem dahinter stehenden Rechtsgedanken folgend hat der BGH die in den Allgemeinen Geschäftsbedingungen eines Zeitungsverlags enthaltene Klausel, nach der der Verlag auch bei der Einräumung nicht ausschließlicher Nutzungsrechte die Eigentumsrechte an den Werkstücken, insbesondere Fotografien, erwirbt, als geeignet angesehen, die Rechte des Urhebers so einzuschränken, dass die Erreichung des Vertragszwecks im Hinblick auf weitere Nutzungen des Werkes gefährdet wird, und sie deshalb nach § 307 Abs. 2 Nr. 2 BGB für unwirksam erklärt. Dieselbe Klausel hat der BGH jedoch in AGBs für Zeitschriften unbeanstandet gelassen, weil dort Originaldias von der Eigentumsübertragung ausgenommen worden sind.[17] § 44 gehört damit neben den Bestimmungen der §§ 31 Abs. 5 und – eingeschränkt – der §§ 31a, 32, 32a, 34, 35 und 37 zu den besonderen Auslegungsregeln des Gesetzes,[18] in denen sich die **urheberschützende Tendenz** des Gesetzes niederschlägt, zur Sicherung der angemessenen Teilhabe des Urhebers an den aus der Nutzung seines Werkes gezogenen Früchten das Urheberrecht soweit wie möglich bei ihm als originärem Rechtsinhaber zu belassen.[19] Sie begründet eine **über das Werkstück betreffenden Veräußerungsvertrag hinausgehende,** durch Abs. 2 freilich eingeschränkte **Vereinbarungspflicht,** falls die zusätzliche Einräumung von Nutzungsrechten angestrebt wird,[20] berührt jedoch die erlaubnisfrei zulässigen Nutzungen nach §§ 44a ff. nicht.[21]

6   Angesichts der das Urhebervertragsrecht beherrschenden **allgemeinen Übertragungszwecklehre,** die bei Veräußerung des Werkoriginals neben der speziellen Regel des Abs. 1 anwendbar bleibt,[22] sowie des grundsätzlichen Unterschieds von Sach- und geistigem Eigentum erweist sich die Bedeutung der Vorschrift allerdings als gering: Werden Nutzungsrechte unmissverständlich in pauschaler Weise eingeräumt, ohne dass dies vom Vertragszweck gedeckt ist, oder bleiben nach dem Wortlaut des Vertrages Nutzungsrechtseinräumungen im Zusammenhang mit der Veräußerung des Werkoriginals zweifelhaft,[23] kommt Abs. 1 im Ergebnis kein über die allgemeine Übertragungszwecklehre hinausgehender Regelungsüberschuss zu.[24] In gleicher Weise beantwortet sich die umgekehrte, von Abs. 1 allerdings nicht ausdrücklich geregelte Frage, ob mit der Nutzungsrechtseinräumung eine Eigentumsübertragung verbunden ist, sowohl bei unzweifelhaften pauschalen Rechtseinräumungen als auch in

---

[11] RGZ 106, 362 (364 f.) – Tausend und eine – Frau; RGZ 108, 44 – Lichtbilder von Bildhauerarbeiten.
[12] Abgedr. in *Schricker,* Verlagsgesetz, S. 845 ff.
[13] → Einl. UrhG Rn. 136.
[14] OLG Stuttgart GRUR 1956, 519 – Hohenzollern-Tonband; BAG GRUR 1961, 491 – Nahverkehrschronik.
[15] S. Beschlussfassung des Rechtsausschusses UFITA 45 [1965], 155 (176).
[16] Dazu → Einl. UrhG Rn. 45 ff.; → § 59 Rn. 5 ff.
[17] BGH GRUR 1012, 1031 Rn. 44 ff. – Honorarbedingungen freie Journalisten.
[18] Dazu → Vor §§ 31 ff. Rn. 54 f.; → § 31 Rn. 62.
[19] BGH GRUR 1996, 121 (122) – Pauschale Rechtseinräumung; GRUR 2012, 1031 Rn. 17 ff. – Honorarbedingungen Freie Journalisten, insofern nicht unproblematisch, als der BGH im Übertragungszweckgedanken keine Leitbildfunktion bei der Überprüfung eines Vertrages nach dem AGB-Recht gemäß §§ 307 ff. BGB sieht; kritisch zu Rspr. auch *G. Schulze* GRUR 2012, 993; vgl. auch *Ulmer* § 84 IV 2; *Erdmann* FS Piper, 1996, 655 (658); *Schack* Rn. 35; dazu ferner → § 31 Rn. 52 ff. mwN.
[20] Vgl. BGH GRUR 1995, 673 (675) – Mauer-Bilder.
[21] Zum Recht des Hauseigentümers, die fotografische Abbildung seines Hauses zu gestatten, ausführlich → § 59 Rn. 4 ff.
[22] Zum Verhältnis von allgemeiner und besonderer Auslegungsregel *Schweyer* S. 94 ff.; → Vor §§ 31 ff. Rn. 54 f.; Fromm/Nordemann/*Hertin* (9. Aufl.) UrhG §§ 31/32 Rn. 11.
[23] Vgl. BGH GRUR 1996, 121 (122) – Pauschale Rechtseinräumung.
[24] Ebenso *Schweyer* S. 95 f.; Fromm/Nordemann/*J. B. Nordemann* UrhG § 44 Rn. 8; DKMH/*Kotthoff* UrhG § 44 Rn. 1, 5; aA Wandtke/Bullinger/*Wandtke* UrhG § 44 Rn. 1, der die Tragweite des allgemeinen Übertragungszweckgedankens verkennt.

Zweifelsfällen schon nach der allgemeinen Übertragungszwecklehre.[25] Auch in Bezug auf den unterschiedlichen Gegenstand von Werkstück und dem von ihm verkörperten geistigen Gebilde verbleibt der Vorschrift kein eigenständiger Spielraum. Ihre Bedeutung erschöpft sich deshalb in der Bekräftigung der urheberschützenden Tendenz des Gesetzes.

Eine **Ausnahme** von Abs. 1 normiert **Abs. 2.** Er bestimmt, dass ohne ausdrückliche Vereinbarung 7 mit dem Eigentum am unveröffentlichten Original eines Werkes der bildenden Kunst, eines Lichtbildwerkes oder eines Lichtbildes (§ 72) die Befugnis zu dessen Ausstellung gemäß § 18 auf den Erwerber übergeht. Nach der AmtlBegr. entspricht diese Regelung der Interessenlage und dem stillschweigenden Einverständnis des Urhebers, der mit der Veräußerung das Werk aus seiner persönlichen Sphäre entlässt.[26] Andernfalls wäre der Käufer eines Bildes gehindert, dieses in Räumen mit Publikumsverkehr, wie etwa einem Wartezimmer oder einer Empfangshalle, aufzuhängen. **§ 60** setzt den Rechten des Urhebers zugunsten des Werkeigentümers **zusätzliche Schranken,** indem er bei Bildnissen den Besteller bzw. seinen Rechtsnachfolger oder bei einem auf Bestellung geschaffenen Bildnis den Abgebildeten oder nach dessen Tode seine Angehörigen zur Vervielfältigung und zur unentgeltlichen und nicht zu gewerblichen Zwecken vorgenommenen Verbreitung kraft Gesetzes befugt, hilfsweise einen von diesem beauftragten Dritten.[27]

II. Veräußerung und Nutzungsrecht (Abs. 1)

1. Anwendungsbereich

a) § 44 Abs. 1 findet Anwendung in den Fällen der **Veräußerung des Originals eines Werkes** 8 **durch seinen Urheber.** Er gilt sinngemäß aber auch für die Veräußerung von Vervielfältigungsstücken. In erster Linie statuiert Abs. 1 für Veräußerungsgeschäfte wie Kauf-,[28] Tausch-,[29] Schenkungs- und Werklieferungsverträge[30] die Vermutung ihrer Beschränkung sowohl **in schuldrechtlicher als auch in gegenständlicher Hinsicht** auf die Übertragung allein des Eigentums am Werkstück gemäß § 929 BGB ohne die gleichzeitige Einräumung oder Übertragung von urheberrechtlichen Nutzungsbefugnissen nach §§ 31, 35 UrhG, §§ 398, 413 BGB.[31] Als Ausdruck allgemeiner Grundsätze gilt Abs. 1 sinngemäß überdies für vielfältige Sachverhaltsgestaltungen, die von seinem ausdrücklichen Wortlaut nicht mehr erfasst werden, jedoch wegen gleichgelagerter Interessen eine entsprechende Anwendung geboten erscheinen lassen:

b) Entsprechende Anwendung findet er zunächst auf solche Verträge, die nur eine bedingte Ei- 9 gentumsübertragung oder gar nur eine Besitzverschaffung zum Ziel haben, wie dies zB **bei Überlassungsverträgen,**[32] **bei Sicherungsgeschäften** mit meist vertraglich vereinbartem **Besitzkonstitut** gemäß § 930 BGB oder bei **Kaufgeschäften unter Eigentumsvorbehalt** der Fall ist. Nicht anders verhält es sich bei **gesetzlichem Eigentumserwerb** eines Werkoriginals durch **Ersitzung** (§ 937 BGB),[33] durch **Aneignung** (§ 958 BGB) oder durch **Fund** (§ 965 BGB).[34] Auch der Bau eines Hauses auf fremdem Grund führt durch **Verbindung** gemäß § 946 BGB nur zum Erwerb des Gebäudeeigentums durch den Grundstückseigentümer, während die Nutzungsbefugnisse an den Bauplänen und Entwürfen im Zweifel dem Architekten verbleiben.[35]

Hingegen folgt nach § 950 Abs. 1 BGB das Sacheigentum regelmäßig der Inhaberschaft am Urhe- 10 berrecht nach § 7, wenn bei einer **Verarbeitung** die Sache, aus der das Werk hergestellt wird, gegenüber diesem von erheblich geringerem Wert ist.[36] Das gilt regelmäßig auch in den Fällen **aufgedrängter Kunst (Graffitis) an Häuserwänden, S-Bahnen, Autos etc** anonym gebliebener

---

[25] BGH GRUR 1996, 121 (122) – Pauschale Rechtseinräumung mwN; OLG Hamburg GRUR 1980, 909 (911) – Gebrauchsgraphik für Werbezwecke; OLG München GRUR 1984, 516 (517) – Tierabbildungen; → 4. Aufl. 2010, § 31 Rn. 84 aE; *Schricker*, Verlagsgesetz, VerlG § 8 Rn. 5c, S. 260 f.; Fromm/Nordemann/*Hertin* (9. Aufl.) UrhG §§ 31/32 Rn. 28; aA KG ZUM-RD 1998, 9 (10) – Berliner Ensemble sowie *Ullmann* GRUR 1987, 6 (10).

[26] AmtlBegr. UFITA 45 (1965), 240 (278).

[27] Einzelheiten dazu § 60; kritisch insoweit Möhring/Nicolini/*Lindhorst* (4. Aufl.), UrhG § 44 Rn. 3 sowie Fromm/Nordemann/*J. B. Nordemann* UrhG § 60 Rn. 3.

[28] Vgl. OLG Düsseldorf GRUR 1988, 541 – Warenkatalogfotos; LG München ZUM-RD 1997, 249 (252) – Ungenehmigte Veröffentlichung von Fotos.

[29] Vgl. KG ZUM 1987, 293 (295) – Ernst Barlach.

[30] Vgl. BGHZ 19, 382 = GRUR 1956, 234 – Gedächtniskapelle.

[31] AllgM: BGH GRUR 2005, 505 (506) – Atlanta; BGH GRUR 1995, 673 (675) – Mauer-Bilder; Fromm/Nordemann/*J. B. Nordemann* UrhG § 44 Rn. 4; Wandtke/Bullinger/*Wandtke* UrhG § 44 Rn. 11; vgl. auch *Schack* Rn. 35 f.

[32] Leih- oder Aufbewahrungsverträge; OLG Hamburg ZUM 1998, 665 – Tiere auf Weiß; ebenso Möhring/Nicolini/*Lindhorst* (4. Aufl.) § 44 Rn. 5.

[33] Vgl. OLG München GRUR 1984, 516 (517) – Tierabbildungen; Fromm/Nordemann/*J. B. Nordemann* UrhG § 44 Rn. 4.

[34] Vgl. die Erläuterungen bei Palandt/*Herrler* zu BGB § 958 und § 965.

[35] Vgl. *Ulmer* § 84 IV 2.

[36] BGH GRUR 1952, 257 (258) – Krankenhauskartei; BAG GRUR 1961, 491 (492) – Nahverkehrschronik; BGH GRUR 1991, 523 (525 f.) – Grabungsmaterialien; OLG Stuttgart NJW 2001, 2889 (2890) – Rundbild.

Urheber.[37] Je nach den Umständen nimmt *Erdmann* in diesen Fällen einen Verzicht des anonymen Künstlers auf sein Urheberrecht an.[38] Anonyme aufgedrängte Kunst hindert den Eigentümer der übermalten Sache nicht daran, über sein Eigentum als solche zu verfügen oder die aufgedrängte Kunst durch Übermalung zu vernichten.[39] Anders können die Dinge liegen, wenn der Wert des Eigentums durch die Bemalung eine deutliche Steigerung erfährt, wie dies bei bemalten Segmenten der Berliner Mauer der Fall war. Der Eigentümer hatte ein Mauersegment als Kunstwerk verkauft, ohne vom Urheber das Verbreitungsrecht erworben zu haben. Der BGH hat dem Urheber des Graffitis in diesem Fall für die Nutzung seines Verbreitungsrechts eine Vergütung zugesprochen.[40]

Hersteller einer Verarbeitung iSd § 950 Abs. 1 BGB ist nicht zwangsläufig, wer bei der Werkschöpfung die verarbeitende Tätigkeit ausführt, sondern derjenige, in dessen Interesse sie erfolgt.[41] Bei in **Arbeits- oder Dienstverhältnissen** aufgrund einer Verarbeitung geschaffenen Werken ist der Hersteller im Lichte des § 43 nach dem Inhalt oder dem Wesen des Arbeits- oder Dienstverhältnisses oder des Werkvertrags zu bestimmen.[42] Demnach ist der Arbeitgeber nur dann als Sacheigentümer des auf einer Verarbeitung seiner Materialien beruhenden Werkstücks anzusehen, wenn, wie dies unter Berücksichtigung der allgemeinen Übertragungszwecklehre die Regel sein wird,[43] der Arbeits-, Dienst- oder Werkvertrag den Urheber über die Einräumung urheberrechtlicher Nutzungsbefugnisse hinaus zur Übertragung des Sacheigentums am Werkstück verpflichtet.[44] Nur in diesen Fällen ist der Arbeitgeber Hersteller iSd BGB § 950 Abs. 1 und damit Eigentümer der durch Verarbeitung geschaffenen Sache. Folglich erwirbt ein Theaterunternehmen Eigentum am Bühnenbild des von ihm beauftragten Bühnenbildners,[45] während der Bühnenbildner durch Verarbeitung nach § 950 Abs. 1 BGB Eigentümer seiner auf dem Papier des Arbeitgebers hergestellten Entwurfsskizzen wird. In ähnlicher Weise hat der BGH in der Entscheidung „Krankenhauskartei" bei der Beantwortung der Frage, wer als Hersteller einer Krankenhauskartei iSd BGB § 950 Abs. 1 anzusehen sei, danach unterschieden, ob der klagende Chefarzt die Kartei für seine private wissenschaftliche Forschung angelegt hat bzw. von Bediensteten des beklagten Krankenhauses hat anlegen lassen oder ob ihm die Herstellung der Kartei als einem unverzichtbaren Hilfsmittel bei der Nachbehandlung der Patienten arbeitsvertraglich oblag. Dem unterlegenen Kläger stehe, so der BGH, jedoch aus **nachwirkenden Treuepflichten** – heute nach § 25[46] – ein Recht auf Einsicht in die Kartei am Ort des Krankenhauses zu.[47]

11 Anders verhält es sich bei dem **in freier Forschung und Lehre tätigen Hochschullehrer.** Die Universität erwirbt an seinen eigenverantwortlich geschaffenen Werken weder stillschweigend oder infolge des § 43 urheberrechtliche Nutzungsbefugnisse, noch wird sie ohne Parteiabreden oder besondere gesetzliche Vorschriften Herstellerin und damit Sacheigentümerin iSd BGB § 950 Abs. 1 an den Forschungsunterlagen (Manuskripten, Aufsätzen, Fotografien, Zeichnungen, Datenspeichern etc) des Wissenschaftlers.[48] Nach Auffassung des BGH ist das Eigentumsrecht des Hochschullehrers – entgegen dem Berufungsurteil[49] – aber durch ein umfassendes, unbegrenztes und unentgeltliches Besitzrecht nach BGB § 986 Abs. 1 beschränkt, das aus der Anbietungspflicht des Arbeitnehmers resultiert.[50] Dem ist *Schricker* mit der überzeugenden Begründung entgegengetreten, Verträge, die eine Anbietungspflicht begründen, unterlägen als Optionsverträge dem Schriftformerfordernis der Vorschrift des § 40, die im Hochschulbereich nicht etwa durch § 43 derogiert werde, da ein Hochschullehrer keine aus seinem Dienstverhältnis hervorgehende Pflichtwerke zu schaffen habe. Deshalb könne entgegen dem BGH eine Anbietungspflicht auch nicht aus einer vertragsimmanenten Treuepflicht hergeleitet werden.[51] Eine Anbietungspflicht ergäbe sich ebenfalls nicht aus einer entsprechenden Anwendung des ArbnErfG, dessen § 42 Abs. 1 S. 2 ArbnErfG Hochschullehrer ausdrücklich von der Anbietungspflicht ausnehme.[52] Sie widerspräche außerdem der Wissenschaftsfreiheit des Art. 5 Abs. 3 GG und träte mit dem Veröffentlichungsrecht des § 12 in Konflikt.[53] Mit *Schricker* und dem Berufungsurteil des OLG Karlsruhe[54] kann bei gleichzeitiger Wahrung der Belange des Urhebers und dem Interesse der Universität und der Allgemeinheit an einer Zugänglichmachung der Forschungsergeb-

---

[37] Etwa die Bemalung der Berliner Mauer (vgl. BGH GRUR 1995, 673 – Mauer-Bilder) oder der mit Graffitis bemalte PKW ua.
[38] Erdmann FS Pieper, 1996, 655 (662); ebenso Dreier/Schulze/*Schulze* § 44 Rn. 9; aA Fromm/Nordemann/*J. B. Nordemann* UrhG § 44 Rn. 4: zu weitgehend.
[39] *Erdmann* FS Piper, 1996, 655 (661).
[40] BGH GRUR 1995, 673 (676) – Mauer-Bilder.
[41] Palandt/*Bassenge,* BGB, BGB § 950 Rn. 6.
[42] Vgl. Palandt/*Bassenge,* BGB, BGB § 950 Rn. 7 f.
[43] Vgl. → § 43 Rn. 51.
[44] Vgl. → § 43 Rn. 37 f.
[45] Ebenso KG ZUM-RD 1998, 9 (10) – Berliner Ensemble.
[46] Vgl. dazu → § 25 Rn. 6 f.
[47] BGH GRUR 1952, 257 (258 f.) – Krankenhauskartei.
[48] BGH GRUR 1991, 523 (527) – Grabungsmaterialien.
[49] OLG Karlsruhe GRUR 1988, 536.
[50] BGH GRUR 1991, 523 (528) – Grabungsmaterialien.
[51] *Schricker* FS Lorenz, 1991, 233 (239 ff.).
[52] *Schricker* FS Lorenz, 1991, 233 (240); ebenso Ullmann GRUR 1987, 6 (7 f.) mwN.
[53] *Schricker* FS Lorenz, 1991, 233 (242 f.).
[54] OLG Karlsruhe GRUR 1988, 536 (540).

nisse ihres Hochschullehrers durch ein **zeitlich und inhaltlich auf das Notwendigste beschränktes Besitzrecht** genügt werden, zumal diese als bloße Daten, Entdeckungen, Fakten etc regelmäßig keinem Urheberrechtsschutz unterliegen.[55]

c) Abs. 1 betrifft seinem **sachlichen Anwendungsbereich nach Originale sämtlicher Werk-** **12** **arten** gemäß § 2 Abs. 1, dh Manuskripte von Schriftwerken und musikalischen Kompositionen ebenso wie technische Zeichnungen und Pläne oder erste körperliche Festlegungen improvisierter Werke.[56] Der praktische Schwerpunkt der Bestimmung liegt jedoch im Bereich der bildenden Künste und der Fotografie, also bei Gemälden, Skulpturen, Lichtbildwerken und Lichtbildern.[57] Der Begriff des Originals spielt im Rahmen des Abs. 1 allerdings keine entscheidende Rolle. Denn auch nach den ihm zugrundeliegenden allgemeinen Prinzipien ist er **sinngemäß anzuwenden auf Veräußerungen bloßer Vervielfältigungsstücke** eines Werkes.[58]

d) Ihrem Wortlaut nach bezieht sich die Vorschrift auf Veräußerungen durch den **Urheber,** der Al- **13** leinurheber, Bearbeiterurheber oder Miturheber nach Maßgabe des § 8 sein kann.[59] Nach § 30 gilt § 44 Abs. 1 auch für **Rechtsnachfolger und in entsprechender Anwendung für die Inhaber von Leistungsschutzrechten.** Über seinen Wortlaut hinaus findet er als besondere Ausformung der allgemeinen Übertragungszwecklehre ferner entsprechende Anwendung, wenn **sonstige Dritte,** die sowohl das Eigentum am Werkstück als auch einzelne oder alle Nutzungsbefugnisse auf sich vereinigen, das Original bzw. erst recht ein Vervielfältigungsstück veräußern.[60] Ein Verleger, der die ihm vom Autor geschenkte handschriftliche Fassung eines Romans an ein Literaturarchiv veräußert, behält auch ohne eine zweifelsfreie diesbezügliche Vereinbarung weiterhin das Verlagsrecht. Ebenso bleiben die Erben eines Malers, die ein Bild aus dem Nachlass verschenken, Inhaber der Reproduktionsrechte.[61] Nichts anderes gilt, wenn zwei Maler Bilder untereinander tauschen.[62]

2. Vermutungsregel

Die Vorschrift statuiert eine Auslegungsregel in Form einer **Vermutung.** Sie gilt im **Zweifel** und **14** kommt folglich nur zur Anwendung, wenn nach allgemeinen Auslegungsgrundsätzen (§§ 133, 157 BGB) nicht mit Gewissheit festgestellt werden kann, ob mit der Eigentumsübertragung am Werkstück zugleich eine Nutzungsrechtseinräumung vereinbart ist.[63] Gewissheit kann sich aus dem **ausdrücklich oder stillschweigend erklärten Parteiwillen** ergeben **oder** – nach der allgemeinen Übertragungszwecklehre[64] – aus dem zweifelsfrei aus den Begleitumständen oder schlüssigem Verhalten hervorgehenden, mit dem Rechtsgeschäft **angestrebten Vertragszweck.**[65] Bloß bekräftigende Formulierungen wie die „volle und bedingungslose" Übertragung des Eigentums an einem Gemälde sind regelmäßig nicht geeignet, Zweifel auszuräumen. Sie führen deshalb auch nicht zur gleichzeitigen Einräumung etwa von Vervielfältigungs- und Verbreitungsrechten.[66] Wohl aber widerspricht es nach Auffassung des BGH der Lebenserfahrung, aus dem Eigentumserwerb an Masterbändern nicht auch auf die Einräumung der Tonträgerherstellerrechte zu schließen.[67] Beim Erwerb der **Kopie eines** massenweise vervielfältigten **Computerprogramms** ist meist der Umfang der zulässigen Nutzung in zusätzlichen standardisierten Vereinbarungen geregelt. Ohne diese wird man in derartigen Fällen daran denken können, nach der Lebenserfahrung die gewöhnliche Nutzung wie der Vervielfältigung im Arbeitsspeicher für zulässig zu erachten. Die **Darlegungs- und Beweislast** für die zusätzliche Nutzungsrechtseinräumung trägt nach der allgemeinen Beweislastverteilung derjenige, der sich auf sie beruft.[68]

3. Nutzungsrechtseinräumung ohne Eigentumsübertragung

Abs. 1 regelt zwar nicht ausdrücklich den umgekehrten, in der Praxis häufiger strittigen Fall der **15** **Einräumung von Nutzungsbefugnissen bei gleichzeitig fraglicher Übertragung des Eigen-**

---

[55] Dazu → § 2 Rn. 71 ff.; *Schricker* FS Lorenz, 1991, 233 (244).
[56] Fromm/Nordemann/*Hertin* (9. Aufl.) UrhG § 44 Rn. 1; DKMH/*Kotthoff* UrhG § 44 Rn. 4.
[57] *Ulmer* § 84 IV 2.
[58] Überwiegende Meinung: OLG Düsseldorf GRUR 1988, 541 – Warenkatalogfotos; Fromm/Nordemann/*J. B. Nordemann* UrhG § 44 Rn. 6: erst recht für Vervielfältigungsstücke; Dreier/Schulze/*Schulze* UrhG § 44 Rn. 5; Wandtke/Bullinger/*Wandtke* UrhG § 44 Rn. 11; *v. Gamm* UrhG § 44 Rn. 3; aA *Hamann* S. 22; *Hamann* UFITA 90 (1981), 45 (47).
[59] Möhring/Nicolini/*Spautz* (2. Aufl.) UrhG § 44 Rn. 3.
[60] *v. Gamm* UrhG § 44 Rn. 2; Fromm/Nordemann/*J. B. Nordemann* UrhG § 44 Rn. 6; Dreier/Schulze/*Schulze* § 44 Rn. 4; Möhring/Nicolini/*Lindhorst* (4. Aufl.) UrhG § 44 Rn. 3.
[61] Hinsichtlich des Ausstellungsrechts nach § 18 ist freilich § 44 Abs. 2 zu beachten.
[62] KG ZUM 1987, 293 (295) – Sterndeuter II.
[63] BGH GRUR 1994, 210 (211) – The Beatles.
[64] → § 31 Rn. 3 f., 52 ff.
[65] Zuletzt BGH GRUR 2007, 693 Rn. 31 – Archivfotos; BGH GRUR 2004, 939 f. – Comic-Übersetzungen III; BGH GRUR 1994, 210 (211) – The Beatles; BGH GRUR 1984, 656 (657) – Vorentwurf; BGH GRUR 1984, 528 (529) – Bestellvertrag; BGH GRUR 1986, 458 (459) – Oberammergauer Passionsspiele.
[66] BGH GRUR 1968, 607 (611) – Kandinsky I.
[67] BGH GRUR 1994, 210 (211) – The Beatles.
[68] BGH GRUR 1996, 121 (123) – Pauschale Rechtseinräumung.

tums, jedoch ist er in diesen Fällen im Hinblick auf seinen Schutzzweck **entsprechend** anwendbar.[69] Folglich bedarf es für die Eigentumsübertragung zweifelsfreier Absprachen bzw. Vertragspraktiken. Die Vertragspraxis der einzelnen kulturwirtschaftlichen Branchen ist dabei recht unterschiedlich. Im Bereich der ernsten Musik etwa erfolgt die Einräumung oder Übertragung von **Aufführungsrechten** meist unter gleichzeitiger nur leihweiser Überlassung des Notenmaterials.[70] Ähnlich verhält es sich regelmäßig bei der Einräumung von **Filmvorführungsrechten,** mit der kein Veräußerungs-, sondern ein Leihvertrag hinsichtlich der Filmkopie verbunden ist. Allein die Inhaberschaft der Auswertungsrechte begründet jedoch noch kein Recht zum Besitz der Filmkopie.[71]

16   Auch im Bereich des **Buchverlags** erwirbt der Verleger als Inhaber des Verlagsrechts mit der Ablieferung des Manuskripts an ihm noch kein Eigentum.[72] Dennoch ist er zu seiner Rückgabe nach der Vervielfältigung des Werkes nur verpflichtet, wenn sich der Verfasser die Rückgabe vertraglich vorbehalten hat (§ 27 VerlG). Ohne Vorbehalt kann sich der Verleger gegenüber dem Herausgabeanspruch des Verfassers gemäß § 985 BGB auf ein Recht zum Besitz nach § 986 BGB berufen. Allerdings wird bei einem besonderen Interesse des Urhebers an der Rückgabe seines Manuskripts, namentlich nach Beendigung des Verlagsverhältnisses, auch ohne Vorbehalt ein Rückgabepflicht des Verlegers aus vertraglichen Treuepflichten und § 985 BGB angenommen.[73] Nach § 1006 BGB hat der jenige, der ein Werkstück als Eigenbesitzer erwirbt, die Vermutung für sich, dass er bei dem Besitzerwerb Eigenbesitz begründet und Eigentum erworben hat. Die **Darlegungs- und Beweislast** hinsichtlich des Eigentumserwerbs trifft jedoch auch hier nach allgemeinen Regeln denjenigen, der sich auf ihn beruft. Deshalb muss der Fremdbesitzer beweisen, dass sich sein Fremdbesitz in Eigenbesitz verwandelt hat.[74] Beruft sich etwa der Verleger des Urhebers auf eine schenkweise Überlassung eines Manuskripts zu Eigentum, sind nach Auffassung des OLG Nürnberg und – ihm folgend – des BGH[75] an die Widerlegung dieses Einwandes keine übertrieben hohen Anforderungen zu stellen. Vielmehr reichen dazu nach diesen Entscheidungen bereits die bestehenden Branchenübungen, keine Eigentumsübertragung zu vereinbaren, oder die Begleitumstände des Falles aus.[76]

Im **Musikverlagsvertrag** wird in aller Regel ausdrücklich vereinbart, dass das Manuskript in das Eigentum des Verlags übergeht.[77] Allerdings hat sich der BGH wegen des besonderen Wertes der häufig nur fotomechanisch vervielfältigten handschriftlichen Partitur jedenfalls bei vorzeitiger Vertragsbeendigung für einen Rückgabeanspruch des Urhebers entschieden und diesen im Wege ergänzender Vertragsauslegung nach §§ 133, 157 BGB auf die Grundsätze von Treu und Glauben gestützt, weil andernfalls dem Komponisten die Grundlage für die Weiterverwertung des Werkes im Wege der fotomechanischen Vervielfältigung genommen würde.[78] Angesichts der vom BGH berücksichtigten besonderen Verhältnisse bei Musikverlagsverträgen erscheint es problematisch, dieselben Grundsätze auf den **Verfilmungsvertrag** anzuwenden und bei entgeltlichen **Optionsverträgen nach Nichtausübung der Option** eines Verfilmungsvertrages keine Verpflichtung zur Rückgabe des übereigneten Manuskripts anzunehmen, selbst wenn es der Urheber bereits in Buchform, nur noch nicht filmisch verwertet hat.[79] Im **Kunstverlag,** einschließlich dem Illustrationsverlag,[80] für den das Verlagsgesetz nicht unmittelbar gilt, wie auch nach Verträgen über die Nutzung von Gebrauchsgraphiken ist hingegen das überlassene Werkstück auch ohne ausdrücklichen Vorbehalt zurückzugeben.[81]

17   Auf dem Sektor der **Fotografie** schließen Fotoagenturen üblicherweise Leihverträge, nach deren Beendigung ebenfalls von der grundsätzlichen Verpflichtung zur Rückgabe der zum Abdruck überlassenen Werkstücke auszugehen ist.[82] Jedoch kann neben der Vereinbarung eines urheberrechtlichen Nutzungsvertrages ein Eigentumserwerb des nutzungsberechtigten Verlages in Frage kommen, wenn die Überlassung der Fotoabzüge entgeltlich und zu Archivzwecken erfolgt.[83] Zahlungen vermögen

---

[69] Ebenso *v. Gamm* UrhG § 44 Rn. 4; Dreier/Schulze/*Schulze* UrhG § 44 Rn. 10.
[70] Zu Geschichte, Inhalt und Reichweite der Materialentschädigung *Hillig/Blechschmidt* ZUM 2005, 505 ff.; ferner *Schneider* UFITA 95 (1983), 191 ff.
[71] BGH GRUR 1971, 481 (483) – Filmverleih.
[72] BGH GRUR 1969, 551 (552) – Der deutsche Selbstmord.
[73] Einzelheiten s. *Schricker,* Verlagsgesetz, VerlG § 27 Rn. 2 mwN.
[74] BGH GRUR 2005, 505 (506 f.) – Atlanta.
[75] OLG Nürnberg ZUM-RD 2003, 260 (266 f.) – Künstler und Mäzen; BGH GRUR 2005, 505 (506 f.) – Atlanta.
[76] Zu diesem Ergebnis dürfte freilich bereits die Übertragungszwecklehre führen, vgl. BGH GRUR 1996, 121 (122) – Pauschale Rechtseinräumung.
[77] *Schricker,* Verlagsgesetz, VerlG § 27 Rn. 13; *Rintelen* S. 293; ebenso OLG Nürnberg ZUM-RD 2003, 260 (267) – Künstler und Mäzen.
[78] BGH GRUR 1999, 579 (580) – Hunger und Durst.
[79] OLG München ZUM 2000, 66 (68 f.) – Tödliche Intrigen; kritisch zu dieser Praxis *Götz v. Olenhusen* ZUM 2000, 1056 (1060).
[80] Zum Begrifflichen *Schneider* S. 16 ff. mwN.
[81] S. *Schricker,* Verlagsgesetz, VerlG § 27 Rn. 14 mwN; OLG Hamburg GRUR 1980, 903 – Gebrauchsgraphik für Werbezwecke; OLG München GRUR 1984, 516 (517) – Tierabbildungen.
[82] BGH GRUR 2007, 693 Rn. 36 – Archivfotos; BGH GRUR 2002, 282 (283) – Bildagentur; OLG Hamburg ZUM-RD 2008, 183 – Kuschelatlas; OLG Hamburg ZUM 1998, 665 (667) – Tiere auf Weiß; Schulze LGZ 181 mAnm *Gerstenberg;* Dreier/Schulze/*Schulze* UrhG § 44 Rn. 10.
[83] OLG Hamburg GRUR 1989, 912 (914) – Spiegel-Fotos; sa LG München ZUM 2008, 78 (81) – überlassene Diapositive.

Zweifel hinsichtlich einer Eigentumsübertragung nur dann auszuräumen, wenn sie in ihrer Höhe eindeutig einen realen Gegenwert für die überlassenen Fotos darstellen. Hat der Fotograf ausdrücklich darauf hingewiesen, dass er seine Fotografien nur leihweise zu Archivzwecken überlasse, und die Abrechnung nur abdruckweise in üblicher Höhe erfolgt, ist kein Raum für die Annahme einer Eigentumsübertragung, so dass die Werkexemplare nach Kündigung des Leihvertrages zurückzugeben sind.[84] Daran ändert, so der BGH, selbst die Vereinbarung einer Archivgebühr, soweit sie den Wert der Fotos erreicht, regelmäßig nichts. Denn die Vereinbarung einer Archivgebühr trägt häufig nur dem Umstand Rechnung, dass der Fotograf mit der Herstellung des Bildes Vorleistungen erbracht hat und die Überlassung der Fotos zu Archivzwecken auch im Interesse des Verwerters liegt.[85] Zur Überlassung der Negative besteht gleichfalls ohne vertragliche Vereinbarung keine Verpflichtung. Dies gilt auch im Rahmen des § 60.[86]

III. Ausstellungsrecht des Eigentümers (Abs. 2)

1. Umkehrung der Vermutung

Abs. 2 verkehrt die Vermutungsregel des Abs. 1 hinsichtlich des Ausstellungsrechts gemäß § 18 in ihr Gegenteil. Er gibt den Interessen des Werkeigentümers den Vorrang, wenn der Urheber **das Original** – nicht dagegen ein Vervielfältigungsstück – **seines unveröffentlichten Werkes der bildenden Künste oder seines unveröffentlichten Lichtbildwerkes** veräußert. Nach der AmtlBegr. soll dies der Lebenserfahrung entsprechen.[87] Ohne einen **ausdrücklichen Vorbehalt,** dem, sofern er erklärt wird, dingliche Wirkung zukommt, räumt der Urheber mit der Übertragung des Eigentums das Recht ein, das vertragsgegenständliche, noch unveröffentlichte Original öffentlich zur Schau zu stellen. Damit obliegt es zB auch dem Urheber, Leihverträge des Eigentümers mit einem Veranstalter zu respektieren.[88] Abs. 2 kommt freilich nur zur Geltung, solange das Ausstellungsrecht noch nicht erschöpft ist.[89] An der Zurschaustellung veröffentlichter Werke kann der Eigentümer ohnehin nicht gehindert werden (§ 18).

18

Wer **Eigentümer des Originals** im Sinne der Vorschrift ist, bestimmt sich nach § 903 BGB. Auch auf den gutgläubigen Erwerber nach §§ 932 ff. BGB findet Abs. 2 Anwendung.[90] Ob der Eigentümer sein Eigentumsrecht vom Urheber selbst oder von einem Dritten herleitet, ist ohne Belang. Hat der Urheber sich allerdings bei der Erstveräußerung das Ausstellungsrecht – beschränkt oder unbeschränkt – ausdrücklich vorbehalten, wirkt dieser **Vorbehalt gegenüber jedem Dritten.**[91] *Hertin*[92] weist in diesem Zusammenhang darauf hin, dass Abs. 2 nicht ohne Weiteres zur Ausstellung des Werkes an öffentlichen Straßen und Plätzen berechtigen kann, weil dies andernfalls infolge der Vorschrift des § 59 eine weitgehende Einschränkung der wirtschaftlichen Verwertung des Werkes zur Folge hätte. Diese Meinung verdient Zustimmung. Sie steht im Einklang mit der von *Ulmer,*[93] *J. B. Nordemann,*[94] *Schulze*[95] und jetzt auch vom OLG Köln[96] zu Recht vertretenen Auffassung, wonach **Abs. 2 als Ausnahmeregel eng auszulegen** ist. Deshalb scheidet eine analoge Anwendung der Vermutungsregel des Abs. 2 in Bezug auf andere Verwertungsrechte wie die öffentliche Zugänglichmachung nach § 19a aus.[97] Beruht das Eigentumsrecht etwa auf gutgläubigem Erwerb (§ 932 BGB), kommt ein gleichzeitiger Erwerb vom Urheber nicht vorbehaltenen Ausstellungsrechts nicht in Betracht, weil ein gutgläubiger Erwerb von urheberrechtlichen Nutzungsrechten nicht möglich ist. So kann die Zustimmung des Künstlers zur Ausstellung seines Werkes nicht vermutet werden, wenn er einem anderen sein Werk leih- oder mietweise überlässt und dieser es sodann einem gutgläubigen Dritten veräußert, weil die Veräußerung ohne seine Zustimmung erfolgt ist.[98] Auch das Nutzungsprivileg des 58 kann für solche Werke nicht in Anspruch genommen werden.[99]

19

---

[84] So jetzt auch BGH GRUR 2007, 693 Rn. 31 – Archivfotos; aA noch das Berufungsgericht OLG München ZUM-RD 2004, 253 (257) – „Foto nur leihweise", das trotz eindeutiger Erklärung „eine beiderseits interessengerechte Interpretation" gemäß §§ 133, 157 BGB vorgenommen hatte.

[85] BGH GRUR 2007, 693 Rn. 31 – Archivfotos; GRUR 2002, 282 (284) – Bildagentur.

[86] LG Hannover NJW-RR 1989, 53 – Hochzeitsfoto; aA bei Fotografien ohne künstlerische Bedeutung AG Regensburg NJW-RR 1987, 1008 – Fotoreportage.

[87] AmtlBegr. UFITA 45 (1965), 240 (278); gegen die Annahme einer derartigen Lebenserfahrung *Erdmann* GRUR 2011, 1061.

[88] *Erdmann* FS Piper, 1996, 655 (663); *Erdmann* GRUR 2011, 1061 (1062).

[89] → § 18 Rn. 4, 17.

[90] DKMH/*Kotthoff* UrhG § 44 Rn. 9.

[91] AmtlBegr. UFITA 45 (1965), 240 (278); *Erdmann* FS Piper, 1996, 655 (663); *Erdmann* GRUR 2011, 1061 (1062).

[92] Fromm/Nordemann/*Hertin* (9. Aufl.) UrhG § 44 Rn. 3.

[93] *Ulmer* § 49 II.

[94] Fromm/Nordemann/*J. B. Nordemann* UrhG § 44 Rn. 9.

[95] Dreier/Schulze/*Schulze* UrhG § 44 Rn. 15.

[96] OLG Köln GRUR 2009, 4 Rn. 9 – Auktionsportal für Kunstwerke.

[97] OLG Köln GRUR 2009, 4 Rn. 9 – Auktionsportal für Kunstwerke.

[98] *Ulmer* § 48 III; ebenso *Erdmann* GRUR 2011, 1061 (1062); → § 31 Rn. 25 f. mwN.

[99] Vgl. Dreier/Schulze/*Schulze* UrhG § 44 Rn. 20.

20   Die **Umkehrung der Vermutung** greift nur ein, wenn der Urheber die Einräumung des Ausstellungsrechts bei der Veräußerung des Originals nicht ausgeschlossen hat. Der dinglich wirkende **Ausschluss muss ausdrücklich** erklärt sein, wobei wegen der sich aus dem Vorrang der Interessen des Originaleigentümers rechtfertigenden, unterschiedlichen Formulierung gegenüber Abs. 1 allein der Wortlaut des Vertrages für einen wirksam erklärten Vorbehalt maßgeblich ist. Da sich angesichts der eindeutigen Formulierung des Gesetzes ein Vorbehalt weder aus konkludentem Verhalten noch aus dem Übertragungszweckgedanken herleiten lässt, empfiehlt es sich wegen der Beweislast des Urhebers, Vorbehalte schriftlich zu fixieren. Ein Rückgriff auf den unzweifelhaften Vertragszweck ist dem Urheber dann abgeschnitten.[100] Liegen hingegen die Voraussetzungen des Rückrufrechts wegen gewandelter Überzeugung gemäß § 42 vor, erstreckt sich der in dieser Vorschrift zum Ausdruck kommende urheberpersönlichkeitsrechtlich begründete Vorrang der Urheberinteressen auch auf das nach Abs. 2 auf den Werkeigentümer übergegangene Ausstellungsrecht.[101]

2. Original eines Werkes der bildenden Künste oder eines Lichtbildwerkes

21   **a)** Abs. 2 bezieht sich nur auf das **Original von Werken der bildenden Kunst, von Lichtbildwerken und von Lichtbildern** gemäß § 72. **Andere Werkarten** werden nach dem eindeutigen Wortlaut der Bestimmung und im Hinblick auf die besondere Interessenlage auf dem Gebiet der bildenden Kunst von dieser Vorschrift **nicht erfasst**.[102] Bei Personenbildnissen kann sich hingegen eine Einschränkung des Ausstellungsrechts des Eigentümers aus dem Recht des Abgebildeten am eigenen Bild ergeben (§ 22 KUG), es sei denn, die Zurschaustellung dient nach § 23 Abs. 1 Nr. 4 KUG einem höheren Interesse der Kunst.[103]

22   **b)** Eine Erstreckung der Vorschrift auf **Vervielfältigungsstücke unveröffentlichter Werke** scheidet aus. Die zu Lasten des Urhebers gehende Vermutung des Abs. 2 ist wegen der starken persönlichkeitsrechtlichen Ausrichtung des Ausstellungsrechts gemäß § 18 sowie der Bedeutung des Originals im Bereiche der bildenden Kunst bei Vervielfältigungsstücken, die in der Qualität häufig vom Original abweichen, nicht am Platze (vgl. → § 18 Rn. 4). Zu seinem Schutz muss es dem Urheber auch ohne ausdrückliche Erklärung vorbehalten bleiben zu entscheiden, in welcher Form sein Werk erstmals der Öffentlichkeit zugänglich gemacht wird. Verschenkt ein Künstler eines Aquarells oder eine Fotografie seiner Plastik, ist der Beschenkte auch ohne besonderen Vorbehalt nicht zur Ausstellung des Werkes unter Benutzung des Vervielfältigungsstücks befugt.

23   **c)** Was als das (körperliche) **Original** eines Werkes als immateriellem Gut anzusehen ist, ist weniger eine Rechtsfrage, als vielmehr eine Frage der Anschauungen der am Kunstmarkt vertretenen Kreise (Künstler, Galeristen, Museumsfachleute, Sachverständige, Kunstsammler ua).[104] Sie muss von Fall zu Fall von den beteiligten Verkehrskreisen nach der auf dem Kunstmarkt herrschenden Verkehrsanschauung beantwortet werden.[105]

24   **aa)** Bei Werken, die als Einzelstück geschaffen worden sind, ist das **Unikat** auch das Original.[106] Ölgemälde, Collagen, Zeichnungen oder Plastiken von der Hand des Künstlers sind deshalb ihrem Wesen nach Originale. Dies gilt namentlich für Skizzen und Entwürfe sowie eigenhändige Bearbeitungen eigener oder fremder Werke.[107]

25   **bb)** Schwierigkeiten bereitet die Bestimmung des Originals als eines authentischen Werkes im Bereich der **Druckgraphik**, seitdem immer neue Techniken des Drucks zu den herkömmlichen Druckformen des Holzschnittes, der Radierung und der Lithographie hinzugetreten[108] und die Übergänge von der ursprünglich geforderten eigenhändigen und manuellen Bearbeitung der Druckform einer Graphik und ihrer bloßen Vervielfältigung iSd § 16 fließend geworden sind.[109] Die Auffassungen zu den an ein Mehrfach-Original zu stellenden Anforderungen sind vielfältig und umstritten. Sie reichen nach älterer, seit dem Inkrafttreten der EU-Richtlinie zur Harmonisierung des Folgerechts von 2001[110] nicht mehr haltbaren Auffassung von der völligen Aufgabe des Originalbegriffs angesichts neuer, nahezu unbegrenzte Auflagen zulassender Offsetlithographieverfahren[111] über die Forderung der Herstellung der Druckplatte durch den Künstler mit zusätzlicher Festlegung und Angabe von

---

[100] Ebenso Fromm/Nordemann/*J. B. Nordemann* UrhG § 44 Rn. 13.
[101] Ebenso *Schöfer* S. 100 ff.
[102] AmtlBegr. UFITA 45 (1965), 240 (278); → § 18 Rn. 12; ebenso Dreier/Schulze/*Schulze* UrhG § 44 Rn. 15.
[103] Einzelheiten → KUG § 23 Rn. 100 ff.
[104] → § 26 Rn. 27; *Samson* GRUR 1970, 449 (450); Dreier/Schulze/*Schulze* UrhG § 44 Rn. 16; kritisch insoweit *Michl* S. 119 ff.: die Auslegung des Originalitätsbegriffs des UrhG kann niemals ausschließlich der Verkehrsauffassung allein überlassen bleiben, sondern ist auch von normativen Überlegungen abhängig S. 121 unter Verweis auf *Schack* KUR 2006, 157.
[105] Vgl. *Katzenberger* S. 91.
[106] *Michl* S. 116.
[107] Vgl. *Michl* S. 110 f.; Einzelheiten → § 26 Rn. 26 mwN.
[108] Zu den Techniken s. *Schneider* S. 32 ff.; *Bachler/Dünnebier* S. 114 ff.; *Hamann* S. 141 ff.
[109] Dazu *Koschatzky* S. 27 ff.; *Locher* S. 69.
[110] Zur Richtlinie und ihrer Umsetzung in nationales Recht s. die Erläuterungen zu → § 26 Rn. 10 ff.
[111] S. *Koschatzky* S. 41; *Schneider* S. 60 ff. mwN.

Auflagenzahl und Signatur[112] bis zu den traditionellen Merkmalen der eigenhändigen Herstellung der originalen Druckplatte und der manuellen, vom Künstler selbst vorgenommenen Fertigung der Abzüge[113] oder zumindest deren Überwachung.[114] Unvereinbar mit dem multioriginalen Wesen von Serienkunstwerken und deshalb allgemein auf Ablehnung gestoßen ist die ebenfalls mit der Richtlinie unvereinbare Auffassung, nur die Druckplatte selbst sei das Original.[115] Um ein Werk dem manuellen Bilddruck zuordnen zu können, ist vermittelnd richtigerweise mit der überwiegenden Meinung darauf abzustellen, ob der Künstler die **Druckform eigenhändig** gestaltet hat **und** die **Abzüge zumindest nach seinen Weisungen** von einem Dritten hergestellt worden sind.[116] Der Einsatz fotomechanischer Technik kann dabei nur insoweit zulässig sein, als sie der Gestaltung der Druckformen selbst dient, die Fotografie also nicht allein das Ergebnis ist.[117] Die Signatur des Künstlers, gleich, ob in der Platte oder auf dem Abzug, Angaben über die Auflagenhöhe, den Drucker, die Vernichtung der Druckplatte und die vorgenommenen Variationen sind lediglich **Indizien** für das Vorliegen eines Originals, ohne diesem wesentlich zu sein.[118] Auch das vom Bundesverband des deutschen Kunst- und Antiquitätenhandels eV seit 1985 verwendete, rechtlich unverbindliche Merkmal der **Sammelwürdigkeit** dient nur der Verhinderung von Missbräuchen. Danach sind unter bestimmten Voraussetzungen nummerierte, aber auch posthum gedruckte Auflagen als sammelwürdig anzusehen.[119]

cc) Entsprechendes gilt bei **Serienwerken der Plastik,** die im Abgussverfahren nach vom Künstler selbst hergestellten Gussformen und nach seinen Weisungen, insbesondere in der von ihm bestimmten Stückzahl, gegossen werden. Fehlt die Beteiligung des Urhebers, kann bei einem Nachguss, selbst wenn der Urheber seiner Fertigung vorher zugestimmt hat, nicht von einem Original gesprochen werden,[120] weil er der Endfassung der Plastik nicht mehr durch Ziselierung, Patinierung und Aufsockelung ihre letzte Erscheinungsform verliehen hat.[121] Name oder Monogramm des Urhebers, Ziffer des Gusses auf der Plinthe (Sockelplatte) und Gießer-Stempel dienen lediglich als Anhaltspunkte für das Vorliegen eines Originals. **26**

dd) Bei **Lichtbildwerken** müssen ebenfalls **unikate Werkstücke** (zB Daguerreotypien, Polaroidfotos) von **Negativabzügen** unterschieden werden. Bei letzteren ist die rechtliche Beurteilung strittig. Man unterscheidet zwischen historischer und zeitgenössischer Fotografie.[122] Die Trennlinie wird um das Jahr 1970 angesetzt, weil in dieser Zeit ein Markt für dokumentarische und künstlerische Fotografie entstanden ist. Bei **historischen Fotos** qualifiziert *Gerstenberg* als Originale all diejenigen Abzüge und Vergrößerungen nach dem Negativ, die mit Wissen und Willen des Urhebers hergestellt und von ihm signiert worden sind.[123] *Hamann* verlangt den eigenhändigen Abzug des Künstlers innerhalb einer Auflage unter Verwendung des ursprünglichen Negativs als Vororiginal, lässt aber auch posthum gefertigte Abzüge Dritter, die keine Bearbeitung erkennen lassen, als Original gelten.[124] *Koschatzky*[125] hingegen erachtet als Originale nur solche **Abzüge vom originalen Negativ,** die der Künstler in zeitlichem Zusammenhang[126] mit der Herstellung der Aufnahme als erste hergestellt hat (sog. Vintage Print) sowie die Wiedergabe einer Fotografie in einem Edeldruckverfahren (Gummidruck, Bromöldruck). Späteren, vom Urheber eigenhändig hergestellten Abzügen vom Originalnegativ, die sich von früheren im Material und in der Tönung oder Gradation unterscheiden können, spricht er hingegen die Eigenschaft eines Originals ab. Letzterem ist zuzustimmen. Bei **zeitgenössischen Fotografien** spielt das Alter des Abzugs keine Rolle. Vintage-Prints gibt es hier nicht. Von Fotografien, die nach moderner (nicht allein digitaler) Fototechnik und der ursprünglichen Intention des Künstlers entsprechend hergestellt werden, fertigt der Urheber selbst die Abzüge, signiert sie und gibt die Auflage an. Diese von ihm selbst hergestellten Exemplare gelten als autorisierte Originale. Im Übrigen ist von Vervielfältigungsstücken auszugehen. **27**

d) **Keine Originale** sind demnach **Nachdrucke,** die ohne Wissen und Willen des Urhebers oder – unabhängig von einer entsprechenden Verfügung zu Lebzeiten – nach seinem Tode angefertigt werden, auch wenn sie von der Originalplatte stammen. Nicht anders verhält es sich bei Plastiken. Selbst wenn der Urheber nicht alle von ihm auf eine bestimmte Anzahl limitierten Exemplare hat **28**

---

[112] So der Dritte Internationale Kongress der bildenden Künste 1960, vgl. *Koschatzky* S. 37.

[113] So *Möhring/Nicolini/Spautz* (2. Aufl.) UrhG § 26 Rn. 7.

[114] So ua *Fromm/Nordemann/W. Nordemann*, (9. Aufl.) UrhG § 26 Rn. 2; *Ulmer* § 60 IV 1.

[115] Entgegen *v. Gamm* UrhG § 26 Rn. 5; aA *Schneider* S. 60 mwN in Fn. 182.

[116] *Schricker/Gerstenberg* (1. Aufl.) UrhG § 44 Anm. 2; S. 92 sowie → § 26 Rn. 28; *Samson* GRUR 1970, 449 (450); *Bachler/Dünnebier* S. 123, 132 ff.

[117] S. *Koschatzky* S. 43 f.; *Locher* S. 69; *Schneider* S. 69; ebenso die Formulierung im gemeinsamen Zolltarif der EG ABl. 1968 Nr. 172 vom 22.7.1968, S. 360, abgedr. auch bei *Bachler/Dünnebier* S. 117.

[118] *Bachler/Dünnebier* S. 135 ff., 143; *Hamann* S. 131 ff., 192 ff., 196 f.; *Katzenberger* S. 93; *Locher* S. 69 f.

[119] Einzelheiten s. *Schricker/Gerstenberg* (1. Aufl.) UrhG § 44 Rn. 11; *Abels* Weltkunst 1985, 397 sowie *Schneider* S. 62 ff. mwN.

[120] Differenzierend *Locher* S. 70.

[121] Zu posthum angefertigten Güssen → Rn. 28.

[122] Vgl. *Michl* S. 101.

[123] *Schricker/Gerstenberg* (1. Aufl.) UrhG § 44 Rn. 13.

[124] UFITA 90 (1981), 45 (52 f., 55).

[125] *Koschatzky* Photographie S. 31.

[126] AA *Dreier/Schulze/Schulze* UrhG § 44 Rn. 19.

gießen lassen können oder gar testamentarisch festgelegt hat, dass sein sehr kostspieliges Werk nach seinem Tode noch einmal hergestellt werden darf,[127] wird man in den **posthum angefertigten Exemplaren** nur mit ausdrücklicher Genehmigung des Urhebers hergestellte **Nachgüsse** sehen können, nicht aber Originale.[128] Solchen Nachgüssen fehlt die Mitwirkung des Urhebers, die das Wesen des Originals begründet.[129] Nicht zuletzt befördert durch die Diskussion um **posthume Güsse** von Werken *Hans Arps* hat die 2005 gegründete **Arbeitsgemeinschaft Bildhauermuseen und Skulpturensammlungen eV** bei der Stiftung Wilhelm Lembruck Museum, Duisburg, ein Positionspapier zum Umgang mit posthumen Güssen erarbeitet, das der Begriffsklärung dient und Empfehlungen gibt, die nicht nur bei der Bestimmung der Originaleigenschaft eines posthumen Gusses richtungsweisend wirken werden.[130]

29   **e)** Diese Überlegungen zum **Originalbegriff bei seriellen Werken** sind seit dem Inkrafttreten der **Folgerechts-RL** zumindest im Rahmen des § 26 nur noch insoweit von Bedeutung, als sie den **Mindestanforderungen des § 2 Abs. 2 der Richtlinie** entsprechen. Danach gelten Werke als Original, wenn sie vom Künstler selbst oder unter seiner Leitung in begrenzter Auflage hergestellt worden sind. Derartige Werke müssen, so konkretisierend Abs. 2 Satz 2, in der Regel nummeriert, signiert oder auf andere Weise vom Künstler ordnungsgemäß autorisiert sein. Obwohl die Verwendung des Originalbegriffs in verschiedenen Vorschriften des UrhG eher dafür spricht, das mit dem Original ein Unikat gemeint ist,[131] und dem Originalbegriff in anderen Rechtsgebieten wie zB dem Steuerrecht ein anderer Regelungsgehalt zukommt, sollte sich seine Auslegung im Rahmen des § 44 an dem ebenfalls nicht eindeutigen[132] Art. 2 Abs. 2 der Richtlinie orientieren,[133] dh jedenfalls in der Weise erfolgen, dass unter den Begriff des Originals auch mehrere Originale zu verstehen sind.

Abschnitt 6. Schranken des Urheberrechts

Vorbemerkung

Schrifttum: *Apel,* „Metall auf Metall" und § 24 UrhG im „Trans Europa Express" nach Luxemburg, K&R 2017, 563; *Badura,* Privatnützigkeit und Sozialbindung des geistigen Eigentums, in: Ohly/Klippel (Hrsg.), Geistiges Eigentum und Gemeinfreiheit, 2007, S. 45; *Bell,* Fair Use vs. Fared Use: The Impact of Automated Rights Management on Copyright's Fair Use Doctrine, North Carolina Law Review 76 (1998), 557; *Christie/Wright,* A Comparative Analysis of the Three-Step Test in International Treaties, IIC 2014, 409; *Cornels,* Die Schranken des Designrechts, 2015; *Dahm,* Der Schutz des Urhebers durch die Kunstfreiheit, 2012; *de la Durantaye,* Allgemeine Bildungs- und Wissenschaftsschranke, 2014; *Dreier,* EuGH, Privatkopie und kein Ende?, ZUM 2013, 769; *ders.,* Überlegungen zur Revision des Schrankenkatalogs der Richtlinie 2001/29/EG, GRUR-Int 2015, 648; *ders.,* Der Schrankenkatalog: Adäquate Zugangsregeln für die Wissensgesellschaft?, ZUM 2019, 384; *Findeisen,* Die Auslegung urheberrechtlicher Schrankenbestimmungen, 2005; *Flechsig,* Entstehung und Abtretung gesetzlicher Vergütungsansprüche - Zugleich ein Beitrag zur Frage einer Verlegerbeteiligung, GRUR 2016, 1103; *ders.,* Gerechter Ausgleich für Verleger nach Art. 12 CDSM-RL-E, MMR 2016, 797; *Förster,* Fair Use – Ein Systemvergleich der Schrankengeneralklausel des US-amerikanischen Copyright Act mit dem Schrankenkatalog des deutschen Urheberrechtsgesetzes, 2008; *Geiger,* Die Schranken des Urheberrechts im Lichte der Grundrechte, in: Hilty/Peukert (Hrsg.), Interessenausgleich im Urheberrecht, 2004, S. 143; *ders.,* Der urheberrechtliche Interessenausgleich in der Informationsgesellschaft – zur Rechtsnatur der Beschränkungen des Urheberrechts, GRUR-Int 2004, 815; *ders.,* Die Schranken des Urheberrechts als Instrumente der Innovationsförderung – Freie Gedanken zur Ausschließlichkeit im Urheberrecht, GRUR-Int 2008, 459; *Geiger/Schönherr,* Defining the Scope of Protection of Copyright in the EU: The Need to Reconsider the Acquis regarding Limitations and Exceptions, in: Synodinou (Hrsg.), Codification of European Copyright Law – Challenges and Perspectives, 2012, S. 133; *Gordon,* Fair Use as Market Failure: A Structural and Economic Analysis of the Betamax Case and its Predecessors, 82 Columbia Law Review (1982), 1600; *Gräbig,* Abdingbarkeit und vertragliche Beschränkungen urheberrechtlicher Schranken, 2011; *ders.,* Abdingbarkeit urheberrechtlicher Schranken, GRUR 2012, 331; *Grünberger,* Bedarf es einer Harmonisierung der Verwertungsrechte und Schranken?, ZUM 2015, 273; *ders.,* Vergütungsansprüche im Urheberrecht – Ein Beitrag zum Verhältnis von property rights und liability rules, ZGE 9 (2017), 188; *Grzeszick,* Geistiges Eigentum und Art. 14 GG, ZUM 2007, 344; *Guibault,* Copyright Limitations and Contracts, 2002; *dies.,* Why Cherry-Picking Never Leads to Harmonisation: The Case of the Limitations on Copyright under Directive 2001/29/EC, JIPITEC 1 (2010), 55; *Hansen,* Warum Urheberrecht? Die Berechtigung des Urheberrechts unter besonderer Berücksichtigung des Nutzerschutzes, 2009; *Hauck/Wandtke,* Urheberrecht versus Pressefreiheit, NJW 2017, 3422; *Hilty,* Verbotsrecht vs. Vergütungsanspruch: Suche nach den Konsequenzen der tripolaren Interessenlage im Urheberrecht, FS Schricker (2005), S. 325; *ders.,* Vergütungssystem und Schrankenregelungen, GRUR 2005, 819; *Hoeren,* Die Schranken des Urheberrechts in Deutschland, in: Hilty/Geiger (Hrsg.), Impulse für eine europäische Harmonisierung des Urheberrechts, 2007, S. 265; *Hoeren/Herring,* WikiLeaks und die Erstveröffentlichungsrecht des Urhebers – Informationsfreiheit als externe Schranke des Urheberrechts?, MMR 2011, 500; *F. Hofmann,* Wechselwirkungen zwischen subjektiven Rechten – Eine Analyse des Zusammenspiels von Sacheigentum, Vertragsrecht, Immaterialgüterrechten

---

[127] Berühmtes Beispiel: *Barnett Newmans* Broken Obelisk.

[128] Ebenso *Locher* S. 70.

[129] Weitere Beispiele häufig missbräuchlich als Original angebotener Werkstücke bei *Heinbuch* NJW 1984, 15 (18 f.).

[130] Einzelheiten bei Berger/Gallwitz/Leinz (Hrsg.), Posthume Güsse – Bilanz und Perspektiven, passim.

[131] Vgl. *Michl* S. 116 ff.

[132] Ausführlich dazu *Michl* S. 121 ff.

[133] Vgl. *Michl* S. 118 mwN.

und Persönlichkeitsrechten am Beispiel des Urheberrechts, UFITA 2014, 381; *Hohagen,* Die Freiheit der Vervielfältigung zum eigenen Gebrauch, 2004; *ders.,* Überlegungen zur Rechtsnatur der Kopierfreiheit, FS Schricker (2005), S. 353; *Janssens,* The Issue of Exceptions: Reshaping the Keys to the Gates in the Territory of Literary, Musical and Artistic Creation, in: Derclaye (ed.), Research Handbook on the Future of EU Copyright, 2009, S. 317; *Kleinemenke,* Fair use im deutschen und europäischen Urheberrecht?, 2013; *ders.,* Fair Use, Dreistufentest und Schrankenkatalog, ZGE 5 (2013), 103; *ders.,* Google Books und Fair Use – Lehren für eine flexiblere Ausgestaltung und Anwendung urheberrechtlicher Schrankenbestimmungen (auch) im deutschen und europäischen Recht, GRUR-Int 2014, 892; *Leinemann,* Die Sozialbindung des „Geistigen Eigentums", 1998; *Leistner,* The German Federal Supreme Court's Judgment on Google's Image Search – A Topical Example of the „Limitations" of the European Approach to Exceptions and Limitations, IIC 2011, 417; *ders.,* Urheberrecht in der digitalen Welt, JZ 2014, 846; *Melichar,* Die Wahrnehmung von Urheberrechten durch Verwertungsgesellschaften, 1983; *ders.,* Zur Sozialbindung des Urheberrechts, in Adrian/Nordemann/Wandtke (Hrsg.), Josef Kohler und der Schutz des geistigen Eigentums in Europa, 1996, S. 101; *Metzger,* Urheberrechtsschranken in der Wissensgesellschaft – „Fair use" oder enge Einzeltatbestände, in: Leistner (Hrsg.), Europäische Perspektiven des geistigen Eigentums, 2010, S. 101; *ders.,* Rechtsfortbildung im Richtlinienrecht – Zur judikativen Rechtsangleichung durch den EuGH im Urheberrecht, ZEuP 2017, 836; *Ohly,* Urheberrecht in der digitalen Welt – Brauchen wir neue Regelungen zum Urheberrecht und dessen Durchsetzung? (Gutachten F zum 70. Deutschen Juristentag), 2014; *ders.,* Hip-Hop und die Zukunft der „freien Benutzung" im EU-Urheberrecht, GRUR 2017, 964; *ders.,* Unmittelbare und mittelbare Verletzung des Rechts der öffentlichen Wiedergabe nach dem „Córdoba"-Urteil des BGH, GRUR 2018, 996; *Pahud,* Die Sozialbindung des Urheberrechts, Bern 2000; *Peifer,* Selbstbestimmung im privaten Netz – Privatkopie, Flatrate und Fair Use, ZUM 2014, 86; *ders.,* Parodie, „Mashup" Medienkritik: Das urheberrechtlich geschützte Werk als Gegenstand und Beiwerk der filmischen Auseinandersetzung, ZUM 2016, 805; *Peukert,* Die Gemeinfreiheit – Begriff, Funktion, Dogmatik, 2012; *ders.,* „Copydan/Nokia" und die Zukunft des gesetzlichen Vergütungsanspruchs für die digitale Privatkopie, GRUR 2015, 452; *Pflüger,* Gerechter Ausgleich und angemessene Vergütung, 2017; *Plate,* Die Verwertungsgesellschaftspflicht für urheberrechtliche Vergütungsansprüche und ausschließliche Verwertungsrechte, 2003; *Podszun,* Postmoderne Kreativität im Konflikt mit dem Urheberrechtsgesetz und die Annäherung an „fair use", ZUM 2016, 606; *Poeppel,* Die Neuordnung der Schranken im digitalen Umfeld, 2005; *Pötzlberger,* Pastiche 2.0: Remixing im Lichte des Unionsrechts, GRUR 2018, 675; *B. Raue,* Die Verdrängung deutscher durch europäische Grundrechte im gewerblichen Rechtsschutz und Urheberrecht, GRUR-Int 2012, 402; *P. Raue,* Zum Dogma von der restriktiven Auslegung der Schranken des Urheberrechtsgesetzes, FS Nordemann (2004), S. 327; *Rehse,* Zulässigkeit und Grenzen ungeschriebener Schranken des Urheberrechts, 2008; *Reschke,* Die verfassungs- und dreistufentestkonforme Auslegung der Schranken des Urheberrechts – zugleich eine Überprüfung von § 52b UrhG, 2010; *Ricketson,* WIPO Study on Limitations and Exceptions of Copyright and Related Rights in the Digital Environment, 2003; *Rosati,* Copyright in the EU: in search of (in)flexibilities, GRUR-Int 2014, 419; *Rossbach,* Die Vergütungsansprüche im deutschen Urheberrecht, 1990; *Schack,* Urheberrechtliche Schranken, übergesetzlicher Notstand und verfassungskonforme Auslegung, FS Schricker (2005), S. 511; *ders.,* Zur Rechtfertigung des Urheberrechts als Ausschließlichkeitsrecht, FS Wadle (2008), S. 1005; *ders.,* Urheberrechtliche Schranken für Bildung und Wissenschaft, ZUM 2016, 266; *G. Schulze,* Vergütungssystem und Schrankenregelungen, GRUR 2005, 828; *ders.,* Werke und Muster an öffentlichen Plätzen – Gelten urheberrechtliche Schranken auch im Geschmacksmusterrecht?, FS Ullmann (2006), S. 93; *ders.,* Die Schranken des Urheberrechts – Einzelfallgesetzgebung oder System?, in Riesenhuber (Hrsg.), Systembildung im internationalen Urheberrecht, 2007, 181; *ders.,* Werkgenuss und Werknutzung in Zeiten des Internets, NJW 2014, 721; *ders.,* Gedanken zur freien Benutzung und zu einer allgemeinen Grundrechtsschranke am Beispiel Metall auf Metall, FS Walter (2018), S. 504; *Seith,* Wie kommt der Urheber zu seinem Recht?, 2003; *Senftleben,* Copyright, Limitations and the Three-Step-Test, 2004; *ders.,* Grundprobleme des urheberrechtlichen Dreistufentests, GRUR-Int 2004, 200; *ders.,* The International Three-Step-Test – A Model Provision for EC Fair Use Legislation, JIPITEC 1 (2010), 67; *Spindler,* Rechtliche und ökonomische Machbarkeit einer Kulturflatrate (Rechtsgutachten), 2013; *ders.,* Die Reform des Urheberrechts, NJW 2014, 2550; *Stieper,* Rechtfertigung, Rechtsnatur und Disponibilität der Schranken des Urheberrechts, 2009; *ders.,* Das Anti-Counterfeiting Trade Agreement (ACTA) – Wo bleibt der Interessenausgleich im Urheberrecht?, GRUR-Int 2011, 124; *ders.,* Harmonisierung der Urheberrechtsschranken durch den EuGH?, ZGE 4 (2012), 443; *ders.,* Neuordnung der urheberrechtlichen Geräteabgabe durch den EuGH, EuZW 2013, 699; *ders.,* „Digitalisierung" des Urheberrechts im Wege verfassungskonformer Auslegung, GRUR 2014, 1060; *ders.,* Fan Fiction als moderne Form der Pastiche, AfP 2015, 301; *ders.,* Grenzüberschreitender Zugang zu digitalen Inhalten- oder Reform des europäischen Urheberrechts?, GRUR 2015, 1145; *ders.,* Reformistischer Aufbruch nach Luxemburg, GRUR 2017, 1209; *ders.,* Ein angemessener Interessenausgleich im Verhältnis von Kreativen zu Rechteinhabern und Verwertungsgesellschaften?, ZUM 2019, 393; *Stöhr,* Gesetzliche Vergütungsansprüche im Urheberrecht, 2008; *Sucker,* Der digitale Werkgenuss im Urheberrecht, 2014; *v. Ungern-Sternberg,* Die Bindungswirkung des Unionsrechts und die urheberrechtlichen Verwertungsrechte, FS Bornkamm (2014), S. 1007; *Vitols,* Der Zwangslizenzeinwand gegen Unterlassungsansprüche des Immaterialgüterrechts, 2013; *Wand,* Technische Schutzmaßnahmen und Urheberrecht, 2001; *Wandtke,* Schrankenlose Bildung und Wissenschaft im Lichte des Urheberrechts, GRUR 2015, 221; *Wandtke/König,* Reform der urheberrechtlichen Schrankenbestimmungen zugunsten von Bildung und Wissenschaft, ZUM 2014, 921; *Zech,* Vertragliche Disposition über Schranken des geistigen Eigentums, in Leible/Ohly/Zech (Hrsg.), Wissen – Märkte – Geistiges Eigentum, 2010, S. 187; *Zurth,* Rechtsgeschäftliche und gesetzliche Nutzungsrechte im Urheberrecht, 2016.

Übersicht

A. Die Schranken des Urheberrechts

I. Die Sozialbindung des geistigen Eigentums

1   Bei jeder rechtlichen Freiheitsregelung stellt sich die Aufgabe, die Freiheit des einen gegen die Freiheit des anderen abzugrenzen. Parallel zur Anerkennung des Urheberrechts als „geistiges Eigentum" entwickelte sich daher die Erkenntnis, dass dieses Eigentum wie jedes subjektive Recht im Interesse der Allgemeinheit einer Sozialbindung unterliegt und durch die Rechte anderer beschränkt ist.[1] Danach muss sich auch der Urheber im Interesse der Allgemeinheit gewisse Einschränkungen seines ausschließlichen Herrschaftsrechts über das von ihm geschaffene Werk gefallen lassen. Diese Beschränkungen des Urheberrechts entsprechen der sozialen Aufgabe der Rechtsordnung und stellen einen **immanenten Bestandteil des subjektiven Rechts** dar, unabhängig davon, welcher rechtsethischen Begründung des Urheberrechts man folgt.[2] Das Urheberrecht unterliegt daher keineswegs einer gegenüber anderen subjektiven Rechten „gesteigerten" Sozialbindung.[3] Vielmehr besteht für das Urheberrecht nur insoweit eine „besondere" Sozialbindung, als es gerade um Schranken geht, die durch die Erfordernisse des geistigen und kulturellen Lebens bedingt sind.[4] Es greift jedoch zu kurz, die Sozialbindung des Urheberrechts auf einen bipolaren Ausgleich von Interessen des Urhebers und Interessen der „Allgemeinheit" im Sinne solcher Gemeinwohlbelange zu reduzieren, die im gesamtgesellschaftlichen Interesse liegen. An dem Interessenkonflikt, den die Schranken des Urheberrechts ausgleichen sollen, sind vielmehr auch die Interessen der **Werkverwerter**[5] und der einzelnen **Nutzer** beteiligt.[6]

---

[1] *Melichar* in Adrian/Nordemann/Wandtke, Josef Kohler und der Schutz des geistigen Eigentums in Europa (1996), S. 101 ff.; *Pahud* UFITA 2000/I, 99 (117).

[2] *Stieper* S. 13 ff., 41; ähnlich *Metzger* in Leistner, Europäische Perspektiven des geistigen Eigentums (2010), S. 101, 107 f.

[3] So aber BVerfGE 79, 29 (43) = GRUR 1989, 193 (196) – Vollzugsanstalten; → Rn. 17.

[4] *Ulmer* § 1 IV (S. 6) und § 16 IV 3 (S. 109); *Pahud* UFITA 2000/I, 99 (117).

[5] BVerfGE 31, 255 (265 f.) = GRUR 1972, 488 (490) – Tonbandvervielfältigungen; *Ohly* S. F 20 f.

[6] BGHZ 154, 260 (265) = GRUR 2003, 956 (957) – Gies-Adler; *Stieper* S. 27; *Stieper* GRUR-Int 2011, 124 (125 f.); *Wandtke* GRUR 2015, 221 (222); vgl. auch *Hubmann* ZUM 1988, 4 (10): Privatrechte „können und müssen … auch im Interesse einzelner Mitmenschen begrenzt werden".

1. Geschichtliche Entwicklung

Bereits *Josef Kohler* hatte erkannt, dass alle Privatrechte eine Seite haben, „wo sie die Allgemeinheit **2** berühren; und so insbesondere die Immaterialrechte".[7] Angesichts dieser „eminent sozialen Natur" der Immaterialgüter dürfe die Rechtsordnung daher nicht jede Benutzung des jeweiligen Immaterialgutes dem Berechtigten vorbehalten, sondern müsse das Ausschließlichkeitsrecht auf bestimmte Benutzungen beschränken.[8] Während das erste Reichsgesetz zum Schutz des Urheberrechts[9] lediglich vier Ausnahmen vom grundsätzlichen Verbot des Nachdrucks kannte (ua für Zitate und amtliche Werke), stellten bereits das **LUG** von 1901 und das **KUG** von 1907 den ausschließlichen Befugnissen des Urhebers in zahlreichen Einzelbestimmungen zulässige Werknutzungen gegenüber.[10] Diese Vorschriften wurden als „erlaubte Ausnahmen" angesehen, „welche die Regel des ausschließlichen Urheberrechts durchbrechen".[11] Später zog das Reichsgericht ausdrücklich den Gedanken der „sozial gebundenen Befugnis" für das Urheberrecht heran.[12] Forderungen nach einem Vorrang von Gemeinwohlbelangen vor dem individuellen Schutzinteresse des Urhebers, die unter Berufung auf den von der nationalsozialistischen Ideologie geprägten Grundsatz „Gemeinnutz geht vor Eigennutz" erhoben wurden, gab das Gericht jedoch nicht nach.[13] Auch das gesetzgeberische Vorhaben, den Befugnissen des Urhebers die der Allgemeinheit „wie etwas Gleichgeordnetes" gegenüberzustellen und dies durch entsprechende Gliederung des Gesetzes auch äußerlich kundzutun, wurde nicht realisiert. Als nach dem Zweiten Weltkrieg die Bestrebungen dahingingen, auf der Grundlage eines naturrechtlich geprägten Begriffs des „geistigen Eigentums" die Position des Urhebers zu stärken,[14] wurden zur Rechtfertigung inhaltlicher Beschränkungen des Urheberrechts vor allem zwei Aspekte hervorgehoben, die den **spezifischen sozialen Bezug des Urheberrechts** ausmachen:[15] Zum einen schöpfe der Urheber immer auch aus dem Bestand der schöpferischen Leistungen seiner Vorgänger, andererseits sei er auf die Rezeption seines Werkes durch seine Zeitgenossen angewiesen, so dass das Urheberrecht letztlich nicht dazu bestimmt sei, andere von der Benutzung des Werkes auszuschließen.

2. Sozialbindung im UrhG von 1965

Im UrhG von 1965 hat der Gesetzgeber den Schranken im 6. Abschnitt ebenfalls die Lehre von der **3** **sozialen Bindung** des Urheberrechts zugrunde gelegt.[16] Die Berechtigung bestimmter Einschränkungen des Urheberrechts ergebe sich insbesondere aus der Tatsache, dass der Urheber seine schöpferische Tätigkeit nicht losgelöst von seiner Umwelt, sondern eingebunden in seinen Kulturkreis und auf der Grundlage des Kulturschaffens vorangegangener Generationen entfalte.[17] Auf der anderen Seite sei das Geisteswerk „seinem Wesen nach Mitteilungsgut" und sein Schutz durch das Urheberrecht daher nicht dazu bestimmt, andere von der Benutzung des Werkes auszuschließen.[18] Mit dem erklärten Ziel einer Verbesserung der Rechtsstellung des Urhebers hat der Gesetzgeber dementsprechend versucht, eine „**sachgemäße Abgrenzung** der Rechte des Urhebers gegenüber den berechtigten Interessen der Allgemeinheit (zB an dem ungehinderten Zugang zu den Kulturgütern, an der Freiheit des geistigen Schaffens und an der freien Berichterstattung über Tagesereignisse)" zu treffen.[19] Insbesondere wurden 1965 einige im alten Recht enthaltene exzessive Einschränkungen des Urheberrechts beseitigt; dies gilt insbesondere für die allzu großzügigen Regelungen der Vervielfältigungen zum persönlichen Gebrauch und der öffentlichen Musikaufführungen.[20] Andererseits führten die „vielfachen neuen Wiedergabemöglichkeiten, die für die Geisteswerke in letzter Zeit durch die moderne Technik entwickelt worden" waren, zu zahlreichen neuen Berührungspunkten und Überschneidungen zwischen den Urheberinteressen den „schutzwürdigen Belangen der Allgemeinheit".[21]

Neben Einschränkungen zugunsten der **wirtschaftlichen Interessen** einzelner Werknutzer hat **4** der Gesetzgeber 1965 ausdrücklich auch solche Einschränkungen des Urheberrechts abgelehnt, die

---

[7] *Kohler,* Das Autorrecht (1880), S. 243.

[8] *Kohler,* Das Autorrecht (1880), S. 40 f.; *Kohler,* Das Immaterialgüterrecht und seine Gegner, UFITA 123 (1993), 81 (87).

[9] Gesetz betreffend das Urheberrecht an Schriftwerken, Abbildungen, musikalischen Kompositionen und dramatischen Werken v. 11.6.1870, BGBl. des Norddeutschen Bundes 1870 Seite 339.

[10] §§ 16–27 LUG; §§ 18–20 KUG; vgl. hierzu *Leinemann* S. 41 ff.

[11] RGZ 128, 102 (104) – Schlagerliederbuch; vgl. auch KG GRUR 1937, 319 (321).

[12] RGZ 140, 264 (270); 144, 106 (112) – Wilhelm-Busch-Album; RGZ 153, 1 (22) – Rundfunksendung von Schallplatten; vgl. bereits RGZ 112, 173 (184).

[13] RGZ 144, 106 (112 f.) – Wilhelm-Busch-Album; RGZ 153, 1 (22) – Rundfunksendung von Schallplatten; vgl. auch RGZ 155, 33 (35 f.) – Schulliederbuch; ausführlich hierzu *Hefti,* Das Urheberrecht im Nationalsozialismus, in: *Dittrich* (Hrsg.), Woher kommt das Urheberrecht, wohin geht es? (1988), S. 165, 175 f.

[14] So deutlich BGHZ 17, 266 (278) = GRUR 1955, 492 (496) – Grundig-Reporter.

[15] Ausführlich *Stieper* S. 21 ff. mwN.

[16] AmtlBegr. BT-Drs. IV/270, 30; ebenso zur Novelle 1985 BT-Drs. 10/837, 9; zur Entstehungsgeschichte des UrhG von 1965 s. *Leinemann* S. 45 ff.

[17] AmtlBegr. BT-Drs. IV/270, 63.

[18] AmtlBegr. BT-Drs. IV/270, 28, 33, 63.

[19] AmtlBegr. BT-Drs. IV/270, 30.

[20] §§ 15 Abs. 2, 22a, 27 LUG, § 18 KUG.

[21] AmtlBegr. BT-Drs. IV/270, 30.

der Allgemeinheit lediglich Aufgaben erleichtern würden, „die keine engere Beziehung zum Werkschaffen des Urhebers haben, wie etwa **Sozialvorsorge, Jugendpflege und Wohltätigkeit**".[22] Problematisch in dieser Hinsicht ist vor allem die – zudem vergütungsfreie – Freistellung für Veranstaltungen der Jugendhilfe, der Sozialhilfe, der Alten- und Wohlfahrtspflege, der Gefangenenbetreuung sowie für Schulveranstaltungen in § 52 Abs. 1 S. 3. Allein das fiskalische Interesse des Staates kann den schwerwiegenden Eingriff in die Verwertungsrechte des Urhebers nicht rechtfertigen.[23] Im Hinblick auf freiwillige Maßnahmen der Rechteinhaber unterließ der Gesetzgeber 1965 dagegen die Einführung einer Schrankenregelung für Blindenhörbüchereien.[24] Eine entsprechende Schranke wurde erst 2003 in Umsetzung der InfoSoc-RL in § 45a eingeführt und wird nun auch von Art. 4 des WIPO-Blindenvertrages gefordert.[25]

5   Das UrhG kennt keine allgemeine Schranke für den privaten Werkgenuss. Der rezeptive Genuss des Werkes durch **Lesen, Hören oder Ansehen** sollte dem Recht des Urhebers nach dem Willen des Gesetzgebers von vornherein nicht unterworfen werden, die Verwertungsrechte wurden dementsprechend auf die Nutzung des Werkes durch „aktiven Gebrauch" beschränkt.[26] Bei elektronischen Datenbanken, Computerprogrammen und anderen Werken in digitaler Form erfordert jedoch häufig bereits der Werkgenuss eine zustimmungsbedürftige Verwertungshandlung, insbesondere eine Vervielfältigung. Damit dieser Umstand nicht dazu führt, dass der Urheber über sein Vervielfältigungsrecht die Verwendung rechtmäßig verbreiteter Werkexemplare verhindern kann, sichern die unionsrechtlich vorgegebenen Schranken in §§ 44a, 55a und 69d im **digitalen Umfeld** die „normale Benutzung" urheberrechtlich geschützter Werke.[27] Diese Schranken haben ihre Grundlage daher weniger in der Sozialbindung des Urhebers als vielmehr in dem Bestreben des Gesetzgebers, die Ausschließlichkeitsrechte des Urhebers im „Stufensystem zur mittelbaren Erfassung des Endverbrauchers" nicht ausufern zu lassen.[28] Denn insbesondere dort, wo die Wahrnehmung und Zugänglichmachung von Werken massenhaft und schwer kontrollierbar stattfindet, gehen Verbotsrechte des Urhebers ins Leere. Mit zunehmenden Nutzungsmöglichkeiten vor allem im Internet werden die entsprechenden Schranken daher in Zukunft noch ausgeweitet werden müssen.[29]

3. Grenzen der Sozialbindung

6   Wegen des urheberrechtlichen Beteiligungsgrundsatzes muss aber vermieden werden, dass eine an sich im Allgemeininteresse gebotene Einschränkung mittelbar zu einer nicht gerechtfertigten Förderung wirtschaftlicher Einzelinteressen führt.[30] Den Urhebern darf **kein Sonderopfer** auferlegt werden, das den übrigen Teilnehmern am Wirtschaftsverkehr hinsichtlich ihres privaten Waren- und Dienstleistungsangebotes nicht abverlangt wird.[31] Auch im Internet gibt es kein Recht auf einen möglichst kostengünstigen oder gar kostenlosen Zugang zu urheberrechtlich geschützten Informationen.[32] In solchen Konfliktlagen ist der Gesetzgeber daher darauf beschränkt, den Verbotscharakter der betreffenden urheberrechtlichen Befugnis einzugrenzen, dem Urheber jedoch einen Anspruch auf **angemessene Vergütung** für die Benutzung seines Werkes zu belassen. Die Gewährung eines gesetzlichen Vergütungsanspruchs kann den wirtschaftlichen Interessen der Urheber uU sogar eher entsprechen als von Primärnutzern verwaltete Exklusivrechte. Dies gilt vor allem dort, wo – wie in der Regel – die gesetzlichen Vergütungsansprüche verwertungsgesellschaftenpflichtig sind. Dieser Gesichtspunkt ist insbesondere bei der Auslegung der gesetzlichen Schranken zu beachten.[33] Durch die Eröffnung eines Wettbewerbs zwischen den Anbietern informationeller Mehrwertdienste kann die Beschränkung des Verbotsrechts zudem der **Innovationsförderung** dienen.[34] Auf der anderen Seite war der Gesetzgeber bereits mehrfach allzu schnell bereit, dem Ruf nach Einschränkung der Urheberrechte nachzugeben, und hat gesetzliche Lizenzen anstelle des Verbotsrechts eingeführt, obwohl es den privilegierten Nutzern durchaus zumutbar gewesen wäre, Lizenzen auf vertraglichem Weg zu erwerben, oder sogar bereits ein funktionierendes System von Lizenzverträgen zwischen Rechtsinhabern und Nutzern bestand. Paradebeispiel hierfür war in jüngerer Zeit die Schranke zugunsten der Online-Nutzung in Unterricht und Forschung in § 52a (jetzt § 60a Abs. 1).

---

[22] AmtlBegr. BT-Drs. IV/270, 63.
[23] *Schack* UrheberR Rn. 94 und 575; *Schack* FS Wadle, 2008, 1005 (1017); *Poeppel* S. 263 mit Fn. 284; *Reschke* S. 65; → Rn. 17.
[24] AmtlBegr. BT-Drs. IV/270, 74.
[25] Marrakesh Treaty to Improve Access to Published Works for Persons who are Blind, Visually Impaired, or otherwise Print Disabled vom 27.6.2013; → Rn. 20; dazu auch → § 45a Rn. 2.
[26] AmtlBegr. BT-Drs. IV/270, 28; vgl. dazu → § 15 Rn. 188.
[27] Vgl. *Stieper* S. 8 f.; *Sucker* S. 140; zur Betrachtung von Internetseiten als „normale Verwertung" EuGH GRUR 2014, 654 Rn. 61 – PRCA/NLA.
[28] Hierzu BVerfGE 31, 255 (267) = GRUR 1972, 488 (491) – Tonbandvervielfältigung.
[29] So auch *Schulze* NJW 2014, 721 (725). Zur Einführung einer Schrankengeneralklausel → Rn. 60.
[30] So ausdrücklich die AmtlBegr. BT-Drs. IV/270, 63.
[31] Dreier/Schulze/*Schulze* Vor § 44a Rn. 10.
[32] AmtlBegr. zum „Zweiten Korb", BT-Drs. 16/1828, 20; *Schack* UrheberR Rn. 99 f.
[33] → Rn. 38; für eine Berücksichtigung de lege ferenda *Hilty* FS Schricker, 2005, 325 (336 f., 340).
[34] Dreier/Schulze/*Schulze* Vor § 44a Rn. 4; *Geiger* GRUR-Int 2008, 459 (465). Besonders deutlich tritt die wettbewerbspolitische Zielsetzung bei § 69e zutage.

Gesetzliche Beschränkungen zugunsten der Allgemeinheit müssen sich schon wegen des Dreistu- **7**
fentests[35] auf Fälle beschränken, in denen die normale Verwertung des Werkes nicht unverhältnismäßig beeinträchtigt wird. Im Regelfall wird die Verwertung durch die Gewährung eines ausschließlichen Verwertungsrechts und die Einräumung individueller Nutzungsrechte zu einer effizienteren
Ressourcenallokation führen als eine gesetzliche Schranke. Nur wo das nicht der Fall ist, ist daher eine
gesetzliche Beschränkung des Urheberrechts zulässig und geboten. Aus Sicht der ökonomischen Analyse des Rechts kann man die Schranken des Urheberrechts daher als **Reaktion auf ein Marktversagen** betrachten.[36] Einige Autoren bestreiten deshalb die fortbestehende Rechtfertigung gesetzlicher
Beschränkungen im digitalen Umfeld, weil die Rechtsinhaber durch den Vertrieb von Werken über
das Internet und den Einsatz von **Digital-Rights-Management-Systemen** (DRM) in der Lage
seien, jedem Nutzer nahezu transaktionskostenfrei individuelle Nutzungsrechte einzuräumen, und so
das im analogen Umfeld bestehende Marktversagen selbst beheben könnten.[37] Dem liegt jedoch ein
verkürzter Begriff des Marktversagens zugrunde, das vor allem auch durch externe, von den Beteiligten einer individuellen Lizenzvereinbarung nicht internalisierbare Wohlfahrtsgewinne beeinflusst sein
kann.[38] Die ökonomische Analyse des Urheberrechts ist daher kaum in der Lage, die optimale Ausgestaltung der Urheberrechtsschranken zutreffend zu „berechnen".[39]

II. Arten von Einschränkungen

Zu den „Schranken" des Urheberrechts zählen prinzipiell sämtliche Beschränkungen des Schutz- **8**
umfangs des Urheberrechts, also neben inhaltlichen, zeitlichen (§§ 64 ff.) und fremdenrechtlichen
Beschränkungen (§§ 120 ff.) auch der vollständige Ausschluss eines Urheberrechtsschutzes für amtliche Werke in § 5 Abs. 1 und 2. Im engeren Sinne bezeichnet der Begriff der Schranken, wie ihn das
Gesetz als Überschrift zum 6. Abschnitt verwendet, die **inhaltlichen Beschränkungen** des Urheberrechts im Hinblick auf bestimmte Werknutzungen. Gesetzestechnisch stehen dem Gesetzgeber dabei
folgende Möglichkeiten der Beschränkung mit unterschiedlicher Intensität zur Verfügung:

1. Freistellung der Nutzung

Der schwerste Eingriff ist die ersatzlose Aufhebung des ausschließlichen Verwertungsrechts. In die- **9**
sen Fällen darf das Werk zustimmungs- und vergütungsfrei genutzt werden, weshalb man hier früher
von „freien Werknutzungen" sprach.[40] Die Bezeichnung als „Gratislizenz"[41] ist dagegen irreführend,
da dem privilegierten Nutzer anders als bei einer Lizenz **keine positive Nutzungsbefugnis** eingeräumt wird.[42] Schrankenregelungen begrenzen vielmehr negativ den Schutzinhalt der dem Urheber
durch §§ 15 ff. gewährten Ausschließlichkeitsrechte. *Peukert* spricht daher treffend von „spezifischer
Gemeinfreiheit".[43] Die ersatzlose Freistellung der Werknutzung findet sich in §§ 44a, 45, 47, 48, 50,
51, teilweise auch in §§ 45a, 52 u. 53, 55, 56, 57, 58, 59 und 60.

2. Gesetzliche Lizenz

Neben der ersatzlosen Freistellung einer Nutzung ist die gesetzliche Lizenz der häufigste Fall der **10**
Einschränkung des Urheberrechts. Bei der gesetzlichen Lizenz ist die Nutzung des Werkes zwar ebenfalls ohne die Einwilligung des Berechtigten zulässig, diesem ist hierfür jedoch eine **Vergütung** zu
bezahlen.[44] Auch wenn der Begriff der gesetzlichen Lizenz dies nahe legt, wird dem von der Schranke
Begünstigten dabei kein mit einer vertraglichen Lizenz vergleichbares Nutzungsrecht eingeräumt.[45]
Solche „gesetzlichen Nutzungsrechte" sahen zwar §§ 64, 65 des RegE zum UrhG von 1965 in einem
eigenen Siebenten Abschnitt zugunsten von Tonträgerherstellern und Sendeunternehmen vor.[46] Während § 64 RegE aber durch die zunächst in § 61 aF und nunmehr in § 42a enthaltene Zwangslizenz
ersetzt wurde, wurde § 65 RegE auf Empfehlung des Rechtsausschusses gestrichen.[47] Das UrhG enthält keine vergleichbaren Regelungen mehr. Wie bei der vollständigen Freistellung einer Nutzung ist

---

[35] → Rn. 20, 31.
[36] *Gordon*, 82 Col. L. Rev. 1627 ff. (1982); *Stieper* S. 82 ff.; *Metzger* in Leistner, Europäische Perspektiven des Geistigen Eigentums (2010), S. 101, 103 f.; *Sucker* S. 106 f.
[37] So zur Regelung des „fair use" in § 107 des US-Copright Act *Bell* 76 N. Carolina L. Rev. 583 (1998); zu § 53
UrhG *Wand* S. 59, 178 f.; vgl. auch Dreier/Schulze/*Schulze* Vor § 44a Rn. 4.
[38] Ausführl. *Stieper* S. 82 ff., 94 f.
[39] *Metzger* in Leistner, Europäische Perspektiven des Geistigen Eigentums (2010), S. 101, 104; *Hansen* S. 245 f.;
Poeppel S. 158 f.
[40] *Runge* S. 150 zum E 1932; so lautete auch die Überschrift zum 5. Abschnitt – §§ 21–31 – des URG-DDR.
[41] So noch Schricker/Loewenheim/*Melichar* (4. Aufl.) Vor §§ 44a ff. Rn. 6.
[42] Dies betonen auch Walter/*v. Lewinski*/*Walter* Rn. 11.5.11.
[43] *Peukert* S. 33 f.
[44] Ausführlich zum Vergütungsanspruch → Rn. 44 ff.
[45] So aber noch *Runge* S. 150 zu den gesetzlichen Lizenzen im E 1932; ebenso wohl *Hilty* FS Schricker, 2005,
325 (333).
[46] S. dazu AmtlBegr. BT-Drs. IV/270, 32.
[47] BT-Drs. IV/3401, 24 f.

vielmehr auch bei den im UrhG vorgesehenen gesetzlichen Lizenzen das jeweilige Verwertungsrecht des Urhebers im Hinblick auf die mit dem Vergütungsanspruch „belastete" Nutzungshandlung **von vornherein inhaltlich begrenzt.**[48] Systematisch ist es daher verfehlt, die gesetzliche Lizenz wie die Zwangslizenz[49] als Ausdruck des Ausschließlichkeitsrechts aufzufassen, das lediglich von einer property rule zu einer liability rule herabgesetzt sei.[50] Letzteres trifft insbesondere für diejenigen gesetzlichen Lizenzen nicht zu, bei denen Vergütungsschuldner wie im Fall der Geräte- und Leermedienabgabe nicht der privilegierte Nutzer selbst ist. Auch im Übrigen begründet die Nichterfüllung der Vergütungspflicht aber **keine Urheberrechtsverletzung.**[51] In Bezug auf die urheberrechtliche Zulässigkeit der erlaubnisfreien Nutzung besteht daher kein Unterschied zwischen vollständiger Freistellung und gesetzlicher Lizenz.[52] Gesetzliche Lizenzen finden sich in §§ 45a, 46, 47, 49, 61b sowie teilweise in § 52 und in § 53 iVm §§ 54 ff. sowie §§ 60a–60f iVm § 60h Abs. 1.

3. Zwangslizenz

11 Demgegenüber lässt das Gesetz bei der Zwangslizenz das Verbotsrecht des Urhebers formal bestehen und verpflichtet den Urheber nur zum Abschluss eines entsprechenden Nutzungsvertrages. Die Zwangslizenz beschränkt also nicht selbst das ausschließliche Verwertungsrecht, sondern regelt nur dessen Ausübung[53] und ist daher systematisch **keine Ausnahme vom Ausschließlichkeitsrecht** iSd Schranken des 6. Abschnitts. Der Gesetzgeber hat die Zwangslizenz zugunsten von Tonträgerherstellern, die ursprünglich systemwidrig in § 61 aF geregelt war, dementsprechend 2003 mit Recht als § 42a den urhebervertragsrechtlichen Vorschriften zugeordnet.[54] Erstmals wurde eine Zwangslizenz im Urheberrecht mit der Novelle vom 22.5.1910 in §§ 22–22c LUG „zum Zwecke der mechanischen Wiedergabe" eingeführt.[55] Heute findet sich diese Form des Eingriffs in die Ausübung des ausschließlichen Verwertungsrechts außer in § 42a noch in § 87 Abs. 5[56] und § 5 Abs. 3 S. 2 und 3.

12 Wer ein Werk im Rahmen einer Zwangslizenz nutzen will, muss vom Berechtigten hierfür die (vorherige) Zustimmung einholen.[57] Jener ist allerdings im Rahmen eines gesetzlich festgelegten Kontrahierungszwanges verpflichtet, die hierfür benötigten Nutzungsrechte zu angemessenen Bedingungen einzuräumen. Die Zwangslizenz schränkt die Vertragsfreiheit also im Hinblick auf die **Abschlussfreiheit** ein. Die Freiheit der inhaltlichen Gestaltung des Vertrages bleibt demgegenüber in gewissem Rahmen erhalten, soweit die Bedingungen nicht unangemessen sind. Ist der Nutzungsberechtigte nicht oder nur zu nicht angemessenen Bedingungen bereit, im Rahmen einer Zwangslizenz einen Vertrag abzuschließen, so kann er auf Abschluss eines solchen Vertrages verklagt werden; ein entsprechendes Urteil ersetzt seine Einwilligung (§ 894 ZPO). Ohne Einwilligung des Urheberberechtigten (bzw. ohne entsprechendes Urteil) darf – auch bei ungerechtfertigter Verweigerung – das Werk im Rahmen einer Zwangslizenz nicht genutzt werden.[58] Wird es ohne Erlaubnis genutzt, so stellt dies eine Urheberrechtsverletzung mit allen Folgen aus §§ 96 ff. dar, auch wenn später ein entsprechender Vertrag geschlossen oder durch ein Urteil ersetzt wird.[59]

4. Verwertungsgesellschaftenpflichtigkeit

13 Eine vierte Variante, das ausschließliche Verwertungsrecht des Urhebers einzuschränken, ist die Verwertungsgesellschaftenpflichtigkeit. Zunächst sah das UrhG die Verwertungsgesellschaftenpflichtigkeit nur für bloße Vergütungsansprüche,[60] insbesondere solche aus gesetzlicher Lizenz[61] vor. Die **Verwertungsgesellschaftenpflichtigkeit eines Ausschließlichkeitsrechts** wurde erstmals durch die Satelliten- und Kabel-RL vorgegeben. Dort ist in Art. 8 das sog. Kabelweiterverbreitungsrecht zwar als ausschließliches Nutzungsrecht ausgestaltet, nach Art. 9 Abs. 1 kann dieses Recht jedoch nur durch Verwertungsgesellschaften geltend gemacht werden. Diese den nationalen Gesetzgeber bindende Vorgabe wurde mit dem 4. UrhGÄndG in § 20b Abs. 1 umgesetzt. Die Verwertungsgesellschaftenpflichtigkeit berührt das Ausschließlichkeitsrecht grundsätzlich nicht, dh die Verbotsmöglichkeit bleibt bestehen, kann aber nicht mehr individuell, sondern nur noch über eine Verwertungsgesellschaft ausgeübt werden. Formal handelt es sich im Fall von § 20b Abs. 1 daher nicht um eine Schran-

---

[48] *Hohagen* S. 499; *Rossbach* S. 80; *Stieper* S. 140; *Stöhr* S. 40.
[49] → Rn. 11.
[50] So *Peukert* S. 35 f.; vgl. auch → § 29 Rn. 22; ähnlich *Ulmer* § 62 II 1 (S. 293): „abgeschwächtes Verwertungsrecht"; wie hier den Unterschied zwischen Zwangslizenz und gesetzlicher Lizenz betont *Grünberger* ZGE 9 (2017), 188 (195).
[51] → Rn. 44.
[52] *Guibault* S. 102.
[53] *Rehbinder/Peukert* Rn. 480.
[54] Vgl. → § 42a Rn. 4.
[55] Vgl. hierzu *Runge* S. 203 ff.
[56] Dazu OLG Dresden GRUR 2003, 601 (603) – Kontrahierungszwang (zu § 87 Abs. 4 aF); *Vitols* S. 23.
[57] Vgl. zur Unterscheidung von der gesetzlichen Lizenz BGH GRUR 2002, 248 (252) – Spiegel CD-ROM.
[58] BGH GRUR 1998, 376 (378) – Coverversion; OLG Dresden GRUR 2003, 601 (603) – Kontrahierungszwang; dazu auch → § 42a Rn. 9.
[59] DKMH/*Dreyer* UrhG Vor §§ 44a ff. Rn. 36.
[60] § 26 Abs. 6 und § 27 Abs. 3.
[61] ZB § 45a Abs. 2 S. 2, § 45c Abs. 4 S. 2, § 49 Abs. 1 S. 3, § 54h Abs. 1, § 60h Abs. 4.

kenregelung,[62] sondern um eine Ausübungsbestimmung iSv Art. 11bis Abs. 2 RBÜ.[63] Der Abschluss-zwang, dem Verwertungsgesellschaften gemäß § 34 VGG unterliegen, rückt diese Konstruktion in ihrer Auswirkung allerdings in die Nähe der Zwangslizenz, da die Nutzung zwar nicht ohne Erlaubnis erfolgen, die Verwertungsgesellschaft jedoch die Genehmigung grundsätzlich nicht verweigern darf.[64]

III. Verfassungsrechtsrechtliche Grundlagen

Die verfassungsrechtliche Zulässigkeit von Schranken des Urheberrechts hat das Bundesverfassungs-   **14**
gericht wiederholt ausgelotet.[65] Die Verwertungsrechte des Urhebers sind im Hinblick auf ihre ver-mögenswerten Bestandteile als **geistiges Eigentum iSv Art. 14 Abs. 1 S. 1 GG** geschützt.[66] Glei-ches gilt für die Leistungsschutzrechte der ausübenden Künstler[67] und Tonträgerhersteller.[68] Diese Institutsgarantie des geistigen Eigentums gewährleistet einen Grundbestand von Normen, der gegeben sein muss, um das Recht als „Privateigentum" bezeichnen zu können.[69] Dem Urheber müssen danach die vermögenswerten Ergebnisse seiner schöpferischen Leistung im Wege privatrechtlicher Normie-rung grundsätzlich zugeordnet und dessen Freiheit gewährleistet werden, in eigener Verantwortung darüber verfügen zu können.[70] Der Verwertungsanspruch des Urhebers ist auch bei der Festlegung der Vergütung im Rahmen einer gesetzlichen Lizenz zu berücksichtigen.[71] Auf der anderen Seite müssen „sachgerechte Maßstäbe" festgelegt werden, die „eine der Natur und der sozialen Bedeutung des Rechts entsprechende Nutzung und angemessene Verwertung sicherstellen".[72] Dagegen hat das BVerfG die **Kunstfreiheit** gemäß Art. 5 Abs. 3 GG nicht als Argument gegen bestimmte Schranken-regelungen gelten lassen, solange nicht „die wirtschaftliche Auswertung des Werkes durch ein Gesetz derart beschränkt würde, dass die freie künstlerische Betätigung praktisch nicht mehr möglich wäre",[73] ein Fall, der in der Praxis kaum denkbar scheint.[74] Prüfungsmaßstab für gesetzliche Schran-ken der Befugnisse des Urhebers ist daher primär die Eigentumsgarantie. Dabei ist allerdings zu beach-ten, dass das nationale Verfassungsrecht seine Funktion als Kontrollmaßstab insoweit verliert, als das nationale Recht **durch das Unionsrecht determiniert** ist.[75]

1. Sozialpflichtigkeit des Eigentums

Das Bundesverfassungsgericht verneint unter Hinweis auf die Rechtsgeschichte einen vorgegebe-   **15**
nen und absoluten **Begriff des geistigen Eigentums,** der den Inhalt des Grundrechts bestimmen würde.[76] Vielmehr steht der Gesetzgeber „bei der Erfüllung des ihm in Art. 14 Abs. 1 S. 2 GG erteil-ten Auftrags, Inhalt und Schranken des geistigen Eigentums zu bestimmen, vor der Aufgabe, nicht nur die Individualbelange des Urhebers zu sichern, sondern auch den individuellen Berechtigungen und Befugnissen die im Interesse des Gemeinwohls erforderlichen Grenzen zu ziehen."[77] Bei der Ausge-staltung des Urheberrechtsschutzes ist also beiden Elementen des in Art. 14 Abs. 1 und 2 GG ange-legten dialektischen Verhältnisses zwischen Eigentumsschutz und sozialgerechter Eigentumsordnung gleichermaßen Rechnung zu tragen.[78] Der Gesetzgeber muss daher nicht jede nur denkbare Verwer-tungsmöglichkeit dem Urheber zuweisen, sondern den verfassungsrechtlich garantierten Anspruch auf angemessene Verwertung der schöpferischen Leistung und die schutzwürdigen Interessen der Allge-

---

[62] Anders insoweit *Pflüger* S. 60, der ein verwertungsgesellschaftenpflichtiges Ausschließlichkeitsrecht als Be-schränkung iSv Art. 5 InfoSoc-RL einordnet, wenn die Verwertungsgesellschaft einem Kontrahierungszwang un-terliegt.

[63] *Guibault* S. 26 f.; *Plate* S. 197 ff.; → § 20b Rn. 32.

[64] Vgl. Dreier/Schulze/*Schulze* Vor § 44a Rn. 11.

[65] Vgl. hierzu *Krüger-Nieland* FS Oppenhoff, 1985, 173 (177 ff.); *Krüger-Nieland* FS Simon, 1987, 695 (698 ff.); *Hubmann* ZUM 1988, 4 (7 ff.).

[66] BVerfGE 31, 229 (239) = GRUR 1972, 481 (483) – Kirchen- und Schulgebrauch; BVerfGE 49, 382 (392) = GRUR 1980, 44 (46) – Kirchenmusik; *Kirchhof* FS Zeidler, 1987, 1639 (1654).

[67] BVerfGE 81, 208 (219) = GRUR 1990, 438 (440) – Bob Dylan.

[68] BVerfGE 81, 12 (16) = GRUR 1990, 183 (184) – Vermietungsvorbehalt; BVerfG GRUR 2016, 690 Rn. 69 – Metall auf Metall.

[69] BVerfGE 31, 229 (241) = GRUR 1972, 481 (483) – Kirchen- und Schulgebrauch.

[70] BVerfGE 31, 229 (240 f.) = GRUR 1972, 481 (483) – Kirchen- und Schulgebrauch; BVerfGE 49, 382 (392) = GRUR 1980, 44 (46) – Kirchenmusik; BVerfGE 77, 263 (270 f.) – Zeitschriftenauslage; BVerfGE 79, 29 (40) = GRUR 1989, 193 (194) – Vollzugsanstalten.

[71] BVerfG (K) GRUR 2011, 223 Rn. 18 ff. – Drucker und Plotter.

[72] BVerfGE 31, 229 (241) = GRUR 1972, 481 (483) – Kirchen- und Schulgebrauch; BVerfGE 49, 382 (392) = GRUR 1980, 44 (46) – Kirchenmusik.

[73] BVerfGE 31, 229 (240) = GRUR 1972, 481 (483) – Kirchen- und Schulgebrauch; BVerfGE 49, 382 (392) = GRUR 1980, 44 (46) – Kirchenmusik; BVerfG (K) NJW 2002, 3458 (3460) – Chick Corea; kritisch dazu *Dahm* S. 151 ff., 179 f.; großzügiger jetzt BGH GRUR 2014, 974 Rn. 24 ff. – Porträtkunst.

[74] Vgl. aber *Badura* ZUM 1984, 552 (557 f.); *Badura* in Ohly/Klippel, Geistiges Eigentum und Gemeinfreiheit (2007), S. 45, 52 f.

[75] → Rn. 32, 32a.

[76] BVerfGE 31, 229 (240) = GRUR 1972, 481 (483) – Kirchen- und Schulgebrauch; s. auch *Badura* in Ohly/Klippel, Geistiges Eigentum und Gemeinfreiheit (2007), S. 45, 48 f.; *Hubmann* ZUM 1988, 4 (8).

[77] BVerfGE 49, 382 (394) = GRUR 1980, 44 (46) – Kirchenmusik.

[78] *Stieper* S. 70 f.; *Grzeszick* ZUM 2007, 344 (349); aA *Peukert* S. 66 ff.

meinheit in ein **ausgewogenes Verhältnis** bringen.[79] Wenn der Gesetzgeber in §§ 44a ff. dem Urheber einzelne ausschließliche Nutzungsrechte nicht gewährt, stellt dies daher keine Enteignung iSv Art. 14 Abs. 3 GG dar. Denn die eigentumsrechtliche Befugnis des Urhebers, die Nutzung des Werkes von seiner Zustimmung abhängig zu machen, steht ihm von vornherein nur in den vom Gesetzgeber gezogenen Grenzen zu.[80] Dabei ist es nur eine Frage der Gesetzestechnik, wenn im UrhG zunächst das Verwertungsrecht umfassend formuliert wird (§ 15 Abs. 1 und 2) und nachfolgend die Schranken dieses Rechts normiert werden.[81] Als Ausdruck der Sozialpflichtigkeit des geistigen Eigentums sind Inhalts- und Schrankenbestimmungen iSd Art. 14 Abs. 1 S. 2 GG aber stets am **Verhältnismäßigkeitsgrundsatz** zu messen.[82] Das Wohl der Allgemeinheit ist „nicht nur Grund, sondern auch Grenze" für die dem Urheber aufzuerlegenden Beschränkungen.[83] Dabei müssen die Gründe, die die Beschränkung des Urheberrechts rechtfertigen sollen, umso schwerwiegender sein, je stärker eine gesetzliche Vorschrift den grundrechtlich geschützten Bereich berührt.[84]

16   Vor diesem Hintergrund trennt das Bundesverfassungsgericht zwischen der Verfassungsmäßigkeit einer Beschränkung des Verbotsrechts und der Zulässigkeit auch der Vergütungsfreiheit der betreffenden Nutzung. Was die Möglichkeiten des Gesetzgebers zum **Ausschluss des Verbotsrechts** betrifft, verfährt das Bundesverfassungsgericht recht großzügig. So hat es in folgenden Fällen entschieden, dass ein ausreichend bedeutsames Interesse der Allgemeinheit die Aufhebung des ausschließlichen Nutzungsrechts rechtfertigt:
– § 46;[85]
– § 47 in der vor dem 1.7.1985 geltenden Fassung;[86]
– § 52 in der vor dem 1.7.1985 geltenden Fassung.[87]
Eine von Seiten der Tonträgerhersteller erhobene Verfassungsbeschwerde gegen § 53 Abs. 1 in der seit dem 1.1.2008 geltenden Fassung ist aus formellen Gründen nicht zur Entscheidung angenommen worden.[88]

17   Wenn dem Urheber als Ausgleich für die Aufhebung des Verbotsrechts auch **kein Vergütungsanspruch** gewährt werden soll, ist dagegen ein gesteigertes öffentliches Interesse notwendig.[89] Denn dem Interesse der Allgemeinheit am Zugang zum Werk wird durch den Ausschluss des Verbotsrechts bereits genüge getan. Aus der Sozialbindung lässt sich aber grundsätzlich nicht herleiten, dass der Urheber seine Leistung der Allgemeinheit unentgeltlich zur Verfügung stellen muss.[90] Ein solches **gesteigertes öffentliches Interesse,** das auch den Wegfall eines Vergütungsanspruchs rechtfertigen würde, hat das Bundesverfassungsgericht in folgenden Fällen verneint und daher eine Vergütungspflicht für verfassungsrechtlich geboten erklärt:
– § 46 in der vor dem 11.10.1971 geltenden Fassung;[91]
– § 52 Abs. 1 Nr. 2 in der vor dem 1.7.1985 geltenden Fassung.[92]
Für **Schulfunksendungen** iSv § 47 in der vor dem 1.7.1985 geltenden Fassung hat das Bundesverfassungsgericht die Notwendigkeit einer gesetzlichen Vergütungsregelung dagegen verneint, da dem Urheber bereits für die Verwertung seines Werkes durch Einräumung des Senderechts ein Honoraranspruch zustehe.[93] Auch die zum 1.7.1985 in Kraft getretene Neuregelung in § 52 Abs. 1 S. 3, wonach die Vergütungspflicht für **Veranstaltungen der Gefangenenbetreuung** entfällt, hält das Bundesverfassungsgericht für verfassungsgemäß.[94] Das hierfür notwendige „gesteigerte öffentliche Interesse" wird in den „Umständen, unter denen Gefangene leben müssen", gesehen, unter denen dem „Radio- und Fernsehkonsum ... die Aufgabe eines wichtigen Ersatzkommunikationsmittels mit besonderer Bedeutung für die psychische Gesundheit der Gefangenen" zukomme.[95] Außerdem müssten die Urheber den Wegfall der Vergütungspflicht in § 52 Abs. 1 S. 3 als „Solidaropfer" (sic!) hinnehmen, weil es jeweils nur um kleine Beträge gehe.[96] Diese Abkehr des Gerichts von seiner bisheri-

---

[79] BVerfGE 81, 208 (220 f.) = GRUR 1990, 438 (441) – Bob Dylan; *Grzeszick* ZUM 2007, 344 (350); ebenso für das Leistungsschutzrecht des Tonträgerherstellers BVerfG GRUR 2016, 690 Rn. 74, 87 – Metall auf Metall.
[80] BVerfGE 49, 382 (393) = GRUR 1980, 44 (46) – Kirchenmusik.
[81] So zum Recht der öffentlichen Wiedergabe BVerfGE 49, 382 (393) = GRUR 1980, 44 (46) – Kirchenmusik.
[82] BVerfGE 50, 290 (340) = NJW 1979, 699 (703); *Kreile* FS Lerche, 1993, 251 (260); *Söllner* FS Traub, 1994, 367 (372 f.); *Grzeszick* ZUM 2007, 344 (350) mwN.
[83] So für das Sacheigentum BVerfGE 50, 1 (29); 100, 226 (241); 102, 1 (17).
[84] BVerfGE 49, 382 (400) = GRUR 1980, 44 (48) – Kirchenmusik.
[85] BVerfGE 31, 229 (242 f.) = GRUR 1972, 481 (484) – Kirchen- und Schulgebrauch.
[86] BVerfGE 31, 270 (273) = GRUR 1972, 487 f. – Schulfunksendungen.
[87] BVerfGE 49, 382 (392 ff.) = GRUR 1980, 44 (46 f.) – Kirchenmusik.
[88] BVerfG (K) GRUR 2010, 56 – Digitale Privatkopien mAnm *Stieper* ZUM 2010, 46.
[89] BVerfG (K) GRUR 2012, 389 Rn. 9 – Kunstausstellung im Online-Archiv; *Badura* in Ohly/Klippel, Geistiges Eigentum und Gemeinfreiheit (2007), S. 45, 57.
[90] BVerfGE 31, 229 (244 f.) = GRUR 1972, 481 (484) – Kirchen- und Schulgebrauch; → Rn. 6.
[91] BVerfGE 31, 229 (243 ff.) = GRUR 1972, 481 (484) – Kirchen- und Schulgebrauch.
[92] BVerfGE 49, 382 (398 ff.) = GRUR 1980, 44 (47 f.) – Kirchenmusik.
[93] BVerfGE 31, 270 (274) = GRUR 1972, 487 f. – Schulfunksendungen.
[94] BVerfGE 79, 29 (38 ff.) = GRUR 1989, 193 (196 f.) – Vollzugsanstalten.
[95] BVerfGE 79, 29 (42) = GRUR 1989, 193 (196) – Vollzugsanstalten.
[96] BVerfGE 79, 29 (43) = GRUR 1989, 193 (197) – Vollzugsanstalten.

gen Rechtsprechung[97] erklärt sich wohl va daraus, dass die Gefangenenbetreuung Staatsaufgabe ist, der Wegfall urheberrechtlicher Vergütungspflicht also unmittelbar die öffentliche Hand finanziell entlastet. Das Urteil ist eine „bedauerliche Fehlentscheidung".[98]

2. Grundrechte der Nutzer

Bei der Ausgestaltung urheberrechtlicher Schranken hat der Gesetzgeber nicht nur den verfassungsrechtlichen Schutz des geistigen Eigentums, sondern auch die **verfassungsrechtlich geschützten Interessen Dritter** zu berücksichtigen und mit den Interessen des Urhebers in einen schonenden Ausgleich zu bringen. Daher bedarf die Gewährung urheberrechtlicher Ausschließlichkeitsrechte für bestimmte Nutzungen ihrerseits einer verfassungsmäßigen Rechtfertigung, wenn ein Verbotsrecht des Urhebers in konkrete Grundrechtspositionen der Nutzer eingreift.[99] Von besonderer Bedeutung sind insoweit die Meinungs-, Wissenschafts- und Kunstfreiheit.[100] So wäre eine Urheberrechtsordnung, die keine Schranke für wissenschaftliches Zitieren kennt, mit Art. 5 Abs. 3 GG unvereinbar.[101] Ebenso hat das BVerfG aus dem von Art. 5 Abs. 3 S. 1 GG geschützten Recht auf **künstlerische Betätigungsfreiheit** das verfassungsrechtliche Gebot abgeleitet, eine Nutzung von Tonaufnahmen als künstlerisches Gestaltungsmittel im Wege des **Sampling** ohne vorherige Lizenzierung zu erlauben.[102] Das vom BGH für die Anwendbarkeit des § 24 Abs. 1 auf Eingriffe in das Tonträgerherstellerrecht eingeführte Kriterium der fehlenden gleichwertigen Nachspielbarkeit der übernommenen Sequenz[103] sei nicht geeignet, einen verhältnismäßigen Ausgleich zwischen dem Interesse an einer ungehinderten künstlerischen Fortentwicklung und den Eigentumsinteressen der Tonträgerproduzenten herzustellen. Auch der Schutz des Eigentums könne „nicht dazu führen, die Verwendung von gleichwertig nachspielbaren Samples eines Tonträgers generell von der Erlaubnis des Tonträgerherstellers abhängig zu machen, da dies dem künstlerischen Schaffensprozess nicht hinreichend Rechnung" trage.[104] Zwar ist im konkreten Fall die Anwendbarkeit nationaler Grundrechte im Hinblick auf die Vollharmonisierung des Tonträgerherstellerrechts durch das Unionsrecht fraglich.[105] Zudem lässt sich die vom BVerfG vorgenommene Abwägung zwischen dem Eigentumsschutz des Tonträgerherstellers und der Kunstfreiheit auf den Schutz der als Sample übernommenen Sequenz als Darbietung eines Werkes iSv § 2 Abs. 2 nicht ohne weiteres übertragen.[106] Die Kunstfreiheit kann aber durchaus auch bei der Nutzung fremder Werke zum Tragen kommen und Beschränkungen des Ausschließlichkeitsrechts des Urhebers insbesondere zugunsten künstlerisch bearbeitender („transformativer") Nutzungen erforderlich machen.[107] Darüber hinaus ist bei der Grenzziehung zwischen Urheber- und Allgemeininteressen auch der **Gleichheitssatz** zu beachten. Das BVerfG hat allerdings festgestellt, dass die Geräteabgabe in § 53 Abs. 5 aF (jetzt § 54 Abs. 1) nicht den Gleichheitsgrundsatz zu Lasten der Gerätehersteller verletzt[108] und dass die Kopierbetreibervergütung in § 54 Abs. 2 S. 2 aF (jetzt § 54c Abs. 1) mit dem allgemeinen Gleichheitssatz des Art. 3 Abs. 1 GG vereinbar ist.[109] Ebenso hat es festgestellt, dass die Rechtsprechung. zum Begriff der Veranstaltung iSv § 52 Abs. 1 S. 3 nicht in willkürlicher Weise gegen das Gebot der Rechtsanwendungsgleichheit verstößt.[110]

3. Beschränkungen des Urheberpersönlichkeitsrechts

Die Einschränkungen des Urheberrechts in §§ 44a ff. beziehen sich in erster Linie auf die vermögenswerten Befugnisse des Urhebers, dh auf die Verwertungsrechte der §§ 15 ff.[111] Das Urheberpersönlichkeitsrecht bleibt demgegenüber grundsätzlich unangetastet. Dem Gesetzgeber sind hier „deutlich engere Grenzen" gesetzt als unter dem Blickwinkel von Art. 14 GG, da „die persönliche Rechtsbeziehung zwischen schöpferischer Leistung und Urheber ... vorrangig von der Garantie der

---

[97] BVerfGE 31, 229 (246) = GRUR 1972, 481 (484 f.) – Kirchen- und Schulgebrauch; BVerfGE 49, 382 (402) = GRUR 1980, 44 (48) – Kirchenmusik.

[98] *Schack* UrheberR Rn. 94 mit Fn. 27.

[99] *Stieper* S. 45 ff.; in Bezug auf ein „Recht auf digitale Privatkopie" ausdrücklich offen gelassen von BVerfG (K) GRUR 2005, 1032 (1033) – Eigentum und digitale Privatkopie; zur Bedeutung der europäischen Grundrechte → Rn. 32.

[100] *Geiger* GRUR-Int 2004, 815 (817); *Hilty* FS Schricker, 2005, 325 (340); *de la Durantaye* S. 67 ff.

[101] *Stieper* S. 50. Auch aus den Unionsgrundrechten kann sich eine solche Pflicht ergeben; dazu → Rn. 32.

[102] BVerfG GRUR 2016, 690 Rn. 88 ff. mAnm *Leistner* GRUR 2016, 772 = ZUM 2016, 626 mAnm *Stieper* ZUM 2016, 637 – Metall auf Metall; s. jetzt EuGH GRUR 2019, 929 Rn. 35 ff. – Pelham/Hütter.

[103] S. dazu BGH GRUR 2009, 403 Rn. 23 – Metall auf Metall I; BGH GRUR 2013, 614 Rn. 15 – Metall auf Metall II.

[104] BVerfG GRUR 2016, 690 Rn. 108 – Metall auf Metall.

[105] *Stieper* ZUM 2016, 637 (639); *Leistner* GRUR 2016, 772 (775 f.) mwN. Das BVerfG GRUR 2016, 690 Rn. 112 ff. lässt diese Frage ausdrücklich offen. Dazu → Rn. 32a.

[106] *Stieper* ZUM 2016, 637 (638).

[107] *Stieper* S. 52 ff.; *Podszun* ZUM 2016, 606 (609); *Peifer* ZUM 2016, 805 (809 f.); → Rn. 21.

[108] BVerfGE 31, 255 (266 f.) = GRUR 1972, 488 (490 f.) – Tonbandvervielfältigungen.

[109] BVerfG GRUR 1997, 123 – Kopierladen I.

[110] BVerfG (K) NJW 1996, 2022.

[111] Vgl. BVerfGE 31, 229 (240 f.) = GRUR 1972, 481 (483) – Kirchen- und Schulgebrauch; ebenso GA *Szpunar* ECLI:EU:2019:16 Rn. 55 – Spiegel Online/Beck.

18

19

Kunst- und Wissenschaftsfreiheit (Art. 5 Abs. 3 GG), erst danach auch von der Eigentumsgarantie (Art. 14 GG) geschützt" ist.[112] Dem tragen insbesondere §§ 62 und 63 Rechnung. Auch das **Veröffentlichungsrecht** in § 12 wird regelmäßig nicht berührt: es dürfen grundsätzlich nur bereits veröffentlichte Werke verwendet werden. § 53 Abs. 1 und Abs. 2 S. 1 Nr. 2 erlaubt zwar auch die Vervielfältigung unveröffentlichter Werke, die Vervielfältigungsstücke dürfen jedoch weder verbreitet noch zu öffentlichen Wiedergaben benutzt werden (§ 53 Abs. 6 S. 1). Lediglich in den Fällen von §§ 45, 50, 57 sowie §§ 60c und 60d erfolgt insoweit ein Eingriff auch in das Persönlichkeitsrecht, als danach – in Abweichung von § 12 – auch unveröffentlichte Werke benutzt und in diesem Rahmen sogar öffentlich wiedergegeben werden dürfen.[113] Die gesetzlich zulässige Werknutzung führt jedoch auch in diesen Fällen nicht zu einer Veröffentlichung des Werkes iSv § 6 Abs. 1.[114] Die Auffassung, „in extremen Ausnahmefällen" könne die Erstveröffentlichung über die nach §§ 44a ff. gegebenen Möglichkeiten hinaus auch ohne Genehmigung oder sogar gegen den Willen des Urhebers auf Grund einer **Güterabwägung** zwischen den Interessen des Urhebers und der Pressefreiheit gerechtfertigt sein, sofern ein „ungewöhnlich dringendes Informationsbedürfnis" vorliegt,[115] ist nicht haltbar.[116]

IV. Völkerrechtliche Vorgaben

20   Im nationalen Recht vorgesehene Schrankenregelungen müssen mit zwingenden internationalen Regelungen vereinbar sein. Die bisherigen Übereinkommen enthalten verbindliche Vorgaben allerdings in erster Linie für den Schutz der Rechtsinhaber und kaum Verpflichtungen der Vertragsstaaten, durch entsprechende Beschränkungen der Schutzrechte auch die widerstreitenden Interessen der Nutzer und der Allgemeinheit zu beachten.[117] Als einzige zwingende Schranke des Urheberrechts sieht Art. 10 Abs. 1 RBÜ die **Zitierfreiheit** vor. Andere Schranken, insbesondere zugunsten von Bibliotheken und Archiven sowie der Verbreitung von Werken zu Unterrichts- und Forschungszwecken, sind dagegen der Gesetzgebung der Verbandsstaaten vorbehalten. Eine Kehrtwende stellt vor diesem Hintergrund der **Marrakesch-Vertrag der WIPO** vom 27.6.2013 dar.[118] Nach Art. 4 werden die Verbandsstaaten zur Einführung einer Schranke für blinde und sehbehinderte Menschen verpflichtet.[119] Der Marrakesch-Vertrag ist damit das erste völkerrechtliche Abkommen, das ausschließlich eine Begrenzung des Urheberrechtsschutzes zugunsten bestimmter Nutzer regelt. Im Rahmen der WIPO wird derzeit über die Schaffung zweier weiterer Verträge beraten, die Schranken für Bibliotheken und Archive sowie für Bildungs- und Wissenschaftseinrichtungen vorsehen sollen.[120] Die wichtigste Vorgabe zur Ausgestaltung der urheberrechtlichen Schranken auf völkerrechtlicher Ebene ist der **Dreistufentest.**[121] Danach sind Beschränkungen und Ausnahmen von ausschließlichen Rechten nur für bestimmte Sonderfälle zulässig (1. Stufe), die weder die normale Auswertung des Werkes (2. Stufe) noch die berechtigten Interessen des Rechteinhabers unzumutbar verletzen (3. Stufe). Der Dreistufentest war zunächst in Art. 9 Abs. 2 RBÜ in Bezug auf das Vervielfältigungsrecht geregelt worden.[122] Durch Art. 13 TRIPS sowie Art. 10 WCT wurde sein Anwendungsbereich auf alle dort vorgesehenen Verwertungsrechte erweitert.[123] Eine parallele Regelung für Beschränkungen verwandter Schutzrechte enthalten Art. 16 WPPT und neuerdings Art. 13 Abs. 2 des Peking-Vertrags über audiovisuelle Darbietungen vom 24.6.2012. Neben seiner begrenzenden Funktion als „Schranken-Schranke" dient der Dreistufentest auch als Grundlage für die **Anpassung, Erweiterung und Ergänzung der nationalen Schrankenregelungen** im digitalen Umfeld.[124] Die Voraussetzungen sind in den einzelnen

---

[112] *Kirchhof* FS Zeidler, 1987, 1639 (1653 f.); *Dahm* S. 153 f., 179; vgl. auch BGH GRUR 2014, 974 Rn. 24 – Porträtkunst.

[113] Im Rahmen von § 45 Abs. 2 sowie § 57 sogar ohne Quellenangabe.

[114] Ebenso in Bezug auf eine öffentliche Zugänglichmachung gemäß § 45 Dreier/Schulze/*Schulze* § 6 Rn. 9; BeckOK UrhR/*Ahlberg* UrhG § 6 Rn. 25a; aA für das in Art. 5 Abs. 3 lit. d InfoSoc-RL genannte Erfordernis, dass das Werk der Öffentlichkeit „rechtmäßig" zugänglich gemacht worden ist, EuGH GRUR 2019, 940 Rn. 89 – Spiegel Online/Beck.

[115] So aber KG NJW 1995, 3392 (3394) – Botho Strauß; noch weitergehend die Vorinstanz LG Berlin NJW 1995, 881 (882); ähnlich Dreier/Schulze/*Schulze* § 12 Rn. 16; *Rehse* S. 179 ff.

[116] *Bornkamm* FS Piper, 1996, 641 (652); → Rn. 24.

[117] Besonders deutlich ausgeprägt war die Tendenz zur einseitigen Berücksichtigung von Verwerterinteressen in dem außerhalb der WIPO verhandelten und letztlich wegen dieses Ungleichgewichts gescheiterten Anti Counterfeiting Trade Agreement (ACTA), dazu *Stieper* GRUR-Int 2011, 124 (125 ff.).

[118] Marrakesh Treaty to Facilitate Access to Published Works for Persons who are Blind, Visually Impaired, or otherwise Disabled, abrufbar unter http://www.wipo.int/treaties/en/ip/marrakesh; in Kraft seit 30.9.2016.

[119] Umsetzung auf Unionsebene durch die Verordnung (EU) 2017/1563 sowie die Richtlinie (EU) 2017/1564, im nationalen Recht durch §§ 45b–45d.

[120] Dazu *de la Durantaye* S. 48 f.

[121] *Senftleben* JIPITEC 1 (2010), 67 Rn. 48: „by far … the most important and comprehensive international basis for national copyright limitations".

[122] In Österreich wurde deshalb eine gesetzliche Regelung, die ein zu großzügiges freies Kopieren von Noten zuließ (§ 42 öUrhG aF), wegen Verstoßes gegen Art. 9 Abs. 2 RBÜ jedenfalls gegenüber Ausländern für nicht anwendbar erklärt: OGH GRUR-Int 1995, 729 (731) – Ludus tonalis.

[123] Zur historischen Entwicklung *Bornkamm* FS Erdmann, 2002, 29 (30 ff.).

[124] Agreed Statements concerning the WIPO Copyright Treaty, 20.12.1996, WIPO Doc. CRNR/DC/96 concerning Art. 10 WCT; *Senftleben* JIPITEC 1 (2010), 67 Rn. 48; *de la Durantaye* S. 44 f.

Rechtsquellen einheitlich auszulegen.[125] Da neben ihren Mitgliedstaaten auch die EU selbst der WTO angehört, ist der Dreistufentest der RBÜ durch das TRIPS ebenso wie durch Art. 10 Abs. 2 WCT Teil des Europäischen Unionsrechts geworden. Seine Voraussetzungen werden daher im Zusammenhang mit Art. 5 Abs. 5 InfoSoc-RL erläutert.[126]

V. Schranken des Urheberrechts außerhalb von §§ 44a ff.

Mit den Beschränkungen der §§ 44a ff. vergleichbare inhaltliche Schranken des Urheberrechts finden sich im UrhG auch an anderen Stellen. Dazu gehört vor allem der in § 17 Abs. 2 und § 69c Nr. 3 S. 2 UrhG normierte **Erschöpfungsgrundsatz** als wichtigste Schranke des Verbreitungsrechts.[127] Auch bei der Zulässigkeit freier Benutzungen nach § 24 Abs. 1 handelt es sich jedenfalls insoweit um eine gesetzliche Schrankenbestimmung,[128] als die Rechtsprechung in grundrechtskonformer Auslegung im Lichte der Meinungs- und Kunstfreiheit auch die weitgehend unveränderte Nutzung (dh schlichte Vervielfältigung) fremder Werke oder Leistungen im Rahmen einer **Parodie** oder **Satire** hierunter fasst.[129] § 24 Abs. 1 dient in diesen Fällen der Umsetzung von Art. 5 Abs. 3 lit. k InfoSoc-RL.[130] Nichts anderes gilt für die vom BVerfG für zulässig gehaltene Anwendung von § 24 UrhG auf die künstlerische Verwendung von Samples,[131] soweit man in der Vorschrift einen gesetzlichen Anknüpfungspunkt auch für die weiteren in Art. 5 Abs. 3 lit. k genannten Nutzungen wie Pastiches, etwa in Form von **Fan-Fiction** oder **Mash-Ups**, sieht.[132] Das BVerfG hält insoweit auch die Einführung einer gesetzlichen Vergütungspflicht in § 24 für möglich.[133] Ebenso stellt § 44 Abs. 2 trotz seiner systematischen Stellung keine urhebervertragsrechtliche Regelung, sondern eine gesetzliche Schranke des bisher unionsrechtlich nicht harmonisierten Ausstellungsrechts dar.[134] Schließlich enthalten die in Umsetzung der Computerprogramm-RL geschaffenen Sondervorschriften in §§ 69d, 69e spezifische Schrankenbestimmungen für Computerprogramme sowie § 87c besondere Schranken für das Suigeneris-Recht des Datenbankherstellers. Auf andere Werke finden diese Schrankenbestimmungen grundsätzlich keine Anwendung.[135]

VI. Allgemeine gesetzliche Schranken

Neben §§ 44a ff. findet auch das Ausschließlichkeitsrecht des Urhebers seine weiteren Schranken in den **allgemeinen Rechtfertigungsgründen** des Schikaneverbots[136] und der Notwehr (§ 227 BGB). Teilweise wird auch der übergesetzliche Notstand als Rechtfertigung für nicht mehr durch §§ 44a ff. gedeckte Nutzungen herangezogen.[137] Anstatt den für das Strafrecht entwickelten Begriff des übergesetzlichen Notstandes (vgl. jetzt § 34 StGB) zu strapazieren, sollte man systematisch richtiger auf die enge gesetzliche Regelung in §§ 228, 904 BGB zurückgreifen.[138] § 904 BGB bezieht sich zwar unmittelbar nur auf Eingriffe in das Sacheigentum, findet nach hM aber analoge Anwendung auf Eingriffe in alle absoluten Vermögensrechte,[139] so dass seine Erstreckung auch auf das

21

22

---

[125] *de la Durantaye* S. 44; aA *Christie/Wright* II C 2014, 409 (431); ausf. zur Auslegung des Dreistufentests *Senftleben* S. 99 ff.; *WTO*, Panel Report: United States – Section 110(5) of the US Copyright Act (WT/DS160/R, 15 June 2000) par. 6.97 ff.

[126] → Rn. 30 f.

[127] *Stieper* S. 135; *Schack* UrheberR Rn. 429. *Ahrens/McGuire* S. 55 führen die Erschöpfung daher im Abschnitt über „Inhaltliche Schranken zugunsten Dritter und der Allgemeinheit" (Buch 1 § 12) an. Bislang ist der urheberrechtliche Erschöpfungsgrundsatz auch im Unionsrecht stets im Zusammenhang mit dem ausschließlichen Verbreitungsrecht geregelt, → § 17 Rn. 35 ff.

[128] So ausdrücklich BGHZ 211, 309 = GRUR 2016, 1157 Rn. 24 – Auf fett getrimmt; BGH GRUR 2017, 895 Rn. 39 – Metall auf Metall III; ebenso *Schack* UrheberR Rn. 512; *Dreier/Schulze/Schulze* § 24 Rn. 1; Beck-OK UrhR/*Ahlberg* Einführung zum UrhG Rn. 58; *Kleinemenke* S. 90 f. mwN; aA *v. Ungern-Sternberg* FS Bornkamm, 2014, 1007 (1019) mit Fn. 94.

[129] BGHZ 122, 53 (60) = GRUR 1994, 206 (208) – Alcolix; BGH GRUR 2000, 703 (706) – Mattscheibe; BGHZ 175, 135 = GRUR 2008, 693 Rn. 29 – TV Total; vgl. für Österreich OGH ZUM 2011, 275 (276 f.) – Parodie auf Wahlkampfplakat; dazu → § 24 Rn. 11, 19, 25 f.

[130] BGHZ 211, 309 = GRUR 2016, 1157 Rn. 24 – Auf fett getrimmt mwN; → Rn. 40.

[131] So ursprünglich auch BGH GRUR 2009, 403 Rn. 21 – Metall auf Metall I mAnm *Stieper* ZUM 2009, 223 (224); in diesem Sinne auch *GA Szpunar* ECLI:EU:C:2018:1002 Rn. 70 – Pelham/Hütter; anders jetzt aber BGH GRUR 2017, 895 Rn. 22 – Metall auf Metall III; zust. *Apel* K&R 2017, 563 (564); EuGH GRUR 2019, 929 Rn. 56 ff. – Pelham/Hütter steht dieser Lesart nicht entgegen.

[132] Dazu *Stieper* S. 53 f.; *Stieper* AfP 2015, 301 (304 f.); *Schulze* NJW 2014, 721 (725); *Peifer* ZUM 2014, 86 (90); *Ohly* GRUR 2017, 964 (968 f.); *Pötzlberger* GRUR 2018, 675 ff.; vgl. dazu auch Grünbuch „Urheberrechte in der wissensbestimmten Wirtschaft", KOM(2008) 466 endg., S. 20 f.

[133] BVerfG GRUR 2016, 690 Rn. 80 – Metall auf Metall mAnm *Stieper* ZUM 2016, 637; vgl. auch → § 51 Rn. 98.

[134] Dazu → § 44 Rn. 7.

[135] So zu § 69d Abs. 1 BGH GRUR 2017, 161 Rn. 61 – Gesamtvertrag Speichermedien.

[136] § 226 BGB gilt im gesamten Privatrecht unter Einschluss des Unionsprivatrechts, MüKo/*Grothe*, BGB (8. Aufl. 2018), § 226 Rn. 2.

[137] OLG Hamburg GRUR 2000, 146 (147) – Berufungsschrift; LG Berlin GRUR 1962, 207 (210) – Maifeiern.

[138] BGHZ 154, 260 (266) = GRUR 2003, 956 (957) – Gies-Adler; *Schack* FS Schricker, 2005, 511 (516 f.); *Förster* S. 81; *Hoeren/Herring* MMR 2011, 500 (502); Fromm/Nordemann/*Dustmann* UrhG Vor §§ 44a ff. Rn. 2.

[139] MüKoBGB/*Säcker* (6. Aufl. 2013), § 904 Rn. 2 mwN.

Urheberrecht nahe liegt.[140] Angesichts der strengen Voraussetzungen des § 904 BGB wird eine Rechtfertigung für Eingriffe in das Urheberrecht außerhalb der §§ 44a ff. jedoch nur in extremen Ausnahmefällen in Betracht kommen.[141]

23 Die Ausübung von Rechten des geistigen Eigentums unterliegt darüber hinaus **kartellrechtlichen Schranken.**[142] Das gilt auch für das Urheberrecht[143] und die verwandten Schutzrechte.[144] Insbesondere darf gemäß Art. 102 AEUV eine durch das urheberrechtliche Ausschließlichkeitsrecht vermittelte Marktmacht nicht zu wettbewerbswidrigen Zwecken missbraucht werden.[145] Der **Missbrauch einer marktbeherrschenden Stellung** kann insbesondere in einer Lizenzverweigerung liegen und begründet dann einen Kontrahierungszwang in Form einer Zwangslizenz.[146] Abgesehen von den seltenen Fällen, dass ein eigener Markt für die Lizenzierung eines bestimmten Werkes oder die Werke eines bestimmten Autors besteht, kommt eine marktbeherrschende Stellung aber regelmäßig nur dann in Betracht, wenn ein Lizenzgeber (insbesondere eine Verwertungsgesellschaft) über Nutzungsrechte an einer Vielzahl von Werken verfügt.[147]

24 Bedenklich ist die Tendenz, im Rahmen einer **Güter- und Interessenabwägung** durch unmittelbare Bezugnahme auf Grundrechte (insbes. Art. 5 Abs. 1 GG) Urheberrechtsverletzungen, dh nicht durch §§ 44a ff. gedeckte Nutzungen, zu akzeptieren.[148] Damit wird das urheberrechtliche Schrankensystem über Gebühr ausgehöhlt.[149] Zu Recht geht der BGH davon aus, dass das Urheberrechtsgesetz die „aus dem Urheberrecht fließenden Befugnisse und ihre Beschränkungen grundsätzlich abschließend" regelt, eine „der urheberrechtlichen Prüfung nachgeschaltete Güter- und Interessenabwägung" also nicht in Betracht kommt, diese Gedanken vielmehr (nur) zur Auslegung der Schrankenbestimmungen herangezogen werden können.[150] Deswegen sollten sich gerade Instanzgerichte vor solch „freischwebender Güterabwägung" hüten.[151] Den gleichen Bedenken begegnen auch Versuche, aus der in Art. 10 EMRK garantierten Freiheit der Meinungsäußerung zusätzliche Schranken des Urheberrechts zu konstruieren.[152] Das ist auch dann kein probates Mittel, wenn es darum geht, eine Instrumentalisierung des Urheberrechts für angeblich urheberrechtsfremde Zwecke (Geheimhaltungsinteresse des Staates) zu vermeiden.[153] Regelmäßig ist davon auszugehen, dass der **Gesetzgeber** die in Frage stehenden Grundrechtspositionen in den §§ 44a ff. bereits zu einem angemessenen Ausgleich gebracht hat.[154] Eine über die Anwendung konkreter gesetzlicher Schrankentatbestände hinausgehende Korrektur ist daher wegen Art. 20 Abs. 3, 100 Abs. 1 GG stets dem Gesetzgeber vorbehalten.[155] Nichts anderes gilt für die Schrankenbestimmungen in Art. 5 Abs. 2 und 3 InfoSoc-RL.[156] Der EuGH hat ausdrücklich klargestellt, dass außerhalb der dort vorgesehenen Ausnahmen und Beschränkungen auch die in Art. 11 GRCh verankerte Informations- und Pressefreiheit keine Abweichung von den ausschließlichen Rechten des Urhebers rechtfertigen kann.[157]

---

[140] *Bornkamm* FS Piper, 1996, 641 (647) mwN; Wandtke/Bullinger/*Lüft* UrhG Vor §§ 44a ff. Rn. 4.
[141] Ähnlich *Schack* FS Schricker, 2005, 511 (516); *Förster* S. 81; *Poeppel* S. 48 ff.
[142] Vgl. *Ahrens/McGuire* S. 65 f.
[143] EuGH GRUR-Int 1995, 490 Rn. 48 ff. – Magill; *Schack* FS Wadle, 2008, 1005 (1019 f.).
[144] Zum Sui-generis-Recht des Datenbankherstellers EuGH GRUR 2004, 524 Rn. 35 ff. – IMS Health.
[145] *Stieper* S. 284 ff. und 306 ff.
[146] Dazu → Rn. 12. Zur Geltendmachung des kartellrechtlichen Zwangslizenzeinwands im Verletzungsprozess BGH GRUR 2009, 694 Rn. 23 ff. – Orange-Book-Standard mwN; EuGH GRUR 2015, 764 Rn. 58 ff. – Huawei/ZTE (zum Patentrecht); speziell zum Urheberrecht *Vitols* S. 121 ff.
[147] Dazu EuGH GRUR 2014, 473 Rn. 86 – OSA/Léčebné lázně; BGH GRUR 1970, 200 f. – Tonbandgeräte-Importeur; *Vitols* S. 30 f.; Loewenheim/*Loewenheim* § 50 Rn. 32; zu Einzelheiten *Stieper* S. 276 ff. mwN.
[148] So OLG Stuttgart NJW-RR 2004, 619 (621 f.): Sexfilmvorführung auf Pressekonferenz; OLG Hamburg GRUR 2000, 146 (147) – Berufungsschrift (im Hinblick auf Art. 14 GG von BVerfG ZUM 2000, 316 (318) nicht beanstandet); OLG München ZUM 2014, 147 (149) – Buchbinder Wanninger; LG Hamburg ZUM 2011, 587 f.: Verbreiten von Büchern durch einen Buchhändler; dagegen BGH GRUR 2016, 493 Rn. 23 ff. – Al Di Meola: Keine Rechtfertigung einer unberechtigten Veräußerung von Vervielfältigungsstücken durch die Kunstfreiheit.
[149] *Schack* UrheberR Rn. 537.
[150] BGHZ 154, 260 (266) = GRUR 2003, 956 (957) – Gies-Adler; vgl. auch BGHZ 150, 1 (8) = GRUR 2002, 605 (606) – Verhüllter Reichstag; BGHZ 185, 291 = GRUR 2010, 628 Rn. 24 – Vorschaubilder I; aA *Schulze* FS Walter, 2018, 504 (508 f.).
[151] *Schack* FS Schricker, 2005, 511 (517 f.).
[152] So OGH GRUR-Int 1998, 896 – Karikaturenwiedergabe; OGH GRUR-Int 2002, 341 (342 f.) – Medienprofessor; OGH ZUM 2011, 275 (277 f.) – Parodie auf Wahlkampfplakat; TGI Paris GRUR-Int 2001, 252 f. – Utrillo; kritisch hierzu *Hoeren/Herring* MMR 2011, 500 (503).
[153] So aber *GA Szpunar* ECLI:EU:C:2018:870 Rn. 40 ff. – Funke Medien/BRD; *Hauck/Wandtke* NJW 2017, 3422 (3425).
[154] *Bornkamm* FS Piper, 1996, 641 (648); DKMH/*Dreyer* UrhG Vor §§ 44a ff. Rn. 47; Büscher/Dittmer/Schiwy/*Steden* UrhG Vor §§ 44a ff. Rn. 10; *Findeisen* S. 124; → Rn. 15.
[155] BVerfG GRUR 2012, 389 Rn. 14 – Kunstausstellung im Online-Archiv; Fromm/Nordemann/*Dustmann* UrhG Vor §§ 44a ff. Rn. 4; *Schack* UrheberR Rn. 537; *Stieper* S. 64 f., 168; *Peukert* S. 95; vgl. auch LG Hamburg MMR 2009, 55 (59) – Google Bildersuche.
[156] BGH GRUR 2017, 901 Rn. 39 ff. – Afghanistan Papiere; BGH GRUR 2017, 1027 Rn. 28 ff. – Reformistischer Aufbruch; *Stieper* GRUR 2017, 1209 (1211 f.); in diesem Sinne bereits EuGH GRUR 2017, 62 Rn. 45 – Soulier und Doke/Premier ministre.
[157] EuGH GRUR 2019, 940 Rn. 40 ff. – Spiegel Online/Beck; EuGH GRUR 2019, 934 Rn. 55 ff. – Funke Medien/BRD; ebenso zum Recht des Tonträgerherstellers GRUR 2019, 929 Rn. 57 ff. – Pelham/Hütter.

B. Unionsrechtlicher Rahmen

Auf unionsrechtlicher Ebene gab es verbindliche Vorgaben zur Harmonisierung der urheberrechtli- **25** chen Schranken zunächst nur in Bezug auf Computerprogramme[158] und Datenbanken.[159] Diese Vorgaben wurden in §§ 69d, 69e bzw. § 55a umgesetzt; darüber hinaus ist die Anwendung der §§ 45 ff. auf Datenbankwerke gemäß Art. 6 Abs. 2 lit. d Datenbank-RL fakultativ.[160] Die erste **zwingende Schranke** für alle anderen Werkarten war die durch § 44a umgesetzte Schranke zugunsten ephemerer Vervielfältigungen in Art. 5 Abs. 1 InfoSoc-RL. Mit Art. 6 Abs. 1 der RL 2012/28/EU über bestimmte zulässige Formen der Nutzung **verwaister Werke** wurde auf Unionsebene erstmals nach Art. 5 Abs. 1 InfoSoc-RL eine neue Schranke eingeführt und dabei klargestellt, dass diese Regelung als lex posterior den unionsrechtlichen acquis erweitert.[161] In Erfüllung der Verpflichtungen aus dem Marrakesch-Vertrag ist mit Art. 3 RL 2017/1564 (umgesetzt durch §§ 45b–45d) eine weitere zugunsten von Personen mit einer **Seh- oder Lesebehinderung** geschaffen worden. Im Übrigen wird der Rahmen zulässiger Ausnahmen und Beschränkungen bislang durch den abschließenden, aber fakultativen Schrankenkatalog in Art. 5 Abs. 2 und 3 InfoSoc-RL abgesteckt.

I. Schrankenkatalog der InfoSoc-RL

In Art. 5 Abs. 2 und 3 InfoSoc-RL hat der Richtliniengeber nach dem Motto „Schranken aller **26** Länder vereinigt Euch"[162] den aktuellen Stand der gesetzlichen Schranken in den einzelnen Mitgliedstaaten festgeschrieben, den Mitgliedstaaten aber freigestellt, welche dieser 20 Schranken sie im nationalen Recht vorsehen. Damit soll „den unterschiedlichen Rechtstraditionen in den Mitgliedstaaten Rechnung" getragen und „gleichzeitig die Funktionsfähigkeit des Binnenmarkts" gesichert werden.[163] Das Ziel einer **Harmonisierung** der Schrankenregelungen wird damit jedoch weitgehend verfehlt.[164] Allerdings ist die Aufzählung der Ausnahmen und Beschränkungen in Art. 5 Abs. 2 und 3 InfoSoc-RL gemäß ErwG 32 der Richtlinie **erschöpfend**.[165] Der nationale Gesetzgeber darf Schranken des ausschließlichen Vervielfältigungs- und Verbreitungsrechts[166] sowie des Rechts der öffentlichen Wiedergabe daher nur in den Fällen vorsehen, die in Art. 5 ausdrücklich und abschließend vorgegeben sind.[167] Dabei müssen sämtliche Voraussetzungen der jeweiligen Bestimmung eingehalten werden.[168]

Soweit ein Mitgliedstaat von der durch Art. 5 eingeräumten Möglichkeit **keinen Gebrauch** **26a** macht, behalten die Rechtsinhaber in diesem Staat ihr ausschließliches Recht, die fragliche Nutzung ihrer Werke oder sonstigen Schutzgegenstände zu erlauben oder zu verbieten.[169] Problematisch ist aber, ob auch Schrankenregelungen richtlinienkonform sind, die hinsichtlich des Umfangs erlaubter Nutzungen **hinter dem nach Art. 5 InfoSoc-RL Zulässigen zurückbleiben**, die Zulässigkeit einer Nutzungshandlung also etwa an **strengere Voraussetzungen** knüpfen als die im jeweiligen Tatbestand der Richtlinie genannten. Das betrifft etwa die Frage, ob es zulässig ist, die Zitierfreiheit abweichend von Art. 5 Abs. 3 lit. d InfoSoc-RL[170] wie in § 51 S. 2 vom Vorliegen eines selbständigen Werkes abhängig machen.[171] Im Hinblick auf den fakultativen Charakter der Ausnahmen und Beschränkungen wurde dies bislang überwiegend bejaht.[172] Das gilt jedoch nur in Bezug auf solche

---

[158] Art. 5 und 6 Computerprogramm-RL.

[159] Art. 6 Abs. 1 Datenbank-RL.

[160] Das Gleiche gilt gemäß Art. 9 Datenbank-RL für die in § 87c enthaltenen Schranken für das Sui-generis-Recht des Datenbankherstellers; vgl. dazu → Rn. 21.

[161] ErwG 20 RL 2012/28/EU; in Deutschland umgesetzt durch §§ 61–61c.

[162] *Poeppel* S. 125.

[163] ErwG 32 InfoSoc-RL.

[164] Kritisch auch *Cohen Jehoram* GRUR-Int 2001, 807 (810); *Janssens* in Derclaye, Research Handbook on the Future of EU Copyright (2009), S. 317, 332; *Guibault* JIPITEC 1 (2010), 55 Rn. 48; *Leistner* IIC 2011, 417 (436); *Dreier/Schulze/Schulze* Vor § 44a Rn. 6; *Wandtke/Bullinger/Lüft* UrhG Vor §§ 44a ff. Rn. 5; *Poeppel* S. 125.

[165] EuGH GRUR 2019, 934 Rn. 56 – Funke Medien/BRD; EuGH GRUR 2019, 929 Rn. 58 – Pelham/Hütter; EuGH GRUR 2019, 940 Rn. 41 – Spiegel Online/Beck.

[166] Gemäß Art. 5 Abs. 4 InfoSoc-RL können die für das Vervielfältigungsrecht vorgesehenen Schranken auf das Verbreitungsrecht erstreckt werden.

[167] Grünbuch „Urheberrechte in der wissensbestimmten Gesellschaft", KOM(2006) 426 endg., S. 5; *Walter/v. Lewinski/Walter* Rn. 11.5.9; *Janssens* in Derclaye, Research Handbook on the Future of EU Copyright (2009), S. 317, 329; *Wandtke/Bullinger/Lüft* UrhG Vor §§ 44a ff. Rn. 5.

[168] EuGH GRUR 2019, 940 Rn. 33 – Spiegel Online/Beck.

[169] EuGH GRUR 2013, 812 Rn. 36 – VG Wort/Kyocera.

[170] Vgl. EuGH GRUR 2012, 166 Rn. 136 – Painer/Standard; EuGH GRUR 2019, 940 Rn. 78 – Spiegel Online/Beck.

[171] So *Stieper* ZGE 4 (2012), 443 (448); offen gelassen von OLG Hamburg BeckRS 2015, 14252 Rn. 35; dagegen → § 51 Rn. 46.

[172] Grünbuch „Urheberrechte in der wissensbestimmten Gesellschaft", KOM(2006) 426 endg., S. 5; BGH GRUR 2013, 1220 Rn. 42 – Gesamtvertrag Hochschul-Intranet; BGH GRUR 2014, 549 Rn. 61 – Meilensteine der Psychologie mAnm *Stieper* ZUM 2014, 532; *Walter/v. Lewinski/Walter* Rn. 11.5.9; *Stieper* ZGE 4 (2012), 443 (447 f.); *Guibault* JIPITEC 1 (2010), 55 Rn. 48; aA *Rosati* GRUR-Int 2014, 419 (424 ff.); *Rosati* JIPITEC 8 (2017),

Kriterien, die vom Anwendungsbereich der betreffenden Ausnahme oder Beschränkung in Art. 5 InfoSoc-RL nicht erfasst werden, weil sie das Funktionieren des Binnenmarktes nicht beeinträchtigen.[173] Im Übrigen wird der Ermessensspielraum der Mitgliedstaaten bei der Festlegung „sachnaher Kriterien" zur Ausfüllung der jeweiligen Privilegierung[174] jedoch dadurch eingeengt, dass der **EuGH** von den Mitgliedstaaten verlangt, durch eine der Systematik und den Zielen der InfoSoc-RL entsprechende Formulierung der Schrankentatbestände die „korrekte Anwendung" der im nationalen Recht eingeführten Ausnahmen und Beschränkungen sicherzustellen.[175] Im Gutachten 3/15 zum Vertrag von Marrakesch hat der EuGH ausdrücklich betont, dass das von Art. 5 InfoSoc-RL eingeräumte Ermessen auf die Entscheidung des Unionsgesetzgebers zurückgeht, die Mitgliedstaaten zu ermächtigen, unter bestimmten, „streng geregelten" Voraussetzungen eine Ausnahme oder Beschränkung in Bezug auf die durch den Unionsgesetzgeber harmonisierten Rechte in Art. 2–4 InfoSoc-RL vorzusehen.[176] Die Aufgabe einer **inhaltlichen Harmonisierung** der gesetzlichen Schranken übernimmt damit zunehmend der EuGH, der die steigende Zahl von Vorlageverfahren dazu nutzt, die Reichweite der vom Richtliniengeber bewusst allgemein gehaltenen Ausnahmen und Beschränkungen in Art. 5 Abs. 2 und 3 InfoSoc-RL unter Berufung auf den Verhältnismäßigkeitsgrundsatz und den Dreistufentest zu konkretisieren.[177] Das kann so weit gehen, dass die Mitgliedstaaten bei Übernahme einer der dort aufgezählten Schranken ins nationale Recht die Nutzungsfreiheit von einschränkenden Tatbestandsmerkmalen abhängig machen müssen, die im Wortlaut von Art. 5 InfoSoc-RL keine Grundlage haben.[178]

27   Hinsichtlich der **Rechtsfolge** einer im nationalen Recht vorgesehenen Schrankenregelung steht den Mitgliedstaaten dagegen ein weiter Gestaltungsspielraum zu. Die vor allem dem englischen Recht zugrunde liegende Unterscheidung von **Ausnahmen** („exceptions") und **Beschränkungen** („limitations") ist dabei lediglich eine Frage der Gesetzestechnik.[179] Allerdings leitet der EuGH aus dieser Unterscheidung ab, dass das ausschließliche Recht „je nach den Umständen ausnahmsweise völlig ausgeschlossen oder lediglich eingeschränkt sein" könne; es sei daher „nicht ausgeschlossen, dass eine solche Beschränkung teilweise, je nach den verschiedenen besonderen Sachverhalten, für die sie gilt, einen Ausschluss, eine Einschränkung oder auch die Aufrechterhaltung des genannten Rechts umfassen kann".[180] Bedeutung soll diese Differenzierung insbesondere für die **Pflicht zum gerechten Ausgleich** haben, die genauen Auswirkungen bleiben jedoch unklar.[181] Bei Beschränkungen im nationalen Recht, die „im konkreten Fall das den Urhebern zustehende Vervielfältigungsrecht aufrechterhalten" wollen, denkt der EuGH möglicherweise an urheberrechtliche Zwangslizenzen oder solche gesetzlichen Lizenzen, welche die Zulässigkeit der erfassten Nutzungshandlungen wie § 49 Abs. 1 S. 1 Hs. 2 davon abhängig machen, dass der Rechtsinhaber sich seine Rechte nicht ausdrücklich vorbehalten hat.[182] Nach Auffassung des BGH handelt es sich bei § 53 Abs. 1–3 aF jedoch um Bestimmungen, die im Sinne der EuGH-Rechtsprechung die Befugnis der Rechtsinhaber zur Ge-

---

311 Rn. 37; *Grünberger* ZUM 2015, 273 (285); aus rechtspolitischen Gründen für eine wortlautgetreue Umsetzung auch *Senftleben* S. 281.
    [173] EuGH GRUR 2019, 934 Rn. 40 – Funke Medien/BRD; EuGH GRUR 2019, 940 Rn. 25 – Spiegel Online/Beck; in diesem Sinne bereits EuGH GRUR 2015, 478 Rn. 81 ff., 88 f. – Copydan/Nokia (zur Frage, ob die von einer Privatperson zur Erstellung von Vervielfältigungen zum privaten Gebrauch verwendete Vorrichtung ihm gehören muss); EuGH GRUR 2016, 1266 Rn. 61 ff. – VOB/Stichting (zur Bindung der Schranke in Art. 6 Vermiet- und Verleih-RL an ein vorheriges rechtmäßiges Inverkehrbringen); vgl. auch EuGH GRUR-Int 2017, 438 Rn. 115 – Vertrag von Marrakesch.
    [174] Dazu EuGH GRUR 2012, 166 Rn. 103 – Painer/Standard (zu Art. 5 Abs. 3 lit. e InfoSoc-RL).
    [175] So für die Privatkopieschranke in Art. 5 Abs. 2 lit. b InfoSoc-RL EuGH GRUR 2014, 546 Rn. 44 f. – ACI Adam/Thuiskopie; zum Erfordernis einer autonomen und einheitlichen Auslegung der in Art. 5 InfoSoc-RL genannten Kriterien → Rn. 40.
    [176] EuGH GRUR-Int 2017, 438 Rn. 119 ff. – Vertrag von Marrakesch.
    [177] S. dazu *Stieper* ZGE 4 (2012), 443 ff.; *Geiger/Schönherr* in Synodinou, Codification of European Copyright Law (2012), S. 133, 153 f.; *Leistner* JZ 2014, 846 (852).
    [178] So in Bezug auf die Verwendung einer rechtmäßigen Quelle für die Anfertigung von Privatkopien EuGH GRUR 2014, 546 Rn. 37 f. – ACI Adam/Thuiskopie mAnm *Lauber-Rönsberg* ZUM 2014, 578; EuGH GRUR 2015, 478 Rn. 77 f. – Copydan/Nokia; mangels Entscheidungserheblichkeit der Vorlagefrage von den OGH (GRUR-Int 2012, 934 (937) – kino.to/UPC) noch offen gelassen von EuGH GRUR 2014, 468 Rn. 41 – kino.to; ebenso zu Reprographien EuGH GRUR 2016, 55 Rn. 57 ff. – Hewlett-Packard/Reprobel; vgl. auch EuGH GRUR 2014, 972 Rn. 21, 33 – Deckmyn/Vandersteen zum Begriff der Parodie.
    [179] Bei der Umsetzung der Richtlinie sah der deutsche Gesetzgeber den von Art. 5 Abs. 1 zwingend vorgegebenen § 44a offensichtlich zunächst als „Ausnahme" an – im Gegensatz zu den übrigen „Schranken" des 6. Abschnittes –, weshalb er auch die Überschrift zu diesem Abschnitt in „Ausnahmen und Schranken" ändern wollte; BegrRefE UFITA 2004/I, 143 (163). *Geiger* GRUR-Int 2004, 815 (818 f.) sieht „beachtliche theoretische Unterschiede" zwischen den beiden Begriffen.
    [180] EuGH GRUR 2013, 812 Rn. 34 – VG Wort/Kyocera.
    [181] Vgl. *Dreier* ZUM 2013, 769 (773): Am ehesten sei dies im Sinne einer „graduellen Berücksichtigung des Ausschlusses" zu verstehen.
    [182] *Stieper* EuZW 2013, 699 (700); ähnlich auch *Peukert* GRUR 2015, 452 (454): die Mitgliedstaaten könnten entscheiden, „ob das ausschließliche Recht zumindest insoweit seine Bedeutung behält, als eine Individualgestattung des Rechtsinhabers im Anwendungsbereich der Schranke wirksam ist; zu Zwangslizenzen beachte jedoch Art. 10 Abs. 2 UAbs. 2 Vermiet- und Verleih-RL; dagegen *Pflüger* S. 57 ff., der auch bei Zwangslizenzen und verwertungsgesellschaftspflichtigen Ausschließlichkeitsrechten einen gerechten Ausgleich für geboten hält.

nehmigung von Vervielfältigungen ihrer Werke „nicht völlig auschließen, sondern nur beschränken und im konkreten – von der jeweiligen Schrankenregelung erfassten – Fall das Vervielfältigungsrecht **nicht beibehalten".**[183] In gleicher Weise wird man auch die anderen Schranken in §§ 44a ff. verstehen müssen.[184]

Eine Harmonisierung der **gesetzlichen Vergütungssysteme** insbesondere für Privatkopien ist **28** bisher nicht erfolgt.[185] In der InfoSoc-RL wird jedoch betont, dass die Rechteinhaber als Ausgleich für die Einschränkungen ihrer Rechte einen **„gerechten Ausgleich"** erhalten sollen.[186] Ziel aller Schranken in Art. 5 InfoSoc-RL ist dabei ein „angemessener Rechts- und Interessenausgleich zwischen den verschiedenen Kategorien von Rechtsinhabern sowie zwischen den verschiedenen Kategorien von Rechtsinhabern und Nutzern von Schutzgegenständen".[187] Art. 5 Abs. 2 lit. a, b und e knüpft die Zulässigkeit bestimmter Schranken des Vervielfältigungsrechts daher ausdrücklich an die Bedingung eines gerechten Ausgleichs. Wenn diese Bedingung nicht erfüllt ist, ist eine entsprechende Schrankenregelung im nationalen Recht mit der Richtlinie unvereinbar, und die von ihr erfassten Vervielfältigungen sind unzulässig.[188] Den Mitgliedstaaten steht es gemäß ErwG 36 InfoSoc-RL aber frei, auch in anderen Fällen einen gerechten Ausgleich für die in Umsetzung von Art. 5 Abs. 2 und 3 InfoSoc-RL geschaffenen Schranken vorzusehen. Hat sich ein Mitgliedstaat für die Einführung eines solchen Ausgleichs entschieden, so ist er an die unionsrechtlichen Vorgaben zur Ausgestaltung des Ausgleichs gebunden.[189] Nach dem EuGH soll der Ausgleich den Urhebern die ohne ihre Genehmigung vorgenommenen Nutzungshandlungen vergüten und ist daher als **Gegenleistung** für den Schaden anzusehen, der den Urhebern durch die Einführung der betreffenden Ausnahme oder Beschränkung entstanden ist.[190] Auf den ihnen zustehenden gerechten Ausgleich können die Urheber nicht verzichten.[191] Auch eine Zustimmung des Rechtsinhabers zu der gesetzlich erlaubten Nutzung hat keine Auswirkung auf den gerechten Ausgleich, und zwar unabhängig davon, ob er nach der einschlägigen Bestimmung der Richtlinie zwingend oder fakultativ vorgesehen ist.[192] Die Mitgliedstaaten können aber vorsehen, dass der gerechte Ausgleich den Urhebern nur mittelbar zugute kommt, etwa auf dem Weg über soziale Einrichtungen, die zu ihren Gunsten geschaffen worden sind.[193] Auch ist der Ausgleich nicht notwendig in Geld zu leisten.[194] In Bezug auf die Person des **Schuldners des gerechten Ausgleichs** räumt der EuGH den Mitgliedstaaten angesichts der praktischen Schwierigkeiten bei der Ausgestaltung des Vergütungssystems ein weites Ermessen ein.[195] Eine Finanzierung des gerechten Ausgleichs aus dem allgemeinen Staatshaushalt ist jedoch nicht zulässig.[196] Auf der anderen Seite wollen der EuGH und ihm folgend der BGH den gerechten Ausgleich aber nur den in Art. 2 InfoSoc-RL ausdrücklich genannten Urhebern und Leistungsschutzberechtigten zukommen lassen, nicht aber deren Rechtsnachfolgern wie etwa Verlegern im Rahmen ihres Verlagsrechts (§ 8 VerlG).[197]

Die **Umsetzung** von Art. 5 InfoSoc-RL ins **deutsche Recht** erfolgte durch Einführung der **29** §§ 44a, 45a und 52a sowie Änderung der §§ 46, 48, 50, 52, 53, 56, 58 und 60. Insbesondere wurde das in § 19a neu geschaffene Recht der öffentlichen Zugänglichmachung teilweise den bestehenden Schrankenregelungen unterworfen. Aus Zeitgründen hat sich der Gesetzgeber aber zunächst gegen eine umfassende Anpassung der deutschen Schrankenbestimmungen an die Erfordernisse der Digitalisierung und des Internet entschieden. Im Rahmen des „Zweiten Korbs" wurde die Zitierfreiheit in § 51 neu gefasst und in § 52b und § 53a zwei neue Schranken eingeführt. Vor allem ist das System der Geräte- und Betreiberabgabe in §§ 54–54h und §§ 13a, 14 Abs. 5a und 14e UrhWG aF (jetzt

---

[183] BGH GRUR 2014, 979 Rn. 45 – Drucker und Plotter III; BGH GRUR 2014, 984 Rn. 71 – PC III.
[184] *Stieper* GRUR 2014, 1060 (1063); → § 60g Rn. 7.
[185] S. dazu Mitteilung „Ein Binnenmarkt für Rechte des geistigen Eigentums", KOM(2011) 287 endg. vom 24.5.2011, S. 16.
[186] ErwG 35, 36 (38) InfoSoc-RL.
[187] ErwG 31 InfoSoc-RL; vgl. EuGH GRUR 2011, 909 Rn. 25 – Stichting/Opus; EuGH GRUR 2014, 546 Rn. 53 – ACI Adam/Thuiskopie.
[188] BGH GRUR 2011, 1007 Rn. 41 – Drucker und Plotter II; BGH GRUR 2011, 1012 Rn. 45 – PC II.
[189] *Pflüger* S. 54.
[190] EuGH GRUR 2011, 50 Rn. 39, 40, 42 – Padawan/SGAE; EuGH GRUR 2013, 812 Rn. 75 – VG Wort/Kyocera; EuGH GRUR 2013, 1025 Rn. 47 – Amazon/Austro-Mechana; EuGH GRUR 2014, 546 Rn. 50 – ACI Adam/Thuiskopie; EuGH GRUR 2016, 55 Rn. 36 f. – Hewlett Packard/Reprobel; ebenso bereits *Schulze* GRUR 2005, 828 (836).
[191] EuGH GRUR 2012, 489 Rn. 100, 107 – Luksan/van der Let; → Rn. 46.
[192] → Rn. 56 sowie → § 54 Rn. 7, 19 und 39.
[193] EuGH GRUR 2013, 1025 Rn. 53 – Amazon/Austro Mechana.
[194] Die Richtlinie spricht bewusst von „Ausgleich" statt von „Vergütung", s. *Walter/v. Lewinski/Walter* Rn. 11.5.24; *Pflüger* S. 61 ff.
[195] EuGH GRUR 2011, 909 Rn. 23 – Stichting/Opus; EuGH GRUR 2013, 812 Rn. 74 ff. – VG Wort/Kyocera; EuGH GRUR 2015, 478 Rn. 20 ff. – Copydan/Nokia; näher dazu → § 54 Rn. 8 f.
[196] EuGH GRUR 2016, 687 Rn. 41 f. – EGEDA/Administración del Estado; *Metzger* ZEuP 2017, 836 (860).
[197] EuGH GRUR 2016, 55 Rn. 46–49 – Hewlett Packard/Reprobel; BGH GRUR 2016, 596 Rn. 46 f. – Verlegeranteil m. abl. Anm. *Schack* JZ 2016, 685; dazu → § 63a Rn. 16 ff.; dagegen jetzt Art. 16 DSM-RL; dazu *Flechsig* MMR 2016, 797 ff.; *Stieper* ZUM 2019, 393 (397 ff.).

§§ 40, 93, 103, 112 ff. VGG) grundlegend umgestaltet worden.[198] Mit dem **UrhWissG** wurden die Schranken mit Bezug zu Unterricht, Wissenschaft und Institutionen in einem eigenen Abschnitt in §§ 60a–60h zusammengefasst und inhaltlich zT deutlich erweitert. Im Zuge dessen wurden die neu eingeführten §§ 52a, 52b und 53a wieder aufgehoben und §§ 46, 51, 52, 53 und 58 neu gefasst.

II. Dreistufentest

30   Sämtliche der in Umsetzung von Art. 5 Abs. 1–4 geschaffenen Ausnahmen und Beschränkungen stehen gemäß Art. 5 Abs. 5 InfoSoc-RL unter dem Vorbehalt des Dreistufentests,[199] dem eine Schranke nur dann genügt, wenn sie kumulativ alle Stufen erfüllt.[200] Als Teil des Unionsrechts unterliegt der Dreistufentest damit der verbindlichen Auslegung und Konkretisierung durch den EuGH. Da der Rahmen zulässiger Schrankenregelungen durch die abschließende Aufzählung konkret definierter Nutzungsfreiheiten bereits abgesteckt ist, wirkt der Dreistufentest im Hinblick auf Art. 5 Info-Soc-RL ausschließlich als **Schranken-Schranke,** die den Ermessensspielraum der Mitgliedstaaten bei der Ausgestaltung nationaler Schrankenregelungen zusätzlich begrenzt.[201] Anders als im internationalen Recht bietet der Dreistufentest im Unionsrecht keine Grundlage für die Erweiterung bestehender oder die Einführung neuer Schranken im nationalen Recht.[202] Die Relevanz der **ersten Stufe** – die Begrenzung auf **bestimmte Sonderfälle** – ist daher umstritten.[203] Jedenfalls verlangt der Dreistufentest nicht, dass die einen Sonderfall regelnde Ausnahme oder Beschränkung ihrerseits nur in einem – bezogen auf die Schrankenregelung – Sonderfall angewendet wird.[204] Entscheidend ist vielmehr, welchem Zweck die jeweilige Schrankenregelung dient.[205] Die Begrenzung auf bestimmte Sonderfälle muss sich dabei nicht unmittelbar aus dem Gesetz ergeben, solange der Anwendungsbereich der gesetzlichen Schrankenregelung durch eine gefestigte Rechtsprechung hinreichend konkretisiert ist.[206]

31   Die normale Werkauswertung ist beeinträchtigt **(zweite Stufe),** wenn die von der Schranke erlaubte Nutzung zur herkömmlichen Nutzung in unmittelbaren Wettbewerb tritt[207] und die Schranke somit „zwangsläufig den Umfang an Verkäufen oder anderen rechtmäßigen Transaktionen im Zusammenhang mit geschützten Werken verringern" würde.[208] Die zweite Stufe entspricht damit dem vierten Faktor der „fair use"-Regelung in § 107 des US-Copyright Act (effect of the use upon the potential market for or value of the copyrighted work).[209] Auf der **dritten Stufe** ist schließlich eine Interessenabwägung erforderlich um festzustellen, ob das Bedürfnis an der Nutzungsfreiheit die Beeinträchtigung des Rechtsinhabers überwiegt.[210] Gegenüber den Verwerterinteressen sind die damit nicht notwendigerweise deckungsgleichen Interessen des Urhebers vorrangig zu berücksichtigen.[211] Die Prüfung kann daher auch ergeben, dass eine Nutzung zulässig ist, wenn dem Urheber als Ausgleich ein Vergütungsanspruch eingeräumt wird.[212] Letztlich enthält der Dreistufentest für die gebotene Gesamtwürdigung der drei Stufen eine spezielle Ausformung des allgemeinen Verhältnismäßigkeitsgrundsatzes.[213] Die eigenständige Relevanz des Dreistufentests hängt daher davon ab, inwieweit man die der jeweiligen Schranke zugrunde liegende Interessenabwägung bereits bei der Auslegung der in Art. 5 Abs. 1–3 InfoSoc-RL genannten Voraussetzungen berücksichtigt.[214]

---

[198] Als „überfällig" bezeichnet von Wandtke/Bullinger/*Lüft* UrhG Vor §§ 44a ff. Rn. 9; eingehend dazu → § 54 Rn. 3, 20 ff.

[199] → Rn. 20. Für die verwandten Schutzrechte gilt im Hinblick auf das Verbreitungs- und das Senderecht Art. 10 Abs. 3 Vermiet- und Verleih-RL.

[200] *Senftleben* GRUR-Int 2004, 200 (204 f.); *Reschke* S. 86; *de la Durantaye* S. 44.

[201] *Schack* UrheberR Rn. 535; vgl. EuGH GRUR 2012, 166 Rn. 110 – Painer/Standard.

[202] EuGH GRUR 2014, 473 Rn. 40 – OSA/Léčebné lázně; EuGH GRUR 2014, 546 Rn. 26 – ACI Adam/Thuiskopie; EuGH GRUR 2014, 1078 Rn. 47 – TU Darmstadt/Eugen Ulmer; EuGH GRUR 2015, 478 Rn. 90 – Copydan/Nokia; kritisch im Hinblick auf den dadurch bewirkten Verlust an Flexibilität *Senftleben* JIPI-TEC 1 (2010), 67 Rn. 13; Stamatoudi/Torremans/*Geiger/Schönherr* Rn. 11.70.

[203] Vgl. *Bayreuther* ZUM 2001, 828 (839); Dreier/Schulze/*Dreier* Vor § 44a Rn. 21; *Kleinemenke* S. 450 f. mwN.

[204] BGH GRUR 2014, 549 Rn. 48 – Meilensteine der Psychologie; Dreier/Hugenholtz/*Bechtold* S. 382; *Reschke* S. 87.

[205] EuGH GRUR 2014, 654 Rn. 55 – PRCA/NLA; *Bornkamm* FS Erdmann, 2002, 29 (45 f.); aA *Ricketson* S. 22.

[206] *Reschke* S. 88; *Kleinemenke* S. 456, 486; *Poeppel* S. 498; *Leistner* IIC 2011, 417 (437), der bezweifelt, dass die Rechtsprechung des EuGH eine hinreichende Rechtssicherheit gewährleistet; aA im Hinblick auf die Regelung des „fair use" in § 107 US-Copyright Act *Cohen Jehoram* GRUR-Int 2001, 808 (809); *Bornkamm* FS Erdmann, 2002, 29 (46); *Ricketson* S. 68 f.

[207] BGH GRUR 2014, 549 Rn. 50 – Meilensteine der Psychologie; *Bornkamm* FS Erdmann, 2002, 29 (46); vgl. zu Art. 13 TRIPS *WTO,* Panel Report: United States – Section 110(5) of the US Copyright Act (WT/DS160/R, 15 June 2000) par. 6.183 (zum Begriff der „normalen" Nutzung par. 6.168).

[208] EuGH GRUR 2014, 546 Rn. 39 – ACI Adam/Thuiskopie.

[209] *Stieper* S. 38 f.; *Kleinemenke* S. 472.

[210] BGH GRUR 2014, 549 Rn. 56 – Meilensteine der Psychologie.

[211] So auch *Hilty* FS Schricker, 2005, 325 (345 f.); → Rn. 6.

[212] Walter/*v. Lewinski*/*Walter* Rn. 11.5.79; Dreier/Hugenholtz/*Bechtold* S. 382; *Bornkamm* FS Erdmann, 2002, 29 (47 f.); vgl. EuGH GRUR 2014, 1078 Rn. 48 – TU Darmstadt/Eugen Ulmer.

[213] *Stieper* S. 74; *Kleinemenke* S. 479 f.; *Senftleben* GRUR-Int 2004, 200 (210 f.); in diesem Sinne auch die vom MPI für Innovation und Wettbewerb koordinierte „Declaration on a Balanced Interpretation of the ,Three-Step Test' in Copyright Law", IIC 2008, 707.

[214] → Rn. 40.

III. Europäische Grundrechte

Gemäß Art. 51 EU-Grundrechtecharta ist bei der Umsetzung der InfoSoc-RL außerdem dem **32** Schutz der Unionsgrundrechte Rechnung zu tragen.[215] Im Fall mehrerer kollidierender Grundrechte müssen sich die Mitgliedstaaten daher auf eine Auslegung der Richtlinie stützen, die „es ihnen erlaubt, ein **angemessenes Gleichgewicht** zwischen den durch die Unionsrechtsordnung geschützten anwendbaren Grundrechten sicherzustellen".[216] Auch die Reichweite der in Art. 5 InfoSoc-RL aufgezählten Ausnahmen und Beschränkungen ist unter Abwägung des durch Art. 17 Abs. 2 GRCh geschützten geistigen Eigentums mit dem von der jeweiligen Schranke bezweckten Grundrechtsschutz, namentlich der Meinungs- und Informationsfreiheit (Art. 11 GRCh) sowie der Kunst- und Wissenschaftsfreiheit (Art. 13 GRCh), zu bestimmen.[217] Im Zweifel ist diejenige Auslegung vorzuziehen, die den widerstreitenden Grundrechten am besten gerecht wird.[218] Daher kann es sich trotz ihres fakultativen Charakters auch als unvereinbar mit der GRCh erweisen, im innerstaatlichen Recht bestimmte Ausnahmen **nicht** vorzusehen.[219]

Angesichts des fakultativen Charakters der Ausnahmen und Beschränkungen in Art. 5 Abs. 2 und 3 **32a** InfoSoc-RL ist dagegen problematisch, inwieweit die ihrer Umsetzung dienenden **nationalen Schrankenregelungen** ihrerseits am Maßstab (auch) der Unionsgrundrechte zu messen sind. Nach Auffassung des EuGH gelten die Unionsgrundrechte, sobald eine nationale Rechtsvorschrift „in den Geltungsbereich des Unionsrechts fällt", dh auch im nicht durch eine Richtlinie determinierten Bereich.[220] Soweit eine Richtlinie keine vollständige Harmonisierung bewirkt, stehe es den nationalen Gerichten aber frei, „nationale Schutzstandards für die Grundrechte anzuwenden, sofern durch diese Anwendung weder das Schutzniveau der Charta, wie sie vom Gerichtshof ausgelegt wird, noch der Vorrang, die Einheit und die Wirksamkeit des Unionsrechts beeinträchtigt werden".[221] Im Kollisionsfall müssen die nationalen Grundrechte allerdings hinter denen des Unionsrechts zurücktreten.[222] Inwieweit die Grundrechte des Grundgesetzes neben den Unionsgrundrechten Beurteilungsmaßstab der im Rahmen von Art. 5 Abs. 2 und 3 InfoSoc-RL erlassenen nationalen Schrankenbestimmungen bleiben, hängt danach davon ab, ob Art. 5 Abs. 2 und 3 InfoSoc-RL den Mitgliedstaaten einen **Umsetzungsspielraum** lässt.[223] Auf entsprechende Vorlagefragen des BGH[224] hat der EuGH klargestellt, dass jedenfalls die Reichweite der in Art. 5 Abs. 3 lit. c und d InfoSoc-RL geregelten Ausnahmen und Beschränkungen „nicht vollständig harmonisiert" sei.[225] Gleichzeitig betont der EuGH aber die strenge Regulierung der Bedingungen, unter denen die Mitgliedstaaten berechtigt sind, Ausnahmen und Beschränkungen gemäß Art. 5 Abs. 2 und 3 InfoSoc-RL vorzusehen.[226] Ein Umsetzungsspielraum, der eine Anwendung nationaler Grundrechte ermöglicht, besteht danach nur insoweit, als ihn die betreffende Bestimmung durch entsprechende Formulierungen („soweit es der Informationszweck rechtfertigt", „sofern die Nutzung den anständigen Gepflogenheiten entspricht") oder lediglich beispielhafte Aufzählungen („zu Zwecken wie Kritik oder Rezensionen") ausdrücklich einräumt. Im Übrigen kommen als Beurteilungsmaßstab für die nationalen Schrankenregelungen nur die Unionsgrundrechte in Betracht, die zunächst für eine erweiternde Auslegung der zugrunde liegenden Vorgabe in Art. 5 InfoSoc-RL heranzuziehen sind, dadurch aber auch die Reichweite der entsprechenden nationalen Schrankenregelungen bestimmen.[227]

Um eine effektive Durchsetzung der Unionsgrundrechte zu fördern, hält das BVerfG eine Kontrol- **32b** le der Vorlagepraxis der Fachgerichte am Maßstab der nationalen Grundrechte (iVm der Rechtsweggarantie in Art. 19 Abs. 4 GG) aber auch in Bezug auf **unionsrechtlich determinierte Fragen** für

[215] BGHZ 187, 240 = GRUR 2011, 513 Rn. 20 – AnyDVD; BGH GRUR-Int 2011, 955 Rn. 32 – Drucker und Plotter II.
[216] EuGH GRUR 2014, 468 Rn. 46 – kino.to; EuGH GRUR 2019, 934 Rn. 53 – Funke Medien/BRD; EuGH GRUR 2019, 940 Rn. 37 – Spiegel Online/Beck; vgl. auch EuGH GRUR 2012, 265 Rn. 41 ff. – Scarlet/SABAM.
[217] Zu Art. 5 Abs. 3 lit. d InfoSoc-RL EuGH GRUR 2012, 166 Rn. 134 – Painer/Standard; zu Art. 5 Abs. 3 lit. k InfoSoc-RL EuGH GRUR 2014, 972 Rn. 25–27 – Deckmyn/Vandersteen.
[218] Vgl. EuGH GRUR 2012, 810 Rn. 57 – DR und TV2 Danmark.
[219] *GA Szpunar* ECLI:EU:2018:1002 Rn. 77 – Pelham/Hütter.
[220] EuGH NJW 2013, 1415 Rn. 21 – Åkerberg Fransson; eine solche Lesart des Urteils ablehnend BVerfGE 133, 277 = NJW 2013, 1499 Rn. 89 f.
[221] EuGH NJW 2013, 1215 Rn. 60 – Melloni; EuGH NJW 2013, 1415 Rn. 29 – Åkerberg Fransson; EuGH GRUR 2019, 934 Rn. 32 – Funke Medien/BRD; EuGH GRUR 2019, 940 Rn. 21 – Spiegel Online/Beck.
[222] Ausf. *Obergfell/Stieper* FS 50 Jahre UrhG, 2015, 223 (231 ff.); *M. Bäcker* EuR 2015, 389 (395 ff.); zur Bedeutung für die verfassungskonforme Auslegung der Schranken → Rn. 39.
[223] BVerfG GRUR 2016, 690 Rn. 115 – Metall auf Metall mAnm *Stieper* ZUM 2016, 637.
[224] BGH GRUR 2017, 895 – Metall auf Metall III; BGH GRUR 2017, 901 – Afghanistan-Papiere; BGH GRUR 2017, 1027 – Reformistischer Aufbruch; dazu *Stieper* GRUR 2017, 1209 ff.
[225] EuGH GRUR 2019, 934 Rn. 41 f. – Funke Medien/BRD; EuGH GRUR 2019, 940 Rn. 26 f. – Spiegel Online/Beck.
[226] EuGH GRUR 2019, 934 Rn. 45 ff. – Funke Medien/BRD; EuGH GRUR 2019, 940 Rn. 30 ff. – Spiegel Online/Beck; ebenso bereits EuGH GRUR-Int 2017, 438 Rn. 119 ff. – Vertrag von Marrakesch; dazu auch → Rn. 26a.
[227] *Stieper* GRUR 2017, 1209 f.

zulässig, wenn Zweifel an der Übereinstimmung des betreffenden europäischen Rechtsakts mit den Grundrechten des Unionsrechts bestehen.[228] So ist ein nationales Gericht, das die grundrechtskonforme Auslegung einer der Schranken in §§ 44a ff. für geboten hält, sich daran aber durch die Vorgaben in Art. 5 InfoSoc-RL gehindert sieht, auch von Verfassungs wegen gehalten, die Frage der Vereinbarkeit der InfoSoc-RL mit den europäischen Grundrechten im Rahmen von Art. 267 AEUV dem EuGH vorzulegen.[229]

IV. Aktuelle Reform

33   Am 6.6.2019 ist die **Richtlinie über das Urheberrecht im digitalen Binnenmarkt** (DSM-RL) in Kraft getreten, die in Art. 3–7 zwingend die Einführung von vertraglich nicht abdingbaren (Art. 7 DSM-RL) Schrankenregelungen für das Text- und Data-Mining (Art. 3, 4 DSM-RL), für die (auch grenzüberschreitende) digitale Nutzung von Werken zu Unterrichtszwecken (Art. 5 DSM-RL) sowie für die Vervielfältigung von Werken durch Kultureinrichtungen zur Bewahrung ihrer Bestände (Art. 6 DSM-RL) vorsieht.[230] In Bezug auf weitere im Grünbuch „Urheberrecht in der wissensbestimmten Wirtschaft" angesprochene Bereiche, namentlich die öffentliche Zugänglichmachung **nutzergenerierter Inhalte** in sozialen Netzwerken,[231] wurden keine spezifischen legislativen Maßnahmen getroffen.[232] Nach Art. 17 Abs. 7 S. 2 DSM-RL gelten die bislang nur fakultativen Schrankenregelungen zugunsten von Zitaten sowie von Parodien, Karikaturen und Pastiches in Art. 5 Abs. 3 lit. d und k InfoSoc-RL allerdings nunmehr verpflichtend. Damit sollen Nutzer von Internet-Plattformen in Bezug auf die von ihnen generierten und hochgeladenen Inhalte „in der gesamten Union einheitlichen Schutz erhalten", um ihr Recht auf freie Meinungsäußerung zu gewährleisten.[233] Die Umsetzungsfrist endet am 7.6.2021.

C. Die Schrankenregelungen in §§ 44a ff. UrhG

I. Systematik

34   Sämtliche der in §§ 44a ff. aufgezählten Schranken erklären bestimmte, von den Verwertungstatbeständen der §§ 15 ff. erfasste Nutzungshandlungen für „zulässig". Traditionell hat man die Schranken dabei als punktuelle Ausnahmen zu den als umfassendes Kontrollrecht über die Nutzung seines Werkes verstandenen Verwertungsrechten angesehen.[234] Ein solches Regel-Ausnahme-Verhältnis ließ sich jedoch schon früher nicht allein aus der systematischen Stellung der §§ 44a ff. gegenüber §§ 15 ff. ableiten.[235] Denn letztlich ist es nur eine Frage der Gesetzestechnik, ob der Schutzbereich eines Immaterialgüterrechts von vornherein beschränkt wird oder stattdessen gesetzliche Ausnahmen oder Schranken kodifiziert werden.[236] Nach § 1 genießt der Urheber Schutz für die von ihm geschaffenen Werke ausdrücklich nur „nach Maßgabe dieses Gesetzes". Die Schranken der §§ 44a ff. **begrenzen** dementsprechend **von vornherein den Schutzumfang** der dem Urheber durch §§ 15 ff. gewährten Ausschließlichkeitsrechte und sind nicht als nachträgliche „Belastung" eines als umfassend gedachten Ausschließlichkeitsrechts des Urhebers konstruiert.[237] Umgekehrt lässt sich aus der unterschiedlichen Struktur der prinzipiell unbegrenzten allgemeinen Handlungsfreiheit gegenüber der von staatlicher Vorleistung abhängigen, horizontal und vertikal begrenzten Eigentümerfreiheit auch kein grundsätzlicher Vorrang der Gemeinfreiheit ableiten.[238] Inhalt des Urheberrechts und seine Schranken sind

---

[228] BVerfG GRUR 2016, 690 Rn. 123 f. – Metall auf Metall mAnm *Stieper* ZUM 2016, 637.

[229] → Rn. 40.

[230] ABl. EU L 130, 92; dazu *Dreier* ZUM 2019, 384 ff.

[231] KOM(2008) 466 endg., S. 16 ff.; vgl. auch die von der Kommission vom 5.12.2013 bis 5.3.2014 durchgeführte öffentliche Konsultation zur Überprüfung des Europäischen Urheberrechts, in der Fragen zum Reformbedarf bei den urheberrechtlichen Schranken den größten Raum einnehmen. Das Konsultationsdokument und die dazu eingegangenen Stellungnahmen sind abrufbar unter http://ec.europa.eu/internal_market/consultations/2013/copyright-rules/index_de.htm.

[232] S. dazu *Stieper* ZUM 2019, 211 (213); vgl. auch die Mitteilungen „Urheberrechte in der wissensbestimmten Wirtschaft", KOM(2009) 532 endg., S. 8 f., 11, sowie „Ein Binnenmarkt für Rechte des geistigen Eigentums", KOM(2011) 287 endg., S. 15. Zu den Möglichkeiten einer entsprechenden Flexibilisierung der bestehenden Schranken → Rn. 60.

[233] ErwG 70 DSM-RL.

[234] → Rn. 2 und → 4. Aufl. 2010, Rn. 1.

[235] So zu § 15 Abs. 2 LUG schon BGHZ 17, 266 (277) = GRUR 1955, 492 (496) – Grundig-Reporter.

[236] → Rn. 15.

[237] BVerfGE 49, 382 (393) = GRUR 1980, 44 (46) – Kirchenmusik; *Haß* FS Klaka, 1987, 127 (133); *Geiger* in Hilty/Peukert, Interessenausgleich im Urheberrecht (2004), S. 143, 151; *Dreier* ZUM 2013, 769 (773); *Stieper* S. 130 f.; *Schack* UrheberR Rn. 512; ebenso zu den Ausnahmen und Beschränkugnen in Art. 5 InfoSoc-RL *Dreier* GRUR-Int 2015, 648 (656): „echte Regelungen zur Definition des Schutzumfangs ausschließlicher Rechte"; aA *Seith* S. 11; *Zurth* S. 86 ff.

[238] So aber *Peukert* S. 69 ff.

„zwei Seiten derselben Medaille".[239] Wenn der Gesetzgeber in Ausübung seines aus Art. 14 Abs. 1 S. 2 GG folgenden Gestaltungsauftrags bestimmte Nutzungshandlungen für zulässig erklärt und damit die Rechte aus §§ 15 ff. vom Zeitpunkt ihrer Entstehung an begrenzt, stellt dies einen einheitlichen gesetzgeberischer Akt dar, bei dem Eigentumsschutz und sozialgerechter Eigentumsordnung gleichermaßen Rechnung zu tragen ist.[240] Daraus folgt, dass die Schranken **keine Rechtfertigungsgründe** sind, die einer tatbestandsmäßigen Urheberrechtsverletzung lediglich im Einzelfall die Widerrechtlichkeit nehmen.[241] Im Rahmen des Verletzungstatbestands des § 97 sind die §§ 44a ff. vielmehr bereits auf Tatbestandsebene zu berücksichtigen.[242] Da die Schranken generell-abstrakt bestimmen, unter welchen Voraussetzungen die Verwertung urheberrechtlich geschützter Werke zulässig ist, wirken sie als negative Tatbestandsmerkmale auch im Rahmen des § 106 tatbestandsausschließend.[243] Davon unabhängig trägt die **Beweislast** im Verletzungsprozess derjenige, der sich bei einer vom Tatbestand eines Verwertungsrechts erfassten Handlung auf das Eingreifen einer Schrankenbestimmung beruft.[244]

Die Bedeutung der Schranken kommt nunmehr auch im Gesetzeswortlaut zum Ausdruck. Durch   **34a** das am 1.3.2018 in Kraft getretene **UrhWissG** wurde der 6. Abschnitt umbenannt in „Schranken des Urheberrechts durch gesetzlich erlaubte Nutzungen" und in sechs Unterabschnitte gegliedert, um „dem Anwender des Gesetzes die Orientierung in dieser komplexen Materie zu erleichtern".[245] Die sprachlich wenig geglückte und zur Systematisierung der Schranken kaum geeignete Unterteilung in „gesetzlich erlaubte Nutzungen" (§§ 44a–53), „weitere gesetzlich erlaubte Nutzungen" (§§ 55–60), „gesetzliche Nutzungen für Unterricht, Wissenschaft und Institutionen" (§§ 60a–60h) sowie „Besondere gesetzlich erlaubte Nutzungen verwaister Werke" (§§ 61–61c) dürfte dabei dem Umstand geschuldet sein, dass der Gesetzgeber die bisherige Abfolge der Schrankenbestimmungen einschließlich des jetzt als Fremdkörper wirkenden Unterabschnitts zur Geräte- und Speichermedienabgabe (§§ 54– 54h) möglichst weitgehend unangetastet lassen wollte.

II. Geschützte Allgemeininteressen

Eine trennscharfe Einteilung der Schranken nach dem von ihnen jeweils verfolgten Zweck ist kaum   **35** möglich, da viele der in §§ 44a ff. geregelten Schranken mehr als nur einem Zweck dienen.[246] Man kann die Schranken hinsichtlich ihrer Schutzrichtung aber grob danach unterscheiden, ob sie in erster Linie der Förderung der geistigen Auseinandersetzung, dem Schutz privater Interessen der Verbraucher, Interessen der Wirtschaft oder staatlichen Interessen dienen. Im Einzelnen werden mit den Regelungen im 6. Abschnitt folgende Interessen berücksichtigt:
– die **„Erfordernisse der" Informationsgesellschaft** in §§ 44a[247] und 55a;
– das Interesse der **Rechtspflege und der öffentlichen Sicherheit** in § 45;
– die **Bekämpfung der Diskriminierung behinderter Menschen** in § 45a–d;[248]
– das Allgemeininteresse an der **Religionspflege** in § 46;
–das Interesse an der **„Erleichterung des Schulunterrichts"**[249] in § 47;
– der Schutz der **Presse- und Informationsfreiheit**[250] in §§ 48, 49 und 50;
– der Schutz der **„Freiheit des geistigen Schaffens"**[251] in § 51;
– das Interesse der **Allgemeinheit** am Zugang zu bestimmten privilegierten öffentlichen Wiedergaben in § 52;
– das Allgemeininteresse am **ungehinderten Zugang zu vorhandenen Informationen** in §§ 53 Abs. 1 und 2;[252]
– ausschließlich **„technischen Zwecken"**[253] dienen §§ 55 und 56;
– das Interesse an der **Abbildungsfreiheit** in §§ 57–60;

---

[239] *Schack* FS Schricker, 2005, 511.
[240] → Rn. 15.
[241] So aber BGH GRUR 2013, 503 Rn. 9 – Elektronische Leseplätze; OLG Köln GRUR-RR 2006, 5 f. – Personal Video Recorder.
[242] *Stieper* S. 150; *Dreier* ZUM 2013, 769 (773); vgl. auch *Zurth* S. 172, der aber aufgrund einer abweichenden gesetzlichen Konstruktion zur Annahme eines Rechtfertigungsgrundes kommt.
[243] → § 106 Rn. 27.
[244] OLG Stuttgart NJW-RR 1986, 220 (221); Fromm/Nordemann/*Dustmann* UrhG Vor §§ 44a ff. Rn. 17; *Zurth* S. 180 f.
[245] AmtlBegr. BT-Drs. 18/12329, 21.
[246] Ablehnend insbes. *Pahud* S. 124; vgl. auch Loewenheim/*Götting* § 30 Rn. 5 ff.; ebenso zu den Schranken in Art. 5 InfoSoc-RL Stamatoudi/Torremans/*Geiger/Schönherr* Rn. 11.69.
[247] AmtlBegr. BT-Drs. 15/38, 18.
[248] AmtlBegr. BT-Drs. 15/38, 18.
[249] AmtlBegr. BT-Drs. IV/270, 30 f.
[250] Hier spricht die Gesetzesbegründung zu eng von „Erleichterung der Berichterstattung", s. BT-Drs. IV/270, 31.
[251] AmtlBegr. BT-Drs. IV/270, 31.
[252] BGH GRUR 1997, 459 (463) – CB-Infobank I; *Stieper* S. 56 ff.; *Hohagen* S. 34 f.; aA AmtlBegr. BT-Drs. 16/1828, 20: Die Regelung sei allein „aus der Not der geistigen Eigentümer geboren"; dazu → § 53 Rn. 1 f.
[253] AmtlBegr. BT-Drs. IV/270, 32.

– die „**berechtigten Interessen aus den Bereichen Unterricht und Wissenschaft**"[254] mit §§ 60a–60h.

III. Auslegung und Anwendung der §§ 44a ff.

1. Grundsatz der engen Auslegung

36   Entsprechend dem traditionellen Verständnis der Schranken als Ausnahmen vom grundsätzlich umfassenden Verwertungsrecht des Urhebers geht die hM in Deutschland seit jeher davon aus, dass die Schrankenregelungen in §§ 44a ff. grundsätzlich **eng auszulegen** und **einer analogen Anwendung nicht zugänglich** seien.[255] Auch der EuGH verlangt eine strikte Auslegung der Ausnahmen in Art. 5 InfoSoc-RL, weil es sich dabei um eine Abweichung von dem in der Richtlinie aufgestellten allgemeinen Grundsatz – dem Erfordernis einer Zustimmung des Inhabers des Urheberrechts für die jeweilige Vervielfältigung eines geschützten Werkes – handele.[256] Einen Grundsatz, wonach Ausnahmebestimmungen generell eng auszulegen seien, gibt es in der juristischen Methodenlehre jedoch nicht.[257] Dementsprechend betont der BGH in jüngeren Entscheidungen, dass das Gebot der engen Auslegung von Schrankenbestimmungen seinen Grund weniger darin habe, dass Ausnahmevorschriften generell eng auszulegen wären, sondern darauf beruhe, dass mit den Schrankenbestimmungen das Ausschließlichkeitsrecht des Urhebers begrenzt werde, das wegen des **Beteiligungsgrundsatzes** nicht übermäßig beschränkt werden dürfe.[258] Eine gesetzgeberische Entscheidung zugunsten eines im Grundsatz unbeschränkten Ausschließlichkeitsrechts des Urhebers lässt sich jedoch weder dem UrhG noch der InfoSoc-RL entnehmen. Das Urheberrecht trägt mit den Schranken gerade auch anderen als Urheberinteressen Rechnung.[259] Ohne Beachtung der den jeweiligen Schranken zugrunde liegenden gesetzgeberischen Wertentscheidungen lässt sich daher nicht bestimmen, ob die Schrankenbestimmungen Ausnahmen vom Grundsatz einer möglichst weitgehenden Beteiligung des Urhebers an der Verwertung seines Werkes darstellen, oder umgekehrt das Ausschließlichkeitsrecht des Urhebers eine Ausnahme von der grundsätzlichen Freiheit der Nutzung fremder Ideen ist.[260] Ebenso wenig wie ein allgemeiner Grundsatz, dass Schrankenbestimmungen generell eng auszulegen seien, lässt sich daher ein generelles Gebot der möglichst weiten Auslegung von Schrankenbestimmungen begründen.[261]

37   Maßgeblich für die Auslegung der §§ 44a ff. sind vielmehr **Regelungsgrund und Zweck der jeweiligen Schrankenbestimmung**.[262] Auch der BGH erkennt mittlerweile an, dass die „durch die Schrankenbestimmungen geschützten Interessen zu beachten und ihrem Gewicht entsprechend für die

[254] AmtlBegr. BT-Drs. 15/38, 20; vgl. auch BGH GRUR 2013, 1220 Rn. 70 – Gesamtvertrag Hochschul-Intranet.

[255] BGHZ 50, 147 (152 f.) = GRUR 1968, 607 (608) – Kandinsky I (zu § 51); BGHZ 58, 262 (265) = GRUR 1972, 614 (615) – Landesversicherungsanstalt (zu § 52); BGH GRUR 1983, 28 (29) – Presseberichterstattung und Kunstwerkwiedergabe II (zu § 50); BGH GRUR 1985, 874 (875 f.) – Schulfunksendung (zu § 47); BGHZ 114, 368 (371) = GRUR 1991, 903 (905) – Liedersammlung (zu § 46); BGHZ 116, 305 (308) = GRUR 1992, 386 (387) – Altenwohnheim II; BGHZ 123, 149 (155) = GRUR 1994, 45 (47) – Verteileranlagen (zu § 52); BGHZ 126, 313 (317) = GRUR 1994, 800 (802) – Museums-Katalog (zu § 58); BGHZ 134, 250 (264) = GRUR 1997, 459 (463) – CB-Infobank I (zu § 53); BGH GRUR 2012, 819 Rn. 28 – Blühende Landschaften (zu § 51); BGH GRUR 2012, 1062 Rn. 21 – Elektronischer Programmführer (zu § 49); Fromm/Nordemann/*Dustmann* UrhG Vor §§ 44a ff. Rn. 4, 6; Wandtke/Bullinger/*Lüft* UrhG Vor § 44 ff. Rn. 1; Büscher/Dittmer/Schiwy/*Steden* UrhG Vor §§ 44a ff. Rn. 11; *Bornkamm* FS Piper, 1996, 641 (650); *Schulze* in Riesenhuber, Systembildung im Europäischen Urheberrecht (2007), S. 181, 200 f.; *Findeisen* S. 115; *Förster* S. 183 f.; ebenso zu den Schranken im LUG und KUG schon RGZ 153, 1 (23) – Rundfunksendung von Schallplatten; BGHZ 11, 135 (143) = GRUR 1954, 216 (219) – Lautsprecherübertragung; KG GRUR 1937, 319 (321).

[256] So zu Art. 5 Abs. 1 InfoSoc-RL EuGH GRUR 2009, 1041 Rn. 56 f. – Infopaq; EuGH GRUR-Int 2012, 336 Rn. 27 – Infopaq II; EuGH GRUR 2014, 654 Rn. 23 – PRCA/NLA; zu Art. 5 Abs. 2 lit. b InfoSoc-RL EuGH GRUR 2012, 489 Rn. 101 – Luksan/van der Let; EuGH GRUR 2014, 546 Rn. 23, 30 – ACI Adam/Thuiskopie; zu Art. 5 Abs. 3 lit. e InfoSoc-RL EuGH GRUR 2012, 166 Rn. 109 – Painer/Standard.

[257] *Larenz/Canaris*, Methodenlehre der Rechtswissenschaft (3. Aufl. 1995), S. 243; *Bydlinski*, Juristische Methodenlehre und Rechtsbegriff (2. Aufl. 1991), S. 440; speziell zu den Schranken des Urheberrechts Dreier/Schulze/*Dreier* Vor § 44a Rn. 7; *Hilty* GRUR 2005, 819 (823): „Ammenmärchen"; kritisch auch *Metzger* in Leistner, Europäische Perspektiven des Geistigen Eigentums (2010), S. 101, 111: Die Auslegungsmaxime stehe „erkenntnistheoretisch auf tönernen Füßen".

[258] BGHZ 150, 6 (8) = GRUR 2002, 605 f. – Verhüllter Reichstag (zu § 59); BGHZ 151, 300 (310) = GRUR 2002, 963 (966) – Elektronischer Pressespiegel (zu § 49); BGH GRUR 2002, 1050 (1051) – Zeitungsbericht als Tagesereignis (zu § 50); BGH GRUR 2005, 670 (671) – WirtschaftsWoche (zu § 49); BGH GRUR 2015, 667 Rn. 19 – Möbelkatalog (zu § 57); strenger noch BGHZ 144, 232 (235 f.) = GRUR 2001, 51 (52) – Parfumflakon, wonach dem Urheber das Ausschließlichkeitsrecht „möglichst uneingeschränkt" zustehe.

[259] → Rn. 15, 26.

[260] *Stieper* S. 66 ff.

[261] Dafür aber *Hoeren* MMR 2000, 3 (4 f.); OLG Düsseldorf NJW-RR 2002, 1049 (*Hoeren* folgend); *Kröger* MMR 2002, 18 (20).

[262] *Rehbinder/Peukert* Rn. 483; *Stieper* S. 69; *Poeppel* S. 45; *Rehse* S. 61; *Kleinemenke* S. 78; *Geiger* in Hilty/Peukert, Interessenausgleich im Urheberrecht (2004), S. 143, 152; *Wandtke/König* ZUM 2014, 921 (928 f.); *Hilty* FS Schricker, 2005, 325 (327 f.); *Hilty* GRUR 2005, 819 (823); DKMH/*Dreyer* UrhG Vor §§ 44a ff. Rn. 26.

Auslegung der gesetzlichen Regelung heranzuziehen" sind.[263] Dies könne im Einzelfall auch eine großzügigere, dem Informations- und Nutzungsinteresse der Allgemeinheit Rechnung tragende Interpretation der Schranken erforderlich machen.[264] Ebenso betont der EuGH, dass trotz des Gebots der engen Auslegung der Ausnahmen in Art. 5 InfoSoc-RL die „praktische Wirksamkeit der … Ausnahme zu wahren und ihre Zielsetzung zu beachten" sei und die Ausnahme „einen angemessenen Rechts- und Interessenausgleich zwischen den Rechtsinhabern auf der einen Seite und den Nutzern der geschützten Werke … auf der anderen Seite beibehalten" müsse.[265] Geboten ist danach keine grundsätzlich enge, sondern stets eine dem objektiven Zweck der Schranke und der Bedeutung der jeweils geschützten Allgemeininteressen entsprechende Auslegung.[266]

Im Hinblick auf die immer rasantere technische Entwicklung kommt eine **erweiternde Auslegung** der bestehenden Schranken vor allem dann in Betracht, wenn eine neue technische Nutzungsart im Wesentlichen eine schon bekannte, von den Schrankenbestimmungen umfasste Nutzungsart ergänzt oder sogar ersetzt und damit die ursprüngliche Intention und Zielrichtung des Gesetzgebers auf „modernere" Art erfüllt.[267] Typisches Beispiel hierfür ist die weite Auslegung des Pressespiegelprivilegs in § 49.[268] Früher ging die Rechtsprechung zwar davon aus, dass der mit einer Ausnahmebestimmung verfolgte Zweck „nur aus der tatsächlichen und rechtlichen Lage, die der Gesetzgeber bei Erlass dieser Bestimmung vorfand", entnommen werden könne[269] und daher **neue technische Entwicklungen** nicht zur Ausweitung der Ausnahmebestimmungen führen könnten.[270] Nach der heute ganz herrschenden objektiven Auslegungstheorie hat die Gesetzesauslegung aber gegenwartsbezogen anhand objektiv-teleologischer Kriterien zu erfolgen.[271] Die Gerichte sind daher befugt und verpflichtet zu prüfen, wie das Gesetzesrecht auf neue Zeitumstände anzuwenden ist.[272] Vor allem bei gesetzlichen Lizenzen kommt eine extensive Auslegung darüber hinaus auch dann in Frage, wenn eine enge Auslegung wirtschaftlich nicht den Urhebern selbst, sondern Erstverwertern – zB Zeitungsverlegern – zugute käme und daher „ausnahmsweise die Anwendung der Schranke den Urheber günstiger stellt als die Geltung des Ausschließlichkeitsrechts".[273] Bei Beachtung der vom Gesetzgeber getroffenen Güterabwägung[274] und des Dreistufentests[275] ist zur Schließung von Regelungslücken auch eine **analoge Anwendung** einzelner Schrankenbestimmungen zulässig.[276] So hat der BGH den Kopienversand auf Bestellung zwar dem Besteller zugeordnet und unter die Ausnahme von § 53 subsumiert, aber gleichzeitig im Wege einer Gesamtanalogie eine gesetzliche Vergütung eingeführt.[277]

2. Grundrechtskonforme Auslegung

Seitdem das BVerfG im Kammerbeschluss „Germania 3" eine Auslegung des § 51 „im Lichte der Kunstfreiheit" gefordert hat,[278] betont auch der BGH, dass es Aufgabe der Gerichte ist, bei der Ausle-

---

[263] BGHZ 151, 300 (310) = GRUR 2002, 963 (966) – Elektronischer Pressespiegel; BGH GRUR 2003, 1035 (1037) – Hundertwasser-Haus I; BGH GRUR 2005, 670 (671) – Wirtschafts-Woche; zustimmend Loewenheim/*Götting* § 30 Rn. 13.

[264] BGHZ 154, 260 (265) = GRUR 2003, 956 (957) – Gies-Adler.

[265] EuGH GRUR 2012, 156 Rn. 163 f. – FAPL/Murphy mAnm *Stieper* MMR 2011, 825 (zu Art. 5 Abs. 1); EuGH GRUR 2012, 166 Rn. 132 f. – Painer/Standard (zu Art. 5 Abs. 3 lit. d); EuGH GRUR 2014, 972 Rn. 22 f., 26 – Deckmyn/Vandersteen (zu Art. 5 Abs. 3 lit. k); EuGH GRUR 2019, 940 Rn. 36, 55 – Spiegel Online/Beck (zu Art. 5 Abs. 3 lit. c und d); vgl. auch EuGH GRUR 2014, 654 Rn. 24 – PRCA/NLA (zu Art. 5 Abs. 1).

[266] *Stieper* ZGE 4 (2012), 443 (445); *Stieper* S. 70; *Raue* FS Nordemann, 2004, 327 (339); *Leistner* IIC 2011, 417 (427 f.); *Wandtke/König* ZUM 2014, 921 (929); *Grünberger* ZUM 2015, 273 (287); Dreier/Schulze/*Dreier* Vor § 44a Rn. 7.

[267] Vgl. BGHZ 174, 359 = GRUR 2008, 245 Rn. 20 – Drucker und Plotter I; BGH GRUR 2014, 984 Rn. 44 – PC III; Dreier/Schulze/*Dreier* Vor § 44a Rn. 7; *Stieper* GRUR 2014, 1060 (1063).

[268] BGHZ 151, 300 (310 f.) = GRUR 2002, 963 (966) – Elektronischer Pressespiegel; BGH GRUR 2005, 670 (671) – WirtschaftsWoche; vgl. → § 49 Rn. 17 ff.

[269] BGHZ 17, 266 (282) = GRUR 1955, 492 (497) – Grundig-Reporter.

[270] RGZ 153, 1 (24 f.) – Rundfunksendung von Schallplatten.

[271] *Stieper* GRUR 2014, 1060 (1063) mwN; ebenso die Kritik von *Metzger* in Leistner, Europäische Perspektiven des Geistigen Eigentums (2010), S. 101, 111.

[272] BVerfG (K) GRUR 2011, 223 Rn. 22 – Drucker und Plotter.

[273] BGHZ 151, 300 (311) = GRUR 2002, 963 (966) – Elektronischer Pressespiegel; BGH GRUR 2005, 670 (671) – WirtschaftsWoche; ebenso *Schack* FS Schricker, 2005, 511 (514); DKMH/*Dreyer* UrhG Vor §§ 44a ff. Rn. 27; → Rn. 6.

[274] → Rn. 24.

[275] *Senftleben* JIPITEC 1 (2010), 67 Rn. 49 f.; → Rn. 20.

[276] BGH GRUR 99, 162 (164) = GRUR 1987, 362 (363) – Filmzitat; KG UFITA 54 (1969), 296 (299) (zu § 51 Nr. 2 aF; dazu *Stieper* S. 49 mwN); BGH GRUR 2009, 403 Rn. 21 – Metall auf Metall mAnm *Stieper* ZUM 2009, 223 (zu § 24); BGH GRUR 2007, 500 Rn. 17 – Sächsischer Ausschreibungsdienst (zu § 5); Wandtke/Bullinger/*Lüft* UrhG Vor §§ 44a ff. Rn. 2; Büscher/Dittmer/Schiwy/*Steden* UrhG Vor §§ 44a ff. Rn. 11; *Rehse* S. 72 f.; *Kleinemenke* S. 83 ff.; einschränkend („allenfalls in seltenen Ausnahmefällen") DKMH/*Dreyer* UrhG Vor §§ 44a ff. Rn. 28; vgl. auch BGHZ 87, 126 (131 f.) = GRUR 1983, 562 (563) – Zoll- und Finanzschulen (zu § 52 Abs. 1); BGH GRUR 1985, 874 (876) – Schulfunksendung (zu § 47); BGHZ 174, 359 = GRUR 2008, 245 Rn. 22 ff. (zu § 54a), wo eine Analogie im Ergebnis aber abgelehnt wird.

[277] BGHZ 141, 13 = GRUR 1999, 707 – Kopienversanddienst; jetzt → § 60e Rn. 34 ff.

[278] BVerfG (K) GRUR 2001, 149 (151) – Germania 3; vgl. auch BGH GRUR 2012, 819 Rn. 14 – Blühende Landschaften.

gung der Schrankenbestimmungen die verfassungsrechtlich verbrieften **Interessen der Nutzerseite** angemessen zu berücksichtigen.[279] Soweit der Grundrechtsschutz des Urhebers mit einer Grundrechtsposition der von der Schranke privilegierten Nutzer kollidiert – und das ist im Hinblick auf Art. 2 Abs. 1 GG bei jeder Schranke der Fall[280] –, verbietet sich daher sowohl die Anwendung der Regel, nach der Schrankenregelungen des Urheberrechts grundsätzlich eng auszulegen seien, als auch diejenige der umgekehrten Regel, dass der Meinungs- und Pressefreiheit grundsätzlich der Vorrang vor dem nach Art. 14 Abs. 1 GG geschützten Urheberrecht einzuräumen sei.[281] Gleiches gilt im Anwendungsbereich der europäischen Grundrechte.[282] Die Zivilgerichte müssen bei der Auslegung und Anwendung des Urheberrechts vielmehr die im Gesetz zum Ausdruck kommende Interessenabwägung in einer Weise nachvollziehen, die den Eigentumsschutz der Urheber[283] ebenso wie etwaige damit konkurrierende Grundrechtspositionen – insbesondere die Meinungs-, Presse-, Kunst- und Wissenschaftsfreiheit – im Wege **praktischer Konkordanz** beachtet und unverhältnismäßige Grundrechtsbeschränkungen vermeidet.[284] Die Abwägung der betroffenen Grundrechtspositionen hat dabei stets im Rahmen einer grundrechtskonformen Auslegung und Anwendung der konkreten gesetzlichen Schrankenbestimmung (einschließlich deren analoger Anwendung) zu erfolgen; eine davon losgelöste Einzelfallabwägung würde in das vom Gesetzgeber bereits allgemein geregelte Verhältnis von Urheberrecht und Nutzerinteressen eingreifen.[285] Im Einzelfall kann eine verfassungskonforme Rechtsanwendung – im Rahmen der unionsrechtlichen Vorgaben – auch durch eine einschränkende Auslegung des betroffenen Verwertungsrechts erreicht werden.[286]

3. Unionsrechtskonforme Auslegung

40   Die Auslegung der §§ 44a ff. stößt dort an ihre Grenzen, wo sie mit unionsrechtlichen Vorgaben nicht mehr vereinbar wäre. Vorrangig sind die §§ 44a ff. daher im Hinblick auf den abschließenden Schrankenkatalog in Art. 5 InfoSoc-RL richtlinienkonform auszulegen.[287] Soweit die dort aufgeführten Ausnahmen und Beschränkungen einen entsprechenden Umsetzungsspielraum lassen, dürfen die zu ihrer Umsetzung erlassenen Schrankenregelungen im nationalen Recht zwar grundsätzlich enger ausgelegt werden als die entsprechenden Vorgaben in der Richtlinie.[288] Im Wege der Auslegung darf der Anwendungsbereich einer nationalen Schrankenregelung aber nicht auf Fälle **ausgedehnt** werden, die in Art. 5 Abs. 2 oder 3 InfoSoc-RL keine Entsprechung finden. Das gilt auch für die verfassungskonforme Auslegung.[289] Ggf. können aber die Tatbestände in Art. 5 InfoSoc-RL ihrerseits im Lichte der **Unionsgrundrechte** erweiternd auszulegen sein.[290] Dabei ist zu berücksichtigen, dass die in Art. 5 InfoSoc-RL aufgestellten Kriterien in der gesamten Union **autonom und einheitlich auszulegen** sind:[291] Wenn ein Mitgliedstaat eine in Art. 5 InfoSoc-RL vorgesehene Ausnahme eingeführt hat, muss diese nach dem EuGH „in kohärenter Weise angewandt werden, so dass sie nicht den mit der RL 2001/29 verfolgten Zielen, mit denen die Funktionsfähigkeit des Binnenmarkts gesichert werden soll, abträglich sein kann".[292] Wegen der insoweit maßgeblichen unionsrechtskonformen Auslegung von § 24 Abs. 1[293] legt der BGH daher neuerdings auch bei der urheberrechtlichen Beurteilung von Parodien, Karikaturen und Pastiches (Art. 5 Abs. 3 lit. k InfoSoc-RL) den vom Vorliegen eines selbständigen Werkes unabhängigen Parodiebegriff des EuGH zugrunde.[294] Darüber hinaus ist

---

[279] BGHZ 154, 260 (267) = GRUR 2003, 956 (957) – Gies-Adler.
[280] S. zu § 53 Abs. 1 BGH GRUR 2014, 974 Rn. 32 – Porträtkunst; dazu *Stieper* GRUR 2014, 1060 (1064).
[281] BVerfG (K) GRUR 2012, 389 Rn. 17 – Kunstausstellung im Online-Archiv.
[282] *Stamatoudi/Torremans/Geiger/Schönherr* Rn. 11.80; → Rn. 32 und sogleich in → Rn. 40.
[283] Vgl. dazu BGHZ 58, 262 (268 f.) = GRUR 1972, 614 (616) – Landesversicherungsanstalt.
[284] BVerfG (K) GRUR 2011, 223 Rn. 17 – Drucker und Plotter; BVerfG (K) GRUR 2012, 389 Rn. 10 – Kunstausstellung im Online-Archiv (zur Pressefreiheit); BVerfG GRUR 2016, 690 Rn. 82 – Metall auf Metall (zur Kunstfreiheit); BGH GRUR 2014, 549 Rn. 37 – Meilensteine der Psychologie (zur Freiheit der Lehre); BGH GRUR 2014, 974 Rn. 33 – Porträtkunst (zur allgemeinen Handlungsfreiheit); *Bornkamm* FS Piper, 1996, 641 (650); *Raue* FS Nordemann, 2004, 327 (337).
[285] BVerfG (K) GRUR 2012, 389 Rn. 14 – Kunstausstellung im Online-Archiv; dazu → Rn. 24.
[286] BVerfG GRUR 2016, 690 Rn. 110 – Metall auf Metall (zu § 85 Abs. 1).
[287] DKMH/*Dreyer* UrhG Vor §§ 44a ff. Rn. 16; Wandtke/Bullinger/*Lüft* UrhG Vor §§ 44a ff. Rn. 5; → Rn. 26.
[288] BGH GRUR 2013, 1220 Rn. 42 – Gesamtvertrag Hochschul-Intranet; BGH GRUR 2014, 549 Rn. 61 – Meilensteine der Psychologie mAnm *Stieper* ZUM 2014, 532; vgl. auch → Rn. 26a.
[289] Vgl. EuGH GRUR 2019, 934 Rn. 30 – Funke Medien/BRD; EuGH GRUR 2019, 940 Rn. 19 – Spiegel Online/Beck; dazu bereits → Rn. 32a. Fehlendes Problembewusstsein zeigen insoweit BGH GRUR 2012, 819 Rn. 14 – Blühende Landschaften (zu § 51); dazu *Stieper* ZGE 4 (2012), 443 (449 f.); sowie BGH GRUR 2014, 974 Rn. 31 ff. – Porträtkunst (zu § 53 Abs. 1); dazu *Stieper* GRUR 2014, 1060 (1064).
[290] Deutlich jetzt EuGH GRUR 2019, 940 Rn. 54 f., 72 – Spiegel Online/Beck; dazu → Rn. 32.
[291] EuGH GRUR 2012, 810 Rn. 33 f. – DR und TV2 Danmark (zu Art. 5 Abs. 2 lit. d InfoSoc-RL); EuGH GRUR 2014, 972 Rn. 17 – Deckmyn/Vandersteen (zu Art. 5 Abs. 3 lit. k InfoSoc-RL).
[292] EuGH GRUR 2014, 546 Rn. 34 – ACI Adam/Thuiskopie; vgl. auch EuGH GRUR 2011, 50 Rn. 36 – Padawan/SGAE; EuGH GRUR 2012, 810 Rn. 36 – DR und TV2 Danmark; EuGH GRUR 2014, 972 Rn. 16 – Deckmyn/Vandersteen.
[293] → Rn. 21.
[294] BGHZ 211, 309 = GRUR 2016, 1157 Rn. 24 ff. – Auf fett getrimmt.

bei der Auslegung der nationalen Schrankenregelungen der **Dreistufentest** zu beachten,[295] auch wenn der deutsche Gesetzgeber davon Abstand genommen hat, diese Schranken-Schranke wie etwa in Frankreich[296] ausdrücklich in das Gesetz zu übernehmen.[297] Allerdings kommt dem Dreistufentest kaum eine eigenständige Bedeutung zu, wenn man die der jeweiligen Schranke zugrunde liegende Interessenabwägung bereits bei der Auslegung der einzelnen Tatbestandsmerkmale berücksichtigt.[298] Eine am Dreistufentest orientierte Auslegung deckt sich insofern mit einer umfassenden grundrechtskonformen Auslegung.[299]

4. Anwendungsbereich der §§ 44a ff.

Über gesetzliche Verweisungen auf den 6. Abschnitt[300] gelten die Schranken der §§ 44a ff. auch für **41** die verwandten Schutzrechte[301] mit Ausnahme des Sui-generis-Rechts des Datenbankherstellers.[302] Inwieweit eine Anwendung auf Computerprogramme in Betracht kommt, ist umstritten.[303] Auf **andere Immaterialgüterrechte** sind die urheberrechtlichen Schranken angesichts des vom Urheberrecht verschiedenen Schutzzwecks grundsätzlich auch nicht analog anwendbar.[304] Das gilt seit der Reform des Geschmacksmusterrechts im Jahr 2004 („design approach") vor allem auch für den Designschutz.[305] Eine analoge Anwendung der urheberrechtlichen Schranken kann allerdings geboten sein, um Wertungswidersprüche bei einer **Kumulation mehrerer Schutzrechte** zu vermeiden, etwa wenn ein urheberrechtlich geschütztes Werk gleichzeitig die Schutzvoraussetzungen eines gewerblichen Schutzrechts (insbesondere Design) erfüllt.[306] Enthält das betreffende Schutzgesetz ausdrücklich eine Schrankenregelung, die dieselben Allgemeininteressen schützt wie eine urheberrechtliche Schranke, so bestehen grundsätzlich auch keine Bedenken, bei der Auslegung des Schrankentatbestands auf die Auslegung zurückzugreifen, die die entsprechende Schranke im Urheberrecht erfahren hat. Wenn der BGH für die Auslegung des Begriffs „zum Zwecke der Zitierung" in § 40 Nr. 3 DesignG die für § 51 UrhG geltenden Auslegungsgrundsätze heranzieht,[307] wird jedoch außer Acht gelassen, dass diese Voraussetzung durch Art. 13 Abs. 1 lit. c Geschmacksmuster-RL vorgegeben ist und als autonomer Begriff des Unionsrechts nicht allein anhand der Wertungen des deutschen UrhG ausgelegt werden kann.[308] Auf die Verhaltensregeln des **UWG** finden die urheberrechtlichen Schranken hingegen keine Anwendung,[309] ebenso wenig auf Ansprüche wegen Verletzung des **allgemeinen Persönlichkeitsrechts**.[310]

IV. Das gesetzliche Schuldverhältnis bei gesetzlichen Lizenzen

Bei einer gesetzlichen Lizenz knüpft das Gesetz an die Vornahme der zulässigen Werknutzung (zB **42** die Vervielfältigung und Verbreitung in §§ 46 und 49, die öffentliche Wiedergabe in § 52) einen Vergütungsanspruch.[311] Dabei kommt es nur auf die objektive Tatbestandserfüllung als **Realakt** an, ohne dass ein subjektiver, insbesondere rechtsgeschäftlicher Wille des Nutzers hinzukommen muss. Aus-

---

[295] EuGH GRUR 2014, 546 Rn. 38 – ACI Adam/Thuiskopie; EuGH GRUR 2014, 654 Rn. 53 – PRCA/NLA; BGH GRUR 2014, 549 Rn. 46 – Meilensteine der Psychologie: „entscheidender Maßstab für die Anwendung der einschlägigen Vorschriften des Urheberrechtsgesetzes im Einzelfall"; Walter/*v. Lewinski*/*Walter* Rn. 11.5.78; Dreier/Hugenholtz/*Bechtold* S. 382; Fromm/Nordemann/*Dustmann* UrhG Vor §§ 44a ff. Rn. 13; Wandtke/Bullinger/*Lüft* UrhG Vor §§ 44a ff. Rn. 1; ebenso zu Art. 9 Abs. 2 RBÜ BGHZ 141, 13 (34) = GRUR 1999, 707 (713) – Kopienversanddienst; zu den einzelnen Stufen → Rn. 30 f.

[296] Art. L. 122-5-9 CPI.

[297] AmtlBegr. BT-Drs. 15/38, 15; BT-Drs. 16/1828, 21: Der Dreistufentest sei „in erster Linie eine Gestaltungsanordnung gegenüber dem nationalen Gesetzgeber in Bezug auf die im Einzelnen zu konkretisierenden Schranken des Urheberrechts".

[298] Ähnlich *Grünberger* ZUM 2015, 273 (288); zu Art. 5 Abs. 1 InfoSoc-RL ausdrücklich auch EuGH GRUR 2012, 156 Rn. 181 – FAPL/Murphy mAnm *Stieper* MMR 2011, 825; EuGH GRUR-Int 2012, 336 Rn. 56 f. – Infopaq II; vgl. auch EuGH GRUR 2009, 1041 Rn. 58 – Infopaq; EuGH GRUR 2014, 546 Rn. 38 ff. – ACI Adam/Thuiskopie, wo Art. 5 Abs. 5 InfoSoc-RL ebenfalls nur ergänzend herangezogen wird.

[299] *Reschke* S. 144 f.

[300] Die pauschale Verweisung auf die „Vorschriften des Teils 1" in § 70 Abs. 1 erfasst auch die Schranken der §§ 44a ff., s. BGH GRUR 2002, 1050 – Zeitungsbericht als Tagesereignis.

[301] S. §§ 70 Abs. 1, 71 Abs. 1 S. 3, 72 Abs. 1, 83, 85 Abs. 4, 87 Abs. 4, 87g Abs. 4 S. 2, 94 Abs. 4.

[302] → § 87c Rn. 1.

[303] Ablehnend etwa BGH GRUR 2017, 266 Rn. 66 – World of Warcraft I; dazu → § 44a Rn. 4 und → § 69a Rn. 25.

[304] So auch DKMH/*Dreyer* UrhG Vor §§ 44a ff. Rn. 53 f.

[305] *Cornels* S. 71 ff.

[306] *Ahrens*/*McGuire* S. 83; *Schulze* FS Ullmann, 2006, 93 (104 ff.); *Cornels* S. 73; vgl. auch BGHZ 144, 232 = GRUR 2001, 51 (53 f.) – Parfumflakon.

[307] BGH GRUR 2011, 1117 Rn. 45 – ICE; ebenso *Schulze* FS Ullmann, 2006, 93 (108 f.); zur Anwendbarkeit von § 57 UrhG auf ein geschütztes Design vgl. BT-Drs. 15/1075, 54.

[308] Ausf. *Cornels* S. 90–103; *Stieper* ZUM 2017, 770 (771 f.); ebenso zur entsprechenden Regelung in Art. 20 Abs. 1 lit. c VO 6/2002 EuGH GRUR 2017, 1120 Rn. 70 – Nintendo/BigBen.

[309] BGH GRUR 1958, 549 (552) – Box-Programmhefte (zu § 18 Abs. 3 LUG).

[310] BGH GRUR 1985, 398 (400) – Nacktfoto (zu § 51 UrhG).

[311] → Rn. 10.

nahmsweise entsteht der Vergütungsanspruch in § 54 und § 54b nicht durch die tatsächliche urheberrechtsrelevante Nutzung (dies wäre jede einzelne nach § 53 zulässige Vervielfältigung), sondern bereits antizipiert durch die Veräußerung bzw. das sonstige Inverkehrbringen der betreffenden Geräte bzw. Trägermaterialien. Auch in diesem Fall ist im Hinblick auf den urheberrechtlichen Vergütungsanspruch die Veräußerung bzw. das Inverkehrbringen ein Realakt; entscheidend ist hier nur der Besitzübergang, auf die Wirksamkeit des zugrunde liegenden Rechtsgeschäftes kommt es nicht an.

43   Durch den tatsächlichen Nutzungsakt entsteht zwischen dem Verwerter und dem Berechtigten ein **gesetzliches Schuldverhältnis.** Auf gesetzliche Schuldverhältnisse, auch soweit sie nicht im Zweiten Buch des BGB geregelt sind, finden die allgemeinen Rechtsnormen des Allgemeinen Schuldrechts (§§ 241 ff. BGB) Anwendung; dies gilt auch für die sich aus den gesetzlichen Lizenzen der §§ 44a ff. ergebenden gesetzlichen Schuldverhältnisse.[312] Hauptinhalt dieser gesetzlichen Schuldverhältnisse ist der Vergütungsanspruch. Daneben bestehen eine Reihe weiterer, teils wichtiger Nebenverpflichtungen.

1. Vergütungsanspruch

44   Der Vergütungsanspruch aus den gesetzlichen Lizenzen in §§ 44a ff. ist kein abgeschwächtes Verwertungsrecht iSv § 15, also kein Surrogat für das aufgehobene Verbotsrecht, sondern „ein Relikt des positiven Nutzungsrechts",[313] ein urheberrechtlicher Anspruch eigener Art.[314] Kommt der Verwerter seinen Vergütungspflichten nicht oder nicht rechtzeitig nach, so hat der Berechtigte gemäß § 362 BGB einen **Erfüllungsanspruch** und kann ggf. Schadensersatz wegen Nichterfüllung beanspruchen.[315] Durch die bloße Nichterfüllung der Zahlungspflicht wird der zugrundeliegende urheberrechtlich relevante Tatbestand – dh die im Rahmen einer gesetzlichen Lizenz zulässige Nutzung eines urheberrechtlich geschützten Werkes – aber **nicht rechtswidrig** und löst damit keine Ansprüche aus § 97 aus.[316] Im Hinblick auf diesen eigenständigen Charakter der Vergütungsansprüche aus gesetzlichen Lizenzen hatte der Gesetzgeber richtigerweise in § 1 UrhWG aF neben den Nutzungs- und Einwilligungsrechten ausdrücklich auch die Vergütungsansprüche gesondert aufgezählt.

45   Der Unterschied zwischen Verwertungsrechten und Vergütungsansprüchen wird auch in der **Übertragbarkeit** deutlich. Als Folge der grundsätzlichen Unübertragbarkeit von Urheberrechten (§ 29 Abs. 1 Hs. 1) können hieran lediglich Nutzungsrechte „eingeräumt" werden (§ 31). Dagegen können die vom UrhG gewährten Vergütungsansprüche (allerdings mit der gewichtigen Einschränkung von § 63a)[317] – wie alle schuldrechtlichen Forderungen durch Abtretung gemäß §§ 398 ff. BGB übertragen werden.[318] Die früher diskutierte analoge Anwendung der §§ 31 ff. auf die Übertragung gesetzlicher Vergütungsansprüche[319] dürfte mit der Aufhebung von § 31 Abs. 4 aF durch den „Zweiten Korb" ihre praktische Bedeutung weitgehend verloren haben.[320]

46   Da die im Rahmen gesetzlicher Lizenzen entstehenden Vergütungsansprüche gegenüber dem ausschließlichen Verwertungsrecht kein Minus, sondern ein Aliud darstellen, stehen sie mangels abweichender Vereinbarung grundsätzlich **dem Urheber** zu und nicht dem Inhaber abgeleiteter Nutzungsrechte. Die Einräumung eines – auch ausschließlichen – Nutzungsrechts beinhaltet daher nicht automatisch die Übertragung eines gesetzlichen Vergütungsanspruchs.[321] In Übereinstimmung mit der Rechtsprechung des EuGH[322] kann der Urheber gemäß § 63a Abs. 1 auf die gesetzlichen Vergütungsansprüche nach dem 6. Abschnitt des UrhG **nicht im Voraus verzichten** und sie im Voraus auch nur an eine Verwertungsgesellschaft abtreten oder seit 1.1.2008 zusammen mit der Einräumung des Verlagsrechts an einen Verleger, sofern dieser die Vergütungsansprüche von einer Verwertungsgesellschaft wahrnehmen lässt.[323] Bei Einführung dieser Regelung ging der Gesetzgeber davon aus, „dass gesetzliche Vergütungsansprüche dem Urheber ... zugedacht sind und dass sie ihm als Teil einer angemessenen Vergütung verbleiben sollen. Der Werknutzer bedarf dieser Ansprüche zur Ausübung seines Nutzungsrechts nicht".[324] Nach ihrem Entstehen sind sie dagegen abtretbar und verzichtbar.[325]

---

[312] *Melichar* S. 12 ff.; *Pflüger* S. 160; Fromm/Nordemann/*Dustmann* UrhG Vor §§ 44a ff. Rn. 10; DKMH/*Dreyer* UrhG Vor §§ 44a ff. Rn. 38; Dreier/Schulze/*Dreier* Vor § 44a Rn. 16.

[313] *Schricker* GRUR-Int 1983, 446 (452); DKMH/*Dreyer* UrhG Vor §§ 44a ff. Rn. 37; Dreier/Schulze/*Schulze* § 63a Rn. 3.

[314] Ebenso *Hohagen* FS Schricker, 2005, 353 (360); *Pflüger* S. 120; *Rossbach* S. 79 ff.; *Seith* S. 12; *Stöhr* S. 77.

[315] → Rn. 55.

[316] EuGH GRUR 2016, 927 Rn. 48 – Austro Mechana/Amazon; OLG München ZUM 1991, 371 (374) = NJW-RR 1992, 749 (751); *Melichar* S. 13; *Pflüger* S. 180 f.; *Stöhr* S. 69; *Stieper* S. 141; DKMH/*Dreyer* UrhG Vor §§ 44a ff. Rn. 37; Dreier/Schulze/*Dreier* Vor § 44a Rn. 16.

[317] Hierzu → Rn. 46.

[318] *Rossbach* S. 117 f.; *Melichar* S. 14; Ulmer-Eilfort/*Obergfell* 1. Teil Kap. G Rn. 91; aA Wandtke/*Bullinger*UrhG § 63a Rn. 7; allgemein → § 29 Rn. 38 ff.

[319] → 4. Aufl. 2010, Rn. 25.

[320] Dreier/Schulze/*Dreier* Vor § 44a Rn. 17.

[321] Zur früheren Diskussion s. Schricker/*Melichar* (3. Aufl.) Vor §§ 44a ff. Rn. 26.

[322] → Rn. 28; vgl. auch BGH GRUR 2016, 596 Rn. 64–70 – Verlegeranteil mAnm *Schack* JZ 2016, 685.

[323] Zu Einzelheiten → § 63a Rn. 13 ff.; beachte die Übergangsvorschrift in § 132 Abs. 3 S. 1.

[324] AmtlBegr. BT-Drs. 14/6433, 14.

[325] → § 63a Rn. 7, 9.

Mangels spezieller Bestimmungen über die **Fälligkeit** der Vergütungsansprüche im UrhG kann der 47
Berechtigte die Zahlung gemäß § 271 Abs. 1 BGB nach „sofort" verlangen, dh unmittelbar nach
Entstehung der gesetzlichen Lizenz. Sobald also durch die entsprechende Nutzungshandlung ein gesetzliches Schuldverhältnis begründet wird,[326] ist der Vergütungsanspruch zur Zahlung fällig.[327] Um
dem Umstand Rechnung zu tragen, dass das Gesetz mit dem Kriterium der „Angemessenheit" lediglich einen Rahmen für die konkrete Vergütungshöhe im Einzelfall festlegt, wird allerdings im Schrifttum vorgeschlagen, dem Urheber (bzw. bei Verwertungsgesellschaftenpflichtigkeit der Verwertungsgesellschaft) zur Konkretisierung des Anspruchs ein **Leistungsbestimmungsrecht** analog § 315 BGB
zuzuweisen.[328] Danach wäre der Vergütungsanspruch erst nach einer entsprechenden Konkretisierung
seitens des Urhebers durchsetzbar und erfüllbar.[329] In der Praxis freilich werden sich Anspruchsberechtigte und Verwerter – zumindest wenn es sich wie im Regelfall um Verwerter handelt, die
laufend in diesem Rahmen Nutzungshandlungen vornehmen – aus Praktikabilitätsgründen auf vernünftige Abrechnungszeiträume einigen. Dies gilt insbesondere, wenn – wie regelmäßig – eine Verwertungsgesellschaft den Anspruch wahrnimmt. Für die gesetzliche Vergütung nach §§ 54, 54a geht
der BGH dagegen davon aus, dass sich die Verpflichtung zur Zahlung der angemessenen Vergütung
dem Grunde und der Höhe nach unabhängig von einer Tarifaufstellung durch die Verwertungsgesellschaft unmittelbar aus dem Gesetz ergibt.[330] Hier besteht aber auch die Besonderheit, dass privilegierter Nutzer und Vergütungsschuldner nicht identisch sind und die Bestimmung der Vergütungshöhe
daher notwendigerweise pauschaliert erfolgt.[331] Auf andere gesetzliche Vergütungsansprüche lässt sich
die Rechtsprechung daher nicht ohne weiteres übertragen. Für den **Zahlungsort** gilt im Zweifel, dh
mangels abweichender Vereinbarung, § 270 BGB.

Für die **Verjährung** gesetzlicher Vergütungsansprüche gilt nicht § 102, da es sich nicht um Scha- 48
densersatzansprüche aus einer Urheberrechtsverletzung handelt, sondern um Vergütungsansprüche für
aufgrund einer gesetzlichen Schrankenregelung zulässige Nutzungen. Vielmehr richtet sich die Verjährung unmittelbar nach §§ 195, 199 BGB.[332] Maßgeblich für den Beginn der regelmäßigen Verjährungsfrist sind das Entstehen des Anspruchs sowie die Kenntnis des Gläubigers von den anspruchsbegründenden Umständen.

Mit der Urheberrechtsnovelle 1985 hatte der Gesetzgeber erstmals die **Höhe der gesetzlichen** 49
Vergütung teilweise selbst bestimmt (Anl. zu § 54d aF); mit dem Zweiten Korb wurden diese gesetzlichen Tarife gestrichen. Jetzt bestimmt das Gesetz ausnahmslos, dass im Rahmen von gesetzlichen
Lizenzen eine „angemessene Vergütung" zu zahlen ist.[333] Detailliertere Kriterien für die Vergütungshöhe sieht das Gesetz lediglich in § 54a vor.[334] Entsprechend den Vorgaben des EuGH ist die Höhe
des Ausgleichs nach dem Schaden zu bemessen, der den Rechtsinhabern durch die betreffende Ausnahme entsteht.[335] Sofern sich bezüglich bestimmter Vergütungsansprüche eine Übung zwischen den
beteiligten Verkehrskreisen herausgebildet hat, kann diese idR als angemessen betrachtet werden.[336]
Wenn eine Verwertungsgesellschaft mit dem Inkasso der Vergütung beauftragt ist (und dies ist in der
Praxis auch dort die Regel, wo keine Verwertungsgesellschaftenpflichtigkeit besteht),[337] sind zunächst
deren Tarife maßgebend; besondere Bedeutung kommt dabei den Nutzervereinigungen abgeschlossenen Gesamtverträgen zu (vgl. §§ 35, 38 S. 2 VGG). Bei einem Rechtsstreit über die Höhe der angemessenen Vergütung kann das Gericht diese gemäß § 287 Abs. 2 ZPO frei schätzen.[338]

Gläubiger des Vergütungsanspruchs ist derjenige, in dessen Person der Vergütungsanspruch ent- 50
steht.[339] Dies kann wegen § 63a S. 2 nur der Urheber selbst oder eine Verwertungsgesellschaft sein, an
die der Urheber seinen Vergütungsanspruch zur Wahrnehmung abgetreten hat. Für deren Aktivlegitimation besteht im Rahmen von § 49 VGG eine gesetzliche Vermutung. **Schuldner** der gesetzlichen
Vergütung ist derjenige, der die Vergütungsanspruch auslösende Handlung (also die urheberrechtlich relevante Nutzungshandlung bzw. im Fall der §§ 54 ff. das vorgelagerte Inverkehrbringen oder
Betreiben von Geräten oder Speichermedien)[340] tatsächlich vornimmt. Wenn der Nutzer **im Rah-**
men einer Einrichtung tätig ist, also etwa in einem Verlag (zB bei § 46, § 49 oder § 60b Abs. 1)

---

[326] → Rn. 42 f.
[327] DKMH/*Dreyer* UrhG Vor §§ 44a ff. Rn. 38; *Melichar* S. 14 f.
[328] So *Pflüger* S. 150 ff., 161 ff.
[329] *Pflüger* S. 177.
[330] BGH GRUR 2017, 684 Rn. 26 ff., 49 – externe Festplatten; dazu → § 54 Rn. 29.
[331] Näher dazu → § 54a Rn. 5.
[332] → § 102 Rn. 1.
[333] §§ 45a Abs. 2; 45c Abs. 4; 46 Abs. 4; 47 Abs. 2; 49 Abs. 1 S. 2; 52 Abs. 1 S. 2 und Abs. 2 S. 2; 54 Abs. 1; 54c
Abs. 1; 60h Abs. 1; 61b S. 2.
[334] → § 54a Rn. 7 ff.
[335] → Rn. 28.
[336] AG München ZUM 1985, 518; *Rossbach* S. 331; Loewenheim/*Melichar* § 48 Rn. 28; DKMH/*Dreyer* UrhG
vor §§ 44a ff. Rn. 37.
[337] *Melichar* S. 11 f.
[338] BGH GRUR 2013, 1220 Rn. 66 – Gesamtvertrag Hochschul-Intranet; BGH GRUR 1987, 36 – Liedtextwiedergabe II; zu Einzelheiten s. Loewenheim/*Melichar* § 48 Rn. 29 ff.; für die Festsetzung von Gesamtverträgen
gilt § 129 VGG.
[339] Dreier/Schulze/*Dreier* Vor § 44a Rn. 17.
[340] → Rn. 42.

oder einer Bildungseinrichtung (§ 60a), so ist nur die Einrichtung Vergütungsschuldnerin. Die für Nutzungshandlungen im Rahmen der §§ 60a–60f geltende Regelung in § 60h Abs. 5 ist insoweit Ausdruck eines allgemeinen Rechtsgedankens.

2. Auskunftsanspruch

51   Die Realisierung des Vergütungsanspruchs setzt voraus, dass sein Inhaber Auskunft über das Ausmaß der Nutzung erhält. Soweit ein Auskunftsanspruch nicht vom Gesetz selbst begründet wird (vgl. §§ 26 Abs. 4, 54f), ergeben sich Entstehung und Umfang aus den **allgemeinen zivilrechtlichen Regeln.** Nach stRspr besteht eine Auskunftspflicht, wenn zwischen den Parteien eine Sonderverbindung besteht, der Gläubiger aber über den Umfang seines dem Grunde nach feststehenden Anspruchs in entschuldbarer Weise im Ungewissen ist und der Verpflichtete die erforderlichen Auskünfte unschwer, dh ohne unbillig belastet zu sein, erteilen kann.[341] Dieser auf § 242 BGB basierende Auskunftsanspruch ist gewohnheitsrechtlich anerkannt und gilt auch für die durch das UrhG begründeten gesetzlichen Schuldverhältnisse.[342] Im Verhältnis zum Vergütungsanspruch ist der Auskunftsanspruch als Hilfsanspruch zu qualifizieren[343] und verjährt ebenso wie jener in der regelmäßigen Verjährungsfrist; der Auskunftsanspruch kann aber nicht vor dem Hauptanspruch verjähren.[344]

52   Der **Umfang der Auskunftsverpflichtung** ergibt sich aus dem Tatbestand der jeweiligen gesetzlichen Lizenz. Er wird in der Regel in Gesamtverträgen geregelt.[345] Es sind nicht nur die einzelnen Nutzungshandlungen anzugeben, die zu dem gesetzlichen Schuldverhältnis geführt haben, sondern auch Autor und Titel des benutzten Werkes, die Erstveröffentlichungsquelle sowie der Umfang der Nutzung.[346] Die Auskunft muss in der Regel schriftlich erteilt werden, eine Rechenschaftspflicht gemäß § 259 Abs. 1 BGB besteht bei einer gesetzlichen Lizenz anders als bei einer Urheberrechtsverletzung[347] aber grundsätzlich nicht.[348]

3. Benachrichtigungspflicht

53   Neben der von einer Aufforderung durch den Berechtigten abhängigen Auskunftsverpflichtung besteht für denjenigen, der durch eine Nutzungshandlung einen gesetzlichen Vergütungsanspruch begründet, eine Benachrichtigungspflicht als rechtlich unselbständige, nicht einklagbare Verhaltenspflicht.[349] Derartige Aufklärungspflichten ergeben sich auch ohne ausdrückliche gesetzliche Regelung aus § 242 BGB, wenn „der andere Teil nach **Treu und Glauben** unter Berücksichtigung der Verkehrsanschauung redlicherweise die Mitteilung von Tatsachen erwarten durfte, die für die Willensbildung des anderen Teils offensichtlich von ausschlaggebender Bedeutung sind", und er im Rahmen seiner Eigenverantwortung nicht gehalten ist, sich selbst über diese Tatsache zu informieren.[350] Der Inhaber des Vergütungsanspruchs ist − auch wenn es sich wie idR um eine Verwertungsgesellschaft handelt − nicht in der Lage, jede einzelne einen Vergütungsanspruch auslösende Nutzungshandlung von sich aus aufzuspüren. Für den Verwerter ergibt sich daher eine Aufklärungspflicht des Inhalts, seine Nutzungshandlung, die zu dem gesetzlichen Schuldverhältnis geführt hat, dem jeweiligen Rechtsinhaber **zu melden.**[351] Eine gesetzliche Meldepflicht besteht gemäß § 54e für die Importeure von Kopiergeräten und Speichermedien.

54   Die Mitteilungspflicht nach § 242 BGB entsteht erst **mit erfolgter Werknutzung,** da vorher kein gesetzliches Schuldverhältnis zwischen Nutzer und Rechtsinhaber besteht.[352] Ihre Unterlassung führt daher nicht dazu, dass die betreffende Werknutzung im Rahmen der gesetzlichen Lizenz **rechtswidrig** wird. Darin unterscheidet sie sich von der in § 46 Abs. 3 normierten Mitteilungspflicht. Zweck dieser formellen Benachrichtigungspflicht ist vor allem, dem Urheber die Möglichkeit zu geben, das in § 46 Abs. 5 vorgesehene Widerspruchsrecht im Falle eines Gesinnungswandels realisieren zu können.[353] Die vorherige Mitteilung ist hier ausnahmsweise Voraussetzung für die Rechtmäßigkeit der von § 46 Abs. 1 erlaubten Nutzung, ihr Fehlen begründet daher eine Urheberrechtsverletzung.

---

[341] Grundlegend RGZ 108, 1 (7); BGHZ 10, 385 (387) = NJW 1954, 70 (71); BGH NJW 2018, 2629 Rn. 23 ff. mwN.
[342] BGH GRUR 1980, 227 (232) − Monumenta Germaniae Historica; BGHZ 95, 274 (278 f.) = GRUR 1986, 62 (64) − GEMA Vermutung I; BGHZ 95, 285 (287 f.) = GRUR 1986, 66 (67) − GEMA Vermutung II; BGH GRUR 2010, 623 Rn. 43 − Restwertbörse; OLG München GRUR 1980, 234 − Tagespressedienst; OLG München ZUM 2014, 52 (64); *Rehbinder/Peukert* Rn. 1045; *Melichar* S. 16 mwN.
[343] BVerfG GRUR 1997, 123 (124) − Kopierladen I.
[344] BGH NJW 2017, 2755 Rn. 8 f.
[345] *Loewenheim/Melichar* § 48 Rn. 56.
[346] OLG Düsseldorf GRUR 1991, 908 (909) − Pressespiegel (in Analogie zu § 260 Abs. 1 BGB).
[347] BGHZ 92, 62 (64) = GRUR 1984, 728 (730) (zum Patentrecht); OGH GRUR-Int 1991, 650 (651) − Sachverständigenprüfung; Palandt/*Grüneberg*, BGB (78. Aufl. 2019), § 259 Rn. 6; *Stjerna*, Pflicht des Schuldners zur Vorlage von Belegen im Rahmen der Auskunft und Rechnungslegung, GRUR 2011, 789 ff.
[348] Vgl. Palandt/*Grüneberg*, BGB (78. Aufl. 2019), § 260 Rn. 15.
[349] Ebenso Dreier/Schulze/*Dreier* Vor § 44a Rn. 16; DKMH/*Dreyer* UrhG Vor §§ 44a ff. Rn. 38.
[350] S. nur BGH NJW 2010, 3362 Rn. 22 f. mwN.
[351] *Melichar* S. 17 f.
[352] → Rn. 43.
[353] → § 46 Rn. 19 ff.

4. Schadensersatz

Neben dem Erfüllungsanspruch, dh dem Anspruch auf Zahlung der angemessenen Vergütung, **55** können wie bei allen gesetzlichen Schuldverhältnissen gegebenenfalls **Schadensersatzansprüche** gemäß § 280 Abs. 1 BGB entstehen, wenn der Nutzer seinen aus dem gesetzlichen Schuldverhältnis resultierenden Pflichten, insbesondere der Auskunfts- und Benachrichtigungspflicht, nicht oder nur unzureichend nachkommt.[354] Dies kann vor allem bedeutsam werden, wenn der Anspruch – wie idR – durch eine Verwertungsgesellschaft geltend gemacht wird. Bei Urheberrechtsverletzungen gewährt die Rechtsprechung Verwertungsgesellschaften in der Regel einen Schadensersatzanspruch in Höhe des **doppelten Tarifs**.[355] Die gleichen Gründe, die dort zur Berechnung des Schadensersatzes in Höhe der doppelten Tarife führen, kommen auch zum Tragen, wenn der auf Grund einer gesetzlichen Lizenz zur Zahlung Verpflichtete seinen Zahlungs- und Auskunftsverpflichtungen, insbesondere aber seiner Benachrichtigungspflicht nicht oder nicht rechtzeitig nachkommt (vgl. § 54e Abs. 2 und § 54f Abs. 3).[356] Dogmatisch lässt sich das dadurch rechtfertigen, dass die Normaltarife der Verwertungsgesellschaften nur für die erlaubte Nutzung aufgestellt sind, davon aber abgewichen werden kann, wenn der Vergütungspflichtige gegen seine Pflichten aus dem gesetzlichen Schuldverhältnis verstößt.[357] Auch bei anderen durch eine Verwertungsgesellschaft wahrgenommenen Vergütungsansprüchen müssen die normalen Tarife daher für den Nutzer Anreiz sein, ordnungsgemäß zu melden und zu zahlen, um dadurch der Gefahr zu entgehen, bei Nichtzahlung erhöhte Tarife bezahlen zu müssen. Der **EuGH** lässt bei der Verletzung von Rechten des geistigen Eigentums die Berechnung des Schadensersatzes nach dem Doppelten der hypothetischen Vergütung ausdrücklich zu, da allein mit der Lizenzanalogie „die Erstattung möglicher, mit der Feststellung allfälliger Verletzungshandlungen und ihrer Verursacher verbundener Kosten" nicht sichergestellt würde.[358] Daher sind auch im Rahmen eines Schadensersatzanspruches nach § 280 Abs. 1 BGB bei gesetzlichen Lizenzen die von der Rechtsprechung bei Urheberrechtsverletzung entwickelten Grundsätze der doppelten Tarifgebühr anwendbar. Die internationale **Zuständigkeit** für die gerichtliche Geltendmachung eines Schadensersatzanspruchs wegen Nichterfüllung der Vergütungspflicht richtet sich nach Art. 7 Nr. 2 Brüssel Ia-VO.[359]

V. Verhältnis zu vertraglichen Regelungen

Die §§ 44ff. UrhG sind **urheberrechtlich zwingend.** Wegen des für absolute Rechte geltenden **56** Typenzwangs können die vom UrhG gewährten Ausschließlichkeitsrechte durch vertragliche Vereinbarungen nicht über die gesetzlichen Grenzen hinaus ausgeweitet werden.[360] Wo dies nicht wie in §§ 49 Abs. 1 S. 1 und § 60g Abs. 2 ausdrücklich im Gesetz vorgesehen ist, kann die von einer gesetzlichen Schranke angeordnete Nutzungsfreiheit daher nicht in der Weise abbedungen werden, dass die betreffende Nutzung eine Urheberrechtsverletzung begründet.[361] Umgekehrt sind die gesetzlichen Schranken damit auch vorrangig gegenüber einer vom Rechtsinhaber ausdrücklich oder konkludent erteilten **Einwilligung**.[362] Denn eine Zustimmung kann keine Rechtswirkungen entfalten, wenn dem Rechtsinhaber in Bezug auf die betreffenden Nutzungshandlungen auf Grund einer gesetzlichen Schranke gar keine ausschließliche Verwertungsbefugnis zusteht.[363] Eine etwaige Zustimmung zu der fraglichen Nutzung geht daher ins Leere.[364] Sie kann als solche für den Nutzer daher auch keine Verpflichtung begründen, an den Rechtsinhaber, der die Verwendung der Werkes erlaubt hat, eine Vergütung für die Schrankennutzung zu zahlen.[365] Dafür behält der Rechtsinhaber aber den Anspruch

---

[354] Zum Auskunftsanspruch des Wahrnehmungsberechtigten gegenüber der Verwertungsgesellschaft AG München ZUM-RD 2014, 248 (256); zum Auskunftsanspruch gemäß § 10 UrhWG aF s. BGH GRUR 2013, 717 Rn. 52 – Covermount.

[355] → § 97 Rn. 282 f.

[356] Loewenheim/*Melichar* § 48 Rn. 59; dazu → § 54e Rn. 4 sowie → § 54f Rn. 10 ff.

[357] Vgl. *Pflüger* S. 185 f. unter Hinweis auf BGH GRUR 1973, 379 (381) – Doppelte Tarifgebühr.

[358] EuGH GRUR 2017, 264 Rn. 30 – OTK/SFP.

[359] EuGH GRUR 2016, 927 Rn. 50 f. – Austro Mechana/Amazon.

[360] *Stieper* S. 195 ff., 204 f.; *Hofmann* UFITA 2014, 381 (388); ebenso im Ergebnis *Gräbig* S. 59 f.; *Zech* in Leible/ Ohly/Zech, Wissen – Märkte – Geistiges Eigentum, 2010, S. 187, 192; Fromm/Nordemann/*Dustmann* UrhG vor §§ 44a ff. Rn. 16; aA *Zurth* S. 236 ff., der Schranken als gesetzliche Nutzungsrechte versteht und § 31 Abs. 1 S. 2 UrhG analog anwendet.

[361] *Stieper* S. 213; *Gräbig* S. 60 f.

[362] EuGH GRUR 2013, 812 Rn. 37 – VG Wort/Kyocera; EuGH GRUR 2015, 478 Rn. 65 f. – Copydan/ Nokia; BGH GRUR 2011, 1007 Rn. 49 – Drucker und Plotter II; BGH GRUR 2011, 1012 Rn. 53 – PC II; BGH GRUR 2014, 979 Rn. 42 ff. – Drucker und Plotter III; aA noch BGHZ 174, 359 = GRUR 2008, 245 Rn. 25 – Drucker und Plotter I; angestoßen wurde die Kehrtwende durch BVerfG (K) GRUR 2010, 999 Rn. 66 – Drucker und Plotter; BVerfG (K) GRUR 2011, 223 Rn. 24 – PC; kritisch gegenüber dem EuGH → § 29 Rn. 34.

[363] *Stieper* EuZW 2013, 699 (700); vgl. bereits *Stieper* S. 140 f.

[364] BGH GRUR 2016, 792 Rn. 52 – Gesamtvertrag Unterhaltungselektronik; BGH GRUR 2017, 684 Rn. 69 – Externe Festplatten.

[365] EuGH GRUR 2015, 478 Rn. 66 – Copydan/Nokia.

auf den gerechten Ausgleich, der unabhängig davon geschuldet ist, ob der Rechtsinhaber den gesetzlich erlaubten Nutzungen zugestimmt hat.[366]

56a   Wenn von der „Abdingbarkeit" urheberrechtlicher Schranken die Rede ist, kann es demnach immer nur um die Wirksamkeit **schuldrechtlicher Beschränkungen mit Wirkung inter partes** gehen. Neben Vereinbarungen, die den Nutzer dazu verpflichten, von der gesetzlich eingeräumten Nutzungsfreiheit keinen oder nur eingeschränkten Gebrauch zu machen, gehören dazu auch Lizenzbedingungen von Content-Anbietern, die dem Nutzer für die von der Schranke erlaubte Nutzungshandlung eine vom Gesetz nicht vorgesehene Vergütungspflicht auferlegen oder den Schrankengebrauch an sonstige über die gesetzlichen Voraussetzungen hinausgehende Bedingungen knüpfen.[367] Ausdrücklich **unwirksam** („nichtig") sind derartige Vereinbarungen gemäß §§ 69g Abs. 2, 55a S. 3, 87e in Bezug auf bestimmte Nutzungen von Computerprogrammen und Datenbanken.[368] Wenn vertraglich die Benutzung einer Datenbank geregelt wird, die weder urheberrechtlich noch durch das Datenbankherstellerrecht geschützt ist, lässt sich diesen Vorschriften jedoch nichts für die Wirksamkeit der betreffenden Vertragsklausel entnehmen.[369] Für andere Werkarten gibt es eine ausdrückliche Regelung nur in Bezug auf die von §§ 45b und 45c sowie die von §§ 60a–60f erlaubten Nutzungshandlungen. Nach der durch das UrhWissG eingeführten **Vorrangregelung in § 60g Abs. 1** kann sich der Rechtsinhaber auf Vereinbarungen, die zum Nachteil des Nutzungsberechtigten die erlaubten Nutzungen einschränken oder untersagen, „nicht berufen". Mit dieser Formulierung wollte der Gesetzgeber sicherstellen, dass auch bei Bestehen eines Lizenzvertrags die betreffende Nutzung im gesetzlich bestimmten Umfang erlaubt bleibt, der Lizenzvertrag aber Grundlage des Entgelts für die Nutzung sein kann.[370] Den gleichen Wortlaut verwendet auch der in Umsetzung der RL 2017/1564 geschaffene **§ 45d**.

57   Inwieweit §§ 44a ff. **schuldrechtlichen Beschränkungen des Schrankengebrauchs im Übrigen** entgegenstehen, ist dagegen nicht ausdrücklich geregelt. Während einige Autoren die §§ 44a ff. insgesamt als zwingend und entgegenstehende Vereinbarungen damit als nichtig ansehen,[371] differenzieren vermittelnde Ansichten nach den von der jeweiligen Schranke geschützten Interessen,[372] insbesondere nach deren Grundrechtsrelevanz.[373] Die InfoSoc-RL enthält insoweit keine Vorgaben.[374] Insbesondere lässt sich aus Art. 6 Abs. 4 UAbs. 4 InfoSoc-RL (umgesetzt in § 95b Abs. 3) nichts für die Wirksamkeit vertraglicher Nutzungsbeschränkungen herleiten, da Gegenstand der Regelung nur der Zugang zum Werk, nicht aber dessen anschließende Nutzung ist.[375] **Gegen einen schuldrechtlich zwingenden Charakter** der §§ 44a ff. spricht jedoch, dass sich der Regelungsgehalt der Schranken auf die inhaltliche Begrenzung der ausschließlichen Verwertungsrechte des Urhebers beschränkt.[376] Die vertraglichen Beziehungen des von einer Schranke privilegierten Nutzers zu seinem Vertragspartner, zB einem Content-Anbieter, der nicht selbst Inhaber ausschließlicher Nutzungsrechte ist, sind nicht Gegenstand des mit §§ 44a ff. getroffenen Interessenausgleichs. Insbesondere eine Differenzierung danach, ob eine Schranke überwiegend Interessen der Allgemeinheit oder Dritter oder vielmehr „fast ausschließlich Parteiinteressen" schützt,[377] führt daher nicht weiter. Vielmehr sind Beschränkungen des Schrankengebrauchs im Rahmen individualvertraglicher Vereinbarungen in den Grenzen der §§ 134, 138 BGB **grundsätzlich wirksam**, soweit nicht das Gesetz wie in § 60g Abs. 1 ausdrücklich etwas anderes vorsieht.[378] Gleiches gilt für vertragliche Dispositionen über die gesetzliche Vergütung und ihre Modalitäten, solange die Grenze der Angemessenheit nicht überschritten wird.[379]

---

[366] So zur Vergütung nach §§ 54, 54b BGH GRUR 2017, 684 Rn. 69 – externe Festplatten; dazu → § 54 Rn. 39 und → § 54a Rn. 14 f.

[367] Vgl. *Dreier* ZUM 2013, 769 (774); *Gräbig* S. 164 f.

[368] Dazu *Stieper* S. 208 ff. Im englischen Recht sind den Schrankengebrauch einschränkende Vertragsklauseln dagegen in Bezug auf die meisten Schranken „unenforceable", s. etwa sec. 29(4B), sec. 29A(5), sec. 32(3), sec. 41(5), sec. 42(7), sec. 42A(6) CDPA.

[369] EuGH GRUR 2015, 253 Rn. 39 ff. – Ryanair/PR Aviation.

[370] → § 60g Rn. 2, 6 ff.

[371] *Geiger* in Hilty/Peukert, Interessenausgleich im Urheberrecht, 2004, S. 143, 154; *Geiger* GRUR-Int 2004, 815 (820); *Schack* UrheberR Rn. 539; zu § 53 Abs. 1 auch LG Berlin MMR 2010, 46; ebenso für die Schranken im Schweizer URG SchwBG GRUR-Int 2002, 176 – Museumskatalog.

[372] So etwa *Zech* in Leible/Ohly/Zech, Wissen – Märkte – Geistiges Eigentum, 2010, S. 187, 195 f.: „zwingender Kern" nach der Berührung von Allgemeininteressen; *Gräbig* S. 70 f., 97 ff.; *Gräbig* GRUR 2012, 331 (334); Fromm/Nordemann/*Dustmann* UrhG Vor §§ 44a ff. Rn. 15; ebenso für dinglich wirkende Beschränkungen *Zurth* S. 285 f., 305 ff.; *de lege ferenda* auch *Dreier* GRUR-Int 2015, 648 (654).

[373] *Hohagen* S. 502 f.; *Hohagen* FS Schricker, 2005, 353 (361); ebenso → § 95b Rn. 20, 28; für eine Differenzierung de lege ferenda *Guibault* S. 265, 268; *Janssens* in Derclaye, Research Handbook on the Future of EU Copyright, 2009, S. 317, 342 f.

[374] Ebenso *Guibault* JIPITEC 1 (2010), 55 Rn. 21.

[375] Wandtke/Bullinger/*Wandtke*/*Ohst* UrhG § 95b Rn. 51; Fromm/Nordemann/*Czychowski* UrhG § 95b Rn. 27; *Stieper* S. 218 ff. mwN; aA Loewenheim/*Peukert* § 36 Rn. 6; *Schack* UrheberR Rn. 539, 836; *Henke*, E-Books im Urheberrecht, 2018, S. 179 ff.

[376] → Rn. 34.

[377] So *Gräbig* GRUR 2012, 331 (334).

[378] KG BeckRS 2012, 17417; Dreier/Schulze/*Dreier* Vor § 44a Rn. 9; DKMH/*Dreyer* UrhG vor §§ 44a ff. Rn. 57; *Ohly* S. F 67; auch → § 60 Rn. 5; zu den einzelnen Grenzen der Privatautonomie *Stieper* S. 265 ff., 321 ff.

[379] Ausf. *Pflüger* S. 199 ff.

Vertragliche Nutzungsbeschränkungen in Allgemeinen Geschäftsbedingungen sind darüber hinaus **58** an §§ 307 ff. BGB zu messen. Den §§ 44a ff. lässt sich aber unmittelbar kein gesetzliches Leitbild für die **AGB-Inhaltskontrolle** entnehmen.[380] Denn Voraussetzung für die Qualifizierung einer Regelung als Leitbild iSv § 307 Abs. 2 Nr. 1 BGB ist eine gesetzliche Grundentscheidung im Sinne eines Gerechtigkeitsgebots.[381] Im Hinblick auf die Ausgestaltung der rechtsgeschäftlichen Beziehungen zwischen dem Verwender der AGB und dem von einer Schranke privilegierten Nutzer liegt den Schrankenregelungen aber keine gesetzliche Wertentscheidung zugrunde. Vielmehr ist die Wirksamkeit von Nutzungsbeschränkungen in AGB abhängig vom **Leitbild des jeweiligen Vertragstyps.**[382] So ist ein formularmäßiges Verbot von Vervielfältigungen zu privaten Zwecken beim Erwerb eines körperlichen Datenträgers oder beim entgeltlichen Download aus dem Internet mit dem verkehrstypischen Leitbild des Kaufvertrags unvereinbar, bei der befristeten Gebrauchsüberlassung wie der Vermietung von DVDs oder dem Streaming digitaler Inhalte dagegen grundsätzlich wirksam.[383] Außerdem können nutzungsbeschränkende Klauseln gemäß § 307 Abs. 1 S. 2 BGB wegen **Intransparenz** unwirksam sein, wenn der Umfang der unzulässigen Nutzungshandlungen verschleiert wird.[384]

VI. Schranken und technische Schutzmaßnahmen

Die von einer Schranke erlaubte Nutzungshandlung wird nicht dadurch urheberrechtswidrig, dass **59** zu ihrer Ermöglichung eine technische Schutzmaßnahme umgangen wird.[385] Daher ist eine mit einem Kopierschutz versehene Kopiervorlage auch keine rechtswidrige Quelle iSv § 53 Abs. 1 S. 1 letzter Hs.[386] Die Umgehung als solche verstößt jedoch (mit der Folge der §§ 823 Abs. 2, 1004 BGB) gegen das in Umsetzung von Art. 6 InfoSoc-RL eingeführte **Umgehungsverbot** in § 95a Abs. 1, auch wenn sie ausschließlich erfolgt, um eine urheberrechtlich zulässige Nutzungshandlung vorzunehmen; ein Selbsthilferecht des Schrankenbegünstigten („right to hack") wollte der Gesetzgeber außerhalb des engen Anwendungsbereichs von § 95a Abs. 4 gerade nicht gewähren.[387] Vielmehr sind die Schrankenbegünstigten gemäß § 95b auf einen Anspruch gegen den Rechtsinhaber beschränkt, die zum Schrankengebrauch erforderlichen Mittel zur Verfügung gestellt zu bekommen.[388] Dass in der Aufzählung in § 95b Abs. 1 S. 1 („Schranken erster Klasse") wichtige grundrechtsrelevante Schranken (zB § 51) fehlen und digitale Vervielfältigungen zum privaten Gebrauch ausgeklammert werden, wirft die Frage auf, ob die Schranken dem privilegierten Nutzer ein **subjektives Recht** gewähren, das er technischen Schutzmaßnahmen entgegen halten kann.[389] Aus dem grundrechtlichen Schutz des Nutzers lassen sich unmittelbar jedoch keine Rechte gegenüber Privaten herleiten, hier ist der Gesetzgeber dazu aufgerufen, die Schranken auch gegenüber technischen Schutzmaßnahmen durchzusetzen.[390]

VII. Ausblick: Einführung einer Schrankengeneralklausel?

Da das System abschließend aufgezählter gesetzlicher Schrankenregelungen als zu unflexibel ange- **60** sehen wird, um angemessen auf neue technische und wirtschaftliche Nutzungsformen zu reagieren, wird zunehmend die Ergänzung des Schrankenkatalogs um einen generalklauselartigen Auffangtatbestand nach Vorbild der US-amerikanischen Regelung des **„fair use"** in § 107 Copyright Act vorgeschlagen.[391] Damit soll eine sichere Rechtsgrundlage vor allem für Geschäftsmodelle wie die Anzeige

---

[380] So aber *Gräbig* S. 161; Dreier/Schulze/*Dreier* Vor § 44a Rn. 9; *Hoeren* in Hilty/Geiger, Impulse für eine europäische Harmonisierung des Urheberrechts, 2007, S. 265, 269; *Zurth* S. 336; zu § 53 auch *Hohagen* S. 505; *Hohagen* FS Schricker, 2005, 353 (364); wie hier *Rehbinder/Peukert* Rn. 784.

[381] BGHZ 193, 268 = GRUR 2012, 1031 Rn. 53 – Honorarbedingungen Freie Journalisten; BGH GRUR 2014, 556 Rn. 13 – Rechteeinräumung Synchronsprecher.

[382] *Stieper* S. 374 ff., 383 ff.; zustimmend *Peukert* S. 231; *Hofmann* UFITA 2014, 381 (404).

[383] Weitere Beispiele bei *Stieper* S. 390 ff.

[384] KG BeckRS 2012, 17417 zu einem Nutzungsverbot „vorbehaltlich abweichender zwingender gesetzlicher Regeln"; *Stieper* S. 357 f.

[385] OLG Düsseldorf GRUR 2007, 416 (419) – Druckerabgabe.

[386] BGH GRUR 2016, 792 Rn. 62 – Gesamtvertrag Unterhaltungselektronik; BGH GRUR 2017, 161 Rn. 67 – Gesamtvertrag Speichermedien; BGH GRUR 2017, 172 Rn. 60 – Musik-Handy; dazu → § 53 Rn. 22.

[387] AmtlBegr. BT-Drs. 15/38, 27; BVerfG (K) GRUR 2005, 1032 (1033) – Eigentum und digitale Privatkopie (zu § 53); *Schack* UrheberR Rn. 835.

[388] → § 95b Rn. 21.

[389] In diesem Sinne *Geiger* GRUR-Int 2004, 815 (818); *Geiger* in Hilty/Peukert, Interessenausgleich im Urheberrecht, 2004, S. 143, 148 f.; zu § 53 *Hohagen* FS Schricker, 2005, 353 (360 f.); vgl. auch EuGH GRUR 2019, 940 Rn. 54 – Spiegel Online/Beck; ablehnend in Bezug auf § 53 *Schack* UrheberR Rn. 554, 837; *Zech* in Leible/Ohly/Zech, Wissen – Märkte – Geistiges Eigentum, 2010, S. 187, 191.

[390] *Stieper* S. 168, 506 ff.; zustimmend *Kleinemenke* S. 72; ähnlich auch *Spindler* NJW 2014, 2550 (2553).

[391] *Förster* S. 221 f.; *Metzger* in Leistner, Europäische Perspektiven des geistigen Eigentums, 2010, S. 101, 122; *Guibault* JIPITEC 1 (2010), 55 Rn. 12; *Senftleben* JIPITEC 1 (2010), 67 Rn. 39, 43 ff.; *Peukert* S. 76; *Ohly* F 65; *Spindler* NJW 2014, 2550 (2552); Stamatoudi/Torremans/*Geiger/Schönherr* Rn. 11.98; *Kleinemenke* ZGE 5 (2013), 103 (120 ff.); *Kleinemenke* GRUR-Int 2014, 892 (897 ff.); *Kleinemenke* S. 519 ff. mwN; vgl. auch Art. 5 Abs. 5 des von der *Wittem Group* erarbeiteten Entwurfs eines European Copyright Code, abrufbar unter www.copyrightcode.eu.

von Vorschaubildern („Thumbnails") bei der Internet-Bildersuche geschaffen werden.[392] Deren Zulässigkeit konnte der BGH mangels einschlägiger Schrankenbestimmung bislang nur mit einer konkludenten Einwilligung des Rechtsinhabers begründen.[393] Mit dem Dreistufentest wäre eine solche „kleine" Schrankengeneralklausel bei hinreichender Konkretisierung des Privilegierungszwecks zwar vereinbar.[394] Erforderlich wäre aber eine Öffnung des erschöpfenden Schrankenkatalogs in Art. 5 InfoSoc-RL,[395] soweit man nicht bereits bei der Bestimmung des **Umfangs der Verwertungsrechte** Umstände berücksichtigt, die nach der Systematik des UrhG erst im Rahmen einer Schrankenbestimmung relevant wären.[396] So beschränkt der EuGH das Recht der öffentlichen Wiedergabe gemäß Art. 3 InfoSoc-RL bereits tatbestandlich auf Fälle, in denen der Werknutzer einem „neuen Publikum" absichtlich Zugang zum Werk verschafft.[397] Im Beispiel der Bildersuche ließe sich eine öffentliche Wiedergabe danach mit der Begründung ablehnen, dass der Urheber angesichts der Funktion von Suchmaschinen bereits mit seiner Zustimmung zur Bereitstellung eines Bildes im Internet auch die Nutzung über Bildersuchmaschinen erfassen wollte und der erneute Upload daher kein neues Publikum erreicht[398] und außerdem das Interesse des Suchenden nicht auf das Vorschaubild selbst, sondern auf die verlinkten Bilder gerichtet ist.[399] Entsprechendes gilt für eine Anzeige eines von einem Dritten ins Internet gestellten Videos in Form eines Inline-Links[400] oder die nur beiläufige und zufällige Wiedergabe geschützter Werke im Rahmen einer Film- oder Videoaufnahme, die im deutschen Recht von § 57 und § 59 nur unzureichend erfasst wird.[401] Im Übrigen ist eine **flexiblere und techniкneutrale Formulierung** einzelner Schrankentatbestände nach dem Vorbild von § 51 S. 1 einer Schrankengeneralklausel vorzuziehen.[402] Dagegen sieht sich die Einführung einer **Kulturflatrate** für private Downloads und Streams dem Vorwurf einer „Kapitulation des Urheberrechts" ausgesetzt.[403] Auch der EuGH hält die dafür erforderliche Erstreckung der Privatkopieschranke auf die Verwendung rechtswidriger Internetquellen für unvereinbar mit Sinn und Zweck der InfoSoc-RL.[404]

§ 44a Vorübergehende Vervielfältigungshandlungen

Zulässig sind vorübergehende Vervielfältigungshandlungen, die flüchtig oder begleitend sind und einen integralen und wesentlichen Teil eines technischen Verfahrens darstellen und deren alleiniger Zweck es ist,

1. eine Übertragung in einem Netz zwischen Dritten durch einen Vermittler oder
2. eine rechtmäßige Nutzung

eines Werkes oder sonstigen Schutzgegenstands zu ermöglichen, und die keine eigenständige wirtschaftliche Bedeutung haben.

Schrifttum: *Busch,* Zur urheberrechtlichen Einordnung der Nutzung von Streamingangeboten, GRUR 2011, 496; *Eichelberger,* Urheberrecht und Streaming, in Leible, Der Schutz des Geistigen Eigentums im Internet, 2012, 17; *ders.,* Vorübergehende Vervielfältigungen und deren Freistellung zur Ermöglichung einer rechtmäßigen Werknutzung im Urheberrecht, K&R 2012, 393; *Ensthaler,* Streaming und Urheberrechtsverletzung, NJW 2014, 1553; *Fangerow/Schulz,* Die Nutzung von Angeboten auf www.kino.to – Eine urheberrechtliche Analyse des Film Streaming im Internet, GRUR 2010, 677; *von Gerlach,* Die urheberrechtliche Bewertung des nicht-linearen Audio-Video Streamings im Internet, 2012; *Kröger,* Die Urheberrechtsrichtlinie für die Informationsgesellschaft – Bestandsaufnahme und kritische Bewertung, CR 2001, 316; *Leistner,* Das Murphy-Urteil des EuGH, JZ 2011, 1040; *Lueg,* Anm. zu EuGH – Stichting Brein/Wullems, EuZW 2017, 520; *Neubauer/Soppe,* Anm. zu EuGH – Stichting Brein/Wullems, GRUR 2017, 615; *Reinbothe,* Die EG-Richtlinie zum Urheberrecht in der Informationsgesellschaft, GRUR-Int 2001, 733; *Schulze,* Werkgenuss und Werknutzung in Zeiten des Internets, NJW 2014, 721; *Spindler,* Europäisches Urheberrecht in der Informationsgesellschaft, GRUR 2002, 105/111 f.; *ders.,* IT-Sicherheit – Rechtliche Defizite und rechtspolitische Alternativen, MMR 2008, 7; *ders.,* Bildersuchmaschinen, Schranken und konkludente Einwilligung im Urheberrecht – Besprechung der BGH-Entscheidung „Vorschaubilder", GRUR

---

[392] S. dazu etwa *Kelly v. Arriba Soft,* 336 F.3d 811 (9th Cir. 2003); vgl. auch → § 29 Rn. 31.
[393] BGHZ 185, 291 = GRUR 2010, 628 Rn. 33 ff. – Vorschaubilder I; bestätigt durch BGH GRUR 2012, 602 Rn. 18 – Vorschaubilder II.
[394] → Rn. 30.
[395] → Rn. 26.
[396] So *v. Ungern-Sternberg* FS Bornkamm, 2014, 1007 (1020); vgl. dazu auch → § 52 Rn. 8.
[397] → § 15 Rn. 66 f.
[398] So *Ohly* GRUR 2018, 996 (1001 f.).
[399] *v. Ungern-Sternberg* FS Bornkamm, 2014, 1007 (1020).
[400] Mangels eines neuen Publikums verneint die Öffentlichkeit der Wiedergabe EuGH GRUR 2014, 1196 Rn. 15 ff. – BestWater International/Mebes; BGH GRUR 2013, 818 Rn. 14 ff. – Die Realität; vgl. auch EuGH GRUR 2014, 360 Rn. 29 – Svensson/Retriever Sverige.
[401] Dazu *Riecken,* Schutzgüter in der Filmkulisse, 2011, S. 66 ff., 101 ff.; vgl. auch BGH GRUR 2015, 667 Rn. 27 – Möbelkatalog; *Peifer* ZUM 2016, 805 (810 f.).
[402] Ebenso *Leistner* IIC 2011, 417 (441 f.); *Poeppel* S. 509; ähnlich *Wandtke* GRUR 2015, 221 (223 f.); *Dreier* GRUR-Int 2015, 648 (655 f.).
[403] So *Ulmer-Eilfort/Obergfell* 1. Teil Kap. G Rn. 5; umfassend zu den rechtlichen Grenzen *Spindler* S. 54 ff.
[404] EuGH GRUR 2014, 546 Rn. 37 f. – ACI Adam/Thuiskopie; kritisch auch *Ohly* S. F 71 f. mwN; aA noch *Spindler* S. 69, 150; *Peifer* ZUM 2014, 86 (89), der eine solche Schranke als von Art. 5 Abs. 2 lit. b InfoSoc-RL gedeckt ansieht, soweit sie auf private Downloads und Streams beschränkt ist und gleichzeitig einen gerechten Ausgleich für private Vervielfältigungen auf allen Trägermedien vorsieht.

2010, 785; *Stieper,* Rezeptiver Werkgenuss als rechtmäßige Nutzung – Urheberrechtliche Bewertung des Streaming vor dem Hintergrund des EuGH-Urteils in Sachen FAPL/Murphy, MMR 2012, 12; *Wandtke/von Gerlach,* Die urheberrechtliche Rechtmäßigkeit der Nutzung von Audio-Video Streaminginhalten im Internet, GRUR 2013, 676.

Weiteres Schrifttum in der 5. Aufl.

Übersicht

I. Allgemeines

1. Zweck und Bedeutung der Norm

Durch § 44a wird die zwingende **Schrankenbestimmung** des Art. 5 Abs. 1 der InfoSoc-RL um- **1** gesetzt.[1] Die Regelung ist **Konsequenz des weiten Vervielfältigungsbegriffs** in Art. 2 InfoSoc-RL und § 16 UrhG, die auch vorübergehende Festlegungen erfassen. Bei der Übertragung von Informationen in Netzwerken, aber auch bei der Nutzung von Werken sind vielfach aus rein technischen Gründen Festlegungen erforderlich, die nach der weiten Fassung des Vervielfältigungsbegriffs rechtlich als Vervielfältigungen zu qualifizieren sind. Beispiele sind die Speicherung in Servern von Netzwerken oder in Arbeitsspeichern von Computern. Diese Festlegungen sollen, soweit sie keine eigenständige wirtschaftliche Bedeutung besitzen, nicht einer gesonderten Verfügungsbefugnis des Rechtsinhabers unterliegen; vielmehr sollen sie, soweit das Werk rechtmäßig genutzt wird, ohne dessen Zustimmung erfolgen können. Es soll das effiziente Funktionieren der Übertragungssysteme, die Entwicklung und der Einsatz neuer Technologien ermöglicht und gewährleistet werden, zugleich soll ein angemessener Rechts- und Interessenausgleich zwischen den Rechtsinhabern und den Nutzern der geschützten Werke beibehalten werden.[2]

Der deutsche Gesetzgeber hat nahezu wörtlich die Formulierung des Art. 5 Abs. 1 der Richtlinie **2** übernommen, die auf Grund ihrer wechselvollen Entwicklung und zahlreicher Kompromisse[3] eine Reihe wenig klarer Kauteln enthält, die eine zu weitgehende Einschränkung des Urheberrechts verhindern sollen. Dementsprechend enthält auch § 44a eine Vielzahl sich teils überschneidender und schwer bestimmbarer Begriffe, deren **Auslegung** sich letztlich am Zweck der Vorschrift orientieren muss und durch die Anwendungspraxis auszufüllen ist. Nach § 5 Abs. 5 der Richtlinie unterliegt die Anwendung des § 44a außerdem dem **Drei-Stufen-Test**, dh es muss sich um Sonderfälle handeln (was durch die Tatbestandsvoraussetzungen des § 44a gegeben ist) und es darf weder die normale Verwertung des Werks beeinträchtigt noch dürfen die berechtigten Interessen des Rechtsinhabers ungebührlich verletzt werden. Dieser Maßstab ist bei der Anwendung des § 44a zu berücksichtigen.

2. Anwendungsbereich

§ 44a ist nur auf Fälle der Verwertung des Werks in körperlicher Form (§§ 15 Abs. 1, 16 ff.) an- **3** wendbar, nicht auf Fälle der Verwertung des Werks in unkörperlicher Form (§§ 15 Abs. 2, 19 ff.). Eine analoge Anwendung verbietet sich, weil der Gesetzgeber mit den gesetzlichen Schrankenbestimmungen eine grundsätzlich abschließende Güterabwägung vorgenommen hat.[4]

Computerprogramme unterliegen den Sondervorschriften der §§ 69a ff.; deren Regelung an **4** sich den allgemeinen Vorschriften vorgeht (vgl. § 69a Abs. 4). Das Vervielfältigungsrecht ist für Com-

---

[1] Richtlinie 2001/29/EG des Europäischen Parlaments und des Rates vom 22.5.2001 zur Harmonisierung bestimmter Aspekte des Urheberrechts und der verwandten Schutzrechte in der Informationsgesellschaft, ABl. 2001 L 167, S. 10.

[2] EuGH GRUR 2014, 654 Rn. 24 – PRCA/NLA; EuGH GRUR 2012, 156 Rn. 164 – Football Association Premier League; Erwgr. 33 der InfoSoc-RL; OLG Dresden GRUR-RR 2011, 413 (415); NJOZ 2008, 160 (162 f.). Zur Vorgeschichte vgl. *Reinbothe* GRUR-Int 2001, 733 (734 f.); *Kröger* CR 2001, 316.

[3] Vgl. dazu *Walter* in Walter (Hrsg.), Europäisches Urheberrecht, 2001, InfoSoc-RL, Übersicht, Rn. 100 ff.; *Reinbothe* GRUR-Int 2001, 733 (734 f.).

[4] BGH GRUR 2010, 628 Rn. 24 – Vorschaubilder; BGH GRUR 2002, 605 – Verhüllter Reichstag.

puterprogramme in § 69c Nr. 1 geregelt, dessen Schranken in §§ 69d–69e. § 44a wäre damit – auch unter Berücksichtigung von Art. 1 Abs. 2 lit. a der Richtlinie zur Informationsgesellschaft, wonach die Bestimmungen über den rechtlichen Schutz von Computerprogrammen unberührt bleiben – bei einer rein formalen Betrachtung auf Computerprogramme nicht anzuwenden.[5] Für Datenbankenwerke und Datenbanken sieht die Richtlinie zur Informationsgesellschaft in Art. 1 Abs. 2 lit. e gleichfalls vor, dass sie die Bestimmungen der Datenbanklinie nicht berührt. Auch besteht für **Datenbanken** nach §§ 87a ff. in § 87c eine den allgemeinen Vorschriften an sich vorgehende Schrankenregelung, so dass von daher gesehen § 44a auch auf Datenbanken nicht anzuwenden wäre.[6] Eine solche besondere Schrankenregelung gibt es hingegen nicht für **Datenbankwerke**, so dass schon von der Systematik des Urheberrechtsgesetzes her § 44a auf Datenbankwerke Anwendung zu finden hat. Eine derart unterschiedliche Behandlung von Computerprogrammen, Datenbankwerken und Datenbanken erscheint allerdings weder von der Interessenlage her sinnvoll, noch dürfte sie dem Zweck der Richtlinie zur Informationsgesellschaft entsprechen. Vielmehr ist davon auszugehen, dass der europäische Gesetzgeber die systematisch notwendige Angleichung der Richtlinien nicht in ausreichendem Maße vorgenommen hat und auch vom deutschen Gesetzgeber das Problem nicht gesehen, vielmehr die europäische Regelung ohne Vorbehalte übernommen wurde.[7] Da § 44a jedenfalls auf Datenbankenwerke (unmittelbar) anzuwenden ist, erscheint es daher geboten, diese Vorschrift auf Computerprogramme und Datenbanken nach §§ 87a ff. jedenfalls analog anzuwenden.[8]

5   Die **Übergangsvorschrift** des § 137j trifft keine Regelung für § 44a. Demnach ist davon auszugehen, dass § 44a auf Vervielfältigungen, die vor dem 13.9.2003 stattgefunden haben, nicht anzuwenden ist. Allerdings wurden die von § 44a erfassten Handlungen schon vorher weitgehend als zulässig bzw. als von der Einwilligung des Berechtigten gedeckt angesehen,[9] so dass sich von daher wesentliche Unterschiede nicht ergeben dürften.

II. Zulässigkeitsvoraussetzungen

6   Die Vorschrift weist fünf Voraussetzungen auf: (1) die Vervielfältigungshandlung muss vorübergehend sein, (2) sie muss flüchtig oder begleitend sein, (3) sie muss einen integralen und wesentlichen Teil eines technischen Verfahrens darstellen, (4) alleiniger Zweck des Verfahrens muss es sein, eine Übertragung in einem Netz zwischen Dritten durch einen Vermittler oder eine rechtmäßige Nutzung eines geschützten Werkes oder sonstigen Schutzgegenstands zu ermöglichen, und (5) sie darf keine eigenständige wirtschaftliche Bedeutung haben. Diese Voraussetzungen müssen kumulativ vorliegen.[10] Sie sind eng auszulegen.[11] Außerdem muss die Vervielfältigungshandlung den Kriterien des Art. 5 Abs. 5 der Richtlinie (Drei-Stufen-Test) entsprechen.

1. Vorübergehende Vervielfältigungshandlung

7   § 44a setzt zunächst voraus, dass es sich um eine vorübergehende Vervielfältigungshandlung handelt. Der Gesetzgeber hat sich hier ungenau ausgedrückt, nicht die Vervielfältigungshandlung, sondern die Vervielfältigung als solche muss vorübergehend sein.[12] Was **Vervielfältigung** ist, beurteilt sich nach § 16.[13] Der Begriff **„vorübergehend"** ist vom Zweck der Vorschrift her zu bestimmen: Die Festlegung darf nicht länger dauern, als es für das technische Verfahren zur Übertragung im Netz oder zur rechtmäßigen Nutzung erforderlich ist.[14] Sie darf also nicht von Dauer sein und muss automatisch wieder gelöscht werden.[15] Die Kopien, die ein Endnutzer bei der Betrachtung einer Internetseite auf dem Bildschirm seines Computers und im Cache der Festplatte dieses Computers erstellt, sind vorübergehend,[16] nicht dagegen die Aufzeichnung von Sendungen auf einem Server, wo sie

---

[5] So Wandtke/Bullinger/*v. Welser* UrhG § 44a Rn. 23.
[6] So Wandtke/Bullinger/*v. Welser* UrhG § 44a Rn. 23; Fromm/Nordemann/*Dustmann* UrhG § 44a Rn. 30.
[7] → Rn. 2.
[8] So Büscher/Dittmer/Schiwy/*Steden* Kap. 10 UrhG § 44a Rn. 7; für Computerprogramme § 44a Rn. 2 und Dreier/Schulze/*Dreier* UrhG § 69c Rn. 9; s. auch LG München I MMR 2007, 328 (329), das nicht davon ausgegangen ist, dass § 44a durch § 69c Nr. 1 ausgeschlossen ist; aA Wandtke/Bullinger/*v. Welser* Rn. 23; Fromm/Nordemann/*Dustmann* Rn. 30; offen gelassen in BGH GRUR-Int 2011, 439 Rn. 17 – Usedsoft.
[9] Vgl. dazu Schricker/Loewenheim/*Loewenheim* (2. Auflage) § 16 Rn. 23; ähnlich Wandtke/Bullinger/*v. Welser* UrhG § 44a Rn. 30; Büscher/Dittmer/Schiwy/*Steden* Kap. 10 UrhG § 44a Rn. 10.
[10] EuGH GRUR 2017, 610 Rn. 61 – Stichting Brein/Wullems; EuGH GRUR 2009, 1041 Rn. 55 – Infopaq/DDF; EuGH GRUR-Int 2012, 336 Rn. 26 – Infopaq International.
[11] EuGH GRUR 2017, 610 Rn. 62 – Stichting Brein/*Wullems*; EuGH GRUR 2014, 654 Rn. 23 – PRCA/NLA; EuGH GRUR 2012, 156 Rn. 162 – Football Association Premier League; EuGH GRUR 2009, 1041 Rn. 56 ff. – Infopaq/DDF.
[12] Allg. Ansicht, vgl. etwa Dreier/Schulze/*Schulze* UrhG § 44a Rn. 4. Der deutsche Gesetzgeber hat hier die Formulierung aus Art. 5 Abs. 1 der InfoSoc-RL übernommen.
[13] Vgl. dort → § 16 Rn. 5 ff.
[14] EuGH GRUR 2009, 1041 Rn. 61 ff. – Infopaq/DDF.
[15] EuGH GRUR 2009, 1041 Rn. 62 – Infopaq/DDF; Dreier/Schulze/*Dreier* UrhG § 44a Rn. 4; Fromm/Nordemann/*Dustmann* UrhG § 44a Rn. 9.
[16] EuGH GRUR 2014, 654 Rn. 25 ff. – PRCA/NLA; OLG Dresden BeckRS 2013, 07591.

längere Zeit bis zum Abruf durch den Nutzer liegen können.[17] Als vorübergehend wurden auch beim Betrieb eines Online-Videorecorders die Masterkopien von Sendungen angesehen, von denen die Nutzer des Online-Videorecorders Kopien herunterladen konnten.[18]

2. Flüchtige oder begleitende Vervielfältigungshandlung

Zusätzlich müssen die Vervielfältigungen flüchtig oder begleitend sein. Die Begriffe „vorüberge- 8 hend" und „flüchtig" überschneiden sich; was flüchtig ist, ist notwendigerweise auch vorübergehend. **Flüchtig** sind Vervielfältigungen, wenn ihre Dauer auf das für das einwandfreie Funktionieren des betreffenden technischen Verfahrens notwendige Maß beschränkt ist und sie im weiteren Verlauf der Arbeitssitzung bzw. beim Abschalten des Geräts automatisch oder manuell gelöscht werden.[19] Nicht flüchtig ist dagegen das Ausdrucken eines aus 11 Wörtern bestehenden Auszugs aus einem anderen Werk.[20] **Begleitend** sind Vervielfältigungen, wenn sie gegenüber dem technischen Verfahren, dessen Teil sie sind, weder eigenständig sind noch einem eigenständigen Zweck dienen,[21] wenn sie lediglich beiläufig im Zug eines technischen Verfahrens entstehen.[22] Vervielfältigungen, die im Verlauf einer Arbeitssitzung mit dem Computer beim Betrachten des Bildschirms im Arbeitsspeicher entstehen und die im weiteren Verlauf der Arbeitssitzung bzw. beim Abschalten des Geräts automatisch gelöscht werden, sind als flüchtig und begleitend anzusehen.[23] Dabei ist es unerheblich, dass die Vervielfältigung so lange gespeichert bleibt, wie der Browser geöffnet bleibt.[24] Auch Vervielfältigungen im Rahmen des Browsing und das Caching sind als flüchtig anzusehen;[25] dabei brauchen Cachekopien nicht flüchtig zu sein, wenn sie im Rahmen des technischen Verfahrens begleitender Natur sind.[26] Nicht flüchtig ist dagegen das Ausdrucken eines aus elf Wörtern bestehenden Auszugs aus einem anderen Werk.[27]

3. Teil eines technischen Verfahrens

Die Vervielfältigungshandlungen müssen integraler und wesentlicher Teil eines technischen Verfah- 9 rens sein. Damit sind diejenigen technischen Verfahren gemeint, die den in Nr. 1 und Nr. 2 der Vorschrift genannten Zwecken dienen, nämlich der Übertragung in einem Netz und der rechtmäßigen Nutzung.[28] Nach der Rechtsprechung des EuGH müssen zwei Voraussetzungen kumulativ erfüllt sein: zum einen müssen die Vervielfältigungshandlungen **vollständig im Rahmen der Durchführung eines technischen Verfahrens vorgenommen** werden, zum anderen muss die Vervielfältigungshandlung in dem Sinne notwendig sein, dass das betreffende **technische Verfahren ohne sie nicht einwandfrei und effizient funktionieren** könnte.[29] Unerheblich ist, in welchem Stadium des technischen Verfahrens die Vervielfältigungshandlungen erfolgen; zudem können sie sowohl durch technische Vorgänge als auch durch menschliches Eingreifen eingeleitet und beendet werden.[30] Die Kopien, die ein Endnutzer bei der Betrachtung einer Internetseite auf dem Bildschirm seines Computers und im Cache der Festplatte dieses Computers erstellt, sind integraler und wesentlicher Teil eines technischen Verfahrens.[31] Vom OLG Celle wurde beim Setzen eines Links § 44a angewendet, weil die dabei entstehende Vervielfältigung flüchtig sei und einen integralen Teil des technischen Verfahrens darstelle.[32]

4. Zweck

Zweck der Vervielfältigung muss eine Übertragung in einem Netz zwischen Dritten durch einen 10 Vermittler oder eine rechtmäßige Nutzung sein. Dieser Zweck muss **alleiniger Zweck** der Verviel-

---

[17] OLG München ZUM 2014, 813 (816); OLG Dresden NJOZ 2008, 160 (162 f.).
[18] OLG Dresden GRUR-RR 2011, 413 (415); aA LG Hamburg ZUM-RD 2018, 629 (646).
[19] EuGH GRUR 2014, 654 Rn. 40 f. – PRCA/NLA; EuGH GRUR 2009, 1041 Rn. 64 – Infopaq/DDF; KG GRUR-RR 2004, 228 (231) – Ausschnittdienst; OLG Dresden NJOZ 2008, 160 (163); Fromm/Nordemann/ *Dustmann* UrhG § 44a Rn. 11.
[20] EuGH GRUR 2009, 1041 Rn. 67 ff., 74 – Infopaq/DDF.
[21] EuGH GRUR 2014, 654 Rn. 43 – PRCA/NLA.
[22] OLG Dresden NJOZ 2008, 160 (163); Fromm/Nordemann/*Dustmann* UrhG § 44a Rn. 12.
[23] EuGH GRUR 2014, 654 Rn. 44 ff. – PRCA/NLA; KG GRUR-RR 2004, 228 (231) – Ausschnittdienst; OLG Dresden NJOZ 2008, 160 (163); LG München I MMR 2015, 660 (667).
[24] EuGH GRUR 2014, 654 Rn. 45 – PRCA/NLA.
[25] Erwgr. 33 der InfoSoc-RL; EuGH GRUR 2014, 654 Rn. 47 ff. – PRCA/NLA; Dreier/Schulze/*Dreier* UrhG § 44a Rn. 4; sa AmtlBegr. BT-Drs. 15/38, 18.
[26] EuGH GRUR 2014, 654 Rn. 48 – PRCA/NLA.
[27] EuGH GRUR 2009, 1041 Rn. 74 – Infopaq/DDF.
[28] Erwgr. 33 der InfoSoc-RL spricht von „Handlungen, die das effiziente Funktionieren der Übertragungssysteme ermöglichen".
[29] EuGH GRUR 2014, 654 Rn. 28 – PRCA/NLA; EuGH GRUR 2009, 1041 Rn. 61 – Infopaq/DDF; EuGH GRUR-Int 2012, 336 Rn. 30 – Infopaq International; Dreier/Schulze/*Dreier* UrhG § 44a Rn. 7.
[30] EuGH GRUR 2014, 654 Rn. 30 ff. – PRCA/NLA; EuGH GRUR-Int 2012, 336 Rn. 31 f. – Infopaq International.
[31] EuGH GRUR 2014, 654 Rn. 38 – PRCA/NLA.
[32] OLG Celle ZUM-RD 2009, 14.

fältigung sein, dh die Vervielfältigung darf keinen anderen Zwecken dienen.[33] Deshalb ist zum Beispiel eine Speicherung auf dem Server des Anbieters zum Zwecke des Caching zulässig, nicht aber eine Speicherung zum Zweck der Archivierung.

11   **a) Übertragung im Netz.** Es muss sich um Netze handeln, bei denen die Übertragung zwischen Dritten durch einen Vermittler erfolgt. Wichtigstes Beispiel ist das Internet. Bei Übertragungen in firmeninternen Netzen (Intranet) erfolgt keine Übertragung durch einen Vermittler. Die Vervielfältigungen bei Intranetübertragungen können aber unter die rechtmäßige Nutzung nach Nr. 2 fallen. Privilegiert ist lediglich der Vermittler, dh der Diensteanbieter; nur seine Vervielfältigungen sind freigestellt, nicht dagegen Speicherungen in den Arbeitsspeichern von Absender und Empfänger.[34] Im Gegensatz zu Nr. 2 kommt es bei der Netzübertragung nicht darauf an, ob die Nutzung, der die Übertragung dient, rechtmäßig ist.[35] Nach dem 33. Erwägungsgrund der Richtlinie zur Informationsgesellschaft sind Handlungen zulässig, „die das effiziente Funktionieren der Übertragungssysteme ermöglichen, sofern der Vermittler die Informationen nicht verändert und nicht die erlaubte Anwendung von Technologien zur Sammlung von Daten über die Nutzung der Information, die von der gewerblichen Wirtschaft weithin anerkannt und verwendet werden, beeinträchtigt."

12   **b) Rechtmäßige Nutzung.** Eine Nutzung ist rechtmäßig, soweit sie vom Rechtsinhaber zugelassen und nicht durch Gesetze beschränkt ist,[36] ferner, wenn sie durch gesetzliche Bestimmungen, insbesondere Schrankenbestimmungen, erlaubt ist.[37] Wer dagegen geschützte Werke oder andere Schutzgegenstände urheberrechtswidrig nutzt, kann sich nicht auf § 44a Nr. 2 berufen. Die Zustimmung des Rechtsinhabers zur Nutzung braucht nicht ausdrücklich erteilt zu sein, sondern kann auch konkludent erfolgen, was bei Einstellung von Werken in das Internet häufig der Fall sein wird.[38]

5. Fehlen einer eigenständigen wirtschaftlichen Bedeutung

13   Die Vervielfältigungshandlungen dürfen keine eigenständige wirtschaftliche Bedeutung haben. Ihr wirtschaftlicher Nutzen muss also auf die Netzübertragung im Sinne des § 44a Nr. 1 bzw. die rechtmäßige Nutzung im Sinne des § 44a Nr. 2 beschränkt bleiben. Sie dürfen **keine neue, eigenständige Nutzungsmöglichkeit** eröffnen und **keinen zusätzlichen wirtschaftlichen Vorteil** schaffen, der über den Vorteil hinausginge, der durch den bloßen Empfang der fraglichen Sendungen entsteht.[39] Bei der reinen Durchleitung und beim Caching wird eine eigenständige wirtschaftliche Bedeutung regelmäßig nicht vorliegen, anders dagegen beim Hosting.[40] Erlaubt beispielsweise eine Email-Versendung von Zeitungsartikeln nicht nur die Verwendbarkeit des Originalartikels in Papierform sondern darüber hinaus die Erstellung einer digitalen Datei, mit der beliebig viele Kunden beliefert werden können, so liegt darin eine eigenständige wirtschaftliche Bedeutung.[41] Eine eigenständige wirtschaftliche Bedeutung hat auch die Aufzeichnung von Sendungen auf einem Server, von dem sie durch einzelne Nutzer zur eigenen Nutzung abgerufen werden können,[42] ebenso die Darstellung von Vorschaubildern durch eine Internetsuchmaschine[43] und das Laden der Software in den Arbeitsspeicher weiterer Arbeitsplatzrechner.[44] Bei der Vorabdigitalisierung ganzer Print-Publikationen hat das LG Hamburg eine eigenständige wirtschaftliche Bedeutung angenommen, weil sie die Möglichkeit zum Aufbau einer Datenbank mit Masterkopien bietet.[45]

III. Drei-Stufen-Test

14   Nach Art. 5 Abs. 5 der InfoSoc-RL darf die in Art. 5 Abs. 1 vorgesehene Ausnahme nur in bestimmten Sonderfällen angewandt werden, in denen die normale Verwertung des Werks oder des sonstigen Schutzgegenstands nicht beeinträchtigt wird und die berechtigten Interessen des Rechtsinhabers nicht ungebührlich verletzt werden. Mit diesem auf Art. 8 Abs. 2 RBÜ zurückgehenden Drei-

---

[33] Fromm/Nordemann/*Dustmann* UrhG § 44a Rn. 15.
[34] KG GRUR-RR 2004, 228 (231) – Ausschnittdienst; Dreier/Schulze/*Dreier* UrhG § 44a Rn. 7; Fromm/Nordemann/*Dustmann* UrhG § 44a Rn. 16.
[35] Dreier/Schulze/*Dreier* UrhG § 44a Rn. 7; Wandtke/Bullinger/*v. Welser* UrhG § 44a Rn. 9; *Reinbothe* GRUR-Int 2001, 733 (738).
[36] Erwgr. 33 der InfoSoc-RL.
[37] Dreier/Schulze/*Dreier* UrhG § 44a Rn. 8; Fromm/Nordemann/*Dustmann* UrhG § 44a Rn. 17.
[38] Wandtke/Bullinger/*v. Welser* UrhG § 44a Rn. 17.
[39] EuGH GRUR 2012, 156 Rn. 174 ff., 177 – Football Association Premier League; EuGH GRUR-Int 2012, 336 Rn. 50 ff. – Infopaq International; BGH ZUM-RD 2013, 314 Rn. 20; LG Hamburg ZUM-RD 2018, 629 (646); AG Potsdam ZUM-RD 2014, 587 (588); Fromm/Nordemann/*Dustmann* UrhG § 44a Rn. 19; Dreier/Schulze/*Dreier* UrhG § 44a Rn. 10; s. auch LG München I MMR 2007, 328 (329).
[40] *Spindler* GRUR 2002, 105 (111).
[41] KG GRUR-RR 2004, 228 (231) – Ausschnittdienst; sa OLG München GRUR-RR 2009, 91 (92).
[42] *OLG München* ZUM 2004, 813 (816); OLG Dresden NJOZ 2008, 160 (162 f.); s. zu diesen Fällen aber auch LG Braunschweig ZUM-RD 2006, 396 (398).
[43] BGH GRUR 2010, 628 Rn. 24 – Vorschaubilder.
[44] BGH GRUR 2011, 418 Rn. 17 – UsedSoft.
[45] LG Hamburg ZUM-RD 2018, 629 (646).

Stufen-Test ist der Richtliniengesetzgeber seinen internationalen Verpflichtungen aus Art. 10 WCT nachgekommen.[46] Die Voraussetzung des Sonderfalls ist bereits dadurch erfüllt, dass unter § 44a nur eng umrissene Tatbestände fallen. Ob die normale Werkverwertung beeinträchtigt und die berechtigten Interessen des Rechtsinhabers ungebührlich verletzt werden, hängt vom jeweiligen Einzelfall ab. Der EuGH hat entschieden, dass die Betrachtung von Internetseiten im Rahmen des Drei-Stufen-Tests bleibt.[47]

IV. Einzelfälle

Zu den nach § 44a freigestellten Vervielfältigungshandlungen gehören die ständigen Speichervorgänge auf den **Servern der Provider,** über die ein Nutzer Informationen aus Netzen abrufen kann.[48] In erster Linie auf diese Vorgänge zielt § 44a Nr. 1. Dabei kommt es nicht darauf an, ob die Nutzung, der die Netzübertragung dient, rechtmäßig ist.[49] Unter § 44a fallen damit Access-Provider, die Zugang zu den Netzen vermitteln und Service-Provider, die die Übertragung im Netz vornehmen, nicht dagegen Content-Provider, die den Inhalt einer Web-Seite gestalten,[50] auch nicht Host-Provider, da es hier schon an der flüchtigen oder begleitenden Vervielfältigung fehlt.[51]   15

§ 44a erfasst ferner das **Browsing,**[52] durch das beim Durchsuchen von Datenbanken und ähnlichem Informationen für kurze Zeit im Speicher des Rechners festgelegt werden. Auch eine solche kurzfristige Festlegung stellt eine Vervielfältigung dar.[53] Da die Festlegung nicht länger als für den technischen Vorgang dauert, handelt es sich um vorübergehende und flüchtige Vervielfältigungshandlungen. Sie sind begleitend, da sie keinem eigenständigen Zweck dienen und angesichts ihrer Funktion auch wesentlicher Teil eines technischen Verfahrens. Ihr Zweck ist die Übertragung in einem Netz zwischen Dritten durch einen Vermittler und sie haben keine eigenständige wirtschaftliche Bedeutung. Im 33. Erwägungsgrund der Richtlinie ist das Browsing ausdrücklich genannt.   16

Unter § 44a fällt weiterhin das **Caching,** dh die zeitlich begrenzte Zwischenspeicherung bereits aufgerufener Netzinhalte auf dem Server des Anbieters, um so einen schnelleren Zugriff der Nutzer auf diese Netzinhalte bei erneutem Abruf zu gewährleisten und das Netz zu entlasten.[54] Die Voraussetzungen des § 44a sind hier in gleicher Weise wie beim Browsing (dazu → Rn. 16) erfüllt. Auch das Caching wird im 33. Erwägungsgrund der Richtlinie ausdrücklich genannt.   17

Beim **Streaming** werden Audio- und Videodaten unmittelbar aus dem Netz (fast) in Echtzeit übertragen. Ob § 44a anwendbar ist, hängt von der Art des Streaming ab. Bleiben die Daten auch nach ihrer Wahrnehmung auf dem Computer des Nutzers längere Zeit oder dauernd gespeichert (progressives Streaming, Mitschnitt[55]), so ist § 44a auf die damit bewirkte Vervielfältigung schon deswegen nicht anwendbar, weil es sich nicht um eine vorübergehende Vervielfältigung handelt. Bei einem Streaming, bei dem die Festlegungen im Computer automatisch nach ihrer Wahrnehmung durch den Nutzer gelöscht oder überschrieben werden, handelt es sich um eine sukzessive ephemere Speicherung oft für sich genommen nicht schutzfähiger Werkteile. Nach der Rechtsprechung des EuGH ist bei einer solchen sukzessiven Speicherung nicht auf die einzelnen Fragmente, sondern auf das zusammengesetzte Ganze abzustellen.[56] Soweit dieses Ganze urheberrechtlich schutzfähig ist, liegt also eine Vervielfältigung vor.[57] Die Voraussetzungen des § 44a, vorübergehende, flüchtige und begleitende Vervielfältigung, wesentlicher Teil eines technischen Verfahrens, Übertragung in einem Netz und keine eigenständige wirtschaftliche Bedeutung werden in vielen Fällen erfüllt sein. Der EuGH hat aber im Fall eines multimedialen Medienabspielers, mit dem urheberrechtlich geschützte Werke mit nur einem Klick aus dem Internet abgerufen werden konnten, entschieden, dass Art. 5 Abs. 1 der InfoSoc-RL nicht anwendbar sei, wenn das Werk ohne Erlaubnis des Urhebers angeboten werde. Es seien nämlich die Voraussetzungen des 3-Stufen-Tests nach Art. 5 Abs. 5 der InfoSoc-RL nicht erfüllt, weil die Normalverwertung des Werks beeinträchtigt und die berechtigten Interessen des Rechtsinhabers ungebührlich verletzt sein.[58] Es bleibt abzuwarten, ob der EuGH diese Grundsätze auf   18

---

[46] Vgl. Erwgr. 44 der InfoSoc-RL.

[47] EuGH GRUR 2014, 654 Rn. 45 ff. – PRCA/NLA.

[48] AmtlBegr. BT-Drs. 15/38, 18; OLG Dresden GRUR-RR 2011, 413 (415) OLG Hamburg ZUM 2009, 575 (576).

[49] Vgl. → Rn. 11.

[50] *Walter* in Walter (Hrsg.), Europäisches Urheberrecht, 2001, InfoSoc-RL, Übersicht, Rn. 112.

[51] *Walter* in Walter (Hrsg.), Europäisches Urheberrecht, 2001, InfoSoc-RL, Übersicht, Rn. 113; *Spindler* MMR 2008, 7 (10).

[52] EuGH GRUR 2014, 654 Rn. 235 – PRCA/NLA; allg. Ansicht auch im Schrifttum, vgl. etwa Wandtke/Bullinger/*v. Welser* UrhG § 44a Rn. 3; Dreier/Schulze/*Dreier* UrhG § 44a Rn. 4.

[53] → § 16 Rn. 22.

[54] EuGH GRUR 2014, 654 Rn. 25 ff. – PRCA/NLA; AmtlBegr. BT-Drs. 15/38, 18; allg. Ansicht auch im Schrifttum, vgl. etwa Wandtke/Bullinger/*v. Welser* UrhG § 44a Rn. 4 ff.; Dreier/Schulze/*Dreier* UrhG § 44a Rn. 4.

[55] Dazu näher Fromm/Nordemann/*Dustmann* UrhG § 44a Rn. 23 ff.

[56] EuGH GRUR 2012, 156 Rn. 153 ff. – Football Association Premier League Ltd.

[57] S. dazu auch *Stieper* MMR 2012, 12 ff.

[58] EuGH GRUR 2017, 610 Rn. 61 – Stichting Brein/Wullems; sa AG Potsdam ZUM-RD 2014, 587 (588).

alle Fälle des Streamings anwenden wird.[59] Fraglich ist jedenfalls, ob sich die bisherige deutsche Rechtsprechung, wonach § 44a anwendbar war, wenn es sich nicht um eine offensichtlich rechtswidrige Quelle handelte,[60] aufrechterhalten werden kann.

19   Unter § 44a fällt dagegen nicht das **Downloading** auf die Festplatte des Computers, auch dann nicht, wenn später eine Löschung erfolgt. Beim Downloading fehlt es meist schon an der flüchtigen oder begleitenden Festlegung, zudem ist es nicht integraler und wesentlicher Teil eines technischen Verfahrens und hat im Allgemeinen auch eine eigenständige wirtschaftliche Bedeutung.

§ 45 Rechtspflege und öffentliche Sicherheit

(1) Zulässig ist, einzelne Vervielfältigungsstücke von Werken zur Verwendung in Verfahren vor einem Gericht, einem Schiedsgericht oder einer Behörde herzustellen oder herstellen zu lassen.

(2) Gerichte und Behörden dürfen für Zwecke der Rechtspflege und der öffentlichen Sicherheit Bildnisse vervielfältigen oder vervielfältigen lassen.

(3) Unter den gleichen Voraussetzungen wie die Vervielfältigung ist auch die Verbreitung, öffentliche Ausstellung und öffentliche Wiedergabe der Werke zulässig.

Schrifttum: *Seiler,* Urheberrechtsschutz für Portraitfotos. Zugleich Kommentar zu EuGH, Urteil vom 1.12. 2011, K&R 2012, 104.

Übersicht

1. Zweck und Bedeutung der Vorschrift

1   **a)** Die Vorschrift beschränkt im Interesse der **Rechtspflege** und der **öffentlichen Sicherheit** nicht nur das Vervielfältigungsrecht des Urhebers (§ 16), sondern in Abs. 3 auch das Recht der Verbreitung, öffentlichen Ausstellung und öffentlichen Wiedergabe, erfasst also alle körperlichen und unkörperlichen Verwertungsarten.[1] Darüber hinaus ist das Urheberpersönlichkeitsrecht insoweit berührt, als sogar das Veröffentlichungsrecht (§ 12) eingeschränkt ist.[2] Eine vergleichbare Regelung für das Sui-generis-Recht des Datenbankherstellers enthält § 87c Abs. 2. Vor Inkrafttreten des UrhG gab es – mit Ausnahme von § 24 KUG[3] – keine entsprechende Regelung. Dennoch waren auch vorher schon im Rahmen von gerichtlichen Verfahren, Strafverfolgungen uÄ Vervielfältigungen solcher Art vorgenommen worden, ohne dass dies – soweit ersichtlich – von Seiten der Urheber je beanstandet worden wäre. Die Möglichkeit der Verwendung urheberrechtlich geschützter Werke im Rahmen von Prozessen und sonstigen behördlichen Verfahren stellt tatsächlich eine „nahezu selbstverständliche Schranke des Urheberrechts" dar.[4] Der Gesetzgeber hat 1965 den tatsächlichen Gegebenheiten Rechnung getragen und diese Bestimmung eingefügt, „um klare Verhältnisse zu schaffen".[5] Die Vergütungsfreiheit wird damit begründet, dass die Nutzung des Werkes hier nicht „um seiner selbst willen" erfolgt.[6]

2   **b)** Auch nach Inkrafttreten des UrhG galt neben § 45 auch **§ 24 KUG** teilweise weiter. Nach § 24 KUG dürfen Behörden für Zwecke der Rechtspflege und der öffentlichen Sicherheit Bildnisse „ohne Einwilligung des Berechtigten sowie des Abgebildeten oder seiner Angehörigen" vervielfältigen und öffentlich zur Schau stellen. Soweit es sich hier um eine Regelung zu Lasten des **Urhebers** des Bildnisses handelt, ist diese Bestimmung durch § 45 Abs. 2 ersetzt worden (§ 141 Nr. 5). § 24 KUG fand

---

[59] Dazu Dreier/Schulze/*Dreier* UrhG § 16 Rn. 13; *Neubauer/Soppe* GRUR 2017, 616.
[60] LG Hamburg ZUM 2014, 434 (435); LG Köln MMR 2014, 193 (194); AG Hannover ZUM-RD 2014, 667 (668).
[1] Hierzu → Rn. 12.
[2] → Rn. 9.
[3] Hierzu → Rn. 2.
[4] *Gerstenberg,* Die Urheberrechte an Werken der Kunst, der Architektur und der Photographie (1984), zu § 45.
[5] AmtlBegr. BT-Drs. IV/270, 63.
[6] AmtlBegr. BT-Drs. IV/270, 63.

bislang jedoch nach wie vor Anwendung, soweit es sich um das Recht am eigenen Bild, dh um das Persönlichkeitsrecht der abgebildeten Person, handelt.[7] Bezüglich der Voraussetzungen für die zustimmungsfreie Benutzung des Bildnisses decken sich § 24 KUG und § 45 Abs. 2 iVm Abs. 3 im Wesentlichen. Inwieweit daran nach Inkrafttreten der **Datenschutz-Grundverordnung**[8] noch festgehalten werden kann, ist allerdings fraglich. Deren Erwgr. 20 stellt klar, dass die Verordnung auch für die Tätigkeiten der Gerichte und anderer Justizbehörden gilt, und überlässt den Mitgliedstaaten nur die Festlegung, „wie die Verarbeitungsvorgänge und Verarbeitungsverfahren bei der Verarbeitung personenbezogener Daten durch Gerichte und andere Justizbehörden im Einzelnen auszusehen haben". Zu den personenbezogenen Daten gehören auch Bildnisse. Damit kommt den in der DS-GVO bestimmten Voraussetzungen für eine Verarbeitung von Bildnissen durch Gerichte und Justizbehörden Vorrang vor § 24 KUG zu. Für die Verarbeitung zu Strafverfolgungszwecken sind die in Umsetzung der Richtlinie (EU) 2016/680 geschaffenen §§ 45 ff. BDSG nF zu beachten.

c) In der RBÜ findet sich keine dem § 45 entsprechende Bestimmung.[9] Die InfoSoc-RL lässt jedoch in Art. 5 Abs. 3 lit. e Ausnahmen von sämtlichen in Art. 2, 3 und 4 genannten Ausschließlichkeitsrechten zu für die Nutzung zu „Zwecken der öffentlichen Sicherheit oder zur Sicherstellung des ordnungsgemäßen Ablaufs von Verwaltungsverfahren, parlamentarischen Verfahren oder Gerichtsverfahren oder der Berichterstattung darüber". Eine Änderung von § 45 war durch die InfoSoc-RL also nicht geboten. Entsprechend der zwingenden Vorgabe in Art. 6 Abs. 4 UAbs. 1 InfoSoc-RL ist die Privilegierung aber nun auch gegenüber **technischen Schutzmaßnahmen** durchsetzbar. Gem. § 95b Abs. 1 Nr. 1 besteht deshalb für die nach § 45 Berechtigten ein Anspruch auf Zugang zu dem für die begünstigten Zwecke benötigten Werk, auch wenn dieser zB mittels einer Kopiersperre blockiert ist.

2. Schranke des Vervielfältigungsrechts (Abs. 1)

a) Im Rahmen von **Abs. 1** dürfen **alle Werke** iSv § 2 Abs. 1 **vervielfältigt** werden. Das Recht zur Vervielfältigung erstreckt sich auf alle Vervielfältigungsarten nach § 16. Insbesondere können auch gesendete oder im Internet zugänglich gemachte Werke für die genannten Zwecke mitgeschnitten werden. Es dürfen aber immer nur „einzelne" Vervielfältigungsstücke hergestellt werden. Wie immer im UrhG bedeutet dies die Herstellung einiger weniger Vervielfältigungsstücke. Die zahlenmäßige Begrenzung ergibt sich hier unmittelbar aus dem privilegierten Verwendungszweck.[10] **Computerprogramme** dürfen im Rahmen von § 45 zwar vervielfältigt (§ 69c Nr. 1), nicht aber bearbeitet (§ 69c Nr. 2) oder dekompiliert (§ 69e) werden; auch Art. 6 Computerprogramm-RL sieht keine ausdrückliche Ausnahme für solche Zwecke vor. Soweit in einem Prozess wegen der Verletzung des Urheberrechts an einem Computerprogramm die Dekompilierung eines fremden Computerprogramms nötig ist und der Rechtsinhaber seine Zustimmung hierzu verweigert, helfen ggf. nur allg. Zivilprozessregeln – zB über die Folgen der Beweisvereitelung – weiter.[11] Erwogen wird daher in der Literatur, die Dekompilierung zu Beweiszwecken zuzulassen, indem § 45 analog auch auf die im Zuge des Dekompilierens erfolgende Bearbeitung angewendet wird.[12]

b) Privilegiert nach Abs. 1 sind **Gerichte, Schiedsgerichte und Behörden.** Gerichte in diesem Sinne sind alle Spruchorgane der rechtsprechenden Gewalt gem. Art. 92 GG. Amtsgerichte sind als Vollstreckungsgerichte – zB in Zwangsvollstreckungs- oder Zwangsversteigerungsverfahren – zwar nicht rechtsprechend iSv Art. 92 GG tätig und daher auch keine Gerichte iSv § 45, in dieser Funktion aber als Behörden privilegiert.[13] Schiedsgerichte sind zum einen alle durch privatrechtlichen Schiedsvertrag vereinbarten Organe;[14] zum anderen zählen hierunter alle vom Gesetz installierten Schiedsinstitutionen.[15] **Behörde** ist jede Stelle, die nach der – weiten – Definition in § 1 Abs. 4 VwVfG bzw. den entspr. Bestimmungen in den LandesVwVfGen „Aufgaben der öffentlichen Verwaltung wahrnimmt". Behörde ist danach zum einen jede Stelle, „die durch Organisationsrecht gebildet, vom Wechsel des Amtsinhabers unabhängig und nach der einschlägigen Zuständigkeitsregelung offen ist, unter eigenem Namen nach außen eigenständige Aufgaben der öffentlichen Verwaltung wahrzunehmen";[16] es sind dies alle Bundes-, Landes- und Kommunalbehörden, aber auch Körperschaften, Stiftungen, Anstalten des öffentlichen Rechts.[17] Zum anderen können auch beliehene Unternehmen Behörde iS von § 1 Abs. 4 VwVfG und damit auch von § 45 sein; entscheidend ist die „übertragene

---

[7] Vgl. OLG Frankfurt a. M. NJW 1971, 47; *Schack* UrheberR Rn. 571.

[8] Verordnung (EU) 2016/679 vom 27.4.2016, ABl. EU L 119, S. 1.

[9] Vgl. *Dietz,* Urheberrecht in der Europ. Gemeinschaft, Rn. 375.

[10] Hierzu → Rn. 6.

[11] *Haberstumpf* in Lehmann, Rechtsschutz und Verwertung von Computerprogrammen (2. Aufl. 1993), S. 161 mwN.

[12] Vgl. Dreier/Schulze/*Dreier* § 45 Rn. 9; Wandtke/Bullinger/*Grützmacher* UrhG § 69e Rn. 30.

[13] *Hauck* ZUM 2011, 542 (548) mwN.

[14] §§ 1025 ff. ZPO, ebenso Vereinsschiedsgerichte wie zB Sportgerichte ua.

[15] ZB §§ 28 ff. ArbnErfG, §§ 92 ff. VGG, Schlichtungsverfahren im Arbeitsrecht.

[16] Stelkens/Bonk/Sachs/*Schmitz* VwVfG (9. Aufl. 2018) § 1 Rn. 231 mwN.

[17] Stelkens/Bonk/Sachs/*Schmitz* VwVfG (9. Aufl. 2018) § 1 Rn. 236.

Rechtsstellung".[18] Danach gehört zB der TÜV jedenfalls teilweise zu den Behörden; nicht darunter fallen Versorgungsbetriebe, Deutsche Bahn, Telekom uÄ.[19] Auch öffentlich-rechtliche Rundfunkanstalten sind – obwohl grundsätzlich „staatsfrei" – für einen Teil ihres Tätigkeitsbereiches Behörden iSv § 1 Abs. 4 VwVfG;[20] dies gilt dort, wo sie öffentlich-rechtliche Verwaltungstätigkeit entfalten (zB Einziehung der Rundfunkgebühren). Der Gesetzgeber hat in der Begründung zu § 45 insbesondere auf die Bedürfnisse des Patentamtes hingewiesen, das zur Vervielfältigung einzelner Stellen aus wissenschaftlichen Werken und Aufsätzen bei Durchführung des Patenterteilungsverfahrens angewiesen ist.[21]

6   **c)** Die Vervielfältigungsstücke dürfen nur **„zur Verwendung in Verfahren"** hergestellt werden. Verfahren in diesem Sinne sind alle Vorgänge, die sich mit einem konkreten, von dem betreffenden staatlichen Organ auch nach außen wirkenden Sachverhalt befassen. Soweit die entsprechenden Verfahrensregeln der Dispositionsmaxime unterliegen (zB in Zivilprozessen, Schiedsverfahren), wird das Verfahren erst durch eine entsprechende formelle Handlung (zB Antragstellung) in Gang gebracht. Soweit das Verfahren der Offizialmaxime unterliegt, kommt es im Rahmen von § 22 VwVfG auf das Tätigwerden der Behörde mit dem Ziel einer hoheitlichen Handlung (Regelung oder Maßnahme) an. Umstritten ist, inwieweit § 45 auch Nutzungshandlungen privilegiert, die im Hinblick auf ein **künftiges Verfahren** bereits in dem jeweils verfahrenseinleitenden Schritt vorgenommen werden.[22] So soll § 45 es erlauben, noch vor Einreichung einer Klage zum Zwecke der Vorbereitung des Verfahrens Vervielfältigungen anzufertigen, zB als Beweismaterial.[23] Das lässt sich mit dem Ziel eines effektiven Rechtsschutzes rechtfertigen.[24] Erforderlich ist aber jedenfalls ein **konkreter und eindeutiger Bezug** zum künftigen Verfahren.[25] Sollen etwa durch ein privat eingeholtes Gutachten nur die Erfolgsaussichten einer Klage geklärt werden, so sind in diesem Rahmen angefertigte Vervielfältigungen nicht von § 45 gedeckt.[26] Gleiches gilt für „die Beschaffung von einschlägigen Fachpublikationen von genereller, verfahrensübergreifender Bedeutung".[27] Ebenso wenig können Behörden für interne Vorgänge, die kein Tätigwerden nach außen zum Ziel haben, die Privilegierung von § 45 Abs. 1 in Anspruch nehmen,[28] da nach § 9 VwVfG ein Verwaltungsverfahren nur die „nach außen wirkende Tätigkeit" einer Behörde ist. Nicht zur Verwendung „in einem Verfahren" bestimmt (sondern gerade Ziel des Verfahrens) sind auch Vervielfältigungsstücke, die zur Erfüllung eines **Informationszugangsanspruchs nach § 1 Abs. 1 IFG** hergestellt werden, zumal der von § 6 S. 1 IFG aufrechterhaltene Schutz des geistigen Eigentums auf diese Weise konterkariert würde.[29] Eine Verpflichtung zur bzw. ein Anspruch des Urhebers auf **Vernichtung** der Vervielfältigungsstücke nach Beendigung des Verfahrens bestehen nicht – dagegen sprechen schon die Regelungen zu den Aufbewahrungspflichten.[30] Soweit die Vervielfältigungsstücke personenbezogene Daten enthalten (zB bei Bildnissen), kann sich ein Löschungsanspruch aber aus datenschutzrechtlichen Regelungen ergeben.[31]

7   Vervielfältigungsstücke dürfen nur in der **Anzahl** hergestellt werden, wie sie vom Gericht, der Behörde und den beteiligten Parteien **benötigt** werden.[32] Zu den Beteiligten zählen auch die Hilfspersonen des Verfahrens, zB Sachverständige, Zeugen usw; es kann dies gelegentlich auch zu einer größeren Zahl von Prozessbeteiligten führen;[33] stets muss es sich jedoch um am Verfahren Beteiligte handeln. Eine Vervielfältigung zum Zweck der Weitergabe an Dritte (zB an Presseberichterstatter) ist von § 45 nicht gedeckt. Die Vervielfältigung kann jeder nach dieser Definition am Verfahren Beteiligte herstellen oder herstellen lassen. Eine Anordnung des Gerichts oder der Behörde ist hierfür nicht nötig.[34] Einer solchen einschränkenden Anregung ist der Gesetzgeber – unter Hinweis auf die Fälle der Eilbedürftigkeit und zur Vermeidung von Verzögerungen – nicht gefolgt.[35]

3. Bildnisse (Abs. 2)

8   Abs. 2 erweitert die Regelung von Abs. 1 vor allem dahingehend, dass danach nicht nur „einzelne" Vervielfältigungsstücke hergestellt werden dürfen, sondern – dem Zweck entsprechend – eine **Viel-**

---

[18] *Kopp/Ramsauer* VwVfG (19. Aufl. 2018) § 1 Rn. 59.

[19] DKMH/*Dreyer* UrhG § 45 Rn. 4.

[20] Stelkens/Bonk/Sachs/*Schmitz* VwVfG (9. Aufl. 2018) § 2 Rn. 21 ff.

[21] AmtlBegr. BT-Drs. IV/270, 63.

[22] So Fromm/Nordemann/*Dustmann* UrhG § 45 Rn. 3.

[23] So LG Düsseldorf GRUR-RR 2007, 193 (194) – Walzgerüst mwN (das Berufungsurteil des OLG Düsseldorf hat sich mit dieser Frage nicht mehr befasst); LG Bielefeld BeckRS 2000, 11945; DKMH/*Dreyer* UrhG § 45 Rn. 6; Dreier/Schulze/*Dreier* § 45 Rn. 6; Wandtke/Bullinger/*Lüft* UrhG § 45 Rn. 3.

[24] Anders noch → 5. Aufl. 2017, Rn. 6.

[25] Ähnlich Dreier/Schulze/*Dreier* § 45 Rn. 6; BeckOK UrhR/*Schulz* UrhG § 45 Rn. 9 („zielgerichtete Verwendung in einem konkreten Verfahren").

[26] So auch *Ulrich* DS 2011, 352 (355 ff.).

[27] So zutreffend *Poeppel*, Neuordnung der urheberrechtlichen Schranken im digitalen Umfeld, 2005, S. 170.

[28] Dreier/Schulze/*Dreier* § 45 Rn. 5.

[29] VG Braunschweig ZUM 2008, 254 (257); vgl. auch Fromm/Nordemann/*Dustmann* UrhG § 45 Rn. 3.

[30] Dreier/Schulze/*Dreier* § 45 Rn. 8; Wandtke/Bullinger/*Lüft* UrhG § 45 Rn. 3; aA noch *v. Gamm* § 45 Rn. 11.

[31] → Rn. 2.

[32] Vgl. AmtlBegr. BT-Drs. IV/270, 63.

[33] Vgl. OLG Wien MR 1991, 240.

[34] Vgl. in diesem Sinn OLG Wien MR 1991, 240.

[35] AmtlBegr. BT-Drs. IV/270, 63.

zahl. Wie schon nach § 24 KUG ist Zweck dieser Bestimmung, im Interesse der Rechtspflege und der öffentlichen Sicherheit die Verwendung von Bildnissen freizugeben. Damit ist insbesondere die Möglichkeit geschaffen, Fotos, Zeichnungen etc einer Person ohne Zustimmung des Urhebers (Fotograf, Zeichner) in Form von Fahndungsfotos und Steckbriefen in großer Zahl zu fertigen. Der Begriff des **Bildnisses** deckt sich mit dem in §§ 22 ff. KUG und § 60.[36]

Privilegiert nach Abs. 2 sind nur **Gerichte und Behörden.** Während in § 24 KUG nur Behörden   **9** aufgeführt waren, wurden in Abs. 2 in „Angleichung an die Terminologie in Abs. 1" die Gerichte mit aufgezählt.[37] Schiedsgerichte sind dabei absichtlich nicht mit aufgenommen worden und haben daher nicht die Möglichkeiten nach Abs. 2.[38]

Gerichte und Behörden dürfen Bildnisse auch **„vervielfältigen lassen".** Dies deckt insbes. die   **10** Veröffentlichung von Fahndungsfotos in Zeitungen ab. Grundsätzlich setzt dies eine entsprechende – formlose – Veranlassung durch das Gerichts oder die Behörde (zB die Polizei) voraus; aus eigener Initiative dürfen Presseorgane solche Veröffentlichungen nicht vornehmen.[39] In Einzelfällen soll es Presseorganen nach Auffassung des **EuGH** aber gestattet sein, ein Bildnis auch ohne einen ausdrücklichen Aufruf zur Bildnisveröffentlichung zu veröffentlichen, wenn dies – zB nach einem Aufruf der Polizei an die Bevölkerung[40] – dem Ziel der öffentlichen Sicherheit dient, dies „im Zusammenhang mit … einem Vorgehen der zuständigen nationalen Behörden" steht und „im Einvernehmen mit diesen Behörden" ergriffen wurde.[41] Voraussetzung hierfür muss allerdings sein, dass der Aufruf (noch) aktuell ist.[42] Es kann davon ausgegangen werden, dass die bisherige Rechtslage und Praxis diesen Vorgaben des EuGH entsprechen.[43]

4. Verbreitung, Ausstellung und öffentliche Wiedergabe (Abs. 3)

Durch Abs. 3 wird der Anwendungsbereich von Abs. 1 und 2 über das Vervielfältigungsrecht hin-   **11** aus auf das **Verbreitungs- und Ausstellungsrecht** sowie das **Recht der öffentlichen Wiedergabe** erweitert. Der Gesetzgeber ging dabei davon aus, dass sich häufig die Notwendigkeit ergeben werde, in einem gerichtlichen oder sonstigen Verfahren Werke zu verbreiten, öffentlich auszustellen oder sonst öffentlich wiederzugeben.[44] Tatsächlich wird es im Hinblick auf den zwingenden Öffentlichkeitscharakter vieler Gerichtsverhandlungen[45] vorkommen, dass Werke aller Art im Gerichtssaal öffentlich ausgestellt, verlesen oder vorgeführt werden. Vor allem aber gewinnt Abs. 3 dadurch praktische Bedeutung, dass nach Abs. 2 zulässigerweise vervielfältigte **Bildnisse** öffentlich wiedergegeben werden dürfen. Danach können also insbesondere Fahndungsfotos oder -zeichnungen durch Fernsehsender ausgestrahlt und auf Plakaten vervielfältigt oder im Internet ohne Zustimmung ihres Urhebers öffentlich zugänglich gemacht werden (§ 15 Abs. 2 Nr. 2). Die Verwendung muss aber stets im Rahmen der engen Zweckbestimmung bleiben. Die nach § 45 erlaubten Nutzungen stehen unter dem „Zweckvorbehalt der Erforderlichkeit öffentlicher Sicherheit".[46] „Milchtüten als Fahndungsplakat" sind danach von der Schranke ebenso wenig gedeckt wie die Verwendung eines Fotos zur Illustration in einem Verfassungsschutzbericht.[47]

Da Abs. 3 allgemein auf das Recht der öffentlichen Wiedergabe (§ 15 Abs. 2 und 3) verweist, wer-   **12** den insoweit auch **Innominatfälle** von § 45 erfasst. So ist zu Fahndungszwecken etwa auch ein „embedded link" auf ein Bildnis im Internet erlaubt, wenn man darin eine unbenannte Form der öffentlichen Wiedergabe sieht.[48] Im Hinblick auf die lückenlose Aufzählung aller bekannten körperlichen Verwertungsformen in Abs. 1 und 3 wird man folgern müssen, dass § 45 auch für unbenannte körperliche Verwertungsformen gilt.[49]

5. Urheberpersönlichkeitsrecht

In den Fällen von Abs. 1 und 3 ist der Eingriff in das **Urheberpersönlichkeitsrecht** besonders   **13** stark, da hier sogar das ausschließliche Veröffentlichungsrecht von § 12 Abs. 1 partiell aufgehoben wird: In diesem Rahmen dürfen auch **unveröffentlichte Werke** ohne Genehmigung des Urhebers genutzt und damit ggf. auch öffentlich wiedergegeben werden.[50] Der Gesetzgeber ging davon aus,

---

[36] Vgl. → § 60 Rn. 17 ff.
[37] Stellungnahme des Bundesrates, BT-Drs. IV/270, 176.
[38] BeckOK UrhR/*Schulz* UrhG § 45 Rn. 14.
[39] EuGH GRUR 2012, 166 Rn. 110–112 – Painer/Standard, unter Berufung auf den Drei-Stufen-Test in Art. 5 Abs. 5 der InfoSoc-RL.
[40] ÖstOGH MR 2008, 248.
[41] EuGH GRUR 2012, 166 Rn. 113 – Painer/Standard (zu Art. 5 Abs. 3 lit. e InfoSoc-RL).
[42] *Walter* MR 2008, 254 (256).
[43] *Seiler* K&R 2012, 104 (107).
[44] AmtlBegr. BT-Drs. IV/270, 63 f.
[45] ZB § 169 GVG; § 52 ArbGG; § 69 PatG.
[46] LG Berlin ZUM 2015, 75 (76).
[47] LG Berlin ZUM 2015, 75; Dreier/Schulze/*Dreier* § 45 Rn. 11.
[48] Vgl. dazu → § 15 Rn. 104 ff.
[49] DKMH/*Dreyer* UrhG § 45 Rn. 10 und 23.
[50] OLG Frankfurt a. M. NJW-RR 2000, 119; LG Düsseldorf GRUR-RR 2007, 193 (194).

dass insoweit das Urheberpersönlichkeitsrecht gegenüber den Interessen der Rechtspflege zurücktreten muss, „zumal die Vervielfältigungsstücke nur in den gerichtlichen oder behördlichen Verfahren selbst benutzt und nicht in Verkehr gebracht werden dürfen".[51] Freilich können darüber hinaus auch Vervielfältigungsstücke einer breiten Öffentlichkeit zugänglich gemacht werden, wenn und soweit dies dem privilegierten Verwendungszweck der Rechtspflege und öffentlichen Sicherheit dient (also insbesondere die Veröffentlichung von Fahndungsfotos); auch insoweit bestehen gegen diese Regelung keine urheber- oder urheberpersönlichkeitsrechtlichen Bedenken. In dieser Einschränkung des Erstveröffentlichungsrechts liegt auch kein Verfassungsverstoß.[52] Dass das Werk im Rahmen von § 45 der Öffentlichkeit zugänglich gemacht wird, führt nicht zu einer Veröffentlichung des Werkes iSv § 6 Abs. 1; diese bleibt dem Urheber vorbehalten.[53] Stets ist auch das Änderungsverbot in § 62 Abs. 1, im Rahmen von § 45 Abs. 1 zudem die Pflicht zur **Quellenangabe** gemäß § 63 Abs. 1 zu beachten.

§ 45a Menschen mit Behinderung

(1) Zulässig ist die nicht Erwerbszwecken dienende Vervielfältigung eines Werkes für und deren Verbreitung ausschließlich an Menschen, soweit diesen der Zugang zu dem Werk in einer bereits verfügbaren Art der sinnlichen Wahrnehmung auf Grund einer Behinderung nicht möglich oder erheblich erschwert ist, soweit es zur Ermöglichung des Zugangs erforderlich ist.

(2) [1] Für die Vervielfältigung und Verbreitung ist dem Urheber eine angemessene Vergütung zu zahlen; ausgenommen ist die Herstellung lediglich einzelner Vervielfältigungsstücke. [2] Der Anspruch kann nur durch eine Verwertungsgesellschaft geltend gemacht werden.

(3) Für die Nutzung von Sprachwerken und grafischen Aufzeichnungen von Werken der Musik zugunsten von Menschen mit einer Seh- oder Lesebehinderung sind die Absätze 1 und 2 nicht anzuwenden, sondern ausschließlich die §§ 45b bis 45d.

Schrifttum: *Hilty/Köklü/Kur/Nérisson/Drexl/von Lewinski,* Positionspapier des Max-Planck-Instituts für Innovation und Wettbewerb zur Umsetzung des WIPO-Vertrags von Marrakesch über eine zwingende urheberrechtliche Schranke zugunsten von Blinden, Sehbehinderten und Menschen mit Leseschwäche, GRUR-Int 2015, 704; *Jingyi Li,* Copyright Exemptions to Facilitate Access to Published Works for the Print Disabled, IIC 2014, 740; *Scharmann,* Medien für Blinde und Behinderte, BuB 1991, 241; *Schiller,* 100 Jahre DZB, 1994; *Vezzoso,* The Marrakesh Spirit – A Ghost in Three Steps ?, IIC 2014, 796.

Übersicht

1. Allgemeines zu Schranken zugunsten von Menschen mit Behinderung (§§ 45a–45d)

1   **a)** Weder das LUG noch das UrhG von 1965 kannten eine **Ausnahmeregelung zugunsten behinderter, insbes. blinder Menschen.** Erstmals mit dem Gesetz zur Regelung des Urheberrechts in der Informationsgesellschaft vom 10.9.2003[1] wurde entsprechend der in Art. 5 Abs. 3 lit. b) der InfoSoc-RL[2] vorgesehenen fakultativen Ausnahmemöglichkeit mit **§ 45a Abs. 1 und 2** eine solche Bestimmung eingefügt (ebenso damals in § 42d öst. UrhG). Eine solche Regelung gehört zu den typischen nach Art. 9 Abs. 2 RBÜ gerechtfertigten Ausnahmen vom Vervielfältigungsrecht.[3] Bis dahin schien in Deutschland eine gesonderte Schrankenregelung jedenfalls für Blinde entbehrlich, weil sich die Rechteinhaber – entsprechend den Empfehlungen ihrer Verbände – in aller Regel mit einer (kostenlosen) Nutzung ihrer Werke für Blindenschriftausgaben und Blindenhörbücher einverstanden erklärt hatten; die Einzelheiten solcher Gratislizenzen waren mit den Organisationen der Blinden und Sehbehinderten geregelt.[4] Die explizite Schranke war 2003 eingeführt worden, um „dem besonderen Anliegen der Bundesregierung, die Diskriminierung zu bekämpfen" zu entsprechen[5] und damit auch einer nachdrücklichen Empfehlung der EU[6] zu folgen.

2   **b)** 2013 hat die WIPO den sog. **Marrakesh Treaty** *to Facilitate Access to Published Works by Visually Impaired Persons and Persons with Print Disabilities* beschlossen, der am 30.9.2016 in Kraft getreten ist.[7] In Art. 5 Abs. 3 lit. b) der InfoSoc-RL ebenso wie in § 45 Abs. 1 und 2 UrhG werden ganz allgemein

---

[51] AmtlBegr. BT-Drs. IV/270, 63.
[52] OLG Frankfurt a. M. ZUM-RD 1999, 379 (383 ff.).
[53] → Vor §§ 44a ff. Rn. 19.
[1] BGBl. 2003 I. 1774.
[2] 2001/29/EG.
[3] *Ricketson,* The Berne Convention, 9.11.
[4] → 2. Aufl. 1999, Vor §§ 45 ff. Rn. 5.
[5] Amtl. Begr. UFITA 2004/I, 187 (218).
[6] Erwgr. 43 der InfoSoc-RL.
[7] Zur Genese des Marrakesh Treaty ausführlich *Schmidt,* Maximalschutz im internationalen und europäischen Urheberrecht, 65 ff.; dort auch zur Vereinbarkeit mit der RBÜ, 73 ff.

„behinderte Personen" privilegiert. Der Marrakesch-Vertrag beschränkt die Privilegierung dagegen ausdrücklich nur auf blinde und sehbehinderte Personen. Die **EU** hat diesen Marrakesch-Vertrag bereits 2014 unterzeichnet und 2017 durch die **Marrakesch-Richlinie**[8] und die **Marrakesch-Verordnung**[9] umgesetzt. War bisher eine Schranke zugunsten von Menschen mit Behinderung nach der InfoSoc-RL noch fakultativ, so ist sie nun für Blinde und Sehbehinderte EU-weit obligatorisch. Auch wenn der (alte) § 45a mit seinen nur 2 Absätzen im Wesentlichen bereits den Vorgaben des Marrakesch-Vertrages entsprochen hatte, waren wegen der EU Richtlinie nun doch einige Änderungen und va Ergänzungen nötig geworden. Diese erfolgten mit dem Gesetz zur Umsetzung der Marrakesch-Richtlinie vom 18.11.2018[10] durch die Ergänzung von § 45a um Abs. 3 und die neuen §§ 45b–45d. Ergänzt wird das Gesetz durch die in § 45c Abs.5 vorgesehen **Verordnung** des BMJV vom 8.12.2018 **(UrhGBefStV).**[11]

c) Entsprechend der Marrakesch Vorgabe begünstigen die **Neuregelungen der §§ 45b–45d** zum 3 einen nur Personen mit „Seh- oder Lesebehinderung" und nicht sonstig Behinderte wie Taube oder Hörbehinderte. Zum anderen beschränken sich diese Neuregelungen auf die Nutzung von Sprachwerken, Musiknoten und – eingeschränkt – Illustrationen. § 45a bleibt also nach wie vor maßgeblich zum einen für andere als die in § 45b Abs. 1 aufgezählten Werkkarten (insbes. für Filmwerke) und zum anderen für andere als Sehbehinderte (insbes. Hörbehinderte).

d) Der Marrakesh Treaty schreibt in Art. 5 und 6 die umfassende **Freizügigkeit des Im- und** 4 **Exports** von Blindenausgaben *(Accessible Format Copies)* vor. Dieser WIPO Vertrag ist damit die erste Urheberrechtskonvention, die den grenzüberschreitenden Zugang zu urheberrechtlich geschützten Werken behandelt und garantiert.[12] Für den Verkehr mit **Drittländern** regelt die EU das abschließend in der **Marrakesch-Verordnung** (für den EU Binnenverkehr ergibt sich dies schon aus der Richtlinie – Erwgr. 10 Marrakesch-RL). Danach ist die Ein- und Ausfuhr von „Vervielfältigungsstücken in einem barrierefreien Format" frei, um diese für die begünstigten Personen „verfügbar" zu machen.[13] Obwohl der Text von „Vervielfältigungsstücken" spricht, umfasst diese Freizügigkeit – wie auch in der Marrakesch-RL – alle Übermittlungsgarten, also Verbreitung und öffentliche Wiedergabe einschließlich Zugänglichmachung. Anders als die Marrakesch-RL hat die Marrakesch-VO – wie jede EU-Verordnung – unmittelbare allgemeine Geltung (Art. 288 Abs. 2 AEUV); dh sie ist verbindlich und gilt in allen Mitgliedstaaten. Sie bedarf keiner Umsetzung in nationales Recht und findet demgemäß auch keinen unmittelbaren Niederschlag in §§ 45a ff.

e) Die verschiedenen Rechtsetzungsakte zugunsten behinderter Menschen sind jedoch in einem 5 **Gesamtzusammenhang** zu sehen und ggf. auszulegen. Wenn die EU betont, dass die EU Verordnung „zusammen mit der EU Richtlinie zu lesen ist",[14] möchte man hinzufügen, dass über allem der Marrakesh Treaty schwebt. Das gilt insbes. auch für die Auslegung der nationalen Regelungen. So findet sich der im Urheberrecht neue Begriff „befugte Stellen" zuerst im Marrakesh Treaty,[15] dann in der Marrakesch-VO ebenso wie in der Marrakesch-RL[16] und schließlich in § 45c (vgl. hierzu → § 45c Rn. 1).[17] Solche Verzahnungen sollten bei der Interpretation immer berücksichtigt werden. Und immer ist auch der 3-Stufen-Test zu beachten, der in Art. 3 Abs. 3 Marrakesch-RL nochmals festgehalten ist.

f) Hauptanwendungsgebiet der Schrankenregelung zugunsten behinderter Menschen war und ist die 6 Tätigkeit der **Blindenbüchereien.** Bereits 1894 wurde mit der *Deutschen Zentralbücherei für Blinde* in Leipzig die erste Blindenbücherei Deutschlands gegründet.[18] Heute decken die in der *Mediengemeinschaft für Blinde und Sehbehinderte* eV (Medibus) vereinten Blindenbüchereien mit ihren umfassenden Versanddiensten die Bedürfnisse von Sehbehinderten in ganz Deutschland und darüber hinaus für den gesamten deutschsprachigen Raum ab. Bislang finanziell wichtiges Privileg dieser gemeinnützigen Organisationen ist der kostenlose Versanddienst der Pakete mit den schweren Braille-Schriftausgaben oder Tonkassetten (für einen vollständigen großen Roman zB werden acht Tonbänder benötigt) durch die Post. Unter Beteiligung von Medibus haben die Blindenbüchereien der Welt das *Digital Accessible Information System* entwickelt. Mit diesen sog. DAISY-Büchern wurde eine neue Blindenbuchgeneration mit vielen Vorzügen geschaffen, die es ermöglicht, wie in einem gedruckten Buch zu „blättern". Seit 2006 produziert Medibus neue Blindenausgaben nur noch im DAISY-Format.

---

[8] (EU) 2017/1564, ABl. 2017 L 242 S. 6.
[9] (EU) 2017/1564, ABl. 2017 L 242 S. 1.
[10] Gesetz zur Umsetzung der Marrakesch-Richtlinie über einen verbesserten Zugang zu urheberrechtlich geschützten Werken zugunsten von Menschen mit einer Seh- oder Lesebehinderung BGBl. 2018 I 2014, in Kraft getreten am 1.1.2019.
[11] Verordnung über befugte Stellen nach dem Urheberrechtsgesetz (UrhGBefStV), BGBl. I 2018, 2423; hierzu → § 45d Rn. 7.
[12] *Trimble* IIC 2014, 768 (771).
[13] Erwgr. 3 der Marrakesch-VO.
[14] Erwgr. 22 der Marrakesch-RL.
[15] Art. 2: „authorized entity".
[16] Art. 2 Nr. 4 und Art. 5 Marrakesch-VO; Art. 2 Nr. 4 und Art. 4 Marrakesch-RL.
[17] In Österreich wurde der Begriff mit „befugte Organisationen" übersetzt (§ 42 öUrhG).
[18] Vgl. *Schiller*, S. 8.

7   **g)** Schon bisher war entsprechend der zwingenden Vorgabe in Art. 6 Abs. 4 1. Unterabschnitt der InfoSoc-RL die Privilegierung von § 45a auch gegen **technischen Schutzmaßnahmen** (Kopiersperren uä) durchsetzbar (§ 95b Abs. 1 Nr. 2. aF). Mit dem Gesetz zur Umsetzung der Marrakesch-RL wurde dies entsprechend der Vorgabe von Art. 3 Abs. 4 der Marrakesch-RL auf die Tatbestände von §§ 45b und 45c erweitert (§ 95b Abs. 1 Nr. 2., 3. und 4.). Technische Maßnahmen dürfen nicht die Ausübung der erlaubten Nutzungen verhindern. Dies gewährt allerdings kein Selbsthilferecht, sondern einen Anspruch auf Zugang zum technisch geschützten Werk.[19] Dieses Recht steht sowohl dem einzelnen Behinderten als auch den befugten Stellen, also insbes. den Blindenbüchereien, zu.

8   **h)** Neu hinzugekommen ist in **§ 62 Abs. 4** eine klarstellende **Einschränkung des Änderungs-verbotes** für die Herstellung eines barrierefreien Formates, die für die alten wie die neuen gesetzlichen Lizenzen der §§ 45a ff. gilt (hierzu → § 45b Rn. 3).

2. Absatz 1

9   **a)** Begünstigt sind Personen, denen auf Grund einer **Behinderung** die sinnliche Wahrnehmung der Werke „nicht möglich oder erheblich erschwert ist". Zu diesem Personenkreis zählen hier nicht nur Blinde und Sehbehinderte, sondern insbes. auch Taube und Hörbehinderte. Deshalb fallen unter § 45a zB die Untertitelung von Filmen für Gehörlose, aber auch die Herstellung von Hörfilmen und Audiodeskriptionen (da Filmwerke nicht von §§ 45b–45d erfasst werden).[20]

10   **b)** Nach Abs. 1 ist nur die **Vervielfältigung** und die **Verbreitung** (§§ 16 und 17) zulässig. Die Privilegierung bezieht sich auf alle Werkarten. Für die Nutzung von Sprachwerken und Musiknoten gelten jetzt allerdings gem. Abs. 3 ausschließlich die §§ 45b–45d, sodass § 45a praktisch nur noch für Filmwerke Anwendung findet. Dabei ist allerdings zu beachten, dass die öffentliche Wiedergabe ohne Genehmigung nicht gestattet ist, die Nutzung im Rahmen von § 45a sich also auf Herstellung und Verbreitung von Videokassetten, DVDs uä Offline-Produkte beschränken muss.

11   **c)** Die Nutzung im Rahmen von § 45a muss zur Ermöglichung des Zugangs **„erforderlich"** sein (§ 45a Abs. 1 letzter Hs.). An der notwendigen Erforderlichkeit würde es fehlen, „wenn ein Werk in einer für den Begünstigten wahrnehmbaren Art zu einem der nicht wahrnehmbaren Art entsprechenden Preis bereits verfügbar ist und sich diese verfügbare Form für den konkreten Fall der Nutzung eignet."[21] Für Filmwerke wird diese Einschränkung in der Praxis wohl kaum relevant werden.

12   **d)** Die Nutzung darf nicht **„Erwerbszwecken"** dienen. Während die InfoSoc-RL von „Nutzung nicht kommerzieller Art" spricht, hat der deutsche Gesetzgeber damit die schon in § 27 Abs. 2 S. 2 und § 52 Abs. 1 S. 4 benutzte Formulierung gewählt.[22] Auch dieses Abgrenzungskriterium wird in Hinblick auf den engen Bereich, für den § 45a Abs. 1 jetzt nur noch zur Anwendung kommt, kaum noch relevant werden.

3. Absatz 2

13   **a)** Vervielfältigung und Verbreitung im Rahmen von § 45a sind gem. Abs. 2 **vergütungspflichtig,** was schon durch den 3-Stufen-Test gem. Art. 5 Abs. 5 der InfoSoc-RL geboten ist.[23] Wie in den meisten Fällen gesetzlicher Vergütungsansprüche kann auch dieser Anspruch nur durch eine Verwertungsgesellschaft geltend gemacht werden. Die Nutzung von Sprachwerken und Musiknoten, der in der Praxis wichtigste Fall, fällt unter § 45c und wird dort behandelt.[24] Die Umwandlung eines Filmwerkes in ein barrierefreies Format (zB durch Untertitelung) ist so aufwendig, dass sie wohl nur nach individueller Vereinbarung mit dem Rechteinhaber vorgenommen wird, damit diese Vervielfältigung – jenseits von § 45a – auch öffentlich wiedergegeben und gesendet werden kann. Vertragliche Ansprüche hieraus bestehen dann selbständig neben den gesetzlichen Vergütungsansprüchen.[25]

14   **b)** Die Vergütungspflicht entfällt, wenn **lediglich einzelne Vervielfältigungsstücke** hergestellt werden (Abs. 2 S. 1 Hs. 2). Damit wollte der Gesetzgeber berücksichtigen, „dass bei Einzelvervielfältigungen regelmäßig Geräte und Medien verwendet werden, die ohnehin einer urheberrechtlichen Vergütung nach den §§ 54, 54a unterliegen".[26] Damit wird deutlich, dass die Vergütungsfreiheit von Einzelvervielfältigungen entsprechend dem Wortlaut auf das Vervielfältigungsrecht beschränkt ist und – schon wegen § 53 Abs. 6 S. 1 – nicht auch das Verbreitungsrecht erfasst.[27] Somit gilt auch hier, dass dieser Wegfall der Vergütungspflicht für den praktisch relevanten Fall der Filmbearbeitung wohl kaum in Betracht kommen wird.

---

[19] Begr. z. RegE des Gesetzes zur Umsetzung der Marrakesch-RL, BT-Drs. 19/3071, S.21.

[20] Begr. z. RegE des Gesetzes zur Umsetzung der Marrakesch-RL, BT-Drs. 19/3071, S.17 verweist zu § 45 als Beispiel auf „Hörfilme bzw. Audiodeskriptionen".

[21] Amtl. Begr. UFITA 2004/I, 187 (218).

[22] Vgl. hierzu → § 52 Rn. 26.

[23] Die Gesetzesbegründung zu § 42d öUrhG weist darauf ausdrücklich hin; vgl. *Walter/von Lewinski*, European Copyright Law, Rn. 11.5.53.

[24] → § 45c Rn. 4 f.

[25] DKMH/*Dreyer* Rn. 19.

[26] Amtl. Begr. UFITA 2004/I, 187 (218).

[27] Ebenso Fromm/Nordemann/*Dustmann* Rn. 4; aA DKMH/*Dreyer* Rn. 18.

§ 45b Menschen mit einer Seh- oder Lesebehinderung

(1) [1]Menschen mit einer Seh- oder Lesebehinderung dürfen veröffentlichte Sprachwerke, die als Text oder im Audioformat vorliegen, sowie grafische Aufzeichnungen von Werken der Musik zum eigenen Gebrauch vervielfältigen oder vervielfältigen lassen, um sie in ein barrierefreies Format umzuwandeln. [2]Diese Befugnis umfasst auch Illustrationen jeder Art, die in Sprach- oder Musikwerken enthalten sind. [3]Vervielfältigungsstücke dürfen nur von Werken erstellt werden, zu denen der Mensch mit einer Seh- oder Lesebehinderung rechtmäßigen Zugang hat.

(2) Menschen mit einer Seh- oder Lesebehinderung im Sinne dieses Gesetzes sind Personen, die aufgrund einer körperlichen, seelischen oder geistigen Beeinträchtigung oder aufgrund einer Sinnesbeeinträchtigung auch unter Einsatz einer optischen Sehhilfe nicht in der Lage sind, Sprachwerke genauso leicht zu lesen, wie dies Personen ohne eine solche Beeinträchtigung möglich ist.

Schrifttum: S. die Schrifttumsnachweise zu § 45a.

Übersicht

1. Begünstigte Personen (Abs. 2)

Abs. 2 gibt in komprimierter Form die Definition der „begünstigten Personen" in Art. 2 Nr. 2 **1** Marrakesch-RL wieder. Der Begriff der **Seh- und Lesebehinderung** ist danach weit auszulegen. Darunter fallen nicht nur Blinde und Sehbehinderte. Als Lesebehindert gilt auch, wer auf Grund einer körperlichen Behinderung zB nicht in der Lage ist, ein Buch oder eine Zeitschrift zu halten oder darin umzublättern.[1] Die „seelische" Beeinträchtigung wurde durch den Bundesrat nachträglich eingefügt, wohl um Art. 2 Abs. 2c) Marrakesch-RL zu genügen, der nicht nur eine Lesebehinderung, sondern auch eine „Wahrnehmungsstörung" als Kriterium benennt.[2]

2. Absatz 1

a) Unter § 45b fallen nur veröffentlichte **Sprachwerke,** „die als Text oder im Audioformat vorlie- **2** gen", **Musiknoten,** sowie **Illustrationen,** „die in Sprach- oder Musikwerken enthalten sind".[3] Diese Definierung lehnt sich eng an die Begriffsbestimmung in der Marrakesch-RL (Art. 1 Nr. 1.) an.[4] Dort ist illustriert, dass hierunter Werke *„in Form eines Buches, einer Zeitung, einer Zeitschrift, eines Magazins oder anderen Schriftstücks, Notationen einschließlich Notenblättern, und dazugehörige Illustrationen in jeder Medienform, auch in Audioformat wie Hörbüchern, und in digitaler Form"* fallen.[5] Dazu kommen – für die hier relevanten Zwecke wohl eher theoretisch – gem. § 69a Abs. 4 als Sprachwerke auch **Computerprogramme.**[6]

b) § 45b schränkt nur das **Vervielfältigungsrecht** (§ 16) ein. Weitergehende Rechte, insbes. der **3** Verbreitung und öffentlichen Wiedergabe, sind nicht abgedeckt. Eine entscheidende Einschränkung ist, dass auch die Vervielfältigung nur zum Zweck der Umwandlung in ein barrierefreies Format erlaubt ist (Abs. 1 S. 1 letzter Hs.). Die „1:1 Kopie einer bereits vorhandenen barrierefreien Ausgabe" ist deshalb nicht erlaubt.[7] Im Rahmen der gestatten Vervielfältigung können die Möglichkeiten zur Herstellung einer barrierefreien Ausgabe weit ausgeschöpft werden.[8] Da ein einzelner Behinderter wohl nur ausnahmsweise in der Lage sein wird, selbst eine barrierefreie Kopie herzustellen, ist wichtig, dass er eine solche Kopie auch durch Dritte hergestellt werden kann.

Bei diesen Vervielfältigungen geht es aber nur um Änderungen des Werkformates, ein Eingriff in **4** das **Urheberpersönlichkeitsrecht** ist davon nicht gedeckt. Der neue § 62 Abs. 4, der Änderungen zulässt, „die für die Herstellung eines barrierefreien Formats erforderlich sind", ändert hieran grundsätzlich nichts. Er geht auf Art. 3 Abs. 2 Marrakesch-RL zurück, wo ausdrücklich vorangestellt ist, dass in jedem barrierefreien Vervielfältigungsstück „die Unversehrtheit des Werks oder sonstigen Schutzgegenstands" zu gewährleisten ist. Die Unversehrtheit gilt es „insbesondere hinsichtlich Inhalt, Ausdruck und Stil" zu wahren.[9]

---

[1] Erwgr. 7 der Marrakesch-RL und Begr. z. RegE BT-Drs. 19/3071 S.18.

[2] Erwgr 7 der Marrakesch-RL zählt beispielhaft „Dyslexie oder andere Lesebehinderungen" auf; noch weitergehend Begr. z. RegE BT-Drs. 19/3071 S.18: „Menschen mit Wahrnehmungsstörungen, psychischen Erkrankungen, Autismus-Spektrum-Störung, Dyslexie oder Legasthenie".

[3] → § 45a Rn. 3.

[4] Die auf Art. 2 (a) Marrakesh Treaty zurückgeht, die ihrerseits ausdrücklich auf Art. 2 (1) RBUe Bezug nimmt.

[5] Begr. z. RegE BT-Drs. 19/3071 S. 18 übernimmt diese Aufzählung.

[6] Begr. z. RegE BT-Drs. 19/3071 S. 18 unter Bezugnahme auf Erwgr. 6 der Marrakesch-RL.

[7] Begr. z. RegE BT-Drs. 19/3071 S. 18.

[8] Nach Erwgr. 6 der Marrakesch-RL ist es zulässig, ein Werk „zu verändern, umzuwandeln oder anzupassen", um ein barrierefreies Format herzustellen.

[9] Begr. z. RegE BT-Drs. 19/3071 S. 20 zu Nr. 4 lit. a).

5   **c)** Anders als nach § 45a Abs. 2 c ist hier entsprechend den supranationalen Vorgaben **nicht** vorgesehen, dass die Vervielfältigung **„erforderlich"** sein muss. Es muss daher nicht vorangehend geprüft werden, „ob das jeweilige Werk schon als barrierefreie Kopie am Markt (gewerblich) verfügbar ist".[10] Auch die **Vergütungsfreiheit** wird aus der Marrakesch-RL hergeleitet.[11]

6   **d)** Ein **„barrierefreies Format"** ist nach Art. 2 Nr. 3 Marrakesch-RL das *„Vervielfältigungsstück eines Werkes in alternativer Weise oder alternativer Form, die einer begünstigten Person Zugang zu dem Werk gibt"*, oder die es einer solchen Person ermöglicht, *„sich einen genauso leichten und komfortablen Zugang zu verschaffen wie eine Person ohne ... Beeinträchtigung oder Behinderung."* Als Beispiele werden genannt Braille-Schrift, Großdruck, angepasste E-Bücher, Hörbücher und Hörfunksendungen.[12] Dazu gehören für den komfortablen Zugang bei E- und Hörbüchern auch eingebaute Navigationshilfen uä.[13]

§ 45c Befugte Stellen; Vergütung; Verordnungsermächtigung

(1) [1]Befugte Stellen dürfen veröffentlichte Sprachwerke, die als Text oder im Audioformat vorliegen, sowie grafische Aufzeichnungen von Werken der Musik vervielfältigen, um sie ausschließlich für Menschen mit einer Seh- oder Lesebehinderung in ein barrierefreies Format umzuwandeln. [2]§ 45b Absatz 1 Satz 2 und 3 gilt entsprechend.

(2) Befugte Stellen dürfen nach Absatz 1 hergestellte Vervielfältigungsstücke an Menschen mit einer Seh- oder Lesebehinderung oder andere befugte Stellen verleihen, verbreiten sowie für die öffentliche Zugänglichmachung oder die sonstige öffentliche Wiedergabe benutzen.

(3) Befugte Stellen sind Einrichtungen, die in gemeinnütziger Weise Bildungsangebote oder barrierefreien Lese- und Informationszugang für Menschen mit einer Seh- oder Lesebehinderung zur Verfügung stellen.

(4) [1]Für Nutzungen nach den Absätzen 1 und 2 hat der Urheber Anspruch auf Zahlung einer angemessenen Vergütung. [2]Der Anspruch kann nur durch eine Verwertungsgesellschaft geltend gemacht werden.

(5) Das Bundesministerium der Justiz und für Verbraucherschutz wird ermächtigt, durch Rechtsverordnung ohne Zustimmung des Bundesrates in Bezug auf befugte Stellen Folgendes zu regeln:

1. deren Pflichten im Zusammenhang mit den Nutzungen nach den Absätzen 1 und 2,

2. deren Pflicht zur Anzeige als befugte Stelle beim Deutschen Patent- und Markenamt,

3. die Aufsicht des Deutschen Patent- und Markenamts über die Einhaltung der Pflichten nach Nummer 1 nach Maßgabe des § 85 Absatz 1 und 3 sowie des § 89 des Verwertungsgesellschaftengesetzes.

Schrifttum: S. die Schrifttumsnachweise zu § 45a.

Übersicht

1. Befugte Stellen (Abs. 3)

1   Die Definition der **„befugten Stelle"** in **Abs. 3** basiert auf Art. 2 Nr. 4 Marrakesch-RL und ist weit gefasst. Es kann sich um eine öffentliche oder private Organisation handeln; sie kann die Dienste für Behinderte als Kerntätigkeit oder als „eine ihrer im Gemeinwohl liegenden Aufgaben" anbieten.[1] Das Kriterium „in gemeinnütziger Weise" verlangt nicht, dass die betreffende Einrichtung als gemeinnützig iSv § 52 AO anerkannt ist, sondern nur, dass sie „die erlaubten Nutzungshandlungen nicht mit Gewinnerzielungsabsicht erbringt".[2] Es kann davon ausgegangen werden, dass die in diesem Bereich tätigen Einrichtungen in aller Regel diese Voraussetzungen erfüllen: Herstellung, Versand und Verwaltung von Blindenausgaben sind so teuer,[3] dass die Verfolgung von Erwerbszwecken unrealistisch wäre.[4] Wesentliche Träger dieser so notwendigen Dienstleistungen sind die **Blindenbüchereien,**[5]

---

[10] Begr. z. RegE BT-Drs. 19/3071 S. 20 unter Bezugnahme auf den wörtlich identischen Erwgr. 14 der Marrakesch-RL.

[11] Begr. z. RegE BT-Drs. 19/3071 S. 20. Wieder entsprechend Erwgr. 14 der Marrakesch-RL.

[12] Erwgr. 7 der Marrakesch-RL.

[13] Begr. z. RegE BT-Drs. 19/3071 S. 20.

[1] Erwgr. 9 der Marrakesch-RL.

[2] Begr. z. RegE BT-Drs. 19/3071 S. 19.

[3] Vgl. *Scharmann* BuB 1991, 241.

[4] Ähnlich schon *Walter/von Lewinski*, European Copyright Law, 11.5.52 zu Art. 5 Abs. 3 b) InfoSoc-RL.

[5] → § 45a Rn. 6.

daneben aber auch Blindenschulen, Medienzentren für Blinde und Sehbehinderte und Umsetzungsdienste an Hochschulen.[6]

2. Absatz 1 und 2

a) Den befugten Stellen ist (in gleicher Weise wie den einzelnen Behinderten gem. § 45b) gem. **2** **Abs. 1** die **Vervielfältigung** von Werken **zum Zweck der Umwandlung** in ein barrierefreies Format gestattet. Dass die so geschaffenen Vervielfältigungsexemplare „ausschließlich" Behinderten zukommen dürfen, ist von Art. 3 Abs. 1 b) Marrakesch-RL übernommen und scheint in Hinblick auf das Vervielfältigungsrecht eine überflüssige Klarstellung zu sein – wem sonst sollten denn solche Exemplare dienen. Diese Einschränkung gilt aber auch für das hier erst in Abs. 2 aufgeführte Recht der öffentlichen Zugänglichmachung (s. Art. 5 Abs. 1 lit. a Marrakesch-RL); dh die befugte Stelle muss dafür Sorge tragen und sicherstellen, dass im Rahmen eines Intranets nur begünstigte Personen Zugang zu eingestellten Werken haben.[7] Wie überall in §§ 45b–45d bezieht sich die Nutzungserlaubnis gem. der Verweisung in Abs. 1 S. 2 auf alle in § 45b Abs. 1 S. 2 und 3 aufgeführten **Werkarten,** aber auch nur auf diese (also zB nicht auf Filmwerke).

b) Abs. 2 erweitert die **Nutzungsmöglichkeiten** für die nach Abs. 1 hergestellten Werkexempla **3** re entsprechend den supranationalen Vorgaben weit über die bisher in § 45a vorgegebenen Vervielfältigungs- und Verbreitungsrechte hinaus auf das Recht der **öffentlichen Wiedergabe** (§ 15 Abs. 2), einschließlich insbes. der öffentlichen Zugänglichmachung (§ 19a). Die einzuräumenden Nutzungsrechte sind in Art. 3 Abs. 1 Marrakesch-RL umfassend aufgezählt.[8] Wohl weil darunter auch das Vermiet- und Verleihrecht (Art. 1 Vermiet- und Verleihrecht-RL) ist, fand das Verleihrecht in Abs. 2 klarstellend Erwähnung. Da der Marrakesh Treaty auch barrierefreie Audioformate wie Hörbücher oder E-Books umfasst, sind auch Leistungsschutzrechte einbezogen. Diese weitgehenden Einschränkungen der Verwertungsrechte versetzen befugte Stellen, also insbes. Blindenbüchereien, jetzt in die Lage, barrierefreie Kopien an andere entsprechende Einrichtungen oder einzelne Behinderte im Binnenmarkt elektronisch zu übermitteln, zum Abruf bereitzustellen oder auszutauschen.[9] Es wird dies helfen, teure Doppelarbeit bei der Herstellung barrierefreier Formate zu vermeiden, die Verfügbarkeit und den Austausch solchen Materials zu steigern und den Zugriff zu solchen Formaten für Menschen mit Behinderung zu erleichtern.[10]

3. Vergütung (Abs. 4)

a) Sämtliche nach Abs. 1 und 2 gestatteten Nutzungen sind gem. Abs. 4 **vergütungspflichtig,** **4** was weder durch den Marrakesh Treaty noch durch die Marrakesch-RL zwingend vorgegeben ist.[11] Schon für die entsprechende Schranke nach Art. 5 Abs. 3 lit. b InfoSoc-RL war allerdings davon ausgegangen worden, dass eine Vergütungsfreiheit für diese Werknutzungen „die berechtigten Interessen des Rechtsinhabers ungebührlich verletzen würde".[12] Wie in den meisten Fällen gesetzlicher Vergütungsansprüche kann auch dieser Anspruch nur durch eine Verwertungsgesellschaft geltend gemacht werden (Abs. 4 S. 2). Demzufolge unterliegt auch dieser Anspruch den Regeln des § 63a.

b) Der europäische Richtliniengeber ebenso wie der deutsche Gesetzgeber betonen, dass bei Be **5** messung der **Höhe des Anspruchs** der gemeinnützige Charakter der von den befugten Stellen vorgenommenen erlaubten Nutzungshandlungen und die Interessen der Behinderten ebenso berücksichtigt werden müssen wie der „ eventuelle Schaden für Rechteinhaber".[13] Für die deutschen Verwertungsgesellschaften ergibt sich dies ohnehin bereits aus § 39 Abs. 2 und 3 VGG. Darüber hinaus aber hat der Deutsche Bundestag mit der Verabschiedung des Gesetzes zur Umsetzung der Marrakesch-RL eine **Entschließung** angenommen, in der für „maßvolle Vergütungen" plädiert wird, va aber die Länder gebeten werden, „den finanziellen Mehrbedarf der Blindenbibliotheken im Rahmen der Zuweisung von Haushaltsmittel zu berücksichtigen".[14] In der Praxis werden die Vergütungsansprüche durch Gesamtverträge zwischen VG Wort und VG Musikedition mit Medibus (→ § 45a Rn. 6) abgedeckt.[15]

---

[6] Begr. z. RegE BT-Drs. 19/3071 S. 19.
[7] § 1 Nr.1 und 2 UrhGBefStV.
[8] Nach Art. 3 Abs.1 Marrakesch-RL sind folgende Rechte zugunsten von sehbehinderten Personen einzuschränken: Art. 2 und 4 InfoSoc-RL; Art. 5 und 7 Datenbanken-RL; Art. 1 Abs. 1, Art. 8 Nr. 2 und 3, sowie Art. 9 Vermiet-/Verleih-RL; Art. 4 Computerprogramm-RL.
[9] Nach Art. 3 und 4 Marrakesch-VO gilt dies zugunsten von befugten Stellen auch für den Verkehr mit Drittstaaten, soweit diese Vertragspartner des Marrakesh Treaty sind (vgl. → § 45a Rn. 4).
[10] Vgl. Erwgr. 3 und 4 der Marrakesch-RL; Begr. z. RegE BT-Drs. 19/3071 S.10 A.i.1.
[11] Art. 4 Abs. 5 Marrakesh Treaty überlässt es dem nationalen Recht, eine Vergütung einzuführen; in Erwgr. 14 der Marrakesch-RL wird freigestellt, „Ausgleichsregeln für zulässige Formen der Nutzung von Werken durch befugte Stellen vorzusehen".
[12] So ausdr. der öst. Gesetzgeber ErlRV zu § 42d öUrhG.
[13] Erwgr. 14 der Marrakesch-RL; Begr. z. RegE BT-Drs. 19/3071 S.20 f.
[14] Entschließung BT-Drs. Buchst. b zu 19/5114.
[15] Einzelheiten s. Begr. z. RegE BT-Drs. 19/3071 S.20.

4. Verordnungsermächtigung (Abs. 5)

6   **a)** Art. 5 Marrakesch-RL beschreibt in Abs. 1 umfassend die **Pflichten befugter Stellen** und verlangt, dass diese Organisationen „ihre eigenen Verfahren" festlegen, um die Einhaltung dieser Pflichten wie auch den Schutz personenbezogener Daten gem. Art. 7 Marrakesch- RL sicherzustellen. Die Mitgliedstaaten wiederum müssen sicherstellen, dass in den danach noch zu gebenden Verfahrensvorschriften all dies beachtet wird. Um mit diesen nur für die befugten Stellen maßgeblichen Regeln das UrhG nicht zu überfrachten, wird das BMJV in Abs. 5 ermächtigt, eine entsprechende **Rechtsverordnung** zu erlassen. In dieser VO soll darüber hinaus auch die **staatliche Aufsicht des DPMA** über die befugten Stellen geregelt werden. Das DPMA wurde gewählt, weil es auf Grund seiner Aufsicht über Verwertungsgesellschaften „mit urheberrechtlichen Sachverhalten vertraut ist."[16] Durch den Hinweis auf Verfahrensvorschriften des VGG wird dieser Bezug noch gestärkt.

7   **b)** Entsprechend dieser Ermächtigung hat das BMJV am 8.12.2018 die Verordnung über befugte Stellen **(UrhGBefStV)** erlassen.[17] Dort werden in § 1 die Sorgfalts- und Informationspflichten der befugten Stellen festgelegt und dabei insbes. die Verpflichtung betont, dafür Sorge zu tragen, dass nur berechtigte Personen Zugang zu den in diesem Rahmen hergestellten Vervielfältigungsstücken haben und unzulässige Nutzungen verhindert werden. § 2 gewährt Menschen mit Seh- oder Lesebehinderung, Rechtsinhabern sowie anderen befugten Stellen weitgehende Auskunftsansprüche gegen befugte Stellen. § 3 regelt Einzelheiten der Aufsicht über befugte Stellen durch das DPMA. Befugte Stellen müssen den Beginn von Nutzungshandlungen im Rahmen von § 45c dem DPMA mitteilen und dieses veröffentlicht im Internet eine Liste mit sämtlichen angezeigten Stellen (§ 4 UrhGBefStV).

§ 45d Gesetzlich erlaubte Nutzung und vertragliche Nutzungsbefugnis

Auf Vereinbarungen, die nach den §§ 45b und 45c erlaubte Nutzungen zum Nachteil der Nutzungsberechtigten beschränken oder untersagen, kann sich der Rechtsinhaber nicht berufen.

Schrifttum: S. die Schrifttumsnachweise zu § 45a.

1   Diese Bestimmung setzt Art. 3 Abs. 5 Marrakesch-RL um und lehnt sich im Wortlaut an § 60g Abs. 1 an. Damit ist „jede Vertragsbestimmung, durch die die Anwendung der Ausnahme in irgendeiner Weise verhindert oder beschränkt werden soll, rechtlich unwirksam."[1] Das schließt freilich zusätzliche, über die durch §§ 45b und 45c vorgegebenen Inhalte hinausgehende vertragliche Vereinbarungen nicht aus.

§ 46 Sammlungen für den religiösen Gebrauch

(1) [1]Nach der Veröffentlichung zulässig ist die Vervielfältigung, Verbreitung und öffentliche Zugänglichmachung von Teilen eines Werkes, von Sprachwerken oder von Werken der Musik von geringem Umfang, von einzelnen Werken der bildenden Künste oder einzelnen Lichtbildwerken als Element einer Sammlung, die Werke einer größeren Anzahl von Urhebern vereinigt und die nach ihrer Beschaffenheit nur für den Gebrauch während religiöser Feierlichkeiten bestimmt ist. [2]In den Vervielfältigungsstücken oder bei der öffentlichen Zugänglichmachung ist deutlich anzugeben, wozu die Sammlung bestimmt ist.

(2) (weggefallen)

(3) [1]Mit der Vervielfältigung oder der öffentlichen Zugänglichmachung darf erst begonnen werden, wenn die Absicht, von der Berechtigung nach Absatz 1 Gebrauch zu machen, dem Urheber oder, wenn sein Wohnort oder Aufenthaltsort unbekannt ist, dem Inhaber des ausschließlichen Nutzungsrechts durch eingeschriebenen Brief mitgeteilt worden ist und seit Absendung des Briefes zwei Wochen verstrichen sind. [2]Ist auch der Wohnort oder Aufenthaltsort des Inhabers des ausschließlichen Nutzungsrechts unbekannt, so kann die Mitteilung durch Veröffentlichung im Bundesanzeiger bewirkt werden.

(4) Für die nach dieser Vorschrift zulässige Verwertung ist dem Urheber eine angemessene Vergütung zu zahlen.

(5) [1]Der Urheber kann die nach dieser Vorschrift zulässige Verwertung verbieten, wenn das Werk seiner Überzeugung nicht mehr entspricht, ihm deshalb die Verwertung des Werkes nicht mehr zugemutet werden kann und er ein etwa bestehendes Nutzungsrecht aus diesem Grunde zurückgerufen hat (§ 42). [2]Die Bestimmungen in § 136 Abs. 1 und 2 sind entsprechend anzuwenden.

---

[16] Begr. z. RegE BT-Drs. 19/3071 S.20 zu Abs. 5.
[17] BGBl. I 2018, 2423.
[1] Erwgr. 9 aE der Marrakesch-RL.

Übersicht

I. Allgemeines

1. Entstehungsgeschichte und Zweck der Vorschrift

Als sog. **„Schulbuch-Paragraph"** enthielt § 46 bis 2018 eine gesetzliche Lizenz für die Verviel- **1** fältigung, Verbreitung und öffentliche Zugänglichmachung von Sammlungen für den Kirchen-, Schul- und Unterrichtsgebrauch. Die Vorschrift ging – mit geringfügigen Einschränkungen zugunsten der Urheber – zurück auf §§ 19 Nr. 4, 21 Nr. 3, 26 LUG und 19 Abs. 1 KUG. Durch die **Urh-WissG** wurde die Vorschrift in zwei selbständige Regelungen aufgeteilt und die gesetzliche Erlaubnis für Schulbuchverlage im Zusammenhang mit den übrigen Schranken für Unterricht und Wissenschaft in § 60b ausgegliedert.[1] § 46 beschränkt sich nunmehr auf Sammlungen für den religiösen Gebrauch. Gleichzeitig wurde § 46 **religionsneutral** gefasst und erfasst nun neben Sammlungen für den Kirchengebrauch allgemein solche für den Gebrauch während religiöser Feierlichkeiten.[2] Mit dem UrhWissG ist auch die für Musikwerke geltende Beschränkung der Privilegierung auf Sammlungen für den Schulgebrauch in § 46 Abs. 2 aF weggefallen.[3]

Zur **Rechtfertigung der Privilegierung** hatte der Gesetzgeber ursprünglich allein auf das öffentli- **2** che Interesse daran abgestellt, dass „solche für die sittliche und geistige Heranbildung der Jugend unentbehrlichen Hilfsmittel ohne weiteres zur Verfügung stehen".[4] In Bezug auf Sammlungen für den religiösen Gebrauch passt diese Begründung freilich nicht. Insoweit ist Schutzgut vielmehr das Allgemeininteresse an der **Religionspflege.**[5] Das BVerfG hat die Rechtfertigung für den Ausschluss des Verbotsrechts in „der besonderen Stellung der Kirchen im öffentlichen Leben" gesehen.[6] Der Zweck der Schrankenbestimmung dürfte danach in erster Linie darin bestehen, den Teilnehmern religiöser Feierlichkeiten eine gemeinsame Nutzung all derjenigen Werke zu ermöglichen, deren Verwendung nach dem Selbstverständnis der jeweiligen Religionsgemeinschaft im liturgischen Interesse liegt, ohne dass die wirtschaftlichen Interessen einzelner Rechtsinhaber dem entgegenstehen. Aus dem Schutz der Religionsfreiheit lässt sich zwar keine staatliche Pflicht zur Kompensation aller Erschwernisse ableiten, die den Grundrechtsträger infolge seiner Grundrechtsausübung treffen.[7] Der Gesetzgeber ist aber nicht gehindert, ein solches Ziel zu verfolgen, indem er es in den einfachgesetzlichen Interessenausgleich aufnimmt. Im Hinblick auf das funktionierende System von Verwertungsgesellschaften ist aber fraglich, ob es tatsächlich noch einer gesetzlichen Freistellung bedarf.[8] Jedenfalls verpflichtet Art. 4 GG den Gesetzgeber dabei zu **religiöser und weltanschaulicher Neutralität;** eine Beurteilung des Inhalts der privilegierten Sammlungen nach theologischem Gehalt und geistigem Wert ist daher ausgeschlossen.[9]

Wie die Vorgängerregelungen im LUG und KUG enthielt § 46 in seiner ursprünglichen Fassung **3** keine **Vergütungspflicht.** Zwar war im Regierungsentwurf zur Urheberrechtsreform 1962 abwei-

---

[1] → § 60b Rn. 1.
[2] Vgl. AmtlBegr. zum UrhWissG BT-Drs. 18/12329, 32; näher dazu → Rn. 8.
[3] Näher dazu → Rn. 15.
[4] AmtlBegr. BT-Drs. IV/270, 64.
[5] Dreier/Schulze/*Dreier* § 46 Rn. 1; BeckOK UrhR/*Schulz/Hagemeier* UrhG § 46 Rn. 1; beachte aber → Rn. 9.
[6] BVerfG 31, 229 (243) = GRUR 1972, 481 (484) – Kirchen- und Schulgebrauch.
[7] BVerwGE 89, 260 (264); BeckOK Grundgesetz/*Germann* Art. 4 Rn. 62.
[8] Ablehnend *Schack* UrheberR Rn. 572.
[9] BeckOK Grundgesetz/*Germann* Art. 4 Rn. 16, 64; zu den Auswirkungen auf die Reichweite der Privilegierung → Rn. 8 f.

chend vom vorherigen Recht noch ein Vergütungsanspruch vorgesehen.[10] Dieser war jedoch auf Einspruch des Bundesrates wieder gestrichen worden. Das **Bundesverfassungsgericht** hat demgegenüber ein vergütungsfreies Nachdruckrecht als Eingriff in das Eigentumsrecht des Urhebers iSd Art. 14 Abs. 1 S. 1 GG für verfassungswidrig erklärt.[11] Deshalb musste Abs. 4 eingefügt werden, der am 11.10.1971 in Kraft getreten ist.[12]

4   Durch den „1. Korb" zur Umsetzung der InfoSoc-RL, allerdings unabhängig von deren Vorgaben, wurde die Privilegierung in § 46 in zwei Richtungen **erweitert**. Zum einen können jetzt auch lediglich „veröffentlichte" Werke verwendet werden.[13] Zum anderen können die privilegierten Sammlungen jetzt auch öffentlich zugänglich gemacht werden.[14] Damit wollte der Gesetzgeber eine Gleichstellung von digitalen Online-Medien mit digitalen Offline-Medien erreichen.[15]

2. Konventions- und unionsrechtlicher Rahmen

5   In **völkerrechtlicher Hinsicht** stützt sich die Einschränkung des Vervielfältigungs- und Verbreitungsrechts auf **Art. 10 Abs. 2 RBÜ**. Jedenfalls nach deutscher Rechtsauffassung entspricht die Zulassung des zustimmungsfreien Nachdrucks nur dann „anständigen Gepflogenheiten" iS dieser Bestimmung, wenn hierfür eine Vergütung zu bezahlen ist.[16] **Unionsrechtliche Grundlage** des § 46 in seiner jetzigen Form ist nun Art. 5 Abs. 3 lit. g InfoSoc-RL.[17] Danach können die Mitgliedstaaten Ausnahmen und Beschränkungen vom Vervielfältigungs- und Verbreitungsrecht sowie vom Recht der öffentlichen Wiedergabe „für die Nutzung bei religiösen Veranstaltungen" vorsehen. Ein „gerechter Ausgleich" für die Zustimmungsfreiheit ist von der InfoSoc-RL nicht ausdrücklich vorgesehen, dürfte aber im Hinblick auf den in Art. 5 Abs. 5 InfoSoc-RL verankerten Drei-Stufen-Test geboten sein.[18]

II. Sammlungen für den religiösen Gebrauch

1. Voraussetzungen für eine privilegierte Sammlung

6   **a)** Privilegiert sind die Vervielfältigung, Verbreitung und öffentliche Zugänglichmachung der betroffenen Werke nur „als Elemente einer Sammlung". Der Begriff der **Sammlung** entspricht dem in § 4.[19] Voraussetzung für die Privilegierung ist nicht, dass es sich um ein selbständig urheberrechtlich geschütztes Sammel**werk** iSd § 4 handelt.[20] Die Sammlung muss sich aber in einer geschlossenen Einheit (zB in einem Buchband) befinden; es genügt also nicht, wenn erst mehrere einzelne Werkstücke (zB mehrere Einzelhefte) zusammen eine Sammlung ergeben würden.[21] Nicht nur **Bücher** können Sammlungen sein, sondern auch **Tonträger**,[22] ebenso **Dia-Serien, DVDs** uÄ sowie **CD-ROMs** und andere Multimediaprodukte, also alle digitalen Offline-Medien.[23] Seitdem § 46 neben Vervielfältigung und Verbreitung auch die öffentliche Zugänglichmachung gem. § 19a einbezieht, sind auch digitale **Online-Medien** vom Begriff der „Sammlung" erfasst.[24] Mit der Neufassung 2003 wurde außerdem klargestellt, dass die Übernahme eines fremden Werkes nur als **„Element einer Sammlung"** zulässig ist. Der Gesetzgeber wollte mit dieser Anlehnung an die Formulierung von Art. 7 IuKDG zum Ausdruck bringen, „dass die Verwertung der genannten Werke nur im Zusammenhang mit einer Verwertung der Sammlung insgesamt erlaubnisfrei zulässig ist".[25] Das ist wohl insbesondere als Hinweis für Online-Nutzungen im Rahmen von § 46 zu verstehen: Online-Sammlungen müssen als Ganzes zugänglich gemacht werden und dürfen nicht etwa portioniert ins Netz gestellt werden oder dergestalt, dass die Zugangsvoraussetzungen für einzelne Teile der Sammlung gesondert spezifiziert bzw. berechnet werden oÄ.

7   **b)** Abweichend von § 4 sind nur solche Sammlungen privilegiert, die Werke einer **„größeren Anzahl von Urhebern"** vereinigen. Eine absolute Festlegung dieser Anzahl ist nicht möglich, sie ergibt sich jeweils aus den Gesamtumständen.[26] Jedenfalls ist davon auszugehen, dass ein Werk mit Beiträgen von weniger als sieben verschiedenen Autoren keine Sammlung iSd § 46 ist.[27]

---

[10] S. dazu die AmtlBegr. BT-Drs. IV/270, 65.
[11] BVerfGE 31, 229 – Kirchen- und Schulgebrauch.
[12] Art. 4 Abs. 1 der Urheberrechtsnovelle vom 10.11.1972, BGBl. I S. 2081.
[13] Hierzu → Rn. 13.
[14] Hierzu → Rn. 6.
[15] AmtlBegr. BT-Drs. 15/38, 19.
[16] *Nordemann/Vinck/Hertin* RBÜ Art. 10 Rn. 2.
[17] So ausdrücklich AmtlBegr. zum UrhWissG BT-Drs. 18/12329, 32.
[18] Dazu → Vor §§ 44a ff. Rn. 31.
[19] *v. Gamm* § 46 Rn. 5.
[20] DKMH/*Dreyer* UrhG § 46 Rn. 10.
[21] Vgl. AmtlBegr. BT-Drs. IV/270, 64; Fromm/Nordemann/*Dustmann* UrhG § 46 Rn. 8; *Oekonomidis* S. 145.
[22] LG Frankfurt a. M. GRUR 1979, 155 – Tonbandkassette.
[23] Dreier/Schulze/*Dreier* § 46 Rn. 8 spricht von „elektronischen" Publikationen.
[24] Loewenheim/*Götting* § 31 Rn. 154; zu den formellen Anforderungen → Rn. 10 f.
[25] AmtlBegr. BT-Drs. 15/38, 19.
[26] *v. Gamm* § 46 Rn. 5 aE.
[27] *Melichar* UFITA 92 (1982), 43 (48); ebenso Fromm/Nordemann/*Dustmann* UrhG § 46 Rn. 8; DKMH/*Dreyer* UrhG § 46 Rn. 11.

c) Entscheidend für die Privilegierung der Sammlung ist ihre **Zweckbestimmung.** Die Samm- 8
lung muss für den Gebrauch **„während religiöser Feierlichkeiten"** bestimmt sein. Mit dieser
Formulierung wollte der Gesetzgeber die Vorschrift, die früher nur den „Kirchengebrauch" erfasste,
religionsneutral ausgestalten.[28] Schon bisher wurde der Begriff der Kirche in § 46 allerdings gleichgesetzt mit dem der „Religionsgesellschaft" iSv Art. 140 GG iVm Art. 137 Weimarer Reichsverfassung.[29] Darunter fallen alle Zusammenschlüsse von Angehörigen eines gemeinsamen religiösen Be-
kenntnisses zu dessen umfassender, allseitiger korporativer Entfaltung.[30] Die Ausdehnung des
Schrankentatbestands hat insoweit also nur klarstellenden Charakter. In Anlehnung an den in § 52
Abs. 2 verwendeten Begriff der „Gottesdienste und kirchlichen Feiern" wird man unter „religiösen"
Feierlichkeiten dabei nur solche verstehen können, die nach dem Selbstverständnis der jeweiligen
Religionsgemeinschaft **unmittelbar kultischen Zwecken** dienen.[31] Veranstaltungen mit vorwie-
gend sozialem oder kulturellem Charakter sind folglich nicht privilegiert. Auch Sammlungen für den
Konfirmationsunterricht werden im Hinblick auf die Beschränkung der Vorschrift auf „Feierlichkei-
ten" nicht von der Vorschrift erfasst. Zudem war im Rahmen von § 46 aF anerkannt, dass unter
„Kirchengebrauch" nur der **gemeinsame Gebrauch in der Kirche** fiel.[32] Insbesondere Gesang-
und Gebetbücher für den Gebrauch im Gottesdienst können danach unter § 46 fallen, außerdem
Notenhefte für Taufen, Trauungen, Trauer-, Konfirmations- oder Kommunionsfeiern. Der religiöse
Zusammenhang besteht aber auch bei den von privaten Organisationen veranstalteten Kirchentagen
und ähnlichen Feierlichkeiten. Angesichts des Wortlauts der unionsrechtlichen Grundlage in Art. 5
Abs. 3 lit. g InfoSoc-RL, der allgemein von religiösen „Veranstaltungen" spricht,[33] ist kein Grund
ersichtlich, solche Veranstaltungen nur deswegen vom Tatbestand des § 46 auszuschließen, weil sie
nicht in einem entsprechend gewidmeten Gebäude stattfinden, zumal nicht alle Religionsgemeinschaften über derartige Einrichtungen verfügen. Nicht erfasst sind dagegen Predigtsammlungen zum
Gebrauch durch den Pfarrer und solche Sammlungen, die jedenfalls ausdrücklich **auch** für die häusliche Erbauung oder zum Beten im Familienkreis bestimmt sind.[34] **Online-Sammlungen** werden von
§ 46 nur privilegiert, wenn die darin enthaltenen Werke während der Veranstaltung, zB mit Hilfe von
Smartphones oder Tablets, abgerufen werden sollen.[35]

Die Beschränkung der Vorschrift auf „religiöse" Feierlichkeiten ist allerdings im Hinblick auf das in 9
Art. 4 Abs. 1 und 2 sowie Art. 140 GG iVm Art. 137 Abs. 7 Weimarer Reichsverfassung verankerte
verfassungsrechtliche Gebot der **Gleichbehandlung von Religion und Weltanschauung** verfas-
sungsrechtlich bedenklich.[36] Man sollte den Begriff der „religiösen" Feierlichkeiten daher auch auf
Veranstaltungen ausdehnen, die **Weltanschauungsgemeinschaften** zur Pflege einer gemeinsamen
Weltanschauung[37] durchführen, etwa die vom Deutschen Humanistischen Verband veranstalteten
Jugendfeiern. Gerade bei Veranstaltungen von Weltanschauungsgemeinschaften ist jedoch darauf zu
achten, dass soziale oder kulturelle Aktivitäten nicht privilegiert sind,[38] sondern ein unmittelbarer
Zusammenhang mit dem jeweiligen weltanschaulichen Konzept bestehen muss.

d) Wie in der Gesetzesfassung durch die Einschränkung „nur" zum Ausdruck gebracht wird, muss 10
der Gebrauch während religiöser (oder weltanschaulicher) Feierlichkeiten der **ausschließliche**
Zweck der Sammlung sein.[39] Nicht entscheidend ist, dass auch die Vervielfältigung in diesem Rahmen stattfindet.[40] Die ausschließliche **Gebrauchsbestimmung** muss sich dabei auch objektiv in der
äußeren und inneren Beschaffenheit der Sammlung niederschlagen.[41] So müssen sich aus der **äußeren**
Aufmachung – unabhängig von der Bezeichnung nach Abs. 1 S. 2 – mindestens „hinreichende Anhaltspunkte" für die Zweckbestimmung ergeben.[42] Das gilt insbesondere auch für Online-Sammlungen, worauf der Gesetzgeber ausdrücklich hingewiesen hat.[43] Außer dem Titel selbst sind die Gestaltung des Einbandes oder der Titelseite sowie das Format und die Ausstattung der Sammlung zu

---

[28] → Rn. 1; vgl. die entsprechende Forderung von *de la Durantaye,* Allgemeine Bildungs- und Wissenschaft-
schranke, 2014, S. 262.
[29] Dreier/Schulze/*Dreier* (5. Aufl.) § 46 Rn. 11; Wandtke/Bullinger/*Lüft* (4. Aufl.) UrhG § 46 Rn. 8.
[30] BeckOK Grundgesetz/*Germann* Art. 140 Rn. 25 mwN.
[31] Dazu → § 52 Rn. 21.
[32] Schricker/Loewenheim/*Melichar* (5. Aufl.) § 46 Rn. 11 mwN.
[33] → Rn. 5.
[34] So schon KG GRUR 1937, 319 (321 f.); Wandtke/Bullinger/*Lüft* UrhG § 46 Rn. 8; Fromm/Nordemann/
Dustmann UrhG § 46 Rn. 10.
[35] So auch Fromm/Nordemann/*Dustmann* UrhG § 46 Rn. 9.
[36] → Rn. 2.
[37] Zum Begriff der Weltanschauung s. BVerwGE 89, 368 (371 ff.).
[38] → Rn. 8.
[39] Vgl. zum Unterrichtsgebrauch BGH GRUR 1991, 903 (905) – Liedersammlung; anders (primärer Zweck ausreichend) zu § 19 Nr. 4 LUG noch RGZ 80, 78; OLG Dresden GRUR 1907, 303; *Allfeld* LUG § 19 Anm. 25 aE
KG GRUR 1937, 319 (321) sah es allerdings schon damals auf Grund der gebotenen engen Auslegung als erforderlich an, dass die Sammlung ausschließlich für den betr. Zweck bestimmt ist, um den Voraussetzungen von § 19
Nr. 4 LUG zu genügen.
[40] DKMH/*Dreyer* UrhG § 46 Rn. 16.
[41] AmtlBegr. zum „1. Korb", BT-Drs. 15/38, 19.
[42] BGH GRUR 1991, 903 (905) – Liedersammlung.
[43] AmtlBegr. BT-Drs. 15/38, 19.

berücksichtigen.[44] In Bezug auf die **inhaltliche Aufbereitung** der Sammlung müssen Auswahl, Anordnung, Einarbeitung und gegebenenfalls Erläuterungen der übernommenen Werke bzw. Werkteile unter Beachtung liturgischer Prinzipien vorgenommen worden sein; die bloße Aneinanderreihung, zB nach Lebensdaten der verwendeten Autoren, genügt dieser Anforderung nicht.[45] Je weniger die inhaltliche Aufbereitung liturgische Prinzipien erkennen lässt, desto eindeutiger muss die äußere Aufmachung die Zweckbestimmung zeigen und umgekehrt.

11 **e)** Unabhängig von den unter d) genannten Voraussetzungen ist die **Formvorschrift von Abs. 1 S. 2** zu erfüllen, wonach stets die Zweckbestimmung „deutlich" anzugeben ist. In der vor 2003 geltenden Fassung war hier noch vorgeschrieben, dass die Zweckbestimmung deutlich „auf der Titelseite oder an einer entsprechenden Stelle der Sammlung" anzubringen war. Der Wegfall dieser Bestimmung dürfte darauf zurückzuführen sein, dass nun auch die öffentliche Zugänglichmachung privilegiert ist und Online-Medien idR keine „Titelseite" kennen; eine Erleichterung der Kennzeichnungspflicht war damit sicher nicht bezweckt.[46] Somit ist davon auszugehen, dass bei Büchern nach wie vor die Zweckbestimmung **auf der Titelseite** anzugeben ist und ein Vermerk an anderer Stelle das Formerfordernis nicht erfüllt.[47] „Titelseite" ist nicht die Einbandvorderseite, sondern die Vorderseite des ersten bedruckten Innenblattes.[48] Die Angabe auf der Rückseite des Titelblattes oder ein Vorwort genügen jedenfalls nicht.[49] Andere Sammlungen müssen den Vermerk an einer deutlich sichtbaren Stelle, also beispielsweise auf der Hülle, führen. Auch bei der Online-Zugänglichmachung einer Sammlung muss die Zweckbestimmung auf der Seite, mit der die Sammlung beginnt, deutlich sichtbar gemacht werden, nicht etwa nur durch einen Link oder eine Fußnote.[50]

12 **f)** Sämtliche vorgenannten Voraussetzungen müssen **kumulativ** gegeben sein. Dies gilt insbesondere auch für die zwingende Formvorschrift von Abs. 1 S. 2.[51] Fehlt auch nur eine der Voraussetzungen, so entfällt die Privilegierung mit der Folge, dass der ungenehmigte Nachdruck eine Urheberrechtsverletzung darstellt. Damit sollen Missbräuche, insbesondere das Ansprechen weiterer Käuferschichten außerhalb der Zweckbestimmung und somit eine Konkurrenz zwischen privilegierter Sammlung und Originalwerk verhindert werden.[52] Der Hersteller der Sammlung muss danach „alles Erforderliche und Zumutbare tun, um einer solchen **Missbrauchsgefahr** zu begegnen".[53] Bedeutung hat das insbesondere für die 2003 neu in den Schrankentatbestand aufgenommenen **Online-Sammlungen.** Diese dürfen nach der Gesetzesbegründung nicht derart zugänglich gemacht werden, dass beliebige Personen der Zugriff möglich ist.[54] Die zur Beschränkung der Zugriffsmöglichkeiten jeweils gebotenen technischen und organisatorischen Maßnahmen sollen dabei „im Einzelfall vor dem Hintergrund des aktuellen Standes der praktisch zur Verfügung stehenden Technik" bestimmt werden.[55] Die Tatsache alleine, dass ein Buch „jedermann zum Kauf angeboten wird", genügt dagegen nicht, um die Privilegierung zu verneinen.[56] Ebenso wenig steht allein die bloße Möglichkeit eines Gebrauchs außerhalb religiöser Veranstaltungen einer ausschließlichen Zweckbestimmung für den Gebrauch nach § 46 entgegen.[57]

2. Voraussetzungen hinsichtlich des entlehnten Werkes

13 **a)** Durften bisher Entlehnungen nur aus erschienenen Werken vorgenommen werden, so erweiterte die Urheberrechtsnovelle 2003 dies auf (nur) **veröffentlichte Werke** iSv § 6 Abs. 1. Als Beispiel hierfür nannte der Gesetzgeber Werke, die ausschließlich in digitale Online-Medien eingestellt sind.[58] Aber auch zB nur gesendete Werke können jetzt in Sammlungen nach § 46 aufgenommen werden.

14 **b)** Es dürfen nur **„Teile eines Werkes"** übernommen werden. Obwohl das Gesetz anders als in § 53 Abs. 2 S. 1 Nr. 4a nicht von „kleinen Teilen" spricht, ist eine quantitative Beschränkung gegeben.[59] Der Begriff des Werkteils muss einmal im Verhältnis zum Gesamtumfang des entlehnten Werkes gesehen werden, zum anderen besteht eine absolute Grenze.[60] Auch hier gilt der Grundgedanke, dass die privilegierte Sammlung nicht das Originalwerk ersetzen darf.[61] Als Anhaltspunkt kann ange-

---

[44] BGH GRUR 1972, 432 (433) – Schulbuch.
[45] BGH GRUR 1972, 432 (433) – Schulbuch.
[46] Umgekehrt Dreier/Schulze/*Dreier* § 46 Rn. 13: jedenfalls keine „strengeren Anforderungen als früher".
[47] DKMH/*Dreyer* UrhG § 46 Rn. 22; *Melichar* UFITA 92 1982, 43 (49); aA Fromm/Nordemann/*Dustmann* UrhG § 46 Rn. 11; Wandtke/Bullinger/*Lüft* UrhG § 46 Rn. 9.
[48] KG ZUM 1990, 530 (534); BGH GRUR 1991, 903 (906) – Liedersammlung.
[49] *Neumann* S. 114.
[50] DKMH/*Dreyer* UrhG § 46 Rn. 22.
[51] *Oekonomidis* S. 145; aA mit nähere Begründung v. *Gamm* § 46 Rn. 14, 17.
[52] *Melichar* UFITA 92 1982, 43 (49).
[53] BGH GRUR 1991, 903 (905) – Liedersammlung.
[54] BT-Drs. 15/38, 19.
[55] BT-Drs. 15/38, 19.
[56] Ebenso Fromm/Nordemann/*Dustmann* UrhG § 46 Rn. 9; aA ohne nähere Begründung OLG Frankfurt a. M. GRUR 1994, 116 f. – Städel; DKMH/*Dreyer* UrhG § 46 Rn. 17.
[57] Vgl. BGH GRUR 1991, 903 (907) – Liedersammlung.
[58] AmtlBegr. zum „1. Korb" BT-Drs. 15/38, 19.
[59] AA DKMH/*Dreyer* UrhG § 46 Rn. 5.
[60] Vgl. zu § 52a aF BGH GRUR 2014, 549 Rn. 24 ff. – Meilensteine der Psychologie.
[61] v. *Gamm* § 46 Rn. 11 aE; *Melichar* UFITA 92 1982, 43 (49); Dreier/Schulze/*Dreier* § 46 Rn. 4.

nommen werden, dass kein Einzelbeitrag den Umfang von 10 DIN A5 Seiten – bezogen auf das Originalwerk – übersteigen darf.[62]

Ausnahmsweise dürfen **ganze Sprach- oder Musikwerke** entlehnt werden, wenn sie „von geringem Umfang" sind. Hierunter fallen zB Gedichte,[63] kleine wissenschaftliche Arbeiten und ausnahmsweise auch kurze Erzählungen und Novellen.[64] Zu den Sprachwerken geringen Umfangs gehören auch Liedtexte.[65] Für **Musikwerke** bestand nach § 46 Abs. 2 aF die Einschränkung, dass diese nur als Element einer für den Musikunterricht in Schulen bestimmten Sammlung genutzt werden durften. Gesangbücher für den Kirchengebrauch waren danach von der Privilegierung ausgeschlossen, wenn sie geschützte Melodien enthielten.[66] Durch das UrhWissG ist Abs. 2 aufgehoben worden. Der Gesetzgeber wollte damit klarstellen, dass „für Sammlungen zum Gebrauch während religiöser Feierlichkeiten nach Maßgabe des Abs. 1 Werke der Musik verwendet werden dürfen".[67] Nach der Beschränkung der Vorschrift auf den religiösen Gebrauch wird hier sogar der Schwerpunkt des Anwendungsbereichs liegen. 15

Zwar erfasst der Schrankentatbestand nach wie vor auch **Werke der bildenden Kunst, Lichtbildwerke und Lichtbilder.** Voraussetzung für eine nach § 46 zulässige Entlehnung ist aber, dass das entlehnte Werk dem privilegierten Zweck des religiösen Gebrauchs dient; erfolgt die Entlehnung lediglich zu Dekorationszwecken, so ist § 46 nicht anwendbar.[68] Daher dürfte der Schrankenregelung insoweit kaum noch praktische Bedeutung zukommen. 16

c) Stets dürfen nur **„einzelne"**, dh einige wenige Werke übernommen werden. Obwohl dies dem Gesetzeswortlaut nach nur für Werke der bildenden Kunst und Lichtbildwerke gilt, muss diese Einschränkung im Hinblick auf den begrenzten Zweck der Vorschrift auch für Sprachwerke und Werke der Musik beachtet werden.[69] Schon nach dem Wortlaut von § 19 Nr. 4 LUG durften nur „einzelne Aufsätze von geringem Umfang, einzelne Gedichte" in Schulsammlungen übernommen werden. Der Gesetzgeber wollte 1965 diese Bestimmungen „im Wesentlichen aufrecht" erhalten.[70] Das bedeutet insbesondere, dass von einem einzelnen Autor nur eine geringe Anzahl von Werken aufgenommen werden darf; der Nachdruck eines großen oder auch nur repräsentativen Teils des Gesamtwerkes oder eines Schaffenszweiges eines einzelnen Autors ist nach § 46 nicht gestattet.[71] 17

3. Erlaubte Nutzungen

Von der Privilegierung erfasst sind die **Vervielfältigung** (§ 16) der betreffenden Werke zum Zwecke der Aufnahme in die Sammlung sowie die Vervielfältigung und Verbreitung (§ 17) der Sammlung als solche. Außerdem zulässig ist seit 2003 die **öffentliche Zugänglichmachung** der Sammlung, etwa über ein für die betreffende Veranstaltung eingerichtetes Intranet. Davon erfasst ist auch die Übertragung der öffentlich zugänglich gemachten Sammlung an den einzelnen Nutzer.[72] **Andere Formen der öffentlichen Wiedergabe,** insbesondere die Fernseh- oder Rundfunksendung (§ 20) und die Wiedergabe durch Bild- oder Tonträger (§ 21) oder von öffentlicher Zugänglichmachung (§ 22), sind von der Privilegierung **nicht erfasst.** Daher ist es nach § 46 auch nicht zulässig, eine über das Internet abgerufene Sammlung zum Ablesen im Gottesdienst an eine Wand zu projizieren.[73] 18

4. Weitere Voraussetzungen

a) Abs. 3 konstituiert eine Obliegenheit zur **Mitteilung** der „Absicht" des Nachdruckes und zum Abwarten einer **Zwei-Wochen-Frist,** ehe auch nur mit der Vervielfältigung – und nicht etwa erst mit der Verbreitung – begonnen werden darf. Diese Mitteilung dient vor allem dem Zweck, den Autor in die Lage zu versetzen, gegebenenfalls sein Verbotsrecht wegen gewandelter Überzeugung nach Abs. 5 durchsetzen zu können.[74] Durch die Mitteilung soll der Autor auch über seine Bedeutung in der Liturgie, die sich in dem Nachdruck niederschlägt, informiert werden. Daher sollte es auch gute Sitte sein, dass Verleger, die fremde Werke bzw. Werkteile nachdrucken, dem nachgedruckten Autor dies durch ein Belegexemplar danken, auch wenn das Gesetz die Abgabe von **Belegexemplaren** nicht ausdrücklich vorschreibt.[75] 19

---

[62] Ziff. I 1b des Merkblattes UFITA 92 (1982), 83.
[63] BGH GRUR 1972, 432 (433) – Schulbuch.
[64] RGZ 80, 78 (80 f.); *Ulmer* § 67 III 3.
[65] RGZ 128, 102 (105).
[66] So ausdrücklich Fromm/Nordemann/*Dustmann* (11. Aufl.) UrhG § 46 Rn. 13, 16; Wandtke/Bullinger/*Lüft* (4. Aufl.) UrhG § 46 Rn. 13; aA *Dreyer/Kotthoff/Meckel* (3. Aufl.) UrhG § 46 Rn. 13.
[67] AmtlBegr. BT-Drs. 18/12239, 32.
[68] Ebenso *v. Gamm* § 46 Rn. 13; DKMH/*Dreyer* UrhG § 46 Rn. 21.
[69] Ebenso DKMH/*Dreyer* UrhG § 46 Rn. 8; aA *Dreier/Schulze/Dreier* § 46 Rn. 5.
[70] AmtlBegr. BT-Drs. IV/270, 64.
[71] Vgl. RGZ 128, 102 (105).
[72] Aber → § 19a Rn. 32; aA *Dreyer/Kottkoff/Meckel/Hentsch* UrhG § 46 Rn. 25 die insoweit das in § 46 nicht aufgeführte Senderecht für einschlägig hält.
[73] So aber Fromm/Nordemann/*Dustmann* (11. Aufl.) UrhG § 46 Rn. 13.
[74] Schriftl. Bericht des Rechtsausschusses zum RegE UFITA 46 (1966), 174 (184).
[75] Ebenso *v. Gamm* § 46 Rn. 15.

20   Aus dem Wortlaut ergibt sich, dass ein **Zugang der Mitteilung** nicht notwendig ist, es genügt vielmehr die Absendung und das Abwarten der Frist.[76] Da danach ggf. nur die Absendung zu beweisen ist, hat der Gesetzgeber hier ausnahmsweise die ungewöhnliche Erklärungsform des eingeschriebenen Briefes vorgeschrieben.[77] Mangels näherer Spezifizierung in § 46 muss dabei die preiswertere Form des „Einwurf-Einschreibens" genügen, zumal kein Bedürfnis nach persönlicher Aushändigung erkennbar ist. Eine Verletzung dieses **Formerfordernisses** wird geheilt, wenn die Mitteilung iSv § 130 Abs. 1 BGB tatsächlich zugegangen ist.[78] Ist der Vergütungsanspruch nach Abs. 4 abgetreten, so ist damit als Nebenrecht auch die Ermächtigung zum Empfang der Mitteilung erteilt.[79] Auf das Formerfordernis des eingeschriebenen Briefes kann vertraglich verzichtet werden.

21   **Der Inhalt der Mitteilung** muss alle Informationen umfassen, die zur Nachprüfung notwendig sind, ob die Voraussetzungen des § 46 vorliegen.[80] Dementsprechend müssen insbesondere angegeben werden Autor, Verlag und Titel der Sammlung, genaue Bezeichnung der Werke oder Werkteile, die entlehnt werden sollen (Autor, Titel und Originalverlag) sowie die Anzahl der insgesamt entlehnten Werke oder Werkteile. Weiterhin sind die für die Berechnung der angemessenen Vergütung nach Abs. 4 notwendigen Angaben (insbes. die Auflagenhöhe der betreffenden Sammlung) zu machen.

22   **Adressat der Mitteilung** ist primär der Autor, hilfsweise – wenn dessen Adresse unbekannt ist – der Inhaber des ausschließlichen Nutzungsrechts, dh in aller Regel der Originalverlag, in dem das Werk erschienen ist (Abs. 3 S. 1). Der Werknutzer hat die Pflicht, sich mit üblicher Sorgfalt darum zu bemühen, die Anschriften in Erfahrung zu bringen.[81] Hierher gehören die Einsichtnahme in allgemein zugängliche Nachschlagewerke (zB Verzeichnis lieferbarer Bücher); nicht verlangen kann man dagegen die Einholung der Expertise einer literarischen Agentur oÄ, da die hierfür aufzuwendenden Kosten nicht mehr dem Grundsatz der Verhältnismäßigkeit entsprächen. Die hilfsweise vorgesehene Veröffentlichung im Bundesanzeiger (Abs. 3 S. 2) ist ein gut gemeintes, aber untaugliches Instrument, da nicht zu erwarten ist, dass ein „unbekannter" Autor oder Verlag ausgerechnet diese Publikation liest. In der Praxis spielt Abs. 3 kaum eine Rolle, da Zahlung und Mitteilung über Verwertungsgesellschaften abgewickelt werden.[82]

23   Das **Versäumen der Mitteilung oder die Nichteinhaltung** der Wartefrist machen die trotzdem vorgenommene Vervielfältigung rechtswidrig.[83] Die Auffassung, dass eine Urheberrechtsverletzung nur dann gegeben sei, wenn die Voraussetzungen des Abs. 5 vorliegen,[84] findet im Wortlaut des Gesetzes keine Stütze, wonach erst nach erfolgter Mitteilung und Abwarten der Frist mit der Vervielfältigung begonnen werden „darf".

24   **b)** Abs. 5 gibt dem Autor ein **Verbotsrecht wegen gewandelter Überzeugung** nach Maßgabe von § 42. Voraussetzung hierfür ist, dass der Berechtigte die Nutzungsrechte bereits „zurückgerufen hat"; eine Rückrufserklärung gem. § 42 Abs. 1 **nach** Zugang der Mitteilung gemäß Abs. 3 rechtfertigt ein Verbot nach Abs. 5 nicht. Damit soll eine missbräuchliche Ausübung des Verbotsrechts verhindert werden.[85] Die weitergehende Auffassung, wonach es genüge, wenn der Rückruf „zumindest gleichzeitig" erfolge[86] widerspricht dem Wortlaut und dem Sinn des Gesetzes.[87] Die Verweisung auf § 136 in Abs. 5 S. 2 ist keine Übergangslösung für den Zeitpunkt des Inkrafttretens des Gesetzes. Die entsprechende Anwendbarkeit von § 136 Abs. 1 u. 2 bedeutet hier vielmehr allgemein, dass der Verleger, der vor Kenntnis des Rückrufs wegen gewandelter Überzeugung mit der Herstellung einer Sammlung begonnen hat, diese Sammlung auch nach Kenntnisnahme vom Widerruf vollenden und die bereits hergestellten Exemplare verbreiten darf.[88]

25   **c)** Gemäß § 63 Abs. 1 ist eine deutliche **Quellenangabe** geboten. Außerdem ist § 62 zu beachten, wonach an den entlehnten Werken grundsätzlich **keine Änderungen** vorgenommen werden dürfen.

III. Vergütungspflicht (Abs. 4)

26   Die von § 46 privilegierte Nutzung ist **vergütungspflichtig.**[89] Der Vergütungsanspruch steht, wie bei anderen gesetzlichen Lizenzen auch, dem **Urheber** des genutzten Werkes und nicht dem Verleger

---

[76] Ebenso Wandtke/Bullinger/*Lüft* UrhG § 46 Rn. 13, 14; Dreier/Schulze/*Dreier* § 46 Rn. 17.
[77] Vgl. die ähnliche Regelung in § 51 Abs. 1 GmbHG.
[78] Dreier/Schulze/*Dreier* § 46 Rn. 17.
[79] *Melichar* S. 108.
[80] *V. Gamm* § 46 Rn. 15.
[81] DKMH/*Dreyer* UrhG § 46 Rn. 33 verweist auf die zu § 185 ZPO von Rspr. und Lehre entwickelten Grundsätze.
[82] → Rn. 26 f.
[83] Dreier/Schulze/*Dreier* § 46 Rn. 19; Wandtke/Bullinger/*Lüft* UrhG § 46 Rn. 13, 14; aA DKMH/*Dreyer* UrhG § 46 Rn. 35; BeckOK UrhR/*Schulz/Hagemeier* UrhG § 46 Rn. 22.
[84] So *v. Gamm* § 46 Rn. 17.
[85] *Rehbinder/Peukert* Rn. 556.
[86] *v. Gamm* § 46 Rn. 16.
[87] DKMH/*Dreyer* UrhG § 46 Rn. 37.
[88] Vgl. BeckOK UrhR/*Schulz/Hagemeier* UrhG § 46 Rn. 27.
[89] → Rn. 3.

zu.[90] Anders als die meisten Vergütungsansprüche im 6. Abschnitt des UrhG ist der Vergütungsanspruch aber nicht verwertungsgesellschaftpflichtig, obwohl seine Geltendmachung durch Verwertungsgesellschaften zweckmäßig ist.[91]

Der in der Praxis wichtige Bereich der **Entlehnung aus Sprachwerken** wird seit 1977 zentral   **27** von der VG Wort verwaltet, nachdem Autoren und Originalverlage ihre diesbezüglichen Rechte an die VG Wort abgetreten haben. Aktuell gelten für Beiträge in gedruckten Sammlungen der Tarif vom 28.11.2008[92] und für Sammlungen in anderer Form (insbes. CD-ROM, Online-Sammlungen und E-Books) der Tarif vom 21.12.2012.[93] Außerdem besteht ein Gesamtvertrag zwischen der VG Wort und dem Verband der Diözesen Deutschlands über die Nutzung urheberrechtlich geschützter Texte (mit Ausnahme der Liedtexte) im katholischen Gebet- und Gesangbuch „Gotteslob" („GGB") vom 17./19.12.2008.[94] Angesichts seiner Bestimmung auch als „Hausbuch" wird der Stammteil des Buches von § 46 allerdings nicht erfasst.[95] Hinsichtlich der Verwendung von **Noten und Liedtexten** werden die entsprechenden Rechte von der VG Musikedition wahrgenommen. Es gilt aktuell der Tarif vom 1.1.2018, der zwischen Sammlungen ausschließlich für den Gemeindegesang, Chorbüchern und Bläserheften sowie Orgelbüchern oder sonstigen Sammlungen zum instrumentalen, vokalen oder anderweitigen Gebrauch im Rahmen von § 46 (Bücher, E-Books, Apps) unterscheidet.[96] Daneben bestehen auch hier Gesamtverträge mit dem Verband der Diözesen Deutschlands über die Verwendung im Stammteil sowie den Diözeseanhängen und Begleitpublikationen des „GGB" vom 13./20.2.2018,[97] mit der EKG über das Vervielfältigen und Kopieren von Liedern für den Gemeindegesang vom 11.9./6.10.2014 und über Nutzungsrechte für das neue Evangelische Gesangbuch vom 10.12.2015/4.1.2016 (beide nicht veröffentlicht) sowie ein Gesamtvertrag mit dem Deutschen Musikverleger-Verband über die Abgeltung von Ansprüchen aus § 46 UrhG für Werke der Musik (inkl. Lieder und Liedtexte).[98]

§ 47 Schulfunksendungen

(1) [1]Schulen sowie Einrichtungen der Lehrerbildung und der Lehrerfortbildung dürfen einzelne Vervielfältigungsstücke von Werken, die innerhalb einer Schulfunksendung gesendet werden, durch Übertragung der Werke auf Bild- oder Tonträger herstellen. [2]Das gleiche gilt für Heime der Jugendhilfe und die staatlichen Landesbildstellen oder vergleichbare Einrichtungen in öffentlicher Trägerschaft.

(2) [1]Die Bild- oder Tonträger dürfen nur für den Unterricht verwendet werden. [2]Sie sind spätestens am Ende des auf die Übertragung der Schulfunksendung folgenden Schuljahres zu löschen, es sei denn, daß dem Urheber eine angemessene Vergütung gezahlt wird.

Schrifttum: *Bender,* Urheberrecht und audiovisuelle Unterrichtsmedien, Recht der Jugend und des Bildungswesens (RdJB) 1987, 185 ff.; *Haupt,* Urheberrecht in der Schule, 2006; *Haupt/Wisniewska,* Brauchen wir überhaupt noch § 47 UrhG?, UFITA 2010, 663; *Neumann,* Urheberrecht und Schulgebrauch, 1994; *Sattler,* Der Status quo der urheberrechtlichen Schranken für Bildung und Wissenschaft, 2009.

Übersicht

---

[90] → Vor §§ 44a ff. Rn. 46.

[91] Vgl. zur Verwertungsgesellschaftpflichtigkeit in Österreich OGH MuR 2005, 30.

[92] Abrufbar unter http://www.vgwort.de/fileadmin/tarif_uebersicht/Druck-Tarif_Kirchenbuch_Nov_2008.pdf.

[93] Abrufbar unter https://www.vgwort.de/fileadmin/pdf/tarif_uebersicht/Tarif_Schulbuch__46_2013.pdf.

[94] Abrufbar unter https://www.vgwort.de/fileadmin/pdf/allgemeine_pdf/Gesamtvertrag__46_UrhG_Gotteslob.pdf.

[95] → Rn. 8, 10.

[96] Abrufbar unter https://www.vg-musikedition.de/fileadmin/vgweb/public/pdf/Para_46/Para_46_Tarife.pdf.

[97] Abrufbar unter https://www.vg-musikedition.de/fileadmin/vgweb/public/pdf/Gesamtvertraege/VDD_VDM.pdf.

[98] Abrufbar unter https://www.vg-musikedition.de/fileadmin/vgweb/public/pdf/Gesamtvertraege/DMV_VG_Gesamtvertrag.pdf.

I. Zweck und Bedeutung der Vorschrift

1. Zweck der Vorschrift

1   Die Vorschrift schränkt im Interesse der Allgemeinheit, hier der Jugenderziehung, das Vervielfältigungsrecht (§ 16) des Urhebers ein. Stärker noch ist der Eingriff in das Leistungsschutzrecht der Sendeunternehmen, da für jene in § 87 Abs. 4 der Löschungs- bzw. Vergütungsanspruch von Abs. 2 S. 2 ausdrücklich ausgeschlossen ist.[1] Durch diese Schranke sollen Lehrer in die Lage versetzt werden, entsprechend den „gerechtfertigten pädagogischen Interessen" Schulfunksendungen nicht nur zum Zeitpunkt ihrer Ausstrahlung in Schulklassen wiedergeben zu dürfen, sondern zeitversetzt zu dem nach Stunden- und Lehrplan zweckmäßigen Zeitpunkt.[2]

2. Entstehungsgeschichte

2   **a)** Es handelt sich um eine **Neuregelung,** die in der Zeit vor Inkrafttreten des UrhG keine Entsprechung hatte. Vorher war zwar die zeitgleiche Wiedergabe von Sendungen in Schulklassen zulässig, da dies keine öffentliche Wiedergabe darstellt; ein Mitschnitt von Sendungen zum Zwecke der zeitversetzten Wiedergabe in der Schulklasse war mangels einer Sonderregelung in LUG und KUG ohne urheberrechtliche Erlaubnis aber nicht zulässig.[3] Die Ausdehnung der Befugnis zur Vervielfältigung durch Schulen auch auf Einrichtungen der Lehrerbildung und Lehrerfortbildung wurde auf Anregung des Bundesrates durch den Vermittlungsausschuss in das Gesetz aufgenommen; man wollte damit die „Vertrautheit der Lehrer mit den Schulfunksendungen" möglich machen.[4]

3   **b)** Das **Bundesverfassungsgericht** sah die Regelung in § 47 in der vor dem 1.7.1985 geltenden Fassung – insbesondere auch die Vergütungsfreiheit – als mit dem Grundgesetz vereinbar an.[5] Es stellte in der Begründung darauf ab, dass es sich hier um eine „technische Vorschrift" handle, die ermöglichen solle, dass Schulfunksendungen „im richtigen Augenblick denjenigen vorgeführt werden können, für die sie bestimmt sind". Der Autor müsse bei Abschluss des Sendevertrages mit einer solchen „bestimmungsgemäßen Auswertung" rechnen, die demnach keine „zusätzliche Verwertung" sei.[6]

4   **c)** Die **Urheberrechtsnovelle 1985** erweiterte die Bestimmung in bedenklicher Weise zu Lasten der Urheber. Die Erweiterung ging in drei Stufen vor sich.[7] Zunächst war im RegE 1982 nur die Verlängerung der Löschungsfrist in Abs. 2 S. 2 vom Ende des laufenden Schuljahres auf nunmehr das Ende des auf die Übertragung der Schulfunksendung folgenden Schuljahres vorgesehen.[8] Auf Vorschlag des Bundesrates traten dann anstelle der bisher allein privilegierten „Erziehungsheime der Jugendfürsorge" allgemeiner „Heime der Jugendhilfe".[9] Auf Vorschlag des Rechtsausschusses schließlich wurden zu den privilegierten Institutionen auch noch die Landesbildstellen aufgenommen,[10] die vorher ausgenommen waren.[11]

5   Sowohl die Verlängerung der Löschungsfrist wie auch die Erweiterung auf die Landesbildstellen sehen sich **verfassungsrechtlichen Bedenken** ausgesetzt.[12] Das BVerfG hatte in seiner Entscheidung

---

[1] Vgl. hierzu → § 87 Rn. 103.
[2] AmtlBegr. BT-Drs. IV/270, 65.
[3] Davon ging auch die AmtlBegr. des RegE aus, BT-Drs. IV/270, 65.
[4] Stellungnahme des Bundesrates BT-Drs. IV/270, 176.
[5] BVerfGE 31, 270 (273 f.) – Schulfunksendungen.
[6] BVerfGE 31, 270 (273 f.) – Schulfunksendungen.
[7] Vgl. hierzu *Möller* S. 49 f.
[8] AmtlBegr. BT-Drs. 10/837, 13.
[9] Stellungnahme des Bundesrates, BT-Drs. 10/837, 27.
[10] Bericht des Rechtsausschusses, BT-Drs. 10/3360, 18.
[11] Vgl. OLG München FuR 1983, 273 (275); offen gelassen von BGH GRUR 1985, 874 (875) – Schulfunksendung.
[12] *Neumann* S. 21 f.; *Sattler* S. 142; *Schack* UrheberR Rn. 94 in Fn. 28; Dreier/Schulze/*Dreier* § 47 Rn. 1; Loewenheim/*Götting* § 31 Rn. 164 f.; aA BeckOK UrhR/*Engels* UrhG § 47 Rn. 3, 13; Wandtke/Bullinger/*Lüft* § 47 Rn. 4.

ein verfassungsmäßiges Gebot für eine Vergütungspflicht in § 47 aF im Hinblick auf den „**zeitlich und sachlich** beschränkten Rahmen des § 47 UrhG" verneint.[13] Insbesondere durch die Möglichkeit der zentralen Herstellung von Vervielfältigungsstücken durch Landesbildstellen wird ein Mitschnitt nun aber doch „gewissermaßen ein mehrfach verwendbares Lernmittel", für welches das BVerfG die Zahlung einer Vergütung für geboten gehalten hat.[14] Jedenfalls ist in dieser Hinsicht eine restriktive Handhabung der Schrankenregelung geboten.[15]

d) Durch das **UrhWissG** ist die Vorschrift nicht geändert worden. Trotz ihres inhaltlichen Bezugs 5a zum Schulunterricht hat man auch darauf verzichtet, sie in die Schranken in §§ 60a–60f zu integrieren. Ursprünglich sollte § 47 im Zuge der Neufassung der Schranken für Bildung und Wissenschaft **aufgehoben** werden. Der RegE ging davon aus, dass die Vorschrift angesichts der Erlaubnis für Unterricht und Lehre in § 60a entbehrlich geworden und ohnehin an Bedeutung verloren habe, weil sie sich nur auf Sendungen bezieht, nicht aber auf Material, das etwa im Internet zum Abruf zur Verfügung steht.[16] Nachdem aber der Bundesrat[17] ebenso wie ARD und ZDF die fortbestehende praktische Bedeutung der Regelung für die Versorgung der Schulen mit Medieninhalten betont hatten, wurde die Vorschrift auf Empfehlung des Rechtsausschusses „ungeachtet eines etwaigen Anpassungsbedarfs im Hinblick auf die Nutzung von On-Demand-Angeboten von Sendeunternehmen und Medienzentralen" unverändert beibehalten.[18] Tatsächlich ist die Vorschrift durch die Medienentwicklung jedoch überholt worden.[19]

3. Unionsrechtlicher Rahmen

Unionsrechtliche Grundlage der Vorschrift ist **Art. 5 Abs. 3 lit. a InfoSoc-RL,** der Beschrän- 6 kungen „ausschließlich zur Veranschaulichung im Unterricht" zulässt. Die Umsetzung der Richtlinie erforderte daher keine Änderung von § 47. Allerdings musste infolge der zwingenden Vorgabe von Art. 6 Abs. 4 UAbs. 1 InfoSoc-RL § 95b Abs. 1 Nr. 4. eingefügt werden, der den privilegierten Einrichtungen die Durchsetzung ihrer Rechte auch gegen technische Schutzmechanismen garantiert. Im Hinblick auf die Vergütungsfreiheit begegnet die Vereinbarkeit mit dem Drei-Stufen-Test in Art. 5 Abs. 5 InfoSoc-RL allerdings denselben Bedenken, wie sie bereits zuvor aus verfassungsrechtlicher Sicht erhoben worden sind.

II. Schranke des Vervielfältigungsrechts (Abs. 1)

1. Voraussetzungen hinsichtlich des vervielfältigten Werkes

a) Die Bestimmung umfasst sämtliche **Werke,** dh alle Arten von Werken gemäß § 2 Abs. 1, soweit 7 sie innerhalb einer Schulfunksendung gesendet werden.

b) Der Begriff der **Sendung** umfasst alle Arten der öffentlichen Wiedergabe gemäß § 20, also neben 8 der herkömmlichen Ausstrahlung über Hertzsche Wellen insbesondere auch den Kabel- und Satellitenfunk sowie Live-Streams.[20] Nicht erfasst ist die öffentliche Zugänglichmachung gemäß § 19a.[21] Die Gegenansicht[22] berücksichtigt nicht, dass der Gesetzgeber – wenn er dies gewollt hätte – 2003 wie in anderen Bereichen (zB § 46) eine entsprechende Erweiterung auch in § 47 hätte vornehmen können.

c) Es dürfen nur **Schulfunk**sendungen mitgeschnitten werden. Eine Erweiterung der Mitschnitt- 9 möglichkeit für jegliche Art von Rundfunksendungen – wie sie seitens der Schulträger gefordert worden war – ist schon im RegE 1982 unter Hinweis auf die genannte Entscheidung des BVerfG ausdrücklich abgelehnt worden.[23] Andererseits ist unbestreitbar, dass die Beschränkung auf Schulfunksendungen nicht den pädagogischen Anforderungen genügt. Bereits 2003 haben ARD und ZDF auf den „Wertungswiderspruch" zwischen § 52a (der ebenso wie jetzt § 60a Abs. 1 sämtliche Werkarten umfasste) und § 47 hingewiesen und eine entsprechende Erweiterung von § 47 gefordert – freilich mit der Konsequenz einer grundsätzlichen Vergütungspflicht.[24] Auch im Zuge der Neuordnung der

---

[13] BVerfGE 31, 270 (274) – Schulfunksendungen.
[14] BVerfGE 31, 270 (274) – Schulfunksendungen.
[15] → Rn. 14 f.
[16] AmtlBegr. BT-Drs. 18/12329, 32; ebenso bereits *Poeppel,* Die Neuordnung der urheberrechtlichen Schranken im digitalen Umfeld, S. 203 f.; für eine Aufhebung auch *Haupt/Wisniewska* UFITA 2010, 663 (677); *Schack* ZUM 2016, 266 (276).
[17] Stellungnahme des Bundesrates, BT-Drs. 18/12329, 58.
[18] Bericht des Ausschusses für Recht und Verbraucherschutz, BT-Drs. 18/13014, 29 f.
[19] → Rn. 10, 24.
[20] Zu Einzelheiten → § 20 Rn. 8 ff.
[21] Dreier/Schulze/*Dreier* § 47 Rn. 4.
[22] DKMH/*Dreyer* UrhG § 47 Rn. 8.
[23] AmtlBegr. UFITA 96 1983, 107 (117, 126); *Möller* S. 48; *Bender* RdJB 1987, 185 (189 ff.); zu den „verfassungsrechtlichen Bedenken" gegen die Zulässigkeit eines vergütungsfreien (!) Mitschnitts jeglicher Art von Rundfunksendungen auch *Göhner* GRUR 1992, 493; vgl. ferner *Rossbach* S. 237 f.
[24] Gemeinsame Stellungnahme ARD/ZDF vom 6.1.2003.

Schranken für Bildung und Wissenschaft durch das UrhWissG wurde auf den Anpassungsbedarf des § 47 hingewiesen, ohne dass dies im Gesetz jedoch Niederschlag gefunden hätte.[25]

10   Eine Definition des Begriffes **Schulfunk** findet sich im Gesetz nicht. Erforderlich ist jedenfalls die ausdrückliche Bezeichnung der Sendung als Schulfunk.[26] Dadurch ist zugleich gewährleistet, dass es keine Überschneidung mit dem Anwendungsbereich des § 60a Abs. 1 gibt (vgl. § 60a Abs. 3 Nr. 2).[27] In den Statistiken der Rundfunkanstalten werden die Schulfunksendungen für Hörfunk wie Fernsehen seit 1991 im Allgemeinen zwar nicht mehr gesondert ausgewiesen;[28] meist geben die Sender aber Begleitmaterial für Schulfunksendungen aus. Dabei ist im Allgemeinen davon auszugehen, dass eine von den Rundfunkanstalten ausdrücklich als Schulfunksendung bezeichnete Sendung auch tatsächlich eine solche ist.[29] Andererseits darf nicht verkannt werden, dass Richtlinien für den Inhalt von Schulfunksendungen oft fehlen.[30] Mangels genereller Richtlinien für den Inhalt von Schulfunksendungen kann daher die Bezeichnung, die der Sender seinem Programm gibt, allein für die Einstufung als Schulfunksendung noch nicht ausreichen.[31] Es muss hinzukommen, dass der Inhalt der Sendung tatsächlich **didaktisch auf den Unterricht an Schulen zugeschnitten** ist. Deshalb zählen – unabhängig von ihrer Bezeichnung durch die Rundfunkanstalten – zB Sendungen wie Funk- oder Telekolleg, die für das Selbststudium bestimmt sind und nicht für den Unterricht an Schulen, nicht zu den Schulfunksendungen iSv § 47. Ebenso wenig gehören zB allgemeine Sprachlehrgänge, wie sie das Fernsehen ausstrahlt, hierher.[32] Auch eine Erweiterung auf Sendungen, „wenn und soweit sie in die Lehrpläne und den Unterricht selbst passen" ist nicht angebracht,[33] zumal deren Autoren – anders als bei Schulfunksendungen – nicht mit einer vergütungsfreien Nutzung an Schulen rechnen können. Sendungen, die die genannten Voraussetzungen einer Schulfunksendung erfüllen, werden heute **kaum noch angeboten.** Der Fokus der Rundfunkanstalten hat sich auf die Entwicklung von Bildungsprogrammen verlagert, die sich an ein breiteres Publikum wenden.

2. Privilegierte Einrichtungen

11   **a)** In erster Linie dürfen **Schulen** privilegierte Vervielfältigungen vornehmen; in der Begründung zu § 47 in der ursprünglichen Fassung hatte der Gesetzgeber noch klarer formuliert, dass die Aufnahme „in den Schulen" zu erfolgen habe.[34] Damit ist klar, dass die Aufnahme eines Lehrers zuhause nicht mehr von § 47 gedeckt ist,[35] wie sich auch aus der Begründung für die Einbeziehung der Landesbildstellen ergibt, in der auf die Aufnahmegeräte der Schulen abgestellt wird.[36] Der Begriff der Schule deckt sich mit dem in § 60a Abs. 4 und erfasst neben den allgemeinbildenden öffentlichen Schulen auch Privatschulen sowie Berufsschulen.[37]

12   Darüber hinaus sind auch Einrichtungen der **Lehrerbildung** und **-fortbildung** privilegiert. Hierunter zählen pädagogische Hochschulen, Lehrerseminare uÄ sowie Vorlesungen, Kurse und Seminare an Universitäten, soweit diese ausschließlich und speziell der Ausbildung zum Lehramt dienen.[38] Auf die Rechtsträgerschaft kommt es weder bei Einrichtungen der Lehrerbildung noch bei Einrichtungen der Lehrerfortbildung an; es können hierunter sowohl öffentliche wie private oder gemischte Institutionen fallen.

13   **b)** Durch Abs. 1 S. 2 wird die Schrankenregelung auf **Heime der Jugendhilfe** erstreckt. Dagegen waren nach der ursprünglichen Fassung nur „Erziehungsheime der Jugendfürsorge" privilegiert, dh Heime, die ausschließlich der Fürsorgeerziehung iSd früheren §§ 64 ff. JWG dienten. Indem die Novelle 1985 die Terminologie an das damalige JWG angepasst hat, wurde zwar eine geringfügige Erweiterung des Kreises der privilegierten Institutionen vorgenommen,[39] Da jedoch „in den Heimen der Jugendhilfe gleiche Erziehungsarbeit wie in den Schulen geleistet wird",[40] ist diese Erweiterung im Hinblick auf die differenzierten Erziehungsmöglichkeiten nach dem JWG (jetzt SGB VIII) ge-

---

[25] → Rn. 5a.

[26] Dreier/Schulze/*Dreier* § 47 Rn. 4; aA DKMH/*Dreyer* UrhG § 47 Rn. 7; Wandtke/Bullinger/*Lüft* UrhG § 47 Rn. 5: nur Indiz.

[27] Dazu → § 60a Rn. 31.

[28] Zur faktischen Entwicklung der Schulfunksendungen ausführlich *Haupt/Wisniewska* UFITA 2010, 663 (665 ff.).

[29] BeckOK UrhR/*Engels* UrhG § 47 Rn. 11; DKMH/*Dreyer* UrhG § 47 Rn. 7; Wandtke/Bullinger/*Lüft* UrhG § 47 Rn. 5; ebenso Ziff. 2.1 der Bekanntmachung des Kultusministeriums von Rheinland-Pfalz vom 10.10.1984, ABl. 1984, S. 476.

[30] Lediglich dem Bayerischen Rundfunk ist vorgeschrieben, dass Sendungen, die für den Unterricht in bayerischen Schulen bestimmt sind, die für diese Schulen gültigen Lehr- und Bildungspläne zu beachten haben, s. Art. 4 Abs. 2 Nr. 6 BayRG, BayGVBl. 2003 S. 782.

[31] So auch Fromm/Nordemann/*Dustmann* UrhG § 47 Rn. 5.

[32] Ebenso Fromm/Nordemann/*Dustmann* UrhG § 47 Rn. 5.

[33] So aber BeckOK UrhR/*Engels* UrhG § 47 Rn. 11.

[34] AmtlBegr. BT-Drs. IV/270, 65.

[35] Ebenso Wandtke/Bullinger/*Lüft* UrhG § 47 Rn. 7; aA Dreier/Schulze/*Dreier* § 47 Rn. 3.

[36] → Rn. 14.

[37] Vgl. → § 60a Rn. 33.

[38] Ebenso Fromm/Nordemann/*Dustmann* UrhG § 47 Rn. 4; BeckOK UrhR/*Engels* UrhG § 47 Rn. 7.

[39] *Möller* S. 50; aA *Flechsig* NJW 1985, 1992, der davon ausgeht, dass mit der neuen Terminologie keine Erweiterung beabsichtigt war.

[40] So zum alten JWG *Möller* S. 50.

rechtfertigt. Zu den Heimen der Jugendhilfe zählen nunmehr auch die Einrichtungen der freiwilligen Erziehungshilfe (§§ 27 ff. SGB VIII) sowie die Einrichtungen, in denen Kinder und Jugendliche im Rahmen von §§ 42 ff. SGB VIII untergebracht sind. Außerdem zählen Jugendstrafanstalten hierzu, soweit in ihnen Unterricht durchgeführt wird.[41]

c) Bedenklich ist dagegen die Einbeziehung der staatlichen **Landesbildstellen** (Medienzentren) **14** und vergleichbarer Einrichtungen in öffentlicher Trägerschaft in die Reihe der zu Mitschnitten nach § 47 privilegierten Institutionen.[42] Diese Erweiterung ist auch systemwidrig.[43] Während bislang nur solche Institutionen privilegiert waren, die die Mitschnitte für ihre **eigenen** Unterrichtszwecke verwendeten, fertigen Landesbildstellen die Mitschnitte ausschließlich für Dritte. Anders als in § 53 Abs. 1 S. 2 war eine Vervielfältigung durch Dritte im Rahmen von § 47 ursprünglich gerade nicht gestattet. Die Begründung für die Einbeziehung der Landesbildstellen, wonach „Schulen aus technischen und organisatorischen Gründen zur Aufnahme von Schulfunksendungen in der Regel auf die Unterstützung der staatlichen Landesbildstellen angewiesen sind, weil nur wenige Schulen über die besonderen Anlagen verfügen, mit denen für Unterrichtszwecke geeignete Aufzeichnungen hergestellt werden können",[44] kann im Hinblick auf die heute im Handel erhältlichen günstigen Ton- und Bildaufzeichnungsgeräte nicht mehr überzeugen.[45]

3. Umfang der Privilegierung

a) Es dürfen stets nur **„einzelne Vervielfältigungsstücke"** hergestellt werden. Nach allgemei- **15** nem Sprachgebrauch bedeutet dies – wie immer im Urheberrecht[46] –, dass nur einige wenige Exemplare gefertigt werden dürfen. Entscheidend hierbei sind die Bedürfnisse der Einrichtung (Schule etc), für **deren** Bedarf der Mitschnitt erfolgt. Kommt die Notwendigkeit einer zeitgleichen Wiedergabe – zB in Parallelklassen – nicht in Betracht, so ist bereits ein einziges Exemplar ausreichend; selbst wenn aber eine parallele Wiedergabe der betreffenden Schulfunksendung geboten ist, können stets nur so viele Exemplare im Rahmen von § 47 als gerechtfertigt angesehen werden, wie für den Parallelunterricht erforderlich sind.[47] Dies gilt insbesondere auch für Landesbildstellen.[48] Soweit Landesbildstellen von Schulfunksendungen eine Vielzahl, oft über tausend, Vervielfältigungsstücke herstellen, ist dies auch in der seit 1.7.1985 geltenden Fassung von § 47 nicht gedeckt.[49]

b) § 47 gestattet nur, die Schulfunk**sendung** als solche durch Aufnahme zu vervielfältigen, es muss **16** sich also um eine Sendung iSv § 20 handeln. Eine Vervielfältigung von Schulfunkprogrammen aus anderen Quellen, zB durch Überspielen von Arbeitsbändern der Rundfunkanstalten, ist unzulässig.[50] Damit sollte vor allem sichergestellt werden, dass jeweils nur solche Schulfunksendungen im Rahmen von § 47 mitgeschnitten werden können, die am Ort der betreffenden Schule bzw. sonstigen Einrichtung empfangbar sind. Eine zentral organisierte Beschaffung von Arbeitsbändern der Rundfunkanstalten, welche die Schulen auch außerhalb des „reinen Sendegebiets" in die Lage versetzt, auf die Vervielfältigungsstücke der Schulfunksendung wie auf ein Archiv zurückzugreifen, hat der BGH zu Recht als unvereinbar mit den Urheberinteressen angesehen.[51] Diese Beschränkung ist heute allerdings weitgehend obsolet geworden, da die meisten Rundfunkprogramme über Satellit und Kabel oder als Livestream über das Internet nahezu deutschlandweit empfangen und damit auch im Rahmen von § 47 genutzt werden können.

c) Entsprechend der Terminologie im Sechsten Abschnitt des UrhG umfasst das Recht zur Verviel- **17** fältigung „auf **Bild- oder Tonträger**" auch das Recht zur Vervielfältigung auf Bild- **und** Tonträger.[52] Schon die Begründung zum RegE 1962 hat ausdrücklich auf das Mitschneiden von Fernsehsendungen hingewiesen.[53]

d) Bei Vervielfältigungen von Schulfunksendungen nach § 47 sind das **Änderungsverbot** von **18** § 62 und die Pflicht zur **Quellenangabe** nach § 63 zu beachten. Die Quellenangabe wird sich hier allerdings in aller Regel ohnehin aus der mitgeschnittenen Schulfunksendung selbst ergeben.[54]

---

[41] Wandtke/Bullinger/*Lüft* UrhG § 47 Rn. 3; Fromm/Nordemann/*Dustmann* UrhG § 47 Rn. 4; Dreier/Schulze/*Dreier* § 47 Rn. 3.
[42] Zu den verfassungsrechtlichen Bedenken → Rn. 5.
[43] Ebenso Wandtke/Bullinger/*Lüft* UrhG § 47 Rn. 4.
[44] Schriftl. Bericht des Rechtsausschusses UFITA 102 1986, 169 (174).
[45] AA *W. Nordemann* GRUR 1985, 837 (838).
[46] Vgl. zB → § 53 Rn. 25 f.
[47] BeckOK UrhR/*Engels* UrhG § 47 Rn. 10; *Ulmer* § 68 II 1.
[48] Im Bericht des Rechtsausschusses, UFITA 102 (1986), 169 (174), ist klargestellt, dass „auch Landesbildstellen" nur gestattet ist, „einzelne Vervielfältigungsstücke" aufzunehmen.
[49] *Neumann* S. 82; Wandtke/Bullinger/*Lüft* UrhG § 47 Rn. 8; BeckOK UrhR/*Engels* UrhG § 47 Rn. 13; aA DKMH/*Dreyer* UrhG § 47 Rn. 11.
[50] BGH GRUR 1985, 874 (875 f.) – Schulfunksendung; Dreier/Schulze/*Dreier* § 47 Rn. 4; Wandtke/Bullinger/*Lüft* UrhG § 47 Rn. 6; DKMH/*Dreyer* UrhG § 47 Rn. 14.
[51] BGH GRUR 1985, 874 (876) – Schulfunksendung.
[52] Vgl. §§ 53 Abs. 1, 54 Abs. 1.
[53] AmtlBegr. BT-Drs. IV/270, 65.
[54] *Samson* S. 163.

III. Verwendung für den Unterricht (Abs. 2 S. 1)

19   Die nach § 47 mitgeschnittenen Schulfunksendungen dürfen gemäß Abs. 2 S. 1 **nur für den Unterricht** verwendet werden. Eine andere Verwendung, etwa die Vorführung in Lehrerkonferenzen, aber auch eine private Vorführung des Lehrers zuhause zur Vorbereitung des Unterrichts ist nicht zulässig.[55] Ein Verstoß gegen Abs. 2 S. 1 begründet eine **eigenständige Urheberrechtsverletzung** iSv § 97, unabhängig davon, ob die Verwendung den Tatbestand eines Verwertungsrechts (insbes. einer öffentlichen Wiedergabe) erfüllt.[56]

IV. Löschungspflicht (Abs. 2 S. 2)

20   Die im Rahmen von § 47 hergestellten Vervielfältigungsstücke müssen spätestens am Ende des auf die Übertragung folgenden Schuljahres **gelöscht** werden. Unter „Löschung" ist die Unbrauchbarmachung zu verstehen.[57]

1. Fristbeginn

21   Die **Frist beginnt** mit der „Übertragung der Schulfunksendung". Diese Formulierung in Abs. 2 S. 2 – sie fehlte in § 47 aF – knüpft direkt an den Wortlaut von Abs. 1 S. 1 an, stellt also ausschließlich auf den tatsächlichen Übertragungsvorgang, dh die einzelne Vervielfältigung, ab. Teilweise wird allerdings angenommen, bei Wiederholung einer Schulfunksendung beginne die Frist neu zu laufen, auch wenn kein neuerlicher Mitschnitt erfolgt.[58] Vom Wortlaut der Bestimmung ist diese Auffassung jedoch nicht gedeckt.[59] Auch trifft es nicht zu, dass Schulfunksendungen andernfalls spätestens zwei Jahre nach ihrer Erstsendung überhaupt nicht mehr für den Schulunterricht verwandt werden dürften.[60] Denn eine **Aufzeichnung der Wiederholung** ist von § 47 unzweifelhaft gedeckt[61] und setzt dann eine neue Frist in Gang. Die mit Fristablauf entstehende Löschungspflicht kann aber nicht nachträglich wieder entfallen, nur weil die Schulfunksendung erneut ausgestrahlt wird. In Betracht käme ein Neubeginn der Frist daher ohnehin nur für solche Wiederholungen, die während des auf die erste Übertragung folgenden Schuljahrs erfolgen. Hier sollte aber schon aus Beweisgründen eine erneute Aufzeichnung erfolgen.

2. Zeitpunkt der Löschung

22   Der Begriff des **Schuljahres** passt naturgemäß nur für Schulen. Bei den sonstigen privilegierten Einrichtungen ist die Löschungsfrist daher analog zu berechnen. Dies bedeutet, dass bei den betreffenden Einrichtungen auf die jeweils üblichen Unterrichtszeitabschnitte abzustellen ist; für Medienzentren, die ihrerseits Mitschnitte von Sendungen für Schulen zentral organisieren, gilt im Hinblick auf diesen engen Konnex zu den Schulen das Schuljahr des betreffenden Bundeslandes. Bei sonstigen Einrichtungen ist auf die jeweils üblichen Unterrichtszeiträume abzustellen. Bei Hochschulen ist dies üblicherweise das Semester; hier hat also die Löschung am Ende des auf den Mitschnitt folgenden **Semesters** zu erfolgen.[62] Eine Benachteiligung der Hochschulen ist in dieser Auslegung angesichts der unterschiedlichen pädagogischen Bedürfnisse nicht zu sehen. Wo überhaupt keine Zeiteinheiten für den Unterricht vorgegeben sind (insbesondere bei Heimen) kann man anstelle des Schuljahres in sinngemäßer Auslegung nur auf das Kalenderjahr abstellen, eine Heranziehung des für das betreffende Bundesland geltenden Schuljahres für solche Bereiche, die vom schulischen Ablauf überhaupt nicht berührt werden, wäre praxisfremd.[63] Bei solchen Einrichtungen hat die Löschung am Ende des auf den Mitschnitt folgenden Kalenderjahres zu erfolgen.

3. Zahlung einer angemessenen Vergütung

23   Die nach Abs. 1 privilegierten Einrichtungen können die Löschungspflicht abwenden, wenn sie den Berechtigten eine **angemessene Vergütung** zahlen.[64] Anders als bei den übrigen Vergütungsansprüchen des Sechsten Abschnittes handelt es sich bei dieser Regelung nicht um eine typische gesetz-

---

[55] *Ulmer* § 68 II 1; DKMH/*Dreyer* UrhG § 47 Rn. 14.

[56] Ebenso wohl Wandtke/Bullinger/*Lüft* UrhG § 47 Rn. 8.

[57] AmtlBegr. BT-Drs. IV/270, 65; vgl. → § 56 Rn. 11.

[58] So *Bender* RdJB 1987, 185 (188); *von der Decken-Eckardt* NiedersSVBl. 1989, 196 (197); DKMH/*Dreyer* UrhG § 47 Rn. 16.

[59] Ebenso iE Wandtke/Bullinger/*Lüft* UrhG § 47 Rn. 9.

[60] So aber DKMH/*Dreyer* UrhG § 47 Rn. 16.

[61] Vgl. *Haupt/Wisniewska* UFITA 2010, 663 (668).

[62] Wandtke/Bullinger/*Lüft* UrhG § 47 Rn. 10; DKMH/*Dreyer* UrhG § 47 Rn. 16; BeckOK UrhR/*Engels* UrhG § 47 Rn. 16; offen gelassen von Dreier/Schulze/*Dreier* § 47 Rn. 16.

[63] Ebenso jetzt Fromm/Nordemann/*Dustmann* UrhG § 47 Rn. 7; aA Wandtke/Bullinger/*Lüft* UrhG § 47 Rn. 10; auf die Sommerferien des jeweiligen Bundeslandes abstellen will BeckOK UrhR/*Engels* UrhG § 47 Rn. 16.

[64] Abs. 2 S. 2 letzter Hs.

liche Lizenz. Denn ein durchsetzbarer Anspruch auf Zahlung wird durch Abs. 2 S. 2 nicht begründet. Vielmehr stellt die **unterlassene Löschung** ohne Zahlung einer Vergütung eine Urheberrechtsverletzung dar, die zu einem Schadensersatzanspruch nach § 97 Abs. 2 führt.[65] Eine nachträgliche Zahlung beseitigt dann allenfalls den entstandenen Schaden.[66] Die **Höhe** der angemessenen Vergütung wird insbesondere davon abhängen, wie lange die betreffende Einrichtung die Schulfunksendung aufbewahren will.[67] Da die Angemessenheit objektiv zu bestimmen ist, kann sich die privilegierte Einrichtung nicht durch Zahlung einer ihr angemessen erscheinenden (aber objektiv zu niedrigen) Summe der Löschungspflicht entziehen.[68] Wenn die privilegierte Einrichtung die geforderte Vergütung für unangemessen hoch hält, bleibt ihr nur der Weg, den Differenzbetrag unter Vorbehalt zu leisten und die Angemessenheit anschließend gerichtlich klären zu lassen.[69] Eine solche **Zahlung unter Vorbehalt** mit der Folge, dass ein über die tatsächlich geschuldete Vergütung hinausgehender Betrag trotz § 814 BGB zurückgefordert werden kann, ist auch außerhalb von § 37 VGG (früher § 11 Abs. 2 UrhWG) möglich;[70] die Beweislast für eine Zuvielleistung liegt freilich beim privilegierten Nutzer.[71] So bleibt in der Praxis gar nichts anderes übrig, als dass sich die betreffende Einrichtung mit den Rechteinhabern rechtzeitig – dh **vor** Ablauf der Löschungsfrist – über die Modalitäten (insbesondere Dauer der Aufbewahrungszeit und Höhe der Vergütung) einigt. Mit dieser Ausgestaltung rückt die Regelung in die Nähe einer Zwangslizenz.[72] Jedenfalls ist davon auszugehen, dass „diese Vergütungsregel in der Praxis bislang eine geringe Rolle spielt, da ihre Voraussetzungen kaum überprüfbar sind".[73]

Unter diesen Gesichtspunkten liegt es nahe, dass angeregt wird, hier mit den Schulträgern zu **Pauschalabkommen** über eine längerfristige Aufbewahrungs- und Verwendungsmöglichkeit der Mitschnitte von Schulfunksendungen zu gelangen.[74] Obwohl fast alle Verwertungsgesellschaften den Vergütungsanspruch aus Abs. 2 S. 2 wahrnehmen,[75] gibt es bisher aber nur einen Vertrag zwischen der GEMA und der Bundesvereinigung der kommunalen Spitzenverbände, der ua auch diesen Anspruch abdeckt.[76] Da davon auszugehen ist, dass die Löschungsfrist in der schulischen Praxis häufig nicht eingehalten wird,[77] muss man insgesamt feststellen, dass die Erweiterung des § 47 durch die Novelle von 1985 ihr Ziel eines Interessenausgleichs zwischen Rechteinhabern und schulischen Nutzern verfehlt hat.[78] Weil Rundfunkanstalten Schulfunksendungen als Programmbestandteile ohnehin nicht mehr ausdrücklich ausweisen, hat sich die Vorschrift aber ohnehin weitgehend überholt und sollte daher – wie im ursprünglichen Entwurf des UrhWissG vorgesehen[79] – **aufgehoben** werden. 24

§ 48 Öffentliche Reden

(1) Zulässig ist

1. die Vervielfältigung und Verbreitung von Reden über Tagesfragen in Zeitungen, Zeitschriften sowie in anderen Druckschriften oder sonstigen Datenträgern, die im Wesentlichen den Tagesinteressen Rechnung tragen, wenn die Reden bei öffentlichen Versammlungen gehalten oder durch öffentliche Wiedergabe im Sinne von § 19a oder § 20 veröffentlicht worden sind, sowie die öffentliche Wiedergabe solcher Reden,
2. die Vervielfältigung, Verbreitung und öffentliche Wiedergabe von Reden, die bei öffentlichen Verhandlungen vor staatlichen, kommunalen oder kirchlichen Organen gehalten worden sind.

(2) Unzulässig ist jedoch die Vervielfältigung und Verbreitung der in Absatz 1 Nr. 2 bezeichneten Reden in Form einer Sammlung, die überwiegend Reden desselben Urhebers enthält.

Übersicht

---

[65] So auch Fromm/Nordemann/*Dustmann* UrhG § 47 Rn. 8; Wandtke/Bullinger/*Lüft* UrhG § 47 Rn. 11.
[66] Dreier/Schulze/*Dreier* § 47 Rn. 8.
[67] Dreier/Schulze/*Dreier* § 47 Rn. 8; BeckOK UrhR/*Engels* UrhG § 47 Rn. 18; aA *vGamm* § 47 Rn. 9, der eine Aufbewahrung nur für ein weiteres Schuljahr für zulässig hält.
[68] Ebenso *Ulmer* § 68 II 3; Dreier/Schulze/*Dreier* § 47 Rn. 8; vgl. auch DKMH/*Dreyer* UrhG § 47 Rn. 18.
[69] BeckOK UrhR/*Engels* UrhG § 47 Rn. 19; Wandtke/Bullinger/*Lüft* § 47 Rn. 11.
[70] AA noch Schricker/Loewenheim/*Melichar* (5. Aufl.) § 47 Rn. 22.
[71] Vgl. Palandt/*Sprau* BGB (78. Aufl. 2019) § 814 Rn. 10.
[72] Hierzu → Vor §§ 44a ff. Rn. 11 f.; ebenso *Neumann* S. 83.
[73] *Haberstumpf* Rn. 362 aE.
[74] *Dietz*, Urheberrecht in der Europ. Gemeinschaft, Rn. 383.
[75] *Neumann* S. 249 f.
[76] Einzelheiten s. *Neumann* S. 252 f.
[77] *Neumann* S. 84.
[78] Ähnlich auch Dreier/Schulze/*Dreier* § 47 Rn. 9.
[79] → Rn. 5a.

I. Zweck und Bedeutung der Vorschrift

1   Die Vorschrift schränkt zur „Erleichterung der Berichterstattung"[1] das Recht zur Vervielfältigung (§ 16), Verbreitung (§ 17) und öffentlichen Wiedergabe (§ 15 Abs. 2) ein. Sie dient damit der **Informationsfreiheit,** indem sie die Vervielfältigung und Verbreitung öffentlicher Reden in der Presse und auf sonstigen Datenträgern sowie deren öffentliche Wiedergabe (also insbes. die Sendung gem. § 20 und die öffentliche Zugänglichmachung gem. § 19a) gestattet. Die Bestimmung berührt die **wörtliche** Wiedergabe von Reden; soweit nur der **Inhalt** wiedergegeben wird, richtet sich die Zulässigkeit nach § 12 Abs. 2.[2]

2   Die Regelung wurde im Wesentlichen **aus § 17 LUG** (iVm § 26 LUG) **übernommen.** Die bedeutendste Änderung war die Erweiterung in Abs. 1 Nr. 1 dahingehend, dass Reden vor öffentlichen **Versammlungen** (statt nur in öffentlichen Verhandlungen) freigegeben sind, während andererseits eine inhaltliche Einschränkung erfolgt ist, wonach jetzt nur noch Reden **über Tagesfragen** erfasst sind. Durch das Gesetz zur Regelung des Urheberrechts in der Informationsgesellschaft von 2003 wurde § 48 Abs. 1 Nr. 1 in zweierlei Hinsicht **erweitert:** Zum einen können jetzt auch Reden, die lediglich im Rahmen von Online-Medien (§ 19a) veröffentlicht worden sind, genutzt werden, zum anderen ist die Nutzung solcher Reden nun – sprachlich verunglückt – auch „in" sonstigen Datenträgern zulässig.

3   Die Einschränkungen der urheberrechtlichen Verwertungsrechte in § 48 stützen sich auf Art. 2bis Abs. 1 und 2 RBÜ. Das **Unionsrecht** erlaubt in Art. 5 Abs. 3 lit. e InfoSoc-RL Ausnahmen und Beschränkungen für die Nutzung zu Zwecken der Berichterstattung über parlamentarische Verfahren und Gerichtsverfahren sowie in Art. 5 Abs. 3 lit f. InfoSoc-RL die Nutzung von politischen Reden oder Auszügen aus öffentlichen Vorträgen oder ähnlichen Werken. Für die richtlinienkonforme Auslegung von § 48 ist vor allem von Bedeutung, dass Art. 5 Abs. 3 lit. f InfoSoc-RL ebenso wie Art. 2bis Abs. 2 RBÜ entsprechende Ausnahmen und Beschränkungen nur zulässt, soweit der **Informationszweck** eine solche Nutzung rechtfertigt. Soweit § 48 Abs. 1 Nr. 1 das öffentliche Verleihen von Druckschriften erlaubt, ist außerdem Art. 6 Vermiet- und Verleih-RL zu beachten.[3]

II. Reden über Tagesfragen (Abs. 1 Nr. 1)

4   Abs. 1 Nr. 1 erlaubt die wortgetreue Vervielfältigung, Verbreitung und öffentliche Wiedergabe von Reden über Tagesfragen, die bei öffentlichen Veranstaltungen gehalten oder durch öffentliche Wiedergabe iSv § 19a oder § 20 veröffentlicht wurden.

1. Begriff der Rede

5   **Reden** sind in § 2 Abs. 1 Nr. 1 als Sprachwerke definiert.[4] Dass jetzt **Vorträge** nicht mehr – wie noch in § 17 LUG – gesondert aufgeführt sind, stellt keinen sachlichen Unterschied dar, da jeder Vortrag auch eine Rede iSv § 2 Abs. 1 Nr. 1 ist.[5] Eine Ausdehnung dieser Bestimmung auf andere Werkkategorien ist nicht zulässig. Reden sind zudem nur insoweit frei, als sie **tatsächlich gehalten** wurden, sei es vom Urheber oder einem Dritten.[6] Daher ist die Vervielfältigung eines Redemanuskripts vor dem Zeitpunkt der gehaltenen Rede nicht zulässig.[7] Eine vorzeitige Verwendung stellte darüber hinaus eine Verletzung des Veröffentlichungsrechts nach § 12 dar. Reden dürfen auch nur in der tatsächlich gehaltenen Form wiedergegeben werden; dies gilt insbesondere dann, wenn die gehaltene Rede vom Manuskript abweicht.[8]

2. Von Abs. 1 Nr. 1 erfasste Reden

6   **a)** Privilegiert nach Abs. 1 Nr. 1 sind nur Reden über **Tagesfragen.** Anders als nach § 49 Abs. 1 S. 1, der auf politische, wirtschaftliche oder religiöse Tagesfragen beschränkt ist, fallen darunter alle

---

[1] AmtlBegr. BT-Drs. IV/270, 31.
[2] Zum Recht der Inhaltswiedergabe → § 12 Rn. 27 ff.
[3] → Rn. 11.
[4] → § 2 Rn. 101.
[5] AmtlBegr. BT-Drs. IV/270, 65.
[6] Fromm/Nordemann/*Dustmann* UrhG § 48 Rn. 6.
[7] *v. Gamm* § 48 Rn. 2; BeckOK UrhR/*Engels* UrhG § 48 Rn. 6; Dreier/Schulze/*Dreier* § 48 Rn. 4.
[8] Fromm/Nordemann/*Dustmann* UrhG § 48 Rn. 6.

tagesaktuellen Themen, neben politischen also auch wirtschaftliche, gesellschaftliche und kulturelle Fragen.[9] Entscheidend ist, dass das Geschehen im Zeitpunkt der Rede im öffentlichen Interesse steht.[10] Hat nur ein Teil der Rede tagesaktuellen Bezug, so darf auch nur dieser Teil genutzt werden.[11] „Reden über nicht tagesgebundene Themen, insbesondere Themen literarischer oder wissenschaftlicher Art, selbst wenn sie anlässlich eines Tagesereignisses gehalten werden", fallen nach der Gesetzesbegründung dagegen nicht unter § 48.[12] Reden über Tagesfragen in diesem Sinne sind außerdem nur solche Reden, die das aktuelle Tagesthema **in allgemein verständlicher Form** darbieten.[13] Nur für Reden mit einem derart beschränktem Inhalt besteht ein Bedürfnis der Öffentlichkeit nach rascher Unterrichtung, das die urheberrechtliche Freistellung rechtfertigen kann. Deshalb fallen Dichterlesungen[14] oder Vorträge (Sketche), die sich in humoristisch-satirischer Weise mit Tagesthemen befassen,[15] ebenso wenig unter § 48 wie wissenschaftliche oder akademische Referate,[16] Predigten[17] oder Laudationes für oder von Preisträger(n),[18] denen der tagesaktuelle Bezug fehlt.

b) Nur Reden, die bei **öffentlichen Versammlungen** gehalten oder öffentlich wiedergegeben 7 worden sind, dürfen gem. Abs. 1 Nr. 1 verwertet werden. Der Begriff der **Versammlung** geht weiter als der der „Verhandlung" in § 17 LUG; es kommt nicht mehr darauf an, dass an die Rede eine Aussprache oÄ anknüpft. Der Begriff der **Öffentlichkeit** ist enger als derjenige in § 15 Abs. 3. Hier genügt nicht schon das fehlende Band der Zusammengehörigkeit, um den Öffentlichkeitscharakter zu bejahen. Versammlungen iSv Abs. 1 Nr. 1 sind vielmehr nur dann öffentlich, wenn sie sich an die Allgemeinheit oder doch zumindest an einen breiten Personenkreis richten und für diesen auch zugänglich sind. Ist diese Zielrichtung gegeben, so schadet die zahlenmäßige Begrenzung durch die vorgegebene Größe des Versammlungsraumes[19] ebenso wenig wie das Verlangen von Eintrittsgeld[20] oder das Aussperren gewisser Publikumsschichten (zB Minderjähriger).[21] Typische Beispiele solcher öffentlicher Veranstaltungen sind politische Kundgebungen aller Art, an die Öffentlichkeit appellierende Veranstaltungen von Parteien, Gewerkschaften, Verbänden oder sonstigen Organisationen.[22] Nicht hierher gehören Veranstaltungen, die sich ihrer Zielrichtung nach an einen begrenzten Personenkreis richten (zB nur an Mitglieder eines Vereins oder an Aktionäre), auch wenn dieser Kreis zahlenmäßig sehr groß ist.[23]

c) Durften früher nur (sprachlich ungenau) „im Rundfunk gehaltene Reden" im Rahmen von 8 § 48 verwendet werden, so ist seit 2003 die Nutzung aller Reden zulässig, die iSv § 20 **gesendet** oder iSv § 19a **öffentlich zugänglich gemacht** worden sind. Unbeachtlich ist auch hier, ob die Rede vom Autor selbst oder einem Dritten gelesen wurde.[24] Als eigener Bestandteil eines Rundfunkprogramms konzipierte (und regelmäßig gegen Honorar überlassene) **Rundfunkkommentare** sind jedoch keine Reden in diesem Sinne; für sie gilt ausschließlich § 49.[25] Denn hier bedient sich nicht der Redner des Mediums Rundfunk, vielmehr dient der Redner dem Rundfunk.[26] Von § 48 erfasst werden dagegen Erklärungen von Politikern, die diese zu tagesaktuellen Ereignissen im Rundfunk abgeben, zB in Nachrichtensendungen, Talkshows usw.

3. Erlaubte Nutzungen

a) Die nach den obigen Darlegungen nutzbaren Reden dürfen nur in **Zeitungen, Zeitschriften** 9 sowie – seit 2003 – auch in **anderen Druckschriften** oder **sonstigen Datenträgern,** die im Wesentlichen Tagesinteressen Rechnung tragen, vervielfältigt und verbreitet werden. Der Begriff der **Zeitung** entspricht grundsätzlich dem in § 38,[27] umfasst aber darüber hinaus – ebenso wie in § 49[28] – auch sog. Publikumszeitschriften. Obwohl die Gesetzesbegründung im Rahmen von § 48 nur von

---

[9] BeckOK UrhR/*Engels* UrhG § 48 Rn. 7.

[10] Ebenso zum Begriff des Tagesereignisses iSv Art. 5 Abs. 3 lit. c InfoSoc-RL EuGH GRUR 2019, 940 Rn. 67 – Spiegel Online/Beck.

[11] Fromm/Nordemann/*Dustmann* UrhG § 48 Rn. 7; BeckOK UrhR/*Engels* UrhG § 48 Rn. 7; Wandtke/Bullinger/*Lüft* § 48 Rn. 2.

[12] AmtlBegr. BT-Drs. IV/270, 65; aA *v. Gamm* § 48 Rn. 4, der dies für zu eng hält.

[13] *Rehbinder* UFITA 48 (1966), 102 (112 f.); *Groß/Fuhr* ArchPR 1965, 573 (576); Dreier/Schulze/*Dreier* § 48 Rn. 5.

[14] *Rehbinder/Peukert* Rn. 500; Dreier/Schulze/*Dreier* § 48 Rn. 5.

[15] *v. Gamm* § 48 Rn. 5.

[16] *Ulmer* § 70 I 1.

[17] *Rehbinder/Peukert* Rn. 500; aA *v. Gamm* § 48 Rn. 5a.

[18] BeckOK UrhR/*Engels* UrhG § 48 Rn. 7; Wandtke/Bullinger/*Lüft* UrhG § 48 Rn. 3; *Ulmer* § 70 I 1.

[19] Wandtke/Bullinger/*Lüft* UrhG § 48 Rn. 3.

[20] *Ulmer* § 70 I 2.

[21] DKMH/*Dreyer* UrhG § 48 Rn. 8.

[22] Vgl. *v. Gamm* § 48 Rn. 5.

[23] Dreier/Schulze/*Dreier* § 48 Rn. 6; Wandtke/Bullinger/*Lüft* UrhG § 48 Rn. 3.

[24] → Rn. 5.

[25] *v. Gamm* § 48 Rn. 6; BeckOK UrhR/*Engels* UrhG § 48 Rn. 6; → § 49 Rn. 3.

[26] BeckOK UrhR/*Engels* UrhG § 48 Rn. 6.

[27] → § 38 Rn. 35.

[28] Vgl. → § 49 Rn. 10.

„zeitungsähnlichen Zeitschriften" spricht,[29] sind unter **Zeitschriften** iS dieser Bestimmung auch solche periodischen Publikumsorgane zu verstehen, die als **Fach**zeitschriften nur ein Fachgebiet behandeln,[30] sofern sie von Aktualität geprägt sind.[31] Anstelle der früher privilegierten „anderen Informationsblätter" sind nun die **anderen Druckschriften** getreten. Unverändert fallen hierunter „Nachrichtendienste, Korrespondenzen und dergl.",[32] also zB auch aktuelle Verbandsmitteilungen, Informationsdienste uÄ. Durften die Reden früher nur **in** den Informationsblättern nachgedruckt werden, weshalb Sonderdrucke, Beilagen uÄ nicht von § 48 privilegiert waren, wird man nach der Erweiterung auf „andere Druckschriften" davon ausgehen können, dass auch Sonderdrucke, Beilagen uÄ durch § 48 privilegiert sind.[33] Eine Beschränkung des Rechts auf Übernahme nur in den redaktionellen Teil findet im Gesetz keine Stütze mehr.[34] Seit 2003 ist ausdrücklich auch die Vervielfältigung und Verbreitung solcher Reden auf „sonstigen Datenträgern, dh insbesondere digitalen Offline-Medien (CD ROM etc.)", ohne Zustimmung zulässig.[35]

10   Voraussetzung für alle vier Kategorien (Zeitungen, Zeitschriften, andere Druckschriften und sonstige Datenträger) ist, dass sie im Wesentlichen den **Tagesinteressen Rechnung tragen.** Anders als nach § 49 genügt es hier, wenn das Medium „im Wesentlichen" Tagesinteressen dient. Ausgeschlossen sind danach zB Druckwerke oder Datenträger, die vorrangig Archivzwecken dienen.[36]

11   **b)** Zulässig sind die **Vervielfältigung** sowie die **Verbreitung** der betreffenden Datenträger. Als Unterfall des Verbreitens ist damit auch das **Verleihen** von Zeitungen, Zeitschriften und sonstigen Datenträgern erlaubt. Das ist vor dem Hintergrund des Unionsrechts problematisch.[37] Gemäß Art. 6 Abs. 1 Vermiet- und Verleih-RL dürfen die Mitgliedstaaten Ausnahmen vom ausschließlichen Verleihrecht des Urhebers im Hinblick auf das öffentliche Verleihwesen nur unter der Bedingung vorsehen, dass die Urheber eine **Vergütung für das Verleihen** erhalten. § 48 erlaubt die Verbreitung jedoch vergütungsfrei. Man wird die gesetzliche Vergütung für das Verleihen durch öffentliche Bibliotheken nach § 27 Abs. 2 daher auch in richtlinienkonformer Rechtsfortbildung auch auf die Fälle des § 48 erstrecken müssen.[38]

12   **c)** Die Beschränkung des Rechts der öffentlichen Wiedergabe durch Abs. 1 Nr. 1 letzter Hs. ermöglicht vor allem **Rundfunksendungen** gem. § 20, aber nun ausdrücklich auch die **öffentliche Zugänglichmachung** (§ 19a), also digitale Übermittlungen zB im Internet. Freigegebene Reden können danach in Wort (Hörfunk) und Bild (Fernsehen) durch Rundfunkanstalten (gleich welcher Organisationsform) gesendet werden. Bei einer Live-Sendung ergibt sich dies unmittelbar aus § 48. Soweit die Rede mitgeschnitten und zeitlich versetzt gesendet wird, ergibt sich dies – da das Vervielfältigungsrecht nach § 48 Abs. 1 Nr. 1 nur in Bezug auf körperliche Medien eingeschränkt ist – erst aus § 48 iVm § 55.[39] Für die öffentliche Zugänglichmachung wird man eine entsprechende Annexkompetenz zur Speicherung der Rede auf einem Server aber unmittelbar aus § 48 entnehmen müssen.[40] Zu beachten ist allerdings, dass der Veranstalter ggf. auf Grund seines **Hausrechts** die Aufnahme verbieten[41] oder sich der Vortragende auf sein Recht am eigenen Bild (§ 22 KUG) berufen kann, was allerdings im Hinblick auf die Einschränkungen zu Lasten von Bildnissen der Zeitgeschichte hier nur sehr bedingt möglich sein wird.[42]

III. Reden bei öffentlichen Verhandlungen (Abs. 1 Nr. 2)

13   Abweichend von Nr. 1 sind nach Nr. 2 **alle Reden**[43] frei, unabhängig von Inhalt und Aktualität. Anders als nach Nr. 1 fallen hier aber nur Reden bei **öffentlichen Verhandlungen** unter die Privilegierung. Verhandlungen sind – wie schon nach § 17 LUG – solche Veranstaltungen, in denen eine Aussprache im Anschluss an die Rede vorgesehen ist.[44] Ob diese Aussprache im Einzelfall tatsächlich erfolgt oder unterbleibt, ist unerheblich.[45]

---

[29] AmtlBegr. BT-Drs. IV/270, 65.
[30] *Ulmer* § 70 I 3; DKMH/*Dreyer* UrhG § 48 Rn. 10.
[31] Hierzu → Rn. 10.
[32] AmtlBegr. BT-Drs. IV/270, 65.
[33] Dreier/Schulze/*Dreier* § 48 Rn. 7; Wandtke/Bullinger/*Lüft* UrhG § 48 Rn. 4; BeckOK UrhR/*Engels* UrhG § 48 Rn. 8.
[34] BeckOK UrhR/*Engels* UrhG § 48 Rn. 8.
[35] AmtlBegr. BT-Drs. 15/38, 19.
[36] Dreier/Schulze/*Dreier* § 48 Rn. 7.
[37] Hierzu *Henke,* E-Books im Urheberrecht, 2018, S. 146 ff.
[38] So *Henke,* E-Books im Urheberrecht, 2018, S. 149.
[39] Ebenso Fromm/Nordemann/*Dustmann* UrhG § 48 Rn. 10; Dreier/Schulze/*Dreier* § 48 Rn. 7; Wandtke/Bullinger/*Lüft* UrhG § 48 Rn. 5.
[40] So im Ergebnis auch DKMH/*Dreyer* UrhG § 48 Rn. 17.
[41] Fromm/Nordemann/*Dustmann* UrhG § 48 Rn. 14. Zu einem absoluten Verwertungsverbot führt ein Verstoß gegen das Hausrecht jedoch nicht.
[42] Vgl. *Ulmer* § 70 II aE.
[43] Zum Begriff der Rede → Rn. 5.
[44] AmtlBegr. BT-Drs. IV/270, 65.
[45] Dreier/Schulze/*Dreier* § 48 Rn. 8.

1. Von Abs. 1 Nr. 2 erfasste Reden

Freigegeben sind Reden vor **staatlichen, kommunalen oder kirchlichen Organen.** Der Be- **14** griff des Organs bezieht sich hier nicht formaljuristisch auf die Vertretung einer juristischen Person, sondern umfasst sämtliche Dienststellen, vor denen öffentliche Verhandlungen stattfinden, sofern es sich um offizielle, rechtlich geregelte Einrichtungen handelt.[46] Nicht hierunter fallen daher gesetzlich nicht vorgesehene Einrichtungen wie zB Städtetag oder Katholikentag, auch wenn diese Einrichtungen politische Willensbildung beabsichtigen und gegebenenfalls Verhandlungen anberaumen; letztere können aber unter Nr. 1 fallen. Ebenso wenig fallen politische Parteien, privatrechtlich installierte Schiedsgerichte sowie berufsständische Organisationen (Industrie- und Handelskammern, Rechtsanwaltskammern usw) hierunter.[47] Staatliche Organe iSv Abs. 1 Nr. 2 sind zB Gerichte sowie Parlamente aller Art (Bundestag, Bundesrat, Landtage) einschließlich ihrer Kommissionen und Ausschüsse. Kommunale Organe sind etwa Stadtverordnetenversammlungen, Kreis- und Gemeinderäte. Kirchliche Organe sind zB Synode und Kirchenkonferenz der evangelischen Kirche,[48] Deutsche Bischofskonferenz und Diözesan-Synoden der katholischen Kirche.

Öffentlich ist eine Verhandlung, wenn nicht nur die an ihr Beteiligten, sondern auch beliebige **15** andere Personen teilnehmen können.[49]

2. Erlaubte Nutzungen

In Erweiterung von Nr. 1 dürfen Reden nach Nr. 2 nicht nur in Zeitungen uÄ, sondern in **Publi- 16 kationen aller Art** nachgedruckt werden, also auch in Büchern, Broschüren etc, sowie auf alle Arten **öffentlich wiedergegeben** werden. Neben Sendung (§ 20) und öffentlicher Zugänglichmachung (§ 19a) ist damit etwa auch das Recht umfasst, die Rede außerhalb des Vortragsraums mittels Bildschirm oder Lautsprecher (§ 19 Abs. 3) bzw. mittels Bild- oder Tonträger öffentlich wahrnehmbar zu machen (§ 21).

Im Hinblick auf eine Sendung durch **Rundfunkanstalten** ist allerdings das zwingende Verbot von **17** § 169 S. 2 GVG zu beachten, wonach Ton- und Filmaufnahmen bei Gerichtsverhandlungen grundsätzlich nicht zulässig sind.[50] Aus § 48 ergibt sich kein – etwa auf das Grundrecht der Pressefreiheit zu stützender – öffentlich-rechtlicher Anspruch auf Ton- oder Bildaufzeichnungen einer öffentlichen Verhandlung.[51] Der Text des Plädoyers etc darf zwar gem. § 48 im Wortlaut wiedergegeben werden, da jedoch Aufnahmen nach dem GVG verboten sind, bleibt nur die Möglichkeit des Mitstenografierens;[52] ebenso sind Zeichnungen im Gerichtssaal erlaubt.[53]

IV. Verbot der Aufnahme in eine Sammlung (Abs. 2)

Nach **Abs. 2** dürfen Reden nicht in eine **Sammlung** aufgenommen werden, die überwiegend **18** Reden desselben Urhebers enthält. Der Begriff **überwiegend** darf hier nicht mit „mehr als 50%" gleichgesetzt werden.[54] Der Gesetzgeber ging davon aus, dass Abs. 2 § 17 Abs. 2 LUG entspricht.[55] § 17 Abs. 2 LUG aber erlaubte keine Sammlungen, die „**der Hauptsache nach**" Reden desselben Urhebers enthielten. Auch nach dem geltenden Abs. 2 kann daher die Prüfung, ob eine Sammlung **überwiegend** Reden ein und desselben Autors enthält, nicht ausschließlich nach quantitativen Maßstäben erfolgen. Es ist vielmehr darauf abzustellen, ob die betreffende Sammlung das Hauptgewicht auf einen Autor legt.[56] So würde zB auch eine Sammlung, in der zu einem Drittel Reden eines Autors enthalten sind und der Rest sich auf Reden einer Unzahl von anderen Autoren aufteilt, gem. Abs. 2 nicht zulässig sein.[57] Deshalb wäre es auch unzulässig, in eine Sammlung alle (oder fast alle) Reden ein und desselben Urhebers aufzunehmen, auch wenn diese im Verhältnis zu den übrigen in der Sammlung enthaltenen Reden nur einen kleinen Teil ausmachen würden.[58] Nur eine solch enge Auslegung entspricht auch Art. 2bis Abs. 3 RBÜ.

---

[46] BeckOK UrhR/*Engels* UrhG § 48 Rn. 13.
[47] BeckOK UrhR/*Engels* UrhG § 48 Rn. 13.
[48] Vgl. Art. 22 Grundordnung der Evangelischen Kirche Deutschlands v. 13.7.1948.
[49] → Rn. 7; vgl. auch die gesetzlichen Bestimmungen über die Öffentlichkeit, zB § 169 GVG; § 52 ArbGG; § 69 PatG.
[50] *Rehbinder/Peukert* Rn. 502. Dieses Verbot verstößt nicht gegen die Rundfunkfreiheit in Art. 5 Abs. 1 S. 2 GG, BVerfG ZUM 1996, 234 (235).
[51] BVerwG NJW 1991, 118 (119).
[52] *Ulmer* § 70 II aE.
[53] MüKo ZPO/*Zimmermann* (5. Aufl. 2017) GVG § 169 Rn. 46.
[54] So aber *v. Gamm* § 48 Rn. 8 aE.
[55] AmtlBegr. BT-Drs. IV/270, 66.
[56] Ebenso Loewenheim/*Götting* § 31 Rn. 85; Fromm/Nordemann/*Dustmann* § 48 Rn. 12; Dreier/Schulze/ *Dreier* § 48 Rn. 10.
[57] Ebenso Wandtke/Bullinger/*Lüft* UrhG § 48 Rn. 7.
[58] Fromm/Nordemann/*Dustmann* UrhG § 49 Rn. 12.

V. Urheberpersönlichkeitsrecht

19   Bei Verwendung von Reden im Rahmen von § 48 ist das **Urheberpersönlichkeitsrecht** zu achten. Dies gilt insbesondere für das Änderungsverbot nach § 62; allerdings wird man davon ausgehen können, dass gem. § 62 Abs. 2 Reden im Rahmen von § 48 auch auszugsweise im Wortlaut wiedergegeben werden dürfen, wenn hierdurch der Sinn nicht verfälscht wird. Zu beachten ist weiterhin das Gebot der Quellenangabe nach § 63; der Redner hat also ein Recht auf Namensnennung.[59] Das **allgemeine Persönlichkeitsrecht** dagegen wird durch § 48 eingeschränkt.[60]

§ 49 Zeitungsartikel und Rundfunkkommentare

(1) [1]**Zulässig ist die Vervielfältigung und Verbreitung einzelner Rundfunkkommentare und einzelner Artikel sowie mit ihnen im Zusammenhang veröffentlichter Abbildungen aus Zeitungen und anderen lediglich Tagesinteressen dienenden Informationsblättern in anderen Zeitungen und Informationsblättern dieser Art sowie die öffentliche Wiedergabe solcher Kommentare, Artikel und Abbildungen, wenn sie politische, wirtschaftliche oder religiöse Tagesfragen betreffen und nicht mit einem Vorbehalt der Rechte versehen sind.** [2]**Für die Vervielfältigung, Verbreitung und öffentliche Wiedergabe ist dem Urheber eine angemessene Vergütung zu zahlen, es sei denn, daß es sich um eine Vervielfältigung, Verbreitung oder öffentliche Wiedergabe kurzer Auszüge aus mehreren Kommentaren oder Artikeln in Form einer Übersicht handelt.** [3]**Der Anspruch kann nur durch eine Verwertungsgesellschaft geltend gemacht werden.**

(2) **Unbeschränkt zulässig ist die Vervielfältigung, Verbreitung und öffentliche Wiedergabe von vermischten Nachrichten tatsächlichen Inhalts und von Tagesneuigkeiten, die durch Presse oder Funk veröffentlicht worden sind; ein durch andere gesetzliche Vorschriften gewährter Schutz bleibt unberührt.**

Schrifttum: *Berger,* Elektronische Pressespiegel und Informationsrichtlinie, CR 2004, 360; *Czychowski,* Karlsruhe locuta, causa finita: Elektronische Pressespiegel nunmehr erlaubt?, NJW 2003, 118; *Dreier,* Anmerkung zum BGH-Urteil „Elektronischer Pressespiegel", JZ 2003, 477; *Flechsig,* Pressespiegelfreiheit in der Wissensgesellschaft, FS Raue, 2006, S. 415; *ders.,* Governance of Knowledge und Freiheiten selektiver Informationsbeschaffung, GRUR 2006, 888; *Geiger,* Die Vereinbarkeit einer Privilegierung von kommerziellen Pressespiegeln mit europarechtlichen Vorgaben, KUR 2004, 70; *ders.,* Die „Elektronische Pressespiegel"-Entscheidung des schweizerischen Bundesgerichts: eine willkommene Anpassung des Urheberrechts an die Bedürfnisse der Informationsgesellschaft, ZUM 2009, 49; *Glas,* Die urheberrechtliche Zulässigkeit elektronischer Pressespiegel, 2008; *Haupt,* Der Vorschlag der FIBEP für eine Neufassung von § 49, KUR 2004, 42; *ders.,* Elektronische Pressespiegel aus der Sicht des urheberrechtlichen Konventionsrechts, GRUR-Int 2004, 739; *Hilty,* Elektronische Pressespiegel: „iura novit curia?" sic!, 3/2003; *Hoeren,* Pressespiegelschranken im Urheberrecht – eine Anfrage an die Informationsfreiheit, FS Druey (2002), S. 773; *ders.,* Die Schranken des Urheberrechts in Deutschland, in *Hilty/Geiger* (Hrsg.), Impulse für eine europäische Harmonisierung des Urheberrechts, 2007, S. 265; *Katzenberger,* Elektronische Printmedien und Urheberrecht, 1996; *ders.,* Elektronische Pressespiegel aus der Sicht des urheberrechtlichen Konventionsrechts, GRUR-Int 2004, 739; *Lehmann/Katzenberger,* Elektronische Pressespiegel und Urheberrecht, 1999; *Loewenheim,* Urheberrechtliche Grenzen der Verwendung geschützter Dokumente in Datenbanken, 1994, S. 72 ff.; *Niemann,* Schrankenlose Bildersuche? – Zur entsprechenden Anwendung von § 49 auf Bildersuchmaschinen, CR 2009, 97; *Oekonomidis,* Die Zitierfreiheit im Recht Deutschlands, Frankreichs, Großbritanniens und der Vereinigten Staaten, 1970, S. 114 ff.; *Prantl,* Die journalistische Information zwischen Ausschlußrecht und Gemeinfreiheit, 1983; *Rath-Glawatz,* Das Angebot elektronischer Pressespiegel durch „Ausschnittdienste", FS Damm (2005), S. 108; *Rogge,* Elektronische Pressespiegel in urheber- und wettbewerbsrechtlicher Beurteilung, 2001; *Spindler,* Die Archivierung elektronischer Pressespiegel, AfP 2006, 408; *Vogtmeier,* Elektronischer Pressespiegel in der Informationsgesellschaft, 2004; *dies.,* Elektronischer Pressespiegel im 2. Korb, MMR 2004, 658.

Übersicht

---

[59] *Rehbinder/Peukert* Rn. 503.
[60] OLG Celle Schulze OLGZ 282, 4 mit Anm. *Ridder.*

I. Allgemeines

1. Zweck und Bedeutung der Vorschrift

Die Bestimmung beschränkt im Interesse der Allgemeinheit, insbesondere der **Informations- und 1 Meinungsfreiheit,** das ausschließliche Vervielfältigungs- und Verbreitungsrecht (§§ 16, 17) sowie das Recht zur öffentlichen Wiedergabe (§ 15 Abs. 2) von Rundfunkkommentaren und Zeitungsartikeln. Der Gesetzgeber ging davon aus, dass es „für die Meinungsbildung der Öffentlichkeit über die bezeichneten Tagesfragen … von erheblicher Bedeutung" sei, dass „andere Blätter bereits erschienene Artikel, soweit sie solche Tagesfragen betreffen, aufgreifen können, um die darin vertretene Stellungnahme zu erörtern, sie zu unterstützen oder zu bekämpfen"; außerdem liege eine solche Weiterverbreitung „regelmäßig im Interesse der Zeitung selbst".[1] Auch die Einbeziehung von Informationsblättern in die Regelung hat der Gesetzgeber damit gerechtfertigt, dass diese „gleichfalls der schnellen Unterrichtung der Öffentlichkeit" dienten.[2] Es geht bei § 49 daher weniger um den individuellen Schutz der Presseorgane,[3] sondern um die in der Meinungs- und Informationsfreiheit zum Ausdruck kommende objektive Wertentscheidung zugunsten **freier individueller und öffentlicher Meinungsbildung.**[4] Der Schrankengebrauch ist gemäß Abs. 1 S. 2 vergütungspflichtig; lediglich in Bezug auf Presseübersichten und vermischte Nachrichten (Abs. 2) ist auch der Vergütungsanspruch des Urhebers aufgehoben.

2. Entstehungsgeschichte

Die Vorschrift wurde im Wesentlichen **aus §§ 18 und 26 LUG übernommen.** Eine wichtige 2 Erweiterung stellt die Gleichsetzung von Presseartikeln und Rundfunkkommentaren dar. Zwar konnten auch nach altem Recht Zeitungsartikel im Rundfunk gesendet werden, obwohl die Funksendung in § 26 LUG nicht erwähnt war; umgekehrt aber durften Rundfunkkommentare nicht in Zeitungen nachgedruckt werden.[5] Davon ging auch der ursprüngliche Entwurf zum UrhG von 1965 noch aus. Auf Vorschlag des Rechtsausschusses[6] kam es aber zur sachlich gerechtfertigten Gleichbehandlung von Presse und Rundfunk in § 49. Ebenfalls durch den Rechtsausschuss wurde die Vergütungspflicht in Abs. 1 S. 2 eingeführt.

Mit der **Novelle 1985** wurde für den Vergütungsanspruch die Verwertungsgesellschaftenpflichtig- 3 keit eingeführt (Abs. 1 S. 3). Diese Maßnahme sollte die Durchsetzbarkeit des Vergütungsanspruchs durch die Vermutung der Aktivlegitimation gem. § 13b Abs. 1 WahrnG aF (jetzt § 48 Abs. 1 VGG) erleichtern.[7] Der Gesetzgeber entsprach damit den Bedürfnissen der Praxis und auch der schon bisher erfolgten tatsächlichen Handhabung.[8]

Das Pressespiegelprivileg wurde mit dem **„2. Korb" 2008** dahingehend erweitert, dass auch Ab- 4 bildungen in diesem Rahmen zustimmungsfrei übernommen werden dürfen. Für eine Übernahme der Entscheidung des BGH zum elektronischen Pressespiegel[9] in den Gesetzestext sah der Gesetzgeber keine Veranlassung, da mit dieser Entscheidung „keine Regelungslücke in richterlicher Rechtsfortbildung gefüllt worden war, sondern lediglich im Wege der Auslegung entschieden wurde, dass auch elektronisch übermittelte Pressespiegel unter den vom Gericht spezifizierten Voraussetzungen unter § 49 zu subsumieren sind".[10] Eine Erweiterung des Pressespiegelprivilegs auf kommer-

[1] AmtlBegr. BT-Drs. IV/270, 66.
[2] AmtlBegr. BT-Drs. IV/270, 66.
[3] So aber *Soehring*/Hoene § 3 Rn. 22.
[4] *Stieper* S. 51 f. mwN.
[5] HM zu § 18 LUG, vgl. zB *Voigtländer/Elster/Kleine* LUG § 18 Anm. 6. RGZ 128, 330 (335) betrachtete den Nachdruck einer Rundfunksendung in der Presse nur deshalb als zulässig, weil es sich hier um eine urheberrechtlich nicht geschützte „Nachricht tatsächlichen Inhalts" gehandelt hatte.
[6] UFITA 46 (1966), 174 (185).
[7] AmtlBegr. BT-Drs. 10/837, 14; → Rn. 25 ff.
[8] *Möller* S. 50.
[9] → Rn. 18 f.
[10] AmtlBegr. BT-Drs. 16/1828, 21.

zielle Diensteanbieter wurde dagegen abgelehnt, weil dies die Grenzen des Dreistufentests sprengen würde.[11]

3. Konventions- und unionsrechtlicher Rahmen

5   Unionsrechtliche Grundlage der Vorschrift ist **Art. 5 Abs. 3 lit. c InfoSoc-RL**. Diese Regelung wurde ihrerseits der konventionsrechtlichen Vorgabe in **Art. 10bis Abs. 1 RBÜ** nachgebildet, bezüglich der Presseübersichten (Abs. 1 S. 2 letzter Hs.) beruhen die Einschränkungen der ausschließlichen Verwertungsrechte in § 49 auf **Art. 10 Abs. 1 RBÜ**.[12] Da sowohl Art. 5 Abs. 3 lit. c InfoSoc-RL als auch dessen Grundlage in Art. 10bis Abs. 1 RBÜ nur die Vervielfältigung „durch die Presse" erlauben, ist die Vereinbarkeit von § 49 mit diesen Vorgaben vor allem im Hinblick auf elektronische Pressespiegel umstritten.[13] Die Begründung zum Gesetz zur Regelung des Urheberrechts in der Informationsgesellschaft von 2002 geht dagegen davon aus, dass die InfoSoc-RL eine „Kann-Vorschrift ... zum elektronischen Pressespiegel" enthält.[14] Strittig ist auch, ob § 49 Abs. 2 durch **Art. 2 Abs. 8 RBÜ** gedeckt ist.[15]

II. Schranke für Rundfunkkommentare und Artikel in Zeitungen und sonstigen Informationsblättern (Abs. 1)

1. Voraussetzungen hinsichtlich des übernommenen Werkes

6   **a)** Zu den von der Privilegierung in Abs. 1 erfassten Werken gehören zunächst **Rundfunkkommentare**. Hierunter sind verlesene oder gesprochene Sprachwerke zu verstehen, die iSv § 20 gesendet werden. Nicht erfasst sind nach dem eindeutigen Wortlaut Werke, die der Öffentlichkeit online zugänglich gemacht werden.[16] Ob das Werk von einem oder mehreren Urhebern verfasst worden ist, ist unerheblich.[17] Umstritten ist aber, ob der Begriff des „Kommentars" eine Beschränkung auf solche Werke erfordert, die sich als Meinungsäußerung **einer einzelnen Person** darstellen[18] bzw. als Vorträge oder Reden einzustufen sind.[19] Danach wären **Diskussionsbeiträge, Interviews, Rundgespräche oder Talkshows** nicht von der Privilegierung erfasst.[20] Nach der Gegenauffassung ist der **kommentierende Inhalt**, nicht die Form der Äußerung entscheidend.[21] Für Letzteres spricht, dass gerade im Rundfunk die wichtigsten Kommentare oder Statements oft in Interviewform abgegeben werden. Es ist nicht einsehbar, dass der Kommentar eines Interviewten nur deshalb nicht unter die Privilegierung fallen soll, weil er danach gefragt worden ist. Auch der Zweck von § 49, die Meinungsbildung der Öffentlichkeit zu fördern, spricht gegen eine solche enge Auslegung.[22] Das Rundfunkmedium drängt geradezu dazu, die Öffentlichkeit interessierende Darlegungen und Kommentare nicht nur in „trockenen" Monologen zu verbreiten, sondern in Form von Interviews, Talkshows uÄ; auch die in solchem Rahmen gemachten Darlegungen müssen daher im Interesse der Informationsfreiheit unter den Voraussetzungen von § 49 wiedergegeben werden können.[23] Dieses Ergebnis deckt sich auch mit Art. 10bis Abs. 1 RBÜ, der unabhängig von der Form der Äußerung alle im Rundfunk gesendeten Werke über Tagesfragen wirtschaftlicher, politischer oder religiöser Natur erfasst.

7   **b)** Weiter dürfen übernommen werden **Artikel** sowie mit ihnen im Zusammenhang veröffentlichte **Abbildungen aus Zeitungen und anderen lediglich Tagesinteressen dienenden Informationsblättern**. Mit dieser Formulierung entfernt sich der Gesetzgeber – in Anlehnung an die Formulierungen von § 18 LUG und Art. 10bis Abs. 1 RBÜ – von der üblichen Terminologie des UrhG.

---

[11] AmtlBegr. BT-Drs. 16/1828, 21; *Flechsig* GRUR 2006, 888 (893).
[12] Vgl. aber *Katzenberger* GRUR-Int 2004, 789 (743); *Hoeren* FS Druey (2002), 773 (783 f.), die zu Unrecht von einem historischen Begriff der „Presse" in Art. 10 RBÜ ausgehen und darunter nur Zeitungen bzw. Zeitschriften subsumieren wollen, nicht aber typische Pressespiegel; hierzu → Rn. 16.
[13] Hierzu → Rn. 16 und 39; BGH ZUM 2002, 740 (744) – Elektronische Pressespiegel mwN; ganz hM: Wandtke/Bullinger/*Lüft* UrhG § 49 Rn. 2; Dreier/Schulze/*Dreier* § 49 Rn. 3; *Schuppan* ZUM 2001, 116 (122); *Bayreuther* ZUM 2001, 828 (835); *Flechsig* ZUM 2002, 1 (11); *Dreier* ZUM 2002, 28 (35); *Vogtmeier* S. 284 f.; Walter/*Walter*, Europäisches Urheberrecht, InfoSoc-RL Rn. 126; aA *Spindler* GRUR 2002, 105 (114); *Waldenberger* MMR 2002, 743 f.; Löffler/*Berger* BT UrhR Rn. 153, 155.
[14] AmtlBegr. BT-Drs. 15/38, 15.
[15] Hierzu → Rn. 35.
[16] *Dreier* in Schricker, Informationsgesellschaft S. 158; Dreier/Schulze/*Dreier* § 49 Rn. 5; Fromm/Nordemann/*Nordemann-Schiffel* UrhG § 49 Rn. 4; Wandtke/Bullinger/*Lüft* UrhG § 49 Rn. 4.
[17] So auch Dreier/Schulze/*Dreier* § 49 Rn. 5; BeckOK UrhR/*Engels* UrhG § 49 Rn. 7; Fromm/Nordemann/*Nordemann-Schiffel* UrhG § 49 Rn. 4.
[18] So DKMH/*Dreyer* § 49 Rn. 7.
[19] So BeckOK UrhR/*Engels* UrhG § 49 Rn. 7.
[20] DKMH/*Dreyer* UrhG § 49 Rn. 7; BeckOK UrhR/*Engels* UrhG § 49 Rn. 7.
[21] So Fromm/Nordemann/*Nordemann-Schiffel* UrhG § 49 Rn. 4; ebenso im Ausgangspunkt – wenngleich mit anderem Ergebnis – auch DKMH/*Dreyer* UrhG § 49 Rn. 7.
[22] → Rn. 1.
[23] Ebenso im Ergebnis Loewenheim/*Götting* § 31 Rn. 94; Wandtke/Bullinger/*Lüft* UrhG § 49 Rn. 4; Fromm/Nordemann/*Nordemann-Schiffel* UrhG § 49 Rn. 4; Dreier/Schulze/*Dreier* § 49 Rn. 5.

aa) Artikel sind alle den Inhalt eines publizistischen Erzeugnisses bildenden eigenständigen Aus- **8** führungen, die den Umfang einer bloßen Tatsachenübermittlung übersteigen.[24] In § 18 LUG wurde noch unterschieden zwischen „Artikeln" und „Ausarbeitungen wissenschaftlichen, technischen oder unterhaltenden Inhalts", wobei für letzere die Freigabe nicht galt. Diese Unterscheidung ist in § 49 weggefallen, so dass jetzt alle Darlegungen, gleich welcher Darstellungsform, als „Artikel" anzusehen sind.[25] Dabei ist unerheblich, an welcher Stelle der Zeitung der Artikel erscheint; auch im Inseratenteil kann sich ein solcher Artikel finden.[26] Ebenso wenig kommt es auf die Form an; deshalb können auch **Gedichte** Artikel im Sinne dieser Bestimmung sein[27] – allerdings werden Gedichte nur in den seltensten Fällen den für die Privilegierung nach § 49 vorgeschriebenen Inhalt haben. Auch **Interviews** uÄ fallen unter den weiten Begriff „Artikel", auch wenn hier nicht ein Einzelautor, sondern idR Interviewer und Interviewter als Miturheber in Erscheinung treten.[28]

bb) Bis 2007 durften nur Artikel, also Sprachwerke iSd § 2 Abs. 1 Nr. 1, im Rahmen von § 49 be- **9** nutzt werden, was in Hinblick auf die immer größere Bedeutung von **Abbildungen** in der Presse als unzeitgemäß angesehen wurde.[29] Seit Inkrafttreten des 2. Korbes dürfen nun auch „im Zusammenhang" mit Artikeln veröffentlichte „Abbildungen" genutzt werden. Es fallen hierunter „Abbildungen jeglicher Art, insbesondere Lichtbilder und Lichtbildwerke sowie Darstellungen wissenschaftlicher oder technischer Art".[30] Der im Gesetz formulierte „Zusammenhang" mit den genutzten Artikeln darf nicht zu eng interpretiert werden. So muss die Abbildung insbesondere nicht in einen Artikel integriert sein. Es sollte genügen, wenn zB eine Wirtschaftsgrafik oder eine politische Karikatur im Zusammenhang mit Themen steht, die in derselben Ausgabe der Zeitung behandelt werden.[31] Nur die (nicht zwingend erste[32]) Veröffentlichung der Abbildung muss im Zusammenhang mit Artikeln erfolgt sein; eine Nutzung der Abbildung im Zusammenhang mit den betreffenden Artikeln ist nicht erforderlich.

cc) Nur Artikel und Abbildungen aus **Zeitungen** dürfen übernommen werden. Dagegen sind Ar- **10** tikel aus Zeitschriften bewusst ausgeklammert worden.[33] Die Begriffe der Zeitung wie der Zeitschrift werden im UrhG allerdings nicht definiert und auch nicht einheitlich verwendet.[34] Beide Begriffe sind deshalb nach Sinn und Zweck der Vorschrift auszulegen. Problematisch ist im Rahmen des § 49 vor allem die Einordnung von **wöchentlich oder monatlich erscheinenden Publikumszeitschriften, Illustrierten ua,** die einerseits nur begrenzt aktuell sind, aber andererseits universellen Inhalt haben (zB Der Spiegel, Focus, WirtschaftsWoche, Die Zeit). Wenn man zwischen Zeitungen im engen Sinne (dh Tageszeitungen) einerseits und Zeitschriften im engen Sinne (dh wissenschaftlichen und Fachzeitschriften) andererseits unterscheidet, stehen diese Periodika den Zeitungen wesentlich näher, da wichtigste Kennzeichen für Zeitungen deren universeller und aktueller Inhalt sowie das periodische Erscheinen sind.[35] Entscheidend aber ist, dass solche „Wochenzeitungen" ganz überwiegend aktuelle Artikel zu den in § 49 aufgezählten Themen enthalten, deren Weiterverbreitung der Gesetzgeber ausdrücklich für wünschenswert hielt.[36] Nach § 49 dürfen Artikel und Abbildungen daher nicht nur aus Zeitungen im engeren Sinn, also Tageszeitungen, sondern auch aus Publikumszeitschriften, wie zB wöchentlich erscheinenden Illustrierten oder sog. Nachrichtenmagazinen entnommen werden, wenn diese nach ihrem Gesamtcharakter im Wesentlichen lediglich der aktuellen Information dienen.[37] Reine Fachzeitschriften und andere Magazine, die nicht in erster Linie über aktuelle Tagesereignisse informieren, werden dagegen nicht von der Privilegierung erfasst.

In Erweiterung von § 18 LUG sind andere **lediglich Tagesinteressen dienende Informations-** **11** **blätter** den Zeitungen gleichgestellt, weil sie „gleichfalls der schnellen Unterrichtung der Öffentlich-

---

[24] BeckOK UrhR/*Engels* UrhG § 49 Rn. 8; Wandtke/Bullinger/*Lüft* UrhG § 49 Rn. 5.
[25] Ebenso Dreier/Schulze/*Dreier* § 49 Rn. 6; Fromm/Nordemann/*Nordemann-Schiffel* UrhG § 49 Rn. 5.
[26] *Allfeld* LUG § 18 Anm. 3; BeckOK UrhR/*Engels* UrhG § 49 Rn. 8; Wandtke/Bullinger/*Lüft* UrhG § 49 Rn. 5.
[27] BeckOK UrhR/*Engels* UrhG § 49 Rn. 8; Fromm/Nordemann/*Nordemann-Schiffel* UrhG § 49 Rn. 5; Dreier/Schulze/*Dreier* § 49 Rn. 6; aA DKMH/*Dreyer* UrhG § 49 Rn. 8.
[28] Loewenheim/*Götting* § 31 Rn. 94; → Rn. 6.
[29] Vgl. Schricker/*Melichar* (3. Aufl.) § 49 Rn. 4 aE.
[30] AmtlBegr. BT-Drs. 16/1828, 25.
[31] BeckOK UrhR/*Engels* UrhG § 49 Rn. 9.
[32] DKMH/*Dreyer* UrhG § 49 Rn. 9.
[33] AmtlBegr. BT-Drs. IV/270, 66; kritisch zu dieser Differenzierung Schricker/Loewenheim/*Melichar* (5. Aufl.) § 49 Rn. 8.
[34] Vgl. → § 38 Rn. 35 ff.
[35] *Melichar* ZUM 1988, 14 (15); *Rehbinder* UFITA 48 (1966), 102 (103 f.) mwN.
[36] AmtlBegr. BT-Drs. IV/270, 66.
[37] Heute ganz hM, s. BGH GRUR 2005, 670 (671 f.) – Wirtschaftswoche; KG ZUM 2011, 661 (662 f.); Loewenheim/*Götting* § 31 Rn. 95; Dreier/Schulze/*Dreier* § 49 Rn. 7; BeckOK UrhR/*Engels* UrhG § 49 Rn. 10; DKMH/*Dreyer* UrhG § 49 Rn. 11; Fromm/Nordemann/*Nordemann-Schiffel* UrhG § 49 Rn. 6; *Eknutt* GRUR 1975, 358 (360); *Fischer* ZUM 1995, 117 (118); *Melichar* ZUM 1988, 14 (16 f.); *Rogge* S. 183 ff.; *Vogtmeier* S. 108 f.; aA OLG München ZUM 2000, 243 (246 f.); KG GRUR-RR 2004, 228 (233) – Ausschnittdienst; *Wild* AfP 1989, 701 (703 f.); Lehmann/*Katzenberger* S. 5 ff.; Löffler/*Berger* BT UrhR Rn. 154; *Berger/Degenhart* AfP 2002, 557 (572 f.).

keit dienen".[38] Wie in § 48 aF sind darunter „Nachrichtendienste, Korrespondenzen und dergl." zu verstehen.[39] Der klare Gesetzeswortlaut lässt dabei allerdings keine andere Auslegung zu, als dass das Informationsblatt iSd § 49 – insoweit anders als nach § 48 – **ausschließlich** Tagesinteressen dienen darf, obwohl in der Gesetzesbegründung[40] wohl versehentlich von Informationsblättern, „die im wesentlichen Tagesinteressen Rechnung tragen" gesprochen wird.[41] Auch wenn § 49 dies nicht ausdrücklich verlangt, müssen sich die Informationsblätter ebenso wie Zeitungen an die Öffentlichkeit wenden, dh die in ihnen enthaltenen Werke müssen **erschienen iSd § 6 Abs. 2** sein. Die bloße Veröffentlichung iSd § 6 Abs. 1 reicht nicht aus.[42] Dafür spricht schon der Wortlaut, der mit „Zeitungen" und „Blättern" nur Printmedien anführt.[43] Auch der Gesetzgeber ging davon aus, dass die Artikel, die im Rahmen von § 49 nachgedruckt werden dürfen, erschienen sein müssen.[44] Dies entspricht dem herkömmlichen konventionsrechtlichen Verständnis der „Veröffentlichung" iSv Art. 3 Abs. 3 RBÜ, auf den Art. 10bis Abs. 1 RBÜ und daran anknüpfend auch Art. 5 Abs. 3 lit. c InfoSoc-RL abstellen.[45] Inwieweit **online verfügbare Nachrichtendienste** als „Informationsblätter" iSd Vorschrift angesehen werden können, hängt daher maßgeblich davon ab, ob man das Online-Angebot eines Vervielfältigungsstücks zum Abruf durch die Allgemeinheit für ein Erscheinen iSv § 6 Abs. 2 bzw. für eine Veröffentlichung iSv Art. 3 Abs. 3 RBÜ ausreichen lässt.[46] Für eine Ausdehnung der Privilegierung auf Online-Medien spricht, dass auch Rundfunkkommentare unabhängig von einem Erscheinen erfasst werden und angesichts der Konvergenz von Rundfunk und Presse im Internet ein sachlicher Grund für eine Differenzierung kaum mehr ersichtlich ist.[47] So erfasst der Begriff des „Presseerzeugnisses" in § 87f Abs. 1 unstreitig auch Online-Publikationen.[48]

12   c) Artikel wie Rundfunkkommentare dürfen im Rahmen von § 49 nur verwendet werden, wenn ihr Inhalt **„politische, wirtschaftliche oder religiöse Tagesfragen"** betrifft. Durch diese Einschränkung wird klargestellt, dass Artikel mit wissenschaftlichem, technischem, kulturellem[49] oder auch nur unterhaltendem Inhalt nicht von § 49 umfasst sind. Hier gibt es in der Praxis freilich oft Überschneidungen. Daher muss es genügen, wenn der Artikel **auch** den privilegierten politischen, wirtschaftlichen oder religiösen Inhalt hat.[50] Diese weite Auslegung entspricht der Gesetzesbegründung, denn § 49 bezweckt gerade die erleichterte Information für die Allgemeinheit und damit auch bessere Diskussionsmöglichkeiten und -grundlagen.[51] Danach kann zB auch ein Bericht über Profisport unter § 49 subsumiert werden, da er wirtschaftliche Fragen mitumfasst.

13   Der Inhalt muss sich aber auf **Tagesfragen** beziehen. Entscheidend hierfür ist die Aktualität zum Zeitpunkt des Nachdrucks bzw. der öffentlichen Wiedergabe des betreffenden Artikels und nicht etwa der Zeitpunkt der Originalveröffentlichung.[52] Die Ereignisse, auf die sich der betreffende Artikel bezieht, müssen zum Zeitpunkt der Verwendung nach § 49 jüngst stattgefunden haben.[53] So darf zB ein Jubiläum nicht zum Anlass genommen werden, um **jetzt** einen **damals** erschienenen Originalkommentar zu dem gefeierten Ereignis im Rahmen von § 49 zu verwenden.

14   d) Es dürfen zudem nur **einzelne** Kommentare oder Artikel verwendet werden. Mit dieser schon in § 18 LUG enthaltenen Beschränkung sollte die Existenz einer großen Anzahl von Zeitungen, die lediglich vom vollständigen oder fast vollständigen Nachdruck anderer Blätter lebten, unterbunden werden.[54] Nach allgemeinem Sprachgebrauch im Urheberrecht bedeutet „einzelne" nur einige weni-

---

[38] AmtlBegr. BT-Drs. IV/270, 66.

[39] Dazu → § 48 Rn. 9; ebenso Fromm/Nordemann/*Nordemann-Schiffel* UrhG § 49 Rn. 6.

[40] AmtlBegr. BT-Drs. IV/270, 66.

[41] Ebenso Fromm/Nordemann/*Nordemann-Schiffel* UrhG § 49 Rn. 6; *Ulmer* § 71 I; BeckOK UrhR/*Engels* UrhG § 49 Rn. 12 hält „ganz vereinzelte Ausreißer" für unschädlich.

[42] Wandtke/Bullinger/*Lüft* UrhG § 49 Rn. 7; aA *v. Gamm* § 49 Rn. 4; Dreier/Schulze/*Dreier* § 49 Rn. 7.

[43] Ebenso BeckOK UrhR/*Engels* UrhG § 49 Rn. 10.1.

[44] Vgl. AmtlBegr. BT-Drs. IV/270, 66.

[45] Vgl. Walter/*v. Lewinski*/*Walter* Rn. 11.5.55.

[46] Dazu → § 6 Rn. 53 ff.; Dreier/Hugenholtz/*Senftleben*, Concise European Copyright Law (2006), WCT Art. 3 Anm. 4.

[47] Für eine analoge Anwendung von § 49 insoweit Dreier/Schulze/*Dreier* § 49 Rn. 7; Wandtke/Bullinger/*Lüft* UrhG § 49 Rn. 8; Fromm/Nordemann/*Nordemann-Schiffel* UrhG § 49 Rn. 6; beschränkt auf Online-Angebote der Zeitungsverlage und Rundfunkanstalten auch Hoeren/Sieber/Holznagel/*Raue/Hegemann* Teil 7.3 Rn. 64; ebenso zu Art. 10bis Abs. 1 RBÜ *v. Lewinski*, International Copyright Law and Policy (2008), Rn. 5.159 unter Hinweis auf den technikneutralen Begriff „journeaux" in der maßgeblichen französischen Textfassung.

[48] → § 87f Rn. 16 f.

[49] Für eine Erweiterung auf kulturelle Tagesfragen *Flechsig* GRUR 2006, 888 (893).

[50] Ebenso BeckOK UrhR/*Engels* UrhG § 49 Rn. 13; Dreier/Schulze/*Dreier* § 49 Rn. 8; DKMH/*Dreyer* § 49 Rn. 18; *v. Gamm* Rn. 3; *Ekrutt* GRUR 1975, 358 (361); *Fischer* ZUM 1995, 117 (118); aA *Hoeren* in Lehmann [Hrsg.] Multimediarecht S. 98, für den es „entscheidend auf die Schwerpunkte des Textes" ankommt; ähnlich *Wild* AfP 1989, 701 (705).

[51] Ähnl. *v. Gamm* § 49 Rn. 3.

[52] KG ZUM 2011, 661 (662) – Editorial; *Soehring*/Hoene § 3 Rn. 19; Dreier/Schulze/*Dreier* § 49 Rn. 8.

[53] Vgl. → § 48 Rn. 6; ebenso OLG Stuttgart AfP 1986, 71 zum Begriff des Tagesereignisses in § 50; Dreier/Schulze/*Dreier* § 49 Rn. 8 fordert einen „zeitlich engen Bezug"; vgl. auch für Österreich OGH MR 1997, 320 f., der das „Vorliegen eines tagesaktuellen Vorganges" fordert.

[54] *Ekrutt* GRUR 1975, 358 (359).

ge,[55] wobei sich diese Einschränkung hier auf die Zeitung bzw. Sendung, aus der entnommen wird, bezieht.[56] Bei der Abgrenzung dieser Zahl wird es immer auf die Umstände des Einzelfalles ankommen.[57] Eine starre Obergrenze kann nicht angenommen werden.[58]

2. Voraussetzungen für eine zulässige Übernahme

a) Artikel oder Kommentare der oben dargelegten Art dürfen nur **„in Zeitungen und anderen** 15 **Informationsblättern dieser Art"** vervielfältigt und verbreitet werden. Während sich der Umfang der **Zeitungen,** in denen vervielfältigt werden darf, nach einhelliger Auffassung mit demjenigen deckt, aus dem Artikel und Abbildungen entnommen werden dürfen,[59] ist dies für den Begriff des **Informationsblattes** umstritten. Von Relevanz ist diese Frage für allem für **Pressespiegel, Presseschauen uÄ,** die von Behörden, politischen Parteien, Unternehmen, Verbänden usw zur aktuellen Unterrichtung ihrer Mitglieder oder Angestellten hergestellt werden und ausschließlich oder überwiegend aus aneinandergereihten Kopien von Presseartikeln bestehen. Zum Teil werden solche Pressespiegel generell **nicht als Informationsblätter iSv § 49** angesehen.[60] Zur Begründung wird angeführt, dass die Vorschrift eine „wechselseitige Privilegierung von Presseunternehmen" bedeute, Pressespiegel selbst aber keine entnahmefähigen Inhalte bereit stellten.[61] Danach dürfen sich nur solche Blätter auf die Privilegierung von § 49 berufen, die sich ihrerseits „eigenständig mit Tagesthemen beschäftigen", also „auch eigene Artikel enthalten".[62] Außerdem erlaube der Wortlaut von Art. 5 Abs. 3 lit. c InfoSoc-RL nur Vervielfältigungen „durch die Presse", wofür der in Art. 10bis Abs. 1 RBÜ enthaltene konventionsrechtliche Pressebegriff maßgeblich sei.[63]

Dem ist **nicht zu folgen.** Auch die bloße Informationsweitergabe dient dem von der Regelung 16 im Interesse der Informationsfreiheit verfolgten Zweck, die Meinungsbildung der Öffentlichkeit zu fördern. Dieses Informationsbedürfnis erfüllen Pressespiegel auch ohne eigenen redaktionellen Teil in hohem Maße.[64] Das Konventionsrecht steht dieser Lesart nicht entgegen, da der Begriff der Presse iSv Art. 10bis Abs. 1 RBÜ mangels näherer Definition der Konkretisierung durch die Verbandsstaaten überlassen ist.[65] Nach ganz hM sind daher Pressespiegel, die nur betriebs- oder behördenintern verbreitet werden, als „Informationsblätter" ebenfalls von § 49 Abs. 1 privilegiert.[66] Auch der Gesetzgeber ging bei Einführung der Verwertungsgesellschaftpflicht davon aus, dass Pressespiegel unter § 49 fallen.[67] Anders als für Informationsblätter als Entnahmemedien[68] kann es dabei auf ein **Erscheinen** iSd § 6 Abs. 2 nicht ankommen. Wenn schon Publikumsorgane wie Zeitungen in großer Auflagenhöhe im Rahmen von § 49 Abs. 1 S. 1 nachdrucken dürfen, muss dies erst recht für die Vervielfältigung im Rahmen von Pressespiegeln uÄ gelten. Anders als für eine Zeitung ist auch das **periodische Erscheinen** kein Kriterium für „Informationsblätter", in denen nach § 49 nachgedruckt werden darf.[69] Auch ein einmaliges, etwa zu einem besonderen, aktuellen Anlass erscheinendes Informationsblatt (zB ein sog. Weißbuch) kann sich für Nachdrucke – bei Vorliegen der sonstigen Voraussetzungen – auf § 49 stützen.

b) Artikel und Kommentare der dargelegten Art dürfen nicht nur vervielfältigt und verbreitet, son- 17 dern auch **öffentlich wiedergegeben** werden. Der Gesetzgeber hatte 1965 dabei den öffentlichen Vortrag (§ 19 Abs. 1) und die Sendung (§ 20) der bezeichneten Artikel im Auge.[70] Dem Wortlaut nach bezieht sich die Vorschrift aber auf sämtliche Formen der öffentlichen Wiedergabe gem. § 15 Abs. 2. Erfasst ist damit grundsätzlich auch die **öffentliche Zugänglichmachung** (§ 19a) von

---

[55] Vgl. → § 46 Rn. 17, → § 53 Rn. 26.

[56] *Loewenheim* S. 75; DKMH/*Dreyer* UrhG § 49 Rn. 16.

[57] Dreier/Schulze/*Dreier* § 49 Rn. 9; DKMH/*Dreyer* UrhG § 49 Rn. 16.

[58] So aber *Eidenmüller* CR 1992, 321 (322), wonach die Übernahme von maximal 20 % aller Artikel einer Zeitung zulässig sei.

[59] → Rn. 9.

[60] *Wild* AfP 1989, 701 (705); *Waldenberger* MMR 2002, 743 (744); beiläufig auch LG Düsseldorf AfP 1988, 93 f.

[61] So Löffler/*Berger* BT UrhR Rn. 155; *Soehring*/Hoene § 3 Rn. 22: Nur wer im Rahmen von § 49 Abs. 1 UrhG verpflichtet ist, sei auch privilegiert.

[62] *Wild* AfP 1989, 701 (705); ebenso LG Frankfurt a. M. MMR 2002, 488 – Elektronischer Pressespiegel; Löffler/*Berger* BT UrhR Rn. 155.

[63] Löffler/*Berger* BT UrhR Rn. 155; *Katzenberger* GRUR-Int 2004, 739 (743); *Hoeren* FS Druey (2002), 773 (783 f.).

[64] Ähnlich BeckOK UrhR/*Engels* UrhG § 49 Rn. 11.

[65] So für das niederländische Recht auch Hoge Raad GRUR-Int 1996, 1231 (1232) – knipselkranten; vgl. auch *v. Lewinski*, International Copyright Law and Policy (2008), Rn. 5.158.

[66] BGHZ 151, 300 = GRUR 2002, 963 (965) – Elektronischer Pressespiegel; BeckOK UrhR/*Engels* UrhG § 49 Rn. 11; Wandtke/Bullinger/*Lüft* UrhG § 49 Rn. 12; DKMH/*Dreyer* UrhG § 49 Rn. 12; *Loewenheim*/*Götting* § 31 Rn. 100; *Fischer* ZUM 1995, 117 (119); *Schack* UrheberR Rn. 542; *Rogge* S. 200 ff.; im Ergebnis – unter Berufung auf die Entstehungsgeschichte – ebenso *Ekrutt* GRUR 1975, 358 (361).

[67] AmtlBegr. BT-Drs. 10/837, 14.

[68] Hierzu → Rn. 11.

[69] Ebenso Dreier/Schulze/*Dreier* § 49 Rn. 17; *Eidenmüller* CR 1992, 321 (323); aA *Ekrutt* GRUR 1975, 358 (361); *Wild* AfP 1989, 701 (705).

[70] AmtlBegr. BT-Drs. IV/270, 66.

Rundfunkkommentaren und Zeitungsartikeln.[71] Anders als für die Vervielfältigung und Verbreitung enthält der Wortlaut von § 49 Abs. 1 S. 1 in Bezug auf die öffentliche Wiedergabe auch keine Beschränkung auf bestimmte Publikationsmedien. Daraus wird zum Teil gefolgert, dass § 49 „jedermann" die öffentliche Wiedergabe erlaube.[72] Aus dem **Dreistufentest in Art. 5 Abs. 5 InfoSoc-RL,** wonach eine Schrankenregelung weder die normale Auswertung geschützter Werke beeinträchtigen noch die berechtigten Interessen des Rechtsinhabers unzumutbar verletzen darf,[73] ergeben sich insoweit jedoch Einschränkungen.[74]

18   Bedeutung hat das vor allem für **elektronische Pressespiegel,** die Unternehmen, Behörden ua durch digitale Speicherung meist eingescannter Zeitungsartikel in einen zentralen Datenspeicher erstellen, von wo sie durch die Mitarbeiter online abgerufen oder auch ausgedruckt werden können. Die rechtliche Einordnung dieser Erscheinungsform unter § 49 war – und ist teilweise immer noch – umstritten.[75] Denn die Verwendung des Begriffs „Blätter" deutet auf das Papierformat hin, so dass bei enger Auslegung elektronische Pressespiegel nicht mehr hierunter fallen könnten.[76] Auf das Trägermaterial kann es im Hinblick auf die Zulässigkeit der öffentlichen Wiedergabe aber auch insoweit nicht ankommen.[77] Es war deshalb eine **Klarstellung de lege ferenda** erwogen worden;[78] jedenfalls „nutzerinterne" elektronische Pressespiegel sollten danach unter § 49 subsumiert werden.[79] Das Gesetz zur Regelung des Urheberrechts in der Informationsgesellschaft enthielt eine solche Klarstellung nicht, vielmehr sollten die „Kann-Vorschriften der Richtlinie zum elektronischen Pressespiegel ... Gegenstand eines weiteren Gesetzesentwurfes werden".[80] Nach der Grundsatzentscheidung des BGH zu dieser Frage[81] sah der Gesetzgeber keine Veranlassung mehr, eine ausdrückliche Regelung in das Gesetz aufzunehmen, „da mit dieser Entscheidung keine Regelungslücke in richterlicher Rechtsfortbildung gefüllt worden war, sondern lediglich im Wege der Auslegung entschieden wurde, dass auch elektronisch übermittelte Pressespiegel unter den vom Gericht spezifizierten Voraussetzungen unter § 49 zu subsumieren sind".[82] Dem Gesetzgeber erschien die „Rechtslage kraft Richterrechts ... als fairer Ausgleich widerstreitender Interessen, so dass er für sich keinen Handlungsbedarf sah".[83]

19   Nach dem **„Machtwort"**[84] des BGH fallen auch Pressespiegel, die elektronisch übermittelt werden, jedoch nach Funktion und Nutzungspotential im wesentlichen dem herkömmlichen Pressespiegel entsprechen, unter § 49 Abs. 1 UrhG.[85] Diese **extensive Auslegung** entspricht dem Zweck der Vorschrift, Informationsblätter deshalb zu privilegieren, weil sie der „schnellen Unterrichtung der Öffentlichkeit" dienen,[86] und ist im Interesse einer technikneutralen Ausgestaltung der Urheberrechtsschranken gerechtfertigt.[87] Zutreffend stützt sich der BGH zudem auf die Erwägung, dass die für die Verwendung geschützter Werke im Rahmen eines Pressespiegels zu zahlende **Vergütung** den Wortautoren selbst zufließt, während eine ausschließliche Verwertungsbefugnis in erster Linie den Verlagen zugute käme.[88] Voraussetzung für die Privilegierung ist danach allerdings, dass der elektronisch übermittelte Pressespiegel nur betriebs- oder behördenintern und nur in einer Form zugänglich gemacht wird, die sich im Fall der Speicherung nicht zu einer Volltextrecherche eignet.[89] Ein elektronischer Pressespiegel wird somit nur unter zwei Voraussetzungen von § 49 erfasst: Zum einen darf er nur betriebs- oder behördenintern zugänglich sein, es muss sich also um einen sog. **Inhouse-Pressespiegel** handeln. Zum anderen dürfen die verwendeten Artikel nur als **grafische Datei** oder als Datei, in die die einzelnen Artikel als Faksimile eingebunden sind, übermittelt werden.[90] Danach

---

[71] Dreier/Schulze/*Dreier* § 49 Rn. 16; Fromm/Nordemann/*Nordemann-Schiffel* UrhG § 49 Rn. 8; im Ausgangspunkt auch DKMH/*Dreyer* UrhG § 49 Rn. 23 f., wonach eine elektronische Verbreitung aber an der mangelnden Privilegierung der vorangehenden Vervielfältigung scheitere; zur Vereinbarkeit mit Art. 10bis Abs. 1 RBÜ vgl. *v. Lewinski,* International Copyright Law and Policy (2008), Rn. 5.158.
[72] Fromm/Nordemann/*Nordemann-Schiffel* § 49 Rn. 8; aA Löffler/*Berger* BT UrhR Rn. 156.
[73] Dazu → Vor §§ 44a ff. Rn. 30 f.
[74] In diesem Sinne auch Dreier/Schulze/*Dreier* § 49 Rn. 18.
[75] S. die Nachweise bei Schricker/Loewenheim/*Melichar* (5. Aufl.) § 49 Rn. 38; ablehnend im Hinblick auf den konventionsrechtlichen Begriff der „Presse" in Art. 10bis Abs. 1 RBÜ und Art. 5 Abs. 3 lit. c InfoSoc-RL insbes. DKMH/*Dreyer* UrhG § 49 Rn. 13; Löffler/*Berger* BT UrhG Rn. 155; *Berger* CR 2004, 360 (366); *Katzenberger* GRUR-Int 2004, 739 (743 f.); *Glas* S. 124 ff.
[76] *Melichar,* Urheberrecht in Theorie und Praxis, S. 109 f.; DKMH/*Dreyer* § 49 Rn. 13; Fromm/Nordemann/ *Nordemann-Schiffel* § 49 Rn. 10.
[77] → Rn. 11; aA DKMH/*Dreyer* UrhG § 49 Rn. 24, wonach die Privilegierung insoweit praktisch leer läuft.
[78] 2. Zwischenbericht der Enquête-Kommission „Zukunft der Medien in Wirtschaft und Gesellschaft – Deutschlands Weg in die Informationsgesellschaft", UFITA 135 (1997), 271 (283).
[79] *Dreier* in Schricker (Hrsg.) Informationsgesellschaft S. 160, 282.
[80] AmtlBegr. BT-Drs. 15/38, 15.
[81] → Rn. 18.
[82] AmtlBegr. BT-Drs. 16/1828, 21.
[83] *Hucko,* 2. Korb S. 37.
[84] *Hoeren* MMR 2002, 742.
[85] BGHZ 151, 300 = GRUR 2002, 963 (965 ff.) – Elektronischer Pressespiegel.
[86] → Rn. 1.
[87] Dazu → Vor §§ 44a ff. Rn. 60.
[88] BGH GRUR 2002, 963 (966) – Elektronischer Pressespiegel; zu diesem Aspekt auch → Vor §§ 44a ff. Rn. 6, 38.
[89] BGH GRUR 2002, 963 (966 f.) – Elektronischer Pressespiegel.
[90] Zur Frage, welche Dateien hierunter fallen, s. ausführlich Dreier/Schulze/*Dreier* § 49 Rn. 20.

ist eine Volltexterfassung, die es ermöglicht, „die einzelnen Presseartikel indizierbar zu machen und in eine Datenbank einzustellen", im Rahmen von § 49 nicht gestattet.[91]

Bei Vorliegen der sonstigen Voraussetzungen ist somit das **Einscannen** von Artikeln zum Zweck **20** der Herstellung eines elektronischen Pressespiegels, dh die Vervielfältigung iSv § 16 im Rahmen von Abs. 1 S. 1 gestattet. Die folgende betriebs- oder behördeninterne **Online-Nutzung** des Pressespiegels ist dann als öffentliche Wiedergabe iSv § 19a einzustufen. Diese ist nach dem Wortlaut von Abs. 1 S. 1 – immer vorausgesetzt, die sonstigen Voraussetzungen liegen vor – zulässig, da sich Abs. 1 nicht auf Sendungen iSv § 20 beschränkt, sondern jegliche öffentliche Wiedergabe iSd § 15 Abs. 2 umfasst.[92]

Problematisch im Hinblick auf den Dreistufentest sind hingegen **kommerziell vertriebene Pres- 21 sespiegel.** Schon die Verwendung der Fotokopie für die Erstellung des Pressespiegels durch kommerzielle Anbieter ist auf urheberrechtliche Bedenken gestoßen.[93] Die Auffassung, der kommerzielle Anbieter könne sich nicht auf § 49 stützen, weil die von ihm erstellten Pressespiegel auf Grund einer individuellen Beziehung nur an einen einzigen Abnehmer geliefert werden und nicht an eine Mehrzahl von Abnehmern und Lesern, weshalb sie keine Zeitung oder Informationsblatt iSv § 49 seien,[94] überzeugt zwar nicht; dabei wird nämlich übersehen, dass auch der von einem Dritten erstellte Pressespiegel **für eine Vielzahl von Lesern bestimmt** ist, nämlich für die Nutzer des Bestellers. Insoweit kann es keinen Unterschied machen, ob der Papierpressespiegel in einer Abteilung des Nutzers selbst hergestellt wird oder im Wege des Outsourcing durch einen Dritten.[95] Etwas anderes gilt aber für den Fall, dass der kommerzielle Pressedienst den von ihm erstellten Pressespiegel an den Kunden nicht in Papierform, sondern elektronisch übermittelt, auch wenn der Besteller den Pressespiegel nur **intern** weitergibt.[96] Denn auf diesem Weg könnte der Pressedienst ohne zusätzlichen technischen Aufwand einer Vielzahl von Abnehmern nach bestimmten Kriterien zusammengestellte, untereinander gleichförmige Pressespiegel anbieten. Ebenso wie kommerzielle elektronische Presseausschnittdienste, deren Angebot sich unmittelbar an die Öffentlichkeit richtet, würden solche Dienste daher die „Existenz der von ihnen ausgeschlachteten Zeitungen und Informationsblätter in Frage stellen" und damit gegen Art. 5 Abs. 5 InfoSoc-RL verstoßen.[97] Auch der BGH betont, dass wegen der „Gefahren, die mit einer ungehinderten elektronischen Verbreitung verbunden sind" nur betriebs- oder behördeninterne elektronische Pressespiegel durch § 49 privilegiert sind; noch deutlicher wird die Zielrichtung des BGH in seiner Pressemitteilung zu diesem Urteil, wonach eine elektronische Übermittlung „nur für betriebs- oder behördeninterne Pressespiegel in Betracht kommt", „nicht dagegen für kommerzielle Dienste". Dem folgend hat es der Gesetzgeber abgelehnt, im Rahmen des 2. Korbes § 49 auch die Erstellung und Versendung von Pressespiegeln durch kommerzielle Dienstanbieter zu gestatten: es würde dies „die Grenzen dessen sprengen, was nach den Vorgaben des Dreistufentests zulässig ist".[98] Gleiches gilt erst recht für die Dienste von **Nachrichten-Suchmaschinen,** die sich ebenfalls nicht auf § 49 berufen können.[99]

c) Eine Privilegierung elektronischer Pressespiegel wie anderer Informationsblätter durch § 49 **22** kommt jedenfalls nur in Betracht, wenn **die übrigen Voraussetzungen** vorliegen. Soweit ganze Zeitungsteile Verwendung finden, fehlt es bereits an dem Merkmal, wonach nur „einzelne" Artikel Verwendung finden dürfen.[100] Eine besondere Zweckbestimmung in Bezug auf die privilegierte Übernahme verlangt § 49 (anders als etwa § 46) dagegen nicht; insbesondere folgt aus dem Hinweis auf die Tagesinteressen nicht, dass eine Übernahme **ausschließlich zu Informationszwecken** erfolgen darf.[101] So können auch Pressespiegel in Anzeigenblättern, Kundenzeitschriften uÄ der Privilegierung unterfallen. Vor allem bei kommerziellen Anbietern von Pressespiegeln sind aber die Bestimmungen des UWG zu beachten.[102]

3. Vorbehalt der Rechte

Die gesetzliche Lizenz nach Abs. 1 S. 1 entfällt, wenn der Artikel oder Rundfunkkommentar mit **23** einem **„Vorbehalt der Rechte"** versehen ist. Die Vervielfältigung, Verbreitung und öffentliche Wiedergabe des Artikels begründen dann auch in dem von Abs. 1 S. 1 zugelassenen Umfang eine

---

[91] BGH GRUR 2002, 963 (967) – Elektronischer Pressespiegel.

[92] Dreier/Schulze/*Dreier* § 49 Rn. 20.

[93] Ablehnend etwa *Katzenberger* S. 59; zweifelnd auch BGH GRUR 2002, 963 (966) – Elektronischer Pressespiegel; dagegen *Fischer* ZUM 1995, 117 (121); *Eidenmüller* CR 1992, 321 (323).

[94] So KG GRUR-RR 2004, 228 (230) – Ausschnittdienst; zust. *Schack* UrheberR Rn. 542 in Fn. 77.

[95] Ebenso Fromm/Nordemann/*Nordemann-Schiffel* UrhG § 49 Rn. 9; BeckOK UrhR/*Engels* UrhG § 49 Rn. 11.

[96] KG GRUR-RR 2004, 228 (230) – Ausschnittdienst; *Hoeren* GRUR 2002, 1022 (1024); DKMH/*Dreyer* UrhG § 49 Rn. 13 aE; *Rogge* S. 237; wohl auch Dreier/Schulze/*Dreier* § 49 Rn. 18; aA Fromm/Nordemann/*Nordemann-Schiffel* UrhG § 49 Rn. 10.

[97] So Fromm/Nordemann/*Nordemann-Schiffel* UrhG § 49 Rn. 10.

[98] AmtlBegr. BT-Drs. 16/1828, 21.

[99] Dazu → § 87g Rn. 13; iE auch Fromm/Nordemann/*Nordemann-Schiffel* UrhG § 49 Rn. 8.

[100] *Katzenberger* S. 61.

[101] Ebenso BeckOK UrhR/*Engels* UrhG § 49 Rn. 12; Fromm/Nordemann/*Nordemann-Schiffel* UrhG § 49 Rn. 8; Dreier/Schulze/*Dreier* § 49 Rn. 17.

[102] → Rn. 35.

Urheberrechtsverletzung.[103] Das Gesetz schreibt – ebenso wie Art. 10bis Abs. 1 RBÜ – für den Vorbehalt keinen bestimmten **Wortlaut** vor; es genügt eine Formulierung, die eindeutig erkennen lässt, dass eine Vervielfältigung ohne Genehmigung nicht gestattet wird (zB „Rechte vorbehalten", „Nachdruck verboten"). Dabei ist zu beachten, dass nach Abs. 1 S. 1 die „einzelnen" Artikel und Rundfunkkommentare mit dem Vorbehalt der Rechte versehen sein müssen.[104] Ein genereller Hinweis, etwa auf der Titelseite oder im Impressum einer Zeitung oder durch eine allgemeine Ansage im Rundfunkprogramm, genügt also nicht.[105] Nur so ist sichergestellt, dass jeder, der für einen Artikel oder Kommentar von der Weiterverwendungsmöglichkeit nach § 49 Gebrauch machen will, klar und einfach erkennen kann, ob bezüglich dieses einzelnen Werks der Vorbehalt besteht. An welcher Stelle der Vorbehalt bei den einzelnen Artikeln und Kommentaren angebracht ist, ob an der Spitze oder am Ende, ist dagegen gleichgültig; denkbar ist zB ein quergestellter Hinweis ähnlich den häufig anzufindenden Urheberangaben bei Pressefotos.

24   Die **Erklärung** des Vorbehalts ist eine **geschäftsähnliche Handlung,** auf welche die allgemeinen Vorschriften über Willenserklärungen entsprechende Anwendung finden.[106] Der Vorbehalt kann nur vom Urheber, dessen Rechtsnachfolger oder deren Bevollmächtigten erklärt werden.[107] In der Praxis spielen solche Vorbehalte keine bedeutende Rolle. Offensichtlich gilt immer noch, was der Gesetzgeber in der Begründung des RegE annahm, dass nämlich eine Weiterverbreitung im Rahmen von § 49 „auch regelmäßig im Interesse der Zeitung selbst" liegt.[108]

4. Vergütungspflicht (Abs. 1 S. 2)

25   **a)** Für die Nutzung der Schranke ist dem Urheber gemäß Abs. 1 S. 2 eine **angemessene Vergütung** zu zahlen. Der gesetzliche Vergütungsanspruch ist schon im Hinblick auf den Dreistufentest in Art. 5 Abs. 5 InfoSoc-RL geboten.[109] Der Anspruch steht dem Urheber des übernommenen Artikels oder Rundfunkkommentars zu, nicht etwa dem Zeitungs- oder Rundfunkunternehmen.[110] Zur Vorbereitung des Vergütungsanspruchs besteht nach allgemeinen zivilrechtlichen Regeln ein **Auskunftsanspruch** gegen den Herausgeber des entlehnenden Informationsblattes.[111] Der danach Auskunftspflichtige muss gem. § 260 Abs. 1 BGB in einem Verzeichnis jeden einzelnen Artikel (Titel, Datum Name des Autors und der Zeitung) angeben; die Übersendung eines Belegexemplars genügt nicht.[112] Sofern in der Originalveröffentlichung der Name des Autors fehlt, soll die Verpflichtung zur Namensnennung entfallen.[113] Wenn der betreffende Artikel allerdings durch ein Kürzel gekennzeichnet ist, ist auch dieses zu benennen, da es sich um eine Urheberbezeichnung iSv § 13 S. 2 handelt.

26   **b)** Der Vergütungsanspruch ist gemäß Abs. 1 S. 3 **verwertungsgesellschaftpflichtig.** Mit dieser Ergänzung durch die Urheberrechtsnovelle 1985 sollte erreicht werden, „dass die Vermutung auch für das Auskunftsbegehren gilt, das auf den Vergütungsanspruch nach § 49 gestützt ist".[114] Die **Vermutung der Sachbefugnis** zugunsten der Verwertungsgesellschaft gemäß § 48 VGG (§ 13c Abs. 1 WahrnG aF) bezieht sich zwar nur auf den Auskunftsanspruch und nicht auf den Vergütungsanspruch, da § 19 in § 49 Abs. 1 VGG nicht aufgeführt ist. Aufgrund der faktischen Monopolstellung streitet jedoch nach den Grundsätzen der sog. „GEMA-Vermutung" die Vermutung der Anspruchsbefugnis für die VG WORT.[115]

27   Die Vergütungsansprüche werden zentral von der **VG Wort** verwaltet. Der von der VG Wort veröffentlichte Tarif für Papierpressespiegel beträgt ab 1.1.2018 5,72 Cent je vervielfältigter DIN A4-Seite, wobei es auf die Größe des Originals ankommt; für elektronische Pressespiegel ist der Tarif gestaffelt nach „Regelnutzern", beginnend mit 1,44 EUR pro Artikel für bis zu 30 Nutzer.[116] Auf

---

[103] *Stieper,* Rechtfertigung, Rechtsnatur und Disponibilität der Schranken des Urheberrechts (2009), S. 202.
[104] *Fischer* ZUM 1995, 117 (119); ebenso zu § 18 LUG *Goldbaum,* Urheber- und Urhebervertragsrecht (1922), S. 182: Der Vorbehalt müsse „in unmittelbarer örtlicher Verbindung mit dem zu schützenden Artikel stehen und nicht etwa an der Spitze oder am Ende der Zeitung".
[105] KG GRUR-RR 2004, 228 (230) – Ausschnittdienst; Fromm/Nordemann/*Nordemann-Schiffel* UrhG § 49 Rn. 7; BeckOK UrhR/*Engels* UrhG § 49 Rn. 14; Dreier/Schulze/*Dreier* § 49 Rn. 10; DKMH/*Dreyer* UrhG § 49 Rn. 19; Wandtke/Bullinger/*Lüft* UrhG § 49 Rn. 9; Loewenheim/*Götting* § 31 Rn. 98; *Rogge* S. 239 f.; *Vogtmeier* S. 114 ff.; *v. Gamm* § 49 Rn. 4; *Rehbinder* UFITA 48 (1966), 102 (115); *Fischer* ZUM 1995, 117 (116 f.); aA *Soehring*/Hoene § 3 Rn. 24 f.; Löffler/*Berger* BT UrhR Rn. 157; *Berger/Degenhart* AfP 2002, 557 (582); *Wild* AfP 1989, 701 (705).
[106] AA DKMH/*Dreyer* UrhG § 49 Rn. 19 aE.
[107] *Derenberg/Kohler,* Urheber-, Patent- und Zeichenrecht, 1910, S. 183; vgl. *Vogtmeier* S. 114 f.; aA DKMH/*Dreyer* UrhG § 49 Rn. 19; BeckOK UrhR/*Engels* UrhG § 49 Rn. 14, der nur auf das „objektive Vorhandensein des Vorbehalts" abstellt.
[108] AmtlBegr. BT-Drs. IV/270, 66.
[109] BGH GRUR 2002, 963 (967) – Elektronischer Pressespiegel; vgl. → Vor §§ 44a ff. Rn. 31.
[110] *Schack* UrheberR Rn. 542; vgl. § 17 Abs. 1 des Manteltarifvertrages für Redakteurinnen und Redakteure an Tageszeitungen vom 24.4.2014.
[111] → Vor §§ 44a ff. Rn. 51 f.
[112] OLG Düsseldorf GRUR 1991, 908 (909) – Pressespiegel; OLG München ZUM 1991, 371 (372 f.).
[113] So OLG Düsseldorf GRUR 1991, 908 (909) – Pressespiegel; OLG München ZUM 1991, 371 (373).
[114] AmtlBegr. BT-Drs. 10/837, 14.
[115] OLG München ZUM 2000, 243 (245 f.); DKMH/*Dreyer* § 49 Rn. 29.
[116] Abrufbar unter https://www.vgwort.de/fileadmin/pdf/tarif_uebersicht/Tarif_Pressespiegel.pdf.

diesem Tarif basieren über 700 Einzelverträge mit Verbreitern von Pressespiegeln wie Gewerbebetrieben, Parteien, Behörden, Verbänden, Ländern, Kommunen, ua. Mit der Erweiterung der Privilegierung des § 49 auf Abbildungen[117] übernahm die **VG Bild-Kunst** die hieraus resultierenden Vergütungsansprüche. Die VG Wort verwaltet diese Rechte aber treuhänderisch für die VG Bild-Kunst, so dass Pressespiegelherausgeber nur einen einzigen Vertrag abschließen müssen, der sowohl Wort- als auch Bildrechte abdeckt.

Da die Abgrenzung zwischen elektronischen Pressespiegeln, die nach der Definition des BGH – **28** noch – unter § 49 fallen und solchen, die darüber hinausgehen, in der Praxis schwierig sein kann, haben die VG WORT und die schon vor der BGH-Entscheidung von Zeitungsverlegern gegründete Presse Monitor GmbH PMG am 23.9.2003 ein Kooperationsabkommen geschlossen.[118] In diesem Vertrag wird zwischen drei verschiedenen Arten von Pressespiegeln unterschieden:
– Der A-Pressespiegel „PMG-digital", der von der PMG entsprechend den Vorgaben des Nutzers gefertigt und von diesem digital bezogen wird;
– der B-Pressespiegel „PMG Rechtekauf", der vom Nutzer selbst ohne Formatbeschränkung erstellt wird, so dass insbes. Volltextrecherche möglich ist;
– der C-Pressespiegel „VG WORT § 49 UrhG", in dem der Nutzer die Digitalisierung nur als Bilddatei bzw. graphische Datei (Faksimile) selbst übernimmt.

Die Autoren der benutzten Artikel sind entsprechend dem Kooperationsvertrag am Aufkommen der PMG aus allen drei Pressespiegelarten beteiligt. Nur für den C-Pressespiegel gilt aber, dass der Nutzer die Alternative hat, einen Vertrag direkt mit der VG WORT oder mit der PMG als deren Inkassobevollmächtigte zu schließen; die Vergütung gem. Abs. 1 S. 2 ergibt sich aus dem von der VG WORT veröffentlichten Tarif. Über die beiden anderen Pressespiegel kann ein Vertrag nur mit der PMG abgeschlossen werden.

c) Die Vergütungspflicht entfällt, wenn lediglich **„kurze Auszüge aus mehreren Kommenta-** **29** **ren oder Artikeln in Form einer Übersicht"** vervielfältigt, verbreitet oder öffentlich wiedergegeben werden.[119] Der Gesetzgeber hatte bei Schaffung dieser Ausnahme von der Vergütungspflicht die „so genannten Presseübersichten" vor Augen.[120] Eine gesonderte Regelung für solche Presseübersichten ist in § 49 war nötig, da diese nicht unter § 51 S. 2 Nr. 2 subsumiert werden können, fehlt es doch hier am hierfür notwendigen Merkmal der Einbindung in ein „selbständiges Sprachwerk".[121] Mit der Vorschrift wurde der langen Tradition Rechnung getragen, dass in Presseorganen regelmäßig auszugsweise Kommentare uÄ aus anderen Presseorganen nachgedruckt werden, ohne dass hierfür Honorare verlangt werden („Blick in die Presse"). Eine vergütungsfreie Vervielfältigung im Rahmen dieses Ausnahmetatbestandes darf daher nur in solchen „Zeitungen und anderen lediglich Tagesinteressen dienenden Informationsblättern" iSv Abs. 1 S. 1 erfolgen, aus denen ihrerseits Artikel entnommen werden dürfen.[122] Pressespiegel uÄ, die nicht iSv § 6 Abs. 2 erscheinen, können von der Vergütungsfreiheit für Übersichten danach nicht profitieren.

Vergütungsfrei dürfen nur **„kurze Auszüge"** aus Kommentaren und Artikeln verwendet werden. **30** Dies bedeutet jedenfalls eine relative Einschränkung: stets darf nur ein Auszug, also ein Teil eines Artikels verwendet werden. Ein solcher „Auszug" wird ein Viertel des gesamten Artikels nicht übersteigen dürfen.[123] Darüber hinaus führt die Voraussetzung, dass ein Auszug nur „kurz" sein darf, auch zu einer absoluten Beschränkung. Bei Berechnung der danach zulässigen **Höchstgrenze** ist allerdings zu berücksichtigen, dass Zweck von Presseübersichten gerade sein muss, den Kerninhalt des betreffenden Artikels oder Kommentars wiederzugeben.[124] Eine Beschränkung auf lediglich einige Sätze[125] wird daher dem Zweck dieser Bestimmung nicht gerecht. Andererseits ist auch eine schematische Regelung, etwa dahingehend, dass „maximal 15 Textzeilen auf einer DIN A 4-Seite" wiedergegeben werden dürfen,[126] zu schematisch. In der Praxis wird diese Frage allerdings nicht zu großen Schwierigkeiten führen, da man dieser Ausnahmevorschrift ohnehin nur Presseorgane uÄ Gebrauch machen können und sich hier – schon im Hinblick auf den zumeist konstant festgelegten Raum in den betreffenden Zeitungen – eine Übung eingespielt hat, die von allen beteiligten Zeitungsverlagen offensichtlich akzeptiert wird. Lediglich bei den sog. Presseschauen der Rundfunkanstalten kann es hier zu Abgrenzungsschwierigkeiten kommen, da sich dort manchmal Presseübersichten finden, in denen vollständige Artikel oder Kommentare verlesen werden; insoweit besteht keine Vergütungsfreiheit.[127]

---

[117] → Rn. 9.
[118] Entgegen *Vogtmeier* S. 190 handelt es sich dabei nicht um einen Gesamtvertrag iSv § 35 VGG (§ 12 WahrnG aF).
[119] Abs. 1 S. 2 letzter Hs.
[120] Schriftl. Bericht des Rechtsausschusses UFITA 46 (1966), 174 (185).
[121] Vgl. → § 51 Rn. 48; aA *Wild* AfP 1989, 701 (706).
[122] Hierzu → Rn. 10 f.
[123] Ebenso *Ekrutt* GRUR 1975, 358 (362); Wandtke/Bullinger/*Lüft* UrhG § 49 Rn. 18.
[124] BeckOK UrhR/*Engels* UrhG § 49 Rn. 16; Wandtke/Bullinger/*Lüft* UrhG § 49 Rn. 18.
[125] So. DKMH/*Dreyer* UrhG § 49 Rn. 27; Fromm/Nordemann/*Nordemann-Schiffel* UrhG § 49 Rn. 11.
[126] So. *Ekrutt* GRUR 1975, 358 (362).
[127] Vgl. Fromm/Nordemann/*Nordemann-Schiffel* UrhG § 49 Rn. 11; DKMH/*Dreyer* UrhG § 49 Rn. 27.

31   Die Verwendung der kurzen Auszüge aus Artikeln oder Kommentaren muss „in Form einer Übersicht" geschehen. Dies bedeutet jedoch nicht, dass eine solche Übersicht nur Artikel und Kommentare zu einem einzigen Thema bringen dürfte.[128] Dem Gesetzgeber standen bei Einführung dieser Vergütungsfreiheit die Presseschauen in der Tagespresse vor Augen und deren Zweck war es von jeher, das breite Spektrum der Meinungen aus anderen Zeitungen wiederzugeben – sofern sich nur die Artikel mit den privilegierten Themen, dh politischen, wirtschaftlichen oder religiösen Tagesfragen, befassen.

5. Quellenangabe

32   Bei jeder nach Abs. 1 zulässigen Verwendung eines fremden Textes ist die qualifizierte **Quellenangabe** gem. § 63 Abs. 3 zu beachten. Die Pflicht zur Quellenangabe gilt auch für die – vergütungsfreien – Übersichten nach Abs. 1 S. 2 letzter Hs.[129] Danach sind nicht nur der Urheber zu benennen, sondern auch die Zeitung bzw. das andere Informationsblatt oder das Sendeunternehmen, in dem der betreffende Artikel oder Kommentar zuerst wiedergegeben wurde.[130] Gerade gegen die allgemeine Bestimmung, dass zuvorderst der Urheber zu benennen ist, wird in den Presseschauen der Zeitungen ebenso wie in den Rundfunkanstalten jedoch oft verstoßen.

III. Ausnahme für vermischte Nachrichten tatsächlichen Inhalts und Tagesneuigkeiten (Abs. 2)

33   Vermischte Nachrichten tatsächlichen Inhalts und Tagesneuigkeiten können gemäß Abs. 2 **unbeschränkt** vervielfältigt, verbreitet und gesendet werden. Zwischen den Begriffen „Nachrichten tatsächlichen Inhalts" und „Tagesneuigkeiten" bestehen dabei keine Unterschiede.[131] Zu Recht weist die Begründung des RegE darauf hin, dass solche Nachrichten in der Regel **keine Werke iSd § 2** sein werden.[132] Bezüglich solcher urheberrechtlich nicht geschützter Nachrichten hat Abs. 2 also nur deklaratorischen Charakter.[133] Nachrichten können aber auch – ausnahmsweise – in urheberrechtlich geschützter Form wiedergegeben werden; die urheberrechtliche Schutzfähigkeit kann sich insbesondere aus einer individuellen Formulierung ergeben, aber auch aus dem Stil oder der verwendeten eigenwilligen Diktion.[134] Die hM geht davon aus, dass auch und gerade für solche, ausnahmsweise in urheberrechtlich geschützter Form wiedergegebene Nachrichten die Befreiung nach Abs. 2 gilt.[135] Wenn man nur urheberrechtlich ohnehin nicht geschützte Texte in die Vorschrift einbeziehen wollte,[136] wäre Abs. 2 überflüssig. Der Gesetzgeber wollte bei Schaffung von Abs. 2 aber die Notwendigkeit einer jeweiligen Einzelprüfung, ob die betreffende Nachricht in urheberrechtlich geschützter **Form** wiedergegeben ist oder nicht, aber gerade ausschließen.[137]

34   Gegen diese Auslegung werden allerdings **konventionsrechtliche Bedenken** erhoben.[138] Der Gesetzgeber hatte sich bei der Formulierung von Abs. 2 ausdrücklich auf Art. 9 Abs. 3 der **Berner Übereinkunft** berufen.[139] In der damals maßgeblichen Brüsseler Fassung bezog sich diese Bestimmung nach allgemeiner Auffassung nicht nur auf nackte Tatsachenmitteilungen, die ohnehin keinen urheberrechtlichen Schutz genießen, sondern ausdrücklich auf die – seltenen – Fälle, „wo auch bei solchen Zeitungsmitteilungen die Form der Darstellung eine eigentümliche ist, so dass auch hier ein schutzfähiges Werk vorliegt, das dann aber mit dem Erscheinen in der Presse jeden Schutz verliert".[140] Im Rahmen der Stockholm-Konferenz wurde Art. 9 Abs. 3 dann zu Art. 2 Abs. 8 RBÜ. Obwohl der Wortlaut dabei identisch blieb, soll durch dieses „déménagement" auch eine Inhaltsänderung dergestalt eingetreten sein, dass sich die Bestimmung nach der Verlegung deklaratorisch nur noch auf solche Presseinformation bezieht, die ohnehin nicht die notwendigen Voraussetzungen aufweisen, um als literarische Werke schutzfähig zu sein.[141] Die hM folgt diesem Interpretationswandel, Art. 2 Abs. 8 RBÜ wird seither als

---

[128] BeckOK UrhR/*Engels* UrhG § 49 Rn. 16; Dreier/Schulze/*Dreier* § 49 Rn. 11.

[129] *Ekrutt* GRUR 1975, 358 (363); *Rogge* S. 243.

[130] *Damm* S. 123; DKMH/*Dreyer* UrhG § 49 Rn. 35.

[131] BeckOK UrhR/*Engels* UrhG § 49 Rn. 21; Dreier/Schulze/*Dreier* § 49 Rn. 13; *Rehbinder* UFITA 48 (1966), 102 (115); *Eidenmüller* CR 1992, 321 (322); *Samson* S. 165 und *Rehbinder/Peukert* Rn. 508 sprechen zu Recht von einer „Tautologie".

[132] AmtlBegr. BT-Drs. IV/270, 66.

[133] *Dietz*, Urheberrecht in der Europ. Gemeinschaft, Rn. 389.

[134] OLG Hamburg GRUR 1978, 307 (308) – Artikelübernahme; sehr großzügig OLG Karlsruhe ZUM 2012, 49 ff.

[135] AmtlBegr. BT-Drs. IV/270, 66; BeckOK UrhR/*Engels* UrhG § 49 Rn. 18; DKMH/*Dreyer* UrhG § 49 Rn. 30; Dreier/Schulze/*Dreier* § 49 Rn. 13; Wandtke/Bullinger/*Lüft* UrhG § 49 Rn. 19; *Ulmer* § 71 II; ebenso zum insoweit identischen § 18 Abs. 3 LUG schon RGSt 47, 293 (295); *Allfeld* LUG § 18 Anm. 17 mwN.

[136] So. v. *Gamm* § 49 Rn. 7; *Oekonomidis* S. 115; *Prantl* S. 23, 25 ff.; vgl. *Castendyk* ZUM 2008, 916 (920 f.).

[137] AmtlBegr. BT-Drs. IV/270, 66.

[138] Loewenheim/*Götting* § 31 Rn. 104 f.; *Wild* AfP 1989, 701 (702 f.); *Schack* UrheberR Rn. 742; Löffler/*Berger* BT UrhR Rn. 160.

[139] AmtlBegr. BT-Drs. IV/270, 66.

[140] *Bappert/Wagner* RBÜ Art. 9 Rn. 11.

[141] *Desbois/Françon/Kerever*, Les Conventions Internationales des droits d'Auteur et des Droits Voisins, 1976, S. 164 f.

bloß deklaratorische Norm verstanden.[142] Insoweit widerspricht Abs. 2 jedenfalls der herrschenden Interpretation von Art. 2 Abs. 8 RBÜ. Gerade unter Berücksichtigung der Entstehungsgeschichte dieser Interpretation wird man allerdings davon ausgehen können, dass die Regelung von Abs. 2 zu den zulässigen kleinen Ausnahmen, den sog. petites réserves, des Konventionsrechts zählt und daher der Regelung der RBÜ nicht widerspricht.[143] In der Praxis hat die unterschiedliche Auslegung von Abs. 2 ohnehin keine große Bedeutung.[144] Voraussetzung für die Befreiung nach Abs. 2 ist stets, dass das verwendete Werk ausschließlich Nachrichten enthält, sein **Inhalt** also tatsächlicher Natur ist. Sobald hieran erläuternde oder belehrende Kommentierungen, Betrachtungen oder Ergänzungen geknüpft werden, entfällt die Voraussetzung für die Befreiung nach Abs. 2.[145] Auf den Wahrheitsgehalt der Nachricht kommt es nicht an.[146] Auch eine – als solche nicht erkennbare – „Ente" ist daher im Rahmen von Abs. 2 verwendbar. Auch wenn Abs. 1 um die Übernahmemöglichkeit für Abbildungen erweitert wurde, gilt unverändert, dass Abs. 2 **Bildberichte** nicht umfasst.[147]

Abs. 2 **erweitert die Übernahmemöglichkeiten** im Verhältnis zu Abs. 1 mehrfach: Zum einen **35** können „vermischte", dh sämtliche Nachrichten gleich welchen Inhalts, im Rahmen von Abs. 2 verwendet werden; insoweit besteht also keine Beschränkung auf Nachrichten politischen, wirtschaftlichen oder religiösen Inhalts.[148] Die vermischten Nachrichten können zudem **„unbeschränkt"** vervielfältigt, verbreitet und öffentlich wiedergegeben werden. Solche Nachrichten können also nicht nur in Zeitungen und anderen lediglich Tagesinteressen dienenden Informationsblättern nachgedruckt werden, sondern auch in Fachzeitschriften uÄ.[149] Umgekehrt genügt es für die Anwendbarkeit von Abs. 2 auch, wenn die betreffende Nachricht zuerst allgemein „durch die Presse" veröffentlicht worden ist; durch diesen weitergehenden Begriff ist klargestellt, dass nicht nur aus Zeitungen in engerem Sinne Nachrichten entnommen werden dürfen, sondern auch aus **Fachzeitschriften** uÄ. Liegen die Voraussetzungen von Abs. 2 vor, so ist ein eventueller Vorbehalt der Rechte unwirksam. Es besteht auch keine Vergütungspflicht, und die Pflicht zur Quellenangabe entfällt.

Der Hinweis im letzten Halbsatz von Abs. 2, wonach ein durch **andere gesetzliche Vorschriften 36** gewährter Schutz unberührt bleibt, ist nur deklaratorischer Natur.[150] Der Gesetzgeber dachte dabei in erster Linie an das **UWG**.[151] Wettbewerbswidrig kann va das fortlaufende und systematische Auswerten von Zeitungen zu bestimmten Themen durch „Informationsdienste" oÄ sein.[152] Neben dem UWG können auch die allgemeinen Deliktstatbestände der §§ 823 ff. BGB Anwendung finden.[153] Für die öffentliche Zugänglichmachung von Ausschnitten aus Zeitungsartikeln durch Suchmaschinen ist das (vom EuGH allerdings für unanwendbar erklärte) **Leistungsschutzrecht des Presseverlegers** in §§ 87f ff. zu beachten.

§ 50 Berichterstattung über Tagesereignisse

Zur Bild- und Tonberichterstattung über Tagesereignisse durch Funk oder durch ähnliche technische Mittel, in Zeitungen, Zeitschriften und in anderen Druckschriften oder sonstigen Datenträgern, die im Wesentlichen Tagesinteressen Rechnung tragen, sowie im Film, ist die Vervielfältigung, Verbreitung und öffentliche Wiedergabe von Werken, die im Verlauf dieser Ereignisse wahrnehmbar werden, in einem durch den Zweck gebotenen Umfang zulässig.

Schrifttum: *Bappert*, Die Freiheit der Film- und Funkberichterstattung nach dem sog. Wochenschaugesetz, GRUR 1963, 16; *Bayreuther*, Beschränkungen des Urheberrechts nach der neuen EU-Urheberrechtsrichtlinie, ZUM 2001, 828; *Becker*, Urheberrechtliche Fragen zur Filmberichterstattung, GRUR 1951, 442; *Bornkamm*, Der Dreistufentest als urheberrechtliche Schrankenbestimmung, FS Erdmann (2002), S. 29; *Bußmann*, Gedanken zur Ton- und Bildberichterstattung, UFITA 40 (1963) 21; *Deutsch*, Die Dokumentationsfreiheit im Urheberrecht, NJW 1967, 1393; *Castendyk*, Programminformationen der Fernsehsender im EPG – auch ein Beitrag zur Auslegung von § 50 UrhG, ZUM 2008, 916; *Dreier*, Die Umsetzung der Urheberrechtsrichtlinie 2001/29/EG in deutsches Recht, ZUM 2002, 28; *ders.*, Grundrechte und die Schranken des Urheberrechts, GRUR 2019, 1003; *Gerstenberg*, Bildberichterstattung und Persönlichkeitsrecht, UFITA 20 (1955) 295; *Götz v. Olenhusen*, Berichterstattung über Tagesereignisse – ein Beitrag zu den Grenzen des Urheberrechtsschutzes am Beispiel des § 50 (deutsches)

---

[142] *Dietz*, Urheberrecht in der Europ. Gemeinschaft, Rn. 389.

[143] DKMH/*Dreyer* UrhG § 49 Rn. 30; Dreier/Schulze/*Dreier* § 49 Rn. 3; Fromm/Nordemann/*Nordemann-Schiffel* UrhG § 49 Rn. 3, 13.

[144] Fromm/Nordemann/*Nordemann-Schiffel* UrhG § 49 Rn. 13.

[145] OLG Karlsruhe ZUM 2012, 49; KG ZUM-RD 2012, 526 (529); Dreier/Schulze/*Dreier* § 49 Rn. 13.

[146] *Allfeld* LUG § 18 Anm. 18.

[147] *V. Gamm* § 49 Rn. 7; *Ulmer* § 71 II; *Rehbinder/Peukert* Rn. 508.

[148] *V. Gamm* § 49 Rn. 7 aE; DKMH/*Dreyer* UrhG § 49 Rn. 32.

[149] *Ekrutt* GRUR 1975, 358 (360).

[150] *Dietz*, Urheberrecht in der Europ. Gemeinschaft, Rn. 389; DKMH/*Dreyer* § 49 Rn. 31; Loewenheim/*Götting* § 31 Rn. 106.

[151] AmtlBegr. BT-Drs. IV/270, 66.

[152] BGH GRUR 1988, 308 (310) – Informationsdienst; *Schack* UrheberR Rn. 742; dazu auch → Vor §§ 87f ff. Rn. 3, 18.

[153] Fromm/Nordemann/*Nordemann-Schiffel* UrhG § 49 Rn. 14; *Oekonomidis* S. 115; Dreier/Schulze/*Dreier* § 49 Rn. 15; in Österreich gewährt § 79 UrhG einen eigenen wettbewerbsrechtlichen „Nachrichtenschutz", der als lex specialis zum UWG gilt.

UrhG, MR 2013, 58; *Harmsen,* Freiheit der filmischen Berichterstattung, GRUR 1952, 500; *Hillig,* Der Rundfunk im neuen deutschen Urheberrecht, UFITA 46 (1966) 1; *J. B. Nordemann/Waidinger,* Die Entwicklung der unter- und obergerichtlichen Rechtsprechung zum Urheberrecht im Jahr 2015, GRUR-RR 2016, 177; *Katzenberger,* Urheberrechtsfragen der elektronischen Textkommunikation, GRUR-Int 1983, 895; *Kupke,* Fragen der aktuellen Berichterstattung durch Film und Fernsehen, FuR 1965, 83; Max-Planck-Institut für Geistiges Eigentum, Wettbewerbsrecht und Steuerrecht, Declaration, A Balanced Interpretation of the Three Step Test in Copyright Law, www.ip.mpg.de; *Paulus,* Urheberrecht und Verfassung, in Dreier/Hilty (Hrsg.), Vom Magnettonband zu Social Media, FS 50 Jahre UrhG, 2015, S. 55; *ders.,* Europäischer Integrationsbedarf und nationale Regelungskompetenz, ZUM 2016, 513; *Pöppelmann,* Verhüllter Reichstag, ZUM 1996, 293; *Reinbothe,* Die EG-Richtlinie zum Urheberrecht in der Informationsgesellschaft, GRUR-Int 2001, 733; *Rehbinder,* Der Schutz der Pressearbeit im neuen Urheberrechtsgesetz, UFITA 48 (1966) 102; *Roeber,* Die Stellung der Filmberichterstattung im Urheberrecht, UFITA 9 (1936) 336; *ders.,* Rechtsgrundlagen der Berichterstattung bei Film und Fernsehen, FuR 9/1963, 3; *Schricker,* Anm. zu BGH GRUR 2002, 1050 – Zeitungsbericht als Tagesereignis, LMK 2003, 9; *M. Schulze,* Zumutbare Schranken im Urheberrecht am Beispiel der Bild- und Tonberichterstattung, Diss. Bremen 1994; *Senftleben,* Copyright, Limitations and the Three Step Test, 2004; *ders.,* Grundprobleme des urheberrechtlichen Dreistufentests, GRUR-Int 2004, 200; *Sterner,* Rechtsfragen der Fernsehberichterstattung, GRUR 1963, 303; *Stieper,* Der Trans Europa Express ist aus Luxemburg zurück – auf dem Weg zu einer Vollharmonisierung der urheberrechtlichen Schranken, ZUM 2019, 713; *v. Ungern-Sternberg,* Die Rechtsprechung des EuGH und des BGH zum Urheberrecht und zu den verwandten Schutzrechten im Jahre 2015, GRUR 2016, 321; *ders.,* Die Bindungswirkung des Unionsrechts und die urheberrechtlichen Schranken, FS Bornkamm (2014), S. 1007; *ders.,* Die Rechtsprechung des EuGH und des BGH zum Urheberrecht und zu den verwandten Schutzrechten im Jahre 2012, GRUR 2013, 248; *ders.,* Die Rechtsprechung des EuGH und des BGH zum Urheberrecht und zu den verwandten Schutzrechten im Jahre 2013, GRUR 2014, 209; *ders.,* Die Rechtsprechung des EuGH und des BGH zum Urheberrecht und zu den verwandten Schutzrechten im Jahre 2014, GRUR 2015, 205; *ders.,* Die Rechtsprechung des EuGH und des BGH zum Urheberrecht und zu den verwandten Schutzrechten im Jahre 2016, 217; *ders.,* Verwendungen des Werkes in veränderter Gestalt im Lichte des Unionsrechts, GRUR 2015, 533.

Zur **älteren Literatur** siehe ferner Möhring/Nicolini (1. Aufl.), Lit. zu § 50 UrhG und *Neumann-Duesberg,* Presseberichterstattung, Presseurheberrecht und Nachrichtenschutz, 1949.

Übersicht

I. Allgemeines

1. Sinn und Zweck der Vorschrift

1   Die Schrankenregelung des § 50 dient der **Erleichterung einer anschaulichen Berichterstattung über aktuelle Ereignisse und damit der Presse- und Meinungsfreiheit sowie dem Informationsinteresse der Öffentlichkeit.** Sie tut dies, indem sie die Vervielfältigung, Verbreitung und öffentliche Wiedergabe geschützter Werke, die im Verlauf von Tagesereignissen wahrnehmbar werden, **ohne den Erwerb entsprechender Nutzungsrechte und ohne die Zahlung einer Vergütung** zulässt.[1] Häufig bleibt es dem Zufall überlassen, ob geschützte Werke oder Leistungen

---

[1] AmtlBegr. UFITA 45 (1965) 240 (282 f.); BGH 2016, 368 Rn. 16 – Exklusivinterview; BGH GRUR 2008, 693 Rn. 49 – TV-Total; GRUR 2002, 1050 f. – Zeitungsbericht als Tagesereignis.

(ausübender Künstler (§§ 73, 83), Fotografen (§ 72 Abs. 1) und/oder wirtschaftlicher Unternehmen wie Veranstalter (§ 81), Tonträgerhersteller (§ 85), Sendeunternehmen (§ 87) und Filmproduzenten (§§ 94, 95)) während eines berichtenswerten Tagesereignisses in Erscheinung treten. Deshalb sind Journalisten bzw. ihre Auftraggeber nur selten in der Lage, noch vor dem Abdruck oder der Sendung eines aktuellen Berichts die Zustimmung aller Rechteinhaber zur beabsichtigten Nutzung der im Verlaufe dieses Ereignisses wahrnehmbaren Werke und Leistungen einzuholen. Dieser Schwierigkeit hilft § 50 ab.[2] Seine Anwendung findet deshalb nach früherer Auffassung des BGH faktisch dort seine Grenze, wo die Einholung einer Nutzungsbewilligung möglich ist.[3] Dem ist der EuGH entgegengetreten unter Hinweis darauf, dass die Schrankenregelung des Art. 5 Abs. 3 lit. c InfoSoc-RL selbst eine Beschränkung ihrer Anwendung durch die Formulierung erfährt, „soweit es der Informationszweck rechtfertigt". Unzulässig ist es deshalb, im Lichte des Wortlauts der Vorschrift und ihrer praktischen Wirksamkeit im Sinne einer raschen Befriedigung des Informationsinteresse der Öffentlichkeit die erlaubnisfreie Nutzung grundsätzlich davon abhängig zu machen, dass eine Erlaubniseinholung bei vernünftiger Betrachtung nicht möglich war.[4]

§ 50 hat Berührungspunkte mit den Schrankenregelungen der §§ 48, 51, 52, 57 und 59, ist aber **2** von diesen in seiner Zielsetzung verschieden.[5] Er betrifft **nicht den Bericht selbst,** der geschützte Werke einbezieht, die unter den Voraussetzungen der Vorschrift erlaubnis- und vergütungsfrei genutzt werden dürfen.[6] Von der Schrankenregelung unberührt bleiben ferner das Recht am eigenen Bilde nach § 23 Abs. 1 Nr. 1–3, Abs. 2 KUG sowie das allgemeine Persönlichkeitsrecht nach § 823 Abs. 1 BGB iVm. Art. 1 und 2 GG.[7]

Zu unterscheiden ist § 50 von den **medienrechtlichen Vorschriften des Rechts der Kurzberichterstattung im Fernsehen,**[8] die im Wesentlichen gegen Exklusivverträge von Sendeunternehmen gerichtet sind. Sie lassen das Urheberrecht unberührt,[9] können sich allerdings mit diesen Rechten im Einzelfall überschneiden.

2. Entstehungsgeschichte

a) Die Zeit vor Inkrafttreten des UrhG. § 50 geht zurück auf das Gesetz zur Erleichterung der **3** Filmberichterstattung vom 30.4.1936 (sog. Wochenschaugesetz),[10] das – veranlasst durch die **Flaggenlied-Entscheidung des Kammergerichts**[11] – die Wiedergabe urheberrechtlich geschützter Musikwerke in der Wochenschau nur mit Zustimmung des Urhebers für zulässig erklärt hatte.[12] Zuvor hatte bereits § 37 RJM-E eine Freistellung geschützter Werke im Rahmen der Tagesberichterstattung vorgeschlagen, ohne jedoch Werke der bildenden Kunst und der Fotografie einzubeziehen. Später erstreckte § 44 RefE den Tatbestand des Wochenschaugesetzes über den Filmbereich hinaus auf Funkberichte, beschränkte allerdings noch nicht die erlaubnisfreie Nutzung geschützter Werke auf den durch den Zweck gebotenen Umfang. Dies geschah erst durch den MinE (§ 47), der wie der inhaltlich übereinstimmende RegE und der spätere Gesetzestext zusätzlich den Abdruck geschützter Werke in Zeitungsberichten und in Berichten solcher Zeitschriften privilegierte, die im Wesentlichen Tagesereignissen Rechnung tragen. Das Wochenschaugesetz galt ohne die typischen NS-Beschränkungen nach 1945 sinngemäß weiter[13] und wurde erst 1965 durch § 141 Nr. 7 aufgehoben.

b) Verfassungsrechtliche Fragen. Die im Hinblick auf die **Vergütungsfreiheit** der nach § 52 **4** aF privilegierten Nutzungen ergangene **Kirchenmusik-Entscheidung des BVerfG**[14] hat bereits früh die Frage aufgeworfen, ob die Vergütungsfreiheit der nach § 50 erlaubnisfrei zulässigen Werknutzungen verfassungsrechtlich nicht ebenfalls als Verletzung der Eigentumsgarantie nach Art. 14 Abs. 1

---

[2] Ebenso BGH GRUR 2008, 693 Rn. 49 – TV-Total; vgl. auch BGH GRUR 2012, 1062 Rn. 24 – Elektronischer Programmführer.

[3] BGH GRUR 2016, 368 Rn. 21 – Exklusivinterview; BGH GRUR 2012, 1062 Rn. 24 – Elektronischer Programmführer; BGH GRUR 2008, 693 Rn. 48 f. – TV-Total; vom BGH nunmehr dem EuGH zur Prüfung der Vereinbarkeit dieser Auffassung mit dem Unionsrecht vorgelegt als Vorlagefrage 4 in BGH GRUR 2017, 1027 = GRUR-Int 2017, 982 Rn. 43 – Reformistischer Aufbruch, im Hinblick darauf, dass es sich insoweit um ein ungeschriebenes Tatbestandsmerkmal handele, das im Wortlaut von Art. 5 Abs. 3 lit. c Fall 2 und Abs. 5 InfoSoc-RL keine Stütze finde.

[4] EuGH GRUR 2019, 940 Rn. 60 ff., 70 – Spiegel Online/Volker Beck.

[5] Vgl. BGHZ 85, 1 (8) = GRUR 1983, 25 – Presseberichterstattung und Kunstwerkwiedergabe I.

[6] KG ZUM-RD 2012, 526 (529) – Übernahme von Audiomaterial; KG ZUM 2011, 661 (663) – Übernahme von Textpassagen; Dreier/Schulze/*Dreier* § 50 UrhG Rn. 1; Fromm/Nordemann/*Nordemann-Schiffel* § 50 UrhG Rn. 1.

[7] Dreier/Schulze/*Dreier* § 50 UrhG Rn. 1.

[8] Art. 5 § 4 des Staatsvertrags für Rundfunk und Telemedien vom 31.8.1991, in der Fassung des Neunzehnten Rundfunkänderungsstaatsvertrages, vom 3.12.2015, in Kraft getreten am 1.1.2017.

[9] Dazu *Herrmann/Lausen,* Rundfunkrecht, 2. Aufl. 2004, § 22 Rn. 58 ff. mwN; → § 81 Rn. 16.

[10] RGBl. I S. 404 = BGBl. III S. 440.

[11] KG JW 1935, 303.

[12] Dazu *Sterner* GRUR 1963, 303 (304); zur Rechtsentwicklung *Bappert* GRUR 1963, 16 (17) sowie Möhring/Nicolini/*Engels* (4. Aufl.), § 50 UrhG Rn. 2.

[13] BGHZ 37, 1 (12) = GRUR 1962, 470 – AKI mwN sowie *Becker* GRUR 1951, 442.

[14] BVerfGE 49, 382 = GRUR 1980, 44 – Kirchenmusik.

GG zu beanstanden sei. Der BGH hat das jedoch im Zusammenhang mit dem Abdruck von Kunstwerken in Presseberichten unter Hinweis darauf verneint, dass die den §§ 50 aF und 52 aF zugrunde liegenden Sachverhalte nicht vergleichbar seien. Ihr wesentlicher Unterschied bestehe darin, dass der in der Kirchenmusik-Entscheidung verfassungsrechtlich überprüfte § 52 aF den vollen Werkgenuss ermögliche, während es in § 50 lediglich um eine informative Illustration der aktuellen Berichterstattung gehe. Diese beeinträchtige die Interessen des Urhebers, die zudem durch die Vorteile aus der Vervielfältigung und Verbreitung seines Werkes in einer Tageszeitung gefördert würden, in so geringem Maße, dass sie gegenüber dem gesteigerten Informationsinteresse der Allgemeinheit und dem Recht der Presse auf freie Berichterstattung nach Art. 5 Abs. 1 GG unter Beachtung des Grundsatzes der Verhältnismäßigkeit zurückzutreten habe.[15] Zwischenzeitlich sind die Auslegungskriterien namentlich durch das Unionsrecht verfeinert worden (Rn. 9–12).

5   c) Das **Gesetz zur Regelung des Urheberrechts in der Informationsgesellschaft vom 10.9.2003 (BGBl. I S. 1774)** – in Kraft getreten am 13.9.2003 – hat § 50 redaktionell neu gefasst, mit einer neuen Überschrift versehen und unter Ausschöpfung des von Art. 5 Abs. 3 lit. c, Abs. 4 InfoSoc-RL 2001/29/EG (ABl. L 167/10) gesteckten Rahmens den Erfordernissen freier Werknutzung in der Informationsgesellschaft angepasst. In erster Linie geht es dabei um die Erstreckung der Vorschrift auf die erlaubnis- und vergütungsfreie Nutzung durch dem Funk ähnliche technische Mittel, also vornehmlich durch die Online-Berichterstattung, die für die Verwertung reiner Sprachwerke im Rahmen der Berichterstattung (vorher allein Bild- und Tonberichterstattung) große Bedeutung erlangt hat.[16]

3. Rechtfertigung der Vorschrift

6   Die Schrankenregelung des § 50 findet ebenso wie die §§ 48 (öffentliche Reden) und 49 (Zeitungsartikel und Rundfunkkommentare) ihre Rechtfertigung in der Notwendigkeit, den für demokratische Gemeinwesen überragenden Grundrechten der **Meinungs- und Pressefreiheit sowie dem Interesse der Allgemeinheit an rascher und sachgerechter Information** (Art. 11 Abs. 1 und 2 EU-GrCh, Art. 5 Abs. 1 S. 2 GG) unter bestimmten Voraussetzungen **den Vorrang** gegenüber dem ebenfalls verfassungsrechtlich gewährleisteten **Eigentumsschutz des Urhebers (**Art. 17 EU-GrCh, Art. 14 GG) einzuräumen.[17] Bei der Abwägung der sich gegenüberstehenden Grundrechte geschieht dies unter den Voraussetzungen, dass die Berichterstattung in den privilegierten Medien im Wesentlichen Tagesinteressen Rechnung trägt, die genutzten Werke im Verlauf der Ereignisse, über die berichtet wird, wahrnehmbar werden und der Umfang der erlaubnis- und vergütungsfreien Werknutzung durch den Zweck aktueller Berichterstattung erforderlich ist.[18] Dabei darf durch den Abdruck oder die Wiedergabe eines Werkes nur eine geringfügige Beeinträchtigung urheberrechtlicher Interessen eintreten, weil das Werk nicht zum eigentlichen Gegenstand der Berichterstattung gehört, die Einnahmen aus der Berichterstattung nicht auf der Nutzung des Werkes beruhen und dem Urheber die Abbildung seines Werkes in gewisser Weise zugutekommt.[19] Unter Abwägung der wechselseitigen Interessen spricht allerdings die Bedeutung der Meinungs-, Informations-, Presse- und Rundfunkfreiheit nach Art. 11 Abs. 1 EU-GrCh, Art. 10 EMRK, Art. 5 Abs. 1 GG gegenüber den **verhältnismäßig geringfügigen Einschränkungen** der Rechte des Urhebers (und der Leistungsschutzberechtigten) in höherem Maße dafür, § 50 als eine mit Art. 17 EU-GrCh, Art. 14 Abs. 1 S. 2 GG vereinbare Schranke zu werten, anstatt ihn mit der vom BGH angeführte positive Nebenwirkung der Publizität des Urhebers zu rechtfertigen.[20]

4. Konventionsrecht

7   Der Wortlaut des § 50 steht im Einklang mit **Art. 10bis RBÜ der Pariser Fassung** von 1971, zu deren Einhaltung sich die Europäische Gemeinschaft, auch ohne Verbandsland der RBÜ zu sein, mit der Genehmigung des am 20.12.1996 beschlossenen WCT im Namen der Europäischen Gemeinschaft verpflichtet hat.[21] Die der Pariser Fassung vorausgegangene Brüsseler Fassung der RBÜ (1948), die nur noch im Verhältnis zu wenigen Ländern gilt, fasst die Ausnahme enger, indem sie ihren Geltungsbereich auf kurze Bruchstücke aus Werken der Literatur oder Kunst beschränkt. Eine wörtliche Auslegung des Begriffs „kurze Bruchstücke" hat sich nach der hM als unpraktikabel erwiesen, weil sich Berichterstattung nicht immer auf kurze Bruchstücke reduzieren lässt[22] und von Werken der

---

[15] BGHZ 85, 1 (8) = GRUR 1983, 25 – Presseberichterstattung und Kunstwerkwiedergabe I; → Rn. 6.
[16] Sa. AmtlBegr. BT-Drs. 15/38, 1.
[17] Vgl. BGH GRUR 2013, 614 Rn. 22 – Metall auf Metall II; so auch *Götz v. Olenhusen* MR 2013, 58.
[18] Vgl. BGHZ 85, 1 (8) = GRUR 1983, 25 – Presseberichterstattung und Kunstwerkwiedergabe I.
[19] Vgl. BGHZ 85, 1 (8) = GRUR 1983, 25 – Presseberichterstattung und Kunstwerkwiedergabe I.
[20] → Vor §§ 44a ff. Rn. 14 ff.; zur Auslegung von § 50 → Rn. 9 ff.
[21] Beschluss 2000/278/EG des Rates vom 16.3.2000, ABl. L 89, S. 6. Art. 1 Abs. 4 WCT sieht vor, dass die Vertragsparteien den Art. 1 bis 21 und dem Anhang der RBÜ nachkommen; vgl. auch EuGH GRUR 2019, 73 Rn. 7, 38 – Levola Hengelo/Smilde mwN.
[22] *Bußmann* UFITA 40 (1963) 21 (31).

bildenden Kunst ohnehin kaum Bruchstücke gezeigt werden können.[23] Die AmtlBegr. zu § 50 weist daher darauf hin, dass es zwar einen Verstoß gegen den Wortlaut des Art. 10bis RBÜ (Brüsseler Fassung), nicht aber gegen den Sinn und Zweck der Berner Übereinkunft bedeutet, wenn die Aufnahme ganzer Werke in einen Bericht zugelassen, zugleich aber der Umfang freier Benutzung zur Verhütung von Missbräuchen auf andere Weise begrenzt wird.[24]

5. Unionsrecht

Die Novellierung des § 50 durch das Gesetz zur Regelung des Urheberrechts in der Informations- **8**
gesellschaft vom 10.9.2003 (→ Rn. 4) hält sich in Verbindung mit §§ 62, 63 (Änderungsverbot, Verpflichtung zur Quellenangabe) im Rahmen dessen, was nach der nicht vollständig harmonisierenden Vorschrift des Art. 5 Abs. 3 lit. c 2. Alt., Abs. 4 InfoSoc-RL und nach der EU-Grundrechte-Charta (Art. 6 iVm. Art. 11 Abs. 1 und Art. 17) an Einschränkungen der ausschließlichen Rechte der Vervielfältigung, Verbreitung und öffentlichen Wiedergabe im Interesse der Tagesberichterstattung zulässig ist.[25] Unionsrechtlich ist zudem im Auge zu behalten, dass der nationale Gesetzgeber darauf verzichtet hat, bei der Umsetzung der Richtlinie den dort zwingend vorgeschriebenen und **zum aquis communautaire gehörenden Dreistufentest** nach Art. 5 Abs. 5 InfoSoc-RL als selbstverständliche Schranken-Schranke des nationalen und internationalen Urheberrechts ausdrücklich in das Urheberrechtsgesetz aufzunehmen. Dennoch ist er als eine den Schranken des Urheberrechts immanente Regel richtlinien- und überdies TRIPS- (Art. 13 TRIPS) sowie WCT- (Art. 10 WCT) und WPPT- (Art. 16 WPPT) konform im Rahmen der nationalen Schrankenregelungen in vollem Umfang zu beachten[26] und in richtlinienkonformer Auslegung der Schrankenbestimmungen heranzuziehen.[27] Nach ihm ist eine Schrankenregelung nur insoweit zulässig, als sie einen Sonderfall regelt (1), die erlaubnisfreie Nutzung die normale Werkverwertung nicht beeinträchtigt (2) und die Urheberinteressen nicht in ungebührlicher Weise verletzt (3).[28] Diesen Anforderungen genügt § 50 grundsätzlich.[29]

6. Auslegungsfragen

Bei der Auslegung des § 50 ist Folgendes zu beachten: Nach der Rechtsprechung des EuGH, des **9**
BVerfG und des BGH sind Bestimmungen, die Unionsrecht in nationales Recht umsetzen, allein am Unionsrecht, einschließlich der EU-Grundrechte-Charta, nicht aber am Grundgesetz, zu messen, sofern das Unionsrecht dem nationalen Gesetzgeber durch zwingende Vorgaben wie nach Art. 2 lit. a, Art. 3 Abs. 1 InfoSoc-RL keinen Umsetzungsspielraum lässt.[30] In derartigen Fällen ist somit ein Rückgriff selbst auf nationale Regelungen mit Verfassungsrang unzulässig.[31]

§ 50 **enthält** jedoch wegen des Umsetzungsspielraums des Art. 5 Abs. 3 lit. c 2. Alt., Abs. 4 InfoSoc-RL **nicht** vollständig **harmonisiertes europäisches Urheberrecht.**[32] In derartigen Fällen ist es dem nationalen Gesetzgeber nicht verwehrt, nationale Schutzstandards in die Gesetzgebung einzubringen, sofern diese sich im Rahmen der EU-Grundrechte-Charta halten und den Vorrang, die Einheit und die Wirksamkeit des Unionsrecht respektieren.[33] Der Umsetzungsspielraum des nationalen Gesetzgebers wird durch den Wortlaut der Richtlinie, ihre Zielsetzung und die Auswirkungen der umgesetzten Vorschrift auf die Funktionsfähigkeit des Binnenmarktes bestimmt.[34] Die Interpretation

---

[23] *Ulmer* § 72, 3; *Gerstenberg* UFITA 20 (1955) 295 (298).
[24] UFITA 45 (1965) 240 (283); s. dazu auch Fromm/Nordemann/*Nordemann-Schiffel* § 50 UrhG Rn. 1.
[25] Dazu nun ausführlich EuGH GRUR 2019, 934 Rn. 42 ff., 54 – Funke Mediengruppe/Bundesrepublik Deutschland und EuGH GRUR 2019, 940 Rn. 27 ff., 39 – Spiegel Online/Volker Beck; zu diesen Entscheidungen ausführlich im Hinblick auf das Verhältnis von Grundrechten und Schrankenregelungen *Dreier* GRUR 2019, 1003; vgl. auch *Stieper* ZUM 2019, 713.
[26] → Vor §§ 44a ff. Rn. 30 f.
[27] S. EuGH GRUR 2009, 1041 Rn. 57 – Infopaq/DDP; ausführlich dazu *Bornkamm* FS Erdmann (2002), S. 29 passim; Einzelheiten Vor §§ 44a ff. Rn. 30 f. mwN; → Rn. 12.
[28] Zum Dreistufentest ferner *Reinbothe* GRUR-Int 2001, 733 (740); *Dreier* ZUM 2002, 28 (35); *Bornkamm* FS Erdmann (2002), S. 29; *Senftleben* passim; *Senftleben* GRUR-Int 2004, 200; → Vor §§ 44a ff. Rn. 30 f. jeweils mwN; kritisch Max-Planck-Institut für Geistiges Eigentum, Wettbewerbs- und Steuerrecht, Declaration, A Balanced Interpretation of the Three Step Test in Copyright Law, www. ip.mpg.de.
[29] AllgM, statt vieler *Götz v. Olenhusen* MR 2013, 58 (60 f.); Vor §§ 44a ff. Rn. 30 f.
[30] Vgl. EuGH GRUR 2019, 934 Rn. 54 – Funke Mediengruppe/Bundesrepublik Deutschland; EuGH GRUR 2014, 360 Rn. 33 ff. – Svensson/Retriever Sverge; BVerfG GRUR 2016 690 Rn. 115 – Metall auf Metall; BGH GRUR 2017, 895 Rn. 42 ff. – Metall auf Metall III; BGH GRUR 2017, 1027 = GRUR-Int 2017, 982 Rn. 22 – Reformistischer Aufbruch mit der Vorlagefrage, ob die Richtlinienvorschriften zu den Ausnahmen und Schranken dem nationalen Gesetzgeber Umsetzungsspielräume lassen (dort Vorlagefrage 1 Rn. 21); BGH GRUR 2017, 514 Rn. 17 – Cordoba; BGH GRUR 2016, 171 Rn. 17 – Die Realität II; BGH GRUR 2017, 901 Rn. 34 – Afghanistan Papiere; in seinen Schlussanträgen zu letzterer Sache hat GA Szpunar den streitgegenständlichen militärischen Lagebericht nicht als schutzfähige persönliche geistige Schöpfung und deshalb die Vorlage als unzulässig, in jedem Fall aber als unbegründet angesehen, weil das Urheberrecht dem Staat kein Instrument an die Hand gebe, Geheimhaltungsverpflichtungen durchzusetzen, GA Szpunar SA vom 25.10.2018 C-469/17 Rn. 15 ff., 61 – Funke Medien/Bundesrepublik Deutschland.
[31] EuGH GRUR 2019, 940 Rn. 19 – Spiegel Online/Volker Beck.
[32] EuGH GRUR 2019, 934 Rn. 42 – Funke Mediengruppe/Bundesrepublik Deutschland.
[33] EuGH GRUR 2019, 940 Rn. 21– Spiegel Online/Volker Beck.
[34] Vgl. Erwgr. 31 InfoSoc-RL; EuGH GRUR 2019, 940 Rn. 25 – Spiegel Online/Volker Beck.

des Unionsrechts hat dabei im Lichte der autonom und einheitlich auszulegenden Richtlinienvorschriften und der EU-Grundrechte-Charta zu erfolgen.[35]

Die **EMRK** kann zur Auslegung des Unionsrechts nicht zwingend herangezogen werden, weil die EU dieser Konvention nicht beigetreten ist.[36] Praktische Auswirkungen hat das jedoch nicht.

10 Als **Ausnahme und Beschränkung** der ausschließlichen Rechte des Urhebers, die sich weder auf das allgemeine Persönlichkeitsrecht noch auf das Recht am eigenen Bilde einschränkend auswirken,[37] verlangt § 50 im Hinblick auf die gebotene angemessene Teilhabe des Urhebers an der wirtschaftlichen Nutzung seines Werkes – bzw. nach dem Unionsrecht im Hinblick auf die Errichtung eines hohen Schutzniveaus[38] – **grundsätzlich** eine **enge Auslegung.**[39] Jedoch ist **im Einzelfall,** namentlich vor dem Hintergrund der elektronischen Medien, **eine großzügigere Auslegung** geboten, wenn, wie im Regelungszusammenhang von § 50 häufig, Sinn und Zweck der Schranke und der von der InfoSoc-RL angestrebte Ausgleich der Rechte und Interessen der Rechteinhaber und Werknutzer dies erfordern.[40] Deshalb ist nach der Rechtsprechung des EuGH, aber auch des BVerfG und des BGH (gleichfalls des EGMR in Bezug auf die Entsprechung des § 50 im französischen droit d'auteur, jedoch ohne Auswirkungen auf das Unionsrecht, Rn. 9) bei der Auslegung des § 50 auf ein enges Verständnis der Norm zu verzichten, sofern im Einzelfall den nach Art. 11 Abs. 1 und 2 EU-GrCh bzw. nach Art. 5 GG geschützten Grundrechten der Presse-, Informations- und Meinungsfreiheit im Wege der Güterabwägung gegenüber dem grundrechtlichen Schutz des geistigen Eigentums nach Art. 17 Abs. 2 EU-GrCh bzw. Art 14 Abs. 1 GG der Vorrang gebührt.[41] Das bedeutet nach ständiger, vom EuGH nunmehr im Grundsatz bestätigter Rechtsprechung (Rn. 12) des BGH, zuletzt in seinen Vorlagebeschlüssen „Reformistischer Aufbruch" und „Afghanistan Papiere", dass konkurrierende Grundrechtspositionen im Wege der Abwägung zueinander in einen angemessenen Ausgleich zu bringen sind. Dies geschieht, indem die dem Urheber zustehenden Befugnisse sowie die Vorschriften über die Ausnahmen und Beschränkungen in großzügigerer, weniger dem Gesetzeswortlaut verhafteten Auslegung zu interpretieren sind, um einem gesteigerten öffentlichen Interesse an einer erlaubnis- und vergütungsfreien Werknutzung gegenüber den für nachrangig befundenen Interessen des Urhebers

---

[35] EuGH GRUR 2019, 940 Rn. 62 – Spiegel Online/Volker Beck; EuGH GRUR 2011, 50 Rn. 32 – Padawan mwN; EuGH GRUR 2012, 156 Rn. 183 ff., 188 – Football Association Premier League/Murphy; ebenso GAin *Sharpston* Schlussanträge in der Rs.C-351/12, BeckRS 2013, 82165 Rn. 25 – OSA; vgl. auch BGH GRUR 2012, 1136 Rn. 14 – Breitbandkabel (zur einheitlichen Auslegung des Begriffs der öffentlichen Wiedergabe im UrhG); vgl. BGH, GRUR 2013, 818 Rn. 15 ff. – Die Realität; ausführlich zur Auslegung des Unionsrechts *v. Ungern-Sternberg* FS Bornkamm (2014), S. 1007 (1008 ff.). mwN.

[36] Vgl. BGH GRUR-Int 2017, 982 = GRUR 2017, 1027 Rn. 23 – Reformistischer Aufbruch mwN; BGH GRUR 2017, 901 Rn. 35 – Afghanistan Papiere mwN; anders verhält es sich bei der Auslegung des nationalen Verfassungsrechts; dort können die EMRK und die Rechtsprechung des EGMR für die Bestimmung und Reichweite der Grundrechte berücksichtigt werden, BGH GRUR 2017, 901 Rn. 35 – Afghanistan Papiere mwN.

[37] → Rn. 27; DKMH/*Dreyer* § 50 UrhG Rn. 2.

[38] EuGH GRUR 2019, 934 Rn. 50 – Funke Mediengruppe/Bundesrepublik Deutschland.

[39] StRspr., zuletzt EuGH GRUR 2019, 940 Rn. 53 – Spiegel Online/Volker Beck; EuGH GRUR-Int 2012, 336 Rn. 27 – Infopaq/DDP II; EuGH GRUR 2009, 1041 Rn. 56 – Infopaq/DDP; BVerfG GRUR 2012, 389 Rn. 17 – Kunstausstellung im Online-Archiv; BGH GRUR 2005, 670 (671) – WirtschaftsWoche; BGH GRUR 2003, 1035 (1037) – Hundertwasser-Haus; BGH GRUR 2003, 956 (957) – Gies-Adler; BGHZ 151, 300 (310) = GRUR 2002, 963 – Elektronischer Pressespiegel; BGHZ 150, 6 (8) = GRUR 2002, 605 f. – Verhüllter Reichstag; BGH GRUR 1994, 800 (802) – Museumskatalog; OGH ZUM 2019, 563; für eine großzügigere Auslegung von Schrankenregelungen; *v. Ungern-Sternberg* GRUR 2013, 248 (254) mwN; *v. Ungern-Sternberg* GRUR 2010, 273 (278), GRUR 2015, 205 (211) und GRUR 2015, 533 (535 f.), mit dem Hinweis, dass angesichts des gleichwohl unionsrechtlich gebotenen angemessenen Ausgleichs von Rechten (einschließlich der Grundrechte) und Interessen von Nutzern und Rechteinhabern (EuGH GRUR 2014, 972 Rn. 26 ff. – Vrijheitsfonds/Vandersteen ua.; EuGH GRUR 2014, 1078 Rn. 27, 31 – TU Darmstadt/Ulmer) der Grundsatz der engen Auslegung bedeutungslos werde; ebenso *Götz v. Olenhusen* MR 2013, 58 f.; sa *Geiger* GRUR-Int 2004, 815; ausführlich dazu → Vor §§ 44a ff. Rn. 36 ff.; → § 51 Rn. 8.

[40] Vgl. Erwgr. 3, 13 InfoSoc-RL; EuGH GRUR 2019, 940 Rn. 54 – Spiegel Online/Volker Beck; EuGH GRUR 2019, 934 Rn. 71 ff. – Funke Mediengruppe/Bundesrepublik Deutschland; EuGH GRUR 2016, 1152 Rn. 31 – GS Media BV/Sanoma ua.; EuGH GRUR 2014, 972 Rn. 25 – Deckmyn und Vrijheidsfonds/Vandersteen; vgl. ferner BGH GRUR 2017, 517, 514 Rn. 35 – Cordoba; BGH GRUR 2014, 974 Rn. 34 – Porträtkunst; BGH GRUR 2003, 1035 (1037) – Hundertwasser-Haus; BGH GRUR 2001, 51 (52) – Parfumflakon; BGH GRUR 2002, 605 f. – Verhüllter Reichstag; BGH GRUR 2002, 963 (966) – Elektronischer Pressespiegel; BGH, GRUR 2003, 956 (957) – Gies-Adler jeweils mwN; auch → Vor §§ 44a ff. Rn. 38 mwN; Dreier/Schulze/*Dreier* Vor § 44a UrhG Rn. 7; speziell zum Zitatrecht → § 51 Rn. 8 sowie *v. Ungern-Sternberg* GRUR 2017, 217 (223) zu BGH GRUR 2016, 368 Rn. 25 ff. – Exklusivinterview.

[41] Zuletzt EuGH GRUR-Int 2012, 336 Rn. 27 – Infopaq II; EuGH GRUR 2009, 1041 Rn. 56 – Infopaq/DDP; BVerfG GRUR 2016, 690 Rn. 82 ff. – Metall auf Metall mwN; BVerfG GRUR 2012, 389 Rn. 17 – Kunstausstellung im Online-Archiv; BGH GRUR 2012, 819 Rn. 28 – Blühende Landschaften; BGH GRUR 1994, 800 (802) – Museumskatalog; BGH GRUR 2001, 59 f. – Parfumflakon; BGHZ 150, 6 (8) = GRUR 2002, 605 f. – Verhüllter Reichstag; BGHZ 151, 300 (310) = GRUR 2002, 963 – Elektronischer Pressespiegel; BGH GRUR 2002, 1050 (1051) – Zeitungsbericht als Tagesereignis; BGH GRUR 2003, 956 (957) – Gies-Adler; BGH GRUR 2003, 1035 (1037) – Hundertwasser-Haus; BGH GRUR 2005, 670 (671) – WirtschaftsWoche; für eine enge Auslegung hingegen BGH GRUR 2015, 667 Rn. 19 f. – Möbelkatalog; kritisch dazu *v. Ungern-Sternberg* GRUR 2016, 321, 322; ohne bindende Auswirkungen auf das Unionsrecht die Entscheidung des EGMR GRUR 2013, 859 Rn. 36 ff. – Ashby Donald ua./Frankreich mAnm *Hoeren* MMR 2013, 797, dazu auch → Rn. 7; vgl. ferner → Vor §§ 44a ff. Rn. 36 ff.

den Vorrang einzuräumen.[42] Mit den Worten der Richtlinie in Art. 5 Abs. 3 lit. c InfoSoc-RL heißt das, „soweit es der Informationszweck erfordert". Nach der Rechtsprechung des EuGH dürfen sich allerdings die bei der Abwägung herangezogenen Parameter ausschließlich aus dem Unionsrecht ergeben.

Nach Auffassung der Gerichte, nunmehr auch des EuGH, ist dabei zu berücksichtigen, dass der **11** **Gesetzgeber mit dem System der Schrankenregelungen bereits eine Abwägung** vorgenommen hat.[43] Die Anwendung allgemeiner Rechtssätze, nach denen wegen eines vorzugswürdigen Interesses der Öffentlichkeit der absolute Schutz des Urhebers zurückzutreten hat oder ausnahmslos eine enge Auslegung von Schrankenbestimmungen bei der fallbezogenen Grundrechtsabwägung geboten ist, haben der BGH – und ihn bestätigend – das BVerfG[44] verworfen.[45] Vielmehr ist bei der Auslegung der Schrankenbestimmungen die bei konkurrierenden Grundrechtspositionen bereits vom Gesetzgeber vorgenommene Interessenabwägung im Wege **praktischer Konkordanz** so nachzuvollziehen, dass die Beschränkung der sich begegnenden Grundrechte in einer Weise erfolgt, die unter Berücksichtigung der Verhältnismäßigkeit allen Beteiligten einen möglichst weitgehenden Grundrechtsschutz beläßt.[46] Nach Auffassung des BGH hat somit die Grundrechtsabwägung bei der Auslegung der jeweiligen Schrankenbestimmung zu erfolgen, um nicht durch eine außerhalb der urheberrechtlichen Verwertungs- und Persönlichkeitsrechte sowie außerhalb der Schrankenbestimmungen angesiedelte Einzelfallabwägung in die gesetzgeberische Gestaltungsfreiheit einzugreifen.[47] Daneben ist eine gesonderte Grundrechtsabwägung unstatthaft.[48]

Bei der Gewichtung der konkurrierenden Grundrechte kommt wegen der für ein demokratisches Gemeinwesen unverzichtbaren Medien- und Informationsfreiheit besondere Bedeutung zu.[49] Die Notwendigkeit einer anderen Beurteilung dieser Rechtsprechung im Lichte der EU-GrCh ist nicht erkennbar, zumal der EuGH ebenfalls von vornherein auf eine Abwägung der wechselseitigen Grundrechte im Rahmen der Auslegung der Ausnahmen und Beschränkungen des Unionsrechts abstellt.[50]

Der Rechtsprechung des BVerfG und des BGH hat sich der **EuGH in Beantwortung der Vor-** **12** **lagefragen des BGH** unter unionsrechtlichen Vorzeichen im Grundsatz angeschlossen, dabei jedoch **den Umsetzungsspielraum** naturgemäß **auf das Unionsrecht beschränkt.** Das bedeutet, dass sich die Mitgliedstaaten bei der Umsetzung streng an den vorgegebenen Rahmen der Ausnahmen

---

[42] In welcher Weise bei der Bestimmung der Reichweite der Schrankenbestimmungen auch die Grundrechte nach der EU-Grundrechte-Charta zu berücksichtigen sind, fragt der BGH in der Vorlage Afghanistan Papiere (Vorlagefrage 2); in der Vorlagefrage 3 geht es darum, ob die Grundrechte der Informations- und Pressefreiheit die ausschließlichen Rechte des Urhebers außerhalb der Schrankenbestimmungen beschränken können; ebenso Vorlagefrage 3 des Beschlusses BGH GRUR 2017, 1027 = GRUR-Int 2017, 982 Rn. 25 ff. – Reformistischer Aufbruch und die Vorlage in der Sache BGH GRUR 2017, 895 Rn. 46 ff. – Metall auf Metall III.

[43] Vgl. EuGH GRUR 2016, 1152 Rn. 31 – GS Media BV/Sanoma ua.; BVerfG GRUR 2012, 389 Rn. 14 – Kunstausstellung im Online-Archiv; BGH GRUR 2017, 895 Rn. 48 – Metall auf Metall III; BGH GRUR 2017, 1027 = GRUR-Int 2017, 982 Rn. 28 – Reformistischer Aufbruch; BGH GRUR 2017, 901 Rn. 39 – Afghanistan Papiere; BGH GRUR 2017, 517 Rn. 35 – Cordoba; BGH GRUR 2014, 974 Rn. 34 – Porträtkunst; BGH GRUR 2003, 956 (957) – Gies-Adler; BGH GRUR 2002, 605 (606) – Verhüllter Reichstag; BGH GRUR 2002, 1050 (1051) – Zeitungsbericht als Tagesereignis mit zust. Anm. *Schricker* LMK 2003, 9; vgl. auch BVerfG GRUR 2001, 149 (151 f.) – Germania 3; zum Verhältnis von § 51 Nr. 2 UrhG und Art. 5 Abs. 3 Satz 1 GG ausführlich § 51 Rn. 8; vgl. auch OLG Köln GRUR-RR 2016, 59 (61 f.) – Afghanistan Papiere.

[44] BVerfG GRUR 2012, 389 Rn. 17 – Kunstausstellung im Online-Archiv.

[45] BGH GRUR 2001, 59 f. – Parfumflakon; BGH GRUR 2002, 605 f. – Verhüllter Reichstag; BGH GRUR 2002, 1050 (1051) – Zeitungsbericht als Tagesereignis; BGH GRUR 2005, 670 (671) – WirtschaftsWoche; vgl. auch zur Einzelfallabwägung BGH GRUR 2014, 974 Rn. 34 ff. – Porträtkunst; BGH GRUR 2017, 895 Rn. 49 – Metall auf Metall III unter Hinweis auf EuGH GRUR 2008, 241 Rn. 68 – Promusicae; EuGH GRUR 2014, 468 Rn. 46 – UPC Telekabel.

[46] BVerfG GRUR 2005, 880 (882) – Xavier Naidoo mwN; BVerfG GRUR 2001, 149 (151) – Germania 3; BGH GRUR 2017, 1027 = GRUR-Int 2017, 982 Rn. 29 – Reformistischer Aufbruch; BGH MMR 2017, 478 Rn. 24 – Afterlife; BGH GRUR 2014, 974 Rn. 34 – Porträtkunst; BGH GRUR 2003, 956 (957) – Gies-Adler; BGH GRUR 2002, 605 f. – Verhüllter Reichstag; BGH GRUR 2017, 895 Rn. 49 – Metall auf Metall III; vgl. auch EuGH MMR 2016, 760 Rn. 83 – McFadden; EuGH GRUR 2014, 468 Rn. 46 – UPC Telekabel; EuGH GRUR 2008, 241 Rn. 68 – Promusicae: Herstellung eines angemessenen Gleichgewichts zwischen den konfligierenden Rechten.

[47] BVerfG GRUR 2012, 389 Rn. 10, 14 – Kunstausstellung im Online-Archiv mwN; BGH GRUR 2017, 895 Rn. 51 – Metall auf Metall III; BGH GRUR 2017, 1027 = GRUR-Int 2017, 982 Rn. 31 – Reformistischer Aufbruch; BGH GRUR 2017, 901 Rn. 42 – Afghanistan Papiere; BGH GRUR 2014, 974 Rn. 33 f. – Porträtkunst; ebenso § 51 Rn. 8.

[48] BGH GRUR 2010, 628 Rn. 27 – Vorschaubilder; BGH GRUR 2003, 956 (957) – Gies-Adler; ebenso LG Köln GRUR-RR 2015, 55 (59) – Afghanistan-Papiere.

[49] BGH GRUR 2017, 982 = GRUR-Int 2017, 1027 Rn. 33 – Reformistischer Aufbruch; BGH GRUR 2017, 901 Rn. 44 – Afghanistan Papiere; nach Auffassung des BGH kann ein gesteigertes öffentliches Interesse an der Berichterstattung nicht dazu führen, dass die Auslegung des § 50 nicht mehr vom Wortlaut der Vorschrift gedeckt ist, dh. im konkreten Fall, nicht als Berichterstattung über Tagesereignisse bezeichnet werden kann.

[50] EuGH ZUM 2012, 29 Rn. 46 ff. – Sarlet Extended; vgl. zur nationalen Rspr. BVerfG GRUR 2012, 389 Rn. 14 – Kunstausstellung im Online-Archiv; BGH GRUR 2017, 901 Rn. 42 – Afghanistan Papiere; BGH GRUR 2003, 956 – Gies-Adler; vgl. *v. Ungern-Sternberg* GRUR 2013, 248 (254) mwN; *v. Ungern-Sternberg* GRUR 2010, 273 (278); erneut *v. Ungern-Sternberg* GRUR 2015, 205 (211) und *v. Ungern-Sternberg* GRUR 2015, 533 (535 f.) jeweils mwN; ferner *Paulus* ZUM 2016, 513 (515 f.); *Paulus* FS 50 Jahre UrhG, S. 55 (74 f.).

und Beschränkungen der Richtlinie und der EU-Grundrechte-Charta zu halten und sämtliche Tatbestandsmerkmale der umzusetzenden Vorschrift zu übernehmen bzw. auszufüllen haben.[51] Überdies dürfen sie im Sinne einer gebotenen kohärenten Umsetzung des Unionsrechts[52] keine Merkmale in ihr Gesetz aufnehmen, die sich nicht „voll und ganz" in diesem EU-rechtlichen Rahmen bewegen, nicht von der Zielsetzung der Richtlinie abweichen und unionsrechtlich keine disharmonisierende Wirkung entfalten (Erwgr. 31 der Richtlinie).[53] Dabei müssen sie die allgemeinen Grundsätze des Unionsrechts, insbesondere den Verhältnismäßigkeitsgrundsatz, beachten, damit sie bei der Erreichung des Ziels der Richtlinie und ihrer praktischen Wirksamkeit nicht über das Erforderliche hinausgehen.[54] Sodann haben die Mitgliedstaaten den Dreistufentest zu wahren, einen Ausgleich der Interessen der verschiedenen von der Regelung betroffenen Rechteinhaber (Urheber und Nutzer) herbeizuführen und ihre sich aus der EU-Grundrechte-Charta, jedoch nicht aus dem Grundgesetz, ergebenden konkurrierenden Grundrechte in ein angemessenes Gleichgewicht zu bringen.[55] Das bedeutet, dass die Informations- und Pressefreiheit nach Art. 11 EU-GrCh keine über Art. 5 Abs. 2 und 3 InfoSoc-RL hinausgehenden Ausnahmen und Beschränkungen der Ausschließlichkeitsrechte des Urhebers rechtfertigen darf. Vielmehr ist bei konkurrierenden Grundrechten ein angemessener Rechts- und Interessenausgleich im Rahmen der Auslegung der Ausnahmen und Beschränkungen herbeizuführen.[56] Dies unter Abwägung aller Umstände des Einzelfalls im Lichte des Wortlauts und der praktischen Wirksamkeit der anzuwendenden Vorschriften der Art. 2 lit. a und Art. 3 Abs. 2, Art. 5 Abs. 3 lit. c Fall 2 und lit. d InfoSoc-RL sowie Art. 11 und 17 EU-GrCh zu prüfen, ist Aufgabe der nationalen Gerichte.[57]

II. Berichterstattung über Tagesereignisse

1. Berichterstattung

13   § 50 lässt die erlaubnis- und vergütungsfreie Werknutzung nur im Rahmen einer Berichterstattung über Tagesereignisse zu. Unter Berichterstattung ist die möglichst wirklichkeitsgetreue, akustisch oder/und visuell wahrnehmbare Wiedergabe oder sachliche Schilderung einer tatsächlichen Begebenheit zu verstehen.[58] Je nach der Art des berichtenden Mediums können sich Besonderheiten der Berichterstattung ergeben. In der Regel wird sich ein Bericht iSd. Schrankenregelung auf die Schilderung nur eines Ausschnitts einer tatsächlichen Begebenheit beschränken, zwingend ist dies jedoch nicht.[59] Ausschlaggebend ist, dass sich die Schilderung im **Rahmen des privilegierten Informationszwecks** hält[60] und der Umfang des übernommenen Werk(teils) zum Umfang des Berichts in einem sachlich begründbaren Verhältnis steht und eine dienende Aufgabe – „in Verbindung mit der Berichterstattung über Tagesereignisse" – erfüllt.[61] Die bloße Ankündigung eines Tagesereignisses erfüllt die an einen Bericht zu stellenden Anforderungen nicht.[62] Der Umstand, dass das wiedergegebene Werk zeitlich mehr als die Hälfte des Berichtes ausmacht, schließt die Zulässigkeit von dessen Verwendung nicht notwendig aus.[63] Die **vollständige Übertragung** eines Ereignisses in Rundfunk oder Fernsehen ist freilich bereits begrifflich **kein Bericht** iSd. § 50, so dass auch die erlaubnisfreie Wiedergabe eines fremden Werkes ausgeschlossen ist.[64]

Berichte in Presse, Funk und Internet erfordern, dass der Berichterstatter die tatsächlichen Vorgänge subjektiv wahrnimmt und mit eigenen Worten schildert. Eine **gewisse Relativierung der Objektivität** ist deshalb **unvermeidbar**. Die Frage, ob eine Berichterstattung über Tagesereignisse iSd. Art. 5 Abs. 3 lit. c 2. Alt., Abs. 4 InfoSoc-RL auch dann vorliegt, wenn ein Werk über das Internetportal eines Presseunternehmens zugänglich gemacht wird, die Zustimmung dazu jedoch in zumutbarer Weise hätte eingeholt werden können,[65] hat der EuGH auf Vorlage des BGH verneint.[66]

---

[51] EuGH GRUR 2019, 934 Rn. 48 ff. – Funke Mediengruppe/Bundesrepublik Deutschland.
[52] Vgl. EuGH GRUR 2019, 940 Rn. 48 – Spiegel Online/Volker Beck; EuGH GRUR 2019, 934 Rn. 46 ff. – Funke Mediengruppe/Bundesrepublik Deutschland.
[53] EuGH GRUR 2019, 934 Rn. 50 – Funke Mediengruppe/Bundesrepublik Deutschland.
[54] EuGH GRUR 2019, 940 Rn. 30 ff. – Spiegel Online/Volker Beck; EuGH GRUR 2019, 934 Rn. 53 – Funke Mediengruppe/Bundesrepublik Deutschland jeweils m. zahlreichen Rspr.-Nachweisen.
[55] EuGH GRUR 2019, 940 Rn. 31 ff. – Spiegel Online/Volker Beck, EuGH GRUR 2019, 934 Rn. 46 ff. – Funke Mediengruppe/Bundesrepublik Deutschland, m. zahlreichen Rspr.-Nachweisen.
[56] EuGH GRUR 2019, 940 Rn. 38 – Spiegel Online/Volker Beck.
[57] EuGH GRUR 2019, 940 Rn. 59 – Spiegel Online/Volker Beck.
[58] Vgl. *Roeber* UFITA 9 (1936) 336 (345).
[59] BGH GRUR 2002, 1050 (1051) – Zeitungsbericht als Tagesereignis.
[60] EuGH GRUR 2019, 940 Rn. 61 – Spiegel Online/Volker Beck.
[61] EuGH GRUR 2019, 940 Rn. 64 – Spiegel Online/Volker Beck.
[62] EuGH GRUR 2019, 940 Rn. 64 – Spiegel Online/Volker Beck.
[63] OLG Köln ZUM 2010, 367 (369) – Fremdes Sendematerial; → Rn. 20, 23 f.; OLG Hamburg ZUM 2015, 577 (579 f.) – Promis auf fett getrimmt (von BGH insoweit nicht erörtert (Az. I ZR 9/15)).
[64] Vgl. OGH GRUR-Int 1971, 411 – Bad Ischler Operettenwochen; OLG Hamburg UFITA 96 (1983), 255 (264) – Berichterstattung über Theaterfestival; Dreier/Schulze/*Dreier* § 50 Rn. 3.
[65] Vom BGH bisher als ungeschriebenes Tatbestandsmerkmal angenommen, → Rn. 1 mwN.
[66] EuGH GRUR 2019, 940 Rn. 60 ff. – Spiegel Online/Volker Beck auf Vorlage des BGH GRUR 2017, 1027 = GRUR-Int 2017, 982 Rn. 37 ff. – Reformistischer Aufbruch.

§ 50 erfasst **nicht nur einfache Tatsachenberichte.** Die wertende und kommentierende Berück- 14
sichtigung der Vorgeschichte und der Hintergründe eines aktuellen Geschehens, einschließlich inhaltsbezogener Stellungnahmen Dritter oder die Einfügung ironisierender Kommentare, nehmen einem Artikel noch nicht den Charakter eines Berichts über ein aktuelles Tagesgeschehen, solange er unzweifelhaft und vorrangig der **Information über ein aktuelles Tagesereignis dient** und dieses nicht lediglich als Aufhänger für eine weiterreichende Darstellung nutzt.[67] Es ist nicht erforderlich, dass der Nutzer den fraglichen Bericht vertiefend analysiert, solange der Bericht der Befriedigung des Informationsinteresse der Öffentlichkeit an Tagesereignissen dient.[68]

Es entspricht dem **Wesen eines Berichts,** über tatsächliche Vorgänge möglichst wirklichkeits- und zeitnah zu informieren. Dies rechtfertigt es, bei der Berichterstattung über Tagesereignisse dem Informationsinteresse der Allgemeinheit nicht nur gegenüber dem Ausschließungsrecht, sondern auch gegenüber dem Vergütungsinteresse des Urhebers bzw. der betroffenen Leistungsschutzberechtigten den Vorrang einzuräumen, wenn der Bericht geschützte Werke (§ 2) oder Leistungen ausübender Künstler (§§ 73, 83), Fotografen (§ 72 Abs. 1), Editoren[69] ua. bzw. von Veranstaltern (§ 81), Film- oder Tonträgerproduzenten (§§ 85, 94, 95) oder Rundfunkanstalten (§ 87)[70] einbezieht.

Keine privilegierenden Umstände nach § 50 hat der BGH noch dort gesehen, wo es der Öffent- 15
lichkeit nicht auf eine aktuelle Berichterstattung ankommt und es deshalb dem Berichterstatter oder seinem Auftraggeber möglich und zumutbar ist, vor dem Abdruck oder der öffentlichen Wiedergabe des Berichts die notwendigen Rechte einzuholen, ohne zulasten des Rechtsinhabers die Schrankenregelung in Anspruch zu nehmen.[71] Dem hat sich der EuGH nicht angeschlossen.[72] **Schilderungen,** die ausschließlich oder ganz überwiegend die **persönlichen Ansichten** des Verfassers wiedergeben, sowie **reine Kommentare zu Tagesereignissen,** gehören ebenfalls **nicht zur aktuellen Berichterstattung** iSd. Vorschrift.[73] Denn die aktuelle Berichterstattung darf die Grenze zur vertiefenden Analyse und wertenden Darstellung ganzer Problemkreise, denen lediglich ein Tagesereignis zum Anlass der Themenwahl dient, nicht überschreiten.[74] Gleichfalls nicht unter § 50 fällt mangels einer Berichterstattung der **bloße systematische Abdruck von militärischen Lageberichten** oder deren Bereithaltung zum Abruf im Internet **ohne jede Analyse oder Kommentierung und ohne eigenen Bericht.**[75] Nichts anderes gilt für die unter Verletzung der Rechte nach §§ 87 Abs. 1 Nr. 2, 96 Abs. 2 erfolgte teilweise Übernahme eines zwei Tage zuvor von einem anderen Sendeunternehmen ausgestrahlten Exklusivinterviews. Denn das übernommene Bildmaterial war kein urheberrechtlich geschütztes Werk oder eine geschützte Leistung, die im Verlaufe eines Tagesereignisses, über das berichtet worden ist, wahrnehmbar geworden ist, vielmehr war es die Berichterstattung selbst.[76]

2. Tagesereignis

§ 50 verlangt, dass die erlaubnis- und vergütungsfreie Werknutzung **im Rahmen einer Bericht-** 16
erstattung über Tagesereignisse erfolgt. Unter einem Tagesereignis ist eine tatsächliche aktuelle Begebenheit auf welchem Gebiet auch immer zu verstehen, die für die Allgemeinheit von Interesse ist. Ein Geschehen ist solange aktuell, wie ein Bericht darüber von der Öffentlichkeit noch als Gegenwartsberichterstattung empfunden wird.[77] Zwei Merkmale sind demnach für ein Tagesereignis charakteristisch: die **Aktualität und das Interesse der Öffentlichkeit,** mindestens aber einer größeren Gruppe von Interessierten.[78] Dem Zweck der Vorschrift entsprechend, die aktuelle Berichterstattung zu erleichtern (→ Rn. 1), muss eine besondere Qualität des Ereignisses hinzutreten, die es für eine aktuelle, in der Regel flüchtige Berichterstattung geeignet erscheinen lässt.[79]

---

[67] BGH GRUR 2002, 1050 (1051) – Zeitungsbericht als Tagesereignis unter Hinweis auf OLG Hamburg AfP 1983, 405; vgl. auch Möhring/Nicolini/*Engels* (4. Aufl.), § 50 UrhG Rn. 5.1.
[68] EuGH GRUR 2019, 940 Rn. 70 – Spiegel Online/Volker Beck.
[69] §§ 70 Abs. 1, 71 Abs. 1 S. 3.
[70] §§ 81, 85 Abs. 3, 87 Abs. 3, 94 Abs. 4, 95.
[71] BGH GRUR 2016, 368 Rn. 21 – Exklusivinterview; BGH GRUR 2012, 1062 Rn. 24 – Elektronischer Programmführer; BGH GRUR 2008, 693 Rn. 49 – TV-Total; LG Köln ZUM-RD 2010, 283 (297) – EPG; dem EuGH vorgelegt zur Prüfung, ob dieses ungeschriebene Tatbestandsmerkmal mit der Richtlinie vereinbar ist, vgl. Vgl. BGH GRUR 2017, 1027 = GRUR-Int 2017, 982 Rn. 43 – Reformistischer Aufbruch mwN, (auch → Rn. 1).
[72] EuGH GRUR 2019, 940 Rn. 60 ff., 74 – Spiegel Online/Volker Beck; auch → Rn. 1, 13.
[73] Ebenso Möhring/Nicolini/*Engels* (4. Aufl.), § 50 UrhG Rn. 5.
[74] OLG Hamburg AfP 1983, 405 (408) – Berichterstattung über Theaterfestival.
[75] BGH GRUR 2017, 901 Rn. 20 – Afghanistan Papiere.
[76] BGH GRUR 2016, 368 Rn. 18 f. – Exklusivinterview unter Hinweis auf BGH GRUR 2002, 1050 (1051) – Zeitungsbericht als Tagesereignis.
[77] St. Rspr.: BGH GRUR 2017, 1027 = GRUR-Int 2017, 982 Rn. 46 – Reformistischer Aufbruch; BGH GRUR 2008, 693 Rn. 48 – TV-Total; BGH 2002, 1050 (1051) – Zeitungsbericht als Tagesereignis; BGH GRUR, 2011, 415 Rn. 11 – Kunstausstellung im Online-Archiv; BGH GRUR 2016, 368 Rn. 14 – Exklusivinterview; Dreier/Schulze/*Dreier* § 50 Rn. 4; Möhring/Nicolini/*Engels* (4. Aufl.), § 50 UrhG Rn. 5; *v. Gamm* § 50 UrhG Rn. 3; vgl. auch KG ZUM 2011, 610 (612) – Übernahme von Textpassagen.
[78] Ebenso EuGH GRUR 2019, 940 Rn. 67 – Spiegel Online/Volker Beck; OLG Hamburg ZUM 2015, 577 (579) – Promis auf fett getrimmt, vom BGH insoweit nicht erörtert (Az.: I ZR 9/15); Dreier/Schulze/*Dreier* § 50 UrhG Rn. 4; Mestmäcker/Schulze/*Müller-Katzenburg* (Stand 12/2007) § 50 UrhG Rn. 9, 11.
[79] Vgl. BGH GRUR 2005, 670 (671) – WirtschaftsWoche.

17 **a) Tagesereignisse** können, da das Gesetz keine Einschränkung des Begriffs vornimmt, in im Interesse der Pressefreiheit gebotener nicht zu enger Auslegung (Rn. 9, 10) **tatsächliche Begebenheiten jeglicher Art** sein, dh. nicht allein Vorgänge aus Gesellschaft, Politik und Wirtschaft, sondern auch Ereignisse, die den Bereichen des Alltäglichen, der Politik, des Sports, der Kunst und der Kultur zuzuordnen sind,[80] wie zB Staatsakte, Einweihungs- und Gedenkfeiern, Ausstellungseröffnungen, Preisverleihungen, Sportveranstaltungen, Banalitäten, Klatsch und Tratsch usw. Eine inhaltliche oder qualitative Wertung nimmt das Gesetz im Hinblick auf die Grundrechte der Presse- und Informationsfreiheit nicht vor.[81] Deshalb können ein Zeitungsbericht oder eine Sendung über ein Ereignis je nach der Art und Weise der Berichterstattung selbst eine unter § 50 fallende tatsächliche Begebenheit sein.[82] Entscheidend sind dabei die jeweiligen **Umstände des Einzelfalls.** So ist etwa die Geburt eines Kindes in einer Familie „das" Ereignis des Tages; dennoch ist sie kein Tagesereignis iSd. Schrankenregelung, es sei denn, es handelte sich über den familiären Rahmen hinaus um ein Ereignis von allgemeinem Interesse wie etwa die Geburt des Thronfolgers in einer Monarchie.

18 Der **Begriff des Tagesereignisses** ist somit unter objektivierenden Gesichtspunkten zu bestimmen, dh. **nicht nach den subjektiven Maßstäben des Berichterstatters.**[83] Die Auswahlentscheidung des Reporters oder der Redaktion kann nur die Frage betreffen, über welche Tagesereignisse in welchem Umfang berichtet wird.

19 **Aus der Rechtsprechung** sind folgende Fälle erwähnenswert: Das OLG Frankfurt hat in seinem Berufungsurteil in der Sache „TV-Total" einem situationskomischen Spontaninterview mit einem Passanten die Qualität eines Tagesereignisses abgesprochen.[84] Die zunächst unterschiedliche Beurteilung der Übernahme von Texten und Bildern aus aktuellen Fernseh**programmen** unter dem Gesichtspunkt der Berichterstattung über Tagesereignisse hat der BGH weitgehend geklärt.[85] Das OLG Köln hatte – zu weitgehend – das Fernsehprogramm eines großen Privatsenders oder einzelne Programmpunkte hieraus als **zukunftsbezogenes Tagesereignis** im Sinne des § 50 angesehen und die Wiedergabe eines Standfotos aus der Ankündigung einer Sendung für zulässig erachtet,[86] während nach Auffassung des OLG Dresden[87] § 50 keine zukunftsbezogenen Ereignisse wie die Ankündigungen von Fernsehsendungen privilegiert, in denen zudem die übernommenen Texte und Standfotos nicht wahrnehmbar sind.[88] In seiner Revisionsentscheidung über das Urteil des OLG Dresden hat der BGH die Nutzung von Texten und Standfotos aus Programmankündigungen nicht als Bestandteil einer Berichterstattung über Tagesereignisse iSd. § 50 gewertet, da die Texte selbst nicht in den angekündigten Sendungen aufscheinen, eine mittelbare Wahrnehmbarkeit infolge einer gebotenen engen Auslegung der Schrankenregelung ausscheidet und der vorherige Erwerb einer Lizenz problemlos möglich gewesen ist.[89]

20 **b)** Die **Aktualität** eines Tagesereignisses ist ebenfalls unter **Abwägung der jeweiligen Umstände des Einzelfalls** zu beurteilen. Dabei ist zunächst darauf abzustellen, **was das Publikum noch als Gegenwartsberichterstattung empfindet.**[90] Allein die zeitliche Nähe der Berichterstattung zum aktuellen Geschehen reicht nicht aus. Vielmehr muss das Geschehen noch öffentlich diskutiert werden.[91] Die Äußerung einer nicht allgemein bekannten Person im Fernsehen zu Ereignissen, die seit Wochen die Öffentlichkeit beschäftigt, stellt kein aktuelles Tagesereignis iSd. § 50 dar.[92] Hingegen können in die Berichterstattung durchaus der geschichtliche Zusammenhang und die Hintergründe eines Tagesereignisses erlaubnisfrei einbezogen werden, solange das aktuelle Geschehen nur im Vordergrund steht.[93] Zudem ist der Zeitpunkt des Ereignisses zu der **Erscheinungsweise des privilegierten Mediums** in Relation zu setzen und zu berücksichtigen, dass die Beurteilung der Aktualität einer Berichterstattung sich mit dem jeweiligen Medium und dem von ihm praktizierten Umschlag von Neuigkeiten ändert. Mit einer Rückschau auf die Ereignisse der vorangegangenen Woche endet in der Regel die Aktualität im Fernsehen und im Hörfunk. Berichte einer Tageszeitung über die Er-

---

[80] BGH GRUR 2002, 1050 (1051) – Zeitungsbericht als Tagesereignis; KG Schulze KGZ 74, 11; Möhring/Nicolini/*Engels* (4. Aufl.), § 50 UrhG Rn. 5, 5.1.

[81] *Schricker* LMK 2003, 9 (10); *Götz v. Olenhusen* MR 2013, 58 (59).

[82] BGH GRUR 2002, 1050 (1051) – Zeitungsbericht als Tagesereignis.

[83] *Bappert* GRUR 1963, 16 (19).

[84] OLG Frankfurt ZUM 2005, 477 (481) – TV-Total mit zust. Anm. *Hillig* S. 482; vom BGH GRUR 2008, 693 Rn. 51 – TV-Total wegen eines insoweit mangelnden Revisionsvortrags offengelassen.

[85] BGH KZR 108/10 GRUR 2012, 1062 – Elektronischer Programmführer.

[86] OLG Köln GRUR-RR 2005, 105 f. – Elektronischer Fernsehprogrammführer.

[87] OLG Dresden ZUM 2010, 362 (364) – Presselounges.

[88] Ebenso *Castendyk* ZUM 2008, 916 (922) unter Hinweis auf die Entscheidung BGH GRUR 2008, 693 Rn. 49 – TV-Total, nach der die Sendung eines Beitrags kein Tagesereignis im Sinne des § 50 darstellt, wenn der Inhalt der Sendung selbst kein aktuelles Geschehen betrifft; sa. LG Berlin ZUM 1989, 473 (474) – Les Desmoiselles d'Avignon.

[89] BGH KZR 108/10 GRUR 2012, 1062 Rn. 19, 21, 24 ff. – Elektronischer Programmführer m. Praxishinweis *Bullinger* GRUR-Prax 2012, 336337.

[90] BGH GRUR 2017, 1027 = GRUR-Int 2017, 982 Rn. 46 – Reformistischer Aufbruch; BGH GRUR 2008, 693 Rn. 48 – TV-Total; BGH 2002, 1050 (1051) – Zeitungsbericht als Tagesereignis; LG Hamburg ZUM 2013, 227 (228) – Interviewfrage; Möhring/Nicolini/*Engels* (4. Aufl.), § 50 UrhG Rn. 5 jeweils mwN.

[91] Ebenso OLG Stuttgart AfP 1986, 71 (72); Möhring/Nicolini/*Engels* (4. Aufl.), § 50 UrhG Rn. 5; Fromm/Nordemann/*Nordemann-Schiffel* § 50 UrhG Rn. 4.

[92] Letztlich offengelassen in KG ZUM-RD 2012, 526 (529) – Übernahme von Audiomaterial.

[93] BGH GRUR 2017, 1027 = GRUR-Int 2017, 982 Rn. 46 – Reformistischer Aufbruch.

öffnung einer Kunstausstellung dürften hingegen dem Aktualitätserfordernis und dem Informationsbedürfnis der Allgemeinheit selbst dann noch genügen, wenn der Bericht über die sonntägliche Eröffnung erst in dem am darauf folgenden Wochenende erscheinenden Feuilletonteil der Zeitung im Druck erscheint.[94] Aktualität ist ebenfalls noch gegeben, wenn eine auf aktuelle Ereignisse auf dem Kunst- und Ausstellungsmarkt bezogene Monatsschrift wie etwa das Kunstmagazin ART erst nach vier Wochen, jedenfalls aber im nächstmöglichen Heft über die Eröffnung einer Ausstellung berichtet.[95] Dagegen kann die Vorführung einer mehrere Wochen alten Wochenschau in einem Kino – ein Vorgang, den *Roeber* im Jahre 1936 und ihm folgend *Nicolini*[96] noch als Gegenwartsberichterstattung einstufen – heute nur noch als von § 50 nicht mehr gedeckte historische Dokumentation angesehen werden.[97] Das Gleiche gilt für Jahresrückblicke, Wiederholungssendungen etc.[98] Das OLG Köln hat die Aktualität einer Fernseh-Casting-Show nicht nach dem Zeitpunkt ihrer Aufzeichnung, sondern dem ihrer Ausstrahlung an die Öffentlichkeit beurteilt und deshalb eine zwei Tage später erfolgte Übernahme eines Ausschnitts in einer anderen Sendung noch nach § 50 für zulässig erachtet.[99]

Maßgeblich für die Aktualität ist somit der **Zeitpunkt der Berichterstattung.** Deshalb fehlt einem auf einer CD-ROM festgelegten Zeitungsarchiv die Aktualität.[100] Höchstrichterlich bestätigt muss auch bei **Online-Archiven im Internet** die Aktualität nicht nur im Zeitpunkt des Einstellens eines Berichts gegeben sein, sondern während des gesamten Zeitraums seines Bereithaltens im Internet.[101] Entgegen der Auffassung des Berufungsgerichts[102] hat der BGH geurteilt, dass die Ergänzung des § 50 durch die Einfügung der Wortfolge „oder durch ähnliche technische Mittel" (→ Rn. 3) nicht rechtfertige, die einmal gegebene Aktualität eines Berichts für die gesamte Zeit seiner Bereithaltung anzunehmen. Eine andere Beurteilung sei nicht dadurch geboten, dass § 50 eine Berichterstattung unter Verwendung von Offline-Datenträgern gestatte. Die Vorschrift privilegiere nicht die Archivierung von Berichten (→ Rn. 15).[103]   **21**

Die **Aktualität eines Ereignisses kann wiederaufleben,** so dass Werke, die früher einmal zulässigerweise erlaubnisfrei wiedergegeben werden konnten, in der Zwischenzeit jedoch ihre Aktualität verloren hatten, infolge wiedergewonnener Aktualität erneut dem Privileg des § 50 unterfallen.[104] Zweifel an der Aktualität gehen zulasten des Verwerters.[105]   **22**

3. Privilegierte Medien

Zu den privilegierten Medien zählen nach der Neufassung des § 50 (→ Rn. 3) nunmehr ausdrücklich neben Zeitungen und Zeitschriften auch „andere Druckschriften oder sonstige Datenträger" und neben dem Funk auch ihm „ähnliche technische Mittel". Sein Wortlaut macht § 50 „zukunftsfest". Er findet auf neuartige, derzeit noch nicht bekannte Printmedien ebenso Anwendung wie auf andere – elektronische oder nicht-elektronische, analoge oder digitale – Werkträger. Ferner erfasst er mit den dem Funk ähnlichen technischen Mitteln die öffentliche Zugänglichmachung nach § 19a in all ihren technischen und inhaltlichen Spielarten.[106] Gegenüber dem früheren Wortlaut der Vorschrift soll aus dem geltenden Text keine Erweiterung seines Anwendungsbereichs folgen.[107] Dem ist zuzustimmen. Trotz grundsätzlich gebotener enger Auslegung betraf § 50 bereits vorher seinem Sinn und Zweck entsprechend und im Hinblick auf Art. 5 GG (→ Rn. 5) alle im Wesentlichen auf die Berichterstattung über Tagesereignisse ausgerichtete Medien, gleich, auf welchem Wege und mit welchen technischen Mitteln die Vervielfältigung, Verbreitung oder öffentliche Wiedergabe erfolgte. Demnach wurden auch solche Medien und Techniken von § 50 umfasst, die beim Erlass des Gesetzes noch nicht bekannt waren. Zu beachten ist, dass stets der Verfasser des Berichts, nicht dagegen ein mit einer entsprechenden Erlaubnis ausgestattetes Vorführunternehmen sich auf die Schrankenregelung berufen kann.[108]   **23**

---

[94] KG Schulze KGZ 74, 11.

[95] Vgl. *Gerstenberg* Anm. zu Schulze KGZ 74, 14.

[96] Möhring/*Nicolini* (1. Aufl.), § 50 UrhG Anm. 2a.

[97] Ähnlich Fromm/Nordemann/*Nordemann-Schiffel* § 50 UrhG Rn. 4.

[98] LG Hamburg GRUR 1989, 591 (592) – Neonrevier; Fromm/Nordemann/*Nordemann-Schiffel* § 50 UrhG Rn. 4.

[99] OLG Köln GRUR-RR 2010, 151 f. – Casting-Show.

[100] LG Hamburg ZUM 2001, 711 (713) – CD-ROM-Jahresedition.

[101] BGH GRUR 2016, 368 Rn. 21 – Exklusivinterview; BGH GRUR 2011, 415 Rn. 13 – Kunstausstellung im Online-Archiv. Die VG Bild-Kunst erlaubt die Aufnahme eines Bildes in ein Online-Archiv vier Wochen vor und vier Wochen nach dem Ereignis, s. *Götz v. Olenhusen* MR 2013, 58 (60).

[102] LG Braunschweig BeckRS 2009, 28660.

[103] Kritisch zum Vorrang der Interessen des Urhebers gegenüber dem Informationsinteresse der Öffentlichkeit in diesen Fällen *Engels* BeckOK UrhR § 50 UrhG Rn. 6.1.

[104] BGH GRUR 2017, 1027 = GRUR-Int 2017, 982 Rn. 46 – Reformistischer Aufbruch; Dreier/Schulze/ *Dreier* § 50 UrhG Rn. 4; Fromm/Nordemann/*Nordemann-Schiffel* § 50 UrhG Rn. 4; DKMH/*Dreyer* § 50 UrhG Rn. 13.

[105] OLG Stuttgart NJW-RR 1986, 220 (221) – Arbeitgeber-Lichtbild.

[106] OLG Köln GRUR-RR 2005, 105 – Elektronischer Fernsehprogrammführer.

[107] AA Wandtke/Bullinger/*Lüft* § 50 UrhG Rn. 3.

[108] Möhring/Nicolini/*Engels* (4. Aufl.), § 50 UrhG Rn. 9 unter zutreffendem Bezug auf BGHZ 37, 1 = GRUR 1962, 470 – AKI.

24   **a)** Berichterstattung **durch Funk, durch dem Funk technisch ähnliche Mittel oder durch Film** erfolgt durch Hörfunk, Fernsehen und Online-Zugänglichmachung. **Der technische Wandel** hat zu einer gewissen **Verlagerung der Berichterstattung** von den Rundfunkanstalten **auf neue Medien** namentlich im Internet geführt, bei denen die reine Textberichterstattung überwiegt, ohne dass die Bedeutung des § 50 gemindert würde. Dem hat der Gesetzgeber Rechnung getragen, indem er durch die Änderung seines Wortlauts ausdrücklich – und nicht mehr wie zuvor analog – jedwede Berichterstattung (nicht mehr allein Bild- und Tonberichterstattung), also auch die **reine Wort-Berichterstattung** über Tagesereignisse, durch neue Medien (zB Btx, Videotext, Kabeltext, Online-Abrufdienste, Internet usw.) von der Schrankenregelung profitieren lässt, selbst wenn die Informationen nicht durch Funk übermittelt werden.[109] Er folgt damit weitgehend einem Vorschlag *Dreiers,* zur Erfassung reiner Textberichterstattung durch Online-Medien den Wortlaut der Vorschrift ausdrücklich auf jede Berichterstattung zu erstrecken, indem die Worte „Bild und Ton" gestrichen und die Worte „Funk und Film" durch den umfassenderen Begriff der „öffentlichen Wiedergabe" ersetzt werden.[110]

25   **b)** Die Begriffe der **Zeitung und Zeitschrift** sind inhaltlich die gleichen wie in § 38.[111] Da bei Tageszeitungen anders als bei Zeitschriften die aktuelle Berichterstattung im Vordergrund steht, gilt der einschränkende Zusatz **„die im Wesentlichen den Tagesinteressen Rechnung tragen"** in erster Linie für Zeitschriften, deren wöchentliche, monatliche oder vierteljährliche Erscheinungsweise eine Einschätzung im Einzelfall erforderlich macht. Befasst sich eine Zeitschrift „im Wesentlichen" mit Tagesinteressen, was bei Wochenzeitschriften häufiger, bei Monatszeitschriften hingegen seltener der Fall sein wird, gilt für die Berichterstattung die gleiche Ausnahme wie für Tageszeitungen (→ Rn. 11 ff.). Jahresrückblicke allerdings sind nicht mehr an Tagesinteressen orientiert.[112]

26   Unter den neu hinzugetretenen Begriff der **anderen Druckschriften** fallen alle übrigen Printmedien (Loseblattlieferungen, Pressespiegel, Reader ua.), während der Begriff der **sonstigen Datenträger** insofern medienübergreifend zu verstehen ist, als er auch elektronische Trägermaterialien wie etwa Festplatten, Disketten, CD-ROM, DVD, Audiokassetten ua. umfasst.[113] Bei Letzteren besteht in besonderem Maße die Gefahr, dass sie als online oder offline zugängliche Archive angeboten werden, deren Inhalte längst ihre Aktualität verloren haben und deshalb nicht mehr durch § 50 privilegiert sind.[114]

III. Art und Umfang gesetzlich zulässiger Nutzungen

27   **Die Vervielfältigung, Verbreitung und öffentliche Wiedergabe, einschließlich der öffentlichen Zugänglichmachung, eines Werkes** iSd. § 15 Abs. 1 und 2 unterliegen im Rahmen der Berichterstattung über Tagesereignisse nach § 50 mehreren Einschränkungen, die die Art und den Umfang der zulässigen Nutzungen betreffen.

28   Das Wesentliche der Berichterstattung über Tagesereignisse liegt in der Vermittlung eines wirklichkeitsgetreuen Gesamtbildes eines Vorkommnisses.[115] Dem entspricht es, dass der Berichterstatter hierbei wahrnehmbare geschützte Werke **„live" am Ort des Tagesereignisses aufnimmt** und übermittelt.[116] Zur Wiedergabe eines im Verlauf einer Ausstellungseröffnung gezeigten Werkes hat der BGH dennoch die **Benutzung einer Archivaufnahme** zugelassen, weil es lediglich auf die konkrete Gestalt ankomme, in der das Werk anlässlich des Ereignisses in Erscheinung trete.[117] Nach *Gerstenberg* widerspricht jedoch die Zulassung von Archivbildern der Entstehungsgeschichte und dem Sinn der Bestimmung. Anstelle eines aktuellen Bild**berichts** trete hier wie bei einem Bild**zitat** die Abbildung einer beliebigen älteren Reproduktion.[118] Dasselbe hätte bei der Übernahme einer fremden Berichterstattung in Form fremder Ankündigungen von Fernsehsendungen oder der Übernahme von Filmeinzelbildern in einem Bericht über einen Film zu gelten.[119]

29   Eine Beschränkung des § 50 auf lediglich **bruchstückhafte Werkabbildungen** oder -wiedergaben kann im Hinblick auf die Presse- und Informationsfreiheit nicht verlangt werden.[120] Ebenso

---

[109] Dazu bereits *Katzenberger* GRUR-Int 1983, 895 (909 ff.).

[110] *Dreier* in Schricker (Hrsg.), Informationsgesellschaft, S. 160 f.; → Rn. 4.

[111] Dazu → § 38 Rn. 23 ff. sowie die Erläuterungen zu → § 48 Rn. 7 f.

[112] LG Hamburg GRUR 1989, 591 – Neonrevier; Bisges/*Grages* Kap. 3 D 3 Rn. 340; → Rn. 16.

[113] Vgl. BGH GRUR 2011, 415 Rn. 15 – Kunstausstellung im Online-Archiv; ebenso Dreier/Schulze/*Dreier* § 50 UrhG Rn. 5; Wandtke/Bullinger/*Lüft* § 50 UrhG Rn. 3.

[114] Vgl. BGH GRUR 2011, 415 – Kunstausstellung im Online-Archiv; verfassungsrechtlich bestätigt in BVerfG GRUR 2012, 389 – Kunstausstellung im Online-Archiv.

[115] *Bußmann* UFITA 40 (1963) 33.

[116] BGH GRUR 2002, 1050 (1051) – Zeitungsbericht als Tagesereignis.

[117] BGHZ 85, 1 (7) = GRUR 1983, 25 – Presseberichterstattung und Kunstwerkwiedergabe I; BGH GRUR 1983, 28 (30) – Presseberichterstattung und Kunstwerkwiedergabe II; LG Köln ZUM-RD 2010, 283 (297) – EPG; LG Köln AfP 1980, 57 (59) – Guernica; ebenso Dreier/Schulze/*Dreier* § 50 UrhG Rn. 7; *Engels* BeckOK UrhR § 50 UrhG Rn. 11.1.

[118] *Gerstenberg* Anm. zu Schulze KGZ 74, 18.

[119] Ebenfalls kritisch dazu *Castendyck* ZUM 2008, 916 (921); offengelassen in BGH KZR 108/10 GRUR 2012, 1062 Rn. 22 – Elektronischer Programmführer.

[120] BGH GRUR 2002, 1050 (1051) – Zeitungsbericht als Tagesereignis; Dreier/Schulze/*Dreier* § 50 UrhG Rn. 7; aA Fromm/Nordemann/*Nordemann-Schiffel* § 50 UrhG Rn. 6: nur im Einzelfall.

wenig beschränkt das Merkmal des durch die Berichterstattung gebotenen Umfangs die zulässige Werknutzung zwingend auf ein einziges Werk, solange der Umfang durch die Aktualität und die Bedeutung des Werkes für das der Berichterstattung zugrundeliegende Tagesereignis sowie das Öffentlichkeitsinteresse gerechtfertigt ist.[121] In einem Bericht über einen Fotowettbewerb ist die Wiedergabe von 32 der am Wettbewerb teilnehmenden Fotos jedoch schon allein zahlenmäßig nicht erlaubnisfrei zulässig.[122] Das **nachträgliche Hinzufügen oder Einblenden** von Werken, zu denen zwar ein sachlicher Zusammenhang besteht, die jedoch während der tatsächlichen Vorgänge nicht wahrnehmbar waren, geht ebenfalls über den Rahmen der Berichterstattung hinaus,[123] weil es mit dem Gebot der Authentizität der Berichterstattung nicht zu vereinbaren ist. Nicht unbedenklich erscheint daher auch die Auffassung, die das Auswechseln bzw. das nachträgliche Einfügen urheberrechtlich geschützter Werke, deren Aufnahme etwa aus technischen Gründen misslungen ist, für zulässig erachtet.[124]

2. Gegenstand der privilegierten Berichterstattung

Nach § 50 dürfen nur solche Werke, Bearbeitungen oder Teile von Werken[125] in die Berichterstat- **30** tung einbezogen werden, die im **Verlauf der tagesaktuellen Vorgänge,** über die berichtet wird, wahrnehmbar werden. Deshalb muss **Gegenstand der Berichterstattung das aktuelle Ereignis** sein, **nicht das wiedergegebene Werk**[126] selbst. Folglich ist stets zu prüfen, ob sich seine Wiedergabe noch im Rahmen des Berichterstattungszwecks hält.[127] Das Werk selbst darf nicht ausschließlicher Gegenstand des Tagesereignisses sein, sondern lediglich **anlässlich eines anderen Ereignisses unmittelbar in Erscheinung treten,** ohne dabei bloß Hintergrund und damit möglicherweise unwesentliches Beiwerk iSd. § 57 sein zu müssen.[128] Nicht ausreichend ist ein bloßer sachlicher Zusammenhang zum Ereignis, über das berichtet wird.[129] Dies schließt nicht von vorneherein aus, dass das Werk im Rahmen einer Berichterstattung selbständig und ohne einen das eigentliche Tagesereignis betreffenden bildlichen Bezug dargestellt wird, solange es nicht deren alleiniger Gegenstand ist.[130] Ein Aufsatz über die Systematik der Ankaufspolitik einer staatlichen Gemäldesammlung ist daher kein aktuelles Tagesereignis; er rechtfertigt nicht die Abbildung eines Gemäldes, das zwei Jahre zuvor für die Sammlung erworben wurde.[131] Anders verhält es sich hingegen mit der Präsentation eines Neuankaufs durch einen Museumsdirektor. Hier fallen Gegenstand der Berichterstattung und Werk zusammen.[132]

3. Wahrnehmbarkeit des Werkes

Das geschützte Werk muss im Verlauf der Vorgänge, über die berichtet wird, unmittelbar wahr- **31** nehmbar, dh. hör-, sichtbar oder lesbar gemacht werden.[133] Ob die Öffentlichkeit von dieser Möglichkeit der Wahrnehmung Gebrauch macht, ist unerheblich.[134] Ein bloß sachlicher Zusammenhang zwischen dem Tagesereignis und dem Werk begründet keine Privilegierung. Es muss sich um einen inhaltlichen Bezug handeln. Die inhaltliche Zusammenfassung einer zukünftigen Fernsehsendung ist wegen der lediglich mittelbaren Wahrnehmbarkeit des Werkes vom Wortlaut des § 50 nicht gedeckt.[135] Bei einem Bericht über eine Buchausstellung ist jede Abbildung aus einem dort ausgestellten Buch, das die Besucher durchblättern können, wahrnehmbar. Liegt das Buch dagegen in einer geschlossenen Vitrine, gilt das nur für die aufgeschlagenen Seiten.[136] Handelt ein Bericht von der Schenkung einer Kunstsammlung, ohne dass eine Veranstaltung mit der Präsentation der übergebenen Kunstwerke stattgefunden hat, fällt die Abbildung einzelner Werke der Sammlung im Rahmen des Berichts über deren Schenkung nicht unter § 50.[137]

---

[121] S. DKMH/*Dreyer* § 50 UrhG Rn. 16 ff.

[122] OLG Hamburg GRUR-RR 2015, 1244 – Promis auf fett getrimmt (insoweit vom BGH GRUR 2016, 1157 nicht erörtert).

[123] *Bappert* GRUR 1963, 16 (18) sowie LG Berlin GRUR 1962, 207 (209) – Maifeiern.

[124] *Roeber* UFITA 9 (1936) 336 (345); *Bappert* GRUR 1963, 16 (18).

[125] Vgl. BGH GRUR 2002, 1050 (1051) – Zeitungsbericht als Tagesereignis; OLG Köln GRUR-RR 2010, 151 f. – Casting-Show.

[126] Vgl. BGH GRUR 2017, 903 Rn. 20 – Afghanistan Papiere; KG GRUR-RR 2012, 194 (195) – Editorial.

[127] BGH GRUR 1983, 28 (30) – Presseberichterstattung und Kunstwerkwiedergabe II; OLG Hamburg AfP 1983, 405 (408) – Theaterfestival.

[128] BGHZ 85, 1 (5 f.) = GRUR 1983, 25 – Presseberichterstattung und Kunstwerkwiedergabe I; BGH GRUR 1983, 28 (30) – Presseberichterstattung und Kunstwerkwiedergabe II; BGH GRUR 2016, 368 Rn. 19 f. – Exklusivinterview; BGH GRUR 2002, 1050 (1051) – Zeitungsbericht als Tagesereignis; vgl. auch LG Köln AfP 1980, 57 (59) – Guernica.

[129] Vgl. LG Köln ZUM-RD 2010, 283 (297) – EPG; OLG Hamburg AfP 1983, 405 (408) – Theaterfestival.

[130] BGHZ 85, 1(6) = GRUR 1983, 25 – Presseberichterstattung und Kunstwerkwiedergabe I.

[131] Vgl. LG Berlin Schulze LGZ 153, 7.

[132] AA *Pöppelmann* ZUM 1996, 293 (298 f.).

[133] BGHZ 85, 1 (10) = GRUR 1983, 25 – Presseberichterstattung und Kunstwerkwiedergabe I.

[134] Vgl. DKMH/*Dreyer* § 50 UrhG Rn. 14.

[135] BGH KZR 108/10 GRUR 2012, 1062 Rn. 21 – Elektronischer Programmführer.

[136] Vgl. LG München Schulze LGZ 162, 6 f.

[137] Vgl. BGHZ 85, 1 (10) = GRUR 1983, 25 – Presseberichterstattung und Kunstwerkwiedergabe I = Schulze BGHZ 300 mAnm *Gerstenberg*.

4. Zweckbindung

32   Die Nutzung einzelner im Verlauf von Tagesereignissen wahrnehmbar gewordener Werke ist nur **in einem durch den Zweck gebotenen Umfang zulässig** (vgl. → Rn. 9). Das Korrektiv der Zweckbindung schließt die **Wiedergabe ganzer Werke,** namentlich solcher geringen Umfangs, nicht grundsätzlich aus,[138] führt angesichts der gebotenen zurückhaltenden Anwendung des § 50 bei umfangreicheren Musik- und Sprachwerken aber regelmäßig nur zur zulässigen Nutzung kleinerer Ausschnitte. Die **vollständige Übertragung einer Opernaufführung** entspricht nicht dem Zweck der Berichterstattung über die Eröffnung von Festspielwochen.[139] Deshalb war die 40-minütige Übertragung der Ouvertüre zu Mozarts „Don Giovanni" und Paul Hindemiths Sinfonie „Mathis der Maler" nicht mehr durch den Zweck der Berichterstattung vom Festakt zur Wiedereröffnung der Frankfurter Alten Oper gerechtfertigt.[140] In solchen Fällen tritt das Werk nicht mehr im Verlauf eines Ereignisses in Erscheinung, vielmehr ist das Werk selbst das Ereignis.[141] Dagegen ist die **vollständige Wiedergabe einzelner kurzer** bei einer Gedenkfeier vorgetragener **Musikstücke oder Sprachwerke** in den Nachrichten des Fernsehens oder in ähnlichen Sendungen als **zulässig** anzusehen.

33   Im **Bericht einer Tageszeitung über die Eröffnung einer Kunstausstellung** dürfen maximal zwei der dort gezeigten Kunstwerke vollständig abgebildet werden, da bei der Wiedergabe von Werken der bildenden Künste meist nur eine Wiedergabe im Ganzen in Betracht kommt.[142] Die Abbildung von vier Kunstwerken im Rahmen der Berichterstattung über die Eröffnung einer bedeutenden internationalen Kunstausstellung des Europarats hat der BGH ausnahmsweise für zulässig erklärt, zumal die Wiedergabe in einem kleineren Format und im Schwarzweißdruck erfolgte.[143] Die Abbildung mehrerer Kunstwerke kann ferner ausnahmsweise nach § 50 zulässig sein, wenn die abgedruckten Bilder beispielhaft einen kleinen Ausschnitt aus dem Werkschaffen der in der Ausstellung vertretenen Künstler wiedergeben. Die Verwendung zahlreicher großer Abbildungen hingegen als „Seitenfüller" ist durch § 50 ebenso wenig gedeckt wie der Abdruck aus bloß gestalterischen Gründen. Entsprechendes hat für Fernsehberichte zu gelten.[144]

34   **5. Beispiele** für die zulässige Verwendung geschützter Werke im Rahmen der Berichterstattung über Tagesereignisse:
- Berichte über die Eröffnung von **Kunstausstellungen** mit der Abbildung einzelner ausgestellter Werke;[145]
- Berichte über Ur- und Erstaufführungen von **Bühnenwerken, Opernfestspielen** usw. mit kurzen Ausschnitten der Aufführung;
- Berichte über **Feierstunden** oder Preisverleihungen, zB des Friedenspreises des Deutschen Buchhandels, mit Ausschnitten der musikalischen Umrahmung der Laudatio oder der Rede des Preisträgers.[146]

Auch im Rahmen der Zeitungsberichterstattung über die **Neuerscheinung einer Kunstbuch-Reihe** hat es der BGH für zulässig gehalten, dort wiedergegebene Kunstwerke ohne Einwilligung des Urhebers vergütungsfrei abzudrucken.[147] Als Gegenstand des tagesaktuellen Berichts sah der BGH das Erscheinens eine neuen Buchreihe an, nicht hingegen das erschienene Kunstbuch selbst oder das dort abgebildete Werk.[148] Bei einer Fülle jährlicher Neuerscheinungen von sechzig- bis siebzigtausend Titeln muss es sich allerdings um ein ganz bedeutendes Verlagsprojekt handeln, wenn sein Erscheinen als Tagesereignis angesehen werden soll. Zum Tagesereignis wird das Erscheinen einer Buchreihe idR erst durch die Vorstellung der Bücher im Rahmen einer öffentlichen Veranstaltung.[149] Demgegenüber befürworten *Hoeren/Herring*[150] eine ausnahmsweise Grundrechtsabwägung zugunsten des Abdrucks eines Werkes, wenn das Urheberrecht eingesetzt werden soll, um die Veröffentlichung vertraulicher Dokumente zu unterbinden.

---

[138] AmtlBegr. UFITA 45 (1965) 240 (283).
[139] Vgl. OGH GRUR-Int 1971, 411 – Bad Ischler Operettenwochen.
[140] OLG Frankfurt/M GRUR 1985, 380 – Operneröffnung; vgl. auch OLG Hamburg ZUM 2015, 577 (579) – Promis auf fett getrimmt; auch *J. B. Nordemann/Waiblinger* GRUR-RR 2016, 177 (181 f.).
[141] Ebenso Möhring/Nicolini/*Engels* (2. Aufl.), § 50 UrhG Rn. 14.
[142] *Ulmer* § 72, 3.
[143] BGHZ 85, 1 (7) = GRUR 1983, 25 – Presseberichterstattung und Kunstwerkwiedergabe I.
[144] Vgl. OLG Hamburg AfP 1983, 405 (408) – Theaterfestival.
[145] Vom LG Köln als typischen Fall der Anwendung des § 50 bezeichnet LG Köln AfP 1980, 57 (59) – Guernica; sa. BGHZ 85, 1 (8) – Presseberichterstattung und Kunstwerkwiedergabe I.
[146] Zur Vervielfältigung, Verbreitung und öffentlichen Wiedergabe von Reden über Tagesfragen s. die Erläuterungen zu § 48.
[147] BGH GRUR 1983, 28 (30) – Presseberichterstattung und Kunstwerkwiedergabe II mAnm *Gerstenberg;* aA *Rehbinder* (13. Aufl.), § 38 V.
[148] Enger Fromm/Nordemann/*Nordemann-Schiffel* § 50 UrhG Rn. 6: nur die Wiedergabe kurzer Ausschnitte statthaft bei gleichzeitigem Bericht über das aktuelle Ereignis; ebenso *Gerstenberg* Anm. zu Schulze KGZ 74, 18 (20).
[149] Weitere Beispiele bei DKMH/*Dreyer* § 50 UrhG Rn. 24.
[150] *Hoeren/Herring* MMR 2011, 143 passim; ähnlich GA Szpunar in seinen Schlussanträgen vom 25.10.2018 in der Sache C-469/17 „Afghanistan" Papiere (sa. Fn. 24); ablehnend OLG Köln GRUR-RR 2016, 59 (61 f.) – Afghanistan Papiere.

IV. Sonstige Fragen

1. Da durch § 50 die Berichterstattung über **Tagesereignisse** erleichtert werden soll, dürfen **Pres-** **35** **sefotos von Fernsehbildern** nicht ohne Genehmigung veröffentlicht werden (→ Rn. 17). Nach § 87 Abs. 1 Nr. 2 steht es allein Sendeunternehmen zu, Einzellichtbilder aus ihren Sendungen zu entnehmen und herzustellen.[151]

2. Durch die Einschränkung der Verwertungsrechte zur Erleichterung der Berichterstattung wer- **36** den **Urheberpersönlichkeitsrechte** der Urheber wahrnehmbarer Werke in der Regel nicht berührt. Bei der Berichterstattung selbst sind allerdings die Rechte des Urhebers auf Veröffentlichung des Werkes (§ 12), auf Namensnennung (§ 13), auf Beachtung der Werkintegrität (§ 14), das Änderungsverbot (§ 62) und – unionsrechtlich festgeschrieben – die Verpflichtung zur deutlichen Quellenangabe, einschließlich des Namens des Urhebers, außer in den Fällen, in denen sich dies als unmöglich erweist (Art. 5 Abs. 3 lit. c aE InfoSoc-RL iVm § 63), zu beachten.[152]

3. Wer sich auf eine Schrankenregelung beruft, hat hinsichtlich ihrer Tatbestandvoraussetzungen die **37** **Darlegungs- und Beweislast.**[153] Wird ein urheberrechtlich geschütztes Objekt so abgebildet oder wiedergegeben, wie es während eines Tagesereignisses wahrgenommen werden kann, obliegt es dem Rechtsinhaber darzulegen, dass das Werk nicht während eines Tagesereignisses sichtbar oder hörbar war.[154]

§ 51 Zitate

[1] **Zulässig ist die Vervielfältigung, Verbreitung und öffentliche Wiedergabe eines veröffentlichten Werkes zum Zweck des Zitats, sofern die Nutzung in ihrem Umfang durch den besonderen Zweck gerechtfertigt ist.** [2] **Zulässig ist dies insbesondere, wenn**

1. **einzelne Werke nach der Veröffentlichung in ein selbständiges wissenschaftliches Werk zur Erläuterung des Inhalts aufgenommen werden,**
2. **Stellen eines Werkes nach der Veröffentlichung in einem selbständigen Sprachwerk angeführt werden,**
3. **einzelne Stellen eines erschienenen Werkes der Musik in einem selbständigen Werk der Musik angeführt werden.**

[3] **Von der Zitierbefugnis gemäß den Sätzen 1 und 2 umfasst ist die Nutzung einer Abbildung oder sonstigen Vervielfältigung des zitierten Werkes, auch wenn diese selbst durch ein Urheberrecht oder ein verwandtes Schutzrecht geschützt ist.**

Schrifttum: *Anderl/Schmid,* Appropriation Art: Im Spannungsfeld zwischen Urheberrecht und Kunstfreiheit, Ecolex 2009, S. 49; *Beater,* Informationen zwischen Gemeinfreiheit, Ausschlussrechten, Wettbewerb und Zitat, UFITA 2005/II, S. 339; *v. Becker,* Neues zur Parodie, FS Loewenheim (2009), S. 3; *ders.,* Parodiefreiheit und Güterabwägung, GRUR 2004, 104; *ders.,* Zitat und Kunstfreiheit, ZUM 2000, 864; *Berberich/J. B. Nordemann,* Das notwendige Mitzitat „vermittelnder" Werke, GRUR 2010, 966; *Brauns,* Die Entlehnungsfreiheit im Urheberrechtsgesetz, 2001; *Bullinger/Stanley,* Das Spannungsverhältnis zwischen Informationsfreiheit und Urheberrecht, GRURPrax 2015, 395; *Daniel/Matera,* Mashups, Concepts, Models and Architectures, 2014; *Dreier,* Thumbnails als Zitate? – Zur Reichweite von § 51 UrhG in der Informationsgesellschaft, FS Krämer (2009), S. 225; *Erdmann,* Verwendung zeitgenössischer Literatur für Unterrichtszwecke am Beispiel Harry Potter, WRP 2002, 1329; *Garloff,* Copyright und Kunstfreiheit – Zur Zulässigkeit ungenehmigter Zitate in Heiner Müllers letztem Theaterstück, GRUR 2001, 476; *Gelke,* Mashups im Urheberrecht, Schriftenreihe des Archivs für Urheber- und Medienrecht (UFITA), Band 269, 2013; *Haedicke* in: Leible/Hoffmann, Vernetztes Rechnen – Softwarepatente-Web 2.0, 2008, S. 159; *Haesemann,* Die Auslegung des § 51 S. 1 UrhG n. F. in der Informationsgesellschaft am Beispiel der „Google-Bildersuche", 2012; *Himmelsbach,* Das Bildzitat in der Presseberichterstattung, FS Damm (2005), S. 54; *Hoeren/Herring,* WikiLeaks und das Erstveröffentlichungsrecht des Urhebers – Informationsfreiheit als externe Schranke des Urheberrechts?, MMR 2011, 500; *Huttenlauch,* Appropriation Art – Kunst an den Grenzen des Urheberrechts, 2010; *Kakies,* Kunstzitate in Malerei und Fotografie, 2007; *Kendziur,* Erlaubnis- und vergütungsfreie Einbindung fremder Werke in private wissenschaftliche Homepages?, K&R 2006, 433; *Krüger,* Die Freiheit des Zitats im Multimedia-Zeitalter – eine Untersuchung zur Vereinbarkeit des deutschen, französischen und britischen Rechts mit der Europäischen „Multimedia-Richtlinie", 2004; *Kubis,* Digitalisierung von Druckwerken zur Volltextsuche im Internet – die Buchsuche von Google („Google Book Search") im Konflikt mit dem Urheberrecht, ZUM 2006, 370; *Landes,* Copyright, borrowed images, and appropriation art: An economic approach, 9 Geo, Mason L. Rev. 1 ff. (2000); *Lauber-Rönsberg,* Fotografien gemeinfreier Museumsexponate – Anmerkung zu BGH, Urteil vom 20.12.2018 – I ZR 104/17 – Museumsfotos, ZUM 2019, 811; *Lucke,* Die Google-Buchsuche nach deutschem Urheberrecht und US-amerikanischem Copyright-Law, 2010; *Maaßen,* Bildzitate in Gerichtsentscheidungen und juristischen Publikationen, ZUM 2003, 830; *Mauch,* Die rechtliche Beurteilung von Parodien im nationalen Urheberrecht der Mitgliedstaaten der EU, 2003; *Metzger,* „Germania 3 Gespenster am toten Mann" oder welchen Zweck darf ein Zitat gemäß § 51 Nr. 2 UrhG verfolgen?, ZUM 2000, 924; *Morant,* Das Zitat aus urheberrechtli-

---

[151] *Rehbinder* UFITA 48 (1966) 102 (115).
[152] Vgl. EuGH GRUR 2019, 940 Rn. 59, 61 – Spiegel Online/Volker Beck.
[153] OLG Hamburg ZUM 2015, 577 (579) – Promis auf fett getrimmt; Fromm/Nordemann/*Nordemann-Schiffel* § 50 UrhG Rn. 4.
[154] Vgl. BGH GRUR 2017, 798 Rn. 38 – AIDA Kussmund.

cher Sicht – eine rechtsvergleichende Studie unter Berücksichtigung der schweizerischen, deutschen und amerikanischen Rechtsordnung, 2006; *Niemann,* Schrankenlose Bildersuche?, CR 2009, 97; *Obergfell,* Zwischen Zitat und Plagiat – Umfang und Grenzen der Zitierfreiheit bei literarischen und wissenschaftlichen Schriftwerken, K&R 2005, 46; *Ohly,* Urheberrecht in der digitalen Welt – Brauchen wir neue Regelungen zum Urheberrecht und zu dessen Durchsetzung?, Gutachten F zum 70. Deutschen Juristentag, 2014, F 9; *ders.,* Zwölf Thesen zur Einwilligung im Internet, Zugleich Besprechung zu BGH, Urt. v. 19.10.2011 – I ZR 140/10 – Vorschaubilder II, GRUR 2012, 983; *Peifer,* Parodie, Mashup, Medienkritik: das urheberrechtlich geschützte Werk als Gegenstand und Beiwerk der filmischen Auseinandersetzung, ZUM 2016, 805; *Peukert,* Der digitale Urheber, FS Wandtke (2013), S. 459; *Pfennig,* Der Gies-Adler und das Urheberrecht, FS Nordemann (2004), S. 71; *Poll,* „TV-Total" – Alles Mattscheibe oder was? – zum Verhältnis von freier Benutzung (§ 24 UrhG) und Zitatrecht (§ 51 UrhG), ZUM 2004, 511; *Raue,* Das kleinste Kleinzitat, GRUR 2011, 1088; *Rütz,* Die Parodie in der Informationsgesellschaft, WRP 2004, 323; *Schack,* Appropriation Art und Urheberrecht, FS Nordemann (2004), S. 107; *Schack,* Urheberrechtliche Schranken, übergesetzlicher Notstand und verfassungskonforme Auslegung, FS Schricker (2005), S. 511; *ders.,* Wissenschaftsplagiat und Urheberrecht, in: Dreier/Ohly (Hrsg.), Plagiate, 2013, S. 81; *Schack,* Wissenschaftsplagiat und Urheberrecht in: Dreier/Ohly (Hrsg.), Wissenschaftsethik und Recht, 2013, S. 81; *Schack,* Rechtsprechung zum Urheberrecht (Loseblattausgabe), Stand: 51. Lieferung April 2006; *Schulze,* Werkgenuss und Werknutzung in Zeiten des Internets, NJW 2014, 721; *Schwartmann/Hentsch,* Die verfassungsrechtlichen Grenzen der Urheberrechtsdebatte, ZUM 2012, 759; *Seiler,* Urheberrechtsschutz für Porträtfotos, Zugleich Kommentar zu EuGH, Urteil vom 1.12.2011 – C-145/10, K&R 2012, 44 ff. (Heft 1), K&R 2012, 104; *Senftleben,* Copyright, Limitations and the Three-Step Test, 2004; *Schrader/Rautenstrauch,* Urheberrechtliche Verwertung von Bildern durch Anzeige von Vorschaugrafiken (sog. „thumbnails") bei Internetsuchmaschinen, UFITA (2007/III), S. 761; *Seifert,* Das Zitatrecht nach „Germania 3", FS Erdmann (2002), S. 195; *Slopek,* Die Parodie im Urheberrecht, WRP 2009, 20; *Spindler,* Bildersuchmaschinen, Schranken und konkludente Einwilligung im Urheberrecht – Besprechung der BGH-Entscheidung „Vorschaubilder", GRUR 2010, 785; *ders.,* Rechtliche und Ökonomische Machbarkeit einer Kulturflatrate, 2014; *ders.,* Reform des Urheberrechts im „Zweiten Korb", NJW 2008, 9; *ders.* Die neue Urheberrechts-Richtlinie der EU (Teil 1), WRP 2019, 811; *Steinbeck,* Die neuen Grenzen der Zitierfreiheit im Internet, FS Bornkamm (2014), S. 977; *Stuhlert,* Die Behandlung der Parodie im Urheberrecht, 2002; *Wagner,* Sampling als Kunstform und die Interessen der Tonträgerhersteller, MMR 2016, 513; *Waiblinger,* Zum Plagiat, UFITA 2011, S. 323; *Weber,* Das Plagiat im Urheberrecht, WRP 2013, 859; *Wegener,* Sound Sampling, 2007; *Windhorst,* Die Übernahme größerer Textpassagen aus einem literarischen Werk in ein Theaterstück, MMR 2000, 688.

Literatur vor 2000 s. Vorauflage

Übersicht

I. Allgemeines

1. Rechtsentwicklung

1   Das Zitatrecht[1] war im **LUG** und **KUG** kasuistisch und unvollständig geregelt.[2]

2   Das **UrhG von 1965** beabsichtigte, diese Vorschriften im Wesentlichen beizubehalten, sie aber straffer zusammenzufassen.[3] Dass § 51 Nr. 1 aF im Verhältnis zu § 19 KUG keine Änderung bringt,

---

[1] Zum Begriff des „Zitats" *Waiblinger* UFITA 2011, 323 (391 f.).

[2] § 19 Nr. 1, 2 LUG: Kleinzitat von Sprachwerken in „selbständiger literarischer Arbeit", Großzitat von „Aufsätzen von geringem Umfang" oder Gedichten in „selbständiger wissenschaftlicher Arbeit"; § 21 Nr. 1, 2 LUG: Musikklein- und Großzitat in literarischer bzw. wissenschaftlicher Arbeit; § 23 LUG: Beifügung von Abbildungen zu Schriftwerk; § 26 LUG: Erstreckung der hiernach gegebenen Vervielfältigungsfreiheit auch auf die Verbreitung; § 19 KUG: Aufnahme einzelner Werke in eine „selbständige wissenschaftliche Arbeit".

[3] *Haertel/Schiefler* S. 227.

hat der BGH in seiner Entscheidung *Kandinsky I*[4] deutlich gemacht. In einigen Punkten wurde die Zitierfreiheit im Zuge der Einführung elastischerer Regelungen erweitert.[5] Die kasuistische Fassung wurde freilich beibehalten. Im Lauf der Gesetzgebungsarbeiten hat die Vorschrift des § 51 in der Fassung von 1965 nur relativ geringfügige Modifikationen erfahren, wenn man von der vom Rechtsausschuss vorgeschlagenen Streichung der Nr. 4 über das Zitat musikalischer Themen in Variationswerken absieht (dazu → Rn. 92), die sich mit der Entscheidung für den starren Melodienschutz in § 24 Abs. 2 erübrigte.[6] Die aus Komponistenkreisen geäußerten Bedenken gegen das Musikzitat in Nr. 3 hielt man dagegen nicht für stichhaltig; die Zulässigkeit des Musikzitats sei vor allem im Hinblick auf satirische und kabarettistische Darbietungen notwendig.[7] Das Kleinzitat in Nr. 2 war noch im RegE auf **„einzelne Stellen"** beschränkt (wie Nr. 3); das Wort „einzelne" ist im Zuge der vom Rechtsausschuss vorgeschlagenen „Änderungen ... im Wesentlichen redaktioneller Art"[8] gestrichen worden, ohne dass Gründe hierfür angegeben worden wären.

Das **zweite Gesetz zur Regelung des Urheberrechts in der Informationsgesellschaft vom 26.10.2007**[9] hat hier seit langer Zeit für erhebliche Änderungen gesorgt. Vor allem die Umstellung des Zitatrechts von einem abschließenden kasuistischen Katalog auf eine reine Beispielsangabe („insbesondere") sorgt für eine wesentlich größere Flexibilität, allerdings auch Unsicherheit in Zukunft.[10] Die Neuregelung fand sich bereits im **1. Referentenentwurf** für ein 2. Gesetz über Urheberrecht in der Informationsgesellschaft vom 27.9.2004 und wollte die Anpassung an die InfoSoc-RL 2001/29/EG nachholen. Die InfoSoc-RL führt insbesondere das Erfordernis ein, dass die Nutzung anständigen Gepflogenheiten zu entsprechen hat und der Umfang des Zitats durch den besonderen Zweck gerechtfertigt sein muss. Ferner wird in Umsetzung der Rechtsprechung die Zitierfreiheit im Blick auf weitere Werkarten vorsichtig erweitert.[11] Nach der Vorstellung des Gesetzgebers sollte die Zitierfreiheit dadurch aber nicht grundsätzlich ausgeweitet, sondern nur einzelne Lücken des früheren Rechts geschlossen werden. Die aufgezählten Beispiele der zulässigen Nutzung entsprechen dem früheren Gesetzeswortlaut weitgehend; dementsprechend sind die bisher zulässigen Zitate auch weiterhin zulässig.[12] Das Merkmal der „anständigen Gepflogenheit", das Art. 5 Abs. 3d) InfoSoc-RL 2001/29/EG verwendet, wurde bewusst nicht übernommen, da dies ohnehin schon nach Art. 10 Abs. 1 RBÜ gilt.[13]

Mit dem **„Gesetz zur Angleichung des Urheberrechts an die aktuellen Erfordernisse der** **3** **Wissensgesellschaft (UrhWissG)"**[14] reformierte der deutsche Gesetzgeber die Zulässigkeit urheberrechtlicher Nutzungshandlungen im Bildungs- und Wissenschaftssektor. Der Kernaspekt der Neuregelung betrifft zwar zunächst die forschungs- und bildungsrelevanten Urheberrechtsschranken,[15] doch wurde neben den §§ 60a–60h auch das Zitatrecht durch die Schaffung des § 51 S. 3 ergänzt (→ Rn. 105).

2. Internationales und Auslandsrecht

International betrachtet stehen einander **zwei Regelungstypen** gegenüber: zum einen die – mehr **4** oder weniger weitreichenden – kasuistischen Regelungen, die sich in kontinentaleuropäischen Ländern finden, und zum anderen die generalklauselhaften, zugleich auch im Bereich anderer Urheberrechtsschranken anwendbaren „fair use"- bzw. „fair dealing"-Regeln des anglo-amerikanischen Rechts,[16] denen auch die elastischen Zitatvorschriften der nordischen Länder nahe stehen.[17]

Art. 10 Abs. 1 der **RBÜ** erlaubt Zitate „aus einem der Öffentlichkeit bereits erlaubterweise zu- **5** gänglich gemachten Werk", „sofern sie anständigen Gepflogenheiten entsprechen und in ihrem Umfang durch den Zweck gerechtfertigt sind". Art. 10 Abs. 3 behandelt die Quellenangabe. Ergänzend kommt Art. 9 Abs. 2 in Betracht,[18] wonach es den Verbandsländern vorbehalten bleibt, „die Vervielfältigung in gewissen Sonderfällen unter der Voraussetzung zu gestatten, dass eine solche Vervielfältigung weder die normale Auswertung des Werks beeinträchtigt noch die berechtigten Interessen des Urhebers unzumutbar verletzt". Gleiches gilt für Art. 13 TRIPS.

---

[4] BGH GRUR 1968, 607 (608) – Kandinsky I.
[5] *Haertel/Schiefler* S. 228.
[6] *Haertel/Schiefler* S. 229.
[7] *Haertel/Schiefler* S. 229.
[8] *Haertel/Schiefler* S. 229.
[9] BGBl. I S. 2513.
[10] So schon *Spindler* NJW 2008, 9 (15).
[11] S. Begründung zum 1. Referentenentwurf, S. 50.
[12] Begr. RegE BT-Drs. 16/1828, 25.
[13] Begr. RegE BT-Drs. 16/1828, 25; auch → Rn. 5.
[14] Gesetz zur Angleichung des Urheberrechts an die aktuellen Erfordernisse der Wissensgesellschaft (UrhWissG) vom 1.9.2017, BGBl. I S. 3346.
[15] RegE zum UrhWissG, BT-Drs. 18/12329, 22.
[16] Siehe hierzu ausführlich *Morant* S. 47 ff.
[17] *Dietz* Rn. 396 f.; *Ulmer* § 67 I 1, II 2b; *Dietz* GRUR 1972, 323 f.; ausführlich *Oekonomidis* UFITA 57 (1970), 179 (183 ff.).
[18] Fromm/Nordemann/*Dustmann* UrhG § 51 Rn. 2; *Ulmer* § 67 I 1.

6   Schon früher wurden die **Erfahrungen mit der deutschen Regelung** dahingehend kritisiert, dass die kasuistisch-starre Formulierung zu eng sei und in verschiedener Hinsicht einer erweiternden Auslegung bedürfte.[19] Auch erwies sich die scharfe Scheidung zwischen Groß- und Kleinzitat als wenig sinnvoll. So wies schon *Ulmer* darauf hin, dass die aufgetauchten Unstimmigkeiten vermieden werden könnten, wenn man zum Typus der generalklauselhaften Regelung überginge.[20] Bemängelt wurde ferner die fehlende Einbeziehung des Filmzitats und des Zitats ganzer Fotos in § 51 Nr. 2 aF.[21] Dieser Kritik hat der „zweite Korb" nunmehr durch die Umgestaltung zur Generalklausel mit Beispielen Rechnung getragen.[22] Das heutige Zitatrecht als Generalklausel ist zum 1.1.2008 in Kraft getreten und hat seinen Ursprung im 2. Referentenentwurf eines Zweiten Gesetzes zur Regelung des Urheberrechts in der Informationsgesellschaft vom 26.1.2006. Der auf diesen 2. Referentenentwurf basierende Regierungsentwurf vom 15.6.2006 übernahm die im 2. Referentenentwurf vorgeschlagene generalklauselartige Gestaltung des Zitatrechts vollständig. Hiermit wollte die Bundesregierung der Kritik der Rechtsprechung und Literatur an der als zu eng und kasuistisch angesehenen Formulierung der Zitatfreiheit Rechnung tragen.[23] Insbesondere wurde die Beschränkung der Zitierfreiheit auf „Sprachwerke" der Nr. 2 als zu eng empfunden, so dass der Bundesgerichtshof die alte Regelung bereits im Wege der Analogie auf Filmzitate[24] ausgeweitet hatte, da das vom Gesetz berücksichtigte Allgemeininteresse an der Förderung des kulturellen Lebens nicht auf Sprachwerke begrenzt sei. Da für weitere Bereiche, etwa Multimediawerke oder Werke der Innenarchitektur, eine höchstrichterliche Klärung noch ausstehe, sei eine „vorsichtige inhaltliche Erweiterung der Zitierfreiheit gerechtfertigt".[25] Entsprechend der Begründung der Bundesregierung soll durch die Neufassung als Generalklausel die Zitierfreiheit jedoch nicht grundlegend erweitert werden.[26] Vielmehr sollen – entsprechend der Begründung zum 1. Referentenentwurf – einzelne, aus der unflexiblen Grenzziehung des geltenden Rechts folgende Lücken geschlossen werden.[27] Das dem RegE weiter folgende Gesetzgebungsverfahren[28] brachte für die seitens der Bundesregierung vorgeschlagene Neufassung des § 51 keine Änderungen.[29] Zuletzt wurde das Zitatrecht im Wege des UrhWissG im Jahre 2017 durch den neu eingefügten S. 3 reformiert (→ Rn. 3 und 105).

7   Art. 5 Abs. 3 lit. d der **InfoSoc-RL** vom 22.5.2001 zur Harmonisierung bestimmter Aspekte des Urheberrechts und der verwandten Schutzrechte in der Informationsgesellschaft[30] erlaubt den Mitgliedstaaten Ausnahmen oder Beschränkungen in Bezug auf das Vervielfältigungsrecht, das Recht der öffentlichen Wiedergabe und Zugänglichmachung und uU auch das Verbreitungsrecht „für Zitate zu Zwecken wie Kritik oder Rezensionen, sofern sie ein Werk oder einen sonstigen Schutzgegenstand betreffen, das bzw. der der Öffentlichkeit bereits rechtmäßig zugänglich gemacht wurde, sofern – außer in Fällen, in denen sich dies als unmöglich erweist – die Quelle, einschließlich des Namens des Urhebers, angegeben wird und sofern die Nutzung den anständigen Gepflogenheiten entspricht und in ihrem Umfang durch den besonderen Zweck gerechtfertigt ist". § 51 ist im Lichte der Richtlinie auszulegen.

8   Allerdings sind erst einige Fragen zur Reichweite von Art. 5 Abs. 3d) InfoSoc-RL durch den EuGH geklärt: So steht nunmehr fest, dass Art. 5 Abs. 3 lit. d) InfoSoc-RL (und Abs. 3 lit. c) Fall 2 InfoSoc-RL) zwar keine vollständige Harmonisierung darstellen und den Mitgliedstaaten (sowie Gerichten) einen Umsetzungsspielraum belassen;[31] doch müssen die Ausnahmen im Lichte der Grundrechte ausgelegt werden, insbesondere ein angemesser Ausgleich zwischen den verschiedenen Grundrechten sichergestellt werden.[32] Nach zutreffender Ansicht des EuGH erfasst der Begriff des Zitats auch den Beleg eines ganzen Werks, der durch eine Verlinkung zu einer selbstständigen Datei realisiert wird.[33] Erforderlich sei nach dem Sinn des Zitats die inhaltliche Auseinandersetzung, sei es zur Erläuterung einer Aussage oder der politischen wie geistigen Auseinandersetzung.[34] Eine untrennbare Ver- oder gar Einbindung in den Text sei aber nicht erforderlich.[35]

---

[19] Ähnlich auch *Schack* FS Schricker, 2005, 511 (520), der von „Lückenhaftigkeit" der bisherigen Regelung zum Zitatrecht spricht.

[20] *Ulmer* § 67 II 2b; s. auch *Löffler* NJW 1980, 201 ff.

[21] *Flechsig* GRUR 1980, 1046 (1050).

[22] → Rn. 2, → Rn. 89 ff.

[23] Begr. RegE BT-Drs. 16/1828, 25.

[24] BGH NJW 1987, 1408 – Filmzitat.

[25] Begr. RegE BT-Drs. 16/1828, 25.

[26] Begr. RegE BT-Drs. 16/1828, 25.

[27] Begr. RegE BT-Drs. 16/1828, 25.

[28] Begr. RegE BT-Drs. 16/1828, 25.

[29] Vgl.: Beschlussempfehlung und Bericht des Rechtsausschusses, BT-Drs. 16/5939, 6 f.

[30] ABl. 2001 L 167, S. 10.

[31] EuGH GRUR 2019, 940 Rn. 26 ff. – Spiegel Online; gleichsinnig EuGH GRUR 2019, 934 Rn. 34 ff. – Funke Medien (Afghanistan-Papiere); zuvor BGH GRUR 2017, 1027 f. – Reformistischer Aufbruch

[32] EuGH GRUR 2019, 940 Rn. 38 – Spiegel Online; EuGH GRUR 2019, 934 Rn. 53 – Funke Medien (Afghanistan-Papiere).

[33] EuGH GRUR 2019, 940 Rn. 75 ff. – Spiegel Online; auf gleicher Linie schon BGH GRUR 2017, 1027 Rn. 57 – Reformistischer Aufstand.

[34] EuGH GRUR 2019, 940 Rn. 78 – Spiegel Online.

[35] EuGH GRUR 2019, 940 Rn. 80 – Spiegel Online; ebenso schon BGH GRUR 2017, 1027 Rn. 57 – Reformistischer Aufstand.

Die neue Richtlinie zum Urheberrecht im digitalen Binnenmarkt (DSM-RL)[36] adressiert das Zi- **9** tatrecht nur insoweit, als dass die Rechte, die Presseverlagen auf der Grundlage der neuen Richtlinie gewährt werden (Art. 15 DSM-RL), den gleichen Umfang haben sollten wie die in der InfoSoc-RL festgelegten Rechte auf Vervielfältigung und öffentliche Zugänglichmachung, sofern es sich um digitale Nutzungen handelt. Daher sollen sie ausweislich des ErwGr 57 und Art. 15 Abs. 3 DSM-RL auch den in Art. 5 Abs. 3 lit. d Info-Soc-RL normierten Ausnahmen und Beschränkungen zu Zitatzwecken unterfallen. Das Leistungsschutzrecht an Presseveröffentlichungen im Hinblick auf digitale Nutzungen, das Presseverlagen gem. Art. 15 DSM-RL ein Vervielfältigungsrecht nach Art. 2 Info-Soc-RL und ein Recht zur öffentlichen Zugänglichmachung nach Art. 3 Abs. 2 gewährt, ist mithin in gleicher Weise den urheberrechtlichen Schranken unterworfen wie das Urheberrecht und die „bekannten" Leistungsschutzrechte. Auch im Rahmen der Haftung der Dienstanbieter zum Teilen von Online-Inhalten nach Art. 17 DSM-RL greift zugunsten der Nutzer die Zitatschranke ein, was ausdrücklich in Art. 17 Abs. 7 S. 2 lit. a) DSM-RL festgehalten ist. Zum Ganzen im Einzelnen → Rn. 14, 27, 89.

3. Sinn und Zweck der Vorschrift. Bedeutung

Die im Zitatrecht verkörperte Schranke des Urheberrechts dient dem **Allgemeininteresse.**[37] Im **10** Kern geht es um das Interesse an **freier geistiger Auseinandersetzung,**[38] wenn hierdurch der Anwendungsbereich des § 51 auch noch nicht erschöpft wird. Die Einordnung unter die „Beschränkungen zugunsten von Wissenschaft und Kunst"[39] kann ebenfalls nur als Umschreibung pars pro toto gelten; Zitate sind nicht nur in Wissenschaft und Kunst, sondern auch in sonstigen Schaffensbereichen, etwa zum Zweck der Berichterstattung oder politischen Meinungsäußerung, zu ermöglichen.[40] Zweck der Zitatfreiheit ist ganz allgemein die Begünstigung der **„kulturellen Entwicklung im weitesten Sinne";**[41] sie dient „zum Nutzen der Allgemeinheit der Förderung des kulturellen Lebens";[42] sie ist, wie der BGH formuliert, „im Interesse des allgemeinen kulturellen und wissenschaftlichen Fortschritts der Freiheit der geistigen Auseinandersetzung mit fremden Gedanken"[43] zu dienen bestimmt.[44] Zitieren bedeutet, mit Werken anderer Urheber durch deren ganze oder teilweise Wiedergabe im Rahmen des eigenen Werks Kontakt herzustellen;[45] spezifisch berührt ist das „Interesse an der geistigen Auseinandersetzung";[46] es geht um die „produktive Interdependenz".[47]

Voraussetzung dafür, dass das Zitatrecht in Anspruch genommen werden muss, ist, dass **geschützte 11 Werke bzw. Werkteile**[48] zitiert werden. Aus **gemeinfreien Werken** darf dagegen frei zitiert werden, ebenso wie sie sonst unbeschränkt genutzt werden können.[49] Ohne Weiteres zulässig ist es auch, **nicht schutzfähige Werkteile**[50] aus geschützten Werken zu entlehnen.[51] Der Urheber einer Sammlung von Zitaten aus Werken eines Dritten kann nicht dagegen vorgehen, dass ein anderer etwas von diesen Zitaten übernimmt, soweit nicht nach § 4 geschützte Elemente der Auswahl und Anordnung durch Entlehnung mehrerer Zitate mit übernommen werden[52] was in der Praxis freilich selten vorkommen wird.[53]

---

[36] Richtlinie (EU) 2019/790 des Europäischen Parlaments und des Rates vom 17.4.2019 über das Urheberrecht und die verwandten Schutzrechte im digitalen Binnenmarkt und zur Änderung der Richtlinien 96/9/EG und 2001/29/EG, ABl. 2019 L 130, S. 92 ff.

[37] → Vor §§ 44a ff. Rn. 37.

[38] BGH GRUR 1973, 216 (217) – Handbuch moderner Zitate; BGH GRUR 1986, 59 (60) – Geistchristentum; OLG Brandenburg ZUM-RD 2013, 376 (380) – Blühende Landschaften; BGH GRUR 2010, 631 Rn. 26 – Vorschaubilder I (hier ablehnend); KG ZUM-RD 2012, 526 (528); OLG München ZUM-RD 2012, 479 (480) – Mein Kampf; BeckOK UrhG/*Schulz* § 51 Rn. 1; Fromm/Nordemann/*Dustmann* UrhG § 51 Rn. 1; *Schack* UrhR Rn. 17 f.; *Wandtke* UrhR Rn. 70; Loewenheim/*Götting* § 31 Rn. 159; Dreier/Schulze/*Dreier* UrhG § 51 Rn. 1; *Schack* FS Schricker, 2005, 511 (520); *Berberich*/*J. B. Nordemann* GRUR 2010, 966; *Weber* WRP 2013, 859 (864).

[39] *Hubmann* § 33.

[40] Hierzu auch *Beater* UFITA 2005/II, 339 (370 f.); OLG München ZUM-RD 2012, 479 (480) – Mein Kampf.

[41] BeckOK UrhG/*Schulz* § 51 Rn. 1; BGH GRUR 1959, 197 (198) – Verkehrskinderlied.

[42] BGH GRUR 1986, 59 (60) – Geistchristentum; BGH GRUR 1987, 362 – Filmzitat.

[43] BGH GRUR 1994, 800 (803) – Museumskatalog.

[44] *Waiblinger* UFITA 2011, 323 (389 f.).

[45] BGH GRUR 2010, 628 Rn. 26 – Vorschaubilder I; BGH GRUR 2011, 1117 Rn. 44 – ICE; BGH ZUM 2012, 681 Rn. 28 – Blühende Landschaften; OLG München ZUM-RD 2012, 479 (481) – Mein Kampf.

[46] Dreier/Schulze/*Dreier* UrhG § 51 Rn. 1; BGH GRUR 1987, 362 – Filmzitat.

[47] *Krause-Ablaß* GRUR 1962, 231.

[48] OLG Düsseldorf GRUR 1983, 758 (759) – Anwaltsschriftsatz; OLG München NJW 2008, 768 – Anwaltsschriftsatz; OLG Hamburg GRUR-RR 2004, 285 (286 f.) – Markentechnik; BeckOK UrhG/*Schulz* § 51 Rn. 10.

[49] Fromm/Nordemann/*Dustmann* UrhG § 51 Rn. 15; *Schack* UrhR Rn. 545; KG GRUR-RR 2002, 313 (314); DKMH/*Dreyer* UrhG § 51 Rn. 9; *Weber* WRP 2013, 859 (864).

[50] Zum Schutz von Werkteilen → § 2 Rn. 87 ff.

[51] BGH GRUR 1953, 299 (301) – Lied der Wildbahn; BGH GRUR 1959, 197 (198) – Verkehrskinderlied; hierzu auch BGH GRUR 1973, 216 (217) – Handbuch moderner Zitate; DKMH/*Dreyer* UrhG § 51 Rn. 9; Wandtke/Bullinger/*Lüft* UrhG § 51 Rn. 1.

[52] KG GRUR 1973, 602 (607) – Hauptmann-Tagebücher; OLG München GRUR-RR 2010, 157 (160 f.) – „Der Angriff"/„Völkischer Beobachter".

[53] BeckOK UrhG/*Schulz* § 51 Rn. 8.

12 Kein Zitat iSd § 51 liegt vor, wenn das fremde Werk nicht wiedergegeben wird, sondern wenn auf dieses – durch Angabe von Titel, Fundstelle etc – nur **hingewiesen** wird.[54] Die dabei benutzten bibliographischen Daten sind nicht schutzfähig; ihre Anführung steht frei.[55] Nicht mehr vom Begriff des Zitats gedeckt ist die Benutzung eines fremden Werks in wesentlich umgestalteter Form, etwa ein Lehrhandbuch, das auf ein Werk der Literatur Bezug nimmt und an dessen inhaltliche Elemente anknüpft, da hier keine Vervielfältigung vorliegt, sondern allenfalls eine abhängige Bearbeitung des Ausgangswerkes.[56]

13 Sowohl nach Ansicht des BGH[57] als auch des EuGH[58] ist ein Zitat auch in Form einer Verlinkung auf eine (selbstständige) Datei möglich. Allerdings ist schon eine Urheberrechtsverletzung durch die verschiedenen Formen des Hyperlinks oftmals nicht gegeben: Das Setzen eines **Hyperlinks** auf eine vom Berechtigten öffentlich zugänglich gemachte Website mit einem urheberrechtlich geschützten Werk bildet keinen Urheberrechtseingriff,[59] solange hierdurch nicht der Zugang zu der verlinkten Seite unter Umgehung von den Zugang beschränkenden Maßnahmen ermöglicht wird (näher dazu → § 19a Rn. 99);[60] eine Rechtfertigung unter dem Aspekt des Zitatrechts braucht nicht geprüft zu werden.[61] Gleiches gilt für die Einbindung eines Werkes in die eigene Internetseite im Wege des sogenannten **Framing,** da auch hier kein gegenüber der verlinkten Seite neues Publikum erreicht wird und somit keine eigene öffentliche Zugänglichmachung auf der verlinkenden Seite geschieht,[62] sodass hier das Zitatrecht insoweit schon nicht greift.[63] Lediglich dann, wenn der Hyperlink einen Zugang zu Inhalten vermittelt, die ohne Einverständnis des Rechteinhabers unbefugt im Internet veröffentlicht wurden und der Linksetzende Kenntnis der Rechtswidrigkeit der Veröffentlichung habe (oder hätte haben müssen), mithin das Recht auf öffentliches Zugänglichmachen verletzt,[64] kommt die Zitatschranke in Betracht, etwa bei einer kritischen Auseinandersetzung mit Piraterie. Von dem reinen Setzen eines Hyperlinks ist die erneute Wiedergabe eines Werkes in der eigenen Webseite zu unterscheiden: Da hier der Urheber keine Kontrolle mehr über das erreichte Publikum hat (anders als bei seiner eigenen Webseite, auf die ein Link verweist), liegt trotz freier Verfügbarkeit des Werkes im Internet eine Urheberrechtsverletzung vor.[65] Auch hier muss dann die Zitatschranke sorgfältig geprüft werden, etwa ob ein Bild der geistigen Auseinandersetzung dient. Zur Bildersuche (Thumbnails) → Rn. 100.

4. Verfassungsrechtlicher Hintergrund. Grundsätzliches zur Auslegung

14 Die im Abschnitt 6 des Teils 1 des UrhG behandelten Urheberrechtsschranken bilden Einschränkungen des in seinem vermögensrechtlichen Gehalt als **Eigentum iSd Art. 14 GG** und persönlichkeitsrechtlich unter dem Aspekt von **Menschenwürde und freier Entfaltung (Art. 1, 2 GG)** verfassungsrechtlich geschützten Urheberrechts.[66] Ob die Schrankenbestimmungen **grundsätzlich eng auszulegen sind, ist zunehmend umstritten;**[67] namentlich beim Zitatrecht ist jedoch zu bedenken, dass es sich um eine Ausnahmevorschrift handelt,[68] sodass eine enge Auslegung naheliegt,[69] was der EuGH für die InfoSoc-RL ausdrücklich bekräftigt hat.[70]

Nach der Umgestaltung des Zitatrechts in eine generalklauselartige Bestimmung ist gegenüber einer analogen Anwendung noch größere Zurückhaltung als zuvor geboten; entscheidend ist, ob die Anwendung der Vorschrift nach ihrem Sinn und Zweck auf einen vergleichbaren Sachverhalt geboten

---

[54] BeckOK UrhG/*Schulz* § 51 Rn. 5.

[55] *v. Gamm* Rn. 2.

[56] LG Hamburg GRUR-RR 2004, 65 (69) – Literatur-Werkstatt Grundschule.

[57] BGH GRUR 2017, 1027 Rn. 57 ff. – Reformistischer Aufstand.

[58] EuGH GRUR 2019, 940 Rn. 84 – Spiegel Online.

[59] EuGH GRUR 2014, 360 Rn. 32 – Svensson; BGH GRUR 2003, 958 – Paperboy; Fromm/Nordemann/*Dustmann* UrhG § 51 Rn. 45.

[60] EuGH GRUR 2014, 360 Rn. 31 – Svensson: keine neue Öffentlichkeit; mit abweichender Begründung früher schon BGH NJW 2011, 769 (770 f.) – Session ID.

[61] So jetzt auch DKMH/*Dreyer* UrhG § 51 Rn. 20.

[62] So auch *Wille* GRUR-Prax 2014, 331.

[63] EuGH NJW 2015, 148 (149) – Bestwater International GmbH/Michau Mebes ua; anders noch BGH GRUR 2013, 818 – Die Realität mkritAnm *Wille* GRUR-Prax 2013, 297.

[64] EuGH GRUR 2016, 1152 Rn. 49 – GS Media.

[65] EuGH GRUR 2018, 911 Rn. 37 – Nordrhein-Westfalen/Renckhoff.

[66] Einzelheiten → Vor §§ 44a ff. Rn. 14 ff.

[67] → Vor §§ 44a ff. Rn. 36; daggegen etwa *Raue* FS Nordemann, 2004, 339; *Geiger* FS Hilty, 2008, 77 ff.; differenzierend Loewenheim/*Götting* § 31 Rn. 163.

[68] BGH GRUR 1968, 607 (608) – Kandinsky I; BGH GRUR 1973, 216 (217 f.) – Handbuch moderner Zitate; OLG München NJW 1990, 2003; LG Berlin Schulze LGZ 125, 1 (3); LG München I AfP 1994, 326 (329); BeckOK UrhG/*Schulz* § 51 Rn. 3; Wandtke/Bullinger/*Lüft* UrhG § 51 Rn. 1; Dreier/Schulze/*Dreier* UrhG § 51 Rn. 1; abweichend *Hubmann* § 33 I: erweiternde Auslegung, soweit es die geistige Auseinandersetzung fordert.

[69] BGH GRUR 2010, 628 Rn. 27 – Vorschaubilder I, unter Berufung auf BGH GRUR 2002, 605 (606) – Verhüllter Reichstag und BGH GRUR 2002, 963 (965 f.) – Elektronischer Pressespiegel; OLG München ZUM-RD 2012, 479 (480) – Mein Kampf.

[70] EuGH GRUR 2019, 940 Rn. 53 – Spiegel Online; EuGH GRUR 2019, 934 Rn. 69 – Funke Medien (Afghanistan-Papiere)

und mit dem Grundrechtsschutz vereinbar erscheint.[71] Vor allem aber spielen andere Grundrechte für das Zitatrecht eine erhebliche Rolle, so insbesondere die **Meinungs-, Presse- und Rundfunkfreiheit,** wie auch die **Kunst- und Wissenschaftsfreiheit**[72] des **Art. 5 GG;**[73] **Gleiches gilt für die unionsrechtliche Ebene.**[74] Eine einseitige Lösung kommt hier weder zugunsten des Urhebers noch zugunsten des Zitierenden in Betracht.[75] Der Schutz des Urhebers ist zudem nicht nur in Art. 14 GG verankert,[76] sondern auch im Urheberpersönlichkeitsrecht und damit auch in Art. 1, 2 Abs. 1 GG. Wenn auch das Verwertungsinteresse des Zitierten gegenüber der künstlerischen Gestaltungsfreiheit des Zitierenden zurücktreten mag, wie das BVerfG annimmt, so gilt dies doch nicht ohne Weiteres auch für das urheberpersönlichkeitsrechtliche Interesse des Zitierten (§ 14 UrhG). Zwischen Urheberrecht und Kommunikationsgrundrecht besteht eine Wechselwirkung: Das Urheberrecht ist Grundrechtsschranke;[77] es ist selbst aber im Licht des Art. 5 GG auszulegen,[78] insbesondere der Wissenschafts- und Kunstfreiheit.[79] Ein insofern auftretender Grundrechtskonflikt ist durch **sorgsame Güter- und Werteabwägung** zu lösen,[80] was auch vom EuGH bekräftigt wurde.[81] Keinesfalls kann davon ausgegangen werden, dass das Urheberrecht immer dann zurückzutreten habe, wenn ein Interesse an freier Kommunikation besteht.[82] Auch die Presse ist verpflichtet, fremde Urheberrechte zu achten; kein Urheber ist gehalten, „seine Werke im Allgemeininteresse zur öffentlichen Verbreitung zur Verfügung zu stellen, soweit nicht das Gesetz im Interesse der Allgemeinheit ausdrücklich die Befreiung von einem Erlaubniszwang unter gewissen Voraussetzungen vorsieht".[83] Dies gilt etwa für die Veröffentlichung bislang nicht erschienener, privater Briefe an einen Politiker;[84] eine analoge Anwendung auf nicht erschienene Werke scheitert an dem Schutz des Persönlichkeitsrechts, der in der Entscheidung des Autors über die Veröffentlichung zum Ausdruck kommt.[85]

Der Gesetzgeber – sowohl der deutsche als auch der europäische[86] – hat im Rahmen der §§ 44a ff. die ihm obliegende Wertung und Abgrenzung in einem als abschließend gedachten System bereits vorgenommen.[87] Quasi ungeschriebene Schranken jenseits des Zitatrechts zugunsten der Pressefreiheit können demnach nicht angenommen werden.[88] Die **grundrechtlich beeinflusste Interessenabwägung** wird besonders bei der Frage zum Tragen kommen, ob ein dem Beispielskatalog vergleichbarer Fall vorliegt, der ein Zitatrecht begründet. Die frühere hM, dass für weitere Urheberrechtseinschränkungen anhand freier Interessenabwägung neben den gesetzlichen Festlegungen kein Raum sei,[89] kann im Hinblick auf die Umgestaltung der Norm als Generalklausel nicht mehr in dieser absoluten Form vertreten werden, da es die „gesetzlichen Festlegungen" nicht mehr gibt. In diesem Zusammenhang ist die **europarechtskonforme Auslegung** zu bedenken, die ihrerseits im Lichte der europäischen Grundrechte erfolgt. Dem Vorrang des Europarechts folgend ist es Mitgliedstaaten dabei verboten, nationales Recht – sei es auch von Verfassungsrang – zur Beeinträchtigung der Vorgaben der Richtlinie geltend zu machen.[90] Demnach darf eine Auslegung anhand der deutschen Grundrech-

---

[71] BGH GRUR 1987, 362 – Filmzitat; BGH GRUR 2002, 963 (966) – Elektronischer Pressespiegel; zur Frage einer analogen Anwendung des Zitatrechts auf Parodien *v. Becker* GRUR 2004, 104 (108 f.); zum Mitzitat vermittelnder Werke *Berberich / J. B. Nordemann* GRUR 2010, 966.

[72] S. zu letzterer LG München I ZUM 2005, 407 (410); OLG München ZUM-RD 2012, 479 (480) – Mein Kampf.

[73] S. zur Kunstfreiheit BVerfG GRUR 2016, 690 Rn. 99 – Metall auf Metall, ebenso EuGH GRUR 2019, 929 Rn. 33 ff., 35 – Pelham et al.; BVerfG GRUR 2001, 149 (151) – Germania 3; BGH ZUM 2002, 682 Rn. 22 – Blühende Landschaften; OLG Brandenburg ZUM-RD 2013, 376 (377); *Raue* GRUR 2011, 1088 (1090).

[74] EuGH GRUR 2019, 940 Rn. 42 ff. – Spiegel Online; EuGH GRUR 2019, 934 Rn. 53 – Funke Medien (Afghanistan-Papiere).

[75] Für eine differenzierende Anwendung auch *Berberich / J. B. Nordemann* GRUR 2010, 966; Dreier/Schulze/ *Dreier* UrhG § 51 Rn. 1.

[76] Loewenheim/*Götting* § 3 Rn. 2; so scheinbar aber BVerfG GRUR 2001, 149 (151) – Germania 3.

[77] BGH GRUR 1987, 34 (35) – Liedtextwiedergabe I mit Hinweis auf die Rechtsprechung des BVerfG; LG Berlin GRUR 1978, 108 (111) – Terroristenbild; Loewenheim/*Götting* § 31 Rn. 162.

[78] In diesem Sinne auch BGH GRUR 2012, 819 Rn. 22 – Blühende Landschaften; KG UFITA 54 (1969), 296 (300).

[79] Deutlich BVerfG GRUR 2016, 690 Rn. 99 – Metall auf Metall; auch aus europarechtlicher Sicht EuGH GRUR 2019, 929 Rn. 33 ff. – Pelham et al.

[80] So auch Loewenheim/*Götting* § 31 Rn. 162.

[81] EuGH GRUR 2019, 940 Rn. 42 ff. – Spiegel Online; EuGH GRUR 2019, 934 Rn. 53 f. – Funke Medien (Afghanistan-Papiere).

[82] In diese Richtung auch die Begründung in BGH GRUR 2012, 819 Rn. 27 – Blühende Landschaften und OLG Köln MMR 2014, 263 (264).

[83] BGH GRUR 1959, 197 (198) – Verkehrskinderlied.

[84] KG ZUM 2008, 329 – Veröffentlichung privater Briefe in Tageszeitung.

[85] Zustimmend *Hoeren / Herring* MMR 2011, 500 (502).

[86] Ausdrücklich EuGH GRUR 2019, 940 Rn. 47 f. – Spiegel Online; EuGH GRUR 2019, 934 Rn. 62 f. – Funke Medien (Afghanistan-Papiere).

[87] BGH MMR 2010, 475 Rn. 27 – Vorschaubilder I; in dieser Richtung auch Loewenheim/*Götting* § 30 Rn. 5.

[88] EuGH GRUR 2019, 940 Rn. 47 f. – Spiegel Online; EuGH GRUR 2019, 934 Rn. 62 f. – Funke Medien (Afghanistan-Papiere).

[89] BGH GRUR 2003, 956 (957) – Gies-Adler; OLG München ZUM 2003, 571 (575); LG Hamburg GRUR-Int 2004, 148 (153) – Thumbnails; *Schack* FS Schricker, 2005, 511 (516 f.) gegen „systemsprengende Versuche".

[90] EuGH GRUR 2019, 940 Rn. 19, 40 ff. – Spiegel Online; EuGH GRUR 2019, 934 Rn. 62 f. – Funke Medien (Afghanistan-Papiere); Vorlagebeschluss BGH GRUR 2017, 1027 f. – Reformistischer Aufbruch.

te in keinem Fall zur Nichtanwendung oder Verkürzung der Richtlinie führen.[91] Insoweit dient der in Art. 5 Abs. 3 InfoSoc-RL festgelegte und abschließend verstandene Ausnahmenkatalog bereits dem gerechten Ausgleich der kollidierenden Interessen von Rechteinhabern und Nutzern.[92] Dies ist von nationalen Stellen einschließlich der Gerichte ebenso zu beachten, wie der Umstand, dass die Interessen der Rechteinhaber und Nutzer – der Verfassungstradition der Mitgliedstaaten (sowie der EMRK) folgend – auch in der Grundrechte-Charta der EU verbrieft sind.[93] Erfordert die nationale Rechtsanwendung daher auch die Europarechtskonformität und damit die Auslegung der europäischen Vorschriften (wie in Art. 5 Abs. 3 lit. d) InfoSoc-RL) selbst, so haben die Gerichte eine Auslegung zu finden, die einen angemessenen Ausgleich der Interessen bietet.[94] Zu beachten sind dabei neben dem Wortlaut der Vorschrift auch ihre praktische Wirksamkeit anhand aller Umstände im Einzelfall.[95] Schon aufgrund der Verfassungstradition der Grundrechte-Charta und eines im Wesentlichen gleichwertigen Grundrechtsschutzes auf europäischer Ebene[96] werden sich daraus allerdings kaum andere Ergebnisse ergeben als aus einer rein verfassungsrechtlichen Auslegung anhand der deutschen Grundrechte.

Eine **allgemeine Güter- und Interessenabwägung** außerhalb von § 51 UrhG kann jedenfalls nicht stattfinden,[97] was der EuGH ausdrücklich für Art. 5 Abs. 3 lit. d) InfoSoc-RL festgestellt hat;[98] die Rückbindung an die Voraussetzungen des § 51 UrhG bleibt bestehen.[99] Jedenfalls bedarf es keines „übergesetzlichen Notstands", wie es noch in einer älteren Entscheidung des LG Berlin,[100] für das Zitatrecht nach § 19 KUG für die Wiedergabe von Bildern aus einer DDR-Wochenschau in einem Bericht und Kommentar im Westfernsehen angenommen wurde. Eine generelle Schranke ohne gesetzliche Festlegung allein aufgrund eines diffusen Allgemeininteresses ist jedoch abzulehnen;[101] stets bedarf es eines konkreten verfassungsrechtlichen Anknüpfungspunktes, da nur dieser auch den Rang der jeweiligen grundrechtlich geschützten Interessen und Rechte erkennen lässt.[102]

15 Problematisch erscheint in diesem Zusammenhang der – allerdings auch vom EU-Recht in der Richtlinie vorgegebene – **Vorrang von technischen Schutzmaßnahmen** gegenüber den allgemeinen Schranken, damit auch gegenüber dem Zitatrecht.[103] Wenn gerade die Wiedergabe von Zitaten der geistigen, politischen und gesellschaftlichen Auseinandersetzung dienen soll, ist nicht nachvollziehbar, warum technische Schutzmaßnahmen hier diese Auseinandersetzung verhindern sollen, warum der verfassungs- bzw. europarechtliche Stellenwert höher sein soll als gegenüber dem „normalen" Werk. Auch die verabschiedete **Richtlinie über das Urheberrecht im digitalen Binnenmarkt (DSM-RL)** führt diese Privilegierung technologischer Schutzmaßnahmen fort,[104] stellt jedoch auch klar, dass „der in einem Online-Umfeld besonders wichtige Einsatz technischer Maßnahmen die Inanspruchnahme der [...] festgelegten Ausnahmen und Beschränkungen nicht behindert.", vgl. Erwägungsgrund 7 S. 2. Wie eine anzustrebende Balance technischer Schutzmaßnahmen und urheberrechtlicher Schranken aussehen kann, wird sich jedoch erst noch zeigen müssen.

16 Konkret für § 51 bedeutet dies, dass zwar gewisse **Lücken des Zitatrechts** ausgefüllt werden können; dies gilt namentlich für das Kleinzitat,[105] so etwa dessen Erstreckung auf das Zitat ganzer Bilder.[106] Auch können Filmzitate zugelassen werden (→ Rn. 84, 94). Die **Grundlinien des Zitatrechts,** wie insbesondere die Zulässigkeit nur im Rahmen des Zitatzwecks[107] oder die im Interesse des Persönlichkeitsschutzes statuierte Beschränkung auf veröffentlichte bzw. erschienene Werke dürfen aber durch eine extensive Auslegung nicht überschritten werden.[108] Daran hat sich auch durch die

---

[91] EuGH GRUR 2019, 940 Rn. 47 f. – Spiegel Online; EuGH GRUR 2019, 934 Rn. 62 f. – Funke Medien (Afghanistan-Papiere).
[92] EuGH GRUR 2019, 940 Rn. 45 ff., 57 – Spiegel Online; EuGH GRUR 2019, 934 Rn. 47 f. – Funke Medien (Afghanistan-Papiere)
[93] EuGH GRUR 2019, 940 Rn. 44 – Spiegel Online.
[94] EuGH GRUR 2019, 940 Rn. 39, 51 – Spiegel Online.
[95] EuGH GRUR 2019, 940 Rn. 59 – Spiegel Online; EuGH GRUR 2019, 934 Rn. 51 – Funke Medien (Afghanistan-Papiere)
[96] BVerfG NJW 1987, 577 (580) – Solange II.
[97] Zutr. BGH MMR 2010, 475 Rn. 27 – Vorschaubilder I.
[98] EuGH GRUR 2019, 940 Rn. 45 ff. – Spiegel Online; EuGH GRUR 2019, 934 Rn. 55 ff. – Funke Medien (Afghanistan-Papiere)
[99] Entsprechend die europäische Grundlage des Art. 5 Abs. 3 lit. d) InfoSoc-RL der EuGH GRUR 2019, 940 Rn. 40 ff. – Spiegel Online.
[100] LG Berlin GRUR 1962, 207 (210) – Maifeiern.
[101] So aber OLG Hamburg GRUR 2000, 146 und LG Hamburg ZUM-RD 1999, 208 – Berufungsschrift, ähnlich OLG Stuttgart AfP 2003, 365 (368 f.).
[102] Etwa Art. 2 Abs. 1 GG gegenüber Art. 14 Abs. 1 GG.
[103] Wandtke/Bullinger/*Lüft* UrhG § 51 Rn. 1.
[104] Erwägungsgrund 7 S. 1 DSM-RL.
[105] S. *Brauns* S. 83 ff.
[106] → Rn. 90, 92; in diesem Sinn in „verfassungskonformer Auslegung" für § 51 UrhG aF schon KG UFITA 54 (1969), 296 (300); LG Berlin GRUR 1978, 108 (110) – Terroristenbild; LG München I UFITA 77 (1976), 289 (291 f.).
[107] → Rn. 27 ff. – der BGH nennt den Zitatzweck mit Recht die „entscheidende Voraussetzung" für die Anwendung des § 51, BGH GRUR 1983, 25 (28) – Presseberichterstattung und Kunstwerkwiedergabe I.
[108] KG ZUM 2008, 329 – Veröffentlichung privater Briefe in Tageszeitung; ähnlich im Ergebnis *Bornkamm* FS Piper, 1996, 641 (650 ff.); *Hoeren/Herring* MMR 2011, 503 f.

Umgestaltung der Norm in eine Generalklausel nichts geändert, da die grundlegenden, durch die Verfassung vorbedingten Wertungen gleich geblieben sind.

5. Aufbau der Vorschrift

Die einleitenden Worte des § 51 umschreiben die **Tragweite der dem Urheberrecht gesetz-** 17 **ten Schranke:** Sowohl Vervielfältigung und Verbreitung als auch öffentliche Wiedergabe sind im Rahmen des Zitatzwecks zulässig (zu den zulässigen Formen der Wiedergabe: → Rn. 53–57; zum zulässigen Zitatzweck: → Rn. 27–43). Die EG-Richtlinie von 2001 (→ Rn. 7) stimmt hinsichtlich des Rechts zur Vervielfältigung und öffentlichen Wiedergabe überein; beim Verbreitungsrecht kommt es darauf an, ob die Ausnahme durch den Zweck der erlaubten Vervielfältigung gerechtfertigt ist (Art. 5 Abs. 4). Beim Zitatrecht wird diese Voraussetzung regelmäßig erfüllt sein.

Die schon früher herausgearbeiteten Gemeinsamkeiten für das Zitatrecht bleiben auch durch die 18 Neufassung des § 51 UrhG und die Umwandlung in eine Generalklausel unberührt und beanspruchen Geltung für alle nicht aufgeführten Fälle des Zitats: So ist die wichtigste **gemeinsame Voraussetzung** des Zitatrechts immer ein bestimmter Zitatzweck;[109] zulässig ist das Zitat nur in einem durch diesen Zweck gebotenen Umfang. Die Erwähnung des **Zitatzwecks** hat vor allem für S. 2 Nr. 2 und S. 2 Nr. 3 Bedeutung; in S. 2 Nr. 1 wird er gesondert angesprochen und definiert.[110] Das Gebot der **umfangmäßigen Begrenzung** auf den jeweiligen Zitatzweck gilt für Nr. 1, 2 und 3 in gleicher Weise, aber auch für alle anderen Zitate. In Nr. 1 kann das Zitat umfangmäßig bis zur Aufnahme ganzer Werke gehen; bei Nr. 2 und Nr. 3 dürfen nach dem Gesetzestext nicht mehr als „Stellen" eines Werks zitiert werden, was freilich erweiternd ausgelegt wird (→ Rn. 51 ff.). Die EG-Richtlinie (→ Rn. 7) stimmt hinsichtlich der Abhängigkeit des Zitatumfangs vom Zweck mit dem deutschen Recht überein („sofern die Nutzung […] in ihrem Umfang durch den besonderen Zweck gerechtfertigt ist").

Im Text des § 51 stehen die **drei Fälle** zulässiger Zitate unverbunden nebeneinander. Sie sind ih- 19 rem Sinn nach aber nicht als abschließende Regelungen der jeweils angesprochenen Problemkreise gedacht, sondern sie **ergänzen sich,** können sich **überschneiden** und **nebeneinander anwendbar sein;**[111] letztlich kommt es auf die genaue Abgrenzung angesichts des Beispielcharakters des § 51 UrhG nicht mehr an. Die bisherigen drei Fallgruppen sind übernommen worden, um klarzustellen, dass die bisher zulässigen Nutzungen auch weiter zulässig bleiben.[112]

So können in einem **selbständigen wissenschaftlichen Werk** nicht nur Großzitate gemäß Nr. 1, 20 sondern daneben zugleich auch Kleinzitate nach Nr. 2 eingefügt werden.[113] In der Praxis wird der Unterschied zwischen beiden Formen des Zitierens oft verschwimmen, da auch Großzitate vielfach nicht ganze Werke umfassen werden, sondern nur Werkteile; der Zitatzweck kann solche Beschränkung gebieten. Andererseits wird im Rahmen des Kleinzitats ausnahmsweise die Wiedergabe ganzer Werke gestattet (→ Rn. 85).

Die Voraussetzungen für Nr. 1 oder Nr. 2 des § 51 sind für jedes Zitat grundsätzlich gesondert zu 21 prüfen.[114] Treffen beide in einem zitierenden Werk zusammen, ist zusätzlich noch zu fragen, ob nicht durch die Kumulation von Groß- und Kleinzitaten, auch wenn jede Zitatgruppe für sich allein betrachtet zulässig ist, die Verwertung der zitierten Werke in einer mit dem Wesen des Zitats unvereinbaren Weise beeinträchtigt wird (→ Rn. 49, 51).

Auch die Regelung des **Musikzitats** in Satz 2 Nr. 3 ist nicht erschöpfend. Behandelt wird nur das 22 Musikzitat in Musikwerken; insoweit ist Nr. 3 abschließend (→ Rn. 79). Musikzitate in Sprachwerken unterstehen dagegen je nach den Umständen Satz 2 Nr. 1 oder Nr. 2,[115] können aber inzwischen auch als nicht aufgeführter Fall von § 51 S. 1 erfasst werden.

Der im Zuge des UrhWissG neu eingefügte S. 3 gestattet die Verwendung bestehender Abbildun- 23 gen oder anderer Vervielfältigung des zitierten Werkes, selbst wenn diese selbst durch ein Urheberrecht oder ein verwandtes Schutzrecht geschützt ist (→ Rn. 105).

6. Veröffentlichtes/erschienenes Werk

Während § 51 UrhG aF auf das Erscheinen nach § 6 Abs. 2 abstellte,[116] fordert § 51 seit seiner Re- 24 form zum 1.1.2008 in S. 1 und S. 2 Nr. 1 und 2 lediglich eine Veröffentlichung des Werkes nach § 6 Abs. 1. Demgemäß sind Zitate grundsätzlich aus veröffentlichten, aber (noch) nicht erschienenen Werken möglich, wodurch im Vergleich zur Regelung vor 2008 ein Gleichlauf von wissenschaftlichem

---

[109] Loewenheim/*Götting* § 31 Rn. 164; Wandtke/Bullinger/*Lüft* UrhG § 51 Rn. 3; Dreier/Schulze/*Dreier* UrhG § 51 Rn. 2.
[110] Näheres zum Zitatzweck → Rn. 27 ff.
[111] DKMH/*Dreyer* UrhG § 51 Rn. 14.
[112] Begr. RegE BR-Drs. 257/06, 53; Loewenheim/*Götting* § 31 Rn. 161.
[113] *Ulmer* § 67 II 2c; im Ergebnis ebenso BeckOK UrhG/*Schulz* § 51 Rn. 15, der wissenschaftliche Kleinzitate als Minus zum Großzitat auch S. 2 Nr. 1 unterstellen will.
[114] BGH GRUR 2012, 819 Rn. 22 – Blühende Landschaften.
[115] OLG Hamburg ZUM 1993, 35 (36); Dreier/Schulze/*Dreier* UrhG § 51 Rn. 18.
[116] *Brauns* S. 55 ff.; LG Köln UFITA 78 (1977), 270 (272 f.).

Großzitat (§ 51 S. 2 Nr. 1) und dem Kleinzitat (§ 51 S. 2 Nr. 2 UrhG) bezweckt wurde.[117] In diesem Zusammenhang hatte auch der EuGH die Möglichkeit erster Präzisierungen:[118] Fraglich war insoweit nämlich, welche Anforderungen an ein der Öffentlichkeit rechtmäßig zugänglich gemachtes (zitierfähiges) Werk iSd Art. 5 Abs. 3 lit. d) InfoSoc-RL zu stellen seien. Jedenfalls der BGH stellte bei dieser Frage auf die konkrete Gestaltung des Werks ab, sodass das zitierte Werk auch in seiner konkreten Form noch mit Zustimmung des Urhebers veröffentlicht worden sein musste.[119] Dies sei schon deshalb geboten, weil sich der Urheber mit der Veröffentlichung seines Werks letztlich der Kenntnisnahme und Kritik aussetze.[120] Nach Auffassung des EuGH kann eine rechtmäßige Zugänglichmachung iSd Art 5 Abs. 3 lit. d) InfoSoc-RL neben der Zustimmung sich noch aus einer Zwangslizenz oder aber einer gesetzlichen Erlaubnis ergeben.[121] Im Hinblick auf die Zustimmung des Urhebers stellte aber auch der EuGH auf die konkrete Gestaltung ab, wenn er ausführt, dass nur dann von einer rechtmäßigen Veröffentlichung ausgegangen werden könnte, wenn im Falle eines redaktionell bearbeiteten Aufsatzes der Herausgeber desselbigen auch das Bearbeitungsrecht zustand und im Falle eines Manuskriptes mit Distanzierungsvermerk selbiges Schriftwerk auch nur mit Vermerk als rechtmäßig zugänglich gemacht gelten dürfte.[122]

25 Die Veröffentlichung einer gekürzten Werksfassung ist daher keine Veröffentlichung der vollständigen Fassung des Schriftwerks, selbst wenn den ausschließlich in der ungekürzten Fassung enthaltenen Textbestandteilen kein eigenständiger Werkscharakter zukommt.[123] Nicht zitiert werden darf ferner aus einem unveröffentlichten Anwaltsschriftsatz.[124]

26 Ausschließlich die Zulässigkeit eines **Musikzitates** (§ 51 S. 2 Nr. 3) setzt voraus, dass das zitierte Werk – anders als die Werke in Nr. 1 und Nr. 2 – erschienen ist.[125] Diese Wertung des Gesetzes darf auch nicht durch die Annahme eines nicht benannten Falles („insbesondere") unterlaufen werden.

7. Zitatzweck und Umfang des Zitats

27 § 51 erwähnt in seinen Eingangsworten den „Zweck" des Zitats, ohne diesen näher zu spezifizieren, und macht den zulässigen Umfang vom Zweck abhängig. Maßgeblich für den Umfang sind die Einzelfallumstände, die in eine entsprechende Abwägung einzustellen sind.[126] Hieraus ist abzuleiten, dass bei allen Formen zulässigen Zitierens ein bestimmter **Zitatzweck** vorliegen muss. Der Zitatzweck ist die „**entscheidende Voraussetzung** für die Anwendung des § 51".[127] Dies gilt auch nach der Reform des § 51.[128] Die **InfoSoc-RL** (→ Rn. 7) erwähnt nur die Zwecke der „Kritik" oder der „Rezensionen" als Zitatzwecke. Die Anknüpfung mit „wie" macht aber deutlich, dass es sich nur um Beispiele handelt, die den Kreis der zulässigen Zitatzwecke nicht erschöpfen.[129] Generell hält der EuGH fest, dass „... die wesentlichen Merkmale eines Zitats darin bestehen, dass ein Werk oder ganz allgemein ein Auszug aus einem Werk von einem Nutzer, der nicht dessen Urheber ist, genutzt wird, um Aussagen zu erläutern, eine Meinung zu verteidigen oder eine geistige Auseinandersetzung zwischen dem Werk und den Aussagen des Nutzers zu ermöglichen, sodass der Nutzer eines geschützten Werks, der sich auf die Ausnahme für Zitate berufen will, das Ziel verfolgen muss, mit diesem Werk zu interagieren ...". Auch das – bereits aus Art. 10 Abs. 1 RBÜ vertraute – Erfordernis der Wahrung der anständigen Gepflogenheiten[130] ist zu beachten. Im Ganzen lässt sich feststellen, dass die sorgfältige Herausarbeitung der Zitatzwecke in der deutschen Praxis diesen Vorgaben entspricht. Ergänzend

---

[117] S. auch Dreier/Schulze/*Dreier* UrhG § 51 Rn. 12; Wandtke/Bullinger/*Lüft* UrhG § 51 Rn. 14; KG ZUM 2008, 329 – Veröffentlichung privater Briefe in Tageszeitung; DKMH/*Dreyer* UrhG § 51 Rn. 46 gegen abw. Meinungen. Zu dem hier zugrunde zulegenden Begriff der Veröffentlichung → § 6 Rn. 6 ff.

[118] EuGH GRUR 2019, 940 – Spiegel Online.

[119] BGH GRUR 2017, 1027 Rn. 62 ff. – Reformistischer Aufbruch, in concreto ging es um einen Aufsatz des Urhebers, der von einem Herausgeber verändert wurde und nicht mehr von der Zustimmung des Urhebers umfasst war; mit gleicher Rechtsauffassung BGH GRUR 2017, 901 ff. – Afghanistan Papiere.

[120] BGH GRUR 2017, 1027 Rn. 64 – Reformistischer Aufbruch.

[121] EuGH GRUR 2019, 940 Rn. 89 – Spiegel Online.

[122] EuGH GRUR 2019, 940 Rn. 92 ff. – Spiegel Online.

[123] BGH GRUR 2017, 901 Rn. 30 – Afghanistan Papiere.

[124] OLG Düsseldorf GRUR 1983, 758 (759); dazu auch BGH GRUR 1986, 739 – Anwaltsschriftsatz; OLG München NJW 2008, 768 – Anwaltsschriftsatz.

[125] Zweifelnd BeckOK UrhG/*Schulz* § 51 Rn. 23, der ein Redaktionsversehen für möglich hält. Insbesondere mit Hinweis auf zunächst im Internet verfügbare Musik von Künstlern, die keinen Plattenvertrag haben. Zum Erscheinen → § 6 Rn. 29 ff.

[126] LG Hamburg ZUM-RD 2011, 625 (626); 2012, 600 (602) – Vermieterhaftung.

[127] BGH GRUR 1983, 25 (28) – Presseberichterstattung und Kunstwerkwiedergabe I; BGH GRUR 1986, 59 (60) – Geistchristentum; Dreier/Schulze/*Dreier* UrhG § 51 Rn. 3; Fromm/Nordemann/*Dustmann* UrhG § 51 Rn. 16; *Waiblinger* UFITA 2011, 323 (397); nicht ausreichend ist es etwa, dass eine Fotografie lediglich der Illustration eines Schülerreferats auf der Internetseite der Schule dient, BGH GRUR 2019, 813 (818) – Cordoba II; siehe auch BGH GRUR 2017, 1027 (1033).

[128] BGH MMR 2010, 475 Rn. 25 f. – Vorschaubilder I.

[129] EuGH GRUR 2019, 940 Rn. 28 – Spiegel Online; EuGH GRUR 2019, 934 Rn. 43 – Funke Medien (Afghanistan-Papiere).

[130] → Rn. 52 f.

könnten noch die Schrankenvorschriften der Art. 3 lit. a,[131] lit. f,[132] lit. k[133] und lit. o[134] der Richtlinie als Stütze herangezogen werden.

Inhaltlich umschrieben wird der Zitatzweck nur in S. 2 Nr. 1: Wissenschaftliche Großzitate sind lediglich zur **„Erläuterung des Inhalts"**[135] zulässig.[136] Durch eine Werbemaßnahme findet gerade keine Erläuterung statt.[137] Aus S. 2 Nr. 1 können Rückschlüsse auch auf den Zitatzweck gemäß S. 2 Nr. 2 gezogen werden. Der Zitatzweck ist im Übrigen anhand des **Wesens des Zitats** zu bestimmen;[138] gewisse Fingerzeige gibt dabei auch die Vorschrift über die **Quellenangabe** (§ 63). Auf der Hand liegt, dass nicht jeder Zweck das Zitat legitimiert; es muss vielmehr ein zitatspezifischer Zweck verfolgt werden.[139] 28

Es handelt sich beim Zitatzweck um einen **subjektiven Umstand;** er ist aber nur anzuerkennen, soweit er in der objektiven Gestaltung seinen Niederschlag findet.[140] 30

Zum Wesen des Zitats gehört zunächst, dass es nicht ununterscheidbar in das zitierende Werk integriert, sondern **als fremde Zutat ersichtlich gemacht** wird.[141] Das Zitat muss erkennbar vom eigenen Werk abgehoben werden.[142] Daran fehlt es etwa bei der Einbindung zahlreicher Zitate in ein Theaterstück, ohne dass diese als solche erkennbar wären.[143] Nach bisherigem Recht genügte für die Zulässigkeit des Zitats die ersichtliche Abhebung vom eigenen Werk; die Einhaltung der Vorschriften über die Quellenangabe (§ 63) lag auf anderer Ebene.[144] § 51 muss jedoch europarechtskonform ausgelegt werden (→ Rn. 46). Art. 5 Abs. 3 lit. d der Info-Richtlinie erhebt die **Angabe der Quelle, einschließlich des Namens des Urhebers,** jedoch zur Zulässigkeitsvoraussetzung für das Zitat, sofern die Quellenangabe nicht unmöglich ist.[145] Demgemäß ist folgendermaßen zu differenzieren: Das Weglassen der vorgeschriebenen und möglichen Quellenangabe macht das Zitat unzulässig; die Nichterfüllung sonstiger Erfordernisse des § 63 verletzt nur diese Vorschrift. Ist die Quellenangabe nicht möglich, berührt ihr Weglassen die Zulässigkeit des Zitats nicht; es bleibt jedoch das Zulässigkeitserfordernis, dass das Zitat als fremde Zutat ersichtlich gemacht werden muss. Schwierigkeiten macht nach wie vor das Musikzitat. Es ist schwerlich möglich, die öffentliche Wiedergabe durch eine Quellenangabe zu unterbrechen; bei ihm muss es genügen, wenn die zitierte Melodie infolge ihrer Bekanntheit als etwas Fremdes vom Hörer erkannt wird.[146] Einen zulässigen Zitatzweck verfolgt nicht, wer sich fremder Werke oder Werkteile bemächtigt, um diese als eigenes Werk auszugeben: Hier liegt vielmehr ein **Plagiat**[147] (dazu ausf. → § 63 Rn. 15a) vor.[148] Auch geringfügige sprachliche Veränderungen, Auslassungen oder Hinzufügungen gegenüber dem Original unterfallen nicht mehr der Zitatschranke nach § 51 S. 2 Nr. 1 UrhG, wenn zweifelhaft sein könnte, ob Original und Zitat inhaltsgleich sind.[149] Nicht damit zu verwechseln ist die Zusammenfassung eines Textes oder die wesentliche sprachliche Veränderung, da hier bereits das Original nicht vervielfältigt und damit nicht in das Verwertungsrecht nach § 16 eingegriffen wird.[150] 31

Nicht jede erkennbare Verwendung fremder Werkteile bildet aber schon ein Zitat. So hält sich, wer ein fremdes Werk dem eigenen nur deshalb **aggregiert,** um es zu vervollständigen oder um dem Leser zusätzlich zum eigenen auch noch das fremde Werk zu bieten, nicht im Rahmen des zulässigen 31

---

[131] Unterricht und wissenschaftliche Forschung.
[132] Politische Reden und öffentliche Vorträge.
[133] Karikaturen, Parodien oder Pastiches.
[134] Fälle von geringer Bedeutung.
[135] Des zitierenden Werkes.
[136] LG München I ZUM 2014, 596 (601).
[137] LG München I ZUM 2014, 596 (601).
[138] LG München I ZUM 2014, 596 (601).
[139] Ebenso BeckOK UrhG/*Schulz* § 51 Rn. 4; enger Fromm/Nordemann/*Dustmann* UrhG § 51 Rn. 16, der weitergehende Zitatzwecke nur für das Kleinzitat und das Musikzitat zulassen will.
[140] LG München ZUM 2012, 409 (413) – Mein Kampf; Loewenheim/*Götting* § 31 Rn. 164.
[141] OLG Köln ZUM 2009, 961 (962) – Klaus Kinski; OLG München NJW 1999, 1975 (1976) – Stimme Brecht; LG Berlin GRUR 2000, 797 – Screenshots; Loewenheim/*Götting* § 31 Rn. 164; Dreier/Schulze/*Dreier* UrhG § 51 Rn. 3; *Waiblinger* UFITA 2011, 323 (412).
[142] *Waiblinger* UFITA 2011, 323 (412).
[143] OLG Köln ZUM 2009, 961 (962) – Klaus Kinski.
[144] So ohne Begründung Dreier/Schulze/*Dreier* UrhG § 51 Rn. 28; unspezifisch insoweit noch *Dreyer*/Kotthoff/Meckel 2. Aufl. 2009 UrhG § 51 Rn. 15, wonach nicht jeder Verstoß gegen die Quellenangabepflicht auch ein Verstoß gegen die Grenzen von § 51 sei und Loewenheim/*Götting* § 31 Rn. 165 wonach die Frage der Erkennbarkeit grundsätzlich von der Verpflichtung zur Quellenangabe zu trennen sei; OLG Hamburg ZUM-RD 2004, 75 (79); *Obergfell* K&R 2005, 46 (53); LG München I ZUM 2005, 407 (411).
[145] EuGH GRUR 2012, 166 Rn. 139 – Painer/Standard; so jetzt auch DKMH/*Dreyer* UrhG § 51 Rn. 87; aA noch *Dreyer*/Kotthoff/Meckel (2. Aufl. 2009) UrhG § 51 Rn. 15; dazu auch → § 63 Rn. 20.
[146] Wandtke/Bullinger/*Lüft* UrhG § 51 Rn. 20 Angabe der Quelle nur auf Noten und Tonträgern; Quellenangabe nur bei der Übernahme eines ganzen Werkes BeckOK UrhG/*Schulz* § 51 Rn. 24.
[147] Ausf. zu Plagiaten *Waiblinger* UFITA 2011, 323 ff.; *Schack* in Dreier/Ohly, Wissenschaftsplagiat und Urheberrecht, S. 81 ff.; zum Begriff des Plagiats auch *Weber* WRP 2013, 859 (860).
[148] Dazu → § 23 Rn. 27 ff.; *Loewenheim* § 8 Rn. 24; zur Abgrenzung von Plagiat und Zitat s. *Obergfell* K&R 2005, 46 ff.; ausführlich *Schack* in Dreier/Ohly, Wissenschaftsplagiat und Urheberrecht, S. 81.
[149] OLG Hamburg ZUM 2000, 506 ff.; *Loewenheim* § 8 Rn. 24; Dreier/Schulze/*Dreier* UrhG § 51 Rn. 3.
[150] OLG Frankfurt a. M. GRUR 2008, 249 – Abstracts; in BGH GRUR 2011, 134 – Perlentaucher nicht mehr aufgegriffen; ausführlich OLG Frankfurt a. M. ZUM 2012, 146 – Perlentaucher II; LG Frankfurt a. M. MMR 2007, 118; Dreier/Schulze/*Dreier* UrhG § 51 Rn. 3.

Zitatzwecks.[151] Es muss vielmehr eine **innere Verbindung** zwischen eigenem und fremdem Werk hergestellt werden.[152] Diese innere Verbindung wird meist mit dem Stichwort umschrieben, dass das fremde Werk als **„Beleg"** dienen,[153] also für selbstständige Ausführungen des Zitierenden zur Erleichterung der geistigen Auseinandersetzung die „Erörterungsgrundlage bilden" müsse.[154] Kein zulässiger Zweck wäre dagegen, dass der Zitierende sich nur eigene Ausführungen ersparen und solche durch das Zitat ersetzen möchte.[155] Das Zitat darf nicht um seiner selbst willen wiedergegeben werden;[156] es muss vielmehr Hilfsmittel für die Zwecke des zitierenden Werkes sein.[157] Unter mehreren möglichen Belegen darf der Zitierende auswählen; das Zitat braucht nicht der einzig mögliche Beleg sein.[158]

32   Ebenso fehlt es bei der **reinen Übernahme** und Zusammenstellung von zuvor aufgezeichneten Fernsehsequenzen bereits an einem eigenständigen inhaltlichen Beitrag des Moderators der Sendung „TV Total", zu dem die übernommene Sequenz in einen inneren Zusammenhang treten könnte.[159] Da den Erläuterungen des Moderators der Sendung kein künstlerischer Ausdruck und keine künstlerische Gestaltung innewohnten, ergab sich auch kein anderes Ergebnis unter dem Blickwinkel der Rechtsprechung des Bundesverfassungsgerichts zur Auslegung und Anwendung des § 51 Nr. 2 aF UrhG im Lichte des Art. 5 Abs. 3 S. 1 GG.[160] An einem Zitatzweck fehlt es zB bei zusammengeschnittenen Videosequenzen von **„Pannenvideos",** die humoristisch anmoderiert werden, da hier keine innere Verbindung zwischen dem fremden Werk (oder der anderweitig urheberrechtlich geschützten Leistung) und den eigenen Gedanken des Zitierenden bestehen und dem Zitat keine belegende oder erörternde Funktion beigemessen werden kann.[161] Dies muss auch bei den heute häufigen Fällen von gemixten YouTube Videos gelten.[162] Ebenso fehlt es an dem inneren Bezug bei der Wiedergabe von Bildern[163] im Rahmen von Suchergebnissen einer Internetsuchmaschine;[164] denn diese dienen nicht der geistigen Auseinandersetzung, sondern nur dem vereinfachten Auffinden von Inhalten im Internet.[165] Gleiches gilt für die selbständige Zugänglichmachung eines Screenshots eines Presseerzeugnisses, ohne dass dieser in einen Bericht eingebunden ist.[166] An einem fehlenden eigenständigen inhaltlichen Beitrag scheitert auch die Anwendung des Zitatrechtes im Falle von „geleakten" Dokumenten auf Enthüllungsplattformen wie Wikileaks.[167] Indes ist es durchaus möglich, dass ein „geleaktes" Dokumente als Beleg für einen dazugehörigen Bericht dient.[168]

33   Der innere Bezug kann, wie § 51 S. 2 Nr. 1 besagt, in der **„Erläuterung des Inhalts"** des zitierenden bzw. des aufnehmenden, nicht des zitierten Werkes liegen,[169] eine Umschreibung des Zitatzwecks,

---

[151] BGH GRUR 1987, 34 (35) – Liedtextwiedergabe I – für das Anhängen des Textes des Lieds „Lili Marleen" an einen Pressebericht über den Plan, einen Film nach der autobiographischen Erzählung von Lale Andersen, der bedeutendsten Sängerin des Liedes, zu drehen; BGH GRUR 2012, 819 Rn. 28 – Blühende Landschaften; s. auch KG GRUR 1970, 616 (618) – Eintänzer; OLG München ZUM 1998, 417 (419 f.); ZUM-RD 2012, 479 (480) – Mein Kampf; Fromm/Nordemann/*Dustmann* UrhG § 51 Rn. 17; Dreier/Schulze/*Dreier* UrhG § 51 Rn. 3; *Rehbinder* Rn. 276, Loewenheim/*Götting* § 31 Rn. 166; BeckOK UrhG/*Schulz* § 51 Rn. 13.

[152] BGH GRUR 1959, 197 (199) – Verkehrskinderlied; BGH GRUR 1968, 607 (609) – Kandinsky I; BGH GRUR 1986, 59 (60) – Geistchristentum; BGH GRUR 1987, 362 – Filmzitat; BGH GRUR 2008, 693 Rn. 42 – TV Total; BGH MMR 2010, 475 Rn. 26 – Vorschaubilder I; OLG Hamburg GRUR 1993, 666 (667) – Altersfoto; OLG Köln GRUR 1994, 47 (48 f.); DKMH/*Dreyer* UrhG § 51 Rn. 25; *Waiblinger* UFITA 2011, 323 (366).

[153] BGH GRUR 1968, 607 (609) – Kandinsky I; BGH GRUR 1986, 59 (60) – Geistchristentum; BGH GRUR 1987, 34 (35) – Liedtextwiedergabe I; BGH GRUR 1987, 362 – Filmzitat; BGH MMR 2010, 475 Rn. 26 – Vorschaubilder; KG GRUR 2002, 313 (315); OLG Düsseldorf ZUM-RD 2009, 63 Rn. 22; OLG Hamburg ZUM-RD 2004, 75 (79); OLG München ZUM-RD 2012, 479 (480) – Mein Kampf; Fromm/Nordemann/*Dustmann* UrhG § 51 Rn. 16; *Schack* UrhR Rn. 545.

[154] BGH GRUR 1987, 34 (35) – Liedtextwiedergabe I; BGH MMR 2010, 475 Rn. 26 – Vorschaubilder I; OLG Köln WRP 2014, 211 Rn. 21 – Sara's Show; LG Braunschweig ZUM-RD 2013, 187 (189) – Loriot; *Waiblinger* UFITA 2011, 323 (366).

[155] BGH MMR 2010, 475 Rn. 26 – Vorschaubilder I; KG GRUR 1970, 616 (618) – Eintänzer; KG GRUR-RR 2002, 313 (315) – Das Leben, dieser Augenblicke; KG GRUR-RR 2012, 194 (196) – Editorial; LG Berlin GRUR 2000, 797 – Screenshots; OLG Frankfurt a. M. ZUM 2012, 146 (151) – Perlentaucher II; *Schack* in Dreier/Ohly, Wissenschaftsplagiat und Urheberrecht, S. 90.

[156] OLG Köln WRP 2014, 211 Rn. 21 – Sara's Show; LG Berlin GRUR 1962, 207 (210) – Maifeiern; OLG München ZUM-RD 2012, 479 (480) – Mein Kampf; *Neumann-Duesberg* UFITA 46 (1966), 68 (69); *Waiblinger* UFITA 2011, 323 (398).

[157] OLG München ZUM-RD 2012, 479 (480) – Mein Kampf; BeckOK UrhG/*Schulz* § 51 Rn. 13.

[158] *Maaßen* ZUM 2003, 830 (836); LG München I ZUM 2005, 407 (410 f.).

[159] BGH GRUR 2008, 693 Rn. 43 – TV-Total; aA *Slopek* WRP 2009, 20 (27).

[160] Hierzu BVerfG GRUR 2001, 149 – Germania 3; LG Braunschweig ZUM-RD 2013, 187 (190) – Loriot.

[161] OLG Köln K&R 2018, 509 Rn. 118 ff. – Pannen in Fernsehsendungen.

[162] OLG Köln BeckRS 2014, 00176 = MMR 2014, 263.

[163] Auch in verkleinerter Form – sog. Thumbnails.

[164] BGH MMR 2010, 475 Rn. 27 – Vorschaubilder I; bestätigt in BGH GRUR 2012, 602 –Vorschaubilder II, ohne dass der BGH nochmals vertieft auf die Problematik des Zitats eingegangen wäre.

[165] BGH MMR 2010, 475 Rn. 27 – Vorschaubilder I; *Leistner/Stang* CR 2008, 499 (502); *Schack* MMR 2008, 414 (415); aA *Dreier* FS Krämer, 2009, 225 (234 ff.).

[166] LG Berlin MMR 2015, 538 (539) mAnm *Rieger* MMR 2015, 539.

[167] Zutr. insoweit *Hoeren/Herring* MMR 2011, 143 (146).

[168] *Hoeren/Herring* MMR 2011, 143 (146).

[169] BGH GRUR 2012, 819 Rn. 28 – Blühende Landschaften; Dreier/Schulze/*Dreier* UrhG § 51 Rn. 3; Wandtke/Bullinger/*Lüft* UrhG § 51 Rn. 3.

die auch im Rahmen von Nr. 2 herangezogen werden kann, wenn sie die dort möglichen Zitatzwecke auch nicht erschöpft. Der Inhalt des zitierenden Werks kann dabei in verschiedener Weise an das zitierte Werk anknüpfen:[170] Es kann sich zunächst – negativ – um eine **kritische Bezugnahme** handeln;[171] das Zitat macht deutlich, wogegen sich die Kritik im Einzelnen richtet. Das Zitat kann aber auch – positiv – im Sinne einer **Beistimmung und als Stütze für den eigenen Standpunkt**[172] beigezogen werden, insbesondere, um darauf aufbauend weiterführende Gedanken zu entwickeln[173] oder Lehrinhalte zu vermitteln.[174] Für die Ausübung des Zitatrechts ist jedoch keine Auseinandersetzung von erheblichem Umfang mit dem zitierten Werk erforderlich, vielmehr kann bereits für eine innere Verbindung mit dem fremden Werk ausreichen, dass übernommene Abschnitte eines TV-Interviews eine behauptete These des Zitierenden belegen.[175] Eine Auseinandersetzung mit dem zitierten Werk kann auch darin liegen, zitierte Textpassagen mittels Sprechblasen einer Comicfigur „in den Mund zu legen", ohne dass eine weitere inhaltliche Auseinandersetzung erfolgt,[176] oder indem ein in einem sozialen Netzwerk veröffentlichtes Profilbild im Zuge der Online-Berichterstattung abgebildet wird.[177]

Schließlich vermag das Zitat – neutral – eingesetzt zu werden, um eine **referierende Darstel- lung**[178] oder **Interpretation**[179] zu belegen. In der Regel wird dem Zitatzweck des § 51 S. 2 Nr. 2 (bzw. § 51 Nr. 2 aF) genügen, wenn das Zitat als Motto des Sprachwerks diesem vorangestellt wird[180] oder den ansonsten als eigenständig wahrgenommenen Text ergänzt.[181] Selbst die Verwendung von Zitaten eines Künstlers („Comedian") im Rahmen von Texten einer Werbebeilage können noch die referierende Darstellung erfüllen.[182] Sollen die Zitate nur den Text auflockern und Authentizität übernehmen, ohne dass die konkrete Wortwahl des Zitats erkennbare Bedeutung für das zitierende Werk hat, hält sich dies regelmäßig nicht mehr innerhalb der Zitierfreiheit des § 51 S. 2 Nr. 2 (bzw. § 51 Nr. 2 aF).[183] Dies gilt vor allem für die schlichte Bewerbung eines Produkts, bspw. durch das Verwenden von Buchrezensionen, ohne dass diese Teil einer geistig-kritischen Auseinandersetzung sind.[184] Eine im Internet abrufbare Datenbank **(Mediathek)** bzgl. eines Films, die neben Filmaus- schnitten Angaben über Künstler, das Plakat, Zitate zum Drehbuch, Portraits von Schauspielern, zahl- reiche Filmkritiken sowie einen Artikel „Hintergründe" und weitere Äußerungen des Regisseurs und des Drehbuchautors über den Film enthält, ist ein selbstständiges Werk iSv § 51 S. 2 Nr. 1 (bzw. § 51 Nr. 1 aF).[185] Es genügt auch nicht, dass etwa Filmmaterial nur verwandt wird, um die eigene Sendung auszuschmücken.[186] Ebenso wenig reicht es aus, dass ein Moderator lediglich kommentierende Erläu- terungen gibt, die keine geistige Auseinandersetzung mit dem gezeigten Werk enthalten; Art. 5 Abs. 3 GG greift hier nicht ein.[187]

Diese Grundhaltungen des zitierenden Werkes können freilich auch **kombiniert** und vermischt auftreten. Es kommt jeweils auf den **Einzelfall** an.[188] Der zulässige Zitatzweck muss gegenüber sons- tigen Zwecken, etwa dem Schmuckzweck von Abbildungen, **überwiegen.**[189] Dass das Zitat als **Blickfang** benutzt wird,[190] steht der Zulässigkeit nicht entgegen.[191]

34

35

---

[170] BGH GRUR 1959, 197 (199) – Verkehrskinderlied; BGH GRUR 1986, 59 (60) – Geistchristentum; Beck- OK UrhG/*Schulz* § 51 Rn. 13; Loewenheim/*Götting* § 31 Rn. 166.

[171] S. zB LG Berlin GRUR 1978, 108 (110) – Terroristenbild; LG Hamburg ZUM-RD 1997, 469 (471); OLG München ZUM-RD 2012, 479 (480) – Mein Kampf.

[172] BGH GRUR 2012, 819 Rn. 28 – Blühende Landschaften; Fromm/Nordemann/*Dustmann* UrhG § 51 Rn. 16.

[173] OLG Hamburg GRUR 1970, 38 (39) – Heintje: Zitat von Teilen eines Liedertextes in einem Presseartikel über einen Kinderstar.

[174] LG München I ZUM 2005, 407 (410).

[175] BGH GRUR 2016, 368 Rn. 31 – Exklusivinterview.

[176] OLG Hamburg ZUM-RD 2016, 576 (606).

[177] LG München K&R 2016, 205 Rn. 45.

[178] Zu pauschal BGH GRUR 1983, 25 (28) – Presseberichterstattung und Kunstwerkwiedergabe I –, wonach der Zitatzweck bei einer „informierenden Berichterstattung" offenbar generell fehlen soll; in diesem Sinne auch DKMH/*Dreyer* UrhG § 51 Rn. 36; offenbar nun weiter BGH GRUR 2012, 819 Rn. 27 – Blühende Landschaften allerdings im konkreten Fall ablehnend.

[179] *Romatka* AfP 1971, 20 (22).

[180] KG GRUR-RR 2002, 313 (315) – Das Leben, dieser Augenblick; OLG München ZUM 2009, 970 – Vom Ernst des Lebens.

[181] OLG Frankfurt a. M. ZUM 2012, 146 (151) – Perlentaucher II.

[182] OLG Hamburg ZUM 2008, 690.

[183] KG GRUR-RR 2002, 313 (315) – Das Leben, dieser Augenblick.

[184] OLG München ZUM-RD 2014, 469 (473).

[185] KG MMR 2003, 110 (112 f.) – Paul und Paula.

[186] LG Stuttgart ZUM 2003, 156 (158) – Spiegel-TV.

[187] BGH GRUR 2008, 694 Rn. 38 – TV-Total, auch → Rn. 14.

[188] S. OLG Hamburg ZUM 1993, 35 für eine Vielzahl von Zitaten musikalischer Werke in dokumentarischen Videobändern; BGH GRUR 2012, 819 Rn. 26 – Blühende Landschaften.

[189] BGH GRUR 1968, 607 (610) – Kandinsky I; LG Braunschweig ZUM-RD 2013, 187 (190); Fromm/Norde- mann/*Dustmann* UrhG § 51 Rn. 17; BeckOK UrhG/*Schulz* § 51 Rn. 12 f.; Wandtke/Bullinger/*Lüft* UrhG § 51 Rn. 5.

[190] Ausschnitt aus einem Werbespot zu Beginn einer kritisch mit der beworbenen Ware sich auseinanderset- zenden Fernsehsendung.

[191] LG Frankfurt a. M. AfP 1994, 687 (688); anders aber wenn kein innerer Zusammenhang gegeben ist, OLG Hamburg NJW-RR 2003, 112 (116) = GRUR-RR 2003, 33/37 = NJW 2003, 679 nur LS – Maschinenmensch.

36   Dient eine **Abbildung der Erläuterung eines Schriftwerkes,** muss sie dazu bestimmt sein, den im Worttext der Arbeit offenbarten Gedankeninhalt aufzuhellen, zu veranschaulichen, dem Verständnis zu erschließen.[192] Dies kann auf verschiedenste Art geschehen. Die Verbindung muss eine innerliche, den Darstellungs- und Lehrzweck des Textes unterstützende sein. Das Bild braucht sich nicht als wissenschaftliche Ausgestaltung der Schriftwerksgedanken dem Ganzen einzufügen. Es genügt, wenn es beispielmäßig wirkt. Das Bild als Nebensache muss zum besseren Verständnis des Textes als der Hauptsache dienen, nicht umgekehrt der Text nur zur Erläuterung des Bildes. Befasst sich ein Sprachwerk ausschließlich oder überwiegend mit einem einzelnen Werk der bildenden Kunst, ist entscheidend für die Zulässigkeit, dass die Abbildung nur Hilfsmittel zum Verständnis der sprachlichen Darstellung bildet. Unter dieser Voraussetzung kann das Bild zur „Erläuterung des Inhalts" des Sprachwerks iSd § 51 S. 2 Nr. 1 zitiert sein, auch wenn der Text ohne das Bild nicht verständlich wäre.[193] Entsprechend entfällt der zulässige Zitatzweck bei einem Sprachwerk nicht deshalb, weil das damit sich auseinandersetzende zitierende Werk ohne das Zitat unverständlich wird.[194] Es darf nicht der Schmuckzweck den Erläuterungszweck weit überwiegen.[195] Entscheidend ist die gedankliche Verknüpfung.[196] Der BGH schließt mit seiner Kandinsky I-Entscheidung[197] an RGZ 130, 196 an: Die Rechtslage hinsichtlich der Zulässigkeit von Abbildungen habe sich nicht geändert. Nicht jede Vervollständigung eines Textes durch Abbildungen bilde bereits eine „Erläuterung"; es müsse vielmehr an den konkreten gedanklichen Inhalt angeknüpft werden, sei es zur Beweisführung oder zur Verdeutlichung des Gesagten. Das Fehlen eines ausdrücklichen Hinweises im Text auf die Abbildung sei ein Beweisanzeichen dafür, dass der Erläuterungszweck nicht gegeben sei.[198] Nicht vom Zitierzweck ist die Abbildung jedenfalls gedeckt, wenn es am inneren Zusammenhang fehlt.[199] Etwa, wenn der Inhalt des fremden Werkes lediglich zum Zwecke der Werbung übernommen wird.[200]

37   Diese wichtigsten Zwecke des Zitierens sind sowohl in § 51 S. 2 Nr. 1 (zur Erläuterung des Inhalts) als auch in § 51 S. 2 Nr. 2 als zulässige Zitatzwecke zu berücksichtigen.

38   Nach herrschender Meinung ist der **Zitatzweck in § 51 S. 2 Nr. 2 aber weiter erstreckt** als die Formel von der „Erläuterung des Inhalts" in Nr. 1 besagt.[201] So kann bei Sprachwerken das Zitat auch als Devise oder Motto vorangestellt werden.[202] Ein weitergehender Zitatzweck ist insbesondere bei künstlerischen Werken in Rechnung zu stellen, auch hier die Zitierfreiheit mit Vorsicht zu handhaben. Ein Zitat in einem Film oder Bühnenwerk mag nach Art eines Themas als Grundlage für Variationen dienen, als „Hommage" an einen großen Kollegen[203] gleichsam museal in das Werk eingeflochten sein oder in der Kunstform der **Collage** in einen künstlerisch das Zitat verarbeitenden Zusammenhang gestellt werden.[204] Hier ist dann im Einzelfall zu prüfen, ob das zitierende Werk dem Schutz des Art. 5 Abs. 3 GG genießt;[205] in diesem Fall kann auf das Merkmal der Auseinandersetzung mit dem zitierten Werk verzichtet werden. Mit dem BVerfG ist anzunehmen, dass der Zitatzweck beim Kleinzitat über die Belegfunktion hinausgeht und durch Zwecke des künstlerischen Ausdrucks und der künstlerischen Gestaltung gerechtfertigt sein kann.[206] Urheberrechtliche Werke sind aber nicht schon dann „vogelfrei", sobald sie in anderen Kunstwerken zitiert werden;[207] zu beanstanden ist die Übergehung urheberpersönlichkeitsrechtlicher Aspekte.[208] In richtlinienkonformer Auslegung ist nunmehr auch die Quellenangabe geboten (→ Rn. 30). Das Zitat kann eine gewisse Stimmung ver-

---

[192] RGZ 130, 196 (199 f.) – Codex aureus.
[193] BGH GRUR 1994, 800 (802 f.) – Museumskatalog.
[194] OLG Brandenburg NJW 1997, 1162 (1163) – Stimme Brecht.
[195] Dreier/Schulze/*Dreier* UrhG § 51 Rn. 3; s. ferner RGZ 139, 327 (339) – Wilhelm Busch; RGZ 144, 106 (112).
[196] KG AfP 1997, 527 (528).
[197] BGH GRUR 1968, 607 – Kandinsky I.
[198] Ähnlich OLG München ZUM-RD 2012, 479 (483 f.) – Mein Kampf; zustimmend BeckOK UrhG/*Schulz* § 51 Rn. 13.
[199] OLG Hamburg NJW-RR 2003, 112 (116) – Maschinenmensch: Foto des „Maschinenmenschen" aus dem Film „Metropolis" in einem Artikel über Gentechnik; LG München I NJW 1999, 1978: Zitat einer Gedichtzeile an der Wand in einem Touristik-Center ohne innere Verbindung mit dem Bauwerk als solchen.
[200] LG München MMR 2014, 697 (698).
[201] BGH GRUR 1973, 216 (218) – Handbuch moderner Zitate, zur Frage, ob diese Rspr. heutzutage unter dem Aspekt des Art. 5 Abs. 3 S. 1 Var. 1 GG noch anders zu beurteilen ist *Raue* GRUR 2011, 1088 (1090); Fromm/Nordemann/*Dustmann* UrhG § 51 Rn. 31; Möhring/Nicolini/*Schulz* UrhG § 51 Rn. 3; *Brauns* S. 110 ff., 123 ff.
[202] KG GRUR-RR 2002, 313 (315); Dreier/Schulze/*Dreier* UrhG § 51 Rn. 15; DKMH/*Dreyer* UrhG § 51 Rn. 63.
[203] *Samson* S. 167.
[204] BGH GRUR 2012, 819 Rn. 14 – Blühende Landschaften; OLG Brandenburg NJW 1997, 1162 (1163) – Stimme Brecht; enger OLG München NJW 1999, 1975. Die Verfassungsbeschwerde hatte Erfolg, BVerfG GRUR 2001, 149 – Germania 3.
[205] BGH GRUR 2012, 819 Rn. 18 – Blühende Landschaften; Fromm/Nordemann/*Dustmann* UrhG § 51 Rn. 31.
[206] Loewenheim/*Götting* § 31 Rn. 181; Dreier/Schulze/*Dreier* UrhG § 51 Rn. 4; *v. Becker* ZUM 2000, 864; KG GRUR-RR 2002, 313 (315); Wandtke/Bullinger/*Lüft* UrhG § 51 Rn. 4; *Metzger* ZUM 2000, 924 ff.; kritisch *Schack* UrhR Rn. 551 Fn. 111; LG München I ZUM 2005, 407 (410) übertrug die Grundsätze aus BVerfG GRUR 2001, 149 – Germania 3 auf das wissenschaftliche Zitat. Skeptisch zur Übertragung auf das wissenschaftliche Zitat KG GRUR-RR 2002, 313 (315); ablehnend *Erdmann* WRP 2002, 1329 (1332); *Täubner* ZUM 2005, 411; *Garloff* GRUR 2001, 476 ff.; *Seifert* FS Erdmann, 2002, 195 ff.; *Raue* FS Nordemann, 2004, 327 (337 ff.); *Obergfell* KUR 2005, 46 (54 f.).
[207] *Seifert* FS Erdmann, 2002, 195 (204).
[208] → Rn. 14, 62.

deutlichen;[209] auch vermag das künstlerische Prinzip des Kontrastes, etwa in der bildenden Kunst[210] oder Lyrik, Zitate zu rechtfertigen.

Bei der Prüfung der Zulässigkeit ist insbesondere darauf zu achten, dass das Zitat die Nutzung des **39** zitierten Werkes nicht in unzumutbarer Weise beeinträchtigen darf (→ Rn. 49, 51).

Die **Parodie**[211] als solche ist nicht anhand des Zitatrechts,[212] sondern gegebenenfalls als freie Be- **40** nutzung (§ 24 Abs. 1) zu rechtfertigen, wobei auch § 14 in Betracht zu ziehen ist.[213] Unionsrechtlich existiert ein eigenständiger Parodiebegriff in Art. 5 Abs. 3 lit. k InfoSoc-RL, der europarechtlich autonom auszulegen ist.[214] Eine Parodie verfolgt mehrere Zwecke, namentlich die Erinnerung an das parodierte Werk, weiter sollen Unterschiede zu dem Werk dargestellt, ferner sollen Humor und Spott zum Ausdruck gebracht werden.[215] Im Rahmen einer Abwägung sind die widerstreitenden Interessen des Parodierenden, der sich jedenfalls auf die Meinungsfreiheit berufen kann,[216] und der durch Art. 2 f. InfoSoc-RL genannten Personen miteinander in Ausgleich zu bringen, arg. e. 31 InfoSoc-RL.[217] Die Berufung des Parodisten auf die Zitierfreiheit scheitert oft jedenfalls an dem Änderungsverbot (§ 62 UrhG) und der Pflicht zur Quellenangabe (§ 63 UrhG).[218] Die im Rahmen des § 51 vorausgesetzte Belegfunktion fehlt bei einer Parodie zudem regelmäßig,[219] was unionsrechtlich allerdings unproblematisch ist, da Art. 5 Abs. 3 lit. k InfoSoc-RL gerade nicht verlangt, dass die Parodie das parodierte Werk angibt.[220] Bildet die Parodie ein selbständiges Werk, so kann darin zum Zweck antithematischer Auseinandersetzung im Rahmen von § 51 S. 2 Nr. 2 oder 3 auch aus dem parodierten Werk zitiert werden.[221] Vor der Neufassung des Zitatrechts als Generalklausel wurde teilweise versucht, die Parodie unter § 51 Nr. 2 UrhG aF zu subsumieren, so dass jedenfalls all jenen Parodisten die Berufung auf das Zitatrecht versagt wurde, die sich keiner Sprach-Parodie bedienten, zB Comic-Parodien.[222] Durch die Neufassung der Zitierfreiheit als Generalklausel ohne Konkretisierung des Zitatobjektes und des Zitatsubjektes fallen nunmehr die Nicht-Sprach-Parodien unter § 51 S. 1. Trotz dessen darf nicht vergessen werden, dass durch die Neufassung der Zitierfreiheit als Generalklausel die Zitierfreiheit nicht grundlegend erweitert werden sollte.[223] Das mit der Gesetzesneufassung verfolgte Ziel der Schließung einzelner, aus der unflexiblen Grenzziehung des geltenden Rechts folgender Lücken[224] ist bei der Parodie nicht einschlägig. Zudem sind sämtliche Voraussetzungen des § 51 aF[225] erhalten geblieben, die von der Parodie nur selten erfüllt werden können.[226]

Der **Zitatzweck** bestimmt auch, in welchem **Umfang** das Zitat erlaubt ist.[227] Ist der Zitatzweck **41** überschritten, so ist nicht nur der überschießende Teil, sondern das ganze Zitat unzulässig.[228] Zu dulden ist es nach den Eingangsworten des § 51 nur „sofern die Nutzung in ihrem Umfang durch den besonderen Zweck gerechtfertigt ist".[229] Auch die Ausübung des Zitatrechts im Kontext von **Lehrveranstaltungen** setzt trotz der weitreichenden Privilegierung des Bildungssektors (durch das UrhWissG) zwingend eine Erfüllung der benannten Voraussetzungen (insbesondere des Zitatzwecks) voraus und bietet daher keine Möglichkeit der Distribution umfangreicher Werkteile an Teilnehmende von Lehrveranstaltungen.[230] Die Bereitstellung größerer Abschnitte (bis zu 15 Prozent) veröffent-

---

[209] So nun auch BGH GRUR 2012, 819 Rn. 16 – Blühende Landschaften.
[210] BeckOK UrhG/*Schulz* § 51 Rn. 13.1.; wohl auch Fromm/Nordemann/*Dustmann* UrhG § 51 Rn. 31.
[211] Zum Begriff: *v. Becker* FS Loewenheim, 2009, 3 f.
[212] LG Berlin GRUR 1974, 231 f. – Von Kopf bis Fuß; OLG Frankfurt a. M. ZUM 1996, 97 (99) – Rene-Margritte; OLG München ZUM 1992, 252 (253) – Asterix-Parodien; aA: *Schmieder* UFITA 93 (1982), 63 ff.; *Dünnwald* AfP 1972, 274.
[213] Im Einzelnen → § 24 Rn. 27 ff.; *Peifer* ZUM 2016, 805 (806 ff.); *v. Becker* FS Loewenheim, 2009, 3 ff.; *Mauch* S. 31 ff., 66 ff.; *Rütz* WRP 2003, 323 ff.; *Slopek* WRP 2009, 20 (23 f.).
[214] EuGH GRUR 2014, 972 Rn. 14 ff. – Deckmyn, Vrijheidsfonds VZW/Vandersteen ua.
[215] EuGH GRUR 2014, 972 Rn. 20, 33 – Deckmyn, Vrijheidsfonds VZW/Vandersteen ua; so auch BGH NJW 2017, 806 Rn. 25 – auf fett getrimmt.
[216] EuGH GRUR 2014, 972 Rn. 25, 27 – Deckmyn, Vrijheidsfonds VZW/Vandersteen ua; BGH NJW 2017, 806 Rn. 25 – auf fett getrimmt.
[217] EuGH GRUR 2014, 972 Rn. 26 ff. Deckmyn, Vrijheidsfonds VZW/Vandersteen ua; *Peifer* ZUM 2016, 805 (806 ff.).
[218] *Rütz* WRP 2003, 323 (325); *Slopek* WRP 2009, 20 (24).
[219] Vgl. aber zur Erforderlichkeit der Belegfunktion unter Berücksichtigung des Art. 5 Abs. 3 GG BVerfG NJW 2001, 598 (599) – Heiner Müller.
[220] EuGH GRUR 2014, 972 Rn. 21 – Deckmyn, Vrijheidsfonds VZW/Vandersteen ua.
[221] OLG Köln ZUM 2009, 961 (963) – Klaus Kinski; LG Frankfurt a. M. UFITA 94 (1982), 334 (337) – Lachende Sonne I.
[222] *Stuhlert* S. 59.
[223] Begr. RegE BT-Drs. 16/1828, 25.
[224] Begr. RegE BT-Drs. 16/1828, 25.
[225] Selbständigkeit, Quellenangabe, Zitatzweck etc.
[226] *Mauch* S. 71.
[227] Ebenso die EG-Richtlinie → Rn. 10; BeckOK UrhR/*Schulz* UrhG § 51 Rn. 14; Wandtke/Bullinger/*Lüft* UrhG § 51 Rn. 6.
[228] BGH GRUR 2012, 819 Rn. 29 – Blühende Landschaften; Wandtke/Bullinger/*Lüft* UrhG § 51 Rn. 6; Fromm/Nordemann/*Dustmann* UrhG § 51 Rn. 47.
[229] Vgl. zu § 51 UrhG aF LG Hamburg UFITA 54 (1969), 324 (329).
[230] Hartmer/Detmer/*Götting/Leuze,* Hochschulrecht, Kap. 13 Rn. 60. Eine entsprechende Lösung wurde für den Fall diskutiert, dass die Hochschulen sich dauerhaft nicht mit der VG Wort über eine Regelung der Einzelver-

lichter Werke in Unterricht und Lehre lässt sich ausschließlich auf den durch das UrhWissG neugefassten § 60a UrhG stützen. Der Zitatzweck ist ferner überschritten, wenn in einer **Flugschrift,** die
sich kritisch mit einem Presseartikel auseinandersetzt, auch Passagen des Artikels mit abgedruckt werden, die nicht Gegenstand der Kritik sind; ebenso, wenn in einem Zeitschriftenaufsatz, der sich kritisch mit einem Fotografen auseinandersetzt, 19 Fotos abgedruckt werden. Das Maß des Erforderlichen wird nicht überschritten, wenn die ersten zwei Zeilen eines insgesamt 116 Zeilen umfassenden
Gedichts, in welchen einen Aussage über die Bewohner einer bestimmten Stadt getroffen wird, im
vorderen und hinteren Vorsatz eines Begleitbandes zu einer Museumsausstellung anlässlich des Stadt-
gründungsjubiläums sowie in einem Faltprospekt über diese Ausstellung abgedruckt werden; dieser
Abdruck ist vielmehr ein zulässiges Kleinzitat gem. § 51 S. 1, S. 2 Nr. 2 UrhG.[231] Es kann dabei nicht
darauf ankommen, dass das Zitat **zwingend** erforderlich ist; es genügt, dass es sich nach der Natur der
Dinge und nach Maßgabe aller Umstände unter Berücksichtigung der Üblichkeit um eine **vernünftige, sachgerechte Wahrnehmung des Zitatzwecks** handelt.[232] Dabei kann auch das Medium
eine Rolle spielen: Die Übernahme des Textes von Stücken Karl Valentins in ein Vorlesungsskript
mag sich im Rahmen des Zitatzwecks halten, nicht aber die Einstellung ins Internet.[233]

42   Zu berücksichtigen sind der **konkrete Zitatzweck** und die jeweilig besonderen Umstände des
zitierten und des zitierenden Werks.[234] Wo es beispielsweise auf die ungewöhnliche Sprachgestaltung
und Atmosphäre des zitierten Werkes ankommt, insbesondere Textvergleiche anzustellen sind und wo
inhaltliche Aussagen wegen ihres mystischen und spirituellen Bezugs sich nicht verständlich mit eigenen Worten wiedergeben lassen, müssen längere Zitate zulässig sein.[235]

43   Die Zitate dürfen nicht ein derartiges Ausmaß erreichen, dass sie nicht mehr lediglich eine in
dem zitierenden Werk vertretene Ansicht stützen, sondern dieses Werk über weite Strecken selbständig tragen.[236] Erforderlich ist stets eine umfassende Abwägung aller Umstände des jeweiligen Einzelfalls.[237]

8. Zitat nur in selbständigen Werken

44   Das zitierende Werk muss ein **„selbständiges Werk"** sein; diese Voraussetzung wird für alle drei
in § 51 geregelten Fälle des Zitats aufgestellt.[238] Dies gilt auch nach der Reform des § 51 UrhG für
die nicht näher benannten Fälle des Zitatrechts. **Dabei ist „Werk" nicht iSd § 2 Abs. 2 zu verstehen** (dazu sogleich). Entgegen der Auffassung des OLG Jena,[239] das auf den fehlenden Verweis auf
selbstständige Werke in § 51 S. 1 abstellt, folgte die bisherige Auslegung aus der eindeutigen Begründung des Gesetzgebers, der gerade keine grundlegende Umgestaltung des Zitatrechts, sondern nur
dessen vorsichtige Erweiterung beabsichtigte.[240] Probleme resultieren daraus bisher vor allem für
Suchmaschinen im Internet, deren Suchergebnisse keine selbstständigen Werke darstellen. Zwar bestand in Anbetracht der unübersehbaren Informationsfülle im Internet bisher ein erhebliches gesell-
schaftliches Interesse an dem vereinfachten Zugang zu Suchergebnissen,[241] das auch durchaus im
Rahmen der grundrechtlich gewährleisteten Informationsfreiheit aus Art. 5 Abs. 1 S. 1 GG zu berücksichtigen war;[242] doch führt das bisher nicht daran vorbei, dass das Zitatrecht vom Gesetzgeber
im Rahmen seiner Konkretisierungsprärogative primär für den Zweck der geistigen Auseinandersetzung geschaffen wurde, nicht aber um technische Gegebenheiten zu vereinfachen. Entsprechende
Schrankenregelungen wären ohne Weiteres möglich, wie dies § 44a UrhG zeigt,[243] konnten aber

---

gütung bereitgestellter Werke nach Maßgabe des § 52a aF einigen könnten, vgl. *Güngör* GRUR-Prax 2016, 551.
Der neue § 60a UrhG macht Überlegungen zu einer solchen „Alternativlösung" jedoch weitgehend überflüssig.

[231] LG München I ZUM 2009, 678 (679).

[232] LG Frankfurt a. M. AfP 1995, 687 (688).

[233] So LG München I ZUM 2005, 407 = GRUR-RR 2006, 7; ferner *Maaßen* ZUM 2003, 830 (835 f.), für das
Mitzitieren verbundener Werke, der auch auf § 57 hinweist, s. dort S. 837 f.; zum notwendigen Mitzitat vermittelnder Werke *Berberich/J. B. Nordemann* GRUR 2010, 966.

[234] BGH GRUR 1986, 59 (60) – Geistchristentum; in dieser Richtung auch BGH MMR 2011, 182 Rn. 37 –
Perlentaucher.

[235] BGH GRUR 1986, 59 (60) – Geistchristentum.

[236] BGH GRUR 1982, 37 (40) – WK-Dokumentation.

[237] BGH GRUR 1986, 59 (60) – Geistchristentum; BGH GRUR 1982, 37 (40) – WK-Dokumentation; LG
München GRUR 2006, 7 (8) – Klar Valentin.

[238] LG München I ZUM-RD 2002, 489 (494); OLG München ZUM 2003, 571 (574 f.).

[239] OLG Jena MMR 2008, 408 (410) – Thumbnails; offen gelassen von BGH GRUR 2010, 628 Rn. 22 – Vorschaubilder I; Dreier/Schulze/*Dreier* UrhG § 51 Rn. 6.

[240] Begr. RegE BT-Drs. 16/1828, 25; wie hier noch *Dreyer*/Kotthoff/Meckel (2. Aufl. 2009) UrhG § 51 Rn. 9;
Wandtke/Bulliner/*Lüft* UrhG § 51 Rn. 8; *Schack* MMR 2008, 414 (415); *Schack* UrhR Rn. 545; aA *Steinbeck* FS
Bornkamm, 2014, 977 (983 f.); *Haesemann* S. 72 f., S. 75.

[241] Dazu → Rn. 96; BGH GRUR 2010, 628 Rn. 38 – Vorschaubilder II; BGH GRUR 2003, 958 (963) – Paperboy; BGH GRUR 2018, 178 Rn. 62 – Vorschaubilder III.; ausführlich zum Spannungsfeld von Urheberrecht
und Hyperlinks/Suchmaschinen *Volkmann* CR 2017, 36.

[242] OLG Hamburg MMR 2007, 315 f. – Snippets; *Ott* MMR 2009, 158 (161); *Feldmann* jurisPR-ITR 19/2008
Anm. 4, S. 3; allgemein zum Spannungsverhältnis zwischen Informationsfreiheit und Urheberrecht s. *Bullinger/
Stanly* GRUR-Prax 2015, 395.

[243] *Ott* K&R 2008, 305 (307); *Ott* ZUM 2007, 119 (127); *Leistner/Stang* CR 2008, 499 (507); *Kleinemenke* CR
2009, 55 (56).

bisher nicht ohne Rücksicht auf den gesetzgeberischen Willen durch extensive Auslegung der Generalklausel des § 51 S. 1 eingeführt werden.[244]

Dies bedeutete bisher, dass es sich um ein **urheberrechtlich schutzfähiges Werk** iSd §§ 1, 2 **45** Abs. 1, 2 handeln musste.[245] Das Zitatrecht soll das geistige Schaffen fördern; es soll deshalb, so das bisherige Verständnis, nur demjenigen zu Gebote stehen, der selbst eine persönliche geistige Schöpfung zustande bringt.[246] Andernfalls könnte man fremde Werke oder Werkteile mit bloßen Randbemerkungen, knappen Einleitungsworten oder sonstiger „Garnierung" verwerten; dies sei nicht im Sinn des Zitatrechts. Im Übrigen, so weiter, ergäbe sich in der Regel praktisch schon aus den Erfordernissen des Zitatzweckes, dass es sich bei dem zitierenden Werk um ein schutzfähiges Werk handeln muss. Bei wissenschaftlichen Werken ist nur die Art der Darstellung geschützt, nicht aber die Ergebnisse oder Daten selbst, etwa bei Tabellen deren Gestaltung, nicht aber deren Daten.[247]

Darauf, ob das zitierende Werk **(noch) geschützt** ist, kam es bereits nach bisherigem Verständnis **46** nicht an; vom Zitatrecht konnte zB auch in einem amtlichen Werk (§ 5) Gebrauch gemacht werden.[248] Welcher Gattung das Werk angehört, war ebenfalls irrelevant, wobei allerdings die Selbständigkeit und die innere Verbindung zwischen zitierenden Werk und zitierten Werkteil oftmals zweifelhaft sein konnte. Diese strenge Auslegung des § 51 UrhG kann nach der Entscheidung des EuGH in der Rs. *Painer/Standard*[249] nicht länger vertreten werden.[250] Das Gericht stellte darin fest, dass eine solche Auslegung nicht mit dem Wortlaut des Art. 5 Abs. 3 lit. d InfoSoc-RL zu vereinbaren ist, insbesondere könne diesem entnommen werden, dass der zweite Halbsatz der genannten Vorschrift („sofern sie ein Werk oder einen sonstigen Schutzgegenstand betreffen, das bzw. der der Öffentlichkeit bereits rechtmäßig zugänglich gemacht wurde") auf die Quelle beziehe, aus der zitiert werde, nicht dagegen auf das „Ziel", innerhalb dessen das Zitat erfolgen solle.[251] Der Rechtsprechung des EuGH ist durch eine unionsrechtskonforme Auslegung des Terminus „Werk" in § 51 Rechnung zu tragen.[252]

„Selbständigkeit" des zitierenden Werkes bedeutet ferner **urheberrechtliche Unabhängigkeit** **47** **von dem zitierten Werk.**[253] Dies ist weiterhin mit Rücksicht auf die Teloi eines Zitats vonnöten.[254] Unzulässig ist das Zitat, wenn das zitierende Werk sich als eine Bearbeitung oder sonstige Umgestaltung (§ 23) des zitierten Werkes darstellt.[255] Eine andere Frage ist, ob das in ein selbständiges Werk aufgenommene Zitat bearbeitet oder umgestaltet werden darf.[256] Dagegen darf ein Werk, das eine **freie Benutzung** (§ 24) eines anderen Werkes darstellt, aus letzterem zitieren.[257] Darauf, ob die Bearbeitung oder Umgestaltung vom Inhaber des Rechts am benutzten Werk erlaubt ist oder nicht, kommt es für die Selbständigkeit nicht an; die Erlaubnis zur Benutzung wird aber häufig dahingehend auszulegen sein, dass auch das Zitieren erlaubt wird.[258]

Selbständigkeit des zitierenden Werkes muss aber nicht nur in Bezug auf das einzelne zitierte **48** Werk, sondern auch **in Bezug auf die in ihm enthaltenen Zitate insgesamt** gegeben sein. Durch Auswahl und Anordnung von Zitaten, mit oder ohne kurze verbindende Texte, kann zwar ein Werk im Sinne der Vorschrift geschaffen werden, das auch gegenüber dem einzelnen Zitat an sich selbständig ist, jedoch fehlt die Unabhängigkeit vom benutzten Zitatstoff im Ganzen; ein selbständiges

---

[244] Zu Suchmaschinen ausführlich → Rn. 100 ff.

[245] BGH AfP 2002, 444 (447 f.) – Titelblattgestaltung; BGH GRUR 1994, 800 (802 f.) – Museumskatalog; KG GRUR-RR 2002, 313 (315) – Das Leben, dieser Augenblick; KG GRUR 1970, 616 (617) – Eintänzer; OLG Köln GRUR 1994, 47 (48); LG Berlin GRUR 1978, 108 (110) – Terroristenbild; LG München I UFITA 77 (1976), 289 (291); Fromm/Nordemann/*Dustmann* UrhG § 51 Rn. 19; BeckOK UrhG/*Schulz* § 51 Rn. 10; Wandtke/Bullinger/*Lüft* UrhG § 51 Rn. 8; Loewenheim/*Götting* § 31 Rn. 167; *Brauns* S. 34; DKMH/*Dreyer* UrhG § 51 Rn. 16; offengelassen in OLG Hamburg GRUR 1970, 38 (39) – Heintje; unklar zum früheren Recht BGH GRUR 1959, 197 (198 f.) – Verkehrskinderlied.

[246] AA *Steinbeck* FS Bornkamm, 2014, 977 (983 f.), die daraufhin weist, dass eine geistige Auseinandersetzung auch bereits in Werken, die die schöpferische Höhe nicht erreichen würden, möglich sei.

[247] BGH GRUR 1991, 130 (133) – Themenkatalog; OLG Hamburg ZUM-RD 2004, 75 (78) – Opus Dei; OLG Hamburg ZUM 2004, 767 (769) – Markentechnik.

[248] Dazu im Einzelnen → § 5 Rn. 37 ff.; zustimmend BeckOK UrhG/*Schulz* § 51 Rn. 10; auch *Maaßen* ZUM 2003, 830 ff. zu den Bildzitaten in Gerichtsentscheidungen.

[249] EuGH GRUR 2012, 166 – Painer/Standard mAnm *Roth* EuZW 2012, 189; zu der Entscheidung auch *Seiler* K&R 2012, 104; Fromm/Nordemann/*Dustmann* UrhG § 51 Rn. 19; Dreier/Schulze/*Dreier* UrhG § 51 Rn. 1a aE, 24; DKMH/*Dreyer* UrhG § 51 Rn. 8, 21; *Steinbeck* FS Bornkamm, 2014, 977 (983 f.).

[250] OLG Hamburg BeckRS 2015, 14252 Rn. 39; aA noch KG GRUR-RR 2012, 194 (195 aE) – Editorial; noch offen gelassen von LG Hamburg ZUM-RD 2012, 600 (602) – Vermieterhaftung.

[251] EuGH GRUR 2012, 166 Rn. 129 ff. – Painer/Standard mAnm *Roth* EuZW 2012, 189; OLG Hamburg BeckRS 2015, 14252 Rn. 39.

[252] S. aber auch DKMH/*Dreyer* UrhG § 51 Rn. 8, die hier einen Rückgriff auf § 51 S. 1 vorschlagen.

[253] *Waiblinger* UFITA 2011, 323 (409); zur Modifikation des Merkmals der Selbständigkeit mit Verzicht auf das Erfordernis eines Werks s. *Steinbeck* FS Bornkamm, 2014, 977 (984).

[254] Fromm/Nordemann/*Dustmann* UrhG § 51 Rn. 19.

[255] LG Frankfurt a. M. UFITA 94 (1982), 334 (337); Loewenheim/*Götting* § 31 Rn. 168; Dreier/Schulze/*Dreier* UrhG § 51 Rn. 7; aA für Bearbeitungen DKMH/*Dreyer* UrhG § 51 Rn. 23 mit Verweis auf § 3.

[256] Dazu → Rn. 55.

[257] → Rn. 56; *Erdmann* WRP 2002, 1329 (1332).

[258] So auch Dreier/Schulze/*Dreier* UrhG § 51 Rn. 7.

Werk iSd § 51 liegt nicht vor.[259] Denkt man die Zitate weg, bleibt praktisch kein für sich existenzfähiges Werk zurück; es werden nur „unter dem Schein eines Zitats oder einer Mehrheit von Zitaten fremde Werke ohne wesentliche eigene Leistung wiedergegeben".[260] Auch fehlt es an einer **inneren Verbindung** zu einem Werk der Baukunst, wenn das Zitat einer Wandinschrift nichts mit dem Nutzungszweck der Räume zu tun hat.[261] Die erforderliche Selbständigkeit setzt voraus, dass der **Schwerpunkt auf der eigenen geistigen Leistung** liegt.[262] In der Regel wird es in diesen Fällen freilich auch am zulässigen Zitatzweck bzw. an dem Erfordernis fehlen, dass sich das Zitieren in den Grenzen des hiernach Gebotenen halten muss. Die Selbständigkeit des zitierenden Werkes braucht aber nicht schon deshalb zu entfallen, weil sich ein Text allein mit der Interpretation eines darin zitierten Bildes befasst; entscheidend ist hier, dass das Sprachwerk einen selbständigen Gedankeninhalt aufweist.[263]

9. Keine unzumutbare Beeinträchtigung von Interessen des Urhebers: Nutzung im Rahmen der anständigen Gepflogenheiten

49   Nach Art. 9 Abs. 2 RBÜ bleibt es den Verbandsländern vorbehalten, „die Vervielfältigung in gewissen Sonderfällen unter der Voraussetzung zu gestatten, dass eine solche Vervielfältigung weder **die normale Auswertung des Werkes beeinträchtigt noch die berechtigten Interessen des Urhebers unzumutbar verletzt"**. Die Vorschrift kann ergänzend zu Art. 10 Abs. 1 RBÜ auch für Zitate eine gewisse Bedeutung erlangen.[264] Eine entsprechende Vorschrift findet sich in Art. 13 des TRIPS-Übereinkommens, Art. 10 WCT-Vertrag und Art. 16 Abs. 2 WPPT-Vertrag. Schließlich enthält auch die **EG-Richtlinie** von 2001 (→ Rn. 7) in Art. 5 Abs. 5 eine übereinstimmende allgemein geltende „Schranken-Schranke" zugunsten der Rechtsinhaber.[265] Die deutsche Lehre und Praxis hat verschiedentlich zum Ausdruck gebracht, dass ein Zitat als unzulässig zu betrachten ist, wenn es eine dem Urheber **nicht zumutbare Beeinträchtigung der Verwertung des Werks** mit sich bringt.[266] Hierbei geht es nicht um die indirekte Beeinträchtigung des Werks etwa durch eine mit dem Zitat verbundene Kritik oder dadurch bewirkte Bloßstellung,[267] sondern um die direkte Substitutionskonkurrenz,[268] die in der Weise zustande kommt, dass das Zitat bereits so viel vom Werk bringt, dass „ein ernsthafter Interessent davon abgehalten werden könnte", das zitierte Werk „selbst heranzuziehen",[269] letzteres also durch das Zitat ersetzt wird. Es geht mithin diesbezüglich um die Verwertungsinteressen des Urhebers. Bei der **Abwägung** der (Un-)Zumutbarkeit des Zitates eines aktuellen Nachrichtenbeitrags gilt es daher ua die Exklusivität der veröffentlichten Werksabschnitte, Möglichkeiten einer alternativen Informationsbeschaffung und -vermittlung, sowie die Bedeutung des zitierten Werkteils für den Rechteinhaber (Schlüsselszene oder Begleitmaterial) und dessen eigenständigen Verwertungsmöglichkeiten zu beachten.[270]

50   Darüber hinaus sind auch die **ideellen Interessen** des Urhebers zu beachten,[271] insbesondere sein Interesse zu bestimmen, in welchem Werk sein eigenes Werkschaffen aufgenommen werden soll, sowie sein Interesse, immaterielle Nachteile auszuschließen, die durch Auswahl, Anordnung und

---

[259] BGH GRUR 1973, 216 (217 f.) – Handbuch moderner Zitate – unter Hinweis auch darauf, dass das Recht, Sammlungen von kleineren Werken und Werkteilen verstorbener Autoren ohne deren Zustimmung zu veranstalten, das nach § 19 Nr. 4 LUG gegeben war, nicht in das UrhG übernommen wurde; s. ferner BGH GRUR 1994, 800 (802 f.) – Museumskatalog; OLG Frankfurt a. M. ZUM 1993, 97 (99); OLG München NJW 1990, 2003; s. ferner Fromm/Nordemann/*Dustmann* UrhG § 51 Rn. 19; Wandtke/Bullinger/*Lüft* UrhG § 51 Rn. 8; Loewenheim/*Götting* § 31 Rn. 168; *Brauns* S. 34, 35; DKMH/*Dreyer* UrhG § 51 Rn. 22; *Samson* S. 169; Dreier/Schulze/*Dreier* UrhG § 51 Rn. 7; Paschke/Berlit/Meyer/Vormbrock Hamburger Komm. MedienR UrhG § 51 Rn. 14.
[260] *Ulmer* § 67 II 2a.
[261] BGH NJW 1999, 1978 – Wandinschrift in städtischen Räumen.
[262] BeckOK UrhG/*Schulz* § 51 Rn. 10 f.; *Brauns* S. 35 ff.; Dreier/Schulze/*Dreier* UrhG § 51 Rn. 7; DKMH/*Dreyer* UrhG § 51 Rn. 22; zu weitgehend Fromm/Nordemann/*Dustmann* UrhG § 51 Rn. 20: Das Zitat müsse eine „untergeordnete Rolle" spielen; dies kritisiert auch Loewenheim/*Götting* § 31 Rn. 169.
[263] BGH GRUR 1994, 800 (802 f.) – Museumskatalog; LG München I AfP 1994, 326 (327); OLG München ZUM 2003, 571 (575).
[264] *Ulmer* § 67 I 1.
[265] Dh der Urheber und Inhaber von der Richtlinie geschützten verwandten Schutzrechte; s. zum sog. Dreistufentest *Senftleben* GRUR-Int 2004, 200 ff.; *Senftleben* S. 99 ff.
[266] BGH GRUR 1959, 197 (199) – Verkehrskinderlied; BGH GRUR 1986, 59 (61) – Geistchristentum; BGH GRUR 1987, 362 – Filmzitat; KG UFITA 54 (1969), 296 (300 f.); OLG München ZUM 1989, 529 (531); LG München I FuR 1983, 668 (670 f.); LG Berlin Schulze LGZ 144, 1 (7); LG Köln UFITA 78 (1977), 270 (273); LG München I Schulze LGZ 182, 1 (6); *Brauns* S. 84 ff.; Dreier/Schulze/*Dreier* UrhG § 51 Rn. 5; DKMH/*Dreyer* UrhG § 51 Rn. 41.
[267] Hierauf weist auch LG München I Schulze LGZ 182, 1 (6) hin; ähnlich auch Fromm/Nordemann/*Dustmann* UrhG § 51 Rn. 18.
[268] Loewenheim/*Götting* § 31 Rn. 171.
[269] BGH GRUR 1986, 59 (61) – Geistchristentum; siehe auch BGH GRUR 1959, 197 (199) – Verkehrskinderlied; KG GRUR-RR 2002, 313 (315) – Das Leben, dieser Augenblick.
[270] LG Hamburg ZUM RD 2018, 80 (84 f.).
[271] Fromm/Nordemann/*Dustmann* UrhG § 51 Rn. 18; DKMH/*Dreyer* UrhG § 51 Rn. 41; Wandtke/Bullinger/*Lüft* UrhG § 51 Rn. 7.

Wiedergabe entstehen können, etwa durch Hervorrufen eines unzutreffenden Eindrucks vom Gesamtschaffen des Urhebers.[272]

Es handelt sich bei diesem Merkmal der unzumutbaren Beeinträchtigung der Interessen des Urhe **51** bers um ein im UrhG **ungeschriebenes Korrektiv,** das mit dem Zitatzweck und der hiernach vorzunehmenden Bestimmung des Umfangs des zulässigen Zitats in engem Zusammenhang steht. Es kann überall dort zur Anwendung gelangen, wo es im Rahmen des § 51 gilt, Wertungsspielräume auszufüllen, insbesondere beim Zitatzweck sowie beim Begriff der „einzelnen" Werke und der „Stellen" eines Werks.[273] Das Korrektiv ist ferner am Platze, wo § 51 S. 2 Nr. 1 und Nr. 2 nebeneinander anwendbar sind und es sich fragt, ob nicht insgesamt der Werkverwertung unzumutbare Konkurrenz gemacht wird (→ Rn. 21). Zurückhaltung ist dagegen beim wissenschaftlichen Großzitat geboten: Dort wird die Übernahme ganzer Werke erlaubt, wenn dies zur wissenschaftlichen Erläuterung des Inhalts erforderlich ist; hinter dem Allgemeininteresse an freier wissenschaftlicher Auseinandersetzung haben die Verwertungsinteressen des Inhabers des zitierten Werkes grundsätzlich zurückzutreten.[274] Wo das Zitat dagegen als Stilmittel, zur Kontrastierung, Anknüpfung o. dgl. eingesetzt wird und letztlich dazu dient, den Konsumwert und die Verwertbarkeit des zitierenden Werkes zu verbessern, wird man bei der erforderlichen **Abwägung der Interessen** eher auf das Verwertungsinteresse des Inhabers der Rechte am zitierten Werk Rücksicht nehmen müssen.

Ein weiteres, zT sich mit der „Schranken-Schranke" des Schutzes der Interessen des Urhebers **52** (→ Rn. 49, 51) überschneidendes allgemeines Korrektiv bildet das Erfordernis, dass das Zitat den **„anständigen Gepflogenheiten"** entsprechen muss.[275] Die gebotene konventions- und richtlinienkonforme Auslegung hat dieses Erfordernis zu beachten; es kann bei allen Zitatvoraussetzungen zum Tragen kommen. Mit der Formel der RBÜ wird auf die anständigen Gepflogenheiten im jeweiligen Schutzland Bezug genommen, für das deutsche Urheberrecht also auf die deutschen anständigen Zitatgebräuche.[276]

10. Zulässige Formen der Wiedergabe

Im Rahmen des Zitatrechts ist die **Vervielfältigung, Verbreitung und öffentliche Wiedergabe** **53** des zitierten Werkes zulässig, dh sämtliche Nutzungsrechte gemäß §§ 15 ff., mit Ausnahme des Ausstellungsrechtes, sind aufgehoben.[277] Das Ausstellungsrecht (§§ 15 Abs. 1 Nr. 3, 18) wird deswegen vom Zitatrecht nicht berührt, weil es nur an unveröffentlichten Werken besteht, das Zitatrecht aber Veröffentlichung bzw. sogar Erscheinen des zitierten Werkes voraussetzt.[278]

Die Werknutzung im Rahmen des Zitatrechts ist vergütungsfrei. Zweifelsfragen können in Rand **54** bereichen entstehen; sie sind freilich kaum von praktischer Bedeutung. So mag man fragen, ob dem Verfasser einer Abhandlung, die in einem wissenschaftlichen Buch als Großzitat wiedergegeben wird, nicht ein Anteil an der Bibliothekstantieme aus dem Vermieten oder Verleihen des zitierenden Buches zusteht, denn § 27 wird von § 51 offensichtlich nicht berührt.[279] Entsprechende Probleme mag man im Blick auf § 54 aufwerfen.

§ 51 S. 2 Nr. 1 erlaubt, dass die zitierten Werke in das zitierende Werk **„aufgenommen"** werden; **55** Nr. 2 und Nr. 3 sprechen davon, dass die zitierten Stellen **„angeführt"** werden. In der Literatur hat man aus dem unterschiedlichen Wortlaut einen sachlichen Unterschied konstruieren wollen: „Aufnahme" bedeute unveränderte Wiedergabe; „Anführung" schließe dagegen gewisse Modifikationen ein, wie etwa die Transposition in die indirekte Rede. Die Unterscheidung überzeugt nicht; sie kann sich nicht auf sachliche Gründe stützen.[280] Der abweichende Gesetzeswortlaut erscheint rein sprachlich bedingt. Ob und inwieweit beim Zitieren **Änderungen** vorgenommen werden können, ergibt sich für beide Fallgruppen in gleicher Weise aus § 62.[281] Gemäß § 62 Abs. 1 mit 39 hängt die Zulässigkeit einer Änderung von einer Abwägung und Wertung der Interessen ab; die Umwandlung der direkten in indirekte Rede wird allgemein als zulässig betrachtet (→ § 62 Rn. 11). Sie muss auch bei wissenschaftlichen Großzitaten möglich sein, die ja nicht stets ganze Werke zitieren müssen, sondern sich auf Werkteile beschränken können und uU – nach dem Zitatzweck – sich auf solche beschränken müssen, so dass der Übergang zum Kleinzitat ein fließender ist (→ Rn. 21).

Ein zulässiges Zitieren in Form einer schöpferischen **Bearbeitung** (§ 3) des zitierten Werkes wird **56** selten vorkommen, da sich die Möglichkeiten einer Änderung nach § 62 in Grenzen halten. Immer-

---

[272] BGH GRUR 1968, 607 (610) – Kandinsky I; BGH GRUR 1973, 216 (218) – Handbuch moderner Zitate; LG Berlin Schulze LGZ 125, 1 (7).
[273] Zustimmend DKMH/*Dreyer* UrhG § 51 Rn. 41.
[274] Zustimmend Dreier/Schulze/*Dreier* UrhG § 51 Rn. 13; anders wohl *v. Gamm* Rn. 11.
[275] Art. 10 Abs. 1 RBÜ, Art. 5 Abs. 3 lit. d EG-Richtlinie.
[276] Vgl. in entsprechender Auslegung von Art. 10 Abs. 2 PVÜ *Fezer* Markenrecht Zweiter Teil B. I. PVÜ Art. 10 Rn. 2.
[277] Zur Einschränkung der EG-Richtlinie hinsichtlich des Verbreitungsrechts → Rn. 7.
[278] So auch *Brauns* S. 30, 31.
[279] Verneinend *Brauns* S. 31, 32.
[280] So jetzt auch BeckOK UrhG/*Schulz* § 51 Rn. 22; ferner Wandtke/Bullinger/*Lüft* UrhG § 51 Rn. 16; *Brauns* S. 42 ff.
[281] Dort → § 62 Rn. 1 ff.; für Änderungen beim Kleinzitat OLG Hamburg GRUR 1970, 38 (39) – Heintje.

hin erlaubt § 62 Abs. 2 nach Maßgabe des Benutzungszwecks zB eine **Übersetzung,** die nicht selten die Voraussetzungen einer schutzfähigen Bearbeitung erfüllen wird.

57 Nicht um ein Zitieren handelt es sich, wenn ein Werk in **freier Benutzung** eines anderen geschaffen wird. Jedoch sind in dem in freier Benutzung geschaffenen Werk Zitate aus dem frei benutzten Werk möglich (→ Rn. 47).

11. Änderungsverbot. Quellenangabe

58 Die Frage, inwieweit das zitierte Werk beim Zitieren geändert werden darf, wird – zugleich auch für andere Schrankenvorschriften – in § 62 geregelt; auf die Erläuterungen hierzu ist zu verweisen.[282] Zu beachten ist ferner das **Entstellungsverbot** des § 14. Insbesondere durch an sich exaktes, aber sinnentstellendes Zitieren kann uU § 14 verletzt werden.[283] Das Grundrecht der Meinungsfreiheit schützt nicht das unrichtige Zitat.[284] In der Weglassung eines Kommata im Zitat sowie in der grammatikalisch und inhaltlich korrekten Übersetzung des Zitats in drei Sprachen ist indes weder ein Verstoß gegen das Änderungsverbot iSv §§ 62, 39 UrhG, noch gegen das Entstellungsverbot iSv § 14 UrhG zu sehen.[285] § 63 schreibt vor, dass bei der Vervielfältigung von Zitaten (§ 63 Abs. 1) und bei der öffentlichen Wiedergabe (§ 63 Abs. 2) die **Quelle** anzugeben ist.[286]

12. Anwendungsbereich. Verhältnis zu anderen Vorschriften

59 § 51 ist im ganzen Bereich des **Urheberrechts** anwendbar. Entsprechend heranzuziehen ist die Vorschrift zu Lasten **verwandter Schutzrechte.** So gemäß § 70 Abs. 1 für wissenschaftliche Ausgaben, § 71 Abs. 1 S. 3 für Ausgaben nachgelassener Werke, § 72 Abs. 1 für Lichtbilder, § 83 für ausübende Künstler und Veranstalter, § 85 Abs. 4 für Hersteller von Tonträgern, § 87 Abs. 4 für Sendeunternehmen, § 94 Abs. 4 für Filmhersteller[287] und §§ 95 mit 94 Abs. 4 für Hersteller von Laufbildern.[288] Diese geschützten Leistungen können nach Maßgabe des § 51 zitatweise benutzt werden. Für Datenbanken s. § 87c.

60 Von **anderen Schrankenvorschriften** des UrhG ist das Zitatrecht unabhängig; es kann auch neben oder zusammen mit solchen angewendet werden.[289]

61 Ein urheberrechtlich zulässiges Zitat kann grundsätzlich auch nicht nach den **Vorschriften gegen unlauteren Wettbewerb** bekämpft werden. Anderes kann nur gelten, wenn zusätzliche Unlauterkeitsumstände hinzukommen.[290]

62 Eine Verletzung des **allgemeinen Persönlichkeitsrechts** kann vorliegen, wenn jemandem im Wege des Zitats eine Äußerung in den Mund gelegt wird, die er nicht oder nicht so getätigt hat.[291] Dies gilt schon dann, wenn der Eindruck entsteht, der Zitierte habe sich in einem bestimmten Sinne eindeutig geäußert, obwohl seine Aussage mehrdeutig war.[292] Dagegen bildet es grundsätzlich weder eine Verletzung des Urheberpersönlichkeitsrechts noch des allgemeinen Persönlichkeitsrechts, wenn in einer gemäß § 51 zulässigen Weise aus früheren Werken eines Autors zitiert wird, von denen sich dieser distanziert hat.[293] Es darf freilich nicht der irrige Eindruck hervorgerufen werden, der Autor halte an seiner früheren Meinung fest.[294] Im Übrigen ist darauf hinzuweisen, dass das Zitat-

---

[282] Insbesondere zum Einfluss der Info-Richtlinie → § 62 Rn. 3; zum Änderungsverbot auch *Waiblinger* UFITA 2011, 323 (416 ff.).

[283] BeckOK/*Kroitzsch*/*Götting* UrhG § 14 Rn. 10.

[284] Ebenso Dreier/Schulze/*Dreier* UrhG § 51 Rn. 2; s. aus der Praxis zB LG Stuttgart UFITA 23 (1957), 244 (246): der Bekl. hat nicht nur Worte und Ausdrücke als Zitate aus dem Buch des Kl. wiedergegeben, die dort nicht stehen, er hat es auch dadurch gegen die Pflicht zur werkgetreuen Wiedergabe verstoßen, dass er Worte und Satzteile aus dem Buch des Kl. als solche zwar wortgetreu übernommen, sie aber aus ihrem jeweiligen Satzzusammenhang gerissen, anderen Personen in den Mund gelegt und sie – unter Hinzufügung eigener Bestandteile – so zu neuen Sätzen und Satzteilen zusammengefügt hat, dass sie ihres ursprünglichen Sinnes entkleidet und zur Parodie werden. Das Gericht nahm einen Verstoß gegen das Änderungsverbot des § 24 LUG und eine Ehrverletzung an; Zur Frage der Verletzung des allgemeinen Persönlichkeitsrechts durch unzutreffende Zuschreibung eines Zitats → Rn. 62.

[285] LG München I NJOZ 2009, 3051 (3054).

[286] → Rn. 31 und die Erl. zu § 63; *Waiblinger* UFITA 2011, 323 (420 ff.).

[287] Wandtke/Bullinger/*Manegold*/*Czernik* UrhG § 94 Rn. 84.

[288] Wandtke/Bullinger/*Manegold*/*Czernik* UrhG § 95 Rn. 18.

[289] Zu den aus **allgemeinen Vorschriften** folgenden Urheberrechtsschranken → Vor §§ 44a ff. Rn. 22; vgl. auch → Rn. 9.

[290] Beispiel: Ein Zitat in einer Werbeschrift wird zu einer nach § 6 UWG unlauteren anlehnenden oder vergleichenden Werbung zum Nachteil des zitierten Wettbewerbers ausgemünzt.

[291] BVerfG GRUR 1980, 1087 – Heinrich Böll; OLG München ZUM 1998, 417 (421) – Bertolt-Brecht; BGH NJW 1998, 1391 – anfechtbare Interpretation eines fremdsprachigen Satzes; OLG Celle AfP 2002, 506; Fromm/Nordemann/*Dustmann* UrhG § 51 Rn. 10. Zum entstellenden Zitieren – auch durch an sich exakte Zitate – → Rn. 58.

[292] BGH GRUR 2012, 83 Rn. 12 – Das Prinzip Arche Noah.

[293] *Neumann-Duesberg* UFITA 46 (1966), 68 (70 f.); *v. Olenhusen* UFITA 67 (1973), 57 (68 ff.); vgl. allgemein → § 42 Rn. 13 ff.

[294] Zum postmortalen Persönlichkeitsschutz der Privatsphäre gegenüber der Veröffentlichung von Briefzitaten s. OLG Hamburg ZUM 2004, 128 (130 ff.); zum Vorwurf, modifizierte Zitate aus dem Werk eines bestimmten Autors vom Buch eines Dritten ohne Kenntlichmachung abgeschrieben zu haben, s. LG München I UFITA 35 (1961), 223.

recht nur eine Schranke für Urheberrechte und verwandte Schutzrechte bildet, Eingriffe in sonstige Rechte, insbesondere in das allgemeine Persönlichkeitsrecht, können damit **nicht gerechtfertigt** werden.[295] Von den Zitatregeln des Urheberrechts zu unterscheiden ist der Schutz des wissenschaftlichen Persönlichkeitsrechts und die Frage, inwieweit die Wissenschaftsethik eine Bezugnahme erfordert.[296]

II. Das wissenschaftliche Großzitat (Satz 2 Nr. 1)

1. Selbständiges wissenschaftliches Werk

Großzitate sind gemäß § 51 S. 2 Nr. 1 nur in „selbständigen wissenschaftlichen Werken" zulässig.   **63** Das Erfordernis der **Selbständigkeit** wurde allgemein bereits unter → Rn. 44 ff. behandelt.

Der Begriff des **wissenschaftlichen Werks** ist im Blick auf den Sinn und Zweck[297] der in § 51   **64** S. 2 Nr. 1 gegenüber sonstigen Werken gewährten Privilegierung zu bestimmen. Dabei deutet nichts darauf hin, dass „Wissenschaft" hier nur in einem engeren Sinn als die an Hochschulen gelehrte und in Forschungsinstituten betriebene Wissenschaft gemeint wäre. Dem hinter dem Zitatrecht stehenden Zweck der Förderung der kulturellen Entwicklung im Allgemeinen (→ Rn. 10) entspricht es, auch **populärwissenschaftliche Werke** einzubeziehen.[298]

Wissenschaft kann in Anlehnung an die zu Art. 5 Abs. 3 GG entwickelten Begriffsbestimmun-   **65** gen[299] als die ernsthafte, methodisch geordnete Suche nach Erkenntnis definiert werden; wissenschaftlich sind Werke, die solche Erkenntnis erarbeiten oder sich mit ihr auseinandersetzen oder sie verbreiten.[300] Bei der Prüfung ist sowohl auf den **Inhalt**, insbesondere die Thematik, als auch die **Form der Darstellung** Bedacht zu nehmen.[301] Einen abschließenden Katalog der Themen wissenschaftlicher Forschung gibt es nicht. So kann zB auch ein Werk „Schaubildtechnik – die Möglichkeiten bildlicher Darstellung von Zahlen und Sachbezeichnungen" ein wissenschaftliches Werk sein.[302]

Angreifbare Methoden oder Ergebnisse stehen der Anerkennung der Wissenschaftlichkeit   **66** nicht im Wege; erst wenn es nicht mehr um Wahrheitsfindung geht, sondern vorgefassten Meinungen lediglich der Anschein wissenschaftlicher Gesinnung oder Nachweisbarkeit verliehen wird, entfällt der Charakter eines wissenschaftlichen Werkes.[303]

Nicht zu den wissenschaftlichen Werken iSd § 51 S. 2 Nr. 1 gehören Werke, die nicht den **Intel-**   **67** **lekt**, sondern überwiegend **andere Schichten der Persönlichkeit**, wie Gefühle oder den Schönheitssinn, ansprechen.[304] Außer Betracht bleiben ferner Werke, die zwar Gedanken ausdrücken, aber **nicht methodisch geordnete Erkenntnis** anstreben.[305] Daher soll es sich nicht mehr um ein wissenschaftliches Werk handeln, wenn das zitierende Werk im Wesentlichen eine autobiografische Darstellung persönlicher Erfahrungen, Erlebnisse und wertender Ansichten des Autors ist.[306] Auszuscheiden sind weiterhin die **politische, weltanschauliche und sonstige Agitation, Propaganda oder Wahlkampfwerbung**,[307] ebenso die **geschäftliche Werbung.** Eine Wahlkampfbroschüre ist deshalb kein wissenschaftliches Werk.[308] Bei allen genannten Formen fehlt es insofern am Erkenntnisbezug. Schließlich sind Werke, die überwiegend **unterhalten**, nicht aber Erkenntnisse vermitteln, nicht zum Bereich der Wissenschaft zu rechnen.[309] Dies schließt unterhaltend gestaltete Werke der Wissenschaft nicht aus; nur muss die wissenschaftliche Auseinandersetzung nach wie vor überwiegen.[310]

---

[295] DKMH/*Dreyer* UrhG § 51 Rn. 15.

[296] OLG Hamburg GRUR-RR 2004, 285 (287 f.) – Markentechnik.

[297] Zum Zitatzweck bei § 51 S. 2 Nr. 1 *Waiblinger* UFITA 2011, 323 (399 ff.).

[298] OLG München Schulze OLGZ 49, 3; LG Berlin GRUR 1962, 207 (209) – Maifeiern; LG München I AfP 1994, 326 (327); Fromm/Nordemann/*Dustmann* UrhG § 51 Rn. 24; BeckOK UrhG/*Schulz* § 51 Rn. 16; Wandtke/Bullinger/*Lüft* UrhG § 51 Rn. 13; Loewenheim/*Götting* § 31 Rn. 175; *Brauns* S. 38 ff.; Dreier/Schulze/ *Dreier* UrhG § 51 Rn. 8; DKMH/*Dreyer* UrhG § 51 Rn. 44; zweifelnd KG GRUR 1970, 616 (617) – Eintänzer.

[299] Maunz/Dürig/*Scholz* GG Art. 5 Rn. 85 ff. mwN.

[300] Ähnlich LG Berlin Schulze LGZ 125, 1 (5); GRUR 1978, 108 – Terroristenbild; Fromm/Nordemann/*Dustmann* UrhG § 51 Rn. 24; Wandtke/Bullinger/*Lüft* UrhG § 51 Rn. 13; *Brauns* S. 38; Dreier/Schulze/*Dreier* UrhG § 51 Rn. 8; DKMH/*Dreyer* UrhG § 51 Rn. 44.

[301] OLG München ZUM 1989, 529 (531): Als wissenschaftlich ist ein Werk anzusehen, das nach Rahmen, Form und Gehalt durch eine eigene Geistestätigkeit die Wissenschaft durch Vermittlung von Erkenntnis fördern will – im Anschluss an LG Berlin GRUR 1962, 207 (209) und RGZ 130, 196 (199).

[302] LG Berlin Schulze LGZ 125, 1 (5).

[303] LG München I AfP 1994, 326 (327) unter Berufung auf BVerfG NJW 1994, 1781 (1782).

[304] Hiernach werden Musik und bildende Kunst als zitierende Werke nach § 51 Nr. 1 auszuscheiden sein.

[305] ZB Romane, Bühnenwerke, Reportagen.

[306] OLG Brandenburg ZUM-RD 2013, 376 (379) – Blühende Landschaften; nicht behandelt in der Zurückweisungsentscheidung BGH ZUM 2012, 681 – Blühende Landschaften.

[307] So auch im Blick auf Art. 5 Abs. 3 GG Maunz/Dürig/*Scholz* GG Art. 5 Rn. 93; zur Wahlkampfwerbung LG München I Schulze LGZ 182, 1 (4).

[308] LG München I Schulze LGZ 182, 1 (4).

[309] Fromm/Nordemann/*Dustmann* UrhG § 51 Rn. 25; BeckOK UrhG/*Schulz* § 51 Rn. 16; Dreier/Schulze/ *Dreier* UrhG § 51 Rn. 8.

[310] Dreier/Schulze/*Dreier* UrhG § 51 Rn. 8.

68   Hinsichtlich der **Werksgattung** sieht § 51 S. 2 Nr. 1 keine Begrenzung vor.[311] Nach dem Vorstehenden werden praktisch in erster Linie **Sprachwerke** in Betracht kommen, ferner **Filmwerke**[312] und **Fernsehsendungen**[313] sowie **Darstellungen wissenschaftlicher Art iSv § 2 Abs. 1 Nr. 7** und **Multimediawerke**.[314] Dagegen scheiden funktional technische Gegenstände wie Computerprogramme oder Werke aus der Kunst[315] ebenso wie Lichtbildwerke (Nr. 5) in aller Regel aus, da es hier an der wissenschaftlichen Auseinandersetzung fehlt.[316] **Bejaht** wurde der Charakter eines wissenschaftlichen Werkes für eine Broschüre „Stellenangebote – entwerfen, gestalten, streuen";[317] für eine auf Schallplatten aufgenommene musikwissenschaftliche Darstellung;[318] ferner für den Fernsehbericht und Kommentar „Mitteldeutsches Tagebuch".[319] Für **zweifelhaft** erklärte das LG Berlin,[320] ob ein Werk „Klassische Kinder- und Jugendbücher – Kritische Betrachtungen" ein wissenschaftliches Werk iSv § 51 S. 2 Nr. 1 sei; die Frage dürfte zu bejahen sein. **Verneint** wurde das Vorliegen eines wissenschaftlichen Werks zB für einen Artikel „Der Eintänzer" in einem sog. „Lexikon der Erotik", das fortlaufend in der Publikumszeitschrift „Jasmin" veröffentlicht wurde, da das Schwergewicht in der Unterhaltung liege, es an der Angabe jeder weiterführenden Fundstelle fehle;[321] verneint weiterhin für eine polemisch-kritische Fernsehsendung „Der Spiegel als Forum der Baader-Meinhof-Bande".[322] Bezüglich des Kunstbuches „Der blaue Reiter …", welches in seinem Textteil eine Charakteristik der Zeitsituation, der Künstlerbünde, der im Jahre 1909 gegründeten „Neuen Künstlervereinigung München" und daneben 314 teils farbige, teils schwarzweiße Reproduktionen der Bildwerke der behandelten Künstler enthält, ließ der BGH ausdrücklich offen, ob es sich bei dem Buch um ein wissenschaftliches Werk im Sinne des § 51 S. 2 Nr. 1 UrhG handelt.[323]

2. Einzelne Werke

69   Bei dem Begriff der **„einzelnen Werke"** iSd § 51 S. 2 Nr. 1 handelt es sich einerseits um eine relativ nach dem Gesamtwerk des Zitierten und nach Art und Umfang des zitierenden wissenschaftlichen Werkes auszurichtende Größe; andererseits liegt hinsichtlich der Maximalzahl doch eine absolute Beschränkung vor.[324] Wie diese beiden Bestimmungsfaktoren zusammenwirken, ist strittig. Während eine Meinung dahingeht, „einzelne" bedeute eine absolute Begrenzung auf insgesamt **„einige wenige"** Zitate in dem zitierenden Werk,[325] legt die Gegenmeinung eine **differenzierende Betrachtung** zugrunde.[326] Die letztgenannte Auffassung wird dem Sinn und Zweck des § 51 besser gerecht. Danach ist zu unterscheiden: Werden nur Werke **eines** Urhebers zitiert, ist angesichts der nahe liegenden Gefährdung der Interessen des Zitierten eine Beurteilung nach maximaler Strenge am Platze; es dürfen nur „einige wenige" Werke aufgenommen werden. Die Gesamtzahl der zu konzedierenden Zitate steigt aber, je mehr Urheber zitiert werden: Eine Geschichte der modernen Kunst oder Lyrik etwa muss, wie *Ulmer* mit Recht hervorhebt, eine insgesamt größere Zahl von Bildern bzw. Gedichten der behandelten Urheber wiedergeben dürfen; wenn jeder Betroffene dabei nur mit vereinzelten Werken erfasst wird, wird keinem ein Nachteil in der Verwertung seiner Rechte entstehen. Insofern ist hier auf der Auslegung auf den Gedanken der Vermeidung einer Beeinträchtigung der Nutzung des zitierten Werkes zurückzugreifen (→ Rn. 49, 51). In keinem Fall darf aber das zitierende Werk eine bloße Sammlung von Zitaten bilden; dann fehlt es bereits an der erforderlichen **Selbständigkeit** des zitierenden Werks → Rn. 44 ff.

70   Die Aufnahme von 69 Werken Kandinskys in das Buch „Der Blaue Reiter und die Neue Künstlervereinigung München" wurde vom BGH mit Recht als exzessiv betrachtet.[327] Das LG Berlin hat die

[311] Wandtke/Bullinger/*Lüft* UrhG § 51 Rn. 8; Fromm/Nordemann/*Dustmann* UrhG § 51 Rn. 13; BeckOK UrhG/*Schulz* § 51 Rn. 8.
[312] Fromm/Nordemann/*Dustmann* UrhG § 51 Rn. 26.
[313] LG Berlin GRUR 1962, 207 (209) – Maifeiern.
[314] Wandtke/Bullinger/*Lüft* UrhG § 51 Rn. 13; Dreier/Schulze/*Dreier* UrhG § 51 Rn. 9; Fromm/Nordemann/*Dustmann* UrhG § 51 Rn. 26; *Bisges* GRUR 2009, 730 (731).
[315] § 2 Abs. 1 Nr. 2–4.
[316] Ähnlich Dreier/Schulze/*Dreier* UrhG § 51 Rn. 9, der auf die fehlende Selbstständigkeit des zitierendden Werkes abstellt.
[317] LG München I Schulze LGZ 94, 1 (3).
[318] LG Berlin Schulze LGZ 75, 6 (7).
[319] LG Berlin GRUR 1962, 207 (209) – Maifeiern.
[320] LG Berlin Schulze LGZ 126, 1 (5).
[321] KG GRUR 1970, 616 (617 f.).
[322] LG Berlin GRUR 1978, 108 (109) – Terroristenbild.
[323] BGH GRUR 1968, 607 (608) – Kandinsky I mit diesbezüglich kritischer Anmerkung *Fromm*.
[324] BGH GRUR 1968, 607 (611) – Kandinsky I; BeckOK UrhG/*Schulz* § 51 Rn. 15; Dreier/Schulze/*Dreier* UrhG § 51 Rn. 11; Fromm/Nordemann/*Dustmann* UrhG § 51 Rn. 26.
[325] BGH GRUR 1968, 607 (609 f.) – Kandinsky I; offen jetzt BeckOK UrhG/*Schulz* § 51 Rn. 15; OLG München ZUM 1989, 529 (531); LG München I AfP 1994, 326 (328).
[326] Wandtke/Bullinger/*Lüft* UrhG § 51 Rn. 10 f.; Loewenheim/*Götting* § 31 Rn. 177; *Brauns* S. 32, 33; Dreier/Schulze/*Dreier* UrhG § 51 Rn. 11.
[327] BGHZ 50, 147 (156 ff.); eine allzu großzügige Auffassung lässt dagegen OLG München Schulze OLGZ 49, 1 erkennen. Auch die Aufnahme von 56 Bildern von Franz Marc kann nicht mehr unter den Begriff der „einzelnen Werke" gebracht werden, so LG München II Schulze LGZ 84, 1 (9 ff.), ebenso wenig wie die Aufnahme von 34

Grenzen zulässigen Zitierens für ein Buch über „Schaubildtechnik" als überschritten erachtet, auf dessen 359 Textseiten sich nicht weniger als 452 Abbildungen fremder Schaubilder befanden.[328]

Fraglich kann sein, wie die Situation zu werten ist, wenn dem Zitierenden die Aufnahme gewisser **71** Werke **erlaubt** wurde und er nun weitere Werke zitatweise hinzufügen möchte. Der BGH rechnet die auf Grund Erlaubnis aufgenommenen Werke bei der Ermittlung des zulässigen Quantums an Zitaten ohne Weiteres mit ein.[329] In dieser allgemeinen Form kann dem nicht zugestimmt werden. Geht es um die **Zahl von Werken,** die gemäß § 51 S. 2 Nr. 1 zitiert werden dürfen, haben die auf Grund einer Erlaubnis wiedergegebenen Werke außer Betracht zu bleiben. Sie sind jedoch mit zu berücksichtigen, wenn die Grenzen des Zitatzwecks zu bestimmen sind: Können bereits erlaubterweise Werke aufgenommen werden, mag es des Zitats gar nicht mehr bedürfen oder es mögen einige wenige Zitate zur Ergänzung genügen.[330]

§ 51 S. 2 Nr. 1 erlaubt das Zitat **ganzer Werke.** Es muss sich nicht notwendig um Werke geringen **72** Umfangs handeln;[331] die in § 19 Nr. 2 LUG enthaltene Beschränkung auf „Aufsätze von geringem Umfang oder einzelne Gedichte" ist nicht übernommen worden.

Umfangmäßige Grenzen ergeben sich aber aus dem Zitatzweck[332] sowie aus der Regel, dass die **73** Verwertung des zitierten Werkes nicht unzumutbar behindert werden darf (→ Rn. 49, 51). Setzt sich das zitierende Werk zB lediglich mit Teilen einer Abhandlung auseinander, wird regelmäßig nur eine Aufnahme dieser Teile zulässig sein. Ein wissenschaftliches Großzitat setzt deshalb auch nicht immer voraus, dass ganze Werke zitiert werden.[333] Es kann sich durchaus auch um ein Zitat von Werkteilen oder Stellen handeln; in letzterem Fall setzt freilich § 51 S. 2 Nr. 2 leichter zu erfüllende Bedingungen als § 51 S. 2 Nr. 1.

3. Sonstige Voraussetzungen

Während § 51 UrhG aF auf das Erscheinen nach § 6 Abs. 2 abstellte,[334] fordert § 51 seit seiner Re- **74** form 2008 lediglich eine Veröffentlichung des Werkes nach § 6 Abs. 1. Demgemäß sind wissenschaftliche Großzitate aus veröffentlichten, aber (noch) nicht erschienen Werken seither ohne Weiteres möglich.[335] Hierzu → Rn. 24.

Zulässiger **Zitatzweck** ist nur die **„Erläuterung des Inhalts",** und zwar des zitierenden **75** Werks.[336] Dieser Zitatzweck ist enger als derjenige der Nr. 2 und 3.[337] Das Zitat muss gerade den Inhalt des wissenschaftlichen Werkes erläutern, somit nicht nur bloß als Beleg dienen, sondern etwa Textpassagen aufführen (zB Dokumente) oder Fotografien zur Erläuterung eines wissenschaftlichen Textes enthalten,[338] etwa ein Bildzitat, ohne dass der begleitende Text nicht verständlich wäre.[339]

Die Wiedergabe der Einbandzeichnung des Buches „Emil und die Detektive" auf dem Einbandde- **76** ckel und als Illustration eines sich kritisch mit Jugendbüchern auseinandersetzenden Werkes dient nicht zur „Erläuterung des Inhalts", wenn das Werk zwar das Buch „Emil und die Detektive" behandelt, nicht aber die Einbandzeichnung in die Erörterung einbezieht.[340] Bei auf Schallplatten aufgenommenen Musikwerken mit gesprochenem Kommentar ist der zulässige Zitatzweck überschritten, wenn das Schwergewicht der Darstellung auf der Wiedergabe der geschützten Musikwerke liegt, die durch die gesprochenen Texte erläutert werden.[341]

III. Das Kleinzitat (Satz 2 Nr. 2)

1. Selbständiges Sprachwerk

Das Merkmal der **Selbständigkeit** des zitierenden Werkes wurde bereits vorstehend (→ Rn. 44– **77** 48) erörtert.

Bildern des Malers Alexej Jawlensky in dem Katalog einer Ausstellung der Malerin Marianne Werefkin, so OLG München ZUM 1989, 529 oder wie die Abbildung von 24 Zeichnungen zur Illustration eines Buches über einen Comiczeichner, so KG AfP 1997, 527 (528).

[328] LG Berlin Schulze LGZ 125, 1 (7).

[329] BGH GRUR 1968, 607 (610) – Kandinsky I; *Brauns* S. 33; DKMH/*Dreyer* UrhG § 51 Rn. 48.

[330] Zustimmend Dreier/Schulze/*Dreier* UrhG § 51 Rn. 11.

[331] Wandtke/Bullinger/*Lüft* UrhG § 51 Rn. 10; Dreier/Schulze/*Dreier* UrhG § 51 Rn. 10.

[332] → Rn. 27 ff.

[333] Anders offenbar BGH GRUR 1986, 59 – Geistchristentum; kritisch hierzu *Schricker* Anm. zu Schulze BGHZ 348; Loewenheim/Götting § 31 Rn. 179; *Brauns* S. 44, 45; Dreier/Schulze/*Dreier* UrhG § 51 Rn. 10.

[334] *Brauns* S. 55 ff.; LG Köln UFITA 78 (1977), 270 (272 f.).

[335] S. auch Dreier/Schulze/*Dreier* UrhG § 51 Rn. 12; Wandtke/Bullinger/*Lüft* UrhG § 51 Rn. 14.

[336] Dreier/Schulze/*Dreier* UrhG § 51 Rn. 13; *Brauns* S. 46 ff. weist darauf hin, dass damit mittelbar auch das zitierte Werk erläutert zu werden pflegt.

[337] Dreier/Schulze/*Dreier* UrhG § 51 Rn. 13; BeckOK UrhG/*Schulz* § 51 Rn. 17; im Einzelnen → Rn. 27 ff.

[338] Dreier/Schulze/*Dreier* UrhG § 51 Rn. 13; Hartmer/Detmer/*Götting/Leuze,* Hochschulrecht, Kap. 13 Rn. 60.

[339] BGH GRUR 1994, 800 (802 f.). – Museumskatalog.

[340] LG Berlin Schulze LGZ 126, 1 (5 ff.).

[341] LG Berlin Schulze LGZ 75, 1 (7 f.).

78 Der Gesetzestext räumt das Zitatrecht nach § 51 S. 2 Nr. 2 ausweislich des Wortlauts nur für **Sprachwerke** ein (§ 2 Abs. 1 Nr. 1). Der frühere Streit, ob das Zitatrecht aufgrund einer Abwägung zwischen dem Grundrechtsschutz des Urheberrechts und den Kommunikationsgrundrechten analog auf **Filme und Fernsehsendungen** anzuwenden war,[342] ist mittlerweile durch die Neufassung und Umgestaltung des § 51 in eine Generalklausel obsolet. Vielmehr ist das Zitatrecht des § 51 ohne Weiteres für Fernsehsendungen,[343] für **pantomimische Werke**[344] sowie für **wissenschaftliche und technische Darstellungen** anwendbar;[345] es kommt schließlich auch für **sonstige Werkgattungen,** etwa die bildende Kunst, in Betracht, soweit ein Zitieren nach der Natur der Dinge dort möglich erscheint.[346] **Sammelwerke** sind nicht von vornherein aus dem Kreis der Werke auszuscheiden, in denen zitiert werden kann.[347] Zulässig ist das Zitat auch in **Multimediawerken.**[348] Schwierigkeiten können im Falle des Zitats von Sprichwörtern auftreten.[349]

79 Nur das **Musikzitat in Musikwerken** ist von § 51 S. 2 Nr. 2 auszunehmen (vgl. → Rn. 22); hier gilt allein Nr. 3 mit seinen qualifizierten Voraussetzungen; die Differenzierung ist vom Gesetzgeber gewollt und angesichts der besonderen Verhältnisse in der Musik gerechtfertigt. Diese besondere Wertung ist auch trotz der Umgestaltung in eine Generalklausel nach wie vor zu berücksichtigen.

2. Stellen eines Werkes

80 Was die **Werkgattung des zitierten Werkes** betrifft, so sieht § 51 S. 2 Nr. 2 keine Beschränkungen vor; alle Arten von Werken kommen für ein Zitat in Frage.[350]

81 Nach dem Gesetzestext dürfen nur „**Stellen**" eines Werkes zitiert werden. Es sind darunter Werkteile zu verstehen, und zwar „**kleine Ausschnitte**".[351] Das Zitatrecht braucht freilich nur beansprucht zu werden, wenn die zitierten Werkteile als solche schutzfähig sind, andernfalls ist die Benutzung ohne Weiteres zulässig (→ Rn. 11).

82 Aus der in **§ 19 Nr. 1 LUG** in Bezug auf die zitierten Sprachwerke gebrauchten Wendung „einzelne Stellen oder kleinere Teile" ließe sich folgern, dass „Stellen" umfangmäßig noch unter den „kleineren Teilen" liegen, es sich nur um Satzbruchteile oder einzelne Sätze handeln dürfe. Nach der amtlichen Begründung war aber eine derartige Reduktion nicht gewollt: es ist „der im geltenden Recht verwendete Ausdruck kleinere Teile wegen seiner Unbestimmtheit fortgelassen worden; eine sachliche Änderung ist damit nicht beabsichtigt".[352] In den folgenden Urheberrechtsreformen, im zweiten Korb oder im Kontext des UrhWissG wurde diese Frage nicht mehr thematisiert.

83 Der zulässige Umfang des Kleinzitats ist unter Kombination **relativer und absoluter Maßstäbe** zu bestimmen.[353] Das Kleinzitat sollte regelmäßig nur einen Bruchteil des gesamten zitierten Werkes umfassen, so dass bei größeren Werken mehr, bei kleineren weniger zitiert werden kann.[354] Zusätzlich darf aber ein gewisser absoluter Umfang des jeweiligen Zitats nicht überschritten werden. Arithmetische Maßstäbe lassen sich nicht geben,[355] damit nicht „kümmerliches Rechnen an die Stelle freier Würdigung der Sachlage" tritt.[356] Es lässt sich weder behaupten, dass im Regelfall nur „ein oder zwei Kernsätze" wiedergegeben werden dürften[357] noch dass **eine** Seite nicht überschritten werden dürfe.[358] Wie weit der Begriff der „Stellen" im Einzelfall erstreckt werden darf, richtet sich nach dem **Zitatzweck** (→ Rn. 27 ff.);[359] zu beachten ist dabei auch, dass keine unzumutbare Beeinträchtigung

---

[342] So BGH GRUR 1987, 362 (363) – Filmzitat; OLG Hamburg ZUM 1993, 35 (36); OLG Köln GRUR 1994, 47 (48) – Filmausschnitt; zur früheren Lit. s. Vorauflage.

[343] Für § 51 aF LG Berlin GRUR 1978, 108 (109 f.) – Terroristenbild; LG Berlin Schulze LGZ 144, 8 (9) mablAnm *Reichardt*; im Ergebnis auch LG München FuR 1984, 475.

[344] § 2 Abs. 1 Nr. 3; Fromm/Nordemann/*Dustmann* UrhG § 51 Rn. 42.

[345] § 2 Abs. 1 Nr. 7; Fromm/Nordemann/*Dustmann* UrhG § 51 Rn. 42.

[346] So zB in „graphischen Biografien" im Comic-Stil, vgl. OLG Hamburg ZUM-RD 2016, 576 (605); krit. zur Ausweitung des Kleinzitats *Brauns* S. 99 ff.

[347] Anders offenbar OLG München NJW 1990, 2003 (2004).

[348] DKMH/*Dreyer* UrhG § 51 Rn. 76; *Bisges* GRUR 2009, 730 (731); Fromm/Nordemann/*Dustmann* UrhG § 51 Rn. 44; Wandtke/Bullinger/*Lüft* UrhG § 51 Rn. 17; Loewenheim/*Götting* § 31 Rn. 180.

[349] *Raue* GRUR 2011, 1088 ff.

[350] Dreier/Schulze/*Dreier* UrhG § 51 Rn. 16; Fromm/Nordemann/*Dustmann* UrhG § 51 Rn. 28.

[351] Fromm/Nordemann/*Dustmann* UrhG § 51 Rn. 28.

[352] *Haertel/Schiefler* S. 228.

[353] BGH GRUR 1959, 197 (199) – Verkehrskinderlied; AG Köln ZUM 2003, 77 (78); Fromm/Nordemann/*Dustmann* UrhG § 51 Rn. 28.

[354] BGH GRUR 1959, 197 (199) – Verkehrskinderlied; BGH GRUR 1986, 59 (60) – Geistchristentum; Fromm/Nordemann/*Dustmann* UrhG § 51 Rn. 28.

[355] BGH GRUR 1959, 197 (199) – Verkehrskinderlied; BGHZ 50, 147 (158) – Kandinsky I; BGH GRUR 1986, 59 (60) – Geistchristentum; Dreier/Schulze/*Dreier* UrhG § 51 Rn. 14; DKMH/*Dreyer* UrhG § 51 Rn. 47; *Waiblinger* UFITA 2011, 323 (406 aE, f.).

[356] *Dernburg/Kohler* S. 187.

[357] So aber *v. Gamm* Rn. 13; dagegen BGH GRUR 1986, 59 (60) – Geistchristentum; Fromm/Nordemann/*Dustmann* UrhG § 51 Rn. 28.

[358] Entgegen der zuvor vertretenen Ansicht nun Fromm/Nordemann/*Dustmann* UrhG § 51 Rn. 28; zutr. LG Berlin Schulze LGZ 144, 1 (6 f.) – 26 Zeilen langer Abschnitt als Kleinzitat.

[359] *Waiblinger* UFITA 2011, 323 (401).

der Verwertung des zitierten Werks eintreten darf.[360] Zu berücksichtigen sind insbesondere die **Besonderheiten des zitierten Werkes**.[361] Die Lösung ist auf Grund einer **Abwägung und Wertung der Interessen** nach Maßgabe des Grundgedankens des Gesetzes zu suchen.[362]

Aus dem Wesen des zitierten Werkes und den Erfordernissen des Zitatzwecks kann sich im Einzel- **84** fall ausnahmsweise ergeben, dass auch mehr als Stellen, dh **größere Teile**, eines Werks zitiert werden dürfen.[363] So können längere Zitate zulässig sein, wenn Wortwahl und Atmosphäre des zitierten Werks besondere Bedeutung besitzen, sie „sich mit ein oder zwei Kernsätzen nur unvollkommen belegen und veranschaulichen lassen".[364] Bei einem Filmzitat kann zum Verständnis des eingeblendeten Handlungsablaufs und der damit verbundenen Aussage die Wiedergabe einer längeren Passage erforderlich sein.[365]

Das Zitatrecht des § 51 S. 2 Nr. 2 kann im Extremfall sogar **ganze Werke** umfassen, wenn anders **85** ein sinnvolles Zitieren nicht möglich ist.[366] Insofern nähert sich das Kleinzitat an das Großzitat der Nr. 1 an.[367] Insbesondere gebietet die Natur der Sache beim **Bildzitat**[368] idR, dass das ganze Bild zum Gegenstand des Zitats gemacht werden muss. Soweit der Zitatzweck dies erfordert, war hier schon unter erweiternder Auslegung des § 51 S. 2 Nr. 2 und nunmehr unter der Geltung der Generalklausel erst recht ein Zitat ganzer Werke zulässig.[369] So wurde es von der Rechtsprechung erlaubt, zum Zweck kritischer Auseinandersetzung in den Medien Pressefotos,[370] ein Foto aus einem Werbeprospekt,[371] politische Karikaturen samt Begleittext,[372] politische Embleme[373] oder Plakate[374] im Ganzen wiederzugeben. Insoweit schlägt der Schutz der Kommunikationsgrundrechte durch (→ Rn. 14). Die Zahl der in einem Beitrag zitierten Bilder darf aber über den zulässigen Zitatzweck nicht hinausgehen; es darf nicht soweit kommen, dass die Zitate den Beitrag eigentlich prägen und ganz wesentlich tragen.[375]

Während § 19 Nr. 1 LUG nur die Zitierung „**einzelner** Stellen oder kleinerer Teile" von Sprach- **86** werken erlaubte, spricht § 51 S. 2 Nr. 2 von „Stellen" schlechthin und steht damit im Gegensatz zu Nr. 1 („einzelne Werke") und Nr. 3.[376] Das noch im Regierungsentwurf zum zweiten Korb auch in der Nr. 2 enthaltene Wort „einzelne" wurde auf Vorschlag des Rechtsausschusses im Zuge der „Änderungen im Wesentlichen redaktioneller Art"[377] gestrichen.[378]

Bei dieser Lage ist davon auszugehen, dass eine generelle Beschränkung der Anzahl der zitierten **87** Stellen nicht vorgesehen ist. Die Grenzen des zulässigen Zitierens ergeben sich wie erläutert aus dem Zitatzweck (→ Rn. 27 ff.), dem Verbot unzumutbarer Beeinträchtigung der Verwertung des zitierten

---

[360] → Rn. 49, 51; s. LG Berlin Schulze LGZ 144, 1 (7 f.).

[361] BGH GRUR 1986, 59 (60 f.). – Geistchristentum; auch → Rn. 28.

[362] BGH GRUR 1959, 197 (199) – Verkehrskinderlied; Loewenheim/*Götting* § 31 Rn. 182.

[363] BGH GRUR 1959, 197 (199) – Verkehrskinderlied: Von 3 Strophen eines „Verkehrskinderliedes" wurde die Zitierung einer Strophe ohne Noten für zulässig erklärt.

[364] BGH GRUR 1986, 59 (60 f.). – Geistchristentum: Es handelte sich um esoterische theologische Schriften, die sich als „Jenseitsbotschaften" ausgaben; s. auch OLG Köln GRUR 2012, 151 (153) – Dieter Bohlen zur Wiedergabe eines Ausschnitts aus einer Fernsehsendung, in dem der Zusammenbruch eines Kandidaten der Show zu sehen ist, in einer Sendung, die sich kritisch mit dem Verhalten eines der Juroren auseinandersetzt.

[365] BGH GRUR 1987, 362 – Filmzitat: In einem Film von 43 Minuten Länge waren zulässigerweise 2 Zitate von insgesamt rund 5½ Minuten Länge eingeblendet.

[366] KG UFITA 54 (1969), 296 (299); LG München I *Schulze* LGZ 182, 5; *Rehbinder* Rn. 276; Loewenheim/*Götting* § 31 Rn. 184; Fromm/Nordemann/*Dustmann* UrhG § 51 Rn. 41; dahingestellt in BGH GRUR 1983, 25 (28) – Presseberichterstattung und Kunstwerkwiedergabe I. Offenbar allgemein ablehnend – für das Zitat eines ganzen „Spiegel"-Artikels in einer kritischen Flugschrift – LG Hamburg UFITA 54 (1969), 324 (328 f.), wobei freilich auch auf die Überschreitung des Zitatzwecks hingewiesen wird; ablehnend auch *v. Gamm* Rn. 13.

[367] „Großes Kleinzitat" oder „kleines Großzitat" s. Fromm/Nordemann/*Dustmann* UrhG § 51 Rn. 40; OLG Hamburg GRUR 1990, 36 (37) – Foto-Entnahme; vgl. auch → Rn. 20.

[368] Dh bei der Zitierung von Werken der bildenden Kunst, von Lichtbildwerken und Lichtbildern, wissenschaftlichen und technischen Darstellungen.

[369] Fromm/Nordemann/*Dustmann* UrhG § 51 Rn. 29; Wandtke/Bullinger/*Lüft* UrhG § 51 Rn. 15; LG Berlin GRUR 2000, 797 – Screenshots; Loewenheim ZUM 2003, 571 (574 f.) – Badeszene; Dreier/Schulze/*Dreier* UrhG § 51 Rn. 24; zurückhaltender DKMH/*Dreyer* UrhG § 51 Rn. 45: enger beim Bildzitat wohl Fromm/Nordemann/*Dustmann* UrhG § 51 Rn. 41 unter Hinweis auf die Anerkennung des Bildzitats durch die Rechtsprechung im rechtlichen Meinungskampf und durch die erweiterte Auslegung im Bereich der Kunstfreiheit; ähnlich *Schack* UrhR Rn. 549; *Brauns* S. 138 ff.; unentschieden OLG Hamburg GRUR 1990, 36 (37) – Foto-Entnahme-, jedoch grundsätzlich für Zulässigkeit eines Bildzitats. Für die weitergehende Meinung dann OLG Hamburg GRUR 1993, 666 – Altersfoto; s. auch LG München I AfP 1994, 326 (329).

[370] LG Berlin GRUR 1978, 108 (110) – Terroristenbild – unter Berufung auf Art. 5 Abs. 1 S. 2 GG.

[371] LG München I FuR 1984, 475.

[372] LG München I UFITA 77 (1976), 289; KG UFITA 54 (1969), 296 worin als weiteres Beispiel „ganz kurze schlagwortartige oder aphoristische Sprachwerke" wie „politische Verse, Wahlslogans, politische Witze" genannt werden; ebenso LG München I Schulze LGZ 182, 1 ((5).

[373] LG Frankfurt a. M. UFITA 94 (1982), 338 – Lachende Sonne.

[374] LG München I Schulze LGZ 182, 1.

[375] OLG Hamburg GRUR 1990, 36 (37) – Foto-Entnahme.

[376] „einzelne Stellen".

[377] Vgl. Stellungnahme Rechtsausschuss, BT-Drs. IV/3401.

[378] *Haertel/Schiefler* S. 229.

Werks (→ Rn. 49, 51) und dem Erfordernis der Selbständigkeit des zitierenden Werks (→ Rn. 44 ff.). Im Einzelfall kann auch die Wiedergabe zahlreicher Stellen zulässig sein.[379]

3. Sonstige Voraussetzungen

88   § 51 S. 2 Nr. 2 setzt voraus, dass die zitierten Werke bzw. Werkteile (→ § 6 Rn. 21) bereits **veröffentlicht** sind. Auf das Erscheinen kommt es nicht an.[380] Nicht zitiert werden darf beispielsweise aus einem unveröffentlichten Anwaltsschriftsatz.[381]

89   Zum **Zitatzweck** → Rn. 27 ff., zum Merkmal des „**Anführens**" → Rn. 55.

IV. Das Musikzitat (Satz 2 Nr. 3)

90   Das Musikzitat war vor dem UrhG nicht gesetzlich geregelt, aber von der Praxis zugelassen.[382] § 51 S. 2 Nr. 3 setzt voraus, dass sowohl zitiertes als auch zitierendes Werk zu den **Werken der Musik** iSd § 2 Abs. 1 Nr. 2 gehören (→ § 2 Rn. 144 ff.). Das Musikzitat in anderen als Musikwerken, etwa in einem Film- oder einem Sprachwerk, richtet sich nach § 51 S. 2 Nr. 1 und Nr. 2.[383] Die verbleibenden Fälle, zB Musikzitat in Multimediawerk, sind unter § 51 S. 1 zu fassen. Zum Begriff des „**selbständigen Werkes**" (→ Rn. 44–48). Die Selbständigkeit fehlt, wenn die zitierte Tonfolge dem zitierenden Werk zugrunde gelegt wird.[384] Die Benutzung einer fremden Melodie zum Zweck der Variation ist zulässig, auch wenn an sich eine freie Benutzung vorliegen würde.[385] Kein Zitat bildet die **Stilimitation**; an Stil, Manier, Kompositionstechnik besteht kein Urheberrecht.[386] Das zitierte Werk muss – anders als die Werke in Nr. 1 und Nr. 2 – **erschienen** sein.[387] Diese Wertung des Gesetzes darf auch nicht durch die Annahme eines nicht benannten Falles („insbesondere") unterlaufen werden.

91   Was unter „**Stellen**" zu verstehen ist, wird unter → Rn. 80 ff. behandelt. Nur „**einzelne**" Stellen dürfen zitiert werden; der Natur der Dinge nach ist dies eng auszulegen, was sich schon im Vergleich mit dem Wortlaut von Nr. 2 zeigt.[388] Nur das darf übernommen werden, was zur Erkennbarkeit für einen üblichen Hörer genügt.[389] Der **Umfang** des Zitats ist daher regelmäßig so zu begrenzen, dass eine fremde Melodie von einem Hörer mit durchschnittlichem musikalischem Empfinden gerade noch erkannt wird.[390]

92   Die → Rn. 27 ff. genannten Zitatzwecke sind namentlich auch für **Musikzitate gemäß § 51 S. 2 Nr. 3** einschlägig. Musikzitate in Sprachwerken fallen unter Nr. 1 und/oder Nr. 2; Nr. 3 behandelt nur das musikalische Zitat. In einem Werk der Musik[391] ist die Zulässigkeit des Zitats zum Zweck der Variation hier eingeschränkt;[392] Es darf nicht erkennbar eine Melodie einem fremden Werk entnommen werden, um einem eigenen Werk zugrunde gelegt zu werden.[393] Eine im Regierungsentwurf vom 23.3.1962[394] enthaltene Nr. 4, wonach „ein Thema aus einem erschienenen Werk der Musik in einem selbständigen Variationenwerk eingeführt" werden durfte, wurde deshalb gestrichen.[395] Ansonsten ist das Musikzitat als Stilmittel des Anklangs oder Kontrasts, der „Hommage", etwa der Verwendung des Wagnerischen Walhall–Motivs in der Feuersnot von Richard Strauss,[396] der Satire oder des kabarettistischen Einsatzes oder zu parodistischen Zwecken (→ Rn. 40) zulässig.[397] Keine Musik-

---

[379] Wandtke/Bullinger/*Lüft* UrhG § 51 Rn. 14; DKMH/*Dreyer* UrhG § 51 Rn. 47.

[380] KG ZUM 2008, 329 – Veröffentlichung privater Briefe in Tageszeitung; DKMH/*Dreyer* UrhG § 51 Rn. 46 gegen abw. Meinungen. Zu dem hier zugrundezulegenden Begriff der Veröffentlichung → § 6 Rn. 16 ff.

[381] OLG Düsseldorf GRUR 1983, 758 (759); dazu auch BGH GRUR 1986, 739 – Anwaltsschriftsatz; OLG München NJW 2008, 768 – Anwaltsschriftsatz.

[382] S. die Nachweise bei *v. Gamm* Rn. 1.

[383] Dreier/Schulze/*Dreier* UrhG § 51 Rn. 18; Wandtke/Bullinger/*Lüft* UrhG § 51 Rn. 20.

[384] Wandtke/Bullinger/*Lüft* UrhG § 51 Rn. 19.

[385] Die aber nach § 24 Abs. 2 nicht zulässig ist; Wandtke/Bullinger/*Lüft* UrhG § 51 Rn. 20; zur Abgrenzung von § 24 Abs. 2 und § 51 S. 2 Nr. 3 s. *Brauns* S. 179 ff.; OLG Frankfurt a.M. GRUR 2008, 249 – Abstracts; BGH MMR 2011, 182 – Perlentaucher I; OLG Frankfurt a. M. ZUM 2012, 146 – Perlentaucher II.

[386] *Hertin* GRUR 1989, 159 (161).

[387] Zweifelnd BeckOK UrhG/*Schulz* § 51 Rn. 23, der ein Redaktionsversehen für möglich hält, insbesondere mit Hinweis auf zunächst nur im Internet verfügbare Musik von Künstlern, die keinen Plattenvertrag haben; zum Erscheinen → § 6 Rn. 29 ff.

[388] BeckOK UrhG/*Schulz* § 51 Rn. 24; Dreier/Schulze/*Dreier* UrhG § 51 Rn. 20.

[389] Dreier/Schulze/*Dreier* UrhG § 51 Rn. 20; BeckOK/*Schulz* UrhG § 51 Rn. 24.

[390] BeckOK UrhG/*Schulz* § 51 Rn. 24; Dreier/Schulze/*Dreier* UrhG § 51 Rn. 19; ferner zur Frage der Kenntlichmachung des Zitats → Rn. 31.

[391] Fromm/Nordemann/*Dustmann* UrhG § 51 Rn. 35; zum Verbot einer unzumutbaren Beeinträchtigung der Verwertung des zitierten Werks → Rn. 49, 51; eine Modifikation ergibt sich aus dem starren Melodienschutz des § 24 Abs. 2; anders als bei sonstigen Werkgattungen → Rn. 78.

[392] Fromm/Nordemann/*Dustmann* UrhG § 51 Rn. 37.

[393] Dreier/Schulze/*Dreier* UrhG § 51 Rn. 19; im Einzelnen → § 24 Rn. 32 ff.

[394] BT-Drs. IV/270.

[395] Vgl.: Stellungnahme Rechtsausschuss BT-Drs. IV/3401; zu § 51 Nr. 4 im RegE BT-Drs. IV/270; auch → Rn. 5a.

[396] Fromm/Nordemann/*Dustmann* UrhG § 51 Rn. 38.

[397] Dreier/Schulze/*Dreier* UrhG § 51 Rn. 19.

zitate sind **user generated contents** bzw. Youtube-Videos, bei denen Auszüge fremder Musikstücke ein eigenes Video untermalen. Hierzu müsste das musikalische Element des Youtube-Videos ein eigenständiges Werk der Musik darstellen und das genutzte Zitat in einer von Zitatzweck gedeckten Art und Weise einen inneren Bezug zu diesem Musikstück aufweisen.[398] Im überwiegenden Fall werden diese Erfordernisse nicht erfüllt sein, insbesondere ändert an dieser Einordnung auch die Verknüpfung mit einem eigenen Video nichts. Siehe hierzu ergänzend die Einordnung von Auszügen aus Musikstücken zu Zitatzwecken im Rahmen von Youtube-Videos als Multimediawerken (zB als Musik Mashup), → Rn. 95 und 98. Nicht in das UrhG übernommen wurde die **Vertonungsfreiheit** des § 20 LUG, in deren Rahmen der Komponist einen von ihm vertonten Liedertext zustimmungsfrei benutzen konnte.[399] Die Vertonung fällt nicht unter das Zitatrecht des § 51; es handelt sich um eine Werkverbindung (→ § 9 Rn. 16).

V. Die Generalklausel (Satz 1)

Die Urheberrechtsreform des „zweiten Korbes" hat bewusst eine Abkehr von dem alten Prinzip **93** der abschließenden Aufzählung der zulässigen Zitatform und eine Hinwendung zu einer Generalklausel vollzogen. Dies ändert indes nichts daran, dass die allgemein geltenden Voraussetzungen – Zitatzweck, Einhaltung des gebotenen Umfangs, Selbständigkeit des zitierenden Werkes und Veröffentlichung bzw. Erscheinen des zitierten Werkes – auch für die Generalklausel gelten.[400] Darüber hinaus bilden die Fälle der Nr. 1–Nr. 3 nach wie vor die entscheidenden Wertungen des Gesetzgebers ab, die auch im Rahmen verfassungsrechtlicher Gesamtabwägung zu berücksichtigen sind, da der Gesetzgeber hier eine Befugnis zur Konkretisierung wahrgenommen hat. Unter die Generalklausel fallen nunmehr zwanglos alle Sachverhalte, die früher nur per Analogie oder extensiver Auslegung unter § 51 UrhG zu subsumieren waren.

Die Generalklausel erfasst demnach **alle Kleinzitate in jeder Werkart,** ausgenommen Musik- **94** werke. Vor allem das **Filmzitat** ist damit nun auf jeden Fall zulässig, wenn zu nichtwissenschaftlichen Zwecken Stellen anderer Werke[401] in den Film übernommen werden.[402] Aber auch das Zitat in **Multimediawerken** wird jetzt vom Zitatrecht erfasst.[403] Multimediawerke verknüpfen Text, Ton, Bilder, Daten, Computerprogramme, Filme und oft auch Musik mittels digitaler Techniken zu einem Gesamtkunstwerk.[404] Dies können Homepages,[405] Videospiele oder Lexika auf CD-ROM[406] sein oder auch elektronische Medien nutzende Werke der Bildenden Kunst.[407] Das Zitatrecht gilt jedenfalls dann für Multimediarechte, wenn solche Gesamtkunstwerke eine Eigenart besitzen, die unter keine der in § 2 Abs. 1 aufgezählten Werkarten fällt, sondern als unbenannte Werkart gem. § 2 Abs. 2 geschützt ist. Sofern sich jedoch das multimediale Element vorrangig auf eine neue Nutzung bestehender Werke bezieht, ist hinsichtlich der Frage der Anwendbarkeit des Zitatrechts auf die jeweilige Werkform des § 2 Abs. 1 abzustellen.[408] Folglich bestünde an Multimediawerken, die als Laufbilder zu qualifizieren sind, kein Zitatrecht.[409] So dürfte etwa bei **YouTube** kein Zitatrecht für Musikwerke einschlägig sein. Auch der **Mashup** zählt zu den Multimediawerken, vgl. zum Begriff und zur Einschlägigkeit des Zitatrechts, → Rn. 98.

Ebenso wird das sog. **große Kleinzitat,** also die Übernahme größerer Teile oder ganzer Werke zu **95** nichtwissenschaftlichen Zwecken, vom Zitatrecht erfasst, sofern dies vom Zitatzweck her geboten ist. Dies betrifft vor allem das Bildzitat,[410] dh Abbildungen eines ganzen Werkes, auch außerhalb von wissenschaftlichen Werken, sofern das Bild für die Darstellung wirklich erforderlich ist und nicht allein der Illustrationszweck im Vordergrund steht, das sog. schutzwürdige Informationsbedürfnis der Allgemeinheit.[411] Die Übernahme des Fotos einer bekannten Schauspielerin, dessen Echtheit in Frage

---

[398] Zum Zitatzweck bei Musikzitaten EuGH GRUR 2019, 929 Rn. 71 f. – Pelham et al.; BGH GRUR 2017, 895 Rn. 32 ff. mwN – Metall auf Metall III.

[399] S. aber die Übergangsvorschrift des § 131.

[400] Begr. RegE BT-Drs. 16/1828, 25 – keine grundlegende Erweiterung der Zitierfreiheit; allgM, Dreier/Schulze/*Dreier* UrhG § 51 Rn. 22.

[401] Auch von Filmwerken.

[402] Begr. RegE BT-Drs. 16/1828, 25; zuvor BGH NJW 1987, 1408 – Filmzitat; BGH GRUR 2008, 693 Rn. 40 – TV-Total; → Rn. 9, 41, 45; OLG Köln MMR 2014, 263 zur Übernahme eines Videoclips in ein YouTube-Video.

[403] Begr. RegE BT-Drs. 16/1828, 25; Wandtke/Bullinger/*Lüft* UrhG § 51 Rn. 17; Dreier/Schulze/*Dreier* UrhG § 51 Rn. 23.

[404] Fromm/Nordemann/*A. Nordemann* UrhG § 2 Rn. 231; Wandtke/Bullinger/*Bullinger* UrhG § 2 Rn. 151.

[405] Schutz nach § 2 Abs. 1 Nr. 6 Alt. 2 wegen sehr ansprechender Menüführung bejahend LG München I MMR 2005, 267 (268); gegen einen Schutz von Multimediawerken aus § 2 Abs. 1 Nr. 6 *Schack* UrhR Rn. 248.

[406] Fromm/Nordemann/*A. Nordemann* UrhG § 2 Rn. 231; Loewenheim/*Hoeren* § 9 Rn. 260.

[407] Wandtke/Bullinger/*Bullinger* UrhG § 2 Rn. 151.

[408] Dreier/Schulze/*Dreier* UrhG § 2 Rn. 243.

[409] Hierzu bereits → Rn. 78.

[410] Lichtbildwerke, Lichtbilder.

[411] → Rn. 44; OLG Hamburg GRUR 1993, 666 (667) – Altersfoto; OLG Hamburg GRUR 1990, 36 (37) – Foto-Entnahme; *Himmelsbach* FS Damm, 2005, 54 (59); *Kakies* Rn. 125; Dreier/Schulze/*Dreier* UrhG § 51 Rn. 24; *Schack* UrhR Rn. 549.

steht, setzt demnach voraus, dass die Übernahme gerade Teil der Auseinandersetzung mit der Frage der Echtheit oder einer emotionalen Reaktion der Schauspielerin auf die Vorgabe der Echtheit ist.[412] Hinsichtlich der Rezension eines Bildbandes ist zu prüfen, ob Gegenstand, Machart und Qualität der entnommenen Fotos nicht auch bloß mit Worten beschrieben werden könnten.[413] Die Übernahme eines Bildes einer bestimmten Kunstrichtung in einem Bild einer anderen auf einer gegensätzlichen Idee aufbauenden Kunstrichtung kann als Kritik dieser Kunstrichtung verstanden werden. Jedoch sind hierbei vom Zitatzweck solche Umstände nicht erfasst, die außerhalb des Werkes selbst liegen, so auch der Umgang mit dem Werk selbst oder mit dessen Kunstrichtung.[414] Die Reform des Zitatrechts weist damit immer noch den Schwachpunkt auf, dass sich die Zitierfreiheit nicht auch auf das Lichtbild erstreckt, welches das zitierte Kunstwerk wiedergibt,[415] da regelmäßig keine Auseinandersetzung mit dem Lichtbild an sich vorliegen wird; es findet vielmehr eine Auseinandersetzung nur mit dem abgelichteten Kunstwerk statt.[416]

96   Aber nicht nur das Bildzitat selbst, sondern auch die **Zahl der Zitate** kann hier eine Rolle spielen: So ist die Verwendung von 7 Fotos für eine Rezension eines Bildbandes hinsichtlich des Zitatzwecks mehr als fraglich;[417] ebenso 19 Fotos in einem sechsseitigen Zeitschriftenartikel.[418]

97   Unter das Bildzitat kann auch die Kopie als Kunstform, die sog. **Appropriation Art** fallen, bei der bewusst und unter Verwendung eines Konzeptes ein Werk kopiert oder zitiert wird[419] und die eine identische Übernahme des Werkes propagiert, um damit das Verständnis des Betrachters vom Original zu hinterfragen.[420] Allerdings kann dies angesichts des Umfangs des zitierten Werkes nur unter sehr engen Voraussetzungen im Lichte des Art. 5 Abs. 3 S. 1 GG der Fall sein, wenn der künstlerische Zweck eindeutig hervorgeht und das Original nicht ersetzt wird.[421] Allein Art. 5 Abs. 3 S. 1 GG kann nicht die Entscheidung des Gesetzgebers und seine Interessenabwägung überspielen.[422] Im US-amerikanischen Recht wird versucht, das Problem mittels des Fair-Use-Konzeptes zu erfassen.[423] Seit Inkrafttreten der Neufassung des § 51 als Generalklausel hat sich eine analoge Anwendung des § 51 Nr. 2 auf Kunstzitate erübrigt. Auch die analoge Anwendung hinsichtlich des Umfangs wird durch die Neufassung nicht mehr erforderlich sein, da § 51 S. 1 den durch den Zweck gerechtfertigten Umfang zulässt.[424] Alle übrigen Voraussetzungen sind aber erhalten geblieben.[425]

98   Entsprechend der Kunstform der Appropriation Art basieren auch die sog. **Mashups**[426] darauf, bestehende Werke ganz oder teilweise in ein neues Werk aufzunehmen. Der Begriff des Mashups steht für die collageartige Kombination unterschiedlicher digitaler Inhalte, also Text, Daten, Bilder, Töne oder Videos.[427] Er umfasst zahlreiche unterschiedliche Erscheinungsformen, bei denen digitale Inhalte aus unterschiedlichsten Quellen miteinander vermischt werden, sei es die Kombination von Inhalten und geographischen Daten[428] im Wege der Lizenz durch den Datenanbieter, sei es die Vermischung von Musik und Bildern bzw. Videos, wie sie mit **YouTube** populär wurde.[429] Die Verwendung anderer Werke im Rahmen eines Mashups stellt damit regelmäßig einen Eingriff in das Vervielfältigungs- und Bearbeitungsrecht des Urhebers dar.[430] Da beim Mashup die zugrunde liegenden Werke zumeist deutlich erkennbar bleiben und somit ein „Verblassen" der eigenpersönlichen schöpferischen Züge des benutzten älteren Werkes[431] nicht gegeben ist, kann sich der Masher grundsätzlich nicht auf das Recht zur freien Benutzung nach § 24 Abs. 1 berufen.[432] Ist der Mashup als ein abhängiges Werk zu qualifizieren, führt auch das Zitatrecht nicht zu seiner Privilegierung. Die gemashten Inhalte dienen nicht der Erläuterung des Inhalts des aufnehmenden Werkes,[433] sondern sind selbstständige Werkbe-

---

[412] OLG Hamburg GRUR 1993, 666 (667) – Altersfoto.
[413] OLG Hamburg GRUR 1990, 36 (37) – Foto-Entnahme.
[414] *Kakies* Rn. 127 ff.
[415] *Schack* UrhR Rn. 550.
[416] Ausführlich zu diesem Thema *Berberich/J. B. Nordemann* GRUR 2010, 966, die zu dem Ergebnis kommen, dass auch die Nutzung des vermittelnden Werkes von § 51 UrhG privilegiert sein kann.
[417] OLG Hamburg GRUR 1990, 36 (37) – Foto-Entnahme.
[418] LG München I AfP 1994, 326 (328) – Newton/Schwarzer.
[419] Dreier/Schulze/*Dreier* UrhG § 51 Rn. 24; *Kakies* S. 16; *v. Becker* FS Loewenheim, 2009, 3 (6).
[420] Dreier/Schulze/*Dreier* UrhG § 51 Rn. 24; *Schack* FS Nordemann, 2004, 107 (108).
[421] Dreier/Schulze/*Dreier* UrhG § 51 Rn. 24; *Anderl/Schmid* S. 49, 51; näher zur ökonomischen Analyse der Appropriation Art: *Landes*, 9 Geo. Mason L. Rev. 2000 (1), 1 (1 ff.); sowie *Huttenlauch* S. 29 ff.
[422] *Schack* FS Nordemann, 2004, 107 (109); siehe auch *Seifert* FS Erdmann, 2002, 195 (205).
[423] Dazu: United States Court of Appeals, Blanch v. Koons, 467 F. 3d 244 2nd Cir., Oct. 26, 2006.
[424] „... sofern die Nutzung in ihrem Umfang durch den besonderen Zweck gerechtfertigt ist.".
[425] Hierzu auch: *Kakies* S. 141.
[426] Ausf. *Gelke,* Mashups im Urheberrecht, 2013 (passim); *Spindler* Kulturflatrate Rn. 62 ff.; *Daniel/Matera,* Mashups, 2014.
[427] Zum Begriff auch: *Haedicke* S. 159 f.; *Ott* K&R 2007, 623 ff.; Hoeren/Sieber/Holznagel/*Raue/Hegemann* Teil 7.3 Rn. 110a; *Schwartmann/Hentsch* ZUM 2012, 759 (764).
[428] ZB mit Google Maps.
[429] Zum Ganzen s. *Haedicke* S. 160; *Ott* K&R 2007, 623 (623).
[430] *Haedicke* S. 164.
[431] BGH GRUR 2003, 956 (958) – Gies-Adler.
[432] *Ott* K&R 2007, 623 (625); so aber offensichtlich; *Ohly* F 90; differenzierend und im Ergebnis ablehnend *Schulze* NJW 2014, 721 (725).
[433] Hoeren/Sieber/Holznagel/*Raue/Hegemann* Teil 7.3 Rn. 110a; zum zulässigen Zitatzweck: → Rn. 14.

standteile und dienen als eigenständige Darstellungsmittel. Sie sind derart umfangreich, dass sie das neue Werk über weite Strecken vollständig tragen.[434] Der Mashup ist zudem nicht selbstständig[435] und kann ohne die gemashten Inhalte nicht existieren.[436] Im Rahmen von Vorschlägen zur Einführung einer speziellen Urheberrechtsschranke für Mashups bzw. einer Ergänzung des § 24 um einen Abs. 3, der eine „vergütungsfreie Nutzung für nicht kommerzielle Zwecke grundsätzlich freistellt"[437] ist eine Abwägung der berührten Rechtspositionen, namentlich der Kunstfreiheit des Mashers (Art. 5 Abs. 3 S. 1 Var. 1 GG) mit den urheberpersönlichkeitsrechtlichen (Art. 2 Abs. 1 iVm Art. 1 Abs. 1 GG)[438] und der Eigentumsfreiheit (Art. 14 Abs. 1 Alt. 1 GG) vorzunehmen.[439] Die letztgenannten Rechtspositionen des Urhebers setzen einer entsprechenden Schranke deutliche Grenzen. Eine solche Schranke ohne Vergütung zugunsten des Urhebers auszugestalten, kann nicht ohne eindeutige Verletzung des Art. 14 Abs. 1 Alt. 1 GG gelingen.[440]

Der Mashup ist vom digitalen **Sound Sampling** zu unterscheiden. Diese Technik ermöglicht es, **99** Musiksequenzen aus bestehenden Aufnahmen zu extrahieren, zu bearbeiten und schließlich in neue Musikaufnahmen zu integrieren.[441] Hier ist insbesondere das Vervielfältigungsrecht des **Tonträgerherstellers** aus § 85 Abs. 1 S. 1 betroffen, auf das nach bisheriger Rechtsprechung auch bei der Entnahme **kleinster Tonfetzen** zutraf, weshalb § 24 Abs. 1 entsprechend anwendbar sei.[442] Dem hat jedoch zu Recht das BVerfG im Hinblick auf die Kunstfreiheit widersprochen und die Notwendigkeit einer kunstspezifischen Betrachtung hervorgehoben,[443] etwa für bestimmte Musikrichtungen (wie Hip Hop), die referentiellen Charakter aufweisen.[444] Daher kann Sound Sampling im Lichte der Grundrechte von § 51 S. 2 Nr. 3 gedeckt sein.[445] Allerdings erfordert das Musikzitat, dass das zitierte Werk überhaupt erkennbar ist.[446] Umgekehrt handelt es sich nicht um eine Vervielfältigung, wenn das ursprüngliche Audiofragment nicht mehr wieder zu erkennen ist.[447]

Besondere Probleme werfen **Suchmaschinen** auf, hier vor allem **Bildersuchmaschinen** wie **100** Google, die sog. Thumbnails (verkleinerte Bilder) verwenden und damit das eigentliche Bild „zitieren". Dass die bisherigen Zitatschranken nicht die Aufführung von Suchergebnissen mit verkleinerten Bildwiedergaben mangels geistiger Auseinandersetzung erfassen konnten, liegt auf der Hand.[448] Die Einordnung von **Thumbnails** als zulässige Zitate iSv § 51 scheiterte bisher bereits an dem Umstand, dass die das Bildzitat aufnehmende Trefferliste keinen Werkcharakter hat bzw. selbst urheberschutzfähig ist.[449] Dieses Hindernis ist jedoch mit dem Urteil des EuGH[450] (→ Rn. 46) weggefallen. Weiter fehlt es jedoch am berechtigten Zitatzweck, da die Belegfunktion fehlt. Der Suchmaschinenbetreiber macht die Thumbnails nicht zum Gegenstand geistiger Auseinandersetzung, sondern erleichtert möglichen Nutzern nur, sie aufzufinden und ggf. später in die eigene geistige Auseinandersetzung einzubringen.[451] Auch andere Schranken, wie die Schranke der freien Benutzung gem. § 24, die vorübergehende Vervielfältigung iSv § 44a und die Katalogbildfreiheit des § 58 Abs. 1 rechtfertigen die Werknutzung in Form von Thumbnails nicht.[452] Zwar sprechen gute Gründe dafür, die Zulässigkeit von Bildzitaten nach der Umgestaltung des § 51 UrhG zu einer Generalklausel anders zu beurtei-

---

[434] Haedicke S. 166.
[435] Zur Voraussetzung der Selbstständigkeit: → Rn. 44 ff.
[436] Haedicke S. 166.
[437] Dritter Zwischenbericht der Enquete-Kommission „Internet und digitale Gesellschaft" BT-Drs. 17/7899, 20.
[438] Zum Verhältnis von allgemeinem Persönlichkeitsrecht und Urheberpersönlichkeitsrecht Wandtke/Bullinger/Bullinger UrhG Vor §§ 12 ff. Rn. 16 f. mwN.
[439] Schwartmann/Hentsch ZUM 2012, 759 (764 f.); Hoeren/Sieber/Holznagel/Raue/Hegemann Teil 7.3 Rn. 110a.
[440] Schwartmann/Hentsch ZUM 2012, 759 (765); Hoeren/Sieber/Holznagel/Raue/Hegemann Teil 7.3 Rn. 110a.
[441] Wegener S. 14 f.
[442] BGH GRUR 2009, 403 Rn. 20 f. – Metall auf Metall I; krit. dazu aber Stieper ZUM 2009, 219; fortgeführt in BGH GRUR 2013, 614 Rn. 13 – Metall auf Metall II.
[443] BVerfG GRUR 2016, 690 Rn. 99 – Metall auf Metall.
[444] Näher zu den Kunstformen Wagner MMR 2016, 513 (514 f.), dort auch zur Geschichte des Rechtsstreits.
[445] BVerfG GRUR 2016, 690 Rn. 110 – Metall auf Metall; kritisch hinsichtlich des Vorliegens eines Zitatzwecks Schack UrhR Rn. 700; weitergehend aber Stieper ZUM 2009, 219 (225): schon gedankliche Verbindung als Hommage genügt.
[446] EuGH GRUR 2019, 929 Rn. 71 ff. – Pelham et al.
[447] EuGH GRUR 2019, 929 Rn. 35 ff., 39 – Pelham et al.
[448] BGH MMR 2010, 475 Rn. 26 ff. – Vorschaubilder I; fortgeführt in BGH NJW 2012, 1886 Rn. 14 – Vorschaubilder II; OLG Jena MMR 2008, 408 (410) – Thumbnails; LG Erfurt K&R 2007, 325 ff.; LG Hamburg MMR 2009, 55 (60); Schack MMR 2008, 414 (415 f.); Ott K&R 2008, 305 (307); Ott ZUM 2007, 119 (125); Meyer K&R 2009, 217 (222 f.); Berberich MMR 2005, 145 (147); aA Wimmer/Schulz CR 2008, 170 (177), die davon ausgehen, dass der Suchmaschinenbetreiber selbst keinerlei Nutzungshandlung vornimmt, sondern sich der Webseitenbetreiber lediglich der Suchmaschine bediene, so dass Bildsuche auch nach der jetzigen Rechtslage zulässig sei.
[449] So noch Schack MMR 2008, 414 (415); schon aA OLG Jena MMR 2008, 408 (410): § 51 UrhG nF habe nicht mehr zwingend zur Voraussetzung, dass das zitierende Werk selbst urheberschutzfähig ist; s. auch Dreier FS Krämer, 2009, 225 (234 ff.).
[450] EuGH GRUR 2012, 166 – Painer/Standard mAnm Roth EuZW 2012, 189.
[451] BGH MMR 2010, 475 Rn. 27 – Vorschaubilder I; LG Hamburg MMR 2009, 58 (60); Schack MMR 2008, 414 (415).
[452] BGH MMR 2010, 475 Rn. 23 f. – Vorschaubilder I; OLG Jena MMR 2008, 408 (410 ff.); LG Hamburg MMR 2009, 58 (59 f.); Schack MMR 2008, 414 (415); aA Niemann CR 2009, 97: § 49 analog.

len.[453] Insbesondere streitet auch die verfassungsrechtlich abgesicherte Funktion von Suchmaschinen als notwendiges Instrument zur Auffindung von Inhalten und damit der Informationsfreiheit des Einzelnen dienend (→ Rn. 44) dafür, dass die Anführung von kleinen Bildzitaten der Generalklausel unterfällt, auch wenn es hier an einer geistigen Auseinandersetzung mit dem zitierten Werk fehlt. Jedoch steht dem die Absicht des Gesetzgebers gegenüber, mit der Schaffung der Generalklausel nicht die grundsätzliche Linie zu verlassen, dass nur die Übernahme in selbständige Werke die Zitatschranke eingreifen lässt, mithin einfach-gesetzlich nach wie vor die Auseinandersetzung und die Belegfunktion im Vordergrund steht. Diese Wertung kann nicht im Rahmen der Generalklausel ignoriert werden,[454] zumal eine solche Schranke eher einer aus technischen Gegebenheiten einzuführenden Begrenzung entspricht, wie etwa § 44a UrhG.

101   Die (deutsche) Rechtsprechung hatte sich lange Zeit mit dem Konstrukt einer **konkludenten Einwilligung**[455] des Urhebers beholfen, der sein Werk bewusst in das Internet gestellt hat.[456] Ein Verlangen des Urhebers auf Entfernung aus der Bildersuche wurde als widersprüchliches Verhalten gewertet.[457] Diese Konstruktion war schon früher **dogmatisch** wenig befriedigend.[458] Der BGH sah sich sogar dazu gezwungen, eine für das gesamte Internet wirksame Einwilligung bereits dann anzunehmen, wenn der Rechteinhaber überhaupt Dritten Lizenzen eingeräumt hat, nicht aber für das konkret mit der Suche aufgefundene Bild.[459] Seit den Entscheidungen des EuGH zur Frage der Öffentlichkeit bei Hyperlinks (→ Rn. 13), die letztlich auch Suchmaschinen zugrunde liegen, lässt sich der Ansatz der konkludenten Einwilligung zu sozialadäquaten Handlungen bei Einstellen des Werkes ins Internet nicht mehr halten.[460] Demgemäß hat der BGH auf der Grundlage der GS-Media Entscheidung des EuGH für die Verlinkung durch Suchmaschinen auf Bilder, die vom Urheber nicht genehmigt ins Netz gestellt wurden oder durch technische Schutzmaßnahmen vor dem Zugriff Dritter geschützt waren, im Rahmen einer Interessenabwägung geklärt, dass Suchmaschinen damit zwar das Recht auf öffentliches Zugänglichmachen verletzen, aber die Vermutung der Kenntnis der Rechtswidrigkeit, wie sie der EuGH in der GS-Media-Entscheidung entwickelt hatte, nicht eingreift.[461]

Erst recht legt die „**Renkhoff-Entscheidung**" des EuGH nahe, dass nicht mehr um umfassenden konkludenten Einwilligungen ausgegangen werden kann. Denn die **Zugänglichmachung über einen anklickbaren Link,** der auf eine Website des Urhebers weiterleitet, auf der das Werk rechtmäßig wiedergegeben wird, bleibt zulässig, nicht aber die eigene **Einstellung („Upload")** des Werkes auf einer anderen Seite als derjenigen, auf der der Urheber sein Werk willentlich bereitgestellt hat, da hier der Urheber keine Kontrolle mehr über die erreichte Öffentlichkeit hat,[462] wobei es **unerheblich** ist, ob die **ursprüngliche Website technische Zugriffsbeschränkungen** aufweist.[463]

102   Gegenüber der Konstruktion der konkludenten Einwilligung gelangt die neuere BGH-Rechtsprechung in der **Vorschaubilder III-Entscheidung** zu **überzeugenderen Ergebnissen,** insbesondere hinsichtlich der Nichtanwendung der Vermutung für gewerblich Linksetzende. Denn der Suchmaschinencrawler verzeichnet ausschließlich Seiten und Inhalte, die ihm zugänglich sind.[464] Der Suchmaschinenbetreiber darf daher grundsätzlich davon ausgehen, dass die erfassten Inhalte keinem (unmittelbaren) Zugriffsschutz unterliegen, es sei denn er wurde auf die Urheberrechtswidrigkeit der Inhalte aufmerksam gemacht.

103   Eine gänzlich andere Lösung befürwortet das **EU-Parlament,** indem es (im Zuge des Gesetzgebungsprozesses der neuen Urheberrechtsrichtlinie, → Rn. 9) für die Schaffung eines neuen Artikel 13b votierte,[465] wonach Anbieter von Diensten der Informationsgesellschaft verpflichtet wären mit **antragstellenden Rechtsinhabern** faire und ausgewogene **Lizenzvereinbarungen** abzuschließen,

[453] Dreier/Schulze/*Dreier* UrhG § 51 Rn. 24; *Dreier* FS Krämer, 2009, 225 (234 ff.); *Steinbeck* FS Bornkamm, 2014, 977 (987 ff.).

[454] BGH MMR 2010, 475 Rn. 27 – Vorschaubilder I.

[455] Zur Dogmatik der Einwilligung *Ohly* GRUR 2012, 983 (984 ff.).

[456] BGH MMR 2010, 475 Rn. 36 – Vorschaubilder I; BGH NJW 2012, 1886 Rn. 18 – Vorschaubilder II; LG Hamburg MMR 2009, 55 (59); *Ott* ZUM 2007, 119 (126); hierzu auch: LG Hamburg MMR 2004, 558 (561 f.).

[457] BGH MMR 2010, 475 Rn. 36 – Vorschaubilder I; *Berberich* MMR 2005, 145 (147 f.); *Leistner/Stang* CR 2008, 499 (504 f.); *Ott* ZUM 2009, 345 (346 f.); *v. Ungern-Sternberg* GRUR 2009, 369 (372); aA *Schrader/Rautenstrauch* UFITA (2007), 761 (776); *Schack* MMR 2008, 414 (415 f.); *Roggenkamp* K&R 2007, 325 (329).

[458] *Spindler* GRUR 2010, 785 (790); LG Erfurt K&R 2007, 325 ff.; *Ott* K&R 2008, 305 (307); *Steinbeck* FS Bornkamm, 2014, 977 (987).

[459] BGH NJW 2012, 1886 Rn. 27 ff. – Vorschaubilder II; krit. *Spindler* MMR 2012, 386 (386 f.); *Ohly* GRUR 2012, 983 (988 f.).

[460] *Leistner* ZUM 2018, 286.

[461] BGH GRUR 2018, 178 Rn. 55 ff. – Vorschaubilder III mAnm *Ohly*.

[462] EuGH GRUR 2018, 911 Rn. 38 ff. – Nordrhein-Westfalen/Renckhoff.

[463] EuGH GRUR 2018, 911 Rn. 47 – Nordrhein-Westfalen/Renckhoff.

[464] BGH GRUR 2018, 178 (179) – Vorschaubilder III mAnm *Ohly*.

[465] Urheberrecht im digitalen Binnenmark – I Abänderungen des Europäischen Parlaments vom 12.9.2018 zu dem Vorschlag für eine Richtlinie des Europäischen Parlaments und des Rates über das Urheberrecht im digitalen Binnenmarkt (COM(2016)0593 – C8–0383/2016 – 2016/0280(COD)), P8_TA-PROV(2018)0337 (vorläufige Ausgabe der angenommenen Texte), abrufbar unter http://www.europarl.europa.eu/sides/getDoc.do?pubRef=-//EP//NONSGML+TA+P8-TA-2018-0337+0+DOC+PDF+V0//DE.

wenn sie automatisiert auf große Mengen urheberrechtlich geschützter **visueller Werke** verweisen oder diese vervielfältigen und zum Zwecke der Indexierung und Referenzierung der Öffentlichkeit zugänglich machen (Bildersuchmaschinen). Ziel sei es hierdurch eine gerechte Vergütung der Rechteinhaber zu gewährleisten, ggf. unter Einbindung der zuständigen Verwertungsgesellschaften. Ob damit umgekehrt ohne Lizenzvereinbarung eine Bildersuche unzulässig sein soll, bleibt unklar und wird nicht geregelt. Dieser Vorschlag wurde allerdings im Rahmen der DSM-RL nicht weiter verfolgt.

Anders liegt das Problem jedoch bei der sog. **Google Buchsuche.**[466] Der Suchmaschinenbetreiber **104** *Google* lässt seit 2004 umfassend Bücher aus einer Reihe von kooperierenden Bibliotheken scannen und aus ihnen mittels optischer Zeichenerkennung durchsuchbaren Volltext erzeugen. Über die Website books.google.de sind die Werke in unterschiedlichem Umfang durchsuchbar. Sind die eingescannten Bücher nicht gemeinfrei oder liegt für die Nutzung keine Einwilligung des Berechtigten vor, so wird dem Nutzer nicht das ganze Werk präsentiert, sondern lediglich einzelne Teile ua kurze Auszüge, sog. **Snippets.** Weist der angezeigte Textausschnitt Werkqualität gem. § 2 Abs. 1 Nr. 1 auf und genießt damit urheberrechtlichen Schutz, liegt in der Anzeige eine öffentliche Zugänglichmachung gem. § 19a. Da eine willentliche Veröffentlichung im Internet durch den Berechtigten selbst nicht stattgefunden hat, müsste sich *Google* auf dessen Einwilligung oder eine Schrankenregelung berufen können. Allein aus der Offline-Veröffentlichung der gescannten Bücher kann jedoch keine Zustimmung zu den derart weitreichenden Handlungen von *Google* gesehen werden.[467] Ebenso wenig kann die in Betracht kommende Schranke des § 51 S. 2 Nr. 2 hier Anwendung finden, da das[468] Snippet nicht in ein selbständiges Sprachwerk aufgenommen wird.[469] Auch fehlt es an dem Zitatzweck einer geistigen Auseinandersetzung mit anderen Meinungen.[470]

VI. Nutzung einer Abbildung oder Vervielfältigung als Zitat (Satz 3)

Der neu angefügte Satz 3 statuiert, dass von der Zitierbefugnis (S. 1 und 2) auch die **Nutzung ei- 105 ner Abbildung oder sonstigen Vervielfältigung** des zitierten Werkes erfasst wird, selbst wenn diese ihrerseits durch ein Urheberrecht oder ein verwandtes Schutzrecht geschützt ist. Das Zitatrecht umfasst aufgrund dessen fortan nicht nur das Recht, das zitierte Werk selbst zu vervielfältigen, zu verbreiten und öffentlich wiederzugeben, sondern zudem bereits bestehende Vervielfältigungen und Abbildungen des Werkes („Abbildungen der Abbildung") zu diesem Zwecke zu nutzen. Das Vervielfältigungsrecht des Rechteinhabers bezüglich der zum Zitat genutzen Abbildung, wird demnach durch S. 3 beschnitten.[471] Der Regierungsentwurf des UrhWissG führt diesbezüglich aus, dass zB die Darstellung eines existierenden Lichtbilds oder Lichtbildwerks, das ein bestimmtes Gemälde zeigt, als Zitat jenes Gemäldes genutzt werden kann.[472] Dass sich das zitierte Werk neben dem zitierten Gemälde zusätzlich mit dem Lichtbild bzw. Lichtbildwerk dieses Gemäldes auseinandersetzt, ist hierzu keine Voraussetzung.[473] Zum Beispiel darf ein bestehendes Urheberecht an der Fotografie eines Gemäldes zukünftig die Nutzung dieser geschützten Fotografie zur zitatweisen Auseinandersetzung mit dem abgebildeten Gemälde nicht beeinträchtigen. Die ggf. an der Vervielfältigung bestehenden Urheber- und Leistungsschutzrechte können mithin der Zulässigkeit eines Zitates nicht länger entgegengehalten werden, wodurch die praktische Bedeutung des Zitatrechts gestärkt und allem voran der Sektor der Kunstwissenschaft entlastet wird.[474] Bei der Novellierung des § 51 hat der deutsche Gesetzgeber nicht zuletzt der Wertung des EuGH zur Durchsetzung verholfen, dass die in Art. 5 Abs. 3 lit. d der InfoSoc-RL genannte Urheberrechtsschranke zwar strikt auszulegen ist, wodurch jedoch die praktische Wirksamkeit und Zielsetzung des Zitatrechts nicht zu vereiteln sei.[475]

Der Fall, dass das Zitat in einem selbst nicht schutzfähigen Werk erfolgt, wird nach Ansicht des **106** Bundesregierung bereits von § 51 S. 1 UrhG umfasst, sodass es diesbezüglich keiner gesetzlichen Neuregelung bedarf.[476] Beispielhaft führt der Regierungsentwurf aus, dass eine Verbreitung oder öffentliche Zugänglichmachung von Foliensätzen, die Zitate enthalten, auch ohne den zugehörigen Vortrag zulässig ist.[477]

---

[466] Ausführlich hierzu etwa *Ott* GRUR-Int 2007, 562; *Kubis* ZUM 2006, 370 ff.; *Rath/Swane* K&R 2009, 225 (228); *Hüttner* WRP 2009, 422 ff.; *Lucke* S. 32 f.; zum ersten Vergleich *Adolphsen/Mutz* GRUR-Int 2009, 789 ff.

[467] *Ott* GRUR-Int 2007, 562 (565).

[468] Urheberrechtlich geschützte.

[469] *Ott* GRUR-Int 2007, 562 (564); *Kubis* ZUM 2006, 370 (376).

[470] *Rath/Schwane* K&R 2009, 225 (228); *Kubis* ZUM 2006, 370 (376); zur amerikanischen fair use-Doktrin: *Ott* GRUR-Int 2007, 562 (566 f.).

[471] Dreier/Schulze/*Dreier* UrhG § 51 Rn. 27.

[472] Reg.-E zum UrhWissG, BT-Drs. 18/12329, 32.

[473] Das Zitatrecht greift jedoch nur ein, wenn das zitierte Werk als Belegstelle bzw. Erörterungsgrundlage für eigenständige Ausführungen des Zitierenden genutzt wird, *Lauber-Rönsberg* ZUM 2019, 341 (343).

[474] Dreier/Schulze/*Dreier* UrhG § 51 Rn. 26.

[475] EuGH GRUR 2012, 166 Rn. 133 – Painer/Standard mAnm *Roth* EuZW 2012, 189; ebenso Dreier/Schulze/*Dreier* UrhG § 51 Rn. 27.

[476] Der EuGH stellte fest, dass der urheberrechtliche Status des zitierenden Werkes keine Relevanz besitzt, s. EuGH GRUR 2012, 166 Rn. 136 – Painer/Standard mAnm *Roth* EuZW 2012, 189.

[477] Reg.-E zum UrhWissG, BT-Drs. 18/12329, 32.

§ 52 Öffentliche Wiedergabe

(1) [1] Zulässig ist die öffentliche Wiedergabe eines veröffentlichten Werkes, wenn die Wiedergabe keinem Erwerbszweck des Veranstalters dient, die Teilnehmer ohne Entgelt zugelassen werden und im Falle des Vortrages oder der Aufführung des Werkes keiner der ausübenden Künstler (§ 73) eine besondere Vergütung erhält. [2] Für die Wiedergabe ist eine angemessene Vergütung zu zahlen. [3] Die Vergütungspflicht entfällt für Veranstaltungen der Jugendhilfe, der Sozialhilfe, der Alten- und Wohlfahrtspflege sowie der Gefangenenbetreuung, sofern sie nach ihrer sozialen oder erzieherischen Zweckbestimmung nur einem bestimmt abgegrenzten Kreis von Personen zugänglich sind. [4] Dies gilt nicht, wenn die Veranstaltung dem Erwerbszweck eines Dritten dient; in diesem Fall hat der Dritte die Vergütung zu zahlen.

(2) [1] Zulässig ist die öffentliche Wiedergabe eines erschienenen Werkes auch bei einem Gottesdienst oder einer kirchlichen Feier der Kirchen oder Religionsgemeinschaften. [2] Jedoch hat der Veranstalter dem Urheber eine angemessene Vergütung zu zahlen.

(3) Öffentliche bühnenmäßige Darstellungen, öffentliche Zugänglichmachung und Funksendungen eines Werkes sowie öffentliche Vorführungen eines Filmwerkes sind stets nur mit Einwilligung des Berechtigten zulässig.

Schrifttum: *Bender,* Urheberrecht und musikalische Schulveranstaltungen nach der Urheberrechtsnovelle 1985, Recht der Jugend und des Bildungswesens (RdJB) 1985, 486; *ders.,* Nochmals: Urheberrecht und musikalische Schulveranstaltungen nach der Urheberrechtsnovelle 1985, RdJB 1986, 172; *Ganzhorn,* Medienwiedergabe im Verein, ZStV 2014, 53; *Hoeren,* Urheberrechtliche Fragen rund um ein Geburtstagsständchen, FS Sandrock, 1999, S. 357; *Hubmann,* Die Auswirkungen der Rechtsprechung des Bundesverfassungsgerichts auf die Benutzung urheberrechtlich geschützter Werke bei kirchlichen Veranstaltungen, in *Overath* (Hrsg.), Kult und Urheberrecht, 1980, S. 13; *Kröber,* Zur Bedeutung der urheberrechtlichen Vergütungspflicht von kultischer Kirchenmusik in Deutschland, 2004; *Neumann,* Urheberrecht und Schulgebrauch, 1994; *Roder,* Öffentliche Wiedergabe bei Verfolgen eines Erwerbszwecks – Totgesagte leben länger, GRUR-Int 2016, 999; *Schulz,* Kirchenmusik und Urheberrechtsschutz in der Bundesrepublik Deutschland, Musicae Sacrae Ministerium 16 (1979), 3; *ders.,* Die Eigengesetzlichkeit beim Urheberrechtsschutz kultischer Musik, in *Overath* (Hrsg.), Kult und Urheberrecht, 1980, S. 21; *Völtz,* Sind Fangesänge im Fußballstadion vergütungspflichtig? Über das Verhältnis von öffentlicher Wiedergabe und Werkgenuss, UFITA 2011, 685.

Übersicht

I. Allgemeines

1. Zweck und Bedeutung der Vorschrift

Die Bestimmung hebt im **Interesse der Allgemeinheit am Zugang zu urheberrechtlich ge- 1
schützten Werken** für bestimmte privilegierte Veranstaltungen das ausschließliche Recht zur öffentlichen Wiedergabe (§ 15 Abs. 2) teils ganz auf (Abs. 1 S. 3), teils schwächt sie es durch eine gesetzliche Lizenz ab (Abs. 1 S. 1, Abs. 2). Dieses „Residuum aus alter Zeit" war von jeher besonders umstritten und wurde 1965 nur mit knapper Mehrheit im Bundestag verabschiedet.[1] Auch nach seiner grundlegenden Reform durch die Urheberrechtsnovelle 1985 vermag die Schrankenregelung weniger denn je zu befriedigen. Die Begründung des Gesetzgebers, „die Interessen der Allgemeinheit an der freien Aufführung der Werke" forderten solche Schranken,[2] kann nicht überzeugen.[3] Denn gerade das Recht der öffentlichen Wiedergabe ist von Anfang an nahezu ausschließlich durch **Verwertungsgesellschaften** wahrgenommen worden. Der freie Werkzugang ist hier in der Praxis durch den Kontrahierungszwang der Verwertungsgesellschaften (s. jetzt § 34 VGG) gesichert. Tatsächlich geht es bei dieser Bestimmung nicht um den **freien**, sondern den **kostenlosen** Werkzugang. In den Gesetzgebungsverfahren angeführte Beispiele wie das einer Wandergruppe, die „ein Lied öffentlich singen dürfen [müsse], ohne sich einer Vergütungspflicht auszusetzen"[4] oder der Hinweis auf das „abendliche Singen einer Jugendgruppe unter der Dorflinde"[5] sind nur dazu angetan, das Problem zu verharmlosen. In der Praxis geht es um handfeste finanzielle Interessen insbesondere der öffentlichen Hand. Bedeutung und Problematik dieser Bestimmung zeigen sich in der großen Zahl der bekannt gewordenen Rechtsstreitigkeiten zu ihrem Inhalt und ihrer Auslegung und sind auch durch die Einführung der Vergütungspflicht in Abs. 1 S. 2 nicht vollständig entfallen.[6]

2. Entstehungsgeschichte

a) Die Vorschrift ist im Wesentlichen **aus § 27 LUG übernommen** worden, hat jedoch insbe- 2
sondere die im alten Recht enthaltenen Privilegierungen zugunsten von Volksfesten, Wohltätigkeitsveranstaltungen und Vereinsfesten fallen gelassen.[7] Die bisherige Voraussetzung, wonach die Veranstaltung keinen „gewerblichen Zwecken" des Veranstalters dienen dürfe, wurde außerdem erweitert in „Erwerbszweck".[8] Die weitere Voraussetzung, dass ausübende Künstler keine Vergütung erhalten dürfen, hatte nach § 27 Nr. 2 LUG nur für Wohltätigkeitsveranstaltungen gegolten und wurde in § 52 auf alle Veranstaltungen erweitert. Über das bisher geltende Recht hinaus wurde zudem die Freistellung für kirchliche Veranstaltungen geregelt.[9] Wie § 27 LUG sah § 52 idF von 1965 allerdings **keine generelle Vergütungspflicht** vor, nachdem die ursprünglich vorgesehene Vergütungspflicht für öffentliche Wiedergaben bei kirchlichen Veranstaltungen[10] auf Betreiben vor allem der katholischen Kirche wieder entfallen war.[11] Eine urheberrechtliche Vergütung fiel nur an, wenn die Veranstaltung den Erwerbszwecken eines Dritten diente. In Bezug auf kirchliche Veranstaltungen hat das **BVerfG** darin einen Verstoß gegen Art. 14 Abs. 1 S. 1 GG gesehen, da die für eine Aufhebung auch des Vergütungsanspruchs notwendigen „überwiegenden Gründe des Gemeinwohls" nicht erkennbar seien.[12] Dabei hat das BVerfG in den Urteilsgründen deutlich gemacht, dass angesichts des weiten Anwendungsbereichs von „Veranstaltungen von Jugendgruppen bis zu bedeutsamen Veranstaltungen staatlicher Repräsentation und Selbstdarstellung" auch Abs. 1 Nr. 1 aF in seiner allgemeinen Formulierung verfassungsrechtlicher Nachprüfung nicht standhalten würde.[13]

b) Aufgrund dieser deutlichen Hinweise des BVerfG wurden mit der **Urheberrechtsreform 1985** 3
nicht nur die Bestimmungen über kirchliche Veranstaltungen geändert, sondern der gesamte § 52 grundlegend neu gefasst. Insbesondere wurde in Abs. 1 mit S. 2 eine **grundsätzliche Vergütungs-**

---

[1] *Samson* S. 160.

[2] AmtlBegr. BT-Drs. IV/270, 68 (zu § 53 des Entwurfs).

[3] Ebenso *Schack* UrheberR Rn. 574: Hinter der Vorschrift stünden „[h]istorisch längst überholte Vorstellungen von der Freiheit öffentlicher Aufführungen".

[4] AmtlBegr. BT-Drs. IV/270, 70.

[5] Schriftl. Bericht des Rechtsausschusses, zu BT-Drs. IV/3401, 7.

[6] Dazu → Rn. 3 f.; vgl. aber Fromm/Nordemann/*Dustmann* UrhG § 52 Rn. 12.

[7] Für Volksfeste und Vereinsveranstaltungen war allerdings schon früher das Erwerbsinteresse des Veranstalters bejaht und damit die Privilegierung durch § 27 LUG abgelehnt worden, BGHZ 19, 227 – Kirmes; BGHZ 19, 235 – Schützenfest; BGH GRUR 1961, 97 – Sportheim.

[8] Hierzu → Rn. 12.

[9] → Rn. 19 ff.

[10] AmtlBegr. BT-Drs. IV/270, 70 mit dem Hinweis, dass dies „einer Anregung der Kirchen" entspreche.

[11] Schriftl. Bericht des Rechtsausschusses, zu BT-Drs. IV/3401, 7 f.; *Schulz* Musicae Sacrae Ministerium 16 (1979), 3 (14 f.); *Kröber* S. 72 ff. Trotz der Vergütungsfreiheit bestanden aber seit 1953 bzw. 1955 Verträge zwischen der GEMA und den Organisationen der katholischen bzw. evangelischen Kirche Deutschlands, auf Grund derer die Kirche für die öffentliche Wiedergabe geschützter Werke insbesondere bei Gottesdiensten auf freiwilliger Basis Pauschalvergütungen bezahlte.

[12] BVerfGE 49, 382 – Kirchenmusik; vgl. dazu → Vor §§ 44a ff. Rn. 17.

[13] BVerfGE 49, 382 (404) – Kirchenmusik.

pflicht eingeführt. Diese grundsätzliche Vergütungspflicht wurde jedoch durch die Ausnahmen in S. 3 weitgehend ausgehöhlt, da danach von der Vergütungsfreiheit eine Reihe von Sachverhalten umfasst werden, die nach der bisherigen Rechtsprechung zu § 52 gerade nicht privilegiert waren. Immerhin war der Wegfall der Privilegierung für Wohltätigkeitsveranstaltungen vom Gesetzgeber zu Recht damit begründet worden, dass man niemanden, auch nicht den Urheber, zur Wohltätigkeit zwingen könne.[14]

4   Dennoch hat das **BVerfG** entgegen allen verfassungsrechtlichen Bedenken[15] entschieden, dass es mit dem Grundgesetz vereinbar sei, wenn der Gesetzgeber Urhebern „für die Sendung von Musikwerken in Vollzugsanstalten keinen gesonderten Vergütungsanspruch gewährt".[16] Obgleich diese Entscheidung nur den Bereich der Strafvollzugsanstalten betrifft, wird man davon ausgehen müssen, dass das BVerfG damit grundsätzlich die Verfassungsmäßigkeit von Abs. 1 S. 3 bejaht hat.[17] Die Fachgerichte haben auf diese Fehlentscheidung mit einer engen Auslegung des Begriffs der Veranstaltung iSv Abs. 1 S. 3 reagiert.[18] Dadurch konnte vermieden werden, dass den Urhebern mit der Erweiterung der bisher geltenden urheberrechtlichen Schranken allzu große Einnahmeinbußen entstehen. Die Verwertungsgesellschaften haben unter der Federführung der GEMA **Tarife** aufgestellt, die zwar einerseits im Höhe gem. § 39 Abs. 3 VGG (§ 13 Abs. 3 WahrnG aF) die sozialen Belange der Verwerter berücksichtigen, aber durch die Vielzahl der betroffenen Einrichtungen in der Sozialfürsorge, Jugend- und Altenpflege, dem Strafvollzug uÄ in Verbindung mit der zeitlich nahezu ununterbrochenen Nutzungsdauer für die Urheber nicht unerhebliche Erträge erbringen. Nur diese enge Auslegung rechtfertigt auch die Auffassung des Gesetzgebers, er habe mit der Vergütungsfreiheit in Abs. 1 S. 3 „wohl die verfassungsrechtlichen Möglichkeiten ausgeschöpft".[19]

5   **c)** Im **Gesetz zur Regelung des Urheberrechts in der Informationsgesellschaft** vom 18.3.2002 („1. Korb") ist entgegen den ursprünglichen Plänen[20] darauf „verzichtet" worden, die Schranke auf die öffentliche Zugänglichmachung gem. § 19a für eine „kleine Öffentlichkeit" zu erweitern; vielmehr ist Abs. 3 dahingehend ergänzt worden, dass die öffentliche Zugänglichmachung eines Werkes stets nur mit Einwilligung des Berechtigten zulässig ist.[21] Maßgeblich für diesen Rückzieher waren zum einen wohl Zweifel an der Vereinbarkeit mit der InfoSoc-RL,[22] zum anderen aber auch die Tatsache, dass die durch den Regierungsentwurf neu eingefügte Regelung in § 52a aF (jetzt § 60a und § 60c) die ursprünglichen Intentionen teilweise abdeckte, schließlich sollte die Erweiterung von § 52 „beispielsweise für Behörden, Bildungseinrichtungen oder Vereine" gelten.[23] § 52 wurde lediglich noch dahingehend erweitert, dass in Abs. 1 anstelle von – wie bisher – „erschienenen" Werken nun auch „veröffentlichte" Werke verwendet werden können.[24]

6   **d)** Durch das **UrhWissG** sind mit Wirkung vom 1.3.2018 die Schulveranstaltungen aus dem Kreis der privilegierten Veranstaltungen in Abs. 1 S. 3 gestrichen worden, da die öffentliche Wiedergabe an Bildungseinrichtungen nunmehr in § 60a mit § 60h Abs. 2 Nr. 1 geregelt ist.[25]

3. Konventions- und unionsrechtlicher Rahmen

7   **a)** In konventionsrechtlicher Hinsicht ist problematisch, ob die Bestimmung mit **Art. 11 und 11ter RBÜ** vereinbar ist. Denn die RBÜ gibt dem Urheber das ausschließliche Recht zur öffentlichen Aufführung und zum öffentlichen Vortrag, ohne den Verbandsländern die Möglichkeit zu Vorbehalten einzuräumen. Auch der Gesetzgeber ging schon 1965 davon aus, dass § 52 mit dem **Wortlaut** von Art. 11 RBÜ nicht vereinbar ist; er verwies aber darauf, dass bei der Brüsseler Revisionskonferenz unwidersprochen zum Ausdruck gebracht worden sei, dass sog. „kleine Ausnahmen" zugelassen sind.[26] Jedenfalls nach der Neufassung von Abs. 1 S. 3 kann dies jedoch nicht mehr gelten. Im General-Rapport über die Brüsseler Konferenz vom 26.6.1948[27] wurden lediglich „begrenzte Ausnahmen zugunsten von religiösen Zeremonien, von Militär-Musiken, Unterrichtserfordernissen und volkstümlicher Verbreitung" aufgezählt. Die jetzt nach Abs. 1 S. 3 privilegierten Veranstaltungen lassen sich keineswegs sämtlich hierunter fassen.[28] Da zudem auch erhebliche wirtschaftliche Interessen der Ur-

---

[14] AmtlBegr. BT-Drs. IV/270, 69.
[15] *Krüger-Nieland* FS Oppenhoff, 1985, 173 (182 f.); *Nordemann* GRUR 1985, 837 (839); nach wie vor kritisch Loewenheim/*Götting* UrhG § 31 Rn. 217.
[16] BVerfGE 79, 29 = GRUR 1989, 193 (196 f.) – Vollzugsanstalten; dazu → Vor §§ 44a ff. Rn. 17.
[17] Loewenheim/*Götting* UrhG § 31 Rn. 217.
[18] → Rn. 29.
[19] Bericht des Rechtsausschusses, BT-Drs. 10/3360, 18.
[20] Begründung zum RefE UFITA 2004, 143 (167).
[21] AmtlBegr. BT-Drs. 15/38, 20.
[22] So DKMH/*Dreyer* UrhG § 52 Rn. 3; → Rn. 8.
[23] Begründung zum RefE UFITA 2004, 143 (167).
[24] → Rn. 9.
[25] AmtlBegr. BT-Drs. 18/12329, 32.
[26] AmtlBegr. BT-Drs. IV/270, 68; ebenso *v. Gamm* § 52 Rn. 2; *Ulmer* § 69 II 4.
[27] Abgedr. bei *Mestmäcker/Schulze* Anhang B 2 S. 7.
[28] Ebenso *Hoeren* FS Sandrock, 2000, 357 (365 f.).

heber berührt sind, kann nicht mehr davon ausgegangen werden, dass Abs. 1 S. 3 mit Art. 11 und 11ter RBÜ vereinbar ist.[29]

b) In Bezug auf die Vereinbarkeit von § 52 mit dem **Unionsrecht** ist zu differenzieren: Soweit es **8** um eine Vorführung oder Aufführung durch **persönliche Darbietung** vor einem anwesenden Publikum geht, fällt diese Nutzung nicht in den Anwendungsbereich der InfoSoc-RL,[30] so dass die von § 52 insoweit bewirkte Beschränkung der Rechte aus § 19 nur an den allgemeinen Vorgaben des Unionsrechts zu messen ist. Für die von Art. 3 InfoSoc-RL erfassten Handlungen der öffentlichen Wiedergabe ist dagegen zu beachten, dass der **Begriff der öffentlichen Wiedergabe** als autonomer Begriff des Unionsrechts unionsweit einheitlich auszulegen ist. Der EuGH bestimmt den Begriff der Öffentlichkeit dabei abweichend von § 15 Abs. 3 anhand einer Gesamtabwägung verschiedener Kriterien im Einzelfall, zu denen ua die Angehörigkeit des angesprochenen Publikums zu einer „privaten Gruppe" und der Erwerbszweck des Veranstalters zählen.[31] Einige der in § 52 genannten Veranstaltungen werden bei richtlinienkonformer Auslegung des § 15 Abs. 2 daher schon gar nicht vom Verwertungsrecht der öffentlichen Wiedergabe erfasst sein, ohne dass es auf das Vorliegen der in § 52 genannten Voraussetzungen ankommt.[32] Darüber hinaus lässt **Art. 5 Abs. 3 lit. g InfoSoc-RL** Ausnahmen vom ausschließlichen Recht der öffentlichen Wiedergabe allerdings nur „für die Nutzung bei religiösen Veranstaltungen oder offiziellen, von einer Behörde durchgeführten Veranstaltungen" zu. Davon ist nur ein kleiner Teil der von § 52 privilegierten Veranstaltungen gedeckt. Für den Rest bleibt – soweit man eine öffentliche Wiedergabe iSv Art. 3 InfoSoc-RL bejaht – nur die Bezugnahme auf die sog. *Grandfather Clause* von Art. 5 Abs. 3 lit. o InfoSoc-RL, die eine Beschränkung des Rechts der öffentlichen Wiedergabe freilich nur für „Fälle von geringer Bedeutung" zulässt.[33]

4. Restriktive Auslegung

Aus den vorgenannten Gesichtspunkten sind bei der **Auslegung dieser Bestimmung** besonders **9** **restriktive Maßstäbe** anzulegen.[34] Insbesondere ist die Möglichkeit einer verfassungskonformen Auslegung zu prüfen.[35] Soweit eine solche verfassungskonforme Auslegung nicht möglich ist, hat das BVerfG die Fachgerichte ausdrücklich auf die Möglichkeit des Normenkontrollverfahrens nach Art. 100 Abs. 1 GG hingewiesen.[36] Das BVerfG betont überdies, dass es für die Verfassungsmäßigkeit dieser Regelung auf das finanzielle Gewicht dessen ankommt, was dem Urheber auf Grund von § 52 Abs. 1 S. 3 vorenthalten wird.[37] Auch im Hinblick auf die jedenfalls teilweise Unvereinbarkeit mit Art. 11 und 11ter RBÜ sowie der InfoSoc-RL ist eine enge Auslegung geboten.[38]

II. Vergütungspflichtige Schranke (Abs. 1 S. 1, Abs. 2)

1. Voraussetzungen der Zustimmungsfreiheit nach Abs. 1 S. 1

a) Zustimmungsfrei im Rahmen von Abs. 1 genutzt werden dürfen nur **veröffentlichte Werke** **10** iSv § 6 Abs. 1. Bis zur Urheberrechtsnovelle 2003 konnten im Rahmen des § 52 dagegen nur **erschienene Werke** iSv § 6 Abs. 2 verwendet werden. Mit der Erweiterung auf Werke, die „lediglich im Internet veröffentlicht wurden", wollte der Gesetzgeber „der geänderten Veröffentlichungspraxis Rechnung" tragen.[39] Für Abs. 2 verbleibt es dabei, dass nur erschienene Werke verwendet werden dürfen.[40]

---

[29] Ebenso *Schack* UrheberR Rn. 575 in Fn. 183; Fromm/Nordemann/*Dustmann* UrhG § 52 Rn. 6; *Neumann* S. 149, 154; Wandtke/Bullinger/*Lüft* UrhG § 52 Rn. 2; *Hoeren* FS Sandrock, 2000, 357 (365 f.); wohl auch Loewenheim/*Götting* UrhG § 31 Rn. 217; aA Dreier/Schulze/*Dreier* § 52 Rn. 3; BeckOK UrhR/*Schulz* UrhG § 52 Rn. 3.

[30] BGH GRUR 2016, 278 Rn. 24 – Hintergrundmusik in Zahnarztpraxen; BGH GRUR 2018, 608 Rn. 25 – Krankenhausradio mwN; dazu → § 15 Rn. 160.

[31] S. nur EuGH GRUR 2012, 593 Rn. 79 ff., 97 ff. – SCF/Del Corso; zu den Folgen für das nationale Recht BGH GRUR 2016, 278 Rn. 20 ff. – Hintergrundmusik in Arztpraxen; insbes. zum Kriterium des Erwerbszwecks *Roder* GRUR-Int 2016, 999 (1005 ff.).

[32] Ebenso Fromm/Nordemann/*Dustmann* UrhG § 52 Rn. 13; *Ganzhorn* ZStV 2014, 53 (57 f.); vgl. dazu auch → Vor §§ 44a ff. Rn. 60.

[33] DKMH/*Dreyer* UrhG § 52 Rn. 6; BeckOK UrhR/*Schulz* UrhG § 52 Rn. 3.

[34] Allgemein zur Auslegung von Schrankenbestimmungen → Vor §§ 44a ff. Rn. 36 f.

[35] Dazu allgemein → Vor §§ 44 ff. Rn. 39.

[36] BVerfGE 49, 382 (405) – Kirchenmusik.

[37] BVerfGE 79, 29 = GRUR 1989, 193 (195) – Vollzugsanstalten.

[38] Vgl. BGH GRUR 1983, 562 (563) – Zoll- und Finanzschulen mwN; ebenso Wandtke/Bullinger/*Lüft* UrhG § 52 Rn. 2; DKMH/*Dreyer* UrhG § 52 Rn. 6; *Neumann* S. 102; befremdlich in dieser Hinsicht der Schlussbericht der Enquete-Kommission „Kultur in Deutschland" vom 11.12.2007, BT-Drs. 16/7000, 285 (unter Nr. 8), die – wohl unter dem Eindruck der zu Recht restriktiven Rechtsprechung – dem Gesetzgeber „empfiehlt", § 52 so zu fassen, dass „die Intention", die Vergütungspflicht für die dort aufgeführten Veranstaltungen entfallen zu lassen, „eine tatsächliche Umsetzung erfährt".

[39] AmtlBegr. BT-Drs. 15/38, 20.

[40] Dazu → Rn. 19.

11 **b)** Darüber hinaus müssen für die Zustimmungsfreiheit einer öffentlichen Wiedergabe nach Abs. 1 S. 1 **drei Voraussetzungen kumulativ** erfüllt sein.

12 **aa)** Die Wiedergabe darf **keinem Erwerbszweck des Veranstalters dienen.** Gegenüber § 27 LUG, der von **„gewerblichen Zwecken"** sprach, brachte die Wortwahl eine Erweiterung des Ausschlussgrundes zugunsten des Urhebers insoweit, „als damit die Aufführungsfreiheit nicht Veranstaltern zugute kommt, die das Werk zwar nicht im Rahmen eines Gewerbebetriebes, aber zur unmittelbaren oder mittelbaren Förderung ihres eigenen Erwerbs aufführen".[41] Die öffentliche Wiedergabe dient danach Erwerbszwecken des Veranstalters, wenn sie mittelbar oder unmittelbar die betrieblichen oder gewerblichen Interessen des Veranstalters fördert.[42] Es genügt dabei, dass die öffentliche Wiedergabe objektiv **auch** einem Erwerbszweck dient, der hinter den weiteren Zwecken nicht als völlig nebensächlich zurücktritt.[43] So dienen Produktpräsentationen zB auf Messen oder in Kaufhäusern (zumindest mittelbar) der Verkaufsförderung und dem Marketing.[44] Auf die Absicht einer Gewinnerzielung kommt es nicht an.[45] Eine Erwerbszwecken dienende öffentliche Wiedergabe ist daher regelmäßig dann anzunehmen, wenn sie in einem nach wirtschaftlichen Gesichtspunkten geführten Betrieb erfolgt.[46] Zwingend ist das allerdings nicht; entscheidend ist der konkrete Zweck der jeweiligen Wiedergabe. Zudem ist zu beachten, dass es uU schon an einer „öffentlichen" Wiedergabe iSv Art. 3 InfoSoc-RL fehlt, wenn sich der Veranstalter nicht gezielt an ein Publikum wendet oder dieses für die Wiedergabe nicht aufnahmebereit ist, sondern nur zufällig erreicht wird.[47]

13 Die **Trägerschaft** des Veranstalters spielt für die Beurteilung der Erwerbszwecke keine Rolle. Daher können auch gemeinnützige Unternehmen[48] und staatliche Einrichtungen[49] Erwerbszwecke verfolgen. Der Erwerbszweck wird auch nicht automatisch dadurch ausgeschlossen, dass eine Tätigkeit im Rahmen der Hoheitsverwaltung ausgeübt wird.[50] Der Gesetzgeber „hat den Sondertatbestand der Werkswiedergabe durch die öffentliche Hand nicht in die gesetzliche Regelung einbezogen und wollte ihn daher auch nicht generell freistellen".[51] Wo die **öffentliche Hand** keine erwerbswirtschaftliche Betätigung entfaltet, kommt eine analoge Anwendung des § 52 in Betracht, sofern ein Erwerbszweck iSv § 52 bei einer vergleichbaren privaten Einrichtung zu bejahen wäre.[52]

14 Da der Begriff der Erwerbszwecke den „gewerblichen Zweck" umfasst, kann auch die Rechtsprechung zu § 27 LUG nach wie vor herangezogen werden. Erwerbszwecken dienen danach etwa folgende öffentlichen Wiedergaben: Musikaufführung bei **Betriebsfeiern;**[53] Rundfunkwiedergabe im bewirtschafteten Clubhaus oder Vereinsheim eines **Sportvereins,**[54] in **Gemeinschaftsräumen** eines **Sanatoriums,**[55] eines **Postjugendwohnheims,**[56] im Trainingsraum eines **Rehazentrums,**[57] in Erholungsheimen des **Sozialwerks der Deutschen Bundesbahn,**[58] in **Aufenthaltsräumen einer Klinik** einer gemeinnützigen, nicht auf Erzielung von Gewinn gerichteten Gesellschaft,[59] in Gemeinschaftsräumen von **Studentenwohnheimen,**[60] in Aufenthaltsräumen und Dozentenzimmern einer **Landesfinanzschule** sowie in den Fernsehräumen einer **Landesfortbildungsstätte,**[61] in der **Kantine eines Arbeiterwohnheimes** eines Betriebes,[62] in einem **psychiatrischen Kran-**

---

[41] AmtlBegr. BT-Drs. IV/270, 69; ebenso BGHZ 58, 262 (267) = GRUR 1972, 614 (616) – Landesversicherungsanstalt. Bereits zum alten Recht war aber vertreten worden, dass auch ohne Gewinnerzielungsabsicht ein gewerblicher Zweck vorliegen kann, wenn die Aufführung unmittelbar oder mittelbar dem Erwerbszweck dient, so *Marwitz/Möhring* LUG § 27 Anm. 4 unter Bezugnahme auf RGSt 43, 189 (196).

[42] Fromm/Nordemann/*Dustmann* UrhG § 52 Rn. 11; Wandtke/Bullinger/*Lüft* UrhG § 52 Rn. 6; BeckOK UrhR/*Schulz* UrhG § 52 Rn. 7.

[43] Fromm/Nordemann/*Dustmann* UrhG § 52 Rn. 11; ebenso zu § 27 LUG BGHZ 17, 376 (382) = GRUR 1955, 549 (551) – Betriebsfeiern; BGH GRUR 1961, 97 (99) – Sportheim; vgl. aber BeckOK UrhR/*Schulz* UrhG § 52 Rn. 7, der auf ein „Wechselspiel von faktischem Wahrnehmen und den gesetzten subjektiven Umständen des Wiedergebenden" abstellen will.

[44] *Hoeren* in Lehmann (Hrsg.) Multimediarecht S. 103.

[45] BGH GRUR 1961, 97 (99) – Sportheim; *Dreyer/Kotthoff/Meckel/Hentsch* UrhG § 52 Rn. 14.

[46] BGH GRUR 1975, 33 (35) – Alters-Wohnheim; BGH GRUR 1983, 562 (564) – Zoll- und Finanzschulen.

[47] So iE für die Wiedergabe von Hörfunksendungen als Hintergrundmusik in Zahnarztpraxen BGH GRUR 2016, 278 Rn. 28 ff. – Hörfunkmusik in Zahnarztpraxen unter Berufung auf EuGH GRUR 2012, 593 Rn. 91 – SCF/Del Corso; EuGH GRUR 2012, 597 Rn. 37 – PPL/Irland; → Rn. 8.

[48] BGH GRUR 1961, 97 (99) – Sportheim.

[49] BGHZ 58, 262 (266) – Landesversicherungsanstalt.

[50] BGH Schulze BGHZ 216, 7 – Postjugendwohnheim.

[51] BGH GRUR 1983, 562 (564) – Zoll- und Finanzschulen.

[52] BGH GRUR 1983, 562 (564) – Zoll- und Finanzschulen; Fromm/Nordemann/*Dustmann* UrhG § 52 Rn. 11; DKMH/*Dreyer* UrhG § 52 Rn. 17; kritisch hierzu *Hoeren* MMR 2000, 1 (3).

[53] BGHZ 17, 376 – Betriebsfeiern.

[54] BGH GRUR 1961, 97 – Sportheim; *Ganzhorn* ZStV 2014, 53 (59).

[55] BGHZ 58, 262 – Landesversicherungsanstalt; KG Schulze KGZ 38.

[56] BGH Schulze BGHZ 216 – Postjugendwohnheim.

[57] Vgl. EuGH GRUR 2016, 684 Rn. 63 f. – Reha Training/GEMA; dazu *Roder* GRUR-Int 2016, 999 (1005).

[58] *OLG* Frankfurt a. M. GRUR 1969, 52 – Sozialwerk der Bundesbahn.

[59] OLG München Schulze OLGZ 111.

[60] LG Frankfurt a. M. Schulze LGZ 116.

[61] LG Frankfurt a. M. Schulze LGZ 154.

[62] AG Berlin-Charlottenburg Schulze AGZ 14.

kenhaus,[63] in einem **Offiziersheim;**[64] „Hintergrundberieselung" in einem **Optikergeschäft.**[65] Ein Erwerbszweck wurde dagegen **verneint** bei Rundfunkwiedergaben in einem von einer Universität betriebenen **Studenten-Clubhaus.**[66] Auch die Hintergrundmusik in einer **Arztpraxis** ist früher als von einem Erwerbszweck dienend angesehen worden;[67] im Anschluss an den EuGH verneint der BGH jetzt aber schon eine öffentliche Wiedergabe.[68]

Die Privilegierung entfällt nur, wenn die Veranstaltung **Erwerbszwecken des Veranstalters** 15 **selbst** dient.[69] Das ergibt sich nicht zuletzt aus Abs. 1 S. 4.[70] Danach wirkt es sich nicht auf die Privilegierung, sondern nur auf die Vergütungspflicht aus, wenn ein Dritter Erwerbszwecke verfolgt.[71] **Veranstalter** ist dabei nach stRspr, wer die Veranstaltung angeordnet hat und durch dessen ausschlaggebende Tätigkeit sie ins Werk gesetzt ist.[72] Der Begriff des Veranstalters in § 52 entspricht dem des § 15 Abs. 3 aF, deckt sich aber **nicht** mit dem in § 81,[73] sondern erfasst auch denjenigen, der die Veranstaltung in seinem Verantwortungsbereich lediglich duldet.[74] Auch der Gastwirt, der seine Gäste zu Karaoke-Darbietungen animiert, ist Veranstalter, stellt er doch insbes. auch die hierfür notwendige Technik bereit.[75]

bb) Ferner müssen die **Teilnehmer ohne Entgelt** zu der Veranstaltung zugelassen werden. Aus 16 dem Wortlaut ergibt sich – wie schon aus § 27 LUG –, dass die Veranstaltung für **alle** Teilnehmer unentgeltlich sein muss.[76] Entsprechend der hier gebotenen engen Auslegung[77] ist der Begriff des Entgelts weit zu fassen und erfasst alle Leistungen, die der Teilnehmer erbringen muss, um eingelassen zu werden.[78] Nicht nur **Eintrittsgebühren** fallen hierunter, sondern auch **Unkostenbeiträge,**[79] Kauf von **Verzehrbons** und **Programmheften** als Eintrittsvoraussetzung,[80] die **Kurtaxe** für Kurkonzerte[81] oder eine **erhöhte Garderobengebühr.**[82] Ob auch die Aufforderung zu **freiwilligen Spenden** eine Anwendung des § 52 ausschließt, ist umstritten.[83] Solange kein faktischer Spendenzwang besteht, sondern alle Teilnehmer auch ohne Spende zugelassen würden, wird man aber von Unentgeltlichkeit ausgehen müssen.[84] Auch allgemeine, lediglich kostendeckende **Vereins-** und **Mitgliedsbeiträge** stellen kein Entgelt für einzelne Veranstaltungen dar.[85] Etwas anderes gilt, wenn der Beitrag zum Bezug kostenloser oder vergünstigter Eintrittskarten berechtigt oder erhöhte Beiträge überwiegend zur Finanzierung der Veranstaltung benutzt werden.[86] Soweit ein Verein sich mit der Veranstaltung von Konzerten oÄ befasst, ist der Mitgliedsbeitrag ein Entgelt für die Zulassung zu diesen Veranstaltungen;[87] in diesen Fällen wird der Verein allerdings ohnehin Erwerbszwecke verfolgen. Übliche Entgelte für anlässlich der Wiedergabe angebotene Waren oder Dienstleistungen wie Getränke oder Garderobe stellen kein Entgelt dar.[88]

cc) Erfolgt die Wiedergabe durch Vortrag oder Aufführung, so darf der ausübende Künstler **keine** 17 **besondere Vergütung** erhalten. Das Verbot bezieht sich nur auf **ausübende Künstler** iSv § 73; unschädlich sind Zahlungen an sonstige an der Aufführung Beteiligte, zB Hilfskräfte, Techniker oÄ.[89] Während ursprünglich vorgesehen war, dass dem ausübenden Künstler keine besondere Vergütung „gezahlt" werden darf, wurde 1985 klargestellt, dass der ausübende Künstler keine Vergütung „erhalten" darf. Schon bisher aber fielen unter Vergütungen nicht nur Geldzahlungen, sondern jeder geld-

---

[63] OLG Köln Schulze OLGZ 230.
[64] AG Bad Mergentheim Schulze AGZ 24.
[65] LG Frankfurt a. M. ZUM-RD 2005, 242 (243).
[66] LG Berlin Schulze LGZ 135 mit abl. Anm. *Reichardt;* das Studentenwerk der Universität, das dieses Clubhaus bewirtschaftete, wurde allerdings als „Dritter" zur Zahlung einer urheberrechtlichen Vergütung verurteilt.
[67] LG Leipzig NJW-RR 1999, 551 f.
[68] BGH GRUR 2016, 278 Rn. 28 ff. – Hintergrundmusik in Zahnarztpraxen; → Rn. 8.
[69] AmtlBegr. BT-Drs. IV/270, 69; anders zu § 27 LUG noch BGHZ 19, 227 = GRUR 1956, 131 (133).
[70] BeckOK UrhR/*Schulz* UrhG § 52 Rn. 8; vgl. Fromm/Nordemann/*Dustmann* UrhG § 52 Rn. 14 aE.
[71] Zur Vergütungspflicht → Rn. 36.
[72] BGH GRUR 1956, 515 (516) – Tanzkurse; BGH GRUR 1960, 606 (607) – Eisrevue II; BGH GRUR 1960, 253 (255) – Auto-Skooter.
[73] Vgl. hierzu → § 81 Rn. 8, 26 f.
[74] LG Hannover Schulze LGZ 165, 6; Dreier/Schulze/*Dreier* § 52 Rn. 6; *v. Gamm* § 52 Rn. 9 mwN.
[75] *Matsukawa* UFITA 132 (1996), 51 (61); aA DKMH/*Dreyer* UrhG § 52 Rn. 41.
[76] Dreier/Schulze/*Dreier* § 52 Rn. 7.
[77] → Rn. 9.
[78] Dreier/Schulze/*Dreier* § 52 Rn. 7.
[79] Schriftl. Bericht des Rechtsausschusses, zu BT-Drs. IV/3401, 7.
[80] *Bender* RdJB 1985, 486 (492 f.); Fromm/Nordemann/*Dustmann* UrhG § 52 Rn. 15.
[81] RGSt 43, 189 (190 f.); *Schack* UrheberR Rn. 574; *Rehbinder/Peukert* Rn. 559.
[82] *Allfeld* LUG § 27 Anm. 6b; BeckOK UrhR/*Schulz* UrhG § 52 Rn. 9; Wandtke/Bullinger/*Lüft* UrhG § 52 Rn. 7.
[83] Dafür KG UFITA 15 (1942), 422 (423) – Gesellschaft zur Pflege der Kirchenmusik; Schricker/Loewenheim/*Melichar* (5 Aufl.) § 52 Rn. 17; aA *v. Gamm* § 52 Rn. 8.
[84] Ebenso Dreier/Schulze/*Dreier* § 52 Rn. 7; DKMH/*Dreyer* § 52 Rn. 22; Fromm/Nordemann/*Dustmann* UrhG § 52 Rn. 15.
[85] *Ganzhorn* ZStV 2014, 53 (59).
[86] Dreier/Schulze/*Dreier* § 52 Rn. 7; *v. Gamm* § 52 Rn. 8 mwN.
[87] *Allfeld* LUG § 27 Anm. 6b.
[88] Wandtke/Bullinger/*Lüft* UrhG § 52 Rn. 7.
[89] Fromm/Nordemann/*Dustmann* UrhG § 52 Rn. 16.

werte Vorteil.[90] Ob die Vergütung vom Veranstalter oder einem Dritten getragen wird, ist unerheblich.[91] Die **Erstattung bloßer Unkosten** (zB Reisekosten) stellt keine solche Vergütung dar.[92] Inwieweit die **Hingabe von Naturalien** als besondere Vergütung anzusehen ist, muss nach den Umständen beurteilt werden. Soweit nur Wasser und kleine Snacks zur Stärkung während der Veranstaltung angeboten werden, wird man darin keine Vergütung sehen können.[93] Eine Einladung zum Essen oder der freie Ausschank alkoholischer Getränke oÄ ist dagegen bereits als besondere Vergütung zu betrachten.[94]

18   Es muss sich um eine **besondere** Vergütung für die betreffende Veranstaltung handeln. Feste Lohnzahlungen uÄ, die ein angestellter Künstler erhält, fallen nicht hierunter, da diese nicht für die betreffende Veranstaltung bezahlt werden.[95] Erhält der Künstler über das laufende Gehalt hinaus für die betreffende Veranstaltung eine besondere Zulage oÄ, so ist diese als Vergütung iSv S. 1 zu betrachten.[96]

2. Kirchliche Veranstaltungen (Abs. 2)

19   **a)** Zustimmungsfrei, aber vergütungspflichtig ist gemäß Abs. 2 auch die öffentliche Wiedergabe bei **Gottesdienste oder kirchlichen Feiern.** Diese Neuregelung war aufgrund der Kirchenmusikentscheidung des BVerfG erforderlich geworden.[97] Obwohl das BVerfG und die Literatur in diesem Zusammenhang immer nur von Kirchen**musik** und Kirchen**komponisten** sprechen, gilt die Vergütungspflicht nach Abs. 2 S. 2 auch für **Sprachwerke** (Liedertexte, Gebetstexte), zB für die urheberrechtlich geschützte Übersetzungen lateinischer Texte.[98] Gegenüber Abs. 1 ist Abs. 2 lex specialis, so dass es für die Zustimmungsfreiheit nicht auf das Vorliegen der in Abs. 1 S. 1 genannten Voraussetzungen ankommt.[99] Anders als nach Abs. 1 dürfen im Rahmen von Abs. 2 nur **erschienene Werke** iSv § 6 Abs. 2 genutzt werden.[100]

20   **b)** Veranstalter einer nach **Abs. 2** privilegierten öffentlichen Wiedergabe können nur **Kirchen oder Religionsgemeinschaften** sein. Die weitere Voraussetzung, dass es sich um Einrichtungen „des öffentlichen Rechts" handeln müsse, wurde bei der Urheberrechtsreform 1985 – offensichtlich in Anlehnung an § 46 – fallengelassen. Seither jedenfalls ist es unerheblich, ob die Kirche oder Religionsgemeinschaft von der Möglichkeit einer öffentlich-rechtlichen Gestaltungsform nach Art. 140 GG iVm Art. 137 Weimarer Verfassung Gebrauch gemacht hat.[101] Wie bei § 46 ist auch hier für einen Ausschluss von **Weltanschauungsgemeinschaften** keine Rechtfertigung ersichtlich;[102] diese stehen den Religionsgemeinschaften daher gleich.

21   **c)** Privilegiert sind nur öffentliche Wiedergaben bei **Gottesdiensten oder kirchlichen Feiern.** Mit dem Wegfall der Privilegierung auch für „andere Veranstaltungen" durch die Novelle 1985 ist klargestellt worden, dass nur solche Veranstaltungen privilegiert sind, die nach dem Selbstverständnis der jeweiligen Religionsgemeinschaft unmittelbar kultischen Zwecken dienen. Gemeindefeste, Jugend- und Altenkreise, öffentliche Konzerte usw werden nicht von Abs. 2 (sondern ggf. von Abs. 1 S. 3) erfasst, auch wenn sie in einer Kirche stattfinden.[103] Die Begriffe des Gottesdienstes und der kirchlichen Veranstaltungen sind dabei nicht trennscharf abgrenzbar. Als kirchliche Feiern kommen neben den Gottesdiensten insbesondere Vesper, Hochzeit, Taufe und Adventsfeiern in Betracht.[104] Nach katholischer Doktrin fallen darunter sowohl die im engeren Sinn liturgischen Gottesdienste (wie Messfeiern, Stundengebete) als auch die sog. außerliturgischen Gottesdienste wie Andachten und Feierstunden.[105] Des Weiteren werden alle Veranstaltungen erfasst, bei denen der liturgische Charakter dominiert wie zB Taufen, Trauungen und Bestattungen.[106] Ebenso kommt es bei Veranstaltungen

---

[90] Ebenso Dreier/Schulze/*Dreier* § 52 Rn. 8; Fromm/Nordemann/*Dustmann* UrhG § 52 Rn. 16.

[91] Dreier/Schulze/*Dreier* § 52 Rn. 8.

[92] BeckOK UrhR/*Schulz* UrhG § 52 Rn. 10; DKMH/*Dreyer* UrhG § 52 Rn. 25; *Ulmer* § 69 II 1c.

[93] Auf die Üblichkeit abstellend v. *Gamm* § 52 Rn. 10; BeckOK UrhR/*Schulz* UrhG § 52 Rn. 10; Wandtke/Bullinger/*Lüft* UrhG § 52 Rn. 8.

[94] Ebenso iE, aber noch strenger (jede Sachleistung) Dreier/Schulze/*Dreier* § 52 Rn. 8; Loewenheim/*Götting* UrhG § 31 Rn. 185; Fromm/Nordemann/*Dustmann* UrhG § 52 Rn. 16; aA DKMH/*Dreyer* UrhG § 52 Rn. 25.

[95] *Ulmer* § 69 II 1c; v. *Gamm* Rn. 10; Fromm/Nordemann/*Dustmann* UrhG § 52 Rn. 16; DKMH/*Dreyer* UrhG § 52 Rn. 26; *Schack* UrheberR Rn. 574 hält die Regelung wegen dieser Konsequenz zu Recht für „rechtspolitisch verfehlt".

[96] v. *Gamm* § 52 Rn. 10.

[97] → Rn. 4. Die AmtlBegr. BT-Drs. 10/837, 12, spricht von einer „Bereinigung".

[98] Vgl. *Hubmann* in Overath (Hrsg.), Kult und Urheberrecht (1980), S. 13, 17.

[99] So auch DKMH/*Dreyer* UrhG § 52 Rn. 27 f.

[100] BeckOK UrhR/*Schulz* UrhG § 52 Rn. 20; aA wohl DKMH/*Dreyer* UrhG § 52 Rn. 10; → Rn. 10.

[101] Vgl. v. *Gamm* § 52 Rn. 12, der schon vorher im Hinblick auf den Gleichbehandlungsgrundsatz eine solche Auslegung für nötig erachtete.

[102] → § 46 Rn. 9.

[103] Dreier/Schulze/*Dreier* § 52 Rn. 10; Fromm/Nordemann/*Dustmann* UrhG § 52 Rn. 17.

[104] So die „eingegangenen Stellungnahmen" kirchlicher Einrichtungen, zitiert bei BVerfGE 49, 382 (390 f.) – Kirchenmusik.

[105] Vgl. hierzu *Schulz* Musicae Sacrae Ministerium 16 (1979), 3 (4).

[106] Dreier/Schulze/*Dreier* § 52 Rn. 10.

anderer Religions- wie Weltanschauungsgemeinschaften (→ Rn. 20) auf einen äußeren Zusammenhang zwischen der Struktur der Veranstaltung und den jeweiligen religiösen oder weltanschaulichen Grundsätzen an.

3. Zulässige Nutzungshandlungen

a) Privilegiert sind nach Abs. 1 S. 1 wie nach Abs. 2 nur Handlungen der **öffentlichen Wieder-** 22 **gabe** iSv § 15 Abs. 2 und 3. Eine Ausdehnung der Schrankenregelung auf andere Verwertungshandlungen, zB auf **Aufzeichnungen von Funksendungen** zum Zweck der zeitversetzten Wiedergabe, kommt nicht in Betracht.[107] Nachdem Abs. 1 S. 1 allgemein die „öffentliche Wiedergabe" zulässt, fallen hierunter nicht nur Einzelveranstaltungen, sondern auch Dauernutzungen wie die „Berieselung" durch Funk- oder Fernsehsendungen.[108] Vom Wortlaut erfasst werden dabei alle Formen der öffentlichen Wiedergabe. Allerdings schließt **Abs. 3** die öffentliche bühnenmäßige Aufführung (§ 19 Abs. 2 Var. 2), die Funksendung (§ 20), die öffentliche Vorführung eines Filmwerkes (§ 19 Abs. 4) sowie die öffentliche Zugänglichmachung (§ 19a) von der Privilegierung aus. Letztlich erfasst § 52 damit neben dem Vortrag von Sprachwerken und konzertmäßiger Aufführung von Musikwerken sowie der Vorführung von Werken der bildenden Kunst, Lichtbildern und wissenschaftlichen Darstellungen (§ 19 Abs. 1, Abs. 2 Var. 1, Abs. 4) vor allem die Zweitverwertungsrechte in §§ 21 und 22.[109] Dem Begriff der **„Veranstaltung"** lässt sich darüber hinaus keine weitere Einschränkung des Anwendungsbereichs entnehmen,[110] ging doch § 15 Abs. 3 in der bis 2003 geltenden Fassung davon aus, dass es bei jeder öffentlichen Wiedergabe einen Veranstalter gibt.

b) Soweit die Nutzungshandlung **schon keine öffentliche Wiedergabe** iSv § 15 Abs. 3 darstellt, 23 ist die Handlung dagegen urheberrechtlich irrelevant und eine Prüfung nach § 52 erübrigt sich. Relevant ist das vor allem für das Bestehen einer Vergütungspflicht nach Abs. 1 S. 2. In diesem Zusammenhang ist etwa darauf hingewiesen worden, dass das „lediglich dem eigenen Werkgenuss dienende Singen und Musizieren von Jugend- oder Wandergruppen oder von einzelnen Personen" keine öffentliche Wiedergabe darstelle[111] und für „Veranstaltungen kleinerer Vereine, zu denen nur die Mitglieder und die zu ihrem Hausstand gehörigen Personen zugelassen werden" das Merkmal der Öffentlichkeit „in der Regel zu verneinen" sei.[112]

Praktische Bedeutung hat diese Frage vor allem für den im Rahmen von Gottesdiensten abgehaltenen **Gemeinde-** bzw. **Volksgesang.** Ob hierin eine – nach Abs. 2 S. 2 vergütungspflichtige – öffentliche Aufführung iSv § 19 Abs. 2 bzw. in Bezug auf die wiedergegebenen Sprachwerke ein öffentlicher Vortrag iSv § 19 Abs. 1 zu sehen ist, ist umstritten. Unzweifelhaft sind Gottesdienste und andere kirchliche Feiern **für die Öffentlichkeit bestimmt** iSv § 15 Abs. 3.[113] Denn zum einen können daran nicht nur Mitglieder der jeweiligen Kirchengemeinde, sondern auch Außenstehende teilnehmen.[114] Zum anderen würde selbst unter den Gemeindemitgliedern die persönliche Verbindung der Beteiligten zueinander fehlen, wie sie Voraussetzung zur Verneinung der Öffentlichkeit wäre.[115] Nach hM fehlt es dem Gemeinde- und Volksgesang jedoch an der für einen Vortrag bzw. eine Aufführung erforderlichen persönlichen **Darbietung gegenüber einem Dritten als Zuhörer,** wenn sich die Gemeindemitglieder zu einem gemeinsamen Gesang zusammenschließen.[116] Gleiches soll auch für die Einleitung durch das Orgelvorspiel und die Begleitung durch die Orgel gelten, da die Orgelbegleitung lediglich der Unterstützung des gemeinsamen Gesangs diene.[117] Die praktische Bedeutung von Abs. 2 beschränkte sich danach in erster Linie auf den Fall, dass bei kirchlichen Veranstaltungen (zB Taufen, Hochzeiten oder Beerdigungen) begleitend Musik vom Tonträger abgespielt wird.[118]

Ob diese Beurteilung den aktuellen Gegebenheiten noch gerecht wird, ist **zweifelhaft.** Sicherlich 25 lässt sich der Gemeindegesang nicht ohne Weiteres mit einer Kapelle vergleichen, die einen allseits

---

[107] BGH GRUR 1994, 45 (47) – Verteileranlagen – gegen die Vorinstanz OLG Frankfurt a. M. GRUR 1991, 602 (606) – Justizvollzugsanstalten; DKMH/*Dreyer* UrhG § 52 Rn. 35.

[108] → Rn. 29; aA DKMH/*Dreyer* UrhG § 52 Rn. 11 f., 57, die auch unter Abs. 1 S. 1 nur Einzelveranstaltungen als privilegiert ansieht.

[109] DKMH/*Dreyer* UrhG § 52 Rn. 38; → Rn. 39.

[110] So aber Dreier/Schulze/*Dreier* § 52 Rn. 4; DKMH/*Dreyer* UrhG § 52 Rn. 11.

[111] Bericht des Rechtsausschusses, BT-Drs. 10/3360, 18.

[112] AmtlBegr. BT-Drs. IV/270, 69.

[113] *Rojahn* FS Klaka, 1987, 146 (155).

[114] *Schulz* Musicae Sacrae Ministerium 16 (1979), 3 (7) mwN.

[115] Vgl. BGHZ 17, 376 (378) – Betriebsfeiern; BGH GRUR 1956, 515 (518) – Tanzkurse; → § 15 Rn. 33 ff.

[116] AmtlBegr. BT-Drs. 10/837, 15 f.: Es gebe „nur Beteiligte und kein Auditorium"; DKMH/*Dreyer* UrhG § 52 Rn. 28; Fromm/Nordemann/*Dustmann* UrhG § 52 Rn. 17; *Overath* FS Kreile, 1994, 483 (488); *Rojahn* FS Klaka, 1987, 146 (157 ff.); *Rehbinder/Peukert* Rn. 560; *Schack* UrheberR Rn. 445; ebenso unter Berufung auf eine Eigengesetzlichkeit kultischer Musik *Schulz* in Overath (Hrsg.), Kult und Urheberrecht (1980), S. 21, 34 f.; kritisch dagegen *Hoeren* FS Sandrock, 2000, 357 (364); offen gelassen von Dreier/Schulze/*Dreier* § 52 Rn. 10; Wandtke/Bullinger/*Lüft* UrhG § 52 Rn. 18; ausf. zum Streitstand Schricker/Loewenheim/*Melichar* (5. Aufl.) UrhG § 52 Rn. 40 ff.; auch → § 19 Rn. 19.

[117] Schricker/Loewenheim/*Melichar* (5. Aufl.) UrhG § 52 Rn. 42; DKMH/*Dreyer* UrhG § 52 Rn. 28; *Hubmann* ZUM 1988, 4 (11); *Günther* AfP 1986, 22; *Rojahn* FS Klaka, 1987, 146 (159); aA insoweit Fromm/Nordemann/*Dustmann* UrhG § 52 Rn. 17.

[118] So ausdrücklich DKMH/*Dreyer* UrhG § 52 Rn. 28.

bekannten Karnevalsschlager „zum Mitsingen" spielt.[119] Andererseits dürfte aber auch die Vorstellung, dass sich „jedes Gemeindemitglied für sich im Rahmen der kultischen Handlung unmittelbar an Gott" wende und das gemeinsame Singen daher „jeglicher Zielrichtung gegenüber Dritten" entbehre,[120] in dieser Allgemeinheit nicht (mehr) zutreffen. Dass der Gemeindegesang nach dem Selbstverständnis der Kirchen integrierender Bestandteil der Liturgie ist, ändert nichts daran, dass es sich bei Gottesdiensten um **öffentlich zugängliche Veranstaltungen** handelt, die bewusst auch der Erbauung eventueller Zuhörer dienen können[121] – wie sich schon daran zeigt, dass Gottesdienste insbes. zu besonderen Anlässen regelmäßig im Rundfunk übertragen werden.[122] Zudem hat die hM nur die Situation in der evangelischen und katholischen Kirche im Blick. Auch hier werden aber zunehmend Elemente in den Gottesdienst integriert, die unzweifelhaft den **Charakter einer Aufführung** haben und damit nach Abs. 2 S. 2 vergütungspflichtig sind; das gilt namentlich auch für das nicht durch gemeinsamen Gesang begleitete Orgelspiel zum Beginn und zum Ende des Gottesdienstes. Um die kaum trennscharf mögliche Abgrenzung dieser Elemente vom Gemeindegesang zu vermeiden und die vom BVerfG geforderte angemessene Vergütung des Komponisten religiöser Musik durch die Kirchen[123] sicherzustellen, sollte auch das gemeinsame Singen und Musizieren bei kirchlichen Veranstaltungen als öffentliche Wiedergabe gewertet werden.

4. Vergütungspflicht

26   In den Fällen von Abs. 1 S. 1 und Abs. 2 ist für die öffentliche Wiedergabe gemäß Abs. 1 S. 2 bzw. Abs. 2 S. 2 eine **angemessene Vergütung** zu zahlen. Vergütungsschuldner ist in beiden Fällen der **Veranstalter**.[124] Das gilt auch, wenn die Veranstaltung dem Erwerbszweck eines Dritten dient; Abs. 1 S. 4, wonach der Dritte die Vergütung schuldet, betrifft nur den Fall, dass der Veranstalter selbst nach Abs. 1 S. 3 von der Vergütungspflicht befreit ist.[125] Da das Recht der öffentlichen Wiedergabe in aller Regel von Verwertungsgesellschaften wahrgenommen wird, ergibt sich die **Höhe der angemessenen Vergütung** aus den Tarifen der Verwertungsgesellschaften (vgl. § 38 VGG). Für die öffentliche Wiedergabe von Musik bestimmt sich die Vergütung nach den Tarifen der GEMA, die um die Zuschläge für die übrigen beteiligten Verwertungsgesellschaften erhöht werden. Im Ergebnis kommt es dadurch weitgehend zu einem Gleichlauf der Lizenzierung öffentlicher Wiedergaben mit Erwerbszweck und der gesetzlichen Vergütung nach Abs. 1 S. 2.[126]

III. Vergütungsfreie öffentliche Wiedergabe (Abs. 1 S. 3)

27   Von der Vergütungspflicht nach Abs. 1 S. 2 sind gemäß S. 3 bestimmte Veranstaltungen befreit, die „einen ausschließlich sozialen Bezug haben".[127] In diesen Fällen ist die öffentliche Wiedergabe – bei Vorliegen der übrigen Voraussetzungen – **zustimmungs- und vergütungsfrei** zulässig.

1. Privilegierte Einrichtungen

28   Von S. 3 werden nur Veranstaltungen folgender – abschließend aufgezählter – **Einrichtungen** erfasst:
–   Veranstaltungen der **Jugendhilfe**. Begriff und Umfang der Jugendhilfe ergeben sich aus §§ 8, 27 SGB I iVm § 2 SGB VIII. Privilegiert sind nur Veranstaltungen, die von Trägern der Jugendhilfe iSv § 27 Abs. 2 SGB I iVm §§ 69, 75 SGB VIII, dh von Jugendämtern, Landesjugendämtern und ggf. Trägern der freien Jugendhilfe, durchgeführt werden.[128]
–   Veranstaltungen der **Sozialhilfe**. Der Begriff der Sozialhilfe ergibt sich aus §§ 9, 28 SGB I iVm §§ 1 ff. SGB XII. Auch hier sind nur Veranstaltungen der in § 28 Abs. 2 SGB I iVm § 3 SGB XII aufgezählten Träger der Sozialhilfe und der freien Wohlfahrtspflege (§ 5 SGB XII) privilegiert.
–   Veranstaltungen der **Altenpflege**. Veranstaltungen der Altenhilfe sind bereits als **Teil der Sozialhilfe** gem. §§ 8 Nr. 7, 71 SGB XII (vgl. insbes. § 71 Abs. 2 Nr. 5) von der Privilegierung erfasst. Gleiches gilt für die stationäre **Pflege** pflegebedürftiger Personen iSv §§ 63 Abs. 1 Nr. 5, 65 SGB XII. Angesichts der gebotenen engen Auslegung kann daraus aber nicht gefolgert werden, dass mit der gesonderten Nennung der Altenpflege darüber hinaus „alles, was unmittelbar und aus-

---

[119] So aber Fromm/Nordemann/*W. Nordemann* (10. Aufl.) UrhG § 52 Rn. 25.
[120] So *Rojahn* FS Klaka, 1987, 146 (158); ähnlich DKMH/*Dreyer* UrhG § 52 Rn. 28: jeder singe „zum Zwecke einer Kulthandlung nur für sich".
[121] Vgl. *Völtz* UFITA 2011, 685 (688), der eine öffentliche Wiedergabe stattdessen im Hinblick auf den fehlenden „Verwertungscharakter" ablehnt (700).
[122] Die Funksendung als solche ist gemäß Abs. 3 nicht von der Privilegierung erfasst.
[123] BVerfGE 49, 382 (397) – Kirchenmusik.
[124] → Rn. 15.
[125] Dreier/Schulze/*Dreier* § 52 Rn. 16; → Rn. 36.
[126] Fromm/Nordemann/*Dustmann* UrhG § 52 Rn. 21.
[127] AmtlBegr. BT-Drs. 10/837, 14.
[128] Vgl. VGH München ZUM-RD 1998, 181 (184), wonach das Internat der Regensburger Domspatzen keine Einrichtung der Jugendhilfe ist.

schließlich den Bedürfnissen alter Menschen zu dienen bestimmt ist", privilegiert wäre.[129] In der Gesetzesbegründung wird zur Rechtfertigung der Privilegierung ausdrücklich auf die soziale Bedürftigkeit der begünstigten Personenkreise und die gemeinnützige Tätigkeit der Veranstalter abgestellt.[130] Dabei hatte der Gesetzgeber vor allem „Altenheime und ähnliche Heime" vor Augen.[131]
– Veranstaltungen der **Wohlfahrtspflege**. Durch die gesonderte Aufzählung der Wohlfahrtspflege wollte der Gesetzgeber offensichtlich sicherstellen, dass auch Veranstaltungen der **freien Wohlfahrtspflege** privilegiert sind. Gem. § 5 SGB XII fallen hierunter Kirchen und Religionsgemeinschaften des öffentlichen Rechts sowie die Verbände der freien Wohlfahrtspflege.[132] Von sonstigen Veranstaltern ausgerichtete sog. Wohltätigkeitsveranstaltungen werden nicht erfasst, selbst wenn diese nach § 51 AO gemeinnützig sind.[133] Auch Veranstaltungen von **Krankenhäusern** können grundsätzlich nicht unter die Ausnahmetatbestände des S. 3 subsumiert werden, da das Krankenpflegewesen in der abschließenden Aufzählung unter S. 3 fehlt und insbesondere keine Wohlfahrtspflege darstellt.[134]
– Veranstaltungen der **Gefangenenbetreuung**.

2. Begriff der Veranstaltung

Privilegiert nach Abs. 1 S. 3 ist nur die öffentliche Wiedergabe im Rahmen von **Veranstaltungen**. **29** Anders als im Rahmen von Abs. 1 S. 1[135] ist der Begriff hier in einem einschränkenden Sinne zu verstehen und erfasst nach heute allgM nur zeitlich begrenzte Einzelereignisse, die aus bestimmtem Anlass stattfinden.[136] Diese Eingrenzung der Privilegierung auf Einzelveranstaltungen ist vor allem im Hinblick auf die engen Vorgaben des Konventions- und Unionsrechts geboten.[137] Insbesondere die **dauerhafte Wiedergabe von Rundfunk- und Fernsehsendungen** in Gemeinschafts- und Aufenthaltsräumen der privilegierten Einrichtungen wird von Abs. 1 S. 3 nicht erfasst.[138] Schon die Rechtsprechung zu § 52 aF hatte darauf hingewiesen, dass die tägliche öffentliche Wiedergabe eine „intensive Dauernutzung" ist, die ein Sonderopfer allein der Urheber nicht mehr rechtfertige.[139] Durch die strikte Beschränkung der Vergütungsfreiheit auf Einzelveranstaltungen bleiben den Urhebern wenigstens die Einnahmen für die „Dauerberieselung" durch die Wiedergabe von Bild- oder Tonträgern und Funksendungen erhalten.

3. Voraussetzungen des Abs. 1 S. 1

Nach der Gesetzessystematik befreit Abs. 1 S. 3 lediglich bestimmte nach Abs. 1 S. 1 privilegierte **30** öffentliche Wiedergaben von der Vergütungspflicht nach S. 2, enthält aber keinen eigenständigen Schrankentatbestand. Die Vergütungsfreiheit setzt danach voraus, dass die Veranstaltung **sämtliche Voraussetzungen von S. 1** erfüllt.[140] Die Veranstaltung muss für die Teilnehmer also unentgeltlich sein, und die ausübenden Künstler dürfen keine besondere Vergütung erhalten.[141]

Umstritten ist, inwieweit dies auch in Bezug auf das Tatbestandsmerkmal des **fehlenden Erwerbs-** **31** **zweckes** gilt.[142] Im Hinblick auf die insoweit extensive Rechtsprechung, die auch bei staatlichen Einrichtungen trotz Fehlens einer erwerbswirtschaftlichen Tätigkeit den Erwerbszweck bejaht hatte,[143] hebt der Bericht des Rechtsausschusses zur Novelle 1985 hervor, dass für Veranstaltungen nach S. 3

[129] So aber Fromm/Nordemann/*Dustmann* UrhG § 52 Rn. 24; zust. Wandtke/Bullinger/*Lüft* UrhG § 52 Rn. 12; ablehnend im Hinblick auf die ungerechtfertigte Besserstellung gegenüber jungen Menschen auch DKMH/*Dreyer* UrhG § 52 Rn. 47.
[130] AmtlBegr. BT-Drs. 10/837, 14.
[131] Vgl. Bericht des Rechtsausschusses, BT-Drs. 10/3360, 19.
[132] OLG Köln OLGR 1992, 160; Fromm/Nordemann/*Dustmann* UrhG § 52 Rn. 24 (aA noch Fromm/*Nordemann*[10] UrhG § 52 Rn. 18, wonach auch „private oder gemeinnützige" Veranstalter privilegiert sein könnten; kritisch zu den Strukturen der Wohlfahrtspflege („Wohlfahrtskartell") XII. Hauptgutachten der Monopolkommission, BT-Drs. 13/11291, 33 f.
[133] Dreier/Schulze/*Dreier* § 52 Rn. 12; vgl. die bei *Kröber* S. 124 ff., zitierte Judikatur, wonach Veranstaltungen zugunsten „Aktion Sorgenkind" und „Kinder tanzen für UNESCO" nicht vergütungsfrei sind.
[134] OLG Köln OLGR 1992, 160; LG Köln ZUM 1992, 51; LG Berlin 19.1.1988 – 16 O 566/87 (nicht veröffentlicht).
[135] → Rn. 22.
[136] BGH GRUR 1992, 386 – Altenwohnheim II (bestätigt durch BVerfG NJW 1996, 2022); BGHZ 123, 149 (156) = GRUR 1994, 45 (47) – Verteileranlagen; BGH GRUR 1994, 797 – Verteileranlage im Krankenhaus; Fromm/Nordemann/*Dustmann* UrhG § 52 Rn. 23; Dreier/Schulze/*Dreier* § 52 Rn. 13; Wandtke/Bullinger/*Lüft* UrhG § 52 Rn. 11; BeckOK UrhR/*Schulz* UrhG § 52 Rn. 12; Loewenheim/*Götting* UrhG § 31 Rn. 224; *Rehbinder*/*Peukert* Rn. 558; ebenso bereits *Seifert* FS Reichardt, 1990, 225 (241 f.); *Seifert* ZUM 1991, 306 (307); *Scheuermann* ZUM 1990, 71 ff.
[137] → Rn. 9.
[138] Zur Weiterleitung von Funksendungen in die einzelnen Zimmer der Einrichtung → Rn. 38.
[139] BGH GRUR 1984, 734 (736) – Vollzugsanstalten.
[140] *Seifert* FS Reichardt, 1990, 225 (235 f.); Dreier/Schulze/*Dreier* § 52 Rn. 15; Fromm/Nordemann/*Dustmann* UrhG § 52 Rn. 22.
[141] → Rn. 16 ff.
[142] Hierzu → Rn. 12 ff.
[143] Vgl. insbes. BGH GRUR 1983, 562 (564) – Zoll- und Finanzschulen; → Rn. 12 f.

„der Begriff Erwerbszweck nicht mehr im Sinne der bisherigen Rechtsprechung zu verstehen" sei, da die betroffenen Werkwiedergaben andernfalls erlaubnispflichtig wären und die Vorschrift über die Vergütungsfreiheit in S. 3 damit „leerlaufen" würde.[144] Daraus wird teilweise gefolgert, dass im Rahmen von S. 3 die Voraussetzung des fehlenden Erwerbszweckes weiter zu interpretieren sei und nur ein „besonderer" Erwerbszweck „im engeren Sinne" die Privilegierung ausschließe.[145] Allerdings kann die vorrangig am objektiven Sinn und Zweck des Gesetzes zu orientierende Auslegung nicht durch Motive gebunden werden, die im Gesetzeswortlaut keinen Ausdruck gefunden haben.[146] Jedenfalls ein **völliger Fortfall** des Tatbestandsmerkmals „fehlender Erwerbszweck" für die in Abs. 1 S. 3 privilegierten Veranstaltungen ist nach der Gesetzessystematik daher ausgeschlossen.[147] Wenn man für einen „besonderen" Erwerbszweck des Veranstalters ausreichen lässt, dass die Veranstaltung mittelbar oder unmittelbar die betrieblichen Interessen des Veranstalters fördert,[148] ergeben sich zudem keine wesentlichen Unterschiede zur Auslegung nach Abs. 1 S. 1. Denn auch dort reicht die Führung der Einrichtung nach wirtschaftlichen Grundsätzen als solches nicht aus, um einen Erwerbszweck zu begründen, sondern ist im Einzelfall stets zu prüfen, ob die öffentliche Wiedergabe wenigstens **mittelbar der Förderung der betrieblichen Interessen des Veranstalters dient.**[149] Es ist daher kein Grund ersichtlich, im Rahmen von S. 3 von dieser (engen) Auslegung abzuweichen.[150] Wenn mit der Veranstaltung betriebliche Interessen des Veranstalters gefördert werden, können sich also auch Altenheime oder ähnliche Einrichtungen nicht auf die Privilegierung (und erst recht nicht auf die Vergütungsfreiheit) berufen, zumal es dann regelmäßig an der erforderlichen sozialen oder erzieherischen Zweckbestimmung[151] fehlen wird.

4. Zusätzliche Voraussetzungen

32   Um die Vergütungpflicht auszuschließen, müssen Veranstaltungen der oben genannten Einrichtungen gemäß Abs. 1 S. 3 Hs. 2 darüber hinaus die folgenden Voraussetzungen erfüllen:

33   **a)** Die Veranstaltung darf nur einem **bestimmt abgegrenzten Kreis von Personen zugänglich** sein. Diese erst auf Empfehlung des Rechtsausschusses in das Gesetz aufgenommene Ergänzung soll sicherstellen, dass der mit Abs. 1 S. 3 verbundene Eingriff in den Schutzbereich der Eigentumsgarantie nicht unverhältnismäßig ausgeweitet wird.[152] Danach ist der Begriff des bestimmt abgegrenzten Personenkreises „für die verschiedenen Einrichtungen unterschiedlich und zwar jeweils im Lichte des Zwecks dieser Einrichtungen zu interpretieren"; als Beispiele werden **Altenheime** und ähnliche **Heime** sowie **Vollzugsanstalten** genannt und als bestimmt abgegrenzter Personenkreis deren Bewohner und Insassen „sowie etwaige einzelne Besucher" angeführt, „größere Besuchergruppen" jedoch ausdrücklich ausgeschlossen.[153] Es sind dies gewissermaßen die kleinsten Fälle, in denen gerade noch die Öffentlichkeit zu bejahen ist; solche Veranstaltungen kommen „durch ihre Abgegrenztheit in die Nähe einer nicht öffentlichen Wiedergabe".[154] Die Veranstaltungen müssen grundsätzlich beschränkt sein auf Teilnehmer, die Adressaten der veranstaltenden Einrichtung sind, also Insassen der Vollzugsanstalt, Bewohner des Altenheims oder Patienten der Pflegeeinrichtung. Das Hinzutreten weiterer Teilnahmeberechtigter schadet aber nicht, sofern diese in persönlichen Beziehungen zu den eigentlichen Adressaten der jeweiligen Sozialeinrichtung stehen.[155] Keinesfalls darf die Zielgruppe aber so ausgerichtet sein, dass dadurch der **interne Charakter** der Veranstaltung entfällt. Dies gilt zB für sog. Seniorentanzveranstaltungen („Bunter Abend"), an denen alle Einwohner ab einem bestimmten Alter teilnehmen können, oder für Jugendzentren, Jugenddiscos etc, zu denen Jugendliche bis zu einem bestimmten Alter Zutritt haben oÄ.[156] Auch aus der Teilnahme von Personen des öffentlichen Lebens, Vertretern anderer ähnlicher Einrichtungen uÄ bei Veranstaltungen ergibt sich, dass

---

[144] Bericht des Rechtsausschusses, BT-Drs. 10/3360, 19.
[145] So Schricker/Loewenheim/*Melichar* (5. Aufl.) UrhG § 52 Rn. 28; Wandtke/Bullinger/*Lüft* UrhG § 52 Rn. 10; *Bender* RdJB 1985, 486 (491 f.).
[146] BGHZ 195, 257 = GRUR 2012, 1026 Rn. 30 – Alles kann besser werden.
[147] BVerfGE 79, 29 = GRUR 1989, 193 (195) – Vollzugsanstalten.
[148] So → 5. Aufl. 2017, Rn. 28.
[149] → Rn. 12; aA *Marly* NJW 1994, 2004 (2006), wonach für Wohlfahrtsverbände die Privilegierung entfällt, wenn diese – ohne Gewinnerzielungsabsicht – ihren Betrieb nach wirtschaftlichen Gesichtspunkten führen.
[150] So iE auch *Seifert* FS Reichardt, 1990, 225 (237 f.). Auch nach Auffassung des BGH (BGHZ 116, 305 = GRUR 1992, 386 (388) – Altenwohnheim II) hat der Rechtsausschuss lediglich betonen wollen, dass „die Vergütungsfreiheit nach wie vor das Fehlen eines Erwerbszwecks des Veranstalters voraussetzt".
[151] → Rn. 35.
[152] Vgl. Bericht des Rechtsausschusses, BT-Drs. 10/3360, 18 f.
[153] Bericht des Rechtsausschusses, BT-Drs. 10/3360, 19.
[154] *Bender* RdJB 1985, 486 (494).
[155] Fromm/Nordemann/*Dustmann* UrhG § 52 Rn. 26.
[156] LG Frankfurt a. M. Schulze LGZ 205, 5, für Jugendzentren, die allen Jugendlichen offen stehen; LG München I ZUM-RD 1997, 146 (147) – Musiknutzung in Alten- und Servicezentren, für Begegnungsräume der „offenen Altenhilfe"; *Funke* GRUR 1996, 390, für Veranstaltungen der „offenen Kinder- und Jugendarbeit"; Fromm/Nordemann/*Dustmann* UrhG § 52 Rn. 26; Wandtke/Bullinger/*Lüft* UrhG § 52 Rn. 13; aA zu Sommerfesten in Altenheimen uä BeckOK UrhR/*Schulz* UrhG § 52 Rn. 17; Dreier/Schulze/*Dreier* § 52 Rn. 14: altenpflegerischer Zweck nicht von vornherein auszuschließen.

diese nicht mehr für einen abgegrenzten Personenkreis bestimmt sind.[157] Bei der Beurteilung kommt es nicht auf die tatsächliche Nutzung der Veranstaltung, sondern nur auf die Besuchs**möglichkeit** an.[158]

Für das Tatbestandsmerkmal des bestimmt abgegrenzten Personenkreises kann es nicht genügen, **34** dass die Veranstaltung nur für einen solchen engen Kreis **beabsichtigt** ist, auch eine „faktische Eingrenzung" des Personenkreises ist nötig.[159] Es muss durch die Organisation auch sichergestellt sein, dass tatsächlich nur ein bestimmt abgegrenzter Personenkreis nach obiger Definition teilnehmen kann.[160] Die Ausgabe von Freikarten genügt hierfür grundsätzlich nicht. Der Veranstalter ist vielmehr gehalten – will er die Privilegierung von S. 3 in Anspruch nehmen – für eine Kontrolle zu sorgen, dass tatsächlich nur der bestimmt abgegrenzte Personenkreis zu der Veranstaltung Einlass findet.

b) Schließlich muss die privilegierte Veranstaltung **sozialer oder erzieherischer Zweckbestim-** **35** **mung** dienen. Es handelt sich hierbei um eine selbständig zu prüfende Voraussetzung,[161] auch wenn sie nach dem Wortlaut des Gesetzes mit dem bestimmt abgegrenzten Personenkreis verbunden ist. Der Gesetzgeber selbst ging davon aus, „dass nur solche Veranstaltungen vergütungsfrei sein sollen, die der Erfüllung der sozialen Aufgaben des Veranstalters dienen".[162] Nur bei einer solchen sozialen oder erzieherischen Zweckbestimmung einer Veranstaltung kann überhaupt der besondere soziale Bezug, den das Bundesverfassungsgericht für eine Vergütungsfreiheit fordert, vorliegen. Hieraus folgt, dass die Veranstaltung ausschließlich den privilegierten Zwecken dienen muss.[163]

5. Vergütungspflicht bei Erwerbszweck eines Dritten (Abs. 1 S. 4)

Dient die Veranstaltung dem **Erwerbszweck eines Dritten,** so hat dieser Dritte eine Vergütung **36** zu bezahlen (Abs. 1 S. 4). Wie schon nach Abs. 1 Nr. 1 in der bis 1985 geltenden Fassung ist die Verpflichtung des Dritten **keine Haftung,** der Dritte schuldet vielmehr eine Vergütung nur, wenn der Veranstalter selbst von der Vergütungspflicht freigestellt ist.[164] Die Prüfung, ob ein Dritter vergütungspflichtig ist, ist also nur geboten, wenn die Voraussetzungen von S. 3 vorliegen. Typisches Beispiel für die Entstehung der Zahlungsverpflichtung eines Dritten sind an sich zustimmungs- und vergütungsfreie Veranstaltungen in Gaststätten, die dem Erwerbszweck des Gastwirtes dienen.[165] Ebenso dienen Veranstaltungen in Jugendzentren, in denen die Bewirtschaftung von einem Pächter betrieben wird, dem Erwerbszweck des Letzteren, so dass dieser für die Veranstaltung nach S. 4 eine Vergütung zu bezahlen hat.

IV. Vorbehaltene Rechte (Abs. 3)

In Abs. 3 wird die Wiedergabefreiheit eingeschränkt durch **Verbotsvorbehalte** für bühnenmäßige **37** Aufführungen, öffentliche Zugänglichmachungen, Funksendungen und öffentliche Vorführungen eines Filmwerkes.[166] Die Ausnahme beruht auf dem Gedanken, dass diese vorbehaltenen Nutzungen „einen so großen Aufwand erfordern, dass es den Veranstaltern zugemutet werden kann, auch die Vergütung für die Urheber zu zahlen".[167] Richtig hätte es lauten müssen, dass den Veranstaltern dann auch zuzumuten ist, die (vorherige) Einwilligung einzuholen.[168]

Als **öffentliche Zugänglichmachung** (§ 19a) von der Privilegierung ausgeschlossen ist insbeson- **38** dere das Bereitstellen von Werken über das Internet. Der Ausschluss von **Funksendungen** gilt für alle Sendungen iSv § 20.[169] Daher fällt die Weiterübertragung von Sendungen durch **Verteileranlagen,** zB in die Patientenzimmer eines Krankenhauses oder Pflegeheims, auch deshalb nicht unter § 52, weil es sich hierbei um eine Sendung handelt.[170]

Der Verbotsvorbehalt betrifft dabei nur das Recht der öffentlichen Zugänglichmachung (§ 19a) **39** bzw. das Senderecht (§ 20) selbst, nicht aber das **Recht zur Wahrnehmbarmachung** von Funksendungen und von online zugänglich gemachten Werken iSv § 22; letztere bleibt unter den Vorausset-

---

[157] Ebenso *Bender* RdJB 1986, 172.
[158] LG Frankfurt a. M. Schulze LGZ 205, 5.
[159] OLG Frankfurt a. M. ZUM 1990, 408.
[160] Ebenso Wandtke/Bullinger/*Lüft* UrhG § 52 Rn. 13.
[161] BVerfGE 79, 29 = GRUR 1989, 193 (195) – Vollzugsanstalten; DKMH/*Dreyer* UrhG § 52 Rn. 53.
[162] AmtlBegr. BT-Drs. 10/837, 15.
[163] Wandtke/Bullinger/*Lüft* UrhG § 52 Rn. 14; aA DKMH/*Dreyer* UrhG § 52 Rn. 53: eine vorwiegende Zweckbestimmung genüge.
[164] Vgl. AmtlBegr. BT-Drs. IV/270, 70; → Rn. 26.
[165] AmtlBegr. BT-Drs. IV/270, 70; vgl. hierzu BGHZ 17, 376 – Betriebsfeiern; BGHZ 19, 227 – Kirmes; KG Schulze KGZ 23, 1 (6).
[166] → Rn. 22.
[167] AmtlBegr. BT-Drs. IV/270, 70.
[168] Dreier/Schulze/*Dreier* § 52 Rn. 17.
[169] Dazu → § 20 Rn. 8 ff.
[170] BGHZ 123, 149 = GRUR 1994, 45 (47) – Verteileranlagen; BGH GRUR 1994, 797 (798) – Verteileranlage im Krankenhaus. Darüber hinaus schließt in diesem Fall auch der Erwerbszweck eine Privilegierung aus, → Rn. 14; vgl. insoweit BGH GRUR 2018, 608 Rn. 20 ff., 40 f. – Krankenhausradio.

zungen von Abs. 1 und 2 privilegiert. In gleicher Weise ist auch das Filmvorführungsrecht gem. § 19 Abs. 4 S. 1 vom Recht, Funksendungen von Filmwerken öffentlich wahrnehmbar zu machen, zu unterscheiden (§ 19 Abs. 4 S. 2). Während also eine Filmvorführung, gleich mittels welcher Technik, dem Verbot nach Abs. 3 unterliegt, können Fernsehsendungen von Filmwerken im Rahmen von Abs. 1 und 2 öffentlich wiedergegeben werden.[171]

V. Urheberpersönlichkeitsrecht

40   Die Einschränkungen von § 52 lassen das **Urheberpersönlichkeitsrecht** unangetastet. So ist vor allem das **Änderungsverbot** gem. § 62 zu beachten. Insbesondere Entstellungen oder andere Beeinträchtigungen des Werkes iSv § 14 kann der Urheber auch bei Vorliegen der Voraussetzungen von § 52 verbieten. Das gilt auch dann, wenn die urheberpersönlichkeitsrechtlichen Interessen des Urhebers an seinem Werk – ohne inhaltliche Änderung des Werks – durch Form und Art der Werkwiedergabe und Werknutzung beeinträchtigt werden.[172] Für das Gebot der **Quellenangabe** gilt § 63 Abs. 2. Soweit es sich um die Wiedergabe von Funksendungen handelt, kann davon ausgegangen werden, dass durch die Sendung selbst dieser Verpflichtung Rechnung getragen wird; im Übrigen ist zu verlangen, dass die Autoren gesondert bekannt gegeben werden.

§ 52a Öffentliche Zugänglichmachung für Unterricht und Forschung *(weggefallen)*[1]

§ 52b Wiedergabe von Werken an elektronischen Leseplätzen in öffentlichen Bibliotheken, Museen und Archiven *(weggefallen)*[1*]

§ 53 Vervielfältigungen zum privaten und sonstigen eigenen Gebrauch

(1) [1]Zulässig sind einzelne Vervielfältigungen eines Werkes durch eine natürliche Person zum privaten Gebrauch auf beliebigen Trägern, sofern sie weder unmittelbar noch mittelbar Erwerbszwecken dienen, soweit nicht zur Vervielfältigung eine offensichtlich rechtswidrig hergestellte oder öffentlich zugänglich gemachte Vorlage verwendet wird. [2]Der zur Vervielfältigung Befugte darf die Vervielfältigungsstücke auch durch einen anderen herstellen lassen, sofern dies unentgeltlich geschieht oder es sich um Vervielfältigungen auf Papier oder einem ähnlichen Träger mittels beliebiger photomechanischer Verfahren oder anderer Verfahren mit ähnlicher Wirkung handelt.

(2) [1]Zulässig ist, einzelne Vervielfältigungsstücke eines Werkes herzustellen oder herstellen zu lassen

1. *(weggefallen)*
2. zur Aufnahme in ein eigenes Archiv, wenn und soweit die Vervielfältigung zu diesem Zweck geboten ist und als Vorlage für die Vervielfältigung ein eigenes Werkstück benutzt wird,
3. zur eigenen Unterrichtung über Tagesfragen, wenn es sich um ein durch Funk gesendetes Werk handelt,
4. zum sonstigen eigenen Gebrauch,
   a) wenn es sich um kleine Teile eines erschienenen Werkes oder um einzelne Beiträge handelt, die in Zeitungen oder Zeitschriften erschienen sind,
   b) wenn es sich um ein seit mindestens zwei Jahren vergriffenes Werk handelt.

[2]Dies gilt nur, wenn zusätzlich

1. die Vervielfältigung auf Papier oder einem ähnlichen Träger mittels beliebiger photomechanischer Verfahren oder anderer Verfahren mit ähnlicher Wirkung vorgenommen wird oder
2. eine ausschließlich analoge Nutzung stattfindet.

(3) *(weggefallen)*

(4) Die Vervielfältigung

a) graphischer Aufzeichnungen von Werken der Musik,
b) eines Buches oder einer Zeitschrift, wenn es sich um eine im Wesentlichen vollständige Vervielfältigung handelt,

ist, soweit sie nicht durch Abschreiben vorgenommen wird, stets nur mit Einwilligung des Berechtigten zulässig oder unter den Voraussetzungen des Absatzes 2 Satz 1 Nr. 2 oder zum eigenen Gebrauch, wenn es sich um ein seit mindestens zwei Jahren vergriffenes Werk handelt.

---

[171] Ebenso Wandtke/Bullinger/*Lüft* UrhG § 52 Rn. 4; Dreier/Schulze/*Dreier* § 52 Rn. 19; irreführend *v. Gamm* § 52 Rn. 3, wonach Filmwerke für die Anwendung des § 52 stets ausscheiden.
[172] BGH GRUR-RR 2018, 61 Rn. 11, 14 – Die Höhner, zur Wiedergabe auf einer Wahlkampfveranstaltung.
[1] § 52a aufgeh. mWv 1.3.2018 durch G v. 1.9.2017 (BGBl. I S. 3346).
[1*] § 52b aufgeh. mWv 1.3.2018 durch G v. 1.9.2017 (BGBl. I S. 3346).

(5) **Die Absätze 1 und 2 Satz 1 Nr. 2 bis 4 finden keine Anwendung auf Datenbankwerke, deren Elemente einzeln mit Hilfe elektronischer Mittel zugänglich sind.**

(6) [1]**Die Vervielfältigungsstücke dürfen weder verbreitet noch zu öffentlichen Wiedergaben benutzt werden.** [2]**Zulässig ist jedoch, rechtmäßig hergestellte Vervielfältigungsstücke von Zeitungen und vergriffenen Werken sowie solche Werkstücke zu verleihen, bei denen kleine beschädigte oder abhanden gekommene Teile durch Vervielfältigungsstücke ersetzt worden sind.**

(7) **Die Aufnahme öffentlicher Vorträge, Aufführungen oder Vorführungen eines Werkes auf Bild- oder Tonträger, die Ausführung von Plänen und Entwürfen zu Werken der bildenden Künste und der Nachbau eines Werkes der Baukunst sind stets nur mit Einwilligung des Berechtigten zulässig.**

Schrifttum: *Arlt,* Reichweite des Privatkopienprivilegs nach § 53 UrhG – zwei verbreitete Irrtümer, UFITA 2006, 645; *Baumgartner,* Privatvervielfältigung im privaten Umfeld, 2006; *Becker,* Onlinevideorecorder im deutschen Urheberrecht, AfP 2007, 5; *Becker,* Zur Berechnung der zulässigen Zahl digitaler Privatkopien, ZUM 2012, 643; *Bernhöft,* Die Die urheberrechtliche Zulässigkeit der digitalen Aufzeichnung einer Sendung, 2009; *Berger,* Die Neuregelung der Privatkopie in § 53 Abs. 1 UrhG im Spannungsverhältnis von geistigem Eigentum, technischen Schutzmaßnahmen und Informationsfreiheit, ZUM 2004, 257; *ders.,* Die Erstellung von Fotokopien für den Schulunterricht – urheberrechtliche, verfassungsrechtliche und europarechtliche Aspekte der geplanten Änderung des § 53 Abs. 3 Nr. 1 UrhG, ZUM 2006, 844; *Bergmann,* Die Zulassung der privaten Vervielfältigung durch § 53 UrhG – unvermeidbares Übel oder angemessener Interessenausgleich?, FS Ullmann (2006), S. 23; *Bornhauser,* Anwendungsbereich und Beschränkung des urheberrechtlichen Vervielfältigungsrechts im digitalen Kontext, 2010; *Braun,* Urheberrecht in der Informationsgesellschaft – der Referentenentwurf zum Zweiten Korb aus Sicht der Tonträgerwirtschaft, insbesondere im Hinblick auf die Privatkopie, ZUM 2005, 100; *v. Braunmühl,* Entwurf für den Zweiten Korb des neuen Urheberrechts bringt weitere Nachteile für Verbraucher; ZUM 2005, 109; *Busch,* Zur urheberrechtlichen Einordnung der Nutzung von Streamingangeboten, GRUR 2011;496; *Dreier,* „De fine": vom Ende des Definierens – Zur Abgrenzung von Münzkopierern, Personal Video Recordern und Serverdiensten, FS Ullmann (2006), S. 37; *ders.,* Padawan und die Folgen für die deutsche Kopiervergütung, ZUM 2011, 281; *ders.,* Privatkopie und kein Ende? ZUM 2013, 769; *Dresel,* Privatvervielfältigungen urheberrechtlich geschützter Werke, WRP 2011, 1289; *Engelhardt,* Die rechtliche Behandlung von Urheberrechtsverletzungen in P2P-Netzwerken nach US-amerikanischem und deutschem Recht, 2007; *Engels,* Die verfassungsrechtlichen Grundlagen der Privatkopie, 2006; *Euler,* Web-Harvesting vs. Urheberrecht, CR 2008, 64; *Fechner* (Hrsg.), Die Privatkopie – juristische, ökonomische und technische Betrachtungen, 2007; *Fangerow/Schwartz,* Kopieren an der Quelle? Über die Notwenigkeit ungeschriebener Merkmale in § 53 I 1 UrhG, GRUR 2011, 597; *Frank,* Urheberabgaben nach Padawan, CR 2011, 1; *Freiwald,* Die private Vervielfältigung im digitalen Kontext am Beispiel des Filesharing, 2004; *Gercke,* Zugangsprovider im Fadenkreuz der Urheberrechtsinhaber, – Eine Untersuchung der urheberrechtlichen Verantwortlichkeit von Downloadportalen und Zugangsprovidern für Musikdownloads, CR 2006, 210; *Grassmann,* Der elektronische Kopienversand im Rahmen der Schrankenregelungen, 2006; *Grassmuck,* Ein Plädoyer für durchsetzbare Schrankenbestimmungen für Privatkopie, Zitat und Filesharing, ZUM 2005, 104; *Guntrum,* Zur Zukunft der Privatkopie in der Informationsgesellschaft, 2007; *Gutman,* Abruf im Internet von unbekannten und öffentlich urheberrechtlich unrechtmäßigen Werken, MMR 2003, 706; *Haedicke,* Die urheberrechtliche Beurteilung von Online-Videorekordern, ZUM 2016, 594; *Häuser,* Pauschalvergütung und digitale Privatkopie, CR 2004, 829; *Henke,* E-Books im Urheberrecht, 2018; *Hildebrand,* Die Bedeutung der EuGH-Urteile „ACI Adam" und „GS Media" für die deutsche Privatkopieschranke, ZUM 2017, 16; *Hoffmann,* Die Auslegung des Begriffs der „offensichtlich rechtswidrig hergestellten Vorlage" in § 53 Abs. 1 UrhG, WRP 2006, 55; *F. Hofmann,* Grundsatz der Technikneutralität im Urheberrecht? ZGE 8 (2016), 482; *R. Hofmann,* Virtuelle Personal Video Recorder vor dem Aus? – Kritische Analyse der bisherigen Rechtsprechung zu virtuellen PVR, MMR 2006, 793; *ders.,* Anm. zu LG Leipzig vom 12. Mai 2006 – 05 O 4391/05; ZUM 2006, 786; *Hohagen,* Die Freiheit der Vervielfältigung zum eigenen Gebrauch, München 2004; *ders.,* Überlegungen zur Rechtsnatur der Kopiererfreiheit, FS Schricker (2005), S. 353; *Hucko,* Privatkopie auf Biegen und Brechen?, FS W. Nordemann (2004), S. 321; *Jani,* Was sind offensichtlich rechtswidrig hergestellte Vorlagen?, ZUM 2003, 842; *ders.,* Reformbedarf der privaten Vervielfältigung aus Sicht der Praxis, ZGE 7 (2015), 196; *Kamps/Koops,* Online-Videorekorder im Lichte des Urheberrechts, CR 2007, 581; *Kianfar,* die Weitersenderechte für den Betrieb des online-Videorecorders (OVR), GRUR-RR 2011, 393; *Klett,* Cloud und Privatkopie, ZUM 2014, 18; *Klickermann,* Urheberschutz bei zentralen Datenspeichern, MMR 2007, 7; *Koch,* Privatkopien von offensichtlich rechtswidrigen Vorlagen, IT-Rechtsberater 2004, 277; *Kreile/Becker,* Legitimation, Praxis und Zukunft der privaten Vervielfältigung, FS W. Nordemann (2004), S. 279; *Kress,* Die private Vervielfältigung im Urheberrecht, 2004; *Kronner,* Digitaler Werktransfer: Zum Interessengleichgewicht zwischen Verwertern, Nutzern und dem Gemeinwohl, 2008; *Krüger,* Die digitale Privatkopie im „zweiten Korb", GRUR 2004, 204; *Lauber/Schwipps,* Das Gesetz zur Regelung des Urheberrechts in der Informationsgesellschaft, GRUR 2004, 293; *Lauber-Rönsberg,* Urheberrecht und Privatgebrauch, 2011; *Leistner,* Die deutsche Privatkopieausnahme nach den ACI Adam- und Copydan Bandkopi-Urteilen des EuGH, GRUR-Int 2015, 681; *ders.,* Internet-Videorecorder und Cloud-Speicheranbieter: Warum eine Betreibervergütung die richtige Lösung für die Zukunft ist, CR 2018, 436; *Lenz/Würtenberger,* Digitale Privatkopie und Eigentumsschutz der Urhebers, NVwZ 2010, 168; *Liepe,* Die Vervielfältigung zum privaten Gebrauch im deutschen und US-amerikanischen Urheberrecht unter besonderer Berücksichtigung der privaten Vervielfältigung kopiergeschützter Audio-CDs, 2006; *Loewenheim,* Kopienversand und kein Ende, FS Tilmann (2003), S. 63; *ders.,* Die Benutzung urheberrechtlich geschützter Literatur im Sekundärliteratur für den Schulunterricht, ZUM 2004, 89; *ders.,* Die Privatkopie, in: *Fechner* (Hrsg.), Die Privatkopie – juristische, ökonomische und technische Betrachtungen, 2007; *Lüghausen,* Die Auslegung von § 53 Abs. 1 Satz 1 UrhG anhand des urheberrechtlichen Dreistufentests, 2008; *Marx,* Möglichkeiten zum Schutz von musikalischen und filmischen Werken vor privaten digitalen Raubkopien nach dem deutschen und US-amerikanischen Urheberrecht, 2005; *Mayer,* Die Privatkopie nach Umsetzung des Regierungsentwurfs zur Regelung des Urheberrechts in der Informationsgesellschaft, CR 2003, 274; *Melichar,* Private Vervielfältigung und Pauschalvergütungen im Referentenentwurf zum Zweiten Korb, ZUM 2005, 119; *Meschede,* Der Schutz digitaler Musik- und Filmwerke vor privater Vervielfältigung nach den zwei Gesetzen zur Regelung des Urheberrechts in der Informationsgesellschaft, 2007; *ders.,* Verbliebener Anwendungsbereich der Privatkopieschranke auf Urheberrechtswerke als Grundlage für pauschale Urheberabgaben, K&R 2008, 585; *H. Müller,* Die Privatkopie bei Portraitwerken der bildenden Kunst, GRUR 2012, 787; *St. Müller,* Cloud und Privatkopie, ZUM 2014, 11; *Müller/Rößner,* Anm. zu EuGH Rs. C-435/

12, – ACI Adam, EuZW 2014, 504; *Neurauter:* Internetfernsehen und Co. – das Urheberrecht unter dem Druck des Medienwandels, GRUR 2011, 691; *Niemann,* Urheberrechtsangaben und Verfassungsrecht, CR 2011, 69; *A. Nordemann,* To copy or not to copy – Soll es ein Recht auf Privatkopie geben?, FS Loewenheim (2009), S. 205; Digitale Privatkopie und andere Urheberrechtsschranken als Interessenausgleich im Urheberrecht, K&R 2005, 176; *Oechsler;* Das Vervielfältigungsrecht für Prüfungszwecke nach § 53 III Nr. 2 UrhG; GRUR 2006, 205; *Ohly,* Gutachten F zum 70. Deutschen Juristentag, Urheberrecht in der digitalen Welt – Brauchen wir neue Regelungen zum Urheberrecht und dessen Durchsetzung?, 2014; *Pech,* Werkgenuss und Werknutzung in der digitalen Welt – Diskussionsbericht zur gleichnamigen Arbeitssitzung des Instituts für Urheber- und Medienrecht, München, 12. Dezember 2014, ZUM 2015, 319; *Peifer,* Selbstbestimmung im digitalen Netz? – Privatkopie, Flatrate und Fair Use, ZUM 2014, 86; *Peukert,* Der Schutzbereich des Urheberrechts und das Werk als öffentliches Gut – Insbesondere: Die urheberrechtliche Relevanz des privaten Werkgenusses, in Hilty/Peukert (Hrsg.), Interessenausgleich im Urheberrecht, 2004, S. 11; *Pichlmair,* Abschied von der Privatkopie?, CR 2003, 910; *Poll,* „Korb 2": Was wird aus der Privatkopieregelung in §§ 53 ff. UrhG?, ZUM 2006, 96; *Poll/Braun,* Privatkopie ohne Ende oder Ende der Privatkopie? § 53 Abs. 1 UrhG im Lichte des „Dreistufentests", ZUM 2004, 266; *Prechtl,* Privatkopie und Pauschalvergütungssystem der §§ 53 Abs. 1, 54 ff. UrhG im Zeitalter der Digitalisierung – eine verfassungsrechtliche Untersuchung, 2006; *Rauer,* Abgabe für Privatkopie aus illegaler Quelle, GRUR-Prax 2014, 205; *Reinbacher,* Strafbarkeit der Privatkopie von offensichtlich rechtswidrig hergestellten oder öffentlich zugänglich gemachten Vorlagen, GRUR 2008, 394; *Reinbacher/Schreiber,* Abdingbarkeit der Privatkopieschranke und Auswirkungen auf die Strafbarkeit nach § 106 UrhG, UFITA 2012/III, 771; *Rigamonti,* Eigengebrauch oder Hehlerei? – Zum Herunterladen von Musik- und Filmdateien aus dem Internet, GRUR-Int 2004, 278; *Rott,* Die Privatkopie aus der Perspektive des Verbraucherrechts, in Hilty/Peukert (Hrsg.), Interessenausgleich im Urheberrecht, 2004, S. 267; *Sandberger,* Behindert das Urheberrecht den Zugang zu wissenschaftlichen Publikationen?, ZUM 2006, 818; *Schack,* Private Vervielfältigung von einer rechtswidrig hergestellten Vorlage?, FS Erdmann (2002), S. 165; *ders.,* Schutz digitaler Werke vor privater Vervielfältigung – zu den Auswirkungen der Digitalisierung auf § 53 UrhG, ZUM 2002, 497; *ders.,* Dürfen öffentliche Einrichtungen elektronische Archive anlegen? AfP 2003, 1; *Schaefer/Staats,* Jenseits der „Privatkopie" Die kollektive Lizenzierung von betriebsinternen digitalen Nutzungen, ZUM 2015, 533; *Schäfer,* Das Recht auf private Vervielfältigung auf Tonträgern – Modell einer rechtlichen Lösung und ihrer technischen Umsetzung, 2005; *Schenk,* Die digitale Privatkopie, 2006; *Senftleben,* Privates digitales Kopieren im Spiegel des Dreistufentests – genügt die deutsche Regelung zur Privatkopie den Vorgaben des internationalen Rechts?, CR 2003, 914; *Slopek/Steigüber,* Die digitale Kopie im Urheberrecht – Schnee von gestern oder offenes Problemfeld?, ZUM 2010, 288; *Spindler,* Die Archivierung elektronischer Pressespiegel, AfP 2006, 408; *Stickelbrock,* Die Zukunft der Privatkopie im digitalen Zeitalter, GRUR 2004, 736; *Stieper,* Das Herstellenlassen von Privatkopien durch einen anderen, ZUM 2004, 911; *ders.,* Rechtfertigung, Rechtsnatur und Disponibilität der Schranken des Urheberrechts, 2009; *ders.,* Big Brother is watching you – Zum ferngesteuerten Löschen urheberrechtswidrig vertriebener E-Books, AfP 2010, 217; *ders.,* Rezeptiver Werkgenuss als rechtmäßige Nutzung – Urheberrechtliche Bewertung des Streaming vor dem Hintergrund des EuGH-Urteils in Sachen FAPL/Murphy, MMR 2012, 12; *ders.,* Neuordnung der urheberrechtlichen Geräteabgabe durch den EuGH, GRUR 2013, 699; *ders.,* Das System der privaten Vervielfältigung: Interessenausgleich zwischen Urhebern und Nutzern, ZGE 7 (2015), 170; *ders.,* Urheberrechtlich wirksame Zweckbindung von Vervielfältigungsstücken? ZGE 9 (2017), 539; *ders.,* Urheberrecht in der Cloud – Handlungsoptionen zwischen Ausschließlichkeitsrecht und gesetzlicher Vergütung vor dem Hintergrund der europäischen Rechtsentwicklung, ZUM 2019, 1; *Ulbricht,* Tücken im Schutz für Kopierschutz – gibt es einen Wertungswiderspruch zwischen § 95a UrhG und dem materiellen Urheberrecht?, CR 2004, 674; *Ullmann,* EuGH v. 22.10.2010 – Rs C-467/08 Padawan/SGAE und kein Ende, CR 2012, 288; *Kristina Wagner,* Streaming aus Sicht des Endnutzers – noch Graubereich oder bereits tiefschwarz? GRUR 2016, 874; *Kristine Wagner,* Die Privatkopie als urheberrechtliche Schrankenregelung, 2011; *Wandtke,* Urheberrecht in der Reform oder wohin steuert das Urheberrecht? Widersprüche in den Reformen des Urheberrechts, MMR 2017, 367; *Wandtke/Grassmann,* Einige Aspekte zur gesetzlichen Regelung zum elektronischen Kopienversand im Rahmen des „Zweiten Korbs", ZUM 2006, 889; *Wenzl,* Musiktauschbörsen im Internet, 2005; *Wiebe,* Der „virtuelle Videorecorder" – Neue Dienste zwischen Privatkopie und öffentlicher Zugänglichmachung (§ 19a UrhG), CR 2007, 28; *Wiesemann,* Die urheberrechtliche Pauschal- und Individualvergütung für Privatkopien im Lichte technischer Schutzmaßnahmen unter besonderer Berücksichtigung der Verwertungsgesellschaften, 2007; *Zech,* vertragliche Dispositionen über Schranken des geistigen Eigentums, in Leible/Ohly/Zech (Hrsg.), Wissen – Märkte – Geistiges Eigentum (2010), S. 187; *v. Zimmermann,* Recording-Software für Internetradios, MMR 2007, 553.

Älteres Schrifttum: s. Voraufl.

Übersicht

A. Allgemeines

I. Zweck und Bedeutung der Vorschrift

Die Regelung des § 53 soll zusammen mit den Vorschriften der §§ 54–54h die Interessen der All- **1** gemeinheit an einer erlaubnisfreien Nutzung urheberrechtlich geschützter Werke mit den Interessen der Urheber in Einklang bringen. Wie die anderen Schranken in §§ 44a ff. ist auch § 53 Ausdruck der **Sozialbindung des geistigen Eigentums.**[1] Die Vorschrift trägt dem Umstand Rechnung, dass die ausschließlichen Verwertungsrechte in §§ 15 ff. anders als die gewerblichen Schutzrechte[2] auch im privaten Bereich gelten. Zwar gibt es keinen allgemeinen Grundsatz, dass das Urheberrecht vor der Privatsphäre stets Halt machen müsste.[3] Mit Recht ist der Gesetzgeber aber davon ausgegangen, dass kulturelle Schöpfung stets eines gegenseitigen Gebens und Nehmens bedarf und der Urheber daher auf die Annahme und Aufnahme seines Werkes durch seine Zeitgenossen angewiesen ist.[4] Auch der EuGH stellt im Zusammenhang mit der Privatkopieschranke in Art. 5 Abs. 2 lit. b InfoSoc-RL auf das Ziel der Richtlinie ab, die Verbreitung der Kultur zu fördern.[5] In einer Kommunikationsgesellschaft sind der Zugang zu Informationen und ihre Benutzung unerlässlich. Die dafür erforderlichen Vervielfältigungsvorgänge dürfen nicht von der Zustimmung des Urhebers abhängig sein. Gerade die elektronische Kommunikation kann ohne solche Vervielfältigungen nicht auskommen. Insoweit schützt § 53 das Interesse der Allgemeinheit an einem **unkomplizierten Zugang zu vorhandenen Kulturgütern.**[6] Dieses Interesse ist grundrechtlich geschützt durch die **Informationsfreiheit** gemäß Art. 5 Abs. 1 S. 1 GG und Art. 11 Abs. 1 S. 2 EGC.[7] Bei unveröffentlichten Werken kann auf die allgemeine Handlungsfreiheit gemäß Art. 2 Abs. 1 GG zurückgegriffen werden.[8]

Eine weitere Rechtfertigung findet die Zustimmungsfreiheit privater Vervielfältigungen in der Er- **2** wägung, dass ein Verbot **mangels Durchsetzbarkeit für die Rechtsinhaber ohne Nutzen** gewe-

---

[1] AmtlBegr. BT-Drs. IV/270, 30; ebenso zur Novelle 1985 BT-Drs. 10/837, 9; s. auch BGH GRUR 1997, 459 (463) – CB-Infobank I.
[2] Vgl. § 11 Nr. 1 PatG, § 12 Nr. 1 GebrMG, § 40 Nr. 1 DesignG, § 14 Abs. 2 und § 15 Abs. 2 MarkenG.
[3] BeckOK UrhR/*Grübler* UrhG § 53 Rn. 1; *Schack* UrheberR Rn. 412; *Stieper* ZGE 7 (2015), 170 (178); *Hofmann* ZGE 8 (2016), 482 (495); vgl. auch → § 15 Rn. 190; zweifelnd *GA Szpunar* ECLI:EU:C:2016:24 Rn. 15 – EGEDA/Administración del Estado; doch deutlicher *GA Szpunar* ECLI:EU:C:2018:1002 Rn. 55 – Pelham/Hütter: Die Ausnahme für Privatkopien sei dem Urheberrecht „immanent".
[4] AmtlBegr. zur Novelle 1985 BT-Drs. 10/837, 9; *Stieper* ZUM 2004, 911 mwN.
[5] EuGH GRUR 2014, 546 Rn. 36 – ACI Adam/Thuiskopie.
[6] BGHZ 134, 250 (263) = GRUR 1997, 459 (463) – CB-Infobank I; BGHZ 141, 13 (36) = GRUR 1999, 707 (713) – Kopienversanddienst; *Lauber-Rönsberg* S. 167 ff.; *Lauber-Rönsberg* ZUM 2014, 578; *Stieper* S. 57 f.
[7] *Stieper* ZGE 7 (2015), 170 (179); *Lauber-Rönsberg* S. 168.
[8] Vgl. BGH GRUR 2014, 974 Rn. 32 – Porträtkunst.

sen wäre, und dem Urheber über die Geräteabgabe wenigstens ein **finanzieller Ausgleich für die unkontrollierbare Nutzung** seiner Werke gesichert werden sollte.[9] Denn eine Kontrolle könnte, selbst wenn sie mit entsprechendem Aufwand theoretisch möglich wäre, nur im Wege der Durchsuchung sämtlicher Privatwohnungen erfolgen oder müsste sich auf durch Zufall oder Denunziation bekannt gewordene Fälle beschränken.[10] Derartige Kontrollmaßnahmen stellten aber einen **unverhältnismäßigen Eingriff** in die durch Art. 13 GG verbürgte Unverletzlichkeit der Wohnung dar.[11] Auch das Festhalten an der Vervielfältigungsfreiheit für digitale Kopien wurde damit begründet, dass eine Regelung, die nur die analoge Kopie zuließe, „praktisch kaum durchsetzbar und den Verbrauchern nicht zu vermitteln" sei und „die soziale Realität ignorieren" würde.[12] Dementsprechend hat der Gesetzgeber auch die Strafbarkeit der Umgehung technischer Schutzmaßnahmen in § 108b Abs. 1 auf Verstöße begrenzt, die über das persönliche Umfeld des Täters hinausgehen, da dadurch „der Zwang zu umfangreichem Tätigwerden der Strafverfolgungsbehörden vermieden" würde, „das weitgehend wenig erfolgversprechend bliebe und im Hinblick der sich häufig ergebenden Notwendigkeit von Hausdurchsuchungen in der Verhältnismäßigkeit nicht unproblematisch wäre".[13] Auch wenn das Ausschließlichkeitsrecht als solches mit dem **grundrechtlichen Schutz der Privatsphäre** durch Art. 13 und Art. 2 Abs. 1 iVm Art. 1 Abs. 1 GG nicht in Konflikt gerät und von einer Grundrechtskollision insoweit nicht gesprochen werden kann,[14] trifft es daher nicht zu, dass die Schranke für Privatkopien 1965 allein „aus der Not der geistigen Eigentümer geboren" und „die Interessen der Verbraucher … kein Beweggrund für die Ausgestaltung dieser Regelung" gewesen seien.[15]

3   Die von § 53 geschützten Informations- und Kommunikationserfordernisse erfordern aber nicht, dass die Vervielfältigung vergütungsfrei erfolgt. Die heutigen Vervielfältigungsverfahren können zu einer empfindlichen Beeinträchtigung der Rechte der Urheber führen. Der Gesetzgeber ist daher den Weg der **gesetzlichen Lizenz**[16] gegangen und spricht dem Urheber einen **Vergütungsanspruch** zu. Im Hinblick auf die rechtlichen Bedenken gegen das Eindringen in die Privatsphäre setzt die Vergütungspflicht aber nicht beim einzelnen Nutzer an, sondern besteht in einer pauschalierten Abgabe, welche die **Hersteller von Vervielfältigungsgeräten und Speichermedien** sowie die Großbetreiber von Kopiergeräten zu leisten haben und über den Preis auf die Nutzer abwälzen können.[17] Die Inanspruchnahme der Hersteller findet ihre Rechtfertigung darin, dass sie durch ihre Tätigkeit die Voraussetzung für die Vervielfältigung urheberrechtlich geschützten Materials schaffen.[18] Da auch die **Importeure** und **Händler** an der Schaffung dieser Voraussetzung beteiligt sind, besteht für sie eine Mithaftung; es handelt sich um ein „Stufensystem zur mittelbaren Erfassung des Endverbrauchers", bei dem letztlich derjenige belastet wird, der das urheberrechtlich geschützte Material durch die Vervielfältigung verwertet.[19] Die Abgabe ist **verwertungsgesellschaftpflichtig** (§ 54h), sie wird von den Verwertungsgesellschaften eingezogen und an die Urheber verteilt.

II. Entstehungsgeschichte

4   Die gesetzliche Regelung der Privatkopierfreiheit hat eine wechselvolle Geschichte.[20] **§ 15 Abs. 2 LUG** ließ Vervielfältigungen zum persönlichen Gebrauch zu, soweit sie nicht den Zweck hatten, aus dem Werk Einnahmen zu erzielen; eine ähnliche Regelung traf **§ 18 Abs. 1 KUG** für unentgeltlich bewirkte Vervielfältigungen. Diese Ausnahmen vom grundsätzlich umfassenden Vervielfältigungsrecht des Urhebers waren erforderlich geworden, weil der Gesetzgeber das zuvor auf die mechanische Vervielfältigung beschränkte Vervielfältigungsrecht auch auf nicht mechanische Vervielfältigungen erstrecken, andererseits aber die Möglichkeit bewahren wollte, Abschriften für den persönlichen Gebrauch anzufertigen.[21] Der Wortlaut beider Schrankenregelungen erfasste aber ganz bewusst auch **mechanische Vervielfältigungen** zum persönlichen Gebrauch.[22] Die für den Urheber damit verbundenen Einschränkungen nahm der Gesetzgeber angesichts der geringen Bedeutung hin, die Vervielfältigungen beim damaligen Stand der Kopiertechnik hatten. Vervielfältigungsvorgänge fanden fast ausschließlich im gewerblichen Bereich (zB durch Verleger, Schallplattenhersteller und dgl.) statt; der private

---

[9] AmtlBegr. zu § 54 RegE BT-Drs. IV/270, 71 f.
[10] AmtlBegr. BT-Drs. IV/270, 71.
[11] AmtlBegr. BT-Drs. IV/270, 71; BGHZ 42, 118 = GRUR 1965, 104 (107 f.) – Personalausweise.
[12] AmtlBegr. zum „Ersten Korb": BT-Drs. 15/38, 39; zum „Zweiten Korb": BT-Drs. 16/1828, 19.
[13] AmtlBegr. BT-Drs. 15/38, 29.
[14] *Hohagen* S. 297.
[15] So aber die AmtlBegr. zum „Zweiten Korb" BT-Drs. 16/1828, 20.
[16] Dazu → Vor §§ 44a ff. Rn. 6.
[17] Vgl. auch AmtlBegr. BR-Drs. 218/94, 17 sowie BT-Drs. 10/837, 18.
[18] AmtlBegr. BR-Drs. 218/94, 17 f.
[19] BVerfGE 31, 255 = NJW 1971, 2167 (2168); *Hofmann* ZGE 8 (2016), 482 (495). Zu den unionsrechtlichen Grundlagen → § 54 Rn. 8; vgl. auch die AmtlBegr. zum ProduktpiraterieG, BT-Drs. 11/5744, 34.
[20] Vgl. zur geschichtlichen Entwicklung auch *Lauber-Rönsberg* S. 83 ff.; *Stieper* ZGE 7 (2015), 170 (172 ff.).
[21] AmtlBegr. zu § 15 LUG, Verhandlungen des Reichstages 1900/1903, 10. Legislaturperiode, 1. Anlagebd., Aktenstück 97, S. 386, 398 f.
[22] Das betont auch die AmtlBegr. zum UrhG, BT-Drs. IV/270, 70.

Benutzer war zum käuflichen Erwerb eines Vervielfältigungsstücks gezwungen, wodurch die finanzielle Beteiligung des Urhebers sichergestellt war.

Diese Situation änderte sich grundlegend mit der **Entwicklung neuerer Kopiertechniken,** die 5 jedermann in die Lage versetzten, ohne technische Vorkenntnisse und mit minimalem zeitlichen und finanziellen Aufwand Vervielfältigungen herzustellen, die in ihrer Qualität dem Original kaum nachstanden, namentlich mit der Entwicklung der fotomechanischen Kopierverfahren sowie vor allem der Tonbandgeräte. Vervielfältigungsvorgänge fanden damit nicht nur im gewerblichen, sondern in großem Umfang auch im privaten Bereich statt. Vom Wortlaut des § 15 Abs. 2 LUG waren solche Mitschnitte als Vervielfältigungen zum privaten Gebrauch unzweifelhaft gedeckt. In der „kühnen und durch ihre Urheberfreundlichkeit imponierenden" [23] Entscheidung **„Grundig-Reporter"** vom 18.5.1955 musste der BGH daher auf eine teleologische Reduktion zurückgreifen, um die zum persönlichen Gebrauch bestimmte Aufnahme geschützter Musikwerke auf Magnettonband vom Anwendungsbereich des § 15 Abs. 2 LUG auszunehmen.[24] Auf diese Weise sollte ein Vergütungsanspruch der GEMA gegen die Besitzer von Tonbandgeräten begründet werden, der sich jedoch als praktisch nicht durchsetzbar erwies.[25]

Diese Rechtsprechung bildete die Grundlage für die Ausgestaltung des § 53 im **UrhG von 1965.**[26] 6 Während der RefE von 1954 in § 47 noch Vervielfältigungen zum persönlichen Gebrauch ohne Rücksicht auf das dabei angewandte Verfahren zuließ, machte der MinE von 1959 in § 50 Ausnahmen für die Aufnahme auf Bild- oder Tonträger. Der RegE von 1962 sah in § 54 im Hinblick auf die Schwierigkeiten bei der Durchsetzung eines Verbots der privaten Vervielfältigung wiederum die Erlaubnisfreiheit von Vervielfältigungen zum persönlichen Gebrauch vor, gewährte aber dem Urheber einen Anspruch auf angemessene Vergütung gegen denjenigen, der Vervielfältigungen vornahm oder vornehmen ließ. Diese Regelung wurde im Rechtsausschuss als unpraktikabel und im Hinblick auf die damit verbundene Gefahr des Eindringens in die Privatsphäre der Besitzer von Aufzeichnungsgeräten als bedenklich angesehen[27] und durch einen **Anspruch gegen die Hersteller von Aufzeichnungsgeräten** ersetzt (§ 53 Abs. 5 UrhG 1965). Eine entsprechende Vergütungspflicht für fotomechanische Vervielfältigungen wurde hingegen nicht eingeführt.[28] Neben der Vervielfältigung zum persönlichen Gebrauch ließ das UrhG 1965 die Vervielfältigung zum sonstigen eigenen Gebrauch in dem durch § 54 gezogenen Rahmen zu, sah aber einen Vergütungsanspruch vor, falls sie gewerblichen Zwecken diente (§ 54 Abs. 2 UrhG 1965).

Die **weitere technische Entwicklung** auf dem Gebiet der Kopierverfahren führte bald dazu, dass 7 durch die Regelung von 1965 die **Interessen der Urheber nicht mehr ausreichend gewahrt** waren. Vor allem auf dem Gebiet der fotomechanischen Vervielfältigung brachten neue Techniken einen außerordentlichen Anstieg des Kopierens urheberrechtlich geschützter Werke im privaten und sonstigen eigenen Bereich mit sich, der jedenfalls nach Auffassung der Urheber und Verleger zu einem deutlichen Rückgang beim Absatz der Verlagsproduktion führte.[29] Aber auch die Vervielfältigung auf Bild- und Tonträger nahm nach Einführung der Kassettenrecorder einen Umfang an, mit dem der Gesetzgeber von 1965 nicht gerechnet hatte. Nach heftigen Auseinandersetzungen um eine Neuregelung wurde das Vergütungssystem schließlich durch die **Novelle von 1985** ausgebaut und – trotz des Widerstands des Bundesrates[30] – eine Reprografieabgabe als kombinierte Geräte-/Großbetreiberabgabe eingeführt.[31] Im Interesse der Rechtsklarheit wurde die Vervielfältigungsfreiheit in § 53, die Vergütungspflicht in § 54 geregelt. Außerdem wurde das massenhafte Überspielen von Funksendungen und Tonaufzeichnungen auf Leerkassetten sowie die „stürmische Entwicklung" der Technik der Videoaufzeichnungen[32] zum Anlass genommen, die Geräteabgabe durch eine Leermedienabgabe zu ergänzen. Durch das **2. UrhGÄndG** vom 9.6.1993[33] wurde § 53 Abs. 4 S. 2 aufgehoben, weil die Vervielfältigung von Computerprogrammen nunmehr in §§ 69c–69e geregelt war. Aufgrund des **Gesetzes zur Änderung des Patentgebührengesetzes und anderer Gesetze vom 24.7.1995**[34] traten dann an

---

[23] *Reimer* GRUR 1965, 109.

[24] BGHZ 17, 266 = GRUR 1955, 492 (498 f.) – Grundig-Reporter; vgl. für fotomechanische Vervielfältigungen auch BGHZ 18, 44 = GRUR 1955, 544 (547 f.) – Fotokopie, wo aber nicht abschließend Stellung, da er eine Vervielfältigung zum persönlichen Gebrauch verneinte.

[25] Vgl. BGHZ 42, 118 = GRUR 1965, 104 (108) – Personalausweise. Insbesondere die vom BGH aus § 1004 BGB abgeleitete Verpflichtung der Hersteller und Händler von Tonbandgeräten und Tonbändern, in der Werbung auf die Zustimmungsbedürftigkeit privater Tonbandaufnahmen hinzuweisen (sog. GEMA-Hinweis), war ein stumpfes Schwert; vgl. dazu BGHZ 17, 266 = GRUR 1955, 492 (499 ff.) – Grundig-Reporter; BGH GRUR 1960, 340 (343 f.) – Werbung für Tonbandgeräte; BGH GRUR 1964, 91 (93) – Tonbänder-Werbung; BGH GRUR 1964, 94 (95 f.) – Tonbandgeräte-Händler.

[26] Vgl. die AmtlBegr. BT-Drs. IV/270, 32 und 71, die ausdrücklich auf das Urteil „Grundig-Reporter" Bezug nimmt.

[27] Vgl. den Bericht des Rechtsausschusses zu BT-Drs. IV/3401, 8 f.

[28] AmtlBegr. BT-Drs. IV/270, 72.

[29] Vgl. dazu vor allem die Denkschrift des Börsenvereins des Deutschen Buchhandels (1978) 9 ff.

[30] Stellungnahme des Bundesrates, BT-Drs. 10/837, 28 f.

[31] Vgl. dazu AmtlBegr. BT-Drs. 10/837, 10 f.

[32] AmtlBegr. BT-Drs. 10/837, 10.

[33] BGBl. I S. 910.

[34] BGBl. I S. 1739.

die Stelle des § 54 die §§ 54–54h.[35] Ferner wurde der Übersichtlichkeit halber die bisher in § 54 enthaltene Vergütungspflicht für audiovisuelle und für fotomechanische Vervielfältigungen auf zwei Vorschriften (§ 54 und § 54a) verteilt. Durch das **IuKDG** vom 22.7.1997[36] wurde Abs. 5 im Hinblick auf Art. 6 Abs. 2 Datenbank-RL eingefügt.

8   Die neuere Entwicklung ist durch die Harmonisierung des Vervielfältigungsrechts und seiner Schranken durch die InfoSoc-RL geprägt.[37] Mit dem **Ersten Gesetz zur Regelung des Urheberrechts in der Informationsgesellschaft** vom 10.9.2003[38] wurden die einzelnen Regelungen den Vorgaben in Art. 5 Abs. 2 und 3 der Richtlinie angepasst, im Übrigen wurde klargestellt, dass § 53 auch für digitale Vervielfältigungen gilt sowie eine Reihe redaktioneller Änderungen vorgenommen.[39] An der Grundstruktur des § 53 wurde jedoch nichts geändert. Erst das am 1.1.2008 in Kraft getretene **zweite Gesetz zur Regelung des Urheberrechts in der Informationsgesellschaft** („Zweiter Korb") vom 26.10.2007[40] hat zu einer grundlegenden Neustrukturierung der §§ 53–54h geführt.[41] Insbesondere ist die vorherige gesetzliche Festlegung der Vergütungshöhe in der Anlage zu § 54d durch ein System weitgehender Selbstregulierung ersetzt worden.[42] Weitere Änderungen betrafen unter anderem den Ausschluss offensichtlich rechtswidriger Vorlagen in § 53 Abs. 1 S. 1.[43]

9   Durch die zahlreichen Änderungen und Ergänzungen hatte § 53 ein für den Laien schwer verständliches Maß an Komplexität und Differenziertheit erreicht.[44] Das am 1.3.2018 in Kraft getretene **UrhWissG** vom 1.9.2017[45] hat die Vorschrift verschlankt und insoweit zu einer gewissen Erleichterung geführt. Die gesetzlichen Schranken zugunsten von Bildung und Wissenschaft sind nunmehr in einen eigenen Abschnitt (§§ 60a–60f) ausgegliedert. Im Zuge dessen ist die Regelung von Vervielfältigungen zum **eigenen wissenschaftlichen Gebrauch** in § 53 Abs. 2 S. 1 Nr. 1 aF entfallen und durch § 60c ersetzt worden. Außerdem ist der Verweis in § 53 Abs. 2 S. 2 allein auf S. 1 Nr. 2 gestrichen worden mit der Folge, dass die dort genannten Beschränkungen nunmehr für alle Fälle des eigenen Gebrauchs in Abs. 2 S. 1 Nr. 2–4 gelten. Die Beschränkung in Abs. 2 S. 2 Nr. 3 aF für **im öffentlichen Interesse tätige Archive** ist infolge der Ausgliederung der Schranke für nicht kommerzielle Archive in § 60f entbehrlich geworden. Ebenso ist die Vervielfältigungsfreiheit für **Unterrichts- und Prüfungszwecke** in Abs. 3 aF im Hinblick auf die neue Schranke für Nutzungen für Unterricht und Lehre in § 60a aufgehoben worden. Zudem sind in Abs. 5 S. 1 und 2 aF Verweise auf aufgehobene Vorschriften zu Prüfungszwecken, Unterricht und wissenschaftlichem Gebrauch gestrichen worden.[46]

III. Systematik

10   In seinen ersten beiden Absätzen zählt § 53 die Fälle auf, in denen Vervielfältigungen zum eigenen Gebrauch ohne Zustimmung des Urhebers zulässig sind. Dabei regelt Abs. 1 als Unterfall des eigenen Gebrauchs Vervielfältigungen zum **privaten Gebrauch,** Abs. 2 in S. 1 Nr. 2–4 bestimmte Fälle des **sonstigen eigenen Gebrauchs,** die zudem nur unter den einschränkenden Voraussetzungen von Abs. 2 S. 2 zulässig sind. Abs. 4–7 enthalten Einschränkungen der durch Abs. 1 und 2 begründeten Vervielfältigungsfreiheit. **Abs. 4** schränkt die Vervielfältigungsfreiheit auf Gebieten ein, auf denen sich die Entwicklung der Reprografietechnik besonders nachteilig für die Urheber und andere Nutzungsberechtigte ausgewirkt hat. Es handelt sich um die mechanisch vorgenommene Vervielfältigung von **Noten** sowie von ganzen oder im Wesentlichen **ganzen Büchern und Zeitschriften.** Sie ist, sofern sie nicht durch Abschreiben erfolgt, grundsätzlich nur mit Einwilligung des Berechtigten zulässig, es bleibt also im Ergebnis bei der Regel des § 15 Abs. 1. **Abs. 5** schließt die Anwendbarkeit der Vorschrift auf elektronisch zugängliche **Datenbankwerke** aus. Nach **Abs. 7** ist die Vervielfältigung bestimmter Werkwiedergaben in der Öffentlichkeit, die Ausführung von Entwürfen zu Werken der bildenden Künste und der Nachbau von Werken der Baukunst nur mit Einwilligung des Berechtigten zulässig. **Abs. 6** bestimmt, dass die nach § 53 zulässig hergestellten Vervielfältigungsstücke grundsätzlich **weder verbreitet noch zu öffentlichen Wiedergaben benutzt** werden dürfen.

---

[35] Hierzu auch → § 54 Rn. 2 und → § 54e Rn. 1.
[36] BGBl. I S. 1870.
[37] → Rn. 11 f.
[38] BGBl. I S. 1774.
[39] Sa die AmtlBegr. BT-Drs. 15/38, 20 f.
[40] BGBl. I S. 2513.
[41] → Rn. 10; zur Systematik der §§ 54 ff. → § 54 Rn. 3.
[42] Dazu → § 54 Rn. 3.
[43] → Rn. 15 ff.
[44] *Ohly,* Gutachten F zum 70. DJT (2014), S. F 72.
[45] BGBl. I S. 3346.
[46] AmtlBegr. BT-Drs. 18/12329, 33.

IV. Unionsrechtlicher Rahmen

Unionsrechtliche Grundlage der Privatkopierfreiheit in **Abs. 1** ist **Art. 5 Abs. 2 lit. b InfoSoc-** 11
RL. Danach können die Mitgliedstaaten Ausnahmen und Beschränkungen des Vervielfältigungsrechts
vorsehen „in Bezug auf Vervielfältigungen auf beliebigen Trägern durch eine natürliche Person zum
privaten Gebrauch und weder für direkte noch indirekte kommerzielle Zwecke". Der Gesetzgeber hat
die Formulierung von Abs. 1 mit dem „Ersten Korb" an diese Vorgaben angepasst, sah darin aber
keine inhaltliche Änderung gegenüber dem geltenden Recht.[47] Problematisch im Hinblick auf die
Vereinbarkeit mit dem Unionsrecht ist vor allem der Ausschluss für offensichtlich rechtswidrig hergestellte oder öffentlich zugänglich gemachte Vorlagen in Abs. 1 S. 1 letzter Hs.[48] Die nach **Abs. 2 S. 1**
zulässigen Vervielfältigungen zum anderweitigen eigenen Gebrauch werden dagegen nicht von Art. 5
Abs. 2 lit. b erfasst, sondern von **Art. 5 Abs. 2 lit. a InfoSoc-RL,** der „Vervielfältigungen auf Papier oder einem ähnlichen Träger mittels beliebiger fotomechanischer Verfahren oder anderer Verfahren mit ähnlicher Wirkung" mit Ausnahme von Notenblättern erlaubt, sowie von der Auffangklausel
für ausschließlich analoge Nutzungen in **Art. 5 Abs. 3 lit. o InfoSoc-RL.** Dem tragen die nunmehr für alle Fälle des Abs. 2 S. 1 geltenden Einschränkungen in Abs. 2 S. 2 sowie der Vorbehalt in
Abs. 4 lit. a Rechnung.

Art. 5 Abs. 2 lit. a und b InfoSoc-RL lassen entsprechende Ausnahmen und Beschränkungen nur 12
unter der Bedingung zu, dass die Rechtsinhaber einen **„gerechten Ausgleich"** erhalten. Die Auslegung dieses Begriffes ist Gegenstand einer Vielzahl von EuGH-Entscheidungen, die vor allem Auswirkungen auf die Reichweite der gesetzlichen **Vergütungspflicht** nach §§ 54 ff. haben.[49]

B. Vervielfältigung zum privaten Gebrauch (Abs. 1)

I. Gegenstand der Vervielfältigung

Grundsätzlich können **Werke jeder Art** im Rahmen von § 53 Abs. 1 vervielfältigt werden. Ein- 13
schränkungen ergeben sich aus Abs. 4 für grafische Aufzeichnungen von Werken der Musik und für
Bücher sowie in den Fällen des Abs. 7. Nicht anwendbar ist § 53 auf elektronisch zugängliche **Da-**
tenbankwerke (Abs. 5). Auch für **Computerprogramme** gilt § 53 wegen des Vorrangs der
Schranken in § 69d nicht.[50] Dagegen ist die Vorschrift auf E-Books auch dann anwendbar, wenn der
Informationsträger ein Computerprogramm ist (hybride E-Books).[51] Urheberrechtsschutz ist selbstverständliche Voraussetzung, anderenfalls bedarf es keiner Einschränkung des Vervielfältigungsrechts;
die Frage der Schutzfähigkeit kann sich namentlich bei der Vervielfältigung von Werkteilen stellen.[52]
Das Werk braucht nicht **veröffentlicht** oder erschienen zu sein, auch auf unveröffentlichte Werke ist
§ 53 anwendbar.[53] Aufgrund gesetzlicher Verweisungen findet § 53 entsprechende Anwendung auf
bestimmte Leistungsschutzrechte (§ 70 Abs. 1, § 71 Abs. 1, § 72 Abs. 1, § 85 Abs. 4, § 87 Abs. 4,
§ 94 Abs. 4, § 95 iVm § 94 Abs. 4). Was **Vervielfältigung** ist, beurteilt sich nach § 16, § 53 erfasst
damit auch digitale Vervielfältigungen.[54]

II. Die verwendete Vorlage

1. Allgemeines

Die für die Vervielfältigung des Werkes verwendete Vorlage braucht nicht das **Original** zu sein, es 14
kann sich auch um ein Vervielfältigungsstück handeln, wie sich schon daraus ergibt, dass § 53 auch
auf nicht offensichtlich rechtswidrig hergestellte Vorlagen anwendbar ist.[55] Als Vorlage kommt damit
auch ein Vervielfältigungsstück in Betracht, das seinerseits im Rahmen von § 53 Abs. 1 (oder einer
anderen Schrankenbestimmung) erlaubterweise hergestellt worden ist.[56] Die Vorlage braucht mit Ausnahme des Abs. 2 Nr. 2 (Aufnahme in ein eigenes Archiv) auch nicht im **Eigentum** des Vervielfälti-

---

[47] AmtlBegr. BT-Drs. 15/38, 20.
[48] → Rn. 16 f.
[49] Dazu → § 54 Rn. 8 ff.
[50] Vgl. → § 69a Rn. 25; sa AmtlBegr. zum 2. UrhGÄndG, BT-Drs. 12/4022, 8 f.
[51] Ausf. dazu *Henke* S. 93 ff.
[52] Vgl. zum Urheberrechtsschutz von Werkteilen → § 2 Rn. 87.
[53] BGH GRUR 2014, 974 Rn. 49 – Porträtkunst; Wandtke/Bullinger/*Lüft* UrhG § 53 Rn. 14; DKMH/*Dreyer*
UrhG § 53 Rn. 26.
[54] BGH GRUR 2014, 974 Rn. 13 ff. – Porträtkunst.
[55] So auch Wandtke/Bullinger/*Lüft* UrhG § 53 Rn. 15.
[56] *Reinbacher* GRUR 2008, 394 (396); zum dadurch ermöglichten „Schneeballsystem" privater Kopien *Becker*
ZUM 2012, 643 (647 f.).

genden zu stehen.[57] Eine solche Einschränkung verlangt auch das Unionsrecht nicht.[58] Privatkopien sind damit etwa auch von geliehenen Werkexemplaren zulässig.[59] Es ist zudem nicht erforderlich, dass überhaupt **ein Vervielfältigungsstück als Vorlage** benutzt wird. Auch die Aufzeichnung einer Funksendung mit Hilfe eines Video- oder Festplattenrecorders oder die Speicherung eines Internet-Streams fällt unter § 53 Abs. 1, selbst wenn der Ausstrahlung – wie bei einer Livesendung – kein vorbestehendes Vervielfältigungsstück zugrunde liegt.[60] Das gilt auch dann, wenn die Funksendung rechtswidrig erfolgt; § 96 Abs. 2 wird insoweit von § 53 Abs. 1 S. 1 letzter Hs. als lex specialis verdrängt.[61]

2. Vervielfältigung von offensichtlich rechtswidrig hergestellten oder öffentlich zugänglich gemachten Vorlagen

15   Eine Ausnahme besteht nach Abs. 1 S. 1 letzter Hs. für den Fall, dass für die Vervielfältigung eine **offensichtlich rechtswidrig hergestellte oder öffentlich zugänglich gemachte Vorlage** verwendet wird; die Vervielfältigung ist dann nicht durch § 53 Abs. 1 gedeckt und begründet eine Urheberrechtsverletzung. Dieses negative Tatbestandsmerkmal wurde mit dem „Ersten Korb" zur Umsetzung der InfoSoc-RL 2003[62] eingeführt und beruht auf der Beschlussempfehlung des Vermittlungsausschusses.[63] Es gilt nur für Abs. 1, nicht auch für Abs. 2. Die Regelung ist ein **Kompromiss** in der Streitfrage, ob Kopien von rechtswidrig hergestellten Vorlagen unter die Privilegierung des § 53 Abs. 1 fallen.[64] Gegen die Beschränkung des § 53 Abs. 1 auf Kopien von legalen Vorlagen wurde von der Bundesregierung vor allem angeführt, dass man beim Download aus dem Internet nicht wissen könne, ob eine Vorlage rechtmäßig ins Internet gestellt sei, so dass das Erfordernis einer „legalen Quelle" bei § 53 Abs. 1 UrhG de facto auf ein Verbot der Herstellung von Kopien zum privaten Gebrauch hinausliefe.[65] Zudem würde ein Verbot der Vervielfältigung von rechtswidrig hergestellten Vorlagen ohnehin nicht befolgt und würde damit die Glaubwürdigkeit und Autorität der Rechtsordnung untergraben.[66] Die ursprünglich auf offensichtlich rechtswidrig hergestellte Vorlagen beschränkte Regelung konnte allerdings keine Vorlagen erfassen, die zwar rechtmäßig (zB als Privatkopie) hergestellt, aber ohne die erforderliche Zustimmung öffentlich zugänglich gemacht wurden, etwa beim Filesharing in Peer-to-Peer-Tauschbörsen. Durch das Zweite Gesetz zur Regelung des Urheberrechts in der Informationsgesellschaft (2. Korb)[67] wurde diese Lücke geschlossen und die Regelung auf **öffentlich zugänglich gemachte Vorlagen** erweitert; damit kann auch gegen den Download aus File-Sharing-Systemen im Internet vorgegangen werden.[68]

16   Ob diese Regelung mit den **Vorgaben des Unionsrechts** vereinbar ist, ist bislang nicht geklärt.[69] Einerseits hat der EuGH in Auslegung von Art. 5 Abs. 2 lit. b und Abs. 5 InfoSoc-RL entschieden, dass die zur Umsetzung geschaffenen nationalen Rechtsvorschriften „zwischen Privatkopien, die auf der Grundlage von rechtmäßigen Quellen angefertigt werden, und solchen ..., die auf der Grundlage von nachgeahmten oder gefälschten Werken angefertigt werden", **unterscheiden** müssen.[70] Dem entspricht die Regelung in § 53 Abs. 1, indem sie zwischen rechtmäßig (und nicht offensichtlich rechtswidrig hergestellten) Vorlagen einerseits und (offensichtlich) rechtswidrig hergestellten Vorlagen andererseits unterscheidet.[71] Im gleichen Urteil heißt es aber auch, dass Art. 5 Abs. 2 lit. b InfoSoc-

---

[57] BGH GRUR 1997, 459 (462) – CB-infobank I; BGH GRUR 1997, 464 (466) – CB-infobank II; Dreier/Schulze/*Dreier* § 53 Rn. 11; Wandtke/Bullinger/*Lüft* UrhG § 53 Rn. 15; Fromm/Nordemann/*Wirtz* UrhG § 53 Rn. 9; DKMH/*Dreyer* UrhG § 53 Rn. 27; *Fangerow/Schwartz* GRUR 2011, 597 (598).

[58] EuGH GRUR 2015, 478 Rn. 81 ff. – Copydan/Nokia.

[59] Dreier/Schulze/*Dreier* § 53 Rn. 11.

[60] *Stieper* MMR 2012, 12 (17); vgl. zum Streaming auch die Antwort der Bundesregierung auf eine Kleine Anfrage der Fraktion BÜNDNIS 90/DIE GRÜNEN, BT-Drs. 18/751, 5; *Wagner* GRUR 2016, 874 (882).

[61] *Stieper* MMR 2012, 12 (17); Fromm/Nordemann/*J. B. Nordemann* UrhG § 96 Rn. 8; aA *v. Zimmermann* MMR 2007, 553 (557); *Bernhöft* S. 228; dazu auch → § 96 Rn. 20.

[62] Dazu → Rn. 10.

[63] BT-Drs. 15/1353; s. dazu auch die Stellungnahme des Bundesrates zum Gesetzentwurf der Bundesregierung, BT-Drs. 15/38, 37 (unter dd); Gegenäußerung der Bundesregierung, BT-Drs. 15/38, 39; ferner *Jani* ZUM 2003, 842.

[64] Vgl. zum damaligen Streitstand *Loewenheim* FS Dietz, 2001, 415 (416 ff.); *Schack* FS Erdmann, 2002, 165 ff.; *Kreutzer* GRUR 2001, 193 (200); *Freiwald* S. 148 f.; *Jani* ZUM 2003, 842 ff.; *Rigamonti* GRUR-Int 2004, 278 (287 ff.); sa *Stickelbrock* GRUR 2004, 736 (737 f.).

[65] Zustimmend *Hildebrand* ZUM 2017, 16 (22 f.).

[66] So die Bundesregierung in ihrer Gegenäußerung zur Stellungnahme des Bundesrates, BT-Drs. 15/38, 39.

[67] Dazu → Rn. 11.

[68] Vgl. dazu AmtlBegr. BT-Drs. 16/1828, 26. Für den Upload gilt § 19a, dazu → § 19a Rn. 60.

[69] Für die Vereinbarkeit mit dem Unionsrecht Dreier/Schulze/*Dreier* § 53 Rn. 11 (bei Anpassung der Vergütungshöhe); *Rauer* GRUR-Prax 2014, 205; Spindler/Schuster/*Wiebe*, Recht der elektronischen Medien, 3. Aufl. 2015, UrhG § 53 Rn. 5; *Hildebrand* ZUM 2017, 16 (19 ff.); für unvereinbar mit dem Unionsrecht halten die Regelung *v. Ungern-Sternberg* GRUR 2015, 205 (213); *Müller/Rößner* EuZW 2014, 504 (505); *Jani* ZGE 7 (2015), 196 (200 f.); *Jani/Leenen* EuZW 2015, 358 (359). Sa den Diskussionsbericht von *Pech* ZUM 2015, 319.

[70] EuGH GRUR 2014, 546 Rn. 37, 58 – ACI Adam/Thuiskopie; bestätigt durch EuGH GRUR 2015, 478 Rn. 74 ff. – Copydan/Nokia; EuGH GRUR 2016, 55 Rn. 57 ff. – Hewlett Packard/Reprobel; zu diesem Urteil eingehend *Leistner* GRUR-Int 2015, 681; sa *Lauber-Rönsberg* ZUM 2014, 578.

[71] So auch *Hildebrand* ZUM 2017, 16 (19).

RL dahin auszulegen sei, dass er nicht für den Fall gilt, dass Privatkopien auf der Grundlage einer unrechtmäßigen Quelle angefertigt werden.[72] Weiter weist der EuGH darauf hin, dass nationale Rechtsvorschriften, die Privatkopien auch von unrechtmäßigen Quellen erlaubten, die **Funktionsfähigkeit des Binnenmarktes beeinträchtigen** würden.[73] Schließlich würde ein Vergütungssystem für Privatkopien, das bei der Berechnung des gerechten Ausgleichs nicht nach der Rechtmäßigkeit oder Unrechtmäßigkeit der verwendeten Quelle unterscheidet, mittelbar die Erwerber entsprechender Kopiergeräte oder Träger bestrafen, da diese für den Ausgleich von Privatkopien auf der Grundlage einer unrechtmäßigen Quelle „nicht unerhebliche Zusatzkosten in Kauf nehmen" müssten.[74]

Gerade das letzte Argument spricht allerdings dafür, Privatkopien auch von (nicht offensichtlich) **17** rechtswidrigen Quellen zuzulassen. Denn die Urheber können das Herunterladen von Inhalten aus dem Internet unabhängig von der Rechtmäßigkeit der verwendeten Quelle in der Praxis kaum verfolgen, so dass ein Verbot und etwaige darauf gestützte Schadensersatzansprüche hier ebenso wie im analogen Bereich **praktisch nicht durchsetzbar** sind. Wenn man Vervielfältigungen auf der Grundlage einer unrechtmäßigen Quelle von der Privatkopieschranke ausnimmt, bringt man die Urheber aber gleichzeitig um die Möglichkeit eines finanziellen Ausgleichs in Form der Geräte- und Speichermedienabgabe.[75] Dass sich diese Abgaben für die Nutzer durch eine entsprechende Ausdehnung der Privatkopierfreiheit erhöhen, ist daher nur die logische Konsequenz aus dem mit der Schranke verfolgten Ziel, das praktisch nicht durchsetzbare Verbotsrecht durch eine gesetzliche Lizenz zu ersetzen.[76] Ob der EuGH sich dieser Sichtweise in Zukunft anschließen wird, bleibt abzuwarten.[77]

a) Rechtswidrig hergestellt in diesem Sinne ist eine Vorlage, wenn sie unter Verletzung der Aus- **18** schließlichkeitsrechte des Urhebers oder sonstigen Berechtigten erstellt worden ist, wenn also der für die Herstellung Verantwortliche über kein entsprechendes Nutzungsrecht verfügt und auch keine gesetzliche Schrankenbestimmung eingreift.[78] Die Verletzung vertraglicher Pflichten kann die Rechtswidrigkeit nicht begründen;[79] ohnehin wird dies im Allgemeinen für Dritte nicht offensichtlich sein. Auch eine rechtswidrige Überlassung reicht nach dem Gesetzeswortlaut nicht aus.[80] Die Auffassung, dass auch die rechtswidrige Verbreitung oder öffentliche Zugänglichmachung eines rechtmäßig hergestellte Vervielfältigungsstücks als offensichtlich rechtswidrig hergestellte „unkörperliche Vorlagen" von dem Ausschluss erfasst würden,[81] überdehnt die Grenzen der Auslegung.[82] Im Hinblick auf die 2008 erfolgte Ergänzung um offensichtlich rechtswidrig zugänglich gemachte Vorlagen ist der Streit aber kaum noch von praktischer Bedeutung. Ob eine Vorlage **rechtswidrig öffentlich zugänglich gemacht** ist, beurteilt sich nach § 19a. Die Vervielfältigung rechtswidrig ausgestrahlter Funksendungen iSv § 20, wozu auch das Live-Streaming gehört, fällt dagegen nicht hierunter; ggf. ist hier aber das zugrunde liegende Vervielfältigungsstück rechtswidrig hergestellt.[83]

b) Wann die **Rechtswidrigkeit** der Herstellung bzw. der öffentlichen Zugänglichmachung **offen-** **19** **sichtlich** ist, ist nicht abschließend geklärt. In Bezug auf die öffentliche Zugänglichmachung soll nach der Gesetzesbegründung zum „Zweiten Korb" der Bildungs- und Kenntnisstand des jeweiligen Nutzers maßgeblich sein.[84] Daraus wird teilweise gefolgert, es sollte einheitlich eine Beurteilung nach subjektiven Kriterien erfolgen.[85] Nach hL ist die Offensichtlichkeit dagegen nach **allgemeingültigen, objektiven Kriterien** zu beurteilen, nicht subjektiv vom Standpunkt des jeweiligen Benutzers aus.[86] Dafür spricht, dass der Umfang eines absoluten Rechts wie des ausschließlichen Vervielfältigungsrechts objektiv bestimmt werden muss und nicht vom jeweiligen Kenntnisstand einzelner Perso-

---

[72] EuGH GRUR 2014, 546 Rn. 41 – ACI Adam/Thuiskopie; ebenso zu Art. 5 Abs. 2 lit. a InfoSoc-RL EuGH GRUR 2016, 55 Rn. 57, 62 f. – Hewlett Packard/Reprobel.

[73] EuGH GRUR 2014, 546 Rn. 35 – ACI Adam/Thuiskopie.

[74] EuGH GRUR 2014, 546 Rn. 54–57 – ACI Adam/Thuiskopie; EuGH GRUR 2015, 478 Rn. 77 f. – Copydan/Nokia.

[75] *Stieper* ZGE 7 (2015), 170 (183 f.); *Lauber-Rönsberg* ZUM 2014, 578 (579); für einen vollständigen Verzicht auf das Tatbestandsmerkmal daher *Ohly,* Gutachten F zum 70. DJT (2014), S. F 73; *Wandtke* MMR 2017, 367 (369).

[76] So auch *Müller/Rößner* EuZW 2014, 504 (505).

[77] So auch *Leistner* GRUR-Int 2015, 681 (685).

[78] Wandtke/Bullinger/*Lüft* UrhG § 53 Rn. 16; DKMH/*Dreyer* UrhG § 53 Rn. 34; sa *Jani* ZUM 2003, 842 (847 ff.); *Reinbacher* GRUR 2008, 394 (395 ff.).

[79] AA noch Schricker/Loewenheim/*Loewenheim* (5. Aufl.) UrhG § 53 Rn. 18.

[80] Fromm/Nordemann/*Wirtz* UrhG § 53 Rn. 20; → Rn. 22.

[81] So *Jani* ZUM 2003, 842 (847); ebenso die Bundesregierung, die in der Ergänzung des Ausschlusses durch den „Zweiten Korb" lediglich eine Klarstellung sieht, vgl. AmtlBegr. BT-Drs. 16/1828, 18.

[82] So auch *Reinbacher* GRUR 2008, 394 (395).

[83] *Stieper* MMR 2012, 12 (17).

[84] AmtlBegr. BT-Drs. 16/1828, 26; ebenso Antwort der Bundesregierung auf eine Kleine Anfrage der Fraktion BÜNDNIS 90/DIE GRÜNEN, BT-Drs. 18/751, 5.

[85] So Wandtke/Bullinger/*Lüft* UrhG § 53 Rn. 17; Dreier/Schulze/*Dreier* § 53 Rn. 12b; ebenso Schricker/Loewenheim/*Loewenheim* (5. Aufl.) UrhG § 53 Rn. 19.

[86] Fromm/Nordemann/*Wirtz* UrhG § 53 Rn. 20; DKMH/*Dreyer* UrhG § 53 Rn. 35; *Lauber/Schwipps* GRUR 2004, 293 (298 f.); *Czychowski* NJW 2003, 2409 (2411); *Stieper* MMR 2012, 12 (17); eingehend *Jani* ZUM 2003, 842 (850 ff.).

nen abhängen sollte. Auch nach der Gegenauffassung besteht aber keine Verpflichtung des Nutzers zur Anstellung von Nachforschungen über die Rechtmäßigkeit der Vorlage,[87] so dass sich Anhaltspunkte für die Rechtswidrigkeit nur aus den Begleitumständen des jeweiligen Angebots ergeben können.[88] **Offensichtlichkeit** ist danach anzunehmen, wenn bei verständiger Würdigung des Einzelfalls, insbesondere der Art der Vorlage oder den Gegebenheiten ihrer Zurverfügungstellung, **keine ernsthaften Zweifel** an ihrer Rechtswidrigkeit bestehen, die Möglichkeit einer Erlaubnis durch den Rechtsinhaber sowie einer gesetzlichen Privilegierung also aller Wahrscheinlichkeit nach ausgeschlossen werden kann.[89] Ob man dabei subjektiv die Perspektive des einzelnen Nutzers oder objektiv die eines Durchschnittsverbrauchers einnimmt, dürfte in der Praxis kaum einen Unterschied ausmachen.

20   Indikatoren für eine **rechtswidrige Herstellung** können etwa die Person des Veräußerers sein, die Art und Weise der Werbung (dubiose Inserate in einschlägigen Zeitschriften), der Preis, die Umstände der Übergabe und ähnliches.[90] Dass die Vorlage nicht vom Hersteller stammt, wird regelmäßig nicht ausreichen, da es sich bei ihr um eine zulässige Kopie handeln kann, es sei denn, die Zulässigkeit des Kopierens vom Herstelleroriginal kann ausgeschlossen werden. Auch der Umstand, dass bekanntermaßen **technische Schutzmaßnahmen** gegen das Kopieren bestehen, spricht nicht zwingend für eine rechtswidrige Herstellung der Vorlage, da die Umgehung einer technischen Schutzmaßnahme als solches keine Urheberrechtsverletzung begründet und zudem nur derjenige gegen § 95a verstößt, der die Sperre überwindet.[91] Im **Online-Bereich** kommen als Anhaltspunkte für die Rechtswidrigkeit der Herstellung die Ausgestaltung der Webseite und ihr Anbieter, der Zeitpunkt des Angebots (zum Beispiel vor der Veröffentlichung von Werken oder bei Filmen vor ihrem Anlaufen in den Kinos) oder die Kostenlosigkeit bei Angeboten in Betracht, die üblicherweise nur gegen Bezahlung erfolgen.[92] Hier wird aber regelmäßig die Alternative der offensichtlich rechtswidrig öffentlich zugänglich gemachten Vorlage eingreifen, so dass der Rechtswidrigkeit der Herstellung im Online-Bereich seit 2008 kaum mehr praktische Bedeutung zukommt.[93]

21   Auch die **Rechtswidrigkeit der öffentlichen Zugänglichmachung** muss offensichtlich sein.[94] Maßgeblich für die Beurteilung werden hier in erster Linie Art und Charakter des Forums sein, von dem aus durch Herunterladen die Herstellung der Vervielfältigung erfolgt. Dabei ist vor allem zu beachten, dass die öffentliche Zugänglichmachung regelmäßig einer Einwilligung des Urhebers bedarf (vgl. § 52 Abs. 3). Wenn etwa aktuelle Kinofilme oder Fernsehserien vor der DVD-Veröffentlichung kostenlos angeboten werden, muss sich dem durchschnittlichen Internetnutzer aufdrängen, dass die öffentliche Zugänglichmachung ohne Zustimmung des Rechtsinhabers erfolgt.[95] Auch bei **Internet-Tauschbörsen** dürfte allgemein bekannt sein, dass der Upload geschützter Werke ohne die Zustimmung des Rechtsinhabers erfolgt.[96] Daran ändert sich nichts, wenn es sich um Internet-Foren im Ausland handelt oder wenn der Upload vom Ausland aus erfolgt, da auf den Download als Vervielfältigung nach dem Schutzlandprinzip deutsches Recht anzuwenden ist, das auch über Inhalt und Umfang der Verwertungsrechte entscheidet.[97] Bei Internetportalen wie **YouTube,** die auch von den Rechtsinhabern selbst für die öffentliche Zugänglichmachung ihrer Werke und sonstigen Leistungen benutzt werden (insbesondere für Werbezwecke) oder für die regelmäßig entsprechende Lizenzen erteilt werden, wird die Rechtswidrigkeit eines einzelnen Angebots dagegen selten offensichtlich sein.

3. Rechtswidrige Besitzverschaffung

22   Nicht von Abs. 1 S. 1 letzter Hs. erfasst wird der Fall, dass sich der Nutzer den Besitz an der (rechtmäßig hergestellten) Vorlage **rechtswidrig verschafft** hat, etwa durch Diebstahl des als Vorlage verwendeten Werkexemplars. Auch in diesem Fall ist nach hM aber eine Berufung auf die Privatkopieschranke ausgeschlossen.[98] Rechtfertigen lässt sich das mit der Erwägung, dass das Urheberrecht nicht zur Perpetuierung einer rechtswidrig geschaffenen Besitzlage („Früchte des verbotenen Baumes")

---

[87] S. Antwort der Bundesregierung auf eine Kleine Anfrage der Fraktion BÜNDNIS 90/DIE GRÜNEN, BT-Drs. 18/751, 5.

[88] Dreier/Schulze/*Dreier* § 53 Rn. 12.

[89] Dreier/Schulze/*Dreier* § 53 Rn. 12; DKMH/*Dreyer* UrhG § 53 Rn. 35; *Freiwald* S. 150; ähnlich *Jani* ZUM 2003, 842 (850): was klar zutage tritt; *Reinbacher* GRUR 2008, 394 (399): wenn eine rechtmäßige Herstellung für den entsprechenden Verkehrkreis vernünftigerweise ausgeschlossen werden kann; sa *Lauber/Schwipps* GRUR 2004, 293 (299).

[90] Sa Fromm/Nordemann/*Wirtz* UrhG § 53 Rn. 21; Dreier/Schulze/*Dreier* § 53 Rn. 12a; *Berger* ZUM 2004, 257 (260); *Freiwald* S. 151.

[91] So auch Fromm/Nordemann/*Wirtz* UrhG § 53 Rn. 21; aA Dreier/Schulze/*Dreier* § 53 Rn. 12a.

[92] S. ferner die Beispiele bei *Reinbacher* GRUR 2008, 394 (399 f.).

[93] So auch Dreier/Schulze/*Dreier* § 53 Rn. 12a.

[94] AmtlBegr. zum „Zweiten Korb", BT-Drs. 16/1828, 26.

[95] *Radmann* ZUM 2010, 387; *Stieper* MMR 2012, 12 (17) mwN.

[96] Vgl. dazu den Fall des OLG München GRUR 2001, 499 (503): Einrichtung eines Internet-Forums, das „geradezu eine Einladung zu massenhaften Verletzungen von Urheber- und Leistungsschutzrechten war".

[97] Vgl. → Vor §§ 120 ff. Rn. 121 ff. mit Nachweisen.

[98] KG GRUR 1992, 168 (169) – Dia-Kopien; *Fangerow/Schwartz* GRUR 2011, 597 (598 f.); *Schack* UrheberR Rn. 556; *Schack* FS Erdmann, 2002, 165 (167); Wandtke/Bullinger/*Lüft* UrhG § 53 Rn. 16; offen gelassen von BGH GRUR 1993, 899 (900) – Dia-Duplikate.

dienen soll.[99] Dass der Nutzer zur Ermöglichung der Privatkopie **eine technische Schutzmaß-nahme iSv § 95a umgangen** hat, lässt die Zulässigkeit der Privatkopie nach § 53 Abs. 1 dagegen unberührt; insbesondere ist eine mit einem Kopierschutz versehene Kopiervorlage keine rechtswidrige Vorlage iSv Abs. 1 S. 1 letzter Hs.[100]

III. Privater Gebrauch

Der private Gebrauch ist ein **Unterfall des eigenen Gebrauchs.**[101] Der Begriff des privaten Ge- **23** brauchs entspricht dem des persönlichen Gebrauchs in § 53 Abs. 1 UrhG 1965.[102] Die frühere Rechtsprechung und Literatur zum Begriff des privaten Gebrauchs können daher weiterhin herangezogen werden. **Privater Gebrauch** ist danach der Gebrauch in der Privatsphäre zur Befriedigung rein persönlicher Bedürfnisse durch die eigene Person oder die mit ihr durch ein persönliches Band verbundenen Personen.[103] Durch die Novelle 2003 wurde in Übereinstimmung mit der Vorgabe in Art. 5 Abs. 2 lit. b InfoSoc-RL[104] klargestellt, dass **nur natürliche Personen** privaten Gebrauch ausüben können, was schon dem bisherigen Verständnis des § 53 Abs. 1 entsprach.[105] Für juristische Personen und rechtsfähige Personengesellschaften kommt nur ein sonstiger eigener Gebrauch nach Abs. 2 in Betracht. Auf den **Ort der Vervielfältigung** kommt es nicht an. Privater Gebrauch kann daher auch dann vorliegen, wenn der Kopiervorgang nicht in der häuslichen Umgebung oder der Privatsphäre stattfindet, sondern an einem öffentlich zugänglichen Ort, beispielsweise in einem Copyshop.[106] Entscheidend ist vielmehr der Zweck, dem das hergestellte Vervielfältigungsstück dienen soll.[107] Es kommt also auf die **subjektive Zielsetzung des Vervielfältigenden** an.[108] Wenn bereits im Moment der Vervielfältigung bezweckt wird, das Vervielfältigungsstück zu einem nicht privilegierten Zweck zu verwenden, ist dessen Herstellung von vornherein nicht von § 53 Abs. 1 gedeckt und die Vervielfältigung rechtswidrig. Von einem privaten Gebrauchszweck ist grundsätzlich auszugehen, wenn Vervielfältigungsstücke ausschließlich zum persönlichen Werkgenuss (zB Aufzeichnung einer Rundfunksendung, Kopie einer Musik-CD oder Film-DVD, Download von Musik-, Film- oder Bilddateien aus dem Internet) oder zur Ausübung einer Liebhaberei oder eines Hobbys im Familien- oder Freundeskreis hergestellt werden.

IV. Kein Erwerbszweck

Im Gegensatz zum (sonstigen) eigenen Gebrauch des Abs. 2 darf der private Gebrauch **weder un- 24 mittelbar noch mittelbar Erwerbszwecken** dienen. Das entsprach schon bisheriger Auffassung,[109] ist aber durch die Novelle 2003 ausdrücklich klargestellt worden.[110] Vervielfältigungen zu beruflichen oder erwerbswirtschaftlichen Zwecken fallen damit nicht unter Abs. 1. Das gilt auch für Kopien, die von Hochschullehrern, Lehrern oder Anwälten für ihre berufliche Tätigkeit angefertigt werden;[111] insoweit sind jetzt aber §§ 60a und 60c zu beachten. Ein Erwerbszweck besteht auch, wenn der berufliche Zweck nicht der alleinige Zweck ist, sondern die Vervielfältigung sowohl zu privaten als zu beruflichen oder erwerbswirtschaftlichen Zwecken angefertigt werden.[112] Umstritten ist allerdings, ob hierfür bereits ausreicht, dass das in der Vervielfältigung verkörperte Wissen **in der Zukunft** möglicherweise auch im beruflichen Bereich angewendet werden soll. Im Schrifttum wird zu Recht ein konkreter Zusammenhang zwischen der Herstellung der Vervielfältigungen und dem Erwerbs-

---

[99] DKMH/*Dreyer* UrhG § 53 Rn. 28; *Fangerow/Schwartz* GRUR 2011, 597 (599).
[100] BGH GRUR 2016, 792 Rn. 62 – Gesamtvertrag Unterhaltungselektronik; BGH GRUR 2017, 161 Rn. 67 – Gesamtvertrag Speichermedien; BGH GRUR 2017, 172 Rn. 60 – Musik-Handy; → Vor §§ 44a ff. Rn. 59; zu den Auswirkungen auf den Vergütungsanspruch → § 54a Rn. 12 f.
[101] Zum sonstigen eigenen Gebrauch → Rn. 35.
[102] AmtlBegr. zur Novelle 1985, BT-Drs. 10/837, 16.
[103] BGH GRUR 1978, 474 (475) – Vervielfältigungsstücke; BGH GRUR 2017, 266 Rn. 49 – World of Warcraft I; sa AmtlBegr. zur Novelle 1985, BT-Drs. 10/837, 9; vgl. aus dem Schrifttum etwa Dreier/Schulze/*Dreier* § 53 Rn. 7; DKMH/*Dreyer* UrhG § 53 Rn. 21; Fromm/Nordemann/*Wirtz* UrhG § 53 Rn. 9; Wandtke/Bullinger/*Lüft* UrhG § 53 Rn. 23; *Schack* UrheberR Rn. 555; eingehend *Flechsig* GRUR 1993, 532 (533 ff.).
[104] S. dazu EuGH GRUR 2016, 687 Rn. 30 – EGEDA/Administración del Estado.
[105] BGH GRUR 1997, 459 (461) – CB-infobank I; AmtlBegr. zur Novelle 1985, BT-Drs. 10/837, 9; weitere Nachweise bei Schricker/Loewenheim/*Loewenheim* (3. Aufl.) UrhG § 53 Rn. 12.
[106] Vgl. OLG München GRUR-RR 2003, 356 (366) – CD-Münzkopierautomaten.
[107] DKMH/*Dreyer* UrhG § 53 Rn. 21; Wandtke/Bullinger/*Lüft* UrhG § 53 Rn. 23; BeckOK UrhR/*Grübler* UrhG § 53 Rn. 11 aE.
[108] BeckOK UrhR/*Grübler* UrhG § 53 Rn. 9.
[109] BGH GRUR 1993, 899 (900) – Dia-Duplikate; KG GRUR 1992, 168 (169) – Dia-Kopien; vgl. auch → 3. Aufl. 2006, Rn. 12.
[110] AmtlBegr. BT-Drs. 15/38, 20; sa KG GRUR-RR 2004, 228 (232) – Ausschnittdienst.
[111] Fromm/Nordemann/*Wirtz* UrhG § 53 Rn. 13.
[112] BGH GRUR 1993, 899 (900) – Dia-Duplikate; BGH GRUR 2017, 266 Rn. 49 ff. – World of Warcraft I; Dreier/Schulze/*Dreier* § 53 Rn. 10; Fromm/Nordemann/*Wirtz* UrhG § 53 Rn. 11; Wandtke/Bullinger/*Lüft* UrhG § 53 Rn. 23; sa *Lauber/Schwipps* GRUR 2004, 293 (298).

zweck gefordert.[113] Relevanz hat das vor allem für Vervielfältigungen zu **Ausbildungszwecken,** etwa durch **Schüler und Studierende.** Die Rechtsprechung schließt hier einen privaten Gebrauch aus.[114] Für Studierende kam danach lediglich eine Privilegierung als wissenschaftlichen Gebrauch nach § 53 Abs. 2 S. 1 Nr. 1 aF in Betracht.[115] Nachdem diese Vorschrift weggefallen ist und § 60c Abs. 2 Vervielfältigungen nur noch zum Zweck der wissenschaftlichen Forschung erlaubt,[116] ist die dadurch entstandene Regelungslücke durch Anwendung von § 53 Abs. 1 zu schließen. Der Wortlaut von Art. 5 Abs. 2 lit. b InfoSoc-RL („weder für direkte noch indirekte kommerzielle Zwecke") macht in Bezug auf den erforderlichen Ursachenzusammenhang keine Vorgaben. Für die Einordnung eines Gebrauchs zu Ausbildungs- und Studienzwecken als „privat" iSv Abs. 1 spricht aber Art. 5 Abs. 3 lit. n InfoSoc-RL, umgesetzt in § 60e Abs. 4 (§ 52b aF). Danach dürfen insbesondere Bibliotheken und Bildungseinrichtungen ihren Nutzern Werke zu Zwecken „privater Studien" an eigens dafür einge-richteten Terminals zugänglich machen. Etwaige Vervielfältigungshandlungen der Nutzer selbst wer-den nach Auffassung des EuGH aber nicht von Art. 5 Abs. 3 lit. n, sondern ggf. von den nationalen Vorschriften zur Umsetzung von Art. 5 Abs. 2 lit. a und b InfoSoc-RL erfasst.[117] Der EuGH geht also offenbar davon aus, dass der Zweck „privater Studien" von der Privatkopieschranke gemäß Art. 5 Abs. 2 lit. b InfoSoc-RL erfasst wird.[118] Dieses Verständnis liegt auch Art. 9 Abs. 2 RBÜ zugrun-de.[119] Auch Vervielfältigungen **zum Zwecke der eigenen Bildung** fallen dementsprechend unter § 53 Abs. 1 S. 1, mag das erworbene Wissen auch später zu beruflichen oder gewerblichen Zwecken einsetzbar sein.[120]

V. Zulässige Nutzungshandlungen

25   Auch zum privaten Gebrauch ist nur die Herstellung **einzelner Vervielfältigungen** zulässig. Was **Vervielfältigungen** sind, bestimmt sich nach dem Vervielfältigungsbegriff des § 16: jede körperliche Festlegung des Werks oder eines Teils davon, die geeignet ist, das Werk den menschlichen Sinnen auf irgendeine Weise unmittelbar oder mittelbar wahrnehmbar zu machen.[121] Mit der aus Art. 5 Abs. 2 lit. b InfoSoc-RL übernommenen Formulierung „auf beliebigen Trägern" hat der Gesetzgeber klar-gestellt, dass **sowohl analoge als auch digitale Vervielfältigungen** erfasst werden.[122] Hauptbei-spiele bilden Fotokopien, Aufnahmen auf CD, Festplatten oder anderen Ton- oder Bildträgern, Fest-legungen im Computer, Ausdrucke (Hardcopies) von digital gespeicherten Werken und Ähnliches. Welche Art von Werken vervielfältigt wird, ist für den Vervielfältigungsbegriff unerheblich, entschei-det aber über die Einschränkung der Vervielfältigungsfreiheit nach Abs. 4 und 6.[123] **Andere Verwer-tungshandlungen,** insbesondere die öffentliche Zugänglichmachung oder Verbreitung des Werkes, sind von § 53 nicht gedeckt.[124]

26   Unter **einzelnen** Vervielfältigungen wird im Allgemeinen – wenig hilfreich – die Herstellung eini-ger weniger Exemplare verstanden.[125] In der Praxis hat sich die Zahl von 7 Vervielfältigungsstücken als Obergrenze eingespielt, insbesondere auf Grund der Entscheidung des BGH v. 14.4.1978, der auf die Klage der VG Wort und der VG Wissenschaft das Land Bremen antragsgemäß verurteilte, nicht mehr als 7 Vervielfältigungsstücke zu Unterrichtszwecken herzustellen.[126] Einen Hinweis bot auch die Gesetzesbegründung, wonach mit der Erlaubnis zur Anfertigung einzelner Vervielfältigungsstücke dem Werknutzer der Kauf von 5 oder 6 Zeitschriftenexemplaren erspart werden sollte.[127] Im Schrift-

---

[113] So Dreier/Schulze/*Dreier* § 53 Rn. 10: nur bei Verwendung der konkreten Vervielfältigung zu beruflichen oder Erwerbszwecken; Fromm/Nordemann/*Wirtz* UrhG § 53 Rn. 13; ebenso für Fälle, in „denen sich der inhalt-liche Mehrwert der seinerzeit privat hergestellten Kopien erst Jahre später in einem wirtschaftlichen Mehrwert auszahlt", BeckOK UrhR/*Grübler* UrhG § 53 Rn. 11.
[114] So BGH GRUR 1993, 899 (900) – Dia-Duplikate; BGH GRUR 2014, 549 Rn. 72 – Meilensteine der Psy-chologie; vgl. bereits BGH GRUR 1984, 54 (55) – Kopierläden.
[115] BGH GRUR 2014, 549 Rn. 70 – Meilensteine der Psychologie mwN.
[116] Hierzu → § 60a Rn. 25 sowie → § 60c Rn. 5.
[117] EuGH GRUR 2014, 1078 Rn. 54 – TU Darmstadt/Ulmer; dem folgend BGH GRUR 2015, 1101 Rn. 40 f. – Elektronische Leseplätze II mAnm *Stieper*; dazu → § 60e Rn. 30 ff.
[118] Vgl. auch *de la Durantaye,* Allgemeine Bildungs- und Wissenschaftsschranke, 2014, S. 126 zu s. 29(1C) des bri-tischen CDPA („Fair dealing with a work for the purposes of private study").
[119] *OMPI,* Guide de la Convention de Berne, 1978, Art. 9.10: „L'exemple le plus connu est celui de l'étudiant qui, pour mener à bien ses études ou des travaux de recherche personnelle, procède ou fait procéder à la copie d'un texte".
[120] Ebenso im Ergebnis *Schack* ZUM 2016, 266 (275); *Schack* ZUM 2017, 802 (804); zweifelnd dagegen *Berger* GRUR 2017, 953 (962).
[121] Vgl. im Einzelnen → § 16 Rn. 5 ff.
[122] AmtlBegr. BT-Drs. 15/38, 20.
[123] Zu Vervielfältigungen in der Cloud vgl. *Klett* ZUM 2014, 18 und *Müller* ZUM 2014, 11.
[124] EuGH GRUR 2018, 68 Rn. 39 – VCAST/RTI; → Rn. 65.
[125] BGH GRUR 1978, 474 (476) – Vervielfältigungsstücke; Dreier/Schulze/*Dreier* § 53 Rn. 9; DKMH/*Dreyer* UrhG § 53 Rn. 39; *Schack* UrheberR Rn. 558.
[126] BGH GRUR 1978, 474 (476) – Vervielfältigungsstücke – zu dem insoweit gleichgelagerten § 54 Abs. 1 Nr. 4 lit. a idF von 1965; offengelassen von OLG Düsseldorf CR 1996, 728 (729).
[127] AmtlBegr. BT-Drs. IV/270, 73.

tum wird diese Obergrenze teils befürwortet,[128] teils aber auch als zu hoch angesehen.[129] Die Obergrenze von 7 Vervielfältigungsstücken gibt allenfalls einen Anhaltspunkt für die praktische Anwendung der Vorschrift, sollte aber keinesfalls als Dogma verstanden werden. Maßgeblich ist, wie viele Vervielfältigungsstücke für den Gebrauch in der Privatsphäre **zur Befriedigung rein persönlicher Bedürfnisse erforderlich** sind.[130] Während für den Gebrauch durch die eigene Person meist ein einziges Exemplar genügt, kann es für den Gebrauch im Familien- oder Freundeskreis erforderlich sein, dass jeder der Beteiligten ein Vervielfältigungsstück besitzt; ebenso kann die digitale Vervielfältigung, etwa das Herunterladen in den eigenen Computer und der Ausdruck, eine Reihe von Vervielfältigungsvorgängen erfordern. Auch der österreichische OGH interpretiert den Begriff der einzelnen Vervielfältigungsstücke in diesem Sinne.[131]

VI. Herstellung durch andere (Abs. 1 S. 2)

Die Vervielfältigung braucht nicht eigenhändig zu erfolgen, das Herstellenlassen der Vervielfälti- **27** gungsstücke durch andere ist zulässig (Abs. 1 S. 2). Wenn der Hersteller die Vervielfältigungen im Auftrag eines Dritten für dessen privaten Gebrauch angefertigt hat, wird die Herstellung unter den Voraussetzungen von Abs. 1 S. 2 dem Auftraggeber **zugerechnet.**[132] Dies hat zur Folge, dass (auch) der Hersteller nicht als Täter einer urheberrechtswidrigen Vervielfältigungshandlung anzusehen ist. Außerdem liegt kein Verbreiten in der Form des Inverkehrbringens vor, wenn Kopien von einer für ihre Herstellung eingeschalteten Hilfsperson dem Auftraggeber übergeben oder zugesandt werden.[133] Der Gesetzgeber wollte mit dieser Bestimmung die Herstellung von Kopien auch denjenigen ermöglichen, die sich eigene Kopiergeräte nicht leisten können.[134] Daran wurde auch für digitale Kopien festgehalten, da ein Verbot der digitalen Vervielfältigung durch Dritte „in der Praxis nicht durchsetzbar" und „praktisch unmöglich zu überwachen" sei.[135] **Anderer** kann jeder Dritte sein; die Gesetzesbegründung hebt den Fall hervor, dass gewerbliche Kopieranstalten auf Bestellung Kopien anfertigen,[136] es kann sich aber auch um Mitarbeiter und Angestellte, Familienmitglieder oder Freunde handeln.[137] Das Herstellenlassen ist jedoch nur zulässig, sofern die Herstellung unentgeltlich oder mittels photomechanischer oder ähnlicher Verfahren erfolgt.[138] Die Herstellung **digitaler Vervielfältigungsstücke** darf Dritten also nur überlassen werden, wenn dies unentgeltlich geschieht; andernfalls muss der durch § 53 Abs. 1 Privilegierte selbst Hersteller der Vervielfältigungsstücke sein. Soweit, wie bei heutigen digitalen Vervielfältigungsverfahren häufig, Dritte in den Vervielfältigungsvorgang eingeschaltet sind, kommt es für die Zulässigkeit der Vervielfältigung nach § 53 Abs. 1 damit entscheidend darauf an, wer als Hersteller anzusehen ist.

1. Bestimmung des Herstellers

Nach hM ist für die Frage, wer Hersteller der Vervielfältigungsstücke ist, auf eine **technische Be- 28 trachtung** abzustellen.[139] Hersteller ist danach derjenige, der die körperliche Festlegung als technisch-mechanischen Vorgang **technisch bewerkstelligt.**[140] Das soll auch derjenige sein, der einen im Übrigen automatisch ablaufenden Vervielfältigungsvorgang gleichsam „durch Knopfdruck" auslöst. So wird etwa auch bei CD-Kopierautomaten an öffentlich zugänglichen Plätzen nicht der Automatenaufsteller, sondern der Automatenbenutzer als Hersteller der Kopien angesehen.[141] Ebenso hat der BGH auch für die mittels eines **Internet-Videorecorders** erstellten Kopien den Nutzer des entsprechend ausgestalteten Dienstes als Hersteller angesehen, sofern seine Programmierung der Aufzeich-

[128] *Rehbinder/Peukert* Rn. 577.
[129] *Schack* UrheberR Rn. 558; *Maus* S. 89.
[130] So auch Dreier/Schulze/*Dreier* § 53 Rn. 9; Wandtke/Bullinger/*Lüft* UrhG § 53 Rn. 13; Fromm/Nordemann/*Wirtz* UrhG § 53 Rn. 17; DKMH/*Dreyer* UrhG § 53 Rn. 39; BeckOK UrhR/*Grübler* UrhG § 53 Rn. 6; *Nippe* GRUR-Int 1995, 202 (204) mwN. Zur Berechnung der zulässigen Zahl digitaler Privatkopien s. *Becker* ZUM 2012, 643 (645 ff.).
[131] OGH GRUR-Int 1994, 857 – Null-Nummer.
[132] BGHZ 141, 13 (26) = GRUR 1999, 707 (711) – Kopienversanddienst; BGH GRUR 2009, 845 Rn. 17 – Internet-Videorecorder I; BGH ZUM 2009, 765 Rn. 16 – Save.TV.
[133] BGHZ 141, 13 (26) = GRUR 1999, 707 (711) – Kopienversanddienst; zum Kopienversand durch Bibliotheken s. jetzt § 60e Abs. 5.
[134] AmtlBegr. BT-Drs. IV/270, 72, 74.
[135] AmtlBegr. zum „Zweiten Korb" BT-Drs. 16/1828, 19: Es sei nicht nachvollziehbar, warum ein Nutzer die CD eines Freundes ausleihen und für sich kopieren dürfe, jedoch die Vornahme der Kopie durch den Freund selbst unzulässig sein sollte.
[136] AmtlBegr. BT-Drs. IV/270, 74.
[137] Fromm/Nordemann/*Wirtz* UrhG § 53 Rn. 15; BeckOK UrhR/*Grübler* UrhG § 53 Rn. 16.
[138] Dazu → Rn. 31 ff.
[139] BGH GRUR 2009, 845 Rn. 16 – Internet-Videorecorder I; BGH ZUM 2009, 765 Rn. 15 – Save.TV; Dreier/Schulze/*Dreier* § 53 Rn. 14; Wandtke/Bullinger/*Lüft* UrhG § 53 Rn. 19; DKMH/*Dreyer* UrhG § 53 Rn. 49; *Lüghausen* S. 132.
[140] BGH GRUR 2009, 845 Rn. 16 – Internet-Videorecorder I; BGH ZUM 2009, 765 Rn. 15 – Save.TV.
[141] OLG München GRUR-RR 2003, 365 (366) – CD-Münzkopierautomaten; bestätigt in BGH ZUM 2009, 765 Rn. 15 – Save.TV; aA *Stieper* ZUM 2004, 911 (915 f.).

nung einen vollständig automatisierten Vorgang auslöst.[142] Die zum Abruf durch den Nutzer bereitgehaltenen Aufzeichnungen ausgewählter Fernsehsendungen sind dann unabhängig von der Entgeltlichkeit des Dienstes von § 53 Abs. 1 S. 1 gedeckt; der Anbieter des Internet-Videorecorders nimmt
lediglich eine öffentliche Wiedergabe (§§ 20, 87 Abs. 1) vor, wenn er das terrestrisch empfangene
Sendesignal an die einzelnen den Nutzern zugewiesenen Speicherplätze weiterleitet.[143]

29   Dieser rein technische Ansatz, der die urheberrechtliche Beurteilung letztlich von der technischen
Ausgestaltung des vom Dritten betriebenen Geschäftsmodells abhängig macht,[144] ist **abzulehnen.** Die
engen Grenzen, die § 53 Abs. 1 S. 2 UrhG für eine Vervielfältigung durch Dritte zieht, werden dadurch vollständig unterlaufen. Als Hersteller ist vielmehr derjenige anzusehen, der die **Tatherrschaft
über den Vervielfältigungsvorgang** ausübt.[145] Das setzt aber eine **normative Betrachtung** voraus.[146] Entscheidend ist, in wessen Einflusssphäre sich der Kopiervorgang abspielt und wer bei wertender Betrachtung für den Vervielfältigungsvorgang verantwortlich ist.[147] Die bloße Überlassung
technischer Hilfsmittel reicht dafür als solches zwar nicht aus.[148] Wenn der technische Vorgang der
Vervielfältigung wie bei Internet-Videorecordern außerhalb der geschützten Privatsphäre des privilegierten Nutzers durch einen gewerblich handelnden Dritten bestimmt und kontrolliert wird und der
Nutzer auf die in seinem Auftrag hergestellten Vervielfältigungsstücke lediglich nach Maßgabe der
vom Dienstanbieter eingerichteten Infrastruktur zugreifen kann, ist aber der Dienstanbieter als Hersteller anzusehen.[149] Allein der Umstand, dass der Nutzer den Vervielfältigungsvorgang auslöst und
ggf. auch wieder abbrechen kann, kann seine alleinige Tatherrschaft nicht begründen.[150] Bei Entgeltlichkeit der Vervielfältigung[151] kommt eine Privilegierung nach § 53 Abs. 1 daher nicht in Betracht.[152] Bei solchen kommerziellen Diensten, die im Auftrag ihrer Kunden massenhaft urhebe-
rechtlich geschützte Inhalte speichern und verwerten, ist eine Beschränkung des ausschließlichen
Vervielfältigungsrechts nicht gerechtfertigt, da eine zentrale Lizenzierung über den Dienstanbieter hier
durchaus möglich ist und es daher an dem für eine Schrankenregelung erforderlichen Marktversagen
fehlt.[153] Gleiches gilt für den kostenpflichtigen Download vom Portal eines **Content-Providers,** bei
dem die Verschaffung der Inhalte in einem nutzbaren Format zu den Vertragspflichten des Anbieters
gehört, der eigenverantwortlich über das Speicherformat, die technische Ausgestaltung des Übermittlungsvorgangs und häufig sogar den genauen Speicherort bestimmt, während die Mitwirkung des
Nutzers sich auf das Auslösen des Übermittlungsvorgangs beschränkt.[154] Anders kann man **Cloud-
Dienste** beurteilen, die dem Nutzer lediglich Speicherkapazität zur freien Verfügung stellen, bei denen der Nutzer aber frei über Inhalt, Format und Dauer der Speicherung bestimmen kann; auch
insoweit kommt aber durchaus eine Zurechnung der Vervielfältigung zum Diensteanbieter in Betracht.[155] Bei **Copyshops** kommt es auf die Frage, ob der Betreiber oder der Kunde Hersteller der
mit Hilfe der aufgestellten Geräte erstellten Kopien ist,[156] nicht an, soweit es um Vervielfältigungen
auf Papier oder einem ähnlichen Träger geht.[157]

2. Beschränkung auf den Vervielfältigungsvorgang

30   Hat der Hersteller die Vervielfältigungen danach im Auftrag eines Dritten für dessen privaten Gebrauch angefertigt, so ist die Herstellung der Vervielfältigungsstücke dem Auftraggeber darüber hinaus

---

[142] BGH GRUR 2009, 895 Rn. 23 – Internet-Videorecorder I; OLG Dresden GRUR-RR 2011, 413 f. –
Save.TV; bestätigt durch BGH ZUM-RD 2013, 314 Rn. 21 ff.; GRUR 2013, 618 Rn. 11 – Internet-Videorecorder II; zustimmend Dreier/Schulze/*Dreier* § 53 Rn. 14; *Kamps/Koops* CR 2007, 581 (583); *Hofmann* ZUM 2006,
786 f.; *Leistner* CR 2018, 436 (441).

[143] BGH GRUR 2009, 845 Rn. 31 ff. – Internet-Videorecorder I; OLG München GRUR-RR 2017, 492
Rn. 39 – YouTV; *Neurauter* GRUR 2011, 691 (694); *Haedicke* ZUM 2016, 594 (597 ff.); ebenso für den Fall, dass
die aufzuzeichnenden Signale an unabhängige Cloud-Speicher von Drittanbietern weitergeleitet werden, EuGH
GRUR 2018, 68 Rn. 46 ff. – VCAST/RTI.

[144] Zu den verschiedenen Gestaltungen bei Internet-Videorekordern etwa *Haedicke* ZUM 2016, 594 f.

[145] So im Ansatz auch *Leistner* CR 2018, 436 (442 f.), ohne daraus allerdings dieselben Konsequenzen für die
Herstellereigenschaft des Nutzers zu ziehen; vgl. auch BGH GRUR 2016, 493 Rn. 20 – Al Di Meola.

[146] Für eine normative Bestimmung des Herstellers auch OLG Dresden ZUM 2007, 203 (204 f.) – Online-
Videorecorder; *Wiebe* CR 2007, 28.

[147] *Stieper* ZUM 2004, 911 (915); *Stieper* ZGE 7 (2015), 170 (189 f.); ähnlich Fromm/Nordemann/*Wirtz* UrhG
§ 53 Rn. 15; *Haedicke* ZUM 2016, 594 (602): wer die „Kontroll-, Steuerungs- und Einflussmöglichkeiten innehat".

[148] Insoweit zutreffend BGH GRUR 2009, 845 Rn. 16 – Internet-Videorecorder.

[149] *Stieper* ZUM 2019, 1 (5 f.); ebenso im Ergebnis OLG Köln ZUM 2006, 143 (145); OLG Dresden ZUM
2007, 203 (204 f.); vgl. auch BeckOK UrhR/*Grübler* UrhG § 53 Rn. 16.

[150] So auch OLG München GRUR 2019, 729 Rn. 28 – musicmonster; aA offenbar *Leistner* CR 2018, 436
(441); vgl. auch *Haedicke* ZUM 2016, 594 (602 f.).

[151] → Rn. 33.

[152] Ebenso *GA Szpunar* ECLI:EU:C:2017:649 Rn. 40 in Fn. 19 – VCAST/RTI: „In einem solchen Fall wäre
der wirkliche Urheber der Vervielfältigung offensichtlich VCAST und nicht der Benutzer ihres Dienstes, was jedwede Geltendmachung der Privatkopieausnahme ausschließen würde".

[153] Hierzu → Vor §§ 44a ff. Rn. 7.

[154] So *Stieper* ZGE 9 (2017), 539 (548 f.) mwN; zu den Folgen für die gesetzliche Vergütung → § 54a Rn. 15.

[155] Dazu *Stieper* ZUM 2019, 1 (6 f.); vgl. bereits *Stieper* ZGE 7 (2015), 170 (190).

[156] Vgl. hierzu BGH GRUR 1984, 54 (55); BeckOK UrhR/*Grübler* UrhG § 53 Rn. 16.

[157] *Stieper* ZUM 2004, 911 (912); dazu → Rn. 31, 49.

nur dann als Vervielfältigungshandlung zuzurechnen, wenn der Hersteller sich darauf beschränkt, gleichsam „an die Stelle des Vervielfältigungsgeräts" zu treten und als **„notwendiges Werkzeug"** des anderen tätig zu werden.[158] Dagegen kommt eine Teilnahme an der Privilegierung nach § 53 Abs. 1 S. 2 nicht in Betracht, wenn der Hersteller, der den technischen Vorgang der Vervielfältigung vornimmt, dies in einem Ausmaß und in einer Intensität tut, die sich mit den Gründen, die die Privilegierung des Privatgebrauchs rechtfertigen, bei normativer Bewertung nicht mehr vereinbaren lässt.[159] In solchen Fällen ist die Vervielfältigung dem Hersteller, der den technischen Vorgang ausführt, und nicht seinem Auftraggeber zuzurechnen.[160] Da der Hersteller die Vervielfältigung nicht zum eigenen privaten Gebrauch vornimmt, verletzt er mangels Zustimmung des Urhebers zu dieser Vervielfältigung dessen Vervielfältigungsrecht. An der Beschränkung auf den technisch-maschinellen Vorgang der Vervielfältigung fehlt es etwa bei **Recherchediensten von Datenbanken,** bei denen es sich daher nicht um einen Fall des zulässigen Herstellenlassens handelt.[161] Der Vervielfältigungsvorgang kann nicht von der Recherche isoliert gesehen werden; die Recherchedienste bieten vielmehr ein Servicepaket an, das weit über das hinausgeht, was der Gesetzgeber mit der Zulässigkeit des Herstellenlassens erlaubt hat. Ebenso greift bei Vervielfältigungen, die der Anbieter eines **Internet-Videorecorders** für seine Kunden vornimmt,[162] selbst bei Unentgeltlichkeit des Dienstes § 53 Abs. 1 S. 2 nicht ein, weil der Dienstanbieter mit dem Empfang, der Strukturierung und der Weiterleitung der aufgezeichneten Fernsehsendungen eine über die bloße Vervielfältigung hinausgehende Dienstleistung anbietet.[163] Das gilt erst recht für solche Geschäftsmodelle, die das gesamte Fernsehprogramm sämtlicher Sender über 24 Stunden täglich aufnehmen und über mehrere Tage hinweg zum Abruf bereitstellen.[164]

3. Weitere Einschränkungen

Die Herstellung durch andere ist im Rahmen des § 53 Abs. 1 S. 2 schließlich nur zulässig, wenn **31** eine von zwei Voraussetzungen erfüllt ist: es muss sich entweder um Vervielfältigungen auf Papier oder einem ähnlichen Träger mittels beliebiger photomechanischer Verfahren oder anderer Verfahren mit ähnlicher Wirkung handeln oder die Vervielfältigung muss unentgeltlich erfolgen. Der Begriff der **Vervielfältigung auf Papier** oder einem ähnlichen Träger entspricht dem in Abs. 2 S. 2 Nr. 1.[165] Solche reprografischen Vervielfältigungen sind auch entgeltlich zulässig, so dass der mit dem Herstellenlassen verbundene Kopienversand möglich bleibt.[166]

Das Erfordernis der **Unentgeltlichkeit** ist mit dem „1. Korb" über seinen bisherigen Anwen- **32** dungsbereich der Übertragung von Werken auf Bild- oder Tonträger und die Vervielfältigung von Werken der bildenden Künste hinaus auf alle Vervielfältigungsfälle erweitert worden. Der Gesetzgeber wollte mit dieser Regelung Missbräuchen vorbeugen und den privaten Charakter solcher Vervielfältigungen betonen.[167]

Unentgeltlichkeit bedeutet, dass für die Tätigkeit des Herstellens keine Gegenleistung erbracht **33** werden darf.[168] Die Erstattung der reinen Unkosten bei der Herstellung, insbesondere der Materialkosten, führt allerdings nicht zur Entgeltlichkeit.[169] Nach der Gesetzesbegründung sind als unentgeltlich auch Kopien anzusehen, die durch Bibliotheken gefertigt werden, die Gebühren oder Entgelte für die Ausleihe erheben, soweit die **Kostendeckung** nicht überschritten wird.[170] Auch der einem mit Vervielfältigungen betrauten Angestellten gezahlte Lohn ist kein Entgelt für die jeweiligen Vervielfältigungsvorgänge, sondern für die Erbringung der Arbeitsleistung im Rahmen des Arbeitsverhältnisses, schließt also die Unentgeltlichkeit nicht aus.[171] Unentgeltlich muss die Herstellung der

---

[158] BGH GRUR 1999, 707 (709) – Kopienversanddienst; BGH ZUM 2009, 765 Rn. 16 – Save.TV; BGH GRUR 2009, 845 Rn. 17 – Internet-Videorecorder.

[159] BGHZ 134, 250 = GRUR 1997, 459 (463) – CB-Infobank I; BGH GRUR 2009, 845 Rn. 17 – Internet-Videorecorder I.

[160] BGH ZUM 2009, 765 Rn. 16 – Save.TV; OLG Dresden GRUR-RR 2011, 414 – Save.TV; Wandtke/Bullinger/*Lüft* UrhG § 53 Rn. 20.

[161] BGHZ 134, 250 = GRUR 1997, 459 (461 ff.) – CB-infobank I; BGH GRUR 1997, 464 (466) – CB-infobank II; KG GRUR-RR 2004, 228 (232) – Ausschnittdienst; OLG Köln GRUR 2000, 414 (417) – GRUR/GRUR-Int; Fromm/Nordemann/*Wirtz* UrhG § 53 Rn. 15; DKMH/*Dreyer* UrhG § 53 Rn. 51; Wandtke/Bullinger/*Lüft* UrhG § 53 Rn. 20.

[162] Zur Herstellereigenschaft → Rn. 28 f.

[163] Ebenso OLG Dresden ZUM 2007, 385 (386) – Internet-Videorecorder; LG Braunschweig ZUM-RD 2006, 396 (400) – Online-Videorekorder; in diesem Sinne lässt sich auch EuGH GRUR 2018, 68 Rn. 38 ff. – VCAST/RTI verstehen; *gegen* eine solche Lesart des EuGH-Urteils allerdings *Leistner* CR 2018, 436 (438 f.).

[164] S. dazu *Haedicke* ZUM 2016, 594 (602 f.); ebenso OLG München GRUR 2019, 729 Rn. 29 – musicmonster (für einen Internetmusikdienst, der Webradios nach Musikwünschen der Nutzer durchsucht).

[165] Dazu → Rn. 49.

[166] AmtlBegr. BT-Drs. 15/38, 20.

[167] AmtlBegr. BT-Drs. 15/38, 20.

[168] *Dreyer*/Kotthoff/Meckel UrhG § 53 Rn. 35; BeckOK UrhR/*Grübler* UrhG § 53 Rn. 17.

[169] Dreier/Schulze/*Dreier* § 53 Rn. 16; Wandtke/Bullinger/*Lüft* UrhG § 53 Rn. 22; Fromm/Nordemann/*Wirtz* UrhG § 53 Rn. 16; DKMH/*Dreyer* UrhG § 57 Rn. 35; BeckOK UrhR/*Grübler* UrhG § 53 Rn. 17; *Lauber/Schwipps* GRUR 2004, 293 (298).

[170] AmtlBegr. BT-Drs. 15/38, 20 f.

[171] Dreier/Schulze/*Dreier* § 53 Rn. 16; BeckOK UrhR/*Grübler* UrhG § 53 Rn. 17.

Kopien für denjenigen sein, für den sie gefertigt werden. Zuwendungen von Dritten, die mit dem Besteller der Kopien in keinerlei Zusammenhang stehen, schließen die Unentgeltlichkeit nicht aus.[172] Wenn der Dritte eine **Gewinnerzielungsabsicht** verfolgt, scheidet eine Anwendung von § 53 Abs. 1 S. 2 aber unabhängig von einem Kostenbeitrag des Nutzers aus.[173] Das kommt insbesondere auch bei Diensten in Betracht, die auf Erzielung von Werbeeinnahmen ausgerichtet sind,[174] wenn man in der hierbei ausgenutzten Aufmerksamkeit der Nutzer für die Werbeanzeigen nicht ohnehin ein Entgelt iSd Vorschrift sehen will.

C. Vervielfältigung zum sonstigen eigenen Gebrauch (Abs. 2)

34　　Bei der Umsetzung der InfoSoc-RL durch die Novelle 2003 sowie den „Zweiten Korb" hat der Gesetzgeber die bisherige Struktur des Abs. 2 grundsätzlich beibehalten und lediglich durch zusätzliche Voraussetzungen den sich aus der Richtlinie ergebenden Notwendigkeiten Rechnung getragen.[175] Da dies aber keine Auswirkungen auf die schon bisher bestehenden Tatbestandsmerkmale von Abs. 2 Satz 1 hat, bleibt die bisherige Rechtsprechung insoweit anwendbar.[176] Gleiches gilt für die Änderungen durch das UrhWissG.

I. Allgemeine Voraussetzungen

35　　Auch in den Fällen des Abs. 2 ist, wie sich aus den Regelungen in Abs. 2 S. 1 Nr. 2–4 ergibt, die Vervielfältigung **nur zum eigenen Gebrauch** zulässig. Dabei ist der Begriff des eigenen Gebrauchs der Oberbegriff, der den privaten Gebrauch iSv Abs. 1 einschließt.[177] Der eigene Gebrauch ist dadurch charakterisiert, dass jemand Vervielfältigungsstücke zur **eigenen Verwendung und nicht zur Weitergabe an Dritte** herstellt bzw. herstellen lässt.[178] Im Gegensatz zum privaten Gebrauch kann der eigene Gebrauch iSd Abs. 2 auch **beruflichen oder erwerbswirtschaftlichen Zwecken** dienen[179] und auch nicht nur durch natürliche Personen, sondern auch durch **juristische Personen** ausgeübt werden.[180] Eigener Gebrauch iSd Abs. 2 ist vor allem der betriebs- bzw. behördeninterne Gebrauch durch Unternehmen, Angehörige freier Berufe, Behörden usw. Diese Institutionen dürfen durch ihre Mitarbeiter Vervielfältigungen zum internen Gebrauch herstellen lassen. Auch Hochschulen, Schulen, Bibliotheken usw fallen hierunter; insoweit sind jetzt aber die Sonderregelungen in §§ 60a–60f zu beachten. Eigener Gebrauch liegt dann nicht vor, wenn die hergestellten Vervielfältigungsstücke zwar im Unternehmen oder der Behörde verbleiben sollen, dort aber durch Dritte benutzt werden sollen oder zur Herstellung weiterer für Dritte bestimmter Vervielfältigungsstücke dienen sollen.[181] Auch die **Einspeicherung, Bearbeitung und Ausgabe von Dokumenten** oder sonstigen Werken in Datenbanken durch für Dritte tätig werdende **Dokumentations- und Recherchedienste** stellt keinen eigenen Gebrauch dar.[182]

36　　Ebenso wie beim privaten Gebrauch dürfen auch in den Fällen des Abs. 2 nur **einzelne Vervielfältigungsstücke** hergestellt werden.[183] Auch das **Herstellenlassen** durch andere ist zulässig. Erforderlich ist dafür wie nach Abs. 1 S. 2, dass sich die Tätigkeit des anderen **auf den technisch-maschinellen Vorgang der Vervielfältigung beschränkt.**[184] Die Organisationshoheit über Gegenstand und Umfang der Vervielfältigungen muss somit beim Besteller verbleiben. Wird ein Dritter mit einer Recherche nach einschlägigen Veröffentlichungen zu vom Besteller bestimmten Themen beauftragt, so handelt es sich bei den Kopien, die der Dritte anfertigt, nicht mehr um Vervielfältigungen, die der Besteller herstellen lässt. Die für Privatkopien in Abs. 1 S. 2 enthaltene Beschränkung auf die **unentgeltliche Herstellung** oder die **Herstellung mittels photomechanischer Verfahren**[185] gilt für Abs. 2 zwar nicht. Allerdings sind für alle Fälle der Nr. 2–4 die Einschränkungen in **Abs. 2 S. 2** zu beachten, wonach ohnehin nur Vervielfältigungen auf Papier oder einem ähnlichen Träger oder ausschließlich analoge Nutzungen zulässig sind. Vervielfältigungsvorgänge, deren Endprodukt ein

---

[172] Dreier/Schulze/*Dreier* § 53 Rn. 16.
[173] BGH GRUR 2009, 845 Rn. 55 – Internet-Videorecorder I.
[174] BGH GRUR 2009, 845 Rn. 56 – Internet-Videorecorder I; OLG Dresden ZUM 2007, 395 (386) – Online-Videorecorder; BeckOK UrhR/*Grübler* UrhG § 53 Rn. 17; aA insoweit Dreier/Schulze/*Dreier* § 53 Rn. 16.
[175] → Rn. 10 f.
[176] AmtlBegr. BT-Drs. 15/38, 21.
[177] → Rn. 23.
[178] AmtlBegr. zur Novelle 1985, BT-Drs. 10/837, 9.
[179] Vgl. auch BGH GRUR 1978, 474 (475) – Vervielfältigungsstücke; BGH GRUR 1993, 899 (900) – Dia-Duplikate.
[180] AmtlBegr. BT-Drs. 10/837, 9; OLG Köln GRUR 2000, 414 (416) – GRUR/GRUR-Int.
[181] Dreier/Schulze/*Dreier* § 53 Rn. 18; Wandtke/Bullinger/*Lüft* UrhG § 53 Rn. 25.
[182] BGH GRUR 1997, 459 (461) – CB-infobank I; → Rn. 30.
[183] → Rn. 26.
[184] BGH GRUR 1997, 459 (462) – CB-infobank I; BGH GRUR 1997, 464 (466) – CB-infobank II; Dreier/Schulze/*Dreier* § 53 Rn. 20; Wandtke/Bullinger/*Lüft* UrhG § 53 Rn. 26; näher dazu → Rn. 30.
[185] Dazu → Rn. 31 ff.

digitales Vervielfältigungsstück ist, sind von § 53 Abs. 2 daher auch bei Unentgeltlichkeit der Herstellung nicht gedeckt.

II. Gebrauchszweck

Die Vervielfältigung nach Abs. 2 ist nur zulässig, wenn einer der in S. 1 Nr. 2–4 bezeichneten Fälle **37** vorliegt. Die einzelnen Gebrauchszwecke können sich überschneiden. Der früher in Nr. 1 geregelte **wissenschaftliche Gebrauch** ist seit 1.3.2018 Gegenstand der neu geschaffenen Schranke in § 60c. Da § 60c aber nur Vervielfältigungen zum Zwecke der nicht kommerziellen Forschung erlaubt, bleiben für die Forschung zu kommerziellen Zwecken die Tatbestände von § 53 Abs. 2 S. 1 (insbes. Nr. 4) anwendbar.[186]

1. Aufnahme in ein eigenes Archiv (Abs. 2 S. 1 Nr. 2)

Der Gesetzgeber wollte mit der Archivschranke nur solche Fälle zulassen, in denen es durch die Ar- **38** chivierung zu **keiner zusätzlichen Verwertung** des Werkes kommt, der Urheber also durch die Archivierung nicht betroffen wird.[187] Gedacht war an Fälle, in denen eine Bibliothek ihre Bestände auf Mikrofilm aufnimmt, um Raum zu sparen oder um die Filme an einem vor Katastrophen sicheren Ort aufzubewahren; dagegen sollte es den Bibliotheken nicht ermöglicht werden, ihre Bestände durch die Vervielfältigung entliehener Exemplare zu erweitern.[188] In der **InfoSoc-RL** ist eine entsprechende Schranke nur für Archive vorgesehen, die keinen wissenschaftlichen oder kommerziellen Zweck verfolgen (Art. 5 Abs. 2 lit. c); diese sind jetzt in § 60f geregelt. Für Archive in Papierform (vgl. Abs. 2 S. 2 Nr. 1) ergibt sich die Zulässigkeit einer Beschränkung des Vervielfältigungsrechts auch für unternehmens- und betriebsinterne Archive aber aus Art. 5 Abs. 2 lit. a InfoSoc-RL. Im Übrigen ging der deutsche Gesetzgeber davon aus, dass sich die Beibehaltung von Abs. 2 S. 1 Nr. 2 durch Art. 5 Abs. 3 lit. o der Richtlinie rechtfertigen lasse, soweit lediglich eine analoge Nutzung stattfinde; daraus ergab sich die Notwendigkeit der Einschränkung in Abs. 2 S. 2 Nr. 2.[189] Das UrhWissG hat den Tatbestand unverändert gelassen, da § 60f nur Archive zu nicht kommerziellen Zwecken betrifft und Abs. 2 S. 1 Nr. 2 daher neben dem neuen Tatbestand bestehen bleiben könne.[190]

Archive sind nach sachlichen Gesichtspunkten geordnete Sammel- und Aufbewahrungsstellen für **39** Geistesgut jeglicher Art, etwa für Bücher, Zeitungen und Zeitschriften, Bilder, Filme, Schallplatten, Ton- und Videobänder und dgl.[191] Es muss sich um ein **eigenes**, insbesondere also **betriebsinternes Archiv** handeln.[192] Der Aufbau eines **Archivs zur Benutzung durch Dritte** fällt nicht unter S. 1 Nr. 2.[193] Eine begünstigte Vervielfältigung liegt schon dann nicht vor, wenn das Vervielfältigungsstück zwar im Betrieb verbleibt, aber mit seiner Hilfe die Vervielfältigungsstücke für Dritte hergestellt werden.[194] Auch die **Erstellung von Archiven zur Überlassung an andere** fällt nicht unter Abs. 2 Nr. 2. Zwar kann die Herstellung der Vervielfältigungsstücke einem anderen übertragen werden,[195] die Archivierungsleistung muss aber vom Archivbetreiber erbracht werden.[196] Durch § 53 ist nur die Übernahme der mechanisch-technischen Vervielfältigungsleistung gedeckt, nicht die Vermarktung der Archivierungsleistung.[197]

Für die Zulässigkeit der Vervielfältigung im Rahmen des Abs. 2 S. 1 Nr. 2 kommt es entscheidend **40** auf den **Zweck der Archivierung** an. Nur wenn die Sammlung und Erschließung des Materials ausschließlich der Bestandssicherung und der betriebsinternen Nutzung[198] dient, ist die Vervielfältigung zulässig.[199] Die Vervielfältigung muss **für den Zweck der Archivierung geboten,** also dafür erforderlich sein. Das bedeutet zugleich, dass Vervielfältigungen nur in dem für die Archivierung erforderlichen Umfang erfolgen dürfen (was sich auch daraus ergibt, dass nur einzelne Vervielfältigungsstücke hergestellt werden dürfen). Andere als Archivierungszwecke sind durch Abs. 2 Nr. 2

---

[186] AmtlBegr. zum UrhWissG BT-Drs. 18/12329, 33.

[187] AmtlBegr. BT-Drs. IV/270, 73; sa LG Hamburg CR 1996, 734 (735).

[188] AmtlBegr. BT-Drs. IV/270, 73.

[189] AmtlBegr. BT-Drs. 15/38, 21.

[190] AmtlBegr. BT-Drs. 18/12329, 33; gegen eine Privilegierung unternehmenseigener Archive *Schack* AfP 2003, 1 (4).

[191] BGH GRUR 1997, 459 (461) – CB-infobank I; BGH GRUR 1999, 324 (327) – Elektronische Pressearchive; Dreier/Schulze/*Dreier* § 53 Rn. 26; Fromm/Nordemann/*Wirtz* UrhG § 53 Rn. 31; Wandtke/Bullinger/*Lüft* UrhG § 53 Rn. 28.

[192] BGH GRUR 1997, 459 (461) – CB-infobank I.

[193] BGH GRUR 1997, 459 (461) – CB-infobank I; BGH GRUR 2011, 415 Rn. 20 – Kunstausstellung im Online-Archiv; LG Hamburg CR 1996, 734; Dreier/Schulze/*Dreier* § 53 Rn. 27; Fromm/Nordemann/*Wirtz* UrhG § 53 Rn. 32; DKMH/*Dreyer* UrhG § 53 Rn. 68; *Flechsig/Fischer* ZUM 1996, 833 (839, 846).

[194] BGH GRUR 1997, 459 (461) – CB-infobank I.

[195] → Rn. 36.

[196] OLG Düsseldorf CR 1996, 728 (732).

[197] OLG Düsseldorf CR 1996, 728 (732).

[198] Dazu → Rn. 35.

[199] BGH GRUR 1997, 459 (461) – CB-infobank I.

nicht gedeckt, zB darf die Vervielfältigung nicht die Erweiterung der Bibliotheksbestände zum Zweck haben.[200]

41 Als Vorlage für die Vervielfältigung muss ein **eigenes Werkstück** benutzt werden, also ein Werkstück, das im Eigentum des Vervielfältigenden steht. Der Gesetzgeber wollte damit verhindern, dass die Vorschrift von Bibliotheken dazu benutzt wird, ihre Bestände durch Vervielfältigung entliehener Exemplare zu erweitern.[201] Wer Vervielfältigungen für Archivzwecke **herstellen lässt,** muss selbst Eigentümer des zur Vervielfältigung benutzten Werkstücks sein, es reicht nicht aus, dass der mit der Herstellung Beauftragte der Eigentümer ist.[202] Wird ein geschütztes Werk mehrfach (zB unter mehreren Stichworten) archiviert, so muss für jede dazu erfolgende Vervielfältigung ein eigenes Werkstück benutzt werden.[203]

2. Funksendungen über Tagesfragen (Abs. 2 S. 1 Nr. 3)

42 § 49 Abs. 2 gestattet bereits die Vervielfältigung von vermischten Nachrichten tatsächlichen Inhalts und von Tagesneuigkeiten, die durch Presse oder Funk veröffentlicht worden sind. Darüber hinaus erlaubt § 53 Abs. 2 Nr. 3 die Vervielfältigung sonstiger Sendungen aktuellen Inhalts, soweit dies der eigenen Unterrichtung über Tagesfragen dient. Die Vorschrift bezieht sich nur auf **durch Funk gesendete** Werke. Maßgeblich ist der Sendebegriff des § 20, der auch Kabel- und Satellitenfunk sowie Live-Streams im Internet einschließt.[204] Die öffentliche Zugänglichmachung (§ 19a) stellt, auch wenn sie drahtlos erfolgt, keine Funksendung dar[205] und fällt nicht unter Abs. 2 S. 1 Nr. 3. Die Vervielfältigung von Beiträgen, die online zum individuellen Abruf bereitstehen, ist daher auch im Wege des Papierausdrucks (Abs. 2 S. 2 Nr. 1) nicht zulässig.[206] **Tagesfragen** sind Themen von aktueller Bedeutung; für die Aktualität kommt es auf den Zeitpunkt der Funksendung an.[207] Nur zur **eigenen Unterrichtung,** also für den betriebs- oder behördeninternen Gebrauch, sind die Vervielfältigungen zulässig. So dürfen zB Unternehmen und Behörden aktuelle Sendungen in einigen Exemplaren aufnehmen und diese ihren Angehörigen zur Unterrichtung zuleiten.[208] Zur Unterrichtung zu privaten (dh nicht beruflichen oder kommerziellen) Zwecken der eigenen Person und der mit dem Hersteller der Vervielfältigung durch ein persönliches Band verbundenen Personen ist die Vervielfältigung bereits nach Abs. 1 zulässig. Nur **einzelne** Vervielfältigungsstücke dürfen hergestellt werden, und zwar so viele, wie für die eigene Unterrichtung benötigt werden.[209] Die Benutzung eines **eigenen Werkstücks** zur Vervielfältigung ist, wie sich im Umkehrschluss aus Abs. 2 S. 1 Nr. 2 ergibt, **nicht erforderlich.**[210]

3. Kleine Teile erschienener Werke (Abs. 2 S. 1 Nr. 4 lit. a)

43 Während nach Abs. 2 S. 1 Nr. 2 und 3 Vervielfältigungen nur zu einem bestimmten Gebrauchszweck zulässig sind, kommt es nach Abs. 2 S. 1 Nr. 4 lit. a auf eine Zweckbestimmung nicht an, sofern es sich nur um **eigenen Gebrauch** handelt. Der Gesetzgeber wollte mit dieser Vorschrift eine Arbeitserleichterung schaffen, indem der Benutzer nicht gezwungen werden sollte, das ganze Werk zu erwerben, wenn er nur einen kleinen Teil benötigt.[211] In Betracht kommen vor allem Vervielfältigungen zu beruflichen oder gewerblichen Zwecken, etwa durch Anwälte, Steuerberater, Ärzte, Unternehmen, Behörden usw. Vervielfältigungen zu privaten Zwecken sind bereits nach Abs. 1 zulässig und dann nicht nur auf kleine Teile oder einzelne Beiträge beschränkt; eine Grenze ergibt sich dort aber aus Abs. 4 lit. b. Wie sich im Umkehrschluss aus Abs. 2 S. 1 Nr. 2 ergibt, setzt auch Abs. 2 Nr. 4 **nicht** voraus, dass die Vervielfältigungen von einem **eigenen Werkstück** gefertigt werden.[212]

44 Zulässig ist die Vervielfältigung **kleiner Teile erschienener Werke.** Ob es sich um einen kleinen Teil handelt, bestimmt sich nach dem Verhältnis sämtlicher vervielfältigter Teile eines Werkes zum gesamten Werk.[213] Anders als in §§ 60a und 60c hat der Gesetzgeber keine festen Prozentzahlen fest-

---

[200] AmtlBegr. BT-Drs. IV/270, 73.

[201] AmtlBegr. BT-Drs. IV/270, 73.

[202] Dreier/Schulze/*Dreier* § 53 Rn. 27; *Spindler* AfP 2006, 408 (411).

[203] BGH GRUR 1997, 459 (461 f.) – CB-infobank I.

[204] Zu Einzelheiten → § 20 Rn. 8 ff.

[205] Dreier/Schulze/*Dreier* § 53 Rn. 30; Wandtke/Bullinger/*Lüft* UrhG § 53 Rn. 30; aA DKMH/*Dreyer* UrhG § 53 Rn. 87.

[206] So aber DKMH/*Dreyer* UrhG § 53 Rn. 90.

[207] Fromm/Nordemann/*Wirtz* UrhG § 53 Rn. 37; Dreier/Schulze/*Dreier* § 53 Rn. 30.

[208] AmtlBegr. BT-Drs. IV/270, 73.

[209] Dazu → Rn. 26.

[210] BGH GRUR 1997, 459 (462) – CB-infobank I; BGH GRUR 1997, 464 (466) – CB-infobank II; OLG Köln GRUR 2000, 414 (417) GRUR/GRUR-Int

[211] AmtlBegr. BT-Drs. IV/270, 73.

[212] *BGH* GRUR 1997, 459 (462) – CB-infobank I; BGH GRUR 1997, 464 (466) – CB-infobank II; OLG Frankfurt a. M. GRUR 1996, 351 (354) – CB-infobank; OLG Köln GRUR 1995, 265 (267) – infobank; LG München I AfP 1996, 181 (183); Dreier/Schulze/*Dreier* § 53 Rn. 33; Wandtke/Bullinger/*Lüft* UrhG § 53 Rn. 32.

[213] Dreier/Schulze/*Dreier* § 53 Rn. 33; Fromm/Nordemann/*Wirtz* UrhG § 53 Rn. 39; DKMH/*Dreyer* UrhG § 53 Rn. 94.

gelegt. Als obere Grenze werden verschiedentlich 20 % des Gesamtwerkes angesehen,[214] was zumindest in der Regel zu hoch sein dürfte;[215] weniger als 10 % stellen aber jedenfalls einen kleinen Teil dar.[216] Den Ausschlag muss eine Abwägung der Interessen der Urheber (Beeinträchtigung des Primärmarktes) und der Nutzer im Einzelfall geben.[217] Als **Werk** kommen grundsätzlich alle Werkarten in Betracht, Einschränkungen ergeben sich aber für Noten (Abs. 4 lit. a) und die in Abs. 7 genannten Fälle. Für elektronisch zugängliche Datenbankwerke (Abs. 5) und Computerprogramme gilt der Freistellungstatbestand in Abs. 2 S. 1 Nr. 4 nicht. Ob ein Werk erschienen ist, beurteilt sich nach § 6 Abs. 2.

Zulässig ist weiter die Vervielfältigung einzelner **in Zeitungen oder Zeitschriften erschienener** **45** **Beiträge**.[218] In diesem Rahmen dürfen nicht nur Werkteile, sondern ganze Werke vervielfältigt werden, die aber ebenso wie Werkteile nicht einzeln bezogen werden können, sondern nur über den Erwerb der ganzen Zeitung oder Zeitschrift. Der Gesetzgeber hat damit dem Umstand Rechnung getragen, dass es unwirtschaftlich wäre, mehrere Exemplare einer Zeitschrift zu kaufen, nur um einen darin enthaltenen, wenige Seiten umfassenden Aufsatz mehrfach zu erhalten, und zum anderen die betreffende Nummer der Zeitschrift häufig nicht mehr oder jedenfalls nicht in kurzer Zeit erhältlich ist.[219] **Bezugspunkt** für die Bestimmung, ob es sich um „einzelne" Beiträge handelt, ist daher das einzelne Heft als die vom Verlag gelieferte abgeschlossene Einheit.[220] Der in § 54 Abs. 1 Nr. 4 lit. a idF von 1965 ursprünglich enthaltene Begriff der Aufsätze wurde mit der Novelle 1985 durch den der **Beiträge** ersetzt, womit zum Ausdruck gebracht werden sollte, dass sich das Vervielfältigungsrecht nicht nur auf Aufsätze, sondern auch auf Beiträge wie **Gedichte, Lichtbildwerke oder Lichtbilder** erstreckt.[221] Hierunter fallen auch grafische Darstellungen, Tabellen, Übersichten und dgl. Werke, die nicht in Zeitungen oder Zeitschriften erschienen sind, werden nicht erfasst. Ob ein Beitrag **erschienen** ist, beurteilt sich nach § 6 Abs. 2.

Es dürfen aus einer Zeitung oder Zeitschrift auch **mehrere Beiträge** vervielfältigt werden. Ange- **46** sichts des Zwecks der Vorschrift, dem Benutzer den Erwerb des ganzen Heftes zu ersparen, wenn er nur einen geringen Teil benötigt, dürfen aber die Beiträge, die aus einer Zeitung oder Zeitschrift kopiert werden, insgesamt auch nur einen **kleinen Teil** derselben darstellen.[222] Auch der Gesetzgeber ging davon aus, dass die zu kopierenden Aufsätze idR nur einen kleinen Teil der Zeitschrift ausmachen werden.[223] Es besteht kein Anlass, die Grenze hier höher anzusetzen als bei den „kleinen Teilen" eines Werkes.[224] Die dafür gegebene Begründung, es seien hier unterschiedliche Urheber betroffen, überzeugt schon deswegen nicht, weil die mit Vervielfältigungen verbundene Beeinträchtigung des Absatzes der Zeitungen und Zeitschriften, die im Interesse der Urheber und Verleger zu berücksichtigen ist, nicht davon abhängt, ob die kopierten Artikel von einem oder von mehreren Urhebern stammen. Das Kopieren ganzer Zeitschriftenhefte etwa mit dem Ziel, einen Jahrgang zu komplettieren, ist durch Abs. 2 S. 1 Nr. 4 lit. a auf keinen Fall gedeckt, sondern ohne Zustimmung des Urhebers nur unter den Voraussetzungen des Abs. 1, Abs. 2 S. 1 Nr. 2 oder 4 lit. b jeweils iVm Abs. 2 S. 2 zulässig.

4. Vergriffene Werke (Abs. 2 S. 1 Nr. 4 lit. b)

Mit der Bestimmung über die Vervielfältigung **seit mindestens zwei Jahren vergriffener Werke** **47** wollte der Gesetzgeber insbesondere dem Bedürfnis von Bibliotheken und wissenschaftlichen Instituten zur Vervollständigung ihrer Bestände an wissenschaftlichen Werken und zur Herstellung von weiteren Leseexemplaren Rechnung tragen.[225] Die Ausgestaltung in § 54 Abs. 1 Nr. 4 lit. b idF von 1965, die voraussetzte, dass der Berechtigte nicht auffindbar war, hatte sich angesichts der mit einer Suche verbundenen Schwierigkeiten und Zeitverluste nicht bewährt. Ein Werk ist nach den zu § 29 VerlG entwickelten Kriterien **vergriffen,** wenn es vom Verlag nicht mehr geliefert werden kann, dh wenn dem Verleger zum Absatz bestimmte Exemplare nicht mehr zur Verfügung stehen.[226] Der frü-

---

[214] Wandtke/Bullinger/*Lüft* UrhG § 53 Rn. 32; DKMH/*Dreyer* UrhG § 53 Rn. 94 (10–20 %); *Raczinski/Rademacher* GRUR 1989, 324 (327) mwN.

[215] So auch Fromm/Nordemann/*Wirtz* UrhG § 53 Rn. 39; Dreier/Schulze/*Dreier* § 53 Rn. 33.

[216] OLG Karlsruhe GRUR 1987, 818 (820) – Referendarkurs; vgl. zu § 52a Abs. 1 Nr. 1 aF BGH GRUR 2014, 549 Rn. 24 – Meilensteine der Psychologie: 12 % des gesamten Werkes und höchstens 100 Seiten als „kleiner" Teil eines Werkes.

[217] Dreier/Schulze/*Dreier* § 53 Rn. 33; BeckOK UrhR/*Grübler* UrhG § 53 Rn. 29.

[218] Zum Begriff der Zeitung und der Zeitschrift vgl. → § 38 Rn. 35, → § 49 Rn. 10. Anders als § 60a Abs. 2 enthält die Vorschrift keine Beschränkung auf Fach- und wissenschaftliche Zeitschriften; dazu → § 60a Rn. 19.

[219] AmtlBegr. BT-Drs. IV/270, 73.

[220] Zum entsprechenden Verständnis in Abs. 4 lit. b → Rn. 55; vgl. auch → § 60a Rn. 18.

[221] Bericht des Rechtsausschusses, BT-Drs. 10/3360, 19.

[222] Dreier/Schulze/*Dreier* § 53 Rn. 33; BeckOK UrhR/*Grübler* UrhG § 53 Rn. 29; Fromm/Nordemann/*Wirtz* UrhG § 53 Rn. 40; Wandtke/Bullinger/*Lüft* UrhG § 53 Rn. 32.

[223] AmtlBegr. BT-Drs. IV/270, 73.

[224] So aber DKMH/*Dreyer* UrhG § 53 Rn. 95: bis zu 40 %.

[225] AmtlBegr. BT-Drs. IV/270, 74.

[226] Dreier/Schulze/*Dreier* § 53 Rn. 34; Wandtke/Bullinger/*Lüft* UrhG § 53 Rn. 34; Fromm/Nordemann/*Wirtz* UrhG § 53 Rn. 41; DKMH/*Dreyer* UrhG § 53 Rn. 104; zu § 29 VerlG *Schricker*, Verlagsrecht, § 29 Rn. 3.

her vertretenen Auffassung, dass das Werk auch im Handel, selbst antiquarisch, nicht mehr erhältlich sein dürfe, ist nicht zu folgen.[227] Diese Auslegung stand unter der heute nicht mehr gegebenen Voraussetzung, dass eine Vergütung für die Vervielfältigung nur in Fällen gewerblicher Verwertung geschuldet war (§ 54 Abs. 2 idF von 1965). Zudem wollte der Gesetzgeber mit der Novellierung die nach der früheren Gesetzesfassung erforderliche schwierige und zeitaufwändige Suche ersparen;[228] diese Absicht würde zunichte gemacht, wenn komplizierte Umfragen erforderlich wären, ob ein Werk noch antiquarisch zu erhalten ist. Dass ein **eigenes Werkexemplar** als Vorlage verwendet wird, ist wie bei Nr. 4 lit. a nicht erforderlich.

III. Einschränkungen (Abs. 2 S. 2)

48   Die **Schranken-Schranke** in Abs. 2 S. 2 schränkt die Freistellungstatbestände in S. 1 insofern ein, als zusätzlich zu den Voraussetzungen des Abs. 2 S. 1 Nr. 2–4 eines der Tatbestandsmerkmale des Abs. 2 S. 2 erfüllt sein muss: Es muss sich entweder um eine Vervielfältigung auf Papier oder einem ähnlichen Träger mittels beliebiger photomechanischer Verfahren oder anderer Verfahren mit ähnlicher Wirkung handeln (Abs. 2 S. 2 Nr. 1) oder es darf nur eine ausschließlich analoge Nutzung stattfinden (Abs. 2 S. 2 Nr. 2).

1. Vervielfältigung auf Papier oder einem ähnlichen Träger (Nr. 1)

49   Der Begriff der **Vervielfältigung auf Papier** oder einem ähnlichen Träger **mittels beliebiger photomechanischer Verfahren** oder anderer Verfahren mit ähnlicher Wirkung wurde durch den EuGH geklärt.[229] Der BGH hat sich dieser Auslegung angeschlossen.[230] Danach sind unter Verfahren vergleichbarer Wirkung „sämtliche Verfahren zur Vervielfältigung nach § 53 Abs. 1 bis 3 UrhG aF zu verstehen, bei denen analoge Vervielfältigungsstücke entstehen; dabei kommt es nicht darauf an, ob ein analoges oder ein digitales Werkstück als Vervielfältigungsvorlage dient".[231] Auch **Vervielfältigungen von digitalen Medien** sind also als fotomechanische Vervielfältigungen (bzw. als ähnliches Verfahren) auf Papier zulässig, nicht dagegen durch Überspielen auf CD oder DVD, Einscannen oder Speicherung auf einem digitalen Datenträger wie der Festplatte eines Computers. Dass digitale Techniken zum Einsatz kommen, etwa bei der Verwendung eines Digitalkopierers, Digitaldruckers oder einer Digitalkamera, ist allerdings unschädlich, solange die digitalen Zwischenschritte keine eigenständige wirtschaftliche Nutzbarkeit ermöglichen[232] und das auf diese Weise hergestellte Vervielfältigungsstück eine „gegenständliche Darstellung zu zeigen vermag, die der Wahrnehmung durch menschliche Sinne zugänglich ist".[233] Beispiele sind Fotokopien (auch als Farbkopie), Papierausdrucke, Fotodruck oder die Festlegung auf Mikrofilm.[234] **Digitale Vervielfältigungen** sind dagegen keine Verfahren mit ähnlicher Wirkung.[235] Das gilt auch für das digitale Speichern von Grafikdateien.[236] Daher sind etwa **Inhouse-Kommunikationssysteme** auf elektronischer Basis, bei denen urheberrechtlich geschützte Werke in einer Datenbank festgelegt werden und innerhalb eines geschlossenen, Außenstehenden nicht zugänglichen Netzwerkes einer Vielzahl von Nutzern zur Verfügung stehen, die über Bildschirm oder Hardcopy Zugriff auf die gespeicherten Werke nehmen können, nicht durch Abs. 2 S. 1 Nr. 2 iVm S. 2 Nr. 1 privilegiert.[237] Auch die Film- oder Diaentwicklung fallen nicht hierunter, ebenso wenig das Abschreiben oder Abzeichnen per Hand.[238]

2. Ausschließlich analoge Nutzung (Nr. 2)

50   Die Alternative der **ausschließlich analogen Nutzung** wurde durch die Novelle 2003 eingefügt, um den Anforderungen von Art. 5 Abs. 2 lit. o InfoSoc-RL zu entsprechen.[239] Soweit es um reprografische Vervielfältigungen auf Papier oder einem ähnlichen Träger geht, hat Nr. 2 gegenüber Nr. 1

---

[227] Ebenso Dreier/Schulze/*Dreier* § 53 Rn. 34; Wandtke/Bullinger/*Lüft* UrhG § 53 Rn. 34; DKMH/*Dreyer* UrhG § 53 Rn. 104; Fromm/Nordemann/*Wirtz* UrhG § 53 Rn. 41.

[228] AmtlBegr. zur Novelle 1985, BT-Drs. 10/837, 16.

[229] EuGH GRUR 2013, 812 Rn. 60 ff. – VG Wort/Kyocera mAnm *Stieper* EuZW 2013, 699.

[230] BGH GRUR 2014, 979 Rn. 18 – Drucker und Plotter III; BGH GRUR 2014, 984 Rn. 19 – PC III.

[231] BGH GRUR 2014, 979 Rn. 18 – Drucker und Plotter III; BGH GRUR 2014, 984 Rn. 19 – PC III. Die Entscheidungen sind zu § 54a Abs. 1 S. 1 aF ergangen, sind aber auch für die Auslegung § 53 Abs. 2 heranzuziehen, s. *Stieper* EuZW 2013, 699 (702).

[232] So auch Dreier/Schulze/*Dreier* § 53 Rn. 28.

[233] EuGH GRUR 2013, 812 Rn. 67 – VG Wort/Kyocera.

[234] Vgl. *Stieper* EuZW 2013, 699 (701).

[235] EuGH GRUR 2013, 812 Rn. 67 – VG Wort/Kyocera; BGH GRUR 2014, 979 Rn. 18 – Drucker und Plotter III; BGH GRUR 2014, 984 Rn. 19 – PC III; s. bereits OLG München MMR 2007, 525 (528) – Subito.

[236] DKMH/*Dreyer* UrhG § 53 Rn. 78.

[237] So bereits die bisherige Rechtslage, vgl. BGH GRUR 1999, 324 (327) – Elektronische Pressearchive; OLG Düsseldorf CR 1996, 728 (729 f.); LG Hamburg CR 1996, 734 (735); *Katzenberger* Elektronische Printmedien S. 55 mwN.

[238] DKMH/*Dreyer* UrhG § 53 Rn. 77.

[239] AmtlBegr. BT-Drs. 15/38, 21.

keine eigenständige Bedeutung. Bei anderen als Schriftwerken, grafischen Aufzeichnungen von Werken der Musik (dazu Abs. 4 lit. a) und Werken der bildenden Kunst kommt eine Vervielfältigung im Wege der Reprografie jedoch kaum in Betracht; insoweit greift dann Abs. 2 S. 2 Nr. 2. Insbesondere die **Archivierung von Ton- oder Filmaufnahmen** (Abs. 2 S. 1 Nr. 2) oder die **Aufzeichnung von Funksendungen** (Abs. 2 S. 1 Nr. 3) ist daher nur zulässig, wenn eine ausschließlich analoge Nutzung stattfindet. Die Vervielfältigung beispielsweise einer Sprach- oder Musiksendung darf also als analoge Tonbandaufnahme, nicht aber als digitale Aufnahme auf Festplatte, CD oder DVD erfolgen.[240] Auch das Abschreiben oder Abzeichnen stellen ausschließlich analoge Nutzungen dar. Bei Archiven (Abs. 2 S. 1 Nr. 2) wird der Begriff der Nutzung iSv Nr. 2 dagegen teilweise auf die der Vervielfältigung nachfolgende Nutzung des Archivs bezogen.[241] Eine Erweiterung der Archivierungsfreiheit auf andere als analoge Vervielfältigungen dürfte sich hierdurch jedoch kaum ergeben; denn bei einem digital gespeicherten Archiv ist eine ausschließlich analoge Nutzung nicht denkbar, da jeder Abruf der archivierten Werke weitere digitale Vervielfältigungsvorgänge erfordert. Es bleibt daher auch nach dieser Auffassung dabei, dass elektronische Archive nicht von Abs. 2 S. 1 Nr. 2 gedeckt sind.

D. Ausnahmen von der Vervielfältigungsfreiheit (Abs. 4, 5 und 7)

Die Abs. 4, 5 und 7 enthalten Einschränkungen der nach Abs. 1 und 2 gewährten Vervielfältigungsfreiheit. Vervielfältigungen, die unter Abs. 4, 5 oder 7 fallen, sind grundsätzlich auch dann unzulässig, wenn sie die Voraussetzungen eines der Privilegierungstatbestände in Abs. 1 oder 2 erfüllen. Sie dürfen nur mit Zustimmung des Urhebers oder sonstigen Berechtigten erfolgen. **51**

I. Vervielfältigung von Noten, ganzen Büchern und Zeitschriften (Abs. 4)

1. Vervielfältigung grafischer Aufzeichnungen von Werken der Musik (Abs. 4 lit. a)

Abs. 4 lit. a sieht eine grundsätzliche[242] Ausnahme von der Vervielfältigungsfreiheit für die Vervielfältigung von Noten und anderen grafischen Aufzeichnungen von Werken der Musik vor, wenn die Vervielfältigung auf andere Weise als durch Abschreiben vorgenommen wird. Die Entwicklung der Kopiertechnik hatte auf diesem Gebiet in ganz besonderem Maße zu Nachteilen für die Komponisten und Musikverleger geführt. Es war weitgehend Praxis geworden, dass Chöre, Gesangvereine und andere Musikgruppen das benötigte Notenmaterial nicht mehr in ausreichender Zahl käuflich erwarben, sondern von einem – oft nur entliehenen – Exemplar die erforderliche Anzahl von Kopien herstellten. Der damit verbundene Umsatzrückgang wirkte sich angesichts der erheblichen Herstellungskosten von Notensätzen besonders nachteilig aus und barg die Gefahr in sich, dass die auch im öffentlichen Interesse liegende Bereitstellung von Noten auch selten verlangter Werke durch die Musikverlage nicht gewährleistet war.[243] **52**

Eine **Vervielfältigung von Noten** (bzw. anderen grafischen Aufzeichnungen von Musikwerken), die in anderer Weise als durch Abschreiben vorgenommen wird, ist grundsätzlich **nur mit Einwilligung des Berechtigten zulässig.** Es sind also weder Vervielfältigungen zum privaten Gebrauch nach Abs. 1 noch zum sonstigen eigenen Gebrauch nach Abs. 2 (mit Ausnahme der in Abs. 4 aufgenommenen Fälle des Abs. 2 S. 1 Nr. 2 und Nr. 4 lit. b) zulässig. **Berechtigter** ist entweder der Urheber selbst oder derjenige, dem der Urheber die entsprechende Berechtigung eingeräumt hat, insbesondere der Musikverleger als Inhaber eines ausschließlichen Nutzungsrechts (§ 31 Abs. 3). **Pauschalvereinbarungen,** in denen die Einwilligung generell erteilt worden ist, bestehen insbesondere im Gesamtvertrag zwischen den Verwertungsgesellschaften VG Wort, VG Musikedition und VG Bild-Kunst einerseits und der Kultusministerkonferenz der Länder andererseits, ferner mit den Kirchen, denen gestattet wird, Lieder für den Gottesdienst zu kopieren, wenn zu besonderen Anlässen wie Weihnachten oder Ostern die Gesangbücher nicht ausreichen.[244] Auch **kleine Teile** eines Notenwerkes dürfen – soweit die Vervielfältigung nicht nach anderen Vorschriften, zB als Zitat (§ 51) zulässig ist – nicht vervielfältigt werden; ein entsprechender Vorschlag, der vom Bundesrat im Hinblick auf den Unterricht in Musikhochschulen gemacht wurde,[245] wurde nicht in das Gesetz aufgenommen.[246] **53**

[240] DKMH/*Dreyer* UrhG § 53 Rn. 90.
[241] So DKMH/*Dreyer* UrhG § 53 Rn. 78 ebenso wohl → 5. Aufl. 2017, Rn. 51.
[242] Zu Rückausnahmen → Rn. 57 ff.
[243] Vgl. AmtlBegr. BT-Drs. 10/837, 17.
[244] Dazu auch → § 46 Rn. 27.
[245] BT-Drs. 10/837, 30.
[246] Vgl. BT-Drs. 10/837, 39 f.; BT-Drs. 10/3360, 19; s. jetzt aber § 60a.

2. Im Wesentlichen vollständige Vervielfältigung von Büchern oder Zeitschriften (Abs. 4 lit. b)

54   Auch bei Büchern und Zeitschriften erschien ein grundsätzliches[247] Verbot der Vervielfältigung vollständiger oder im Wesentlichen vollständiger Exemplare ohne Einwilligung des Berechtigten notwendig, um unzumutbare Eingriffe in das Vervielfältigungs- und Verbreitungsrecht zu unterbinden. Vor allem bei aufwändigen und teuren Fachbüchern und Fachzeitschriften hatte die Vervielfältigung ganzer Bände zum eigenen Gebrauch ganz erheblich zugenommen, bedingt durch steigende Buch- und Zeitschriftenpreise einerseits sowie sinkende Kopierpreise und kurze Kopierzeiten andererseits. Die daraus resultierende Auflagenreduzierung und Verteuerung der Druckwerke steigerte noch die Attraktivität des Kopierens und drohte zu einer ernsthaften Gefährdung der Primärliteratur zu führen.[248]

55   Abs. 4 lit. b nennt nur Bücher und Zeitschriften, bezieht sich also **nicht** auf **Zeitungen,** so dass die Vervielfältigung ganzer Zeitungen im Rahmen von Abs. 1 und 2 zulässig bleibt. Der Gesetzgeber hat diese Entscheidung bewusst getroffen, weil einmal eine Gefährdung des Zeitungsabsatzes durch das Kopieren ganzer Exemplare ausgeschlossen erschien[249] und zum anderen ein Interesse daran besteht, zB mikroverfilmte Zeitungen zum wissenschaftlichen Gebrauch vollständig zu kopieren.[250] Nach Wegfall von Abs. 2 S. 1 Nr. 2 durch das UrhWissG beschränkt sich die Zulässigkeit der Vervielfältigung ganzer Zeitungen auf die Vervielfältigung zu privaten Zwecken nach Abs. 1 und die Aufnahme in ein eigenes, nicht elektronisches Archiv nach Abs. 2 S. 1 Nr. 2 iVm S. 2 Nr. 1; die Vervielfältigung zum eigenen wissenschaftlichen Gebrauch ist nunmehr in § 60c Abs. 2 und 3 geregelt. Unter **Buch** bzw. **Zeitschrift** ist die jeweils vom Verlag gelieferte abgeschlossene Einheit zu verstehen, bei Zeitschriften also das einzelne Heft, bei in Lieferungen erscheinenden Büchern auch die einzelne Lieferung. Dafür spricht der Gesetzeszweck, zu verhindern, dass die Anschaffung von Büchern und Zeitschriften durch Kopieren ersetzt wird.[251] Elektronische Bücher **(E-Books)** sind keine Bücher in diesem Sinne; auf sie ist Abs. 4 lit. b angesichts der gegenüber Verlagsprodukten unterschiedlichen Herstellungsverfahren und Nutzungsmodalitäten nicht anwendbar.[252] Zum eigenen Gebrauch darf ein E-Book daher vervielfältigt werden, etwa auch zur Umwandlung in ein anderes Dateiformat. Auch auf die vollständige Vervielfältigung anderer Werke ist die Vorschrift nicht (analog) anwendbar.[253]

56   Nicht nur vollständige, sondern auch **im Wesentlichen vollständige** Vervielfältigungen von Büchern und Zeitschriften sind untersagt. Damit sollte klargestellt werden, dass auch Vervielfältigungen unter Weglassung etwa des Inhaltsverzeichnisses oder der Anmerkungen unzulässig sind.[254] Ob eine Vervielfältigung im Wesentlichen vollständig ist, ist in erster Linie unter quantitativen Gesichtspunkten zu beurteilen, daneben ist aber auch die inhaltliche Bedeutung der weggelassenen Teile (unbedeutend beispielsweise Register, Anzeigenseiten usw) zu berücksichtigen.[255] So kann eine im Wesentlichen vollständige Vervielfältigung auch dann vorliegen, wenn eine Abhandlung den wesentlichen Teil einer Zeitschrift ausmacht.[256] Die quantitative Grenze dürfte im Allgemeinen bei etwa 90 % liegen.[257] Die für die eigene wissenschaftliche Forschung vom Gesetzgeber festgelegte Grenze von 75 % (§ 60c Abs. 2) kann auf andere Fälle nicht übertragen werden.

3. Rückausnahmen

57   Vervielfältigungen durch **Abschreiben** bleiben auch in den Fällen von Abs. 4 lit. a und b zulässig. Darunter fällt nicht nur das handschriftliche, sondern auch das Abschreiben mit einer Schreibmaschine, ebenso die manuelle Eingabe in den Computer bei Textverarbeitung. Entscheidend ist, dass der Text nicht unmittelbar maschinell oder digital übertragen, sondern von einer Person gelesen und erneut niedergeschrieben wird.[258]

58   Darüber hinaus bestehen in zwei Fällen Ausnahmen vom Verbot der nicht durch Abschreiben vorgenommenen Vervielfältigung: Gestattet ist einmal das Kopieren von Noten zur **Aufnahme in ein eigenes Archiv.** Dazu müssen die Voraussetzungen des Abs. 2 S. 1 Nr. 2 vorliegen; insbesondere darf

---

[247] Zu Ausnahmen → Rn. 78.
[248] Vgl. vor allem AmtlBegr. BT-Drs. 10/837, 17; Denkschrift des Börsenvereins des Deutschen Buchhandels (1978) S. 26 ff.
[249] Kritisch im Hinblick auf E-Paper-Angebote BeckOK UrhR/*Grübler* UrhG § 53 Rn. 37.
[250] AmtlBegr. BT-Drs. 10/837, 17.
[251] Dreier/Schulze/*Dreier* § 53 Rn. 41; BeckOK UrhR/*Grübler* UrhG § 53 Rn. 37. Einer Erschwerung der bibliothekarischen Arbeit bei der Beschaffung einzelner nicht mehr erhältlicher Zeitschriftenhefte hat der Gesetzgeber durch die Ausnahme für vergriffene Werke entgegengewirkt, vgl. dazu → Rn. 47.
[252] *Stieper* AfP 2010, 217 (218 f.); *Henke* S. 78 ff., 100 f. mwN; aA DKMH/*Dreyer* UrhG § 53 Rn. 59.
[253] BGH GRUR 2014, 974 Rn. 50 ff. – Porträtkunst; *Stieper* AfP 2010, 217 (219).
[254] Gegenäußerung der Bundesregierung, BT-Drs. 10/837, 40.
[255] Ähnlich Dreier/Schulze/*Dreier* § 53 Rn. 41; Wandtke/Bullinger/*Lüft* UrhG § 53 Rn. 36; Fromm/Nordemann/*Wirtz* UrhG § 53 Rn. 45; BeckOK UrhR/*Grübler* UrhG § 53 Rn. 37.
[256] Der gegenteilige Vorschlag des Bundesrates (BT-Drs. 10/837, 31) ist nicht ins Gesetz aufgenommen worden.
[257] Wandtke/Bullinger/*Lüft* UrhG § 53 Rn. 36; Fromm/Nordemann/*Wirtz* UrhG § 53 Rn. 45; gegen eine feste Grenze BeckOK UrhR/*Grübler* UrhG § 53 Rn. 37.
[258] Vgl. Stellungnahme des Bundesrates, BT-Drs. 10/837, 30 f.; sa *Möller* S. 28.

die Vervielfältigung nur von einem eigenen Werkstück hergestellt werden.[259] Zum anderen besteht eine Ausnahme, wenn das Werk seit mindestens zwei Jahren **vergriffen** ist.[260] Der Gesetzgeber ging davon aus, dass durch die Rückausnahmen des Abs. 4 die Rechte des Urhebers nicht beeinträchtigt würden.[261]

Das **Verhältnis dieser Rückausnahmen zu Abs. 2** kommt im Wortlaut allerdings nicht klar **59** zum Ausdruck. Denn in Bezug auf Archive wird zwar auf Abs. 2 S. 1 Nr. 2, nicht aber auf Abs. 2 S. 2 verwiesen; für vergriffene Werke fehlt eine Verweisung auf Abs. 2 S. 1 Nr. 4 lit. b sogar ganz. Teilweise wird daher vertreten, die in Abs. 2 S. 2 genannten Voraussetzungen einer Vervielfältigung mittels fotomechanischer Verfahren (Nr. 1) oder einer ausschließlich analogen Nutzung (Nr. 2) müssten in den Fällen des Abs. 4 nicht erfüllt sein.[262] Damit käme Abs. 4 in Bezug auf die dort genannten Rückausnahmen aber der Charakter einer eigenständigen, über Abs. 2 hinausgehenden Schrankenregelung zu, was vom Gesetzgeber sicher nicht beabsichtigt war. Mit dem Wegfall der im ursprünglichen Entwurf zur Novelle 1985 noch enthaltenen Verweisung auf Nr. 4 lit. b sollte lediglich klargestellt werden, dass die Vervielfältigung eines ganzen Buches bei vergriffenen Werken nicht nur zum „sonstigen" eigenen Gebrauch, sondern auch zum eigenen wissenschaftlichen Gebrauch (§ 53 Abs. 2 Nr. 1 aF) zulässig ist.[263] Nach Wegfall von Abs. 2 S. 1 Nr. 1 durch das UrhWissG bleibt als zulässiger eigener Gebrauch neben dem nach Abs. 1[264] nur noch derjenige nach Abs. 2 S. 1 Nr. 4 lit. b, da Nr. 3 und Nr. 4 lit. b für die Vervielfältigung von Noten und ganzen Büchern oder Zeitschriften nicht einschlägig sind. Die Rückausnahmen führen daher nur dazu, dass die durch Abs. 2 begründete Vervielfältigungsfreiheit in den genannten Fällen bestehen bleibt, die Ausnahmen in Abs. 4 lit. a und b insoweit also nicht greifen. Grafische Aufzeichnungen von Werken der Musik dürfen somit ebenso wie ganze Bücher oder Zeitschriften nur dann anders als durch Abschreiben zum eigenen, nicht privaten Gebrauch vervielfältigt werden, wenn die Voraussetzungen von Abs. 2 S. 1 Nr. 2 oder Nr. 4 lit. b und **zusätzlich die Voraussetzungen in Abs. 2 S. 2 Nr. 1 oder 2** vorliegen. Die im wesentlichen vollständige Vervielfältigung eines Buches in digitaler Form ist also (außer zum privaten Gebrauch) auch von vergriffenen Werken nicht ohne Zustimmung des Berechtigten zulässig, ebenso wenig die elektronische Speicherung von Noten in einem digitalen Archiv.

II. Vervielfältigung von elektronisch zugänglichen Datenbankwerken (Abs. 5)

Nach Abs. 5 gelten die Schranken in Abs. 1 und Abs. 2 nicht für elektronisch zugängliche Daten- **60** bankwerke; die Beschränkung der Ausnahme auf Abs. 2 S. 1 Nr. 2–4 ist mit Wegfall von Abs. 2 S. 1 Nr. 1 durch das UrhWissG gegenstandslos geworden.[265] Elektronisch zugängliche Datenbankwerke dürfen also auch zum privaten Gebrauch[266] oder zum sonstigen eigenen Gebrauch nur mit Zustimmung des Berechtigten vervielfältigt werden. Mit dieser Ausnahme von der Vervielfältigungsfreiheit hat der Gesetzgeber Art. 6 Abs. 2 lit. a Datenbank-RL[267] Rechnung getragen, wonach bei Datenbanken nur bestimmte Benutzungshandlungen ohne Zustimmung des Berechtigten zugelassen werden dürfen.[268]

Die Formulierung „**Datenbankwerke**, deren Elemente einzeln mit Hilfe elektronischer Mittel zu- **61** gänglich sind" knüpft an die Definition des Datenbankwerkes in Art. 1 Datenbank-RL und § 4 Abs. 2 S. 1 an.[269] Das Vervielfältigungsverbot greift nur ein, soweit für das Datenbankwerk Urheberrechtsschutz besteht. Es erstreckt sich auch auf schutzfähige Teile des Datenbankwerkes, nicht jedoch auf dessen einzelne Elemente.[270] Deren Nutzung bleibt im Rahmen von § 53 Abs. 1 und 2 zulässig, und zwar auch bei elektronisch zugänglichen Datenbankwerken.[271] Da der Schutz von Datenbanken nach § 4 Abs. 2 und §§ 87a ff. nebeneinander bestehen kann, kann sich jedoch die Unzulässigkeit einer Vervielfältigung aus § 87b Abs. 1 ergeben. Abs. 5 findet keine Anwendung auf Datenbankwerke, die **nicht mit elektronischen Mitteln,** sondern iSv § 4 Abs. 2 „auf andere Weise" zugänglich sind, also in analoger Form vorliegen. Für Datenbanken iSd §§ 87a ff. ergeben sich die Schranken des Vervielfältigungsrechts aus § 87c.

---

[259] Zu Einzelheiten → Rn. 38 ff.
[260] Zum Begriff → Rn. 47.
[261] AmtlBegr. BT-Drs. 10/837, 17.
[262] So noch Schricker → 5. Aufl. 2017, Rn. 74.
[263] BT-Drs. 10/837, 30 und 40, jeweils zu Ziff. 11.
[264] Der private Gebrauch ist ein Unterfall des eigenen Gebrauchs, vgl. → Rn. 23 und → Rn. 35.
[265] Zu den weiteren Anpassungen von Abs. 5 aufgrund des Wegfalls von Abs. 3 aF vgl. AmtlBegr. zum UrhWissG, BT-Drs. 18/12329, 33.
[266] Vgl. dazu OLG Hamburg GRUR 2001, 831 – Roche Lexikon Medizin: Das Laden eines ins Internet gestellten Lexikons in den Arbeitsspeicher des Nutzers stellt eine Vervielfältigung des Datenbankwerks dar, die auch zum Privatgebrauch erlaubnispflichtig ist.
[267] Richtlinie 96/9/EG, ABl. EU L 77, 20.
[268] AmtlBegr. zum IuKDG, BT-Drs. 13/7385, 44 iVm BT-Drs. 13/7934, 52.
[269] Vgl. auch die AmtlBegr. BT-Drs. 13/7934, 52.
[270] AmtlBegr. zum IuKDG BT-Drs. 13/7934, 52; BR-Drs. 966/96, 46.
[271] Dreier/Schulze/*Dreier* § 53 Rn. 44.

III. Vervielfältigungen öffentlicher Darbietungen, Ausführung von Plänen und Nachbauen (Abs. 7)

62　　Für das Verbot der **Aufnahme öffentlicher Vorträge, Aufführungen oder Vorführungen** (Abs. 7 Hs. 1) war die Erwägung des Gesetzgebers maßgebend, dass die Vervielfältigung nicht in der internen Sphäre, sondern in der Öffentlichkeit vorgenommen wird und somit außerhalb des Bereichs liegt, für den Vervielfältigungsfreiheit gewährt werden sollte.[272] Abs. 7 erfasst nur die unmittelbare Aufnahme in der Öffentlichkeit, etwa im Konzert- oder Theatersaal, nicht die Aufnahme von Funksendungen öffentlicher Darbietungen oder das Überspielen von Bild- oder Tonträgern, auf denen die öffentlichen Darbietungen festgelegt sind. Was unter **Vorträgen, Aufführungen** und **Vorführungen** zu verstehen ist, ergibt sich aus § 19, für den Begriff der **Öffentlichkeit** gilt § 15 Abs. 3. **Bild- und Tonträger** sind in § 16 Abs. 2 gesetzlich definiert; insbesondere kommt eine Aufnahme durch Tonbandgeräte, Foto-, Film- und Videokameras in Betracht, auch in digitaler Form auf Smartphones, Tablets usw. Eine Vervielfältigung in anderer Form, etwa durch Zeichnen, Mitschreiben und dgl. ist durch Abs. 7 auch in der Öffentlichkeit nicht ausgeschlossen.

63　　Das Verbot der **Ausführung von Plänen und Entwürfen zu Werken der bildenden Künste** sowie des **Nachbaus von Werken der Baukunst** (Abs. 7 Hs. 2) beruht auf der Überlegung, dass es sich hier um die Realisierung von Gestaltungsplänen handelt, die dem Interesse des Urhebers entscheidend Abbruch tun können. Der Nachbau von Bauwerken war bereits nach § 18 Abs. 1 KUG untersagt. Eine Vervielfältigung der Pläne oder Entwürfe selbst bleibt im Rahmen von Abs. 1 und 2 zulässig, ebenso die Vervielfältigung eines bereits vollendeten Werkes der bildenden Künste, beispielsweise seine Nachbildung oder Fotografie.[273] Kein Nachbau von Bauwerken ist die Nachbildung im Modell.[274] Eine Ausführung von Plänen und Entwürfen zu Werken der bildenden Künste liegt dagegen auch dann vor, wenn die Ausführung in einem anderen Maßstab erfolgt. **Umgestaltungen** bei der Ausführung oder dem Nachbau sind nach § 23 S. 2 stets nur mit Zustimmung des Urhebers zulässig.[275]

E. Verbot der Verbreitung von Vervielfältigungsstücken und ihrer Benutzung zur öffentlichen Wiedergabe (Abs. 6)

64　　Abs. 6 verbietet die **Verbreitung** und die **öffentliche Wiedergabe** von Vervielfältigungsstücken, die nach Abs. 1 oder 2 zulässigerweise hergestellt worden sind. Damit soll eine missbräuchliche Verwendung der zum privaten oder sonstigen eigenen Gebrauch hergestellten Vervielfältigungsstücke verhindert werden.[276] Nur Verbreitungshandlungen iSv **§ 17 Abs. 1** sowie Handlungen der öffentlichen Wiedergabe iSv **§ 15 Abs. 2 und 3** können einen Verstoß gegen die Vorschrift begründen.[277] Das betrifft etwa das öffentliche Verlesen eines zum eigenen Gebrauch kopierten Zeitungsartikels (Abs. 2 S. 1 Nr. 4 lit. a) oder die Verwendung der durch Abschreiben vervielfältigten Noten (Abs. 4 lit. a) bei einer öffentlichen Aufführung. Dagegen stellt es keinen Verstoß gegen Abs. 6 S. 1 dar, wenn das Vervielfältigungsstück zwar zu einem nicht privilegierten Zweck gebraucht wird, dieser „Gebrauch" aber **keine urheberrechtlich relevante Verwertung** darstellt. Das ist etwa der Fall, wenn das ursprünglich für das eigene Archiv hergestellte Vervielfältigungsstück im privaten Kreis weitergegeben wird oder sich ein Filmregisseur die ursprünglich zum privaten Gebrauch hergestellte Kopie eines Films nunmehr in erwerbswirtschaftlicher Ansicht ansieht, um Anregungen für sein eigenes Filmschaffen zu erhalten. Auch die Verwendung einer Privatkopie als Vorlage für weitere, ihrerseits durch eine Schranke privilegierte Vervielfältigungen wird von Abs. 6 nicht erfasst.[278]

65　　Der Regelungsgehalt der Vorschrift ist noch nicht abschließend geklärt.[279] Auf den ersten Blick stellt Abs. 6 S. 1 lediglich klar, dass durch Abs. 1 und 2 nur das Vervielfältigungsrecht beschränkt wird und Verbreitungen und öffentliche Wiedergaben (selbstverständlich) zustimmungspflichtig bleiben.[280] Das Verbotsrecht des Urhebers ergibt sich dann bei einer unerlaubten Verbreitung aus § 17 Abs. 1

---

[272] AmtlBegr. BT-Drs. IV/270, 71.

[273] Einschränkend für solche Werke, die ihrer Natur nach auf „multiple Originale" angelegt sind, Dreier/Schulze/*Dreier* § 53 Rn. 49.

[274] Dreier/Schulze/*Dreier* § 53 Rn. 49; Fromm/Nordemann/*Wirtz* UrhG § 53 Rn. 48; Wandtke/Bullinger/*Lüft* UrhG § 53 Rn. 41.

[275] Dreier/Schulze/*Dreier* § 53 Rn. 49; vgl. auch BT-Drs. 10/837, 31.

[276] AmtlBegr. BT-Drs. IV/270, 72 (zu § 54 Abs. 4 des Entwurfs).

[277] Dreier/Schulze/*Dreier* § 53 Rn. 46; BeckOK UrhR/*Grübler* UrhG § 53 Rn. 41; Fromm/Nordemann/*Wirtz* UrhG § 53 Rn. 49; ebenso zum insoweit gleichlautenden § 96 Abs. 1 BVerfG GRUR 2012, 53 Rn. 94 – Le Corbusier-Möbel.

[278] → Rn. 14.

[279] S. dazu *Stieper* ZGE 9 (2017), 539 (540 ff.).

[280] So BeckOK UrhR/*Grübler* UrhG § 53 Rn. 41; Dreier/Schulze/*Dreier* § 53 Rn. 46: „wohl nur deklatorische Bedeutung"; vgl. auch Loewenheim/*Loewenheim* § 31 Rn. 61: die Werkstücke dürften „nicht zu weiteren *urheberrechtsrelevanten* Handlungen benutzt werden".

bzw. bei einer Benutzung des Vervielfältigungsstücks für eine öffentliche Wiedergabe aus §§ 15 Abs. 2, 19 ff.[281] Eine Verbreitung oder öffentliche Wiedergabe, die **mit Zustimmung des Urhebers** erfolgt oder **ihrerseits von einer Schranke des Urheberrechts gedeckt** ist, begründet danach keine Urheberrechtsverletzung, auch wenn der Nutzer für die öffentliche Wiedergabe ein nach § 53 erstelltes Vervielfältigungsstück verwendet.[282] Dagegen geht es nach Auffassung von *Ulmer* bei Abs. 6 S. 1 „um ein Verbot, das nicht auf dem Recht zur Verbreitung und zur öffentlichen Wiedergabe beruht", sondern der Wahrung des Vervielfältigungsrechts diene, das nur für die Zwecke des persönlichen Gebrauchs beschränkt werde.[283] Den Vervielfältigungsstücken bleibe diese Beschränkung „immanent"; ihre Verwertung zu anderen Zwecken sei daher eine Urheberrechtsverletzung.[284] Der Urheber könnte danach etwa einem Konzertveranstalter, auch wenn ihm seitens der GEMA das Aufführungsrecht eingeräumt wurde, untersagen, für die Zwecke der Aufführung Exemplare zu benutzen, die zum privaten Gebrauch hergestellt wurden.

Gegen eine solche Zweckbindung der nach § 53 hergestellten Vervielfältigungsstücke spricht, **66** dass das UrhG Rechtsfolgen ausschließlich an die Benutzung von rechtswidrig hergestellten Vervielfältigungsstücken knüpft,[285] also von solchen Vervielfältigungsstücken, die das Ergebnis einer rechtswidrigen Vervielfältigungshandlung iSv § 16 sind. Die Vervielfältigung eines urheberrechtlich geschützten Werkes ist daher entweder zulässig oder rechtswidrig. Eine im Zeitpunkt ihrer Vornahme aufgrund einer gesetzlichen Schrankenregelung zulässige Vervielfältigungshandlung kann aber nicht nachträglich (und schon gar nicht rückwirkend) rechtswidrig werden.[286] Die bloße **Änderung der Zweckbestimmung** eines Vervielfältigungsstücks kann daher als solches keine Verletzung des Vervielfältigungsrechts begründen. Anders als § 96 enthält Abs. 6 aber auch keinen selbständigen, vom Verbreitungsrecht bzw. Recht der öffentlichen Wiedergabe unabhängigen Verbotstatbestand. Der Schutz der Urheber erfordert es nicht, eine an sich berechtigte Verbreitung oder öffentliche Wiedergabe zu verbieten, nur weil ihr eine aufgrund der Schranke in § 53 angefertigte Kopie zugrunde liegt.

Die **Ausnahmeregelung des Abs. 6 S. 2** soll den praktischen Bedürfnissen des Bibliotheksbe- **67** triebs Rechnung tragen.[287] Zeitungen werden aus Raumgründen und wegen mangelnder Papierqualität in Bibliotheken meist als Mikrokopie, Mikrofilm oder in digitaler Form aufbewahrt, vergriffene Werke können von Bibliotheken, die kein Original besitzen, gleichfalls nur in dieser Form gehalten werden. Ebenso ist es notwendig und üblich, kleinere Teile von Büchern oder Zeitschriften, die beschädigt oder abhanden gekommen sind, durch kopierte Seiten zu ersetzen. Die Zulässigkeit der dafür erforderlichen Vervielfältigungshandlung ergibt sich aus Abs. 2 S. 1 Nr. 2 und Nr. 4 lit. b iVm Abs. 4 lit. b. Um diese Stücke auch im Ausleihverkehr einsetzen zu können, ist zusätzlich eine **Beschränkung des Verbreitungsrechts** erforderlich. Diese ergibt sich mit Wirkung zum 1.3.2018 für öffentlich zugängliche Bibliotheken, die keine kommerziellen Zwecke verfolgen, aus der durch das UrhWissG neu eingefügten Schranke in **§ 60e Abs. 2 S. 2**. In ihrem Anwendungsbereich geht diese Regelung Abs. 6 S. 2 als lex specialis vor.[288] Die Befugnis in Absatz 6 S. 2 bleibt aber für Bibliotheken erhalten, die zu kommerziellen Zwecken handeln.[289]

§ 53a Kopienversand auf Bestellung *(weggefallen)*[1]

§ 54 Vergütungspflicht

(1) **Lässt die Art des Werkes eine nach § 53 Abs. 1 oder 2 oder den §§ 60a bis 60f erlaubte Vervielfältigung erwarten, so hat der Urheber des Werkes gegen den Hersteller von Geräten und von Speichermedien, deren Typ allein oder in Verbindung mit anderen Geräten, Speichermedien oder Zubehör zur Vornahme solcher Vervielfältigungen benutzt wird, Anspruch auf Zahlung einer angemessenen Vergütung.**

---

[281] So ausdrücklich Dreier/Schulze/*Dreier* § 53 Rn. 46.
[282] So für den Fall, dass die nachfolgende Nutzung von weiteren Schranken der §§ 44a ff. gedeckt ist, Dreier/Schulze/*Dreier* § 53 Rn. 46; ebenso für das von der Zitierfreiheit (§ 51 UrhG) erfasste Verlesen von Kopien aus wissenschaftlichen Werken Loewenheim/*Loewenheim* § 31 Rn. 62.
[283] *Ulmer* § 64 I 5 (zu § 53 Abs. 3 aF).
[284] *Ulmer* § 64 I 5; zustimmend BGHZ 134, 250 (259 f.) = GRUR 1997, 459 (462) – CB-Infobank I (zu § 53 Abs. 5 aF); dem BGH folgend Dreier/Schulze/*Dreier* § 53 Rn. 46; Fromm/Nordemann/*Wirtz* UrhG § 53 Rn. 49; ebenso noch Schricker/Loewenheim/*Loewenheim* (5. Aufl.) § 53 Rn. 84. Im Fall des BGH ging es allerdings nicht um eine Verbreitung des nach § 53 Abs. 1 Nr. 2 privilegierten Archivexemplars, sondern eines weiteren – von der Privilegierung nicht mehr erfassten – Vervielfältigungsstücks, s. dazu *Stieper* ZGE 9 (2017), 539 (543).
[285] S. § 53 Abs. 1 S. 1 letzter Hs., § 96 Abs. 1, § 98 Abs. 1 und 2.
[286] *Stieper* ZGE 9 (2017), 539 (543 ff.); ebenso im Ergebnis BeckOK UrhR/*Grübler* UrhG § 53 Rn. 11; vgl. dazu auch → § 55 Rn. 15.
[287] Vgl. AmtlBegr. BT-Drs. 10/837, 16 f., 30 (Nr. 9) und 39 sowie BT-Drs. 10/3360, 19.
[288] → § 60e Rn. 16.
[289] AmtlBegr. zum UrhWissG, BT-Drs. 18/12329, 43.
[1] § 53a aufgeh. mWv 1.3.2018 durch G v. 1.9.2017 (BGBl. I S. 3346).

(2) Der Anspruch nach Absatz 1 entfällt, soweit nach den Umständen erwartet werden kann, dass die Geräte oder Speichermedien im Geltungsbereich dieses Gesetzes nicht zu Vervielfältigungen benutzt werden.

Schrifttum: *Bornkamm,* Die Reprografievergütung im digitalen Zeitalter, FS W. Nordemann (2004), S. 299; *Bremer/Lammers,* Pauschalabgabe – Quo vadis?, K&R 2008, 145; *Brenken,* Zur Berechnung, Verhandlung und Geltendmachung von Geräteabgaben – Die §§ 54 ff. UrhG nach EuGH, Urt. v. 21.10.2010 – C-467/08 – Padawan und BGH, Urt. v. 30.11.2011 – I ZR 59/10 – PC als Bild- und Tonaufzeichnungsgerät, auf dem Prüfstand der Praxis, WRP 2013, 48; *Degenhart,* Verfassungsfragen urheberrechtlicher Geräteabgaben nach dem „2. Korb", K&R 2006, 388; *ders.,* Urhebervergütung und gerechter Ausgleich, GRUR 2018, 342; *Dreier,* Padawan und die Folgen für die deutsche Kopiervergütung, ZUM 2011, 281; *ders.,* Privatkopie und kein Ende? ZUM 2013, 769; *Frank,* Urheberabgaben nach Padawan – zur Vereinbarkeit von Urheberabgaben für Geräte und Medien mit einem „gerechten Ausgleich" im Sinne der Harmonisierungsrichtlinie, CR 2011, 1; *Götting,* Beteiligung der Sendeunternehmen an der Pauschalvergütung nach § 54 UrhG, 2004; *Hoeren,* Der Zweite Korb – Eine Übersicht zu den geplanten Änderungen im Urheberrechtsgesetz, MMR 2007, 615; *Homar,* Einhebung und Verteilung des gerechten Ausgleichs des Art. 5 Abs. 2 lit. b InfoSoc-RL, GRUR-Int 2017, 834; *Jani/Ebbinghaus,* „Gerechter" Ausgleich für Privatkopien: Tarif-Festsetzung nach dem „Padawan"-Urteil des EuGH, GRUR-Prax 2011, 71; *Klett,* Das zweite Gesetz zur Regelung des Urheberrechts in der Informationsgesellschaft („zweiter Korb"), K&R 2008, 1; *ders.,* Muss das System urheberrechtlicher Geräteabgaben im deutschen Urheberrecht neu überdacht werden?, K&R 2010, 800; *ders.,* Cloud und Privatkopie, ZUM 2014, 18; *Koch/Druschel,* Entspricht die Bestimmung der angemessenen Vergütung nach §§ 54, 54a UrhG dem unionsrechtlichen Konzept des gerechten Ausgleichs?, GRUR 2015, 957; *Koch/Krausenhaar,* Hat das derzeitige System der Abgaben auf Vervielfältigungsgeräte und Speichermedien nach §§ 54 ff. UrhG noch eine Zukunft?, GRUR-Int 2012, 881; *dies.,* Die Auswirkungen der Amazon-Entscheidung des EuGH auf das deutsche System der urheberrechtlichen Abgaben auf Vervielfältigungsgeräte und Speichermedien, GRUR-Int 2013, 1003; *Kreutzer,* Herausforderungen an das System der Pauschalvergütungen nach den §§ 54, 54a UrhG durch die Umsetzung der Richtlinie 2001/29/EG, ZUM 2003, 1041; *Kröber,* Der grenzüberschreitende Internet-Handel mit CD- und DVD-Rohlingen und die Vergütungsansprüche nach §§ 54 ff. UrhG, ZUM 2006, 89; *ders.,* Anmerkung zu EuGH Rs. C-467/08 – Padawan, GRUR 2011, 55; *Krüger,* Anpassung der Höhe der Urhebervergütung für die Privatkopie durch einen neuen § 54a III 1 UrhG? Kritische Überlegungen zum Referentenentwurf für den „Zweiten Korb", GRUR 2005, 206; *Langhoff/Oberndörfer/Jani,* Der „Zweite Korb" der Urheberrechtsreform – Ein Überblick über die Änderungen des Urheberrechts nach der zweiten und dritten Lesung im Bundestag, ZUM 2007, 593; *Loewenheim,* Herstellerbegriff und Geräteabgabe bei Audio- und Videogeräten, 1984; *Mackert,* Kommentar, K&R 2013, 646 f.; *Meschede,* Verbliebener Anwendungsbereich der Privatkopieschranke auf Urheberrechtswerke als Grundlage für pauschale Urheberabgaben K&R 2008, 585; *Möller,* Die Urheberrechtsnovelle '85. Entstehungsgeschichte und verfassungsrechtliche Grundlagen (1986); *S. Müller,* Festlegung und Inkasso von Vergütungen für die private Vervielfältigung auf der Grundlage des „Zweiten Korbs", ZUM 2007, 777; *ders.,* Verbesserung des gesetzlichen Instrumentariums zur Durchsetzung von Vergütungsansprüchen für private Vervielfältigung, ZUM 2008, 377; *ders.,* Die Ergebnispflicht des deutschen Gesetzgebers zur Gewährleistung der praktischen Durchsetzung von Ansprüchen nach den §§ 54 ff. UrhG, ZUM 2011, 631; *ders.,* Der Verzicht auf technische Schutzmaßnahmen: kein Verzicht auf gesetzliche Vergütung für private Vervielfältigung, GRUR 2011, 26; *ders.,* Cloud und Privatkopie, ZUM 2014, 11; *ders.,* Die urheberrechtliche Vergütungspflicht von Druckern und PCs nach den §§ 54, 54a UrhG aF, ZUM 2014, 863; *Niemann,* Urheberrechtsabgaben – Was ist im Korb? Anwendung und Berechnung der urheberrechtlichen Abgaben auf Geräte und Speichermedien nach neuem Recht, CR 2008, 205 und 273; *ders.,* Urheberrechtsabgaben und Versatzungsrecht: o tempora, o mores – Auswirkungen der Kammerbeschlüsse des BVerfG zu den BGH-Entscheidungen zu Abgaben auf Drucker, PCs und Kopierstationen, CR 2011, 69; *Ohly,* Die Angemessenheit von Vergütungen, Tarifen und Gesamtverträgen, in Riesenhuber (Hrsg.), Die „Angemessenheit" im Urheberrecht, INTERGU-Tagung 2012 (2013); S. 169; *Peukert,* „Copydan/Nokia" und die Zukunft des gesetzlichen Vergütungsanspruchs für digitale Privatkopie, GRUR 2015, 452; *Pflüger,* Gerechter Ausgleich und angemessene Vergütung (2017); *Reinbothe,* Der „gerechte Ausgleich" im Europäischen Urheberrecht, in Riesenhuber (Hrsg.), Die „Angemessenheit" im Urheberrecht, INTERGU-Tagung 2012 (2013); S. 141; *ders.,* „Angemessene Vergütung" oder (nur noch) „gerechter Ausgleich"? GRUR-Prax 2015, 454; *Riesenhuber,* Grundlagen der „angemessenen Vergütung" iSv. §§ 54 ff. UrhG, in Riesenhuber (Hrsg.), Die „Angemessenheit" im Urheberrecht, INTERGU-Tagung 2012 (2013), S. 195 = GRUR 2013, 582; *Schack,* Urheberrechtliche Schranken für Bildung und Wissenschaft, ZUM 2016, 266; *Spindler,* Geräteabgaben im Lichte europarechtlicher Vorgaben – die jüngste EuGH-Rechtsprechung und die Konsequenzen für das deutsche Recht, FS Pfennig (2011), S. 387; *Sprang/Ackermann,* Der „Zweite Korb" aus der Sicht der (Wissenschafts-)Verlage, K&R 2008, 7; *Staats,* Wissenschaftsurheberrecht – Interessenausgleich durch kollektive Rechtewahrnehmung, ZGE 10 (2018), 310; *Stieper,* Neuordnung der urheberrechtlichen Geräteabgabe durch den EuGH, EuZW 2013, 699; *ders.,* „Digitalisierung" des Urheberrechts im Wege verfassungskonformer Auslegung, GRUR 2014, 1060; *ders.,* Das System der privaten Vervielfältigung: Interessenausgleich zwischen Urhebern und Nutzern, ZGE 7 (2015), 170; *Tolkmitt,* Die angemessene Vergütung im Urheberrecht – Vergütungs- und Vertragsgestaltung durch Gerichte, FS Bornkamm (2014), S. 991; *Ullmann,* EuGH Rs. C-467/08 – Padawan/SGAE und kein Ende, CR 2012, 288; *v. Ungern-Sternberg,* Anmerkung zur Entscheidung des BGH v. 6.12.2007 – Drucker und Plotter, GRUR 2008, 247; *Verweyen,* Geräteabgaben: Eins vor, Zwei zurück. Besprechung zu BGH „PC als Bild- und Tonaufzeichnungsgerät", GRUR 2012, 875; *Zachow,* Die Pauschalvergütung des Urhebers im digitalen Zeitalter, 2013; *Zypries,* Neues Urheberrecht – Die Früchte des Zweiten Korbs, MMR 2007, 545.

Sa. die Schrifttumsangaben zu § 53. Zur Rechtslage vor dem 1.1.2008 vgl. auch die Schrifttumsangaben in Schricker/*Loewenheim* (3. Aufl.) zu §§ 54 und 54a.

Übersicht

A. Allgemeines

I. Zweck und Bedeutung der §§ 54–54h

§§ 54–54h regeln die gesetzlichen Vergütungsansprüche und ihre Durchsetzung für Vervielfältigun- **1** gen nach § 53 Abs. 1 und 2 sowie nach §§ 60a–60f.[1] Die Vergütungsregelung ist Ausdruck des Grundsatzes, dass die Urheber auf Grund der Sozialbindung des Urheberrechts zwar gewisse Einschränkungen ihrer Rechte hinnehmen müssen, dass dies aber grundsätzlich nicht vergütungsfrei zu geschehen hat.[2] Der Gesetzgeber ist bei den in § 54 erfassten Vervielfältigungen daher den Weg der **gesetzlichen Lizenz** gegangen, wonach die Nutzung des Werks zwar ohne Einwilligung des Berechtigten zulässig ist, diesem jedoch für die Benutzung eine Vergütung zu zahlen ist. Da derjenige, der Vervielfältigungen vornimmt oder vornehmen lässt, aus praktischen und rechtlichen Gründen nicht erfasst werden kann, richtet sich der Anspruch aber nicht gegen den einzelnen Nutzer, sondern gegen die Hersteller, Händler und Betreiber entsprechender **Vervielfältigungsgeräte und Speichermedien**, die dafür herangezogen werden, dass sie mit der Überlassung dieser Geräte die Möglichkeit zum Eingriff in die Verwertungsrechte des Urhebers schaffen.[3] Dabei ist der Gesetzgeber davon ausgegangen, dass die Schuldner der gesetzlichen Vergütung die Abgabe über den Kaufpreis der Geräte und Speichermedien auf ihre Kunden abwälzen.[4] Das BVerfG hat mehrfach festgestellt, dass der gesetzliche **Vergütungsanspruch nicht verfassungswidrig** ist.[5]

II. Entstehungsgeschichte und Systematik

Die **Regelung von 1965** kannte lediglich einen Anspruch gegen den Gerätehersteller bei Über- **2** spielungen auf Bild- oder Tonträger.[6] Die Erweiterungen durch die **Novelle 1985** waren während der Gesetzgebungsarbeiten heftig umstritten. Eine Leerkassettenabgabe war im RefE von 1980[7] noch nicht enthalten. Die daran geäußerte Kritik[8] führte zur Kombination von Geräte- und Leerkassettenabgabe im RegE,[9] die schließlich in das Gesetz Eingang fand. Als Fotokopievergütung war im RegE noch eine reine Betreiberabgabe vorgesehen.[10] Erst im Rechtsausschuss setzten sich die Forderungen nach der kombinierten Geräte- und Großbetreiberabgabe durch.[11] Durch das **Produktpiraterie-gesetz** v. 7.3.1990[12] wurde die Hinweispflicht in Rechnungen auf urheberrechtliche Vergütungen (§ 54

---

[1] Dazu auch → § 53 Rn. 3 und → § 60h Rn. 6.
[2] Vgl. → Vor §§ 44a ff. Rn. 6 f.; vgl. auch BGH NJW 1997, 3440 – Betreibervergütung.
[3] Vgl. → § 53 Rn. 2.
[4] AmtlBegr. BR-Drs. 218/94, 17.
[5] BVerfG GRUR 1972, 488 – Tonbandvervielfältigungen – für die Geräteabgabe; BVerfG ZUM 1989, 183 für Bild- und Tonträger; BVerfG GRUR 1997, 123 – Kopierladen I – für die Betreibervergütung; BVerfG GRUR 1997, 124 – Kopierladen II – für die Auskunftsverpflichtung; vgl. auch BGH GRUR 1993, 553 (556) – Reader-printer; zur Vereinbarkeit mit dem Unionsrecht vgl. → Rn. 5 ff.
[6] § 53 Abs. 5 idF von 1965; dazu → § 53 Rn. 6.
[7] Entwicklung und Überblick bei *Möller*, Die Urheberrechtsnovelle '85: Entstehungsgeschichte und verfassungs-rechtliche Grundlagen (1986), S. 29 ff.; vgl. auch *Krieger* GRUR 1980, 541 (545 ff.).
[8] Überblick über die Stellungnahmen bei *Movsessian* FuR 1981, 397 ff.
[9] Vgl. dazu die AmtlBegr. BT-Drs. 10/837, 17 f.
[10] Dazu und zu Gegenvorschlägen näher AmtlBegr. zur Novelle 1985, BT-Drs. 10/837, 19 ff.
[11] Vgl. BT-Drs. 10/3360, 19 f.
[12] BGBl. I S. 422.

Abs. 4 S. 2 aF; jetzt § 54e) und die doppelte Vergütungspflicht bei unrichtiger Auskunftserteilung (§ 54 Abs. 5 S. 3 aF; jetzt § 54g Abs. 3) eingeführt. Die durch die Novelle 1985 in § 54 aF zusammengefasste Regelung der Vergütungsansprüche wurde durch das **Gesetz zur Änderung des Patentgebührengesetzes und anderer Gesetze vom 24.7.1995**[13] ergänzt und der Übersichtlichkeit halber in mehrere Bestimmungen (§§ 54–54h) aufgespalten. § 54 aF regelte die Vergütungspflicht für Vervielfältigungen im Wege der Bild- und Tonaufzeichnung gegen die Hersteller von Vervielfältigungsgeräten und von Bild- oder Tonträgern, § 54a Abs. 1 aF die Vergütungspflicht für Vervielfältigungen im Wege der Ablichtung, § 54a Abs. 2 aF die Großbetreiberabgabe.

3   Das am 1.8.2008 in Kraft getretene **Zweite Gesetz zur Regelung des Urheberrechts in der Informationsgesellschaft** („Zweiter Korb")[14] hat das Vergütungssystem der §§ 54 ff. **grundlegend neu strukturiert.** Der Gesetzgeber beabsichtigte, zukünftig eine flexible Anpassung der Vergütung an den Stand der Technik zu gewährleisten und bei Streitigkeiten schnell Rechtsklarheit zu schaffen.[15] Die **Vergütungspflicht** der Hersteller ist nunmehr für alle vergütungspflichtigen Geräte und Speichermedien in § 54 geregelt, die Vergütungspflicht der Händler und Importeure in § 54b, die der Betreiber von Ablichtungsgeräten in § 54c. Die **Vergütungshöhe**, die nach bisherigem Recht abschließend durch die Vergütungssätze in der Anlage zu § 54d festgelegt war, ist durch ein System weitgehender Selbstregulierung ersetzt worden, nach dem die Beteiligten (Hersteller und Verwertungsgesellschaften) die Tarife selbst festlegen beziehungsweise aushandeln sollen. Die **Festlegung der Tarife** durch die Verwertungsgesellschaften bzw. das Aushandeln der Vergütungssätze durch die Hersteller und Verwertungsgesellschaften soll nach den in § 54a genannten Kriterien erfolgen.[16] Danach kommt es für die Vergütungspflicht nicht mehr darauf an, ob Geräte und Speichermedien zur Vornahme von Vervielfältigungen bestimmt sind, sondern ob sie typischerweise tatsächlich dafür benutzt werden. Der Gesetzgeber wollte damit die zahlreichen Streitfragen um die Zweckbestimmung von Geräten beenden.[17] Zusätzlich war im Regierungsentwurf eine Bagatellklausel vorgesehen, die eine Vergütungspflicht nur dann vorsah, wenn die Geräte und Speichermedien „im nennenswerten Umfang" zur Vervielfältigung genutzt wurden. Diese Bagatellklausel wurde im Bundesrat gestrichen, weil sie doch wieder zu erheblichem Streit führen würde, in welchem Umfang Geräte genutzt würden.[18] Die Hinweispflicht auf die Urhebervergütung in Rechnungen ist nunmehr in § 54d enthalten (zuvor § 54e aF), die Auskunftspflicht in § 54f (zuvor § 54g aF), das 2008 eingefügte Recht zu Kontrollbesuchen in § 54g. Der teilweise neugefasste § 54h bestimmt wie bisher, dass die urheberrechtlichen Ansprüche nach §§ 54 ff. nur durch eine Verwertungsgesellschaft geltend gemacht werden können (**Verwertungsgesellschaftenpflichtigkeit** der Ansprüche) und regelt Einzelheiten der Durchführung.

4   Durch das am 1.3.2018 in Kraft getretene **UrhWissG** vom 1.9.2017[19] wurden die zuvor in § 53 Abs. 2 S. 1 Nr. 1 und Abs. 3 geregelten Tatbestände in den neu geschaffenen Unterabschnitt 4 über „Gesetzlich erlaubte Nutzungen für Unterricht, Wissenschaft und Institutionen" integriert und finden sich nunmehr in veränderter Form in § 60a und § 60c.[20] Im Zuge dessen wurde der Anwendungsbereich des Vergütungssystems der §§ 54 ff. gemäß § 60h Abs. 1 S. 2 iVm Abs. 5 S. 2 auf **Vervielfältigungen gemäß §§ 60a–60f** erstreckt.[21] Im Wortlaut der §§ 54, 54a wird das dadurch zum Ausdruck gebracht, dass neben Vervielfältigungen nach § 53 Abs. 1 und 2 auch solche nach §§ 60a–60f der Vergütungspflicht unterfallen.

B. Unionsrechtlicher Rahmen

5   Auf europäischer Ebene hat man sich bislang nicht auf eine Vereinheitlichung der rechtlichen Behandlung privater Vervielfältigungen und ihrer Vergütung verständigen können.[22] Unionsrechtliche Vorgaben für die Zulässigkeit und Ausgestaltung der Privatkopieabgabe ergeben sich aber aus **Art. 5 Abs. 2 lit. a und b InfoSoc-RL.**[23] Ausnahmen und Beschränkungen in Bezug auf Vervielfältigungen auf Papier mittels fotomechanischer Verfahren sowie in Bezug auf Vervielfältigungen durch eine natürliche Person zum privaten Gebrauch dürfen die Mitgliedstaaten danach nur unter der Bedingung vorsehen, dass die Rechtsinhaber einen **„gerechten Ausgleich"** erhalten. Dazu erläutert Erwägungsgrund 35 der InfoSoc-RL, dass den Rechtsinhabern damit die Nutzung ihrer geschützten Werke oder sonstigen Schutzgegenstände „angemessen vergütet" werden soll; dabei könnte für die Festle-

---

[13] BGBl. I S. 1739.
[14] BGBl. I S. 2513.
[15] AmtlBegr. BT-Drs. 16/1828, 15 f. und 28.
[16] Näher dazu → § 54a Rn. 6 ff.
[17] AmtlBegr. BT-Drs. 16/1828, 29 f.
[18] AmtlBegr. BT-Drs. 16/1828, 42.
[19] BGBl. I S. 3346.
[20] Dazu auch → § 53 Rn. 9 sowie → Vor §§ 60a ff. Rn. 7 f.
[21] Dazu → § 60h Rn. 6; vgl. auch → § 60e Rn. 33 und → § 60e Rn. 43.
[22] → Vor §§ 44a ff. Rn. 28.
[23] Die Richtlinie wirkt sich nicht aus auf die Nutzung von Werken im Zeitraum zwischen ihrem Inkrafttreten (22.6.2001) und dem Ablauf der Frist für die Umsetzung (22.12.2012), vgl. EuGH GRUR 2013, 812 Rn. 24 ff. – VG Wort/Kyocera.

gung der Einzelheiten wie Form und Höhe der Schaden, der sich für die Rechtsinhaber aus dem Kopierprivileg ergibt, als brauchbares Kriterium herangezogen werden. Der **EuGH** hat in Auslegung dieser Vorschriften in mehreren Urteilen richtungsweisende Grundsätze für die Ausgestaltung vor allem der Privatkopierabgabe gemäß Art. 5 Abs. 2 lit. b InfoSoc-RL aufgestellt. Diese Grundsätze sind in Bezug auf den gerechten Ausgleich auch für die Auslegung von Art. 5 Abs. 2 lit. a InfoSoc-RL maßgeblich.[24]

I. Anspruch auf gerechten Ausgleich

Der EuGH sieht den Begriff des „gerechten Ausgleichs" als einen **autonomen Begriff des Uni-** 6 **onsrechts** an, der in allen Mitgliedstaaten, die eine Ausnahme gemäß Art. 5 Abs. 2 lit. a oder b Info-Soc-RL eingeführt haben, **einheitlich auszulegen** ist, unabhängig von deren Befugnis, innerhalb der vom Unionsrecht gezogenen Grenzen die Form, die Art und Weise der Finanzierung und Erhebung sowie die Höhe dieses gerechten Ausgleichs festzulegen.[25] Aus den Erwägungsgründen 35 und 38 der InfoSoc-RL leitet der EuGH dabei ab, dass der gerechte Ausgleich eine **Gegenleistung** für den dem Urheber **aus der Vervielfältigung entstandenen Schaden** darstellt und daher zwingend auf der Grundlage des Kriteriums des Schadens berechnet werden muss, der den Urhebern geschützter Werke durch die Ausnahme für Privatkopien entstanden ist.[26] Mitgliedstaaten, die sich für die Einführung einer Ausnahme nach Art. 5 Abs. 2 lit. a oder b InfoSoc-RL in ihr innerstaatliches Recht entscheiden, sind daher verpflichtet, die Zahlung eines gerechten Ausgleichs an den Rechtsinhaber vorzusehen.[27] Diese Verpflichtung ist eine **Ergebnispflicht;** die Mitgliedstaaten haben im Rahmen ihrer Zuständigkeiten eine wirksame Erhebung des gerechten Ausgleichs als Ersatz des in ihrem Hoheitsgebiet den Urhebern entstandenen Schadens zu gewährleisten.[28] Die Gerichte des Mitgliedstaates sind danach verpflichtet, ihr nationales Recht in einer Weise auszulegen, dass der Urheber den gerechten Ausgleich erhält.[29] Zuständig für die Erhebung der Abgabe ist der Mitgliedstaat, in dessen Gebiet die Vervielfältigungen vorgenommen wurden.[30] Dabei bleibt ohne Einfluss, dass bei Versandverkäufen der gewerbliche Verkäufer in einem anderen Mitgliedstaat niedergelassen ist.[31] Ist die **Abgabe bereits in einem anderen Mitgliedstaat entrichtet** worden, so steht das der Erhebung der Abgabe ebenfalls nicht entgegen.[32] Wer allerdings die Abgabe in einem territorial nicht zuständigen Mitgliedstaat entrichtet hat, kann Erstattung verlangen.[33]

Eine etwaige **Zustimmung des Rechtsinhabers** zur Vervielfältigung hat keine Auswirkungen 7 auf den Anspruch auf gerechten Ausgleich.[34] Ebenso lässt die bloße **Möglichkeit einer Anwendung technischer Maßnahmen** iSv Art. 6 InfoSoc-RL (Maßnahmen, mit denen das nicht genehmigte Kopieren verhindert werden kann) den Anspruch auf gerechten Ausgleich nicht entfallen. Die Anwendung solcher Maßnahmen sei freiwillig, es sei Aufgabe der Mitgliedstaaten und nicht der Rechtsinhaber, unzulässige Vervielfältigungen einzuschränken.[35] Auch das Nichtbestehen entsprechender technischer Maßnahmen sei nicht zu berücksichtigen.[36] Gleichwohl lässt der EuGH es zu, dass Mitgliedstaaten die Höhe des gerechten Ausgleichs davon abhängig machen ob solche technischen Maßnahmen angewendet werden.[37]

---

[24] So ausdrücklich EuGH GRUR 2016, 55 Rn. 37 – Hewlett-Packard/Reprobel; vgl. bereits EuGH GRUR 2013, 812 Rn. 74 ff. – VG Wort/Kyocera.

[25] EuGH GRUR 2011, 50 Rn. 33–37 – Padawan; EuGH GRUR 2013, 812 Rn. 75 – VG Wort/Kyocera; EuGH GRUR 2016, 55 Rn. 35 – Hewlett Packard/Reprobel; EuGH GRUR 2016, 687 Rn. 38 – EGEDA/Administración del Estado.

[26] EuGH GRUR 2011, 50 Rn. 40, 42, 52 – Padawan; EuGH GRUR 2015, 478 Rn. 21 – Copydan/Nokia; EuGH GRUR 2011, 909 Rn. 24 – Stichting/Opus; EuGH GRUR 2013, 812 Rn. 31, 49, 75 – VG Wort/Kyocera; EuGH GRUR 2014, 546 Rn. 50 – ACI Adam; EuGH GRUR 2016, 55 Rn. 36, 68 – Hewlett-Packard/Reprobel; EuGH GRUR 2016, 687 Rn. 26 – EGEDA/Administración del Estado; EuGH GRUR 2016, 927 Rn. 19 – Austro-Mechana/Amazon; dem folgend BGH GRUR 2016, 792 Rn. 30 ff. – Gesamtvertrag Unterhaltungselektronik; auch → Vor §§ 44a ff. Rn. 28.

[27] So zu Art. 5 Abs. 2 lit. b InfoSoc-RL EuGH GRUR 2011, 50 Rn. 30 – Padawan.

[28] EuGH GRUR 2011, 909 Rn. 34, 36 – Stichting/Opus; EuGH GRUR 2013, 1025 Rn. 57 – Amazon/Austro-Mechana.

[29] EuGH GRUR 2011, 909 Rn. 41 – Stichting/Opus.

[30] EuGH GRUR 2013, 1025 Rn. 57 ff. – Amazon/Austro-Mechana.

[31] EuGH GRUR 2011, 909 Rn. 40 – Stichting/Opus; EuGH GRUR 2013, 1025 Rn. 61 – Amazon/Austro-Mechana.

[32] EuGH GRUR 2013, 1025 Rn. 66 – Amazon/Austro-Mechana.

[33] EuGH GRUR 2013, 1025 Rn. 65 – Amazon/Austro-Mechana.

[34] EuGH GRUR 2013, 812 Rn. 30 ff., 40 – VG Wort/Kyocera; BGH GRUR 2014, 979 Rn. 43 – Drucker und Plotter III; BGH GRUR 2014, 984 Rn. 68 – PC III; EuGH GRUR 2015, 478 Rn. 65 – Copydan/Nokia.

[35] EuGH GRUR 2013, 812 Rn. 48 ff. – VG Wort/Kyocera; EuGH GRUR 2014, 546 Rn. 44 – ACI Adam; EuGH GRUR 2015, 478 Rn. 69 f. – Copydan/Nokia; s. dazu auch *Dreier* ZUM 2013, 769 (772 f.); *Peukert* GRUR 2015, 452.

[36] EuGH GRUR 2014, 546 Rn. 46 – ACI Adam; dazu *Peukert* GRUR 2015, 452.

[37] EuGH GRUR 2013, 812 Rn. 58 – VG Wort/Kyocera; EuGH GRUR 2015, 478 Rn. 72 – Copydan/Nokia; dazu → § 54a Rn. 12 f.

II. Schuldner des Ausgleichs

8   Schuldner des in Art. 5 Abs. 2 lit. a und b InfoSoc-RL vorgesehenen angemessenen Ausgleichs ist grundsätzlich der die Vervielfältigung eines geschützten Werkes vornehmende **Endnutzer** als Verursacher des dem Inhaber des Vervielfältigungsrechts entstandenen Schadens.[38] Im Hinblick auf die praktischen Schwierigkeiten, die privaten Nutzer zu identifizieren und sie zur Entrichtung der Vergütung zu verpflichten, steht es den Mitgliedstaaten jedoch frei, eine „Abgabe für Privatkopien" einzuführen, die nicht die betroffenen Privatpersonen belastet, sondern diejenigen, die den Endnutzer **Anlagen, Geräte und Medien zur Verfügung stellen** oder diesem gegenüber die Dienstleistung einer Vervielfältigung erbringen.[39] Dem liegt die Erwägung zugrunde, dass diese Schuldner die Möglichkeit haben, den Betrag der Abgabe auf Privatkopien in den Preis für die Überlassung der Vervielfältigungsgeräte bzw. für die Vervielfältigungsleistung einfließen zu lassen und so **auf den Endnutzer abzuwälzen,** der damit als „indirekter Schuldner" des Ausgleichs anzusehen ist.[40] Bei der Bestimmung der Person, die den angemessenen Ausgleich zu zahlen hat, verfügen die Mitgliedstaaten über ein weites Ermessen.[41] Eine Finanzierung des gerechten Ausgleichs aus dem allgemeinen, von sämtlichen Steuerzahlern aufgebrachten Staatshaushalt ist jedoch nicht zulässig, da dabei nicht gewährleistet werden kann, dass die Kosten des Ausgleichs allein von den Nutzern der Privatkopieschranke getragen werden.[42]

9   Eine solche Privatkopieabgabe ist zudem nur dann mit den Anforderungen des gerechten Ausgleichs vereinbar, wenn die fraglichen Anlagen, Geräte und Medien **tatsächlich zur Anfertigung von Privatkopien genutzt werden können** und daher dem Urheber des geschützten Werks durch sie ein Schaden entstehen kann; insofern besteht ein notwendiger Zusammenhang zwischen der Anwendung der Abgabe auf diese Anlagen, Geräte und Medien und deren Verwendung zur Anfertigung von Privatkopien.[43] Die unterschiedslose Anwendung der Abgabe auf alle Arten von Anlagen, Geräten und Medien zur digitalen Vervielfältigung ist danach nicht zulässig, wenn diese von anderen als natürlichen Personen zu eindeutig anderen Zwecken als der Anfertigung von Privatkopien erworben werden.[44] Bei der Überlassung an natürliche Personen zum privaten Gebrauch muss aber nicht nachgewiesen werden, dass diese mit Hilfe der überlassenen Geräte oder Trägermedien **tatsächlich Privatkopien angefertigt** haben; die technische Fähigkeit, Kopien herzustellen, reicht insoweit aus, um die Anwendung der Abgabe zu rechtfertigen.[45] Dabei können die Mitgliedstaaten für den Fall des Inverkehrbringens an natürliche Personen eine **widerlegliche Vermutung für den privaten Gebrauch** aufstellen, sofern praktische Schwierigkeiten bei der Ermittlung des privaten Zwecks der Nutzung eine solche Vermutung rechtfertigen und die vorgesehene Vermutung nicht dazu führt, dass die Abgabe auch in Fällen zu zahlen ist, in denen der Endnutzer offenkundig nicht von der betreffenden Schrankenregelung erfasst wird.[46] Einer Abgabe für Privatkopien, die nicht unmittelbar den privaten Nutzer belastet, ist danach mit Art. 5 Abs. 2 lit. b InfoSoc-RL nur dann vereinbar, wenn sie zugleich einen **Anspruch auf Erstattung der gezahlten Abgaben** vorsieht, falls die Endnutzung der Geräte oder des Trägermaterials nicht von dem in dieser Vorschrift geregelten Fall erfasst wird.[47] Ebenso muss in Bezug auf den **gerechten Ausgleich für Reprografien** gemäß Art. 5 Abs. 2 lit. a InfoSoc-RL zwischen Vervielfältigungen durch natürliche Personen zu ihrem privaten Gebrauch und Vervielfältigungen für direkte oder indirekte kommerzielle Zwecke bzw. durch andere als natürliche Personen unterschieden werden.[48] Die Mitgliedstaaten haben aber die Möglichkeit, in bestimmten

[38] So für Art. 5 Abs. 2 lit. b InfoSoc-RL EuGH GRUR 2011, 909 Rn. 26, 29 – Stichting/Opus; EuGH GRUR 2016, 687 Rn. 27 – EGEDA/Administración del Estado; EuGH GRUR 2017, 155 Rn. 30 – Microsoft/MIBAC; für Art. 5 Abs. 2 lit. a InfoSoc-RL EuGH GRUR 2013, 812 Rn. 77 – VG Wort/Kyocera.
[39] EuGH GRUR 2011, 50 Rn. 46 – Padawan; EuGH GRUR 2011, 909 Rn. 27 – Stichting/Opus; EuGH GRUR 2013, 1025 Rn. 24 – Amazon/Austro-Mechana; EuGH GRUR 2016, 687 Rn. 33 – EGEDA/Administración del Estado; EuGH GRUR 2017, 155 Rn. 31, 35 – Microsoft/MIBAC.
[40] EuGH GRUR 2011, 50 Rn. 48 f. – Padawan; EuGH GRUR 2011, 909 Rn. 28 – Stichting/Opus; EuGH GRUR 2013, 812 Rn. 76 – VG Wort/Kyocera; EuGH GRUR 2013, 1025 Rn. 25, 27 – Amazon/Austro-Mechana; EuGH GRUR 2014, 546 Rn. 52 – ACI Adam; EuGH GRUR 2015, 478 Rn. 45 – Copydan/Nokia; EuGH GRUR 2016, 687 Rn. 34 – EGEDA/Administración del Estado; EuGH GRUR 2016, 927 Rn. 22, 25 – Austro-Mechana/Amazon.
[41] EuGH GRUR 2011, 909 Rn. 23 – Stichting/Opus; EuGH GRUR 2013, 812 Rn. 74 – VG Wort/Kyocera; EuGH GRUR 2013, 1025 Rn. 20, 40, 49 – Amazon/Austro-Mechana; EuGH GRUR 2016, 687 Rn. 23 – EGEDA/Administración del Estado; EuGH GRUR 2016, 927 Rn. 18 – Austro-Mechana/Amazon.
[42] EuGH GRUR 2016, 687 Rn. 39 ff. – EGEDA/Administración del Estado.
[43] EuGH GRUR 2011, 50 Rn. 52 – Padawan; EuGH GRUR 2013, 1025 Rn. 28 – Amazon/Austro-Mechana; EuGH GRUR 2017, 155 Rn. 29, 42 – Microsoft/MIBAC.
[44] EuGH GRUR 2011, 50 Rn. 53 – Padawan; EuGH GRUR 2016, 687 Rn. 31 – EGEDA/Administración del Estado.
[45] EuGH GRUR 2011, 50 Rn. 54 ff. – Padawan; EuGH GRUR 2013, 1025 Rn. 42 – Amazon/Austro-Mechana; EuGH GRUR 2016, 687 Rn. 28 – EGEDA/Administración del Estado.
[46] EuGH GRUR 2013, 1025 Rn. 39 ff., 45 – Amazon/Austro-Mechana.
[47] EuGH GRUR 2013, 1025 Rn. 37 – Amazon/Austro-Mechana; EuGH GRUR 2015, 478 Rn. 45, 48, 55 – Copydan/Nokia; EuGH GRUR 2016, 687 Rn. 40 – EGEDA/Administración del Estado; EuGH GRUR 2017, 155 Rn. 34 – Microsoft/MIBAC; → Rn. 36 ff.
[48] EuGH GRUR 2016, 55 Rn. 41 f. – Hewlett Packard/Reprobel.

Situationen eine Befreiung von der Abgabe vorzusehen, wenn damit für die Rechtsinhaber nur ein **geringfügiger Nachteil** verbunden ist.[49] Die Festlegung einer solchen Schwelle fällt in den Gestaltungsspielraum der Mitgliedstaaten.[50]

Vielfach werden Kopien von **in einer Funktionseinheit stehenden Kette von Geräten** in ei- **10** nem einheitlichen Verfahren angefertigt (etwa PC und Drucker). In solchen Fällen steht es den Mitgliedstaaten frei, die vor der Anfertigung der Kopie liegenden Schritte in die Vergütungspflicht einzubeziehen und die Hersteller der Geräte bzw. Medien, die für sich genommen die Vervielfältigung nicht bewirken, abgabepflichtig zu machen. Auch diese Personen hätten die Möglichkeit, die Kosten der Abgabe auf ihre Kunden abzuwälzen.[51] Der Gesamtbetrag der Abgabe darf dann aber nicht substantiell von dem Betrag abweichen, der fällig würde, wenn die Vervielfältigung nur mittels eines Gerätes bewirkt wird.[52]

III. Anspruchsberechtigte

Anspruch auf den Ausgleich haben die **Urheber** bzw. Inhaber der Rechte an den vervielfältigten **11** Werken. Ein **Verzicht** auf die Kopierabgabe ist nicht zulässig.[53] Zulässig ist es, dass Teile der Abgabe nicht unmittelbar an die Berechtigten ausgezahlt wird, sondern für zu ihren Gunsten geschaffene **soziale und kulturelle Einrichtungen** verwendet wird.[54] Dabei ist Voraussetzung, dass diese sozialen und kulturellen Einrichtungen tatsächlich den Berechtigten zugutekommen und die Funktionsmodalitäten dieser Einrichtungen nicht diskriminierend sind.[55] Der EuGH hat es dabei gestattet, dass die Hälfte des Ausgleichserlöses für diese Zwecke verwendet wird.[56]

IV. Auswirkungen

Die Auswirkungen, die ein EuGH-Urteil im Recht eines nicht vorlegenden Mitgliedstaates hat, **12** sind nur schwer zu ermessen. Das gilt gerade auch für die Entscheidungen zur Ausgestaltung des gerechten Ausgleichs, deren Auswirkungen auf das deutsche Recht alles andere als eindeutig sind.[57] So ist im Schrifttum im Hinblick auf die Padawan-Entscheidung[58] gelegentlich angenommen worden, dass für **an gewerbliche Abnehmer gelieferte Geräte und Speichermedien** keine Abgabe erhoben werden dürfe.[59] Da die Entscheidung lediglich eine nationale Regelung in Bezug auf Privatkopien betraf, kann ihr eine solche Aussage aber nicht entnommen werden.[60] Vielmehr sieht Art. 5 Abs. 2 lit. a InfoSoc-RL einen gerechten Ausgleich für die Rechtsinhaber gerade auch außerhalb von Privatkopien vor. Im Hinblick auf die Überschneidungen mit dem Anwendungsbereich von Art. 5 Abs. 2 lit. b InfoSoc-RL hat der EuGH die zur Privatkopieabgabe aufgestellten Grundsätze ausdrücklich auf den gerechten Ausgleich für Reprografien übertragen und die Notwendigkeit einer kohärenten Auslegung der Schrankenregelungen betont.[61] Mit den unionsrechtlichen Vorgaben vereinbar ist daher auch eine Abgabe auf gewerblich genutzte Geräte und Speichermedien, sofern auf ihnen **zugleich private Kopien oder Kopien zum sonstigen eigenen Gebrauch** im Rahmen einer nach Art. 5 Abs. 2 oder 3 InfoSoc-RL zulässigen Schrankenbestimmung vorgenommen werden.[62]

Problematischer ist die Frage, inwieweit sich die Rechtsprechung des EuGH im Hinblick darauf **13** auswirkt, dass die Abgabenregelung in § 54 **nicht zwischen privaten und gewerblichen Nutzern unterscheidet**.[63] Nach der Rechtsprechung des EuGH ist die unterschiedslose Anwendung der Privatkopievergütung auf Anlagen, Geräte und Medien zur digitalen Vervielfältigung, die nicht privaten Nutzern überlassen werden und **eindeutig anderen Verwendungen als der Anfertigung von Privatkopien** vorbehalten sind, mit Art. 5 Abs. 2 lit. b InfoSoc-RL ebenso wenig vereinbar wie eine Reprografieabgabe, die nicht zwischen Vervielfältigungen durch private und sonstige Nutzer unterscheidet.[64] Im Schrifttum ist daraus verschiedentlich die Folgerung gezogen worden, dass die Abga-

---

[49] EuGH GRUR 2015, 478 Rn. 59 – Copydan/Nokia; vgl. Erwägungsgrund 35 S. 6 der InfoSoc-RL.
[50] EuGH GRUR 2015, 478 Rn. 61 – Copydan/Nokia.
[51] EuGH GRUR 2013, 812 Rn. 78 – VG Wort/Kyocera.
[52] EuGH GRUR 2013, 812 Rn. 78 – VG Wort/Kyocera.
[53] EuGH GRUR 2012, 489 Rn. 100 – Luksan.
[54] EuGH GRUR 2013, 1025 Rn. 46 ff. – Amazon/Austro-Mechana.
[55] EuGH GRUR 2013, 1025 Rn. 53 – Amazon/Austro-Mechana.
[56] EuGH GRUR 2013, 1025 Rn. 46 ff. – Amazon/Austro-Mechana.
[57] So in Bezug auf die zum spanischen Recht ergangene Padawan-Entscheidung *Dreier* ZUM 2015, 769.
[58] EuGH GRUR 2011, 50 – Padawan.
[59] *Kröber* GRUR 2011, 55 (56); *Klett* K&R 2010, 800 (801 f.); *Niemann* CR 2011, 69 (74); sa *Hoeren* MMR 2010, 831.
[60] So auch Dreier/Schulze/*Dreier* § 54 Rn. 2a; *Dreier* ZUM 2011, 281 (284, 287); *Ullmann* CR 2012, 288 (290); sa BVerfG ZUM 2011, 313 und ZUM 2011, 311; eingehend *Spindler* FS Pfennig, 2012, 387 (392 f.).
[61] EuGH GRUR 2013, 812 Rn. 77 – VG Wort/Kyocera; EuGH GRUR 2016, 55 Rn. 37 ff., 68 – Hewlett Packard/Reprobel; ebenso BGH GRUR 2014, 979 Rn. 29 – Drucker und Plotter III.
[62] Dreier/Schulze/*Dreier* § 54 Rn. 2a.
[63] Vgl. *Ohly*, Gutachten F zum 70. DJT (2014), S. F 73.
[64] → Rn. 8.

benregelung in § 54 in dieser Form nicht mehr zulässig sei.[65] In der Amazon-Entscheidung hat es der EuGH allerdings zugelassen, dass eine Abgabe für Privatkopien aus Gründen der Praktikabilität unterschiedslos beim ersten gewerbsmäßigen und entgeltlichen Inverkehrbringen von zur Vervielfältigung geeignetem Trägermaterial erhoben wird, sofern ein **Anspruch auf Rückerstattung** für den Fall besteht, dass die Endnutzung des Trägermaterials nicht unter die Abgabepflicht fällt.[66] Auch in der Copydan/Nokia-Entscheidung hat der EuGH aus Gründen der Praktikabilität eine Vergütungsregelung für zulässig erachtet, die beim Vergütungsanspruch nicht zwischen privaten und gewerblichen Kunden unterscheidet.[67] Eine solche pauschale Abgabe auf das Inverkehrbringen von Vervielfältigungsgeräten an natürliche wie juristische Personen setzt nach der Reprobel-Entscheidung allerdings voraus, dass bei der Vergütungshöhe berücksichtigt wird, dass sich die **Nutzung der technischen Kapazität von Vervielfältigungsgeräten** danach unterscheidet, ob die betreffende Person Vervielfältigungen zum öffentlichen oder zum privaten Gebrauch, zu kommerziellen oder zu anderen Zwecken vornimmt.[68]

14   Im **deutschen Recht** ist nach § 54a Abs. 1 ebenso wie nach § 54c Abs. 2 bei der Vergütungshöhe zu berücksichtigen, in welchem Maß die Geräte und Speichermedien ihrem Typ nach tatsächlich für privilegierte Vervielfältigungen genutzt werden. In diesem Rahmen kann der vom EuGH geforderten Differenzierung nach den einzelnen privilegierten Nutzergruppen und ihren Bedürfnissen ausreichend Rechnung getragen werden.[69] Im Übrigen dürfte es für die Schuldner der Geräte- und Speichermedienabgabe in den meisten Fällen **kaum feststellbar** sein, ob ihre Geräte bzw. Speichermedien von privaten oder gewerblichen Nutzern, für private oder kommerzielle Zwecke genutzt werden. Nach der allgemeinen Lebenserfahrung ist nicht ausgeschlossen, dass auch ein Gerät, das einem gewerblichen Abnehmer überlassen wird, im Arbeitsumfeld zur Anfertigung von Privatkopien genutzt wird.[70] Zudem können zunächst an gewerbliche Abnehmer veräußerte Geräte uU durch **Weiterveräußerung an Privatpersonen** zweitverwertet werden, die mit diesen Geräten dann Vervielfältigungen zum privaten Gebrauch vornehmen können.[71] Dies lässt sich unter dem Gesichtspunkt der **Praktikabilität** einer Vergütungsregelung berücksichtigen, die für den EuGH das maßgebliche Kriterium für die Zulässigkeit einer pauschalen Vergütungsregelung ist.[72] Dagegen lässt sich doch auch nicht anführen, dass der EuGH das Aufstellen einer widerlegbaren Vermutung für den privaten Gebrauch des Trägermaterials nur im Fall seines Inverkehrbringens an natürliche Personen zugelassen hat.[73] Denn zum einen erfasst § 54 Abs. 1 nicht nur Privatkopien, sondern im Rahmen von § 53 Abs. 2 und §§ 60a–60f UrhG auch Vervielfältigungen durch gewerbliche Nutzer, Bildungseinrichtungen, Museen und Archive.[74] Zum anderen ist die unterschiedslose Anwendung einer Abgabe auf alle Anlagen, Geräte und Medien zur digitalen Vervielfältigung nach dem EuGH nur dann mit Art. 5 Abs. 2 lit. b InfoSoc-RL unvereinbar, wenn sie von anderen als natürlichen Personen **„zu eindeutig anderen Zwecken"** als der Anfertigung von Privatkopien erworben werden.[75] Zwingend auszuschließen ist die Zahlung einer Vergütung danach lediglich in solchen Fällen, in denen der Endnutzer der Geräte oder Medien **offenkundig nicht von den betreffenden Schrankenregelungen erfasst** wird.[76] Das ist im Rahmen von § 54 Abs. 2 zu berücksichtigen.[77] Außerhalb dieser Fälle ist das Aufstellen einer widerleglichen Vermutung für eine vergütungspflichtige Nutzung aber auch dann gerechtfertigt, wenn zur Anfertigung von Privatkopien geeignete Geräte einem gewerblichen Abnehmer oder einem Zwischenhändler überlassen werden.[78]

15   Für **Vervielfältigungen nach §§ 60a–60f** ist ein gerechter Ausgleich durch die InfoSoc-RL nicht ausdrücklich geboten.[79] Nach Art. 5 Abs. 3 lit. a InfoSoc-RL sind Ausnahmen und Beschränkungen des Vervielfältigungsrechts für die Nutzung ausschließlich zur Veranschaulichung im Unterricht oder für Zwecke der wissenschaftlichen Forschung auch ohne gerechten Ausgleich zulässig, sofern die

---

[65] Wandtke/Bullinger/*Lüft* UrhG § 54 Rn. 15; *Koch/Krauspenhaar* GRUR-Int 2012, 881 (882); *Niemann* CR 2011, 69 (74); wohl auch *Kröber* GRUR 2011, 55; dagegen Dreier/Schulze/*Dreier* § 54 Rn. 2a; *Jani/Ebbinghaus* GRUR-Prax 2011, 71 (74); im Ergebnis, allerdings mit einer Anpassung der Anwendungspraxis, auch Fromm/Nordemann/*Wirtz* UrhG § 54 Rn. 2; *Ullmann* CR 2012, 288 (295).
[66] EuGH GRUR 2013, 1025 Rn. 16 ff., 37 – Amazon.
[67] EuGH GRUR 2015, 478 Rn. 43 ff. – Copydan/Nokia; bestätigt durch EuGH GRUR 2017, 155 Rn. 32, 34 f. – Microsoft/MIBAC.
[68] EuGH GRUR 2016, 55 Rn. 74–76 – Hewlett-Packard/Reprobel.
[69] Dazu → § 54a Rn. 10 ff.
[70] So für PCs BGH GRUR 2017, 702 Rn. 72 – PC mit Festplatte I; BGH ZUM 2018, 364 Rn. 46; BGH ZUM-RD 2018, 267 Rn. 49.
[71] BGH GRUR 2017, 702 Rn. 75 – PC mit Festplatte I.
[72] → Rn. 9; vgl. auch *Jani/Ebbinghaus* GRUR-Prax 2011, 71 (73).
[73] So aber *Degenhart* GRUR 2018, 342 (348).
[74] Zu Vervielfältigungen nach §§ 60a–60f → Rn. 15.
[75] EuGH GRUR 2013, 1025 Rn. 28 – Amazon/Austro-Mechana.
[76] EuGH GRUR 2013, 1025 Rn. 28 – Amazon/Austro-Mechana; EuGH GRUR 2015, 478 Rn. 47 – Copydan/Nokia; Dreier/Schulze/*Dreier* § 54 Rn. 2a.
[77] → Rn. 36 ff.
[78] BGH ZUM 2018, 364 Rn. 32; ZUM-RD 2018, 267 Rn. 35.
[79] Für ein aus dem Drei-Stufen-Test in Art. 5 Abs. 5 InfoSoc-RL folgendes unionsrechtliches Gebot des gerechten Ausgleichs *Schack* ZUM 2016, 266 (279).

Quelle angegeben wird und soweit dies zur Verfolgung nicht kommerzieller Zwecke gerechtfertigt ist. Gemäß Erwägungsgrund 36 der InfoSoc-RL können die Mitgliedstaaten einen gerechten Ausgleich aber auch bei den Schranken vorsehen, die einen derartigen Ausgleich nicht vorschreiben; der nationalen Ausgestaltung der gesetzlichen Vergütung ist die vom EuGH vorgenommene Auslegung des Begriffs des gerechten Ausgleichs iSv Art. 5 Abs. 2 lit. a und b auch insoweit zugrundezulegen.[80] Insofern entspricht es der vom EuGH geforderten kohärenten Anwendung der Regelungen in Art. 5 Abs. 2 und 3 InfoSoc-RL, den für Vervielfältigungen nach §§ 60a–60f geschuldeten Ausgleich **nach denselben Maßstäben zu bemessen** wie denjenigen nach § 53 Abs. 1 und 2.

C. Anspruchsvoraussetzungen

Der Vergütungsanspruch des Urhebers nach § 54 Abs. 1 hat **zwei Voraussetzungen.** Zum einen   16
muss der Urheber ein vergütungspflichtiges Werk geschaffen haben, dh es muss nach der Art des Werkes zu erwarten sein, dass es nach § 53 Abs. 1 oder 2 oder §§ 60a–60f vervielfältigt wird. Nur die Urheber solcher vergütungspflichtigen Werke können bei der Verteilung des Vergütungsaufkommens durch die Verwertungsgesellschaften berücksichtigt werden. Zum anderen muss die Vervielfältigung mit einem vergütungspflichtigen Gerät und/oder auf einem vergütungspflichtigen Speichermedium vorgenommen werden, dh mit Geräten oder auf Speichermedien, deren Typ allein oder in Verbindung mit anderen Geräten, Speichermedien oder Zubehör zur Vornahme solcher Vervielfältigungen benutzt wird.

I. Vergütungspflichtige Werke

Ein Vergütungsanspruch besteht nur bei Werken, bei denen **nach ihrer Art zu erwarten** ist, dass   17
sie **nach § 53 Abs. 1 oder 2 oder den §§ 60a–60f vervielfältigt** werden. Die Unterscheidung zwischen Vervielfältigungen im Wege der Bild- und Tonaufzeichnung und solchen im Wege der Ablichtung ist seit dem 1.1.2008 entfallen;[81] ebenso die Unterscheidung zwischen der Aufnahme von Funksendungen und der Übertragung von einem Bild- oder Tonträger auf einen anderen.[82] Die Regelung in § 54 erfasst jetzt die vergütungspflichtigen Werke unabhängig von ihrer Art und der Vervielfältigungsmethode. Da sich der Nachweis von Vervielfältigungen – besonders im privaten Bereich – im Einzelfall kaum führen lässt, erfolgt die **Beurteilung im Wege der Typisierung nach der Art des jeweiligen Werks.** Ob eine Vervielfältigung zu erwarten ist, ist eine Frage der Wahrscheinlichkeit.[83] Geeignet für eine Vervielfältigung sind an sich **alle in § 2 Abs. 1 genannten Werkarten,** da sich alle diese Werke optisch oder akustisch festlegen lassen. Bei vielen Werken besteht aber kein Interesse der Werknutzer an einer Festlegung, so dass eine solche iSd § 54 Abs. 1 nicht üblich und eine dahingehende Erwartung nicht gerechtfertigt ist.

Zu erwarten ist eine Vervielfältigung vor allem bei Schriftwerken und schriftlich fixierten Re-   18
den, Werken der Musik,[84] Lichtbildwerken, Filmen, dramaturgischen und choreografischen Werken sowie Darstellungen wissenschaftlicher und technischer Art. Bei Werken der bildenden Kunst, der Baukunst und der angewandten Kunst können Entwürfe und Pläne vervielfältigt werden; im Übrigen kommt eine Vervielfältigung nur von grafischen Aufzeichnungen dieser Werke oder im Wege der Ablichtung in Frage.[85] Die **Wahrscheinlichkeit** der Vervielfältigungen der Werke kann bei den einzelnen Arten von Werken **unterschiedlich hoch** sein; dies beeinflusst aber nicht die Vergütungspflicht, sondern ist bei der Verteilung des Aufkommens an die Berechtigten zu berücksichtigen.[86]

Es muss sich um Werke handeln, die **nach § 53 Abs. 1 oder 2 oder §§ 60a–60f vervielfältigt**   19
werden. Zu den vergütungspflichtigen Werken gehören daher nicht **Computerprogramme,** soweit die Regelung der §§ 69a ff. Vorrang vor § 53 wie vor §§ 60a ff. hat.[87] Auf **elektronische Datenbankwerke** findet § 53 Abs. 1 und 2 zwar ebenfalls keine Anwendung (§ 53 Abs. 5), etwas anderes gilt aber für § 60 bis 60f. **Werke, die für den Unterrichtsgebrauch an Schulen bestimmt** sind, unterliegen nicht der Anwendung von § 60a (Abs. 3 Nr. 2), dürfen aber für den privaten Gebrauch vervielfältigt werden. Bei **grafischen Aufzeichnungen von Werken der Musik** sind die Beschränkungen der Vervielfältigungsfreiheit in § 53 Abs. 4 bzw. § 60a Abs. 3 Nr. 3 zu beachten, was die

---

[80] Vgl. → Vor §§ 44a ff. Rn. 28.
[81] Vgl. → Rn. 3.
[82] Letzteres wurde vom BGH in richtlinien- und verfassungskonformer Auslegung des § 54 Abs. 1 aF ohnehin schon sehr weit verstanden, s. BGH GRUR 2014, 984 Rn. 36 ff. – PC III; dazu *Stieper* GRUR 2014, 1060 (1062 f.).
[83] Dreier/Schulze/*Dreier* § 54 Rn. 4.
[84] Vgl. aber zu grafischen Aufzeichnungen von Werken der Musik → Rn. 19.
[85] Eingehend dazu DKMH/*Hentsch* UrhG § 54 Rn. 7.
[86] Zur Aufstellung eines Verteilungsplans s. § 27 VGG.
[87] Dreier/Schulze/*Dreier* § 54 Rn. 4; Wandtke/Bullinger/*Lüft* UrhG § 53 Rn. 9; Fromm/Nordemann/*Wirtz* UrhG § 54 Rn. 9. Nach hier vertretener Auffassung gelten §§ 60a bis 60f aber auch in Bezug auf Computerprogramme, sodass insoweit eine Vergütungspflicht besteht, dazu → Vor §§ 60a ff. Rn. 9.

Wahrscheinlichkeit einer Vervielfältigung erheblich herabsetzt. In Bezug auf **Werke der bildenden Kunst** ist zu beachten, dass bei Werken, die sich bleibend an öffentlichen Wegen und Plätzen befinden, bereits § 59 eingreift; die Vervielfältigung nach § 53 Abs. 1 oder 2 oder §§ 60a–60f ist insoweit nicht zu erwarten. Durch **Leistungsschutzrechte** geschützte Erzeugnisse sind vergütungspflichtigen Werke im Sinne von § 54 Abs. 1 gleichgestellt, soweit § 53 auf sie Anwendung findet (§ 70 Abs. 1, § 71 Abs. 1 S. 3, § 72 Abs. 1, § 83, § 85 Abs. 4). Bei ins **Internet** gestellten Werken war der BGH ursprünglich davon ausgegangen, dass ein Berechtigter, der Werke ins Internet stelle, mit einem Herunterladen rechnen müsse, so dass unter Umständen von einer konkludenten Einwilligung auszugehen sei.[88] Diese noch vor der Änderung des § 54 durch das Zweite Gesetz zur Regelung des Urheberrechts in der Informationsgesellschaft („Zweiter Korb“)[89] getroffene Entscheidung ist heute überholt. Der EuGH hat entschieden, dass eine **Zustimmung des Rechtsinhabers zur Vervielfältigung** keine Auswirkungen auf den Vergütungsanspruch hat;[90] der BGH hat seine Ansicht unter Berufung auf den EuGH aufgegeben.[91] Auch bei ins Internet gestellten Werken lässt sich daher eine Vervielfältigung nach § 53 Abs. 1 oder 2 oder den §§ 60a–60f erwarten.[92] Das gilt auch für Werke, die von ihrem Urheber unter eine Creative-Commons-Lizenz gestellt worden sind.[93]

II. Vergütungspflichtige Geräte und Speichermedien

20   Die grundlegende Neustrukturierung durch das zweite Gesetz zur Regelung des Urheberrechts in der Informationsgesellschaft, die am 1.1.2008 in Kraft getreten ist,[94] führt zu unterschiedlichen Rechtsfolgen, je nachdem, ob das alte oder das neue Recht anzuwenden ist. Maßgebender Zeitpunkt für die Anwendung des neuen Rechts ist der Zeitpunkt der Veräußerung bzw. des Inverkehrbringens der Geräte und Speichermedien.[95]

1. Kriterien für das Bestehen einer Vergütungspflicht

21   Vergütungspflichtig sind Geräte und Speichermedien, deren Typ allein oder in Verbindung mit anderen Geräten, Speichermedien oder Zubehör zur Vornahme von Vervielfältigungen nach § 53 Abs. 1 oder 2 oder den §§ 60a–60f benutzt wird. § 54 nF unterscheidet nicht mehr zwischen Geräten und Speichermedien für Vervielfältigungen im Wege der Bild- und Tonaufzeichnung und solchen für Vervielfältigungen im Wege der Ablichtung. Außerdem kommt es im Gegensatz zum bisherigen Recht nicht mehr darauf an, ob der Typ eines Gerätes oder Speichermediums zu Vervielfältigungen (erkennbar) bestimmt ist, sondern ob es **tatsächlich für privilegierte Vervielfältigungen benutzt** wird. Ferner wird durch den Gesetzeswortlaut klargestellt, dass es nicht auf die konkrete Benutzung eines Gerätes oder Speichermediums zur Vervielfältigung ankommt, sondern darauf, ob ein Gerät oder Speichermedium **seinem Typ nach** für entsprechende Vervielfältigungen benutzt wird.

22   Die typisierende Betrachtung stellt auf den **üblichen Gebrauch** des Geräts ab.[96] Ob ein Gerät im Einzelfall für Vervielfältigungen nach § 53 Abs. 1 oder 2 oder den §§ 60a–60f genutzt wird, ist unerheblich.[97] Im Schrifttum sind Zweifel geäußert worden, ob diese typisierende Betrachtungsweise mit den **unionsrechtlichen Vorgaben** vereinbar ist.[98] Der EuGH hat aber – zunächst für private Vervielfältigungen – entschieden, dass ein System der Geräte- und Speichermedienabgabe zwar voraussetze, dass die fraglichen Anlagen, Geräte und Medien tatsächlich zur Anfertigung von Privatkopien genutzt werden könnten und insofern ein notwendiger Zusammenhang zwischen der Abgabe und der Anfertigung der Kopien bestehe. Die **technische Fähigkeit** der Anlagen, Kopien herzustellen, reiche aber aus, um die Anwendung der Abgabe zu rechtfertigen, sofern diese Anlagen oder Geräte natürlichen Personen als privaten Nutzern überlassen worden seien.[99] Dahinter steht die Erwägung, dass bei natürlichen Personen vermutet werde, dass sie sämtliche mit diesen Anlagen verbundenen Funktionen, einschließlich der Vervielfältigungsfunktion, nutzen werden.[100] Entsprechendes darf man nach dem EuGH auch für die von Art. 5 Abs. 2 lit. a InfoSoc-RL privilegierten Nutzergruppen unterstellen, solange bei der Bestimmung der Vergütungshöhe dem Umstand Rechnung getragen wird, dass

---

[88] BGH GRUR 2008, 245 Rn. 27 – Drucker und Plotter; bestätigt in BGH GRUR 2009, 53 Rn. 20.
[89] BGBl. I 2007 S. 2513, in Kraft seit am 1.1.2008.
[90] EuGH GRUR 2013, 812 Rn. 30 ff., 40 – VG Wort/Kyocera; dazu → Rn. 7.
[91] BGH GRUR 2014, 979 Rn. 42 – Drucker und Plotter III; BGH GRUR 2016, 792 Rn. 50 ff. – Gesamtvertrag Unterhaltselektronik; → Rn. 39 sowie → Vor §§ 44a ff. Rn. 56.
[92] Ebenso Dreier/Schulze/*Dreier* § 54 Rn. 4; BeckOK UrhR/*Grübler* UrhG § 54 Rn. 7.
[93] Dreier/Schulze/*Dreier* § 54 Rn. 4; *Stieper* EuZW 2013, 699 (700).
[94] → Rn. 3.
[95] Vgl. → Rn. 16.
[96] Beschlussempfehlung des Rechtsausschusses BT-Drs. 16/5939, 45.
[97] Dreier/Schulze/*Dreier* § 54 Rn. 9; Wandtke/Bullinger/*Lüft* UrhG § 54 Rn. 12; Fromm/Nordemann/*Wirtz* UrhG § 54 Rn. 10; DKMH/*Hentsch* UrhG § 54 Rn. 12.
[98] Wandtke/Bullinger/*Lüft* UrhG § 54 Rn. 14 f.
[99] Vgl. → Rn. 9; sa BGH GRUR 2014, 979 Rn. 31 – Drucker und Plotter III; BGH GRUR 2014, 984 Rn. 29 – PC III.
[100] EuGH GRUR 2011, 50 Rn. 55 – Padawan/SGAE.

die unterschiedlichen Nutzergruppen die technische Kapazität eines konkreten Geräts nur **nach Maßgabe ihrer jeweiligen Bedürfnisse und gesetzlichen Befugnisse** nutzen.[101] Das ist nach dem deutschen Recht aber der Fall, da nach § 54a Abs. 1 die Vergütungshöhe vom tatsächlichen Umfang der Benutzung für die einzelnen abhängt. Damit dürften gegen die unionsrechtliche Zulässigkeit der typisierenden Betrachtungsweise in § 54 Abs. 1 insgesamt keine Bedenken bestehen.

2. Geräte

Unter die Vergütungspflicht fallen danach zunächst **alle Geräte, mit denen sich Vervielfälti-** 23 **gungen herstellen lassen.**[102] Bei solchen Geräten besteht nach Auffassung des BGH eine gesetzliche Vermutung dafür, dass sie auch zur Vornahme von Vervielfältigungen nach §§ 53 Abs. 1 oder 2 oder §§ 60a–60h verwendet werden.[103] Die nach Gerätegattungen typisierende Betrachtungsweise verlangt dabei, dass **alle Geräte eines bestimmten Typs** unbeschadet der konkreten Ausstattung der einzelnen Modelle zur Vornahme von vergütungspflichtigen Vervielfältigungen verwendet werden können. Daher kann für das Eingreifen der Vergütungspflicht auf das Vorhandensein einer bestimmten Mindestausstattung abgestellt werden, bei der angenommen werden kann, dass sie jedenfalls die Aufnahme und das Abspeichern eines vollständigen, nach § 2 urheberrechtlich geschützten Werkes möglich macht.[104] Außerdem setzt die Annahme, ein Gerät werde durch Verwendung einer bestimmten technischen Funktion nach der allgemeinen Lebenserfahrung zur Vervielfältigung urheberrechtlich geschützter Werke genutzt, voraus, dass die Nutzung dieser Funktion nicht nur grundsätzlich technisch möglich, sondern im täglichen Gebrauch **tatsächlich zu bewerkstelligen und technisch praktikabel** ist.[105]

Die Geräte sind auch dann vergütungspflichtig, wenn sie nur **in Verbindung mit anderen Gerä-** 24 **ten, Speichermedien oder Zubehör** zur Vervielfältigung benutzt werden können.[106] Vergütungspflichtig sind also auch Geräte, deren Programmsteuerung keinen Vervielfältigungsbefehl aufweist, sondern die einer externen Steuerung zur Vervielfältigung bedürfen.[107] Der Vergütungspflicht unterliegen damit auch PCs, Scanner, Drucker und Plotter, die Vervielfältigungen in einer in Funktionseinheit stehenden Kette von Geräten herstellen. Eine solche Regelung ist vom EuGH ausdrücklich für zulässig erklärt worden.[108] Wenn private Vervielfältigungen auf **Cloud-Servern** im Ausland mithilfe eines PCs, Tablets oder Smartphones von Deutschland aus gesteuert werden, unterliegen daher auch diese Geräte der Vergütungspflicht.[109]

Der **Umfang der tatsächlichen Nutzung** ist dagegen nur für die Vergütungshöhe maßgeb- 25 lich.[110] Die noch im Regierungsentwurf enthaltene Bagatellklausel, nach der Geräte nur dann vergütungspflichtig sein sollten, wenn sie in nennenswertem Umfang zu Vervielfältigungen nach § 53 Abs. 1–3 benutzt werden,[111] wurde auf Vorschlag des Bundesrates[112] im Rechtsausschuss des Bundestages gestrichen.[113] Dennoch lässt der BGH, dem EuGH folgend, Ausnahmen von der Vergütungspflicht zu, soweit eine Nutzung der betreffenden Geräte für vergütungspflichtige Vervielfältigungen nur in so geringem Umfang denkbar ist, dass der den Urhebern hieraus erwachsende Nachteil zu vernachlässigen wäre.[114] Nicht vergütungspflichtig sind beispielsweise Geräte, die **nur theoretisch zur Vervielfältigung benutzt werden** können, weil sie zwar einen digitalen Speicherchip aufweisen, der jedoch völlig anderen Funktionen dient.[115] Hierher sind beispielsweise Diktiergeräte zu zählen, weil sie typischerweise nicht zur Aufzeichnung geschützter Werke benutzt werden,[116] ferner Telefonanrufbeantworter und ähnliche Geräte. Problematisch ist eine Vergütungspflicht auch für Foto-, Film- und Videokameras und entsprechende Funktionen in anderen Geräten (zB Smartphones, Tablets).[117] Im Hinblick auf die heute weit verbreitete Ablichtung von Werken der bildenden Kunst,

---

[101] EuGH GRUR 2016, 55 Rn. 72 ff. – Hewlett-Packard/Reprobel.
[102] Dreier/Schulze/*Dreier* § 54 Rn. 7.
[103] So zu § 54 Abs. 1 aF BGH GRUR 2012, 705 Rn. 34 f. – PC als Bild- und Tonaufzeichnungsgerät; BGH GRUR 2017, 172 Rn. 98 – Musik-Handy; kritisch *Degenhart* GRUR 2018, 342 (347).
[104] So zur früheren Rechtslage BGH GRUR 2017, 172 Rn. 39 f. – Musik-Handy; BGH GRUR 2017, 702 Rn. 32, 47 – PC mit Festplatte I; BGH ZUM 2018, 364 Rn. 20, 22; ZUM-RD 2018, 267 Rn. 22, 24.
[105] BGH GRUR 2017, 702 Rn. 84 – PC mit Festplatte I (zu § 54 aF).
[106] BGH GRUR 2017, 702 Rn. 35 – PC mit Festplatte I; BGH ZUM 2018, 364 Rn. 24; ZUM-RD 2018, 267 Rn. 27.
[107] AmtlBegr.BT-Drs. 16/1828, 29, wo der Chip einer Smartcard als Beispiel genannt wird; vergütungspflichtig sei in diesem Fall allerdings nur das Gerät und nicht das Zubehör.
[108] Vgl. → Rn. 10.
[109] *Müller* ZUM 2014, 11 (13); *Klett* ZUM 2014, 18 (20); *Leistner* CR 2018, 436 (441 f.).
[110] § 54a Abs. 1 S. 1; sa Beschlussempfehlung des Rechtsausschusses BT-Drs. 16/5939, 45.
[111] AmtlBegr. BT-Drs. 16/1828, 29.
[112] BT-Drs. 16/1828, 42.
[113] BT-Drs. 16/5939, 45.
[114] EuGH GRUR 2015, 478 Rn. 29 – Copydan/Nokia; BGH GRUR 2017, 172 Rn. 108 f. – Musik-Handy; vgl. auch EuGH GRUR 2011, 50 Rn. 39, 46 – Padawan.
[115] Beschlussempfehlung des Rechtsausschusses BT-Drs. 16/5939, 45.
[116] Wandtke/Bullinger/*Lüft* UrhG § 54 Rn. 16; DKMH/*Hentsch* UrhG § 54 Rn. 19.
[117] Dafür Fromm/Nordemann/*Wirtz* UrhG § 54 Rn. 10; *Stieper* EuZW 2013, 699 (701 f.); sa BGH GRUR 1982, 104 (105 f.). – Tonfilmgeräte; sa Dreier/Schulze/*Dreier* § 54 Rn. 7.

etwa auch in Museen, kann die Verwendung für diese Zwecke aber nicht völlig vernachlässigt werden. Ebenfalls von einer Vergütungspflicht ausgeschlossen sind solche Geräte, die ausschließlich der Herstellung **barrierefreier Kopien** für Menschen mit einer Lese- oder Sehbehinderung (§ 45b Abs. 2) dienen. Soweit diese Geräte durch die nach § 45b privilegierten Personen verwendet werden, sind die vorgenommenen Vervielfältigungen wegen des Vorrangs dieser Schranke nicht vergütungspflichtig, auch wenn sie vom Anwendungsbereich des § 53 Abs. 1 erfasst werden. Bei Herstellung durch befugte Stellen im Rahmen von § 45c Abs. 1 ergibt sich die Vergütungspflicht aus § 45c Abs. 4.

26   **Vergütungspflichtige Geräte** sind damit insbesondere Fotokopiergeräte,[118] Readerprinter,[119] Telefaxgeräte,[120] Scanner,[121] Tonbandgeräte, Kassetten- und Videorecorder,[122] CD- und DVD-Brenner,[123] Drucker[124] und Plotter,[125] CD- und DVD-Rekorder. Auch Multifunktionsgeräte, die über mehrere Vervielfältigungsfunktionen verfügen (etwa Kopieren, Scannen, Faxen und Drucken) sind hierher zu zählen;[126] dabei ist jede der Funktionen vergütungspflichtig, soweit sie die Voraussetzungen des § 54 erfüllt. Computer (PCs) und Tablets sind vergütungspflichtige Geräte, da sie jedenfalls in Verbindung mit anderen Geräten bzw. Zubehör zur Vervielfältigung von Audio- und audiovisuellen Werken sowie von stehendem Text und Bild zum privaten oder sonstigen eigenen Gebrauch benutzt werden.[127] Ebenso sind auch Mobiltelefone vergütungspflichtig, soweit mit ihrer Hilfe vollständige Musikstücke und Sprachwerke zum Privatgebrauch vervielfältigt werden können, insbesondere durch Übertragung von der Festplatte eines PCs oder dem Server eines Musikdownloaddienstes auf den internen Speicher des Mobiltelefons oder eine in das Telefon eingesetzte Speicherkarte.[128]

3. Speichermedien

27   **Speichermedien** iSv § 54 sind **alle physikalischen Informations- und Datenträger** mit Ausnahme von Papier oder ähnlichen Trägern, und zwar sowohl elektronische Speicher wie Speicherkarten (zB CF- oder SD-Cards)[129] oder USB-Sticks[130] als auch magnetische Speicher wie Disketten, Musikkassetten, Magnetbänder, Festplatten[131] sowie optische Speicher wie CD-R, CD-RW, DVD-RAM, DVD+/-R, DVD+/-RW[132] oder Film.[133] Ebenso wie die Geräte[134] sind sie auch dann vergütungspflichtig, wenn sie nur **in Verbindung mit anderen Geräten, Speichermedien oder Zubehör** zur Vervielfältigung benutzt werden können. Auch sie müssen für Vervielfältigungen nach § 53 Abs. 1 und 2 oder §§ 60a–60f typischerweise **tatsächlich benutzt** werden, was angesichts der vielfältigen Verwendungsmöglichkeiten solcher Speichermedien in der Regel der Fall sein wird. Der EuGH hat die Vergütungspflicht von multifunktionalen Trägern ausdrücklich auch für den Fall bestätigt, dass die Vervielfältigungsfunktion gegenüber den anderen Funktionen sekundär ist.[135] Lediglich bei Speichermedien, die nur in Geräte passen, mit denen typischerweise keine vergütungspflichtigen Vervielfältigungen vorgenommen werden (zB Diktiergeräte) wird eine Vergütungspflicht zu verneinen

---

[118] Allg. Ansicht, vgl. etwa DKMH/*Hentsch* UrhG § 54 Rn. 19; Wandtke/Bullinger/*Lüft* UrhG § 54 Rn. 19.
[119] BGH GRUR 1993, 553 (554) – Readerprinter; OLG München CR 1991, 214 (noch zur alten Rechtslage, die sich aber insoweit nicht geändert hat); allg. Ansicht auch im Schrifttum, vgl. etwa Wandtke/Bullinger/*Lüft* UrhG § 54 Rn. 19; Fromm/Nordemann/*Wirtz* § 54 Rn. 10.
[120] Zur alten Rechtslage BGH GRUR 1999, 928 (929 ff.) – Telefaxgeräte; OLG Köln CR 1997, 482; OLG Zweibrücken CR 1997, 348; LG Düsseldorf CR 1994, 224; LG Stuttgart ZUM 1996, 426; allg. Ansicht auch im Schrifttum, vgl. etwa Fromm/Nordemann/*Wirtz* § 54 Rn. 10; Wandtke/Bullinger/*Lüft* UrhG § 54 Rn. 19.
[121] Zur alten Rechtslage BGH GRUR 2002, 246 (248) – Scanner; LG Düsseldorf ZUM-RD 1997, 513; allg. Ansicht auch im Schrifttum, vgl. etwa DKMH/*Hentsch* UrhG § 54 Rn. 19; Wandtke/Bullinger/*Lüft* UrhG § 54 Rn. 19.
[122] Zur alten Rechtslage BGH GRUR 1981, 355 (358) – Video-Recorder; OLG Stuttgart CR 2001, 817; LG Stuttgart ZUM 2001, 614; *Flechsig* ZUM 2001, 656; *Lehmann* CR 2001, 584.
[123] BGH ZUM 2017, 839 Rn. 17 – DVD-Brenner.
[124] EuGH GRUR 2013, 812 Rn. 60 ff. – VG Wort/Kyocera; BGH GRUR 2014, 979 Rn. 17 ff. – Drucker und Plotter III; Wandtke/Bullinger/*Lüft* UrhG § 54 Rn. 19.
[125] BGH GRUR 2014, 979 Rn. 17 ff. – Drucker und Plotter III; DKMH/*Hentsch* UrhG § 54 Rn. 19.
[126] Wandtke/Bullinger/*Lüft* UrhG § 54 Rn. 19; Fromm/Nordemann/*Wirtz* UrhG § 54 Rn. 10; zur alten Rechtslage BGH GRUR 2008, 786 Rn. 11 ff. – Multifunktionsgeräte; OLG Stuttgart GRUR 2005, 944 – Multifunktionsgeräteabgabe.
[127] EuGH GRUR 2013, 812 Rn. 60 ff. – VG Wort/Kyocera; BGH GRUR 2017, 694 Rn. 34 – Gesamtvertrag PCs; zur alten Rechtslage BGH GRUR 2017, 702 Rn. 26 ff., 85 ff. – PC mit Festplatte I; BGH GRUR 2017, 716 Rn. 30 ff. – PC mit Festplatte II; BGH ZUM 2018, 364 Rn. 16 ff.; ZUM-RD 2018, 267 Rn. 18 ff.
[128] EuGH GRUR 2015, 478 Rn. 18 ff. – Copydan/Nokia; zur alten Rechtslage: BGH GRUR 2017, 172 Rn. 21 ff. – Musik-Handy; BGH ZUM-RD 2017, 641 Rn. 31 ff. – Musik-Handys.
[129] BGH ZUM-RD 2017, 520 Rn. 14 – Speicherkarten; BGH GRUR-RR 2017, 486 Rn. 17 – USB-Stick; zur alten Rechtslage: BGH GRUR 2017, 172 Rn. 21 ff. – Musik-Handy; BGH ZUM-RD 2017, 641 Rn. 31 ff. – Musik-Handys.
[130] BGH GRUR-RR 2017, 486 Rn. 17 – USB-Stick.
[131] Zu Multimedia-, Netzwerk- und externen Festplatten BGH GRUR 2017, 684 Rn. 22 – externe Festplatten.
[132] BGH GRUR 2017, 161 Rn. 36 – Gesamtvertrag Speichermedien.
[133] AmtlBegr. BT-Drs. 16/1828, 29.
[134] → Rn. 27.
[135] EuGH GRUR 2015, 478 Rn. 26 – Copydan/Nokia.

sein.[136] Auf den **Umfang** der tatsächlichen Nutzung kommt es auch bei Speichermedien nicht an, dieser ist erst bei Festsetzung der Vergütung zu berücksichtigen.[137]

D. Entstehung und Inhalt des Anspruchs

Für die **Entstehung des Anspruchs** war nach dem Wortlaut der §§ 54, 54a aF davon auszugehen, **28** dass der Anspruch mit der Veräußerung des Geräts bzw. des Speichermediums durch den Hersteller (bzw. Importeur oder Händler) oder mit einem sonstigen Inverkehrbringen entstand.[138] Auch wenn der Gesetzeswortlaut von § 54 nF den Begriff der Veräußerung nicht mehr enthält, ist anzunehmen, dass sich insoweit nichts geändert hat. Auch nach neuem Recht entsteht der Anspruch also **mit der Veräußerung** des Geräts bzw. des Speichermediums durch den Hersteller (bzw. Importeur oder Händler) oder mit dem **sonstigen Inverkehrbringen,** das die Vervielfältigungsmöglichkeit eröffnet, also etwa dem Vermieten, Verleihen oder Aufstellen zur Benutzung.[139] Die Überlassung von Speicherplatz auf einem Internet-Server reicht hierfür nicht aus.[140] Auf den Anspruch kann **im Voraus nicht verzichtet** werden (§ 63a).

Der Anspruch richtet sich auf Zahlung einer **angemessenen Vergütung.** Dabei ist zu berücksich- **29** tigen, dass §§ 54, 54a der Umsetzung des von Art. 5 Abs. 2 lit. a und b InfoSoc-RL geforderten „gerechten Ausgleichs" dienen.[141] Die angemessene Vergütung gemäß §§ 54, 54a ist jedoch nicht mit dem gerechten Ausgleich gleichzusetzen, sondern kann auch über ihn hinausgehen.[142] Die Kriterien für die Bestimmung der Vergütungshöhe ergeben sich aus § 54a, der maßgeblich auf den tatsächlichen Umfang der Nutzung abstellt.[143] Die Verpflichtung zur Zahlung der angemessenen Vergütung ergibt sich dabei dem Grunde und der Höhe nach **unmittelbar aus dem Gesetz.**[144] Das gilt nach Auffassung des BGH auch in den Fällen, in denen eine Verwertungsgesellschaft Tarife nur auf Grundlage einer empirischen Untersuchung aufstellen darf (§ 40 Abs. 1 S. 2, § 93 VGG).[145] Dass der Hersteller, Importeur oder Händler vergütungspflichtiger Geräte vor der Veröffentlichung eines Tarifs keine Möglichkeit habe, den Endnutzer als eigentlichen Vergütungsschuldner nachträglich mit der Abgabe zu belasten, schließe eine **rückwirkende Geltendmachung und Durchsetzung** des Vergütungsanspruchs nicht aus, wenn der Abgabenschuldner mit der Vergütungspflicht der betreffenden Geräte oder Speichermedien rechnen musste und somit die Vergütung in den Gerätepreis einfließen lassen konnte.[146] Dagegen wird zwar eingewandt, dass das Einpreisen eines ohne Kenntnis der tatsächlich geforderten Vergütung selbst erdachten Betrags eine unzulässige Belastung der Endverbraucher sei.[147] In der Bestimmung der Gerätepreise sind die Hersteller und Händler jedoch frei. Auch das Unionsrecht erfordert keinen Schutz des Endverbrauchers davor, dass die Gerätehersteller der Kalkulation ihrer Preise eine möglicherweise nicht in voller Höhe geschuldete Privatkopieabgabe zugrunde legen. Bei einer Belastung der Gerätehersteller mit der Privatkopieabgabe lässt es der EuGH zwar zu, dass allein der Endabnehmer einen Anspruch auf Erstattung einer tatsächlich nicht geschuldeten Privatkopievergütung erhält, weil er derjenige ist, der die Vergütung letztlich trägt.[148] Entscheidendes Kriterium ist nach dem EuGH jedoch, dass die zur Entrichtung der Abgabe verpflichteten Hersteller, Händler und Importeure nicht diejenigen sein dürfen, die die Belastung am Ende tatsächlich tragen müssen.[149] Solange diese also die Möglichkeit haben, eine auch nur möglicherweise geschuldete Abgabe in den Endpreis der Geräte und Speichermedien einzubeziehen, steht der Umstand, dass der zugrunde gelegte Betrag im nachhinein zu hoch (oder trotz Erkennbarkeit zu niedrig) angesetzt war, der Durchsetzbarkeit des Vergütungsanspruchs nicht entgegen. Unternehmen, die den gesetzlichen Vergütungsanspruch nach bei der Bemessung des Kaufpreises nicht berücksichtigen, handeln insoweit auf eigenes Risiko.[150]

---

[136] → Rn. 25.

[137] Dazu → § 54a Rn. 10 ff.; vgl. → Rn. 26.

[138] BGH GRUR 1985, 280 (282) – Herstellerbegriff II. Nach § 54 Abs. 1 aF wurde der Anspruch gewährt „für die durch die Veräußerung der Geräte sowie der Bild- oder Tonträger geschaffene Möglichkeit, solche Vervielfältigungen vorzunehmen".

[139] Ebenso Dreier/Schulze/*Dreier* § 54 Rn. 11.

[140] AA *Homar* in: Hennemann/Sattler, Immaterialgüter und Digitalisierung, (2017), S. 199 (204); sa § 54c Rn. 15.

[141] → Rn. 5 ff.

[142] *Pflüger* S. 61 ff.; *Reinbothe* GRUR-Prax 2015, 454 (455 f.).

[143] Zum Zusammenhang von angemessener Vergütung und Schaden s. eingehend *Riesenhuber* in Riesenhuber, Die „Angemessenheit" im Urheberrecht, INTERGU-Tagung 2012 (2013), S. 195 ff., insbes. 205 ff.

[144] BGH GRUR 2017, 684 Rn. 26 ff., 49 – externe Festplatten.

[145] BGH GRUR 2017, 684 Rn. 28 ff. – externe Festplatten.

[146] BGH GRUR 2017, 684 Rn. 33 – externe Festplatten; zu § 54 aF BGH GRUR 2017, 172 Rn. 91 – Musik-Handy.

[147] So *Degenhart* GRUR 2018, 342 (346).

[148] EuGH GRUR 2015, 478 Rn. 53 – Copydan/Nokia; → Rn. 36.

[149] EuGH GRUR 2016, 687 Rn. 36 – EGEDA/Administración del Estado; EuGH GRUR 2017, 155 Rn. 52 – Microsoft/MIBAC.

[150] So ausdrücklich BGH GRUR 2012, 705 Rn. 54 – PC als Bild- und Tonaufzeichnungsgerät.

E. Aktiv- und Passivlegitimation

30   Als Anspruchsberechtigten bezeichnet § 54 Abs. 1 den **Urheber** desjenigen Werkes, das nach § 53 Abs. 1 oder 2 bzw. §§ 60a–60f vervielfältigt wird. Der Urheber kann den Vergütungsanspruch, soweit er bereits entstanden ist,[151] an Dritte, zB an einen Verleger, abtreten, dann ist dieser anspruchsberechtigt. Im Voraus können die Ansprüche gemäß § 63a S. 2 nur an eine Verwertungsgesellschaft oder zusammen mit der Einräumung des Verlagsrechts an einen Verleger, soweit dieser Voraussetzungen des § 63a S. 2 erfüllt, abgetreten werden. Die Geltendmachung der Vergütungsansprüche kann ohnehin nur durch eine Verwertungsgesellschaft erfolgen (§ 54h).

31   Die Vergütungsregelung des § 54 Abs. 1 ist auf eine Reihe von **Leistungsschutzberechtigten entsprechend anwendbar**, nämlich die Verfasser wissenschaftlicher Ausgaben (§ 70 Abs. 1), Herausgeber einer editio princeps (§ 71 Abs. 1 S. 3), Lichtbildner (§ 72 Abs. 1), ausübende Künstler und Veranstalter (§ 83), Tonträgerhersteller (§ 85 Abs. 4), Filmhersteller (§ 94 Abs. 4),[152] und Hersteller von Laufbildern (§ 95 iVm § 94 Abs. 4). Auch Sendeunternehmen nehmen bei Eigenproduktionen in ihrer Eigenschaft als Tonträger- und Filmhersteller an der Geräte- und Speichermedienabgabe teil. Darüber hinaus steht ihnen jedoch kein Vergütungsanspruch nach § 54 Abs. 1 zu (vgl. § 87 Abs. 4); diese Regelung ist nicht verfassungswidrig[153] und verstößt nicht gegen Art. 5 Abs. 2 lit. b InfoSoc-RL.[154] Mangels eines ausschließlichen Vervielfältigungsrechts sind auch Presseverleger nicht am Vergütungsaufkommen nach §§ 54, 54c zu beteiligen.[155]

32   Der Vergütungsanspruch richtet sich **gegen den Hersteller** der Geräte bzw. Speichermedien. Neben ihm haften gesamtschuldnerisch der gewerbliche **Importeur** und unter bestimmten Voraussetzungen auch der **Händler** (§ 54b). **Gesamtschuldnerische Haftung** bedeutet, dass der Anspruchsberechtigte sowohl den Hersteller als auch den Importeur und den Händler in voller Höhe des Vergütungsanspruchs in Anspruch nehmen kann (§ 421 BGB). Auf den Ausgleich zwischen Hersteller, Importeur und Händler findet § 426 BGB Anwendung.

33   **Hersteller** ist, wer die Geräte **tatsächlich produziert** hat.[156] Ein inländisches Unternehmen, das die Geräte von einem anderen Unternehmen produzieren lässt, wird nicht dadurch zum Hersteller, dass es die Geräte unter seinem Waren- oder Firmennamen erstmals im Inland in Verkehr bringt.[157] Das gilt auch dann, wenn der tatsächliche Produzent ein ausländisches Unternehmen ist[158] oder wenn zwischen den (rechtlich selbständigen) Unternehmen Konzernbeziehungen bestehen.[159] Die Entscheidungen sind noch zu § 53 Abs. 5 idF von 1965 ergangen, können aber für die Frage, wer Hersteller iSd § 54 Abs. 1 und 2 ist, unverändert Geltung beanspruchen. Keine Hersteller sind bloße **Zulieferer**.

F. Wegfall der Vergütungspflicht (Abs. 2)

34   Der jetzige § 54 Abs. 2 entspricht im Wesentlichen dem bisherigen § 54c. Es ist jetzt zwar nicht mehr Voraussetzung, dass die Nichtbenutzung im Inland „mit Wahrscheinlichkeit" erwartet werden kann, eine nennenswerte inhaltliche Änderung dürfte aber damit nicht verbunden sein, zumal auch der Gesetzgeber von der Übereinstimmung mit dem bisherigen 54c ausgegangen ist.[160] Die Vorschrift bezieht sich, wie sich jetzt auch aus ihrer systematischen Stellung klar ergibt, **nur auf die Herstellerabgabe** (§§ 54, 54b), nicht auf die Großbetreiberabgabe nach § 54c. Sie trägt dem Umstand Rechnung, dass § 54 Abs. 1 die Vergütungspflicht an den Gerätetyp knüpft und die Wahrscheinlichkeit, dass die betroffenen Geräte oder Speichermedien im Einzelfall nicht für vergütungspflichtige Vervielfältigungen benutzt werden, unberücksichtigt lässt. Der Gesetzgeber hatte dabei vor allem für

---

[151] Zum Zeitpunkt der Entstehung vgl. → Rn. 16.
[152] Das bezieht sich aber nicht auf die Vergütungsansprüche der Filmurheber, die gesetzlichen Vergütungsansprüche nach § 54 Abs. 1 gehen nicht im Rahmen des § 89 auf den Filmhersteller über, vgl. → § 89 Rn. 19.
[153] BVerfG NJW 1988, 1715.
[154] *Schack* GRUR-Int 2009, 490 (493 f.); vgl. BGH GRUR 2010, 924 Rn. 6 ff. – gerechter Ausgleich, bestätigt durch BVerfG ZUM 2011, 236: jedenfalls kein hinreichend qualifizierter Verstoß gegen das Unionsrecht; zweifelnd dagegen OLG München GRUR-RR 2019, 57 Rn. 15 (eine richtlinienkonforme Rechtsfortbildung aber ablehnend).
[155] → § 87g Rn. 14.
[156] BGH GRUR 1984, 518 (519) – Herstellerbegriff I; BGH GRUR 1985, 280 (282) – Herstellerbegriff II; BGH GRUR 1985, 284 (285) – Herstellerbegriff III; BGH GRUR 1985, 287 (288) – Herstellerbegriff IV; Dreier/Schulze/*Dreier* § 54 Rn. 13; Fromm/Nordemann/*Wirtz* UrhG § 54 Rn. 13; Wandtke/Bullinger/*Lüft* UrhG § 54 Rn. 22; eingehend *Loewenheim*, Herstellerbegriff und Geräteabgabe bei Audio- und Videogeräten, S. 22 ff., 71.
[157] BGH GRUR 1984, 518 – Herstellerbegriff I.
[158] BGH GRUR 1985, 280 – Herstellerbegriff II.
[159] BGH GRUR 1985, 284 – Herstellerbegriff III; BGH GRUR 1985, 287 – Herstellerbegriff IV; zum Ganzen eingehend *Loewenheim*, Herstellerbegriff und Geräteabgabe bei Audio- und Videogeräten, S. 22 ff., 71.
[160] BT-Drs. 16/1828, 29.

den **Export** bestimmte Geräte und Speichermedien vor Augen.[161] Jedoch ist der Anwendungsbereich des § 54 Abs. 2 nicht auf Exportfälle beschränkt.[162] Die Vergütungspflicht entfällt auch in anderen Fällen, in denen nicht erwartet werden kann, dass die Geräte oder Speichermedien für Vervielfältigungen nach § 53 Abs. 1 und 2 oder §§ 60a–60f verwendet werden. Die **Darlegungs- und Beweislast** für diese Erwartung trifft den Hersteller bzw. Importeur oder Händler.[163]

I. Exportfälle

Hauptanwendungsfall des § 54 Abs. 2 sind für den **Export** bestimmte Geräte und Speichermedien. **35** Nach dem **Territorialitätsprinzip** entfaltet das deutsche Urheberrecht seine Wirkungen nur im Geltungsbereich des Urheberrechtsgesetzes und kann daher auch nur durch Handlungen im Geltungsbereich des Urheberrechtsgesetzes verletzt werden.[164] Im Ausland vorgenommene Vervielfältigungshandlungen kann der Urheber aufgrund seines deutschen Urheberrechts nicht verbieten; folglich finden auch die Schranken der § 53 Abs. 1 und 2 sowie §§ 60a–60f auf solche Handlungen keine Anwendung. Werden Geräte und Speichermedien nur im Ausland zu Vervielfältigungen benutzt, so entfällt damit der Grund, dem Urheber eine Kompensation dafür zu gewähren, dass er die Vervielfältigungshandlungen hinnehmen muss. Eine Vergütungspflicht nach §§ 54 ff. entsteht aber bei gewerblichem **Reimport**.[165] Außerdem ist zu beachten, dass ggf. eine Vergütungspflicht nach dem Recht des Staates besteht, in das die Geräte bzw. Speichermedien exportiert werden. Das gilt nach der Rechtsprechung des EuGH vor allem für den grenzüberschreitenden Verkauf an Endnutzer in anderen EU-Mitgliedstaaten, deren Recht eine urheberrechtliche Vergütungspflicht für die gelieferten Produkte vorsieht.[166]

II. Überlassung an gewerbliche Abnehmer

Darüber hinaus hat § 54 Abs. 2 Bedeutung vor allem für solche Geräte und Speichermedien, die **36** **an gewerbliche Abnehmer veräußert** werden. Im Hinblick auf die praktischen Schwierigkeiten bei der Identifizierung der Endnutzer sowie der Ermittlung des privaten Zwecks ist es zwar mit den unionsrechtlichen Vorgaben vereinbar, auch bei einer Überlassung von zur Vervielfältigung geeigneten Geräten und Speichermedien an gewerbliche Abnehmer eine **widerlegbare Vermutung** für eine vergütungspflichtige Nutzung aufzustellen.[167] Eine Regelung, die Hersteller oder Importeure zur Zahlung der Privatkopievergütung verpflichtet, obwohl sie nicht wissen, ob es sich bei den Endabnehmern um gewerbliche oder private Kunden handelt, steht jedoch nur dann im Einklang mit Art. 5 Abs. 2 lit. b InfoSoc-RL, wenn diese Vergütungsschuldner von der Zahlung der Privatkopievergütung befreit werden, sobald sie nachweisen, dass die in Rede stehenden Geräte oder Speichermedien **an andere als natürliche Personen zu eindeutig anderen Zwecken als zur Vervielfältigung zum privaten Gebrauch** geliefert worden sind.[168] Ist gleichwohl eine Privatkopievergütung entrichtet worden, so muss ein **Anspruch auf Erstattung** bestehen, der durchsetzbar ist und die Erstattung der gezahlten Vergütung nicht übermäßig erschwert.[169] Der Rückerstattungsanspruch kann dabei auch dem Endabnehmer gewährt und von einer gesonderten Antragstellung abhängig gemacht werden.[170] Umfang, Wirksamkeit, Verfügbarkeit, Bekanntheit und Einfachheit der Nutzung des Erstattungsanspruchs müssen es erlauben, etwaige durch die Regelung der Abgabe geschaffene Ungleichgewichte auszugleichen.[171] Im Hinblick auf den gebotenen Ausgleich zwischen den Interessen von Rechtsinhabern und Nutzern müssen zudem Mechanismen vorgesehen werden, die eine etwaige „Überkompensation" zu Ungunsten einer bestimmten Kategorie von Nutzern korrigieren können.[172]

---

[161] AmtlBegr. BR-Drs. IV/3401, 10; Rechtsausschuss des Bundestags, BT-Drs. IV/3401, 10 zu § 53 Abs. 5 S. 3 UrhG aF.
[162] BGH GRUR 1981, 355 (358) – Video-Recorder (zu § 53 Abs. 5 S. 3 aF); BGHZ 121, 215 (220 f.) = GRUR 1993, 553 (554 f.) – Readerprinter (zu § 54 Abs. 3 aF); BGH GRUR 1999, 928 (930) – Telefaxgeräte (zu § 54c aF).
[163] BGHZ 121, 215 (220) = GRUR 1993, 554 (554) – Readerprinter (zu § 54 Abs. 3 aF); Dreier/Schulze/*Dreier* § 54 Rn. 21.
[164] Allg. Ansicht, vgl. nur BGH GRUR 1994, 798 (799) – Folgerecht bei Auslandsbezug; → Vor §§ 120 ff. Rn. 120 ff. mwN.
[165] Dreier/Schulze/*Dreier* § 54 Rn. 20; vgl. auch → § 54b Rn. 3 ff.
[166] → Rn. 6; dazu *Kröber* GRUR 2011, 911 (912).
[167] → Rn. 14.
[168] EuGH GRUR 2015, 478 Rn. 55 – Copydan/Nokia; EuGH GRUR 2017, 155 Rn. 52 – Microsoft/MIBAC; BGH GRUR 2017, 172 Rn. 96 – Musik-Handy; BGH GRUR 2017, 684 Rn. 41 – externe Festplatten; vgl. bereits EuGH GRUR 2013, 1025 Rn. 28, 31 – Amazon/Austro-Mechana.
[169] EuGH GRUR 2013, 1025 Rn. 31 – Amazon/Austro-Mechana; EuGH GRUR 2015, 478 Rn. 45, 48, 55 – Copydan/Nokia; EuGH GRUR 2017, 155 Rn. 37 – Microsoft/MIBAC; BGH GRUR 2017, 684 Rn. 41 – externe Festplatten.
[170] EuGH GRUR 2015, 478 Rn. 53 – Copydan/Nokia; EuGH GRUR 2017, 155 Rn. 52 – Microsoft/MIBAC.
[171] EuGH GRUR 2017, 155 Rn. 37 – Microsoft/MIBAC.
[172] EuGH GRUR 2017, 155 Rn. 54 – Microsoft/MIBAC.

Dieser Vorbehalt einer Rückerstattung der Vergütung bei Nachweis einer eindeutig anderen Verwendung der Geräte oder Speichermedien kann im Rahmen von § 54 Abs. 1 wegen der dort vorgesehenen Anknüpfung an den Gerätetyp nicht berücksichtigt werden.[173] Den Vorgaben von Art. 5 Abs. 2 lit. b InfoSoc-RL in seiner Auslegung durch den EuGH ist vielmehr durch eine **richtlinienkonforme Auslegung des § 54 Abs. 2** Rechnung zu tragen.[174]

37   In richtlinienkonformer Auslegung des § 54 Abs. 2 entfällt der Vergütungsanspruch danach auch dann, wenn ein Hersteller, Importeur oder Händler nachweist, dass nach dem normalen Gang der Dinge eine Verwendung der in Rede stehenden Geräte und Speichermedien für die Erstellung vergütungspflichtiger Vervielfältigungen **ausgeschlossen erscheint** oder jedenfalls **über einen geringen Umfang hinaus unwahrscheinlich** ist.[175] Dabei ist zu berücksichtigen, dass § 54 Abs. 1 neben Privatkopien gemäß § 53 Abs. 1 auch Reprografien nach § 53 Abs. 2 sowie Vervielfältigungen nach §§ 60a–60f erfasst. Die vom EuGH geforderte Befreiung von der Vergütungspflicht für Privatkopien wirkt sich daher nicht auf das Bestehen einer Vergütungspflicht aus, wenn die Geräte an Endnutzer geliefert werden, die von einer der anderen in § 54 Abs. 1 genannten Schrankenregelungen erfasst werden. Ein Entfallen der Vergütungspflicht kommt danach insbesondere dann in Betracht, wenn Geräte oder Speichermedien für digitale Vervielfältigungen an Geschäftskunden als Endabnehmer **zur ausschließlich geschäftlichen Nutzung** geliefert werden.[176] Die Rechtsprechung erkennt als Nachweis zB eine schriftliche Bestätigung des gewerblichen Abnehmers an, dass dieser das von ihm erworbene Gerät oder Speichermedium zum eigenen Gebrauch im Rahmen seiner unternehmerischen Tätigkeit verwendet.[177] Dass der Endabnehmer eine juristische Person ist, schließt als solches eine Vergütungspflicht dagegen nicht aus, wenn zu erwarten ist, dass die natürlichen Personen, die das Gerät bedienen, es auch für vergütungspflichtige Vervielfältigungen benutzen.[178] Auch der bloße Umstand, dass die Geräte oder Speichermedien an **gewerbliche Zwischenhändler** abgegeben worden sind, reicht nicht aus, da dies eine Weiterveräußerung an Endnutzer, die diese Geräte und die zugehörigen Speichermedien zur Vornahme vergütungspflichtiger Vervielfältigungen nach § 53 Abs. 1 oder 2 oder §§ 60a–60f verwenden, nicht ausschließt.[179]

38   **Rechtsfolge** des § 54 Abs. 2 ist der **Wegfall der Vergütungspflicht** ex tunc. Soweit der Vergütungsanspruch nach §§ 54, 54b gegen den Hersteller, Importeur oder Händler durch eine Verwertungsgesellschaft erst nachträglich geltend gemacht wird, erfasst er daher von vornherein keine Geräte oder Speichermedien, die nachweislich nicht zur Anfertigung von Vervielfältigungen nach § 53 Abs. 1 oder 2 oder §§ 60a–60f verwendet worden sind.[180] Ist die Vergütung bereits geleistet worden, so hat der Vergütungsschuldner einen **bereicherungsrechtlichen Anspruch auf Rückgewähr** der nicht geschuldeten Vergütung gemäß § 812 Abs. 1 S. 1 Var. 1 BGB.[181] Der BGH geht offenbar davon aus, dass dieser Anspruch den vom EuGH an den Rückerstattungsanspruch gestellten Anforderungen genügt.[182]

III. Zustimmung des Rechtsinhabers

39   Eine Zustimmung des Rechtsinhabers zu einer gesetzlich erlaubten Nutzung geht wegen des Vorrangs der gesetzlichen Schrankenbestimmungen ins Leere.[183] Die angemessene Vergütung gemäß §§ 54 Abs. 1, 54b Abs. 1 für Vervielfältigungen nach § 53 Abs. 1 und 2 ist daher unabhängig davon geschuldet, ob der Rechtsinhaber diesen Vervielfältigungen zugestimmt hat.[184] Für Vervielfältigungen

---

[173] So auch Dreier/Schulze/*Dreier* § 54 Rn. 2a.

[174] So auch BGH GRUR 2016, 792 Rn. 109 – Gesamtvertrag Unterhaltungselektronik; zur Vorgängerregelung in § 54c BGH GRUR 2017, 702 Rn. 63 – PC mit Festplatte I; BGH ZUM 2018, 364 Rn. 40; ZUM-RD 2018, 267 Rn. 43; ebenso wohl Dreier/Schulze/*Dreier* § 54 Rn. 2a (anders aber Dreier/Schulze/*Dreier* § 54 Rn. 19: Abs. 2 habe insoweit keinen weiteren Regelungsgehalt); vgl. auch *Kröber* GRUR 2011, 55 (56).

[175] Vgl. BGH GRUR 2014, 984 Rn. 53 – PC III; BGH GRUR 2016, 792 Rn. 111 – Gesamtvertrag Unterhaltungselektronik; BGH GRUR 2017, 172 Rn. 97, 99 ff. – Musik-Handy; BGH GRUR 2017, 684 Rn. 41 – externe Festplatten; BGH GRUR 2017, 702 Rn. 58 – PC mit Festplatte I; BGH ZUM 2018, 364 Rn. 34; ZUM-RD 2018, 267 Rn. 37.

[176] Ebenso zum österreichischen Recht östOGH MMR 2017, 388 Rn. 53.

[177] BGH GRUR 2017, 172 Rn. 97 f. – Musik-Handy; BGH ZUM 2018, 364 Rn. 38; ZUM-RD 2018, 267 Rn. 41.

[178] → Rn. 14; anders insoweit *GA Wahl* ECLI:EU:C:2016:326 Rn. 33, 45 f. – Microsoft/MIBAC; östOGH MMR 2017, 388 Rn. 51, 53; vgl. dazu BGH ZUM 2018, 364 Rn. 33, 35; ZUM-RD 2018, 267 Rn. 36, 38.

[179] BGH GRUR 2012, 705 Rn. 45 – PC als Bild- und Tonaufzeichnungsgerät; BGH GRUR 2014, 984 Rn. 54 – PC III; BGH GRUR 2017, 172 Rn. 100 – Musik-Handy; BGH GRUR 2017, 684 Rn. 40 – externe Festplatten; BGH GRUR 2017, 702 Rn. 71 – PC mit Festplatte I; BGH ZUM 2018, 364 Rn. 45; ZUM-RD 2018, 267 Rn. 48.

[180] BGH GRUR 2017, 172 Rn. 102 – Musik-Handy; BGH GRUR 2017, 684 Rn. 42 – externe Festplatten.

[181] BGH ZUM 2018, 364 Rn. 42; ZUM-RD 2018, 267 Rn. 46.

[182] Vgl. BGH ZUM 2018, 364 Rn. 42 f.; ZUM-RD 2018, 267 Rn. 45 f.; offen gelassen noch von BGH GRUR 2017, 684 Rn. 42 – externe Festplatten; kritisch insoweit *Degenhart* GRUR 2018, 342 (348 f.); für ein an das Verfahren bei Drittexporten angelehntes Rückerstattungssystem *Kröber* GRUR 2011, 55 (56).

[183] → Vor §§ 44 a ff. Rn. 56.

[184] BGH GRUR 2017, 684 Rn. 69 – externe Festplatten; zu §§ 54, 54a aF BGH GRUR 2014, 979 Rn. 42–45 – Drucker und Plotter III; BGH GRUR 2014, 984 Rn. 68–71 – PC III; BGH GRUR 2016, 792 Rn. 52 – Gesamtvertrag Unterhaltungselektronik; BGH GRUR 2017, 161 Rn. 57 – Gesamtvertrag Speichermedien.

nach §§ 60a–60f gilt nichts anderes.[185] Relevant ist das vor allem für die Vervielfältigung von Werken durch Herunterladen aus dem Internet.[186] Neuerdings geht der BGH allerdings davon aus, dass der **Anspruch auf Zahlung einer Gerätevergütung erlischt,** wenn der Rechtsinhaber für die Erteilung seiner Zustimmung zum Herunterladen des Werkes aus dem Internet **eine individuelle Vergütung erhalten** hat, so dass Vervielfältigungen aufgrund von kostenpflichtigen Downloads bei der Geräteabgabe nicht zu berücksichtigen seien.[187] Denn insoweit liege kein Schaden vor, der einen gerechten Ausgleich verlangt.[188] Diese Rechtsfolge ist mit dem System der Geräteabgabe jedoch nicht vereinbar. Danach kommt es **für das Bestehen des Vergütungsanspruchs** auf den Umfang der mit einem vergütungspflichtigen Gerät oder Speichermedium vorgenommenen Vervielfältigungen gerade nicht an.[189] Daher kann die Zahlung einer individuellen Vergütung für die Zustimmung zu einer bestimmten Vervielfältigung mangels entsprechender Tilgungsbestimmung nicht zu einer Anrechnung nach den schadensrechtlichen Grundsätzen der Vorteilsausgleichung[190] oder gar zur Erfüllung des Vergütungsanspruchs gemäß § 362 Abs. 1 BGB führen. Der Umstand, dass mit einem Gerät oder Speichermedium Vervielfältigungen vorgenommen werden, denen der Rechtsinhaber zugestimmt hat und für die er eine individuelle Vergütung erhalten hat, kann daher nicht zum Erlöschen des Anspruchs führen, sondern ist allenfalls bei der **Höhe der Vergütung** zu berücksichtigen.[191]

§ 54a Vergütungshöhe

(1) [1]**Maßgebend für die Vergütungshöhe ist, in welchem Maß die Geräte und Speichermedien als Typen tatsächlich für Vervielfältigungen nach § 53 Abs. 1 oder 2 oder den §§ 60a bis 60f genutzt werden.** [2]**Dabei ist zu berücksichtigen, inwieweit technische Schutzmaßnahmen nach § 95a auf die betreffenden Werke angewendet werden.**

(2) **Die Vergütung für Geräte ist so zu gestalten, dass sie auch mit Blick auf die Vergütungspflicht für in diesen Geräten enthaltene Speichermedien oder andere, mit diesen funktionell zusammenwirkende Geräte oder Speichermedien insgesamt angemessen ist.**

(3) **Bei der Bestimmung der Vergütungshöhe sind die nutzungsrelevanten Eigenschaften der Geräte und Speichermedien, insbesondere die Leistungsfähigkeit von Geräten sowie die Speicherkapazität und Mehrfachbeschreibbarkeit von Speichermedien, zu berücksichtigen.**

(4) **Die Vergütung darf Hersteller von Geräten und Speichermedien nicht unzumutbar beeinträchtigen; sie muss in einem wirtschaftlich angemessenen Verhältnis zum Preisniveau des Geräts oder des Speichermediums stehen.**

Schrifttum: *Becker,* Der Schutz des schöpferischen Menschen bei der privaten Vervielfältigung seiner Werke, in: VG Wort, Geist und Recht, 1992, S. 33; *Becker/Müller,* Die Bestimmung der Höhe der angemessenen Vergütung für private Vervielfältigung, FS Pfennig, 2011, S. 373; *Bremer/Lammers,* Pauschalabgabe – Quo vadis?, K&R 2008, 145; *Degenhart,* Verfassungsfragen urheberrechtlicher Geräteabgaben nach dem „2. Korb", K&R 2006, 388; *Deutsche Vereinigung für gewerblichen Rechtsschutz und Urheberrecht,* Stellungnahme zum Referentenentwurf für ein Zweites Gesetz zur Regelung des Urheberrechts in der Informationsgesellschaft, GRUR 2005, 743; *Dreier,* Padawan und die Folgen für die deutsche Kopiervergütung, ZUM 2011, 281; *ders.,* Privatkopie und kein Ende? ZUM 2013, 769; *Frank,* Urheberabgaben nach Padawan – zur Vereinbarkeit von Urheberabgaben für Geräte und Medien mit einem „gerechten Ausgleich" im Sinne der Harmonisierungsrichtlinie, CR 2011, 1; *Hoeren,* Die Vergütungshöhe bei der Privatkopieabgabe und deren Berechnung nach dem VGG im Lichte der EuGH-Rechtsprechung – warum das VGG zu keinem europarechtskonformen „gerechten Ausgleich" für Privatkopien führt, CR 2016, 557; *Koch/Druschel,* Entspricht die Bestimmung der angemessenen Vergütung nach §§ 54, 54a UrhG dem unionsrechtlichen Konzept des gerechten Ausgleichs?, GRUR 2015, 957; *Koch/Krauspenhaar,* Hat das derzeitige System der Abgaben auf Vervielfältigungsgeräte und Speichermedien nach §§ 54ff. UrhG noch eine Zukunft?, GRUR-Int 2012, 881; *dies.,* Die Auswirkungen der Amazon-Entscheidung des EuGH auf das deutsche System der urheberrechtlichen Abgaben auf Vervielfältigungsgeräte und Speichermedien, GRUR-Int 2013, 1003; *Melichar,* Notwendige Maßnahmen auf dem Gebiet der Reprografieregelung, in: VG Wort, Geist und Recht (1992) S. 61; *Meschede,* Verbliebener Anwendungsbereich der Privatkopieschranke auf Urheberrechtswerke als Grundlage für pauschale Urheberabgaben K&R 2008, 585; *S. Müller,* Festlegung und Inkasso von Vergütungen für die private Vervielfältigung auf der Grundlage des „Zweiten Korbs", ZUM 2007, 777; *ders.,* Zulässigkeit einer unterschiedslosen Anwendung der Privatkopievergütung gegenüber privaten und gewerblichen Endabnehmern in Verbindung mit einem Rückerstattungsanspruch gewerblicher Endabnehmer, ZUM 2013, 776; *ders.,* Die urheberrechtliche Vergütungspflicht von Druckern und PCs nach den §§ 54, 54a UrhG aF, ZUM 2014, 863; *Niemann,* Urheberrechtsabgaben – Wie viel ist im Korb? Anwendung und Berechnung der urheberrechtlichen Abgaben auf Geräte und Speichermedien nach neuem Recht, Teil 1 CR 2008, 205, Teil 2 CR 2008, 273; *Ohly,* Die Angemessenheit von Vergütungen, Tarifen und Gesamtverträgen, in Riesenhuber (Hrsg.), Die „Angemessenheit" im Urheberrecht, INTERGU-Tagung 2012 (2013); S. 169; *Reinbothe,* Der „gerechte Ausgleich" im Europäischen Urheberrecht, in Riesenhuber (Hrsg.), Die „Angemessenheit" im Urheberrecht, INTERGU-Tagung 2012 (2013); S. 141; *Riesenhuber,* Grundlagen der „angemessenen

[185] → § 60g Rn. 6 f.
[186] → Rn. 19.
[187] BGH GRUR 2016, 792 Rn. 53 – Gesamtvertrag Unterhaltungselektronik; BGH GRUR 2017, 161 Rn. 58, 62 – Gesamtvertrag Speichermedien; BGH GRUR 2017, 684 Rn. 70 – externe Festplatten.
[188] BGH GRUR 2017, 684 Rn. 70 – externe Festplatten.
[189] → Rn. 25.
[190] Dazu Palandt/*Grüneberg* BGB (78. Aufl. 2019) Vorb. v. § 249 Rn. 67ff.
[191] Dazu → § 54a Rn. 14.

Vergütung" iSv. §§ 54 ff. UrhG, in Riesenhuber (Hrsg.), Die „Angemessenheit" im Urheberrecht, INTERGU-Tagung 2012 (2013), S. 195; *Ullmann*, EuGH Rs. C-467/08 – Padawan/SGAE und kein Ende, CR 2012, 288.
Sa. die Schrifttumsangaben zu §§ 53 und 54.

Übersicht

I. Allgemeines

1. Zweck und Bedeutung der Vorschrift

1   Das bis Ende 2007 geltende Modell der Vergütungshöhe, nach dem die Vergütungssätze in der Anlage zu § 54d aF gesetzlich festgelegt waren, hatte sich angesichts der rapiden technischen Entwicklung der Vervielfältigungstechnik nach Auffassung des Gesetzgebers als zu wenig flexibel erwiesen, um mit der technischen Entwicklung Schritt halten zu können. In der Tat war es bei der Frage, inwieweit neuentwickelte Geräte vergütungspflichtig waren, laufend zu Streitfragen und gerichtlichen Verfahren gekommen. Das bisherige System wurde daher mit dem zweiten Gesetz zur Regelung des Urheberrechts in der Informationsgesellschaft v. 26.10.2007[1] durch ein **System weitgehender Selbstregulierung** ersetzt, nach dem die Beteiligten (Hersteller und Verwertungsgesellschaften) die Tarife selbst festlegen beziehungsweise aushandeln sollen. Die Kriterien, die dabei zu beachten sind, sind in § 54a enthalten. Diese Vorschrift soll nach der Vorstellung des Gesetzgebers konkretisieren, in welchen Fällen die Vergütung angemessen im Sinne des § 54 ist. Sie soll, wie es in der AmtlBegr. heißt, den Verwertungsgesellschaften bei der Gestaltung der Tarife Orientierung bieten und gleichzeitig den gerichtlich nachprüfbaren Rahmen abstecken, in dem sie sich dabei zu halten haben.[2] § 54a wird ergänzt durch die Vorschrift des § 40 VGG (zuvor § 13a UrhWG). Danach gelten vorrangig die in Gesamtverträgen mit Nutzergruppen festgelegten Vergütungssätze als Tarife (§ 40 Abs. 1 S. 3 iVm § 38 S. 2 VGG).[3]

2. Entstehungsgeschichte

2   Der Gesetzgeber hatte ursprünglich (in § 53 Abs. 5 idF von 1965) von einer Festlegung fester Vergütungssätze abgesehen und sich auf eine Obergrenze von 5% des Herstellerabgabepreises beschränkt. Das hatte zu zahlreichen Auslegungsschwierigkeiten geführt, so dass mit der **Novelle 1985** feste Vergütungssätze eingeführt wurden, die das Ergebnis eines schwierigen Kompromisses waren. Die noch im RegE vorgesehene Möglichkeit, die Höhe der Vergütungssätze durch Rechtsverordnung zu ändern, wurde nicht in das Gesetz aufgenommen, da angesichts der wirtschaftlichen Bedeutung der Vergütungen eine Änderung nur durch den Gesetzgeber möglich sein sollte.[4] Ungeachtet des allgemeinen Preisanstiegs und zahlreicher Interventionen der Urheber und Verwertungsgesellschaften[5] waren die Vergütungssätze seit 1985 nicht grundlegend geändert worden. Durch das am **1.1.2008** in Kraft getretene **Zweite Gesetz zur Regelung des Urheberrechts in der Informationsgesellschaft** („Zweiter Korb") wurde das System fester gesetzlicher Vergütungssätze wieder aufgehoben und durch das jetzige System der **Selbstregulierung durch die Beteiligten** ersetzt.[6] Im Regierungsentwurf war für die Gerätevergütung daneben noch die Einführung einer bindenden Obergrenze in Höhe von 5% des Gerätepreises vorgesehen,[7] an der die Bundesregierung trotz der Bedenken

---

[1] BGBl. I S. 2513.
[2] BT-Drs. 16/1828, 29.
[3] Zum Verfahren → Rn. 21.
[4] Vgl. Bericht des Rechtsausschusses, BT-Drs. 10/3360, 20.
[5] Vgl. etwa *Becker* in VG Wort, Geist und Recht, 1992, S. 33, 37 f.; *Melichar* in VG Wort, Geist und Recht, 1992, S. 61, 64 ff.
[6] Vgl. → Rn. 1.
[7] BT-Drs. 16/1828, 30.

des Bundesrates[8] zunächst festhielt;[9] erst im Bundestag wurde diese Klausel gestrichen.[10] Sie wäre nicht nur der Zielsetzung der Bundesregierung, die bisherige starre Vergütungsregelung durch ein flexibles System zu ersetzen,[11] zuwidergelaufen, sondern hätte auch urheberrechtssystemwidrig die Vergütungshöhe zwingend an Kriterien gekoppelt, die mit dem Schaden des Urhebers in keinem Zusammenhang stehen.[12]

Um keinen vergütungslosen Zustand eintreten zu lassen, galten die in Gesamtverträgen vor dem **3** 31.12.2007 vereinbarten Vergütungssätze, in den Tarifen der Verwertungsgesellschaften aufgestellten Sätze sowie die in der Anlage zu § 54d Abs. 1 enthaltenen Sätze bis zur Aufstellung neuer Tarife weiter, längstens jedoch bis zum 1.1.2010 (§ 27 UrhWG aF).

II. Unionsrechtlicher Rahmen

Die Rechtsprechung des EuGH zur Privatkopievergütung[13] hat vor allem auch Auswirkungen auf **4** die Vergütungshöhe. Dabei ist zu berücksichtigen, dass es sich beim **„gerechten Ausgleich"** um einen autonomen Begriff des Unionsrechts handelt, der in allen Mitgliedstaaten, die eine Ausnahme für Privatkopien eingeführt haben, einheitlich auszulegen ist, wenn auch die Festlegung der konkreten Höhe im Ermessen der Mitgliedstaaten steht.[14] Wichtigster Grundsatz dürfte auch insoweit der vom EuGH geforderte Bezug des gerechten Ausgleichs zu dem den Rechtsinhabern durch die Privatkopie entstandenen Schaden sein. Der EuGH geht davon aus, dass der in der Art. 5 Abs. 2 lit. a und b InfoSoc-RL vorgesehene gerechte Ausgleich eine **Gegenleistung für den Schaden** darstellt, der den Rechtsinhabern infolge der Einführung der Ausnahme für Privatkopien entstanden ist.[15] Daraus zieht er die Folgerung, dass auch die Höhe des Ausgleichs einen Bezug zu dem Schaden haben müsse, den die Rechtsinhaber durch eine nicht genehmigte Privatkopie erleiden.[16] Das bedeutet, dass bei der Auslegung der in § 54a enthaltenen Berechnungskriterien zu berücksichtigen ist, was den Urhebern aufgrund der Zulässigkeit der in § 53 erlaubten Vervielfältigungen an Einnahmen entgeht.

Wegen der Anknüpfung an das Ausschließlichkeitsrecht des Urhebers ist dabei aber **nicht auf den 5 Absatzrückgang** beim Vertrieb von Vervielfältigungsstücken („lost sales") abzustellen, da hierbei auch urheberrechtsfremde Umstände wie die Gewinnmargen der Verwerter berücksichtigt würden.[17] Vielmehr muss die Höhe des gerechten Ausgleichs **nutzungsorientiert, dh auf der Grundlage der Lizenzierungsmöglichkeiten,** ermittelt werden (licencing test).[18] Diesen Ansatz legt auch der BGH zugrunde.[19] Die nutzungsorientierte Ermittlung schließt eine Pauschalierung nach Werk- und Nutzungsarten aber nicht aus. Der EuGH hat bei einer für die Überlassung von Vervielfältigungsgeräten zu entrichtenden Vergütung ausdrücklich die Festlegung einer **pauschalen Gebühr** zugelassen, da „die Höhe einer solchen im Vorhinein festgelegten Gebühr nicht auf der Grundlage des Kriteriums des tatsächlichen Nachteils, dessen Umfang im Stadium des Inverkehrbringens der betreffenden Geräte im Inland noch nicht bekannt ist, ermittelt werden kann".[20] Auch verlangt die Rechtsprechung des EuGH nur, den auf diese Weise ermittelten Schaden als Berechnungsgrundlage zu verwenden, eine konkrete Höhe ist damit nicht vorgegeben.[21] Zu beachten ist aber, dass im Hinblick auf die unterschiedlichen Bedürfnisse und die unterschiedliche Reichweite der jeweiligen Privilegierung bei der Bestimmung der Vergütungshöhe danach **differenziert** werden muss, ob die betreffende Person Vervielfältigungen zum öffentlichen oder zum privaten Gebrauch, zu kommerziellen oder zu anderen Zwecken vornimmt.[22] Dem trägt § 54a Abs. 1 dadurch Rechnung, dass auf das Maß der mit dem

---

[8] Vgl. BT-Drs. 16/1828, 42.

[9] Vgl. BT-Drs. 16/1828, 49.

[10] Vgl. BT-Drs. 16/5939, 45.

[11] Vgl. → Rn. 1.

[12] Vgl. → Rn. 12.

[13] Dazu näher → § 54 Rn. 4 ff.

[14] EuGH GRUR 2011, 50 Rn. 29 ff., insbes. Rn. 37 – Padawan; EuGH GRUR 2016, 55 Rn. 35 – Hewlett-Packard/Reprobel; EuGH GRUR 2016, 687 Rn. 22 f. – EGEDA/Administración del Estado; EuGH GRUR 2017, 155 Rn. 27 – Microsoft/MIBAC.

[15] EuGH GRUR 2011, 50 Rn. 40, 52 – Padawan; EuGH GRUR 2011, 909 Rn. 24 – Stichting/Opus; EuGH GRUR 2013, 812 Rn. 31, 49 und 75 – VG Wort/Kyocera; EuGH GRUR 2013, 1025 Rn. 47 – Amazon/Austro-Mechana; EuGH GRUR 2014, 546 Rn. 50 – ACI Adam; EuGH GRUR 2016, 55 Rn. 36 – Hewlett-Packard/Reprobel; EuGH GRUR 2017, 155 Rn. 28 – Microsoft/MIBAC; → Vor §§ 44a ff. Rn. 28 sowie → § 54 Rn. 6.

[16] EuGH GRUR 2011, 50 Rn. 42 – Padawan/SGAE; EuGH GRUR 2015, 478 Rn. 21 – Copydan/Nokia; EuGH GRUR 2016, 55 Rn. 36 – Hewlett-Packard/Reprobel; vgl. BGH GRUR 2016, 792 Rn. 30 – Gesamtvertrag Unterhaltungselektronik.

[17] So aber *Schack* GRUR-Int 2009, 490 (493).

[18] *Pflüger* S. 80 f.

[19] → Rn. 8.

[20] EuGH GRUR 2016, 55 Rn. 71 – Hewlett-Packard/Reprobel.

[21] *Pflüger* S. 83; vgl. EuGH GRUR 2016, 55 Rn. 84 – Hewlett-Packard/Reprobel: Das Vergütungssystem müsse es ermöglichen, zum Zweck des gerechten Ausgleichs eine Gebühr zu erheben, deren Höhe „im Wesentlichen dem den Rechtsinhabern tatsächlich entstandenen Nachteil entspricht".

[22] EuGH GRUR 2016, 55 Rn. 74–76 – Hewlett-Packard/Reprobel; → § 54 Rn. 22.

jeweiligen Gerätetyp im Rahmen der erfassten Schrankentatbestände tatsächlich vorgenommenen Vervielfältigungen abgestellt wird.[23]

III. Kriterien für die Bestimmung der Vergütungshöhe

6   Ausgangspunkt für die Bestimmung der Vergütung ist der in § 54 Abs. 1 festgelegte Grundsatz, dass dem Urheber für die Nutzung seiner Werke nach § 53 Abs. 1 oder 2 bzw. §§ 60a–60f eine **angemessene Vergütung** gebührt.

1. Bezugsgröße („Referenzvergütung")

7   Die Annahme des Gesetzgebers, § 54a konkretisiere, unter welchen Bedingungen die Vergütung angemessen im Sinne des § 54 ist,[24] trifft allerdings nur begrenzt zu. Die Kriterien, die § 54a in Abs. 1–3 aufzählt, sagen nämlich nichts über die absolute Höhe der Vergütung aus, sondern bestimmen die Höhe der geschuldeten Vergütung lediglich relativ im Verhältnis zum Maß der tatsächlichen Nutzung der Geräte und Speichermedien für die relevanten Vervielfältigungen.[25] Im Schrifttum ist daher vorgeschlagen worden, von einer **„Referenzvergütung"** auszugehen, anhand derer dann der prozentuale Anteil berechnet werden kann, der auf die tatsächliche Nutzung für die entsprechenden Vervielfältigungen entfällt.[26] Dies sei der Betrag, der zu zahlen wäre, wenn ein nach § 54 abgabepflichtiges Gerät bzw. Speichermedium zu 100 % ohne die Einschränkungen nach Abs. 1–3 für Vervielfältigungen nach § 53 Abs. 1 oder 2 oder §§ 60a–60f benutzt würde, dh nicht über technische Schutzmaßnahmen verfügt, nicht mit anderen Geräten oder Speichermedien funktionell zusammenwirkt und die jeweils besten nutzungsrelevanten Eigenschaften besitzt.[27] Ausgehend von der Erwägung, dass die Vergütung gemäß § 39 Abs. 1 S. 1 (früher § 13 Abs. 3 UrhWG) den geldwerten Vorteil aus der Nutzung des Werkes ausgleichen soll, wird dabei als Bezugsgröße überwiegend der **durchschnittliche Endverkaufspreis** der jeweiligen Geräte bzw. Speichermedien herangezogen, da der geldwerte Vorteil bei der Nutzung dem Preis entspreche, den der Endverbraucher als eigentlicher Nutzer zu zahlen bereit sei.[28] Andere wollen die **bisherigen Vergütungssätze** als Anhaltspunkt heranziehen.[29]

8   Eine Bestimmung der Vergütungshöhe auf der Grundlage des Gerätepreises ist mit den **unionsrechtlichen Vorgaben** jedoch nicht vereinbar.[30] Nach der Rechtsprechung des EuGH ist der gerechte Ausgleich zwingend auf der Grundlage des Schadens zu bestimmen, der dem Urheber durch die genehmigungsfreie Zulässigkeit der betreffenden Vervielfältigungen entsteht.[31] Hierfür bietet der Preis, zu dem die Geräte oder Speichermedien veräußert werden, keine geeignete Grundlage. Zwar deutet der vom EuGH in der englischen Sprachfassung verwendete Begriff „harm" (statt damage) daraufhin, dass es weniger auf den konkreten Schaden als vielmehr allgemeiner auf eine (unzumutbare) Beeinträchtigung von Interessen ankommen soll.[32] In neueren Entscheidungen hebt der EuGH jedoch hervor, dass mit dem gerechten Ausgleich „den Rechtsinhabern die unbefugte Nutzung ihrer geschützten Werke oder Schutzgegenstände angemessen vergütet werden soll" und der Ausgleich „dazu bestimmt ist, den Rechtsinhabern den ihnen entstandenen Schaden zu ersetzen"[33] bzw. „den mit der Vervielfältigung verbundenen Schaden wiedergutzumachen".[34] Damit zieht der EuGH eine Parallele zur Berechnung des **Schadensersatzes bei rechtswidrigen Nutzungen.** Dem entspricht es, dass der BGH die Höhe der nach §§ 54, 54b geschuldeten Vergütung nach den Grundsätzen der **Lizenzanalogie** (vgl. § 97 Abs. 2 S. 2) bestimmt, also anhand der Lizenzgebühr, die die Nutzer hätten entrichten müssen, wenn sie die Erlaubnis für die Vervielfältigungen eingeholt hätten.[35] Dieser vom Gerätepreis unabhängigen Bestimmung der Vergütungshöhe liegt die berechtige Erwägung zugrunde, dass der allgemein zu beobachtende Preisrück-

---

[23] → § 54 Rn. 10.
[24] AmtlBegr. BT-Drs. 16/1828, 29.
[25] *Lauber-Rönsberg* S. 244 f.; *Jani/Ebbinghaus* GRUR-Prax 2011, 71 (72); *Müller* ZUM 2007, 777 (780).
[26] *Müller* ZUM 2007, 777 (781), sa *Niemann* CR 2008, 273 (274 ff.); BeckOK UrhR/*Grübler* UrhG § 54a Rn. 5.
[27] *Müller* ZUM 2007, 777 (781).
[28] So DPMA-Schiedsstelle ZUM-RD 2011, 46 (55 f.) für Vervielfältigungsgeräte; ZUM-RD 2010, 575 (584) für Speichermedien; vgl. auch AmtlBegr. BT-Drs. 16/1828, 30.
[29] So BeckOK UrhR/*Grübler* UrhG § 54a Rn. 5; ebenso noch Schricker/Loewenheim/*Loewenheim*, 5. Aufl., § 54a Rn. 6.
[30] Vgl. bereits *Jani/Ebbinghaus* GRUR-Prax 2011, 71 (73); *Stieper* ZGE 2015, 170 (194); kritisch auch Dreier/Schulze/*Dreier* § 54 Rn. 2a.
[31] → Rn. 4.
[32] *Stieper* ZGE 2015, 170 (191 f.); *Wandtke* MMR 2017, 367 (369); vgl. aber *Pflüger* S. 77 f., der die Tragweite dieser Unterscheidung mit beachtlichen Argumenten in Zweifel zieht.
[33] EuGH GRUR 2016, 687 Rn. 21, 26 – EGEDA/Administración del Estado.
[34] EuGH GRUR 2017, 155 Rn. 30 – Microsoft/MIBAC.
[35] BGH GRUR 2016, 792 Rn. 30–37 – Gesamtvertrag Unterhaltungselektronik; BGH GRUR 2017, 161 Rn. 37–49 – Gesamtvertrag Speichermedien; BGH GRUR 2017, 172 Rn. 53 – Musik-Handy; BGH GRUR 2017, 684 Rn. 57–62, 66 – externe Festplatten; BGH GRUR 2017, 694 Rn. 40 f. – Gesamtvertrag PCs; ebenso bereits *Müller* ZUM 2007, 777 (781).

gang bei Vervielfältigungsgeräten und die Steigerung ihrer Leistungsfähigkeit nicht zu Lasten der Urheber gehen darf.[36] Der Preis der Geräte bzw. Speichermedien ist danach nur im Rahmen der Zumutbarkeit der Vergütung nach Abs. 4 relevant.[37]

Vergleichsmaßstab sind danach die **kumulierten Lizenzgebühren** für sämtliche durch das Gerät **9** bzw. Speichermedium während seiner durchschnittlichen Nutzungsdauer vorgenommenen vergütungspflichtigen Vervielfältigungen.[38] Der Bestimmung eines Anteils, den die Nutzung der Geräte für vergütungspflichtige Vervielfältigungen im Verhältnis zur Nutzung für andere Zwecke einnimmt, bedarf es insoweit nicht mehr.[39] Maßgeblich ist, was **vernünftige Vertragspartner** als Vergütung für die vom Verletzer vorgenommene Benutzungshandlung vereinbart hätten, so dass etwa die Vergütung für das Anfertigen von Sicherungskopien geringer zu bemessen ist als die Vergütung von Kopien, die der Nutzung des Werkes dienen.[40] Ein Abschlag ist vor allem im Hinblick darauf zu machen, dass es bei den von § 54a erfassten Vervielfältigungen nicht um eine Erstverwertung geht.[41] Erwgr. 35 S. 2 InfoSoc-RL, der eine Berücksichtigung der Umstände des Einzelfalls vor allem auch bezüglich der „etwaigen Höhe" (in der englischen Fassung „possible level") des gerechten Ausgleichs verlangt, lässt im Einzelfall auch eine Null-Lösung zu.[42] Problematisch ist vor diesem Hintergrund die Annahme des BGH, dass es bei der Bestimmung der angemessenen Vergütung wie bei der Berechnung des Schadensersatzes nach § 97 Abs. 2 S. 2 nicht darauf ankomme, ob der Nutzer **zur Zahlung einer Lizenzgebühr bereit** gewesen wäre.[43] Trotz der unglücklichen Formulierung des EuGH geht es nicht um die Vergütung einer „unbefugten" (dh rechtswidrigen) Nutzung, sondern um einen Ausgleich des Nachteils, der den Urhebern gerade durch die Zustimmungsfreiheit der jeweiligen Vervielfältigungen entsteht. Daher kann nicht außer Betracht bleiben, dass nicht jeder Nutzer, der eine nach § 53 Abs. 1 oder 2 zulässige Kopie anfertigt, ohne diese Schranke tatsächlich auch eine entsprechende (vergütungspflichtige) Vervielfältigung vorgenommen oder ein Originalexemplar erworben hätte.[44] Der Vorteil der Vervielfältigungsgeräte liegt gerade darin, dass die Herstellung eines eigenen Exemplars den Endnutzer weniger kostet als ein Originalexemplar.[45] Anders mag das bei Nutzungen nach §§ 60a–60f sein, die typischerweise in Erfüllung beruflicher, schulischer oder universitärer Verpflichtungen erfolgen.

2. Maß der Gerätenutzung, technische Schutzmaßnahmen (Abs. 1)

Als wichtigstes Kriterium für die Bemessung der Höhe hat der Gesetzgeber das **Maß der tatsäch-** **10** **lichen Nutzung der Geräte und Speichermedien** für Vervielfältigungen nach § 53 Abs. 1 oder 2 oder den §§ 60a–60f angesehen.[46] Damit soll einerseits die Beteiligung des Urhebers an der tatsächlichen Nutzung seiner Werke gewährleistet werden, andererseits sollen die Hersteller nur insoweit vergütungspflichtig sein, als ihre Geräte tatsächlich für privilegierte Vervielfältigungen genutzt werden.[47] **Rechtswidrige Kopien** unterfallen nicht der gesetzlichen Vergütungspflicht.[48] Der Gesetzgeber ist davon ausgegangen, dass diese Regelung der Höhe der Vergütung pro Gerät deutliche Grenzen setze; von den Nutzern solle nämlich nur die tatsächlich typischerweise in Anspruch genommene Leistung vergütet werden. Das entspricht dem Prinzip, dass sich die Höhe der Vergütung an dem Urheber entstehenden Schaden zu orientieren hat. Dabei ist nach dem EuGH zu berücksichtigen, dass sich die Nutzung der technischen Kapazität von Vervielfältigungsgeräten danach unterscheidet, ob die betreffende Person Vervielfältigungen zum öffentlichen oder zum privaten Gebrauch, zu kommerziellen oder zu anderen Zwecken vornimmt.[49] So ist etwa anzunehmen, dass mit „Business-PCs" weniger vergütungspflichtige Vervielfältigungen vorgenommen werden als mit „Verbraucher-PCs".[50]

a) In welchem Umfang eine tatsächliche Nutzung des jeweiligen Gerätetyps bzw. Speichermedi- **11** ums erfolgt, ist durch **empirische Untersuchungen** (Umfrage- und Verkehrsgutachten) zu ermit-

---

[36] BGH GRUR 2016, 792 Rn. 39 – Gesamtvertrag Unterhaltungselektronik; BGH GRUR 2017, 161 Rn. 46 – Gesamtvertrag Speichermedien.

[37] → Rn. 20.

[38] Vgl. *Becker/Müller* FS Pfennig, 2012, 373 ff.; *Müller* ZUM 2014, 11 (12).

[39] BGH GRUR 2016, 792 Rn. 88 f. – Gesamtvertrag Unterhaltungselektronik.

[40] BGH GRUR 2017, 684 Rn. 67, 87 – externe Festplatten.

[41] Vgl. BGH GRUR 2017, 161 Rn. 54 – Gesamtvertrag Speichermedien; *Koch/Druschel* GRUR 2015, 957 (965 f.).

[42] So auch *Pflüger* S. 84; *Schack* GRUR-Int 2009, 490 (493).

[43] So BGH GRUR 2016, 792 Rn. 37 – Gesamtvertrag Unterhaltungselektronik; BGH GRUR 2017, 161 Rn. 44 – Gesamtvertrag Speichermedien; BGH GRUR 2017, 694 Rn. 41 – Gesamtvertrag PCs.

[44] Ähnlich BeckOK UrhR/*Grübler* UrhG § 54a Rn. 5; *Koch/Druschel* GRUR 2015, 957 (965); *Lauber-Rönsberg* S. 245.

[45] So zutreffend Dreier/Schulze/*Dreier* § 54 Rn. 1.

[46] AmtlBegr. BT-Drs. 16/1828, 29; s. dazu auch *Riesenhuber* in Riesenhuber, Die „Angemessenheit" im Urheberrecht, INTERGU-Tagung 2012, 2013, S. 195, 207 ff.

[47] AmtlBegr. BT-Drs. 16/1828, 29.

[48] DPMA-Schiedsstelle ZUM-RD 2011, 46 (52); *v. Ungern-Sternberg* GRUR 2008, 247* (249); *Stieper* EuZW 2013, 699 (701).

[49] → Rn. 5.

[50] BGH GRUR 2017, 694 Rn. 61 – Gesamtvertrag PCs.

teln.[51] Das wird bei neuen Gerätetypen und Speichermedien allerdings erst nach Ablauf einer gewissen Zeit möglich sein,[52] zwischenzeitlich wird man sich an den Sätzen für ähnliche Gerätetypen bzw. Speichermedien orientieren müssen. Die Untersuchungen müssen streng objektiven Kriterien genügen und im Streitfall voll überprüfbar sein, sie sollen zu veröffentlichen sein, um mehr Transparenz und Akzeptanz zu schaffen.[53] Der EuGH hat allerdings auch entschieden, dass bei der Überlassung von Geräten oder Trägermaterial an Privatpersonen eine **Vermutung** dafür spricht, dass die dadurch eröffneten Vervielfältigungsmöglichkeiten ausgeschöpft werden.[54] Darauf lässt sich zurückgreifen, wenn empirische Untersuchungen keine ausreichende Klarheit bringen. Die geschuldete Vergütung kann auf Grundlage der statistisch zu ermittelnden tatsächlichen Nutzung ohnehin stets nur mehr oder weniger stark **pauschaliert** bestimmt werden.[55] Einem zwischen den beteiligten Parteien vereinbarten **Gesamtvertrag** kommt für die Angemessenheit der Vergütung jedenfalls eine Indizwirkung zu; der BGH geht sogar davon aus, dass eine solche vereinbarte Vergütung „eher der angemessenen Vergütung iSv § 54a entspricht als eine Vergütung, die auf der Grundlage empirischer Studien errechnet worden ist".[56] Auf das **Entstehen** des Vergütungsanspruchs hat das Vorliegen empirischer Befunde keinen Einfluss; selbst ohne empirische Untersuchungen entsteht der Vergütungspflicht auch der Höhe nach kraft Gesetzes.[57]

12   **b)** Abs. 1 S. 2 sieht ferner die Berücksichtigung des Einsatzes **technischer Schutzmaßnahmen** im Sinne von § 95a vor – eine Regelung, die bis Ende 2007 in § 13 Abs. 4 UrhWG enthalten war. Maßgeblich ist die Definition technischer Maßnahmen in Art. 6 InfoSoc-RL (umgesetzt in § 95 Abs. 2).[58] Die Berücksichtigung des Einsatzes technischer Schutzmaßnahmen wird dabei in erster Linie bei solchen Geräten und Speichermedien in Betracht kommen, die digitale Kopien ermöglichen, vor allem also CD- und DVD-Brenner, MP3-Player und PCs.[59] Der **Zweck der Regelung** besteht darin, eine Vergütungspflicht für Vervielfältigungen zu vermeiden, deren Anfertigung aufgrund technischer Maßnahmen gar nicht möglich ist. Soweit durch den Einsatz solcher Maßnahmen die Anfertigung vergütungspflichtiger Vervielfältigungen **tatsächlich verhindert** wird, ist dies freilich schon nach Abs. 1 S. 1 zu berücksichtigen. Denn insoweit werden die betreffenden Geräte tatsächlich nicht für entsprechende Vervielfältigungen genutzt. Das entspricht der Rechtsprechung des EuGH, wonach eine Anwendung der Privatkopieabgabe voraussetzt, dass die betreffenden Geräte und Speichermedien überhaupt für Privatkopien genutzt werden können.[60] Auch insoweit werden gegebenenfalls empirische Untersuchungen erforderlich sein, um den Umfang des Einsatzes technischer Schutzmaßnahmen festzustellen. Soweit Werke mit technischen Maßnahmen geschützt sind, verliert ihr Urheber gemäß § 54h Abs. 2 S. 2 auch seinen Anspruch auf Beteiligung am Vergütungsaufkommen.[61]

13   Es ist aber fraglich, ob sich Abs. 1 S. 2 auf diese klarstellende Wirkung beschränkt. Darüber hinaus soll der Einsatz technischer Maßnahmen auf den gerechten Ausgleich für Privatkopien nach dem EuGH zwar keinen Einfluss haben.[62] Insbesondere lässt die bloße Nichtanwendung möglicher Schutzmaßnahmen den gerechten Ausgleich nicht entfallen.[63] Die Mitgliedstaaten können jedoch die **konkrete Höhe des Vergütungsanspruchs** davon abhängig machen, ob solche technischen Maßnahmen angewendet werden oder nicht.[64] Damit soll ein Anreiz geschaffen werden, solche Maßnahmen zu treffen und damit freiwillig zur korrekten Anwendung der Ausnahme für Privatkopien beizutragen. Der EuGH bezieht sich dabei allerdings ausschließlich auf technische Maßnahmen zur Verhinderung oder Einschränkung solcher Vervielfältigungen, die von den gesetzlichen Schrankentatbeständen gerade nicht erfasst werden.[65] Das Anreizargument des EuGH wird man daher nur so verstehen können, dass es für die Höhe des Ausgleichs bei der Anwendung technischer Schutzmaßnahmen darauf ankommen soll, inwieweit der Rechtsinhaber den Schrankenbegünstigten die für den Schrankengebrauch erforderlichen Mittel iSv Art. 6 Abs. 4 InfoSoc-RL (§ 95b UrhG) zur Verfügung stellt und die Maßnahmen daher mit dem Ziel der Privatkopieschranke vereinbar sind.[66] Ein Vergütungsanspruch nach §§ 54, 54b entfällt daher nicht nur insoweit, als technische Schutzmaßnahmen ein

---

[51] AmtlBegr. BT-Drs. 16/1828, 29; vgl. § 40 Abs. 1 S. 2 VGG.
[52] So auch die AmtlBegr. BT-Drs. 16/1828, 29.
[53] Sa Dreier/Schulze/*Dreier* § 54a Rn. 5.
[54] EuGH GRUR 2011, 50 Rn. 54 ff. – Padawan; EuGH GRUR 2013, 1025 Rn. 42 – Amazon/Austro-Mechana.
[55] *Spindler* FS Pfennig, 2012, 387 (396); *Stieper* ZGE 7 (2015), 170 (193).
[56] BGH GRUR 2017, 694 Rn. 60 – Gesamtvertrag PCs.
[57] BGH GRUR 2017, 684 Rn. 30 – externe Festplatten; dazu auch → § 54 Rn. 29.
[58] EuGH GRUR 2015, 478 Rn. 73 – Copydan/Nokia; BGH GRUR 2016, 792 Rn. 57 ff. – Gesamtvertrag Unterhaltselektronik; BGH GRUR 2017, 684 Rn. 73 – externe Festplatten.
[59] AmtlBegr. BT-Drs. 16/1828, 29; Wandtke/Bullinger/*Lüft* UrhG § 54a Rn. 3.
[60] Dazu → § 54 Rn. 9.
[61] Dazu → § 54h Rn. 6.
[62] EuGH GRUR 2015, 478 Rn. 73 – Copydan/Nokia.
[63] EuGH GRUR 2013, 812 Rn. 57, 59 – VG Wort/Kyocera; EuGH GRUR 2014, 546 Rn. 44 – ACI Adam; EuGH GRUR 2015, 478 Rn. 71, 73 – Coypdan/Nokia; BGH GRUR 2017, 684 Rn. 73 – externe Festplatten; s. dazu auch *Dreier* ZUM 2013, 769 (772 f.).
[64] EuGH GRUR 2013, 812 Rn. 58 – VG Wort/Kyocera; EuGH GRUR 2015, 478 Rn. 72 – Copydan/Nokia.
[65] EuGH GRUR 2013, 812 Rn. 56 – VG Wort/Kyocera; EuGH GRUR 2015, 478 Rn. 69 – Copydan/Nokia.
[66] *Stieper* EuZW 2013, 699 (700 f.); zustimmend Fromm/Nordemann/*Wirtz* UrhG § 54a Rn. 3.

Anfertigen von vergütungspflichtigen Vervielfältigungen **tatsächlich verhindern.**[67] Wer seine Werke mit einem Digital Rights Management versieht, das vergütungsfreie Privatkopien und andere privilegierte Vervielfältigungen nicht oder nur in eingeschränktem Umfang zulässt, muss sich **trotz etwaiger Umgehungsmöglichkeiten** gefallen lassen, dass er nur einen entsprechend geminderten Anteil des für Privatkopien erzielten Vergütungsaufkommens ausgeschüttet erhält.

c) Dagegen hat eine **Zustimmung des Rechtsinhabers** zu den fraglichen Vervielfältigungen auf   **14** die Vergütungspflicht keinen Einfluss.[68] Nach Auffassung des BGH **erlischt aber der Anspruch auf Zahlung einer Gerätevergütung,** wenn der Rechtsinhaber für die Erteilung seiner Zustimmung zum Herunterladen des Werkes aus dem Internet **eine individuelle Vergütung erhalten** hat, so dass insbesondere Vervielfältigungen aufgrund von kostenpflichtigen Downloads bei der Geräteabgabe nicht zu berücksichtigen seien.[69] Das hat zur Folge, dass Rechtsinhaber, die individuelle Nutzungsverträge abschließen, hierdurch ihren Teilhabeanspruch am „gerechten Ausgleich" für digitale Privatkopien verlieren.[70] Zur Rechtfertigung eines solchen Ausschlusses lässt sich anführen, dass dem Rechtsinhaber für eine solche Vervielfältigung gegen denjenigen, der die Werke zum Download bereitstellt, zwingend ein Anspruch auf angemessene Vergütung (§ 32) zusteht.[71]

Dieses Ergebnis lässt sich im Rahmen von § 54a Abs. 1 aber nur insoweit erreichen, als die vertrag-   **15** liche Vergütungspflicht **durch technische Maßnahmen abgesichert** wird und damit Abs. 1 S. 2 zum Tragen kommt. Darüber hinaus fehlt es für die Berücksichtigung individuell gezahlter Vergütungen an einer gesetzlichen Grundlage. Allenfalls kann man solche Vervielfältigungshandlungen vom Tatbestand der betreffenden Schrankenbestimmungen ausnehmen mit der Folge, dass sie dann keine Vervielfältigungen „nach § 53 Abs. 1 oder 2 oder den §§ 60a bis 60f" iSv § 54a Abs. 1 mehr darstellen. Die betreffenden Schranken sehen eine solche Einschränkung aber nicht vor. Auch aus § 60g Abs. 1 lässt sich diese Rechtsfolge nicht herleiten.[72] *De lege lata* kann man eine Doppelvergütung daher nur ausschließen, indem man die zugrundeliegende Vervielfältigungshandlung ausschließlich dem Anbieter des kostenpflichtigen Downloads zurechnet.[73] In Betracht kommt ein Ausschluss von der gesetzlichen Vergütung aber in jedem Fall nur für den kostenpflichtigen Download selbst. Für **weitere, dem ersten Download nachgelagerte private Vervielfältigungen** des heruntergeladenen Werkes – etwa das Brennen einer CD von einer heruntergeladenen Musikdatei oder das Überspielen auf ein portables Abspielgerät – muss es jedoch bei der Privatkopieschranke bleiben, da der Urheber deren Umfang nicht zuverlässig kontrollieren (und damit auch kein Entgelt kalkulieren) kann.[74] Wenn der Content-Anbieter auch für solche Vervielfältigungen eine Lizenzgebühr erhebt, lässt sich eine Doppelvergütung nur vermeiden, indem man derartige Lizenzklauseln der AGB-Inhaltskontrolle unterwirft.[75]

3. Berücksichtigung der Funktionseinheiten (Abs. 2)

Abs. 2 trägt der Tatsache Rechnung, dass nach heutiger Technik Vervielfältigungen häufig durch   **16** das Zusammenwirken mehrerer Geräte bzw. Speichermedien zustande kommen. Das gilt etwa für **Gerätekombinationen,** die aus PC und damit verbundenen Peripheriegeräten wie Scanner, Drucker und/oder CD-/DVD-Brenner bestehen. Die unionsrechtliche Zulässigkeit des Vergütungsanspruchs auch bei einer in Funktionseinheit stehenden Gerätekette ist vom EuGH ausdrücklich bestätigt worden.[76] Der Gesetzgeber hat mit der Regelung in § 54 Abs. 2 an die (frühere) BGH-Rechtsprechung zur Vergütungspflicht bei Gerätekombinationen angeknüpft.[77] Seit dem 1.1.2008 sind aber sämtliche Geräte und Speichermedien (auch innerhalb der in einer Funktionseinheit stehenden Gerätekette) vergütungspflichtig. Die Rechtsprechung des BGH, dass innerhalb einer solchen Kette nur das Gerät vergütungspflichtig ist, das am deutlichsten dazu bestimmt ist, zusammen mit den anderen Geräten wie ein Vervielfältigungsgerät eingesetzt zu werden,[78] bezieht sich auf § 54a aF, also auf die Zeit vor 2008. Die in einer Gerätekette stehenden Scanner, PCs und Drucker sind also alle vergütungspflichtig, ohne dass es darauf ankommt, welches Gerät in welcher Kombination am deutlichsten als Verviel-

---

[67] So aber BGH GRUR 2016, 792 Rn. 64 – Gesamtvertrag Unterhaltungselektronik; BGH GRUR 2017, 684 Rn. 73 f. – externe Festplatten; zu §§ 54, 54a aF BGH GRUR 2014, 979 Rn. 46 – Drucker und Plotter III; BGH GRUR 2014, 984 Rn. 72 – PC III.

[68] → § 54 Rn. 39; vgl. dazu auch → Vor §§ 44a ff. Rn. 56.

[69] BGH GRUR 2016, 792 Rn. 53 – Gesamtvertrag Unterhaltungselektronik; BGH GRUR 2017, 161 Rn. 58 – Gesamtvertrag Speichermedien; BGH GRUR 2017, 684 Rn. 70 – externe Festplatten, unter Berufung auf *Peukert* GRUR 2015, 452 (453); noch weitergehend (auch bei unentgeltlicher Nutzungsgestattung) *Zurth* S. 163.

[70] So ausdrücklich *Peukert* GRUR 2015, 452 (455).

[71] Vgl. *Peukert* GRUR 2015, 452 (455).

[72] Hierzu → § 60g Rn. 7.

[73] Hierfür *Stieper* ZGE 7 (2015), 170 (185 f.); *Stieper* ZGE 9 (2017), 539 (548 f.); → § 53 Rn. 29.

[74] *Stieper* ZGE 2015, 170 (186); iE ebenso BGH GRUR 2016, 792 Rn. 54–56 – Gesamtvertrag Unterhaltungselektronik; BGH GRUR 2017, 161 Rn. 59–62 – Gesamtvertrag Speichermedien.

[75] → Vor §§ 44a ff. Rn. 58.

[76] EuGH GRUR 2013, 812 Rn. 78 – VG Wort/Kyocera; näher dazu → § 54 Rn. 10.

[77] BGH GRUR 2008, 245 Rn. 10 – Drucker und Plotter; BGH GRUR 2002, 246 (247) – Scanner; sa BGH GRUR 2009, 53 Rn. 17 – PC.

[78] BGH GRUR 2014, 979 Rn. 25 – Drucker und Plotter III.

fältigungsgerät genutzt wird. Die Vergütung muss allerdings **insgesamt angemessen** sein (§ 54a Abs. 2). Da mit einer solchen Kombination mehrerer Geräte nur ein Vervielfältigungsvorgang erfolgt, soll verhindert werden, dass sich aus einer Addition der Vergütungen für die einzelnen Geräte der Kombination eine insgesamt zu hohe Vergütung ergibt. Damit wird der Rechtsprechung des EuGH Rechnung getragen, dass in solchen Fällen der Gesamtbetrag der Abgabe nicht substantiell von dem Betrag abweichen darf, der fällig würde, wenn die Vervielfältigung nur mittels eines Gerätes bewirkt wird.[79] Da aus praktischen Gründen nicht auf die Verwendung des einzelnen Gerätes abgestellt werden kann, wird ein Durchschnittswert zu bilden sein.[80]

4. Nutzungsrelevante Eigenschaften (Abs. 3)

17   Nach Abs. 3 sind bei der Vergütungshöhe die nutzungsrelevanten Eigenschaften der Geräte und Speichermedien zu berücksichtigen. Damit ist vor allem die **Leistungsfähigkeit** der Geräte und Speichermedien gemeint.[81] Abzustellen ist nicht nur auf die quantitative Leistungsfähigkeit (etwa Anzahl möglicher Kopien pro Zeiteinheit), sondern auch auf die qualitativen Leistungen (Vervielfältigung von Tönen und Bildern, Farbkopien).[82] Ferner wird die Qualität der Kopien, der Bedienungskomfort, die Lebensdauer der Geräte und bei Speichermedien die Speicherkapazität zu berücksichtigen sein.[83] Nach dem EuGH darf die Vergütung allerdings nicht ausschließlich nach der technischen Vervielfältigungskapazität, dh der Höchstzahl der innerhalb einer bestimmten Zeitspanne technisch möglichen Vervielfältigungen, bemessen werden.[84] Insoweit stellt die Kapazität nur eines der Kriterien dar, die bei der Ermittlung des tatsächlichen Nutzungsumfangs zu berücksichtigen sind.[85]

5. Wirtschaftlich angemessenes Verhältnis zum Preisniveau (Abs. 4)

18   Nach Abs. 4 darf die Vergütung die Hersteller von Geräten und Speichermedien nicht unzumutbar beeinträchtigen und muss in einem wirtschaftlich angemessenen Verhältnis zum Preisniveau des Geräts oder des Speichermediums stehen. Mit der Vergütung iSv Abs. 4 ist die nach den Grundsätzen der Abs. 1–3 zu bestimmende Vergütung gemeint; es ist daher zunächst nach § 54a Abs. 1–3 die Höhe der Gerätevergütung nach dem Maß der tatsächlichen Nutzung für vergütungspflichtige Vervielfältigungen zu bestimmen und sodann nach Abs. 4 zu prüfen, ob diese Vergütung die Hersteller nicht unzumutbar beeinträchtigt.[86] Nach der AmtlBegr. soll eine unzumutbare Beeinträchtigung dabei in der Regel vorliegen, wenn die Vergütung nicht in einem **wirtschaftlich angemessenen Verhältnis zum Preisniveau** des Geräts oder des Speichermediums steht.[87] Der Gesetzgeber wollte damit verhindern, dass durch den Erwerb von Geräten und Speichermedien im Ausland, wo eine Vergütung nicht oder nicht in gleicher Höhe erhoben wird, der Inlandsabsatz beeinträchtigt wird.[88] Dieser Ansatz ist vor dem Hintergrund des Zwecks der Vergütung, die genehmigungsfreie Inanspruchnahme der kreativen Leistung des Urhebers zu kompensieren, jedoch problematisch. Denn der Wert der Inanspruchnahme dieser Leistung steht in keinem Zusammenhang mit dem Preisniveau der Geräte oder Speichermedien, mit denen die Inanspruchnahme erfolgt.[89] Die Vorschrift ist daher unter Berücksichtigung der EuGH-Rechtsprechung zum „gerechten Ausgleich" **richtlinienkonform auszulegen**.[90] Rechtfertigen lässt sich eine Kappungsgrenze vor diesem Hintergrund nur insoweit, als nach dem EuGH „indirekter Schuldner" des gerechten Ausgleichs stets der von der Schranke privilegierte Nutzer sein muss und die Gerätehersteller daher nur im Hinblick darauf zur Zahlung einer Abgabe für Privatkopien herangezogen werden dürfen, dass sie die Kosten der Abgabe **auf die privaten Nutzer abwälzen** können.[91] Danach dürfen die Gerätehersteller nicht diejenigen sein, die diese Belastung am Ende tatsächlich zu tragen haben.[92]

---

[79] EuGH GRUR 2013, 812 Rn. 78 – VG Wort/Kyocera.
[80] BGH GRUR 2014, 979 Rn. 41 – Drucker und Plotter III.
[81] AmtlBegr. BT-Drs. 16/1828, 30. Einen ähnlichen Ansatz gab es bereits bei den gesetzlichen Vergütungssätzen der Anlage zu § 54d aF, wonach es beispielsweise für Kopiergeräte auf die Anzahl der möglichen Kopien pro Minute ankam.
[82] AmtlBegr. BT-Drs. 16/1828, 30.
[83] Sa Dreier/Schulze/*Dreier* § 54a Rn. 9; DKMH/*Hentsch* UrhG § 54a Rn. 9.
[84] EuGH GRUR 2016, 55 Rn. 77 – Hewlett-Packard/Reprobel.
[85] Vgl. *Verweyen* GRUR-Int 2016, 36 (37).
[86] BGH GRUR 2016, 792 Rn. 40, 86 – Gesamtvertrag Unterhaltungselektronik; BGH GRUR 2017, 161 Rn. 91 f. – Gesamtvertrag Speichermedien.
[87] BT-Drs. 16/1828, 30.
[88] AmtlBegr. BT-Drs. 16/1828, 30; sa Gegenäußerung der Bundesregierung BT-Drs. 16/1828, 49.
[89] S. dazu auch die Stellungnahme des Bundesrats BT-Drs. 16/1828, 42; kritisch auch Dreier/Schulze/*Dreier* § 54a Rn. 10; Wandtke/Bullinger/*Lüft* UrhG § 54a Rn. 5; DKMH/*Hentsch* UrhG § 54a Rn. 11; Fromm/Nordemann/*Wirtz* UrhG § 54a Rn. 6; *Stieper* ZGE 2015, 170 (194); sa. *Spindler* FS Pfennig, 2012, 387 (399); → Rn. 8.
[90] So im Grundsatz auch BGH GRUR 2016, 792 Rn. 69 ff. – Gesamtvertrag Unterhaltungselektronik; BGH GRUR 2017, 684 Rn. 90 – externe Festplatten.
[91] → § 54 Rn. 8; EuGH GRUR 2011, 50 Rn. 48 f. – Padawan; EuGH GRUR 2016, 55 Rn. 69 f. – Hewlett-Packard/Reprobel; EuGH GRUR 2017, 155 Rn. 30 f., 33 – Microsoft/MIBAC.
[92] So ausdrücklich EuGH GRUR 2016, 687 Rn. 36 – EGEDA/Administración del Estado.

Ein wirtschaftlich unangemessenes Verhältnis zum Preisniveau kann vor diesem Hintergrund erst **19** dann angenommen werden, wenn die Vergütungsschuldner die nach §§ 54, 54a zu zahlende Vergütung **nicht in den Abgabepreis ihrer Geräte einfließen lassen** und dadurch auf den Nutzer abwälzen können. Das ist zum einen dann der Fall, wenn an einem Erwerb interessierte Nutzer angesichts eines geringeren Preises im Ausland, wo eine Vergütung nicht oder nicht in gleicher Höhe erhoben wird, ein derartiges Gerät oder Speichermedium dort erwerben und dadurch der **Inlandsabsatz erheblich beeinträchtigt** wird.[93] Dadurch würden auch die Interessen der Rechtsinhaber verletzt, weil sie keine oder nur eine geringere Vergütung erhalten. Zum anderen soll eine unzumutbare Beeinträchtigung gegeben sein, wenn die Hersteller die Vergütung deshalb nicht vollständig auf den Nutzer abwälzen können, weil an einem Erwerb interessierte Nutzer sonst wegen des wirtschaftlichen Missverhältnisses von Vergütung und Preisniveau des Gerätes oder Speichermediums in erheblichem Umfang vom Erwerb solcher Geräte absehen würden.[94] Einen solchen Zusammenhang werden die Hersteller von Geräten und Speichermedien jedoch kaum darlegen können, da die Kaufentscheidung der Kunden regelmäßig nicht vom relativen Anteil der Vergütung, sondern von der absoluten Höhe des Endverkaufspreises abhängen wird. Entscheidend für die Annahme eines wirtschaftlich unangemessenen Verhältnisses ist daher **nicht das Überschreiten eines bestimmten prozentualen Anteils,**[95] sondern der Nachweis, dass infolge der Vergütung der Verkaufspreis insgesamt so hoch würde, dass Kunden unabhängig von einer Erwerbsmöglichkeit im Ausland in erheblichem Umfang auf den Erwerb solcher Geräte oder Speichermedien verzichten würden.[96]

Auch auf dieser Grundlage ist die Feststellung, welche Vergütung zu einem wirtschaftlich unangemessenen Verhältnis und damit zu einer **unzumutbaren Beeinträchtigung** führt, in der Praxis aber **20** schwierig zu treffen.[97] Die Frage, ob und inwieweit der Erwerb von Geräten im Inland durch die Erhebung einer Gerätevergütung in bestimmter Höhe beeinträchtigt wird, ist eine **Tatfrage.**[98] Für die Bestimmung des Preisniveau des Geräts oder Speichermediums ist dabei grundsätzlich der durchschnittliche **Endverkaufspreis** (einschließlich Umsatzsteuer und Geräte- bzw. Speichermedien-Vergütung) und nicht der Händlerabgabepreis zugrunde zu legen.[99] Denn maßgeblich für den Absatz der Geräte ist allein der vom Endverbraucher zu zahlende Preis. Der Praxis, die Preise für Vervielfältigungsgeräte niedrig zu halten und die Preise für **Verbrauchsmaterialien** (zB Druckerpatronen) zu erhöhen, um auf diese Weise zu niedrigeren Vergütungssätzen zu gelangen, ist außerdem dadurch entgegenzuwirken, dass im Rahmen der **Zumutbarkeit** eine Preisgestaltung des Herstellers berücksichtigt wird, durch die Gewinne auf gerätespezifische Leistungen (zB Mobilfunkvertrag) oder Materialien verlagert werden, die nicht nach § 54 vergütungspflichtig sind.[100] Dadurch wird wenigstens in gewissem Umfang der Umstand kompensiert, dass Verbrauchsmaterialien also solche nicht der Vergütungspflicht unterliegen.[101] Die AmtlBegr. weist zutreffend darauf hin, dass es nicht hinzunehmen ist, dass sich ein Hersteller durch ein gerätespezifisches Preiskonzept weitgehend der Vergütung entzieht, gegebenenfalls sei hier für die Ermittlung der angemessenen Vergütung der **eigentliche Warenwert** des Geräts in Ansatz zu bringen.[102]

IV. Verfahren

Nach § 40 VGG stellen die Verwertungsgesellschaften für die gesetzliche Vergütung nach § 54a **Tarife** **21** auf. Dabei gelten vorrangig die in **Gesamtverträgen** mit Nutzergruppen festgelegten Vergütungssätze als Tarife (§ 40 Abs. 1 S. 3 iVm § 38 S. 2 VGG). Die Verwertungsgesellschaften haben ihre Partner aus Gesamtverträgen über die Einnahmen aus der Pauschalvergütung und deren Verwendung nach den Empfängergruppen zu unterrichten.[103] **Scheitern** die Verhandlungen über einen Gesamtvertrag, so können die Verwertungsgesellschaften Tarife erst nach Vorliegen von empirischen Untersuchungen über die maßgebliche Nutzung der Geräte und Speichermedien aufstellen, für deren Durchführung gemäß § 93 VGG die Schiedsstelle beim DPMA zuständig ist. Bei Streitigkeiten über die Vergütungspflicht und den Abschluss von Gesamtverträgen kann nach § 92 Abs. 1 Nr. 2, 3 VGG die DPMA-Schiedsstelle angerufen werden, die den Beteiligten einen Einigungsvorschlag unterbreitet

---

[93] BGH GRUR 2016, 792 Rn. 74, 80 ff. – Gesamtvertrag Unterhaltungselektronik; BGH GRUR 2017, 161 Rn. 77, 87 – Gesamtvertrag Speichermedien.

[94] BGH GRUR 2017, 161 Rn. 88 – Gesamtvertrag Speichermedien.

[95] So aber OLG München ZUM-RD 2015, 217 (237 ff.).

[96] Vgl. BGH GRUR 2017, 684 Rn. 95 – externe Festplatten, wonach bei einer einen Anteil von 11,25 % des Nettoendverkaufspreises überschreitenden Gerätevergütung nicht ohne Weiteres von einer solchen Beeinträchtigung des Inlandsabsatzes ausgegangen werden könne.

[97] Sa Dreier/Schulze/*Dreier* § 54a Rn. 11; *Müller* ZUM 2007, 777 (784).

[98] BGH GRUR 2016, 792 Rn. 83 – Gesamtvertrag Unterhaltungselektronik.

[99] BGH GRUR 2016, 792 Rn. 75 ff. – Gesamtvertrag Unterhaltungselektronik; BGH GRUR 2017, 161 Rn. 79 ff. – Gesamtvertrag Speichermedien; BGH GRUR 2017, 684 Rn. 91 – externe Festplatten.

[100] BT-Drs. 16/1828, 30.

[101] S. dazu den Vorschlag der Deutschen Vereinigung für gewerblichen Rechtsschutz und Urheberrecht GRUR 2005, 143 (145).

[102] BT-Drs. 16/1828, 30.

[103] Zu Einzelheiten → VGG § 40 Rn. 6.

(§ 105 VGG); anschließend steht der Klageweg zum OLG München offen (§§ 128 ff. VGG).[104] Um den bisher sehr langwierigen **Verfahrenszug** von der Schiedsstelle zum OLG **zu beschleunigen,** hat der Rechtsausschuss des Bundestages vorgeschlagen, die Zuständigkeit für Verfahren über gesetzliche Vergütungen in Zukunft erstinstanzlich auf das BPatG zu übertragen.[105]

22   Für Fotokopiergeräte, Multifunktionsgeräte, Scanner, Drucker und Faxgeräte besteht ein Gesamtvertrag der VG WORT und VG Bild-Kunst mit dem Verband BITKOM vom 10.12.2008.[106] Die danach geltenden Vergütungssätze für die nach § 54 vergütungspflichtigen Geräte und Speichermedien sind auf der Website der VG Wort (Tarifübersicht) veröffentlicht.[107] Aktuell beträgt der Tarif für Scanner 12,50 EUR, für Thermo- und Tintenstrahl-Telefaxgeräte 5 EUR, für Laser-Telefaxgeräte 10 EUR, für Tintenstrahldrucker 5 EUR, für Laserdrucker 12,50 EUR, für Tintenstrahlmultifunktionsgeräte/Tintenstrahlfotokopierer 15 EUR, für Lasermultifunktionsgeräte/Laserfotokopierer je nach Geschwindigkeit zwischen 25 und 87,50 EUR. Gesamtverträge bestehen ferner zwischen der ZPÜ, VG WORT und VG Bild-Kunst mit dem Verband BITKOM für PCs, Tablets und Mobiltelefone, externe Festplatten und Unterhaltungselektronik.[108]

§ 54b Vergütungspflicht des Händlers oder Importeurs

(1) **Neben dem Hersteller haftet als Gesamtschuldner, wer die Geräte oder Speichermedien in den Geltungsbereich dieses Gesetzes gewerblich einführt oder wiedereinführt oder wer mit ihnen handelt.**

(2) **¹Einführer ist, wer die Geräte oder Speichermedien in den Geltungsbereich dieses Gesetzes verbringt oder verbringen lässt. ²Liegt der Einfuhr ein Vertrag mit einem Gebietsfremden zugrunde, so ist Einführer nur der im Geltungsbereich dieses Gesetzes ansässige Vertragspartner, soweit er gewerblich tätig wird. ³Wer lediglich als Spediteur oder Frachtführer oder in einer ähnlichen Stellung bei dem Verbringen der Waren tätig wird, ist nicht Einführer. ⁴Wer die Gegenstände aus Drittländern in eine Freizone oder in ein Freilager nach Artikel 166 der Verordnung (EWG) Nr. 2913/92 des Rates vom 12. Oktober 1992 zur Festlegung des Zollkodex der Gemeinschaften (ABl. EG Nr. L 302 S. 1) verbringt oder verbringen lässt, ist als Einführer nur anzusehen, wenn die Gegenstände in diesem Bereich gebraucht oder wenn sie in den zollrechtlich freien Verkehr übergeführt werden.**

(3) **Die Vergütungspflicht des Händlers entfällt,**

1. **soweit ein zur Zahlung der Vergütung Verpflichteter, von dem der Händler die Geräte oder die Speichermedien bezieht, an einen Gesamtvertrag über die Vergütung gebunden ist oder**
2. **wenn der Händler Art und Stückzahl der bezogenen Geräte und Speichermedien und seine Bezugsquelle der nach § 54h Abs. 3 bezeichneten Empfangsstelle jeweils zum 10. Januar und 10. Juli für das vorangegangene Kalenderhalbjahr schriftlich mitteilt.**

Schrifttum: *Kröber,* Der grenzüberschreitende Internet-Handel mit CD- und DVD-Rohlingen und die Vergütungsansprüche nach §§ 54 ff. UrhG, ZUM 2006, 89; *Müller,* Die Erlaubnispflicht des deutschen Gesetzgebers zur Gewährleistung der praktischen Durchsetzung von Ansprüchen nach den §§ 54 ff. UrhG, ZUM 2011, 631.
     Sa. die Schrifttumsangaben zu §§ 53, 54 und 54a.

Übersicht

I. Allgemeines

1   **§ 54b erstreckt die Haftung** für die Kopiervergütung **auf Importeure und Händler,** die als Gesamtschuldner neben dem Hersteller von Kopiergeräten und Speichermedien haften. Damit werden auch Fälle erfasst, in denen sich der Urheber – etwa wegen eines Internetversands aus dem Ausland – nicht oder nur unter erheblichen Schwierigkeiten an den Hersteller halten kann. Das entspricht

---

[104] Das Erfordernis der vorherigen Schiedsstellenanrufung steht mit der RL 2014/26/EU in Einklang, BGH GRUR 2018, 1277 Rn. 34 ff. – PC mit Festplatte III.
[105] Das würde allerdings eine Erweiterung von Art. 96 GG voraussetzen, s. Beschlussempfehlung und Bericht des Rechtsausschusses zum VGG, BT-Drs. 18/8268, 10.
[106] Der entsprechende Tarif ist veröffentlicht im BAnz. 2008 Nr. 195, S. 4691.
[107] https://www.vgwort.de/fileadmin/tarif_uebersicht/Geraete-Tarif_Dez_2008.pdf.
[108] Abrufbar unter https://www.bitkom.org/Themen/Urheberrechtliche-Abgaben-Geraete-Spechermedien.

der **Rechtsprechung des EuGH,** nach der die Mitgliedstaaten eine Ergebnispflicht haben, dafür zu sorgen, dass der Urheber den angemessenen Ausgleich erhält, und zwar auch in Fällen, in denen derjenige, der die Geräte dem privaten Endnutzer überlässt, in einem anderen Mitgliedstaat niedergelassen ist.[1] Diese Ergebnispflicht trifft vor allem auch die Gerichte, die ihr nationales Recht so auszulegen haben, dass es die Erhebung der Privatkopieabgabe bei einem gewerblichen Schuldner ermöglicht.[2] Davon betroffen sind auch die Vorschriften über die **prozessuale Durchsetzung** des Vergütungsanspruchs mit dem Ziel, bei Klagen gegen Schuldner mit Sitz im Ausland einen inländischen Gerichtsstand zu begründen.[3]

§ 54b fasst die bis zum 31.12.2007 in §§ 54, 54a und 54b enthaltenen Regelungen zur Haftung der **2** Importeure und Händler in einer Vorschrift zusammen. Inhaltliche Änderungen haben sich dadurch nicht ergeben, lediglich die Ausnahmeregelungen für Kleinhändler nach § 54 Abs. 1 S. 3 und § 54a Abs. 1 S. 3, die in der Praxis bedeutungslos geblieben waren, wurden nicht übernommen.[4]

II. Haftung der Importeure

Importeure haften gesamtschuldnerisch neben dem Hersteller von Geräten und Speichermedien **3** für die Zahlung der Vergütung nach § 54. Diese bereits in § 53 Abs. 5 idF von 1965 enthaltene Regelung will die Durchsetzung des Vergütungsanspruchs in solchen Fällen sicherstellen, in denen der Hersteller im Ausland zur Zahlung nicht bereit oder imstande ist oder aus anderen Gründen nicht belangt werden kann.[5] Vergütungspflichtig ist nicht nur der Import, sondern auch der **Reimport.** Damit sollen Umgehungen durch vorübergehende Exporte verhindert werden. Beim Reimport entsteht der Vergütungsanspruch allerdings nur, soweit die Abgabe nicht bereits vor dem Export vom Hersteller gezahlt worden ist. Importeure unterliegen dem Hinweispflicht auf die Urhebervergütung nach § 54d, der Meldepflicht nach § 54e, und der Auskunftspflicht nach § 54f.

Wer **Importeur** ist, beurteilt sich nach § 54b Abs. 2. Danach ist Einführer jeder, der die Geräte **4** oder Speichermedien in den Geltungsbereich des Gesetzes verbringt oder verbringen lässt; Schuldner des Vergütungsanspruchs ist jedoch nach § 54 Abs. 1 nur derjenige, der vergütungspflichtige Gegenstände **gewerblich** einführt.[6] Ein **gewerbliches Einführen** liegt nicht nur dann vor, wenn der Einführende vergütungspflichtige Gegenstände **gewerblich weiterveräußert,** sondern auch dann, wenn die eingeführten Gegenstände **zu eigenen gewerblichen Zwecken genutzt** werden sollen.[7] Damit hat der Gesetzgeber einem Anliegen der Kopiergeräteimporteure Rechnung getragen, die sich Wettbewerbsnachteilen durch Direktimporte gewerblicher Nutzer von Kopiergeräten ausgesetzt sahen.[8] Werden auf Grund einer EU-weiten Ausschreibung Fotokopiergeräte von einem Unternehmen im Ausland bestellt und von dort bezogen, so ist nur der inländische Käufer der Geräte als Importeur im Sinne des Gesetzes anzusehen, auch wenn er die Geräte nicht weiterveräußert, sondern zur eigenen gewerblichen Nutzung verwenden will. Produktionsverlagerungen und Verlagerungen von Rechnungsstellungen in das Ausland zum Zwecke der Umgehung der Zahlung der urheberrechtlichen Vergütung sollen auf diese Weise verhindert werden.[9] Auch ein im Ausland ansässiger gewerblicher **Online-Händler,** der entsprechende Geräte oder Speichermedien unmittelbar an Endnutzer im Inland vertreibt, ist als Importeur anzusehen, wie sich nicht zuletzt aus der vom EuGH statuierten Ergebnispflicht zur Erhebung des gerechten Ausgleichs ergibt.[10] Lediglich die privat eingeführten und für den eigenen Privatgebrauch bestimmten Geräte und Speichermedien sind von der Vergütungspflicht ausgenommen.[11] Abs. 2 S. 3 stellt außerdem klar, dass kein Importeur ist, wer lediglich mit dem Verbringen der Ware befasst ist, insbesondere also **Spediteure** und **Frachtführer.** Der **Kommissionär** ist hingegen als Importeur anzusehen, da es nicht darauf ankommt, ob für eigene oder für fremde Rechnung gehandelt wird.[12]

Für den Fall, dass die Einfuhr auf Grund eines **Vertrages mit einem Gebietsfremden** erfolgt, **5** weist Abs. 2 S. 2 die Eigenschaft als Importeur allein dem inländischen Vertragspartner zu, allerdings nur unter der Voraussetzung, dass dieser mit der Einfuhr gewerbliche Zwecke (als Weiterveräußerer

---

[1] EuGH GRUR 2011, 909 Rn. 34, 40 – Stichting/Opus; EuGH GRUR 2013, 1025 Rn. 57, 61 – Amazon/Austro-Mechana; näher dazu → § 54 Rn. 6.
[2] *Müller* ZUM 2011, 631 (632).
[3] S. dazu *Kröber* GRUR 2011, 911 (912); *Müller* ZUM 2011, 631 (634).
[4] → Rn. 6.
[5] Bericht des Rechtsausschusses, BT-Drs. IV/3401, 10.
[6] Vgl. AmtlBegr. BR-Drs. 218/94, 20; sa EuGH GRUR 2011, 909 Rn. 41 – Stichting/Opus.
[7] AmtlBegr. BR-Drs. 218/94, 16, 20; Dreier/Schulze/*Dreier* § 54b Rn. 2; Wandtke/Bullinger/*Lüft* UrhG § 54b Rn. 3.
[8] AmtlBegr. BR-Drs. 218/94, 16.
[9] AmtlBegr. BR-Drs. 218/94, 21.
[10] *Müller* ZUM 2011, 631 (633); vgl. → Rn. 1.
[11] AmtlBegr. zur Novelle 1985, BT-Drs. 10/837, 18; für eine Vergütungspflicht des ausländischen Verkäufers auch in diesem Fall *Müller* ZUM 2014, 11 (14 f.).
[12] LG Köln ZUM-RD 2008, 238 (244); Dreier/Schulze/*Dreier* § 54b Rn. 2; Wandtke/Bullinger/*Lüft* UrhG § 54b Rn. 3.

oder durch Verwendung im eigenen Unternehmen) verfolgt.[13] Liegt diese Voraussetzung nicht vor (wie zB beim Direktversand aus dem Ausland an private Endverbraucher), so bleibt das ausländische Versandunternehmen als Einführer vergütungspflichtig.[14] Ebenso ist der im Inland ansässige Vertragspartner eines Gebietsfremden kein Importeur, wenn er den Vertrag erst nach der Einfuhr geschlossen hat.[15] Für die Einfuhr aus Drittländern in eine **zollrechtliche Freizone** oder ein **Freilager** gilt Abs. 2 S. 4.

III. Haftung der Händler

6   Die **Einbeziehung der Händler** als Schuldner des Vergütungsanspruchs beruht ebenso wie bei Herstellern und Importeuren auf dem auch vom EuGH verfolgten Konzept, dass die Vergütung letzten Endes von dem getragen werden soll, der die Vervielfältigungen vornimmt oder vornehmen lässt.[16] Da dieser jedoch aus praktischen und rechtlichen[17] Gründen nicht erfasst werden kann, werden die auf dem Vertriebsweg vorgelagerten Stufen als Schuldner herangezogen, die durch ihre Tätigkeit die Voraussetzungen für die Vervielfältigungen iSd § 53 Abs. 1–3 schaffen und die über den Abgabepreis die von ihnen entrichtete Vergütung auf die Hersteller der Vervielfältigungen abwälzen können.[18] Die frühere Heranziehung lediglich der Hersteller und Importeure erschien nach Vollendung des gemeinsamen Binnenmarktes und der damit weggefallenen Einfuhrkontrollmeldungen nicht mehr ausreichend, so dass durch die Novelle von 1985 der Handel mit herangezogen wurde.[19] Die Ausnahmeregelung für **Händler mit einem kleinen Geschäftsumfang** bei den einschlägigen Waren (weniger als 100 Aufzeichnungsgeräte bzw. Bild- oder Tonträger von weniger als 6.000 Stunden Spieldauer im Kalenderhalbjahr) wurde durch das Zweite Gesetz zur Regelung des Urheberrechts in der Informationsgesellschaft („Zweiter Korb") mit Wirkung vom 1.1.2008 aufgehoben, weil sie sich in der Praxis als bedeutungslos erwiesen hatte.[20]

7   **Händler** ist, wer gewerblich Geräte und Speichermedien iSd § 54 erwirbt und weiterveräußert.[21] Private Veräußerungen eines Händlers sind nicht gewerblich und fallen nicht unter Abs. 1. Erfasst wird jede Handelsstufe, auch **Großhändler** sind also Vergütungsschuldner.[22] Auch Händler unterliegen der Hinweispflicht auf die Urhebervergütung nach § 54d und der Auskunftspflicht nach § 54f.

IV. Wegfall der Vergütungspflicht der Händler

8   Die gesamtschuldnerische Haftung des Handels soll die Erfassung der Importe sicherstellen, sie soll aber den Handel nicht ungebührlich belasten. Das Inkasso der Vergütung soll primär bei den Herstellern und Importeuren erfolgen.[23] Daher kann der Händler nach § 54b Abs. 3 seine Haftung ausschließen, wenn er die Geräte bzw. Speichermedien von einem Unternehmen bezieht, das an einen Gesamtvertrag mit einer Verwertungsgesellschaft gebunden ist (Abs. 3 Nr. 1) oder wenn er Art und Stückzahl der vergütungspflichtigen Waren sowie seine Bezugsquelle unaufgefordert offenbart und dadurch eine wirksame Kontrolle der Importe ermöglicht (Abs. 3 Nr. 2). Die Befreiungsmöglichkeiten gelten sowohl für den Handel mit Geräten als auch für den Handel mit Speichermedien.

1. Bezug von einem an einen Gesamtvertrag gebundenen Unternehmen (Abs. 3 Nr. 1)

9   Die Regelung des Abs. 3 Nr. 1 geht davon aus, dass der Handel nicht durch eine Mithaftung belastet zu werden braucht, wenn die Einziehung der Vergütungen vom einem vorgeschalteten Unternehmen durch einen Gesamtvertrag erleichtert ist.[24] Die Erleichterung ergibt sich vor allem aus der Hilfestellung, die die Verbände den Verwertungsgesellschaften bei der Einziehung der Vergütungen leisten. Die Verbände pflegen ihre Mitglieder nicht nur über die Rechtslage zu informieren, sondern halten sie vielfach auch aktiv zur Zahlung der Vergütungen an. In Problemfällen besteht ein Ansprechpartner, mit dem die Probleme für den Bereich des gesamten Gesamtvertrages gelöst werden können, etwa bei der Frage, ob neu entwickelte Gerätetypen vergütungspflichtig sind. Das vorgeschaltete Unternehmen muss seinerseits vergütungspflichtig, also Hersteller, Importeur oder Händler

---

[13] S. dazu auch LG Köln ZUM-RD 2008, 238 (244).
[14] AmtlBegr. BR-Drs. 218/94, 20; Wandtke/Bullinger/*Lüft* UrhG § 54b Rn. 3; *Müller* ZUM 2011, 631 (633); → Rn. 4.
[15] BGH ZUM 2016, 755 Rn. 14 ff.
[16] Dazu → § 54 Rn. 8.
[17] Vgl. → § 53 Rn. 2.
[18] AmtlBegr. BR-Drs. 218/94, 17 f.; zu den unionsrechtlichen Aspekten → § 54 Rn. 8.
[19] AmtlBegr. BR-Drs. 218/94, 18.
[20] AmtlBegr. BT-Drs. 16/1828, 31.
[21] *Dreier/Schulze/Dreier* § 54b Rn. 3; Wandtke/Bullinger/*Lüft* UrhG § 54b Rn. 2; DKMH/*Hentsch* UrhG § 54b Rn. 9; Fromm/Nordemann/*Wirtz* UrhG § 54b Rn. 4.
[22] AmtlBegr. BT-Drs. 16/1828, 19.
[23] AmtlBegr. BR-Drs. 218/94, 14, 21 ff.; sa. OLG Hamm CR 2014, 288 (290 f.).
[24] AmtlBegr. BR-Drs. 218/94, 22.

(insbes. Großhändler) sein. Unerheblich ist, ob der Händler die vergütungspflichtigen Waren unmittelbar oder nur mittelbar von dem an den Gesamtvertrag gebunden Unternehmen bezieht.[25]

Gesamtverträge sind Verträge zwischen Verwertungsgesellschaften und Vereinigungen von Vergütungspflichtigen iSv § 35 VGG.[26] Für Fotokopiergeräte, Multifunktionsgeräte, Scanner, Drucker und Faxgeräte besteht ein Gesamtvertrag der VG WORT und der VG Bild-Kunst mit dem Verband BIT-KOM vom 10.12.2008, ferner bestehen Gesamtverträge zwischen ZPÜ, VG WORT und VG Bild-Kunst mit dem Verband BITKOM für PCs, Tablets und Mobiltelefone, externe Festplatten und Unterhaltungselektronik.[27] **10**

2. Mitteilung der vergütungspflichtigen Waren und Bezugsquellen (Abs. 3 Nr. 2)

Die **Regelung der Nr. 2** soll es dem Handel ermöglichen, die eigene Zahlungspflicht abzuwenden, wenn er von sich aus die Voraussetzung für die Erfassung eines Vergütungspflichtigen auf einer früheren Vermarktungsstufe schafft. Am Vertrieb von Waren, die der Vergütungspflicht des § 54 unterliegen, ist regelmäßig eine erhebliche Zahl von Händlern beteiligt, so dass die Geltendmachung der Auskunftsansprüche gegen den Handel einen erheblichen Verwaltungsaufwand erfordert. Der Gesetzgeber wollte den Handel durch den Wegfall der Mithaftung dafür honorieren, dass dieser Aufwand durch die Meldung erspart wird und die für die Kontrolle der Erfassung der vergütungspflichtigen Waren erforderlichen Angaben bereitgestellt werden.[28] **11**

Die **Mitteilungen** haben schriftlich zu erfolgen. Sie sind jeweils zum 10.1. und 10.7. für das vorangegangene Kalenderhalbjahr, also die Periode vom 1.1. bis 30.6. bzw. 1.7. bis 31.12., unter Verwendung der gemäß § 54h Abs. 4 veröffentlichen Formblätter an die nach § 54h Abs. 3 bezeichnete Empfangsstelle abzugeben.[29] Ist die Mitteilung unrichtig, unvollständig oder erfolgt sie nicht rechtzeitig, so tritt die Befreiung von der Haftung nicht ein.[30] **12**

§ 54c Vergütungspflicht des Betreibers von Ablichtungsgeräten

(1) **Werden Geräte der in § 54 Abs. 1 genannten Art, die im Weg der Ablichtung oder in einem Verfahren vergleichbarer Wirkung vervielfältigen, in Schulen, Hochschulen sowie Einrichtungen der Berufsbildung oder der sonstigen Aus- und Weiterbildung, Forschungseinrichtungen, öffentlichen Bibliotheken, in nicht kommerziellen Archiven oder Einrichtungen im Bereich des Film- oder Tonerbes oder in nicht kommerziellen öffentlich zugänglichen Museen oder in Einrichtungen betrieben, die Geräte für die entgeltliche Herstellung von Ablichtungen bereithalten, so hat der Urheber auch gegen den Betreiber des Geräts einen Anspruch auf Zahlung einer angemessenen Vergütung.**

(2) **Die Höhe der von dem Betreiber insgesamt geschuldeten Vergütung bemisst sich nach der Art und dem Umfang der Nutzung des Geräts, die nach den Umständen, insbesondere nach dem Standort und der üblichen Verwendung, wahrscheinlich ist.**

Schrifttum: *Leistner,* Internet-Videorecorder und Cloud-Speicheranbieter: Warum eine Betreibervergütung die richtige Lösung für die Zukunft ist, CR 2018, 436; *Staats,* Modernisiert die Betreibervergütung!, FS Pfennig, 2012, S. 403; *ders.,* Schranken für Bildung und Wissenschaft – Drei Anmerkungen aus Sicht der VG Wort, ZUM 2016, 499; *Stieper,* Urheberrecht in der Cloud – Handlungsoptionen zwischen Ausschließlichkeitsrecht und gesetzlicher Vergütung vor dem Hintergrund der europäischen Rechtsentwicklung, ZUM 2019, 1; sa. die Schrifttumsnachweise zu §§ 53, 54 und 54a.

Übersicht

---

[25] AmtlBegr. BT-Drs. IV/270, 15.
[26] Dazu → VGG § 35 Rn. 3 ff.
[27] → § 54a Rn. 22.
[28] AmtlBegr. BR-Drs. 218/94, 22.
[29] Zu Einzelheiten → § 54h Rn. 7 ff.
[30] Dreier/Schulze/*Dreier* § 54b Rn. 6.

I. Allgemeines

1   Die zuvor in § 54a Abs. 2 enthaltene Vergütungspflicht der Betreiber von Vervielfältigungsgeräten ist seit dem Zweiten Gesetz zur Regelung des Urheberrechts in der Informationsgesellschaft („Zweiter Korb") in § 54c geregelt.[1] Sachliche Änderungen haben sich damit nicht ergeben.[2] Die **Betreiberabgabe** beruht auf der Überlegung, dass Betreiber von Reprografiegeräten ebenso wie Hersteller einen Eingriff in das Verwertungsrecht des Urhebers ermöglichen, indem sie die von ihnen betriebenen Geräte den Benutzern für Vervielfältigungen zur Verfügung stellen. Die Überbürdung der Vergütungspflicht auf den Betreiber hielt der Gesetzgeber für geboten, weil eine Einzelerfassung der Kopiervorgänge aus praktischen Gründen nicht möglich sei.[3] Durch das am 1.3.2018 in Kraft getretene **UrhWissG** v. 1.9.2017[4] wurde der Kreis der vergütungspflichtigen Betreiber auf nicht kommerzielle Archive und Museen sowie Einrichtungen im Bereich des Film- oder Tonerbes erweitert, um der Ausdehnung der Nutzungsbefugnisse dieser Einrichtungen gemäß §§ 60f Abs. 1, 60e Abs. 1 Rechnung zu tragen.[5] Die Betreiberabgabe ist **nicht verfassungswidrig.**[6] Sie steht auch mit der **Rechtsprechung des EuGH** in Einklang, nach der Personen, die über Anlagen, Geräte oder Speichermedien zur digitalen Vervielfältigung verfügen und gegenüber privaten Nutzern eine Vervielfältigungsdienstleistung erbringen, Schuldner des Vergütungsanspruchs sein können.[7] Der **Vergütungsanspruch entsteht** mit der Aufstellung der Kopiergeräte zum Kopieren, da hierdurch die Vervielfältigungsmöglichkeit geschaffen wird.

II. Anspruchsvoraussetzungen

1. Vergütungspflichtige Werke

2   Die Vergütungspflicht wird nur durch die Vervielfältigung von **Werken** ausgelöst, bei denen ihrer Art nach zu erwarten ist, dass sie **nach § 53 Abs. 1 oder 2 oder den §§ 60a–60f vervielfältigt** werden. Das ergibt sich nicht nur aus dem Sinn und Zweck der Vorschrift, die zur Kompensation für die zustimmungsfreie Nutzung der Werke des Urhebers beitragen soll,[8] sondern auch aus der ausdrücklichen Bezugnahme auf § 54 Abs. 1.[9] Dabei sind die **Grenzen** der Vervielfältigungsfreiheit zu berücksichtigen, die sich insbesondere aus § 53 Abs. 2 S. 2, Abs. 4 (Werke der Musik sowie vollständige Vervielfältigung von Büchern und Zeitschriften), Abs. 5 (Datenbankwerke) sowie § 60a Abs. 3 ergeben. Die Zulässigkeit der Vervielfältigung von Computerprogrammen beurteilt sich nach §§ 69a ff. In Betracht kommen also vor allem Schriftwerke und schriftlich fixierte Reden, Werke der bildenden Kunst, Lichtbildwerke sowie Darstellungen wissenschaftlicher und technischer Art, während eine zustimmungsfreie Ablichtung von Werken der Musik durch § 53 Abs. 4 Nr. 2 und § 60a Abs. 3 Nr. 3 weitgehend ausgeschlossen ist. Auch durch **Leistungsschutzrechte** geschützte Erzeugnisse können die Vergütungspflicht begründen.[10] In welchem Umfang vergütungspflichtige Werke vervielfältigt werden, wirkt sich gemäß Abs. 2 auf die Höhe der Vergütung aus.

2. Der Vergütungspflicht unterliegenden Geräte

3   Nur solche Geräte unterliegen der Vergütungspflicht, bei denen die Vervielfältigung durch Ablichtung oder ein Verfahren vergleichbarer Wirkung erfolgt. Während der Gesetzgeber noch davon ausging, dass die Betreiberabgabe auf die „traditionellen Fotokopiergeräte" beschränkt bleiben solle,[11] ist dieses Verständnis heute überholt. Nach der Rechtsprechung des **EuGH** ist der Begriff der fotomechanischen Verfahren oder anderer Verfahren mit ähnlicher Wirkung in Art. 5 Abs. 2 lit. a InfoSoc-RL dahin auszulegen, dass er Vervielfältigungen mittels eines Druckers und eines PCs umfasst, und zwar auch dann, wenn die Geräte in einer in Funktionseinheit stehenden Gerätekette verbunden sind.[12] Auf dieser Basis hat der BGH entschieden, dass Drucker und Plotter zu den nach § 54a aF vergütungspflichtigen Vervielfältigungsgeräten gehören.[13] Da § 54c den Wortlaut von § 54a aF übernommen hat, muss dies auch für die Betreiberabgabe gelten. Bei **analogen Vervielfältigungsver-**

---

[1] Zur historischen Entwicklung s. *Staats* FS Pfennig, 2012, 403 (404); vgl. auch → § 54 Rn. 2 ff.
[2] Sa AmtlBegr. BT-Drs. 16/1828, 31.
[3] AmtlBegr. zur Novelle 1985, BT-Drs. 10/837, 21.
[4] BGBl. I S. 3346.
[5] AmtlBegr. BT-Drs. 18/12329, 34, 45.
[6] BVerfG GRUR 1997, 123 – Kopierladen I; BVerfG GRUR 1997, 124 – Kopierladen II; OLG Nürnberg ZUM 1992, 154; im Hinblick auf Art. 3 GG BGH ZUM-RD 1997, 425 (429) – Betreibervergütung.
[7] Dazu → § 54 Rn. 8; sa Dreier/Schulze/*Dreier* § 54c Rn. 2; *Staats* FS Pfennig, 2012, 403 (413 ff.).
[8] Vgl. → Rn. 1 sowie → § 53 Rn. 1 f.
[9] So auch Dreier/Schulze/*Dreier* § 54c Rn. 3; Fromm/Nordemann/*Wirtz* UrhG § 54c Rn. 2; *Staats* FS Pfennig, 2012, 403 (409).
[10] → Rn. 9.
[11] AmtlBegr. BT-Drs. 16/1828, 43 und 50.
[12] EuGH GRUR 2013, 812 Rn. 60 ff. – VG Wort/Kyocera.
[13] BGH GRUR 2014, 979 Rn. 17 ff. – Drucker und Plotter III.

fahren unterliegen der Betreiberabgabe in erster Linie Geräte für fotografische und elektrostatische Kopierverfahren, aber auch für die Vervielfältigung nach Matrizen und im Kleinoffset[14] sowie die Mikroverfilmung und der Ausdruck bei Readerprintern. Bei **digitalen Vervielfältigungsverfahren** steht nach der Rechtsprechung des EuGH nicht die verwendete Technik, sondern das zu erzielende Ergebnis im Vordergrund; es kommt darauf an, dass das Ergebnis eine Vervielfältigung auf Papier oder einem ähnlichen Träger ist.[15] Wenn das der Fall ist, kommt es auf die Art des Verfahrens nicht an, solange die verschiedenen Schritte als einheitliches Verfahren unter der Kontrolle derselben Person ablaufen.[16] Die frühere Rechtsprechung des BGH, dass es sich bei digitalen Vervielfältigungsverfahren weder um Ablichtungsverfahren noch um Verfahren vergleichbarer Wirkung handele,[17] ist damit überholt. **Digital arbeitende Geräte** unterliegen damit der Betreiberabgabe auch dann, wenn sie Teil einer in Funktionseinheit stehenden Gerätekette bilden und das Ergebnis eine Vervielfältigung auf Papier oder einem ähnlichen Träger ist.[18] Damit fallen – neben Druckern – unter die Betreibervergütung auch Scanner mit der Möglichkeit des Papierausdrucks sowie Multifunktionsgeräte.[19] Bedeutung hat das vor allem auch für das Aufstellen von Leseterminals im Rahmen von § 60e Abs. 4 S. 2, an denen die Nutzer Papierausdrucke der zugänglich gemachten Werke vornehmen können.

Auch bei dieser weiten Auslegung des Begriffs der „Ablichtung" werden aber solche Vervielfältigungsgeräte nicht erfasst, deren Endprodukt ein **Vervielfältigungsstück in digitaler Form** ist. Damit fallen insbesondere Leseterminals in Bibliotheken, Archiven, Museen und Bildungseinrichtungen, die – von §§ 60e Abs. 4 S. 2, 60f Abs. 1 gedeckt – eine digitale Anschlussvervielfältigung etwa auf einem **USB-Stick** oder per E-Mail ermöglichen, nicht unter die Vergütungspflicht nach § 54c. Gesetzgeberische Initiativen, § 54c insoweit technologieneutral auszugestalten,[20] sind bisher gescheitert.[21] Die darin liegende Ungleichbehandlung gegenüber dem Ermöglichen eines Papierausdrucks ist im Hinblick auf den unionsrechtlich gebotenen „gerechten Ausgleich" nicht zu rechtfertigen. Die für die Speichermedien der Nutzer zu entrichtende Herstellerabgabe nach § 54 Abs. 1 (iVm § 60g Abs. 1 S. 2) reicht allein nicht aus, um den vor allem bei wissenschaftlichen Werken ungleich intensiveren Eingriff in das ausschließliche Vervielfältigungsrecht des Urhebers durch das Abspeichern auf digitalen Speichermedien auszugleichen.[22] Um den Vorgaben des Unionsrechts zu entsprechen, ist daher eine **analoge Anwendung** von § 54c auch auf solche Geräte geboten, die eine digitale Vervielfältigung durch den Nutzer ermöglichen.

3a

3. Vergütungspflichtige Einrichtungen

Die Betreiberabgabe trifft **nur bestimmte Großbetreiber** von Kopiergeräten, bei denen der Gesetzgeber davon ausgegangen ist, dass die Reprografiegeräte mehr als im üblichen Rahmen zur Vervielfältigung urheberrechtlich geschützter Werke verwendet werden. Die Aufzählung in Abs. 1 ist **abschließend.** Im Übrigen ist die Fotokopievergütung durch die Geräteabgabe abgegolten.[23] **Behörden** und **freie Berufe** unterliegen – ebenso wie Privatpersonen – der Betreiberabgabe nicht; der Gesetzgeber ist davon ausgegangen, dass im Behördenbereich nur in geringerem Umfang urheberrechtlich geschütztes Material abgelichtet wird.[24] Auch die **gewerbliche Wirtschaft,** die bis 1985 vergütungspflichtig war, ist durch die Novelle 1985 von der Betreiberabgabe befreit worden.[25] Sie unterliegt dieser Abgabe nur für ihre Bildungs- und Forschungseinrichtungen sowie ihre Bibliotheken. Die Abgabepflicht für Unternehmen, die solche Einrichtungen betreiben, stellt keine gegen Art. 3 GG verstoßende Ungleichbehandlung gegenüber denjenigen Unternehmen dar, von denen solche Einrichtungen nicht betrieben werden.[26]

4

Als **Bildungseinrichtungen** zählt das Gesetz Schulen, Hochschulen und Einrichtungen der Berufsbildung sowie der sonstigen Aus- und Weiterbildung auf. Die früher in § 54c Abs. 1 enthaltene Legaldefinition der Bildungseinrichtungen findet sich jetzt in § 60a Abs. 4. Anders als dort werden frühkindliche Bildungseinrichtungen in § 54c nicht ausdrücklich aufgeführt. Da die Gesetzesbegründung zu § 60a Abs. 4 aber ausdrücklich auf die frühere Legaldefinition in § 54c Abs. 1 verweist,[27] ist

5

---

[14] Vgl. auch AmtlBegr. zur Novelle 1985 BT-Drs. 10/837, 9.
[15] EuGH GRUR 2013, 812 Rn. 68, 70 – VG Wort/Kyocera; sa. *Dreier* ZUM 2013, 769 (770 f.).
[16] EuGH GRUR 2013, 812 Rn. 70 – VG Wort/Kyocera.
[17] BGH GRUR 2009, 53 Rn. 15 ff. – PC; BGH GRUR 2008, 245 Rn. 15 ff. – Drucker und Plotter; BGH GRUR 2008, 786 Rn. 15 – Multifunktionsgeräte.
[18] EuGH GRUR 2013, 812 Rn. 78 – VG Wort/Kyocera; *Staats* FS Pfennig, 2012, 403 (405).
[19] *Staats* FS Pfennig, 2012, 403 (407 f.).
[20] Stellungnahme des Bundesrates zum UrhWissG, BT-Drs. 18/12329, 56; für eine Erweiterung de lege ferenda auch *Staats* FS Pfennig, 2012, 403 ff.; *Staats* ZUM 2016, 499 (501); *Wandtke* NJW 2018, 1129 (1134).
[21] Gegenäußerung der Bundesregierung BT-Drs. 18/12378, 2; als „schwer verständlich" kritisiert von *Staats* ZGE 10 (2018), 310 (316).
[22] So bereits *Stieper* GRUR 2015, 1106 (1107).
[23] Bericht des Rechtsausschusses, BT-Drs. 10/3360, 20.
[24] Bericht des Rechtsausschusses, BT-Drs. 10/3360, 20; dazu mit Recht kritisch *Nordemann* GRUR 1985, 837 (841).
[25] Dazu kritisch *Nordemann* GRUR 1985, 837 (841).
[26] BGH ZUM-RD 1997, 425 (429) – Betreibervergütung.
[27] AmtlBegr. BT-Drs. 18/12329, 34, 38.

davon auszugehen, dass auch solche Einrichtungen als „sonstige" Ausbildungseinrichtungen unter § 54c fallen. Dabei werden nicht nur die öffentlichen (zB Universitäten, Kunst- und Musikhochschulen, Fachhochschulen, Volkshochschulen), sondern auch die privaten Bildungseinrichtungen erfasst,[28] zB Privatschulen, Aus- und Fortbildungsstätten der gewerblichen Wirtschaft,[29] der Gewerkschaften, Kirchen usw, ferner Fahrschulen, Sprachschulen, kaufmännische Schulen und dgl.[30] Im Bereich der gewerblichen Wirtschaft setzt der Begriff der **Einrichtung** aber voraus, dass ein in einer besonderen Organisationsform unter verantwortlicher Leitung zur Erfüllung bestimmter Aufgaben zusammengefasster Bestand an persönlichen und sachlichen Mitteln vorhanden ist, der auf eine gewisse Dauer angelegt ist; ferner muss die Einrichtung als Schwerpunktbereich der urheberrechtlich relevanten Kopiertätigkeit anzusehen sein, in dem die Wahrscheinlichkeit der Vervielfältigung von urheberrechtlich geschütztem Fremdmaterial deutlich höher ist als in den sonstigen Unternehmensteilen.[31] Entsprechendes dürfte für die sonstigen von der Betreiberabgabe grundsätzlich freigestellten Bereiche, also Behörden und freie Berufe gelten. Auf die Größe der Bildungseinrichtung und den Umfang der Kopiertätigkeit kommt es nicht an, diese sind aber für die Berechnung der Höhe der Vergütung nach Abs. 2 von Bedeutung.[32]

6　　Auch bei den **Forschungseinrichtungen** ist unerheblich, ob es sich um öffentliche oder private Einrichtungen handelt.[33] Beispiele bilden die Max-Planck-Institute, Bundesanstalten, in denen Forschung betrieben wird, Forschungsinstitute der gewerblichen Wirtschaft[34] und der Gewerkschaften.[35] Es kommt nicht darauf an, ob die in der Forschungseinrichtung betriebene Forschung unmittelbar anwendungsbezogen ist, ebenso wenig darauf, ob die Forschungseinrichtung im engeren Forschungsbereich oder einem in sie eingegliederten und ihr dienenden Verwaltungsbereich betrieben wird; insofern können allerdings Unterschiede in der Höhe der Abgabe bestehen.[36]

7　　Ebenso müssen **Bibliotheken** den Anforderungen an eine besondere Organisationseinheit genügen.[37] Es muss ein systematisch gesammelter und Benutzern zentral zur Verfügung gestellter Bibliotheksbestand vorhanden sein, der nach seiner Größe und dem Umfang seiner Benutzung einer besonderen Verwaltung und Katalogisierung bedarf.[38] Erst dann ist davon auszugehen, dass Kopiergeräte in größerem Umfang für eine urheberrechtlich relevante Kopiertätigkeit genutzt werden. Dagegen ist es nicht erforderlich, dass die Bibliothek der Allgemeinheit zugänglich ist. Das Gesetz spricht zwar von „öffentlichen Bibliotheken". Gemeint sind damit aber die der Öffentlichkeit zugänglichen und nicht nur die von der öffentlichen Hand getragenen Bibliotheken; es genügt also, dass die Benutzung der Bibliothek einem Personenkreis möglich ist, der iSv § 15 Abs. 3 als Öffentlichkeit anzusehen ist, also nicht durch persönliche Beziehung mit den anderen Bibliotheksbenutzern oder mit dem Bibliotheksträger verbunden.[39] Daher können auch Bibliotheken großer Unternehmen unter § 54c fallen.

7a　　Durch das UrhWissG sind auch **Gedächtniseinrichtungen** in die Betreibervergütung einbezogen worden. Anders als Bibliotheken fallen Archive, Einrichtungen im Bereich des Film- oder Tonerbes und öffentlich zugängliche Museen aber nur dann unter § 54c, wenn sie „nicht kommerziell" sind. Entsprechend der tatbestandlichen Beschränkung in § 60f Abs. 1 kommt es darauf an, dass die Einrichtung keine unmittelbaren oder mittelbaren kommerziellen Zwecke verfolgt.[40] Die Begriffe Archiv und Einrichtungen im Bereich des Film- oder Tonerbes sind wie in § 61 Abs. 1 zu verstehen.[41]

8　　Bei den in Abs. 1 aufgezählten Bildungs-, Forschungs- und Gedächtniseinrichtungen ist es nicht erforderlich, dass die Reprografiegeräte **entgeltlich bereitgehalten** werden. Darüber hinaus unterfallen der Betreiberabgabe aber auch andere Einrichtungen, die Geräte für die Herstellung von Ablichtungen entgeltlich bereithalten. Das sind in erster Linie **Kopierläden (Copyshops)**. Mit der weiten Formulierung werden aber auch solche Geräte erfasst, die außerhalb solcher Läden, etwa in Warenhäusern, Supermärkten, Foto- und Schreibwarengeschäften, Bahnhöfen, Postämtern usw stehen.[42] Auch Hotels, in denen Bedienstete auf Kopiergeräten für Kunden gegen Entgelt Kopien fertigen,

---

[28] OLG München ZUM 1995, 875 (877).
[29] BGH ZUM-RD 1997, 425 (429) – Betreibervergütung.
[30] Sa Fromm/Nordemann/*Wirtz* UrhG § 54c Rn. 4.
[31] BGH ZUM-RD 1997, 425 (428 f.) – Betreibervergütung; Dreier/Schulze/*Dreier* § 54c Rn. 5; Wandtke/Bullinger/*Lüft* UrhG § 54c Rn. 3; DKMH/*Hentsch* UrhG § 54c Rn. 12; *Staats* FS Pfennig, 2012, 403 (409).
[32] Fromm/Nordemann/*Wirtz* UrhG § 54c Rn. 4.
[33] OLG München ZUM 1995, 875 (877; zum Begriff der Einrichtung vgl. → Rn. 5.
[34] BGH ZUM-RD 1997, 425 (429) – Betreibervergütung.
[35] Sa Fromm/Nordemann/*Wirtz* UrhG § 54c Rn. 4.
[36] BGH ZUM-RD 1997, 425 (429) – Betreibervergütung.
[37] Vgl. dazu → Rn. 5.
[38] BGH ZUM-RD 1997, 425 (429) – Betreibervergütung; Dreier/Schulze/*Dreier* § 54c Rn. 5.
[39] BGH ZUM-RD 1997, 425 (429) – Betreibervergütung; Dreier/Schulze/*Dreier* § 54c Rn. 5; Wandtke/Bullinger/*Lüft* UrhG § 54c Rn. 4; DKMH/*Hentsch* UrhG § 54c Rn. 16; *Staats* FS Pfennig, 2012, 403 (409); → § 60e Rn. 5.
[40] → § 60f Rn. 5.
[41] AmtlBegr. BT-Drs. 18/12329, 44; → § 61 Rn. 21.
[42] OLG München ZUM 2004, 230; Dreier/Schulze/*Dreier* § 54c Rn. 5; Fromm/Nordemann/*Wirtz* UrhG § 54c Rn. 7; Wandtke/Bullinger/*Lüft* UrhG § 54c Rn. 5; DKMH/*Hentsch* UrhG § 54c Rn. 17; *Staats* FS Pfennig, 2012, 403 (410).

werden durch von § 54c erfasst.[43] Die Tatsache, dass die entgeltliche Bereitstellung von Reprografiegeräten nur im Nebengeschäft betrieben wird, steht der Anwendung der Vorschrift nicht entgegen.[44] Die Vergütungspflicht besteht für den Inhaber eines Kopierladens auch dann, wenn die Kopiergeräte für den Kunden nicht frei zugänglich sind. Es kommt nicht darauf an, ob der Kunde oder der Betreiber bzw. seine Angestellten die Kopien anfertigen. Auch wenn der Inhaber des Kopierladens seine Angestellten angewiesen hat, nur urheberrechtlich nicht geschütztes Material zu vervielfältigen, wird dadurch die Vergütungspflicht nicht ausgeschlossen.[45] Die Betreiberabgabe für Kopierläden setzt ein **Bereithalten** der Geräte voraus; nicht einsatzfähige Geräte sind nicht abgabepflichtig.[46]

III. Anspruchsberechtigte und Anspruchsgegner

Anspruchsberechtigte sind die Urheber der Werke, deren Vervielfältigung zu erwarten ist, auch   9
einer Reihe von Leistungsschutzberechtigten steht der Vergütungsanspruch aus § 54c zu. Es sind dies Verfasser wissenschaftlicher Ausgaben (§ 70 Abs. 1), Herausgeber einer editio princeps (§ 71 Abs. 1 S. 3), Lichtbildner (§ 72 Abs. 1), ausübende Künstler und Veranstalter (§ 83), Tonträgerhersteller (§ 85 Abs. 4), Filmhersteller (§ 94 Abs. 4),[47] und Hersteller von Laufbildern (§ 95 iVm § 94 Abs. 4).

Anspruchsgegner ist der **Betreiber,** also derjenige, der auf seine Rechnung das Kopiergerät auf-   10
stellt und unterhält,[48] sei es als Eigentümer, Mieter oder Besitzer im Rahmen eines Leasingvertrages.[49] Das braucht nicht die Einrichtung selbst zu sein. Häufig schließen die von § 54c erfassten Einrichtungen mit privaten Aufstellern Stellplatzverträge. Betreiber ist dann der private Aufsteller, in dessen Händen Handhabung, Wartung, Inkasso usw des Gerätes liegen, und zwar auch dann, wenn der Kopierpreis von der Einrichtung vorgeschrieben wird.[50] Bei Copyshops wird der Inhaber regelmäßig der Betreiber sein. Hat jemand ein Gerät (insbesondere ein Münzgerät) als eigenes aufgestellt oder gemietet oder geleast, so ist der Aufsteller in der Regel der Betreiber.

Das Bereithalten der Geräte begründet eine **widerlegbare gesetzliche Vermutung,** dass sie ihrer   11
Zweckbestimmung entsprechend genutzt werden.[51] Unionsrechtliche Bedenken gegen diese Regelung bestehen nicht.[52] Die Vermutung kann durch den Nachweis widerlegt werden, dass keine Vervielfältigungen vorgenommen worden sind oder doch nur in einem so geringen Umfang, dass keine Betreibervergütung geschuldet ist.[53] Der Nachweis kann dadurch erfolgen, dass während einer Stichprobenzeit umfassende Kontrollen durchgeführt und einer Verwertungsgesellschaft Überstücke der Kopien vorgelegt werden.[54] Die **Beweislast** dafür, dass Geräte nicht einsatzbereit sind, liegt beim Betreiber.[55]

IV. Höhe der Vergütung

§ 54c Abs. 2 entspricht wörtlich dem bisherigen § 54a Abs. 2. Mit dem am 1.1.2008 in Kraft getre-   12
tenen Zweiten Gesetz zur Regelung des Urheberrechts in der Informationsgesellschaft („Zweiter Korb") hatte der Gesetzgeber ebenso wie bei der Vergütung für Geräte und Speichermedien (§ 54) auch bei der Betreibervergütung das System der gesetzlich geregelten festen Vergütungssätze[56] aufgegeben und durch ein durch ein **System weitgehender Selbstregulierung** durch die Beteiligten ersetzt.[57] Die wesentlichen Berechnungsprinzipien wurden jedoch beibehalten. Bereits in der Amtl-Begr. zur Novelle 1985 war hervorgehoben worden, dass von der Nutzung des Gerätes auszugehen

---

[43] OLG München ZUM 2004, 230.
[44] OLG Nürnberg ZUM 1992, 154 (155); Entscheidung der Schiedsstelle beim DPA v. 5.12.1996 – Sch-Urh 43/93 (nicht veröffentlicht).
[45] BGH GRUR 2009, 480 (481 f.) – Kopierläden II; OLG München ZUM 2004, 230; Schiedsstelle beim DPA v. 5.12.1996 – Sch-Urh 43/93 (nicht veröffentlicht); Dreier/Schulze/*Dreier* § 54c Rn. 5; Wandtke/Bullinger/*Lüft* UrhG § 54c Rn. 6.
[46] LG Köln ZUM-RD 2008, 305 (307); Fromm/Nordemann/*Wirtz* UrhG § 54c Rn. 7.
[47] Das bezieht sich aber nicht auf die Vergütungsansprüche der Filmurheber, die gesetzlichen Vergütungsansprüche nach § 54 Abs. 1 gehen nicht im Rahmen des § 89 auf den Filmhersteller über, vgl. → § 89 Rn. 19.
[48] BGH GRUR 2012, 1017 Rn. 13 – Digitales Druckzentrum; Dreier/Schulze/*Dreier* § 54c Rn. 6; Wandtke/Bullinger/*Lüft* UrhG § 54cRn. 2; DKMH/*Hentsch* UrhG § 54c Rn. 26; *Paschke* GRUR 1985, 949 (953); *Staats* FS Pfennig, 2012, 403 (410).
[49] AmtlBegr. zur Novelle 1985, BT-Drs. 10/837, 21.
[50] Vgl. dazu auch *v. Schaper* AJBD-Mitt. 1985, 103 (113 f.).
[51] BGH GRUR 2012, 1017 Rn. 18 – Digitales Druckzentrum; 2009, 480 Rn. 18 – Kopierläden II; LG Köln ZUM-RD 2008, 305 (307); Dreier/Schulze/*Dreier* § 54c Rn. 5; Fromm/Nordemann/*Wirtz* UrhG § 54c Rn. 7; DKMH/*Hentsch* UrhG § 54c Rn. 23.
[52] → § 54 Rn. 14; zur Vereinbarkeit mit dem Unionsrecht auch *Staats* FS Pfennig, 2012, 403 (415).
[53] BGH GRUR 2012, 1017 Rn. 19 – Digitales Druckzentrum.
[54] BVerfG GRUR 1997, 123 (124) – Kopierladen I; BVerfG GRUR 1997, 124 (125) – Kopierladen II; BGH GRUR 2009, 480 Rn. 19 ff. – Kopierläden II; Dreier/Schulze/*Dreier* § 54c Rn. 10; Fromm/Nordemann/*Wirtz* UrhG § 54c Rn. 9; DKMH/*Hentsch* UrhG § 54c Rn. 24.
[55] LG Köln ZUM-RD 2008, 305 (307).
[56] Ziff. 2 der Anlage zu § 54d aF.
[57] → § 54 Rn. 3.

ist, die nach den Umständen, insbesondere nach dem Standort und der üblichen Verwendung, wahr-scheinlich ist.[58]

13   Bei den in § 54c Abs. 2 enthaltenen Bewertungskriterien geht das Gesetz von einer **Pauschalie-rung und Typisierung** aus, es ist ein **Wahrscheinlichkeitsmaßstab** anzulegen, weil sich der Anteil der Kopien von urheberrechtlich geschützten Vorlagen an der Gesamtzahl der hergestellten Kopien nur mit einem unangemessen hohen Verwaltungsaufwand zuverlässig ermitteln lassen würde.[59] Bei Art und Umfang der Nutzung des Geräts sowie dessen üblicher Verwendung sind insbesondere Art und Anzahl der gefertigten Kopien zu berücksichtigen, ferner die Wahrscheinlichkeit der Vervielfälti-gung urheberrechtlich geschützter Vorlagen sowie die Leistungsfähigkeit der Geräte, beim Standort etwa die Nähe zu einer Hochschule.[60] Der Gegenbeweis des Betreibers über die tatsächliche Art und Anzahl der vergütungspflichtigen Kopien ist zulässig.[61]

14   Nach § 40 VGG (zuvor § 13 UrhWG) haben die **Verwertungsgesellschaften** Tarife für die Be-treibervergütung aufzustellen bzw. Gesamtverträge abzuschließen. Es bestehen verschiedene **Gesamt-verträge** zwischen der VG WORT und der VG Bild-Kunst einerseits und Verbänden von Betreibern sowie mit den Ländern andererseits.[62] Hervorzuheben ist der Gesamtvertrag zwischen VG WORT, VG Bild-Kunst, VG Musikedition sowie den Schulbuchverlagen mit den Ländern über das Fotoko-pieren an Schulen von Dezember 2014/Januar 2015, der sich auch auf die Betreibervergütung be-zieht.

V. Ausweitung der Betreiberabgabe de lege ferenda

15   Die Speicherung von Vervielfältigungsstücken zum privaten Gebrauch auf lokalen Endgeräten der Nutzer wird zunehmend durch das **Cloud-Computing** verdrängt, bei dem die Speicherung auf Speichermedien erfolgt, die physisch nicht mehr ins Inland verbracht werden. Die an den Import bzw. Handel mit den Medien geknüpfte Vergütungspflicht nach § 54b kann insoweit nicht (mehr) zum gerechten Ausgleich für die Privatkopiefreiheit beitragen. Die Vergütungspflicht der für den Zugriff auf den Server verwendeten Geräte[63] ist aber kaum mehr geeignet, den tatsächlichen Umfang der hierdurch ermöglichten Nutzungsvorgänge abzubilden. Um das System der Privatkopievergütung zukunftssicher auszugestalten, wird daher vorgeschlagen, die Vergütungspflicht für Cloud-Speicheran-gebote nicht mehr wie bisher allein an die Herstellung bzw. den Vertrieb des Speichermediums, son-dern als Betreibervergütung nach dem Vorbild des § 54c an das **Angebot von Speicherplatz zur Nutzung für Privatkopien** zu knüpfen.[64] Mit der Rechtsprechung des EuGH, der eine Vergü-tungspflicht aller Personen zulässt, die den Endnutzer Anlagen, Geräte und Medien „zur Verfügung stellen" oder diesem gegenüber die Dienstleistung einer Vervielfältigung erbringen,[65] wäre das zu vereinbaren. Entscheidend für das Bestehen der Vergütungspflicht ist dann nicht der Standort des Servers, sondern der Umstand, dass der Vervielfältigungsvorgang unter entsprechender Tatherrschaft des Nutzers von Deutschland aus gesteuert wird.[66] Die Höhe der Vergütung müsste sich an Speicher-kapazität und zeitlicher Verfügbarkeit entsprechender Angebote orientieren.[67] In Frankreich gibt es bereits eine solche Betreibervergütung für das Angebot von Sendeunternehmen zur Aufzeichnung ihrer Rundfunksendungen.[68]

§ 54d Hinweispflicht

Soweit nach § 14 Abs. 2 Satz 1 Nr. 2 Satz 2 des Umsatzsteuergesetzes eine Verpflichtung zur Erteilung einer Rechnung besteht, ist in Rechnungen über die Veräußerung oder ein sonstiges Inverkehrbringen der in § 54 Abs. 1 genannten Geräte oder Speichermedien auf die auf das Gerät oder Speichermedium entfallende Urhebervergütung hinzuweisen.

Schrifttum: Vgl. die Schrifttumsnachweise zu §§ 53, 54 und 54a.

1   Die durch den „Zweiten Korb" mit Wirkung vom 1.1.2008 neugefasste Vorschrift knüpft an die Vorschrift des § 54e aF an, allerdings mit einigen Änderungen. Die frühere Unterscheidung zwischen Ablichtungsgeräten und Geräten und Trägern der Bild- und Tonaufzeichnung wurde entsprechend

---

[58] AmtlBegr. BT-Drs. 10/837, 21.
[59] AmtlBegr. zur Novelle 1985 BT-Drs. 10/837, 21.
[60] Wandtke/Bullinger/*Lüft* UrhG § 54c Rn. 6.
[61] Vgl. → Rn. 11.
[62] S. dazu auch *Staats* FS Pfennig, 2012, 403 (410 ff.).
[63] Dazu → § 54 Rn. 24.
[64] So *Leistner* CR 2018, 436 (442 f.); dafür bereits *Stieper* ZGE 7 (2015), 170 (190); *Müller* ZUM 2014, 11 (15).
[65] → § 54 Rn. 8.
[66] *Stieper* ZUM 2019, 1 (7); *Leistner* CR 2018, 436 (443); *Müller* ZUM 2014, 11 (14); vgl. *Klett* ZUM 2014, 18 (21); dazu auch → § 54 Rn. 24.
[67] *Leistner* CR 2018, 436 (443).
[68] Art. L311-4(2) CPI, geändert durch Art. 15 Loi n 2016-925 du 7 juillet 2016.

der einheitlichen Regelung der Vergütungspflicht in § 54 aufgegeben. Ferner gilt die Hinweispflicht (anders als die frühere Regelung des § 54e Abs. 1 aF) nur bei der Abgabe von Geräten und Speichermedien an einen Unternehmer für dessen Unternehmen, nicht jedoch für Verkäufe an Endverbraucher. Nach geltendem Recht genügt der Hinweis, dass eine Vergütungspflicht besteht; die frühere Pflicht zur Angabe, ob die Vergütung entrichtet wurde (§ 54e Abs. 2 aF), ist fallengelassen worden.[1] **Zweck der Vorschrift** ist es, nachfolgenden Abnehmern deutlich zu machen, dass sie die Urhebervergütung übernehmen.[2] Der Gesetzgeber ging davon aus, dass die Vergütung über die Handelsstufen weitergegeben und auf den Endverbraucher (Nutzer) abgewälzt werden würde.[3]

Die **Hinweispflicht** besteht nur, soweit nach § 14 Abs. 2 S. 1 Nr. 2 S. 2 UStG eine Verpflichtung **2** zur Erteilung einer Rechnung besteht, also nur wenn Geräte oder Speichermedien **an einen Unternehmer für dessen Unternehmen** abgegeben werden, nicht dagegen bei Lieferungen an Endverbraucher. Es muss sich um Rechnungen über die Veräußerung oder das Inverkehrbringen von Geräten oder Speichermedien handeln.[4] Für den Hinweis ist **keine Form** vorgeschrieben. In der bisherigen Praxis hatte es sich eingebürgert, dass der Hinweis entweder in der Weise erfolgt, dass die Urheberrechtsvergütung betragsmäßig deutlich als solche in der Rechnung ausgewiesen wird oder dass die Rechnung einen Satz enthält, dass im Rechnungsbetrag die Urheberrechtsvergütung enthalten ist; beide Formen sind als zulässig anzusehen. Es besteht aber keine Verpflichtung, die Urheberrechtsvergütung betragsmäßig anzugeben. Der Gesetzgeber ging mit Recht davon aus, dass dies einen kaum zu leistenden bürokratischen Aufwand bedeuten würde.[5]

§ 54e Meldepflicht

(1) **Wer Geräte oder Speichermedien in den Geltungsbereich dieses Gesetzes gewerblich einführt oder wiedereinführt, ist dem Urheber gegenüber verpflichtet, Art und Stückzahl der eingeführten Gegenstände der nach § 54h Abs. 3 bezeichneten Empfangsstelle monatlich bis zum zehnten Tag nach Ablauf jedes Kalendermonats schriftlich mitzuteilen.**

(2) Kommt der Meldepflichtige seiner Meldepflicht nicht, nur unvollständig oder sonst unrichtig nach, kann der doppelte Vergütungssatz verlangt werden.

Schrifttum: Vgl. die Schrifttumsnachweise zu §§ 53, 54 und 54a.

Übersicht

I. Allgemeines

Die durch den „Zweiten Korb" mit Wirkung vom 1.1.2008 neugefasste Vorschrift stimmt ihrem **1** Inhalt nach mit § 54f aF überein; die Änderungen in der Formulierung beruhen auf der Zusammenfassung der §§ 54 aF und 54a aF in der Vorschrift des § 54.[1] Die **Meldepflicht soll den Verwertungsgesellschaften** die für die Geltendmachung der Vergütungsansprüche erforderlichen **Informationen verschaffen,** die sie auf anderem Wege (namentlich durch die Auskunftspflicht nach § 54f) nicht oder nicht erschöpfend erlangen können.[2] Bis Ende 1992 war die Erfassung der Importe von Vervielfältigungsgeräten und Speichermedien durch ein **System von Einfuhrkontrollmeldungen** nach § 20a UrhWG aF iVm § 27a Außenwirtschaftsverordnung idF vom 1.7.1985[3] sichergestellt worden. Nach Wegfall der Grenzkontrollen und Einfuhrkontrollmeldungen durch die Vollendung des gemeinsamen Binnenmarktes in der Europäischen Union hatte der Gesetzgeber mit der Meldepflicht nach § 54f aF durch Gesetz vom 24.7.1995 ein Ersatzinstrument zur Erfassung der Importe geschaffen.[4]

II. Meldepflicht

Die Meldepflicht besteht sowohl für **Importe** als auch für **Reimporte.** Sie stellt eine privatrechtli- **2** che **Nebenpflicht** zum Vergütungsanspruch dar. Sie hat **dispositiven** Charakter, die Beteiligten

---

[1] S. AmtlBegr. BT-Drs. 16/1828, 31.
[2] Dreier/Schulze/*Dreier* § 54d Rn. 2.
[3] Vgl. dazu auch → § 54 Rn. 8 und → § 54b Rn. 6.
[4] Zum Begriff des Inverkehrbringens vgl. → § 54f Rn. 4.
[5] AmtlBegr. BT-Drs. 16/1828, 31.
[1] S. AmtlBegr. BT-Drs. 16/1828, 31.
[2] AmtlBegr. BR-Drs. 218/94, 25.
[3] BGBl. I S. 1258.
[4] BGBl. I S. 1739; vgl. auch AmtlBegr. BR-Drs. 218/94, 12 ff.

können in Gesamtverträgen eine andere Regelung treffen.[5] Von der in § 54f geregelten Auskunftspflicht unterscheidet sie sich dadurch, dass sie unaufgefordert zu erfüllen ist. Der Meldepflicht sind die **Importeure** sowohl von Geräten als auch von Speichermedien unterworfen, nicht dagegen die inländischen Hersteller. Der Gesetzgeber ging davon aus, dass insoweit eine Meldepflicht nicht erforderlich sei, da der Kreis der inländischen Hersteller den Verwertungsgesellschaften bekannt sowie relativ überschaubar und stabil sei.[6] Auch ausländische Hersteller unterliegen nicht der Meldepflicht, die von ihnen stammenden Geräte und Speichermedien werden durch die Meldepflicht der Importeure bei der Einfuhr erfasst. Die Meldepflicht besteht gegenüber den Urhebern der vergütungspflichtigen Werke, die Entgegennahme der Meldungen wird aber angesichts der Verwertungsgesellschaftenpflichtigkeit der Vergütungsansprüche (§ 54h) durch die zuständigen Verwertungsgesellschaften wahrgenommen.

3   Die Meldepflicht entsteht mit der Einfuhr in die Bundesrepublik Deutschland. **Zu melden sind** Art und Stückzahl der importierten Geräte bzw. Speichermedien; dementsprechend sind Angaben über die Art eines Gerätes (zB Scanner, Multifunktionsgerät, USB-Stick), den Typ eines Gerätes (Typenbezeichnung) sowie die Stückzahlen zu machen. Aus der Meldung müssen nicht nur die für die Berechnung der Vergütung erforderlichen Angaben hervorgehen, sie muss auch eine angemessene Kontrolle der gemachten Angaben ermöglichen.[7] Die Meldungen haben monatlich bis zum 10. des Folgemonats an die gemeinsame Empfangsstelle nach § 54h Abs. 3[8] zu erfolgen; dabei sind die Muster für Mitteilungen gemäß § 54h Abs. 4[9] zu verwenden.

III. Doppelter Vergütungssatz

4   Der Gesetzgeber ist mit Recht davon ausgegangen, dass die Meldepflicht nur dann effektiv ist, wenn sie mit einer Sanktion versehen ist. Ebenso wie bei der Auskunftspflicht (§ 54f Abs. 3) kann bei Nichterfüllung der Meldepflicht oder bei unrichtigen oder unvollständigen Angaben der **doppelte Vergütungssatz** verlangt werden. Mit den Vorgaben des Unionsrechts ist das vereinbar, da der den Rechtsinhabern entstandene Schaden auch insoweit als Bemessungsgrundlage dient.[10] Die Begriffe der **Unvollständigkeit** und **sonstigen Unrichtigkeit** sind **weit auszulegen;**[11] erfasst wird jede Abweichung von den tatsächlich erfolgten Importen sowie jede Meldung, die die für die Berechnung der Vergütung erforderlichen Angaben nicht enthält. Eine Nichterfüllung der Meldepflicht liegt auch bei verspäteter Abgabe der Meldung vor.[12] Ebenso wie bei § 54f Abs. 3 kann der doppelte Vergütungssatz aber nur verlangt werden, wenn der Meldepflichtige seine Meldepflicht **schuldhaft** nicht ordnungsgemäß erfüllt hat.[13] Die Verdoppelung berechnet sich nach den Sätzen, die bei ordnungsgemäßer Meldung zu zahlen gewesen wären. Der Anspruch auf den doppelten Vergütungssatz kann gemäß § 54h Abs. 1 nur durch eine Verwertungsgesellschaft geltend gemacht werden.

§ 54f Auskunftspflicht

(1) [1]**Der Urheber kann von dem nach § 54 oder § 54b zur Zahlung der Vergütung Verpflichteten Auskunft über Art und Stückzahl der im Geltungsbereich dieses Gesetzes veräußerten oder in Verkehr gebrachten Geräte und Speichermedien verlangen.** [2]**Die Auskunftspflicht des Händlers erstreckt sich auch auf die Benennung der Bezugsquellen; sie besteht auch im Fall des § 54b Abs. 3 Nr. 1.** [3]**§ 26 Abs. 7 gilt entsprechend.**

(2) **Der Urheber kann von dem Betreiber eines Geräts in einer Einrichtung im Sinne des § 54c Abs. 1 die für die Bemessung der Vergütung erforderliche Auskunft verlangen.**

(3) **Kommt der zur Zahlung der Vergütung Verpflichtete seiner Auskunftspflicht nicht, nur unvollständig oder sonst unrichtig nach, so kann der doppelte Vergütungssatz verlangt werden.**

Schrifttum: Vgl. die Schrifttumsnachweise zu §§ 53, 54 und 54a.

Übersicht

---

[5] AmtlBegr. BR-Drs. 218/94, 25.
[6] AmtlBegr. BR-Drs. 218/94, 25.
[7] Vgl. näher → § 54f Rn. 2.
[8] Dazu → § 54h Rn. 7f.
[9] Dazu → § 54h Rn. 9.
[10] → § 54a Rn. 4f. und → § 54f Rn. 10; aA *Venveyen* GRUR-Int 2016, 36 (37).
[11] DKMH/*Hentsch* UrhG § 54e Rn. 11.
[12] Zum Zeitpunkt → Rn. 3.
[13] Dazu → § 54f Rn. 10f.

I. Allgemeines

Die durch den „Zweiten Korb" mit Wirkung vom 1.1.2008 neugefasste Vorschrift stimmt ihrem   **1**
Inhalt nach mit § 54g aF überein; die Änderungen in der Formulierung beruhen auf der Zusammenfassung der §§ 54 aF und 54a aF in der Vorschrift des § 54.[1] Durch den Auskunftsanspruch soll den Verwertungsgesellschaften die Durchsetzung der Vergütungsansprüche nach § 54 und § 54c erleichtert werden.

Die Regelung in § 54f basiert auf der mit der Novelle 1985 eingeführten[2] und durch das Produkt-   **2**
pirateriegesetz vom 7.3.1990[3] um die Sanktion ergänzten Auskunftspflicht. **Abs. 1** regelt die Auskunftspflicht der **Hersteller, Importeure und Händler** von Geräten und Speichermedien; **Abs. 2** regelt die Auskunftspflicht der **Betreiber** von Reprografiegeräten. **Abs. 3** übernimmt die früher in § 54 Abs. 5 S. 3 enthaltene **Sanktion bei unrichtiger Auskunft** in Form des doppelten Vergütungssatzes.[4] Von der Meldepflicht nach § 54e unterscheidet sich der Auskunftsanspruch dadurch, dass er nur auf Verlangen zu erfüllen ist. Der Auskunftsanspruch steht den Urhebern der vergütungspflichtigen Werke zu, wird aber angesichts der Verwertungsgesellschaftenpflichtigkeit der Vergütungsansprüche (§ 54h) durch die zuständigen **Verwertungsgesellschaften** wahrgenommen. Der Auskunftsanspruch ist **nicht verfassungswidrig.**[5] Der **Streitwert** des Auskunftsanspruchs bemisst sich nach dem kostenmäßigen Aufwand der Auskunftserteilung.[6]

II. Auskunftspflicht der Hersteller, Importeure und Händler (Abs. 1)

Gegenstand des Auskunftsanspruchs sind Art und Stückzahl der im Geltungsbereich des Urhe-   **3**
berrechtsgesetzes veräußerten oder sonst in Verkehr gebrachten Geräte bzw. Speichermedien. Die Herstellung oder der Import begründen dagegen keine Auskunftspflicht.[7] Die Angaben müssen so vollständig sein, dass die Berechnung der Vergütung sowie eine angemessene Kontrolle der gemachten Angaben ermöglicht werden. Anzugeben sind deshalb Geräteart (zB Faxgerät, Scanner), Gerätetyp (Typenbezeichnung) und Stückzahl; entsprechendes gilt bei Speichermedien, wobei hier zusätzlich die Spieldauer anzugeben ist.[8] Auskunft ist über alle Geräte und Speichermedien zu erteilen, die dem Grunde nach der Vergütungspflicht unterliegen; ob für ein Gerät dann tatsächlich eine Vergütung zu zahlen ist, ist eine Frage der Vergütungshöhe und entbindet nicht von der Pflicht zur Auskunft.[9] Bei begründeten Zweifeln an der Richtigkeit oder Vollständigkeit der Auskunft kann die Verwertungsgesellschaft Einsichtnahme in die Geschäftsbücher und sonstigen Urkunden verlangen.[10]

Der **Anspruch entsteht** mit der Veräußerung bzw. dem Inverkehrbringen der Geräte und Spei-   **4**
chermedien. **Inverkehrbringen** ist jede Handlung, durch die Werkstücke aus der internen Betriebssphäre der Öffentlichkeit zugeführt werden.[11] Der Begriff des Inverkehrbringens setzt keine Eigentumsübertragung voraus;[12] die Rechtsprechung des EuGH zum Begriff des Inverkehrbringens[13] beschränkt sich auf den Verbreitungsbegriff des § 17. Auch aus der Gegenüberstellung von Veräußerung und Inverkehrbringen in Abs. 1 wird deutlich, dass mit dem Inverkehrbringen keine Eigentumsübertragung gemeint sein kann.

Auskunftsverpflichtete sind neben den **Herstellern** die **Importeure** und die **Händler.** Der   **5**
Auskunftsanspruch knüpft an die Zahlungspflicht an, der nach § 54b auch die Importeure und Händler unterliegen.[14] Die **Auskunftspflicht des Händlers** reicht grundsätzlich so weit wie seine Zahlungspflicht.[15] Sie besteht nach Abs. 1 S. 2 aber auch dann, wenn der Händler die Waren von einem an einen Gesamtvertrag gebundenen Unternehmen (§ 54b Abs. 3 Nr. 1) bezieht, die Gründe für den Ausschluss der kleinen Händler von der Zahlungspflicht greifen bei der Auskunftspflicht nicht.[16] Soweit dagegen für den Händler die Vergütungspflicht nach § 54b Abs. 3 Nr. 2 entfallen ist, besteht die

---

[1] S. AmtlBegr. BT-Drs. 16/1828, 31.
[2] § 54 Abs. 5 idF von 1985.
[3] BGBl. I S. 422.
[4] Sa OLG Köln NJW-RR 1998, 1263 (1264).
[5] BVerfG GRUR 1997, 124 – Kopierladen II (zur Auskunftspflicht der Betreiber von Reprografiegeräten nach § 54 Abs. 5 S. 2 aF).
[6] OLG Stuttgart CR 2001, 817.
[7] BGH GRUR 2010, 57 Rn. 26 – Scannertarif (zu § 54g aF).
[8] Sa Dreier/Schulze/*Dreier* § 54f Rn. 4; Fromm/Nordemann/*Wirtz* UrhG § 54f Rn. 2.
[9] LG München, Urt. v. 12.1.1994 – 21 O 17661/93 (nicht veröffentlicht).
[10] Dazu → Rn. 7.
[11] BGH GRUR 2007, 691 Rn. 27 – Staatsgeschenk; BGH GRUR 2007, 50 Rn. 14 – Le Corbusier-Möbel; BGH GRUR 2000, 421 (424) – Tonträgerpiraterie durch CD-Export; BGH GRUR 1991, 316 (317) – Einzelangebot; OLG Hamburg GRUR 1972, 375 (376) – Polydor II.
[12] So auch Dreier/Schulze/*Dreier* § 54f Rn. 3.
[13] Vgl. → § 17 Rn. 17.
[14] Vgl. auch AmtlBegr. BR-Drs. 218/94, 26.
[15] Vgl. auch AmtlBegr. BR-Drs. 218/94, 26.
[16] AmtlBegr. BR-Drs. 218/94, 27.

Auskunftspflicht nach § 54g Abs. 1 nicht, der Händler hat insoweit die erforderlichen Auskünfte bereits gegeben.[17]

6   Für den Händler besteht ferner eine Verpflichtung zur Angabe seiner **Bezugsquellen** (Abs. 1 S. 2). Diese Verpflichtung umfasst die Angabe der Lieferanten und ihrer Adressen sowie Art (zB Scanner, Multifunktionsgerät, USB-Stick), Typ (Typenbezeichnung) und Stückzahl der von ihnen bezogenen Geräte und Speichermedien, Zeitpunkts des Bezugs und Vorlage entsprechender Nachweise (Lieferscheine, Rechnungen und dgl.).[18] Zur Angabe der Bezugsquellen sind auch Händler, die Waren von einem an einen Gesamtvertrag gebundenen Unternehmen beziehen (§ 54b Abs. 3 Nr. 1) verpflichtet, nicht dagegen Händler, die bereits die Auskunft nach § 54b Abs. 3 Nr. 2 erteilt haben. Der Gesetzgeber ist davon ausgegangen, dass die Angabe der Bezugsquellen auch diesem Händlerkreis zumutbar ist und dass die Rechteinhaber nach dem Wegfall des Informationsflusses aus den Einfuhrkontrollmitteilungen auf diese Informationsquelle nicht verzichten können.[19]

7   Bestehen begründete Zweifel an der Richtigkeit oder Vollständigkeit einer Auskunft nach Abs. 1 S. 1 und 2, so kann die Verwertungsgesellschaft **Einsicht in die Geschäftsbücher** und sonstigen Urkunden des auskunftspflichtigen Herstellers, Importeurs oder Händlers verlangen (§ 54f Abs. 1 S. 3 iVm § 26 Abs. 7). Der Auskunftspflichtige hat nach § 26 Abs. 7 S. 1 die Wahl, ob er die Einsicht der Verwertungsgesellschaft oder von einem ihm zu bestimmenden Wirtschaftsprüfer oder vereidigten Buchprüfer gewährt. Besteht Grund zu der Annahme, der Verpflichtete habe die Auskunft nicht mit der erforderlichen Sorgfalt erteilt, so kann die Verwertungsgesellschaft die Abgabe einer eidesstattlichen Erklärung verlangen.[20] Die Kosten der Einsichtnahme sind von der Verwertungsgesellschaft zu tragen, es sei denn, dass sich die Auskunft als unrichtig oder unvollständig herausstellt (§ 26 Abs. 7 S. 2).

III. Auskunftspflicht der Gerätebetreiber (Abs. 2)

8   Auskunftspflichtig sind auch die **Betreiber von Reprografiegeräten** (Abs. 2).[21] Von ihnen kann die für die Bemessung der Vergütung erforderliche Auskunft verlangt werden. Der Auskunftsanspruch erstreckt sich auf Angaben, die die VG Wort für die Anwendung ihrer Tarife benötigt. Dazu gehören die Zahl der insgesamt hergestellten Kopien sowie Anzahl, Art (zB Fotokopierer, Scanner, Leseterminal), Typ (Typenbezeichnung) und Standort der aufgestellten Geräte und ihre typische Nutzung; ferner Angaben, anhand derer – nach den für den betreffenden Bereich typischen Verhältnissen – der wahrscheinliche Umfang der Vervielfältigung urheberrechtlich geschützten Fremdmaterials beurteilt werden kann.[22] Über die im Einzelnen hergestellten Kopien von urheberrechtlich geschützten Vorlagen brauchen dagegen keine Angaben gemacht zu werden.[23] Ein Auskunftsverlangen, wie viele Kopien von urheberrechtlich geschützten Vorlagen hergestellt worden sind, könnte auch nicht gerichtlich geltend gemacht werden; es wäre zu unbestimmt, so dass die Entscheidung, welche Kopien urheberrechtlich geschützt sind, in das Vollstreckungsverfahren verlagert würde.[24] Insoweit greift vielmehr der Wahrscheinlichkeitsmaßstab des § 54c Abs. 2 ein. Dieser Wahrscheinlichkeitsmaßstab kann freilich durch einen Nachweis der tatsächlichen Anzahl der Kopien von geschützten Vorlagen außer Kraft gesetzt werden.[25] Es kann sogar nachgewiesen werden, dass das Gerät überhaupt nicht zur Vervielfältigung geschützter Werke benutzt worden ist, so dass für einen Vergütungsanspruch kein Raum ist.[26] Die Auskunftspflicht umfasst auch die Mitwirkung an den von den Verwertungsgesellschaften durchgeführten empirischen **Schwerpunkterhebungen**.[27]

9   Das Recht, die **Geschäftsräume** eines Kopierladens auch gegen den Willen des Geschäftsinhabers **zu betreten** und die bereitgehaltenen Fotokopien der Geräte zu erfassen oder **zu kontrollieren**, bestand nach früherem Recht nicht,[28] ergibt sich seit dem 1.1.2008 aber aus § 54g.

IV. Doppelter Vergütungssatz

10   Mit der 1990 eingeführten Sanktion in Form des doppelten Vergütungssatzes hat der Gesetzgeber bewusst an die Rechtsprechung angeknüpft, nach der die GEMA bei Rechtsverletzungen die doppel-

---

[17] Dreier/Schulze/*Dreier* § 54f Rn. 3.
[18] Dreier/Schulze/*Dreier* § 54f Rn. 4.
[19] AmtlBegr. BR-Drs. 218/94, 27.
[20] § 259 Abs. 2 BGB; sa BGH GRUR 2004, 420 (421) – Kontrollbesuch.
[21] Zu den hiervon erfassten Geräten → § 54c Rn. 3.
[22] AmtlBegr. zur Novelle 1985, BT-Drs. 10/837, 22; BGH NJW 1997, 3440 (3441); GRUR 2004, 420 – Kontrollbesuch; sa BVerfG NJW 1997, 247 (248).
[23] Dreier/Schulze/*Dreier* § 54f Rn. 7; Fromm/Nordemann/*Wirtz* UrhG § 54f Rn. 3; *Möller/Mohr* IuR 1987, 135 (137).
[24] BGH NJW 1997, 3440 (3441).
[25] → § 54c Rn. 11.
[26] AmtlBegr. zur Novelle 1985, BT-Drs. 10/837, 22.
[27] AmtlBegr. zur Novelle 1985, BT-Drs. 10/837, 22.
[28] BGH GRUR 2004, 420 ff. – Kontrollbesuch.

te Nutzungsgebühr verlangen kann.[29] Dabei ging der Gesetzgeber davon aus, dass es sich um einen **Schadensersatzanspruch** handele, mit dem die erhöhten Verwaltungskosten ausgeglichen werden sollen, die der Verwertungsgesellschaft entstehen, wenn sie wegen unwilliger oder säumiger Schuldner einen aufwändigen Kontrollapparat unterhalten muss.[30] Dieser Ansatz steht im Einklang mit der Rechtsprechung des **EuGH,** der bei der Verletzung von Rechten des geistigen Eigentums die Berechnung des Schadensersatzes nach dem Doppelten der hypothetischen Vergütung mit der Begründung zulässt, dass allein mit der Lizenzanalogie „die Erstattung möglicher, mit der Feststellung allfälliger Verletzungshandlungen und ihrer Verursacher verbundener Kosten" nicht sichergestellt würde.[31] Neben diesem **Ausgleichszweck** hat allerdings der **Präventions- und Sanktionscharakter** der Vorschrift mindestens das gleiche Gewicht. Es geht nicht nur darum, den Verwertungsgesellschaften einen Ausgleich für erhöhte Verwaltungskosten und für Aufwendungen für eigene Nachforschungen zu erstatten, sondern es soll der Auskunftspflichtige durch die drohende Sanktion angehalten werden, seiner Auskunftspflicht nachzukommen.[32] Auch der BGH hat seine GEMA-Rechtsprechung darauf gestützt, dass der Verletzer bei Zahlung lediglich des einfachen Vergütungssatzes nicht schlechter dastünde als der rechtstreue Nutzer.[33]

Der Anspruch auf den doppelten Vergütungssatz bezieht sich, wie sich aus seiner systematischen **11** Stellung ergibt, auf **alle nach § 54f Abs. 1 und 2 Auskunftspflichtigen.**[34] Die Begriffe der **Unvollständigkeit** und **sonstigen Unrichtigkeit** sind **weit auszulegen.**[35] Erfasst wird jede Abweichung von den tatsächlich erfolgten Importen sowie jede Meldung, die die für die Berechnung der Vergütung nach der Anlage zu § 54d Abs. 1 erforderlichen Angaben nicht enthält. Die Pflicht zur Zahlung des doppelten Vergütungssatzes wird dadurch ausgelöst, dass der Auskunftspflichtige seiner Auskunftspflicht **nicht nachkommt,** dh auf das Auskunftsverlangen nicht oder nicht mit einer vollständigen und richtigen Auskunft reagiert. Das Auskunftsverlangen muss dem Auskunftspflichtigen aber zugegangen sein.[36] Der Anspruch auf den doppelten Vergütungssatz ist nicht davon abhängig, dass die Verwertungsgesellschaft bereits Kosten durch eigene Nachforschungen gehabt hat.[37] Das wäre mit dem Präventions- und Sanktionscharakter der Vorschrift nicht in Einklang zu bringen. Zudem hat der BGH in der GEMA-Rechtsprechung, an die Abs. 3 anknüpft, ebenso wie der EuGH nicht auf die im einzelnen Fall entstandenen Kosten, sondern auf die allgemeinen Verwaltungskosten zur Feststellung von Rechtsverletzungen abgestellt.[38]

Der Anspruch setzt ein **Verschulden** des Auskunftspflichtigen voraus.[39] Davon ist nicht nur der **12** Gesetzgeber ausgegangen,[40] auch die Präventions- und Sanktionswirkung der Vorschrift ergibt nur dann einen Sinn, wenn dem Auskunftspflichtigen sein Verhalten vorgeworfen werden kann, er also schuldhaft gehandelt hat.[41] Die Auskunft muss daher vorsätzlich oder fahrlässig nicht, unvollständig oder unrichtig erteilt worden sein; für die Fahrlässigkeit gilt, da es sich um ein gesetzliches Schuldverhältnis handelt, der Maßstab des § 276 Abs. 1 S. 2 BGB.

Gemäß § 54h Abs. 1 kann der Anspruch **nur durch eine Verwertungsgesellschaft geltend 13 gemacht** werden. Diese ist nicht zur Geltendmachung verpflichtet; ob sie den doppelten Vergütungssatz verlangt, steht in ihrem Ermessen und wird von den Umständen der Verletzung der Auskunftspflicht abhängen.

§ 54g Kontrollbesuch

[1]Soweit dies für die Bemessung der vom Betreiber nach § 54c geschuldeten Vergütung erforderlich ist, kann der Urheber verlangen, dass ihm das Betreten der Betriebs- und Geschäftsräume des Betreibers, der Geräte für die entgeltliche Herstellung von Ablichtungen bereithält, während der üblichen Betriebs- oder Geschäftszeit gestattet wird. [2]Der Kontrollbesuch muss so ausgeübt werden, dass vermeidbare Betriebsstörungen unterbleiben.

Schrifttum: Vgl. die Schrifttumsnachweise zu §§ 53, 54 und 54a.

---

[29] AmtlBegr. zum Produktpirateriegesetz, BT-Drs. 11/5744, 35; dazu → § 97 Rn. 282.
[30] AmtlBegr. zum Produktpirateriegesetz, BT-Drs. 11/5744, 35; vgl. auch BGH GRUR 2004, 420 – Kontrollbesuch.
[31] EuGH GRUR 2017, 264 Rn. 30 – OTK/SFP; dazu auch → Vor §§ 44a ff. Rn. 55.
[32] So auch Dreier/Schulze/*Dreier* § 54f Rn. 8.
[33] BGH GRUR 1973, 379 (380) – Doppelte Tarifgebühr.
[34] Vgl. auch AmtlBegr. zum Produktpirateriegesetz, BT-Drs. 11/5744, 35 iVm der AmtlBegr. zum 3. Urheberrechtsänderungsgesetz von 1995, BR-Drs. 218/94, 28, wonach in § 54g Abs. 3 (aF) die Regelung des § 54 Abs. 5 S. 3 aF übernommen werden sollte.
[35] DKMH/*Hentsch* UrhG § 54f Rn. 15.
[36] OLG Köln NJW-RR 1998, 1263 (1264).
[37] So aber OLG Köln Schulze OLGZ 320, 6; wie hier OLG Hamburg ZUM-RD 1997, 19 (23); LG Oldenburg, Urt. v. 11.1.1996 – 5 O 2338/95 (nicht veröffentlicht); LG Bremen, Urt. v. 1.2.1996 – 7 O 1214/94 (nicht veröffentlicht); Dreier/Schulze/*Dreier* § 54f Rn. 10.
[38] BGH GRUR 1973, 379 – Doppelte Tarifgebühr; EuGH GRUR 2017, 264 Rn. 30 – OTK/SFP.
[39] BGH GRUR 2010, 57 Rn. 41 – Scannertarif (zu § 54g aF).
[40] AmtlBegr. zum Produktpirateriegesetz, BT-Drs. 11/5744, 35.
[41] Ebenso das Schrifttum, vgl. etwa Dreier/Schulze/*Dreier* § 54f Rn. 10.

I. Zweck und Bedeutung der Vorschrift

1   Die durch das am 1.1.2008 in Kraft getretene Zweite Gesetz zur Regelung des Urheberrechts in der Informationsgesellschaft („Zweiter Korb") eingefügte Vorschrift dient der **Durchsetzung der Ansprüche nach § 54c** (Betreibervergütung) durch die Verwertungsgesellschaften. Sie findet im bisherigen Recht keine Entsprechung. Nach bisherigem Recht hatten die Verwertungsgesellschaften keinen Anspruch, die Geschäftsräume eines Kopierladens gegen den Willen des Geschäftsinhabers zu betreten und die bereitgehaltenen Fotokopien der Geräte zu erfassen oder zu kontrollieren.[1] Ein solcher Anspruch ergab sich weder aus §§ 54g Abs. 2 und 3 aF noch aus § 809 BGB.[2] Das führte in der Praxis für die VG Wort zu erheblichen Schwierigkeiten bei der Realisierung der Ansprüche aus § 54c, da die Betreiber von Copyshops häufig nicht bereit waren, ihren urheberrechtlichen Verpflichtungen nachzukommen.[3] Mit dem Kontrollbesuchsrecht soll die Durchsetzung der Ansprüche aus § 54c beschleunigt und erleichtert werden.[4] Der Kontroll- und Betretungsanspruch ist nicht verfassungswidrig.[5]

II. Kontrollbesuche

2   Das Recht auf Kontrollbesuche steht gemäß § 54c dem Urheber zu, kann aber gemäß § 54h Abs. 1 nur durch eine Verwertungsgesellschaft geltend gemacht werden. Voraussetzung ist, dass ein **Besuch** für die Bemessung der vom Betreiber nach § 54c geschuldeten Vergütung **erforderlich** ist. Davon ist auszugehen, wenn begründete Zweifel an der Richtigkeit oder Vollständigkeit von Angaben bestehen, die für die Bemessung der Vergütung nach § 54c erforderlich sind. Zu diesen Angaben gehören die Zahl der insgesamt hergestellten Kopien sowie Anzahl, Art (zB Fotokopierer, Scanner, Leseterminal), Typ (Typenbezeichnung) und Standort der aufgestellten Geräte und ihre typische Nutzung; ferner Angaben, anhand derer – nach den für den betreffenden Bereich typischen Verhältnissen – der wahrscheinliche Umfang der Vervielfältigung urheberrechtlich geschützten Fremdmaterials beurteilt werden kann.[6] Der Kontrollbesuch kann unangemeldet erfolgen (was in der Praxis im Allgemeinen auch geschieht); die Verwertungsgesellschaft ist auch nicht verpflichtet, zuvor eine Auskunft nach § 54f Abs. 2 einzuholen. Gerade der Überraschungseffekt trägt erheblich zur Wirksamkeit der Kontrollbesuche bei. Das Kontrollbesuchsrecht steht aber unter dem Vorbehalt des Verhältnismäßigkeitsgrundsatzes; die Grundrechte aus Art. 13 GG und die Grundsätze des BVerfG zu Besichtigungsansprüchen[7] sind einzuhalten.[8] § 54g S. 1 bringt bereits zum Ausdruck, dass die Kontrollbesuche während der üblichen Betriebs- oder Geschäftszeiten zu erfolgen haben. Sie sind ferner so auszuüben, dass vermeidbare Betriebsstörungen unterbleiben (§ 54g S. 2). Das wird im Wesentlichen darauf hinauslaufen, dass der laufende Geschäftsbetrieb, von Ausnahmefällen abgesehen, nicht unterbrochen werden darf. Fotografieren, etwa zum Nachweis der aufgestellten Geräte, muss aber zulässig sein. Das Recht kann allerdings **nicht** im Wege der **Selbsthilfe** durchgesetzt werden; wird der Verwertungsgesellschaft der Kontrollbesuch verwehrt, so muss sie den Rechtsweg beschreiten.[9] Der Kontrollbesuch ist mangels eines Verfügungsgrundes nicht im Wege der einstweiligen Verfügung durchsetzbar.[10]

§ 54h Verwertungsgesellschaften; Handhabung der Mitteilungen

(1) **Die Ansprüche nach den §§ 54 bis 54c, 54e Abs. 2, §§ 54f und 54g können nur durch eine Verwertungsgesellschaft geltend gemacht werden.**

(2) [1]**Jedem Berechtigten steht ein angemessener Anteil an den nach den §§ 54 bis 54c gezahlten Vergütungen zu.** [2]**Soweit Werke mit technischen Maßnahmen gemäß § 95a geschützt sind, werden sie bei der Verteilung der Einnahmen nicht berücksichtigt.**

(3) [1]**Für Mitteilungen nach § 54b Abs. 3 und § 54e haben die Verwertungsgesellschaften dem Deutschen Patent- und Markenamt eine gemeinsame Empfangsstelle zu bezeichnen.** [2]**Das Deutsche Patent- und Markenamt gibt diese im Bundesanzeiger bekannt.**

---

[1] BGH GRUR 2004, 420 ff. – Kontrollbesuch.
[2] BGH GRUR 2004, 420 ff. – Kontrollbesuch.
[3] AmtlBegr. BT-Drs. 16/1828, 31.
[4] AmtlBegr. BT-Drs. 16/1828, 31.
[5] BVerfG GRUR-RR 2008, 377.
[6] Näher dazu → § 54f Rn. 8.
[7] BVerfG ZUM 2008, 682.
[8] LG Braunschweig NJOZ 2008, 3539 (3543 f.) – Copy-Shop.
[9] BVerfG ZUM 2008, 682; AmtlBegr. BT-Drs. 16/1828, 31.
[10] LG Braunschweig NJOZ 2008, 3539 (3541) – Copy-Shop.

(4) [1]Das Deutsche Patent- und Markenamt kann Muster für die Mitteilungen nach § 54b Abs. 3 Nr. 2 und § 54e im Bundesanzeiger bekannt machen. [2]Werden Muster bekannt gemacht, sind diese zu verwenden.

(5) Die Verwertungsgesellschaften und die Empfangsstelle dürfen die gemäß § 54b Abs. 3 Nr. 2, den §§ 54e und 54f erhaltenen Angaben nur zur Geltendmachung der Ansprüche nach Absatz 1 verwenden.

Schrifttum: *Berberich*, Rechtsfragen des Gesamtvertrags. Zu Beteiligungsgrundsatz und prozentualer Effizienz in der kollektiven Rechtewahrnehmung, FS Wandtke (2013), S. 219; *Müller*, Festlegung und Inkasso von Vergütungen für die private Vervielfältigung auf der Grundlage des „Zweiten Korbs", ZUM 2007, 777; *Staats*, Modernisiert die Betreibervergütung!, FS Pfennig (2012), S. 403; *ders.*, Verwertungsgesellschaft – was ist das? FS Wandtke (2013), S. 211.

Vgl. auch die Schrifttumsnachweise zu §§ 53, 54 und 54a.

Übersicht

I. Allgemeines

Die Vorschrift regelt die Verwertungsgesellschaftenpflichtigkeit der Vergütungsansprüche für Ver- **1** vielfältigungen nach § 53 Abs. 1 und 2 und §§ 60a–60f sowie die Einzelheiten ihrer Geltendmachung und Verteilung.[1] Die **Verwertungsgesellschaftenpflichtigkeit** bestand für Aufzeichnungsgeräte bereits in der Gesetzesfassung von 1965[2] und wurde durch die Novelle 1985 auf die mit dieser Novelle neu eingeführten Ansprüche erweitert. Mit der Vorschrift wird ein doppelter Zweck verfolgt: Zum einen wären die Ansprüche der Urheber ohne eine Verwertungsgesellschaftenpflichtigkeit kaum durchsetzbar; zum anderen wird damit vermieden, dass die Vergütungspflichtigen es mit einer nicht überschaubaren Vielzahl von Anspruchsberechtigten zu tun haben.[3] Schließlich wird auf diese Weise sichergestellt, dass die Vergütungspflichtigen einen Anspruch auf den Abschluss von Gesamtverträgen haben, da gemäß § 35 VGG nur die Verwertungsgesellschaften, nicht aber die einzelnen Urheber einer Pflicht zum Abschluss solcher Verträge unterliegen. Eine **Sachbefugnis** der Verwertungsgesellschaften wird nach § 49 VGG vermutet. Durch das Zweite Gesetz zur Regelung des Urheberrechts in der Informationsgesellschaft („Zweiter Korb")[4] ist Abs. 2 Satz 2 eingefügt worden; damit sollen die Auswirkungen des Einsatzes technischer Maßnahmen auch im Hinblick auf die Verteilung des Vergütungsaufkommens an die Berechtigten berücksichtigt werden.[5]

II. Verwertungsgesellschaftenpflichtigkeit (Abs. 1)

Sowohl die Vergütungsansprüche nach §§ 54–54c einschließlich der Ansprüche auf den doppelten **2** Vergütungssatz nach §§ 54e Abs. 2 und 54f Abs. 3 als auch die Auskunfts- und Kontrollbesuchsansprüche nach §§ 54f und 54g können nur durch eine Verwertungsgesellschaft geltend gemacht werden. Es handelt sich nicht um eine Prozessführungsbefugnis, sondern um eine **materielle Anspruchsberechtigung**; der Anspruch entsteht in der Hand der Verwertungsgesellschaft.[6] Das bedeutet unter anderem, dass der Schuldner gegen die Forderung der Verwertungsgesellschaft mit einer gegen diese gerichteten Forderung aufrechnen kann.[7] Der Urheber bzw. Leistungsschutzberechtigte selbst ist zur Geltendmachung dieser Ansprüche nicht legitimiert.[8] Die Verwertungsgesellschaft kann sich aber einer Inkassostelle bedienen.[9] Die Zwecke der Verwertungsgesellschaftenpflichtigkeit werden dadurch nicht beeinträchtigt.

---

[1] Allg. zur Verwertungsgesellschaftenpflichtigkeit → Vor §§ 44a ff. Rn. 13; zur Tätigkeit der Verwertungsgesellschaften s. auch Loewenheim/*Melichar* §§ 45 ff.; *Staats* FS Wandtke, 2013, 211.
[2] § 53 Abs. 5 S. 4 idF von 1965.
[3] BGH GRUR 2009, 480 (481) – Kopierläden II.
[4] BGBl. I 2007 S. 2513; in Kraft getreten am 1.8.2008.
[5] Vgl. näher → Rn. 6.
[6] BGH GRUR 2009, 480 (481) – Kopierläden II; Dreier/Schulze/*Dreier* § 54h Rn. 4; Wandtke/Bullinger/*Lüft* UrhG § 54h Rn. 3.
[7] BGH GRUR 2009, 480 (481) – Kopierläden II.
[8] BGH GRUR 2009, 480 (481) – Kopierläden II.
[9] BGH GRUR 2009, 480 (481) – Kopierläden II; BGH GRUR 2012, 705 Rn. 19 – PC als Bild- und Tonaufzeichnungsgerät; BGH ZUM 2018, 364 Rn. 14 mwN; DKMH/*Hentsch* UrhG § 54h Rn. 4; dazu auch → Rn. 4 (Inkasso durch die ZPÜ).

§ 54h UrhG   Verwertungsgesellschaften; Handhabung der Mitteilungen

3   Die **Vergütungsansprüche für Reprografiegeräte** sowie die **Betreiberabgabe** (§ 54c) werden von der VG Wort eingezogen, die auch die sich auf diese Ansprüche beziehenden Auskunftsansprüche nach § 54f Abs. 1 und 2 geltend macht. Für Fotokopiergeräte, Multifunktionsgeräte, Scanner, Drucker und Faxgeräte besteht ein Gesamtvertrag der VG WORT und VG Bild-Kunst mit dem Verband BITKOM vom 10.12.2008.[10] Ferner bestehen Gesamtverträge zwischen der ZPÜ, VG WORT und VG Bild-Kunst mit dem Verband BITKOM für PCs, Tablets und Mobiltelefone, externe Festplatten und Unterhaltungselektronik. Ein weiterer Gesamtvertrag besteht zwischen der VG WORT, der VG Bild-Kunst, der VG Musikedition sowie den Schulbuchverlagen mit den Ländern über Fotokopieren an Schulen vom 7.2.2015. Für die **Betreiberabgabe** bestehen verschiedene Gesamtverträge zwischen der VG WORT und VG Bild-Kunst einerseits und Verbänden von Betreibern sowie mit den Ländern andererseits.[11] Diese Gesamtverträge regeln insbesondere, welche Geräte vergütungspflichtig sind, sowie die Höhe der Vergütung.

4   Die **Vergütungsansprüche für Vervielfältigungen von Audio- und audiovisuellen Werken** werden von der **ZPÜ**, der Zentralstelle für private Überspielungsrechte, wahrgenommen, ebenso die sich auf diese Ansprüche beziehenden Auskunftsansprüche nach § 54f Abs. 1. Die ZPÜ ist eine Gesellschaft Bürgerlichen Rechts, Gesellschafter sind die GEMA, die VG Wort, die VG Bild-Kunst, die GVL, die GÜFA, die GWFF, die VFF, die VGF sowie die TWF, die die ihnen zur Wahrnehmung übertragenen Ansprüche in die ZPÜ eingebracht haben; die Geschäftsführung liegt in den Händen der GEMA.[12] Die unter dem durch den zweiten Korb eingeführten Vergütungssystem[13] zu zahlenden Vergütungen (System der Selbstregulierung) sind weiterhin umstritten und Gegenstand von Gesamtvertragsverfahren vor der Schiedsstelle und Gerichten. In den Gesamtverträgen der ZPÜ pflegt unter anderem detailliert geregelt zu werden, welche Produkte der Vergütungspflicht unterliegen, welche Auskünfte zu erteilen und wie und wann Zahlungen zu leisten sind. Für die damit verbundene Verwaltungsvereinfachung wird den Verwertervereinigungen ein Nachlass eingeräumt. Hersteller und Importeure, die keinem der Gesamtvertragspartner angehören, werden in der Regel in vierteljährlichen Abständen zur Auskunftserteilung und Zahlung der Vergütung aufgefordert. In den meisten Fällen wird dieser Aufforderung ohne weiteres Folge geleistet, gegebenenfalls leitet die ZPÜ gerichtliche Schritte ein.

III. Anspruch auf einen angemessenen Anteil an den Vergütungen (Abs. 2)

5   Abs. 2 konkretisiert für den Bereich der Vergütungen nach §§ 54–54c das Prinzip des § 27 VGG. Danach dürfen die Einnahmen der Verwertungsgesellschaften nicht willkürlich verteilt werden; vielmehr hat die Verteilung nach objektiven, nicht diskriminierenden und sachlichen Kriterien zu erfolgen. Maßgebliches Kriterium ist vor allem die Häufigkeit der Nutzung eines Werks; die Verwertungsgesellschaften pflegen dies durch Meldeverfahren und Erhebungen (zB durch Infratest- oder GfK-Untersuchungen) zu ermitteln. Pauschalierungen sind dabei allerdings unvermeidbar. Die Verteilungsgrundsätze sind nach § 27 Abs. 1 VGG in Verteilungspläne aufzunehmen. Die Inkassoeinnahmen der ZPÜ werden auf die Verwertungsgesellschaften nach einem bestimmten Schlüssel verteilt.

6   Der durch das Zweite Gesetz zur Regelung des Urheberrechts in der Informationsgesellschaft („Zweiter Korb") mit Wirkung vom 1.1.2008 in Abs. 2 eingefügte Satz 2 dient der Berücksichtigung der Auswirkungen des **Einsatzes technischer Maßnahmen** bei der Verteilung des Vergütungsaufkommens. Wird durch technische Maßnahmen die Vervielfältigung von Werken verhindert, so können auch keine Privatkopien nach § 53 Abs. 1–3 hergestellt werden; demzufolge besteht auch kein Anspruch auf eine Kompensation für die genehmigungsfreie Inanspruchnahme von Werken.[14] Lediglich soweit Werke über andere Quellen (zB Rundfunk oder Fernsehen) vervielfältigt werden können, ist der Urheber an der Erlösverteilung zu beteiligen. Bei Werken, die durch technische Maßnahmen nach § 95a geschützt sind, hat also ein Anspruchsausschluss bzw. eine Anspruchskürzung zu erfolgen. Einzelheiten sind in den Satzungen bzw. Verteilungsplänen der Verwertungsgesellschaften gemäß § 27 VGG zu regeln.[15]

IV. Die gemeinsame Empfangsstelle (Abs. 3)

7   Da an den Vergütungen nach §§ 54–54c mehrere Verwertungsgesellschaften beteiligt sind, dient es der Vereinfachung des Meldeverfahrens, wenn die Hersteller, Importeure und Händler die nach § 54b Abs. 3 und § 54e vorgesehenen Mitteilungen an eine gemeinsame Empfangsstelle richten können. Das entspricht der bisherigen, auf Gesamtverträgen beruhenden Praxis, nach der die Mitteilungen, die

---

[10] Dazu auch → § 54a Rn. 22.
[11] S. dazu auch *Staats* FS Pfennig, 2012, 403 (410 ff.). Der Tarif der VG Wort zur Regelung der Vergütung von Ansprüchen nach § 54c UrhG ist auf der Website der VG Wort veröffentlicht.
[12] Vgl. auch Loewenheim/*Melichar* § 46 Rn. 21.
[13] Vgl. → § 54a Rn. 2.
[14] AmtlBegr. BT-Drs. 16/1828, 31; → § 54a Rn. 12.
[15] AmtlBegr. BT-Drs. 16/1828, 31.

1240   *Loewenheim/Stieper*

den Vergütungsanspruch für Bild- und Tonaufzeichnungsgeräte sowie für Bild- und Tonträger betreffen, an die ZPÜ gehen, und die den Vergütungsanspruch für Reprografiegeräte sowie die Betreiberabgabe (§ 54c) betreffenden Mitteilungen an die VG Wort. § 54h Abs. 3 schreibt diese Praxis gesetzlich fest;[16] sie gilt damit auch, soweit keine Gesamtverträge abgeschlossen sind. Die gemeinsame Empfangsstelle wird von den beteiligten Verwertungsgesellschaften autonom bestimmt und dem DPMA mitgeteilt, dieses veröffentlicht sie im Bundesanzeiger. Damit können sich Hersteller, Importeure und Händler, die in keiner gesamtvertraglichen Bindung zu den Verwertungsgesellschaften stehen, darüber informieren, an wen sie die Mitteilungen zu richten haben.

Nach dem bis zum 31.12.2007 geltenden Recht war gemeinsame **Empfangsstelle für den Bereich der privaten Überspielung** die **ZPÜ**, gemeinsame **Empfangsstelle für den Bereich der Reprografiegeräte** und die Betreiberabgabe die **VG Wort.**[17] Eine neue gemeinsame Empfangsstelle gibt es noch nicht; zurzeit wird nach der bisherigen Regelung verfahren, nämlich dass die Mitteilungen für den Bereich der privaten Überspielung an die ZPÜ, für den Bereich Reprografie an die VG Wort abzugeben sind.[18] Dabei mag ein gewisses Problem darin liegen, dass es sich um zwei Empfangsstellen handelt, während § 54 Abs. 3 von einer gemeinsamen Empfangsstelle spricht; in der Praxis haben sich jedoch daraus noch keine Probleme ergeben. **8**

V. Muster für die Mitteilungen (Abs. 4)

Durch Abs. 4 wird das Deutsche Patent- und Markenamt ermächtigt, zur Rationalisierung der Mitteilungen Muster oder Vordrucke zu entwickeln und bekannt zu geben. Das DPMA hat von dieser Ermächtigung Gebrauch gemacht und die Muster im Bundesanzeiger Nr. 157a vom 22.8.1996 veröffentlicht. Auch wenn diese Muster inhaltlich zum Teil überholt sind, sind sie bis zur Bekanntgabe neuer Muster durch das Patent- und Markenamt weiterhin zu verwenden. Die Meldungen nach § 54b Abs. 3 Nr. 2 und § 54e müssen nach diesen Mustern erfolgen. Benutzt ein Importeur oder Händler diese Muster bei seinen Mitteilungen nicht, so riskiert er den doppelten Vergütungsanspruch nach § 54e Abs. 2 bzw. es tritt der Wegfall seiner Haftung nach § 54b nicht ein.[19] **9**

VI. Geheimhaltungspflicht (Abs. 5)

Die Mitteilungen und Auskünfte der Hersteller, Importeure und Händler, die den Verwertungsgesellschaften erteilt werden, können den Charakter von Geschäftsgeheimnissen haben, beispielsweise Umsätze oder Bezugsquellen. Abs. 5 soll daher sicherstellen, dass die Empfänger (gemeinsame Empfangsstelle und Verwertungsgesellschaften) diese Mitteilungen und Auskünfte nur bestimmungsgemäß, nämlich zur Geltendmachung verwenden. Die Geheimhaltungspflicht besteht nur für Mitteilungen und Auskünfte, die im Rahmen der §§ 54b Abs. 3 Nr. 2, 54e und 54f abgegeben worden sind, nicht auch für andere Informationen. Es handelt sich um eine gesetzlich begründete Rechtspflicht im Rahmen des zwischen den Verwertungsgesellschaften und dem jeweiligen Hersteller, Importeur oder Händler bestehenden gesetzlichen Schuldverhältnisses. Sollte es zu einer Verletzung durch die Verwertungsgesellschaft oder die Empfangsstelle kommen, so macht sich diese schadensersatzpflichtig, falls sie die Verletzung zu vertreten hat (§ 280 Abs. 1 BGB). **10**

§ 55 Vervielfältigung durch Sendeunternehmen

(1) [1]**Ein Sendeunternehmen, das zur Funksendung eines Werkes berechtigt ist, darf das Werk mit eigenen Mitteln auf Bild- oder Tonträger übertragen, um diese zur Funksendung über jeden seiner Sender oder Richtstrahler je einmal zu benutzen.** [2]**Die Bild- oder Tonträger sind spätestens einen Monat nach der ersten Funksendung des Werkes zu löschen.**

(2) [1]**Bild- oder Tonträger, die außergewöhnlichen dokumentarischen Wert haben, brauchen nicht gelöscht zu werden, wenn sie in ein amtliches Archiv aufgenommen werden.** [2]**Von der Aufnahme in das Archiv ist der Urheber unverzüglich zu benachrichtigen.**

Schrifttum: *Bortloff,* Internationale Lizenzierung von Internet-Simulcasts durch die Tonträgerindustrie, GRUR-Int 2003, 669; *v. Münchhausen,* Der Schutz der Sendeunternehmen nach deutschem, europäischem und internationalem Recht, 2001; *Rujisenaars,* Zur Vergänglichkeit von „ephemeren" Aufnahmen, ZUM 1999, 707.

---

[16] Sa AmtlBegr. BR-Drs. 218/94, 28 f.
[17] Vgl. Bekanntmachung des Bundesministeriums der Justiz v. 18.11.1994, BAnz. 1995 Nr. 63, S. 3717.
[18] AmtlBegr. BR-Drs. 218/94, 29.
[19] AmtlBegr. BR-Drs. 218/94, 29.

Übersicht

I. Zweck und Bedeutung der Vorschrift

1   Die Vorschrift erlaubt **Sendeunternehmen ephemere, dh nicht zur dauerhaften Archivierung bestimmte, Vervielfältigungen** für Sendezwecke. Die Sendung eines Werkes und seine Aufnahme auf Bild- oder Tonträger stellen zwei gesonderte Verwertungsarten dar, die auch einer gesonderten Zustimmung des Urhebers bedürfen.[1] Das ausschließliche Vervielfältigungsrecht des Urhebers (§ 16 Abs. 2) wird durch § 55 aus **technischen Gründen** aufgehoben, um Rundfunkanstalten – soweit diese über die entsprechenden Senderechte verfügen – einen möglichst ungestörten Sendebetrieb zu ermöglichen. Eine entsprechende Regelung fehlte im LUG, wurde von den Rundfunkanstalten aber als „unerlässlich" gefordert.[2] Mit ihrer Einführung wurde 1965 zum einen dem Umstand Rechnung getragen, dass Sendungen heute in aller Regel nicht mehr **live** ausgetrahlt werden, sondern mittels eigens für die Sendung hergestellter Bild- oder Tonträger. Dies gilt auch für das Abspielen von vorgefertigten Bild- oder Tonträgern, da auch Tonträger und Spielfilme in der Regel zunächst auf Band bzw. heute in einen dititalen Speicher kopiert und dann hiervon gesendet werden. Zum anderen sah der Gesetzgeber, dass bei einem Sendebetrieb von 24 Stunden eine Programmplanung ohne von den Rundfunkanstalten im Voraus produzierte Bild- oder Tonträger nicht möglich ist.[3] Ephemere Aufnahmen sind somit lediglich ein „sachentsprechendes Hilfsmittel" für Rundfunksendungen.[4] Zusätzlich hat der Gesetzgeber in Abs. 2 die Möglichkeit zur **Einrichtung eines Archivs** eingeführt.

2   Die Regelung entspricht **Art. 11bis Abs. 3 S. 2 und 3 RBÜ** sowie **Art. 15 Abs. 1 lit. c und Abs. 2 RA.** Unionsrechtliche Grundlage ist **Art. 5 Abs. 2 lit. d InfoSoc-RL.**[5] Entsprechend der zwingenden Vorgabe von Art. 6 Abs. 4 UAbs. 1 InfoSoc-RL ist in § 95b Abs. 1 Nr. 7 die Durchsetzbarkeit dieser Privilegierung gegenüber technischen Maßnahmen eingeführt worden. Dass § 55 keinen **Vergütungsanspruch** vorsieht,[6] steht im Einklang mit den konventions- und unionsrechtlichen Vorgaben.

II. Schranke für ephemere Aufnahmen (Abs. 1)

1. Voraussetzungen der Privilegierung

3   **a)** Das Recht zu ephemeren Aufnahmen steht nur Sendeunternehmen zu, die zur Funksendung berechtigt sind. Der Begriff des **Sendeunternehmens** entspricht dem in § 87.[7] Danach sind nur solche Unternehmen iS dieser Bestimmung privilegiert, die ein eigenes Programm produzieren bzw. zusammenstellen. Kein Sendeunternehmen iS dieser Bestimmung ist dagegen, wer lediglich die technischen Einrichtungen für die Sendung (zB Funkanlagen, Kabelsysteme) zur Verfügung stellt; deshalb können sich insbesondere bloße Kabelweitersendeunternehmen nicht auf § 55 berufen.[8] Ob eine (öffentlich-rechtliche) Genehmigung zum Sendebetrieb vorliegt, ist unerheblich.[9]

4   Das Sendeunternehmen muss vertraglich oder gesetzlich **zur Sendung gemäß § 20 berechtigt** sein. Soweit sich die Berechtigung zur Sendung aus einer **vertraglichen Nutzungsrechtseinräumung** ergibt, kommt § 55 allerdings keine große praktische Bedeutung zu, da sich die Sendeunternehmen in der Regel das Recht zur ephemeren Festlegung gemeinsam mit dem Senderecht vertrag-

---

[1] AmtlBegr. BT-Drs. IV/270, 75; vgl. auch Art. 11bis Abs. 3 S. 1 RBÜ.
[2] *Hillig* UFITA 46 (1966), 1 (12 f.).
[3] AmtlBegr. BT-Drs. IV/270, 74 f. zu § 56 des Entwurfs.
[4] *Ulmer* § 53 V.
[5] Zu dessen Auslegung s. EuGH GRUR 2012, 810 – DR und TV Danmark.
[6] Kritisch dazu → 5. Aufl. 2017, Rn. 2.
[7] → § 87 Rn. 2 f.
[8] Dreier/Schulze/*Dreier* § 55 Rn. 4; DKMH/*Dreyer* UrhG § 55 Rn. 4; iE auch *Schack* UrheberR Rn. 706; → § 87 Rn. 66 f.
[9] DKMH/*Dreyer* UrhG § 55 Rn. 4.

lich einräumen lassen.[10] Die Berechtigung zur Sendung kann sich aber auch aus einer **gesetzlichen Schrankenbestimmung** ergeben, zB aus § 48 Abs. 1 Nr. 1[11] oder § 51.

b) Die ephemere Vervielfältigung darf ohne Genehmigung nur **„mit eigenen Mitteln"** der **5** Rundfunkanstalt vorgenommen werden. Dabei handelt es sich um einen autonomen Begriff des Unionsrechts, der unionsweit einheitlich auszulegen ist.[12] Die Einschränkung bezieht sich auf den **technischen Vorgang der Aufzeichnung** und nicht auf den Inhalt der Sendung.[13] Es dürfen daher auch Darbietungen Dritter in diesem Rahmen vervielfältigt werden.[14] Nach der Rechtsprechung des EuGH liegt eine Aufzeichnung „mit eigenen Mitteln" dabei auch dann vor, wenn sich das Sendeunternehmen zur Herstellung der Aufzeichnung Dritter bedient, sofern der beauftragte Dritte „im Namen und/oder unter der Verantwortung des Sendeunternehmens" tätig wird.[15] Der EuGH stützt sich für diese erweiterte Auslegung auf ErwG 41 der InfoSoc-RL. Erfasst ist damit zum einen der Fall, dass eine „direkte und unmittelbare Verbindung" zwischen den Parteien besteht, auf deren Grundlage der Dritte „grundsätzlich über keinen eigenen Handlungsspielraum verfügt".[16] Privilegiert sind darüber hinaus aber auch **Auftragsproduktionen** durch externe und rechtlich unabhängige Fernsehproduktionsgesellschaften, wenn das Sendeunternehmen für die beeinträchtigende Wirkung von Handlungen und Unterlassungen „im Zusammenhang mit der betreffenden Aufzeichnung so haftet, als hätte es diese Handlungen und Unterlassungen selbst begangen".[17] Konventionsrechtliche Bedenken gegen diese Auslegung bestehen bei Beachtung der engen Voraussetzungen nicht.[18]

c) Die Aufnahme müssen zur **Funksendung** durch das Sendeunternehmen bestimmt sein. Ent- **6** scheidend für die Privilegierung der Vervielfältigung ist danach ihre **Zweckbestimmung,** dh die Absicht, das Vervielfältigungsstück tatsächlich für eine Sendung zu benutzen.[19] Eine Beschränkung auf Sendungen im Rundfunk lässt sich § 55 nicht entnehmen.[20] Entsprechend der Definition in § 20 werden auch Kabel- und Satellitensendungen erfasst.[21] Für Online-Angebote ist dagegen zu differenzieren:[22] Sendungen eines **Internetradios** oder **Internet-TV** sind als „ähnliche technische Mittel" Sendungen iSv § 20 und daher von § 55 privilegiert, wenn der Nutzer die Zeit des Abrufs nicht frei wählen kann; das gilt unabhängig davon, ob die Sendung im Internet zeitgleich mit einer herkömmlichen Programmausstrahlung (Simulcasting) oder ausschließlich im Internet (Webcasting) stattfindet.[23] **On-Demand-Angebote** fallen dagegen unter § 19a und werden von § 55 nicht erfasst.[24]

Eine entscheidende Einschränkung liegt darin, dass der Zweck der Aufnahme darin bestehen muss, **7** über **jeden Sender oder Richtstrahler** (dh „gerichtete" Sender, die auf bestimmte Gebiete ausgerichtet sind[25]) **nur je einmal** zur Sendung benutzt zu werden. Umfasst ist davon nach der Gesetzesbegründung auch der Fall, dass mehrere Sender desselben Sendeunternehmens „auf verschiedenen Wellen", dh über unterschiedliche Sendeanlagen,[26] dasselbe Programm zu verschiedenen Zeiten ausstrahlen.[27] Wem die Sender oder Richtstrahler gehören, ist unerheblich, wenn sie nur von Sendeunternehmen regelmäßig zur Ausstrahlung der eigenen Sendungen verwendet werden.[28]

Für **Kabel- oder Satellitenunternehmen,** die ebenfalls von § 55 privilegiert sind, sofern sie ei- **8** gene, originäre Programme senden und sich nicht auf die Weiterleitung fremder Sendungen beschränken,[29] passt die Einschränkung, dass über jeden „Sender oder Richtstrahler" nur je einmal gesendet werden darf, nicht unmittelbar. Der Gesetzgeber hatte 1965 Kabel- und Satellitensendungen

---

[10] Vgl. *Ruijsenaars* ZUM 1999, 707 (709); Fromm/Nordemann/*Boddien* UrhG § 55 Rn. 3; BeckOK UrhR/ *Grübler* UrhG § 55 Rn. 3. Soweit § 55 reicht, geht die Nutzungsrechtseinräumung allerdings ins Leere, → Vor §§ 44a ff. Rn. 56; aA *Zurth,* Rechtsgeschäftliche und gesetzliche Nutzungsrechte im Urheberrecht (2016), S. 154.
[11] → § 48 Rn. 12.
[12] EuGH GRUR 2012, 810 Rn. 34 – DR und TV Danmark.
[13] EuGH GRUR 2012, 810 Rn. 65 – DR und TV Danmark.
[14] BeckOK UrhR/*Grübler* UrhG § 55 Rn. 7.
[15] EuGH GRUR 2012, 810 Rn. 49 ff. – DR und TV Danmark.
[16] EuGH GRUR 2012, 810 Rn. 53 – DR und TV Danmark.
[17] EuGH GRUR 2012, 810 Rn. 64 – DR und TV Danmark; zustimmend Dreier/Schulze/*Dreier* § 55 Rn. 5; DKMH/*Dreyer* UrhG § 55 Rn. 5.
[18] AA noch Schricker/Loewenheim/*Melichar* (4. Aufl.) UrhG § 55 Rn. 5.
[19] Vgl. Fromm/Nordemann/*Boddien* UrhG § 55 Rn. 11.
[20] So aber offenbar *Bortloff* GRUR-Int 2003, 669 (674).
[21] → § 20 Rn. 51 ff., 58 ff.
[22] Pauschal gegen eine Einbeziehung von Online-Angeboten dagegen Dreier/Schulze/*Dreier* § 55 Rn. 4; BeckOK UrhR/*Grübler* UrhG § 55 Rn. 10; ebenso noch Schricker/*Loewenheim*/*Melichar* (5. Aufl.) UrhG § 55 Rn. 6.
[23] → § 20 Rn. 81, 83 mwN; aA *Bortloff* GRUR-Int 2003, 669 (675).
[24] So wohl auch Wandtke/Bullinger/*Lüft* UrhG § 55 Rn. 4; ebenso im Ergebnis DKMH/*Dreyer* UrhG § 55 Rn. 4.
[25] Solche Richtstrahler werden in der Regel von Kurzwellensendern verwendet, die für weit entfernte Gebiete senden; der Gesetzgeber hatte hier offensichtlich die Aufgaben der Deutschen Welle vor Augen. Richtstrahler dürfen nicht mit Richtfunk verwechselt werden, der lediglich eine technische Punkt-zu-Punkt-Verbindung darstellt und nicht für die Öffentlichkeit bestimmt ist.
[26] So Dreier/Schulze/*Dreier* § 55 Rn. 6.
[27] AmtlBegr. BT-Drs. IV/270, 75; aA noch Schricker/*Loewenheim*/*Melichar* (5. Aufl.) UrhG § 55 Rn. 10.
[28] BeckOK UrhR/*Grübler* UrhG § 55 Rn. 10.
[29] → Rn. 3.

zwar bei § 20 bedacht, die heutige Praxis der Kabel- und Satellitensendung jedoch in § 55 offensichtlich nicht vorhergesehen. Die Einschränkung in § 55 muss daher für reine Kabel- und Satellitensender dahin ausgelegt werden, dass das ephemer aufgezeichnete Werk über jedes Kabelsystem bzw. jeden Satelliten-Transponder **nur einmal gesendet** werden darf.[30]

2. Rechtsfolge

9   Liegen die genannten Voraussetzungen vor, so ist die **Vervielfältigung des Werkes,** das gesendet werden soll, durch Übertragung auf Bild- oder Tonträger ohne Zustimmung des Urhebers zulässig. Die dadurch geschaffene Möglichkeit, die Aufnahme zu Sendungen im Rahmen des § 55 zu benutzen, begründet aber **kein zusätzliches Senderecht.**[31] Diese Befugnis reicht nur so weit, wie ein vertragliches oder gesetzliches Recht zur Sendung besteht.[32] Werden zB die Senderechte vertraglich nur für ein Teilgebiet des betreffenden Sendeunternehmens eingeräumt, so folgt aus § 55 keine Befugnis, den Bild- oder Tonträger für Sendungen außerhalb dieses Gebietes zu benutzen.[33] Andererseits begründet die Vorschrift als bloße Schranke des Vervielfältigungsrechts auch **kein eigenständiges Verbotsrecht,** das es dem Urheber erlauben würde, die Verwendung eines im Rahmen des § 55 rechtmäßig hergestellten Vervielfältigungsstücks für weitere, ihrerseits rechtmäßige Sendungen zu untersagen.[34] Wenn der Wille, die Aufnahme entgegen der ursprünglichen Zweckbestimmung für eine vom eingeräumten Senderecht gedeckte Wiederholung zu nutzen, erst nach der Aufnahme gebildet wird, so liegt in der Sendung der Wiederholung daher keine Urheberrechtsverletzung, sondern allenfalls ein Verstoß gegen die Löschungspflicht nach Abs. 1 S. 2.[35]

3. Löschungspflicht

10   Die im Rahmen von § 55 zulässigerweise hergestellten Vervielfältigungsstücke sind **binnen einen Monats** nach der ersten Funksendung **zu löschen.** Unter „Löschung" ist – ebenso wie in §§ 47 und 56 – die Unbrauchbarmachung zu verstehen.[36] Die Monatsfrist für die Löschung berechnet sich nach §§ 187 Abs. 1 und 188 Abs. 2 und 3 BGB. Sie beginnt mit der ersten Sendung des aufgezeichneten Materials, bei zeitversetzter Sendung desselben Programms über mehrere Sender also mit der Benutzung der Festlegung über den ersten Sender.[37] Dass der Aufzeichnung ggf. ihrerseits eine Funksendung zugrunde liegt, ändert daran nichts.[38] Ein Verstoß gegen die Löschungspflicht stellt wie bei § 47 Abs. 2 S. 2 eine **Urheberrechtsverletzung** dar.[39] Die im Rahmen von § 55 zulässigerweise hergestellten Vervielfältigungsstücke werden dadurch jedoch nicht rechtswidrig.[40] Da die Löschungsfrist im Hinblick auf die weit vorausschauende Programmplanung der Rundfunkanstalten für deren Bedürfnisse allerdings offensichtlich zu knapp ist, lassen sich die Rundfunkanstalten in der Regel von Verwertungsgesellschaften wie von einzelnen Inhabern von Nutzungsrechten das Recht zur Herstellung von Ton- oder Bildträgern und zu deren Verwertung in gleichem Umfang wie das übertragene Senderecht einräumen.[41]

III. Ausnahme von der Löschungspflicht (Abs. 2)

11   Die **Pflicht zur Löschung** der nach Abs. 1 hergestellten Aufnahmen **entfällt** nach Abs. 2, wenn sie außergewöhnlichen dokumentarischen Wert haben und in ein amtliches Archiv aufgenommen werden.

1. Voraussetzungen

12   Für den **außergewöhnlichen dokumentarischen Wert** reicht die Qualität der Aufnahme allein nicht aus. Es müssen vielmehr besondere Umstände hinzutreten, die gerade diese Aufnahme aus histo-

---

[30] Dreier/Schulze/*Dreier* § 55 Rn. 6; BeckOK UrhR/*Grübler* UrhG § 55 Rn. 10; Wandtke/Bullinger/*Lüft* UrhG § 55 Rn. 4; Fromm/Nordemann/*Boddien* UrhG § 55 Rn. 12.
[31] Dreier/Schulze/*Dreier* § 55 Rn. 1 und 6.
[32] → Rn. 4.
[33] Ebenso DKMH/*Dreyer* UrhG § 55 Rn. 7; *Bortloff* GRUR-Int 2003, 669 (674).
[34] Vgl. *Stieper* ZGE 9 (2017), 539 (547 f.); zur parallelen Problematik bei § 53 Abs. 6 → § 53 Rn. 66.
[35] AA wohl BeckOK UrhR/*Grübler* UrhG § 55 Rn. 10.
[36] Dreier/Schulze/*Dreier* § 55 Rn. 7; DKMH/*Dreyer* UrhG § 55 Rn. 9; vgl. → § 47 Rn. 20 und → § 56 Rn. 11. Die gegenüber dem Entwurf veränderte Wortwahl stellt lediglich eine redaktionelle Änderung dar, s. Schriftl. Bericht des Rechtsausschusses, zu BT-Drs. IV/3401, 10.
[37] Dreier/Schulze/*Dreier* § 55 Rn. 7; Fromm/Nordemann/*Boddien* UrhG § 55 Rn. 13; für andere Fälle als Live-Sendungen auch BeckOK UrhR/*Grübler* UrhG § 55 Rn. 11; aA DKMH/*Dreyer* UrhG § 55 Rn. 9, die unter Missachtung des eindeutigen Wortlauts auf die Aufnahme abstellt.
[38] So aber BeckOK UrhR/*Grübler* UrhG § 55 Rn. 11; ebenso noch Schricker/Loewenheim/*Melichar* (5. Aufl.) UrhG § 55 Rn. 10.
[39] Dazu → § 47 Rn. 23.
[40] Vgl. *Stieper* ZGE 9 (2017), 539 (544); aA BeckOK UrhR/*Grübler* UrhG § 55 Rn. 11.
[41] KG ZUM 2012, 248 (253); vgl. *Ulmer* § 53 V.

rischen Gründen besonders in den Blickpunkt des allgemeinen Interesses rücken.[42] Die historische Bedeutung einer Aufnahme wird man im Vornherein allerdings nicht immer sicher beurteilen können.[43] Da auch bei zulässiger Aufnahme in ein Archiv **keinerlei Nutzungsrecht** entsteht, kann man hier jedoch eine weite Auslegung des Begriffes zugrunde legen und im Zweifel das Interesse der Öffentlichkeit an einem Festhalten einschlägiger Aufnahmen höher einstufen als das ausschließliche Vervielfältigungsrecht des Urhebers oder Leistungsschutzberechtigten.[44]

Die Löschungspflicht entfällt nur für die Aufnahme in ein **amtliches Archiv**. Die Gesetzesbegründung zählt hierunter auch **Archive öffentlich-rechtlicher Rundfunkanstalten**.[45] Eine weitergehende Ausdehnung etwa auch auf private Rundfunkanstalten kommt im Hinblick auf den Wortlaut nicht in Betracht.[46] Da sich die Sendeunternehmen im Hinblick auf die mit § 55 Abs. 2 verbundenen Abgrenzungsschwierigkeiten in den Sendeverträgen das Recht zur Archivierung ohnehin regelmäßig einräumen lassen, spielt die Unterscheidung in der Praxis aber keine große Rolle. **13**

2. Rechtsfolge

Bei Vorliegen der Voraussetzungen nach Abs. 2 entfällt lediglich die Pflicht zur Löschung der ephemeren Aufnahme; an den so archivierten Aufnahmen erwachsen dem Inhaber des Archives **keinerlei zusätzliche Nutzungsrechte**. Insbesondere dürfen diese Aufnahmen nicht zur öffentlichen Wiedergabe gleich welcher Art, dh insbesondere auch nicht zu Funksendungen, verwendet werden.[47] Eine öffentliche Wiedergabe kann allerdings im Rahmen von § 45 gerechtfertigt sein. **14**

3. Benachrichtigungspflicht

Der Urheber (bzw. Leistungsschutzberechtigte) ist von der Aufnahme in das Archiv **unverzüglich zu benachrichtigen.** Die Benachrichtigung soll es dem Urheber ermöglichen, die gesetzlichen Voraussetzungen für die Aufnahme in das Archiv zu prüfen.[48] Darüber hinaus besteht aber durchaus auch ein Interesse des Urhebers daran, zu wissen, wo seine Werke „archiviert" sind. Eine besondere Form für diese Mitteilung ist nicht vorgeschrieben; es genügt also auch eine mündliche Mitteilung.[49] Die Benachrichtigung hat unverzüglich, dh ohne schuldhaftes Zögern (§ 121 BGB), zu erfolgen, sobald die Aufnahme in das Archiv aufgenommen ist, also die Löschungsabsicht entfallen ist; dies kann auch schon vor Ablauf der Löschungsfrist nach Abs. 1 S. 2 der Fall sein. Die Nachricht ist unmittelbar dem Urheber zuzuleiten; eine Benachrichtigung zB der Inhaber von Nutzungsrechten genügt nicht. Streitig sind die **Rechtsfolgen** einer unterbliebenen Unterrichtung. Teilweise wird angenommen, die Aufnahme in das Archiv werde dadurch nachträglich zu einer Urheberrechtsverletzung.[50] Die Aufnahme in ein Archiv stellt aber keine vom Urheberrecht erfasste Nutzungshandlung dar. Auch kann eine ursprünglich zulässige Nutzungshandlung, hier die von § 55 Abs. 1 gedeckte Vervielfältigung, nicht rückwirkend rechtswidrig werden.[51] Ein Verstoß gegen die Benachrichtigungspflicht löst daher allenfalls Schadensersatzansprüche gemäß § 280 Abs. 1 BGB aus.[52] **15**

IV. Öffentlich-rechtliche Aufbewahrungspflichten

Öffentlich-rechtliche Verpflichtungen der Sendeunternehmen, Sendungen zu Beweiszwecken aufzuzeichnen und aufzubewahren, bleiben von § 55 „unberührt".[53] Sendeunternehmen sind danach verpflichtet, ihre Sendungen vollständig aufzuzeichnen und für eine bestimmte Frist aufzubewahren.[54] Eine entsprechende Verwertung der Aufzeichnung wird in aller Regel unter § 45 fallen. Auch wenn eine Pflicht zur Löschung nicht ausdrücklich vorgesehen ist, wird man unter urheberrechtlichen Gesichtspunkten davon ausgehen müssen, dass die lediglich zu Beweissicherungszwecken gefertigten Aufnahmen nach Ablauf der Aufbewahrungsfrist gelöscht werden müssen. **16**

---

[42] Ähnlich *v. Gamm* § 55 Rn. 6; Dreier/Schulze/*Dreier* § 55 Rn. 8.
[43] Fromm/Nordemann/*Boddien* UrhG § 55 Rn. 17.
[44] Ebenso Fromm/Nordemann/*Boddien* UrhG § 55 Rn. 17; Wandtke/Bullinger/*Lüft* UrhG § 55 Rn. 6.
[45] AmtlBegr. BT-Drs. IV/270, 75; kritisch dazu *v. Gamm* § 55 Rn. 6.
[46] Ebenso Dreier/Schulze/*Dreier* § 55 Rn. 8; kritisch gegenüber dieser Unterscheidung BeckOK UrhR/*Grübler* UrhG § 55 Rn. 14.
[47] AmtlBegr. BT-Drs. IV/270, 75.
[48] AmtlBegr. BT-Drs. IV/270, 75.
[49] BeckOK UrhR/*Grübler* UrhG § 55 Rn. 16.
[50] Dreier/Schulze/*Dreier* § 55 Rn. 9; ebenso noch Schricker/Loewenheim/*Melichar* (5. Aufl.) UrhG § 55 Rn. 14.
[51] *Stieper* ZGE 9 (2017), 539 (544); vgl. dazu auch → § 53 Rn. 65 f.
[52] Vgl. hierzu → Vor §§ 44a ff. Rn. 55; ebenso DKMH/*Dreyer* UrhG § 55 Rn. 12; BeckOK UrhR/*Grübler* UrhG § 55 Rn. 16; gegen eine Einordnung als Zulässigkeitsvoraussetzung auch *v. Gamm* § 55 Rn. 6 aE.
[53] AmtlBegr. BT-Drs. IV/270, 75.
[54] S. etwa § 14 Abs. 1 des Deutschlandradio-Staatsvertrags idF des 15. RÄndStV.

§ 55a Benutzung eines Datenbankwerkes

[1] Zulässig ist die Bearbeitung sowie die Vervielfältigung eines Datenbankwerkes durch den Eigentümer eines mit Zustimmung des Urhebers durch Veräußerung in Verkehr gebrachten Vervielfältigungsstücks des Datenbankwerkes, den in sonstiger Weise zu dessen Gebrauch Berechtigten oder denjenigen, dem ein Datenbankwerk aufgrund eines mit dem Urheber oder eines mit dessen Zustimmung mit einem Dritten geschlossenen Vertrags zugänglich gemacht wird, wenn und soweit die Bearbeitung oder Vervielfältigung für den Zugang zu den Elementen des Datenbankwerkes und für dessen übliche Benutzung erforderlich ist. [2] Wird aufgrund eines Vertrags nach Satz 1 nur ein Teil des Datenbankwerkes zugänglich gemacht, so ist nur die Bearbeitung sowie die Vervielfältigung dieses Teils zulässig. [3] Entgegenstehende vertragliche Vereinbarungen sind nichtig.

Schrifttum: Siehe die Schrifttumsangaben zu § 4 und Vor §§ 87a ff.

Übersicht

I. Zweck und Bedeutung der Norm

1   Durch § 55a ist Art. 6 Abs. 1 der Datenbank-RL umgesetzt worden.[1] Entsprechend findet sich in § 87e eine vergleichbare Regelung für das Schutzrecht sui generis. § 55a soll dem rechtmäßigen Benutzer eines Datenbankwerks nach § 4 Abs. 2 den Zugang zum Inhalt der Datenbank und deren normale Benutzung ermöglichen.[2] Zu diesem Zweck wird bestimmt, dass bestimmte Bearbeitungs- und Vervielfältigungsvorgänge, die an sich dem Ausschließlichkeitsrecht des Datenbankurhebers unterliegen, ohne seine Zustimmung zulässig sind. Die Vorschrift entspricht damit in ihrer Funktion im Übrigen auch § 69d für Computerprogramme, steht allerdings anders als § 69d Abs. 1 nicht unter dem Vorbehalt anderweitiger vertraglicher Regelung.[3] Ebenso wie bei § 69d handelt es sich primär nicht um eine urhebervertragsrechtliche Bestimmung, sondern um eine **Schrankenregelung,** die das Vervielfältigungsrecht und das Bearbeitungsrecht begrenzt.[4] § 55a stellt **zwingendes Recht** dar, entgegenstehende vertragliche Vereinbarungen sind nach S. 3 unwirksam.[5]

1a   Hinsichtlich des **Anwendungsbereichs** der Norm hat der EuGH (bezüglich der zugrundeliegenden Art. 6 Abs. 1 und Art. 8 Datenbank-RL) entschieden, dass die zwingenden Schutzvorschriften zugunsten des berechtigten Nutzers nur insoweit gelten, wie der Schutzgegenstand der Datenbank-RL reicht, dh im Ergebnis **nur für schutzfähige Datenbankwerke oder Datenbanken.**[6] Dies wurde zum Teil kritisiert, weil es sich etwa für Fälle des **Screen Scraping** jedenfalls mit Blick auf den Datenbank(werk)schutz zu dem auf den ersten Blick paradoxen Ergebnis führen kann, dass der Nutzer einer nicht schutzfähigen Datenbank nicht den gleichen zwingenden rechtlichen Mindestschutz genießt wie der rechtmäßige Nutzer einer sogar schutzfähigen Datenbank.[7]

2   Die Zulässigkeit von Benutzungshandlungen wird sich in aller Regel auch aus dem **Vertragsrecht** ergeben. Wer einen Datenträger veräußert, der eine Datenbank enthält, oder wer die Genehmigung zur Online-Benutzung einer Datenbank gibt, bringt damit zumindest implizit zum Ausdruck, dass er

---

[1] Richtlinie 96/9/EG vom 11.3.1996 über den rechtlichen Schutz von Datenbanken, ABl. 1996 L 77, S. 20. Zu Art. 6 bzw. Art. 8 Datenbank-RL vgl. den Evaluierungsbericht der europäischen Kommission SWD(2018) 147 endg., 30 ff. mwN; JIIP Study 2018, S. 22–25, 84 f. mwN sowie *Joint Institute for Innovation Policy,* Study in Support of the Database Directive, Annex 1: Legal Analysis, 115 mwN, https://ec.europa.eu/digital-single-market/en/news/study-support-evaluation-database-directive.
[2] Sa den 34. Erwgr. der Datenbank-RL. Zur divergierenden Interpretation des Begriffs des „rechtmäßigen Benutzers" in den Mitgliedstaaten und der daraus resultierenden Rechtsunsicherheit SWD(2018) 147 endg., 20, 30–31 mwN; JIIP-Study 2018 Annex 1: Legal Analysis, 82–85 iVm 27–36 mwN, https://ec.europa.eu/digital-single-market/en/news/study-support-evaluation-database-directive.
[3] *Gaster* ÖSGRUM 19 (1995), 201 (209).
[4] AmtlBegr. BT-Drs. 13/7934, 52; Dreier/Schulze/*Dreier* UrhG § 55a Rn. 1; Fromm/Nordemann/*Czychowski* UrhG § 55a Rn. 1; zur diesbzgl. Rolle im Zusammenhang mit dem Erschöpfungsgrundsatz vgl. grdl. *Berger* GRUR 2002, 198; sa *Berger* GRUR 1997, 169 (177).
[5] Sa Art. 15 der Datenbank-RL.
[6] EuGH GRUR 2015, 253 Rn. 36 ff. – Ryanair mAnm *Czychowski* GRUR 2015, 255.
[7] *Czychowski* GRUR 2015, 255 f.; *Deutsch* K&R 2015, 181 (182); *Leistner,* Big Data and the EU Database Directive 96/9/EC: Current Law and Potential for Reform, in Lohsse/Schulze/Staudenmayer (Hg.), Trading Data in the Digital Economy: Legal Concepts and Tools, 2017, S. 27 (39 f.).

der Benutzung im vertraglich vorgesehenen Rahmen zustimmt.[8] Davon ist auch der Gesetzgeber ausgegangen.[9] Urheberrechtlich ist das regelmäßig als eine rein schuldrechtliche Gestattung[10] zu qualifizieren. In ihrem Umfang kann eine solche Gestattung allerdings von dem durch § 55a festgelegten Rahmen abweichen.

Für den strukturähnlichen § 69d hat der EuGH entschieden, dass auch der Erwerber einer offline **2a** oder online vertriebenen Kopie eines Computerprogramms, an der sich das Verbreitungsrecht durch Erstverkauf erschöpft hat, als berechtigter Nutzer anzusehen ist (Absicherung des Grundsatzes der **Online-Erschöpfung bei Computerprogrammen**).[11] Da für Datenbankwerke und Datenbanken – anders als allgemein bei den anderen Werkarten – mit § 55a (bzw. § 87e) vergleichbare Normen vorhanden sind, würde dies die **Ausdehnung der Online-Erschöpfung auch auf Datenbanken** durch Richterrecht für diesen spezifischen Bereich vergleichsweise einfacher ermöglichen.[12] Ob dies rechtspolitisch wünschenswert und dogmatisch mit Blick auf Erwgr. 33 der Datenbank-RL tragfähig ist, steht auf einem anderen Blatt.[13]

II. Zulässige Benutzung des Datenbankwerks

1. Zulässige Benutzungshandlungen

Zulässig sind die **Bearbeitung** und die **Vervielfältigung** des Datenbankwerks oder von Teilen **3** desselben. Andere Verwertungshandlungen, insbesondere die Verbreitung, erlaubt § 55a nicht. Zwar nennt Art. 6 Abs. 1 der Datenbank-RL – anders als Art. 5 Abs. 1 der Software-RL – nicht nur die Vervielfältigung und Bearbeitung, sondern nimmt auf sämtliche der in Art. 5 der Richtlinie aufgezählten Handlungen Bezug. Der deutsche Gesetzgeber hat jedoch bereits bei der Festlegung der zulässigen Benutzungshandlungen berücksichtigt, dass diese Handlungen für den Zugang zum Inhalt der Datenbank und ihre normale Benutzung erforderlich sein müssen und ist mit Recht davon ausgegangen, dass das bei anderen Verwertungshandlungen als der Vervielfältigung und der Bearbeitung nicht der Fall ist.[14] § 55a entspricht damit im Ergebnis § 69d Abs. 1 bzw. Art. 5 Abs. 1 der Software-RL. Unter § 55a fallen **sowohl die Online- als auch die Offline-Benutzung** der Datenbank.[15] Als **Vervielfältigungshandlungen**[16] kommen bei elektronischen Datenbanken insbesondere das Abspeichern auf einem digitalen Datenträger (Festplatte eines Computers, Diskette, CD-ROM, DVD, MO-Disk, Memory-Stick usw), das Laden in den Arbeitsspeicher und das Browsen in Betracht. Bei nichtelektronischen Datenbanken wird es in der Regel um reprographische Kopien gehen. Bei den **Bearbeitungshandlungen**[17] ist vor allem an Änderungen in der Auswahl und Anordnung der inhaltlichen Elemente der Datenbank zu denken. Diese können beispielsweise erfolgen, um die Datenbank individuellen Benutzerwünschen anzupassen, etwa durch Hinzufügung von Anmerkungen, Einrichtung besonderer Such- und Abfragestrategien, aber auch durch Hinzufügung weiterer Inhalte im Hinblick auf den individuellen Bedarf oder um die Datenbank up to date zu halten.[18]

Durch § 55a wird nur die Vervielfältigung und Bearbeitung des Datenbankwerks gestattet, also **4** **nicht** die **Benutzung des Inhalts** der Datenbank.[19] Gegenstand der zustimmungsfreien Handlungen ist, was zur **Struktur** der Datenbank gehört, also etwa die Zugangs- und Abfragesysteme, Verzeichnisse, Thesaurus und Index. Eine Vervielfältigung oder Bearbeitung der in der Datenbank gespeicherten geschützten Werke bedarf dagegen der Zustimmung des Inhabers des jeweiligen Urheber- oder Leistungsschutzrechts. Soweit die Vervielfältigung oder Bearbeitung von Inhalten einer Datenbank quantitativ oder qualitativ in einer Weise erfolgt, dass die in Auswahl oder Anordnung des Inhalts liegende geschützte Leistung berührt wird, greift § 55a bezüglich dieser Leistung wieder ein.

2. Berechtigte Personen

§ 55a hat nicht den Begriff des rechtmäßigen Benutzers aus Art. 6 Abs. 1 der Datenbank-RL über- **5** nommen, sondern unterscheidet zwischen dem Eigentümer eines Vervielfältigungsstücks des Daten-

---

[8] Vgl. zum speziellen Fall der Anwendung des § 55a bei veröffentlichten Ligaspielplänen für Sportligen *Heermann/John* K&R 2011, 753 (758 f.).
[9] AmtlBegr. BT-Drs. 13/7934, 53.
[10] Dazu → § 29 Rn. 28.
[11] → § 69d Rn. 4a.
[12] *Wiebe* GRUR-Int 2009, 114 ff.; *Leistner*, Big Data and the EU Database Directive 96/9/EC: Current Law and Potential for Reform, in Lohsse/Schulze/Staudenmayer (Hg.), Trading Data in the Digital Economy: Legal Concepts and Tools, 2017, S. 27 (39 f.).
[13] S. *Leistner/Antoine*, Exhaustion and Second-Hand Digital Goods/Contents, in Heath/Kamperman Sanders/Moerland (Hg.), Intellectual Property Rights as Obstacles to Legitimate Trade?, 2018, S. 159 (159 ff.); vgl. auch *Senftleben* NJW 2012, 2924 (2925); *Wiebe* GRUR-Int 2009, 114 ff.
[14] AmtlBegr. BT-Drs. 13/7934, 52.
[15] Dreier/Schulze/*Dreier* UrhG § 55a Rn. 5; BeckOK UrhR/*Grübler* § 55a Rn. 3.
[16] Zum Vervielfältigungsbegriff → § 16 Rn. 5 ff., insbes. → Rn. 16 ff.
[17] Zum Bearbeitungsbegriff → § 23 Rn. 6 ff. Zu beachten ist, dass bei Datenbankwerken bereits die Herstellung zustimmungspflichtig ist, § 23 S. 2.
[18] Sa *Berger* GRUR 1997, 169 (177 f.).
[19] Dreier/Schulze/*Dreier* UrhG § 55a Rn. 2.

bankwerks, dem in sonstiger Weise zum Gebrauch Berechtigten und demjenigen, dem ein Datenbankwerk auf vertraglicher Basis zugänglich gemacht worden ist. Der Gesetzgeber wollte damit vermeiden, dass der Begriff des rechtmäßigen Benutzers lediglich im Sinne eines durch vertragliche Vereinbarung berechtigten Benutzers interpretiert würde; er hat deswegen die Person des Berechtigten anhand der distributorischen Verwertungshandlung beschrieben, durch die der Benutzer als Endverbraucher die Benutzungsberechtigung erwirbt.[20] Zu unterscheiden ist zwischen der **Offline-Benutzung** und der **Online-Benutzung;** diese Unterscheidung liegt auch dem 34. Erwgr. der Datenbank-RL zugrunde. Die Benutzung **nicht elektronischer Datenbanken** steht der Offline-Benutzung gleich;[21] die Problematik spielt hier aber keine nennenswerte Rolle.

6   Bei der **Offline-Benutzung** wird ein körperliches Vervielfältigungsstück der Datenbank benutzt. Die Fälle werden durch die Begriffe „Eigentümer eines mit Zustimmung des Urhebers durch Veräußerung in Verkehr gebrachten Vervielfältigungsstücks des Datenbankwerkes" und „in sonstiger Weise zu dessen Gebrauch Berechtigter" erfasst. Prototyp des **Eigentümers** ist der Käufer einer CD-ROM, die eine Datenbank enthält. **In sonstiger Weise zum Gebrauch Berechtigter** ist, wer von einem dazu Berechtigten eine Benutzungsberechtigung erhalten hat, die urheberrechtlicher Natur (Einräumung oder Weiterübertragung eines einfachen Nutzungsrechts) sein oder in einer rein schuldrechtlichen Gestattung bestehen kann. Hierunter fallen die Miete einer Datenbank-CD-ROM oder deren Überlassung durch den dazu berechtigten Eigentümer an einen Dritten zwecks Benutzung.[22] Voraussetzung ist aber stets, dass die Einräumung der Nutzungsberechtigung urheberrechtlich zulässig ist. So bedarf die gewerbliche Vermietung käuflich erworbener Datenbank-CD-ROMs der urheberrechtlichen Zustimmung, weil das Vermietrecht nicht der Erschöpfung unterliegt (§ 17 Abs. 2). Grenzen können sich ebenso aus der Einräumung beschränkter Nutzungsrechte ergeben, die bestimmte Formen der Weitergabe oder Benutzung durch Dritte ausschließen. Entsprechendes gilt für **nicht elektronische Datenbanken.**

7   Mit demjenigen, „dem ein Datenbankwerk auf Grund eines mit dem Urheber oder eines mit dessen Zustimmung mit einem Dritten geschlossenen Vertrags zugänglich gemacht wird" sind die Fälle der **Online-Benutzung** gemeint.[23] Bei der Online-Benutzung beruht die (rechtmäßige) Benutzung der Datenbank in aller Regel auf einem mit dem Datenbankanbieter geschlossenen Vertrag. Dieser eröffnet dem Benutzer den Zugang durch eine Zugangsberechtigung und gestattet das Downloading, das Browsen und weitere Benutzungshandlungen.

Zur Möglichkeit der Fortentwicklung des Grundsatzes der **Online-Erschöpfung** für online vertriebene Kopien von Datenbankwerken auf Basis des § 55a → Rn. 2a.

3. Benutzungszweck und Erforderlichkeit

8   § 55a gestattet die Vervielfältigung und Bearbeitung des Datenbankwerks nur, soweit dies für den Zugang zu den Elementen des Datenbankwerkes und für dessen übliche Benutzung erforderlich ist. Der Begriff des Zugangs zu den Elementen und der der üblichen Benutzung überschneiden sich. Mit dem **Zugang zu den Elementen** ist der Zugang zum Inhalt der Datenbank gemeint, also zu den in der Datenbank gespeicherten Werken, Daten, Fakten usw. Der Zugang zum Inhalt der Datenbank gehört aber auch zu deren üblicher Benutzung. Problematisch ist der Begriff der **üblichen Benutzung.** Was üblich ist, kann nur begrenzt generalisiert werden; es hängt von einer Reihe von Einzelfaktoren ab, von der Art der Datenbank ebenso wie vom Benutzer und den von ihm mit der Benutzung verfolgten Zwecken, zB privater Gebrauch, gewerblicher Gebrauch, Gebrauch in einem bestimmten Umfang und dgl. Art und Umfang der Benutzung werden sich bei einer Online-Benutzung meist aus dem zugrundeliegenden Lizenzvertrag ergeben; auch beim Erwerb eines offline zu benutzenden Vervielfältigungsstücks der Datenbank können aber besondere vertragliche Vereinbarungen getroffen werden. Insofern wird sich das, was übliche Benutzung ist, nicht ohne Berücksichtigung der Parteivereinbarungen bestimmen lassen.[24] Damit reduzieren sich die Unterschiede zu § 69d Abs. 1, bei dem die Mindestrechte des Benutzers von Computerprogrammen unter dem Vorbehalt anderweitiger vertraglicher Regelung stehen. Ebenso wie dort[25] wird man aber von einem **zwingenden Kern** von Benutzerbefugnissen auszugehen haben, der nicht eingeschränkt werden kann.[26] Der Richtliniengesetzgeber wollte sicherstellen, dass der rechtmäßige Benutzer der Datenbank mit dieser auch arbeiten und sie wirtschaftlich sinnvoll nutzen kann. Dem hat die Interpretation des Begriffs der üblichen Benutzung Rechnung zu tragen.[27]

---

[20] AmtlBegr. BT-Drs. 13/7934, 43; zur Interpretationsproblematik auch *Berger* GRUR 1997, 169 (176 f.).
[21] So auch Wandtke/Bullinger/*Lüft* UrhG § 55a Rn. 2.
[22] Sa Dreier/Schulze/*Dreier* UrhG § 55a Rn. 4 f.; Fromm/Nordemann/*Czychowski* UrhG § 55a Rn. 4; Wandtke/Bullinger/*Lüft* UrhG § 55a Rn. 3.
[23] AmtlBegr. BT-Drs. 13/7934, 52; Dreier/Schulze/*Dreier* UrhG § 55a Rn. 5; Fromm/Nordemann/*Czychowski* UrhG § 55a Rn. 4; Wandtke/Bullinger/*Lüft* UrhG § 55a Rn. 4.
[24] So auch Dreier/Schulze/*Dreier* UrhG § 55a Rn. 7; Wandtke/Bullinger/*Lüft* UrhG § 55a Rn. 6.
[25] Vgl. dazu → § 69d Rn. 13.
[26] Vgl. → Rn. 12.
[27] Wandtke/Bullinger/*Lüft* UrhG § 55a Rn. 6.

Voraussetzung ist weiter, dass die Vervielfältigung oder Bearbeitung für den Zugang und die übli- 9 che Benutzung **erforderlich** ist. Ebenso wie bei § 69d[28] Abs. 1 ist davon auszugehen, dass es nicht ausreicht, dass sie lediglich zweckmäßig oder nützlich sind.[29] Es muss also so sein, dass durch andere zumutbare Maßnahmen Zugang und übliche Benutzung nicht ermöglicht werden können.[30]

Danach werden vor allem die Vorgänge des **Downloading** und des **Browsing** unter § 55a fallen. 10 Ohne diese Handlungen ist die Benutzung einer elektronischen Datenbank kaum möglich. Zu beachten bleibt aber, dass durch § 55a nur die Vervielfältigung und Bearbeitung des Datenbankwerks gestattet wird, also nicht die Benutzung des Inhalts der Datenbank, insoweit bleibt die Zustimmung des Inhabers des jeweiligen Urheber- oder Leistungsschutzrechts erforderlich.[31] Die Berechtigung zur Benutzung einer Datenbank wird allerdings in aller Regel auch die Berechtigung zur Benutzung des Datenbankinhalts einschließen. In diesem Rahmen kann auch der **Ausdruck als Hardcopy** zulässig sein. Eine **Ergänzung von Datenbanken** um weitere Dokumente wird – soweit dies technisch überhaupt möglich ist (zB nicht bei nicht wiederbeschreibbaren Datenträgern) – ebenfalls als zulässig anzusehen sein, soweit die Interessen des Datenbankanbieters dadurch nicht beeinträchtigt werden. Bei der Online-Übertragung darf eine solche Anpassung zB nicht zu Veränderungen im Datenbestand des Anbieters führen; andererseits muss es dem Benutzer prinzipiell erlaubt sein, die Datenbank durch die Aufnahme weiterer Dokumente seinen eigenen Bedürfnissen oder dem neuesten Stand anzupassen. Ein Interesse des Datenbankanbieters am Verkauf von Updates kann dem nicht entgegenstehen. Bearbeitungen in Form von Änderungen der Technik des Datenzugriffs, etwa der Einrichtung besonderer Such- und Abfragestrategien, sind oft schon im Programm, das die Benutzung der Datenbank ermöglicht, angelegt (sog. Customizing); hierin liegt das Einverständnis des Datenbankanbieters mit solchen Änderungen, so dass es einer Anwendung des § 55a nicht bedarf. Bei einer **dauerhaften Vervielfältigung** der gesamten Datenbank oder größerer Teile davon auf digitale Datenträger ist die Gefahr einer unkontrollierten Verbreitung der Datenbank zu berücksichtigen. Hierbei wie in weiteren Fällen wird es von der Art der Datenbank, der Art und Weise der vorgesehenen Benutzung und anderen Umständen des Einzelfalls abhängen, ob sich Vervielfältigungs- und Bearbeitungsmaßnahmen noch im Rahmen der üblichen Benutzung halten. Im Allgemeinen wird das auf eine Interessenabwägung hinauslaufen.

4. Beschränkung auf Teile des Datenbankwerks

Dass die zustimmungsfreie Vervielfältigung und Bearbeitung von Datenbankwerken auf diejenigen 11 Teile beschränkt ist, zu deren Benutzung der Nutzer einen vertraglich eingeräumten Zugang hat, ist an sich eine Selbstverständlichkeit und hätte sich auch aus dem Begriff der Berechtigung ableiten lassen. § 55a S. 2 stellt das aber – ebenso wie Art. 6 Abs. 1 S. 2 der Datenbank-RL – noch einmal ausdrücklich klar. Die Vorschrift des S. 2 bezieht sich nach der vom Gesetzgeber vorgegebenen Systematik auf die Online-Nutzung von Datenbankwerken; man wird sie aber auf alle Fälle anzuwenden haben, in denen auf Grund vertraglicher Vereinbarung nur ein Teil der Datenbank benutzt werden darf.

5. Nichtigkeit entgegenstehender Vereinbarungen

Entgegenstehende Vereinbarungen sind nach § 55a S. 3 nichtig, und zwar sowohl dinglicher als 12 auch schuldrechtlicher Art. Damit wird dem Benutzer bei vertraglichen Vereinbarungen über Art und Umfang der Benutzung ein **„zwingender Kern"** von Benutzungsrechten garantiert, der nicht eingeschränkt werden kann. Vertragliche Regelungen außerhalb dieses Kerns werden durch § 55a nicht berührt.

Der Inhaber der Rechte an der Datenbank hat aber die Möglichkeit, die Beschränkungen, die er 13 nach § 55a S. 3 durch vertragliche Vereinbarung nicht auferlegen darf, durch **technische Schutzmaßnahmen nach § 95a** herbeizuführen. § 95b, der der Durchsetzung von den Schrankenbestimmungen gegenüber technischen Schutzmaßnahmen dient, zählt § 55a nicht auf.[32]

§ 56 Vervielfältigung und öffentliche Wiedergabe in Geschäftsbetrieben

(1) **In Geschäftsbetrieben, in denen Geräte zur Herstellung oder zur Wiedergabe von Bild- oder Tonträgern, zum Empfang von Funksendungen oder zur elektronischen Datenverarbeitung vertrieben oder instandgesetzt werden, ist die Übertragung von Werken auf Bild-, Ton- oder Datenträger sowie die öffentliche Wahrnehmbarmachung von Werken mittels Bild-, Ton- oder Datenträger sowie die öffentliche Wahrnehmbarmachung von Funksendungen und öffentliche**

---

[28] Vgl. → § 69d Rn. 12.
[29] Wandtke/Bullinger/*Lüft* UrhG § 55a Rn. 7.
[30] Sa Dreier/Schulze/*Dreier* UrhG § 55a Rn. 8; Fromm/Nordemann/*Czychowski* UrhG § 55a Rn. 6.
[31] Vgl. → Rn. 4.
[32] *Joint Institute for Innovation Policy,* Study in Support of the Database Directive, 84 ff. mwN, https://ec.europa.eu/digital-single-market/en/news/study-support-evaluation-database-directive.

Zugänglichmachung von Werken zulässig, soweit dies notwendig ist, um diese Geräte Kunden vorzuführen oder instandzusetzen.

(2) Nach Absatz 1 hergestellte Bild-, Ton- oder Datenträger sind unverzüglich zu löschen.

Schrifttum: *Dittrich,* Zum Umfang der freien Werknutzung nach § 56 UrhG, ÖBl. 1997, 211; *ders.,* Noch einmal: Zum Umfang der freien Werknutzung nach § 56 UrhG, ÖBl. 1998, 63; *Loewenheim,* Die Benutzung urheberrechtlich geschützter Werke auf Messen und Ausstellungen, GRUR 1987, 659; *Walter,* Anm. zu OGH-Musikberieselung II, MR 2006, 317.

Übersicht

1. Allgemeines

1   Wenn Elektronikhändler ihren Kunden die Funktionsweise von Wiedergabe- oder Empfangsgeräten vorführen wollen, ist dafür in der Regel das Überspielen eines Werkes auf Bild- oder Tonträger und dessen öffentliche Wahrnehmbarmachung bzw. die Wahrnehmbarmachung einer Sendung erforderlich. Die auch als **Ladenklausel** bezeichnete Vorschrift schränkt daher das ausschließliche Recht zur Vervielfältigung durch Übertragung auf Bild- oder Tonträger (§ 16 Abs. 2), der öffentlichen Wiedergabe mittels Bild- oder Tonträgern (§ 21) sowie der öffentlichen Wahrnehmbarmachung von Funksendungen und von öffentlicher Zugänglichmachung (§ 22) ein.[1] Die Vorschrift soll ausweislich der Gesetzesbegründung ausschließlich „technischen Zwecken" dienen.[2] Daneben wird durch eine ausführliche Präsentation und Funktionsprüfung der Gerätekäufer vor Fehlkäufen und der Reparaturkunde vor voreiligen Abnahmen geschützt.[3] Die Förderung der Interessen des Elektrogerätehandels folgt hieraus als Reflex. Ein **Vergütungsanspruch** wurde den Urhebern vom Gesetz nicht zugebilligt, weil das Werk hier „nicht um seiner selbst willen" benutzt werde.[4] Dass die Privilegierung in § 56 „weniger aus der sozialen Bindung des Urheberrechts als vielmehr aus der mittelbaren Förderung der eigenen Urheberinteressen zu verstehen" sei,[5] trifft aber nicht zu.[6] Das hierfür angeführte Argument, dass den Urhebern durch den so „geförderten Geräteverkauf" die Vergütung gem. § 54 zugute komme, überzeugt schon deshalb nicht, weil die Regelung auch bloße – vergütungsfreie – Wiedergabegeräte umfasst.

2   Den **Interessen des Elektrohandels** wird die Vorschrift jedoch offenbar nicht vollständig gerecht. Dies gilt zum einen hinsichtlich der Notwendigkeit einer sofortigen Löschung (Abs. 2), was vielfach als unpraktikabel angesehen wird. Zum anderen gilt dies auch für das Fehlen einer allgemeinen – nicht kundenbezogenen – Vorführmöglichkeit etwa in Schaufenstern des Nachts uÄ. Es sind daher eine Reihe von Verträgen zwischen Verwertungsgesellschaften (unter Federführung der GEMA) und dem Fachhandel, Warenhäusern uÄ abgeschlossen worden, in denen gegen Vergütung die gewünschten Vorführrechte eingeräumt werden.[7]

3   Vor 1965 fehlte eine dem § 56 entsprechende Bestimmung. Vor allem der Siegeszug des Tonbandgerätes hatte zur Forderung nach einer gesetzlichen Regelung geführt. Im RegE 1962 war vorgesehen, dass lediglich zur **Vorführung** von Tonbandgeräten und Videorecordern Tonband- und Videoüberspielungen gestattet werden (§ 57 RegE 1962). Der Rechtsausschuss hielt diese Regelung für zu eng und gab der Bestimmung die jetzt gültige Fassung, nach der insbesondere neben der Vorführung auch die **Reparatur** privilegiert ist.[8] Die Urheberrechtsnovelle 2003 brachte neben redaktionellen Änderungen eine Erweiterung auf „Geräte zur elektronischen Datenverarbeitung" und erklärt „auch die öffentliche Wahrnehmbarmachung von Übertragungen" für zulässig.[9]

4   Die Einschränkung des Vervielfältigungsrechts durch diese Ladenklausel ist konventionsrechtlich durch **Art. 9 Abs. 2 RBÜ** abgedeckt. Bezüglich der öffentlichen Wiedergabe handelt es sich um eine zulässige sog. kleine Ausnahme.[10] Die **InfoSoc-RL** schließlich lässt in Art. 5 Abs. 3 lit. l Ausnahmen vom Vervielfältigungsrecht und dem Recht der öffentlichen Wiedergabe „für die Nutzung im Zusammenhang mit der Vorführung oder Reparatur von Geräten" zu.

---

[1] Zur Reichweite der Vorschrift im Einzelnen → Rn. 8.

[2] AmtlBegr. BT-Drs. IV/270, 32.

[3] *Poeppel,* Die Neuordnung der urheberrechtlichen Schranken im digitalen Umfeld (2005), S. 381.

[4] AmtlBegr. BT-Drs. IV/270, 75.

[5] So *v. Gamm* § 56 Rn. 1; vgl. auch *v. Gamm* § 45 Rn. 2; ebenso OGH MR 1998, 26 (28) und *Dittrich* ÖBl. 1997, 211 (217) zum ähnlich lautenden § 56 öUrhG.

[6] *Stieper,* Rechtfertigung, Rechtsnatur und Disponibilität der Schranken des Urheberrechts (2009), S. 27.

[7] Vgl. *Loewenheim* GRUR 1987, 659.

[8] Schriftl. Bericht des Rechtsausschusses, BT-Drs. IV/3401, 20.

[9] AmtlBegr. BT-Drs. 15/38, 21.

[10] *Nordemann/Vinck/Hertin* RBÜ Art. 8 Rn. 3.

2. Privilegierte Geräte

Nur Geschäftsbetriebe, die sich gewerbsmäßig mit Verkauf oder Reparaturen von Geräten zur Her- **5** stellung oder Wiedergabe von Bild- oder Tonträgern sowie zum Empfang von Funksendungen befassen, sind privilegiert. Der Begriff des **Geschäftsbetriebes** umfasst alle Vertriebsstufen vom Hersteller bis zum Einzelhandel einschließlich einschlägiger Handelsvertreter,[11] aber auch Messeaussteller.[12] Mit der Formulierung „in Geschäftsbetrieben" wollte der Gesetzgeber klarstellen, dass es sich „nicht um eine Beschränkung der zulässigen Verwertungshandlung auf bestimmte Personen (bzw. Unternehmen), sondern um eine Beschränkung auf bestimmte Umstände handelt".[13] Entscheidend sind folglich Zweck und Kontext, in dem die Nutzungshandlungen erfolgen.[14]

Zu den von Abs. 1 erfassten **Geräten** gehören zum einen solche zum Empfang von Funksendun- **6** gen, dh Radio- und Fernsehgeräte einschließlich Internetradios, zum anderen solche zur Herstellung oder Wiedergabe von Bild- oder Tonträgern sowie deren einzelne Komponenten; dies sind insbesondere Tonbandgeräte, Video-, CD-, DVD- und Festplattenrecorder sowie die entsprechenden Abspielgeräte wie Schallplattenspieler, CD-, DVD- und Blu-Ray-Player, Verstärker, Lautsprecher und Beamer. Schon bisher fielen im Hinblick auf den weiten Begriff des Bild- oder Tonträgers (§ 16 Abs. 2) auch alle **digitalen Geräte,** die in der Lage sind, Multimedia-Produkte herzustellen und/oder zu vervielfältigen, unter Abs. 1, also jedenfalls PCs, Tablets, Smartphones, E-Book-Reader uÄ. Durch die Erweiterung auf „Geräte zur elektronischen Datenverarbeitung" sind nun auch Geräte mit einbezogen, die der **Vermittlung digitalisierter Werke** dienen. Der Gesetzgeber nennt beispielhaft hierfür Computerbildschirme, Drucker und Modems;[15] es fallen aber auch CD-ROM- und DVD-Laufwerke,[16] Streaming-Boxen oder TV-Sticks hierunter.

Wenn Abs. 1 von Geräten zur Herstellung oder Wiedergabe von „Bild- oder Tonträgern" spricht, **7** bezieht sich dies nach der Legaldefinition in § 16 Abs. 2 nur auf Vorrichtungen zur wiederholbaren Wiedergabe von Bild- oder Tonfolgen, also **nicht von einzelnen Abbildungen.**[17] Foto- und Reprografiegeräte sowie Diaprojektoren fallen also nicht hierunter.[18] Da aber seit 2003 ganz allgemein Geräte zur elektronischen Datenverarbeitung privilegiert sind, wird man davon ausgehen müssen, dass jedenfalls **digitale Aufnahme- und Wiedergabegeräte** aller Art von § 56 erfasst werden.[19] Dies entspricht auch den Vorgaben der Multimedia-Richtlinie, die ganz allgemein nur von „Geräten" spricht.[20] Jedenfalls digitale Fotoapparate fallen daher unter § 56, zumal sie in aller Regel auch kurze Filmsequenzen aufnehmen können.[21] Da die Gesetzesbegründung ausdrücklich auch Drucker zu den privilegierten Geräten zählt, kann für digitale Reprografiegeräte wie Scanner oder digitale Kopiergeräte aber nichts anderes gelten.[22] Ausgeschlossen von der Privilegierung ist damit letztlich nur noch der Verkauf und die Reparatur (rein) **analoger Fotoapparate und Reprografiegeräte,** bei denen ein relevantes praktisches Bedürfnis nach einer Vervielfältigung und Wiedergabe gerade urheberrechtlich geschützter Werke allerdings kaum bestehen dürfte.[23]

3. Erlaubte Nutzungshandlungen

Die Vorschrift erlaubt den genannten Geschäftsbetrieben, Werke durch Übertragung auf Bild- oder **8** Tonträger (§ 16 Abs. 2) bzw. auf Datenträger zu **vervielfältigen** sowie mittels solcher Vervielfältigungsstücke iSv § 21 **öffentlich wahrnehmbar zu machen.** Zum anderen ist die öffentliche Wahrnehmbarmachung von **Funksendungen** iSv § 22 zulässig, was vor allem für die Vorführung von Radio- und Fernsehgeräten relevant ist. Seit der Neufassung 2003 erfasst die Vorschrift darüber hinaus auch **„öffentliche Zugänglichmachungen"** von Werken. Die Bedeutung dieser Ergänzung ist angesichts der missglückten Formulierung unklar. Teilweise wird sie so verstanden, dass nach § 56 auch die öffentliche Zugänglichmachung von Werken gemäß § 19a zulässig sei.[24] Nach der Gesetzesbegründung bezieht sich die Formulierung jedoch auf „die öffentliche Wahrnehmbarmachung von

---

[11] *v. Gamm* § 56 Rn. 3a; Dreier/Schulze/*Dreier* § 56 Rn. 3.

[12] *Loewenheim* GRUR 1987, 659 (660).

[13] AmtlBegr. zum „1. Korb", BT-Drs. 15/38, 21.

[14] Fromm/Nordemann/*Boddien* UrhG § 56 Rn. 7; → Rn. 8 ff.

[15] AmtlBegr. BT-Drs. 15/38, 21.

[16] Dreier/Schulze/*Dreier* § 56 Rn. 4.

[17] Ebenso Dreier/Schulze/*Dreier* § 56 Rn. 4.

[18] DKMH/*Dreyer* UrhG § 56 Rn. 11; Dreier/Schulze/*Dreier* § 56 Rn. 4; Fromm/Nordemann/*Boddien* UrhG § 56 Rn. 9; aA *v. Gamm* § 56 Rn. 3a.

[19] Ähnlich Dreier/Schulze/*Dreier* § 56 Rn. 4; Fromm/Nordemann/*Boddien* UrhG § 56 Rn. 9.

[20] → Rn. 3.

[21] Fromm/Nordemann/*Boddien* UrhG § 56 Rn. 9; Wandtke/Bullinger/*Lüft* UrhG § 56 Rn. 2; Dreier/Schulze/*Dreier* § 56 Rn. 4; BeckOK UrhR/*Grübler* UrhG § 56 Rn. 1; aA DKMH/*Dreyer* UrhG § 56 Rn. 11.

[22] So auch Wandtke/Bullinger/*Lüft* UrhG § 56 Rn. 2; ähnlich Dreier/Schulze/*Dreier* § 56 Rn. 4; aA DKMH/ *Dreyer* UrhG § 56 Rn. 11; → 5. Aufl. 2017, Rn. 6.

[23] Ebenso im Ergebnis BeckOK UrhR/*Grübler* UrhG § 56 Rn. 5; für eine Einbeziehung auch analoger Geräte Wandtke/Bullinger/*Lüft* UrhG § 56 Rn. 2; de lege ferenda auch *Poeppel* S. 381 ff.

[24] So, allerdings ohne auf die Unklarheit im Wortlaut einzugehen, DKMH/*Dreyer* UrhG § 56 Rn. 15; Wandtke/ Bullinger/*Lüft* UrhG § 56 Rn. 3; Fromm/Nordemann/*Boddien* UrhG § 56 Rn. 14; Loewenheim/*Götting* § 31 Rn. 226.

Übertragungen", namentlich mit Geräten, die zum **Empfang von digitalen On-demand-Über-mittlungen** geeignet sind.[25] Gemeint ist daher offensichtlich die öffentliche Wahrnehmbarmachung von auf öffentlicher Zugänglichmachung beruhenden Wiedergaben durch Bildschirm, Lautsprecher oder ähnliche technische Einrichtungen iSv § 22 S. 1 Var. 2.[26] Das betrifft etwa das Abspielen von Musik mit Hilfe eines Internet-Radios oder die Anzeige von aus dem Internet heruntergeladenen Bildern auf einem Computer-Bildschirm. Mit der Änderung der Vorschrift war aber nicht bezweckt, die Übertragung von Werken an Kunden über das Internet zu erlauben, zumal hier die Voraussetzung einer Wiedergabe „in Geschäftsbetrieben" kaum erfüllt sein dürfte.

9　　Vervielfältigung wie öffentliche Wiedergabe sind nur zulässig, soweit dies notwendig ist, um „diese Geräte" vorzuführen bzw. instandzusetzen. Nur **Demonstration und Reparatur der Geräte** sind also privilegiert, nicht aber die öffentliche Wiedergabe zum Zwecke der Präsentation von **Bild- oder Tonträgern,**[27] wie durch die Streichung des bislang enthaltenen Begriffs „Vorrichtungen" klargestellt worden ist.[28]

10　　Außerdem muss die fragliche Nutzung **für die Vorführung bzw. Instandsetzung notwendig** sein. Die Notwendigkeit muss sich dabei aber nicht auf das konkret verwendete Werk beziehen, sondern allgemein auf die Erforderlichkeit des Einsatzes eines Bild- oder Tonträgers bzw. einer Funksendung für eine aussagekräftige Präsentation der Funktionsweise bzw. einer erfolgreichen Reparatur.[29] Für den Vorführzweck ist entscheidend, dass die betreffende Nutzungshandlung im Rahmen einer **individuellen Kundenberatung** erfolgt, sich die Vorführung also an einen konkreten Kreis von Kaufinteressenten richtet.[30] Ob es sich um ein persönliches Verkaufsgespräch oder ein Angebot an eine breitere Käuferschicht handelt, beispielsweise vor einem Messestand, ist unerheblich.[31] Diese Kaufinteressenten müssen auch nicht (potentielle) Kunden des Vorführenden selbst sein; so genügt es beispielsweise bei einer Messevorführung durch den Hersteller oder Großhändler, wenn die durch die Vorführung angesprochenen Endabnehmer Kunden eines Einzelhändlers werden sollen.[32] Eine Vorführung, die in erster Linie der **allgemeinen Kundenwerbung** dient, etwa der dauerhafte Betrieb von Fernsehern oder Stereoanlagen in den Verkaufsräumen oder das Abspielen von Filmen oder Musik zur Kundenunterhaltung, ist von § 56 jedoch nicht gedeckt.[33] Denn hierbei werden die betroffenen Werke entgegen dem Zweck der Vorschrift gerade „um ihrer selbst Willen" genutzt.[34] Zu **Instandsetzungszwecken** notwendig sind etwaige im Rahmen der Reparatur erforderlichen Testläufe sowie die entsprechende Vorführung gegenüber dem Kunden.[35]

11　　Gemäß **Abs. 2** sind nach Abs. 1 erlaubtermaßen hergestellte Bild-, Ton- oder Datenträger „unverzüglich", dh ohne schuldhaftes Zögern (§ 121 BGB), zu löschen. Die **Löschung** muss also unmittelbar nach erfolgter Vorführung bzw. Reparatur des Gerätes erfolgen, dh spätestens, nachdem der Kunden den Geschäftsbetrieb verlassen hat oder der Reparaturvorgang beendet ist. Ein Aufbewahren des nach Abs. 1 hergestellten Vervielfältigungsstücks, etwa zur Wiederverwendung für weitere Kunden, ist unzulässig.[36] Der Gesetzeswortlaut geht wie selbstverständlich davon aus, dass die verwendeten Bild-, Ton- oder Datenträger – wie Tonbänder, Videokassetten oder CD-RW – löschbar und somit wiederverwertbar sind. Im RegE war noch vorgesehen, dass die Bild- oder Tonträger „unbrauchbar zu machen" sind. Soweit eine Löschung nicht möglich ist, zB bei CD-R, verlangt auch das geltende Recht eine Unbrauchbarmachung.[37]

---

[25] AmtlBegr. BT-Drs. 15/38, 21.

[26] Ebenso im Ergebnis BeckOK UrhR/*Grübler* UrhG § 56 Rn. 12; Dreier/Schulze/*Dreier* § 56 Rn. 5; *Poeppel* S. 385. Grammatikalisch richtig müsste es daher „von Funksendungen und von öffentlichen Zugänglichmachungen" heißen.

[27] Dreier/Schulze/*Dreier* § 56 Rn. 6; DKMH/*Dreyer* UrhG § 56 Rn. 13.

[28] AmtlBegr. BT-Drs. 15/38, 21.

[29] Ähnlich DKMH/*Dreyer* UrhG § 56 Rn. 16.

[30] Vgl. AG Düsseldorf Schulze AGZ 27, 3, wonach die Wiedergabe „im Rahmen eines bestimmten Verkaufsgespräches" stattfinden muss; zust. Dreier/Schulze/*Dreier* § 56 Rn. 7; aA östOGH MR 1998, 27 (28); 2006, 317 – Musikberieselung II mAnm *Walter:* Es genüge die Möglichkeit, dass die Wiedergabe in eine konkrete Kundenvorführung und -beratung übergeht; ebenso *v. Gamm* § 56 Rn. 5.

[31] Fromm/Nordemann/*Boddien* UrhG § 56 Rn. 12; Dreier/Schulze/*Dreier* § 56 Rn. 7; DKMH/*Dreyer* UrhG § 56 Rn. 13; BeckOK UrhR/*Grübler* UrhG § 56 Rn. 14; ausf. zu den einzelnen Verkaufstechniken auf Messen *Loewenheim* GRUR 1987, 659 (660 f.).

[32] AG Berlin-Charlottenburg Schulze AGZ 16 – HiFi-Messe mit Anm. *Schatz;* Dreier/Schulze/*Dreier* § 56 Rn. 7.

[33] Schriftl. Bericht des Rechtsausschusses, zu BT-Drs. IV/3401, 10 f.; BeckOK UrhR/*Grübler* UrhG § 56 Rn. 14; Wandtke/Bullinger/*Lüft* UrhG § 56 Rn. 4; DKMH/*Dreyer* UrhG § 56 Rn. 14; Dreier/Schulze/*Dreier* § 56 Rn. 7, der aber auf die Schwierigkeiten dieser Abgrenzung hinweist; zu weitgehend *Loewenheim* GRUR 1987, 659 (661 ff.), wonach das Aufstellen von Geräten, die auf Messen „mehr oder weniger ständig eingeschaltet sein können, weil sie von den Besuchern selbst bedient werden dürfen", unter die Privilegierung des § 56 fallen könne.

[34] → Rn. 1.

[35] BeckOK UrhR/*Grübler* UrhG § 56 Rn. 15.

[36] *v. Gamm* § 56 Rn. 6; DKMH/*Dreyer* UrhG § 56 Rn. 17.

[37] Ebenso DKMH/*Dreyer* UrhG § 56 Rn. 17; dazu auch → § 47 Rn. 20 und → § 55 Rn. 10.

§ 57 Unwesentliches Beiwerk

Zulässig ist die Vervielfältigung, Verbreitung und öffentliche Wiedergabe von Werken, wenn sie als unwesentliches Beiwerk neben dem eigentlichen Gegenstand der Vervielfältigung, Verbreitung oder öffentlichen Wiedergabe anzusehen sind.

Schrifttum: *Glückstein,* Anm. zu BGH in der Rechtssache I ZR 177/13 – Möbelkatalog, ZUM 2015, 573; *Maaßen,* Bildzitate in Gerichtsentscheidungen und juristischen Publikationen, ZUM 2003, 830; *Sternberg,* Die Rechtsprechung des EuGH und des BGH zum Urheberrecht und zu den verwandten Schutzrechten im Jahre 2012, GRUR 2013, 248; *v. Ungern-Sternberg,* Die Rechtsprechung des EuGH und des BGH zum Urheberrecht und zu den verwandten Schutzrechten im Jahre 2015, GRUR 2016, 321; *ders.,* Die Bindungswirkung des Unionsrechts und die urheberrechtlichen Verwertungsrechte, FS Bornkamm (2014), S. 1007.

Übersicht

I. Allgemeines

1. Entstehungsgeschichtlich geht § 57, dem Entsprechungen im RefE und MinE noch fehlten, 1 auf eine ähnliche Regelung in **§ 23 Abs. 1 Nr. 2 KUG** zurück, die sich allerdings nur auf Personen als Beiwerk von Landschaftsbildern und Bildern sonstiger Örtlichkeiten bezog. § 57 gestattet demgegenüber, **geschützte Werke gleich welcher Art** ohne Zustimmung des Urhebers zu nutzen, wenn sie, wie es in der AmtlBegr. heißt, **mehr oder weniger zufällig**[1] als Nebensächlichkeit in ein anderes Werk hineingeraten und daher als unwesentliches Beiwerk neben dem eigentlichen Gegenstand der Vervielfältigung, Verbreitung oder öffentlichen Wiedergabe anzusehen sind.

2. Wie Art. 9 Abs. 5 und 6 des englischen Copyright-Act von 1956 als Vorbild[2] soll § 57 seinem 2 **Sinn und Zweck** entsprechend verhindern, dass die Zustimmung des Urhebers eingeholt werden muss, wenn sein Werk nur beiläufig und ohne Bezug zum eigentlichen Gegenstand der Verwertungshandlung genutzt wird. Zudem dürfen wegen der **diese Schrankenregelung rechtfertigenden Geringfügigkeit des Eingriffs** in ein ausschließliches Recht vermögens- wie persönlichkeitsrechtliche Interessen des Urhebers nicht berührt werden.[3] Dies gilt für **alle Verwertungsrechte, dh. für die Vervielfältigung, Verbreitung und öffentlichen Wiedergabe,** einschließlich der öffentlichen Zugänglichmachung nach § 19a und einschließlich gesetzlich nicht speziell geregelter Innominatfälle der öffentlichen Wiedergabe,[4] jedoch nicht für das Recht der Ausstellung eines Werkes nach § 18, bei dem bereits wesensmäßig eine beiläufige Nutzung ausgeschlossen ist.[5] **Urheberpersönlichkeitsrechtlich** sind zwar – wie bei allen Schrankenregelungen – grundsätzlich die §§ 12, 14, 62 und 63 anzuwenden,[6] die Vornahme von Eingriffen in persönlichkeitsrechtliche Positionen wie die unterlassene Nennung des Urhebers führen jedoch in aller Regel zum Wegfall der Unwesentlichkeit des Beiwerks.

3. § 57 steht **neben den übrigen Schrankenregelungen** der §§ 44a ff. **Berührungspunkte** 3 kann es **mit § 50** geben, der die freie Nutzung von Werken im Rahmen der Bild- und Tonberichterstattung über Tagesereignisse in dem durch den Zweck gebotenen Umfang erlaubt, wenn diese im Laufe der Ereignisse, über die berichtet wird, wahrnehmbar werden.[7] Der Begriff des unwesentlichen Beiwerks ist freilich deutlich enger als der der Werke, die nach § 50 als Hauptgegenstand im Rahmen der privilegierten Tatbestände wahrgenommen werden können.[8]

4. Konventionsrechtlich hält sich § 57 im Rahmen von Art. 9 Abs. 2 RBÜ (Pariser Fassung), der 4 Ausnahmen vom ausschließlichen Vervielfältigungsrecht gestattet, soweit die normale Auswertung des Werkes nicht beeinträchtigt und die berechtigten Interessen des Urhebers nicht unzumutbar verletzt werden.

5. Unionsrecht. § 57 genügt den Harmonisierungserfordernissen des europäischen Urheberrechts. 5 Art. 5 Abs. 3 lit. i **InfoSoc-RL** gestattet die beiläufige Einbeziehung eines Werkes in anderes Materi-

---

[1] AmtlBegr. UFITA 45 (1965) 240 (292); Dreier/Schulze/*Dreier* § 57 UrhG Rn. 1.
[2] Vgl. AmtlBegr. UFITA 45 (1965) 240 (292).
[3] *v. Gamm* § 57 UrhG Rn. 1.
[4] AllgM, etwa BGH GRUR 2015, 667 Rn. 15 – Möbelkatalog mwN mAnm *Stang;* dazu auch → § 15 Rn. 21 ff.
[5] *v. Gamm* § 57 UrhG Rn. 2.
[6] Vgl. → Vor §§ 44a ff. Rn. 19.
[6] *v. Gamm* § 57 UrhG Rn. 2; Wandtke/Bullinger/*Lüft* § 57 UrhG Rn. 1.
[7] Vgl. *v. Gamm* § 57 UrhG Rn. 3; *Ulmer* § 75 II; → § 50 Rn. 1.
[8] Ebenso *Ulmer* § 75 II; Dreier/Schulze/*Dreier* § 57 UrhG Rn. 1; vgl. auch Bisges/*Lutz* Kap. 3 F I 2 Rn. 501 f.: bei Bestimmung des Hauptgegenstands enger Maßstab, weil der Schutz der aufscheinenden Werke umso geringer wird, je größer der Hauptgegenstand ist; aA Möhring/Nicolini/*Grübler* (4. Aufl.), § 57 UrhG Rn. 1: kein enger, sondern allgemeiner Maßstab im Hinblick auf die Geringfügigkeit des Eingriffs zulasten des Urhebers.

al, gleich, auf welche Art und Weise dies geschieht. Das Merkmal des „unwesentlichen Beiwerks" impliziert, dass die Voraussetzungen des § 57 nur erfüllt sind, wenn auch dem Dreistufentest nach Art. 5 Abs. 5 InfoSoc-RL, Art. 10 Abs. 2 WCT und Art. 13 TRIPS Rechnung getragen ist und sie mit der autonom und einheitlich auszulegenden Richtlinienbestimmung des Art. 5 Abs. 3 lit. i Info-Soc-RL im Einklang stehen.[9] v. *Ungern-Sternberg* hat im Zusammenhang mit § 57 die bislang nicht diskutierte und auch vom BGH in seiner Möbelkatalog-Entscheidung nicht erörterte Frage aufgeworfen, **ob nach den Voraussetzungen des Unionsrechts überhaupt eine Werknutzung vorlag.**[10] Die vollharmonisierten Verwertungsrechte des Urhebers bezögen sich nach seiner Auffassung auf Nutzungshandlungen, mit denen das Werk unter Sicherstellung einer angemessenen Vergütung des Urhebers und der damit zu gewährleistenden weiteren Ausübung seiner kreativen Tätigkeit verwertet werde,[11] nicht aber auf Werkverwendungen, die dem Urheber über die angemessene Vergütung hinaus durch ein überdehntes Verwertungsmonopol eine höchstmögliche Vergütung einbringen.[12] Werkverwendungen, insbesondere in stark veränderter Form, bei denen – wie in dem vom BGH entschiedenen Fall – die Aufmerksamkeit des Betrachters auf ganz anderes gerichtet sei und überdies den Blickwinkel auf die in Rede stehende geistige Schöpfung nur unzureichend wiedergäbe, lägen außerhalb der Wesentlichkeitsschwelle des § 57.

6   **6. Als Ausnahme** von den ausschließlichen Rechten des Urhebers gilt – wie für alle auf der **Sozialbindung des geistigen Eigentums beruhenden Schrankenregelungen** der §§ 44a ff. – für § 57 nach ständiger Rspr. des BGH und auch des EuGH grundsätzlich das Gebot **enger Auslegung.** Sie soll bei Urheberrechtsschranken dem Grundsatz der tunlichst angemessenen Beteiligung des Urhebers an der wirtschaftlichen Nutzung seines Werkes Rechnung tragen und die Ausschließlichkeitsrechte nicht übermäßig beschränken.[13] Dies schließt nicht aus, dass es nach dem Zweck der Schrankenbestimmung und dem Gewicht der durch sie geschützten Interessen gerechtfertigt ist, bei der Auslegung der als abschließend zu verstehenden Schrankenregelung unter Verzicht auf eine enge Auslegung einen großzügigeren Maßstab anzulegen.[14] Angesichts der gebotenen **objektiven Beurteilung** des Tatbestandsmerkmals des unwesentlichen Beiwerks (dh. nicht nach der Auffassung des möglichen Verletzers) dürfte dafür jedoch im Rahmen des § 57 kein Raum sein.[15] Dies gilt insbesondere dort, wo die gesetzliche Regelung eine Nutzung ausdrücklich ausschließt. So kann § 57 auch unter dem Gesichtspunkt von Treu und Glauben nicht analog herangezogen werden, wenn dies zu einer Aushöhlung der Ausschließlichkeitsrechte des Urhebers führt.[16] Ausgeschlossen ist überdies eine fingierte stillschweigende Zustimmung des Urhebers zu einschlägigen Nutzungen seines Werkes.[17] Jedoch ist die analoge Anwendung von § 57 auf **geschmacksmusterrechtlich geschützte Muster und Modelle** für zulässig zu erachten.[18]

7   **7.** Zu beachten sind im Rahmen des § 57 auch die **Schranken-Schranken des Änderungsverbots nach § 62** und der Verpflichtung zur **Quellenangabe nach § 63 Abs. 1,** letztere jedoch nur, soweit es die Verkehrssitte nach dessen Abs. 2 gebietet. Das dürfte freilich bei unwesentlichem Beiwerk kaum der Fall sein.

---

[9] Einzelheiten → Vor §§ 44a ff. Rn. 40; zur Auslegung des nationalen Urheberrechts im Lichte des Unionsrechts ausführlich *v. Ungern-Sternberg* FS Bornkamm (2014), S. 1007 (1008 ff.).

[10] *v. Ungern-Sternberg* GRUR 2016, 321 (331).

[11] Vgl. EuGH GRUR 2015, 256 Rn. 47 – Allposters/Pictoright.

[12] Vgl. *v. Ungern-Sternberg* GRUR 2016, 321 (331 f.); *v. Ungern-Sternberg* GRUR 2015, 533 f. mwN.

[13] EuGH GRUR 2014, 546 Rn. 22 f. – Adam ua./Thuiskopie ua.; zuletzt BGH GRUR 2015, 667 Rn. 19 – Möbelkatalog mwN und mAnm *Stang* = ZUM 2015, 569 mAnm *Glückstein*; kritisch zum Grundsatz enger Auslegung von Schrankenbestimmungen im Lichte des Unionsrechts und der zuletzt weiteren Auslegung durch den EuGH *v. Ungern-Sternberg* GRUR 2013, 248 (254); *v. Ungern-Sternberg* GRUR 2015, 205 (211); *v. Ungern-Sternberg* GRUR 2016, 321 (331); *v. Ungern-Sternberg* Verwendungen des Werkes in veränderter Gestalt im Lichte des Unionsrechts, GRUR 2015, 533 (535 f.) mit dem Hinweis, dass angesichts des gleichwohl gebotenen angemessenen Ausgleichs der Rechte (einschließlich der Grundrechte) und Interessen von Nutzern und Rechtsinhabern (EuGH GRUR 2014, 972 Rn. 26 ff. – Deckmyn und Vrijheitsfonds/Vandersteen ua.; EuGH GRUR 2014, 1078 Rn. 27, 31 – TU Darmstadt/Ulmer) der Grundsatz der engen Auslegung bedeutungslos werde; → Vor §§ 44a ff. Rn. 36 ff.

[14] St.Rspr., BVerfG GRUR 2012, 389 Rn. 17 – Kunstausstellung im Online-Archiv; BGH GRUR 2014, 974 Rn. 34 – Porträtkunst; BGH GRUR 2012, 819 Rn. 28 – Blühende Landschaften; BGH GRUR 2005, 670 (671) – WirtschaftsWoche; BGH GRUR 2003, 1035 (1037) – Hundertwasser-Haus; BGH GRUR 2003, 956 (957) – Gies-Adler; BGHZ 151, 300 (310) = GRUR 2002, 963 – Elektronischer Pressespiegel; BGHZ 150, 6 (8) = GRUR 2002, 605 f. – Verhüllter Reichstag; BGH GRUR 1994, 800 (802) – Museumskatalog; sa. *Schricker* LMK 2003, 9; zuletzt BGH GRUR 2015, 667 Rn. 19 – Möbelkatalog mAnm *Stang*; OLG Köln GRUR-RR 2014, 58 (59) – Ohne Titel 2002/08: nicht zu restriktive Auslegung; im Ergebnis ähnlich der EuGH GRUR-Int 2012, 336 Rn. 27 – Infopaq II; EuGH GRUR 2009, 2041 Rn. 56 – Infopaq/DDP; s. zur Auslegung von Schrankenbestimmungen ausführlich Vor §§ 44a ff. Rn. 36 ff.; § 50 Rn. 9 ff.; § 51 Rn. 8.

[15] Ebenfalls für einen objektiven Maßstab BGH GRUR 2015, 667 Rn. 16, 21, 22 – Möbelkatalog mAnm *Stang*; die Vorinstanz OLG Köln GRUR-RR 2014, 58 – Ohne Titel 2002/08; OLG München ZUM-RD 2008, 554 (555) – Fallguy; Dreier/Schulze/*Dreier* § 57 UrhG Rn. 3; *Schack* Rn. 566.

[16] So Dreier/Schulze/*Dreier* § 57 UrhG Rn. 4 unter Verweis auf *Dreier* FS Schricker (1995), S. 208 ff., 219 ff.

[17] AA Möhring/Nicolini/*Grübler* (4. Aufl.), § 57 UrhG Rn. 4.

[18] Vgl. *G. Schulze,* Werke und Muster an öffentlichen Plätzen – Gelten urheberrechtliche Schranken auch im Geschmacksmusterrecht?, FS Ullmann (2006), S. 93 (102 ff.).

II. Unwesentliches Beiwerk

1. Nach dem Gesetzeswortlaut wird unwesentliches Beiwerk dadurch definiert, dass es **neben dem** 8 **eigentlichen Gegenstand** steht, um den es dem im jeweiligen Fall privilegierten Nutzer geht. Dieser **Hauptgegenstand**, der selbst nicht urheber- oder leistungsschutzrechtlich schutzfähig sein muss,[19] ist unter Berücksichtigung des Gesamtzusammenhangs und der Umstände des Einzelfalls aus der Sicht des **objektiven Durchschnittsbetrachters** zu ermitteln.[20] Es kommt darauf an, was der maßgebliche Betrachter als Ganzes ansieht und im inhaltlichen Äußerungszusammenhang als Einheit wertet.[21] Im Fall „Möbelkatalog" war Hauptgegenstand nicht der vollständige Katalog (so aber noch das Berufungsgericht), sondern nach Auffassung des BGH nur ein einzelnes dort abgebildetes Foto. Ausschlaggebend bei der Bestimmung des Hauptgegenstands können auch die Besonderheiten des Mediums sein, das bei der jeweiligen Fallgestaltung eine Rolle spielt. Zu dem ermittelten Hauptgegenstand darf das unwesentliche Beiwerk bei objektiver Würdigung **keinen noch so unbedeutenden inhaltlichen Bezug** aufweisen. Es muss durch seine Zufälligkeit und Beliebigkeit für ihn ohne jede Bedeutung sein.[22] Das heißt, der eigentliche Gegenstand muss derart beherrschend sein, dass dem neben ihm erscheinenden Beiwerk oder Beiwerkteil kein Einfluss auf die Gesamtwirkung des Hauptgegenstandes zukommt und deshalb nahezu unmerklich ausgetauscht werden könnte.[23]

2. Unwesentliches Beiwerk neben dem eigentlichen Gegenstand ist folglich **weniger als ein** 9 **Gegenstand von geringer oder untergeordneter Bedeutung.** Deshalb kann, muss aber nicht, ein Bild im Hintergrund für eine Film- oder Fernsehszene charakteristisch und somit wesentliches Beiwerk iSd. Vorschrift sein.[24] § 57 betrifft folglich weder Beiwerk schlechthin noch Beiwerk mit inhaltlichem Bezug zum eigentlichen Gegenstand. Vielmehr fehlt unwesentlichem Beiwerk jeglicher Bezug zum eigentlichen Gegenstand.[25] Das heißt, es ist **nebensächlich**. Demgegenüber merkt der BGH an, dass es auf die **unmerkliche Austauschbarkeit** des Beiwerks nicht entscheidend ankomme, wenngleich dieses Kriterium seine Unwesentlichkeit nahelege. Werde allerdings das Beiwerk als Teil des Gesamtkonzepts wahrgenommen, komme es auf die Austauschbarkeit nicht mehr an.[26]

Nebensächlichkeit liegt idR dann vor, wenn ein Werk beiläufig einbezogen ist und der durch- 10 schnittliche Betrachter das Beiwerk – zB eine Requisite im Hintergrund – nicht wahrnimmt, so dass es beliebig ausgetauscht oder als bedeutungslos ganz weggelassen werden kann, weil es die Gesamtwirkung des Hauptgegenstandes nicht beeinflusst.[27] Sobald ein urheberrechtlich geschütztes Werk erkennbar als Beiwerk in ein Bild oder das Spielgeschehen einbezogen wird, verliert es seine Unwesentlichkeit, mag es auch nur zufällig in Erscheinung treten.[28] Ertönt etwa in einer Straßenszene eines Dokumentarfilms zufällig aus einem offenen Fenster Rundfunkmusik, kann die öffentliche Wiedergabe, selbst wenn es sich nicht um aktuelle Berichterstattung über ein Tagesereignis gemäß § 50 handelt, nach § 57 zulässig sein.[29] Erfährt hingegen die Musik wegen störender Straßengeräusche nachträglich eine technische Aufbereitung oder wird sie gar hinzu gemischt, wird die zufällig aufgenommene Musik in die Gesamtkonzeption des Filmes einbezogen und kann somit nicht mehr als unwesentliches Beiwerk angesehen werden.[30]

---

[19] Dreier/Schulze/*Dreier* § 57 UrhG Rn. 1; Möhring/Nicolini/*Grübler* (4. Aufl.), § 57 UrhG Rn. 5.

[20] So auch BGH GRUR 2015, 667 Rn. 16, 21, 22 – Möbelkatalog mAnm *Stang*; unzutreffend die Bestimmung des Hauptgegenstands durch die Vorinstanz OLG Köln GRUR-RR 2014, 58 (59) – Ohne Titel 2002/08; OLG München ZUM-RD 2008, 554 (555) – Fallguy: im Falle eines Gemäldes auf einen Foto einer Möbelsitzgruppe bilde nicht das einzelne Foto, sondern der vollständige Katalog den Gesamtzusammenhang; wie hier Dreier/Schulze/*Dreier* § 57 UrhG Rn. 3; Möhring/Nicolini/*Grübler* (4. Aufl.), § 57 UrhG Rn. 7; Fromm/Nordemann/*Nordemann-Schiffel* § 57 UrhG Rn. 3; *Obergfell* in Büscher/Dittmer/Schiwy (Hrsg.) § 57 UrhG Rn. 2; DKMH/*Dreyer* § 57 UrhG Rn. 4.

[21] Vgl. *Glückstein* Anm. zu BGH „Möbelkatalog" ZUM 2015, 573 (574); DKMH/*Dreyer* § 57 UrhG Rn. 6.

[22] Ebenso OLG München ZUM-RD 2008, 554 (555) – Fallguy.

[23] Ebenso OLG Köln GRUR-RR 2014, 58 (59) – Ohne Titel 2002/08: austauschbare Staffage; Dreier/Schulze/*Dreier* § 57 UrhG Rn. 2; Möhring/Nicolini/*Gass* (2. Aufl.), § 57 UrhG Rn. 6 ff.; DKMH/*Dreyer* § 57 UrhG Rn. 9; Bisges/*Lutz* Kap. 3 F 2 Rn. 504 f.

[24] Vgl. BGH GRUR 2015, 667 Rn. 26 – Möbelkatalog mAnm *Stang*; s. hierzu auch Fromm/Nordemann/*Nordemann-Schiffel* § 57 UrhG Rn. 2; vgl. auch die Kritik von *v. Gamm* § 57 UrhG Rn. 2 an den Beispielen der AmtlBegr.

[25] Ebenso BGH GRUR 2015, 667 Rn. 27 – Möbelkatalog mAnm *Stang*; BGH GRUR 2017, 895 Rn. 37 – Metall auf Metall III; OLG München ZUM-RD 2008, 554 (555) – Fallguy; *Maaßen*, Bildzitate in Gerichtsentscheidungen und juristischen Publikationen, ZUM 2003, 830 (838).

[26] BGH GRUR 2015, 667 Rn. 31 – Möbelkatalog mAnm *Stang*; zustimmend *Glückstein* ZUM 2015, 273 (274).

[27] BGH GRUR 2015, 667 Rn. 27, 31 – Möbelkatalog mAnm *Stang*; zustimmend *Glückstein* ZUM 2015, 573 (575); Möhring/Nicolini/*Gass* (2. Aufl.), § 57 UrhG Rn. 8; Fromm/Nordemann/*Nordemann-Schiffel* § 57 UrhG Rn. 2; Dreier/Schulze/*Dreier* § 57 UrhG, Rn. 2; Loewenheim/*Götting*, Handbuch, § 31 Rn. 229; *Obergfell* in Büscher/Dittmer/Schiwy (Hrsg.) § 57 UrhG Rn. 2; Wandtke/Bullinger/*Lüft* § 57 UrhG Rn. 2; sa. *Grübler* Beck-OK UrhR § 57 UrhG Rn. 6.

[28] Vgl. BGH GRUR 2015, 667 Rn. 27 – Möbelkatalog mAnm *Stang*; *Obergfell* in Büscher/Dittmer/Schiwy (Hrsg.) § 57 UrhG Rn. 2; ähnlich DKMH/*Dreyer* § 57 UrhG Rn. 10; Dreier/Schulze/*Dreier* 57 UrhG Rn. 2.

[29] AmtlBegr. UFITA 45 (1965) 240 (292); *Ulmer* § 75 II; vgl. auch *Schack* Rn. 566.

[30] LG Frankfurt/M Schulze 106, 3 – Einblendung eines Tagesereignisses in einen Werbe- oder Dokumentarfilm, zustimmend *Dietz* UFITA 72 (1975) 1 (68); ebenso DKMH/*Dreyer* § 57 UrhG Rn. 13; Möhring/Nicolini (1. Aufl.),

11   Ausschlaggebend für die Beurteilung sind die **Zusammenhänge im jeweiligen Einzelfall**.[31] Betritt etwa in einem Kriminalfilm der ermittelnde Kommissar eine Villa, in der ein Mord geschehen ist, ist es für die Charakteristik der Räume durchaus von Bedeutung, ob dort alte Stiche hängen oder ein Bild von Max Beckmann, Pablo Picasso, Rudolf Schoofs oder Emilio Vedova. Das Bild – mag es auch nur im Hintergrund erscheinen und im Dialog nicht erwähnt werden – charakterisiert in einer derartigen Szene das Milieu und kann daher nicht als unwesentliches Beiwerk angesehen werden. Erst recht handelt es sich nicht um unwesentliches Beiwerk, wenn ein Einrichtungshaus mit der Abbildung möblierter Innenräume wirbt, an deren Wänden **stil- oder stimmungsbildend** (*Dreier*) Bilder bekannter zeitgenössischer Künstler hängen.[32] Jedoch ist ein T-Shirt als unwesentliches Beiwerk anzusehen, wenn kein Zusammenhang zwischen seiner Gestaltung und der mit ihm bekleideten Person besteht und das T-Shirt durch ein beliebiges anderes Modell ersetzt werden könnte, ohne dass die Gesamtwirkung des Bildes beeinflusst wird.[33] Hingegen kann die nach § 48 erlaubnisfrei zulässige Fernsehübertragung einer Parlamentsrede, bei der der urheberrechtlich geschützte Schmuck einer Rednerin sichtbar wird, nicht von dessen Urheber unterbunden werden. Denn insoweit ist von nur unwesentlichem Beiwerk auszugehen.[34]

12   **3.** Die **Beurteilung** erfolgt – auch bei Filmwerken – nach einem **objektiven Maßstab aus der Sicht des objektiven Durchschnittsbetrachters, nicht aus der Sicht des potenziellen Verletzers** (Rn. 6).[35] Ob ein geschütztes Werk nur als unwesentliches Beiwerk „neben dem eigentlichen Gegenstand" anzusehen ist oder ob es – im Zweifel – absichtlich in ein Bild oder in eine Handlung einbezogen worden ist, entscheidet sich folglich nicht aus der Perspektive des Regisseurs oder Produzenten eines Films oder einer Aufführung.[36] Die Einbeziehung ist freilich ein Indiz für die Wesentlichkeit des Beiwerks.[37] Mit *Dreier*[38] schließt Absicht die Berufung auf § 57 aus.

13   **4.** Wer sich auf eine Schrankenregelung beruft, hat hinsichtlich ihrer Tatbestandvoraussetzungen die **Darlegungs- und Beweislast**.[39] Zeigt ein Lichtbild das urheberrechtlich geschützte Objekt als nach Auffassung des Lichtbildners unwesentliches Beiwerk, obliegt es dem Rechtsinhaber darzulegen, dass der Beklagte das Werk nicht als unwesentliches Beiwerk abgelichtet hat.[40]

§ 58 Werbung für die Ausstellung und den öffentlichen Verkauf von Werken

Zulässig sind die Vervielfältigung, Verbreitung und öffentliche Zugänglichmachung von öffentlich ausgestellten oder zur öffentlichen Ausstellung oder zum öffentlichen Verkauf bestimmten Werken gemäß § 2 Absatz 1 Nummer 4 bis 6 durch den Veranstalter zur Werbung, soweit dies zur Förderung der Veranstaltung erforderlich ist.

Schrifttum: *Berger,* Die zukünftige Regelung der Katalogbildfreiheit, ZUM 2002, 21; *Bornkamm,* Der Dreistufentest als urheberrechtliche Schrankenbestimmung, FS Erdmann (2002), S. 29; *Bullinger,* Kunstwerke in Museen – die klippenreiche Bildauswertung, FS Raue (2006), S. 379; *Jacobs,* Die neue Katalogbildfreiheit, FS Tilmann (2003), S. 49; *ders.,* Die Katalogbildfreiheit, FS Vieregge (1995), S. 381; *Kirchmaier,* Die neue „Katalogbildfreiheit" des § 58, KuR 2005, 56; *Loschelder,* Neues zur Katalogbildfreiheit gem. § 58 UrhG, FS G. Schulze (2017), 165; *Maaßen,* Bildzitate in Gerichtsentscheidungen und juristischen Publikationen, ZUM 2003, 830; Max-Plank-Institut für Geistiges Eigentum, Wettbewerbsrecht und Steuerrecht, Declaration, A Ballanced Interpretation of the Three Step Test in Copyright Law, www.ip.mpg.de; *Merker/Mittl,* Die Begrenzung der Werbung eines Auktionshauses durch die Katalogbildfreiheit, ZUM 2010, 397; *Ott,* Bildersuchmaschinen und Urheberrecht, ZUM 2009, 345; *Schrader/Rautenstrauch,* Urheberrechtliche Verwertung von Bildern durch Anzeige von Vorschaugrafiken (sog. „thumbnails") bei Internetsuchmaschinen, UFITA 2007/III, 761; *G. Schulze,* Werke und Muster an öffentlichen Plätzen – Gelten urheberrechtliche Schranken auch im Geschmacksmusterrecht?, FS Ullmann (2006), S. 93; *Senftleben,* Copyright, Limitations and the Three Step Test, 2004; *ders.,* Grundprobleme des urheberrechtlichen Dreistufentests, GRUR-Int 2004, 200; *Spindler,* Europäisches Urheberrecht in der Informationsgesellschaft, GRUR 2002, 105; *Uhlenhut,*

---

§ 57 UrhG Anm. 4b bb; Fromm/Nordemann/*Nordemann-Schiffel* § 57 UrhG Rn. 2; aA *Brack* UFITA 50 (1967) 544 (553), der darüber hinausgehend Zwischen- und Hintergrundmusik bei Hörspielen und Dokumentarsendungen nach § 57 für zulässig hält.
[31] OLG München NJW 1989, 404 – Kunstwerke in Werbeprospekten; Dreier/Schulze/*Dreier* § 57 UrhG Rn. 2; Möhring/Nicolini/*Grübler* (4. Aufl.), § 57 UrhG Rn. 6.
[32] Ebenso BGH GRUR 2015, 667 Rn. 22 – Möbelkatalog mAnm *Stang*; Möhring/Nicolini/*Grübler* (4. Aufl.), § 57 UrhG Rn. 6; Dreier/Schulze/*Dreier* § 57 UrhG Rn. 2; DKMH/*Dreyer* § 57 UrhG Rn. 9; *Obergfell* in Büscher/Dittmer/Schiwy (Hrsg.) § 57 UrhG Rn. 2; *Maaßen* ZUM 2003, 830 (838).
[33] LG München GRUR-RR 2008, 292 – Fallguy.
[34] So zu Recht DKMH/*Dreyer* § 57 UrhG Rn. 12.
[35] AllgM, OLG Köln GRUR-RR 2014, 58 – Ohne Titel 2002/08; OLG München ZUM-RD 2008, 554 (555) – Fallguy; OLG München NJW 1989, 404 – Kunstwerke in Werbeprospekten; *Maaßen* ZUM 2003, 830 (838); ebenso Dreier/Schulze/*Dreier* § 57 UrhG Rn. 3; Wandtke/Bullinger/*Lüft* § 57 UrhG Rn. 2; Möhring/Nicolini/*Grübler* (4. Aufl.), § 57 UrhG Rn. 7; DKMH/*Dreyer* § 57 UrhG Rn. 6.
[36] Ebenso OLG München NJW 1989, 404 – Kunstwerke in Werbeprospekten; Dreier/Schulze/*Dreier* § 57 UrhG Rn. 3; Wandtke/Bullinger/*Lüft* § 57 UrhG Rn. 2; Möhring/Nicolini/*Grübler* (4. Aufl.), § 57 UrhG Rn. 6.
[37] Zu weitgehend Möhring/Nicolini/*Gass* (2. Aufl.), § 57 UrhG Rn. 8; *v. Gamm* § 57 UrhG Rn. 3: beabsichtigte Einbeziehung.
[38] Dreier/Schulze/*Dreier* § 57 UrhG Rn. 2.
[39] OLG Hamburg ZUM 2015, 577 (579) – Promis auf fett getrimmt.
[40] Vgl. BGH GRUR 2017, 798 Rn. 38 – AIDA Kussmund.

Panoramafreiheit und Eigentumsrecht, 2015; *v. Ungern-Sternberg,* Die Rechtsprechung des EuGH und des BGH zum Urheberrecht und zu den verwandten Schutzrechten im Jahre 2014, GRUR 2015, 205; *ders.,* Verwendungen des Werkes in veränderter Gestalt im Lichte des Unionsrechts, GRUR 2015, 533; *ders.,* Die Bindungswirkung des Unionsrechts und die urheberrechtlichen Verwertungsrechte, FS Bornkamm (2014), S. 1007.

Übersicht

I. Allgemeines

1. Regelungsgehalt der Vorschrift

Im Gefüge des UrhG zählt § 58 neben den §§ 18 und 44 Abs. 2 zu den Vorschriften, die spezielle **1** Regelungen zum Recht der Ausstellung von Werken der bildenden Künste und Lichtbildwerken enthalten. § 18 gewährt dem Urheber ein gesondertes Ausstellungsrecht, § 44 Abs. 2 statuiert eine widerlegliche Vermutung zugunsten des Eigentümers des Werkoriginals, zu dessen Ausstellung berechtigt zu sein, und § 58 hebt als Schrankenregelung das ausschließliche Vervielfältigungs- und Verbreitungsrecht sowie des Rechts der öffentlichen Zugänglichmachung des Urhebers insoweit auf, als er dem Veranstalter einer Ausstellung oder dem Kunsthandel das Recht verleiht, mit einem gezeigten bzw. angebotenen Werk in einem Ausstellungs- oder Versteigerungskatalog, genehmigungs- **und** vergütungsfrei zu werben, soweit dies im Rahmen des zur Förderung der Veranstaltung Erforderlichen geschieht.

2. Rechtsentwicklung

Die sog. Katalogbildfreiheit war unter der Geltung von LUG und KUG schon gewohnheitsrecht- **2** lich anerkannt.[1] Von den Vorkriegsentwürfen enthielt der Goldbaum-E in § 22 Abs. 1 Nr. 1 eine entsprechende, auch für Fotografien geltende Vorschrift. Die Nachkriegsentwürfe[2] bezogen sich dagegen allein auf öffentlich zur Schau gestellte und zur öffentlichen Versteigerung bestimmte Werke der bildenden Künste. Auf Vorschlag des Rechtsausschusses wurde § 58 tatbestandlich auf **zur Ausstellung bestimmte Werke** erstreckt, um klarzustellen, dass auch Bilder oder Plastiken, die sich vorübergehend in Museumsmagazinen befinden, genehmigungsfrei in Ausstellungskatalogen abgebildet werden können.[3]

Im Zuge der **Umsetzung von Art. 5 Abs. 3 lit. j iVm. Art. 5 Abs. 4 InfoSoc-RL 2001/29/** **3** **EG** durch § 58 Abs. 1 aF und von Art. 5 Abs. 2 lit. c iVm. Art. 5 Abs. 4 InfoSoc-RL 2001/29/EG[4] durch § 58 Abs. 2 aF mit dem Gesetz zur Regelung des Urheberrechts in der Informationsgesellschaft vom 10.9.2004 – in Kraft getreten am 13.9.2004 – hat die frühere Katalogbildfreiheit des § 58 aF gegenüber der vordem geltenden Fassung zunächst eine zweigliedrige Gestalt mit verschiedenen inhaltlichen Änderungen, mit einer an den Wortlaut der Richtlinie angelehnten Begrifflichkeit und mit einer neuen Überschrift erhalten. Ausdrücklich ist sein Regelungsgehalt auf Lichtbildwerke erweitert worden, nachdem insoweit seine entsprechende Anwendung mitunter für angebracht erachtet worden war.[5] Außerdem fand § 58 in Anpassung an die Richtlinie nicht mehr allein auf Versteigerungen,

---

[1] Vgl. *Voigtländer/Elster/Kleine* (4. Aufl.), § 8 LUG S. 66 Anm. 3.
[2] § 52 RefE, § 55 MinE und § 59 RegE.
[3] Schriftl. Bericht des Rechtsausschusses UFITA 46 (1966) 174 (192).
[4] Zur Katalogbildfreiheit im Lichte der InfoSoc-RL *Berger* ZUM 2002, 21.
[5] Vgl. (2. Aufl.), § 58 UrhG Rn. 1 mwN; aA nach altem Recht Möhring/Nicolini/*Gass* (2. Aufl.), § 58 UrhG Rn. 6; Fromm/Nordemann/*W. Nordemann* (9. Aufl.), § 58 UrhG Rn. 1.

sondern auf den öffentlichen Verkauf schlechthin Anwendung und erlaubte zu werblichen Zwecken die erlaubnis- und vergütungsfreie öffentliche Zugänglichmachung ausgestellter oder zum Verkauf angebotener Werke der bildenden Künste und Lichtbildwerke. Abs. 2, der inhaltlich gewisse Überschneidungen mit Abs. 1 aufwies,[6] erlaubte es ferner, die in Abs. 1 genannten Werke in solchen Verzeichnissen zu vervielfältigen und zu verbreiten (nicht öffentlich zugänglich zu machen), die Bibliotheken, Bildungseinrichtungen oder Museen im zeitlichen und sachlichen Zusammenhang einer Ausstellung oder zur Dokumentation ihrer Bestände herausgeben, ohne dabei einen Erwerbszweck zu verfolgen.[7]

4   Mit **dem Gesetz zur Angleichung der Urheberrechte an die Erfordernisse der Wissensgesellschaft (Urheberrechts-Wissensgesellschafts-Gesetz UrhWissG)** vom 1.9.2017 (BGBl. I S. 3346) erhielt § 58 seine heutige Fassung mit einer neuen Überschrift. Dabei wurde der frühere Abs. 1 zum einzigen Absatz mit der Maßgabe, dass anstelle der Wörter Werke der bildenden Künste und Lichtbildwerke die Wörter gemäß § 2 Abs. 1 Nummer 4 bis 6 traten und Abs. 2 aF zugunsten der neu in das Gesetz eingefügten, gegenüber § 58 Abs. 2 aF geringfügig geänderten § 60e Abs. 3 und § 60f gestrichen wurde.[8]

3. Sinn und Zweck sowie Rechtfertigung der Vorschrift

5   Die die Aufhebung des Ausschließlichkeitsrechts des Urhebers rechtfertigende Schrankenregelung kommt – trotz gewisser Akzentverschiebungen im Detail – verschiedenen Interessen entgegen:
– dem **Interesse des Veranstalters** einer Ausstellung und dem **des Kunsthandels;** beiden stehen in der Regel keine Nutzungsrechte an den Exponaten und Verkaufsstücken zu (§ 44 Abs. 1), die es ihnen gestatten würden, ohne die bürokratischen Hemmnisse des Rechtserwerbs mit den jeweiligen Werken für ihre Veranstaltungen werben zu können;
– dem **Bildungs- und Informationsbedürfnis des Publikums;**
– und dem **Interesse des Urhebers,** durch Ausstellungs- und Verkaufsveranstaltungen die Publizität und den Absatz seiner Werke gefördert zu sehen.[9]

4. Auslegungsfragen

6   § 58 setzt europäisches in nationales Urheberrecht um. Er schöpft dabei den durch Art. 5 Abs. 3 lit. j InfoSoc-RL 2001/29/EG gewährten Spielraum aus. Bei der Auslegung von § 58 muss neben dem Gebot einer richtlinienkonformen Auslegung im Auge behalten werden, dass der Gesetzgeber darauf verzichtet hat, bei der Umsetzung der Richtlinie den zwingend vorgeschriebenen, zum **aquis communautaire** gehörenden **Dreistufentest nach Art. 5 Abs. 5 InfoSoc-RL** ausdrücklich in das deutsche Gesetz aufzunehmen. Gleichwohl gebietet eine richtlinien- und überdies RBÜ- (Art. 9 Abs. 2 RBÜ, beschränkt auf das Vervielfältigungsrecht), WCT- (Art. 10 Abs. 2) sowie TRIPS-konforme (Art. 13 TRIPS) Auslegung der nationalen Schrankenbestimmungen die Beachtung des Dreistufentests, nach dem eine Schrankenregelung nur insoweit zulässig ist, als sie einen Sonderfall regelt (1), die erlaubnisfreie Nutzung die normale Werkverwertung nicht beeinträchtigt (2) und die Urheberinteressen nicht in ungebührlicher Weise verletzt (3).[10]

7   Im Übrigen gilt für § 58 wie für alle auf der **Sozialbindung des geistigen Eigentums beruhenden Schrankenregelungen** der §§ 44 aff. als **Ausnahme** von den ausschließlichen Rechten des Urhebers das Gebot **enger Auslegung.** Davon gehen übereinstimmend der BGH und der EuGH aus. Nach deren Rechtsprechung schließt dies jedoch nicht aus, dass das Gewicht der vom Gesetzgeber durch die Schrankenziehung für schützenswert erachteten Interessen Dritter es rechtfertigt, bei der Auslegung der als abschließend zu verstehenden Schrankenregelung unter Verzicht auf eine enge Auslegung einen großzügigeren Maßstab anzulegen.[11] Der EuGH nimmt mitunter sogar weitergehend

---

[6] Siehe die Kommentierung in 5. Aufl. 2017.
[7] Einzelheiten dazu in der Kommentierung in 5. Aufl. 2017.
[8] Siehe dazu RegE BT-Drs. 18/12329, 18/12379, Bericht des Ausschusses für Recht und Verbraucherschutz Drs. 18/13014, BR-Drs. 535/17 und BR-Drs. 535/17 (B) sowie im einzelnen die Kommentierungen zu Abschnitt 6 Unterabschnitt 4 §§ 60a–60h; sa. *Loschelder* FS G. Schulze, S. 165 (170 ff.); Einzelheiten zur Neuregelung s. die Kommentierungen zu §§ 60e, 60 f.
[9] AmtlBegr. UFITA 45 (1965) 240 (292); BGH GRUR 1994, 800 (802) – Museumskatalog; BGH GRUR 1993, 822 (823) – Katalogbild mAnm *Jacobs*; kritisch hinsichtlich der Interessen der Urheber *Berger* ZUM 2002, 21 (22 f.).
[10] Zum Dreistufentest *Reinbothe* GRUR-Int 2001, 733 (740); *Dreier* ZUM 2002, 28 (35); *Bornkamm* FS Erdmann (2002), S. 29; *Senftleben* passim; *Senftleben* GRUR-Int 2004, 200; sa. EuGH GRUR 2009, 1041 Rn. 57 – Infopaq/DDP; kritisch Max-Planck-Institut für Geistiges Eigentum, Wettbewerbsrecht und Steuerrecht, Declaration, A Ballanced Interpretation of the Three Step Test in Copyright Law, www. ip. mpg.de; ferner → Vor §§ 44a ff. Rn. 40 mwN.
[11] StRspr., zuletzt EuGH GRUR 2009, 1041 Rn. 56 – Infopaq/DDP; BVerfG GRUR 2012, 389 Rn. 17 – Kunstausstellung im Online-Archiv; BGH GRUR 2015, 667 Rn. 19 – Möbelkatalog mAnm *Stang;* BGH GRUR 2014, 974 Rn. 34 – Porträtkunst; BGH GRUR 2005, 670 (671) – WirtschaftsWoche; BGH GRUR 2003, 1035 (1037) – Hundertwasser-Haus; BGH GRUR 2003, 956 (957) – Gies-Adler; BGH GRUR 2002, 1050 (1051) – Zeitungsbericht als Tagesereignis; BGHZ 151, 300 (310) = GRUR 2002, 963 – Elektronischer Pressespiegel; BGHZ 150, 6 (8) = GRUR 2002, 605 f. – Verhüllter Reichstag; BGH GRUR 1994, 800 (802) – Museumskatalog; → Vor §§ 44a ff. Rn. 36 ff.; → § 50 Rn. 9 ff.; → § 51 Rn. 8.

bei der Auslegung von Schrankenbestimmungen im Hinblick auf Erwgr. 31 InfoSoc-RL von vorneherein eine Abwägung gleichwertiger, zu einem angemessenen Ausgleich zu bringender Rechtspositionen des Urhebers und des Nutzers vor.[12] Nach *v. Ungern-Sternberg* verliert damit der Grundsatz enger Auslegung von Schrankenbestimmungen freilich seine Bedeutung.[13]

5. Kritik

Nur Ausstellungs- oder Verkaufskataloge, die zum **Selbstkostenpreis** vom Veranstalter abgegeben   **8** werden, rechtfertigen die vergütungsfreie Privilegierung des § 58, weil nach der Zielsetzung des Urheberrechts nicht andere an der Nutzung eines Werkes verdienen sollen, solange der Urheber selbst leer ausgeht.[14] Das österr. UrhG gestattet deshalb dem Herausgeber von Versteigerungskatalogen lediglich, diese unentgeltlich oder zu einem die Herstellungskosten nicht übersteigenden Preis zu verbreiten.[15]

Bedenken begegnet deshalb, den Konflikt zwischen ausschließlichem Urheberrecht und Allge-   **9** meininteresse bei Ausstellungskatalogen (weniger bei Verkaufskatalogen) nicht nur durch die Aufhebung des Ausschließlichkeitsrechts des Urhebers zu lösen, sondern ihm darüber hinaus auch noch den **Verzicht auf jeden finanziellen Ausgleich** zuzumuten.[16] Das vom BVerfG[17] bei der vergütungsfreien Aufhebung des Ausschließlichkeitsrechts geforderte gesteigerte öffentliche Interesse ist trotz der Sozialbindung des geistigen Eigentums, der bereits mit der Aufhebung des Verbotsrechts genügt ist, nur schwer erkennbar.

De lege ferenda erscheint es im Sinne des Leitgedankens des Urheberrechts, wonach der Urheber   **10** tunlichst angemessen an dem aus seinem Werk gezogenen wirtschaftlichen Nutzen zu beteiligen ist,[18] und im Hinblick auf den Dreistufentest der Art. 5 Abs. 5 InfoSoc-RL, Art. 9 Abs. 2 RBÜ, Art. 10 Abs. 2 WCT und Art. 13 TRIPS geboten, ihn ungeachtet eines Werbeeffekts für den Abdruck seiner Werke in Ausstellungskatalogen angemessen zu vergüten, zumal diese bereits vielfach den Erwerb eines Kunstbandes ersetzen.[19] Der Gesetzgeber des UrhWissG hat diesem Petitum jedoch nicht entsprochen.

Unverständlich bleibt, weshalb der Gesetzgeber nicht dem Petitum der Deutschen Vereinigung   **11** für Gewerblichen Rechtsschutz und Urheberrecht entsprochen und § 58 auf alle Werkarten des § 2 Abs. 1 bezogen hat. Das hätte es Museen gestattet, zur Erläuterung in einer Kunstausstellung gezeigte Schriftwerke nach § 2 Abs. 2 Nr. 1 oder Noten nach Nr. 2 erlaubnisfrei in den Ausstellungskatalog aufzunehmen.[20]

II. Einzelerläuterungen

1. Werke nach § 2 Abs. 1 Nummer 4 bis 6

a) **Werkarten.** § 58 bezieht sich nicht mehr allein auf Werke der bildenden Künste und Lichtbild-   **12** werke, sondern generell auf die in § 2 Abs. 1 Nr. 4 bis 6 aufgeführten Werkarten. Damit erübrigt sich die Frage, ob bei der Auslegung der früheren Fassung im Hinblick auf den Zweck der Vorschrift ein großzügiger Maßstab iSd. **Gies-Adler-Entscheidung** des BGH[21] anzulegen und der Begriff der Werke der bildenden Künste iSd. § 2 Abs. 1 Nr. 4 zu verstehen ist, dh. **einschließlich der Werke der Baukunst und der angewandten Kunst und der Entwürfe solcher Werke.**[22] Nach der Neufassung der Vorschrift besteht daran kein Zweifel. In gleicher Weise umfasst die Neufassung des § 58 durch die Bezugnahme auf § 2 Abs. 1 Nr. 5 nunmehr ausdrücklich nicht nur Lichtbildwerke,

---

[12] EuGH GRUR 2014, 972 – Deckmyn und Vrijheidsfonds/Vandersteen u. a.; ausführlich zur Auslegung der Schrankenbestimmungen durch den EuGH *v. Ungern-Sternberg* GRUR 2015, 205 (211), ebenso *v. Ungern-Sternberg* GRUR 2015, 533 (535 f.); *v. Ungern-Sternberg* FS Bornkamm (2014), S. 1007.

[13] So nachdrücklich *v. Ungern-Sternberg* GRUR 2015, 205 (211), ebenso *v. Ungern-Sternberg* GRUR 2015, 533 (535 f.).

[14] Ebenso *v. Gamm* § 58 UrhG Rn. 4.

[15] § 54 Abs. 1 Nr. 2 öUrhG.

[16] Vgl. dazu BVerfGE 31, 229 (244) = GRUR 1972, 481 (484) – Kirchen- und Schulgebrauch; BVerfGE 49, 382 (400) = GRUR 1980, 44 (48 f.) – Kirchenmusik.

[17] BVerfGE 49, 382 (400) – Kirchenmusik; BVerfGE 31, 229 (244) = GRUR 1972, 481 (484) – Kirchen- und Schulgebrauch.

[18] StRspr. seit RGZ 123, 312 (319) – Wilhelm Busch; zuletzt BGH ZUM 2011, 560 Rn. 16 – Frosch mit der Marke; sa. BGHZ 116, 305 (308) = GRUR 1992, 359 – Altenwohnheim II; BGH GRUR 2015, 264 Rn. 49 – Hi Hotel II; ferner → § 15 Rn. 176 f.

[19] Ebenso *Berger* ZUM 2002, 21 (26); *Katzenberger*, Die Neuregelung des Folgerechts durch die Urheberrechtsnovelle 1972, UFITA 68 (1973) 71 (94); *Dreier* Anm. zum Urteil der Cour de Cassation vom 22.1.1991, GRUR-Int 1992, 135 (136) als seinerzeitigen Vorschlag für eine europäische Harmonisierung.

[20] Kritisch auch *Loschelder* FS G. Schulze (2017), S. 165 (170 ff.).

[21] BGH GRUR 2003, 956 (957) – Gies-Adler; → Rn. 7.

[22] Werke der Malerei, Skulpturen, Grafiken; Installationen, architektonische Entwurfszeichnungen, Modelle von Bauwerken etc.; s. dazu die Erläuterungen zu → § 2 Rn. 156 ff.; wie hier auch DKMH/*Dreyer* § 58 UrhG Rn. 16; enger noch Schricker/*Vogel* (3. Aufl.), § 58 UrhG Rn. 10; bereits nach altem Recht zweifelnd hinsichtlich der Werke der angewandten Kunst aus teleologischem Blickwinkel BGH GRUR 2001, 51 (52) – Parfumflakon.

sondern auch Werke, die ähnlich wie Lichtbildwerke geschaffen werden. Über § 72 Abs. 1 S. 3 findet § 58 auch auf einfache Lichtbilder Anwendung. Damit ist klar, dass zB bei einer Ausstellung über das Werkschaffen Hans Scharouns, der sowohl architektonisch gestaltet als auch gemalt hat, beide Werkarten erlaubnis- und vergütungsfrei in einen Ausstellungskatalog aufgenommen werden können. In gleicher Weise ist nunmehr nach dem eindeutigen Wortlaut der Vorschrift etwa bei einer Schau über das Kunstschaffen des Bauhauses nicht nur die Vervielfältigung von Werken der Malerei in einem Katalog privilegiert, sondern auch die von Werken der angewandten Kunst, für die nach früherem Recht allenfalls eine analoge Anwendung des § 58 erörtert wurde.[23] Angesichts der eindeutigen Gesetzesformulierung gilt § 58 nicht für Werke nach § 2 Abs. 1 Nr. 7 (Darstellungen wissenschaftlicher und technischer Natur). Somit sind bei der Präsentation künstlerischer, technischer und wissenschaftlicher Werke in ein und derselben Architekturausstellung die Darstellungen nach § 2 Abs. 1 Nr. 7 von der Schrankenregelung des § 58 ausgenommen, ein Ergebnis, dessen Sinn nicht einzuleuchten vermag.[24]

13   § 58 gilt selbstverständlich nicht für **Fotografien der ausgestellten Werke.** Insoweit ist der Erwerb der einschlägigen Rechte des Fotografen für den beabsichtigten Abdruck eines ausgestellten Werkes in einem Ausstellungs- oder Versteigerungskatalog erforderlich.[25]

14   **b) Veröffentlichte oder zur Veröffentlichung bestimmte Werke.** § 58 setzt voraus, dass die jeweiligen Werke bereits **veröffentlicht oder zur öffentlichen Ausstellung bzw. zum öffentlichen Verkauf bestimmt** worden sind, also in naher Zukunft durch eine beabsichtigte Ausstellung bzw. durch eine Verkaufshandlung veröffentlicht werden.[26] Nach § 58 idF von 1965 waren lediglich Auktionshäuser privilegiert. Bei ihnen hatte der Gesetzgeber – anders als bei der Ausstellung in Museen und entgegen den Entwürfen (→ Rn. 2) – bewusst auf das Erfordernis der Öffentlichkeit verzichtet, weil nichtöffentliche Versteigerungen praktisch nicht denkbar sind.[27]

15   Nach dem Wortlaut der Vorschrift müssen die fraglichen Werke **für die öffentliche Ausstellung bzw. den öffentlichen Verkauf lediglich bestimmt** sein. Deshalb wird die Katalogabbildung nicht rechtswidrig, wenn ein in den Ausstellungs- oder Verkaufskatalog aufgenommenes Bild infolge einer Vertragskündigung nicht zur Ausstellung oder zum Verkauf gelangt.[28] Bei **noch unveröffentlichten Werken** setzt § 58 die Zustimmung des Urhebers bzw. des Eigentümers des Originals (§ 44 Abs. 2) zur Ausstellung des Werkes voraus. Unterbleibt letztlich die ursprünglich vom Berechtigten erlaubte Ausstellung eines noch unveröffentlichten Werkes oder dessen Einlieferung zum Verkauf aus welchen Gründen auch immer, bewirkt sein nach § 58 genehmigungsfreier Abdruck in einem Ausstellungs- oder Versteigerungskatalog gleichwohl die Veröffentlichung des Werkes iSd. § 12, wenn der Widerruf der Einwilligung seiner Ausstellung oder seiner Versteigerung nicht rechtzeitig vor der Katalogveröffentlichung erklärt worden ist.[29]

16   Auf die **Dauer der Ausstellung oder des Verkaufs** kommt es trotz des Gebots enger Auslegung der Vorschrift im Hinblick auf die sie rechtfertigenden Interessen nicht an.[30] § 58 privilegiert seiner Zweckbestimmung entsprechend (→ Rn. 3) folglich nicht allein die werbliche Nutzung von Werken in vorübergehenden Ausstellungen, sondern im Interesse aller Beteiligten und der Öffentlichkeit auch solche in **ständigen Sammlungen.**[31] Eine nach § 58 zulässige Nutzung darf – ebenfalls unverändert gegenüber dem alten Recht – auch solche Werke zeigen, die nur **vorübergehend,** also nicht ständig oder ganz überwiegend, wegen Platzmangels **im Magazin** des Museums lagern.[32] Entsprechendes gilt für Kataloge von **Wanderausstellungen,** sofern sie Werke enthalten, die nicht an allen Ausstellungsorten zur Schau gestellt werden.[33] Maßgeblich bleibt die Übereinstimmung der Abbildungen mit den Werken, die zumindest zeitweise öffentlich ausgestellt werden.

17   **c) Bei Mappenwerken und Skizzenbüchern** ist von Fall zu Fall zu entscheiden: Besteht die Möglichkeit, in den Mappen und Büchern zu blättern, spricht dies für die Zulässigkeit der Abbildung aller Seiten im Katalog.[34] Liegen hingegen Skizzenbücher – wie dies aus Gründen der Sicherheit und

---

[23] Vgl. *G. Schulze* FS Ullmann (2006), S. 93 (102 ff.).

[24] Ebenso Dreier/Schulze/*Dreier* § 58 UrhG Rn. 3; eine analoge Anwendung des § 58 dürfte angesichts des eindeutigen Wortlauts der Vorschrift nicht in Betracht kommen

[25] *Schack* Rn. 570; *Jacobs* FS Vieregge (1995), S. 381 (396 ff.); *Bullinger* FS Raue (2006), S. 382 ff.; Dreier/Schulze/*Dreier* § 58 UrhG Rn. 1; DKMH/*Dreyer* § 58 UrhG Rn. 18.

[26] Zum Begriff der öffentlichen Ausstellung → § 18 Rn. 17–19; wie hier auch Fromm/Nordemann/*Czychowski* § 58 UrhG Rn. 8.

[27] Schriftl. Bericht des Rechtsausschusses UFITA 46 (1966) 174 (192).

[28] Ebenso *v. Gamm* § 58 UrhG Rn. 3; Dreier/Schulze/*Dreier* § 58 UrhG Rn. 4; *Jacobs* FS Vieregge (1995), S. 381 (389 f.); Fromm/Nordemann/*Czychowski* § 58 UrhG Rn. 10.

[29] Ebenso DKMH/*Dreyer* § 58 UrhG Rn. 5; Dreier/Schulze/*Dreier* § 58 UrhG Rn. 4.

[30] BGH GRUR 1994, 800 (802) – Museumskatalog; ebenso Wandtke/Bullinger/*Lüft* § 58 UrhG Rn. 4; Fromm/Nordemann/*Czychowski* § 58 UrhG Rn. 9; aA noch Fromm/Nordemann/*W. Nordemann* (9. Aufl.), § 58 UrhG Rn. 2, Möhring/Nicolini/*Grübler* (4. Aufl.), § 58 UrhG Rn. 7.

[31] Insoweit ohne Unterschied zu § 58 aF; vgl. BGH GRUR 1994, 800 (802) – Museumskatalog; OLG Frankfurt GRUR 1994, 116 (118) – Städel; ebenso Dreier/Schulze/*Dreier* § 58 UrhG Rn. 4; Wandtke/Bullinger/*Lüft* § 58 UrhG Rn. 4; Fromm/Nordemann/*Czychowsky* § 58 UrhG Rn. 9.

[32] S. schriftl. Bericht des Rechtsausschusses UFITA 46 (1966) 174 (192).

[33] LG München I Schulze LGZ 162, 6; ebenso *Jacobs* FS Vieregge (1995), S. 381 (389).

[34] Ebenso LG München I Schulze LGZ 162, 6 f.; Dreier/Schulze/*Dreier* § 58 UrhG Rn. 4; Möhring/Nicolini/*Grübler* (4. Aufl.), § 58 UrhG Rn. 7.

Konservierung meist erforderlich ist – in einer Vitrine, dürfen im gebotenen engen Verständnis der Vorschrift[35] nur die aufgeschlagenen und tatsächlich ausgestellten Seiten in den Katalog aufgenommen werden.[36] Die Abbildung von nicht ausgestellten Zeichnungen und Werken, die lediglich zum Themenkreis der Ausstellung gehören, deckt § 58 nicht; jedoch kann sie unter Umständen als Bildzitat nach § 51 zulässig sein.

2. Erlaubnis- und vergütungsfreie Nutzungen

a) Privilegierter Personenkreis. Abs. 1 privilegiert den **Veranstalter,** dh. denjenigen, der die **18** Ausstellung oder den öffentlichen Verkauf von Werken der bildenden Künste und von Lichtbildwerken verantwortet.[37] **Bei veranstaltenden Museen und Ausstellungshäusern** ist dies, vertreten durch den Direktor, der jeweilige öffentlich-rechtliche (Bundesländer, Städte, Landkreise ua.) **oder privatrechtliche Träger** (Stiftungen, Bankhäuser ua.), dem eine Gewinnerzielungsabsicht durchaus nicht fremd sein muss, bei **Auktionshäusern und Galerien** der Eigentümer des Unternehmens, bei Wanderausstellungen der federführende Direktor. Ihre zu Zwecken der Werbung für die Ausstellung bzw. den Verkauf notwendigen Nutzungshandlungen bedürfen keiner Erlaubnis des Urhebers eines fraglichen Werkes. Nichts anderes gilt für Dritte, die etwa als Verlag im Auftrag des Veranstalters weisungsgebunden ein entsprechendes Werk nutzen.[38] Sind der Veranstalter einer (Verkaufs-)Ausstellung und der Nutzer eines ausgestellten oder angebotenen Werkes nicht identisch und wirtschaftlich voneinander unabhängig, bedarf es für dessen Abbildung in einem ausstellungs- oder verkaufsbegleitenden Katalog des Erwerbs der einschlägigen Nutzungsrechte, selbst wenn die Publikation indirekt für die Ausstellung wirbt.[39] Entsprechendes gilt für Betreiber von Internetsuchmaschinen, die hinsichtlich ausgestellter Bilder nicht Veranstalter iSd. § 58 sind, sondern Dritte. Denn ihr Interesse an der Optimierung ihrer Bildersuchmaschine fällt nicht in den Schutzbereich der Katalogbildfreiheit.[40] Selbst ein Verzicht des Ausstellungsveranstalters auf die Herausgabe eines Katalogs kommt einem unautorisierten Dritten nicht zugute, weil die Rechtsordnung keine Geschäftsmodelle billigt, die auf Urheberrechtsverletzungen basieren.

b) Erlaubnisfreie Nutzungshandlungen. Die Ausschließlichkeitsrechte des Urhebers werden **19** durch § 58 in **sachlicher, räumlicher und zeitlicher Hinsicht beschränkt.** Im Zuge seiner Anpassung an europäisches Recht sind nach § 58 in abschließender Regelung neben der **Vervielfältigung (§ 16) und Verbreitung (§ 17),** gleich durch welche Technik, Werknutzungen im Wege der **öffentlichen Zugänglichmachung nach § 19a** gestattet, dh. außer in traditioneller Papierform auch in digitalem Offline-(CD-Rom, DVD etc.) und Online-Format etwa bei Internetversteigerungen, nicht jedoch im Wege anderer Arten der öffentlichen Wiedergabe wie der Sendung.[41]

§ 58 begrenzt die Schrankenziehung auf Nutzungshandlungen zur **Werbung, soweit dies zur 20 Förderung der Veranstaltung erforderlich ist.** Unter dem weiten Begriff der Werbung iSd. Vorschrift ist jede den Besuch einer – dauerhaften oder befristeten – Ausstellung oder den Verkauf eines Werkes unmittelbar und ausschließlich fördernde Unterrichtung der Öffentlichkeit zu verstehen.[42] Als weiteres Korrektiv dazu reduziert dieses Merkmal die Schrankenregelung – im Hinblick auf den zu erzielenden Werbeerfolg in nicht allzu strenger Auslegung – auf das in räumlicher, inhaltlicher und zeitlicher Hinsicht erforderliche Maß.[43] Eine zahlenmäßige Beschränkung der Abbildungen ist damit nicht verbunden, wenn nur alle abgebildeten Werke ausgestellt werden oder zum Aufruf kommen.[44] Als ungeschriebenes Tatbestandsmerkmal kommt die **Unmittelbarkeit** der Förderung der Veranstaltung hinzu, gleich, ob diese ideelle oder kommerzielle Interessen verfolgt. Folglich fallen zunächst all diejenigen Werbemaßnahmen aus dem Anwendungsbereich der Vorschrift heraus, deren Zweck nicht

[35] Vgl. → Rn. 4, 5.
[36] LG München I Schulze LGZ 162, 6 f. m. zust. Anm. *Gerstenberg*; unter Berufung auf das Merkmal „zur öffentlichen Ausstellung bestimmt" für die Abbildung des gesamten Mappenwerkes oder Skizzenbuches, weil sich die Ausstellung nicht auf das aufgeschlagene Bild, sondern auf das Skizzenbuch in seiner Gesamtheit bezieht; *Jacobs* FS Vieregge (1995), S. 381 (391).
[37] Ebenso Fromm/Nordemann/*Czychowski* § 58 UrhG Rn. 14; Dreier/Schulze/*Dreier* § 58 UrhG Rn. 5; vgl. zum Begriff des Veranstalters auch § 81 Rn. 20.
[38] Möhring/Nicolini/*Gass* (2. Aufl.), § 58 UrhG Rn. 30; Möhring/Nicolini/*Grübler* (4. Aufl.), § 58 UrhG Rn. 8.
[39] Dreier/Schulze/*Dreier* § 58 UrhG Rn. 5; Wandtke/Bullinger/*Lüft* § 58 UrhG Rn. 5; Möhring/Nicolini/*Grübler* (4. Aufl.) § 58 UrhG Rn. 15.
[40] So zu Recht OLG Jena MMR 2008, 408 (410) – Thumbnails; im Wesentlichen bestätigt durch BGH GRUR 2010, 628 Rn. 21 ff. – Vorschaubilder I; ferner LG Hamburg ZUM 2009, 315 (322) – Suchmaschine; *Schrader/Rautenstrauch* UFITA 2007, 761 (771 f.); *Ott* ZUM 2009, 345 (350 f.); Möhring/Nicolini/*Grübler* (4. Aufl.), § 58 UrhG Rn. 15; Dreier/Schulze/*Dreier* § 58 UrhG Rn. 5.
[41] Ebenso Dreier/Schulze/*Dreier* § 58 UrhG Rn. 2; wohl auch Fromm/Nordemann/*Czychowski* § 58 UrhG Rn. 15; zustimmend im Hinblick auf die Umsetzung *Berger* ZUM 2002, 21 (26).
[42] Ebenso Möhring/Nicolini/*Grübler* (4. Aufl.), § 58 UrhG Rn. 9; Fromm/Nordemann/*Czychowski* § 58 UrhG Rn. 13.
[43] Nach altem Recht strenger BGH GRUR 1994, 800 (802) – Museumskatalog; BGH GRUR 1993, 822 (823) – Katalogbild m. zust. Anm. *Jacobs;* ebenso DKMH/*Dreyer* § 58 UrhG Rn. 9.
[44] Vgl. *Merker/Mittl* ZUM 2010, 397 (399) unter Hinweis auf die vorläufige Auffassung des KG in dieser Sache vor Zurücknahme der Berufung.

dienend darauf gerichtet ist, das Publikum zum Besuch einer Ausstellung zu bewegen oder Interesse für den Kauf eines Bildes zu wecken, wie dies bei der bloßen Werbung für das veranstaltende Unternehmen als Firma der Fall ist oder bei Abbildungen einschlägiger Werke auf zum Kauf angebotenen **Souvenirartikeln (T-Shirts, Taschen, Tassen etc.)** begegnet.[45] Dasselbe gilt – anders als noch nach altem Recht[46] – für Kataloge und Verzeichnisse, die nicht lediglich zum Selbstkostenpreis verkauft werden.[47] Denn Dritte sollen nicht dort verdienen, wo den Urhebern die Vergütung gesetzlich versagt wird.[48] Von werblichen Handlungen des Veranstalters sind redaktionelle Berichterstattungen in Zeitungen zu unterscheiden, deren Hinweise auf ausgestellte oder zum Verkauf angebotene Werke das Gesetz unter den näheren Voraussetzungen des § 50 vergütungsfrei gestattet.[49]

21   **aa) In sachlicher Hinsicht** fallen dem Zweck der Freistellung entsprechend unter § 58 auch **Plakate, Einladungskarten, Faltblätter und Internet-Ankündigungen,** die auf die Ausstellung oder den Verkauf ua. eines gezeigten Werkes hinweisen. Eine entsprechende Ankündigung im Fernsehen schließt die Anwendung des § 58 hingegen aus, weil die Schranke sich – enger als es Art. 5 Abs. 2 lit. j InfoSoc-RL gestattet hätte – nicht auf das Senderecht bezieht (→ Rn. 19).

22   Auch **Ausstellungsführer,** die den Besucher in das Konzept einer Ausstellung einführen, fallen unter § 58, soweit sie dem Ausstellungszweck untergeordnet bleiben.[50] In der Regel verfolgen Ausstellungsführer oder -verzeichnisse in werblicher Absicht den Zweck, das Interesse des Publikums für eine öffentlichen Ausstellung zu wecken, indem sie ihm das Ausstellungskonzept erschließen. Ohne eine vertiefende Unterweisung in die Zusammenhänge der Ausstellung würden viele potentielle Besucher von einem Besuch absehen und die meist unter hohen Kosten veranstaltete Ausstellung ihren Bildungsauftrag verfehlen. Zudem unterbliebe die Vermehrung der Bekanntheit des Urhebers. Jedoch dürfen auch Ausstellungsführer lediglich die Ausstellungsintention vermitteln, hingegen nicht einen Bildband oder ein Werkverzeichnis ersetzen.

23   Von einem Museumskatalog oder Ausstellungsführer lässt sich daher nicht mehr sprechen, wo das Buch inhaltlich über die Verdeutlichung von künstlerischen Zusammenhängen, Entwicklungen und Vergleichen, deren Vermittlung die Ausstellung anstrebt, hinausgeht und die Abbildung des Werkes als Bestandteil der Ausstellung nicht mehr im Vordergrund steht, sondern der Vermittlung des Werkgenusses eine von der Ausstellung losgelöste Bedeutung zukommt.[51] Von § 58 profitieren ebenfalls umfangreichere Ausstellungsverzeichnisse, soweit sie inhaltlich streng auf die Erläuterung der Ausstellung ausgerichtet bleiben.[52] Maßgeblich für die **Unterscheidung von Katalog und Kunstbildband** können ua. Format, inhaltliche Gestaltung und Auswahl der Abbildungen sein.[53] In den Anwendungsbereich der Vorschrift fallen de lege lata **auch digitale Kataloge,** unabhängig davon, ob sie als Offline-Medium (CD-ROM) angeboten werden oder an Besucherterminals in der Ausstellung von einer Datenbank oder online aus dem Internet abrufbar sind. Im Bereich der Kunstversteigerung ist es üblich, bei Online-Auktionen sogar unverzichtbar geworden, Auktionsangebote unkörperlich in vollem Umfang aus dem Internet abrufbar anzubieten, während Ausstellungsveranstalter auf ein doppeltes Angebot im Interesse des Verkaufs von körperlichem Informationsmaterial weitgehend verzichten.

24   Die Rspr. zum alten Recht, nach der die Abbildung eines einzelnen Werkes auf dem **Titelblatt** eines Katalogs oder Verzeichnisses nach § 58 für zulässig erachtet wurde, weil sie dem Informationsbedürfnis des Publikums dient und die Wiedergabe des abgebildeten Werkes unmittelbar dem Ausstellungs- bzw. Versteigerungszweck untergeordnet bleibt,[54] behält auch nach geltendem Recht unter dem Gesichtspunkt des werblichen Zweckes ihre Gültigkeit. Werbung ist visuell auf einen Blickfang angewiesen. Anders als nach der Fassung von 1965 privilegiert deshalb § 58 nunmehr die Vervielfältigung eines ausgestellten oder zum Verkauf angebotenen Werkes in einem **Werbeprospekt oder auf Einladungskarten,** weil auch insoweit ohne die Abbildung eines als besonders hervorstehend gehaltenen Werkes ein Werbeeffekt ausbliebe. Dies gilt jedoch dann nicht, wenn die Abbildung lediglich generell für die Tätigkeit des Museums oder des Versteigerers wirbt, einen unmittelbaren Bezug zu einer Ausstellung oder zum Verkauf hingegen vermissen lässt.[55] Auch der Verkauf eines **Ausstellungsplakats** mit der Abbildung eines ausgestellten Werks wird von § 58 nur gedeckt, wenn er nicht

---

[45] Noch zum alten Recht BGH GRUR 1994, 800 (802) – Museumskatalog; BGH GRUR 1993, 822 (823) – Katalogbild, m. zust. Anm. *Jacobs;* ebenso Dreier/Schulze/*Dreier* § 58 UrhG Rn. 7.

[46] *Jacobs* FS Vieregge (1995), S. 381 (390).

[47] Vgl. den Wortlaut von Art. 5 Abs. 3 lit. j InfoSoc-RL: unter Ausschluss jeglicher anderer kommerzieller Nutzung.

[48] Ebenso DKMH/*Dreyer* § 58 UrhG Rn. 12.

[49] Vgl. *Jacobs* GRUR 1993, 824 (825).

[50] BGH GRUR 1994, 800 (802) – Museumskatalog; Dreier/Schulze/*Dreier* § 58 UrhG Rn. 7; Wandtke/Bullinger/*Lüft* § 58 UrhG Rn. 8.

[51] Vgl. BGH GRUR 1994, 800 (802) – Museumskatalog; *Jacobs* FS Vieregge (1995), S. 381 (390); ebenso Möhring/Nicolini/*Grübler* (4. Aufl.), § 58 UrhG Rn. 10; Wandtke/Bullinger/*Lüft* § 58 UrhG Rn. 8.

[52] BGH GRUR 1994, 800 (802) – Museumskatalog.

[53] Vgl. OLG Frankfurt/M ZUM 1993, 97 (99) – Katalogbildfreiheit.

[54] So trotz des Wortlauts des Gesetzes „in Verzeichnissen" in teleologischer Auslegung BGH GRUR 1993, 822 (824) – Katalogbild.

[55] BGH GRUR 1993, 822 (823 f.) – Katalogbild mAnm *Jacobs;* s. zum neuen Recht LG Berlin ZUM-RD 2007, 421 (422) – Zeitschriftenbeilage eines Auktionshauses.

– wie häufig – als zusätzliche Einnahmequelle des Veranstalters der Ausstellung dient, an der der Urheber wirtschaftlich angemessen zu beteiligen ist.[56] Nichts anderes gilt für die Vervielfältigung von Abbildungen von in einer Ausstellung gezeigten Werken auf Taschen, Postkarten, T-Shirts, Telefon- oder Eintrittskarten, Kalendern etc. (→ Rn. 20).

bb) In räumlicher Hinsicht beschränkt sich die Freistellung des § 58 auf lediglich zu Informations-, Werbe- und Belegzwecken erfolgende **Verkäufe an der Museumskasse** und auf den Versand durch das Museum.[57] Der Verkauf von Ausstellungskatalogen im Buchhandel, gleich, ob er während oder nach der Ausstellung erfolgt, erfordert stets den Erwerb der einschlägigen Nutzungsrechte.[58] Das gilt auch für Katalogexemplare, die der Veranstalter auf Bestellung zur Gewinnerzielung versendet[59] oder die organisatorisch selbständige Buchhandlungen innerhalb des Museums oder von dem Museum betriebene Museums-Shops anbieten. Nicht anders verhält es sich bei Katalogexemplaren, die zusammen mit der Eintrittskarte an auswärtige Kunden versandt werden. **25**

cc) Zeitlich gilt die Freistellung dem Sinn und Zweck der Vorschrift entsprechend nur für die **Vorbereitungszeit und die Dauer der Ausstellung** bzw. bei Versteigerungen für die Dauer des Verkaufsangebots und ihres zeitlichen Zusammenhangs.[60] Ein üblicherweise längerer Vor- und ein kürzerer Nachlauf sind demnach statthaft. Das OLG Köln hat einen Nachverkauf von nicht länger als einer Woche für zulässig erachtet.[61] Dem ist zuzustimmen. Somit bedürfen Vervielfältigungs- und Verbreitungshandlungen sowie Zugänglichmachungen im Internet, die aus diesem Zeitfenster herausfallen, der Zustimmung des Urhebers bzw. der von ihm beauftragten Verwertungsgesellschaft Bild-Kunst (www.bildkunst.de), die nach § 34 VGG gegen Zahlung der tariflich festgelegten Vergütung zur Lizenzierung verpflichtet ist.[62] **26**

III. Sonstige Fragen

1. Die **Urheberpersönlichkeitsrechte** der Urheber, deren Werke in Ausstellungs- oder Verkaufskatalogen abgebildet werden, bleiben von § 58 grundsätzlich unberührt (§§ 62, 63). Vervielfältigungsbedingte Änderungen[63] sind nach § 62 Abs. 3 hinzunehmen.[64] **27**

2. Wer sich auf eine Schrankenregelung beruft, hat hinsichtlich ihrer Tatbestandvoraussetzungen die **Darlegungs- und Beweislast.**[65] **28**

§ 59 Werke an öffentlichen Plätzen

(1) ¹Zulässig ist, Werke, die sich bleibend an öffentlichen Wegen, Straßen oder Plätzen befinden, mit Mitteln der Malerei oder Grafik, durch Lichtbild oder durch Film zu vervielfältigen, zu verbreiten und öffentlich wiederzugeben. ²Bei Bauwerken erstrecken sich diese Befugnisse nur auf die äußere Ansicht.

(2) Die Vervielfältigungen dürfen nicht an einem Bauwerk vorgenommen werden.

Schrifttum: *Beater,* Der Schutz von Eigentum und Gewerbebetrieb von Fotografien, JZ 1998, 1101; *Bullinger/ Bretzel/Schmalfuß,* Urheberrechte in Museen und Archiven, 2010; *Bornkamm,* Der Dreistufentest als urheberrechtliche Schrankenbestimmung, FS Erdmann (2002), S 29; *Chirco,* Die Panoramafreiheit, 2013; Deutscher Bundestag (Hrsg.), „Kultur in Deutschland" – Schlussbericht der Enquete-Kommission des Deutschen Bundestages, 2007; *Dreier,* Lässt sich das Spiel in der Nachspielzeit noch drehen? – Zum Zusammenwirken von „Hartplatzhelden.de" und „Preußische Gärten und Parkanlagen", FS Pfennig (2011), S. 15; *ders.,* Sachfotografie, Urheberrecht und Eigentum, FS Dietz (2001), S. 523; *ders./Spiecker,* Die systematische Aufnahme des Straßenbildes – Zur rechtlichen Zulässigkeit von Online-Diensten wie „Google Street View", 2010; *Erdmann,* Sacheigentum und Urheberrecht, FS Pieper (1996), S. 655; *Ernst,* Google Street View – Urheber- und persönlichkeitsrechtliche Fragen zum Straßenpanorama, CR 2010, 178; *ders.,* Zur Panoramafreiheit des Urheberrechts, ZUM 1998, 475; *ders.,* Nochmals – zur

---

[56] *Gerstenberg* Anm. zu Schulze LGZ 162; Fromm/Nordemann/*Czychowski* § 58 UrhG Rn. 13.
[57] Etwa an die Presse, an Leihgeber oder an andere Museen; ebenso Möhring/Nicolini/*Grübler* (4. Aufl.), § 58 UrhG Rn. 11.
[58] Ebenso Fromm/Nordemann/*W. Nordemann* (9. Aufl.), § 58 UrhG Rn. 3; *v. Gamm* § 58 UrhG Rn. 4.
[59] *v. Gamm* § 58 UrhG Rn. 4.
[60] Wie hier Möhring/Nicolini/*Grübler* (4. Aufl.), § 58 UrhG Rn. 12; offengelassen Dreier/Schulze/*Dreier* § 58 UrhG Rn. 7; enger, dh. ohne Berücksichtigung des zeitlichen Zusammenhangs Möhring/Nicolini/*Gass* (2. Aufl.), § 58 UrhG Rn. 35; Wandtke/Bullinger/*Lüft* § 58 UrhG Rn. 7; DKMH/*Dreyer* § 58 UrhG Rn. 7, 15.
[61] OLG Köln GRUR-RR 2009, 4 Rn. 10 – Auktionsportal für Kunstwerke; Möhring/Nicolini/*Grübler* (4. Aufl.), § 58 UrhG Rn. 12; aA Wandtke/Bullinger/*Lüft* § 58 UrhG Rn. 1: Privilegierung nur für die Dauer der Ausstellung.
[62] Insoweit besteht mit den Museen ein Gesamtvertrag s. Dreier/Schulze/*Dreier* § 58 UrhG Rn. 10; im Ergebnis ebenso *v. Gamm* § 58 UrhG Rn. 4; *Jacobs* möchte – zu weitgehend – auch den Abverkauf von Katalogen durch § 58 privilegiert sehen, FS Vieregge (1995), S. 381 (394); für den erlaubnis- und vergütungsfreien Abverkauf geringer Restbestände auch *Gerstenberg* Anm. zu LG München I Schulze LGZ 162.
[63] Verkleinerungen, Schwarz-Weiß-Reproduktionen etc.; enger Fromm/Nordemann/*Czychowski* § 58 UrhG Rn. 20.
[64] BGH GRUR 2017, 390 Rn. 40 – East Side Gallery; *Schack* Rn. 570; enger im Hinblick auf die technischen Möglichkeiten, auch Farbabbildungen zu drucken, Fromm/Nordemann/*Czychowski* § 58 UrhG Rn. 20.
[65] OLG Hamburg ZUM 2015, 577 (579) – Promis auf fett getrimmt; Fromm/Nordemann/*Czychowski* § 58 UrhG Rn. 19; ebenso Fromm/Nordemann/*Nordemann-Schiffel* § 50 UrhG Rn. 9.

Panoramafreiheit bei kurzlebigen und bei verfälschten Kunstwerken, AfP 1997, 458; *ders.*, Zur rechtlichen Beurteilung der digitalen Erfassung von Gebäuden in Datenbanken, RTkom 2000, 4; *Gerauer*, Der Unterlassungsanspruch des Eigentümers bei gewerblichen Fotografien, GRUR 1998, 672; *v. Gierke*, Die Freiheit des Straßenbildes (§ 59 UrhG), FS Erdmann (2002), S. 103; *Götting*, Sanssouci? – Bemerkungen zur BGH-Entscheidung „Preußische Gärten und Parkanlagen", Fs Wandtke (2013), S. 259; *Götz v. Olenhusen*, BGH „Preußische Schlösser" – Fotografieren von historischen Bauwerken, Anm. zu BGH V ZR 14/12, MR-Int 2013, 71; *Griesbeck*, Der „Verhüllte Reichstag" – und (k)ein Ende?, NJW 1997, 1133; *Hess*, Der „Verhüllte Reichstag" und § 59 I 1 UrhG: Was bleibt?, FS Nordemann (1999), S. 89; *Kleinke*, Beschränkung des Urheberrechtsschutzes am verhüllten Reichstag durch § 59 I UrhG, AfP 1996, 396; *Kübler*, Eigentumsschutz gegen Sachabbildung und Bildreproduktion?, FS Baur (1981), S. 51; *Leistner/Stang*, Die Bildersuche im Internet aus urheberrechtlicher Sicht, CR 2008, 499; *Maaßen*, Panoramafreiheit in den preußischen Gärten, GRUR 2010, 880; Max-Planck-Institut für Geistiges Eigentum, Wettbewerbsrecht und Steuerrecht, Declaration, A Balanced Interpretation of the Three Step Test in Copyright Law, www.ip.mpg.de; *Müller-Katzenburg*, Fotografien und andere Vervielfältigungen von Werken in der Öffentlichkeit – Zu Inhalt und Grenzen der urheberrechtlichen „Panoramafreiheit", KUR 2004, 3; *dies.*, Offener Rechtsstreit um verhüllten Reichstag, NJW 1996, 2341; *Nedden*, Elektronische Häuser- und Gebäudekarte, DuD 1999, 533; *Ott*, Bildersuchmaschinen und Urheberrecht, ZUM 2009, 345; *Pfennig*, Christo und § 59 – Die Diskussion um das Bleibende, ZUM 1996, 558; *Pöppelmann*, Verhüllter Reichstag, ZUM 1996, 293; *Schack*, Anm. zu BGH Urteil v. 27.4.2017 – I ZR 247/15, GRUR 2017, 802; *G. Schulze*, Werke und Muster an öffentlichen Plätzen – Gelten urheberrechtliche Schranken auch im Geschmacksmusterrecht?, FS Ullmann (2006), S. 93; *Steinbeck*, Mein Haus bei Google Street View, FS Loschelder (2010), S. 367; *Sosnitza*, Google Street View im Spiegel des deutschen Zivilrechts, FS Knemeyer (2012), S. 633; *v. Ungern-Sternberg*, Die Bindungswirkung des Unionsrechts und die urheberrechtlichen Verwertungsrechte, FS Bornkamm (2014), S. 1007; *ders.*, Die Rechtsprechung des EuGH und des BGH zum Urheberrecht und zu den verwandten Schutzrechten im Jahre 2012, GRUR 2013, 248; *ders.*, Die Rechtsprechung des EuGH und des BGH zum Urheberrecht und zu den verwandten Schutzrechten im Jahre 2013, GRUR 2014, 209; *ders.*, Die Rechtsprechung des EuGH und des BGH zum Urheberrecht und zu den verwandten Schutzrechten im Jahre 2014, GRUR 2015, 205; *ders.*, Die Rechtsprechung des EuGH und des BGH zum Urheberrecht und zu den verwandten Schutzrechten im Jahre 2015, GRUR 2016, 321; *ders.*, Verwendungen des Werkes in veränderter Gestalt im Lichte des Unionsrechts, GRUR 2015, 533; *Walter*, Die freie Werknutzung der Freiheit des Straßenbildes, MR 1991, 4; *Weberling*, Keine Panoramafreiheit beim verhüllten Reichstag?, AfP 1996, 34.

Übersicht

I. Allgemeines

1. Rechtsentwicklung

1   Das Urheberrecht an Werken, die sich bleibend an öffentlichen Wegen, Straßen oder Plätzen befinden, war bereits im 19. Jahrhundert durch die sog. Panoramafreiheit eingeschränkt. Eine der Vorschrift des § 59 ähnliche Regelung enthielt **§ 6 Nr. 3 KG von 1876**. Entsprechendes galt in einigen Teilen des Deutschen Bundes sogar schon vorher. Die geltende Fassung des § 59 beruht – redaktionell überarbeitet und um das Merkmal der öffentlichen Wiedergabe erweitert – auf **§ 20 KUG**. § 59 blieb bei der Umsetzung der fakultativen Schrankenregelung des Art. 5 Abs. 3 lit. h, Abs. 4 InfoSoc-RL 2001/29/EG durch das Gesetz zur Regelung des Urheberrechts in der Informationsgesellschaft vom 10.9.2003 (BGBl. I S. 1774) unberührt, weil bereits seine bisherige Fassung sich im Rahmen der Richtlinienvorgabe hielt (dazu Rn. 30). Bei der Harmonisierung der Schrankenregelungen blieben einige Mitgliedstaaten bei dem unionsrechtlich zulässigen Verbotsrecht der Urheber von Werken an öffentlichen Plätzen;[1] andere zogen die Schranke unterschiedlich eng, ohne dass es zu Behinderungen des freien Warenverkehrs kommt.[2]

---

[1] S. dazu *Müller-Katzenburg* KUR 2004, 3 (6 ff.).
[2] Vgl. OLG München GRUR 2005, 1038 – Hundertwasser-Haus II.

2. Sinn und Zweck sowie Rechtfertigung der Vorschrift

Öffentliche Wege, Straßen und Plätze sind der Allgemeinheit gewidmet. Dies hat Konsequenzen 2 für die Rechte des Urhebers von Kunstwerken und Gebäudefassaden, die sich dauerhaft dort befinden.[3] Schon in der Begründung zum Entwurf des KUG hieß es, solche Werke seien in gewissem Sinne Gemeingut und könnten, sofern es nicht in der nämlichen Kunstform geschehe, von jedermann ab- und nachgebildet werden.[4] Die Auffassung, die Wiedergabe dürfe nur das gesamte Straßenbild „als unteilbares Ganzes" umfassen,[5] hat sich nicht durchzusetzen vermocht. Sie erscheint auch nicht praktikabel. Denn **Sinn und Zweck** sowie **Rechtfertigung** der Bestimmung bestehen darin, Werke, die ohnehin der Allgemeinheit gewidmet sind und von jedermann ungehindert betrachtet werden können, für die Vervielfältigung und Verbreitung **in zweidimensionaler Form** sowie für die öffentliche Wiedergabe freizugeben.[6] Praktisch handelt es sich dabei meist um teilweise, aber auch vollständige Abbildungen des Straßenbildes. Ob dies allerdings selbst zu gewerblichen Zwecken nicht allein erlaubnis-, sondern auch – wie de lege lata vom BGH zu Recht angenommen[7] – vergütungsfrei zulässig sein muss, wird aus guten Gründen in Zweifel gezogen.[8]

De lege ferenda empfiehlt die **Enquete-Kommission des Deutschen Bundestages „Kultur** 3 **in Deutschland"** in ihrem Schlussbericht, eine Vergütungspflicht für die Abbildung von Werken – ausgenommen Werken der Baukunst – im öffentlichen Raum einzuführen, wenn die Abbildung gewerblich verwertet wird und die Darstellungsabsicht sich auf das jeweilige Werk richtet. Die Kommission begründet diese Forderung mit der bestehenden Ungleichbehandlung des Künstlers eines Werkes in einem Gebäude und dem eines Werkes in öffentlichen Räumen sowie der Ungleichbehandlung des Fotografen, der eine im öffentlichen Raum aufgestellte Plastik fotografiert, und deren Schöpfer.[9]

Auf **EU-Ebene** hat es 2015 aus dem Rechtsausschuss des Parlaments einen Vorstoß gegeben, die 4 Panoramafreiheit durch eine Änderung der InfoSoc-RL abzuschaffen und die gewerbliche Nutzung von Abbildungen von Werken der Baukunst oder Plastiken, die sich bleibend an öffentlichen Plätzen befinden, von der vorherigen Einwilligung der Urheber abhängig zu machen. Die Abgeordneten des EU-Parlaments haben es jedoch vorgezogen, die bestehende Situation beizubehalten, und den Vorschlag in einer Entschließung abgelehnt.

3. Verhältnis von § 59 zum Sacheigentum am Werkstück

a) Das Urheberrecht des Werkschöpfers und das Sacheigentum am Werkstück (Plastik, Bild, Bau- 5 werk etc.) nach § 903 BGB sind strikt zu trennen.[10] Das Urheberrecht an Werken, die sich bleibend an öffentlichen Wegen, Straßen und Plätzen befinden, unterliegt der Schrankenregelung des § 59. Nach der Rechtsprechung des BGH befugt auch das Eigentum an der Verkörperung eines Werkes den **Sacheigentümer nicht, einen Abwehranspruch** nach **§§ 903, 1004 BGB** gegen das Fotografieren seines Hauses oder seiner im Vorgarten stehenden Plastik **von öffentlichen Wegen, Straßen oder Plätzen aus** geltend zu machen, weil der Fotografiervorgang als Realakt nicht in die Verfügungsbefugnis des Hauseigentümers eingreift.[11] Das Fotografieren berührt das Sacheigentumsrecht selbst dann nicht, wenn es zu gewerblichen Zwecken erfolgt.[12] Das Recht des Sacheigentümers eines von einem öffentlichen Platz wahrnehmbaren geschützten Werks reicht nicht weiter als das durch § 59 eingeschränkte Ausschließlichkeitsrecht seines Urhebers. Andernfalls könnte der Sacheigentümer verbieten, was der Urheber infolge der Schrankenregelung erlaubnis- und vergütungsfrei hinzunehmen hat, obwohl es bei der nach § 59 erlaubnisfreien Fotografie gerade um die Abbildung des urheberrechtlich relevanten Werks als immaterielles Gut und nicht um das Sacheigentum nach § 903 BGB geht. Beim Fotografieren innerhalb des fremden Grundstücks verhält es sich anders.[13]

b) Aus **urheberrechtlicher Sicht** stellt sich die von öffentlichen Orten aus angefertigte Abbil- 6 dung eines auf einem privaten Grundstück befindlichen, geschützten Werkes als eine nach § 59 zulässige Vervielfältigung des urheberrechtlich geschützten immateriellen Gutes dar. Das hindert den Eigentümer des Werkstücks nicht, den Blick von der Straße auf sein Eigentum zu erschweren oder ganz zu verstellen. Werden urheberrechtlich geschützte Werke **vom betretenen Grundstück** aus fotogra-

---

[3] AmtlBegr. UFITA 45 (1965) 240 (292).
[4] Abgedruckt bei *Osterrieth/Marwitz,* KUG (2. Aufl.), § 20 KUG Anm. I 1; ebenso die AmtlBegr. UFITA 45 (1965) 240 (292).
[5] *Hirsch Ballin* UFITA 23 (1957) 1 (3).
[6] Sa. BGH GRUR 2003, 1035 (1037) – Hundertwasser-Haus; BGH GRUR 2002, 605 – Verhüllter Reichstag.
[7] BGH GRUR 2017, 390 Rn. 21 – East Side Gallery; ebenso zweifelnd Dreier/Schulze/*Dreier* § 59 UrhG Rn. 1.
[8] Ebenso Dreier/Schulze/*Dreier* § 59 UrhG Rn. 1 unter Verweis auf BGH GRUR 2001, 51 – Parfumflakon.
[9] Deutscher Bundestag (Hrsg.), Kultur in Deutschland, 2007, S. 393, 395.
[10] AllgM, etwa BGHZ 44, 288 (293 f.) = GRUR 1966, 503 – Apfelmadonna; *Erdmann* FS Piper (1996), S. 655 ff. mwN; sa. die Nachweise unter → § 44 Rn. 1.
[11] BGH GRUR 2011, 323 Rn. 10 – Preußische Garten und Parkanlagen; BGH GRUR 1990, 390 f. – Friesenhaus.
[12] BGH GRUR 1990, 390 (391) – Friesenhaus; LG Potsdam ZUM 2009, 430 (432 f.) – Stiftung Preußischer Kulturbesitz, mit krit. Anm. *Ernst.*
[13] Dazu → Rn. 8.

fiert, liegt ein Fall des § 59 schon deshalb nicht vor, weil es dabei nicht um die Freiheit des Straßenbildes geht. Der Architekt eines geschützten Bauwerks, der Urheber einer Plastik auf einem privaten
Grundstück oder der Inhaber eines ausschließlichen Nutzungsrechts an diesen Werken, der durchaus
deren Sacheigentümer sein kann, können in diesen Fällen aufgrund ihrer urheberrechtlichen Nutzungsbefugnisse Dritten die Vervielfältigung solange untersagen, bis das Urheberrecht an diesen Werken erloschen ist. Ohne eine entsprechende Nutzungsbefugnis ist auch dem Eigentümer das Fotografieren seines urheberrechtlich geschützten Werkes nur im Rahmen der Schrankenregelungen gestattet.

7   **c)** An einem **nicht oder nicht mehr urheberrechtlich geschützten (Bau-)Werk** steht dem
Eigentümer nach der Rechtsprechung des V. Zivilsenats des BGH – entgegen der Auffassung seines I.
Zivilsenats[14] – das **aus dem Zuweisungsgehalt des Eigentums fließende Vorrecht** zu, nicht nur
der Beeinträchtigung der Sachsubstanz entgegenzutreten, sondern darüber hinaus auch zu bestimmen,
ob und unter welchen Bedingungen sein Eigentum betreten werden darf. Dies schließt die Entscheidung des Eigentümers darüber ein, wer auf welche Weise und in welchem Umfang berechtigt sein
soll, gewerblichen Nutzen aus dem nur mit seiner Zustimmung zugänglichen Grundstück zu ziehen,
indem er Fotografien der dort befindlichen beweglichen und unbeweglichen Sachen herstellt und
verwertet.[15] In Konsequenz dessen bleibt allerdings dem Sacheigentümer nach dem Erlöschen des
Urheberrechts – in sachlich engeren Grenzen – ewig erlaubt, was dem Urheber nur befristet zusteht,
obwohl es bei derartigen Fotografien vorrangig nicht um das materielle Gut des fotografierten Objekts, sondern um die architektonische Gestaltung des Gebäudes als immaterielles Gut geht.[16]

8   **d) Insbesondere zu den BGH-Entscheidungen „Preußische Gärten und Parkanlagen".**
Im Gegensatz zur Friesenhaus-Entscheidung des I. Senats[17] hat der V. Senat des BGH in seiner Entscheidung „Preußische Gärten und Parkanlagen II"[18] die kommerzielle Verwertung von Filmen und
Fotos, die auf dem Grundstück des Eigentümers gegen seinen Willen hergestellt worden sind, auch
dann nach § 1004 BGB für unzulässig erachtet, wenn der Eigentümer den Zugang zwar zu privaten
Zwecken erlaubt, sich das Recht zur Anfertigung von Bildern zu gewerblichen Zwecken jedoch vorbehalten hat. Darin liege, so der V. Senat des BGH, zwar kein Eingriff in dessen körperliche Substanz,
wohl aber in den **Zuweisungsgehalt des Eigentums** (nicht des Hausrechts).[19] Aus dem Grundstückseigentum resultiere die Befugnis der **Fruchtziehung nach § 99 Abs. 3 BGB**, zu der auch die
Verwertung von Abbildungen der auf dem Grundstück befindlichen Gebäude zähle. Dem Vorwurf
seiner Kritiker in der Literatur, diese Auffassung begründe ein in seinen Voraussetzungen für Dritte
kaum überschaubares **ausschließliches Immaterialgüterrecht am Bild der eigenen Sache,**[20]
begegnet der V. Senat mit dem Hinweis, der Grundeigentümer besitze im Unterschied zum Urheber
des fotografierten Hauses schon von vornherein kein ausschließliches Recht, das neben das Eigentum trete und ihm die Verwertung von Aufnahmen der Sache vorbehalte. Vielmehr stehe ihm eine
aus dem Grundeigentum selbst resultierende Verwertungsbefugnis in Form der Fruchtziehung nach
§ 99 Abs. 3 BGB nur zu, wenn das Grundstück des Eigentümers betreten werden soll, um Abbildungen von Gärten und Gebäuden zu fertigen.[21] Demgegenüber merkt die Literatur kritisch an, das
Hausrecht des Eigentümers erstrecke sich nicht über die Grundstücksgrenze hinaus. Deshalb sei –
entgegen der Ansicht des V. Zivilsenats – die weitere Nutzung von Fotografien, die unter Verletzung

---

[14] BGH GRUR 1990, 390 (391) – Friesenhaus.
[15] Zuletzt BGH GRUR 2013, 623 Rn. 14 – Preußische Gärten und Parkanlagen II mAnm *Elmenhorst;* = JZ
2013, 740 mAnm *Schack* = NJW 2013, 1809 mAnm *Wanckel;* BGH GRUR 2011, 323 Rn. 13 – Preußische
Gärten und Parkanlagen mAnm *Lehment* = ZUM 2011, 327 = JZ 2011, 371 mAnm *Schack;* BGH V ZR 46/10,
ZUM 2011, 333 Rn. 16 – Fotografierverbot aufgrund des Hausrechts mwN; ferner *Götz v. Olenhusen* MR-Int.
2013, 71; BGH GRUR 2011, 321 – Preußische Gärten und Parkanlagen auf Internetportal; BGH GRUR 1990,
390 – Friesenhaus; vgl. ferner BGH GRUR 1975, 500 (502) – Schloss Tegel; ebenso OLG Köln ZUM-RD
2003, 539 (540) – Figurensammlung; zum Fotografierverbot in den Preußischen Gärten ferner *Maaßen*, Panoramafreiheit in den preußischen Gärten, GRUR 2010, 880; *Schabenberger*, Mein Schloss, mein Garten, meine Ver-
wertungserlöse?, GRUR-Prax 2011, 316015; im Falle der verbotswidrigen Anfertigung von Lichtbildern gemeinfreier Werke in öffentlichen Museen dem V. Senat des BGH folgend OLG Stuttgart GRUR 2017, 905 Rn. 111ff.
– Reiss-Engelhorn-Museen, vom BGH in seinem Urteil vom 20.12.2018 (GRUR 2019, 284 Rn. 34) offengelassen.
[16] Vgl. BGH GRUR 1990, 390 – Friesenhaus; *Schack* Rn. 40f. unter Hinweis auf eine vertragliche Lösung des
Problems; kritisch *Kübler* FS Baur (1981), S. 51; zur dogmatischen Auseinandersetzung auch *Dreier* FS Dietz (2001),
S. 235 (248ff.) mwN, der die wirtschaftliche Randnutzung des Eigentums durch die Sachfotografie als von § 903
BGB umfasst und damit die Sachfotografie als Eigentumsbeeinträchtigung auch ohne physische Einwirkung auf die
fotografierte Sache erachtet. Sie lässt vorbeugend einen Abwehranspruch und erfolgtem Eingriff einen Anspruch auf Herausgabe des durch die unerlaubte Nutzung Erlangten aus, ohne dass dies der Interessenabwägung der
Schrankenregelung des § 59 (und auch des § 50) entgegenstünde; sa. Dreier/Schulze/*Dreier* § 59 UrhG Rn. 14
mwN.
[17] BGH GRUR 1990, 390 – Friesenhaus.
[18] S. BGH GRUR 2013, 623 mAnm *Elmenhorst.*
[19] Kritisch dazu *v. Ungern-Sternberg* GRUR 2014, 209 (214f.).
[20] Vgl. *v. Ungern-Sternberg* GRUR 2016, 321 (322), der zudem unionsrechtliche Bedenken erhebt (nach Art. 36
AEUV nicht zu rechtfertigen); *Lehment* GRUR 2011, 327; *Schack* JZ 2011, 375; *Stieper* ZUM 2011, 331; *Bullinger/
Bretzel/Schmalfuß* S. 85f.; *Maaßen* GRUR 2010, 880; *Ernst* ZUM 2009, 434; kritisch insbesondere zur Fruchtziehung *Elmenhorst* GRUR 2013, 626 (627).
[21] BGH GRUR 2011, 323 Rn. 15 – Preußische Gärten und Parkanlagen I.

des Hausrechts gefertigt worden sind, durch Dritte nicht rechtswidrig.[22] Tatsächlich gehe es bei den streitgegenständlichen Fotografien nicht um eine Einwirkung auf das Sacheigentum, sondern um eine **Einwirkung auf die Vermögensinteressen** des Grundeigentümers durch die **Verletzung des Besichtigungsvertrags** (§ 280 BGB), dessen Abschluss der Grundeigentümer aufgrund seines Hausrechts verlangen könne.[23] *Dreier* weist in seiner Erörterung der ersten Entscheidung des V. Senats[24] zusätzlich darauf hin, dass, wollte man diese Entscheidung zu Ende denken, der Grundeigentümer selbst dem Fotografieren einer auf seinem Grund befindlichen fremden Sache entgegentreten könne, nicht aber der Eigentümer der Sache selbst.[25] Wenngleich der V. Zivilsenat seine Entscheidung nicht auf das Hausrecht, sondern auf den Zuweisungsgehalt des Eigentums gestützt hat (dort Rn. 26), dürften die dagegen gerichteten vielfältigen Einwände ihre Stichhaltigkeit nicht vollständig einbüßen. Bedenken wegen der auftretenden Beweisschwierigkeiten beim Nachweis der notwendigen Rechteeinholung, der Erlaubnis des Eigentümers, des Ortes einer Aufnahme sowie Bedenken wegen des Überschreitens der vom EuGH gezogenen Grenzen der Beschränkung des Waren- und Dienstleistungsverkehrs[26] sollten schließlich die Ausdehnung des Sacheigentumsrechts durch den BGH zusätzlich in Frage stellen.[27]

In einer weiteren Entscheidung zur Verwertung fotografischer Abbildungen preußischer Gärten **9** und Parkanlagen hat der BGH deren öffentliche Zugänglichmachung unter Anwendung der von ihm entwickelten Grundsätze der **Störerhaftung im Internet**[28] im Hinblick auf die Umstände des Einzelfalles verneint.[29]

e) Zur Fotografie von Gebäuden unter Benutzung von Hilfsmitteln (Leitern, Fernrohren etc.), um **10** die **Privatsphäre** von Personen auszuspähen, und zur **Verletzung des allgemeinen Persönlichkeitsrechts** in derartigen Fällen unter Berücksichtigung des Rechts auf freie Berichterstattung nach Art. 5 GG ausführlich Dreier/Schulze/*Dreier* § 59 UrhG Rn. 15 mwN.

4. Unions- und Konventionsrecht

Die Tatbestandsmerkmale des § 59 sind weniger allgemein gefasst als die des **Art. 5 Abs. 3 lit. h, 11 Abs. 4 InfoSoc-RL.**[30] Dennoch ist mit dem BGH davon auszugehen, dass § 59 **den Vorgaben von Art. 5 Abs. 3 lit. h, Abs. 4 InfoSoc-RL 2001/29/EG** entspricht und Zweifelsfälle – soweit erforderlich – in richtlinienkonformer Auslegung zu lösen sind.[31] Bei der Auslegung des § 59 ist zu beachten, dass der Gesetzgeber bei der Umsetzung der Richtlinie darauf verzichtet hat, den dort zwingend vorgeschriebenen, **zum aquis communautaire gehörenden Dreistufentest** nach Art. 5 Abs. 5 InfoSoc-RL ausdrücklich in das deutsche Gesetz aufzunehmen. Gleichwohl sind die nationalen Schrankenbestimmungen richtlinien-, WCT- (Art. 10 Abs. 2) sowie TRIPS-konform (Art. 13 TRIPS) unter Beachtung des Dreistufentests auszulegen. Nach ihm ist eine Schrankenregelung nur zulässig, wenn sie einen Sonderfall regelt (1), die erlaubnisfreie Nutzung die normale Werkverwertung nicht beeinträchtigt (2) und die Urheberinteressen nicht in ungebührlicher Weise verletzt (3).[32] Denkbar sind Fälle, in denen § 59 den konventionsrechtlich vorgegebenen Rahmen sprengt, etwa weil ein Werk der bildenden Kunst Hauptgegenstand der Abbildung ist. Wegen des generell auf alle Schrankenregelungen anzuwendenden Art. 5 Abs. 5 InfoSoc-RL hat der auf das Vervielfältigungsrecht beschränkte Dreistufentest nach Art. 9 Abs. 2 RBÜ an Bedeutung eingebüßt. Bei solchen grenzüberschreitenden Fallgestaltungen, die sich allein nach der RBÜ richten, ist zu beachten, dass die durch § 59 erlaubnis- und vergütungsfreie öffentliche Wiedergabe über das Konventionsrecht hinausgeht, weil Art. 11bis RBÜ vergütungsfreie Vorbehalte des Vorführungs- und Senderechts nicht kennt.[33]

---

[22] *Dreier* FS Pfennig (2011), 15 (24).

[23] So *Schack* JZ 2011, 375; *Schack* JZ 2013, 743 (744); *Stieper* ZUM 2011, 331 (332); *Elmenhorst* GRUR 2013, 626 (628); *Götz v. Olenhusen* MR-Int 2013, 71; *Dreier* FS Pfennig (2011), 15 (25).

[24] BGH GRUR 2011, 323 – Preußische Gärten und Parkanlagen I.

[25] *Dreier* FS Pfennig (2011), 15 (26).

[26] Vgl. den Hinweis von *v. Ungern-Sternberg* GRUR 2014, 209 (215) auf die Entscheidung EuGH GRUR 2012, 156 Rn. 93 f. – Football Association Premier League/Murphy; *Chirco* S. 225; *Götting* FS Wandtke (2013), S. 259 (267).

[27] Ebenso *v. Ungern-Sternberg* GRUR 2014, 209 (215).

[28] Etwa BGH GRUR 2010, 633 – Sommer unseres Lebens; ausführlich dazu die Erläuterungen zu § 101.

[29] GRUR 2011, 321 Rn. 10 ff. – Preußische Gärten und Parkanlagen auf Internetportal.

[30] Dazu im Einzelnen *Koch* FS Büscher, S. 197 (199).

[31] BGH GRUR 2017, 398 – Rn. 18 – AIDA Kussmund; ebenso *Koch* FS Büscher, S. 197 (199); zum gleichwohl verbleibenden Unterschied zwischen den entsprechenden österreichischen und deutschen Regelungen s. OLG München GRUR 2005, 1038 – Hundertwasser-Haus II.

[32] Zum Dreistufentest in der Richtlinie *Reinbothe* GRUR-Int 2001, 733 (740); *Dreier* ZUM 2002, 28 (35); *Bornkamm* FS Erdmann (2002), S. 29; EuGH GRUR 2009, 1041 Rn. 57 – Infopaq/DDP; kritisch Max-Planck-Institut für Geistiges Eigentum, Wettbewerbsrecht und Steuerrecht, Declaration, A Balanced Interpretation of the Three Step Test in Copyright Law, www.ip.mpg.de; → Vor §§ 44a ff. Rn. 40 mwN.

[33] Ebenso *Walter* MR 1991, 4 (6); aA *v. Gierke* FS Erdmann (2002), S. 103 (112 f.) unter Hinweis auf das überwiegende Allgemeininteresse, welches die in der RBÜ schrankenlos gewährten Rechte begrenze.

5. Auslegungsfragen

12   Die Abweichungen im Wortlaut des § 59 gegenüber der fakultativen Schrankenregelung des Art. 5 Abs. 3 lit. h InfoSoc-RL gebieten – soweit erforderlich – eine **richtlinienkonforme Auslegung.**[34] Dabei ist die Richtlinie selbst wiederum autonom und einheitlich auszulegen.[35] Hat ein Mitgliedstaat von der Möglichkeit der Einführung einer Ausnahme nach Art. 5 Abs. 2 bis 4 InfoSoc-RL Gebrauch gemacht und dabei das Vervielfältigungsrecht, das Verbreitungsrecht und das Recht der öffentlichen Wiedergabe im Falle des Art. 5 Abs. 3 lit. h des InfoSoc-RL eingeschränkt, obliegt ihm die Verpflichtung, dies in Rahmen der Richtlinienbestimmung vollständig zu tun, weil eine inkohärente Umsetzung dem Harmonisierungsziel der Richtlinie zuwiderliefe.[36] Diesen Anforderungen genügt § 59.

13   Wie alle auf der Sozialbindung des Urheberrechts als Eigentum iSd. Art. 14 GG beruhenden Schrankenregelungen der §§ 44a ff. ist § 59 als Ausnahme von den ausschließlichen Verwertungsrechten des Urhebers, die ihm tunlichst eine angemessene Teilhabe an dem aus seinem Werk gezogenen wirtschaftlichen Nutzen sichern sollen, und wegen seiner gegenüber dem Konventionsrecht weiterreichenden Regelung **grundsätzlich eng auszulegen.**[37] Das schließt nicht aus, dass das Gewicht der durch die Schrankenziehung für schützenswert erachteten Interessen Dritter es im Einzelfall rechtfertigen kann, bei der Auslegung als abschließend zu verstehenden Schrankenregelung einen großzügigeren Maßstab anzulegen.[38] Dabei ist gleichwohl der Dreistufentest des Art. 5 Abs. 5 InfoSoc-RL im Auge zu behalten (Rn. 11). Unter Berücksichtigung dessen kommt bei der Auslegung des § 59 dem Interesse der Öffentlichkeit an der Freiheit des Straßenbildes besonderes Gewicht zu, so dass von einer engen Auslegung der Vorschrift allein im Interesse des Urhebers abzurücken ist.[39]

14   Einen allgemeinen Rechtssatz, nach dem wegen eines grundsätzlich vorzugswürdigen Interesses der Öffentlichkeit § 59 auf alle allgemein zugänglichen Gestaltungen anzuwenden sei, haben das BVerfG und der BGH jedoch ausdrücklich verneint.[40] Entscheidend kommt es bei der Abwägung der sich gegenüberstehenden Interessen der Öffentlichkeit und den Interessen des Urhebers auf die Umstände des Einzelfalls an.[41] Danach ist eine großzügigere Auslegung nur in Betracht zu ziehen, wenn im konkreten Fall dem von der Schrankenregelung geschützten Interesse ein gesteigertes Gewicht zukommt.[42]

Eine derartige Interessenabwägung ist erst recht geboten, wenn es um sich gegenüberstehende Grundrechte geht. Nach der Rspr. des BVerfG ist bei der Anwendung des UrhG zu beachten, dass die bei konkurrierenden Grundrechtspositionen bereits vom Gesetzgeber vorgenommenen Interessenabwägungen im Wege praktischer Konkordanz so nachzuvollziehen sind, dass die Beschränkung der konkurrierenden Grundrechte in einer Weise erfolgt, die unter Berücksichtigung der Verhältnismä-

---

[34] Ausdrücklich BGH GRUR 2017, 798 Rn. 18 – AIDA Kussmund mwN; ebenso *Koch* FS Büscher, S. 197 (199).

[35] Zur Auslegung der urheberrechtlichen Richtlinien des Unionsrechts ausführlich *v. Ungern-Sternberg* FS Bornkamm (2014), S. 1007 (1008 ff.); → § 50 Rn. 9 ff.

[36] Erwgr. 32 S. 4 InfoSoc-RL; EuGH GRUR 2014, 972 Rn. 16 – Deckmyn und Vrijheitsfonds/Vandersteen mwN.; dem folgend BGH GRUR 2017, 798 Rn. 26 – AIDA Kussmund.

[37] Vgl. BGH GRUR 2017, 798 Rn. 17 – AIDA Kussmund; ebenso *Walter* Rn. 1333; kritisch *v. Ungern-Sternberg* GRUR 2015, 205 (211) sowie *v. Ungern-Sternberg* GRUR 2015, 533 (535 f.), der darauf hinweist, dass angesichts des unionsrechtlich gebotenen angemessenen Ausgleichs von Rechten (einschließlich der Grundrechte) und Interessen von Nutzern und Rechtsinhabern (EuGH GRUR 2014, 972 Rn. 26 ff. – Deckmyn und Vrijheitsfonds/Vandersteen ua.; EuGH GRUR 2014, 1078 Rn. 27, 31 – TU Darmstadt/Ulmer) der Grundsatz der engen Auslegung bedeutungslos werde.

[38] StRspr., zuletzt EuGH GRUR-Int 2012, 336 Rn. 27 – Infopaq II; EuGH GRUR 2009, 1041 Rn. 56 – Infopaq/DDP; BVerfG GRUR 2012, 389 Rn. 17 – Kunstausstellung im Online-Archiv; vgl. BGH GRUR 2017, 798 Rn. 17 – AIDA Kussmund; BGH GRUR 2014, 974 Rn. 34 – Porträtkunst; BGH GRUR 2005, 670 (671) – WirtschaftsWoche; BGH GRUR 2003, 1035 (1037) – Hundertwasser-Haus; BGH GRUR 2003, 956 (957) – Gies-Adler; BGHZ 151, 300 (310) = GRUR 2002, 963 – Elektronischer Pressespiegel; BGHZ 150, 6 (8) = GRUR 2002, 605 f. – Verhüllter Reichstag; BGH GRUR 1994, 800 (802) – Museumskatalog; für eine großzügigere Auslegung im Hinblick auf die unionsrechtliche, von vorneherein auf eine Abwägung der wechselseitigen Interessen abstellenden Schrankenregelungen der InfoSoc-RL und ihre Auslegung durch den EuGH *v. Ungern-Sternberg* GRUR 2013, 248 (254) mwN; nachdrücklich *v. Ungern-Sternberg* GRUR 2015, 205 (211) sowie *v. Ungern-Sternberg* GRUR 2015, 533 (535 f.); *Geiger* GRUR-Int 2004, 815 f.; → Vor §§ 44a ff. Rn. 36 ff.; → § 50 Rn. 9 ff.; → § 51 Rn. 8.

[39] BGH GRUR 2017, 798 Rn. 29 – AIDA Kussmund; zustimmend *Schack* GRUR 2017, 802 f., der unter Verweis auf *Circo* S. S. 90 ff. und *Uhlenhut* S. 105 ff. den hohen Rang der Panoramafreiheit betont und den durch § 59 gebotenen Schutz des Grundrechts der Kommunikationsfreiheit hervorhebt, um den öffentlichen Raum im Interesse des freien Meinungsaustauschs von Verbotsrechten freizuhalten; ähnlich auch *Koch* FS Büscher, S. 197 (198), der in Anlehnung an die AIDA Kussmund-Entscheidung des BGH (dort Rn. 17) bei der Abwägung der sich gegenüberstehenden Interessen auf den wiederholt betonten urheberrechtlichen Grundsatz der tunlichst angemessenen Teilhabe des Urhebers an der wirtschaftlichen Nutzung seines Werkes hinweist, die allerdings § 59 als vergütungsfreie Schrankenregelung gerade nicht ermöglicht.

[40] BVerfG GRUR 2012, 389 Rn. 17 – Kunstausstellung im Online-Archiv; BGH GRUR 2005, 670 (671) – WirtschaftsWoche; BGH GRUR 2002, 1050 (1051) – Zeitungsbericht als Tagesereignis; BGH GRUR 2002, 605 f. – Verhüllter Reichstag; BGH GRUR 2001, 59 f. – Parfumflakon; zustimmend *v. Gierke* FS Erdmann (2002), S. 103 (108); Dreier/Schulze/*Dreier* § 59 UrhG Rn. 1.

[41] BGH GRUR 2017, 798 Rn. 17 – AIDA Kussmund mwN ebenso EuGH GRUR 2019, 940 Rn. 59 – Spiegel Online/Volker Beck; EuGH GRUR 2019, 934 Rn. 76 – Funke Medien/Bundesrepublik Deutschland.

[42] BGH GRUR 2017, 798 Rn. 17 – AIDA Kussmund mwN; zur Abwägung nach Unionsrecht EuGH GRUR 2019, 934 Rn. 57 – Funke Medien/Bundesrepublik Deutschland; EuGH GRUR 2019, 929 Rn. 34 – Pelham/Hütter; EuGH GRUR 2019, 940 Rn. 42 – Spiegel Online/Volker Beck.

ßigkeit allen Beteiligten einen möglichst weitgehenden Grundrechtsschutz belässt.[43] Die Grundrechtsabwägung hat folglich bei der Auslegung der jeweiligen Gesetzesbestimmung zu erfolgen, um nicht
durch eine losgelöste Einzelfallabwägung in die gesetzgeberische Gestaltungsfreiheit einzugreifen.[44]
Somit ist daneben eine gesonderte Grundrechtsabwägung nicht statthaft.[45]

Von einer Vermutung, der Urheber habe mit der Errichtung eines Kunstwerks an einem öffentli- **15**
chen Platz sein Werk uneingeschränkt der Öffentlichkeit zur Verfügung stellen wollen, kann nicht
ausgegangen werden.[46] Die enge Auslegung der Schrankenregelung soll die dreidimensionale Nachbildung des Werkes (→ Rn. 30) und die mitunter erwogene, letztlich aber verworfene analoge Anwendung des § 59 auf Sachverhalte im Internet verbieten.[47]

II. Von § 59 geregelte Werke

1. Werkarten

Gegenstand der Straßenbild- oder Panoramafreiheit sind dem Wesen der Vorschrift entsprechend **16**
zunächst **Werke der bildenden Künste, vornehmlich Werke der Bildhauerei** wie Denkmäler,
künstlerisch gestaltete Brunnen, Laternen, Installationen, Schilder und Plastiken aller Art, gleich, ob
sie frei stehen oder ob sie wie zB reliefartige Darstellungen, als **Werke der angewandten Kunst**
oder **Wandfresken** die Fassade eines Gebäudes, seinen Eingang oder seine Einzäunung zieren. Auch
der Schutz geschmacksmusterrechtlich geschützter Muster und Modelle an öffentlichen Plätzen wird
durch § 59 beschränkt.[48] Die InfoSoc-RL bezieht sich auf Werke, „die dazu angefertigt wurden, sich
bleibend an öffentlichen Orten zu befinden". Dem Zweck der Schrankenregelung entsprechend ist es
jedoch geboten, ihre Anwendung auch auf solche Werke zu erstrecken, die der Urheber ohne
Zweckbestimmung angefertigt hat und erst nachträglich mit seiner Zustimmung oder der seines
Rechtsnachfolgers an einem öffentlichen Ort aufgestellt worden ist.[49] § 59 findet auch auf Teile dieser
Werke Anwendung, sofern diese Teile selbst als persönlich geistige Schöpfung urheberrechtlichen
Schutz genießen.[50]

Einen weiteren Schwerpunkt von Werken bzw. schutzfähigen Werkteilen, deren Nutzung § 59 in **17**
beschränktem Umfang freigibt, bilden **Werke der Baukunst wie Gebäude, Brücken, Industrie-
anlagen etc. in ihrer von der Straße aus sichtbaren Gestalt.** Alles, was **von einem jedermann
zugänglichen im Gemeingebrauch stehenden öffentlichen Ort aus,** nicht dagegen aus der
Luft oder von einem nicht der Öffentlichkeit zugänglichen Ort aus, sichtbar ist wie etwa ein künstlerisch geformtes Gartentor,[51] unterfällt der Straßenbildfreiheit.[52] Bei schöpferischen Bauwerken beschränkt **Abs. 1 S. 2** die erlaubnisfreie Nutzung allein auf die Fassade (äußere Ansicht) im Ganzen
wie im Detail. Der Erlaubnis des Rechtsinhabers bedarf es **dagegen bei der Vervielfältigung, Verbreitung und öffentlichen Wiedergabe der Rückseite eines Hauses und seiner Innenräume**
(Eingangshallen, Treppenhäuser, Festsäle, Innenhöfe usw.), unabhängig davon, ob es sich um private
Häuser oder allgemein zugängliche öffentliche Gebäude handelt (Theater, Gerichte, Behörden
etc.). Ebenso verhält es sich bei **Werken, die sich in Innenräumen befinden,** wie zB eine Plastik
in einer Eingangshalle, die Eingangshalle selbst (einer Hochschule oder eines sonstigen Gebäudes mit
Publikumsverkehr),[53] ein Glasfenster[54] oder ein Wandbild im Foyer eines Theaters.[55] Nicht unter § 59
fallen – abgesehen davon, dass sie sich nicht an öffentlichen Plätzen befinden – auch Baupläne als
Originale oder Vervielfältigungsstücke von Bauwerken. Sie berechtigen demnach auch nicht zum
Nachbau.[56] Werke, die in öffentlichen Museen für jedermann zugänglich sind, fallen ebenfalls nicht

---

[43] BVerfG GRUR 2001, 149 (151) – Germania 3; BVerfG GRUR 2005, 880 (882) – Xavier Naidoo mwN.
[44] BVerfG GRUR 2012, 389 Rn. 10, 14 – Kunstausstellung im Online-Archiv mwN; ebenso § 51 Rn. 8.
[45] BGH GRUR 2010, 628 Rn. 27 – Vorschaubilder I; BGH GRUR 2003, 956 (957) – Gies-Adler; erst wenn
die Zivilgerichte bei der Gesetzesauslegung ein grundsätzlich fehlerhaftes Verständnis eines Grundrechts zu erkennen geben, kommt eine bundesverfassungsgerichtliche Korrektur ihrer Entscheidungen in Betracht, vgl. BVerfG
GRUR 2012, 798 Rn. 10 – Kunstausstellung im Online-Archiv mwN; vgl. auch BVerfG GRUR 2016, 690
Rn. 112 ff. mwN – Metall auf Metall; → § 50 Rn. 9 ff.
[46] Ebenso *Müller-Katzenburg* NJW 1996, 2341 (2345).
[47] Vgl. *Leistner/Stang* CR 2008, 499 (502); wie hier auch *Ott* ZUM 2009, 345 (351).
[48] Dazu *G. Schulze* FS Ullmann (2006), S. 93 (102 ff.).
[49] → Rn. 22; ebenso zum österreichischen Urheberrecht *Walter* Rn. 1326 mwN.
[50] BGH GRUR 2017, 798 Rn. 13 – AIDA Kussmund; BGH GRUR 2009, 1507 Rn. 43 – Kranhäuser; BGH
GRUR 2015, 1189 Rn. 43 – Goldrapper; ebenso *Koch* FS Büscher, S. 197 (200).
[51] OLG Hamburg GRUR 1974, 165 (167) – Gartentor.
[52] So BGH GRUR 2017, 390 Rn. 24 – East Side Gallery; BGH GRUR 2003, 1035 (1037) – Hundertwasser-
Haus; Fromm/Nordemann/*Czychowski* § 59 UrhG Rn. 7.
[53] AA öOGH-E vom 12.9.1989 – Adolf Loos: der auch Innenhöfe eines Gebäudes der Panoramafreiheit unterstellt, sofern sie mit der Außenansicht künstlerisch ein geschlossenes Ganzes bilden. Diese Auffassung scheint mit
den Grundsatz des urheberrechtlichen Schutzes von Werkteilen nicht vereinbar zu sein.
[54] Weitergehend jedoch OGH E vom 12.7.1994 – Glasfenster m. Krit. Anm. *Walter* MR 1994, 24 unter Z 1.
[55] AllgM: *Müller-Katzenburg* KUR 2004, 3 (6); Möhring/Nicolini/*Gass* (2. Aufl.), § 59 UrhG Anm. 3b; *Walter*
Rn. 1328 unter Hinweis auf die Gesetzgebungsgeschichte, insbesondere den deutsch-österreichischen Gesetzentwurf von 1932; *Ulmer* § 74 III 1.
[56] S. *Walter* Rn. 1327.

unter § 59, weil sie nicht in gleichem Maße der Allgemeinheit gewidmet sind wie an öffentlichen Plätzen aufgestellte Kunstwerke.[57] Die für sie geltenden Schranken sind in den §§ 50, 53, 57 und 58 geregelt.[58]

18   Neben Werken der Architektur und der bildenden Künste sind **andere Werke** im Straßenbild nur selten anzutreffen. Gleichwohl ist es nicht ausgeschlossen, dass sich Sprach- und Musikwerke wie Gedichte, Glockenspiele, Lieder mit Text oder Notenschriften auf einer Gedenktafel, einem Grab- oder Denkmal befinden und deshalb als **Teil des Straßenbildes** iSd. § 59 genutzt werden können. Die Wiedergabe muss in diesen Fällen jedoch der **konkreten Gestaltungsform** des dargestellten Sprach- oder Musikwerkes, etwa auf einer Gedenktafel oder einem Grabmal usw., entsprechen. Demnach hat das OLG Köln bei der Beurteilung des eigenschöpferischen Charakters einer Installation mit dem Schriftzug „Liebe deine Stadt" deren konkrete Form und Gestalt an einer bestimmten Stelle der Stadt zugrunde gelegt.[59]

2. An öffentlichen Wegen, Straßen und Plätzen

19   Die Zulässigkeit der öffentlichen Wiedergabe bezieht sich nur auf Werke, die sich bleibend und unter freiem Himmel in beispielhafter Aufzählung[60] **an** oder – erst recht – **auf** öffentlichen Wegen, Straßen oder Plätzen befinden, die im Gemeingebrauch stehen.[61] Dabei kommt es darauf an, dass das betreffende Werk von dort aus mit bloßen Augen **wahrgenommen** werden kann, nicht hingegen, ob das Werk selbst für die Öffentlichkeit zugänglich ist.[62] Ferner kommt es nicht darauf an, ob sich die fraglichen Orte im öffentlichen oder privaten Eigentum befinden, wenn sie nur dem Gemeingebrauch gewidmet und deshalb von jedermann frei betreten werden können.[63] Die **Aufzählung** der in Abs. 1 S. 1 genannten Orte ist **nicht abschließend, sondern** in gebotener richtlinienkonformer Auslegung und dem Sinn und Zweck der Vorschrift entsprechend nur **beispielhaft** (vgl. → Rn. 11 ff.), **sofern sich die Orte jedenfalls unter freiem Himmel** befinden.[64] Darüber hinausgehend soll nach *Koch* die Panoramafreiheit im Lichte des Art. 5 Abs. 3 lit. h, Abs. 4 InfoSoc-RL auch auf Werke Anwendung finden, die angefertigt wurden, um bleibend an öffentlichen Orten wahrgenommen werden zu können, ohne dass dabei nach Art und Lage des öffentlichen Ortes unterschieden wird.[65] Nach dieser Meinung kommt die Schrankenregelung auch bei Werken in Bahnhofshallen, Flughafengebäuden, Museen ua. zum Tragen, sofern nicht der Zugang der Öffentlichkeit nur mit der Maßgabe gestattet ist, die eine Werknutzung iSd. § 59 (Vervielfältigung, Verbreitung und öffentliche Wiedergabe) ausschließt.[66] Nicht ausgeschlossen ist, dass, wie im AIDA Kussmund-Fall des BGH, die Orte des Werkes wechseln, vorausgesetzt, dass sie alle für die Öffentlichkeit frei zugänglich sind.[67]

20   **Öffentlich zugänglich** iSd. § 59 ist nicht im öffentlich-rechtlichen Sinn zu deuten. Vielmehr gibt der tatsächliche öffentliche Zugang den Ausschlag.[68] Ihrer Widmung entsprechend sind deshalb Friedhöfe oder Einkaufspassagen für jedermann zugängliche öffentliche Plätze, selbst wenn sie nachts abgeschlossen werden.[69] Entsprechendes gilt, wenn etwa ein Kreuzfahrtschiff sich zeitweise in einer Werft befindet, die von der Öffentlichkeit nicht betreten werden kann.[70] Ferner zählen für jedermann frei nutzbare Privatplätze, Privatwege, Privatparks, Parkplätze eines Kaufhauses ua. zum Bereich der öffentlichen Orte nach § 59. In gebotener Abwägung der Interessen der Allgemeinheit und denen des Urhebers sollte – anders als nach der oben (Rn. 19) erwähnten Auffassung von *Koch* – Abs. 1 S. 1 dagegen keine Privatgelände mit Eingangskontrolle oder geschlossene Gebäude wie Kirchen, Bäder, Museen, Theater, U-Bahnhöfe oder Bahnhofshallen erfassen, selbst wenn sie Tag und Nacht frei betreten werden können.[71]

---

[57] AmtlBegr. UFITA 45 (1965) 240 (293).

[58] BGH GRUR 2002, 605 (606) – Verhüllter Reichstag.

[59] OLG Köln ZUM-RD 2012, 593 (594) – Liebe deine Stadt; sa. Dreier/Schulze/*Dreier* § 59 UrhG Rn. 2.

[60] Vgl. *Koch* FS Büscher, S. 197 (203).

[61] BGH GRUR 2017, 390 Rn. 24 – East Side Gallery; BGH GRUR 2017, 798 Rn. 22 – AIDA Kussmund; BGH GRUR 2003, 1035 (1037) – Hundertwasser-Haus; *Ulmer* § 74 III 1.; *Koch* FS Büscher, S. 197 (202); Dreier/Schulze/*Dreier* § 59 UrhG Rn. 3; Fromm/Nordemann/*Czychowski* § 59 UrhG Rn. 6.

[62] BGH GRUR 2017, 798 Rn. 22 – AIDA Kussmund.

[63] BGH GRUR 2017, 798 Rn. 23 – AIDA Kussmund; Dreier/Schulze/*Dreier* § 59 UrhG Rn. 3; Fromm/Nordemann/*Czychowski* § 59 UrhG Rn. 6.

[64] BGH GRUR 2017, 798 Rn. 24 – AIDA Kussmund; *v. Gamm* § 59 UrhG Rn. 2; DKMH/*Dreyer* § 59 UrhG Rn. 6; *Koch* FS Büscher, S. 197 (203).

[65] *Koch* FS Büscher, S. (197) 203.

[66] *Koch* FS Büscher, S. (197) 203; ebenso Wandtke/Bullinger/*Lüft* § 59 UrhG Rn. 3.

[67] BGH GRUR 2017, 798 Rn. 24 – AIDA Kussmund; DKMH/*Dreyer* § 59 UrhG Rn. 10; *v. Gamm* § 59 UrhG Rn. 2; Dreier/Schulze/*Dreier* § 59 UrhG Rn. 3.

[68] BGH GRUR 2017, 798 Rn. 23 – AIDA Kussmund; *v. Gamm* § 59 UrhG Rn. 2; im Ergebnis ebenso Fromm/Nordemann/*Czychowski* § 59 UrhG Rn. 6; Möhring/*Nicolini* (1. Aufl.), § 59 UrhG Anm. 3b; *Ulmer* § 74 III 1.

[69] RGSt 40, 122 (126).

[70] BGH GRUR 2017, 798 Rn. 22 – AIDA Kussmund; ebenso bereits Vorinstanz OLG Köln GRUR 2016, 495 Rn. 18 – AIDA Kussmund mAnm *Kirchberg* GRUR-Prax 2016, 63.

[71] Ebenso *Walter* Rn. 1329, aA noch → 1. Aufl. 1987, Rn. 4; Dreier/Schulze/*Dreier* § 59 UrhG Rn. 3; Wandtke/Bullinger/*Lüft* § 59 UrhG Rn. 3; wie hier *v. Gamm* § 59 UrhG Rn. 2; Fromm/Nordemann/*Czychowski* § 59 UrhG Rn. 7; Möhring/*Nicolini*/*Gass* (2. Aufl.), § 59 UrhG Rn. 14.

An oder auf öffentlichen Wegen, Straßen oder Plätzen iSd. Vorschrift liegt alles, was der Benutzer 21
von einem jedermann frei zugänglichen, im Gemeingebrauch stehenden öffentlichen Ort wahrnehmen kann.[72] Muss für einen freien Blick auf das geschützte Werk ein Sichtschutz, eine Mauer oder
eine Hecke überwunden, ein Balkon oder ein gegenüberliegendes Gebäude betreten oder ein Flugzeug benutzt werden, liegt kein Fall der **Panoramafreiheit** vor.[73] Über das nach § 59 Zulässige hinausgehen dürfte der **Google Street View**-Internetdienst, der von einem Fahrzeug aus mit einer auf
einem drei Meter hohen Stativ montierten Kamera Haus für Haus einer Straße fotografiert hat.[74]
Dem gegenüber sieht *Steinbeck* die Aufnahme aus drei Meter Höhe[75] in Abgrenzung zum Blickwinkel
vom Balkon eines Nachbarhauses[76] noch von § 59 gedeckt.[77] Ein Interesse der Allgemeinheit, das das
Ausschließlichkeitsrecht des Architekten der auf diese Weise aufgenommenen Gebäude in den Hintergrund drängen würde, ist dabei nicht erkennbar.

Das geschützte Werk selbst kann sich **auf privatem,** für die Öffentlichkeit unzugänglichen Grund 22
befinden, gleichwohl von einem öffentlichen Ort aus wahrgenommen werden, um unter die Schrankenregelung nach Abs. 1 S. 1 zu fallen.[78] Was dagegen allein **von einer der Öffentlichkeit unzugänglichen Wohnung** aus einer bestimmten Perspektive oder unter Inanspruchnahme **besonderer
Hilfsmittel** (etwa Flugzeug, Fernglas, Teleobjektiv, Leiter etc.) wahrnehmbar ist (Rn. 20) oder sich –
wie etwa der Innenhof eines Gebäudes – dem Blick von der öffentlichen Straße ganz entzieht, unterliegt nicht der Panoramafreiheit, selbst wenn der Eigentümer zwar das Betreten seines Grundstückes
gestattet, das Fotografieren dort jedoch verbietet.[79] Dies gilt erst recht für **Werke im Inneren eines
Gebäudes** (zB Gemälde oder Plastiken in der Eingangshalle), und zwar auch dann, wenn zufällig ein
Fenster oder eine Eingangstür offen steht und den Blick auf ein geschütztes Werk von einem öffentlich zugänglichen Standort freigibt. Abgesehen davon darf von Bauwerken ohnehin nur die Außenansicht abgebildet werden (Abs. 1 S. 2).

3. Bleibend iSd. Vorschrift

§ 59 Abs. 1 S. 1 erfordert ferner, dass die fraglichen Werke sich mit Zustimmung des Rechtsinha- 23
bers[80] **bleibend** an öffentlichen Wegen, Straßen oder Plätzen befinden. Was unter bleibend zu verstehen ist, wird nicht einheitlich beurteilt. Einigkeit besteht naturgemäß insoweit, als § 59 Abs. 1 S. 1
auf Werke Anwendung findet, die sich für die **Zeit ihrer materialbedingten Lebensdauer** und
ohne Befristung an öffentlichen Straßen und Plätzen befinden. Bei **auf – nicht notwendigerweise
lange – Dauer** errichteten Bauwerken, Kunstwerken an Gebäuden und größeren Denkmälern ergibt
sich der bleibende Charakter in der Regel aus der Art und dem Ort des Werkes. Bleibend bedeutet
schon nach dem Wortlaut des Abs. 1 S. 1 **nicht,** dass das fragliche Objekt sich stets an demselben Ort
befinden muss und **ortsfest** ist.[81] Vielmehr, so der BGH, kann sich das Werk mit Zustimmung des
Urhebers auf einer im öffentlichen Straßenverkehr eingesetzten Straßenbahn, einem LKW, einem Bus
oder einem Seeschiff aufgebracht sein und deshalb der Panoramafreiheit unterliegen. Andernfalls würde das Interesse der Allgemeinheit am Fotografieren und Filmen im öffentlichen Raum über Gebühr
eingeschränkt,[82] während der Urheber eines im öffentlichen Raum verwendeten Werkes mit dessen
Nutzung auf die in § 59 freigegebene Weise rechnen muss.[83]

Unterschiedliche Interpretationen findet das Merkmal „bleibend" bei solchen Werken, die **von** 24
vorneherein nur befristet an öffentlichen Straßen und Plätzen aufgestellt worden sind. Die
einen setzen auch insoweit „bleibend" mit der **Lebensdauer** des Werkes gleich,[84] übersehen dabei

---

[72] BGH GRUR 2017, 798 Rn. 22 – AIDA Kussmund; BGH GRUR 2017, 390 Rn. 24 – East Side Gallery;
BGH GRUR 2003, 1035 (1037) – Hundertwasser-Haus; ebenso *Steinbeck* FS Loschelder (2010), S. 367 (376);
Fromm/Nordemann/Czychowski § 59 UrhG Rn. 7; für die Zulässigkeit der Benutzung von Teleobjektiven *Dreier/
Schulze/Dreier* § 59 UrhG Rn. 4; wie hier auch DKMH/*Dreyer* § 59 UrhG Rn. 6.
[73] Sa. *Dreier/Schulze/Dreier* § 59 UrhG Rn. 5 mwN.
[74] Ebenso *Sosnitza* FS Knemeyer (2012), S. 633 (637); *Ernst* CR 2010, 178 (183).
[75] Etwa das Doppelte der normalen Perspektive eine Fotografen.
[76] Vgl. BGH GRUR 2003, 1035 (1037) – Hundertwasser-Haus.
[77] *Steinbeck* FS Loschelder (2010), S. 367 (376).
[78] LG Berlin NJW 1996, 2380 (2381) – Postkarten; LG Freiburg GRUR 1985, 544 (545) – Fachwerkhaus;
Schack Rn. 567; *Müller-Katzenburg* NJW 1996, 2341 (2344); *v. Gierke* FS Erdmann (2002), S. 103 (110).
[79] Hinsichtlich der Benutzung von Teleobjektiven str.: wie hier DKMH/*Dreyer* § 59 UrhG Rn. 5; *Fromm/
Nordemann/Czychowski* § 59 UrhG Rn. 7; sa BGH GRUR 2003, 1035 (1037) – Hundertwasser-Haus; aA die
Vorinstanz OLG München ZUM 2001, 76 – Hundertwasser-Haus; BGH GRUR 1975, 500 – Schloss Tegel;
Dreier/Schulze/Dreier § 59 UrhG Rn. 4 mwN; *Möhring/Nicolini/Gass* (2. Aufl.), § 59 UrhG Rn. 15; *Koch* FS
Büscher, S. 197 (202) wegen der üblichen Verwendung von Teleobjektiven, wenn das Werk anders nicht deutlich
wahrgenommen werden kann; *Walter* Rn. 1329; s. ferner oben Rn. 5 ff.
[80] So auch *Walter* Rn. 1329.
[81] BGH GRUR 2017, 798 Rn. 28 – AIDA Kussmund unter Verweis auf BGH GRUR 2002, 799 – Stadtbahnfahrzeug: wie hier bereits die Vorinstanz OLG Köln GRUR 2016, 495 Rn. 17 – AIDA Kussmund: bleibend bedeutet nicht ortsfest; ebenso *Koch* FS Büscher, S. 197 (204); *Wandtke/Bullinger/Lüft* § 59 UrhG Rn. 5; *Ernst* ZUM
1998, 475 (477); aA *Möhring/Nicolini/Gass* (2. Aufl.), § 59 UrhG Rn. 17; *v. Gierke* FS Erdmann (2002), S. 103 (109).
[82] BGH GRUR 2017, 798 Rn. 29 – AIDA Kussmund.
[83] BGH GRUR 2017, 798 Rn. 28 f. – AIDA Kussmund.
[84] *Griesbeck* NJW 1997, 1133 f.; *Kleinke* AfP 1996, 397; *Weberling* AfP 1996, 34 (35); *Pöppelmann* ZUM 1996, 293
(297 ff.); kritisch dazu *Koch* FS Büscher, S. 197 (204).

jedoch, dass dies ohne sachlichen Grund zu unterschiedlichen Ergebnissen führt, je nach dem, ob etwa ein Bauwerk in Kürze abgerissen wird oder auf nicht absehbare Zeit erhalten bleiben soll.[85]

25   Nach einer verbreiteten Meinung entscheidet die **Widmung** des Verfügungsberechtigten darüber, ob das Werk sich bleibend an einer öffentlichen Straße befindet.[86] Hat danach der Künstler die Lebensdauer seines Werkes von vornherein beschränkt, wird es sich idR nicht bleibend an einem öffentlichen Platz befinden.[87]

26   Dem ist der **BGH** mit dem Einwand entgegengetreten, allein die Widmung erlaube es dem Urheber, durch entsprechende Absichtserklärungen die Anwendung der Schrankenregelung des § 59 zu umgehen, um sein Werk vor privilegierter Nutzung zu schützen.[88] Der BGH stellt deshalb vorrangig auf den **Zweck** der Vorschrift ab, das Urheberrecht an einem öffentlich aufgestellten, der Allgemeinheit gewidmeten Werk im Interesse der Allgemeinheit an der erlaubnisfreien Abbildung zu beschränken. Er weist in diesem Zusammenhang daraufhin, dass es nicht gerechtfertigt sei, bei lediglich vorübergehender Aufstellung von Werken über das Maß hinauszugehen, welches die §§ 50, 53, 57 und 58 dem Urheber an Einschränkungen seines ausschließlichen Rechts auferlegen.[89] Deshalb war nach seiner Auffassung die Verhüllung des Reichstags durch Christo und Jeanne-Claude nicht bleibend im Sinne des Abs. 1 S. 1, sondern durch den Vertrag des Künstlers mit der Verwaltung des Deutschen Bundestages von vornherein zeitlich befristet. Ein Rekurs auf die Widmung ist damit allerdings impliziert.[90]

Auf Dauer, dh. nicht lediglich für einige Wochen oder Monate aufgestellte Objekte unterliegen hingegen der Panoramafreiheit (→ Rn. 24). Dem entsprechend hat das OLG Köln einen Fall des § 59 angenommen, wenn ein Kunstwerk sich seit fünf Jahren am selben Ort befindet.[91] In seiner jüngsten Entscheidung zu § 59 sieht der BGH das Erfordernis „bleibend" für gegeben an, wenn das Werk sich dauerhaft und nicht nur vorübergehend an öffentlichen Orten befindet, dh, aus der Sicht der Allgemeinheit dazu bestimmt ist, für längere, meist unbestimmte Zeit an dem öffentlichen Ort zu bleiben.[92]

27   **Beispiele.** Selbst nur **kurzlebige Werke** wie Schneeplastiken oder Pflastermalereien können frei wiedergegeben werden.[93] Das gilt auch für **aufgedrängte Bildwerke** an Hauswänden, Stützmauern etc., die seit Ende der 1970-er Jahre durch Harald Nägeli, den „Sprayer von Zürich", eine neue Dimension im Straßenbild erfahren haben. Derartige Werke befinden sich wegen ihrer regelmäßig unbefristeten Präsentation zunächst bleibend an ihrem Standort, mögen sie auch im nächsten Regen dahinschmelzen oder von der Stadtreinigung einmal entfernt werden.[94]

Werke hingegen, die in **Schaufenstern oder in Schaukästen** ausgestellt sind, befinden sich zwar an einer öffentlichen Straße, jedoch nur vorübergehend und deshalb nicht bleibend iSd. § 59.[95] Die Abbildung einer Straßenansicht mit einem Schaufenster, in dem ein Gemälde ausgestellt ist, fällt daher – anders als die **Schaufensterfassade** als Gesamtdarstellung[96] – nicht unter § 59 Abs. 1 S. 1. **Plakate an Litfaßsäulen,** Spruchbänder an Häusern oder Darstellungen an Fahrzeugen, die am Straßenrand vorübergehend abgestellt werden, gehören in einer demokratischen Gesellschaft ebenfalls zum Straßenbild, so dass sie der Straßenbildfreiheit unterfallen.[97]

28   Die spätere **Änderung des Standorts** – eine Skulptur aus Sandstein wird etwa aus konservatorischen Gründen aus einem öffentlichen Park entfernt und in einem Museum aufgestellt – kann an der

---

[85] BGH GRUR 2002, 605 (606) – Verhüllter Reichstag unter Verweis auf *Ernst* ZUM 1998, 475 (477); *Müller-Katzenburg* NJW 1996, 2341 (2344); *Hess* FS Nordemann (1999), S. 89 (94).

[86] LG Hamburg GRUR 1989, 591 (592) – Neonrevier; LG Berlin NJW 1996, 2380 (2381) – Postkarten; Fromm/Nordemann/*W. Nordemann* (10. Aufl.), § 59 UrhG Rn. 3; Möhring/Nicolini/*Gass* (2. Aufl.), § 59 UrhG Rn. 12; *Schack* Rn. 568; *Hess* FS Nordemann (1999), S. 89 (95 f.); *Ernst* AfP 1997, 458 (459); *Ernst* ZUM 1998, 475 (476 f.); *Müller-Katzenburg* NJW 1996, 2341 (2344); *Pfennig* ZUM 1996, 558 (559); *Dietz* UFITA 136 (1998) 5 (73).

[87] LG Frankenthal ZUM-RD 2005, 408 (409 f.) – Grassofa; ferner Fromm/Nordemann/*Czychowski* § 59 UrhG Rn. 8 mwN.; ebenso *Schack* GRUR 2017, 802 f.

[88] BGH GRUR 2002, 605 (606) – Verhüllter Reichstag; ihm folgend OLG Köln ZUM-RD 2012, 593 (594 f.) – Liebe deine Stadt; ebenso bereits *v. Gierke* FS Erdmann (2002), S. 103 (111): „unerträgliche Rechtsunsicherheit" sowie DKMH/*Dreyer* § 59 UrhG Rn. 9.

[89] BGH GRUR 2002, 605 (606) – Verhüllter Reichstag; ebenso OLG Köln ZUM-RD 2012, 593 – Liebe deine Stadt.

[90] Vgl. BGH GRUR 2017, 798 Rn. 25 – AIDA Kussmund; sa. *Koch* FS Büscher, S. 197 (204).

[91] OLG Köln ZUM-RD 2012, 593 (595) – Liebe deine Stadt.

[92] BGH GRUR 2017, 798 Rn. 32 – AIDA Kussmund unter Verweis auf *v. Gamm* § 59 UrhG Rn. 2; DKMH/*Dreyer* § 59 UrhG Rn. 9; ebenso *Schack* GRUR 2017, 802 f.; *Koch* FS Büscher, S. 197 (204).

[93] Überwiegende Meinung: Möhring/Nicolini/*Grübler* (4. Aufl.), § 59 UrhG Rn. 5; wohl auch Wandtke/Bullinger/*Lüft* § 59 UrhG Rn. 4; Möhring/Nicolini/*Gass* (2. Aufl.), § 59 UrhG Rn. 9; aA *Koch* FS Büscher, S. 197 (205); Möhring/*Nicolini* (1. Aufl.), § 59 UrhG Anm. 3.

[94] Ebenso LG Berlin NJW 1996, 2380 (2381) – Postkarten; LG Frankenthal ZUM-RD 2005, 408 (409) – Grassofa hinsichtlich eines „work in progress" mit offenem Ende; *Sosnitza* FS Knemeyer (2012), S. 633 (638).

[95] Ebenso LG Berlin NJW 1996, 2380 (2381) – Postkarten; Möhring/Nicolini/*Grübler* (4. Aufl.), § 59 UrhG Rn. 5; Fromm/Nordemann/*Czychowski* § 59 UrhG Rn. 8; nach *v. Gamm* § 59 UrhG Rn. 2 befinden sich Schaufenster in einem Gebäude, so dass bereits deshalb das Privileg des § 59 entfällt.

[96] Ebenso OLG Köln GRUR 2016, 495 Rn. 17 – AIDA Kussmund; Dreier/Schulze/*Dreier* § 59 UrhG Rn. 5; Möhring/Nicolini/*Grübler* (4. Aufl.), § 59 UrhG Rn. 5.

[97] AA Vorauflagen; *Ernst* ZUM 1998, 475 (477); für Plakate ebenso Dreier/Schulze/*Dreier* § 59 UrhG Rn. 5; *Sosnitza* FS Knemeyer (2012), S. 633 (638).

Zulässigkeit der Vervielfältigung oder öffentlichen Wiedergabe des betreffenden Werkes nichts ändern, sofern es sich um eine Nutzung aus der Zeit der öffentlichen Aufstellung des Werkes handelt.

III. Privilegierte Werknutzungen

1. Erlaubnisfreie Nutzungsarten

§ 59 gilt unabhängig von kommerziellen oder ideellen Zwecken[98] für alle Arten der Vervielfältigung, Verbreitung und öffentlichen Wiedergabe von Werken **mit Mitteln der Malerei, Graphik, Fotografie und des Films.** Diese Aufzählung ist abschließend, und zwar unabhängig von der gewählten Reproduktions- und Wiedergabetechnik. Jedoch muss es sich um eine Vervielfältigung **in zweidimensionaler Form handelt.** Vervielfältigungen in dreidimensionaler Form wie etwa durch Modelle eines Bauwerks oder durch die Nachbildung einer Plastik werden nicht privilegiert.[99] Deshalb erlangt die Wiedergabefreiheit praktische Bedeutung im Wesentlichen bei Ansichtspostkarten, Bildbänden sowie bei Reisebüchern und Städteführern, die mit Lichtbildern und Lichtbildwerken illustriert sind. Die gesetzliche Formulierung „durch Lichtbild" ist ohne Verstoß gegen den Grundsatz enger Auslegung als Oberbegriff für Lichtbilder und Lichtbildwerke zu verstehen, die bei der Digitalfotografie naturgemäß digital gespeichert, also vervielfältigt, und sodann öffentlich zugänglich gemacht werden.[100] Die erlaubten Arten der Vervielfältigung und Verbreitung sowie der öffentlichen Wiedergabe gelten nicht zuletzt für Filme, und zwar sowohl für Filmwerke (§ 2 Abs. 1 Nr. 6) als auch für Laufbilder (§ 95). Nach *Dreier* ist **de lege ferenda** an eine Erstreckung der Vorschrift auf Multimediawerke zu denken.[101] **29**

2. Unzulässige Nutzungen

Unzulässig sind Vervielfältigungen und Verbreitungen des Werkes **in dreidimensionaler Form,** gleich, ob einzeln oder in Serie, als Nachbau in Originalgröße oder als verkleinertes Modell aus Holz, Plastik, Metall oder Porzellan[102] sowie **Bearbeitungen und sonstige Umgestaltungen,**[103] soweit nicht § 62 eingreift.[104] Das Verbot der Vervielfältigung eines Werkes in dreidimensionaler Form ergibt sich aus den in § 59 Abs. 1 aufgezählten Mitteln der Vervielfältigung (Malerei, Graphik, Lichtbild, Film). Deshalb steht die Vervielfältigung und Verbreitung eines urheberrechtlich geschützten Bauwerks in Form eines Spielzeugmodells unter dem Vorbehalt der Zustimmung des Rechtsinhabers des Bauwerks.[105] Dasselbe gilt für die entsprechende Verwertung einer zweidimensionalen Vorlage in dreidimensionaler Form (Modell eines Hauses nach einem Architektenplan).[106] Hingegen wird eine nach Abs. 1 S. 1 zulässige Vervielfältigung eines zweidimensionalen Werke nicht dadurch unzulässig, dass sie auf einen dreidimensionalen Träger aufgebracht wird.[107] Eine nach Abs. 1 S. 1 unzulässige Vervielfältigung in dreidimensionaler Form durch ein Lichtbild sieht der BGH erst dann für gegeben an, wenn die Fotografie und der dreidimensionale Träger über die rein physische Verbindung hinaus eine innere künstlerische Verbindung eingeht und die Fotografie mit dem dreidimensionalen Träger zu einem einheitlichen Werk verschmilzt.[108] Von einem derartigen inhaltlichen Bezug kann bei der bezugslosen Vervielfältigungen auf dreidimensionalen Trägern wie Souvenirartikeln etc. nicht ausgegangen werden. **30**

Im Rahmen des § 59 ist das **Änderungsverbot des § 62** zu beachten mit der Maßgabe von dessen Abs. 3, der Größenänderungen und durch die Vervielfältigungstechnik bedingte Änderungen von dem Änderungsverbot ausnimmt. Die Vervielfältigung von **Teilen eines Werkes** (Teilansichten) ist ebenfalls ohne Verstoß gegen § 62 als **zulässig** zu erachten, selbst wenn wesentliche Teile des Werkes **31**

[98] AmtlBegr. UFITA 45 (1965) 240 (292); BGH GRUR 2017, 390 Rn. 21 – East Side Gallery; BGH GRUR 1990, 390 (391) – Friesenhaus; sa. Fromm/Nordemann/*Czychowski* § 59 UrhG Rn. 10; DKMH/*Dreyer* § 59 UrhG Rn. 14; Dreier/Schulze/*Dreier* § 59 UrhG Rn. 1; *Koch* FS Büscher, S. 197 (200).

[99] BGH GRUR 2017, 390 Rn. 30 – East Side Gallery; vgl. auch Rn. 31 f.; ebenso für „Werkwiederholungen" *Walter* Rn. 1330.

[100] Ebenso BGH GRUR 2017, 798 Rn. 20 – AIDA Kussmund; BGH GRUR 2017, 390 Rn. 25.- East Side Gallery; zur insoweit relevanten Geschichte der Vorschrift Möhring/*Nicolini* (1. Aufl.), § 59 UrhG Anm. 1, 5 sowie Möhring/Nicolini/*Gass* (2. Aufl.), § 59 UrhG Rn. 19; *Circo* S. 179 f.; gegen die Zulässigkeit einer digitalen Speicherung als Vorbereitungshandlung für die öffentliche Wiedergabe etwa im Internet DKMH/*Dreyer* § 59 UrhG Rn. 9.

[101] *Dreier* in Schricker (Hrsg.), Informationsgesellschaft, S. 171.

[102] BGH GRUR 2017, 390 Rn. 30.- East Side Gallery; Dreier/Schulze/*Dreier* § 59 UrhG Rn. 6; Möhring/*Nicolini* (1. Aufl.), § 59 UrhG Anm. 4; *Ulmer* 74 III 2a.

[103] Ebenso *v. Gierke* FS Erdmann (2002), S. 103 (112); DKMH/*Dreyer* § 59 UrhG Rn. 9.

[104] Veränderungen, die durch die angewandte Vervielfältigungstechnik bedingt sind; → Rn. 26 sowie *Walter* Rn. 1331; Fromm/Nordemann/*W. Nordemann* (10. Aufl.), § 59 UrhG Rn. 6.

[105] BGH GRUR 2017, 390 Rn. 30 – East Side Gallery unter Hinweis auf Fromm/Nordemann/*Czychowski* § 59 UrhG Rn. 9; vgl. auch *Koch* FS Büscher, S. 197 (201).

[106] BGH GRUR 2017, 390 Rn. 30 – East Side Gallery; vgl. BGH GRUR 1999, 230 (231) – Treppenhausgestaltung mwN.

[107] BGH GRUR 2017, 390 Rn. 31 – East Side Gallery.

[108] BGH GRUR 2017, 390 Rn. 32 – East Side Gallery; sa. *Bullinger* GRUR-Prax 2017, 151.

wegelassen worden sind oder das gesamte Werke hätte abgebildet werden können.[109] Das folgt aus dem Regelungszusammenhang und dem Wortlaut des § 63 Abs. 1 S. 1, nach dem bei der Vervielfältigung des Werkes oder eines Teils des Werkes im Fall des § 59 die Quelle deutlich anzugeben ist.[110] Das gilt nach § 63 Abs. 1 S. 3 jedoch dann nicht, wenn – wie bei Bauwerken – die Quelle weder auf dem Werkstück angegeben bzw. bei der Wiedergabe genannt noch dem Benutzer anderweitig bekannt ist. Übermäßige Anstrengungen, um den Namen des Urhebers ausfindig zu machen, sollten nicht gefordert werden. Nach *Dreyer* soll sich der zumutbare Aufwand nach der Intensität der Nutzung richten.[111] Für nach geltendem Recht unzulässig gehalten wird ferner das Speichern auf einem Server.[112] Dem ist jedoch insofern zu widersprechen, als dies für die zulässige öffentliche Zugänglichmachung unerlässlich ist.[113] Für Nutzungen im Rahmen von Multimediaerzeugnissen wäre eine Gesetzesänderung zu diskutieren (→ Rn. 29).

3. Öffentliche Wiedergabe

32   Das Recht der **öffentlichen Wiedergabe** nach § 59 bezieht sich auf alle Formen der unkörperlichen Werkverwertung gemäß §§ 15 Abs. 2, 19 bis 22 mit naturgemäßem Schwerpunkt auf der Vorführung (§ 19 Abs. 4), öffentlichen Zugänglichmachung (§ 19a) und Sendung (§ 20). Einer ausdrücklichen Regelung des Rechts der öffentlichen Zugänglichmachung im Rahmen des § 59 hat es nicht bedurft.[114] Nach zu befürwortender Meinung[115] umfasst die Erlaubnis alle Arten von Fernsehsendungen (dazu → Vor §§ 20 ff. Rn. 47 ff.), unabhängig davon, ob die Wiedergabe als Fernsehfilm oder als Live-Sendung erfolgt.[116] Einer vorherigen körperlichen Festlegung des Werkes bedarf es also nicht.

4. Wahrung des Urheberpersönlichkeitsrechts

33   Das **Urheberpersönlichkeitsrecht** des Werkschöpfers bleibt von der Straßenbildfreiheit unberührt. **Änderungen oder gar Entstellungen** seines Werkes kann er, soweit das Maß des nach Treu und Glauben Zulässigen überschritten wird, verbieten[117] und deren Verwertung durch Dritte untersagen. Denn das Verbotsrecht nach § 14 richtet sich gegen jeden Dritten. Reproduktionsbedingte Änderungen von Werken der bildenden Künste, Lichtbildwerken und – entsprechend – Werken der Baukunst[118] sind hinzunehmen (§ 62 Abs. 3). Unzulässigerweise geänderte oder entstellte Werke fallen selbst dann nicht unter § 59, wenn im Übrigen die tatbestandlichen Voraussetzungen dieser Schrankenregelung vorliegen. Der Urheber kann deshalb einen Dritten, der sein entstelltes Werk vervielfältigt und verbreitet, auf Unterlassung und, wenn dieser die Entstellung selbst vorgenommen hat, auf Schadensersatz nach § 97 in Anspruch nehmen.[119] Dasselbe gilt für fototechnische Veränderungen, die über die wirklichkeitsgetreue Abbildung des im öffentlichen Straßenbild befindlichen Werkes (etwa unter bloßer Beeinflussung des Blickwinkels, der Farb- und Kontrastwerte, geringfügiger Retuschen und der Größe des Abbildes) hinausgehen, indem sie durch nachträgliche Bildbearbeitungen den realen Eindruck des Werkes verfälschen.[120]

34   Was die Anerkennung der Urheberschaft, dh. das Recht des Urhebers auf **Namensnennung** (§ 13), anbelangt, ist § 63 zu beachten und danach zu differenzieren, ob der Urheber selbst das Werk mit seinem Namen versehen hat oder nicht. Hat der Bildhauer seinen Namen am Denkmal deutlich sichtbar angebracht, ist auch seine Nennung etwa auf einer Postkarte geboten.[121] Wird ein unsigniertes Werk der bildenden Künste abgebildet, hat der Verwerter nach den Grundsätzen von Treu und Glauben den Namen des Urhebers in Erfahrung zu bringen.[122] Bei unsignierten Werken, deren Urheber dem Berechtigten auch nicht anderweit bekannt sind, entfällt gemäß § 63 Abs. 1 S. 4 die Verpflichtung zur Quellenangabe.

---

[109] BGH GRUR 2017, 390 Rn. 43 – East Side Gallery; vgl. *v. Gamm* § 59 UrhG Rn. 3; *v. Gierke* FS Erdmann (2002), S. 103 (109 f.).

[110] BGH GRUR 2017, 390 Rn. 41 – East Side Gallery

[111] DKMH/*Dreyer* § 59 UrhG Rn. 20; zur erlaubnisfreien Nutzung bei Bauwerken OLG Hamburg GRUR 1974, 165 (167).

[112] So wohl DKMH/*Dreyer* § 59 UrhG Rn. 12, 15; *Steinbeck* FS Loschelder (2010), S. 367 (376); gegen VG Karlsruhe NJW 2000, 2222 f.

[113] BGH GRUR 2017, 390 Rn. 28 – East Side Gallery mwN.

[114] Vgl. BGH GRUR 2017, 390 Rn. 21 – East Side Gallery; *v. Gierke* FS Erdmann (2010), S. 103 (113).

[115] Möhring/*Nicolini* (1. Aufl.), § 59 UrhG Anm. 7; *Ulmer* § 74 III 2 b.

[116] AA *Samson* UFITA 47 (1966) 1 (75); *v. Gierke* FS Erdmann (2002), S. 103 (113): Privilegierung bei Live-Sendungen nur nach §§ 50, 57 und – wenngleich am Sinn der Regelung zweifelnd – *v. Gamm* § 59 UrhG Rn. 3.

[117] § 62 Abs. 1 S. 2 iVm. §§ 14, 39 Abs. 2.

[118] Dreier/Schulze/*Dreier* § 59 UrhG Rn. 11.

[119] LG Mannheim GRUR 1997, 364 (366) – Freiburger Holbein-Pferd; kritisch dazu Fromm/Nordemann/*Czychowski* § 59 UrhG Rn. 11.

[120] OLG Köln ZUM-RD 2012, 593 (595) – Liebe deine Stadt.

[121] vgl. die Überlegungen zu § 20 KUG bei *Osterrieth/Marwitz*, KUG (2. Aufl.), Anm. VIII.

[122] Ebenso Dreier/Schulze/*Dreier* § 59 UrhG Rn. 12; aA Loewenheim/*Götting*, Handbuch, § 31 Rn. 245: oftmals unzumutbar.

IV. Einschränkungen bei Bauwerken

1. Äußere Ansicht von Werken der Baukunst

Das zur Abbildung freigegebene Straßenbild erhält sein Gepräge durch die Fassaden der Häuser, die **35** von der Straße aus sichtbar sind, nicht hingegen durch von dort nicht einsehbare Innenräume, Höfe und rückwärtige, verdeckte Gebäudeteile. Demgemäß bezieht sich die Abbildungsfreiheit bei Werken der Baukunst nur auf die **Straßenfront** eines Gebäudes.[123]

2. Keine Vervielfältigung an einem Bauwerk (Abs. 2)

Zulässig ist die **Abbildung** von Werken, die sich bleibend an öffentlichen Wegen, Straßen oder **36** Plätzen befinden, **nicht hingegen ihre Nachbildung,** insbesondere nicht ihr Nachbau.[124] Die nach Abs. 1 zulässige Vervielfältigung soll nicht der ursprünglichen Funktion des Werkes gemäß in öffentlich sichtbarer Weise nachgebildet werden können, so dass die Nachbildung das Original erlaubnis- und vergütungsfrei ersetzen würde. Dies ist ratio legis dafür, dass nach dem Wortlaut von **Abs. 2 als Ausnahme der Schranke des Abs. 1** die zulässigen Vervielfältigungen nicht „an einem Bauwerk" – besser: an der Außenseite eines Bauwerks – vorgenommen werden dürfen. Nach dem Schutzzweck der Norm bedeutet „an einem Bauwerk" nicht an einem Modell eines Bauwerks.[125] Ein Wandgemälde, das die Straßenseite eines Gebäudes schmückt, ein Relief über seinem Eingang oder ein freistehendes Denkmal können gemäß Abs. 2 abgemalt, abgezeichnet, fotografiert oder gefilmt werden. Ihre Vervielfältigung an einem Bauwerk jedoch, gleich, ob in zwei- oder dreidimensionaler Form, wäre hingegen eine unzulässige Nachbildung.[126] Der Begriff der Vervielfältigung an einem Bauwerk umfasst die feste Verbindung des Werkes mit dessen Außenwand. Ein Teil der älteren Literatur hat Abs. 2 nicht nur auf die Straßenchaussee, sondern darüber hinaus auf alle Innenwände und nicht von einem öffentlichen Ort wahrnehmbare Außenwände des Bauwerks erstreckt.[127] Die enge Auslegung des Gesetzestextes, nach der die Darstellung eines öffentlich aufgestellten Denkmals auf einem Wandfresko im Treppenhaus eines Gebäudes unzulässig wäre, während seine Abbildung auf einem im gleichen Treppenhaus aufgehängten Gemälde oder einer vergrößerten Fotografie zulässig bliebe, kann der Gesetzgeber nicht gewollt haben.[128] Das spricht für die sinngemäße Ergänzung des Gesetzestextes „an der Außenseite eines Bauwerkes".

V. Sonstige Fragen

1. Sachverhalte mit Auslandsbezug. Befindet sich ein schutzfähiges Werk außerhalb des Gel- **37** tungsbereichs des Urheberrechtsgesetzes, kann unionsrechtlich nach dem Grundsatz der Maßgeblichkeit des Schutzlandes § 59 nach Art. 8 Abs. 1 der VO (EG) Nr. 864/2007 über das für außervertragliche Schuldverhältnisse anzuwendende Recht (Rom II-VO)[129] gleichwohl zur Anwendung kommen, wenn sein Urheber Rechtsschutz im Inland beansprucht.[130]

2. Wer sich auf eine Schrankenregelung beruft, hat hinsichtlich ihrer Tatbestandsvoraussetzungen **38** die **Darlegungs- und Beweislast.**[131] Zeigt ein Lichtbild das urheberrechtlich geschützte Objekt so, wie es von einem öffentlichen Ort wahrgenommen werden kann, obliegt es dem Rechtsinhaber darzulegen, dass der Beklagte das Werk nicht von einem öffentlichen Platz mit technischen Hilfsmitteln aufgenommen hat.[132] Sodann muss der Rechtsinhaber seine gegenteilige Behauptung beweisen.[133]

§ 60 Bildnisse

(1) [1]**Zulässig ist die Vervielfältigung sowie die unentgeltliche und nicht zu gewerblichen Zwecken vorgenommene Verbreitung eines Bildnisses durch den Besteller des Bildnisses oder seinen Rechtsnachfolger oder bei einem auf Bestellung geschaffenen Bildnis durch den Abgebildeten oder nach dessen Tode durch seine Angehörigen oder durch einen im Auftrag einer**

[123] Vgl. → Rn. 17; BGH GRUR 2003, 1035 (1037) – Hundertwasser-Haus; v. Gamm § 59 UrhG Rn. 4; Dreier/Schulze/Dreier § 59 UrhG Rn. 8, 9.
[124] v. Gamm § 59 UrhG Rn. 4.
[125] BGH GRUR 2017, 390 Rn. 34 – East Side Gallery.
[126] BGH GRUR 2017, 390 Rn. 31 – East Side Gallery; sa Möhring/Nicolini (1. Aufl.), § 59 UrhG Anm. 9.
[127] Vgl. Osterrieth/Marwitz KUG (2. Aufl.), § 20 KUG Anm. IV 2c und Sten. Bericht zum KUG S. 3837.
[128] Gerstenberg UrhG Anm. 4c; aA Möhring/Nicolini/Gass (2. Aufl.), § 59 UrhG Rn. 23.
[129] ABl. EU vom 31.7.2007 L 199 S. 40.
[130] BGH GRUR 2017, 798 Rn. 10 – AIDA Kussmund; BGH GRUR 2015, 264 Rn. 24 – Hi Hotel II; BGH GRUR 2003, 1035 (1036) – Hundertwasser-Haus; BGH GRUR 1999, 152 – Spielbankaffaire.
[131] BGH GRUR 2017, 798 Rn. 37 – AIDA Kussmund; OLG Hamburg ZUM 2015, 577 (579) – Promis auf fett getrimmt; Fromm/Nordemann/Nordemann-Schiffel § 50 UrhG Rn. 4; Koch FS Büscher, S. 197 (206).
[132] Vgl. BGH GRUR 2017, 798 Rn. 38 – AIDA Kussmund.
[133] Vgl. Koch FS Büscher, S. 197 (206).

dieser Personen handelnden Dritten. [2] Handelt es sich bei dem Bildnis um ein Werk der bildenden Künste, so ist die Verwertung nur durch Lichtbild zulässig.

(2) **Angehörige im Sinne des Absatz 1 Satz 1 sind der Ehegatte oder der Lebenspartner und die Kinder oder, wenn weder ein Ehegatte oder Lebenspartner noch Kinder vorhanden sind, die Eltern.**

Schrifttum: *Fromm,* Der Bildnisschutz nach jetzigem Recht, UFITA 47 (1966) 162; *H. Müller,* Die Privatkopie bei Porträtwerken der bildenden Kunst, GRUR 2012, 785; *Schertz,* Bildnisse, die einem höheren Interesse der Kunst dienen – Die Ausnahmevorschrift des § 23 I Nr. 4 KUG, GRUR 2007, 558; *v. Ungern-Sternberg,* Die Bindungswirkung des Unionsrechts und die urheberrechtlichen Verwertungsrechte, FS Bornkamm (2014), S. 1007; *ders.,* Die Rechtsprechung des EuGH und des BGH zum Urheberrecht und zu den verwandten Schutzrechten im Jahre 2014, GRUR 2005, 205; *ders.,* Verwendungen des Werkes in veränderter Gestalt im Lichte des Unionsrechts, GRUR 2015, 533.

Übersicht

I. Allgemeines

1   Während das Recht am eigenen Bilde als eine besondere Erscheinungsform des allgemeinen Persönlichkeitsrechts in den §§ 23, 24 KUG[1] regelt, unter welchen (engen) Voraussetzungen Dritte ein Bildnis abweichend von § 22 KUG ohne Erlaubnis des Abgebildeten verbreiten und öffentlich zur Schau stellen dürfen, enthält § 60 **Einschränkungen der Rechte des Urhebers** eines auf **Bestellung angefertigten Bildnisses** zugunsten (1) des **Bestellers** bzw. seines **Rechtsnachfolgers,**[2] zugunsten (2) des **Abgebildeten** bzw. nach seinem Tode seiner **Angehörigen**[3] oder zugunsten (3) eines **Dritten,** der **im Auftrag** einer der in den Alternativen 1 und 2 genannten Personen handelt.[4] Diesem eng umgrenzten Kreis von Berechtigten gestattet § 60, das Bildnis zu vervielfältigen sowie zu verbreiten, sofern die Verbreitung unentgeltlich und nicht zu gewerblichen Zwecken erfolgt (Abs. 1 S. 1). Die Verwertung eines auf Bestellung angefertigten Bildnisses, das die Voraussetzungen eines Werkes der bildenden Künste iSd. § 2 Abs. 1 Nr. 4 erfüllt, ist ausnahmsweise nur durch Lichtbild zulässig (Abs. 1 S. 2).

1. Rechtsentwicklung

2   **Einschränkungen des Urheberrechts an bestellten Bildnissen enthielten bereits im 19. Jahrhundert** Art. 35 Abs. 1 S. 2 des bayerischen Gesetzes zum Schutze der Urheberrechte an literarischen Erzeugnissen und Werken der Kunst vom 28.6.1865 sowie § 8 KG und § 7 PhG vom 9. bzw. 10.1.1876.[5] Nach diesen Vorschriften folgte das Nachbildungsrecht dem Sacheigentum des Bestellers am Original eines Bildnisses. Diese für bildende Künstler und Fotografen nachteilige Regelung

---

[1] Zu §§ 23, 24 KUG s. die Kommentierungen dort.
[2] § 60 Abs. 1 S. 1 1. Alt.
[3] § 60 Abs. 1 S. 1 2. Alt.
[4] § 60 Abs. 1 S. 1 3. Alt.
[5] Zu diesen Gesetzen → Einl. UrhG Rn. 133 ff.

– sie ermöglichte dem Besteller nicht nur die gewerbsmäßige Vervielfältigung und Verbreitung des Bildnisses, sondern auch die Ausübung des Verbotsrechts selbst gegenüber seinem Urheber[6] – wurde 1907 durch die abdingbare Regelung des § 18 Abs. 2 KUG ersetzt. Diese beließ dem Urheber die Rechte der Vervielfältigung und gewerbsmäßigen Verbreitung und gewährte dem Besteller nur ein einfaches Vervielfältigungsrecht. War das Bildnis ein Werk der bildenden Künste, blieb das Vervielfältigungsrecht des Bestellers zu Lebzeiten des Urhebers auf die fotografische Herstellung beschränkt.[7]

Die **Reformentwürfe vor dem Zweiten Weltkrieg**[8] übernahmen zum Teil die Regelung des **3** KUG,[9] zum Teil bezogen sie bereits den Abgebildeten bzw. seine Angehörigen in den Kreis der Berechtigten ein, beschränkten das ihnen gewährte Vervielfältigungsrecht auf fotografische Verfahren und gaben außerdem Behörden die Veröffentlichung, Vervielfältigung und Verbreitung von Bildnissen zu Zwecken der öffentlichen Sicherheit und der Rechtspflege frei.[10] Von den **amtlichen Entwürfen nach dem Zweiten Weltkrieg** enthielt § 54 RefE zugunsten des Bestellers neben der erlaubnisfrei zulässigen Vervielfältigung die Freistellung der unentgeltlichen Verbreitung. Letztere war notwendig geworden, weil anders als nach § 11 Abs. 1 LUG und § 15 Abs. 1 KUG zukünftig die Verbreitungsrecht des Urhebers nicht auf die gewerbsmäßige Verbreitung beschränkt bleiben sollte. Überdies erstreckte er die Freistellung lediglich der fotografischen Vervielfältigung eines bestellten Bildnisses über die Lebenszeit des Urhebers hinaus auf die gesamte Schutzfrist des Urheberrechts und betonte noch die Abdingbarkeit der Regelung, die später in **§ 57 MinE** als bloße Selbstverständlichkeit kommentarlos gestrichen wurde.[11] In **§ 61 RegE**, der bereits weitgehend der geltenden Regelung entsprach, wurde schließlich die Ausnahme zugunsten von Lichtbildwerken (Abs. 1 S. 2) aufgenommen.

§ 60 wurde durch das **Gesetz zur Regelung des Urheberrechts in der Informationsgesell-** **4** **schaft** vom 10.9.2003 (BGBl. I S. 1774) – in Kraft getreten am 13.9.2003 – im Zuge der Anpassung der Schankenregelungen an die Vorgaben der InfoSoc-RL 2001/29/EG (EG ABl. L 167/10) nicht allein redaktionell überarbeitet. Allerdings war die Novellierung nur bedingt durch die Richtlinie veranlasst. Denn § 60 zählt zu den unter Art. 5 Abs. 3 lit. o InfoSoc-RL fallenden fakultativen Schrankenregelungen geringerer Bedeutung, die im nationalen Recht bereits vorhanden waren, lediglich analoge Nutzungen betreffen, zu keiner Beeinträchtigung des freien Warenverkehrs führen und keine anderen Schrankenregelungen berühren. Das entbindet jedoch nicht davon, § 60 im Lichte der autonom und einheitlich auszulegenden Richtlinienbestimmung zu interpretieren.[12] In Art. 5 Abs. 3 lit. o InfoSoc-RL liegt der Grund, weshalb § 60 keine Regelung der öffentlichen Zugänglichmachung von Bildnissen nach § 19a trifft. Unabhängig von der Richtlinie trägt er der Kritik der Literatur[13] an seiner alten Fassung Rechnung, indem er die Verbreitung eines Bildnisses nicht mehr nur dann erlaubnisfrei zulässt, wenn sie unentgeltlich, sondern darüber hinaus auch nicht zu gewerblichen Zwecken erfolgt. Ferner beschränkt § 60 nF die zulässigen Vervielfältigungshandlungen nicht mehr allein auf die Fertigung eines Lichtbildes. Er gestattet auch andere Vervielfältigungstechniken, sofern es sich bei dem Bildnis nicht um ein Werk der bildenden Künste handelt.[14]

2. Rechtsnatur und Systematik der Norm

a) Rechtsnatur. Die Vorschrift des § 60 hat zwar ihren Platz im 6. Abschnitt 3. Unterabschnitt **5** (weitere gesetzlich erlaubte Nutzungen) des Teils 1 des UrhG über die dem Urheberrecht gezogenen Schranken gefunden, ihrem Regelungsgehalt und ihrer Entstehungsgeschichte nach enthält sie jedoch **weniger eine Schrankenbestimmung**, als eine speziell auf die Nutzung bestellter Bildnisse zugeschnittene **urhebervertragsrechtliche Auslegungsregel**,[15] soweit zwischen Urheber und Berechtigtem, wie dies bei dem ganz überwiegenden Teil der auf Bestellung angefertigten Bildnisse der Fall ist, eine vertragliche Beziehung besteht. Die Entstehungsgeschichte des § 60 zeigt (→ Rn. 3), dass der Gesetzgeber nicht von der bereits im KUG enthaltenen **Abdingbarkeit der Norm** Abstand nehmen wollte, sondern von ihrer ausdrücklichen Erwähnung im Gesetz offensichtlich nur deshalb absah, weil sie ihm als selbstverständlich erschien (→ Rn. 3). Eine Auslegungsregel ist dadurch nicht zwangsläufig indiziert. *Dreier* argumentiert, die Abdingbarkeit der Norm spreche nicht gegen die Annahme einer

---

[6] Näheres bei *Allfeld*, KUG, § 18 KUG Anm. II 8a.
[7] § 18 Abs. 2 S. 2 KUG.
[8] → Einl. UrhG Rn. 136.
[9] Marwitz-E § 18 Nr. 3.
[10] S. § 43 RJM-E; § 53 Abs. 2 und 4 Hoffmann-E 1933; § 42 Akademie-E.
[11] Sa. Möhring/Nicolini (1. Aufl.), § 60 UrhG Anm. 1a.
[12] Vgl. zur Auslegung der Richtlinienbestimmungen zum Urheberrecht *v. Ungern-Sternberg* FS Bornkamm (2014), S. 1007 (1008 ff.).
[13] → 2. Aufl. 1999, Rn. 11 f.
[14] § 60 Abs. 1 S. 2; DKMH/*Dreyer* § 60 UrhG Rn. 1 sieht in dieser Erweiterung der erlaubnisfrei zulässigen Nutzungen gegenüber § 60 aF einen versehentlichen Verstoß gegen die Vorgaben der Richtlinie, der jedoch angesichts des eindeutigen Wortlauts der Vorschrift ohne Konsequenzen bleibe.
[15] Ebenso OLG Karlsruhe ZUM 1994, 737 – Musikgruppe S; Fromm/Nordemann/*W. Nordemann* (9. Aufl.), § 60 UrhG Rn. 5; Dreier/Schulze/*Dreier* § 60 UrhG Rn. 2; Möhring/Nicolini/*Grübler* (4. Aufl.), § 60 UrhG Rn. 2; Wandtke/Bullinger/*Lüft* § 60 UrhG Rn. 1; Möhring/Nicolini/*Gass* (2. Aufl.), § 60 UrhG Rn. 13; aA Fromm/Nordemann/*A. Nordemann* § 60 UrhG Rn. 2; Loewenheim/*A. Nordemann*, Handbuch, § 73 Rn. 51; DKMH/*Dreyer* § 60 UrhG Rn. 6.

Schrankenregelung, weil inter partes auch Schrankenregelungen schuldrechtlich abbedungen werden könnten, sofern das Gesetz wie in §§ 69g Abs. 1, 87e dies nicht ausdrücklich ausschließe.[16] Lediglich in Fällen, in denen der Abgebildete nicht der Besteller seines Bildnisses ist und auch im Übrigen mit dem Urheber keine vertraglichen Beziehungen bestehen, dürfe § 60 als eine gesetzliche Schrankenregelung zu verstehen sein.

6   Als Einschränkung des Urheberrechts erfordert § 60 ungeachtet seiner besonderen Charakteristik eine **enge Auslegung,**[17] so dass seine analoge Anwendung auf Filmwerke und Laufbilder (§§ 94, 95) ausscheidet.[18] Allerdings sind bei der Auslegung von Schrankenbestimmungen neben den Interessen des Urhebers auch diejenigen der privilegierten Werknutzer zu berücksichtigen, so dass unter Umständen ein großzügiger Maßstab in Betracht kommen kann.[19] Das Veröffentlichungsrecht des Urhebers nach § 12 bleibt von § 60 anders als die ausdrücklich erwähnten Verwertungsrechte unberührt.[20] Es ist deshalb vertraglich zu erwerben.

7   **b) Systematik.** Mit dem Erwerb des **Sacheigentums am Werkstück** sind gemäß § 44 Abs. 1 keine urheberrechtlichen Nutzungsbefugnisse verbunden,[21] es sei denn, es handelt sich um ein Werk der bildenden Künste oder um ein Lichtbildwerk, zu deren Ausstellung nach § 18 der Erwerber ohne gegenteilige Vereinbarung befugt ist (§ 44 Abs. 2). Daran ändert § 60 nichts. Folglich kann der Eigentümer des Originals oder eines Vervielfältigungsstücks eines Bildnisses dieses nur nach Maßgabe des § 60 und unter Beachtung des **Änderungsverbots** des § 62 nutzen, dessen Abs. 3 freilich bei Werken der bildenden Künste und Lichtbildwerken solche Größen- und andere Änderungen zustimmungsfrei gestattet, die mit dem angewendeten Vervielfältigungsverfahren zwangsläufig verbunden sind. Letzteres spielt im Rahmen des § 60 eine wichtige Rolle, bei Bildnissen als Werken der bildenden Künste jedoch nur insoweit, als § 60 Abs. 1 S. 2 deren Vervielfältigung, dh. Vervielfältigung und Verbreitung, nur durch Lichtbild erlaubnisfrei gestattet. Wird ein schöpferisches Portraitfoto nach §§ 60 Abs. 1, 62 Abs. 3 zulässigerweise abgemalt, mag darin mitunter auch eine durch die Maltechnik bewirkte **Bearbeitung** des Lichtbildwerkes liegen, dessen nach § 60 zustimmungsfreie Nutzung nicht durch § 23 unterbunden werden kann.[22]

8   Als bloße Einschränkung des Urheberrechts des Schöpfers eines bestellten Bildnisses begründet § 60 **keinen Anspruch auf Herausgabe** des Originals oder eines Vervielfältigungsstücks.[23] Der Herausgabeanspruch richtet sich nach den allgemeinen Grundsätzen des bürgerlichen Rechts und nach vertraglichen Absprachen.[24] Wohl aber ist § 25 (Zugangsrecht) auch auf Bildnisse uneingeschränkt anwendbar.

9   Im **Verhältnis zu § 53** ist die gleichzeitig und nebeneinander anwendbare Vorschrift des § 60[25] teils enger, teils weiter.[26] Der Anwendungsbereich des § 60 ist nicht auf den privaten und eigenen Gebrauch und nicht auf einzelne Vervielfältigungsstücke beschränkt. Anders als nach § 53 Abs. 1 darf nach § 60 das vervielfältigte Bildnis verbreitet werden, sofern dies unentgeltlich und nicht zu eigenen gewerblichen Zwecken geschieht. Außerdem muss nach § 60 die bei Dritten in Auftrag gegebene Vervielfältigung nicht unentgeltlich sein. Andererseits gestattet § 53 Abs. 1 – insofern weiter als § 60 Abs. 1 S. 2 – bei Bildnissen als Werken der bildenden Künste die Vervielfältigung unabhängig von der Vervielfältigungsart.[27] **Neben § 60 kann** außerdem – etwa bei Standbildern oder Gedenktafeln – **§ 59 zur Anwendung kommen.**

10   Das **Recht des Schöpfers eines Bildnisses auf Werkintegrität** wird im Rahmen der nach § 60 zulässigen Werknutzungen im Wesentlichen durch § 62 gewahrt (→ Rn. 7). Er lässt etwa Überma-

---

[16] Dreier/Schulze/*Dreier* § 60 UrhG Rn. 2; ebenso DKMH/*Dreyer* § 60 UrhG Rn. 6.

[17] AllgM, OLG Köln GRUR 2004, 499 (500) – Portraitfoto im Internet; deshalb gelten insoweit die in st.Rspr. zur Auslegung von Schrankenregelungen entwickelten Grundsätze entsprechend; s. zuletzt EuGH GRUR 2009, 1041 Rn. 56 – Infopaq/DDP; BGH GRUR 2014, 974 Rn. 34 – Porträtkunst; BGH GRUR 2005, 670 (671) – WirtschaftsWoche; BGH GRUR 2003, 1035 (1037) – Hundertwasser-Haus; BGH GRUR 2003, 956 (957) – Gies-Adler; BGH GRUR 2002, 1050 (1051) – Zeitungsbericht als Tagesereignis; BGHZ 151, 300 (310) = GRUR 2002, 963 – Elektronischer Pressespiegel; BGHZ 150, 6 (8) = GRUR 2002, 605 f. – Verhüllter Reichstag; BGH GRUR 2001, 59 f. – Parfumflakon; BGH GRUR 1994, 800 (802) – Museumskatalog; → Vor §§ 44a ff. Rn. 36 ff.; → § 50 Rn. 8; → § 51 Rn. 8.

[18] AA noch Möhring/*Nicolini* (1. Aufl.), § 60 UrhG Anm. 3.

[19] BGH GRUR 2014, 974 Rn. 34 – Porträtkunst; BGH GRUR 2003, 956 (957) – Gies-Adler; BGH GRUR 2011, 415 Rn. 24 – Kunstausstellung im Online-Archiv; für eine großzügigere Auslegung im Hinblick auf die unionrechtliche, von vornherein auf eine Abwägung der wechselseitigen Interessen abstellenden Schrankenregelungen der InfoSoc-RL und ihre Auslegung durch den EuGH *v. Ungern-Sternberg* GRUR 2013, 248 (254) mwN; *v. Ungern-Sternberg* GRUR 2010, 273 (278) zuletzt insbesondere *v. Ungern-Sternberg* GRUR 2015, 205 (211) sowie *v. Ungern-Sternberg* GRUR 2015, 533 (535 f.); *Geiger* GRUR-Int 2004, 815; → Vor §§ 44a ff. Rn. 38; → § 50 Rn. 8; → § 51 Rn. 8.

[20] Vgl. BGH GRUR 2014, 974 Rn. 53 ff. – Porträtkunst.

[21] Dazu ausführlich → § 44 Rn. 5 ff.

[22] Ebenso *Ulmer* § 74 I 1; aA *v. Gamm* § 60 UrhG Rn. 6; Einzelheiten zum Änderungsverbot → § 62 Rn. 8 ff.

[23] *v. Gamm* § 60 UrhG Rn. 2.

[24] Zur zu Recht verneinten Verpflichtung des Fotografen zur Herausgabe der Negative LG Wuppertal GRUR 1989, 54 (55) – Lichtbild-Negative; LG Hannover NJW-RR 1989, 53 (54); s. ferner die Erl. zu → § 44 Rn. 8 ff.

[25] Ebenso BGH GRUR 2014, 974 Rn. 48 – Porträtkunst; Fromm/Nordemann/*A. Nordemann* § 60 UrhG Rn. 3; Wandtke/Bullinger/*Lüft* § 60 UrhG Rn. 2.

[26] Sa. Möhring/*Nicolini* (1. Aufl.), § 60 UrhG Anm. 1b.

[27] BGH GRUR 2014, 974 Rn. 48 f. – Porträtkunst.

lungen oder Kolorierungen eines Bildnisses nicht zu.[28] § 63 **(Quellenangabe)** findet in den Fällen des § 60 keine Anwendung (§ 63 Abs. 1 S. 1), wohl aber § 13, da der Regelungsumfang des § 60 Urheberpersönlichkeitsrechte unberührt lässt. Der Urheber kann sich folglich nach § 13 dagegen schützen, dass das von ihm geschaffene Bildnis mit einem anderen Namen in Verbindung gebracht wird.[29]

c) Allgemeines Persönlichkeitsrecht. Die **Zulässigkeit der Herstellung eines bestellten** **11** **Bildnisses** und **die Art und Weise seiner Ausführung** richten sich aus der Sicht des Abgebildeten nach den Grundsätzen des allgemeinen Persönlichkeitsrechts,[30] die seiner **Verbreitung und Zurschaustellung** nach den Vorschriften über das **Recht am eigenen Bilde** gemäß §§ 22–24 KUG, welche durch § 60 nicht berührt werden.[31]

3. Sinn und Zweck, Rechtfertigung sowie Bewertung der Norm

a) Sinn und Zweck. Das Gesetz geht in Anknüpfung an die Regelung des § 18 Abs. 2 KUG[32] **12** davon aus, dass der Besteller und, falls Personenmehrheit besteht, der Abgebildete bzw. deren Rechtsnachfolger[33] ein besonderes, aus persönlicher Verbundenheit herrührendes Interesse an der Vervielfältigung und an der unentgeltlichen Verbreitung eines bestellten Bildnisses haben.[34] In vielen Fällen lässt sich der Urheber eines älteren Bildnisses nicht mehr ausmachen, so dass keine Nutzungsrechte erworben werden könnten.[35] Dennoch soll den gesetzlich Berechtigten die Möglichkeit gegeben sein, zustimmungsfrei Erinnerungsstücke herzustellen oder herstellen zu lassen und diese weiterzugeben, so lange dafür keine Vergütungen gezahlt und keine gewerblichen Zwecke verfolgt werden. Das geht, worauf *Dreier* zutreffend hinweist, wirtschaftlich meist zu Lasten des Fotografen, wenn die durch § 60 privilegierten Personen Vervielfältigungsstücke bei anderen Fotografen oder Fotolabors anfertigen lassen.[36] Da Art. 5 Abs. 3 lit. o InfoSoc-RL keine Online-Nutzungen über die in Art. 5 Abs. 3 InfoSoc-RL ausdrücklich gestatteten Schrankenregelungen hinaus erlaubt, bezieht sich § 60 **nicht auf das Recht der öffentlichen Wiedergabe, einschließlich der öffentlichen Zugänglichmachung nach § 19 a.**[37] Es kann jedoch nicht übersehen werden, dass im Zeitalter des Internets den Anliegen der Berechtigten in aller Regel nicht mehr allein mit der Verbreitung körperlicher Werkstücke gedient ist. Dem Erinnerungszweck eines Bildnisses als Werk der bildenden Künste ist am ehesten genügt, wenn das Vervielfältigungsstück durch Lichtbild hergestellt wird. Die Rechte hinsichtlich aller übrigen Vervielfältigungsverfahren bleiben in gebotener Abwägung der beiderseitigen Interessen ausschließlich dem Urheber vorbehalten (Abs. 1 S. 2).

Bei einem **Bildnis in Form eines Lichtbildwerkes** hat nach altem Recht der Gesetzgeber nicht **13** dieselben persönlichen Bindungen des Urhebers zu seinem Werk gesehen, wie dies bei Werken der bildenden Kunst der Fall ist,[38] und deshalb die Herstellung eines Gemäldes oder einer Büste nach einer Fotografie zugelassen. Infolge des gewandelten Verständnisses von der Fotografie als selbständiger Kunst hat sich diese Auffassung überholt.

b) Rechtfertigung. Ihr Sinn und Zweck rechtfertigen die **Vorschrift** des § 60 in seiner **14** Neufassung. Es ist nicht zu verkennen, dass wegen persönlicher Bande und eines besonderen Bedarfs an Erinnerungsstücken ein Interesse an der Herstellung und der unentgeltlichen sowie nicht gewerblichen Zwecken dienenden Verbreitung bestellter Bildnisse, namentlich in Form eines Geschenks, besteht. Im Hinblick darauf kann der Urheber des Bildnisses bei der Bemessung des Herstellungshonorars erlaubnisfreie Vervielfältigungs- und Verbreitungshandlungen nach § 60 in einem gewissen Maße mit berücksichtigen.

c) Bewertung der Neufassung. Infolge des Ausschlusses der Verbreitung eines Bildnisses zu ge- **15** werblichen Zwecken durch die Neufassung des § 60 ist der Kritik an der früheren Regelung Rechnung getragen. Die angemessene Teilhabe des Schöpfers eines Bildnisses an dem aus seinem Werk gezogenen Nutzen ist nicht mehr zugunsten desjenigen eingeschränkt, der mit dessen unentgeltlicher Verbreitung Eigenwerbung betreibt und dabei unter Umständen gewerbliche Zwecke verfolgt.[39] *W. u. A. Nordemann* halten demgegenüber die Vorschrift angesichts der rückläufigen Bedeutung des

---

[28] Ebenso *Fromm* UFITA 47 (1966) 162 (164).
[29] Ebenso *v. Gamm* § 60 UrhG Rn. 3.
[30] Sa. *Fromm* UFITA 47 (1966) 162 (163).
[31] Einzelheiten dazu §§ 22, 29 KUG.
[32] S. AmtlBegr. UFITA 45 (1965) 240 (293).
[33] → KUG § 22 Rn. 57 ff.
[34] So auch OLG Köln GRUR 2004, 499 (501) – Portraitfoto im Internet.
[35] *Fromm* UFITA 47 (1966) 162 (163).
[36] Dreier/Schulze/*Dreier* § 60 UrhG Rn. 1; kritisch zur Vergütungsfreiheit unter Hinweis auf den Dreistufentest und § 11 Abs. 2 *Müller* GRUR 2012, 785 (787, 788).
[37] OLG Köln GRUR 2004, 499 (500) – Portraitfoto im Internet; → Rn. 4, 30.
[38] AmtlBegr. UFITA 45 (1965) 240 (293).
[39] → Rn. 29; vgl. zur Rechtfertigung von Ausnahmeregelungen BVerfGE 49, 382 = GRUR 1980, 44 – Kirchenmusik; → Vor §§ 44a ff. Rn. 14 ff. mwN.

Negativs und der zulässigen Privatkopie von Fotos unter Einsatz neuer Reproduktionstechniken für überflüssig.[40] Sie verdienen Zustimmung.

16   Erinnerungsfotos lassen sich ohnehin idR bei dem meist auf der Rückseite des Bildes angegebenen Berufsfotografen nachbestellen. Einer **Freigabe der Bild-vom-Bild-Fotografie** bedarf es deshalb nicht.[41] Nur wenn der Urheber nicht festgestellt werden kann oder nicht mehr aufzufinden ist, sollte die Herstellung von Vervielfältigungsstücken und ihre unentgeltliche Verbreitung erlaubnisfrei zugelassen werden.

II. Einzelerläuterungen

1. Bildnis iSd. § 60

17   **a)** Das UrhG definiert den Begriff des Bildnisses nicht, sondern übernimmt ihn als Bezeichnung einer **Personendarstellung.** In diesem Sinne wurde er bereits in § 18 Abs. 2 KUG verwendet und ist er weiterhin in den Bestimmungen der §§ 22–24 KUG enthalten. Deshalb gelten die einschlägigen Erläuterungen zu diesen Vorschriften auch für Bildnisse iSd. § 60[42] mit der Maßgabe, dass es bei § 60 meist um Personenbilder geht, die durch die persönliche Sichtweise des Bildnisurhebers geprägt sind, die Person des Abgebildeten jedoch erkennen lassen. Welche künstlerische oder fotografische Technik der Schöpfer dabei wählt, ist unerheblich, vorausgesetzt, der Abgebildete ist Hauptgegenstand des Bildnisses (→ Rn. 19). Landschafts-, Sach- oder Tierbilder[43] erfüllen naturgemäß die Voraussetzungen eines Bildnisses nicht. Der Begriff des Bildnisses beschränkt sich nicht auf Bilder eines einzelnen Menschen. Auch **mehrere Personen** können abgebildet sein, ohne dass die Bildniseigenschaft des Werkes entfiele.[44] Ferner muss die abgebildete Person nicht lebendig sein. Bilder von Toten fallen ebenfalls unter § 60.[45] Unerheblich ist sodann, ob das Bildnis vor dem Modell, aus dem Gedächtnis oder von einer anderen bildlichen Vorlage geschaffen worden ist. Eine Ausnahme gilt insofern für Personenfotografien. Die Fotografie eines Bildnisses ist kein eigenständiges Bildnis, sondern eine Vervielfältigung der Vorlage.

18   Ein Bildnis setzt weiter voraus, dass die **abgebildeten Personen alleiniger oder zumindest wesentlicher Gegenstand der Darstellung** sind. Personen als bloßer Teil oder als Beiwerk eines Bildes begründen kein Bildnis iSd. Vorschrift.[46] Hingegen ist es gleichgültig, ob die Person in voller Größe oder als Ausschnitt[47] wiedergegeben ist. Ein Bildnis erfordert sodann, dass der Abgebildete in seinen individuellen Zügen, die ihn von den Mitmenschen unterscheiden, wiederzuerkennen ist. Dies ermöglicht regelmäßig die Darstellung der Gesichtszüge; aber auch die Darstellung der Körperhaltung oder des Gesichtsprofils einer Person können die Annahme eines Bildnisses rechtfertigen.[48] Lässt sich der Abgebildete selbst unter Berücksichtigung des Bildtitels oder anderer Erinnerungshilfen in seinen individuellen Zügen nicht wiedererkennen, liegt kein Bildnis iSd. § 60 vor.[49]

19   Die **Art der Personendarstellung** spielt keine Rolle. Jedoch muss die abgebildete Person visuell wahrnehmbar und in ihrem äußerem Erscheinungsbild erkennbar wiedergegeben sein.[50] Personendarstellungen in Schriftwerken oder in Werken der darstellenden Künste stellen keine Bildnisse iSd. § 60 dar, wenngleich auch bei Sprachwerken mitunter von einem Gemälde gesprochen wird.[51] Das Bildnis kann **zweidimensional** gefertigt sein als Lichtbild nach § 72, als Lichtbildwerk nach § 2 Abs. 1 Nr. 5 oder als Werk der bildenden Künste nach § 2 Abs. 1 Nr. 4 in Form eines Ölgemäldes, einer Zeichnung oder eines Kupferstichs, eines Aquarells, eines Holz- oder Scherenschnitts, jeweils auch als Karikatur,[52] **oder dreidimensional** als Büste, Statue, Relief, Münz- oder Medaillenprägung, Totenmaske etc.[53]

---

[40] Fromm/Nordemann/*A. Nordemann* § 60 UrhG Rn. 2 kritisch bereits Fromm/Nordemann/*W. Nordemann* (9. Aufl.), § 60 UrhG Rn. 6 sowie Dreier/Schulze/*Dreier* § 60 UrhG Rn. 2.
[41] → 1. Aufl. 1987, Rn. 2, 11; *Gerstenberg* Anm. zu Schulze OLGZ 236, S. 4 f.; Fromm/Nordemann/*W. Nordemann* (9. Aufl.), § 60 UrhG Rn. 6.
[42] Sa. die Erl. im Anhang zu § 22 KUG.
[43] Hunde, Pferde, Schweine etc.; ebenso Fromm/Nordemann/*A. Nordemann* § 60 UrhG Rn. 7; Loewenheim/*A. Nordemann,* Handbuch, § 73 Rn. 49.
[44] OLG Karlsruhe ZUM 1994, 737 – Musikgruppe S; *Allfeld,* KUG, § 18 KUG Anm. II 9b; *v. Gamm* § 60 UrhG Rn. 4; Fromm/Nordemann/*A. Nordemann* § 60 UrhG Rn. 7; Loewenheim/*A. Nordemann,* Handbuch, § 73 Rn. 49; Möhring/Nicolini/*Grübler* (4. Aufl.), § 60 UrhG Rn. 5; *Müller* GRUR 2012, 785 (788).
[45] KG GRUR 1981, 742 – Totenmaske.
[46] Ebenso Dreier/Schulze/*Dreier* § 60 UrhG Rn. 4.
[47] Brustbild oder Portrait.
[48] Ebenso Möhring/Nicolini/*Gass* (2. Aufl.), § 60 UrhG Rn. 18.
[49] Möhring/Nicolini/*Gass* (2. Aufl.), § 60 UrhG Rn. 19.
[50] Vgl. BGH NJW 1965, 2148 – Spielgefährtin I; BGH NJW 200, 2201 (2202); Möhring/Nicolini/*Grübler* (4. Aufl.), § 60 UrhG Rn. 5.
[51] → Rn. 2; Möhring/Nicolini/*Gass* (2. Aufl.), § 60 UrhG Rn. 19.
[52] Eine Verzerrung der persönlichen Züge des Abgebildeten ist allerdings nach den Grundsätzen des allgemeinen Persönlichkeitsrechts zu beurteilen; ebenso *Fromm* UFITA 47 (1966) 162 (163); aA zur Karikatur *Allfeld,* KUG, § 22 KUG Anm. 2b.
[53] Ebenso Fromm/Nordemann/*A. Nordemann* § 60 UrhG Rn. 7.

b) § 60 bezieht sich allein auf solche **Bildnisse, die auf Bestellung gefertigt** worden sind. Bild- **20** nisse, die der Urheber aus eigenem Antrieb geschaffen hat, unterliegen folglich nicht der Einschränkung der Vorschrift, so dass das Urheberrecht ihres Schöpfers nicht durch § 60 eingeschränkt wird.[54] Hat zB ein Künstler aus freien Stücken eine Person gemalt und einer Zeitung den Abdruck des Bildnisses gestattet, so kann der Abgebildete, sofern keiner der Ausnahmen des § 23 Abs. 1 KUG vorliegen, dagegen unter dem Gesichtspunkt des Rechts am eigenen Bilde nach §§ 22, 23 KUG vorgehen. Jedoch kann er nicht von dem nicht bestellten Bildnis Vervielfältigungsstücke herstellen lassen und diese unentgeltlich und zu nicht gewerblichen Zwecken verbreiten, wie dies § 60 bei bestellten Bildnissen erlaubt. Sofern die Verbreitung oder Zurschaustellung des Gemäldes etwa einem höheren Interesse der Kunst dient,[55] kann der Urheber das Bild auch ohne die Einwilligung des Abgebildeten nach § 22 KUG verbreiten.[56]

2. Berechtigte iSd. Vorschrift

a) Besteller.[57] Der Besteller eines Bildnisses ist derjenige, der dem Maler, Bildhauer oder Fotogra- **21** fen den Auftrag zur Herstellung des Bildnisses erteilt hat. Meist handelt es sich dabei um einen Werkvertrag nach § 631 BGB, der in eigenem Namen und für eigene Rechnung geschlossen wird. Angesichts gebotener enger Auslegung der Vorschrift kommt als Besteller nicht in Frage, wer lediglich ein Interesse an der Anfertigung eines Bildnisses hat.[58] Der Besteller kann, muss aber nicht gleichzeitig der Abgebildete sein, so dass beide gleichermaßen berechtigt sein können. Einzelheiten über die Art und Gestaltung des Bildnisses richten sich nach den getroffenen Vereinbarungen; ohne besondere Absprachen ist der Urheber in der Gestaltung des Bildnisses frei.[59]

b) Rechtsnachfolger des Bestellers.[60] Die Rechtsstellung des Bestellers erlangt ein Dritter – an- **22** ders als beim Abgebildeten – nach den allgemeinen Regeln des BGB schon zu Lebzeiten durch Übertragung nach §§ 398 ff. BGB[61] bzw. nach dem Tode des Bestellers durch Universalrechtsnachfolge.[62] Fallen Besteller und Abgebildeter auseinander, bedarf es zur erlaubnisfreien Verbreitung neben der Übertragung der Rechtsstellung des Bestellers der Einwilligung des Abgebildeten nach § 22 KUG, sofern die Verbreitung nicht nach §§ 23, 24 KUG erlaubnisfrei zulässig ist.[63]

c) Abgebildeter.[64] Abgebildeter iSd. 2. Alternative ist die Person, die das Bildnis erkennbar zeigt. **23** Eine juristische Person ist niemals abgebildet, auch wenn ein Lichtbild ihren Geschäftsführer bei seiner dienstlichen Tätigkeit zeigt.[65] Geht es um das Bildnis eines Toten, sind unmittelbar die Angehörigen nach Abs. 3 berechtigt.

d) Angehörige.[66] Nur wenn der Abgebildete verstorben ist, stehen die aus § 60 folgenden Befug- **24** nisse seinen Angehörigen, dh. nebeneinander seinem überlebenden Ehegatten, Lebenspartner iSd. Gesetzes zur Beendigung der Diskriminierung gleichgeschlechtlicher Gemeinschaften vom 16.2.2001 (BGBl. I 266) und seinen Kindern oder, falls weder Ehegatte oder Lebenspartner noch Kinder vorhanden sind, seinen Eltern zu. Die Definition der Angehörigen in Abs. 2 stimmt mit der des § 22 S. 4 KUG überein, so dass wegen weiterer Einzelheiten auf die dortigen Erläuterungen verwiesen werden kann.[67] Im Übergang der Rechte aus § 60 auf die Angehörigen ist keine Vererbung zu sehen, sondern wegen des persönlichkeitsrechtlichen Einschlags der Privilegierung des Abgebildeten in § 60 die Anordnung einer persönlich begrenzten gesetzlichen Nutzungsbefugnis, die ihre Rechtfertigung aus den postmortalen Bindungen der Angehörigen zur Persönlichkeit des Abgebildeten erfährt. Die Rechtsstellung der Angehörigen ist deshalb nicht übertragbar,[68] so dass nach dem Tode des Abgebildeten, das Recht gegenüber dem Urheber allenfalls noch bei dem Besteller oder seinem Rechtsnachfolger liegt. Auf Seiten des Abgebildeten ist es erloschen.[69]

e) Dritter.[70] Berechtigter iSd. § 60 ist auch jeder Dritte, der von einem nach Abs. 1 S. 1 1. und **25** 2. Alt. (Rn. 22, 23) Genannten zu den gesetzlich privilegierten Nutzungen beauftragt ist, wie dies

---

[54] Ebenso Wandtke/Bullinger/*Lüft* § 60 UrhG Rn. 4; Möhring/Nicolini/*Grübler* (4. Aufl.), § 60 UrhG Rn. 9; *Schertz* GRUR 2007, 558 (563).
[55] § 23 Abs. 1 Nr. 4 KUG.
[56] Einzelheiten → KUG § 23 Rn. 70 ff.; *Schertz* GRUR 2007, 558.
[57] § 60 Abs. 1 S. 1 1. Alt.
[58] OLG Köln GRUR 2004, 499 (500) – Portraitfoto im Internet; ebenso Möhring/Nicolini/*Grübler* (4. Aufl.), § 60 UrhG Rn. 12.
[59] Dazu auch *v. Gamm* § 60 UrhG Rn. 5.
[60] § 60 Abs. 1 S. 1 1. Alt.
[61] Arg. e contrario aus § 60 Abs. 1 S. 1 am Ende.
[62] Ebenso Fromm/Nordemann/*W. Nordemann* (9. Aufl.), § 60 UrhG Rn. 4; DKMH/*Dreyer* § 60 UrhG Rn. 18 f.
[63] Ebenso Dreier/Schulze/*Dreier* § 60 UrhG Rn. 7.
[64] § 60 Abs. 1 S. 1 2. Alt.
[65] OLG Köln GRUR 2004, 499 (500) – Portraitfoto im Internet.
[66] § 60 Abs. 1 S. 1 2. Alt., Abs. 2.
[67] → KUG § 22 Rn. 57 ff.
[68] Ähnlich *v. Gamm* § 60 UrhG Rn. 5.
[69] DKMH/*Dreyer* § 60 UrhG Rn. 24.
[70] § 60 Abs. 1 S. 1 3. Alt.

etwa bei der Entwicklung von Fotografien und der Fertigung von Fotoabzügen der Fall ist. Die vertraglich erworbenen Rechte Dritter auf erlaubnisfreie Nutzungen nach § 60 können selbstverständlich nicht über die Rechte des Bestellers oder Abgebildeten hinausgehen.[71]

3. Erlaubnisfreie Nutzungen

26   **a) Vervielfältigung (Abs. 1 S. 1).** Der in § 60 verwendete Begriff der Vervielfältigung ist derselbe wie in § 16 (Einzelheiten dort). Jedoch gebietet das Unionsrecht eine Einschränkung des Anwendungsbereichs der Vorschrift auf analoge Nutzungen.[72] Deshalb ist das Kopieren einer digitalen Fotodatei unzulässig. Ferner ist die Einschränkung des Abs. 1 S. 2 zu beachten, nach der Bildnisse, die die Voraussetzungen eines **Werkes der bildenden Künste** iSd. § 2 Abs. 1 Nr. 4 erfüllen, **nur durch Lichtbild** iSd. § 72 vervielfältigt werden dürfen.[73] Gleiches gilt nach dem Sinn und Zweck der Vorschrift auch für Vervielfältigungen dieser Werkart durch Erzeugnisse, die, wie etwa Fotokopien oder gescannte Bilder, ähnlich wie Lichtbilder (§ 72 Abs. 1) bzw. Lichtbildwerke nach § 2 Abs. 1 Nr. 5 hergestellt werden.[74] Die **Vervielfältigung mittels anderer Techniken** ist im Übrigen seit der Novellierung vom 10.9.2003 (→ Rn. 4) **zulässig.**[75] Zu beachten ist, dass der Einsatz digitaler Vervielfältigungstechniken auch insoweit zulässig ist, als eine mit einem digitalen Medium vervielfältigte analoge Vorlage analog bleibt, wie dies beim Einscannen eines fotografischen Bildnisses der Fall ist.[76] Auf die Entgeltlichkeit der Vervielfältigung kommt es dabei im Gegensatz zur Verbreitung und im Unterschied zur Regelung der privaten Vervielfältigung in § 53 Abs. 1 S. 2 nicht an. Unerheblich ist auch der Zweck der Vervielfältigung. Sie muss nicht für den eigenen Gebrauch erfolgen, sondern ist zB auch zu Geschenkzwecken freigegeben.[77] Bei der Herstellung von Vervielfältigungen ist das **Änderungsverbot nach §§ 62, 39** zu beachten. Während nach **§ 62 Abs. 3 Formatänderungen** zulässig sind, dürfen Kolorierungen und ähnliche Eingriffe in die Integrität des Bildnisses nicht vorgenommen werden.[78]

27   **b)** Anders verhält es sich e contrario bei **Bildnissen, die,** wie Lichtbilder oder Lichtbildwerke, **keine Werke der bildenden Künste** sind. Sie dürfen **auch durch andere Techniken** als durch Lichtbild oder lichtbildähnliche Erzeugnisse vervielfältigt werden. Unter **Beachtung des Änderungsverbots** nach den Vorschriften der §§ 62, 39, welche durch das Reproduktionsverfahren bedingte Abweichungen und damit durch sie veranlasste Bearbeitungen gestatten, ist es demnach zulässig, sie abzumalen, abzuzeichnen, zu drucken, zu fotografieren oder zu speichern. Änderungen der Vorlage, die über das durch das Reproduktionsverfahren Bedingte hinausgehen, wie etwa die Kolorierung, werden von § 60 nicht gedeckt, sofern sie gemäß §§ 62 Abs. 1, 39 Abs. 2 nach Treu und Glauben nicht untersagt werden können.[79] Ob sich, wie die AmtlBegr. meint, die Regelung des Abs. 1 S. 2 durch eine geringere persönliche Beziehung des Lichtbildners zu seinem Werk, als sie bei Urhebern anderer Werkarten vorhanden sei, rechtfertigen lässt,[80] ist in der Literatur mit Recht in Zweifel gezogen worden.[81] Der gewichtigere Grund für diese Ausnahme ist darin zu sehen, dass die Fotografie Verstorbener häufig die einzige Grundlage für ein posthum anzufertigendes künstlerisches Bildnis in Form eines Gemäldes oder einer Büste bleibt.[82]

28   **c) Unentgeltliche und nicht gewerblichen Zwecken dienende Verbreitung.** Der Begriff der Verbreitung in Abs. 1 S. 1 deckt sich mit dem des § 17 Abs. 1, beschränkt jedoch auf analoge Verbreitungshandlungen.[83] Er ist nicht auf die Verbreitung innerhalb der Privatsphäre des Berechtigten beschränkt.[84] Fallen Besteller und Abgebildeter auseinander, bedarf es, da § 60 nur die Beziehung des

---

[71] OLG Köln GRUR 2004, 499 (501) – Portraitfoto im Internet.

[72] → Rn. 4; ebenso Fromm/Nordemann/*A. Nordemann* § 60 UrhG Rn. 5, 8.

[73] Ebenso Fromm/Nordemann/*A. Nordemann* § 60 UrhG Rn. 8; Dreier/Schulze/*Dreier* § 60 UrhG Rn. 10; Möhring/Nicolini/*Grübler* (4. Aufl.), § 60 UrhG Rn. 15; offengelassen in BGH GRUR 2014, 974 Rn. 48 – Porträtkunst.

[74] Ebenso Dreier/Schulze/*Dreier* § 60 UrhG Rn. 10; DKMH/*Dreyer* § 59 UrhG Rn. 11; enger Fromm/Nordemann/*W. Nordemann* (9. Aufl.), § 60 UrhG Rn. 2; aA *Müller* GRUR 2012, 785 (788): im Hinblick auf die gebotene enge Auslegung keine Bilder, die ähnlich wie Lichtbilder hergestellt worden sind.

[75] Das gilt zB für das Abmalen eines Statue, Kupferstich nach einem Ölgemälde, Büste nach einer Zeichnung, Ölgemälde nach Ölgemälde ua., um zu verhindern, dass derartig gefertigte Vervielfältigungsstücke in Konkurrenz zum Originalwerk treten; ebenso OLG Frankfurt ZUM-RD 2013, 528 (533); Dreier/Schulze/*Dreier* § 60 UrhG Rn. 10.

[76] Ebenso OLG Frankfurt ZUM-RD 2013, 528 (533); Dreier/Schulze/*Dreier* § 60 UrhG Rn. 10; Fromm/Nordemann/*A. Nordemann* § 60 UrhG Rn. 8; aA *Müller* GRUR 2012, 785 (788).

[77] AmtlBegr. UFITA 45 (1965) 240 (293).

[78] Dreier/Schulze/*Dreier* § 60 UrhG Rn. 11; *Müller* GRUR 2012, 785 (788 f.).

[79] Ebenso Fromm/Nordemann/*A. Nordemann* § 60 UrhG Rn. 14; in diesem Sinne wohl auch *v. Gamm* § 60 UrhG Rn. 6, der nur die Herstellung, nicht aber die Veröffentlichung und Verbreitung der Bearbeitung nach § 60 für zulässig erachtet; weitergehend Wandtke/Bullinger/*Lüft* § 60 UrhG Rn. 6: auch hinsichtlich der unentgeltlichen Verbreitung bearbeiteter Lichtbildwerke nach Abs. 1 S. 3 aF bzw. Abs. 1 S. 1 nF zulässig.

[80] AmtlBegr. UFITA 45 (1965) 240 (293).

[81] S. Schricker/*Gerstenberg* (1. Aufl.), § 60 UrhG Rn. 6.

[82] Vgl. Schricker/*Gerstenberg* (1. Aufl.), § 60 UrhG Rn. 7.

[83] S. die Erläuterungen dort.

[84] OLG Karlsruhe ZUM 1994, 737 – Musikgruppe S.

Urhebers zu dem jeweils Berechtigten regelt, bei einer Verbreitung des Bildnisses durch den Besteller zusätzlich zur Genehmigung des Abgebildeten nach § 22 KUG, sofern die Verbreitung nicht nach §§ 23, 24 KUG genehmigungsfrei zulässig ist.[85]

Unentgeltlich bedeutet, dass der Berechtigte weder unmittelbar noch mittelbar Zahlungen oder **29** sonstige Gegenleistungen erhält.[86] Selbst bei der bloßen Erstattung von Unkosten für die Herstellung eines Bildnisses ist seine Verbreitung in gebotener enger Auslegung des Abs. 1 nicht mehr unentgeltlich.[87] Entscheidend ist die wirtschaftliche Zielsetzung.[88] Der Abdruck des eingesandten Portrait-Fotos eines Jubilars in der Tagespresse ist von § 60 nicht gedeckt, weil die Verbreitung der Zeitung nicht unentgeltlich erfolgt. Abgesehen davon ist der Zeitungsverlag nicht der Besteller iSd. Vorschrift. Dasselbe gilt für unentgeltlich verteilte Anzeigenblätter, deren Herstellung und Verbreitung mittelbar durch Werbeeinnahmen finanziert werden.[89] Für den Abdruck bedarf es folglich der Nutzungsrechtseinräumung durch den Fotografen und seiner Nennung als Urheber gemäß § 13.[90] Auf den **mit der Verbreitung verfolgten Zweck** kommt es, wenngleich der Gesetzgeber im Wesentlichen an Verbreitungshandlungen innerhalb des privaten Bereichs dachte,[91] nur an, soweit es um wirtschaftliche Zwecke geht.[92]

Die unentgeltliche Verbreitung ist folglich nur dann im Rahmen des § 60 gestattet, wenn sie zu- **30** sätzlich keinen mittelbaren oder unmittelbaren gewerblichen Zwecken dient, sich also auf private Zwecke beschränkt. Die Verteilung von Handzetteln mit Bildnissen zur Eigenwerbung durch den Abgebildeten selbst (zB eines Abgeordneten) ist – im Gegensatz zu Abs. 1 S. 3 aF[93] – nach geltendem Recht unzulässig.[94] Selbst unentgeltliche Verbreitungshandlungen zur Förderung eigener gewerblicher Ziele fallen somit nicht mehr unter den Wortlaut des § 60. Dies kann auch dann der Fall sein, wenn die von einem Fotografen hergestellten Passfotos zusammen mit Bewerbungsunterlagen farbkopiert und erneut für Bewerbungen verschickt werden.[95]

d) Die öffentliche Wiedergabe eines Bildnisses privilegiert § 60 im Einklang mit dem Uni- **31** onsrecht nicht.[96] Dies gilt für jede Nutzungsart (Vorführung, Sendung, Zugänglichmachung etc.). Deshalb ist insbesondere die Internet-Nutzung eines Bildnisses wie etwa eines Passfotos stets nur mit Zustimmung des Urhebers bzw. desjenigen zulässig, der entsprechende Nutzungsbefugnisse von ihm ableitet.[97]

e) Dem Urheber vorbehalten bleiben im Rahmen des § 60 neben dem Recht der entgeltlichen **32** Verbreitung des Bildnisses und der unkörperlichen Werkwiedergabe einschließlich seiner öffentlichen Zugänglichmachung das **Bearbeitungsrecht** und seine **Urheberpersönlichkeitsrechte** (vgl Rn. 27). Allerdings können letztere im zulässigen Rahmen vertraglich eingeschränkt werden.[98]

Unterabschnitt 4. Gesetzlich erlaubte Nutzungen für Unterricht, Wissenschaft und Institutionen

Vorbemerkung

Schrifttum: *Berger*, Urheberrecht in der Wissensgesellschaft, GRUR 2017, 953; *de la Durantaye*, Allgemeine Bildungs- und Wissenschaftsschranke, 2014; *dies.*, Die Bildungs- und Wissenschaftsschranke – Warum kurz springen?, ZUM 2016, 475; *dies.*, Neues Urheberrecht für Bildung und Wissenschaft – eine kritische Würdigung des Gesetzesentwurfs, GRUR 2017, 558; *Dreier*, Der Schrankenkatalog: Adäquate Zugangsregeln für die Wissensgesellschaft?,

---

[85] Möhring/Nicolini/*Gass* (2. Aufl.), § 60 UrhG Rn. 25; Möhring/Nicolini/*Grübler* (4. Aufl.), § 60 UrhG Rn. 9; Fromm/Nordemann/*A. Nordemann* § 60 UrhG Rn. 13; Dreier/Schulze/*Dreier* § 60 UrhG Rn. 7.

[86] OLG Karlsruhe ZUM 1994, 737 – Musikgruppe S.

[87] Str.; wie hier Möhring/Nicolini/*Gass* (2. Aufl.), § 60 UrhG Rn. 26; Wandtke/Bullinger/*Lüft* § 60 UrhG Rn. 7; DKMH/*Dreyer* § 60 UrhG Rn. 12; aA § 53 Rn. 16; offen gelassen von Dreier/Schulze/*Dreier* § 60 UrhG Rn. 8.

[88] LG Köln ZUM-RD 2008, 437 (439) – Begleitservice; ebenso Fromm/Nordemann/*A. Nordemann* § 60 UrhG Rn. 11.

[89] Ebenso Fromm/Nordemann/*W. Nordemann* (9. Aufl.), § 60 UrhG Rn. 3; Möhring/Nicolini/*Grübler* (4. Aufl.), § 60 UrhG Rn. 10; Dreier/Schulze/*Dreier* § 60 UrhG Rn. 8; Wandtke/Bullinger/*Lüft* § 60 UrhG Rn. 7; Möhring/Nicolini/*Gass* (2. Aufl.), § 60 UrhG Rn. 25.

[90] LG München I UFITA 87 (1980) 338 (340).

[91] AmtlBegr. UFITA 45 (1965) 240 (293).

[92] Vgl. OLG Karlsruhe ZUM 1994, 737 – Musikgruppe S.

[93] Zum alten Recht OLG Karlsruhe ZUM 1994, 737 – Musikgruppe S; OLG Hamm UFITA 91 (1981) 242 (244) – Song-Do Kwan; *Gerstenberg* Anm. zu dieser Entscheidung in Schulze OLGZ 236, S. 4 f.; Fromm/Nordemann/*W. Nordemann* (9. Aufl.), § 60 UrhG Rn. 6.

[94] AmtlBegr. BT-Drs. 15/38, 22.

[95] Ebenso DKMH/*Dreyer* § 60 UrhG Rn. 26.

[96] → Rn. 4; ebenso Fromm/Nordemann/*A. Nordemann* § 60 UrhG Rn. 12, 14.

[97] Sa. OLG Köln GRUR 2004, 499 (501) – Portraitfoto im Internet; LG Köln ZUM-RD 2008, 437 (439) – Begleitservice; ebenso Fromm/Nordemann/*A. Nordemann* § 60 UrhG Rn. 12, 14; DKMH/*Dreyer* § 60 UrhG Rn. 14; Möhring/Nicolini/*Grübler* (4. Aufl.), § 60 UrhG Rn. 8.

[98] Ebenso Dreier/Schulze/*Dreier* § 60 UrhG Rn. 13.

ZUM 2019, 384; *GRUR-Fachausschuss,* Stellungnahme zu dem Referentenentwurf eines Gesetzes zur Angleichung des Urheberrechts an die aktuellen Erfordernisse der Wissensgesellschaft (UrhWissG) und zum Verleih von E-Books durch Bibliotheken (sog „E-Lending"), GRUR 2017, 594; *Grünberger,* Die Bildungs- und Wissenschafts-schranke – ein angemessener Interessensausgleich, ZUM 2016, 473; *Henke,* E-Books im Urheberrecht – Kollision von Buchkultur und digitaler Wissensgesellschaft, 2018; *Hinte/Pflüger,* Das UrhWissG aus Sicht von Hochschulen und Bibliotheken, ZUM 2018, 153; *Hoeren,* Das Urheberrechts-Wissensgesellschafts-Gesetz – Ein richtiger Schritt für das Urheberrecht in Bildung und Forschung?, IWRZ 2018, 120; *Jani,* Die Bildungs- und Wissenschaftsschran-ke, ZUM 2016, 481; *Kuhlen,* Wie umfassend soll/darf/muss sie sein, die allgemeine Bildungs- und Wissenschafts-schranke?, ZGE 7 (2015), 77; *ders.,* Der Heizer soll nicht auf der E-Lok bleiben – Die Allgemeine Bildungs- und Wissenschaftsschranke ist nötig und möglich, ZUM 2016, 507; *Leeb,* Urheberrechts-Wissensgesellschafts-Gesetz – UrhG 4.0 im Bereich Bildung, Wissenschaft und Forschung? DSRITB 2018, 755; *Nordemann,* Bildung und Wis-senschaft ohne Marktwirtschaft – Neues Urheberrechts-Wissensgesellschafts-Gesetz, NJW 2017, 1586; *Obergfell,* Studieren in der Wissensgesellschaft: Urheberrecht contra Studium und Lehre?, ZGE 10 (2018), 261; *Ohly,* Urhe-berrecht in der digitalen Welt – Brauchen wir neue Regelungen zum Urheberrecht und dessen Durchsetzung? (Gutachten F zum 70. DJT), 2014; *Pfennig,* Urheberrechtspolitik in Deutschland und Europa, MR-Int. 2017, 47; *Pflüger,* Die Bildungs- und Wissenschaftsschranke – Reflexionen und Überlegungen aus Sicht der Kultusminister-konferenz, ZUM 2016, 484; *B. Raue,* Das Urheberrecht der digitalen Wissen(schaft)sgesellschaft, GRUR 2017, 11; *Sandberger,* Die Zukunft wissenschaftlichen Publizierens, Open Access und die Wissenschaftsschranke, Ordnung der Wissenschaft 2 (2017), 75; *Schack,* Urheberrechtliche Schranken für Bildung und Wissenschaft, ZUM 2016, 266; *ders.,* Das neue UrhWissG – Schranken für Unterricht, Wissenschaft und Institutionen, ZUM 2017, 802; *Sökeland,* Neuen Schranken für Wissenschaft und Bildung – Was ändert sich durch das UrhWissG?, K&R 2017, 605; *Staats,* Schranken für Bildung und Wissenschaft – Drei Anmerkungen aus Sicht der VG Wort, ZUM 2016, 499; *Steinhauer,* Angemessene Schranken für Bildung und Wissenschaft, ZUM 2016, 489; *Upmeier,* Die Rolle der Bibliotheken in einem künftigen Urheberrechts-Wissensgesellschafts-Gesetz (UrhWissG), ZGE 10 (2018), 301; *Wandtke,* Urheber-recht in der Reform oder wohin steuert das Urheberrecht? Widersprüche in den Reformen des Urheberrechts, MMR 2017, 367; *ders.,* Werkbegriff im Urheberrechts-Wissensgesellschafts-Gesetz, NJW 2018, 1129.

Übersicht

I. Allgemeines

1   Die §§ 60a–60h bilden den Kern des **Gesetzes zur Angleichung des Urheberrechts an die aktuellen Erfordernisse der Wissensgesellschaft (UrhWissG)** vom 1.9.2017, das am 1.3.2018 in Kraft getreten ist.[1] Die bisherigen, weitgehend auf analoge Strukturen ausgerichteten Schrankenrege-lungen im Bereich von Bildung und Wissenschaft waren zunehmend als unzureichend empfunden worden, um den Anforderungen von Lehrenden, Lernenden und institutionellen Akteuren in einer von Digitalisierung und Vernetzung geprägten Wissensgesellschaft gerecht zu werden.[2] Mit der Neu-ordnung, Konsolidierung und Vereinfachung der Vorschriften über die **erlaubnisfreien Nutzungen für Unterricht und Wissenschaft** hat der Gesetzgeber das Ziel verfolgt, ihre Auffindbarkeit und Verständlichkeit für unterschiedlichste Anwender zu verbessern.[3] Gleichzeitig wurden die Erlaubnis-tatbestände im Rahmen des unionsrechtlich Zulässigen erweitert, um auf das veränderte Nutzerver-halten im digitalen Umfeld zu reagieren und die Potenziale von Digitalisierung und Vernetzung für Unterricht und Wissenschaft besser zu erschließen.[4] Den berechtigten Interessen der Rechtsinhaber, insbesondere der wissenschaftlichen Autoren, soll dadurch Rechnung getragen werden, dass sie eine **angemessene Vergütung** für Nutzungen erhalten, die ansonsten unterblieben wären oder rechts-widrig stattgefunden hätten.[5]

2   Die Schrankenbestimmungen zugunsten von Unterricht und Wissenschaft waren in den §§ 44 a ff. zuvor sehr kleinteilig geregelt und sehr unübersichtlich über mehrere Vorschriften verstreut.[6] Dadurch kam es zu Regelungslücken und zahlreichen Streitfragen in Hinblick auf den Umfang zulässiger Nut-zungshandlungen.[7] Hier hat das UrhWissG Abhilfe geschaffen, indem es in den einschlägigen Schran-kenbestimmungen in einem eigenen Unterabschnitt **zusammenfasst.** Gleichzeitig wurden neue Befugnisse für Einrichtungen wie Bibliotheken, Museen und Archive geschaffen. Die bisherigen Vor-schriften sind im Zuge dessen inhaltlich angepasst (insbes. §§ 46, 52 Abs. 1, 53 Abs. 2 S. 1 Nr. 3 und Abs. 5) oder ganz gestrichen worden (§§ 52a, 52b, 53 Abs. 2 S. 1 Nr. 1 und Abs. 3, 53a, 58 Abs. 2).

---

[1] BGBl. I S. 3346.
[2] *Grünberger* GRUR 2017, 1 (3 f.); *Schack* ZUM 2017, 802 (803): „nicht mehr auf der Höhe der Zeit"; → 5. Aufl. 2017 Vor §§ 44 a ff. Rn. 60 mwN.
[3] AmtlBegr. BT-Drs. 18/12329, 2.
[4] AmtlBegr. BT-Drs. 18/12329, 2, 20.
[5] AmtlBegr. BT-Drs. 18/12329, 3.
[6] Vgl. nur *Schack* ZUM 2016, 266 (268): „Wildwuchs".
[7] *de la Durantaye* GRUR 2017, 558; *Berger* GRUR 2017, 953.

Um ihre Anwendung zu erleichtern, sind die neu geschaffenen Vorschriften in §§ 60a–60f **nach Nutzergruppen geordnet** worden, so dass jede Benutzergruppe einen eigenen Tatbestand mit konkreten Angaben zu Art und Umfang der gesetzlich erlaubten Nutzungen vorfindet.[8]

Außerdem sind die Schranken an die inzwischen ergangene Rechtsprechung vor allem des EuGH **3** angepasst, weitgehend technologieneutral ausgestaltet und inhaltlich vereinfacht worden. Den im Vorfeld aus dem Kreis der Wissenschaft geäußerten Vorschlägen, eine um Regelbeispiele ergänzte **generalklauselartige Erlaubnis** von Nutzungen für Zwecke des Unterrichts und der Forschung zu schaffen[9] oder die Einzeltatbestände um eine **Öffnungsklausel** zu ergänzen,[10] ist der Gesetzgeber jedoch nicht gefolgt. Im Interesse einer möglichst präzisen und eindeutigen Regelung ist weitgehend auf unbestimmte Rechtsbegriffe verzichtet und die damit verbundene Einbuße an Flexibilität bewusst in Kauf genommen worden.[11] Zudem werden erstmals starre Obergrenzen mit **konkreten Prozentsätzen** für den zulässigen Umfang bestimmter Nutzungen von Werkteilen festgelegt.[12] Neu ist auch die ausdrückliche Regelung des Verhältnisses zu vertraglichen Vereinbarungen in § 60g Abs. 1. Die Regelungen sind gemäß § 142 Abs. 2 zunächst auf fünf Jahre bis zum 28.2.2023 **befristet.** Die nach mehrfacher Fristverlängerung mit dem 10. UrhGÄndG erreichte Entfristung von § 52a aF[13] ist dadurch wieder rückgängig gemacht worden.

II. Gesetzgebungsverfahren

Die Regierungsparteien der 18. Legislaturperiode hatten bereits im **Koalitionsvertrag** vom **4** 16.12.2013 erklärt, eine Bildungs- und Wissenschaftsschranke einführen zu wollen, um „den wichtigen Belangen von Wissenschaft, Forschung und Bildung stärker Rechnung zu tragen".[14] Nachdem das BMJV erst am 1.2.2017 einen **Referentenentwurf** zum UrhWissG vorgelegt hatte,[15] war das weitere Gesetzgebungsverfahren von dem Willen geprägt, das Vorhaben noch vor Ablauf der Legislaturperiode abzuschließen.[16] Ein **Regierungsentwurf** folgte bereits am 12.4.2017,[17] die Stellungnahme des Bundesrats am 12.5.2017.[18] Mit nur wenigen auf Empfehlung des Rechtsausschusses[19] vorgenommenen Änderungen hat der Bundestag den Gesetzesentwurf in der letzten Sitzung der Legislaturperiode am 30.6.2017 angenommen.

Das UrhWissG war bereits im Gesetzgebungsverfahren **heftig umstritten.**[20] Der vor allem von **5** Seiten der Verlage vorgebrachten Kritik an dem im RefE vorgesehenen Umfang der gesetzlich erlaubten Nutzungen hat die Bundesregierung dadurch Rechnung getragen, dass das Maß der zur Veranschaulichung des Unterrichts sowie für Zwecke der wissenschaftlichen Forschung erlaubten Nutzungen von 25% auf 15% reduziert wurde.[21] Die von den Verlagen geforderte Bereichsausnahme auch für die Nutzung von Lehrbüchern an Hochschulen ist dagegen nicht in das Gesetz aufgenommen worden. Dafür wurde auf Druck der Presseverleger die noch im RegE enthaltene Privilegierung für die Nutzung von Abbildungen und einzelne Beiträge aus Zeitungen und Publikumszeitschriften in §§ 60a Abs. 2, 60c Abs. 3 sowie 60e Abs. 4 S. 2 und Abs. 5 gestrichen.[22] Buchstäblich in letzter Minute wurde außerdem die fünfjährige Befristung auf den 28.2.2023 in 142 Abs. 2 durchgesetzt.[23]

Auch in der geltenden Fassung sieht sich die Neuregelung der Schranken in §§ 60a–60h **Kritik** **6** ausgesetzt. So wird im Hinblick auf den Umfang der erlaubten Nutzungen die Vereinbarkeit mit dem Dreistufentest in Art. 5 Abs. 5 InfoSoc-RL bezweifelt.[24] Den wissenschaftlichen Verlagen werde ihr Ausschließlichkeitsrecht entzogen und damit die Möglichkeit genommen, eine angemessene Vergü-

---

[8] Zur Systematik → Rn. 4 f.

[9] Dafür *de la Durantaye* Gutachten S. 214 ff.

[10] Dafür *Schack* ZUM 2016, 266 (274); ähnlich *Ohly,* Gutachten F zum 70. DJT (2014), S. F 65 f., 77 f.: „Stufenlösung" aus konkret umschriebenen Schranken und „kleiner" Generalklausel; vgl. auch *de la Durantaye* GRUR 2017, 558 (561).

[11] AmtlBegr. BT-Drs. 18/12329, 21.

[12] S. § 60a Abs. 1, 60b Abs. 1, 60c Abs. 1 und 2, 60e Abs. 4 S. 2 und Abs. 5; kritisch angesichts der gebotenen Verhältnismäßigkeit im Einzelfall *Schack* ZUM 2017, 802 (804); *Obergfell* ZGE 10 (2018), 261 (270).

[13] S. hierzu DKMH/*Hentsch* UrhG § 60a Rn. 1.

[14] CDU/CSU/SPD, Deutschlands Zukunft gestalten, Koalitionsvertrag vom 16.12.2013, S. 134.

[15] Abrufbar unter https://www.bmjv.de/SharedDocs/Gesetzgebungsverfahren/Dokumente/RefE_UrhWissG.pdf.

[16] Den Zeitplan an „höchst ambitioniert" bezeichnet *de la Durantaye* GRUR 2017, 558 (567).

[17] Abrufbar unter https://www.bmjv.de/SharedDocs/Gesetzgebungsverfahren/Dokumente/RegE_Urheber-Wissensgesellschafts-Gesetz.pdf; abgedruckt in BT-Drs. 18/12329, 1 ff.

[18] BT-Drs. 18/12329, 53 ff.

[19] Beschlussempfehlung und Bericht des Ausschusses für Recht und Verbraucherschutz, BT-Drs. 18/13014, 6 ff., 27 ff.

[20] Nachweise bei *Sökeland* K&R 2017, 605; *Pfennig* MR-Int. 2017, 47 (49 f.); s. auch die umfassende Stellungnahme des GRUR-Fachausschusses Urheber- und Verlagsrecht GRUR 2017, 594 ff.

[21] Vgl. AmtlBegr. BT-Drs. 18/12329, 35.

[22] Bericht des Rechtsausschusses, BT-Drs. 18/13014, 28; hierzu → § 60a Rn. 19.

[23] Vgl. Bericht des Rechtsausschusses, BT-Drs. 18/13014, 29; kritisch dazu *Pflüger/Hinte* ZUM 2018, 153 (154): „gravierende Fehlleistung des Gesetzgebers"; *Schack* UrheberR Rn. 576; *Schack* ZUM 2017, 803 (803): „sehr ärgerlich".

[24] Fromm/Nordemann/*A. Nordemann* UrhG Vor §§ 60a ff. Rn. 3; dagegen *Pflüger/Hinte* ZUM 2018, 153 (156).

tung für die Nutzung der von ihnen verlegten Werke individuell auszuhandeln.[25] Die in § 60g Abs. 1 S. 2 angeordnete Anwendung des Vergütungssystems nach §§ 54 ff. könne angesichts der Deckelung der Geräte- und Speichermedienabgab durch § 54a Abs. 4 die Ausweitung der Vervielfältigungsmöglichkeiten nicht angemessen ausgleichen.[26] Überwiegend wird jedoch anerkannt, dass die Rechtssicherheit für alle Beteiligten durch die Zusammenführung und Systematisierung der Schranken deutlich erhöht wird.[27]

III. Systematik der §§ 60a–60h

7 Die Bündelung der Regelungen, die bislang auf eine Vielzahl von Vorschriften verteilt waren, hat zu einer Neuordnung der Schrankenregelungen nach **Anwendergruppen** geführt. Danach enthält
– § 60a die Schranken für **Unterricht und Lehre** an allen **Bildungseinrichtungen;**
– § 60b die Schranke für **Hersteller von Unterrichts- und Lehrmedien;**
– § 60c die Schranken für die **wissenschaftliche Forschung;**
– § 60d eine neue Schranke für **Text und Data Mining;**
– § 60e die Schranken zugunsten von **Bibliotheken;**
– § 60f die Schranken zugunsten von **Archiven, Museen und Bildungseinrichtungen.**
Darüber hinaus ist das Verhältnis der Schrankenbestimmungen zu vertraglichen Vereinbarungen in § 60g geregelt. § 60h enthält Regelungen über die gesetzliche Vergütung der nach §§ 60a–60f erlaubten Nutzungen.

8 Die **bisherigen Schrankenbestimmungen** finden sich in veränderter Form an folgenden Stellen wieder:

	Fassung bis zum 28.2.2018	Fassung ab 1.3.2018
Sammlungen für den Schul- und Unterrichtsgebrauch	§ 46	§ 60b
Öffentliche Wiedergabe bei Schulveranstaltungen	§ 52 Abs. 1 S. 3	§ 60a Abs. 1 Nr. 3, § 60h Abs. 2 Nr. 1
Öffentliche Zugänglichmachung für Unterricht und Lehre	§ 52a Abs. 1 Nr. 1	§ 60a Abs. 1 und 2
Öffentliche Zugänglichmachung für die wissenschaftliche Forschung	§ 52a Abs. 1 Nr. 2	§ 60c Abs. 1 und 2
Zugänglichmachung an Leseplätzen	§ 52b	§ 60e Abs. 4, § 60f Abs. 1, § 60g Abs. 2
Vervielfältigung durch Archive im öffentlichen Interesse	§ 53 Abs. 2 S. 1 Nr. 3 iVm S. 2 Nr. 3	§ 60f Abs. 2
Vervielfältigung zum eigenen wissenschaftlichen Gebrauch	§ 53 Abs. 2 S. 1 Nr. 1	§ 60c Abs. 2
Vervielfältigung für den Unterrichts- und Prüfungsgebrauch	§ 53 Abs. 3	§ 60a Abs. 1 und 2
Kopienversand auf Bestellung	§ 53a	§ 60e Abs. 5, § 60g Abs. 2
Verzeichnisse im Zusammenhang mit Ausstellungen oder zur Bestandsdokumentation	§ 58 Abs. 2	§ 60e Abs. 3, 60f Abs. 1

9 Der **Anwendungsbereich** der §§ 60a–60h erstreckt sich grundsätzlich auf **alle Werkarten.** Zu beachten sind aber die für Musikwerke geltenden Einschränkungen in §§ 60a Abs. 3 Nr. 3 und 60b Abs. 2. Auch auf **Computerprogramme** wird man die Vorschriften gemäß § 69a Abs. 4 anwenden können.[28] Die speziellen Schranken für Computerprogramme in §§ 69d, 69e enthalten keine Rege-

---

[25] Fromm/Nordemann/*A. Nordemann* UrhG Vor §§ 60a ff. Rn. 4; *J. B. Nordemann* NJW 2017, 1586 (1587); *Sökeland* K&R 2017, 605 (609).
[26] *Berger* GRUR 2017, 953 (956 f.); Fromm/Nordemann/*A. Nordemann* UrhG Vor §§ 60a ff. Rn. 5; kritisch insoweit auch *de la Durantaye* GRUR 2017, 558 (566 f.); die Gewährleistung eines gerechten Ausgleichs bezweifelt auch *Sökeland* K&R 2017, 605 (608).
[27] *De la Durantaye* GRUR 2017, 558 (567); *Obergfell* ZGE 10 (2018), 261 (269); *Pflüger/Hinte* ZUM 2018, 153 (158); *Sandberger* Ordnung der Wissenschaft 2 (2017), 75 (94); *Schack* ZUM 2017, 802 (803); *Upmeier* ZGE 10 (2018), 301 (305); Fromm/Nordemann/*A. Nordemann* UrhG Vor §§ 60a ff. Rn. 6; vgl. auch *Berger* GRUR 2017, 953 (958): Der Ansatz verdiene „eine Chance".
[28] AA DKMH/*Hentsch* UrhG § 60a Rn. 5.

lungen in Bezug auf die Nutzung zu Bildungs- und Forschungszwecken. Gerade im Bereich der Informatik ist eine solche Nutzung aber unerlässlich. Für die Nutzung zur Veranschaulichung des Unterrichts sieht Art. 5 Abs. 1 DSM-RL nunmehr auch in Bezug auf Computerprogramme verpflichtend eine entsprechende Schranke vor, ebenso Art. 6 DSM-RL für bestandserhaltende Vervielfältigungen durch Kulturerbeeinrichtungen.[29] Die Beschränkung der Nutzungsfreiheit auf 15% (§§ 60a, 60c Abs. 1) bzw. 75 % (§ 60c Abs. 2) dürfte allerdings – soweit es nicht um den in Textform vorliegenden Programmcode geht – gerade hier erhebliche praktische Schwierigkeiten bereiten. Bedeutung hat das auch für hybride **E-Books**.[30] Daneben gelten die Schrankenregelungen kraft gesetzlicher Verweisung auch für die **verwandten Schutzrechte**.[31] In Bezug auf das Sui-generis-Recht des Datenbankherstellers ist § 87c Abs. 1 S. 1 Nr. 2 und 3 auf die neuen Schranken ausgerichtet worden, verweist aber nur auf §§ 60a–60d sowie § 60g Abs. 1 und begünstigt daher nicht Bibliotheken und die in § 60f genannten Gedächtniseinrichtungen. Damit ist insbesondere eine Terminalnutzung (§ 60e Abs. 4) von **Datenbanken** ohne Zustimmung des Datenbankherstellers ausgeschlossen.[32] In Bezug auf Vervielfältigungen zum Zwecke der Bestandserhaltung ist eine Anwendung des § 60e Abs. 1 auf Datenbanken allerdings zukünftig ebenfalls durch Art. 6 DSM-RL geboten. Zudem ist bei Datenbanken die Begrenzung des Nutzungsumfangs gemäß §§ 60a Abs. 1, 60b Abs. 1 und 60c Abs. 1 und 2 problematisch. Sie fand im bisherigen Recht keine Entsprechung und ist auch unionsrechtlich nicht geboten, da das Sui-generis-Recht des Datenbankherstellers ohnehin nur die Verwendung eines nach Art oder Umfang wesentlichen Teils der Datenbank erfasst. Um die Schranken in § 87c Abs. 1 S. 1 Nr. 2 und 3 nicht leerlaufen zu lassen, wird man den Verweis auf §§ 60c, 60d bzw. §§ 60a, 60b daher so verstehen müssen, dass damit nur der Nutzungszweck näher konkretisiert wird, aber nicht auch auf den in diesen Vorschriften bestimmten Nutzungsumfang Bezug genommen wird.

IV. Unionsrechtlicher Rahmen

Bei der Erweiterung der Erlaubnistatbestände für Unterricht und Wissenschaft war der Gesetzgeber **10** an die Grenzen des geltenden Unionsrechts, namentlich den abschließenden Katalog von Ausnahmen und Beschränkungen in **Art. 5 Abs. 2–4** sowie den **Dreistufentest in Art. 5 Abs. 5 InfoSoc-RL,** gebunden, ist aber davon ausgegangen, diesen Vorgaben gerecht zu werden.[33] So wurde mit Rücksicht auf die enge Formulierung von **Art. 5 Abs. 3 lit. a InfoSoc-RL** sowie Art. 6 Abs. 2 lit. b und Art. 9 lit. b Datenbank-RL davon abgesehen, generell Nutzungen zu „Bildungszwecken" zu erlauben.[34] Außerdem gebieten diese Regelungen ebenso wie **Art. 5 Abs. 2 lit. c InfoSoc-RL** die Beschränkung der §§ 60a, 60c, 60e und 60f auf Nutzungen zu nicht kommerzielle Zwecken.

Den Erlass der **Richtlinie über das Urheberrecht im digitalen Binnenmarkt**[35] hat der Ge- **11** setzgeber bewusst nicht abgewartet.[36] Darin sind neue zwingende Schranken für Unterricht und Forschung enthalten, namentlich für das Text und Data Mining (Art. 3, 4 DSM-RL), digitale und grenzüberschreitende Nutzungen für den Unterricht an Bildungseinrichtungen (Art. 5 DSM-RL) sowie Vervielfältigungen durch Einrichtungen des Kulturerbes für die Erhaltung ihrer Bestände (Art. 6 DSM-RL). Die neue Struktur der §§ 60a–60h erlaubt es, die hierdurch gebotenen Änderungen bei einer künftigen Reform ohne Strukturbrüche einzufügen.[37] Der Gesetzgeber hat vorerst auch darauf verzichtet, die Rechtsprechung des EuGH[38] zum **Verleih von E-Books durch Bibliotheken** („E-Lending") aufzugreifen.[39] Die Zulässigkeit des Verleihs körperlicher Vervielfältigungsstücke als Unterform der Verbreitung iSv § 17 Abs. 1 ergibt sich daher nach wie vor aus § 17 Abs. 2, die gesetzliche Vergütung regelt § 27 Abs. 2. Eine Erweiterung der bestehenden Schranken auf das E-Lending ist dem Gesetzgeber vorbehalten.[40] Es bietet sich angesichts des systematischen Zusammenhangs an, eine zukünftige gesetzliche Regelung in § 60e zu verorten.

V. Verhältnis zu anderen Vorschriften

Auch wenn es erklärtes Ziel des Gesetzgebers war, alle einschlägigen Schrankenbestimmungen in **12** einem Unterabschnitt zu bündeln, bleibt es in Teilen doch dabei, dass sich Regelungen über gesetz-

---

[29] Dazu → Rn. 11 sowie → § 60a Rn. 5 und → § 60e Rn. 7.
[30] Dazu *Henke* S. 127 (zu § 60e), S. 171 f. (zu §§ 60a, 60c).
[31] §§ 70 Abs. 1, 71 Abs. 1 S. 3, 72 Abs. 1, 83, 85 Abs. 4, 87 Abs. 4, 87g Abs. 4 S. 2, 94 Abs. 4, 95; dazu auch → Vor §§ 44a ff. Rn. 41.
[32] *Berger* GRUR 2017, 953 (959); → § 60e Rn. 3.
[33] AmtlBegr. BT-Drs. 18/12329, 24 und 27.
[34] AmtlBegr. BT-Drs. 18/12329, 25.
[35] RL 2019/790 vom 17.4.2019, ABl. EU L 130, 92.
[36] AmtBegr. BT-Drs. 18/12329, 26; begrüßt von *Schack* ZUM 2017, 802 (803); dafür bereits *Grünberger* ZUM 2016, 473 (474).
[37] Im Einzelnen dazu → § 60a Rn. 5, → § 60d Rn. 6, 8, 18 → § 60e Rn. 7.
[38] EuGH GRUR 2016, 1266 – VOB/Stichting.
[39] AmtlBegr. BT-Drs. 18/12329, 26.
[40] S. *GRUR-Fachausschuss* GRUR 2017, 594 (599 f.); zu konkreten Regelungsvorschlägen *Stieper* FS Schulze, 2017, 107 (109 ff.).

lich erlaubte Nutzungen für Unterricht und Wissenschaft auch an anderen Stellen im Gesetz finden. So ist § 47 entgegen dem ursprünglichen Ziel des RefE nicht gestrichen, aber auch nicht in den neuen Unterabschnitt in §§ 60a–60h integriert worden.[41] Auch die für das wissenschaftliche Arbeiten unabdingbare Regelung der Zitierfreiheit in § 51 S. 2 Nr. 1 ist unangetastet geblieben. Diese Regelungen bleiben neben §§ 60a–60h anwendbar.[42] So kann etwa die Abbildung eines urheberrechtlich geschützten Werkes im Rahmen einer Vorlesungspräsentation sowohl als Zitat nach § 51 S. 2 Nr. 2 zulässig als auch von § 60a Abs. 1 Nr. 1, Abs. 2 gedeckt sein. Gleiches gilt für die Vervielfältigung zur Aufnahme in ein eigenes Archiv gemäß § 53 Abs. 2 S. 1 Nr. 3 und § 60f Abs. 2.[43]

§ 60a Unterricht und Lehre

(1) **Zur Veranschaulichung des Unterrichts und der Lehre an Bildungseinrichtungen dürfen zu nicht kommerziellen Zwecken bis zu 15 Prozent eines veröffentlichten Werkes vervielfältigt, verbreitet, öffentlich zugänglich gemacht und in sonstiger Weise öffentlich wiedergegeben werden**

1. **für Lehrende und Teilnehmer der jeweiligen Veranstaltung,**
2. **für Lehrende und Prüfer an derselben Bildungseinrichtung sowie**
3. **für Dritte, soweit dies der Präsentation des Unterrichts, von Unterrichts- oder Lernergebnissen an der Bildungseinrichtung dient.**

(2) **Abbildungen, einzelne Beiträge aus derselben Fachzeitschrift oder wissenschaftlichen Zeitschrift, sonstige Werke geringen Umfangs und vergriffene Werke dürfen abweichend von Absatz 1 vollständig genutzt werden.**

(3) **Nicht nach den Absätzen 1 und 2 erlaubt sind folgende Nutzungen:**

1. **Vervielfältigung durch Aufnahme auf Bild- oder Tonträger und öffentliche Wiedergabe eines Werkes, während es öffentlich vorgetragen, aufgeführt oder vorgeführt wird,**
2. **Vervielfältigung, Verbreitung und öffentliche Wiedergabe eines Werkes, das ausschließlich für den Unterricht an Schulen geeignet, bestimmt und entsprechend gekennzeichnet ist, an Schulen sowie**
3. **Vervielfältigung von grafischen Aufzeichnungen von Werken der Musik, soweit sie nicht für die öffentliche Zugänglichmachung nach den Absätzen 1 oder 2 erforderlich ist.**

(4) **Bildungseinrichtungen sind frühkindliche Bildungseinrichtungen, Schulen, Hochschulen sowie Einrichtungen der Berufsbildung oder der sonstigen Aus- und Weiterbildung.**

Schrifttum: *Bagh,* On-demand-Anwendungen in Forschung und Lehre – Die öffentliche Zugänglichmachung für Unterricht und Forschung im Rechtsvergleich zwischen Schweden und Deutschland, 2007; *Bahlmann,* Gedanken zur öffentlichen Zugänglichmachung für Unterricht und Forschung, KuR 2003, 62; *Berger,* Die Erstellung von Fotokopien für den Schulunterricht, ZUM 2006, 844; *ders.,* Die öffentliche Zugänglichmachung urheberrechtliche Werke für Zwecke der akademischen Lehre, GRUR 2010, 1058; *v. Bernuth,* Streitpunkt – der Regelungsgehalt des § 52a UrhG, ZUM 2003, 438; *Eisler,* Die öffentliche Zugänglichmachung zugunsten von Unterricht und Forschung nach § 52a UrhG, 2008; *Fuhrmann-Siekmeyer/Thelen/Knaden,* Pilotprojekt zur Einzelerfassung der Nutzung von Texten nach § 52a UrhG an der Universität Osnabrück, 2015; *Gounalakis,* Elektronische Kopien für Unterricht und Forschung (§ 52a UrhG) im Lichte der Verfassung, 2003; *ders.,* Digitale Lehrbücher im Computernetzwerk von Schulen und Hochschulen und das Urheberrecht, JZ 2003, 1099; *Güngör,* Zitieren statt Zugänglichmachen: ein Ausweg für Hochschulen?, GRUR-Prax 2016, 551; *ders.,* Haftungsfragen und Vergütungspflicht nach § 52a IV UrhG, VR 2017, 364; *Harder,* Ist die Zugänglichmachung von Werken zur Veranschaulichung im Unterricht an Hochschulen (§ 52a Abs. 1 Nr. 1, 2. Alt. UrhG) verfassungsgemäß?, UFITA 2004/III, 643; *Haupt,* Urheberrecht in der Schule, 2006; *Hoeren,* Kleine Werke? – Zur Reichweite von § 52a UrhG, ZUM 2011, 369; *Kianfar,* Öffentliche Zugänglichmachung und dann? – Zur Frage der Anschlussnutzung im Rahmen des § 52a UrhG, GRUR 2012, 691; *Loewenheim,* Öffentliche Zugänglichmachung von Werken im Schulunterricht – Überlegungen zum Begriff der Öffentlichkeit in § 52a UrhG, FS Schricker (2005), S. 413; *Lorenz,* Braucht das Urheberrecht eine Schranke für die öffentliche Zugänglichmachung für Unterricht und Forschung (§ 52a UrhG)?, ZRP 2008, 261; *Neumann,* Urheberrecht und Schulgebrauch, 1994; *Ohly,* Unmittelbare und mittelbare Verletzung des Rechts der öffentlichen Wiedergabe nach dem „Córdoba"-Urteil des EuGH, GRUR 2018, 996; *Pflüger,* Die Befristung des § 52a UrhG – eine (un)endliche Geschichte?, ZUM 2012, 444; *Sattler,* Der Status quo der urheberrechtlichen Schranken für Bildung und Wissenschaft, 2009; *Steinhauer,* Die Reichweite der Unterrichtsschranke in der Hochschullehre, K&R 2011, 311; *Stieper,* Anmerkung zu BGH, Urt. v. 28.11.2013 – I ZR 76/12 – Meilensteine der Psychologie, ZUM 2014, 532. Siehe auch die Schrifttumshinweise vor §§ 60a ff.

Übersicht

---

[41] Dazu → § 47 Rn. 5a.
[42] AmtlBegr. BT-Drs. 18/12329, 36; *Berger* GRUR 2017, 953 (960).
[43] Dazu → § 53 Rn. 9, 38.

I. Allgemeines

1. Zweck und Bedeutung der Vorschrift

Die durch das am 1.3.2018 in Kraft getretene UrhWissG neu geschaffene Schranke regelt die zu- **1** stimmungsfrei zulässigen Nutzungen im Zusammenhang mit **Unterricht und Lehre** an Bildungseinrichtungen. Die Schranke integriert mehrere zuvor in unterschiedlichen Vorschriften geregelte Einzeltatbestände, erweitert den Umfang zulässiger Nutzungshandlungen aber zum Teil erheblich gegenüber der bisherigen Rechtslage.[1] So findet sich in § 60a sowohl die zuvor in § 52a Abs. 1 Nr. 1 aF enthaltene Regelung über die öffentlichen Zugänglichmachung für einen abgegrenzten Kreis von Unterrichtsteilnehmern („Intranet-Schranke") in überarbeiteter Fassung wieder als auch die früher in § 53 Abs. 3 aF enthaltene Erlaubnis der Vervielfältigung für den Unterrichts- und Prüfungsgebrauch. Ebenso ist die zuvor von § 52 Abs. 1 S. 1 gewährleistete Zulässigkeit von öffentlichen Wiedergaben bei Schulveranstaltungen in § 60a ausgegliedert und wie bisher (§ 52 Abs. 1 S. 3 aF) vergütungsfrei ausgestaltet worden (§ 60h Abs. 2 Nr. 1).

Mit der Ausweitung der Nutzungsbefugnisse für Unterricht und Lehre hat der Gesetzgeber der mit **2** der Digitalisierung einhergehenden **Änderung des Nutzungsverhaltens** auch an Bildungseinrichtungen Rechnung getragen. Insbesondere ist berücksichtigt worden, dass den Lehrenden und Lernenden durch Digitalisierung und Vernetzung neue Nutzungsmöglichkeiten und „komplett neue Angebote" zur Verfügung stehen, etwa „digitalisierte Schulbücher, interaktive Lern-Apps, Whiteboards, Tablets und Internet in den Klassenzimmern".[2] Dem Ziel einer möglichst präzisen und eindeutigen Bestimmung des zulässigen Nutzungsumfangs dient dabei die Festlegung einer starren Obergrenze von 15 % des jeweils genutzten Werkes.

Die nach § 60a erlaubten Nutzungshandlungen sind grundsätzlich **vergütungspflichtig**, § 60h **3** Abs. 1 S. 1. Dabei werden Vervielfältigungen gemäß § 60h Abs. 1 und Abs. 5 S. 2 durch Einbeziehung in das System der Geräte- und Speichermedienabgabe nach §§ 54 ff. abgegolten. Für die Verbreitung und öffentliche Wiedergabe ist Vergütungsschuldner der angemessenen Vergütung gemäß § 60h Abs. 5 S. 1 die jeweilige Bildungseinrichtung. § 60h Abs. 3 S. 1 erlaubt insoweit auch eine **pauschale Vergütung** ohne Einzelabrechnung. Damit hat der Gesetzgeber auf die von Seiten der Universitäten geäußerte Kritik an dem mit einer Einzelerfassung verbundenen Aufwand reagiert.[3] Die von der Schranke erlaubten Nutzungshandlungen können auch durch **Lizenzverträge** nicht zum Nachteil des Nutzers beschränkt oder untersagt werden; bloße Lizenzangebote sind, anders als vom BGH für § 52a Abs. 1 aF angenommen,[4] unerheblich (§ 60g Abs. 1). Gemäß § 95b Abs. 1 S. 1 Nr. 8 kann die Schranke auch gegenüber **technischen Schutzmaßnahmen** durchgesetzt werden.

2. Unions- und konventionsrechtlicher Rahmen

Unionsrechtliche Grundlage der Schranke für Unterricht und Lehre ist **Art. 5 Abs. 3 lit. a iVm** **4** **Abs. 4 InfoSoc-RL.** Danach können die Mitgliedstaaten Ausnahmen oder Beschränkungen des Vervielfältigungs-, Verbreitungs- und des Rechts der öffentlichen Wiedergabe für die Nutzung „ausschließlich zur Veranschaulichung im Unterricht" vorsehen, soweit dies zur Verfolgung nicht kommerzieller Zwecke gerechtfertigt ist. Davon erfasst sind gemäß Art. 2 lit. b–e und Art. 3 Abs. 2 InfoSoc-RL auch das Vervielfältigungsrecht und das Recht der öffentlichen Zugänglichmachung der ausübenden Künstler, Tonträger-, Filmhersteller und Sendeunternehmen. Für deren Verbreitungsrecht und Recht der öffentlichen Wiedergabe gilt **Art. 10 Abs. 1 lit. d und Abs. 2 Vermiet- und VerleihRL.** Die Zulässigkeit entsprechender Schranken für Datenbankwerke (§ 4 Abs. 2) und Datenbanken (§ 87a) ergibt sich aus Art. 6 Abs. 2 lit. b bzw. Art. 9 lit. b Datenbank-RL. In Bezug auf Vervielfältigungen kann ergänzend Art. 5 Abs. 2 lit. c InfoSoc-RL herangezogen werden, der Ausnahmen in

---

[1] S. dazu die Synopse → Vor §§ 60a ff. Rn. 8.
[2] AmtlBegr. BT-Drs. 18/12329, 20.
[3] → § 60h Rn. 8; zum Pilotprojekt an der Universität Osnabrück *Fuhrmann-Siekmeyer/Thelen/Knaden* S. 57.
[4] BGH GRUR 2014, 549 Rn. 58 f. – Meilensteine der Psychologie.

Bezug auf bestimmte Vervielfältigungshandlungen von Bildungseinrichtungen erlaubt. Eine ausdrückliche Verpflichtung zum **„gerechten Ausgleich"** der Nutzungsfreiheit enthält die InfoSoc-RL für die Nutzungen nach Art. 5 Abs. 3 lit. a nicht. Die Vergütungspflicht dürfte aber im Hinblick auf den Dreistufentest geboten sein.[5] Im **Konventionsrecht** sieht **Art. 10 Abs. 2 RBÜ** ausdrücklich Schrankenbestimmungen für die Benutzung von Werken „zur Veranschaulichung des Unterrichts" vor. Dem liegt ein weiter Begriff des Unterrichts zugrunde, der Unterricht „auf allen Ebenen" umfasst, unabhängig davon, ob es sich um Schulen oder Hochschulen, private oder staatliche Einrichtungen handelt.[6]

5   Während Art. 5 Abs. 3 lit. a InfoSoc-RL ebenso wie Art. 6 Abs. 2 lit. b und Art. 9 lit. b Datenbank-RL fakultativer Natur sind, sieht die am 7.6.2019 in Kraft getretene **Richtlinie über das Urheberrecht im digitalen Binnenmarkt**[7] in Art. 5 nunmehr verpflichtend die Einführung einer Schrankenregelung für **digitale und grenzüberschreitende Unterrichts- und Lehrtätigkeiten** vor, die gemäß Art. 7 Abs. 1 DSM-RL zudem vertragsfest auszugestalten ist.[8] Diese Regelung ist in § 60a noch nicht berücksichtigt. Sie erfasst neben dem Vervielfältigungsrecht und dem Recht der öffentlichen Wiedergabe von Urhebern und Leistungsschutzberechtigten nach Art. 2, 3 InfoSoc-RL auch die entsprechenden Rechte an Computerprogrammen, Datenbankwerken und Datenbanken. Nach Art. 5 Abs. 1 DSM-RL müssen die Mitgliedstaaten in Bezug auf diese Rechte eine Schranke im nationalen Recht vorsehen, welche die digitale Nutzung „für den alleinigen Zweck der Veranschaulichung des Unterrichts" in dem Maße erlaubt, wie es zur Verfolgung nicht kommerzieller Zwecke gerechtfertigt ist, sofern die Nutzung „unter der Verantwortung einer Bildungseinrichtung" in ihren Räumlichkeiten oder in einer „gesicherten elektronischen Umgebung" stattfindet. Diesen Vorgaben wird § 60a iVm § 60g Abs. 1 bereits in weitem Umfang gerecht. Soweit § 60a Abs. 1 darüber hinaus geht und insbesondere auch die analoge Verbreitung in körperlicher Form erlaubt, lässt sich die Schranke weiterhin auf Art. 5 Abs. 3 lit. a iVm Abs. 4 InfoSoc-RL stützen. Gemäß Art. 25 DSM-RL sind die Mitgliedstaaten ausdrücklich befugt, weitergehende Schrankenregelungen aufrechtzuerhalten, soweit sich diese im Rahmen der bisherigen Richtlinien halten. Einer Ergänzung bedarf es allerdings im Hinblick auf die grenzüberschreitende digitale Nutzung. Nach Art. 5 Abs. 3 DSM-RL gilt eine Nutzung über gesicherte elektronische Umgebungen im Rahmen der betreffenden nationalen Schrankenregelung allein als in dem Mitgliedstaat erfolgt, in dem die Bildungseinrichtung ihren Sitz hat. Ebenfalls anpassungsbedürftig sind die Bereichsausnahmen in § 60a Abs. 3 Nr. 2 und 3, da Art. 5 Abs. 2 DSM-RL derartige Ausnahmen von der Zustimmungsfreiheit nur insoweit zulässt, als „auf dem Markt geeignete und den Bedürfnissen und Besonderheiten von Bildungseinrichtungen entsprechende Lizenzen ... leicht verfügbar sind".[9]

II. Schranke für Unterricht und Lehre (Abs. 1 und 2)

6   § 60a Abs. 1 erlaubt die Vervielfältigung, Verbreitung und öffentliche Wiedergabe von Werken zu nicht kommerziellen Zwecken für Lehrende, Teilnehmer, Prüfer und eingeschränkt auch für Dritte, grundsätzlich allerdings beschränkt auf 15% des Werkes. Erfasst werden **Werke aller Art,** darüber hinaus kraft gesetzlicher Verweisung auch die verwandten Schutzrechte.[10] Die zu verwertenden Werke müssen allerdings **veröffentlicht** sein. Maßgeblich ist der Veröffentlichungsbegriff in § 6 Abs. 1. Die Nutzung eigener Arbeiten von Schülern oder Studierenden (etwa zur Präsentation gegenüber nachfolgenden Jahrgängen) wird von der Schranke daher idR nicht erfasst; hier ist stets die Zustimmung der Betroffenen erforderlich, sofern nicht eine andere Schrankenbestimmung eingreift.

1. Erlaubte Nutzungshandlungen

7   Anders als § 52a Abs. 1 Nr. 1 aF, der nur die öffentliche Zugänglichmachung erfasste, und § 53 Abs. 3 aF, der auf die Vervielfältigung beschränkt war, erlaubt Abs. 1 mit der **Vervielfältigung, Verbreitung und öffentlichen Wiedergabe** jegliche Verwertung veröffentlichter Werke in körperlicher und unkörperlicher Form. Damit sollte die Schranke „zukunftsfest" formuliert werden, um auch zukünftig hinzukommende Formen der unkörperlichen Nutzung abzudecken.[11] Zulässig ist daher nicht nur die öffentliche Zugänglichmachung iSv § 19a, etwa von Vorlesungen in sog. MOOCs (Massive Open Online Courses), sondern auch die **Sendung** (§ 20) von Inhalten im Fernunterricht, etwa im Rahmen eines Webinars. Abweichend vom bisherigen Recht (§ 53 Abs. 6 iVm Abs. 3 aF)

---

[5] So auch *Schack* ZUM 2016, 266 (279); *Berger* GRUR 2017, 953 (956); aA *Kuhlen* ZUM 2016, 507 (511 f.); dazu → Vor §§ 44a ff. Rn. 31. Art. 5 Abs. 4 DSM-RL ermächtigt ausdrücklich zur Gewährung eines gerechten Ausgleichs für die betroffenen Rechtsinhaber, dazu sogleich → Rn. 5.
[6] *OMPI,* Guide de la Convention de Berne (1978), Art. 10.10.
[7] Dazu auch → Vor §§ 60a ff. Rn. 11.
[8] Hierzu *Raue* GRUR 2017, 11 (16 ff.); *Grünberger* GRUR 2017, 1 (4 ff.).
[9] Dafür dürfte ausreichen, dass die entsprechenden Rechte durch Verwertungsgesellschaften wahrgenommen werden, wie es jetzt zT schon der Fall ist, vgl. dazu → Rn. 32.
[10] → Vor §§ 60a ff. Rn. 9.
[11] AmtlBegr. BT-Drs. 18/12329, 36.

dürfen im Rahmen von § 60a für den Unterrichtsgebrauch angefertigte **Vervielfältigungen** damit auch **für öffentliche Wiedergaben verwendet** werden.[12]

Unabhängig davon bleibt die Wiedergabe von Werken gegenüber Gruppen, die **keine Öffent-** 8 **lichkeit** iSv § 15 Abs. 3 bilden, weiterhin zulässig; sie wird vom Ausschließlichkeitsrecht des Urhebers von vornherein nicht erfasst. Ob hierunter generell auch „Schulklassen und andere kleine, regelmäßig zusammen unterrichtete Gruppen … (zB Referendare in einer Seminargruppe während des Lehramtsreferendariats)" fallen,[13] ist zweifelhaft, da man § 60a damit eines wesentlichen Teils seines Anwendungsbereichs berauben würde.[14]

2. Veranschaulichung des Unterrichts oder der Lehre

Eine Begrenzung des Umfangs zulässiger Nutzungshandlungen ergibt sich in erster Linie daraus, 9 dass **Zweck der Nutzung** die **Veranschaulichung des Unterrichts oder der Lehre** an Bildungseinrichtungen sein muss. Administrative Nutzungen sind nicht privilegiert.[15] Auch die Nutzung zu Forschungszwecken ohne Lehrbezug wird nicht von § 60a erfasst, sondern unterfällt der gesonderten Schranke in § 60c. Die zusätzliche Erwähnung der Lehre neben dem Unterricht soll klarstellen, dass nicht nur der Unterricht an Schulen, Berufsschulen usw, sondern auch Lehrveranstaltungen an Universitäten, Fachhochschulen und sonstigen Hochschulen, wie zB Seminare und Vorlesungen, privilegiert sind.[16] Der Begriff der Lehre umfasst neben der universitären Lehre aber auch die außeruniversitäre pädagogisch-didaktische Vermittlung wissenschaftlicher Erkenntnisse.[17] Die Begriffe Unterricht und Lehre sind dabei in einem **weiten Sinne** zu verstehen.[18] Sie erfassen auch elektronisch gestütztes Lernen (sog. **E-Learning**) einschließlich des sog. Mobile Learning unter Einsatz mobiler Endgeräte (zB während einer Exkursion) und Fernunterricht über das Internet (sog. **Distance Learning**),[19] desgleichen **Prüfungen** an Schulen und Hochschulen, zB in Form von Klassen- und Studienarbeiten.[20]

Die Nutzung ist dabei nicht auf die **zeitlichen Grenzen** des Unterrichts oder der Lehre be- 10 schränkt. Der Gesetzgeber hat bewusst nicht den Wortlaut von § 52a Abs. 1 S. 1 aF (Veranschaulichung „im Unterricht") übernommen, der auf die zu enge deutsche Sprachfassung von Art. 5 Abs. 3 lit. a InfoSoc-RL zurückging,[21] sondern sich an der Formulierung in Art. 6 Abs. 2 lit. b und Art. 9 lit. b Datenbank-RL orientiert.[22] Mit dem Zweck einer Veranschaulichung „des" Unterrichts erfasst die Vorschrift nach dem Willen des Gesetzgebers auch die **„Vor- und Nachbereitung** der eigentlichen Unterrichtsstunden und zum anderen auch die **Prüfungsaufgaben und Prüfungsleistungen,** die im Verlauf und zum Abschluss des Unterrichts erstellt werden, sowie die Vor- und Nachbereitung von Prüfungen".[23] Daher können Materialien uU auch über einen längeren Zeitraum bereitgehalten werden, wenn Lehrveranstaltung und Prüfung zeitlich auseinander fallen. Der Begriff der **„Veranschaulichung"** ist weit zu verstehen und erfasst gleichermaßen die Verdeutlichung, die Vertiefung und die Ergänzung des Unterrichts wie der Lehre.[24] Die Einschätzung, inwieweit die genutzten Inhalte für den Lehrerfolg der jeweiligen Unterrichtseinheit relevant sind, muss dabei schon wegen Art. 5 Abs. 3 GG der Bildungseinrichtung vorbehalten bleiben.[25] Anders als bei § 51 bedarf es keiner inhaltlichen Auseinandersetzung mit den genutzten Werken. Trotz Fehlens einer § 51 S. 3 entsprechenden Regelung können daher auch urheberrechtlich geschützte Abbildungen von Werken oder sonstigen Gegenständen genutzt werden, selbst wenn nur die abgebildeten Werke einen inhaltlichen Bezug zum Unterricht haben.

Privilegiert sind nur Unterricht und Lehre an **Bildungseinrichtungen.** Der Begriff der Bildungs- 11 einrichtung ist in Abs. 4 legaldefiniert.[26] Anders als bei § 47[27] ergibt sich daraus **keine örtliche Be-**

---

[12] AmtlBegr. BT-Drs. 18/12329, 36; Dreier/Schulze/*Dreier* § 53 Rn. 6.

[13] So noch der RefE zum UrhWissG, S. 35 (im RegE BT-Drs. 18/12329, 36 fehlt die entsprechende Passage); in diesem Sinne auch *Lorenz* ZRP 2008, 261 (262 f.); → § 15 Rn. 393.

[14] S. zur Diskussion im bisherigen Recht → 5. Aufl. 2017, § 52a Rn. 9; *Loewenheim* FS Schricker, 2005, 413 (416 ff.).

[15] *Berger* GRUR 2017, 953 (960); *Berger* ZUM 2006, 844 (847).

[16] AmtlBegr. BT-Drs. 18/12329, 36.

[17] Vgl. zum Begriff der Lehre iSv Art. 5 Abs. 3 GG BeckOK Grundgesetz/*Kempen* Art. 5 Rn. 183.

[18] BeckOK UrhR/*Grübler* UrhG § 60a Rn. 5; Dreier/Schulze/*Dreier* § 60a Rn. 4.

[19] AmtlBegr. BT-Drs. 18/12329, 36.

[20] *Wandtke* NJW 2018, 1129 (1132 f.).

[21] Vgl. demgegenüber die englische Sprachfassung: „purpose of illustration for teaching"; für ein entsprechendes Verständnis von § 52a Abs. 1 Nr. 1 aF bereits BGH GRUR 2014, 549 Rn. 33 ff. – Meilensteine der Psychologie mAnm *Stieper* ZUM 2014, 532; dagegen *Berger* ZUM 2006, 844 (852): Die Formulierung „zur Veranschaulichung des Unterrichts" (in § 53 Abs. 3 Nr. 1 aF) sei „evident europarechtswidrig".

[22] Vgl. AmtlBegr. BT-Drs. 18/12329; sa Dreier/Schulze/*Dreier* § 60a Rn. 5.

[23] AmtlBegr. BT-Drs. 18/12329, 36. In diesem Sinne auch ErwG 22 DSM-RL.

[24] BGH GRUR 2014, 549 Rn. 36 – Meilensteine der Psychologie (zu § 52a aF); *Hoeren* ZUM 2011, 369 (372). Vgl. jetzt ErwG 21 S. 1 DSM-RL, wonach solche Nutzungen dem Zweck der Veranschaulichung des Unterrichts dienen, mit denen „der Unterricht und die Lerntätigkeiten unterstützt, bereichert und ergänzt werden".

[25] So zu § 52a Abs. 1 Nr. 1 aF bereits *Stieper* ZUM 2014, 532; aA DKMH/*Hentsch* UrhG § 60a Rn. 12: Die Rechtfertigung der Nutzung müsse durch Abwägung im Einzelfall ermittelt werden.

[26] → Rn. 32.

[27] Dazu → § 47 Rn. 11.

schränkung in dem Sinne, dass die Werknutzung innerhalb der Bildungseinrichtung erfolgen müsste.[28] Entscheidend ist, dass der zu veranschaulichende Unterricht bzw. die Lehre **von einer Bildungseinrichtung veranstaltet** wird, der Ort der privilegierten Nutzungshandlung spielt jedoch keine Rolle. Von § 60a gedeckt ist daher auch der Fall, dass ein Hochschullehrer während einer Auslandsreise eine Vorlesung per Video-Stream an die Veranstaltungsteilnehmer überträgt, unabhängig davon, ob die Studierenden die übertragenen Werke von einem Leseplatz in der Bibliothek, ihrem heimischen PC oder einem mobilen Endgerät aus abrufen. Ebenso reicht für eine Vervielfältigung zur Veranschaulichung des Unterrichts aus, dass das hergestellte Vervielfältigungsstück für den Unterricht verwendet werden soll. Ein Lehrer kann das Unterrichtsmaterial aber auch zu Hause erstellen.

3. Nicht kommerzielle Zwecke

12 Erlaubt ist die Nutzung nur für **nicht kommerzielle Zwecke.** Diese zuvor schon in § 52a aF enthaltene Einschränkung ist durch Art. 5 Abs. 3 lit. a InfoSoc-RL geboten.[29] Entscheidend ist nach ErwG 42 InfoSoc-RL die kommerzielle Art der „Tätigkeit als solche", nicht die organisatorische Struktur und die Finanzierung der betreffenden Einrichtung.[30] Nach der Gesetzesbegründung soll daher auch die Nutzung für den **Unterricht an Privatschulen** zulässig sein, nicht aber der auf Gewinnerzielung ausgerichtete Unterricht an kommerziellen privaten Sprachinstituten.[31] Entscheidend für einen kommerziellen Zweck ist somit, dass mit dem Unterricht bzw. der Lehre, zu deren Veranschaulichung die Nutzung erfolgt, eine **Gewinnerzielungsabsicht** verfolgt, dh eine Mehrung des Betriebsvermögens angestrebt wird. Wenn Gebühren erhoben werden, mit denen lediglich die **Selbstkosten** gedeckt werden sollen, ist dies dagegen unschädlich.[32] Daher sind auch kostenpflichtige Weiterbildungsstudiengänge an staatlich finanzierten Hochschulen („Zertifikatskurse") nicht notwendig von der Privilegierung ausgeschlossen,[33] wenn die erzielten Einnahmen zur Deckung des Personalbedarfs in den Hochschulhaushalt fließen. Dass die Lehrenden für ihre Unterrichts- oder Lehrtätigkeit eine Vergütung erhalten, ist ebenfalls unbeachtlich.

4. Zulässiger Nutzungsumfang

13 **a) Starre Obergrenze.** Die von Abs. 1 erfassten Nutzungshandlungen sind grundsätzlich[34] nur dann zustimmungsfrei, wenn sie die **Obergrenze von 15 % des genutzten Werkes** nicht übersteigen. Damit wird der zuvor in verschiedenen Regelungen verwendete Begriff der „kleinen Teile" zugunsten einer klaren Maßgabe abgelöst; gleichzeitig soll das in Art. 5 Abs. 3 lit. a InfoSoc-RL geforderte Tatbestandsmerkmal „soweit dies zur Verfolgung nicht kommerzieller Zwecke gerechtfertigt ist" verbindlich konkretisiert werden, um auf die Voraussetzung der „Gebotenheit" (§ 52a Abs. 1 aF, § 53 Abs. 2 S. 1 Nr. 1 und Abs. 3 aF) verzichten zu können.[35] Fraglich ist, welche Rechtsfolge ein **Überschreiten der Obergrenze** hat, ob also die Nutzung nur hinsichtlich des über 15 % hinausgehenden Teils der Zustimmung des Rechtsinhabers bedarf oder ob die Überschreitung zur **Rechtswidrigkeit der Nutzung insgesamt** führt. Relevant ist die Frage vor allem für den Anspruch auf die gesetzliche Vergütung (§ 60h Abs. 1), der nur an gesetzlich zulässige Handlungen anknüpft.[36] Hier zur Vermeidung von Abrechnungsschwierigkeiten nur den „überschießenden" Teil der Werknutzung als rechtswidrig anzusehen, wirkt aber gekünstelt, da die einheitliche Nutzungshandlung kaum in einen gesetzlich erlaubten und einen zustimmungsbedürftigen Teil aufgespalten werden kann.[37]

14 **Bezugsgröße** dürfte bei gesamten Büchern wie nach § 52a Abs. 1 Nr. 1 aF der Gesamtumfang des Werkes einschließlich Inhalts-, Literaturverzeichnis, Vorwort, Einleitung, Namens- und Sachregister sein.[38] Das gilt auch für Bücher, an denen mehrere Autoren beteiligt sind, solange das Werk eine Gesamtkonzeption aufweist und daher als Einheit erscheint.[39] Etwas anderes muss bei **Sammelbänden** wie Tagungsbänden, Festschriften usw gelten, bei denen Bezugspunkt jeweils der einzelne Beitrag ist, der dann nach Abs. 2 ggf. auch vollständig genutzt werden kann.[40] Bei **Filmwerken und Laufbildern** ist dementsprechend die gesamte Laufzeit einschließlich Vor- und Abspann maß-

---

[28] So aber BeckOK UrhR/*Grübler* UrhG § 60a Rn. 7; *Berger* GRUR 2017, 953 (960).

[29] → Rn. 4.

[30] Ebenso jetzt auch ErwG 20 DSM-RL. Zur parallelen Problematik der drittmittelfinanzierten Forschung → § 60c Rn. 7.

[31] AmtlBegr. BT-Drs. 18/12329, 36; als „nicht immer sachgerecht" kritisiert diese Trennlinie BeckOK UrhR/*Grübler* UrhG § 60a Rn. 10.

[32] Vgl. → 5. Aufl. 2017, § 52a Rn. 15.

[33] So aber *Berger* GRUR 2017, 953 (960); ebenso wohl DKMH/*Hentsch* UrhG § 60a Rn. 11 („bezahlter Unterricht").

[34] Zu den Ausnahmen → Rn. 15 ff.

[35] AmtlBegr. BT-Drs. 18/12329, 35.

[36] Vgl. → § 60h Rn. 1.

[37] Dazu → § 60g Rn. 7; aA *Berger* GRUR 2017, 953 (958); BeckOK UrhR/*Grübler* UrhG § 60a Rn. 13.

[38] BGH GRUR 2014, 549 Rn. 24 ff. – Meilensteine der Psychologie.

[39] So auch Dreier/Schulze/*Dreier* § 60a Rn. 8.

[40] *Berger* GRUR 2017, 953 (960); *Wandtke* NJW 2018, 1129 (1131); differenzierend (nur wenn kein Schutz nach § 4 Abs. 1) Dreier/Schulze/*Dreier* § 60a Rn. 8; aA wohl *Pflüger/Hinte* ZUM 2018, 153 (156), die auch bei Sammelbänden nur von einem „quantitativ schmalen Benutzungsbereich" ausgehen.

geblich. Bei **Musikwerken** ist die kompositorische Einheit maßgeblich, also bei einer Symphonie, einer Oper oder einem Instrumentalkonzert das gesamte Werk und nicht die einzelnen Sätze. Im Bereich der Popmusik wird man dagegen auf den einzelnen Song abstellen müssen, solange er nicht unselbständiger Bestandteil einer zusammenhängenden Komposition ist. Bei Musikwerken besteht aber eine zusätzliche Schwierigkeit darin, dass die zeitliche Dauer typischerweise nicht Bestandteil der Komposition ist, sondern von der konkreten Interpretation abhängt. Eine rein zeitliche Bestimmung des prozentualen Anteils ist daher kaum rechtssicher möglich, wenn es nicht um die Übernahme einer konkreten Tonaufnahme, sondern um die (gemäß Abs. 3 Nr. 3 erlaubte[41]) öffentliche Zugänglichmachung von grafischen Aufzeichnungen in Form von Noten geht. So ist bei Musikwerken nicht nur eine Teilung nach Takten, Sätzen usw denkbar, sondern auch eine gleichsam horizontale Teilung in dem Sinne, dass von einem 7-stimmigen Satz eine Stimme (weniger als 15 %) vollständig nutzbar ist. Insgesamt wird es bei komplexeren Werken im Einzelfall erhebliche Schwierigkeiten bereiten, das **Gewicht einzelner Teile** (Fußnoten, Abbildungen, Register etc) in Bezug auf den Gesamtumfang zu bestimmen.[42]

b) Erweiterung auf vollständige Werke (Abs. 2). Ausnahmsweise erlaubt Abs. 2 auch die **15** **Übernahme ganzer Werke,** wenn es sich um Abbildungen, einzelne Beiträge aus derselben Fachzeitschrift oder wissenschaftlichen Zeitschrift, sonstige Werke geringen Umfangs oder vergriffene Werke handelt. Die Obergrenze von 15 % gilt in Bezug auf diese Werke nicht. Soweit die Abbildungen oder sonstigen Werke geringen Umfangs Teil eines Gesamtwerkes, etwa eines Sammelbandes sind, darf dies aber nicht dazu führen, dass über die Ausnahme des Abs. 2 letztlich das ganze Werk genutzt wird. Insoweit wird man wie bei Zeitschriftenbeiträgen verlangen müssen, dass nur „einzelne" Werke entnommen werden dürfen.[43]

Anders als in § 52a Abs. 1 Nr. 1 aF werden **Abbildungen** ausdrücklich als Beispiel von Werken **16** geringen Umfangs genannt.[44] Hierunter fallen vor allem **Fotografien,**[45] also Lichtbildwerke iSv § 2 Abs. 1 Nr. 5, aber auch grafische Darstellungen, die keine Gegenstände, sondern gedankliche Inhalte abbilden und als **Werke der bildenden Kunst** (§ 2 Abs. 1 Nr. 4) oder **Darstellungen wissenschaftlicher und technischer** Art iSv § 2 Abs. 1 Nr. 7 geschützt sind, etwa Diagramme, chemische Formeln usw.[46] Eine Teilnutzung kommt bei diesen Werken kaum sinnvoll in Betracht. Zulässig ist damit vor allem die Wiedergabe von Bildern und Grafiken im Rahmen von Vorträgen und Vorlesungen (zB als Teil einer Präsentation oder mittels eines Overhead-Projektors), ohne dass es eines Rückgriffs auf die Zitierfreiheit in § 51 bedürfte.[47]

Als Beispiele **sonstiger Werke geringen Umfangs** nennt die Gesetzesbegründung **Gedichte 17 und Liedertexte.**[48] Für die Frage, wie umfangreich ein Werk sein darf, um noch als Werk geringen Umfangs zu gelten, soll auf die Konkretisierung durch die bisherigen Gesamtverträge zwischen Verwertungsgesellschaften und Nutzern zurückgegriffen werden: Danach gilt für Druckwerke eine Obergrenze von 25 Seiten, für Noten 6 Seiten, für Filme und Musik jeweils 5 Minuten.[49]

Darüber hinaus können **einzelne Beiträge aus derselben Fachzeitschrift oder wissenschaft- 18 lichen Zeitschrift** vollständig genutzt werden. Die Gesetzesbegründung zählt Zeitschriftenartikel dabei ausdrücklich zu den Werken geringen Umfangs.[50] Das kann aber nicht bedeuten, dass es zusätzlich auf den konkreten Umfang des Beitrags ankommt. Das würde dazu führen, dass ein Artikel, der 25 Druckseiten überschreitet, nur im Rahmen von Abs. 1, dh im Umfang von 15 % genutzt werden dürfte. Das ginge an den Bedürfnissen der Praxis vorbei. Eine Gefährdung des Primärmarktes wird hinreichend dadurch verhindert, dass aus derselben Zeitschrift nur „einzelne" Beiträge genutzt werden dürfen. **Bezugspunkt** dafür ist wie in der entsprechenden Regelung in § 53 Abs. 2 S. 1 Nr. 4 lit. a[51] die jeweils vom Verlag gelieferte abgeschlossene Einheit, also das **einzelne Heft** und in keinem Fall die Zeitschrift (etwa die „Neue Juristische Wochenschrift") als solche im Sinne der Gesamtheit aller Jahrgangsbände.[52] Die Grenze „einzelner" Beiträge wird man dabei in Anlehnung an Abs. 1 als überschritten ansehen können, wenn die aus einem Heft übernommenen Beiträge mehr als 15 % des jeweiligen Heftumfangs ausmachen.[53] Bei reinen Online-Zeitschriften, welche ihre Artikel

---

[41] → Rn. 31.
[42] So auch *Schack* UrheberR Rn. 576a.
[43] Ebenso zu § 52a aF bereits *Berger* GRUR 2010, 1058 (1062 f.); *Stieper* ZUM 2014, 532 (533).
[44] Für eine entsprechende Auslegung von § 52a Abs. 1 Nr. 1 aF bereits *Stieper* ZUM 2014, 532 (533).
[45] AmtlBegr. BT-Drs. 18/12329, 35.
[46] *Stieper* ZUM 2014, 532 (533); Dreier/Schulze/*Dreier* § 60a Rn. 15; zum entsprechenden Verständnis des Begriffs der „Beiträge" iSv § 53 Abs. 2 Nr. 1 lit. a → § 53 Rn. 45.
[47] Dreier/Schulze/*Dreier* § 60a Rn. 15.
[48] AmtlBegr. BT-Drs. 18/12329, 35.
[49] AmtlBegr. BT-Drs. 18/12329, 35.
[50] AmtlBegr. BT-Drs. 18/12329, 35.
[51] Dazu → § 53 Rn. 45.
[52] So im Grundsatz auch Dreier/Schulze/*Dreier* § 60a Rn. 18, der eine Ausnahme allerdings für solche Zeitschriften machen will, die nur im Jahresabonnement angeboten werden. Eine Nachbestellung einzelner Hefte wird jedoch bei jeder Zeitschrift möglich sein.
[53] So auch Dreier/Schulze/*Dreier* § 60a Rn. 18; zur parallelen Regelung in § 53 Abs. 2 S. 1 Nr. 4 lit. a → § 53 Rn. 46.

zum Einzelabruf bereitstellen, kommt man nicht umhin, die zulässige Zahl „einzelner" Beiträge im Einzelfall anhand einer wertenden Betrachtung festzustellen.

19   Mit der Beschränkung auf **Fach- und wissenschaftliche Zeitschriften** wollte der Gesetzgeber erreichen, dass die Regelung **nicht für sonstige Zeitungen und Zeitschriften** (insbesondere also Tageszeitungen und Publikumszeitschriften) gilt.[54] Begründet wurde diese im RegE noch nicht vorgesehene Einschränkung damit, dass die private Tages- und Publikumspresse die urheberrechtlich geschützten Inhalte vollständig über ihr eigenes Geschäftsmodell finanzieren müsse und sie deshalb stärker als die Wissenschafts- und Fachverlage darauf angewiesen sei, dass eine vollständige Nutzbarkeit der Beiträge nur auf Lizenzbasis möglich ist. Auch wenn entsprechende **Vervielfältigungen** in Papierform (auch Ausdrucke von digitalen Vorlagen!) nach wie vor von § 53 Abs. 2 S. 1 Nr. 4 lit. a gedeckt sind,[55] stellt dieses Zugeständnis an die Presseverlage, die über ihre Online-Archive Einnahmen generieren wollen, einen nicht gerechtfertigten Eingriff in die Freiheit der Lehre wie der Informationsfreiheit dar.[56] Das Ziel einer Sicherung des Archivgeschäfts der Presseverlage wird dadurch kaum erreicht werden; denn es ist zu erwarten, dass Beiträge aus Zeitungen und Zeitschriften in Unterricht und Lehre schlicht nicht mehr verwendet werden.[57] Um einer inhaltlichen Verarmung der aktuellen Wissensvermittlung an Schulen wie Hochschulen entgegenzuwirken, wird man Beiträge in Zeitungen und Publikumszeitschriften daher zu den **sonstigen Werken geringen Umfangs** zählen müssen. Einer solchen grundrechtskonformen Auslegung steht der vom Gesetzgeber verfolgte Zweck nicht entgegen, da der Ausschluss von Beiträgen aus Zeitungen und nicht wissenschaftlichen Zeitschriften angesichts der Öffnungsklausel für sonstige Werke geringen Umfangs keinen hinreichend deutlichen Ausdruck im Gesetzeswortlaut gefunden hat.[58] Für Schulen ist das Problem dadurch entschärft worden, dass der Gesamtvertrag Vervielfältigung an Schulen vom 20.12.2018[59] den Ländern das Recht einräumt, einzelne Pressebeiträge entsprechend § 60a Abs. 1 Nr. 1 bis 3 analog und digital zu vervielfältigen und zu verbreiten.

20   Der Begriff der **vergriffenen Werke** entspricht dem in § 53 Abs. 2 S. 1 Nr. 4 lit. b und Abs. 4.[60] Anders als nach dieser Vorschrift dürfen vergriffene Werke nach § 60a Abs. 2 unabhängig davon genutzt werden, wie lange sie schon vergriffen sind.[61] Auch Beiträge aus historischen Zeitungen oder Zeitschriften werden idR vergriffen sein, so dass jedenfalls insoweit die Beschränkung auf wissenschaftliche und Fachzeitschriften nicht greift.

5. Privilegierte Nutzer

21   **Wer** die nach Abs. 1 privilegierten Nutzungshandlungen **vornimmt,** ist angesichts der passivischen Formulierung („dürfen … vervielfältigt, verbreitet oder öffentlich wiedergegeben werden") **unbeachtlich.** Anders als andere Schrankenregelungen nennt § 60a in Abs. 1 Nr. 1–3 als Begünstigte nicht diejenigen Personen, welche die betreffende, dem Urheber ohne die Schranke ausschließlich vorbehaltene Nutzungshandlung vornehmen dürfen, sondern diejenigen, zu deren Gunsten eine Werknutzung im Rahmen von Unterricht und Lehre erlaubt ist.[62] Nach der Gesetzesbegründung kann **Handelnder** daher „die begünstigte Person selbst sein, etwa die Lehrerin, aber auch ein Dritter, beispielsweise ein Mitarbeiter der Schulbibliothek".[63] Fraglich ist aber, inwieweit Nutzungshandlungen auch von **externen Dritten** vorgenommen werden dürfen, die nicht der betreffenden Bildungseinrichtung angehören, zB Copyshops oder IT-Dienstleistern.[64] Nach § 53 Abs. 3 aF durften die von der Unterrichtsschranke Begünstigten die Vervielfältigungsstücke auch von einem anderen „herstellen lassen". Eine entsprechende Formulierung ist auf Empfehlung des Rechtsausschusses in § 60e Abs. 1 aufgenommen worden, um den Rückgriff auf technische Dienstleister mit Spezialkenntnissen und Spezialgeräten für die Digitalisierung zu ermöglichen.[65] In § 60a fehlt eine solche Klarstellung. Daraus wird teilweise gefolgert, dass nicht jeder Dritte, sondern nur solche Personen zur Vornahme der privilegierten Nutzungshandlungen berechtigt seien, die sich in einer durch Arbeits- und Dienstverhältnisse, Mitgliedschaften und sonstige Sonderbeziehungen begründeten **Rechtbeziehung zur**

---

[54] Bericht des Rechtsausschusses, BT-Drs. 18/13304, 28. Entsprechende Einschränkungen finden sich auch in § 60c Abs. 2 Abs. 3 sowie § 60e Abs. 4 S. 2 und Abs. 5.

[55] Darauf weist Dreier/Schulze/*Dreier* § 60a Rn. 19 aE hin, ohne allerdings die Einschränkung auf analoge Kopien ausdrücklich zu erwähnen.

[56] Vgl. *Schack* UrheberR Rn. 576: „empfindlicher Rückschritt"; *Schack* ZUM 2017, 802 (804): „so widersinnig wie skandalös"; *Upmeier* ZGE 10 (2018), 301 (307); differenzierend *Berger* GRUR 2017, 953 (959).

[57] *Pflüger/Hinte* ZUM 2018, 153 (159); Dreier/Schulze/*Dreier* § 60a Rn. 19.

[58] Vgl. BGHZ 195, 257 = GRUR 2012, 1026 Rn. 30 – Alles kann besser werden.

[59] Abrufbar unter https://www.bibliotheksverband.de/fileadmin/user_upload/DBV/vereinbarungen/Vertrag_Vervielfaeltigungen-an-Schulen.pdf.

[60] hierzu → § 53 Rn. 47, 58 f.

[61] AmtlBegr. BT-Drs. 18/12329, 35.

[62] Dreier/Schulze/*Dreier* § 60a Rn. 9. Das ist im Hinblick auf die Bestimmtheit des Normappells bedenklich, da sich urheberrechtliche Verbotsrechte (und damit auch ihre Schranken) stets an handlungsfähige natürliche Personen richten, vgl. *Berger* GRUR 2017, 953 (958).

[63] AmtlBegr. BT-Drs. 18/12329, 36.

[64] Zur parallelen Problematik bei § 60c Abs. 1 → § 60c Rn. 18.

[65] Bericht des Rechtsausschusses BT-Drs. 18/13014, 28.

jeweiligen Bildungseinrichtung befinden.[66] Zumindest in Bezug auf Abs. 1 Nr. 3 geht auch der Gesetzgeber davon aus, dass der Handelnde „an oder für die" Bildungseinrichtung tätig ist.[67] Solange sich die Tätigkeit des Dritten als „notwendiges Werkzeug" **auf den technisch-maschinellen Vorgang der Vervielfältigung, Verbreitung oder öffentlichen Wiedergabe beschränkt,** wird man sie aber wie bei § 53 Abs. 1 S. 2 und Abs. 2[68] der privilegierten Bildungseinrichtung zurechnen können, solange die **Organisationshoheit** über den Nutzungsvorgang bei ihr verbleibt.[69] Ohne eine solche Zurechnungsgrundlage lässt sich die Vergütungspflicht der privilegierten Einrichtung gemäß § 60h Abs. 5 S. 1 dagegen nicht rechtfertigen.

Darüber hinaus kommt es für die Privilegierung darauf an, dass derjenige, zu dessen Gunsten die **22** Nutzungshandlung erfolgt, zu dem nach Abs. 1 Nr. 1–3 **berechtigten Personenkreis** zählt. Dadurch wird ausgeschlossen, dass Materialien auf Vorrat, etwa durch elektronische Seminarapparate, ohne konkreten Zweck bereitgestellt werden.[70]

a) Begünstigte nach Nr. 1. Nach Abs. 1 Nr. 1 gehören zu den Begünstigten zunächst die **Lehrenden und Teilnehmer der jeweiligen Veranstaltung.** Unter Teilnehmern der jeweiligen Veranstaltung sind die Teilnehmer desselben Kurses oder derselben Projektgruppe oder Prüfung (zB bei landesweiten Abschlussprüfungen) zu verstehen.[71] Der **Begriff der Veranstaltung** deckt sich daher nicht mit dem in § 52 Abs. 1 S. 3.[72] Angesichts des großen Kreises privilegierter Bildungseinrichtungen (Abs. 4) ist der Begriff im Rahmen von § 60a weit zu fassen. So stellt in frühkindlichen Bildungseinrichtungen auch der tägliche „Stuhlkreis" eine Veranstaltung dar. Eine Einschränkung ergibt sich aber im Hinblick auf den **Privilegierungszweck,** der in der Veranschaulichung des Unterrichts oder der Lehre besteht;[73] reine Unterhaltungsveranstaltungen ohne Lehrbezug (zB Schul- oder Universitätsbälle) werden daher nicht von Nr. 1 erfasst, auch wenn sie an einer Bildungseinrichtung stattfinden.

Wie schon nach § 52a Abs. 1 Nr. 1 aF dürfen Werke zudem ausschließlich für den **bestimmt ab-** **23** **gegrenzten Kreis von Veranstaltungsteilnehmern** vervielfältigt und öffentlich zugänglich gemacht werden, auch wenn dies im Wortlaut so nicht mehr zum Ausdruck kommt.[74] Das können auch die Teilnehmer eines Kurses an einer Fernuniversität sein, nicht aber alle Studierenden eines Studiengangs oder einer Hochschule.[75] Bei einer öffentlichen Wiedergabe gegenüber einem **anwesenden Publikum,** etwa in einer Vorlesung oder bei einem Vortrag, ergibt sich die Abgegrenztheit aus der Anwesenheit im Hörsaal. Dass große Vorlesungen an Hochschulen regelmäßig auch Gasthörern offenstehen, steht der Privilegierung einer an diesen Kreis gerichteten öffentlichen Wiedergabe im Rahmen von § 60a daher auch ohne Zugangskontrollen nicht entgegen.[76] Entsprechendes gilt für die Verbreitung von Unterrichtsmaterial in körperlicher Form. Bei Nutzungen im Wege der Datenübertragung ist die Begrenzung auf den privilegierten Adressatenkreis regelmäßig **durch technische Mittel (Passwortschutz oÄ) sicherzustellen,** die regelmäßig zu überprüfen und ggf. zu aktualisieren sind.[77] Da für Lehrveranstaltungen an Hochschulen nach den Hochschulgesetzen der Länder idR keine Präsenzpflicht besteht, kommt als „Teilnehmer" allerdings jeder in Betracht, der sich in der betreffenden Arbeitsumgebung (zB StudIP, ILIAS) für die jeweilige Veranstaltung angemeldet hat. Nach der Gesetzesbegründung soll aus der Begrenzung auf die Teilnehmer der jeweiligen Veranstaltung auch folgen, dass Schüler die Materialien nicht an nachfolgende Jahrgänge **weitergeben** dürfen.[78] Soweit es um die Weitergabe körperlicher Vervielfältigungsstücke geht, stellt dies jedoch nur dann eine urheberrechtlich relevante Verbreitung iSv § 17 Abs. 1 dar, wenn sie sich an die Öffentlichkeit richtet; daran wird es bei der Weitergabe an einzelne Schüler derselben Schule regelmäßig fehlen.

Von Nr. 1 privilegiert sind in erster Linie die **Lehrenden der jeweiligen Veranstaltung,** die sich **24** dafür auch eines Dritten als „Werkzeug" bedienen können.[79] Erfasst werden damit etwa die Herstellung von Kopien, die im Unterricht oder während einer Prüfung ausgeteilt (und dadurch ggf. verbreitet) werden sollen, oder die öffentliche Zugänglichmachung von begleitenden oder ergänzenden

---

[66] So *Berger* GRUR 2017, 953 (958 f.); *Wandtke* NJW 2018, 1129 (1132); Wandtke/Bullinger/*Lüft* UrhG § 60a Rn. 11; BeckOK UrhR/*Grübler* UrhG § 60a Rn. 8 f.; aA Dreier/Schulze/*Dreier* § 60a Rn. 6 und 9.

[67] AmtlBegr. BT-Drs. 18/12329, 37.

[68] Dazu → § 53 Rn. 30 und 36.

[69] Vgl. BeckOK UrhR/*Grübler* UrhG § 60a Rn. 9: Eine „gänzlich strenge Auslegung" könne „zu unnötigen Härten führen".

[70] *Hoeren* IWRZ 2018, 120 (122).

[71] AmtlBegr. BT-Drs. 18/12329, 37.

[72] Dazu → § 52 Rn. 29.

[73] → Rn. 9.

[74] So auch Dreier/Schulze/*Dreier* § 60a Rn. 10.

[75] BGH GRUR 2014, 549 Rn. 40 f. – Meilensteine der Psychologie (zu § 52a aF); Dreier/Schulze/*Dreier* § 60a Rn. 10; *Hoeren* ZUM 2011, 369 (372 f.).

[76] So aber *de la Durantaye* ZUM 2016, 475 (479).

[77] Dreier/Schulze/*Dreier* § 60a Rn. 10; *v. Bernuth* ZUM 2003, 438 (441); vgl. auch Erwgr. 22 S. 3 DSM-RL.

[78] AmtlBegr. BT-Drs. 18/12329, 37; Dreier/Schulze/*Dreier* § 60a Rn. 10; Fromm/Nordemann/*A. Nordemann* § 60a Rn. 7.

[79] → Rn. 21.

Unterrichtsmaterialien sowie von aufgezeichneten Vorlesungen über das Intranet der jeweiligen Einrichtung.[80]

25   Nach dem Wortlaut fallen unter Nr. 1 auch Vervielfältigungsstücke, die ein Schüler oder Studierender als Teilnehmer einer Veranstaltung **für den eigenen Gebrauch** herstellt, etwa um eine Unterrichtsstunde oder Lehrveranstaltung vor- oder nachzubereiten oder sich auf eine Prüfung vorzubereiten. Bisher hat die hM den Gebrauch durch Studierende, die sich in ihrer Ausbildung über den Erkenntnisstand der Wissenschaft informieren wollen, als wissenschaftlichen Gebrauch unter § 53 Abs. 2 S. 2 Nr. 1 aF gefasst.[81] Unter den jetzt maßgeblichen Begriff der wissenschaftlichen Forschung iSv § 60c Abs. 2 nF kann man diese Fälle jedoch nicht mehr (jedenfalls nicht generell) subsumieren.[82] Für Schüler an allgemein- oder berufsbildenden Schulen kommt dies ohnehin nicht in Betracht. Andererseits passt auch § 60a für diese Fälle nicht ohne Weiteres: Die Begriffe des Unterrichts wie der Lehre implizieren eine aktive Vermittlung von Kenntnissen durch einen Lehrenden.[83] Die Vornahme von Nutzungshandlungen durch die Lernenden selbst kann daher nur dann zur Veranschaulichung des Unterrichts oder der Lehre dienen, wenn die genutzten Werke auch **anderen Teilnehmern vermittelt** werden, etwa bei einem Schulreferat oder im Rahmen eines Seminars, oder die fragliche Nutzung gerade den **Inhalt des Unterrichts** darstellt, etwa beim Abzeichnen eines Werkes oder der Präsentation eines Musikstücks in einer Prüfung. Dagegen fällt das Anfertigen einer Kopie aus einem Lehrbuch, mit der sich ein Studierender selbständig auf eine Prüfung vorbereitet, nicht unter Abs. 1 Nr. 1, sondern unter § 53 Abs. 1.[84] Gleiches gilt für das **Herunterladen** des nach Abs. 1 Nr. 1 zugänglich gemachten Unterrichtsmaterials aus dem Intranet der Einrichtung.[85] Ebenso kann sich ein Lehrer, der für sich selbst eine Vervielfältigung erstellt, nicht auf § 60a berufen,[86] sondern wie bisher allenfalls auf § 53 Abs. 2 S. 1 Nr. 4, da es insoweit an einem „privaten" Gebrauch fehlt.[87]

26   **b) Begünstigte nach Nr. 2.** Abs. 1 Nr. 2 erlaubt es darüber hinaus, Material **für andere Lehrende und Prüfer derselben Bildungseinrichtung** zu kopieren, das diese wiederum gemäß Nr. 1 benutzen können.[88] Erlaubt ist insoweit auch die Verbreitung und die öffentliche Wiedergabe, etwa über das Intranet der Bildungseinrichtung; die Vorschrift geht damit deutlich über die bisherige Regelung in § 53 Abs. 3 aF hinaus, da hiernach nur der eigene Gebrauch privilegiert und eine öffentliche Weitergabe gemäß § 53 Abs. 6 ausgeschlossen war.

27   **c) Begünstigte nach Nr. 3.** Durch Abs. 1 Nr. 3 wird die bisher in § 52 Abs. 1 S. 1 und 3 aF deutlich enger gefasste Regelung zur zustimmungsfreien öffentlichen Wiedergabe im Rahmen von **Schulveranstaltungen** in § 60a (iVm § 60h Abs. 2 Nr. 1) integriert. Danach dürfen Werke auch für unterrichts- und einrichtungsfremde Personen vervielfältigt, verbreitet und öffentlich wiedergegeben werden, soweit dies der Präsentation des Unterrichts, von Unterrichts- oder Lernergebnissen an der Bildungseinrichtung dient. Nach der Gesetzesbegründung dürfen anders als zuvor nach § 52 Abs. 1 S. 1[89] „auch Eintrittsgelder verlangt werden, allerdings allenfalls Unkostenbeiträge".[90] Im Wortlaut kommt diese Grenze nicht zum Ausdruck, sie ergibt sich aber daraus, dass mit der Nutzung keine kommerziellen Zwecke verfolgt werden dürfen. Auch soll es abweichend von § 52 Abs. 1 S. 1 unschädlich sein, dass eine Künstlervergütung geleistet wird.[91] **Hochschulen** können sich angesichts der Beschränkung auf die Präsentation „des Unterrichts" (unter Ausschluss der Lehre) nicht auf Nr. 3 berufen. Insbesondere sind Publikumsveranstaltungen, auf denen die Ergebnisse von Forschung und Lehre präsentiert werden, nicht privilegiert. Nicht von Nr. 3 gedeckt ist auch die Online-Publikation von Dissertationen oder Forschungsarbeiten.

28   Voraussetzung der Zustimmungsfreiheit ist nach der Gesetzesbegründung, dass Werke für den Unterricht an der Bildungseinrichtung, an der oder für die der Handelnde tätig ist, **schon verwendet wurden.**[92] Nr. 3 soll dann lediglich erlauben, die Ergebnisse dieses Unterrichts Dritten zu präsentieren; gedacht ist an Eltern bei Weihnachtskonzerten und Besucher an Tagen der offenen Tür. Als weiteren Beispielsfall nennt die Gesetzesbegründung die **Teilnahme an außerschulischen Leistungswettbewerben** wie Sprach-Olympiaden.[93] Schließlich soll die Vorschrift den Bildungseinrichtungen ermöglichen, **Einblicke in ihren Unterricht** auch **auf ihrer Internetseite** zu bieten.[94] Davon

---

[80] Vgl. DKMH/*Hentsch* UrhG § 60a Rn. 32.
[81] BGH GRUR 2014, 549 Rn. 70 – Meilensteine der Psychologie mwN.
[82] Dazu → § 60c Rn. 5.
[83] Kritisch daher *Kuhlen* ZGE 7 (2015), 77 (105 f.).
[84] Dazu → § 53 Rn. 24. Insoweit gilt also auch nicht die Beschränkung des Nutzungsumfangs auf 15 % eines Werkes!
[85] Ebenso *Kianfar* GRUR 2012, 691 (695) zu § 52a aF.
[86] So aber *Berger* GRUR 2017, 953 (959).
[87] Dazu → § 53 Rn. 24 und 35.
[88] AmtlBegr. BT-Drs. 18/12329, 37.
[89] Hierzu → § 52 Rn. 16.
[90] AmtlBegr. BT-Drs. 18/12329, 37.
[91] Die AmtlBegr. BT-Drs. 18/12329, 37 nennt als Beispiele ein Buch für einen Schüler als Präsent für seine Solodarbietung.
[92] AmtlBegr. BT-Drs. 18/12329, 37.
[93] AmtlBegr. BT-Drs. 18/12329, 37.
[94] AmtlBegr. BT-Drs. 18/12329, 37.

kann etwa die öffentliche Zugänglichmachung besonders gelungener Arbeiten auf der Website einer Schule gedeckt sein, die mit urheberrechtlich geschützten Fotografien oder sonstigen Abbildungen illustriert sind.[95] Im Fall „Cordoba" hat der EuGH eine solche Nutzung auf Vorlage des BGH[96] auch dann als Eingriff in das Recht der öffentlichen Wiedergabe gemäß Art. 3 Abs. 1 InfoSoc-RL eingeordnet, wenn die fragliche Fotografie frei im Internet verfügbar war,[97] gleichzeitig aber auf die Möglichkeit einer Beschränkung gemäß Art. 5 Abs. 3 lit. a InfoSoc-RL hingewiesen.[98] Soweit die öffentliche Zugänglichmachung eine Verwertung der urheberrechtlich geschützten Inhalte auch außerhalb des schulischen Kontextes ermöglicht, etwa im Wege des Inline Linking, dürfte eine solche Beschränkung aber trotz der Vergütungspflicht kaum mit dem Dreistufentest in Art. 5 Abs. 5 InfoSoc-RL vereinbar sein.

III. Bereichsausnahmen (Abs. 3)

Die Bereichsausnahmen in Abs. 3 regeln Fälle, in denen die gesetzliche Erlaubnis nach Abs. 1 und 2 nicht gilt. Sie beruhen insbesondere auf dem **Dreistufentest** in Art. 5 Abs. 5 InfoSoc-RL sowie Art. 9 Abs. 2 RBÜ, wonach die normale Verwertung des Werkes nicht beeinträchtigt und die berechtigten Interessen der Rechtsinhaber nicht ungebührlich verletzt werden dürfen.[99]   **29**

Nach **Abs. 3 Nr. 1** bedarf die Aufnahme **öffentlicher Vorträge, Aufführungen oder Vorführungen** auf Bild- oder Tonträger (§ 16 Abs. 2) stets der Zustimmung des Rechtsinhabers. Das entspricht der Regelung in § 53 Abs. 7. Unzulässig ist danach etwa der Mitschnitt von Konzerten, Vorträgen oder Kinovorführungen, aber auch das Abfotografieren der in einer Vorlesung als Teil einer Präsentation wiedergegebenen Werke oder der Mitschnitt der Vorlesung als Tonaufnahme.[100] Weil § 60a anders als zuvor § 53 Abs. 3 aF die Nutzung von Filmwerken sowie die Sendung von Werken erlaubt, erweitert Nr. 1 den Ausschluss auf die **öffentliche Wiedergabe.** Dadurch soll gewährleistet werden, dass eine Filmvorführung im Kino oder Live-Veranstaltungen wie Konzerte und Lesungen nicht live gestreamt werden.[101]   **30**

Abs. 3 Nr. 2 schließt jegliche Nutzung von Werken, die **ausschließlich für den Unterricht an Schulen** geeignet, bestimmt und entsprechend gekennzeichnet sind, an Schulen aus. Eine ähnliche Regelung enthielten zuvor schon § 52a Abs. 2 S. 1 und § 53 Abs. 3 S. 2 aF. Dadurch soll der Primärmarkt insbesondere für **Schulbücher** gesichert werden, der wegen der Differenzierung des Bildungswesens der föderalen Struktur der BRD nur sehr klein ist und zT nur wenige Exemplare pro Land, Fach, Klassenstufe und Schulform umfasst.[102] Nach Auffassung des Gesetzgebers wäre ohne die Bereichsausnahme zu erwarten, dass die Schulbuchqualität sich verschlechtert, Verlage mangels Refinanzierbarkeit ihr Schulbuchangebot reduzieren oder mit Preiserhöhungen reagieren.[103] Die Bereichsausnahme gilt aber nicht nur für Bücher, sondern auch für andere Unterrichtsmedien, die entsprechend bestimmt und gekennzeichnet sind, etwa für Schulfunksendungen.[104] Eine Nutzung **außerhalb von Schulen,** etwa im Rahmen der Lehrerausbildung an Hochschulen,[105] bleibt dagegen zulässig. Eine Erweiterung der Bereichsausnahme auf **Lehrbücher für den Gebrauch an Hochschulen**[106] ist wegen der unterschiedlichen Marktstruktur nicht ins Gesetz aufgenommen worden.[107] Diese Unterscheidung ist im Hinblick auf den Dreistufentest in Art. 5 Abs. 5 InfoSoc-RL wie auf die verfassungsrechtliche Gewährleistung des geistigen Eigentums bedenklich.[108]   **31**

Das in **Abs. 3 Nr. 3** vorgesehene **Vervielfältigungsverbot für grafische Aufzeichnungen von Werken der Musik** entspricht im Wesentlichen der Regelung in **§ 53 Abs. 4 lit. a.**[109] Insbesondere **Noten** dürfen danach nicht kopiert werden. Anders als in § 53 Abs. 4 lit. a ist auch keine Rückausnahme für eine Vervielfältigung im Wege des Abschreibens vorgesehen, was gerade im Musikunter-   **32**

[95] So *Ohly* GRUR 2018, 996 (1003); *Raue* ZUM 2018, 517 (519).
[96] BGH GRUR 2017, 514 – Cordoba I.
[97] EuGH GRUR 2018, 911 Rn. 13 ff., 47 – NRW/Renckhoff; anders insoweit noch die Schlussanträge von *GA Sánchez-Bordona* ZUM 2018, 506 Rn. 85.
[98] EuGH GRUR 2018, 911 Rn. 43 – NRW/Renckhoff; ausf. dazu *GA Sánchez-Bordona* ZUM 2018, 506 Rn. 109 ff. BGH GRUR 2019, 813 Rn. 66 f. – Cordoba II lässt die Anwendbarkeit von § 60a in diesem Fall offen, da es jedenfalls an der nach § 63 erforderlichen Quellenangabe fehlte.
[99] AmtlBegr. BT-Drs. 18/12329, 37; allg. zum Dreistufentest → Vor §§ 44a ff. Rn. 30 f.
[100] In diesen Fällen ist allerdings schon zweifelhaft, ob die Vervielfältigung „zur Veranschaulichung" der Lehre erfolgt, hierzu → Rn. 25.
[101] AmtlBegr. BT-Drs. 18/12329, 37.
[102] AmtlBegr. BT-Drs. 18/12329, 37 f.; vgl. auch Gegenäußerung der Bundesregierung BT-Drs. 18/12378, 3.
[103] AmtlBegr. BT-Drs. 18/12329, 38.
[104] hierzu → § 47 Rn. 10.
[105] Vgl. *de la Durantaye* ZUM 2016, 475 (478).
[106] Dafür *Schack* ZUM 2016, 266 (277); dagegen *Steinhauer* ZUM 2016, 489 (493 f.).
[107] Vgl. *de la Durantaye* GRUR 2017, 558 (565).
[108] Ebenso zu § 52a aF schon BGH GRUR 2014, 549 Rn. 51 – Meilensteine der Psychologie; *Berger* GRUR 2010, 1058 (1060 f.); *Gounalakis* JZ 2003, 1099 (1100); *Harder* UFITA 2004, 643 (661 f.); *Stieper* ZUM 2014, 932; vgl. auch *Sandberger* Ordnung der Wissenschaft 2 (2017), 75 (88): für Lehrbücher mit aufwendigem Herstellungsprozess wie anatomische Atlanten bedeute die Zulässigkeit freier Zugänglichmachung „das aus".
[109] Dazu → § 53 Rn. 52 f.

richt praktische Bedeutung haben kann. Wie nach § 52a Abs. 3 aF sind aber solche Vervielfältigungen erlaubt, die erforderlich sind, um Noten öffentlich zugänglich zu machen, etwa der Scan einer gedruckten Partitur.[110] Im Umfang des nach § 60a Abs. 1 Nr. 1 bis 3 Zulässigen erlaubt der Gesamtvertrag Vervielfältigung an Schulen vom 20.12.2018[111] den Ländern zudem eine Vervielfältigung und Verbreitung von Noten für den Schulunterricht. Werke der Musik in anderer Form, insbesondere als **Tonaufnahme,** werden von der Bereichsausnahme nicht erfasst und dürfen im Rahmen von Abs. 1 und 2 zustimmungsfrei genutzt werden.

IV. Legaldefinition der Bildungseinrichtungen (Abs. 4)

33   Der Begriff der **Bildungseinrichtungen** wird in Abs. 4 legaldefiniert.[112] Außerhalb von § 60a findet er in § 60b Abs. 3, § 60f Abs. 1, § 60h Abs. 2 Nr. 1 sowie § 61 Abs. 2 Verwendung. Eine entsprechende Legaldefinition war bis zum Inkrafttreten des UrhWissG für die Betreiberabgabe in § 54c Abs. 1 enthalten, wo die vergütungspflichtigen Einrichtungen jetzt unabhängig von der Definition in Abs. 4 aufgezählt werden.[113] Gegenüber der früheren Regelung in § 53 Abs. 3 S. 1 Nr. 1 aF ist der Kreis privilegierter Institutionen **um Hochschulen und frühkindliche Bildungseinrichtungen erweitert** und zugleich die auch in § 46 Abs. 1 aF enthaltene Beschränkung auf nichtgewerbliche Einrichtungen aufgehoben worden.[114] Von § 60a werden daher nicht nur die öffentlichen Schulen, Hochschulen (zB Universitäten, Kunst- und Musikhochschulen, Fachhochschulen), Volkshochschulen und Fortbildungsstätten (zB die Deutsche Richterakademie), sondern auch öffentlich zugängliche Privatschulen, Aus- und Fortbildungsstätten der gewerblichen Wirtschaft, der Gewerkschaften, Kirchen usw erfasst, soweit sie mit dem betreffenden Unterricht bzw. der Lehre keine kommerziellen Zwecke verfolgen. Dazu wird man auch wissenschaftliche Vereinigungen zählen müssen, deren Zweck es ist, die Kenntnis eines bestimmten Fachgebietes (insbesondere durch die Veranstaltung von Fachtagungen) zu fördern. Als **frühkindliche Bildungseinrichtungen** fallen unter die Definition etwa Kindergärten,[115] Krippen,[116] Vorschulen und Schulkindergärten. Der Begriff der **„Einrichtung"** setzt allerdings eine in sich geschlossene Organisationsstruktur voraus.[117] Private Hauslehrer werden daher von der Regelung nicht erfasst, wohl aber die im Rahmen der staatlich organisierten Kindertagespflege tätigen Kindertagespflegestellen („Tagesmütter").

V. Urheberpersönlichkeitsrecht

34   Nach § 62 Abs. 4 S. 1 sind im Rahmen von § 60a über die nach § 62 Abs. 1–3 zulässigen Änderungen von Sprachwerken** zulässig, die für die Veranschaulichung des Unterrichts und der Lehre erforderlich sind. Gemäß § 62 Abs. 4 S. 4 bedarf es dafür abweichend von § 62 Abs. 4 S. 2 und 3 keiner Einwilligung des Rechtsinhabers, wenn die Änderungen **deutlich sichtbar kenntlich gemacht** werden. Durch das Entfallen des aufwendigen Verfahrens zur Einholung der Einwilligung sollen Änderungen zum Zweck von Unterricht und Lehre erleichtert werden.[118] Außerdem ist das Gebot der **Quellenangabe** in § 63 zu beachten.[119] Eine Ausnahme besteht nach § 63 Abs. 1 S. 3, sofern der Prüfungszweck ein Entfallen der Quellenangabe erfordert, etwa wenn es Teil einer Prüfungsaufgabe ist, den Autor eines Textes zu benennen.[120]

§ 60b Unterrichts- und Lehrmedien

(1) **Hersteller von Unterrichts- und Lehrmedien dürfen für solche Sammlungen bis zu 10 Prozent eines veröffentlichten Werkes vervielfältigen, verbreiten und öffentlich zugänglich machen.**

(2) **§ 60a Absatz 2 und 3 ist entsprechend anzuwenden.**

(3) **Unterrichts- und Lehrmedien im Sinne dieses Gesetzes sind Sammlungen, die Werke einer größeren Anzahl von Urhebern vereinigen und ausschließlich zur Veranschaulichung des Unterrichts und der Lehre an Bildungseinrichtungen (§ 60a) zu nicht kommerziellen Zwecken geeignet, bestimmt und entsprechend gekennzeichnet sind.**

---

[110] AmtlBegr. BT-Drs. 18/12329, 38.
[111] Abrufbar unter https://www.bibliotheksverband.de/fileadmin/user_upload/DBV/vereinbarungen/Vertrag_Vervielfaeltigungen-an-Schulen.pdf.
[112] Als „vollkommen misslungen" kritisiert von *Hoeren* IWRZ 2018, 120 (122).
[113] → § 54c Rn. 5.
[114] AmtlBegr. BT-Drs. 18/12329, 38; → Rn. 12.
[115] AmtlBegr. BT-Drs. 18/12329, 38 (zu § 60b Abs. 3).
[116] Zweifelnd insoweit DKMH/*Hentsch* UrhG § 60a Rn. 31.
[117] Vgl. → § 54c Rn. 5.
[118] AmtlBegr. BT-Drs. 18/12329, 48.
[119] Dazu BGH GRUR 2019, 813 Rn. 67 – Cordoba II.
[120] AmtlBegr. BT-Drs. 18/12329, 48.

Schrifttum: *v. Bernuth,* Urheberrechtsschranken im Freien Warenverkehr – Eine Untersuchung am Beispiel des Schulbuchprivilegs, 2000; *v. Bernuth,* § 46 und die Multimedia-Richtlinie, GRUR-Int 2002, 567; *ders.,* Leistungsschutz für Verleger von Bildungsmedien, GRUR 2005, 196; *Haupt,* Urheberrecht in der Schule, 2006; *Loewenheim,* Die Benutzung urheberrechtlich geschützter Schriftwerke in Sekundärliteratur für den Schulunterricht, ZUM 2004, 89; *Melichar,* Die Entlehnung aus literarischen Werken in Schulbüchern, UFITA 92 (1982), 43; *Neumann,* Urheberrecht und Schulgebrauch, 1994. Siehe auch die Schrifttumshinweise Vor §§ 60a ff. sowie bei § 60a.

Übersicht

I. Allgemeines

Die durch das UrhWissG eingeführte Vorschrift hat mit Wirkung vom 1.3.2018 § 46 als früheren **1** „**Schulbuch-Paragraphen**" abgelöst.[1] Die Regelung geht zurück auf §§ 19 Nr. 4, 21 Nr. 3, 26 LUG sowie 19 Abs. 1 KUG und erlaubt es insbesondere, Werke zur Produktion von Schulbüchern zu benutzen.[2] Die Bezeichnung war aber schon nach bisherigem Recht zu eng, da § 46 aF über den Schulgebrauch hinaus auch den Unterricht an nichtgewerblichen Einrichtungen der Aus- und Weiterbildung sowie Einrichtungen der Berufsbildung erfasst hat und zudem nicht auf die Vervielfältigung und Verbreitung beschränkt war, sondern seit 2003 auch die öffentliche Zugänglichmachung entsprechender Sammlungen zustimmungsfrei erlaubt hat. Die **Neufassung** verzichtet vor allem auf die früher erforderlichen (und in Bezug auf Sammlungen für den religiösen Gebrauch nach wie vor geltenden) Formalitäten nach § 46 Abs. 3 und Abs. 5, „damit die Materialien unbürokratischer erstellt werden können".[3] Außerdem ist die Regelung redaktionell vereinfacht und die Voraussetzung der „Teile" eines Werkes durch eine feste Grenze von 10% ersetzt worden. **Schutzzweck** der Vorschrift ist das öffentliche Interesse daran, dass „solche für die sittliche und geistige Heranbildung der Jugend unentbehrlichen Hilfsmittel ohne weiteres zur Verfügung stehen".[4] Jugendliche sollen insbesondere mit der zeitgenössischen Literatur vertraut gemacht werden können; dieser Zweck wäre gefährdet, wenn der Urheber die Aufnahme seines Werkes in ein Schulbuch nach Belieben verhindern könnte.[5] Wie bisher ist die Nutzung aber gemäß § 60h Abs. 1 und Abs. 3 S. 2 **vergütungspflichtig.**[6] Ist eine Nutzung nach § 60b erlaubt, so kann sie gemäß § 60g Abs. 1 nicht durch vertragliche Vereinbarungen zum Nachteil des Nutzers beschränkt oder untersagt werden. Gemäß § 95b Abs. 1 S. 1 Nr. 9 kann die Schranke auch gegenüber **technischen Schutzmaßnahmen** durchgesetzt werden.

Der neu eingeführte und in Abs. 3 legaldefinierte Begriff der **Unterrichts- und Lehrmedien 2** umfasst dem Wortlaut nach auch solche Sammlungen, die ein Lehrer oder Hochschullehrer selbst für den Unterricht erstellt, etwa in Form eines Skripts oder einer PowerPoint-Präsentation.[7] Nach der Gesetzesbegründung soll § 60b jedoch nur für denjenigen gelten, der die Werke Personen ohne Bezug zu einer konkreten Bildungseinrichtung zur Verfügung stellen will; wer Werke innerhalb der Bildungseinrichtung, für die oder an der er tätig ist, nutzen will, kann sich dagegen auf die Erlaubnis in § 60a berufen.[8] Insoweit ist **§ 60a** gegenüber § 60b als **lex specialis** anzusehen mit der Folge, dass nicht nur 10%, sondern 15% der genutzten Werke entnommen werden dürfen. In beiden Fällen verbietet es § 60a Abs. 3 Nr. 2 (iVm § 60b Abs. 2), das Unterrichtsmaterial seinerseits aus einem Schulbuch zu kopieren.

Unionsrechtliche Grundlage der Vorschrift ist – wie bei § 60a – Art. 5 Abs. 3 lit. a iVm Abs. 4 **3** InfoSoc-RL.[9] Konventionsrechtlich lässt sich die Regelung auf Art. 10 Abs. 2 RBÜ stützen.[10]

---

[1] Vgl. → § 46 Rn. 1.
[2] AmtlBegr. BT-Drs. 18/12329, 38.
[3] AmtlBegr. BT-Drs. 18/12329, 32 und 38.
[4] AmtlBegr. zu § 46 aF, BT-Drs. IV/270, 64.
[5] *Schack* ZUM 2016, 266 (276).
[6] Zum verfassungsrechtlichen Hintergrund der Vergütungspflicht → § 46 Rn. 3.
[7] Vgl. *Berger* GRUR 2017, 953 (960); Dreier/Schulze/*Dreier* § 60b Rn. 4.
[8] AmtlBegr. BT-Drs. 18/12329, 38.
[9] *Schack* ZUM 2016, 262 (275 f.); → § 60a Rn. 4.
[10] AmtlBegr. BT-Drs. 18/12329, 38; zu § 46 aF *Melichar* UFITA 92 (1982), 43 (45 f.).

II. Schranke für die Hersteller von Unterrichts- und Lehrmedien (Abs. 1 und 2)

4   In Abs. 1 wird der zulässige Umfang der Nutzung bestimmt. Hiernach kann der Hersteller für Unterrichts- und Lehrmedien **bis zu 10 % eines veröffentlichten Werkes** vervielfältigen, verbreiten und öffentlich zugänglich machen. Die in § 60a Abs. 2 vorgesehene Erweiterung des Nutzungsumfangs auf vollständige Werke sowie die Bereichsausnahmen in § 60a Abs. 3 gelten dabei gemäß Abs. 2 entsprechend.[11] Eine Legaldefinition der Unterrichts- und Lehrmedien enthält Abs. 3.[12]

1. Gegenstand der Nutzung

5   Es dürfen nur **veröffentlichte Werke** übernommen werden. Für den Begriff der Veröffentlichung gilt § 6 Abs. 1. Bis zum Inkrafttreten des „1. Korbs" zur Umsetzung der InfoSoc-RL musste ein Werk, das in eine privilegierte Sammlung aufgenommen werden sollte, iSv § 6 Abs. 2 **erschienen** sein. Der Gesetzgeber wollte jedoch auch die Übernahme von Werken ermöglichen, die ausschließlich in digitalen Online-Medien zugänglich gemacht worden sind.[13] Anders als § 46 aF enthält § 60b Abs. 1 darüber hinaus keine weitere Konkretisierung der Werke, die für die Herstellung von Unterrichts- und Lehrmedien verwendet werden dürfen. Im Rahmen der Schranke können daher grundsätzlich **alle Arten von Werken** übernommen werden. Neben Sprach- und Musikwerken sowie Werken der bildenden Kunst und Lichtbildwerken kommen zB auch Filmwerke oder Darstellungen wissenschaftlicher oder technischer Art in Betracht. Über gesetzliche Verweisungen auf den Sechsten Abschnitt gilt die Schranke auch für die meisten **Leistungsschutzrechte**.[14]

2. Erlaubte Nutzungshandlungen

6   Privilegiert sind nach Abs. 1 die **Vervielfältigung** (§ 16), **Verbreitung** (§ 17) und **öffentliche Zugänglichmachung** (§ 19a) der betreffenden Werke. Andere Formen der öffentlichen Wiedergabe werden nicht erfasst, dürften aber praktisch auch keine Rolle spielen.[15] § 46 Abs. 1 aF ließ dabei die Übernahme fremder Werke nur „als Element einer Sammlung" zu, um klarzustellen, dass die Verwertung der genannten Werke nur im Zusammenhang mit einer Verwertung der Sammlung insgesamt erlaubnisfrei zulässig ist.[16] § 60b Abs. 1 erlaubt dagegen die Nutzung **„für solche Sammlungen"**. Ein sachlicher Unterschied liegt darin nicht. Insbesondere kann man die Nutzung „für" eine Sammlung nicht auf die erstmalige Herstellung der Sammlung beschränken. Vielmehr erfasst die Schranke auch die Herstellung von Vervielfältigungsstücken und deren Verbreitung oder öffentliche Zugänglichmachung, soweit sie durch den Hersteller der Sammlung erfolgen.[17]

3. Zulässiger Nutzungsumfang

7   Nach § 46 Abs. 1 aF war grundsätzlich nur die Nutzung von Teilen eines Werkes zulässig. Diesen Begriff konkretisiert Abs. 1 im Interesse der Rechtsklarheit nun dahin, dass **bis zu 10 % eines Werkes** genutzt werden dürfen. Die Bestimmung der jeweiligen **Bezugsgröße** ist von der Art des genutzten Werkes abhängig. Insoweit gelten dieselben Maßstäbe wie im Rahmen von § 60a.[18]

8   Gemäß **Abs. 2** können in entsprechender Anwendung von § 60a Abs. 2 **Abbildungen, einzelne Beiträge aus derselben Fachzeitschrift oder wissenschaftlichen Zeitschrift, sonstige Werke geringen Umfangs und verwaiste Werke** abweichend von Abs. 1 auch **vollständig genutzt** werden. Hier gilt die Beschränkung auf 10 % des jeweiligen Werkes also nicht. Wegen der Einzelheiten kann auf die Kommentierung zu § 60a verwiesen werden.[19]

4. Entsprechende Anwendung der Bereichsausnahmen nach § 60a Abs. 3 (Abs. 2)

9   Auch die **Bereichsausnahmen nach § 60a Abs. 3** sind gemäß Abs. 2 entsprechend anzuwenden. Dem Verbot der Aufzeichnung öffentlicher Vorträgen, Aufführungen oder Vorführungen **(Nr. 1)** dürfte im Rahmen von § 60b dabei kaum praktische Bedeutung zukommen. Nach **Nr. 2** dürfen Werke, die ausschließlich für den Unterricht an Schulen geeignet, bestimmt und entsprechend gekennzeichnet sind, nicht in eine für den Schulgebrauch bestimmte Sammlung übernommen werden. Solche Werke dürfen nicht einmal im Umfang von 10 % genutzt werden.[20] Entscheidend dafür ist, dass **das betreffende Werk für den Unterrichtsgebrauch an Schulen bestimmt** ist. Der Umstand, dass ein nicht ausschließlich für diesen Zweck bestimmtes Werk (etwa ein Gedicht oder ein

---

[11] → Rn. 8, 9f.
[12] → Rn. 12f.
[13] AmtlBegr. BT-Drs. 15/38, 19; vgl. → § 46 Rn. 4.
[14] → Vor §§ 60a ff. Rn. 9.
[15] So auch Dreier/Schulze/*Dreier* § 60b Rn. 7.
[16] Für Sammlungen für den religiösen Gebrauch besteht diese Voraussetzung auch weiterhin, → § 46 Rn. 6.
[17] Zum Herstellerbegriff → Rn. 11.
[18] Dreier/Schulze/*Dreier* § 60b Rn. 6; → § 60a Rn. 14.
[19] → § 60a Rn. 15 ff.
[20] Dreier/Schulze/*Dreier* § 60b Rn. 6.

Gemälde) auch in einer anderen für den Schulgebrauch bestimmten Sammlung iSv Abs. 3 enthalten ist, steht seiner Nutzung im Rahmen von § 60b nicht entgegen. Der Ausschluss bezieht sich daher nur auf speziell für den Einsatz an Schulen verfasste Werke, insbesondere in Schulbüchern. Bereits nach § 46 Abs. 1 S. 2 aF war die **öffentliche Zugänglichmachung** eines für den Unterrichtsgebrauch an Schulen bestimmten Werkes stets von der Einwilligung des Berechtigten abhängig, um einen Eingriff in den Primärmarkt der Schulbuchverlage zu vermeiden.[21] Nach der Neufassung bedarf die Übernahme von Werken aus Schulbüchern darüber hinaus auch in **Printmedien** der Zustimmung des Rechtsinhabers.

In entsprechender Anwendung von **§ 60 Abs. 3 Nr. 3** ist außerdem die **Vervielfältigung von** 10 **grafischen Aufzeichnungen von Werken der Musik** ausgeschlossen. Eine Ausnahme besteht nur für solche Unterrichts- und Lehrmedien, die (insbesondere über das Internet) öffentlich zugänglich gemacht werden. Der **Abdruck von Noten** ist in Unterrichts- und Lehrmedien dagegen **nicht zulässig.** Insbesondere der Vertrieb von **Liederbüchern für den Musikunterricht an Schulen** ist daher nicht mehr von der Schranke gedeckt. Das bedeutet eine **erhebliche Einschränkung gegenüber § 46 Abs. 2 aF,** wonach Teile von Musikwerken sowie Musikwerke geringen Umfangs in Sammlungen für den Gebrauch im Musikunterricht in Schulen (mit Ausnahme von Musikschulen) vervielfältigt, verbreitet und öffentlich zugänglich gemacht werden durften. Während der Abdruck von Liedtexten nach wie vor lediglich der Vergütungspflicht nach § 60h Abs. 1 iVm Abs. 3 S. 2 unterliegt, bedarf der Abdruck von Noten jetzt der Zustimmung der betroffenen Rechtsinhaber. Ob dem Gesetzgeber diese Folge bewusst war, ist unklar; die Gesetzesbegründung geht hierauf nicht ein. Die Praxis hat darauf reagiert, indem der Gesamtvertrag zwischen der VG Musikedition und dem Verband Bildungsmedien eV vom 10.2./8.3.2018 neben der Vergütung für die Übernahme von Lied- und Songtexten nunmehr auch die **Einräumung von Nutzungsrechten an Noten** „entsprechend dem in § 60b geregelten Umfang" vorsieht.[22]

5. Privilegierter Nutzer

Die Vorschrift privilegiert ausschließlich die **Hersteller von Unterrichts- und Lehrmedien.** 11 Der Begriff der Unterrichts- und Lehrmedien wird in Abs. 3 legaldefiniert,[23] für den Begriff des Herstellers enthält das Gesetz jedoch **keine Definition.** Allerdings impliziert die Definition der Unterrichts- und Lehrmedien in Abs. 3 mit der Voraussetzung einer „Sammlung" eine aktive Auswahl und Anordnung der einzelnen Elemente. In Anlehnung an den Begriff des Tonträgerherstellers und des Filmherstellers wird man unter der Herstellung eines Unterrichts- und Lehrmediums daher die **erstmalige Festlegung der Sammlung,** nicht aber die bloße Vervielfältigung bestehender Sammlungen verstehen müssen. Dabei ist als Hersteller derjenige anzusehen, der die **organisatorisch-wirtschaftliche Verantwortung** für diese Festlegung trägt.[24] Das wird bei Sammlungen in Buchform in der Regel der Verleger sein. Da auch die öffentliche Zugänglichmachung für entsprechende Sammlungen erlaubt ist, ist der Kreis privilegierter Nutzer aber **nicht auf Buchverlage beschränkt.** In Betracht kommen als Hersteller etwa auch die Lehrenden selbst. Jedoch ist zu beachten, dass § 60a als lex specialis eingreift, soweit es um den Unterricht an der eigenen Bildungseinrichtung geht.[25] Derjenige, der ein von einem anderen hergestelltes Schul- oder Lehrbuch lediglich kopiert, um es in Unterricht oder Lehre zu verwenden, ist dagegen nicht als Hersteller eines Unterrichts- oder Lehrmediums anzusehen.

III. Unterrichts- und Lehrmedien (Abs. 3)

Nach der Legaldefinition in Abs. 3 sind Unterrichts- und Lehrmedien **Sammlungen, die Werke** 12 **einer größeren Anzahl von Urhebern vereinigen.** Insoweit deckt sich die Definition mit § 46 Abs. 1 aF. Der Begriff der **Sammlung** entspricht demjenigen in § 4, setzt aber kein urheberrechtlich geschütztes Sammel**werk** voraus.[26] In Betracht kommen neben **Büchern** auch Sammlungen in **digitaler Form,** etwa auf CD-ROM, aber auch reine Online-Medien. Erforderlich ist jeweils das Vorliegen einer geschlossenen Einheit, so dass insbesondere Online-Sammlungen als Ganzes zugänglich gemacht werden müssen und die einzelnen Elemente nicht zum Einzelabruf bereitgestellt werden dürfen. Wie groß die Zahl der Urheber sein muss, deren Werke in der Sammlung vereinigt sind, ist eine Frage des Einzelfalls; Werke mit Beiträgen von weniger als sieben Autoren sind jedenfalls keine Sammlung iSv Abs. 3.[27]

---

[21] AmtlBegr. zum „2. Korb", BT-Drs. 16/1828, 25.
[22] Abrufbar unter https://www.vg-musikedition.de/fileadmin/vgweb/public/pdf/Gesamtvertraege/VBM_2018.pdf.
[23] → Rn. 12 ff.
[24] Vgl. zum Tonträgerhersteller → § 85 Rn. 33 ff., zum Filmhersteller → Vor §§ 88 ff. Rn. 31.
[25] → Rn. 2.
[26] → § 46 Rn. 6.
[27] Zur parallelen Regelung in § 46 → § 46 Rn. 7.

13   Es sind zudem nur solche Sammlungen privilegiert, die **ausschließlich zur Veranschaulichung des Unterrichts und der Lehre an Bildungseinrichtungen iSv § 60a Abs. 4 geeignet, bestimmt und entsprechend gekennzeichnet sind.** § 60b ist insoweit funktional eng mit § 60a verwandt.[28] Im Rahmen von § 46 aF war umstritten, ob auch der Unterricht für Erwachsene, insbesondere an Universitäten und anderen Hochschulen, von der Privilegierung erfasst wurde.[29] Durch die Verweisung auf den Begriff der Bildungseinrichtungen in § 60a Abs. 4 ist jetzt klargestellt, dass die Schranke auch für Werksammlungen für Kindergärten, Hochschulen und Einrichtungen der Weiterbildung von Erwachsenen gilt.[30] Die Sammlung muss außerdem **zur Verwendung zu nicht kommerziellen Zwecken bestimmt** sein. Auf den Zweck, der mit dem Einsatz seiner Unterrichts- und Lehrmedien verfolgt wird, hat der Hersteller jedoch kaum Einfluss. So lässt sich etwa ein Sprachlernbuch für öffentliche Schulen auch an kommerziellen Sprachschulen verwenden, die sich nach dem Willen des Gesetzgebers nicht auf § 60a berufen können. Wie bei § 46 Abs. 1 S. 2 geht es daher in erster Linie darum, die entsprechende Bestimmung der Sammlung **deutlich zu kennzeichnen.** Da die Veranschaulichung des Unterrichts oder der Lehre an Bildungseinrichtungen der **ausschließliche Zweck** der Sammlung sein muss, muss die Zweckbestimmung darüber hinaus auch in der **äußeren Aufmachung** und **inhaltlichen Aufbereitung** der Sammlung zum Ausdruck kommen.[31] Sammlungen, die außerhalb der universitären Lehre auch als Hilfsmittel für die wissenschaftliche Forschung dienen können, sind daher nicht privilegiert.[32] Bei entsprechender Bestimmung begründet der zweckwidrige Einsatz der Medien aber keine Urheberrechtsverletzung des Herstellers.

IV. Urheberpersönlichkeitsrecht

14   Wie bei § 60a sind auch im Rahmen von § 60b über die nach § 62 Abs. 1–3 zulässigen Änderungen hinaus auch solche **Änderungen von Sprachwerken** ohne Einwilligung des Rechtsinhabers zulässig, die für die Veranschaulichung des Unterrichts und der Lehre erforderlich sind und deutlich sichtbar kenntlich gemacht werden (§ 62 Abs. 4 S. 1 und 4).[33] Ebenso besteht nach § 63 Abs. 1 S. 3 eine Ausnahme vom Gebot der **Quellenangabe,** sofern der Prüfungszweck ein Entfallen der Quellenangabe erfordert.

§ 60c Wissenschaftliche Forschung

(1) **Zum Zweck der nicht kommerziellen wissenschaftlichen Forschung dürfen bis zu 15 Prozent eines Werkes vervielfältigt, verbreitet und öffentlich zugänglich gemacht werden**

1. für einen bestimmt abgegrenzten Kreis von Personen für deren eigene wissenschaftliche Forschung sowie

2. für einzelne Dritte, soweit dies der Überprüfung der Qualität wissenschaftlicher Forschung dient.

(2) **Für die eigene wissenschaftliche Forschung dürfen bis zu 75 Prozent eines Werkes vervielfältigt werden.**

(3) **Abbildungen, einzelne Beiträge aus derselben Fachzeitschrift oder wissenschaftlichen Zeitschrift, sonstige Werke geringen Umfangs und vergriffene Werke dürfen abweichend von den Absätzen 1 und 2 vollständig genutzt werden.**

(4) **Nicht nach den Absätzen 1 bis 3 erlaubt ist es, während öffentlicher Vorträge, Aufführungen oder Vorführungen eines Werkes diese auf Bild- oder Tonträger aufzunehmen und später öffentlich zugänglich zu machen.**

Schrifttum: *Hilty,* Das Urheberrecht und der Wissenschaftler, GRUR-Int 2006, 179; *Lutz,* Zugang zu wissenschaftlichen Informationen in der digitalen Welt, 2012; *Pfeifer,* Wissenschaftsmarkt und Urheberrecht: Schranken, Vertragsrecht, Wettbewerbsrecht, GRUR 2009, 22; *Peifer/Gersmann,* Forschung und Lehre im Informationszeitalter – Zwischen Zugangsfreiheit und Privatisierungsanreiz, 2007; *Sandberger,* Behindert das Urheberrecht den Zugang zu wissenschaftlichen Publikationen?, ZUM 2006, 818. Siehe auch die Schrifttumshinweise vor §§ 60a ff.

Übersicht

---

[28] *Berger* GRUR 2017, 953 (960).
[29] Schricker/Loewenheim/*Melichar* (5. Aufl.) § 46 Rn. 10 mwN.
[30] Vgl. AmtlBegr. BT-Drs. 18/12329, 38.
[31] *Melichar* UFITA 92 (1982), 43 (48); zu Einzelheiten → § 46 Rn. 10 f.
[32] *Melichar* UFITA 92 (1982), 43 (48).
[33] → § 60a Rn. 34.

I. Allgemeines

1. Zweck und Bedeutung der Vorschrift

Die durch das am 1.3.2018 in Kraft getretene UrhWissG neu geschaffene Schranke regelt die zu- **1** stimmungsfrei zulässigen Nutzungen im Zusammenhang mit **wissenschaftlicher Forschung.** Sie ergänzt § 60a, der eine ähnlich strukturierte und auch inhaltlich weitgehend entsprechende Regelung für Nutzungen zum Zweck von Unterricht und Lehre an Bildungseinrichtungen enthält. Damit hat der Gesetzgeber auf den **„tiefgreifenden Medienwandel"** reagiert, der zu einer Vervielfachung der technischen Möglichkeiten zur Publikation von Wissen geführt hat.[1] Insbesondere soll dem Umstand Rechnung getragen werden, dass der schnelle Zugriff auf wissenschaftliche Beiträge zum Standard geworden ist und der „Griff zum Buch" häufig dadurch ersetzt wird, dass „Wissenschaftler am Arbeitsplatz und selbst auf Reisen digitale Kopien, wissenschaftliche Online-Datenbanken oder das Internet nutzen".[2] Die Vorschrift schützt insoweit die von Art. 5 Abs. 3 GG wie von Art. 13 GRCh gewährleistete **Freiheit der wissenschaftlichen Forschung.** Die grundrechtliche Gewährleistung umfasst auch die Materialsammlung, Ermittlungen über den Stand der Forschung, Zugang zu und Nutzung von Daten und Dokumenten aus allgemein zugänglichen Quellen, staatlichen Archiven und Datenbanken.[3]

Wie § 60a integriert die Schranke zu diesem Zweck mehrere zuvor in unterschiedlichen Vorschrif- **2** ten geregelte Einzeltatbestände.[4] So findet sich in **Abs. 1 Nr. 1** die zuvor in § 52a Abs. 1 Nr. 2 aF enthaltene Regelung über die öffentliche Zugänglichmachung geschützter Werke für andere Forscher wieder, **Abs. 2** ersetzt die zuvor in § 53 Abs. 2 S. 1 Nr. 1 aF geregelte Vervielfältigungsfreiheit für den eigenen wissenschaftlichen Gebrauch. Neu ist die Erweiterung der Nutzungsbefugnis in Bezug auf Dritte in **Abs. 1 Nr. 2.** Dem Ziel einer möglichst präzisen und eindeutigen Bestimmung des zulässigen Nutzungsumfangs dient dabei die Festlegung einer starren Obergrenze von 15 % (Abs. 1) bzw. 75 % (Abs. 2) des jeweils genutzten Werkes. Wie § 60a Abs. 2 sieht **Abs. 3** eine Erweiterung des Nutzungsumfangs für Werke geringen Umfangs vor, **Abs. 4** enthält eine § 60a Abs. 3 Nr. 1 entsprechende Bereichsausnahme.

Die nach § 60c erlaubten Nutzungshandlungen sind grundsätzlich **vergütungspflichtig,** § 60h **3** Abs. 1 S. 1. Dabei werden Vervielfältigungen gemäß § 60h Abs. 1 S. 1 und Abs. 5 S. 2 durch Einbeziehung in das System der Geräte- und Speichermedienabgabe nach §§ 54 ff. abgegolten. Für die Verbreitung und öffentliche Wiedergabe schuldet dagegen der Nutzer selbst die angemessene Vergütung, es sei denn, er ist an einer Einrichtung (zB einer Universität oder einem Forschungsinstitut) tätig, die dann gemäß § 60h Abs. 5 S. 1 Vergütungsschuldner ist. § 60h Abs. 3 S. 1 erlaubt insoweit auch eine pauschale und stichprobenbasierte Vergütung ohne Einzelabrechnung. Die von der Schranke erlaubten Nutzungshandlungen können auch durch **Lizenzverträge** nicht zum Nachteil des Nutzers beschränkt oder untersagt werden; bloße Lizenzangebote sind, anders als vom BGH für § 52a Abs. 1 aF angenommen,[5] unerheblich (§ 60g Abs. 1). Gemäß § 95b Abs. 1 S. 1 Nr. 10 kann die Schranke auch gegenüber **technischen Schutzmaßnahmen** durchgesetzt werden.

2. Unions- und konventionsrechtlicher Rahmen

Unionsrechtliche Grundlage der Schranke für die wissenschaftliche Forschung ist **Art. 5 Abs. 3** **4** **lit. a iVm Abs. 4 InfoSoc-RL.** Danach können die Mitgliedstaaten Ausnahmen oder Beschränkungen des Vervielfältigungs-, Verbreitungs- und des Rechts der öffentlichen Wiedergabe für die Nutzung „für Zwecke der wissenschaftlichen Forschung" vorsehen, soweit dies zur Verfolgung nicht kommerzieller Zwecke gerechtfertigt ist. Davon erfasst sind gemäß Art. 2 lit. b–e und Art. 3 Abs. 2 InfoSoc-RL auch das Vervielfältigungsrecht und das Recht der öffentlichen Zugänglichmachung der ausübenden Künstler, Tonträger-, Filmhersteller und Sendeunternehmen. Für deren Verbreitungsrecht und Recht der öffentlichen Wiedergabe gilt **Art. 10 Abs. 1 lit. d und Abs. 2 Vermiet- und Verleih-RL.** Die Zulässigkeit entsprechender Schranken für Datenbankwerke (§ 4 Abs. 2) und Datenbanken (§ 87a) ergibt sich aus Art. 6 Abs. 2 lit. b bzw. Art. 9 lit. b Datenbank-RL. Eine ausdrückliche

---

[1] AmtlBegr. BT-Drs. 18/12329, 20.
[2] AmtlBegr. BT-Drs. 18/12329, 20.
[3] BeckOK Grundgesetz/*Kempen* Art. 5 Rn. 182.
[4] S. dazu die Synopse → Vor §§ 60a ff. Rn. 8.
[5] BGH GRUR 2014, 549 Rn. 58 f. – Meilensteine der Psychologie.

Verpflichtung zum **„gerechten Ausgleich"** der Nutzungsfreiheit enthält die InfoSoc-RL für die Nutzungen nach Art. 5 Abs. 3 lit. a nicht. Die Vergütungspflicht dürfte aber im Hinblick auf den Dreistufentest geboten sein.[6] Im **Konventionsrecht** gibt es keine ausdrückliche Ausnahme für Forschungszwecke. Insbesondere erfasst Art. 10 Abs. 2 RBÜ nur die Nutzung zur Veranschaulichung des Unterrichts und privilegiert nicht die wissenschaftliche Forschung.[7] Für entsprechende Einschränkungen des Vervielfältigungsrechts kann man aber auf Art. 9 Abs. 2 RBÜ zurückgreifen.[8]

II. Nicht kommerzielle wissenschaftliche Forschung

5   Privilegierungszweck der Schranke ist die nicht kommerzielle wissenschaftliche Forschung. Der für die Reichweite der Schranke zentrale **Begriff der wissenschaftlichen Forschung** stammt aus Art. 5 Abs. 3 lit. a InfoSoc-RL. Er ist auch dort nicht näher definiert und muss vor dem Hintergrund von Art. 13 S. 1 GRCh ausgelegt werden.[9] Danach ist Forschung jede **methodische und systematische Tätigkeit** mit dem Ziel, **in nachprüfbarer Weise neue Erkenntnisse zu gewinnen.**[10] Die bloße Anwendung bereits bekannter Erkenntnisse wird dagegen nicht erfasst. Im Rahmen von § 52a Abs. 1 Nr. 2 aF wurde der Begriff daher überwiegend **enger** verstanden als der des in § 53 Abs. 2 S. 1 Nr. 1 aF verwendeten **„wissenschaftlichen Gebrauchs".**[11] Dieser schloss auch die bloße Unterrichtung über den Stand der Wissenschaft durch Personen ein, die sonst nicht wissenschaftlich tätig sind.[12] Der Gesetzgeber hat die unterschiedliche Terminologie im bislang geltenden Recht bewusst aufgegeben, um die gesetzliche Erlaubnis an die Formulierung im EU-Acquis und in § 52a Abs. 1 Nr. 2 aF anzupassen.[13] Es ist daher davon auszugehen, dass die **bloße Information über den Stand der wissenschaftlichen Forschung** nicht vom Zweck der Schranke erfasst wird.[14] In systematischer Hinsicht spricht hierfür auch die Unterscheidung von Forschung und privaten Studien in § 60e Abs. 4 S. 1. Für letztere kommt eine Privilegierung nur nach § 53 Abs. 1 oder Abs. 2 S. 1 Nr. 4 in Betracht.[15] So dienen insbesondere Nutzungshandlungen von **Studierenden,** die sich über den aktuellen Stand der Wissenschaft informieren, um sich zB auf eine Prüfung vorzubereiten, nicht dem Zweck, neue Erkenntnisse zu gewinnen. Sie sind daher nicht von der Privilegierung in § 60c erfasst.

6   Auf die Forschungsfreiheit kann sich jeder berufen, der wissenschaftlich tätig ist oder tätig werden will.[16] Dementsprechend erfasst § 60c als wissenschaftliche Forschung jegliches **methodisch-systematische Streben nach neuen Erkenntnissen,** also nicht nur die Forschung an Universitäten und Hochschulen, sondern auch die private Forschung.[17] Auf den **Status der forschenden Person** kommt es nicht an. Nach der Gesetzesbegründung kann sich auf die Befugnisse nach § 60c „jedermann" berufen; die Vorschrift soll „beispielsweise für unabhängige Forscher und solche an Forschungsinstituten, für Universitätsprofessoren und wissenschaftliche Mitarbeiter, aber auch für Privatgelehrte" gelten.[18] Aber auch wer ansonsten nicht wissenschaftlich tätig ist, kann wissenschaftliche Leistungen erbringen, beispielsweise der praktische Arzt, der einen Artikel für eine medizinische Zeitschrift schreibt.[19]

7   Privilegiert ist aber nur die **nicht kommerzielle** wissenschaftliche Forschung. Der Gesetzeswortlaut bringt das zwar nur in Abs. 1 zum Ausdruck, und auch die Gesetzesbegründung geht auf diese Einschränkung nur in Bezug auf Abs. 1 ausdrücklich ein.[20] Sie ergibt sich aber auch für Abs. 2 daraus, dass Art. 5 Abs. 3 lit. a InfoSoc-RL Beschränkungen des Vervielfältigungsrechts nur erlaubt, soweit dies zur Verfolgung nicht kommerzieller Zwecke gerechtfertigt ist,[21] und überdies Abs. 2 gegenüber Abs. 1 nur den Umfang der zulässigen Nutzung erweitert.[22] Dafür kommt es nach ErwG 42 InfoSoc-RL **nicht auf die Quelle der Finanzierung** oder die organisatorische Struktur der Forschungseinrichtung, sondern auf die kommerzielle Art der „Tätigkeit als solche" an.[23] Entscheidend ist danach,

---

[6] → § 60a Rn. 4.

[7] *OMPI,* Guide de la Convention de Berne (1978), Art. 10.10; irrig daher *de la Durantaye* S. 42, wonach die RBÜ „Forschung und Bildung" privilegiere.

[8] Vgl. *OMPI,* Guide de la Convention de Berne (1978), Art. 9.12.

[9] *de la Durantaye* S. 55; → Rn. 1.

[10] *Jarass,* EU-Grundrechte-Charta (3. Aufl. 2016), Art. 13 Rn. 6; ebenso zu Art. 5 Abs. 3 GG BVerfGE 35, 79 (112) – Hochschulurteil.

[11] So Schricker/Loewenheim/*Loewenheim* (5. Aufl.) § 52a Rn. 13 mwN.

[12] Schricker/Loewenheim/*Loewenheim* (5. Aufl.) § 53 Rn. 43 f.; *Lutz* S. 54 mwN.

[13] AmtlBegr. BT-Drs. 18/12329, 39.

[14] Umgekehrt für eine Ausdehnung des Begriffs im Sinne des früheren „wissenschaftlichen Gebrauchs" Wandtke/Bullinger/*Lüft* UrhG § 60c Rn. 11.

[15] Dazu → § 53 Rn. 24; → § 60a Rn. 25.

[16] BVerfGE 35, 79 (111) – Hochschulurteil.

[17] BeckOK UrhR/*Grübler* UrhG § 60c Rn. 5; Fromm/Nordemann/*A. Nordemann* UrhG § 60c Rn. 4; DKMH/*Hentsch* UrhG § 60c Rn. 6.

[18] AmtlBegr. BT-Drs. 18/12329, 39.

[19] Schricker/Loewenheim/*Loewenheim* (5. Aufl.) § 53 Rn. 43.

[20] AmtlBegr. BT-Drs. 18/12329, 39.

[21] → Rn. 4 und → Vor §§ 60a ff. Rn. 10.

[22] Dreier/Schulze/*Dreier* § 60c Rn. 14; → Rn. 19.

[23] Auch → § 60a Rn. 12.

dass mit der Forschung kein Gewinn erzielt werden soll oder jedenfalls alle Gewinne in die Forschung reinvestiert werden.[24] Daher kann auch die an öffentlichen Hochschulen stattfindende und über **private Drittmittel** finanzierte Forschung in den Anwendungsbereich der Vorschrift fallen.[25] Ebenso wenig soll der Umstand, dass ein Wissenschaftler seine Forschungsergebnisse in einem Verlag veröffentlicht und dafür ggf. ein **Honorar** erhält, den kommerziellen Charakter der Forschung begründen können.[26] Dass mit der Forschung Einnahmen erzielt werden, ist insgesamt so lange unschädlich, wie dies nur der Kostendeckung dient, wobei auch die Arbeitsleistung des Wissenschaftlers als Kostenfaktor zu berücksichtigen ist.[27] Daher können auch **kommerzielle Forschungseinrichtungen** und **Wirtschaftsunternehmen** durch § 60c privilegiert sein, sofern sie mit der konkreten Forschung keine Gewinnerzielungsabsicht verfolgen.[28] Kommerziellen Zwecken dient dagegen die Forschung, die ein Unternehmen betreibt, um Waren oder Dienstleistungen zu entwickeln und diese dann zu vermarkten.[29]

Nutzungen zum Zweck der **wissenschaftlichen Lehre** iS der pädagogisch-didaktischen Vermittlung wissenschaftlicher Erkenntnisse richten sich nicht nach § 60c, sondern nach § 60a.[30] Die Wiedergabe von Forschungsergebnissen in Vorlesungen, Lehrbüchern oder Rundfunk wird daher von § 60c nicht erfasst.[31] Das kann insbesondere im Rahmen von Abs. 2 zu **Abgrenzungsproblemen** führen, wenn ein Wissenschaftler ein Werk vervielfältigt, um zunächst selbst einen Erkenntnisgewinn daraus zu erlangen, das Ergebnis seiner Forschung dann aber auch im Rahmen der Lehre vermitteln will. Während § 60c Abs. 2 die Vervielfältigung im Umfang von 75 % des Werkes erlaubt, dürfen zur Vorbereitung der Lehre gemäß § 60a Abs. 1 Nr. 1 nur 15 % des Werkes genutzt werden. Der zusätzliche Lehrzweck darf sich aber nicht negativ auf die Forschungsfreiheit auswirken. Daher wird man § 60c Abs. 2 **Vorrang vor § 60a** einräumen müssen, wenn dieselbe Vervielfältigungshandlung sowohl Forschungs- als auch Lehrzwecken dient. Die Verbreitung und öffentliche Wiedergabe des betreffenden Werkes ist in jedem Fall nur im Umfang von 15 % gestattet.   **8**

III. Schranke für die Verbreitung und öffentliche Zugänglichmachung (Abs. 1 und 3)

§ 60c Abs. 1 erlaubt die Vervielfältigung, Verbreitung und öffentliche Zugänglichmachung von Werken zum Zweck der nicht kommerziellen Forschung für einen abgegrenzten Kreis von Personen für deren eigene Forschung (Nr. 1) sowie für einzelne Dritte zur Qualitätskontrolle (Nr. 2). Ebenso wie in § 60a Abs. 1 ist die Erlaubnis allerdings grundsätzlich auf 15 % des jeweiligen Werkes beschränkt.   **9**

1. Gegenstand der Nutzung

Die Schranke erfasst grundsätzlich **Werke aller Art** einschließlich elektronischer Datenbankwerke. Ob dies auch für die Computerprogramme gilt, die den elektronischen Zugang zu den einzelnen Elementen der Datenbank vermitteln, ist umstritten.[32] Ebenso wie die Zitierfreiheit gemäß § 51 S. 2 Nr. 1 und 2[33] wird man die Schranke in § 60c aber im Rahmen von § 69a Abs. 4 auf Computerprogramme anwenden können; Bedeutung hat das vor allem auch für die Nutzung von **E-Books**.[34] Anders als nach § 60a[35] und § 52a Abs. 1 Nr. 2 aF dürfen auch **unveröffentlichte Werke** genutzt werden. Damit wollte der Gesetzgeber insbesondere die Erforschung von Nachlässen erleichtern.[36] Allerdings soll auch in einem solchen Fall allein der Rechtsnachfolger des Urhebers über die Veröffentlichung des erforschten Werkes entscheiden können.[37] Da Abs. 1 ausdrücklich auch die öffentliche Zugänglichmachung sowie die Verbreitung des Werkes an die Öffentlichkeit ohne Zustimmung des Urhebers erlaubt, kann das aber nur so zu verstehen sein, dass mit einer solchen Nutzung im Rahmen von § 60c noch keine Veröffentlichung iSv § 6 Abs. 1 eintritt.[38] Relevant ist die Schranke auch für **eigene Werke des Nutzers,** an denen ausschließliche Nutzungsrechte Dritter (insbes. Ver-   **10**

---

[24] Vgl. Art. 2 Abs. 1 des Vorschlags einer Richtlinie über das Urheberrecht im digitalen Binnenmarkt, COM(2016) 593 final; zur parallelen Problematik bei § 60a → § 60a Rn. 12.

[25] AmtlBegr. BT-Drs. 18/12329, 39; *Berger* GRUR 2017, 953 (961).

[26] AmtlBegr. BT-Drs. 18/12329, 39.

[27] Vgl. DKMH/*Hentsch* UrhG § 60c Rn. 8.

[28] So auch DKMH/*Hentsch* UrhG § 60c Rn. 7; *Schack* ZUM 2016, 266 (276). Enger jetzt allerdings Art. 2 Nr. 1 iVm ErwG 12 DSM-RL, wonach der bestimmende Einfluss eines gewerblichen Unternehmens die Privilegierung als „Forschungseinrichtung" ausschließt.

[29] AmtlBegr. BT-Drs. 18/12329, 39.

[30] AmtlBegr. BT-Drs. 18/12329, 39; → § 60a Rn. 9.

[31] AA offenbar BeckOK UrhR/*Grübler* UrhG § 60c Rn. 5, wonach der Begriff der wissenschaftlichen Forschung auch die Vermittlung der Erkenntnis umfasst.

[32] Ablehnend DKMH/*Hentsch* UrhG § 60c Rn. 3; Wandtke/Bullinger/*Lüft* UrhG § 60c Rn. 4.

[33] Dazu → § 69a Rn. 25i.

[34] → Vor §§ 60a ff. Rn. 9.

[35] → § 60a Rn. 6.

[36] AmtlBegr. BT-Drs. 18/12329, 39.

[37] AmtlBegr. BT-Drs. 18/12329, 39.

[38] Dazu → Vor §§ 44a ff. Rn. 19; vgl. *Berger* GRUR 2017, 953 (961).

lagsrecht, § 8 VerlG) bestehen. So dürfen etwa vom Nutzer verfasste Artikel aus Fachzeitschriften an andere Wissenschaftler für deren Forschung per Post oder E-Mail versandt werden.

2. Erlaubte Nutzungshandlungen

11   Nach § 52a Abs. 1 Nr. 2, Abs. 3 aF waren nur die **öffentliche Zugänglichmachung** und die hierfür erforderlichen Vervielfältigungen privilegiert. Dagegen erlaubt Abs. 1 mit der **Vervielfältigung** und **Verbreitung** daneben auch die Verwertung in körperlicher Form, dh die Verteilung von Kopien.[39] **Sonstige Formen der öffentlichen Wiedergabe** (§ 15 Abs. 2 iVm §§ 19, 20–22) werden dagegen nach dem Gesetzeswortlaut nicht von der Privilegierung erfasst.[40] Das ist vor allem im Hinblick auf neue, unbekannte Verwertungsformen problematisch.[41] Bei § 60a wurden die Nutzungsbefugnisse gegenüber § 52a Abs. 1 Nr. 1 aF bewusst auf alle Formen der öffentlichen Wiedergabe ausgeweitet, um die Vorschrift **zukunftsfest** auszugestalten.[42] Da man bei § 60c darauf verzichtet hat, dürfen fremde Werke innerhalb einer Forschergruppe zwar über ein Intranet zum Download angeboten werden (§ 19a), das bloße **Verlinken** einer auf einem fremden Server gespeicherten Datei ist dagegen nicht erlaubt, da hierin keine öffentliche Zugänglichmachung, sondern ein unbenannter Fall der öffentlichen Wiedergabe zu sehen ist.[43] Gleiches gilt für die zeitgleiche Übertragung an alle Empfänger, etwa im Rahmen einer Videokonferenz, die als **Sendung** iSv § 20 ebenfalls nicht vom Wortlaut erfasst wird. Ein sachlicher Grund für diese Differenzierung ist nicht ersichtlich. Sie ist auch nicht durch Art. 5 Abs. 3 lit. a InfoSoc-RL geboten, wonach Ausnahmen und Beschränkungen in Bezug auf sämtliche Formen der öffentlichen Wiedergabe iSv Art. 3 Abs. 1 InfoSoc-RL zulässig sind. In grundrechts- und **richtlinienkonformer Auslegung** wird man die Schranke daher auch auf andere Verwertungsformen ausdehnen müssen, die auf die Eröffnung eines Zugangs zum Werk über ein Datennetz gerichtet sind.[44]

12   Im Hinblick auf den Zweck der Regelung ist darüber hinaus der Ausschluss solcher öffentlichen Wiedergaben problematisch, die **gegenüber einem anwesenden Publikum** erfolgen. Namentlich der mündliche Vortrag fremder Sprachwerke (§ 19 Abs. 1), die Vorführung visueller Werke (§ 19 Abs. 4) sowie das Abspielen von Tondokumenten (§ 21), etwa als Bestandteil einer **Präsentation auf einer wissenschaftlichen Fachtagung** oder innerhalb einer Arbeitsgruppe, werden von der Privilegierung nicht erfasst. Soweit es hierbei nicht um die pädagogisch-didaktische Vermittlung wissenschaftlicher Erkenntnisse geht, fallen solche Wiedergaben auch nicht unter den Begriff der Lehre iSv § 60a.[45] Wenn die Wiedergabe auch nicht von der Zitierfreiheit (§ 51) gedeckt ist, bleibt dem Vortragenden daher nur das (als Verbreitung zulässige) Verteilen von Kopien. Das ist anachronistisch und widerspricht der Zielsetzung des UrhWissG, das Potenzial der modernen Wissensgesellschaft auszuschöpfen. Der im Vortrag oder der Vorführung liegende Eingriff in das Ausschließlichkeitsrecht der betroffenen Urheber ist deutlich weniger intensiv als das von § 60c gedeckte Bereithalten zum Download über das Internet. In einem Schluss a maiore ad minus sollte die Schranke daher – jedenfalls de lege ferenda – auch auf solche Nutzungen erstreckt werden.[46] Unabhängig von § 60c zulässig bleibt die Wiedergabe von Werken gegenüber Gruppen, die **keine Öffentlichkeit** iSv § 15 Abs. 3 bilden. Bei der Wiedergabe an eine ortsabwesende Öffentlichkeit ist insoweit zu berücksichtigen, dass der Begriff der Öffentlichkeit gemäß Art. 3 Abs. 1 InfoSoc-RL nach der Rechtsprechung des EuGH nur bei einer unbestimmten Zahl potenzieller Adressaten und recht vielen Personen erfüllt ist.[47] Das wird bei kleinen Forschergruppen häufig nicht der Fall sein.[48]

3. Zulässiger Nutzungsumfang

13   Wie nach § 60a Abs. 1[49] dürfen grundsätzlich **bis zu 15 % eines Werkes** genutzt werden. Eine Ausnahme gilt gemäß **Abs. 3** für Abbildungen, einzelne Beiträge aus derselben Fachzeitschrift oder wissenschaftlichen Zeitschrift, sonstige Werke geringen Umfangs und vergriffene Werke. Sie können vollständig genutzt werden. Insoweit kann auf die entsprechende Regelung in § 60a Abs. 2 verwiesen werden.[50]

---

[39] So die AmtlBegr. BT-Drs. 18/12329, 21.
[40] Dreier/Schulze/*Dreier* § 60c Rn. 5; DKMH/*Hentsch* UrhG § 60c Rn. 12.
[41] Vgl. DKMH/*Hentsch* UrhG § 60c Rn. 11.
[42] → § 60a Rn. 7.
[43] BGH GRUR 2016, 171 Rn. 14, 15 ff. – Die Realität II; BGH GRUR 2018, 178 Rn. 19, 29 ff. – Vorschaubilder III; → § 15 Rn. 303.
[44] AA Wandtke/Bullinger/*Lüft* UrhG § 60c Rn. 9.
[45] → § 60a Rn. 12.
[46] Für eine Privilegierung öffentlicher Wiedergaben gemäß §§ 19 Abs. 4, 19a, 21, 22 auch *Schack* ZUM 2016, 266 (282).
[47] S. nur EuGH GRUR 2016, 1152 Rn. 36 – GS Media/Sanoma mwN.
[48] AmtlBegr. BT-Drs. 18/12329, 41 (zu § 60d Abs. 1 S. 1 Nr. 2).
[49] Hierzu → § 60a Rn. 13 f.
[50] → § 60a Rn. 15 ff.

4. Privilegierter Adressatenkreis

Für welchen Personenkreis der Handelnde Werke vervielfältigen, verbreiten und öffentlich zugäng- 14
lich machen darf, bestimmen Nr. 1 und Nr. 2. Gemeint sind damit die **Adressaten** der betreffenden
Nutzungshandlung, nicht die Person, welche die Nutzungshandlung vornimmt. In beiden Fällen sind
die geschützten Inhalte vor dem Zugriff durch sonstige Personen zu bewahren.[51] Der zugelassene
Personenkreis ist durch **konkrete und nach dem jeweiligen Stand der Technik wirksame Vorkehrungen** ausschließlich auf Personen einzugrenzen, die das Angebot für die jeweiligen wissenschaftlichen Zwecke abrufen.[52] Daher ist es nicht zulässig, Werke so in das Intranet einer Universität
einzustellen, dass sämtlichen dort tätigen Forschern die Nutzung des Werkes ermöglicht wird.[53] Bei
etwaigen Missbräuchen (Weitergabe von Passwörtern usw) ist das System so anzupassen, dass Umgehungen zumindest weitgehend ausgeschlossen werden.[54] Wenn entsprechende Maßnahmen unterbleiben und Dritte auf die Materialien zugreifen, ist eine Berufung auf die Schranke ausgeschlossen.[55]

a) Nach **Nr. 1** dürfen Werke für einen bestimmt abgegrenzten Kreis von Personen **für deren ei-** 15
gene wissenschaftliche Forschung genutzt werden.[56] Dieser Kreis wird in der Regel durch die
Zugehörigkeit zu einer Forschungsgruppe definiert sein, die sich ein bestimmtes Forschungsziel gesetzt hat. Der Gesetzgeber dachte an „kleine Forschungsteams".[57] Die **Größe der Forschungsgruppe** wird allerdings maßgeblich vom Forschungsgegenstand und dem dafür erforderlichen personellen Aufwand abhängen. Unerheblich ist, ob alle Personen an derselben Einrichtung tätig sind.
Nach der Gesetzesbegründung dürfen Materialien auch innerhalb „loser Forschungsverbünde" genutzt werden.[58] Dennoch wird die Vorschrift insoweit als zu eng kritisiert, als sie **keine öffentliche
Zugänglichmachung für Dritte** vorsehe, wie sie in vielen Fällen auf wissenschaftlichen Konferenzen erfolge.[59] Auf Konferenzen werden Werke in der Regel jedoch nicht iSv § 19a öffentlich zugänglich gemacht, sondern vorgetragen bzw. vorgeführt (§ 19 Abs. 1 und 4) oder im Einzelfall auch per
Live-Stream gesendet (§ 20). Diese Nutzungshandlungen werden von § 60c aber ohnehin nicht erfasst; hierin liegt das eigentliche Problem.[60]

Die Vervielfältigung, Verbreitung oder öffentliche Zugänglichmachung muss für die **eigene For-** 16
schung der jeweiligen Adressaten bestimmt sein. Sollen die verbreiteten Vervielfältigungsstücke
nicht ausschließlich durch den privilegierten Adressatenkreis gebraucht werden, sondern an außenstehende Wissenschaftler oder Institute weitergegeben werden, so ist Nr. 1 nicht anwendbar. Das Gleiche gilt, wenn die Vervielfältigungsstücke zwar in der wissenschaftlichen Einrichtung verbleiben, dort
aber durch Dritte benutzt werden oder zur Herstellung weiterer für Dritte bestimmter Vervielfältigungsstücke dienen sollen.

b) **Nr. 2** erlaubt die Nutzung für einzelne **Dritte.** Anders als der Tatbestand in Nr. 1, der an die 17
Formulierung in § 52a Abs. 1 Nr. 2 aF anknüpft, hatte diese Regelung keine Entsprechung im bisherigen Recht. Der Gesetzgeber wollte damit die Überprüfung der wissenschaftlichen Forschung im sog.
Peer Review vor Veröffentlichungen oder vor **Preisvergaben** erleichtern.[61] Soweit damit ein automatisierter Vergleich zwischen der zu überprüfenden Forschungsarbeit und anderen Werken, insbesondere
zur Plagiatskontrolle, ermöglicht werden soll, reicht der zugelassene Nutzungsumfang von 15 % aber
kaum aus.[62] Das gilt erst recht, wenn es um eine von ihrem Urheber nicht erlaubte Nutzung der zu
überprüfenden Forschungsarbeit selbst geht. Innerhalb universitärer Prüfungsverfahren wegen Plagiats-
verdachts kann § 45 Abs. 1 iVm Abs. 3 helfen. Im Übrigen sind die mit der Überprüfung befassten
Gremien (Promotionsausschuss, Redaktion des Publikationsorgans, Preiskomitee usw) aber gehalten,
die Zustimmung des Urhebers zur Nutzung seiner Arbeit im erforderlichen Umfang einzuholen.

5. Privilegierter Nutzer

Ebenso wie § 60a enthält die Schranke keine Regelung in Bezug auf die **Person des privilegier-** 18
ten Nutzers. Ausweislich der Gesetzesbegründung dürfen die Nutzungshandlungen auch **durch
einen Dritten** vorgenommen werden, der selbst keine Forschungszwecke verfolgt.[63] Der zur Be-

---

[51] AmtlBegr. BT-Drs. 18/12329, 39.
[52] AmtlBegr. zu § 52a, BT-Drs. 15/38, 20.
[53] So zu § 52a bereits Bericht des Rechtsausschusses, BT-Drs. 15/837, 34.
[54] Dreier/Schulze/*Dreier* § 60c Rn. 9.
[55] DKMH/*Hentsch* UrhG § 60c Rn. 19.
[56] Zum Begriff der wissenschaftlichen Forschung → Rn. 5.
[57] Bericht des Rechtsausschusses, BT-Drs. 15/837, 34.
[58] AmtlBegr. BT-Drs. 18/12329, 39.
[59] So Dreier/Schulze/*Dreier* § 60c Rn. 10 aE; auch *Berger* GRUR 2017, 953 (960) weist auf diese Einschränkung
hin.
[60] → Rn. 11. Insoweit ist auch an eine behutsame Ausdehnung der Schranke auf die öffentliche Wiedergabe gegenüber solchen Personen zu denken, die sich lediglich über den Stand der Forschung informieren wollen oder lediglich aus organisatorischen Gründen an der Veranstaltung teilnehmen (etwa technisches Personal oder Übersetzer).
[61] AmtlBegr. BT-Drs. 18/12329, 39.
[62] So auch *de la Durantaye* GRUR 2017, 558 (565); Dreier/Schulze/*Dreier* § 60c Rn. 10.
[63] AmtlBegr. BT-Drs. 18/12329, 39; Dreier/Schulze/*Dreier* § 60c Rn. 5; Fromm/Nordemann/*A. Nordemann*
§ 60c Rn. 4.

gründung angeführte Verweis auf § 53 Abs. 2 S. 1, der das Herstellenlassen von Vervielfältigungsstücken erlaubt, lässt sich jedoch nicht ohne Weiteres auf die nach § 60c ebenfalls zulässige Verbreitung und öffentliche Zugänglichmachung übertragen. Denn im Rahmen von § 53 Abs. 1 und 2 ist als „Herstellenlassen" die Einschaltung eines Dritten nur zulässig, soweit sich dessen Rolle darauf beschränkt, als „notwendiges Werkzeug" des eigentlich Privilegierten tätig zu werden, und die Vervielfältigungshandlung daher dem Auftraggeber zugerechnet werden kann.[64] Da § 60c keine derartige Einschränkung vorsieht, würde die Schranke dagegen auch Dienstleistungen von Bibliotheken oder kommerziellen Anbietern erfassen, die darauf gerichtet sind, Wissenschaftlern für deren Forschung urheberrechtlich geschützte Werke zu vermitteln. Damit geriete die Schranke aber in **Konflikt mit § 60e Abs. 5,** der einen Kopienversand durch öffentlich zugängliche Bibliotheken nur auf Einzelbestellung und zudem nur beschränkt auf 10% eines Werkes erlaubt. Daher wird man nur diejenigen Nutzer als privilegiert ansehen können, die selbst Teil des privilegierten Adressatenkreises sind oder in dessen Auftrag tätig werden und sich dabei auf den **technisch-maschinellen Vorgang** der Vervielfältigung, Verbreitung oder öffentlichen Zugänglichmachung beschränken.[65]

III. Schranke für die Vervielfältigung zum eigenen wissenschaftlichen Gebrauch (Abs. 2 und 3)

19   In Bezug auf Vervielfältigungen für die eigene wissenschaftliche Forschung **erweitert** Abs. 2 den Umfang der zulässigen Nutzung von 15% auf **75% eines Werkes.** Da auch der einzelne Wissenschaftler als „bestimmt abgegrenzter Kreis von Personen" iSv Abs. 1 Nr. 1 anzusehen ist, enthält Abs. 2 keinen eigenständigen Schrankentatbestand, sondern erweitert lediglich den Umfang der zulässigen Nutzung, soweit sie **für die eigene Forschung des Handelnden** bestimmt ist. Dieser darf die Vervielfältigung auch **durch einen Dritten herstellen lassen,** wenn sich die Tätigkeit des anderen auf den technisch-maschinellen Vorgang der Vervielfältigung beschränkt.[66] Die Regelung tritt insoweit an die Stelle der früheren Schranke zugunsten des eigenen wissenschaftlichen Gebrauchs in § 53 Abs. 2 S. 1 Nr. 1 aF. Der eigene Gebrauch ist dadurch charakterisiert, dass jemand Vervielfältigungsstücke zur **eigenen Verwendung und nicht zur Weitergabe an Dritte** herstellt bzw. herstellen lässt.[67] Der erweiterte Nutzungsumfang gilt dementsprechend nur für Vervielfältigungen, nicht auch für die Verbreitung und öffentliche Zugänglichmachung. Daher dürfen nach Auffassung des Gesetzgebers Vervielfältigungsstücke, die im Rahmen von Abs. 2 für Zwecke der eigenen wissenschaftlichen Forschung angefertigt worden sind, nicht verbreitet oder zur öffentlichen Wiedergaben benutzt werden.[68] Auf eine ausdrückliche Klarstellung wie in § 53 Abs. 6 S. 1 hat der Gesetzgeber dabei verzichtet. Wie dort muss aber auch hier gelten, dass eine Verbreitung oder öffentliche Wiedergabe, die ihrerseits von einer Zustimmung des Urhebers oder einer gesetzlichen Schranke gedeckt ist (zB § 60a Abs. 1 Nr. 1 oder § 60c Abs. 1 Nr. 1), keine Urheberrechtsverletzung begründet, auch wenn der Nutzer hierfür ein im Rahmen von Abs. 2 ursprünglich nur für eigene Forschungszwecke hergestelltes Vervielfältigungsstück verwendet.[69]

20   Die Erweiterung der Nutzungsbefugnis auf die **vollständige Nutzung** von Abbildungen, Zeitschriftenartikeln, sonstigen Werken geringen Umfangs und vergriffenen Werken in Abs. 3 gilt auch für Abs. 2.[70] Insoweit kommt Abs. 2 gegenüber Abs. 1 Nr. 1 jedoch keine eigenständige Bedeutung zu, da auch im Rahmen von Abs. 1 Nr. 1 die vollständige Vervielfältigung erlaubt ist. **Beispiele** für zulässige Vervielfältigungshandlungen sind die Anlage eines Ordners mit Kopien der Aufsätze, die im Rahmen einer Doktorarbeit oder einer anderen Forschungsarbeit bearbeitet werden sollen, oder der Download wissenschaftlicher Texte aus dem Internet.[71] Auch das Anfertigen von Ablichtungen zum Zwecke wissenschaftlicher Vorträge gehört hierher;[72] die Ablichtungen dürfen beim Vortrag aber nicht gezeigt werden.[73]

IV. Bereichsausnahme (Abs. 4)

21   Wie § 60a Abs. 3 Nr. 1 enthält Abs. 4 eine Bereichsausnahme, die **Aufnahmen von Live-Veranstaltungen** vor Ort verbietet.[74] Der gegenüber jener Vorschrift abweichende Wortlaut ist durch den unterschiedlichen Umfang der erlaubten Nutzungshandlungen bedingt. Dagegen wurden die

---

[64] → § 53 Rn. 30.
[65] → § 60a Rn. 21.
[66] → Rn. 18 sowie → § 53 Rn. 36.
[67] → § 53 Rn. 35.
[68] Vgl. AmtlBegr. BT-Drs. 18/12329, 40; Dreier/Schulze/*Dreier* § 60c Rn. 12; → Rn. 16.
[69] Dazu → § 53 Rn. 65 f.
[70] → Rn. 13.
[71] DKMH/*Hentsch* § 60c Rn. 15.
[72] DKMH/*Hentsch* § 60c Rn. 15.
[73] → Rn. 12.
[74] Dazu → § 60a Rn. 29 f.

Bereichsausnahmen für Filmwerke und grafische Aufzeichnungen von Werken der Musik in § 52a Abs. 2 S. 2 aF und § 53 Abs. 4 lit. a für die wissenschaftliche Forschung nicht übernommen, um die Forschung solcher Werke zu erleichtern. Nach Auffassung des Gesetzgebers ist eine Beeinträchtigung der normalen Verwertung solcher Werke dadurch nicht zu befürchten.[75]

V. Urheberpersönlichkeitsrecht

Bei Verwendung fremder Werke im Rahmen von § 60c ist das Urheberpersönlichkeitsrecht zu achten. Dies gilt insbesondere für das **Änderungsverbot** nach § 62. Zu beachten ist weiterhin das Gebot der **Quellenangabe** nach § 63.   **22**

§ 60d Text und Data Mining

(1) [1]Um eine Vielzahl von Werken (Ursprungsmaterial) für die wissenschaftliche Forschung **automatisiert auszuwerten, ist es zulässig,**

1. **das Ursprungsmaterial auch automatisiert und systematisch zu vervielfältigen, um daraus insbesondere durch Normalisierung, Strukturierung und Kategorisierung ein auszuwertendes Korpus zu erstellen, und**

2. **das Korpus einem bestimmt abgegrenzten Kreis von Personen für die gemeinsame wissenschaftliche Forschung sowie einzelnen Dritten zur Überprüfung der Qualität wissenschaftlicher Forschung öffentlich zugänglich zu machen.**

[2]**Der Nutzer darf hierbei nur nicht kommerzielle Zwecke verfolgen.**

(2) [1]**Werden Datenbankwerke nach Maßgabe des Absatzes 1 genutzt, so gilt dies als übliche Benutzung nach § 55a Satz 1.** [2]**Werden unwesentliche Teile von Datenbanken nach Maßgabe des Absatzes 1 genutzt, so gilt dies mit der normalen Auswertung der Datenbank sowie mit den berechtigten Interessen des Datenbankherstellers im Sinne von § 87b Absatz 1 Satz 2 und § 87e als vereinbar.**

(3) [1]**Das Korpus und die Vervielfältigungen des Ursprungsmaterials sind nach Abschluss der Forschungsarbeiten zu löschen; die öffentliche Zugänglichmachung ist zu beenden.** [2]**Zulässig ist es jedoch, das Korpus und die Vervielfältigungen des Ursprungsmaterials den in den §§ 60e und 60f genannten Institutionen zur dauerhaften Aufbewahrung zu übermitteln.**

Schrifttum: *de la Durantaye,* Allgemeine Bildungs- und Wissenschaftsschranke, 2014; *B. Raue,* Das Urheberrecht der digitalen Wissen(schaft)sgesellschaft, GRUR 2017, 11; *ders.,* Text und Data Mining – Die neue Urheberrechtsschranke des § 60d UrhG, CR 2017, 656; *Spindler,* Text und Data Mining – urheber- und datenschutzrechtliche Fragen, GRUR 2016, 1112; *ders.,* Text- und Datamining im neuen Urheberrecht und in der europäischen Diskussion, ZGE 10 (2018), 273. Siehe auch die Schrifttumshinweise vor §§ 60a ff.

Übersicht

I. Allgemeines

1. Zweck und Bedeutung der Vorschrift

Die durch das UrhWissG mit Wirkung zum 1.3.2018 eingeführte Vorschrift hat keinen Vorläufer im bisherigen Recht. Sie stellt die im Rahmen des sog. Text- und Data Mining erfolgende Nutzung fremder Werke mit Texten, Daten, Bildern, Tönen oder audiovisuellen Inhalten vom Ausschließlichkeitsrecht der betroffenen Urheber frei, soweit damit nicht kommerzielle Forschung betrieben werden soll. Unter **Text und Data Mining** wird eine Technik für die automatisierte Auswertung von Texten   **1**

---

[75] AmtlBegr. BT-Drs. 18/12329, 40.

und Daten in digitaler Form verstanden, mit deren Hilfe beispielsweise Erkenntnisse über Muster, Trends und Korrelationen gewonnen werden können.[1] Dieser Forschungsansatz kann als ein Unterfall der unter „Big Data" geführten Diskussion zur Auswertung von zuvor erhobenen Daten angesehen werden.[2] Er umfasst einen **mehrstufigen Prozess,**[3] bei dem große Text- und Datenmengen (Ursprungsmaterial) in digitaler Form gesammelt, aufbereitet und automatisiert nach bestimmten Merkmalen durchsucht und ausgewertet werden. Ziel der Aufbereitung ist es, die Inhalte durch Normalisierung, Strukturierung, Kategorisierung und Überführung in andere technische Formate maschinenlesbar zu machen. Hierdurch entsteht das sog. **Korpus,** also die Sammlung der Inhalte, die ausgewertet wird. Bei der für die Auswertung eingesetzten Mining-Software handelt es in der Regel um speziell für das jeweilige Vorhaben programmierte Algorithmen, die zB statistische Häufigkeiten oder Korrelationen in den aufbereiteten Inhalten ermitteln, um diese anschließend zu analysieren und zu bewerten.[4] Anwendungsbereiche sind neben der Forschung im Bereich der Pharmazie oder Biomedizin soziologische Untersuchungen zum Einfluss bestimmter Faktoren auf Äußerungen oder (zB politische) Einstellungen[5] oder die Berechnung semantischer Abhängigkeiten zwischen Begriffen oder Texten in der Sprachwissenschaft.[6]

2   Die Technik des Text und Data Mining ist aber **nicht auf die Anwendung in der wissenschaftlichen Forschung beschränkt.** Sie lässt sich auch für **kommerzielle Nutzungen** einsetzen, etwa für das Kundenbeziehungsmanagement[7] oder die Auswertung des Käuferverhaltens zur effizienteren Ausrichtung der Geschäftspolitik.[8] Darüber hinaus können aber auch **Journalisten** darauf angewiesen sein, Data Mining zu betreiben, insbesondere um umfangreiche Dokumente wie etwa die sog. Panama Papers zu untersuchen.[9] Solche Nutzungen werden jedoch nicht von der Schranke privilegiert.[10] Das nimmt der Schranke einen Großteil ihrer praktischen Wirksamkeit.[11]

3   Allerdings ist insbesondere in Bezug auf den Schutz von Datenbanken (§ 87a Abs. 1) umstritten, ob es überhaupt einer Erlaubnis für das Text und Data Mining bedarf.[12] Denn der Kern dieser Vorgehensweise, die automatisierte Auswertung selbst, ist **keine urheberrechtlich relevante Handlung.**[13] Wenn das Mining ohne Herstellung eines Korpus auskommt, begründet die Anwendung der Technik daher auch ohne Zustimmung der betroffenen Urheber keine Urheberrechtsverletzung. Der Gesetzgeber hielt eine gesetzliche Erlaubnis aber insoweit für nötig, als urheber- oder leistungsschutzrechtlich geschützte Inhalte (zB wissenschaftliche Fachartikel, Lichtbilder, Datenbankwerke) zur Herstellung des Korpus vervielfältigt oder öffentlich zugänglich gemacht werden.[14] Wenn man in der Herstellung des Korpus einen integralen und wesentlichen Bestandteil des technischen Verfahrens Text und Data Mining sieht, der mit der automatisierten Auswertung eine urheberrechtlich nicht relevante Nutzung ermöglichen soll, kommt allerdings auch eine **Privilegierung nach § 44a Nr. 2** in Betracht; problematisch ist allenfalls das Erfordernis einer „flüchtigen oder begleitenden" Vervielfältigung.[15] Jedenfalls ist die Interessenlage mit den in §§ 44a geregelten Fällen vergleichbar, da die Datennutzung auch im Rahmen des Text und Data Mining nicht in die vom Urheberrecht geschützten Verwertungsinteressen des Urhebers eingreift, die sich allein auf den geistigen Inhalt des Werkes beziehen.[16]

4   Einen Anspruch auf **Zugang zu geschütztem Ursprungsmaterial** verschafft die Vorschrift nicht.[17] Sie setzt ihn vielmehr voraus.[18] Die Schranke gestattet etwa, im Bestand der Institutsbibliothek vorhandene Texte oder über Fernleihe beschafftes Schrifttum zu scannen und durchsuchbar zu machen, um so das eigentliche Mining durchzuführen.[19] Erlaubt ist aber auch (und erst recht) die Verwendung von Ursprungsmaterial in digitaler Form, zB von frei über das Internet verfügbaren Inhalten.[20]

---

[1] So die Definition in Art. 2 Abs. 2 des Vorschlags einer Richtlinie über das Urheberrecht im digitalen Binnenmarkt, COM(2016) 593 final; dazu → Rn. 5.
[2] *Spindler* GRUR 2016, 1112.
[3] S. hierzu AmtlBegr. BT-Drs. 18/12329, 40; *Spindler* GRUR 2016, 1112 f.
[4] AmtlBegr. BT-Drs. 18/12329, 40; *de la Durantaye* S. 8.
[5] Vgl. *Spindler* GRUR 2016, 1112 (1113).
[6] *de la Durantaye* S. 9; weitere Beispiele bei *Raue* GRUR 2017, 11 (12 f.).
[7] *Spindler* GRUR 2016, 1112 (1113).
[8] Dazu → § 87b Rn. 20.
[9] *Raue* CR 2017, 656 (657).
[10] → Rn. 13.
[11] So die berechtigte Kritik von *Schack* ZUM 2017, 802 (806); *de la Durantaye* GRUR 2017, 558 (561).
[12] → § 87b Rn. 19 ff.
[13] AmtlBegr. BT-Drs. 18/12329, 40; DKMH/*Hentsch* UrhG § 60d Rn. 3; Dreier/Schulze/*Dreier* § 60d Rn. 4.
[14] AmtlBegr. BT-Drs. 18/12329, 40.
[15] Vgl. *de la Durantaye* S. 239 f.; zweifelnd *Spindler* GRUR 2016, 1112 (1114 f.); *Spindler* ZGE 10 (2018), 273 (278).
[16] *Schack* ZUM 2017, 802 (806); *Raue* GRUR 2017, 11 (13 f.).
[17] Das betont auch *Raue* GRUR 2017, 11 (14).
[18] AmtlBegr. BT-Drs. 18/12329, 41; → Rn. 10.
[19] AmtlBegr. BT-Drs. 18/12329, 41.
[20] AmtlBegr. BT-Drs. 18/12329, 41.

2. Systematik

Abs. 1 der Vorschrift enthält den Erlaubnistatbestand, der in S. 1 die erlaubten Handlungen ab-   5
schließend aufzählt. Das schließt weitergehende Nutzungen im Rahmen von anderen Schrankenbestimmungen aber nicht aus; die Gesetzesbegründung verweist insoweit insbesondere auf § 51.[21] Die
von Abs. 1 erfasste Herstellung des Korpus wird aber ebenso wie seine öffentliche Zugänglichmachung kaum unter die Zitierfreiheit fallen. Etwas anderes gilt für die anschließende Veröffentlichung
der Ergebnisse, die jedoch von der Schranke des § 60d Abs. 1 nicht erfasst wird.[22] **Abs. 2** trägt dem
Umstand Rechnung, dass sich die benutzten Inhalte in Datenbankwerken (§ 4 Abs. 2) oder Datenbanken (§ 87a Abs. 1) befinden können, die im Rahmen von Abs. 1 ebenfalls genutzt werden dürfen.
Abs. 3 sieht eine Pflicht zur Löschung von Korpus und Vervielfältigungsstücken des Ursprungsmaterials vor, regelt aber auch die langfristige Aufbewahrung der Inhalte durch Gedächtnisinstitutionen.

3. Vergütungspflicht

Die im Rahmen von § 60d vorgenommenen Nutzungshandlungen sind gemäß § 60h Abs. 1 **ver-**   6
gütungspflichtig. Da das Text und Data Mining nicht in die Verwertungsinteressen der Urheber
eingreift,[23] ist eine Vergütungspflicht aber **nicht interessengerecht.**[24] Die Folgen dieser Fehlentscheidung des Gesetzgebers kann man abmildern, indem man das Mining von Ursprungsmaterial, das
unter Open-Access-Lizenzen bereitgestellt wird, frei im Internet verfügbar ist oder dessen Nutzung
vertraglich gestattet wird, von der Vergütungspflicht ausnimmt.[25] Mit dem hier vertretenen Verständnis von § 60g Abs. 1 verträgt sich diese Lösung allerdings nicht.[26] In Umsetzung der DSM-RL wird
hier letztlich der Gesetzgeber Abhilfe schaffen müssen, da Art. 3 DSM-RL keine Vergütungspflicht
vorsieht.[27]

4. Unionsrechtlicher Rahmen

Im **Unionsrecht** hat die Vorschrift bislang keine ausdrückliche Grundlage. Der Gesetzgeber hat sie   7
– ebenso wie § 60c – auf **Art. 5 Abs. 3 lit. a InfoSo-cRL** bzw. Art. 6 Abs. 2 lit. b Datenbank-RL
(für Datenbankwerke) und für die ebenfalls eingeschränkten Leistungsschutzrechte auf Art. 10 Abs. 1
lit. d Vermiet- und Verleih-RL gestützt, für das Sui-generis-Recht des Datenbankherstellers auf Art. 9
lit. b Datenbank-RL.[28] Diese Regelungen erlauben Ausnahmen und Beschränkungen in Bezug auf
die Nutzung für **Zwecke der wissenschaftlichen Forschung,** soweit dies zur Verfolgung **nicht**
kommerzieller Zwecke gerechtfertigt ist. Aus diesem Grund hat der Gesetzgeber die Schranke in
§ 60d auf die wissenschaftliche Forschung zu nicht-kommerziellen Zwecken begrenzt.[29] Als **konven-**
tionsrechtliche Grundlage der Schranke kommt wie bei § 60c nur Art. 9 Abs. 2 RBÜ in Betracht.[30]

In Anlehnung an die 2014 eingeführte britische Schranke in s. 29A CDPA (Copies for text and da-   8
ta analysis for non-commercial research) enthält Art. 3 der **Richtlinie über das Urheberrecht im**
digitalen Binnenmarkt (DSM-RL)[31] ausdrücklich eine zwingende Schranke für das Text und Data
Mining.[32] Danach sehen die Mitgliedstaaten eine Ausnahme für Vervielfältigungen von geschützten
Gegenständen sowie für die Entnahme aus Datenbanken vor, die „durch Forschungsorganisationen
und Einrichtungen des Kulturerbes von Werken oder sonstigen Schutzgegenständen, zu denen sie
rechtmäßig Zugang haben, für die Zwecke der wissenschaftlichen Forschung für die Text- und Data
Mining" vorgenommen werden. Anders als nach § 60h ist dafür ausweislich ErwG 17 DSM-RL **kei-**
ne Vergütungspflicht vorgesehen. Auch darüber hinaus können die Rechtsinhaber den Hebel ihres
Urheberrechts nicht dazu nutzen, um die freigestellten Handlungen vertraglich zu beschränken oder
zu verbieten, da entsprechende **Vertragsklauseln** ausdrücklich für **unwirksam** erklärt werden
(Art. 7 Abs. 1 DSM-RL). Ebenfalls über das deutsche Recht hinaus geht die auf Initiative von Parlament und Rat als Öffnungsklausel eingeführte und jetzt ebenfalls verpflichtende Schranke für Text
und Data Mining durch andere als wissenschaftliche Institutionen in Art. 4 DSM-RL.[33] Der Gesetzgeber hat bereits angekündigt, § 60d – soweit erforderlich – an die Vorgaben der Richtlinie anzupassen.[34]

---

[21] AmtlBegr. BT-Drs. 18/12329, 41; ebenso Dreier/Schulze/*Dreier* § 60d Rn. 6.
[22] *Raue* CR 2017, 656 (660).
[23] → Rn. 3.
[24] Ebenso *de la Durantaye* GRUR 2017, 558 (562); *Schack* ZUM 2017, 802 (806); *Raue* CR 2017, 656 (661); aA
im Hinblick auf den Dreistufentest *Spindler* ZGE 10 (2018), 273 (287 f.).
[25] So *Raue* CR 2017, 656 (661 f.).
[26] → § 60g Rn. 7 sowie → § 60h Rn. 1.
[27] → Rn. 8.
[28] AmtlBegr. BT-Drs. 18/12329, 40.
[29] *Raue* CR 2017, 656 (657).
[30] → § 60c Rn. 4.
[31] RL 2019/790, ABl. EU 2019 L 130, 92.
[32] Hierzu *Raue* GRUR 2017, 11 (12 ff.); *Spindler* ZGE 10 (2018), 273 (290 ff.).
[33] Eine solche Ausdehnung befürwortet auch *Schack* ZUM 2016, 266 (269).
[34] AmtlBegr. BT-Drs. 18/12329, 40.

II. Schranke für die automatisierte Auswertung (Abs. 1)

9   Für die beim Text und Data Mining vorgenommenen Nutzungshandlungen in Bezug auf die im Rahmen dieses Verfahrens durchsuchten Werke und sonstigen Schutzgegenstände beschränkt Abs. 1 das ausschließliche Vervielfältigungsrecht (Nr. 1) sowie das Recht der öffentlichen Zugänglichmachung (Nr. 2). Dabei werden **zwei Arten von Text- und Datenmengen** definiert, nämlich das **Ursprungsmaterial,** also eine beliebig große Text- und Datenmenge, sowie – als Untermenge des Ursprungsmaterials[35] – das **Korpus,** das aus dem Ursprungsmaterial „insbesondere durch Normalisierung, Strukturierung und Kategorisierung" erstellt wird.

1. Gegenstand der Nutzung

10   Das Ursprungsmaterial wird legaldefiniert als eine „Vielzahl von Werken". Hiervon werden **alle Werkarten** iSv § 2 erfasst, also neben Texten auch Bilder, Filme oder Audiodateien.[36] Über die Verweisungen auf den 6. Abschnitt gilt die Schranke auch für alle **Leistungsschutzrechte.**[37] Ob die Werke oder sonstigen Schutzgegenstände in analoger oder digitaler Form vorliegen, ist unerheblich. Das Ursprungsmaterial kann auch aus verschiedenen Quellen stammen.[38] Die Schranke gilt aber auch für die automatisierte Auswertung eines einzelnen Werkes, etwa die Analyse der Textstruktur eines umfangreichen Romans.[39] Eine Beschränkung auf veröffentlichte Werke enthält die Vorschrift nicht. Es ist daher davon auszugehen, dass der Gesetzgeber wie bei § 60c[40] auch eine Nutzung **unveröffentlichter Werke,** etwa als Teil eines Nachlasses, ermöglichen wollte.[41] Als ungeschriebenes Tatbestandsmerkmal ist jedoch zu verlangen, dass der Nutzer bereits **rechtmäßig Zugang** zum Ursprungsmaterial hat.[42] Denn die Schranke schafft keinen Anspruch auf Zugang, sondern setzt ihn voraus.[43] Soweit das Material durch **technische Schutznahmen** iSv § 95a gesichert ist, besteht gemäß § 95b Abs. 1 S. 1 Nr. 11 ein Anspruch darauf, die notwendigen Mittel zur Verfügung gestellt zu bekommen, um von der Schranke des § 60d Gebrauch machen zu können. Dass sich im Ursprungsmaterial – angesichts des Umfangs für den Nutzer idR nicht erkennbar – auch Werke oder sonstige Schutzgegenstände befinden, die ohne Zustimmung des Rechtsinhabers zugänglich gemacht worden sind, soll der Anwendung der Schranke dagegen nicht entgegenstehen.[44]

2. Erlaubte Nutzungshandlungen

11   Die Schrankenbestimmung in Abs. 1 erlaubt zunächst die automatisierte Auswertung und **Vervielfältigung des Ursprungsmaterials,** um daraus ein Korpus zu erstellen **(Nr. 1).** Das Ausschließlichkeitsrecht der betroffenen Rechteinhaber ist allerdings nur insoweit betroffen, als die in den auszuwertenden Daten enthaltenen Werke oder sonstigen Schutzgegenstände zur Herstellung des Korpus technisch vervielfältigt werden müssen, etwa durch Herunterladen der auszuwertenden Inhalte aus dem Internet oder durch die Herstellung weiterer Vervielfältigungsstücke in umgewandelter, maschinenlesbarer Form. Daher beschränkt sich die Erlaubnis auf die hierin liegende **Vervielfältigung.**[45] Ein Recht zur **Bearbeitung** der genutzten Werke ist nicht vorgesehen. Zwar muss das Ursprungsmaterial regelmäßig für die weitere Analyse **aufbereitet** werden, indem die Rohdaten normalisiert, strukturiert, kategorisiert und in andere technische Formate überführt werden.[46] In solchen technisch bedingten Änderungen der Datenstruktur liegt jedoch keine Bearbeitung der darin enthaltenen Werke, wie § 23 S. 3 ausdrücklich klarstellt.[47] Die **automatisierte Auswertung** selbst ist in Nr. 1 nicht erwähnt, da sie keine urheberrechtlich relevante Handlung darstellt und es daher insoweit keiner gesetzlichen Schranke bedarf.[48]

12   Neben den zur Herstellung des Korpus erforderlichen Vervielfältigungen erlaubt **Nr. 2** auch die **öffentliche Zugänglichmachung** des Korpus an einen bestimmt abgegrenzten Kreis von Personen für die gemeinsame wissenschaftliche Forschung sowie an einzelne Dritte zur Überprüfung der Quali-

---

[35] *Raue* CR 2017, 656 (658).
[36] AmtlBegr. BT-Drs. 18/12329, 41. Zu Datenbanken → Rn. 15.
[37] → Vor §§ 60a ff. Rn. 9.
[38] AmtlBegr. BT-Drs. 18/12329, 40.
[39] *Raue* CR 2017, 656 (658); *Spindler* ZGE 10 (2018), 273 (280 f.).
[40] → § 60c Rn. 10.
[41] Ebenso DKMH/*Hentsch* UrhG § 60d Rn. 6.
[42] *Raue* CR 2017, 656 (658); ebenso Art. 3 des Vorschlags einer Richtlinie über das Urheberrecht im digitalen Binnenmarkt, dazu → Rn. 8.
[43] AmtlBegr. BT-Drs. 18/12329, 41; → Rn. 4.
[44] *Raue* CR 2017, 656 (658); ebenso wohl *Spindler* ZGE 10 (2018), 273 (281 f.).
[45] AmtlBegr. BT-Drs. 18/12329, 41.
[46] *Spindler* GRUR 2016, 1112 f.; *Raue* CR 2017, 656 (659).
[47] *Spindler* GRUR 2016, 1112 (1114); Fromm/Nordemann/*A. Nordemann* UrhG § 60d Rn. 6. Ohnehin kann der Vorgang der Bearbeitung als solcher jedenfalls dann untersagt werden, wenn sich der Bearbeiter für die damit einhergehende Vervielfältigung auf eine gesetzliche Schrankenbestimmung berufen kann, → § 23 Rn. 18; *Raue* CR 2017, 656 (660).
[48] AmtlBegr. BT-Drs. 18/12329, 40; → Rn. 3.

tät wissenschaftlicher Forschung. Auf die Erlaubnis ist der Forscher allerdings nur angewiesen, sofern die Beteiligten überhaupt eine Öffentlichkeit iSv § 15 Abs. 3 bilden, was bei einem bestimmt abgegrenzten Personenkreis zweifelhaft ist.[49] Die Voraussetzungen der Schranke entsprechen denen in **§ 60c Abs. 1 Nr. 1 und 2.**[50] Dass die öffentliche Zugänglichmachung nach § 60c Abs. 1 Nr. 1 der „eigenen" wissenschaftlichen Forschung der jeweiligen Adressaten dienen muss, während § 60d Abs. 1 Nr. 2 auf die „gemeinsame" wissenschaftliche Forschung abstellt, dürfte in der Praxis kaum einen Unterschied bedeuten, da auch § 60c auf die Nutzung innerhalb von Forschergruppen zugeschnitten ist, die typischerweise ein gemeinsames Forschungsziel verfolgen. Die Regelung ist neben § 60c Abs. 1 nötig, weil danach nur eine Nutzung von 15 % eines Werkes erlaubt ist, im Korpus aber ggf. auch größere Werkteile enthalten sind. Durch die Beschränkung der Nutzungsbefugnis auf „das Korpus" als Einheit wird klargestellt, dass die Online-Übermittlung einzelner Elemente aus dem Korpus nicht zulässig ist. Auch die **Übermittlung des Ursprungsmaterials,** etwa um daraus ein Korpus erstellen zu lassen, ist nicht gestattet.[51]

3. Verwertungszweck

Entsprechend der unionsrechtlichen Grundlage in Art. 5 Abs. 3 lit. a InfoSoc-RL stellt die Schranke **13** nur Handlungen zum Zweck der **wissenschaftlichen Forschung** frei.[52] Auch die Beschränkung auf die Verfolgung **nicht kommerzieller Zwecke** (S. 2) ist hierdurch bedingt.[53] Der Begriff der wissenschaftlichen Forschung ist derselbe wie in § 60c und umfasst jede methodische und systematische Tätigkeit mit dem Ziel, in nachprüfbarer Weise neue Erkenntnisse zu gewinnen.[54] Privilegiert ist aber ebenso wie dort nur die **nicht kommerzielle Forschung.** Das bringt die gesetzliche Regelung in S. 2 allerdings nur unzureichend zum Ausdruck. Wenn dort auf **vom Nutzer verfolgten Zwecke** abgestellt wird, ist darunter nicht derjenige zu verstehen, der die betreffende Nutzungshandlung vornimmt. Denn das kann auch ein vom Forschenden beauftragter Dritter sein, die Gesetzesbegründung nennt beispielhaft den Mitarbeiter einer Bibliothek.[55] Es ist jedoch kein Grund ersichtlich, die Beauftragung einer kommerziell tätigen Softwarefirma auszuschließen.[56] Vielmehr wird man darauf abstellen müssen, dass derjenige, der aus dem Text und Data Mining Erkenntnisse gewinnen will, dabei zu nicht kommerziellen Zwecken handelt.[57] Erforderlich ist dafür ein konkretes Text und Data Mining-Projekt.[58] Werden Werke ohne ausreichenden Zusammenhang mit einem solchen Projekt gespeichert, so ist dies nur unter den eingeschränkten Voraussetzungen des § 60c Abs. 1 Nr. 1 oder Abs. 2 möglich.

4. Privilegierter Nutzer

Wer die privilegierten Nutzungshandlungen vornehmen darf, regelt nicht Vorschrift – ebenso wie **14** § 60a[59] und § 60c[60] – nicht ausdrücklich. Nach der Gesetzesbegründung darf derjenige, der automatisierte Forschung in Form des Text und Data Mining betreiben will, die notwendigen Handlungen auch von **Dritten,** zB von Mitarbeitern einer Bibliothek, vornehmen lassen.[61] In Anlehnung an den Begriff des „Herstellenlassens" in § 53 Abs. 1 S. 2 und Abs. 2 wird man die Einschaltung Dritter auch hier auf den **technisch-mechanischen Vorgang** der Vervielfältigung bzw. öffentlichen Zugänglichmachung beschränken müssen.[62]

III. Erstreckung auf Datenbanken (Abs. 2)

Die Schranke in Abs. 1 erstreckt sich auch auf die Vervielfältigung von **Datenbankwerken** (§ 4 **15** Abs. 2) und **Datenbanken** (§ 87b Abs. 1), in denen die auszuwertenden Quellen enthalten sind. Das ergibt sich für Datenbankwerke daraus, dass sich Abs. 1 allgemein auf Werke bezieht, und für Datenbanken aus § 87c Abs. 1 Nr. 2. Abs. 2 soll vor diesem Hintergrund sicherstellen, dass die Rechtsinhaber den automatisierten Abruf von Inhalten aus dem Datenbankwerk oder der Datenbank auch **vertraglich nicht untersagen** können.[63] Zu diesem Zweck wird die im Rahmen von Abs. 1 erfolgende Vervielfältigung des Datenbankwerkes von Abs. 2 Var. 1 als übliche Benutzung iSv § 55a S. 1 defi-

---

[49] Vgl. → § 60c Rn. 12. Art. 3 DSM-RL sieht dementsprechend keine Beschränkung des Rechts der öffentlichen Zugänglichmachung vor.

[50] Dazu → § 60c Rn. 15 ff.

[51] AmtlBegr. BT-Drs. 18/12329, 41.

[52] Zur Kritik an dieser Einschränkung → Rn. 2.

[53] → Rn. 7 f.

[54] *Raue* CR 2017, 656 (657); *Spindler* GRUR 2016, 1112 (1115); Dreier/Schulze/*Dreier* § 60d Rn. 5; dazu → § 60c Rn. 5 f.

[55] AmtlBegr. BT-Drs. 18/12329, 41; → Rn. 14.

[56] So auch Dreier/Schulze/*Dreier* § 60d Rn. 5.

[57] Vgl. *Spindler* GRUR 2016, 1112 (1115).

[58] Vgl. *Raue* CR 2017, 656 (658).

[59] → § 60a Rn. 21.

[60] → § 60c Rn. 18.

[61] AmtlBegr. BT-Drs. 18/12329, 41.

[62] → § 60c Rn. 18.

[63] AmtlBegr. BT-Drs. 18/12329, 41.

niert.[64] Damit sind entgegenstehende Vereinbarungen gemäß § 55a S. 3 **nichtig**.[65] Entsprechendes gilt gemäß § 87e für Vereinbarungen, die einen berechtigten Benutzer der Datenbank dazu verpflichten, die (ggf. auch wiederholte und systematische) Vervielfältigung von nach Art und Umfang unwesentlichen Teilen der Datenbank (§ 87b Abs. 1 S. 2) zu unterlassen. Insoweit bestimmt Abs. 2 Var. 2, dass diese Handlungen auch unter dem Gesichtspunkt einer Beeinträchtigung der normalen Auswertung der Datenbank oder der berechtigten Interessen des Datenbankherstellers nicht untersagt werden können.

16   Eine vertragliche Verpflichtung, die (nach § 87c Abs. 1 Nr. 2 zulässige) Vervielfältigung eines **nach Art oder Umfang wesentlichen Teils der Datenbank** zu unterlassen, wird von § 87e allerdings nicht berührt.[66] Insoweit steht Abs. 2 einer vertraglichen Untersagung des Text und Data Mining daher nicht entgegen. Diese vom Gesetzgeber offenbar übersehene Regelungslücke wird geschlossen, wenn die Schranke in Umsetzung von Art. 3 Abs. 2 des Vorschlags für eine Richtlinie über das Urheberrecht im digitalen Binnenmarkt insgesamt zwingend ausgestaltet wird.[67]

IV. Abschluss der Forschungsarbeiten (Abs. 3)

17   Nach Abs. 3 S. 1 endet der zeitliche Anwendungsbereich der Nutzungserlaubnis mit dem **Abschluss der Forschungsarbeiten.** Danach sind das Korpus und die **Vervielfältigungen des Ursprungsmaterials zu löschen** und die **öffentliche Zugänglichmachung zu beenden.** Etwas anderes kann nur gelten, wenn die betreffende Nutzung auch von einer anderen gesetzlichen Schranke gedeckt ist, die keine entsprechende Löschungspflicht vorsieht (zB § 60c Abs. 1). Wann das Projekt abgeschlossen ist, hängt von der Definition des Forschungsprojekts ab, die wegen Art. 13 GRCh dem jeweiligen Forscher überlassen bleiben muss, solange kein offensichtlicher Missbrauch vorliegt.[68] Wie sich aus § 60c Abs. 1 Nr. 2 ergibt, fällt aber auch die Qualitätsüberprüfung im Rahmen eines Peer-Review-Verfahrens noch in den zeitlichen Anwendungsbereich der Schranke.[69]

18   Ausnahmsweise gestattet **Abs. 3 S. 2** die **langfristige Speicherung** des Korpus und des benutzten Ausgangsmaterials bei den in §§ 60e und 60f genannten Institutionen, also **Bibliotheken, Museen, Archiven und Bildungseinrichtungen.** Damit soll ein Ausgleich zwischen dem Interesse der Forscher und dem Interesse der Urheber und Verlage hergestellt werden, die ein berechtigtes Interesse daran haben, dass keine parallelen Artikeldatenbanken entstehen.[70] Dem liegt die Vorstellung zugrunde, dass die Forscher die für ihre Forschung benutzten Inhalte weiterhin in Gänze verfügbar halten „wollen und müssen", um die „Zitierbarkeit, Referenzierbarkeit und die Überprüfung der Einhaltung wissenschaftlicher Standards zu ermöglichen".[71] Zu diesem Zweck erklärt Abs. 3 S. 2 die „Übermittlung" des Korpus und des Ursprungsmaterials an die genannten Institutionen für zulässig. Welche **Nutzungshandlungen** davon im Einzelnen gedeckt sind, ergibt sich aus der Vorschrift allerdings nicht. Insbesondere bleibt offen, auf welcher gesetzlichen Grundlage die genannten Institutionen die übermittelten Inhalte sollen speichern und zum Zweck der Zitierung, Referenzierung oder Überprüfung Dritter zur Verfügung stellen dürfen. Aus §§ 60e, 60f ergibt sich eine solche Befugnis nicht.[72] Man kann sie daher allenfalls als Annexkompetenz unmittelbar aus Abs. 3 S. 2 ableiten.[73] Mit Art. 3 Abs. 2 DSM-RL dürfte dies vereinbar sein, da danach ausdrücklich auch die Aufbewahrung des Korpus „zum Zwecke der wissenschaftlichen Forschung, auch zur Überprüfung wissenschaftlicher Erkenntnisse" erlaubt ist, solange angemessene Sicherungsvorkehrungen getroffen werden. Im Rahmen der von Art. 3 Abs. 4 DSM-RL vorgesehenen Definition „bewährter Vorgehensweisen" zur Durchsetzung dieser Verpflichtung wird man eine dauerhafte Speicherung (nur) durch bestimmte Gedächtnisinstitutionen als geeignete Sicherungsmaßnahme ansehen können. ErwG 15 S. 3 DSM-RL weist den Mitgliedstaaten ausdrücklich die Fähigkeit zu, „zum Zwecke der Speicherung derartiger Kopien vertrauenswürdige Stellen zu benennen".

V. Urheberpersönlichkeitsrecht

19   Nach **§ 63 Abs. 1 S. 1** und **Abs. 2 S. 2** besteht auch bei der Vervielfältigung und öffentlichen Zugänglichmachung im Rahmen von § 60d stets die **Pflicht zur Quellenangabe.** Ein Verstoß ge-

---

[64] Teilweise wird die Regelung ungenau als gesetzliche Fiktion bezeichnet, so Dreier/Schulze/*Dreier* § 60d Rn. 11; *Raue* CR 2017, 656 (660). Die AmtlBegr. BT-Drs. 18/12329, 41 spricht von einer Klarstellung.

[65] Zudem ergibt sich die Erlaubnis zur Benutzung der Datenbank damit unmittelbar aus § 55a S. 1, ohne dass es auf § 60d Abs. 1 ankäme. Ob dies mit Art. 6 Abs. 1 Datenbank-RL vereinbar ist, ist fraglich, s. *Spindler* GRUR 2016, 1112 (1115 f.).

[66] Vgl. → § 87e Rn. 10.

[67] → Rn. 8.

[68] *Raue* CR 2017, 656 (659).

[69] Dreier/Schulze/*Dreier* § 69d Rn. 12 mit dem Hinweis, dass eine genaue Grenzziehung in der Praxis „einige Probleme" aufwerfen dürfte.

[70] AmtlBegr. BT-Drs. 18/12329, 41.

[71] AmtlBegr. BT-Drs. 18/12329, 41.

[72] So auch *Raue* CR 2017, 656 (661); *Spindler* ZGE 10 (2018), 273 (285).

[73] So *Raue* CR 2017, 656 (661).

gen die Pflicht macht die Vervielfältigung rechtswidrig. Soweit die Einhaltung dieser Vorgabe im Hinblick auf die potentiell sehr großen Mengen an verarbeiteten Quellen unzumutbar ist, ist aber davon auszugehen, dass die Angabe der Quelle iSv Art. 5 Abs. 3 lit. a InfoSoc-RL „unmöglich" ist und die Pflicht zur Quellenangabe damit entfällt.[74]

§ 60e Bibliotheken

(1) **Öffentlich zugängliche Bibliotheken, die keine unmittelbaren oder mittelbaren kommerziellen Zwecke verfolgen (Bibliotheken), dürfen ein Werk aus ihrem Bestand oder ihrer Ausstellung für Zwecke der Zugänglichmachung, Indexierung, Katalogisierung, Erhaltung und Restaurierung vervielfältigen oder vervielfältigen lassen, auch mehrfach und mit technisch bedingten Änderungen.**

(2) [1] **Verbreiten dürfen Bibliotheken Vervielfältigungen eines Werkes aus ihrem Bestand an andere Bibliotheken oder an in § 60f genannte Institutionen für Zwecke der Restaurierung.** [2] **Verleihen dürfen sie restaurierte Werke sowie Vervielfältigungsstücke von Zeitungen, vergriffenen oder zerstörten Werken aus ihrem Bestand.**

(3) **Verbreiten dürfen Bibliotheken Vervielfältigungen eines in § 2 Absatz 1 Nummer 4 bis 7 genannten Werkes, sofern dies in Zusammenhang mit dessen öffentlicher Ausstellung oder zur Dokumentation des Bestandes der Bibliothek erfolgt.**

(4) [1] **Zugänglich machen dürfen Bibliotheken an Terminals in ihren Räumen ein Werk aus ihrem Bestand ihren Nutzern für deren Forschung oder private Studien.** [2] **Sie dürfen den Nutzern je Sitzung Vervielfältigungen an den Terminals von bis zu 10 Prozent eines Werkes sowie von einzelnen Abbildungen, Beiträgen aus derselben Fachzeitschrift oder wissenschaftlichen Zeitschrift, sonstigen Werken geringen Umfangs und vergriffenen Werken zu nicht kommerziellen Zwecken ermöglichen.**

(5) **Auf Einzelbestellung an Nutzer zu nicht kommerziellen Zwecken übermitteln dürfen Bibliotheken Vervielfältigungen von bis zu 10 Prozent eines erschienenen Werkes sowie einzelne Beiträge, die in Fachzeitschriften oder wissenschaftlichen Zeitschriften erschienen sind.**

Schrifttum: *Berger,* Die öffentliche Wiedergabe von urheberrechtlichen Werken an elektronischen Leseplätzen in Bibliotheken, Museen und Archiven – Urheberrechtliche, verfassungsrechtliche und europarechtliche Aspekte des geplanten § 52b UrhG, GRUR 2007, 754; *Dreier,* Elektronische Leseplätze in Bibliotheken – Ein Urteil zum Nachteil von Autoren und Verlagen, NJW 2015, 1905; *Grassmann,* Der elektronische Kopienversand im Rahmen der Schrankenregelungen, 2006; *Henke,* E-Books im Urheberrecht – Kollision von Buchkultur und digitaler Wissensgesellschaft, 2018; *Hinte/Steinhauer* (Hrsg.), Die Digitale Bibliothek und ihr Recht – ein Stiefkind der Informationsgesellschaft? Kulturwissenschaftliche Aspekte, technische Hintergründe und rechtliche Herausforderungen des digitalen kulturellen Speichergedächtnisses, 2014; *Hoeren/Neubauer,* Zur Nutzung urheberrechtlich geschützter Werke in Hochschulen und Bibliotheken, ZUM 2012, 636; *F. Hofmann,* E-Lending – Elektronisches Vermieten und elektronisches Verleihen aus urheberrechtlicher Sicht, ZUM 2018, 107; *Klimpel* (Hrsg.), Mit gutem Recht erinnern – Gedanken zur Änderung der rechtlichen Rahmenbedingungen des kulturellen Erbes in der digitalen Welt, 2018; *König,* Die Wiedergabe von Werken an elektronischen Leseplätzen, 2015; *Loewenheim,* Kopienversand und kein Ende, FS Tilmann (2003), S. 63; *Loewenheim,* Grenzen der Nutzung elektronischer Leseplätze, GRUR 2014, 1057; *Milkovic,* Das digitale Zeitalter – Segen oder Fluch für die wissenschaftliche Informationsversorgung?, 2008; *Peifer,* Wissenschaftsmarkt und Urheberrecht: Schranken, Vertragsrecht, Wettbewerbsrecht, GRUR 2009, 22; *Pflüger/Heeg,* Die Vergütungspflicht nichtkommerzieller Nutzung urheberrechtlich geschützter Werke in öffentlichen Bildungs-, Kultur- und Wissenschaftseinrichtungen – ein Plädoyer für einen einheitlichen Vergütungstatbestand, ZUM 2008, 649; *Reschke,* Die verfassungs- und dreistufentestkonforme Auslegung der Schranken des Urheberrechts – zugleich eine Überprüfung von § 52b UrhG, 2010; *Spindler,* Urheberrecht in der Wissensgesellschaft – Überlegungen zum Grünbuch der EU-Kommission, FS Loewenheim (2009), S. 287; *Stieper,* Anm. zu BGH, Urt. v. 16.4.2015 – I ZR 69/11, GRUR 2015, 1106; *ders.,* Von der Verbreitung „unkörperlicher" Vervielfältigungsstücke zum Recht auf Weitergabe in elektronischer Form, FS Schulze (2017), S. 107; *ders.,* 100 Jahre Bauhaus – Reproduktionsrechte an Werken der angewandten Kunst, JZ 2019, 374; *Upmeier,* Die Rolle der Bibliotheken in einem künftigen Urheberrechts-Wissensgesellschafts-Gesetz (UrhWissG), ZGE 10 (2018), 301. Siehe auch die Schrifttumshinweise vor §§ 60a ff.

Übersicht

---

[74] *Raue* CR 2017, 656 (659); *Spindler* ZGE 10 (2018), 273 (283); Dreier/Schulze/*Dreier* § 60d Rn. 9. Auch Art. 3 f. DSM-RL sehen eine Pflicht zur Quellenangabe nicht vor.

A. Allgemeines

I. Zweck und Bedeutung der Vorschrift

1   Die durch das **UrhWissG** mit Wirkung zum 1.3.2018 eingefügte Schrankenbestimmung fasst die bislang an unterschiedlichsten Stellen geregelten **Befugnisse öffentlicher zugänglicher Bibliotheken** in einer einheitlichen Vorschrift zusammen. Die bisherigen Regelungen in § 52b aF (Elektronische Leseplätze), 53a aF (Kopienversand auf Bestellung) sowie § 58 Abs. 2 aF (Bestandsdokumentation) sind in diesem Zuge aufgehoben worden. Damit soll die zentrale Bedeutung unterstrichen werden, die Bibliotheken „seit jeher, aber auch in der vernetzten und digitalisierten Wissensgesellschaft zukommt".[1] Trotz des Sachzusammenhangs unverändert geblieben ist die Schranke zugunsten der Vervielfältigung und öffentlichen Zugänglichmachung **verwaister Werke** in § 61. Gleiches gilt für die gesetzliche Vergütung für das nach § 17 Abs. 2 zulässige Verleihen von Originalen oder Vervielfältigungsstücken geschützter Werke **(„Bibliotheksgroschen")** in § 27 Abs. 2.

II. Systematik und Anwendungsbereich

2   Die **Struktur der Vorschrift** orientiert sich an den erlaubten Nutzungshandlungen. Dabei enthält **Abs. 1** neben der für die gesamte Vorschrift geltenden Legaldefinition von „Bibliotheken" zunächst eine Schranke in Bezug auf Vervielfältigungen. Wofür die Vervielfältigungsstücke eingesetzt werden dürfen, bestimmt sich nach den Abs. 2–5. So regeln **Abs. 2 und 3** die Reichweite der erlaubten Verbreitungshandlungen. **Abs. 4** enthält die zuvor in § 52b aF geregelte Schranke für die Zugänglichmachung an elektronischen Leseplätzen („Terminals") und **Abs. 5** die Schranke für den Kopienversand auf Bestellung (ehemals § 53a aF). Ergibt sich aus Abs. 2–5 nicht ausdrücklich eine weitergehende Erlaubnis, dürfen die im Rahmen von Abs. 1 hergestellten Vervielfältigungsstücke ausschließlich bibliotheksintern genutzt werden.[2]

3   Soweit die Befugnisse nicht – wie in Abs. 3 – ausdrücklich auf bestimmte Werkarten beschränkt sind, können **sämtliche Werkarten** im Rahmen der Schranke genutzt werden, neben Sprachwerken also insbesondere auch Musik-, Lichtbild- und Filmwerke. Ob dies auch für Computerprogramme gilt, ist umstritten.[3] Jedenfalls auf hybride **E-Books** und **Computerspiele** wird man die Schranke anwenden können, da der bibliothekarische Auftrag bezüglich der Vermittlung von Kultur auch die Vermittlung und Förderung von Kulturtechniken inklusive solcher im Umgang mit modernen Informationstechnologien umfasst.[4] Über gesetzliche Verweisungen auf den 6. Abschnitt gilt die Schranke

---

[1] AmtlBegr. BT-Drs. 18/12329, 42.
[2] AmtlBegr. BT-Drs. 18/12329, 42.
[3] → Vor §§ 60a ff. Rn. 9.
[4] So in Bezug auf E-Books auch *Henke* S. 127 (anders aber für Computerprogramme allgemein).

zudem für sämtliche Leistungsschutzrechte.[5] Gemäß § 87c, der nicht auf §§ 60e und 60f verweist, gilt die Schranke jedoch **nicht für Datenbanken.** Bibliotheken und andere privilegierte Institutionen dürfen daher nur unwesentliche Teile einer geschützten Datenbank nutzen.[6]

III. Begriff der Bibliotheken

Von der Schranke privilegiert sind nur **Bibliotheken.** Die scheinbare Legaldefinition dieses Begriffs in Abs. 1 enthält lediglich eine Begrenzung dahingehend, dass nur solche Bibliotheken privilegiert sind, die **öffentlich zugänglich** sind und **keine unmittelbaren oder mittelbaren kommerziellen Zwecke** verfolgen. Das entspricht dem Tatbestand in § 27 Abs. 2 S. 1.[7] Der Begriff der Bibliothek selbst, der auch in § 54c und § 61 Abs. 2 Verwendung findet, wird im Gesetz jedoch **nicht definiert.** Im urheberrechtlichen Zusammenhang wird darunter eine besondere Organisationseinheit verstanden, in der „ein systematisch gesammelter und Benutzern zentral zur Verfügung gestellter Bibliotheksbestand vorhanden [ist], der nach seiner Größe und dem Umfang seiner Benutzung einer besonderen Verwaltung (ua. auch in Form einer Katalogisierung) bedarf".[8] Maßgeblich ist danach ein **räumlich-funktioneller Bibliotheksbegriff.** Er erfasst auch die Sammlung anderer Bestandsinhalte als Bücher (vgl. die Aufzählung in § 61 Abs. 2) einschließlich solcher in digitaler Form. Eine bloße Sammlung digitaler Inhalte, die zur unkörperlichen Nutzung unabhängig von einem bestimmten Ort bereitgestellt werden, fällt jedoch nicht hierunter.[9]

Der Anwendungsbereich der Vorschrift ist nicht auf die von der öffentlichen Hand getragenen Bibliotheken beschränkt. Die Beschränkung auf **öffentlich zugängliche** Bibliotheken ist vielmehr im Sinne von „der Öffentlichkeit zugänglich" zu verstehen. Auszugehen ist dabei vom Öffentlichkeitsbegriff in § 15 Abs. 3. Die Zugänglichkeit für einen begrenzten Ausschnitt der Öffentlichkeit reicht aus, etwa bei Universitätsbibliotheken oder Jugendbüchereien.[10] Der Gesetzgeber ging davon aus, dass es sich auch bei **Schulbibliotheken** um öffentlich zugängliche Bibliotheken handelt, jedenfalls, soweit sie der Gesamtheit der Lehrer und Schüler einer Schule offen stehen.[11] Der Öffentlichkeit verschlossene Bibliotheken in Unternehmen und anderen nicht der Öffentlichkeit zugänglichen Institutionen können sich dagegen nicht auf § 60e berufen.[12] Das gilt auch dann, wenn die Sammlung auf Anfrage gelegentlich auch für Dritte geöffnet wird.[13]

Die Bibliothek darf **keine kommerziellen Zwecke** verfolgen. Dabei kommt es anders als im Rahmen von § 60a auf die kommerzielle Ausrichtung der Einrichtung insgesamt an.[14] Der Begriff der kommerziellen Zwecke ist weit zu verstehen. Zumindest mittelbar werden kommerzielle Zwecke schon dann verfolgt, wenn durch die Gebrauchsüberlassung von Werken aus dem Bestand die Interessen des Unternehmens gefördert werden, zB bei Werkbüchereien.[15] Das Erheben von **Leih- und Benutzungsgebühren** zur Deckung der Verwaltungskosten ist dagegen unschädlich.[16]

IV. Unions- und konventionsrechtlicher Rahmen

Unionsrechtliche Grundlage der Befugnisse in **Abs. 1** ist Art. 5 Abs. 2 lit. c InfoSoc-RL, wonach die Mitgliedstaaten Ausnahmen oder Beschränkungen vorsehen können „in Bezug auf bestimmte Vervielfältigungshandlungen von öffentlich zugänglichen Bibliotheken, Bildungseinrichtungen oder Museen oder von Archiven, die keinen unmittelbaren oder mittelbaren wirtschaftlichen oder kommerziellen Zweck verfolgen". In Bezug auf bestandserhaltende Maßnahmen von Einrichtungen des Kulturerbes sieht Art. 6 DSM-RL nunmehr sogar verpflichtend eine Ausnahme vom Vervielfältigungsrecht vor. Für die Verbreitung gemäß **Abs. 2 S. 1 und Abs. 3** ist ergänzend Art. 5 Abs. 4 InfoSoc-RL heranzuziehen.[17] Unionsrechtliche Grundlage für **Abs. 4** ist Art. 5 Abs. 3 lit. n InfoSoc-RL, für **Abs. 2 S. 2** ist es Art. 6 Abs. 1 S. 1 Vermiet- und Verleih-RL. Die Regelung zum Kopienversand gemäß **Abs. 5** hat der Gesetzgeber ebenfalls auf Art. 5 Abs. 2 lit. c iVm Abs. 4 InfoSoc-RL gestützt.[18] Auf Art. 5 Abs. 4 InfoSoc-RL kommt es jedoch nicht an, da die Überlassung der bestellten Kopien an den Besteller keine Verbreitung darstellt; vielmehr handelt es sich um einen

[5] → Vor §§ 60a ff. Rn. 9.
[6] AmtlBegr. BT-Drs. 18/12329, 42.
[7] Dazu → § 27 Rn. 15 ff.
[8] BGHZ 135, 1 = NJW 1997, 3440 (3443) – Betreibervergütung; → § 54c Rn. 7.
[9] Ausf. *Henke* S. 118 ff.; aA DKMH/*Hentsch* UrhG § 60e Rn. 5.
[10] DKMH/*Hentsch* UrhG § 60e Rn. 5.
[11] AmtlBegr. zu § 52b aF, BT-Drs. 16/1828, 48; kritisch *Berger* GRUR 2007, 754 (755).
[12] Dreier/Schulze/*Dreier* § 60e Rn. 4.
[13] DKMH/*Hentsch* UrhG § 60e Rn. 5.
[14] Dreier/Schulze/*Dreier* § 60e Rn. 4.
[15] BGH GRUR 1972, 617 (618) – Werkbücherei.
[16] Vgl. Erwgr. 11 Vermiet- und Verleih-RL; ebenso für die in § 60f genannten Institutionen auch AmtlBegr. BT-Drs. 18/12329, 44.
[17] AmtlBegr. BT-Drs. 18/12329, 43.
[18] AmtlBegr. BT-Drs. 18/12329, 44; Dreier/Schulze/*Dreier* § 60e Rn. 26.

Unterfall des Herstellenlassens von Kopien zu privaten Zwecken oder zu Zwecken der nicht kommerziellen wissenschaftlichen Forschung.[19] Insoweit kann die Schranke neben Art. 5 Abs. 2 lit. c auch auf Art. 5 Abs. 2 lit. b und Abs. 3 lit. a InfoSoc-RL gestützt werden. Im Hinblick auf den Dreistufentest in Art. 5 Abs. 5 InfoSoc-RL sowie Art. 9 RBÜ und Art. 9 und 13 TRIPS ist die Schranke vergütungspflichtig ausgestaltet.[20]

B. Schranke für die Vervielfältigung (Abs. 1)

8   Die Vorschrift regelt in Abs. 1, für welche Zwecke Bibliotheken geschützte Werke und sonstige Schutzgegenstände **vervielfältigen** dürfen. Erfasst werden analoge wie digitale Vervielfältigungen. Abs. 1 regelt dabei ausschließlich die Erlaubnis für die **Vervielfältigung als solche,** etwaige Annexkompetenzen ergeben sich aus Abs. 2–5.[21] Ausdrücklich zulässig ist es, die Vervielfältigungsstücke durch Dritte **herstellen zu lassen.** Wie in § 53 Abs. 1 S. 2 und Abs. 2 muss die Einschaltung Dritter aber auf den technisch-maschinellen Vorgang der Vervielfältigung beschränkt bleiben.[22]

I. Privilegierte Zwecke

9   Die **Zwecke,** für die eine Bibliothek **Vervielfältigungen** herstellen darf, sind in Abs. 1 **abschließend aufgezählt.** Durch die Beschränkung auf bestimmte Zwecke soll der Maßgabe des Dreistufentests in Art. 5 Abs. 5 InfoSoc-RL Rechnung getragen werden, wonach die Vervielfältigungsfreiheit auf „bestimmte Sonderfälle" zu begrenzen ist.[23] Bereits die Vornahme der Vervielfältigungshandlung muss von diesem Zweck getragen sein, eine Bibliothek kann daher nicht gleichsam „auf Vorrat" ihren gesamten Bestand digitalisieren.[24] Die genannten Zwecke folgen aus der Aufgabe von Bibliotheken, kulturelles Erbe zu sammeln, zu bewahren und der Allgemeinheit zugänglich zu machen.[25]

10   Mit der an erster Stelle genannten **Zugänglichmachung** ist die für eine Terminal-Nutzung im Rahmen von Abs. 4 gebotene Annexkompetenz zur Vornahme der erforderlichen Vervielfältigungen nun auch ausdrücklich gesetzlich geregelt. § 52b aF enthielt insoweit eine Regelunglücke, die der BGH durch eine entsprechende Anwendung von § 52a Abs. 3 aF schließen musste.[26] Des Weiteren ist die Vervielfältigung zum Zweck der **Indexierung** zulässig, damit Bibliotheken zB durchsuchbare pdf-Dateien erstellen dürfen.[27] Die **Katalogisierung** ermöglicht wie bisher § 58 Abs. 2 aF die Herstellung von Ausstellungskatalogen und Bestandsverzeichnissen. Die Befugnis zu deren Verbreitung ergibt sich aus Abs. 3.[28] Kopien für Zwecke der **Erhaltung** sollen den Bibliotheken eine umfassende Bestandssicherung ermöglichen, insbesondere die Langzeitarchivierung von analogen und digitalen Beständen der öffentlich zugänglichen Bibliothek.[29] So kann es je nach Trägermedium etwa erforderlich sein, Sicherungskopien zu erstellen oder Dateien auf andere Datenträger umzukopieren, soweit deren Haltbarkeit zeitlich begrenzt ist.[30] Zum Zweck der **Restaurierung** dürfen zB einzelne Seiten aus einem Zweitexemplar kopiert werden, um sie in einem beschädigten Exemplar zu ergänzen.[31] Im Rahmen von Abs. 2 S. 1 ist auch die Restaurierung des Bestands anderer Bibliotheken privilegiert.[32] Man wird jedoch verlangen müssen, dass das restaurierte Exemplar ursprünglich einmal unbeschädigt im Bestand der privilegierten Einrichtung vorhanden war. Keinesfalls deckt der Zweck der Restaurierung die **Erweiterung des eigenen Bestandes** ab, etwa durch die Ergänzung fehlender Ausgaben oder Jahrgänge einer Zeitschrift oder Buchreihe.

II. Werke aus ihrem Bestand oder ihrer Ausstellung

11   Privilegiert ist eine Vervielfältigung zu den genannten Zwecken jedoch nur, wenn sich das Werk bereits **im Bestand der Bibliothek** oder in einer **von ihr durchgeführten Ausstellung** befindet.

---

[19] → Rn. 39.
[20] *Sandberger* Ordnung der Wissenschaft 2 (2017), 75 (91 f.); vgl. bereits BGH GRUR 1999, 707 (711) – Kopienversanddienst.
[21] AmtlBegr. BT-Drs. 18/12329, 42; → Rn. 2.
[22] → § 53 Rn. 30 und 36. Vgl. ErwG 28 DSM-RL.
[23] AmtlBegr. BT-Drs. 18/12329, 42; → Vor §§ 44a ff. Rn. 30 f.
[24] *Berger* GRUR 2017, 953 (961).
[25] Dazu *Henke* S. 117 f. mwN.
[26] BGH GRUR 2015, 1101 Rn. 29 ff. – Elektronische Leseplätze II, im Anschluss an EuGH GRUR 2014, 1078 Rn. 43 – TU Darmstadt/Ulmer.
[27] AmtlBegr. BT-Drs. 18/12329, 42.
[28] → Rn. 20 ff.
[29] AmtlBegr. BT-Drs. 18/12329, 42.
[30] Vgl. ErwG 27 DSM-RL: „beispielsweise bei technischer Veralterung oder Schäden an den Original-Datenträgern oder zum Zweck der Versicherung von Werken und sonstigen Schutzgegenständen".
[31] Kritisch im Hinblick auf die fehlende Möglichkeit einer Bestandsergänzung *Upmeier* ZGE 10 (2018), 301 (309).
[32] → Rn. 17.

Entgegen dem Wortlaut kommt es dabei nicht auf die Bestandszugehörigkeit des Werkes als solchen an, sondern auf das als Vorlage der Vervielfältigung verwendete Werkstück.[33] Die Legaldefinition der „Bestandsinhalte" in § 61 Abs. 2 kommt angesichts der unterschiedlichen unionsrechtlichen Grundlagen der Vorschriften nicht zum Tragen.[34] Erforderlich ist eine individuelle Zuordnung des verwendeten Werkexemplars zu der konkreten Bibliothek. Eigentum der Bibliothek am Werkexemplar wird man hierfür nicht verlangen können, wohl aber eine **dauerhafte Verfügungsgewalt** über das Werkexemplar.[35] In Betracht kommen dafür sowohl Werke, die von der Einrichtung erworben worden sind, als auch solche, die sie als Pflichtexemplar erhalten hat.[36] Werkexemplare, die nur ausgeliehen oder aus anderen Gründen nur vorübergehend in der Bibliothek verfügbar sind, gehören nicht zum Bestand, weil sie kein fester Bestandteil der Sammlung sind.[37] Gleiches gilt für Werkstücke, die in der Vergangenheit einmal zum Bestand gehörten, inzwischen aber deinventarisiert und aus dem Bestand entfernt worden sind.[38] Das vorübergehende Verleihen eines im Bestand vorhandenen Werkstücks ändert dagegen nichts an dessen Bestandszugehörigkeit.[39]

Unter den Bestandsbegriff fallen auch **digitale Bestände,** welche sich auf physischen Datenträgern im Besitz der Bibliothek befinden.[40] Die **auf der Grundlage von § 60e Abs. 1 erstellten Vervielfältigungsstücke** gehören danach ebenfalls zum Bibliotheksbestand.[41] Vor diesem Hintergrund gewinnt die Klarstellung im letzten Hs. an Bedeutung, dass auch **mehrfache und formatwandelnde Vervielfältigungen** zu den privilegierten Zwecken zulässig sind. Danach dürfen auch Vervielfältigungen von früheren durch die Bibliothek oder in ihrem Auftrag hergestellten Vervielfältigungsstücken (zB Sicherungskopien) angefertigt werden, und zwar auch dann, wenn das ursprüngliche Bestandsstück zwischenzeitlich nicht mehr lesbar oder zerstört ist. Formatwandelnde Kopien sind zB erforderlich, um den dauerhaften Zugriff auf Werke zu ermöglichen, wenn das bisher verwendete Format technisch überholt oder entsprechende Hardware bzw. entsprechende Leermedien nicht mehr verfügbar sind.[42]

Nach der Vorstellung des Gesetzgebers sind hiervon auch **elektronische Bestände** erfasst, zu denen die Bibliothek auf Basis von Nutzungsverträgen mit Inhalteanbietern ihren Nutzern den Zugang gewähren darf.[43] Im Hinblick auf Art. 6 Abs. 4 UAbs. 4 InfoSoc-RL (umgesetzt in § 95b Abs. 3) soll dies jedoch nicht gelten, wenn zwischen der Bibliothek und dem Inhalteanbieter ein Vertrag besteht, der die öffentliche Zugänglichmachung der Inhalte erlaubt und eine **technische Schutzmaßnahme** diesen Zugang kontrolliert; in diesem Fall könne die Befugnis nicht gegen technische Schutzmaßnahmen durchgesetzt werden.[44] Das betrifft unmittelbar jedoch nur die Befugnis zur Zugänglichmachung der betreffenden Werke oder Schutzgegenstände an die Bibliotheksnutzer im Rahmen von Abs. 4, die in § 95b Abs. 1 S. 1 Nr. 12 ohnehin nicht durchsetzungsstark ausgestaltet ist. § 95b Abs. 3 schließt es jedoch nicht aus, dass eine Bibliothek – soweit sie ohne Umgehung einer technischen Schutzmaßnahme Zugang zu den Inhalten hat – diese zu den in Abs. 1 genannten Zwecken (insbesondere zur Bestandssicherung) vervielfältigt.

Auch **Ausstellungen** gehören zum Bildungsauftrag von Bibliotheken. Abs. 1 ermöglicht daher auch von Werken, die Gegenstand einer Ausstellung sind, eine Vervielfältigung zu den genannten Zwecken. Praktische Bedeutung hat die Erweiterung aber vor allem für Museen, für die die Vorschrift gemäß § 60f Abs. 1 entsprechend gilt. Da die Herkunft aus einer Ausstellung alternativ zur Bestandszugehörigkeit genannt ist, kommt es nach dem Wortlaut **nicht auf die Bestandszugehörigkeit des ausgestellten Werkexemplars** an.[45] Zu beachten ist aber, dass bei Leihexemplaren, die in einer Ausstellung gezeigt werden sollen, die Erhaltung und Restauration idR nicht zu den Aufgaben der privilegierten Einrichtung gehören. Insoweit scheidet eine Vervielfältigung, die der Bibliothek eine dauerhafte Erweiterung ihres Bestandes ermöglichen würde, aus.

III. Vergütungspflicht

Vervielfältigungen zum Zweck der **Indexierung, Katalogisierung, Erhaltung und Restaurierung** sind nach § 60h Abs. 2 Nr. 2 **vergütungsfrei** zulässig. Zur Rechtfertigung stellt die Gesetzesbegründung darauf ab, dass hieran idR auch der Rechtsinhaber ein Interesse haben wird, da nur so

---

[33] So auch *Berger* GRUR 2017, 953 (961).
[34] *Henke* S. 123.
[35] BeckOK UrhR/*Hagemeier* UrhG § 60e Rn. 16; *Henke* S. 125 mwN. In diesem Sinne auch Erwgr. 29 DSM-RL.
[36] AmtlBegr. zu § 52b aF, BT-Drs. 16/1828, 26.
[37] BeckOK UrhR/*Hagemeier* UrhG § 60e Rn. 16.
[38] Dreier/Schulze/*Dreier* § 60e Rn. 17.
[39] Ebenso Dreier/Schulze/*Dreier* § 60e Rn. 17.
[40] *Berger* GRUR 2017, 953 (962).
[41] *Henke* S. 126.
[42] AmtlBegr. BT-Drs. 18/12329, 42.
[43] AmtlBegr. BT-Drs. 18/12329, 42; ebenso *Henke* S. 126.
[44] AmtlBegr. BT-Drs. 18/12329, 42.
[45] So aber BeckOK UrhR/*Hagemeier* UrhG § 60e Rn. 18.

die Auffindbarkeit und die dauerhafte Verfügbarkeit in öffentlich zugänglichen Bibliotheken gewährleistet ist.[46] Vervielfältigungen zum Zweck der **Zugänglichmachung an Terminals** (Abs. 4) sind dagegen gemäß § 60h Abs. 1 S. 2 iVm Abs. 5 S. 2 zu vergüten.

C. Schranke für die Verbreitung (Abs. 2 und 3)

16   Im Rahmen von Abs. 2 und 3 wird das **Verbreitungsrecht** des Urhebers (§ 17) eingeschränkt. Dabei ist zu beachten, dass die Weiterverbreitung von Vervielfältigungsstücken, die mit Zustimmung des Urhebers in Verkehr gebracht worden sind, bereits aufgrund der **Erschöpfung** des Verbreitungsrechts gemäß § 17 Abs. 2 zulässig ist. Die Regelungen in Abs. 2 und 3 beschränken sich dementsprechend auf darüber hinaus gehende Verbreitungshandlungen. Der Begriff der Verbreitung umfasst dabei nach der Systematik des UrhG auch das **Verleihen**, also die zeitlich begrenzte, weder unmittelbar noch mittelbar Erwerbszwecken dienende Gebrauchsüberlassung (§ 27 Abs. 1 S. 2). Das gilt jedoch nur für die Überlassung von Vervielfältigungsstücken **in körperlicher Form**.[47] Nach Auffassung des EuGH erstreckt sich der Begriff des Verleihens iSv Art. 2 Abs. 1 lit. b und Art. 6 Abs. 1 Vermiet- und Verleih-RL dagegen auch auf das Verleihen einer digitalen Kopie eines Buches in der Form, dass dem Nutzer ermöglicht wird, ein digitales Vervielfältigungsstück auf seinen eigenen Computer herunterzuladen und für einen begrenzten Zeitraum zu nutzen **(eLending)**.[48] Von der durch Art. 6 Abs. 1 Vermiet- und Verleih-RL eingeräumten Option, auch insoweit eine Ausnahme vom ausschließlichen Verleihrecht im nationalen Recht vorzusehen, hat der Gesetzgeber jedoch keinen Gebrauch gemacht.[49] Die Befugnisse in Abs. 2 und 3 erstrecken sich daher nicht auf das eLending.

I. Verbreitung zum Zweck der Restaurierung (Abs. 2 S. 1)

17   Die Weitergabe von Vervielfältigungsstücken **an andere privilegierte Einrichtungen** erlaubt **Abs. 2 S. 1**. Die Regelung hat keine Entsprechung im bisherigen Recht. Sie soll Bibliotheken und den in § 60f genannten Gedächtnisinstitutionen ermöglichen, ihre Bestände mithilfe der Bestände anderer Institutionen zu **restaurieren**.[50] Zu **anderen Zwecken** als dem der Restaurierung hergestellte Vervielfältigungsstücke dürfen im Rahmen von Abs. 2 S. 1 daher nicht verbreitet werden.[51] Der Gesetzgeber hatte den Fall vor Augen, dass eine Bibliothek ein im eigenen Bestand vorhandenes, aber beschädigtes Werk restaurieren will, aber kein weiteres Exemplar besitzt, um das beschädigte Exemplar zu ergänzen. Deshalb sei es erforderlich, dass eine andere Institution diese Inhalte aus ihrem Bestand gemäß Abs. 1 zum Zweck der Restaurierung vervielfältigt und der restaurierenden Einrichtung zur Verfügung stellt.[52] Es ist jedoch fraglich, ob hiervon das Verbreitungsrecht des Urhebers überhaupt betroffen ist.[53] Man kann in der Anfertigung der Kopie durch die beauftragte Einrichtung auch einen (von Abs. 1 wegen der erforderlichen Bestandsakzessorietät allerdings nicht erfassten) Fall des Herstellenlassens einer Vervielfältigung sehen.[54] Die Vervielfältigungshandlung wäre dann der restaurierenden Einrichtung zuzurechnen, so dass die Überlassung des in deren Auftrag hergestellten Vervielfältigungsstücks auch **keine Verbreitung iSv § 17** darstellte.[55] In vielen Fällen wird es zudem möglich sein, ein unbeschädigtes Exemplar von einer anderen Institution auszuleihen, um selbst die erforderlichen Vervielfältigungen nach Abs. 1 vorzunehmen. Ein solches Verleihen von Vervielfältigungsstücken, hinsichtlich derer sich das Verbreitungsrecht bereits **erschöpft** hat (§ 17 Abs. 2), ist unabhängig von § 60e zulässig. Sinnvoller wäre daher eine Klarstellung gewesen, dass zu Zwecken der Restaurierung des eigenen Bestandes auch die Bestände anderer Einrichtungen genutzt werden können, was Abs. 1 dem Wortlaut nach eigentlich ausschließt. Die Beschränkung des Verbreitungsrechts in Abs. 2 S. 1 wäre dann **überflüssig**.

II. Verleih selbst hergestellter Vervielfältigungsstücke (Abs. 2 S. 2)

18   Nach Abs. 2 S. 2 dürfen Bibliotheken restaurierte Werke sowie Vervielfältigungsstücke von Zeitungen, vergriffenen oder zerstörten Werken aus ihrem Bestand **verleihen**.[56] Die Schranke ergänzt § 53

---

[46] AmtlBegr. BT-Drs. 18/12329, 42.
[47] *Stieper* FS Schulze, 2017, 107 ff.
[48] EuGH GRUR 2016, 1266 Rn. 49 ff. – VOB/Stichting.
[49] → Vor §§ 60a ff. Rn. 11; zur konkreten Ausgestaltung einer solchen Schranke *Stieper* FS Schulze, 2017, 107 (109 ff.).
[50] AmtlBegr. BT-Drs. 18/12329, 43.
[51] AA Dreier/Schulze/*Dreier* § 60e Rn. 9: auch solche, die zu anderen nach Abs. 1 privilegierten Zwecken angefertigt worden sind.
[52] AmtlBegr. BT-Drs. 18/12329, 43.
[53] Zur parallelen Problematik im Rahmen von Abs. 5 → Rn. 39.
[54] → Rn. 8.
[55] Vgl. BGH GRUR 1999, 707 (711) – Kopienversanddienst; dazu auch → § 53 Rn. 27 sowie → Rn. 39. Andernfalls wäre fraglich, auf welcher Grundlage die andere Bibliothek das zu verbreitende Vervielfältigungsstück herstellen dürfte, da Abs. 1 lediglich die Restaurierung des eigenen Bestandes erfasst.
[56] Zum Begriff des Verleihens → Rn. 16.

Abs. 6 S. 2 in Bezug auf solche Vervielfältigungsstücke, die gemäß Abs. 1 zum Zweck der Restaurierung oder Bestandserhaltung hergestellt worden sind. Sie gilt aber auch für gemäß § 53 Abs. 2 S. 1 Nr. 2 oder Nr. 4 lit. b iVm Abs. 4 lit. b rechtmäßig hergestellte Vervielfältigungsstücke. In ihrem Anwendungsbereich geht die Schranke in Abs. 2 S. 2 daher der entsprechenden Befugnis in § 53 Abs. 6 S. 2 vor. Die Befugnis in § 53 Abs. 6 S. 2 bleibt für Bibliotheken, die zu kommerziellen Zwecken handeln, erhalten.[57]

Die von der Bibliothek selbst hergestellten Vervielfältigungsstücke sind, auch wenn ihre Herstellung **19** gesetzlich erlaubt ist, nicht iSv § 17 Abs. 2 mit Zustimmung des Berechtigten in Verkehr gebracht worden. Der Urheber könnte ihren Verleih aufgrund seines ausschließlichen Verbreitungsrechts daher untersagen. Davon macht Abs. 2 S. 2 in **vier Fällen** eine Ausnahme: Zum einen dürfen solche Werkexemplare verliehen werden, bei denen im Rahmen von Abs. 1 zum Zwecke der **Restauration** einzelne Teile durch Kopien aus anderen Werkexemplaren ersetzt bzw. ergänzt worden sind.[58] Außerdem dürfen Vervielfältigungsstücke von **Zeitungen,** insbesondere Mikrofiche-Kopien, verliehen werden.[59] Erforderlich ist aber, dass es sich um **rechtmäßig hergestellte** Vervielfältigungsstücke handelt. In Betracht kommt das gemäß § 53 Abs. 2 S. 1 Nr. 2 iVm S. 2 zum für analoge Kopien oder im Rahmen von § 60e Abs. 1 für solche Vervielfältigungsstücke, deren Herstellung zur Bestandserhaltung erforderlich war. Ebenso dürfen Vervielfältigungsstücke **vergriffener Werke** nur verliehen werden, soweit ihre Herstellung vom Rechtsinhaber (insbes. nach § 51 VGG) erlaubt oder von einer gesetzlichen Schranke gedeckt war. Entgegen der Vorstellung des Gesetzgebers[60] kommt es für Letzteres gemäß § 53 Abs. 2 S. 1 Nr. 4 lit. b iVm Abs. 4 lit. b darauf an, dass das Werk im Zeitpunkt der Vervielfältigung schon **seit mindestens zwei Jahren vergriffen** war. Durch die Befugnis, Vervielfältigungsstücke zu verleihen, wenn das Werkoriginal **zerstört** wurde, sollen Bibliotheken in die Lage versetzt werden, Kopien, die zur Langzeitarchivierung angefertigt wurden, sinnvoll zu nutzen.[61]

III. Verbreitung zu Ausstellungszwecken oder zur Bestandsdokumentation (Abs. 3)

Nach Abs. 3 ist die Verbreitung im Zusammenhang mit der **öffentlichen Ausstellung** von visuel- **20** len Werken oder der **Dokumentation des Bestandes der Bibliothek** zulässig. Den privilegierten Einrichtungen soll dadurch im Hinblick auf ein kulturpolitisches Bedürfnis die Möglichkeit zur **Herausgabe von Katalogen** gesichert werden.[62] Erfasst werden aber auch digitale Vervielfältigungen, etwa auf CD-ROM.[63] Praktische Bedeutung hat die Schranke vor allem für Museen, für welche die Vorschrift nach § 60f Abs. 1 entsprechend gilt.[64] Abs. 3 enthält dabei lediglich die Befugnis zur Verbreitung, die Herstellung des Kataloges ist als Vervielfältigung zum Zweck der Katalogisierung von Abs. 1 gedeckt. Um das Vervielfältigungs- und Verbreitungsrecht insbesondere der bildenden Künstler nicht auszuhöhlen, ist eine restriktive Handhabung der Schranke geboten.[65]

Im Vergleich zur früheren Regelung in **§ 58 Abs. 2 aF** werden die Befugnisse der privilegierten **21** Einrichtungen allerdings in mehrfacher Hinsicht ausgedehnt. So dürfen neben Werken der bildenden Künste, der angewandten Kunst (§ 2 Abs. 1 Nr. 4) und Lichtbildwerken (Nr. 5) auch Filmwerke (Nr. 6) und technische Skizzen (Nr. 7) genutzt werden. Die genutzten Werke müssen aber Gegenstand einer von der privilegierten Einrichtung veranstalteten **Ausstellung** sein oder sich im **Bestand** der Einrichtung befinden.[66] Die Vorschrift bezieht sich dabei nicht nur auf Kataloge vorübergehender Ausstellungen, sondern auch auf Verzeichnisse zur Durchführung ständiger öffentlicher Ausstellungen.[67] Nicht erfasst ist dagegen die Verbreitung von Werkstücken zum Zwecke der Ausstellung durch **Dritte.** Insoweit kommt nur eine Weitergabe solcher Vervielfältigungsstücke aus dem Bestand der Bibliothek in Betracht, hinsichtlich derer sich das Verbreitungsrecht bereits erschöpft hat (§ 17 Abs. 2).

Ein **zeitlicher Zusammenhang mit der Ausstellung** soll anders als nach § 58 Abs. 2 aF nicht **22** mehr zwingend erforderlich sein, damit die geschützten Inhalte auch nach dem Ausstellungsende noch verbreitet werden können.[68] Erforderlich ist aber jedenfalls ein **inhaltlicher Zusammenhang** mit der Ausstellung in dem Sinne, dass Gegenstand des Kataloges nur die ausgestellten Werke sein dürfen. Außerdem ist ein zeitlicher Zusammenhang mit der Ausstellung **nur im Hinblick auf die**

---

[57] AmtlBegr. BT-Drs. 18/12329, 43.
[58] Dazu → Rn. 9 und 15.
[59] Dazu → § 53 Rn. 67.
[60] AmtlBegr. BT-Drs. 18/12329, 43.
[61] AmtlBegr. BT-Drs. 18/12329, 43.
[62] AmtlBegr. zu § 58 Abs. 2 aF; BT-Drs. 15/38, 22.
[63] AmtlBegr. BT-Drs. 15/38, 22; kritisch *Schack* Kunst und Recht Rn. 285.
[64] AmtlBegr. BT-Drs. 18/12329, 43.
[65] *Stieper* JZ 2019, 374 (477); *Schack* UrheberR Rn. 576e (der allerdings irrig von der Vergütungsfreiheit der privilegierten Nutzung ausgeht); zu § 58 Abs. 2 aF *Schack* Kunst und Recht Rn. 285.
[66] Zum Bestandsbegriff → Rn. 11 ff.
[67] BGHZ 126, 313 = GRUR 1994, 800 (802) – Museumskatalog.
[68] AmtlBegr. BT-Drs. 18/12329, 43; kritisch dazu Wandtke/Bullinger/*Jani* UrhG §§ 60e, 60f Rn. 36, der weiterhin einen zeitlichen Zusammenhang fordert.

Verbreitung entbehrlich. Die Herstellung der Vervielfältigungsstücke nach Abs. 1 ist dagegen nach wie vor nur privilegiert, wenn sie während der Vorbereitungsphase oder während des Ausstellungszeitraumes erfolgt. Die Einrichtung darf die einmal hergestellte Auflage also abverkaufen, aber nach Ausstellungsende keine neuen Vervielfältigungsstücke herstellen.

23   Wie bisher darf mit den privilegierten Verzeichnissen **kein eigenständiger Erwerbszweck** verfolgt werden. Auch wenn diese Einschränkung anders als in § 58 Abs. 2 aF in Abs. 3 nicht mehr ausdrücklich genannt wird, ergibt sie sich jedenfalls daraus, dass die privilegierten Einrichtungen keine unmittelbaren oder mittelbaren kommerziellen Zwecke verfolgen dürfen. Außerdem wäre die Schranke andernfalls kaum mit dem Dreistufentest in Art. 5 Abs. 5 InfoSoc-RL zu vereinbaren. Eine Veräußerung der Verzeichnisse zum Selbstkostenpreis wird man jedoch zulassen können.[69] Außerdem ist für die Verbreitung nach § 60h Abs. 1 eine **angemessene Vergütung** zu zahlen. Der Vergütungsanspruch wird für die bildenden Künstler, Architekten und Bildautoren von der **VG Bild-Kunst** wahrgenommen.[70]

D. Schranke für die Terminalnutzung (Abs. 4)

24   In Abs. 4 ist die bisher in **§ 52b aF** geregelte Terminal-Schranke normiert. Die Vorschrift erlaubt die sog. On-the-Spot-Consultation in öffentlich zugänglichen Bibliotheken und anderen in § 60f genannten Institutionen. Sie soll ermöglichen, dass die Werke aus dem Sammlungsbestand an elektronischen Leseplätzen in gleicher Weise wie in analoger Form genutzt werden können.[71] Dadurch soll dem **Bildungsauftrag** der öffentlichen Einrichtungen Rechnung getragen und die Medienkompetenz der Bevölkerung gefördert werden.[72] Die Schranke übernimmt dabei weitgehend den Wortlaut der zugrunde liegenden Regelung in **Art. 5 Abs. 3 lit. n InfoSoc-RL.** Insbesondere ist der früher in § 52b aF verwendete Begriff der „elektronischen Leseplätze" durch den der „Terminals" ersetzt worden. In Reaktion auf die Rechtsprechung des EuGH und des BGH hat der Gesetzgeber in Abs. 4 S. 2 zudem ausdrücklich eine Erlaubnis für „Anschlusskopien" ins Gesetz aufgenommen.[73] Der in Art. 5 Abs. 3 lit. n InfoSoc-RL vorgesehene **Vorbehalt vertraglicher Vereinbarungen** ist nunmehr in **§ 60g Abs. 2** enthalten.[74] Gegenüber **technischen Schutzmaßnahmen** lässt sich die Schranke nicht durchsetzen, da Abs. 4 in § 95b Abs. 1 S. 1 Nr. 12 lit. d nicht aufgeführt ist.

I. Zugänglichmachung an Terminals (S. 1)

25   Die Vorschrift erlaubt in S. 1 die **Zugänglichmachung** von Werken aus ihrem Bestand an Terminals in ihren Räumen. Die Befugnis zur Vornahme der hierfür erforderlichen **Vervielfältigungshandlungen** ergibt sich dagegen aus Abs. 1.

1. Gegenstand der Nutzung

26   Die Schranke erfasst **Werke aller Art,** neben Büchern und Zeitschriften also auch Musikwerke, Lichtbildwerke, Filmwerke oder technische Skizzen. Anders als nach § 52b aF ist eine Beschränkung auf **veröffentlichte Werke** iSv § 6 Abs. 1 nicht mehr vorgesehen. Allerdings wird es sich insbesondere bei Werken in öffentlichen Bibliotheken und Museen in aller Regel um veröffentlichte Werke handeln.[75] Das zugänglich gemachte Werk muss sich aktuell im Bestand der Bibliothek befinden.[76] Die Bibliothek muss daher wenigstens ein Exemplar des Werkes erworben haben; es ist nicht zulässig, als Grundlage der Zugänglichmachung an Terminals eine Kopie zu verwenden, welche eine andere Bibliothek erstellt oder erworben hat.[77] Die in § 52b S. 2 aF verlangte **Bestandsakzessorietät,** wonach nicht mehr Exemplare eines Werkes gleichzeitig zugänglich gemacht werden durften, als der Bestand der Einrichtung umfasste, ist allerdings entfallen.[78] Das erlaubt es Bibliotheken, an ihren Terminals beliebig viele Zugriffe auf ein Werk zeitgleich zu ermöglichen. Der Umstand, dass insoweit eine intensivere Nutzung von Digitalisaten an Terminals ermöglicht wird, ist bei der Bemessung der Vergütungshöhe zu berücksichtigen.[79] Vor dem Hintergrund des **Dreistufentests** in Art. 5 Abs. 5 InfoSoc-RL ist diese Ausweitung der Nutzungsbefugnis jedoch bedenklich.[80]

---

[69] Schricker/Loewenheim/*Vogel* (5. Aufl.) § 58 Rn. 26 mwN.
[70] § 1 Nr. 1 lit. h des Wahrnehmungsvertrags der VG Bild-Kunst.
[71] AmtlBegr. zu § 52b aF, BT-Drs. 16/1828, 26.
[72] AmtlBegr. zu § 52b aF, BT-Drs. 16/1828, 26.
[73] AmtlBegr. BT-Drs. 18/12329, 44.
[74] → § 60g Rn. 9 ff.
[75] Vgl. → 5. Aufl. 2017, § 52b Rn. 5.
[76] Zum Bestandsbegriff → Rn. 11 ff.
[77] *Berger* GRUR 2017, 953 (962).
[78] AmtlBegr. BT-Drs. 18/12329, 44.
[79] AmtlBegr. BT-Drs. 18/12329, 44.
[80] So auch Wandtke/Bullinger/*Jani* UrhG §§ 60e, 60f Rn. 48. Verfassungsrechtliche Bedenken erhebt *Berger* GRUR 2007, 754 (758) zum entsprechenden Vorschlag eines § 52b im „2. Korb".

2. Erlaubte Nutzungshandlungen

Abs. 4 S. 1 erlaubt die **Zugänglichmachung** des Werkes an Terminals. Der Wortlaut der Vor- **27** schrift spricht bewusst nicht von „öffentlicher" Zugänglichmachung. Denn für § 19a fehlt es am Zugang der Bibliothekbenutzer „von Orten ihrer Wahl".[81] Vielmehr stellt die Terminalnutzung einen Eingriff in ein unbenanntes Recht der **öffentlichen Wiedergabe** gemäß § 15 Abs. 2 S. 1 UrhG dar.[82] Die gemäß § 15 Abs. 3 für eine Öffentlichkeit der Wiedergabe maßgebliche Bestimmung für eine Mehrzahl von Mitgliedern der Öffentlichkeit liegt auch bei einem zeitversetzten Zugriff vor, ohne dass man das Konstrukt einer „sukzessiven Öffentlichkeit" bemühen müsste. Dementsprechend sieht auch der EuGH in der Zugangsgewährung durch die Bibliothek eine Handlung der öffentlichen Wiedergabe iSv Art. 3 Abs. 1 InfoSoc-RL.[83]

Die Zugänglichmachung muss an **Terminals** in den Räumen der privilegierten Einrichtung erfol- **28** gen. Die in § 52b vorgesehene Beschränkung auf Leseplätze, die **eigens für diese Nutzung einge-richtet sind,** findet sich im Wortlaut nicht ausdrücklich wieder. Eine solche Einschränkung ist aber im Hinblick auf Art. 5 Abs. 3 lit. n InfoSoc-RL geboten. Die Vorschrift ist daher richtlinienkonform dahingehend auszulegen, dass die Terminals so eingerichtet sein müssen, dass sie nur für die Werknutzung nach Abs. 4 und nicht für andere Zwecke genutzt werden können.[84] Die Terminals dürfen daher nicht den Zugang zum Internet oder zum allgemeinen Intranet der Einrichtung ermöglichen. Zudem müssen die Leseplätze **in den Räumen der jeweiligen Einrichtung** eingerichtet sein. Eine Nutzung von außen ist damit ausgeschlossen; die Leseplätze dürfen auch nicht über ein Netz von Plätzen außerhalb der jeweiligen Einrichtung (zB mittels eines VPN-Clients) zugänglich sein.[85] Die Räume können aber über mehrere Gebäude verteilt sein, sie müssen nur der jeweiligen Einrichtung zuzuordnen sein.[86]

3. Privilegierte Nutzungszwecke

Die Wiedergabe von Werken an Terminals ist durch den Nutzungszweck begrenzt: sie darf nur zur **29** Forschung und für private Studien erfolgen. Es kommt damit nicht auf dem Zweck der Einrichtung, sondern auf den vom Nutzer verfolgten Zweck an. Der Begriff der **Forschung** ist wie in § 60c zu verstehen.[87] **Private Studien** sind solche, die in dem Gewinn von Erkenntnissen zur Befriedigung rein persönlicher Bedürfnisse dienen, eine Nutzung zu irgendwelchen kommerziellen Zwecken ist damit ausgeschlossen. Insbesondere Nutzer, die sich auf einen sonstigen eigenen Gebrauch nach § 53 Abs. 2 S. 1 Nr. 4 berufen können, sind damit an den Terminals nicht zugelassen.[88] Die praktische Bedeutung dieses Kriteriums hält sich in Grenzen; eine Überprüfung, ob der Benutzer eines Terminals wirklich nur forscht oder private Studien betreibt, wird meist kaum möglich sein. Die privilegierten Einrichtungen dürfen aber in ihren Benutzungsordnungen und in ihrer Werbung nicht den Eindruck erwecken, es sei eine Nutzung der elektronischen Leseplätze für andere Zwecke als die der Forschung und privater Studien erlaubt.

II. Anschlussvervielfältigungen (S. 2)

1. Hintergrund

Im Rahmen von § 52b aF war umstritten, ob die Schranke lediglich eine Bildschirmwiedergabe er- **30** laubt oder ob den Nutzern der privilegierten Einrichtung auch der **Ausdruck** oder das **Abspeichern** der Werke auf einem Datenträger ermöglicht werden darf.[89] Auf Vorlage des BGH[90] hatte der **EuGH** schließlich entschieden, dass analoge wie digitale Vervielfältigungshandlungen der Nutzer nicht von Art. 5 Abs. 3 lit. n InfoSoc-RL umfasst sind.[91] Daraus wurde teilweise gefolgert, dass den Nutzern keine Gelegenheit gegeben werden dürfe, die Werke zu kopieren.[92] Der EuGH hatte jedoch andererseits auch darauf hingewiesen, dass solche Vervielfältigungen ggf. unter die nationalen Vorschriften zur Umsetzung von Art. 5 Abs. 2 lit. a oder b InfoSoc-RL (§ 53 Abs. 1 und 2) fallen können.[93] Diesen Hinweis hatte der **BGH** aufgenommen und daraus abgeleitet, dass die Zulässigkeit der von § 52b aF

---

[81] *Stieper* GRUR 2015, 1106; aA Dreier/Schulze/*Dreier* § 60e Rn. 16.

[82] BGH GRUR 2015, 1101 Rn. 17 – Elektronische Leseplätze II; *v. Ungern-Sternberg* GRUR 2015, 205 (209).

[83] EuGH GRUR 2014, 1078 Rn. 42, 51 – TU Darmstadt/Ulmer.

[84] Vgl. dazu → 5. Aufl. 2017, § 52b Rn. 8; ebenso Dreier/Schulze/*Dreier* § 60e Rn. 17.

[85] AmtlBegr. zu § 52b aF, BT-Drs. 16/1828, 26; Dreier/Schulze/*Dreier* § 60e Rn. 17.

[86] Vgl. *Steinhauer* ZGE 2 (2010), 55 (56 ff.).

[87] → § 60c Rn. 5 f. Ein Unterschied zwischen dem dort verwendeten Begriff der wissenschaftlichen Forschung und dem der Forschung in Abs. 4 besteht nicht.

[88] *Steinhauer* ZGE 2 (2010), 55 (69).

[89] S. Schricker/Loewenheim/*Loewenheim* (5. Aufl.) § 52b Rn. 11 mwN.

[90] BGH GRUR 2013, 503 – Elektronische Leseplätze I.

[91] EuGH GRUR 2014, 1078 Rn. 54 – TU Darmstadt/Ulmer.

[92] So *Loewenheim* GRUR 2014, 1057 (1060); *Schack* UrheberR (7. Aufl.) Rn. 577.

[93] EuGH GRUR 2014, 1078 Rn. 55 – TU Darmstadt/Ulmer.

und von § 53 jeweils privilegierten Nutzungshandlungen **unabhängig voneinander zu beurteilen** sei.[94] Es sei daher auch ohne ausdrückliche gesetzliche Regelung zulässig, dass ein auf Grund der Schrankenregelung des § 52b aF durch eine Bibliothek an einem elektronischen Leseplatz zugänglich gemachtes Werk auf Grund der Schrankenregelung des § 53 Abs. 1 oder Abs. 2 S. 1 Nr. 1 aF durch einen Benutzer des elektronischen Leseplatzes vervielfältigt wird.[95]

2. Inhalt der Regelung

31   Auf diese Rechtsprechung hat der Gesetzgeber reagiert, indem er in **S. 2** die Erlaubnis von „Anschlusskopien" bei der Nutzung geschützter Werke an Terminals auf Vervielfältigungen von bis zu 10% eines Werkes pro Sitzung am Terminal begrenzt und eine vollständige Vervielfältigung lediglich in Bezug auf die in Abs. 4 S. 2 explizit aufgezählten Werkarten zulässt.[96] Ausweislich der Gesetzesbegründung wird damit auch die „Frage der Kombination mehrerer gesetzlicher Erlaubnis-Tatbestände" geregelt.[97] In Bezug auf die **vom Nutzer vorgenommenen Vervielfältigungshandlungen** enthält die Vorschrift jedoch **keine Regelung**; deren Zulässigkeit beurteilt sich unabhängig von S. 2 allein nach den entsprechenden Schranken des Vervielfältigungsrechts, namentlich § 53 Abs. 1 und 2 sowie § 60c Abs. 2. Vielmehr bestimmt Abs. 4 S. 2 lediglich, in welchem Umfang die Bibliothek solche Vervielfältigungen **ermöglichen** darf.[98] Man wird dies so verstehen müssen, dass die Bibliothek durch **technische Maßnahmen sicherzustellen** hat, dass das Ausdrucken und Abspeichern der zugänglich gemachten Werke auf einem Datenträger nur registrierten Benutzern und nur in dem von S. 2 begrenzten Umfang möglich ist.[99] Abs. 4 S. 2 regelt damit lediglich eine weitere Modalität der Zugänglichmachung nach S. 1, nämlich die technische Ausgestaltung der Terminals.

32   Insbesondere muss danach sichergestellt werden, dass je Sitzung am Terminal jeweils **nur 10% eines Werkes** vervielfältigt werden können, soweit keine der in Abs. 4 S. 2 aufgezählten Ausnahmen eingreift. Das schließt es zwar nicht aus, dass ein Nutzer in zehn unterschiedlichen Sitzungen **sukzessive** das ganze Werk vervielfältigt. Insoweit ist aber zu beachten, dass eine im Wesentlichen vollständige Vervielfältigung von Büchern oder Zeitschriften auch zu privaten Zwecken nicht zulässig ist (§ 53 Abs. 4 lit. b) und auch Vervielfältigungen zum Zwecke der eigenen wissenschaftlichen Forschung auf 75% des Werkes beschränkt sind (§ 60a Abs. 2). Daher hatte der BGH die Betreiber elektronischer Leseplätze bereits im Rahmen von § 52b aF verpflichtet, die ihnen möglichen und zumutbaren Vorkehrungen zu treffen, um unbefugte Vervielfältigungen von Werken durch Nutzer der elektronischen Leseplätze zu verhindern.[100] Die Terminals müssen daher technisch so eingerichtet sein, dass auch eine sukzessive Vervielfältigung vollständiger Werke nach Möglichkeit ausgeschlossen wird. Eine entsprechende Verpflichtung sieht auch der zwischen Bund, Ländern, VG Wort und VG Bild-Kunst vereinbarte Rahmenvertrag zur Vergütung von Ansprüchen nach § 60e Abs. 4 iVm § 60h Abs. 1 vom 28.1.2019 vor.[101] Darüber hinaus muss es im Hinblick auf die Beschränkung auf **nicht kommerzielle Zwecke** eine Kontrolle der Befugnis des Nutzers geben, überhaupt Vervielfältigungen zu den privilegierten Zwecken vornehmen zu dürfen, zB durch eine Begrenzung der Kopiermöglichkeit auf bestimmte Nutzergruppen (Studierende, Wissenschaftler usw). Wenn es zu Missbräuchen oder Umgehungen kommt, müssen die technischen Schutzmaßnahmen ggf. angepasst werden. An Terminals, bei denen eine quantitative Beschränkung des Kopierumfangs **technisch nicht möglich** ist, darf keine Möglichkeit zur Vervielfältigung gegeben werden, es darf also insbesondere **keine Drucker- oder USB-Schnittstelle** vorhanden sein.

III. Vergütungspflicht

33   Für die Zugänglichmachung nach Abs. 4 ist gemäß § 60h Abs. 1 S. 1 eine **angemessene Vergütung** zu zahlen. Bei deren Höhe ist zu berücksichtigen, an wie vielen Terminals die wiedergegebenen Werke gleichzeitig genutzt werden können. Außerdem muss sich die **Möglichkeit zur Vervielfältigung** gemäß Abs. 4 S. 2 auf die Vergütungshöhe auswirken; dabei ist im Hinblick auf die unterschiedliche Nutzungsintensität zwischen analogen und digitalen Vervielfältigungen zu differenzieren.[102] Die Vergütung für die Zugänglichmachung ist dabei von derjenigen zu unterscheiden, die für die von den Nutzern gemäß § 53 Abs. 1 oder 2 oder § 60c Abs. 2 vorgenommenen **Vervielfältigungshandlungen** zu zahlen ist und durch die Geräte-, Speichermedien- und Betreiberabgabe

[94] BGH GRUR 2015, 1101 Rn. 41 – Elektronische Leseplätze II.
[95] BGH GRUR 2015, 1101 Rn. 41, 45 ff. – Elektronische Leseplätze II.
[96] Letzteres entspricht der Regelung in § 60a Abs. 2, hierzu → § 60c Rn. 15 ff.
[97] AmtlBegr. BT-Drs. 18/12329, 44.
[98] So auch *Berger* GRUR 2017, 953 (962).
[99] Dafür bereits *Stieper* GRUR 2015, 1106 (1107); *Dreier* NJW 2015, 1905 (1907 f.). Die technische Umsetzbarkeit bezweifelt *Upmeier* ZGE 10 (2018), 301 (307 f.).
[100] BGH GRUR 2015, 1101 Rn. 53 – Elektronische Leseplätze II; auf „eklatante Verstöße" beschränkt auch *Steinbeck* NJW 2010, 2852 (2855); vgl. *Steinhauer* ZGE 2 (2010), 55 (73).
[101] Abrufbar unter https://www.vgwort.de/fileadmin/pdf/Gesamtverträge/Rahmenvertrag__60e_Abs.4.pdf.
[102] Vgl. BGH GRUR 2013, 503 Rn. 35 f. – Elektronische Leseplätze I; *Stieper* GRUR 2015, 1106 (1107).

gemäß §§ 54 ff. abgegolten wird. Die Einrichtung von Terminals mit der Möglichkeit eines Papier-ausdrucks fällt als Betrieb von „Ablichtungsgeräten" unter § 54c; für das Bereithalten digitaler Spei-chermöglichkeiten fehlt jedoch eine entsprechende Regelung im geltenden Recht.[103] Wenn man diese Lücke nicht durch eine analoge Anwendung von § 54c schließen will, muss man die Möglich-keit des digitalen Abspeicherns jedenfalls durch eine entsprechende Erhöhung der für die Zu-gänglichmachung nach Abs. 4 zu zahlenden Vergütung berücksichtigen. Nach dem zwischen Bund, Ländern, VG Wort und VG Bild-Kunst vereinbarten Rahmenvertrag zur Vergütung von Ansprüchen nach § 60e Abs. 4 iVm § 60h Abs. 1 vom 28.1.2019[104] beträgt die Vergütung für die Zugänglichma-chung an Leseplätzen 120 % des Nettoladenpreises des jeweiligen Schriftwerkes, für die Ermöglichung von Anschlussvervielfältigungen ist eine weitere Vergütung in Höhe von 20 % zu entrichten.

E. Kopienversand auf Bestellung (Abs. 5)

I. Zweck und Bedeutung der Regelung

Mit Abs. 5 übernimmt die Vorschrift mit einigen Änderungen den Inhalt des früheren § 53a aF zur **34** **Zulässigkeit des Kopienversands durch öffentliche Bibliotheken.** Der Gesetzgeber hatte mit § 53a das Urteil des BGH vom 25.2.1999[105] nachvollzogen.[106] Die Regelung beruht auf dem Gedan-ken, dass eine moderne, technisch hoch entwickelte Industrienation wie die Bundesrepublik Deutsch-land, die auf Wissenschaft und Forschung angewiesen ist, ein gut ausgebautes, schnell funktionieren-des und wirtschaftlich arbeitendes **Informationswesen** benötigt. Nach Auffassung des Gesetzgebers würde sich die Anschaffung eines umfassenden Bestands wissenschaftlicher Literatur aber wirtschaft-lich nicht mehr lohnen, wenn insbesondere den großen Zentralbibliotheken die Versendung von Kopien untersagt würde, da der analoge Bestand dann nur von wenigen genutzt werden könnte und die Versendung von Fotokopien erst nach Ablauf der urheberrechtlichen Schutzfrist möglich wäre.[107] Ebenso wie die übrigen Privilegierungen in § 60e gilt Abs. 5 nur für **öffentlich zugängliche Bib-liotheken,** nicht auch für private Kopienversanddienste.[108] Auch die in § 60f Abs. 1 genannten Insti-tutionen können sich nicht auf die Schranke in Abs. 5 berufen (§ 60f Abs. 1 aE). Der in § 53a Abs. 1 S. 3 aF grundsätzlich vorgesehene **Vorrang von Verlagsangeboten** ist entfallen. Verträge, die aus-schließlich den Kopienversand auf Bestellung betreffen, gehen gemäß § 60g Abs. 2 aber der gesetzli-chen Erlaubnis in Abs. 5 vor. Gegenüber **technischen Schutzmaßnahmen** setzt sich die Schranke dagegen gemäß § 95b Abs. 1 S. 1 Nr. 12 lit. d durch.

II. Gegenstand der Nutzung

Die Befugnis in Abs. 5 bezieht sich nur auf **erschienene Werke.** Der Begriff des Erscheinens er- **35** gibt sich aus **§ 6 Abs. 2,** die bloße Veröffentlichung iSv § 6 Abs. 1 reicht also nicht aus. Damit sind ausschließlich online publizierte Werke vom Anwendungsbereich der Schranke ausgeschlossen.[109] Unklar ist, ob es sich um Werke aus dem **eigenen Bestand** handeln muss. Diese Frage war schon im Rahmen von § 53a umstritten.[110] Dagegen spricht, dass der Gesetzgeber eine solche Beschränkung in Abs. 1 und Abs. 4 ausdrücklich vorgesehen, bei Abs. 5 aber von einer entsprechenden Anpassung des Wortlauts abgesehen hat. Zudem werden die Interessen der Urheber bzw. Verleger durch eine Einbe-ziehung des **interbibliothekarischen Leihverkehrs** nicht entscheidend beeinträchtigt; ihnen wird durch die angemessene Vergütung nach § 60h Abs. 1 und Abs. 3 S. 2 Rechnung getragen. Entspre-chend der Zielsetzung des Gesetzgebers, im Rahmen der mit Abs. 5 aufgestellten Kautelen den Zu-gang zu Informationen zu erleichtern, dürfen auch Werke, welche die Bibliothek im interbibliotheka-rischen Leihverkehr bezogen hat, der übermittelten Kopie zugrunde gelegt werden.[111]

III. Privilegierte Nutzungszwecke

§ 53a war zu § 53 insofern akzessorisch, als beim Besteller die Voraussetzungen des § 53 Abs. 1–3 **36** vorliegen mussten. Der Sache nach wurde damit das Privatkopieprivileg des § 53 um das Recht er-weitert, sich die Kopien durch öffentliche Bibliotheken anfertigen und zusenden zu lassen.[112] Diese

---

[103] → § 54c Rn. 3, 3a.
[104] Abrufbar unter https://www.vgwort.de/fileadmin/pdf/Gesamtverträge/Rahmenvertrag__60e_Abs.4.pdf.
[105] BGH GRUR 1999, 707 – Kopienversanddienst.
[106] AmtlBegr. BT-Drs. 16/1828, 21.
[107] AmtlBegr. BT-Drs. 16/1828, 27.
[108] Dreier/Schulze/*Dreier* § 60e Rn. 25.
[109] *Henke* S. 155; aber → § 6 Rn. 56.
[110] → 5. Aufl. 2017, § 53a Rn. 6 mwN.
[111] Ebenso Dreier/Schulze/*Dreier* § 60e Rn. 27.
[112] → 5. Aufl. 2017, § 53a Rn. 2, 7.

Akzessorietät zur Privilegierung der Nutzer sieht der Wortlaut von Abs. 5 nicht mehr ausdrücklich vor. Stattdessen ist maßgeblich, dass der Nutzer das ihm übermittelte Vervielfältigungsstück **zu nicht kommerziellen Zwecken** verwenden will. Die Gesetzesbegründung nennt als Beispiele eine Verwendung „im privaten Kontext oder für die nicht kommerzielle wissenschaftliche Forschung".[113] Damit sind ebenfalls konkrete gesetzliche Privilegierungstatbestände zugunsten der Nutzer angesprochen, nämlich § 53 Abs. 1 sowie § 60c Abs. 2. Daneben kommt wie bisher nach § 53 Abs. 3 aF auch eine Verwendung zur Veranschaulichung des Unterrichts oder der Lehre (§ 60a Abs. 1) in Betracht. Dass die Kopien wirklich für die privilegierten Zwecke benötigt werden, ist nicht Voraussetzung, es muss der pädagogischen bzw. wissenschaftlichen Entscheidung des Bestellers überlassen bleiben, was er für seine Arbeit braucht. Zu einer **wesentlichen Einschränkung** gegenüber der früheren Rechtslage führt die Beschränkung auf nicht kommerzielle Zwecke aber in Bezug auf den von § 53a S. 1 aF ebenfalls privilegierten **sonstigen eigenen Gebrauch** in § 53 Abs. 2. So darf eine Bibliothek zB Vervielfältigungsstücke von Artikeln aus Fachzeitschriften auch in Papierform nicht mehr an Rechtsanwälte oder Architekten übermitteln, welche die Kopien – von § 53 Abs. 2 S. 1 Nr. 4 lit. a gedeckt[114] – für **berufliche Zwecke** benötigen.

37   Eine **Prüfung durch die Bibliothek,** ob beim Besteller die Voraussetzungen einer Verwendung zu nicht kommerziellen Zwecken vorliegen, muss allerdings aus praktischen Gründen ausscheiden.[115] Entsprechende **Hinweise** und eine Selbstauskunft des Bestellers wird man von den Bibliotheken dagegen verlangen können.[116] Die Bibliothek muss sich aber auf die Angaben des Bestellers verlassen können; ob der Besteller die übermittelten Kopien zum privaten Gebrauch, zum eigenen wissenschaftlichen Gebrauch oder für Schul- und Prüfungszwecke verwendet, ist für die Bibliotheken nicht überprüfbar. Lediglich bei einem **offensichtlichen Fehlen** dieser Voraussetzungen wird man von der Bibliothek verlangen können, dass sie den Kopienversand ablehnt.[117]

IV. Erlaubte Nutzungshandlungen

38   Anders als § 53a aF, wonach die „Vervielfältigung und Übermittlung" der betreffenden Beiträge und Werkteile zulässig war, erlaubt Abs. 5 die **Übermittlung von Vervielfältigungen.** Da Art. 5 Abs. 2 lit. c InfoSoc-RL nicht zwischen verschiedenen technischen Formen von Vervielfältigungen unterscheidet, hat der Gesetzgeber auch auf die Differenzierung zwischen verschiedenen technischen Formen von Übermittlungen verzichtet. Damit sollte neben dem Postversand (einschließlich der Versendung durch Expressdienste, Botendienste usw) und dem Faxversand auch der Versand per E-Mail an einzelne Nutzer ermöglicht werden.[118] Über den Kopienversand im innerbibliothekarischen Leihverkehr (**„Fernleihe"**) hinaus erlaubt Abs. 5 damit auch den **Kopiendirektversand.** Der Begriff der Übermittlung umfasst dabei zB auch die Zurverfügungstellung eines Links, über den der Nutzer die Datei vom Server der Bibliothek herunterladen kann. Die in § 53a S. 2 aF in Bezug auf die Übermittlung in elektronischer Form vorgesehene Beschränkung auf grafische Dateien ist dabei ebenso entfallen wie die Beschränkung des Nutzungszwecks auf die wissenschaftliche Forschung. Im Hinblick auf den Dreistufentest in Art. 5 Abs. 5 InfoSoc-RL ist diese Ausweitung der Nutzungsbefugnisse bedenklich.[119] Die **persönliche Aushändigung** einer auf Bestellung des Nutzers durch die Bibliothek angefertigten Kopie wird mangels einer „Übermittlung" nicht von Abs. 5 erfasst; ihre Zulässigkeit richtet sich als Bestandteil des Herstellenlassens einer Vervielfältigung durch den Nutzer unmittelbar nach § 53 Abs. 1 S. 2 und Abs. 2 oder § 60c Abs. 2.

1. Betroffene Verwertungsrechte

39   Welche Verwertungshandlungen Abs. 5 im Einzelnen erlaubt, lässt sich der Vorschrift unmittelbar nicht entnehmen. Eingeschränkt wird jedenfalls das **Vervielfältigungsrecht** (§ 16), auch wenn die Vervielfältigung selbst in Abs. 5 nicht mehr ausdrücklich als zulässige Nutzungshandlung genannt wird. Der Gesetzgeber hielt darüber hinaus auch eine Einschränkung des **Verbreitungsrechts** (§ 17) für erforderlich.[120] Es ist jedoch fraglich, ob der Versand von Kopien auf Bestellung in das Verbreitungsrecht eingreift.[121] In Betracht kommt dies ohnehin nur für den Postversand, da der Faxversand ebenso wie die elektronische Übermittlung eine unkörperliche Form der Werkwiedergabe und keine

---

[113] AmtlBegr. BT-Drs. 18/12329, 44.
[114] Dazu → § 53 Rn. 35, 43 ff.
[115] So auch Dreier/Schulze/*Dreier* § 60e Rn. 27.
[116] Vgl. BGH GRUR 1994, 54 (56) – Kopierläden.
[117] Dreier/Schulze/*Dreier* § 60e Rn. 27; ebenso zu § 53a schon → 5. Aufl. 2017, § 53a Rn. 9.
[118] AmtlBegr. BT-Drs. 18/12329, 44.
[119] Die Zulässigkeit eines elektronischen Versands als mit dem Dreistufentest „schlichtweg unvereinbar" ablehnend *Sprang/Ackermann* K&R 2008, 7 (9).
[120] Vgl. AmtlBegr. BT-Drs. 18/12329, 44, wo als Rechtsgrundlage im Unionsrecht auf Art. 5 Abs. 4 InfoSoc-RL abgestellt wird; → Rn. 7.
[121] So auch Dreier/Schulze/*Dreier* § 60e Rn. 28; → § 15 Rn. 299 ff.

Verbreitung iSv § 17 darstellt. Wenn man in der Vervielfältigung im Rahmen von Abs. 5 ebenso wie bei § 53a aF einen gesetzlich normierten Fall des Herstellenlassens von Vervielfältigungsstücken sieht,[122] wird die Vervielfältigungshandlung dem Besteller und nicht dem vervielfältigenden Dritten zugerechnet. In diesem Fall stellt auch das Versenden der Kopien per Post **kein Verbreiten** dar.[123] Nach hM beschränkt Abs. 5 auch nicht das **Recht der öffentlichen Zugänglichmachung** nach § 19a, da es bei der Überlassung an einzelne Nutzer an einem Bereithalten gegenüber der Öffentlichkeit fehlt.[124] Mit der Aufnahme der Übermittlungshandlung in die Schrankenregelung sollte lediglich klargestellt werden, dass sich der Vergütungsanspruch nicht nur auf die Herstellung der Vervielfältigungsstücke bezieht, sondern auch auf die Übermittlung im Rahmen des Kopienversands, so dass die Vergütungspflicht nicht durch eine Verlagerung des Kopienversands ins Ausland umgangen werden kann.[125] Daraus lässt sich jedoch nicht ableiten, dass die Übermittlungshandlung auch vom Ausschließlichkeit des Urhebers erfasst wird.[126]

2. Zulässige Vervielfältigungshandlungen

Erlaubt sind nach Abs. 5 diejenigen Vervielfältigungen, die für die jeweilige Übermittlungsart erforderlich sind. Das sind analoge Kopien für den Post- oder Faxversand sowie für die Übermittlung in elektronischer Form vor allem das Digitalisieren (insbes. Scannen) und die Zwischenspeicherung im Arbeitsspeicher oder auf dem Server der Bibliothek.[127] Dabei **braucht nicht für jede Übermittlung eine besondere Vervielfältigung angefertigt** zu werden; dies wäre mit einem unnötigen Arbeitsaufwand für die Bibliotheken verbunden und würde dem Urheber keine Vorteile bringen.[128] Eine Archivierung darf mit der Mehrfachverwendung von Kopien allerdings nicht verbunden sein, auch dürfen keine Kopien auf Vorrat angefertigt werden. **40**

Um die Vervielfältigungen dem einzelnen Nutzer zurechnen zu können, muss es sich bei der Bestellung der Kopien um **Einzelbestellungen** handeln. Es muss also für jede bestellte Kopie eine eigene Anforderung vorliegen, Sammelbestellungen, etwa Abonnentendienste, sind nicht zulässig; allerdings können die Einzelbestellungen zusammen aufgegeben werden.[129] **41**

3. Zulässiger Nutzungsumfang

Den Umfang, der von einem Werk dem einzelnen Nutzer übermittelt werden darf, begrenzt Abs. 5 im Interesse der Rechtsklarheit auf **10 % des Werkes**. Dabei hat sich der Gesetzgeber an dem Verständnis der „kleinen Teile eines Werkes" orientiert, das in den bisher existierenden Gesamtverträgen zu §§ 52a und 53 aF festgelegt und auch für § 53a aF maßgeblich war.[130] Beiträge, die in **Fachzeitschriften** oder **wissenschaftlichen Zeitschriften** erschienen sind, dürfen dagegen auch vollständig vervielfältigt werden.[131] Die Begrenzung auf „einzelne" Beiträge ist ebenso zu verstehen wie in den entsprechenden Regelungen in § 60a Abs. 2 und § 60c Abs. 3.[132] **Zeitungsartikel** und Artikel aus nicht wissenschaftlichen Zeitschriften dürfen dagegen seit dem 1.3.2018 nicht mehr vollständig übermittelt werden. Das gilt selbst dann, wenn es sich um vergriffene Werke handelt, die im Rahmen von § 60a Abs. 2 und § 60c Abs. 3 vollständig genutzt werden dürfen. Zulässig bleibt insoweit nur der Verleih nach Abs. 2 S. 2 (dh mit Rückgabeverpflichtung). Das ist ein empfindlicher Rückschritt gegenüber der bisherigen Regelung in § 53a. **Abbildungen** dürfen nur noch übermittelt werden, wenn sie Teil von anderen Werken sind und 10 % des Werkumfangs nicht überschreiten. Als Teil eines Beitrages in einer Fachzeitschrift oder wissenschaftlichen Zeitschrift fallen Abbildungen aber unabhängig von ihrem quantitativen Anteil am Beitrag unter die Privilegierung. **42**

V. Vergütungspflicht

Für die Nutzung im Rahmen von Abs. 5 ist gemäß § 60h Abs. 1 S. 1 eine **angemessene Vergütung** zu zahlen. Da Abs. 5 ausschließlich das Vervielfältigungsrecht beschränkt, wäre nach **§ 60h Abs. 1 S. 2** eine Vergütung im Wege der Geräte- und Speichermedienabgabe nach §§ 54 ff. geboten.[133] Anknüpfungspunkt für die Vergütungspflicht ist nach dem Wortlaut von Abs. 5 jedoch die **43**

---

[122] → Rn. 36.

[123] AmtlBegr. zu § 53a aF, BT-Drs. 16/1828, 28; BGH GRUR 1999, 707 (711) – Kopienversanddienst; → § 53 Rn. 27.

[124] → § 15 Rn. 301 f.; AmtlBegr. zu § 53a aF, BT-Drs. 16/1828, 27; Dreier/Schulze/*Dreier* § 60e Rn. 28; Wandtke/Bullinger/*Jani* UrhG §§ 60e, 60f Rn. 79, 82.

[125] AmtlBegr. zu § 53a aF, BT-Drs. 16/1828, 28; → Rn. 43.

[126] In diesem Sinne auch Dreier/Schulze/*Dreier* § 60e Rn. 28.

[127] Dreier/Schulze/*Dreier* § 60e Rn. 28.

[128] So auch Dreier/Schulze/*Dreier* § 60e Rn. 27 aE; für eine Pflicht zur sofortigen Löschung dagegen Wandtke/Bullinger/*Jani* UrhG §§ 60e, 60f Rn. 84.

[129] Dreier/Schulze/*Dreier* § 60e Rn. 27.

[130] AmtlBegr. BT-Drs. 18/12329, 44.

[131] Zum damit bezweckten Ausschluss von Zeitungen und Publikumszeitschriften → § 60a Rn. 18.

[132] Dazu → § 60a Rn. 18 f.

[133] So Dreier/Schulze/*Dreier* § 60e Rn. 31.

Übermittlungshandlung.[134] Dementsprechend schließt **§ 60h Abs. 3 S. 2** eine pauschale Vergütung für die Nutzungen nach § 60e Abs. 5 ausdrücklich aus. Die im Rahmen der Übermittlung vorgenommenen Vervielfältigungshandlungen werden daher nicht durch die §§ 54 ff. abgegolten. Erforderlich ist vielmehr immer eine nutzungsabhängige Berechnung der angemessenen Vergütung im Einzelfall. Dabei ist nach den verschiedenen Formen der Übermittlung zu differenzieren. Auf den **Kopienversand im innerbibliothekarischen Leihverkehr** findet der zwischen den Ländern, der VG Wort und der VG Bild-Kunst geschlossene Gesamtvertrag Kopienversand im innerbibliothekarischen Leihverkehr vom 28.1.2019 Anwendung.[135] Danach gilt als angemessene Vergütung ein Tarif in Höhe von 1,87 Euro für jede ausgelieferte Bestellung. Für den **Kopiendirektversand** haben die VG Wort und die VG Bild-Kunst einen Tarif aufgestellt, der neben der Vergütung nach § 60e Abs. 5 iVm § 60h Abs. 1 auch den von Abs. 5 nicht gedeckten Direktversand an kommerzielle Nutzer regelt.[136]

44   Auch für das **anzuwendende Recht** ist Anknüpfungspunkt nicht der technisch-maschinelle Vorgang der Vervielfältigung durch die Bibliothek, sondern die Bestellung der Kopien durch den jeweiligen Besteller. Wenn dieser Vorgang im Inland erfolgt, besteht die Vergütungspflicht nach § 60h daher unabhängig davon, wo die Vervielfältigungsvorgänge vorgenommen werden.[137]

§ 60f Archive, Museen und Bildungseinrichtungen

(1) **Für Archive, Einrichtungen im Bereich des Film- oder Tonerbes sowie öffentlich zugängliche Museen und Bildungseinrichtungen (§ 60a Absatz 4), die keine unmittelbaren oder mittelbaren kommerziellen Zwecke verfolgen, gilt § 60e mit Ausnahme des Absatzes 5 entsprechend.**

(2) **¹Archive, die auch im öffentlichen Interesse tätig sind, dürfen ein Werk vervielfältigen oder vervielfältigen lassen, um es als Archivgut in ihre Bestände aufzunehmen. ²Die abgebende Stelle hat unverzüglich die bei ihr vorhandenen Vervielfältigungen zu löschen.**

Schrifttum: *Dreier,* Museen und Digitalisierung, FS Schulze (2017), S. 119; *Dreier/Euler/Fischer/van Raay,* Museen, Bibliotheken und Archive in der EU – Plädoyer für die Schaffung des notwendigen urheberrechtlichen Freiraums, ZUM 2012, 273; *Garbers-v. Boehm,* Rechtliche Aspekte der Digitalisierung und Kommerzialisierung musealer Bildbestände, 2011; *Klass/Rupp,* Die Digitalisierung des europäischen Kulturerbes, ZUM 2013, 760; *Klimpel/Euler* (Hrsg.), Der Vergangenheit eine Zukunft – Kulturelles Erbe in der digitalen Welt, 2015. Siehe auch die Schrifttumshinweise vor §§ 60a ff. sowie bei § 60e.

Übersicht

I. Allgemeines

1   Die durch das **UrhWissG** mit Wirkung zum 1.3.2018 eingeführte Vorschrift ergänzt § 60e und erstreckt die dort in Abs. 1–4 geregelten Befugnisse von Bibliotheken auf andere **Gedächtnisinstitutionen sowie Bildungseinrichtungen.** Damit soll eine Abgrenzung zwischen Bibliotheken einerseits und den in § 60f aufgezählten Institutionen andererseits vermieden werden.[1] Die Regelung trägt dem Umstand Rechnung, dass neben Bibliotheken auch Archive, Einrichtungen im Bereich des Film- oder Tonerbes sowie öffentlich zugängliche Museen die wichtige Aufgabe der Bewahrung und Vermittlung von Kulturgütern wahrnehmen.[2] Mit der Aufnahme von Bildungseinrichtungen sollte diesen vor allem die Anzeige von Werken an Terminals ermöglicht werden.[3] **Abs. 2** enthält eine Sonderregelung für Archive, die im öffentlichen Interesse tätig sind.

2   Schon vor Inkrafttreten gab es entsprechende Privilegierungen zugunsten von Archiven, Bildungseinrichtungen und öffentlich zugänglichen Museen, namentlich in § 53 Abs. 2 S. 1 Nr. 2 iVm S. 2 Nr. 3 aF und § 58 aF. Diese sind jedoch nur zum Teil in § 60f iVm § 60e integriert worden. Obwohl

---

[134] Ebenso die AmtlBegr. zu § 53a aF, BT-Drs. 16/1828, 28.

[135] Vertrag zur Abgeltung urheberrechtlicher Ansprüche für den Versand von Kopien im Leihverkehr nach Leihverkehrsordnung (LVO) durch Bibliotheken nach § 60e Abs. 5 iVm § 60h Abs. 1 UrhG vom 28.1.2019, abrufbar unter https://www.vgwort.de/fileadmin/pdf/Gesamtverträge/Gesamtvertrag__60e_Abs.5.pdf.

[136] Abrufbar unter https://www.vgwort.de/fileadmin/pdf/tarif_uebersicht/Tarif_Kopienversand_auf_Bestellung.pdf.

[137] *Loewenheim* FS Tilmann, 2003, 63 (68 f.).

[1] AmtlBegr. BT-Drs. 18/12329, 44.

[2] Dreier/Schulze/*Dreier* § 60f Rn. 1.

[3] AmtlBegr. BT-Drs. 18/12329, 44.

die Bündelung der einschlägigen Schrankenregelungen auch insoweit erklärtes Ziel des Gesetzgebers war,[4] sind wesentliche Befugnisse der in § 60f genannten Einrichtungen nach wie vor **an anderer Stelle** geregelt.[5] Das betrifft zum einen etwaige im Auftrag der Nutzer der jeweiligen Einrichtung vorgenommene **Vervielfältigungen,** die sich nach der Privilegierung des Nutzers, vor allem durch § 53 Abs. 1 S. 2 und Abs. 2, richten.[6] Auch privilegiert § 60f nur Verwertungshandlungen, die zu **nicht kommerziellen Zwecken** vorgenommen werden. Für Archive mit kommerziellem Zweck gilt weiterhin § 53 Abs. 2 S. 1 Nr. 2.[7] Ebenso ist die Werbung für öffentliche Ausstellungen wie bisher in **§ 58** geregelt.

Unionsrechtliche Grundlage der Vorschrift ist – wie bei § 60e – **Art. 5 Abs. 2 lit. c InfoSoc-** 　3
RL. Danach können die Mitgliedstaaten Ausnahmen und Beschränkungen vorsehen „in Bezug auf bestimmte Vervielfältigungshandlungen von öffentlich zugänglichen Bibliotheken, Bildungseinrichtungen oder Museen oder von Archiven, die keinen unmittelbaren oder mittelbaren wirtschaftlichen oder kommerziellen Zweck verfolgen". Für die Terminalnutzung nach § 60e Abs. 4 gilt **Art. 5 Abs. 3 lit. n InfoSoc-RL,** der für den Kreis privilegierter Einrichtungen ebenfalls auf Abs. 2 lit. c verweist.

II. Privilegierte Einrichtungen

Die Begriffe der **Archive** und der **Einrichtungen im Bereich des Film- oder Tonerbes** sind 　4
wie in § 61 Abs. 2 zu verstehen.[8] Wie nach Art. 5 Abs. 2 lit. c InfoSoc-RL, der zwischen Archiven einerseits und öffentlich zugänglichen Bibliotheken, Bildungseinrichtung und Museen andererseits differenziert, müssen sie anders als Museen und Bibliotheken nicht öffentlich zugänglich sein, um an der Privilegierung teilzuhaben.[9] **Archive** sind nach sachlichen Gesichtspunkten geordnete Sammel- und Aufbewahrungsstellen für Geistesgut jeglicher Art, etwa für Bücher, Zeitungen und Zeitschriften, Bilder, Filme, Schallplatten, Ton- und Videobänder usw.[10] Als Untergruppe der Archive gesondert aufgeführt sind **Einrichtungen des Film- und Tonerbes.** Das sind Einrichtungen, die von den Mitgliedstaaten zur Sammlung, Katalogisierung, Erhaltung und Restaurierung von Filmen und anderen audiovisuellen Werken oder Tonträgern, die Teil ihres kulturellen Erbes sind, ausgewiesen sind.[11] In Deutschland gehören dazu insbesondere die Mitglieder des Kinematheksverbunds (ua das Bundesarchiv), ferner die DEFA-Stiftung und die Friedrich-Wilhelm-Murnau-Stiftung.[12] **Museen** sind Institutionen, die naturwissenschaftlich interessante oder kulturell bedeutsame Objekte sammeln, bewahren, erschließen und zugänglich machen. Auf die Form der Trägerschaft oder Finanzierung kommt es für die Privilegierung nicht an; entscheidend ist wie für Bibliotheken allein die **öffentliche Zugänglichkeit.**[13] Dass im Einzelfall ausnahmsweise ein nur beschränkter Zugang gewährt wird (zB aufgrund des Werkzustandes), steht der Privilegierung nicht entgegen.[14] Der Begriff der **Bildungseinrichtungen** ist in § 60a Abs. 4 legaldefiniert.[15] Soweit es um Nutzungen in Universitäts- oder Schulbibliotheken geht, gilt aber § 60e (einschließlich Abs. 5) unmittelbar. Der Anregung des Bundesrates, auch **Theater in öffentlicher Trägerschaft** im Hinblick auf die Dokumentation von Uraufführungen, Premieren und Aufführungen ausdrücklich in den Kanon von Gedächtnisinstitutionen aufzunehmen,[16] ist der Gesetzgeber nicht nachgekommen. Theater können sich auf Abs. 1 daher nur berufen, soweit ihre Sammlungen unter den Begriff des Archives fallen.[17]

Die gesetzliche Privilegierung gilt nicht, wenn die Einrichtungen **zu kommerziellen Zwecken** 　5
handeln, also mit ihrer Tätigkeit Gewinn erzielen wollen.[18] Dass Entgelte verlangt werden, die lediglich die Verwaltungskosten der Tätigkeit decken, ist jedoch unschädlich.[19]

III. Entsprechende Anwendung von § 60e (Abs. 1)

Gemäß der Verweisung in Abs. 1 gelten die für Bibliotheken in **§ 60e Abs. 1–4** geregelten Befug- 　6
nisse für die in Abs. 1 genannten Einrichtungen entsprechend. Der Kopienversand auf Bestellung ist

---

[4] AmtlBegr. BT-Drs. 18/12329, 21.
[5] Kritisch insoweit Dreier/Schulze/*Dreier* § 60f Rn. 2.
[6] → § 53 Rn. 27 ff.
[7] → § 53 Rn. 38 ff.
[8] AmtlBegr. BT-Drs. 18/12329, 45; dazu → § 61 Rn. 19 ff.
[9] Ebenso DKMH/*Hentsch* UrhG § 60f Rn. 5; *Spindler* ZUM 2013, 349 (351).
[10] → § 53 Rn. 39.
[11] ErwG 20 Verwaiste-Werke-RL.
[12] AmtlBegr. zu § 61, BT-Drs. 17/13423, 15.
[13] Fromm/Nordemann/*A. Nordemann* UrhG § 60f Rn. 3.
[14] Dreier/Schulze/*Dreier* § 60f Rn. 5.
[15] → § 60a Rn. 33.
[16] Stellungnahme des Bundesrates, BT-Drs. 18/12329, 60 (Nr. 21).
[17] Vgl. Dreier/Schulze/*Dreier* § 60f Rn. 5.
[18] Zum Begriff der kommerziellen Zwecke → § 60e Rn. 6.
[19] AmtlBegr. BT-Drs. 18/12329, 44.

dagegen ausdrücklich den Bibliotheken vorbehalten. Die Schrankenbestimmungen in § 60e Abs. 1–3 sind dabei auch in Bezug auf die in § 60f genannten Einrichtungen **vertragsfest** ausgestaltet (§ 60g Abs. 1). Der Vorrang der Schrankenbestimmung gilt jedoch nicht für die Terminalnutzung gemäß § 60e Abs. 4 (§ 60g Abs. 2). Nach § 95b Abs. 1 S. 1 Nr. 13 kann die Schranke auch gegenüber **technischen Schutzmaßnahmen** durchgesetzt werden.

1. Erlaubte Nutzungshandlungen

7   Auch die in § 60h genannten Gedächtniseinrichtungen dürfen daher Werke aus ihrem Bestand oder ihrer Ausstellung **zum Zwecke der Indexierung, Katalogisierung, Erhaltung und Restaurierung vervielfältigen** (§ 60e Abs. 1) und die in diesem Rahmen restaurierten Werkstücke auch **verleihen** (§ 60e Abs. 2 S. 2).[20] Die Restaurierung ist auch mithilfe der Bestände anderer privilegierter Einrichtungen zulässig (§ 60e Abs. 2 S. 1).[21] Insbesondere Museen kommt die **Katalogbildfreiheit** in § 60e Abs. 3 zugute.[22] Schließlich ist gemäß § 60e Abs. 4 iVm Abs. 1 die **Zugänglichmachung der Archivbestände** an eigens hierfür eingerichteten **Terminals** zulässig.[23] Das kommt insbesondere für Archive in Betracht, die im Interesse der Erhaltung der Werkoriginale einen unmittelbaren Kontakt der Nutzer mit dem archivierten Werkstück vermeiden wollen. Hierbei sind aber die nach § 60e Abs. 4 geltenden Beschränkungen hinsichtlich Umfang und Nutzungszweck zu beachten. Auch **Bildungseinrichtungen** sollen sich auf die Terminalschranke in § 60e Abs. 4 berufen können.[24] Soweit es um Leseplätze in der Bibliothek einer Universität oder Schule geht, bedarf es der Erweiterung in Abs. 1 allerdings nicht, da § 60e hier unmittelbar greift.[25] Die mittlerweile in vielen Klassenzimmern eingerichteten PC-Arbeitsplätze dürften dagegen regelmäßig schon nicht die Voraussetzung eines „eigens eingerichteten" Terminals iSv Art. 5 Abs. 3 lit. n InfoSoc-RL erfüllen, da sie auch für andere Zwecke genutzt werden. Jedenfalls ist die Verwendung zu Lehrzwecken von § 60e Abs. 4 S. 1 nicht erfasst.

2. Vergütungspflicht

8   Vervielfältigungen nach § 60f Abs. 1 iVm § 60e Abs. 1 sind vergütungsfrei, soweit sie zum Zweck der **Indexierung, Katalogisierung, Erhaltung oder Restaurierung** vorgenommen werden (§ 60h Abs. 2 Nr. 2). Im Übrigen sind die nach § 60f erlaubten Nutzungen jedoch gemäß § 60h Abs. 1 **vergütungspflichtig.** Die zum Zweck der Zugänglichmachung an Terminals vorgenommenen Vervielfältigungen werden gemäß § 60h Abs. 1 S. 2 iVm Abs. 5 S. 2 durch die Geräte- und Speichermedienabgabe abgegolten. Daher hat der Gesetzgeber die Betreibervergütung gemäß § 54c auf alle in § 60f Abs. 1 genannten Einrichtungen erweitert.[26]

IV. Digitale Archivierung (Abs. 2)

9   Abs. 2 knüpft an die bisherige Regelung in § 53 Abs. 2 S. 1 Nr. 2 iVm S. 2 Nr. 3 aF an. Die Vorschrift soll ermöglichen, dass archivwürdige Inhalte **in elektronischer Form** ebenso archiviert werden können wie Unterlagen in Papierform.[27] Deren Abgabe an ein Archiv stellt keine urheberrechtlich relevante Verwertungshandlung dar. Dagegen erfordert die Übernahme einer digitalen Kopie stets eine Vervielfältigung und berührt damit das Verwertungsrecht des Rechtsinhabers. Diese Vervielfältigung wird durch Abs. 2 vom Ausschließlichkeitsrecht des Urhebers freigestellt. Damit es nicht zu einer Bestandsmehrung kommt, muss die abgebende Stelle die bei ihr vorhandene Kopie aber unverzüglich **löschen** (Abs. 2 S. 1). Anders als noch im RegE vorgesehen, ist die Löschungspflicht nicht als Voraussetzung des Schrankengebrauchs, sondern auf Vorschlag des Rechtsausschusses als **selbständige Pflicht** ausgestaltet.[28] Wie bei § 47 Abs. 2 S. 2[29] und § 55 Abs. 1 S. 2[30] begründet der Verstoß gegen die Löschungspflicht eine Urheberrechtsverletzung, macht die zur Archivierung hergestellten Vervielfältigungsstücke jedoch **nicht rechtswidrig.** Für die nach Abs. 2 zulässige Vervielfältigung ist eine angemessene Vergütung gemäß § 60h Abs. 1 iVm §§ 54 ff. zu zahlen.

---

[20] → § 60e Rn. 9 f., 18 f.
[21] → § 60e Rn. 17.
[22] → § 60e Rn. 20 ff.
[23] → § 60e Rn. 24 ff.
[24] → Rn. 1.
[25] → Rn. 4.
[26] Dazu iE → § 54c Rn. 4 ff.
[27] AmtlBegr. BT-Drs. 18/12329, 45.
[28] Bericht des Rechtsausschusses, BT-Drs. 18/13014, 17 und 30.
[29] → § 47 Rn. 23.
[30] → § 55 Rn. 10.

§ 60g Gesetzlich erlaubte Nutzung und vertragliche Nutzungsbefugnis

(1) **Auf Vereinbarungen, die erlaubte Nutzungen nach den §§ 60a bis 60f zum Nachteil der Nutzungsberechtigten beschränken oder untersagen, kann sich der Rechtsinhaber nicht berufen.**

(2) **Vereinbarungen, die ausschließlich die Zugänglichmachung an Terminals nach § 60e Absatz 4 und § 60f Absatz 1 oder den Versand von Vervielfältigungen auf Einzelbestellung nach § 60e Absatz 5 zum Gegenstand haben, gehen abweichend von Absatz 1 der gesetzlichen Erlaubnis vor.**

Schrifttum: *Grünberger,* Vergütungspflicht und Lizenzvorrang in der neuen EU-Bildungsschranke – Ein Plädoyer für wissenschaftsspezifische Zugangsregeln, GRUR 2017, 1; *Pflüger,* Gerechter Ausgleich und angemessene Vergütung – Dispositionsmöglichkeiten bei Vergütungsansprüchen aus gesetzlichen Lizenzen, 2017; *Staats,* Wissenschaftsurheberrecht – Interessenausgleich durch kollektive Rechtewahrnehmung, ZGE 10 (2018), 310; *Stieper,* Rechtfertigung, Rechtsnatur und Disponibilität der Schranken des Urheberrechts, 2009; *ders.,* Geistiges Eigentum an Kulturgütern – Möglichkeiten und Grenzen der Remonopolisierung gemeinfreier Werke, GRUR 2012, 1083. Siehe auch die Schrifttumshinweise vor §§ 60a ff.

I. Allgemeines

Die Vorschrift regelt das Verhältnis der in §§ 60a–60f gesetzlich erlaubten Nutzungen zu **vertragli-** 1 **chen Nutzungsbeschränkungen.** Dabei enthält Abs. 1 mit dem Vorrang der gesetzlichen Schrankenbestimmung die Grundregel, Abs. 2 eine teilweise durch den EU-Acquis vorgegebene Ausnahme. Einen entsprechenden Vorrang gesetzlicher Nutzungsbefugnisse gab es vor Inkrafttreten des UrhWissG lediglich in Bezug auf Datenbankwerke (§ 55a S. 3), Computerprogramme (§ 69g Abs. 2) und Datenbanken (§ 87e). Die Vorschrift regelt das Verhältnis von gesetzlicher Nutzungsbefugnis zu vertraglichen Beschränkungen jedoch nur in Bezug auf §§ 60a–60f; auf die Frage, inwieweit **andere gesetzliche Erlaubnistatbestände** in §§ 44a ff. durch vertragliche Vereinbarungen abbedungen werden können, hat die Vorschrift keinen Einfluss.[1] Das gilt insbesondere auch für die in § 53 Abs. 1 und 2 geregelten Befugnisse der Nutzer der nach §§ 60a, 60e und 60f privilegierten Einrichtungen. Auch vertragliche Bestimmungen über die **Ausübung des Sacheigentums** an einem Werkstück werden von dieser Vorschrift nicht erfasst.[2] So kann der Eigentümer des als Vorlage verwendeten Werkexemplars eine von §§ 60a ff. urheberrechtlich erlaubte Vervielfältigung als Eingriff in die Sachsubstanz nach § 1004 BGB untersagen, wenn das Werkstück durch den Vervielfältigungsvorgang beschädigt oder gar zerstört würde.[3] **Kollektivvereinbarungen** zwischen Verwertungsgesellschaften und Nutzern oder Nutzergruppen über die Höhe und Zahlungsweise der angemessenen Vergütung nach § 60h Abs. 1 sollen nach der Vorstellung des Gesetzgebers von der Vorschrift ebenfalls nicht betroffen sein.[4] Gemäß **§ 137o** gilt die Vorschrift nicht für Verträge, die **vor dem 1.3.2018 geschlossen** wurden. Diese bleiben in vollem Umfang wirksam.[5]

II. Vorrang der gesetzlichen Nutzungsbefugnis (Abs. 1)

Nach Abs. 1 kann sich der Rechtsinhaber **auf Vereinbarungen,** die erlaubte Nutzungen nach 2 §§ 60a–60f zum Nachteil der Nutzungsberechtigten **beschränken oder untersagen, „nicht berufen".** Damit weicht der Gesetzeswortlaut von der im RefE vorgesehenen Fassung ab, wonach eine Einräumung oder Versagung einer Nutzungsbefugnis zur Unwirksamkeit der Vereinbarung führen sollte, soweit sie eine nach §§ 60a–60f erlaubte Nutzung betrifft.[6] Diese Regelung baute „auf dem Verständnis auf, dass das ausschließliche Verwertungsrecht dort endet, wo der Gesetzgeber Nutzungen erlaubt".[7] Dies rief erhebliche Kritik hervor, weil Verlagen Anreize zur Entwicklung eigener Verlags-

---

[1] AmtlBegr. BT-Drs. 18/12329, 45; dazu → Vor §§ 44a ff. Rn. 56 ff.
[2] AmtlBegr. BT-Drs. 18/12329, 45; s. hierzu *Stieper* S. 242 ff.; *Stieper* GRUR 2012, 1083 (1084 f.).
[3] *Stieper* S. 244.
[4] AmtlBegr. BT-Drs. 18/12329, 45.
[5] AmtlBegr. BT-Drs. 18/12329, 49.
[6] RefE vom 1.2.2017, S. 11.
[7] RefE vom 1.2.2017, S. 46 unter Hinweis auf BGH GRUR 2014, 979 Rn. 45 – Drucker und Plotter III; dazu → Vor §§ 44a ff. Rn. 56.

produkte genommen würden, wenn vertragliche Vereinbarungen keinen Vorrang vor gesetzlichen Erlaubnistatbeständen genössen.[8] Mit der jetzigen Formulierung wollte der Gesetzgeber sicherstellen, dass auch bei Bestehen eines Lizenzvertrags die betreffende Nutzung im gesetzlich bestimmten Umfang erlaubt bleibt, der Lizenzvertrag aber Grundlage des Entgelts für die Nutzung sein kann.[9] Die **Wirksamkeit des Vertrages im Übrigen** wird daher durch eine die Schranken in §§ 60a–60f einengende Abrede nicht berührt.[10] Welche Folgen eine vertragliche Vereinbarung über eine von §§ 60a–60f erlaubte Nutzung hat, richtet sich daher nach dem konkreten Inhalt der Vereinbarung:

1. Untersagung der Nutzung

3   Vertragliche Regelungen, die dem Nutzer eine von §§ 60a–60f erlaubte Nutzung untersagen, sind **unwirksam.** Das betrifft zunächst die urheberrechtliche Zulässigkeit der untersagten Nutzungshandlung. Diese begründet trotz des vertraglichen Verbots **keine Urheberrechtsverletzung,** soweit sie von einem der Erlaubnistatbestände in §§ 60a ff. gedeckt ist. Das folgt bereits daraus, dass die vom UrhG gewährten Ausschließlichkeitsrechte durch vertragliche Vereinbarungen nicht über die gesetzlichen Grenzen hinaus ausgeweitet werden können.[11] Insoweit enthält Abs. 1 also lediglich eine Klarstellung dahingehend, dass auch §§ 60a–60f (abgesehen von den in Abs. 2 geregelten Ausnahmen) **urheberrechtlich zwingend** sind. Der Regelungsgehalt von Abs. 1 geht aber darüber hinaus, indem er dem Rechtsinhaber auch die Berufung auf die Vereinbarung auch insoweit versagt, als es darum geht, den Vertragspartner **schuldrechtlich zur Unterlassung** der betreffenden Nutzungshandlung **zu verpflichten.** So kann zB eine Vereinbarung, wonach der Erwerber eines Buches, eines Tonträgers oder eines sonstigen Werkstücks nicht berechtigt ist, das erworbene Werkstück zu Unterrichts- oder Lehrzwecken zu benutzen, nicht wirksam getroffen werden.

2. Beschränkung des Nutzungsumfangs

4   Das gleiche gilt für eine Vereinbarung, die den **Umfang der zulässigen Nutzungshandlung** beschränkt. Der Gesetzgeber wollte mit Abs. 1 erreichen, dass aus Nutzersicht Nutzungshandlungen **stets in dem Umfang erlaubt** sind, wie es **das Gesetz** in §§ 60a–60f bestimmt. So solle etwa eine Dozentin, die bei der Vorbereitung ihrer Vorlesung ein Buchkapitel in den digitalen Semesterapparat einstellen möchte und sich dabei an den Rahmen des gesetzlich erlaubten Nutzungsumfangs (§ 60a Abs. 1 Nr. 1: 15% des Werkes) hält, nicht prüfen müssen, ob ein Nutzungsvertrag bezüglich des geschützten Inhalts besteht oder nicht.[12] Setzt beispielsweise ein von der Hochschule mit dem betroffenen Verlag abgeschlossener Lizenzvertrag das Nutzungsvolumen von 15% auf 5% eines Werkes herab, so kann die Dozentin bzw. die Hochschule trotzdem nicht auf Unterlassung oder Schadensersatz in Anspruch genommen werden.[13]

5   Allerdings geht Abs. 1 unausgesprochen davon aus, dass vertragliche Regelungen in Bezug auf §§ 60a–60f, die **keine schrankenbegrenzenden Wirkungen entfalten,** zulässig sind. Das gilt insbesondere für vertraglich getroffene Vergütungsabreden.[14] So soll nach der Gesetzesbegründung auch im Beispiel der Hochschuldozentin, die im gesetzlich erlaubten Umfang Werke in den digitalen Semesterapparat einstellt, der Lizenzvertrag **Grundlage des Entgelts** für die Nutzung sein, wenn zB eine Campuslizenz zwischen der Hochschule und einem Wissenschaftsverlag besteht.[15] Es ist allerdings zweifelhaft, ob das auch dann gelten kann, wenn der Lizenzvertrag eine inhaltliche Beschränkung des gesetzlich vorgesehenen Nutzungsumfangs vorsieht (im Beispiel von 15% auf 5% des Werkes). Denn das würde dazu führen, dass die vertraglich vereinbarte Vergütung entweder auch auf diejenigen Nutzungshandlungen erstreckt werden müsste, die über den nach dem Vertrag erlaubten Umfang hinausgehen (was offensichtlich nicht dem Parteiwillen entspricht), oder es zu einer Aufteilung der Nutzungshandlung dergestalt käme, dass für den vertraglich erlaubten Teil (5%) das vertraglich vereinbarte Entgelt zu zahlen wäre, für die darüberhinausgehende Nutzung (10%) dagegen die gesetzliche Vergütung nach § 60h. Beide Lösungen sind nicht praktikabel. Es muss daher dabei bleiben, dass in diesem Fall für die Nutzung insgesamt **allein die gesetzliche Vergütung** an die Verwertungsgesellschaft (§ 60h Abs. 4) geschuldet ist.[16]

3. Erweiterung des Nutzungsumfangs

6   Wenn der Umfang der erlaubten Nutzung **über den gesetzlich zulässigen Umfang hinaus** erweitert wird, also etwa von 15% auf 50% eines Werkes, soll der der Vertrag dagegen vollumfänglich

---

[8] Dazu *de la Durantaye* GRUR 2017, 558 (562 f.).

[9] AmtlBegr. BT-Drs. 18/12329, 45.

[10] Entgegen DKMH/*Hentsch* § 60g Rn. 3 handelt es sich dabei nicht lediglich um ein Leistungsverweigerungsrecht.

[11] → Vor §§ 44a ff. Rn. 56.

[12] AmtlBegr. BT-Drs. 18/12329, 45.

[13] Beispiel nach *Berger* GRUR 2017, 953 (954); ebenso BeckOK UrhR/*Hagemeier* UrhG § 60g Rn. 5.

[14] Vgl. *Berger* GRUR 2017, 953 (954).

[15] AmtlBegr. BT-Drs. 18/12329, 45.

[16] Ebenso im Ergebnis *Staats* ZGE 10 (2018), 310 (313 f.); *Berger* GRUR 2017, 953 (954); aA BeckOK UrhR/*Hagemeier* UrhG § 60g Rn. 5.

wirksam sein.[17] Beide Seiten könnten sich auf die Vereinbarung berufen, weil die erlaubte Nutzung nicht zum Nachteil des Nutzers beschränkt oder untersagt würde.[18] Das ist im Hinblick auf die **Zulässigkeit der erlaubten Nutzungshandlung** unproblematisch. Der Nutzer kann sich auf die Erlaubnis der von der Vereinbarung gedeckten Nutzungshandlung berufen, unabhängig davon, ob sich das vertraglich eingeräumte Nutzungsrecht auf die Nutzungshandlung insgesamt erstreckt oder nur den „überschießenden" Teil der Nutzungshandlung abdeckt (im Beispiel die zusätzlichen 35%) und im Übrigen die gesetzliche Erlaubnis eingreift. Hinsichtlich der **Vergütung** muss man hier jedoch unterscheiden: Wenn die Lizenzabrede die gesamte Nutzung abdeckt, stellt sich nämlich die Frage, ob neben dem vertraglichen Vergütungsanspruch auch ein Anspruch auf die gesetzliche Vergütung nach § 60h besteht. Überwiegend wird dies verneint.[19] Die Nutzung würde danach hinsichtlich ihres gesamten Umfangs auf einen anderen Rechtstitel gestützt, nämlich die Einräumung eines vertraglichen Nutzungsrechts.[20] Diese Lösung mag auf den ersten Blick den Vorteil der leichteren Abrechnung und Abwicklung haben.[21]

Es ist aber fraglich, inwieweit ein solches Verständnis mit den **unionsrechtlichen Vorgaben zum** 7
„gerechten Ausgleich" vereinbar ist.[22] Zwar sehen Art. 5 Abs. 2 lit. c und Abs. 3 lit. a InfoSoc-RL einen gerechten Ausgleich für die nach §§ 60a–60f zulässigen Nutzungen nicht ausdrücklich vor. Hat sich ein Mitgliedstaat für die Einführung eines solchen Ausgleichs entschieden, so ist er aber gleichwohl an die **unionsrechtlichen Vorgaben zur Ausgestaltung des Ausgleichs** gebunden.[23] Zu beachten ist daher, dass der Einfluss, den eine Zustimmung des Rechtsinhabers zu einer gesetzlich erlaubten Nutzung auf den gerechten Ausgleich hat, nach dem EuGH davon abhängt, ob der nationale Gesetzgeber im konkreten Fall das den Urhebern zustehende ausschließliche Recht, die Vervielfältigung ihrer Werke zu erlauben oder zu verbieten, aufrechterhalten wollte.[24] Die Pflicht zum gerechten Ausgleich entfällt danach nur, wenn die vom Gesetzgeber vorgesehene Beschränkung die Vervielfältigung ohne Zustimmung der Urheber nicht erlaubt und daher nicht zu der Art von Schaden führt, für den der gerechte Ausgleich einen Ersatz darstellt.[25] Ein solcher Fall des **Aufrechterhaltens des ausschließlichen Vervielfältigungsrechts** kann in § 60g Abs. 1 aber nicht gesehen werden.[26] Denn die Befugnis, die betreffende Nutzung zu verbieten, hat der Rechtsinhaber im Rahmen des § 60g Abs. 1 gerade nicht. Die Zustimmung des Rechtsinhabers lässt die **Pflicht zum gerechten Ausgleich** daher **nicht entfallen,** soweit es um Nutzungen geht, die von einer gesetzlichen Erlaubnis in §§ 60a ff. gedeckt sind. Wenn aber trotz einer Lizenzvereinbarung die gesetzliche Vergütung nach § 60h beansprucht werden kann, stellt umgekehrt **jede zusätzliche Vergütung,** die der privilegierte Nutzer aufgrund des Nutzungsvertrags dem Rechtsinhaber für diese Nutzung zu zahlen hat, eine vom Gesetz nicht vorgesehene **Beschränkung seiner Nutzungsbefugnis** dar.[27] Auf sie kann sich der Rechtsinhaber gemäß Abs. 1 daher nur in Bezug auf diejenigen Nutzungshandlungen berufen, die tatsächlich über den gesetzlich zugelassenen Umfang hinausgehen. Wenn man diese Nutzungshandlungen insgesamt als von der Schranke nicht gedeckt und damit als zustimmungsbedürftig ansieht, ist die vertraglich vereinbarte Vergütung in diesem Fall für den gesamten Nutzungsumfang geschuldet und nicht nur für den „überschießenden" Teil. So ging auch der Gesetzgeber ausweislich der Begründung zum RefE davon aus, dass die Werknutzung in einem solchen Fall „vollständig nach Maßgabe der vertraglichen Abrede zu vergüten [sei] – also nicht etwa für die ,ersten' 25 Prozent auf gesetzlicher und die ,zweiten' 25 Prozent auf vertraglicher Grundlage".[28]

4. Vereinbarungen über die Vergütung und sonstige Nebenabreden

Problematisch ist daher auch der Fall, dass der Vertrag, ohne eine von der gesetzlichen Regelung 8
abweichende Abrede zum zulässigen Nutzungsumfang zu treffen, lediglich die **Vergütung** oder **sonstige Modalitäten** der Nutzung regelt, etwa eine Nebenpflicht des Nutzers zur Mitteilung von Daten über die erfolgten Nutzungen oder Konkretisierungen unbestimmter Rechtsbegriffe wie „einzelne"

---

[17] *Berger* GRUR 2017, 953 (955); *de la Durantaye* GRUR 2017, 558 (563); *Schack* ZUM 2017, 802 (807).
[18] So *de la Durantaye* GRUR 2017, 558 (563).
[19] So *de la Durantaye* GRUR 2017, 558 (563); *Staats* ZGE 10 (2018), 310 (314); eine Doppelvergütung vermeiden will auch *Berger* GRUR 2017, 953 (955); für das Bestehenbleiben des gesetzlichen Vergütungsanspruchs „im Rahmen des Prozentsatzes" dagegen *Wandtke* NJW 2018, 1129 (1134 f.).
[20] Die Urheber hätten bei Vereinbarung einer zu geringen Vergütung daher unmittelbar gegen die nutzende Einrichtung Anspruch auf weitere Beteiligung gemäß § 32a Abs. 1 und 2.
[21] So *Berger* GRUR 2017, 953 (955); vgl. auch *Schack* ZUM 2017, 802 (807). Sie dürfte insbesondere im Hinblick auf die für Vervielfältigungen zu zahlende Geräte- und Speichermedienabgabe nach § 60h Abs. 1 S. 2 iVm §§ 54 ff. aber zu erheblichen Schwierigkeiten führen, da bei deren Berechnung nach § 54a Abs. 1 diejenigen Nutzungen, die auf vertraglicher Grundlage erfolgen, im Einzelfall herausgerechnet werden müssten.
[22] Hierzu → Vor §§ 44a ff. Rn. 27 f.
[23] → Vor §§ 44a ff. Rn. 28.
[24] EuGH GRUR 2013, 812 Rn. 37 ff. – VG Wort/Kyocera; → Vor §§ 44a ff. Rn. 27.
[25] EuGH GRUR 2013, 812 Rn. 39 – VG Wort/Kyocera.
[26] So aber *de la Durantaye* GRUR 2017, 558 (562 f.); Wandtke/Bullinger/*Jani* UrhG § 60g Rn. 3.
[27] → Vor §§ 44a ff. Rn. 56a.
[28] RefE vom 1.2.2017, S. 46 (auf der Grundlage eines gesetzlich zulässigen Nutzungsumfangs von 25% eines Werkes).

Beiträge und Werke „geringen" Umfangs in § 60a Abs. 2 oder § 60c Abs. 3.[29] Solche Abreden sollen nicht als „Beschränkungen" iSv Abs. 1 zu qualifizieren sein, so dass § 60g ihrer Wirksamkeit nicht entgegenstehe.[30] Über die tatbestandlichen Grenzen einer gesetzlichen Schranke kann jedoch vertraglich nicht disponiert werden; ihre Ausgestaltung wird vom Gesetzgeber bestimmt und unterliegt der Auslegung durch die Gerichte.[31] Auf eine vertragliche Vereinbarung, die zu Lasten des privilegierten Nutzers hiervon abweicht, kann sich der Rechtsinhaber nach Abs. 1 nicht berufen. Gleiches gilt für die Vereinbarung einer zusätzlichen Vergütung, die über die nach § 60h geschuldete gesetzliche Vergütung hinausgeht.[32] Dispositionen sind lediglich im Hinblick auf den **gesetzlichen Vergütungsanspruch** möglich.[33] Da dieser gemäß § 60h Abs. 4 nur von einer Verwertungsgesellschaft geltend gemacht werden kann, sind vertraglichen Dispositionen durch den Gleichbehandlungsgrundsatz aber enge Grenzen gesetzt.[34]

III. Vorrang der vertraglichen Vereinbarung (Abs. 2)

9   Von dem in Abs. 1 enthaltenen Vorrang der Schrankenbestimmungen nimmt Abs. 2 die Regelungen zur **Terminalnutzung** durch Bibliotheken, Archive und Museen (§§ 60e Abs. 4, 60f Abs. 1) und zum **Kopienversand auf Bestellung** (§ 60e Abs. 5) aus. Für die Zugänglichmachung an Terminals ist diese Ausnahme im Hinblick auf den entsprechenden Vorbehalt in Art. 5 Abs. 3 lit. n InfoSoc-RL geboten. Für den Kopienversand auf Bestellung beruht sie auf einer Entscheidung des nationalen Gesetzgebers.[35] In beiden Fällen hat ein geschlossener Lizenz- oder Nutzungsvertrag Vorrang vor der gesetzlichen Erlaubnis. Damit entfällt auch die Pflicht zur Zahlung der gesetzlichen Vergütung nach § 60h.[36] Zu zahlen ist **ausschließlich die vertraglich vereinbarte Lizenzvergütung** an den Vertragspartner. Auch an vertragliche Beschränkungen des Nutzungsumfangs ist die Bibliothek abweichend von Abs. 1 gebunden. Ebenso ist ein vollständiger Ausschluss der Schrankennutzung zulässig. Ein Verstoß gegen das vertragliche Verbot begründet in diesem Fall eine Urheberrechtsverletzung.

10   Voraussetzung ist ein **geschlossener Vertrag**, in dem die Bedingungen für die Nutzung des Werkes durch die Einrichtung festgelegt sind. Das Zustandekommen des Vertrages richtet sich nach §§ 145 ff. BGB. Ein bloßes Lizenzangebot des Rechtsinhabers – wie auch immer es gestaltet ist – reicht nicht aus, um die gesetzliche Nutzungsbefugnis auszuschließen. Die Regelung löst also **keine Prüfpflicht** für die privilegierte Einrichtung aus, ob der Rechtsinhaber eine solche Vereinbarung für die Terminal-Nutzung oder die Übermittlung von Vervielfältigungen auf Einzelbestellung anbietet.[37] Dies entspricht den Vorgaben des EuGH zum Vertragsvorbehalt in Art. 5 Abs. 3 lit. n InfoSoc-RL.[38] Der Gesetzgeber hat diesen Mechanismus aber auch für den Kopienversand auf Bestellung übernommen und weicht damit von der bisherigen Regelung in § 53a Abs. 1 S. 3 aF ab. Danach war die Vervielfältigung und Übermittlung in sonstiger elektronischer Form nur dann zulässig, wenn der Zugang zu den Beiträgen oder kleinen Teilen eines Werkes den Mitgliedern der Öffentlichkeit nicht offensichtlich von Orten und zu Zeiten ihrer Wahl mittels einer vertraglichen Vereinbarung zu angemessenen Bedingungen ermöglicht wurde. Durch die jetzige Regelung werden langwierige Rechtsstreitigkeiten über die Angemessenheit der angebotenen Nutzungsbedingungen vermieden.[39]

11   Der Vorrang des Nutzungsvertrags gilt allerdings nur dann, wenn dieser **ausschließlich** die Zugänglichmachung an Terminals oder den Kopienversand auf Bestellung betrifft. Dies soll gewährleisten, dass sich die Vertragsparteien gesondert über diese spezifische Form der Nutzung verständigen, und zugleich einen Anreiz für die Rechtsinhaber setzen, attraktive Angebote für diese spezifischen Nutzungen zu entwickeln.[40] Welche Auswirkungen diese Voraussetzung für die **Vertragsgestaltung** hat, ist jedoch unklar. Als Formvorschrift in dem Sinne, dass für die betreffende Nutzung eine gesonderte Vertragsurkunde (§ 126) aufzusetzen ist, in der keine anderen Regelungen enthalten sein dürfen, wird man die Regelung angesichts der grundsätzlichen Formfreiheit von Nutzungsvereinbarungen kaum verstehen können. Es sollte daher ausreichen, für jede Nutzung eine **eigenständige vertragliche Regelung** zu treffen und diese ausdrücklich zu benennen. Keinen Vorrang genießen damit vor allem Pauschalvereinbarungen etwa über „die Nutzung" der aus einem bestimmten Verlag stammenden Werke, welche neben der Terminalnutzung auch die Nutzung zu Zwecken der Lehre (§ 60a) und

[29] S. die Beispiele von *Berger* GRUR 2017, 953 (955).
[30] *Berger* GRUR 2017, 953 (955); *Schack* ZUM 2017, 802 (807); aA Wandtke/Bullinger/*Jani* UrhG § 60g Rn. 5.
[31] *Stieper* ZUM 2014, 532 (533).
[32] → Rn. 7; ebenso im Ergebnis *Staats* ZGE 10 (2018), 310 (314); Wandtke/Bullinger/*Jani* UrhG § 60g Rn. 5.
[33] Von § 60g Abs. 1 werden solche kollektivvertraglichen Vereinbarungen nicht erfasst, → Rn. 1.
[34] Hierzu *Pflüger* S. 190 ff., 231 ff.
[35] AmtlBegr. BT-Drs. 18/12329, 46.
[36] Vgl. EuGH GRUR 2013, 812 Rn. 39 – VG Wort/Kyocera.
[37] AmtlBegr. BT-Drs. 18/12329, 46.
[38] EuGH GRUR 2014, 1078 Rn. 35 – TU Darmstadt/Ulmer; dem folgend (zu § 52b aF) BGH GRUR 2015, 1101 Rn. 20 ff. – Elektronische Leseplätze II mAnm *Stieper* GRUR 2015, 1106; anders noch BGH GRUR 2013, 503 Rn. 18 – Elektronische Leseplätze I.
[39] Vgl. *Sandberger* Ordnung der Wissenschaft 2 (2017), 75 (92); *Ohly* Gutachten F zum 70. DJT (2014) S. F 80.
[40] AmtlBegr. BT-Drs. 18/12329, 46.

Forschung (§ 60c) erfassen sollen. Aus Gründen der Rechtssicherheit sollte eine Zusammenfassung verschiedener Regelungkomplexe in einer Vertragsurkunde vorerst aber vermieden werden.

§ 60h Angemessene Vergütung der gesetzlich erlaubten Nutzungen

(1) **Für Nutzungen nach Maßgabe dieses Unterabschnitts hat der Urheber Anspruch auf Zahlung einer angemessenen Vergütung. Vervielfältigungen sind nach den §§ 54 bis 54c zu vergüten.**

(2) **Folgende Nutzungen sind abweichend von Absatz 1 vergütungsfrei:**
1. **die öffentliche Wiedergabe für Angehörige von Bildungseinrichtungen und deren Familien nach § 60a Absatz 1 Nummer 1 und 3 sowie Absatz 2 mit Ausnahme der öffentlichen Zugänglichmachung,**
2. **Vervielfältigungen zum Zweck der Indexierung, Katalogisierung, Erhaltung und Restaurierung nach § 60e Absatz 1 und § 60f Absatz 1.**

(3) [1] **Eine pauschale Vergütung oder eine repräsentative Stichprobe der Nutzung für die nutzungsabhängige Berechnung der angemessenen Vergütung genügt.** [2] **Dies gilt nicht bei Nutzungen nach den §§ 60b und 60e Absatz 5.**

(4) **Der Anspruch auf angemessene Vergütung kann nur durch eine Verwertungsgesellschaft geltend gemacht werden.**

(5) [1] **Ist der Nutzer im Rahmen einer Einrichtung tätig, so ist nur sie die Vergütungsschuldnerin.** [2] **Für Vervielfältigungen, die gemäß Absatz 1 Satz 2 nach den §§ 54 bis 54c abgegolten werden, sind nur diese Regelungen anzuwenden.**

Schrifttum: Siehe die Schrifttumshinweise vor §§ 60a ff. sowie bei § 60g.

Übersicht

I. Allgemeines

Die Vorschrift regelt die **gesetzliche Vergütung** für die von §§ 60a–60f erlaubten Nutzungen. **1** Die Schrankenbestimmungen in §§ 60a ff. sind danach grundsätzlich als **gesetzliche Lizenzen** ausgestaltet.[1] Aufgrund der gesetzlich erlaubten Nutzung entsteht also ein gesetzliches Schuldverhältnis, das den Nutzer zur Zahlung einer **angemessenen Vergütung** verpflichtet.[2] Entsprechend den Vorgaben des EuGH zum gerechten Ausgleich steht die Vergütung dem **Urheber** zu und nicht dem Inhaber abgeleiteter Nutzungsrechte. Soweit Inhalte genutzt werden, die durch verwandte Schutzrechte geschützt sind, können auch die Inhaber von Leistungsschutzrechten eine angemessene Vergütung verlangen. Fragen der Verlegerbeteiligung regelt die Vorschrift nicht.[3] Auch in Bezug auf das **Verhältnis zu vertraglichen Lizenzvereinbarungen** enthält § 60h keine Regelung. Inwieweit vertragliche Nutzungs- und Vergütungsvereinbarungen Einfluss auf den Anspruch auf die gesetzliche Vergütung haben, lässt sich daher nur auf der Grundlage von § 60g bestimmen.[4] Das gilt auch für **Open-content-Lizenzen.** Mangels eines §§ 32 Abs. 3 S. 3, 32a Abs. 3 S. 3, 32c Abs. 3 S. 2 entsprechenden Vorbehalts besteht der Vergütungsanspruch daher auch bei der Nutzung solcher Werke, die vom Urheber unter eine Creative-Commons-Lizenz gestellt worden sind.[5] Nicht der gesetzlichen Vergütungspflicht unterfallen **rechtswidrige Nutzungen,** etwa solche, die über den gesetzlich zugelassen Nutzungsumfang hinausgehen.[6]

II. Vergütungspflichtige Nutzungen

Grundsätzlich sind gemäß Abs. 1 **alle** von §§ 60a–60f erlaubten Nutzungshandlungen vergütungs- **2** pflichtig. Nach **Abs. 2** bestehen aber einige Ausnahmen, in denen die Nutzung **vergütungsfrei** zulässig ist.

---

[1] Zum Begriff der gesetzlichen Lizenz → Vor §§ 44a ff. Rn. 10.
[2] Zu Einzelheiten → Vor §§ 44a ff. Rn. 42 ff.
[3] AmtlBegr. BT-Drs. 18/12329, 46.
[4] Dazu → § 60g Rn. 2 ff.
[5] → § 54 Rn. 19; aA *Schack* ZUM 2017, 802 (807), der einen solchen Vorbehalt in § 60g hineinlesen will; *de la Durantaye* GRUR 2017, 558 (563); ebenso für Nutzungen nach § 60d *Raue* CR 2017, 656 (661 f.).
[6] Vgl. → § 54a Rn. 10. Zu den Folgen → § 60a Rn. 13 sowie → § 60g Rn. 7.

3   Abs. 2 **Nr. 1** ersetzt die Regelung für vergütungsfreie öffentliche Wiedergaben auf **Schulveran-staltungen** in § 52 Abs. 1 S. 3 aF.[7] Eine Ausdehnung dieser Privilegierung auf Hochschulen[8] sowie Einrichtungen der Aus- und Weiterbildung war vom Gesetzgeber seinerzeit ausdrücklich abgelehnt worden.[9] Nunmehr sind grundsätzlich Veranstaltungen **an allen Bildungseinrichtungen** erfasst. Entscheidend für die Privilegierung wie die Vergütungsfreiheit ist aber, dass die öffentliche Wiederga-be der Veranschaulichung des Unterrichts oder der Lehre gegenüber den Lehrenden oder Teilneh-mern der jeweiligen Lehrveranstaltung (§ 60a Abs. 1 Nr. 1) oder der Präsentation des Unterrichts, von Unterrichts- oder Lernergebnissen an der Bildungseinrichtung (§ 60a Abs. 1 Nr. 3) dient. Nach der Gesetzesbegründung kann dies beim Weihnachtskonzert einer Schule etwa das im Musikunter-richt eingeübte Lied sein.[10] Die Präsentation von Lehr- oder Forschungsergebnissen an Hochschulen (etwa bei der „Langen Nacht der Wissenschaft" oder ähnlichen Veranstaltungen) wird schon von der Privilegierung in § 60a Abs. 1 Nr. 3 nicht erfasst; insoweit stellt sich die Frage einer gesetzlichen Ver-gütung daher nicht.[11]

4   Nach **Nr. 2** sind **Vervielfältigungen** zum Zweck der **Indexierung, Katalogisierung, Erhal-tung und Restaurierung** (§ 60a Abs. 1) vergütungsfrei.[12] Vervielfältigungen zum Zweck der Zu-gänglichmachung nach § 60e Abs. 4 müssen dagegen vergütet werden.[13]

III. Vergütungsschuldner

5   **Schuldner** der angemessenen Vergütung ist grundsätzlich derjenige, der im Rahmen einer vergü-tungspflichtigen Schrankenbestimmung die privilegierte Nutzungshandlung vornimmt.[14] Da viele der von §§ 60a ff. privilegierten Nutzer als Schüler oder Studierende eine Institution besuchen bzw. als Lehrende, Forscher etc an einer Institution tätig sind, sollen nach **Abs. 5 S. 1** für diese Fälle **nur die entsprechenden Einrichtungen** Vergütungsschuldner sein.[15]

6   Eine Sonderregelung besteht insoweit für die Vergütung der nach §§ 60a, 60c und 60d zulässigen **Vervielfältigungshandlungen**. Diese werden gemäß Abs. 1 S. 2 durch Einbeziehung in die Ge-**räte-, Speichermedien- und Betreiberabgabe** nach §§ 54 ff. abgegolten.[16] Das UrhWissG hat die §§ 54–54c daher um die in Unterabschnitt 4 genannten Erlaubnisse erweitert.[17] Die Vergütung wird danach in pauschalierter Form bei den Herstellern, Importeuren und Betreibern von Vervielfälti-gungsgeräten und Speichermedien erhoben. Eine **zusätzliche Vergütung** durch den einzelnen Nut-zer oder die privilegierte Einrichtung ist gemäß **Abs. 5 S. 2** nicht geschuldet. Vor allem im Hinblick auf die Kappungsgrenze in § 54a Abs. 4 ist daher problematisch, ob das Vergütungsaufkommen aus-reicht, um eine angemessene Vergütung der betroffenen Urheber zu gewährleisten. Ausgenommen vom System der Geräteabgabe sind allerdings die im Rahmen von **§ 60b** und **§ 60e Abs. 5** vorge-nommenen Vervielfältigungen; hier ist eine pauschale Vergütung nach Abs. 3 S. 2 ausgeschlossen und daher stets eine Einzelabrechnung erforderlich.[18] Auch für die zum Zwecke der Terminalnutzung nach § 60e Abs. 1 iVm Abs. 4 vorgenommenen Vervielfältigungen ist eine Einbeziehung in das Ver-gütungssystem der §§ 54 ff. nicht sinnvoll.[19]

IV. Verfahren

7   Gemäß **Abs. 4** ist der Anspruch des Urhebers auf angemessene Vergütung **verwertungsgesell-schaftenpflichtig** ausgestaltet. Er kann gerichtlich wie außergerichtlich daher nur durch eine Ver-wertungsgesellschaft geltend gemacht werden. Dies ist kein Fall einer gesetzlichen Prozessstandschaft, sondern eine materiell-rechtliche Anspruchsberechtigung; erst in der Hand der Verwertungsgesell-schaft entsteht der Anspruch in einer Form, die eine Geltendmachung gegenüber dem vergütungs-pflichtigen Schuldner überhaupt ermöglicht.[20] Dementsprechend kann die Leistungspflicht des Nut-zers aus dem gesetzlichen Schuldverhältnis **nur durch Leistung an eine Verwertungsgesellschaft erlöschen,** nicht hingegen bei einer direkten Zahlung an den Urheber oder dessen Lizenznehmer

---

[7] Dazu → 5. Aufl. 2017, § 52 Rn. 24.
[8] OLG Koblenz NJW-RR 1987, 699 (701).
[9] Bericht des Rechtsausschusses UFITA 102 (1986), 169 (175).
[10] AmtlBegr. BT-Drs. 18/12329, 47.
[11] → § 60a Rn. 27.
[12] → § 60e Rn. 15.
[13] AmtlBegr. BT-Drs. 18/12329, 42.
[14] → Vor §§ 44a ff. Rn. 50.
[15] AmtlBegr. BT-Drs. 18/12329, 47.
[16] Kritisch im Hinblick auf die dadurch bewirkte Aufspaltung einheitlicher Nutzungsarten *de la Durantaye* GRUR 2017, 558 (566).
[17] → § 54 Rn. 4.
[18] → Rn. 9.
[19] So auch *de la Durantaye* GRUR 2017, 558 (566); vgl. auch *Staats* ZGE 10 (2018), 310 (317).
[20] So zu § 54h Abs. 1 BGH GRUR 2009, 480 Rn. 8f. – Kopierläden II; vgl. auch → § 54h Rn. 2.

(zB einen Verlag).[21] Die Höhe der geschuldeten Vergütung wie die Regeln für die Erhebung nutzungsrelevanter Daten werden in der Praxis durch **Gesamt- und Rahmenverträge** zwischen Verwertungsgesellschaften und Nutzervereinigungen bestimmt.[22]

Um die Erhebung der für die Vergütung relevanten Daten zu erleichtern, lässt **Abs. 3** dabei auch **8** eine Berechnung der angemessenen Vergütung auf Basis von **Pauschalen** oder **repräsentativen Stichproben** zu. Diese beiden Modi der Vergütungsermittlung sind alternativ zu verstehen.[23] Damit wollte der Gesetzgeber erreichen, dass die Verwertungsgesellschaft abweichend von der Rechtsprechung des BGH zu § 52a aF[24] **keine Einzelerfassung von Nutzungen** verlangen kann. Dem liegt das Ergebnis eines Modellprojekts an der Universität Osnabrück zugrunde, wonach Aufwand und Kosten für die Einzelermittlung erheblich sind und zu einer Unternutzung urheberrechtlich geschützter Werke in Forschung und Lehre führen.[25] Im Hinblick auf die Vorgaben des EuGH zur Ausgestaltung des gerechten Ausgleichs[26] und den Dreistufentest ist eine typisierende, pauschalierende oder generalisierende Erfassung aber nur gerechtfertigt, soweit die vielzähligen Nutzungsvorgänge nur **mit unverhältnismäßigem Aufwand** individuell erfasst werden könnten.[27] Die Feststellung der Unverhältnismäßigkeit einer nutzungsbezogenen Abrechnung setzt eine Abwägung mit der Intensität des Eingriffs in die Primärverwertung der betroffenen Werke durch die jeweilige Nutzung voraus, von der auch Abs. 3 nicht pauschal befreien kann. In der Praxis werden sich die Vertragspartner über die Modalitäten der Ermittlung der Vergütungshöhe verständigen müssen. Gemäß § 35 VGG sind Verwertungsgesellschaften grundsätzlich verpflichtet, mit Nutzervereinigungen Gesamtverträge zu angemessenen Bedingungen zu schließen. In Streitfällen wird nach Anrufung der beim DPMA eingerichteten Schiedsstelle die angemessene Vergütung durch das OLG bestimmt (§ 92 Abs. 1 iVm §§ 128 ff. VGG).[28]

Für die Nutzungen nach § 60b (Unterrichts- und Lehrmedien) und § 60e Abs. 5 (Kopienversand **9** auf Bestellung) ist **stets eine Einzelerfassung** erforderlich **(Abs. 3 S. 2).** Auch auf die Vergütung von Vervielfältigungen nach Abs. 1 S. 2 iVm §§ 54 ff. ist Abs. 3 S. 1 nicht anzuwenden; hier ist die Vergütung gemäß §§ 40 Abs. 1 S. 2, 93 VGG grundsätzlich auf der Grundlage empirischer Untersuchungen zu bestimmen.

§ 61 Verwaiste Werke

(1) **Zulässig sind die Vervielfältigung und die öffentliche Zugänglichmachung verwaister Werke nach Maßgabe der Absätze 3 bis 5.**

(2) **Verwaiste Werke im Sinne dieses Gesetzes sind**

1. Werke und sonstige Schutzgegenstände in Büchern, Fachzeitschriften, Zeitungen, Zeitschriften oder anderen Schriften,

2. Filmwerke sowie Bildträger und Bild- und Tonträger, auf denen Filmwerke aufgenommen sind, und

3. Tonträger

aus Sammlungen (Bestandsinhalte) von öffentlich zugänglichen Bibliotheken, Bildungseinrichtungen, Museen, Archiven sowie von Einrichtungen im Bereich des Film- oder Tonerbes, wenn diese Bestandsinhalte bereits veröffentlicht worden sind, deren Rechtsinhaber auch durch eine sorgfältige Suche nicht festgestellt oder ausfindig gemacht werden konnte.

(3) **Gibt es mehrere Rechtsinhaber eines Bestandsinhalts, kann dieser auch dann vervielfältigt und öffentlich zugänglich gemacht werden, wenn selbst nach sorgfältiger Suche nicht alle Rechtsinhaber festgestellt oder ausfindig gemacht werden konnten, aber von den bekannten Rechtsinhabern die Erlaubnis zur Nutzung eingeholt worden ist.**

(4) **Bestandsinhalte, die nicht erschienen sind oder nicht gesendet wurden, dürfen durch die jeweilige in Absatz 2 genannte Institution genutzt werden, wenn die Bestandsinhalte von ihr bereits mit Erlaubnis des Rechtsinhabers der Öffentlichkeit zugänglich gemacht wurden und sofern nach Treu und Glauben anzunehmen ist, dass der Rechtsinhaber in die Nutzung nach Absatz 1 einwilligen würde.**

(5) **¹Die Vervielfältigung und die öffentliche Zugänglichmachung durch die in Absatz 2 genannten Institutionen sind nur zulässig, wenn die Institutionen zur Erfüllung ihrer im Gemeinwohl liegenden Aufgaben handeln, insbesondere wenn sie Bestandsinhalte bewahren und restaurieren und den Zugang zu ihren Sammlungen eröffnen, sofern dies kulturellen und bildungspolitischen Zwecken dient. ²Die Institutionen dürfen für den Zugang zu den genutzten**

---

[21] *Pflüger* S. 234.
[22] Dazu → Vor §§ 44a ff. Rn. 49 sowie → § 54a Rn. 21.
[23] *Pflüger/Hinte* ZUM 2018, 153 (157); Dreier/Schulze/*Dreier* § 60h Rn. 9.
[24] BGH GRUR 2013, 1220 Rn. 73 ff. – Gesamtvertrag Hochschul-Intranet.
[25] AmtlBegr. BT-Drs. 18/12329, 47.
[26] Dazu → Vor §§ 44a ff. Rn. 28 sowie → § 54 Rn. 6 und → § 54a Rn. 4 f.
[27] Ebenso BGH GRUR 2013, 1220 Rn. 76, 86 – Gesamtvertrag Hochschul-Intranet; *Obergfell* ZGE 10 (2018), 261 (271 f.); *Staats* ZGE 10 (2018), 310 (317 f.).
[28] Dazu auch → § 54a Rn. 21.

verwaisten Werken ein Entgelt verlangen, das die Kosten der Digitalisierung und der öffentlichen Zugänglichmachung deckt.

Schrifttum: *Adolphsen/Mutz,* Das Google Book Settlement, GRUR-Int 2009, 789; *Bechtold,* Optionsmodelle und private Rechtsetzung im Urheberrecht am Beispiel von Google Book Search, GRUR 2010, 282; *Bohne/ Elmers,* Die Digitalisierung von Wissen in der Informationsgesellschaft und ihre rechtliche Regulierung, WRP 2009, 586; *Bohne/Krüger,* Das „Settlement Agreement" zwischen Google und der Authors Guild als Leitbild einer europäischen Regelung; *de la Durantaye,* Wofür wir Google dankbar sein müssen, ZUM 2011, 538; *dies.,* How to Build an Orphanage, and Why, 2 JIPITEC (2011) 226; *dies.,* Ein Heim für Waisenkinder – Die Regelungsvorschläge zu verwaisten Werken in Deutschland und der EU aus rechtsvergleichender Sicht, ZUM 2011, 777; *dies.,* Finding A Home for Orphans: Google Book Search and Orphan Works Law in the United States and Europe, 21 Fordham Intell. Prop. Media & Ent. L. J. 229 (2011); *dies.,* Der Regierungsentwurf eines Gesetzes zur Nutzung verwaister und vergriffener Werke, ZUM 2013, 437; *Evers,* Nutzung verwaister Werke, ZUM 2013, 454; *Grages,* Verwaiste Werke, 2013; *Grünberger,* Digitalisierung und Zugänglichmachung verwaister Werke, ZGE 4 (2012), 321; *Haupt,* Verwaiste Werke, FS Pfennig (2012), 269; *Heckmann,* Die retrospektive Digitalisierung von Printpublikationen, 2011; *Hüttner/Ott,* Schachern um das Weltkulturerbe – Das Google Book Settlement, ZUM 2010, 377; *Klass,* Die deutsche Gesetzesnovelle zur „Nutzung verwaister und vergriffener Werke und einer weiteren Änderung des Urheberrechtsgesetzes" im Kontext der Retrodigitalisierung in Europa, GRUR-Int 2013, 881; *Krogmann,* Zum „Entwurf eines Gesetzes zur Nutzung verwaister Werke und zu weiteren Änderungen des Urheberrechtgesetzes" sowie zur technologieneutralen Ausgestaltung des § 20b UrhG, ZUM 2013, 457; *Möller,* Verwaiste Werke – eine Analyse aus internationaler Perspektive, 2013; *Peifer,* Die gesetzliche Regelung über verwaiste und vergriffene Werke – Hilfe für verborgene Kulturschätze, NJW 2014, 6; *Schierholz,* Verwaiste Werke – die Lösung für Probleme der Massendigitalisierung, FS Pfennig (2012), S. 319; *Schulze,* Schleichende Harmonisierung des urheberrechtlichen Werkbegriffs? Anmerkungen zu EuGH „ntopag/PPF", GRUR 2009, 1019; *Spindler,* Ein Durchbruch für die Retrodigitalisierung? Die Orphan-Works-Richtlinie und der jüngste Referentenentwurf zur Änderung des Urheberrechts, ZUM 2013, 349; *ders.,* Reform des Urheberrechts im „Zweiten Korb", NJW 2008, 9; *ders./Heckmann,* Retrodigitalisierung verwaister Printpublikationen – Die Nutzungsmöglichkeiten von „orphan works" de lege lata und ferenda, GRUR-Int 2008, 271; *dies.,* Der rückwirkende Entfall unbekannter Nutzungsrechte (§ 137l UrhG-E) – Schließt die Archive?, ZUM 2006, 620; *Staats,* Regelungen für verwaiste und vergriffene Werke – Stellungnahme zu dem Gesetzentwurf der Bundesregierung, ZUM 2013, 446; *Talke,* Verwaiste und vergriffene Werke, K&R 2014, 18; *Wandtke,* Urheberrecht in der Reform oder wohin steuert das Urheberrecht?, MMR 2017, 367.

Übersicht

I. Zweck und Bedeutung der Norm

1   Mit den neuen Möglichkeiten der Digitalisierung und des Zugänglichmachens über das Internet wurden neue Potentiale zur Bewahrung des kulturellen Erbes und seiner Verbreitung erschlossen. Die Retrodigitalisierung begann in verschiedenen Projekten sowohl in den USA als auch in den europäischen Staaten. Die oftmals genannte umfangreiche Digitalisierung durch Google stellt zwar das wohl umfangreichste Vorhaben dieser Art dar, war jedoch auch für die USA keineswegs das Einzige, da zahlreiche Universitäten schon frühzeitig mit der Retrodigitalisierung begannen. In Europa verlieh das Projekt der EU-Kommission eine digitale europäische Bibliothek zu schaffen, die **Europeana,**[1] der Retrodigitalisierung zusätzliche Impulse, nachdem schon zuvor zahlreiche Bibliotheken und Forschungseinrichtungen, auch Akademien, solche Projekte auf den Weg gebracht hatten. Die Europeana stellt streng genommen aber nur ein Link-Portal dar, welches auf die jeweiligen nationalen Bibliotheken verweist. In Deutschland hat sich die **Deutsche Digitale Bibliothek** (www.deutsche-digitale-bibliothek.de) der (Retro-) Digitalisierung angenommen. Nicht nur Bibliotheken, sondern auch private Verlage oder Medienunternehmen sahen sich jedoch mit dem Problem konfrontiert, dass sie für die Digitalisierung, insbesondere für das öffentliche Zugänglichmachen die Rechte der Urheber ein-

---

[1] www.europeana.eu; vgl. dazu die Dokumente der Europäischen Kommission vom 1.6.2005 unter der Dokumentennummer IP/05/643, vom 30.9.2005 unter der Dokumentennummer IP/05/1202, vom 11.8.2008 unter der Dokumentennummer IP/08/1255, vom 20.11.2008 unter der Dokumentennummer IP/08/1747, ferner die FAQs der Europäischen Kommission vom 11.8.2008 unter der Dokumentennummer MEMO/08/546; s. dazu auch *Grünberger* ZGE 4 (2012), 321 (334 f.). *Grages* S. 29 ff. und S. 220.

holen müssen, diese (oder ihre Erben) aber oftmals nach langen Zeiträumen nicht mehr oder nur sehr schwer auffindbar sind. Für Verlage bzw. Medienunternehmen kann oft **§ 137l** über dieses Problem hinweghelfen, indem für Verträge vom 1966 bis 2008 die Fiktion einer Rechteeinräumung für § 19a eingreift.[2] Für Bibliotheken etc. ohne entsprechende Lizenzverträge vermag diese Regelung jedoch nicht zu greifen, da sie keine Verträge mit den Rechteinhabern abgeschlossen haben. Ebenso wenig findet sie Anwendung für Werke, die vor dem 1.1.1966 publiziert wurden.[3]

Diese Werke, deren Rechteinhaber nicht mehr auffindbar sind, werden entsprechend dem interna- **2** tionalen Sprachgebrauch als **„verwaiste Werke"** bzw. „orphan works" bezeichnet, die von den **vergriffenen Werken** zu unterscheiden sind, bei denen der Rechteinhaber noch ermittelt werden kann, die aber nicht mehr publiziert werden (dazu → VGG § 51 Rn. 5, vormals § 13d UrhWahrnG).[4]

Maßgeblich ist daher der **Ausgleich zwischen den Interessen** der Öffentlichkeit, insbesondere **3** repräsentiert durch Kultur- und Bildungseinrichtungen auf möglichst ungehinderten Zugang zu den Werken und der Nutzung der neuen Möglichkeiten der Digitalisierung und des Internets, einerseits und den Interessen von Erben und Rechteinhabern andererseits. Hierfür bieten sich mehrere Lösungen an, etwa die vor allem in Skandinavien, aber auch in Großbritannien[5] praktizierte **kollektive Rechtewahrnehmung** durch Verwertungsgesellschaften, indem Rechteinhaber selbst dann auch durch eine Verwertungsgesellschaft vertreten werden, wenn sie keinen Wahrnehmungsvertrag mit ihr abgeschlossen haben. Damit können Nutzer bzw. Vertragspartner der Verwertungsgesellschaften ohne Risiken auch verwaiste Werke nutzen (sog. **extended collective licenses**), da die Verwertungsgesellschaften wie Treuhänder die Rechte der Urheber wahrnehmen.[6] Daneben bestehen Ansätze anderer Länder, namentlich Kanada, die ebenfalls auf eine sorgfältige Recherche abstellen.[7] Nach Ablauf einer bestimmten Frist und mit dem Nachweis einer ordnungsgemäßen Recherche in verfügbaren Datenbanken wird den Kultureinrichtungen die Digitalisierung und Publikation von verwaisten Werken im Internet gestattet.[8]

II. Entstehungsgeschichte

Nach verschiedenen Anläufen[9] wählte die **Kommission** schließlich den an Recherchepflichten **4** anknüpfenden Ansatz, entsprechend den Vorschlägen und der Einigung zwischen Rechteinhabern, insbesondere Verlagen, einerseits und Bibliotheken und Kultureinrichtungen andererseits im Memorandum of Understanding on Diligent Search Guidelines for Orphan Works,[10] das seine Fortsetzung im Memorandum of Understanding „Key principles on the digitization and making available of out-of-commerce works"[11] fand. Der ursprüngliche Kommissionsvorschlag für eine Richtlinie über bestimmte zulässige Formen der Nutzung verwaister Werke[12] fand im Wesentlichen Zustimmung und wurde als Richtlinie 2012/28/EU des Europäischen Parlaments und des Rates über bestimmte zulässige Formen der Nutzung verwaister Werke (Verwaiste-Werke-RL) am 25. Oktober 2012 verabschiedet.[13] Die Verwaiste-Werke-RL wurde dabei als eine Ergänzung zur Richtlinie 2001/29/EG des Europäischen Parlaments und des Rates vom 22. Mai 2001 zur Harmonisierung bestimmter Aspekte des Urheberrechts und der verwandten Schutzrechte in der Informationsgesellschaft[14] (InfoSoc-RL) betrachtet, da man diese Richtlinie (und den mit ihm mühsam gefundenen Kompromiss) ursprünglich nicht durch die Frage der verwaisten Werke hatte gefährden wollen. Die Verwaiste-Werke-RL ist

---

[2] S. dazu Schricker/Loewenheim/*Katzenberger*/Spindler UrhG § 137l; Spindler/Schuster/*Spindler*/*Heckmann* UrhG § 137l Rn. 2 f., 12 ff.; *Heckmann,* Die retrospektive Digitalisierung von Printpublikationen.

[3] S. auch *Spindler*/*Heckmann* ZUM 2006, 620 (630); s. ferner Wandtke/Bullinger/*Staats* UrhG § 61 Rn. 9; *Grünberger* ZGE 4 2012, 321 (342).

[4] Zur Terminologie *Spindler*/*Heckmann* GRUR-Int 2008, 271 (271); *Grünberger* ZGE 4 2012, 321 (339).

[5] Sec 116A et. seqq. Copyright, Designs and Patent Act (geändert durch den Enterprise and Regulatory Reform Act 2013, abrufbar unter: http://f.datasrvr.com/fr1/613/10419/Enterprise_and_Regulatory_Reform_Act_2013. pdf), vgl. dazu die explanatoy notes des Department for Business, Innovation and Skills, abrufbar unter: www.legislation.gov.uk/ukpga/2013/24/notes, sub. no. 528 ff.

[6] Näher dazu mwN *Spindler*/*Heckmann* GRUR-Int 2008, 271 (277); *Möller,* S. 246 ff.; s. auch *de la Durantaye* ZUM 2011, 777 (782); zur norwegischen Praxis des sog. Bokhylla-Projekts *Schierholz* FS Pfennig, 2012, 319 (328); *Grünberger* ZGE 4 (2012), 321 (366 ff., 369), Wandtke/Bullinger/*Staats* UrhG § 61 Rn. 4; zu erweiterten Kollektivlizenzen in anderen Rechtsordnungen s. *Grages* S. 145 ff.

[7] S. dazu *de la Durantaye* 2 JIPITEC 2011 226 (227 Rn. 10 ff.).

[8] Sec. 77(1) Copyright Act of Canada, abrufbar unter: http://laws-lois.justice.gc.ca/eng/acts/C-42/FullText. html; s. auch *Spindler*/*Heckmann* GRUR-Int 2008, 271 (273 f.).

[9] Empfehlung 2006/585/EG zur Digitalisierung und Online-Zugänglichkeit kulturellen Materials und dessen digitaler Bewahrung (ABl. L 236 v. 31. August 2006, S. 28), s. zuvor Mitteilung vom 30. September 2005: Digitale Bibliotheken (KOM(2005)465 endg.; s. auch *Grünberger* ZGE 4 2012, 321 (335) und Wandtke/Bullinger/*Staats* § 61 Rn. 2 mwN.

[10] Abrufbar unter: http://www.ifrro.org/upload/documents/Memorandum%20of%20Understanding%20orphan %20works.pdf.

[11] Abrufbar unter: http://ec.europa.eu/internal_market/copyright/docs/copyright-infso/20110920-mou_en. pdf.

[12] KOM 2011, 289 endgültig.

[13] ABl. L 299, S. 5 (27. Oktober 2012).

[14] ABl. L 167, S. 10 (22. Juli 2001).

grundsätzlich vollharmonisierend;[15] dies zeigt sich schon an den (wenigen) Öffnungsklauseln für die Mitgliedstaaten, wie in Art. 3 Abs. 2 Verwaiste-Werke-RL. Allerdings überlässt die Richtlinie den Mitgliedstaaten, in welchem System sie die Vorgaben der Richtlinie umsetzen (Art. 6 Verwaiste-Werke-RL: „Ausnahmen oder Beschränkungen", Erwägungsgrund 20: bestehende Systeme), ob als Schranke wie in Deutschland oder im Rahmen der extended collective licenses wie in Skandinavien.[16] Umso mehr ist auf eine europarechtskonforme Auslegung zu achten.

5 Die **deutsche Umsetzung** folgte 2013; zuvor hatten schon die SPD-Bundestagsfraktion einen Gesetzesentwurf eingebracht,[17] der von den Vorschlägen der Arbeitsgruppe Digitale Bibliotheken beeinflusst war,[18] ebenso die Fraktion DIE LINKE,[19] die aber nicht vom Parlament verabschiedet wurden,[20] da offenbar die Richtlinie abgewartet werden sollte. Nach einem Referentenentwurf[21] wurde am 11. April 2013 der weitgehend gleichlautende Regierungsentwurf eingebracht[22] und nach nur geringfügigen Änderungen durch den Rechtsausschuss[23] und keinen Einwänden des Bundesrates verabschiedet.

III. Rechtscharakter und Verhältnis zu anderen Normen

6 Wie schon die systematische Stellung der §§ 61 ff. nahe legt, handelt es sich um eine Schranke des Vervielfältigungsrechts und des Rechts auf öffentliche Zugänglichmachung. Das deutsche Recht setzt damit die zwingende Vorgabe der Verwaisten-Werke-RL (Art. 6 Abs. 1) um und ergänzt die Regelungen der InfoSoc-RL.[24] Weder die Verwaiste-Werke-RL (Art. 1 Abs. 5, Erwägungsgrund 24) noch das deutsche Recht sperren aber die Retrodigitalisierung durch andere Instrumente, insbesondere nicht der kollektiven Rechtewahrnehmung (etwa nach dem Modell der skandinavischen extended collective licenses (vgl. → Rn. 3)). Auch Lösungen, wie sie im Memorandum of Understanding von 2011 entwickelt wurden (vgl. → Rn. 4), sollen nicht durch die Verwaiste-Werke-RL verhindert werden, wie Erwägungsgrund 4 der Verwaisten-Werke-RL klarstellt. Dementsprechend kann auch die deutsche Umsetzung nicht anders interpretiert werden; dies gilt insbesondere auch deshalb, weil der Gesetzgeber mit der fast wortlautgetreuen Umsetzung der Richtlinie auch keinen anderslautenden Willen hat erkennen lassen.

7 §§ 61 ff. stellen nur eine **besondere Schranke** auf, die sich in die **allgemeinen Regelungen für Schrankenbestimmungen** einbettet. Insbesondere müssen die Gebote der Quellenangabe und damit die Angabe des Urhebers nach § 63 Abs. 1 S. 1, Abs. 2 S. 2 eingehalten werden, was auch Art. 6 Abs. 3 der Richtlinie vorsieht. Auch darf das Werk nicht verändert werden (§ 62 Abs. 1).

IV. Erfasste Verwertungsrechte

8 § 61 Abs. 1 erfasst das **Vervielfältigungsrecht** nach § 16 allgemein; eine Beschränkung auf digitale Kopien enthält § 61 Abs. 1 nicht; ebenso wenig die zugrundeliegende Richtlinie (Art. 6 Abs. 1b), auch wenn der Zweck der Richtlinie bzw. der §§ 61 ff. klar auf die (Retro-)Digitalisierung ausgerichtet ist. § 61 Abs. 1 bzw. Art. 6 Abs. 1b der Richtlinie ist aber weiter gefasst und spricht nur von Vervielfältigungen, so dass auch analoge Vervielfältigungen im Prinzip gedeckt sind,[25] solange sie der Umsetzung der von § 61 Abs. 1, 5 bzw. Art. 6 Abs. 1b) Verwaiste-Werke-RL privilegierten Ziele dienen. § 61 muss dabei europarechtskonform ausgelegt werden, da Art. 6 Abs. 1b) Verwaiste-Werke-RL ausdrücklich die Vervielfältigung nur „zu Zwecken der Digitalisierung, Zugänglichmachung, Indexierung, Katalogisierung, Bewahrung oder Restaurierung" erlaubt. Dies schließt analoge Vervielfältigungen nicht aus, etwa wenn es um eine Restaurierung oder Bewahrung geht. Ferner muss nach § 61 Abs. 5 die Vervielfältigung zur Erfüllung der im Gemeinwohl liegenden Aufgaben der Institution liegen, die die Vervielfältigung vornimmt.

---

[15] Fromm/Nordemann/*A. Nordemann* UrhG § 61 Rn. 3 unter Verweis auf den RefE des BMJ vom 20.2.2012 S. 17 f.

[16] S. auch Fromm/Nordemann/*A. Nordemann* UrhG § 61 Rn. 4.

[17] BT-Drs. 17/3991.

[18] S. dazu *Schierholz* FS Pfennig, 2012, 319 (329 f.).

[19] BT-Drs. 17/4661.

[20] S. dazu die Anhörung des Rechtsausschusses des Deutschen Bundestages vom 19. September 2011; zu beiden Entwürfen; s. auch *de la Durantaye* ZUM 2011, 777.

[21] Referentenentwurf für ein Gesetz zur Nutzung verwaister Werke und zu weiteren Änderungen des Urheberrechtsgesetzes und des Urheberrechtswahrnehmungsgesetzes vom 20.2.2013, abrufbar unter: http://www.urheberrechtsbuendnis.de/docs/RefE_verwaiste_Werke_und_weitere_Aenderungen.pdf.

[22] RegE BT-Drs. 17/13423.

[23] Bericht des Rechtsausschusses BT-Drs. 17/14217.

[24] S. dazu *Spindler* ZUM 2013, 349; *Grages* S. 206 f.

[25] Zutr. Wandtke/Bullinger/*Staats* UrhG § 61 Rn. 15; Dreier/Schulze/*Dreier* UrhG § 61 Rn. 7; *Talke* K&R 2014, 18; anders aber *de la Durantaye* ZUM 2013, 437 (440); Fromm/Nordemann/*A. Nordemann* UrhG § 61 Rn. 7 ohne jedoch auf Restaurierung etc. einzugehen. Für Vervielfältigung zur Sammlungsteilen durch Einrichtungen des Kulturerbes allein zum Zwecke des Erhalts siehe aber Art. 5 des Vorschlags der Europäischen Kommission für eine Richtlinie des Europäischen Parlaments und des Rates über das Urheberrecht im digitalen Binnenmarkt (COM(2016)593final).

Zudem wird das Recht der öffentlichen Zugänglichmachung (§ 19a) eingeschränkt, ohne dass je- 9
doch Art. 6 Abs. 1a) Verwaiste-Werke-RL und dementsprechend § 61 Abs. 1, 5 eine besondere
Zweckbindung vorsähen. Auch die öffentliche Zugänglichmachung nach § 61 Abs. 5 muss wiederum
der Erfüllung der Gemeinwohlaufgaben der Institution dienen, so dass insbesondere eine kommerzielle Verwertung ausgeschlossen ist (näher auch Rn. 33).

Andere Rechte werden von § 61 (ebenso wie von der Verwaiste-Werke-RL) nicht erfasst, insbe- 10
sondere nicht das Vorführungs- (§ 19 Abs. 4) oder das Senderecht (§ 20), ebenso wenig das Verbreitungsrecht. Damit werden unnötigerweise die Möglichkeiten der Verwertung eingeschränkt, etwa der
Vorführung von Filmen.[26]

V. Privilegierte Werke

Die Schranke bezieht sich nur auf die Verwertung bestimmter Werke, die in § 61 Abs. 2 bzw. Art. 1 11
Abs. 2 Verwaiste-Werke-RL aufgeführt sind; andere Werke unterfallen nicht der Schranke und können daher nicht ohne Zustimmung der Rechteinhaber retrodigitalisiert werden. § 61 Abs. 2 unterscheidet dabei drei Gruppen, erstens die Werke und sonstigen Schutzgegenstände in Büchern und
anderen Schriften (Nr. 1), zweitens Filmwerke und deren Bild bzw. Bild- und Tonträger (Nr. 2) und
drittens Tonträger (Nr. 3). Zusätzlich werden nach Art. 1 Abs. 4 Verwaiste-Werke-RL auch sämtlich
sonstige Werke erfasst, sofern sie in einem der aufgezählten Schutzgegenstände integriert bzw. eingebettet sind.[27] Andere Werke werden hingegen nicht erfasst, insbesondere nicht Kunstwerke in Skulp-
turform oder Gemälde etc., sodass die Digitalisierung solcher Werke (zB 3D-Erfassung) nicht möglich
ist. Aufgrund der Kombination aus abschließender Regelung der Richtlinie einer- und der europaweiten uneinheitlichen Verständnisses des Werkbegriffs anderseits[28] wird vor allem auf mögliche
„Kompatibilitätsprobleme" hingewiesen.[29]

In der ersten Gruppe der **Werke in Schriften** werden alle Schriftwerke im Sinne von § 2 Abs. 1 12
Nr. 1 erfasst (→ § 2 Rn. 100), unabhängig welchen Inhalt sie haben. So zählen sowohl Werke der
Literatur (Lyrik, Romane etc.) als auch Artikel in Tageszeitungen oder Zeitschriften hierunter. Aber
auch Werke, die keine Texte darstellen, unterfallen der Schranke nach § 61, wenn sie in Schriften
veröffentlicht worden sind, wie zB Lichtbildwerke, Musik in Gestalt von Noten, bildende (und
in Zeichnungen illustrierte, d. h. verschriftlichte) Kunst bis hin zu Darstellungen wissenschaftlicher
oder technischer Art nach § 2 Abs. 1 Nr. 7, zB Landkarten. Aber auch sonstige Schutzgegenstände,
die zwar nicht durch Urheber-, aber durch beim **Leistungsschutzrechte (verwandte Schutzrechte)** geschützt sind („sonstige Schutzgegenstände"), wie einfache Lichtbilder (§ 72), wissenschaftliche Ausgaben (§ 70) oder nachgelassene Werke (§ 71) können mit Hilfe der Schranke des § 61 digitalisiert werden.[30]

Maßgeblich ist stets die **Veröffentlichung in Schriftform;** andere Veröffentlichungsformen wer- 13
den nicht erfasst, so dass etwa die selbständige Veröffentlichung von Lichtbildern nicht der Schranke
nach § 61 unterfällt.[31] Auch wenn diese Werke in einer der privilegierten Institutionen vorhanden
sind, dürfen sie dennoch nicht digitalisiert und der Öffentlichkeit zugänglich gemacht werden. Bei
der Digitalisierung muss die Einbettung in das Gesamtwerk gewahrt bleiben, d. h., dass die in die
Schrift eingebetteten anderen Werken im digitalisierten Gesamtwerk eingebunden bleiben müssen.[32]
Allerdings wird schon technisch kaum eine digitale „Verschriftlichung" erhalten bleiben können, da
die entsprechenden Werke etwa als Grafiken aus dem Gesamtwerk herausgetrennt werden können.

Die zweite Gruppe betrifft **Filmwerke** einschließlich der Trägermedien, auf denen sie aufgenom- 14
men worden sind (§ 61 Abs. 2 Nr. 2).[33] Welcher Art die Medien sind, ist dabei belanglos, so dass auch
elektronische Speicher, auf denen Filmwerke aufgenommen worden sind, etwa DVDs bis hin zu Fest-
plattenspeichern etc., erfasst werden. Auch die entsprechenden Leistungsschutzrechte werden durch
§ 61 beschränkt; dies ergibt sich zum einen aus Art 1 Abs. 2b) Verwaiste-Werke-RL, die generell alle
Urheberrechte oder „verwandte Schutzrechte" für die aufgeführten Werkkategorien erfasst,[34] zum
anderen aus dem jeweiligen Verweisen den einzelnen Leistungsschutzrechten auf die Schranken
nach §§ 44 ff. Erfasst sind damit richtigerweise auch bloße Laufbilder iSd. § 95 UrhG.[35] Aufgrund der
Erstreckung auch auf die in die Filmwerke integrierten Werke („embedded works") unterfallen auch
die Filmmusik oder das Drehbuch der Schranke nach § 61.[36]

---

[26] S. auch die Kritik bei *de la Durantaye* ZUM 2013, 437 (440).
[27] Begr RegE BT-Drs. 17/13423, 18.
[28] Hierzu: *Schulze* GRUR 2009, 1019 (1021); zu einem möglichen europäischen Werkbegriff zuletzt etwa:
Wandtke MMR 2017, 367 (369).
[29] *Grages* S. 216.
[30] Im Ergebnis ebenso *Peifer* NJW 2014, 6 (8).
[31] *Klass* GRUR-Int 2013, 881 (888); *de la Durantaye* ZUM 2013, 437; Wandtke/Bullinger/*Staats* § 61 Rn. 24.
[32] Fromm/Nordemann/*A. Nordemann* UrhG § 61 Rn. 9.
[33] Begr RegE BT-Drs. 17/13423, 15.
[34] So auch Wandtke/Bullinger/*Staats* UrhG § 61 Rn. 26.
[35] Mit teleologischer Auslegung auch Dreier/Schulze/*Dreier* UrhG § 61 Rn. 13 aE.
[36] Wandtke/Bullinger/*Staats* UrhG § 61 Rn. 26.

15   Die dritte Gruppe betrifft schließlich **Tonträger** (§ 61 Abs. 2 Nr. 3). In entsprechender Umsetzung von Art. 1 Abs. 2c) der Verwaiste-Werke-RL stellt § 61 hier nicht mehr auf die Werkkategorie ab, sondern auf das Trägermedium, das akustische Signale gespeichert hat. Welcher Art dieses Medium ist, ist wiederum unerheblich, sodass sämtliche mechanischen wie elektronischen Trägermedien erfasst werden. Da die Schranke nach Art. 1 Abs 4 Verwaiste-Werke-RL für alle Werkkategorien gilt, die integraler Bestandteil des Mediums sind, unterfallen alle auf Tonträger speicherbaren Werke der Schranke, insbesondere Werke der Musik (§ 2 Abs. 1 Nr. 2) ebenso wie Sprachwerke (§ 2 Abs. 1 Nr. 1), etwa Hörbücher. Sämtliche Urheberrechte ebenso wie Leistungsschutzrechte werden damit beschränkt, zB der Tonträgerhersteller oder der ausübenden Künstler. Ob reine Tonwerke im Sinne trägerloser Audioaufzeichnungen nur durch eine richtlinienkonforme Anwendung (audiovisuelle Werke) erfasst werden können,[37] erscheint zweifelhaft; denn eine Speicherung ohne jeden physischen Träger gibt es nicht. Jedenfalls sind sie entweder über eine direkte oder eine richtlinienkonforme Anwendung erfasst.

VI. Verwaiste Werke (§ 61 Abs. 2)

16   Nur solche Werke können digitalisiert und zugänglich gemacht werden, die im Sinne des § 61 „verwaist" sind. Zudem müssen diese Werke veröffentlicht und im Bestand von Sammlungen sein. Unveröffentlichte Werke und Werke ohne einen Bestandsbezug können folglich nicht ohne Zustimmung des Rechteinhabers digitalisiert werden.

1. Werke in Sammlungen bzw. im Bestand

17   **Bestand** meint im sachenrechtlichen Sinne nur den **Besitz an den Werken;** auf einen Eigentumsübergang kommt es nicht an, so dass etwa auch einer privilegierten Einrichtung überlassene, aber nicht übereignete Werke – was in der Praxis offenbar nicht selten der Fall ist – hierunter fallen können. Dies zeigt auch die Erfassung der nicht erschienenen, aber an die Einrichtung verliehenen Werke (→ Rn. 28). Der Bestandsbezug beschränkt sich zudem nicht nur auf die Werke, die zum Zeitpunkt des Inkrafttretens der §§ 61 ff. in der Sammlung vorhanden waren; auch später in die Sammlung übernommene Werke können unter § 61 fallen. Ausgeschlossen sind durch den strikten Bestandsbezug aber nun gemeinsame Digitalisierungen und das gemeinsame öffentliche Zugänglichmachen zwischen mehreren Bibliotheken; zumindest aber gemeinsame Portale, auf denen die Inhalte nach der Digitalisierung zugänglich gemacht werden, sind nicht ausgeschlossen.[38]

2. Veröffentlichte Werke

18   Nur Werke, die bereits veröffentlicht wurden, können digitalisiert werden, nicht-veröffentlichte Werke nur unter den Voraussetzungen des § 61 Abs. 4 (→ Rn. 27). Dies betrifft vor allem archivierte, niemals veröffentlichte Werke. Die Veröffentlichung bezieht sich auf die Erstveröffentlichung im Gebiet der EU, „aus Rücksicht auf diplomatische Gepflogenheiten" gem. Erwägungsgrund 12 Verwaiste-Werke-RL.[39] Sind Werke daher außerhalb der EU erstveröffentlicht worden, können sie nicht unter Berufung auf § 61 in der EU digitalisiert und öffentlich zugänglich gemacht werden; die Institutionen, die entsprechende Sammlungen betreiben, müssen daher vor einer Digitalisierung genau den Ort der Erstveröffentlichung prüfen.

3. Privilegierte Institutionen

19   Nur die in § 61 Abs. 2 (bzw. Art. 1 Abs. 1 Verwaiste-Werke-RL) genannten Einrichtungen können die Schrankenvoraussetzungen erfüllen bzw. auf ihrer Grundlage verwaiste Werke digitalisieren. Demgemäß können nur öffentlich zugängliche Bibliotheken, Bildungseinrichtungen, Museen, Archive sowie Einrichtungen des Film- und Tonerbes die Schranke in Anspruch nehmen. Weder die Verwaiste-Werke-RL noch die InfoSoc-RL definieren die privilegierten Einrichtungen.[40] Aus § 61 Abs. 5 (bzw. Art. 1 Abs. 1, 6 Abs. 2 Verwaiste-Werke-RL) ergibt sich zudem, dass sie nur zum Gemeinwohl handeln dürfen, mithin weder unmittelbar noch mittelbar kommerzielle Ziele verfolgen dürfen. Rein kommerzielle Einrichtungen dürfen daher nicht nach § 61 vorgehen; die privilegierten Einrichtungen dürfen aber im Sinne von Public-Private-Partnerships mit kommerziellen Anbietern zusammenarbeiten, solange der Gemeinwohlcharakter unangetastet bleibt (§ 61 Abs 5).[41]

20   Das Gesetz (ebenso wenig die Verwaiste-Werke-RL) differenziert **nicht nach der Rechtsform** der Einrichtung: sie muss daher nicht öffentlich-rechtlich verfasst sein, sondern kann auch privatrecht-

---

[37] So *Peifer* NJW 2014, 6 (8 f.).
[38] Zust. Fromm/Nordemann/*A. Nordemann* UrhG § 61 Rn. 14; *Grages* S. 217, der von einem gegenseitigen Prinzip der Verweisung spricht.
[39] S. auch Begr RegE BT-Drs. 17/13423, 14.
[40] *Spindler* ZUM 2013, 349 (351).
[41] Wandtke/Bullinger/*Staats* UrhG § 61 Rn. 19.

lich, etwa als Stiftung oder als GmbH, organisiert sein.[42] Zudem verlangen §§ 61 ff. nicht, dass es sich bei der privilegierten Einrichtung um eine rechtsfähige Institution handelt; vielmehr steht das Gesetz allein auf die Funktion einer Einrichtung ab.

Einrichtungen des Film- und Tonerbes sind Archive, die die entsprechenden Trägermedien **21** aufbewahren, in Deutschland zB die DEFA-Stiftung, die Friedrich-Wilhelm-Murnau-Stiftung oder Mitglieder des Kinemathekverbunds. Sie sind gem. Erwägungsgrund 20 Verwaiste-Werke-RL Einrichtungen, die „von den Mitgliedstaaten zur Sammlung, Katalogisierung, Erhaltung und Restaurierung von Filmen und anderen audiovisuellen Werken oder Tonträgern, die Teil ihres kulturellen Erbes sind, ausgewiesen sind".[43]

§ 61 Abs. 2 verlangt, dass die **Bibliotheken öffentlich zugänglich** sein müssen. Ob das Erfor- **22** dernis der öffentlichen Zugänglichkeit (dazu → Rn. 24) auch für die übrigen der genannten Institutionen gilt,[44] ist dem Wortlaut des Gesetzes nicht eindeutig zu entnehmen.[45] Die bemühte systematische Auslegung anhand des § 52b S. 1 (a. F.), dem eine ähnliche Aufzählung zugrunde lag,[46] half dabei nicht weiter. Zwar nimmt Erwgr. 20 S. 2 Verwaiste-Werke-RL sowie der deutsche Gesetzgeber[47] auf die Einrichtungen iSd. Art. 5 Abs. 2 lit. c InfoSoc-RL Bezug, auf den wiederum die europarechtliche Grundlage des § 52b S. 1 (a. F.), Art. 5 Abs. 3 lit. n InfoSoc-RL,[48] verwies. Allerdings bezog sich die öffentliche Zugänglichkeit bei § 52b S. 1(a. F.) nach richtiger Auffassung gerade nicht auch auf die Archive.[49] Auch mit der Nachfolgevorschrift des § 60e Abs. 1 lässt sich eine solche Auslegung nicht begründen; hier fehlt es an einer entsprechenden Aufzählung. Zielführend erscheint allein die Auslegung anhand der Verwaiste-Werke-RL; bei der grammatischen Auslegung sind zudem auch die verschiedenen Sprachfassungen zu vergleichen. Allein ausreichend deutlich erscheint aber zunächst Art. 1 Abs. 1 der Richtlinie: Nach der deutschen[50] und der englischen[51] Sprachfassung ist davon auszugehen, dass jedenfalls die Bibliotheken, Bildungseinrichtungen und die Museen öffentlich zugänglich sein müssen. Streiten könnte man nach beiden Sprachfassungen allein darüber, ob auch Archive öffentlich zugänglich sein müssen. In eine andere Richtung deutet jedoch die französische[52] Sprachfassung, die davon auszugehen scheint, dass nur Museen öffentlich zugänglich sein müssen. In diese Richtung scheinen auch die spanische[53] und die schwedische[54] Sprachfassung zu deuten. Mag Art. 1 Abs. 1 damit möglicherweise noch nicht eindeutig sein, so trifft die Richtlinie jedenfalls in der deutschen, englischen und französischen Sprachfassung in Art. 1 Abs. 2 lit b mit der Nutzung einer Konjunktion („sowie" bzw. „as well as" bzw. „ainsi que") eine noch deutlichere Differenzierung. Unterschieden wird hier deutlicher zwischen **Archiven** (für die ein öffentlicher Zugang nicht erforderlich ist) einer-, und Bibliotheken, Bildungseinrichtungen und Museen andererseits.[55] Aufgrund eines der-

---

[42] Wie hier Fromm/Nordemann/*A. Nordemann* UrhG § 61 Rn. 13; Wandtke/Bullinger/*Staats* UrhG § 61 Rn. 20; zur Diskussion um eine Begrenzung lediglich auf öffentlich-rechtliche Einrichtungen insb. Rundfunkanstalten s. *Grages* S. 214.

[43] S. auch Begr RegE BT-Drs. 17/13423, 15; hierzu Dreier/Schulze/*Dreier* UrhG § 61 Rn. 16.

[44] So aber Wandtke/Bullinger/*Staats* UrhG § 61 Rn. 22; Dreier/Schulze/*Dreier* UrhG § 61 Rn. 16.

[45] *Spindler* ZUM 2013, 349 (351).

[46] Vgl. Fromm/Nordemann/*A. Nordemann* UrhG § 61 Rn. 11.

[47] BT-Drs. 17/13423, 15.

[48] Wandtke/Bullinger/*Jani* UrhG § 52b Rn. 1.

[49] *Spindler* ZUM 2013, 349 (351); *Spindler* NJW 2008, 9 (13); aA Fromm/Nordemann/*Dustmann* UrhG (11. Aufl.) § 52b Rn. 4; Wandtke/Bullinger/*Jani* UrhG (4. Aufl.) § 52b Rn. 9; Dreier/Schulze/*Dreier* UrhG (5. Aufl.) § 52b Rn. 3; Spindler/Schuster/*Ropeter* UrhG § 61 Rn. 9.

[50] Art. 1 Abs. 1 Verwaiste-Werke-RL lautet: „Diese Richtlinie betrifft bestimmte Formen der Nutzung verwaister Werke durch öffentlich zugängliche Bibliotheken, Bildungseinrichtungen und Museen sowie Archive, im Bereich des Film- oder Tonerbes tätige Einrichtungen und öffentlich-rechtliche Rundfunkanstalten, die in den Mitgliedstaaten ihren Sitz haben, um die Ziele im Zusammenhang mit ihren im Gemeinwohl liegenden Aufgaben zu erreichen."

[51] Die englische Sprachfassung des Art. 1 Abs. 1 Verwaiste-Werke-RL lautet: „This Directive concerns certain uses made of orphan works by publicly accessible libraries, educational establishments and museums, as well as by archives, film or audio heritage institutions and public-service broadcasting organisations, established in the Member States, in order to achieve aims related to their public-interest missions."

[52] Die französische Sprachfassung des Art. 1 Abs. 1 Verwaiste-Werke-RL lautet: „présente directive concerne certaines utilisations des œuvres orphelines faites par les bibliothèques, les établissements d'enseignement et les musées accessibles au public, ainsi que par les archives, les institutions dépositaires du patrimoine cinéma tographique ou sonore et les organismes de radiodiffusion de service public, établis dans les États membres, en vue d'atteindre les objectifs liés à leurs missions d'intérêt public."

[53] Die spanische Sprachfassung des Art. 1 Abs. 1 Verwaiste-Werke-RL lautet: „La presente Directiva se refiere a determinados usos de las obras huérfanas por parte de bibliotecas, centros de enseñanza y museos, accesibles al público, así como de archivos, organismos de conservación del patrimonio cinematográfico o sonoro y organismos públicos de radiodifusión, establecidos en los Esta dos miembros, efectuados con el fin de alcanzar objetivos relacionados con su misión de interés público."

[54] Die schwedische Sprachfassung des Art. 1 Abs. 1 Verwaiste-Werke-RL lautet: „Detta direktiv gäller viss användning av anonyma verk som företas av bibliotek, utbildningsanstalter och museer som är tillgängliga för allmänheten, samt arkiv, institutioner för filmellt ljudarvet och radio- och televisionsföretag i allmänhetens tjänst, som är etablerade i medlemsstaterna, för att uppnå syften som rör deras uppdrag i allmänhetens intresse."

[55] Art. 1 Abs. 2b): die in den Sammlungen von öffentlich zugänglichen Bibliotheken, Bildungseinrichtungen oder Museen *sowie* in den Sammlungen von Archiven oder Einrichtungen im Bereich des Film- oder Tonerbes enthaltenen Einrichtungen enthalten sind," (Herv. v. Verf.). Englische Fassung: „contained in the collections of

art deutlichen Wortlauts ist letztlich davon auszugehen, dass die Verwaiste-Werke-RL das Erfordernis der öffentlichen Zugänglichkeit auf **Bibliotheken, Bildungseinrichtungen und Museen** bezieht; nicht aber auf Archive.[56] Auch wenn der deutsche Gesetzgeber also den öffentlichen Zugang auf alle Einrichtungen bezieht,[57] (und damit freilich den Anwendungsbereich der Privilegierung verengt), so steht dies nicht im Einklang mit der Verwaiste-Werke-RL.[58]

23 Schließlich wird nicht deutlich, in welcher Form der öffentliche Zugang verstanden werden kann, insbesondere ob nur der physische Zugang gemeint ist oder auch der elektronische Zugang genügt. Hält man sich das Ziel eines digitalisierten Zugangs zum Kulturerbe vor Augen, sollte auch der öffentliche Zugang via Internet zu einer der Einrichtungen ausreichen. Allerdings wird nicht der ggf. nur partiell oder sehr eingeschränkte digitale Zugang hierfür genügen; vielmehr bedarf es des (virtuellen) Zugangs zu möglichst allen Bestandteilen der jeweiligen Einrichtung.

24 **Öffentlich zugänglich** bedeutet entsprechend § 15 Abs. 3 die Öffnung für einen größeren Kreis von Personen, die nicht miteinander in persönlichen oder sonstigen näheren Beziehungen stehen. Damit sind auch Bibliotheken, die etwa Studenten oder einem größeren Forscherkreis vorbehalten sind, noch „öffentlich", wenn es sich nicht um eine sehr kleine Forschergruppe mit unmittelbaren Beziehungen untereinander handelt; sie müssen nicht für „jedermann" zugänglich sein.[59]

4. Sorgfältige Suche – Verwaisung

25 Schließlich muss die privilegierte Einrichtung eine ergebnislose **sorgfältige Suche** nach dem Rechtsinhaber durchgeführt haben. Nur im Fall einer erfolglosen Ermittlung des Rechtsinhabers kann ein Werk als verwaist qualifiziert werden.[60] Die Anforderungen an die Suche richten sich nach § 61a. Ob ein Dritter den Rechtsinhaber hätte finden können, spielt dabei keine Rolle; entscheidend ist, ob gemessen an § 61a die privilegierte Einrichtung das aus Sicht eines verständigen Beobachters Erforderliche getan hat, um den Rechteinhaber ausfindig zu machen (s. § 61a Rn. 4 ff.).

26 Die Verwaisung setzt nach Art. 2 I der Richtlinie voraus, dass der Rechtsinhaber nicht ermittelt oder – auch wenn er ermittelt wurde – nicht ausfindig gemacht werden konnte. Der deutsche Gesetzeswortlaut muss daher richtlinienkonform interpretiert werden, da die deutsche Norm suggeriert, dass es genüge, dass er nicht festgestellt oder ausfindig gemacht werden konnte.[61] Entgegen dem deutschen Wortlaut bleibt es daher beim Status des verwaisten Werkes, wenn der Rechtsinhaber zwar ermittelt – aber eben nicht gefunden werden konnte.

VII. Teilverwaiste Werke (§ 61 Abs. 3)

27 Oftmals sind in der Praxis nicht ganze Werke verwaist, sondern nur Teile davon, etwa bei wissenschaftlichen Editionen mit mehreren Autoren, erst recht bei Zeitschriften oder bei Filmwerken. In diesen Fällen, in denen einzelne Rechteinhaber bekannt sind, kann schon allein aus verfassungsrechtlichen Gründen[62] nicht ohne deren Einwilligung die Digitalisierung und öffentliche Zugänglichmachen erfolgen. § 61 Abs. 3 (bzw. Art. 2 Abs. 2 Verwaiste-Werke-RL) sieht daher vor, dass die Digitalisierung solcher teilverwaisten Werke der Einwilligung der bekannten Rechteinhaber bedarf. Da die Verwaiste-Werke-RL und demgemäß auch das deutsche Recht keine Regelung wie § 137l Abs. 4 UrhG vorsehen, wonach eine Einwilligung nicht nach Treu und Glauben verweigert werden darf, werden sich hier in der Praxis häufig erhebliche Schwierigkeiten ergeben.[63] Auch auf eine aus schuldrechtlichen Pflichten aus einem Lizenzvertrag folgende Treuepflicht wird sich eine privilegierte Einrichtung in aller Regel mangels vertraglicher Beziehungen mit dem Rechteinhaber nicht berufen können. Konnte nur ein Rechteinhaber gefunden werden, der seine Zustimmung erteilt, muss dies genügen, auch wenn mehrere beteiligt sind, um eine Benachteiligung desjenigen zu vermeiden, der eine möglichst umfassende Recherche durchführt.[64]

---

publicly accesible libraries, educational establishments or museums *as well as* in the collection of archives or of film or audio heritage instiutions" (Herv. v. Verf.). Französische Fassung: „partie des collections de bibliothèques, d'établissements d'enseignement ou de musées accessibles au public *ainsi que* des collections d'archives ou d'institutions dépositaires du patrimoine cinématographique ou sonore" (Herv. v. Verf.).

[56] AA wohl *Grages* S. 213, der das Erfordernis des öffentlichen Zugangs für Archive vermutet.

[57] Begr RegE BT-Drs. 17/13423, 15.

[58] Wandtke/Bullinger/*Staats* UrhG § 61 Rn. 22, mit dem Hinweis, dass die Verwaiste-Werke-RL diese Auslegung nahelegt.

[59] Ebenso Wandtke/Bullinger/*Staats* UrhG § 61 Rn. 22; anders wohl Fromm/Nordemann/*A. Nordemann* UrhG § 61 Rn. 12.

[60] *Grages* S. 13, S. 165, der auf die Definition der von der Europäischen Kommission beauftragten High Level Expert Group hinweist. Diese ist abrufbar unter: http://www.ifrro.org/upload/documents/i2010%20Copyright%20Subgroup_Final%20report.pdf S. 10, (zuletzt abgerufen am 23.11.2015).

[61] Zutr. *Peifer* NJW 2014, 6 (9); Dreier/Schulze/*Dreier* UrhG § 61 Rn. 19; zuvor bereits *De la Durantaye*, ZUM 2013, 437 (441).

[62] Allerdings würde hier auch eine Vergütungspflicht genügen.

[63] S. auch *Staats* ZUM 2013, 446 (447); *Grages* S. 15 ff.; Wandtke/Bullinger/*Staats* UrhG § 61 Rn. 28, der de lege ferenda für eine erweiterte Schranke plädiert.

[64] *de la Durantaye* ZUM 2013, 437 (440); zust. *Peifer* NJW 2014, 6 (9).

VIII. Nicht erschienene Werke (§ 61 Abs. 4)

§ 61 Abs. 4 will in Umsetzung von Art. 1 Abs. 3 Verwaiste-Werke-RL die „nicht veröffentlichten" **28** bzw. nicht gesendeten Werke (so Art. 1 Abs. 3 Verwaiste-Werke-RL) ebenfalls einer Retrodigitalisierung zugänglich machen. Während der RegE noch solche Inhalte bzw. Werke erfassen wollte, die mit Zustimmung des Rechteinhabers ausgestellt oder verliehen wurden,[65] was etliche Probleme aufwarf,[66] präzisierte der Rechtsausschuss im Sinne der Richtlinie die Regelung, indem er auf das **Erscheinen** eines Werkes gem. § 6 Abs. 2 abstellte.[67] Demgemäß gilt § 61 Abs. 4 nur für nicht erschienene Werke, die aber trotzdem bereits der Öffentlichkeit zugänglich gemacht wurden, etwa durch Ausstellungen (§ 18) oder im Rahmen einer Verleihung (§ 27), zB bei Archiven mit restriktivem Zugang. Ohne jede Zugänglichmachung für die (Teil-)Öffentlichkeit greift § 61 jedoch nicht ein;[68] eine Retrodigitalisierung ist hier auch schon aufgrund des grundlegenden, verfassungsrechtlich (persönlichkeitsrechtlich) relevanten Rechts des Urhebers, über das Erscheinen seines Werkes selbst zu entscheiden, ausgeschlossen.

Geändert wurde durch den Rechtsausschuss ebenfalls die noch vom RegE vorgesehene erforderliche **Zustimmung des Rechteinhabers** zur Ausstellung oder Verleihung.[69] Da die Verwaiste- **29** Werke-RL keine entsprechende Einschränkung in Art. 1 Abs. 3 vorsieht, sondern vielmehr auf die Zustimmung des Rechteinhabers für die Veröffentlichung oder das Senden abstellt,[70] hat der Rechtsausschuss bzw. Bundestag eine wortwörtliche Umsetzung der Richtlinie in § 61 Abs. 4 beschlossen.[71] Ob ein Werk der Öffentlichkeit zugänglich gemacht wurde, beurteilt sich wiederum nach den gleichen Kriterien wie sie für die öffentliche Zugänglichkeit der Einrichtung gelten, insbesondere die Bestimmung der Öffentlichkeit nach § 15 Abs. 3 UrhG. Zweifelhaft war es daher, keine Öffentlichkeit anzunehmen, wenn Manuskripte nur gegen den Nachweis eines bestimmten Interesses zur Verfügung gestellt werden; denn auch hier ist die Öffentlichkeit letztlich gegeben, da die Interessenten nicht durch persönliche Beziehungen etc. verbunden sind, sondern etwa nur fachbezogene Kriterien gelten, zB die Zugehörigkeit zu einem bestimmten Fachgebiet oder einer bestimmten Gruppe (Historiker etc.).[72] Schließlich muss das Archiv nachweisen, dass der Gegenstand mit Zustimmung des Rechteinhabers in den Besitz des Archivs gelangt ist.[73]

Schließlich verlangt Art. 1 Abs. 3 Verwaiste-Werke-RL bzw. § 61 Abs. 3, dass aufgrund der früheren Zustimmung des Rechteinhabers auch nach **Treu und Glauben** anzunehmen ist, dass er vermutlich auch den Nutzungen der Digitalisierung und öffentlichen Zugänglichmachung zugestimmt hätte. Allerdings kann schon aufgrund des mit der Veröffentlichung angesprochenen Urheberpersönlichkeitsrechts[74] nicht per se angenommen werden, dass ein Rechteinhaber auch der öffentlichen Zugänglichmachung zustimmt. Dies ist offensichtlich, wenn sich aus Äußerungen des Urhebers früher ergeben hat, dass dieser etwa einer Internetveröffentlichung skeptisch gegenübersteht, wie dies etwa in der Praxis auch bei Künstlern und Autoren wegen eines befürchteten Reputationsverlustes zu beobachten ist bzw. war. Auch wenn in den entsprechenden Verkehrskreisen des Urhebers eine Veröffentlichung bzw. öffentliche Zugänglichmachung unüblich ist, sprechen überwiegende Gründe gegen eine solche Vermutung. Die privilegierte Institution ist hier zu einer ordnungsgemäßen Recherche in ihren Archiven bzw. Dokumentationen verpflichtet, allerdings nur im Rahmen der Verhältnismäßigkeit. Fehlt es jedoch an solchen Anhaltspunkten, kann in der Regel von der Zustimmung des Rechteinhabers ausgegangen werden.[75]

Die Regelung für nicht erschienene Werke gilt jedoch in Umsetzung der Option für die Mitglied- **31** staaten nach Art. 1 Abs. 3 S. 2 Verwaiste-Werke-RL nur für solche Bestandsinhalte, die der Einrichtung vor **dem 29. Oktober 2014** überlassen wurden, § 137n. Der Gesetzgeber ging hier davon aus, dass die privilegierten Einrichtungen die Möglichkeit haben, sich auf die neue Rechtslage einzurichten, und von den Rechteinhabern die Zustimmung einzuholen.[76]

---

[65] Begr RegE BT-Drs. 17/13423.
[66] de la Durantaye ZUM 2013, 437 (438); Staats ZUM 2013, 446 (447 f.); Klass GRUR-Int 2013, 881 (890).
[67] Bericht Rechtsausschuss BT-Drs. 17/14217, 6.
[68] Wandtke/Bullinger/Staats UrhG § 61 Rn. 29, s. auch Fromm/Nordemann/A. Nordemann UrhG § 61 Rn. 18; Dreier/Schulze/Dreier UrhG § 61 Rn. 22.
[69] So noch Begr RegE BT-Drs. 17/13423, 16.
[70] Zu den Bedenken s. de la Durantaye ZUM 2013, 437 (438).
[71] Bericht Rechtsausschuss BT-Drs. 17/14217, 6.
[72] So früher aber Wandtke/Bullinger/Staats (4. Aufl.) UrhR § 61 Rn. 30, der hier (im Gegensatz zur öffentlich zugänglichen Einrichtung) einen Zugang für „jedermann" forderte unter Verweis auf OLG Zweibrücken GRUR 1997, 363 (364); dies betraf allerdings einen Fall, in dem eine Dokumentation nur dem Stadtarchiv unter Ausschließung der Veröffentlichung und Weitergabe übergeben wurde.
[73] Peifer NJW 2014, 6 (9) will hier eine Vermutung anwenden, dass dies mit Zustimmung des Rechteinhabers geschah – gerade dies erscheint angesichts der zahlreichen Restitutionsverfahren eher zweifelhaft.
[74] So auch Wandtke/Bullinger/Staats UrhG § 61 Rn. 31; Dreier/Schulze/Dreier UrhG § 6 Rn. 23.
[75] Dreier/Schulze/Dreier UrhG § 61 Rn. 23.
[76] Begr RegE BT-Drs. 17/13423, 17.

IX. Zweckbestimmung der Digitalisierung

32   Die Digitalisierung und öffentliche Zugänglichmachung ist nur zulässig, wenn sie der Verfolgung der von § 61 Abs. 5 (in Umsetzung von Art. 6 Abs. 2 Verwaiste-Werke-RL) genannten Zwecke, nämlich der **Erfüllung der im Gemeinwohl liegenden Aufgaben** der privilegierten Einrichtungen liegt. Die Beschränkung auf im Gemeinwohl liegende Aufgaben schließt von vornherein die Digitalisierung und öffentliche Zugänglichmachung zu rein kommerziellen Zwecken aus.[77] Maßgeblich sind daher die Aufgaben der privilegierten Einrichtung, die (theoretisch) durchaus über die im Gesetz genannten Ziele hinausgehen können, da sowohl die Verwaiste-Werke-RL als auch § 61 Abs. 5 die Zwecke nur beispielhaft, nicht abschließend aufführen. Zu den privilegierten Zwecken zählen die Bewahrung und Restaurierung von Bestandinhalten und die öffentliche Zugänglichmachung; jedoch nur, sofern sie kulturellen und bildungspolitischen Zwecken dienen.[78] Andere ebenfalls dem Gemeinwohl dienende Zwecke werden davon nicht umfasst. Zwar werden **Forschungszwecke** nicht aufgeführt, doch dürften sie den bildungspolitischen Zwecken als Oberbegriff zuzuordnen sein, auch wenn sonst oft zwischen Bildungs- und Wissenschaftsschranken unterschieden wird. Erwägungsgrund 1 S. 2–4 Verwaiste-Werke-RL spricht deutlich die Zielsetzung der Richtlinie an, die auch wissenschaftliche Zwecke und die Vereinfachung der Forschung umfasst.[79]

33   Auch wenn die kommerzielle Nutzung ausgeschlossen ist, dürfen die Einrichtungen gem. § 61 Abs. 5 S. 2 bzw. Art. 6 Abs. 2 S. 2 Verwaiste-Werke-RL **Gebühren** für den Zugang zu den verwaisten Werken verlangen – allerdings nur um ihre Kosten zu decken. Dies schließt zwar nicht aus, dass die privilegierten Einrichtungen auch mit mittelbaren Einnahmen ihre Kosten decken, zB Werbung im Zuge des öffentlichen Zugangs, etwa auf entsprechenden Portalen,[80] doch muss jedenfalls ein Bezug zur Digitalisierung und öffentlichen Zugänglichmachung gegeben sein, sodass die Kosten darauf bezogen werden können. Die Deckung der Kosten lediglich auf die Digitalisierung und die öffentliche Zugänglichmachung der verwaisten Werke zu reduzieren, wird vor allem von *Dreier* – wohl de lege ferenda – kritisiert.[81] Hierbei würden vor allem Kosten, die durch die sorgfältige Suche oder durch etwaigen nachträgliche Vergütungspflichten (§ 61b) entstünden, nicht berücksichtigt.[82] De lege lata bleibt es bei strikter Bindung an die Zugangskosten. Andere entferntere Einnahmequellen, wie zB der Verkauf von entsprechenden gedruckten Katalogen, Souvenirs etc. (**Museums-Shops** etc.), sind davon nicht erfasst, da sonst der Rückbezug zur Kostendeckung nicht mehr gewährleistet wäre. Im Einzelfall können sich hier Abgrenzungsprobleme eröffnen, etwa beim kostenpflichtigen Download eines Katalogs im Zusammenhang mit dem Zugang zu verwaisten Werken, der gleichzeitig gedruckt erhältlich ist. Als Richtschnur sollte die elektronischen Angebote in unmittelbaren Zusammenhang mit dem Zugang zu den verwaisten Werken vom Kostenbezug erfasst sein.

34   Das Kostendeckungsprinzip schließt nach Erwägungsgrund 21, 22 S. 1, Art. 6 Abs. 4 der Verwaiste-Werke-RL nicht aus, dass die privilegierte Einrichtung mit privaten Unternehmen im Rahmen einer **public-private-partnership** Vereinbarungen abschließt, um Unterstützung bei der Digitalisierung zu erhalten, wie dies etwa von deutschen Bibliotheken in Verbindung mit Google berichtet wird.[83] Die Beschränkung der Einnahmen auf die Kostendeckung gilt allerdings auch hier,[84] sodass eine entsprechende Buchführung erforderlich ist. Möglich ist auch etwa die Bereitstellung nicht nur der Digitalisierungsdienste, sondern auch entsprechender Zugangsportale – solange das Kostendeckungsprinzip gewahrt bleibt und die privilegierten Einrichtungen entsprechende Kontroll- und Einflussmöglichkeiten besitzen. Wie schon Erwägungsgrund 22 S. 3 Verwaiste-Werke-RL klarstellt, müssen die privilegierten Einrichtungen die Rechte an der Nutzung und Kontrolle der verwaisten Werke behalten; auch darf die Nutzung nicht durch solche Vereinbarungen beschränkt werden. Dementsprechend dürfen die privilegierten Einrichtungen nicht etwaig entstehende Rechte, bspw. das Recht zur öffentlichen Zugänglichmachung[85] bzw. das Vervielfältigungsrecht,[86] an den Digitalisaten einschließlich

---

[77] *Spindler* ZUM 2013, 349 (354); wie hier auch Fromm/Nordemann/*A. Nordemann* UrhG § 61 Rn. 22; Wandtke/Bullinger/*Staats* UrhG § 61 Rn. 33; Dreier/Schulze/*Dreier* UrhG § 61 Rn. 27.

[78] Amtl. Begründung, BT-Drs. 17/13423, 15 f.

[79] "Sie tragen zur Bewahrung und Verbreitung des europäischen Kulturerbes bei, was auch für die Schaffung europäischer digitaler Bibliotheken wie Europeana wichtig ist. Technologien für die Massendigitalisierung gedruckter Materialien und für die Suche und Indexierung vergrößern den Forschungswert der Sammlungen der Bibliotheken. Die Einrichtung großer Online-Bibliotheken erleichtert die Verwendung elektronischer Hilfsmittel zum Suchen und Finden, die Forschern und Wissenschaftlern, die sich sonst mit traditionelleren, analogen Suchmethoden begnügen müssten, neue Erkenntnisquellen eröffnen."

[80] *Spindler* ZUM 2013, 349 (354); zust. Wandtke/Bullinger/*Staats* UrhG § 61 Rn. 34.

[81] Dreier/Schulze/*Dreier* UrhG § 61 Rn. 27.

[82] Dreier/Schulze/*Dreier* UrhG § 61 Rn. 27.

[83] S. etwa die Bayerische Staatsbibliothek, http://www.bsb-muenchen.de/die-bayerische-staatsbibliothek/projekte/digitalisierung/massendigitalisierung-im-rahmen-einer-public-private-partnership-zwischen-der-bayerischen-staatsbibliothek-und-google/.

[84] Begr RegE BT-Drs. 17/13423, 16.

[85] *Spindler* ZUM 2013, 349 (354); *Heckmann* S. 123.

[86] *Heckmann* S. 123.

Datenbankstrukturen (§ 87a UrhG) aus der Hand geben.[87] Dies ergibt sich bereits aus dem Sinn und Zweck der Verwaiste-Werke-RL, der in der „Bewahrung und Verbreitung des europäischen Kultur- erbes", Erwgr. 1 S. 2–4 Verwaiste-Werke-RL, und in der Zugänglichmachung des „nationales Kul- turgut für jedermann digital online"[88] besteht und mit dem eine Erschwerung bzw. Beeinträchtigung des Informationszugangs unvereinbar wäre.[89] Zwar betreffen diese Rechte nicht die verwaisten Werke selbst, doch können ohne entsprechende Strukturen und Metadaten die Werke kaum genutzt werden.

Kommerzielle Partner können sich keinesfalls auf die Schrankenregelung berufen;[90] Zugangs- **35** portale, die allein von einem kommerziellen Partner unter dessen Marken- bzw. Firmennamen betrie- ben werden, sind damit nicht möglich, da dann der kommerzielle Partner selbst die Werke zugänglich machen würde. Auch gemeinsame Portale begegnen erheblichen Zweifeln, da in diesem Fall beide Partner (privilegierte Einrichtung und kommerzieller Partner) die Verwertungsrechte nutzen. Dies dürfte etwa der Fall beim Google Cultural Institute[91] sein, wo die Projekte explizit unter dem Namen des Cultural Institute präsentiert werden. Wird dagegen die privilegierte Einrichtung nur von dem Partner „unterstützt" („powered by google" etc.), kommt die Einrichtung selbst in den Genuss der Schranke, nicht aber der kommerzielle Anbieter (Unterstützer). Hinsichtlich der **Vervielfältigungen** müssen die privilegierten Einrichtungen nach wie vor als Herren der Vervielfältigungen angesehen werden können, da die kommerziellen Dritten die Schranken für sich nicht in Anspruch nehmen dürfen.[92]

§ 61a Sorgfältige Suche und Dokumentationspflichten

(1) [1]Die sorgfältige Suche nach dem Rechtsinhaber gemäß § 61 Absatz 2 ist für jeden Be- standsinhalt und für in diesem enthaltene sonstige Schutzgegenstände durchzuführen; dabei sind mindestens die in der Anlage bestimmten Quellen zu konsultieren. [2]Die sorgfältige Suche ist in dem Mitgliedstaat der Europäischen Union durchzuführen, in dem das Werk zuerst veröf- fentlicht wurde. [3]Wenn es Hinweise darauf gibt, dass relevante Informationen zu Rechtsinha- bern in anderen Staaten gefunden werden können, sind auch verfügbare Informationsquellen in diesen anderen Staaten zu konsultieren. [4]Die nutzende Institution darf mit der Durchführung der sorgfältigen Suche auch einen Dritten beauftragen.

(2) Bei Filmwerken sowie bei Bildträgern und Bild- und Tonträgern, auf denen Filmwerke aufgenommen sind, ist die sorgfältige Suche in dem Mitgliedstaat der Europäischen Union durchzuführen, in dem der Hersteller seine Hauptniederlassung oder seinen gewöhnlichen Auf- enthalt hat.

(3) Für die in § 61 Absatz 4 genannten Bestandsinhalte ist eine sorgfältige Suche in dem Mit- gliedstaat der Europäischen Union durchzuführen, in dem die Institution ihren Sitz hat, die den Bestandsinhalt mit Erlaubnis des Rechtsinhabers der Öffentlichkeit zugänglich gemacht hat.

(4) [1]Die nutzende Institution dokumentiert ihre sorgfältige Suche und leitet die folgenden Informationen dem Deutschen Patent- und Markenamt zu:

1. die genaue Bezeichnung des Bestandsinhalts, der nach den Ergebnissen der sorgfältigen Su- che verwaist ist,
2. die Art der Nutzung des verwaisten Werkes durch die Institution,
3. jede Änderung des Status eines genutzten verwaisten Werkes gemäß § 61b,
4. die Kontaktdaten der Institution wie Name, Anschrift sowie gegebenenfalls Telefonnummer, Faxnummer und E-Mail-Adresse.

[2]Diese Informationen werden von dem Deutschen Patent- und Markenamt unverzüglich an das Harmonisierungsamt für den Binnenmarkt (Marken, Muster, Modelle) weitergeleitet.

(5) Einer sorgfältigen Suche bedarf es nicht für Bestandsinhalte, die bereits in der Datenbank des Harmonisierungsamtes für den Binnenmarkt (Marken, Muster, Modelle) als verwaist erfasst sind.

Anlage (zu § 61a)

Quellen einer sorgfältigen Suche

1. Für veröffentlichte Bücher:
   a) der Katalog der Deutschen Nationalbibliothek sowie die von Bibliotheken und anderen Institu- tionen geführten Bibliothekskataloge und Schlagwortlisten;

---

[87] Krit. zu der fehlenden Möglichkeit einer Rechteeinräumung zugunsten der Digitalisierer *Klass* GRUR-Int 2013, 881 (888 f.), die unter diesen Umständen an deren Digitalisierungsinteresse zweifelt; in diese Richtung auch *de la Durantaye* ZUM 2013, 437 (441).
[88] BT-Drs. 17/13423, 10.
[89] *Klass* GRUR-Int 2013, 881 (888).
[90] Wie hier Wandtke/Bullinger/*Staats* UrhG § 61 Rn. 35; Dreier/Schulze/*Dreier* UrhG § 61 Rn. 27.
[91] https://www.google.com/culturalinstitute/about/.
[92] S. auch Fromm/Nordemann/*A. Nordemann* UrhG § 61 Rn. 24; zum Umfang der Auslagerung auf private Partner s. Dreier/Schulze/*Dreier* UrhG § 61 Rn. 27.

b) Informationen der Verleger- und Autorenverbände, insbesondere das Verzeichnis lieferbarer Bücher (VLB);

c) bestehende Datenbanken und Verzeichnisse, WATCH (Writers, Artists and their Copyright Holders) und die ISBN (International Standard Book Number);

d) die Datenbanken der entsprechenden Verwertungsgesellschaften, insbesondere der mit der Wahrnehmung von Vervielfältigungsrechten betrauten Verwertungsgesellschaften wie die Datenbank der VG Wort;

e) Quellen, die mehrere Datenbanken und Verzeichnisse zusammenfassen, einschließlich der Gemeinsamen Normdatei (GND), VIAF (Virtual International Authority Files) und ARROW (Accessible Registries of Rights Information and Orphan Works);

2. für Zeitungen, Zeitschriften, Fachzeitschriften und Periodika:

a) das deutsche ISSN (International Standard Serial Number) – Zentrum für regelmäßige Veröffentlichungen;

b) Indexe und Kataloge von Bibliotheksbeständen und -sammlungen, insbesondere der Katalog der Deutschen Nationalbibliothek sowie die Zeitschriftendatenbank (ZDB);

c) Depots amtlich hinterlegter Pflichtexemplare;

d) Verlegerverbände und Autoren- und Journalistenverbände, insbesondere das Verzeichnis lieferbarer Zeitschriften (VLZ), das Verzeichnis lieferbarer Bücher (VLB), Banger Online, STAMM und pressekatalog.de;

e) die Datenbanken der entsprechenden Verwertungsgesellschaften, einschließlich der mit der Wahrnehmung von Vervielfältigungsrechten betrauten Verwertungsgesellschaften, insbesondere die Datenbank der VG Wort;

3. für visuelle Werke, einschließlich Werken der bildenden Künste, Fotografien, Illustrationen, Design- und Architekturwerken, sowie für deren Entwürfe und für sonstige derartige Werke, die in Büchern, Zeitschriften, Zeitungen und Magazinen oder anderen Werken enthalten sind:

a) die in den Ziffern 1 und 2 genannten Quellen;

b) die Datenbanken der entsprechenden Verwertungsgesellschaften, insbesondere der Verwertungsgesellschaften für bildende Künste, einschließlich der mit der Wahrnehmung von Vervielfältigungsrechten betrauten Verwertungsgesellschaften wie die Datenbank der VG BildKunst;

c) die Datenbanken von Bildagenturen.

4. für Filmwerke sowie für Bildträger und Bild- und Tonträger, auf denen Filmwerke aufgenommen sind, und für Tonträger:

a) die Depots amtlich hinterlegter Pflichtexemplare, insbesondere der Katalog der Deutschen Nationalbibliothek;

b) Informationen der Produzentenverbände;

c) die Informationen der Filmförderungseinrichtungen des Bundes und der Länder;

d) die Datenbanken von im Bereich des Film- oder Tonerbes tätigen Einrichtungen und nationalen Bibliotheken, insbesondere des Kinematheksverbunds, des Bundesarchivs, der Stiftung Deutsche Kinemathek, des Deutschen Filminstituts (Datenbank und Katalog www.filmportal.de), der DEFA- und Friedrich-Wilhelm-MurnauStiftung, sowie die Kataloge der Staatsbibliotheken zu Berlin und München;

e) Datenbanken mit einschlägigen Standards und Kennungen wie ISAN (International Standard Audiovisual Number) für audiovisuelles Material, ISWC (International Standard Music Work Code) für Musikwerke und ISRC (International Standard Recording Code) für Tonträger;

f) die Datenbanken der entsprechenden Verwertungsgesellschaften, insbesondere für Autoren, ausübende Künstler sowie Hersteller von Tonträgern und Filmwerken;

g) die Aufführung der Mitwirkenden und andere Informationen auf der Verpackung des Werks oder in seinem Vor- oder Abspann;

h) die Datenbanken anderer maßgeblicher Verbände, die eine bestimmte Kategorie von Rechtsinhabern vertreten, wie die Verbände der Regisseure, Drehbuchautoren, Filmkomponisten, Komponisten, Theaterverlage, Theater- und Opernvereinigungen;

5. für Bestandsinhalte, die nicht erschienen sind oder nicht gesendet wurden::

a) aktuelle und ursprüngliche Eigentümer des Werkstücks;

b) nationale Nachlassverzeichnisse (Zentrale Datenbank Nachlässe und Kalliope);

c) Findbücher der nationalen Archive;

d) Bestandsverzeichnisse von Museen;

e) Auskunftsdateien und Telefonbücher.

Schrifttum: *Cichon,* Internet-Verträge, Verträge über Internet-Leistungen und E-Commerce, 2. Aufl. 2005; *de la Durantaye,* Die Nutzung verwaister und vergriffener Werke – Stellungnahme zu dem Gesetz der Bundesregierung, ZUM 2013, 437; *Evers,* Nutzung verwaister Werke, ZUM 2013, 454; *dies.,* Ein Heim für Waisenkinder – Die Regelungsvorschläge zu verwaisten Werken in Deutschland und der EU aus rechtsvergleichender Sicht, ZUM 2011, 777; *Fritzsche,* Haftung und Haftungsfreizeichnung in Informationsbeschaffungsverträgen, CR 1999, 462; *Grages,* Verwaiste Werke, 2013; *Hilbig,* Informationsabruf aus Onlinedatenbanken, ITRB 2007, 170; *Klass,* Die deutsche Gesetzesnovelle zur „Nutzung verwaister Werke und einer weiteren Änderung des Urheberrechtsgesetzes" im Kontext der Retrodigitalisierung in Europa, GRUR-Int 2013, 881; *Koch,* Rechtsfragen der Nutzung elektronischer Kommunikationsdienste, BB 1996, 2049; *Kröger/Gimmy,* Handbuch zum Internetrecht, Electronic Commerce – Informations-, Kommunikations- und Mediendienste, 2013; *Krogmann,* Zum „Entwurf eines Gesetzes zur Nutzung verwaister Werke und zu weiteren Änderungen des Urheberrechtsgesetzes" sowie zur technologieneutralen Ausgestaltung des § 20b UrhG, ZUM 2013, 457; *Roth,* Verträge über Netznutzung – wichtige Regelungsinhalte, in: Loewenheim/Koch, Praxis des Online-Rechts, 2000, S. 57; *Spindler,* Ein Durchbruch für die Retrodigitalisierung? – Die Orphan-Works-Richtlinie und der jüngste Referentenentwurf zur Änderung des Urheberrechts, ZUM 2013, 349; *ders.,* Expertensysteme und Medizin – Haftungsrelevante Bereiche im Schnittfeld zwischen Medizin- und IT-Recht, FS Jaeger, 2014, S. 135.

S. die Angaben bei § 61.

Übersicht

I. Zweck der Regelung

Entsprechend dem Ansatz, den die EU gewählt hat (→ § 61 Rn. 4), ist die sorgfältige Recherche **1** in bestimmten Registern (bzw. Datenbanken) der Dreh- und Angelpunkt, um verwaiste Werke zu digitalisieren. Um mittelbar einen stetigen Auf- und Ausbau der Register zu ermöglichen, enthält § 61a zudem Dokumentations- und Informationspflichten der recherchierenden Einrichtungen, da die sorgfältige Suche zu dokumentieren sind und die Informationen dann über das Deutsche Patent- und Markenamt (DPMA) an die europäische Datenbank beim „Harmonisierungsamt für den Binnenmarkt" (HABM) bzw. jetzt beim EUIPO[1] weitergeleitet werden müssen, § 61a Abs. 4. Damit kann europaweit Rechtssicherheit für verwaiste Werke geschaffen werden, indem ein einheitlicher Status geschaffen wird.[2] Zudem ist eine sorgfältige Suche dann nicht mehr erforderlich, § 61a Abs. 5 (→ § 61a Rn. 20 f.).

II. Gegenstand und Zeitpunkt der Recherche

Bevor ein Werk digitalisiert wird – und sei es auch nur als Scan etc. – muss die sorgfältige Suche **2** nach § 61a Abs. 1 durchgeführt werden, Art. 3 Abs. 1 S. 2 Verwaiste-Werke-RL. Die Schranken des § 61 beziehen sich nicht nur auf das öffentliche Zugänglichmachen, sondern auch auf die dafür erforderlichen Schritte der Vervielfältigung, so dass auch hierfür die sorgfältige Recherche vorher durchgeführt werden muss.[3]

Die Recherche muss sich auf **jeden Rechtsinhaber und auf jedes Werk** (kumulativ) beziehen.[4] **3** Keinesfalls kann bei komplexen oder teilverwaisten Werken die Suche nur auf bestimmte Werke oder bestimmte Rechteinhaber beschränkt werden. Ebenso wenig gibt es eine Beschränkung auf bestimmte Werkkategorien, was gerade für die integrierten Werke („embedded works") von Bedeutung ist. Selbst für komplexe Filmwerke kann die Suche etwa nicht auf den Regisseur etc. beschränkt werden.[5] Schließlich bezieht sich die sorgfältige Suche selbstverständlich auch auf **Leistungsschutzberechtigte**, da deren Werke ebenfalls erfasst werden sollen (→ § 61 Rn. 12).[6]

III. Umfang der Recherche

1. Zu konsultierende Quellen

Die Recherche muss je nach Inhalt des Werkes auf jeden Fall auf die Datenbanken, Register und **4** Quellen nach der Anlage zu § 61a (bzw. Anhang zu Art. 3 Abs. 2 Verwaiste-Werke-RL) zurückgrei-

---

[1] Mit der Verordnung (EU) 2015/2424 des Europäischen Parlaments und des Rates vom 16.12.2015 wurde zum 23.3.2016 das „Amt der Europäischen Union für geistiges Eigentum" (EUIPO) gegründet, vgl. Art. 2 Abs. 1 der VO (EU) 2015/2424. Verweise auf das HABM gelten als Verweis auf das EUIPO, sodass es einer gesetzgeberischen Anpassung nicht bedurfte, vgl. Art. 2 Abs. 2 VO (EU) 2015/2424.

[2] S. auch Wandtke/Bullinger/*Staats* UrhG § 61a Rn. 1.

[3] Wandtke/Bullinger/*Staats* UrhG § 61a Rn. 2.

[4] Zutr. Dreier/Schulze/*Dreier* UrhG § 61a Rn. 3; Wandtke/Bullinger/*Staats* UrhG § 61a Rn. 2.

[5] Ohne Grundlage im Gesetz bzw. der Richtlinie aA: *de la Durantaye* ZUM 2013, 437 (440); *Evers* ZUM 2013, 454 (457); *Klass* GRUR-Int 2013, 881 (890); gegen diese Ansicht etwa auch Dreier/Schulze/*Dreier* UrhG § 61a Rn. 3; Wandtke/Bullinger/*Staats* UrhG § 61a Rn. 2.

[6] Dreier/Schulze/*Dreier* UrhG § 61a Rn. 3; Fromm/Nordemann/*A. Nordemann* UrhG § 61a Rn. 3.

fen. Über die Verwaiste-Werke-RL hinausgehend führt die Anlage zu § 61a noch Register auf, die bei unveröffentlichten Bestandsinhalten zu recherchieren sind; Art. 3 Abs. 2 Verwaiste-Werke-RL öffnet hierzu im Sinne einer Mindestharmonisierung explizit einen Spielraum für die Mitgliedstaaten. Dabei ist der Begriff „unveröffentlicht" entsprechend der Korrektur im parlamentarischen Verfahren für § 61 Abs. 4 in „nicht erschienene" bzw. „nicht gesendete" Werke (→ § 61 Rn. 28) zu berichtigen, da es sich um ein offensichtliches Redaktionsversehen handelt.[7]

5   Die Suche darf sich **nicht nur auf ein Register** bzw. eine Datenbank beschränken, sondern muss in allen für die jeweilige Werkkategorie aufgeführten Quellen durchgeführt werden. § 61a Abs. 1 S. 1 spricht zudem nur davon, dass **„mindestens"** diese Quellen zu durchsuchen sind. Dies könnte zu dem Schluss verleiten, dass die privilegierten Einrichtungen im Einzelfall generell zusätzliche Recherchen durchführen müssen, etwa wenn sich Hinweise auf neue Datenbanken bzw. Register ergeben.[8] Dem steht jedoch bezüglich der Rechtsinhaberschaft zum einen entgegen, dass die Verwaiste-Werke-RL gerade die Sorgfaltsstandards festlegen wollte, um die sonst eintretende Rechtsunsicherheit zu beseitigen, zum anderen, dass Art. 3 Abs. 2 Verwaiste-Werke-RL zwar den Mitgliedstaaten anheimstellt, zusätzliche Quellen aufzuführen, diese Auflistung dann aber für die sorgfältige Recherche generell abschließend ist, wie Art. 3 Abs. 2 S. 1 Verwaiste-Werke-RL festhält.[9] **Andere Quellen** sind deshalb ausnahmsweise nur dann zu konsultieren, wenn eine Evidenz hinsichtlich ihrer Einschlägigkeit und die Kenntnis der Institution darüber besteht, sich die Quelle der Institution also im Einzelfall geradezu „aufdrängt".[10] Um jedoch den Zweck der Richtlinie und des Anhangs zu § 61a, die Herstellung von Rechtssicherheit durch Festlegung eines Sorgfaltsstandards, nicht zu konterkarieren, bedarf es für die Annahme einer evidenten zusätzlichen Konsultation hoher Hürden.[11] Die Obergrenze der verlangten Bemühungen stellt die Zumutbarkeit dar.[12]

6   Davon zu trennen ist die Recherche nach **aktuellen Adressen** von (identifizierten) Rechtsinhabern[13] oder deren Personenstand (Erbfolgen etc.).[14] Haben die privilegierten Einrichtungen Anhaltspunkte für eine Adresse des Rechtinhabers gefunden, müssen sie die üblichen Nachforschungen anstellen, allerdings nur im Rahmen der Verhältnismäßigkeit bzw. Zumutbarkeit, zB eine Anfrage beim letzten Einwohnermeldeamt.[15] Ferner kann im Einzelfall die Nutzung von Personensuchmaschinen oder die Anfrage bei Standesämtern zumutbar sein, nicht jedoch die Einschaltung von Erbenermittlern.[16] Was zumutbar ist, lässt sich pauschal schwer beantworten; maßgeblich für die Abwägung sind die Bedeutung des Werkes, der Anteil, den ein Werk etwa an einem Gesamtwerk (Schriften) hat, ebenso wie der Bekanntheitsgrad des Rechteinhabers.[17]

7   Da die privilegierten Einrichtungen die Schranken für sich in Anspruch nehmen, obliegt ihnen nach allgemeinen Grundsätzen die **Darlegungs- und Beweislast** auch für die sorgfältige Recherche[18] – deren Erfüllung durch die Dokumentationspflichten erleichtert wird.

2. Ort der Recherche

8   **a) Grundregel.** Eng mit der Frage verknüpft, welche Quellen zu durchsuchen sind, ist aufgrund der europaweiten Wirkung der Schranken die Frage nach den relevanten Orten bzw. Mitgliedstaaten für die Quellen. Maßgeblich ist zunächst der Ort bzw. der Mitgliedstaat, in dem das Werk **zuerst in der EU** veröffentlicht wurde, § 61 Abs. 1 S. 2. Ausnahmen gelten nur für Bild- und Tonträger sowie für nicht erschienene bzw. nicht gesendete Werke (→ Rn. 13). Sind audiovisuelle Werke oder andere Werke in ein Schriftwerk (**„embedded works"**) integriert, gilt wiederum die Grundregel nach § 61 Abs. 1 S. 2, dass der Mitgliedstaat der Erstveröffentlichung des Hauptwerkes maßgeblich ist, wie schon Erwägungsgrund 15 Verwaiste-Werke-RL klarstellt;[19] wo etwa Lichtbilder, die integriert sind, erstveröffentlicht wurden, ist dann unerheblich.[20] Bei Erstveröffentlichungen **außerhalb der EU** sind die §§ 61 ff. von vornherein nicht anwendbar (→ § 61 Rn. 18).

---

[7] Zutr Wandtke/Bullinger/*Staats* UrhG § 61a Rn. 3.

[8] In diese Richtung Dreier/Schulze/*Dreier* UrhG § 61a Rn. 2; Wandtke/Bullinger/*Staats* UrhG § 61a Rn. 5.

[9] Dennoch für die Verpflichtung zusätzliche Konsultation bei neuen in Anlage zu § 61a nicht genannten Datenbanken: Wandtke/Bullinger/*Staats* UrhG § 61a Rn. 5.

[10] Dreier/Schulze/*Dreier* UrhG § 61a Rn. 2 a. E.; wohl auch Fromm/Nordemann/*A. Nordemann* UrhG § 61a Rn. 5 ff. mit dem „Prinzip einer effizienten Massendigitalisierung".

[11] Ähnlich Wandtke/Bullinger/*Staats* UrhG § 61a Rn. 5: „nur ausnahmsweise"; Dreier/Schulze/*Dreier* UrhG § 61a Rn. 4: „grob fahrlässig".

[12] Dreier/Schulze/*Dreier* UrhG § 61a Rn. 2.; wohl auch Fromm/Nordemann/*A. Nordemann* UrhG § 61a Rn. 7.

[13] *Spindler* ZUM 2013, 349 (353); ebenso Wandtke/Bullinger/*Staats* UrhG § 61a Rn. 4.

[14] So wohl auch Fromm/Nordemann/*A. Nordemann* UrhG § 61a Rn. 6; s. ferner *de la Durantaye* ZUM 2013, 437 (439).

[15] Zutr. Fromm/Nordemann/*A. Nordemann* UrhG § 61a Rn. 6; aA offenbar Max-Planck-Institut Stellungnahme GRUR-Int 2011, 818 (819 f.): Nachfrage bei Verwertungsgesellschaften ausreichend.

[16] S. schon *Spindler* ZUM 2013, 349 (353); zust. Fromm/Nordemann/*A. Nordemann* UrhG § 61a Rn. 7; Dreier/Schulze/*Dreier* UrhG § 61a Rn. 2

[17] Fromm/Nordemann/*A. Nordemann* UrhG § 61a Rn. 7 unter Verweis auf *de la Durantaye* ZUM 2011, 777 (783).

[18] Fromm/Nordemann/*A. Nordemann* UrhG § 61a Rn. 19.

[19] S. auch Begr RegE BT-Drs. 17/13423, 16.

[20] Fromm/Nordemann/*A. Nordemann* UrhG § 61a Rn. 10.

Bestehen allerdings Hinweise darauf, dass Informationen über Rechteinhaber in **Quellen in ande-** 9
ren Mitgliedstaaten der EU verfügbar sind, müssen nach § 61a Abs. 1 S. 3 (Art. 3 Abs. 4 Verwaiste-Werke-RL) auch diese Quellen konsultiert werden. Hilfreich ist hierzu in Zukunft das **ARROW-**
Projekt (Accessible Registries of Rights Information and Orphan Works towards Europeana) von
europäischen Nationalbibliotheken, Verlegerverbänden und Verwertungsgesellschaften, das eine gegenseitige Verknüpfung der Datenbanken erlaubt.[21] Indes wird eine privilegierte Einrichtung nicht
von vornherein zu solchen Recherchen verpflichtet sein, sondern nur dann, wenn sich Hinweise
darauf aufdrängen, etwa wenn beim Einscannen Hinweise auf Parallelveröffentlichungen oder Übersetzungen etc. deutlich werden, ebenso wenn der privilegierten Einrichtung diesbezügliche Informationen übermittelt werden. Gerade im Falle von Übersetzungen muss in dem Mitgliedstaat, in dem
die Veröffentlichung erfolgte, recherchiert werden.[22]

Aber auch Hinweise aus **Ländern außerhalb der EU** müssen verfolgt werden, wenn diese der 10
privilegierten Einrichtung bekannt sind; darauf deutet unmissverständlich Art. 3 Abs. 4 Verwaiste-
Werke-RL bereits hin („in anderen Ländern"), der keine Beschränkung auf die EU-Mitgliedstaaten
enthält.[23] Allerdings ist die privilegierte Einrichtung **nicht gehalten**, von sich aus proaktiv alle Informationsquellen **global auszuwerten**; es muss sich um konkrete Hinweis im Sinne einer Evidenz
handeln, zumal die Suche durch den zumutbaren Aufwand beschränkt ist.

b) Filmwerke. Für **Filmwerke sowie Bild- und Tonträger,** auf denen Filmwerke aufgenom- 11
men werden, gelten dagegen Sonderregelungen nach § 61a Abs. 2 bzw. Art. 3 Abs. 3 Verwaiste-
Werke-RL – nicht jedoch für Tonträger selbst. Maßgeblich für Filmwerke ist demnach die Hauptniederlassung oder der gewöhnliche Aufenthaltsort des Herstellers des Filmwerkes (nicht die Bild- oder
Bild- und Tonträger), und zwar zur Zeit der Produktion des Filmes. Spätere Sitz- oder Niederlassungs-
verlegungen sind unbeachtlich,[24] denn die Verwaiste-Werke-RL soll gerade nicht dazu verpflichten,
eine Recherche des jetzigen Aufenthaltsorts des Rechteinhabers zu betreiben, die eine der Hauptursachen für die Problematik der verwaisten Werke ist.[25] Für die Frage des Niederlassungsbegriffs sind
ebenso wie für die des gewöhnlichen Aufenthaltsortes die bekannten Kriterien aus dem europäischen
Kollisionsrecht (Rom-Verordnungen) maßgeblich. Wie Erwägungsgrund 15 Verwaiste-Werke-RL
verdeutlicht, muss bei **Koproduktionen** die Recherche in jedem Mitgliedstaat durchgeführt werden,
in dem der jeweilige Produzent seine Niederlassung oder seinen gewöhnlichen Aufenthaltsort hat.[26]

Obwohl § 61a Abs. 2 keinen Vorbehalt wie § 61a Abs. 1 S. 3 enthält, wonach bei **Hinweisen auf** 12
Informationen in anderen Mitgliedstaaten dort ebenfalls eine Recherche durchzuführen ist, ist
dennoch nicht ersichtlich, warum dieses Prinzip nicht bei **Filmwerken** gelten sollte. Hierfür spricht
auch die systematische Stellung des Art. 3 Abs. 4 Verwaiste-Werke-RL als allgemeiner Grundsatz, der
nach dem Wortlaut keine der Werkkategorien ausnimmt. § 61a Abs. 2 muss daher entsprechend europarechtskonform ausgelegt werden.[27]

c) Nicht erschienene bzw. nicht gesendete Werke. Für nicht erschienene bzw. nicht gesende- 13
te Werke stellt Art. 3 Abs. 3 Verwaiste-Werke-RL auf den Sitz der Einrichtung ab, die die Werke
(Bestandsinhalte) mit Zustimmung des Rechtsinhabers der Öffentlichkeit zugänglich gemacht hat.
Der ursprünglich im § 61a Abs. 3 zu findende Redaktionsfehler, der den Wortlaut des § 61 Abs. 4 im
Wortlaut des Regierungsentwurfs wiederholte und die im parlamentarischen Verfahren geänderten
Wortlaut folglich außer Betracht ließ,[28] wurde im Zuge der Urheberrechts-Wissensgesellschafts-
Gesetz (UrhWissG) vom 1.9.2017[29] korrigiert. Als Sitz der Einrichtung gilt wiederum der öffentlich-
rechtliche bzw. gesellschaftsrechtlich zu bestimmende, satzungsmäßige Sitz im Sinne der wesentlichen
Verwaltungsaktivitäten, nicht die Eintragung in ein Register (etwa bei Einrichtungen in privatrechtli-
cher Form).

3. Durchführender der Recherche und Verhältnis zu Datenbankbetreibern

Die Suche muss die jeweilige privilegierte Einrichtung durchführen;[30] die Betreiber der jeweili- 14
gen Datenbanken werden nur als Erfüllungsgehilfen der Einrichtung tätig, die die Suche durch-

---

[21] http://www.arrow-net.eu/.
[22] Wandtke/Bullinger/*Staats* UrhG § 61a Rn. 9.
[23] Fromm/Nordemann/*A. Nordemann* UrhG § 61a Rn. 9; unklar BeckOK UrhR/*Engels/Hagemeier* § 61a Rn. 8,
die zum einen auf andere außereuropäische Staaten abstellen wollen, zum anderen aber die Suche auf die EU-
Staaten beschränken wollen.
[24] *Spindler* ZUM 2013, 349 (352 f.); zust. Dreier/Schulze/*Dreier* UrhG § 61a Rn. 7; Fromm/Nordemann/*A.*
Nordemann UrhG § 61a Rn. 12.
[25] *Spindler* ZUM 2013, 349 (353); dem zust. Wandtke/Bullinger/*Staats* UrhG § 61a Rn. 10.
[26] "Im Falle von Film- oder audiovisuellen Werken, die von Herstellern aus verschiedenen Mitgliedstaaten
koproduziert wurden, sollte die sorgfältige Suche in jedem Mitgliedstaat durchgeführt werden."
[27] *de la Durantaye* ZUM 2013, 437 (439); Dreier/Schulze/*Dreier* UrhG § 61a Rn. 7, die aber von einem Redaktionsversehen ausgehen; ebenso Wandtke/Bullinger/*Staats* UrhG § 61a Rn. 10; Fromm/Nordemann/*A. Nordemann*
UrhG § 61a Rn. 14.
[28] Vgl dazu noch Wandtke/Bullinger/*Staats* UrhG § 61a Rn. 11.
[29] Gesetzes zur Angleichung des Urheberrechts an die aktuellen Erfordernisse der Wissensgesellschaft
(UrhWissG), 1.9.2017, BGBl. I S. 3346.
[30] Arg. e EG 13 S. 2, 19, Art. 3 I Verwaiste-Werke-RL; Begr RegE BT-Drs. 17/13423, 16.

führt.[31] Leider lassen sowohl Richtlinie als auch §§ 61 ff. das **Rechtsverhältnis zwischen privile-gierter (und recherchierender) Einrichtung und Datenbankbetreiber,** insbesondere den in der Anlage genannten Quellen, völlig offen. Zunächst dürfte aufgrund der gesetzlichen Aufführung der als „mindestens" zu konsultierenden Quellen ein **Kontrahierungszwang** der Datenbankbetreiber folgen, da sonst die privilegierten Einrichtungen nicht die ihnen zustehenden Befugnisse wahrnehmen können, sei es aus kartellrechtlichen Erwägungen, da schon aufgrund der gesetzlichen Pflichten den Betreibern ein monopolartige Stellung zukommt, sei es aus § 826 BGB heraus.[32] Zwischen Datenbankbetreiber und recherchierender Einrichtung kommt ein **Werkvertrag** zustande, da Rechercheergebnisse geschuldet werden – auch wenn diese negativ sein sollten.[33] Die inhaltliche Richtigkeit der ausgeworfenen Information gehört zur Sollbeschaffenheit der Rechercheleistung.[34] Bei den relevanten Informationen handelt es sich um Tatsachen („Faktendatenbank").[35] Es ist den Betreibern der Datenbanken auch zuzumuten, die inhaltliche Richtigkeit der aufgelisteten Informationen zu verifizieren, wovon der Datenbanknutzer auch ausgehen darf, sofern sich ihm keine gegenteiligen Hinweise bieten.[36] Ein Disclaimer des Datenbankbetreibers, der eine Gewähr für die inhaltliche Richtigkeit der Informationen ausschließt, indem bspw. darauf hingewiesen wird, dass die Informationen nicht inhaltlich geprüft worden sind, kann unter dem Aspekt des § 309 Nr. 8 lit. b lit. aa Var. 1 BGB,[37] dessen Wertungen gem. § 310 Abs. 1 S. 2 Hs. 1 BGB auch im „B2B"-Verhältnis als Indiz gelten,[38] ferner unter dem Aspekt der Verletzung von Kardinalpflichten gem. § 307 Abs. 1 S. 1, Abs. 2 Nr. 2 BGB unwirksam sein.[39] In diesem Rahmen dürfen die Datenbankbetreiber auch **Gebühren** verlangen,[40] da nicht ersichtlich ist, warum die Konsultation Dritter kostenpflichtig sein darf, nicht aber derjenigen, die das Gesetz zwangsweise vorschreibt; andernfalls kämen Inanspruchnahme Privater durch den Gesetzgeber für öffentliche Aufgaben gleich. Für **Fehler in der Recherche** haften die privilegierten Einrichtungen, etwa bei mangelhafter Recherche und feststellbarer Rechtsinhaber (bei pflichtgemäßer Recherche), da es sich dann um Urheberrechtsverletzungen nach § 97 UrhG handelt, wie Erwägungsgrund 19 Verwaiste-Werke-RL klarstellt.[41] Geht die fehlerhafte Recherche auf Fehler auf Seiten der Betreiber der Datenbanken zurück, bleibt es dabei, dass die privilegierte Einrichtung nach außen haftbar bleibt, aber den Betreiber der Datenbank dann in Regress nehmen kann; denkbar ist noch eine Haftung aus § 97, wenn man die Tätigkeit des Datenbankbetreibers als mittelbar ursächlich für die Urheberrechtsverletzung ansieht. Schließlich ist den Rechteinhabern ein unmittelbarer **Beseitigungsanspruch** (§ 97) gegenüber den Datenbankbetreibern bei entsprechenden Falsch- oder unterlassenen Eintragungen zuzugestehen.

15   Die privilegierte Einrichtung kann aber auch mit der Recherche einen **Dritten** gegen Entgelt beauftragen, wie § 61a Abs. 1 S. 4, Erwg. 13 Verwaiste-Werke-RL verdeutlichen. Sowohl externe Dienstleister als auch Verwertungsgesellschaften[42] kommen dafür in Betracht. Da primär die Einrichtungen verpflichtet sind, die Recherche durchzuführen, können sie sich **nicht ihren Pflichten** nach allgemeinen Grundsätzen gem. § 97 UrhG **entschlagen,** etwa indem sie die Externen sorgfältig auswählen und überwachen; die tatsächliche sorgfältige Suche ist entscheidend, nicht die Auswahl und Überwachung.[43]

IV. Pflichten zur Dokumentation und Information (§ 61a Abs. 4)

16   Die Suche ist nach § 61a Abs. 4 durch die privilegierte Einrichtung zu dokumentieren, ferner muss sie bestimmte Informationen an das DPMA übermitteln. Auch diese Pflichten kann die privilegierte Einrichtung auf einen **Dritten** delegieren, bleibt aber selbst dafür verantwortlich (Rn. 15).[44] Betreiber

---

[31] S. auch Wandtke/Bullinger/*Staats* UrhG § 61a Rn. 6: „lediglich unterstützend"; Dreier/Schulze/*Dreier* UrhG § 61a Rn. 5: „Dritte[r] nicht Verrichtungsgehilfe iSv § 831 BGB".

[32] AA offenbar Wandtke/Bullinger/*Staats* UrhG § 61a Rn. 6, der hier keine Verpflichtung sieht; zum allgemeinen Kontrahierungszwang aus § 826 BGB s. BeckOGK BGB/*Spindler* § 826 Rn. 101 ff.

[33] *Redeker* Rn. 1145; Loewenheim/*Koch* UrhG § 77 Rn. 141, 150; *Cichon* § 6 Rn. 740, 753 ff., 794; *Fritzsche* CR 1999, 462 ff.; aA *Koch* BB 1996, 2049 (2054): Mietvertragsrecht; aA Loewenheim/Koch/*Roth*, S. 57 (87 ff., insbes. 91): Kaufrecht; Kröger/Gimmy/*Gottschalk*, S. 245 (248 f.); *Hilberg* ITRB 2007, 170 (170). Zu vergleichbaren Problemen bei Expertensystemen *Spindler* FS Jaeger, 2014, 137 ff.

[34] *Cichon* § 6 Rn. 755 ff.

[35] *Cichon* § 6 Rn. 760.

[36] *Cichon* § 6 Rn. 760 ff.

[37] *Hilbig* ITRB 2007, 170 (171).

[38] *Hilbig* ITRB 2007, 170 (171); allg. zu der Indizwirkung der §§ 308 f. BGB im Rahmen des § 307 BGB gem. § 310 Abs. 1 S. 2 Hs. 1 BGB BGHZ 174, 1 = BGH NJW 2007, 3774 Rn. 11 f.; MüKoBGB/*Basedow* § 310 Rn. 7 f.

[39] Für die Wirksamkeit von Disclaimern wohl *Cichon* § 6 Rn. 760. Allg. zur Verletzung von Kardinalpflichten MüKoBGB/*Wurmnest* § 307 Rn. 70 ff.

[40] Ähnlich Wandtke/Bullinger/*Staats* UrhG § 61a Rn. 6: „sollte" auch für die Betreiber der Quellen gelten; Dreier/Schulze/*Dreier* UrhG § 61a Rn. 5.

[41] Wandtke/Bullinger/*Staats* UrhG § 61a Rn. 7.

[42] Dazu *Krogmann* ZUM 2013, 457 (460).

[43] *Spindler* ZUM 2013, 349 (353); zust. Fromm/Nordemann/*A. Nordemann* UrhG § 61a Rn. 11; *Grages,* Verwaiste Werke, S. 212; nur Überwachungspflichten wohl Wandtke/Bullinger/*Staats* UrhG § 61a Rn. 8.

[44] Wandtke/Bullinger/*Staats* UrhG § 61a Rn. 12.

von Quellen bzw. Datenbanken treffen dagegen keine Dokumentationspflichten;[45] allerdings ist dies für sie aus allgemeinen Erwägungen im Hinblick auf ihre Eigenhaftung gegenüber Rechteinhabern ratsam.

Was von der Einrichtung zu **dokumentieren** ist, bleibt im Gesetz offen; sinnvollerweise wird die **17** Einrichtung alle Schritte dokumentieren, um die Einhaltung ihrer Sorgfaltspflicht zu belegen, insbesondere **welche Quellen** sie befragt hat; auch diejenigen in anderen Staaten der EU.[46]

Die Informationen nach § 61a Abs. 4 müssen an das DPMA weitergeleitet werden, die diese an das **18** **HABM** bzw jetzt das **EUIPO**[47] weitergibt, das eine **EU–weite Datenbank** online erstellt und betreibt,[48] die jedermann zur Verfügung steht (Art. 3 Abs. 6, Erwgr 16 Verwaiste-Werke-RL).

Das Gesetz enthält aber keinerlei **Sanktionen,** wenn die Pflichten durch die Einrichtung verletzt **19** werden.[49] Insbesondere ist nicht ersichtlich, dass bei Verletzung der Informationsweiterleitungspflichten das Recht, die Schranke in Anspruch zu nehmen, entfallen würde; denn es kommt allein auf die sorgfältige Recherche an, Erwägungsgrund 19.

V. Gegenseitige Anerkennung (§ 61a Abs. 5)

Das Ziel der Verwaiste-Werke-RL besteht ausdrücklich in der Schaffung **europaweit möglicher** **20** **Zugriffe** auf die verwaisten Werke. Daher enthält Art. 4 Verwaiste-Werke-RL quasi einen „Europapass" für Werke, deren Status als verwaist in einem Mitgliedstaat festgestellt wurde. Dann bedarf es in anderen Mitgliedstaaten keiner Recherche mehr, andere privilegierte Einrichtungen können das Werk gleichermaßen digitalisieren und öffentlich zugänglich machen, ohne dass es noch darauf ankäme, welches Recht Anwendung findet[50] – allerdings muss es zu ihrem **Bestand** gehören, da die Schranke nur für die Werke eingreift, die Bestand von Sammlungen der privilegierten Einrichtungen sind (vgl. § 61 Rn. 17). Eine Speicherung bei einer anderen Einrichtung und dann erneute Zugänglichmachung ohne dass das Werk Teil des Bestandes ist, ist nicht zulässig.

Zudem greift die gegenseitige Anerkennung **nur für die privilegierten Einrichtungen:** Zwar **21** soll jedermann in der EU Zugang zu den Werken über die dann eröffneten Zugänge haben (Erwägungsgrund 23 Verwaiste-Werke-RL), sodass notwendige Vervielfältigungen nach § 44a entsprechend auch beim Nutzer zulässig sind, ebenso Privatkopien nach § 53 Abs. 1 (da es sich um keine rechtswidrigen Vorlagen handelt).[43] Weitergehende Vervielfältigungen sind indes nicht zulässig,[51] die Werke werden durch ihre Verwaisung nicht gemeinfrei. Insbesondere ist eine daran anschließende kommerzielle Verwertung, zB durch Übernahme in eigene Datenbanken oder Produkte, unzulässig. Schließlich muss darauf geachtet werden, dass Nutzer außerhalb der EU keinen Zugriff auf die Werke haben, da die Schranke nur innerhalb der EU gelten kann (geolocation), ein öffentliches Zugänglichmachen aber auch zur Anwendbarkeit anderer Rechtsordnungen führen und dort mangels vergleichbarer Schranken zu entsprechenden Haftungsproblemen führen kann.[44]

§ 61b Beendigung der Nutzung und Vergütungspflicht der nutzenden Institution

Wird ein Rechtsinhaber eines Bestandsinhalts nachträglich festgestellt oder ausfindig gemacht, hat die nutzende Institution die Nutzungshandlungen unverzüglich zu unterlassen, sobald sie hiervon Kenntnis erlangt. Der Rechtsinhaber hat gegen die nutzende Institution Anspruch auf Zahlung einer angemessenen Vergütung für die erfolgte Nutzung.

Schrifttum: *Hilty/Köklü/Nérisson/Hartmann/Trumpke,* Stellungnahme des Max-Planck-Instituts für Immaterialgüter- und Wettbewerbsrecht zur Anfrage des Bundesministeriums der Justiz vom 15. März 2013, abrufbar unter: http://www.ip.mpg.de/files/pdf2/Stellungnahme-BMJ-UrhG_2013-3-15-def1.pdf; *Krogmann,* Zum „Entwurf eines Gesetzes zur Nutzung verwaister Werke und zu weiteren Änderungen des Urheberrechtsgesetzes" sowie zur technologieneutralen Ausgestaltung des § 20b UrhG, ZUM 2013, 457; *Pflüger,* Positionen der Kultusministerkonferenz zum Dritten Gesetz zur Regelung des Urheberrechts in der Informationsgesellschaft – „Dritter Korb", ZUM 2010, 938; *Reinbothe,* Der „gerechte Ausgleich" im Europäischen Urheberrecht, in: Riesenhuber (Hrsg.), Die Angemessenheit im Urheberrecht, Prozedurale und materielle Wege zu ihrer Bestimmung, INTERGU-Tagung 2012, 2012, S. 141; *Spindler,* Geräteabgaben im Lichte europarechtlicher Vorgaben – die jüngste EuGH-Recht-

---

[45] Wandtke/Bullinger/*Staats* UrhG § 61a Rn. 12.
[46] S. auch *de la Durantaye* ZUM 2013, 437 (440); *Klass* GRUR-Int 2013, 881 (889); Dreier/Schulze/*Dreier* UrhG § 61a Rn. 8; Wandtke/Bullinger/*Staats* UrhG § 61a Rn. 13; Fromm/Nordemann/*A. Nordemann* UrhG § 61a Rn. 17.
[47] Mit der Verordnung (EU) 2015/2424 des Europäischen Parlaments und des Rates vom 16.12.2015 wurde zum 23.3.2016 das „Amt der Europäischen Union für geistiges Eigentum" (EUIPO) gegründet, vgl. Art. 2 Abs. 1 der VO (EU) 2015/2424. Verweise auf das HABM gelten als Verweis auf das EUIPO, sodass es einer gesetzgeberischen Anpassung nicht bedurfte, vgl. Art. 2 Abs. 2 VO (EU) 2015/2424.
[48] https://oami.europa.eu/orphanworks/.
[49] Möhring/Nicolini/*Engels/Hagemeier* UrhG § 61a Rn. 10.
[50] Zutr. Wandtke/Bullinger/*Staats* UrhG § 61a Rn. 15; *Grages,* Verwaiste Werke, 2013, S. 207.
[51] Für Vervielfältigung von Sammlungsteilen durch Einrichtungen des Kulturerbes allein zum Zwecke des Erhalts siehe aber Art. 6 DSM-RL; zur Richtlinie instruktiv *Spindler* WRP 2019, 811.

sprechung und die Konsequenzen für das deutsche Recht, in: Schierholz/Melichar (Hrsg.), Kunst, Recht und Geld – Festschrift für Gerhard Pfennig zum 65. Geburtstag, 2012, S. 387.

Vgl. ferner die Angaben zu § 61.

Übersicht

I. Zweck der Regelung

1   § 61b bzw. Art. 5, 6 Abs. 5 Verwaiste-Werke-RL bringt eine Selbstverständlichkeit zum Ausdruck,[1] dass der erst später ermittelte Rechtsinhaber seine Rechte quasi zurückerhält, indem die privilegierte Einrichtung die Nutzung unverzüglich zu unterlassen hat und er einen Anspruch auf eine angemessene Vergütung für die Vergangenheit enthält – auch wenn die Nutzung bis zur Feststellung, dass das Werk nicht verwaist ist, im Prinzip rechtmäßig erfolgte.

II. Nachträgliche Ermittlung des Rechtsinhabers

2   Das Gesetz verpflichtet die privilegierten Einrichtungen nicht, nach erfolgter (und zunächst erfolgloser) Recherche, stets aufs Neue den Status des Werkes als verwaist zu prüfen.[2] Es genügt eine einmalige erfolglose Recherche nach § 61a.

3   Vielmehr muss die Einrichtung **positive Kenntnis** von dem Status des vermeintlich verwaisten Werkes erlangt haben. Wie schon bei der nachträglichen Ermittlung, verpflichtet das Gesetz die privilegierte Einrichtung nicht, sich Kenntnis zu verschaffen, etwa durch periodische Abfragen der Quellen. Es kommt zudem auf die Kenntnis der jeweiligen Einrichtung an, nicht auf diejenige von Dritten, Datenbankbetreiber oder der HABM (jetzt EUIPO[3]) etc. Wie indes die Einrichtung Kenntnis erlangt, ist wiederum unerheblich; die allgemeinen Kriterien der Wissenszurechnung finden Anwendung.[4] Ein „opt-out"-Verfahren wird daher durch das deutsche Recht nicht verfolgt – ist von der Richtlinie in Art. 5 aber auch nicht expressis verbis gefordert,[5] da nur verlangt wird, dass der Rechteinhaber den Status als verwaistes Werk jederzeit beenden können muss. Auf welchem Weg dies erfolgt, wird von der Verwaiste-Werke-RL nicht vorgegeben.

4   Festgestellt ist ein Rechteinhaber dann, wenn seine Identität und die Zuordnung zu seinem Werk eindeutig feststehen. Ausfindig gemacht ist ein Rechteinhaber, wenn seine (ladungsfähige) Adresse ermittelt werden konnte.[6] Beide Möglichkeiten stehen alternativ nebeneinander,[7] sodass bereits die nachträgliche Feststellung eines Rechtsinhabers eines Bestandsinhalts, ohne dass dieser ausfindig gemacht worden ist oder auch nur ausfindig gemacht werden kann, genügt, um den Status als verwaistes Werk zu beenden.[8] Der Gesetzgeber geht mit dieser Regelung über die europarechtlich geforderte Handlungsmöglichkeit des Rechtsinhabers (Art. 5 Verwaiste-Werke-RL) hinaus (→ Rn. 3).[9]

III. Ansprüche des Rechtsinhabers

5   § 61b regelt **nur die Ansprüche des Rechtsinhabers** gegenüber den privilegierten Einrichtungen hinsichtlich der Nutzung und der angemessenen Vergütung für die Vergangenheit. Weitergehende Ansprüche insbesondere auch gegen den Datenbankbetreiber (→ § 61a Rn. 14) werden von § 61b nicht erfasst. Die zukünftige Weiternutzung des Werkes ist zwischen der privilegierten Einrichtung und dem Rechteinhaber individuell-vertraglich auszugestalten.[10]

---

[1] Begr RegE BT-Drs. 17/13423, 17; aA Dreier/Schulze/*Dreier* UrhG § 61b Rn. 1, welcher in der angemessenen Vergütung eine „positive gesetzliche Regelung" sieht und keine urheberrechtliche Selbstverständlichkeit.

[2] Dreier/Schulze/*Dreier* UrhG § 61b Rn. 3; Wandtke/Bullinger/*Staats* UrhG § 61b Rn. 2; Fromm/Nordemann/*A. Nordemann* UrhG § 61b Rn. 3; *Staats* ZUM 2013, 446 (450).

[3] Mit der Verordnung (EU) 2015/2424 des Europäischen Parlaments und des Rates vom 16.12.2015 wurde zum 23.3.2016 das „Amt der Europäischen Union für geistiges Eigentum" (EUIPO) gegründet, vgl. Art. 2 Abs. 1 der VO (EU) 2015/2424. Dieses übernimmt die Rolle des HABM, vgl. etwa Art. 2 Abs. 2 der VO (EU) 2015/2424.

[4] MüKoBGB/*Schubert* § 166 Rn. 43 ff.

[5] Anders wohl Wandtke/Bullinger/*Staats* UrhG § 61b Rn. 2.

[6] Dreier/Schulze/*Dreier* UrhG § 61b Rn. 2, der schon das Bekanntwerden des Namens für ausreichend hält, das praktische Erfordernis der Kenntnis der Adresse jedoch zugibt.

[7] Fromm/Nordemann/*A. Nordemann* UrhG § 61b Rn. 3; krit. de lege ferenda *de la Durantaye* ZUM 2013, 437 (441); Dreier/Schulze/*Dreier* UrhG § 61b Rn. 2, der ein kumulatives Verhältnis präferiert.

[8] Krit. *de la Durantaye* ZUM 2013, 437 (441); *Hilty/Köklü/Nérisson/Hartmann/Trumpke* Rn. 57.

[9] *de la Durantaye* ZUM 2013, 437 (441); *Hilty/Köklü/Nérisson/Hartmann/Trumpke* Rn. 57.

[10] Dreier/Schulze/*Dreier* UrhG § 61b Rn. 6.

1. Unterlassung der Nutzung

Hat die privilegierte Einrichtung Kenntnis erlangt, muss sie unverzüglich die Nutzung beenden **6** und unterlassen. Unverzüglich bedeutet wie üblich ohne schuldhaftes Zögern (§ 121 BGB).

2. Anspruch auf angemessene Vergütung

Ferner gesteht § 61b S. 2 dem Rechteinhaber einen Anspruch auf angemessene Vergütung für die **7** erfolgte Nutzung in der Vergangenheit zu – auch wenn diese an sich durch die Schranke für diese Zeit gerechtfertigt erfolgte. Der **Anspruch steht dem Rechtsinhaber individuell** zu, er ist nicht verwertungsgesellschaftspflichtig;[11] Anspruchsinhaber können sowohl der Urheber selbst als auch ein späterer Verwerter sein, der die ausschließlichen Rechte erhalten hat, ferner der Produzent eines Filmwerkes, die Leistungsschutzberechtigten (ausübende Künstler, Fotografen etc.); Vorschläge im Rahmen des Gesetzgebungsverfahrens, diesen Vergütungsanspruch durch eine Verwertungsgesellschaft einzuziehen,[12] hatte der Gesetzgeber nicht aufgegriffen.

Allerdings besteht zwischen § 61b S. 2 und Art. 6 Abs. 5 Verwaiste-Werke-RL ein nicht unerhebli- **8** cher terminologischer **Unterschied**, da die Richtlinie den Begriff des „gerechten Ausgleichs" verwendet, der sich etwa auch in Art. 5 Abs. 2a, b der InfoSoc-RL[13] findet. Wiederum ähnlich der InfoSoc-RL erwähnt Erwägungsgrund 18 Verwaiste-Werke-RL explizit neben dem nicht-kommerziellen Charakter und den kulturpolitischen Zielsetzungen auch einen eventuellen **Schaden des Rechtsinhabers** als **Teil der Vergütungsberechung**;[14] letztlich überlässt Art. 6 Abs. 5 S. 3 Verwaiste-Werke-RL die Bestimmung der Vergütung aber den Mitgliedsstaaten. Dennoch dürfte entsprechend der Entscheidungen des EuGH zur Bemessungsgrundlage und Höhe der Abgabe bei Privatkopien[15] eine grundsätzliche Orientierung am **(typisierten) Schaden** erforderlich sein, wenngleich nicht in derselben Rigidität wie im Rahmen der InfoSoc-RL.[16] Dieser dürfte indes gerade bei nicht-kommerziellen Nutzungen verwaister Werke[17] eher gering sein. Andererseits kann er auch nicht per se mit „Null" angesetzt werden;[18] denn dann hätte die Richtlinie auch eine entsprechende vergütungslose Schranke vorsehen können.

Weder die Richtlinie noch das Gesetz legen zudem die weiteren Umstände für den Vergütungsan- **9** spruch fest, insbesondere auch nicht die **Fälligkeit**.[19] In Ermangelung solcher besonderen Vorgaben ist der Vergütungsanspruch entsprechend allgemeinen Regeln, § 271 BGB,[20] sofort fällig mit Kenntnisnahme der Einrichtung davon, dass das Werk nicht verwaist ist.[21]

Ein **Verzicht** im Voraus für den Fall der späteren „Verwaisung" wäre nach § 63a unzulässig (der **10** sich auf sämtliche gesetzliche Vergütungsansprüche bezieht[22]); die Vergütungsansprüche könnten im Vorhinein nur an eine Verwertungsgesellschaft oder zusammen mit dem Verlagsrecht an einen Verleger, der den Vergütungsanspruch wiederum in eine Verwertungsgesellschaft, die Verleger- und Urheberrechte gemeinsam wahrnimmt, einbringt, abgetreten werden, § 63a S. 2. Dass ein Urheber allerdings auf den Vergütungsanspruchs aus § 61b, der ja gerade nur bei der Nutzung verwaister Werke und einer dann nachträglichen Ermittlung des Rechtsinhabers entsteht, verzichtet, dürfte eher theoretischer Natur sein.[23]

Der Anspruchsteller bzw. Rechteinhaber ist **darlegungs- und beweislastpflichtig** für seinen Ver- **11** gütungsanspruch.[24]

---

[11] Fromm/Nordemann/*A. Nordemann* UrhG § 61b Rn. 5.

[12] *Hilty/Köklü/Nérisson/Hartmann/Trumpke* Rn. 63; *Krogmann* ZUM 2013, 457 (460); dafür auch Wandtke/Bullinger/*Staats* UrhG § 61b Rn. 4.

[13] Zum Begriff des „gerechten Ausgleichs" ausf. *Reinbothe* in: Riesenhuber, Die Angemessenheit im Urheberrecht, 2012, S. 141 ff.

[14] „Bei der Festlegung der Höhe des gerechten Ausgleichs sollten unter anderem die kulturpolitischen Zielsetzungen des Mitgliedstaats, der nicht kommerzielle Charakter der Nutzung durch die betreffenden Einrichtungen zur Erreichung der mit ihren im Gemeinwohl liegenden Aufgaben verbundenen Ziele, wie Förderung von Lernen und Verbreitung von Kultur, sowie der eventuelle Schaden für Rechtsinhaber angemessen berücksichtigt werden".

[15] EuGH GRUR 2011, 50 – Padawan/SGAE; dazu *Spindler* FS Pfennig, 2012, 387 (388 ff.).

[16] Zust. auch Dreier/Schulze/*Dreier* UrhG § 61b Rn. 7.

[17] Für die Berücksichtigung des nicht-kommerziellen Charakters Begr RegE BT-Drs. 17/13423, 17.

[18] Dreier/Schulze/*Dreier* UrhG § 61b Rn. 7; s. aber Stellungnahme des Bundesrats zum Regierungsentwurfs; BR-Drs. 265/13 [Beschluss] Nr. 3; ebenso aus Sicht der Kultusministerien *Pflüger* ZUM 2010, 938 (943); *Klass* GRUR-Int 2013, 881 (890); in diese Richtung auch Fromm/Nordemann/*A. Nordemann* UrhG § 61b Rn. 4.

[19] Ebenso Dreier/Schulze/*Dreier* UrhG, § 61b Rn. 7.

[20] Allg. zur Anwendung des § 271 BGB bzgl. des § 32 Berger/Wündisch/*Berger* § 2 Rn. 63; Loewenheim/*v. Becker* § 29 Rn. 147.

[21] Ebenso Dreier/Schulze/*Dreier* UrhG § 61b Rn. 7.

[22] Ebenso Wandtke/Bullinger/*Staats* UrhG § 61b Rn. 6.

[23] Näher dazu Wandtke/Bullinger/*Staats* UrhG § 61b Rn. 6.

[24] Fromm/Nordemann/*A. Nordemann* UrhG § 61b Rn. 6.

§ 61c Nutzung verwaister Werke durch öffentlich-rechtliche Rundfunkanstalten

[1] Zulässig sind die Vervielfältigung und die öffentliche Zugänglichmachung von

1. Filmwerken sowie Bildträgern und Bild- und Tonträgern, auf denen Filmwerke aufgenommen sind, und
2. Tonträgern, die vor dem 1. Januar 2003 von öffentlich-rechtlichen Rundfunkanstalten hergestellt wurden und sich in deren Sammlung befinden, unter den Voraussetzungen des § 61 Absatz 2 bis 5 auch durch öffentlich-rechtliche Rundfunkanstalten.

[2] Die §§ 61a und 61b gelten entsprechend.

Schrifttum: s. die Angaben bei § 61.

Übersicht

I. Zweck der Regelung

1   Mit § 61c werden die privilegierten Einrichtungen um die öffentlich-rechtlichen Rundfunkanstalten erweitert, in Umsetzung von Art. 1 Abs. 2c Verwaiste-Werke-RL. Damit soll es den Rundfunkanstalten ermöglicht werden, Eigen- und (echte) Auftragsproduktionen in ihren Sammlungen zu verwerten, auch wenn die einzelnen Rechteinhaber nicht mehr auffindbar sind. Die übrigen Regelungen, insbesondere über die sorgfältige Suche (§ 69a), und die Ansprüche der Rechteinhaber (§ 69b) finden Anwendung.

II. Öffentlich-rechtliche Rundfunkanstalten

2   Die Privilegierung betrifft nur die öffentlich-rechtlichen Rundfunkanstalten, wie die Rundfunkanstalten der ARD, das ZDF und das Deutschlandradio sowie die deutsche Welle; private Sendeunternehmen zählen nicht zu dem Kreis der Normadressaten.[1] Auch wenn darin eine Ungleichbehandlung liegen mag, ist diese zwingend europarechtlich vorgegeben.[2]

III. Erfasste Nutzungen

3   Wie in § 61 werden auch hier nur das Vervielfältigungsrecht (§ 16) und das Recht der öffentlichen Zugänglichmachung (§ 19a) erfasst, nicht dagegen andere Rechte wie das Senderecht.[3]

IV. Werke

4   Nur die in § 61c Nr. 1 und Nr. 2 genannten Filmwerke sowie Bildträger und Bild- und Tonträger, auf denen Filmwerke aufgenommen, sowie Tonträger werden von der Privilegierung erfasst. Schriften – auch wenn sie in andere Werke eingebettet sind – können nicht von den öffentlich-rechtlichen Rundfunkanstalten digitalisiert und zugänglich gemacht werden, selbst wenn sie sich in deren Sammlungen bzw. Beständen befinden.[4]

5   Die Werke müssen im **Bestand,** d. h. zumindest im Besitz der öffentlich-rechtlichen Rundfunkanstalt sein. Werden diese ausgelagert auf private Unternehmen oder auf Gemeinschaftsunternehmen mit privatrechtlichen Unternehmen, kommt die Schranke nach § 61c nicht mehr zur Anwendung, da es sich nicht mehr um eine öffentlich-rechtliche Rundfunkanstalt handelt.

---

[1] Allg.M., s. nur Wandtke/Bullinger/*Staats* UrhG § 61c Rn. 2; krit. zu dem Ausschluss privater Einrichtungen *Klass* GRUR-Int 2013, 881 (889).
[2] Begr RegE BT-Drs. 17/13423, 17; Dreier/Schulze/*Dreier* UrhG § 61c Rn. 1; Wandtke/Bullinger/*Staats* UrhG § 61c Rn. 2; s. auch Fromm/Nordemann/*A. Nordemann* UrhG § 61c Rn. 4.
[3] Krit. zu dieser Beschränkung *Klass* GRUR-Int 2013, 881 (889).
[4] Wandtke/Bullinger/*Staats* UrhG § 61c Rn. 4; Fromm/Nordemann/*A. Nordemann* UrhG § 61c Rn. 3; s. auch Begr RegE BT-Drs. 17/13423, 17:

Ferner müssen die genannten Werke **Eigenproduktionen der öffentlich-rechtlichen Rund-** 6
funkanstalten sein, die vor dem 1. Januar 2003 hergestellt wurden. Das Gesetz und die Verwaiste-Werke-RL nehmen hier explizit Bezug auf die Eigenherstellung oder die in Auftrag gegebene Herstellung; fremde (Film-) Werke, die an die Rundfunkanstalten lizenziert wurden, können daher nicht digitalisiert und zugänglich gemacht werden.[5] Die Werke müssen daher für die ausschließliche Verwertung durch die Rundfunkanstalten in Auftrag gegeben worden sein.[6] Maßgeblich sind das Ausmaß und die Einflussnahme der Rundfunkanstalt auf die Produktion im Sinne der Schöpfertheorie (§ 7);[7] die Anstalt muss eigenständig die wesentlichen Inhalte und den Ablauf der Produktion bestimmt haben.[8] Demgegenüber werden sog. **echte Auftragsproduktionen**, bei denen die öffentlich-rechtlichen Rundfunkanstalten nicht als Hersteller anzusehen sind, nicht von § 61c privilegiert.[9] Die Abgrenzung zwischen echter und unechter Auftragsproduktion verläuft wie bei der Bestimmung des Filmherstellers im Rahmen des § 94 neben weiteren Kriterien vor allem danach,[10] wer das unternehmerische Risiko der Herstellung trägt und wie selbstständig ein Auftragnehmer im Herstellungsprozess agieren kann.[11] Trägt der Auftraggeber das finanzielle Risiko und agiert der Auftragnehmer lediglich als dessen „verlängerte Werkbank",[12] so liegt eine unechte Auftragsproduktion vor.[13] In der Folge sind dann die öffentlich-rechtlichen Rundfunkanstalten als Hersteller zu begreifen.[14]

Schließlich müssen die Werke **vor dem 1. Januar 2003** hergestellt worden sein, s. auch Erwä- 7
gungsgrund 10 Verwaiste-Werke-RL.[15] Diese Stichtagsregelung wird im Schrifttum angegriffen, da der ihr zugemessene Zweck, nach dem öffentlich-rechtliche Rundfunkanstalten das Verwaisen von Werken verhindern sollten,[16] nicht zwingend erreicht werde, da es auch weiterhin zum Verwaisen von Werken kommen könne.[17] Es genügt nicht, dass die Produktion zuvor begonnen wurde, sie muss zu diesem Zeitpunkt beendet und auf entsprechende Träger abgespeichert worden sein. Bei **Serien** gibt es keine Ausnahme, so dass unter Umständen nur die Serienteile, die vor dem 1. Januar 2003 hergestellt wurden, in den Genuss der Schranke kommen.

V. Bestandsinhalte

Nur die Werke, die sich im Bestand bzw. in Sammlungen der öffentlich-rechtlichen Rundfunk- 8
stalten befinden, werden privilegiert. Hier gelten die gleichen Kriterien wie zu § 61 (→ § 61 Rn. 16).

VI. Sorgfältige Suche

Die öffentlich-rechtlichen Rundfunkanstalten haben eine sorgfältige Suche gem. §§ 61 Abs. 2–5 9
durchzuführen, die Maßstäbe des § 61a gelten auch hier, § 61c S. 2.

VII. Teilverwaiste und nicht erschienene bzw. gesendete Werke

Ferner gelten auch die Regeln über teilverwaiste Werke für die öffentlich-rechtlichen Rundfunk- 10
anstalten, § 61 Abs. 3, ebenso wie für nicht gesendete Werke, § 61 Abs. 4.

VIII. Gemeinwohlbeschränkung

Schließlich darf die Nutzung der verwaisten Werke ebenfalls nur im Rahmen der Gemeinwohlauf- 11
gaben der öffentlich-rechtlichen Rundfunkanstalten erfolgen; Gebühren dürfen nur zur Kostendeckung erhoben werden, eine kommerzielle Nutzung ist ausgeschlossen. Gerade hier ist im Hinblick auf Werbung im Rahmen von Mediatheken der Rundfunkanstalten strikt auf die entsprechende

---

[5] Begr RegE BT-Drs. 17/13423, 17; Dreier/Schulze/*Dreier* UrhG § 61c Rn. 3.
[6] Begr RegE BT-Drs. 17/13423, 17; Dreier/Schulze/*Dreier* UrhG § 61c Rn. 3.
[7] *Spindler* ZUM 2013, 349 (355).
[8] *Spindler* ZUM 2013, 349 (355); dem zust. Fromm/Nordemann/*A. Nordemann* UrhG § 61c Rn. 5.
[9] Wandtke/Bullinger/*Staats* UrhG § 61c Rn. 5.
[10] Wandtke/Bullinger/*Staats* UrhG § 61c Rn. 5 iVm. Wandtke/Bullinger/*Manegold/Czernik* UrhG § 94 Rn. 53 f.
[11] Dreier/Schulze/*Dreier* UrhG § 94 Rn. 4, 8 f.; Fromm/Nordemann/*J. B. Nordemann* UrhG § 94 Rn. 24 f. mwN, Vor §§ 88 ff. Rn. 57 ff.; Wandtke/Bullinger/*Manegold/Czernik* UrhG § 94 Rn. 53 f.
[12] Fromm/Nordemann/*J. B. Nordemann* UrhG § 94 Rn. 25.
[13] Dreier/Schulze/*Dreier* UrhG § 94 Rn. 9; Fromm/Nordemann/*J. B. Nordemann* UrhG § 94 Rn. 24 f. mwN, Vor §§ 88 ff. Rn. 57 ff.; Wandtke/Bullinger/*Manegold/Czernik* UrhG § 94 Rn. 34, auch zur vertragstypologischen Einordnung.
[14] Dreier/Schulze/*Dreier* UrhG § 94 Rn. 9; Wandtke/Bullinger/*Manegold/Czernik* UrhG § 94 Rn. 34; vgl. etwa OLG Bremen, GRUR-RR 2009, 244.
[15] Näher dazu *Klass* GRUR-Int 2013, 881 (888 aE., f.); *Krogmann* ZUM 2013, 457 (460).
[16] *Krogmann* ZUM 2013, 457 (460); auf ihn Bezug nehmend *Klass* GRUR-Int 2013, 881 (889).
[17] Dreier/Schulze/*Dreier* UrhG § 61c Rn. 2; *Krogmann* ZUM 2013, 457 (460); auf ihn Bezug nehmend *Klass* GRUR-Int 2013, 881 (888 aE f.).

Rückbindung der Kostendeckung zu achten, Quersubventionierungen entsprechen nicht den Vorgaben der Verwaiste-Werke-RL bzw. dem § 61 Abs. 5.

IX. Dokumentationspflichten

12   Auch die Dokumentationspflichten und Informationspflichten nach § 61a gelten für die öffentlich-rechtlichen Rundfunkanstalten, Besonderheiten gegenüber den für andere Einrichtungen geltenden Anforderungen bestehen hier nicht, → § 61a Rn. 16.

§ 62 Änderungsverbot

(1) ¹Soweit nach den Bestimmungen dieses Abschnitts die Benutzung eines Werkes zulässig ist, dürfen Änderungen an dem Werk nicht vorgenommen werden. ²§ 39 gilt entsprechend.

(2) Soweit der Benutzungszweck es erfordert, sind Übersetzungen und solche Änderungen des Werkes zulässig, die nur Auszüge oder Übertragungen in eine andere Tonart oder Stimmlage darstellen.

(3) Bei Werken der bildenden Künste und Lichtbildwerken sind Übertragungen des Werkes in eine andere Größe und solche Änderungen zulässig, die das für die Vervielfältigung angewendete Verfahren mit sich bringt.

(4) Bei Nutzungen nach den §§ 45a bis 45c sind solche Änderungen zulässig, die für die Herstellung eines barrierefreien Formats erforderlich sind.

(5) ¹Bei Sammlungen für den religiösen Gebrauch (§ 46), bei Nutzungen für Unterricht und Lehre (§ 60a) und bei Unterrichts- und Lehrmedien (§ 60b) sind auch solche Änderungen von Sprachwerken zulässig, die für den religiösen Gebrauch und für die Veranschaulichung des Unterrichts und der Lehre erforderlich sind. ²Diese Änderungen bedürfen jedoch der Einwilligung des Urhebers, nach seinem Tode der Einwilligung seines Rechtsnachfolgers (§ 30), wenn dieser Angehöriger (§ 60 Abs. 2) des Urhebers ist oder das Urheberrecht auf Grund letztwilliger Verfügung des Urhebers erworben hat. ³Die Einwilligung gilt als erteilt, wenn der Urheber oder der Rechtsnachfolger nicht innerhalb eines Monats, nachdem ihm die beabsichtigte Änderung mitgeteilt worden ist, widerspricht und er bei der Mitteilung der Änderung auf diese Rechtsfolge hingewiesen worden ist. ⁴Bei Nutzungen für Unterricht und Lehre (§ 60a) sowie für Unterrichts- und Lehrmedien (§ 60b) bedarf es keiner Einwilligung, wenn die Änderungen deutlich sichtbar kenntlich gemacht werden.

Schrifttum: (s. auch die Schrifttumsnachweise zu § 14 und Vor §§ 12 ff.) *Maaßen,* Bildzitate in Gerichtsentscheidungen und juristischen Publikationen, ZUM 2003, 830.

Übersicht

I. Zweck, Entstehungsgeschichte und Internationales

1   Nach den in den §§ 44a–61c kodifizierten Schranken des Urheberrechts sind bestimmte Nutzungen eines Werkes zulässig. § 62 regelt im Sinne einer **generellen Schranken-Schranke,** unter welchen Voraussetzungen im Rahmen der jeweils gesetzlich erlaubten Werknutzung Änderungen am Werk vorgenommen werden dürfen. So wie § 39 das Entstellungsverbot des § 14 im Kontext vertraglicher Nutzungen bekräftigt und präzisiert, **konkretisiert § 62 das urheberpersönlichkeitsrechtliche Entstellungsverbot** des § 14 für den Bereich der Schrankennutzungen.[1] Während die Zulässigkeit von Änderungen bei Nutzungsverträgen vor allem vom vertraglichen Zweck der Benutzung abhängt, ist bei Schrankennutzungen der gesetzlich zulässige Zweck der Benutzung maßgeblich (vgl. Abs. 2).[2] In beiden Fällen wie bei der Anwendung des § 14 außerhalb vertraglicher oder gesetzlicher

---

[1] Vgl. RegE UrhG 1965, BT-Drs. IV/270, S. 76; Wandtke/Bullinger/*Bullinger* UrhG § 62 Rn. 1; anders DKMH/*Dreyer* UrhG § 62 Rn. 2 ff.

[2] → § 14 Rn. 8.

Nutzungsbefugnisse gilt kein starres Änderungsverbot. Allein der Umstand, dass ein Werk nach Maßgabe der Schranken des Urheberrechts benutzt werden darf, berechtigt gem. § 62 Abs. 1 S. 1 zwar nicht zu Änderungen am Werk. Doch bestätigt der Verweis gem. Abs. 1 S. 2 auf § 39, dass die Zulässigkeit von Änderungen auch hier eine **Interessenabwägung** erfordert.[3] Demnach sind Änderungen zulässig, soweit der Zweck der Schrankenregelung und der von dieser privilegierten Benutzung eine Änderung des Werkes erfordert (Abs. 2).[4]

§ 62 trat mit dem UrhG am 1.1.1966 in Kraft. Die Vorschrift sollte „im Wesentlichen" den Regelungsgehalt von **§ 24 LUG und § 21 KUG** fortschreiben.[5] Die Anknüpfung an diese Vorschriften erklärt auch die für das UrhG eher untypische Unterscheidung zwischen Werkarten in § 62. § 62 Abs. 2 und 5 entspricht mit seinem Fokus auf Sprach- und Musikwerke § 24 S. 2–4 LUG; § 62 Abs. 3 orientiert sich an § 21 S. 2 KUG. § 62 Abs. 1 S. 2 iVm § 39 verallgemeinert den bereits zum LUG und KUG anerkannten Grundsatz, dass Änderungen des Werkes und seines Titels zulässig sind, zu denen der Urheber seine Zustimmung nach Treu und Glauben nicht versagen kann.[6] Im **Gesetzgebungsverfahren** kam es bei unveränderter Übernahme der Grundstruktur der ursprünglich vorgeschlagenen Regelung in den einzelnen Stadien zu gewissen Ergänzungen und Verfeinerungen, zB Einfügung der Lichtbildwerke in Abs. 3 im RegE, Beschränkung auf Sprachwerke in Abs. 4 schon im MinE sowie – erst durch den Rechtsausschuss – Erweiterung des Einwilligungserfordernisses in Abs. 4 auf gewisse Rechtsnachfolger des Urhebers (→ Rn. 22) und schließlich – erst durch die Novelle 1972 – Einfügung der Obliegenheit der Rechtsfolgenmitteilung. Nachdem § 62 im Übrigen jahrzehntelang unverändert geblieben war, ergänzte bzw. modifizierte der Gesetzgeber die Vorschrift 2017 und 2018 im Zuge der Einführung bzw. Neukodifikation von Schranken zugunsten von Menschen mit Behinderungen (§§ 45a–c) sowie für Unterricht und Lehre (§§ 60a, 60b). § 62 Abs. 4, wonach Änderungen zulässig sind, die für die Herstellung eines barrierefreien Formats erforderlich sind, trat am 1.1.2019 mit dem Gesetz zur Umsetzung der Marrakesch-Richtlinie über einen verbesserten Zugang zu urheberrechtlich geschützten Werken zugunsten von Menschen mit einer Seh- oder Lesebehinderung in Kraft.[7] Der vorherige Abs. 4 wurde dadurch zum Abs. 5. Diese Regelung war zuvor bereits durch das Urheberrechts-Wissensgesellschafts-Gesetz v. 7.7.2017 mit Wirkung vom 1.3.2018 redaktionell angepasst und um einen neuen Satz 4 erweitert worden.[8]

Eine dem § 62 entsprechende, selbständige Vorschrift über das Änderungsverbot in Bezug auf Urheberrechtsschranken enthält das **Recht der RBÜ** nicht; die zusammenfassende allgemeine Regelung in Art. 6bis Abs. 1 RBÜ über Entstellungen, Verstümmelungen, sonstige Änderungen oder Beeinträchtigungen des Werkes, die der Ehre oder dem Ruf des Urhebers nachteilig sein könnten, gilt jedoch auch für die Urheberrechtsschranken. Indirekte Anklänge an den Schutzgedanken des § 62 finden sich in Art. 9 Abs. 2 RBÜ bei der Regelung der zulässigen Ausnahmen vom Vervielfältigungsrecht in Form des allgemeinen Gebots zur Wahrung der berechtigten Interessen des Urhebers, in Art. 10 Abs. 1 und Abs. 2 RBÜ bei der Regelung des Zitatrechts wie der Regelung bestimmter Werknutzungen im Interesse der Veranschaulichung des Unterrichts in Form des Hinweises auf die anständigen Gepflogenheiten sowie in Art. 11bis Abs. 2 RBÜ im Zusammenhang mit der Regelung besonderer Ausnahmen vom Senderecht in Form des allgemeinen Verbots der Beeinträchtigung des UPR.[9] Die **InfoSoc-RL** enthält keine Verpflichtung zur Wahrung der Werkintegrität, wenn von den Urheberrechtsschranken gem. Art. 5 Gebrauch gemacht wird. Dies entspricht der Absicht des europäischen Gesetzgebers, dass die Urheberpersönlichkeitsrechte außerhalb des Anwendungsbereichs der Richtlinie bleiben sollen. Dabei wird freilich ausdrücklich auf die Ausübung der Urheberpersönlichkeitsrechte im Einklang mit den Rechtsvorschriften der Mitgliedstaaten und mit dem internationalen Konventionsrecht hingewiesen.[10] Schon daraus ergibt sich, dass § 62 als Teil des Gesamtkomplexes der Vorschriften zum UPR mit dem Unionsrecht in Einklang steht.[11]

---

[3] → § 14 Rn. 8; aA iS einer Betonung des Änderungsverbots und des Vorrangs der Interessen des Werkschöpfers Fromm/Nordemann/*A. Nordemann* UrhG § 62 Rn. 2; wie hier LG München I NJOZ 2009, 3051; Wandtke/Bullinger/*Bullinger* UrhG § 62 Rn. 1 und 9.

[4] Zur Berücksichtigung der Kriterien des § 62 Abs. 2–4 bei der Anwendung der §§ 14, 39 → § 14 Rn. 32 und → § 39 Rn. 16.

[5] RegE UrhG 1965, BT-Drs. IV/270, S. 76.

[6] RegE UrhG 1965, BT-Drs. IV/270, S. 76.

[7] BGBl. 2018 I, S. 2014.

[8] BGBl. 2017 I, S. 3346.

[9] Vgl. ferner Art. IV Abs. 6 lit. b Anhang zur RBÜ („getreue Übersetzung" bzw. eine „genaue Wiedergabe der Ausgabe"); entsprechend Art. V Abs. 2 lit. d sowie Art. V^ter Abs. 9 iVm Art. V Abs. 2 lit. d sowie Art. V^quater Abs. 1 lit. g WUA.

[10] Vgl. Erwgr. 19 InfoSoc-RL; aber auch → Vor §§ 12 ff. Rn. 46 f.

[11] Dies gilt auch im Hinblick auf Datenbankwerke, da Art. 6 Abs. 2 lit. d Datenbankrichtlinie 1996/9 Ausnahmen von den Rechten des Urhebers eines Datenbankwerkes für zulässig erklärt, die traditionell im innerstaatlichen Recht geregelt sind. Zum Umsetzungsspielraum der Mitgliedstaaten bzgl. Art. 5 InfoSoc-RL vgl. EuGH GRUR 2019, 934 Rn. 43 – Funke Medien.

II. Die Regelung im Einzelnen

1. Anwendungsbereich

4   Seinem Wortlaut nach gilt § 62 für **sämtliche Werkarten.** Die Schranken der Rechte an Computerprogrammen sind allerdings durch die Art. 5 und 6 Computerprogrammrichtlinie 2009/24 vollständig harmonisiert.[12] Die Mitgliedstaaten dürfen hiervon weder zugunsten noch zulasten des Urhebers abweichen. Da die Richtlinie eine § 62 entsprechende Schranken-Schranke nicht vorsieht, darf § 62 auf urheberrechtlich geschützte **Computerprogramme keine Anwendung** finden. Vielmehr verbleibt es bei den §§ 69d f., die Bearbeitungen des geschützten Programms allerdings ebenfalls nur erlauben, soweit dies „notwendig" (§ 69d Abs. 1) bzw. „unerlässlich" (§ 69e Abs. 1) ist.[13]

5   Über die Verweise in den §§ 70 Abs. 1, 71 Abs. 1 S. 3, 72 Abs. 1, 83, 85 Abs. 4, 87 Abs. 4, 87g Abs. 4 S. 2, 94 Abs. 4 und 95 iVm 94 Abs. 4 gilt das Änderungsverbot auch für die **Schranken der verwandten Schutzrechte,** mit Ausnahme allerdings der Schranken des Datenbankherstellerrechts, die in Umsetzung der vollständigen Rechtsharmonisierung des Art. 9 Datenbankrichtlinie 1996/9 abschließend in § 87c geregelt sind.[14]

6   Gesetze, Verordnungen, amtliche Erlasse und Bekanntmachungen sowie Entscheidungen und amtlich verfasste Leitsätze zu Entscheidungen genießen gem. § 5 Abs. 1 keinen urheberrechtlichen Schutz und dürfen daher auch aus urheberrechtlicher Sicht ohne Weiteres in veränderter[15] Form benutzt werden. Für **andere amtliche Werke, die im amtlichen Interesse zur allgemeinen Kenntnisnahme veröffentlicht worden** sind, gilt die Gemeinfreiheit allerdings gem. § 5 Abs. 2 mit der Einschränkung, dass § 62 Abs. 1–3 entsprechend anzuwenden ist. Nach der AmtlBegr. soll hiermit das Interesse der zuständigen Behörde gewährleistet werden, die Nutzung eines solch gemeinfreien „Werkes" zu überwachen, „etwa weil ein ungenauer oder entstellter Nachdruck besonders nachteilige Folgen haben würde".[16] Im Hinblick auf das allgemeine Fehlen eines Urheberrechtsberechtigten handelt es sich hier aber um einen systemfremden, nicht urheberpersönlichkeitsrechtlich motivierten Schutz amtlicher und damit letztlich öffentlicher Interessen durch das UrhG.[17]

7   Seit die Vorschrift über **Zwangslizenzen zur Herstellung von Tonträgern (§ 42a)** aus dem Abschnitt über die Urheberrechtsschranken in den Unterabschnitt über Nutzungsrechte verschoben wurde,[18] ist das Änderungsverbot des § 62 auch auf Nutzungen im Rahmen einer solchen Zwangslizenz nicht mehr anwendbar. Doch ergibt sich das unter dem Vorbehalt der Interessenabwägung stehende Änderungsverbot nunmehr aus § 14 iVm § 39.[19]

8   Für **freie Benutzungen gem. § 24** gilt § 62 nicht. Urheberpersönlichkeitsrechtliche Bedenken gegen die vorgenommenen Werkänderungen, insbesondere bei Parodien, sind auf § 14 zu stützen.

2. Interessenabwägung und Prüfungsreihenfolge

9   Nach wohl hM folgt aus § 62 Abs. 1 S. 1, dass im Rahmen einer zulässigen Schrankennutzung Änderungen im Zweifel unzulässig sind. Zugunsten des Urhebers sei im Vergleich zur Reichweite des Änderungsverbots in vertragsrechtlichen Konstellationen (§ 39) von einer restriktiveren Beurteilung auszugehen.[20] Doch gilt das Entstellungsverbot des § 14 selbst im Verhältnis zu Nutzern, die sich weder auf eine vertragliche Befugnis noch eine Schranke des Urheberrechts berufen können, nicht uneingeschränkt oder im Sinne eines grundsätzlichen Änderungsverbots, das den Verstoß gegen § 14 indiziert. Vielmehr setzt die Feststellung einer unzulässigen Werkänderung hier wie im Rahmen des § 62 eine **Interessenabwägung** voraus.[21]

10   **Auf Seiten des Urhebers** kommen dieselben geistigen oder persönlichen Interessen zum Tragen wie im unmittelbaren Anwendungsbereich des § 14.[22] Führt etwa ein Zitat aufgrund von Kürzungen oder sonstigen Änderungen dazu, dass der **Sinngehalt des zitierten Werkes verfälscht** wird, liegt ein Verstoß gegen das Änderungsverbot vor.[23] Bleiben Sinngehalt und Gesamteindruck hingegen

---

[12] Vgl. → § 69d Rn. 1.

[13] Dreier/Schulze/*Schulze* UrhG § 62 Rn. 2.

[14] Vgl. Dreier/Schulze/*Schulze* UrhG § 62 Rn. 2.

[15] Vgl. → § 14 Rn. 13 f.

[16] RegE UrhG 1965, BT-Drs. IV/270, S. 39 f.; ferner → § 5 Rn. 89.

[17] Kritisch zu dieser Systemwidrigkeit *Grohmann* S. 170; vgl. auch *Schacht* S. 42; Wandtke/Bullinger/*Bullinger* UrhG § 62 Rn. 2 („Rumpfschutz"); aA Dreier/Schulze/*Schulze* UrhG § 62 Rn. 3; *Schack* Rn. 586 („Restbestand des UPR"); wie hier *Mestmäcker/Schulze/Obergfell* § 5 Rn. 45.

[18] Dazu → § 42a Rn. 4.

[19] Ebenso Dreier/Schulze/*Schulze* UrhG § 42a Rn. 17; Dreyer/Kotthoff/Meckel UrhG § 42a Rn. 24.

[20] Dreier/Schulze/*Schulze* UrhG § 62 Rn. 6, 13; Fromm/Nordemann/*A. Nordemann* UrhG § 62 Rn. 8; BeckOK/*Engels* UrhG § 62 Rn. 1; Wandtke/Bullinger/*Bullinger* UrhG § 62 Rn. 6; Dreyer/Kotthoff/Meckel UrhG § 62 Rn. 20; *Grohmann* S. 116.

[21] AA Fromm/Nordemann/*A. Nordemann* UrhG § 62 Rn. 7.

[22] Vgl. → § 14 Rn. 4.

[23] OLG Frankfurt a. M. ZUM 1996, 97 (99) – Magritte Kondomverpackung; *Oekonomidis* S. 103 f.; Dreier/Schulze UrhG § 62 Rn. 16; Wandtke/Bullinger/*Bullinger* UrhG § 62 Rn. 15 ff.; zu unerlaubten Musikzitaten bei Coverversionen *Riekert* S. 107 ff.

unberührt, verletzen nach Maßgabe der Schranken zulässige Nutzungen von Teilen eines Werkes das Änderungsverbot nicht.[24] Beschränkt sich die privilegierte Nutzung wie bei Vervielfältigungen zum privaten Gebrauch auf die **Privatsphäre des Nutzers** (vgl. § 53 Abs. 6), mangelt es in der Regel an einer ausreichend erheblichen Beeinträchtigung der berechtigten geistigen oder persönlichen Interessen des Urhebers.[25] Diese Erwägungen gelten freilich strikt nur für die Fälle der Vervielfältigung zum privaten Gebrauch iSd § 53 Abs. 1. In den verschiedenen Fällen des § 53 Abs. 2 und 3 (eigener Gebrauch) muss jedoch stärker dahin differenziert werden, welcher Personenkreis von der Änderung des Werkes Kenntnis erlangt oder erlangen kann. Handelt es sich bei dem eigenen Gebrauch zB um unternehmensinternen Gebrauch, bei dem uU eine erhebliche Zahl von Mitarbeitern Kenntnis von der Werkänderung erlangt, so ist wegen der hier bereits gegebenen Nähe zur Öffentlichkeit eine generalisierende Betrachtung iS einer allgemeinen Zulässigkeit von Änderungen fehl am Platz.[26] Es verbleibt vielmehr bei den allgemeinen Beurteilungsgrundsätzen. Macht der Urheber geltend, dass ihm eine Äußerung untergeschoben wird, die er (so) nicht getätigt hat, ist das allgemeine Persönlichkeitsrecht in der Fallgruppe des Identitätsschutzes einschlägig.[27]

Auf Seiten des Schrankenbegünstigten ist vor allem darauf abzustellen, ob der Zweck der **11** Schranke und der von ihr privilegierten Nutzung (zB Zitat zu Belegzwecken oder künstlerisches „Zitat" nach der Germania-3-Rechtsprechung) die angegriffenen Änderungen erfordert. Die **Erforderlichkeit der Änderung im Hinblick auf den privilegierten Benutzungszweck** wird in Abs. 2, Abs. 4 und Abs. 5 S. 1 ausdrücklich als maßgebliches Kriterium benannt. Dieser Gesichtspunkt ergibt sich ferner aus der entsprechenden Anwendung des Grundsatzes von Treu und Glauben gem. Abs. 1 S. 2 iVm § 39 Abs. 2. Schließlich beruht auch die Frage, ob das Verfahren zur Vervielfältigung von Werken der bildenden Künste und Lichtbildwerke die entsprechenden Änderungen (notwendigerweise) mit sich bringt (Abs. 3), auf diesem Gedanken. Jeweils ist in einem ersten Schritt zu prüfen, ob die Benutzung sich überhaupt im Rahmen der Schranken des Urheberrechts, zB des Zitatrechts, hält. Ist dies der Fall, ist in einem zweiten Schritt zu fragen, ob dabei vorgenommene Änderungen des Werkes erforderlich waren, um den zulässigen Benutzungszweck zu erreichen. So verhält es sich **beispielsweise** bei der Umwandlung der direkten in die indirekte Rede oder bei Wortverschiebungen zwecks Einfügung in ein anderes Satzgefüge bei einem Zitat.[28] Ferner können relativ geringfügige Änderungen im Bereich von Schlagertexten im Hinblick auf wohlerwogene psychologische Gründe auch unter dem Gesichtspunkt von Treu und Glauben unzulässig sein.

Der Verweis auf § 39 in § 62 Abs. 1 S. 2 stellt zunächst auch für den Fall der Urheberrechtsschran- **12** ken die **Zulässigkeit von Änderungsvereinbarungen** klar. In den meisten Fällen wird dies ohne praktische Bedeutung sein, da Urheberrechtsschranken gerade eine Werknutzung ohne Zustimmung des Urhebers gestatten.[29] Aus der entsprechenden Anwendbarkeit von § 39 folgt schließlich, dass Änderungen im Rahmen der Interessenabwägung nach Treu und Glauben nur bezüglich des Werkes selbst und seines Titels, nicht bezüglich der Urheberbezeichnung zulässig sind.[30] Dabei ist jedoch zu berücksichtigen, dass bei manchen Urheberrechtsschranken keine Quellenangabe vorgeschrieben ist.[31] Die **Weglassung der Urheberbezeichnung** kann daher jedenfalls in den Fällen gesetzlich nicht vorgeschriebener Quellenangaben nicht als unzulässige Änderung iSv Abs. 1 S. 2 iVm § 39 Abs. 1 angesehen werden.[32]

Die vorstehenden Grundsätze gelten zwar für alle Absätze des § 62. Doch folgt hieraus nicht, dass **13** § 62 im Sinne einer unspezifischen Interessenabwägung anzuwenden wäre. Vielmehr hat sich die **Prüfungsreihenfolge** am Konkretisierungsgrad der jeweiligen Regelungen zu orientieren. Demnach sind zunächst die Abs. 4 und 5 bei Nutzungen im Rahmen der dort geregelten Schranken einschlägig. Für zulässige Nutzungen von Werken der bildenden Künste und Lichtbildwerke gilt Abs. 3 iVm Abs. 1. Änderungen dieser und anderer Werkarten in Gestalt von Übersetzungen, Auszügen und Übertragungen in eine anderen Tonart oder Stimmlage sind an Abs. 2 zu messen. Nur in sonstigen Fällen ist unmittelbar auf die allgemeine Vorschrift des § 62 Abs. 1 iVm § 39 zurückzugreifen.

3. Übersetzungen, Auszüge und Übertragungen in eine andere Tonart oder Stimmlage (Abs. 2)

§ 62 Abs. 2 konkretisiert das Änderungsverbot im Kontext zulässiger Schrankennutzungen für drei **14** Fälle von Werkänderungen, nämlich Übersetzungen, Auszüge und Übertragungen in eine andere Tonart oder Stimmlage. Die Regelung geht auf § 24 S. 2 LUG zurück, der wie das LUG insgesamt

---

[24] BGH ZUM 2017, 494 Rn. 46 – East Side Gallery.
[25] *Dietz* Droit moral S. 94; ebenso Dreier/Schulze/*Schulze* UrhG § 62 Rn. 8; Wandtke/Bullinger/*Bullinger* UrhG § 62 Rn. 3; *Grohmann* S. 106 ff. sowie S. 170; BeckOK/*Engels* UrhG § 62 Rn. 8; allgemein → § 14 Rn. 25.
[26] Dreier/Schulze/*Schulze* UrhG § 62 Rn. 8.
[27] Vgl. OLG München NJW 1999, 1975 – Stimme Brecht; Wandtke/Bullinger/*Bullinger* UrhG § 62 Rn. 17 f.
[28] Vgl. OLG Hamburg GRUR 1970, 38 (39) – Heintje; *Oekonomidis* S. 98.
[29] Ebenso Wandtke/Bullinger/*Bullinger* UrhG § 62 Rn. 8; ähnlich *Dreyer*/Kotthoff/Meckel UrhG § 62 Rn. 19.
[30] Vgl. → § 39 Rn. 1.
[31] Im Einzelnen → § 63 Rn. 9 ff.
[32] Ähnlich *v. Gamm* UrhG § 62 Rn. 3.

auf die heutigen Werkkategorien gem. § 2 Abs. 1 Nr. 1–3 und 7 beschränkt war.[33] § 62 Abs. 2 ist demgegenüber zwar **auf alle Werkkategorien anwendbar.** In der Praxis dürften die drei in der Vorschrift genannten Änderungsvarianten gleichwohl nur bei Sprach- und Musikwerken, Werken der Tanzkunst und wissenschaftlich-technischen Darstellungen in Betracht kommen.

15 So ist mit der ersten Fallgruppe der **Übersetzung** nach üblicher Begriffsbedeutung die Wiedergabe eines Textes in einer anderen Sprache gemeint. Die Zulässigkeit von Übersetzungen im Rahmen der Schrankennutzung ist von großer praktischer Bedeutung. Eine Beschränkung der im Übrigen erlaubten Schrankennutzungen auf die fremde Originalsprache erschien dem Gesetzgeber zutreffend als nicht sachgemäß.[34] Dies gilt etwa für die Berichterstattungs- und Zitierfreiheit (§§ 48–51) sowie für die Aktualität und praktische Brauchbarkeit von Schul- und Unterrichtswerken (§§ 60a, 60b). Der Nutzer darf nicht nur wissenschaftliche, politische oder sonst belehrende oder informierende Sprachwerke übersetzen, sondern auch belletristische Werke.[35] Der Benutzungszweck (zB ein Zitat) kann dabei nicht nur Übertragungen in die deutsche Sprache erforderlich machen, sondern auch Übersetzungen deutscher Texte in andere Sprachen.[36] Existiert eine vom Urheber autorisierte Übersetzung, ist diese zu verwenden, da Abweichungen hiervon für den erlaubten Benutzungszweck nicht erforderlich sind.[37] Gefährdet die Übersetzung des Schrankenbegünstigten die geistigen oder persönlichen Interessen des Originalurhebers, kann jener hiergegen unter Berufung auf § 14 vorgehen.[38] Das ist nicht der Fall, wenn die Übersetzung den Sinngehalt eines kurzen Reimes zutreffend wiedergibt, aber bezüglich Metrik und Reimform keine Entsprechung aufweist.[39]

16 Die Zulässigkeit der **Übernahme von Auszügen** iSv Ausschnitten aus Sprach- oder Musikwerken ist im Bereich der Sprachwerke im Hinblick etwa auf die Berichterstattungs- und Zitierfreiheit (§§ 48–51) ebenfalls von großer praktischer Bedeutung. Eine Reihe von Schrankenvorschriften[40] sehen eine gekürzte bzw. auszugsweise Werkverwendung bereits als Abgrenzungsmerkmal für die Zulässigkeit der Werknutzung vor. Hier ergibt sich die Zulässigkeit der damit verbundenen Änderungen unmittelbar aus der Schrankenvorschrift bzw. aus den speziellen Regelungen der Abs. 4 und 5.[41] Gleichwohl bleibt § 62 Abs. 2 im Sinne einer Kontrollüberlegung mit Rücksicht auf die geistigen oder persönlichen Interessen des Urhebers anwendbar.[42]

17 **Übertragungen in eine andere Tonart oder Stimmlage** betreffen nur Musikwerke. Auch insoweit kommt es wiederum entscheidend darauf an, ob derartige Änderungen zur Erreichung des privilegierten Benutzungszwecks erforderlich sind und den geistig-ästhetischen Sinn des Werkes unberührt lassen.[43]

18 Der Grundgedanke des § 62 Abs. 2, wonach in ihrer äußeren Erscheinungsform geschützte Werke im Rahmen der Schrankennutzung unter bestimmten Umständen verändert werden dürfen, gilt auch für andere Werkarten, deren geistiger Gehalt durch grafische, plastische oder sonstige visuelle Ausdrucksmittel vermittelt wird. § 62 Abs. 2 ist daher entsprechend auf **wissenschaftliche und technische Darstellungen** iSv § 2 Abs. 1 Nr. 7 anwendbar.[44]

4. Übertragungen des Werkes in eine andere Größe und Änderungen aufgrund des Vervielfältigungsverfahrens (Abs. 3)

19 § 62 Abs. 3 geht auf § 21 S. 2 KUG zurück und beschränkt sich wie diese Vorschrift auf **Werke der bildenden Künste und Lichtbildwerke.**[45] Stellt der Benutzungszweck iSd Abs. 2 auf die leichtere Benutzbarkeit des Werkes selbst ab (zB Benutzung in übersetzter Form oder in einer leichter singbaren Stimmlage), so handelt es sich bei den Fällen des Abs. 3 letztlich zwar ebenfalls um eine Orientierung am Benutzungszweck, aber mehr im Hinblick auf **äußere und technische Kriterien.** Dies gilt insbes. für die Zulässigkeit von Änderungen, die das für die möglichst werkgetreue Verviel-

---

[33] Vgl. § 1 LUG.

[34] RegE UrhG 1965, BT-Drs. IV/270, S. 76.

[35] OLG München ZUM 2009, 970 (971) – Auf geht's; aA Fromm/Nordemann/*A. Nordemann* UrhG § 62 Rn. 9; Dreier/Schulze/*Schulze* UrhG § 62 Rn. 15; *Dreyer*/Kotthoff/Meckel UrhG § 62 Rn. 12.

[36] OLG München ZUM 2009, 970 (971) – Auf geht's (Übersetzung von „Vom Ernst des Lebens halb verschont – Ist der schon, der in München wohnt" mit „Les choses sérieuses de la vie sont à moitié épargnées à celui qui habite Munich" bzw. „Chiunque abiti a Monaco viene risparmiato per metà dalla severità della vita"); kritisch Fromm/Nordemann/*A. Nordemann* § 62 Rn. 9.

[37] Wandtke/Bullinger/*Bullinger* UrhG § 62 Rn. 14.

[38] OLG München ZUM 2009, 970 (971) – Auf geht's; RegE UrhG 1965, BT-Drs. IV/270, S. 76.

[39] OLG München ZUM 2009, 970 (971) – Auf geht's (Übersetzung von „Vom Ernst des Lebens halb verschont – Ist der schon, der in München wohnt" mit „Les choses sérieuses de la vie sont à moitié épargnées à celui qui habite Munich" bzw. „Chiunque abiti a Monaco viene risparmiato per metà dalla severità della vita"); kritisch Fromm/Nordemann/*A. Nordemann* § 62 Rn. 9.

[40] ZB „Stellen eines Werkes" im Rahmen des Zitatrechts nach § 51 S. 2 Nr. 2 u. 3, „Teile von Werken" bei Sammlungen nach § 46, prozentual begrenzte Teile von Werken gem. §§ 60a–c.

[41] Vgl. *Schack* Rn. 382.

[42] Sa LG München I NJOZ 2009, 3051.

[43] Vgl. Wandtke/Bullinger/*Bullinger* UrhG § 62 Rn. 19; *Grohmann* S. 171 f.

[44] Fromm/Nordemann/*A. Nordemann* UrhG § 62 Rn. 10; *Grohmann* S. 173; Dreier/Schulze/*Schulze* UrhG § 62 Rn. 19; *Dreyer*/Kotthoff/Meckel UrhG § 62 Rn. 15.

[45] S. insoweit auch *Mues* S. 144.

fältigung angewendete Verfahren mit sich bringt.[46] Da Abs. 3 einen Rückgriff auf die Interessenabwägung gem. Abs. 1 S. 2 iVm § 39 nicht ausschließt, können auch Änderungen zulässig sein, die sich nicht auf die Größe beziehen oder auf dem eingesetzten Vervielfältigungsverfahren beruhen. Doch dürfen solche Werkänderungen nicht so weit gehen, dass sie den Gesamteindruck des Werkes verfälschen.[47]

Beispiele für Absatz 3 sind zunächst im Gesetz ausdrücklich genannte Größenveränderungen, fer-   20
ner Wiedergaben von Fotografien in geringerer Auflösung und von Farbbildern in schwarz-weiß bei
der Berichterstattung in einer Zeitung[48] sowie die verkleinerte Wiedergabe von Mauerbildern auf
einem Architekturmodell.[49] Bei zulässigen Fotografien dreidimensionaler Werke der bildenden Kunst
können alle Fototechniken zum Einsatz kommen, die für eine möglichst werkgetreue Wiedergabe
üblich sind, wie etwa die Wahl des Bildausschnitts und die Beeinflussung der Helligkeits-, Farb- und
Kontrastwerte des Lichtbildes.[50] Ein Verstoß gegen das Änderungsverbot liegt hingegen vor, wenn der
Eingriff nur ästhetisch motiviert ist[51] oder den Sinngehalt bzw. Gesamteindruck des Werkes entstellt.[52]
Letztgenannter Fall kann zB bei Verkleinerungen überdimensionaler Werke zeitgenössischer Kunst
gegeben sein, die ihren künstlerischen Anspruch gerade aus ihrer Größe ableiten.[53] Unzulässig sind
auch der Einsatz von Farbfiltern bei der Anfertigung von Fotografien sowie nachträgliche Retuschen
und sonstige digitale Bildbearbeitungen.[54]

Vorgenannte Kriterien sind entsprechend auf Änderungen anzuwenden, die das für eine zulässige   21
öffentliche Wiedergabe von Werken der bildenden Kunst und von Lichtbildwerken angewendete Verfahren mit sich bringt. So kann etwa im Bereich der live erfolgenden Bild- und Tonberichterstattung nach § 50 auch einmal eine vom Urheber ansonsten nicht hinzunehmende ungünstige
Darstellung eines Werkes der bildenden Kunst durch unzulängliche Beleuchtung etc iS einer verfah-
rensbedingten Änderung hinzunehmen sein.

5. Nutzungen im Rahmen bestimmter Schranken (Abs. 4 und 5)

Der in § 62 Abs. 1 S. 1 kodifizierte Grundsatz lautet, dass bei Nutzungen, die nach den §§ 44a–61c   22
zulässig sind, Änderungen am Werk zu unterbleiben haben. Dieser Grundsatz wird allerdings bereits
durch Abs. 1 S. 2, Abs. 2 und Abs. 3 mit Rücksicht auf den Zweck der Schrankennutzung und das
angewendete Vervielfältigungsverfahren weitgehend zurückgenommen. Bei der demnach maßgeblichen Interessenabwägung kommt es vor allem auf die **Erforderlichkeit der streitigen Änderungen**
zur Erreichung des vom Gesetzgeber im Übrigen privilegierten Nutzungszwecks an (→ Rn. 11).
Dieser Gesichtspunkt wird in den Abs. 4 und 5 für bestimmte Schranken ausdrücklich für maßgeblich
erklärt.

§ 62 Abs. 4 stellt klar, dass Änderungen, die erforderlich sind, um ein beliebiges Werk in einem   22a
barrierefreien Format für **Menschen mit Behinderung** gem. § 45a–§ 45c zugänglich zu machen,
zulässig sind. Gemeint sind hiermit äußerliche Formatänderungen bei der „Umwandlung" regulärer
Texte, Audiodateien oder grafischer Aufzeichnungen in ein barrierefreies Format (§ 45c Abs. 1 S. 1).
Diese sind aus änderungsrechtlicher Sicht zulässig, soweit dies zur Ermöglichung des Zugangs von
Menschen mit Behinderungen erforderlich ist (§ 45a Abs. 1 aE). Geistiger Inhalt, Ausdruck und Stil
des Werkes als solchem müssen hingegen unversehrt bleiben.[55]

Bei **Sammlungen für den religiösen Gebrauch (§ 46), bei Nutzungen für Unterricht und**   22b
Lehre (§ 60a) und für Unterrichts- und Lehrmedien (§ 60b) kommt es gem. § 62 Abs. 5 S. 1
grundsätzlich ebenfalls auf die Erforderlichkeit im Hinblick auf den privilegierten Nutzungszweck an.
Doch ist Abs. 5 anders als Abs. 4 nur auf Änderungen von Sprachwerken anwendbar, von denen nach
§ 60a Abs. 1 15 %, nach § 60b Abs. 1 10 % genutzt werden dürfen. Soweit die §§ 60a, b die teilweise
Nutzung anderer Werkarten (zB Tonaufzeichnungen von Musikwerken) erlauben,[56] bestimmt sich die
Zulässigkeit etwaiger Änderungen nach § 62 Abs. 2 und subsidiär nach § 62 Abs. 1. Während insoweit eine Interessenabwägung notwendig, aber auch ausreichend ist, sieht § 62 Abs. 5 S. 2 und S. 3
für immerhin erforderliche Sprachwerkänderungen im Rahmen der §§ 46, 60a, 60b ein zusätzliches

---

[46] OLG Köln ZUM-RD 2012, 593 (595) – Liebe deine Stadt.
[47] BGH ZUM 2017, 494 Rn. 46 – East Side Gallery.
[48] BeckOK/*Engels* UrhG § 62 Rn. 21; Wandtke/Bullinger/*Bullinger* UrhG § 62 Rn. 23; Fromm/Nordemann/*A. Nordemann* UrhG § 62 Rn. 10.
[49] BGH ZUM 2017, 494 Rn. 40 – East Side Gallery.
[50] OLG Köln ZUM-RD 2012, 593 (595) – Liebe deine Stadt; LG Mannheim GRUR 1997, 364 (366) – Freiburger Holbein-Pferd; *Maaßen* ZUM 2003, 830 (838).
[51] LG Mannheim GRUR 1997, 364 (366) – Freiburger Holbein-Pferd (fototechnische Manipulation des Fotos einer Pferdeskulptur in leuchtend roter Farbe mit Nikolaus-Mütze und -Stiefeln unzulässig).
[52] BeckOK/*Engels* UrhG § 62 Rn. 21; Wandtke/Bullinger/*Bullinger* UrhG § 62 Rn. 23; Fromm/Nordemann/*A. Nordemann* UrhG § 62 Rn. 10; Dreier/Schulze/*Schulze* UrhG § 62 Rn. 18.
[53] *Mues* S. 143 f.; Wandtke/Bullinger/*Bullinger* UrhG § 62 Rn. 19; generell ablehnend zur Zulässigkeit von Dimensionsänderungen BeckOK/*Engels* UrhG § 62 Rn. 20; *Dreyer/Kotthoff/Meckel* UrhG § 62 Rn. 15; zur Einschränkung der Ausnahmen auf zeitgemäße Vervielfältigungsverfahren vgl. *Grohmann* S. 172 f.
[54] OLG Köln ZUM-RD 2012, 593 (595) – Liebe deine Stadt.
[55] BT-Drs. 19/3071, S. 20.
[56] → § 60a Rn. 32.

Einwilligungserfordernis vor, das auf § 24 S. 3 LUG zurückgeht.[57] Erklären und mit Rücksicht auf Art. 3 Abs. 1 GG rechtfertigen lässt sich diese Verschärfung der Anforderungen an eine mit Blick auf die Zwecke der §§ 46, 60a und 60b erforderliche Änderung von Sprachwerken nur, wenn § 62 Abs. 5 Änderungen betrifft, die nicht schon nach § 62 Abs. 1 und 2 zulässig wären. Im bis zum 1.3.2018 geltenden § 62 Abs. 4 S. 1 war dies durch die Formulierung deutlich zum Ausdruck gekommen, dass das Einwilligungserfordernis nur greift für Änderungen „außer den nach den Absätzen 1 bis 3 erlaubten Änderungen". Der geltenden Fassung des § 62 Abs. 5 S. 1 lässt sich dieser erweiterte Anwendungsbereich aus der Wendung „*auch solche Änderungen*" entnehmen. Abs. 5 betrifft mithin nur Änderungen von Sprachwerken, bei denen es sich um Übersetzungen und Auszüge handelt (§ 62 Abs. 2). Nur für „*diese Änderungen*" ist das in § 62 Abs. 5 S. 2 und 3 im Einzelnen geregelte Einwilligungserfordernis zu beachten. Demnach ist vor der beabsichtigten Änderung die Einwilligung des Urhebers, nach seinem Tod die Einwilligung seines Rechtsnachfolgers (§ 30), wenn dieser Angehöriger (§ 60 Abs. 2) des Urhebers ist oder das Urheberrecht auf Grund letztwilliger Verfügung des Urhebers erworben hat, einzuholen. Die Einwilligung gilt als erteilt, wenn der Urheber oder der Rechtsnachfolger nicht innerhalb eines Monats, nachdem ihm die beabsichtigte Änderung mitgeteilt (§ 130 BGB) worden ist, widerspricht und er bei der Mitteilung der Änderung auf diese Rechtsfolge hingewiesen worden ist. Diese überaus komplizierte und im Hinblick auf das generelle Abwägungsgebot gem. § 62 Abs. 1 S. 2. überflüssige Regelung hat der Gesetzgeber im Zuge des Urheberrechts-Wissensgesellschafts-Gesetzes mit Wirkung vom 1.3.2018 immerhin insoweit entschärft, als es bei Nutzungen für Unterricht, Lehre und diesbezügliche Medien (§§ 60a, 60b) gem. § 62 Abs. 5 S. 4 keiner Einwilligung bedarf, wenn die Änderungen deutlich sichtbar kenntlich gemacht werden. Diese Hervorhebung soll es dem Urheber erlauben, sein Interesse an der Integrität des Werkes zu wahren.[58]

III. Rechtsfolgen der Verletzung des Änderungsverbots

23   Umstritten ist, welche Rechtsfolgen sich aus einem Verstoß gegen das grundsätzliche Änderungsverbot bei Schrankennutzungen ergeben. Nach einer Auffassung soll ein Verstoß gegen § 62 die Verwendung eines Werkes im Rahmen der Urheberrechtsschranken (§§ 44a ff.), soweit deren Voraussetzungen im Übrigen eingehalten sind, insgesamt noch nicht unzulässig machen.[59] Gegen die unbefugten Änderungen könne dann gesondert gem. §§ 97 ff. vorgegangen werden.[60] Systematik und Zweck des § 62 als urheberpersönlichkeitsrechtliche Schranken-Schranke sprechen hingegen dafür, bei unzulässigen Änderungen **insgesamt keine gesetzlich zulässige Nutzung,** sondern einen Verstoß gegen Verwertungsrechte und ggf. zusätzlich gegen das Integritätsrecht des § 14 anzunehmen.[61] Demgemäß führt die Durchsetzung des Änderungsverbots in der Regel zur Einstellung der angegriffenen, eben nicht von den Schranken des Urheberrechts gedeckten Werknutzung.[62] Gesondert zu beurteilen ist die Änderung nur im Ausnahmefall, dass sie keinen integralen Bestandteil der im Übrigen zulässigen Benutzung darstellt.[63]

§ 63 Quellenangabe

(1) [1]**Wenn ein Werk oder ein Teil eines Werkes in den Fällen des § 45 Abs. 1, der §§ 45a bis 48, 50, 51, 58, 59 sowie der §§ 60a bis 60d, 61 und 61c vervielfältigt oder verbreitet wird, ist stets die Quelle deutlich anzugeben.** [2]**Bei der Vervielfältigung oder Verbreitung ganzer Sprachwerke oder ganzer Werke der Musik ist neben dem Urheber auch der Verlag anzugeben, in dem das Werk erschienen ist, und außerdem kenntlich zu machen, ob an dem Werk Kürzungen oder andere Änderungen vorgenommen worden sind.** [3]**Die Verpflichtung zur Quellenangabe entfällt, wenn die Quelle weder auf dem benutzten Werkstück oder bei der benutzten Werkwiedergabe genannt noch zur Vervielfältigung oder Verbreitung Befugten anderweit bekannt ist oder im Fall des § 60a oder des § 60b Prüfungszwecke einen Verzicht auf die Quellenangabe erfordern.**

---

[57] „Werden einzelne Aufsätze, einzelne Gedichte oder kleinere Theile eines Schriftwerkes in eine Sammlung zum Schulgebrauch aufgenommen, so sind die für diesen Gebrauch erforderlichen Aenderungen gestattet, jedoch bedarf es, solange der Urheber lebt, seiner persönlichen Einwilligung. Die Einwilligung gilt als ertheilt, wenn der Urheber nicht innerhalb eines Monats, nachdem ihm von der beabsichtigten Aenderung Mittheilung gemacht ist, Widerspruch erhebt." Vgl. AmtlBegr. § 24 LUG, abgedruckt bei *M. Schulze,* Materialien zum Urheberrechtsgesetz, Band 1, S. 148 f.
[58] BT-Drs. 18/12329, S. 48.
[59] So für den Fall des Zitatrechts OLG Hamburg GRUR 1970, 38 (39) – Heintje; BeckOK/*Engels* UrhG § 62 Rn. 28; Wandtke/Bullinger/Bullinger/*Bullinger* UrhG § 62 Rn. 30; *Dreyer*/Kotthoff/Meckel UrhG § 62 Rn. 23.
[60] → 3. Aufl. 2006, Rn. 27; *Schack* Rn. 400.
[61] OLG Köln ZUM-RD 2012, 593 – Liebe deine Stadt; LG Mannheim GRUR 1997, 364 (366) – Freiburger Holbein-Pferd; vgl. auch Dreier/*Schulze*/*Schulze* UrhG § 62 Rn. 24 sowie die AmtlBegr. der Vorläufernorm § 24 LUG, abgedruckt bei *M. Schulze,* Materialien zum Urheberrechtsgesetz, Band 1, S. 149.
[62] Vgl. OLG Köln ZUM-RD 2012, 593 – Liebe deine Stadt.
[63] Dreier/Schulze/*Schulze* UrhG § 62 Rn. 24.

(2) ¹Soweit nach den Bestimmungen dieses Abschnitts die öffentliche Wiedergabe eines Werkes zulässig ist, ist die Quelle deutlich anzugeben, wenn und soweit die Verkehrssitte es erfordert. ²In den Fällen der öffentlichen Wiedergabe nach den §§ 46, 48, 51, 60a bis 60d, 61 und 61c ist die Quelle einschließlich des Namens des Urhebers stets anzugeben, es sei denn, dass dies nicht möglich ist.

(3) ¹Wird ein Artikel aus einer Zeitung oder einem anderen Informationsblatt nach § 49 Abs. 1 in einer anderen Zeitung oder in einem anderen Informationsblatt abgedruckt oder durch Funk gesendet, so ist stets außer dem Urheber, der in der benutzten Quelle bezeichnet ist, auch die Zeitung oder das Informationsblatt anzugeben, woraus der Artikel entnommen ist; ist dort eine andere Zeitung oder ein anderes Informationsblatt als Quelle angeführt, so ist diese Zeitung oder dieses Informationsblatt anzugeben. ²Wird ein Rundfunkkommentar nach § 49 Abs. 1 in einer Zeitung oder einem anderen Informationsblatt abgedruckt oder durch Funk gesendet, so ist stets außer dem Urheber auch das Sendeunternehmen anzugeben, das den Kommentar gesendet hat.

Schrifttum: (s. auch die Schrifttumsnachweise zu § 13 und vor §§ 12 ff.) *Altenburg,* Die neuere Entwicklung des Urheberpersönlichkeitsrechts in Deutschland und Frankreich, München 1994; *Bisges,* Grenzen des Zitatrechts im Internet, GRUR 2009, 730; *Brauns,* Die Entlehnungsfreiheit im Urheberrecht, UFITA-Schriftenreihe Bd. 195, 2001; *Decker,* Urheberpersönlichkeitsrecht im Internet, in: Hoeren/Sieber/Holznagel (Hrsg.), Handbuch Multimedia Recht, Teil 7.2, 46. EL 2018; *Dittrich,* Zur Quellenangabe bei Zitaten, FS Nordemann (2004), S. 617; *Eisenreich,* Der Schutz des Urheberpersönlichkeitsrechts in Großbritannien, Kanada und Australien, GRUR-Int 1988, 36; *v. Gamm,* Die Urheberbenennung in Rechtsprechung und Praxis, NJW 1959, 318; *Geiger, C.,* Irrtum: Schranken des Urheberrechts sind Ausnahmebestimmungen und sind restriktiv auszulegen, FS Hilty (2008), S. 77; *Geiger, J.,* Plagiat, Zitatrecht- oder pflicht? – Versuch einer Begriffsbestimmung, jM 2015, 2; *Gerschel,* Faustregeln für die Nennung von Architekten, ZUM 1990, 349; *Gounalakis/Rhode,* Persönlichkeitsschutz im Internet, 2002; *Grützmacher,* Urheberrecht im Wandel – der zweite Korb, die Enforcement-Richtlinie und deren Umsetzung, ITRB 2007, 276; *Heeschen,* Urheberpersönlichkeitsrecht und Multimedia, 2003; *Hertin,* Das Musikzitat im deutschen Urheberrecht, GRUR 1989, 159; *Hess,* Urheberrechtsprobleme der Parodie, UFITA-Schriftenreihe Bd. 104, 1993; *Hock,* Das Namensnennungsrecht des Urhebers, 1993; *Joecks/Miebach* (Hrsg.), Münchener Kommentar zum StGB, Band 1, §§ 1–37, 2. Aufl. 2011; *Kakies,* Kunstzitate in Malerei und Fotografie, 2007; *Knies,* Urheberrechtliche und strafrechtliche Aspekte beim Verfassen wissenschaftlicher Doktorarbeiten, ZUM 2011, 897; *Kochendörfer,* Verletzerzuschlag auf Grundlage der Enforcement-Richtlinie?, ZUM 2009, 389; *Kreile/Wallner,* Schutz der Urheberpersönlichkeitsrechte im Multimediazeitalter, ZUM 1997, 625; *Lackner/Kühl,* Strafgesetzbuch Kommentar, 29. Aufl. 2018; *Leistner/Stang,* Die Bildersuche im Internet aus urheberrechtlicher Sicht, CR 2008, 499; *Maaßen,* Bildzitate in Gerichtsentscheidungen und juristischen Publikationen, ZUM 2003, 830; *Maier,* Meme und Urheberrecht, GRUR-Prax 2016, 397; *Müller,* Das Urheberpersönlichkeitsrecht des Architekten im deutschen und österreichischen Urheberrecht, 2004; *Nordemann, W.,* Ersatz des immateriellen Schadens bei Urheberrechtsverletzungen, GRUR 1980, 434; *Peter,* Das allgemeine Persönlichkeitsrecht und das „droit moral" des Urhebers und des Leistungsschutzberechtigten in den Beziehungen zum Film, UFITA 36 (1962), S. 257; *Raue,* Text und Data Mining, CR 2017, 656; *Rehbinder,* Multimedia und das Urheberpersönlichkeitsrecht, ZUM 1995, 684; *ders.,* Der Schutz der Pressearbeit im neuen Urheberrechtsgesetz, UFITA 48 (1966), S. 102; *Rittstieg,* Autoren -Mitautoren, NJW 1970, 648; *Rüll,* Allgemeiner und urheberrechtlicher Persönlichkeitsrechtsschutz des ausübenden Künstlers, 1998; *Schacht,* Die Einschränkungen des Urheberpersönlichkeitsrechts im Arbeitsverhältnis, 2004; *Schack,* Urheberrechtliche Schranken, übergesetzlicher Notstand und verfassungskonforme Auslegung, FS Schricker (2005), S. 511; *ders.,* Wissenschaftsplagiat und Urheberrecht, in: Dreier/Ohly, Plagiate, 2013, S. 81; *Schmidt,* Urheberrechtsprobleme in der Werbung, 1982, S. 160; *Schulz,* Das Zitat in Film- und Multimediawerken, ZUM 1998, 221; *Spieker,* Die fehlerhafte Urheberbenennung: Falschbenennung des Urhebers als besonders schwerer Fall, GRUR 2006, 118; *Spindler,* Text- und Datamining im neuen Urheberrecht und in der europäischen Diskussion, ZGE 2018, 273; *ders.,* Die neue Urheberrechts-Richtlinie der EU, insbesondere „Upload-Filter" – Bittersweet, CR 2019, 277; *ders.,* Die neue Urheberrechts-Richtlinie der EU (Teil 1), WRP 2019, 811; *Stieper,* Die Parodie im Urheberrecht, WRP 2009, 20; *Stuhlert,* Die Behandlung der Parodie im Urheberrecht, 2002; *Tölke,* Das Urheberpersönlichkeitsrecht an Werken der bildenden Künste, 1967; *Waiblinger,* Zum Plagiat in der Wissenschaft, UFITA 2011, S. 323; *Walchshöfer,* Der persönlichkeitsrechtliche Schutz der Architektenleistung, FS Hubmann (1985), S. 469; *Weber,* Das Plagiat im Urheberrecht, WRP 2013, 859; *v. Weiser,* Die Wahrnehmung urheberpersönlichkeitsrechtlicher Befugnisse durch Dritte, 2000.

Übersicht

I. Allgemeines

1. Bedeutung der Verpflichtung zur Quellenangabe im Rahmen der Schranken des Urheberrechts

1   § 63 ist für den Bereich der Schranken des Urheberrechts (§§ 44a–61c) Ausdruck des in § 13 S. 1 im Rahmen der Regelung zum UPR allgemein verankerten Schutzgedankens, dass der Urheber das **Recht auf Anerkennung seiner Urheberschaft** am Werk hat.[1] Auch wenn die Schrankenvorschriften der §§ 44a ff. – teils iVm. einem Vergütungsanspruch, meist jedoch ohne einen solchen – bestimmte Nutzungshandlungen an geschützten Werken von der Zustimmung des Urhebers freistellen, soll doch – parallel zum Änderungsverbot nach § 62 (s. dort) – wenigstens dem Interesse des Urhebers an der Namensnennung Schutz gewährt werden.[2] § 63 ist im Hinblick auf die allgemeine Geltung des Schutzprinzips nach § 13 demgemäß auch als Klarstellung zu verstehen.[3] Da § 63 UrhG demnach dem Schutz des Urhebers dient,[4] ist er trotz seiner systematischen Stellung im Abschnitt der Schranken nicht wie diese grundsätzlich eng auszulegen.[5] Einen nicht unwesentlichen Teil seines Regelungsgehaltes findet § 63 im Umkehrschluss iS einer **Einschränkung des allgemeinen Prinzips** auch bei der Ausgrenzung und Abgrenzung jener Bereiche, die von der Pflicht zur Quellenangabe nicht oder nur nach dem Maßstab der Verkehrssitte erfasst werden. Dabei handelt es sich zum einen um die in Abs. 1 nicht genannten Fälle der Vervielfältigung und zum anderen gemäß Abs. 2 um die allgemeine Begrenzung nach dem Maßstab der Verkehrssitte bei Fällen der öffentlichen Wiedergabe, so weit nicht seit dem ÄndG vom 10.9.2003 kraft Umsetzung der Richtlinie über Urheberrecht in der Informationsgesellschaft (→ Rn. 4a) in Abs. 2 einige bedeutsame Fälle der Verpflichtung zur Quellenangabe im Bereich der öffentlichen Wiedergabe ausdrücklich genannt werden. Zuletzt erfuhr der Bereich der zulässigen Nutzung ohne Quellenangaben eine Reformierung im Zuge des Urheberrechts-Wissensgesellschafts-Gesetz,[6] mit der Konsequenz, dass die mit dem Gesetz zur Nutzung verwaister und vergriffener Werke vom 1.10.2013[7] eingeführten Fällen der öffentlichen Zugänglichmachung wieder mit Wirkung zum 1.3.2018 aus Abs. 2 entfernt wurden. Der Regierungsentwurf zum UrhWissG stellt klar, dass der Begriff der öffentlichen Wiedergabe in Abs. 2 nun wie in § 15 Absatz 2 UrhG als Oberbegriff für unterschiedliche Verwertungsrechte, inkl. der öffentlichen Zugänglichmachung, verwendet wird und daher eine Differenzierung zwischen öffentlicher Zugänglichmachung und öffentlicher Wiedergabe ohne jegliche inhaltliche Auswirkung entfallen kann.[8] Es verbleibt mithin bei der 2013 intendierten Einengung der zulässigen Nutzung ohne Quellenangabe.

2   Wie allgemein im Bereich des UPR[9] führt die **Verklammerung persönlich-geistiger und materieller Interessen** des Urhebers auch hier dazu, dass ein Verstoß gegen die Verpflichtung zur Quellenangabe im Hinblick auf deren Werbe- und „Propaganda"-Funktion[10] in der Regel auch wirtschaftlich negative Folgen für den Urheber hat, die die Verpflichtung zum Schadenersatz auslösen können.[11] Da der Urheber auf sein Recht zur Urhebernennung verzichten kann, ist auch ein Verzicht auf die Quellenangabe möglich.[12] Zwar hat die Öffentlichkeit ein Interesse, ein Zitat zu überprüfen, was nur mit der Quellenangabe möglich ist; doch ist § 63 nur im Lichte der Zitatschranke und des Eingriffs in das Urheberrecht zu sehen.

3   Eine über den Urheberrechtsschutz ieS hinausführende Besonderheit der Regelung[13] liegt in der Berücksichtigung des **Nennungsinteresses von Verlagen,** Zeitungen oder anderen Informationsblättern sowie Rundfunkanstalten nach der näheren Regelung in Abs. 1 S. 3 sowie Abs. 3.[14] Wegen der Subsidiarität der Nennung des Herausgebers oder des Verlegers nach § 10 Abs. 2 kann der Verleger bei fehlender Urheberbezeichnung iS von § 10 Abs. 1 schon allgemein im Rahmen der Quellenangabe zu nennen sein (→ Rn. 13). Die Berücksichtigung des **Nennungsinteresses von Primär-**

---

[1] S. allg. § 13 Rn. 1; *Waiblinger* UFITA 2011, S. 323 (421).

[2] *Ulmer* § 62 IV.

[3] Ähnlich *v. Gamm* UrhG § 63 Rn. 1; *Schack* UrhR Rn. 370, 552: Ergänzung des § 13; weiterführend Möhring/Nicolini/*Engels* UrhG § 63 Rn. 1 und Wandtke/Bullinger/*Bullinger* UrhG § 63 Rn. 1, 28.

[4] Von *Müller* S. 123 daher auch als „Schranken-Schranke" bezeichnet.

[5] Kritisch dazu *Schack* FS Schricker, 2004, 511 (514 ff.); *Geiger* FS Hilty, 2008, 77 ff.

[6] Gesetzes zur Angleichung des Urheberrechts an die aktuellen Erfordernisse der Wissensgesellschaft (Urheberrechts-Wissensgesellschafts-Gesetz – UrhWissG), BGBl. I 2017 S. 3346.

[7] BGBl. 2013 I S. 3728.

[8] Begr. Reg.-E zur Angleichung des Urheberrechts an die aktuellen Erfordernisse der Wissensgesellschaft, S. 53.

[9] → Vor §§ 12 ff. Rn. 11 ff.

[10] So Möhring/Nicolini/*Engels* UrhG § 63 Rn. 1; s. auch Wandtke/Bullinger/*Bullinger* UrhG § 63 Rn. 1; Dreier/Schulze/*Schulze* UrhG § 63 Rn. 1.

[11] So grundsätzlich OLG Hamburg GRUR 1970, 38 (40) – Heintje; deutlicher LG München I Schulze LGZ 182, 1 (7); sowie – nach früherem Recht – LG München I UFITA 52 1969, S. 247 (251) – Wenn die Elisabeth; → Rn. 21.

[12] OLG Hamm OLGR Hamm 2008, 400 = GRUR-RR 2008, 154 (155) – Copyrightvermerk; darauf beruht auch die Praxis, dass beim Verbreiten von Bildern über Bild- oder Presseagenturen nur diese, nicht aber der Fotograph genannt wird, dazu auch *v. Gamm* NJW 1959, 318 (319).

[13] Ähnlich Möhring/Nicolini/*Gass* UrhG (2. Aufl.) § 63 Rn. 1 und 18.

[14] Ähnlich auch *Brauns* S. 202: Berücksichtigung etwaiger Leistungsschutzrechte der Verleger.

verwertern im Rahmen von § 63 könnte – ähnlich wie der Entstellungsschutz für Filmhersteller gemäß § 94 Abs. 1 S. 2 – de lege ferenda den Ausgangspunkt einer im Umfeld der digitalen Werkverwertung sich möglicherweise als notwendig erweisenden allgemeinen Berücksichtigung von „**Authentizitäts- und Nennungsinteressen**" von **Herstellern** aller Art bilden.[15] Ein weiterer Ansatzpunkt in dieser Richtung findet sich beim Schutz der zur Rechtewahrnehmung erforderlichen Informationen gemäß § 95c; nach der Definition dieses Begriffes in § 95c Abs. 2 werden ua. Informationen erfasst, die den Urheber *oder jeden anderen Rechtsinhaber* identifizieren.[16] Wird in einer nach § 63 UrhG erforderlichen Quellenangabe eine als Marke geschützte Bezeichnung verwendet, kann darin nicht zugleich eine Benutzung der Marke in unlauterer Weise[17] oder eine sittenwidrige markenmäßige Benutzung (§ 23 MarkenG) liegen;[18] § 63 UrhG stellt insoweit einen Rechtfertigungsgrund dar.

2. Internationales Urheberrecht

Im **Recht der RBÜ** findet sich keine der allgemeinen Regelung in § 63 entsprechende Vorschrift, **4** obwohl der Schutzgedanke des § 13 in Art. 6bis Abs. 1 RBÜ allgemein zum Ausdruck kommt (→ § 13 Rn. 3). Die Pflicht zur Quellenangabe findet sich in der RBÜ (Pariser Fassung) im Rahmen der ohnehin weniger ausgebauten Regelung der Urheberrechtsschranken[19] jeweils bei den einzelnen Vorschriften.[20] Das **WUA** demgegenüber enthält wegen des gänzlichen Fehlens einer systematischen Regelung über das UPR[21] weder eine allgemeine Vorschrift über das Namensnennungsrecht, noch eine Entsprechung zu § 63; ein Anklang an das Gebot zur Quellenangabe (Urhebername und Werktitel) findet sich allerdings im Zusammenhang mit der Regelung der allgemeinen Zwangslizenz für Übersetzungen in Art. V Abs. 2 lit. e sowie bei der Sonderregelung der Zwangslizenzen zur Vervielfältigung und Übersetzung zugunsten der Entwicklungsländer nach Art. Vbis ff., konkret in Art. Vter Abs. 9 iVm. Art. V Abs. 2 lit. e sowie Art. Vquater Abs. 1 lit. f WUA.

In den **EU-Harmonisierungsrichtlinien** erscheint das Gebot zur Quellenangabe zum ersten Mal **4a** in Art. 6 Abs. 2 lit. b[22] der Datenbankrichtlinie;[23] diese Vorschrift hat ihre Umsetzung durch Einfügung des neuen Abs. 1 S. 2[24] erfahren (→ Rn. 5). Eine umfassendere Regelung des Gebots zur Quellenangabe erfolgte sodann im Zusammenhang mit der **Harmonisierung der Urheberrechtsschranken** in Art. 5 der **Richtlinie über Urheberrecht in der Informationsgesellschaft**.[25] In einer Reihe der dort in Art. 5 Abs. 3 vorgesehenen (fakultativen) Urheberrechtschranken ist – unter teilweise unterschiedlichen Voraussetzungen und nicht immer identischen Formulierungen – die **Verpflichtung zur Angabe der „Quelle,** einschließlich des Namens des Urhebers" verankert worden, und zwar „außer in Fällen, in denen sich dies als unmöglich erweist".[26] Dies ist bemerkenswert, weil der EU-Richtliniengesetzgeber[27] an sich nicht beabsichtigt hatte, Fragen des UPR in die Regelung einzubeziehen.[28] Bei der Umsetzung der Richtlinie durch ÄndG vom 10.9.2003 ist dies zu einer geringfügigen Anpassung des § 63 Abs. 1 S. 1 sowie zur Einfügung des § 63 Abs. 2 S. 2 geführt (→ Rn. 5). Beides bedeutete eine Erweiterung der Zahl der in § 63 genannten Fälle von Urheberrechtsschranken, in denen die Quellenangabe ausdrücklich gefordert wird, und zwar insb. im Bereich der öffentlichen Wiedergabe (→ Rn. 5a). Die Regelung in § 63 greift aber über diese Vorgaben der EU-Richtlinie hinaus, weil sie – wie bisher schon – eine Reihe weiterer Schrankenvorschriften mit der Verpflichtung zur Quellenangabe belegt, auch solche, die in der Richtlinie nicht gefordert wird. Letzteres trifft beispielsweise zu für § 45 Abs. 1 (Vervielfältigung zur Verwendung in gerichtlichen oder behördlichen Verfahren; vgl. demgegenüber Art. 5 Abs. 3 lit. e Info-Soc-RL), § 45a (Schranke zugunsten behinderter Menschen; vgl. Art. 5 Abs. 3 lit. b Info-Soc-RL), § 47 (Aufzeichnung von Schulfunksendungen; vgl. Art. Art. 5 Abs. 2 lit. c Info-Soc-RL), § 58 (Werbung für ausgestellte Werke; vgl. Art. 5 Abs. 3 lit. j Info-Soc-RL) und § 59 (Werke an öffentlichen Plätzen; vgl. Art. 5 Abs. 3 lit. h Info-Soc-RL). Diese aus der Sicht der Richtlinie „überschießende" Regelung

---

[15] S. die Nachweise oben → § 14 Rn. 6 aE.

[16] S. auch Dreier/Schulze/*Schulze* UrhG § 63 Rn. 2.

[17] § 14 Abs. 2 Nr. 3 MarkenG.

[18] OLG Frankfurt a. M. GRUR 2008, 249 (253 f.) – Abstracts.

[19] *Nordemann/Vinck/Hertin* RBÜ Art. 8 Rn. 3 ff. und Art. 9 Rn. 3 ff.

[20] ZB Art. 10 Abs. 3 und Art. 10 Abs. 1 sowie Anhang Art. IV Abs. 3 oder auch in allgemeinerer Form in Art. 11 Abs. 2 sowie in Art. 9 Abs. 2, in letzterem Fall abgeschwächt zum Gebot der Wahrung der berechtigten Interessen des Urhebers.

[21] → Vor §§ 12 ff. Rn. 44.

[22] Und bezüglich des „sui generis"-Rechts des Datenbankherstellers in Art. 9 lit. b.

[23] Richtlinie 96/9/EG über den rechtlichen Schutz von Datenbanken ABl. L 77 vom 27.3.1996, S. 20 ff.

[24] Sowie bezüglich des Schutzrechts des Datenbankherstellers durch die Regelung in § 87c Abs. 2 iVm. Abs. 1 Nr. 2 und 3.

[25] Richtlinie 2001/29/EG vom 22.5.2001, ABl. L 167 vom 22.6.2001, S. 10 ff.; im Folgenden kurz InfoSoc-RL.

[26] Vgl. Art. 5 Abs. 3 lit. a – Nutzung zur Veranschaulichung des Unterrichts und für Forschungszwecke; lit. c – Nutzung zu Tagesfragen durch andere Medien sowie Berichterstattung über Tagesereignisse; lit. d – Zitate; sowie lit. f – Nutzung von politischen Reden und öffentlichen Vorträgen.

[27] S. Erwg 19 der Richtlinie.

[28] S. bereits → § 62 Rn. 3.

bedeutet nicht etwa deren unkorrekte Umsetzung, gerade weil nach Erwägungsgrund 19 RL[29] die Regelung über Urheberpersönlichkeitsrechte unter gleichzeitigem Hinweis auf den Einklang mit den Rechtsvorschriften der Mitgliedstaaten außerhalb des Anwendungsbereichs der Richtlinie bleiben sollte. Die umfassende Weiteranwendung des – im Zuge der Umsetzung der Richtlinie – modifizierten § 63[30] ist daher richtlinienkonform. In der Verwaiste Werke-RL[31] hat der EU-Richtliniengesetzgeber die Frage der Quellenangabe nur insoweit behandelt, dass nach Art. 6 Abs. 3 der Richtlinie die Mitgliedstaaten sicherstellen, dass die privilegierten Einrichtungen die Namen ermittelter Urheber und anderer Rechtsinhaber bei der Nutzung anzugeben haben; insoweit gilt auch hier das Vorstehende. Der aktuelle Vorschlag der EU-Kommission für eine Richtlinie über das Urheberrecht im digitalen Binnenmarkt,[32] sowie das jüngst bekanntgegebene Votum des EU-Parlament (mit auf diesen Kommissions-Vorschlag gerichteten Änderungen),[33] beinhalten nur insoweit quellenangabenbezogene (Neu-)Regelungen, als dass im Kontext digitaler und länderübergreifender Lehrtätigkeiten eine Nennung der Quelle zu erfolgen hat, sofern sich dies nicht (aus Gründen der Praktikabilität) als unmöglich erweist (Art. 4 Nr. 1 lit. b).

3. Entstehungsgeschichte

5 Wegen seiner systembedingt zahlreichen Verweisungen auf einzelne Vorschriften über Urheberrechtsschranken erfuhren § 63 und seine Vorläuferbestimmungen schon im ursprünglichen Gesetzgebungsverfahren[34] bis zuletzt durch Beschlüsse des Rechtsausschusses zahlreiche explizite oder implizite Änderungen teils grundlegender, teils geringfügiger Natur.[35] In der **Tendenz der Entwicklung** ist jedoch von Stufe zu Stufe eine zugunsten des Urhebers schärfere und präzisere Fassung der Verpflichtung zur Quellenangabe im Rahmen der Urheberrechtsschranken festzustellen; dies gilt auch im Verhältnis zum früheren Recht,[36] wiewohl die Strafbewehrung im neuen Recht weggefallen ist.[37] Als Folge der Umsetzung der Datenbankrichtlinie vom 11.3.1996 durch Art. 7 des Informations- und Kommunikationsdienstegesetzes (IuKDG) vom 22.7.1997 wurde in Abs. 1 der neue Satz 2 eingefügt; die bisherigen Sätze 2 und 3 wurden Sätze 3 und 4.

5a Weiter wurde § 63 im Jahr 2003 im Zuge der **Umsetzung der Richtlinie über Urheberrecht in der Informationsgesellschaft** („erster Korb"), – hier vor allem Art. 5 Abs. 3a, d, f – entsprechend angepasst;[38] die Umsetzung der Richtlinie betraf nämlich zahlreiche Vorschriften im sechsten Abschnitt des Gesetzes über die einzelnen Schranken des Urheberrechts (Nunmehr §§ 44a–61c) und führte zusätzliche Schrankenvorschriften ein.[39] Die **Anpassung des § 63** geschah durch rein äußerlich relativ geringfügige Änderungen bei der Aufzählung der einschlägigen Schrankenvorschriften in Abs. 1 S. 1 (nunmehr §§ 45 Abs. 1, 45a bis 48, 50, 51, 58 und 59) sowie durch Hinzufügung von Abs. 2 S. 2, der für bestimmte Fälle im Bereich der öffentlichen Wiedergabe (§§ 46, 48, 51, 52a) nun ebenfalls die Quellenangabe positiv vorschreibt und insofern für diesen Bereich eine Annäherung an die Regelungstechnik im Bereich der Vervielfältigung gemäß Abs. 1 S. 1 bedeutet. Diese positiv formulierte Pflicht wurde durch das Gesetz zur Nutzung verwaister und vergriffener Werke vom 1.10.2013[40] mit Wirkung zum 1.1.2014 nunmehr auch um einzelne Fälle der öffentlichen Zugänglichmachung (§§ 61, 61c) erweitert. Die unterschiedliche Methode der bisherigen Regelung – Einzelaufzählung der Fälle gebotener Quellenangabe im Bereich der Vervielfältigung (Abs. 1 S. 1) und generelle Anknüpfung an die Verkehrssitte im Bereich der öffentlichen Wiedergabe und der öffentlichen Zugänglichmachung (Abs. 2) – ist damit zum bedeutenderen Teil aufgegeben worden.[41] Nachdem mit dem 1. Gesetz zur Informationsgesellschaft vom 10.9.2003 § 61 in den neuen § 42a überführt wurde und aus der Aufzählung in § 63 gestrichen wurde, ohne aber § 42a in die Aufzählung neu aufzunehmen, war umstritten, ob § 63 von den Zwangslizenznehmern bei der Werkvervielfältigung noch zu beachten war. Es handelte sich jedoch um ein „Redaktionsversehen",[42] das der Gesetzgeber mit dem 2. Gesetz zur Informationsgesellschaft vom 26.10.2007 („zweiter Korb") in der Gesetzesbegründung korrigiert hat[43] und zusätzlich ausdrücklich in § 42a Abs. 1 S. 2 die entsprechende

[29] → § 62 Rn. 3.
[30] Wie schon des § 62, → § 62 Rn. 3.
[31] Richtlinie 2012/28/EU über bestimmte zulässige Formen der Nutzung verwaister Werke ABl. L 299 vom 27.10.2012, S. 5 ff.
[32] Vorschlag für eine Richtlinie des Europäischen Parlaments und des Rates über das Urheberrecht im digitalen Binnenmarkt, 2016/0280 (COD), {SWD(2016) 301 final} {SWD(2016) 302 final}.
[33] Abänderungen des Europäischen Parlaments vom 12. September 2018 zu dem Vorschlag für eine Richtlinie des Europäischen Parlaments und des Rates über das Urheberrecht im digitalen Binnenmarkt, P8_TA-PROV (2018)0337 (vorläufige Fassung).
[34] § 57 und § 60 RefE; § 60 und § 63 MinE; § 63 und § 66 RegE.
[35] Vgl. die ausführliche Darstellung bei Möhring/Nicolini Anm. 1a.
[36] Dazu Möhring/Nicolini UrhG (1. Aufl.) § 63 Anm. 1a.
[37] V. Gamm Rn. 1 sowie unten Rn. 20 ff.
[38] S. bereits oben Rn. 4a sowie oben § 62 Rn. 4a; s. auch Dreier/Schulze/Schulze UrhG § 63 Rn. 4.
[39] Vor §§ 44a ff. Rn. 13.
[40] BGBl. 2013 I S. 3728.
[41] S. auch → Rn. 7.
[42] Mestmäcker/Schulze/Kirchmaier UrhG (51. EL, Dez. 2009) § 42a Rn. 15.
[43] BT-Drs. 16/1828, 25.

Anwendung von § 63 angeordnet hat. Der bisherige Abs. 1 S. 2 – die Quellenangabe bei Datenbankwerken, bei wissenschaftlichem Gebrauch und Unterrichtsgebrauch – wurde gestrichen. Denn die Pflicht zur Quellenangabe wurde in Umsetzung von Art. 5 Abs. 3 lit. a der Richtlinie zur Informationsgesellschaft auf alle Werkarten ausgedehnt, die der Veranschaulichung im Unterricht oder für Zwecke der Forschung vervielfältigt werden dürfen, sodass die spezielle Ausnahme in Abs. 1 S. 2 gestrichen werden konnte zugunsten einer allgemeinen Pflicht zur Quellenangabe beim wissenschaftlichen Gebrauch von Werken und zur Veranschaulichung im Unterricht in Abs. 1 S. 1.[44] Zuletzt erfuhr § 63 eine Reformierung im Zuge des Urheberrechts-Wissensgesellschafts-Gesetz:[45] Zunächst wird nunmehr in Abs. 1 S. 1 **ausdrücklich** klargestellt, dass sich die Pflicht zur Quellenangabe auch auf die **„Verbreitung"** von Werken (und Werkteilen) erstreckt. Ferner wurden die Normverweise des Abs. 1 S. 1 und Abs. 2 S. 2 mit der Neuregelung der §§ 60a bis 60d (sowie der Streichung des § 52a) in Einklang gebracht. Eine weitere Neuerung ist, dass in Prüfungsaufgaben eine Benennung der Quelle verzichtbar sein kann, z.B. wenn sich die zu lösende Aufgabe gerade auf die Benennung einer Quelle beläuft (vgl. Abs. 1 Satz 3).[46] Darüber hinaus entfällt in Abs. 2 – wie bereits oben dargelegt (→ Rn. 1) – die Differenzierung zwischen öffentlicher Zugänglichmachung und öffentlicher Wiedergabe, ohne dass sich dies nach Willensbekundung des Gesetzgebers inhaltlich auswirken soll.[47]

II. Aufbau und Anwendungsbereich

1. Aufbau

Die §§ 44a–61c regeln in unterschiedlicher Weise und voneinander abgegrenzt die Fälle der ohne **6** Zustimmung des Urhebers **zulässigen Handlungen der Vervielfältigung, Verbreitung und öffentlichen Wiedergabe** geschützter Werke. Demgegenüber regelt § 63 in zusammenfassender Weise, in welchen dieser Fälle und unter welchen Voraussetzungen eine Quellenangabe zu erfolgen hat. Die vorgeschriebenen Fälle der Verpflichtung zur Quellenangabe werden dabei positiv bestimmt,[48] sodass die nicht genannten Fälle diejenigen sind, bei denen eine derartige Quellenangabe nicht erforderlich ist.[49] Eine Ausnahme hiervon findet sich in § 63 Abs. 1 S. 3, demzufolge die Verpflichtung zur Quellenangabe entfällt, wenn die Quelle nicht benannt noch bekannt war oder im Fall des § 60a oder des § 60b Prüfungszwecke einen Verzicht auf die Quellenangabe erfordern. Erfasst werden von der Regelung ausdrücklich Fälle der Vervielfältigung, der öffentlichen Wiedergabe und nunmehr (seit der Reform von 2017) der Verbreitung (→ Rn. 1, 5a). Die Ergänzung hat jedoch lediglich eine klarstellende Funktion, da die zulässigen Verbreitungshandlungen nach §§ 44a von der Pflicht zur Quellenangabe auch bisher nur scheinbar generell ausgeklammert wurden.[50] Abgesehen von den Fällen, in denen das Gebot zur Quellenangabe schon für die Vervielfältigung entfällt (→ Rn. 10), geht nämlich der Verbreitungshandlung – heute wie damals – in aller Regel eine dem Gebot zur Quellenangabe unterliegende Vervielfältigung voraus. Die zulässigerweise verbreiteten Vervielfältigungsexemplare mussten demgemäß in den betreffenden Fällen auch unter der bisherigen Gesetzeslage die Quellenangabe aufweisen; sinngemäß stellte deshalb die nachträgliche Beseitigung der im Rahmen der Vervielfältigung ursprünglich angebrachten Quellenangabe auf Vervielfältigungsstücken und deren Verbreitung ohne Quellenangabe bereits zuvor einen Verstoß gegen den allgemeinen Schutzgedanken des § 13 und gegen das Ziel der Regelung in § 63 a. F. dar; dies galt naturgemäß erst recht, wenn Vervielfältigung *und* Verbreitung ohne die vorgeschriebene Quellenangabe erfolgten.[51] Die ausdrückliche Bezeichnung der Verbreitung in Abs. 1 konkretisiert mithin auf gesetzlicher Ebene, was in weiten Teilen bereits bisher galt.[52] Eine tiefgreifende Neuerung ist hierin nicht zu erblicken.

§ 63 gilt demnach für **alle Werkarten** und verwandte Schutzrechte. Aber auch für Computerprogramme kann § 63 Anwendung finden, wenn die §§ 69a ff. nicht vorgehen. Ebenso muss § 63 für den Datenbankhersteller berücksichtigt werden, was sich nach der Neufassung des § 63 Abs. 1 im zweiten Korb nicht mehr ausdrücklich aus Abs. 1 S. 2 a. F.,[53] sondern nur noch aus § 87c Abs. 1 S. 2

---

[44] BT-Drs. 16/1828, 31.
[45] Gesetzes zur Angleichung des Urheberrechts an die aktuellen Erfordernisse der Wissensgesellschaft (Urheberrechts-Wissensgesellschafts-Gesetz – UrhWissG), BGBl. I 2017 S. 3346.
[46] Begr. Reg.-E zur Angleichung des Urheberrechts an die aktuellen Erfordernisse der Wissensgesellschaft, S. 53.
[47] Begr. Reg.-E zur Angleichung des Urheberrechts an die aktuellen Erfordernisse der Wissensgesellschaft, S. 53.
[48] → Rn. 1 und 5a.
[49] Dreier/Schulze/*Schulze* UrhG § 63 Rn. 3.
[50] Vgl. auch BT-Drs. 18/12329, 48.
[51] Ebenso zur alten Rechtslage Dreier/Schulze/*Schulze* UrhG § 63 Rn. 9; einschränkend, insb. für den Fall der Vervielfältigung durch den Urheber selber, DKMH/*Dreyer* UrhG § 63 Rn. 8.
[52] Ebenso BeckOK UrhR/*Engels* § 63 Rn. 12; Dreier/Schulze/*Schulze* UrhG § 63 Rn. 9.
[53] Abs. 1 S. 2 a. F. wurde zunächst durch die Aufnahme des § 53 Abs. 2 S. 1 Nr. 1, Abs. 3 Nr. 1 a. F. in die Aufzählung des § 63 Abs. 1 S. 1 a. F. entbehrlich, vgl. BT-Drs. 16/1828, 31. Seit dem 1.3.2018 gehen § 53 Abs. 2 S. 1 Nr. 1 a. F. allerdings in § 60c und § 53 Abs. 3 Nr. 1 a. F. in §§ 60a und 60b auf.

ergibt.[54] Allerdings greift § 87c Abs. 1 S. 2 nur im Fall der Vervielfältigung wesentlicher Teile einer Datenbank zu Zwecken der wissenschaftlichen Forschung (§§ 60c und 60d) oder zur Veranschaulichung des Unterrichts und der Lehre (§§ 60a und 60b) (→ Rn. 14a).[55] Soweit einer Datenbank nur so wenige Werke oder Leistungen entnommen werden, dass sie innerhalb des Datenbankbestandes nur einen unwesentlichen Teil ausmachen, kommt § 63 allein zur Anwendung, und zwar zugunsten des Urhebers oder Leistungsschutzberechtigten, dessen Werk oder Leistung betroffen ist.[56] § 63 ist über zahlreiche Verweise zur Anwendbarkeit der Schrankenregelungen des 6. Abschnitts im 1. Teil zugunsten der Inhaber von Leistungsschutzrechten anwendbar. Dazu gehören im Einzelnen: der Ausgabenverfasser gem. § 70 Abs. 1, der mit nachgelassenen Werken Befasste gem. § 71 Abs. 1 S. 3, der Lichtbildner gem. § 72 Abs. 1, der ausübende Künstler gem. § 83 iVm. §§ 77 und 78, der Veranstalter gem. § 83 iVm. § 81, der Tonträgerhersteller gem. § 85 Abs. 4, das Sendeunternehmen gem. § 87 Abs. 4, der Filmhersteller gem. § 94 Abs. 4, der Laufbildner gem. § 95 iVm. § 94 Abs. 4.

7 Bezüglich der beiden ausdrücklich erfassten Bereiche der Vervielfältigung und der öffentlichen Wiedergabe war das Gesetz zunächst methodisch unterschiedliche Wege gegangen.[57] **Im Bereich der Vervielfältigung** wurde in Abs. 1 S. 1 im Rahmen einer Aufzählung konkret festgelegt, welche Fälle der Urheberrechtsschranken stets der Pflicht zur deutlichen Quellenangabe unterworfen sind, es sei denn, dass eine der in Abs. 1 S. 3 genannten Voraussetzungen (ungenannte und unbekannte Quelle) vorliegt (→ Rn. 17); dabei wäre trotz der Sonderregelung in Abs. 3 auch § 49 Abs. 1 sinnvollerweise bereits in die Aufzählung gemäß Abs. 1 S. 1 aufzunehmen gewesen.[58] Im **Bereich der öffentlichen Wiedergabe** demgegenüber wurde durch den bisherigen Abs. 2 generell für alle in den Schrankenvorschriften vorkommenden Fälle die Quellenangabe vorgeschrieben, jedoch von vornherein nur, wenn und soweit die Verkehrssitte es erfordert.[59] Durch das ÄndG vom 10.9.2003 ist dieser methodische Unterschied für einen bedeutsamen Teil der betroffenen Schrankenvorschriften (nämlich die §§ 46, 48, 51 und 52a)[60] und mit im Zuge der Umsetzung der EU-Richtlinie[61] durch Einfügung des Abs. 2 S. 2 a.F. aufgehoben worden, freilich unter der Voraussetzung, dass die Quellenangabe möglich ist. Mit dem Gesetz zur Nutzung verwaister und vergriffener Werke vom 1.10.2013[62] wurde dies um die öffentliche Zugänglichmachung verwaister Werke nach den §§ 61, 61c ausgedehnt. Seit dem Gesetz zur Angleichung des Urheberrechts an die aktuellen Erfordernisse der Wissensgesellschaft vom 1.9.2018,[63] umfasst § 63 Abs. 1 auch ausdrücklich die Verbreitung von Werken oder Werksteilen, s. hierzu ausführlich → Rn. 6. Zudem wurde auf eine Differenzierung zwischen öffentlicher Zugänglichmachung und öffentlichen Wiedergabe in Abs. 2 S. 2 verzichtet.[64] Die verbleibenden Fälle im Bereich der öffentlichen Wiedergabe, die gemäß Abs. 2 S. 1 nach wie vor generell anhand des Maßstabs der Verkehrssitte zu beurteilen sind (→ Rn. 12), dürften in der Praxis die minder bedeutenden Fälle darstellen.

8 Über diese beiden Grundsatzregelungen hinaus enthält § 63 für **einzelne Spezialfälle** zusätzliche besondere Vorschriften, wie Abs. 1 S. 2 für den Fall der zulässigen Vervielfältigung ganzer Sprach- oder Musikwerke (Erfordernis der zusätzlichen Nennung des Verlags sowie der Kenntlichmachung von Kürzungen und Änderungen) und Abs. 3 für die verschiedenen Fälle der Vervielfältigung und öffentlichen Wiedergabe nach § 49 Abs. 1 (Erfordernis der zusätzlichen Nennung der Zeitung oder des Informationsblatts bzw. des Sendeunternehmens). Wegen der Anwendung im Bereich der verwandten Schutzrechte (→ Rn. 18).

2. Der Anwendungsbereich im Einzelnen

9 In den **Bereichen der zulässigen Vervielfältigung und Verbreitung**[65] ergibt sich aus Abs. 1 S. 1 iVm. Abs. 3, dass die Quellenangabe (unter den näheren Voraussetzungen nach Abs. 1 S. 2 und 3 sowie des Abs. 3) in folgenden Fällen vorgeschrieben ist: § 45 Abs. 1 (Herstellung von Vervielfältigungsstücken von Werken zur Verwendung in Verfahren vor Gerichten, Schiedsgerichten oder Be-

---

[54] Vgl. Dreier/Schulze/*Schulze* UrhG § 63 Rn. 2.

[55] Im Zuge der Reformierung des § 87c durch das UrhWissG ist auf die Vervielfältigung von Datenbankwerken durch Bibliotheken § 60g Abs. 1 entsprechend anzuwenden, vgl. § 87c Abs. 1 S. 2.

[56] Wandtke/Bullinger/*Hermes* UrhG § 87c Rn. 22.

[57] Vgl. Wandtke/Bullinger/*Bullinger* UrhG § 63 Rn. 3.

[58] → Rn. 16.

[59] Wegen des Sonderfalls des § 49 Abs. 1 → Rn. 18.

[60] Mit Wirkung zum 1.3.2018 wurde der Verweis auf das Zitatrecht (§ 51) in § 63 Abs. 2 S. 2 durch das UrhWissG gestrichen. Zudem verweist § 63 nun anstelle des weggefallenen § 52a auf dessen Neuregelungen in den §§ 60a ff.

[61] → Rn. 4a und 5a.

[62] BGBl. 2013 I S. 3728.

[63] BGBl. I 2017 S. 3346.

[64] Die öffentliche Wiedergabe wird nun oberbegrifflich für unterschiedliche Verwertungsrechte, einschließlich der öffentlichen Zugänglichmachung, genutzt, woraus jedoch keine materiell-rechtlichen Änderungen resultieren sollen, vgl. Begr. Reg.-E zur Angleichung des Urheberrechts an die aktuellen Erfordernisse der Wissensgesellschaft, S. 53.

[65] Seit den Änderungen durch das UrhWissG wird das Merkmal der Verbreitung zur Klarstellung jetzt ausdrücklich erwähnt, s. bereits → Rn. 6.

hörden);[66] § 45a (Vervielfältigung zugunsten behinderter Menschen); § 46 (Vervielfältigung von Werken oder Werkteilen zur Aufnahme in eine Sammlung für religiösen Gebrauch); § 47 Abs. 1 (Aufzeichnung von Schulfunksendungen durch Schulen sowie Einrichtungen der Lehrerbildung und -fortbildung und andere Einrichtungen); § 48 (Vervielfältigung öffentlicher Reden); § 49 Abs. 1 (Vervielfältigung von tagesaktuellen Rundfunkkommentaren und Zeitungsartikeln); § 50 (Vervielfältigung im Rahmen der Bild- und Tonberichterstattung über Tagesereignisse); § 51 (Vervielfältigung zu Zitatzwecken); § 58 (Vervielfältigung zum Zwecke der Werbung für öffentlich ausgestellte oder zur Ausstellung bestimmte Werke) und § 59 (Vervielfältigung von Werken an öffentlichen Plätzen). Mit der im Zuge der Umsetzung der Verwaiste Werke-RL[67] durch das Gesetz zur Nutzung verwaister und vergriffener Werke vom 1.10.2013[68] neu eingeführten Schranke der §§ 61, 61c wurden auch Vervielfältigungshandlungen nach diesen Vorschriften der Pflicht zur Quellenangabe unterstellt. Ferner bedarf es der Benennung der Quelle gem. § 63 Abs. 1 S. 1 (seit dessen jüngster Reform durch das UrhWissG im Jahr 2017) im Kontext von Unterricht und Lehre (§ 60a) und der Herstellung von Unterrichts- und Lehrmedien (§ 60b), im Rahmen der wissenschaftlichen Forschung (§ 60c) und des Text und Data Minings (§ 60d).[69] Über § 42a Abs. 1 S. 2 kommt § 63 außerdem entsprechend bei der Vervielfältigung im Rahmen der Zwangslizenz zur Herstellung von Tonträgern – früher § 61, jetzt § 42a – zur Anwendung (→ Rn. 5a); für frühere Sachverhalte ist durchgängig die Quellenangabe erforderlich:[70] Bei Sachverhalten bis 12.9.2003 ergibt sich die Pflicht aus §§ 63 idF v. 1.1.1998 iVm. § 61 idF v. 9.9.1965; bei Fällen zw. 13.9.2003 und 31.12.2007 in analoger Anwendung des § 63 idF v. 13.9.2003 auf § 42a idF v. 13.9.2003; bei Fällen seit dem 1.1.2008 aus § 63 idF v. 1.1.2008 iVm. § 42a Abs. 1 S. 2 idF v. 1.1.2008. Daneben ist die Quellenangabe gemäß der Sondervorschrift über das Gebot zur Quellenangabe bei der Benutzung ansonsten urheberrechtlich schutzloser anderer amtlicher Werke iS von § 5 Abs. 2 erforderlich, wobei es freilich um die Interessen des Amtsträgers geht.[71]

Dabei kommt es für die Vervielfältigung nur darauf an, ob die jeweilige Vervielfältigungshandlung privilegiert ist, gleich ob sie das ganze Werk oder nur einen Werkteil betrifft. Bei einer unzulässigen Handlung hilft auch eine Quellenangabe darüber nicht hinweg; vielmehr liegt zusätzlich bei fehlender Quellenangabe eine weitere Verletzung des § 13 vor.[72] Umgekehrt folgt daraus, dass keine Quellenangabe erforderlich ist, wenn das Werk schutzlos ist bzw. frei benutzt werden kann.[73] Allerdings darf damit nicht der Fall von Werken verwechselt werden, die unter einer besonderen Lizenz wie im Fall von **Creative Commons,** Open Access-Werken etc. stehen, die fast immer die Pflicht zur Nennung des Urhebers vorsehen.

Nicht erfasst werden demgemäß in den **Bereichen der zulässigen Vervielfältigung und Verbreitung** folgende Fälle:[74] § 44a (vorübergehende Vervielfältigungshandlungen); § 45 Abs. 2 (Vervielfältigung von Bildnissen für Zwecke der Rechtspflege und der öffentlichen Sicherheit durch Gerichte und Behörden);[75] § 49 Abs. 2 (Vervielfältigung vermischter Nachrichten);[76] §§ 53 ff. (Vervielfältigung zum privaten und sonstigen eigenen Gebrauch), jedoch mit Ausnahme der oben benannten Vervielfältigung und Verbreitung im Rahmen der §§ 60a–60d (→ Rn. 5a, 9); § 55 (sogenannte ephemere Aufzeichnungen durch Sendeunternehmen); § 55a (bestimmungsgemäße Nutzung eines Datenbankwerkes); § 56 (Vervielfältigung durch Geschäftsbetriebe zum Zwecke der Kundenvorführung und Gerätereparatur); § 57 (Vervielfältigung von Werken als unwesentliches Beiwerk); § 60 (Vervielfältigung von Bildnissen durch den Besteller oder den Abgebildeten). **10**

Im **Bereich der öffentlichen Wiedergabe** ist die Quellenangabe nach der Neuregelung durch das ÄndG vom 10.9.2003,[77] dem Gesetz zur Nutzung verwaister und vergriffener Werke vom 1.10. 2013[78] und dem UrhWissG vom 1.9.2017[79] gemäß Abs. 2 S. 2 – unter der Voraussetzung, dass sie möglich ist – in folgenden Fällen positiv vorgeschrieben: § 46 (Öffentliche Zugänglichmachung von Sammlungen für den religiösen Gebrauch); § 48 (Öffentliche Wiedergabe öffentlicher Reden); § 51 (öffentliche Wiedergabe zu Zitatzwecken, zB auch in Internetzeitschriften),[80] § 60a (zur Veranschauli- **11**

---

[66] Vgl. *Maaßen* ZUM 2003, 830 (839).
[67] Richtlinie 2012/28/EU ABl. L 299, S. 5 ff.
[68] BGBl. 2013 I S. 3728.
[69] Die Vervielfältigung von Werken zum eigenen wissenschaftlichen Gebrauch (§ 53 Abs. 2 S. 1 Nr. 1 aF) geht nun in § 60c, die Vervielfältigung im Rahmen des Schulunterrichts u. dgl. (§ 53 Abs. 3 Nr. 1 a. F.) in §§ 60a und 60b auf.
[70] Begr. RegE BT-Drs. 16/1828, 25.
[71] Vgl. Mestmäcker/Schulze/*Obergfell* UrhG (38. EL, April 2005) § 5 Rn. 45, sowie *Schacht* S. 42; ebenso OLG Düsseldorf ZUM-RD 2007, 521 (522); wegen der parallelen Problematik im Rahmen des § 62 → § 62 Rn. 3.
[72] Dreier/Schulze/*Schulze* UrhG § 63 Rn. 10.
[73] Dreier/Schulze/*Schulze* UrhG § 63 Rn. 10.
[74] Vgl. auch die Aufzählung bei Dreier/Schulze/*Schulze* UrhG § 63 Rn. 6; Möhring/Nicolini/*Engels* UrhG § 63 Rn. 9; Wandtke/Bullinger/*Bullinger* UrhG § 63 Rn. 7.
[75] Vgl. dazu *Maaßen* ZUM 2003, 830 (839).
[76] Dazu → Rn. 12.
[77] → Rn. 4a, 5a und 7.
[78] BGBl. 2013 I S. 3728.
[79] BGBl. I 2017 S. 3346.
[80] *Grützmacher* ITRB 2007, 276 (277).

chung von Unterricht und Lehre), § 60b (zur Herstellung von Unterrichts- und Lehrmedien), § 60c (zum Zweck der wissenschaftlichen Forschung), § 60d (zum automatisierten Text und Data Mining) (§ 60d) und §§ 61, 61c (öffentliche Zugänglichmachung verwaister Werke). Hierher zu rechnen ist auch der in Abs. 3 gesondert geregelte Fall des § 49 Abs. 1, soweit es sich dabei um die öffentliche Wiedergabe von tagesaktuellen Zeitungsartikeln oder Rundfunkkommentaren durch Funksendung handelt. Denn auch hier ist nach Maßgabe der näheren Regelung in Abs. 3 die Quelle „stets" anzugeben. Es handelt sich also um einen qualifizierten Fall des positiven Gebots zur Quellenangabe, der eigentlich in Abs. 2 S. 2 bereits hätte erwähnt werden müssen.[81] Bei den **übrigen Fällen zulässiger öffentlicher Wiedergaben**, die gemäß Abs. 2 S. 1 nur nach Maßgabe der bestehenden Verkehrssitte dem Gebot zur Quellenangabe unterworfen sind, handelt es sich um folgende Bestimmungen: § 45 Abs. 3 iVm. Abs. 1 und 2 (Öffentliche Wiedergabe in Verfahren vor Gerichten, Schiedsgerichten oder Behörden bzw. von Bildnissen zu Zwecken der Rechtspflege und der öffentlichen Sicherheit); § 47 Abs. 2 (Verwendung der aufgezeichneten Bild- oder Tonträger im Unterricht, soweit darin ausnahmsweise überhaupt eine öffentliche Wiedergabe zu erblicken ist); § 49 Abs. 2 (öffentliche Wiedergabe vermischter Nachrichten);[82] § 50 (öffentliche Wiedergabe im Rahmen der Berichterstattung über Tagesereignisse); § 52 Abs. 1 (öffentliche Wiedergabe bei bestimmten Veranstaltungen); § 52 Abs. 2 (öffentliche Wiedergabe bei Gottesdiensten und kirchlichen Feiern); § 56 (öffentliche Wiedergabe in Geschäftsbetrieben zum Zwecke der Kundenvorführung oder Geräteinstandsetzung); § 57 (öffentliche Wiedergabe von Werken als unwesentliches Beiwerk); § 58 (öffentliche Zugänglichmachung zum Zwecke der Werbung für ausgestellte oder zur Ausstellung bestimmte Werke); § 59 (öffentliche Wiedergabe von Werken an öffentlichen Plätzen) sowie ergänzend dazu § 5 Abs. 2 (öffentliche Wiedergabe an sich nicht geschützter anderer amtlicher Werke).

12   Unter **Verkehrssitte** ist eine allgemeine Übung unter loyalen, den Belangen des Urhebers mit Verständnis gegenübertretenden, billig und gerecht denkenden Benutzern zu verstehen.[83] In einer Reihe von Fällen zulässiger öffentlicher Wiedergaben wird eine entsprechende Verkehrssitte schon aus technischen Gründen kaum je entstehen; dies gilt insb. für § 45 Abs. 3, § 47 Abs. 2, da es hier in der Regel bereits am Merkmal der öffentlichen Wiedergabe fehlen dürfe, sowie für § 56 und § 57. Im Fall des § 49 Abs. 2 ist schon zweifelhaft, ob im Hinblick auf die in § 63 Abs. 3 enthaltene Sonderregelung für § 49 Abs. 1 das Gebot zur Quellenangabe nach § 63 Abs. 2 S. 1 überhaupt eingreifen sollte; in den meisten Fällen wird es sich bei den hier betroffenen vermischten Nachrichten und Tagesneuigkeiten ohnehin nicht um geschützte Werke handeln (→ § 49 Rn. 29). In der Praxis ist deshalb für den von Abs. 2 S. 2 nicht erfassten **Residualbereich der öffentlichen Wiedergabe nach Abs. 2 S. 1** trotz des auch insoweit grundsätzlich verankerten Gebots zur Quellenangabe davon auszugehen, dass diese eher die Ausnahme denn die Regel darstellen wird. Dies zeigen auch die zu § 63 bekannt gewordenen Entscheidungen,[84] von denen nur eine[85] eine öffentliche Wiedergabe in Form einer als Zitat zulässigen Einblendung einer Fotografie in eine Fernsehsendung betraf; dabei wurde die Verpflichtung zur Quellenangabe in der Tat auch hier wegen fehlender Verkehrsüblichkeit verneint.

III. Einzelfragen

1. Begriff der Quelle

13   Hinsichtlich der Frage, welche Angaben zu einer Quellenangabe gehören,[86] ergibt sich trotz gewisser Unschärfen der Formulierung[87] insb. im Hinblick auf die ergänzenden Bestimmungen in Abs. 1 S. 2 („neben dem Urheber"), Abs. 2 S. 2 („die Quelle, einschließlich des Namens des Urhebers") sowie in Abs. 3 S. 1 und 2 („außer dem Urheber"), dass der Begriff der Quelle nach Abs. 1 S. 1 und 2 und Abs. 2 jedenfalls die **Bezeichnung des Urhebers** iS von § 10 Abs. 1 erfasst;[88] hilfsweise[89] erfasst er schon ohne Eingreifen der Sondervorschrift nach Abs. 1 S. 2 auch die Bezeichnung des Herausgebers oder Verlegers gemäß § 10 Abs. 2.[90] Nach dem AG Baden-Baden[91] umfasst die Verpflichtung zur Quellenangabe den Namen des Autors und die Fundstelle,[92] nicht jedoch den Vornamen, der irrele-

---

[81] Dreier/Schulze/*Schulze* UrhG § 63 Rn. 5; wegen der vergleichbaren Problematik im Bereich der Vervielfältigung → Rn. 7.

[82] Dazu → Rn. 12.

[83] Fromm/Nordemann/*Dustmann* UrhG § 63 Rn. 13; Möhring/Nicolini/*Engels* UrhG § 63 Rn. 36; Wandtke/Bullinger/*Bullinger* UrhG § 63 Rn. 26.

[84] → Rn. 17 ff.

[85] LG München I AfP 1984, 118.

[86] Zu unterscheiden von der Frage, wie diese erfolgen muss, → Rn. 15a.

[87] So auch OLG Hamburg GRUR 1974, 165 (167) – Gartentor.

[88] Ebenso OLG Hamburg GRUR 1974, 165 (167) – Gartentor; Dreier/Schulze/*Schulze* UrhG § 63 Rn. 11; Möhring/Nicolini/*Engels* UrhG § 63 Rn. 13; *Waiblinger* UFITA 2011, S. 323 (423); zum Fall der fehlenden Urheberangabe in der Quelle OLG Düsseldorf GRUR 1991, 908 (910); DKMH/*Dreyer* UrhG § 63 Rn. 10.

[89] ZB bei gem. § 13 Abs. 2 anonym veröffentlichten Werken oder bei Werken, die in mehreren Ausgaben erhältlich sind.

[90] So auch *v. Gamm* Rn. 7; Dreier/Schulze/*Schulze* UrhG § 63 Rn. 11.

[91] AG Baden-Baden Schulze AGZ 28, 1.

[92] Für die Nennung der Fundstelle mit entsprechenden bibliographischen Angaben auch: *Geiger* jM 2015, 2 (4).

vant sei, auch wenn er falsch angegeben wird.[93] Der Vorname allein genügt grundsätzlich nicht.[94] Es genügt aber, wenn anstatt des vollständigen bürgerlichen Namens ein vom Urheber in der Quelle als Pseudonym oder Künstlername verwendeter Name (auch wenn es nur ein Vorname oder eine Fantasiebezeichnung ist) im Nachweis angegeben wird, unter der Voraussetzung, dass der Urheber unter diesem Namen bekannt ist und das Publikum daher das Werk auch mit dieser Namensangabe auffinden kann – insofern ist eine einheitliche Betrachtung mit § 13 geboten,[95] der die Nennung von Pseudonym bzw. Künstlername genügen lässt.[96] Selbst dann, wenn der Nutzer den Klarnamen kennt, ist die Quelle anonym bzw. mit Pseudonym zu nennen.[97] Bei der Frage nach der **Bekanntheit** ist vorsichtig auf die zu § 10 Abs. 1 S. 2 entwickelten Definitionen zurückzugreifen. Diese Frage ist von dem Problemkreis zu trennen, ob die Bekanntheit eines Urhebers schon genügt, damit das Publikum ohne sonstige Angaben diesen als Quellgeber erkennt, dazu → Rn. 17.

Der Begriff der Quelle erfasst des Weiteren im Falle des **Abs. 1 S. 2** (Vervielfältigung ganzer Sprach- oder Musikwerke) neben der Urheberbezeichnung die **Angabe des Verlags,** in dem das Werk erschienen ist, im Falle des Abs. 3 S. 1 neben der Urheberbezeichnung die Angabe der Zeitung oder des Informationsblattes, woraus der betreffende Artikel entnommen ist, und schließlich im Falle des Abs. 3 S. 2 neben der Urheberbezeichnung die Angabe des Sendeunternehmens, das den Kommentar gesendet hat. Die Angabe des Verlages wird bei einer **vollständigen Vervielfältigung auch von anderen Werkarten** analog zu Abs. 1 S. 2 erforderlich sein, etwa bei Fotografien,[98] so dass also etwa bei Bildwiedergaben ein Archiv oder eine Bildagentur zu nennen sind. Offengelassen hat das OLG Köln,[99] ob im Falle der Übernahme einzelner Lichtbilder iSv. § 72 aus Fernsehsendungen in einen elektronischen Fernsehprogrammführer im Rahmen der gemäß § 50 erlaubten Berichterstattung über Fernsehsendungen als Tagesereignisse die von § 63 geforderte Quellenangabe nicht schon darin liegt, dass der Programmführer das Programm eines bestimmten Senders vorstellt, was jedoch zu verneinen ist, s. zu diesem Urteil auch → Rn. 15a.

Darüber hinaus umfasst der Begriff der Quelle nach dem natürlichen Sprachgebrauch jedoch in **allen Fällen** auch den **Titel** des Werkes oder eine andere dieses identifizierende Bezeichnung, wenn diese iSd. Regelung in Abs. 1 S. 3 auf dem benutzten Werkstück oder bei der benutzten Werkwiedergabe genannt oder anderweitig bekannt sind. Auch die **Angabe des Publikationsorgans** (Zeitschrift, Zeitung oder sonstiges Sammelwerk) wird davon erfasst.[100] Die Sonderregelung in Abs. 3 für Zeitungen und andere Informationsblätter hat demgemäß im Wesentlichen nur klarstellende Bedeutung. Keine bloße Klarstellung bedeutet dagegen die Sondervorschrift des Abs. 1 S. 2, weil die **Angabe des Verlags** im Regelfall nicht erforderlich ist.[101] Ebenso ist idR die Angabe eines Erscheinungsortes entbehrlich, es sei denn, dass durch eine solche Angabe Verwechslungen vorgebeugt werden kann. Als historisches Beispiel können hier Quellenangaben zu Werken aus den beiden in der Nachkriegszeit aus dem Verlag Philipp Reclam jun. Leipzig hervorgegangenen Verlage Philipp Reclam jun. Leipzig und Reclam Verlag GmbH Stuttgart angeführt werden, bei denen allein die Angabe von Titel und Erscheinungsjahr zB bei „Antigone" von Sophokles wegen gleicher Titel und Erscheinungsjahre die Zuordnung noch nicht eindeutig ermöglicht hätten. Die **Angabe der ISBN** oder ISSN bei Sprachwerken ist neben ausreichend kennzeichnenden Angaben wie Autor, Titel und Auflage oder Erscheinungsjahr nicht erforderlich.[102] Diese Nummern sollten auch nicht die Nennung von Autor und Titel bzw. Publikationsorgan ersetzen; für den Autorennamen folgt dies bereits aus § 13 UrhG. Handelt es sich bei der Zeitung bzw. dem Informationsblatt iSd. Abs. 3 S. 1 Hs. 2 um eine Sekundärquelle, die ihrerseits auf eine Primärquelle verweist, so ist diese Primärquelle anzugeben. Dieser Grundsatz ist auf andere Fälle der Benutzung dokumentarischer Quellen entsprechend anzuwenden.[103] Ist die Primärquelle nicht mehr verfügbar, ist über Abs. 3 S. 1 Hs. 2 hinausgehend auch die Sekundärquelle anzugeben.

Soll auf Werke verwiesen werden, die auf **Webseiten** veröffentlicht sind, ist in jedem Fall eine sog. URL anzugeben,[104] und zwar sowohl in einem Werk, das im Internet veröffentlicht wird,[105] als auch in Werken, die in den klassischen Medien veröffentlicht werden. Da § 63 dem Publikum ermöglichen

14 (margin)

---

[93] Mit Recht kritisch *Ladeur* Schulze AGZ 28: Angabe des Vornamens nicht erforderlich, falscher Vorname jedoch eine Verletzung der Pflicht aus § 63 Abs. 1 S. 1; etwas enger *Dittrich* FS Nordemann, 2004, 617 (622); Vorname oder Anfangsbuchstabe in Zweifelsfällen bei Verwechslungsgefahr; noch enger wird auf das Urhebernennungsrecht Dreier/Schulze/*Schulze* UrhG § 63 Rn. 11: Vorname erforderlich.
[94] Wandtke/Bullinger/*Bullinger* UrhG § 63 Rn. 12; zum Parallelproblem bei § 13 *Spieker* GRUR 2006, 118.
[95] So auch Wandtke/Bullinger/*Bullinger* UrhG § 63 Rn. 19.
[96] Wandtke/Bullinger/*Bullinger* UrhG § 13 Rn. 13.
[97] *Hock* S. 168.
[98] Zutr. Dreier/Schulze/*Schulze* UrhG § 63 Rn. 15.
[99] OLG Köln ZUM 2005, 233 (235).
[100] Ähnlich Möhring/Nicolini/*Engels* UrhG § 63 Rn. 14 und Fromm/Nordemann/*Dustmann* UrhG § 63 Rn. 8; aA *v. Gamm* Rn. 7, offenbar unter Beschränkung auf die Urheberbezeichnung.
[101] Ebenso DKMH/*Dreyer* UrhG § 63 Rn. 11.
[102] IE so aus österreichischer Perspektive auch *Dittrich* FS Nordemann, 2004, 617 (623 f.).
[103] *v. Gamm* Rn. 3
[104] Fromm/Nordemann/*Dustmann* UrhG § 63 Rn. 8.
[105] ZB im Rahmen der Darstellung von Thumbnails der Suchtreffer, s. dazu *Leistner/Stang* CR 2008, 499 (506).

soll, die Quelle mit dem Wiedergegebenen zu vergleichen und es die Quelle dafür auch finden können muss,[106] ist die Quelle so konkret wie möglich anzugeben. Allein die URL-Angabe oder Verlinkung auf die Webseite genügt nicht, da sich die URL ändern kann;[107] vielmehr ist eine vollständige Quellenangabe erforderlich (zB Titel, Autor). Eine **Verlinkung** auf die Quelle aufzunehmen, wenn das Werk mit der Quellenangabe selbst auch im Internet veröffentlicht werden soll, mag zwar zweckmäßig sein, ist aber für § 63 nicht zwingend erforderlich.[108] Die Adressen kann der Nutzer leicht per copy & paste in die Adresszeile des Browsers einfügen – es genügt, wenn der Nutzer die Quelle auffinden kann, es muss ihm aber nicht der bequemste Weg eröffnet werden. Die Grenze ist erst erreicht, wenn der Nutzer durch die Quellenangabe derart irregeführt wird, dass er das Werk nur mit großer Mühe oder gar überhaupt nicht auffinden kann.[109] Die anzugebende Webadresse muss idR direkt zu der Seite führen, auf der die Quelle beginnt. Großzügiger sollte nur dann verfahren werden, wenn dem Publikum aufgrund anderer Umstände ein gezieltes Auffinden der Quelle möglich ist. Zu denken ist dabei zB an die Nennung online veröffentlichter Pressemitteilungen, wenn sie nummeriert und mit einem Veröffentlichungsdatum versehen sind und die Webseite hinter der angegebenen URL das Menü Pressemitteilungen enthält, das zu einer Übersicht oder einer Suchmaske führt. Auch ein Abrufdatum sollte bei Webseitenquellen mit angeführt werden – nur so kann das Publikum bei dem sich uU schnell ändernden Inhalt von Webseiten überhaupt sicher sein, die richtige Vorlage aufgefunden zu haben und auf korrekte Wiedergabe überprüfen zu können, was insb. dann gilt, wenn die Einträge auf Webseiten einen Hinweis auf das Datum der letzten Änderung tragen.[110]

14a Bei Datenbankwerken war über die werkartunabhängig gehaltene Aufzählung des § 53 Abs. 2 Nr. 1 und Abs. 3 Nr. 1 a. F. in § 63 Abs. 1 S. 1 a. F.[111] die Quellenangabe in zwei Fällen zulässiger privater Vervielfältigung ebenfalls vorgeschrieben. Jetzt ist selbige bei Vervielfältigungen erforderlich, welche durch die §§ 60a–60d gestattet werden. Angesichts der Vielgestaltigkeit möglicher Datenbankwerke iSd. Definition in § 4 Abs. 2 wird man allerdings kaum eine generelle Aussage treffen können; im Zweifel wird „Quelle" der auf der Datenbank oder im Zusammenhang mit ihr genannte Hersteller der Datenbank[112] sein. Dies entspräche auch der gebotenen Auslegung des § 87c Abs. 1 S. 2, nach welchem analog zu § 63 Abs. 1 S. 2 bei der zu wissenschaftlichen Zwecken und im Schulunterricht nach Maßgabe des § 87c Abs. 1 Nr. 2 und 3 zulässigen Vervielfältigung einer Datenbank die Quellenangabe ebenfalls vorgeschrieben ist.[113] Daneben sollte zwecks Überprüfbarkeit und Auffindbarkeit der Quelle wie bei § 87c Abs. 1 S. 2 außerdem der Name der Datenbank sowie die Versionsnummer oder ein Erscheinungszeitpunkt genannt werden.[114]

15 Bei **Werken der bildenden Kunst,** die im Freien aufgestellt sind, genügt für § 63 eine Quellenangabe in Gestalt der bloßen Urheberbezeichnung, soweit diese überhaupt genannt und bekannt ist.[115] Bei Quellenangaben zu Kunstwerken, die sich in Museen oder öffentlichen Sammlungen befinden, ist dagegen auch der Aufstellungsort zu nennen.[116] Falls Verwechslungsgefahr mit ähnlichen Werken desselben Künstlers besteht, muss auch der Entstehungszeitpunkt genannt werden,[117] wenn er denn bekannt ist. Alternativ kann hier aber auch der Hinweis auf die Werk-Nummerierung genügen, wie es bspw. bei den Klimt-Portraits von Adele Bloch-Bauer gehandhabt wird. Sie sind durch ihre Bezeichnungen „Adele Bloch-Bauer I" und „Adele Bloch-Bauer II" eindeutig identifizierbar und aufzufinden; auf eine Jahreszahl kann – zumindest aus urheberrechtlicher Sicht – verzichtet werden. Hilfestellung bei **Werken der Architektur** bieten Faustregeln, anhand derer die Frage beantwortet wird, ob und wie der Urheber zu nennen ist, wobei ua. danach differenziert werden kann, welche Ansicht des Werkes gezeigt wird (außen oder innen), ob es um aktuelle oder nichtaktuelle Berichterstattung geht, in welchem Medium sie stattfindet (Presse, Rundfunk) und ob das Werk den maßgeblichen Gegenstand der Berichterstattung darstellt oder nur im Rahmen einer Berichterstattung gezeigt wird.[118] Bei dem Abdruck von Bildern aus einer Fernsehsendung, sog. Screenshots, in einer Tageszeitung ist die Quelle in der Regel in unmittelbarem Zusammenhang mit der Reproduktion, also darunter oder daneben, anzugeben.[119] Im Falle einer (letztlich als Zitat aus anderen Gründen nicht zulässigen) Übernahme von Teilen eines **Laufbilds** (§ 95; hier: Ausschnitt aus einem ua. in der

---

[106] Wandtke/Bullinger/*Bullinger* UrhG § 63 Rn. 2.
[107] *Bisges* GRUR 2009, 730 (733).
[108] AA Wandtke/Bullinger/*Bullinger* UrhG § 63 Rn. 12.
[109] Wandtke/Bullinger/*Bullinger* UrhG § 63 Rn. 11.
[110] AA Fromm/Nordemann/*Dustmann* UrhG § 63 Rn. 8.
[111] In Übereinstimmung mit der Vorgabe in Art. 6 Abs. 2 lit. c der Datenbankrichtlinie 96/9/EG, die gem. Erwägungsgrund 20 der Info-Soc-RL 2001/29/EG neben dieser ergänzend weitergilt.
[112] Vgl. § 87a Abs. 2.
[113] S. auch Dreier/Schulze/*Schulze* UrhG § 63 Rn. 8, auch → Rn. 6.
[114] Wandtke/Bullinger/*Hermes* UrhG § 87c Rn. 32.
[115] Vgl. OLG Hamburg GRUR 1974, 165 (167) – Gartentor; auch → Rn. 17.
[116] Wandtke/Bullinger/*Bullinger* UrhG § 63 Rn. 14; zurückhaltend für nur vorübergehende Ausstellungsorte Fromm/Nordemann/*Dustmann* UrhG § 63 Rn. 8.
[117] So auch Dreier/Schulze/*Schulze* UrhG § 63 Rn. 12, aber beschränkt auf Werke an öffentlichen Plätzen.
[118] *Gerschel* ZUM 1990, 349; s. außerdem *Müller* S. 145: Nennen des Urhebers und Standort des Bauwerks sowie ggf. dessen Funktion oder Benennung zB „Neue Pinakothek, München".
[119] Nach LG Berlin GRUR 2000, 797 (798) – Screenshots; zust. Dreier/Schulze/*Schulze* UrhG § 63 Rn. 24, der diesen Fall allerdings fälschlich § 63 Abs. 2 zuordnet.

ARD-Tagesschau ausgestrahlten Interview) in eine andere Fernsehsendung genügt trotz des hohen Bekanntheitsgrades dieser Nachrichtensendung als Quellenhinweis die Angabe „Tagesschau, 23.1. 2002" nicht.[120] Es handelt sich um einen Anwendungsfall des § 63 Abs. 3 S. 2, der neben der Angabe des Sendeunternehmens auch die Angabe des Urhebers fordert.[121]

2. Deutlichkeit der Quellenangabe (Abs. 1 S. 1 und Abs. 2 S. 1)

Neben der Frage, welche Informationen eine Quellenangabe enthalten muss,[122] verlangt das Gesetz **15a** auch, dass die Quelle **deutlich** angegeben werden muss. Die Quellenangabe muss derart erfolgen, dass das Publikum ihr ohne Weiteres das Werk oder den Werkteil zuordnen kann,[123] wobei das Ergebnis auch von einer Abwägung der Interessen des Urhebers der Quelle sowie desjenigen, der die Quelle angeben muss, abhängig ist.[124] Nach Ansicht des OLG Hamburg sei eine Quellenangabe selbst dann noch für den Zuschauer einer Fernsehsendung deutlich wahrnehmbar, wenn diese zwar um 90 Grad entgegen der üblichen Leserichtung gedreht, sie aber durch die Platzierung von weißer Schrift auf dunklem Hintergrund ersichtlich sei.[125] Wichtiger Bestandteil bei der Frage nach dem **Wie** der Quellenangabe ist der **Ort** der Quellenangabe.[126] Bei **Vervielfältigungsstücken** wird man in der Regel verlangen müssen, dass die Quellenangabe an dem Vervielfältigungsstück selbst angebracht wird[127] oder unmittelbar daneben abgedruckt wird, zB bei Fotografien[128] oder Grafiken. Alternativ genügt auch eine Quellenangabe am Ende des zitierenden Werkes, wenn die Quellen selbst dann durch Angabe von Seitenzahl und sonstigen Eigenschaften[129] oder durch Abbildungsnummern eindeutig zuzuordnen sind.[130] Bei der Frage, was bei Quellenangaben bei der **öffentlichen Wiedergabe** als deutliche Quellenangabe gilt, ist auf die Verkehrsauffassung abzustellen.[131] Zu viel verlangt sein dürfte in jedem Falle, dass bei der Verwendung eines Bildes im Internet der Quellenhinweis direkt in das Bild integriert wird, nur weil das Bild über seine URL auch direkt, also ohne die das Bild enthaltene Website, auf der sich die Quellenangabe befindet, aufrufbar ist.[132] Auch bei der Nutzung urheberrechtlich geschützten Materials im Rahmen von Elektronischen Fernsehprogrammführern (EPG) ist die Quelle, zB der wiedergegebenen Lichtbilder, anzugeben. Die Berichterstattung über eine Sendung eines bestimmten Senders allein genügt als Quellenangabe nicht.[133]

Nicht ausreichend ist es, wenn das Zitat durch Kursivdruck abgesetzt wird, die Herkunft in unmittelbarem Anschluss an den Text des gesamten Stücks nachgewiesen ist und der Leser aus dem Gesamtzusammenhang den zitierten Autor erschließen kann;[134] auch die Angabe unter einem Bild, wonach 5 der 7 auf einer Doppelseite in einer Boulevardzeitung abgedruckten Videoreprints aus einer bestimmten Quelle stammen, genügt nicht als Beleg.[135] Ebenso wenig reicht es, wenn der erkennbare Charakter eines Zitats für die Quellenangabe genügen soll.[136]

Besondere Schwierigkeiten macht die **Quellenangabe auch bei Bildzitaten** in anderen Bildern, insbesondere wenn es sich bei dem zitierenden Werk um ein Kunstwerk handelt. Hier würde eine unmittelbar neben dem zitierten Bild im zitierenden Kunstwerk platzierte Quellenangabe den künstlerischen Gesamteindruck stören; ein Anwendungsfall ist die sog. Appropriation Art, näher dazu → § 51 Rn. 53). Hier sind deshalb unter dem Gesichtspunkt der in Art. 5 Abs. 3 S. 1 Alt. 1 GG ga-

---

[120] Anders LG Stuttgart ZUM 2003, 156 (157) – Spiegel TV.
[121] Kritisch zum Urteil des LG Stuttgart ZUM 2003, 156 (157) – Spiegel TV auch Dreier/Schulze/*Schulze* UrhG § 63 Rn. 29.
[122] → Rn. 13 ff. zum Begriff der Quelle.
[123] Dreier/Schulze/*Schulze* UrhG § 63 Rn. 13; Wandtke/Bullinger/*Bullinger* UrhG § 63 Rn. 15.
[124] *Kakies* S. 134; *Schulze* ZUM 1998, 221 (230).
[125] OLG Hamburg BeckRS 2015, 14252 Rn. 40.
[126] Dreier/Schulze/*Schulze* UrhG § 63 Rn. 14.
[127] Wandtke/Bullinger/*Bullinger* UrhG § 63 Rn. 15.
[128] Wandtke/Bullinger/*Bullinger* UrhG § 63 Rn. 15.
[129] Wie unten/links oÄ.
[130] So auch Dreier/Schulze/*Schulze* UrhG § 63 Rn. 14.
[131] *Kakies* S. 134.
[132] So aber LG Köln MMR 2014, 265 (266) – pixelio hinsichtlich einer vertraglichen Verpflichtung zur Urhebernennung, in der Berufung wurde die Klage zurückgenommen.
[133] Offengelassen von OLG Köln ZUM 2005, 233 (235) – Elektronischer Fernsehprogrammführer, in: GRUR-RR 2005, 105 sowie MMR 2005, 182 insoweit nicht abgedruckt, → Rn. 13 aE.
[134] So aber OLG Brandenburg NJW 1997, 1162 (1163) = Schulze OLGZ 325 mAnm *Nordemann* – Brecht-Zitate; offen gelassen von OLG München NJW 1999, 1975 (1976) – Stimme Brecht; kritisch auch Dreier/Schulze/*Schulze* UrhG § 63 Rn. 13 und 17; Fromm/Nordemann/*Dustmann* UrhG § 63 Rn. 10; für besondere Fallgestaltungen offen wohl DKMH/*Dreyer* UrhG § 63 Rn. 13; dem OLG Brandenburg zustimmend Wandtke/Bullinger/*Bullinger* UrhG § 63 Rn. 15; ähnlich auch LG München I ZUM 2005, 407 (411) – Karl Valentin mAnm *Taubner*: kein rechtswidriges Zitat im Falle ausführlicher Hinweise auf die Urheberschaft eines bekannten Autors [hier: Karl Valentin] und auf das jeweilige Entstehungsjahr trotz fehlender Quellenangabe iS der Nennung eines konkreten Veröffentlichungsmediums.
[135] Für Bildzitat LG Berlin, GRUR 2000, 797 (797 aE) – Screenshots.
[136] Zweifelhaft daher OLG Hamburg ZUM-RD 2004, 75 (79) – Opus Die; krit. zu Recht Dreier/Schulze/*Schulze* UrhG § 63 Rn. 17 mit Hinweis auf die der Entscheidung zugrundeliegende Besonderheit, dass vornehmlich urheberrechtlich ungeschützte Erkenntnisse und Gedanken zitiert wurden; zudem bleibt in der Entscheidung des OLG nebulös, was es mit „Charakter des Zitats" meint.

rantieren Kunstfreiheit die Anforderungen an die Deutlichkeit der Quellenangabe herabzusetzen. Es genügt, wenn die Quellenangabe sich bei der Urheberangabe zum zitierenden Werk befindet, zB auf einer Künstlertafel neben dem Kunstwerk in Ausstellungen oder in Katalogen neben der Abbildung des Kunstwerkes. Dass darin auch wirklich die Quellenangabe erfolgt, muss der zitierende Künstler auf schuldrechtlicher Ebene in Verträgen mit Ausstellern aushandeln und auch durchsetzen.[137]

Auch für die **Quellenangabe nach § 63 Abs. 2** gilt, dass sie deutlich erfolgen muss. Je nach Art von Übertragungsmedium und Werk, in dem die Quellenangabe vorgenommen werden muss, ergeben sich dabei durch die starre Pflicht zur Angabe der Quelle durchaus einige Probleme, die va. daraus resultieren, dass Informationen zur Quelle im Bewegtbild oder in Audiobeiträgen flüchtiger sind und daher vom Nutzer schlechter wahrgenommen werden können, als wenn sie – wie häufig bei der Vervielfältigung iSv. § 63 Abs. 1 der Fall – dem Nutzer schriftlich vorliegen. Das erhöht die Anforderungen an die Deutlichkeit der Angabe. In Abhängigkeit vom Inhalt der Beiträge kann es jedoch geboten sein, diese Anforderungen herabzusetzen, insb. wenn Grundrechte betroffen sind. In Frage kommt dies zB bei Beiträgen zu politischen Themen aufgrund von Art. 5 Abs. 1 S. 1 Var. 1 GG.[138]

Einzelfälle: Bei **Plagiaten**,[139] also der „widerrechtliche[n] Aneignung fremden Gedankengutes“,[140] mithin „eine[r] Anmaßung der Urheberschaft“,[141] im Wissenschaftsbereich muss sorgfältig geprüft werden, ob überhaupt ein urheberrechtsschutzfähiges Werk zitiert wird,[142] allein bei der Wiedergabe der Gedankenführung genügt dies nicht.[143] Zu beachten ist, dass nicht in jedem wissenschaftlichen Fehlverhalten, das als solches bereits vorwerfbar ist,[144] ein Plagiat liegen muss, verwiesen sei hier auf die Übernahme eines nicht (mehr) schutzfähigen „Werkes“, wie etwa bei der Übernahme längerer Passagen eines wegen § 5 dem Urheberrechtsschutz nicht zugänglichen Urteils in einen juristischen Text, oder der Übernahme eines fremden Gedankeninhalts, der unterhalb der Schutzschwelle des § 2 Abs. 2 liegt.[145] Gerade im wissenschaftlichen Bereich ist vor allem zu berücksichtigen, dass „wissenschaftlich-technisches Gedankengut [...] frei und jedermann zugänglich bleiben muss und daher dem Urheberrechtsschutz grundsätzlich nicht unterfällt“.[146] Bei Plagiaten kommt eine Vielzahl von verletzten Rechten, namentlich das Recht auf Anerkennung der Urheberschaft (§ 13 S. 1), der Schutz vor Entstellung (§ 14), das Vervielfältigungs- (§ 16), das Verbreitungs- (§ 17) sowie das Recht der öffentlichen Zugänglichmachung (§ 19a), in Betracht.[147] Allerdings ist das Urheberrecht nicht geeignet, um öffentliche Interessen an einer „Reinhaltung der Wissenschaft“ gerecht zu werden.[148] Bei der Zugänglichmachung von **Sprachwerken im Internet** ist – ähnlich wie bei der körperlichen Verbreitung – die Quelle am Beginn aufzuführen.[149] Bei der öffentlichen Zugänglichmachung von **Musikwerken** muss die Quelle in enger räumlicher Nähe zum Abrufbutton in Schriftform angebracht werden oder zu Beginn des Stücks vorgelesen werden.[150] Eine andere Alternative ist ein Textband,[151] das zB in einem virtuellen Musikplayer angezeigt wird. Auch bei der Wiedergabe öffentlicher Reden in Radio oder Fernsehen muss die Quelle entweder genannt oder (beim Fernsehen) eingeblendet werden.[152] Möglich sind auch Scroll-over-Texte,[153] wenn auf diese Verfahrensweise auf der Webseite hingewiesen wird,[154] wobei ein Hinweis, der selbst auch nur bei einer bestimmten Position des Mauszeigers zu sehen ist, nicht ausreicht. Das gilt auch für **Internetradios** und Bewegtbildübertragungen im Internet über Web-TV oder IP-TV, da es insoweit keinen Unterschied machen kann, welcher Übertragungsweg genutzt wird; auch hier hat der Nutzer die Wahl zwischen hörbarer Nennung der Quelle am Anfang, Einblendung in das Bild, Textband im Player oder Anzeige neben dem Abspielbutton. Auch für den Fall der **Filmzitate** in künstlerischen Filmwerken lässt sich keine Verkehrsüblichkeit für eine Einblendung der Quelle während der Wiedergabe eines Zitats selbst feststellen; es genügt vielmehr ein entsprechender Hinweis im Vor- oder Abspann.[155] Gerade das Internet bietet verschiedenste Möglichkeiten, Quellen anzeigen zu lassen.[156] Auch bei der öffentlichen Wie

[137] *Kakies* S. 135.
[138] DKMH/*Dreyer* UrhG § 63 Rn. 19.
[139] Zum Plagiatsbegriff ausf. *Waiblinger* UFITA 2011, S. 323 (324 ff.).
[140] *Knies* ZUM 2011, 897 (897).
[141] *Schack* in: Dreier/Ohly, Wissenschaftsplagiat und Urheberrecht, S. 81 (82).
[142] *Waiblinger* UFITA 2011, S. 323 (333 ff., 341 ff.); *Schack* in: Dreier/Ohly, Wissenschaftsplagiat und Urheberrecht, S. 81 (82).
[143] OLG Hamburg OLGR Hamburg 2004, 503; *Weber* WPR 2013, 859 (862 ff.).
[144] Dazu *Schack* in: Dreier/Ohly, Wissenschaftsplagiat und Urheberrecht, S. 81 (95 f.).
[145] *Schack* in: Dreier/Ohly, Wissenschaftsplagiat und Urheberrecht, S. 81 (82 aE., f.).
[146] BGH GRUR 1994, 39 (40) – Buchhaltungsprogramm; dazu auch *Waiblinger* UFITA 2011, 323 (334 ff.);. *Schack* in: Dreier/Ohly, Wissenschaftsplagiat und Urheberrecht, S. 81 (83 f.).
[147] *Schack* in: Dreier/Ohly, Wissenschaftsplagiat und Urheberrecht, S. 81 (85 f.).
[148] *Schack* in: Dreier/Ohly, Wissenschaftsplagiat und Urheberrecht, S. 81 (82, 98).
[149] DKMH/*Dreyer* UrhG § 63 Rn. 19.
[150] DKMH/*Dreyer* UrhG § 63 Rn. 19.
[151] DKMH/*Dreyer* UrhG § 63 Rn. 19.
[152] DKMH/*Dreyer* UrhG § 63 Rn. 19.
[153] Quellenangabe erscheint neben dem Mauszeiger, wenn dieser über das Bild/die Grafik geführt wird.
[154] Fromm/Nordemann/*Dustmann* UrhG § 63 Rn. 10.
[155] *Kakies* S. 134 f.; *Schulze* ZUM 1998, 221 (230).
[156] Siehe zu den Varianten *Heeschen* S. 170.

dergabe von Musikwerken besteht keine Verkehrssitte, die Quelle mündlich vor Beginn oder am Ende des Stückes zu nennen. Es genügen insoweit begleitende Hinweise, zB in Programmheften.[157] Die Übermittlung **digitaler Wasserzeichen** dürfte idR nicht als deutliche Quellenangabe ausreichen. Mit ihnen kann zwar auch die Herkunft von Dateien nachgewiesen werden und ein Integritätsschutz gewährleistet werden,[158] allerdings ermöglichen sie dem Publikum gerade nicht, den Weg zu einer bestimmten Quelle zu finden, sondern können nur – nachdem die Vervielfältigungen auf andere Weise gefunden wurden – Auskunft geben, ob es sich um autorisierte Vervielfältigungen handelt oder nicht.

3. Kenntlichmachung von Kürzungen und Änderungen (Abs. 1 S. 2)

Im Falle der **Vervielfältigung ganzer Sprach- oder Musikwerke** ist nicht nur das Gebot der **16** Quellenangabe auf die Angabe des Verlags erweitert, sondern zusätzlich Kenntlichmachung dahin erforderlich, ob an dem Werk Kürzungen oder andere Änderungen vorgenommen worden sind. Dies bedeutet, dass auch bei ungekürzter und unveränderter Vervielfältigung ganzer Sprach- und Musikwerke eine dahingehende ausdrückliche Kenntlichmachung erforderlich ist.[159] Dies gilt, sofern es sich um ganze Sprachwerke[160] handelt, auch für Vervielfältigungen im Rahmen von § 49 Abs. 1 iVm. § 63 Abs. 3,[161] da § 49 Abs. 1 sinngemäß bereits von der Aufzählung in Abs. 1 S. 1 und damit von der Gesamtregelung des Abs. 1 erfasst wird (→ Rn. 7). Nur treten an die Stelle des Verlags eben Zeitung bzw. Informationsblatt und Sendeunternehmen. Auch der Zwangslizenznehmer zur Herstellung von Tonträgern muss gem. § 42a Abs. 1 S. 2 iVm. § 63 an den Werkstücken einen Hinweis auf etwaige Kürzungen oder eben auf eine Originalfassung anbringen, wobei dies freilich in der Praxis nur geringe Bedeutung hat, da die Zwangslizenzregelung gem. § 42a Abs. 1 S. 1 Hs. 2 nicht anwendbar ist, wenn die Rechte durch eine Verwertungsgesellschaft, zB die GEMA, wahrgenommen werden.

4. Wegfall der Pflicht zur Quellenangabe

a) In den Fällen zulässiger Vervielfältigung und Verbreitung. Gemäß Abs. 1 S. 3 **entfällt 17 die Verpflichtung zur Quellenangabe** in den Fällen zulässiger Vervielfältigung, wenn die Quelle weder auf dem benutzten Werkstück oder bei der benutzten Werkwiedergabe genannt noch dem zur Vervielfältigung Befugten anderweitig bekannt ist.[162] Dabei darf sich der Nutzungsberechtigte nicht einfach mit der ersten Feststellung der fehlenden Quellenangabe zufrieden geben, sondern muss zur Aufklärung – auch in Abhängigkeit von der Natur und der Bedeutung des Werkes – zumutbare Nachforschungen anstellen.[163] Problematisch ist die Quellenangabe aber gerade bei einer hohen Anzahl verarbeiteter Quellen, insbesondere bei Text und Data Mining. Schon vor der Richtlinie über das Urheberrecht und die verwandten Schutzrechte im digitalen Binnenmarkt (DSM-RL)[164] war deshalb eine entsprechende Berücksichtigung dieses Umstandes in der Diskussion:[165] Eine Quellenangabe sollte demnach dann weggelassen werden dürfen, wenn diese auf dem benutzten Werkstück nicht genannt wurde und eine manuelle Ergänzung aufgrund der Vielzahl der Quellen auch nicht zumutbar wäre.[166] Die kürzlich beschlossene DSM-RL verzichtet in ihrem Art. 3 nun bewusst auf eine solche Verpflichtung,[167] sodass restriktivere deutsche Vorschriften wie § 60a Abs. 1 bis zu ihrer Änderung europarechtskonform auszulegen sind.[168] Jedenfalls darf sich der Nutzungsberechtigte seiner Verpflichtung zur Quellenangabe nicht bewusst verschließen.[169] Eine Berücksichtigung etwa entgegen-

---

[157] Näher *Hertin* GRUR 1989, 159 (164 f.); *Brauns* S. 202.

[158] S. dazu http://www.sit.fraunhofer.de/en/offers/projekte/digital-watermarking/, zuletzt abgerufen am 25.11. 2015.

[159] Ebenso Fromm/Nordemann/*Dustmann* UrhG § 63 Rn. 11; Möhring/Nicolini/*Engels* UrhG § 63 Rn. 27; Wandtke/Bullinger/*Bullinger* UrhG § 63 Rn. 21.

[160] Zeitungsartikel oder Rundfunkkommentare.

[161] Ebenso Wandtke/Bullinger/*Bullinger* UrhG § 63 Rn. 21 sowie *Rehbinder* UFITA 48 1966, 102 (116); zust. auch Dreier/Schulze/*Schulze* UrhG § 63 Rn. 16.

[162] Beispiele bei *Tölke* S. 67 Beispiele, ua. verwachsene Quellenangabe an Bauwerken.

[163] Dreier/Schulze/*Schulze* UrhG § 63 Rn. 18; *Maaßen* ZUM 2003, 830 (839) für den Fall des § 45 Abs. 2; ebenso, aber gegen zu hohe Anforderungen an die Nachforschungspflicht, da sich diese dem Wortlaut der Vorschrift nicht entnehmen lasse, Möhring/Nicolini/*Engels* UrhG § 63 Rn. 30; weniger streng *Tölke* S. 68: einerseits keine Quellenforschung erforderlich, andererseits ist eine Quelle nicht schon deshalb unbekannt, weil sie dem Nutzer nicht in Zusammenhang mit dem im Einzelfall genutzten Werkvervielfältigungsstück vermittelt wird; bzgl. eingeschränkter Quellenangabepflicht bei lückenhaften Angaben DKMH/*Dreyer* UrhG § 63 Rn. 14.

[164] Richtlinie (EU) 2019/790 des Europäischen Parlaments und des Rates vom 17.4.2019 über das Urheberrecht und die verwandten Schutzrechte im digitalen Binnenmarkt und zur Änderung der Richtlinien 96/9/EG und 2001/29/EG, ABl. 2019 L 130/92; zur Richtlinie instruktiv: *Spindler* WRP 2019, 811.

[165] *Raue* CR 2017, 656 (659); *Spindler* ZGE 2018, 273 (283).

[166] Unter diesen Umständen ist die Quellenangabe auch unmöglich iSv. Art. 5 Abs. 3 lit. a InfoSoc-RL und damit unbekannt iSv. § 63 Abs. 1 S. 3, vgl. *Raue* CR 2017, 656 (659).

[167] Bereits zum Entwurf *Spindler* CR 2019, 277 (281).

[168] *Spindler* CR 2019, 277 (281); bereits zuvor mit einer europarechtskonformen Auslegung: *Raue* CR 2017, 656 (659); *Spindler* ZGE 2018, 273 (283).

[169] So OLG Hamburg GRUR 1974, 165 (166) – Gartentor.

stehender Verkehrssitten ist im Bereich der Vervielfältigung zudem nicht möglich.[170] Zu weitgehend wäre es jedoch, eine Quellenangabe beim Bildzitat allgemein bekannter Kunstwerke für entbehrlich zu halten, da alle Zwecke der Quellenangabe durch die Bekanntheit bereits erfüllt seien, erst recht, wenn bereits die Bekanntheit bei bestimmten Publikumskreisen genügen würde.[171] Dies ist grundsätzlich auch bei der Erstellung sogenannter Memes, also nutzergenerierter Bild–Text-Kombinationen, welche sich in unterschiedlichen Variationen im Internet verbreiten, zu beachten.[172] Die Beweislast dafür, dass die Quelle weder genannt noch anderweitig bekannt war, trifft den Nutzer, insb. hinsichtlich der konkreten Angaben, was er unternommen hat, um die Quelle festzustellen.[173] Eine Ergänzung erfuhr Abs. 1 S. 3 im Rahmen des Urheberrechts-Wissensgesellschafts-Gesetzes von 2017. Hiernach entfällt die Verpflichtung zur Quellenangabe dann, wenn im Fall des § 60a oder des § 60b Prüfungszwecke einen Verzicht auf die Quellenangabe erfordern. Die Erforderlichkeit ist beispielsweise gegeben, wenn es Teil der **Prüfungsaufgabe** ist, den Autor eines Textes zu benennen.[174]

18   **b) In den Fällen zulässiger öffentlicher Wiedergabe.** Nach der Neuregelung durch ÄndG vom 10.9.2003 (→ Rn. 7) ist **in den in Abs. 2 S. 2 besonders genannten Fällen** „die Quelle, einschließlich des Namens des Urhebers stets anzugeben, *es sei denn, dass dies nicht möglich ist*". Diese nicht sehr aussagekräftige Formulierung entstammt der mehrfach erwähnten Richtlinie, wonach die „Quelle einschließlich des Namens des Urhebers" in den einschlägigen Fällen anzugeben ist, „außer in Fällen, in denen sich dies als unmöglich erweist".[175] Der Ausdruck *„dies nicht möglich ist"* in Abs. 2 S. 2 ist zunächst auf die Angabe der Quelle im umfassenden Sinn (→ Rn. 13f.) zu beziehen; der Rückbezug kann jedoch iS einer Teilunmöglichkeit auch den Namen des Urhebers allein betreffen, der insoweit dann nicht genannt werden muss. Unproblematisch ist dies in den Fällen der öffentlichen Zugänglichmachung im Bereich der §§ 61, 61c, wo die Verwaiste Werke-Richtlinie[176] in Art. 6 Abs. 3 ausdrücklich bestimmt, dass eine Namensnennung nur dort zu erfolgen hat, wo die Urheber ermittelt sind. Dies ergibt sich schon aus der Natur der Sache. Dies bedeutet aber grundsätzlich nicht, dass die Pflicht zur Quellenangabe wegen Unmöglichkeit deswegen schon vollständig entfällt, etwa wenn zwar ein Titel oder Publikationsorgan, nicht aber der Name des Urhebers genannt sind.[177] Gerade im Bereich der öffentlichen Wiedergabe ist dies deswegen von Bedeutung, weil der gesamte sechste Abschnitt des ersten Teils des Gesetzes betreffend die Urheberrechtsschranken auch auf verwandte Schutzrechte Anwendung findet,[178] so dass ggf. auch die Nennung ausübender Künstler in Frage kommt.[179] Hinsichtlich der Hinweise auf an einem Filmwerk mitwirkenden ausübenden Künstlern ist die Parallelwertung in § 93 Abs. 2 UrhG zu beachten, wonach auf eine Erwähnung gänzlich verzichtet werden kann, wenn die Nennung unverhältnismäßigen Aufwand verursacht. Wenn aber schon der Name nicht genannt werden muss, ist die ja noch darüberhinausgehende Quellenangabe unter gleichen Voraussetzungen ebenfalls entbehrlich.

18a   Im Übrigen wird man die Unmöglichkeit gemäß Abs. 2 S. 2 zunächst nach den Kriterien gemäß Abs. 1 S. 3 (ungenannte und unbekannte Quelle) zu beurteilen haben.[180] Daneben kann die Unmöglichkeit der Angabe der Quelle aus technischen oder anderen praktischen Gründen auch auf der Wiedergabeseite bestehen, wobei auch hier die Verkehrssitte ein hilfreiches Kriterium sein kann. Insoweit treffen sich die Beurteilungskriterien nach Abs. 2 S. 1 und S. 2, denn in bestimmten Bereichen der zulässigen öffentlichen Wiedergabe wird sich auch deswegen keine Verkehrssitte iSd. Quellenangabe gebildet haben, weil eine solche Angabe entweder technisch unmöglich oder zu aufwändig ist. Einschränkend ist jedoch darauf hinzuweisen, dass in den von Abs. 2 S. 2 ausdrücklich angesprochenen **Fällen privilegierter öffentlicher Wiedergaben**[181] im Bereich von Schule, Unterricht, Forschung, Text und Data Mining einerseits sowie von öffentlichen Reden, Zitatrecht und verwaisten Werken andererseits die Quellenangabe schon aus pädagogischen, wissenschaftlichen und journalistischen oder

---

[170] So ausdrücklich OLG Hamburg GRUR 1970, 38 (40) – Heintje und GRUR 1974, 165 (167) – Gartentor; durchwegs zu undifferenziert LG München I Schulze LGZ 182, 1 (6) und Schulze LGZ 184, 1 (3); s. auch Dreier/Schulze/*Schulze* UrhG § 63 Rn. 19.

[171] So aber *Kakies* S. 137 f. Hier: Publikum einer Asterix-Persiflage in einem Comic-Heft hinsichtlich des nahezu unverändert übernommenen Hundes Idefix – s. auch BGH GRUR 1994, 191 (199) – Asterix-Persiflagen, das die Frage der Quellenangabe allerdings nicht behandelt, und auch *Stuhlert* S. 38 ff.; kritisch zu Erleichterungen bei der Quellenangabe bei Zitaten allein wegen der Bekanntheit des Autors auch Dreier/Schulze/*Schulze* UrhG § 63 Rn. 17 in Bezug auf OLG Brandenburg NJW 1997, 1162 (1163) – Brecht-Zitate: Maßstab ist nicht der in Bezug auf den zitierten Autor kundige Leser, sondern ein unkundiger, wenngleich interessierter Leser.

[172] Vgl. *Maier* GRUR-Prax 2016, 397 (397, 398).

[173] Dreier/Schulze/*Schulze* UrhG § 63 Rn. 20; so auch Fromm/Nordemann/*Dustmann* UrhG § 63 Rn. 22.

[174] BT-Drs. 18/12329, 48.

[175] → Rn. 4a.

[176] Richtlinie 2012/28/EU ABl. L 299, S. 5 ff.

[177] Ähnlich Fromm/Nordemann/*Dustmann* UrhG § 63 Rn. 15.

[178] Vgl. §§ 70 Abs. 1, 71 Abs. 1, 72 Abs. 1, 83, 85 Abs. 4, 87 Abs. 4, 94 Abs. 4 und 95 iVm. 94 Abs. 4; Dreier/Schulze/*Schulze* UrhG § 63 Rn. 2.

[179] Zur Anwendung des § 63 speziell auf das verwandte Schutzrecht des Sendeunternehmens gemäß § 87 Abs. 3 [jetzt Abs. 4] vgl. LG Berlin GRUR 2000, 797 – Screenshots.

[180] → Rn. 17; ebenso DKMH/*Dreyer* UrhG § 63 Rn. 16; Fromm/Nordemann/*Dustmann* UrhG § 63 Rn. 15.

[181] §§ 46, 48, 51, 60a bis 60d, 61 und 61c.

sonst berufsethischen Gründen geboten ist. Falls sich die Unmöglichkeit, die Quelle zu benennen, nicht schon aus dem aus Abs. 1 S. 3 stammenden Kriterium der ungenannten bzw. unbekannten Quelle ergibt, dürfte es eher selten vorkommen, dass eine Unmöglichkeit aus sonstigen Gründen anzunehmen ist und damit eine Quellenangabe bei den in Abs. 2 S. 2 genannten Werken entbehrlich ist.

Im Residualbereich der zulässigen **öffentlichen Wiedergabe** gemäß Abs. 2 S. 1 (→ Rn. 11 f.) **18b** besteht die Verpflichtung zur deutlichen Quellenangabe von vornherein nur nach Maßgabe der Verkehrssitte (→ Rn. 12); die Verpflichtung entfällt also beim Fehlen der Letzteren. Eine Ausnahme bildet insofern die Sonderregelung für § 49 Abs. 1 in Abs. 3 S. 1 und 2, wo die Pflicht zur Quellenangabe „stets" auch für die in die Regelung einbezogenen Fälle der Übernahme von Zeitungsartikeln oder Rundfunkkommentaren in Funksendungen, dh. also auch für Fälle öffentlicher Wiedergabe, vorgeschrieben ist. Dieser Fall gehört systematisch zu dem in Abs. 2 S. 2 geregelten Sachverhalt des ausdrücklichen Gebots zur Quellenangabe im Bereich der öffentlichen Wiedergabe.[182]

Für die Frage des Bestehens einer **Verkehrssitte** ist auf die Wechselbeziehung mit der Frage der **19** Branchenüblichkeit im Rahmen der Geltendmachung des Bezeichnungsrechts des Urhebers nach § 13 S. 2 hinzuweisen.[183] Wenn der Urheber bei öffentlichen Wiedergaben schon gegenüber dem vertraglich Berechtigten die Urhebernennung von Rechts wegen nicht durchsetzen kann, ist dies gegenüber dem nach den §§ 45 ff. Berechtigten ebenso wenig anzunehmen.[184] Im Einzelnen konnte eine entsprechende Verkehrssitte nicht festgestellt werden im Hinblick auf die Nennung von Übersetzern bei Literaturfeatures in Radiosendungen,[185] außerdem zum Zeitpunkt der Entscheidung bei der Einblendung von Sprachwerken in Fernsehsendungen.[186] Allerdings ist bei der Bestimmung der Verkehrssitte die technische Fortentwicklung besonders in den Blick zu nehmen,[187] da sie Quellenangaben vereinfacht hat[188] und sich die Branchenübung zwischenzeitlich deutlich verändert haben kann. Jedenfalls ist für „das" Internet zu beachten, dass es keine „Verkehrssitte Internet" gibt, sondern jeweils auf die verschiedenen Üblichkeiten in den einzelnen Online-Branchen abzustellen ist.[189] Selbst bei Bestehen einer entsprechenden Verkehrssitte kann jedoch auch in den Fällen des Abs. 2 S. 1 (Residualbereich der öffentlichen Wiedergabe) die Pflicht zur Quellenangabe im Rahmen der Voraussetzungen des Abs. 1 S. 3 (Ungenannte und unbekannte Quelle) entfallen, der somit über Abs. 1 hinaus allgemeine Bedeutung hat.[190] Der Urheber trägt die Beweislast dafür, dass die Verkehrssitte iSv. Abs. 2 S. 1 besteht.[191] Für die Unmöglichkeit der Quellenangabe gem. § 63 Abs. 2 S. 2 UrhG trägt hingegen der Nutzer, der sich auf die Unmöglichkeit beruft, die Beweislast und muss auch konkret dazu vortragen, welche Anstrengungen er zur Ermittlung der Quelle unternommen hat.[192]

5. Rechtsfolgen der Verletzung des Gebots zur Quellenangabe

Ein **Verstoß gegen das Gebot zur Quellenangabe** machte nach früherer Auffassung die Werk- **20** nutzung im Rahmen der Urheberrechtsschranken (§§ 44a ff.), soweit deren Voraussetzungen im Übrigen eingehalten waren, insgesamt noch nicht unzulässig.[193] Eine **richtlinienkonforme Auslegung**[194] legt jedoch – jedenfalls soweit § 63 UrhG auf der Richtlinie beruht – eine andere Konsequenz nahe: So verlangt die insoweit verbindliche Richtlinie 2001/29/EG nämlich, dass, wenn die Rechte des Urhebers durch Nutzungsrechte für den Unterrichtsgebrauch und den eigenen wissenschaftlichen Gebrauch,[195] für die Berichterstattung zu Tagesereignissen (lit. c), für Zitate (lit. d) oder für Reden und Vorträge (lit. f) eingeschränkt werden, die Mitgliedstaaten dies nur unter der Voraussetzung erlauben, dass jeweils die „Quelle, einschließlich des Namens des Urhebers" genannt wird. Die insoweit zwingende Regelung der Richtlinie verknüpft also die Anforderungen aus § 63 UrhG

---

[182] → Rn. 11 und 18 f.

[183] Vgl. § 13 Rn. 28 ff. sowie *v. Gamm* Rn. 6.

[184] AA *v. Gamm* Rn. 5 trotz des Hinweises auf die Branchenübungen nach § 13; zum Begriff der Verkehrssitte s. bereits → Rn. 12.

[185] OGH GRUR-Int 2003, 368 – Riven Rock zur Rechtslage in Deutschland; dazu näher *Dittrich* FS Nordemann, 2004, 617 (618).

[186] LG München I FuR 1984, 475 (477).

[187] *Dreier/Schulze/Schulze* UrhG § 63 Rn. 24.

[188] Weshalb sogar an erhöhte Anforderungen an die Quellenangabe zu denken ist, *Gounalakis/Rhode* Rn. 84, Fn. 205; *Hoeren/Sieber/Holznagel/Decker* Teil 7.2 Rn. 34.

[189] So für die Branchenüblichkeit bei der Namensnennung gem. § 13 *Gounalakis/Rhode* Rn. 84, was aber auf § 63 zu übertragen ist.

[190] Ebenso Fromm/Nordemann/*Dustmann* UrhG § 63 Rn. 15.

[191] Fromm/Nordemann/*Dustmann* UrhG § 63 Rn. 23; DKMH/*Dreyer* UrhG § 63 Rn. 17.

[192] Fromm/Nordemann/*Dustmann* UrhG § 63 Rn. 23.

[193] So für den Fall des Zitatrechts OLG Hamburg GRUR 1970, 38 (40) – Heintje sowie weniger deutlich OLG Hamburg GRUR 1974, 165 (167) – Gartentor; ebenso LG München I Schulze LGZ 182, 1 (3) und LG München I Schulze LGZ 184, 1 (2) sowie wohl auch noch LG München ZUM 2005, 407 (411); *v. Gamm* Rn. 9; *Haberstumpf* Rn. 379; *Dreier/Kotthoff/Meckel* UrhG (2. Aufl.) § 63 Rn. 21; aA schon bisher *Hock* S. 28 ff.; Nestmäcker/Schulze/*Deumeland* GRUR A/392005, § 51 Rn. 26, mit weiteren Ausführungen zu den mit einem unzulässigen Zitat verbundenen Rechtsfolgen; jetzt auch DKMH/*Dreyer* UrhG § 63 Rn. 21.

[194] S. bereits → § 51 Rn. 15.

[195] Art. 5 Abs. 3 lit. a Info-Soc-RL.

mit den im Schrankenbereich erlaubten Nutzungen. Danach ist also etwa ein Zitat insgesamt als unzulässig zu betrachten, wenn es den in Art. 5 Abs. 3 lit. d der Richtlinie 2001/29/EG vorgegebenen und in § 51 UrhG verankerten Voraussetzungen nicht entspricht, weil die gebotene Quellenangabe fehlt.[196] Der Einwand,[197] dass die in § 63 UrhG angeordnete Quellenangabepflicht über die Anforderungen der Richtlinie hinausgehe, so dass nicht jeder Verstoß gegen die Quellenangabepflicht in § 63 UrhG auch eine urheberrechtsverletzende Nutzung iSv. § 51 UrhG sei, geht fehl, weil die Richtlinie mit Quellenangabe beim Zitatrecht in lit. d nicht die Erkennbarkeit des Zitats meint.[198] Dies ergibt sich daraus, dass die Richtlinie die Quellenangabe nicht nur beim Zitatrecht anordnet, sondern wortgleich eben auch bei anderen Schranken, wo es auf die Erkennbarkeit eines Zitats gar nicht ankommt.

Unzulässig und demgemäß dem Unterlassungsanspruch nach § 97 Abs. 1 S. 1 bzw. S. 2 unterworfen ist – unabhängig von dieser Frage – jedenfalls die konkrete Form der Benutzung ohne Quellenangabe.[199] Die unterlassene Quellenangabe mag außerdem im Spezialfall des § 51 ein Indiz für das Fehlen des Zitierwillens darstellen.[200] Auch könnte die wortgetreue Übernahme erschienener Zeitungsartikel in ein anderes Presseorgan ohne Quellenangabe wegen des Ersparens eigener Aufwendungen Sittenwidrigkeit iSd. Wettbewerbsrechts indizieren.[201] Nach den UWG-Reformen wäre insoweit an einen Anwendungsfall von § 4 Nr. 3[202] UWG zu denken. Zu Wechselwirkungen von § 63 mit dem Markenrecht (→ Rn. 3).

21 Die **Verletzung des Gebots zur Quellenangabe macht auch schadensersatzpflichtig.**[203] Je nach der Wirkung des Eingriffs geht es dabei um den Ausgleich wirtschaftlicher Einbußen nach § 97 Abs. 2 S. 1–3 oder um den Ersatz immaterieller Schadens in Form einer Geldentschädigung nach dem Maßstab der Billigkeit gemäß § 97 Abs. 2 S. 4.[204] Der Ausgleich nach § 97 Abs. 2 S. 1 erfolgt in der Regel durch Naturalrestitution in Form einer Berichtigung bzw. nachträglichen Ergänzung der Quellenangabe,[205] nur in Ausnahmefällen in Form einer Nutzungsentschädigung.[206]

22 Bei der **Zuerkennung einer der Billigkeit entsprechenden Geldentschädigung** gemäß § 97 Abs. 2 S. 4 ist ein strenger Maßstab anzulegen,[207] zumal dann, wenn der Eingriff auf andere Weise durch Berichtigung bereits ausgeglichen ist.[208] Im Rahmen des Schadensersatzes kann eine übliche Lizenzgebühr in voller Höhe als Pauschalschaden berechnet werden, da die Quellenangabe gerade einen Ausgleich für die Einschränkung des Urheberrechts nach § 51 darstellen soll; daher sprechen viele Gründe dafür, entsprechend der üblichen Schadensberechnung hier die volle Lizenzgebühr in Ansatz zu bringen.[209] Im Einzelfall kann im Wege der Schätzung nach § 287 ZPO auch ein 50%iger Aufschlag auf eine fiktive Lizenz gerechtfertigt sein, zumal die Quellenangabe gerade auch wirtschaftlichen Zielen der Identifizierung des Rechteinhabers und damit ggf. weiterer Vermarktung dient.[210]

---

[196] *Geiger, J.* jM2015 2 (5); so im Ergebnis in Bezug auf das Zitatrecht auch *Schack* UrhR, Rn. 552 und *Hess* S. 142, beide aber ohne Bezugnahme auf die RL; jetzt auch DKMH/*Dreyer* UrhG § 63 Rn. 21; ebenfalls: OLG Hamburg BeckRS 2015, 14252 Rn. 40; anders als in vorheriger Auflage nun auch: Fromm/Nordemann/*Dustmann* UrhG § 63 Rn. 19; aA Dreier/Schulze/*Schulze* UrhG § 63 Rn. 30; Wandtke/Bullinger/*Bullinger* UrhG § 63 Rn. 31, gegen aus einer Verletzung der Schranke folgende separate Ansprüche aus § 97 in Bezug auf § 62 *Peukert* → § 62 Rn. 23.

[197] So noch *Dreyer*/Kotthoff/Meckel UrhG (2. Aufl.) § 51 Rn. 15.

[198] S. auch den Hinweis von Dreier/Schulze/*Schulze* UrhG § 63 Rn. 13, dass die Erkennbarkeit des fremden Werkes von der Quellenangabe zu trennen ist.

[199] Vgl. auch Dreier/Schulze/*Schulze* UrhG § 63 Rn. 30; DKMH/*Dreyer* UrhG § 63 Rn. 21.

[200] So OLG Hamburg GRUR 1970, 38 (40) – Heintje; *Brauns* S. 201 f.; wegen eines Falles fehlenden Zitatzwecks bei der Übernahme von Bildern aus einem Fernsehbericht s. LG Berlin GRUR 2000, 797 (797) – Screenshots.

[201] So OLG Hamm UFITA 96 1983, S. 265 (271).

[202] Zuvor § 4 Nr. 9 UWG: Die Änderung erfolgte durch das Zweite Gesetz zur Änderung des Gesetzes gegen den unlauteren Wettbewerb, das vom Deutschen Bundestag am 5.11.2015 beschlossen worden ist: BT-Drs. 18/4535 (RegE); BT-Drs. 18/6571 (Beschlussempfehlung und Bericht).

[203] KG MMR 2013, 52; Dreier/Schulze/*Schulze* UrhG § 63 Rn. 31; Fromm/Nordemann/*Dustmann* UrhG § 63 Rn. 20.

[204] AA Fromm/Nordemann/*J. B. Nordemann* UrhG § 97 Rn. 101, 118, 120: bei § 63 nur Anwendung von § 97 Abs. 2 S. 1–3, da Schaden kommerzialisierbar sei; anders *Kochendörfer* ZUM 2009, 389 (390): Zuschlag auf die Lizenzgebühr als immaterieller Schaden gem. § 97 Abs. 2 S. 4.

[205] So grundsätzlich OLG Hamburg GRUR 1970, 38 (40) – Heintje sowie OLG Hamburg GRUR 1974, 165 (168) – Gartentor; ebenso DKMH/*Dreyer* UrhG § 63 Rn. 21.

[206] Großzügiger insoweit – allerdings noch nach früherem Recht – LG München I UFITA 52 1969, S. 247 (251) – Wenn die Elisabeth sowie in Anlehnung an Fromm/Nordemann/*J. B. Nordemann* UrhG § 97 Rn. 6 auch LG München I Schulze LGZ 182, 1 (7), das einen gem. § 287 ZPO. zu schätzenden angemessenen Anteil an der Lizenzgebühr zusprechen will aA dagegen LG München I Schulze 184, 1 (4), das nur einen Anspruch auf Namensnennung in der nachfolgenden Auflage zuspricht sowie OLG Hamburg GRUR 1993, 666 (667) – Altersfoto, das trotz möglicher Verletzung von § 62 (Gemeint ist § 63 UrhG) keinen Aufschlag auf den per Lizenzanalogie berechneten Schaden gewährt.

[207] So in seiner insofern ablehnenden Entscheidung OLG Hamburg GRUR 1974, 165 (167) – Gartentor mit Verweis auf die Rspr. zu den Verletzungen des Allgemeinen Persönlichkeitsrechtes.

[208] Ebenso, aber ohne Differenzierung nach § 97 Abs. 1 und 2 aF LG München I Schulze LGZ 184, 1 (2 f.); vgl. auch Möhring/Nicolini/*Engels* UrhG Rn. 55.

[209] So mit ausführlicher Begründung Dreier/Schulze/*Schulze* UrhG § 63 Rn. 31.

[210] KG MMR 2013, 52; zuvor LG Berlin GRUR 2000, 797 (798) – Screenshots, das gem. § 287 ZPO 50% Aufschlag auf die Grundlizenz zuspricht.

Da § 63 UrhG nur dann erfüllt ist, wenn die Quellenangabe vollständig und richtig ist, stellt grundsätzlich auch ein (nur) falscher Quellenhinweis eine Verletzung von § 63 dar, die geeignet ist, die Ansprüche gem. § 97 Abs. 1 bzw. Abs. 2 auszulösen. Allerdings kann es bei der Zuerkennung von Schadensersatz am Verschulden (Vorsatz oder Fahrlässigkeit) fehlen.[211]

Bei vorsätzlicher Urheberrechtsverletzung kommt eine Strafbarkeit gem. § 106 UrhG in Frage, wobei hier Irrtumskonstellationen, die aus dem allgemeinen Teil des Strafrechts bekannt sind, namentlich Tatbestands- und Verbotsirrtümer gem. §§ 16, 17 StGB, gegeben sein können.[212] Hinsichtlich des oft erhobenen Einwands, dass die Strafbarkeit der Urheberrechtsverletzung unbekannt gewesen sei, ist auf die strenge Rechtsprechung des BGH an die Vermeidbarkeit iSd. § 17 S. 1 StGB zu erinnern („Anspannung des Gewissens").[213]

§ 63a Gesetzliche Vergütungsansprüche

[1] Auf gesetzliche Vergütungsansprüche nach diesem Abschnitt kann der Urheber im Voraus nicht verzichten. [2] Sie können im Voraus nur an eine Verwertungsgesellschaft oder zusammen mit der Einräumung des Verlagsrechts dem Verleger abgetreten werden, wenn dieser sie durch eine Verwertungsgesellschaft wahrnehmen lässt, die Rechte von Verlegern und Urhebern gemeinsam wahrnimmt.

Schrifttum: *Flechsig,* Zur Verkehrsfähigkeit gesetzlicher Vergütungsansprüche des Filmherstellers, ZUM 2012, 855; *ders.,* Verbindlich-autonome Vorgaben des Unionsrechts zur Sicherung gesetzlicher Vergütungsansprüche für Urheber, Teil 1, jurisPR-ITR 13/2015 Anm., Teil 2, jurisPR-ITR 13/2015 Anm. 2; *Haas,* Das neue Urhebervertragsrecht, 2002; *Hanewinkel,* Urheber versus Verleger – Zur Problematik des § 63a S. 2 UrhG und dessen geplanter Änderung im Zweiten Korb, GRUR 2007, 373; *Hoeren,* Der Zweite Korb – Eine Übersicht zu den geplanten Änderungen im Urheberrechtsgesetz, MMR 2007, 615; *Hucko,* Das neue Urhebervertragsrecht, 2002; *ders.,* Zweiter Korb – Das Urheberrecht in der Informationsgesellschaft, 2007; *Loewenheim,* Das BGH-Urteil zur Verlegerbeteiligung an den Einnahmen der VG Wort, NJW 2016, 2383; *Melichar,* § 63a UrhG – die Chronik einer Panne, FS Wandtke (2013), S. 243; *W. Nordemann,* Das neue Urhebervertragsrecht, 2002; *Peukert,* Neue Techniken und ihre Auswirkung auf die Erhebung und Verteilung gesetzlicher Vergütungsansprüche, ZUM 2003, 1050; *Schaefer,* Gehen Vergütungsansprüche im Sinne von § 63a UrhG bei einer Gesamtrechtsübertragung unternehmensbezogener Leistungsschutzrechte gemäß §§ 85 Abs. 2 S. 1 oder 94 Abs. 2 S. 1 UrhG mit über?, FS Wandtke (2013), S. 251; *Stöhr,* Gesetzliche Vergütungsansprüche im Urheberrecht, 2007; *v. Ungern-Sternberg,* Die Rechtsprechung des EuGH und des BGH zum Urheberrecht und zu den verwandten Schutzrechten im Jahr 2018, GRUR 2019, 1.
Weiteres Schrifttum in der 5. Aufl.

Übersicht

I. Allgemeines

1. Zweck und Bedeutung der Norm

§ 63a gehört zu den Vorschriften, die dem Urheber eine angemessene Vergütung für die Werknut- **1** zung sichern sollen. Es handelt sich um eine flankierende Regelung zu §§ 32 und 32a UrhG. Letztere zielen auf die Vergütung für rechtsgeschäftlich erlaubte Nutzungen, während § 63a an gesetzlich erlaubte, aber mit einem Vergütungsanspruch belegte Nutzungen anknüpft. Die gesetzlichen Vergütungsansprüche sind dem Urheber zugedacht und sollen „ihm als Teil seiner angemessenen Vergütung verbleiben".[1] Ebenso wie bei § 32 und § 32a (s. § 32 Abs. 3, § 32a Abs. 3) soll sichergestellt werden, dass der Anspruch auf angemessene Vergütung dem Urheber nicht rechtsgeschäftlich weggenommen wird und dies womöglich bei der Bemessung des Entgelts nicht berücksichtigt wird. 63a bildet insofern eine Bekräftigung des „das deutsche Urheberrecht insgesamt prägenden Kerngedankens" der

---

[211] S. zum Parallelproblem bei der Urheberfalschbezeichnung und der Verletzung von § 13 UrhG *Spieker* GRUR 2006, 118 (120 ff.).
[212] *Schack* in: Dreier/Ohly, Wissenschaftsplagiat und Urheberrecht, S. 81 (93).
[213] BGHSt 21, 18 = NJW 1966, 842 (842) – Klinker; dazu MüKo/*Joecks* StGB § 17 Rn. 48; *Lackner/Kühl* StGB § 17 Rn. 7; s. auch *Schack* in: Dreier/Ohly, Wissenschaftsplagiat und Urheberrecht, S. 81 (93), der aaO treffend formuliert: „Plagiatoren wissen, was sie tun, auch wenn sie nicht wie ein Jurist akribisch unter die gesetzlichen Voraussetzungen des Urheberrechts und seiner Schranken subsumieren."
[1] AmtlBegr. BT-Drs. 14/6433, 14 – zum damaligen § 29 Abs. 3 des Entwurfs.

Unübertragbarkeit des Urheberrechts.[2] Gesetzliche Vergütungsansprüche sind durch die Eigentumsgarantie des Art. 14 GG geschützt.[3]

2. Entstehungsgeschichte

2   § 63a hat eine wechselvolle Entstehungsgeschichte hinter sich.[4] Eingeführt wurde die Vorschrift durch das Gesetz zur Stärkung der vertraglichen Stellung von Urhebern und ausübenden Künstlern vom 22.3.2002.[5] Nach der ursprünglichen Konzeption im Professorenentwurf[6] und Regierungsentwurf[7] sollten in einem neu formulierten § 29 die Übertragbarkeit des Urheberrechts und die sonstigen Rechtsgeschäfte über Urheberrechte zusammenfassend geregelt werden. Die Formulierungshilfe des Bundesjustizministeriums vom 14.1.2002 nahm eine rechtssystematisch begründete Umstellung vor: § 29 Abs. 3 wurde gestrichen und vollinhaltlich in einen neuen § 63a verpflanzt. Satz 2 dieser Vorschrift lautete in der damaligen Fassung: „Sie können im Voraus nur an eine Verwertungsgesellschaft abgetreten werden".

3   Eine Änderung erfolgte durch das 2. Gesetz zur Regelung des Urheberrechts in der Informationsgesellschaft (2. Korb) vom 26.10.2007.[8] Von Autorenseite war geltend gemacht worden, dass die Abtretungsbeschränkung des § 63a hinsichtlich zukünftiger gesetzlicher Vergütungsansprüche auch bei der Verteilung der Ausschüttungen im Rahmen von Verwertungsgesellschaften zu beachten sei. Da Werknutzer, insbesondere Verleger, ab der Geltung des § 63a (1.7.2002) nicht mehr gesetzliche Vergütungsansprüche durch Vorausabtretung erwerben könnten, hätte sich ihr Anteil an den in Verwertungsgesellschaften eingebrachten Vergütungsansprüchen zwangsläufig zu vermindern, was bei dem Verteilungsschlüssel Autoren/Verleger zu berücksichtigen sei. Da der Gesetzgeber eine solche Kürzung nicht beabsichtigt hatte, wurde mit dem zweiten Gesetz zur Regelung des Urheberrechts in der Informationsgesellschaft (2. Korb)[9] die jetzige Formulierung des § 63a S. 2 gewählt, wonach gesetzliche Vergütungsansprüche der Urheber zwar an Verleger abgetreten werden können, aber nur, wenn diese sie durch eine Verwertungsgesellschaft wahrnehmen lassen, die Rechte von Verlegern und Urhebern gemeinsam wahrnimmt. Neue Aktualität hat die in § 63a S. 2 vorgesehene Möglichkeit der Abtretung gesetzlicher Vergütungsansprüche von Urhebern an Verleger durch das Urteil „Verlegeranteil"[10] des BGH gewonnen, der die im Verteilungsplan der VG Wort vorgesehene pauschale Aufteilung der Einnahmen zwischen Urhebern und Verlegern für unzulässig erklärte.

3. Anwendungsbereich

4   § 63a gilt für die **gesetzlichen Vergütungsansprüche des Urhebers** nach dem 6. Abschnitt des 1. Teils des UrhG. Das sind die Ansprüche nach § 45a Abs. 2, § 46 Abs. 4, § 47 Abs. 2, § 49 Abs. 1 S. 2, § 52 Abs. 1 S. 2, Abs. 2 S. 2, § 54 iVm § 54a und § 54b, § 54c, 60h sowie § 61b und § 61c iVm § 61b. Nach dem Sinn und Zweck des § 63a, wie er aus der für die Vorschrift geltenden Gesetzesbegründung erschlossen werden kann, ist § 63a auch auf § 27 Abs. 2 zu beziehen; die ursprünglich in § 29 Abs. 3 enthaltene Regelung hätte § 27 Abs. 2 mit umfasst, bei ihrer Verpflanzung in § 63a[11] wurde dies offensichtlich übersehen.[12]

5   Kraft Verweisung ist § 63a auf **verwandte Schutzrechte** anwendbar, und zwar für Verfasser wissenschaftlicher Ausgaben (§ 70 Abs. 1), Lichtbildner (§ 72 Abs. 1), ausübende Künstler (§ 83), Veranstalter (§ 83 mit § 81), Tonträgerhersteller (§ 85 Abs. 4), Sendeunternehmen (§ 87 Abs. 4), Filmhersteller (§ 94 Abs. 4) und Laufbildhersteller (§ 95 mit § 94 Abs. 4). Für ausübende Künstler gilt zusätzlich für Ansprüche nach § 78 Abs. 2 der dem § 63a entsprechende § 78 Abs. 3; für Ansprüche nach § 79a der dem § 63a gleichfalls entsprechende § 79a Abs. 3. Im Hinblick auf den Gesetzeszweck der Sicherung einer angemessenen Vergütung für den strukturell Unterlegenen[13] ist hinsichtlich der Anwendung auf Inhaber verwandter Schutzrechte ein gewisser Stilbruch festzustellen: Zwar sind Verfasser wissenschaftlicher Ausgaben, Lichtbildner und ausübende Künstler nach ihrem Schutzbedürfnis dem Urheber gleichzustellen; anderes gilt jedoch für die Unternehmerschutzrechte der Tonträgerhersteller, Sendeunternehmen und Filmhersteller, bei denen es typischerweise an einer vergleichbaren strukturellen Schwäche fehlt. § 63a impliziert für sie einen gewissen Überschuss des Schutzes, der uU sinnvollen Transaktionen, wie der Kreditsicherung, im Wege stehen mag.

6   In **zeitlicher Hinsicht** ist § 63a auf Verträge, die vor dem 1.7.2002 abgeschlossen wurden, nicht anwendbar (§ 132 Abs. 3 S. 1), dh Vorausverzichte und Vorausabtretungen in solchen Verträgen un-

---

[2] AmtlBegr. BT-Drs. 14/6433, 14.
[3] BVerfG GRUR 2018, 829 Rn. 24 f.; v. *Ungern-Sternberg* GRUR 2019, 1 (6).
[4] Eingehende Darstellung → 5. Aufl. 2017, Rn. 2–7.
[5] BGBl. I S. 1155.
[6] GRUR 2000, 765 (766).
[7] BT-Drs. 14/7564, 5 iVm BT-Drs. 14/6433, 3.
[8] BGBl. I S. 2513.
[9] BGBl. I S. 2513.
[10] BGH GRUR 2016, 596 – Verlegeranteil; dazu und zur weiteren Entwicklung → VGG § 27 Rn. 11 ff.
[11] Dazu → Rn. 2.
[12] AA BeckOK UrhR/*Engels* § 63a Rn. 5.
[13] Sa AmtlBegr. zum 2. Korb, BT-Drs. 14/6433, 7.

terliegen dem § 63a nicht. § 63a S. 2 ist in seiner durch den 2. Korb geänderten Form[14] am 1.1.2008 in Kraft getreten und erst ab diesem Zeitpunkt anwendbar; zwischen dem 1.7.2002 und dem 31.12.2007 getroffene Vereinbarungen sind nach § 63a in der ab 1.7.2002 geltenden Fassung zu beurteilen.

II. Verbot des Vorausverzichts

Der in § 63a verfügte Ausschluss des Verzichts „im Voraus" bedeutet, dass auf die gesetzlichen **7** Vergütungsansprüche weder ausdrücklich noch konkludent[15] verzichtet werden kann, bevor sie entstanden sind. Entstehungszeitpunkt ist die tatsächliche Nutzungshandlung.[16] Hat sich die gesetzliche Vergütungspflicht durch Erfüllung ihres Entstehungstatbestands im Einzelfall konkretisiert, so kann dagegen auf den daraus resultierenden **Geldanspruch** verzichtet werden. Der Verzicht auf den entstandenen Geldanspruch erfolgt durch Erlassvertrag (§ 397 BGB). Unter das Verbot des Vorausverzichts fällt auch ein **schuldrechtlicher Vertrag,** der vor der Entstehung des Anspruchs geschlossen wird und zum Verzicht auf den künftigen Anspruch vor oder nach seiner Entstehung **verpflichtet.**[17] Das kann auch nicht dadurch umgangen werden, dass der Urheber sich gegenüber einem Werknutzer im Voraus dazu verpflichtet, seinen gesetzlichen Vergütungsanspruch nicht geltend zu machen.[18] § 63a soll dem Urheber den Vergütungsanspruch bis zu dessen Entstehung ungeschmälert und frei von Bindungen erhalten. Möglich ist dagegen eine unentgeltliche Nutzungseinräumung.

III. Beschränkung der Vorausabtretung

Generell gilt, dass gesetzliche Vergütungsansprüche nach §§ 398 ff. BGB abtretbar sind;[19] die Vor- **8** ausabtretung stellt eine Verfügung über das Anwartschaftsrecht dar.[20] § 63a schränkt aber die **Zulässigkeit der Vorausabtretung** gesetzlicher Vergütungsansprüche an Verwertungsgesellschaften und an Verleger ein. In der vom 1.7.2002 bis 31.12.2007 gültigen Fassung erlaubte § 63a die Vorausabtretung nur an Verwertungsgesellschaften. Eine Vorausabtretung an sonstige Zessionare, insbesondere Verlage, war während dieses Zeitraums ausgeschlossen. Ab 1.1.2008 ist auch eine Vorausabtretung an Verleger zulässig, aber unter den in § 63a S. 2 genannten Voraussetzungen. Eine Vorausabtretung, die nicht den Kriterien des § 63a entspricht, ist **nichtig.**

Zulässig ist dagegen nach allgemeinen Regeln die **Abtretung des bereits entstandenen gesetz-** **9** **lichen Vergütungsanspruchs** nach den allgemeinen Regeln (§§ 398 ff. BGB); allerdings wird vielfach bereits eine (nach § 63a S. 2 zulässige) Vorausabtretung an eine Verwertungsgesellschaft erfolgt sein; eine Abtretung des (bereits entstandenen) Vergütungsanspruchs an Verleger ist in einem solchen Falle unwirksam.[21] Wann der Anspruch entstanden ist, richtet sich nach dem jeweiligen Entstehungstatbestand. So ist zB für die Entstehung des Vergütungsanspruchs gemäß § 54 Abs. 1 erforderlich, dass der Urheber das Werk geschaffen hat und dass es in einer Weise in Verkehr gebracht ist, bei der eine Vervielfältigung nach § 53 Abs. 1–3 zu erwarten ist. Auf der Seite des Geräteherstellers ist eine die Vervielfältigung ermöglichende Veräußerung oder ein sonstiges Inverkehrbringen des Geräts vorauszusetzen.

1. Vorausabtretung an Verwertungsgesellschaften

Unter **Verwertungsgesellschaften** sind die Personen und Personengemeinschaften iSd § 2 VGG[22] **10** zu verstehen. In der Praxis erfolgt die Abtretung in Wahrnehmungsverträgen zur generellen Rechtewahrnehmung (auch zukünftig entstehender Rechte) oder jeweils im Einzelfall; es handelt sich um eine Abtretung zur treuhänderischen Wahrnehmung. Die Abtretung der Vergütungsansprüche pflegt, soweit erforderlich, mit der Einräumung von Nutzungsrechten an den zugrundeliegenden Verwertungsrechten verbunden zu werden, um den Verwertungsgesellschaften zu ermöglichen, Nutzern entsprechende Nutzungserlaubnis zu erteilen.

Vom Vorausabtretungsverbot des § 63a S. 2 wird auch ein **Verpflichtungsgeschäft** erfasst, das den **11** Urheber im Voraus zur Abtretung des gesetzlichen Vergütungsanspruchs nach seiner Entstehung verpflichtet. Ein solches Geschäft würde eine Umgehung des § 63a S. 2 darstellen. Der Urheber kann sich also vor Entstehung des gesetzlichen Vergütungsanspruchs verpflichten, diesen Anspruch nach seiner Entstehung an andere Zessionare abzutreten. Ausgenommen davon sind nur Verleger, wenn diese die Vergütungsansprüche durch eine Verwertungsgesellschaft wahrnehmen lassen, die

---

[14] Vgl. → Rn. 3.
[15] Dreier/Schulze/*Schulze* UrhG § 63a Rn. 10.
[16] Wandtke/Bullinger/*Bullinger* UrhG § 63a Rn. 4.
[17] Dreier/Schulze/*Schulze* UrhG § 63a Rn. 10; DKMH/*Hentsch* UrhG § 63a Rn. 6.
[18] Dreier/Schulze/*Schulze* UrhG § 63a Rn. 10; aA Wandtke/Bullinger/*Bullinger* UrhG § 63a Rn. 5.
[19] → § 29 Rn. 38 ff.
[20] Vgl. → § 29 Rn. 41.
[21] BGH GRUR 2016, 596 Rn. 82 – Verlegeranteil.
[22] Früher § 1 UrhWG.

Rechte von Verlegern und Urhebern gemeinsam wahrnimmt. Ist dies der Fall, so dürfte aber eher eine Vorausabtretung als eine Verpflichtung zur nachträglichen Abtretung in Betracht kommen.

12   Vom gesetzlichen Vergütungsanspruch ist der Anspruch des Urhebers gegen die Verwertungsgesellschaft auf Auszahlung der auf ihn treffenden **Ausschüttung** zu unterscheiden. Dieser Anspruch hat seine Grundlage im Wahrnehmungsvertrag. Nach allgemeinen Regeln wäre dieser Anspruch abtretbar; jedoch pflegen die Verwertungsgesellschaften die Abtretbarkeit auszuschließen oder von ihrer Zustimmung abhängig zu machen.

2. Vorausabtretung an Verleger

13   Nach § 63a S. in der ab 1.1.2008 geltenden Fassung ist eine Vorausabtretung an Verleger möglich, wenn sie zusammen mit der Einräumung des Verlagsrechts erfolgt und der Verleger die Ansprüche durch eine Verwertungsgesellschaft wahrnehmen lässt, die Rechte von Verlegern und Urhebern gemeinsam wahrnimmt. Mit dieser Regelung wollte der Gesetzgeber dem Umstand Rechnung tragen, dass nach der bis zum 31.12.2007 geltenden Fassung den Verlegern im Voraus keine Rechte abgetreten werden konnten und die Urheber daraufhin eine Kürzung des Verlegeranteils an den Ausschüttungen der VG Wort gefordert hatten.[23] Es sollte vielmehr gewährleistet werden, dass die Verleger eine angemessene Beteiligung an den Erträgen der VG Wort erhalten.[24] Die Regelung beschränkt sich auf Verleger, weil diese im Gegensatz zu anderen Leistungsschutzberechtigten über keine eigenen Leistungsschutzrechte verfügen; Leistungsschutzberechtigte mit eigenen Leistungsschutzrechten sollten gerade nicht einbezogen werden.[25] Wer **Verleger** ist, ergibt sich aus § 1 VerlagsG; Verleger ist danach, wer das Werk zur Vervielfältigung und Verbreitung auf eigene Rechnung in Verlag nimmt.[26] Zu den Verlegern gehören insbesondere Buchverleger, Musikverleger, Bühnenverleger, Kunstverleger, Zeitungs- und Zeitschriftenverleger.

14   Die Vorausabtretung muss **zusammen mit der Einräumung des Verlagsrechts** erfolgen. Dem Verleger muss also das Verlagsrecht an einem Werk eingeräumt werden. Dabei muss zwischen der Einräumung des Verlagsrechts und der Vorausabtretung nicht nur in zeitlicher, sondern auch ein sachlicher Zusammenhang bestehen.[27] Im Regelfall erfolgt die Abtretung im Verlagsvertrag.

15   Weitere Voraussetzung ist, dass der Verleger die ihm mit der Vorausabtretung übertragenen **Ansprüche durch eine Verwertungsgesellschaft wahrnehmen** lässt, die Rechte von Verlegern und Urhebern gemeinsam wahrnimmt. Für Buch- und Bühnenverleger ist die VG Wort zuständig, für Musikverleger die GEMA, für Kunstverleger die VG Bild-Kunst. Soweit Verleger ihre Rechte nicht durch eine solche Verwertungsgesellschaft wahrnehmen lassen, ist eine Abtretung von gesetzlichen Vergütungsansprüchen nicht zulässig. Dabei erfasst § 63a S. 2 nach der Rechtsprechung des BGH nur die Fälle, in denen ein Verleger die ihm vom Urheber im Voraus abgetretenen im Interesse des Urhebers von einer Verwertungsgesellschaft wahrnehmen lässt.[28] Angesichts Art. 5 Abs. 2 lit. a und b der InfoSoc-RL dürften die Mitgliedstaaten keine Regelung treffen, nach der Urheber Verlegern ihre gesetzlichen Vergütungsansprüche im Voraus abtreten könnten, wenn die Verleger sie nicht allein im Interesse des Urhebers, sondern auch oder allein in ihrem eigenen Interesse durch eine Verwertungsgesellschaft wahrnehmen ließen. Eine solche Vorausabtretung des Vergütungsanspruchs liefe im Ergebnis auf einen Verzicht des Urhebers auf seinen Vergütungsanspruch hinaus.[29]

Siebter Abschnitt. Dauer des Urheberrechts

§ 64 Allgemeines

Das Urheberrecht erlischt siebzig Jahre nach dem Tode des Urhebers.

Schrifttum: *Akerlof et al.,* The Copyright Term Extension Act of 1998: An Economic Analysis, 2002; *ALAI,* Study Days 2010 Vienna: The Duration of Copyright and Related Rights; Beier, Die urheberrechtliche Schutzfrist, 2001; *Bischoffshausen,* Die ökonomische Rechtfertigung der urheberrechtlichen Schutzfrist, 2013; *Danisch,* Die

---

[23] Vgl. → Rn. 3.
[24] Wörtlich heißt es in den Amtlichen Begründung (BT-Drs. 16/1828, 32): „§ 63a hat in der Praxis zu Schwierigkeiten geführt. So wurde in der VG Wort von Vertretern der Autoren vorgetragen, dass sie seit Inkrafttreten des Gesetzes ihre gesetzlichen Vergütungsansprüche nicht mehr an ihre Verleger abtreten könnten. Folglich könnten die Verleger auch nicht mehr im bisherigen Maße bei der Verteilung der pauschalen Vergütung berücksichtigt werden. Diese Auslegung entspricht nicht der Intention des Gesetzgebers, der lediglich den Schutz der Urheber im Vertragsverhältnis im Sinn hatte. Ein Ausschluss der Verleger von der pauschalen Vergütung wäre angesichts der von ihnen erbrachten erheblichen Leistung auch sachlich nicht hinnehmbar. Dies gilt umso mehr, als den Verlegern im Gegensatz zu anderen Verwertern vom Gesetzgeber bisher keine eigenen Leistungsschutzrechte zugesprochen worden sind. Der neue Satz 2 soll gewährleisten, dass die Verleger auch in Zukunft an den Erträgen der VG Wort angemessen zu beteiligen sind.
[25] AmtlBegr. BT-Drs. 16/1828, 32.
[26] *Ulmer-Eilfort/*Obergfell, Verlagsrecht, 2013, VerlagsG § 1 Rn. 38.
[27] BeckOK UrhR/*Engels* § 63a Rn. 13.
[28] BGH GRUR 2016, 596 Rn. 78 – Verlegeranteil.
[29] BGH GRUR 2016, 596 Rn. 79 – Verlegeranteil.

Schutzdauerproblematik im Immaterialgüterrecht, 2006; *Davies,* Copyright and the Public Interest, 2002; *Deutsche Vereinigung für gewerblichen Rechtsschutz und Urheberrecht (GRUR),* Stellungnahme zum Vorschlag der Kommission für eine Richtlinie zur Änderung der Richtlinie 2006/116/EG des Europäischen Parlaments und des Rates über die Schutzdauer des Urheberrechts und bestimmter verwandter Schutzrechte, GRUR 2009, 38; *Dietz,* Einige Aspekte der Urhebernachfolgevergütung (domaine public payant), FS Roeber (1982), S. 45; *Drücke,* Der Richtlinienvorschlag der EU-Kommission zur Schutzfristverlängerung für ausübende Künstler und Tonträgerhersteller aus Sicht der Tonträgerhersteller, ZUM 2009, 108; *Elmenhorst/Gräfin v. Brühl,* Wie es Euch gefällt? Zum Antagonismus zwischen Urheberrecht und Eigentümerinteressen, GRUR 2012, 126; *Gerlach,* Der Richtlinienvorschlag der EU-Kommission zur Schutzfristverlängerung für ausübende Künstler und Tonträgerhersteller aus Sicht der ausübenden Künstler, ZUM 2009, 103; *Hilty,* Eldred v. Ashcroft – Die Schutzfrist im Urheberrecht, GRUR-Int 2003, 201; *Hilty u.a.,* Stellungnahme des Max-Planck-Instituts für Geistiges Eigentum, Wettbewerbs- und Steuerrecht zum Vorschlag der Kommission für eine Richtlinie zur Änderung der Richtlinie 2006/116 EG des Europäischen Parlaments und des Rates über die Schutzdauer des Urheberrechts und bestimmter verwandter Schutzrechte, GRUR-Int 2008, 907; *Hinte,* Nach 25 Jahren ist Schluss, in: Klimpel (Hrsg.), Mit gutem Recht erinnern, 2018, 8; *Jean-Richard-dit-Bressel,* Ewiges Urheberrecht oder Urhebernachfolgevergütung (domaine public payant)?, 2000; *Juranek,* Harmonisierung der urheberrechtlichen Schutzfristen in der EU, 1994; *Katzenberger,* Die Diskussion um das „domaine public payant" in Deutschland, FS Roeber (1982), S. 193; *Kreutzer, T.,* Das Modell des deutschen Urheberrechts und Regelungsalternativen: konzeptionelle Überlegungen zu Werkbegriff, Zuordnung, Umfang und Dauer des Urheberrechts als Reaktion auf den urheberrechtlichen Funktionswandel, 2007; *Landes/Posner,* The Economic Structure of Intellectual Property Rights, 203; *Klass,* Die geplante Schutzfristenverlängerung für ausübende Künstler und Tonträgerhersteller: Der falsche Ansatz für das richtige Ziel, ZUM 2008, 663; *dies.,* Der Richtlinienvorschlag der Kommission zur Änderung der bestehenden Schutzdauerrichtlinie – Nachtrag zu ZUM 2008, 663, ZUM 2008, 828; *Kreile, J.,* Der Richtlinienvorschlag der EU-Kommission zur Schutzfristenverlängerung für ausübende Künstler und Tonträgerhersteller aus der Sicht der Filmhersteller, ZUM 2009, 113; *Kreutzer,* Das Modell des deutschen Urheberrechts und Regelungsalternativen, 2008; *Leistner,* in: v. Lewinski, Indigenous Heritage and Intellectual Property, 2004, S. 49; *v. Lewinski,* General Part and Database Directive, in Walter/v. Lewinski, European Copyright Law, 2010, S. 3, 678; *dies,* Richtlinie 93/98/EWG des Rates vom 29. Oktober 1993 zur Harmonisierung der Schutzdauer des Urheberrechts und bestimmter verwandter Schutzrechte, Einführung, in Möhring/Schulze/Ulmer/Zweigert, Quellen des Urheberrechts, 1962 ff. (Loseblatt); *dies.,* Europäische Integration jenseits der Union – Geistiges Eigentum im Netzwerk intereuropäischer Beziehungen, FS Beier (1996), S. 607; *Malevanny,* Die Länge der Schutzfristen im Musikurheberrecht: Rechtfertigung im Zeitalter des Internet, GRUR-Int 2013, 737; *Marzetti,* Paying for works in the public domain?, GRUR-Int 2019, 343; *Max-Planck-Institut für geistiges Eigentum, Wettbewerbs- und Steuerrecht (MPI),* Stellungnahme zum Vorschlag der Kommission für eine Richtlinie zur Änderung der Richtlinie 2006/116/EG des Europäischen Parlaments und des Rates über die Schutzdauer des Urheberrechts und bestimmter verwandter Schutzrechte, GRUR-Int 2008, 907; *Obergfell,* Entstellungsschutz post mortem? – Der Urheberrechtsfall „Stuttgart 21", GRUR-Prax 2010, 233; *Ohly,* Von einem Indianerhäuptling, einer Himmelsscheibe, einer Jeans und dem Lächeln der Mona Lisa – Überlegungen zum Verhältnis zwischen Urheber- und Kennzeichenrecht, FS Klippel (2008), S. 203; *Pakuscher, I.,* Der Richtlinienvorschlag der EU-Kommission zur Schutzfristenverlängerung für ausübende Künstler und Tonträgerhersteller, ZUM 2009, 89; *Pfister,* Das Urheberrecht im Prozeß der deutschen Einigung, 1996; *Pollock,* Forever Minus a Day? Calculating Optimal Copyright Term, Review of Economic Research on Copyright Issues, 2009, vol. 6, No. 1, S. 35; *Reinbothe/v. Lewinski,* The E. C. Directive on Rental and Lending Rights and on Piracy, 1993; *Schack,* Urheber- und Urhebervertragsrecht, 2017; *Schmidt-Hern,* Der Titel, der Urheber, das Werk und seine Schutzfrist, ZUM 2003, 462; *Schulze, G.,* Der Richtlinienvorschlag der EU-Kommission zur Schutzfristenverlängerung für ausübende Künstler und Tonträgerhersteller aus dogmatischer, kritischer und konstruktiver Sicht, ZUM 2009, 93; *Stang,* Das urheberrechtliche Werk nach Ablauf der Schutzfrist, 2011; *Steinbeck,* Abwägung der Urheber- und Eigentümerinteressen bei Umbau eines Baukunstwerks, GRUR-RR 2011, 56; *Stögmüller,* Deutsche Einigung und Urheberrecht, 1994; *Towse,* What we know. what we don't know and what policy-makers would like us to know about the economics of copyright, Review of Economic Research on Copyright Issues, 2011, vol. 8(2), S. 101; *Stuwe,* Der Richtlinienvorschlag der EU-Kommission zur Schutzfristenverlängerung für ausübende Künstler und Tonträgerhersteller – Diskussionsbericht, ZUM 2009, 117; *Wagner, A.-M.,* Quo vadis, Urheberrecht? ZUM 2004, 723; *Walter,* Term Directive, in: Walter/v. Lewinski, European Copyright Law, 2010, S. 499.

Übersicht

A. Allgemeines

I. Rechtfertigung und verfassungsrechtliche Zulässigkeit der zeitlichen Begrenzung des Urheberrechts

1 **1.** Der Urheberrechtsschutz für Werke der Literatur und Kunst war schon im Privilegienzeitalter zeitlich begrenzt.[1] Spätere Gesetze folgten diesem Modell, verlängerten die Schutzfristen jedoch schrittweise auf die heute geltenden 70 Jahre nach dem Tod des Urhebers.[2] Der Gesetzgeber konnte im Jahr 1965 mit guten Gründen annehmen, dass es im „Wesen der geistigen Schöpfungen auf dem Gebiete der Literatur und Kunst" liege, „dass sie als Mitteilungsgut nach Ablauf einer gewissen Zeit gemeinfrei werden."[3] Zur Rechtfertigung der begrenzten Schutzdauer berief sich der Regierungsentwurf auf Gesichtspunkte, die noch heute als tragend angesehen werden.[4] Zum einen hätten der Urheber und seine Rechtsnachfolger nach einer angemessenen Schutzfrist hinreichend Gelegenheit gehabt, das Werk zu verwerten. Zum anderen seien nach Ablauf einer solchen Frist ohnehin nur noch wenige Werke von Interesse. Gerade diese „Meisterwerke der Literatur und Kunst, die in den Kulturbestand eines Volkes eingehen", müssten aber zur Verbreitung und Wiedergabe durch jedermann freistehen. Ein ewiges Urheberrecht würde zudem zu „erheblichen praktischen Schwierigkeiten" führen, da die Suche nach den Rechtsinhabern schon nach wenigen Erbgängen nur noch unter großen Schwierigkeiten möglich wäre. Die Urheberrechtswissenschaft begründet die begrenzte Schutzdauer noch heute mit ganz ähnlichen Gründen.[5] Dabei wird die Berechtigung einer zeitlichen Beschränkung kaum noch angezweifelt.[6] Dies spiegelt sich auch in den Erwägungsgründen der Richtlinie 2006/116 über die Schutzdauer des Urheberrechts und bestimmter verwandter Schutzrechte wider, wo die Rechtfertigung einer zeitlichen Befristung des Urheberrechts erst gar nicht mehr begründet wird, sondern allein die Notwendigkeit der Harmonisierung und die Frage nach der richtigen Bemessung der Schutzfrist behandelt werden.

2 **2.** Die Grundsatzfrage nach der Berechtigung einer zeitlichen Befristung wird heute weitgehend einheitlich bejaht. Dagegen wird kontrovers diskutiert, welche Schutzdauer die Interessen von Urhebern, Verwertern und der Allgemeinheit zum Ausgleich bringen kann. Die Diskussion über die Bemessung der Schutzdauer führen allerdings vor allem Ökonomen, während sich die Juristen in Anbetracht der internationalen Festschreibung von mindestens 50 Jahren p. m. a in der RBÜ und von 70 Jahren p. m. a. in der Richtlinie 2006/116 allenfalls noch äußern, wenn eine erneute Verlängerung der Schutzdauer seitens der Rechtsinhaber gefordert wird.[7] Trotz der internationalen und europäischen Fixierung der heute geltenden langen Schutzfristen sollte die Rechtswissenschaft zur Kenntnis nehmen, dass Ökonomen die Berechtigung solch langer Schutzfristen mit guten Gründen in Frage stellen:[8] Die Kosten der Suche nach den Rechtsinhabern würden mit der Länge der Schutzdauer ansteigen. Urheber neuer Werke würden durch ältere Rechte mit hohen Transaktionskosten belastet, wenn sie Nutzungsrechte erwerben müssen. Urheber und Nutzer würden Mittel aufwenden, um teuer produzierte aber qualitativ schlechtere Substitutionsprodukte zu erzeugen bzw. zu erwerben. Die Anreizwirkung würde durch eine lange Schutzdauer nicht deutlich erhöht, das heißt, den ge-

---

[1] Zur historischen Entwicklung zuletzt eingehend *Bischoffshausen* S. 47–92; *Walter,* Historical Perspectives regarding the Duration of Author's Rights, in ALAI Study Days 2010 Vienna, 13 ff.

[2] → Rn. 56 ff.

[3] Begründung des Entwurfs, BT-Drs. IV/270, 33.

[4] Begründung des Entwurfs, BT-Drs. IV/270, 33.

[5] Siehe bspw. *Schack* Rn. 515 f.; Wandtke/Bullinger/*Lüft* § 64 Rn. 1; Fromm/Nordemann/*A. Nordemann* § 64 Rn. 1a.

[6] Vgl. hierzu eingehend *Stang* S. 41 ff.; für ein zeitlich befristetes, aber (gebührenpflichtig) unbegrenzt verlängerbares Urheberrecht plädieren bspw. *Landes/Posner* S. 210–249. Für ein zeitlich gänzlich unbefristetes Urheberrecht plädiert *A.-M. Wagner* ZUM 2004, 723 (732 f.).

[7] Siehe statt der zahlreichen Beiträge anlässlich der Verlängerung der Schutzdauer für die Rechte der ausübenden Künstler und Tonträgerhersteller durch die Richtlinie 2011/77/EU nur *Hilty ua* GRUR-Int 2008, 907–915.

[8] Eine aktuelle Übersicht der rechtsökonomischen Diskussion zur Schutzdauer findet sich bei *Bischoffshausen* S. 300–315. Zum Folgenden siehe *Landes/Posner* S. 213.

nannten Kosten stünden keine nennenswerten Wohlfahrtsgewinne gegenüber. Keinerlei positive Effekte seien von späteren Schutzfristverlängerungen zu erwarten, weil im Hinblick auf bereits bestehende Werke keine Anreize mehr gesetzt würden. Es ist bemerkenswert, dass sich anlässlich der geplanten und später auch realisierten Verlängerung der Schutzdauer in den USA von 50 auf 70 Jahre quasi alle namhaften Rechtsökonomen in einer gemeinsamen Stellungnahme ablehnend äußerten.[9] Allerdings wagen sich auch Ökonomen nur selten mit konkret bezifferten Vorschlägen für effiziente Schutzfristen vor. Wenn konkrete Vorschläge vorgelegt werden, setzen diese bei erstaunlich kurzen Fristen an, die bis zu 15 Jahre nach Veröffentlichung hinunterreichen.[10]

Die noch im Regierungsentwurf zum Gesetz von 1965 enthaltene Idee einer „Urhebernachfolge- **3** vergütung" („domain public payant"),[11] die nach Ablauf der Schutzfrist erhoben und von einem Fonds verwaltet und für verdiente Urheber, für die Hinterbliebenenversorgung und für Förderungsbeihilfen an begabte Urheber verwandt werden sollte, hat sich in Deutschland bislang nicht durchsetzen können,[12] hat aber international eine gewisse Verbreitung gefunden[13] und wird in jüngerer Zeit in Zusammenhang mit dem Schutz von traditionellem Wissen und Folklore diskutiert.[14] In Europa ist die Vereinbarkeit mit der Richtlinie 2006/116 zweifelhaft.[15]

Das Bundesverfassungsgericht[16] hat bei der Beurteilung des zeitlich ebenfalls begrenzten Schutzes **4** der ausübenden Künstler (§§ 82, 135) unter dem Gesichtspunkt der Eigentumsgarantie des Art. 14 GG ganz generell ausgesprochen, dass die **Verfassung** den Gesetzgeber nicht verpflichte, „ewige" Urheber- oder Leistungsschutzrechte einzuräumen und auch der Gleichheitssatz (Art. 3 GG) keine Gleichbehandlung mit dem Sacheigentum fordere.

(einstweilen frei) **5–8**

II. Die Schutzdauer des Urheberrechts in den internationalen Verträgen und im Ausland

1. Die Regelungen der **Revidierten Berner Übereinkunft** (RBÜ) und des **Welturheber-** **9** **rechtsabkommens** (WUA) über die Dauer des konventionsrechtlichen Schutzes sind durch drei Prinzipien geprägt: die konventionsrechtliche Festlegung einer Mindestschutzdauer, das Prinzip der Inländerbehandlung und den Vergleich der Schutzfristen im Schutzland und im Ursprungsland des Werkes. Auf den Grundsätzen der RBÜ bauen auch das **TRIPS-Übereinkommen** von 1994 und der **WIPO-Urheberrechtsvertrag (WCT)** von 1996 auf; beide Abkommen enthalten darüber hinaus für Sonderfälle je eine Spezialbestimmung über die Schutzdauer. Im Einzelnen ist hierzu auf die → Vor §§ 120 ff. Rn. 34 ff. und 49 zu verweisen. Modifikationen können sich aus **bilateralen Staatsverträgen** ergeben, unter denen vor allem das deutsch-amerikanische Abkommen von 1892 hervorzuheben ist, weil es für den Schutz der Werke amerikanischer Urheber in Deutschland Inländerbehandlung ohne Schutzfristenvergleich vorsieht.[17] Soweit der Vergleich der Schutzfristen anzuwenden ist, sind in ihn **Schutzfristverlängerungen** einzubeziehen, die eine Reihe von Staaten **aus Anlass des Krieges** vorgenommen haben.[18] Besonderer Art – mit Auswirkungen auch auf die Schutzdauer des Urheberrechts – sind die Folgen der **deutschen Wiedervereinigung**.[19]

2. Die regelmäßige **Mindestschutzdauer,** die konventionsgeschützten Werken in allen Verbands- **10** ländern mit Ausnahme des Ursprungslandes zu gewähren ist, umfasst nach Art. 7 Abs. 1 RBÜ (Pariser Fassung) die **Lebenszeit des Urhebers** und eine **zusätzliche Schutzfrist** von **50 Jahren nach dem Tod des Urhebers.**[20] Nach Art. IV Abs. 2 WUA[21] ist diese Schutzfrist auf 25 Jahre verkürzt,

---

[9] Siehe *Akerlof et al.* passim.

[10] So zuletzt *Pollock* passim. *Landes/Posner* S. 214, gehen davon aus, dass die Anreizwirkung des Urheberrechts jedenfalls nach 25 Jahren erschöpft ist. *Towse* S. 115, schlägt in Anlehnung an das Patentrecht eine Schutzdauer von 20 Jahren vor, allerdings versehen mit einer Verlängerungsmöglichkeit. Siehe auch *Hinte*, Nach 25 Jahren ist Schluss, in: Klimpel (Hrsg.), Mit gutem Recht erinnern, 2018.

[11] Siehe BT-Drs. IV/270, 15 f., 81 ff., §§ 73–79.

[12] Aus der älteren Diskussion siehe *Dietz* FS Roeber, 1982, 45 ff.; *Dietz* Urheberrecht in der Europ. Gemeinschaft, Rn. 453 ff., 496; *Dietz* ZRP 2001, 165; die Beiträge in Dittrich, Domaine Public Payant (1993); *Katzenberger* FS Roeber, 1982, 193 ff. mwN; *Zimmermann* ZUM 1996, 862.

[13] Siehe hierzu *Jean-Richard-dit-Bressel* S. 84–129. Siehe auch die Beiträge von *Lipszyc, Dietz* und *Gliha* in ALAI Study Days 2010 Vienna, 259 ff.; kritisch *Marzetti* GRUR-Int 2019, 343–351.

[14] Siehe insbesondere WIPO Intergovernmental Committee on Intellectual Property and Genetic Resources, Traditional Knowledge and Folklore, WIPO/GRTKF/IC/17/INF/8, 24.11.2010, Rn. 54–58. Siehe auch *Leistner* in von Lewinski, Indigenous Heritage and Intellectual Property, 2004, S. 84.

[15] So auch *Schack* Rn. 526 ff.

[16] BVerfGE 31, 275 (287) – Schallplatten; siehe auch zum Urheberrecht selbst BVerfGE 79, 29 (42) – Vollzugsanstalten; BVerfG GRUR 2001, 149 (151) – Germania 3, jeweils obiter.

[17] → Vor §§ 120 ff. Rn. 58.

[18] → Vor §§ 120 ff. Rn. 60.

[19] → Rn. 73 ff.

[20] Post mortem auctoris, pma; siehe dazu auch Fromm/Nordemann/*A. Nordemann* § 64 Rn. 7 f.; *von Lewinski,* The Framework of the International Copyright Treaties and Comparative Overview of the Terms Granted in National Law, in ALAI Study Days 2010 Vienna, 27 ff.

[21] Genfer und Pariser Fassung.

sie kann unter bestimmten Voraussetzungen auch von der ersten Veröffentlichung oder Registrierung des Werkes an zu berechnen sein.[22]

11   **3.** In der RBÜ ist die **50-jährige Schutzfrist** als zwingende Schutzfrist anlässlich der Revision der Konvention in Brüssel im Jahre 1948 eingeführt worden.[23] In den **Verbandsländern der Berner Union**[24] ist diese Schutzfrist heute die Regel. In den **Mitgliedstaaten der EU,** die alle auch Verbandsländer der Berner Union sind, gilt aufgrund der Schutzdauerrichtlinie[25] nunmehr eine Schutzfrist von **70 Jahren,** zu der im Regelfall die Lebenszeit des Urheber hinzutritt; die Richtlinie war bis spätestens 1.7.1995 in das innerstaatliche Recht der Mitgliedstaaten umzusetzen. Vorbild für diese längere Schutzfrist war das **deutsche** Recht, das sie 1965 einführte.[26] Ihm folgten 1972 **Österreich,**[27] 1985 **Frankreich**[28] und, als Nichtmitglied der EU, 1992 die **Schweiz.**[29] **Portugal** hatte 1966 sein bis dahin zeitlich unbegrenztes Urheberrecht zugunsten der üblichen Schutzfrist von 50 Jahren p. m. a. aufgegeben, **Spanien** im Jahre 1987 seine bis dahin 80-jährige Schutzfrist auf 60 Jahre ermäßigt. Außerhalb Europas hat **Israel** die 70-jährige Schutzdauer im Jahre 1971 eingeführt. Unter den „alten" EU-Staaten werden Dänemark, Frankreich, Griechenland, Italien, Portugal und Spanien durch die Schutzdauerrichtlinie nicht daran gehindert, an ihrem **ewigen droit moral** festzuhalten.[30]

12   In den **USA** galt nach dem Copyright Act von 1976 für seit dem 1.1.1978 geschaffene Werke zunächst die Regelschutzfrist von 50 Jahren nach dem Tod des Urhebers, während der Copyright Act von 1909 eine Schutzdauer von 28 Jahren nach Veröffentlichung des Werkes vorsah, die auf Antrag um weitere 28 Jahre verlängert werden konnte. Die Frist von 50 Jahren wurde Ende 1998 durch den Copyright Term Extension Act auf 70 Jahre verlängert.[31] Die ehemalige **Sowjetunion** hatte die Schutzfrist post mortem auctoris anlässlich ihres Beitritts zum WUA (Genfer Fassung) im Jahre 1973 auf 25 Jahre festgesetzt und diese Frist dann im Jahre 1991 auf 50 Jahre verlängert. Wegen der Auflösung der Sowjetunion im Dezember 1991 konnte sie dort nicht mehr in Kraft treten, jedoch übernahm **Russland** diese Regelung im Jahre 1992 und dann auch in sein neues Urheberrechtsgesetz von 1993 und damit noch vor seinem Beitritt zur Berner Union, der im Jahre 1995 wirksam wurde. Im Jahre 2004 wurde die Schutzfrist in Russland auf 70 Jahre angehoben.[32] Die **Volksrepublik China** verfuhr zunächst ähnlich, indem sie die 50-jährige Schutzfrist post mortem auctoris in ihr Urheberrechtsgesetz von 1990 aufnahm, um dann im Jahre 1992 der Berner Union beizutreten. Zu einer weiteren Verlängerung der Schutzfrist ist es hier bisher aber nicht gekommen.

III. Harmonisierung der Schutzdauer des Urheberrechts und der verwandten Schutzrechte in Europa

1. Ziele und Grundregeln der Schutzdauerrichtlinie

13   Da die internationalen urheberrechtlichen Konventionen die von ihnen festgelegte Schutzdauer als Mindestschutzdauer ausgestaltet haben, können die Vertragsstaaten auch eine längere Schutzdauer vorsehen. Von dieser Möglichkeit haben in der Vergangenheit auch einzelne Mitgliedstaaten der Europäischen Union (EU) Gebrauch gemacht.[33] Daraus konnte sich ergeben, dass ein und dasselbe Werk, dessen Schutzdauer in einem Mitgliedstaat schon abgelaufen war, in einem anderen Mitgliedstaat noch geschützt war.[34]

14   Um dieser für den europäischen Binnenmarkt abträglichen Situation zu begegnen,[35] wurde die Harmonisierung der urheberrechtlichen Schutzdauerregelungen der Mitgliedstaaten beschlossen und mit der **Richtlinie 93/98/EWG des Rates vom 29.10.1993 zur Harmonisierung der Schutzdauer des Urheberrechts und bestimmter verwandter Schutzrechte**[36] den Mitgliedstaaten zur Umsetzung in ihr nationales Recht vorgeschrieben. Die Richtlinie bindet auch die Vertragsstaaten des **Abkommens über den Europäischen Wirtschaftsraum (EWR)** von 1992.[37] Die Richt-

---

[22] → Vor §§ 120 ff. Rn. 31.
[23] → Vor §§ 120 ff. Rn. 34.
[24] → Vor §§ 120 ff. Rn. 29 f.
[25] → Rn. 13 ff.
[26] Fromm/Nordemann/*A. Nordemann* § 64 Rn. 2.
[27] Unter Beibehaltung einer Schutzfrist von 50 Jahren ab Aufnahme bzw. Veröffentlichung für Filmwerke.
[28] Nur für musikalische Werke.
[29] Nur 50 Jahre für Computerprogramme.
[30] → Rn. 31.
[31] Zur Vereinbarkeit dieser Maßnahme mit der US-amerikanischen Verfassung s. U. S. Supreme Court GRUR-Int 2003, 264 − Eldred v. Ashcroft und dazu *Hilty* GRUR-Int 2003, 201.
[32] Siehe *Dietz* FS Schricker, 2005, 267 (271); *Prinz zu Waldeck und Pyrmont* GRUR-Int 2005, 87.
[33] → Rn. 11 zu einigen Beispielen.
[34] Zu den sich hieraus ergebenden Friktionen siehe EuGH GRUR-Int 1989, 319 − Schutzfristenunterschiede.
[35] Siehe Initiativen zum Grünbuch, KOM(90) 584 endg. = GRUR-Int 1991, 359 (368); Erwgr. 1, 2 der Schutzdauerrichtlinie 93/98/EWG, ABl. 1993 L 290, S. 9 = GRUR-Int 1994, 141.
[36] Schutzdauerrichtlinie.
[37] Siehe *v. Lewinski* FS Beier, 1996, 607 (616); Walter/*v. Lewinski* Introduction Rn. 1.0.74.

linie 93/98/EWG ist später geändert und inzwischen unter Übernahme der Änderungen in Form der **Schutzdauerrichtlinie 2006/116/EG** vom 12.12.2006[38] **kodifiziert** worden. Durch Art. 12 Abs. 1 dieser Richtlinie wurde die Richtlinie 93/98/EWG unbeschadet der Fortgeltung der früheren Umsetzungsfristen aufgehoben. Verweisungen auf die Richtlinie 93/83/EWG gelten seitdem als Verweisungen auf die Richtlinie 2006/116/EG, wobei formale Änderungen in der Nummerierung der Bestimmungen einer als Anhang II dieser Richtlinie angefügten Entsprechungstabelle zu entnehmen sind.[39] Erneute inhaltliche Änderungen waren mit der Kodifizierung aber nicht verbunden. Im Folgenden wird primär auf die kodifizierte Fassung der Schutzdauerrichtlinie Bezug genommen. Die Richtlinie wurde zuletzt durch die Richtlinie 2011/77/EU zur Änderung der Richtlinie 2006/116/EG über die Schutzdauer des Urheberrechts und bestimmter verwandter Schutzrechte geändert, die überwiegend die Schutzfristen der Rechte ausübender Künstler und Tonträgerhersteller betrifft.[40] Die Richtlinie 2011/77/EU hat allerdings auch einen neuen Art. 1 Abs. 7 in die Richtlinie 2006/116/EG zur Berechnung der Schutzdauer bei Musikwerken mit Text eingeführt, der zwischenzeitlich in § 65 Abs. 3 UrhG ins deutsche Recht umgesetzt worden ist.[41]

Die Richtlinienregelungen sind von **vier wesentlichen Grundsätzen** geprägt:[42] Erstens sollte die **15** **Harmonisierung total** sein, was im Ergebnis weitgehend, aber nicht lückenlos gelang.[43] Dieses Ziel machte eine Vereinheitlichung nicht nur der Schutzfristen, sondern auch der Zeitpunkte erforderlich, von denen an und bis zu denen diese Fristen laufen. Zweitens sollte die vereinheitlichte Schutzdauer dem Erfordernis eines **hohen Schutzniveaus** entsprechen, um die Aufrechterhaltung und Entwicklung der Kreativität im Interesse der Autoren, der Kulturindustrie, der Verbraucher und der gesamten Gesellschaft sicherzustellen, um die harmonische Entwicklung der literarischen und künstlerischen Kreativität in der Gemeinschaft zu fördern und um, im Fall der Urheber, auch angesichts gestiegener Lebenserwartung in der Gemeinschaft den Schutz der ersten beiden Generationen der Urhebernachkommen zu gewährleisten; aus dem letzteren Grund sei die in der RBÜ vorgesehene Mindestschutzfrist von 50 Jahren nach dem Tod des Urhebers auf 70 Jahre zu erhöhen.[44] Drittens sollte durch Übergangsmaßnahmen sichergestellt werden, dass **wohlerworbene Rechte nicht beeinträchtigt,** bzw. laufende Schutzfristen nicht verkürzt werden. Und viertens sollte das **Gleichgewicht zwischen Urheberrecht und verwandten Schutzrechten** erhalten bleiben.

Die Orientierung der Schutzdauerrichtlinie an den längsten Schutzfristen, welche in den Mitglied- **16** staaten vor Umsetzung der Richtlinie vorgesehen waren, findet ihren Grund auch in der Sorge vor verfassungsrechtlichen Problemen anderer Lösungen: Kürzere Fristen hätten in den betreffenden Mitgliedstaaten zu verfassungsrechtlichen Problemen führen können, oder es hätten, auch nach dem erwähnten dritten Grundsatz, überlange Übergangsfristen mit uneinheitlichen Schutzdauerregelungen in Kauf genommen werden müssen.[45] Die Verlängerung der Schutzfrist ist gleichwohl schon bei Erlass der Richtlinie 93/98/EWG kritisiert worden[46] und wird noch von einem Teil der urheberrechtlichen Literatur als rechtspolitisch verfehlt betrachtet.[47]

Aus den Zielsetzungen der Schutzdauerrichtliniefolgen zum einen die dort vorgesehenen **langen** **17** **Schutzfristen,** die sich an den Regelungen der Mitgliedstaaten mit dem jeweils höchsten Schutzniveau vor Inkrafttreten der Harmonisierung orientieren.

Vereinheitlicht sind zum anderen auch die **Zeitpunkte für den Fristbeginn:** für das Urheber- **18** recht im Regelfall wie bisher schon und wie auch nach den internationalen Konventionen[48] der Tod des Urhebers,[49] in Sonderfällen der Zeitpunkt, in dem das Werk der Öffentlichkeit erlaubterweise zugänglich gemacht worden ist.[50] In diesen Sonderfällen erlischt das Urheberrecht, wenn ein Werk

---

[38] ABl. 2006 L 372, S. 12.

[39] Art. 12 Abs. 2 der Richtlinie 2006/116/EG.

[40] Siehe hierzu die Stellungnahmen von *GRUR* GRUR 2009, 38 und *MPI* GRUR-Int 2008, 907 sowie die Beiträge von *Drücke, Gerlach, J. Kreile, I. Pakuscher, G. Schulze und Stuwe* in ZUM 2009 Heft 1 sowie von *Klass* ZUM 2008, 663.

[41] → § 65 Rn. 13 ff.

[42] Siehe dazu Initiativen zum Grünbuch GRUR-Int 1991, 359 (368); auch Erwgr. 3, 4, 10–12 und 17 der Richtlinie 2006/116/EG.

[43] Siehe *Dietz* GRUR-Int 1995, 671 (672 ff., 677 f., 685 f.); Dietz in Schricker/Bastian/Dietz, Konturen eines europäischen Urheberrechts, 1996, S. 64, 66, 68 f., 71, 77 f.; *Juranek* S. 70; *Juranek* in Dittrich, Domaine Public Payant, 1993, S. 41, 44.

[44] Hierzu teilweise kritisch *Dietz* GRUR-Int 1995, 670 (670 ff.); *Dietz* in Schricker/Bastian/Dietz, Konturen eines europäischen Urheberrechts, 1996, S. 64, 64 ff.; siehe auch Möhring/Schulze/Ulmer/Zweigert/*v. Lewinski* S. 5; *Walter*/v. Lewinski Term Directive Rn. 8.1.3.

[45] Siehe *Dietz* GRUR-Int 1995, 670 (671); *Dietz* in Schricker/Bastian/Dietz, Konturen eines europäischen Urheberrechts, 1996, S. 64, 65; s. auch *v. Lewinski* GRUR-Int 1992, 724 (725) = 23 IIC (1992) 785 (788), Möhring/Schulze/Ulmer/Zweigert/*v. Lewinski* S. 5 f.; *Walter*/v. Lewinski Term Directive Rn. 8.1.6.

[46] *Dietz* GRUR-Int 1995, 670 (671); *Davies,* Copyright and the Public Interest, 2002, S. 265 ff.; *Parrinder,* The Dead Hand of European Copyright, 11 EIPR (1993), 391 (393); *Bard/Kurlantzick,* Copyright Duration: Term Extension, The European Union, and the Making of Copyright Policy, 1999, S. 235 ff.

[47] Zuletzt dezidiert *Bischoffshausen* S. 339 ff.; *Kreutzer* S. 501 f.; *Malevanny* GRUR-Int 2013, 737 (747). Siehe auch *MPI* GRUR-Int 2008, 907.

[48] Zur RBÜ → Rn. 10.

[49] Art. 1 Abs. 1, 2, Art. 2 Abs. 2 der Richtlinie; → Rn. 26.

[50] Art. 1 Abs. 3–5 der Richtlinie; → § 66 Rn. 16, → § 67 Rn. 4 f.

nicht innerhalb einer Frist von 70 Jahren nach seiner Schaffung erlaubterweise der Öffentlichkeit zugänglich gemacht worden ist.[51] Zu den maßgeblichen Zeitpunkten bei den verwandten Schutzrechten und dem sui generis-Schutzrecht des Datenbankherstellers siehe Art. 3–5 der Schutzdauerrichtlinie und Art. 10 Abs. 1, 2 der Datenbankrichtlinie sowie Näheres in den Kommentierungen zu den §§ 70 ff. In allen Fällen ist **effektiver Fristbeginn für die Fristenberechnung** nicht der Tag des für den Beginn der jeweiligen Frist maßgebenden Ereignisses, sondern der erste Januar desjenigen Jahres, welches auf dieses Ereignis folgt.[52] Dies entspricht Art. 7 Abs. 5 RBÜ (Pariser Fassung) und Art. 14 des Rom-Abkommens.[53]

2. Sonderfälle der Schutzdauer des Urheberrechts und damit zusammenhängender verwandter Schutzrechte

19   **a) Sonderfälle der Schutzdauer** des Urheberrechts, für welche die Schutzdauerrichtlinie besondere Regelungen vorsieht, betreffen: in Miturheberschaft geschaffene Werke,[54] anonyme und pseudonyme Werke,[55] Kollektivwerke und Werke juristischer Personen,[56] Lieferungswerke,[57] Filmwerke und audio-visuelle Werke,[58] nachgelassene (postume) Werke,[59] kritische und wissenschaftliche Ausgaben gemeinfreier Werke,[60] Fotografien;[61] Urheberpersönlichkeitsrechte,[62] die Schutzdauer im Verhältnis zu Drittstaaten,[63] die Schutzdauerregelungen in älteren Richtlinien, nämlich in der Computerprogrammrichtlinie und in der Vermiet- und Verleih-RL[64] sowie die zeitliche Anwendbarkeit der Bestimmungen der Schutzdauerrichtlinie.[65] Dem letztgenannten Punkt entsprechende Regelungen enthält Art. 14 der Datenbankrichtlinie.[66] **Keine Sonderregelungen** enthält die Schutzdauerrichtlinie in Bezug auf Werke der angewandten Kunst, obwohl Art. 7 Abs. 4 RBÜ (Pariser Fassung) insoweit eine kürzere als die Regelschutzdauer zugelassen hätte; und konsequenterweise sind auch keine Sonderregelungen für Computerprogramme vorgesehen.[67]

20   **b)** Art. 1 Abs. 2 der Schutzdauerrichtlinie bestimmt, dass in Fällen, in denen das Urheberrecht an einem Werk **Miturhebern** gemeinsam zusteht, die in Art. 1 Abs. 1 für den Regelfall vorgesehene, mit dem Tod des Urhebers beginnende Schutzfrist von 70 Jahren erst mit dem Tod des längstlebenden Miturhebers zu laufen beginnt. Dies entspricht Art. 7bis RBÜ (Pariser Fassung). Die Richtlinienregelung enthält daher für die Mitgliedstaaten der EU, die alle auch Verbandsländer der Berner Union sind, nichts wesentlich Neues. Für die meisten Mitgliedstaaten neu ist dagegen der durch die Richtlinie 2011/77/EU neu eingefügte Art. 1 Abs. 7 Schutzdauerrichtlinie, welcher eine einheitliche Regelung zur Berechnung der Schutzdauer bei Musikkompositionen mit Text eingeführt hat. Bei Werken mit Musik und Text, wie Opern, Operetten, Musicals, Pop- und Schlagermusik, ist nunmehr europaweit einheitlich auf den Tod des letztversterbenden Urhebers abzustellen, also entweder auf den Verfasser des Textes oder den Komponist der Musikkomposition, sofern beide Beiträge eigens für die betreffende Musikkomposition mit Text geschaffen wurden. Die Regelung folgt dem französischen Modell.[68] In Bezug auf die Frage der Miturheberschaft bei Filmwerken[69] enthält Art. 2 Abs. 2 der Schutzdauerrichtlinie eine spezielle, nur die Schutzdauer regelnde Bestimmung.[70]

21   **c)** Besondere Regelungen über die Schutzdauer **anonymer und pseudonymer Werke** tragen dem Umstand Rechnung, dass es unmöglich ist, die Schutzdauer eines Werkes unter Anknüpfung an die Lebenszeit und den Tod seines Urhebers zu bestimmen, wenn der Urheber unbekannt ist.[71] Art. 1 Abs. 3 S. 1 der Schutzdauerrichtlinie bestimmt daher, dass die Schutzdauer solcher Werke 70 Jahre nach dem Zeitpunkt endet, in dem das Werk erlaubterweise der Öffentlichkeit zugänglich gemacht worden ist. Dagegen richtet sich die Schutzdauer nach der allgemeinen Regel des Art. 1 Abs. 1 der

---

[51] Art. 1 Abs. 6 der Richtlinie; → Rn. 21 f., → § 66 Rn. 13, 17.
[52] Art. 8 der Schutzdauerrichtlinie; Art. 10 Abs. 1, 2 der Datenbankrichtlinie.
[53] → § 69 Rn. 2; → Vor §§ 120 ff. Rn. 68.
[54] Art. 1 Abs. 2 der Richtlinie; → Rn. 20.
[55] Art. 1 Abs. 3 der Richtlinie; → Rn. 21.
[56] Art. 1 Abs. 4 der Richtlinie; → Rn. 22 f.
[57] Art. 1 Abs. 5 der Richtlinie; → Rn. 24.
[58] Art. 2 der Richtlinie; → Rn. 25 f.
[59] Art. 4 der Richtlinie; → Rn. 28.
[60] Art. 5 der Richtlinie; → Rn. 28.
[61] Art. 6 der Richtlinie; → Rn. 30.
[62] Art. 9 der Richtlinie; → Rn. 31.
[63] Art. 7 der Richtlinie; → Rn. 32 ff.
[64] Art. 11 der Richtlinie 93/98/EWG, in der Richtlinie 2006/116/EG nicht mehr geregelt; → Rn. 38.
[65] Art. 10 der Richtlinie; → Rn. 39 ff.
[66] → Rn. 45 ff.
[67] Siehe *v. Lewinski* GRUR-Int 1992, 724 (729) = 23 IIC (1992), 785 (769 f.); → Rn. 38.
[68] Siehe hierzu sowie zu weiteren diesbezüglichen Aspekten der Schutzdauerrichtlinie *Dietz* GRUR-Int 1995, 670 (673 f.); kritisch mit einem an der Schutzdauerregelung für Filmwerke orientierten Reformvorschlag *Schricker* GRUR-Int 2001, 1015 (1017).
[69] → Vor §§ 88 ff. Rn. 52 ff., 64, 70.
[70] → Rn. 25.
[71] → § 66 Rn. 2.

Richtlinie, wenn das Motiv für die Sonderregelung nicht Platz greift, dh wenn das vom Urheber angenommene Pseudonym keinerlei Zweifel über seine Person zulässt oder wenn der Urheber innerhalb der Frist des Art. 1 Abs. 3 S. 1 der Richtlinie seine Identität offenbart.[72] Beide Sätze des Art. 1 Abs. 3 der Richtlinie entsprechen praktisch wortwörtlich den Sätzen 1–3 des Art. 7 Abs. 3 RBÜ (Pariser Fassung), so dass die Richtlinie den Mitgliedstaaten der EU insoweit keine neuen Verpflichtungen auferlegt.[73] Die weitere Bestimmung des Art. 7 Abs. 3 S. 4 RBÜ (Pariser Fassung), wonach die Verbandsländer nicht verpflichtet sind, anonyme oder pseudonyme Werke zu schützen, bei denen aller Grund zu der Annahme besteht, dass ihr Urheber seit 50 Jahren tot ist, ist in die Schutzdauerrichtlinie nicht übernommen worden.[74] An die Stelle dieser Regelung tritt Art. 1 Abs. 6 der Schutzdauerrichtlinie, der ebenfalls das Ziel verfolgt, einen zeitlich unbegrenzten Schutz anonymer oder pseudonymer Werke zu verhindern: Bei Werken, deren Schutzdauer nicht nach dem Tod des Urhebers berechnet wird, erlischt der Schutz, wenn sie nicht innerhalb von 70 Jahren nach ihrer Schaffung erlaubterweise der Öffentlichkeit zugänglich gemacht worden sind.[75]

d) Die in Art. 1 Abs. 4 der Schutzdauerrichtlinie enthaltene Sonderregelung bezieht sich auf Mitgliedstaaten, deren nationale Urheberrechtsordnungen besondere Bestimmungen über **Kollektivwerke** oder über **juristische Personen als Rechtsinhaber** vorsehen. Für sie schreibt Art. 1 Abs. 4 vor, dass die Schutzdauer nach Abs. 3, also wie bei anonymen und pseudonymen Werken, nach dem Zeitpunkt zu berechnen ist, in dem das Werk erlaubterweise der Öffentlichkeit zugänglich gemacht worden ist. Dies gilt allerdings nicht, und die allgemeinen Regeln des Art. 1 Abs. 1 und 2 der Richtlinie über die Bestimmung der Schutzdauer nach dem Tod des Urhebers oder des längstlebenden Miturhebers sind anwendbar, wenn die natürlichen Personen, die das Werk geschaffen haben, in den der Öffentlichkeit zugänglich gemachten Fassungen dieses Werkes als solche identifiziert sind.[76] Die allgemeinen Regeln gelten auch für die Rechte identifizierter Urheber, deren identifizierbare Beiträge in Kollektivwerken oder Werken mit juristischen Personen als Rechtsinhabern enthalten sind.[77] Art. 1 Abs. 4 der Richtlinie beinhaltet keine Verpflichtungen für Mitgliedstaaten, die keine Sonderregelungen für Kollektivwerke oder juristische Personen als Rechtsinhaber vorsehen.[78] Daraus folgt zwar wiederum ein Harmonisierungsdefizit, jedoch dürften sich dessen Auswirkungen in Grenzen halten.[79] Auch für diejenigen Fälle, in denen die Schutzdauer eines Werkes gemäß Art. 1 Abs. 4 iVm Abs. 3 der Richtlinie nicht nach dem Tod des Urhebers oder der Urheber berechnet wird, gilt im Übrigen die Regel des Art. 1 Abs. 6 der Richtlinie über das Erlöschen des Schutzes, wenn das Werk nicht innerhalb von 70 Jahren nach seiner Schaffung erlaubterweise der Öffentlichkeit zugänglich gemacht worden ist.[80] Für Filmwerke als Werke mit juristischen Personen als Inhabern der Rechte gilt die Spezialregelung des Art. 2 der Richtlinie.[81]

Entgegen einer im Schrifttum[82] vertretenen Auffassung ist auch das **deutsche Recht** von Art. 1 Abs. 4 der Schutzdauerrichtlinie betroffen: Als Vorschrift des zeitlichen Übergangsrechts bestimmt § 134 UrhG für ältere Werke aus der Zeit vor 1966 die Fortgeltung von Bestimmungen des früheren Rechts über die Person des Urhebers und über die Berechnung der Schutzdauer in Fällen, in denen nach diesen Bestimmungen eine juristische Person als Urheber eines Werkes und damit auch als Inhaber des Urheberrechts anzusehen war. Dies betraf und betrifft insbesondere juristische Personen des öffentlichen Rechts, die ein Werk veröffentlichten, dessen Verfasser nicht genannt wurde, und juristische Personen als Herausgeber von Sammelwerken.[83] Als Zeitpunkt für den Beginn der Schutzfrist in solchen Fällen sahen die weitergeltenden früheren Bestimmungen teils die Veröffentlichung, teils das Erscheinen des Werkes vor.[84] Eine Anpassung dieser Bestimmungen an Art. 1 Abs. 4 der Schutzdauerrichtlinie ist vom deutschen Gesetzgeber bei der Umsetzung dieser Richtlinie versäumt worden. In den genannten Fällen ist § 134 UrhG richtlinienkonform im Sinne von Art. 1 Abs. 4 der Schutzdauerrichtlinie auszulegen. Dagegen bedurfte es einer solchen Anpassung nicht im Hinblick auf Kollektivwerke, da solche Werke sowohl dem geltenden als auch dem früheren deutschen Recht unbekannt

22

23

---

[72] Art. 1 Abs. 3 S. 2 der Richtlinie.
[73] *v. Lewinski* GRUR-Int 1992, 724 (730) = 23 IIC (1992), 785 (798 f.).
[74] Anders noch der Richtlinienvorschlag, ABl. 1992 C 92, S. 6 = GRUR-Int 1992, 452, Art. 1 Abs. 4.
[75] Zu anderen möglichen Fragen im Zusammenhang mit Art. 1 Abs. 3 der Schutzdauerrichtlinie s. *Dietz* GRUR-Int 1995, 670 (674); *Dietz* in Schricker/Bastian/Dietz, Konturen eines europäischen Urheberrechts, 1996, S. 64, 68 f.; *Walter*/v. Lewinski Term Directive Rn. 8.1.48.
[76] Art. 1 Abs. 4 S. 1.
[77] Art. 1 Abs. 4 S. 2.
[78] Siehe *Dietz* GRUR-Int 1995, 670 (675); *Dietz* in Schricker/Bastian/Dietz, Konturen eines europäischen Urheberrechts, 1996, S. 64, 69; *Juranek* S. 65 f.; Möhring/Schulze/Ulmer/Zweigert/*v. Lewinski* S. 7; *Walter*/v. Lewinski Term Directive Rn. 8.1.72.
[79] Siehe *Dietz* GRUR-Int 1995, 670 (675); *Dietz* in Schricker/Bastian/Dietz, Konturen eines europäischen Urheberrechts, 1996, S. 64, 69.
[80] → Rn. 21; zum Ergebnis s. *Dietz* GRUR-Int 1995, 670 (675); Möhring/Schulze/Ulmer/Zweigert/*v. Lewinski* S. 7.
[81] Siehe *Dietz* GRUR-Int 1995, 670 (674); Möhring/Schulze/Ulmer/Zweigert/*v. Lewinski* S. 7, Fn. 23; *Walter*/v. Lewinski Term Directive Rn. 8.1.78.
[82] Siehe Möhring/Schulze/Ulmer/Zweigert/*v. Lewinski* S. 7.
[83] → § 134 Rn. 3.
[84] → § 134 Rn. 7.

sind bzw. waren. Soweit Werke, wie Zeitungen, Zeitschriften und Enzyklopädien, nach ausländischem Recht als Kollektivwerke, nach deutschem Recht aber als Sammelwerke zu qualifizieren sind, gelten in Bezug auf das deutsche Recht die allgemeinen Bestimmungen der Richtlinie über den Beginn der Schutzfrist mit dem Tod ihrer identifizierten Urheber als natürlicher Personen[85] bzw. mit dem Zeitpunkt, in dem anonyme Sammelwerke außerhalb des Anwendungsbereichs der früheren Bestimmungen erlaubterweise der Öffentlichkeit zugänglich gemacht worden sind.[86] Im Hinblick auf den Aspekt der De-Anonymisierung kann dies in den verschiedenen Mitgliedstaaten möglicherweise zu unterschiedlichen Ergebnissen führen.[87]

24   **e)** Art. 1 Abs. 5 der Schutzdauerrichtlinie bezieht sich auf Werke, die in **mehreren Bänden, Teilen, Lieferungen, Nummern oder Episoden** veröffentlicht werden und für die die Schutzfrist nach Art. 1 Abs. 3 oder 4 der Richtlinie ab dem Zeitpunkt zu laufen beginnt, in dem das Werk erlaubterweise der Öffentlichkeit zugänglich gemacht worden ist. Nach der Richtlinie beginnt die Schutzfrist hier für jeden Bestandteil des Werkes einzeln zu laufen. Demgegenüber war nach bisherigem deutschem Recht (§ 67 UrhG aF) in solchen Fällen für die Berechnung der Schutzfrist derjenige Zeitpunkt maßgebend, in dem der letzte Bestandteil veröffentlicht wurde; das deutsche Recht musste daher geändert werden.[88] Die Richtlinienregelung ist die einfachere, weil sie es entbehrlich macht, zwischen selbständigen und unselbständigen Teilen eines Werkes zu unterscheiden.[89] Nach bisherigem deutschem Recht war eine solche Unterscheidung vorzunehmen, weil die Sondervorschrift über Lieferungswerke sich nur auf inhaltlich nicht abgeschlossene, unselbständige Teile eines Werkes bezog.[90]

25   **f)** Angesichts zum Teil sehr unterschiedlicher Konzeptionen der Urheberschaft und der Inhaberschaft des Urheberrechts an **Filmwerken** und **audiovisuellen Werken** in den Mitgliedstaaten[91] und unterschiedlicher Regelungen über den Beginn der Schutzfrist bei solchen Werken[92] gestaltete sich die Harmonisierung der Schutzdauer auf diesem Gebiet besonders schwierig. Die in Art. 2 der Schutzdauerrichtlinie enthaltene Lösung besteht zum einen in einer **Teilharmonisierung der Urheberschaftsfrage** (Art. 2 Abs. 1) und zum anderen in der **Festlegung von vier an der Filmherstellung beteiligten Personengruppen** ausschließlich zu dem Zweck, den **Beginn der Schutzfrist** und damit die Schutzdauer insgesamt einheitlich zu regeln (Art. 2 Abs. 2). Art. 2 Abs. 1 der Schutzdauerrichtlinie folgt dem Vorbild von Art. 2 Abs. 2 der Vermiet- und Verleih-RL sowie von Art. 1 Abs. 5 der Satelliten- und Kabelrichtlinie und bestimmt nunmehr ganz allgemein, dass der Hauptregisseur eines Filmwerkes oder eines audiovisuellen Werkes als dessen Urheber oder als einer seiner Urheber gilt (Satz 1). Den Mitgliedstaaten steht es aber frei, weitere Personen als Miturheber zu bestimmen (Satz 2). Solche Miturheber können auch Filmhersteller in ihrer unternehmerischen Funktion sein.[93] Im Hinblick auf den Beginn der Schutzfrist greift die Richtlinie nicht die in Art. 7 Abs. 2 RBÜ (Pariser Fassung) vorgesehene Möglichkeit auf, sie mit dem Zeitpunkt beginnen zu lassen, in dem das Filmwerk der Öffentlichkeit zugänglich gemacht bzw. hergestellt worden ist. Vielmehr bestimmt Art. 2 Abs. 2 der Richtlinie als das für den Beginn der Schutzfrist entscheidende Ereignis den Tod des Längstlebenden der folgenden Personen: Hauptregisseur, Urheber des Drehbuchs, Urheber der Dialoge und Komponist der speziell für das betreffende Filmwerk oder audiovisuelle Werk komponierten Musik. Diese Auswahl lehnt sich an Art. 14bis Abs. 3 S. 1 RBÜ (Pariser Fassung)[94] und Vorbilder im Ausland, wie Frankreich, an.[95] Sie ist unabhängig davon, wie die Mitgliedstaaten die Miturheberschaft an Filmwerken und audiovisuellen Werken bestimmen.[96] Filmurheberschaft und Anknüpfungspunkt für die Schutzfrist sind voneinander gänzlich getrennt geregelt.[97]

26   Im Schrifttum ist streitig, ob die aus Art. 2 Abs. 2 der Schutzdauerrichtlinie folgende Diskriminierung anderer als der dort genannten Mitwirkenden an der Filmgestaltung mit **Art. 7 und 7bis RBÜ (Pariser Fassung)** vereinbar ist.[98] Die letztere Vorschrift bestimmt für den Fall der Miturheberschaft an einem Werk die Schutzfristberechnung ganz allgemein nach dem Tod des letzten überlebenden

[85] Art. 1 Abs. 1, 2 der Richtlinie.
[86] Art. 1 Abs. 3 der Richtlinie unmittelbar; siehe zum Ergebnis *Dietz* GRUR-Int 1995, 670 (675); Möhring/Schulze/Ulmer/Zweigert/*v. Lewinski* S. 7.
[87] Siehe *Dietz* GRUR-Int 1995, 670 (675) zu den diesbezüglichen Regelungsunterschieden in Art. 1 Abs. 3 und Abs. 4 der Richtlinie.
[88] Siehe Möhring/Schulze/Ulmer/Zweigert/*v. Lewinski* S. 7; → § 67 Rn. 1.
[89] Siehe *v. Lewinski* GRUR-Int 1992, 724 (730 f.) = 23 IIC (1992), 785 (800).
[90] → § 67 Rn. 8.
[91] Siehe *Dietz* GRUR-Int 1995, 670 (675) mwN.
[92] Siehe *v. Lewinski* GRUR-Int 1992, 724 (729 f.) = 23 IIC (1992), 785 (797).
[93] Siehe *Dietz* GRUR-Int 1995, 670 (675); *Reinbothe*/*v. Lewinski* S. 47; aA wohl *Juranek* S. 33 f.
[94] Siehe Möhring/Schulze/Ulmer/Zweigert/*v. Lewinski* S. 8.
[95] Siehe *Dietz* GRUR-Int 1995, 670 (676).
[96] Art. 2 Abs. 2 S. 1 der Richtlinie.
[97] Siehe *Dietz* GRUR-Int 1995, 670 (676); *Dietz* in Schricker/Bastian/Dietz, Konturen eines europäischen Urheberrechts, 1996, S. 64, 70; *Juranek* S. 34; Möhring/Schulze/Ulmer/Zweigert/*v. Lewinski* S. 8; *Walter*/v. Lewinski Term Directive Rn. 8.2.20.
[98] Bejahend *Dietz* GRUR-Int 1995, 670 (676); *Walter*/v. Lewinski Term Directive Rn. 8.2.45; verneinend *Juranek* S. 35 ff.

Miturhebers. Einschränkungen auf bestimmte Miturheber sieht sie nicht vor. Ungeklärt ist, ob Art. 2 Abs. 2 der Schutzdauerrichtlinie es ausschließt, bei der Bestimmung der Schutzdauer eines Filmwerkes oder eines audiovisuellen Werkes insgesamt auch solche Urheber bzw. deren Tod zu berücksichtigen, die aus der Sicht des deutschen Urheberrechts **Urheber vorbestehender oder zur Filmherstellung benutzter Werke** sind, ohne aber zu den in Art. 2 Abs. 2 der Richtlinie genannten Personengruppen zu gehören.[99] Verneint man die Frage,[100] so ergibt sich daraus eine Harmonisierungslücke, soweit in den Mitgliedstaaten die Abgrenzung zwischen Filmurhebern einerseits und Urhebern vorbestehender und filmisch benutzter Werke andererseits unterschiedlich vorgenommen wird. Da sich im Übrigen die Auswahl der in Art. 2 Abs. 2 der Schutzdauerrichtlinie genannten Personengruppen offensichtlich am **Spielfilm** orientiert, kann diese Auswahl bei **anderen Filmgattungen,** wie wissenschaftlichen Filmen, Dokumentarfilmen, Industriefilmen, Werbefilmen, Zeichentrickfilmen und Amateurfilmen, zu Beurteilungsschwierigkeiten führen[101] Für das **deutsche Recht** führte Art. 2 der Schutzdauerrichtlinie im Übrigen zu einem Anpassungsbedarf nur in der Schutzdauerfrage,[102] nicht aber in der Frage der Filmurheberschaft.[103] Auf **Multimediawerke** mit Ausnahme eventueller filmischer Bestandteile ist Art. 2 der Schutzdauerrichtlinie nicht anwendbar.[104]

g) Nachgelassene (postume) Werke sind Werke, die erst nach dem Tod ihres Urhebers erstmals 27 veröffentlicht werden. Für solche Werke sah das bisherige deutsche Recht eine besondere, zweispurige Regelung vor: 1. Ist ein Werk innerhalb der letzten 10 Jahre vor Ablauf der Schutzfrist von 70 Jahren nach dem Tod des Urhebers erstmals veröffentlicht worden, so verlängerte sich diese Schutzfrist und damit auch die Schutzdauer des Urheberrechts insgesamt zugunsten der Urhebererben um 10 Jahre, gerechnet ab Erstveröffentlichung, dh auf maximal 80 Jahre nach dem Tod des Urhebers.[105] 2. Ist ein Werk nach Erlöschen des Urheberrechts, idR also nach Ablauf von 70 Jahren nach dem Tod des Urhebers, erstmals in der qualifizierten Form des Erscheinens (s. § 6 Abs. 2) veröffentlicht worden, so blieb es zwar beim Erlöschen des Urheberrechts. Jedoch erwarb dann der Herausgeber der Erstausgabe (editio princeps) des nachgelassenen Werkes für die Dauer von 25 Jahren ein mit dem Urheberrecht verwandtes Schutzrecht.[106] Das Gleiche galt für Erstausgaben niemals geschützter nachgelassener Werke, wenn deren Urheber im Zeitpunkt des Erscheinens der Erstausgabe schon länger als 70 Jahre tot war.[107]

Art. 1 Abs. 1 der Schutzdauerrichtlinie statuiert die Regelschutzdauer des Urheberrechts bis zum 28 Ablauf von 70 Jahren nach dem Tod des Urhebers, und zwar unabhängig von dem Zeitpunkt, an dem das Werk erlaubterweise der Öffentlichkeit zugänglich gemacht worden ist. Aus dieser letzteren Formulierung ergibt sich mit dem Ziel eines Anreizes für eine möglichst rasche Veröffentlichung und aus Gründen der Vereinfachung, dass eine **besondere, zusätzliche urheberrechtliche Schutzfrist für nachgelassene Werke ausgeschlossen** ist und in den Mitgliedstaaten nicht beibehalten werden durfte.[108] Dagegen statuiert Art. 4 der Schutzdauerrichtlinie ein für die Mitgliedstaaten verbindliches, in vermögensrechtlicher Hinsicht dem Urheberrecht gleichgestelltes und mit einer Schutzdauer von 25 Jahren ausgestattetes **verwandtes Schutzrecht an nachgelassenen Werken** zugunsten desjenigen, der nach Ablauf der urheberrechtlichen Schutzdauer ein unveröffentlichtes Werk erstmals erlaubterweise veröffentlicht oder erlaubterweise öffentlich wiedergibt; der Begriff der Veröffentlichung ist dabei aus der Sicht des deutschen Rechts iSd Erscheinens (s. § 6 Abs. 2) zu verstehen.[109] Vom bisherigen deutschen Recht unterscheidet sich das in Art. 4 der Schutzdauerrichtlinie normierte Recht insbesondere dadurch, dass es nicht nur durch das erstmalige Erscheinen eines nachgelassenen Werkes begründet wird, sondern auch schon durch eine erstmalige öffentliche Wiedergabe.[110] Beurteilungsschwierigkeiten ergeben sich im Hinblick auf die Schutzbegründung durch erstmalige öffentliche Wiedergabe eines zuvor nicht erschienenen, wohl aber schon veröffentlichten Werkes.[111] Darüber hinaus fehlt in Art. 4 der Schutzdauerrichtlinie anders als in § 71 Abs. 1 S. 2 aF und nF eine aus-

---

[99] → Vor §§ 88 ff. Rn. 57 ff.
[100] So zu Urhebern vorbestehender Werke Möhring/Schulze/Ulmer/Zweigert/*v. Lewinski* S. 9; *Walter/*v. Lewinski Term Directive Rn. 8.2.24.
[101] *Dietz* GRUR-Int 1995, 670 (676).
[102] → § 65 Rn. 5.
[103] → Vor §§ 88 ff. Rn. 57.
[104] Siehe *Walter/*v. Lewinski Term Directive Rn. 8.2.42.
[105] § 64 Abs. 2 aF; → Rn. 70 ff.; zu entsprechenden Regelungen im Ausland s. *Dietz* GRUR-Int 1995, 670 (673) mwN; *Juranek* S. 60 f.
[106] § 71 Abs. 1 S. 1 aF; → § 71 Rn. 12 f., 14.
[107] § 71 Abs. 1 S. 2 aF und nF; → § 71 Rn. 9.
[108] Siehe *Dietz* GRUR-Int 1995, 670 (672); *Dietz* in Schricker/Bastian/Dietz, Konturen eines europäischen Urheberrechts, 1996, S. 64, 67; Möhring/Schulze/Ulmer/Zweigert/*v. Lewinski* S. 11; *Walter/*v. Lewinski Term Directive Rn. 8.1.31; unzutreffend *Juranek* S. 63 f., 69 f.
[109] Siehe *Dietz* GRUR-Int 1995, 670 (673, 680); *Dietz* in Schricker/Bastian/Dietz, Konturen eines europäischen Urheberrechts, 1996, S. 64, 67, 73; *Walter/*v. Lewinski Term Directive Rn. 8.4.12.
[110] Siehe *Dietz* GRUR-Int 1995, 670 (673); *Dietz* in Schricker/Bastian/Dietz, Konturen eines europäischen Urheberrechts, 1996, S. 64, 67; Möhring/Schulze/Ulmer/Zweigert/*v. Lewinski* S. 12; aA *Walter/*v. Lewinski Term Directive Rn. 8.4.15, der nur das Erscheinenlassen als schutzbegründend gelten lassen will.
[111] Siehe *Dietz* GRUR-Int 1995, 670 (673); *Dietz* in Schricker/Bastian/Dietz, Konturen eines europäischen Urheberrechts, 1996, S. 64, 67 f.; *Walter* FS Beier, 1996, 425 (433).

drückliche Regelung für nicht erschienene Werke, die niemals geschützt waren, so dass es zu deren Erfassung einer erweiternden Auslegung des Art. 4 bedarf.[112]

29   **h)** Art. 5 S. 1 der Schutzdauerrichtlinie gestattet den Mitgliedstaaten den Schutz **kritischer und wissenschaftlicher Ausgaben gemeinfreier Werke,** ohne sie dazu zu verpflichten.[113] Sieht ein Mitgliedstaat einen solchen Schutz vor, so kann er nach Art. 5 S. 2 der Richtlinie die Dauer dieses Schutzes bis zu einer Höchstdauer von 30 Jahren ab dem Zeitpunkt der ersten erlaubten Veröffentlichung frei festlegen; unter Veröffentlichung ist dabei wiederum das Erscheinen iSd § 6 Abs. 2 zu verstehen.[114] Im deutschen Recht hält sich § 70 in diesem Rahmen.

30   **i)** Im Hinblick auf die Schutzdauer von **Fotografien** beschränkt sich Art. 6 der Schutzdauerrichtlinie auf eine Vereinheitlichung der Voraussetzungen für urheberrechtlich schützbare Werke der Fotografie[115] entsprechend den Anforderungen an den Urheberrechtsschutz von Computerprogrammen nach Art. 1 Abs. 3 der Computerprogrammrichtlinie[116] (Sätze 1 und 2) und darauf, die Mitgliedstaaten für befugt zu erklären, auch für andere Fotografien, dh solche ohne Werkcharakter, einen Schutz vorzusehen (Satz 3); eine bestimmte Schutzdauer für solche einfache Fotografien ist in der Richtlinie nicht vorgesehen. Für die Schutzdauer von Werken der Fotografie gelten die allgemeinen Regeln des Art. 1 der Schutzdauerrichtlinie (Art. 6 S. 1). Im Regelfall umfasst diese Schutzdauer demzufolge die Lebenszeit des Urhebers und 70 Jahre nach seinem Tod.[117] Die Mitgliedstaaten sind daher nicht befugt, die Schutzfrist für Werke der Fotografie generell nach dem Zeitpunkt ihrer Herstellung zu bestimmen und auf 25 Jahre zu verkürzen, wie Art. 7 Abs. 4 RBÜ (Pariser Fassung) es ihnen an sich gestattet.[118] Mit der Schutzdauerrichtlinie vereinbar ist nach Art. 6 S. 2 der Richtlinie der doppelspurige Schutz von Lichtbildwerken einerseits[119] und von einfachen Lichtbildern andererseits,[120] wie ihn das deutsche Recht vorsieht.[121]

3. Keine Harmonisierung der Schutzdauer des Urheberpersönlichkeitsrechts

31   Bedauerlicherweise ist es im Rahmen der Schutzdauerrichtlinie nicht gelungen, eine Harmonisierung auch der Schutzdauer des **Urheberpersönlichkeitsrechts** zu erreichen. Dem standen unter den Mitgliedstaaten zum einen unterschiedliche Grundkonzeptionen gegenüber: einerseits Staaten, wie Deutschland, mit einheitlicher Schutzdauer für Verwertungsrechte und das Urheberpersönlichkeitsrecht, andererseits Staaten mit einem zeitlich unbegrenzten, ewigen droit moral;[122] zum anderen einzelne Staaten mit einem Ansatz zu einem zeitlich kürzeren Schutz urheberpersönlichkeitsrechtlicher Befugnisse im Vergleich mit den Verwertungsrechten.[123] Angesichts dieser Unterschiede war noch nicht einmal eine Harmonisierung auf der Basis des für alle Mitgliedstaaten der EU verbindlichen Art. 6bis Abs. 2 S. 1 RBÜ (Pariser Fassung) möglich; diese Bestimmung sieht vor, dass die urheberpersönlichkeitsrechtlichen Befugnisse wenigstens bis zum Erlöschen der vermögensrechtlichen Befugnisse in Kraft bleiben, sie erlaubt damit auch ein ewiges droit moral.[124] Art. 9 der Schutzdauerrichtlinie lässt daher die Bestimmungen der Mitgliedstaaten zur Regelung der Urheberpersönlichkeitsrechte ausdrücklich unberührt.

4. Verhältnis zu Drittstaaten

32   **a)** In Bezug auf das **Verhältnis der Mitgliedstaaten zu Drittstaaten** ordnet Art. 7 Abs. 1 der Schutzdauerrichtlinie für das **Urheberrecht** die Durchführung des sog. **Vergleichs der Schutzfristen**[125] an, um in diesem Bereich materielle Gegenseitigkeit herzustellen und für Drittstaaten einen

---

[112] Für eine solche Auslegung *Haller* in Dittrich, Domaine Public Payant, 1993, S. 62, 71 f.; Möhring/Schulze/Ulmer/Zweigert/*v. Lewinski* S. 11 f.; *Walter*/v. Lewinski Term Directive Rn. 8.4.11; ebenso die AmtlBegr. BT-Drs. 13/781, 14 zu § 71 nF; im Übrigen → § 71 Rn. 9.

[113] Siehe *Dietz* GRUR-Int 1995, 670 (680); *Dietz* in Schricker/Bastian/Dietz, Konturen eines europäischen Urheberrechts, 1996, S. 64, 73; Möhring/Schulze/Ulmer/Zweigert/*v. Lewinski* S. 12; *Walter*/v. Lewinski Term Directive Rn. 8.5.4.

[114] Siehe *Dietz* GRUR-Int 1995, 670 (680); *Dietz* in Schricker/Bastian/Dietz, Konturen eines europäischen Urheberrechts, 1996, S. 64, 73.

[115] Siehe hierzu EuGH GRUR 2012, 166 – Painer/Standard sowie → § 2 Rn. 206 ff.

[116] → § 69a Rn. 14 ff.

[117] Art. 1 Abs. 1 der Richtlinie; → Rn. 15.

[118] Siehe dazu *Dietz* GRUR-Int 1995, 670 (677); *Dietz* in Schricker/Bastian/Dietz, Konturen eines europäischen Urheberrechts, 1996, S. 64, 71; siehe auch Möhring/Schulze/Ulmer/Zweigert/*v. Lewinski* S. 9.

[119] § 2 Abs. 1 Nr. 5 UrhG; → § 2 Rn. 206 f.

[120] § 72 UrhG; → § 72 Rn. 1.

[121] Siehe *Dietz* GRUR-Int 1995, 670 (677); *Dietz* in Schricker/Bastian/Dietz, Konturen eines europäischen Urheberrechts, 1996, S. 64, 71; Möhring/Schulze/Ulmer/Zweigert/*v. Lewinski* S. 9.

[122] → Rn. 11.

[123] Siehe zu Letzterem auch *v. Lewinski* GRUR-Int 1992, 724 (731 f.) = 23 IIC (1992) 785 (801 f.); *Schardt* ZUM 1993, 318 (322).

[124] Siehe zum Ergebnis *Dietz* GRUR-Int 1995, 670 (677 f.); *Dietz* in Schricker/Bastian/Dietz, Konturen eines europäischen Urheberrechts, 1996, S. 64, 71; *Juranek* S. 53; zur Vorgeschichte *v. Lewinsky* GRUR-Int 1992, 724 (731 f.) = 23 IIC (1992) 785 (801 f.); *Walter*/v. Lewinski Term Directive Rn. 8.1.81.

[125] → Rn. 9 sowie → Vor §§ 120 ff. Rn. 60.

Anreiz zu schaffen, ihre Schutzfristen dem hohen Niveau in der EU anzugleichen, aber auch um eine gleiche Rechtslage in allen Mitgliedstaaten auch in dieser Hinsicht und auch für die Zukunft sicherzustellen.[126] Die Bestimmung bezieht sich auf Art. 7 Abs. 8 RBÜ (Pariser Fassung) und Art. IV Abs. 4 lit. a WUA (Pariser Fassung). Diese beiden Vorschriften ermöglichen den Schutzfristenvergleich, ohne ihn aber verbindlich anzuordnen.[127] Art. 7 Abs. 1 der Richtlinie jedoch macht ihn den Mitgliedstaaten zur Pflicht, wobei die in Art. 1 der Richtlinie harmonisierten Fristen nicht überschritten werden dürfen.[128] Eine Ausnahme von dieser Verpflichtung gilt für Werke, deren Ursprungsland zwar ein Drittstaat ist, deren Urheber aber einem Mitgliedstaat der EU oder des Europäischen Wirtschaftsraums (EWR) angehört; dies folgt aus dem in Art. 18 AEUV und Art. 4 EWR-Abkommen festgelegten Verbot der Diskriminierung aufgrund der Staatsangehörigkeit.[129] Aufgrund dieses Diskriminierungsverbots scheidet ein Schutzfristenvergleich im Verhältnis der EU- und der EWR-Mitgliedstaaten untereinander aber nicht nur bei Vorliegen eines ausländischen Ursprungslandes, sondern generell aus, zB in Fällen unvollständiger Harmonisierung der Schutzdauer.[130] Fraglich ist aber, ob Art. 7 Abs. 1 der Richtlinie in solchen Fällen einen Schutzfristenvergleich auch dann ausschließt, wenn das Werk eines Urhebers, der einem Drittstaat angehört, in einem Mitgliedstaat erstmals erscheint und diesen daher zum Ursprungsland macht, weil ein solcher Urheber sich nicht auf das gemeinschaftsrechtliche Diskriminierungsverbot berufen kann.[131]

Eine weitere Ausnahme von der Verpflichtung zur Durchführung des Schutzfristenvergleichs gilt **33** nach Art. 7 Abs. 3 der Richtlinie zugunsten von Mitgliedstaaten, die aufgrund **internationaler Verpflichtungen** daran gehindert sind, den Vergleich der Schutzfristen durchzuführen.[132] Betroffen von dieser Regelung ist zB das für Deutschland geltende Verbot des Vergleichs der Schutzfristen im Verhältnis zu den USA aufgrund des bilateralen Abkommens von 1892.[133] Keine Vorsorge ist im Übrigen durch die Schutzdauerrichtlinie für die Vermeidung von Schutzunterschieden in den Mitgliedstaaten und von daraus resultierenden Beeinträchtigungen des Handels zwischen ihnen und von Wettbewerbsverzerrungen getroffen, die dadurch entstehen können, dass zB aufgrund innerstaatlicher Vorschriften oder bilateraler Verträge einzelner dieser Staaten ausländische Werke nur in diesen zum Schutz zugelassen werden; es handelt sich hierbei um eine dem Schutzdaueraspekt vorgelagerte Frage.[134]

b) Art. 7 Abs. 2 der Schutzdauerrichtlinie regelt die Schutzdauer der von Art. 3 der Richtlinie er- **34** fassten **verwandten Schutzrechte der Angehörigen von Drittstaaten,** vgl. hierzu die Kommentierungen der §§ 70 ff.

(einstweilen frei) **35–37**

5. Schutzdauerregelungen in älteren Richtlinien

Schutzdauerregelungen waren bereits in Art. 8 der Computerprogrammrichtlinie auf der Basis ei- **38** ner Schutzfrist von nur 50 Jahren und auf der Grundlage der diesbezüglichen Bestimmungen der RBÜ in Art. 11 der Vermiet- und Verleih-RL vorgesehen. Darüber hinaus enthielt diese Richtlinie in Art. 12 unter Bezugnahme auf das Rom-Abkommen erste Schutzdauerbestimmungen für verwandte Schutzrechte. Alle diese Bestimmungen sind durch Art. 11 der Schutzdauerrichtlinie 93/98/EWG aufgehoben worden.[135] Die kodifizierte Schutzdauerrichtlinie 2006/116/EG hat diese Regelung nicht übernommen. Eine Änderung der Rechtslage bedeutet dies aber nicht; die Bestimmungen bleiben selbstverständlich aufgehoben.

6. Zeitliche Anwendbarkeit und Übergangsrecht der Schutzdauerrichtlinie

a) Von sehr großer praktischer Bedeutung ist Art. 10 der Schutzdauerrichtlinie über die **zeitliche** **39** **Anwendbarkeit der Richtlinienbestimmungen** und das **Übergangsrecht.** Die Vorschrift wird

---

[126] Siehe dazu die Zitate aus den Materialien der Schutzdauerrichtlinie bei *Dittrich* in Dittrich, Domaine Public Payant, 1993, S. 1, 7 f., und die Ausführungen in dem im vorliegenden Text folgend nachgewiesenen Schrifttum.
[127] → Vor §§ 120 ff. Rn. 60.
[128] Siehe zum Ergebnis *Dietz* GRUR-Int 1995, 670 (680); *Dietz* in Schricker/Bastian/Dietz, Konturen eines europäischen Urheberrechts, 1996, S. 64, 74; *Dittrich* in Dittrich, Domaine Public Payant, 1993, S. 1, 7 f.; *Juranek* S. 41; *Dietz* in Dittrich, Domaine Public Payant, 1993, S. 41, 44; *v. Lewinski* GRUR-Int 1992, 724 (732) = 23 IIC (1992) 785 (803); Möhring/Schulze/Ulmer/Zweigert/*v. Lewinski* S. 13; *Walter*/v. Lewinski Term Directive Rn. 8.7.7.
[129] → Vor §§ 120 ff. Rn. 3, → § 120 Rn. 4 ff.; zum Ergebnis siehe *Dietz* GRUR-Int 1995, 670 (680 f.); *Dietz* in Schricker/Bastian/Dietz, Konturen eines europäischen Urheberrechts, 1996, S. 64, 74; *Juranek* S. 45 f.; Möhring/Schulze/Ulmer/Zweigert/*v. Lewinski* S. 13; siehe auch Erwgr. 21 der Schutzdauerrichtlinie und die Zitate aus deren Materialien bei *Dittrich* in Dittrich, Domaine Public Payant, 1993, S. 1, 8.
[130] *Dietz* GRUR-Int 1995, 670 (681); *Dietz* in Schricker/Bastian/Dietz, Konturen eines europäischen Urheberrechts, 1996, S. 64, 74.
[131] Siehe dazu *Dietz* GRUR-Int 1995, 670 (681).
[132] Siehe Erwgr. 23 der Schutzdauerrichtlinie; Möhring/Schulze/Ulmer/Zweigert/*v. Lewinski* S. 13.
[133] → Vor §§ 120 ff. Rn. 58.
[134] Siehe dazu *Juranek* S. 42; zu in der Schutzdauerrichtlinie nicht realisierten Lösungsansätzen für diese Problematik im und in Zusammenhang mit dem Richtlinienvorschlag siehe *v. Lewinski* GRUR-Int 1992, 724 (732) = 23 IIC (1992) 785 (804).
[135] Siehe dazu *Walter*/v. Lewinski Term Directive Rn. 8.12.1.

von zwei wesentlichen Leitgedanken beherrscht: der Wahrung wohlerworbener Rechte und der Berücksichtigung berechtigter Erwartungen einerseits[136] und der möglichst raschen Harmonisierung der Schutzdauerregelungen in den Mitgliedstaaten andererseits. Dem erstgenannten Ziel dienen, soweit von allgemeiner Bedeutung, die Abs. 1 und 3 des Art. 10, dem zweitgenannten der Abs. 2 dieser Vorschrift. Art. 10 Abs. 4 bezieht sich auf Art. 2 Abs. 1 der Richtlinie über die Anerkennung des Hauptregisseurs eines Filmwerkes oder eines audiovisuellen Werkes als dessen Urheber oder als einer seiner Urheber und enthält eine Übergangsregelung für die Anwendung dieser Bestimmung in Mitgliedstaaten, die wie Großbritannien[137] vom Urheberrecht bzw. Copyright des Filmherstellers ausgehen.[138] Ein solcher Mitgliedstaat braucht diese Bestimmung auf vor dem 1.7.1994 geschaffene Filmwerke und audiovisuelle Werke nicht anzuwenden. Das Datum entspricht demjenigen in Art. 13 Abs. 4 der Vermiet- und Verleih-RL 2006/115/EG[139]) und Art. 7 Abs. 1 S. 2 der Satelliten- und Kabelrichtlinie 93/83/EWG. Beide Richtlinien enthalten ebenfalls Bestimmungen über den Hauptregisseur als Filmurheber.[140] Nicht übernommen hat die kodifizierte Schutzdauerrichtlinie 2006/116/EG Art. 10 Abs. 5 der Richtlinie 93/98/EWG über die Verpflichtung der Mitgliedstaaten, die Bestimmung über den Hauptregisseur als Filmurheber bis spätestens 1.7.1997 anzuwenden. Diese Regelung hat sich durch Zeitablauf erledigt.

40   **b)** Der Wahrung wohlerworbener Rechte von Urhebern und Inhabern verwandter Schutzrechte dient Art. 10 Abs. 1 der Schutzdauerrichtlinie: Eine im Umsetzungszeitpunkt der Richtlinie, dem 1.7.1995, **in einem Mitgliedstaat bereits laufende Schutzfrist,** die länger ist als die entsprechende Schutzfrist nach der Richtlinie, wird durch diese **nicht verkürzt.** Eine dadurch entstehende Harmonisierungslücke ist hinzunehmen.[141] Ein Deutschland betreffender Anwendungsfall für diese Regelung ist die Schutzdauer von vor dem genannten Zeitpunkt geschaffenen Filmwerken, wenn einer von deren Miturhebern, wie ein Kameramann oder Cutter,[142] der nicht zu den in Art. 2 Abs. 2 der Schutzdauerrichtlinie genannten Personengruppen zählt, länger lebt oder gelebt hat als die zu dieser Gruppe gehörenden Mitwirkenden an der Filmgestaltung.[143]

41   **c)** Eines der Harmonisierungsziele ist erreicht, wenn die Schutzdauer ein und desselben Werkes oder Gegenstandes eines verwandten Schutzrechts in allen Mitgliedstaaten zur selben Zeit endet. Um dieses Ziel möglichst rasch und umfassend zu erreichen,[144] bestimmt Art. 10 Abs. 2 der Schutzdauerrichtlinie, dass die in ihr vorgesehenen (langen) **Schutzfristen auf alle Werke und Gegenstände Anwendung** finden, die im Umsetzungszeitpunkt **zumindest in einem einzigen Mitgliedstaat noch geschützt** sind.[145] Ist ein Werk oder ein Gegenstand im Umsetzungszeitpunkt nur in einem einzigen Mitgliedstaat oder nur in einzelnen Mitgliedstaaten noch geschützt, so führt die Anwendung der Bestimmungen der Schutzdauerrichtlinie dazu, dass der **in den anderen Mitgliedstaaten schon erloschene Schutz wieder auflebt.**[146] Dagegen führt die Richtlinie für den Fall des Erlöschens des Urheberrechts in allen Mitgliedstaaten vor dem 1.7.1995 nicht zu einem Wiederaufleben von Rechten.[147] Dies entspricht der übergangsrechtlichen Regelung anlässlich der deutschen Wiedervereinigung.[148] In Deutschland ist Art. 10 Abs. 2 der Schutzdauerrichtlinie durch **§ 137f Abs. 2** in nationales Recht umgesetzt worden. Diese Bestimmung sieht das **Wiederaufleben** eines vor dem 1.7.1995 **abgelaufenen Schutzes** vor. Die vom BGH[149] im Sinne einer richtlinienkonformen Auslegung und Anwendung der Bestimmung zur Vorabentscheidung vorgelegte Frage nach der Anwendbarkeit des Art. 10 Abs. 2 auch auf in einem Mitgliedstaat, wie Deutschland, **niemals geschützte Gegenstände,** wie Tonträger aus den USA aus der Zeit vor dem 1.1.1966,[150] ist vom EuGH[151] bejaht worden. Der zu dem genannten Zeitpunkt in Großbritannien bestehende Schutz solcher Tonträger hatte daher über Art. 10 Abs. 2 der Richtlinie auch den Schutz in Deutschland zur Folge.[152]

---

[136] Siehe Erwgr. 10, 24 und 25 der Richtlinie.
[137] Nicht aber Deutschland.
[138] Siehe Möhring/Schulze/Ulmer/Zweigert/v. Lewinski S. 14.
[139] ABl. 2006 L 376, S. 28, GRUR-Int 2007, 219.
[140] Art. 2 Abs. 2 bzw. Art. 1 Abs. 5.
[141] Siehe Möhring/Schulze/Ulmer/Zweigert/v. Lewinski S. 14.
[142] → Vor §§ 88 ff. Rn. 61, 70.
[143] Siehe zum Ergebnis Dietz GRUR-Int 1995, 670 (684); Juranek S. 39 f.; Walter/v. Lewinski Term Directive Rn. 8.10.7; zu Beispielen aus dem Ausland siehe Möhring/Schulze/Ulmer/Zweigert/v. Lewinski S. 14.
[144] Siehe Dietz GRUR-Int 1995, 670 (682 f.); Dietz in Schricker/Bastian/Dietz, Konturen eines europäischen Urheberrechts, 1996, S. 63, 75 f.; Juranek S. 42; Möhring/Schulze/Ulmer/Zweigert/v. Lewinski S. 14 f.
[145] Siehe hierzu zuletzt BGH GRUR 2014, 559 – Tarzan.
[146] Siehe Dietz GRUR-Int 1995, 670 (682 f.); Dietz in Schricker/Bastian/Dietz, Konturen eines europäischen Urheberrechts, 1996, S. 64, 75 f.; Juranek S. 42; zum Wiederaufleben des Schutzes von Lichtbildwerken in Deutschland aufgrund längerer Schutzdauer in Spanien s. OLG Hamburg ZUM-RD 2004, 303 – U-Boot; Schulze/Bettinger GRUR 2000, 12 (15 ff.); zum Wiederaufleben des Schutzes in Österreich aufgrund längerer Schutzdauer in Deutschland siehe öOGH GRUR-Int 2005, 335 (336 f.) – Die Puppenfee.
[147] Siehe EuGH GRUR 2017, 64 – Montis/Goossens.
[148] → Rn. 73 ff.
[149] BGH GRUR 2007, 502 (504) – Tonträger aus Drittstaaten.
[150] → Vor §§ 120 ff. Rn. 82, → § 137f Rn. 6.
[151] EuGH GRUR 2009, 393 (394) – Sony/Falcon.
[152] Näheres bei → § 137f Rn. 6.

Trotz des möglichen Wiederauflebens des Schutzes in Mitgliedstaaten mit kürzerer Schutzdauer **42** aufgrund von Art. 10 Abs. 2 der Schutzdauerrichtlinie hat erst das **Verbot der Diskriminierung aus Gründen der Staatsangehörigkeit** gemäß Art. 12 Abs. 1 EG[153] zu einer sofortigen breiten Harmonisierung auf dem hohen Niveau der langen Schutzfristen nach der Schutzdauerrichtlinie geführt, da dieses Verbot für das Verhältnis der Mitgliedstaaten untereinander auch das **Verbot des Vergleichs der urheberrechtlichen Schutzfristen** beinhaltet:[154] Im Regelfall der Bemessung der urheberrechtlichen Schutzdauer nach dem Tod des Urhebers hätten ohne dieses Verbot zwar Angehörige von Mitgliedstaaten mit ebenso langer Schutzfrist (70 Jahre) bei Bestehen des Schutzes dort im Umsetzungszeitpunkt nach Art. 10 Abs. 2 der Richtlinie auch in den anderen Mitgliedstaaten mit kürzerer und daher gegebenenfalls schon abgelaufener Schutzfrist (50 Jahre) den Schutz wiedererlangt, mit der Folge einer einheitlich langen Schutzdauer (70 Jahre pma) in allen Mitgliedstaaten. Dagegen wäre ohne dieses Verbot Angehörigen von Mitgliedstaaten mit kürzerer Schutzfrist (50 Jahre) in allen Fällen, in denen diese Frist im Umsetzungszeitpunkt dort schon abgelaufen war, ein Wiederaufleben des Schutzes und der zeitlich längere Schutz (70 Jahre) nach der Richtlinie in allen Mitgliedstaaten verschlossen geblieben. Der von den Mitgliedstaaten mit längerer Schutzfrist, wie insbesondere von Deutschland, gemäß Art. 7 Abs. 8 RBÜ (Pariser Fassung) praktizierte Vergleich der Schutzfristen hätte verhindert, dass der Schutz iSd Art. 10 Abs. 2 der Richtlinie auch nur in einem einzigen Mitgliedstaat noch bestanden hätte. Der volle Harmonisierungseffekt wäre erst 20 Jahre später, dh im Jahre 2015, eingetreten.[155]

Das mögliche Wiederaufleben des Schutzes in einem Mitgliedstaat nach Art. 10 Abs. 2 der Schutz- **43** dauerrichtlinie kann im Übrigen nicht dazu führen, dass gemeinschaftsrechtlich **nicht verbindlich vorgeschriebene verwandte Schutzrechte**, wie etwa an kritischen und wissenschaftlichen Ausgaben gemeinfreier Werke[156] sowie an einfachen Fotografien,[157] in Mitgliedstaaten begründet werden, die solche Rechte bisher nicht anerkennen.[158] Auch kann aus Art. 10 Abs. 2 der Schutzdauerrichtlinie nicht gefolgert werden, dass ein in Deutschland zeitlich schon abgelaufener Schutz **einfacher Lichtbilder** (s. § 72 Abs. 3) deshalb wieder auflebt, weil solche Lichtbilder in einem anderen Mitgliedstaat als Lichtbildwerke qualifiziert und deshalb dort zeitlich länger geschützt werden.[159] In Betracht kommt insoweit nur eine Qualifizierung der Lichtbilder als Lichtbildwerke auch in Deutschland aufgrund der in Art. 6 S. 1 und 2 der Schutzdauerrichtlinie harmonisierten Schutzvoraussetzungen für Werke der Fotografie.[160]

Dem **Schutz wohlerworbener Rechte** und der **Berücksichtigung berechtigter Erwartun-** **44** **gen Dritter** dient Art. 10 Abs. 3 der Schutzdauerrichtlinie. Dabei gilt nach Art. 10 Abs. 3 S. 1, dass Nutzungshandlungen in der Zeit vor dem Umsetzungszeitpunkt von der Richtlinie unberührt bleiben. Nach Art. 10 Abs. 3 S. 2 treffen die Mitgliedstaaten die notwendigen Bestimmungen, um insbesondere die wohlerworbenen Rechte Dritter zu schützen. Den Mitgliedstaaten steht dabei ein erheblicher Ermessensspielraum zu.[161] In Deutschland ist dieser Aspekt in **§ 137f Abs. 3** geregelt worden.[162] Im Übrigen ist insbesondere Art. 10 Abs. 3 S. 1 zu entnehmen, dass bei einem Wiederaufleben des Schutzes in einem Mitgliedstaat aufgrund von Art. 10 Abs. 2 aus der Richtlinie keine Zahlungsverpflichtung Dritter für Nutzungshandlungen abgeleitet werden sollte, die erfolgt sind, als das Werk oder der Gegenstand eines verwandten Schutzrechts in dem betreffenden Mitgliedstaat gemeinfrei war.[163] Freigestellt ist den Mitgliedstaaten, zu bestimmen, wem im Falle von Altverträgen eine etwaige Verlängerung der Schutzdauer aufgrund der Richtlinie zugutekommen soll.[164] Die entsprechende deutsche Regelung findet sich in **§ 137f Abs. 4.**[165]

---

[153] Heute Art. 18 AEUV.

[154] → § 120 Rn. 9; zum Harmonisierungseffekt dieses Verbots s. *Dietz* GRUR-Int 1995, 670 (682 f.); *Dietz* in Schricker/Bastian/Dietz, Konturen eines europäischen Urheberrechts, 1996, S. 64, 75 f.; siehe auch *Gaster* ZUM 1996, 261 (272); *Walter*/v. Lewinski Term Directive Rn. 8.10.19.

[155] Siehe *Dietz* GRUR-Int 1995, 670 (682); zur Situation nach dem Richtlinienvorschlag s. *v. Lewinski* GRUR-Int 1992, 724 (733) = 23 IIC (1992) 785 (804); Möhring/Schulze/Ulmer/Zweigert/*v. Lewinski* S. 15; *Walter*/v. Lewinski Term Directive Rn. 8.10.19.

[156] Art. 5 der Schutzdauerrichtlinie; → Rn. 29.

[157] Art. 6 S. 3 der Schutzdauerrichtlinie; → Rn. 30.

[158] Siehe *Dietz* GRUR-Int 1995, 670 (683); Möhring/Schulze/Ulmer/Zweigert/*v. Lewinski* S. 16; *Walter*/v. Lewinski Term Directive Rn. 8.10.23; siehe auch BGH GRUR 2007, 502 Rn. 25 – Tonträger aus Drittstaaten.

[159] AA offensichtlich Möhring/Schulze/Ulmer/Zweigert/*v. Lewinski* S. 15; *Schulze/Bettinger* GRUR 2000, 12 (18); wie hier OLG Düsseldorf GRUR 1997, 49 (50) – Beuys-Fotografien; siehe auch auch die weiteren Nachw. unter → § 137f Rn. 6.

[160] → Rn. 30.

[161] Siehe Möhring/Schulze/Ulmer/Zweigert/*v. Lewinski* S. 16; *Walter*/v. Lewinski Term Directive Rn. 8.10.25; ebenso EuGH GRUR-Int 1999, 868 – Butterfly.

[162] → § 137f Rn. 7.

[163] Siehe Erwgr. 27 der Richtlinie; Möhring/Schulze/Ulmer/Zweigert/*v. Lewinski* S. 16; *Walter*/v. Lewinski Term Directive Rn. 8.10.30.

[164] Siehe Erwgr. 26 der Richtlinie; Möhring/Schulze/Ulmer/Zweigert/*v. Lewinski* S. 16; siehe auch *Dietz* GRUR-Int 1995, 670 (685); *Walter*/v. Lewinski Term Directive Rn. 8.10.35 ff. mit vertiefenden Überlegungen.

[165] → § 137f Rn. 8.

7. Zeitliche Anwendbarkeit und Übergangsrecht der Datenbankrichtlinie

45   In der Datenbankrichtlinie regelt Art. 14 die **zeitliche Anwendbarkeit** ihrer Bestimmungen und das **Übergangsrecht.** Sowohl für Datenbanken, welche die Voraussetzungen des Urheberrechtsschutzes erfüllen,[166] als auch für Datenbanken, die nur dem sui generis-Schutz zugänglich sind,[167] gilt nach Art. 14 Abs. 1 und 3 der Richtlinie, dass sie von deren Schutz auch dann erfasst werden, wenn sie vor dem Umsetzungszeitpunkt der Richtlinie, dem 1.1.1998,[168] hergestellt wurden; Voraussetzung dafür ist allerdings, dass sie in diesem Zeitpunkt die Schutzanforderungen der Richtlinie erfüllen. Ferner setzt Art. 14 Abs. 3 der Richtlinie im Hinblick auf den sui generis-Schutz voraus, dass die Herstellung nicht früher als 15 Jahre vor dem Umsetzungszeitpunkt, also nicht vor dem 1.1.1983, abgeschlossen worden ist.[169] Dies entspricht der Frist dieses Schutzes von 15 Jahren und dem generellen Beginn dieser Frist.[170] In Bezug auf urheberrechtlich geschützte Datenbanken enthält Art. 14 Abs. 1 der Richtlinie keine entsprechende Regelung über den Zeitraum, innerhalb dessen Altdatenbanken hergestellt worden sein müssen, um den Schutz durch die Richtlinie zu erreichen. Sinngemäß kann in dieser Hinsicht auch nur gefordert werden, dass der Urheberrechtsschutz im Umsetzungszeitpunkt noch besteht (s. § 129 Abs. 1). Ob dies der Fall ist, ist nach den Regeln der Schutzdauerrichtlinie zu entscheiden, deren Geltung nach Art. 2 lit. c der Datenbankrichtlinie ausdrücklich unangetastet bleibt. Im Regelfall kommt es hierbei auch nicht auf den Zeitpunkt der Herstellung des Werkes bzw. der Datenbank, sondern auf den Tod von deren Urhebern oder Miturhebern an.[171] Ein fester Zeitraum lässt sich daher gar nicht bestimmen.

46   In Bezug auf die **Dauer des sui generis-Schutzes von Altdatenbanken** bestimmt Art. 14 Abs. 5 folgendes: „Im Falle einer Datenbank, deren Herstellung während der letzten 15 Jahre vor dem in Art. 16 Abs. 1 genannten Zeitpunkt abgeschlossen wurde, beträgt die Schutzdauer des in Art. 7 vorgesehenen Rechts 15 Jahre ab dem 1. Januar, der auf diesen Zeitpunkt folgt." Unter „diesem Zeitpunkt" hat der deutsche Gesetzgeber bei Umsetzung der Richtlinie den Umsetzungszeitpunkt, dh den 1.1.1998, verstanden.[172] Richtigerweise kann damit aber nur der Zeitpunkt gemeint sein, in dem die Herstellung der Datenbank abgeschlossen wurde.[173] Das ergibt sich deutlich auch aus der englischsprachigen Fassung der Richtlinie, wo von „that" und nicht von „this date" die Rede ist. Für die **Dauer des Urheberrechtsschutzes von Altdatenbanken** gelten wiederum die Regeln der Schutzdauerrichtlinie.

47   Als Ausnahmeregel zu Art. 14 Abs. 1 der Datenbankrichtlinie bestimmt deren Art. 14 Abs. 2 in Bezug auf den Urheberrechtsschutz von Altdatenbanken, dass die Richtlinie **keine Verkürzung der verbleibenden Schutzdauer** bewirkt, wenn eine Datenbank zwar nicht den Anforderungen der Richtlinie an den Urheberrechtsschutz genügt, im Zeitpunkt der Veröffentlichung dieser Richtlinie, dem 27.3.1996, jedoch in einem Mitgliedstaat durch eine urheberrechtliche Regelung geschützt wird. Eine Verweisung solcher Datenbanken auf den sui generis-Schutz der Datenbankrichtlinie würde eine Verkürzung der Schutzdauer bedeuten. Art. 14 Abs. 2 der Richtlinie verhindert dies. Die Bestimmung dient daher dem Schutz wohlerworbener Rechte; allerdings sind ihre Auswirkungen auf das Hoheitsgebiet der betreffenden Mitgliedstaaten, wie vor allem Großbritannien, zu beschränken.[174]

48   Vor dem Umsetzungszeitpunkt **abgeschlossene Handlungen** und **erworbene Rechte** werden von dem Richtlinienschutz von Altdatenbanken nicht berührt.[175]

IV. Systematik der §§ 64–69

49   **1.** Die Regelungen des UrhG über die Schutzdauer des Urheberrechts finden sich in den anlässlich der Umsetzung der europäischen Schutzdauerrichtlinie nur unerheblich modifizierten §§ 64–69. Diese enthalten die Bestimmung über die Regelschutzdauer in **§ 64** sowie die allgemein zu beachtende Bestimmung über die Berechnung der einzelnen Schutzfristen in **§ 69.** In den dazwischenliegenden Vorschriften werden Sonderfälle geregelt, die sich, soweit sie auf eine Verkürzung der Regelschutzdauer hinauslaufen, im Rahmen des nach Art. 7 RBÜ (Pariser Fassung) und Art. IV WUA[176] Zulässigen halten. **§ 65 Abs. 1** regelt das Erlöschen des Urheberrechts bei Miturheberschaft, **§ 65 Abs. 2,** der in Umsetzung der europäischen Schutzdauerrichtlinie neu eingeführt worden ist, enthält

---

[166] Siehe Art. 3 Abs. 1 der Richtlinie; → § 4 Rn. 44 ff.
[167] Siehe Art. 7 Abs. 1 der Richtlinie; §§ 87a ff.
[168] Siehe Art. 16 Abs. 1 S. 1 der Richtlinie.
[169] Ebenso Walter/v. Lewinski Database Directive Rn. 9.14.6.
[170] Siehe Art. 10 Abs. 1 der Richtlinie.
[171] → Rn. 18, 20.
[172] Siehe § 137g Abs. 2 S. 2; → § 137g Rn. 3.
[173] So auch Flechsig ZUM 1997, 577 (589); Heinz GRUR 1996, 455 (456); Lehmann in Lehmann S. 67, 73; aA Walter/v. Lewinski Database Directive Rn. 9.14.7.
[174] Siehe Erwgr. 60 der Richtlinie; siehe ferner Lehmann in Lehmann S. 67, 73; Möhring/Schulze/Ulmer/Zweigert/Lehmann S. 16; siehe auch Walter/v. Lewinski Database Directive Rn. 9.14.5; zum früheren britischen Recht auch Gaster CR 1997, 669 (674).
[175] Art. 14 Abs. 4 der Datenbankrichtlinie.
[176] Genfer und Pariser Fassung.

eine Spezialregelung für den Ablauf der Schutzdauer bei Filmwerken und ähnlichen Werken, § 65 Abs. 3 sieht in Umsetzung der Richtlinie Richtlinie 2011/77/EU eine Sonderregel für Musikkompositionen mit Text vor. § 66 trifft eine Sonderregelung für anonyme und pseudonyme Werke, die eine wesentliche Verkürzung der Schutzdauer zur Folge haben kann; die Bestimmung ist durch Art. 7 Abs. 3 RBÜ und Art. IV Abs. 2 WUA gedeckt. § 67 regelt für diejenige Schutzfrist, die nach der Veröffentlichung eines Werkes zu berechnen ist, dh die Frist nach § 66 Abs. 1 S. 1,[177] die maßgebliche Veröffentlichung bei sog. Lieferungswerken.

2. § **64 Abs. 2** ist anlässlich der Umsetzung der europäischen Schutzdauerrichtlinie **aufgehoben** 50 worden. Er betraf sog. nachgelassene (postume) Werke, denen bei Erstveröffentlichung nach Ablauf von 60 Jahren, aber vor Ablauf von 70 Jahren jeweils nach dem Tod des Urhebers eine restliche Schutzfrist von 10 Jahren garantiert wurde.[178] § **68** ist bereits durch die Urheberrechtsnovelle 1985 **aufgehoben** worden. Er hatte für **Lichtbildwerke** (§ 2 Abs. 1 Nr. 5) eine verkürzte Schutzdauer von nur 25 Jahren nach dem Erscheinen eines solchen Werkes bzw. von 25 Jahren bereits nach Herstellung vorgesehen, wenn das Lichtbildwerk innerhalb dieser letzteren Frist nicht erschienen war. Die Bestimmung war mit der RBÜ[179] und dem WUA[180] vereinbar, jedoch rechtspolitisch nicht länger haltbar. Durch Verweisung in § 72 Abs. 1 galt dieselbe Schutzdauer für einfache Lichtbilder, die den Anforderungen an ein urheberrechtlich geschütztes Werk iSd § 2 Abs. 2 nicht genügten. Lichtbildwerke stehen hinsichtlich der Dauer ihres Schutzes nunmehr allen anderen urheberrechtlich geschützten Werken grundsätzlich gleich, jedoch wirkt ihre frühere kurze Schutzdauer im Hinblick auf das zeitliche Übergangsrecht nach.[181] Besondere Probleme ergaben sich damit in Zusammenhang mit der deutschen Wiedervereinigung.[182] Durch die Urheberrechtsnovelle von 1985 erhielten einfache Lichtbilder in § 72 Abs. 3 eine selbständige Schutzdauerregelung, und zwar weiterhin mit einer Regelschutzfrist von 25 Jahren, für einfache Lichtbilder als Dokumente der Zeitgeschichte jedoch mit einer verdoppelten Schutzfrist von 50 Jahren. Bei Gelegenheit der Umsetzung der europäischen Schutzdauerrichtlinie, aber ohne durch diese dazu gezwungen zu sein, gab der Gesetzgeber im Jahre 1995 diese Differenzierung als unpraktikabel wieder auf, und setzte er die Schutzfrist für einfache Lichtbilder auf einheitlich 50 Jahre fest.[183]

3. Von den in der RBÜ[184] und im WUA[185] vorgesehenen Möglichkeiten einer Verkürzung der 51 Schutzdauer für **Filmwerke** und **Werke der angewandten Kunst** hat der deutsche Gesetzgeber nicht Gebrauch gemacht.

V. Auswirkungen der Gemeinfreiheit eines Werkes

1. Ist die urheberrechtliche Schutzdauer eines Werkes abgelaufen, so wird das Werk **gemeinfrei.** 52 Es kann von jedermann, insbes. auch von jedem gewerblich tätigen Verwerter, **frei verwertet** werden, ohne dass er die Zustimmung des Urhebers bzw. seiner Rechtsnachfolger einholen müsste. Auch eine Pflicht zur Zahlung einer Vergütung entfällt, solange nicht eine „domaine public payant" rechtlich eingeführt ist.[186] Mit dem Urheberrecht erlöschen zugleich auch die **Nutzungsrechte,** die der Urheber anderen eingeräumt hat.[187] Dies führt allerdings **nicht** zwangsläufig zur **Unwirksamkeit des Vertrags.**[188]

Einen Eingriff in das Urheberrecht stellt es jedoch dar, wenn **kurz vor Ablauf der Schutzfrist** 53 das noch geschützte Werk ohne Zustimmung des Berechtigten auf Druckstöcken, Formen, Negativen, Matrizen, Masterbändern und dgl. festgehalten wird, auch wenn die Herstellung und Verbreitung der für das Publikum bestimmten Werkexemplare erst nach Ablauf der Schutzfrist geschieht oder geplant ist.[189] Ein Anbieten des Werks für die Zeit nach Ablauf der Schutzfrist erfüllt den Tatbestand der Verbreitung.[190] Beginnt die rechtsverletzende Handlung während der Schutzdauer, diese läuft dann aber ab, so liegt eine Urheberrechtsverletzung nur bis zu diesem Zeitpunkt vor. Der Kläger kann sein

---

[177] Bis 1.7.1995 auch die Frist nach § 64 Abs. 2 aF, → Rn. 50.
[178] → Rn. 58.
[179] Art. 7 Abs. 4 Pariser Fassung.
[180] Art. IV Abs. 3 Genfer und Pariser Fassung.
[181] → Rn. 66 ff.
[182] → Rn. 73 ff.
[183] Zu den Einzelheiten → § 72 Rn. 11.
[184] Art. 7 Abs. 2, 4 Pariser Fassung.
[185] Art. IV Abs. 2, 3 Genfer und Pariser Fassung.
[186] → Rn. 3.
[187] *Ulmer* § 79 I, zur Gemeinfreiheit siehe auch Fromm/Nordemann/*A. Nordemann* § 64 Rn. 18 ff. sowie Wandtke/Bullinger/*Lüft* § 64 Rn. 13.
[188] → Rn. 55.
[189] RGZ 107, 277 – Gottfried Keller; → § 16 Rn. 5. Um die Zulässigkeit von Vorbereitungshandlungen gegen Ende der Schutzfrist wird im Patentrecht regelmäßig gestritten. Die Gerichte verfolgen hierbei eine strenge Linie, vgl. nur Benkard/*Scharen* § 9 Rn. 59 mwN sowie aus der Rechtsprechung OLG Düsseldorf GRUR-RR 2011, 350 – Pramipexol und hierzu *Stejrna* GRUR-Prax 2011, 506.
[190] → § 17 Rn. 9 ff.

Unterlassungsbegehren in diesem Fall mit ex nunc-Wirkung für die Zeit nach Ablauf der Schutzdauer für erledigt erklären.[191]

54　2. Nach deutschem Recht erlischt mit dem Urheberrecht als Ganzem auch der **urheberpersönlichkeitsrechtliche Schutz**, so dass die Urhebererben auf urheberrechtlicher Grundlage weder gegen die erstmalige Veröffentlichung eines bisher unveröffentlichten Werkes,[192] noch gegen Werkentstellungen (§ 14), noch dagegen vorgehen können, dass bei Verwertungen der Name des Urhebers nicht genannt wird, dass seine Urheberschaft bestritten wird oder andere sich die Urheberschaft zu Unrecht anmaßen (§ 13); es bleiben nur die Möglichkeiten eines Schutzes durch das allgemeine bürgerliche Recht,[193] das Wettbewerbsrecht und den öffentlich-rechtlichen Denkmalschutz.[194] Kontrovers diskutiert wird die Frage, ob **der Zeitablauf auch schon innerhalb der urheberrechtlichen Schutzfrist** von 70 Jahren p. m. a. als Argument in die **Interessenabwägung** des § 14 UrhG einzubeziehen ist. Der Bundesgerichtshof nimmt dies in ständiger Rechtsprechung an.[195] Für Diskussion hat die Anwendung der Idee vom „Verblassen" des Urheberpersönlichkeitsrechts durch das LG und OLG Stuttgart in den Entscheidungen Stuttgart 21 gesorgt,[196] welche vom BGH letztlich bestätigt wurden.[197] Nach Ansicht des OLG Stuttgarts könne bei der Interessenabwägung nicht außer Betracht bleiben, dass seit dem Tod des Urhebers bereits mehr als 50 Jahre vergangen seien. Die Urheberinteressen könnten Jahre und Jahrzehnte nach dem Tod des Urhebers an Gewicht verlieren. Diesem Ansatz ist im Grundsatz zuzustimmen.[198] Die einheitliche Schutzdauer für Verwertungsrechte und Urheberpersönlichkeitsrecht besagt nur, dass der Schutz des § 14 UrhG im Grundsatz bis 70 Jahre nach dem Tod des Urhebers aufrechterhalten werden muss. Über den Schutzumfang ist damit nichts gesagt, so dass bei der Beurteilung der Urheberinteressen einbezogen werden kann, wenn dieser bereits längere Zeit verstorben ist.[199] Insoweit gilt, dass Vorsicht geboten ist, wenn denkmalschutzpolitische oder städtebauliche Ziele mit den Mitteln des Urheberrechts durchgesetzt werden sollen. Gerade bei länger verstorbenen Urhebern ist deswegen eine Verletzung des droit moral nur bei einer deutlichen Gefährdung der persönlich-geistigen Interessen des verstorbenen Urhebers anzunehmen. Andererseits darf nach dem Tod des Urhebers nicht automatisch von einem Zurücktreten des Urheberpersönlichkeitsrechts hinter die Interessen des Eigentümers ausgegangen werden.[200]

55　3. Wie die Verwertungsrechte und der urheberpersönlichkeitsrechtliche Schutz erlöschen mit dem Urheberrecht als Ganzem auch die in §§ 25–27 geregelten **sonstigen Rechte** des Urhebers. Wie sich auch aus den §§ 39 und 40 VerlagsG ergibt, steht die Gemeinfreiheit eines Werkes infolge Ablaufs der Schutzdauer jedoch dem Abschluss von Verlags- und anderen **Verträgen** über ein solches Werk nicht entgegen.[201] In gleicher Weise können Verträge über geschützte Werke und andere Schutzgegenstände Wirkungen auch über die Schutzdauer hinaus, zB im Hinblick auf eine weitere Erlösbeteiligung, haben. Der Ablauf der Schutzdauer lässt Verwertungsverträge und Vergütungsansprüche nicht automatisch erlöschen, sofern dem Lizenznehmer durch den Vertrag eine wirtschaftliche Vorzugsstellung eingeräumt wird.[202]

55a　4. Die **Veröffentlichung von Fotografien gemeinfreier Kunstwerke** stellt keine Urheberrechtsverletzung dar. Nach zutreffender Ansicht scheiden auch Ansprüche wegen Verletzung des Sacheigentums aus.[203] Denkbar sind jedoch vertragliche Unterlassungs- und Schadensersatzansprüche, sofern der Vertrag über den Zugang zu den Werken (zB mit einem Museum) ein Fotografierverbot enthält.[204]

---

[191] OLG Hamburg ZUM-RD 2016, 576 (587) – Bearbeitung eines Tagebuchs durch grafische Darstellung.
[192] → § 12 Rn. 12 ff.
[193] Das LG Dessau-Roßlau BeckRS 2014, 04821 hat es zu Recht abgelehnt, Ansprüche wegen der behaupteten Entstellung eines Werks nach Ablauf der urheberrechtlichen Schutzfrist unter Verweis auf das allgemeine Persönlichkeitsrecht länger als 70 Jahre zu gewähren.
[194] → Vor §§ 12 ff. Rn. 27 mwN; → Vor §§ 12 ff. Rn. 26 zu den Forderungen nach Einführung eines zeitlich unbegrenzten Schutzes des „droit moral" de lege ferenda.
[195] BGH GRUR 1989, 106 (107) – Oberammergauer Passionsspiele II; BGH GRUR 2008, 984 (986 f.) – St. Gotthard.
[196] OLG Stuttgart GRUR-RR 2011, 56 – Stuttgart 21.
[197] BGH GRUR 2012, 172 – Stuttgart 21 (Ablehnung der Nichtzulassungsbeschwerde).
[198] So auch *Elmenhorst/Gräfin von Brühl* GRUR 2012, 126. Kritisch *Obergfell* GRUR-Prax 2010, 233 zur Vorinstanz.
[199] *Elmenhorst/Gräfin von Brühl* GRUR 2012, 126 (130).
[200] Dies hebt zu Recht *Steinbeck* Anm. zu OLG Stuttgart GRUR-RR 2011, 56 (65) hervor.
[201] *Schricker* Verlagsrecht, §§ 39/40 Rn. 1.
[202] BGH GRUR 2012, 910 – Delcantos Hits. Siehe auch bereits LG München I ZUM 2007, 674 (677 ff.) – Libretto.
[203] AA BGH ZUM 2011, 325 – Preußische Gärten und Parkanlagen I; BGH ZUM 2013, 571 – Preußische Gärten und Parkanlagen II; wie hier *Ohly* Einleitung Rn. 47 mwN.
[204] BGH GRUR 2019, 284 – Museumsfotos mAnm *Zech;* vgl. auch Hoeren MMR 2019, 241.

B. Regelschutzdauer

I. Entstehungsgeschichte des § 64

1. In Deutschland galt, ausgehend vom preußischen Gesetz gegen Nachdruck von 1837[205] fast ein **56** Jahrhundert lang eine gesetzliche Regelschutzdauer, welche die **Lebenszeit** des Urhebers und **30 Jahre** nach seinem Tod umfasste.[206] Auf ihr beruhten die Schutzdauerbestimmungen des LUG von 1870 und des KUG von 1876 sowie ursprünglich auch des LUG von 1901 und des KUG von 1907. In Frankreich dagegen war schon im Jahre 1866 die 50-jährige Schutzfrist post mortem auctoris eingeführt worden, im Rahmen der RBÜ galt diese Schutzfrist seit der Berliner Revisionskonferenz von 1908[207] als für die Verbandsländer nicht verbindliche Regel, seit der Brüsseler Revisionskonferenz von 1948 als zwingende Mindestschutzfrist. In Deutschland erfolgte die **Verlängerung auf 50 Jahre** post mortem auctoris aufgrund des **Gesetzes zur Verlängerung der Schutzfristen im Urheberrecht** vom 13.12.1934.[208] Die Schutzdauerbestimmungen der §§ 29 LUG von 1901 und 25 KUG von 1907 wurden entsprechend geändert.

Im Rahmen der **Urheberrechtsreform von 1965** war zunächst eine erneute Verlängerung der **57** Schutzfrist nicht geplant. Im Rahmen der Beratungen des Rechtsausschusses des Deutschen Bundestags reifte dann aber der Gedanke an eine solche Verlängerung, wobei Schutzfristen nach dem Tod des Urhebers von 60, 70 und 80 Jahren erörtert wurden und letztlich der **70-jährigen** Frist der Vorzug gegeben wurde. Zur Begründung wurde neben Bestrebungen in einigen anderen Ländern insbes. die gestiegene durchschnittliche Lebenserwartung angeführt, die zunehmend zur Folge habe, dass nach Ablauf von 50 Jahren seit dem Tod des Urhebers noch nahe Angehörige lebten, denen billigerweise die Einkünfte aus der Nutzung seiner Werke nicht entzogen werden dürften. Zugleich wurde eine solche Verlängerung der Schutzdauer als ein gewisser Ausgleich dafür angesehen, dass die Einführung des „domaine public payant" abgelehnt wurde.[209] Nach Mitteilung *Ulmers*[3] § 77 III 1 lagen den Beratungen des Rechtsausschusses insbes. entsprechende Wünsche der Komponisten und Musikverleger zugrunde.

2. Eine Besonderheit der Schutzdauerregelung des **§ 29 S. 1 LUG von 1901** bestand darin, dass **58** sie das Erlöschen des Urheberrechts von zwei Voraussetzungen abhängig machte: dem Ablauf einer Frist von 50 Jahren seit dem Tod des Urhebers und von 10 Jahren seit der ersten Veröffentlichung des Werkes. Zweck dieser Regelung war es, dem Rechtsnachfolger des Urhebers einen von der allgemeinen Schutzdauer unabhängigen 10-jährigen Schutz zu gewähren, wenn er ein bisher unveröffentlichtes nachgelassenes Werk des Urhebers herausgab. Im Ergebnis lief diese Regelung ungewollt auf einen **zeitlich unbegrenzten Schutz unveröffentlichter Werke** hinaus.[210] Um dieses Ergebnis für die Zukunft zu vermeiden, zugleich aber einen gesetzlichen Ausgleich für die Kosten zu schaffen, die sich mit der Veröffentlichung nachgelassener Werke verbinden, wurde folgende Lösung gewählt, die in **zwei gesetzlichen Bestimmungen** ihren Niederschlag finden musste, von denen nur die zweite heute noch in veränderter Form in Kraft ist: Veröffentlichte der Rechtsnachfolger des Urhebers das nachgelassene unveröffentlichte Werk erstmals kurz vor Ablauf der Schutzfrist nach dem Tod des Urhebers, so garantierte ihm **§ 64 Abs. 2** Schutz noch für volle 10 Jahre. Wurde bzw. wird das unveröffentlichte nachgelassene Werk jedoch erst nach Ablauf der Schutzfrist nach dem Tod des Urhebers erstmals veröffentlicht, so blieb und bleibt der Urheberrechtsschutz erloschen. Demjenigen, der das Werk erstmals erscheinen ließ und der nicht der Erbe des Urhebers sein musste, stand und steht aber das **Leistungsschutzrecht des § 71** zu.[211]

3. Das 3. UrhGÄndG vom 23.6.1995 (BGBl. 1995 I S. 842), welches die europäische Schutzdauer- **59** richtlinie in innerstaatliches deutsches Recht umgesetzt hat und nach seinem Art. 3 Abs. 2 in seinen hier relevanten Teilen am 1.7.1995 in Kraft getreten ist, hat in seinem Art. 1 Nr. 3 **§ 64 Abs. 2 aufgehoben** und in seinem Art. 1 Nr. 6 **§ 71 neu gefasst.** Die Aufhebung des § 64 Abs. 2 war durch Art. 1 Abs. 1 der Richtlinie veranlasst, der die 70-jährige Schutzfrist post mortem auctoris „unabhängig von dem Zeitpunkt" vorschreibt, „zu dem das Werk erlaubterweise der Öffentlichkeit zugänglich gemacht worden ist".[212] § 71 brauchte demgegenüber nur an Art. 4 der Richtlinie angepasst zu werden.[213]

---

[205] → Einl. UrhG Rn. 125.
[206] Hierzu ausführlich *Beier* S. 21 ff., dort S. 31 ff., 34 ff.; *Bischoffshausen* S. 66 ff.
[207] → Vor §§ 120 ff. Rn. 27.
[208] RGBl. 1934 II S. 1395.
[209] Siehe den Bericht des Abg. *Reischl* UFITA 46 (1966), 174 (194 ff.) sowie → Rn. 3.
[210] AmtlBegr. BT-Drs. IV/270, 79 zu § 67, jetzt § 64.
[211] Siehe zu dieser Lösung die Motive in der AmtlBegr. BT-Drs. IV/270, 79 zu § 67, jetzt § 64.
[212] → Rn. 28 mwN; zur dadurch veranlassten Aufhebung des § 64 Abs. 2 siehe die AmtlBegr. BT-Drs. 13/781, 8 f., 12 f.
[213] Siehe die AmtlBegr. BT-Drs. 13/781, 10 f., 14 f. und die Kommentierung des § 71 sowie → Rn. 28.

II. Regelschutzdauer

1. Allgemeine Fragen

60   **a)** Die Regelschutzdauer eines urheberrechtlich geschützten Werkes umfasst die **Lebenszeit des Urhebers und 70 Jahre nach seinem Tod** (§ 64). Als Begründung für die Dauer von 70 Jahren wird üblicherweise darauf verwiesen, dass noch zwei Generationen nach dem Tod des Urhebers von den Erlösen aus der Verwertung des Werkes profitieren sollen. Diese Begründung hat sich auch der europäische Gesetzgeber bei Erlass der Richtlinie 93/98/EWG (jetzt 2006/116/EG) zu eigen gemacht.[214] Hierzu ist anzumerken, dass vor allem die Inhaber ausschließlicher Nutzungsrechte, also Verlage, Musikunternehmen etc, von der langen Schutzdauer profitieren, was sich auch an der sehr aktiven Interessenwahrnehmung während der Gesetzgebungsverfahren, die zu den heutigen Schutzfristregelungen geführt haben, gezeigt hat. Die Erben der Urheber profitieren nur mittelbar und in sehr unterschiedlichem Maße über die Erlösbeteiligungen in den Verwertungsverträgen. Zur Kritik der langen Schutzfristen → Rn. 2. Mit der Lebenszeit der verschiedenen Urheber variiert die effektive Schutzdauer eines Werkes, gerechnet ab dem Zeitpunkt der Entstehung des Werkes und damit auch des Schutzes uU ganz beträchtlich.[215] Darin liegt eines der Merkmale, die das Urheberrecht von den meisten gewerblichen Schutzrechten mit ihren festen gesetzlichen Schutzfristen unterscheiden.

61   Für die **Berechnung** der gesetzlichen Schutzdauer gilt § 69. Das Kalenderjahr, in dem der Urheber stirbt, wird nicht mitgezählt, so dass die 70-jährige Schutzfrist stets am 1.1. eines Jahres zu laufen beginnt und mit dem Ablauf des 70. Jahres endet. Ist ein Urheber im Laufe des Jahres 1970 verstorben, so beginnt die 70-jährige Schutzfrist am 1.1.1971 zu laufen, sie endet am 31.12.2040, wenn das Gesetz dann noch gilt.

62   **b)** Bei Anwendung des § 64 ist die **Übergangsbestimmung** des **§ 129 Abs. 1** zu beachten. Gemäß § 129 Abs. 1 S. 1 sind die Vorschriften des UrhG und damit auch § 64 auch auf Werke anzuwenden, die vor Inkrafttreten dieses Gesetzes geschaffen worden sind. Auch solchen Werken kann daher die längere Schutzdauer des § 64 zugutekommen. Dies gilt aber nur für Werke, die bei Inkrafttreten des § 64 noch urheberrechtlich geschützt waren. Zeitpunkt des Inkrafttretens dieser Bestimmung ist nach § 143 Abs. 1 der 17.9.1965. Darüber, ob ein Werk zu diesem Zeitpunkt noch geschützt war, entscheiden die Bestimmungen des LUG von 1901 und des KUG von 1907.[216] Da danach die Schutzdauer 50 Jahre post mortem auctoris umfasste und nach § 34 LUG, § 29 KUG ebenfalls erst mit dem Ablauf des Sterbejahres des Urhebers zu laufen begonnen hat, ist die Schutzfristenverlängerung des § 64 Abs. 1 zunächst den Werken aller derjenigen Urheber zugutegekommen, die das Jahr 1915 noch erlebt haben.[217] Zu den Auswirkungen der Verlängerung der Schutzfrist auf **Verträge** s. **§ 137 Abs. 2–4.**

63   Entsprechende Übergangsbestimmungen enthielt § 2 des Gesetzes zur Verlängerung der Schutzfristen im Urheberrecht von 1934.[218]

64   **c)** Eine **allgemeine Schutzfristverlängerung aus Anlass des Ersten oder Zweiten Weltkrieges** hat es in Deutschland **nicht** gegeben. Die in Art. 5 des Gesetzes Nr. 8 der Alliierten Hohen Kommission vom 20.10.1949[219] den westlichen Siegermächten und ihren Staatsangehörigen bis zum 3.10.1950 eröffnete Möglichkeit, beim Patentamt eine Verlängerung ihrer deutschen Urheberrechte zu beantragen, ist in der Praxis nicht genutzt worden.[220] Die aus Anlass des Auslaufens der Schutzfristen für die **Werke von NS–Opfern** geführte Diskussion über eine speziell für diese Urhebergruppe einzuführende relative **Verlängerung der Schutzfrist** als Wiedergutmachung oder zumindest symbolische Anerkennung des erlittenen Unrechts hat zu keinen konkreten Vorschlägen oder Gesetzesinitiativen geführt.[221]

65   **d)** § 64 und auch die übrigen Vorschriften der §§ 65–67 gelten **nicht** für die **Schutzdauer** der mit dem Urheberrecht **verwandten Schutzrechte.** Die Vorschriften über diese Schutzrechte enthalten jeweils eigenständige Regelungen über die Schutzdauer, wobei für die Berechnung auf § 69 verwiesen wird.[222]

2. Schutzdauer von Lichtbildwerken

66   **a)** Im Hinblick auf die Geltung des § 64 auch für **Lichtbildwerke** seit der Urheberrechtsnovelle von 1985 ist im Rahmen derselben Novelle die **Übergangsbestimmung** des **§ 137a Abs. 1** ge-

---

[214] Erwägungsgrund 5 Richtlinie 93/98/EWG bzw. 6 Richtlinie 2006/116/EG.
[215] Siehe dazu Fromm/Nordemann/*A. Nordemann* § 64 Rn. 12.
[216] → Rn. 56 sowie die Kommentierung des § 129.
[217] Schutzende nach LUG, KUG am 31.12.1965.
[218] → Rn. 56.
[219] Abgedruckt bei *Haertel/Schneider*, Taschenbuch des Urheberrechts, 1955, S. 112 ff.
[220] *Ulmer* § 62 V.
[221] Siehe hierzu die Beiträge von *Dreier, Dümling, Leistner/Schäfer, Loschelder, Raue* und *Senftleben* GRUR 2017, 857–874.
[222] Siehe §§ 70 Abs. 3, 71 Abs. 3, 72 Abs. 3, 76, 82, 85 Abs. 3, 87 Abs. 3, 87d, 94 Abs. 3 sowie → § 94 Rn. 36.

schaffen worden. Danach kam die beträchtliche Schutzdauerverlängerung allen Lichtbildwerken zugute, deren Schutzdauer nach der früher geltenden Bestimmung des § 68 am 1.7.1985 noch nicht abgelaufen war.[223] Im Ergebnis blieben damit alle Lichtbildwerke von der Verlängerung der Schutzdauer ausgeschlossen, die vor 1960 erschienen sind; dies bedeutete nach wie vor auch eine **Schlechterstellung älterer Lichtbildwerke im Vergleich mit Werken aller anderen Werkkategorien.** Zu den Auswirkungen auf **Verträge** s. **§ 137a Abs. 2.**

b) Ein weiteres, ebenfalls auch verfassungsrechtliches Problem der Schutzdauer von Lichtbildwerken folgt aus der **deutschen Wiedervereinigung.**[224] Die in der ehemaligen DDR seit 1966 auch auf Lichtbildwerke anwendbare, die Lebenszeit des Urhebers und 50 Jahre nach seinem Tod umfassende Regelschutzdauer konnte durch Überleitung des bundesdeutschen Urheberrechts, einschließlich dessen § 137a Abs. 1 iVm dem aufgehobenen § 68, auf das Gebiet der ehemaligen DDR am 3.10.1990, dem Zeitpunkt der deutschen Wiedervereinigung, abgebrochen worden sein, mit der Folge eines übergangslosen Verlusts des Urheberrechtsschutzes.[225] Dies galt namentlich für Lichtbildwerke von Angehörigen der ehemaligen DDR, die im Zeitraum vom 1.1.1941 bis 31.12.1959 erschienen sind, weil diese Werke, ausgehend von § 26 KUG von 1907 mit einer Schutzfrist von 25 Jahren ab Erscheinen, zwar den Urheberrechtsschutz mit Regelschutzdauer in der ehemaligen DDR, nicht mehr aber denjenigen in der Bundesrepublik erreichten.[226]

c) Beide Probleme der Schutzdauer von Lichtbildwerken sind zu einem wesentlichen Teil durch die **europäische Rechtsentwicklung** gemildert worden. **§ 137f Abs. 2 S. 1** sieht in Umsetzung von Art. 10 Abs. 2 der europäischen Schutzdauerrichtlinie[227] vor, dass ein in Deutschland schon abgelaufener Urheberrechtsschutz eines Werkes wieder auflebt, wenn das betreffende Werk am 1.7.1995, dem Zeitpunkt der Umsetzung der Richtlinie, zumindest in einem Mitgliedstaat der EU oder einem Vertragsstaat des EWR-Abkommens noch geschützt ist. Darüber hinaus verwehrt das Verbot der Diskriminierung aus Gründen der Staatsangehörigkeit gemäß Art. 18 Abs. 1 AEUV und Art. 4 EWR-Abkommen den Mitglieds- bzw. Vertragsstaaten in ihren Beziehungen untereinander die Durchführung des Vergleichs der Schutzfristen, und wenden mehrere dieser Staaten, wie Belgien, Frankreich und die Niederlande,[228] auf Lichtbildwerke schon traditionell die urheberrechtliche Regelschutzdauer an. Daraus folgt ein entsprechend langdauernder, in vielen Fällen auch am 1.7.1995 noch bestehender Urheberrechtsschutz von Lichtbildwerken auch deutscher Urheber, einschließlich Angehöriger der ehemaligen DDR, in zumindest einzelnen dieser Staaten. Daraus wiederum ergibt sich auch ein Wiederaufleben dieses Schutzes auch in Deutschland, und zwar nunmehr mit der hier seit 1985 geltenden langen Regelschutzdauer bis zum Ablauf von 70 Jahren pma.[229]

d) Zu den Auswirkungen der vorstehend geschilderten Rechtslage auf **Verträge** über Nutzungsrechte an Lichtbildwerken s. § 137a Abs. 2, auf die **Rechtsinhaberschaft** und die **Fortsetzung begonnener Nutzungen** beim Wiederaufleben des Schutzes eines Lichtbildwerkes s. § 137f Abs. 3.

C. Aufhebung der besonderen Schutzdauer nachgelassener Werke

1. § 64 Abs. 2 über die Verlängerung der Schutzdauer nachgelassener Werke ist im Jahre 1995 anlässlich der Umsetzung der europäischen Schutzdauerrichtlinie aufgehoben worden. Die Vorschrift lautete: „Wird ein nachgelassenes Werk nach Ablauf von sechzig, aber vor Ablauf von siebzig Jahren nach dem Tode des Urhebers veröffentlicht, so erlischt das Urheberrecht erst zehn Jahre nach der Veröffentlichung." **Übergangsrechtlich** ist diese Vorschrift nach wie vor von Bedeutung. Im Ergebnis führte sie bei Erfüllung ihrer Voraussetzungen zu einer Schutzfrist von maximal 80 Jahren nach dem Tod des Urhebers und damit zu einer längeren Schutzfrist, als die Schutzdauerrichtlinie sie mit 70 Jahren und unter Ausschluss einer Verlängerung für nachgelassene Werke vorsieht. Die Anwendung der Richtlinienregelung ab dem Umsetzungszeitpunkt, dem 1.7.1995, konnte damit zu einer **Verkürzung bereits laufender Schutzfristen** im Hinblick auf Werke führen, die vor diesem Zeitpunkt erstmals veröffentlicht wurden und sich dabei in der Zeitspanne der letzten 10 Jahre ihrer regulären Schutzfrist von 70 Jahren pma befanden. Um solche Eingriffe in wohlerworbene Rechte zu vermeiden, bestimmt Art. 10 Abs. 1 der Schutzdauerrichtlinie, dass im Umsetzungszeitpunkt in einem Mitgliedstaat bereits laufende Schutzfristen, die länger sind als die in der Richtlinie vorgesehenen Fristen, durch die Richtlinie nicht verkürzt werden; dies gilt auch dann, wenn dadurch eine Harmonisierungslücke entsteht. Der Umsetzung dieser Bestimmung in das deutsche Recht dient § 137f

67

68

69

70

---

[223] Vgl. zu dieser Bestimmung → Rn. 50.
[224] → Rn. 73 ff.
[225] Siehe Fromm/Nordemann/*A. Nordemann* § 64 Rn. 16; *A. Nordemann* GRUR 1991, 418 (419 f.); siehe auch *Katzenberger* GRUR-Int 1993, 2 (11); *Pfister* S. 99 ff.; *Stögmüller* S. 54 ff.; zur Lösung des Problems → Rn. 73 ff.
[226] → Rn. 73 ff.
[227] → Rn. 13 ff., 41.
[228] Siehe *Gerstenberg* GRUR 1976, 131 (134).
[229] Siehe zum Ergebnis Fromm/Nordemann/*A. Nordemann* § 64 Rn. 17; *A. Nordemann/Mielke* ZUM 1996, 214 (215); → Rn. 11.

Abs. 1 S. 1 mit der Regelung, dass der Schutz mit dem Ablauf der Schutzdauer nach den bis zum 30.6.1995 geltenden Vorschriften, gegebenenfalls also auch nach § 64 Abs. 2 erlischt, wenn durch die Anwendung des Gesetzes in der ab dem 1.7.1995 geltenden Fassung, gegebenenfalls also § 64 ohne seinen früheren Abs. 2, die Dauer eines vorher entstandenen Rechts verkürzt würde.[230] Daraus ergibt sich, dass § 64 Abs. 2 weiterhin beachtet werden muss.

71 Die Schutzfristverlängerung nach § 64 Abs. 2 kam den **Erben** des Urhebers zugute, das Leistungsschutzrecht des § 71 – welches überhaupt erst nach Erlöschen des Urheberrechts greift – privilegiert den **Herausgeber**.[231] Für den **Begriff der Veröffentlichung** iSd § 64 Abs. 2 galt § 6 Abs. 1.

72 2. Die Änderung des Schutzes nachgelassener Werke durch §§ 64 Abs. 2, 71 gegenüber § 29 S. 1 LUG von 1901 bedingte die besondere **Übergangsregelung** des **§ 129 Abs. 2**.[232]

D. Schutzdauer des Urheberrechts und der verwandten Schutzrechte und deutsche Wiedervereinigung

73 1. Mit Herstellung der **deutschen Einheit** am 3.10.1990 auf der Grundlage des deutschdeutschen Einigungsvertrags vom 31.8.1990 ist nach dessen Art. 8 ua auch das Urheberrechtsgesetz der Bundesrepublik Deutschland auf dem Territorium der ehemaligen DDR in Kraft getreten; zugleich ist das Urheberrechtsgesetz (URG) der DDR außer Kraft getreten.[233] Im Hinblick auf die **Schutzdauer des Urheberrechts und der verwandten Schutzrechte** traten damit die Bestimmungen des bundesdeutschen Gesetzes in der seinerzeit geltenden Fassung, dh die §§ 64–69, 70 Abs. 3, 71 Abs. 3, 72 Abs. 3, 82, 85 Abs. 2, 87 Abs. 2 und 94 Abs. 3, an die Stelle der entsprechenden Bestimmungen des DDR-Gesetzes, nämlich der §§ 33 und 82 URG-DDR. Diese sahen für das Urheberrecht eine Schutzfrist von 50 Jahren, im Regelfall nach dem Tod des Urhebers, für die verwanten Schutzrechte einheitlich eine Schutzfrist von nur 10 Jahren vor. Angesichts einer Schutzfrist von 70 Jahren für das Urheberrecht und von 25 oder 50 Jahren für die verwandten Schutzrechte in der Bundesrepublik zum damaligen Zeitpunkt[234] bedeutete die Überleitung des bundesdeutschen Rechts auf das Gebiet der ehemaligen DDR dort eine wesentliche **Verlängerung der Schutzfristen** und damit auch der Schutzdauer insgesamt. Spätere Gesetzesänderungen, wie insbesondere die Umsetzung der europäischen Schutzdauerrichtlinie im Jahre 1995, gelten ohne weiteres für das gesamte Deutschland.

74 Das bundesdeutsche Schutzdauerrecht gilt, ohne dass es dafür irgendwelcher weiterer Bestimmungen bedurfte, jedenfalls für alle seit dem 3.10.1990 geschaffenen **neuen Werke** und erbrachten neuen Leistungen.[235] Darüber hinaus bestimmt als Vorschrift des Übergangsrechts § 1 Abs. 1 S. 1 der Besonderen Bestimmungen des Einigungsvertrags zum Urheberrecht,[236] dass die Vorschriften des bundesdeutschen Gesetzes, und damit auch diejenigen über die Schutzdauer, auch auf die **vor dem 3.10.1990 geschaffenen Werke** anzuwenden sind; nach § 1 Abs. 2 der Besonderen Bestimmungen gilt Entsprechendes für Leistungen, die durch verwandte Schutzrechte geschützt sind. Dies entspricht im Grundsatz § 129 Abs. 1, dient aber nicht nur dazu, die Geltung unterschiedlicher Urheberrechtsordnungen für alte und neue Werke und Leistungen zu vermeiden,[237] sondern auch dazu, auch für Altwerke und -leistungen die Rechtseinheit in Deutschland herzustellen.[238] Weitergehend als § 129 Abs. 1, der die Anwendung des Gesetzes auf im Zeitpunkt seines Inkrafttretens nicht mehr geschützte Werke und Leistungen ausschließt,[239] bestimmt § 1 Abs. 1 S. 2 der Besonderen Bestimmungen des Einigungsvertrags, dass die Anwendung der Vorschriften des bundesdeutschen Gesetzes auch dann Platz greift, wenn am 3.10.1990 die **Schutzfristen nach dem Gesetz der DDR schon abgelaufen** waren; dasselbe gilt nach § 1 Abs. 2 der Besonderen Bestimmungen wiederum auch im Hinblick auf verwandte Schutzrechte. In solchen Fällen **lebt der Schutz auf dem Gebiet der ehemaligen DDR wieder auf**.[240] Mit Rücksicht auf den längerwährenden Schutz für ein und dieselben Werke und Leistungen in den alten Bundesländern war diese Regelung um der Rechtseinheit im gesamten Deutschland auf dem Schutzniveau der alten Bundesrepublik willen unvermeidbar.[241] Die Schutzdauerregelungen des bundesdeutschen Gesetzes und § 129 Abs. 1 markieren dabei die **Grenzen für das Wiederaufleben des Schutzes**.

---

[230] Siehe zur Anwendbarkeit des § 137f Abs. 1 S. 1 auch auf die Fälle des § 64 Abs. 2 die AmtlBegr. BT-Drs. 13/781, 16 f.
[231] Zur Neugestaltung dieses Leistungsschutzes durch Art. 4 zur Schutzdauerrichtlinie → Rn. 28.
[232] → § 129 Rn. 21.
[233] Hierzu und zu weiteren Fragen der deutschen Wiedervereinigung → Vor §§ 120 ff. Rn. 173.
[234] Zur Kommentierung der zitierten Bestimmungen zu den verwandten Schutzrechten in der Vorauflage.
[235] Siehe *Katzenberger* GRUR-Int 1993, 2 (7); *Pfister* S. 42; *Stögmüller* S. 32.
[236] Zu diesen → Vor §§ 120 ff. Rn. 173.
[237] → § 129 Rn. 14 ff.
[238] Siehe *Katzenberger* GRUR-Int 1993, 2 (7); *Pfister* S. 42; *Stögmüller* S. 33.
[239] → § 129 Rn. 2 ff.
[240] Siehe *Katzenberger* GRUR-Int 1993, 2 (7); *Pfister* S. 42; *Stögmüller* S. 51.
[241] Siehe *Katzenberger* GRUR-Int 1993, 2 (7 f.); *Pfister* S. 42.

Die unter → Rn. 73 ff. geschilderte Rechtslage gilt im Grundsatz auch für die **Schutzdauer von** 75
Lichtbildwerken. Im Zeitpunkt der deutschen Wiedervereinigung, dem 3.10.1990, galten für sie
nämlich sowohl nach dem Recht der ehemaligen DDR als auch nach bundesdeutschem Recht die
allgemeinen Schutzdauervorschriften mit einer Schutzfrist von 50 bzw. 70 Jahren. Jedoch ergab sich
aus den unterschiedlichen Zeitpunkten, zu denen die allgemeinen Schutzdauerregelungen für Lichtbildwerke in der DDR und in der Bundesrepublik in Kraft traten, ein ungewöhnlicher **Schutzüber-**
schuss in der DDR. Dort trat die allgemeine Schutzdauer bereits am 1.1.1966 in Kraft.[242] Sie erfasste damit alle seit dem 1.1.1941[243] vor dem Tod ihres Urhebers erschienenen Lichtbildwerke, für
die §§ 26, 29 KUG von 1907 eine Schutzdauer von 25 Jahren ab Erscheinen bzw. Ablauf des Er-
scheinungsjahres vorgesehen hatten. Demgegenüber erfasst die in der Bundesrepublik für Lichtbildwerke erst zum 1.7.1985 eingeführte Regelschutzdauer im Hinblick auf die vorangegangene Regelung in §§ 68 und 137a Abs. 1 solche Lichtbildwerke nicht mehr, die vor 1960 erschienen sind.[244] Im
Hinblick auf Lichtbildwerke, die zwischen dem 1.1.1941 und dem 31.12.1959 erschienen sind, konnte daher die Überleitung des bundesdeutschen Rechts auf das Gebiet der ehemaligen DDR am
3.10.1990 dort zu einem **Verlust wohlerworbener Rechte** führen. Zu den verfassungs- und europarechtlichen Aspekten dieser Situation bereits → Rn. 67 f.; zu möglichen Lösungen sogleich
→ Rn. 76.

Die Besonderen Bestimmungen des Einigungsvertrags zum Urheberrecht berücksichtigen diese 76
Problematik nicht. Den Vorschlag, § 137a in Anlehnung an die Besonderen Bestimmungen zu ändern
und für Lichtbildwerke generell das Wiederaufleben des Schutzes vorzusehen und damit auch den
verfassungsrechtlichen Bedenken gegen die derzeitige Schutzdauersituation von Lichtbildwerken unabhängig von der deutschen Wiedervereinigung zu begegnen,[245] hat der Gesetzgeber nicht aufgegriffen. Aus verfassungsrechtlichen Gründen (Art. 14 GG) speziell in der Wiedervereinigungsproblematik
ist den betroffenen Rechtsinhabern jedoch auch ohne Eingreifen des Gesetzgebers der **erworbene**
Schutz über den 3.10.1990 hinaus zu belassen, was durch verfassungskonforme Auslegung oder
besser durch analoge Anwendung des § 137a Abs. 1 geschehen kann.[246] Allerdings ist der fortbestehende Schutz auf die territorialen und zeitlichen Grenzen des Schutzes nach dem Recht der ehemaligen DDR, in zeitlicher Hinsicht nach § 33 URG-DDR, zu beschränken, weil nur insoweit Eigentumsrechte und Vertrauen begründet wurden; die mit der territorialen Beschränkung verbundene
Störung der Rechtseinheit in Deutschland ist hinzunehmen.[247] Von dieser Rechtslage begünstigt sind
aber **nur Angehörige der ehemaligen DDR,** weil Bundesbürger in der DDR aufgrund des Vergleichs der Schutzfristen nach Art. 7 Abs. 8 RBÜ,[248] den die DDR in ihrem Verhältnis zur Bundesrepublik angewandt hat,[249] keinen zeitlich längeren Schutz als nach dem Recht der Bundesrepublik als
Ursprungsland erwerben konnten.[250] Im Übrigen hat die jüngste **europäische Rechtsentwicklung**
die Problematik weitgehend entschärft.

E. Sonstige Gründe für den Verlust des Urheberrechtsschutzes?

Das Urheberrecht als Ganzes kann **nicht** durch **Verzicht** erlöschen.[251] Das Urheberrecht erlischt 77
auch **nicht** durch **Verlust der Staatsangehörigkeit** des Urhebers[252] und auch **nicht** durch **Unter-**
gang des Werkoriginals.

F. Schutzdauer des Werktitels. Markenschutz urheberrechtlich gemeinfreier Werke

Für das Erlöschen des **urheberrechtlichen Schutzes** eines **Werktitels**[253] gelten die allgemeinen 78
Grundsätze der §§ 64 ff. Der in der Praxis wesentlich wichtigere **markenrechtliche Titelschutz**
gem. § 5 Abs. 3 MarkenG erlischt zwar grundsätzlich nicht durch Zeitablauf, jedoch folgt aus der

---

[242] § 97 Abs. 1 URG-DDR.
[243] Siehe *Pfister* S. 97 gegen *A. Nordemann* GRUR 1991, 418 (419) und *Stögmüller* S. 55, die irrtümlich auf den
1.1.1940 abstellen, korrigiert in Fromm/Nordemann/*A. Nordemann* § 64 Rn. 16.
[244] → Rn. 50.
[245] Siehe insbes. *A. Nordemann* GRUR 1991, 418 (420 f.).
[246] Ebenso Fromm/Nordemann/*A. Nordemann* § 64 Rn. 17.
[247] So im Ergebnis *A. Nordemann* GRUR 1991, 418 (419 f.); *Katzenberger* GRUR-Int 1993, 2 (11); *Pfister*
S. 104 f.; *Stögmüller* S. 58 f.
[248] Zuletzt in der Pariser Fassung.
[249] → 1. Aufl. 1987, Vor §§ 120 ff. Rn. 38.
[250] Im Ergebnis wie hier Dreier/Schulze/*Schulze* (5. Aufl.) Vor EV Rn. 6; *A. Nordemann* GRUR 1991, 418
(419 f.); *Katzenberger* GRUR-Int 1993, 2 (11); *Pfister* S. 104 f.; *Stögmüller* S. 59; Wandtke/Bullinger/*Bullinger* EVtr
Rn. 22.
[251] → § 29 Rn. 15 auch zur Frage des Verzichts auf einzelne urheberrechtliche Befugnisse und Ansprüche aus
dem Urheberrecht.
[252] → § 120 Rn. 18 f.
[253] → § 2 Rn. 88 ff.

urheberrechtlichen Gemeinfreiheit eines Werkes das Recht jedermanns, mit dem Werk selbst auch dessen Titel zu benutzen.[254] Der fortbestehende kennzeichenrechtliche Titelschutz schützt seinen Inhaber aber gegen die Benutzung des Titels für ein anderes Werk, sofern Verwechslungsgefahr besteht.[255] Die Rechtsprechung geht jedoch zutreffend von einem engen Schutzbereich aus und trägt auf diese Weise dem Umstand Rechnung, dass Werktitel nach Erlöschen des Urheberrechts nur in engen Grenzen monopolisiert werden sollten.[256] Die Eintragung (oder Aufrechterhaltung) einer **Marke** für den Titel (oder für Teile) eines gemeinfreien Werkes ist ebenfalls **nicht grundsätzlich ausgeschlossen.** Insoweit sind aber die allgemeinen Voraussetzungen zu prüfen, insbesondere die Unterscheidungskraft des Titels oder Werkteils.[257] Auch ist bei **künstlerischen Verwendungen** durch Dritte sorgfältig zu prüfen, ob eine **markenmäßige Verwendung** gegeben ist.[258]

§ 65 Miturheber, Filmwerke, Musikkomposition mit Text

(1) **Steht das Urheberrecht mehreren Miturhebern (§ 8) zu, so erlischt es siebzig Jahre nach dem Tode des längstlebenden Miturhebers.**

(2) **Bei Filmwerken und Werken, die ähnlich wie Filmwerke hergestellt werden, erlischt das Urheberrecht siebzig Jahre nach dem Tod des Längstlebenden der folgenden vier Personen: Hauptregisseur, Urheber des Drehbuchs, Urheber der Dialoge, Komponist der für das betreffende Filmwerk komponierten Musik.**

(3) [1]**Die Schutzdauer einer Musikkomposition mit Text erlischt 70 Jahre nach dem Tod des Längstlebenden der folgenden Personen: Verfasser des Textes, Komponist der Musikkomposition, sofern beide Beiträge eigens für die betreffende Musikkomposition mit Text geschaffen wurden.** [2]**Dies gilt unabhängig davon, ob diese Personen als Miturheber ausgewiesen sind.**

Schrifttum: *Gaillard,* Das Neunte Gesetz zur Änderung des Urheberrechtsgesetzes – Überblick und Analyse, GRUR 2013, 1099; *Hodik,* Miturheberschaft, Werkverbindung und Kollektivwerke in der EG-Richtlinie zur Vereinheitlichung der Schutzfristen, in Dittrich, Beiträge zum Urheberrecht II, 1993, S. 17; *Juranek,* Harmonisierung der urheberrechtlichen Schutzfristen in der EU, 1994; *Knorr,* Die Schutzfristberechnung bei Filmwerken, 1980; *Sundara Rajan,* Collaborative Works: The Complex Case of Copyright Term in Film, in ALAI Study Days 2010 Vienna, S. 153; *Walter,* Term Directive, in Walter/v. Lewinski, European Copyright Law, 2010, S. 499.

Übersicht

I. Bedeutung und Entwicklung der Bestimmung

1   **§ 65 Abs. 1 bestimmt für in Miturheberschaft** geschaffene Werke und die Fälle, in denen die Schutzdauer eines Werkes gemäß § 64 nach dem Tod des Urhebers zu berechnen ist, auf den Tod welchen Miturhebers es ankommt. Nach § 65 Abs. 1 entscheidet der Tod des längstlebenden Miturhebers. Die Bestimmung entspricht der Regelung im früher geltenden Recht[1] sowie in der RBÜ.[2] Die zunächst nur aus einem Satz (jetzt Abs. 1) bestehende Vorschrift ist anlässlich der Umsetzung der europäischen Schutzdauerrichtlinie[3] durch Art. 1 Nr. 4 des 3. UrhGÄndG vom 23.6.1995 (BGBl.

---

[254] RGZ 112, 2 (4 ff.) – Brehms Tierleben; BGH GRUR 2003, 440 (441) – Winnetous Rückkehr.
[255] Siehe BGH GRUR 2003, 440 (441) – Winnetous Rückkehr; siehe dazu auch *v. Becker* AfP 2004, 25 (28); Fromm/Nordemann/*A. Nordemann* § 64 Rn. 22; Wandtke/Bullinger/*Lüft* § 64 Rn. 15; *Schmidt-Hern* ZUM 2003, 462 (463 f.).
[256] Siehe BGH GRUR 2003, 440 (441) – Winnetous Rückkehr; OLG München NJW-RR 2009, 1270 (1271) – Der Seewolf.
[257] Siehe BGH GRUR 2012, 618 – Medusa; BGH GRUR 2000, 882 – Bücher für eine bessere Welt; BGH GRUR 2003, 342 – Winnetou; BPatG GRUR 1998, 1021 – Mona Lisa; Fromm/Nordemann/*A. Nordemann* § 64 Rn. 23 ff.; *W. Nordemann* WRP 1997, 389; *Osenberg* GRUR 1996, 101; *Seifert* WRP 2000, 1014; *Tresper* MarkenR 2007, 145; Wandtke/Bullinger/*Bullinger* GRUR 1997, 573 (577 ff.); s. zum Ganzen auch *Stang* S. 384 ff.; *Ohly* FS Klippel, 2008, 203 (207).
[258] BGH GRUR 2012, 618 (619) – Medusa. Siehe hierzu eingehend Fromm/Nordemann/*A. Nordemann* § 64 Rn. 24 f.
[1] § 30 LUG von 1901, § 27 KUG von 1907.
[2] Art. 7 bis Brüsseler, Stockholmer und Pariser Fassung, Art. 7 bis Abs. 1 Rom-Fassung, dazu → Vor §§ 120 ff. Rn. 41. Siehe rechtsvergleichend hierzu *Sundara Rajan,* Collaborative Works: The Complex Case of Copyright Term in Film, in ALAI Study Days 2010 Vienna, 153 ff.
[3] → § 64 Rn. 13 ff.

1995 I S. 842) mit Wirkung zum 1.7.1995[4] um den Überschriftbestandteil **„Filmwerke"** und den neuen Abs. 2 ergänzt worden. Richtschnur war Art. 2 Abs. 2 der Schutzdauerrichtlinie.[5] Die ursprüngliche Bestimmung über die Schutzdauer bei Miturheberschaft blieb unverändert, weil die entsprechende Vorschrift der Schutzdauerrichtlinie, nämlich deren Art. 1 Abs. 2, dasselbe beinhaltet.[6] Durch Art. 1 Nr. 2 des 9. UrhGÄndG vom 2.7.2013[7] wurde § 65 ein neuer Absatz 3 hinzugefügt, welcher im Hinblick auf Musikkompositionen mit Text, bei denen beide Beiträge eigens hierfür geschaffen wurden, festlegt, dass für die Berechnung der Schutzdauer auf den Tod des längerlebenden Urhebers abzustellen ist, auch wenn die Urheber der Beiträge nicht als Miturheber anzusehen sind. Die Vorschrift geht auf Art. 1 Abs. 1 der Richtlinie 2011/77/EU zur Änderung der Richtlinie 2006/116/EG über die Schutzdauer des Urheberrechts und bestimmter verwandter Schutzrechte zurück und setzt diese nahezu wortlautgleich in das deutsche Recht um. Zeitgleich wurde auch die Überschrift der Vorschrift entsprechend ergänzt.

II. Schutzfristberechnung bei Miturheberschaft (§ 65 Abs. 1)

1. Die Schutzfristberechnung nach § 65 Abs. 1 greift nur Platz, soweit ein Werk in **Miturheber- 2 schaft** iSd § 8 geschaffen worden ist. Voraussetzungen der Miturheberschaft sind danach neben schöpferischen Beiträgen der Miturheber die Unmöglichkeit der gesonderten Verwertung dieser Beiträge und Gemeinschaftlichkeit der Werkschöpfung.[8] Liegen die Voraussetzungen der Miturheberschaft vor, so richtet sich die Schutzdauer nach dem Tod des längstlebenden Miturhebers.

2. § 65 Abs. 1 ist daher **nicht anwendbar** in den Fällen der **Werkverbindung** iSd § 9, in denen 3 die Selbständigkeit und gesonderte Verwertbarkeit der von zwei oder mehr Urhebern geschaffenen und dann verbundenen Werke gewahrt bleiben.[9] Beispiele bloßer Werkverbindungen sind Texte und Illustrationen in Büchern oder die Zusammenfügung von Musik und Choreographie.[10] Für den wichtigen Fall der Werkverbindung von Text und Musik in der Unterhaltungsmusik sowie bei Opern, Operetten, Musicals etc ist nunmehr die Sonderregel des Abs. 3 zu beachten. Bei Werkverbindungen ist die Schutzdauer für die verbundenen Werke jeweils gesondert nach dem Tod des jeweiligen Urhebers zu berechnen, so dass zB das Urheberrecht an einer Choreographie früher oder später erlöschen kann als dasjenige an der Musik.[11] Von der Miturheberschaft zu unterscheiden ist auch die **Bearbeitung** iSd § 3, bei der die Gemeinschaftlichkeit der Werkschöpfung als Merkmal der Miturheberschaft fehlt.[12] Hinsichtlich der Schutzdauer ist daher zwischen derjenigen des bearbeiteten Werkes und derjenigen der Bearbeitung als solcher zu unterscheiden. Ist die Dauer des Schutzes des bearbeiteten Werkes 70 Jahre nach dem Tod von dessen Urheber abgelaufen, so kann doch das Urheberrecht an der Bearbeitung noch bestehen. Das bearbeitete Werk kann dann frei verwertet und noch einmal bearbeitet werden, aber es dürfen dabei keine wesentlichen Elemente der noch geschützten ersten Bearbeitung übernommen werden.[13] Auch bei **Sammelwerken** iSd § 4 ist zwischen den Urheberrechten am Sammelwerk selbst und an den in das Sammelwerk aufgenommenen Beiträgen zu unterscheiden. Die Schutzdauer ist jeweils gesondert nach dem Tod des jeweiligen Urhebers zu bestimmen.[14]

III. Schutzfristberechnung bei Filmwerken (§ 65 Abs. 2)

Ausgangspunkt der Bestimmung des § 65 Abs. 2 ist wie im Fall der Miturheberschaft 4 (§ 65 Abs. 1), dass die Schutzdauer von Filmwerken sich im Regelfall nach der Lebenszeit der Urheber und 70 Jahren nach ihrem Tod bemisst. Wie § 65 Abs. 1 für die Fälle der Miturheberschaft, so regelt § 65 Abs. 2 speziell für Filmwerke die Frage, auf wessen Tod es bei mehreren in Betracht kommenden Urhebern für die Berechnung der 70jährigen Schutzfrist ankommt. § 65 Abs. 2 lässt hierüber den **Längstlebenden von vier Filmschaffenden** entscheiden. Es sind dies der Hauptregisseur, der Urheber des Drehbuchs, der Urheber der Dialoge und der Komponist der für das jeweilige Filmwerk speziell komponierten Musik. Die Auswahl dieser Filmschaffenden war dem deutschen Gesetzgeber durch Art. 2 Abs. 2 der europäischen Schutzdauerrichtlinie vorgegeben, die sich ihrerseits an Art. 14bis Abs. 3 S. 1 RBÜ (Pariser Fassung) und Vorbilder im ausländischen Recht anlehnt.[15]

---

[4] Art. 3 Abs. 2 des Gesetzes.
[5] → § 64 Rn. 13 ff.
[6] → § 64 Rn. 20; siehe auch die AmtlBegr. BT-Drs. 13/781, 13 zu Nr. 2.
[7] BGBl. 2013 I S. 1940.
[8] Zu den Einzelheiten → § 8 Rn. 4–9a.
[9] → § 9 Rn. 1, 4–8.
[10] → § 9 Rn. 5.
[11] AllgM.
[12] → § 3 Rn. 9, → § 8 Rn. 2.
[13] → § 3 Rn. 35, 39 f.
[14] → § 4 Rn. 39.
[15] → § 64 Rn. 25; → Vor §§ 88 ff. Rn. 72.

Die Aufzählung ist nicht nur beispielhaft, sondern abschließend, da sonst das Harmonisierungsziel der Richtlinie nicht erreicht würde.[16]

5   Wie Art. 2 Abs. 2 der Schutzdauerrichtlinie,[17] so bezieht sich auch § 65 Abs. 2 nur auf die Frage der Schutzdauer bzw. der Berechnung der Schutzfrist bei Filmwerken, so dass die Frage der **Filmurheberschaft** bzw. der **Miturheberschaft an Filmwerken** und die Abgrenzung von Filmurhebern und Urhebern vorbestehender oder filmisch benutzter Werke[18] **unberührt** bleibt; die §§ 7 und 8, die über die Filmurheberschaft entscheiden,[19] brauchten daher bei Anpassung des deutschen Rechts an die Schutzdauerrichtlinie nicht geändert zu werden, und auch die besonderen vertragsrechtlichen Bestimmungen für Filmwerke, insbes. §§ 88 und 89, konnten unangetastet bleiben.[20] § 65 Abs. 2 ändert daher, obwohl er ua den Drehbuchautor und den Filmkomponisten über die Schutzdauer des Filmwerkes mitentscheiden lässt, nichts daran, dass es sich bei diesen Filmschaffenden nach der im deutschen Recht hM[21] nicht um Filmmiturheber, sondern um Urheber filmisch benutzter, selbständiger Werke handelt.[22]

6   Aus der abschließenden Aufzählung bestimmter Filmschaffender in § 65 Abs. 2[23] ergibt sich, dass **andere Personen,** die gegebenenfalls eigene schöpferische Beiträge zur Filmgestaltung leisten, **von der Mitentscheidung über die Schutzdauer des Filmwerkes ausgeschlossen** sind. Dies ist jedenfalls für solche Filmschaffende anzunehmen, die einerseits in § 65 Abs. 2 nicht aufgeführt sind, andererseits aber selbst nach deutschem Recht als mögliche Filmmiturheber anerkannt sind. Die AmtlBegr.[24] nennt in diesem Zusammenhang den Kameramann, den Schnittmeister (Cutter) und den Tonmeister.[25] Nach einer im Schrifttum vertretenen Auffassung soll der Ausschluss nicht für Urheber sog. vorbestehender Werke gelten.[26] Dem wird man folgen müssen, soweit es sich dabei um verfilmte Werke, wie Romane, Novellen etc, handelt; die zT im Ausland realisierte Lösung, mit dem Erlöschen des Schutzes eines Filmwerkes in Bezug auf dessen Verwertung auch den Schutz der verwendeten vorbestehenden Werke enden zu lassen, hat sich in den Erörterungen der Schutzdauerrichtlinie nicht durchgesetzt.[27] Anders verhält es sich aber bei filmbestimmt geschaffenen Werken, wie Filmexposé und Filmtreatment, die sich vom Filmwerk selbst unterscheiden lassen und selbständig verwertet werden können und daher nach der im deutschen Recht hM daher nicht als Filmmiturheber, sondern als Urheber filmisch benutzter Werke beurteilt werden.[28] Die AmtlBegr.[29] führt als Beispiel eines davon betroffenen Urhebers den Szenenbildner an, dessen Qualifikation als Filmmiturheber oder Urheber eines filmisch benutzten Werkes allerdings innerhalb der hM umstritten ist.[30] Für die hier vertretene Beurteilung spricht auch, dass mit dem Drehbuchautor und dem Filmkomponisten in § 65 Abs. 2 Urheber ausdrücklich privilegiert sind, die von der im deutschen Recht hM eindeutig den Filmmiturhebern filmisch benutzter Werke und nicht den Filmmiturhebern zugerechnet werden.[31] Darüber hinaus würde eine andere Beurteilung das Harmonisierungsziel der Schutzdauerrichtlinie vernachlässigen.

7   Der Ausschluss bestimmter Filmurheber von der Mitentscheidung über die Schutzdauer des Filmwerkes kann aus deren Sicht im Vergleich mit den durch § 65 Abs. 2 privilegierten Urhebern vor allem dann zu einem erheblichen Rechtsnachteil führen, wenn in einem konkreten Fall die privilegierten Urheber alt sind, der betroffene Urheber, etwa ein Kameramann, Cutter oder Filmarchitekt, aber noch jung ist. Die Rechtslage nach § 65 Abs. 2 unterscheidet sich in dieser Hinsicht nur graduell von dem besonders bedenklichen Modell des schweizerischen Rechts, das bei der Bestimmung der Schutzdauer von Filmwerken ausschließlich auf den Filmregisseur abstellt.[32] **Verfassungsrechtliche Bedenken** gegen § 65 Abs. 2 sind die Folge.[33] Insoweit kommen als Maßstab allerdings allein europäische Grundrechte in Betracht, weil die Richtlinie keinen Umsetzungsspielraum gelassen hat.[34] Unter

---

[16] So im Ergebnis auch *Walter*/v. Lewinski Term Directive Rn. 8.2.4.
[17] → § 64 Rn. 13 ff.
[18] → Vor §§ 88 ff. Rn. 57 ff.
[19] → Vor §§ 88 ff. Rn. 9 ff., 16, 71.
[20] Siehe die AmtlBegr. BT-Drs. 13/781, 9 zu 3.; zum Urheberschaftsaspekt auch *Walter*/v. Lewinski Term Directive Rn. 8.2.6.
[21] → Vor §§ 88 ff. Rn. 60.
[22] So auch *Vogel* ZUM 1995, 451 (454).
[23] → Rn. 4.
[24] BT-Drs. 13/781, 9 zu 3.
[25] Zu deren Beurteilung als Filmmiturheber → Vor §§ 88 ff. Rn. 61, 70.
[26] → § 64 Rn. 26.
[27] Siehe *v. Lewinski* GRUR-Int 1992, 724 (730) = 23 IIC (1992) 785 (798); *Walter*/v. Lewinski Term Directive Rn. 8.2.24, 8.2.30, 8.2.32.
[28] → Vor §§ 88 ff. Rn. 60.
[29] BT-Drs. 13/781, 9 zu 3.
[30] → Vor §§ 88 ff. Rn. 62.
[31] → Vor §§ 88 ff. Rn. 60.
[32] → Rn. 10.
[33] Siehe Fromm/Nordemann/*A. Nordemann* § 65 Rn. 8; HK-UrhR/*Meckel* § 65 Rn. 7; Wandtke/Bullinger/*Lüft* § 65 Rn. 4.
[34] BVerfGE 73, 339 – Solange II; BVerfGE 113, 273 (300 f.) – Europäischer Haftbefehl; BVerfGE 118, 79 (95 ff.) – Treibhausgas-Emissionsberechtigungen.

dem Aspekt des Eigentumsschutzes (Art. 17 der Grundrechte-Charta) wird diesen Bedenken sowohl durch Art. 10 Abs. 1 der Schutzdauerrichtlinie[35] als auch, der Richtlinie folgend, durch § 137f Abs. 1 S. 1 übergangsrechtlich Rechnung getragen. Eine bei Umsetzung der Richtlinie am 1.7.1995 bereits laufende Schutzfrist bzw. Schutzdauer darf durch die neuen Vorschriften, und damit auch durch § 65 Abs. 2, nicht verkürzt werden. Erforderlichenfalls sind die bis zum 30.6.1995 geltenden Vorschriften weiterhin anzuwenden.[36] In bestehende Urheberrechte wird daher nicht eingegriffen, jedoch wird dadurch die volle Harmonisierung der Schutzdauer von Filmwerken in Europa uU um Jahrzehnte hinausgezögert.[37] In Bezug auf seit dem 1.7.1995 hergestellte Filmwerke, deren Schutzdauer uneingeschränkt nach § 65 Abs. 2 zu beurteilen ist, ist damit freilich das weitere verfassungsrechtliche Problem nicht behoben, dass § 65 Abs. 2 im Vergleich mit den dort privilegierten Berufsgruppen andere Urheber, die ebenfalls bedeutsame Beiträge zur Filmgestaltung leisten, ungleich behandelt (Art. 20 Grundrechte-Charta).

Ein weiteres Problem folgt aus der einseitigen Orientierung des § 65 Abs. 2 und des Art. 2 Abs. 2 der Schutzdauerrichtlinie am Spielfilm unter Vernachlässigung **anderer Filmgattungen.**[38] Jedoch dürfte dieses Problem durch die Annahme lösbar sein, dass § 65 Abs. 2 nicht die Beteiligung aller dort genannten vier Berufsgruppen an jedem Filmwerk fordert; darüber hinaus kann insbes. der Begriff des Filmregisseurs so weit ausgelegt werden, dass er auch den einzigen Urheber eines Filmwerkes etwa auf den Gebieten des wissenschaftlichen oder Dokumentarfilms, des experimentellen Films und des Amateurfilms umfasst.[39] Im Fall der Einzelurheberschaft kommt im Übrigen auch eine Beurteilung der Schutzdauer nach § 64 in Betracht, mit gleichem Ergebnis wie bei einer Beurteilung nach § 65 Abs. 2. **8**

Die vorstehend dargestellten Grundsätze gelten nach § 65 Abs. 2 auch für **Werke, die ähnlich wie Filmwerke hergestellt** bzw. iSd § 2 Abs. 1 Nr. 6 geschaffen werden. Diese Gleichstellung entspricht derjenigen des audiovisuellen Werkes mit dem Filmwerk in Art. 2 Abs. 2 der Schutzdauerrichtlinie.[40] **9**

IV. Übergangsrechtliche Beurteilung der Schutzdauer von Filmwerken nach den Regeln über die Miturheberschaft (§ 65 aF)

Nach dem bis zum 30.6.1995 geltenden Recht[41] bestimmte der einzige Satz des § 65 aF (jetzt § 65 Abs. 1) über die Schutzdauer bei **Miturheberschaft** auch über die Schutzdauer von **Filmwerken,** wenn man von den Ausnahmefällen absieht, in denen ein Filmwerk, wie zB dasjenige eines Wissenschaftlers, eines Experimentalfilmers oder eines Amateurs, nur einen einzigen Urheber hat.[42] Schon das frühere deutsche Recht hatte nicht von der in Art. 7 Abs. 2 RBÜ[43] vorgesehenen Möglichkeit Gebrauch gemacht, die Schutzdauer von Filmwerken nach der ersten Veröffentlichung bzw. bei Nichtveröffentlichung nach der Herstellung zu bestimmen.[44] Nicht durchgesetzt hatte sich auch der Vorschlag,[45] die Schutzdauer von Filmwerken allein nach der Lebenszeit und dem Tod des Filmregisseurs zu bemessen, wie es etwa das Recht der Schweiz[46] bestimmt.[47] Gegen eine solche Regelung, die den Vorzug der Einfachheit für sich hat, gab es auch begründete Bedenken nicht nur wegen des Ausgangspunktes bezüglich der Filmurheberschaft,[48] sondern auch im Hinblick auf das Konventionsrecht,[49] das solche groben Vereinfachungen nicht vorsieht.[50] **10**

Seit dem 1.7.1995[51] gilt nunmehr aber für die Schutzdauer von Filmwerken die **Spezialvorschrift des § 65 Abs. 2.**[52] Daraus folgt, dass jedenfalls im Hinblick auf seit diesem Datum geschaffene Filmwerke für eine Anwendung der Schutzdauerregelung über Miturheberschaft im allg. kein Raum mehr ist. Anders verhält es sich jedoch in Bezug auf Filmwerke aus der Zeit vor diesem Datum. Zwar ist § 65 Abs. 2 als Vorschrift des neuen Rechts nach § 137f Abs. 1 S. 2 auch auf solche Werke anzuwenden, deren Schutz zu diesem Zeitpunkt noch nicht erloschen war, was die Anwendung auf schon existierende Werke impliziert. Jedoch ist gemäß § 137f Abs. 1 S. 1 die Schutzdauer **11**

---

[35] → § 64 Rn. 13 ff.

[36] § 137f Abs. 1 S. 1.

[37] → Rn. 11; zum Aspekt des Art. 14 GG die AmtlBegr. BT-Drs. 13/781, 9 zu 3.; siehe auch Fromm/Nordemann/*A. Nordemann* § 65 Rn. 9, Fromm/Nordemann/*Dustmann* § 137f Rn. 3; *Vogel* ZUM 1995, 451 (454).

[38] → § 64 Rn. 26.

[39] Siehe *Dietz* GRUR-Int 1995, 670 (676 f.).

[40] Siehe die AmtlBegr. BT-Drs. 13/781, 8; *Vogel* ZUM 1995, 451 (453).

[41] → Rn. 1.

[42] Zum Ergebnis siehe *Ulmer* § 77 IV.

[43] Pariser und ältere Fassungen.

[44] → § 64 Rn. 25 zur Parallele der Schutzdauerrichtlinie.

[45] Siehe zB *Knorr* S. 110 ff.

[46] Art. 30 Abs. 3 Schweiz. URG von 1992.

[47] Für eine solche Lösung *Dietz* GRUR-Int 1995, 670 (675 f.).

[48] → Vor §§ 88 ff. Rn. 65 ff.

[49] Insbes. Art. 7, 7 bis RBÜ Pariser und ältere Fassungen; → § 64 Rn. 26.

[50] AA *Dietz* GRUR-Int 1995, 670 (676) unter Hinweis auf Art. 14 bis Abs. 2 lit. a RBÜ, der es den Verbandsländern vorbehält, die Inhaber des Urheberrechts an Filmwerken zu bestimmen.

[51] → Rn. 1.

[52] → Rn. 4 ff.

übergangsrechtlich noch nach den **bisherigen Vorschriften,** und dh gegebenenfalls auch nach **§ 65 aF,** zu beurteilen, wenn die Anwendung des neuen Rechts im Vergleich mit dem früheren Recht zu einer Verkürzung der Dauer des Schutzes führen würde. Dies kann der Fall sein, wenn längstlebender Miturheber eines vor dem 1.7.1995 geschaffenen Filmwerkes zB ein Kameramann oder Cutter ist, der nicht zu den in § 65 Abs. 2 privilegierten Berufsgruppen gehört, nach deutscher Rechtsauffassung[53] jedoch Filmmiturheber sein kann und deshalb nach früherem Recht (§ 65 aF) mitentscheidend für die Schutzdauer des Filmwerkes war. In einem solchen Fall verhindert die gebotene Beurteilung der Schutzdauer nach der bis zum 30.6.1995 geltenden Vorschrift des § 65 aF eine Verkürzung der Schutzdauer aufgrund § 65 Abs. 2. Im Vergleich mit anderen Mitgliedstaaten, in denen zB der Kameramann oder Cutter nicht als Filmmiturheber anerkannt ist, kann diese Rücksicht auf bestehende Rechte zB in Deutschland dazu führen, dass noch auf Jahrzehnte hinaus eine Harmonisierungslücke besteht.[54]

12   Grundlage für den vorstehend gebildeten Beispielsfall und die daraus folgende Konsequenz eines **Harmonisierungsdefizits** ist, **dass die Miturheberschaft** weiterhin nach dem **nicht harmonisierten nationalen Recht** jedes einzelnen Mitgliedstaats der EU und des EWR[55] zu beurteilen ist.[56] Die diesbezüglich einzige verbindliche Vorgabe der Schutzdauerrichtlinie für das nationale Recht der Mitgliedstaaten betrifft die Qualifikation des Hauptregisseurs als Urheber oder Miturheber eines Filmwerkes.[57] Diese Vorgabe wird vom deutschen Recht schon traditionell ohne weiteres erfüllt,[58] sodass es auch unter diesem Aspekt anlässlich der Umsetzung der Richtlinie ins deutsche Recht keiner Änderung der §§ 7, 8 über die Person des Urhebers oder über die Miturheber bedurfte.[59] Als von § 65 Abs. 2 nicht berücksichtigte Filmmiturheber kommen demnach aus der Sicht des deutschen Rechts neben den bereits genannten Kameramännern und Cuttern[60] insbes. in Betracht: die Tonmeister und Szenenbildner[61] sowie die Filmarchitekten, Filmdekorateure, -ausstatter, -maler, -zeichner, Kostümbildner, Maskenbildner und Filmchoreographen und die Autoren von Filmexposé und -treatment; im Einzelnen ist hier manches str.[62]

V. Schutzfristberechnung bei Musikkompositionen mit Text (§ 65 Abs. 3)

13   Abs. 3 sieht eine besondere Regel für die Berechnung der Schutzfrist von Musikkompositionen mit Text vor. **Verbindungen von Musik und Text** kommen sowohl in der klassischen Musik – zu nennen sind hier insbesondere Oper, Operette, Kirchenmusik, Kunstlied – als auch in der Unterhaltungsmusik vor, in Jazz, Rock, Pop, Volksmusik, Musical etc. **Entsprechende Verbindungen werden üblicherweise als Werkverbindung gem. § 9 UrhG** eingeordnet,[63] selbst wenn sie für die gemeinsame Verwertung geschaffen werden, denn sie lassen sich typischerweise gesondert verwerten und fallen bereits deshalb aus dem Anwendungsbereich der Miturheberschaft heraus.[64] Sofern ausnahmsweise die Miturheberschaft zu bejahen ist, ergibt sich die Berechnung der Schutzfrist nach dem Längstlebenden bereits aus Abs. 1. Für die Fälle der Werkverbindung kam es vor Inkrafttreten der neuen Vorschrift zu einem Auseinanderfallen der Schutzfrist von Musik und Text, da die Frist nach dem Todeszeitpunkt des jeweiligen Urhebers getrennt zu berechnen war. Es konnte also vorkommen, dass die Musik einer Oper bereits gemeinfrei, der Text aber noch geschützt war. Entsprechende Friktionen werden durch die Neuregelung vermieden.[65] **Anlass der Neuregelung** war Art. 1 Abs. 1 der **Richtlinie 2011/77/EU** zur Änderung der Richtlinie 2006/116/EG über die Schutzdauer des Urheberrechts und bestimmter verwandter Schutzrechte. Der europäische Richtliniengeber sah sich zur Harmonisierung veranlasst, weil die bislang fehlende Harmonisierung der Miturheberschaft in der Union zu Unterschieden bei der Berechnung der Schutzfrist bei Musik-Text-Verbindungen führte.[66] Einige Mitgliedstaaten, etwa Frankreich, Belgien und Luxemburg, berechneten die Schutzfrist einheitlich nach dem Todeszeitpunkt des Längstlebenden, während andere Staaten – darunter Deutschland und das Vereinigte Königreich – gesonderte Schutzfristen für jeden Urheber zugrunde legten.[67] Die nunmehr getroffene Regelung folgt dem französischen Modell.

---

[53] → Vor §§ 88 ff. Rn. 61.
[54] Kritisch zB *Schack* Rn. 522 f.
[55] Zu Letzterem → § 64 Rn. 25.
[56] → Rn. 5; zur Richtlinie → § 64 Rn. 13 ff.; zum deutschen Recht siehe die AmtlBegr. BT-Drs. 13/781, 9 zu 3.; siehe auch *Vogel* ZUM 1995, 451 (454); → Vor §§ 120 ff. Rn. 121.
[57] → § 64 Rn. 25.
[58] → Vor §§ 88 ff. Rn. 61.
[59] Bereits allg. → Rn. 5; im Übrigen die AmtlBegr. BT-Drs. 13/781, 9 zu 3.
[60] → Rn. 11.
[61] Siehe die AmtlBegr. BT-Drs. 13/781, 9 zu 3.
[62] → Vor §§ 88 ff. Rn. 61 f., 70.
[63] → § 9 Rn. 5.
[64] RGZ 67, 84 – Die Afrikanerin.
[65] Eine entsprechende Regelung wurde schon 2001 gefordert von *Schricker* GRUR-Int 2001, 1015. Siehe auch *Hilty ua* GRUR-Int 2008, 907.
[66] Erw. 18, 19.
[67] Siehe hierzu eingehenden *Frederike B. Flechsig* ZUM 2012, 227 (230 ff. mwN).

Der Anwendungsbereich von Abs. 3 beschränkt sich auf die Berechnung der Schutzdauer von Mu- **14** sikkompositionen mit Text. Mit dem neu eingeführten Begriff der Musikkomposition, der direkt aus der Richtlinie entnommen wurde, ist nichts anders als ein Musikwerk gemeint.[68] Eine **analoge Anwendung auf andere Fälle von Werkverbindungen,** etwa Texte mit Illustrationen, **wird zu Recht abgelehnt**[69] und würde gegen die Schutzdauer-RL verstoßen. Abs. 3 findet nur unter der Voraussetzung statt, dass sowohl die Musik als auch der Text „eigens für die betreffende Musikkomposition mit Text geschaffen wurden". Es genügt also nicht, dass ein bereits bestehender Text im Nachhinein vertont wird, weil dann der Text nicht eigens für die gemeinsame Verwertung geschrieben wurde. Gleiches gilt für den umgekehrten Fall, in dem ein Text für eine hiervon unabhängige Musik geschrieben wird. In beiden Fällen bleibt es vielmehr bei der getrennten Berechnung der Schutzfristen, dh die Erben des erstversterbenden Urhebers profitieren nicht von der länger laufenden Schutzdauer des Letztversterbenden. Der Regelungsgehalt von Abs. 3 ist im Übrigen auf die Berechnung der Schutzfrist beschränkt. Die Regelung hat keine Bedeutung für die Frage, ob die Beteiligten als Miturheber oder Urheber verbundener Werke einzuordnen sind.[70]

Gem. § 137m Abs. 2 gilt § 65 Abs. 3 für Musikkompositionen mit Text, von denen die Musik- **15** komposition oder der Text in mindestens einem Mitgliedstaat der Europäischen Union am 1.11.2013 geschützt sind, und für Musikkompositionen mit Text, die nach diesem Datum entstehen. Lebt danach der Schutz der Musikkomposition oder des Textes wieder auf, so stehen die wiederauflebenden Rechte dem Urheber zu. Eine vor dem Stichtag begonnene Nutzungshandlung darf jedoch in dem vorgesehenen Rahmen fortgesetzt werden. Für die Nutzung ab dem 1.11.2013 ist aber eine angemessene Vergütung zu zahlen. Die Regelung setzt die entsprechende Vorschrift in Art. 1 Abs. 3 Richtlinie 2011/77/EU zur Änderung der Richtlinie 2006/116/EG über die Schutzdauer des Urheberrechts und bestimmter verwandter Schutzrechte um. Zu den Einzelheiten siehe die Kommentierung zu § 137m.

VI. Anwendung des § 65 auf anonyme und pseudonyme Werke?

Auf anonyme oder mit einem **unbekannten Pseudonym** versehene, in **Miturheberschaft** ge- **16** schaffene Werke und **Filmwerke,** deren Urheber bzw. Miturheber auch nachträglich nicht bekannt werden, kann § 65 grundsätzlich ebensowenig angewendet werden wie § 64 im Falle nur eines einzigen Urhebers, weil es bei unbekannten Urhebern nicht möglich ist, die Schutzdauer vom Zeitpunkt des Todes der Urheber zu bestimmen. Als Alternative kommt hier nur die Anknüpfung der Schutzfrist an den Zeitpunkt der Veröffentlichung oder der Schaffung des Werkes in Betracht.[71] Dennoch war § 66 aF nur auf erschienene oder zumindest veröffentlichte anonyme oder unbekannt pseudonyme Werke anwendbar[72] und anerkannte er in seinem Abs. 2 Nr. 3 und Abs. 4 zwei Ausnahmefälle, in denen die Schutzdauer trotz unbekanntem Urheber gleichwohl nach den allgemeinen Vorschriften (§§ 64, 65 aF) zu beurteilen war.[73] Übergangsrechtlich können diese Einschränkungen des Anwendungsbereichs des § 66 aF nach wie vor zum Tragen kommen.[74] § 66 nF enthält solche Einschränkungen nicht mehr.[75]

§ 65 ist demgegenüber ohne Weiteres anwendbar, wenn ein in Miturheberschaft ge- 17 schaffenes Werk oder ein Filmwerk mit mehreren Urhebern nur einen der Urheber erkennen lässt oder wenn nur einer der Urheber sich später zu erkennen gibt. Das Werk ist in einem solchen Fall kein anonymes oder unbekannt pseudonymes Werk. Folglich ist die Schutzdauer dann nach dem Tod des benannten oder länger lebenden Miturhebers bzw. Filmurhebers iSd § 65 Abs. 2 zu beurteilen. Im Übrigen muss die Urheberschaft des längstlebenden, unbekannt gebliebenen Miturhebers bzw. Filmurhebers erforderlichenfalls bewiesen werden.[76]

§ 66 Anonyme und pseudonyme Werke

(1) [1]Bei anonymen und pseudonymen Werken erlischt das Urheberrecht siebzig Jahre nach der Veröffentlichung. [2]Es erlischt jedoch bereits siebzig Jahre nach der Schaffung des Werkes, wenn das Werk innerhalb dieser Frist nicht veröffentlicht worden ist.

(2) [1]Offenbart der Urheber seine Identität innerhalb der in Absatz 1 Satz 1 bezeichneten Frist oder läßt das vom Urheber angenommene Pseudonym keinen Zweifel an seiner Identität zu, so berechnet sich die Dauer des Urheberrechts nach den §§ 64 und 65. [2]Dasselbe gilt, wenn inner-

---

[68] Kritisch gegenüber der Begriffsverwendung *Gaillard* GRUR 2013, 1099 (1102).
[69] *Gaillard* GRUR 2013, 1099 (1103). Ebenso Fromm/Nordemann/*A. Nordemann* § 65 Rn. 9b.
[70] Wandtke/Bullinger/*Lüft* § 65 Rn. 5; aA *Frederike B. Flechsig* ZUM 2012, 227 (234).
[71] Auch → § 66 Rn. 9 ff.
[72] → § 66 Rn. 12.
[73] → § 66 Rn. 13 ff.
[74] → § 66 Rn. 30.
[75] → § 66 Rn. 10 ff.
[76] Auch → § 10 Rn. 10.

halb der in Absatz 1 Satz 1 bezeichneten Frist der wahre Name des Urhebers zur Eintragung in das Register anonymer und pseudonymer Werke (§ 138) angemeldet wird.

(3) Zu den Handlungen nach Absatz 2 sind der Urheber, nach seinem Tode sein Rechtsnachfolger (§ 30) oder der Testamentsvollstrecker (§ 28 Abs. 2) berechtigt.

Schrifttum: *Walter,* Term Directive, in Walter/v. Lewinski, European Copyright Law, 2010, S. 499.

Übersicht

I. Sinn und Zweck der Bestimmung

1   **Der Urheberrechtsschutz entsteht** unmittelbar mit der Schöpfung eines Werkes und **unabhängig von der Einhaltung irgendwelcher Förmlichkeiten.**[1] Daher ist die Entstehung eines Urheberrechts auch nicht an die Voraussetzung geknüpft, dass das Original oder die Vervielfältigungsstücke eines Werkes eine **Urheberbezeichnung** tragen[2] oder dass bei öffentlichen Werkwiedergaben der Urheber genannt wird. Dem Urheber steht nach § 13 S. 2 sogar die urheberpersönlichkeitsrechtliche Befugnis zu, **frei zu bestimmen,** ob sein Werk bzw. Exemplare des Werkes mit einer Urheberbezeichnung zu versehen sind und welcher Art diese Bezeichnung sein soll.[3] Eine strafrechtliche Absicherung dieses Rechts bei Werken der bildenden Künste enthält § 107.[4] Das Gesetz anerkennt daher auch das **legitime Interesse eines Urhebers,** seine Werke aus welchen Gründen auch immer der Öffentlichkeit nur **anonym** oder unter einem **Pseudonym** zugänglich zu machen.[5] Die Literatur- und Kunstgeschichte kennt zahlreiche Beispiele anonymen und pseudonymen Werkschaffens.[6]

2   Die positive Einstellung des Gesetzes zu anonymen und pseudonymen Werken schließt es nicht aus, dass sich für den Urheber und seine Rechtsnachfolger mit der Anbringung einer Urheberbezeichnung günstige und mit ihrer Nichtanbringung ungünstige Rechtsfolgen verbinden. Eine solche günstige Rechtsfolge ist die Urheberschaftsvermutung des § 10 Abs. 1.[7] Eine ungünstige Rechtsfolge für Fälle, in denen der Urheber eines Werkes sich nicht als solcher zu erkennen gibt, bestimmt **§ 66 Abs. 1:** Die Schutzdauer des Urheberrechts ist nicht wie im Regelfall nach dem Tod des Urhebers zu berechnen, sondern bereits nach der ersten Veröffentlichung oder gar der Schaffung des Werkes, was zu einer wesentlichen **Verkürzung der Schutzdauer,** in seltenen Ausnahmefällen sogar zu einem Erlöschen des Schutzes noch während der Lebenszeit des Urhebers führen kann. Der **Grund** für diese Regelung liegt nicht in einer missgünstigen Einstellung des Gesetzgebers gegenüber Werken mit unbekannten Urhebern, sondern darin, dass es zumindest aus der Sicht unbeteiligter Dritter unmöglich ist, die Schutzdauer eines Werkes wie im Regelfall nach dem Zeitpunkt des Todes des Urhebers zu bestimmen, wenn der Urheber unbekannt ist. Der **Zeitpunkt der ersten Veröffentlichung** als Anknüpfungspunkt der Schutzdauerberechnung besitzt gegenüber der Alternative, die Schutzdauer von der **Entstehung des Werkes** an zu berechnen, den Vorzug der leichteren Feststellbarkeit. Jedoch stellt nunmehr § 66 Abs. 1 S. 2 bei nicht rechtzeitiger Veröffentlichung auf eben diesen Zeitpunkt ab.

3   Im Übrigen anerkennt das Gesetz, dass kein Anlass mehr besteht, die Schutzdauer von der ersten Veröffentlichung eines Werkes an zu berechnen, wenn der Urheber sich **nachträglich zu erkennen gibt** oder ein bekanntes Pseudonym verwendet, womit der Grund für die Sonderregelung entfällt. Setzt der zuvor anonyme oder hinter einem Pseudonym verborgene Urheber, sein Rechtsnachfolger

---

[1] → Einl. UrhG Rn. 51; Art. 5 Abs. 2 S. 1 RBÜ, Pariser Fassung.
[2] → § 10 Rn. 2.
[3] → § 13 Rn. 22.
[4] → § 107 Rn. 1.
[5] Siehe dazu RGZ 86, 241 (244 f.). – Wilhelm Raabe.
[6] Siehe die Angaben bei Fromm/Nordemann/*A. Nordemann* § 10 Rn. 25 ff.
[7] → § 10 Rn. 7 ff.

oder der Inhaber der ausschließlichen Rechte das **Urheberrecht gerichtlich durch,** kommt es **ohnehin zur Offenbarung der Urheberschaft** und damit zur Anwendung der allgemeinen Vorschriften, weil sich sonst die Aktivlegitimation gar nicht darlegen lässt.[8] § 66 Abs. 2, 3 regeln im einzelnen die Voraussetzungen, die unter diesem Gesichtspunkt gegeben sein müssen, damit die für den Urheber und seine Rechtsnachfolger stets günstigere allgemeine Regelschutzdauer wieder Platz greift. Wichtiges gemeinsames Prinzip ist dabei, dass die Bedingungen für die Anwendung der Regelschutzdauer innerhalb des Zeitraums der verkürzten Schutzdauer erfüllt werden müssen. Zu den Alternativen, die es ermöglichen, die verkürzte Schutzdauer zu vermeiden, zählt außerdem die **Anmeldung des Namens des Urhebers zur Eintragung in das Register anonymer und pseudonymer Werke** im Deutschen Patent- und Markenamt (§ 66 Abs. 2 S. 2), das einzig zu diesem Zweck geschaffen worden ist. Die Anmeldeberechtigung regelt **§ 66 Abs. 3.**

II. Entstehungsgeschichte der Bestimmung

1. § 66 führt eine alte Tradition der deutschen Urheberrechtsgesetzgebung fort. Schon das **LUG**   **4** **von 1870** schützte nach § 11 Abs. 3 anonym und pseudonym veröffentlichte literarische Werke nur während einer Dauer von 30 Jahren, gerechnet vom Zeitpunkt der ersten Herausgabe an. Die Regelschutzdauer von 30 Jahren post mortem auctoris konnte nach dem Gesetzeswortlaut (§ 11 Abs. 4) nur durch Anmeldung des wahren Namens des Urhebers zur Eintragung in die sog. Eintragsrolle herbeigeführt werden, die nach § 39 beim Stadtrat von Leipzig geführt wurde. Aufgrund dieser Begrenzung entwickelte sich ein Missbrauch in Form der sog. **„Nebenluftausgaben":**[9] Anonym oder pseudonym erschienene Werke, deren Urheber die Anmeldung versäumt hatten, wurden 30 Jahre nach dem Erscheinen von anderen Verlagen nachgedruckt, auch wenn die Urheber und Originalverleger Neuauflagen unter dem bürgerlichen Namen der Urheber innerhalb der Frist herausgegeben hatten. Das Reichsgericht beurteilte diese Praxis zu Recht als Missbrauch und Urheberrechtsverletzung. Es stellte dabei den Sinn und Zweck der Bestimmung vor den Gesetzeswortlaut und urteilte, dass durch die Neuauflagen mit Urheberbezeichnung die Anonymität der Werke aufgehoben worden sei und damit die allgemeine Schutzdauer zum Tragen komme.[10] Für Werke der bildenden Künste enthielt das **KUG von 1876** in § 9 Abs. 3 eine entsprechende Bestimmung.

2. Das **LUG von 1901** übernahm die Regelung in veränderter Form in § 31. Die Nichtangabe des   **5** wahren Namens des Urhebers bei der ersten Veröffentlichung eines Werkes als Voraussetzung der verkürzten Schutzfrist wurde durch Verweisung auf § 7 Abs. 1 und 3 über die Urheberschaftsvermutung präzisiert. Nach § 7 Abs. 1 galt die Urheberschaftsvermutung bei Angabe des wahren Namens des Urhebers auf den Exemplaren eines erschienenen Werkes, nach § 7 Abs. 3 bei Nennung des Urhebers anlässlich der Ankündigung öffentlicher Aufführungen oder Vorträge. Die nach **§ 31 Abs. 1** von der ersten Veröffentlichung an zu berechnende zunächst 30-jährige, dann nach dem Gesetz zur Verlängerung der Schutzfristen im Urheberrecht von 1934[11] 50-jährige Schutzfrist anonymer und pseudonymer Werke konnte gemäß **§ 31 Abs. 2** zugunsten der Jahren gleich langen, aber nach dem Tod des Urhebers zu berechnenden Regelschutzdauer vermieden werden, wenn innerhalb der Frist nach § 31 Abs. 1 entweder der wahre Name des Urhebers auf einer der in § 7 Abs. 1 und 3 genannten Arten angegeben oder zur Eintragung in die Eintragsrolle angemeldet wurde, deren Führung weiterhin dem Stadtrat von Leipzig oblag (§ 56 Abs. 1). An dieser Zuständigkeitsregelung änderte sich bis zum Inkrafttreten des UrhG von 1965, insoweit bereits am 17.9.1965 (s. § 143 Abs. 1), nichts. Die **Eintragungen in die Eintragsrolle in Leipzig bleiben auch unter dem UrhG von 1965 wirksam** (§ 138 Abs. 6).

3. Für die Regelung im geltenden Recht (§ 66) war auch die **Entwicklung des Konventions-**   **6** **rechts** von erheblicher Bedeutung. Während noch die **Rom-Fassung der RBÜ** in Art. 7 Abs. 3 für die Schutzdauer anonymer und pseudonymer Werke Inländerbehandlung und Schutzfristenvergleich mit dem Ursprungsland vorsah,[12] wurde erstmals in Art. 7 Abs. 4 der **Brüsseler Fassung** der RBÜ für solche Werke eine Regelung iS eines durch die Konvention besonders gewährten Rechts[13] getroffen: Die Schutzdauer beträgt 50 Jahre seit der ersten Veröffentlichung, die Regelschutzdauer von 50 Jahren post mortem auctoris (Art. 7 Abs. 1) tritt aber ein, wenn ein Pseudonym „keinerlei Zweifel über die Identität des Urhebers zulässt" sowie wenn der Urheber während der Zeitspanne von 50 Jahren nach der ersten Veröffentlichung „seine Identität offenbart". Anlässlich der **Stockholmer Revision** der RBÜ wurde der Bestimmung[14] noch der Satz hinzugefügt, dass die Verbandsländer nicht gehalten sind, anonyme oder pseudonyme Werke zu schützen, „bei denen aller Grund zu der Annahme besteht, dass ihr Urheber seit 50 Jahren tot ist". Außerdem wurde der Begriff der Veröf-

---

[8] Fromm/Nordemann/*A. Nordemann* § 66 Rn. 2.
[9] Zu diesem Begriff *Voigtländer/Elster/Kleine* LUG § 31 Anm. 4.
[10] RGZ 86, 241 (244 f.) – Wilhelm Raabe; bestätigt durch RGZ 139, 327 (334 f.) – Wilhelm Busch.
[11] → § 64 Rn. 56.
[12] → Vor §§ 120 ff. Rn. 19, 34.
[13] → Vor §§ 120 ff. Rn. 34.
[14] Nunmehr Art. 7 Abs. 3.

fentlichung als Zeitpunkt des Beginns der Schutzdauer durch das Merkmal ersetzt, dass die Schutzdauer 50 Jahre beträgt, „nachdem das Werk erlaubterweise der Öffentlichkeit zugänglich gemacht
worden ist". Sinn dieser Maßnahme war es, den Begriff der Veröffentlichung, wie er in Art. 3 Abs. 3
RBÜ, Stockholmer (und Pariser) Fassung definiert ist, in der Konvention nur in einer einzigen Bedeutung, nämlich der des Erscheinens,[15] zu verwenden und klarzustellen, dass die Schutzdauer nach
Art. 7 Abs. 3 RBÜ auch mit einer ersten öffentlichen unkörperlichen Werkwiedergabe beginnen
kann.[16]

7   4. Wie die **AmtlBegr.**[17] ausführt, war der im Rahmen der RBÜ in Brüssel erreichte Standard der
Schutzdauerregelung für anonyme und pseudonyme Werke ursächlich dafür, dass in § 66 Abs. 1, 2
Nr. 1 aF die Angabe eines **bekannten Pseudonyms** derjenigen des bürgerlichen Namens des Urhebers gleichgestellt wurde, so dass die verkürzte Schutzdauer nur mehr für Werke galt, die anonym
oder mit einem unbekannten Pseudonym bezeichnet waren; zur Eintragung in die Urheberrolle bzw.
das Register anonymer und pseudonymer Werke musste und muss allerdings nach wie vor der bürgerliche Name des Urhebers angemeldet werden. Mit der Bestimmung, dass jedes **Bekanntwerden des
Urhebers** innerhalb der verkürzten Schutzfrist zur Anwendung der Regelschutzdauer führte,[18] wurde
ebenfalls dem Konventionsrecht Rechnung getragen. Weitere Änderungen gegenüber § 31 LUG[19]
beruhen darauf, dass § 10 des geltenden Gesetzes anders als § 7 Abs. 3 LUG keine Urheberschaftsvermutung mehr für Fälle statuiert, in denen der Name des Urhebers bei öffentlichen Werkwiedergaben genannt wird.[20] Beibehalten wurde die bereits im Rahmen des KUG von 1907 getroffene
Entscheidung, für anonyme und pseudonyme **Werke der bildenden Künste** eine verkürzte Schutzdauer nicht vorzusehen. Ein anderslautender Regelungsvorschlag im RefE von 1954 (S. 182 zu § 63)
wurde bereits im MinE von 1959 (S. 63 zu § 66) abgelehnt, weil ein entsprechendes Bedürfnis nicht
bestehe. Daraus ist zu erklären, dass anders als in § 10 Abs. 1 in § 66 aF **Künstlerzeichen** nicht erwähnt wurden.

8   5. Zur **Umsetzung** von Art. 1 Abs. 3 und 6 der **europäischen Schutzdauerrichtlinie**[21] wurde
§ 66 aF durch Art. 1 Nr. 5 des 3. UrhGÄndG vom 23.6.1995 (BGBl. 1995 I S. 842) mit Wirkung
vom 1.7.1995[22] wesentlich geändert. Diese wie in der Schutzdauerrichtlinie in Anlehnung an Art. 7
Abs. 3 der RBÜ (Pariser Fassung) formulierten Änderungen zeichnen sich einerseits durch Vereinfachung, andererseits aber auch durch eine Ausweitung des Anwendungsbereichs der Vorschrift aus.
Letzteres führt dazu, dass im Vergleich mit der Rechtslage unter § 66 aF nach § 66 nF diejenigen
Fälle deutlich häufiger sind, in denen auf anonyme und pseudonyme Werke die verkürzte, an die
Veröffentlichung oder gar die Schaffung des Werkes anknüpfende Schutzdauer der Regelschutzdauer
nach §§ 64, 65 ersetzt, die auf die Lebenszeit der Urheber und die zusätzliche Schutzfrist von
70 Jahren nach deren Tod abstellt. Um in solchen Fällen eine Verkürzung bereits bestehender Rechte
zu vermeiden, sieht § 137f Abs. 1 S. 1 übergangsrechtlich die Weiteranwendung der bis zum
30.6.1995 geltenden Vorschriften, dh im vorliegenden Zusammenhang des § 66 aF, vor. Dies entspricht Art. 10 Abs. 1 der Schutzdauerrichtlinie, der die dadurch bedingte Harmonisierungslücke in
Kauf nimmt.[23]

III. Bestimmung der Schutzdauer anonymer und pseudonymer Werke nach der Veröffentlichung oder Schaffung des Werkes (§ 66 Abs. 1)

1. Voraussetzungen

9   a) § 66 bezieht sich auf **anonyme und pseudonyme Werke,** dh Werke, die nicht mit einer Urheberbezeichnung versehen sind oder verwertet werden (anonyme Werke) oder für die ein Pseudonym (Deckname) des Urhebers verwendet wird.[24] Als Urheberbezeichnung lassen sich dabei bürgerlicher Name,[25] Pseudonym[26] und Künstlerzeichen[27] unterscheiden. Bürgerlicher oder wahrer Name ist
der kraft Gesetzes erworbene Name des Urhebers. Über den Erwerb und die Bestandteile des bürgerlichen oder wahren Namens entscheiden das bürgerliche Recht, das Personenstandsrecht und das
Namensänderungsrecht.[28] Bei ausländischen Urhebern entscheidet das Recht des Heimatstaates, § 10

---

[15] → § 6 Rn. 29 ff.
[16] Siehe dazu *Ulmer/Reimer* GRUR-Int 1967, 431 (437, 440); *Nordemann/Vinck/Hertin* RBÜ Art. 7 Rn. 2.
[17] BT-Drs. IV/270, 80 zu § 69, jetzt § 66.
[18] § 66 Abs. 2 Nr. 1 aF.
[19] → Rn. 5.
[20] BT-Drs. IV/270, 42 zu § 10.
[21] → § 64 Rn. 13 ff.
[22] Art. 3 Abs. 2 des Gesetzes.
[23] → § 64 Rn. 40.
[24] Pseudonyme Werke; auch → § 10 Rn. 2, 5.
[25] In § 66 Abs. 2 S. 2 wahrer Name genannt; → Rn. 22.
[26] In § 10 Abs. 1 Deckname genannt; → § 10 Rn. 5 f.
[27] Siehe § 10 Abs. 1 und dazu → § 10 Rn. 5 f.
[28] Palandt/*Ellenberger* BGB § 12 Rn. 5, 7.

Abs. 1 EGBGB. Da es für die Bestimmung der Schutzdauer eines Werkes auf die Identifizierbarkeit des Urhebers ankommt,[29] nicht aber auf die Durchsetzung öffentlich-rechtlicher Interessen an der Art der Namensführung, handelt es sich noch um die Verwendung des bürgerlichen oder wahren Namens und damit nicht um ein pseudonymes Werk, wenn Vornamen weggelassen oder verkehrsüblich abgekürzt oder verändert werden bzw. einem Allerweltsnamen ein identifizierender Zusatz hinzugefügt wird.[30] Entsprechend handelt es sich nicht um ein anonymes oder pseudonymes Werk, wenn ein Künstler sein Werkoriginal mit seinem handschriftlichen Namenszug oder auch mit den Initialen seines bürgerlichen Namens signiert.[31]

Anders als § 66 Abs. 1 aF[32] enthält § 66 Abs. 1 nF keine qualifizierten **Anforderungen an die** **10** **Nichtangabe einer Urheberbezeichnung** bzw. an die **Nichtverwendung des wahren Namens des Urhebers,** so dass sich unter diesem Gesichtspunkt auch keine Einschränkungen für den Anwendungsbereich der Vorschriften mehr herleiten lassen.[33] Es bleiben jedoch diesbezüglich Anforderungen zu stellen, die sich daraus ergeben, dass § 66 Abs. 1 nF nur dann anwendbar zu sein braucht, wenn eine Schutzdauerbemessung nach dem Tod des Urhebers gemäß §§ 64, 65 mangels Identifizierbarkeit des Urhebers nicht möglich ist.[34] Es genügt demzufolge, um bereits ein anonymes Werk auszuschließen, jede übliche Urheberbezeichnung[35] zB auf dem Manuskript oder dem Original eines unveröffentlichten Werkes, auf den Vervielfältigungsstücken eines erschienenen Werkes oder anlässlich einer öffentlichen Werkwiedergabe.[36] Insbes. hinsichtlich einer Urheberbezeichnung nur bei einer öffentlichen Werkwiedergabe sind dabei mangels entgegenstehender Anhaltspunkte im Gesetzeswortlaut oder in der Schutzdauerrichtlinie[37] an die Identifizierbarkeit des Urhebers nach wie vor keine hohen Anforderungen zu stellen, sodass einem Dritten, der sich auf die verkürzte Schutzdauer eines anonymen Werkes berufen will, durchaus ein beträchtlicher Ermittlungsaufwand zuzumuten ist.[38] Entsprechend handelt es sich auch nicht um ein pseudonymes Werk, wenn der wahre Name des Urhebers auf die eine oder andere übliche Weise angegeben wird. Allerdings wird man im Hinblick auf veröffentlichte oder erschienene Werke für deren Ausschluss von der Qualifizierung als anonyme oder pseudonyme Werke auf die erste Veröffentlichung bzw. das erste Erscheinen abstellen müssen, weil das nachträgliche Bekanntwerden des Urhebers in diesen Fällen durch § 66 Abs. 2 erfasst wird.[39] In Bezug auf unveröffentlichte Werke fehlt es in dieser Hinsicht in § 66 Abs. 2 an einer Bezugnahme auf die in § 66 Abs. 1 S. 2 genannte Frist.

b) Anders als § 66 Abs. 1 aF[40] stellt § 66 Abs. 1 nF hinsichtlich der Urheberbezeichnung eines **11** Werkes das **bekannte Pseudonym** eines Urhebers dessen wahrem Namen nicht gleich. Daraus folgt, dass nach geltendem Recht die mit einem bekannten Pseudonym versehene Werke dem Anwendungsbereich der Bestimmung nicht von vornehrein entzogen sind. Jedoch ergibt sich die Anwendbarkeit der Regelschutzdauer (§§ 64, 65) auf solche Werke nunmehr aus § 66 Abs. 2 S. 1 nF, wonach sich die Dauer des Urheberrechts nach den §§ 64 und 65 ua dann berechnet, wenn das vom Urheber angenommene Pseudonym keinen Zweifel an seiner Identität zulässt.[41] Diese Art der Regelung folgt Art. 10 Abs. 3 S. 2 der Schutzdauerrichtlinie und Art. 7 Abs. 3 S. 3 RBÜ.[42]

c) Unter der bis zum 30.6.1995 geltenden Fassung des § 66[43] war aufgrund Verweisung des seiner- **12** zeitigen Abs. 1 auf § 10 Abs. 1 und die dort enthaltene Bezugnahme auf erschienene Werke streitig, ob die Bestimmung nur auf **erschienene Werke** iSd § 6 Abs. 2 oder auch auf nur **veröffentlichte Werke** iSd § 6 Abs. 1 anwendbar war. Diese Unklarheit ist nunmehr durch § 66 Abs. 1 S. 1 nF beseitigt: Da diese Vorschrift in Anschluss an Art. 1 Abs. 3 S. 1 der Schutzdauerrichtlinie nicht mehr auf durch Erscheinen qualifizierte Werke bzw. § 10 Abs. 1 verweist und die Schutzdauer 70 Jahre nach der Veröffentlichung eines anonymen oder pseudonymen Werkes erlöschen lässt, ist klargestellt, dass diese Rechtsfolge jedenfalls auch für nur veröffentlichte Werke verbindlich ist.[44]

d) Nach früherem Recht verhinderte § 66 Abs. 2 Nr. 3 aF im Fall der **Erstveröffentlichung** eines **13** anonymen oder pseudonymen Werkes **erst nach dem Tod des Urhebers** eine Schutzdauer, die bei der in § 66 Abs. 1 aF ausschließlich vorgesehenen Anknüpfung an den Zeitpunkt der ersten Veröf-

---

[29] → Rn. 2.
[30] Ebenso Wandtke/Bullinger/*Lüft* § 66 Rn. 3.
[31] → § 10 Rn. 5.
[32] → Rn. 8.
[33] → Rn. 1.
[34] → Rn. 9.
[35] Wahrer Name, Pseudonym oder Künstlerzeichen.
[36] Im Ergebnis ebenso DKMH/*Meckel* § 66 Rn. 6; Wandtke/Bullinger/*Lüft* § 66 Rn. 3; zu einem Teil dieser Vorgänge auch → § 10 Rn. 10.
[37] → § 64 Rn. 13 ff.
[38] Ebenso DKMH/*Meckel* § 66 Rn. 6; zum früheren Recht → Rn. 30.
[39] Ähnlich zum früheren Recht → Rn. 4 ff.
[40] → Rn. 7 f., 30.
[41] Siehe auch DKMH/*Meckel* § 66 Rn. 7.
[42] Pariser Fassung; → § 64 Rn. 21.
[43] → Rn. 8.
[44] Siehe die AmtlBegr. BT-Drs. 13/781, 13 zu Nr. 3; Dreier/Schulze/*Dreier* § 66 Rn. 4; kritisch zur nunmehr geltenden Rechtslage zu Recht Fromm/Nordemann/*A. Nordemann* § 66 Rn. 6.

fentlichung länger gewesen wäre als die Regelschutzdauer mit Anknüpfung an den Tod des Urhebers. Um dieses als unerwünscht empfundene Ergebnis zu vermeiden, bestimmte die frühere Ausnahmevorschrift zu § 66 Abs. 1 aF für einen solchen Fall und trotz den damit verbundenen praktischen Schwierigkeiten die Beurteilung der Schutzdauer nach den Grundregeln der §§ 64 und 65 aF.[45] § 66 Abs. 2 Nr. 3 aF war durch Art. 7 Abs. 3 S. 4 RBÜ (Pariser Fassung) gedeckt, wo es heißt, dass die Verbandsländer nicht gehalten sind, anonyme und pseudonyme Werke zu schützen, bei denen aller Grund zu der Annahme besteht, dass ihr Urheber seit 50 Jahren tot ist. Letzteres bedeutet eine Ausnahme von der Mindestschutzdauer anonymer und pseudonymer Werke während 50 Jahren ab Veröffentlichung bzw. dem Zeitpunkt, in dem ein Werk der Öffentlichkeit zugänglich gemacht wird, nach Art. 7 Abs. 3 S. 1 der Konvention.[46] Art. 1 Abs. 6 der Schutzdauerrichtlinie übernimmt nicht die RBÜ-Variante der Problemlösung, vielmehr ordnet er das Erlöschen des Schutzes an, wenn ein Werk, dessen Schutzdauer, wie diejenige eines anonymen oder pseudonymen Werkes, nicht nach dem Tod des Urhebers berechnet wird, nicht innerhalb von 70 Jahren nach seiner Schaffung erlaubterweise der Öffentlichkeit zugänglich gemacht wird.[47] Es liegt auf der Hand, dass diese Regelung, auch wenn sie auf einer um 20 Jahre verlängerten Schutzfrist aufbaut, zu einem wesentlich früheren Schutzende führen kann als Art. 7 Abs. 3 S. 1 und 4 RBÜ.[48] Dies wirft die Frage nach der Vereinbarkeit mit Konventionsrecht auf.[49] Dasselbe gilt auch für § 66 Abs. 1 S. 2 nF, welcher als Ersatz für § 66 Abs. 2 Nr. 3 aF und in Umsetzung von Art. 1 Abs. 6 der Schutzdauerrichtlinie bestimmt, dass der Schutz eines anonymen oder pseudonymen Werkes 70 Jahre nach dessen Schaffung erlischt, wenn das Werk nicht innerhalb dieser Frist veröffentlicht worden ist.[50]

14   **e)** Dieselben Regeln[51] beantworten auch die Frage nach der Schutzdauer **unveröffentlichter anonymer und pseudonymer Werke:** Deren Schutz endet jedenfalls 70 Jahre nach ihrer Schaffung.[52] Nach früherem Recht unterfielen solche Werke dem Anwendungsbereich des § 66 aF von vorneherein nicht, ihre Schutzdauer beurteilte sich daher nach den uU einen wesentlich längeren Schutz garantierenden Grundsätzen der §§ 64 und 65 aF.[53] Allerdings kann auch die Neuregelung des § 66 Abs. 1 zu einer recht langen, nämlich bis zu 140 Jahren währenden Schutzdauer führen, wenn ein anonymes oder pseudonymes Werk erst gegen Ende der Frist von 70 Jahren nach seiner Schaffung erstmals veröffentlicht wird.[54] Sie kann sogar länger als die Regelschutzdauer nach § 64 sein.[55]

15   **f)** Zu einer uU wesentlich kürzeren Schutzdauer als das frühere Recht führt auch die Beurteilung der Schutzdauer **anonymer und pseudonymer Werke der bildenden Künste** durch das jetzt geltende Gesetz. Es sieht für solche Werke ebenso wie die Schutzdauerrichtlinie keine besonderen Regelungen vor, so dass im allg. § 66 Abs. 1 S. 1 und 2[56] Platz greifen und damit die Schutzdauer mit der Veröffentlichung oder der Schaffung des Werkes zu laufen beginnt.[57] Demgegenüber waren solche Werke durch § 66 Abs. 4 aF vom Anwendungsbereich der Sonderregelung für anonyme und pseudonyme Werke generell ausgenommen, und galten für sie daher die §§ 64 und 65 aF über die Regelschutzdauer uneingeschränkt.[58]

2. Rechtsfolgen

16   **a)** Liegen die Voraussetzungen des § 66 Abs. 1 vor und greifen die Ausnahmen von dieser Vorschrift nach § 66 Abs. 2, 3[59] nicht Platz, so **erlischt das Urheberrecht** an dem betreffenden Werk **grundsätzlich 70 Jahre nach der Veröffentlichung** des Werkes (§ 66 Abs. 1 S. 1). Dies entspricht Art. 1 Abs. 3 S. 1 der europäischen Schutzdauerrichtlinie,[60] der in Anlehnung an Art. 7 Abs. 3 S. 1 RBÜ (Pariser Fassung) auf den Zeitpunkt abstellt, zu dem das Werk erlaubterweise der Öffentlichkeit zugänglich gemacht wird.[61] Dieser Zeitpunkt entspricht demjenigen der Veröffentlichung im deutschen Recht, das diesen Begriff in § 6 Abs. 1 in dem genannten konventionsrechtlichen Sinn defi-

---

[45] → Rn. 10.
[46] → Rn. 21.
[47] → § 64 Rn. 18.
[48] Pariser Fassung; siehe auch das Beispiel unter → Rn. 18.
[49] Siehe auch *Walter*/v. Lewinski Term Directive Rn. 8.1.50.
[50] Siehe zum Ergebnis, nicht aber zur Vereinbarkeit mit dem Konventionsrecht die AmtlBegr. BT-Drs. 13/781, 9 unter 2. und S. 13 zu Nr. 3; *Vogel* ZUM 1995, 451 (453).
[51] § 66 Abs. 1 S. 2 und Art. 1 Abs. 6 der Schutzdauerrichtlinie.
[52] Siehe die AmtlBegr. BT-Drs. 13/781, 13 zu 3.; *Vogel* ZUM 1995, 451 (453 f.).
[53] → Rn. 13, 17.
[54] Siehe Dreier/Schulze/*Dreier* § 66 Rn. 5; DKMH/*Meckel* § 66 Rn. 9.
[55] Siehe Dreier/Schulze/*Dreier* § 66 Rn. 5; auch → Rn. 19 ff.
[56] Art. 1 Abs. 3 und 6 der Richtlinie.
[57] Siehe die AmtlBegr. BT-Drs. 13/781, 9 unter 2.; siehe auch Fromm/Nordemann/*A. Nordemann* § 66 Rn. 3; *Vogel* ZUM 1995, 451 (454).
[58] → Rn. 14.
[59] → Rn. 19 ff.
[60] → § 64 Rn. 21.
[61] → § 64 Rn. 21.

niert.[62] Erfolgt die erste Veröffentlichung durch Erscheinen des Werkes iSd § 6 Abs. 2, so kommt es auf dieses als Spezialform der Veröffentlichung[63] an.[64]

b) Wird ein anonymes oder pseudonymes Werk nicht innerhalb von 70 Jahren nach seiner Schaf-   17
fung veröffentlicht, so **erlischt das Urheberrecht** in Abweichung von dem unter → Rn. 16 genannten Prinzip nicht 70 Jahre nach der Veröffentlichung, sondern bereits **70 Jahre nach der Schaffung des Werkes** (§ 66 Abs. 1 S. 2). Dies entspricht Art. 1 Abs. 6 der Schutzdauerrichtlinie[65] und
stellt für das deutsche Recht ein Novum dar. Mit dieser Regelung soll zweierlei verhindert werden:
zum ersten ein ewiger Schutz unveröffentlichter anonymer und pseudonymer Werke[66] und zum zweiten eine längere Schutzdauer als die Regelschutzdauer nach §§ 64 und 65, welche die Lebenszeit des
Urhebers und 70 Jahre nach seinem Tod umfasst.[67] Das erste Ziel wird durch § 66 Abs. 1 S. 2 sicher
erreicht, das zweite nicht. Zwar kann, wovon die AmtlBegr. ausgeht, die Schutzdauer eines anonymen oder pseudonymen Werkes im Vergleich mit der Regelschutzdauer durch diese Bestimmung
sogar wesentlich verkürzt sein, zB wenn das anonyme Jugendwerk eines Autors, der mit über
90 Jahren stirbt, von diesem zeitlebens nicht veröffentlicht wird.[68] Jedoch folgt aus § 66 Abs. 1 S. 2
iVm S. 1 ein Schutz von bis zu 140 Jahren nach dem Tod des Urhebers, wenn dessen Erben ein anonymes oder pseudonymes Werk, das im Todeszeitpunkt noch unveröffentlicht, gleichwohl aber nach
§ 66 Abs. 1 S. 2 noch geschützt ist, zB im letzten Jahr des daraus folgenden Schutzzeitraums veröffentlichen und damit die Schutzdauer nach § 66 Abs. 1 S. 1 in Gang setzen.[69] Ein solches Ergebnis
war nach § 66 Abs. 2 Nr. 3 aF, der durch § 66 Abs. 1 S. 2 ersetzt wurde[70] nicht möglich. Jedoch blieb
dem deutschen Gesetzgeber nach Art. 1 Abs. 6 der Schutzdauerrichtlinie keine andere Wahl, als § 66
Abs. 1 S. 2 sie getroffen hat.

c) Auch in den Fällen der Schutzdauerbestimmung nach § 66 Abs. 1 S. 1 und 2 ist im Übrigen   18
§ 69 zu beachten.[71] Danach ist das Kalenderjahr, in dem ein anonymes oder pseudonymes Werk veröffentlicht bzw. geschaffen wurde, bei der Bestimmung der Dauer seines Schutzes nicht mitzuzählen.
Die Schutzdauer beginnt vielmehr erst am 1.1. des folgenden Jahres zu laufen und endet mit dem
31.12. des 70. Jahres. Die Schutzdauer eines anonymen oder pseudonymen Werkes, das zB im Jahres 1970 veröffentlicht worden ist, endet demzufolge nach § 66 Abs. 1 S. 1 mit Ablauf des Jahres 2040. Wurde ein solches Werk 1970 geschaffen und ist es im Jahr 2040 immer noch unveröffentlicht geblieben, so endet sein Schutz nach § 66 Abs. 1 S. 2 ebenfalls mit Ablauf dieses Jahres; wird es
aber im Laufe des Jahres 2040 erstmals veröffentlicht, so dauert sein Schutz nach § 66 Abs. 1 S. 1
iVm S. 2 bis Ende des Jahres 2110.

IV. Anwendung der Regelschutzdauer (§§ 64, 65) auf anonyme
und pseudonyme Werke (§ 66 Abs. 2, 3)

§ 66 Abs. 2 und 3 regeln Ausnahmefälle anonymer und pseudonymer Werke, in denen die Schutz-   19
dauer nicht nach § 66 Abs. 1, sondern nach den allgemeinen Regeln der §§ 64 und 65 zu beurteilen
ist.[72] Dabei können **drei Alternativen** unterschieden werden. Die im früheren Recht[73] vorgesehene
weitere Alternative in Bezug auf erst nach dem Tod des Urhebers erstmals veröffentlichte anonyme
und pseudonyme Werke ist im neuen Recht nicht mehr vorgesehen.[74]

1. Nachträgliche Offenbarung der Identität des Urhebers

Die in § 66 Abs. 2 S. 1 vorgesehene erste Alternative[75] orientiert sich an Art. 1 Abs. 3 S. 2 der   20
Schutzdauerrichtlinie und Art. 7 Abs. 3 S. 3 RBÜ (Pariser Fassung).[76] Sie tritt an die Stelle der in
§ 66 Abs. 2 Nr. 1 aF geregelten Alternativen der nachträglichen Urheberbezeichnung auf den Vervielfältigungsstücken eines Werkes gemäß § 10 Abs. 1 sowie des Bekanntwerdens des Urhebers auf

---

[62] → § 6 Rn. 7. sowie die AmtlBegr. BT-Drs. 13/781, 8 zu 2.; siehe auch Dreier/Schulze/*Dreier* § 66 Rn. 4;
Fromm/Nordemann/A. Nordemann § 66 Rn. 6; HK-UrhR/*Meckel* § 66 Rn. 8.
[63] → § 6 Rn. 29 ff.
[64] Siehe auch Dreier/Schulze/*Dreier* § 66 Rn. 4.
[65] → § 64 Rn. 21.
[66] → § 64 Rn. 21 und die AmtlBegr. BT-Drs. 13/781, 9 zu 2. und S. 13 zu Nr. 3; *Vogel* ZUM 1995, 451
(453 f.).
[67] → § 64 Rn. 21, → § 65 Rn. 13; zum Zweck des § 66 Abs. 1 S. 2 siehe die AmtlBegr. BT-Drs. 13/781, 9 zu
2. und S. 13 zu Nr. 3; ebenso *Vogel* ZUM 1995, 451 (453 f.).
[68] → Rn. 13 und das Beispiel unter → Rn. 18.
[69] → Rn. 13.
[70] → Rn. 13.
[71] → § 64 Rn. 49 sowie die Kommentierung des § 69.
[72] → Rn. 22.
[73] § 66 Abs. 2 Nr. 3 aF.
[74] → Rn. 13.
[75] → Rn. 19.
[76] → § 64 Rn. 9 ff., 13 ff.

andere Weise.[77] Erforderlich ist, dass der **Urheber seine Identität offenbart,** dh, wie in der Amtl-Begr.[78] erläutert, sich selbst zu erkennen gibt.[79] Dies ist enger formuliert als die frühere Bestimmung, nach der das Bekanntwerden des Urhebers auf beliebige Art und Weise, wie durch eine wissenschaftliche Publikation[80] oder auch durch eine Indiskretion ausreichte.[81] Bestätigt wird die restriktive Formulierung des § 66 Abs. 2 S. 1 auch durch § 66 Abs. 3, wonach zu sämtlichen in Abs. 2 bezeichneten Handlungen nur bestimmte Personen berechtigt sind, nämlich der Urheber, sein Rechtsnachfolger von Todes wegen und der Testamentsvollstrecker. Zu diesen Handlungen gehört auch die Offenbarung der Identität des Urhebers iSd § 66 Abs. 2 S. 1.[82] Angesichts dieser eindeutigen Regelungen erscheint es fraglich, ob über eine analoge Heranziehung der großzügigeren Bestimmung über Pseudonyme[83] dasselbe Ergebnis wie nach § 66 Abs. 2 Nr. 1. aF erreicht werden kann.[84] Auf die Art und Weise und wem gegenüber der Urheber etc seine Identität offenbart, kommt es nicht an.[85] Wichtig ist im Übrigen, dass die Offenbarung **innerhalb der Frist nach § 66 Abs. 1 S. 1** geschehen muss. Insoweit ist die Rechtslage im Vergleich mit § 66 Abs. 2 Nr. 1 aF nicht verändert worden.[86]

2. Verwendung eines bekannten Pseudonyms

21   Die zweite Alternative,[87] die sich ebenfalls aus § 66 Abs. 2 S. 1 ergibt, besteht darin, dass das angenommene **Pseudonym keinen Zweifel an der Identität des Urhebers** zulässt. Auch dieser Regelung liegen Art. 1 Abs. 3 S. 2 der Schutzdauerrichtlinie und Art. 7 Abs. 3, nunmehr aber S. 2 RBÜ (Pariser Fassung) zugrunde.[88] Anders als in der unter → Rn. 20 behandelten Alternative kommt es hierbei auf die Umstände nicht an, die dazu führen, dass die Person des Urhebers identifiziert werden kann.[89] Im Ergebnis entspricht dies der Rechtslage nach § 66 Abs. 2 Nr. 1 aF, wonach es ausreichte, dass bestehende Zweifel über die Identität des Urhebers aufgehoben wurden.[90] Für die Frist, innerhalb derer der Urheber eines pseudonymen Werkes identifizierbar sein muss, gilt das unter → Rn. 20 Gesagte in gleicher Weise.

3. Anmeldung des wahren Namens des Urhebers zur Eintragung in das Register anonymer und pseudonymer Werke

22   **Bei der Anmeldung des wahren Namens des Urhebers zur Eintragung in das Register anonymer und pseudonymer Werke**[91] handelt es sich um die dritte Alternative, mittels derer die Anwendung der Regelschutzdauer (§§ 64, 65) auf anonyme und pseudonyme Werke bewirkt werden kann. Sie ist in § 66 Abs. 2 S. 2 geregelt und ohne ausdrückliches Vorbild in der Schutzdauerrichtlinie und in der RBÜ, stellt als Unterfall der nachträglichen Offenbarung der Identität des Urhebers im Sinne von Art. 1 Abs. 3 der Schutzdauer-RL aber eine legitime Besonderheit des deutschen Rechts dar.[92] Die Regelung des § 66 Abs. 2 S. 2 und auch des Abs. 3 über die Berechtigung zur Anmeldung[93] stimmen mit dem früheren Recht[94] überein. Im Einzelnen gilt hier das Folgende:

23   **(1)** Die Urheberrolle wird beim DPMA[95] in München geführt (§ 138 Abs. 1 S. 1). Da die Anmeldung der entscheidende Vorgang ist[96] und die Publizität erst durch die Eintragung in die Urheberrolle und die damit verbundene Bekanntmachung im Bundesanzeiger (§ 138 Abs. 3) sowie die Möglichkeit der Einsichtnahme durch jedermann und der Erteilung von Auszügen aus der Rolle (§ 138 Abs. 4) begründet wird, handelte es sich bei dieser dritten Alternative nicht um einen Unterfall des Bekanntwerdens des Urhebers auf andere Weise iSd § 66 Abs. 2 Nr. 1 aF.[97]

24   **(2) Angemeldet werden muss der wahre Name** des Urhebers, also sein bürgerlicher Name;[98] die Anmeldung selbst eines sehr bekannten Pseudonyms genügt daher nicht.[99] Die Regelung dürfte

---

[77] Zum Ergebnis *Vogel* ZUM 1995, 451 (454).
[78] BT-Drs. 13/781, 14 zu Nr. 3.
[79] Siehe auch *Vogel* ZUM 1995, 451 (454).
[80] Siehe die AmtlBegr. BT-Drs. 13/781, 14 zu Nr. 3.
[81] → Rn. 5.
[82] Siehe die AmtlBegr. BT-Drs. 13/781, 14 zu Nr. 3.
[83] → Rn. 11.
[84] Für eine solche Analogie *Dietz* GRUR-Int 1995, 670 (674).
[85] Siehe auch Fromm/Nordemann/*A. Nordemann* § 66 Rn. 8; DKMH/*Meckel* Rn. 11; wohl auch Wandtke/Bullinger/*Lüft* § 66 Rn. 5.
[86] → Rn. 7.
[87] → Rn. 11.
[88] → § 64 Rn. 21.
[89] Siehe die AmtlBegr. BT-Drs. 13/781, 13f. zu Nr. 3.
[90] Siehe die AmtlBegr. BT-Drs. 13/781, 13f. zu Nr. 3; im Übrigen auch → Rn. 11.
[91] Früher Urheberrolle genannt.
[92] Siehe die AmtlBegr. BT-Drs. 13/781, 14 zu Nr. 3; siehe auch *Vogel* ZUM 1995, 451 (454).
[93] → Rn. 26.
[94] § 66 Abs. 2 Nr. 2, Abs. 3 aF.
[95] Deutsches Patent- und Markenamt.
[96] → Rn. 26.
[97] AA *Schulte* UFITA 50 (1967), 32 (33).
[98] → Rn. 9.
[99] Ebenso Dreier/Schulze/*Dreier* § 66 Rn. 7.

ihre Erklärung darin finden, dass der Gesetzgeber das bekannte Pseudonym dem bürgerlichen Namen des Urhebers in dem Maße gleichgestellt hatte, in dem ihm diese Gleichstellung durch die RBÜ aufgegeben war; in der betreffenden Bestimmung der RBÜ über die Schutzdauer anonymer und pseudonymer Werke aber ist die Anmeldung zur Eintragung in ein Register nicht speziell berücksichtigt.[100] Die Regelungen in § 66 Abs. 2 Nr. 2 aF, § 66 Abs. 2 S. 2 nF, die ja nicht nur anonyme, sondern auch pseudonyme Werke betreffen, werden im Übrigen auch den Fällen gerecht, in denen ein Pseudonym sich entgegen der Selbsteinschätzung des Urhebers doch nicht als bekannt erweist.

Wird entgegen der Vorschrift des § 66 Abs. 2 Nr. 2 aF, § 66 Abs. 2 S. 2 nF doch ein 25 **Pseudonym angemeldet** und in die Urheberrolle eingetragen, weil das Patentamt nach § 138 Abs. 1 S. 2 die Richtigkeit der zur Eintragung angemeldeten Tatsachen nicht prüft, und handelt es sich um ein **bekanntes** Pseudonym, so bewirkt die Eintragung, die Bekanntmachung im Bundesanzeiger (§ 138 Abs. 3) und die Möglichkeit der Einsichtnahme in die Urheberrolle durch jedermann sowie der Erteilung von Auszügen (§ 138 Abs. 4) das **Bekanntwerden des Urhebers** iSd § 66 Abs. 2 S. 1 nF, § 66 Abs. 2 Nr. 1 aF und damit auf diese Weise die Anwendung der Regelschutzdauer nach §§ 64, 65.[101] Die Anmeldung allein reicht aber noch nicht aus.[102]

(3) Entscheidend ist die **Anmeldung,** nicht die Eintragung.[103] Mit der rechtskräftigen **Ableh-** 26 **nung der Eintragung entfällt auch die Wirkung der Anmeldung,** und zwar rückwirkend. Über die Berechnung der Schutzdauer nach § 66 Abs. 1 nF oder §§ 64, 65 ist damit aber noch nichts Endgültiges entschieden, da die Zurückweisung ja auch darauf beruhen kann, dass es der Anmeldung zur Herbeiführung der Regelschutzdauer gar nicht bedurfte.[104]

(4) Berechtigt zur Anmeldung sind nach § 66 Abs. 3 nur der Urheber selbst und nach seinem 27 Tode sein Rechtsnachfolger[105] oder der Testamentsvollstrecker (§ 28 Abs. 2). Der Grund für diese Beschränkung der Anmeldeberechtigung liegt in der urheberpersönlichkeitsrechtlichen Befugnis des Urhebers, über die Verwendung einer Urheberbezeichnung und damit auch über die Aufdeckung seiner Urheberschaft im Falle einer anonymen oder unbekannt pseudonymen Publikation zu entscheiden.[106] **Nicht anmeldeberechtigt** sind insbes. auch Inhaber von Nutzungsrechten, wie Verlage. Die Anmeldung durch einen Nichtberechtigten als solche ist nicht geeignet, die Wirkung des § 66 Abs. 2 herbeizuführen. Wird allerdings der Name des Urhebers aufgrund einer solchen Anmeldung doch eingetragen, so führte dies nicht zum Bekanntwerden des Urhebers iSd § 66 Abs. 2, weil die Offenbarung der Identität des Urhebers nur durch Berechtigte geschehen kann.[107]

Ist ein anonymes oder unbekannt pseudonymes Werk von mehreren Urhebern in Mit- 28 **urheberschaft** iSv § 8 geschaffen worden, so ist neben der Anmeldung der Namen aller Miturheber durch diese gemeinsam auch **jeder Miturheber** für sich berechtigt, **seinen Namen** zur Eintragung anzumelden. Dies folgt daraus, dass die Gesamthandbindung der Miturheber nach § 8 Abs. 2 sich nicht auf das Bezeichnungsrecht nach § 13 S. 2 erstreckt[108] und dieses Recht § 66 Abs. 2 S. 2 zugrunde liegt.[109] Demgegenüber müssen die Auswirkungen der Anmeldung auf die Schutzdauer auch der Verwertungsrechte und die diesbezügliche Bindung nach § 8 Abs. 2 zurücktreten.[110] Im **Innenverhältnis** ist der anmeldende Miturheber verpflichtet, sich nicht als Alleinurheber zu gerieren. Durch die Anmeldung des Namens auch nur eines Miturhebers wird die **Anonymität des Werkes insgesamt aufgehoben** und die Schutzdauer ist nach §§ 64, 65 nF zu bestimmen.[111] Das bedeutet, dass die Schutzdauer des Werkes nach dem Tod des längstlebenden Urhebers zu bestimmen ist, auch wenn dessen Name nicht angemeldet worden ist.[112] Allerdings muss im Falle des Bestreitens die Miturheberschaft des anonym gebliebenen längstlebenden Miturhebers bewiesen werden.[113]

(5) Zu den formellen Anforderungen an die Anmeldung und zum **Eintragungsverfahren** 29 s. die Kommentierung des § 138.

V. Übergangsrechtliche Beurteilung der Schutzdauer anonymer und pseudonymer Werke nach früherem Recht

Die Darstellung der Schutzdauer anonymer und pseudonymer Werke nach § 66 nF zeigt im Ver- 30 gleich mit dem früheren Recht (§ 66 aF) in mehreren Punkten eine Verschärfung der Rechtslage zu

---

[100] → Rn. 8.
[101] Ebenso *Schulte* UFITA 50 (1967), 32 (35).
[102] → Rn. 29.
[103] HK-UrhR/*Meckel* § 66 Rn. 14; *Schulte* UFITA 50 (1967), 32 (33).
[104] Siehe dazu *Schulte* UFITA 50 (1967), 32 (34 f.).
[105] §§ 30 iVm 28 Abs. 1, 29 S. 1.
[106] § 13 S. 2, → Rn. 1; zum Ergebnis auch *v. Gamm* Rn. 4.
[107] → Rn. 25.
[108] → § 8 Rn. 10 f.
[109] → Rn. 1.
[110] AA *Möhring/Nicolini/Freudenberg* (2. Auflage) § 66 Rn. 15; im Ergebnis wohl auch *v. Gamm* Rn. 4.
[111] Ebenso *Fromm/Nordemann/A. Nordemann* § 66 Rn. 12; DKMH/*Meckel* § 66 Rn. 12.
[112] Insoweit aA *v. Gamm* Rn. 4.
[113] → § 65 Rn. 14.

Lasten solcher Werke im Sinne einer kürzeren Schutzdauer.[114] Bei Anwendung des neuen Rechts auf Werke, die im Zeitpunkt des Inkrafttretens des § 66 nF und der Umsetzung der Schutzdauerrichtlinie, dem 1.7.1995,[115] bereits existierten, kann dies zu Konflikten mit Urheberrechten führen, die an solchen Werken zu dem genannten Zeitpunkt ebenfalls bereits bestanden haben. Um solche Konflikte zu vermeiden, sieht § 137f Abs. 1 S. 1 im Anschluss an Art. 10 Abs. 1 der Schutzdauerrichtlinie vor, dass die **Beurteilung der Schutzdauer weiterhin nach den bisherigen Vorschriften,** dh hier des § 66 aF, zu erfolgen hat, wenn die Anwendung der neuen Regelung zu einer verkürzten Dauer des Schutzes solcher Rechte führen würde.[116] Zur alten Rechtslage vergleiche die 3. Auflage.[117]

§ 67 Lieferungswerke

Bei Werken, die in inhaltlich nicht abgeschlossenen Teilen (Lieferungen) veröffentlicht werden, berechnet sich im Falle des § 66 Abs. 1 S. 1 die Schutzfrist einer jeden Lieferung gesondert ab dem Zeitpunkt ihrer Veröffentlichung.

Schrifttum: *Walter,* Term Directive, in Walter/v. Lewinski, European Copyright Law, 2010, S. 499.

Übersicht

I. Bedeutung und Entwicklung der Bestimmung

1 Soweit die urheberrechtliche Schutzdauer nach dem Tod des Urhebers zu berechnen ist (§§ 64, 65), kann bei der Berechnung an einen einzigen festen Zeitpunkt angeknüpft werden. Soweit das Gesetz aber die Berechnung nach der ersten Veröffentlichung eines Werkes vorschreibt, nämlich in den Fällen der 10-jährigen Schutzfrist bei Erstveröffentlichung nachgelassener Werke nach § 64 Abs. 2 aF[1] und der Berechnung der Schutzdauer von anonymen und pseudonymen Werken nach § 66 Abs. 1 S. 1,[2] fehlt es an einem solchen sicheren Anknüpfungspunkt, wenn die **Veröffentlichung eines Werkes in Etappen** zeitlich nacheinander geschieht. § 67 aF bestimmt hierzu, dass der entscheidende Zeitpunkt derjenige der Veröffentlichung der letzten Lieferung ist, vorausgesetzt, dass jeweils nur inhaltlich nicht abgeschlossene Teile eines Werkes veröffentlicht werden.

2 § 67 aF entsprach inhaltlich § 33 LUG von 1901, § 28 KUG von 1907. Nicht mehr als selbständiger Absatz in den Gesetzestext aufgenommen wurde die Regelung der § 33 Abs. 1 LUG von 1901, § 28 Abs. 1 KUG von 1907. Sie besagte, dass bei einer Veröffentlichung eines Werkes in mehreren Bänden etc jeder Band für die Berechnung der Schutzdauer als ein besonderes Werk anzusehen war. Gemeint waren damit selbständige Teile eines Werkes.[3] Bei solchen Teilen war in den Fällen der §§ 64 Abs. 2, 66 Abs. 1 aF die Schutzdauer nach wie vor für jeden Teil selbständig zu bestimmen, da § 67 aF die günstigere Anknüpfung an die Veröffentlichung der letzten Lieferung nur für Veröffentlichungen in inhaltlich nicht abgeschlossenen, dh unselbständigen Teilen gestattete.

3 Durch Art. 1 Nr. 5 des 3. UrhGÄndG vom 23.6.1995 (BGBl. 1995 I S. 842) wurde § 67 mit Wirkung vom 1.7.1995[4] neu formuliert und damit an Art. 1 Abs. 5 der europäischen Schutzdauerrichtlinie[5] angepasst. In Bezug auf die Berechnung der Schutzfrist stellt **§ 67 nF** nicht mehr wie § 67 aF auf die letzte Lieferung ab, vielmehr ist die Schutzfrist für jede Lieferung gesondert nach dem Zeitpunkt ihrer eigenen Veröffentlichung zu berechnen. Darüber hinaus wurde aus § 67 die Verweisung auf § 64 Abs. 2 entfernt, weil diese Bestimmung durch Art. 1 Nr. 3 des 3. UrhGÄndG aufgehoben wurde.[6]

---

[114] → Rn. 12–15, 17, 20.
[115] → Rn. 8; → § 64 Rn. 11.
[116] → Rn. 8; → § 64 Rn. 40, 66; → § 65 Rn. 11; von der Anwendbarkeit des § 66 Abs. 2 Nr. 1 aF geht zB OLG Frankfurt a. M. GRUR-RR 2004, 99 (100) – Anonyme Alkoholiker, aus.
[117] → § 66 Rn. 24–54.
[1] → § 64 Rn. 50, 59.
[2] → § 66 Rn. 16.
[3] AmtlBegr. BT-Drs. IV/270, 80 zu § 70, jetzt § 67.
[4] Siehe Art. 3 Abs. 2 des Gesetzes.
[5] → § 64 Rn. 13 ff., 24.
[6] → § 64 Rn. 50, 59.

II. Veröffentlichung eines Werkes in Lieferungen

§ 67 nF stellt nach wie vor wie § 67 aF darauf ab, dass ein Werk in Lieferungen als in- 4 haltlich nicht abgeschlossenen Teilen veröffentlicht wird. Dadurch wird eine Differenzierung gegenüber der Veröffentlichung eines Werkes in inhaltlich abgeschlossenen Teilen angedeutet, auf die es, anders als nach § 67 aF,[7] nunmehr aber nicht mehr ankommt. Bei Veröffentlichung eines Werkes in inhaltlich abgeschlossenen, selbständigen Teilen greift die gesonderte Anknüpfung der Schutzfrist an die Veröffentlichung jedes Teils für sich erst recht Platz.[8] In Art. 1 Abs. 5 der Schutzdauerrichtlinie ist das Prinzip klarer, weil unter Verzicht auf eine scheinbare Differenzierung ausgedrückt; es ist dort schlicht von der Veröffentlichung von Werken in mehreren Bänden, Teilen, Lieferungen, Nummern oder Episoden die Rede.[9] Jedenfalls bewirkt die Neuregelung im Vergleich mit § 67 aF eine wesentliche **Vereinfachung,** weil die genannte Differenzierung unter § 67 nF keine Rolle mehr spielt.[10]

Neben der Vereinfachung bewirkt § 67 nF freilich auch eine Verkürzung der Schutz- 5 dauer im Vergleich mit § 67 aF: An die Stelle der einheitlichen, nach dem Veröffentlichungszeitpunkt der letzten unselbständigen Lieferung zu bemessenden Schutzfrist[11] tritt nunmehr ein potentiell früheres Schutzende die erste bis zur vorletzten Lieferung.[12] Bei Veröffentlichungen innerhalb ein und desselben Kalenderjahres wirkt sich dies allerdings wegen § 69[13] nicht aus. Wo es sich auswirkt, entsteht ein übergangsrechtliches Problem, das durch § 137f Abs. 1 zu lösen ist.[14]

III. Berechnung der Schutzfrist gesondert nach der Veröffentlichung jeder Lieferung

Als **Rechtsfolge** des § 67 nF ergibt sich, dass bei Lieferungswerken, aber auch bei Werken in 6 mehreren Bänden oder sonstigen selbständigen, inhaltlich abgeschlossenen oder nicht abgeschlossenen Teilen die Schutzfrist nach der Veröffentlichung **jeder Lieferung oder jedes Teiles gesondert** zu berechnen ist. Für den Begriff der Veröffentlichung gilt wie bei § 66 Abs. 1 S. 1[15] § 6 Abs. 1.[16]

IV. Übergangsrecht

In den Fällen, in denen § 67 nF im Vergleich mit § 67 aF eine kürzere Schutzdauer zur Folge hat,[17] 7 ist § 137f Abs. 1 zu beachten. Gemäß § 137f. Abs. 1 S. 2 ist § 67 nF auch auf solche Werke anzuwenden, deren Schutz am 1.7.1995, dem Zeitpunkt des Inkrafttretens der Neuregelung,[18] noch nicht erloschen war. Dies impliziert die Anwendung auf Werke, die vor diesem Zeitpunkt geschaffen worden sind und an denen dadurch Urheberrechte entstanden sind. Nach § 137f Abs. 1 S. 1 erlischt der Schutz solcher Rechte mit dem Ablauf der Schutzdauer nach den **bis zum 30.6.1995 geltenden Vorschriften,** somit in Bezug auf Lieferungswerke nach **§ 67 aF,** wenn durch die Anwendung des § 67 nF die Dauer solcher Rechte verkürzt würde. Dies entspricht Art. 10 Abs. 1 der Schutzdauerrichtlinie.[19] § 67 aF ist daher nach wie vor von praktischer Bedeutung, so dass es angezeigt erscheint, im Folgenden auch die frühere Rechtslage darzustellen.

V. Das frühere Recht

1. Veröffentlichung eines Werkes in Lieferungen

Voraussetzung der Schutzfristberechnung nach § 67 aF ist, dass ein als Einheit zu wer- 8 tendes Werk in inhaltlich nicht abgeschlossenen Teilen veröffentlicht wurde. § 67 aF nennt solche Teile **Lieferungen.** Beispiele sind Romane, die in Fortsetzung in Zeitungen oder Zeitschriften erschienen sind, und wissenschaftliche Abhandlungen, deren Publikation sich über zwei oder mehrere

---

[7] → Rn. 8.
[8] → Rn. 2.
[9] → § 64 Rn. 24.
[10] So auch *v. Lewinski* GRUR-Int 1992, 724 (730 f.) = 23 IIC (1992) 785 (800); dort auch zur unterschiedlichen Rechtslage vor der Harmonisierung in den Mitgliedstaaten der EU; siehe auch DKMH/*Meckel* § 67 Rn. 2; *Walter/v.* Lewinski Term Directive Rn. 8.1.80; Wandtke/Bullinger/*Lüft* § 67 Rn. 2, im Ergebnis auch Fromm/Nordemann/*A. Nordemann* § 67 Rn. 5.
[11] → Rn. 9.
[12] Siehe die AmtlBegr. BT-Drs. 13/781, 14 zu Nr. 3; *Vogel* ZUM 1995, 451 (454).
[13] Siehe die Kommentierung dort.
[14] → Rn. 7.
[15] → § 66 Rn. 16.
[16] → § 6 Rn. 6 ff.
[17] → Rn. 5.
[18] → Rn. 3.
[19] → § 64 Rn. 40.

Hefte einer Fachzeitschrift erstreckte.[20] Klare Gegenbeispiele sind je in sich abgeschlossene Werke, die nur durch die Zugehörigkeit zu einer wissenschaftlichen Schriftenreihe, durch einen gemeinsamen Serientitel oder eine einheitliche äußere Aufmachung und Verlagsbezeichnung miteinander verbunden waren.[21] Dazwischen liegen die **Grenzfälle,** für deren Beurteilung entscheidend ist, ob der jeweilige Band oder sonstige Teil einen in sich abgeschlossenen Inhalt besessen hat. Dies kann nur nach der Auffassung des Verkehrs beurteilt werden, nicht nach den Vorstellungen des Urhebers.[22] Erschien daher zB ein Kommentar zu einem einzelnen Gesetz in Teilen, die nacheinander einzelne Bestimmungen behandelten, so handelt es sich idR um inhaltlich nicht abgeschlossene, unselbständige Lieferungen iSd § 67 aF; anders, wenn die jeweiligen Teile in sich abgeschlossene Gesetzesabschnitte mit einem selbständigen Nutzungsinteresse behandelten.[23] Um inhaltlich nicht abgeschlossene Teile handelt es sich bei den einzelnen Bänden einer alphabetisch aufgebauten Enzyklopädie,[24] nicht aber bei Ergänzungsbänden, die in zeitlichen Abständen jeweils die gesamte neuere Entwicklung nachvollziehen, nicht bei Bänden einer umfangreichen Kultur-, Literatur- oder Kunstgeschichte, die jeweils bestimmte Epochen behandeln,[25] und bei den jeweils bestimmten Gebieten gewidmeten Bänden eines technischen Nachschlagewerks.

2. Berechnung der Schutzdauer nach der Veröffentlichung der letzten Lieferung

9 Liegen die Voraussetzungen der Veröffentlichung eines Werkes in Lieferungen vor, so ist nach § 67 aF der Zeitpunkt der ersten Veröffentlichung der letzten Lieferung derjenige, von dem bei der Berechnung der Schutzfristen auszugehen ist. Folgt innerhalb dieser Schutzfrist eine weitere Lieferung nach, so verschiebt sich der Beginn der Schutzfrist auf den Zeitpunkt der Veröffentlichung dieser Lieferung und so fort.[26]

§ 68 Lichtbildwerke *(weggefallen)*

§ 69 Berechnung der Fristen

Die Fristen dieses Abschnitts beginnen mit dem Ablauf des Kalenderjahres, in dem das für den Beginn der Frist maßgebende Ereignis eingetreten ist.

Übersicht

I. Bedeutung und Entwicklung der Bestimmung

1 Die in §§ 64–67 (68) vorgesehenen Schutzfristen sind sämtlich Jahresfristen, die an ein bestimmtes Ereignis anknüpfen, nämlich an den Tod des Urhebers in den Fällen der §§ 64 (64 Abs. 1 aF), 65, 66 Abs. 2, an die erste Veröffentlichung eines Werkes gemäß §§ 64 Abs. 2 aF, 66 Abs. 1 S. 1 (66 Abs. 1 aF), 67 und an die Schaffung eines Werkes nach § 66 Abs. 1 S. 2.[1] Zur Erleichterung der Berechnung sieht § 69 vor, dass diese Fristen erst mit dem Ablauf des Kalenderjahres beginnen, in dem das jeweils maßgebende Ereignis eingetreten, also der Urheber gestorben oder das Werk erstmals veröffentlicht oder geschaffen worden ist. Die Schutzfristen des Urheberrechts beginnen daher immer mit dem 1.1. eines Jahres zu laufen, und sie enden stets mit dem Ablauf des 31.12. eines Jahres. § 69 ist auch auf die Berechnung sämtlicher Schutzfristen für verwandte Schutzrechte anwendbar.[2]

2 § 69 entspricht § 34 LUG von 1901, § 29 KUG von 1907 sowie Art. 7 Abs. 5 RBÜ[3] und Art. 8 der europäischen Schutzdauerrichtlinie,[4] die dasselbe mit den Worten sagen, dass die Schutzfristen erst vom 1.1. des Jahres an gerechnet werden, der auf das maßgebende Ereignis folgt.

---

[20] *Ulmer* § 78 I 2.
[21] So wohl auch *v. Gamm* Rn. 2; zust. DKMH/*Meckel* § 67 Rn. 2; Wandtke/Bullinger/*Lüft* § 67 Rn. 3.
[22] Im Ergebnis ebenso Dreier/Schulze/*Dreier* § 67 Rn. 3; DKMH/*Meckel* § 67 Rn. 2; Möhring/Nicolini/*Freudenberg* § 67 Rn. 7.
[23] Siehe dazu DKMH/*Meckel* § 67 Rn. 2; *Ulmer* § 78 I 2.
[24] Ebenso Dreier/Schulze/*Dreier* § 67 Rn. 3; Möhring/Nicolini/*Freudenberg* § 67 Rn. 7.
[25] *Ulmer* § 78 I 2; zust. DKMH/*Meckel* § 67 Rn. 2.
[26] Möhring/Nicolini/*Freudenberg* § 67 Rn. 5.
[1] In § 68 war maßgebendes Ereignis das erste Erscheinen bzw. die Herstellung eines Lichtbildwerkes.
[2] → § 64 Rn. 65.
[3] Pariser Fassung, Art. 7 Abs. 6 Brüsseler Fassung.
[4] → § 64 Rn. 18.

II. Berechnung der Schutzfristen

Ist die Schutzdauer eines Werkes zu berechnen, so genügt es, das Kalenderjahr festzustel- **3** len, in dem der Urheber gestorben bzw. das Werk erstmals veröffentlicht oder geschaffen worden ist; dies bedeutet insbes. in den letzteren Fällen eine deutliche Erleichterung.

Die jeweilige Schutzfrist beginnt dann mit dem 1.1. des darauffolgenden Jahres und **endet** mit **4** dem Ablauf des 70. Kalenderjahres. Die Schutzdauer eines Werkes, dessen Urheber am 1.1.1970 gestorben ist, beginnt demnach im Falle des § 64 erst am 1.1.1971 zu laufen, sie endet am 31.12.2040, wenn die geltende Regelung bis dahin Bestand hat. Dasselbe gilt, wenn ein Werk am 31.12.1970 anonym veröffentlicht wird und bis zum Jahresende 2040 die Anonymität des Werkes nicht nach § 66 Abs. 2 aufgehoben wird, so dass es bei der Schutzfristberechnung nach der ersten Veröffentlichung gemäß § 66 Abs. 1 S. 1 bleibt.

Abschnitt 8. Besondere Bestimmungen für Computerprogramme

Vorbemerkung

Schrifttum: *Alexander,* Synopse: Alt- und Neufassung des UWG-UGP-RL, WRP 2015, 1448; *Alpert,* Befehlssätze für Computersoftware, CR 2003, 718; *Arlt,* Ansprüche des Rechteinhabers bei Umgehung seiner technischen Schutzmaßnahmen, MMR 2005, 148; *Bartmann,* Grenzen der Monopolisierung durch Urheberrechte am Beispiel von Datenbanken und Computerprogrammen – eine rechtsvergleichende Studie des europäischen, deutschen und US-amerikanischen Rechts, 2005; *Bartsch/Dreier,* 20 Jahre Urheberrecht in „Computer und Recht", CR 2005, 690; *Bullinger/Czychowski,* Digitale Inhalte: Werk und/oder Software?, Ein Gedankenspiel am Beispiel von Computerspielen GRUR 2011, 19; *Czychowski,* Der BGH und Computerspiele: Es verbleiben noch offene Fragen, GRUR 2017, 362; *Deutsch,* Neues zum Titelschutz, GRUR 2013, 113; *Dreier/Vogel,* Software- und Computerrecht, 2008; *Eichmann/v. Falckenstein/Kühne,* Designgesetz, 5. Aufl. 2015; *EU-Kommission* (Hg.), Bericht über die Umsetzung und die Auswirkungen der Richtlinie 91/250/EWG über den Rechtsschutz von Computerprogrammen, Dok. Insolvenz v. 10.4.2000; *Grützmacher,* „Software aus der Datendose" – Outsourcing, Cloud, SaaS & Co. CR 2015, 779; *Heinemeyer/Nordmeyer,* Super Marios, Kratos' und des Master Chiefs Erzfeind – Die Legalität der Modchips und Softwaremods für Videospielkonsolen, Die Rechtmäßigkeit von Konsolenmodifikationen speziell nach dem Umgehungsverbot des § 69f UrhG, CR 2013, 586; *Hilty,* Softwareurheberrecht statt Softwarepatente?, Forderungen der deutschen Politik unter der Lupe, FS Köhler (2014), S. 289; *ders./Köklü,* Reichweite des Rechtsschutzes von Computerprogrammen, Eine Kritik an der EuGH-Rechtsprechung, FS Bornkamm (2014), S. 797; *Koch,* Handbuch Software- und Datenbank-Recht, 2003; *ders.,* Grundlagen des urheberrechtlichen Schutzes objektorientierter Software, GRUR 2000, 191; *ders.,* Grid-Computing im Spiegel des Telemedien-, Urheber- und Datenschutzrechts, CR 2006, 112; *Köhler,* UWG-Reform 2015: Was ändert sich im Lauterkeitsrecht?, WRP 12/2015, I; *Kreutzer,* Computerspiele im System des deutschen Urheberrechts – Eine Untersuchung des geltenden Rechts für Sicherungskopien und Schutz technischer Maßnahmen bei Computerspielen, CR 2007, 1; *Kunz-Hallstein/Loschelder,* Stellungnahme der GRUR zum interfraktionellen Antrag zu Softwarepatenten (BT-Dr 17/13086), GRUR 2013, 704; *Labesius,* Anmerkung zu OLG Düsseldorf, Urt. v. 24.4.2012 – I-20 U 176/11 – Enigma, CR 2012, 436; *Lambrecht,* Urheberrechtliche Schutz von Modchips, Konsolenspielen, 2006; *Leistner,* Das Scheitern der Software-Patent-Richtlinie – Was nun? EWS 2005, 396; *Liesegang,* Technische Aspekte der Fernnutzung von Software im Kontext urheberrechtlicher Fragen, CR 2015, 776; *Marly,* Das Verhältnis von Urheber- und Markenrecht bei Open Source Software – Zugleich eine Besprechung von OLG Düsseldorf, GRUR-RR Jahr 2010, 467 – xt:Commerce, GRUR-RR 2010, 457; *ders.,* Praxishandbuch Softwarerecht, 6 Aufl. 2014; *Nemeczek,* Gibt es einen unmittelbaren Leistungsschutz im Lauterkeitsrecht?, WRP 2010, 1204; *Nemethova/Peters,* Patent als effektiver Schutz für Software-Produkte, InTer 2018, 67; *Ohly/Sosnitza,* Gesetz gegen den unlauteren Wettbewerb, 7. Aufl. 2016; *Ohly,* Hartplatzhelden.de oder: Wohin mit dem unmittelbaren Leistungsschutz?, GRUR 2010, 487; *ders.,* Software und Geschäftsmethoden im Patentrecht, CR 2001, 809; *Ohst,* Computerprogramm und Datenbank, 2003; *Redeker,* IT-Recht, 6. Aufl. 2017; *Ruess/Slopek,* Zum unmittelbaren wettbewerbsrechtlichen Leistungsschutz nach hartplatzhelden.de, WRP 2011, 834; *Schröder,* Rechtmäßigkeit von Modchips, Stellt der Vertrieb von Modchips eine Urheberrechtsverletzung dar?, MMR 2013, 80; *Spindler,* Grenzen des Softwareschutzes – Das Urteil des EuGH in Sachen SAS Institute, CR 2012, 417; *Subbing,* Nutzungsrechteübertragung bei ASP und SaaS, ITRB 2015, 147; *ders.,* SaaS-Verträge-Umgang mit Service Levels und Nutzungsrechten, ITRB 2015, 172; *Triebe,* Reverse Engineering im Lichte des Urheber- und Geschäftsgeheimnisschutzes, WRP 2018, 795.

Schrifttum vor 2000 s. Vorauflage.

Schrifttum zum Patentschutz: *Anders,* Wie viel technischen Charakter braucht eine computerimplementierte Geschäftsmethode, um auf erfinderischer Tätigkeit zu beruhen, GRUR 2001, 555; *Basinski u. a.,* Patentschutz für computer-bezogene Erfindungen – Bericht des AIPPI Sonderausschusses, GRUR-Int 2007, 44; *Bodenburg,* Softwarepatente in Deutschland und der EU – Rechtslage, Funktion, Interessenkonflikte, 2006; *Dogan,* Patentrechtlicher Schutz von Computerprogrammen, 2005; *Ensthaler,* Begrenzung der Patentierung von Computerprogrammen?, Zum interfraktionellen Antrag im Bundestag, GRUR 2013, 666; *Esslinger/Betten,* Patentschutz im Internet, CR 2000, 18; *Metzger,* Softwarepatente im künftigen europäischen Patentrecht, CR 2003, 313; *Moufang,* Softwarebezogene Erfindungen im Patentrecht, in Kur/Luginbühl/Waage (Hg.) FS Stauder, 2005, S. 225; *Nack,* Neue Gedanken zur Patentierbarkeit von computerimplementierten Erfindungen – Bedenken gegen Softwarepatente – ein déjà vu?, GRUR-Int 2004, 771; *Nemethova/Peters,* Patent als effektiver Schutz für Software-Produkte, InTer 2018, 67; *Röttinger,* Patentierbarkeit computerimplementierter Erfindungen, CR 2002, 616; *Schölch,* Softwarepatente ohne Grenzen, GRUR 2001, 16; *ders.,* Patentschutz für computergestützte Entwurfsmethoden – ein Kulturbruch?, GRUR 2006, 969; *Schwarz/Kruspig,* Computerimplementierte Erfindungen – Patentschutz von Software, 2. Aufl. 2018; *Weyand/Haase,* Anforderungen an einen Patentschutz für Computerprogramme, GRUR 2004, 198; Siehe auch die Schrifttumsangaben vor → Rn. 19, 25 und 58.

Zur Computerprogramm-RL (91/250/EWG) wird zusätzlich hingewiesen auf *Blocher/Walter* in Walter/ v. Lewinski (Hg.), European Copyright Law – A Commentary, 2010, Computer Program Directive (S. 81 ff.). Ältere Literatur im Schrifttumsverzeichnis der Vorauflagen.

I. Entwicklung

1   Computerprogramme sind in den **gesetzlichen Katalog** der geschützten Werke durch die Novelle 1985 aufgenommen worden.[1] Zuvor war bereits im **Schrifttum** der Urheberrechtsschutz von Computerprogrammen eingehend diskutiert worden. Ganz überwiegend wurde ein solcher Schutz befürwortet; Gegenstimmen, von denen vor allem eine Entfremdung des für den Schutz von Literatur und Kunst konzipierten Urheberrechts befürchtet wurde, hatten sich nicht durchgesetzt.[2] Patentrechtlicher Schutz war weitgehend durch § 1 Abs. 3 Nr. 3 PatG verbaut, wonach Programme für Datenverarbeitungsanlagen nicht als Erfindungen anzusehen sind (auch → Rn. 9). Gegen die an sich mögliche Alternative eines Sonderrechtsschutzes sprachen die zum Urheberrechtsschutz tendierende internationale Entwicklung sowie die Überlegung, dass man im Bereich des Urheberrechts auf ein bestehendes System internationaler Konventionen zurückgreifen konnte, das weltweit einen wirksamen Schutz erlaubte.

2   Auch in der **Rechtsprechung** setzte sich der Urheberrechtsschutz für Computerprogramme durch. Nach einer ablehnenden (und in der Berufungsinstanz aufgehobenen) Entscheidung des LG Mannheim[3] ergingen zahlreiche Entscheidungen, in denen die Schutzfähigkeit zumindest im Grundsatz bejaht wurde.[4] Computerprogramme wurden – je nachdem, ob es sich um einen Text oder um eine

---

[1] Damals noch als Programme für die Datenverarbeitung bezeichnet.
[2] Nachweise zur Schrifttumsdiskussion in → 1. Aufl. 1987, § 2 Rn. 74.
[3] BB 1981, 1543 – das LG Mannheim hatte Computerprogramme mangels eines „geistig-ästhetischen Gehalts" nicht für urheberrechtsschutzfähig gehalten.
[4] Vgl. vor allem BAG GRUR 1984, 429 – Statikprogramme; OLG Frankfurt a. M. GRUR 1983, 753 – Pengo; OLG Frankfurt a. M. GRUR 1983, 757 – Donkey Kong Junior I; OLG Frankfurt a. M. WRP 1984, 79 – Donkey Kong Junior II; OLG Frankfurt a. M. GRUR 1985, 1049 – Baustatikprogramm; OLG Karlsruhe GRUR 1983, 300 – Inkasso-Programm; OLG Koblenz BB 1983, 992 – Nutzungsrecht des Arbeitgebers am Computerprogramm des Arbeitnehmers; OLG Nürnberg BB 1984, 1252 – Glasverschnittprogramm; LAG Schleswig-Hol-

graphische Darstellung handelte – als wissenschaftliche Sprachwerke nach Abs. 1 Nr. 1 oder als Darstellungen wissenschaftlicher oder technischer Art nach Abs. 1 Nr. 7 angesehen.

Den vorläufigen Abschluss der Entwicklung bildete die Entscheidung des **BGH** v. 9.5.1985,[5] die **3** Computerprogramme prinzipiell als schutzfähig ansah, die Anforderungen an die Schutzfähigkeit aber sehr hoch ansetzte. Der BGH verlangte, die Schutzfähigkeit in einem zweistufigen Verfahren zu prüfen: Zunächst sei das Computerprogramm mit den vorbekannten Programmen zu vergleichen. Dabei müsse es über diese Programme hinausführen, es müsse „im Gesamtvergleich mit dem Vorbekannten schöpferische Eigenheiten aufweisen". Sodann seien diese schöpferischen Eigenheiten dem Schaffen eines Durchschnittsprogrammierers gegenüberzustellen. Nur wenn das Können eines Durchschnittsprogrammierers deutlich überragt werde, solle eine urheberrechtsschutzfähige Leistung vorliegen.[6] In der Entscheidung „Betriebssystem"[7] wurde diese Rechtsprechung bestätigt. Im Ergebnis bedeutete diese Rechtsprechung, dass das Schaffen des Durchschnittsprogrammierers nicht geschützt wurde und dass damit die große Masse der durchschnittlichen Programme urheberrechtlich schutzlos blieb. Diese Rechtsprechung wurde nicht nur in der Praxis als unzulänglich empfunden, sondern löste auch im Schrifttum heftige Kritik aus.[8] Es entstand erhebliche Rechtsunsicherheit, wann ein Computerprogramm im Einzelfall Urheberrechtsschutz genoss.[9] Der verbleibende wettbewerbsrechtliche Schutz wurde jedenfalls als unzureichend angesehen.[10] Die Bundesregierung stellte in ihrem Bericht über die Auswirkungen der Urheberrechtsnovelle 1985 fest, dass der überwiegende Teil von Anwendungsprogrammen in der Praxis schutzlos sei oder der Schutz nicht durchgesetzt werden könne.[11]

Einen neuen Anstoß erhielt der Urheberrechtsschutz für Computerprogramme durch die **Initiati-** **4** **ven der Europäischen Gemeinschaft.** Nach Hinweisen im Weißbuch zur Vollendung des Binnenmarktes von 1985[12] und Vorschlägen für eine europäische Regelung im Grünbuch über Urheberrecht und die technologische Herausforderung von 1988[13] sowie den Initiativen zum Grünbuch[14] legte die Kommission 1989 ihren ersten Vorschlag für eine Richtlinie des Rates über den Rechtsschutz von Computerprogrammen[15] vor. Eine Reihe von Änderungsvorschlägen durch das Europäische Parlament wurde in einem geänderten Richtlinienvorschlag der Kommission[16] berücksichtigt, der dann mit geringen Änderungen am 14.5.1991 vom Rat verabschiedet wurde.[17] Die Richtlinie wurde durch das 2. UrhGÄndG v. 9.6.1993[18] umgesetzt, das die materiellen Vorschriften der Richtlinie als 8. Abschnitt (§§ 69a–69g) in das UrhG einfügte; zudem wurde neben technischen Änderungen und der Übergangsregelung des § 137d der Ausdruck „Programme für die Datenverarbeitung" in § 2 Abs. 1 Nr. 1 durch „Computerprogramme" ersetzt. Durch das Gesetz vom 10.9.2003 zur Umsetzung der Richtlinie zur Informationsgesellschaft wurde § 69a um Abs. 5 erweitert, wonach die §§ 95a–95d auf Computerprogramme keine Anwendung finden[19] und § 69c um Abs. 4 ergänzt, womit dem neuen § 19a Rechnung getragen wurde. Durch das Gesetz zur Verbesserung der Durchsetzung von Rechten des geistigen Eigentums vom 7.7.2008 wurde § 69f geändert.[20] Die letzte Änderung der §§ 69a ff. erfolgte im Rahmen des Gesetzes zur verbesserten Durchsetzung des Anspruchs der Urheber und ausübenden Künstler auf angemessene Vergütung und zur Regelung von Fragen der Verlegerbeteiligung mit Wirkung zum 1.3.2017.[21] Ergänzt wurde hier für den Bereich der Computerprogramme der in § 69a Abs. 5 gefasste Ausschluss (dazu → § 69a Rn. 26) für bestimmte Regelungen des Urheberrechts. Dieser Ausschluss erstreckt sich auch auf die mit dem Gesetz eingeführten neuen Regelungen der Auskunftsansprüche (§§ 32d, e) sowie die gemeinsamen Vergütungsregelungen (§§ 36 ff.) und das Recht auf anderweitige Verwertung nach zehn Jahren (§ 40a). Erneut soll

---

stein BB 1983, 994; LG Kassel BB 1983, 992; LG Mosbach BB 1982, 1443; LG München I BB 1983, 273 sowie CR 1986, 384; LG Düsseldorf CR 1986, 133; zur Rechtsprechungsentwicklung vgl. auch *Loewenheim* ZUM 1985, 26 ff.

[5] BGH GRUR 1985, 1041 – Inkasso-Programm.

[6] BGH GRUR 1985, 1041 (1047); vgl. dazu auch *Erdmann* CR 1986, 249 (252 f.).

[7] BGH GRUR 1991, 449 (451).

[8] Vgl. dazu die Nachw. in → 1. Aufl. 1987, § 2 Rn. 80.

[9] Vgl. auch AmtlBegr. BT-Drs. 12/4022, 6 sowie → 1. Aufl. 1987, § 2 Rn. 81.

[10] *Schack* UrhR Rn. 207 aE mit Verweis auf *Jersch,* Ergänzender Leistungsschutz und Computersoftware, 1993.

[11] BT-Drs. 11/4929, 43.

[12] Dok. KOM [85] 310 S. 36 ff.

[13] Dok. KOM [88] 172 endg. S. 170 ff.

[14] Arbeitsprogramm der Kommission auf dem Gebiet des Urheberrechts und der verwandten Schutzrechte, GRUR-Int 1991, 359 (363); dazu *v. Lewinski* GRUR-Int 1990, 1001.

[15] Dok. KOM [88] 816 endg.

[16] Dok. KOM [90] 509 endg.

[17] Richtlinie 91/250/EWG, ABl. 1991 L 122, S. 42; abgedr. auch in GRUR-Int 1991, 545; zur Entwicklung sa *Lehmann* in Lehmann Rechtsschutz, Kap. I A, Rn. 1 ff.; nunmehr ersetzt durch Richtlinie 2009/24/EG des Europäischen Parlaments und des Rates vom 23.4.2009 über den Rechtsschutz von Computerprogrammen, ABl. 2009 L 111, S. 16, GRUR-Int 2009, 677.

[18] BGBl. I S. 910.

[19] Dazu → § 69a Rn. 26.

[20] Dazu → § 69f Rn. 2.

[21] Gesetz zur verbesserten Durchsetzung des Anspruchs der Urheber und ausübenden Künstler auf angemessene Vergütung und zur Regelung von Fragen der Verlegerbeteiligung vom 20.12.2016, BGBl. I S. 3037.

hiermit den besonderen (Lizensierungs-)Umständen bei Computerprogrammen Rechnung getragen werden.[22]

II. Systematik und Auslegung der §§ 69a–69g

5 Der Gesetzgeber hat die materiellrechtlichen Regelungen der Computerprogrammrichtlinie nicht in die einzelnen, den jeweiligen Regelungsgegenstand behandelnden Vorschriften des UrhG eingearbeitet (also etwa das Vervielfältigungsrecht in § 16, das Verbreitungsrecht in § 17 usw), sondern hat den Ersten Teil des UrhG um einen **gesonderten Abschnitt für Computerprogramme** ergänzt, in dem die Regelungen für Computerprogramme zusammengefasst sind. Maßgeblich dafür war die Erkenntnis, dass zwischen der Werkart Computerprogramm und den traditionellen Werkarten Unterschiede bestehen, die Sonderregelungen erforderlich machten, die sich auf andere Teile des UrhG nicht ohne Weiteres übertragen lassen.[23] Zudem erfolgte die Zusammenfassung im Interesse der Übersichtlichkeit und der Erleichterung der Rechtsanwendung. Darüber hinaus wollte der Gesetzgeber aber auch **Ausstrahlungen der Sonderregelungen für Computerprogramme auf das allgemeine Urheberrecht möglichst vermeiden.**[24] Das verbietet zumindest im Grundsatz eine Berücksichtigung der Sonderregelungen für Computerprogramme bei der Auslegung der übrigen UrhG.[25] Umgekehrt können aufgrund des bei Computerprogrammen im Vordergrund stehenden Schutzes der Investitionen und der wirtschaftlichen Leistung die Normen, die auf das Urheberpersönlichkeitsrecht bezogen sind, nur selten angewandt werden.[26]

6 Bei §§ 69a–69e und bei § 69g handelt es sich der Sache nach um Unionsrecht, „um **ein Stück europäisches Urheberrecht**" innerhalb des UrhG".[27] Das bedeutet, dass diese Vorschriften **richtlinienkonform auszulegen** sind;[28] die Letztentscheidungskompetenz kommt gem. Art. 267 AEUV dem EuGH zu.[29] Auch erwartete der Gesetzgeber, dass sich die Rechtsprechung der Mitgliedstaaten wechselseitig beeinflussen wird.[30] Eine möglichst einheitliche Auslegung der Bestimmungen zum Rechtsschutz von Computerprogrammen in den EU-Mitgliedstaaten sollte auch dadurch gefördert werden, dass die Formulierungen der Richtlinie weitgehend wörtlich in die §§ 69a ff. übernommen worden sind, auch soweit dies nicht dem Sprachgebrauch des UrhG entspricht.[31]

7 Computerprogramme sind, wie die Einordnung in § 2 Abs. 1 Nr. 1 zeigt, **Sprachwerke**. Sie sind den **wissenschaftlichen Werken** zuzurechnen. Gegenüber den anderen Teilen des UrhG sind die §§ 69a–69g **leges speciales**. Die Bestimmungen für Sprachwerke finden ergänzende Anwendung.[32] Die **Übergangsregelung** für vor dem 24.6.1993 geschaffene Computerprogramme ist in § 137d enthalten.

III. Schutz von Computerprogrammen außerhalb des Urheberrechts

8 **Urheberrechtsschutz** hat als der **hauptsächliche Schutz für Computerprogramme** zu gelten, der Gesetzgeber ist davon ausgegangen, dass Computerprogramme in der Regel urheberrechtlich geschützt sind.[33] Dem steht aber ein zusätzlich bestehender Schutz durch das Patentrecht oder durch andere Rechtsgebiete, wie das Wettewerbsrecht, nicht entgegen.[34] Die ursprünglich vom BGH gestellten hohen Anforderungen an Individualität und Gestaltungshöhe (vgl. → Rn. 3) sind durch § 69a Abs. 3 S. 2 gegenstandslos geworden.[35]

9 **Patentrechtlicher Schutz**[36] von Computerprogrammen ist nicht in gleichem Umfang wie Urheberrechtsschutz möglich.[37] In Übereinstimmung mit Art. 52 Abs. 2 lit. c und Abs. 3 des Europäischen Patentübereinkommens (EPÜ) bestimmt § 1 Abs. 3 Nr. 3 iVm Abs. 4 PatG, dass Programme für Datenverarbeitungsanlagen „als solche" vom Patentschutz ausgeschlossen sind. Diese Ausschlusstatbestän-

---

[22] Siehe Gesetzesentwurf der BundesReg. mit entsprechenden Ausnahmen und Anfragen des Bundesrates, BT-Drs. 18/8625.
[23] AmtlBegr. BT-Drs. 12/4022, 7 f. s. auch Fromm/Nordemann/*Czychowski* UrhG Vor §§ 69a ff. Rn. 4: Schutz von Computerprogrammen lässt sich nicht völlig reibungsfrei mit dem UrhG vereinbaren.
[24] AmtlBegr. BT-Drs. 12/4022, 8.
[25] Vgl. zu diesen Fragen näher *Schulte* CR 1992, 588 (590 f.); *Dreier* GRUR 1993, 781 (781 f.).
[26] Wandtke/Bullinger/*Grützmacher* UrhG Vor §§ 69a ff. Rn. 7; zum Investitionsschutz s. auch Dreier/Schulze/*Dreier* UrhG § 69a Rn. 1.
[27] AmtlBegr. BT-Drs. 12/4022, 8.
[28] Vgl. auch AmtlBegr. BT-Drs. 12/4022, 8; s. ferner Dreier/Schulze/*Dreier* UrhG § 69a Rn. 4 mwN.
[29] DKMH/*Kotthoff* UrhG § 69a Rn. 2, der allerdings noch auf Art. 234 EG rekurriert.
[30] AmtlBegr. BT-Drs. 12/4022, 8.
[31] AmtlBegr. BT-Drs. 12/4022, 8.
[32] § 69a Abs. 4, vgl. näher → § 69a Rn. 23.
[33] AmtlBegr. BT-Drs. 12/4022, 10.
[34] *Kunz-Hallstein/Loschelder* GRUR 2013, 704 (705); Überblick auch bei *Spindler* in Intveen/Gennen/Karger, Handbuch des Softwarerechts, S. 27 ff.
[35] BGH GRUR 1994, 39 – Buchhaltungsprogramm; vgl. näher → § 69a Rn. 17.
[36] Ausf. Leupold/Glossner/*Wiebe* MAH IT-Recht Teil 4 Rn. 141 ff.; zu den Unterschieden zwischen dem urheber- und dem patentrechtlichen Schutz bereits im dogmatischen Ansatz Fromm/Nordemann/*Czychowski* UrhG Vor §§ 69a ff. Rn. 22.
[37] Zum Verhältnis von Patent- und Urheberrecht *Hilty/Köklü* FS Bornkamm, 2014, 797 (805 ff.).

de werden in der Praxis aber letztlich dadurch konterkariert, dass es im Patentrecht keine Zweckbindung an bestimmte Anwendungsbereiche des Patents gibt.[38] Besagte Ausschlussbestimmungen sind zum Teil darauf zurückzuführen, dass eine Überlastung der dafür nicht eingerichteten Patentämter mit Recherchen zum Stand der Technik bei Computerprogrammen befürchtet wurde, zum Teil darauf, dass sich das Interesse der Industrie seinerzeit auf Hardware konzentrierte und kein besonderes Bedürfnis für einen Patentrechtschutz von Computerprogrammen bestand.[39] Die zunehmende Bedeutung der Software änderte diese Einstellung jedoch grundlegend und führte dazu, dass die Ausschlussbestimmungen durch Behörden und Gerichte einschränkend ausgelegt wurden.[40] Vor allem das Europäische Patentamt begann in zunehmendem Maße, Patente für softwarebezogene Erfindungen zu erteilen. Der BGH ließ anfangs Schutz für Computerprogramme nur in sehr engen Grenzen zu, hat aber später diese restriktive Praxis deutlich gelockert.[41] Auf nationaler Ebene gab es durch einen interfraktionellen Antrag Bestrebungen, Softwarepatente zu begrenzen,[42] der aber nicht mehr weiter verfolgt wurde. Angesichts der unterschiedlichen Handhabung der Patentfähigkeit von Computerprogrammen in den Mitgliedstaaten der EU[43] und einer sehr weitgehenden Erteilungspraxis in den USA, die europäische Unternehmen um ihre Wettbewerbsfähigkeit fürchten ließ, legte die Europäische Kommission, nachdem über Jahrzehnte hinweg die Einführung eines Gemeinschaftspatents in Form des Gemeinschaftspatentübereinkommens nicht gelungen war,[44] im Jahr 2000 den Vorschlag einer Verordnung zur Einführung des Gemeinschaftspatents vor, der aber in zahlreichen Mitgliedstaaten auf Widerspruch stieß und bis heute seiner Umsetzung harrt,[45] wobei dies vor allem auf eine fehlende Einigung darüber zurückzuführen ist, wer über die Verbindlichkeit der Übersetzung der Patentansprüche in die mitgliedstaatlichen Sprachen entscheidet und welche Fehlerfolgen hieraus resultieren.[46] Um wenigstens bei mit Computerprogrammen in Zusammenhang stehenden Erfindungen eine gewisse Harmonisierung der nationalen Regelungen zu erreichen, präsentierte die Kommission 2002 einen **Richtlinienvorschlag über die Patentierbarkeit computerimplementierter Erfindungen,**[47] der in allen Mitgliedstaaten einen im Wesentlichen auf der bisherigen Basis beruhenden Patentschutz für Computerprogramme gewährleisten sollte.[48] Auch dieser Vorschlag stieß vielfach auf Ablehnung; schwerwiegende Einwände wurden auch im Europäischen Parlament erhoben, die teilweise in einem Gemeinsamen Standpunkt des Rates zum Richtlinienentwurf berücksichtigt wurden.[49] Gleichwohl wurde der Gemeinsame Standpunkt vom Parlament im Juli 2005 abgelehnt, so dass die Richtlinie damit gescheitert war.[50] Zwar soll der Gemeinsame Standpunkt als „Diskussionsgrundlage"[51] genutzt werden;[52] doch kam es bislang nicht zu einem neuerlichen Vorschlag der Kommission.

Nach der **Praxis des Europäischen Patentamts** und der **Rechtsprechung des BGH** ist für die **10** Patentfähigkeit eines Computerprogramms ausschlaggebend, dass es einen **technischen Charakter** aufweist.[53] Auch nach Art. 4 Nr. 2 des Richtlinienvorschlags der Kommission war Voraussetzung der Patentierbarkeit, dass die computerimplementierte Erfindung einen technischen Beitrag leistet. Schon in der Entscheidung Computerprogramm/IBM[54] wurde es vom EPA als ausreichend angesehen, dass ein Computerprogramm der Steuerung technischer Vorrichtungen oder Verfahren dient.[55] Dabei ist die Entscheidungspraxis des **Europäischen Patentamts** eher noch großzügiger geworden, sie lässt es zum Beispiel ausreichen, dass der Einsatz eines Computerprogramms technische Überlegungen erfordert[56] oder dass ein Computerprogramm bei seinem Ablauf auf einem Computer einen weiteren

---

[38] *Hilty* FS Köhler, 2014, 289 (290, 296).

[39] Vgl. dazu mwN *Kraßer* Patentrecht S. 152.

[40] Dazu *Marly* Rn. 423 ff.

[41] Näher zu dieser Entwicklung *Kraßer* Patentrecht S. 152 ff., 159 ff.; *Ohly* CR 2001, 809 ff.; *Esslinger/Betten* CR 2000, 18 ff.; *Weyand/Haase* GRUR 2004, 198 ff.; Leupold/Glossner/*Wiebe* MAH IT-Recht Teil 4 Rn. 142; umfangreiche Darstellung der Entwicklung auch bei Wandtke/Bullinger/*Grützmacher* UrhG § 69g Rn. 10 ff.

[42] Ausf. *Ensthaler* GRUR 2013, 666; *Kunz-Hallstein/Loschelder* GRUR 2013, 704.

[43] Auch soweit Patente durch das Europäische Patentamt erteilt werden, erfolgt ihre Auslegung doch durch die nationalen Gerichte.

[44] S. dazu *Kraßer* Patentrecht S. 98 f.; ausf. *Marly* Rn. 427 ff.

[45] Näher dazu *Kraßer* Patentrecht S. 102 ff.

[46] http://europa.eu/legislation_summaries/internal_market/single_market_for_goods/pharmaceutical_and_cosmetic_products/l26056_de.htm, sub. „Zusammenfassung" aE.

[47] Dok. KOM 2002 [92] v. 20.2.2002, ABl. 2002 C 151 E, S. 129.

[48] Näher dazu *Metzger* CR 2003, 313; *Röttinger* CR 2002, 616 ff.; Überblick bei *Kraßer* Patentrecht S. 104; *Kretschmer* GRUR 2002, 407.

[49] Dok. Gemeinsamer Standpunkt (EG) Nr. 20/2005 v. 7.3.2005, ABl. 2005 C 144 E, S. 9.

[50] S. GRUR 2005, 741; sa *Leisner* EWS 2005, 396.

[51] *Marly* Rn. 429.

[52] *Marly* Rn. 429.

[53] Zu den Fallstricken der Patentanmeldung und der Anmeldungspraxis des DPMA und EPA im Bereich der Informatik vgl. *Schwarz/Kruspig* S. 97 ff., 123 ff.

[54] GRUR-Int 1999, 1053.

[55] S. ferner die Entscheidungen Gerätesteuerung/HENZE ETAT 125/01 v. 11.12.2002; Garbage collection/TAO GROUP ETAT 121/06 v. 25.1.2007, File search method/FUJITSU EPAT 1351/04 v. 18.4.2007; Clipboard formats I/MICROSOFT EPAT 424/09 v. 23.2.2006.

[56] EPA GRUR 1995, 909 (911) – Universelles Verwaltungssystem/SOHEI.

technischen Effekt bewirkt, der über die „normale" physikalische Wechselwirkung zwischen dem Programm und dem Computer hinausgeht.[57] Die Rechtsprechung des **BGH** war **zunächst wesentlich zurückhaltender;** nur bei wenigen Programmen wurde auf Grund der Funktion des Computerprogramms dessen technische Natur bejaht, beispielsweise bei einem durch ein Computerprogramm gesteuerten Antiblockiersystem für Kraftfahrzeuge.[58] Überwiegend wurden Computerprogramme als nichttechnische Handlungsanweisungen angesehen, für die ein Patentschutz nicht in Betracht kam; so wurde selbst einem Computerprogramm, das den Treibstoffverbrauch von Flugzeugen so regulierte, dass die Treibstoffkosten für einen Flug minimiert wurden, der technische Charakter abgesprochen.[59] Anfang der neunziger Jahre wurden aber bereits deutliche Auflockerungen erkennbar.[60] In weiteren Entscheidungen wurden die Möglichkeiten, Patentschutz für Problemlösungen zu erhalten, die Computerprogramme einsetzen, wesentlich erweitert. So beurteilt der BGH heute die Frage, ob die erforderliche Technizität vorliegt, auf Grund einer wertenden Betrachtung des im Patentanspruch definierten Gegenstandes,[61] es reicht aus, dass eine Lehre für ein Computerprogramm durch eine Erkenntnis geprägt ist, die auf technischen Überlegungen beruht.[62] Der BGH geht davon aus, dass „[n]icht der Einsatz eines Computerprogramms selbst, sondern die Lösung eines technischen Problems mit Hilfe eines (programmierten) Rechners [...] vor dem Hintergrund des Patentierungsverbots eine Patentfähigkeit zur Folge haben [kann]."[63] Aufgrund von § 1 Abs. 3 Nr. 3, Abs. 4 PatG müsse „die beanspruchte Lehre vielmehr über die für die Patentfähigkeit unabdingbare Technizität hinaus Anweisungen enthalten, die der Lösung eines konkreten technischen Problems mit technischen Mitteln dienen".[64] Dem stehe auch nicht Art. 52 Abs. 2 lit. c, Abs. 3 EPÜ entgegen.[65] Dem ist die Rechtsprechung des BPatG weitgehend gefolgt.[66] Einer Datenverarbeitungsanlage, die in bestimmter Weise programmtechnisch eingerichtet ist, kommt technischer Charakter zu, selbst dann, wenn auf der Anlage eine Bearbeitung von Texten vorgenommen wird.[67] Heute lässt sich feststellen, dass der BGH seine Rechtsprechung der des EPA zumindest stark angenähert hat.[68] Auf jeden Fall bedarf es aber wie sonst auch im Patentrecht einer „Neuheit",[69] was gerade bei Computerprogrammen an sich Probleme aufwirft, da es sich um codierte Problemlösungen handelt. Auch verschiebt sich das Problem der Technizität (und Erfindungshöhe) dadurch nur auf eine tatbestandlich spätere Prüfung.[70] Insgesamt schwankt die Rechtsprechung aber stark und kann hier in allen Facetten nicht nachgezeichnet werden.[71]

11   **Kennzeichenrechtlicher Schutz**[72] von Computerprogrammen kann nicht das Programm unmittelbar, sondern nur seine Bezeichnung schützen. Ein Programmschutz kann sich daraus insofern ergeben, als nicht nur Handbücher, Verpackung, Begleitmaterial usw die geschützte Bezeichnung tragen, sondern die Bezeichnung auch so in das Programm integriert sein kann, dass sie beim Programmlauf auf dem Bildschirm erscheint und damit in markenrechtlich relevanter Weise benutzt wird.[73] Die Effizienz eines Schutzes, über den die Auffassungen auseinander gehen, hängt letztich von dem Aufwand ab, der erforderlich ist, um die Bezeichnung wieder aus dem Programm zu entfernen.[74] Für die Bezeichnung von Computerprogrammen kommt sowohl Markenschutz als auch Werktitelschutz in Betracht. **Markenschutz** setzt voraus, dass die Bezeichnung in das Markenregister eingetragen ist (§ 4

---

[57] EPA GRUR 1999, 1053 (1055 f.) – Computerprogrammprodukt/IBM; näher zur Entscheidungspraxis des EPA *Kraßer* Patentrecht S. 153 ff.

[58] BGH GRUR 1980, 849 – Anti-Blockiersystem.

[59] BGH GRUR 1986, 531 – Flugkostenminimierung.

[60] BGH GRUR 1992, 33 – Seitenpuffer; BGH GRUR 1992, 430 – Tauchcomputer; dazu *Betten* GRUR 1995, 775 (785 ff.).

[61] BGH GRUR 2000, 498 (500) – Logikverifikation.

[62] BGH GRUR 2000, 498 (500 f.) – Logikverifikation.

[63] BGHZ 185, 214 = GRUR 2010, 613 Rn. 22 – Dynamische Dokumentengenerierung; BGH GRUR 2011, 610 Rn. 14 ff. – Websitenanzeige.

[64] BGH GRUR 2011, 610 Rn. 17 – Websitenanzeige; BGHZ 185, 214 = GRUR 2010, 613 Rn. 22 – Dynamische Dokumentengenerierung.

[65] *Marly* Rn. 424.

[66] BPatG CR 2003, 18 (20 f.) – Kabelbaum; BPatG GRUR 2004, 850 (851) – Kapazitätsberechnung (zu integrierten Schaltungen).

[67] BGH GRUR 2000, 1007 (1008) – Sprachanalyseeinrichtung.

[68] Vgl. im Einzelnen zur Entwicklung der BGH-Rechtsprechung *Kraßer* Patentrecht S. 159 ff.; sa *Weyand/Haase* GRUR 2004, 198; *Ohly* CR 2001, 809 ff.; *Schölch* GRUR 2001, 16.

[69] BGH GRUR 2005, 141 (142) – Anbieten interaktiver Hilfe; BGH GRUR 2005, 143 (145) – Rentabilitätsermittlung; BpatG GRUR 2007, 316 (317) – Bedienoberfläche; zuvor schon BpatG GRUR 2006, 43 (45) – Transaktion im elektronischen Zahlungsverkehr II; BpatG MMR 2005, 593 (595) – Strukturierungsprogramm; für Verfahrenspatente: BGH GRUR 2011, 125 (127) – Wiedergabe topografischer Informationen; BGH GRUR 2011, 610 (612) – Webseitenanzeige; BGH GRUR 2009, 479 (480) – Steuerungseinrichtung für Untersuchungsmodalitäten; BGH CR 2010, 493 (495) – Dynamische Dokumentengenerierung.

[70] Wandtke/Bullinger/*Grützmacher* UrhG § 69g Rn. 15: „Die Frage der Technik stellt sich also ‚nur' tatbestandsmäßig später."

[71] Die Rspr. ausführlich referierend Wandtke/Bullinger/*Grützmacher* UrhG § 69g Rn. 11 ff. mwN.

[72] Ausf. zum markenrechtlichen Schutz *Marly* Rn. 580 ff.

[73] BGH GRUR 2012, 392 ff. – Echtheitszertifikat.

[74] Von einem nur unzureichenden Schutz wegen der leichten Entfernbarkeit der Bezeichnung geht Leupold/Glossner/*Wiebe* MAH IT-Recht Teil 3 Rn. 150 aus; aA *Marly* Rn. 570.

Nr. 1 MarkenG) oder dass die Bezeichnung durch Benutzung im geschäftlichen Verkehr Verkehrsgeltung erworben hat (§ 4 Nr. 2 MarkenG); möglich bleibt auch die Entstehung des Markenschutzes durch die notorische Bekanntheit einer Marke nach Art. 6bis PVÜ (§ 4 Nr. 3 MarkenG). Je nach Art des Programms kann es sich um eine Warenmarke oder um eine Dienstleistungsmarke handeln.[75] Die Bezeichnung eines Computerprogramms kann auch als **Werktitel** nach § 5 Abs. 3 MarkenG geschützt sein.[76] In der Regel genügt für den Titelschutz eine Werbung oder Vorankündigung nicht, ebenso wenig eine Online-Version im Internet, wenn es sich nur um eine Beta-Version handelt;[77] vielmehr ist die erste Benutzung maßgeblich.[78] Im Unterschied zu den allgemeinen markenrechtlichen Grundsätzen können dabei für bestimmte Bereich der Computerprogramme auch „stark beschreibende[n]" oder „farblose[n]" Titeln noch eine ausreichende Kennzeichnungskraft zukommen.[79] Für die Praxis wird die Priorität mit der Veröffentlichung im Titelschutz-Anzeiger begründet („Der Software Titel").[80] Zum Verhältnis von Markenrecht und GPL → Rn. 28.

Des Weiteren kommt ein in der Praxis unbedeutender **gebrauchsmuster- und designrechtli-**　**12** **cher** (früher geschmacksmusterrechtlicher) **Schutz** in Frage.[81] Insbesondere Bildschirmmasken können unter den Designschutz fallen,[82] auch einzelne typische Menüs oder Icons, nicht aber das „look and feel" eines Programms insgesamt.[83] Auch besondere Computerschriften können über das DesignG geschützt werden.[84]

Computerprogramme können auch **wettbewerbsrechtlichen Schutz** genießen, der im Allge-　**13** meinen als ergänzender Leistungsschutz bezeichnet wird.[85] Durch §§ 69a ff. wird wettbewerbsrechtlicher Schutz nicht ausgeschlossen.[86] Der wettbewerbsrechtliche Schutz von Computerprogrammen hat vor allem vor Einfügung der §§ 69a ff. angesichts der damals durch den BGH aufgestellten hohen urheberrechtlichen Schutzanforderungen (→ Rn. 3) eine erhebliche Rolle gespielt, heute kommt ihm nur noch eine den Urheberrechtsschutz ergänzende Bedeutung zu.[87] Wettbewerbsschutz reicht weniger weit als Urheberrechtsschutz. Er verhindert nur das Inverkehrsetzen, nicht aber schon das Herstellen von Kopien und wirkt vor allem nicht gegenüber gutgläubigen Erwerbern von Programmkopien, denen ein Wettbewerbsverstoß nicht anzulasten ist; zudem besteht kein gesetzlich normierter Vernichtungsanspruch wie in § 69f Abs. 1 S. 1, Abs. 2 UrhG (§ 69f Abs. 1 S. 2 iVm § 98 Abs. 3, 4 UrhG). Die Zielrichtung des Schutzes ist eine andere als beim Immaterialgüterschutz: Wettbewerbsrechtlich geschützt ist nicht das Leistungsergebnis als solches, sondern der Schutz richtet sich – verhaltensbezogen[88] – gegen die anstößige Art und Weise der Benutzung der fremden Leistung im wettbewerblichen Leistungskampf. Wettbewerbsrechtlicher Schutz kommt der Leistung deshalb nur reflexartig zugute, darf jedoch den Wertungen des Urheberrechts nicht widersprechen,[89] da sonst die spezifischen Interessensabwägungen des Urhebers gerade im Computerprogrammbereich zwischen Offenhaltung des Wettbewerbs und Eigentumsschutz unterlaufen werden könnten. Ist ein Computerprogramm urheberrechtlich nicht geschützt, so müssen **besondere Umstände** hinzutreten, um einen Wettbewerbsverstoß zu begründen (dazu → Rn. 14). Es kommen vor allem eine Anwendung von § 4 Nr. 3 UWG[90] (§§ 3 Abs. 1, 4 Nr. 9 UWG aF) unter dem Gesichtspunkt der **un-**

---

[75] Näher *Fezer,* Markenrecht, MarkenG § 3 Rn. 277; *Schweyer* in Lehmann, Rechtsschutz, Kap. VIII Rn. 7 ff.; sa *Bohlig* CR 1986, 126 ff.

[76] BGHZ 135, 278 = GRUR 1998, 155 – Powerpoint; BGH GRUR 1998, 1010 – WINCAD; BGH GRUR 1997, 902 – FTOS; OLG Köln K&R 2015, 336 – Farming Simulator; *Marly* Rn. 584 f.; *Fezer,* Markenrecht, MarkenG § 3 Rn. 282; *Fezer* GRUR-Int 1996, 445 (447); *Lehmann* CR 1995, 129 und GRUR 1995, 250; *Jacobs* GRUR 1996, 601; *Deutsch* GRUR 2013, 113 (114); aA *Betten* GRUR 1995, 5 und CR 1995, 383.

[77] OLG Hamburg ZUM 2001, 514 (516 ff.).

[78] BGHZ 135, 278 (283) = GRUR 1998, 155 – PowerPoint; BGH GRUR 1998, 1010 (1012) – WINCAD.

[79] Für den Bereich der (Computer-)Simulationsspiele annehmend: OLG Köln MMR 2015, 683 Rn. 49 ff., insbes. 52 – Farming Simulator; für den Bereich der „herkömmlichen Computersoftware" aber ablehnend: *Ingerl/ Rohnke* MarkenG § 5 Rn. 100; für Smartphone-Applikationen ebenfalls ablehnend: LG Hamburg GRUR-RR 2014, 206 (207) – wetter.de; OLG Köln GRUR 2014, 1111 Rn. 27 – Wetter-App.

[80] BGH NJW 1997, 3315 (3316) – FTOS.

[81] Dazu *v. Falkenstein* in Lehmann, Rechtsschutz, Kap. VI.

[82] *Eichmann/*v. Falckenstein/Kühne DesignG § 1 Rn. 26; zust. Wandtke/Bullinger/*Grützmacher* UrhG § 69g Rn. 7.

[83] *Kur* GRUR 2002, 661 (663); *Wandtke/Ohst* GRUR-Int 2005, 91 (94).

[84] Wandtke/Bullinger/*Grützmacher* UrhG § 69g Rn. 7.

[85] Ausf. zum lauterkeitsrechtlichen ergänzenden Leistungsschutz von Software *Marly* Rn. 536 ff.; Wandtke/ Bullinger/*Grützmacher* UrhG § 69g Rn. 23 ff.; Leupold/Glossner/*Wiebe* MAH IT-Recht Teil 3 Rn. 148 f.

[86] § 69g Abs. 1, → § 69g Rn. 1; sa BGH CR 1996, 79 (80).

[87] Anders wohl Fromm/Nordemann/*Czychowski* UrhG Vor §§ 69a ff. Rn. 16 mwN, der die Problematik, die Nachahmung zu beweisen, hervorhebt.

[88] BGHZ 161, 204 = GRUR 2005, 349 (352) – Klemmbausteine III; *Dreier/Vogel,* Software- und Computerrecht, S. 110.

[89] Ausf. MüKoUWG/*Wiebe* § 4 Rn. 20 ff.; GK-UWG/*Leistner* § 4 Rn. 46 ff.; *Köhler/*Bornkamm/Feddersen UWG § 4 Rn. 9.6 ff.

[90] Eine Synopse der Alt- und Neufassung des UWG sowie eine Gegenüberstellung mit den Vorschriften der UGP-Richtlinie (Richtlinie 2005/29/EG des Europäischen Parlaments und des Rates vom 11.5.2005 über unlautere Geschäftspraktiken im binnenmarktinternen Geschäftsverkehr zwischen Unternehmen und Verbrauchern und zur Änderung der Richtlinie 84/450/EWG des Rates, der Richtlinien 97/7/EG, 98/27/EG und 2002/65/EG des Europäischen Parlaments und des Rates sowie der Verordnung (EG) Nr. 2006/2004 des Europäischen Parlaments

zulässigen Leistungsübernahme (dazu → Rn. 14) sowie ein Schutz als **Betriebsgeheimnis** nach §§ 17, 18 UWG (dazu → Rn. 15) in Betracht.

14 Zwar ist umstritten, ob die vor Inkrafttreten des UWG von 2004 nach § 1 UWG aF zu beurteilende **unzulässige Leistungsübernahme** heute neben § 4 Nr. 3 UWG (§§ 3 Abs. 1, 4 Nr. 9 UWG aF) auch von § 3 Abs. 1 UWG unmittelbar erfasst wird.[91] Bei diesem Streit geht es um die Frage, ob § 4 Nr. 3 UWG (§§ 3 Abs. 1, 4 Nr. 9 UWG aF) abschließender Natur sind. Der BGH hat diese Frage auch in seinen neueren Entscheidungen ausdrücklich offen gelassen.[92] Aufgrund der Kodfizierung der besonderen Unlauterkeitsmomente in § 4 Nr. 3 UWG (§ 4 Nr. 9 UWG aF) ist dies jedoch bereits aus systematischen Gründen abzulehnen.[93] Auf dem Umweg über das Lauterkeitsrecht dürfen de facto keine zusätzlichen Immaterialgüterrechte geschaffen werden,[94] weshalb ein unmittelbarer Rückgriff auf § 3 Abs. 1 ausscheidet.[95] Unter § 4 Nr. 3a UWG (§§ 3 Abs. 1, 4 Nr. 9a UWG aF) fällt die Leistungsübernahme (Nachahmung), wenn dadurch eine vermeidbare Täuschung der Abnehmer über die betriebliche Herkunft herbeigeführt wird, während auf die praktisch wichtigeren Fälle, in denen sich die Unlauterkeit unmittelbar aus der Übernahme der fremden Leistung ergibt (unmittelbarer Leistungsschutz), die Generalklausel des § 3 Abs. 1 UWG anzuwenden[96] ist. Für beide Fallgruppen gilt, dass die von der Rechtsprechung und im Schrifttum entwickelten Beurteilungsmaßstäbe auch nach Inkrafttreten des UWG-2008 anwendbar bleiben. Dies gilt mit selbiger Argumentation auch für das UWG-2015, mit dem der Gesetzgeber lediglich eine gesetzessystematische Klarstellung zur Angleichung an die Vorgaben der UGP-Richtlinie beabsichtigte.[97] **Ergänzender Leistungsschutz** setzt die **wettbewerbliche Eigenart** des Programms voraus.[98] Bei Computerprogrammen kann die wettbewerbliche Eigenart üblicherweise angenommen werden;[99] sie ergibt sich im Allgemeinen bereits aus der Struktur und Komplexität des Programms.[100] Nachahmung und Eigenart stehen dabei in einer Wechselwirkung: die Eigenart muss nicht stark ausgeprägt sein, je deutlicher die Nachahmung ist.[101] Auch einfache Anwendungsprogramme oder Computerspiele weisen eine Eigenart auf.[102] Die Herkunftstäuschung durch Nachahmung (§ 4 Nr. 3a UWG)) liegt bei Programmen dabei nicht darin, dass der Code nachgeahmt würde, da dieser nicht sichtbar ist, sondern in den äußeren Merkmalen des Computerprogramms, insbesondere der grafischen Benutzeroberfläche etc.[103] Allerdings schlägt sich gerade hier die grundlegende Abwägung im Urheberrecht der Computerprogramme nieder, dass Grundsätze und Ideen schutzfrei bleiben.[104] Zu Recht hält die Rechtsprechung den Wettbewerb dadurch offen, dass ähnliche Bildschirmmaksen keine Rufausbeutung oder Nachahmung sind, wenn damit Kunden einfacher auf ein anderes Programm wechseln können.[105]

14a Die Unlauterkeit ergibt sich daraus, dass der Verletzer sich die zeitraubende und kostenintensive Entwicklung eines Programms erspart, sich die Leistung des Originalherstellers mittels eines einfachen technischen Vervielfältigungsverfahrens ohne nennenswerte eigene Anstrengungen aneignet, sich dadurch einen Wettbewerbsvorsprung verschafft und den Originalhersteller in der Realisierung seiner Absatzchancen behindert.[106] Schwerpunkt der Unlauterkeit ist also der Vorwurf der Behinderung, indem der Verletzer sich die Arbeitsergebnisse des Rechteinhabers aneignet.[107] Da es um die Übervorteilung des Wettbewerbers geht, können nur Teile, die der andere sich aneignet, nicht genügen; es muss sich zumindest um wesentliche Programmteile, die funktionsfähig sind, handeln.[108] Einen Wett-

---

und des Rates (Richtlinie über unlautere Geschäftspraktiken), ABl. 2005 L 149, S. 22) findet sich bei *Alexander* WRP 2015, 1448; BT-Drs. 18/4535 (RegE), BT-Drs. 18/6571 (Beschlussfassung und Bericht).

[91] Zum Streit ausführlich Ohly/Sosnitza/*Ohly* UWG § 4 Rn. 3, 77 ff. mwN.

[92] BGH GRUR 2017, 79 Rn. 97 – Segmentstruktur; BGHZ 187, 255 = GRUR 2011, 436 Rn. 19 – Hartplatzhelden.de mAnm *Ohly*.

[93] So bereits zum UWG von 2008 (§ 4 Nr. 9 UWG aF): MüKoUWG/*Wiebe* § 4 Rn. 6 f.; aA, aber mit strengen Voraussetzungen bei § 3 Abs. 1 UWG etwa Ohly/Sosnitza/*Ohly* UWG § 4 Rn. 3, 78b.

[94] Köhler/Bornkamm/Feddersen/*Köhler* UWG § 4 Rn. 3.5c.

[95] AA Ohly/Sosnitza/*Ohly* UWG § 4 Rn. 3/78a f.

[96] So wohl BGHZ 161, 204 = GRUR 05, 349 (352) – Klemmbausteine III; ausdrücklich offen lassend dagegen BGHZ 187, 255 = GRUR 2011, 436 Rn. 19 mAnm *Ohly* GRUR 2011, 439; bejahend *Erdmann* GRUR 2007, 130 (131); *Ohly* GRUR 2010, 487 (491 ff.); *Ruess/Slopek* WRP 2011, 834 (840 ff.); aA Köhler/Bornkamm/Feddersen/*Köhler* UWG § 4 Rn. 3.5c, 3.21; MüKoUWG/*Wiebe* UWG § 4 Rn. 24; *Nemeczek* WRP 2010, 1204 ff.

[97] BT-Drs. 18/4535, 1.

[98] Köhler/Bornkamm/Feddersen/*Köhler* UWG § 4 Rn. 3.24 ff.; Ohly/Sosnitza/*Ohly* UWG § 4 Rn. 3, 32 ff.

[99] BGH GRUR 1996, 78 – Umgehungsprogramm; *Dreier/Vogel,* Software- und Computerrecht, S. 111.

[100] S. etwa LG Oldenburg GRUR 1996, 481 (485) – Subventions-Analyse-System.

[101] BGHZ 50, 125 (130 f.) – Pulverbehälter.

[102] OLG Karlsruhe CR 2010, 427 (430); *Lehmann* CR 1996, 80 (81).

[103] OLG Karlsruhe CR 2010, 427 (430); LG Frankfurt a. M. CR 2007, 424 (425 f.); s. auch KG CR 1987, 850 (851) – Kontenrahmen; *Koch* GRUR 1991, 180 (191 f.).

[104] KG CR 1987, 850 (852 f.) – Kontenrahmen; LG Berlin CR 1987, 584 (585 f.) – btx-Grafik; *Koch* GRUR 1991, 180 (192); *Loewenheim* FS Hubmann, 1985, 307 (311 f.); *Lehmann* in Lehmann Kap. IX. Rn. 14 f.; Wandtke/Bullinger/*Grützmacher* UrhG § 69g Rn. 25; *Wiebe* § 7 S. 147, 149 f., 158 f.

[105] OLG Karlsruhe CR 2010, 427 (431).

[106] OLG Frankfurt a. M. GRUR 1989, 678 (680) – PAM-Crash; LG Oldenburg GRUR 1996, 481 – Subventions-Analyse-System.

[107] LG Oldenburg CR 1996, 217 (222 f.) – Expertensystem.

[108] OLG Frankfurt a. M. GRUR 1989, 678 (680) – PAM-Crash; großzügiger OLG München CR 1991, 217 (219); LG Oldenburg CR 1996, 217 (223) – Expertensystem.

bewerbsverstoß kann nicht nur die **unmittelbare Leistungsübernahme** begründen, sondern auch die **nachschaffende Leistungsübernahme**.[109] Die nachschaffende Leistungsübernahme hat angesichts des mit ihr verbundenen Aufwandes für Computerprogramme keine größere Bedeutung, kann aber ebenfalls auf Grund besonderer Umstände wettbewerbswidrig sein.[110] Von § 3 UWG werden ferner **Programmsperren** (Dongles) gegen ihre unbefugte Beseitigung wegen der darin liegenden Behinderung geschützt, aber auch schon das Anbieten oder Importieren entsprechender Programme oder Tools.[111] Dagegen liegt in der Blockade unerwünschter Zusatzprogramme bei einem Software-einstellungspunkt durch ein Antivirusprogramm keine wettbewerbswidrige Behinderung.[112]

Demgegenüber war äußerste Zurückhaltung gegenüber der Anwendung der Fallgruppen vom unlauteren Einschieben in eine fremde Serie bzw. Lieferung von Ersatzteilen und Zubehör angebracht.[113] Denn die Computerprogramm-RL will gerade Schnittstellen und das Interagieren von Programmen ebenso wie Sekundärmärkte offenhalten (→ § 69e Rn. 2).[114] Allenfalls dann, wenn eine Software von vornherein auf Ergänzungslieferungen hin angelegt ist und sich ein Mitbewerber dies zunutze macht, könnte also bisher von einem unlauteren Einschieben in die fremde Serie die Rede sein.[115] Die Fallgruppe des Einschiebens in eine fremde Serie wurde nun jedoch durch den BGH unter Verweis auf nicht (mehr) bestehende Schutzlücken aufgegeben.[116] **14b**

Eine Wettbewerbswidrigkeit infolge Rufausbeutung oder Behinderung kann dagegen vor allem bei sog. **Cheatbots** oder **Modchips**[117] vorliegen, da sie das eigentliche Spiel mit seinen Anreizen verfälschen, § 4 Nr. 3b und § 4 Nr. 4 UWG (§ 4 Nr. 9b und § 4 Nr. 10 UWG aF).[118] Zu unterscheiden sind hier verschiedene Arten von Cheatbots, je nach deren Funktionsweise. Schaltet das Programm Funktionen frei, die sonst lediglich von dem Anbieter des Spieles erhältlich sind („substituierende Cheatbots"),[119] so kommt ein Lauterkeitsverstoß iSd § 4 Nr. 3b UWG (§ 4 Nr. 9b UWG aF) in Betracht.[120] Bei Cheatbots, die Modifikationen zugunsten der Spieler gewähren, die diese nicht anderweitig erhalten können und die innerhalb des Spieles ohne Cheatbots gar nicht erhältlich sind, kommt ein Verstoß gegen § 4 Nr. 4 UWG (§ 4 Nr. 10 UWG aF) in Frage, wenn ein herstellerseitiges Verbot gegeben ist.[121] § 4 Nr. 4 UWG kann auch verletzt sein, wenn der Cheatbot Beeinträchtigungen des Spieleablaufs insgesamt herbeiführt.[122] Gleiches (vertriebsbezogene Behinderung) gilt für Bots, die einen automatisierten Ablauf des Spiels entgegen den Spiel- und Lizenzbedingungen eines Online-Spieles ermöglichen (sog. Buddy-Bots), da damit der Reiz des Spieles verloren geht und das Spiel an Attraktivität einbüßt.[123] **14c**

Auch ist der Schutz des Computerprogramms durch die Vorschriften zum **Betriebsgeheimnis** (respektive Geheimnisschutz[124]) denkbar. Bisher ist der Schutz des Betriebsgeheimnisses in **§§ 17 ff. UWG**[125] geregelt und – konträr zu den Rechtsordnungen der anderen Mitgliedstaaten – primär strafrechtlich orientiert.[126] Ein zivilrechtlicher Schutz erfolgte dagegen unter der Bezugnahme auf diese strafrechtlichen Normen **aus § 823 Abs. 2 und § 826 BGB;**[127] im Wettbewerbsrecht auch über § 3a UWG iVm § 3 UWG.[128] Schon unter geltender Rechtslage ist der Schutz über §§ 17, 18 UWG begrenzt. Im Unternehmen erarbeitete Computerprogramme werden in aller Regel Betriebsgeheimnisse darstellen;[129] dies gilt insbesondere bei komplexen Programmen,[130] bei fehlender Offenlegung **15**

---

[109] Köhler/Bornkamm/Feddersen/*Köhler* UWG § 4 Rn. 3.37; *Harte-Bavendamm* CR 1986, 615.

[110] Näher *Lehmann* in Lehmann Rechtsschutz, Kap. IX Rn. 14 f.

[111] BGH GRUR 1996, 78 – Umgehungsprogramm.

[112] LG Berlin K&R 2015, 526.

[113] S. dazu OLG Hamburg CR 1998, 332 (334 f.) – Computerspielergänzung.

[114] S. auch EuGH GRUR 2012, 814 Rn. 62 – SAS-Institute; *Spindler* CR 2012, 417 (420).

[115] OLG Hamburg CR 1998, 332 (335) – Computerspielergänzung.

[116] BGH GRUR 2017, 70 Rn. 96 – Segmentstruktur; *Büscher* GRUR 2018, 1 (7).

[117] Zu Modchips → § 69f Rn. 11; *Schröder* MMR 2013, 80 (81 aE, f.); zu Fragen der Urheberrechtsverletzung bei Erstellung von Cheatbots vgl. BGH GRUR 2017, 266 – World of Warcraft I.

[118] Für Behinderung nach § 4 Nr. 4 UWG bzw. § 4 Nr. 10 UWG aF: BGH GRUR 2017, 397 Rn. 77– World of Warcraft II; OLG Hamburg CR 2015, 308 (312 f.) – World of Warcraft; LG Hamburg CR 2013, 604 (605 ff.); 2013, 120 (122 f.); 2009, 756 (757); *Werner* CR 2013, 516 (519 f.); *Hecht/Kockentiedt* CR 2009, 719 (720).

[119] *Hecht/Kockentiedt* CR 2009, 719 (722).

[120] *Hecht/Kockentiedt* CR 2009, 719 (722).

[121] *Hecht/Kockentiedt* CR 2009, 719 (722 f.).

[122] *Hecht/Kockentiedt* CR 2009, 719 (723).

[123] BGH GRUR 2017, 397 Rn. 72 ff. – World of Warcraft II; OLG Hamburg CR 2015, 308 (312 f.) – World of Warcraft.

[124] Vgl. Gesetzesentwurf der Bundesregierung zum Gesetz zur Umsetzung der Richtlinie (EU) 2016/943 zum Schutz von Geschäftsgeheimnissen vor rechtswidrigem Erwerb sowie rechtswidriger Nutzung und Offenlegung, BT-Drs. 19/4724; im Folgenden GeschGehG.

[125] Durch Art. 5 GeschGehG-E sollen die §§ 17–19 UWG gestrichen und ihr Regelungsinhalt in modifizierter Form in das GeschGehG überführt werden.

[126] *Triebe* WRP 2018, 795 Rn. 60; *Kalbfus* GRUR 2016, 1009.

[127] BGH GRUR 1977, 539 (541) – Prozessrechner; Amtl.-Begr. zum Entwurf eines Gesetzes gegen den unlauteren Wettbewerb, BT-Drs. 15/1487, 15; *Triebe* WRP 2018, 795 Rn. 60; *Kalbfus* GRUR 2016, 1009.

[128] *Triebe* WRP 2018, 795 Rn. 60.

[129] BayObLG GRUR 1991, 694 (695); OLG Celle CR 1989, 1002 (1003); LG Stuttgart NJW 1991, 441 (442); LG Freiburg CR 1990, 794; LG Memmingen CR 1988, 1026; Köhler/Bornkamm/Feddersen/*Köhler* UWG § 17 Rn. 12a; *Buchner* in Lehmann, Rechtsschutz, Kap. XI Rn. 96; *Triebe* WRP 2018, 795 Rn. 66 ff.

[130] BGH GRUR 1977, 539 (540) – Prozessrechner.

des Quellcodes[131] oder dem Versehen des Programms mit einem Dongle. Jedoch beschränkt sich der Schutz nur auf bestimmte Verletzungshandlungen, etwa die Weitergabe von Betriebsgeheimnissen durch Beschäftigte während ihres Anstellungsverhältnisses (§ 17 Abs. 1 UWG), die mit bestimmten technischen Mitteln bewirkte Ausspähung von Betriebsgeheimnissen (§ 17 Abs. 2 Nr. 1 lit. a UWG) oder auch die Verwertung oder Mitteilung eines derart erlangten Geheimnisses (§ 17 Abs. 2 Nr. 2 UWG). § 17 UWG schützt damit jeglichen Geheimnisverrat oder Formen des Ausspähenes und Verwertung oder Mitteilung an Dritte.[132] Von § 17 Abs. 2 UWG wird etwa die Mitnahme des Quellcodes durch einen angestellten Softwareentwickler erfasst, auch wenn das Programm zur Zeit der Anstellung noch auf einem privaten Computer gespeichert werden durfte.[133] Wenn bereits wenige Zeit nach dem Ausscheiden eines Mitarbeiters aus dem Unternehmen ein ähnliches bzw. Konkurrenzprogramm verfügbar wird, soll insoweit auch ein Indiz für die Mitnahme sprechen.[134] Im Zusammenhang mit Computerprogrammen (und § 17 Abs. 2 Nr. 1 lit. a UWG) besonders relevant ist jedoch die Dekompilierung bzw. das Reverse Engineering, also die Erlangung des Quellcodes durch Beobachtung und Übersetzung des Objektcodes (vgl. auch für das Urheberrecht → § 69e Rn. 4 ff.), die als solche gegen § 17 Abs. 2 Nr. 1 UWG verstoßen kann.[135] Nach bisheriger Rechtsprechung ist das Reverse Engineering bei in den Verkehr gebrachten Produkten dann unlauter, wenn sich das im Produkt verborgene Geschäftsgeheimnis nur mit großem (Zeit-, Kosten- und Arbeits-)Aufwand erlangen lässt.[136] Jedoch sind bei der wettbewerbsrechtlichen Betrachtung wiederum die urheberrechtlichen Bewertungen zu berücksichtigen: Die Dekompilierung, die als solche zwar eine zustimmungsbedürftige Maßnahme iSd § 69c darstellt (→ § 69c Rn. 13), ist im Rahmen des § 69e zulässig. Dies rechtfertigt auch den wettbewerbsrechtlichen Verstoß nach § 17 Abs. 2 Nr. 1 UWG, um die urheberrechtlichen Wertungen nicht zu unterlaufen.[137]

15a   Mit der – noch umzusetzenden[138] – **Geschäftsgeheimnisse-Richtlinie** (EU) 2016/943[139] werden sich Änderungen ergeben: Mit Art. 5 GeschGehG-E sollen die Regelungen des Betriebsgeheimnisschutzes (§§ 17–19 UWG) auf Grund des Sachzusammenhanges zunächst aus dem UWG gestrichen und in (modifizierter Form) in das GeschGehG übernommen werden.[140] Darüber hinaus soll mit § 3 Abs. 1 Nr. 1 GeschGehG-E Art. 3 Abs. 1 lit. b Geschäftsgeheimnisse-RL umgesetzt werden, der den Erwerb von Geschäftsgeheimnissen durch das Reverse Engineering ausdrücklich als rechtmäßig deklariert. Hierdurch erfolgt insbesondere auch eine inhaltliche Angleichung des Wettbewerbs- bzw. Geheimnisschutzrechts an die Rechtslage in den USA, die das Reverse Engineering „geradezu selbstverständlich"[141] als lautere Handlung begreift.[142] Mit der fehlenden Translation der Richtlinie trotz Ablauf der Umsetzungsfrist stellt sich bereits vor der Verabschiedung des GeschGehG die Frage einer Geltung im innerstaatlichen Recht. Zwar kann es nach der Rechtsprechung des EuGH zur unmittelbaren Wirkung einer Richtlinie kommen;[143] dies jedoch nur horizontal, d.h. gegenüber dem Mitgliedstaat und seinen Behördern (sog. horizontale Wirkung).[144] Dem gegenüber entfaltet die nichtumgesetzte Richtlinie keine (vertikale) Wirkung zwischen den Bürgern; dies gilt selbst dann, wenn mit einem Gericht eine staatliche Stelle angerufen wird.[145] Der Bürger kann jedoch für Schäden, die er aus der fehlerhaften bzw. nicht stattgefundenen Umsetzung erlitten hat, Kompensation verlangen.[146]

---

[131] *Raubenheimer* CR 1994, 264 (266); *Wiebe* § 8 S. 223; zweifelhaft hingegen erscheint, ob dies auch für den Quellcode gilt, der in Form eines öffentlich verbreiteten Objektcodes, also des maschinenlesbaren Programms, vorliegt; vgl. Dreier/Schulze/*Dreier* UrhG § 69a Rn. 10. Entscheidend ist in solchen Fällen der Verkörperung des Geschäftsgeheimnisses in einem (im Verkehr befindlichen) Produkt, ob dieses für jeden Fachmann ohne größeren Aufwand zugänglich ist, vgl. *Triebe* WRP 2018, 795 Rn. 67; *Nemethova/Peters* InTer 2018, 67 (71).

[132] BGH GRUR 1977, 539 (541) – Prozessrechner; *Wiebe* § 8 S. 227 f., 261 ff.

[133] BGH GRUR 2006, 1044 (1045) – Kundendatenprogramm; *Schweyer* CR 1994, 684 (686).

[134] OLG Frankfurt a. M. GRUR 1989, 678 (680) – PAM-Crash.

[135] Ohly/Sosnitza/*Ohly* UWG § 17 Rn. 26a.

[136] BayObLG GRUR 1991, 964 – Geldspielautomat; OLG Karlsruhe CR 2016, 547 (548); Köhler/Bornkamm/Feddersen/*Köhler* UWG § 17 Rn. 8a; *Kalbfus* GRUR 2016, 1009 (1012); krit. zur Rspr. etwa Ohly/Sosnitza/*Ohly* UWG § 17 Rn. 26a mwN.

[137] *Raubenheimer* CR 1994, 264 (268 f.); Wandtke/Bullinger/*Grützmacher* UrhG § 69g Rn. 35; Dreier/Schulze/*Dreier* UrhG § 69a Rn. 10; *Triebe* WRP 2018, 795 Rn. 71; *Schumacher* S. 220; aA *Moritz* CR 1993, 257 (267); *Wiebe* § 8 S. 261 ff.; *Schweyer* CR 1992, 134 (138).

[138] Nach Art. 19 Abs. 1 der Geschäftsgeheimnisse-RL ist die Richtlinie bis zum 9.6.2018 umzusetzen. Zu den Umsetzungsplänen des Bundes siehe den Entwurf der Bundesregierung zum GeschGehG vom 4.10.2018, BT-Drs. 19/4724.

[139] Richtlinie (EU) 2016/943 des Europäischen Parlaments und des Rates vom 8.6.2016 über den Schutz vertraulichen Know-hows und vertraulicher Geschäftsinformationen (Geschäftsgeheimnisse) vor rechtswidrigem Erwerb sowie rechtswidriger Nutzung und Offenlegung (Geschäftsgeheimnisse-RL).

[140] Vgl. auch BT-Drs. 19/4724, 42.

[141] *Ohly* GRUR 2014, 1 (7); vgl. ausführl. *Schweyer*, Die rechtliche Bewertung des Reverse Engineering in Deutschland und den USA, S. 100 ff., ferner für Umgehung von Schutzmaßnahmen S. 188 ff.

[142] Vgl. auch Ohly/Sosnitza/*Ohly* UWG § 17 Rn. 26a; *Kalbfus* GRUR 2016, 1009 (1012).

[143] Vgl. Streinz/*W. Schroeder* AEUV Art. 288 Rn. 92; Grabitz/Hilf/*Nettesheim* AEUV Art. 288 Rn. 142.

[144] EuGH NJW 1994, 2473 Rn. 20 ff., insbes. 24 f. – Paola Faccini Dori; EuGH NJW 1992, 165 Rn. 11 – Francovich; EuGH NJW 1982, 499 Rn. 24, 25 – Becker.

[145] Vgl. EuGH NJW 1994, 2473 Rn. 20 ff., insbes. 24 f. – Paola Faccini Dori; EuGH NJW 1986, 2178 Rn. 48 – Marshall.

[146] Vgl. EuGH NJW 1992, 165 Rn. 31 ff. – Francovich.

IV. Internationaler Schutz von Computerprogrammen

Bei Computerprogrammen ist angesichts der weltweiten Piraterie der internationale Rechtsschutz **16** von herausragender Bedeutung. Als Folge des Territorialitätsprinzips des Urheberrechts beschränkt sich der Urheberrechtsschutz, den ein Staat gewähren kann, auf sein Staatsgebiet.[147] Schutz in anderen Staaten wird, neben dem nationalen Fremdenrecht, vor allem durch die **internationalen Konventionen** auf dem Gebiet des Urheberrechts geleistet.[148] Ihre Anwendung auf Computerprogramme ist vor allem durch die Einbettung des Rechtsschutzes von Computerprogrammen in das Urheberrecht ermöglicht worden. Allerdings beschränkte sich die Einordnung der Computerprogramme in das Urheberrecht vorerst auf die nationalen Rechtsordnungen. Damit war zwar die Möglichkeit der Anwendung der internationalen Konventionen auf Computerprogramme eröffnet, der effektive Schutz hing jedoch von der nationalen Akzeptanz der Programme als urheberrechtlich geschützte Werke ab. Eine ausdrückliche Regelung oder auch nur Erwähnung hatten Computerprogramme in den internationalen Konventionen zunächst nicht gefunden, und nach hM sind jedenfalls bei den wichtigsten einschlägigen Konventionen, der Berner Übereinkunft und dem Welturheberrechtsabkommen, die Verbandsländer grundsätzlich nicht verpflichtet, neue Werkarten zu schützen, die im Katalog der schutzfähigen Werke nicht aufgeführt sind.[149] Die Anwendung der internationalen Konventionen auf Computerprogramme war also keineswegs weltweit gesichert. Das änderte sich erst durch die Berücksichtigung der Computerprogramme im TRIPS-Abkommen und im WIPO Copyright Treaty (WCT). Durch diese Regelung ist der urheberrechtliche Schutz von Computerprogrammen im System des internationalen Rechtsschutzes fest etabliert worden.

Im **TRIPS-Abkommen**[150] sind Computerprogramme in Art. 10 Abs. 1 des Abkommens einbe- **17** zogen. Danach werden Computerprogramme, gleichviel, ob sie im Quellcode oder im Maschinenprogrammcode ausgedrückt sind, als Werke der Literatur nach der Berner Übereinkunft (1971) geschützt. Damit besteht für die TRIPS-Mitgliedstaaten nicht mehr die Möglichkeit, Urheberrechtsschutz für Computerprogramme zu versagen oder die Programme in eine andere, weniger geschützte Werkart einzuordnen.[151] Art. 9 Abs. 2 TRIPS statuiert allgemein – und damit auch für Computerprogramme – dass sich der urheberrechtliche Schutz auf Ausdrucksformen und nicht auf Ideen, Verfahren, Arbeitsweisen oder mathematische Konzepte als solche erstreckt. Damit entspricht diese Regelung weitgehend Art. 1 Abs. 2 der Computerprogrammrichtlinie und § 69a Abs. 2. Art. 11 TRIPS sieht vor, dass ua in Bezug auf Computerprogramme die Mitgliedstaaten den Urhebern das Vermietrecht gewähren. Damit geht diese Vorschrift über die Berner Konvention hinaus, die das Vermietrecht nicht als Mindestrecht vorsieht.[152]

Auch in den **WIPO Copyright Treaty** (WCT) sind Regelungen über Computerprogramme aufge- **18** nommen worden. Dieser im Dezember 1996 zustande gekommene Vertrag stellt ein Sonderabkommen iSv Art. 20 RBÜ dar und soll ua die Berner Konvention an die Herausforderungen für das Urheberrecht durch die neuen Informationstechnologien anpassen.[153] Art. 4 WCT bestimmt, dass Computerprogramme als literarische Werke iSd Art. 2 der Berner Konvention geschützt sind, und dass der Schutz „ohne Rücksicht auf die Art und Form des Ausdrucks" gewährt wird.[154] Anders als in der Computerprogramm-RL sieht Art. 8 WCT das Recht der öffentlichen Wiedergabe einschließlich der öffentlichen Zugänglichmachung (Online-Recht) vor.

V. Public-Domain-Software, Freeware, Shareware und Open Source-Lizenzen

1. Freeware und Shareware

Schrifttum: *Schulz,* Dezentrale Softwareentwicklungs- und Softwarevermarktungskonzepte, 2005. Zu Schrifttum vor 2000 s. Vorauflage.

Große Teile der Literatur differenzieren zwischen **Public-Domain-Software** und **Freeware,** wo- **19** bei sich **Freeware** gegenüber der Public-Domain-Software dadurch auszeichnet, dass hier keine Bearbeitungsrechte eingeräumt werden.[155] Angesichts fehlender gesetzlicher bzw. feststehender Begriff-

[147] Näher → Vor §§ 120 ff. Rn. 109 ff.
[148] Einzelheiten → Vor §§ 120 ff. Rn. 90 ff.
[149] Vgl. dazu *Katzenberger* in Beier/Schricker, GATT or WIPO, S. 43, 50 f.; *Katzenberger* GRUR-Int 1995, 447 (464 f.).
[150] Zu Entstehung und Bedeutung auf dem Gebiet des Urheberrechts eingehend *Katzenberger* GRUR-Int 1995, 447 ff.
[151] *Reinbothe* GRUR-Int 1992, 707 (709); zustimmend *Katzenberger* GRUR-Int 1995, 465.
[152] Vgl. eingehend zu den computerbezogenen Regelungen des TRIPS-Abkommens *Katzenberger* GRUR-Int 1995, 464 ff.; *Lehmann* CR 1996, 2 ff.; *Reinbothe* GRUR-Int 1992, 707 (709 f.).
[153] Eingehend zum WCT *v. Lewinski* GRUR-Int 1997, 667 ff.; *v. Lewinski* CR 1997, 438 (442).
[154] Näher *v. Lewinski* GRUR-Int 1997, 667 (677).
[155] Fromm/Nordemann/*Czychowski* UrhG § 69c Rn. 66; Wandtke/Bullinger/*Grützmacher* UrhG § 69c Rn. 102, 70; *Lenhard* S. 290 ff.; *Kreutzer* CR 2012, 146 (147), Fn. 2; *Marly* Rn. 876, zur Terminologie Rn. 893 ff.; genereller formulierend Dreier/Schulze/*Dreier* UrhG § 69c Rn. 37, der den Freewarebegriff beim Vorliegen von „Begrenzungen" bejahen will; anders noch *Müller-Broich* S. 139 f.

lichkeiten ist jedoch immer die konkrete Lizenz maßgeblich.[156] Auch bei **Public-Domain-Software** erfolgt die Einräumung eines einfachen Nutzungsrechts.[157] Es handelt sich um Software, die der Urheber oder ein sonstiger Berechtigter zur allgemeinen Benutzung freigibt; er gestattet grundsätzlich jedermann die unentgeltliche Benutzung und Weitergabe des Computerprogramms,[158] mitunter in Abhängigkeit von der Lizenz auch die Bearbeitung.[159] Bei Public-Domain-Software handelt es sich nicht um von vornherein urheberrechtlich ungeschützte Computerprogramme.[160] Vielmehr unterliegt auch Public-Domain-Software dem Urheberrechtsschutz, sofern die urheberrechtlichen Voraussetzungen für den Werkschutz gegeben sind (§ 69a Abs. 3 UrhG);[161] die Besonderheit besteht vielmehr darin, dass der Rechtsinhaber die allgemeine Benutzung gestattet hat.[162]

20   Diese Gestattung ist urheberrechtlich als **Einräumung eines einfachen Nutzungsrechts** iSd § 31 Abs. 2 am Vervielfältigungs- und Verbreitungsrecht zu qualifizieren.[163] Keineswegs kann in der Bezeichnung als Public-Domain- oder als **Freeware**[164] von vornherein ein Verzicht auf die Nutzungsrechte nach § 69c gesehen werden.[165] Schon die Zweckübertragungslehre spricht hier dagegen, zumal nicht ersichtlich ist, warum der Urheber ohne Weiteres sämtliche Rechte aufgeben sollte.[166] Des Weiteren wird auf § 29 Abs. 1 UrhG verwiesen.[167] Auch der Gesetzgeber ist bei der Verabschiedung von § 32 Abs. 3 S. 3 offenbar von der Einordnung als einfaches Nutzungsrecht ausgegangen.[168] Die Nutzungsrechtseinräumung kann mit Einschränkungen verbunden sein.[169]

21   Der Public-Domain-Software steht die **Shareware**[170] nahe. Auch sie wird dem Benutzer unentgeltlich oder gegen eine geringe Gebühr überlassen, allerdings nur für eine begrenzte Zeit, eine begrenzte Anzahl von Benutzungshandlungen oder mit beschränktem Funktionsumfang.[171] Es handelt sich um ein Vermarktungskonzept, das dem Benutzer während eine gewissen Anwendungszeit die Entscheidung ermöglichen soll, ob sich die Software für seine Zwecke eignet.[172] Auch hier kann ein Händler nicht die Shareware mit eigener Gewinnerzielungsabsicht vertreiben (→ Rn. 23), sofern eine dingliche Beschränkung auf private Nutzung in der Lizenz enthalten ist.[173] Urheberrechtlich handelt es sich um die **Einräumung eines beschränkten einfachen Nutzungsrechts,** bei dem die Beschränkung zeitlich oder durch die Anzahl der zulässigen Benutzungshandlungen definiert ist.[174] Die beschränkte Programmnutzung kann durch Programmschutzmechanismen abgesichert sein, deren Ausschaltung, je nach der jeweiligen Vorgehensweise, einen Verstoß gegen § 69c Nr. 2 UrhG[175] darstellen kann, die zur Umgehung der Programmbeschränkung genutzte Software ist nach § 69f Abs. 2 zu beurteilen (dazu → § 69f Rn. 9).[176]

22   Ob es ein **einheitliches Begriffsverständnis** gibt,[177] spielt nur im Rahmen von Auslegungsfragen eine Rolle, wobei die Zweckübertragungslehre nach wie vor für ein restriktives Verständnis auch bei Public-Domain, Free- und Shareware-Lizenzen spricht. Daher kann auch die Einräumung von Nutzungsrechten nicht völlig zeitlich unbegrenzt verstanden werden, sondern nur beschränkt bis zur nächsten Version.[178]

---

[156] In diese Richtung auch Dreier/Schulze/*Dreier* UrhG § 69c Rn. 37.

[157] Dreier/Schulze/*Dreier* UrhG § 69c Rn. 37; *Marly* Rn. 885; *Jaeger/Metzger* Rn. 8 f.; Schneider/*Suchomski* Kap. G Rn. 510; *Redeker* Rn. 89.

[158] Dazu *Marly* Rn. 885; Fromm/Nordemann/*Czychowski* UrhG § 69c Rn. 66; Wandtke/Bullinger/*Grützmacher* UrhG § 69c Rn. 102; sa OLG Stuttgart CR 1994, 743 (744); LG Stuttgart CR 1994, 162 – Schutz von Public Domain Software.

[159] Fromm/Nordemann/*Czychowski* UrhG § 69c Rn. 66; Wandtke/Bullinger/*Grützmacher* UrhG § 69c Rn. 102; *Lenhard* S. 289 ff.; genereller formuliert Dreier/Schulze/*Dreier* UrhG § 69c Rn. 37, der den Freewarebegriff beim Vorliegen von „Begrenzungen" bejahen will.

[160] So aber OLG Frankfurt a. M. GRUR 1989, 678 (679) – PAM-Crash.

[161] Dreier/Schulze/*Dreier* UrhG § 69c Rn. 37.

[162] Dreier/Schulze/*Dreier* UrhG § 69c Rn. 37; *Marly* Rn. 885; *Schäfer* S. 11 f.; *Schulz* Rn. 296.

[163] Dreier/Schulze/*Dreier* UrhG § 69c Rn. 37; Fromm/Nordemann/*Czychowski* UrhG § 69c Rn. 66.

[164] Zu den zur Produktion von Freeware motivierenden Gründen ausf. *Marly* Rn. 877 ff.

[165] So aber OLG Düsseldorf CR 1994, 743; aA zu Recht *Marly* Rn. 883.

[166] Wandtke/Bullinger/*Grützmacher* UrhG § 69c Rn. 103; *Haberstumpf* in Lehmann Kap. II Rn. 157.

[167] *Marly* Rn. 883, der allerdings § 29 S. 2 UrhG zitiert.

[168] Rechtsausschuss. BT-Drs. 14/8058, 19 sowie BT-Drs. 16/1828, 25; Fromm/Nordemann/*Czychowski* UrhG § 69c Rn. 66; *Marly* Rn. 844.

[169] Dazu *Marly* Rn. 885 ff.; allgemein zur Einräumung beschränkter Nutzungsrechte → § 31 Rn. 32 ff.

[170] Zur vertragsrechtsdogmatischen Einordnung *Marly* Rn. 900 ff.

[171] Zum Begriff *Jaeger/Metzger* Rn. 10; Wandtke/Bullinger/*Grützmacher* UrhG § 69c Rn. 102; *Kehl* KommJur 2007, 94 (96).

[172] Dazu OLG Düsseldorf CR 1995, 730; OLG Köln CR 1996, 723; OLG Hamburg CR 1994, 616 (617); LG München I CR 1993, 143; *Marly* Rn. 898 f.; Wandtke/Bullinger/*Grützmacher* UrhG § 69c Rn. 102, 71; *Werner* CR 1996, 723 (727); *Lenhard* S. 291.

[173] Wandtke/Bullinger/*Grützmacher* UrhG § 69c Rn. 105.

[174] Dazu *Marly* Rn. 904.

[175] *Marly* Rn. 906.

[176] *Marly* Rn. 906.

[177] So wohl Wandtke/Bullinger/*Grützmacher* UrhG § 69c Rn. 102; *Hoeren* CR 1989, 887 (889), der Public Domain Software als Oberbegriff ansieht; dagegen OLG Düsseldorf CR 1995, 730; OLG Köln CR 1996, 723 (724) – Shareware; *Metzger/Jaeger* GRUR-Int 1999, 839 (848).

[178] Zutreffend Wandtke/Bullinger/*Grützmacher* UrhG § 69c Rn. 106, allerdings nicht für Software, deren Weiterentwicklung erlaubt ist; *Junker* NJW 1999, 947 (949); anders aber LG München I CR 1993, 143 f. sowie OLG

Allerdings kann bei allen Formen, sei es Shareware oder Public-Domain-Ware, das Vervielfälti- **23** gungsrecht **nicht mit dinglicher Wirkung auf private Zwecke beschränkt** werden. Einer inhaltlichen Begrenzung des Nutzungsrechts gem. § 31 Abs. 1 S. 2 steht grundsätzlich nichts entgegen, eine dinglich wirkende Beschränkung kommt jedoch nur für solche Nutzungsarten in Betracht, die nach der Verkehrsauffassung als solche klar abgrenzbar sind und sich wirtschaftlich und technisch als einheitlich und selbstständig auszeichnen.[179] Zudem darf eine inhaltliche Beschränkung nur soweit reichen, dass sie noch vom Zweck des Urheberrechts getragen wird, nämlich dem Urheber ein weitmögliches Erwerbsrecht an seinem Werk zuzusprechen. Eine Beschränkung auf einzelne bestimmte Ausübungsarten des Nutzungsrechts kann jedoch nicht dazu gezählt werden.[180] Derartige Einschränkungen können allenfalls schuldrechtliche Bindungswirkung zwischen dem Softwarehersteller und dem Anwender entfalten.[181] Ob diese schuldrechtlichen Nutzungsbeschränkungen jedoch auch auf eine **gewerbliche Weiterverbreitung** von als Shareware oder Public-Domain- oder Freeware gekennzeichneter Software bezogen werden können, bleibt weiterhin umstritten. Hierbei handelt es sich oft um Downloads oder CDs, die etwa von Computerfachzeitschriften oder sich auf die Sammlung solcher Software spezialisierten Unternehmen angeboten werden, teilweise als kostenlose Zugabe zu entgeltpflichtigen Angeboten,[182] aber auch als kostenpflichtige Sammlung auf Datenträgern. Nach Auffassung einiger Oberlandesgerichte soll die Weiterverbreitung in kommerzieller Form zulässig sein.[183]

Eine gänzliche Anerkennung der Zulässigkeit gewerblicher Weiterverbreitung von Public-Domain- **24** Software steht jedoch im Widerspruch zu dem **Sinn und Zweck der Public-Domain-Lizenzen:** Nach § 31 Abs. 5 werden nur in dem für die Zweckerfüllung erforderlichen Rahmen Urheber- und Nutzungsrechte eingeräumt, was auch für Software gilt. Public-Domain-Software soll aber gerade nur im privaten Bereich die Nutzungsrechte einräumen, nicht aber im gewerblichen Bereich. Die freie Verbreitung, die mit Public-Domain-Software verbunden ist, dient gerade nicht der Gewinnerzielung durch Dritte.[184] Auch die Auslieferung auf Sammel-Datenträgern kann untersagt werden, da es eine eigenständige Nutzungsart ist.[185]

2. Open Source Lizenzen

Schrifttum: *Auer-Reinsdorf,* Escrow-Lizenzen und Open Source Software, Regelungsbedarf in Escrow-Vereinbarungen ITRB 2009, 69; *Backu,* Open Source Software und Interoperabilität. Zur Zulässigkeit von Offenlegung von Programminformationen durch Open Source Software, ITRB 2003, 180; *Bäcker,* Computerprogramme zwischen Werk und Erfindung: Eine wettbewerbsorientierte Analyse des immaterialgüterrechtlichen Schutzes von Computerprogramme unter besonderer Berücksichtigung von Open Source-Software 2009; *Bettinger/Scheffelt,* Application Service Providing – Vertragsgestaltung und Konflikt-Management, CR 2001, 729; *Beurskens,* Freiheit für Software? Ausgewählte Fragen der GNU General Public License version 3, CIPR 2008, 1; *Czychowski,* Der „Urheberrechts-Troll" – Wichtige Rechtsfragen von Open-Source-Lizenzen, GRUR-RR 2018, 1; *Degen/Lanz/Luthiger,* Open Source Lizenzmodelle entmystifiziert, Informatik Spektrum 2003, 305; *Deike,* Open Source Software: IPR – Fragen und Einordnung ins deutsche Rechtssystem, CR 2003, 9; *Determann,* Softwarekombination unter der GPL, GRUR-Int 2006, 645; *Dreier/Vogel,* Software- und Computerrecht, 2008; *Funk/Zeifang,* Die GNU General Public Licence version 3 – Eine Analyse ausgewählter Neuregelungen aus dem Blickwinkel deutschen Rechts, CR 2007, 617; *Gerlach,* Praxisprobleme der Open-Source-Lizenzierung, CR 2006, 649; *Grassmuck,* Freie Software zwischen Privat- und Gemeineigentum, 2004; *Grützmacher,* Open-Source-Software – Die GNU General Public Licence – Lizenzbestimmungen im Umfeld des neuen Schuld- und Urhebervertragsrechts, ITRB 2002, 84; *ders.,* Open Source Software und Embedded Systems ITRB 2009, 184; *Grzeszik,* Freie Software: Eine Widerlegung der Urheberrechtstheorie?, MMR 2000, 412; *Heinzke,* Softwarelizensierung mit Creative-Commons-Lizenz?, CR 2017, 148; *Hennel,* Tooling for Open Source Software Licence Compliance, CRi 2015, 101; *Hengstler/Pfitzer,* Das wettbewerbsrechtliche Dilemma bei hybriden Softwareprojekten, K&R 2012, 169; *Heussen,* Rechtliche Verantwortungsebenen und dingliche Verfügungen bei der Überlassung von Open Source Software, MMR 2004, 445; *Hoppen/Thalhofer,* Der Einbezug von Open-Source Komponenten bei der Erstellung kommerzieller Software, CR 2010, 275; *Jaeger/Metzger,* Open Source Software, 4. Aufl. 2016; *Kehl,* Rechtsprobleme der Open Source Software in der Verwaltung, KommJur 2007, 94; *Koch,* Probleme beim Wechsel zur neuen Version 3 der General Public Licence (Teil 1 u. 2), Die neuen Regelungen in Version 3 der GPL, ITRB 2007, 261 ff., 285 ff.; *ders.,* Urheber- und kartellrechtliche Aspekte der Nutzung von Open-Source-Software, CR 2000, 273; *ders.,* Urheber- und kartellrechtliche Aspekte der Nutzung von Open-Source-Software (II), CR 2000, 333; *Koglin,* Opensourcerecht, 2007; *ders.,* Die Nutzung von Open Souce Software unter neuen GPL-Versionen nach der „any later version"-

---

Hamburg CR 1994, 616 (617): mit einer neueren Version könnten die Vervielfältigungs- und Verbreitungsbefugnis nicht unerwartet enden, eine Abwägung zwischen dem Interesse des Autors, die neuste Version möglichst zeitnah in Umlauf zu bringen und dem Interesse des Händlers an zumutbaren Aufbrauchfristen sei erforderlich.

[179] Vgl. BGH CR 1990, 403 – Bibelreproduktion; GRUR 1986, 62 (65) – Gema-Vermutung; GRUR 1992, 310 (311) – Taschenbuch-Lizenz; *Jaeger* CR 2008, 59; → § 31 Rn. 28.

[180] Wandtke/Bullinger/*Grützmacher* UrhG § 69c Rn. 106; *Marly* Rn. 886; *Marly* JurPC 1990, 612 (614).

[181] *Marly* Rn. 887; *Plaß* GRUR 2002, 670 (675).

[182] ZB als Zugabe zu einer Zeitschrift.

[183] OLG Stuttgart CR 1994, 743; OLG Hamburg CR 1994, 616; auf den Einzelfall abstellend OLG Köln CR 1996, 723 (724); unentschieden Fromm/Nordemann/*Czychowski* UrhG § 69c Rn. 66.

[184] Zutreffend Wandtke/Bullinger/*Grützmacher* UrhG § 69c Rn. 103; *Marly* Rn. 888 f., *Plaß* GRUR 2003, 670 (675); dies räumen auch OLG Düsseldorf CR 1995, 730 f. und OLG Köln CR 1996, 723 f. ein; aA OLG Stuttgart CR 1994, 743.

[185] OLG Köln CR 1996, 723 (725); Wandtke/Bullinger/*Grützmacher* UrhG § 69c Rn. 106, unter Verweis auf § 4 VerlG; *Marly* Rn. 908; *Heymann* CR 1994, 618.

Klausel, CR 2008, 137; *Kreutzer,* Firmware, Urheberrecht und GPL, Zu den Folgen einer Verwendung von GPL-lizenzierten Open-Source-Software-Komponenten auf die Durchsetzung von Urheberrechten an Firmware, CR 2013, 146; *Lenhard,* Vertragstypologie von Softwareüberlassungsverträgen – Neues Urheberrecht und neues Schuldrecht unter Berücksichtigung der Open-Source-Softwareüberlassung, 2006; *Leupold/Glossner* (Hg.), Münchener Anwaltshandbuch IT-Recht, 3. Aufl. 2013; *Löwenheim,* Handbuch des Urheberrechts, 2003; *Mantz,* Anmerkung zu LG Hamburg, Urt. v. 14.6.2013 – 308 O 10/13, CR 2013, 640; *Marly,* Praxishandbuch Softwarerecht, 6. Aufl. 2014; *Metzger,* Die neue Version 3 der GPL General Public Licence, GRUR 2008, 130; *ders.,* Open Content-Lizenzen nach deutschem Recht, MMR 2003, 431; *ders./Barudi,* Open Source Software in der Insolvenz CR 2009, 557; *Meyer,* Miturheberschaft bei freier Software, 2011; *ders.,* Miturheberschaft und Aktivlegitimation bei freier Software, CR 2011, 560; *Nguyen,* Firmware als Sammelwerk und Auswirkungen des viralen Effekts bei Nutzung einzelner Bestandteile, in: Taeger (Hg.), IT und Internet mit Recht gestalten, Tagungsband Herbstakademie 2012, S. 193; *Nimmer,* Coexisting with Free and Open Source Software, CRInt 2006, 129; *Plaß,* Open Contents im deutschen Urheberrecht, GRUR 2002, 670; *Pfeiffer,* Neues Internationales Vertragsrecht, EuZW 2008, 622; *Oberhem,* Vertrags- und Haftungsfragen beim Vertrieb von Open-Source-Software, 2008; *Omsels,* Open Source und das deutsche Vertrags- und Urheberrecht, FS Hertin, 2000, S. 141 ff.; *Redeker,* IT-Recht, 6. Aufl. 2017; *Sandl,* Open Source-Software: politische, ökonomische und rechtliche Aspekte, CR 2001, 346; *Schäfer,* Der virale Effekt, 2007; *ders.,* Aktivlegitimation und Anspruchsumfang bei der Verletzung der GPL v2 und v3, K&R 2010, 298; *ders.,* Kommentar zu LG Berlin, Urt. v. 8.11.2011 – 16 O 255/10, K&R 2012, 127; *Schiffner,* Open Source Software, 2003; *Schötte,* Der Patentleft-Effekt der GPLv3, Risiken für das Patentportfolio beim kommerziellen Einsatz von Open-Source-Software, CR 2013, 1; *Schöttler/Diekmann,* Typische Haftungsklauseln in IT-AGB, ITRB 2012, 84; *Schöttle,* Open Source Compliance bei Embedded Systems, K&R 2018, 371; *Schreibauer/Mantz,* Anmerkung zu LG Berlin, Urt. v. 8.11.2011 – 16 O 255/10, GRUR-RR 2012, 111; *Schulz,* Dezentrale Softwareentwicklungs- und Softwarevermarktungskonzepte, 2005; *Sester,* Open-Source-Software: Vertragsrecht, Haftungsrisiken und IPR-Fragen, CR 2000, 797; *Sobola,* Haftungs- und Gewährleistungsregelungen in Open Source Software – Lizenzbedingungen, ITRB 2011, 168; *Spindler,* Anreize zum Verschenken – Open Source, Open Access, Creative Commons und Wikipedia als Phänomene neuer Geschäfts- und Informationsmodelle: Erste Annäherungen, FS Schäfer, 2008, S. 89; *ders.,* Die Entwicklung des EDV-Rechts 2007/2008, K&R 2008, 565; *ders.,* Grenzen des Softwareschutzes, Das Urteil des EuGH in Sachen SAS Institute, CR 2012, 417; *ders.,* Miturheberschaft und BGB-Gesellschaft, FS Schricker, 2005, S. 539; *ders.,* Open Source Software auf dem gerichtlichen Prüfstand – Dingliche Qualifikation und Inhaltskontrolle, K&R 2004, 528; *ders.* (Hg.), Rechtsfragen bei Open Source, 2004; *ders./Wiebe,* Open Source-Vertrieb, CR 2003, 873; *Schneider,* Handbuch EDV-Recht, 5. Aufl. 2017; *Sujezki,* Vertrags- und urheberrechtliche Aspekte von Open Source Software im deutschen Recht, jurPC Web-DOK 145/2005, Abs. 1; *Stögmüller,* Kommentar zu EuGH, Urt. v. 2.5.2012 – C-406/10 – SAS Institute, K&R 2012, 411; *Ullrich/Lejeune* (Hg.), Der internationale Softwarevertrag, 2. Aufl. 2006; *v. Welser,* Rechtsfragen der Open Source-Software – über den Versuch, Linux zu monetarisieren, ZGE 2017, 570; *ders.,* Kampf um Linux: Ist die Freiheit der Open-Source-Software bedroht?, GRUR-Prax 2018, 164; *Wiebe/Heidinger,* GPL 3.0 und EUPL – Aktuelle Entwicklungen im Bereich Open Source Lizenzen, MR 2006, 258; *Witzel,* Open Source Software in der Cloud, ITRB 2017, 217; *Wuermeling* Open Source Software: Eine juristische Risikoanalyse, CR 2003, 87.

S. auch die Webseite www.ifross.de.
Zu Schrifttum vor 2000 s. Vorauflage

25   Der **Open Source Software** liegt eine Bewegung zugrunde, die es sich zum Ziel gesetzt hat, jedermann die freie Benutzung der Software gebührenfrei zu gestatten und die unbeschränkte Weitergabe sowie die Veränderung der Software zu erlauben.[186] Die Nutzer werden jedoch verpflichtet, die Software unter den gleichen Bedingungen weiterzugeben und auch eigene Weiterentwicklungen anderen Nutzern uneingeschränkt zur Verfügung zu stellen.[187] Dadurch zeichnet sich Open Source Software gegenüber **Freeware**, die keine nutzerseitige Veränderung erlaubt, sowie gegenüber **Public Domain-Software** aus, die zwar die Bearbeitung gestattet, nicht aber die Zurverfügungstellung des Ergebnisses verlangt.[188] Bei **Shareware** findet keine Bekanntmachung des Source Codes statt.[189] Das Bereitstellen des Bearbeitungsergebnisses bei Open Source geschieht oftmals in der Form, dass den Nutzern einfache Nutzungsrechte unter den genannten Bedingungen eingeräumt werden.[190] Oftmals und gerade bei der Gestattung der weiteren Bearbeitung ist auch der freie Zugang zum Quellcode von der Lizenz umfasst. Open Source Software wird entweder horizontal in einem lose organisierten Team von mehreren Urhebern entwickelt, wobei eine Gruppe federführend sein kann und die jeweils vorgeschlagenen Module akzeptiert (Basar-Modell), oder vertikal, indem eine Software in der Vertriebskette stetig weiter entwickelt wird (Kathedrale-Modell).[191]

26   Die Tatsache, dass der Zugang zum Quellcode und die Rechte zur Weiterverbreitung und Veränderung in aller Regel unentgeltlich eingeräumt werden, hindert nicht, dass der Rechteinhaber **an der Software anderweitig verdienen** kann. So werden häufig entgeltliche Pflege- und Schulungsverträge abgeschlossen.[192] Selbst der **entgeltliche Vertrieb von Software,** die unter einer Open Source

---

[186] Zum geschichtlichen und ideologischen Hintergrund s. Dreier/Schulze/*Dreier* UrhG § 69c Rn. 38.

[187] S. auch die Definitionen von Open Source bei www.gnu.org/philosophy/free-sw.html, sowie bei www.opensource.org/osd.html; LG Köln CR 2014, 704 (705) mAnm *Jaeger;* Fromm/Nordemann/*Czychowski* UrhG Vor §§ 69a ff. Rn. 25 f.; Dreier/Schulze/*Dreier* UrhG § 69a Rn. 11; DKMH/*Kotthoff* UrhG § 69c Rn. 37; *Marly* Rn. 909.

[188] *Marly* Rn. 913.

[189] *Marly* Rn. 914.

[190] Sog. **Copyleft;** Einzelheiten bei *Jaeger/Metzger* Rn. 45 ff.; Spindler/*Arlt/Brinkel/Volkmann* Kap. I Rn. 1 f., 14, 35; umfassend hierzu *Spindler/Wiebe* CR 2003, 873; *Koch* CR 2000, 273; zur möglichen Auswirkung eines Copyleft-Verstoßes auf die Durchsetzbarkeit eigener Urheberrechtsansprüche *Kreutzer* CR 2012, 146 (151 f.); *Marly* Rn. 928; s. auch Dreier/Schulze/*Dreier* UrhG § 69c Rn. 39.

[191] Zu den verschiedenen Formen *Spindler* Kap. A Rn. 6; *Jaeger/Metzger* Rn. 17, 143 f.; *Marly* Rn. 918.

[192] S. *Jaeger/Metzger* Rn. 21; *Spindler* Kap. A Rn. 5; *Sandl* CR 2001, 346 (237).

Lizenz steht, ist nicht von vornherein unmöglich: Handelt es sich um den ersten Rechteinhaber, also den eigentlichen Urheber am Anfang einer Kette, kann er die Software sowohl unter einer proprietären Lizenz als auch unter einer Open Source Lizenz vermarkten.[193] Dies muss kein Widerspruch sein, da es dem Urheber frei steht, mit wem er unter welchen Bedingungen kontrahiert, so dass für ein und dasselbe immaterielle Wirtschaftsgut verschiedene Lizenzen abgeschlossen werden können. Damit wird es dem Urheber ermöglicht, die Software auch an solche Interessenten zu veräußern, die auf der Basis der erworbenen Software eigene Software entwickeln wollen, die dann unter proprietären Lizenzen vertrieben werden soll – was unter der **General Public License (GPL)**[194] ausgeschlossen wäre. Ausgeschlossen ist diese Form der Lizenzierung jedoch, wenn es sich um Software handelt, die bereits unter der GPL steht, da diese den Weitervertrieb[195] zu anderen Bedingungen als der GPL untersagt.[196] Dementsprechend ist es auch nicht möglich, später veränderte Software, die unter der GPL lizenziert wurde, in einen proprietären Teil zu überführen.

Dabei kann **nicht von einer einheitlichen Open Source Lizenz** gesprochen werden; vielmehr **27** gibt es zahlreiche verschiedene Lizenzen, die nicht immer miteinander kompatibel sind. Die am Markt wohl vorherrschende[197] Lizenz ist aber nach wie vor die **GPL**, die nach Schätzungen 2005 mehr als 70 %[198] aller als Open Source qualifizierter Software herangezogen wird.[199] Bekanntestes Beispiel ist der unter der GPL v2 stehende Kernel der Betriebssystemsoftware Linux, aber auch andere Software, wie die unter der Apache-Lizenz stehende Serversoftware oder das mobile Betriebssystem Android der Firma Google Inc., beherrschen weite Teile spezieller Märkte. Zudem liegt die GPL inzwischen in einer dritten Version vor,[200] die aber nicht für alle Open Source-Software automatisch gilt, die zuvor unter der GPL v2 lizenziert wurden, da es einer entsprechenden Übernahme bedarf, die etwa gerade bei Linux nicht vorliegt.[201] Darüber hinaus wird ein kleiner, aber relevanter Markt von BSD-artigen bzw. Mozilla-Public-Lizenzen (zB der Web-Browser Firefox) beherrscht, die eher als die GPL eine Kombination mit eigener Software zulassen und den proprietären Vertrieb teilweise gestatten.[202] Die hinter Open Source stehende Idee der offenen Lizenzen ist jedoch keineswegs auf Computerprogramme beschränkt und wurde mittlerweile auch für andere Werkarten erfolgreich adaptiert (zB durch die sog. Creative Commons Lizenzen (CC)).[203] Auch ist es grundsätzlich denkbar, Software mit einer CC-Lizenz zu lizensieren,[204] selbst wenn davon seitens der Creative Commons-Organisation abgeraten wird,[205] da die CC-Lizenz keine Verpflichtung zur Offenlegung des Quellcodes vorsieht.[206]

a) Urheberrechtliche Grundlagen. Auch **Open Source Software unterliegt dem Urheber-** **28** **recht;** ohne urheberrechtlichen Schutz und Ausschließlichkeitsrechte könnte der **Copyleft-Effekt**[207] wahrscheinlich kaum realisiert werden.[208] Auch verstößt die GPL nicht **gegen ungeschriebene Grundsätze des Urheberrechts,**[209] denn die Open Source Bewegung verwendet lediglich die vom Urheberrecht gebotenen Instrumente, um einen entsprechenden Zweck zu erreichen. Ebenso wie Schenkungen mit dinglicher Besicherung von Auflagen von vornherein der Eigentumsordnung widersprechen, kann die GPL als ein grundsätzlicher Verstoß gegen Prinzipien des Immaterialgüterrechts gewertet werden. Des Weiteren gewährt die GPL, die selbst keine markenrechtlichen Regelungen trifft, kein Recht zur Nutzung einer Marke.[210]

---

[193] Sog. **Dual Licensing,** dazu *Jaeger/Metzger* Rn. 114 ff.; *Spindler* Kap. B Rn. 12; Leupold/Glossner/*Wiebe* Teil 3 Rn. 131; *Gerlach* CR 2006, 649 (651 f.); *Kreutzer* GPL-Onlinekommentar 2005 Ziff. 10 Rn. 1 abrufbar unter http://www.ifross.de/ifross_html/Druckfassung/Die_GPL_kommentiert_und_erklaert.pdf.

[194] Zur seltenen, aber mittlerweile häufiger vorkommenden gerichtlichen Kontrolle der GPL *Marly* Rn. 910 mwN; *Kremer/Völkel* jurisPR-ITR 24/2013 Anm. 2 weisen darauf hin, dass eine gerichtliche Überprüfung der GPL am Maßstab der §§ 307 ff. BGB bisher nicht erfolgt sei.

[195] Ausf. zur Auslegung des Begriffs „Distribution" iSd der GPL und insbes. zur Frage, ob eine Solche beim SaaS anzunehmen ist s. *Hilbert/Reintzsch* CR 2014, 697 (700 f.).

[196] Dazu ausf. LG Köln CR 2014, 704 (705) mAnm *Jaeger.*

[197] Fromm/Nordemann/*Czychowski* UrhG Vor §§ 69a ff. Rn. 27 aE; Fromm/Nordemann/*Czychowski* GPLv3 Rn. 1.

[198] *Spindler* FS Schäfer, 2008, 89 (98); ähnlich *Meyer* CR 2011, 560 (564, Fn. 47).

[199] Sa Fromm/Nordemann/*Czychowski* GPLv3 Rn. 1 ff.

[200] S. dazu Fromm/Nordemann/*Czychowski* GPLv3 Rn. 1 ff.; *Jaeger/Metzger* GRUR 2008, 130; *Koch* ITRB 2007, 261 ff. (285 ff.); *Koglin* CR 2008, 137; *Marly* Rn. 926 f.; *Wiebe/Heidinger* MR 2006, 258.

[201] S. dazu *Koglin* CR 2008, 137; *Jaeger/Metzger* GRUR 2008, 130 (137).

[202] Die Lizenzen sind zusammengefasst unter www.ifross.de/ifross_html/lizenzcenter.html zu finden; dazu auch Spindler/*Arlt/Brinkel/Volkmann* Kap. I Rn. 1 ff.; *Jaeger/Metzger* Rn. 81 ff. und Anhang; *Dreier/Vogel* S. 213; *Funk/Zeifang* CR 2007, 617 ff.

[203] Zu den Creative Commons Lizenzen ausf. → Vor §§ 31 ff. Rn. 56; Dreier/Schulze/*Dreier* UrhG § 69c Rn. 41; Fromm/Nordemann/*Czychowski* UrhG Vor §§ 69a ff. Rn. 25 f., GPLv3 Rn. 5 ff.

[204] Ein Vergleich von Creative Commons und GPL (v3) findet sich bei *Heinzke* CR 2017, 148 (150 ff.).

[205] Vgl. etwa die FAQ der Creative Commons Organisation: https://creativecommons.org/faq/#can-i-apply-a-creative-commons-license-to-software.

[206] *Heinzke* CR 2017, 148 (152).

[207] Dazu LG Hamburg CR 2013, 498 (499).

[208] Ebenso Dreier/Schulze/*Dreier* UrhG § 69c Rn. 38; Fromm/Nordemann/*Czychowski* UrhG Vor §§ 69a ff. Rn. 27, GPLv3 Rn. 5, 15 ff.; *Schäfer* S. 21 ff.

[209] So aber *Grzeszick* MMR 2000, 412 (416 f.).

[210] OLG Düsseldorf GRUR-RR 2010, 467 (470) – xt:Commerce m. zust. Anm. *Marly* GRUR-RR 2010, 457; offen gelassen dagegen bei OLG Düsseldorf CR 2012, 434 (434) – Enigma mAnm *Labesius* CR 2012, 436.

29   **aa) Urheberschutz.** Urheberrechtlicher Schutz des Quell- und des Objektcodes besteht nach § 69a Abs. 1 UrhG,[211] die **Urheber,** deren Bestimmung bei Open Source Software problematisch sein kann (→ Rn. 33),[212] **haben die Rechte nach § 69c;** die Einräumung der Nutzungsrechte folgt den Regeln der §§ 31 ff. Allerdings ist – vergleichbar den End-User-Licence-Agreements – der **wirksame Abschluss des Lizenzvertrages** und damit die darauf basierende Einräumung von Rechten problematisch. Eine einseitige **Einräumung von Nutzungsrechten**[213] oder eine „neue einseitige Form der Rechtseinräumung"[214] scheiden von vornherein aus, so dass alle Open Source Lizenzen, insbesondere die GPL, die Einräumung der Rechte an Pflichten der Nutzer bzw. Lizenznehmer knüpfen. Aus diesem Grund scheidet auch die Einordnung als Gefälligkeitsverhältnis aus.[215] Die Lizenzen sehen vielmehr ausdrücklich ihre Einbeziehung in vertraglicher Form vor, wie dies in Ziff. 5 der GPL v2 und nunmehr Ziff. 9 GPL v3 zum Ausdruck kommt. Stattdessen bleibt es dabei, dass ein zweiseitiger Lizenzvertrag vorliegt,[216] dessen Begründung allerdings im Einzelfall schwierig sein kann.[217] Allein die Fiktion in Ziff. 5 der GPL v2 bzw. Ziff. 9 GPL v3 kann jedenfalls nicht zum Vertragsschluss führen, da diese bereits den wirksamen Einbezug der GPL voraussetzen würde, was logisch ein Widerspruch ist.[218] In der Regel dürfte aber der Nutzer ähnlich den EULA mit Benutzung der Software aufgefordert werden, der Lizenz zuzustimmen, so dass spätestens hier eine Annahme vorliegt. Andernfalls muss von einer konkludenten Annahme ausgegangen werden. Vertragspartner des Lizenznehmers werden die jeweiligen Urheber, sei es als Miturheber[219] oder die jeweiligen sukzessiven Urheber.[220]

30   Problematisch ist in diesem Zusammenhang, dass zahlreiche Open Source Lizenzen allein **auf Englisch** abgefasst sind, so dass sich das Problem der Möglichkeit einer **zumutbaren Kenntnisnahme** bei den als **Allgemeine Geschäftsbedingungen** einzustufenden Open Source Lizenzen stellt.[221] Zumindest der Einbezug gegenüber **Verbrauchern**[222] ist daher mehr als zweifelhaft, denn die sprachliche Verständlichkeit komplexer juristischer Texte kann nicht ohne Weiteres angenommen werden.[223] Demgegenüber wird zwar angeführt, dass im Internet- und Computerrecht Englisch als bedeutsame Sprache bisweilen anerkannt und damit von einer Verständlichkeit regelmäßig auszugehen sei;[224] jedoch kommt für das Open Source Modell hinzu, dass die Allgemeinheit die Möglichkeit erhalten soll, die Software zu verändern und vertreiben, so dass auf eine durchschnittliche Sprachbeherrschung abgestellt werden muss.[225] Etwas anderes kann nur gelten, wenn die Software etwa von einer ausländischen Website heruntergeladen wird. Hier lässt sich der Nutzer willentlich auf die fremde Verhandlungssprache ein und kann sich nicht auf ein mangelndes Verständnis berufen.[226] Bei **Unternehmen** ist dagegen ein Einbezug ohne Weiteres möglich.[227] Nach dem LG München I[228] soll selbst bei Unwirksamkeit der Bedingungen der Verletzer sich nicht darauf berufen können. Denn das Risiko einer etwaigen Unwirksamkeit der AGB sei nicht von den Urhebern der Open Source Software zu tragen, da diese mit dem Verletzer gerade nicht in eine lizenzvertragliche Beziehung treten wollten. Die Auffassung des LG stellt jedoch die anerkannten Grundsätze einer Inhaltskontrolle nach §§ 305 ff. BGB auf den Kopf.[229]

31   **bb) Konsequenzen des Urheberschutzes.** Eine Verletzung der Nutzungsbedingungen[230] kann ein Erlöschen der Nutzungsrechte zur Folge haben,[231] woraus eine Urheberrechtsverletzung resultieren kann.[232] Entgegen einer zT vertretenen Auffassung, die davon ausgeht, dass ein „dinglich be-

---

[211] EuGH GRUR 2011, 220 Rn. 34 f. – BSA/Kulturministerium; EuGH GRUR 2012, 814 Rn. 35 – SAS Institute; dazu *Spindler* CR 2012, 417 ff.; OLG Hamburg MMR 2012, 832 (833); *Marly* Rn. 917.
[212] *Marly* Rn. 917 f.
[213] So *Heussen* MMR 2004, 445 (447 f.).
[214] So Wandtke/Bullinger/*Grützmacher* UrhG § 69c Rn.110.
[215] AA Wandtke/Bullinger/*Grützmacher* UrhG § 69c Rn. 110.
[216] *Jaeger/Metzger* Rn. 27, 176 ff.; *Deike* CR 2003, 9 (13); *Koch* CR 2000, 333 (338); *Kreutzer* MMR 2004, 695(696 f.); hierzu Fromm/Nordemann/*Czychowski* GPLv3 Rn. 3 f.
[217] Einzelheiten bei *Spindler* Kap. C Rn. 40 ff.
[218] S. auch *Omsels* FS Hertin, 2000, 141 (152).
[219] Bei einer horizontalen Entwicklung.
[220] Bei einer vertikalen Weiterentwicklung.
[221] Umfassend hierzu *Schulz* Rn. 692; *Koglin* S. 166 f.; *Spindler* K&R 2004, 528 (532).
[222] *Hengstler/Pfitzer* K&R 2012, 169 (169) weisen zu Recht darauf hin, dass im Verhältnis B2B eine andere rechtliche Bewertung möglich sei.
[223] *Spindler* Kap. C Rn. 53; wohl auch Wandtke/Bullinger/*Grützmacher* UrhG § 69c Rn. 108; *Schulz* Rn. 694; im Grundsatz auch *Plaß* GRUR 2002, 670 (678 f.), die aber über Treu und Glauben den Nutzer schützen will; aA *Hengstler/Pfitzer* K&R 2012, 169 (169) mit dem Hinweis, dass es keinen Kontrahierungszwang gebe.
[224] *Schiffner* S. 185; *Kreuzer* MMR 2004, 693 (696); *Sester* CR 2000, 797; s. auch *Schulz* Rn. 692 ff.
[225] Letztlich auch *Schulz* Rn. 703.
[226] *Spindler* Kap. C Rn. 54.
[227] LG München I CR 2004, 774 – GPL-Verstoß mAnm *Hoeren* und *Metzger;* LG Frankfurt a. M. CR 2006, 729 (731); Wandtke/Bullinger/*Grützmacher* UrhG § 69c Rn. 108; *Schulz* Rn. 694; *Spindler* K&R 2004, 528 (532).
[228] LG München I CR 2008, 57 (58).
[229] S. dazu auch *Jaeger* CR 2008, 59.
[230] GPL, General Public Licence.
[231] LG München CR 2004, 774 – GPL-Verstoß.
[232] LG Hamburg ZUM-RD 2014, 44 (46) LG Leipzig MMR 2016, 417 (418).

schränkte[s] Nutzungsrecht[e]"[233] gewährt werde,[234] folgt die **dogmatische Konstruktion** dabei einer **auflösenden Bedingung:**[235] Verändert der Nutzer die Software und verbreitet er sie weiter, muss er die veränderte Software der gleichen Lizenz unterstellen und sie unter den gleichen Bedingungen vertreiben, wie er sie erworben hat.[236] Verstößt er gegen diese Pflichten, tritt ein automatischer Rückfall der Nutzungsrechte ein.[237] Hiergegen wird gewichtige Kritik geäußert, da jeder auch nur geringfügige Verstoß zum Entfall der Lizenz führe und damit gegen § 314 BGB als Leitbild verstoßen würde.[238] Damit wird allerdings verkannt, dass die GPL insgesamt ein eng verknüpftes Gewebe aus Pflichten mit schenkungsvertraglichem Kern enthält und dies die gerade auch nach § 307 BGB gebotene Interessenabwägung in Rechnung stellen muss.[239] Demnach muss ein Lizenznehmer im Falle der sehr weitgehenden und unentgeltlichen Nutzungsrechte auch mit gegenüber entgeltlichen Veträgen ungewöhnlichen und restriktiveren Vereinbarungen rechnen.[240]

Die Lizenz kann jederzeit wieder direkt von den Urhebern erworben werden, Ziff. 8 Abs. 2, 3 GPL v3.[241] Eine dingliche Beschränkung gem. § 31 als eigene Nutzungsart kann dagegen nicht angenommen werden.[242] Zumindest für die GPL gilt, dass sie eindeutig sämtliche Rechte entfallen lässt, mithin keine bloße Urheberrechtsverletzung vorliegen soll. Zudem ist nicht ersichtlich, warum allein die Lizenzbestimmungen eine sich von anderen Nutzungsformen unterscheidende technisch-wirtschaftliche Nutzung darstellen sollen.[243] Zu kartellrechtlichen Fragen → Rn. 55. Aufgrund der Bedeutung der Bedingung kommt entsprechend den Tools zum Aufspüren von Open Source Code im Code besondere Bedeutung zu,[244] da in der Praxis offenbar oftmals Softwareentwickler auf Open Source Code zurückgreifen, ohne sich der Konsequenzen bewusst zu sein.

Die im Urhebervertragsrecht vorgesehenen zwingenden **Vergütungsansprüche** hätten dem Open **32** Source Gedanken geschadet; der Gesetzgeber hat dem durch die Vorschrift des § 32 Abs. 3 S. 3 Rechnung getragen, indem bei Unentgeltlichkeit der Rechtseinräumung keine zwingende Vergütung anfällt.[245] In entsprechender Weise sieht § 32a Abs. 3 vor, dass der **Fairnessausgleich** nach § 32a, der dem Urheber eine weitere Beteiligung an den Erträgen gewährt, wenn die vereinbarte Vergütung in einem auffälligen Missverhältnis zu den Erträgen aus der Werknutzung steht, bei Open Source nicht tangiert wird, um hierdurch eine mögliche Rechtsunsicherheit entgegenzuwirken und den gesamten Open Content zur weitgrößten Entfaltung zu bringen.[246] Schließlich wird die Besonderheit von Open Source Lizenzen auch bei dem zwingenden Vergütungsanspruch nach § 32c Abs. 3 für unbekannte Nutzungsarten berücksichtigt.[247]

Oftmals handelt es sich bei Open Source Software **um gemeinschaftlich** oder sukzessiv **entwickelte Software.**[248] Bei gemeinschaftlicher Entwicklung finden §§ 8 f. UrhG Anwendung,[249] mit **33** der Folge, dass der einzelne Miturheber nur auf Leistung an die Gemeinschaft klagen kann, aber berechtigt ist, die **Unterlassung** der weiteren Nutzung auch allein zu verlangen (§ 8 Abs. 2 S. 3 Hs. 1 UrhG), da die Restriktion des § 8 Abs. 2 S. 3 Hs. 2 UrhG nicht für Unterlassungs- und Beseitigungsansprüche gilt.[250] Im Übrigen ist es mehr als zweifelhaft, wie ein **Schaden** angesichts der kostenlosen

---

[233] *Marly* Rn. 929.

[234] *Koch* CR 2000, 333; *Kreutzer* CR 2012, 146 (151); dazu sowie zu möglichen Schwierigkeiten bei dieser dogmatischen Konstruktion *Marly* Rn. 929.

[235] OLG Hamm GRUR-RR 2017, 421 Rn. 42; Spindler/Schuster/*Wiebe* UrhG § 69c Rn. 49; *Spindler* K&R 2008, 565 (570); *v. Welser* ZGE 2017, 570 (571); *Meyer* CR 2011, 560 (565); *Mantz* CR 2013, 640 (640); *Marly* Rn. 930 f.

[236] Zum „„Copyleft'-Modell" sowie den „„Permissive Lizenzen'" *Marly* Rn. 928; zum Patentleft im Rahmen der GPL v3 *Schötte* CR 2013, 1.

[237] Dreier/Schulze/*Dreier* UrhG § 69c Rn. 38; zur Konstruktion *Jaeger/Metzger* Rn. 152; *Auer-Reinsdorf* ITRB 2009, 69; LG München I CR 2003, 774 (775); LG Frankfurt a. M. CR 2006, 729 (732); LG Hamburg ZUM-RD 2014, 44; *Spindler* K&R 2004, 528 (530); *Spindler* Kap. C Rn. 35 ff.; *Metzger* CR 2004, 778 (779); *Deike* CR 2003, 9 (16); *Kreutzer* MMR 2004, 695 (698); *Schulz* Rn. 621 ff.; *Lenhard* S. 329 ff.; Wandtke/Bullinger/*Grützmacher* UrhG § 69c Rn. 116; *Marly* Rn. 930; krit. *Hoeren* CR 2004, 776 (777); *Jaeger* CR 2008, 57 (60).

[238] *Czychowski* GRUR-RR 2018, 1 (4 f.).

[239] Vgl. auch die parallel gelagerten Fälle des „Heimfalls" bei Verstößen gegen Creative Commons Public License (CCPL): OLG Köln GRUR 2015, 167 (172) – Creative-Commons-Lizenz; Dreier/Schulze/*Dreier* UrhG § 69c Rn. 41.

[240] So auch OLG Köln GRUR 2015, 167 (172) – Creative-Commons-Lizenz.

[241] *Funk/Zeifang* CR 2007, 618 (623).

[242] So aber *Koch* CR 2000, 333 (335 f.); der gleichwohl Bedenken wegen Umgehung der Erschöpfungswirkung äußert; ähnlich *Hoeren* CR 2004, 776 (777).

[243] *Spindler* Kap. C Rn. 31 ff.; zust. Wandtke/Bullinger/*Grützmacher* UrhG § 69c Rn. 116; Fromm/Nordemann/*Czychowski* GPLv3 Rn. 24.

[244] *Hennel* CRi 2015, 105 ff.

[245] Näher Wandtke/Bullinger/*Grützmacher* UrhG § 69c Rn. 112; Dreier/Schulze/*Dreier* UrhG § 69c Rn. 38; Rechtsausschuss. BT-Drs. 14/8058, 19; BT-Drs. 14/6433, 15.

[246] *Wandtke*/Bullinger/*Grunert* UrhG § 32a Rn. 37; Dreier/Schulze/*Dreier* UrhG § 69c Rn. 38; Loewenheim/*v. Becker* § 29 Rn. 103; vgl. auch BT-Drs. 16/1828, 25.

[247] → § 32c Rn. 43.

[248] *Meyer* CR 2011, 560; ausf. *Meyer* Miturheberschaft bei freier Software, 2011.

[249] Ausf. *Marly* Rn. 924 f.

[250] LG München I CR 2004, 774 (775); LG Frankfurt a. M. CR 2006, 729 (732); Fromm/Nordemann/*Czychowski* UrhG § 69a Rn. 41, GPLv3 Rn. 41 f.; *v. Welser* ZGE 2017, 570 (580 f.); *Kreutzer* MMR 2004, 695

Rechteeinräumung berechnet werden sollte,[251] wobei zT auf die Lizenzanalogie verwiesen wird,[252] was aber allenfalls noch bei einer glaubhaft gemachten dual licensing Strategie zu überzeugen vermag.[253] Daneben wird mitunter auch ein Anspruch auf Ersatz des Nichtvermögensschadens gewährt.[254] Die Durchsetzung eines Schadensersatzanspruchs wird jedoch durch das gem. § 8 Abs. 2 S. 3 Hs. 2 aufgestellte Erfordernis, die Miturheber anzugeben, erschwert.[255] Auch kann der Einzelne Auskunftsansprüche geltend machen.[256] Unter Umständen kann bei horizontaler Entwicklung auch ein Gesellschaftsvertrag zwischen den Entwicklern vorliegen.[257] Im seltenen Fall einer nur durch einen Einzelnen entwickelten Software unter einer Open-Source-Lizenz kann ein Schaden wegen fehlender Urhebernennung wegen des dann fehlenden Werbeeffekts für den Urheber angenommen werden.[258]

Bei **sukzessiv entwickelter Software** besteht überhaupt keine **Miturhebergemeinschaft** mehr; vielmehr ist jeder Urheber nur für seinen einzelnen Teil anspruchsberechtigt.[259] Daher ist in der Praxis fast nur die Unterlassungsklage anzutreffen;[260] dabei muss der Kläger konkret den Teil des Codes bezeichnen, den er im Rahmen der GPL entwickelt haben will, er kann nicht für die ganze Software Unterlassungsansprüche geltend machen.[261]

Zu weit geht es allerdings, per se eine Publikumsgesellschaft bei Open Source Entwicklungen anzunehmen.[262] Verschiedentlich wird auch eine Treuhandlösung erwogen,[263] teilweise auch über die Free Software Foundation; diese vermag jedoch nichts daran zu ändern, dass zum einen dem Treugeber explizit die Rechte eingeräumt werden müssen, zum anderen wiederum nur Leistung an die Gemeinschaft gefordert werden kann, mithin alle Urheber an die Treuhand ihre Ansprüche übertragen müssten, abgesehen von der Problematik der Schadensberechnung.[264] Auch Erwerber können Ansprüche geltend machen, da die GPL als Lizenzvertrag ihnen das Recht einräumt, den Quellcode offenbart zu bekommen.[265]

34   **b) Open Source Software im internationalen Verhältnis.** Die **internationale Anwendbarkeit** folgt den allgemeinen urheberrechtlichen Regeln.[266] Demnach unterliegen die Entstehung, die Wirkung und das Erlöschen des Urheberrechts einer Open Source Software dem **Schutzlandprinzip** bzw. **Territorialitätsprinzip,**[267] wenn in Deutschland Schutz für die Open Source Software begehrt wird. Dies schließt nicht aus, dass hinsichtlich des schuldrechtlichen Teils des Lizenzvertrages die Grundsätze des Vertragskollisionsrechts angewandt werden.[268] Selbst wenn daher die US-amerikanische Rechtsordnung, die offenbar die Grundlage für die GPL bildet, einen **Verzicht** auf das **Urheberrecht** kennt, wirkt sich das nach hM und Rechtsprechung keinesfalls in Deutschland aus.[269] Aus dem Eingreifen des Schutzlandprinzips ergeben sich zahlreiche Konsequenzen.

35   Für die bei Open Source Projekten charakteristische **Miturheberschaft** kommt es nicht für jeden einzelnen Miturheber auf dessen Heimatland an, ob und in welchem Umfang ein Urheberrecht ent-

---

(696); Einzelheiten bei *Spindler* Kap. C Rn. 17 ff.; *Jaeger/Metzger* Rn. 166; *Meyer* CR 2011, 560 (560); aA LG Bochum CR 2011, 289 (290); *Koch* CR 2000, 273 (279).

[251] *Spindler* Kap. C Rn. 132; s. auch Fromm/Nordemann/*Czychowski* GPLv3 Rn. 42; aA *Schäfer* K&R 2010, 298 (301) wegen der Pflicht zur Offenlegung des Codes. Dies kann allerdings bei angebotenem dual licensing anders zu beurteilen sein *Schäfer* K&R 2010, 298 (302); in diese Richtung auch OLG Hamm GRUR-RR 2017, 421 Rn. 65 aE; Auskunftsansprüche aber hinsichtlich einer Herausgabe des Verletzergewinns gewährend: LG Köln CR 2014, 704 (706) mAnm *Jaeger.*

[252] Zur LGPL LG Bochum CR 2011, 289 (290); ebenso LG Bochum ZUM-RD 2016, 536 (537 f.); *Meyer* CR 2011, 560 (562 f.), s. auch *Schäfer* K&R 2010, 298 (301 f.); zu Recht ablehnend OLG Hamm GRUR-RR 2017, 421 Rn. 65.

[253] Zu Recht gegen LG Bochum die Berufungsinstanz OLG Hamm GRUR-RR 2017, 421 Rn. 65.

[254] *Meyer* CR 2011, 560 (563).

[255] OLG Düsseldorf CR 2009, 214 (214); *Meyer* CR 2011, 560 (560, 562 ff., 565); *Marly* Rn. 924.

[256] LG Frankfurt a. M. CR 2006, 729 (733).

[257] *Spindler* Kap. C Rn. 9; *Grützmacher* ITRB 2002, 84 (86).

[258] BGH GRUR 2015, 258 – CT-Paradies; MMR 2016, 335; für CC-Lizenzen s. auch OLG Köln GRUR-RR 2018, 280 – Speicherstadt, in concreto aber mangels entsprechender Lizenzierungspraxis abgelehnt.

[259] Näher *Spindler* FS Schricker, 2005, 539 (554).

[260] S. etwa LG München I CR 2008, 57; LG Frankfurt a. M. CR 2006, 729.

[261] LG Hamburg CR 2011, 364; *Czychowski* GRUR-RR 2018, 1 (5) zu „Urheberrechts-Trollen", *v. Welser* ZGE 2017, 570 (581 f.), dort auch zu weiteren prozessualen Fragen (Bestimmtheit der Unterlassungsanträge etc); ferner LG Köln GRUR-RR 2018, 11 – Linus-Kernel; mAnm *Schöttle* CR 2018, 12 (15); zu Recht dagegen die Berufungsinstanz OLG Köln – 6 U 162/17, der Verfügungsantrag wurde aber zurückgenommen, s. dazu *v. Welser* GRUR-Prax 2018, 164.

[262] So aA *Sester* CR 2000, 797 (802).

[263] IT-Report ITRB 2003, 69; Treuhandvertrag abrufbar unter: http://fsfeurope.org/projects/fla.

[264] Weitere Bedenken auch bei Fromm/Nordemann/*Czychowski* GPLv3 Rn. 39 f.; *Grützmacher* CR 2006, 733.

[265] *Schäfer* K&R 2010, 298 (299 f.).

[266] LG München GRUR-RR 2004, 350 = CR 2004, 774 (775) m. zust. Anm. *Metzger* CR 2004, 778 (779 f.); LG Frankfurt a. M. CR 2006, 729 mAnm *Grützmacher;* näher *Spindler* Kap. C Rn. 135 ff.; *Metzger/Jaeger* GRUR-Int 1999, 839 (841 f.); *Deike* CR 2003, 9 (11 ff.); *Lenhard* S. 295 ff.

[267] Ausführlich *Katzenberger* Vor §§ 120 ff. Rn. 120 ff. mwN; Dreier/Schulze/*Dreier* UrhG Vor §§ 120 ff. Rn. 28; *Schiffner* S. 108.

[268] → Vor §§ 120 ff. Rn. 147 ff.

[269] *Marly* Rn. 926; *Plaß* GRUR 2002, 670 (671).

steht und wie die Miturheberschaft ausgestaltet ist, sondern nur auf das Schutzland, in dessen Bereich der Urheberschutz geltend gemacht wird.[270] Auch für das verbundene Werk nach § 9 UrhG kommt es zunächst auf das jeweilige Schutzland an, ob der Werkbeitrag Urheberrechtsschutz genießt.[271] Davon zu trennen ist jedoch das kollisionsrechtliche Schicksal der mit dem verbundenen Werk entstehenden **BGB-Gesellschaft** – eine im **Internationalen Gesellschaftsrecht** bislang noch nicht vollständig zufriedenstellend gelöste Frage.[272] Für die nach § 9 UrhG gebildete Miturhebergemeinschaft und die darüberliegende BGB-Gesellschaft kann aber nicht angenommen werden, dass es sich um ein Gebilde mit verfestigten Strukturen handelt; kennzeichnend ist vielmehr ein loser Verbund von zahlreichen Teilnehmern, die zwar ein gemeinsames Ziel verfolgen, aber nicht über eine stabile Organisation verfügen. Hinsichtlich des **Lizenzvertrages** selbst greift grundsätzlich das Prinzip der freien Rechtswahl nach Art. 3 Rom I-VO ein. In Ermangelung einer Rechtswahlklausel findet daher bei Lieferung von Software zunächst das Recht des „Verkäufers" – hier: des Schenkers – Anwendung, hilfsweise diejenige Rechtsordnung, die eine engere Verbindung zu dem Rechtsgeschäft aufweist, Art. 4 Abs. 4 Rom I-VO. Allerdings wird diese Anknüpfung schon bei Geschäften mit einem Verbraucher zwingend durch Art. 6 Rom I-VO bzw. durch das Recht des Staates des gewöhnlichen Aufenthaltsorts des Verbrauchers modifiziert.[273] Eine Rechtswahlklausel fehlt oft in den Open Source Lizenzen, etwa in der GPL.[274] Allein aus der Tatsache, dass die GPL vor dem Hintergrund der US-amerikanischen Rechtsordnung erstellt wurde, kann jedenfalls keine – konkludente – Rechtswahl abgeleitet werden.[275]

c) Das Verhältnis von GPL v2 zu GPL v3. Die bekannteste (dazu bereits → Rn. 27) Open Sour- **36** ce Lizenz ist die **General Public License,** deren wichtigste **Versionen** die **GPLv2** und die Mitte 2007 verabschiedete **GPLv3** sind, die genau auseinander gehalten werden müssen, da die neue Version zahlreiche wichtige Änderungen gegenüber der Version 2 enthält.[276] Auf die **neue Version der GPL** (Version 3) kann aber nur diejenige Open Source Software, die unter der GPL v2 steht, umgestellt werden, wenn die **„any later version"-Klausel** unter Ziff. 9 der GPLv2 (Ziff. 14 der GPL v3) Bestandteil der Lizenz wurde.[277] Dabei ist zu beachten, dass bei einer Lizenzierung unter Verwendung der „any later version"-Klausel die Umlizenzierung auf Lizenzversionen desselben Typs beschränkt ist; wodurch zB der Wechsel von GPL zur „Lesser General Public License" (LGPL) einen Lizenzverstoß begründet.[278] Wichtigste Ausnahme von der GPL v3 stellt der Kernel des Betriebssystems Linux dar; hier gilt nach wie vor die GPL v2, so dass stets genau unterschieden werden muss, welche Version die Software erfasst.[279] Darüber hinaus kann nach allgemeinen Grundsätzen der Lizenzgeber nicht ohne Weiteres ohne Zustimmung des Lizenznehmers die Lizenz bzw. deren Bedingungen nachträglich ändern, so dass schon hieraus ein **automatischer Wechsel der GPL v2 auf die GPL v3 ausscheidet.** Auch nach §§ 305 ff. BGB ruft ein solches Verständnis der Klausel Bedenken hervor, denn eine einseitige Änderung der Vertragsgrundlage würde gegen § 308 Nr. 4 BGB verstoßen.[280]

Nach Ziff. 9 der GPL v2 bzw. Ziff. 14 der GPL v3 steht aber das **Wahlrecht zwischen den ein- 37 zelnen Versionen** in zweifacher Hinsicht **dem Lizenznehmer zu:** Enthält die Lizenz die Bestimmung, dass das Programm einer bestimmten GPL oder jeder späteren Lizenzversion, also **„any later version"** unterfällt, hat der Lizenznehmer grundsätzlich das Recht zwischen der genannten Version und irgendeiner späteren Version frei zu wählen. Ist hingegen gar keine Versionsnummer der GPL angegeben, kann der Lizenznehmer frei zwischen allen bislang veröffentlichten GPL Versionen auswählen. Da es sich somit bei Ziff. 9 GPL v2 bzw. Ziff. 14 der GPL v3 grundsätzlich um ein zusätzliches Wahlrecht des Lizenznehmers handelt, das Vertragsverhältnis gerade nicht vom Lizenzgeber einseitig im laufenden Vertrag geändert werden kann, ist diese Konstellation, anderes als die vorherige, nicht AGB-rechtlich bedenklich, da diese eine zulässige und in der Rechtspraxis **gängige Vertragsanpassung** darstellt und gerade kein Verstoß gegen § 308 Nr. 4 BGB anzunehmen ist.[281]

Für den Lizenzgeber stellt sich weiter die Frage, ob dieser im Vorhinein das **Wahlrecht des Li- 38 zenznehmers** ausschließen und somit die Software einer bestimmten Lizenzversion unterwerfen kann. Nach *Koglin* ist dieses anhand einer Wortlautauslegung des Lizenztextes nicht eindeutig fest-

---

[270] *Schiffner,* Open Source Software, S. 121 f.; *Koglin* S. 74 f.; *Metzger* MMR 2003, 431 (436).

[271] *Koch* CR 2000, 273 (277).

[272] Einzelheiten bei *Spindler* Kap. C Rn. 138 mwN; umfassend *Spindler* FS Schricker, 2005, 538 ff.

[273] Einzelheiten bei *Spindler* Kap. C Rn. 139 ff.; *Pfeiffer* EuZW 2008, 622 (624).

[274] Fromm/Nordemann/*Czychowski* GPLv3 Rn. 7.

[275] So aber in der Tendenz: *Metzger/Jaeger* GRUR-Int 1999, 839 (842); dagegen *Schiffner,* Open Source Software, S. 109; *Sester* CR 2000, 797 (802); *Deike* CR 2003, 9 (11); *R. H. Weber* FS Honsell, 2002, 41 (49).

[276] Fromm/Nordemann/*Czychowski* GPLv3 Rn. 9; ausführlich dazu *Metzger/Jaeger* GRUR 2008, 130 ff.; *Funk/Zeifang* CR 2007, 617 ff.; *Koglin* CR 2008, 137 ff.

[277] Spindler/Schuster/*Wiebe* UrhG § 69c Rn. 58 aE; LG Köln CR 2014, 704 (707) mAnm *Jaeger; Koglin* CR 2008, 137; *Jaeger/Metzger* GRUR 2008, 130 (137); *Wiebe/Heidinger* MR 2006, 258 (261 f.); missverständlich *Koch* ITRB 2007, 261, der wohl aber auch von einer Fortgeltung der Lizenz ausgeht.

[278] LG Köln CR 2014, 704 (705) mAnm *Jaeger.*

[279] *Koglin* CR 2008, 137.

[280] Ähnlich Fromm/Nordemann/*Czychowski* GPLv3 Rn. 9, zum Klauselverbot allgemein Wolf/Lindacher/Pfeiffer/*Damman* § 308 Rn. 11 ff.

[281] *Jaeger/Metzger* Rn. 190; *Koglin* S. 221; *Kreutzer* GPL-Kommentar, 2005, Ziff. 9 Rn. 23, abrufbar unter http://www.ifross.de/ifross_html/Druckfassung/Die GPL_kommentiert_und_erklaert.pdf.

stellbar,[282] dieser weise jedoch eher auf eine Zulässigkeit eines Ausschlusses hin. Denn bei einer ausschließlichen Zulässigkeit der Optionen des Lizenznehmers gem. Ziff. 9 Abs. 2 S. 2, 3 GPL v2 sei eine „if-else"-Satzkonstruktion anstelle der verwendeten „if"-Konstruktionen sprachlich korrekter und dieses auch den Autoren des Lizenztextes aus der Programmiersprache geläufig.[283] Zum gleichen Ergebnis gelangt *Koglin,* indem er dem Lizenzgeber quasi als GPL-internes Dual Licensing (→ Rn. 26) die freie Wahl zuspricht, sein Programm unter einer oder mehreren benannten GPL-Versionen zu lizenzieren und es gegebenenfalls auch für zukünftige Versionen der GPL freizugeben.[284] Für diese Auslegung spricht auch die Grundintention der Ziff. 9 GPL v2 bzw. Ziff. 14 GPL v3, die ohnehin nicht auf Beschränkungen des Lizenzgebers ausgerichtet sind, sondern die generelle Möglichkeit neuer Versionen und deren Rahmenbedingungen ausgestalten soll. Aus Erwägungen der Rechtssicherheit bejaht auch *Marly* ein entsprechendes Bestimmungsrecht des Rechtsinhabers.[285]

39   **aa) Relevante Nutzungsrechte.** Im Allgemeinen werden dem Lizenznehmer in der GPL v2 das **Vervielfältigungs-,**[286] **das Verbreitungs-**[287] **und das Bearbeitungsrecht**[288] eingeräumt, in der GPL v3 findet sich keine derartige Beschränkung mehr, indem nur noch auf den Begriff des „propagate" (Ziff. 2 GPL v3) verwiesen wird, der „anything" umfassen soll, was in irgendeiner Weise urheberrechtlich relevant ist.[289] Allerdings ist eine derart weite Formulierung kaum noch mit der Zweckübertragungslehre in Einklang zu bringen und nur durch eine Auslegung der GPL zu retten.[290] Keinesfalls kann in der GPL ein **Verzicht** auf das Urheberrecht gesehen werden; dies widerspräche explizit der Intention der Open Source Lizenz, die gerade das Urheberrecht voraussetzt, um die beabsichtigten Wirkungen zu entfalten.[291]

40   Das **Verbreitungsrecht** erfasst in der GPL v3 inzwischen auch die unkörperliche Weitergabe, damit auch das **Vermietrecht.**[292] Für die GPL v2 war noch strittig, ob das Vermietrecht von der GPL umfasst war, da die Verbreitung nach deutschem Recht nur die körperliche Verwertung erfasste.[293] Die dem US-amerikanischen Copyright Recht entstammenden Formulierungen stimmen nicht völlig mit dem deutschen Urheberrecht überein; dabei kann aber schon allein wegen des Territorialitätsgrundsatzes und auch wegen des maßgeblichen Verkehrsverständnisses in Deutschland nicht auf den US-amerikanischen Sprachgebrauch abgestellt werden. Auch steht der Vermietung die Zwecksetzung der GPL, einer unentgeltlichen Weitergabe, entgegen.[294] Sofern man – entgegen der hier vertretenen Ansicht – für das **Application Service Providing** (dazu → Rn. 65) die Einräumung des urheberrechtlichen Vermietrechts verlangt, ist die Verwendung einer unter der GPL v2 stehende Software in ASP-Umgebungen nicht möglich.[295] Zumindest muss sorgfältig geprüft werden, ob Teile des Programms auf dem (Client-)Rechner übertragen werden, da dann der Copyleft-Effekt eingreift.[296]

41   Probleme werfen das Verbreitungsrecht und die Bedingungen der GPL im Hinblick auf den **Erschöpfungsgrundsatz** auf. Eine dinglich wirkende Beschränkung des Verbreitungsrechts ist für den Zweiterwerb nicht möglich.[297] Demgemäß können auch die Bedingungen der GPL nicht mehr gegenüber dem Zweiterwerber wirken, wenn die Software unverändert weitergegeben wurde.[298] Zwar kann dadurch ab der zweiten Stufe die Software mit Gewinn und ohne die Bindungen der GPL veräußert werden; doch erhalten die nachfolgenden Erwerber dann auch nicht die entsprechenden Rechte, die die GPL einräumt.[299]

42   Das **Bearbeitungsrecht** ist umfassend ausgestaltet,[300] indem die Software sowohl umgearbeitet, weiterentwickelt als auch dazu dekompiliert und kompiliert werden darf.[301]

---

[282] Ebenso *Marly* Rn. 945.
[283] *Koglin* S. 217 ff.; *Koglin* CR 2008, 137 (139).
[284] *Koglin* S. 220; *Koglin* CR 2008, 137 (139); *Kreutzer* GPL-Komm 2005 Ziff. 9 Rn. 23 ff.
[285] *Marly* Rn. 945.
[286] *Marly* Rn. 951 f.
[287] *Marly* Rn. 954 ff.
[288] *Marly* Rn. 953; zur Geltendmachung der Bearbeiterurheberrechte an Software vgl. etwa LG Hamburg MMR 2016, 740; OLG Hamburg MMR 2019, 452.
[289] *Jaeger/Metzger* GRUR 2008, 130 (134).
[290] Zutr. Fromm/Nordemann/*Czychowski* GPLv3 Rn. 16.
[291] Inzwischen allgemeine Meinung, vgl. *Jaeger/Metzger* Rn. 115; *Metzger/Jaeger* GRUR-Int 1999, 839 (842); *Spindler* Kap. C Rn. 6; Wandtke/Bullinger/*Grützmacher* UrhG § 69c Rn. 109; *Koch* CR 2000, 333; *Lenhard* S. 307 f.
[292] *Koch* ITRB 2007, 261 (263).
[293] *Spindler* Kap. C Rn. 80; Wandtke/Bullinger/*Grützmacher* UrhG § 69c Rn. 109; aA *Jaeger/Metzger* Rn. 30, die den Begriff „distribution" in der GPL v2 extensiv verstehen.
[294] Wandtke/Bullinger/*Grützmacher* UrhG § 69c Rn. 109.
[295] *Koch* ITRB 2001, 39 (41); aA *Bettinger/Scheffel* CR 2001, 729 (736), mit der Begründung, dass die Online-Nutzung von Software im Rahmen des ASP die Übertragung des Vermietrechts gerade nicht voraussetzt; *Jaeger/Metzger* Rn. 31, die ASP nicht als Vermietung, sondern als öffentliche Zugänglichmachung einordnen.
[296] *Witzel* ITRB 2018, 217 (220 f.).
[297] BGH CR 2000, 651 – OEM-Version; s. Wandtke/Bullinger/*Grützmacher* UrhG § 69c Rn. 115.
[298] Ausführlich *Spindler* Kap. C Rn. 93 ff.; *Spindler/Wiebe* CR 2003, 873 (876 ff.); *Schulz* Rn. 482 ff.; zust. Wandtke/Bullinger/*Grützmacher* UrhG § 69c Rn. 78; aA wohl LG München GRUR-RR 2004, 350 (351).
[299] *Spindler/Wiebe* CR 2003, 873 (877 f.); *Spindler* Kap. C Rn. 98; sa *Heussen* MMR 2004, 445 (449 f.).
[300] Ziff. 2 iVm Ziff. 0 GPL v3.
[301] Allg. *Jaeger/Metzger* GRUR 2008, 130 (134); zu GPL v2 *Jaeger/Metzger* Rn. 26 f.; *Spindler* Kap. C Rn. 74 f.; *Koch* CR 2000, 333 (338).

Das **Recht der öffentlichen Zugänglichmachung** (§ 19a) und Wiedergabe ist ebenfalls von der 43
GPL v3 jetzt ausdrücklich umfasst, Ziff. 0 Abs. 6 S. 2, Ziff. 6 Abs. 1 lit. d GPL v3.[302] Für die GPL v2
– und damit vor allem für Linux – bleibt aber nach wie vor der Streit relevant, ob diese Lizenzversion
bereits das Recht der online-Übertragung bzw. Bereitstellung umfasst. Dies soll sich aus der Tatsache
ergeben, dass schon 1991 online Programme für die Entwicklung von Open Source übertragen wurden.[303] Doch steht dem nach wie vor entgegen, dass 1991 allgemein die Nutzungsart der Internetverwertung nicht bekannt war,[304] so dass Zweifel bestehen, ob aus der Nutzung in einigen Kreisen
bereits generell für die gesamte GPL v2 und alle von ihr erfasste Software die Einräumung eines solchen Rechts angenommen werden kann.[305] Bei Verbreitung ist danach zu unterscheiden, ob das Original oder eine bearbeitete Version des Programms verbreitet wird, wobei Ziff. 2 GPL v2, sofern
deren Voraussetzungen (Abs. 2 S. 2, Abs. 3) vorliegen, genau normiert, was bei der Verbreitung der
bearbeiteten Version zu beachten ist.[306] Schließlich kommt es für Cloud-Anwendungen von unter der
GPL stehender Software auf den Streit an, ob Application Service Providing ein Fall der öffentlichen
Zugänglichmachung ist (→ § 69c Rn. 41).[307]

bb) Lizenzbedingte Problemfelder. Die Bearbeitung und Weiterverbreitung der unter der GPL 44
stehenden Software – auch wenn sie nicht bearbeitet wurde – steht unter der **auflösenden Bedingung** (→ Rn. 31), dass die GPL in Kopie beigefügt werden muss (Ziff. 1 GPL v2)[308] oder zugänglich
sein muss (Ziff. 4 GPL v3), ferner, bei Eingreifen der Voraussetzungen der Ziff. 2 (→ Rn. 44), dass
die Software wiederum unter der GPL lizenziert wird (Ziff. 2 Abs. 1 lit. b aE GPL v2; Ziff. 5 Abs. 1
lit. c GPL v3)[309] und auf den Urheber hingewiesen wird (Ziff. 2 Abs. 1 lit. a GPL v2). Ist die Software bearbeitet worden, verlangt Ziff. 2 Abs. 1 lit. a GPL v2 bzw. Ziff. 5 Abs. 1 lit. a GPL v3 einen
Hinweis auf die Änderungen und deren Datum, wobei keinerlei Entgelt für die Änderungen verlangt
werden darf.[310] Für die Zugänglichmachung nach Ziff. 5 iVm Ziff. 6b GPL v3 genügt jetzt auch die
Angabe einer Internetseite, auf der sich der Quellcode befindet.[311] Bei **Embedded-Systemen,** denen nicht selten ein Linux-Kernel zugrunde liegt,[312] gelten ebenfalls die Möglichkeiten der Ziff. 6
GPL v3, wonach beispielsweise auch der Code einschließlich des Textes der GPL auf einem Medium
beigefügt werden kann. Allerdings können sich gerade bei embedded Systems erhebliche Probleme
hinsichtlich der Nennung der Urheber oder der Beifügung der Lizenz ergeben, die nicht allein durch
den Link auf einen Text im Netz angesichts des Wortlauts der GPL, jedenfalls in der Version 2, gelöst
werden können.[313] Wie bereits bei der GPL v2 genügt gem. Ziff. 6b GPL v3 aber auch ein 3 Jahre
lang gültiges Angebot des Vertreibers, jedem eine vollständige Kopie des Codes zu geben.[314] Gem.
Ziff. 3 GPL v2 besteht die Verpflichtung, Zugang zu dem vollständigen und fortlaufend aktuellen[315]
Quellcode zu bieten.[316] Dabei gelten nach der Rechtsprechung hinsichtlich der Pflichten des Lizenznehmers, die Vollständigkeit des Quellcodes zu gewährleisten, strenge Anforderungen: So darf der
Lizenznehmer sich für die Frage der Vollständigkeit des Quelltextes nicht auf Subunternehmer verlassen, ihn träfe die Pflicht, eigene Kontrollen, ggf. durch sachkundige Dritte und auf eigene Kosten,
durchzuführen, um dem Vorwurf der Fahrlässigkeit, § 97 Abs. 2 S. 2 UrhG,[317] zu entgehen.[318]

Schließlich darf **kein Entgelt über den eigentlichen Kopiervorgang hinaus** verlangt werden, 45
außer es werden über die GPL hinausgehende Rechte wie etwa Gewährleistung etc eingeräumt.[319]
Allerdings ist nach wie vor in der Praxis umstritten, was unter dieser prinzipiellen Unentgeltlichkeit
im Einzelnen zu verstehen ist und ob gegebenenfalls auch noch ein Gewinn erwirtschaftet werden
kann.[320] Den Ursprung der Diskussion bildet der veränderte Lizenzwortlaut der Ziff. 1 Abs. 2 GPL
v2 gegenüber der entsprechenden Ziff. 4 Abs. 2 GPL v3, wonach das sog. **Lizenzgebührenverbot**
in der dritten Version nicht übernommen wurde, sondern vielmehr die Vergütungsberechnung für die
Verbreitung des Programms im Quellcode offen steht „You may charge any price or no price". Hin-

---

[302] Umfassend *Jaeger/Metzger* GRUR 2008, 139 (134); *Koch* ITRB 2007, 261 (262).
[303] So *Jaeger/Metzger* Rn. 29; *Omsels* FS Hertin, 2000, 141 (158, 164 f.); Wandtke/Bullinger/*Grützmacher* UrhG
§ 69c Rn. 109; *Schulz* Rn. 573 ff.; *Lenhard* S. 319 ff.
[304] → § 31a Rn. 50.
[305] Näher *Spindler* Kap. C Rn. 63 ff.
[306] *Marly* Rn. 951 ff.
[307] S. *Grützmacher* CR 2015, 779 (786); ferner *Witzel* ITRB 2017, 217 (221 f.).
[308] LG Hamburg ZUM-RD 2014, 44 mAnm *Mantz* CR 2013, 640; *Kremer/Völkel* jurisPR-ITR 24/2013
Anm. 2.
[309] LG Hamburg ZUM-RD 2014, 44 (46).
[310] Wandtke/Bullinger/*Grützmacher* UrhG § 69c Rn. 114; *Jaeger/Metzger* GRUR 2008, 130 (135).
[311] Fromm/Nordemann/*Czychowski* GPLv3 Rn. 34; *Jaeger/Metzger* GRUR 2008, 130 (135).
[312] *Kreutzer* CR 2012, 146 (147).
[313] Näher *Schöttle* K&R 2018, 371 ff.
[314] Fromm/Nordemann/*Czychowski* GPLv3 Rn. 34 f.; *Koch* ITRB 2008, 261; zusammenfassend zu Open Source
und Embedded Systems *Grützmacher* ITRB 2009, 184.
[315] *Kremer/Völkel* jurisPR-ITR 24/2013 Anm. 2.
[316] LG Hamburg CR 2013, 498; *Kremer/Völkel* jurisPR-ITR 24/2013 Anm. 2.
[317] *Kremer/Völkel* jurisPR-ITR 24/2013 Anm. 2.
[318] LG Hamburg CR 2013, 498; *Kremer/Völkel* jurisPR-ITR 24/2013 Anm. 2.
[319] Ziff. 1 Abs. 2 GPL v2, jetzt Ziff. 4 Abs. 2 GPL v3.
[320] Einschränkend *Koch* ITRB 2007, 261 (262 f.); dagegen *Koglin* CR 2008, 137 (141).

gegen verbietet der Wortlaut der Ziff. 10 Abs. 3 GPL v3 explizit das Verlangen einer Gebühr für die Ausübung der unter der Lizenz stehenden Rechte „You may not impose a licence fee". Richtigerweise kann aber allein die Deckung der anfallenden Kosten für den Verschaffungsvorgang erlaubt sein.[321] Die Software und ihr Quellcode müssen hingegen wie schon bei GPL v2 entgeltfrei zugänglich sein, wie bereits der klare Wortlaut der Ziff. 7 GPL v2 und Ziff. 10 Abs. 3, Ziff. 11 Abs. 3, 7, Ziff. 12 GPL v3 hinreichend belegt; der Kunde kann damit auch unter der GPL v3 weiterhin kostenfrei weltweit vom ursprünglichen Rechteinhaber die Einräumung von Nutzungsrechten verlangen.[322] Schließlich darf die Nutzung des Programms nicht eingeschränkt werden, so dass auch keine Vergütungen während des Ablaufens der Software verlangt werden dürfen.[323]

46   Bei der Auslieferung und Weiterverbreitung muss die Software mitsamt des **Quellcodes** oder des Angebots, diesen zur Verfügung zu stellen, ausgeliefert werden. Ziff. 3 GPL v2, Ziff. 1 GPL v3, insbesondere die Definitionen der „corresponding source" in Ziff. 1 Abs. 4 GPL v3 erläutern den Umfang der zur Verfügung zu stellenden Sourcen, etwa Skripte oder Programmbibliotheken.[324] Allerdings dürfen deswegen nicht Informationen über proprietär lizenzierte Software ausgeliefert werden, etwa bei Schnittstellen der Open Source Software zu proprietärer Software.[325] Ziff. 1 Abs. 4 GPL v3 macht nunmehr zudem deutlich, welche Bestandteile des Quellcodes nicht eingeschlossen sind. Hierzu gehören die sog. **„System Libraries",** die Standardkomponenten enthalten, die nicht zu der Software selbst gehören, aber benötigt werden, um diese ablaufen zu lassen und regelmäßig auch anderweitig frei erhältlich sind,[326] wodurch einerseits vermieden werden soll, dass der Quellcode deshalb praktisch wertlos ist, weil Bearbeitungen nur mit einem speziellen, „unfreien" Compiler neu kompiliert werden können, andererseits aber frei lizenzierte Standardwerkzeuge immer mitgeliefert werden müssen.[327]

47   **cc) Sonderproblem: Der „virale Effekt" der GPL.** Von diesen Bedingungen werden alle Softwaremodule, Bearbeitungen und Weiterentwicklungen erfasst, die das unter der GPL lizenzierte Programm umfassen oder darauf beruhen. Der von manchen so genannte **„Viral effect"** (oder copyleft-Prinzip), der zur Überleitung der GPL auf Programme führt, die auf GPL-geschütztem Code beruhen, ist in Ziff. 2 Abs. 1 lit. b, Abs. 2 GPL v2 verankert („derivative work"), in der Version 3 nunmehr in Ziff. 5 Abs. 1 lit. c, Abs. 2 GPL v3 als „work based on the earlier work". Die neue Version 3 ist dabei wenig hilfreich, da sie nur auf die jeweilige nationale Bestimmung der Bearbeitung abstellt (Ziff. 5 Abs. 1 lit. c, Ziff. 0 Abs. 4 GPL v3). Der einfache Verweis darauf, ob eine urheberrechtliche Erlaubnis erforderlich ist – und damit auf den urheberrechtlichen Bearbeitungs- und Verbindungsbegriff – führt zu dem Erfordernis, dass geklärt werden muss, was im Softwareurheberrecht als Umarbeitung iSd § 69c Nr. 2 UrhG bzw. Verbindung iSd § 9 UrhG zu verstehen ist und ob sich daraus relevante Abweichungen von dem in der GPL v2 beschriebenen Verständnis ergeben.[328] Zudem können sich im Hinblick auf das Schutzlandprinzip Abweichungen in den einzelnen Urheberrechtsordnungen ergeben, so dass sich das Copyleft bei einem weltweiten Vertrieb wohl nach der Urheberrechtsordnung richten muss, die die geringsten Anforderungen an eine zustimmungspflichtige Bearbeitung oder Verbindung stellt.[329]

Welche Probleme hier auftreten können, zeigt eindrucksvoll eine Entscheidung des LG Berlin,[330] die vielfach (und zu Recht) kritisiert wurde.[331] Das Gericht betrachtete eine Firmware, die aus einem Linux-Kernel und zudem eigener Software des Router-Herstellers bestand, als eine Einheit, insbesondere ein Sammelwerk iSd §§ 4 Abs. 1, 69a UrhG.[332] Die von der fremden Software ausgehenden Veränderungen beschränkten sich auf den Linux-Kernel.[333] Ohne nähere Prüfung ging das LG Berlin davon aus, dass nach Ziff. 2 GPL v2 die lizenzrechtlichen Bestimmungen der GPL für das komplette

---

[321] Ebenso Wandtke/Bullinger/*Grützmacher* UrhG § 69c Rn. 112; *Koch* CR 2000, 333 (334).

[322] Ebenso Wandtke/Bullinger/*Grützmacher* UrhG § 69c Rn. 112; *Spindler* Kap. C Rn. 90f.; *Koch* ITRB 2007, 261 (263).

[323] Sog. „metering", vgl. Wandtke/Bullinger/*Grützmacher* UrhG § 69c Rn. 114; *Koch* CR 2000, 333 (337); zum Lizenzgebührenverbot der GPL v2 allgemein *Jaeger/Metzger* Rn. 39f.; *Ullrich/Lejeune/Konrad/Timm-Goltzsch* Teil I Rn. 869.

[324] *Wiebe/Heidinger* MR 2006, 258 (259); *Jaeger/Metzger* GRUR 2008, 130 (135).

[325] Grundlegend *Backu* ITRB 2003, 180ff.; Wandtke/Bullinger/*Grützmacher* UrhG § 69c Rn. 113.

[326] ZB Compiler, Linker, Betriebssystem.

[327] *Jaeger/Metzger* GRUR 2008, 130 (135).

[328] *Jaeger/Metzger* GRUR 2008, 130 (135).

[329] *Jaeger/Metzger* GRUR 2008, 130 (135).

[330] LG Berlin GRUR-RR 2012, 107 – Surfsitter mAnm *Schreibauer/Mantz* GRUR-RR 2012, 111; m. Kommentar *Schäfer* K&R 2012, 127.

[331] *Schäfer* K&R 2012, 127; *Schreibauer/Mantz* GRUR-RR 2012, 111; *Kreutzer* CR 2012, 146; Fromm/Nordemann/*Czychowski* GPLv3 Rn. 15.

[332] LG Berlin GRUR-RR 2012, 107 (109) – Surfsitter; aA im vorausgegangenen Verfügungsverfahren noch KG ZUM-RD 2011, 544 (548 aE, f.); krit. zu der Entscheidung des LG Berlin va in methodischer Hinsicht *Schäfer* K&R 2012, 127 (128); grds. krit. gegenüber der Einordnung von „komplexe[n] Computerprogramme[n]" als Sammelwerk *Kreutzer* CR 2012, 146 (148ff. und Fn. 16); *Nguyen* in Taeger, IT und Internet – mit Recht gestalten, S. 193, 195ff., 202; aA Fromm/Nordemann/*Czychowski* GPLv3 Rn. 15, nach dem es sich bei Firmware durchaus um ein Sammelwerk handeln könne.

[333] *Kreutzer* CR 2012, 146 (148).

Sammelwerk gälten.[334] Ob überhaupt ein „eigenständige[s] Werk" vorlag, untersuchte das Gericht nicht.[335] Damit wäre quasi jedes Programm, was auf einem Betriebssystem oder einem Kernel aufsetzt, von der GPL erfasst – was umfangreiche Folgen hätte und wohl kaum der Definition der „derivatives works" entsprechen dürfte, da es hier um Schnittstellen geht; schon die §§ 69d ff. und die intendierte Offenhaltung der Interoperabilität sprächen dagegen. Darüberhinaus ist fraglich, ob die Firmware als Sammelwerk qualifiziert werden kann.[336] Auch enthält Ziff. 2 GPL v2 keine Bestimmungen zu einem Sammelwerk.[337] Ferner ist die Einordnung der Firmware als Sammelwerk für die Frage, ob diese insgesamt von der GPL infiziert werden, nicht maßgeblich,[338] vielmehr der Einzelfall.[339]

Die Abgrenzung von **selbständigen Programmen,** die nicht unter die GPL gestellt werden müssen, und **„abgeleiteten Werken"** stellt in der Praxis ein erhebliches Problem dar.[340] Die Grenzen **48** können hier ähnlich den für die Bearbeitung eines Werkes §§ 23, 69c Nr. 2 UrhG und der Zusammenfügung bzw. der Verbindung zweier Werke gem. § 9 UrhG gezogen werden.[341] Während die zusammengefügten oder verbundenen Werke jedes für sich getrennt nutzbar bleiben, stellen das Originalwerk und dessen Bearbeitung nicht zwei selbständige Werke dar. Die **Bearbeitung** ist gerade ähnlich der in Ziff. 0 Abs. 1 Satz 2 GPL unter die Lizenz gestellten „work based on the program" lediglich **eine abhängige Umgestaltung des Ausgangswerkes,** wohingegen die Eigenart der jeweiligen zusammengefügten Werke nach §§ 23, 69c Nr. 2 UrhG dem Begriff „identifiable sections of that work which are not derived from the program and which can be reasonably considered independant and separate works in themselves" in Ziff. 2 Abs. 2 GPL v2 nahe kommt, für die der Geltungsbereich der Lizenz ausgeschlossen sein soll. Nach Ziff. 2 Abs. 2 GPL v2 ist aber selbst bei **Unabhängigkeit des neuen Werkes** die **Unterstellung unter die GPL zwingend,** wenn das neue Werk zusammen mit der GPL-geschützten Software als Ganzes verbreitet wird – anders als nach deutschem Recht, das nicht nach der Verbreitung differenziert. Bei der Frage, ob die gemeinsame Weitergabe von GPL-Programmen und proprietärer Software als Ganzes den **„viralen Effekt"** auslöst, wird diskutiert, ob die Herstellung eines „work based on the Program" durch eine technische Verbindung zusätzliche Voraussetzung für das Eingreifen des „viralen Effekts" ist.[342] Auch soll es nach Ziff. 2 GPL nicht darauf ankommen, ob das abgeleitete Werk zusammen mit dem GPL-Code auf einem Speichermedium (Datenträger) verbreitet wird, so dass auch GPL-Code zusammen mit eigenständiger („proprietärer") Software verbreitet werden darf, ohne dass deswegen bereits die Software als „Ganzes" qualifiziert und damit der GPL unterstellt würde.[343] Beim Verbinden von freien und proprietären Komponenten ist die „Arms Length", also der Abstand zwischen den Komponenten, ein zentraler Punkt. Werden sie durch statisches Linken verbunden, überträgt sich die GPL automatisch auf das entstehende Produkt, beim **dynamischen Linken** ist der die Situation nicht eindeutig (Grauzone), da die benötigten Komponenten erst zur Laufzeit in die Applikation eingebunden werden;[344] wenn die Komponenten über ein klar definiertes Interface miteinander kommunizieren, überträgt sich die Lizenz nicht.[345] Da es kaum allgemeingültige Kriterien geben dürfte, kann nur auf eine **wertende Gesamtbetrachtung** insgesamt abgestellt werden. Als **Indizien für ein gemeinsames Ganzes aus GPL-Code und neuem Werk** können etwa gelten:[346] dass der Code nicht ohne den GPL-Code selbständig geladen werden kann, sonst liegt ein selbständiges Werk auch im Sinne der GPL vor, wo-

---

[334] LG Berlin GRUR-RR 2012, 107 (109) – Surfsitter; *Kreutzer* CR 2012, 146 (150) weist darauf hin, dass es, anders als das LG Berlin zu meinen scheint, keinen Grundsatz gebe, wonach eine Firmware, der Teile zugrundliegen, für die die GPL gilt, insgesamt „infiziert" werde.

[335] *Schreibauer/Mantz* GRUR-RR 2012, 111 (111), die die Voraussetzungen der Ziff. 2 GPL v2 aber verneinen.

[336] *Kreutzer* CR 2012, 146 (148 ff., insbes. 149 aE, f., 152 sowie Fn. 16), nach dem „komplexe Computerprogramme" sowie nicht als Sammelwerk eingeordnet werden können; *Nguyen* in Taeger, IT und Internet – mit Recht gestalten, S. 193, 195 ff., 202, 206; aA Fromm/Nordemann/*Czychowski* GPLv3 Rn. 15, die von der Möglichkeit eines Sammelwerks ausgehen.

[337] *Schäfer* K&R 2012, 127 (128 f.), der zudem darauf hinweist, dass die Quelle, auf die das LG Berlin rekurriert, die Auffassung des Gerichts nicht stütze; aA *Nguyen* in Taeger, IT und Internet – mit Recht gestalten, S. 193, 203, der zwar ebenfalls den Rekurs des Gerichts auf die benannte Quelle kritisiert, aber dafür votiert, dass auch Sammelwerke unter die Infektionsvorschrift der GPL fielen.

[338] Fromm/Nordemann/*Czychowski* GPLv3 Rn. 15; dem LG Berlin diesbezüglich wohl zustimmend *Schreibauer/Mantz* GRUR-RR 2012, 111 (112); nach *Nguyen* in Taeger, IT und Internet – mit Recht gestalten, S. 193, 206 werde eine Firmware dagegen „regelmäßig vom Copyleft-Effekt erfasst [...] soweit der Betriebssystemkern oder eine andere unter der GPL v.2 lizenzierte Komponente der Firmware durch den Hersteller der Firmware verändert wurden und diese Veränderungen vervielfältigt bzw. veröffentlicht werden sollen."

[339] Spindler/Schuster/*Wiebe* UrhG § 69c Rn. 57 aE; *Kreutzer* CR 2012, 146 (148 ff.).

[340] Instruktiv *Hoppen/Thalhofer* CR 2010, 275 ff.; *Marly* Rn. 951 ff.; *Kreutzer* CR 2012, 146 (150).

[341] Ähnlich Fromm/Nordemann/*Czychowski* GPLv3 Rn. 11; aus US-amerikanischer Sicht *Determann* GRUR-Int 2006, 645 (649); *Schäfer* K&R 2012, 127 (129); nach *Kreutzer* CR 2012, 146 (150) seien die Begriffe nur partiell vergleichbar.

[342] *Funk/Zeitfang* CR 2007, 617 (619), ähnlich *Determann* GRUR-Int 2006, 645 (650), der die inhaltliche Übernahme wesentlicher und kreativer Anteile für nötig hält.

[343] S. auch *Jaeger/Metzger* Rn. 47 f.; *Determann* GRUR-Int 2006, 645 (650).

[344] *Hoppen/Thalhofer* CR 2010, 275 (279 f.).

[345] *Degen/Lanz/Luthiger* Mitteilungen der Schweizer Informatiker Gesellschaft 2003, 305 (307 ff.).

[346] Ebenso *Jaeger/Metzger* Rn. 52 ff.; ähnlich aber offen im Ergebnis Fromm/Nordemann/*Czychowski* GPLv3 Rn. 13 ff.

bei es nicht auf die Abhängigkeit vom Betriebssystem ankommt, da sonst sämtliche an sich eigenständigen Programme stets ein Derivativ vom Betriebssystem wären; dass sowohl der GPL-Code als auch der hinzugefügte Code Teil eines Anwendungsprogramms (.exe bzw. Executable) werden und ob sie in einem Adressraum ausgeführt werden. Ergänzend muss es auf die Verkehrsanschauung ankommen, ob die Funktionen eines Programms vorliegen, wobei komplexere Software wie Betriebssysteme oder Office-Systeme nicht als eine einheitliche Software, sondern nur als Konglomerat verschiedener Anwendungen gelten können.

49   **dd) Besonderheiten der GPL.** Einen wichtigen Sonderfall stellt die Verwendung des Links auf **Software-Libraries im Wege des Dynamic Linking** dar. Derartige „Bibliotheken" stehen gemeinsam den Anwendungsprogrammen zur Verfügung („shared library"), so dass diese von zahlreichen Modulen entlastet werden können. Im Open Source Bereich finden sich Bibliotheken, die entweder der GPL oder der Lesser GPL unterstellt sind, einer speziell für diesen Bereich entwickelten Public License. Bei einer **dynamischen Verlinkung** werden die Bibliothek und deren Routinen erst geladen, wenn die fremde Software auf die Bibliothek im Verlauf der Ausführung zurückgreift. Eine klare und einheitliche Aussage, unter welchen Umständen eine Software, die auf der GPL unterstellte Programmbibliotheken zugreift, selbst von der GPL bei gemeinsamem Vertrieb mit der GPL-Programmbibliothek erfasst würde, lässt sich nicht geben.[347] Bei Verwendung der LGPL[348] lassen sich einige dieser Probleme vermeiden, da Linking-Vorgänge nicht dazu führen, dass die entsprechenden Programme von vornherein auch unter die LGPL gestellt werden müssten.

50   Besondere Fragen stellen sich beim Einsatz von Compilern oder Editoren, die ihrerseits unter die GPL gestellt worden sind. Üblicherweise übersetzt ein **Compiler** einen Quellcode in den Maschinencode (Objektcode). Auch die GPL selbst will diese Fälle nicht der GPL unterstellen, indem Ziff. 0 Abs. 2 S. 2 GPL v2 noch festhält, dass der Output des Programms nicht der GPL unterliegt, wenn der Inhalt nur ein auf dem Programm basierendes Werk darstellt. Allerdings greift diese Regel nur dann ein, wenn der Compiler nicht Teile seines eigenen Quellcodes in den Objektcode überträgt, wie es beim Programm Bison als sog. Compiler-Compiler (Parser) bekannt wurde.[349] Die gleichen Grundsätze finden Anwendung auf der GPL unterstehende **Editoren**, die bei der Erstellung von Softwaretools hilfreich sind. Deren Einsatz führt in der Regel nicht zur Unterstellung der erstellten Software unter die GPL, da kein eigenständiger GPL-Code in die Software eingeführt wird und der Editor nur Hilfsfunktionen übernimmt.

51   Schließlich sind auch **Treiber** nach der Verkehrsauffassung als eigenständig anzusehen und nicht als Teil einer übergreifenden Betriebssystemsoftware, was sich nicht zuletzt in den − im proprietären Sektor − unterschiedlichen Vertriebskanälen für Treiber- und Betriebssystemsoftware niederschlägt.

52   Die GPL v3 enthält zudem erstmals besondere Bedingungen für den **Einsatz von DRM-Systemen.** Demnach verzichtet nach Ziff. 3 Abs. 2 GPL v3 derjenige, der ein GPL-Programm vertreibt, auf sein Recht, die Umgehung technischer Schutzmaßnahmen zu verbieten, soweit diese die Ausübung der Nutzungsrechte aus der GPL beschränken.[350] Eine weitere Lizenzklausel in Bezug auf die DRM-Systeme findet sich in Ziff. 6 Abs. 4 GPL v3. Demnach müssen beim Vertrieb von Geräten mit GPL-Software die erforderlichen „installation information" mitgeliefert werden, um bearbeitete GPL-Programme wieder installieren und ausführen zu können. Diese Regelung schließt die erforderlichen Authentifizierungsschlüssel mit ein, gilt jedoch nur für Verbrauchergeräte. Hintergrund dieser − zulässigen − Regelungen waren Auseinandersetzungen um Software in Hardware-Systemen, die unter der GPL standen, bei denen aber die Hardware durch technische Schutzmaßnahmen abgesichert war, so dass die Nutzer nicht die Software verändern oder bearbeiten konnten.[351]

53   Besondere Probleme ergeben sich (neben anderen rechtlichen Fragen[352]) bei einer Erstellung von Open Source Software unter der GPL im Rahmen von **Arbeitsvertragsverhältnissen,** wie sie in der Praxis häufig vorkommen. Denn der Arbeitnehmer erstellt die Software nicht entgeltfrei, wie von der GPL postuliert wird; auch bleibt er Urheber, der Arbeitgeber erhält zwar zwingend die Verwertungsrechte, nicht aber die Rechtsstellung als Urheber (§ 69b Abs. 1).[353] Zwar wird demgegenüber eingewandt, dass in Ansehung von § 32 Abs. 3 S. 3 die Rechteeinräumung nicht gegen gesondertes Entgelt

---

[347] *Wuermeling/Deike* CR 2003, 87 (90); *Hoppen/Thalhofer* CR 2010, 275 (278 f.).

[348] Aus jüngerer Zeit zur LGPL LG Bochum CR 2011, 289, das bei Verstoß gegen diese einen Schadensersatzanspruch nach der Lizenzanalogie gewährte.

[349] *Jaeger/Metzger* Rn. 61.

[350] Zusammenfassend *Jaeger/Metzger* GRUR 2008, 130 (131 f.); *Koch* ITRB 2007, 261 (262).

[351] AA wohl Fromm/Nordemann/*Czychowski* GPLv3 Rn. 36: Vertrag zu Lasten Dritter; krit. auch *Funk/Zeitfang* CR 2007, 617 (623), diese weisen darauf hin, dass der Adressatenkreis der Verzichtsanordnung nicht klar definiert sei, wodurch unklar ist, ob sich die Verzichtsanordnung der Ziff. 3 Abs. 2 GPL v3 nur auf dispositionsbefugte Rechteinhaber beschränkt oder darüber hinausgehen soll, so dass sich vor allem urheberrechtliche Bedenken ergeben.

[352] S. etwa zum Außenwirtschaftsrecht *Zirkel/Aleksic* CR 2016, 141 ff., die zu Recht die Einordnung von Open Source Software als wirtschaftliche Ressource ablehnen, zu markenrechtlichen Fragen *Nägele/Apel* WRP 2017, 775 ff.

[353] Im Einzelnen Fromm/Nordemann/*Czychowski* GPLv3 Rn. 17; *Koch* CR 2000, 333 (341); *Spindler* Kap. C Rn. 107 ff.; *Deike* CR 2003, 9 (17); *Sujecki* JurPC Web-Dok. 145/2005 Abs. 31 f.

erfolge;[354] doch geht dies an dem Problem vorbei, da § 32 Abs. 3 S. 3 nur verhindern will, dass die zwingende Vergütung die Anwendung der GPL und anderer Open Source Lizenzen generell behindert.[355] Die Regelung hebelt nicht das Synallagma von Arbeitslohn und Einräumung von Verwertungsrechten nach § 69b UrhG aus. Es wäre lebensfremd, anzunehmen, dass ein angestellter Programmierer bei proprietärer Software einen Lohn für die Einräumung der Verwertungsrechte erhält, bei Open Source Software aber rein altruistisch arbeiten sollte. Ebenso wenig kann davon ausgegangen werden, dass der Arbeitnehmer die Software nicht verbreiten würde;[356] **denn eine Verbreitung liegt schon in der Weitergabe an den Arbeitgeber, da es sonst § 69b UrhG nicht bedurft hätte.**[357] Hier kann nur eine ergänzende Auslegung der GPL selbst helfen, indem als Urheber („author") in solchen Fällen nicht der Arbeitnehmer, sondern der Arbeitgeber angesehen wird.[358]

Die von der GPL vorgesehenen **Gewährleistungs- und Haftungsausschlüsse**[359] sind nach deut- **54** schem Recht[360] sowie nach Europarecht[361] unwirksam. Es handelt sich bei ihnen um allgemeine Geschäftsbedingungen,[362] Maßstab sind va die Vorschriften der §§ 309 Nr. 8 lit. b, 307 BGB,[363] wobei § 309 Nr. 8 lit. b BGB im rein unternehmerischen Verkehr gem. § 310 Abs. 1 S. 1 BGB zwar keine unmittelbare Anwendung, aber gem. § 310 Abs. 1 S. 2 Hs. 1 BGB im Rahmen des § 307 BGB doch indizielle Wirkung entfaltet.[364] Teile der Literatur halten § 309 Nr. 8 lit. b BGB zu Unrecht für unanwendbar, da Schenkungen, als die der Erwerb von Open Source Software dogmatisch eingeordnet wird (dazu sogleich), keine „Lieferung" iSd Vorschrift sei.[365] Dem kann jedoch nicht gefolgt werden, da das Tatbestandsmerkmal „Lieferung" dergestalt auszulegen ist, dass Besitzübergabe und Übereignung vonnöten sind.[366] Handelt es sich daher um eine „neu hergestellte Sache", ist § 309 Nr. 8 lit. b BGB anwendbar.[367] Vertreten wird zT, dass „in Anwendung von § 17 GNU GPL v.3 der Haftungsausschluss (§ 16 GNU GPL v.3) unwirksam [ist], da dieser auf einer salvatorischen Formulierung aufbaut."[368] Dasselbe wird für Ziff. 1 GPL v2 angenommen.[369] Der Unwirksamkeit trägt inzwischen die GPL v3 insofern Rechnung, als sie die Ausschlüsse unter den Vorbehalt des nationalen Rechts stellt. An die Stelle der unwirksamen Haftungs- und Gewährleistungsausschlüsse treten die Haftungserleichterungen für den jeweiligen Vertragstyp, bei alleiniger Überlassung der Software etwa Schenkungsvertragsrecht.[370] Problematisch kann die Bestimmung des Anspruchsgegners sein.[371] Bei gemischten entgeltlichen Verträgen, also Softwareüberlassung zusammen mit Schulung, Implementation etc, bleibt es aber bei den jeweiligen vertragstypischen Haftungsmaßstäben, etwa Dienstleistungsrecht oder Werkvertragsrecht.[372]

Bedenken gegen die rechtliche Wirksamkeit der Auferlegung von Pflichten aus der GPL gegenüber **55** Nutzern können sich allerdings aus **kartellrechtlichen** Erwägungen ergeben. Denn die Pflichten etwa zur Offenlegung des Quellcodes ebenso wie die Vorgabe der weitgehenden Unentgeltlichkeit stellen im Prinzip eine vertikal wirkende Bindung dar, die der kartellrechtlichen Rechtfertigung bedarf.[373] Nach Art. 4 lit. a GVO-VV,[374] Art. 4 Abs. 1 lit. a, Abs. 2 lit. a EU-VO Technologietransfer-Vereinbarungen[375] ist allerdings eine solche Preisbindung unbedenklich.[376] Zu berücksichtigen ist hier insbesondere, dass mit Hilfe der Open Source Lizenzgestaltung neue Sekundärmärkte geschaffen wer-

---

[354] So Wandtke/Bullinger/*Grützmacher* UrhG § 69b Rn. 22, § 69c Rn. 112.
[355] *Jaeger/Metzger* Rn. 135 ff.; Rechtsausschuss BT-Drs. 14/8058, 19; BT-Drs. 14/6433, 15.
[356] So aber Wandtke/Bullinger/*Grützmacher* UrhG § 69c Rn. 112; aA auch *Jaeger/Metzger* Rn. 135 ff.
[357] *Sujecki* JurPC Web-Dok. 145/2005 Abs. 32; *Wuermeling/Deike* CR 2003, 87 (88).
[358] Zusammenfassend *Spindler* Kap. C Rn. 109.
[359] Ziff. 11, 12 GPL v2, GPL v3.
[360] All M *Jaeger/Metzger* Rn. 219 ff., 266 f.; *Spindler* Kap. D Rn. 17, 22; *Grützmacher* ITRB 2002, 84 (89 f.); *Koch* CR 2000, 333 (335, 340 f.).
[361] *Jaeger/Metzger* Rn. 220; *Marly* Rn. 983.
[362] *Marly* Rn. 935, 963.
[363] *Sobola* ITRB 2011, 168 (170); *Schöttler/Diekmann* ITRB 2012, 84 (87), die zusätzlich auf § 309 Nr. 7 BGB verweisen; aA *Marly* Rn. 963, nach dem § 309 Nr. 8 lit. b BGB nicht anwendbar sei.
[364] BGHZ 174, 1 = NJW 2007, 3774 Rn. 12; Staudinger/*Schlosser* BGB § 310 Rn. 12; MüKoBGB/*Basedow* BGB § 310 Rn. 7; Palandt/*Grüneberg* BGB § 307 Rn. 38; *Schöttler/Diekmann* ITRB 2012, 84 (84, 87).
[365] *Marly* Rn. 963.
[366] MüKoBGB/*Wurmnest* BGB § 309 Rn. 13; Staudinger/*Coester-Waltjen* § 309 Rn. 18.
[367] Jedenfalls für Standardsoftware bejahend MüKoBGB/*Wurmnest* BGB § 309 Rn. 13.
[368] *Schöttler/Diekmann* ITRB 2012, 84 (88).
[369] *Jaeger/Metzger* Rn. 221.
[370] *Jaeger/Metzger* Rn. 222; *Spindler* Kap. D Rn. 4 ff.; *Sobola* ITRB 2011, 168 (170); *Marly* Rn. 964.
[371] *Sobola* ITRB 2011, 168 (170); *Schöttler/Diekmann* ITRB 2012, 84 (88).
[372] Eingehend *Spindler* Kap. D Rn. 25 ff.; *Jaeger/Metzger* Rn. 256 ff.; 261 ff.; *Schulz* Rn. 807 ff.
[373] Daher für Kartellrechtswidrigkeit Fromm/Nordemann/*Czychowski* GPLv3 Rn. 21 ff.
[374] Hierzu Spindler/*Heath* Kap. G Rn. 6 ff.
[375] EU-VO Technologietransfer-Vereinbarungen (Verordnung (EU) Nr. 316/2014 der Kommission vom 21.3.2014 über die Anwendung von Art. 101 Abs. 3 des Vertrags über die Arbeitsweise der Europäischen Union auf Gruppen von Technologietransfer-Vereinbarungen, ABl. 2014 L 93, S. 17), vormals GVO-Technologietransfer (Verordnung (EG) Nr. 772/2004 der Kommission vom 27.4.2004 über die Anwendung von Art. 81 Abs. 3 EG-Vertrag auf Gruppen von Technologietransfer-Vereinbarungen, ABl. 2004 L 123, S. 11), die mit Ablauf des 30.4.2014 außer Kraft getreten ist.
[376] AA Fromm/Nordemann/*Czychowski* GPLv3 Rn. 25, Spindler/*Heath* Kap. G Rn. 9, da keine Höchstpreisgrenze vorliege, sondern Preisfestsetzung und damit freistellungsfähig.

den und der Abschottung bestehender Märkte entgegen gewirkt wird.[377] Darüber hinaus bestätigt § 32 Abs. 3 S. 3 UrhG, der gerade mit Blick auf das Open Source Softwaremodell eingeführt wurde,[378] dass es in der Entscheidungsfreiheit des Urhebers liegt, einfache Nutzungsrechte einzuräumen, was prinzipiell vom Kartellrecht zu akzeptieren ist.[379] Die Verpflichtung zur Zugänglichmachung des Source Code begegnet keinen kartellrechtlichen Bedenken, weil der Softwareerwerber die Software lediglich in der Art und Weise, nämlich in der Form des Source Code, weitergeben muss, in der er die Software selbst erhalten hat; zudem fördert die Offenhaltung und Kenntnis des Source Code den Wettbewerb, und zwar bezüglich der Softwareentwicklung wie auch bezüglich der von der Kenntnis des Source Code abhängigen Drittleistungen wie beispielsweise Anpassungen oder Softwarepflege.[380]

56   Nennenswerte Bedeutung haben ferner die **Apache-Lizenzen** sowie die **BSD-Lizenzen** und Mozilla-Lizenzen[381] erlangt. Die Apache-Lizenz zeichnet sich durch das Fehlen einer Copyleft-Klausel, sog. **Non-Copyleft-Lizenzmodelle,** aus, so dass modifizierte Versionen der Software auch proprietär vertrieben werden können, wobei diese jedoch nur mit Erlaubnis des Kennzeicheninhabers unter dem Namen „Apache" weiterverbreitet werden dürfen.[382] Auch die BSD-Lizenz sieht keine Copyleft-Klausel vor, sondern regelt vor allem die Einräumung von Nutzungsrechten.[383] Die Mozilla-Lizenz wiederum ermöglicht mittels einer beschränkten Copyleft-Klausel eine gegenüber der strengen GPL-Copyleft-Klausel einfachere Kombination von Software mittels Verbindung verschiedener Lizenztypen.[384] Eine Lizenzierung mittels, Creative Commons-Lizenz ist ebenfalls denkbar, jedoch angesichts fehlender Verpflichtung zur Offenlegung der Quellcodes nicht empfohlen.[385]

57   Auch die EU hat eine Modelllizenz für Open Source Programme entwickelt, die **European Union Public License.**[386]

VI. Softwarelizenzverträge

58   **Schrifttum:** *Barth/Schüll* (Hg.), Grid Computing, 2006; *Baun/Kunze/Nimis/Tai,* Cloud Computing: webbasierte dynamische IT-Services, 2009; *Becker,* Anmerkung zu BGH, Urteil vom 19. Juli 2012 – I ZR 70/10 – M2Trade, ZUM 2012, 786; *Bettinger/Scheffelt,* Application Service Providing: Vertragsgestaltung und Konflikt-Management, CR 2001, 729 ff.; *Bierekoven,* Lizenzierung in der Cloud, ITRB 2010, 42; *Bisges,* Beeinträchtigung des Systems der Urhebervergütung für Privatkopien durch Cloud-Dienste, GRUR 2013, 146; *dens.,* Urheberrechtliche Aspekte des Cloud Computing, MMR 2012, 574; *Bräutigam* (Hg.), IT-Outsourcing, 3. Auflage, 2013; *Bräutigam/Rücker,* Softwareerstellung und § 651 BGB – Diskussion ohne Ende oder Ende der Diskussion, CR 2006, 361 ff.; *Büscher/Dittmer/Schiwy,* Gewerblicher Rechtsschutz Urheberrecht Medienrecht, 2011; *Czychowski/Bröcker,* ASP – ein Auslaufmodell für das Urheberrecht?, MMR 2002, 81 ff.; *Dammler/Melullis,* Störung in der patentrechtlichen Lizenzkette, GRUR 2013, 781; *Dietrich/Szalai,* Anmerkung zu BGH, Urt. v. 19.7.2012 – I ZR 70/10 – M2Trade, MMR 2012, 687; *Dorner,* Umfassende Nutzungsrechteeinräumung gegen Pauschalabgeltung – Ende für „Buy-outs", Aktuelle Entwicklungen der urhebervertragsrechtlichen Rechtsprechung und ihre Relevanz für die IT-rechtliche Vertragspraxis, MMR 2011, 780; *Dreier/Vogel,* Software- und Computerrecht, 2008; *Dunkel/Eberhart/Fischer/Kleiner/Koschel,* System-Architekturen für verteilte Anwendungen, 2008; *Eymann/Matros,* Entwicklungsperspektiven des Grid Computing, in: Hoffmann/Leible (Hg.) Vernetztes Rechnen – Softwarepatente – Web 2.0, Reihe Recht und Neue Medien, Band 16, 2008, S. 9 ff.; *Fritzemeyer,* Die rechtliche Einordnung von IT-Verträgen und deren Folgen, Endlich Klarheit oder doch eine „never ending story"?, NJW 2011, 2918; *Giedke,* Cloud Computing: Eine wirtschaftliche Analyse mit besonderer Berücksichtigung des Urheberrechts, 2013; *Grützmacher,* Application Sercice Providing – Urhebervertragsrechtliche Aspekte, ITBR 2001, 59 ff.; *ders.,* Lizenzgestaltung für neue Nutzungsformen im Lichte von § 69d UrhG (Teil 2), Die urheber- und die vertragliche Ebene bei Core, Cluster, Cloud & Co., CR 2011, 697; *Günther,* Zur Reichweite des Urheberrechtsschutzes bei Computerprogrammen, CR 1994, 611 ff.; *Hilty,* Die Rechtsnatur des Softwarevertrages, Erkenntnisse aus der Entscheidung des EuGH UsedSoft vs. Oracle, CR 2012, 625; *Hoeren,* Die Kündigung von Softwareerstellungsverträgen und deren urheberrechtliche Auswirkungen, CR 2005, 773; *ders.,* IT-Vertragsrecht, 2. Aufl., 2012; *ders.,* Softwareauditierung, CR 2008, 409; *Hoppen,* Die technische Seite der Softwarelizenzierung, CR 2007, 129 ff.; *Intveen,* Verträge über die Vermietung und Pflege von Software, ITRB 2012, 93; *ders./Gennen/Karger (Hg.),* Handbuch des Softwarerechts, 2018; *Jani,* Der Buy-Out-Vertrag im Urheberrecht, 2003; *Karger/Sarre,* Wird Cloud Computing zu neuen juristischen Herausforderungen führen?, in Taeger/Wiebe (Hg.) Inside the Cloud – Neue Herausforderungen für das Informationsrecht, 2009, S. 427 ff.; *Koch,* Computer-Vertragsrecht, 7. Aufl., 2009; *ders.,* GRID Computing im Spiegel des Telemedien-, Urheber- und Datenschutzrechts, CR 2006, 111 ff.; *ders.,* Weltweit verteiltes Rechnen im Grid Computing, CR 2009, 42 ff.; *Lehmann/Giedke,* Cloud Computing – technische Hintergründe für die territorial gebundene

---

[377] Wandtke/Bullinger/*Grützmacher* UrhG § 69c Rn. 116; Spindler/*Heath* Kap. G Rn. 6 ff.; *Ullrich*/Lejeune/Konrad/Timm-Goltzsch Teil I Rn. 869 ff.; offen aber LG Frankfurt a. M. CR 2006, 729 (732); die gebotene gesamtökonomische Abwägung verkennen daggen Fromm/Nordemann/*Czychowski* GPLv3 Rn. 21 ff.

[378] Begr. BT-Drs. 14/6433, 15.

[379] *Ullrich*/Lejeune/*Konrad/Timm-Goltsch* Teil I Rn. 869.

[380] *Ullrich*/Lejeune/*Konrad/Timm-Goltzsch* Teil I Rn. 872 f.

[381] ZB der bekannte Browser Firefox.

[382] *Grassmuck* S. 271 ff.; *Jaeger/Metzger* Rn. 102 ff.; *Grützmacher* ITRB 2006, 108.

[383] Dazu *Jaeger/Metzger* Rn. 99 ff.; Spindler/*Arlt/Brinkel/Volkmann* I Rn. 28 ff.; *Grützmacher* ITRB 2006, 108.

[384] *Grassmuck* S. 307 ff.; *Jaeger/Metzger* Rn. 81 ff.; Spindler/*Arlt/Brinkel/Volkmann* Kap. I. Rn. 5 ff.; *Steinle* JurPC Web-Dok. 139/2007 Abs. 19 ff.

[385] *Heinzke* CR 2017, 148 (152); vgl. ferner die FAQ der Creative Commons Organisation: https://creativecommons.org/faq/#can-i-apply-a-creative-commons-license-to-software.

[386] EUPL, abrufbar unterhttp://ec.europa.eu/idabc/servlets/Doc9dbe.pdf?id=31977; dazu eingehend *Wiebe/Heidinger* MR 2006, 258; *Wiebe/Heidinger* European Union Public Licénce – EUPL V 0.2, Kommentar, Wien 2006, abrufbar unter: www.infolaw.at.

rechtliche Analyse, Cloudspezifische Serververbindungen und eingesetzte Virtualisierungstechnik, CR 2013, 608; *Lehmann./Meents,* Handbuch des Fachanwalts Informationstechnologierecht, 2. Aufl., 2011; *Leupold/Glossner,* Münchener Anwaltshandbuch IT-Recht, 3. Aufl. 2013; *Loewenheim,* Software aus zweiter Hand, FS Pfennig, 2012, 65; *ders.,* Rückruf des Nutzungsrechts nach § 41 UrhG und Fortbestehen der Enkelrechte (2013), S. 199; *Mann,* Vertragsgestaltung beim IT-Outsourcing – Besonderheiten und Fallstricke, MMR 2012, 499; *Marly,* Praxishandbuch des Softwarerechts, 6. Aufl. 2014; *Maume/Wilser,* Viel Lärm um nichts? Zur Anwendung von § 651 BGB auf IT-Verträge, CR 2010, 209; *Metzger,* Am Ende der Lizenzkette: Rechtsprobleme des mehrstufigen Softwarevertriebs, ITRB 2013, 239; *Moos/Flemming,* Softwarelizenz-Audits, CR 2006, 797 ff.; *Nägele/Jacobs,* Rechtsfragen des Cloud Computing ZUM 2010, 281; *Neelmeier/Pramann/Albrecht,* Software-Quellcodes in der Entwicklung medizinischer Software – zu den Notwendigkeiten interessengerechter vertraglicher Vereinbarungen, InTeR 2018, 72; *Niemann,* Schift der urheberrechtlichen Verwertungsrechte in der arbeitsteiligen digitalen Welt, CR 2009, 661; *ders./Paul,* Praxishandbuch Rechtsfragen des Cloud Computing, 2014; *ders./ders.* Bewölkt oder wolkenlos – rechtliche Herausforderungen des Cloud Computings, K&R 2009, 444 ff.; *Obenhausen,* Cloud Computing als Herausforderung für Strafverfolgungsbehörden und Rechtsanwaltschaft, NJW 2010, 651; *Pohle,* IT-Outsourcing und die Insolvenz: Optionen für Anbieter und Anwender, K&R 2013, 297; *ders./Ammann,* Über den Wolken ...– Chancen und Risiken des Cloud Computing, CR 2009, 273 ff.; *Pres,* Allgemeine Geschäftsbedingungen und das neue Schuldrecht, CR 2006, 433 ff.; *ders.,* Software – ein besonderes Gut, NJOZ 2008, 2917 ff.; *Redeker,* IT-Recht, 6. Aufl. 2017; *ders.,* Das gehastete Softwareprojekt, ITRB 2019, 93; *Röhrborn/Sinhart,* Application Service Providing – juristische Einordnung und Vertragsgestaltung, CR 2001, 69 ff.; *Schmidl,* Softwareerstellung und § 651 BGB – ein Versöhnungsversuch, MMR 2004, 590 ff.; *Schneider,* Softwareerstellungsverträge, 2006; *Schneider/Spindler,* Der Kampf um die gebrauchte Software – Revolution im Urheberrecht?, Das Urteil des EuGH vom 3.7.2012 – Rs. C-128/11 – „UsedSoft" Gebrauchtsoftware, CR 2012, 489; *dies.,* Der Erschöpfungsgrundsatz bei „gebrauchter" Software im Praxistest, CR 2014, 213; *Schneider/von Westphalen* (Hg.), Software-Erstellungs-Verträge, 1. Aufl. 2006 und 2. Aufl. 2014; *Schulz,* Rechtliche Aspekte des Cloud Computing im Überblick, in: Taeger/Wiebe (Hg.) Inside the Cloud – Neue Herausforderungen für das Informationsrecht, 2009, S. 403 ff.; *Schuster/Hunzinger,* Vor- und nachvertragliche Pflichten beim IT-Vertrag – Teil I: vorvertragliche Beratungspflichten, CR 2015, 209; *dies.,* Vor- und nachvertragliche Pflichten beim IT-Vertrag – Teil II: nachvertragliche Pflichten, CR 2015, 257; *Schuster,* Abnahme, Gewährleistung & Schadensersatz bei Software-Werkverträgen, CR 2019, 345; *Schuster/Reichl,* Cloud Computing & SaaS: Was sind die wirklich neuen Fragen? CR 2010, 38; *Schweinoch/Roas,* Paradigmenwechsel für Projekte: Vertragstypologie der Neuerstellung von Individualsoftware, CR 2004, 326 ff.; *Sedlmeier,* Novelle des Werkvertragsrechts 2018 – Auswirkungen auf IT-Verträge, K&R 2018, 680; *Selk,* Das Schicksal von ASP- und SaaS-Services in der Insolvenz des Anbieters, ITRB 2012, 201; *Söbbing,* Nutzungsrechtliche Übertragung bei ASP und SaaS, ITRB 2015, 147; *ders.,* Umgang mit Service Levels und Nutzungsrechten, ITRB 2015, 172; *Spindler,* Lizenzierung nach M2Trade, Take five und Reifen Progressiv, Eine Analyse mit besonderem Blick auf das Konzern- und auf das Kollisionsrecht, CR 2014, 557; *ders.,* Rechtliche Probleme des GRID-Computing, in: Hoffmann/Leible (Hg.) Vernetztes Rechnen – Softwarepatente – Web 2.0, 2008, S. 21 ff.; *ders.,* Die Entwicklung des EDV-Rechts 2008/2009, K&R 2009, 521 ff.; *ders./Klöhn,* Neue Qualifikationsprobleme im E-Commerce, CR 2003, 81 ff.; *Srocke,* Das Abstraktionsprinzip im Urheberrecht, GRUR 2008, 867; *Stieper,* Die Richtlinie über das Urheberrecht im digitalen Binnenmarkt, ZUM 2019, 211; *Sujecki,* Internationales Privatrecht und Cloud Computing aus europäischer Perspektive, K&R 2012, 312; *Ullrich/Lejeune* (Hg.), Der internationale Softwarevertrag, 2. Aufl. 2006; *Wicker,* Vertragstypologische Einordnung von Cloud Computing-Verträgen, Rechtliche Lösungen bei auftretenden Mängeln, MMR 2012, 783; *Zimmeck,* Grundlagen der Nutzungsrechtübertragung an urheberrechtlich geschützten Computerprogrammen durch den Lizenznehmer, ZGE 2009, 324; sa. § 31 zu allgemeinen urhebervertragsrechtlichem Schrifttum.

Schrifttum zu agiler Programmierung: *Bortz,* Auslegung und Gestaltung agiler Projektverträge – Vertragsrechtliche Analyse unter Berücksichtigung der verschiedenen Rollen in Scrum-Projekten, MMR 2018, 287; *Ernst,* Agile Softwareprojekte und Vertragsauslegung, CR 2017, 285; *Fuchs/Meierhöfer/Morsbach/Pahlow,* Agile Programmierung – Neue Herausforderungen für das Softwarevertragsrecht?, Unterschiede zu den „klassischen" Softwareentwicklungsprojekten, MMR 2012, 427; *Hengstler,* Gestaltung der Leistungs und Vertragsbeziehungen bei Scrum-Projekten, ITRB 2012, 113; *Hoeren/Pinelli,* Agile Programmierung – Einführung und aktuelle rechtliche Herausforderungen, MMR 2018, 199; *Koch,* Agile Softwareentwicklung – Dokumentation, Qualitätssicherung und Kundenmitwirkung, ITRB 2010, 114; *Kremer,* Gestaltung von Verträgen für die agile Softwareerstellung, ITRB 2010, 283; *Kühn/Ehlenz,* Agile Werkverträge mit Scrum, CR 2018, 139; *Lutz/Bach,* Agile Softwareentwicklung – Werkvertrag oder doch Dienstvertrag?, BB 2017, 3016; *Pohle,* Nutzungsrechte bei agiler Softwareprogrammierung, FS Wandtke (2013), S. 557; *Puchelt,* Vertragstyp(olog)isierung von IT-Projektverträgen, DSRITB 2017, 475; *Sarre,* Kritische Schnittstellen zwischen der Projektmethodik „SCRUM" und juristischer Vertragsgestaltung, CR 2018, 198; *Söbbing,* Der agile Festpreisvertrag, ITRB 2019, 11; *Welkenbach,* Scrum auf dem Prüfstand der Rechtsprechung – Lehren für die Vertragsgestaltung, CR 2017, 639; *Witte,* Agiles Programmieren und § 651 BGB, ITRB 2010, 44.
Schrifttum vor 2000 s. Vorauflage

1. Vertragstypologische Einordnung von Softwarelizenzverträgen

Besondere Vorgaben für Softwarelizenzverträge bestehen nicht, die **§§ 31 ff.** UrhG finden grundsätzlich auch auf Software Anwendung. In der Praxis haben sich **zahlreiche Vertragstypen** herausgebildet, die zum Teil erheblich von den Leitbildern des BGB abweichen, aber auf bestimmte Grundtypen zurückgeführt werden können.[387] Dabei ist zu berücksichtigen, dass die Bedeutung der schuldrechtsdogmatischen Einordnung aus rein urheberrechtlicher Perspektive nicht überschätzt werden darf, da sie die Einräumung von Nutzungsrechten nicht entbindet.[388] Ebenso ist das Bestehen eines urheberrechtlichen Schutzes für die vertragstypologische Einordnung selbst nicht von Relevanz.[389] Verträge über die Überlassung von **Standardsoftware auf Dauer** wurden schon vor

59

---

[387] Vgl. die Übersicht zur vertragstypologischen Einordnung bei Leupold/Glossner/*von dem Bussche/Schelinski* MAH IT-Recht Teil 1 Rn. 137; *Marly* Rn. 676 ff.; zur Relevanz der dogmatischen Einordnung des Vertragstyps *Marly* Rn. 684; *Schneider/Spindler* CR 2012, 489 (494); zu IT-Projektverträgen s. *Schuster/Hunzinger* CR 2015, 209 ff.; *Schuster/Hunzinger* CR 2015, 277 ff.
[388] Fromm/Nordemann/*Czychowski* UrhG Vor §§ 69a ff. Rn. 10.
[389] Leupold/Glossner/*Wiebe* MAH IT-Recht Teil 3 Rn. 73.

der Schuldrechtsrechtreform zumindest entsprechend des **Kaufvertragsrechts** behandelt.[390] Seit der Einführung von **§ 453 BGB** ist zumindest im Kaufvertragsrecht die Frage, ob Software eine Sache darstellt,[391] weitgehend obsolet (zur Haftung gem. §§ 437 ff. BGB auch → § 69c Rn. 34).[392] Auch im **Mietvertragsrecht**, insbesondere beim Application Service Providing, wird Software von der Rechtsprechung zu Recht wie die Überlassung einer Sache behandelt, zumal es auf die Gebrauchsüberlassung ankommt, nicht auf einen Besitz.[393] Dieses Problem stellt sich allerdings immer noch für Verträge im Werklieferungsbereich, **§ 651 BGB,** hinsichtlich der zum Werkvertrag, der auf die **Erstellung einer individuellen Software** gerichtet ist.[394] Maßgeblich sollte aber weniger eine begriffsjuristische Einordnung sein, sondern die sachgerechte Wertung der Interessen, insbesondere ob es sich um eine standardisierte Software, die hergestellt wird, handelt, oder um eine spezifisch auf einen einzelnen Auftraggeber abgestimmte Software.[395]

59a **Agile Softwareprogrammierung (Scrum),**[396] die auf einer engen Zusammenarbeit mit durchaus sehr flexiblen Rollen beruht (Product Owner, Entwicklungsteam und Scrum-Master),[397] wird im Ansatz zu Recht als Werkvertrag eingeordnet; insbesondere die durch das Gewährleistungsrecht vorgenommene Risikoverteilung, die dem Werkunternehmer das Erfolgsrisiko aufbürdet, ist in der Regel eher interessengerecht.[398] Allerdings darf nicht verkannt werden, dass zum einen häufig eine sehr individuelle Ausgestaltung der Vertragsbedingungen erfolgt, und zum anderen eine Nähe zu gesellschaftsrechtlichen Pflichten[399] aufgrund der gewollten sehr engen Zusammenarbeit von Auftraggeber und -nehmer hohe Treue- und Rücksichtnahmepflichten beinhaltet.[400] Daher verbietet sich eine pauschale Einordnung der Verträge von vornherein;[401] vielmehr muss genau der Wille der Beteiligten im Einzelfall eruiert werden.[402]

59b Im Bereich des fiskalischen Handels von Behörden und Hoheitsträgern erlangen die „Ergänzenden Vertragsbedingungen für die Beschaffung von IT-Leistungen" **(EVB-IT)** Bedeutung,[403] die die ab-

---

[390] BGH NJW 2007, 2394 (2395 f.) = CR 2007, 75 (75 f.) mwN; explizit ab BGH CR 1988, 124 (126); 1990, 24 (26); 1990, 384 (386); 1990, 707 (708); 1993, 203 (204); 2000, 207 (208); OLG Frankfurt a. M. CR 2012, 739 (741); Fromm/Nordemann/*Czychowski* UrhG § 69c Rn. 45; *Hoeren,* IT-Vertragsrecht, S. 78 ff.; *Loewenheim* FS Pfennig, 2012, 65 (68); *Intveen* ITRB 2012, 93 (93); aA *Hilty* CR 2012, 625 (637), nach dem eine Übertragung des Eigentums bei urheberrechtlich geschützter Software nicht gewollt sei. Zu den weiteren dogmatischen Einordnungen vgl. die Nachweise bei Fromm/Nordemann/*Czychowski* UrhG § 69a ff. Rn. 10.
[391] Zu dem Streit ausf. Kilian/Heussen/*Moritz* (32. EL 2013) CHB 1. Abschnitt Teil 3, Mängelansprüche bei Hard- und Softwareverträgen, Rn. 16 ff.; *Marly* Rn. 691 ff., der die Sachqualität bejaht; die Sacheigenschaft verneinend Schneider/von Westphalen/*Redeker* Teil D Rn. 72.
[392] *Hoeren,* IT-Vertragsrecht, S. 78.
[393] BGH NJW 2007, 2394 Rn. 14 ff.; bestätigt in BGH MMR 2011, 398 Rn. 19.
[394] Leupold/Glossner/*von dem Bussche/Schelinski* MAH IT-Recht Teil 1 Rn. 47; ausf. zu § 651 BGB *Marly* Rn. 677 ff. Für weitgehende Anwendung von § 651 BGB und damit Kaufrecht: BGHZ 182, 140 = NJW 2009, 2877; näher dazu *Schweinoch* CR 2010, 1; *Maume/Wilser* CR 2010, 209; *Müller-Hengstenberg* NJW 2010, 1181; *Fritzemeyer* NJW 2011, 2918; zuvor *Bräutigam/Rücker* CR 2006, 361 f.; *Spindler/Klöhn* VersR 2003, 273 (273); *Spindler/Klöhn* CR 2003, 81 ff.; *Schmidl* MMR 2004, 590 ff.; *Ullrich/Lejeune* Rn. 294 f.; *Schweinoch/Ross* CR 2004, 326 ff.; *Lenhard,* Vertragstypologie von Softwareüberlassungsverträgen, 2006, S. 148 ff.; *Schneider* Kap. Q Rn. 6 ff.; *Schneider/von Westphalen* Softwareerstellungsverträge Kap. B Rn. 8 ff.; *Dreier/Vogel,* Software- und Computerrecht, S. 141 ff.; dagegen wendet OLG Hamburg CR 2013, 697 Werkvertragsrecht an.
[395] Zur tatsächlichen Ausgestaltung des agilen Programmierens bzw. Scrum s. *Schwaber/Sutherland,* Scrum-Guide, https://www.scrumguides.org/docs/scrumguide/v1/Scrum-Guide-DE.pdf; *Kühn/Ehlenz* CR 2018, 139 (140 f.), *Bortz* MMR 2018, 287, je mwN.
[396] Zu den Charakteristika etwa: MünchAnw HdB IT-Recht/*von dem Bussche/Schelinski* Teil 1 Rn. 95 f.; *Fuchs/Meierhöfer/Morsbach/Pahlow* MMR 2012, 427 (427 f.); *Redeker* Rn. 311a ff.; zu den Phasen und der Methodik: Schneider/*Witzel* Kap.N Rn. 52; *Sarre* CR 2018, 198. Zu den Nutzungs- und Verwertungsrechten bei agiler Programmierung siehe etwa *Pohle* FS Wandtke, 2013, 557 ff.
[397] Zur Terminologie: *Sarre* CR 2018, 198 (200).
[398] Für eine Einordnung als Werkvertrag LG Wiesbaden MMR 2017, 561 (562); krit. *Schneider* ITRB 2017, 36; für Werkvertrag ebenfalls *Redeker* Rn. 311e; *Fuchs/Meierhöfer/Morsbach/Pahlow* MMR 2012, 427 (432); *Witte* ITRB 2010, 44 (46); *Pohle* FS Wandtke, 2013, 557 (559): „regelmäßig […] Werkvertragsrecht"; s. auch *Hoeren/Pinelli* MMR 2018, 199 (200 f.); offen gelassen hingegen durch OLG Frankfurt a. M. MMR 2018, 100 Rn. 14 f., da sowohl nach Dienst- als auch nach Werkvertragsrecht Vergütung verlangt werden konnte; iE für Dienstvertrag plädiert *Hengstler* ITRB 2012, 113 (116); *Koch* ITRB 2010, 114 (118): höchstens erste lauffähige Programmfassung als Werkvertrag, spätere Phasen als Dienstvertrag; Schneider/v. Westphalen/*Lejeune,* Softwareerstellungsverträge, Kap. I Rn. 19: „Im Zweifel […] dienstvertragsrecht"; gegen Dienstvertrag: *Kremer* ITRB 2010, 283 (286 f.); offen *Ernst* CR 2017, 285 (287 ff.). Zu den Auswirkungen der Werkvertragsnovelle auf IT-Verträge s. *Sedlmaier* K&R 2018, 680; zum Erfordernis der Abnahme s. *Schuster,* CR 2019, 345.
[399] Zutr. *Frank* CR 2011, 138; angedeutet auch bei *Ernst* CR 2017, 285 (291).
[400] Die privatautonome Ausgestaltung betonend *Lutz/Bach* BB 2017, 3016 (3017 f.), ebenso *Kühn/Ehlenz* CR 2018, 139 (141 ff.) mit konkreten Klauselvorschlägen; s. auch *Bortz* MMR 2018, 287 (290 ff.).
[401] *Bortz* MMR 2018, 287 (288); *Welkenbach* CR 2017, 639 (644 ff.).
[402] *Ernst* CR 2017, 285 (288); für eine „zyklische Betrachtung" etwa *Puchelt* DSRITB 2017, 475 (486); für die (ähnliche) Annahme eines dienstvertraglichen Rahmenvertrags und werkvertraglich ausgestalteter Teilprojektverträge siehe auch: MünchAnw HdB IT-Recht/*von dem Bussche/Schelinski* Teil 1 Rn. 100 f.; gegen eine solche Einordnung etwa *Hengstler* ITRB 2012, 113 (114). Die Notwendigkeit sorgfältiger Vertragsgestaltung betont *Welkenbach* CR 2017, 639 (645 f.); näher zur notwendigen Vertragsgestaltung Schneider/v. Westphalen, Softwareentwicklungsverträge, Kap. C Rn. 113 ff.
[403] Dazu *Bischof* CR 2013, 553 ff.; *Bischof/Intveen* InTeR 2018, 163 ff.

schließende dogmatische Einordnung des Vertragstypus aus rechtspraktischer Sicht in den Hintergrund treten lassen können.

Es existieren über die genannten Vertragstypen hinaus **zahlreiche Misch-Verträge**, etwa Soft- 59c wareüberlassungsverträge verbunden mit Wartungs- und **Pflegeverträgen,** um die Software an die sich häufig ändernden Rahmenbedingungen anzupassen.[404] Ferner wird differenziert nach Einzelplatz- oder Mehrplatznutzung, nach der wirtschaftlichen Nutzung der Software in Abhängigkeit von der Leistungsfähigkeit von EDV-Anlagen,[405] auch nach Mengen, etwa bei Volumenlizenzverträgen, bei denen nur eine Master-CD geliefert und dem Anwender erlaubt wird, der Lizenzvorgabe folgend entsprechend viele Vervielfältigungsstücke herzustellen.[406]

Schließlich erlangt die Nutzung von Software auf ausgelagerten Rechnern zunehmend Bedeutung, 59d sei es in Gestalt des sog. **Application Service Providing,**[407] bei der die Software auf einem fremden Server zur Benutzung liegt,[408] das schuldrechtlich als Miete eingeordnet wird[409] und welches als eigene Nutzungskategorie eingeordnet wird,[410] sei es durch **GRID-Computing,**[411] sei es neuerdings durch **Cloud Computing,**[412] das ähnlich wie das GRID-Computing[413] weltweit Rechnersysteme für die Verarbeitung von Daten nutzt.

2. Geltung der urhebervertraglichen Regelungen bei Softwarelizenzverträgen

a) Anwendbarkeit des Trennungs- und Abstraktionsprinzips. Die einzelnen vertragsrecht- 60 lichen Probleme können im Rahmen einer urheberrechtlichen Kommentierung nicht vertieft werden.[414] Die urhebervertragsrechtlichen Regelungen gelten jedoch auch hier, insbesondere das **Trennungsprinzip,** indem zwischen Kausalgeschäft (schuldrechtlicher Nutzungsvertrag) und Rechteeinräumung durch Verfügung unterschieden wird.[415] Hintergrund hierfür ist, dass nach hM der Einräumung von einfachen und ausschließlichen urheberrechtlichen Nutzungsrechten (§ 31), soweit sie sich jeweils auf ein selbstständiges Nutzungsrecht beziehen, dingliche Wirkung zukommt (Grund: Sukzessionsschutz gem. § 33)[416] und daher die Einräumung eines urheberrechtlichen Nutzungsrechts immer eine belastende Verfügung über das Urheberrecht darstellt, der ein Verpflichtungsgeschäft (Nutzungsvertrag) zugrunde liegt, mit welchem der Umfang des Nutzungsrechts sowie die einzelnen Konditionen festgelegt werden.[417] Von der Einräumung einfacher oder ausschließlicher urheberrechtlicher Nutzungsrechte (§ 31) ist die rein schuldrechtliche Nutzungserlaubnis (§ 29 Abs. 2) zu unterscheiden. Da es an einer Verfügung fehlt, spielt das Trennungsprinzip hier keine Rolle. Ob bei der Einräumung einfacher oder ausschließlicher urheberrechtlicher Nutzungsrechte allerdings auch das **Abstraktionsprinzip** zur Anwendung gelangt, ist sowohl für das Urheberrecht generell wie auch spezifisch für den Schutz von Computerprogrammen nach wie vor nicht endgültig geklärt. Seine Anwendung wird jedoch von der überwiegenden Auffassung in Rechtsprechung und Literatur zu Recht abgelehnt,[418] mit der Folge, dass bei Unwirksamkeit oder Beendigung des schuldrechtlichen

---

[404] Als Beispiele für Wartungs- und Pflegemaßnahmen nennt *Intveen* ITRB 2012, 93 (94), allerdings im Rahmen der mietvertraglichen Einordnung, ua das Einrichten einer Hotline, das Bereitstellen von Updates sowie das Beseitigen von Programmfehlern (sog. Bugfixing); s. auch *Schneider* CR 2017, 708 ff.

[405] Etwa bei sog. CPU-Klauseln, dazu BGHZ 152, 233 = CR 2003, 323 ff. = NJW 2003, 2014 ff. = GRUR 2003, 416 ff. = MMR 2003, 393 ff. mAnm *Spindler* JZ 2003, 1117.

[406] Zu Volumenlizenzverträgen s. *Schneider* Kap. R Rn. 228 ff.; *Hoppen* CR 2007, 129 (131).

[407] Hierzu → Rn. 65 ff.

[408] Dazu Dreier/Schulze/*Dreier* UrhG § 69c Rn. 36; *Schneider* Kap. M Rn. 488; Wandtke/Bullinger/*Grützmacher* UrhG § 69c Rn. 75, 98, § 69d Rn. 13; *Bettinger/Scheffelt* CR 2001, 729 ff.

[409] BGH CR 2007, 75 (76).

[410] Fromm/Nordemann/*Czychowski* UrhG Vor §§ 69a ff. Rn. 10. Zum ASP ausf. → Rn. 65 ff.

[411] Hierzu → Rn. 71 ff., das verschiedene Rechnerkapazitäten zentral managt und dabei auch Software zum Einsatz kommt dazu *Frank A. Koch* CR 2006, 42 ff. (111 ff.); *Spindler* in Hoffmann/Leible, Vernetztes Rechnen – Softwarepatente – Web 2.0 2008, S. 21 ff.

[412] Hierzu → Rn. 68 ff.; Dreier/Schulze/*Dreier* UrhG § 69c Rn. 36a; *Pohle/Ammann* CR 2009, 273 ff.; *Niemann/Paul* K&R 2009, 444 ff.; Beiträge in IM 02/2009, 6 ff.; wN → Rn. 68.

[413] Dazu *Spindler* in Hoffmann/Leible, Vernetztes Rechnen – Softwarepatente – Web 2.0, S. 21 ff.; *Eymann/Matros* in Hoffmann/Leible, Vernetztes Rechnen – Softwarepatente – Web 2.0, S. 9 ff.; *Frank A. Koch* CR 2006, 42 ff.; *Frank A. Koch* CR 2006, 111 ff.; *Piger* 2008, S. 5 ff.; Barth/Schüll/*Harms/Rehm/Rueter/Wittmann,* Grid Computing, 2006, S. 1 ff.; *Dunkel/Eberhart/Fischer/Kleiner/Koschel,* System-Architekturen für verteilte Anwendungen, 2008, S. 161 ff. weitere Literaturnachweise → Rn. 68.

[414] S. dazu die Werke von *Marly, Koch, Schneider, Redeker.*

[415] → Vor §§ 31 ff. Rn. 24, → § 31 Rn. 13; *Loewenheim/J. B. Nordemann* § 26 Rn. 2; Wandtke/Bullinger/*Grützmacher* Vor §§ 69a ff. Rn. 11; *Picot,* Abstraktion und Kausalabhängigkeit im deutschen Immaterialgüterrecht, 2007, S. 53 f.

[416] *Metzger* ITRB 2013, 239 ff.

[417] BGH GRUR 1959, 200 (202) – Der Heiligenhof; LG München I GRUR-RR 2004, 350 – GPL-Verstoß; Wandtke/Bullinger/*Grunert* UrhG § 31 Rn. 31; Fromm/Nordemann/*J. B. Nordemann* UrhG § 31 Rn. 87, 92; Dreier/Schulze/*Dreier* UrhG § 31 Rn. 52, 56; *Schack* UrhR Rn. 603; *Loewenheim/J. B. Nordemann* § 25 Rn. 3, 7; DKMH/*Kotthoff* UrhG § 31 Rn. 103, 105.

[418] BGHZ 194, 136 = GRUR 2012, 916 Rn. 19 – M2Trade, wobei die Parteien abweichende Vereinbarungen treffen könnten; OLG Köln GRUR-RR 2007, 33 (34) – Computerprogramm für Reifenhändler; LG Köln GRUR-RR 2006, 357 (358 ff.); LG Mannheim CR 2004, 811 (814); *Lehmann* FS Schricker, 1995, 543 (546); allgemein ablehnend für das Urheberrecht: OLG Karlsruhe ZUM-RD 2007, 76 (78); OLG Hamburg GRUR

Nutzungsvertrags ein automatischer Rechterückfall an den Urheber erfolgt, ohne dass es einer gesonderten Rückübertragung bedarf.[419] Dies galt nach bisher überwiegender Ansicht[420] auch für die auf 2. Stufe erteilten Nutzungsrechte (§ 35 – Unterlizenzen) bei Wegfall des ausschließlichen Nutzungsrechts bzw. Beendigung der Hauptlizenz. In mehreren Entscheidungen hat der BGH die **Unterlizenz** vom Schicksal der Hauptlizenz abgekoppelt, so dass sowohl für einfache als auch ausschließliche Nutzungsrechte die Unterlizenz trotz Fortfalls der Hauptlizenz fortbesteht.[421] Zur Begründung stützt sich der I. Zivilsenat im Wesentlichen auf eine Interessenabwägung zwischen dem Hauptlizenzgeber und dem Unterlizenznehmer, die der BGH für schutzwürdig aufgrund seiner oftmals existentiellen Abhängigkeit von der Unterlizenz als den Hauptlizenzgeber hält, zumal die Unterlizenznehmer keinen Einblick in die Vorgänge auf der Hauptlizenzebene habe.[422] Zudem stellt der BGH auf den urheberrechtlichen Sukzessionsschutz des § 33 UrhG ab.[423] Bei Abwägung der widerstreitenden Interessen wirke sich zulasten des Schutzbedürfnisses des Hauptlizenzgebers aus, dass seine Verwertungsinteressen auch bei einem Fortbestand des Enkelrechts dadurch befriedigt würden, dass ihm gegen den Nutzungsrechtsinhaber des Enkelrechts ein Anspruch auf die Lizenzgebühren zustünde,[424] den der vormalige Inhaber des Tochterrechts gem. § 812 Abs. 1 S. 1 Alt. 2 BGB abzutreten verpflichtet sei.[425] Gerade für eine **Konzernlizenz** über Software hielt der BGH an dieser Rechtsprechung fest.[426] Die Rechtsprechung des BGH vermag indes aus verschiedenen Gründen nicht zu überzeugen: Zum einen kann sich der Unterlizenznehmer ebenfalls gegen den Wegfall der Hauptlizenz absichern, zum anderen ist der automatische Rechterückfall nicht mit dem Fortbestand von Rechten auf der nachgelagerten Stufe vereinbar. Ebenso wenig schützt die bereicherungsrechtliche Lösung den Hauptlizenzgeber, da er seine sonstigen vertraglichen Rechte, insbesondere etwaige Kontrollrechte, verliert. Auch in kollisionsrechtlicher Hinsicht stellen sich für internationale Lizenzverträge etliche Probleme.[427] Jedenfalls kann bei einer zeitlich unbeschränkten Lizenz mit der Befugnis zur Unterlizenzverteilung der Hauptlizenznehmer ohne Weiteres bestehende Unterlizenzen verlängern.[428]

61 **b) Zweckübertragungslehre und deren Berücksichtigung im Rahmen der AGB-rechtlichen Inhaltskontrolle.** Ferner gilt auch für Computerprogramme die **Zweckübertragungslehre** nach § 31 Abs. 5 UrhG,[429] so dass im Zweifel nur Nutzungsrechte eingeräumt werden, die ausdrücklich im Vertrag aufgeführt werden oder die der Branchenübung entsprechen, und die ferner für das Geschäft erforderlich sind.[430] Die **Inhaltskontrolle** findet nach §§ 305 ff. BGB nach richtiger Auffassung wie im allgemeinen Urhebervertragsrecht auch hier Anwendung.[431] Bei der Inhaltskontrolle nach § 307 BGB sind als wesentliche Grundgedanken der gesetzlichen Regelung (§ 307 Abs. 2 Nr. 1 BGB) die **tragenden Regelungen des Urheberrechts** zu berücksichtigen, beispielsweise die Sicherung einer angemessenen Vergütung für die Nutzung des Werkes sowie die **Zweckübertragungslehre.**[432] Die Rechtsprechung stand der Berücksichtigung der Zweckübertragungslehre im Rahmen

---

2002, 335 (336) – Kinderfernseh-Sendereihe; OLG Brandenburg NJW-RR 1999, 839 (840); OLG Hamburg GRUR-Int 1999, 76 (81); → § 31 Rn. 15; differenzierend Fromm/Nordemann/*J. B. Nordemann* UrhG Vor §§ 31 ff. Rn. 231, der das Abstraktionsprinzip im Rechtsverhältnis mit dem Urheber aufgrund von dessen Schutzbedürfnis, in den gesetzlichen Wertungen der §§ 11 S. 2, 31 Abs. 5 UrhG zum Ausdruck komme, für unanwendbar erachtet, für die Rechtsbeziehungen zwischen Verwertern aber von dessen Geltung ausgeht; für eine Anwendung beim Softwareerstellungsvertrag: *Hoeren* CR 2005, 773 (774); *Grützmacher* CR 2004, 814; allgemein für eine Anwendung im Urheberrecht: *Schack* UrhR Rn. 589 ff.; *Schwarz/Klingner* GRUR 1998, 103 ff.; gegen pauschale Betrachtungsweise: *Srocke* GRUR 2008, 867 ff.; *Spindler* CR 2014, 557 (563).
[419] So explizit BGHZ 194, 136 = GRUR 2012, 916 Rn. 19 f. – M2Trade; dazu *Spindler* CR 2014, 557 ff.
[420] → § 31 Rn. 20; OLG Köln MMR 2006, 750 (751); OLG Hamburg ZUM 2001, 1005 (1008); *Wandtke/ Bullinger/Grunert* UrhG § 35 Rn. 7 mwN; *Loewenheim* FS Wandtke, 2013, 199 (200); Fromm/Nordemann/*J. B. Nordemann* UrhG § 35 Rn. 7; Dreier/Schulze/*Schulze* UrhG § 35 Rn. 16; aA *Schwarz/Klingner* GRUR 1998, 103 (110) unter Heranziehung des Gedankens aus § 33 UrhG; Büscher/Dittmer/Schiwy/*Haberstumpf* UrhG § 41 Rn. 7; DKMH/*Kotthoff* UrhG § 41 Rn. 17.
[421] BGHZ 180, 344 = GRUR 2009, 946 – Reifen Progressiv; BGHZ 194, 136 = GRUR 2012, 916 – M2Trade; BGH GRUR 2012, 914 – Take Five.
Zu dieser Rspr. auch Fromm/Nordemann/*J. B. Nordemann* UrhG Vor §§ 31 ff. Rn. 231 f.
[422] BGHZ 194, 136 = GRUR 2012, 916 Rn. 23, 29 f. – M2Trade.
[423] BGHZ 194, 136 = GRUR 2012, 916 Rn. 24 – M2Trade; so auch in BGH GRUR 2012, 614 Rn. 16 f. – Take Five; zust., aber in der dogmatischen Begründung abweichend Fromm/Nordemann/*J. B. Nordemann* UrhG Vor §§ 31 ff. Rn. 232; krit. *Becker* ZUM 2012, 786 (787); *Spindler* CR 2014, 557 (559 aE, f.).
[424] BGHZ 194, 136 = GRUR 2012, 916 Rn. 30 – M2Trade; krit. zu der seitens des BGH vorgenommenen Interessenabwägung *Dammler/Melullis* GRUR 2013, 781 (785); *Spindler* CR 2014, 557 (560 f.).
[425] BGHZ 194, 136 = GRUR 2012, 916 Rn. 27 f., 30 – M2Trade; *Dietrich/Szalai* MMR 2012, 687 (688 f.); *Spindler* CR 2014, 557 (561 aE, f.).
[426] BGHZ 194, 136 = GRUR 2012, 916 Rn. 23, 29 f. – M2Trade.
[427] Eingehend *Spindler* CR 2014, 557 ff.
[428] OLG Dresden CR 2015, 289.
[429] Wandtke/Bullinger/*Grützmacher* UrhG Vor §§ 69a ff. Rn. 12 f.; Loewenheim/*Lehmann* § 76 Rn. 34.
[430] Loewenheim/*J. B. Nordemann* UrhG § 60 Rn. 12 ff.
[431] Wandtke/Bullinger/*Grützmacher* UrhG Vor §§ 69a ff. Rn. 14; allg. Loewenheim/*J. B. Nordemann* § 60 Rn. 3; Fromm/Nordemann/*J. B. Nordemann* UrhG Vor §§ 31 ff. Rn. 192 ff.; *Schack* UrhR Rn. 1086 ff.; *Kuck* GRUR 2000, 285 (287 ff.).
[432] Loewenheim/*J. B. Nordemann* § 60 Rn. 5.

der Inhaltskontrolle bislang eher zurückhaltend gegenüber,[433] indem die Vorschrift des § 31 Abs. 5 nicht als gesetzliche Bestimmung, die eine Nutzungsrechtsübertragung über den Vertragszweck hinaus für unzulässig erklärt, gewertet wird, sondern jene nur als Auslegungsregel aufgefasst wird, die nur zur Anwendung gelangt, wenn die streitigen Nutzungsrechte im Vertrag nicht einzeln genannt worden sind.[434] Da in den zu beurteilenden Klauseln jeweils unzweideutig zum Ausdruck kam, welche urheberrechtlichen Nutzungsrechte nach dem Willen der Vertragspartner übertragen werden sollten, wurde die Vorschrift des § 31 Abs. 5 erst gar nicht berücksichtigt. Seit der Urhebervertragsrechtsreform 2002, die ausdrücklich die vertragliche Position der Urheber stärken wollte, sprechen die besseren Gründe jedoch für eine Berücksichtigung im Rahmen der Inhaltskontrolle,[435] mithin auch bei Software nach §§ 69a ff. UrhG. Allerdings bekräftigte der Gesetzgeber auch, dass er weitgehend die Grundsätze der Rechtsprechung kodifizieren wollte;[436] daher wundert es nicht, dass der BGH sich darauf stützend erneut die Anwendung der Zweckübertragungslehre im Rahmen von § 307 BGB verworfen hat.[437]

3. Keine Geltung verlagsrechtlicher Grundsätze

Das **Verlagsrecht** findet grundsätzlich keine analoge Anwendung (mehr); denn seit der Novellie- **62** rung des Urhebervertragsrechts besteht hier keine Lücke, die der Gesetzgeber gelassen hätte.[438] Demgemäß unterliegt der Verwerter von Computerprogrammen keiner Auswertungspflicht, wie sie im Verlagsrecht in §§ 1 S. 2, 32 VerlG gilt.[439] Das typische Merkmal des Verlagsvertrags – der Verbreitungszwang –[440] und damit eine Auswertungspflicht, gilt im Urheberrecht nur, wenn diese vertraglich vereinbart wird.[441]

4. Zulässigkeit von Buy-Out-Klauseln in Softwarelizenzverträgen

In der Praxis sind sog. **Buy-Out-Klauseln** auf Seiten der Lizenznehmer öfters anzutreffen, die die- **63** sem die Möglichkeit geben sollen, möglichst alle Nutzungsrechte und Nutzungsarten vom Urheber hinsichtlich der Software gegen Zahlung einer pauschalen Vergütung zu erhalten. Solche Klauseln begegnen zwar nach allgemeinem Urhebervertragsrecht insbesondere aufgrund der Zweckübertragungslehre Bedenken;[442] im Softwarebereich sind sie jedoch zulässig.[443] Denn anders als bei traditionell urheberrechtlich geschützten geistigen Schöpfungen (§ 2 Abs. 1 UrhG) steht bei Software nicht der persönlichkeitsrechtliche Charakter im Vordergrund; Software ist primär ein Wirtschaftsgut, das nicht in demselben Maße mit dem Urheber als Ausdruck seiner Kreativität und Persönlichkeit verknüpft ist, wie dies bei anderen Werken der Fall ist (§§ 2 S. 1 Alt. 1, 12 ff. UrhG). Auf der anderen Seite hat ein Lizenznehmer ein berechtigtes Interesse daran, die Software möglichst in umfassender Weise zu nutzen, eben vergleichbar zu einem erworbenen Wirtschaftsgut. Hinzu kommt, dass Software typischerweise arbeitsteilig entwickelt wird, so dass es für den Verwerter zu Beginn des Entwicklungsprozesses von großer Bedeutung sein kann, mittels umfassender Rechteeinräumung zu verhindern, dass später einzelne Urheber des Entwicklerteams die Weiterentwicklung blockieren können bzw. die Notwendigkeit aufkommt, mit einer Vielzahl an Urhebern über weitere Rechteeinräumungen zu verhandeln.[444] Daher sind derartige Buy-Out-Klauseln eher zulässig als im sonstigen Urhebervertragsrecht.[445]

5. Einzelplatz- und Netzwerklizenzen

Die Unterscheidung von **Einzelplatz- und Netzwerklizenzen** betrifft den mehrfachen Einsatz **64** von Programmen: Bei einer Einzelplatzlizenz darf die Software nur auf einem einzigen Rechner eingesetzt werden, jede weitere Nutzung auf anderen Rechnern, egal in welcher Form, bedarf der Einräumung weiterer Vervielfältigungsrechte, da selbst bei Client-Server-Betrieb eine Vervielfältigung im Arbeitsspeicher stattfindet.[446] Auch der Einsatz einer Software durch einen Nutzer sowohl auf Desk-

---

[433] BGH GRUR 1984, 45 (49) – Honorarbedingungen; BGH GRUR 1984, 119 (121) – Synchronisationssprecher.
[434] BGH GRUR 1984, 45 (49); 1984, 119 (121).
[435] Loewenheim/*J. B. Nordemann* § 60 Rn. 12.
[436] Begr. BRegE BT-Drs. 14/6433, 11 f., 14.
[437] BGH GRUR 2012, 1031 (1034 f.), WRP 2012, 1107 (1111 f.) – Honorarbedingungen Freie Journalisten.
[438] Zutr. Wandtke/Bullinger/*Grützmacher* UrhG Vor §§ 69a ff. Rn. 11; *Grützmacher* CR 2004, 814.
[439] Wandtke/Bullinger/*Grützmacher* UrhG Vor §§ 69a ff. Rn. 11; *Haberstumpf* HdB des Urheberrechts Rn. 424.
[440] BGH GRUR 1958, 504 (506 f.).
[441] → § 31 Rn. 27; differenzierend: Dreier/Schulze/*Schulze* UrhG § 31 Rn. 61.
[442] → § 31 Rn. 52 ff.; *Wandtke*/Bullinger/*Grunert* UrhG § 31 Rn. 42; *Jani*, Der Buy-Out-Vertrag im Urheberrecht, 2003, S. 251 f.
[443] Allgemein für Zulässigkeit selbst von Einmalzahlungen BGH WRP 2012, 1107 (1113 f.); s. schon Begr. RegE BT-Drs. 14/6433, 12.
[444] *Dorner* MMR 2011, 780 (785).
[445] Zutr. Wandtke/Bullinger/*Grützmacher* UrhG Vor §§ 69a ff. Rn. 14, der zudem noch auf die weitergehenden Möglichkeiten der Übertragbarkeit von Software in anderen europäischen Mitgliedstaaten verweist.
[446] Str., dazu → § 69d Rn. 9; Dreier/Schulze/*Dreier* UrhG § 69d Rn. 8; Fromm/Nordemann/*Czychowski* UrhG § 69d Rn. 13; Wandtke/Bullinger/*Grützmacher* UrhG § 69d Rn. 9; DKMH/*Kotthoff* UrhG § 69d Rn. 5 f., 15.

top als auch auf Laptop bedarf der entsprechenden Lizenz, selbst wenn der Desktop und der Laptop von nur einer Person alternativ (zB Benutzung des Laptops nur auf Reisen) genutzt werden.[447] § 69d Abs. 1 UrhG hilft hier ebenfalls nicht weiter, da es nicht zur bestimmungsgemäßen Nutzung der für einen Einzelplatz lizenzierten Software gehört, auf weiteren Rechnern eingesetzt zu werden. Dies gilt erst recht, wenn eine Software in einem Netzwerk auf mehreren Rechnern genutzt werden soll; hierfür bedarf es einer **besonderen Netzwerklizenz,** die oftmals die Zahl der Arbeitsplätze spezifiziert.[448] Es wäre jedoch verfehlt, von einem einheitlichen Netzwerklizenz-Typus auszugehen; denn hierzu gehören sowohl sog. Einprozessor-Mehrplatzsysteme (Netzwerksoftware) als auch Multiprozessor-Systeme bzw. Mehrprozessor-Mehrplatzsysteme.[449] **Einprozessor-Mehrplatzsysteme** dienen von vornherein dem Mehrbenutzerbetrieb; es handelt sich quasi um den Normalgebrauch dieser netzwerkfähigen Software, der Gebrauch im Netzwerk ist schon der Natur des Programms nach der bestimmungsgemäße Gebrauch.[450] Hier nimmt der einzelne Nutzer keine urheberrechtlich relevante Nutzungshandlung vor, da sich für alle Nutzer die Software im zentralen Arbeitsspeicher befindet, ohne dass nutzerzahlabhängige Vervielfältigungsvorgänge stattfinden.[451] Sowohl wirtschaftlich (da mehrere Nutzer) wie technisch (da besondere Softwarekonzeption) ist diese Nutzung von der normalen Einzelplatznutzung getrennt zu behandeln, so dass es sich um eine besondere Nutzungsart handelt.[452] Bei **Multiprozessor-Systemen bzw. Mehrprozessor-Mehrplatzsystemen** werden dagegen „intelligente", voll eigenständige Rechner (Einzelplatzsysteme) miteinander vernetzt.[453] Dasselbe Programm wird von verschiedenen Nutzern abgerufen, wobei jeweils eine urheberrechtliche Vervielfältigung stattfindet.[454] Der Einsatz der Software bei auf solche Art vernetzten Rechnern stellt indes keine eigenständige Nutzungsart dar.[455] Die Nutzungen an verschiedenen Rechnern haben keinen inneren Zusammenhang; sie sind reine Parallelnutzungen, die man auch durch das einmalige Übertragen per Diskette oder auf andere Weise erreichen könnte. Die Software wird nicht auf neue Weise verwertet, sondern der Normalgebrauch wird multipliziert.[456] Die gegenteilige Auffassung, die die Ermöglichung von Parallelnutzungen als eine eigenständige Nutzungsart wertet,[457] stellt darauf ab, dass wirtschaftlich gesehen eine erheblich intensivere Nutzung vorliegt.

6. Application-Service-Providing, Software as a Service

65 **a) Begriff, Erscheinungsformen, ASP als eigenständige Nutzungsart.** In den letzten Jahren hat das **Outsourcing** von Software- und Rechnerleistungen zunehmend an Bedeutung gewonnen: Was früher sog. Rechenzentrumsverträge waren, in denen die Kunden beim Rechenzentrum Kapazitäten anmieten und dort ihre Daten verarbeiten lassen konnten, sind heute **Application-Service-Providing**-Verträge,[458] ebenso wie **Software-as-a-Service-Verträge** (SaaS).[459] Sowohl ASP als auch SaaS zeichnen sich dadurch aus, dass sich die Hardware sowie die Software physisch im Rechenzentrum des Providers befinden und der Kunde die Software mittels öffentlicher Datennetze – wie dem Internet – nutzen kann. Im Unterschied zum ASP, bei dem es grundsätzlich möglich ist, dass Anwendungen für spezifische Kunden betrieben werden, wird beim SaaS die Software als Standardprodukt des Providers ohne umfangreiche Customizing-Optionen zur Verfügung gestellt, „multi-tenant architecture".[460] Davon zu unterscheiden sind wiederum die SaaS-Angebote, bei denen der Kunde nicht mehr nur die Software nutzt, sondern quasi aus einer Hand ganze Dienstleistungen (oder Werkleistungen) angeboten erhält.[461] Aus urheberrechtlicher Sicht steht hier im Vordergrund, dass in aller Regel der Nutzer selbst kein Lizenznehmer ist, sondern derjenige, der die Dienstleistung anbietet. Gerade beim Application-

---

[447] Ebenso Dreier/Schulze/*Dreier* UrhG § 69d Rn. 8; Fromm/Nordemann/*Czychowski* UrhG § 69d Rn. 13; Wandtke/Bullinger/*Grützmacher* UrhG § 69d Rn. 9; DKMH/*Kotthoff* UrhG § 69d Rn. 6, 15; aA: *Hoeren/Schumacher* CR 2000, 137 (139).

[448] *Schneider* Kap. R Rn. 118 ff.; s. auch Dreier/Schulze/*Dreier* UrhG § 69c Rn. 35.

[449] Zu den Begriffen: *Marly* Rn. 1686 ff.; *Huppertz* CR 2006, 145 (148).

[450] Dreier/Schulze/*Dreier* UrhG § 69c Rn. 35; Wandtke/Bullinger/*Grützmacher* UrhG § 69d Rn. 10.

[451] *Fröhlich-Bleuler* AJP/PJA 5/95, 569 (572); *König,* Das Computerprogramm im Recht, 1991, S. 532.

[452] Im Umkehrschluss auch Dreier/Schulze/*Dreier* UrhG § 69c Rn. 35; Wandtke/Bullinger/*Grützmacher* UrhG § 69d Rn. 10.

[453] *Marly* Rn. 1687.

[454] *Marly* Rn. 1692.

[455] Dreier/Schulze/*Dreier* UrhG § 69c Rn. 35; offen: *Marly* Rn. 1695.

[456] *Pres,* Gestaltungsformen urheberrechtlicher Softwarelizenzverträge, 1994, S. 156.

[457] OLG Frankfurt a. M. CR 2000, 146 (150); Kilian/Heussen/*Czychowski/Siesmayer* CHB Abschnitt 1 Teil 2, 20.4 Rn. 124 ff.; Lehmann/*Haberstumpf,* Rechtsschutz und Verwertung von Computerprogrammen, II Rn. 163; *Fröhlich-Bleuler* AJP/PJA 5/95, 569 (572); Fromm/Nordemann/*Czychowski* UrhG § 69c Rn. 47.

[458] Hierzu *Schneider* Kap. M Rn. 488 ff.; *Marly* Rn. 1087 ff.; Bräutigam/*Grapentin* IT-Outsourcing Teil 3 Rn. 1 ff., 55 ff.; Bräutigam/*Huppertz* IT-Outsourcing Teil 4 Rn. 112 ff.; *Röhrborn/Sinhart* CR 2001, 69 ff.; *Söbbing* ITRB 2015, 147; *Grützmacher* ITBR 2001, 59 ff.; *Czychowski/Bröcker* MMR 2002, 81 ff.; *Sedlmeier/Kolk* MMR 2002, 75 ff.; *Bettinger/Scheffelt* CR 2001, 729 ff.

[459] Hierzu *Pohle/Ammann* K&R 2010, 625 ff.; zu Web Services *Nink,* Rechtliche Rahmenbedingungen von serviceorientierten Architekturen mit Web Services, 2010; Fromm/Nordemann/*Czychowski* UrhG § 69c Rn. 74 ff.

[460] Bräutigam/*Grapentin* IT-Outsourcing Teil 3 Rn. 2; Ausf. zu den Unterschieden zwischen ASP und SaaS *Söbbing* ITRB 2015, 147 ff.

[461] *Söbbing* ITRB 2015, 172 (172, 174), der hierin einen „Abonnentenvertrag" sieht; *Söbbing* ITRB 2015, 147 (148).

Service-Providing wird ein und dasselbe Programm von mehreren Nutzern unabhängig und zeitgleich genutzt, durchaus vergleichbar zu einem klassischen (inhäusigen) Netzwerkbetrieb. Trotzdem ist eine normale Netzwerklizenz für den ASP-Betrieb nicht ausreichend,[462] da es sich angesichts der technischen Besonderheiten und der eigenständigen wirtschaftlichen Bedeutung um eine eigenständige Nutzungsart handelt, die gesondert einzuräumen ist.[463] Schon die unter Umständen völlig anders geartete intensive Nutzung der Software spricht hier für einen Unterschied gegenüber der üblichen Netzwerknutzung bzw. -lizenz. Näher zu den Unterschieden → § 69d Rn. 9.

b) Vertragstypologische Einordnung. Die „**Online-Überlassung**" der **Software** seitens des **66** ASP-Diensteanbieters an den ASP-Endkunden ist **vertragstypologisch** als **Vermietung** zu qualifizieren,[464] denn für die zeitweise Überlassung ist nicht erforderlich, dass der Kunde selbst die Software auf seinen Rechnern hat, es genügt ein (Teil-)Fremdbesitz, wie ihn der BGH schon früh für die Qualifizierung von Rechenzentrumsverträgen als Mietverträge angenommen hat.[465] Die Gewährleistung des Zugriffs auf die Server ist entgegen vereinzelter Auffassung nicht als Werkvertrag zu qualifizieren,[466] sondern der Miete als Zugangsgewährung immanent.

c) Urheberrechtliche Einordnung. Die schuldrechtliche Einordung als Miete muss nicht unbe- **67** dingt dazu führen, dass auch urheberrechtlich ein **Vermietrecht** erforderlich ist.[467] Denn nach **§ 69c Nr. 3 UrhG** setzt das Vermietrecht als Unterfall des Verbreitungsrechts – und parallel zu § 17 Abs. 3 UrhG gelagert[468] – eine körperliche Überlassung eines Werkstücks an den Nutzer voraus.[469] Daran fehlt es aber beim ASP, da dem Nutzer kein eigenes Werkstück zur Verfügung gestellt, sondern nur die Nutzung der Software, die als Werkstück weiterhin auf dem Server des Anbieters belegen bleibt, gewährt wird. Dies steht zwar der schuldrechtlichen Einordnung als Miete nicht entgegen (→ Rn. 66), lässt sich aber auf dinglicher Ebene nicht unter das Vermietrecht fassen. Mit Blick auf das Lizenzrecht wird ASP als eigene Nutzungsart iSd §§ 31 ff. UrhG eingeordnet.[470]

Der ASP-Betrieb stellt vielmehr – auch ohne Übertragung von Programmdaten – ein **öffentliches Zugänglichmachen iSd § 69c Nr. 4 UrhG** dar (auch → § 69c Rn. 41).[471] Neben dem Vervielfältigungsrecht[472] muss sich der **ASP-Diensteanbieter** auch das Recht der öffentlichen Zugänglichmachung einräumen lassen. Alle weiteren urheberrechtsrelevanten Handlungen, die notwendigerweise in diesem Rahmen anfallen, sind dann auch durch § 69d Abs. 1 UrhG als „bestimmungsgemäßer Gebrauch" erfasst, wenn der Urheber seine Zustimmung zu einem ASP-Einsatz gegeben hat.[473]

Für die Frage der **Vervielfältigung nach § 69c Nr. 1** ist zu differenzieren: Hier wird teilweise an- **67a** genommen, dass bei den Varianten des ASP (auch echter SaaS genannt),[474] bei denen der Nutzer keinen

---

[462] Wandtke/Bullinger/*Grützmacher* UrhG § 69d Rn. 13; Dreier/Schulze/*Dreier* UrhG § 69d Rn. 2, 8, § 69c Rn. 36 aber ohne nähere Begründung; *Bettinger/Scheffelt* CR 2001, 729 (733); *Grützmacher* ITRB 2001, 59 (62); Kilian/Heussen/*Czychowski/Siesmayer* CHB Abschnitt 1 Teil 2, 20.4 Rn. 146 f.

[463] Bräutigam/*Huppertz* IT-Outsourcing Teil 4 Rn. 118 f.; Kilian/Heussen/*Czychowski/Siesmayer* CHB Abschnitt 1, Teil 2, 20.4 Rn. 146 f.; Wandtke/Bullinger/*Grützmacher* UrhG § 69d Rn. 13; *Grützmacher* ITBR 2001, 59 (62); *Czychowski/Bröcker* MMR 2002, 81 (82); Fromm/Nordemann/*Czychowski* UrhG § 69c Rn. 75.

[464] BGH NJW 2010, 1449 Rn. 19; MMR 2007, 243 Rn. 11 ff. – ASP-Vertrag; OLG Hamburg MMR 2012, 740; *Marly* Rn. 1100; *Söbbing* ITRB 2015, 147 (148); *Selk* ITRB 2012, 201; aA (Dienstvertrag) *Hoeren*, IT-Vertragsrecht, S. 301; *Redeker* ITRB 2019, 93 (94).

[465] BGH NJW-RR 1993, 178 (178); MMR 2007, 243 (244 f.); dazu noch *Bartsch* CR 1994, 667 (671); Spindler/*Schuppert*, Vertragsrecht der Internet-Provider, Kap. II Rn. 46 ff.; OLG Hamm CR 1989, 910; zu ASP: *Marly* Rn. 1100; Bräutigam/*Grapentin* IT-Outsourcing Teil 3 Rn. 56 ff.; Bräutigam/*Huppertz* IT-Outsourcing Teil 4 Rn. 112; s. auch BGH MMR 2007, 243 (244); *Pohle/Schmeding* K&R 2007, 385 ff.; Dreier/Schulze/*Dreier* UrhG § 69c Rn. 36; *Röhrborn/Sinhart* CR 2001, 69 (70 f.); *Bettinger/Scheffelt* CR 2001, 729 (734) Typenkombinationsvertrag, der in Bezug auf die Nutzung der Software als Miete zu qualifizieren ist; *Redeker* Rn. 998, der den ASP-Vertrag als Dienstvertrag qualifiziert; ebenso *Hoeren*, IT-Vertragsrecht, S. 301.

[466] So LG Essen CR 2017, 427 ohne nähere Begründung.

[467] *Marly* Rn. 1100; vgl. auch schon BGH MMR 2007, 243 (244) – ASP-Vertrag; Wandtke/Bullinger/*Grützmacher* UrhG § 69c Rn. 73: „vertragsrechtliche Typisierung präjudiziert [...] nicht".

[468] Nach allgM ist insoweit von einem Gleichlauf der Vorschriften des § 69c Nr. 3 UrhG und § 17 Abs. 3 UrhG auszugehen, vgl.: Dreier/Schulze/*Dreier* UrhG § 69c Rn. 21; Wandtke/Bullinger/*Grützmacher* UrhG § 69c Rn. 72 aE: „eine unterschiedliche Auslegung ist [...] grds. nicht intendiert"; BeckOK UrhR/*Kaboth/Spies* UrhG § 69c Rn. 27; Spindler/Schuster/*Wiebe* UrhG § 69c Rn. 14.

[469] *Marly* Rn. 1100; *Grützmacher* ITRB 2001, 59 (61); *Grützmacher* CR 2015, 779 (781); *Bettinger/Scheffelt* CR 2001, 729 (734); *Jacobs* GRUR 1998, 246 (249); Wandtke/Bullinger/*Grützmacher* UrhG § 69c Rn. 75; → § 17 Rn. 30 ff.; Dreier/Schulze/*Dreier* UrhG § 69c Rn. 36; dies auch gegenüber Fromm/Nordemann/*Czychowski* UrhG § 69c Rn. 29, 30; aA: *Frank A. Koch* ITRB 2001, 39 (41), der von der vertragstypologischen Einordnung des ASP als Miete auf ein „urheberrechtliches Vermieten" schließt, aber ohne weitere Begründung.

[470] Fromm/Nordemann/*Czychowski* UrhG § 69c Rn. 75 f.

[471] Str.; bejahend: OLG München CR 2009, 500 Rn. 53 ff.; Möhring/Nicolini/*Kaboth/Spies* UrhG § 69c Rn. 28; *Marly* Rn. 1101 ff., insbes. 1104; *Niemann/Paul* S. 108 Rn. 21; *Argyriadou/Bierekoven* in Intveen/Gennen/Karger (Hg.), Handbuch des Softwarerechts, § 14 Rn. 17 ff.; *Bettinger/Scheffelt* CR 2001, 729 (735); *Söbbing* ITRB 2015, 172 (175); aA: Wandtke/Bullinger/*Grützmacher* UrhG § 69c Rn. 99 sowie *Grützmacher* CR 2015, 779 (784 f.) der § 69c Nr. 4 UrhG nur annimmt, wenn Programmteile und nicht bloß Grafikdaten übertragen werden; *Grützmacher* CR 2011, 697 (705); Fromm/Nordemann/*Czychowski* UrhG § 69c Rn. 76, sofern nicht das Programm selbst, sondern nur die Bildschirmmaske wiedergegeben werde.

[472] Fromm/Nordemann/*Czychowski* UrhG § 69c Rn. 76.

[473] Dreier/Schulze/*Dreier* UrhG § 69c Rn. 36.

[474] So etwa *Söbbing* ITRB 2015, 147 (148).

Programmcode auf dem eigenen System installieren muss, um die Software nutzen zu können (zB beim sog. Emulations-ASP),[475] keine Vervielfältigung eintrete.[476] Denn hierbei lade sich der ASP-Endkunde in den meisten Fällen nur eine Benutzeroberfläche auf seinen eigenen Rechner, während der eigentliche Programmablauf auf dem Server des ASP-Anbieters erfolgt, mit der Folge, dass dem ASP-Endkunden keine Vervielfältigungsrechte an der genutzten Software eingeräumt werden müssten.[477] Dies kann im Einzelfall zutreffen, jedenfalls aber nur dann, wenn keine Vervielfältigung im Arbeitsspeicher (RAM) stattfindet, die eine urheberrechtlich relevante Vervielfältigung darstellt.[478] Nur wenn technisch tatsächlich der vollständige Programmablauf außerhalb der Rechner des Nutzers stattfinden sollte, ohne dass Teile der Steuerungselemente – oder anderer eigenständig urheberrechtlich schutzfähiger Programmcode wie zB JAVA-Applets[479] – beim Nutzer vervielfältigt werden, werden keine Urheberrechte betroffen sein, da das bloße Benutzen eines Computerprogramms keine urheberrechtlich relevante Vervielfältigung umfasst.[480] Der Anbieter benötigt auf jeden Fall das Vervielfältigungsrecht.[481]

67b   Wird wie beim **Emulations-ASP** tatsächlich nur der Ablauf des Programms beim Betreiber für den Nutzer an dessen Bildschirm sichtbar gemacht,[482] ist zudem zu beachten, dass die Bildschirmmaske eines Computerprogramms nicht dem urheberrechtlichen Schutz gemäß § 69a UrhG unterfällt, da sie insoweit keine Ausdrucksform des Programms ist.[483] Sie ist aber ggf. einem eigenen urheberrechtlichen Schutz zugänglich, vgl. → § 69a Rn. 7.

67c   Beim **Software as a Service (SaaS-Web-Frontend)** findet eine Vervielfältigung auf Nutzerseite ebenfalls in aller Regel allenfalls im Browser Cache/Arbeitsspeicher und in der Regel vorrangig in Form von Applets (→ Rn. 61 Fn. 431) statt. Zudem ist die Vervielfältigung oftmals nicht dem Nutzer zuzurechnen, da dieser sie nicht veranlasst hat, sondern die vom Anbieter gesteuerte Software.[484] Wenn diese Vervielfältigung nicht nur temporärer Natur ist, ist daher auch beim SaaS eine entsprechende Lizenzierung erforderlich.[485]

67d   Davon ist wiederum das **Server- und Mainframe-Outsourcing** zu unterscheiden, bei dem der Anwender bzw. Nutzer nach wie vor die Software selber betreut, bestimmte Applikationen aber ausgelagert werden auf einem Server, der von einem Dritten (Provider) betrieben wird. Hier können je nach technischer Ausgestaltungen Vervielfältigungen sowohl nur dem Anwender zugerechnet werden, sofern er die vollständige Kontrolle auch der Anwendungen beim Provider behält, als auch dem Anwender und dem Dritten (Provider), sofern dieser zumindest grundlegende Einflussmöglichkeiten auf die Applikation behält.[486] Stellt der Provider nur das Betriebssystem oder die Virtualisierungsumgebung zur Verfügung, behält der Anwender aber die vollständige Kontrolle über die jeweilige Applikation bzw. Software, vervielfältigt nur der Anwender selbst die Software, nicht der Provider (sog. **Remote-Desktop- oder Citrix-Betrieb**).[487] Sollten Vervielfältigungen beim Dritten (Provider) angenommen werden, so genießt dieser jedoch als vom Anwender eingeschaltete Gehilfe die Berechtigung nach § 69d Nr. 1.[488]

7. Cloud-Computing

68   **a) Begriff, Funktionsweise, angebotene Dienstleistungen.** Eine Weiterentwicklung von ASP stellen das sog. **Cloud-**[489] und **GRID-Computing** dar.[490] Cloud-Computing lässt sich von Applica-

---

[475] Zu den verschiedenen ASP-Formen: *Bröcker/Czychowski* MMR 2002, 81 (82); *Bräutigam/Sosna/Schwarz-Gondek* IT-Outsourcing Teil 15 Stichwort „ASP".
[476] So *Fromm/Nordemann/Czychowski* UrhG § 69c Rn. 75; *Bräutigam/Huppertz* IT-Outsourcing Teil 4 Rn. 113 ff., 116; *Bröcker/Czychowski* MMR 2002, 81 (82); aA *Grützmacher* CR 2011, 697 (704); *Hilbert/Reintzsch* CR 2014, 697 (701).
[477] *Bettinger/Scheffelt* CR 2001, 729 (733).
[478] Vgl. EuGH GRUR 2012, 156 Rn. 153 ff., insbes. 159 – FAPL/Karen Murphy; BGH GRUR 2011, 418 Rn. 13 – UsedSoft I; BGH GRUR 2014, 264 Rn. 28 – UsedSoft II; Loewenheim/*Lehmann* § 76 Rn. 8; *Marly* Rn. 155 ff.; *Bisges* MMR 2012, 574 (577).
[479] *Grützmacher* ITRB 2001, 59 (60); *Bettinger/Scheffelt* CR 2001, 729 (733 f.).
[480] LG Mannheim CR 1999, 360 (361); Wandtke/Bullinger/*Grützmacher* UrhG § 69c Rn. 7 mwN; *Grützmacher* CR 2015, 779 (785); *Marly* Rn. 155 ff., mwN Rn. 1098; *Bettinger/Scheffelt* CR 2001, 729 (734).
[481] *Marly* Rn. 1096; *Grützmacher* CR 2015, 779 (785).
[482] *Bröcker/Czychowski* MMR 2002, 81 (82); allerdings zweifelhaft hinsichtlich Bildschirm-Speicher.
[483] EuGH GRUR 2011, 220 Rn. 40 ff. insbes. 42 – BSA/Kulturministerium; *Bettinger/Scheffelt* CR 2001, 729 (733 f.); *Grützmacher* ITRB 2001, 59 (60); *Koch* GRUR 1991, 180 ff.; *Günther* CR 1994, 610; aA OLG Karlsruhe CR 1994, 607 ff. – Bildschirmmasken, mit der Folge, dass dem ASP-Endkunden die Rechte zur Benutzung der Bildschirmmasken eingeräumt werden müssten.
[484] *Söbbing* ITRB 2015, 147 (148).
[485] *Pohle/Ammann* K&R 2009, 625 (629); *Söbbing* ITRB 2015, 147 (148).
[486] Näher *Grützmacher* CR 2015, 779 (781) unter Bezug auf BGH CR 2009, 598 (599) – Internet-Videorekorder.
[487] *Grützmacher* CR 2015, 779 (781).
[488] Zutr. *Grützmacher* CR 2015, 779 (782 f.) unter Verweis auf BGH CR 2000, 656 (657 ff.) – Fehlerbeseitigung, dazu auch → § 69d Rn. 9c.
[489] Umfassend *Bräutigam,* IT-Outsourcing und Cloud Computing; *Marly* Rn. 1117 ff.; aus technischer Sicht s. auch *Liesegang* CR 2015, 776 ff.
[490] Zur Typologie und Abgrenzung: *Argyriadou/Bierekoven* in Intveen/Gennen/Karger, Handbuch des Softwarerechts, § 14 Rn. 2 ff.; vgl. ferner *Marly* Rn. 1121.

tion Service Providing durch die auch dienstrechtlichen Pflichten, die bei dem Cloud-Computing bestehen, abgrenzen[491] (zur vertragstypologischen Einordnung → Rn. 66). Unter dem Begriff des **Cloud-Computing**[492] wird ein **auf Virtualisierung basierendes IT-Bereitstellungsmodell** verstanden, bei dem Ressourcen sowohl in Form von Infrastruktur als auch Anwendungen und Daten als verteilter Dienst über das Internet durch einen oder mehrere Leistungserbringer bereitgestellt werden, wobei diese Dienste nach Bedarf flexibel skalierbar sind und verbrauchsabhängig abgerechnet werden können.[493] Durch diese Auslagerung kann Cloud-Computing va in finanzieller Hinsicht für Unternehmen von Interesse sein.[494] Nicht verkannt werden darf aber, dass mit dem Cloud-Computing auch Risiken einhergehen können, namentlich steigt die Gefahr, dass ganze Unternehmensstrukturen im Falle einer Störung der Internetkonnektivität stillgelegt werden können.[495] Auch darf nicht übersehen werden, dass durch eine Entlassung der eigenen Daten aus der eigenen Sphäre eine Risikoübernahme auch in wirtschaftlicher Hinsicht, namentlich des Insolvenz-[496] und Sicherheitsrisikos des Providers stattfinden kann.[497] Jedenfalls bei den großen Cloud-Providern mag eine solche Risikobetrachtung eher theoretischer Natur sein, alternativ böte sich lediglich die eigene Datensicherung an.[498] Dennoch sind Insolvenzrisiken nicht gänzlich von der Hand zu weisen.

Angesichts der Vielzahl der Produkte und Ansätze der Cloud-Anbieter hat sich eine gängige **Definition** für die Gesamtheit der unter der Bezeichnung „Cloud-Computing" angebotenen Dienste noch nicht herausgebildet.[499] Zu den Techniken des Geschäftsmodells Cloud-Computing gehört neben der Virtualisierung[500] das Grid-Computing.[501] Ähnlich dem ASP-Modell betreiben die Anwender ihre IT-Infrastruktur inkl. Hard- und Software nicht mehr selbst, sondern beziehen diese Ressourcen über das Internet von einem Anbieter, der beides für sie und andere Nutzer in einem oder mehreren Rechenzentren betreibt.[502] Die Leistungen aus der „Cloud" gehen jedoch weit über das hinaus, was ein ASP-Anbieter zur Verfügung stellt (beim Cloud-Computing: Bündelung von IT-Leistungen), indem über Applikationssoftware hinaus auch Hardwareressourcen und Systemsoftware nach Bedarf zur Verfügung gestellt werden.[503] Im Einzelnen beinhaltet Cloud-Computing derzeit neben **Infrastrukturdiensten** (Infrastructure-as-a-Service, IaaS, Zur-Verfügung-Stellung von Rechenleistung und Speicherplatz), auch die **Bereitstellung von Applikations- und Entwicklungsplattformen** (Platform-as-a-Service, PaaS) und zudem die **Dienstleistungen, die bisher unter dem Begriff Software-as-a-Service** (SaaS)[504] erbracht wurden.[505] Daneben wird zT noch Business Process as a Service (BPaaS) genannt.[506] Im Unterschied zum ASP sind „Dienstleistungen aus der Cloud" skalierbar.[507] Zudem kommen die Leistungen nicht wie beim ASP von einem Server oder einer bestimmten Serverfarm, sondern von unterschiedlichen Servern, die auch unterschiedlichen Anbietern gehören und überall auf der Welt verteilt sein können und zusammen ein „Grid" bilden. Damit kann der Nutzer natürlich auch nicht mehr nachvollziehen, auf welchem Server seine Daten gespeichert sind.

68a

---

[491] *Koch* in Lehmann/Meents, FA IT-Recht, Kap. 1 Rn. 46; *Lehmann/Giedke* CR 2013, 608 (608 Fn. 2); *Marly* Rn. 1121.

[492] Hierzu *Pohle/Ammann* CR 2009, 273 ff.; *Niemann/Paul* K&R 2009, 444 ff.; *Schulz* in Taeger/Wiebe, Inside the Cloud – Neue Herausforderungen für das Informationsrecht 2009, S. 403 ff.; *Karger/Sarre* in Taeger/Wiebe, Inside the Cloud – Neue Herausforderungen für das Informationsrecht, 2009, S. 427 ff.; *Schuster/Reichl* CR 2010, 38 ff.; s. auch die Beiträge in IM 02/2009, 6 ff. (15 ff.); *Dunkel/Eberhart/Fischer/Kleiner/Koschel,* System-Architekturen für verteilte Anwendungen, 2008, S. 270 ff.

[493] Definition nach *Böhm/Leimeister/Riedl/Kremar* IM 02/2009, 6 (8); *Mann* MMR 2012, 499 (500 f.); *Lehmann/Giedke* CR 2013, 608 (608); *Grützmacher* CR 2011, 697 (703).

[494] Spindler/Schuster/*Wiebe* UrhG § 69c Rn. 59; *Bisges* MMR 2012, 574 (575); zu den Vor- und Nachteilen auch *Bräutigam/Thalhofer* in Bräutigam, IT-Outsourcing und Cloud-Computing, Teil 14 Rn. 11.

[495] *Bisges* MMR 2012, 574 (575), der aber selbst davon ausgeht, dass dieses Problem aufgrund der Verfügbarkeit des Internets abnehme.

[496] Dazu ausf. *Pohle* K&R 2013, 297.

[497] *Bisges* MMR 2012, 574 (575).

[498] So zum datensicherheitsrechtlichen Aspekt auch *Bisges* MMR 2012, 574 (575), der auf die guten technischen Sicherungsmöglichkeiten der Cloud-Provider hinweist, die mittelständischen Unternehmen in diesem Bereich voraus seien.

[499] *Niemann/Paul* K&R 2009, 444 (445); *Henneberger/Ruess/Sessing* IM 02/2009, 18 (20); *Bisges* MMR 2012, 574 (574); *Lehmann/Giedke* CR 2013, 608 (610); ausf. zu den verschiedenen Definitionsansätzen *Giedke,* Cloud Computing, S. 36 ff.; *The National Institute of Standards and Technology,* The NIST Definition of Cloud Computing, abrufbar unter: http://csrc.nist.gov/publications/nistpubs/800-145/SP800-145.pdf, S. 2.

[500] *Dunkel/Eberhart/Fischer/Kleiner/Koschel,* System-Architekturen für verteilte Anwendungen, S. 266 ff.

[501] *Eren* NET 03/09, 37 ff.

[502] *Pfirsching* IM 02/2009, 34 (34).

[503] *Schulz* in Taeger/Wiebe, Inside the Cloud – Neue Herausforderungen für das Informationsrecht 2009, S. 403, 404; *Schuster/Reichl* CR 2010, 38 (39 f.).

[504] Zum Begriff bereits → Rn. 65.

[505] *The National Institute of Standards and Technology,* The NIST Definition of Cloud Computing, abrufbar unter: http://csrc.nist.gov/publications/nistpubs/800-145/SP800-145.pdf, S. 2 f.; ausf. *Giedke,* Cloud Computing, S. 27 aE, ff.; Fromm/Nordemann/*Czychowski* UrhG § 69c Rn. 76a; *Bräutigam/Thalhofer* in Bräutigam, IT-Outsourcing und Cloud-Computing, Teil 14 Rn. 12 ff.

[506] *Sujecki* K&R 2012, 312 (313).

[507] *Dunkel/Eberhart/Fischer/Kleiner/Koschel,* System-Architekturen für verteilte Anwendungen, S. 270; *Schuster/Reichl* CR 2010, 38 (39).

69   **b) Urheberrechtliche Einordnung.** Die Nutzung der Anwendungssoftware (bei SaaS) durch den **Cloud-Anbieter** stellt zunächst immer eine Vervielfältigung iSd § 69c Nr. 1 dar, da die Software auf dem Server des Anbieters installiert und gespeichert wird.[508] Anders ist dies nur zu beurteilen, wenn der Cloud-Anbieter nur die Plattform (Betriebssystem etc – Platform as a Service (PaaS)) zur Verfügung stellt (schon → Rn. 9d); hier behält der Nutzer bzw. Anwender die Kontrolle über etwaig verwendete Software und damit die Vervielfältigungen.[509] Dem wird zwar entgegengehalten, dass der Provider technisch die Herrschaft über die Systemlandschaft habe, so dass sowohl dem Provider als auch dem Anwender Vervielfältigungsvorgänge zuzurechnen seien.[510] Doch handelt es sich entsprechend den Ausführungen des BGH in der Internetvideorekorderentscheidung (→ Rn. 67d) um eine normative Zurechnung, die auch die rechtlichen Einflussmöglichkeiten in Betracht zieht, nicht nur allein die technische Kontrolle.

Entsprechend der Ausführungen zum ASP[511] liegt im Verhältnis Cloud-Anbieter – Kunde (im Fall des Software as a Service SaaS) **keine zustimmungspflichtige Softwarevermietung iSd § 69c Nr. 3 UrhG** vor, da die Vermietung im urheberrechtlichen Sinne die körperliche Überlassung eines Vervielfältigungsstücks voraussetzt.[512] Eine nachfolgende Bereitstellung zur Nutzung durch den Anwender fällt vielmehr unter **§ 19a UrhG,**[513] auf den § 69c Nr. 4 UrhG verweist.[514] Zur Anwendung von § 69c und § 69d auf die verschiedenen Formen des Cloud Computing → § 69c Rn. 28, 41 und → § 69d Rn. 9.

70   **c) Vertragstypologische Einordnung.** Aufgrund der großen Bandbreite der angebotenen Leistungen im Rahmen des Cloud-Computings ist eine pauschale Zuordnung des Cloud-Computing-Vertrags zu einem der gängigen Vertragstypen des Schuldrechts nicht möglich.[515] **Vertragstypologisch** wird es sich jedoch bei der entgeltlichen Bereitstellung von Cloud-Diensten häufig um **typengemischte Verträge** mit im Wesentlichen **mietvertraglichem Charakter** handeln,[516] wobei auch hier entsprechend dem ASP und der früheren Rechtsprechung zu Verträgen mit Rechenzentren[517] die für die Annahme eines Mietverhältnisses erforderliche Körperlichkeit und der „Besitz" des Nutzers durch den Zugriff auf die entsprechenden Fazilitäten im Rechenzentrum gegeben sind, auf dem die Cloud-Leistungen installiert sind. Werden zentrale Unternehmensaufgaben auf den Cloud-Computing-Anbieter verlagert, kommen als maßgebliche Vertragstypen der Werk- und Dienstvertrag in Betracht.[518] Im Falle der Unentgeltlichkeit kommt eine Einordnung als Leihe infrage.[519] Da sich beim Cloud-Computing noch keine allgemeinen Standards herausgebildet haben, kommen den sog. Service Level Agreements, SLAs, die im Schwerpunkt in aller Regel einen dienstvertraglichen Charakter aufweisen,[520] besondere Bedeutung zu.[521] Erbringt der Cloud-Computing-Anbieter nicht sämtliche Services durch die Nutzung der eigenen Infrastruktur, sondern bezieht diese von Dritten,

---

[508] *Schneider* Kap. U Rn. 24; *Niemann/Paul* K&R 2009, 444 (448); Spindler/Schuster/*Wiebe* UrhG § 69c Rn. 61; Fromm/Nordemann/*Czychowski* UrhG § 69c Rn. 76a iVm Rn. 76; Leupold/Glossner/*Wiebe* MAH IT-Recht Teil 3 Rn. 134; Leupold/Glossner/*Doubrava/Münch/Leupold* MAH IT-Recht Teil 4 Rn. 112; *Grützmacher* CR 2015, 779 (785); *Bisges* MMR 2012, 574 (575).

[509] *Niemann* CR 2009, 661 (662 ff.).

[510] *Giedke,* Cloud Computing: eine wirtschaftliche Analyse, 2013, S. 382 ff.; dem folgend *Grützmacher* CR 2015, 779 (782 f.).

[511] Vgl. → Rn. 65 ff.

[512] *Marly* Rn. 1100 mwN; Wandtke/Bullinger/*Grützmacher* UrhG § 69c Rn. 73; *Grützmacher* CR 2015, 779 (784); Spindler/Schuster/*Wiebe* UrhG § 69c Rn. 63; Leupold/Glossner/*Wiebe* MAH IT-Recht Teil 3 Rn. 137; *Bisges* MMR 2012, 574 (578); und → Rn. 67.

[513] Wandtke/Bullinger/*Bullinger* UrhG § 19a Rn. 10, 12, 18, 23; *Pohle/Ammann* CR 2009, 273 (276); *Niemann/Paul* K&R 2009, 444 (448); *Schuster/Reichl* CR 2010, 38 (40 f.); Spindler/Schuster/*Wiebe* UrhG § 69c Rn. 62, der unmittelbar auf § 69c Nr. 4 UrhG rekurriert; Leupold/Glossner/*Doubrava/Münch/Leupold* MAH IT-Recht Teil 4 Rn. 116 ff., 119; Leupold/Glossner/*von dem Bussche/Schelinski* MAH IT-Recht Teil 1 Rn. 392; *Bisges* MMR 2012, 574 (576 f.); aA: *Schneider* Kap. G Rn. 233 ff., mit der Begründung, dass es an dem Merkmal „öffentlich" fehlt, ein solche Mehrzahl von Mitgliedern der Öffentlichkeit als Kunden gebe, wie nach § 15 Abs. 3 erforderlich sei; nach Fromm/Nordemann/*Czychowski* UrhG § 69c Rn. 76a iVm Rn. 76 benötige der Anbieter kein Recht zur öffentlichen Wiedergabe.

[514] Dreier/Schulze/*Dreier* UrhG § 69c Rn. 28; Möhring/Nicolini/*Kaboth/Spies* UrhG § 69c Rn. 28; aA *Bisges* MMR 2012, 574 (576 Fn. 8): lex specialis.

[515] So auch *Karger/Sarre* in Taeger/Wiebe, Inside the Cloud – Neue Herausforderungen für das Informationsrecht, 2009, S. 427, 432.

[516] *Pohle/Amman* CR 2009, 273 (274); *Niemann/Paul* K&R 2009, 444 (447); *Schuster/Reichl* CR 2010, 38 (41); *Karger/Sarre* in Taeger/Wiebe, Inside the Cloud – Neue Herausforderungen für das Informationsrecht, 2009, S. 427, 432; *Schulz* in Taeger/Wiebe, Inside the Cloud – Neue Herausforderungen für das Informationsrecht, 2009, S. 403, 406; *Wicker* MMR 2012, 783 (785, 788); *Sujecki* K&R 2012, 312 (316); *Hilty* CR 2012, 625 (626).

[517] BGH NJW-RR 1993, 178 (178).

[518] *Schulz* in Taeger/Wiebe, Inside the Cloud – Neue Herausforderungen für das Informationsrecht, 2009, S. 403, 407.

[519] Leupold/Glossner/*von dem Bussche/Schelinski* MAH IT-Recht Teil 1 Rn. 118.

[520] *Mann* MMR 2012, 499 (500 f.).

[521] *Schulz* in Taeger/Wiebe, Inside the Cloud – Neue Herausforderungen für das Informationsrecht, 2009, S. 403, 408; im Zusammenhang mit ASP *Marly* Rn. 1108; *Mann* MMR 2012, 499 (500 ff.).

stellen sich klassische Fragen von **Back-to-Back-Vereinbarungen** im Verhältnis zum Subunternehmer.[522]

8. GRID-Computing

a) Begriff, Bedeutung. Das mit dem Cloud-Computing eng verbundene **GRID-Computing**[523]   **71**
(→ Rn. 68) schließt verschiedenste Rechner über eine Software gesteuert im Rahmen eines Netzes
zu einer Art **virtuellem Großrechner** zusammen (Virtuelles Netzwerk, „GRID"), auf den Nutzer
bei Bedarf zwecks **verteilter Problembearbeitung** zugreifen können.[524] Zum einen können damit
brachliegende Kapazitäten sinnvoll genutzt werden,[525] zum anderen können sich Nutzer selbst die
Anschaffung von kostenintensiven Großrechnern ersparen.[526] Die Beteiligten des GRID sind der
(bzw. die) Rechnerbetreiber (Ressourcenanbieter), der Endnutzer des GRID und uU der zwischengeschaltete GRID-Dienstleister (Betreiber von GRID-Managementsystemen) als eigenständiger Leistungsanbieter. In der kommerziellen Anwendung ist die Vereinigung des Anbieters der Rechenkapazität und des GRID-Managers der Regelfall.[527]

b) Urheberrechtliche Einordnung, lizenzvertragliche Fragen. Das GRID-Computing wirft   **72**
etliche **urheberrechtliche Fragen** auf:[528] Anders als beim ASP wird die Software des GRID-Teilnehmers (Ressourcenanbieter) oftmals nicht zur Verfügung gestellt, sondern die reine Rechnerkapazität (Hardware); wenn allerdings auch Software etwa zu Problemlösungen angeboten wird, dann kann
ein öffentliches Zugänglichmachen nach § 19a UrhG in Betracht kommen, ebenso Vermietrechte,
insoweit den ASP-Verträgen vergleichbar. Zu einer Vervielfältigung der Software auf Speichern des
Endnutzers wird es dagegen in aller Regel nicht kommen. Durch das verteilte Rechnen können zudem **lizenzvertragliche Fragen** auftreten, da die Software eines GRID-Kunden (aber ebenso auch
eines zentralen Managers/Providers) auf allen Rechnern des GRID notwendigerweise eingesetzt
wird, was in Konflikt mit auf Einzelplätze zugeschnittenen Lizenzgestaltungen geraten kann.[529] Während für die GRID-Software selbst noch davon ausgegangen werden kann, dass der GRID-Teilnehmer sie nicht eigenständig nutzt, da die Steuerung allein beim GRID-Kunden bzw. GRID-Manager
liegt, mithin kein urheberrechtlich relevanter Vervielfältigungsvorgang vorliegt, sieht dies für die auf
den GRID-Rechnern in Anspruch genommene Software der GRID-Teilnehmer, mindestens der
System-Software, anders aus. Konflikte könnten hier aus entsprechenden Beschränkungen in Lizenzverträgen zB hinsichtlich des Verbots einer Mehrplatznutzung oder einer intensiveren Nutzung entstehen. Indes verfangen beide Verbote nicht: Denn der GRID-Rechner bzw. seine Software wird
gerade nicht auf anderen Rechnern bzw. Plätzen eingesetzt, es bleibt bei der Einzelplatznutzung, nur
für einen fremden Nutzer. Gleiches gilt für die intensivere Nutzung: Zwar soll hier aufgrund der
externen Nutzung eine wesentliche Erhöhung der Nutzung der Software resultieren;[530] doch ist nicht
recht ersichtlich, worin die intensivere Nutzung liegen soll, wenn der GRID-Teilnehmer lediglich
ungenutzte Kapazitäten Dritten zur Verfügung stellt. Während für CPU-Bindungen ersichtlich ist,
dass die Software in einem anderen Maße als ursprünglich vereinbart genutzt wird,[531] da höhere Rechenleistungen möglich sind, ändert sich hier an der Hardware und damit den Kapazitäten des Systems, für das die Software lizenziert wurde, nichts. Anders ausgedrückt müsste der Lizenzgeber auch
eine wesentlich intensivere „Rund-um-die-Uhr"-Nutzung seiner Software bei gleichbleibender
Hardware des GRID-Teilnehmers ebenfalls dulden. Bedenken können sich daher allenfalls dahin
ergeben, dass die Lizenz zur Nutzung der Software nur einem bestimmten Lizenznehmer erteilt wurde – ohne dass dieser die Software durch jeden beliebigen Dritten nutzen lassen könnte; anders ausgedrückt wurde die Nutzung der Software nicht dem Dritten gestattet, sondern nur dem Lizenznehmer.
Allerdings ist hier zumindest an einen schuldrechtlichen Anspruch des Lizenznehmers gegen den
Lizenzgeber auf Gestattung der Nutzungsfreigabe zu denken, da der Lizenznehmer ein berechtigtes
Interesse hat, seine Ressourcen gegebenenfalls auch in einem GRID zu nutzen.

---

[522] *Karger/Sarre* in Taeger/Wieb, Inside the Cloud – Neue Herausforderungen für das Informationsrecht, 2009,
S. 427 (433). Zu datenschutzrechtlichen Fragen s. *Schuster/Reichl* CR 2010, 38 (41 ff.); zu internationalprivatrechtlichen Fragen *Nordmeier* MMR 2010, 151 ff.; zu strafprozessualen Problemen *Obenhausen* NJW 2010,
651 ff.

[523] Hierzu *Spindler* in Hoffmann/Leible, Vernetztes Rechnen – Softwarepatente – Web 2.0, 2007, S. 21 ff.; *Marly*
Rn. 1122; *Koch* CR 2006, 42 ff. (111 ff.); Bräutigam/*Küchler,* IT-Outsourcing, Teil 1 Rn. 76; zum Begriff auch
Piger, Nutzerdefinierte Restriktion delegierter Privilegien im Grid-Computing, 2008, S. 5 ff.; *Barth*/Schüll/*Harms/
Rehm/Rueter/Wittmann,* Grid Computing, 2006, S. 1 ff.; *Dunkel/Eberhart/Fischer/Kleiner/Koschel,* System-Architekturen für verteilte Anwendungen, 2008, S. 161 ff.

[524] *Spindler* in Hoffmann/Leible, Vernetztes Rechnen – Softwarepatente – Web 2.0, 2007, S. 21, 22 f.; *Koch* CR
2006, 42 (42).

[525] Bräutigam/*Küchler* IT-Outsourcing Teil 1 Rn. 76.

[526] *Sax/Mohammed/Viezens/Rienhoff,* Grid-Computing in der biomedizinischen Forschung, 2006, S. 44.

[527] *Spindler* in Hoffmann/Leible, Vernetztes Rechnen – Softwarepatente – Web 2.0, S. 21, 23.

[528] Hierzu ausführlich *Spindler* in Hoffmann/Leible, Vernetztes Rechnen – Softwarepatente – Web 2.0, S. 21 ff.;
Koch CR 2006, 111 (113 ff.).

[529] Zutr. insoweit *Koch* CR 2006, 111 (115 f.).

[530] So *Koch* CR 2006, 111 (116).

[531] BGH CR 2003, 323 ff. = NJW 2003, 2014 ff.; *Spindler* JZ 2003, 1117; *Metzger* NJW 2003, 1994 f.

73   **c) Vertragstypologische Einordnung.** Bei der **vertragstypologischen Einordnung** sind die verschiedenen vertraglichen Beziehungen streng voneinander zu unterscheiden: Ausgeschieden werden kann zunächst in aller Regel eine BGB-Gesellschaft zwischen Endnutzer, GRID-Betreiber[532] und GRID-Ressourcenanbietern; denn den Beteiligten fehlt es an einer gemeinsamen Zweckverfolgung, der Austauschcharakter steht im Vordergrund.[533] Bestehen nur Beziehungen zwischen GRID-Ressourcenanbieter und Endnutzer, handelt es sich zunächst um die einem **Mietvertrag** vergleichbare Überlassung von Rechnerkapazitäten, ähnlich dem Verhältnis bei ASP-Verträgen.[534] Nur im Falle von gleichzeitig übernommenen weiteren Leistungen, wie die selbständige Berechnung von Lösungen, kann **Dienst-, ggf. auch Werkvertragsrecht** in Betracht kommen.[535] Bei Einschaltung eines GRID-Operators/Administrators oder Managers hängt die Einordnung der konkreten vertragstypologischen Beziehungen sehr davon ab, welche Leistungen der GRID-Operator übernommen hat, ob reine Vermittlung[536] oder eigenständige Koordinationsleistungen verbunden mit dem Versprechen, die Rechnerkapazitäten zur Verfügung zu stellen; in letzterem Fall wird nur der GRID-Operator Vertragspartner des Endnutzers.[537] In diesem Rahmen treten die allgemeinen, schon von ASP-Verträgen, aber auch Access-Providing-Verträgen bekannten Probleme der Verfügbarkeit und der weiteren Pflichten der Netzbetreiber auf, wobei zahlreiche Detailfragen noch ungeklärt sind.[538]

§ 69a Gegenstand des Schutzes

(1) **Computerprogramme im Sinne dieses Gesetzes sind Programme in jeder Gestalt, einschließlich des Entwurfsmaterials.**

(2) [1]**Der gewährte Schutz gilt für alle Ausdrucksformen eines Computerprogramms.** [2]**Ideen und Grundsätze, die einem Element eines Computerprogramms zugrunde liegen, einschließlich der den Schnittstellen zugrundeliegenden Ideen und Grundsätze, sind nicht geschützt.**

(3) [1]**Computerprogramme werden geschützt, wenn sie individuelle Werke in dem Sinne darstellen, daß sie das Ergebnis der eigenen geistigen Schöpfung ihres Urhebers sind.** [2]**Zur Bestimmung ihrer Schutzfähigkeit sind keine anderen Kriterien, insbesondere nicht qualitative oder ästhetische, anzuwenden.**

(4) **Auf Computerprogramme finden die für Sprachwerke geltenden Bestimmungen Anwendung, soweit in diesem Abschnitt nichts anderes bestimmt ist.**

(5) **Die Vorschriften der §§ 32d, 32e, 36 bis 36c, 40a und 95a bis 95d finden auf Computerprogramme keine Anwendung.**

Schrifttum: *Antoine,* Entwurfsmaterial im Schutzsystem der Software-Richtlinie, CR 2019, 1; *Barnitzke/Möller/Nordmeyer,* Die Schutzfähigkeit graphischer Benutzeroberflächen nach europäischem und deutschem Recht – Eine immaterialgüterrechtliche Einordnung und rechtspolitische Untersuchung, CR 2011, 277; *Bartsch,* Softwarerechte bei Projekt- und Pflegeverträgen, CR 2012, 141; *Berger,* Der Rückruf urheberrechtlicher Nutzungsrechte bei Unternehmensveräußerungen nach § 34 Abs. 3 Satz 2 UrhG, in: Ohly/Bodewig/Dreier/Götting/Lehmann (Hg.), Perspektiven des Geistigen Eigentums und des Wettbewerbsrechts – Festschrift für Gerhard Schricker zum 70. Geburtstag, München 2005; *Bröckers,* Software-Gebrauchthandel: Der Teufel steckt im Detail, Technische Besonderheiten und gesetzlicher Änderungsbedarf, MMR 2011, 19; *Bullinger/Czychowski,* Digitale Inhalte: Werk und/oder Software?, Ein Gedankenspiel am Beispiel von Computerspielen, GRUR 2011, 19; *Czychowski,* Der BGH und Computerspiele: Es verbleiben noch offene Fragen, GRUR 2017, 362; *Conraths,* Der urheberrechtliche Schutz gegen Cheat-Software, CR 2016, 705; *De Wachter,* Software Written By Software – Is Copyright Still the Appropriate Tool to Protect IT?, CRi 2010, 12; *Ehinger/Stiemerling,* Die urheberrechtliche Schutzfähigkeit von künstlicher Intelligenz am Beispiel von Neuronalen Netzen, CR 2018, 761; *Ernst,* Die Verfügbarkeit des Source Codes, Rechtlicher Know-how-Schutz bei Software und Webdesign, MMR 2001, 208; *Fuchs/Meierhöfer/Morsbach/Pahlow,* Agile Programmierung – Neue Herausforderungen für das Softwarevertragsrecht?, Unterschiede zu den „klassischen" Softwareentwicklungsprojekten, MMR 2012, 427; *Gennen,* „Auseinandersetzungen" von Miturhebergemeinschaften – Möglichkeiten zur Minimierung der Auswirkungen einer Miturhebergemeinschaft bei gemeinschaftlicher Softwareentwicklung, ITRB 2008, 13; *Gloy/Loschelder/Erdmann,* Handbuch des Wettbewerbsrechts, 4. Aufl. 2010; *Haberstumpf,* Der Handel mit gebrauchter Software und die Grundlagen des Urheberrechts, CR 2009, 346; *ders.,* Der urheberrechtliche Schutz von Computerprogrammen, in Lehmann (Hg.), Rechtsschutz und Verwertung von Computerprogrammen, 2. Aufl. 1993, S. 69; *Härting/Kuon,* Designklau – Webdesign, Screendesign, Look and Feel im Urheberrecht, CR 2004, 527; *Heinemeyer/Nordmeyer,* Super Marios, Kratos' und des Master Chiefs Erzfeind – Die Legalität der Modchips und Softwaremods für Videospielkonsolen, CR 2013, 586; *Hengstler,* Gestaltung der Leistungs- und Vertragsbeziehung bei Scrum-Projekten, Umgang mit vertragsrelevanten Besonderheiten der Scrum-Methode, ITRB 2012, 113; *Hilty/Köklü,* Reichweite des Rechtsschutzes von Computerpro-

---

[532] Operator, Administrator.

[533] Näher dazu *Spindler* in Hoffmann/Leible, Vernetztes Rechnen – Softwarepatente – Web 2.0, 2008, S. 21, 24 f., bei Fn. 17 ff.

[534] → Rn. 66; s. auch Spindler/*Schuppert,* Vertragsrecht der Internet-Provider, Kap. V Rn. 3 ff.

[535] Näher *Spindler* in Hoffmann/Leible, Vernetztes Rechnen – Softwarepatente – Web 2.0, 2008, S. 21, 27 f., bei Fn. 29 ff.; ähnlich, aber teilweise aA *Koch* CR 2006, 42 (46).

[536] Dann unter Umständen Maklerrecht.

[537] Im Einzelnen *Spindler* in Hoffmann/Leible, Vernetztes Rechnen – Softwarepatente – Web 2.0, 2008, S. 21, 28, bei Fn. 35 ff.; teilweise auch *Koch* CR 2006, 42 (48).

[538] *Spindler* in Hoffmann/Leible, Vernetztes Rechnen – Softwarepatente – Web 2.0, 2007, S. 21, 31 ff., bei Fn. 45 ff. mwN.

grammen, Eine Kritik an der EuGH-Rechtsprechung, FS Bornkamm (2014), S. 797; *Hoeren,* Die Pflicht zur Überlassung des Quellcodes – Eine liberale Lösung des BGH und ihre Folgen, CR 2004, 721; *ders.,* Die Kündigung von Softwareerstellungsverträgen und deren urheberrechtliche Auswirkungen, CR 2005, 773; *ders./Wehkamp,* Individualität im Quellcode? Softwareschutz und Urheberrecht, CR 2018, 1; *ders./Vossen,* Softwareverletzung – Missverständnisse bei der Feststellung der Schutzfähigkeit von Computerprogrammen, K&R 2018, 79; *Hofmann,* Die Schutzfähigkeit von Computerspielesystemen nach Urheberrecht, „How to keep your balance – playfully", CR 2012, 281; *ders.,* Verdient digitales Spielen ein Leistungsschutzrecht?, Zum Begriff des »ausübenden Künstlers« im geltenden Urheberrecht, ZUM 2013, 279; *Horns,* Anmerkungen zu begrifflichen Fragen des Softwareschutzes, GRUR 2001, 1; *Jaeger/Koglin,* Der rechtliche Schutz von Fonts, CR 2002, 169; *Joppich,* § 34 UrhG im Unternehmenskauf, K&R 2003, 211; *Katko/Maier,* Computerspiele – die Filmwerke des 21. Jahrhunderts?, MMR 2009, 306; *Karger,* Rechtseinräumung bei der Software-Erstellung, CR 2001, 357; *Koch,* Begründung und Grenzen des urheberrechtlichen Schutzes objektorientierter Software, GRUR 2000, 191; *ders.,* Urheberschutz für das Customizing von Computerprogrammen, ITRB 2005, 140; *ders.,* Grundlagen des Urheberrechtsschutzes im Internet und in Online-Diensten, GRUR 1997, 417; *ders.,* Handbuch Software- und Datenbankrecht, 2003; *Kotthoff/Pauly,* Software als Kreditsicherheit, WM 2007, 2085; *Kreutzer,* Computerspiele im System des deutschen Urheberrechts, CR 2007, 1; *Kühn/Koch,* Die urheberrechtliche Perspektive auf den Werbeblocker-Rechtsstreit, CR 2018, 648; *Lambrecht,* Der urheberrechtliche Schutz von Bildschirmspielen, 2006; *Marly,* Der Schutzgegenstand des urheberrechtlichen Softwareschutzes, Zugleich Besprechung zu EuGH, Urt. v. 2.5.2012 – C-406/10 – SAS Institute, GRUR 2012, 773; *ders.,* Der Urheberrechtsschutz grafischer Benutzeroberflächen von Computerprogrammen, Zugleich Besprechung der EuGH-Entscheidung „BSA/Kulturministerium, GRUR 2011, 204; *ders.,* Praxishandbuch Softwarerecht, 7. Aufl. 2018; *Meyer,* Miturheberschaft bei freier Software – Nach deutschem und amerikanischem Sach- und Kollisionsrecht, 2011; *ders.,* Miturheberschaft und Aktivlegitimation bei freier Software, CR 2011, 560; *Nebel/Stiemerling,* Aktuelle Programmiertechniken und ihr Schutz durch § 69a UrhG – Warum steuern de Artefakte einheitlichen urheberrechtlichen Schutz genießen, CR 2016, 61; *Nemethova/Peters,* Patent als effektiver Schutz für Software-Produkte, InTer 2018, 67; *Ohst,* Computerprogramm und Datenbank, Definition und Abgrenzung – Eine Untersuchung beider Begriffe und ihrer Wechselbeziehungen im Urheberrechtssystem der Informationsgesellschaft, 2004; *Osterloh,* Inhaltliche Beschränkungen des Nutzungsrechts an Software, GRUR 2009, 311; *Pohle,* Nutzungsrechte bei agiler Softwareprogrammierung, FS Wandtke (2013), S. 557; *Rauda,* Recht der Computerspiele, 2013; *Redeker,* Eigentumsvorbehalte und Sicherungsklauseln in Softwareverträgen, ITRB 2005, 70; *ders.,* IT-Recht, 6. Aufl. 2017; *Royla/Gramer,* Urheberrecht und Unternehmenskauf – Reichweite von Zustimmungserfordernis und Rückrufrecht des Urhebers von Computerprogrammen, CR 2004, 154; *Schmidt,* Urheberrechte als Kreditsicherheit nach der gesetzlichen Neuregelung des Urhebervertragsrechts, WM 2003, 461; *Schneider,* Neues zu Vorlage und Herausgabe des Quellcodes? – Kritische Überlegungen zur Dissonanz zwischen vertraglicher und prozessualer Beurteilung des Quellcodes durch den BGH, CR 2003, 1; *Schneider/Spindler,* Grenzen des Softwareschutzes – Das Urteil des EuGH in Sachen SAS Institute, CR 2012, 417; *Schröder,* Rechtmäßigkeit von Modchips, MMR 2013, 80; *Söbbing/Müller,* Bring your own Device: Haftung des Unternehmens für urheberrechtsverletzenden Inhalt, ITRB 2012, 15; *Spindler,* Die Störerhaftung im Internet – (k)ein Ende in Sicht? Geklärte und ungeklärte Fragen, FS Köhler (2014), S. 665; *ders.,* Grenzen des Softwareschutzes, Das Urteil des EuGH in Sachen SAS Institute, CR 2012, 417; *ders./Weber,* Die Umsetzung der Enforcement-Richtlinie nach dem Regierungsentwurf für ein Gesetz zur Verbesserung der Rechten des geistigen Eigentums, ZUM 2007, 257; *Stögmüller,* Zur Frage des Urheberrechtsschutzes für Funktionalität oder Programmiersprache eines Computerprogramms, K&R 2012, 415; *Triebe,* Reverse Engineering im Lichte des Urheber- und Geschäftsgeheimnisschutzes, WRP 2018, 795; *Wieduwilt,* Cheatbots in Onlinespielen – eine Urheberrechtsverletzung?, MMR 2008, 715; *Witte,* Zur Schadensberechnung bei der Verletzung von Urheberrechten an Software – Die drei Berechnungsarten, der Bereicherungsausgleich und der Ausgleich für die Verletzung von Urheberpersönlichkeitsrechten, ITRB 2006, 136; *ders.,* Schadensersatz für Urheberrechtsverletzungen in der Lizenzkette, ITRB 2010, 210; *Zecher,* Zur Umgehung des Erschöpfungsgrundsatzes bei Computerprogrammen, 2004.

Siehe auch die Schrifttumsangaben zu Vor §§ 69a ff.

Übersicht

I. Zweck und Bedeutung der Norm

Während § 2 Abs. 1 Nr. 1 bestimmt, dass Computerprogramme zu den urheberrechtlich geschütz- **1** ten Werken gehören, und sie als Sprachwerke einordnet, regeln §§ 69a ff. **Gegenstand, Umfang und Voraussetzungen des Schutzes.** Innerhalb der §§ 69a–69g bestimmt § 69a in seinem Abs. 1, was ein Computerprogramm ist, in Abs. 2, welche Elemente eines Computerprogramms schutzfähig sind und welche nicht, in Abs. 3 die Schutzvoraussetzungen, in Abs. 4 die ergänzende Anwendung der Vorschriften für Sprachwerke, in Abs. 5 die Nichtanwendung der §§ 95a–95d Abs. 3 sowie der neu geschaffenen §§ 32d, 32e, 36 – 36c und 40a,[1] dem die Zielsetzung einer gemeinschaftsweiten Harmonisierung der Anforderungen an die Schöpfungshöhe von Computerprogrammen zugrunde liegt,[2] gehört zu den zentralen Regelungsinhalten. Da die Regelungen für Computerprogramme zum Teil von denen für andere Werkarten abweichen,[3] hat die Einordnung eines Werkes als Computerprogramm auch für die Rechtsfolgen Konsequenzen. Zur Entwicklung des Rechtsschutzes von Computerprogrammen → Vor §§ 69a ff. Rn. 1 ff. Als europäisches Urheberrecht sind §§ 69a ff. richtlinienkonform auszulegen.[4] Gemäß § 137d Abs. 1 S. 1 ist § 69a auch auf vor dem 24.6.1993 geschaffene Computerprogramme anwendbar.

II. Computerprogramme (Abs. 1)

2   Ebenso wie die Computerprogrammrichtlinie enthält **§ 69a keine Definition des Begriffs Computerprogramm.** Dem Gesetzgeber erschien eine solche Begriffsbestimmung nicht ratsam, da er befürchtete, dass sie alsbald durch die Entwicklung überholt gewesen wäre.[5] Stattdessen hat er auf den 7. Erwgr. der Richtlinie verwiesen,[6] wo es heißt, dass der Begriff des Computerprogramms Programme in jeder Form umfassen soll, auch solche, die in die Hardware integriert sind[7] und auch das Entwurfsmaterial zur Entwicklung eines Computerprogramms. Während das Entwurfsmaterial in § 69a Abs. 1 ausdrücklich aufgeführt ist, ist dem 7. Erwgr. zu entnehmen, dass auch in die Hardware integrierte Programme als Computerprogramm iSd §§ 69a ff. gelten; die Verweisung in der AmtlBegr. erlaubt es, die Begriffsbestimmung der Richtlinie unmittelbar heranzuziehen und nicht erst über den Umweg einer richtlinienkonformen Auslegung.[8] Im Schrifttum wird vielfach auf § 1 (i) der **Mustervorschriften der WIPO**[9] und die **DIN-Norm 44300**[10] zurückgegriffen;[11] auch der BGH hat sich an der DIN-Norm orientiert.[12] Nach § 1 (i) der Mustervorschriften der WIPO ist ein Computerprogramm eine Folge von Befehlen, die nach Aufnahme in einen maschinenlesbaren Träger fähig sind zu bewirken, dass eine Maschine mit informationsverarbeitenden Fähigkeiten eine bestimmte Funktion oder Aufgabe oder ein bestimmtes Ergebnis anzeigt, ausführt oder erzielt". Die DIN-Norm 44300 definiert ein Programm als „eine zur Lösung einer Aufgabe vollständige Anweisung zusammen mit allen erforderlichen Vereinbarungen". In der Praxis lässt sich, wie die Erfahrung zeigt, ohne Weiteres ohne eine feste Begriffsbestimmung des Computerprogramms auskommen. Die umfassende Formulierung in § 69a Abs. 1 und im 7. Erwgr. der Richtlinie spricht jedenfalls für eine **weite Auslegung** des Begriffs des Computerprogramms.[13] Erforderlich ist jedoch, dass es sich um logische Befehle zur Steuerung eines Computers bzw. einer Maschine handelt;[14] **reine Daten** oder andere Ergebnisse eines Programms werden nicht von § 69a erfasst.[15] Dagegen können als notwendige Bestandteile eines Programms, ohne die es nicht lauffähig wäre, die Definition von **Datenstrukturen,** Variablen und Konstanten gehören (aber auch → Rn. 12f).[16] Der Begriff des Computerprogramms ist kein juristischer, sondern ein Terminus der Informatik.[17] Die Einordnung als Computerprogramm ist daher auch keine Rechtsfrage, sondern als Tatsache dem Beweis zugänglich.

3   Unerheblich ist, um welche **Art von Computerprogramm** es sich handelt.[18] Betriebsprogramme (Systemsoftware), die der internen Steuerung und Verwaltung des Computers dienen, sind ebenso geschützt, wie Anwenderprogramme, mit denen der Benutzer bestimmte Datenverarbeitungsaufgaben löst.[19] Standardsoftware[20] fällt ebenso unter § 69a wie Individualsoftware, also Programme, die für bestimmte Benutzer individuell entwickelt sind. Auf die Programmiersprache, in der ein Programm

---

[1] Eingefügt durch das Gesetz zur verbesserten Durchsetzung des Anspruchs der Urheber und ausübenden Künstler auf angemessene Vergütung und zur Regelung von Fragen der Verlegerbeteiligung vom 20.12.2016 (BGBl. I S. 3037) mit Wirkung zum 1.3.2017.
[2] Näher → Rn. 17.
[3] Vgl. auch → Vor §§ 69a ff. Rn. 5.
[4] → Vor §§ 69a ff. Rn. 6.
[5] Begr. RegE BT-Drs. 12/4022, 9.
[6] Begr. RegE BT-Drs. 12/4022, 9.
[7] EuGH GRUR 2011, 220 Rn. 32 – BSA/Kulturministerium.
[8] Ebenso *Dreier* GRUR 1993, 781 (785 Fn. 44).
[9] GRUR 1979, 306 = GRUR-Int 1978, 286.
[10] GRUR 1979, 306; *Marly* Rn. 10.
[11] Vgl. etwa Dreier/Schulze/*Dreier* UrhG § 69a Rn. 12; Wandtke/Bullinger/*Grützmacher* UrhG § 69a Rn. 3; Fromm/Nordemann/*Czychowski* UrhG § 69a Rn. 5; Loewenheim/*Lehmann* § 9 Rn. 49; Möhring/Nicolini/*Kaboth/Spies* UrhG § 69a Rn. 2; *Marly* GRUR 2012, 773 (774 f.).
[12] BGH GRUR 1985, 1041 (1047) – Inkassoprogramm.
[13] Allg. Ansicht.
[14] BAG NZA 2011, 1029 (1031); KG CR 2010, 424 (425); OLG Rostock CR 2007, 737; OLG Hamburg CR 1998, 332 (333 f.) – Computerspielergänzung; LG Köln ZUM-RD 2010, 426 (427).
[15] Wandtke/Bullinger/*Grützmacher* UrhG § 69a Rn. 3; *Marly* GRUR 2012, 773 (775); *Wiebuwilt* MMR 2008, 715 (715).
[16] *Nebel/Stiemerling* CR 2016, 61 (63).
[17] Wandtke/Bullinger/*Grützmacher* UrhG § 69a Rn. 3; *Koch* GRUR 2000, 191 (195).
[18] Zahlreiche Beispiele bei Fromm/Nordemann/*Czychowski* UrhG § 69a Rn. 6 ff.
[19] ZB Textverarbeitungsprogramme, Kalkulationsprogramme, Grafikprogramme usw.
[20] Für eine Vielzahl von Benutzern entwickelte Programme.

abgefasst ist, kommt es nicht an.[21] Zu Fragen der Public-Domain-Software, der Shareware und der Open Source Software vgl. → Vor §§ 69a ff. Rn. 19 ff.

§ 69a Abs. 1 erfasst Computerprogramme **in jeder Gestalt.** Unerheblich ist damit, in welcher **4** Form ein Computerprogramm festgelegt ist. Es kommt nicht darauf an, ob es auf CD-ROM, einem externen Speichermedium, einer Festplatte oder einem anderen Datenträger gespeichert ist. Auch **in die Hardware integrierte Programme (Firmware)**[22] fallen, wie der Erwgr. 7 S. 1 der Computerprogramm-RL klarstellt und worauf die AmtlBegr.[23] Bezug nimmt, unter § 69a.[24] Die Hardware selbst ist dagegen kein Computerprogramm. Erfasst wird der Ausdruck oder die sonstige **graphische Aufzeichnung** eines Programms.[25] Die Vervielfältigung eines Ausdrucks des Computerprogramms beurteilt sich daher nach § 69c Nr. 1 und nicht nach § 16. Erforderlich ist nur, dass das Programm überhaupt eine Gestalt gefunden hat, dh eine Form angenommen hat, in der es der Wahrnehmung durch die menschlichen Sinne zugänglich ist, sei es auch nur mittels technischer Einrichtungen.[26]

Das **Entwurfsmaterial** zählt § 69a Abs. 1 ebenso wie den 7. Erwgr. der Richtlinie ausdrücklich **5** zum Computerprogramm.[27] Zum Entwurfsmaterial gehören die Vorstufen des Programms, insbesondere also das **Flussdiagramm** (Datenflussplan), in dem der Lösungsweg in Form einer graphischen Darstellung des Befehls- und Informationsablaufs wiedergegeben wird und der **Programmablaufplan.** Auch ein Grobkonzept kann bereits genügen.[28] Schon der BGH hatte diese Vorstufen als schutzfähig angesehen.[29] Aber auch andere Dokumentationen von Vor- und Zwischenstufen gehören zum Programm, wobei es auch hier nicht darauf ankommt, ob sie in digitaler oder graphischer Form niedergelegt sind.[30] Ferner gehört ein **Ablaufplan** bzw. eine Feinkonzeption dazu.[31] Nach § 1 (ii) der WIPO-Musterdefinition ist die Programmbeschreibung „eine vollständige prozedurale Darstellung in sprachlicher, schematischer oder anderer Form, deren Angaben ausreichend sind, um eine Folge von Befehlen festzulegen, die ein ihr entsprechendes Computerprogramm darstellen". Der Schutz von Entwurfsmaterial wird allerdings eher ausnahmsweise eine Rolle spielen, weil meist fertige Programme vervielfältigt werden und die Vorstufen darin meist enthalten sind. Nicht zum Entwurfsmaterial gehört das **Pflichtenheft**[32], das die durch das Computerprogramm zu lösenden Aufgaben beschreibt.[32] Denn das Pflichtenheft[33] enthält noch nicht die eigentliche Lösung der gestellten Aufgaben und führt nicht zum konkreten Programm;[34] es kann aber unter Umständen als schriftliches Werk nach § 2 Abs. 1 Nr. 1, 7 schutzfähig sein. Erarbeitet ein Auftraggeber ein Pflichtenheft, kann er daher nicht allein aufgrund dieser Vorgaben Rechte an dem späteren Computerprogramm des Auftragnehmers erlangen.[35] Ebenfalls nicht zum Entwurfsmaterial zählen rein konzeptionelle Vorgaben, etwa kaufmännischer oder betriebswirtschaftlicher Art.[36] Der **Quellcode** stellt hingegen bereits das Programm selbst dar und ist kein Entwurfsmaterial;[37] denn er bedarf allenfalls noch der Kompilierung und Umsetzung in den **Objektcode** (Maschinencode), um direkt einen Computer zu steuern. Der Objektcode ist unzweifelhaft als eigentliche binäre Steuerung des Computers „Programm" iSd § 69a, auch wenn er nicht unmittelbar vom Menschen gelesen werden kann, da es hierauf nicht ankommt.[38] Quell- und **Objektcode** sind demnach gem. § 69a UrhG geschützt,[39] wobei sich dies dogmatisch

---

[21] OLG Hamburg MMR 2012, 832 (833).

[22] Dazu aus jüngerer Zeit OLG Köln BeckRS 2016, 9601 Rn. 19; LG GRUR-RR 2007, 107 – Surfsitter mAnm *Schreibauer/Mantz* GRUR-RR 2012, 111; ausf. zu dem Judikat → Vor §§ 69a ff. Rn. 47; zu Firmware allg. *Haberstumpf* in Lehmann, Rechtsschutz, Kap. II Rn. 4 mwN; Kilian/Heussen/*Czychowski/Siesmayer* CHB 1. Abschnitt Teil 2, 20.4 Rn. 14; Fromm/Nordemann/*Czychowski* UrhG § 69a Rn. 6.

[23] BT-Drs. 12/4022, 9.

[24] EuGH GRUR 2011, 220 Rn. 32 – BSA/Kulturministerium. Vgl. auch → Rn. 2, allg. Ansicht auch im Schrifttum, vgl. statt vieler Dreier/Schulze/*Dreier* UrhG § 69a Rn. 13.

[25] Fromm/Nordemann/*Czychowski* UrhG § 69a Rn. 28; *Ullmann* CR 1992, 641 (642).

[26] Vgl. → § 2 Rn. 47 ff.

[27] *Marly* GRUR 2012, 773 (775).

[28] OLG Karlsruhe CR 2010, 427 (432); Dreier/Schulze/*Dreier* UrhG § 69a Rn. 14; Wandtke/Bullinger/*Grützmacher* UrhG § 69a Rn. 8.

[29] BGH GRUR 1985, 1041 (1046 f.) – Inkasso-Programm.

[30] Vgl. zum Entwurfsmaterial auch *Haberstumpf* in Lehmann, Rechtsschutz, Kap. II Rn. 15 ff., 20 f.; Wandtke/Bullinger/*Grützmacher* UrhG § 69a Rn. 8; sa *Lesshaft/Ulmer* CR 1993, 607.

[31] *Spindler* CR 2012, 417 (418); Wandtke/Bullinger/*Grützmacher* UrhG § 69a Rn. 8.

[32] Dreier/Schulze/*Dreier* UrhG § 69a Rn. 14; Wandtke/Bullinger/*Grützmacher* UrhG § 69a Rn. 9; Fromm/Nordemann/*Czychowski* UrhG § 69a Rn. 24; Mestmäcker/Schulze/*Haberstumpf* UrhG § 69a Rn. 7; Möhring/Nicolini/*Kaboth/Spies* UrhG § 69a Rn. 4; *Bartsch* CR 2012, 141 (142).

[33] S. dazu auch die Definition der Pflichtenhefte in DIN 69905: „vom Auftragnehmer erarbeiteten Realisierungsvorgaben aufgrund der Umsetzung des vom Auftraggeber vorgegebenen Lastenhefts".

[34] OLG Köln CR 2005, 624 (625).

[35] Wandtke/Bullinger/*Grützmacher* UrhG § 69a Rn. 9.

[36] OLG Köln GRUR-RR 2005, 303 (304) – Entwurfsmaterial.

[37] EuGH GRUR 2011, 220 – BSA/Kulturministerium; EuGH GRUR 2012, 814 Rn. 35 – SAS Institute dazu ausf. *Spindler* CR 2012, 417; *Marly* GRUR 2012, 773; Wandtke/Bullinger/*Grützmacher* UrhG § 69a Rn. 10.

[38] BGHZ 94, 276 (281) – Inkasso-Programm.

[39] EuGH GRUR 2011, 220 Rn. 34 f. – BSA/Kulturministerium; EuGH GRUR 2012, 814 Rn. 35 – SAS Institute; OLG Frankfurt a. M. GRUR 2015, 784 Rn. 33; OLG Hamburg MMR 2012, 832 (833); *Marly* Rn. 90, 93, 917; *Marly* GRUR 2012, 773 (776); *Rauda* Rn. 72; Spindler/Schuster/*Wiebe* UrhG § 69a Rn. 4, 17.

sowohl aus Abs. 1 als auch aus Abs. 2 S. 1 begründen lässt.[40] Ferner gehören auch **objektorientierte Programme** zur geschützten Software, zumindest als Entwurfsmaterial: Zwar handelt es sich hier um häufig vom konkreten Programm losgelöste Module bzw. vorgefertigte Klassen und deren Programmbibliotheken;[41] doch ändert dies nichts daran, dass sie (im Gegensatz zu objektorientierten Datenbanken) Steuerbefehle enthalten, die dann zumindest als Entwurfsmaterial für das konkrete bzw. endgültige Programm dienen und daher vom Schutz des § 69a umfasst sind.[42]

6   Das Begleitmaterial wie **Handbücher, Bedienungsanleitungen, Wartungsbücher** und sonstige Unterlagen, die dem Benutzer zur Information und richtigen Bedienung des geschützten Programms überlassen werden, gehören dagegen nicht zum Computerprogramm.[43] Nach § 1 (iv) iVm (iii) WIPO-Mustervorschriften[44] handelte es sich auch bei „Begleitmaterial", worunter wiederum „alle Unterlagen, die [...] dazu bestimmt oder geeignet sind, das Verständnis oder die Anwendung eines Computerprogramms zu fördern, zB Problembeschreibungen und Benutzungsanweisungen" (§ 1 (iii) WIPO-Mustervorschriften) um Computersoftware (§ 1 (iv) WIPO-Mustervorschriften). Auch der BGH hat im Anschluss an die Mustervorschriften der WIPO (→ Rn. 2) zwischen Computerprogramm und Begleitmaterial unterschieden.[45] Das gilt unabhängig davon, ob das Begleitmaterial in Printform oder in digitaler Form[46] vorliegt.[47] Sie dienen nicht der Entwicklung des Codes oder können nicht steuernd für den Computer eingesetzt werden. Begleitmaterial kann aber nach § 2 Abs. 1 Nr. 1 als Sprachwerk (→ § 2 Rn. 98) oder nach § 2 Abs. 1 Nr. 7 als wissenschaftlich-technische Darstellung geschützt sein;[48] allerdings bedarf es dann auch der entsprechenden geistigen Schöpfungshöhe,[49] die verringerten Anforderungen der §§ 69a ff. gelten hier nicht.[50] Wie der EuGH festgehalten hat, vermag der Urheber „erst mit Hilfe der Auswahl, der Anordnung und der Kombination dieser Wörter, Zahlen oder mathematischen Konzepte [...] seinen schöpferischen Geist in origineller Weise zum Ausdruck zu bringen und zu einem Ergebnis – dem Benutzerhandbuch für das Computerprogramm – zu gelangen, das eine geistige Schöpfung darstellt [...]."[51] Da aber auch die „kleine Münze" geschützt ist (→ § 2 Rn. 61), kann ein Schutz selbst dann in Betracht kommen, wenn technische Sachzwänge bestehen.[52] Ebenso kann Wettbewerbsschutz nach § 4 Nr. 3 UWG (§§ 3 Abs. 1, 4 Nr. 9 UWG aF) (→ Vor §§ 69a ff. Rn. 13 ff.) bestehen.

7   Auch die **Benutzeroberfläche**[53] (Graphic User Interface – GUI; Bildschirmmaske) zählt nicht zum Computerprogramm,[54] da diese es dem Softwarebenutzer nur ermöglicht, mit dem Programm zu arbeiten, bei ihr handelt es sich um ein bloßes Element des Computerprogramms und nicht um dessen Ausdrucksform.[55] Die Benutzeroberfläche ist eine textlich-graphische Gestaltung der Bildschirmoberfläche, die durch das Computerprogramm erzeugt wird, aber selbst kein Computerprogramm darstellt.[56] Die Benutzeroberfläche ist genauso wenig Programm wie ein Text oder eine Grafik,[57] die auf dem Bildschirm dargestellt wird; sie ist lediglich das Ergebnis entsprechender Befehle im Rahmen des Programms.[58] Die Unterschiede zwischen Benutzeroberfläche und Computerprogramm

---

[40] *Marly* Rn. 90, 93.

[41] Einzelheiten bei *Koch* GRUR 2000, 191 (192 ff.).

[42] Wandtke/Bullinger/*Grützmacher* UrhG § 69a Rn. 20.

[43] Dreier/Schulze/*Dreier* UrhG § 69a Rn. 15; Wandtke/Bullinger/*Grützmacher* UrhG § 69a Rn. 13; Möhring/Nicolini/*Kaboth/Spies* UrhG § 69a Rn. 4; DKMH/*Kotthoff* UrhG § 69a Rn. 14; Spindler/Schuster/*Wiebe* UrhG § 69a Rn. 10; *Heymann* CR 1994, 226 (227) rechnet Begleitmaterial aber dem Oberbegriff der Computersoftware zu.

[44] Abgedruckt in GRUR-Int 1978, 286.

[45] BGH GRUR 1985, 1041 (1047) – Inkasso-Programm.

[46] ZB auf Diskette oder CD-ROM.

[47] *Heymann* CR 1994, 228; Wandtke/Bullinger/*Grützmacher* UrhG § 69a Rn. 13.

[48] BGH GRUR 1985, 1041 (1047) – Inkasso-Programm; LG Köln CR 1994, 227 (228).

[49] EuGH GRUR 2009, 1041 – Infopaq/DDF; EuGH GRUR 2012, 814 Rn. 65 – SAS Institute.

[50] Wandtke/Bullinger/*Grützmacher* UrhG § 69a Rn. 13; anders *Heymann* CR 1994, 226 (228).

[51] EuGH GRUR 2012, 814 Rn. 67 – SAS Institute.

[52] Hiervon geht offenbar auch der EuGH GRUR 2012, 814 Rn. 63 ff. – SAS Institute aus, wenn er den Schutz der Handbücher besonders hervorhebt; dazu auch *Spindler* CR 2012, 417 (422); anders Wandtke/Bullinger/*Grützmacher* UrhG § 69a Rn. 13: in der Regel kein Schutz.

[53] Zum Begriff *Schlatter* in Lehmann, Rechtsschutz, Kap. III Rn. 67 f.; *Koch* GRUR 1991, 180 ff.

[54] EuGH GRUR 2011, 220 Rn. 40 ff. – BSA/Kulturministerium; *Nguyen* in Taeger, IT und Internet – mit Recht gestalten, S. 193, 207; Spindler/Schuster/*Wiebe* UrhG § 69a Rn. 11; Fromm/Nordemann/*Czychowski* UrhG § 69a Rn. 27; *Rauda* CR 2010, 424 (425), dem zufolge Bildschirmmasken dem § 69a unterfallen können; *Härting/Kuon* CR 2004, 527 (530), allerdings zu § 69a Abs. 2; krit. zur Entscheidung des EuGH hinsichtlich der Argumentation *Hilty/Köhler* FS Bornkamm, 2014, 797 (802 ff.).

[55] EuGH GRUR 2011, 220 Rn. 40 ff. – BSA/Kulturministerium.

[56] EuGH GRUR 2011, 220 Rn. 41 – BSA/Kulturministerium; EuGH GRUR 2012, 814 Rn. 38 – SAS Institute; OLG Karlsruhe GRUR-RR 2010, 234 – Reisebürosoftware; OLG Düsseldorf CR 2000, 184; OLG Frankfurt a. M. GRUR-RR 2005, 299 (300); LG Köln ZUM 2005, 910 (913); Dreier/Schulze/*Dreier* UrhG § 69a Rn. 16; Wandtke/Bullinger/*Grützmacher* UrhG § 69a Rn. 14; Fromm/Nordemann/*Czychowski* UrhG § 69a Rn. 27; DKMH/*Kotthoff* UrhG § 69a Rn. 9; *Marly* Rn. 91; *Barnitzke/Möller/Nordmeyer* CR 2011, 277 (278 f.); aA OLG Karlsruhe GRUR 1994, 726 (729), das sich zur Begründung darauf beruft, § 69a beziehe sich auf Computerprogramme in jeder Gestalt und jeder Ausdrucksform, dabei aber verkennt, dass es bereits an einem Computerprogramm fehlt; KG CR 2010, 424 (425); aA auch Möhring/Nicolini/*Hoeren* (2. Aufl.) § 69a Rn. 6; *Nebel/Stiemerling* CR 2016, 61 (64); *Koch* GRUR 1997, 417 (719).

[57] *Nguyen* in Taeger, IT und Internet – mit Recht gestalten, S. 193, 207.

[58] *Marly* Rn. 91; ähnlich EuGH GRUR 2011, 220 Rn. 40 ff. – BSA/Kulturministerium.

zeigen sich auch darin, dass die gleiche Benutzeroberfläche durch unterschiedliche Computerprogramme erzeugt werden kann.[59] Schließlich würde durch einen gesonderten Schutz der Benutzeroberfläche eine erhebliche Marktzutrittsschranke geschaffen, was die sorgsame Balance der Computerprogramm-RL außer Kraft setzen würde.[60] Benutzeroberflächen können aber ihrerseits nach § 2 Abs. 1 Nr. 1 als Sprachwerk,[61] nach § 2 Abs. 1 Nr. 7 als wissenschaftlich-technische Darstellung,[62] uU auch nach § 2 Abs. 1 Nr. 4 geschützt sein, sofern es sich bei ihnen um ein die notwendige Schöpfungshöhe erreichendes Werk handelt[63] (näher dazu → Rn. 29). Auch kann Wettbewerbsschutz nach § 4 Nr. 3 UWG (§§ 3 Abs. 1, 4 Nr. 9 UWG aF)[64] bestehen.[65] Ebenso wenig genießt etwa die spezifische Belegung der Tastatur oder anderer Befehle einen eigenen Schutz, sog. **„Look and Feel".**[66]

Multimediaanwendungen oder **Computerspiele**[67] **als Ganzes** können unter den Schutz nach § 69a unterfallen (näher → § 69a Rn. 27 ff.):[68] Zwar enthalten Multimediaanwendungen und Computerspiele komplexe Steuerbefehle, ferner Grafiken, Texte und Daten. Diese sind nicht nach §§ 69a ff. geschützt, sondern nur die entsprechenden Codes, die die Datenverarbeitung und Erzeugung von Grafiken, Videos oder Spielstände[69] generieren,[70] dh für das zugrunde liegende Steuerungsprogramm, kommt ein Schutz gem. §§ 69a ff. in Frage.[71] Wie zuvor für Benutzeroberflächen gilt auch hier, dass Grafiken etc keine Ausdrucksformen des Programms iSd § 69a Abs. 2 S. 1 (zum Schutz der Ausdrucksform → Rn. 8 ff.) sind, denn die Multimediaanwendungen werden durch *ein* Computerprogramm geschaffen, stellen jedoch selbst kein solches dar.[72] Dasselbe gilt auch für **Spielsysteme** von Computerspielen, die ebenso wenig von § 69a geschützt sind, da sie nicht mit dem Code verknüpft sind und ihre Durchführung mittels verschiedener Codes erfolgen kann[73] (näher zum Schutz hybrider Werke → Rn. 28). Etwas anderes kann nur dann gelten, wenn die Multimediadaten unmittelbar in den Code integriert sind, wie bei EXE-Files.[74] Zum Schutz von Computerspielen auch → Rn. 27.

Zum Schutz des **HTML-Codes** und verwandter Codes für Benutzeroberflächen → Rn. 21.

III. Schutz aller Ausdrucksformen (Abs. 2)

1. Idee und Ausdruck

Abs. 2 ist Ausprägung des allgemeinen urheberrechtlichen Grundsatzes, dass **nur Form und Ausdruck eines Werkes geschützt** sind, aber **nicht die Idee.**[75] Der Gesetzgeber hat sich ebenso wenig wie die Richtlinie dazu geäußert, wie Idee und Ausdruck voneinander abzugrenzen sind;[76] die Lösung dieses Problems hat er vielmehr der Rechtsprechung überlassen. Der Programmcode ist jedenfalls gegen eine vollständige Übernahme geschützt.[77] In ihrer Formulierung knüpft die Richtlinie[78] an die Unterscheidung von **idea** und **expression** des anglo-amerikanischen Rechts an; nach diesem dort fest verankerten Prinzip ist nur der Ausdruck (expression) und nicht die Idee (idea) schutzfähig.[79] Das bedeutet aber nicht, dass bei Anwendung der Idee-Ausdruck-Dichotomie an anglo-amerikanische Rechtsgrundsätze anzuknüpfen wäre; im 15. Erwgr. heißt es vielmehr, dass der Schutz nach dem

---

[59] Sa OLG Karlsruhe CR 2010, 427 (428); OLG Hamburg CR 2001, 434 (435 f.); OLG Düsseldorf CR 2000, 184 – Framing; *Schlatter* in Lehmann, Rechtsschutz, Kap. III Rn. 4; *Wiebe/Funkat* MMR 1998, 69 (71).

[60] Ähnlich *Günther* CR 1994, 611 (614 f.); *Wiebe* GRUR-Int 1990, 21 (31); Wandtke/Bullinger/*Grützmacher* UrhG § 69a Rn. 14; zur Zielrichtung vgl. auch Begründung der Bundesregierung, BT-Drs. 12/4022, 7 f.

[61] Dazu → § 2 Rn. 98 ff., 138; ferner *Marly* GRUR 2011, 204 (206).

[62] Dazu → § 2 Rn. 225 ff., 246.

[63] EuGH GRUR 2011, 220 Rn. 43 ff. – BSA/Kulturministerium; OLG Celle MMR 2013, 123; Fromm/Nordemann/*Czychowski* UrhG § 69a Rn. 29; Spindler/Schuster/*Wiebe* UrhG § 69a Rn. 11; *Hilly/Köhler* FS Bornkamm, 2014, 797 (806 f.).

[64] Dazu LG Hamburg NJW 1990, 1610.

[65] Näher *Koch* GRUR 1991, 180 (182 ff.).

[66] LG Köln ZUM 2005, 910 (913); MMR 2008, 64 (65); Wandtke/Bullinger/*Grützmacher* UrhG § 69a Rn. 15; Fromm/Nordemann/*Czychowski* UrhG § 69a Rn. 29; aA *Härting/Kuon* CR 2004, 527; für Computerspiele *Wieduwilt* MMR 2008, 715; *Karl*, Der urheberrechtliche Schutz von Computerprogrammen, 204 ff.

[67] Ausf. zum urheberrechtlichen Schutz *Rauda* Rn. 33 ff.

[68] *Heinemeyer/Nordmeyer* CR 2013, 586 (589 f.).

[69] Spielstände selbst sind nicht nach den §§ 69a ff. geschützt: *Rauda* Rn. 76.

[70] Wandtke/Bullinger/*Grützmacher* UrhG § 69a Rn. 22.

[71] *Rauda* Rn. 72.

[72] LG Köln ZUM 2005, 910 (914 aE, f.); *Loewenheim* FS Piper, 1996, 709 (714 f.); Wandtke/Bullinger/*Grützmacher* UrhG § 69a Rn. 22; *Wiebe/Funkat* MMR 1998, 69 (71); anders noch *Koch* GRUR 1995, 459 (465 f.).

[73] *Hofmann* CR 2012, 281 (282 f.); Wandtke/Bullinger/*Grützmacher* UrhG § 69a Rn. 21.

[74] Zutr. LG Köln ZUM 2005, 910 (915); Wandtke/Bullinger/*Grützmacher* UrhG § 69a Rn. 22; *Wiebe/Funkat* MMR 1998, 69 (71).

[75] Begr. RegE BT-Drs. 12/40224, 9; vgl. auch den 13.–15. Erwgr. der Richtlinie; OLG Köln CR 2013, 493 (494).

[76] Krit. dazu *Marly* Rn. 85.

[77] BGH GRUR 2013, 509 Rn. 30 – UniBasic-IDOS; *Marly* Rn. 89.

[78] Und ihr folgend § 69a Abs. 2.

[79] S. dazu auch den Überblick bei *Haberstumpf* in Lehmann, Rechtsschutz, Kap. II Rn. 54 f.; EuGH GRUR 2012, 814 Rn. 40 – SAS Institute.

Marginal numbers: 7a, 8

Recht und der Rechtsprechung der Mitgliedstaaten zu erfolgen habe.[80] Vielmehr ist diese Unterscheidung als ein Stück **eigenständigen europäischen Urheberrechts** zu verstehen, das seiner eigenen Auslegung bedarf.[81]

9   Hinter der Abgrenzung von Form und Ausdruck eines Werkes gegenüber der bloßen Idee stehen zwei Grundsätze. Zum einen geht es darum, dass das **Vorgegebene,** das, was Allgemeingut ist, urheberrechtlich nicht schutzfähig ist, weil es nicht auf der schöpferischen Leistung des Urhebers beruht. Nur die Konkretisierung des Vorgegebenen in einem Werk, die Form und der Ausdruck, den der Urheber der Idee gibt, kann Gegenstand des Urheberschutzes sein.[82] Zum anderen müssen **abstrakte Gedanken und Ideen** im Interesse der Allgemeinheit prinzipiell frei bleiben und dürfen nicht durch das Urheberrecht monopolisiert werden.[83] Die Rücksicht auf die Freiheit des geistigen Lebens fordert es, dass solche Gedanken und Ideen jedenfalls in ihrem Kern, in ihrem gedanklichen Inhalt, in ihrer politischen, wirtschaftlichen oder gesellschaftlichen Aussage benutzbar und Gegenstand der freien geistigen Auseinandersetzung bleiben, dass ihre Anwendung, Diskussion und Kritik nicht urheberrechtlich untersagt werden kann. Das gilt selbst in Fällen, in denen sie vom Urheber ersonnen worden sind.[84] Diese Grundsätze gelten auch im Rahmen der Computerprogramm-RL, in dem ein freier Wettbewerb von Ideen möglich bleiben muss.[85] Besonders bei wissenschaftlichen Werken, zu denen auch Computerprogramme zählen,[86] trifft dies zu,[87] weil bei ihnen die zur Verfügung stehenden Ausdrucksmöglichkeiten wesentlich begrenzter sind als beispielsweise bei literarischen Werken. Von diesen Grundsätzen hat sich die Anwendung des § 69a Abs. 2 leiten zu lassen. Dabei ist allerdings zu berücksichtigen, dass die Unterscheidung von Idee und Ausdruck ein urheberrechtliches Leitprinzip ist, das die maßgeblichen Abgrenzungskriterien beschreibt, aber nicht die schematische Lösung urheberrechtlicher Fälle erlaubt. Das ist auch bei der idea-expression-dichotomy im anglo-amerikanischen Recht nicht anders. Entscheidend bleibt die Analyse des Einzelfalls, bei der alle Umstände zu berücksichtigen und gegeneinander abzuwägen sind. Insofern wird es im Sinne der AmtlBegr. (vgl. → Rn. 8) in der Tat Aufgabe der Rechtsprechung sein, die Grenzen von Ausdruck und Idee im Einzelfall abzustecken.

2. Schutzfähige Elemente

10   Schutzfähig sind **alle Ausdrucksformen** des Computerprogramms. Was unter dem unbestimmten Terminus „alle Ausdrucksformen von Computerprogrammen" fällt, definiert die 91/250/EWG nicht.[88] Zur Bestimmung des Inhalts des Begriffs stellte der EuGH auf Wortlaut und Systematik des Art. 1 Abs. 2 der Computerprogramm-RL ab, daneben sei eine teleologische Auslegung im Lichte des Telos der Richtlinie sowie des Völkerrechts vorzunehmen.[89] Aus Art. 1 Abs. 1 und Abs. 2 sowie Erwgr. 7 S. 2 der Computerprogramm-RL, ferner aus Art. 10 Abs. 1 TRIPS-Übereinkommen leitet der EuGH her, dass „Ausdrucksformen" des Computerprogramms Quell- und Objektcode seien.[90] Der EuGH kommt zu dem Schluss, dass „Schutzgegenstand der Richtlinie 91/250 die Ausdrucksformen eines Computerprogramms und das Entwurfsmaterial, das zur Vervielfältigung oder späteren Entstehung eines Computerprogramms führen kann",[91] seien.[92] Demgemäß sind Quell- und Objektcode nur Beispiele, da auch andere Formen der Programmbeschreibung in Betracht kommen können.[93] Die Schutzfähigkeit aller Ausdrucksformen bedeutet einen umfassenden Schutz, dessen Grenzen durch die in Abs. 2 S. 2 genannten Grundsätze und Ideen bestimmt werden. Der Schutz umfasst die Programmdaten sowie die innere Struktur und Organisation des Codes.[94] Dem Schutz unterliegen sowohl der (maschinenlesbare) **Objektcode** als auch der **Quellcode,**[95] der das für den Fachmann lesbare Computerprogramm in einer Programmiersprache darstellt, ebenso die **Vorstufen** und das **Entwurfsmaterial,** die nach Abs. 1 gleichfalls zum Computerprogramm zählen (dazu → Rn. 5). Wie Abs. 2 S. 2 zeigt, wird auch den **Schnittstellen** (dazu → Rn. 13) Schutz gewährt, soweit es nicht um die ihnen zugrundeliegenden Ideen und Grundsätze geht. Das Gleiche gilt für **Logik, Al-**

---

[80] Ebenso *Schulte* CR 1992, 588 (649); *Wiebe* BB 1993, 1094 (1096).

[81] Dreier/Schulze/*Dreier* UrhG § 69a Rn. 20; Wandtke/Bullinger/*Grützmacher* UrhG § 69a Rn. 23; *Schulte* CR 1992, 648 (649); *Wiebe* BB 1993, 1094 (1096).

[82] Dazu auch → § 2 Rn. 71.

[83] Vgl. zur Rspr. in → § 2 Rn. 73 ff.

[84] Vgl. auch → § 2 Rn. 73 ff., 80.

[85] Deutlich EuGH GRUR 2012, 814 Rn. 32 ff., 40 – SAS Institute; *Spindler* CR 2012, 417; *Marly* GRUR 2012, 773 (777).

[86] → Vor §§ 69a ff. Rn. 7.

[87] Vgl. → § 2 Rn. 96.

[88] EuGH GRUR 2011, 220 Rn. 29 – BSA/Kulturministerium.

[89] EuGH GRUR 2011, 220 Rn. 30 – BSA/Kulturministerium.

[90] EuGH GRUR 2011, 220 Rn. 31 ff. – BSA/Kulturministerium.

[91] EuGH GRUR 2011, 220 Rn. 37 – BSA/Kulturministerium.

[92] Dazu auch *Marly* Rn. 91 f.; *Marly* GRUR 2011, 204; krit. zum EuGH *Hilly/Köhler* FS Bornkamm, 2014, 797 (802 ff.).

[93] *Marly* Rn. 93 unter Verweis auf EuGH GRUR 2011, 220 Rn. 35 – BSA/Kulturministerium.

[94] KG CR 2010, 424 (425) mAnm *Redeker;* OLG Düsseldorf CR 2000, 184 – Framing; Wandtke/Bullinger/ *Grützmacher* UrhG § 69a Rn. 24.

[95] Vgl. die Nachweise in § 69a Rn. 5 Fn. 37.

gorithmen und **Programmsprachen;**[96] generell vom Schutz ausgenommen sind nur die ihnen zugrundeliegenden Ideen und Grundsätze.[97] Das ist unter Berücksichtigung der Unterscheidung von Ausdruck und Idee (vgl. → Rn. 8 f.) so zu verstehen, dass Logik und Algorithmen als allgemeine Grundsätze und mathematische Regeln sowie Programmsprachen als allgemeines Kommunikationsmittel dem Schutz nicht zugänglich sind, wohl aber ihre konkrete Anwendung und Verknüpfung im Programm; in der Art und Weise der Implementierung und Zuordnung zueinander können sie urheberrechtsschutzfähig sein.[98] Häufig wird in diesem Zusammenhang auch vom „Gewebe des Computerprogramms" gesprochen.[99] Für die Schutzfähigkeit bei der Verwendung von Logik, Algorithmen und Programmsprachen ist damit vor allem auf die individuelle Programmstruktur abzustellen, auf die Art, wie durch sie zB Unterprogramme, Arbeitsroutinen und Verzweigungsanweisungen miteinander verknüpft werden.[100] Insbesondere die Anordnung von Modulen, von Befehlsgruppen sowie Unterprogrammen wird geschützt.[101]

Der Schutz aller Ausdrucksformen bedeutet auch, dass es nicht darauf ankommt, in welcher **Form** 11 das Computerprogramm festgelegt ist, ob es auf CD-ROM, DVD, einer Festplatte oder einem anderen Datenträger gespeichert oder in die Hardware integriert ist.[102] Schutzfähig sind auch **Teile** von Computerprogrammen, soweit sie ihrerseits die Schutzvoraussetzungen nach Abs. 3 erfüllen.[103] Auch Be-, Um- und Einarbeitung vorbekannter Elemente und Formen können gem. § 69a Abs. 2 geschützt sein.[104] Es ist nicht erforderlich, dass diese Teile für sich genommen ablauffähig sind; es genügen auch Programmbibliotheken oder Module (DLLs), die mit anderen Programmen verknüpft werden.[105] Auch Makros oder Skripte sind schutzfähig.[106] In der Praxis dürfte dies jedoch eine geringere Rolle spielen, da zumeist ganze Computerprogramme kopiert oder in sonstiger Weise unzulässig benutzt werden. Zu den Ausdrucksformen zählt aber **nicht** die **Web-Seite** oder **Benutzeroberfläche** (vgl. → Rn. 7).

3. Nicht schutzfähige Elemente

Nicht schutzfähig sind **Ideen und Grundsätze,** die irgendeinem Element des Programms einschließlich seiner Schnittstellen zugrunde liegen.[107] Das gilt zunächst für die **Idee, für eine bestimmte Anwendung ein Computerprogramm zu erstellen.**[108] Es gilt vor allem auch für die **der Logik, den Algorithmen und den Programmsprachen zugrundeliegenden Ideen und Grundsätze.**[109] Spielideen von Computerspielen etwa sind nicht als solche schutzfähig (auch → Rn. 8 f.).[110] Auch die abstrakte Problemstellung für ein Programm ist nicht geschützt (zu Pflichtenheften → Rn. 5), ebenso wenig die Leitgedanken für die zu lösenden Probleme.[111] Auch die **Funktionalität** eines Programms ist nicht geschützt, so dass ein Nachbau aufgrund der Beobachtung des Programms (§ 69d) möglich ist.[112]

Allgemeine Prinzipien mathematischer **Logik,** also Grundsätze, die die Behandlung grundlegender mathematischer Fragestellungen oder mathematischer Begriffe betreffen, sind als solche **nicht schutzfähig;**[113] geschützt sein kann lediglich ihre konkrete Implementierung und Verwendung in einem Programm (→ Rn. 10). Dies schließt einen Schutz nach der Geschäftsgeheimnis-RL nicht

12

12a

---

[96] Zu diesen Begriffen vgl. → Rn. 12.

[97] 14. Erwgr. der Richtlinie.

[98] BGH GRUR 1991, 449 (453) – Betriebssystem; OLG Celle CR 1994, 748 (749 f.); Dreier/Schulze/*Dreier* UrhG § 69a Rn. 22; *Dreier* GRUR 1993, 781 (786); Fromm/Nordemann/*Czychowski* UrhG § 69a Rn. 30; Wandtke/Bullinger/*Grützmacher* UrhG § 69a Rn. 25; Möhring/Nicolini/*Kaboth/Spies* UrhG § 69a Rn. 12; *Haberstumpf* in Lehmann, Rechtsschutz, Kap. II Rn. 23 ff.; *Haberstumpf* NJW 1991, 2105 (2107 f.); *Wiebe* BB 1993, 1094 (1096).

[99] BGHZ 112, 264 = GRUR 1991, 449 (453) – Betriebssystem; BGH GRUR 1994, 39 (40 f.) – Buchhaltungsprogramm.

[100] BGHZ 112, 264 = GRUR 1991, 449 (453) – Betriebssystem.

[101] Wandtke/Bullinger/*Grützmacher* UrhG § 69a Rn. 26; *Wiebe* BB 1993, 1094 (1096).

[102] *Ullmann* CR 1992, 641 (642).

[103] BGH GRUR 2013, 509 Rn. 29 – UniBasic-IDOS; OLG Hamburg CR 2001, 434 (435); OLG Frankfurt a. M. MMR 2014, 661 (662); OLG Frankfurt a. M. GRUR 2015, 784 Rn. 37; Dreier/Schulze/*Dreier* UrhG § 69a Rn. 23; Wandtke/Bullinger/*Grützmacher* UrhG § 69a Rn. 12; allgemein zum Schutz von Werkteilen vgl. → § 2 Rn. 87; einschränkend, aber insoweit unzutreffend *Paschke/Kerfack* ZUM 1996, 498 (501).

[104] BGH GRUR 2013, 511 Rn. 28 – UniBasic-IDOS.

[105] OLG Hamburg ZUM 2001, 519 (521) – Faxkarte; Wandtke/Bullinger/*Grützmacher* UrhG § 69a Rn. 12.

[106] Dreier/Schulze/*Dreier* UrhG § 69a Rn. 12; Wandtke/Bullinger/*Grützmacher* UrhG § 69a Rn. 12; *Ohst* S. 42; Fromm/Nordemann/*Czychowski* UrhG § 69a Rn. 6.

[107] Auch → Rn. 8 f.

[108] OLG Köln GRUR-RR 2005, 303 (304) – Entwurfsmaterial; OLG Karlsruhe GRUR 1994, 726 (729); unzutreffend *Paschke/Kerfack* ZUM 1996, 498 (501).

[109] 14. Erwgr. der Richtlinie.

[110] LG Düsseldorf ZUM 2007, 559 (562), wesentlich weitergehender *Conraths* CR 2016, 705 (706 f.).

[111] KG CR 2010, 424 (425); OLG Köln CR 2005, 624 (625 f.); OLG Karlsruhe GRUR 1994, 726 (729) – Bildschirmmasken; Wandtke/Bullinger/*Grützmacher* UrhG § 69a Rn. 28; *Marly* Urheberrechtsschutz S. 129.

[112] EuGH GRUR 2012, 814 Rn. 39, 40, 46 – SAS Institute; EuGH GRUR 2011, 220 Rn. 42 – BSA/Kulturministerium; *Spindler* CR 2012, 417 (418); *Marly* Rn. 95 f.; *Marly* GRUR 2012, 773 (778); *Stögmüller* K&R 2012, 415.

[113] OLG Köln CR 2005, 624 (625 f.); OLG Celle CR 1994, 748; LG Hamburg ZUM-RD 2008, 563 (566).

aus.[114] Unter einem **Algorithmus** versteht man in der Informatik eine Verarbeitungsvorschrift, die so präzise gefasst ist, dass sie von einem mechanisch oder elektronisch arbeitenden Gerät durchgeführt werden kann. Der Algorithmus stellt daher eine schrittweise Lösung einer vorgegebenen Aufgabe dar, vergleichbar Spielregeln.[115] Einen Algorithmus in diesem Sinne stellt praktisch jedes Computerprogramm dar. Was schutzunfähig ist, sind Algorithmen höherer Allgemeinheitsstufe, die sich bei der Lösung bestimmter Arten von Aufgaben bewährt haben und dort üblich sind; sie gehören oft zum Standardrepertoire der Programmiertechnik.[116] Auch wenn Erwgr. 15 Computerprogramm-RL nur Ideen und Grundsätze ausnimmt, gehören diese Algorithmen höheren Abstraktionsgrads dazu, da sonst jegliche logische Abfolge und Methode geschützt wäre und die Entwicklung neuer Ideen erheblich erschwert wäre.[117] Die generelle Schutzfähigkeit von Algorithmen kann mittelbar auch Erwgr. 11 S. 2 Computerprogramm-RL entnommen werden, wobei diese Vorschrift keine Voraussetzungen dafür nennt, ab wann dem Algorithmus Schutzfähigkeit zukommt.

12b   Schutzfähig kann dagegen wieder ihre konkrete Anwendung in einem Programm, die Art ihrer Implementierung und Verknüpfung sein (→ Rn. 10). Dementsprechend ist die eigentliche **Programmlogik** geschützt, was sich im Umkehrschluss aus Erwgr. 11 S. 2 Computerprogramm-RL ergibt.[118] Dies setzt jedoch voraus, dass die Programmlogik von den Grundsätzen und Ideen, welche Erwgr. 11 S. 1, 2 Computerprogramm-RL vom Schutz ausnimmt, abgrenzbar ist.[119]

12c   Keinen Schutz genießen ferner Programmiermethoden, da sie nur allgemeine Lehren zur Entwicklung von Programmen darstellen. Insbesondere gilt dies auch für die sog. **objektorientierte Programmierung,** die bestimmte vorhandene Module oder Programmbibliotheken zu neuen Programmen zusammenfügt.[120]

12d   Das Gleiche gilt für **Programmsprachen,** dh Sprachen zur Formulierung von Rechenvorschriften, von Datenstrukturen und Algorithmen. Sie werden als allgemeines Ausdrucks- und Kommunikationsmittel in der Regel nicht schutzfähig sein,[121] die Möglichkeit des Schutzes ist aber nicht absolut zu verneinen.[122] Nur das konkrete Konzept oder Schema, das durch sie zum Ausdruck kommt, kann in engen Grenzen Schutz genießen.[123] Wiederum darf nicht verkannt werden, dass ein weitgreifender Schutz von Programmsprachen zu einer Einschränkung des Wettbewerbs von Ideen und Problemlösungen führen kann.[124]

12e   Auch die **Kompilierung** selbst als Übersetzung des Quellcodes in den Objektcode ist für sich genommen nicht schutzfähig, sondern nur die jeweiligen Codes.[125] Ferner genießen **Computer-Schriften** und Schriftarten keinen eigenständigen Schutz nach § 69a, sondern nur nach den allgemeinen urheberrechtlichen Werkkategorien oder nach Designschutz; denn die Schriften sind nur das Ergebnis der jeweiligen Befehle.[126]

12f   Ferner zählen die **Daten** und auch **Datenbankstrukturen** nicht zu den von §§ 69a ff. geschützten Computerprogrammen,[127] da sie zum einen nur Ergebnisse der gesteuerten Computerabläufe sind (Daten), zum anderen im Falle von Datenbankstrukturen nur das logische Gerüst stellen, ohne selbst Steuerungsbefehle zu enthalten, was die Abgrenzung zu §§ 4, 87a nahe legt. Auch wenn im Prinzip jedes Computerprogramm als Datenbank begriffen werden könnte, stellt aufgrund der Steuerungen das Programm doch einen eigenständigen Teil dar.[128] Ebenso wenig wird die Datenbank als Ergebnis eines Auswertungsprozesses durch das Computerprogramm geschützt – wie auch sonstige Ergebnisse.[129] Demgegenüber genießt das Steuerungsprogramm für die Datenbank ebenso wie ein Daten-

---

[114] S. auch *Scheja* CR 2018, 485 (487 ff.).

[115] Wandtke/Bullinger/*Grützmacher* UrhG § 69a Rn. 30.

[116] Dreier/Schulze/*Dreier* UrhG § 69a Rn. 22; *Koch,* Handbuch Software- und Datenbankrecht, S. 591 f.; *Haberstumpf* in Lehmann, Rechtsschutz, Kap. II Rn. 23 ff.; OLG Celle CR 1994, 748 (749 f.); BPatG CR 1997, 616; *Weber-Steinhaus* S. 16 ff.; *Ensthaler/Möllenkamp* GRUR 1994, 151 (152 ff.).

[117] So aber in der Tat *Haberstumpf* in Lehmann, Rechtsschutz Kap. II Rn. 39, 67 ff., 77 f.; Mestmäcker/Schulze/*Haberstumpf* § 69a Rn. 15 ff.; dem folgend Fromm/Nordemann/*Czychowski* UrhG § 69a Rn. 30; ohne genauere Bestimmung, wann ein Algorithmus Schutzfähigkeit genießt und nur mit der vagen Feststellung, dass Algorithmen schutzfähig sein können KG CR 2010, 424 (425).

[118] Wandtke/Bullinger/*Grützmacher* UrhG § 69a Rn. 28; *Dreier* GRUR 1993, 781 (786); *Dreier* CR 1991, 577 (578).

[119] Wandtke/Bullinger/*Grützmacher* UrhG § 69a Rn. 27.

[120] *Koch* GRUR 2000, 191 (198 f.).

[121] EuGH GRUR 2012, 814 Rn. 39 ff., insbes. 46 – SAS Institute; zust. *Spindler* CR 2012, 417 (418); Fromm/Nordemann/*Czychowski* UrhG § 69a Rn. 31; Wandtke/Bullinger/*Grützmacher* UrhG § 69a Rn. 19; Spindler/Schuster/*Wiebe* UrhG § 69a Rn. 15; *Marly* GRUR 2012, 773 (778 f.).

[122] Die Schutzfähigkeit offen lassend EuGH GRUR 2012, 814 Rn. 45 – SAS Institute.

[123] Wesentlich weiter Dreier/Schulze/*Dreier* UrhG § 69a Rn. 24; *Dreier* CR 1991, 577 (578); *Dreier* GRUR 1993, 781 (786); ähnlich Wandtke/Bullinger/*Grützmacher* UrhG § 69a Rn. 31.

[124] EuGH GRUR 2012, 814 Rn. 39 f. – SAS Institute; *Spindler* CR 2012, 417 (418).

[125] Wandtke/Bullinger/*Grützmacher* UrhG § 69a Rn. 11, 34.

[126] *Jaeger/Koglin* CR 2002, 169 (172 f.); Wandtke/Bullinger/*Grützmacher* UrhG § 69a Rn. 16; *Ohst,* Computerprogramm und Datenbank, S. 43 ff.; aA LG Köln CR 2000, 431 (432).

[127] BAG NZA 2011, 1029 (1031); Dreier/Schulze/*Dreier* UrhG § 69a Rn. 12; Fromm/Nordemann/*Czychowski* UrhG § 69a Rn. 12, 47; *Marly* Rn. 102.

[128] Ähnlich Wandtke/Bullinger/*Grützmacher* UrhG § 69a Rn. 17.

[129] Anders offenbar *Koch* GRUR 1997, 417 (419).

bankmanagementprogramm den Schutz der §§ 69a ff.[130] Nur dann, wenn die Datenstruktur notwendiger Bestandteil des Programms ist, mit anderen Worten dass Programm ohne die konkrete Datenstruktur nicht lauffähig wäre, können die Datenstrukturen Bestandteil des Programms und von §§ 69a ff. geschützt sein.[131] Dementsprechend sind auch sog. **Expertensysteme** in einen Teil, der die Daten bzw. Wissenselemente und deren logische Struktur enthält, und in einen Teil, der die eigentliche Steuerung enthält, zu unterteilen; nur dieser kann als Programm nach § 69a qualifiziert werden, während die Wissenselemente und ihre Anordnung zum Datenbankschutz (§ 87a) gehören.[132] Daten sind Informationen, die ein Programm verarbeitet und als Ergebnisse generiert, sie enthalten keine Steuerungsbefehle (DIN 44300 Teil 2 Nr. 2.1.13).[133] Dies gilt auch für sog. **INI-Files**, die das Starten eines Programms ermöglichen, die aber selbst keine Steuerungsbefehle enthalten.[134]

Als **Schnittstellen** (interfaces) bezeichnet man die Informationen und mathematischen Größen, die erforderlich sind, um verschiedene Systeme miteinander kompatibel zu machen. Schnittstellen sind beispielsweise die Übergänge zwischen Tastatur oder Maus und Computer; hier müssen die mathematischen Größen und Informationen so aufeinander abgestimmt sein, dass die Verbindung fehlerfrei zustande kommt. Bei den Schnittstellen von Software **(API = application programming interface)**[135] geht es um die Teile eines Programms, die eine Verbindung und Interaktion verschiedener Programme untereinander oder mit der Hardware ermöglichen sollen.[136] Die Kenntnis der Schnittstellen ist erforderlich, wenn ein Softwarehersteller sein Produkt mit einem anderen Produkt kompatibel machen will; etwa wenn der Hersteller eines Anwendungsprogramms sein Programm so ausgestalten will, dass es unter bestimmten Betriebssystemen läuft.[137] Auch bei Schnittstellen gibt es Grundsätze und Lösungen, die sich bei bestimmten Aufgaben bewährt haben und dort üblich sind; sie sind zu den nicht schutzfähigen Ideen und Grundsätzen zu zählen. Nicht geschützt sind daher die Regeln und Methoden der Interoperabilität bzw. die Schnittstellenspezifikationen,[138] die die ursprüngliche Schnittstelle aufgestellt hat.[139] Schutzfähig ist dagegen die konkrete Implementierung und Anwendung dieser Ideen und Grundsätze in einem Programm.[140] Je mehr eine Schnittstelle vereinheitlicht und standardisiert ist, desto größer wird bei ihr der Anteil an schutzunfähigen Ideen und Grundsätzen sein;[141] die fortschreitende Normierung und Standardisierung von Schnittstellen dürfte dazu führen, dass der Schutz von Schnittstellen eher die Ausnahme bildet.[142] Auch ist bei einer Übernahme von Code einer Schnittstelle genau zu prüfen, ob es sich nicht nur um eine Geringfügigkeit handelt.[143] Zu berücksichtigen ist stets das auch in § 69e bzw. der Computerprogramm-RL zum Ausdruck kommende Bestreben nach Interoperabilität und Offenhaltung der Märkte.[144]

IV. Schutzvoraussetzungen (Abs. 3)

1. Übersicht

Computerprogramme werden nur geschützt, wenn sie **individuelle Werke** darstellen und das Ergebnis einer **eigenen geistigen Schöpfung** sind. Darin liegt keine prinzipielle Abweichung vom Schutzerfordernis der persönlichen geistigen Schöpfung iSv § 2 Abs. 2,[145] wobei § 2 Abs. 2 als lex

[130] Wandtke/Bullinger/*Grützmacher* UrhG § 69a Rn. 17; Fromm/Nordemann/*Czychowski* UrhG § 69a Rn. 47; *Wiebe/Funkat* MMR 1998, 69 (74 f.).
[131] Weiter wohl dagegen *Neben/Stiemerling* CR 2016, 61 (64 f.).
[132] Wie hier LG Oldenburg CR 1996, 217 (218 f.) – Expertensystem; Dreier/Schulze/*Dreier* UrhG § 69a Rn. 12; Wandtke/Bullinger/*Grützmacher* UrhG § 69a Rn. 21; *Koch/Schnupp* CR 1989, 975 (977 f.); *Ohst,* Computerprogramm und Datenbank, S. 199; für vollständigen Schutz über § 69a, dagegen aA Mestmäcker/Schulze/Haberstumpf UrhG § 69a Rn. 11.
[133] OLG Rostock CR 2007, 737 f.; OLG Hamburg CR 1998, 332 (333) – Computerspielergänzung; Wandtke/Bullinger/*Grützmacher* UrhG § 69a Rn. 17.
[134] OLG Düsseldorf MMR 1999, 602 – Siedler III; OLG Hamburg ZUM 2001, 519 (521 f.) – Faxkarte; Dreier/Schulze/*Dreier* UrhG § 69a Rn. 16.
[135] *Marly* Rn. 100.
[136] Sa Begr. RegE BT-Drs. 12/4022, 9; 11. Erwgr. der Richtlinie.
[137] Problem der Interoperabilität, dazu → § 69e Rn. 7; zu Schnittstellen → § 69e Rn. 8; *Lehmann* CR 1989, 1057 (1058); *Vinje* GRUR-Int 1992, 250 (258 ff.).
[138] *Vinje* GRUR-Int 1992, 250 (259); Wandtke/Bullinger/*Grützmacher* UrhG § 69a Rn. 32.
[139] *Vinje* GRUR-Int 1992, 250 (259).
[140] Dreier/Schulze/*Dreier* § 69a Rn. 23; Fromm/Nordemann/*Czychowski* UrhG § 69a Rn. 32; Wandtke/Bullinger/*Grützmacher* UrhG § 69a Rn. 32; *Marly* Rn. 101.
[141] *Marly* Rn. 101.
[142] *Lehmann,* Rechtsschutz, Kap. I A Rn. 7.
[143] *Marly* GRUR 2012, 773 (779); *Vinje* GRUR-Int 1992, 250 (259 f.); *Dreier* CR 1991, 577 (583).
[144] EuGH GRUR 2012, 814 – SAS-Institute; *Spindler* CR 2012, 417.
[145] Ebenso OLG Düsseldorf CR 1997, 337; Fromm/Nordemann/*Czychowski* UrhG § 69a Rn. 16; Dreier/Schulze/*Dreier* UrhG § 69a Rn. 26; Mestmäcker/Schulze/*Haberstumpf* UrhG § 69a Rn. 22; Kilian/Heussen/*Czychowski/Siesmayer* CHB 1. Abschnitt Teil 2, 20.4, Rn. 21; Erdmann/Bornkamm GRUR 1991, 877; aA Wandtke/Bullinger/*Grützmacher* UrhG § 69a Rn. 35; *Marly,* Urheberrechtsschutz, S. 128 ff., 135 ff.; *Marly* Rn. 106; *Rauda* Rn. 78; *Hofmann* ZUM 2013, 279 (284 aE, f.); OLG Hamburg MMR 2019, 452 (456), welches eine Abweichung von den traditionellen Anforderungen an die Schöpfungsnähe aus § 69a Abs. 3 S. 2 entnimmt.

generalis gesperrt ist.[146] Die unterschiedliche Formulierung erklärt sich daraus, dass der Gesetzgeber bewusst den Wortlaut der Richtlinie weitgehend wörtlich in die §§ 69a ff. übernommen hat, auch soweit dies nicht dem Sprachgebrauch des UrhG entspricht.[147] **Schutzvoraussetzungen** sind also auch für Computerprogramme **persönliche Schöpfung, geistiger Gehalt, Formgestaltung** und **Individualität.**[148] Bei der Individualität ist zu berücksichtigen, dass auch die kleine Münze geschützt wird;[149] die in der früheren Rechtsprechung des BGH verlangte Gestaltungshöhe (→ Vor §§ 69a ff. Rn. 3) kann nicht mehr aufrechterhalten werden.[150] Diese Schutzvoraussetzungen sind jeweils festzustellen und gegebenenfalls zu beweisen;[151] es besteht **keine gesetzliche Vermutung** der urheberrechtlichen Schutzfähigkeit von Computerprogrammen.[152] Zum Bestehen einer tatsächlichen „Vermutung" vgl. → Rn. 22. Nach den Schutzvoraussetzungen des Abs. 3 sind auch Computerprogramme zu beurteilen, die vor dem 24.6.1993 geschaffen worden sind (§ 137d Abs. 1).

2. Menschliche Schöpfung, geistiger Gehalt und Formgestaltung

15   Auch bei Computerprogrammen muss es sich um eine **persönliche Schöpfung** handeln, das Computerprogramm muss auf der **menschlich-gestalterischen Tätigkeit** des Urhebers beruhen.[153] Bei Computerprogrammen, die lediglich durch Software-Generatorprogramme erstellt werden, ist dies nicht der Fall.[154] Anders ist es jedoch bei nur **computerunterstützter Programmerstellung** (→ § 2 Rn. 40). Programme werden heute weitgehend im Verfahren des **computer-aided software-engineering (CASE)** erstellt. Dabei bedient sich der Programmierer bestimmter Computerprogramme als Hilfsmittel zur Programmierstellung; ebenso kann er andere Computerprogramme als Bausteine für die Erstellung eines Programms verwenden.[155] Im Allgemeinen verbleibt dabei noch ausreichend Spielraum für eigenes menschliches Schaffen; soweit auch die weiteren Voraussetzungen der persönlichen geistigen Schöpfung gegeben sind, insbesondere die nötige Individualität (→ Rn. 17), steht dem Urheberrechtsschutz nichts im Wege.[156] Im Grundsatz ähnlich erscheint auch die konkrete Gewichtung verschiedener Parameter im Wege des **Maschinellen Lernens (ML – „Künstliche Intelligenz");** jedoch wird man eine menschlich-gestalterische Tätigkeit zumindest dort nicht mehr annehmen können, wo auch schon die Festlegung der Parameter selbst durch den zugrundeliegenden Algorithmus (im Wege des ML) erfolgt.[157] Zur objektorientierten Programmierung → Rn. 20.

16   Die Voraussetzung des **geistigen Gehalts,** die besagt, dass der menschliche Geist im Werk zum Ausdruck kommen muss,[158] ist bei Computerprogrammen regelmäßig erfüllt. Der geistige Gehalt eines Programms liegt in den Problemlösungen, in den technisch-wissenschaftlichen Aussagen, die der Programmierer für die ihm gestellte Aufgabe gefunden hat.[159] Die Voraussetzung der **Formgestaltung** bedeutet, dass das Programm eine Form angenommen haben muss, in der es der Wahrnehmung durch die menschlichen Sinne zugänglich ist.[160] Dass dies nur mittelbar unter Zuhilfenahme technischer Einrichtungen möglich ist, reicht aus (vgl. → § 2 Rn. 48). Ausreichend ist jede Festlegung des Programms, sei es in digitaler oder in schriftlicher Form. Auch Abs. 2 S. 1 geht davon aus, dass nur „Ausdrucksformen" geschützt sind.

3. Individualität

17   Die in Abs. 3 S. 1 aufgestellte Voraussetzung der Individualität wird durch Abs. 3 S. 2 präzisiert: Es dürfen **keine anderen Kriterien,** insbesondere keine qualitativen oder ästhetischen, angewendet

---

[146] Fromm/Nordemann/*Czychowski* UrhG § 69a Rn. 40; *Rauda* Rn. 78.
[147] Vgl. auch → Vor § 69a ff. Rn. 5.
[148] Ebenso Dreier/Schulze/*Dreier* UrhG § 69a Rn. 26; allgemein zu diesen Voraussetzungen → § 2 Rn. 38 ff.
[149] BGH GRUR 2013, 509 Rn. 24 – UniBasic-IDOS; *Rauda* Rn. 78.
[150] OLG Hamburg GRUR-RR 2002, 217 (218) – CT-Klassenbibliothek; näher dazu → Rn. 17.
[151] S. dazu auch Gloy/Loschelder/Erdmann/*Harte-Bavendamm/Schöler* HdB WettbewerbsR § 64 Rn. 44 ff.; *Schulte* CR 1992, 641 (643 ff.).
[152] OLG Frankfurt a. M. GRUR 2015, 784 Rn. 35 f. – Objektcode; Begr. RegE BT-Drs. 12/4022, 9.
[153] Dreier/Schulze/*Dreier* UrhG § 69a Rn. 26; Wandtke/Bullinger/*Grützmacher* UrhG § 69a Rn. 34; Möhring/Nicolini/*Hoeren* (2. Aufl.) UrhG § 69a Rn. 14; allgemein zur Voraussetzung der persönlichen Schöpfung → § 2 Rn. 38 ff.
[154] Wandtke/Bullinger/*Grützmacher* UrhG § 69a Rn. 34; Möhring/Nicolini/*Kaboth/Spies* UrhG § 69a Rn. 14; im Ergebnis auch Dreier/Schulze/*Dreier* UrhG § 69a Rn. 26; näher mwN *Haberstumpf* in Lehmann, Rechtsschutz, Kap. II Rn. 34; *Schricker* Informationsgesellschaft S. 46; *De Wachter* CRi 2010, 12 (13 aE, ff.).
[155] S. dazu Fromm/Nordemann/*Czychowski* UrhG § 69a Rn. 19.
[156] Wandtke/Bullinger/*Grützmacher* UrhG § 69a Rn. 34; Fromm/Nordemann/*Czychowski* UrhG § 69a Rn. 19; vgl. Dreier/Schulze/*Dreier* UrhG § 69a Rn. 26.
[157] Die damit nicht mehr gegebene Schutzfähigkeit kann sich zweifelsohne nicht aber auch auf das zugrundeliegende – menschlich-geschaffene – Computerprogramm beziehen. Dieses unterliegt bei entsprechender Schöpfungshöhe dem Computerrechtsschutz der §§ 69a ff.; so bei sog. Neuronalen Netzen: *Ehinger/Stiemerling,* CR 2018, 761 (765 f.); daneben ist auch der Schutz als Entwurfsmaterial grundsätzlich denkbar, stößt aber hinsichtlich der strengen Anforderungen gerade bei modernen Programmentwicklungen auf Schwierigkeiten, *Antoine* CR 2019, 1 (3 f.).
[158] Dazu allgemein → § 2 Rn. 45 ff.
[159] OLG München CR 2000, 429 (430).
[160] Dazu allgemein → § 2 Rn. 47 ff.

werden. Diese Regelung bezweckt ebenso wie der durch sie umgesetzte Art. 1 Abs. 3 der Richtlinie eine **gemeinschaftsweite Harmonisierung der Anforderungen an die Gestaltungshöhe**[161] bei Computerprogrammen, also an das Ausmaß der Individualität, die im Computerprogramm zum Ausdruck kommen muss. Die Gestaltungshöhe soll innerhalb der EU auf einem einheitlichen Niveau liegen; es soll verhindert werden, dass ein Programm in einem Mitgliedstaat urheberrechtlichen Schutz genießt, in einem anderen dagegen wegen höherer Anforderungen an die Gestaltungshöhe nicht.[162] Diese Regelung ist auf die frühere Rechtsprechung des BGH gemünzt, die hohe Anforderungen an die Gestaltungshöhe bei Computerprogrammen stellte und dem durchschnittlichen Programm gerade keinen urheberrechtlichen Schutz gewährte.[163] Heute ist in Rechtsprechung und Schrifttum allgemein akzeptiert, dass die früheren Maßstäbe des BGH nicht mehr anzulegen sind und auch die kleine Münze bei Computer-Programmen geschützt wird.[164]

Andere Kriterien als die in → Rn. 14 genannten sind **nicht zu berücksichtigen.** Das Gesetz **18** hebt solche qualitativer und ästhetischer Art hervor, beschränkt sich aber nicht auf diese. Eine individuelle Schöpfung muss freilich vorliegen, insofern lässt sich auf die Anlegung qualitativer Maßstäbe nicht ganz verzichten.[165] Das Verbot der Berücksichtigung **qualitativer** Kriterien besagt lediglich, dass ein über das Vorliegen von Individualität hinausgehendes qualitatives Niveau, also eine weitergehende Gestaltungs- oder Schöpfungshöhe nicht verlangt werden darf. Ebenso wenig kommt es auf die technische oder wirtschaftliche Qualität eines Computerprogramms an.[166] Die Hervorhebung **ästhetischer** Kriterien schließt die Berücksichtigung von in der deutschen Rechtsprechung verschiedentlich aufgetauchten Begriffen wie „ästhetischer Überschuss"[167] oder „ästhetischer Gehalt"[168] aus.[169] Aber auch Kriterien wie objektive Neuheit, Umfang des Programms, sein Zweck, Dauer, Effizienz und Funktionalität, Quantität als Umfang des Programms, Aufwand und Kosten der Herstellung begründen nicht die Werkqualität,[170] ebenso wenig die Schwierigkeit.[171] Diese Kriterien,[172] die Rspr. und Literatur zT zugrunde legen,[173] können allenfalls von indizieller Bedeutung sein[174] und werden zT scharf kritisiert.[175]

Individualität bedeutet auch im Rahmen von § 69a Abs. 3, dass das Werk **vom individuellen** **19** **Geist des Urhebers geprägt** sein muss, dass es sich als Ergebnis seines individuellen geistigen Schaffens darstellen muss.[176] Individualität ist auch hier nicht im Sinne einer statistischen Einmaligkeit zu verstehen.[177] Ausreichend ist ein **Minimum an Individualität;** auch die **kleine Münze**[178] ist geschützt.[179] Nach der Intention des Gesetzgebers ist **Urheberrechtsschutz von Computerprogrammen die Regel** und fehlende Schöpfungshöhe die Ausnahme.[180] Computerprogramme, die nicht völlig banal sind, verlangen in der Regel neben solidem handwerklichen Können analytisch-konzeptionelle Fähigkeiten, Geschick, Einfallsreichtum und planerisch-konstruktives Denken;[181] hier besteht genug Raum für die Entfaltung von Individualität, wobei die genannten Kriterien nur Anhaltspunkte im Rahmen einer Gesamtbetrachtung sein können.[182] Auch durch die Be-, Um- und Einarbeitung vorbekannter Elemente und Formen kann Individualität erzielt werden.[183] In der Regel

---

[161] Schöpfungshöhe, dazu → § 2 Rn. 34.

[162] Begr. RegE BT-Drs. 12/4022, 9.

[163] Vgl. → Vor §§ 69a ff. Rn. 3.

[164] Grundlegend BGH GRUR 1994, 39 – Buchhaltungsprogramm; BGH GRUR 2005, 860 (861) – Fash 2000; BGH GRUR 2013, 509 (510) – UniBasic-IDOS; OLG Hamburg GRUR-RR 2002, 217 (218) – CT-Klassenbibliothek; KG CR 2010, 424 (425); ZUM-RD 2011, 544 (547); sa *Erdmann/Bornkamm* GRUR 1991, 877 (878); *Ullmann* CR 1992, 641 (642).

[165] OLG Hamburg ZUM 2002, 558 (560); einschränkend wohl Möhring/Nicolini/*Hoeren* (2. Aufl.) UrhG § 69a Rn. 16; s. aber auch die Nachweise in → Rn. 20.

[166] Vgl. auch → § 2 Rn. 67.

[167] Vgl. → § 2 Rn. 167 Fn. 742.

[168] So das LG Mannheim für Computerprogramme, vgl. → Vor §§ 69a ff. Rn. 2.

[169] Sa OLG München CR 1999, 688 (689).

[170] *Ullmann* CR 1992, 641 (643); Wandtke/Bullinger/*Grützmacher* UrhG § 69a Rn. 44.

[171] LG München I CR 1998, 655 (656).

[172] Dazu *Marly* Rn. 115 f.; allgemein dazu → § 2 Rn. 53 ff.

[173] BGH GRUR 2013, 509 Rn. 24 f. – UniBasic-IDOS; LG Frankfurt a. M. CR 2011, 566 (567); Wandtke/Bullinger/*Grützmacher* UrhG § 69a Rn. 40; wN aus Judikatur und Schrifttum bei *Marly* Rn. 115, Fn. 310.

[174] AA *Marly* Rn. 115 f.

[175] *Marly* Rn. 115 f.; s. auch *Hoeren/Vossen* K&R 2018, 79 (83): „gebetsmühlenhafte Sätze".

[176] Dazu allgemein → § 2 Rn. 50.

[177] So noch OLG Hamburg CR 1998, 332 (333) und CR 1999, 298 sowie OLG München CR 1999, 688 (689), anders aber dann OLG Hamburg GRUR-RR 2002, 217 (218) sowie OLG München CR 2000, 429 (430); zur Kritik der Lehre von der statistischen Einmaligkeit vgl. → § 2 Rn. 30, 41 ff.

[178] Zum Begriff → § 2 Rn. 61.

[179] Begr. RegE BT-Drs. 12/4022, 9; BGH GRUR 2005, 860 (861) – Fash 2000; OLG Frankfurt a. M. GRUR 2015, 784 Rn. 36; heute unbestritten, vgl. auch → Rn. 16 Fn. 159.

[180] Begr. RegE BT-Drs. 12/4022, 9; Fromm/Nordemann/*Czychowski* UrhG § 69a Rn. 18.

[181] S. dazu OLG München CR 2000, 429 (430); Dreier/Schulze/*Dreier* UrhG § 69a Rn. 26; Wandtke/Bullinger/*Grützmacher* UrhG § 69a Rn. 40; s. auch *Hoeren/Wehkamp* CR 2018, 1 (5 f.).

[182] Dagegen polemisierend *Hoeren/Vossen* K&R 2018, 79 (83 f.), die allein auf die Darlegungs- und Beweislast abstellen, damit aber auch keinerlei inhaltliche Kriterien für die Individualität angeben.

[183] BGH GRUR 2013, 509 (510) – UniBasic-IDOS; OLG Hamburg ZUM 2002, 558 (560).

wird der Schutz das Feinkonzept betreffen, auf dem die Struktur des Programms, die Befehlsabfolge, die Verweisungen etc festgelegt werden, nicht dagegen das reine Kodieren, da es auf dem Feinkonzept aufbaut.[184]

20   **Nicht schutzfähig** ist das **völlig Banale (sog. „Banalprogramme"),**[185] das, was jeder auf gleiche Weise machen würde oder was von der Sache her vorgegeben ist; die schablonenhafte, mechanische und routinemäßige Zusammenstellung vorgegebener Daten und bereits bekannter Programme
und Module begründet keinen Urheberrechtsschutz.[186] Dasselbe gilt für die Kopie vorhandener Programme.[187] Was bereits Gemeingut ist, kann nicht individuell sein. Auch wo sich die Gestaltung bereits aus der Natur der Sache ergibt, durch Gesetze der Zweckmäßigkeit oder Logik oder durch technische Notwendigkeiten vorgegeben ist, kann sich Individualität nicht entfalten.[188] Ebenso wenig sind
eine abstrakte Idee, ein allgemeines Motiv oder ein bestimmter Stil schutzfähig.[189] Auch bei **objektorientierter Programmierung,** die bestehende Problemlösung in Gestalt von Programmbibliotheken, Modulen und Klassen kombiniert, kann es an der Individualität fehlen, wenn nicht mehr eigenständig Algorithmen entwickelt werden.[190] Ferner kann die Anpassung eines Programms an eine
bestimmte Softwareumgebung oder an Kundenwünsche (sog. **Customizing,** auch Parametrisierung)
nicht den Schutz nach § 69a genießen,[191] was nicht ausschließt, dass auch Be-, Um- und Einarbei-
tungen geschützt werden können.[192] Auch das Einfügen von **Kommentaren** in den Code macht
diesen allein dadurch noch nicht individuell.[193]

21   In der **Rechtsprechung** wurden beispielsweise als **schutzfähig** angesehen: Das Betriebssystem
„MS-DOS" und die grafische Benutzeroberfläche „Windows for Workgroups";[194] eine über längere
Zeit entwickelte komplexe Software mit einem nicht unerheblichen Marktwert;[195] Computerprogramme zur Herstellung von Schalt- und Steuerungsplänen auf dem Gebiet der Elektrotechnik;[196]
Computerprogramme, mit denen Einstellungen an CD-ROM-Laufwerken vorgenommen und verschiedene CD-Typen abgespielt werden können;[197] eine Hotelsoftware, die ein komplexes Computersystem darstellte, das nicht nur marktgängig war, sondern auch von einer Mehrzahl von Programmierern im Zuge jahrelanger Arbeit und Fortentwicklung entwickelt worden und bei der die Art der
technischen Umsetzung durch die gewählte Programmierungssoftware als individuell und schöpferisch
anzusehen ist;[198] Migrationsprogramme;[199] umfangreiche Computerspiele;[200] ein Computerprogramm in Form eines Expertensystems, mit dessen Hilfe Subventionsmöglichkeiten ermittelt werden
können, weil es sich um sehr komplexe Fragen handelte, die mit der geläufigen Technik nicht zu
bewältigen seien, sondern den Einsatz nicht alltäglicher Programmiertechniken erfordert hätten;[201] ein
digitalisierten Schriften zugrundeliegendes Computerprogramm.[202] Auch sog. Public-Domain-Software[203] ist ebenso wie Shareware schutzfähig,[204] es handelt sich nur um besondere Lizenzierungsfor-
men.[205] Als **nicht schutzfähig** wurden angesehen: Die Hardwarekonfiguration einer zum Betrieb
innerhalb eines Rechners vorgesehenen Faxkarte;[206] ein Add-On, das nur aus selbst erspielten und
dann abgespeicherten Spielständen eines Computerspiels besteht.[207]

---

[184] *Link* GRUR 1986, 141 (143); *Ullmann* CR 1992, 641 (645); Wandtke/Bullinger/*Grützmacher* UrhG § 69a Rn. 38; anders Fromm/Nordemann/*Czychowski* UrhG § 69a Rn. 26: auch das Kodieren; so wohl auch *Hoeren/Wehkamp* CR 2018, 1 (6).

[185] OLG Frankfurt a. M. GRUR 2015, 784 Rn. 35 f.; *Marly* Rn. 108; *Rauda* Rn. 78.

[186] Begr. RegE BT-Drs. 12/4022, 10; BGH GRUR 2005, 860 (861) – Fash 2000; BGH GRUR 2013, 509 Rn. 24, 28 – UniBasic-IDOS; OLG Düsseldorf CR 1997, 337 (339); OLG Frankfurt a. M. CR 1998, 525; OLG München CR 1999, 688 (689); Dreier/Schulze/*Dreier* UrhG § 69a Rn. 27; Wandtke/Bullinger/*Grützmacher* UrhG § 69a Rn. 37; *Marly* Rn. 108; Mestmäcker/Schulze/*Haberstumpf* UrhG § 69a Rn. 22; Möhring/Nicolini/*Kaboth/Spies* UrhG § 69a Rn. 15.

[187] *Marly* Rn. 108; BGH GRUR 2013, 509 Rn. 28 – UniBasic-IDOS.

[188] OLG Karlsruhe GRUR 1994, 728 (729); *Wiebe* BB 1993, 1094 (1096); Wandtke/Bullinger/*Grützmacher* UrhG § 69a Rn. 35; krit. dazu aber *Hoeren/Vossen* K&R 2018, 79 (83), die meinen, dass dies Fälle des „kartell-rechtlichen" (!) Ausschlusses nach §§ 69a Abs. 1 und 2 seien.

[189] OLG München ZUM-RD 2008, 149 für die Gestaltung eines Bildschirmschoners.

[190] Dazu *Koch* GRUR 2000, 191 (193 f., 198 ff.); Wandtke/Bullinger/*Grützmacher* UrhG § 69a Rn. 43.

[191] *Koch* ITRB 2005, 140; Wandtke/Bullinger/*Grützmacher* UrhG § 69a Rn. 37.

[192] BGH GRUR 2013, 509 (510) – UniBasic-IDOS.

[193] Wandtke/Bullinger/*Grützmacher* UrhG § 69a Rn. 38.

[194] BGH GRUR 2001, 153 – OEM-Software.

[195] BGH GRUR 2005, 860 (861) – Fash 2000.

[196] OLG Düsseldorf CR 1997, 337 (337 f.).

[197] OLG München CR 1999, 688.

[198] OLG Hamm GRUR-RR 2008, 154 (155) – Copyrightvermerk.

[199] BGH GRUR 2013, 509 (510) – UniBasic-IDOS.

[200] LG Düsseldorf ZUM 2007, 559 (563).

[201] LG Oldenburg GRUR 1996, 481.

[202] LG Köln CR 2000, 431.

[203] OLG Stuttgart CR 1994, 743 (744) – Public-Domain-Software; LG Stuttgart CR 1994, 162 (163) – Public-Domain-Software.

[204] OLG Düsseldorf CR 1995, 730 – Shareware; OLG Hamburg CR 1994, 616 (617).

[205] → Vor §§ 69a ff. Rn. 19 ff.

[206] OLG Hamburg CR 2001, 434.

[207] OLG Düsseldorf MMR 1999, 602 – Siedler III.

Während die multimediale Darstellung einzelner Websites auf dem Computerbildschirm bereits **21a**
keine Ausdrucksform des zu Grunde liegenden **HTML-Codes** als Computerprogramm ist,[208] wirft
die Einordnung des HTML-Codes selbst, ebenso wie verwandte Kodierungsformen wie **XML** (Extended Markup Language) oder **WML** (Wireless Markup Language), erhebliche Probleme auf. Die
wohl hM lehnt den Schutz solcher Codes nach den §§ 69a ff. ab, da sie keine Daten verarbeiten würden.[209] In Frage käme aber ein Schutz als sonstiges Sprachwerk gem. § 2 Abs. 1 Nr. 1.[210] Dies stößt
indes auf erhebliche Zweifel, da entscheidend sein muss, ob der Code Steuerungsbefehle enthält, die
die Hardware zu einem bestimmten Verhalten veranlassen; davon ist auch bei der Erzeugung von
Benutzeroberflächen etc auszugehen,[211] ohne dass diese selbst diesen Schutz genießen.[212] Gleiches gilt
für den Schutz von XML-Code;[213] entscheidend ist stets die Steuerung der Hardware mit Hilfe von
automatisierten Befehlen. Daher besteht insoweit Einigkeit, dass **Java-Applets** oder –Scripts[214] ebenso
wie PHP[215] oder **Flash**-Code[216] Steuerbefehle enthalten und daher schutzfähige Programme sein
können, ebenso HTML 5.[217]

Wer sich auf die Verletzung eines Urheberrechts beruft, trägt nach allgemeinen prozessualen **22**
Grundsätzen die **Darlegungs- und Beweislast** für dessen Bestehen einschließlich Schutzfähigkeit
und Schutzumfang.[218] Der Anspruchsteller muss also darlegen, dass sein Programm eine eigene geistige Schöpfung ist. Der Gesetzgeber hat darauf hingewiesen, dass **Erleichterungen der Darlegungslast** nötig sind, die eine globale, pauschale Beschreibung des Umstandes ermöglichen, dass ein Programm nicht völlig banal und zumindest als „kleine Münze" geschützt ist. Die Möglichkeit einer
einstweiligen Verfügung oder die Grenzbeschlagnahme nach § 111b UrhG dürfe nicht durch zu hohe
Anforderungen an die Darlegung der Werkqualität eines Computerprogramms erschwert werden, mit
der Folge, dass diese Verfahrensweisen praktisch kaum handhabbar wären.[219] Dem ist zuzustimmen;
im Gegensatz zu den meisten anderen Werken lässt sich bei Computerprogrammen die Werkqualität
nicht durch unmittelbare sinnliche Wahrnehmung beurteilen, so dass die sonst übliche Vorlage eines
Werkstücks zur Darlegung der Werkqualität nicht ausreicht. Zudem sollte der Anspruchsteller nicht
ohne Not gezwungen sein, seine im Programm enthaltenen Betriebsgeheimnisse aufzudecken.[220] Eine
globale, pauschale Beschreibung des Programms, aus der hervorgeht, dass es sich **nicht um
eine völlig banale Gestaltung** handelt und es **nicht lediglich das Programm eines anderen
nachahmt,** muss daher jedenfalls im Normalfall ausreichen.[221] Nur wenn ernsthafte Anhaltspunkte
bestehen, dass ein Programm sehr einfach strukturiert ist, sollte eine nähere Darlegung des Inhaltes des
Programms verlangt werden.[222] Bei **komplexen Programmen** spricht nach Auffassung der Rechtsprechung eine tatsächliche „Vermutung" für eine hinreichende Individualität der Programmgestaltung,[223] ebenso bei langen Programmen oder Spezialprogrammen.[224] Gemeint ist hier allerdings eher
ein Anscheinsbeweis, da das Gesetz selbst keine Vermutungsregeln enthält.[225] Auch der Preis kann ein
Indiz hierfür sein,[226] ebenso die Verwendung von technischen Schutzvorkehrungen wie Dongles.[227]

---

[208] OLG Frankfurt a. M. GRUR-RR 2005, 299 (300); OLG Hamburg ZUM-RD 2012, 664; Spindler/
Schuster/*Wiebe* UrhG § 69a Rn. 4.

[209] OLG Celle JurPC Web-Dok. 89/2012, Abs. 12; OLG Rostock CR 2007, 737 f.; OLG Frankfurt a. M.
MMR 2005, 705 f.; OLG Düsseldorf CR 2000, 184 – Framing; LG Frankfurt a. M. CR 2013, 286 (287); Dreier/
Schulze/*Dreier* UrhG § 69a Rn. 12; Möhring/Nicolini/*Kaboth/Spies* UrhG § 69a Rn. 7; Wandtke/Bullinger/
Grützmacher UrhG § 69a Rn. 15; *Marly* Rn. 81; *Ernst* MMR 2001, 208 (211); *Köhler* ZUM 1999, 548; *Wiebe/
Funkat* MMR 1998, 69 (71); *Ohst,* Computerprogramm und Datenbank, S. 54 f., 208.

[210] *Marly* Rn. 81.

[211] OGH GRUR-Int 2002, 349 – telering.at; OGH GRUR-Int 2002, 452 (453) – C-Villas; *Nebel/Stiemerling*
CR 2016, 61 (67); *Kühn/Koch* CR 2018, 648 Rn. 41; *Koch* GRUR 1997, 417 (420); *Plaß* WRP 2000, 599 (601);
Schack MMR 2001, 9 (13); *Heutz* MMR 2005, 567 (569 f.); *Redeker* Rn. 6.

[212] EuGH GRUR 2011, 220 – BSA/Kulturministerium; dazu *Marly* GRUR 2011, 204 ff.

[213] Wie hier *Leistner/Bettinger* CR Beilage 1999, 1 (17 f.); *Horns* GRUR 2001, 1 (14 f.); aA LG Frankfurt a. M.
CR 2013.

[214] *Grützmacher* ITRB 2001, 59 (60); Wandtke/Bullinger/*Grützmacher* UrhG § 69a Rn. 19; Dreier/Schulze/
Dreier UrhG § 69a Rn. 12; *Ohst,* Computerprogramm und Datenbank, S. 57 ff., 216 f., 239.

[215] OLG Köln CR 2009, 289 (290); LG Köln MMR 2009, 640 (642 f.).

[216] LG Frankfurt a. M. JurPC Web-Dok. 8/2007; LG Köln ZUM-RD 2010, 426 (427).

[217] Wandtke/Bullinger/*Grützmacher* UrhG § 69a Rn. 19; *Ernst* MMR 2001, 208 (212) weist auf den bei Skriptsprachen stattfindenden Programmablauf hin.

[218] OLG Hamburg MMR 2012, 832 (833); *Marly* Rn. 117.

[219] Begr. RegE BT-Drs. 12/4022, 10.

[220] Ebenso *Haberstumpf* in Lehmann, Rechtsschutz, Kap. II Rn. 94.

[221] AA *Marly* Rn. 118, der davon ausgeht, dass üblicherweise die Vorlage des Quellcodes vonnöten sei.

[222] Begr. RegE BT-Drs. 12/4022, 10.

[223] BGH GRUR 2005, 860 (861) – Fash 2000; BGH GRUR 2013, 509 Rn. 24, 30 – UniBasic-IDOS; OLG
Frankfurt a. M. GRUR 2015, 784 Rn. 35 f.; OLG Düsseldorf CR 2009, 214 (216); KG ZUM-RD 2011, 544;
OLG Frankfurt a. M. MMR 2014, 661 (662); Fromm/Nordemann/*Czychowski* UrhG § 69a Rn. 35; *Marly*
Rn. 118; *Rauda* Rn. 78.

[224] BGH GRUR 2013, 509 (510) – UniBasic-IDOS; OLG Düsseldorf CR 1997, 337 (338) – Dongle-Umgehung; Wandtke/Bullinger/*Grützmacher* UrhG § 69a Rn. 40; *Dreier* GRUR 1993, 781 (789).

[225] Zutr. Insoweit *Hoeren/Vossen* K&R 2018, 79 (82).

[226] BGH GRUR 2013, 509 (510) – UniBasic-IDOS.

[227] OLG Düsseldorf CR 1997, 337 (338) – Dongle-Umgehung; zweifelnd Wandtke/Bullinger/*Grützmacher*
UrhG § 69a Rn. 40.

Macht der Anspruchsgegner geltend, dass die Software die Schutzschwelle des § 69a Abs. 2 S. 1 nicht erreicht, dass es sich ganz oder teilweise um die Nachahmung eines anderen Programms oder um vorbekannte Strukturen handelt, so hat er dies darzulegen und zu beweisen.[228] Insofern lässt sich auch von einer **tatsächlichen Vermutung** sprechen,[229] wenngleich die Bezeichnung als Anscheinsbeweis korrekter wäre. Andererseits ist aber eine bloße Beschreibung der Programme (der GUI-Klassen) als sehr komplex und/oder die Vorlage der Quellcodes nicht ausreichend.[230]

V. Anwendbarkeit der für Sprachwerke geltenden Bestimmungen (Abs. 4)

23   Die Richtlinie behandelt nicht alle Bereiche, die für den Rechtsschutz von Computerprogrammen von Bedeutung sind. So fehlt es beispielsweise an einer Regelung des Urheberpersönlichkeitsrechts und weitgehend auch an einem Sanktionssystem. Andererseits enthält die Richtlinie Regelungen, die im deutschen Urheberrecht in entsprechender Form bereits vorhanden sind und deswegen der Umsetzung nicht bedurften.[231] Abs. 4 bestimmt daher, dass die Vorschriften für Sprachwerke auf Computerprogramme entsprechende Anwendung finden, soweit in §§ 69a–69g keine Sonderregelung getroffen ist. **Keine Anwendung** auf Computerprogramme finden gem. § 69a Abs. 5 die Vorschriften der §§ 95a–95d[232] (→ Rn. 26).

24   **Im Einzelnen** ist Folgendes hervorzuheben:[233] In **§ 2 Abs. 1 Nr. 1** ist die Schutzfähigkeit von Computerprogrammen geregelt (zur Anwendbarkeit von **§ 2 Abs. 2** → Rn. 14). **§ 3** stellt klar, dass Bearbeitungen selbstständig schutzfähig sind. Das gilt auch für Computerprogramme, jedoch mit der Maßgabe, dass sich die Schutzvoraussetzungen nach § 69a bestimmen. Bei **§ 4** bestimmt Abs. 2 S. 2, dass ein zur Schaffung des Datenbankwerkes oder zur Ermöglichung des Zugangs zu dessen Elementen verwendetes Computerprogramm nicht Bestandteil des Datenbankwerkes ist. Im Übrigen können Sammelwerke[234] und Datenbankwerke auch Computerprogramme als Inhalt enthalten (zu Software und Sammelwerken auch → Vor §§ 69a ff. Rn. 47); die Schutzvoraussetzungen bestimmen sich freilich wiederum nach § 69a. Die Begriffe der Veröffentlichung und des Erscheinens in **§ 6** haben durch §§ 69a ff. keine Sonderregelung erfahren, gelten also auch für Computerprogramme.[235]

24a   **§§ 7–10** (Urhebereigenschaft) treffen die in Art. 2 Abs. 1 und 2 sowie in Art. 3 der Richtlinie enthaltene Regelung; ihre Umsetzung war deshalb entbehrlich, sie finden auf Computerprogramme Anwendung.[236] Angesichts der gerade bei komplexen Programmen oftmals erforderlichen großen Entwicklerteams ist die Zuordnung des jeweiligen Schöpfungsanteils schwierig; sofern nicht § 69b eingreift, handelt es sich bei solchen Gemeinschaften in der Regel um Miturheber nach § 8[237] mit der Folge, dass eine gesamthänderische Bindung eintritt (→ § 8 Rn. 10);[238] gerade bei Open Source Programmen findet diese Regelung oft Anwendung (→ Vor §§ 69a ff. Rn. 33, auch zu den aus § 8 Abs. 2 S. 3 Hs. 2 resultierenden Schwierigkeiten hinsichtlich der Geltendmachung von Leistungsansprüchen). Dabei genügt jede Mitwirkung im Rahmen eines gemeinsamen Plans, etwa die Entwicklung von entsprechenden Konzepten oder von Modulen.[239] Wenn der Auftraggeber detaillierte Vorgaben und bereits Konzepte entwickelt hat, kann er selbst zum Miturheber werden, nicht aber wenn die Aufgaben nur umrissen werden.[240] Bei **agiler Programmierung** (zur vertragstypologischen Einordnung → Vor §§ 69a ff. Rn. 59) entsteht daher in der Regel keine Miturhebergemeinschaft zwischen Besteller und Werkunternehmer, da es an einer schöpferischen Leistung des Bestellers fehlt.[241] An dieser rechtlichen Einordnung ändert sich nach der Wertung des § 69a Abs. 2 S. 2 Var. 1 auch dadurch nichts, dass der Besteller und/oder dessen Mitarbeiter im Schaffens- bzw. Fortentwicklungsprozess des Programms durch regelmäßiges Feedback in Form von Modifikations- und Verbesse-

---

[228] BGH GRUR 2013, 509 Rn. 28 – UniBasic-IDOS; BGH GRUR 2005, 860 (861) – Fash 2000; BGH GRUR 1991, 449 (451); *Marly* Rn. 118; ähnlich *Ullmann* CR 1992, 641 (643 f.); *Raubenheimer* CR 1994, 6 (72); differenzierend dagegen Wandtke/Bullinger/*Grützmacher* UrhG § 69a Rn. 41: gültig nur für komplexe Programme.

[229] BGH GRUR 2005, 860 (861) – Fash 2000; LG Mannheim CR 1994, 627; Dreier/Schulze/*Dreier* UrhG § 69a Rn. 29; Wandtke/Bullinger/*Grützmacher* UrhG § 69a Rn. 41; Gloy/Loschelder/Erdmann/*Harte-Bavendamm/Schöler* HdB WettbewerbsR § 64 Rn. 48; *Erdmann/Bornkamm* GRUR 1991, 877 (879); s. zu diesen Fragen auch *Haberstumpf* in Lehmann, Rechtsschutz, Kap. II Rn. 93 f.; *Haberstumpf* NJW 1991, 2105 (2110 f.).

[230] OLG Hamburg ZUM 2002, 558 (560); MMR 2012, 832; Spindler/Schuster/*Wiebe* UrhG § 69a Rn. 27.

[231] Vgl. auch Begr. RegE BT-Drs. 12/4022, 10.

[232] § 69a Abs. 5; näher dazu → Rn. 26.

[233] Eingehend Wandtke/Bullinger/*Grützmacher* UrhG § 69a Rn. 46 ff.

[234] Zur Einordnung einer Firmware als gem. § 4 Abs. 1, 69a UrhG geschütztes Sammelwerk LG Berlin GRUR-RR 2012, 107 – Surfsitter mAnm *Schreibauer/Mantz* GRUR-RR 2012, 111; m. Kommentar *Schäfer* K&R 2012, 127; vgl. zu der Entscheidung → Vor §§ 69a ff. Rn. 47.

[235] Fromm/Nordemann/*Czychowski* UrhG § 69a Rn. 41.

[236] Sa Begr. RegE BT-Drs. 12/4022, 10; Fromm/Nordemann/*Czychowski* UrhG § 69a Rn. 41.

[237] BGH GRUR 1994, 39 (40) – Buchhaltungsprogramm; Wandtke/Bullinger/*Grützmacher* UrhG § 69a Rn. 47 f.

[238] Näher *Spindler* FS Schricker, 2005, 539; *Meyer* S. 50 ff., 115 ff. (für Open Source); *Meyer* CR 2011, 560 ff.

[239] BGHZ 94, 276 (284) GRUR 1985, 1041 – Inkasso-Programm; *Bartsch* CR 2012, 141 (142); *Karger* CR 2001, 357 (366); Wandtke/Bullinger/*Grützmacher* UrhG § 69a Rn. 45.

[240] OLG Köln CR 2005, 624 (625 f.).

[241] *Fuchs/Meierhöfer/Morsbach/Pahlow* MMR 2012, 427 (431).

rungsvorschlägen beteiligt ist/sind.[242] Miturheber sind dagegen die Programmierer selbst.[243] Ebenso wenig kann Miturheberschaft angenommen werden, wenn der Beitrag sich auf die Entwicklung eines Teils beschränkt, der nicht den Schutz nach § 69a genießt, etwa einer Benutzeroberfläche oder eines Anwenderhandbuchs.[244] Von der Miturheberschaft sind auch spätere Bearbeitungen zu trennen, die nur abhängige Bearbeitungen darstellen,[245] was insbesondere für die **vertikale Weiterbearbeitung** bei Open Source (→ Vor §§ 69a ff. Rn. 25) und agiler Programmierung[246] von Relevanz ist.[247] Dagegen findet § 9 **(verbundene Werke)** gerade wegen des verringerten urheberpersönlichkeitsrechtlichen Einschlags idR keine Anwendung, insbesondere nicht auf Zusammenstellungen verschiedener Shareware auf einer CD etc;[248] wohl kann aber ein Schutz nach § 87a ff. in Betracht kommen. Auch die Vermutung der Urheberschaft nach § 10 Abs. 1 greift ein, wenn der Schöpfer des Programms etwa in den Kopfzeilen eines Quellcodes, im Anwendungshandbuch oder in einer Textdatei aufgeführt wird.[249] Im Rahmen einer einstweiligen Verfügung oder eines Unterlassungsanspruchs greift auch für den Inhaber ausschließlicher Nutzungsrechte eine Vermutung ein (→ § 10 Rn. 21),[250] nicht jedoch für Schadensersatzansprüche.

Die Vorschriften über das **Urheberpersönlichkeitsrecht** (§§ 12–14) gelten auch für Computerprogramme,[251] zum Urheberpersönlichkeitsrecht bei Urhebern in Arbeits- und Dienstverhältnissen → § 69b Rn. 14. Zu berücksichtigen ist allerdings, dass eine Interessenabwägung idR anders ausfällt als bei Sprachwerken,[252] da der persönliche Bezug des Programmentwicklers zu seinem Programm vergleichsweise schwächer ausgeprägt sein wird. Zur Berücksichtigung dieses schwächeren Bezugs bedarf es indes keiner allgemeinen teleologischen Reduzierung.[253] So hat der Urheber zwar unverzichtbar das Recht auf Anerkennung nach § 13 S. 1; doch schwächt sich schon das (abdingbare) Recht auf Urhebernennung nach § 13 S. 2 ab, da nicht alle Entwickler zu Beginn eines Programms (zB im Rahmen einer Lizenzvereinbarung bzw. bei Ablauf auf dem Bildschirm) stets genannt werden können, um die wirtschaftliche Verwertung nicht zu sehr zu beeinträchtigen. Die Benennung im Quellcode oder im Anwenderhandbuch genügt.[254] Zu weit ginge es im Hinblick auf den gebotenen Schutz des Urhebers jedoch, bereits aus der Kenntnis eines Programmierers von einer Branchenübung, dass der Urheber nicht benannt wird, auf einen stillschweigenden Verzicht zu schließen.[255] Keine Anwendung findet dagegen in der Regel § 14 (Entstellung), da es gerade in der Natur von Programmen liegt, dass sie angepasst und fortentwickelt werden müssen.[256]   **24b**

Bei den Verwertungsrechten der **§§ 15–23** hat die Sonderregelung in § 69c Vorrang,[257] wodurch freilich ein Rückgriff auf die Begriffsbestimmungen der §§ 16 ff. nicht ausgeschlossen ist, soweit § 69c nichts Abweichendes vorsieht.[258] Darüber hinaus kann bei den Rechten der unkörperlichen Werkwiedergabe eine ergänzende Anwendung der §§ 15 Abs. 2, 19 ff. in Betracht kommen, soweit § 69c keine Regelung trifft.[259] § 24 ist auf Computerprogramme anwendbar,[260] ebenso § 27 Abs. 2.[261] Die Vorschriften über Vererbung, Übertragung und Rechtsnachfolge **(§§ 28–30)** gelten auch für Computerprogramme; zur Situation in Arbeits- und Dienstverhältnissen → § 69b Rn. 11 ff.   **24c**

Ebenso finden die Vorschriften über Nutzungsrechte der **§§ 31–42** grds. Anwendung.[262] Ausgenommen sind jedoch die Regelungen der §§ 32d, 32e, 36–36c und 40a.[263] Auch die **Zweckübertragungslehre** (§ 31 Abs. 5) ist grundsätzlich anwendbar[264] (dazu sogleich), indes in Arbeits- und   **25**

---

[242] *Pohle* FS Wandtke, 2013, 557 (561 f.).

[243] *Pohle* FS Wandtke, 2013, 557 (560 f.).

[244] *Meyer* S. 36 ff.; dem folgend Wandtke/Bullinger/*Grützmacher* UrhG § 69a Rn. 48.

[245] BGH GRUR 2005, 860 (863) – Fash 2000.

[246] *Fuchs/Meierhöfer/Morsbach/Pahlow* MMR 2012, 427; *Hengstler* ITRB 2012, 113.

[247] *Fuchs/Meierhöfer/Morsbach/Pahlow* MMR 2012, 427 (431).

[248] OLG Hamburg CR 1994, 616 (617); Wandtke/Bullinger/*Grützmacher* UrhG § 69a Rn. 50; anders aber *Heymann* CR 1994, 618.

[249] BGH GRUR 1994, 39 (41) – Buchhaltungsprogramm; LG Frankfurt a. M. CR 2006, 729 (730); *Koch/Schnupp* CR 1989, 975 (979); Wandtke/Bullinger/*Grützmacher* UrhG § 69a Rn. 51.

[250] LG Frankfurt a. M. CR 2010, 354 (355); LG Köln ZUM-RD 2012, 99 (100); *Spindler/Weber* ZUM 2007, 257 f.

[251] Begr. RegE BT-Drs. 12/4022, 10.

[252] Sa *Dreier* GRUR 1993, 781 (783); *Metzger*/Jaeger GRUR-Int 1999, 839 (844 f.).

[253] So aber *Lehmann* FS Schricker, 1995, 543 (562 f.); *Holländer* CR 1992, 279; Wandtke/Bullinger/*Grützmacher* UrhG § 69a Rn. 53; *Marly* Urheberrechtsschutz S. 70 f.

[254] *Lehmann* FS Schricker, 1995, 543 (562), *Gennen* ITRB 2008, 13 (15); Wandtke/Bullinger/*Grützmacher* UrhG § 69a Rn. 56.

[255] So aber Wandtke/Bullinger/*Grützmacher* UrhG § 69a Rn. 56.

[256] *Dreier* GRUR 1993, 781 (783), *Metzger*/Jaeger GRUR-Int 1999, 839 (844); weitergehend *Lehmann* FS Schricker, 1995, 543 (563): generell keine Anwendung; ähnlich Wandtke/Bullinger/*Grützmacher* UrhG § 69a Rn. 57.

[257] Fromm/Nordemann/*Czychowski* UrhG § 69a Rn. 40.

[258] Vgl. zB → § 69c Rn. 1 ff.

[259] *Dreier* GRUR 1993, 781 (784).

[260] Fromm/Nordemann/*Czychowski* UrhG § 69a Rn. 40.

[261] Dazu → § 27 Rn. 14; s. auch Wandtke/Bullinger/*Grützmacher* UrhG § 69a Rn. 58.

[262] Für das „primäre Urhebervertragsrecht" im Grundsatz ebenso Fromm/Nordemann/*Czychowski* UrhG § 69a Rn. 42, allerdings im Einzelfall differenzierend (dazu → Rn. 25).

[263] Ausnahmen eingefügt mit dem Gesetzes zur Stärkung der vertraglichen Stellung von Urhebern und ausübenden Künstlern vom 20.12.2016 (BGBl. I S. 3037), in Kraft getreten am 1.3.2017; dazu → Rn. 26.

[264] BGH GRUR 1994, 363 (365) – Holzhandelsprogramm; BGH GRUR 2008, 357 (359 ff.) – Planfreigabesystem.

Dienstverhältnissen nicht zu berücksichtigen.[265] Auch dürfen vertragliche Bestimmungen nicht in Widerspruch zu § 69d Abs. 2 und 3 oder § 69e stehen.[266] Besondere Bedeutung erlangt für Computerprogramme die bekannte Unterscheidung zwischen schuldrechtlichen und dinglichen Wirkungen im Rahmen der Rechteeinräumung: Nur bei eigenständigen Nutzungsarten (→ § 31 Rn. 27 ff.) kommt eine dingliche Wirkung in Betracht, die also klar abgrenzbar und technisch und wirtschaftlich eigenständig sind. Als derartige **eigenständige Nutzungsarten** (bzw. mit dinglicher Wirkung) werden etwa Einzelplatz- gegenüber Mehrplatzversionen angesehen,[267] ferner embedded Software (in Hardware) gegenüber der frei vertriebenen Software auf Datenträgern,[268] die Vertriebs- oder Run-Time-Lizenzen gegenüber Entwickler-Lizenzen,[269] oder die Zusammenstellung von Programmen auf einer CD gegenüber dem Einzelvertrieb der Programme.[270] Zu den zulässigen Nutzungsarten gehören auch die **Volumenlizenzen** oder Master-Lizenzen, die die Zahl von Vervielfältigungsstücken aus einer Kopiervorlage beschränken,[271] zur Erschöpfungswirkung, → § 69c Rn. 34. Bei Volumenlizenzen liegen einzelne, abgrenzbare Lizenzen vor, es handelt sich nicht um ein aufgespaltenes Recht.[272] Solange keine Erhöhung der zulässigen Benutzeranzahl herbeigeführt wird, ist eine Aufspaltung daher zulässig.[273] Ebenso können im Rahmen des Vertriebs gerade im Hinblick auf das Territorialitätsprinzip räumliche Beschränkungen eingreifen.[274] Offen ist bislang die Behandlung des Vertriebs auf Datenträgern gegenüber dem **Online-Vertrieb:** Während nach früherer Lesart hier unterschiedliche Nutzungsrechte betroffen sein sollen, so dass es sich nicht einmal um eigenständige Nutzungsarten handelt, sondern um Rechte, die eingeräumt werden müssen,[275] ergeben sich nach der EuGH-Rechtsprechung zur Erschöpfung von Programmen erhebliche Zweifel, ob der Download noch als Recht nach § 19a zu behandeln ist, und nicht vielmehr als Spielart der Vervielfältigung (→ § 69d Rn. 34). In diesem Falle allerdings doch eine eigenständige Nutzungsart in Betracht, da der Online-Vertrieb anders gestaltet ist. Demgegenüber **fehlt** es an einer **eigenständigen Nutzungsart** bei Differenzierung zwischen gewerblicher Nutzung für eigene Zwecke oder für Dritte[276] oder der Unterscheidung zu privater Nutzung.[277] Keine dingliche Wirkung entfaltet ferner die Beschränkung auf bestimmte Prozessoren, um die Ausbeutung der Programme auf leistungsfähigeren Computern einzuschränken (sog. **CPU-Klausel**).[278]

25a   Aus der Zweckübertragungslehre folgt in der Regel eine **Spezifizierungslast** in der Lizenz für den Rechteerwerber, da nur die Rechte als übertragen gelten, die für den Vertragszweck erforderlich sind; eine pauschale Rechteeinräumung genügt dem nicht.[279] Allerdings bestehen für Programme etliche Besonderheiten, die aus den primär wirtschaftlichen Verwertungsinteressen und deren Abwägung resultieren. So gilt für die **Fremderstellung von Software zur Weitervermarktung** durch Dritte, aber auch durch freie oder periodisch vergütete Mitarbeiter, dass die erforderlichen Rechte umfassend eingeräumt werden, mithin zur Vervielfältigung, Verbreitung und öffentlichen Wiedergabe, aber auch öffentlichem Zugänglichmachen (§ 19a).[280] In der Regel ist auch die Übertragung von ausschließlichen Nutzungsrechten anzunehmen.[281] Auch wenn in einem Vertrag nur von einer Eigentumsübertragung die Rede ist, kann in Abhängigkeit vom Vertragszweck eine umfassende Einräumung der ausschließlichen Nutzungsrechte gemeint sein.[282]

25b   Welche **Nutzungsarten** umfasst sind, beurteilt sich nach dem jeweiligen Vertragszweck bzw. der Branchenübung.

25c   Da der Quellcode den Kern des Know-hows des Softwareentwicklers darstellt, ist die Pflicht zur **Herausgabe des Quellcodes** die Ausnahme[283] und kann nur bei der deutlichen Zweckbestimmung

---

[265] Begr. RegE BT-Drs. 12/4022, 10; Fromm/Nordemann/*Czychowski* UrhG § 69a Rn. 42: Vorrang des § 69d; → § 69b Rn. 12.

[266] Vgl. → § 69g Rn. 2; Fromm/Nordemann/*Czychowski* UrhG § 69a Rn. 42 betr. § 69d im Rahmen des „primären Urhebervertragsrechts"; Wandtke/Bullinger/*Grützmacher* UrhG § 69a Rn. 63; sa *Dreier* GRUR 1993, 781 (784).

[267] *Haberstumpf* in Lehmann Kap. II Rn. 163; Wandtke/Bullinger/*Grützmacher* UrhG § 69a Rn. 65.

[268] *Haberstumpf* in Lehmann Kap. II Rn. 163.

[269] Loewenheim/*Lehmann* § 76 Rn. 16, 28; *Schneider* Kap. V Rn. 296, 133; offen Wandtke/Bullinger/*Grützmacher* UrhG § 69a Rn. 65: Entwicklung bleibt abzuwarten.

[270] OLG Köln CR 1996, 723 (725); *Heymann* CR 1994, 618.

[271] *Haberstumpf* in Lehmann Kap. II Rn. 163; *Schneider* Kap. R Rn. 138, Kap. M Rn. 1292 ff.; *Marly* Rn. 217.

[272] *Marly* Rn. 231.

[273] OLG Frankfurt a. M. GRUR 2013, 279 (282) mAnm *Marly; Marly* Rn. 233 ff.

[274] AmtlBegr. zu § 32 BT-Drs. IV/270, 56.

[275] S. noch Wandtke/Bullinger/*Grützmacher* UrhG § 69a Rn. 65.

[276] *Osterloh* GRUR 2009, 311 (312); Wandtke/Bullinger/*Grützmacher* UrhG § 69a Rn. 66.

[277] AmtlBegr zu § 32, BT-Drs. IV/270, 56; BGH GRUR 1986, 736 (737 f.) – Schallplattenvermietung.

[278] BGH CR 2003, 323 (325) – CPU-Klausel; s. dazu auch *Spindler* JZ 2003, 1117.

[279] Allgemein → § 31 Rn. 56; BGH GRUR 1996, 121 (123) – Pauschale Rechteeinräumung; spezifisch für Computerprogramme *Link* GRUR 1986, 141 (146).

[280] BGH GRUR 2005, 860 (862) – Fash 2000; Wandtke/Bullinger/*Grützmacher* UrhG § 69a Rn. 68.

[281] OLG Frankfurt a. M. CR 1995, 81; *Karger* CR 2001, 357 (365); Wandtke/Bullinger/*Grützmacher* UrhG § 69a Rn. 69; für freie Mitarbeiter Möhring/Nicolini/*Kaboth/Spies* UrhG § 69b Rn. 17.

[282] BGH GRUR 1994, 363 (365 f.) – Holzhandelsprogramm; *Redeker* ITRB 2005, 70 f.; *Kotthoff/Pauly* WM 2007, 2085 (2089 ff.); für einen Geschäftsanteilübertragungsvertrag LG Oldenburg CR 1996, 217 (220).

[283] BGH NJW 1987, 1259 f. – Quellprogramm; *Ernst* MMR 2001, 208 (210); *Karger* CR 2001, 357 (365).

zur Weitervermarktung umfasst sein,[284] allerdings nur soweit der Quellcode hierzu tatsächlich erforderlich ist, was allein etwa zur Fehlerbeseitigung oder Interoperabilität wegen der in § 69d eingeräumten Rechte nicht der Fall ist.[285] Dagegen spricht auch eine Escrow-Vereinbarung, da diese gerade dem Schutz des Zugriffs auf den Quellcode für den Fall der Insolvenz gelten soll, nicht aber für eine generelle Herausgabe des Quellcodes. Besteht eine Pflicht zur Herausgabe des Quellcodes, ist in aller Regel auch ein **Bearbeitungsrecht** umfasst, in allen anderen Fällen nicht.[286]

Demgegenüber bedarf es bei der **exklusiven Herstellung einer Software zur individuellen Nutzung** der Rechtepräzisierung;[287] ferner werden hier in der Regel nur einfache Nutzungsrechte eingeräumt.[288] Allerdings kann sich aus den Umständen des Vertrages auch eine Einräumung ausschließlicher Nutzungsrechte ergeben, wenn dem Auftraggeber etwa viel an dem Ausschluss Dritter von der Nutzung der Software gelegen ist.[289]   25d

Wann die Rechte dem Kunden eingeräumt werden, hängt von dem jeweiligen Vertragstyp und dessen Leitbild ab: Wird Software im Wege des Kaufvertrages (bzw. Werklieferungsvertrag) erworben, sollen also die Rechte dem Kunden bzw. Auftraggeber endgültig eingeräumt werden, erhält dieser sie mit der Ablieferung als Analogon zur Eigentumsübertragung, ohne dass es auf die Zahlung des Kaufpreises ankäme. Gleiches gilt für den Werkvertrag bei der Abnahme der Software.[290] Allerdings kann auch ein dinglich wirkender Vorbehalt ähnlich einem Eigentumsvorbehalt vereinbart werden.[291] Auch bei Abbruch eines Projektes erhält der Kunde noch nicht per se Rechte,[292] sondern nur einen schuldrechtlichen Anspruch auf Herausgabe der bis dahin erzielten Ergebnisse und auf die Einräumung der Rechte hieran.[293]   25e

Ferner finden die **§§ 34, 35** auf Computerprogramme Anwendung,[294] so dass der Urheber der Übertragung der Nutzungsrechte zustimmen muss. Allerdings ist zum einen der gegenüber dem Normalfall der §§ 34 f. wesentlich verringerte persönlichkeitsrechtliche Gehalt bei Computerprogrammen zu berücksichtigen,[295] zum anderen die Sondervorschriften der Computerprogramm-RL für Arbeitgeber (Art. 2 Abs. 3), so dass dieser ohne Zustimmung des Arbeitnehmers Nutzungsrechte übertragen kann,[296] weshalb § 34 bei arbeitnehmenden Programmierern nicht eingreift.[297] § 34 Abs. 1 gilt aber nur für den Urheber, nicht für den exklusiven Rechteinhaber.[298] Aufgrund des Massencharakters von Programmen und den eher wirtschaftlichen Interessen der Urheber soll jedoch generell § 34 Abs. 1 keine Anwendung finden, so dass Nutzungsrechte etwa im Rahmen von Dienst- oder Werkverträgen frei einräumbar und übertragbar seien;[299] wenngleich im Rahmen der Interessenabwägung hierfür einiges spricht und auch im Rahmen der Auslegung bzw. der Zweckübertragungslehre zu berücksichtigen ist, dass üblicherweise die Zustimmung zur Übertragung von Nutzungsrechten bei freier Vermarktung der Software enthalten sein wird,[300] wäre es doch zu weitgehend, hieraus eine generelle Regelung abzuleiten, insbesondere im Hinblick auf die Differenzierung zwischen verschiedenen Softwareentwicklungsarten.[301] Aber auch wenn der Urheber zustimmen muss, bleibt nach § 34 Abs. 1 S. 2 seine Pflicht, diese nicht entgegen Treu und Glauben zu verweigern. So kann in der   25f

---

[284] BGH CR 2004, 490 (491 f.); Ernst MMR 2001, 208 (211).

[285] *Hoeren* CR 2004, 721 (724); zust. Wandtke/Bullinger/*Grützmacher* UrhG § 69a Rn. 70 unter Hinweis auf BGH CR 2006, 155 (158).

[286] OLG Karlsruhe GRUR 1983, 300 – Inkasso-Programm; *Marly* Rn. 689; *Schneider* CR 2003, 1 (4); *Link* GRUR 1986, 141 (146); auch eine Klausel zur Fiktion einer Abnahme einer Software bei Bearbeitung bedeutet noch nicht, dass ein Bearbeitungsrecht eingeräumt wurde, so aber OLG München CR 1988, 378 f., dagegen zu Recht Wandtke/Bullinger/*Grützmacher* UrhG § 69a Rn. 71.

[287] *Karger* CR 2001, 357 (365); Wandtke/Bullinger/*Grützmacher* UrhG § 69a Rn. 68.

[288] *Karger* CR 2001, 357 (365); Wandtke/Bullinger/*Grützmacher* UrhG § 69a Rn. 69; aA Fromm/Nordemann/ *J. B. Nordemann* UrhG § 31 Rn. 143; BGH GRUR 1985, 1041 (1043).

[289] BGH GRUR 1985, 1041 (1044 f.) – Inkasso-Programm; *Link* GRUR 1986, 141 (146); *Götting* VersR 2001, 410 (412).

[290] *Karger* CR 2001, 357 (363 f.); Wandtke/Bullinger/*Grützmacher* UrhG § 69a Rn. 72.

[291] *Redeker* ITRB 2005, 70 (71 f.), allerdings nur für Individualvereinbarungen. Warum dies für AGB indes nicht möglich sein soll, erscheint gerade im Hinblick auf sonstige dinglich wirkende Vorbehaltsklauseln im Zivilrecht zweifelhaft.

[292] Wandtke/Bullinger/*Grützmacher* UrhG § 69a Rn. 72.

[293] *Bartsch* CR 2012, 141 (144) unter Verweis auf BGH NJW 2011, 989.

[294] BGH GRUR 2005, 860 (862) – Fash 2000; BGH GRUR 2009, 946 (948) – Reifen Progressiv; BGH – M2Trade; OLG Frankfurt a. M. GRUR-RR 2010, 5 (6); OLG Frankfurt a. M. CR 2010, 571 (574); OLG Karlsruhe GRUR-RR 2012, 98 (101).

[295] *Dreier* GRUR 1993, 781 (783); Wandtke/Bullinger/*Grützmacher* UrhG § 69a Rn. 77; Fromm/Nordemann/ *Czychowski* UrhG § 69a Rn. 42.

[296] OLG Frankfurt a. M. CR 1998, 525 (526) – Nutzungsrechte an Software; Wandtke/Bullinger/*Grützmacher* UrhG § 69a Rn. 77.

[297] Fromm/Nordemann/*Czychowski* UrhG § 69a Rn. 42; aA *Bröckers* MMR 2011, 18 (22).

[298] → § 34 Rn. 1; Wandtke/Bullinger/*Grützmacher* UrhG § 69a Rn. 77; *Bröckers* MMR 2011, 18 (22); aA *Haberstumpf* CR 2009, 346 (350).

[299] So Wandtke/Bullinger/*Grützmacher* UrhG § 69a Rn. 77; *Bröckers* MMR 2011, 18 (22 f.), der dies dogmatisch mit einer extensiven Auslegung begründet; *Zecher* S. 112 ff.

[300] BGH GRUR 2005, 860 (862) – Fash 2000.

[301] Ohne Differenzierung für Anwendung von § 34 Abs. 1 OLG Karlsruhe GRUR-RR 2012, 98 (101); OLG Düsseldorf MMR 2010, 57; OLG Frankfurt a. M. MMR 2009, 544; OLG München MMR 2008, 601.

Insolvenz des Lizenznehmers eine solche Zustimmungspflicht anzunehmen sein,[302] aber auch beim Abschluss eines Sicherungsvertrages.[303]

25g   Für die **Ausgliederung (Out-Sourcing)** von Unternehmensteilen oder deren Veräußerung greifen § 34 Abs. 3 S. 2 beim Sachkauf bzw. S. 3 beim Anteilskauf ein, wobei aufgrund des weitgehend fehlenden Persönlichkeitsrechtsbezugs bei Computerprogrammen idR kein Rückrufsrecht eingreift.[304] Gleiches gilt für Verschmelzung[305] und Spaltung nach dem UmwG, für Umwandlungen aufgrund der Universalsukzession sowieso.

25h   Ein **Rückruf nach § 41** wegen Nichtausübung der Nutzungsrechte kommt in der Regel nicht in Betracht: Für Programme, die in Arbeitsverhältnissen entwickelt wurden, ergibt sich dies schon aus einer europarechtskonformen Auslegung, da der Arbeitgeber das vollständige Rechtebündel erhalten soll. Aber auch bei Auftragsarbeiten im Rahmen einer Pauschalvergütung außerhalb eines Arbeitsverhältnisses ist idR kein Rückrufsrecht anzunehmen, da die (von § 41 geschützten) Existenzinteressen des Programmierers ausreichend gewahrt sind;[306] anders ist dies bei stückzahlabhängigen oder sonstigen variablen Vergütungen zu beurteilen. Nach – zweifelhafter (dazu → Vor §§ 69a ff. Rn. 60) – Rechtsprechung wirkt sich der Heimfall der Rechte zwar ex nunc aus, nicht aber auf die Rechtsstellung von Unterlizenznehmern.[307]

25i   Für § 43 gilt, dass die Regelung in § 69b Vorrang hat. Unterschiedlich sind die Vorschriften über die **Schranken** des Urheberrechts **(§§ 44a ff.)** zu beurteilen. Teilweise betreffen die Schrankenregelungen keine Sprachwerke oder passen für Computerprogramme nicht, so dass von daher eine Anwendung ausscheidet.[308] Vom Sinn und Zweck des § 44a her, die lediglich kurzfristige, nicht selbständig nutzbare Kopie zur Beschleunigung der Kommunikation zu privilegieren, ist diese Schranke anwendbar,[309] auch die zustimmungsfreie Vervielfältigung im Interesse der Rechtspflege und öffentlichen Sicherheit **(§ 45)**[310] und eine Anwendung des Zitatrechts des **§ 51 S. 1, S. 2 Nr. 1 und 2.**[311] § 52a kann vor allem im Hinblick auf den Informatikunterricht für Teile eines Programms, zB dessen Wiedergabe, einschlägig sein.[312] Ausgeschlossen sind dagegen **§§ 53–54h;**[313] Vervielfältigungen von Computerprogrammen zum privaten und sonstigen eigenen Gebrauch sind stets unzulässig.[314] Die Schutzdauer für Computerprogramme beträgt nach **§ 64** 70 Jahre post mortem auctoris (p. m. a.).[315] Art. 8 der Richtlinie sah zwar als Regelschutzdauer 50 Jahre p. m. a. vor; durch die Schutzdauerrichtlinie der EG wurde jedoch allgemein die siebzigjährige Schutzdauer eingeführt. Bei mehreren Urhebern bzw. Miturheberschaft ist der Tod des längstlebenden Urhebers maßgeblich, § 65 Abs. 1.

25j   Keine Anwendung auf Computerprogramme finden die Vorschriften der **§§ 95a–95d** (→ Rn. 26).[316]

25k   Die **§§ 96–111** sind auch auf die Verletzung von Rechten an Computerprogrammen grundsätzlich anwendbar; § 69f sperrt die Anwendbarkeit des § 98 Abs. 1,[317] verweist jedoch in seinem Abs. 2 auf **§ 98 Abs. 2 und 3.** Für die Verantwortlichkeit sowohl hinsichtlich Schadensersatz als auch Störerhaftung,[318] Vernichtungsanspruch etc gelten die allgemeinen Vorschriften ohne Besonderheiten. Hervorzuheben ist lediglich die von der Rechtsprechung weit gezogene Organisationsverantwortlichkeit von Geschäftsführern, die eine unlizenzierte Nutzung nicht durch organisatorische Maßnahmen verhindern, insbesondere Instruktionen von Mitarbeitern und Kontrolle sowie Einrichtung beschränkter

---

[302] BGH GRUR 2005, 860 (862) – Fash 2000.

[303] *Schmidt* WM 2003, 461 (470); Wandtke/Bullinger/*Grützmacher* UrhG § 69a Rn. 80.

[304] Wandtke/Bullinger/*Grützmacher* UrhG § 69a Rn. 80; *Joppich* K&R 2003, 211 (213, 216); *Berger* FS Schricker, 2005, 223 (229 f.); aA im Falle der Veräußerung an Wettbewerber *Royla/Gramer* CR 2004, 154 (159).

[305] *Backu* ITRB 2009, 213 (214).

[306] *Link* GRUR 1986, 141 (146); *Hoeren* CR 2005, 773 (775).

[307] BGH GRUR 2009, 946 (947 f.) – Reifen Progressiv; BGH CR 2012, 572 (574) – M2Trade; krit. dazu *Spindler* CR 2014, 557 mwN.

[308] Fromm/Nordemann/*Czychowski* UrhG § 69a Rn. 43.

[309] Offen lassend BGH GRUR 2011, 418 Rn. 17 – UsedSoft I; Wandtke/Bullinger/*Grützmacher* UrhG § 69a Rn. 85; Leupold/Glossner/*von dem Bussche/Schelinski* MAH IT-Recht Teil 1 Rn. 391; die Anwendbarkeit des § 44a bejahend Fromm/Nordemann/*Czychowski* UrhG § 69a Rn. 43, § 69c Rn. 9; unklar Dreier/Schulze/*Dreier* UrhG § 69a Rn. 34 (offen lassend), § 69c Rn. 9 (bejahend), § 69d Rn. 3 (§§ 69d Abs. 1–3, 69e seien leges speciales); die Anwendbarkeit erwägend *Pohle/Ammann* CR 2009, 273 (276); die Vorschrift des § 44a UrhG zugunsten von § 69c Nr. 1 S. 2 UrhG verneinend *Bisges* MMR 2012, 574 (577); *Hoeren* CR 2006, 573 (576 f.).

[310] Fromm/Nordemann/*Czychowski* UrhG § 69a Rn. 43: § 45 Abs. 1; Wandtke/Bullinger/*Grützmacher* UrhG § 69a Rn. 74 f.

[311] Dreier/Schulze/*Dreier* UrhG § 69d Rn. 3; *Dreier* GRUR 1993, 781 (784); aA *Haberstumpf* in Lehmann, Rechtsschutz, Kap. II Rn. 148; Wandtke/Bullinger/*Grützmacher* UrhG § 69a Rn. 85 für § 51; offen lassend Fromm/Nordemann/*Czychowski* UrhG § 69a Rn. 43.

[312] Wandtke/Bullinger/*Grützmacher* UrhG § 69a Rn. 85.

[313] Zu § 53 Fromm/Nordemann/*Czychowski* UrhG § 69a Rn. 43.

[314] Begr. RegE BT-Drs. 12/4022, 8 f.; *Dreier* GRUR 1993, 781 (784); Fromm/Nordemann/*Czychowski* UrhG § 69a Rn. 43; → § 53 Rn. 13.

[315] Zur Anwendbarkeit der §§ 64–69 Fromm/Nordemann/*Czychowski* UrhG § 69a Rn. 43.

[316] § 69a Abs. 5; näher dazu → Rn. 26.

[317] Wie hier Wandtke/Bullinger/*Grützmacher* UrhG § 69a Rn. 87; Fromm/Nordemann/*Czychowski* UrhG § 69a Rn. 43; anders offenbar OLG Frankfurt a. M. MMR 2010, 681 (681 f.).

[318] Ausf. *Spindler/Schuster/Volkmann* BGB § 1004 Rn. 9 ff.; *Spindler* FS Köhler, 2014, 695 ff.

Admin-Rechte,[319] was vor allem in Unternehmen Bedeutung erlangen kann, wenn die dortigen Arbeitnehmer oder andere, dort auf vertraglicher Basis (Dienst-, Werkvertrag, Auftrag) eingesetzte Personen, ihre technischen Arbeitsmittel (Laptop), welche mit gegen das Urheberrecht verstoßender Software ausgestattet sind, einsetzen.[320] Besondere Probleme wirft dagegen die Schadensberechnung bei Computerprogrammen im Rahmen der Lizenzanalogie als Schadensberechnungsart (→ § 97 Rn. 267) auf:[321] In der Regel kommt es auf die konkrete Verletzung an, so dass bei dem Vertrieb von gefälschten bzw. raubkopierten Programmen auf den Händlerpreis abzustellen ist, den ein rechtstreuer Händler hätte zahlen müssen.[322] In diesem Rahmen können Großmengenrabatte ebenso wie die Möglichkeit des Bezugs von OEM-Versionen in Betracht kommen.[323] Macht dagegen der exklusive Rechteinhaber den Schaden geltend, müssen Margen des Zwischenhandels herausgerechnet werden, da der Rechteinhaber diese im Rahmen seines Vertriebssystems nicht erhalten hätte (→ § 97 Rn. 271 ff.).[324] Die Verjährung nach § 102 beginnt bei einem installierten nicht lizenzierten Programm erst mit dem Ende von dessen Nutzung, da es sich um einen fortlaufenden Eingriff handelt.[325] Besondere Bedeutung haben zudem in der Praxis die Strafvorschriften,[326] zumal der Verletzte über die Einsicht in die Ermittlungsakten Auskünfte über Ausmaß und Identität des Verletzer erhalten kann.

Für die Zwangsvollstreckung sollte § 113 im Hinblick auf den wesentlich geringeren persönlich- **25l** keitsrechtlichen Einschlag des Schutzes von Computerprogrammen teleologisch dergestalt reduziert werden,[327] dass die Einwilligung des Urhebers nicht erforderlich ist, soweit diese auch nach § 34 Abs. 1 nicht erforderlich wäre oder er seine Kommerzialisierungsabsicht erklärt hat.[328] Dies gilt entsprechend bei der Verwertung bei Rechteinhabern.

§§ 115–119 sind, soweit sie Sprachwerke betreffen, auf Computerprogramme anwendbar, ebenso **25m** §§ 120–123. Bei den Übergangsregelungen gilt die Vorschrift des § 137d.

VI. Keine Anwendung der §§ 32d, 32e, 36–36c, 40a und 95a–95d

Mit Abs. 5 schließt § 69a bestimmte urheberrechtliche Vorschriften von der Anwendung auf Com- **26** puterprogramme aus. Dies betrifft (und betraf bereits vor dem 1.3.2017) die Vorschriften über den Schutz technischer Maßnahmen und der zur Rechtewahrnehmung erforderlichen Informationen nach §§ 95a–95d. Der Grund hierfür liegt darin, dass nach Art. 1 Abs. 2 (a) der Richtlinie zur Informationsgesellschaft, in deren Umsetzung §§ 95a–95d eingeführt wurden,[329] die Bestimmungen über den rechtlichen Schutz von Computerprogrammen unberührt bleiben.[330] Der Vorschlag des Bundesrates, §§ 95a und 95c in § 69a Abs. 5 aufzunehmen,[331] wurde deshalb in der Gegenäußerung der Bundesregierung zurückgewiesen.[332] Allerdings gilt das ZugangskontrolldiensteschutzG. Ferner sind mit Wirkung zum 1.3.2017 sogleich die (zeitgleich erst aufgenommenen) besonderen urhebervertragsrechtlichen Regelungen der §§ 32d, 32e, 36–36c und 40a[333] für den Bereich der Computerprogramme ausgenommen. Nach der Begründung des RegE bedarf es auf Grund des strengen Wettbewerbs um Softwareentwickler keiner zusätzlichen Schutzmechanismen; die Vertragsparität sei in diesem Bereich der Kreativwirtschaft durch die hohe Nachfrage an Mitarbeitern nicht gleichermaßen gefährdet.[334] Die daher vorgesehenen Ausnahmetatbestände in den Einzelnormen[335] wurden ua mit der Beschlussempfehlung des Ausschusses für Recht und Verbraucherschutz dann in den Abs. 5 des § 69a überführt[336] und im Gesetzgebungsverfahren ergänzt.

---

[319] OLG Karlsruhe CR 2009, 217 (219 f.).
[320] *Söbbing/Müller* ITRB 2012, 15 (15 f.).
[321] Zur Lizenzanalogie im Rahmen der LGPL LG Bochum CR 2011, 289 (290); *Meyer* CR 2011, 560 (562 f.); *Witte* ITRB 2006, 136 ff.; *Witte* ITRB 2010, 201 (212); *Groß* K&R 2011, 292 ff.
[322] LG Frankfurt a. M. CR 2011, 428 (434).
[323] OLG Düsseldorf GRUR-RR 2005, 213 f.; aA und nach der Anwendereigenschaft differenzierend OLG Karlsruhe CR 2009, 217 (218 f.); unentschieden Wandtke/Bullinger/*Grützmacher* UrhG § 69a Rn. 87.
[324] *Witte* ITRB 2006, 136 (137); *Witte* ITRB 2010, 210 (212).
[325] OLG Karlsruhe CR 2009, 217 (220).
[326] S. dazu *Hansen/Wolff-Rojczyk/Eifinger* CR 2011, 332; Wandtke/Bullinger/*Grützmacher* UrhG § 69a Rn. 88 mwN.
[327] AA Dreier/Schulze/*Dreier* UrhG § 113 Rn. 15, der methodisch mangels einer Regelungslücke eine teleologische Reduktion verneint; ebenso Wandtke/Bullinger/*Kefferpütz* UrhG § 113 Rn. 17.
[328] Ähnlich *Paulus* ZIP 1996, 2 (4); *Roy/Palm* NJW 1995, 690 (692); dem folgend Wandtke/Bullinger/*Grützmacher* UrhG § 69a Rn. 89; Möhring/Nicolini/*Rudolph* UrhG § 113 Rn. 22 ff.; Stein/Jonas/*Brehm* ZPO § 857 Rn. 23; Wandtke/Bullinger/*Kefferpütz* UrhG § 113 Rn. 15 ff.; Fromm/Nordeman/*Boddien* UrhG § 113 Rn. 23; wohl auch abl. Dreier/Schulze/*Dreier* UrhG § 113 Rn. 15.
[329] Vgl. dazu → § 95a Rn. 4.
[330] Vgl. auch Erwgr. 50 der Richtlinie.
[331] Vgl. BT-Drs. 15/38, 37.
[332] BT-Drs. 15/38, 42.
[333] Gesetzes zur verbesserten Durchsetzung des Anspruchs der Urheber und ausübenden Künstler auf angemessene Vergütung und zur Regelung von Fragen der Verlegerbeteiligung vom 20.12.2016 (BGBl. I S. 3037) mit Wirkung zum 1.3.2017.
[334] RegE, BT-Drs. 18/8625, 27.
[335] Vgl. etwa §§ 32d Abs. 2 S. 2, § 40a Abs. 3 Nr. 2 UrhG-RegE, BT-Drs. 18/8625, 7 ff.
[336] Beschlussempfehlung und Bericht des Ausschusses für Recht und Verbraucherschutz (6. Ausschuss), BT-Drs. 18/10637, 22, 24.

VII. Sonderfragen, insbesondere Computerspiele

27   Besondere Probleme treten bei **Computerspielen** im Hinblick darauf auf, dass es sich um sog. „**hybride Produkte**",[337] handelt.[338] Dass heute die meisten Computerspiele angesichts ihrer phantasievollen und/oder realitätsgetreuen Darstellung der Figuren, der Szenerie und der Handlungsabläufe Urheberrechtsschutz genießen, kann keinem Zweifel unterliegen. Eindrucksvolle Beispiele bilden virtuelle Welten in „World of Warcraft" oder in Open-World-Spielen[339] wie „Grand Theft Auto V". Deren dogmatische Einordnung war bisher umstritten und wirft nach wie vor Probleme auf. Der EuGH[340] hat inzwischen Computerspiele als „Gesamtwerk" eingestuft, die sowohl dem Schutz der InfoSoc-RL als auch der Softwarerichtlinie unterliegen sollen; doch bleibt im Detail unklar, ob er der – auch hier vertretenen – rechtlichen Einordnung, die der BGH[341] in seinem Vorlagebeschluss vertreten hatte, folgt.[342] Während eine früher zT vertretene Auffassung[343] davon ausging, dass Computerspiele insgesamt als Software einzuordnen seien, legte der BGH in seinem Vorlagebeschluss, in dem es um die Reichweite des Ausschlusses des § 69a Abs. 5 ging, zu Recht dar, dass es sich bei Computerspielen um „hybride[n] Produkte, die zugleich Computerprogramme und andere Werke oder urheberrechtlich geschützte Schutzgegenstände enthalten [...]",[344] handele. Er lehnte damit die Schwerpunkttheorie[345] genauso wie die Ausschlusstheorie[346] zugunsten einer Anwendung der §§ 69a ff. und §§ 95a ff. **nebeneinander** ab.[347] Daher ist beim Schutz von Computerspielen (Videospielen)[348] zu unterscheiden zwischen dem Spiel als Ganzen, dem dasselbe steuernde Computerprogramm sowie den Bestandteilen des Spiels (→ Rn. 7).[349] Der BGH hat dies bekräftigt, indem er § 95a Abs. 3 Nr. 3 auf die Herstellung von sog. Adapter-Karten anwendet, mit deren Hilfe der Schutz von Spielkonsolen umgangen werden konnte.[350] Das **Computerspiel als Ganzes,** dh die audio-visuelle Darstellung kann in ihrem Bewegungsablauf (Spielablauf) als Filmwerk (§ 2 Abs. 1 Nr. 6) geschützt sein,[351] sofern es sich um eine persönliche geistige Schöpfung iSv § 2 Abs. 2 handelt. Für den **Schutz des Computerprogramms selbst,** dh das das Spiel steuernde Programm,[352] gelten keine Besonderheiten; nur auf dieses finden die § 69a ff. Anwendung.[353] Daneben kommt ein urheberrechtlicher Schutz der Spielbestandteile unter den Voraussetzungen des § 2 Abs. 2 in Frage:[354] Gegeben sein kann ein Schutz der Spielmusik gem. § 2 Abs. 1 Nr. 2,[355] ferner kommt ein **Laufbildschutz** nach §§ 95, 94 in Betracht.[356] Auch ein Schutz als Werk der bildenden Kunst kann gem. § 2 Abs. 1 Nr. 4 eingreifen.[357] Das Einzelbild kann Schutz als **Lichtbildwerk** (§ 2 Abs. 1 Nr. 5) bzw. als **Lichtbild** (§ 72) genießen,

---

[337] BGH GRUR 2013, 1035 Rn. 21 – Videospiel-Konsolen I.

[338] *Spindler*/Schuster UrhG § 95a Rn. 4.

[339] http://de.wikipedia.org/wiki/Open-World-Spiel.

[340] EuGH GRUR 2014, 255 – Nintendo ua/PC Box ua; dazu *Oehler* MMR 2014, 403; *Schultz* K&R 2014, 183; *Brunn*/Nordmeyer CR 2014, 226.

[341] BGH GRUR 2013, 1035 – Videospiel-Konsolen I; das Vorlageverfahren wurde aufgrund der Entscheidung des EuGH zurückgezogen, BGH GRUR 2015, 672 (673) – Videospiel-Konsolen II.

[342] EuGH GRUR 2014, 255 Rn. 23 – Nintendo ua/PC Box ua.

[343] OLG Frankfurt a. M. GRUR 1983, 753 (757).

[344] BGH GRUR 2013, 1035 Rn. 21 – Videospiel-Konsolen I, dem folgend OLG München MMR 2017, 339 (340); ebenso BGH GRUR 2017, 266 Rn. 34 – World of Warcraft I; BGH GRUR 2017, 541 Rn. 19 – Videospiel-Konsolen III.

[345] So *Wandtke*/Bullinger/*Grützmacher* UrhG § 69a Rn. 97; *Grützmacher* ITRB 2015, 120 (122); Fromm/Nordemann/*Czychowski* UrhG § 69a Rn. 45; *Czychowski* GRUR 2017, 362 (363) keine kumulative Anwendung aller denkbaren Normen; *Schröder* MMR 2013, 80 (82).

[346] Schricker/Loewenheim/*Götting* UrhG § 95a Rn. 4; *Heinemeyer*/Nordmeyer CR 2013, 586 (589 f.).

[347] BGH GRUR 2013, 1035 Rn. 21 ff. – Videospiel-Konsolen; BGH GRUR 2017, 266 Rn. 34 – World of Warcraft I; zust. *Spindler*/Schuster UrhG § 95a Rn. 4; *Ludwig*/Falker K&R 2013, 654 (655); *Roth* MMR 2013, 673 (673 f.).

[348] Dazu näher *Schlatter* in Lehmann, Rechtsschutz, Kap. III Rn. 8 ff.; *Lambrecht,* Der urheberrechtliche Schutz von Bildschirmspielen, 2006; *Kreutzer* CR 2007, 1 ff.; *Bullinger*/Czychowski GRUR 2011, 19 ff.

[349] *Rauda* Rn. 70 ff., 81 ff., 98 ff.; ähnlich EuGH GRUR 2014, 255 Rn. 23 – Nintendo ua/PC Box ua, der zwischen dem „[...] Computerprogramm[e] [...]" sowie den „grafische[n] und klangliche[n] Bestandteile[n] [...]" differenziert; BGH GRUR 2013, 1035 Rn. 20 f. – Videospiel-Konsolen; *Marly* Rn. 82; *Schröder* MMR 2013, 80 (82); *Hofmann* ZUM 2013, 279 (280).

[350] BGH GRUR 2015, 672 Rn. 43 – Videospiel-Konsolen II; BGH MMR 2017, 534 – Videospiel-Konsolen III; s. auch OLG München MMR 2017, 339 zu den Voraussetzungen des Schutzes nach § 95a bei Videospiel-Konsolen.

[351] BGH NJW 2013, 784 Rn. 14 – Alone in the Dark; *Rauda* Rn. 98 ff.; *Marly* Rn. 82; Spindler/Schuster/*Wiebe* UrhG § 69a Rn. 14; *Hofmann* CR 2012, 281 (283); *Hofmann* ZUM 2013, 279 (280); *Bullinger*/Czychowski GRUR 2011, 19 (22); einen Schutz ablehnend allerdings *Schack* Rn. 731, 248; mit dem Einwand der Interaktivität auch ablehnend *Wieduwilt* MMR 2008, 715 (716); OLG Frankfurt a. M. GRUR 1983, 753 (756) – Pengo.

[352] *Rauda* Rn. 72; *Bullinger*/Czychowski GRUR 2011, 19 (21).

[353] LG Köln ZUM 2011, 350 (351); *Marly* Rn. 82; *Hofmann* ZUM 2013, 279 (280); unklar dagegen LG Berlin MMR 2014, 838 (839): „Auch genießt das Spiel gem. § 69a UrhG Schutz als Computerprogramm".

[354] Ausf. *Rauda* Rn. 81 ff.; *Hofmann* ZUM 2013, 279 (280); *Bullinger*/Czychowski GRUR 2011, 19 (21).

[355] BGH GRUR 2013, 1035 Rn. 11 – Videospiel-Konsolen; *Rauda* Rn. 85 f.; *Marly* Rn. 82.

[356] BGH GRUR 2013, 1035 Rn. 11 – Videospiel Konsolen; *Rauda* Rn. 103 ff.; *Marly* Rn. 84. Näher → § 2 Rn. 217.

[357] *Marly* Rn. 82.

wobei die Subsumtion unter § 72 aufgrund der Tatbestandsvoraussetzung, dass das „Erzeugnis[se] [...] ähnlich wie Lichtbilder hergestellt w[o]rden" ist, nicht unumstritten ist. Legt man § 72 dergestalt aus, dass es nicht auf die Art der Herstellung des Erzeugnisses ankommt,[358] kann die Subsumtion gelingen. Zum Schutz der **Figuren,** der va von den (optischen) Charakteristika der Figur abhängt,[359] → § 2 Rn. 149, 189.[360] Zu weit geht es jedoch, die **Spielidee** bzw. Konzeption selbst dem urheberrechtlichen Schutz zu unterstellen, da es sich hier nur um die urheberrechtlich nicht geschützte Idee handelt.[361]

Konsequenzen hat die Einordnung als hybrides Produkt im Hinblick auf die parallele Anwendung von Schranken ebenso wie der Erschöpfungslehre: So kann eine Sicherungskopie in Anbetracht der nur eingeschränkt möglichen Privatkopie nach § 53 UrhG nicht für das gesamte Computerspiel angefertigt werden, sofern damit auch die anderen Teile erfasst werden (Grafiken etc), soweit sie urheberrechtlich geschützt sind. Ferner greift (bislang) nicht der für Computerprogramme entwickelte Erschöpfungsgrundsatz auch im Online-Bereich für andere Werkkategorien ein. Umgekehrt kann etwa § 69d Abs. 3 (**Testläufe, Dekompilieren** etc) nicht entsprechend auf die Teile des Computerspiels angewandt werden, die zwar geschützt sind (§ 2 UrhG), aber kein Computerprogramm darstellen.[362]

Die **Benutzeroberfläche** stellt als solche kein Computerprogramm dar (→ Rn. 7). Sie kann aber **28** als Sprachwerk nach § 2 Abs. 1 Nr. 1, als wissenschaftlich-technische Darstellung nach § 2 Abs. 1 Nr. 7, oder auch nach § 2 Abs. 1 Nr. 4 geschützt sein. Ein Problem kann jedoch in Fällen der computerunterstützten Programmierung (sog. computer aided software engineering, CASE) (dazu bereits unter → Rn. 15), wie sie oft bei Benutzeroberflächen durch „Drag and Drop"-Baukästen eingesetzt wird,[363] bestehen; hier kann es bei vorgefertigten, standardisierten Komponenten im Einzelfall an der nötigen Individualität fehlen (auch → Rn. 17 ff.).[364] Daneben kann Wettbewerbsschutz nach §§ 3 Abs. 1, 4 Nr. 9 (§ 4 Nr. 3 nF) UWG bestehen.[365]

Ebenso wenig stellen **Multimedia-Erzeugnisse** Computerprogramme dar. Zwar kommen sie an- **29** gesichts der Digitaltechnik ohne Computerprogramme, die den Geschehensablauf steuern, nicht aus. Aber die in Multimedia-Werken enthaltene schöpferische Leistung liegt in der durch Sprache, Bild und Ton vermittelten gedanklichen Aussage, nicht in den für Ablauf und Wiedergabe erforderlichen Computerprogrammen; die multimediale Darstellung auf dem Computerbildschirm ist keine Ausdrucksform des zugrunde liegenden Computerprogramms.[366] Ein multimediales Werk, wie etwa eine Musikdarbietung mit gleichzeitiger Möglichkeit der Verfolgung des Notenbildes, wird auch nicht dadurch zum Computerprogramm, dass es in ein digitales Format übertragen wird.

Mehrfach hatte sich die Rechtsprechung mit der Beseitigung eines **Dongle-Schutzes** zu befassen. **30** Der Dongle ist kein Computerprogramm,[367] sondern ein mechanisches Bauteil,[368] das auf eine Schnittstelle eines Computers aufgesteckt wird,[369] dem Kopierschutz dient[370] und bei dem sich die Frage stellt, ob sie nach § 69d Abs. 1 oder § 69e zulässig sein kann;[371] § 95a findet gemäß § 69a Abs. 5 keine Anwendung. Programme, die eine Beseitigung oder Umgehung der Dongle-Abfrage ermöglichen, unterliegen dem Vernichtungsanspruch des § 69f Abs. 2. Die Beseitigung oder Umgehung der Dongle-Abfrage stellt eine Umarbeitung iSd § 69c Nr. 2 dar,[372] auch kommt ein **Wettbe-**

---

[358] So *Büchner* ZUM 2011, 549 (550 f.); aA *Rauda* Rn. 90, 94, der dies für mit dem Wortlaut des § 72 unvereinbar hält, des Weiteren lehnt er auch eine Analogie zu § 72 aufgrund des Fehlens einer planwidrigen Regelungslücke ab.

[359] *Graef* ZUM 2012, 108 (115).

[360] Für Schutz als Werk der bildenden Kunst (§ 2 Abs. 1 Nr. 4 UrhG) etwa: *Graef* ZUM 2012, 108 (109); für einen Vergleich mit Comicfiguren: *Lambrecht* Bildschirmspielen S. 183; *Bullinger/Czychowski* GRUR 2011, 19 (23 f.); *Marly* Rn. 82; ohne Festlegung auf Werkart: *Rauda* Rn. 84.

[361] Tendenziell zu weit daher *Conraths* CR 2016, 705 (706 f.), der aber letztlich doch ein Skript (Drehbuch) als geschütztes Sprachwerk verlangt.

[362] BGH GRUR 2017, 266 Rn. 67 f. – World of Warcraft I.

[363] *Karl* S. 61.

[364] Wantke/Bullinger/*Grützmacher* UrhG § 69a Rn. 32; Fromm/Nordemann/*Czychowski* UrhG § 69a Rn. 19.

[365] Dazu näher → Rn. 7.

[366] OLG Frankfurt a.M. GRUR-RR 2005, 299 (300); ausdrücklich offen lassend, ob Websites ein gem. § 69a Abs. 1 schutzfähiges Computerprogramm zugrunde liegt OLG Hamburg MMR 2012, 832 (833), welches die hier vertretene Auffassung jedoch als „erwägenswert[en]" bezeichnet; LG Köln MMR 2006, 52 (55); Dreier/Schulze/*Dreier* UrhG § 69a Rn. 18; Wantke/Bullinger/*Grützmacher* UrhG § 69a Rn. 22; Fromm/Nordemann/*Czychowski* UrhG § 69a Rn. 10; sa *Loewenheim* FS Piper, 1996, 709 (714 f.); *Loewenheim* GRUR 1997, 830 (832); aA *Koch* GRUR 1995, 459 ff.; näher zu diesen Fragen auch *Lehmann/v. Tucher* CR 1999, 700 (703); *Wiebe/Funkat* MMR 1998, 69 ff.; → Rn. 7.

[367] *Rauda* Rn. 76.

[368] Hardwarestecker, hardware lock.

[369] Dreier/Schulze/*Dreier* UrhG § 69a Rn. 12; → § 69f Rn. 12. Computerprogramme können so konzipiert sein, dass sie laufend eine Dongle-Abfrage vornehmen und deshalb nur bei aufgestecktem Dongle laufen. Dadurch lässt sich eine unzulässige Mehrfachnutzung des Programms verhindern, weil nur das Programm, nicht aber der Dongle kopiert werden kann und die Programmkopie ohne Dongle nicht läuft. Dieser Schutz lässt sich durch Entfernung der Dongle-Abfrage bzw. die Programmbeseitigen oder durch ein Zusatzprogramm umgehen. In der Beseitigung der Dongle-Abfrage liegt eine **Umarbeitung des Programms,** die unter § 69c Nr. 2 fällt → § 69c Rn. 14.

[370] Möhring/Nicolini/*Kaboth/Spies* UrhG § 69c Rn. 10; http://de.wikipedia.org/wiki/Dongle.

[371] Dazu → § 69d Rn. 11 und → § 69e Rn. 10.

[372] Wantke/Bullinger/*Grützmacher* UrhG § 69c Rn. 23; Dreier/Schulze/*Dreier* UrhG § 69c Rn. 16.

werbsverstoß gem. § 4 Nr. 3, 4 UWG[373] (§§ 3 Abs. 1, 4 Nr. 9, 10 UWG aF) in Betracht, nicht jedoch ein Verstoß gegen § 3a UWG (§§ 3 Abs. 1, 4 Nr. 11 UWG aF), da die Vorschriften des geistigen Eigentums grds. abschließend seien[374] bzw. es sich bei ihnen nach aA nicht um Marktverhaltensregelungen handele.[375] In Frage kommt daneben eine Strafbarkeit gem. § 17 UWG, da Computerprogramme und Programmcodes, namentlich der Quellcode,[376] „Betriebsgeheimnisse" iSd Norm sein können.[377] Ein sekundärer zivilrechtlicher Schutz kann dann insbes. mit § 823 Abs. 2 erreicht werden.[378] In der wettbewerbsrechtlichen Betrachtung sind zudem immaterialgüterrechtliche Bewertungen zu berücksichtigen, um das System des geistigen Eigentums nicht zu unterlaufen.[379] Im Zuge der – noch umzusetzenden – Geschäftsgeheimnis-Richtlinie (EU) 2016/943[380] sollen mit Art. 5 GeschGehG-E[381] die Regelungen des Betriebsgeheimnisschutzes (§§ 17–19 UWG) aus dem UWG gestrichen und in (modifizierter Form) in das sachnähere GeschGehG übernommen werden.

§ 69b Urheber in Arbeits- und Dienstverhältnissen

(1) **Wird ein Computerprogramm von einem Arbeitnehmer in Wahrnehmung seiner Aufgaben oder nach den Anweisungen seines Arbeitgebers geschaffen, so ist ausschließlich der Arbeitgeber zur Ausübung aller vermögensrechtlichen Befugnisse an dem Computerprogramm berechtigt, sofern nichts anderes vereinbart ist.**

(2) **Absatz 1 ist auf Dienstverhältnisse entsprechend anzuwenden.**

Schrifttum: *Bartsch,* Softwarerechte bei Projekt- und Pflegeverträgen, CR 2012, 141; *Bayreuther,* Zum Verhältnis zwischen Arbeits-, Urheber- und Arbeitnehmererfindungsrecht – Unter besonderer Berücksichtigung der Sondervergütungsansprüche des angestellten Softwareerstellers, GRUR 2003, 570; *Benecke,* Entwicklung von Computerprogrammen durch Arbeitnehmer – Aktuelle Entwicklungen des gewerblichen Rechtsschutzes für Computerprogramme und ihre arbeitsrechtlichen Folgen, NZA 2002, 883; *Berger,* Zum Anspruch auf angemessene Vergütung (§ 32 UrhG) und weitere Beteiligung (§ 32a UrhG) bei Arbeitnehmer-Urhebern, ZUM 2003, 173; *Brandi-Dohrn,* Arbeitnehmererfindungsschutz bei Softwareerstellung, Kommerzielle Online-Nutzung von Computerprogrammen, CR 2001, 285; *Brandner,* Zur Rechtsstellung eines angestellten Programmierers, GRUR 2001, 883; *Bräutigam* (Hg.), IT-Outsrurcing und Cloud-Computing, 3. Aufl. 2013; *Bullinger/Czychowski,* Digitale Inhalte: Werk und/ oder Software?, Ein Gedankenspiel am Beispiel von Computerspielen, GRUR 2011, 19; *Czychowski,* Die angemessene Vergütung im Spannungsfeld zwischen Urhebervertrags- und Arbeitnehmererfindungsrecht – ein Beitrag zur Praxis des neuen Urhebervertragsrechts im Bereich der angestellten Computerprogrammierer, in: Loewenheim (Hg.), Urheberrecht im Informationszeitalter, Festschrift für Wilhelm Nordemann zum 70. Geburtstag, 2004, S. 157; *Diederichsen,* Der Vergütungsanspruch des angestellten Urhebers – Gleichbehandlung mit dem Arbeitnehmererfinder, 2002; *Haberstumpf,* Wem gehören Forschungsergebnisse?, Zum Urheberrecht an Hochschulen, ZUM 2001, 819; *Hilty/Peukert,* Das neue deutsche Urhebervertragsrecht im internationalen Kontext, GRUR-Int 2002, 643; *Hoff,* Die Vergütung angestellter Software-Entwickler, 2009; *Karger,* Rechtseinräumung bei Software-Erstellung, CR 2001, 357; *Koch,* Handbuch Software- und Datenbankrecht, 2013, S. 216 ff.; *Leinhas,* IT-Outsourcing und Betriebsübergang im Sinne des § 613a BGB – arbeitnehmererfindungsrechtliche und arbeitnehmerurheberrechtliche Problemlösungen, 2009; *Lejeune,* Neues Arbeitnehmerurheberrecht – Die wesentlichen Auswirkungen des Gesetzes zur Stärkung der vertraglichen Stellung von Urhebern und ausübenden Künstlern („Urhebervertragsrechtsgesetz") auf das Arbeitnehmerurheberrecht, ITRB 2002, 145; *Leuze,* Die Urheberrechte der wissenschaftlichen Mitarbeiter, GRUR 2006, 552; *ders.,* Urheberrechte an bzw. in Tarifverträgen, AuR 2013, 475; *ders.,* Urheberrechte der Beschäftigten im öffentlichen Dienst, 3. Aufl. 2008; *v. Olenhusen,* Der Urheber- und Leistungsrechtsschutz der arbeitnehmerähnlichen Personen, GRUR 2002, 11; *Ruzman,* Softwareentwicklung durch Arbeitnehmer, 2004; *Scholz,* Die rechtliche Stellung des Computerprogramme erstellenden Arbeitnehmers nach Urheberrecht, Patentrecht und Arbeitnehmererfindungsrecht, 1989; *Ulbricht,* Unterhaltungssoftware – Urheberrechtliche Bindungen bei Projekt- und Publishingverträgen, CR 2002, 317; *van der Hoff,* Die Vergütung angestellter Software-Entwickler, 2009; *Wandtke,* 50 Jahre Urheberrechtsgesetz – eine unendliche Geschichte des Arbeitnehmerurheberrechts, GRUR 2016, 831; *Wimmers/Rode,* Der angestellte Softwareprogrammierer und die neuen urheberrechtlichen Vergütungsansprüche, CR 2003, 399; *Zirkel,* Das neue Urhebervertragsrecht und der angestellte Urheber, WRP 2003, 59; *ders.,* Der angestellte Urheber und § 31 Abs. 4 UrhG, ZUM 2004, 626.

Zu Literatur vor 2000 s. Voraufl.

---

[373] Wandtke/Bullinger/*Grützmacher* UrhG § 69g Rn. 24. Noch zu § 1 UWG aF: BGH GRUR 1996, 78 – Umgehungsprogramm; OLG Stuttgart CR 1989, 685 – Hardlock-Entferner; OLG Düsseldorf GRUR 1990, 535 – Hardware-Zusatz; OLG München CR 1995, 663; 1996, 11; 1996, 672; LG Oldenburg CR 1996, 217; sa *Raubenheimer* CR 1996, 69 mwN.

[374] Ohly/Sosnitza/*Ohly* UWG § 3a Rn. 10, 17.

[375] So schon zu § 1 UWG aF: BGHZ 140, 183 = GRUR 1999, 325 (326) – Elektronische Pressearchive; Köhler/Bornkamm/Feddersen/*Köhler* UWG § 3a Rn. 1.72.

[376] BGH GRUR 2013, 509 Rn. 30 – UniBasic-IDOS.

[377] Köhler/Bornkamm/Feddersen/*Köhler* UWG § 17 Rn. 12a; bezweifelt wird jedoch, ob dies auch für den Quellcode gilt, der in Form eines öffentlich verbreiteten Objectcodes, also des maschinenlesbaren Programms, vorliegt, vgl. Dreier/Schulze/*Dreier* UrhG § 69a Rn. 10. Entscheidend ist in solchen Fällen der Verkörperung des Geschäftsgeheimnisses in einem (im Verkehr befindlichen) Produkts, ob dieses für jeden Fachmann ohne größeren Aufwand zugänglich ist, vgl. *Triebe* WRP 2018, 795 Rn. 67; *Nemethova/Peters* InTeR 2018, 67 (71).

[378] BGH GRUR 1977, 539 (541) – Prozessrechner; AmtlBegr. zum Entwurf eines Gesetzes gegen den unlauteren Wettbewerb, BT-Drs. 15/1487, 15; *Triebe* WRP 2018, 795 Rn. 60; *Kalbfus* GRUR 2016, 1009.

[379] Bereits → Vor §§ 69a ff. Rn. 15.

[380] Richtlinie (EU) 2016/943 des Europäischen Parlaments und des Rates vom 8.6.2016 über den Schutz vertraulichen Know-hows und vertraulicher Geschäftsinformationen (Geschäftsgeheimnisse) vor rechtswidrigem Erwerb sowie rechtswidriger Nutzung und Offenlegung (Geschäftsgeheimnisse-RL).

[381] Entwurf der Bundesregierung zum GeschGehG vom 4.10.2018, BT-Drs. 19/4724.

Übersicht

I. Zweck und Bedeutung der Norm

Nach dem **Urheberschaftsprinzip** (dazu → § 7 Rn. 1) ist auch in Arbeits- und Dienstverhältnis- **1** sen Urheber derjenige, der die persönliche geistige Schöpfung erbracht hat; in seiner Person entstehen die Rechte, die das UrhG dem Urheber zuweist. Der Arbeitgeber oder Dienstherr darf daher die im Rahmen des Arbeits- oder Dienstverhältnisses geschaffenen Werke nur verwerten, wenn er sich vom Arbeitnehmer bzw. Bediensteten vertraglich (im Allgemeinen im Arbeitsvertrag) ein Nutzungsrecht einräumen oder jedenfalls eine schuldrechtliche Nutzungserlaubnis geben lässt.[1] Grundsätzlich besteht keine gesetzliche Vermutung, dass durch das Arbeitsverhältnis diese Rechte dem Arbeitgeber (Dienstherrn) eingeräumt sind. Art. 2 Abs. 3 der Computerprogramm-RL[2] trifft eine hiervon abweichende Regelung. Diese Vorschrift ändert zwar nichts am Urheberschaftsprinzip, sieht aber ein[3] **Recht des Arbeitgebers zur Ausübung aller wirtschaftlichen Rechte am Programm** vor. Da der deutsche Gesetzgeber Zweifel hatte, ob durch eine bloße Auslegung der Generalklausel des § 43 eine korrekte Umsetzung erfolgen würde,[4] hat er Art. 2 Abs. 3 weitgehend wörtlich in § 69b Abs. 1 übernommen und in Abs. 2 auf Dienstverhältnisse erstreckt. § 69b ist lex specialis gegenüber § 43.[5] Es handelt sich bei § 69b um eine **Sonderregelung**, die ausschließlich für Computerprogramme gilt. Sie hat keine Ausstrahlungen auf andere in Arbeits- oder Dienstverhältnissen geschaffene Werke.[6] Als europäisches Urheberrecht ist sie **richtlinienkonform auszulegen**.[7] § 69b ist gemäß § 137d Abs. 1 auch auf Computerprogramme anzuwenden, die vor dem 24.6.1993 geschaffen worden sind.[8]

II. Arbeits- oder Dienstverhältnis

§ 69b gilt **nur für die in einem Arbeits- oder Dienstverhältnis stehenden Urheber.** Die **2** Vorschrift findet **keine Anwendung auf Auftragswerke,** etwa auf Grund eines Werkvertrags.[9] Der ursprüngliche Kommissionsentwurf[10] hatte in Art. 2 Abs. 3 eine gleichartige Regelung für Auftragswerke vorgesehen, die aber wieder gestrichen wurde.[11] Dadurch sollte die Position der freiberuflichen Programmierer gestärkt werden.[12]

Wer **Arbeitnehmer** ist, wird vom Unionsrecht nicht bestimmt, was den Mitgliedstaaten somit ei- **3** nen Regelungsspielraum eröffnet.[13] Es finden daher die im Arbeitsrecht und zu § 43 entwickelten Rechtsgrundsätze Anwendung.[14] Danach ist Arbeitnehmer, wer in einem Arbeitsverhältnis steht und eine vom Arbeitgeber abhängige, weisungsgebundene Tätigkeit ausübt. Zu Einzelheiten und Abgrenzungsfragen → § 43 Rn. 11 ff. **Freie Mitarbeiter** sind grundsätzlich keine Arbeitnehmer.[15] Allerdings kommt es nicht auf die Bezeichnung, sondern auf die Ausgestaltung des Rechtsverhältnisses an;[16] nicht von der Regelung des § 69b erfasst werden auch **arbeitnehmerähnliche Personen.**[17]

---

[1] Dazu näher → § 43 Rn. 6.

[2] Dazu → Vor §§ 69a ff. Rn. 4.

[3] Vertraglich abdingbares, → Rn. 20.

[4] AmtlBegr. BT-Drs. 12/4022, 10.

[5] Wandtke/Bullinger/*Grützmacher* UrhG § 69b Rn. 1; BeckOK UrhR/*Kaboth/Spies* UrhG § 69b Rn. 2; auch → Rn. 2.

[6] Vgl. auch → Vor §§ 69a ff. Rn. 5; siehe aber weiterführend *Wandtke* GRUR 2015, 831.

[7] → Vor §§ 69a ff. Rn. 6.

[8] BGH GRUR 2001, 155 (157) – Wetterführungspläne; BGH GRUR 2002, 149 (151 f.) – Wetterführungspläne II; OLG München CR 2000, 429 (430); aA OLG Frankfurt a. M. CR 1995, 81; verfassungsrechtliche Zweifel bei Wandtke/Bullinger/*Grützmacher* UrhG § 69b Rn. 21.

[9] Allg. Ansicht, vgl. etwa Dreier/Schulze/*Dreier* UrhG § 69b Rn. 4; DKMH/*Dreyer* UrhG § 69b Rn. 4.

[10] *Goldtran* CR 1989, 450.

[11] Dazu *Lehmann* in Lehmann, Rechtsschutz, Kap. I A Rn. 10.

[12] *Dreier* CR 1991, 577 (579).

[13] Fromm/Nordemann/*Czychowski* UrhG § 69b Rn. 6.

[14] AmtlBegr. BT-Drs. 12/4022, 11; Wandtke/Bullinger/*Grützmacher* UrhG § 69b Rn. 2; Fromm/Nordemann/*Czychowski* UrhG § 69b Rn. 6; *Marly* Rn. 127.

[15] → § 43 Rn. 16 f.; AmtlBegr BT-Drs. 12/4022, 11; BGH GRUR 2005, 860 (862) – Fash 2000; Wandtke/Bullinger/*Grützmacher* UrhG § 69b Rn. 3; Fromm/Nordemann/*Czychowski* UrhG § 69b Rn. 4; *Marly* Rn. 129.

[16] BAG NZA 1998, 365 (365); sa *Karger* CR 2001, 357 (360); v. *Olenhusen* GRUR 2002, 11 (13).

[17] Vgl. → § 43 Rn. 18; Wandtke/Bullinger/*Grützmacher* UrhG § 69b Rn. 3; *v. Olenhusen* GRUR 2002, 11 (14 f.); aA *Th. Götting* VersR 2001, 410 (411 f.), wg. vergleichbarem Schutzbedürfnis, allerdings mit eher fehlgehendem Verweis auf BGH GRUR 1974, 480 – Hummelrechte, der eine „klösterliche Lebensgemeinschaft" betraf.

Auch Organe wie Vorstand oder Geschäftsführer unterliegen nicht § 69b.[18] Scheinselbständige Personen sind dagegen als Arbeitnehmer zu behandeln.[19] Auch im Rahmen einer Arbeitnehmerüberlassung überlassene Softwareentwickler, die aber nach AÜG dem Verleiher bzw. Auftraggeber zuzurechnen sind, unterfallen dem Arbeitnehmerbegriff, so dass dem Auftraggeber ihre Rechte zustehen.[20] Aus rechtspolitischer Perspektive wird mitunter Kritik an dem beschränkten Anwendungsbereich des § 69b laut.[21]

4 Die Regelung des Abs. 1 wurde in Abs. 2 auf **Dienstverhältnisse** erweitert, weil eine abweichende Behandlung der in öffentlich-rechtlichen Dienstverhältnissen stehenden Personen nicht gerechtfertigt gewesen wäre.[22] Unter Abs. 2 fallen alle **öffentlich-rechtlichen Dienstverhältnisse;** die Vorschrift ist anwendbar auf Beamte, Soldaten und Richter, aber auch auf sonstige öffentlich-rechtliche Dienstverhältnisse, die keine Beamtenverhältnisse im engeren Sinne sind.[23] Arbeitnehmer im öffentlichen Dienst fallen bereits unter Abs. 1. Im Übrigen zum Begriff des Dienstverhältnisses → § 43 Rn. 10.

III. In Arbeits- oder Dienstverhältnissen geschaffene Werke

5 Von § 69b werden nur Werke erfasst, die der Arbeitnehmer (Bedienstete) **in Wahrnehmung seiner Aufgaben** oder **nach den Anweisungen seines Arbeitgebers bzw. Dienstherrn** geschaffen hat. Diese Formulierung ist gleichbedeutend mit der Wendung „in Erfüllung seiner Verpflichtungen" in § 43.[24] Der von § 43 abweichende Wortlaut erklärt sich aus dem Bestreben des Gesetzgebers, die Bestimmungen der Richtlinie möglichst wörtlich zu übernehmen.[25] Auf **außervertragliche bzw. außerdienstliche Werke** findet die Vorschrift damit **keine Anwendung.**[26] Den Arbeitgeber trifft die Beweislast dafür, dass es sich um im Arbeits- oder Dienstverhältnis geschaffene Werke handelt.[27]

6 Was zu den **Aufgaben** des Arbeitnehmers (Bediensteten) gehört, ergibt sich primär aus dem **Arbeitsvertrag (Dienstverhältnis),** daneben aus der **betrieblichen Funktion, tarifvertraglichen Regelungen,** dem **Berufsbild** und der **Üblichkeit.**[28] Ein **enger innerer Zusammenhang** mit den arbeitsvertraglichen Pflichten reicht aus, auch dann, wenn das Arbeitsverhältnis primär auf eine andere Tätigkeit als die Erstellung von Computerprogrammen ausgerichtet ist.[29] Das gilt jedenfalls dann, wenn der Arbeitnehmer während seiner Arbeitszeit Programme mit Billigung und auf Kosten des Arbeitgebers erstellt[30] oder wenn dem Arbeitnehmer Spielraum für eine entsprechende Gestaltung und Organisation seiner Tätigkeit gelassen ist.[31] Ist der Arbeitnehmer zwecks Erstellung eines Computerprogramms von sonstigen Aufgaben und der Anwesenheitspflicht im Betrieb weitgehend freigestellt, so findet § 69b auch dann Anwendung, wenn das Programm überwiegend außerhalb der regulären Arbeitszeiten erstellt wurde (auch → Rn. 9).[32] Mit dem zunehmendem Einzug der Computer-Technologie in nahezu alle Arbeitsbereiche kann für den Arbeitnehmer Anlass bestehen, sich zur Erledigung seiner Aufgaben eines Computers zu bedienen und gegebenenfalls auch aus eigener Initiative Programme zu entwickeln.[33] Auch solche Programme sind dann noch in Wahrnehmung der arbeitsvertraglichen Aufgaben erstellt; eine konkrete Anweisung ist nicht erforderlich.[34] Allerdings muss es sich um eine arbeitsvertraglich geschuldete (Neben-) Pflicht handeln, eigenständig tätig zu werden.[35] Sofern der Arbeitnehmer die vermögensrechtlichen Befugnisse selbst ausüben will, muss er eine entsprechende Vereinbarung nach Abs. 1 aE treffen.[36]

---

[18] Wandtke/Bullinger/*Grützmacher* UrhG § 69b Rn. 3; *Marly* Rn. 129.

[19] Wandtke/Bullinger/*Grützmacher* UrhG § 69b Rn. 2; offen lassend *Lampenius* K&R 2012, 12 (16).

[20] LAG Baden-Württemberg CR 1991, 740 (742 ff.); Wandtke/Bullinger/*Grützmacher* UrhG § 69b Rn. 2; Fromm/Nordemann/*Czychowski* UrhG § 69b Rn. 6.

[21] *Bullinger/Czychowski* GRUR 2011, 19 (25 aE f.).

[22] AmtlBegr. BT-Drs. 12/4022, 11; vgl. auch *Buchner* in Lehman, Rechtsschutz, Kap. XI Rn. 23.

[23] AmtlBegr. BT-Drs. 12/4022, 11.

[24] Dreier/Schulze/*Dreier* UrhG § 69b Rn. 8; *Buchner* in Lehmann, Rechtsschutz, Kap. XI Rn. 33; *Hauptmann* S. 163.

[25] Vgl. → Vor §§ 69a ff. Rn. 5.

[26] AmtlBegr. BT-Drs. 12/4022, 11.

[27] Wandtke/Bullinger/*Grützmacher* UrhG § 69b Rn. 5.

[28] OLG München CR 2000, 429 (430); Dreier/Schulze/*Dreier* UrhG § 69b Rn. 8; Wandtke/Bullinger/*Grützmacher* UrhG § 69b Rn. 6; *Sack* UFITA 121 1993, 15 (17 f.); *Holländer* CR 1991, 614 f.; Einzelheiten bei → § 43 Rn. 22 ff.

[29] OLG München CR 2000, 429 (430); KG WM 1997, 1443; OLG Karlsruhe GRUR 1987, 845 (848); Dreier/Schulze/*Dreier* UrhG § 69b Rn. 8; Fromm/Nordemann/*Czychowski* UrhG § 69b Rn. 7; *Buchner* in Lehmann, Rechtsschutz, Kap. XI Rn. 30; *Sack* UFITA 121 1993, 15 (18); aA *Götting* FS Schricker, 1995, 99.

[30] KG NJW-RR 1997, 1405.

[31] *Buchner* in Lehmann, Rechtsschutz, Kap. XI Rn. 30; Fromm/Nordemann/*Czychowski* UrhG § 69b Rn. 7; *Ruzman* S. 110 f.; *Sack* UFITA 121 1993, 15 (18 f.).

[32] OLG Köln GRUR-RR 2005, 302 – TKD-Programme; Fromm/Nordemann/*Czychowski* UrhG § 69b Rn. 7.

[33] KG WM 1997, 1443.

[34] Anders noch BAG GRUR 1984, 429 – Statikprogramme; für § 69b ebenso OLG München CR 2000, 429 f.; *Zirkel* WRP 2003, 59 (61).

[35] S. auch *Holländer* CR 1991, 614 (615); dem folgend Wandtke/Bullinger/*Grützmacher* UrhG § 69b Rn. 14.

[36] Vgl. auch → Rn. 20.

Für im **öffentlichen Dienst** tätige Beamte oder Angestellte gelten die gleichen Bedingungen.[37] An der Stellung der im Hochschulbereich tätigen **Professoren**[38] hat sich durch § 69b nichts geändert, insbesondere nicht im Hinblick auf Art. 5 Abs. 3 S. 1 GG; an von ihnen geschaffenen Computerprogrammen erwirbt der Dienstherr grundsätzlich keine Rechte.[39] Dies gilt allerdings nicht, wenn der Hochschullehrer ausdrücklich zur Entwicklung eines bestimmten Programms beauftragt war.[40]

Die **Anweisungen** des Arbeitgebers bzw. Dienstherrn umfassen sowohl die Aufgabenübertragung, 7 Computerprogramme zu erstellen, als auch konkrete Anweisungen zur Art und Weise der Herstellung oder inhaltlichen Gestaltung von Computerprogrammen.[41] Sie können allgemein für die Tätigkeit erfolgen oder sich auf eine konkrete Aufgabenstellung beziehen. Ob die Anweisung durch die Weisungsbefugnis des Arbeitgebers gedeckt ist, ist für die Anwendbarkeit des § 69b unerheblich;[42] die Frage ist arbeitsrechtlich, nicht urheberrechtlich zu lösen.[43]

In Wahrnehmung seiner Aufgaben oder nach den Anweisungen seines Arbeitgebers bzw. Dienst- 8 herrn sind Programme nur dann geschaffen, wenn sie **während des Bestehens des Arbeits- oder Dienstverhältnisses** erstellt worden sind. An Computerprogrammen, die der Arbeitnehmer vorher geschaffen hat und während des Arbeits- oder Dienstverhältnisses benutzt, erwirbt der Arbeitgeber keine Rechte.[44] Ebenso wenig findet § 69b Anwendung auf Programme, die der Arbeitnehmer zwar in Wahrnehmung seiner Aufgaben benutzt, die aber nicht von ihm entwickelt sind, sondern an denen er lediglich ein Nutzungsrecht besitzt.[45] Hat ein Arbeitnehmer ein Computerprogramm bei einem Arbeitgeber begonnen, so ist zu unterscheiden: Tritt er nicht in einen neuen Arbeitsvertrag ein und beendet das Programm, so soll § 69b aus Gründen der arbeitsvertraglichen Treuepflicht analog angewandt werden.[46] Allerdings ist das Vorliegen einer planwidrigen Regelungslücke mehr als fragwürdig. Tritt der Arbeitnehmer dagegen nach einem Arbeitsplatzwechsel in einen neuen Arbeitsvertrag ein, in dessen Rahmen er das Programm bei einem anderen vollendet oder fortschreibt, so stehen jedem der Arbeitgeber die Rechte an den Teilen zu, die der Arbeitnehmer während seiner Tätigkeit bei ihm erstellt hat.[47] Zum Computerprogramm, an dem der Arbeitgeber Rechte erwirbt, gehören eben auch die Vorstufen und das Entwurfsmaterial.[48] Der erste Arbeitgeber muss zustimmen, wenn die bei ihm erstellten Teile beim zweiten Arbeitgeber benutzt werden sollen.

Keine Anwendung findet § 69b, wenn der Arbeitnehmer (Bedienstete) Computerprogramme 9 nicht in Wahrnehmung seiner Aufgaben oder nach Anweisung des Arbeitgebers, aber unter **Verwendung von Arbeitsmitteln und Kenntnissen aus dem Betrieb des Arbeitgebers** geschaffen hat. Teilweise wird in entsprechender Anwendung von §§ 4 Abs. 2 Nr. 2, 6 f. ArbnErfG angenommen, dass der Arbeitgeber das Recht zur Inanspruchnahme des Computerprogramms habe;[49] dafür soll dem Arbeitnehmer (Bediensteten) ein entsprechender Vergütungsanspruch aus § 9 bzw. § 40 ArbnErfG[50] bzw. § 242 BGB[51] zustehen.[52] Dieser Auffassung ist nicht zu folgen. Während § 4 Abs. 2 ArbnErfG den Aufgabenerfindungen die Erfahrungserfindungen ausdrücklich an die Seite gestellt hat, ist dies durch § 69b gerade nicht geschehen. Daraus lässt sich nicht auf eine vom Gesetzgeber nicht erkannte Lücke schließen. Die gesetzlichen Wertungen des Arbeitnehmererfinderrechts lassen sich nicht ohne Weiteres auf das Arbeitnehmerurheberrecht übertragen. Wer ein Werk schafft, in das maßgeblich dienstlich erworbene Kenntnisse und Erfahrungen einfließen, ist grundsätzlich nicht verpflichtet, die

---

[37] *Leuze* S. 71 ff.

[38] Näher → § 43 Rn. 131; eingehend *Kraßer* FS Schricker, 1995, 100 ff.

[39] BGH GRUR 1991, 523 (527) – Grabungsmaterialien; Fromm/Nordemann/*Czychowski* UrhG § 69b Rn. 10; Wandtke/Bullinger/*Grützmacher* UrhG § 69b Rn. 15; Spindler/Schuster/*Wiebe* UrhG § 69b Rn. 1, Fn. 1; *Sack* UFITA 121 1993, 15 (22); *Leuze* GRUR 2006, 552 (558); *Leuze* S. 120 ff., dort auch zu FH-Professoren und Juniorprofessoren etc; zu § 43 BGHZ 112, 243 (248 f.) – Grabungsmaterialien.

[40] KG NJW-RR 1996, 1066 (1067) – Poldok; *Haberstumpf* ZUM 2001, 819 (826); Wandtke/Bullinger/*Grützmacher* UrhG § 69b Rn. 15.

[41] Dreier/Schulze/*Dreier* UrhG § 69b Rn. 8; Wandtke/Bullinger/*Grützmacher* UrhG § 69b Rn. 16; *Sack* UFITA 121 1993, 15 (19 f.).

[42] *Sack* UFITA 121 1993, 15 (20); Wandtke/Bullinger/*Grützmacher* UrhG § 69b Rn. 16; *Ruzman* S. 112 f.; aA *Gaul* RDV 1994, 1 (2 f.).

[43] Fromm/Nordemann/*Czychowski* UrhG § 69b Rn. 12.

[44] OLG Düsseldorf CR 2009, 214 f.; LG Düsseldorf ZUM 2007, 559 (564); Wandtke/Bullinger/*Grützmacher* UrhG § 69b Rn. 10; *Sack* UFITA 121 1993, 15 (20 f.); *Buchner* in Lehmann, Rechtsschutz, Kap. XI Rn. 46.

[45] BAG CR 1997, 88 f.

[46] Fromm/Nordemann/*Czychowski* UrhG § 69b Rn. 7.

[47] *Buchner* in Lehmann, Rechtsschutz, Kap. XI Rn. 53; Wandtke/Bullinger/*Grützmacher* UrhG § 69b Rn. 32; Spindler/Schuster/*Wiebe* UrhG § 69b Rn. 3; aA Fromm/Nordemann/*Czychowski* UrhG § 69b Rn. 11, wonach dem früheren Arbeitgeber für den Fall, dass das bisherige Arbeitsergebnis urheberrechtlichen Schutz genieße, die Verwertungsrechte zustünden; aA *Sack* UFITA 121 1993, 15 (21), der § 4 ArbNErfG entsprechend anwenden will.

[48] § 69a Abs. 1; → Rn. 11.

[49] LG München CR 1997, 351 (354), bestätigt durch OLG München CR 2000, 429.

[50] So LG München CR 1997, 351 (355).

[51] So OLG München CR 2000, 429.

[52] Vom BGH GRUR 2001, 155 (157) – Wetterführungspläne ist die Frage offengelassen worden; eingehend dazu Wandtke/Bullinger/*Grützmacher* UrhG § 69b Rn. 32 f.

Nutzung dieses Werkes dem Arbeitgeber zu überlassen.[53] Nur Computerprogramme, die patentrechtlich (→ Vor §§ 69a ff. Rn. 9 f.) geschützt sind, unterliegen dem Arbeitnehmererfindergesetz.[54] Allerdings kann sich bei Programmen, die mit vom Arbeitgeber verwendeten Programmen in Konkurrenz stehen, aus dem Gesichtspunkt der arbeitsrechtlichen Treupflicht ein Verwertungsverbot ergeben.[55]

10   Im **privaten Bereich** erstellte Computerprogramme fallen nicht unter § 69b.[56] Entscheidend ist dagegen nicht, ob ein Programm während der Arbeitszeit oder während der Freizeit geschaffen wurde.[57] Gerade bei höheren Tätigkeiten können dienstliche Aufgaben auch in der Freizeit erledigt werden. § 69b stellt nicht auf die Arbeitszeit ab, sondern auf die Aufgaben- oder Weisungserledigung.[58] Allerdings kann der Schaffung des Programms überwiegend in der Freizeit eine gewisse Indizwirkung dafür zukommen, dass es sich nicht mehr um eine Tätigkeit im Rahmen des Arbeitsvertrages handelt;[59] den Arbeitgeber treffen dann erhöhte Darlegungs- und Beweislasten. Auch an den von einem **Beamten** im Rahmen einer Nebentätigkeit erstellten Programmen erwirbt der Dienstherr keine Rechte.[60] Ist ein Computerprogramm im privaten Bereich geschaffen worden, so besteht grundsätzlich auch keine Verpflichtung zur Einräumung eines Nutzungsrechts an den Arbeitgeber oder Dienstherrn.[61]

IV. Berechtigung des Arbeitgebers

11   Der Arbeitgeber (Dienstherr) erwirbt ein **ausschließliches Recht zur Ausübung aller vermögensrechtlichen Befugnisse.** Strittig ist dessen **Rechtsnatur.** Teils wird von einer gesetzlichen Lizenz ausgegangen,[62] (da nur damit die Folge vermieden würde, dass unwirksame Arbeitsverträge auch zur Unwirksamkeit der Rechtseinräumung führen würden),[63] teils von einer gesetzlichen Auslegungsregel.[64] Für eine **gesetzliche Auslegungsregel** spricht die tatbestandlich vorgesehene Möglichkeit einer anderen Vereinbarung (Art. 2 Abs. 3 letzter Hs. RL 2009/24/EG; § 69b Abs. 1 letzter Hs.), die den Rechtsübergang eher in einen vertraglichen Rahmen als in den Rahmen einer gesetzlichen Lizenz stellt. Vor allem aber lässt sich auf diese Weise vermeiden, dass die durch § 69b angeordnete Regelung auf das deutsche Urheberrecht beschränkt bleibt und ausländische Urheberrechte nicht erfasst. Der vom Gesetzgeber verfolgte Zweck, dem Arbeitgeber die vermögensrechtlichen Befugnisse vollständig zuzuordnen,[65] wird auf diese Weise einfacher erreicht. Geht man von einer gesetzlichen Lizenz aus, so wäre im Hinblick auf ausländische Urheberrechte entweder eine zusätzliche Vereinbarung erforderlich oder man müsste dem Arbeitsstatut nach Art. 8 ROM I-VO (ex Art. 30 EGBGB) den Vorrang vor dem urheberrechtlichen Territorialitätsprinzip geben, soweit es um Fragen der Voraussetzungen und Reichweite der Verwertungsbefugnisse des Arbeitgebers an Arbeitsergebnissen eines gewöhnlich seine Arbeit in Deutschland verrichtenden Arbeitnehmers geht.[66] Damit liegt kein originärer, sondern ein derivativer Rechtserwerb vor;[67] Der Arbeitgeber erwirbt vom Arbeitnehmer ein umfassendes **ausschließliches Nutzungsrecht,** das sämtliche vermögensrechtlichen Nutzungsbefugnisse umfasst.[68] Dieses Recht erwirbt er im Hinblick auf § 69a Abs. 1 nicht nur am fertigen Programm, sondern bereits an seinen **Vorstufen** und am Entwurfsmaterial.[69] Der Erwerb des Nutzungs-

---

[53] Vgl. → § 43 Rn. 30 f.; wie hier auch Dreier/Schulze/*Dreier* UrhG § 69b Rn. 8; Fromm/Nordemann/*Czychowski* UrhG § 69b Rn. 8; *Koch,* Handbuch Software- und Datenbankrecht, S. 646; *Bayreuther* GRUR 2003, 570 (577 f.); *Brandi-Dohrn* CR 2001, 285 (290); *Ullmann* GRUR 1987, 6 (14); vgl. auch *Buchner* in Lehmann, Rechtsschutz, Kap. XI Rn. 38 f. mwN.

[54] Ebenso BeckOK UrhG/*Kaboth/Spies* UrhG § 69b Rn. 3a; speziell hinsichtlich Apps im Arbeitsverhältnis s. *Schuhmacher* BKR 2016, 53 (55).

[55] Fromm/Nordemann/*Czychowski* UrhG § 69b Rn. 8; Wandtke/Bullinger/*Grützmacher* UrhG § 69b Rn. 36.

[56] Dreier/Schulze/*Dreier* UrhG § 69b Rn. 8.

[57] Sa OLG Köln GRUR-RR 2005, 302 – TKD-Programme; Fromm/Nordemann/*Czychowski* UrhG § 69b Rn. 7; Wandtke/Bullinger/*Grützmacher* UrhG § 69b Rn. 8; *van der Hoff* S. 135 f.; *Sack* UFITA 121 1993, 15 (17, 20).

[58] *Marly* Rn. 124.

[59] KG NJW-RR 1997, 1405; LG Düsseldorf ZUM 2007, 559 (564); *van der Hoff* S. 136; Wandtke/Bullinger/*Grützmacher* UrhG § 69b Rn. 8.

[60] Allgemein → § 43 Rn. 62; zu Hochschulprofessoren vgl. → Rn. 6.

[61] *Buchner* in Lehmann, Rechtsschutz, Kap. XI Rn. 39; → Rn. 9.

[62] So Wandtke/Bullinger/*Grützmacher* UrhG § 69b Rn. 1; *Lehmann* in Lehmann, Rechtsschutz, Kap. I A Rn. 9; *Huppertz* in Bräutigam, IT-Outsourcing und Cloud-Computing, Teil 4 B Rn. 17; *Marly* Rn. 123; *Sack* UFITA 121 1993, 15 (24); auch noch → 3. Aufl. 2006, Rn. 11; wohl auch BGH GRUR 2001, 155 (157) – Wetterführungspläne I; BGH GRUR 2002, 149 (151) – Wetterführungspläne II; *Schack* UrhR Rn. 304: cessio legis, was wohl auch im Sinne einer Lizenz gemeint ist, da das Urheberrecht nicht übertragbar ist.

[63] Wandtke/Bullinger/*Grützmacher* UrhG § 69b Rn. 1.

[64] Fromm/Nordemann/*Czychowski* UrhG § 69b Rn. 2; wohl auch OLG Düsseldorf CR 1997, 337 (338).

[65] AmtlBegr. BT-Drs. 12/4022, 10.

[66] So *Sack* UFITA 121 1993, 15 (26); Wandtke/Bullinger/*Grützmacher* UrhG § 69b Rn. 4.

[67] Fromm/Nordemann/*Czychowski* UrhG § 69b Rn. 5; Spindler/Schuster/*Wiebe* UrhG § 69b Rn. 2; *Bayreuther* GRUR 2003, 570 (572, Fn. 11).

[68] BGH GRUR 2001, 155 (157) – Wetterführungspläne I; Dreier/Schulze/*Dreier* UrhG § 69b Rn. 9; Wandtke/Bullinger/*Grützmacher* UrhG § 69b Rn. 1, 18; Fromm/Nordemann/*Czychowski* UrhG § 69b Rn. 13.

[69] BGH GRUR 2002, 149 (151) – Wetterführungspläne II; insoweit unzutreffend OLG Celle CR 1994, 681; wie hier *Schweyer* in Anm. zu OLG Celle CR 1994, 684.

rechts erfolgt kraft Gesetzes, es handelt sich nicht um eine bloße gesetzliche Vermutung des Rechts-erwerbs.[70] Der **Arbeitnehmer** ist **zur Verwertung des Computerprogramms nicht berechtigt.** Allerdings kann ihm der Arbeitgeber die Nutzung des Programms durch Einräumung eines Nutzungsrechts oder rein schuldrechtlich gestatten. Der Arbeitgeber kann in diesem Rahmen auch Teil einer Miturhebergemeinschaft werden.[71]

Das Nutzungsrecht berechtigt zur **Ausübung aller vermögensrechtlichen Befugnisse an dem** **12** **Computerprogramm.** Mit dieser Formulierung hat der Gesetzgeber bezweckt, die vermögensrecht-lichen Befugnisse dem Arbeitgeber vollständig zuzuordnen.[72] Das Nutzungsrecht ermöglicht dem Arbeitgeber eine umfassende Verwertung des Computerprogramms. Es ist **sachlich, räumlich und** **zeitlich nicht beschränkt;**[73] für die Anwendung der **Zweckübertragungslehre** (§ 31 Abs. 5) ist im Rahmen des § 69b kein Raum.[74] Es kommt daher nicht darauf an, zu welchem Zweck das Computer-programm entwickelt wurde. Der Arbeitgeber kann[75] sämtliche in den §§ 15 ff. aufgeführten Verwer-tungshandlungen vornehmen oder vornehmen lassen. Insbesondere hat er das **Bearbeitungsrecht,** er kann also (auch durch Dritte) das Programm weiterentwickeln oder anderen Erfordernissen anpassen.[76] Er kann das Nutzungsrecht **übertragen;** er kann am Nutzungsrecht **weitere Nutzungsrechte** aus-schließlicher oder nicht ausschließlicher Art einräumen.[77] Anders als nach §§ 34, 35 ist die Zustim-mung des Urhebers hierzu nicht erforderlich; das entspricht nicht nur der gesetzgeberischen Absicht einer vollständigen Rechtszuordnung an den Arbeitgeber, sondern ist auch durch eine richtlinienkon-forme Auslegung[78] geboten. Übertragung und Einräumung weiterer Nutzungsrechte können auch sachlich, räumlich oder zeitlich beschränkt erfolgen; dabei sind freilich die Grenzen der Aufspaltung von Nutzungsrechten[79] zu beachten. Auch die Nutzungsrechte für bislang **unbekannte Nutzungsar-ten** können eingeräumt werden;[80] vor Inkrafttreten des zweiten Gesetzes zur Regelung des Urheber-rechts in der Informationsgesellschaft (zweiter Korb) war nach allgemeiner Ansicht die Anwendung des **§ 31 Abs. 4** ausgeschlossen;[81] nach Inkrafttreten dieses Gesetzes ist die Einräumung von Nutzungs-rechten für bislang unbekannte Nutzungsarten angesichts der Aufhebung des § 31 Abs. 4 ohnehin zulässig. Angesichts der vom Gesetzgeber beabsichtigten umfassenden Rechtseinräumung an den Ar-beitgeber und der mit der Richtlinie verfolgten europäischen Harmonisierung ist auch das Schrift-formerfordernis des § 31a nicht anzuwenden.[82] Diese Möglichkeiten bestehen nicht nur während, sondern auch **nach Beendigung des Arbeits- oder Dienstverhältnisses.**[83]

Strittig ist, ob der Arbeitgeber auch die **gesetzlichen Vergütungsansprüche** erwirbt. Das wird **13** zum Teil mit der Begründung abgelehnt, dass § 69b es dem Arbeit- bzw. Dienstgeber ermöglichen solle, die wirtschaftliche Verwertung der im Arbeits- bzw. Dienstverhältnis geschaffenen Programme ohne weitere Mitsprache des Programmschöpfers kontrollieren zu können, dazu bedürfe er aber nicht der gesetzlichen Vergütungsansprüche.[84] Berücksichtigt man jedoch, dass die urheberrechtliche Leis-tung des Arbeitnehmers durch den Arbeitslohn abgegolten ist und dem Arbeitgeber das Arbeitsergeb-nis ohne zusätzliche Entlohnung zufließen soll (→ Rn. 16), was die Computerprogramm-RL in Art. 2 Abs. 3 entsprechend vorsieht, so spricht dies eher dafür, auch die gesetzlichen Vergütungsan-sprüche auf den Arbeitgeber übergehen zu lassen;[85] sofern dies nicht gewollt ist, besteht die Möglich-keit einer anderen Vereinbarung gemäß § 69b Abs. 1.[86]

Der Arbeitgeber bzw. Dienstherr erwirbt **nicht die urheberpersönlichkeitsrechtlichen Befug-** **14** **nisse** am Computerprogramm, die bei dieser Werkart idR nur marginaler Natur sind,[87] diese ver-

---

[70] *Sack* UFITA 121 1993, 15 (23).

[71] OLG Düsseldorf CR 2009, 214 (215); *Bartsch* CR 2012, 141.

[72] AmtlBegr. BT-Drs. 12/4022, 10.

[73] BGH GRUR 2001, 155 (157) – Wetterführungspläne I; BGH GRUR 2002, 149 (151) – Wetterführungspläne II; Dreier/Schulze/*Dreier* UrhG § 69b Rn. 9; Wandtke/Bullinger/*Grützmacher* UrhG § 69b Rn. 18 ff.; Fromm/ Nordemann/*Czychowski* UrhG § 69b Rn. 13; näher *Sack* UFITA 121 1993, 15 (24 ff.).

[74] AmtlBegr. BT-Drs. 12/4022, 10; BGH GRUR 2001, 155 (157) – Wetterführungspläne I; Dreier/Schulze/ *Dreier* UrhG § 69b Rn. 9; Wandtke/Bullinger/*Grützmacher* UrhG § 69b Rn. 19; Fromm/Nordemann/*Czychowski* UrhG § 69b Rn. 28; Spindler/Schuster/*Wiebe* UrhG § 69b Rn. 4.

[75] Soweit praktikabel.

[76] AmtlBegr. BT-Drs. 12/4022, 10; Fromm/Nordemann/*Czychowski* UrhG § 69b Rn. 13; Möhring/Nicolini/ *Kaboth/Spies* UrhG § 69b Rn. 14; *Sack* UFITA 121 1993, 15 (24); Wandtke/Bullinger/*Grützmacher* UrhG § 69b Rn. 18.

[77] OLG Frankfurt a. M. CR 1998, 525 (526) – Software-Innovation; Fromm/Nordemann/*Czychowski* UrhG § 69b Rn. 14; Wandtke/Bullinger/*Grützmacher* UrhG § 69b Rn. 18.

[78] Dazu → Vor §§ 69a ff. Rn. 6.

[79] Dazu → § 31 Rn. 27 ff.

[80] Dreier/Schulze/*Dreier* UrhG § 69b Rn. 9; Wandtke/Bullinger/*Grützmacher* UrhG § 69b Rn. 19; *Ulbricht* CR 2002, 317 (321, 323); *Zirkel* ZUM 2004, 626 (629).

[81] Dreier/Schulze/*Dreier* UrhG § 69b Rn. 9; Wandtke/Bullinger/*Grützmacher* UrhG § 69b Rn. 13, 19.

[82] Dreier/Schulze/*Dreier* UrhG § 69b Rn. 9; Fromm/Nordemann/*Czychowski* UrhG § 69b Rn. 13; Spindler/ Schuster/*Wiebe* UrhG § 69b Rn. 4.

[83] Dreier/Schulze/*Dreier* UrhG § 69b Rn. 9.

[84] Dreier/Schulze/*Dreier* UrhG § 69b Rn. 10; sa *Dreier* GRUR 1993, 781 (785); in der Tendenz auch Fromm/ Nordemann/*Czychowski* UrhG § 69b Rn. 16.

[85] Fromm/Nordemann/*Czychowski* UrhG § 69b Rn. 24, 26; *Zirkel* WRP 2003, 59 (65); *Leinhas* S. 182 f.

[86] Im Ergebnis wie hier Wandtke/Bullinger/*Grützmacher* UrhG § 69b Rn. 18.

[87] Fromm/Nordemann/*Czychowski* UrhG § 69b Rn. 15.

bleiben beim Arbeitnehmer bzw. Bediensteten.[88] Damit wird die Übereinstimmung mit Art. 6 bis Abs. 1 RBÜ hergestellt. Der Arbeitnehmer behält also im Grundsatz das Veröffentlichungsrecht (§ 12),[89] das Recht auf Anerkennung der Urheberschaft (§ 13),[90] den Schutz gegen Entstellungen des Werkes (§ 14),[91] das Recht auf Zugang zu Werkstücken (§ 25) und das Rückrufsrecht (§§ 41,[92] 42). Allerdings muss er **Einschränkungen** hinnehmen, die sich aus dem Zweck der vollständigen Zuordnung der vermögensrechtlichen Befugnisse an den Arbeitgeber (Dienstherrn) ergeben.[93] Solche Einschränkungen bestehen bereits bei Nutzungsrechtseinräumungen im Rahmen des § 43,[94] können aber bei § 69b angesichts der Besserstellung des Arbeitgebers ausgeprägter als bei § 43 sein.[95]

15   Eine Ausübung des **Veröffentlichungsrechts** (§ 12) muss zumindest insoweit ausscheiden, als sie die Verwertung des Programms durch den Arbeitgeber beeinträchtigt.[96] Auch wenn das Programm noch nicht fertiggestellt oder übergeben ist, kann der Arbeitnehmer nicht sein Programm veröffentlichen, da dies in aller Regel die betriebsinternen Abläufe des Arbeitgebers stören wird.[97] Das sich aus § 13 ergebende **Recht auf Namensnennung** wird die Verwertung des Computerprogramms durch den Arbeitgeber in aller Regel nicht beeinträchtigen, kann aber ausnahmsweise eingeschränkt sein, wenn ein berechtigtes Interesse des Arbeitgebers besteht, das Programm nur unter seinem Namen zu vermarkten. Der Arbeitgeber darf sich zwar nicht selbst als Urheber bezeichnen, kann sich jedoch im Hinblick auf § 10 Abs. 2 als Herausgeber benennen oder den Copyrightvermerk© anbringen.[98] Ein Verzicht auf die Urheberbenennung bleibt wie in anderen Fällen[99] möglich.[100] Vor allem unterliegt das sich aus dem Schutz gegen Entstellungen des Werkes (§ 14) ergebende **Änderungsverbot** Einschränkungen; die Weiterentwicklung und Anpassung des Programms muss dem Arbeitgeber möglich bleiben.[101] Auch § 39 ist insoweit nicht anwendbar.[102] Beim Recht auf **Zugang zu Werkstücken** (§ 25) ist zwischen den beiderseitigen Interessen abzuwägen: Da der Arbeitgeber alle vermögensrechtlichen Befugnisse erlangt, wird ein Interesse des Arbeitnehmers an einem Zugang vielfach nicht bestehen; die Interessen des Arbeitgebers werden im Hinblick auf Geheimnisschutz jedenfalls überwiegen, wenn er nach Ausscheiden des Arbeitnehmers das Programm weiterentwickelt hat.[103] Für die Geltendmachung eines **Rückrufsrechts** wird es meist schon an den tatbestandlichen Voraussetzungen der §§ 41 oder 42 fehlen; auf keinen Fall darf der Arbeitgeber (Dienstherr) an der Benutzung des Computerprogramms gehindert werden.[104]

V. Vergütungsanspruch

16   Der Arbeitnehmer hat **kein Recht auf eine gesonderte Vergütung**.[105] § 69b hat eine Vergütung nicht vorgesehen und fügt sich damit in das generelle Arbeitnehmerurheberrecht ein, das davon

---

[88] AmtlBegr. BT-Drs. 12/4022, 10; OLG Hamm GRUR-RR 2008, 154 (155) – Copyrightvermerk; KG NJW-RR 1997, 1405; Fromm/Nordemann/*Czychowski* UrhG § 69b Rn. 4, 15; Spindler/Schuster/*Wiebe* UrhG § 69b Rn. 5; *Marly* Rn. 126; zu den daraus folgenden Konsequenzen für Geschäftsgeheimnisse: *Klein/Wegener* GRUR-Prax 2017, 394 (395); *Scheja* CR 2018, 485 (489).
[89] AA Spindler/Schuster/*Wiebe* UrhG § 69b Rn. 5.
[90] Spindler/Schuster/*Wiebe* UrhG § 69b Rn. 5: „bleibt dem Arbeitnehmer weitgehend erhalten".
[91] Fromm/Nordemann/*Czychowski* UrhG § 69b Rn. 15: „§ 14 […] dürfte nur in ganz wenigen Ausnahmefällen Anwendung finden können […]".
[92] AA Fromm/Nordemann/*Czychowski* UrhG § 69b Rn. 28, der die Anwendbarkeit des § 41 ablehnt, da dem Urheber das „berechtigte Interesse" fehle; Wandtke/Bullinger/*Grützmacher* UrhG § 69b Rn. 45.
[93] Dreier/Schulze/*Dreier* UrhG § 69b Rn. 3; Fromm/Nordemann/*Czychowski* UrhG § 69b Rn. 15; Wandtke/Bullinger/*Grützmacher* UrhG § 69b Rn. 38; *Buchner* in Lehmann, Rechtsschutz, Kap. XI Rn. 70; *Sack* UFITA 121 1993, 15 (32); *Götting* FS Schricker, 1995, 100.
[94] Dazu → § 43 Rn. 73 ff.
[95] Ebenso Wandtke/Bullinger/*Grützmacher* UrhG § 69b Rn. 38.
[96] Dreier/Schulze/*Dreier* UrhG § 69b Rn. 3; Wandtke/Bullinger/*Grützmacher* UrhG § 69b Rn. 39; anders Fromm/Nordemann/*Czychowski* UrhG § 69b Rn. 15: Unanwendbarkeit; *Sack* UFITA 121 1993, 15 (32 f.) mwN; *Holländer* CR 1992, 279 (280).
[97] *Scholz* S. 78, 80 ff.; dem zu Recht folgend Wandtke/Bullinger/*Grützmacher* UrhG § 69b Rn. 39; *Kolle* GRUR 1985, 1016 (1023).
[98] S. dazu OLG Hamm GRUR-RR 2008, 154 (155) – Copyrightvermerk; Dreier/Schulze/*Dreier* UrhG § 69b Rn. 3; Wandtke/Bullinger/*Grützmacher* UrhG § 69b Rn. 40; Fromm/Nordemann/*Czychowski* UrhG § 69b Rn. 15; *Götting* FS Schricker, 1995, 100; *Holländer* CR 1992, 279 (280); → § 43 Rn. 79 ff.
[99] Dazu → § 13 Rn. 22 ff.
[100] So auch Wandtke/Bullinger/*Grützmacher* UrhG § 69b Rn. 41 mit Überlegungen zu einer entsprechenden Branchenübung.
[101] Dreier/Schulze/*Dreier* UrhG § 69b Rn. 3; Wandtke/Bullinger/*Grützmacher* UrhG § 69b Rn. 44; Fromm/Nordemann/*Czychowski* UrhG § 69b Rn. 15, 13; *Sack* UFITA 121 1993, 15 (34 f.); *Götting* FS Schricker, 1995, 100; *Holländer* CR 1992, 279 (282 f.).
[102] Sa *Buchner* in Lehmann, Rechtsschutz, Kap. XI Rn. 71; *Sack* UFITA 121 1993, 15 (35); Wandtke/Bullinger/*Grützmacher* UrhG § 69b Rn. 44; zu § 43 vgl. dort → § 43 Rn. 83 ff.
[103] Wandtke/Bullinger/*Grützmacher* UrhG § 69b Rn. 43; *Sack* UFITA 121 1993, 15 (35 ff.); *Götting* FS Schricker, 1995, 101; *Holländer* CR 1992, 279 (283); → § 43 Rn. 95.
[104] Wandtke/Bullinger/*Grützmacher* UrhG § 69b Rn. 45 f.; *Götting* FS Schricker, 1995, 101; → § 43 Rn. 98.
[105] BGH GRUR 2001, 155 (157) – Wetterführungspläne I; BGH GRUR 2002, 149 (151) – Wetterführungspläne II; Dreier/Schulze/*Dreier* UrhG § 69b Rn. 9; Wandtke/Bullinger/*Grützmacher* UrhG § 69b Rn. 22; DKMH/

ausgeht, dass die urheberrechtliche Leistung des Arbeitnehmers **durch den Arbeitslohn abgegolten** ist.[106] § 9 bzw. § 40 ArbnErfG sind nicht auf § 69b anwendbar.[107]

Strittig ist, ob **§ 32 und § 32a auf § 69b anwendbar** sind,[108] ob also auch der Programmierer im **17** Arbeit- oder Dienstverhältnis bei nicht angemessener Vergütung einen Korrekturanspruch nach § 32 Abs. 1 S. 3 hat und ob er bei einem auffälligen Missverhältnis von Gegenleistung und Erträgen eine weitere angemessene Beteiligung nach § 32a verlangen kann.[109] Bei der Entscheidung ist zu berücksichtigen, dass die Rechtsprechung des BGH, dass der Urheberarbeitnehmer kein Recht auf eine gesonderte Vergütung hat und dass die urheberrechtliche Leistung des Arbeitnehmers durch den Arbeitslohn abgegolten ist (→ Rn. 16), noch nicht die mit dem Gesetz zur Stärkung der vertraglichen Stellung von Urhebern und ausübenden Künstler verfolgten Ziele berücksichtigen konnte und daher nicht den Ausschlag geben kann. Die Frage ist damit Teil der allgemeineren Problematik, ob die Vergütungsregelung des § 32 auch in Arbeitsverhältnissen gilt. Vielfach wird das bejaht.[110]

Eine **Anwendung des § 32 im Rahmen des § 69b** ist im Grundsatz möglich,[111] sollte aber mit **18** Zurückhaltung erfolgen. Die Gegenauffassung[112] ordnet § 69b dogmatisch als gesetzliche Lizenz (zur dogmatischen Einordnung → Rn. 11) ein, weshalb die Anwendbarkeit entgegenstehe, dass die Rechte nicht iSd § 32 auf vertraglicher Basis eingeräumt würden.[113] Gegen diese Auffassung spricht bereits, dass § 69b dogmatisch richtigerweise als gesetzliche Auslegungsregel einzuordnen ist (→ Rn. 11). Für die benannte Zurückhaltung spricht nicht nur, dass tarifvertragliche Regelungen ohnehin Vorrang haben (§ 32 Abs. 4), sondern vor allem, dass das Gesetz zur Stärkung der vertraglichen Stellung von Urhebern und ausübenden Künstlern vor allem dem Schutz freiberuflicher Urheber und ausübender Künstler gegenüber den wirtschaftlich und strukturell stärkeren Verwertern dient.[114] Demgegenüber verfügt das Arbeitsrecht über eigene Regelungsinstrumente, um Machtungleichgewichte und wirtschaftliche Interessen zum Ausgleich zu bringen.[115] Bei Programmierern in Arbeits- und Dienstverhältnissen geht es in aller Regel nicht um eine aus gestörter Vertragsparität resultierende Unterbezahlung, sondern eher darum, dass ein Programm einen außergewöhnlichen Erfolg hat, der mit dem Arbeitslohn noch nicht abgegolten ist, so dass eher eine Anwendung von § 32a in Betracht kommt.[116] Daher kann auch nicht ohne Weiteres § 612 BGB ausgeschlossen werden.[117] Probleme praktischer Art, nämlich der Berechnung einer angemessenen Vergütung, ergeben sich auch daraus, dass Programmierer nur teil- oder zeitweise mit der Entwicklung neuer Programme und im Übrigen beispielsweise mit der Wartung anderer Programme beschäftigt sein können.

Eine **Anwendung des § 32a auf § 69b** ist hingegen in vollem Umfang zu bejahen.[118] Die spezi- **19** fische urheberrechtliche Situation, dass die Erträge und Vorteile aus der Nutzung des Werkes in einem auffälligen Missverhältnis zur vereinbarten Gegenleistung (Arbeitslohn) stehen, wird durch das allgemeine Arbeitsrecht nicht erfasst, dem die § 32a zugrunde liegende ex-post-Betrachtung fremd ist.[119] Dies gilt auch im Hinblick auf Art. 2 Abs. 3 der Computerprogramm-RL, da dem europäischen

---

Kotthoff UrhG § 69b Rn. 12; Spindler/Schuster/*Wiebe* UrhG § 69b Rn. 4; *Bayreuther* GRUR 2003, 570 (572); aA *Brandner* GRUR 2001, 883 (884); differenzierend Fromm/Nordemann/*Czychowski* UrhG § 69b Rn. 20 f.

[106] Vgl. → § 43 Rn. 64.

[107] Zur Vergütung für Computerprogramme, die der Arbeitnehmer nicht in Wahrnehmung seiner Aufgaben oder nach Anweisung des Arbeitgebers, aber unter Verwendung von Arbeitsmitteln und Kenntnissen aus dem Betrieb des Arbeitgebers geschaffen hat, vgl. → Rn. 9.

[108] Fromm/Nordemann/*Czychowski* UrhG § 69b Rn. 22 ff.; *Huppertz* in Bräutigam, IT-Outsourcing und Cloud-Computing, Teil 4 B Rn. 17.

[109] Für eine Anwendung der §§ 32 und 32a sprechen sich aus Dreier/Schulze/*Dreier* UrhG § 69b Rn. 10; Wandtke/Bullinger/*Grützmacher* UrhG § 69c Rn. 25; *Ruzman* S. 142 ff.; ferner zu § 36a aF *Sack* UFITA 121 1993, 15 (31 f.); *Sack* BB 1991, 2165 (2171); *Koch,* Handbuch Software- und Datenbankrecht, S. 641; dagegen Fromm/Nordemann/*Czychowski* UrhG § 69b Rn. 22 ff.; ebenso *Czychowski* FS Nordemann, 2004, 157 ff.; Berger/Wündisch/*Wündisch*, Urhebervertragsrecht, § 13 Rn. 33; *Bayreuther* GRUR 2003, 570 (573 ff.); *Wimmers/Rhode* CR 2003, 399 (403 f.); *Ory* AfP 2002, 93 (95); *Zirkel* WRP 2003, 59 (65).

[110] Dreier/Schulze/*Dreier* UrhG § 43 Rn. 30; Wandtke/Bullinger/*Bullinger* UrhG § 43 Rn. 145 f. mit eingehenden Nachweisen; *Hilty/Peukert* GRUR-Int 2002, 643 (648) mwN; → § 43 Rn. 64; einschränkend *Jacobs* NJW 2002, 1905 (1906) – soweit sich nicht aus Inhalt oder Wesen des Arbeits- bzw. Dienstverhältnisses etwas anderes ergibt; aA Loewenheim/*v. Becker* § 29 Rn. 126 ff.; Berger/Wündisch/*Wündisch* § 13 Rn. 33; *Berger* ZUM 2003, 173; *Ory* AfP 2002, 93 (95); DKMH/*Kotthoff* UrhG § 69b Rn. 12; sa *Hucko* ZUM 2001, 273 (274).

[111] AA Fromm/Nordemann/*Czychowski* UrhG § 69b Rn. 22 ff., der „eine Anwendbarkeit im Regelfall" verneint, aber auch aufgrund einer teleologischer Argumentation verneinend; *Huppertz* in Bräutigam, IT-Outsourcing und Cloud-Computing, Teil 4 B Rn. 17.

[112] *Marly* Rn. 123.

[113] *Huppertz* in Bräutigam, IT-Outsourcing und Cloud-Computing, Teil 4 B Rn. 17.

[114] Vgl. AmtlBegr. BT-Drs. 14/7564, 1; Beschlussempfehlung des Rechtsausschusses BT-Drs. 14/8058, 1.

[115] Sa Loewenheim/*v. Becker* § 29 Rn. 126; *Berger* ZUM 2003, 173 (177 f.); *Bayreuther* GRUR 2003, 570 (574).

[116] Vgl. dazu → Rn. 19.

[117] So aber Wandtke/Bullinger/*Grützmacher* UrhG § 69b Rn. 25; *Buchner* in Lehmann, Rechtsschutz, Kap. XI Rn. 77 ff.; wie hier dagegen *Sack* UFITA 121 1993, 15 (31 f.); *Benecke* NZA 2002, 883 (885 f.); *Brandi-Dohrn* CR 2001, 285 (291); *Bayreuther* GRUR 2003, 570 (576 f.).

[118] AA Fromm/Nordemann/*Czychowski* UrhG § 69b Rn. 22 ff.; *Huppertz* in Bräutigam, IT-Outsourcing und Cloud-Computing, Teil 4 B Rn. 17.

[119] S. noch für das alte Recht § 36a aF BGH GRUR 2002, 149 (152 f.) – Wetterführungspläne II; *Sack* UFITA 121 1993, 15 (31 f.); *Dreier* GRUR 1993, 781 (785); für das neue Recht auch *Zirkel* WRP 2003, 59 (65); *Lejeune* ITRB 2002, 145 (146); *van der Hoff* S. 156 f.

Richtliniengeber die Frage der späteren Änderung des Äquivalenzverhältnisses kaum bewusst gewesen sein dürfte.[120] Liegen die Voraussetzungen des § 32a vor, so hat also auch der in einem Arbeits- oder Dienstverhältnis tätige Programmierer Anspruch auf eine den Umständen nach weitere, angemessene Beteiligung.[121]

VI. Abweichende Vereinbarungen

20   Die Vorschrift des § 69b ist **dispositives** Gesetzesrecht,[122] die Rechtsfolgen treten nur ein, sofern **nichts anderes vereinbart** ist. Die Parteien haben es also in der Hand, die Regelung des § 69b auszuschließen oder einzuschränken. Solche Vereinbarungen können auch während des Arbeitsverhältnisses getroffen werden. Die Abbedingung kann auch auf tarifvertraglicher Basis erfolgen,[123] was allerdings teilweise in Zweifel gezogen wird, da Art. 2 Abs. 3 letzter Hs. RL 2009/94/EG anders als § 69b Abs. 1 letzter Hs. („sofern nichts anderes vereinbart ist") von der Disposition durch „vertragliche Vereinbarung" spreche.[124] Allerdings ist nicht erkennbar, dass der Richtliniengeber hier ein entsprechend restriktives, nationale Besonderheiten aufgreifendes Verständnis von vertraglichen Regelungen verfolgt hätte. Praktische Bedeutung werden vor allem Abreden haben, die dem Arbeitnehmer (Bediensteten) einzelne Verwertungsbefugnisse belassen. Die Vereinbarung bedarf **keiner Form;** sie kann also auch **konkludent** erfolgen,[125] wobei hier zT erhöhte Voraussetzungen verlangt werden, um eine konkludente Abbedingung anzunehmen.[126] Es muss sich allerdings um eine konkrete Vereinbarung handeln; aus dem bloßen Zweck des Arbeitsverhältnisses ergibt sich eine solche Vereinbarung noch nicht.[127] Die Darlegungs- und Beweislast für eine abweichende Vereinbarung trifft den Arbeitnehmer.[128] Der Verzicht des Arbeitgebers auf die Inanspruchnahme einer Erfindung nach dem ArbN-ErfG bedeutet noch nicht, dass auch eine abweichende Vereinbarung nach § 69b getroffen wurde.[129]

§ 69c Zustimmungsbedürftige Handlungen

Der Rechtsinhaber hat das ausschließliche Recht, folgende Handlungen vorzunehmen oder zu gestatten:

1. **die dauerhafte oder vorübergehende Vervielfältigung, ganz oder teilweise, eines Computerprogramms mit jedem Mittel und in jeder Form. Soweit das Laden, Anzeigen, Ablaufen, Übertragen oder Speichern des Computerprogramms eine Vervielfältigung erfordert, bedürfen diese Handlungen der Zustimmung des Rechtsinhabers;**
2. **die Übersetzung, die Bearbeitung, das Arrangement und andere Umarbeitungen eines Computerprogramms sowie die Vervielfältigung der erzielten Ergebnisse. Die Rechte derjenigen, die das Programm bearbeiten, bleiben unberührt;**
3. **jede Form der Verbreitung des Originals eines Computerprogramms oder von Vervielfältigungsstücken, einschließlich der Vermietung. Wird ein Vervielfältigungsstück eines Computerprogramms mit Zustimmung des Rechtsinhabers im Gebiet der Europäischen Union oder eines anderen Vertragsstaates des Abkommens über den Europäischen Wirtschaftsraum im Wege der Veräußerung in Verkehr gebracht, so erschöpft sich das Verbreitungsrecht in bezug auf dieses Vervielfältigungsstück mit Ausnahme des Vermietrechts;**
4. **die drahtgebundene oder drahtlose öffentliche Wiedergabe eines Computerprogramms einschließlich der öffentlichen Zugänglichmachung in der Weise, dass es Mitgliedern der Öffentlichkeit von Orten und zu Zeiten ihrer Wahl zugänglich ist.**

Schrifttum: *Alpert,* Kommerzielle Online-Nutzung von Computerprogrammen, CR 2000, 345; *Ammann,* Der Handel mit Second Hand-Software aus rechtlicher Sicht – Eine Betrachtung auf Grundlage des deutschen Rechts, 2011; *Bartsch,* Rechtsmängelhaftung bei der Überlassung von Software, CR 2005, 1, 7; *ders.,* Softwarerechte bei

---

[120] Zu Recht Wandtke/Bullinger/*Grützmacher* UrhG § 69b Rn. 24; *van der Hoff* S. 151 f. (156 f.); *Diederichsen* S. 58 f., 104.

[121] Ebenso Dreier/Schulze/*Dreier* UrhG § 69b Rn. 10; Wandtke/Bullinger/*Grützmacher* UrhG § 69b Rn. 23; DKMH/*Kotthoff* UrhG § 69b Rn. 12; *Bayreuther* GRUR 2003, 570 (575); zu § 36 aF *Brandner* GRUR 2001, 883 (885); aA *Wimmers/Rode* CR 2003, 399 (403 f.).

[122] Fromm/Nordemann/*Czychowski* UrhG § 69b Rn. 17; Wandtke/Bullinger/*Grützmacher* UrhG § 69b Rn. 17; Spindler/Schuster/*Wiebe* UrhG § 69b Rn. 4; *Marly* Rn. 123; BeckOK UrhR/*Kaboth/Spies* UrhG § 69b Rn. 3b.

[123] Wandtke/Bullinger/*Grützmacher* UrhG § 69b Rn. 17; Spindler/Schuster/*Wiebe* UrhG § 69b Rn. 4; wohl auch *Leuze* AuR 2013, 475 (477).

[124] So *Sack* BB 1991, 2165 (2171).

[125] AA KG NJW-RR 1997, 1405, welches eine „ausdrücklich[e]" Abrede zwischen Arbeitgeber und -nehmer verlangt.

[126] *Czychowski/Buchner* in Lehmann, Rechtsschutz, Kap. XI Rn. 61; Wandtke/Bullinger/*Grützmacher* UrhG § 69b Rn. 17: hohe Anforderungen; Fromm/Nordemann/*Czychowski* UrhG § 69b Rn. 17; zurückhaltend Dreier/Schulze/*Dreier* UrhG § 69b Rn. 11.

[127] Dreier/Schulze/*Dreier* UrhG § 69b Rn. 11; *Buchner* in Lehmann, Rechtsschutz Kap. XI Rn. 77 ff.

[128] Wandtke/Bullinger/*Grützmacher* UrhG § 69b Rn. 17; Fromm/Nordemann/*Czychowski* UrhG § 69b Rn. 18.

[129] Fromm/Nordemann/*Czychowski* UrhG § 69b Rn. 17; Wandtke/Bullinger/*Grützmacher* UrhG § 69b Rn. 17; aA *Brandi-Dohrn* CR 2001, 285 (291 f.); Dreier/Schulze/*Dreier* UrhG § 69b Rn. 11.

Projekt- und Pflegeverträgen, CR 2012, 141; *Baus,* Umgehung der Erschöpfungswirkung durch Zurückhaltung von Nutzungsrechten?, MMR 2002, 14; *ders.,* Verwendungsbeschränkungen in Softwareüberlassungsverträgen, 2004; *Berger,* Urheberrechtliche Erschöpfungslehre und digitale Informationstechnologie, GRUR 2002, 198; *Bergmann,* Zur Reichweite des Erschöpfungsprinzips bei der Online-Übermittlung urheberrechtlich geschützter Werke, FS Erdmann, 2002, S. 17; *Bierekoven,* Lizenzierung in der Cloud, ITRB 2010, 42; *Bisges,* Urheberrechtliche Aspekte des Cloud Computing, MMR 2012, 574; *Bräutigam,* Der Handel mit „gebrauchten" Unternehmens- und Konzernlizenz, in: Heymann/Schneider (Hg.), Festschrift für Michael Bartsch zum 60. Geburtstag 2006; *ders.* (Hg.) It-Outsourcing und Cloud-Computing, 3. Aufl., 2013; *ders./Wiesemann,* Der BGH und der Erschöpfungsgrundsatz bei Software, CR 2010, 215; *Bröckers,* Second Hand-Software im urheberrechtlichen Kontext, Frankfurt a. M. 2010; *ders.,* Software-Gebrauchthandel: Der Teufel steckt im Detail, MMR 2011, 18; *Deike,* Open Source Software: IPR-Fragen und Einordnung ins deutsche Rechtssystem, CR 2003, 9; *Dietrich,* ASP – öffentliche Zugänglichmachung oder unbenannte Nutzungsart?, ZUM 2010, 567; *ders.,* Die Onlineerschöpfung bei Computerprogrammen, UFITA 2012, 69; *Eilmansberger,* Immaterialgüterrechtliche und kartellrechtliche Aspekte des Handels mit gebrauchter Software, GRUR 2009, 1123; *Giedke,* Cloud Computing: Eine wirtschaftliche Analyse mit besonderer Berücksichtigung des Urheberrechts, 2013; *Gravenreuth,* Open source und fremder Code nach zwingendem nationalem Recht, JurPC Web-Dok. 209/2004; *Grützmacher,* „Gebrauchtsoftware" und Erschöpfungslehre: Zu den Rahmenbedingungen eines Second-Hand-Marktes für Software, ZUM 2006, 302; *ders.,* Gebrauchtsoftware und Übertragbarkeit von Lizenzen – Zu den Rechtsfragen auch jenseits der Erschöpfungslehre, CR 2007, 549; *ders.,* Gebrauchtsoftwarehandel mit erzwungener Zustimmung – eine gangbare Alternative?, CR 2010, 141; *ders.,* Lizenzgestaltung für neue Nutzungsformen im Lichte von § 69d UrhG (Teil 2), CR 2011, 697; *ders.,* Endlich angekommen im digitalen Zeitalter!?, Die Erschöpfungslehre im europäischen Urheberrecht: der gemeinsame Binnenmarkt und der Handel mit gebrauchter Software, ZGE/IPJ 2013, Bd. 5, 46; *ders.,* „Software aus der Datendose" – Outsourcing, Cloud, SaaS & Co., CR 2015, 779; *Haberstumpf,* Der Handel mit gebrauchter Software und die Grundlagen des Urheberrechts, CR 2009, 345; *ders.,* Der Handel mit gebrauchter Software im harmonisierten Urheberrecht, Warum der Ansatz des EuGH einen falschen Weg zeigt, CR 2012, 561; *ders.,* Josef Köhler und die Erschöpfungslehre, ZGE 2014, 470; *Hartmann,* Weiterverkauf und „Verleih" online vertriebener Inhalte, GRUR-Int 2012, 980; *Hengstler/Pfitzer,* Das wettbewerbsrechtliche Dilemma bei hybriden Softwareprojekten, K&R 2012, 169; *Herzog,* Handel mit gebrauchter Software, 2009; *Heydn/Schmidl,* Der Handel mit gebrauchter Software und der Erschöpfungsgrundsatz, K&R 2006, 74; *Hilber/Knorr/Müller,* Serververlagerungen im Konzern, CR 2011, 417; *Hilber* (Hg.), Handbuch Cloud Computing, 2014; *Hilty,* Die Rechtsnatur des Softwarevertrages, Erkenntnisse aus der Entscheidung des EuGH UsedSoft vs. Oracle, CR 2012, 625; *Hoeren,* Der urheberrechtliche Erschöpfungsgrundsatz bei der Online-Übertragung von Computerprogrammen, CR 2006, 573; *ders.,* Die Online-Erschöpfung im Softwarebereich, MMR 2010, 447; *ders.,* Der Erschöpfungsgrundsatz bei Software – Körperliche Übertragung und Folgeprobleme, GRUR 2010, 665; *ders./Försterling,* Onlinevertrieb „gebrauchter" Software – Hintergründe und Konsequenzen der EuGH-Entscheidung „UsedSoft", MMR 2012, 642; *Hoppen/Thalhofer,* Der Einbezug von Open Source-Komponenten bei der Erstellung kommerzieller Software, CR 2010, 275; *Hövel/Hansen,* Download-Fallen im Internet aus der Perspektive der Software-Hersteller, CR 2010, 252; *Huppertz,* Handel mit Second Hand-Software – Analyse der wesentlichen Erscheinungsformen aus urheber- und schuldrechtlicher Perspektive, CR 2006, 145; *Jaeger,* Die Erschöpfung des Verbreitungsrechts bei OEM-Software, ZUM 2000, 1070; *dies./Metzger,* Open Source Software, 4. Aufl. 2016; *dies.,* Die neue Version 3 der GNU General Public License, GRUR 2008, 130; *Intveen/Gennen/Karger (Hg.),* Handbuch des Softwarerechts, 2018; *Jobke,* Produktaktivierung und Registrierung bei Software für den Massenmarkt, Hamburg 2010; *Karl,* Der urheberrechtliche Schutz von Computerprogrammen, 2009; *Kilian,* Entwicklungsgeschichte und Perspektiven des Rechtsschutzes von Computersoftware in Europa, GRUR-Int 2011, 895; *Knies,* Erschöpfung Online?, GRUR-Int 2002, 314; *Koch,* Computervertragsrecht, 7. Aufl., 2009; *ders.,* Application Service Providing als neue IT-Leistung, ITRB 2001, 39; *ders.,* Urheberrechtliche Zulässigkeit technischer Beschränkungen und Kontrolle der Software-Nutzung, CR 2002, 629; *ders.,* Urheberrechtsschutz für das Customizing von Computerprogrammen, ITRB 2005, 140; *ders.,* Lizenzrechtliche Grenzen des Handels mit Gebrauchtsoftware, ITRB 2007, 140; *ders.,* Probleme beim Wechsel zur neuen Version 3 der General Public License (Teil 1), Die neuen Regelungen in Version 3 der GPL, ITRB 2007, 261; *ders.,* Probleme beim Wechsel zur neuen Version der General Public License (Teil 2), Auswirkungen und Handhabung verschiedener GPL-Versionen in der Vertragspraxis, ITRB 2007, 285; *ders.,* Kundenrechte bei Online-Erwerb von Software-Vollversionen – Rechteverlust durch Wechsel vom datenträger- zum onlinebasierten Erwerb, ITRB 2008, 209; *ders.,* Der Content bleibt im Netz – gesicherte Werkverwertung durch Streaming-Verfahren, GRUR 2010, 576; *ders.,* Client Access License – Abschied von der Softwarelizenz?, ITRB 2011, 42; *ders.,* Auswirkungen des EuGH-Urteils zum Gebrauchtsoftwarehandel auf das Urheberrecht – Teil 1, ITRB 2013, 9; *ders.,* Auswirkungen des EuGH-Urteils zum Gebrauchtsoftwarehandel auf das Urheberrecht – Teil 2, ITRB 2013, 38; *Kochmann,* Schutz des „Know-how" gegen ausspähende Produktanalysen („Reverse Engineering") 2009; *Koglin,* Die Nutzung von Open Source Software unter neuen GPL-Versionen nach der „any later version"-Klausel, CR 2008, 137; *Kreutzer,* Firmware, Urheberrecht und GPL – Zu den Folgen einer Verwendung von GPL-lizenzierten Open-Source-Software-Komponenten auf die Durchsetzung von Urheberrechten an Firmware, CR 2012, 146; *Kroke,* Ist das Lizenz- und Vergütungspflicht für indirekte Nutzung von Software urheberrechtlich unwirksam?, CR 2019, 73; *Lehmann/Giedke,* Urheberrechtliche Fragen des Cloud Computing, CR 2013, 681; *Leistner,* Gebrauchtsoftware auf dem Weg nach Luxemburg, CR 2011, 209; *ders.,* Segelanweisungen und Beweislastklippen: eine problemorientierte Stellungnahme zum BGH-Urteil UsedSoft 4, WRP 2014, 995; *Lejeune,* Die neue europäische Gruppenfreistellungsverordnung für Technologietransfer-Vereinbarungen – Ein Überblick zu ihrer Bedeutung und Tragweite für die Vertragsgestaltung, CR 2004, 467; *Lenhard,* Vertragstypologie von Softwareüberlassungsverträgen – Neues Urhebervertragsrecht und neues Schuldrecht unter Berücksichtigung der Open Source-Softwareüberlassung, 2006; *Lutz,* Softwarelizenzen und die Natur der Sache, 2009; *Mäger,* Der urheberrechtliche Erschöpfungsgrundsatz bei der Veräußerung von Software, CR 1996, 522; *Malevanny,* Die UsedSoft-Kontroverse: Auslegung und Auswirkungen des EuGH-Urteils, CR 2013, 422; *Mantz,* Open Content-Lizenzen und Verlagsverträge – Die Reichweite des § 33 UrhG, MMR 2006, 784; *Marly,* Urheberrechtsschutz für Computersoftware in der EU, 1995; *Matthiesen,* Die Freistellung von Softwarenutzungsverträgen nach Artikel 101 des Vertrages über die Arbeitsweise der Europäischen Union, Bern 2010; *Metzger,* Die Zulässigkeit von CPU-Klauseln in Softwarelizenzverträgen, NJW 2003, 1994; *ders.,* Erschöpfung des urheberrechtlichen Verbreitungsrechts bei vertikalen Vertriebsbindungen, GRUR 2001, 210; *ders./Hoppen,* Zur Zulässigkeit von Nutzungsbeschränkungen in Lizenzverträgen bei Verwendung von Drittanbietersoftware, CR 2077, 625; *Meyer,* Miturheberschaft bei freier Software – Nach deutschem und amerikanischem Sach- und Kollisionsrecht, 2011; *ders.,* Miturheberschaft und Aktivlegitimation bei freier Software, CR 2011, 560; *Meyer/Spasche/Störing/Schneider,* Strafrechtlicher Schutz für Lizenzschlüssel, Die Schutzmechanismen von Windows 8, CR 2013, 131; *Moos/Gallenkemper/Volpers,* Rechtliche Aspekte der Abgabe von gebrauchter Hardware, CR

2008, 477; *Moritz,* Keine Nutzungsberechtigung für ein „gebrauchtes" Computerprogramm nach Art. 5 Abs. 1 der RL 2009/24/EG ohne Zustimmung des Rechtsinhabers – Zugleich Kommentar zu BGH, Beschl. v. 3.2.2011 – I ZR 129/08, K&R 2011, 240; *ders.,* Eingeschränkte Zulässigkeit der Weiterveräußerung gebrauchter Software, Zugleich Kommentar zu EuGH, Urt. v. 3.7.2012 – C-128/11 – Oracle/Usedsoft, K&R 2012, 493 ff., K&R 2012, 456; *Moritz/Tybusseck,* Computersoftware – Rechtschutz und Vertragsgestaltung, 2. Aufl. 1992; *Nägele/Jacobs,* Rechtsfragen des Cloud Computing, ZUM 2010, 281; *Niemann/Paul,* Bewölkt oder wolkenlos – rechtliche Herausforderungen des Cloud Computings, K&R 2009, 444; *Oswald,* Erschöpfung durch Online-Vertrieb urheberrechtlich geschützter Werke, 2005; *Pahlow,* Lizenzen als handelbare Güter?, ZGE 2016, 218; *Paul/Preuß,* Softwarelizenzen und Erschöpfung, K&R 2008, 526; *Pohle/Ammann,* Software as a Service – auch rechtlich eine Evolution?, K&R 2009, 625; *dies.,* Über den Wolken – Chancen und Risiken des Cloud Computing, CR 2009, 273; *Polley,* Die neue Vertikal-GVO – Inhaltliche Neuerungen und verpasste Chancen, CR 2010, 625; *Rath/Maiworm,* Weg frei für Second-Hand-Software?, EuGH, Urteil vom 3.7.2012 – C-128/11 ebnet Handel mit gebrauchter Software, WRP 2012, 1051; *Roth,* Eine unendliche Geschichte: Der Handel mit gebrauchter Software, WRP 2015, 1303; *Royla/Gramer,* Urheberrecht und Unternehmenskauf – Reichweite von Zustimmungserfordernis und Rückrufrecht des Urhebers von Computerprogrammen, CR 2004, 154; *Sandl,* „Open Source"-Software: Politische, ökonomische und rechtliche Aspekte, CR 2001, 346; *Schäfer,* Aktivlegitimation und Anspruchsumfang bei der Verletzung der GPL v2 und v3, K&R 2010, 298; *Schneider,* Software als handelbares verkehrsfähiges Gut – „Volumen-Lizenzen" nach dem BGH, CR 2015, 413; *ders.,* Spätfolgen der UsedSoft-Entscheidung des EuGH, Wie sieht die Softwarelizenz 2020 aus? Vorschläge zur Überlassung von Standardsoftware, ITBR 2014, 120; *ders.,* Handbuch des EDV-Rechts, 5. Aufl. 2017; *ders.,* Rechnerspezifische Erschöpfung bei Software im Bundle ohne Datenträgerübergabe, CR 2009, 553; *ders./Spindler,* Der Kampf um die gebrauchte Software – Revolution im Urheberrecht?, Das Urteil des EuGH vom 3.7.2012 – Rs. C-128/11 – „UsedSoft" Gebrauchtsoftware, CR 2012, 489; *dies.,* Der Erschöpfungsgrundsatz bei „gebrauchter" Software im Praxistest, CR 2014, 213; *Scholz/Haines,* Hardwarebezogene Verwendungsbeschränkungen in Standardverträgen zur Überlassung von Software, CR 2003, 393; *Scholz,* Zur indirekten und automatisierten Nutzung von User-basiert lizenzierter Software, CR 2019, 417; *Schricker (Hg.),* Urheberrecht auf dem Weg zur Informationsgesellschaft, 1997; *ders.,* Grundfragen der künftigen Medienordnung, Urheberrechtliche Aspekte, FuR 1984, 63; *Schuhmacher,* Wirksamkeit von typischen Klauseln in Softwareüberlassungsverträgen, CR 2000, 641; *Schuppert/Greissinger,* Gebrauchthandel mit Softwarelizenzen – Wirksamkeit vertraglicher Weitergabebeschränkungen, CR 2005, 81; *Schuster/Reichl,* Cloud Computing & SaaS: Was sind die wirklich neuen Fragen? – Die eigentlichen Unterschiede zu Outsourcing, ASP & Co liegen im Datenschutz und der TK-Anbindung, CR 2010, 38; *Schweyer,* Die rechtliche Bewertung des Reverse Engineering in Deutschland und den USA, 2012; *Senftleben,* Die Fortschreibung des urheberrechtlichen Erschöpfungsgrundsatzes im digitalen Umfeld, Die UsedSoft-Entscheidung des EuGH: Sündenfall oder Befreiungsschlag?, NJW 2012, 2924; *Seitz,* „Gebrauchte" Softwarelizenzen, Der Zweiterwerb von Nutzungsrechten an Computerprogrammen, 2012; *Sester,* Open-Source-Software: Vertragsrecht, Haftungsrisiken und IPR-Fragen, CR 2000, 797; *Splittgerber/Rockstroh,* Sicher durch die Cloud navigieren – Vertragsgestaltung beim Cloud Computing, BB 2011, 2179; *Söbbing,* Nutzungsrechteübertragung bei ASP und SaaS, ITRB 2013, 147; *ders.,* Embedded Software, ITRB 2013, 162; *Sosnitza,* Die urheberrechtliche Zulässigkeit des Handels mit „gebrauchter" Software, K&R 2006, 206; *ders.,* Gemeinschaftsrechtliche Vorgaben und urheberrechtlicher Gestaltungsspielraum für den Handel mit gebrauchter Software, ZUM 2009, 521; *ders.,* „Gebrauchte Software": Licht und Schatten auf dem Weg von Karlsruhe nach Luxemburg, K&R 2011, 243; *Spindler,* Europäisches Urheberrecht in der Informationsgesellschaft, GRUR 2002, 105; *ders.,* Rechtsfragen bei Open Source, 2004; *ders.,* Der Handel mit Gebrauchtsoftware, Erschöpfungsgrundsatz quo vadis?, CR 2008, 69; *ders.,* Grenzen des Softwareschutzes – Das Urteil des EuGH in Sachen SAS Institute CR 2012, 417; *ders./Wiebe,* Open Source-Vertrieb, CR 2003, 873; *Stögmüller,* Handel mit Softwarelizenzen – tatsächlich erlaubt? – Anmerkung zum Urteil des LG München I vom 28.11.2007 30 O 8684/07, K&R 2008, 428; *Sujecki,* Vertrags- und urheberrechtliche Aspekte von Open Source Software im deutschen Recht, JurPC Web-Dok. 145/2005; *Timm,* Kartellrecht der Softwareverträge, 2005; *Ullrich/Körner (Hg.),* Der internationale Softwarevertrag, 1995; *Ulmer/Hoppen,* Was ist das Werkstück des Software-Objektcodes? – Ein technisch fundierter Ansatz zur Erschöpfungs-Debatte bei Online-Übertragungen, CR 2008, 681; *Ulmer/Hoppen,* Die UsedSoft-Entscheidung des EuGH: Europa gibt die Richtung vor – Zu Voraussetzungen und Umfang der Erschöpfung des Verbreitungsrechts, ITRB 2012, 232; *van den Brande/Coughlan/Jaeger (Hg.),* The International Free and Open Source Software Law Book, 2011; *Vander,* Urheberrechtliche Implikationen des EDV-Leasings – „Rental Rights" im Blickpunkt, CR 2011, 77; *Vianello,* Handel mit gebrauchter Software für Schüler, Studenten und Lehrkräfte, MMR 2012, 139; *Vinje,* Die EG-Richtlinie zum Schutz von Computerprogrammen und die Frage der Interoperabilität, GRUR-Int 1992, 250; *Weisser/Färber,* Weiterverkauf gebrauchter Software – UsedSoft-Rechtsprechung und ihre Folgen – Erschöpfungsgrundsatz und Schutz der Softwarehersteller, MMR 2014, 364; *Wemmer/Bodensiek,* Bewerbung von Online-Computerspielen in nicht lizenzierten Territorien, K&R 2010, 16; *Wiebe,* Rechtsschutz für Software in den neunziger Jahren, BB 1993, 1094; *ders./Heidinger,* European Union Public Licence – EUPL V0.2, Kommentar, 2006; *Wiebe,* Entlokalisierung deutscher Softwareüberlassungsverträge – Auswirkungen der Folgebezug mit Auslandsberührung, ITRB 2007, 190; *Wöstehoff,* Die First Sale Doktrin und der U.S.-amerikanische Softwaremarkt, 2008; *Wuermeling/Deike,* Open Source Software: Eine juristische Risikoanalyse, CR 2003, 87; *Zecher,* Die Umsetzung der EU-Urheberrechtsrichtlinie in deutsches Recht II, ZUM 2002, 451; *ders.,* Zur Umgehung des Erschöpfungsgrundsatzes bei Computerprogrammen, 2004; siehe auch die Schrifttumsangaben zu § 69a und Vor §§ 69a ff.

Zu Schrifttum vor 2000 s. Vorauflage

Übersicht

I. Zweck und Bedeutung der Norm

§ 69c regelt für Computerprogramme das **Vervielfältigungsrecht,** das **Umarbeitungsrecht,** das **1** **Verbreitungsrecht** einschließlich der Erschöpfung und das **Recht der öffentlichen Zugänglichmachung.** Die Vorschrift setzt Art. 4 der Computerprogrammrichtlinie um,[1] deren Regelungen auch durch die Richtlinie zur Harmonisierung bestimmter Aspekte des Urheberrechts und verwandter Schutzrechte in der Informationsgesellschaft vom 22.5.2001[2] nach dessen Art. 1 Abs. 2 lit. a nicht berührt werden.[3] § 69c Nr. 4 wurde durch das Gesetz zur Regelung des Urheberrechts in der Informationsgesellschaft v. 10.9.2003 (BGBl. I S. 1774) eingefügt; die Computerprogramm-RL enthält dieses Recht indes nicht, es wurde erst durch Art. 4 iVm 8 WCT, eingeführt.[4] Zuvor galten für das Recht der öffentlichen Zugänglichmachung die unbenannten Rechte der öffentlichen Wiedergabe nach §§ 15 Abs. 2, 3 über § 69a Abs. 4.[5] Angesichts der Ungeklärtheit der in der Computerprogrammrichtlinie verwendeten Begriffe hat der deutsche Gesetzgeber die Formulierung des Art. 4 der Computerprogrammrichtlinie weitgehend wörtlich übernommen; er wollte damit vor allem beim Vervielfältigungsbegriff einen möglichst vollständigen Einklang mit der künftigen europäischen Rechtsentwicklung sicherstellen.[6] Bei § 69c handelt es sich um eine für Computerprogramme geltende und auf diese beschränkte **Sondervorschrift.** Das bedeutet, dass die Bestimmungen der §§ 16 und 17, 19–22, insbesondere 19a, sowie 23 hinter § 69c zurücktreten, soweit § 69c eine abweichende Regelung trifft.[7] Darüber hinaus ist die in § 69c umgesetzte Regelung, anders als § 15, abschließend.[8] Als europäisches Urheberrecht ist § 69c **richtlinienkonform auszulegen.**[9] § 69c ist gemäß § 137d auch auf Computerprogramme anzuwenden, die vor dem 24.6.1993 geschaffen worden sind; jedoch erstreckt sich das Vermietrecht nach Nr. 3 nicht auf vor dem 1.1.1993 zu Vermietzwecken erworbene Programmkopien.[10] Bei **Rechtsverletzungen** bestehen die Ansprüche aus §§ 97 ff.; für den Vernichtungsanspruch gilt aber § 69 f.

Bei der Überlassung von Software werden dem Erwerber regelmäßig am Vervielfältigungsrecht, **2** Umarbeitungsrecht und gegebenenfalls auch am Verbreitungsrecht und am Recht der öffentlichen Zugänglichmachung **Nutzungsrechte eingeräumt,** die ihn rechtlich in die Lage versetzen, die überlassene Software zu benutzen;[11] die Softwareüberlassung bezieht sich nicht nur auf den Kauf oder die Gebrauchsüberlassung des Datenträgers, der eine Kopie des Computerprogramms enthält.[12] Mit der Nutzungsrechtseinräumung kommt der Veräußerer seiner Verpflichtung aus dem schuldrechtlichen Grundgeschäft nach, dem Erwerber die Benutzung der Software rechtlich zu ermöglichen.[13] Dem beabsichtigten Zweck der Programmnutzung entsprechend kann der Umfang, in dem Nutzungsrechte eingeräumt werden, sehr unterschiedlich sein. Eine Nutzungsrechtseinräumung ist jedoch nur insoweit erforderlich, als urheberrechtliche Ausschließlichkeitsrechte bestehen. Insoweit determiniert § 69c auch den Umfang der erforderlichen Einräumung von Nutzungsrechten. § 69c geht von einem **weiten Begriff** der Vervielfältigung und der Umarbeitung aus. Selbst Handlungen, die zur bestimmungsgemäßen Benutzung des Programms durch den rechtmäßigen Erwerber erforderlich sind, werden von diesen Begriffen erfasst, zB das Laden von Programmen in Nr. 1 S. 2. Das findet seinen Ausgleich darin, dass nach § 69d für bestimmte Benutzungshandlungen die Zustimmung des Urhe-

---

[1] Zur Richtlinie vgl. → Vor §§ 69a ff. Rn. 4.

[2] Richtlinie 2001/29/EG des Rates über den Rechtsschutz von Computerprogrammen: Computerprogramm-RL, ABl. 2001 L 167, S. 10.

[3] *Jaeger* CR 2002, 309 (309).

[4] Bericht der Kommission über die Umsetzung und die Auswirkung der Richtlinie 91/250/EWG des Rates über den Rechtsschutz von Computerprogrammen, KOM [2000] 199 endg. vom 10.4.2000, S. 18; seit 2009: Richtlinie 2009/24/EG des Rates über den Rechtsschutz vom Computerprogrammen: Computerprogramm-RL; Fromm/Nordemann/*Czychowki* UrhG § 69c Rn. 3.

[5] BGH GRUR 2009, 864 (865) – CADSoftware; Fromm/Nordemann/*Czychowki* UrhG § 69c Rn. 3; Wandtke/Bullinger/*Grützmacher* UrhG § 69c Rn. 1.

[6] AmtlBegr. BT-Drs. 12/4022, 11.

[7] Vgl. § 69a Abs. 4, dazu → § 69a Rn. 23 ff.; vgl. aber zum einheitlichen Vervielfältigungsbegriff → Rn. 5, zum einheitlichen Verbreitungsbegriff → Rn. 22.

[8] Fromm/Nordemann/*Czychowski* UrhG § 69c Rn. 6.

[9] Dazu → Vor §§ 69a ff. Rn. 6.

[10] § 137d Abs. 1 S. 2.

[11] Näher zu Verträgen über Computerprogramme → Vor §§ 69a ff. Rn. 58 ff.; sa *Lehmann* FS Schricker, 1995, 543 ff.; allgemein zur Nutzungsrechtseinräumung → Vor § 31 Rn. 6 ff.; zur rein schuldrechtlichen Gestattung vgl. → § 29 Rn. 23 f.

[12] BGH GRUR 1994, 363 (365) – Holzhandelsprogramm.

[13] Näher *Lehmann* FS Schricker, 1995, 543 (546).

bers oder sonstigen Berechtigten nicht erforderlich ist. Eine weitere Einschränkung erfährt § 69c durch § 69e, der dem Zweck dient, den Zugang zu Informationen zu erlauben, die für die Interoperabilität eines unabhängig geschaffenen Programms mit anderen Programmen notwendig sind.[14] §§ 69d und 69e stellen damit **Schranken** der in § 69c Nr. 1 und 2 genannten Verwertungsrechte dar,[15] die gegenüber den allgemeinen Schrankenbestimmungen des 6. Abschnitts des Urheberrechtsgesetzes Vorrang haben (s. § 69a Abs. 4). Insbesondere findet § 53 auf Computerprogramme keine Anwendung.[16] § 44a ist dagegen analog anzuwenden (→ § 44a Rn. 4).

3   Eine Einräumung von Nutzungsrechten erfolgt auch bei Softwareformen wie der **Public-Domain-Software,** der **Freeware** oder der **Open Source Software.** Auch bei diesen Formen handelt es sich um (in aller Regel) urheberrechtlich geschützte Software, deren Benutzung einer Gestattung in Form der Einräumung (einfacher) Nutzungsrechte bedarf, welche regelmäßig unentgeltlich erfolgt, aber bestimmten Bedingungen unterliegt. Bei der **Shareware** handelt es sich um ein Vermarktungskonzept, das dem Benutzer für eine begrenzte Zeit oder eine begrenzte Anzahl von Benutzungshandlungen die Nutzung gestattet. Dazu im Einzelnen → Vor §§ 69a ff. Rn. 19 ff.

II. Das Vervielfältigungsrecht

4   § 69c Nr. 1 gewährt dem Urheber bzw. sonstigen Berechtigten das **ausschließliche Recht** zur Vervielfältigung des geschützten Computerprogramms. Zum Verhältnis von § 69c Nr. 1 zu **§ 16** vgl. → Rn. 1 und 5. Dem Vervielfältigungsrecht unterliegen auch die nach § 69c Nr. 2 hergestellten Umarbeitungen des Programms. Zum Verhältnis von § 69c Nr. 1 zu **§ 44a** vgl. → § 44a Rn. 4.

1. Vervielfältigung

5   Schon die Computerprogramm-RL verdeutlicht durch ihre Formulierung in Art. 4 lit. a, dass sie von einem **weiten Vervielfältigungsbegriff** ausgeht. Mit Art. 2 der Richtlinie zur Informationsgesellschaft hat der europäische Gesetzgeber einen grundsätzlich für das ganze Urheberrecht geltenden[17] Vervielfältigungsbegriff eingeführt; Wenn auch Art. 1 Abs. 2 lit. a der Richtlinie bestimmt, dass die Bestimmungen über den rechtlichen Schutz von Computer-Programmen unberührt bleiben, so ist doch davon auszugehen, dass es sich um einen einheitlichen Vervielfältigungsbegriff handelt und die Formulierung in Art. 4 lit. a der Computerprogramm-RL durch Art. 2 der Richtlinie zur Informationsgesellschaft präzisiert wird. Danach umfasst der Begriff der Vervielfältigung die unmittelbare oder mittelbare, vorübergehende oder dauerhafte Vervielfältigung auf jede Art und Weise und in jeder Form, ganz oder teilweise. Da der deutsche Gesetzgeber davon ausgegangen ist, dass nach Einfügung der Worte „ob vorübergehend oder dauerhaft" § 16 den Vorgaben der Richtlinie zur Informationsgesellschaft entspricht und § 16 ohnehin nach dieser Richtlinie auszulegen ist (→ § 16 Rn. 4), gilt der **Vervielfältigungsbegriff des § 16 auch für § 69c Nr. 1,**[18] wobei allerdings die Ausnahmen der §§ 69d und 69e zu berücksichtigen sind. Die nähere Interpretation des Vervielfältigungsbegriffs sollte sich maßgeblich am **Partizipationsinteresse des Urhebers** orientieren. Das bedeutet, dass nicht jede technische Vervielfältigung auch eine Vervielfältigung im urheberrechtlichen Sinn darstellen muss, dass aber eine urheberrechtlich relevante Vervielfältigung dann vorliegt, wenn durch die technische Vervielfältigung **zusätzliche Nutzungen** des Programms ermöglicht werden.[19] In diese Richtung weist auch Art. 5 Abs. 1 (b) der Richtlinie zur Informationsgesellschaft, wo bei den Ausnahmen vom Vervielfältigungsrecht ua darauf abgestellt wird, ob technische Vervielfältigungshandlungen eine eigenständige wirtschaftliche Bedeutung haben.

2. Einzelne Vervielfältigungshandlungen

6   Eine Vervielfältigung stellen zunächst alle Handlungen dar, durch die eine **dauerhafte Festlegung** erfolgt. Unerheblich ist, ob es sich um eine Festlegung als **körperliches Werkstück** (insbesondere in Printform) oder auf einen **digitalen Speichermedium** handelt. Vervielfältigung ist also nicht nur der Ausdruck eines Computerprogramms als Hardcopy, sondern auch seine Festlegung auf einem zur dauerhaften Speicherung geeigneten digitalen Datenträger wie der **Festplatte eines Computers,** einem **USB-Stick,** einer **CD-ROM,** einer **DVD** oder einem **Server,** unabhängig davon, ob oder nach welchem Zeitraum die Festlegung wieder gelöscht wird.[20] Auch die Herstellung einer **Sicherungskopie** ist Vervielfältigung, bedarf aber im Rahmen des § 69d Abs. 2 nicht der Zustim-

---

[14] Vgl. Erwgr. 17 und 20 der Richtlinie.
[15] → § 69d Rn. 1.
[16] Vgl. auch → § 69a Rn. 25.
[17] Vgl. Art. 1 Abs. 1 der Richtlinie.
[18] Ebenso Dreier/Schulze/*Dreier* UrhG § 69c Rn. 6; Fromm/Nordemann/*Czychowski* UrhG § 69c Rn. 7; DKMH/*Kotthoff* UrhG § 69c Rn. 5; *Marly* Rn. 155.
[19] Ebenso Loewenheim/*Lehmann* § 76 Rn. 7; *Dreier* in Schricker Hg., Informationsgesellschaft S. 104.
[20] BGH GRUR 2011, 418 Rn. 11, 12 – UsedSoft I; BGH GRUR 1994, 363 (365) – Holzhandelsprogramm; BGH GRUR 1991, 449 (453) – Betriebssystem; OLG Düsseldorf CR 1997, 337 (338); allgemeine Ansicht auch im Schrifttum, vgl. statt vieler Dreier/Schulze/*Dreier* UrhG § 69c Rn. 7.

mung.[21] Eine Vervielfältigung liegt unabhängig davon vor, ob das Programm **offline** von einem anderen digitalen Datenträger oder **online** durch Downloading übernommen wird. Zu Vervielfältigungen bei den einzelnen Arten von Softwareverträgen eingehend → Vor §§ 69a ff. Rn. 64 ff.

Auch die **vorübergehende Festlegung** eines Computerprogramms stellt eine Vervielfältigung dar. **7** § 69c Nr. 1 S. 2 nennt das **Laden, Anzeigen, Ablaufen, Übertragen** und **Speichern** des Programms; also Vorgänge, die mit einer dauerhaften Festlegung nicht verbunden sein müssen. Die weitere gesetzliche Regelung, dass diese Handlungen der Zustimmung des Rechtsinhabers bedürfen, „soweit" sie eine Vervielfältigung darstellen, ist tautologisch und trägt zur Klarstellung nichts bei; hinter ihr steht aber die Absicht des Richtliniengesetzgebers,[22] Beispiele auch für vorübergehende Vervielfältigungen zu geben. Die einst sehr umstrittene Frage, ob auch die bloß vorübergehende Festlegung im **Arbeitsspeicher** des Computers (RAM) als Vervielfältigung im urheberrechtlichen Sinn zu qualifizieren ist, dürfte heute im Sinne der Bejahung einer Vervielfältigung entschieden sein.[23] Daher ist auch die parallele Nutzung eines Programms in einem **Netzwerk** an mehreren Arbeitsplätzen in der Regel eine Vervielfältigung, sofern zumindest lauffähige Teile des Programms in den Arbeitsspeicher des lokalen Rechners geladen werden.[24] Fehlt es jedoch hieran, insbesondere beim **Client-Server-Betrieb (Client Access)**, wenn der zugreifende Client keine Kopie im Arbeitsspeicher seines Rechners erhält, liegt keine Vervielfältigung vor.[25] Auch der Zugriff von Drittanbietersoftware auf eine Software, wie zB bei sog. **ERP-Programmen** (Enterprise-Resource-Planning), kann zu einer Vervielfältigung des ERP-Programms oder Teilen davon führen, wenn der Code des ERP-Programms (jedenfalls teilweise) im Drittanbieterprogramm eingelesen und damit vervielfältigt wird; allerdings kann dann auch eine bestimmungsgemäße Nutzung nach § 69d eingreifen (→ § 69d Rn. 14).[26] Zu Vervielfältigungen bei Cloud-Computing → Vor §§ 69a ff. Rn. 68, für Application Service Providing sowie Software as a Service → Vor §§ 69a ff. Rn. 65 ff.

Der bloße **Programmlauf,** also das reine Abarbeiten der Daten im Prozessor des Computers, stellt **8** zwar für sich genommen nach herrschender und zutreffender Auffassung keine Vervielfältigung dar.[27] Da aber der Programmlauf in aller Regel[28] die Festlegung zumindest von Teilen des Programms im Arbeitsspeicher erfordert, ist auch bei der normalen Benutzung eines Programms regelmäßig ein Vervielfältigungsvorgang gegeben.[29] Dem Interesse des Programmnutzers wird durch die Vorschrift des § 69d Abs. 1 ausreichend Rechnung getragen, nach der die für eine bestimmungsgemäße Benutzung des Programms erforderlichen Vervielfältigungshandlungen nicht der Zustimmung des Rechtsinhabers bedürfen. Zudem dürfte mit dem Erwerb eines Programms regelmäßig die Zustimmung zu den für die Benutzung erforderlichen Vervielfältigungshandlungen verbunden sein. Schließlich dürfte sich auch aus dem Gedanken des § 44a die Zulässigkeit dieser Vervielfältigungshandlungen ergeben.[30] Dies gilt auch für das Ablaufenlassen in verschiedenen Cores[31] oder den Zwischenspeicherung in Caches.[32] Rein technisch bedingte Vervielfältigungen, die dem verbesserten Ablauf dienen und keinen eigenständigen wirtschaftlichen Mehrwert bilden, sind daher im Wege teleologischer Reduktion aus § 69c Nr. 1[33] ausgenommen. Zum selben Ergebnis führt eine analoge Anwendung des § 44a.[34]

---

[21] Näher → § 69d Rn. 16 ff.

[22] Der deutsche Gesetzgeber hat die Formulierung des Art. 4 lit. a S. 2 der Richtlinie wörtlich übernommen.

[23] BGH GRUR 2011, 418 Rn. 13 – UsedSoft; BGH GRUR 2017, 266 Rn. 38 – World of Warcraft I; OLG Karlsruhe CR 2009, 217 (220); OLG Köln CR 2001, 708 (710); OLG Hamburg CR 2001, 704 (705); LG Hamburg CR 2000, 776 (777); offengelassen noch in BGH GRUR 1999, 325 (327) – Elektronische Pressearchive; aus dem umfangreichen Schrifttum etwa Dreier/Schulze/*Dreier* UrhG § 69c Rn. 8; Wandtke/Bullinger/*Grützmacher* UrhG § 69c Rn. 5; Mestmäcker/Schulze/*Haberstumpf* UrhG § 69c Rn. 5 (34. EL, Juni 2003); DKMH/*Kotthoff* UrhG § 69c Rn. 95 f.; Loewenheim/*Lehmann* § 76 Rn. 8; *Marly* Rn. 158 f. *Schack* UrhR Rn. 418; *Metzger/Hoppen* CR 2017, 625 (628); noch zur Begründung dieser Auffassung und zum früheren Streitstand vgl. → 2. Aufl. 1999, Rn. 9.

[24] S. auch Wandtke/Bullinger/*Grützmacher* UrhG § 69c Rn. 5; DKMH/*Kotthoff* UrhG § 69c Rn. 10.

[25] *Hoeren/Schumacher* CR 2000, 137 (141 ff.); *Koch* ITRB 2011, 42 (43 f.); Wandtke/Bullinger/*Grützmacher* UrhG § 69c Rn. 95; *Marly* Rn. 1692 ff.

[26] Eingehend zu den verschiedenen Fallkonstellationen und auch zur kartellrechtlichen Beurteilung *Metzger/Hoppen* CR 2017, 625 (628 ff.); zur verwertungsrechtlichen Relevanz einer solchen indirekten Nutzung: *Scholz* CR 2019, 417 ff.; zur Vergütungspflicht bei dieser indirekten Nutzung etwa *Kroke,* CR 2019, 73.

[27] BGH GRUR 1991, 449 (453) – Betriebssystem; LG Mannheim CR 1999, 360 (361); Wandtke/Bullinger/ *Grützmacher* UrhG § 69c Rn. 7; *Lehmann* FS Schricker, 1995, 566; *Haberstumpf* in Lehmann, Rechtsschutz, Kap. II Rn. 122 ff.; Kilian/Heussen/*Czychowski/Siesmayer* CHB Abschnitt 1 Teil 2, 20.4 Rn. 92; wN auch zur Gegenauffassung in der → 2. Aufl. 1999, Rn. 18 sowie bei Wandtke/Bullinger/ *Grützmacher* UrhG § 69c Rn. 7.

[28] Anders bei in Hardware integrierter Software.

[29] Dreier/Schulze/*Dreier* UrhG § 69c Rn. 8; Spindler/Schuster/*Wiebe* UrhG § 69c Rn. 4; vgl. Fromm/Nordemann/*Czychowski* UrhG § 69c Rn. 8.

[30] Zur Anwendbarkeit des § 44a im Rahmen des § 69c vgl. → § 44a Rn. 4.

[31] LG Frankfurt a. M. CR 2013, 768 (771); *Grützmacher* CR 2011, 697 (700).

[32] *Marly* Rn. 165 (allerdings nicht für externe Caches); Spindler/Schuster/*Wiebe* UrhG § 69c Rn. 7 (hier wird auf Erwgr. 33 der InfoSoc-RL verwiesen); für Vervielfältigung bei wesentlichen Teilen *Schweyer* S. 93 f., *Kochmann* 166; *Hoeren/Schumacher* CR 2000, 137 (139 Fn. 17).

[33] Vgl. Wandtke/Bullinger/*Grützmacher* UrhG § 69c Rn. 16; aA noch Kilian/Heussen/*Harte-Bavendamm/Wiebe* CHB (32. EL 2013) Abschnitt 1 Teil 5 A Rn. 56.

[34] *Marly* Rn. 161; zusammenfassend: Dreier/Schulze/*Dreier* UrhG § 69c Rn. 9.

9   Keine Vervielfältigung ist auch die **Darstellung des Programms auf dem Bildschirm:** sie ist als solche eine unkörperliche Wiedergabe.[35] Nur soweit sie ein Einlesen des Programms in den Arbeitsspeicher erfordert, ist auch mit ihr ein Vervielfältigungsvorgang verbunden, für den aber bei bestimmungsgemäßer Benutzung nach § 69d Abs. 1, § 44a Nr. 2 oder unter dem Gesichtspunkt (konkludenter) vertraglicher Zustimmung beim Softwareerwerb die Erlaubnis des Rechtsinhabers nicht benötigt wird (→ Rn. 8).

10   Auch die **teilweise Vervielfältigung** wird durch § 69c Nr. 1 erfasst. Vorauszusetzen ist allerdings, dass der vervielfältigte Teil selbstständig schutzfähig ist. Hierbei ist die Urheberrechtsfähigkeit von Software im Wege der Vermutung zu unterstellen, sodass selbst „technisch nicht-triviale" und „umfangmäßig nicht unerhebliche Programmsequenzen" selbständig schutzfähig seinen können und deren identische Übernahme eine Vervielfältigung darstellt.[36] Von der Vervielfältigung für sich genommen nicht schutzfähiger Teile eines Computerprogramms ist der Fall zu unterscheiden, dass ein Computerprogramm sukzessive in den Computer eingelesen wird, wie dies etwa beim Time-Sharing und Multiprogramming geschieht. Selbst wenn dabei die Einzelteile nicht schutzfähig sind, so ändert das doch nichts daran, dass das Programm insgesamt vervielfältigt wird; es reicht beim sukzessiven Einlesen also aus, dass die Gesamtheit der eingelesenen Teile die Schutzvoraussetzungen erfüllt.[37]

11   Dass es auf das **Mittel** oder die **Form** der Vervielfältigung nicht ankommt, stellt der Wortlaut des § 69c Nr. 1 ausdrücklich klar. Vervielfältigungen in digitaler Form werden also ebenso wie analoge Vervielfältigungen erfasst, ebenso unerheblich ist das Trägermaterial, auf das die Vervielfältigung erfolgt. Auch die Implementierung eines Programms in die Hardware stellt damit eine Vervielfältigung dar.[38]

III. Das Umarbeitungsrecht

12   Nach § 69c Nr. 2 S. 1 hat der Urheber bzw. sonstige Berechtigte das ausschließliche Recht zur Umarbeitung des geschützten Computerprogramms; einbezogen ist die Vervielfältigung ungearbeiteter Programme.[39] Im **Verhältnis zu § 23** ist § 69c Nr. 2 lex specialis.[40] § 23 kann somit nicht zur Anwendung kommen, soweit § 69c Nr. 2 eine abweichende Regelung trifft (auch → Rn. 1), im Übrigen bleiben sie gemäß § 69a Abs. 4 anwendbar. Auch § 39 tritt idR zurück.[41] Ein wesentlicher Unterschied zur Regelung des § 23 liegt darin, dass § 69c Nr. 2 bereits die **Herstellung** der Umarbeitung untersagt und nicht (wie § 23 S. 1) nur ihre Veröffentlichung oder Verwertung.[42] Auch die noch nicht installierte oder in Betrieb genommene Umarbeitung kann jetzt also beispielsweise unter die Sanktionen des § 69f Abs. 1 fallen.[43] Das Umarbeitungsrecht wird eingeschränkt durch §§ 69d und 69e.

1. Umarbeitung

13   § 69c Nr. 2 S. 1 nennt als Obergriff die **Umarbeitung** und hebt die Übersetzung, die Bearbeitung und das Arrangement als Beispiele hervor. Diese Begriffe sind wörtlich Art. 4 lit. b der Richtlinie entnommen und entsprechen Art. 2 Abs. 3, 8 und 12 RBÜ. Sie lehnen sich damit an den internationalen urheberrechtlichen Sprachgebrauch an, können allerdings die spezifischen Probleme bei der Änderung von Computerprogrammen nur begrenzt beschreiben. Der Begriff der Bearbeitung[44] lässt sich von der Umarbeitung kaum sinnvoll abgrenzen. Eine **Übersetzung** stellt, wie sich aus § 69e Abs. 1 ergibt, die Übertragung des Programms aus dem Quellcode in den Objektcode und umgekehrt dar (Kompilierung und Dekompilierung);[45] aber auch die Übersetzung des Quellprogramms in eine andere Programmsprache fällt unter diesen Begriff.[46] Der Begriff des Arrangements ist ein im EDV-Bereich eher unüblicher Begriff, unter den zB das Verbinden von Programmen oder Programm-

---

[35] BGH GRUR 2017, 266 Rn. 38 – World of Warcraft I; BGH GRUR 1991, 449 (453) – Betriebssystem; Dreier/Schulze/*Dreier* UrhG § 69c Rn. 8; Wandtke/Bullinger/*Grützmacher* UrhG § 69c Rn. 9; Gloy/Loschelder/Erdmann/*Harte-Bavendamm/Schöler* HdB WettbewerbsR § 64 Rn. 51; *Marly* Urheberrechtsschutz S. 161 f.; Spindler/Schuster/*Wiebe* UrhG § 69c Rn. 4; aA Büscher/Dittmer/Schiwy/*Haberstumpf*, Gewerblicher Rechtsschutz Urheberrecht Medienrecht, UrhG § 15 Rn. 3 f. u. UrhG § 69c Rn. 2 f.; Dreier/Schulze/*Dreier* UrhG § 16 Rn. 7.

[36] OLG Düsseldorf ZUM-RD 2009, 182 (186).

[37] Sa Dreier/*Dreier* UrhG § 69c Rn. 10; *Haberstumpf* CR 1987, 409 (412); *v. Gravenreuth* GRUR 1986, 720 (723); *Rupp* GRUR 1986, 147 (149).

[38] Dreier/Schulze/*Dreier* UrhG § 69c Rn. 11.

[39] Zum Verbreitungsrecht an umgearbeiteten Programmen vgl. → Rn. 21.

[40] Dreier/Schulze/*Dreier* UrhG § 69c Rn. 14; *Marly* Rn. 166 f., jedoch nicht ggü. § 39 UrhG.

[41] Dreier/Schulze/*Dreier* UrhG § 69c Rn. 14.

[42] Sa AmtlBegr. BT-Drs. 12/4022, 11.

[43] *Dreier* GRUR 1993, 781 (786).

[44] Zur Verwendung dieses Begriffs in Nr. 2 S. 2 vgl. → Rn. 19.

[45] BGH GRUR 2002, 149 (151) – Wetterführungspläne II; OLG Düsseldorf CR 2001, 371 (372); Spindler/Schuster/*Wiebe* UrhG § 69c Rn. 10; Dreier/Schulze/*Dreier* UrhG § 69c Rn. 16.

[46] *Marly* Rn. 174; Wandtke/Bullinger/*Grützmacher* UrhG § 69c Rn. 19; Dreier/Schulze/*Dreier* UrhG § 69c Rn. 16; DKMH/*Kotthoff* UrhG § 69c Rn. 12; Fromm/Nordemann/*Czychowski* UrhG § 69c Rn. 21; nach § 3 UrhG ist die Übersetzung ein Unterfall der Bearbeitung.

teilen fallen kann;[47] allerdings muss hier stets genau geprüft werden, ob dies nicht dem Ziel der Interoperabilität widerspricht.[48] Entscheidend ist, dass eine Umarbeitung vorliegt; ob man sie als Übersetzung, Bearbeitung oder Arrangement qualifiziert, bleibt für die Anwendung von § 69c Nr. 2 S. 1 unerheblich.[49]

Ebenso wie der Vervielfältigungsbegriff ist der **Begriff der Umarbeitung** ein **weiter Begriff,** der **14** grundsätzlich jede Abänderung eines Computerprogramms umfasst.[50] Erforderlich ist jedenfalls ein **Eingriff in die Programmsubstanz.**[51] Unerheblich ist dagegen, auf welche technische Art und Weise dieser Eingriff vorgenommen wird.[52] Darüber hinaus stellt das Entfernen einzelner Programmteile oder Module, ohne dass dabei der restliche Code verändert wird, eine Umarbeitung dar.[53] Den Interessen der Benutzer an zustimmungsfreien Abänderungen wird durch §§ 69d und 69e Rechnung getragen.

Ebenso wie bei § 23[54] erfordert die Umarbeitung **keine schöpferische Leistung** des Bearbeiters. Das wird zum Teil anders gesehen;[55] eine derartige Einschränkung des Umarbeitungsbegriffs dürfte aber den Intentionen der Richtlinie kaum entsprechen, auch dann nicht, wenn man nicht schöpferische Umarbeitungen durch § 69c Nr. 1 erfassen wollte. Unter § 69c Nr. 2 fallen beispielsweise Fehlerbeseitigungen, Änderungen zur Anpassung an individuelle Benutzerwünsche, an eine neue Benutzeroberfläche oder an neue gesetzliche, organisatorische oder technische Anforderungen, Programmverbesserungen, Erweiterungen des Funktionsumfanges, die Übertragung des Quellprogramms in eine andere Programmiersprache, die Umwandlung des Quellprogramms in das Objektprogramm (→ Rn. 13) und umgekehrt sowie Änderungen zur Portierung auf andere Hardware oder ein neues Betriebssystem.[56] Auch die **Entfernung der Dongleabfrage** in einem Computerprogramm ist eine Umarbeitung nach § 69c Nr. 2, da die Dongleabfrage selbst bei einem hinzugekauften Modul ein Teil des Gesamtprogramms ist und dessen Entfernung bzw. Umgehung daher eine Bearbeitung darstellt.[57]

2. Abgrenzungsfragen

Wie die Umgestaltung iSd § 23 (vgl. dort → § 23 Rn. 3) setzt auch die Umarbeitung voraus, dass **15** wesentliche Züge des Originalprogramms übernommen werden; es muss sich also um eine vom Originalprogramm **abhängige Nachschöpfung** handeln. Damit ist die Umarbeitung von der freien Benutzung[58] zu unterscheiden, bei der das Originalprogramm lediglich als Anregung für das eigene Werkschaffen dient. Wer ein fremdes Computerprogramm lediglich als Anregung für eigene Gestaltung benutzt, arbeitet das fremde Programm nicht um.

Eine **freie Benutzung** liegt vor, wenn die dem geschützten älteren Werk entnommenen individu- **16** ellen Züge gegenüber der Eigenart des neugeschaffenen Werks verblassen.[59] Dieser Maßstab wird auch bei Computerprogrammen angelegt.[60] Bei Computerprogrammen stößt diese Abgrenzung allerdings auf sehr viel größere Schwierigkeiten als bei den traditionellen Werkarten; im Regelfall wird die Entscheidung dem Sachverständigen überlassen werden müssen.[61]

Häufig steht nicht nur die Übernahme oder Nachahmung von Binärcode im Streit, sondern auch **17** die **Übernahme einer Feinkonzeption oder Programmstruktur,** die ebenfalls dem Schutz der §§ 69a ff. unterliegen (zum Schutzumfang → § 69a Rn. 5, 19). Eine Verletzung kann demnach durch

---

[47] *Koch* NJW-CoR 1994, 293 (300 Fn. 24 mit weiteren Beispielen und N).
[48] Darauf weist zu Recht Wandtke/Bullinger/*Grützmacher* UrhG § 69c Rn. 20 hin.
[49] Wandtke/Bullinger/*Grützmacher* UrhG § 69c Rn. 19 ff.
[50] Dreier/Schulze/*Dreier* UrhG § 69c Rn. 15; Fromm/Nordemann/*Czychowski* UrhG § 69c Rn. 20; Möhring/Nicolini/*Kaboth/Spies* UrhG § 69c Rn. 10; *Schack* UrhR Rn. 473; Wandtke/Bullinger/*Grützmacher* UrhG § 69c Rn. 18; Spindler/Schuster/*Wiebe* UrhG § 69c Rn. 9.
[51] Wandtke/Bullinger/*Grützmacher* UrhG § 69c Rn. 20; Fromm/Nordemann/*Czychowski* UrhG § 69c Rn. 21; näher dazu *Spindler* CR 2012, 417 (419 f.); s. auch KG ZUM-RD 2011, 544 (547 f.); *Marly* Rn. 176; anders und viel zu weitgehend OLG Hamburg CR 2012, 503 (504), ähnlich *Conraths* CR 2016, 705 (707 f.).
[52] OLG Hamburg GRUR-RR 2013, 13 (15).
[53] Fromm/Nordemann/*Czychowski* UrhG § 69c Rn. 21.
[54] Vgl. → § 23 Rn. 3 ff.
[55] Vgl. *Haberstumpf* in Lehmann, Rechtsschutz, Kap. II Rn. 139.
[56] S. dazu Dreier/Schulze/*Dreier* UrhG § 69c Rn. 16; Fromm/Nordemann/*Czychowski* UrhG § 69c Rn. 21; *Günther* CR 1994, 321 (322); Kilian/Heussen/*Czychowski/Siesmayer* CHB Abschnitt 1 Teil 2, 20.4 Rn. 99; *Marly* Urheberrechtsschutz S. 213; *Haberstumpf* in Lehmann, Rechtsschutz, Kap. II Rn. 146; zur Portierung auch *Lehmann* CR 1990, 625.
[57] OLG Karlsruhe NJW 1996, 2583; OLG Düsseldorf ZUM-RD 1997, 555; LG Düsseldorf CR 1996, 737; ebenso das Schrifttum, vgl. etwa Dreier/Schulze/*Dreier* UrhG § 69c Rn. 16; Wandtke/Bullinger/*Grützmacher* UrhG § 69c Rn. 23; DKMH/*Kotthoff* UrhG § 69c Rn. 14; Fromm/Nordemann/*Czychowski* UrhG § 69c Rn. 21.
[58] Dazu → § 24 Rn. 3 ff.
[59] BGH GRUR 2008, 693 (695) – TV-Total; BGH GRUR 2003, 956 (958) – Gies-Adler; BGH GRUR 1999, 984 (987) – Laras Tochter; BGH GRUR 1994, 191 (193) – Asterix-Persiflagen; BGH GRUR 1994, 206 (208) – Alcolix; mwN in → § 24 Rn. 10.
[60] Dreier/Schulze/*Dreier* UrhG § 69c Rn. 13; DKMH/*Kotthoff* UrhG § 69c Rn. 13; *Haberstumpf* in Lehmann, Rechtsschutz, Kap. II Rn. 141; Gloy/Loschelder/Erdmann/*Harte-Bavendamm/Schöler* HdB WettbewerbsR § 64 Rn. 56; aA Fromm/Nordemann/*Czychowski* UrhG § 69c Rn. 22.
[61] So auch Dreier/Schulze/*Dreier* UrhG § 69c Rn. 17; *Haberstumpf* in Lehmann, Rechtsschutz, Kap. II Rn. 142; Kilian/Heussen/*Czychowski/Siesmayer* CHB Abschnitt 1 Teil 2, 20.4 Rn. 100.

die Übernahme des Programmablaufs bzw. des Flussdiagramms liegen,[62] ebenso in der Übernahme von Modulen oder Befehlsgruppen, Verzweigungen, von Unterprogrammen oder anderen Arbeitsabläufen.[63] Nicht verboten ist dagegen die Imitation der Funktion eines Programms bzw. die Übernahme der Ideen,[64] etwa mit Hilfe eines sog. Clean-Room-Programming (→ § 69d Rn. 22).[65]

In der Praxis wird sich der **Nachweis der abhängigen Nachschöpfung** am ehesten durch die Übereinstimmung oder Ähnlichkeit wesentlicher Programmteile oder -strukturen führen lassen, wobei auch die Anzahl der Übereinstimmungen oder Ähnlichkeiten zu berücksichtigen ist. Dabei können aber Übereinstimmungen oder Ähnlichkeiten nur mit solchen Programmteilen oder -strukturen einbezogen werden, die ihrerseits den urheberrechtlichen Schutzvoraussetzungen genügen; die Übernahme nicht schutzfähiger – allgemein üblicher – Ausdrucksformen bleibt erlaubt.[66] In der Rechtsprechung haben vor allem die Übernahme von Eigentümlichkeiten des Programms, die nicht durch Zufälligkeiten oder durch ein freies Nachschaffen erklärt werden können, zur Bejahung einer abhängigen Nachschöpfung geführt, etwa von Programmfehlern,[67] von überflüssigen Programmbefehlen sowie individualisierenden Stilmerkmalen wie Programmierung der arithmetischen Ausdrücke, Formulierung von Laufanweisungen, Konstruktion von Programmverzweigungen, Aufteilung von Formeln sowie Anordnung und Reihenfolge der Variablen innerhalb von Formeln, Anordnung und Aufteilung von Unterprogrammen und deren Auftreten innerhalb der Hauptprogramme, Wahl der Variablennamen, insbesondere durch keine Konventionen vorgeschriebene bzw. gegen Konventionen verstoßende Namensgebungen oder eine vom Üblichen abweichende Zeilennummerierung.[68] Entscheidend ist oftmals die Verteilung der Darlegungs- und Beweislast: Denn der Objektcode kann trotz ein- und desselben Quellcodes unterschiedlich ausfallen, indem der Code dekompiliert und dann wiederum neukompiliert wird; ebenso können andere Bibliotheken benutzt werden, sodass eine direkte Übernahme eines Objektcodes schwer nachzuweisen ist.[69] Gerade die modulare Verwendung von Bibliotheken kann dazu führen, dass selbst gleiches Absturzverhalten eines Programms noch kein Indiz für die Übernahme eines Codes darstellt.[70] Auch muss etwa eine ähnliche Benutzeroberfläche noch kein Indiz für die Übernahme eines Codes darstellen, da diese mit unterschiedlichen Codes erreicht werden kann.[71] Der Rechteinhaber muss daher einen Quellcodevergleich durchführen oder die innere Programmstruktur mit Reverse Engineering ermitteln (→ § 69d Rn. 21); da er aber selbst nach § 69d nicht zur Dekompilierung allein zu Zwecken der Rechtsverfolgung berechtigt ist, bleibt nur der Besichtigungsanspruch mit Hilfe eines zur Verschwiegenheit verpflichteten Sachverständigen nach § 101a. Der Binärcodevergleich reicht angesichts der unterschiedlichen Umsetzungsmöglichkeiten nicht, ein Quellcodevergleich bzw. Programmstrukturvergleich ist erforderlich.[72] Da dem Rechteinhaber nur diese Möglichkeiten verbleiben, muss im Falle, dass ein Quellcodevergleich abgelehnt wird (→ § 101a Rn. 19 ff.), der Vergleich der inneren Programmstruktur als Indiz und damit für Verlagerung der Darlegungs- und Beweislast auf den Verletzenden dafür genügen, dass es sich um eine zulässige Doppelschöpfung handelt,[73] ebenso dass die übernommenen Teile des Codes keinen Schutz genießen (etwa wegen Trivialität).[74] Ohne solche Feinabstimmungen in der Darlegungs- und Beweislast würden dem Verletzungskläger zu hohe Hürden für den Beweis aufgestellt.[75]

18   **Keine Umarbeitung** iSd § 69c Nr. 2 ist die bloße **Vervielfältigung,** bei der ein neues Werkstück nicht in veränderter, sondern in unveränderter Form erstellt wird.[76] Die Vervielfältigung wird vielmehr von § 69c Nr. 1 erfasst. Der BGH hat eine identische Übernahme und damit eine Vervielfältigung auch bei einer Fehlerbeseitigung im Umfang von etwa 5 % des Programms angenommen.[77] Wenn sich das im Hinblick auf § 69d Abs. 1 auch nicht auf das rechtliche Ergebnis auswirkt, so dürften Änderungen im Umfang von 5 % doch eine Umarbeitung darstellen, lediglich ganz geringe Ab-

---

[62] OLG Karlsruhe CR 2010, 427 (432).

[63] Wandtke/Bullinger/*Grützmacher* UrhG § 69c Rn. 11.

[64] → § 69a Rn. 8 ff.; EuGH GRUR 2012, 814 – SAS Institute; dazu *Spindler* CR 2012, 417; Dreier/Schulze/*Dreier* UrhG § 69c Rn. 17.

[65] Wandtke/Bullinger/*Grützmacher* UrhG § 69c Rn. 11.

[66] Näher dazu mwN → § 24 Rn. 5 f.

[67] ZB rechnertechnisch ungünstige Divisionen und Potenzierungen anstelle von günstigeren Multiplikationen.

[68] Vgl. OLG Frankfurt a. M. CR 1986, 13 (20) – Baustatikprogramme; LG München I CR 1986, 384 (386); vgl. auch Wandtke/Bullinger/*Grützmacher* UrhG § 69c Rn. 11 ff., 14; Kilian/Heussen/*Czychowski/Siesmayer* CHB Abschnitt 1 Teil 2, 20.4 Rn. 99 f.

[69] *Lietz* CR 1991, 564 (567 f.); *Marly* Urheberrechtsschutz S. 275 f.

[70] LG Düsseldorf ZUM 2007, 559 (564 f.).

[71] → § 69a Rn. 7 ff.; OLG Karlsruhe CR 2010, 427 (432); LG Frankfurt a. M. CR 2007, 424 (425). Wandtke/Bullinger/*Grützmacher* UrhG § 69c Rn. 12.

[72] KG CR 2010, 424 (425).

[73] LG Frankfurt a. M. CR 2006, 729 (731).

[74] OLG Düsseldorf CR 2009, 214 (216).

[75] AA wohl KG CR 2010, 424 (425): vollständige Darlegungs- und Beweislast für Verletzungskläger, keine faktische Vermutung des urheberrechtlichen Schutzes.

[76] Wenn die Bearbeitung bzw. Umarbeitung auch ihrem Wesen nach eine Vervielfältigung des Originalwerks in umgestalteter Form ist, vgl. dazu → § 23 Rn. 3 ff.

[77] BGH CR 1990, 188 (189).

änderungen werden am Vervielfältigungscharakter nichts ändern.[78] Keine Vervielfältigung sondern Umarbeitung ist auch die Übersetzung des Quellcodes in den Objektcode und umgekehrt, da insoweit Veränderungen stattfinden.[79] Keine Bearbeitung stellt ferner das im Programm weiter vorgesehene **Customizing** bzw. eine Parametrisierung dar, da hierfür die Programmsubstanz nicht verändert wird.[80] Ebenso wenig können Programmaufrufe oder reine externe Befehle als Bearbeitungen angesehen werden, auch wenn sie in den Programmablauf eingreifen oder das Nichtaufrufen von Programmen.[81] Verfehlt ist es insbesondere, schon das **Auslesen eines Speicherstandes** als Eingriff das Programm zu sehen,[82] da damit keinerlei Veränderungen des Programms selbst verbunden ist.

3. Das Bearbeiterurheberrecht

Erreicht die Umgestaltung eines Werks das Niveau einer persönlichen geistigen Schöpfung, so erwirbt der Bearbeiter nach § 3 ein **eigenes Urheberrecht an der Bearbeitung**.[83] § 69c Nr. 2 S. 2 bestimmt, dass dieses Bearbeiterurheberrecht durch das Bearbeitungsrecht des Urhebers des bearbeiteten Programms nicht berührt wird. Der deutsche Gesetzgeber hat in Nr. 2 S. 2 den Begriff des Bearbeitens statt den des Umarbeitens verwendet, um sich dem Sprachgebrauch des § 3 anzupassen und eine Änderung dieser Vorschrift zu vermeiden.[84] Das hat zu einer unterschiedlichen Wortwahl in § 69c Nr. 2 S. 1 und S. 2 geführt. § 69c Nr. 2 S. 2 bezieht sich aber auf alle Fälle der Umarbeitung, nicht nur auf den in § 69c Nr. 2 S. 1 angeführten Unterfall der Bearbeitung.[85] An jeder Umarbeitung, die die Voraussetzungen einer persönlichen geistigen Schöpfung erfüllt, erlangt der Bearbeiter also ein Bearbeiterurheberrecht. Das ergibt sich nicht nur aus dem Sinnzusammenhang und dem vom Gesetzgeber mit seiner Wortwahl verfolgten Zweck, sondern entspricht auch einer richtlinienkonformen Auslegung: Artikel 4 lit. b der Richtlinie spricht von den Rechten der Person, die das Programm umarbeitet. **19**

Schutzgegenstand des Bearbeiterurheberrechts ist nur die Umarbeitung als solche, am Originalprogramm erwirbt der Bearbeiter keinerlei Rechte. Da die Verwertung der Bearbeitung die Benutzung des Originalprogramms notwendig voraussetzt, ist das Bearbeiterurheberrecht ein **abhängiges Urheberrecht:** Zur Verwertung des bearbeiteten Programms ist sowohl die Zustimmung des Bearbeiters als auch die des Urhebers des Originalprogramms[86] erforderlich. Auch der Bearbeiter selbst darf das bearbeitete Programm nicht ohne Zustimmung des Originalurhebers verwerten. Dass er es nicht vervielfältigen darf, ergibt sich bereits aus § 69c Nr. 2 S. 1; er darf es aber auch ohne die Zustimmung des Urhebers nicht verbreiten (→ Rn. 21). Auf der anderen Seite darf auch der Urheber des Originalprogramms die bearbeitete Fassung nicht ohne Zustimmung des Bearbeiters benutzen. § 39 ist zwar über § 69a Abs. 4 grundsätzlich anwendbar; jedoch besteht aufgrund der eher vermögensrechtlichen Ausrichtung der §§ 69a ff. und des primär urheberpersönlichkeitsrechtlichen Bezugs in § 39 nur ein geringer Anwendungsbereich. Insbesondere findet § 39 Abs. 1 keine Anwendung, wenn ein Berechtigter gem. § 69c Abs. 2 Umarbeitungen vornimmt.[87] Wegen weiterer Einzelheiten zum Bearbeiterurheberrecht vgl. → § 3 Rn. 35 ff. **20**

IV. Das Verbreitungsrecht

Nach § 69c Nr. 3 S. 1 hat der Urheber bzw. sonstige Berechtigte das ausschließliche Recht der Verbreitung. In seinem Regelungsgehalt stimmt § 69c Nr. 3 mit § 17 weitgehend überein, sodass trotz des prinzipiellen Vorrangs des § 69c (→ Rn. 1) die Begriffsbestimmungen des § 17 Anwendung finden können.[88] Nach dem Wortlaut der Nr. 3 S. 1 unterliegen dem Verbreitungsrecht das Original sowie Vervielfältigungsstücke des Computerprogramms. Auch Umarbeitungen eines Computerprogramms fallen aber unter das Verbreitungsrecht; die sich nur auf die Vervielfältigung beziehende Formulierung in § 69c Nr. 2 S. 1 ist insofern unvollständig. Das ergibt sich schon daraus, dass die Umarbeitung das Originalwerk[89] enthält und ihrem Wesen nach eine Vervielfältigung des Originalwerks in **21**

---

[78] So auch DKMH/*Kotthoff* UrhG § 69c Rn. 13.

[79] Dreier/Schulze/*Dreier* UrhG § 69c Rn. 16; Fromm/Nordemann/*Czychowski* UrhG § 69c Rn. 21; Wandtke/Bullinger/*Grützmacher* UrhG § 69c Rn. 19; DKMH/*Kotthoff* UrhG § 69c Rn. 12; aA *Haberstumpf* in Lehmann, Rechtsschutz, Kap. II Rn. 145.

[80] *Koch* ITRB 2005, 140 f.; Wandtke/Bullinger/*Grützmacher* UrhG § 69c Rn. 22; DKMH/*Kotthoff* UrhG § 69c Rn. 13.

[81] KG ZUM-RD 2011, 544 (548); *Spindler* CR 2012, 417 (419 ff.).

[82] OLG Hamburg CR 2012, 503 (504); dagegen ausführlich *Spindler* CR 2012, 417 (419 ff.).

[83] LG Köln MMR 2018, 411 Rn. 63; OLG Hamburg MMR 2019, 452 (453); Anders Wandtke/Bullinger/*Grützmacher* UrhG § 69c Rn. 24: lediglich eigene geistige Schöpfung.

[84] AmtlBegr. BT-Drs. 12/4022, 11.

[85] Ebenso Dreier/Schulze/*Dreier* UrhG § 69c Rn. 18.

[86] Bzw. des sonstigen Berechtigten.

[87] Wandtke/Bullinger/*Grützmacher* UrhG § 69c Rn. 25; *Marly* Urheberrechtsschutz S. 211 f. *Metzger/Jaeger* GRUR-Int 1999, 839 (844).

[88] Dreier/Schulze/*Dreier* UrhG § 69c Rn. 20; Wandtke/Bullinger/*Grützmacher* UrhG § 69c Rn. 27; Fromm/Nordemann/*Czychowski* UrhG § 69c Rn. 26; DKMH/*Kotthoff* UrhG § 69c Rn. 19; im Einzelnen → Rn. 22 ff., 28.

[89] In abgeänderter Form.

umgestalteter Form ist (vgl. → § 23 Rn. 5). Die frühere Streitfrage, ob unter § 69c Nr. 3 auch die Online-Zugänglichmachung von Computerprogrammen gehört, hat sich durch die Einfügung von § 69c Nr. 4 erledigt. Allerdings muss es sich um eine dauerhafte Programmversion handeln, bloße 30-tägige-Testversionen genügen für eine Verbreitung nicht; vielmehr handelt es sich bei einem Internet-angebot dann um ein öffentliches Zugänglichmachen.[90]

1. Verbreitung

22   Auch der Verbreitungsbegriff ist **weit** zu verstehen:[91] § 69c Nr. 3 S. 1 erfasst jede Form der Verbreitung. Da § 69c eine Definition der Verbreitung nicht enthält, ist von der Begriffsbestimmung in § 17 Abs. 1 auszugehen; der Gesetzgeber hat „in Übereinstimmung mit § 17"[92] ein Verbreitungsrecht vorgesehen.[93] Danach ist Verbreitungshandlung sowohl das **Inverkehrbringen** der Werkstücke als auch deren **Angebot an die Öffentlichkeit.** Damit wird bereits eine Vorstufe des Inverkehrbringens tatbestandsmäßig erfasst.[94]

23   Unter **Angebot** ist jede Aufforderung zum Eigentumserwerb des Werkstücks zu verstehen.[95] Die noch vertretene **frühere Auffassung, es brauche sich nicht um ein Angebot zum Verkauf zu handeln,** auch das Angebot zur Vermietung, zum Verleih oder zu einer sonstigen Überlassung, etwa von Notenmaterial oder Filmkopien, falle unter § 17,[96] ist durch die Entscheidung des EuGH v. 17.4.2008 **überholt.**[97] Danach liegt die Verbreitung des Originals oder von Vervielfältigungsstücken des Werkes **nur bei einer Eigentumsübertragung** vor;[98] das Angebot zur Überlassung des Besitzes für einen nur vorübergehenden Zeitraum[99] genügt nicht. Erst recht reicht es nicht aus, dass Dritten der Gebrauch von urheberrechtlich geschützten Werkstücken ermöglicht wird, ohne dass mit der Gebrauchsüberlassung eine Übertragung der tatsächlichen Verfügungsgewalt über die Werkstücke verbunden ist oder dass urheberrechtlich geschützte Werkstücke öffentlich gezeigt werden, ohne dass Dritten die Möglichkeit zur Benutzung eingeräumt wird.[100] Ein Angebot im Rechtssinn ist nicht erforderlich, auch Werbemaßnahmen durch Inserate, Kataloge oder Prospekte stellen ein Angebot dar. Zugrunde liegt der Gedanke, dass die Bewerbung sich als Beginn der wirtschaftlichen Auswertung des Werks bzw. Computerprogramms darstellt, OLG Frankfurt a. M. MMR 2016, 337 (339). Dass die Gegenstände, auf die sich das Angebot bezieht, bereits vorhanden sind, wird nicht vorausgesetzt.[101] Gerade bei Computerprogrammen, Computerspielen und Ähnlichem erfolgt die Verbreitung von Raubkopien oft in der Form, dass die Vervielfältigungstücke erst nach Eingang einer Bestellung angefertigt werden. Es reicht vielmehr aus, dass die Werkstücke **auf Bestellung lieferbar** sind.[102] Ein Anbieter liegt auch dann vor, wenn das Angebot im Inland erfolgt, aber zum Erwerb im Ausland auffordert, selbst wenn es dort nicht ein Urheberrecht verletzt.[103] Die angebotenen Computerprogramme brauchen im Angebot **nicht im Einzelnen konkretisiert** zu sein, etwa durch Angabe der Titel oder Mitteilung des Inhalts.[104]

24   Der Begriff der **Öffentlichkeit** bestimmt sich nach der Legaldefinition des § 15 Abs. 3.[105] Zur Öffentlichkeit gehört jeder, der mit dem Anbietenden oder mit den anderen Personen, denen das Programm angeboten wird, durch persönliche Beziehungen verbunden ist.[106] Daher kann auch das Angebot in unternehmens-, erst recht konzerninternen Datennetzen bereits ein Angebot darstel-

---

[90] OLG München CR 2017, 495 (496); s. auch OLG Frankfurt a. M. CR 2017, 295 (296).

[91] LG Köln CR 2010, 576 (577); Dreier/Schulze/*Dreier* UrhG § 69c Rn. 20.

[92] AmtlBegr. BT-Drs. 12/4022, 11.

[93] AmtlBegr. BT-Drs. 12/4022, 11.

[94] Einzelheiten in → § 17 Rn. 8.

[95] EuGH GRUR 2008, 604 – Le-Corbusier-Möbel; KG GRUR 1983, 174 – Videoraubkassetten; OLG Düsseldorf GRUR 1983, 760 (761) – Standeinrichtung oder Ausstellung; OLG Frankfurt a. M. MMR 2016, 337 Rn. 64 – Begriff des Verbreitens nach § 69c Nr. 3 UrhG; Wandtke/Bullinger/*Heerma* UrhG § 17 Rn. 14; näher *Loewenheim* FS Traub, 1994, 251 (252) mwN.

[96] AmtlBegr. BT-Drs. IV/270, 48; KG GRUR 1983, 174 – Videoraubkassetten.

[97] EuGH GRUR 2008, 604 – Le-Corbusier-Möbel; auf Vorlage des BGH GRUR 2007, 50 – Le Corbusier-Möbel; näher dazu → § 17 Rn. 9, 17.

[98] EuGH GRUR 2008, 604 Rn. 41 – Le-Corbusier-Möbel; BGH GRUR 2013, 1137 Rn. 12; NJW 2009, 2960 Rn. 21.

[99] So noch BGH GRUR 2007, 50 Rn. 14 – Le Corbusier-Möbel; wohl auch Wandtke/Bullinger/*Grützmacher* UrhG § 69c Rn. 28.

[100] So die Entscheidung des EuGH über die Vorlagefrage des BGH, vgl. EuGH GRUR 2008, 604 – Le-Corbusier-Möbel; BGH GRUR 2007, 50 – Le Corbusier-Möbel.

[101] So aber KG GRUR 1983, 174 – Videoraubkassetten; OLG Köln GRUR 1995, 265 (268) – Infobank; LG München AfP 1996, 181 (183); mwN in → § 17 Rn. 13.

[102] BGH GRUR 1991, 316 (317) – Einzelangebot; BGH GRUR 1999, 707 (711) – Kopienversanddienst; OLG München ZUM 1997, 136 (138); OLG Köln GRUR 1992, 312 (313) – Amiga-Club; Dreier/Schulze/*Dreier* UrhG § 17 Rn. 13; wN → § 17 Rn. 13 ff.

[103] BGH GRUR 2007, 871 Rn. 28 – Wagenfeldlampe.

[104] *Loewenheim* FS Traub, 1994, 251 ff.; Wandtke/Bullinger/*Heerma* UrhG § 17 Rn. 16; aA noch KG GRUR 1983, 174 – Videoraubkassetten; → § 17 Rn. 14.

[105] BGH GRUR 1991, 316 (317) – Einzelangebot; → § 17 Rn. 16.

[106] § 15 Abs. 3 S. 2; s. zur alten Fassung des § 15 Abs. 3 auch KG GRUR 1983, 174 – Videoraubkassetten; weitere Einzelheiten in → § 17 Rn. 16.

len.[107] Das Angebot braucht nicht gegenüber einer Mehrzahl von Personen gemacht zu werden, das **Angebot an eine Einzelperson** kann ausreichen. Gerade Angebote an die der Öffentlichkeit angehörende Einzelpersonen zum Erwerb von Raubkopien von Computerprogrammen, Computerspielen und ähnlichem werden auf diese Weise erfasst.[108]

Inverkehrbringen ist jede Handlung, durch die Werkstücke aus der internen Betriebssphäre der **25** Öffentlichkeit zugeführt werden.[109] Dabei muss es sich aber um eine **Eigentumsübertragung** handeln, die bloße Überlassung zum Besitz oder zum Gebrauch reicht nach der Entscheidung des EuGH v. 17.4.2008[110] nicht aus.[111] Ausreichend ist die Übereignung an Dritte, mit denen keine persönliche Verbundenheit besteht.[112] Die Überlassung eines einzelnen Exemplars genügt.[113]

Der Verbreitungsbegriff des § 17 erfasst nur die **Verbreitung von Werkstücken in körperlicher** **26** **Form** (vgl. → § 17 Rn. 6). Die Verbreitung in unkörperlicher Form fällt unter die in § 15 Abs. 2 geregelten Fälle. Computerprogramme können nicht nur in körperlicher Form, dh auf Disketten oder sonstigen digitalen Datenträgern übertragen werden, sondern auch **online** durch Datenfernübertragung oder durch Sendung. Zur Frage der Erschöpfung bei online vertriebenen Programmen → Rn. 34 f. Früher war verschiedentlich gefordert worden, auch diese Übertragungsformen als Verbreitung anzusehen; überwiegend nahm man allerdings ein unter § 15 Abs. 2 fallendes unbenanntes Recht der öffentlichen Wiedergabe an.[114] Diese Streitfrage hat sich durch die Einfügung des § 19a (Recht der öffentlichen Zugänglichmachung) und für § 69c Nr. 3 durch die Einfügung von § 69c Nr. 4, der die Online-Zugänglichmachung von Computerprogrammen erfasst, erledigt.

2. Vermietung

§ 69c Nr. 3 gewährt dem Urheber das Verbreitungsrecht einschließlich der Vermietung (zur Frage, **27** ob das Vermietrecht Teil des Verbreitungsrechts ist vgl. → § 17 Rn. 59 ff.); jedenfalls unterliegt das Vermietrecht nicht der Erschöpfung. Mit dem Inverkehrbringen im Sinne des § 69c Nr. 3 S. 2 erschöpft sich also das Verbreitungsrecht (dazu → § 69c Rn. 32 ff.), der Rechtsinhaber behält aber das Recht, die Vermietung der in Verkehr gebrachten Datenträger zu untersagen. Gemäß § 137d Abs. 1 S. 2 unterliegen vor dem 1.1.1993 zu Vermietzwecken erworbene Programmkopien nicht dem Vermietrecht. Die EU-Kommission beabsichtigte einen starken Schutz gegen Produktpiraterie.[115]

Der **Begriff Vermietung** bedeutet nach dem 16. Erwgr. der Computerprogrammrichtlinie die **28** Überlassung eines Computerprogramms oder einer Kopie davon zur zeitweiligen Verwendung und zu Erwerbszwecken. Diese Begriffsbestimmung stimmt mit der Definition der Vermietung in § 17 Abs. 3 S. 1 und Art. 1 Abs. 2 der Vermiet- und Verleih-RL sachlich überein. Auch wenn Art. 3 der Vermiet- und Verleih-RL bestimmt, dass Art. 4 lit. c der Computerprogrammrichtlinie unberührt bleibt, lässt sich daher die Definition in § 17 Abs. 3 auch für die Auslegung des Vermietungsbegriffs in § 69c Nr. 3 heranziehen; das dürfte auch für die Ausnahme in § 17 Abs. 3 S. 2 Nr. 2 gelten, da die Interessenlage[116] sich insofern nicht unterscheidet. Maßgeblich ist die **zeitliche Befristung der körperlichen Gebrauchsüberlassung,**[117] wobei es nicht auf die schuldrechtliche Einordnung ankommt, auch wenn sie oft gleichlaufend ausfallen wird. Unterschiede ergeben sich etwa bei einem Kauf mit Rückgaberecht, der urheberrechtlich als Vermieten qualifiziert wird,[118] ebenso der Kauf auf Probe.[119] Entscheidend ist hierbei das schützenswerte wirtschaftliche Interesse des Urhebers, der bspw. durch die Vereinbarung eines Kaufs auf Probe einen mittelbaren Erwerbszweck verfolgt.[120] Ermöglicht er oder der Rechtsinhaber einem Kunden eine intensive Werknutzung auf Zeit, so führt dies zu einer Verkürzung seines Veräußerungsrechts, denn der Kunde hat regelmäßig kein Interesse daran ein Vervielfältigungsstück des Werkes nach dessen Nutzung käuflich zu erwerben.[121] Relevant ist somit nur

---

[107] Wandtke/Bullinger/*Grützmacher* UrhG § 69c Rn. 29 unter Verweis auf BFH CR 2006, 12 (13 f.); vgl. *Marly* Rn. 178.
[108] BGH GRUR 1991, 316 (317) – Einzelangebot; OLG Köln GRUR 1992, 312 (313) – Amiga-Club; KG GRUR 2000, 49 – Mitschnitt-Einzelangebot; weitere Einzelheiten und Nachw. in → § 17 Rn. 16.
[109] BGH GRUR 2007, 691 Rn. 27 – Staatsgeschenk; BGH GRUR 2007, 50 Rn. 14 – Le Corbusier-Möbel; BGH GRUR 2004, 421 (424) – Tonträgerpiraterie durch CD-Export; BGH GRUR 1991, 316 (317) – Einzelangebot; OLG Hamburg GRUR 1972, 375 (376) – Polydor II.
[110] EuGH GRUR 2008, 604 Rn. 41 – Le-Corbusier-Möbel; näher dazu → § 17 Rn. 9, 17.
[111] AA offenbar LG Köln CR 2010, 576 (577), Wandtke/Bullinger/*Grützmacher* UrhG § 69c Rn. 27, ohne indes auf EuGH einzugehen.
[112] Vgl. → Rn. 24 und → § 17 Rn. 16.
[113] BGH GRUR 1991, 316 (317) – Einzelangebot; BGH GRUR 1985, 129 (130) – Elektrodenfabrik; BGH GRUR 1980, 227 (230) – Monumenta Germaniae Historica.
[114] Zum Streitstand → 2. Aufl. 1999, Rn. 24 mwN; vgl. auch → § 17 Rn. 7; abl. zu Recht Wandtke/Bullinger/*Grützmacher* UrhG § 69c Rn. 31; Fromm/Nordemann/*Czychowski* UrhG § 69c Rn. 26; dagegen LG Frankfurt a. M. CR 2006, 729 (732); *Baus* S. 85; *Berger* GRUR 2002, 198 (199, 201, 202).
[115] *Lehmann* CR 1994, 271 (273); Wandtke/Bullinger/*Grützmacher* UrhG § 69c Rn. 72.
[116] Dazu → § 17 Rn. 58 ff.
[117] Wandtke/Bullinger/*Grützmacher* UrhG § 69c Rn. 73; Fromm/Nordemann/*Czychowski* UrhG § 69c Rn. 29.
[118] BGH GRUR 1989, 417 (418 f.) – Kauf mit Rückgaberecht.
[119] BGH GRUR 2001, 1036 (1037 f.) – Kauf auf Probe.
[120] BGH GRUR 2001, 1036 (1038) – Kauf auf Probe.
[121] BGH GRUR 1989, 417 (418) – Kauf mit Rückgaberecht.

die zeitlich begrenzte Gebrauchsüberlassung, welche eine uneingeschränkte und wiederholbare Werknutzung ermöglicht, mit der Folge, dass der Kauf eines Vervielfältigungsstückes ausbleibt. Eine solche Gebrauchsüberlassung liegt aus wirtschaftlicher Sicht selbst dann vor, wenn der Kunde den Gegenstand nicht zurückgeben muss, dieses jedoch kann.[122]

28a Dagegen führen außerordentliche Kündigungsrechte in einem Lizenzvertrag nicht dazu, dass dieser als Vermietung eingeordnet wird.[123] Bei **Pflegeverträgen** liegt ebenfalls keine Vermietung vor, auch wenn regelmäßig neue Datenträger überlassen werden.[124] Je nach den im Einzelfall zugrunde liegenden AGB kann jedoch auch eine Einordnung als Miete in Frage kommen, bspw. dann, wenn eine „[w]iederkehrende Vergütung bei Pflege […] bei sehr engem Konnex mit dem Beschaffungsvertrag [gegeben ist, sodass sie] einen einheitlichen Vertragsgegenstand bilden".[125] Diese Aktualisierungen sind bestandteil der ursprünglich erworbenen Kopie, welche der Erwerber ohne zeitliche Beschränkung nutzen kann;[126] dementsprechend bezieht sich auch die Erschöpfung auf die aktualisierte Software, dazu → Rn. 34. Einzelfragen zum Begriff der Vermietung bei → § 17 Rn. 32 ff., zum Leasing → Rn. 35.

28b Probleme bereitet die funktionale Überlassung von Computerprogrammen, ohne dass der Nutzer selbst in seinem unmittelbaren Herrschaftsbereich eine Kopie des Programms erhält. Anwendungsfälle sind vor allem die Zurverfügungstellung von Software im Rahmen des **Cloud Computing (Software as a Service)**, oder das **Application Service Providing** (ASP).[127] Eine Vermietung wird hinsichtlich des Cloud Computing vor allem wegen des schlicht virtuellen Zuganges sowie der fehlenden körperlichen Überlassung des Vervielfältigungsstückes[128] und der für das Cloud Computing typischen Übertragung eins-zu-viele und nicht eins-zu-eins abgelehnt, dazu → Vor §§ 69a ff. Rn. 67 f.[129] Zwar könnte hier der Wortlaut der Vermiet- und Verleih-RL[130] herangezogen werden, nach welchem die Vermietung als Gebrauchs- und als Besitzüberlassung definiert wird.[131] Indes ist die Vermietrecht nach seiner Konzeption ein Unterfall des Verbreitungsrechts – und parallel zu § 17 Abs. 3 UrhG gelagert[132] – damit eine körperliche Überlassung eines Werkstücks an den Nutzer.[133] Daran fehlt es aber beim ASP, da dem Nutzer kein eigenes Werkstück zur Verfügung gestellt, sondern nur die Nutzung der Software, die als Werkstück weiterhin auf dem Server des Anbieters belegen bleibt, gewährt wird. Dies steht zwar der schuldrechtlichen Einordnung als Miete nicht entgegen (vgl. → Vor §§ 69a ff. Rn. 66), lässt sich aber auf urheberrechtlicher Ebene nicht unter das Vermietrecht, sondern vielmehr nur das Recht der öffentlichen Zugänglichmachung (dazu → Rn. 41 ff.) fassen.[134]

28c Keine Vermietung des Programms liegt vor, wenn es nur **unwesentlicher Bestandteil** der insgesamt vermieteten Sache ist,[135] insbesondere wenn es sich um **softwaregesteuerte Geräte** oder Sachen wie KfZs (auch mit Navigationssystemen oder Bordcomputern etwa) handelt. Art. 11 Abs. 3 TRIPS, 7 Abs. 1 WCT stehen dem nicht entgegen.[136]

28d Das Vermietrecht schließt **nicht** das **Verleihrecht** ein,[137] dieses verbleibt ein selbstständiges, vom Vermietrecht unabhängiges Element des Verbreitungsrechts, das sich zusammen mit dem Verbrei-

---

[122] BGH GRUR 2001, 1036 (1037 f.) – Kauf auf Probe.

[123] Wandtke/Bullinger/*Grützmacher* UrhG § 69c Rn. 73.

[124] Wandtke/Bullinger/*Grützmacher* UrhG § 69c Rn. 73; s. auch *Bartsch* CR 2012, 141 (145), der zunächst Vermietung und nur für den letzten Datenträger Veräußerung annimmt.

[125] *Schneider/Spindler* CR 2014, 213 (216).

[126] EuGH GRUR 2012, 904 Rn. 67 f. – UsedSoft.

[127] Zur Typologie und Abgrenzung zu Iaas und PaaS vgl. *Argyriadou/Bierekoven* in Intveen/Gennen/Karger, Handbuch des Softwarerechts, § 14 Rn. 2 ff.; vgl. ferner *Marly* Rn. 1121.

[128] *Niemann/Paul* K&R 2009, 444 (448); *Bisges* MMR 2012, 574 (578); Dreier/Schulze/*Dreier* UrhG § 69c Rn. 36a; Hilber/*Paul/Niemann* Teil 3 Rn. 100.

[129] Niemann/Paul/Schäfer Kap. 6 Rn. 27 f.; Hilber/*Paul/Niemann* Teil 3 Rn. 102; *Nägele/Jacobs* ZUM 2010, 281 (286); *Grützmacher* CR 2015, 779 (781) für Outsourcing; aA *Bräutigam/Thalenhofer* in Bräutigam, Teil 14 Rn. 121, nach denen der Cloud-Anbieter das Vermietrecht benötige, wenn er den Cloud-Nutzern das Programm mietweise zur Verfügung stelle.

[130] Richtlinie 2006/115/EG des Europäischen Parlaments und des Rates vom 12.12.2006 zum Vermietrecht und Verleihrecht sowie zu bestimmten dem Urheberrecht verwandten Schutzrechten im Bereich des geistigen Eigentums.

[131] Vgl. Fromm/Nordemann/*Czychowski* UrhG § 69c Rn. 30; *Bräutigam/Thalhofer* in Bräutigam, Teil 14 Rn. 121.

[132] Nach allgM ist insoweit von einem Gleichlauf der Vorschriften des § 69c Nr. 3 UrhG und § 17 Abs. 3 UrhG auszugehen, vgl.: Dreier/Schulze/*Dreier* UrhG § 69c Rn. 21; Wandtke/Bullinger/*Grützmacher* UrhG § 69c Rn. 42 aE: „eine unterschiedliche Auslegung ist […] grds. nicht intendiert"; BeckOK UrhR/*Kaboth/Spies* UrhG § 69c Rn. 27; Spindler/Schuster/*Wiebe* UrhG § 69c Rn. 14.

[133] *Marly* Rn. 1100; *Grützmacher* ITRB 2001, 59 (61); *Grützmacher* CR 2015, 779 (781); *Bettinger/Scheffelt* CR 2001, 729 (734); *Jacobs* GRUR 1998, 246 (249); Wandtke/Bullinger/*Grützmacher* UrhG § 69c Rn. 75; → § 17 Rn. 30 ff.; Dreier/Schulze/*Dreier* UrhG § 69c Rn. 21, 36; dies eingestehend auch Fromm/Nordemann/*Czychowski* UrhG § 69c Rn. 29, 30; aA: *Frank A. Koch* ITRB 2001, 39 (41), der von der vertragstypologischen Einordnung des ASP als Miete auf ein „urheberrechtliches Vermieten" schließt, aber ohne weitere Begründung.

[134] So auch: Dreier/Schulze/*Dreier* UrhG § 69c Rn. 36; Spindler/Schuster/*Wiebe* UrhG § 69c Rn. 14; Wandtke/Bullinger/*Grützmacher* UrhG § 69c Rn. 75 f.; *Bettinger/Scheffelt* CR 2001, 729 (734); aA Fromm/Nordemann/*Czychowski* UrhG § 69c Rn. 30 aE; ohne Begründung auch *Söbbing* ITRB 2015, 147 (148); nur zur vertraglichen Typologie: BGH MMR 2007, 243 (244) – ASP-Vertrag, der von einer Verkörperung der Software ausgeht; OLG Hamburg MMR 2012, 740.

[135] Wandtke/Bullinger/*Grützmacher* UrhG § 69c Rn. 79; *Vander* CR 2011, 77 (79); *Söbbing* ITBR 2013, 162 (164).

[136] *Reinbothe* GRUR-Int 1992, 707 (710).

[137] Vgl. auch AmtlBegr. BT-Drs. 12/4022, 11 und den 16. Erwgr. der Richtlinie.

tungsrecht erschöpft.[138] Im Gegensatz zur Vermietung kann der Urheber daher den Verleih des Computerprogramms nach dessen Inverkehrbringen nicht mehr untersagen, er hat aber beim Verleih durch eine der Öffentlichkeit zugängliche Einrichtung den Vergütungsanspruch nach § 27 Abs. 2. Die Abgrenzung zur Vermietung erfolgt anhand der Verfolgung wirtschaftlicher Zwecke, wobei auch die Drittfinanzierung etwa über eingeblendete Werbung bereits kommerzielle Zwecke verfolgt, sodass von einer Vermietung auszugehen ist.[139]

3. Beschränkungen des Verbreitungsrechts

Das Verbreitungsrecht an Computerprogrammen unterscheidet sich nicht von dem in § 17 geregelten allgemeinen Verbreitungsrecht. Es ist also ein gegenüber dem Vervielfältigungsrecht selbstständiges Recht,[140] das nach § 31 Abs. 1 S. 2 auch **räumlich, zeitlich oder inhaltlich beschränkt eingeräumt** werden kann.[141] Die Abgrenzungen von Nutzungsarten an den hierfür entwickelten Kriterien, wie sie für § 31 ff. gelten, finden auch im Softwarerecht Anwendung. Insbesondere gilt § 31 neben § 69c Nr. 3 S. 2, da es keine Anhaltspunkte für einen abschließenden Charakter von § 69c Nr. 3 S. 2 gibt und die Computerprogramm-RL gerade den Urheber stärken wollte.[142] **29**

Auch beim Verbreitungsrecht an Computerprogrammen ergeben sich Probleme bezüglich seiner **Aufspaltbarkeit,** also der Frage, inwieweit dingliche Beschränkungen des Verbreitungsrechts zulässig sind.[143] Das betrifft namentlich inhaltliche Beschränkungen, dh Eingrenzungen des Verbreitungsrechts auf bestimmte wirtschaftliche Formen der Verwertung, besonders des Vertriebswegs. Im Interesse der Rechtssicherheit und Rechtsklarheit darf die Aufspaltung nicht zu unübersichtlichen und unklaren Rechtsverhältnissen im Urheberrechtsverkehr führen, die eine Feststellung von Rechtsinhaberschaft und Umfang der Berechtigung nicht oder nur unter erheblichen Schwierigkeiten zulassen. Als Grundsatz gilt, dass eine beschränkte Einräumung des Verbreitungsrechts nur für solche Verwertungsformen zulässig ist, die **nach der Verkehrsauffassung klar abgrenzbar** sind und eine **wirtschaftlich und technisch einheitliche und selbständige Nutzungsart** darstellen.[144] Zu **verneinen** ist die klare Abgrenzbarkeit und die Selbständigkeit der Nutzungsart bei **OEM-Klauseln,** dh das Nutzungsrecht kann nicht dergestalt beschränkt eingeräumt werden, dass Programme in einer bestimmten Aufmachung nur in Verbindung mit dem Kauf eines Computers veräußert werden dürfen.[145] Ebenso wenig kann ein Hersteller die **Update-Version** eines Computerprogramms unter dem Vorbehalt veräußern, dass ein Verkauf nur an solche Nutzer zulässig ist, die bereits die ursprüngliche Vollversion des Programmes erworben haben; denn das Erscheinungsbild der Update-Version unterscheidet sich nicht von der Vollversion.[146] Anders ist dies für Schüler- oder Studentenversionen, Schul- oder Testversionen zu beurteilen, sofern sie in ihrem Nutzungsumfang begrenzt sind.[147] Entsprechen sie jedoch der Vollversion, handelt es sich nicht um eine eigenständige Nutzungsart.[148] Gerade für Bildungseinrichtungen und hierfür rabattierte Software hat die Rechtsprechung dies bestätigt.[149] Bei Computerspielen kann der Rechteinhaber die Nutzungsart auf die **private Nutzung** mit dinglicher Wirkung **30**

---

[138] Vgl. auch → § 27 Rn. 12.

[139] Amtl. Begr. BT-Drs. 12/4022, 11; Wandtke/Bullinger/*Grützmacher* UrhG § 69c Rn. 78.

[140] Vgl. → § 17 Rn. 22.

[141] Zu § 69c Nr. 3 vgl. KG CR 1998, 137 (138); zweifelnd LG München I CR 1998, 141 f.; zur dinglichen Rechtsnatur dieser Beschränkungen und zur Abgrenzung gegenüber schuldrechtlichen Beschränkungen vgl. → § 17 Rn. 24 ff. und → § 31 Rn. 32 ff.; Spindler/Schuster/*Wiebe* UrhG § 69c Rn. 19.

[142] BGHZ 145, 7 = GRUR 2001, 153 = CR 2000, 651 (652) – OEM-Version; OLG Frankfurt a. M. CR 2000, 581 (582) – OEM-Vertrieb; KG CR 1998, 137 (138) – Software-Vertriebsbeschränkung; KG GRUR 1996, 974 (975) – OEM-Software; *Leistner/Klein* MMR 2000, 751; Wandtke/Bullinger/*Grützmacher* UrhG § 69c Rn. 121; aA OLG Frankfurt a. M. CR 1999, 7 (8); OLG München CR 1998, 266 (267), die eine dingliche Aufspaltung ablehnen.

[143] Allgemein zu den Grenzen der Aufspaltbarkeit des Verbreitungsrechts → § 17 Rn. 24 ff.

[144] StRspr, BGH GRUR 2017, 266 Rn. 46 – World of Warcraft I; BGH GRUR 2003, 416 (418) – CPU-Klausel; BGH GRUR 2001, 153 (154) – OEM-Version; BGH GRUR 1992, 310 (311) – Taschenbuch-Lizenz; BGH GRUR 1990, 669 (671) – Bibelreproduktion; → § 17 Rn. 25, 28; allgemein zur Aufspaltbarkeit von Nutzungsrechten → § 31 Rn. 27 ff. mwN.

[145] Der BGH hat die Frage bewusst offen gelassen: BGH GRUR 2001, 153 (154) – OEM-Version; Dreier/Schulze/*Dreier* UrhG § 69c Rn. 26; DKMH/*Kotthoff* UrhG § 69c Rn. 33; *Jaeger* ZUM 2000, 1070 (1075); *Leistner/Klein* MMR 2000, 751 (752); *Baus* S. 113 ff.; aA OLG Frankfurt a. M. CR 2000, 581 (582) – OEM-Vertrieb; KG CR 1998, 137 (138) – Software-Vertriebsbeschränkung; KG GRUR 1996, 974 (975); Spindler/Schuster/*Wiebe* UrhG § 69c Rn. 38; LG Berlin CR 1996, 730 (731) – OEM-Software; zustimmend LG München CR 1998, 141 (142); Wandtke/Bullinger/*Grützmacher* UrhG § 69c Rn. 128 f.; wN → 5. Aufl. 2017, Verwendungsbeschränkungen in Softwareüberlassungsverträgen, § 69c Rn. 29.

[146] OLG Frankfurt a. M. GRUR-RR 2004, 198; OLG Frankfurt a. M. CR 1999, 7; OLG München CR 1998, 265; *Hoeren* RDV 2005, 11 (13); aA Fromm/Nordemann/*Czychowski* UrhG § 69c Rn. 48; mit Einschränkungen auch Spindler/Schuster/*Wiebe* UrhG § 69c Rn. 38.

[147] KG ZUM 2000, 1088 (1089 f.). – Demoversion; *Bartsch* CR 2005, 1 (6 f.); Wandtke/Bullinger/*Grützmacher* UrhG § 69c Rn. 126; für Demo- und Testversionen: Fromm/Nordemann/*Czychowski* UrhG § 69c Rn. 51; Spindler/Schuster/*Wiebe* UrhG § 69c Rn. 37.

[148] *Vianello* MMR 2012, 139 (141); Wandtke/Bullinger/*Grützmacher* UrhG § 69c Rn. 126; *Baus* Verwendungsbeschränkungen in Softwareüberlassungsverträgen, S. 118; *Zecher* Zur Umgehung des Erschöpfungsgrundsatzes bei Computerprogrammen, S. 102 ff.; Spindler/Schuster/Wiebe UrhG § 69c Rn. 37.

[149] BGH GRUR 2015, 772 – Used Soft III in Anwendung der Grundsätze der OEM-Entscheidung.

beschränken.[150] Darüber hinaus stellt die Nutzung von Software in Form des **Application Service Providing (ASP)** eine **selbständige Nutzungsart** dar.[151] Gleiches gilt für **Cloud Computing,**[152] näher dazu → § 69d Rn. 9.

31   Auch **dingliche Beschränkungen des Verbreitungsrechts** wirken sich nur auf der **Stufe der Erstverbreitung** aus. Auf weitere Vertriebsstufen erstreckt sich die Beschränkung nicht. Ist nämlich ein Werkstück mit Zustimmung des Berechtigten im Wege der Veräußerung in Verkehr gebracht worden, so ist das Verbreitungsrecht mit Ausnahme des Vermietrechts erschöpft (dazu → Rn. 32 ff.); der weitere Vertrieb kann vom Berechtigten nicht mehr kontrolliert werden. Selbst eine zulässige dingliche Beschränkung des Nutzungsrechts hat nicht zur Folge, dass der Berechtigte nach dem mit seiner Zustimmung erfolgten Inverkehrbringen die weiteren Verbreitungsakte daraufhin kontrollieren kann, ob sie mit der ursprünglichen Begrenzung des Nutzungsrechts im Einklang stehen oder nicht.[153] Bei der Verwertung von Computerprogrammen kann daher durch eine beschränkte Einräumung des Verbreitungsrechts nur derjenige gebunden werden, dem zum Vertrieb die Verbreitung vom Berechtigten erlaubt werden muss.[154] Händler auf weiteren Vertriebsstufen benötigen dagegen die Erlaubnis zum Weitervertrieb der Programme nicht, weil das Verbreitungsrecht nach dem ersten Inverkehrbringen mit Zustimmung des Berechtigten erschöpft ist.[155] Dem können auch nicht verfassungsrechtliche Bedenken wegen einer mangelnden Vergütung entgegengehalten werden, da Art. 14 GG keinen Anspruch auf einen bestimmten Vertriebsweg oder die Kontrolle auf allen Vertriebsstufen für den Rechteinhaber enthält.[156]

Zulässig sind zwar **schuldrechtliche Beschränkungen.** Diese wirken aber zum einen nur gegenüber dem schuldrechtlich Gebundenen (Vertragspartner), nicht dagegen auf späteren Vertriebsstufen. Zum anderen scheitern schuldrechtliche, vorformulierte pauschale Vertriebsbindungen in der Regel an der Inhaltskontrolle aus § 307 Abs. 2 Nr. 1 BGB, da sie nicht dem Leitbild des Kaufvertrags und der uneingeschränkten Verfügungsbefugnis des Käufers entsprechen.[157] Darüber hinaus können sie das urheberrechtliche Leitbild nach § 69c Abs. 1 S. 2 verletzen.[158] Beschränkt sich die Anwendung der Klausel hingegen nur auf den Fall der zeitlich begrenzten Programmüberlassung, sind sie zulässig[159] – dann stellt sich aber auch nicht das Problem der Erschöpfung des Verbreitungsrechts. Neben den AGB-rechtlichen werfen die schuldrechtlichen Beschränkungen zudem auch als Individualvereinbarung im Falle marktmächtiger Unternehmen kartellrechtliche Bedenken auf.[160]

4. Erschöpfung des Verbreitungsrechts

32   Das Verbreitungsrecht findet seine Grenze am **Erschöpfungsgrundsatz.** Hat der Rechtsinhaber durch eigene Benutzungshandlungen das ihm vom Gesetz eingeräumte ausschließliche Verwertungsrecht ausgenutzt und damit verbraucht, so werden weitere Verwertungshandlungen mit Ausnahme des Vermietrechts nicht mehr vom Schutzrecht erfasst.[161] Für das Verbreitungsrecht an Computerprogrammen ist die Erschöpfung in § 69c Nr. 3 S. 2 geregelt; diese Regelung stellt zwar eine Sonderregelung gegenüber § 17 Abs. 2 dar, deckt sich aber im Grundsatz inhaltlich mit ihr.[162] Im Gegensatz zu § 17 Abs. 2 nennt § 69c Nr. 3 S. 2 nur Vervielfältigungsstücke und nicht das Original. Das dürfte darauf zurückzuführen sein, dass bei Computer-Programmen das Original in der Regel nicht veräußert zu werden pflegt. Soweit allerdings das Original veräußert wird, ist § 69c Nr. 3 S. 2 im Wege der Auslegung auch auf diesen Fall anzuwenden, eine Erschöpfung tritt also auch bei der Verbreitung des Originals ein.[163] Erschöpfung kann **nur beim Verbreitungsrecht,** nicht aber beim Vervielfältigungsrecht eintreten.[164] Auch im Softwarerecht gibt es keine internationale bzw. globale Erschöpfung, sondern

---

[150] BGH GRUR 2017, 266 Rn. 46 – World of Warcraft I.
[151] Wandtke/Bullinger/*Grützmacher* UrhG § 69d Rn. 13 mwN; Spindler/Schuster/*Wiebe* UrhG § 69c Rn. 40.
[152] *Nägele/Jacobs* ZUM 201, 281 (288); *Pohle/Ammann* CR 2009, 273 (276); Wandtke/Bullinger/*Grützmacher* UrhG § 69d Rn. 13; Spindler/Schuster/*Wiebe* UrhG § 69c Rn. 40; Hilber/*Paul/Niemann* Teil 3 Rn. 81; kritisch *Bräutigam/Thalhofer* in Bräutigam Teil 14 Rn. 123.
[153] BGH GRUR 2001, 153 (154) – OEM-Version mit zust. Anm. v. *Lehmann* CR 2000, 740 und v. *Witte* CR 2000, 654; bestätigt in BGH GRUR 2015, 772 Rn. 36 ff. – UsedSoft III; BGH GRUR 1986, 736 (737) – Schallplattenvermietung; OLG Düsseldorf GRUR-RR 2005, 213 f.; OLG Frankfurt a. M. GRUR-RR 2004, 198; KG ZUM 2001, 592 (594); *Vianello* MMR 2012, 139 (141 f.); *Bartsch* K&R 2000, 612; *Jaeger* ZUM 2000, 1070 (1073 f.); *Zecher* Zur Umsetzung des Erschöpfungsgrundsatzes bei Computerprogrammen, S. 68 ff.; *Haberstumpf* in Lehmann, Rechtsschutz, Kap. II Rn. 129; kritisch Wandtke/Bullinger/*Grützmacher* UrhG § 69c Rn. 127 ff.
[154] Also zB der Hersteller der Programmdisketten, dem das Recht zur Vervielfältigung und Verbreitung eingeräumt wird.
[155] Dazu näher → Rn. 32 ff.
[156] So aber Wandtke/Bullinger/*Grützmacher* UrhG § 69c Rn. 129.
[157] *Bartsch* CR 2005, 1 (7); *Chrozziel* CR 2000, 738 (739); DKMH/*Kotthoff* UrhG § 69c Rn. 31; Fromm/Nordemann/*Czychowski* UrhG § 69c Rn. 63; Dreier/Schulze/*Dreier* UrhG § 69c Rn. 33.
[158] Dreier/Schulze/*Dreier* UrhG § 69c Rn. 33.
[159] BGH GRUR 2003, 416 (418) – CPU-Klausel; *Grützmacher* ITRB 2003, 279; *Scholz/Haines* CR 2003, 393; *Spindler* JZ 2003, 1117; Fromm/Nordemann/*Czychowski* UrhG § 69c Rn. 63.
[160] Wandtke/Bullinger/*Grützmacher* UrhG § 69c Rn. 130; Spindler/Schuster/*Wiebe* UrhG § 69c Rn. 16.
[161] Einzelheiten in → § 17 Rn. 35 ff.
[162] KG CR 1998, 137 (138).
[163] Dreier/Schulze/*Dreier* UrhG § 69c Rn. 23.
[164] Dazu → § 17 Rn. 38.

nur im EU-Raum.[165] Zur Erschöpfung bei der Online-Übertragung von Computerprogrammen → Rn. 34.

Bei der Erschöpfung handelt es sich um **zwingendes Recht,** das nicht vertraglich abbedungen 33 werden kann. Klauseln in Softwareüberlassungsverträgen, die die Weiterveräußerung der überlassenen Software ausschließen, haben daher allenfalls schuldrechtliche, aber **keine dingliche Wirkung** und führen nicht zur Unwirksamkeit der Weiterveräußerung.[166] Eine dingliche Wirkung ist ebenso Klauseln abzusprechen, die den Erwerber eines Computerprogramms daran hindern sollen, die zur Benutzung des Programms erforderlichen Vervielfältigungsrechte bei einer Weiterveräußerung des Programms auf den Zweiterwerber zu übertragen. Dadurch würde nicht nur der Erschöpfungsgrundsatz unterlaufen;[167] vielmehr steht dem auch § 69d entgegen, weil auch der Zweiterwerber Nutzungsberechtigter iSd Vorschrift ist.[168] Dies gilt sowohl für Klauseln in AGB wie für Individualverträge.[169] Soweit (schuldrechtliche) Weiterveräußerungsverbote in **Allgemeinen Geschäftsbedingungen** vereinbart werden, werden sie in der Regel gegen § 307 BGB verstoßen, weil sie mit dem Grundgedanken der gesetzlichen Regelung (§ 307 Abs. 2 Nr. 1 BGB) in § 69c Nr. 3 S. 2 nicht zu vereinbaren sind.[170] Nur ausnahmsweise können die Interessen des Rechteinhabers hier überwiegen, etwa bei unentgeltlichen Demo- bzw. Testversionen.[171] Praxisrelevant[172] ist vor allem die (schuldrechtlich wirkende) Pflicht des Ersterwerbers, die Vertragsbedingungen an einen Zweiterwerber weiterzugeben, was insbesondere bei legitimen Interessen zur Unterbindung von Raubkopien zulässig sein kann,[173] zB Klauseln zu Software-Audits. Auch können besondere Rabattvereinbarungen auf der Ebene zwischen Veräußerer und Ersterwerber schuldrechtliche Schadensersatzansprüche bei vertragsrechtlich unerlaubter Weitergabe der Software auslösen; urheberrechtlich verstoßen solche Klauseln jedenfalls gegen den Erschöpfungsgrundsatz und entfalten keine dingliche Wirkung.[174] Allerdings handelt es sich um eine rein schuldrechtliche Pflicht, insbesondere für Audits, die nicht gegen die Erschöpfung wirkt; mit andern Worten kann der Zweiterwerber wirksam die Software ohne die Weitergabe der Auditpflichten erwerben,[175] der Veräußerer ist dann auf vertragsrechtliche Ansprüche gegen den Ersterwerber angewiesen.

a) Voraussetzungen. Der Eintritt der Erschöpfung setzt voraus, dass ein Vervielfältigungsstück ei- 34 nes Computerprogramms im Wege der Veräußerung in Verkehr gebracht wird (dazu → Rn. 35), dass das Inverkehrbringen im Gebiet der EU oder des EWR erfolgt (dazu → Rn. 36) und dass das Inverkehrbringen mit Zustimmung des Berechtigten geschieht (dazu → Rn. 37). Nach früher vertretener Auffassung setzte die Erschöpfung die Weitergabe körperlicher Gegenstände (Datenträger) voraus; eine Erschöpfung trat daher nicht bei der **Online-Übertragung** von Computerprogrammen ein.[176] Diese Beschränkung der Erschöpfung ist mit dem **EuGH**-Urteil Used Soft inzwischen obsolet, indem der EuGH infolge einer unionsrechtlich autonomen Auslegung jeglichen dauerhaften Erwerb der Nutzungsrechte als „Kauf" qualifiziert[177] und an der erworbenen Software Erschöpfung eintritt. Dementsprechend geht auch die deutsche Rechtsprechung jetzt von einer Erschöpfung des Verbreitungsrechts auch bei per Download erworbener Software aus.[178] Der EuGH erstreckt die Erschöp-

[165] OLG München CR 2017, 495 (497 f.).

[166] Vgl. EuGH GRUR 2012, 904 Rn. 77 – UsedSoft; stRspr BGH WRP 2015, 1367 Rn. 39 – Green-IT mwN; OLG Hamburg CR 2013, 700 (701); OLG Bremen WRP 1997, 573 (575); Wandtke/Bullinger/*Grützmacher* UrhG § 69c Rn. 65; DKMH/*Kotthoff* UrhG § 69c Rn. 31; *Marly* Rn. 1598; *Haberstumpf* in Lehmann, Rechtsschutz, Kap. II Rn. 133; *Hoeren,* Softwareüberlassung, Rn. 150; *Lehmann* NJW 1993, 1822 (1825).

[167] Dazu näher *Haberstumpf* in Lehmann, Rechtsschutz, Kap. II Rn. 133.

[168] *Lehmann* NJW 1993, 1822 (1825); → § 69d Rn. 4.

[169] *Schneider/Spindler* CR 2014, 213 (214 f.); zust. *Roth* WRP 2015, 1303 (1308).

[170] OLG Hamm CR 2013, 214 (217); OLG Hamburg CR 2013, 700 (701); OLG München CR 2001, 11 (12); OLG Bremen WRP 1997, 573 (575 f.); OLG Frankfurt a. M. NJW-RR 1997, 494; LG Hamburg MMR 2014, 102; Wandtke/Bullinger/*Grützmacher* UrhG § 69c Rn. 65; DKMH/*Kotthoff* UrhG § 69c Rn. 31; näher *Marly* Rn. 1614 ff.; sa *Koch* CR 2002, 629 (631).

[171] OLG Düsseldorf MMR 1998, 417 – Weiterverkauf von Testversionen.

[172] Zur Bedeutung des Erschöpfungsgrundsatzes bei M&A-Transaktionen (Asset Deal) *Buss* CR 2018, 78 ff.; allgemein zu IT-Garantien bei M&A Transaktionen *Grützmacher* CR 2017, 701 ff.

[173] *Marly* Rn. 1635 mwN; ähnlich Wandtke/Bullinger/*Grützmacher* UrhG § 69c Rn. 68; *Bartsch* CR 1994, 667 (672); *Schuppert/Greissinger* CR 2005, 81 (84); dagegen aber OLG Hamburg CR 2013, 700 (701): in der Regel unzulässig.

[174] BGH GRUR 2015, 772 – Used Soft III.

[175] *Schneider* CR 2015, 413 (420); *Hansen/Wolff-Rojczyk* GRUR 2012, 908 (910).

[176] BGH MMR 2011, 305 – Vorlagebeschluss UsedSoft; OLG Frankfurt a. M. MMR 2010, 621 (622); OLG Düsseldorf GRUR-RR 2010, 4 f.; OLG Zweibrücken CR 2012, 6 (7); OLG Stuttgart CR 2012, 299 (301); OLG München CR 2006, 655; OLG Düsseldorf CR 2009, 566; *Dietrich* UFITA 2012, 69 (92 ff.); *Moritz* K&R 2011, 240 (242); *Paul/Preuß* K&R 2008, 527 (528); *Spindler* CR 2008, 69 (70 f.); *Koch* ITRB 2007, 140 (142 f.); *Koch* CR 2002, 629 (631); *Bergmann* FS Erdmann, 2002, 17 (19); *Koehler* S. 35; *Haines/Scholz* CR 2006, 161; *Heydn/Schmidl* K&R 2006, 74 (76 f.); *Heyn/Schmidt* K&R 2002, 629 (631); aA *Hoeren* CR 2006, 573 ff.; *Berger* GRUR 2002, 198 (200 ff.); *Mäger* CR 1996, 522 ff.; *Grützmacher* ZUM 2006, 302; *Schneider* CR 2009, 553.

[177] EuGH GRUR 2012, 904 Rn. 36 ff., insbes. 49 – UsedSoft; dazu *Schneider/Spindler* CR 2012, 213; krit. *Haberstumpf* CR 2012, 561 (562 ff.); *Hilty* CR 2012, 625 (628 ff.); Spindler/Schuster/*Wiebe* UrhG § 69c Rn. 29 mwN; dagegen wiederum unter Betonung der europarechtsautonomen Auslegung *Malvanny* CR 2013, 422 (422 f.).

[178] BGH NJW-RR 2014, 360 Used Soft II; dazu *Schneider/Spindler* CR 2014, 489 (492 f.); OLG Frankfurt a. M. GRUR 2013, 279 (280 f.) – Adobe/UsedSoft; OLG Hamburg CR 2013, 700 (701).

fungswirkung auch auf die Sicherungskopie; allerdings muss der Inhaber darlegen und beweisen, dass er zuvor das Programm vom Rechteinhaber erworben hat.[179] Ein Verbraucher muss unmißverständlich über die von der Rechtsprechung geforderten Voraussetzungen für die Erschöpfung **informiert** und aufgeklärt werden.[180]

34a Ob der Veräußerer tatsächlich eine **angemessene Vergütung** erhalten hat, ist nicht entscheidend; es genügt, dass er bei der ersten Veräußerung die Möglichkeit dazu hatte.[181] Daher hindern **Rabatte** auf Software, etwa zu Bildungszwecken, nicht den Ersterwerber an einer Weitergabe trotz vertraglicher Bindungen; selbst kollusives Handeln zu Zwecken der Ausnutzung der Rabatte ändert nach der (zweifelhaften) Rechtsprechung nichts an der Erschöpfung.[182] Der Veräußerer kann die Zustimmung auf der (quasi-)dinglichen Ebene von der Art und Weise der Nutzung durch den Erwerber abhängig machen.[183] Im Interesse der Verkehrsfähigkeit ist eine derart vollständige Abkoppelung der Lizenz und des Verhaltens der jeweiligen Erwerber zugunsten des Dritten, der keine Einblicke in die Vorgänge in der Erwerbskette hat, nur konsequent – führt allerdings zu Ende gedacht zu einer Einführung des Abstraktionsprinzips für den Rechteerwerb, den das Urheberrecht nicht vorsieht.[184] Die Erschöpfung bezieht sich dabei nicht auf eine Programmkopie bzw. auf die ursprünglich erworbene Software, sondern auch auf die letzte Version unter Einbeziehung von **Patches** oder durch Pflege veränderten Code.[185] Ob die Programmkopie in der verbesserten bzw. gepatchten Version von der Erschöpfungswirkung erfasst wird, hängt von einem wirksam geschlossenen Wartungsvertrag ab, für den der Ersterwerber darlegungs- und beweislastpflichtig ist.[186] Allerdings ist ein Wartungsvertrag keine zwingende Voraussetzung, so dass auch freiwillig erbrachte Patches erfasst werden, nicht dagegen völlig neue Programmversionen, die weder von einem Patch noch von einem Pflegevertrag umfasst wären.[187]

34b Entscheidend ist, dass es sich um eine **dauerhaft überlassene Software** handelt; denn nur dann gelangt das Leitbild des „Kaufs", auf das sich der EuGH maßgeblich gestützt hat, zur Anwendung.[188] **Testversionen** reichen hierfür nicht.[189] Zweifel erweckt allerdings die Annahme der Rechtsprechung, dass schon bei einer nur für ein Jahr überlassenen Software, die nach Ablauf sich automatisch deaktiviert, von einer „dauerhaften" Überlassung die Rede sein soll.[190] Wie ein Erwerber „dauerhaft (sic!) und endgültig" die Rechte an einem Programm erwerben soll, dass nach Zeitablauf nicht mehr eingesetzt werden kann, ist nicht recht nachvollziehbar und mit dem Leitbild eines Kaufs kaum vereinbar. Ausnahmen können nur für Sotware eingreifen, die von vornherein nicht über einen begrenzten Zeitraum einsetzbar sind, zB Software für Steuerberechnungen.[191] Nicht erfasst wird von der Erschöpfung Software, die dem Kunden nicht überlassen wird, sondern die ihm nur einen Zugriff erlaubt, wie dies für Application Service Providing oder Software as a Service typisch ist. Daher kann auch bei Cloud Computing in der Regel nicht davon gesprochen werden, dass dem Kunden ein Vervielfältigungsstück in der Cloud überlassen werde, an dem der Anbieter sein Verbreitungsrecht durch Erschöpfung verloren hätte.[192]

34c **Dogmatisch** kann dieser Ansatz abgesehen von der extensiven Wortlautauslegung auf der Ebene der Computerprogramm-RL (und dementsprechend dann der europarechtskonformen Auslegung)[193] nur durch eine analoge Anwendung von § 69c Nr. 3 S. 2 gestützt werden[194] – wobei allerdings nach wie vor Zweifel nicht zu verhehlen sind, da die Computerprogramm-RL 2009 neu konsolidiert wurde, so dass dem Richtliniengeber die Frage kaum unbekannt gewesen sein dürfte.[195] Das Recht auf öffentliches Zugänglichmachen kann insoweit vom Download abgeschichtet werden, da dieser eine

[179] EuGH GRUR 2016, 1271 Rn. 52 f.
[180] OLG Hamburg CR 2016, 642 (643); s. auch OLG Frankfurt a. M. MMR 2017, 364 (Ls.); KG MMR 2018, 246; davon ist die Überlassung eines Vervielfältigungsstück zu unterscheiden, LG Hamburg MMR 2018, 250.
[181] BGH GRUR 2015, 772 Rn. 39 f. – UsedSoft III; BGH WRP 2015, 1367 Rn. 36 – Green-IT; zust. *Roth* WRP 2015, 1303 (1308).
[182] BGH GRUR 2015, 772 Rn. 34 ff., 50 f. – UsedSoft III.
[183] BGH GRUR 2015, 772 Rn. 36 – UsedSoft III in expliziter Fortführung von BGHZ 145, 7 (10 ff.) – OEM-Version.
[184] S. auch *Pahlow* ZGE 2016, 218 (231 ff.), der strikt zwischen Lizenzvertrag und Rechtsstellung des Zweiterwerbers differenziert.
[185] EuGH GRUR 2012, 904 Rn. 66 ff. – UsedSoft; *Schneider/Spindler* CR 2012, 489 (492 f.); *Senftleben* NJW 2012, 2924 (2925); sehr krit. *Haberstumpf* CR 2012, 561 (563 ff.); *Haberstumpf* ZGE 2014, 470 (481 ff.).
[186] BGH WRP 2015, 1367 Rn. 40 – Green-IT.
[187] *Schneider/Spindler* CR 2014, 213 (217); *Schneider* CR 2015, 413 (418); ebenso *Leistner* WRP 2014, 995 (996); zust. *Roth* WRP 2015, 1303 (1308).
[188] *Schneider/Spindler* CR 2014, 213 (214); zust. *Leistner* WRP 2014, 995 (996); *Roth* WRP 2015, 1303 (1308).
[189] OLG Frankfurt a. M. CR 2017, 295 (296).
[190] So aber BGH WRP 2015, 1367 Rn. 37 – Green-IT.
[191] *Weisser/Färber* MMR 2014, 364 (365 f.).
[192] So aber anscheinend *Malvanny* CR 2013, 422 (423).
[193] BGH GRUR 2014, 264 Rn. 30, 40, 45 f. – UsedSoft II.
[194] So im Wesentlichen *Marly* Rn. 199 f.; *Hoeren* CR 2006, 573 f.; Wandtke/Bullinger/*Grützmacher* UrhG § 69c Rn. 36 mwN; *Berger* GRUR 2002, 198 (200); *Kilian* GRUR-Int 2011, 895 (900); *Stieper* ZUM 2012, 668 (669); *Stieper* GRUR 2014, 270 (271), der hierzu fehlenden Ausführungen des BGH kritisiert (BGH GRUR 2014, 264 UsedSoft II).
[195] S. aber demgegenüber *Grützmacher* ZGE 5 2013, 46 (58 f.).

Eins-zu-Eins-Übertragung betrifft – und nicht wie § 19a eine Zugänglichmachung für viele zum selben Zeitpunkt[196] – auch wenn diese Unterscheidung ebenfalls nicht vollends überzeugt, da der Download sich technisch und strukturell nicht vom Zugänglichmachen unterscheidet, das ebenfalls ein „Herunterladen" der Inhalte zumindest in einen Cache benötigt. Erforderlich ist aber auch, dass der Erwerber darlegen und beweisen kann, vom wem er die Software bezogen hat.[197] Ferner **muss zweifelsfrei die Löschung der Software** beim Veräußerer dargelegt und bewiesen werden;[198] ein pauschales Löschen bzw. Unbrauchbarmachen, bei dem unklar bleibt, ob auch die konkreten Programmkopien davon erfasst werden, genügt nicht.[199] Notartestate reichen ebenfalls nicht.[200] Zu fordern ist vielmehr die Vorlage von Logfiles oder anderen technischen Dokumenten, die fälschungssicher sind, dass die Software gelöscht wurde, ggf. verbunden mit Zeugenprotokollen.[201] Die Löschung muss zum Zeitpunkt der Weitergabe spätestens erfolgen.[202]

Nach der Rechtsprechung des EuGH ist noch **nicht einmal die Übertragung eines Werk-** **stücks** mit der darauf befindlichen Software erforderlich. Einer Übergabe einer Programmkopie bedarf es daher nicht, ein Authentifizierungsschlüssels (Product Key) genügt auch ohne die Software und einen Datenträger, sofern der Erwerber sich die Software damit herunterladen kann – und die Kopie beim Ersterwerber gelöscht bzw. unbrauchbar gemacht wird.[203] Es wäre allerdings verfehlt, bereits die Übermittlung des Produktschlüssels gleichwertig mit dem Lizenzvertrag zu betrachten.[204] Diese selbst bewirkt keine Rechtsänderungen; vielmehr ist ein übermittelter Produktschlüssel die Verkörperung der übertragenen Nutzungsrechte[205] und dient der „Erfüllung" des Lizenzvertrags. Ebenso genügt die Übergabe eines Certificates of Authencity (CoA).[206] Die gegenteilige deutsche Rechtsprechung[207] ist seit dem Urteil des EuGH überholt, da es nur auf die Übertragung der Nutzungsrechte ankommt,[208] was der I. Zivilsenat ausdrücklich bestätigt hat.[209] **34d**

Ferner erstreckt sich die Analogie zu § 69c Nr. 3 S. 2 auch auf das **Vervielfältigungsrecht,** da der Erwerber eine neue Kopie anfertigen muss;[210] auch hier ist die gegenteilige frühere Rechtsprechung bzw. Auffassung[211] überholt – auch wenn dogmatische Bedenken fortbestehen. Es muss aber zweifelsfrei nachgewiesen werden, dass die Kopie beim Veräußerer bzw. Ersterwerber gelöscht oder unbrauchbar gemacht wurde.[212] Die Beweislast hierfür trifft den nachfolgenden Erwerber.[213] Ebenso muss der Händler einer Software, für die er nur den Product key veräußert, nachweisen, dass er rechtmäßig über die Software verfügt und das Verbreitungsrecht sich erschöpft hat.[214] **34e**

---

[196] *Haberstumpf* CR 2012, 561 (564); *Schrader/Rautenstrauch* K&R 2007, 251 (253); *Huppertz* CR 2006, 145 (149); Wandtke/Bullinger/*Grützmacher* UrhG § 69c Rn. 38.
[197] BGH GRUR 2014, 264 Rn. 56 ff., 64 – UsedSoft II; OLG Frankfurt a. M. MMR 2010, 621 (622); OLG Frankfurt a. M. ZUM 2012, 162 (168); *Schneider/Spindler* CR 2014; Wandtke/Bullinger/*Grützmacher* UrhG § 69c Rn. 44; wesentlich geringe Anforderungen dagegen bei *Hoeren* MMR 2010, 447 (449 f.).
[198] BGH GRUR 2014, 264 (270) – UsedSoft II; BGH WRP 2015, 1367 Rn. 48 f., 50 f. – Green-IT; *Schneider/Spindler* CR 2014, 213.
[199] BGH WRP 2015, 1367 Rn. 50 f. – Green-IT.
[200] BGH GRUR 2014, 264 Rn. 56 ff., 64 – UsedSoft II; BGH GRUR 2015, 772 Rn. 49 – UsedSoft III; OLG Frankfurt a. M. MMR 2010, 621 (622); OLG Frankfurt a. M. ZUM 2012, 162 (168); *Schneider/Spindler* CR 2014, 213; Wandtke/Bullinger/*Grützmacher* UrhG § 69c Rn. 44; wesentlich geringe Anforderungen dagegen bei *Hoeren* MMR 2010, 447 (449 f.).
[201] S. auch *Leistner* WRP 2014, 995 (997); *Roth* WRP 2015, 1303 (1309).
[202] *Schneider/Spindler* CR 2014, 213 (219 f.); zust. *Roth* WRP 2015, 1303 (1309).
[203] BGH WRP 2015, 1367 Rn. 48 f. – Green-IT; OLG Hamburg CR 2016, 642 (643), OLG München CR 2017, 495 (498 f.); OLG Frankfurt a. M. ZUM-RD 2016, 465 (466); *Marly* EuZW 2012, 654 (656 f.).
[204] OLG München CR 2017, 495 (498 f.); OLG Frankfurt a. M. MMR 2017, 263 Rn. 22: Productkey keine Lizenz zum erstmaligen Herunterladen.
[205] *Determann/Specht* GRUR-Int 2018, 731 (733).
[206] OLG Frankfurt a. M. CR 2009, 423 (424); OLG Frankfurt a. M. ZUM 2012, 162 (165, 167); OLG Frankfurt a. M. MMR 2017, 419 (420); Echtheitszertifikate des Rechtsinhabers bescheinigen die Authentizität eines Computerprogramms, OLG Frankfurt a. M. MMR 2017, 419, und dienen daher lediglich der – vom Verletzer zu beantwortenden – Darlegungs- und Beweisfrage, ob es sich bei einem Datenträger um ein Originalerzeugnis handelt, OLG München GRUR-RR 2017, 136 – Product Key; siehe auch Wandtke/Bullinger/*Grützmacher* UrhR § 69c Rn. 43.
[207] Für Product Keys OLG Zweibrücken CR 2012, 6 (7); LG Frankfurt a. M. CR 2009, 142 (143); wohl auch immer noch OLG München CR 2017, 495 (498); krit. insofern auch *Hoeren* MMR 2010, 447 (448); *Leistner* CR 2011, 209 (213).
[208] Wandtke/Bullinger/*Grützmacher* UrhG § 69c Rn. 35; aA LG Frankfurt a. M. CR 2012, 771 (772 f.); Spindler/Schuster/*Wiebe* UrhG § 69c Rn. 18.
[209] BGH WRP 2015, 1367 Rn. 30 ff., 39 – Green-IT; OLG Hamburg CR 2016, 642 (643).
[210] EuGH GRUR 2012, 904 Rn. 70, 78 – UsedSoft; BGH BeckRS 2014, 02107 Rn. 63 – UsedSoft II; OLG Hamburg CR 2013, 700 (701); *Hoeren* CR 2006, 573 (574); *Sosnitza* K&R 2006, 206 (210); *Oswald* Erschöpfung durch Online-Vertrieb urheberrechtlich geschützter Werke, 89 ff.; LG Düsseldorf CR 2009, 358 (359).
[211] S. noch GA *Bot* SchlA BeckRS 2012, 81372 Rn. 95 ff.; BGH CR 2011, 223 (226) – UsedSoft; *Heydn* MMR 2011, 310; OLG Zweibrücken CR 2012, 6 (7); OLG Frankfurt a. M. CR 2009, 423 (424); OLG Frankfurt a. M. ZUM 2012, 162 (166); *Stögmüller* K&R 2008, 428 (429 f.); *Wimmers/Schulz* ZUM 2007, 162 (163); *Haines/Scholz* CR 2006, 161 (162); *Heydn/Schmidl* K&R 2006, 74 (77); *Leistner* CR 2011, 209 (214).
[212] EuGH GRUR 2012, 904 (907) – UsedSoft; BGH GRUR 2014, 264 (270) – UsedSoft II; OLG Frankfurt a. M. GRUR 2013, 279 (282) – Adobe/UsedSoft; *Schneider/Spindler* CR 2014, 213 (218).
[213] BGH GRUR 2015, 772 Rn. 45 – UsedSoft III; *Schneider/Spindler* CR 2014, 489 (497).
[214] LG München I 1.9.2015 – 33 O 12440/14, mAnm *Rössel* ITRB 2015, 254.

34f   Der Erwerber bedarf für die Nutzung des Programms **nicht der Zustimmung des Urhebers.** Vielmehr stehen ihm diese Rechte schon nach § 69d zu (→ § 69d Rn. 2), nicht aber nach § 69c Nr. 3 S. 2.[215] § 34 findet hierauf keine Anwendung.[216]

34g   Dementsprechend sind auch **schuldrechtliche Weiterveräußerungsverbote** in AGB als Verstoß gegen das urheberrechtliche Leitbild unwirksam gem. § 307 Abs. 2 BGB.[217]

34h   Bei sog. **Volumenlizenzen** oder **Masterdisks** muss differenziert werden. Erwirbt der Käufer vom Hersteller eine Einzelplatz-Volumenlizenz, so erhält er eine Master-CD mit der Berechtigung die vertraglich festgelegte Anzahl von Vervielfältigungen der Software vorzunehmen, was lediglich der Vereinfachung des Vertriebs dient. Es kommt somit zur Nutzung mehrerer selbständiger Vervielfältigungsstücke, an welchen jeweils selbständig Erschöpfung eintreten kann.[218] Dabei kommt es auch nicht darauf an, ob dem Erwerber nur eine einzige Seriennummer und die Lizenz für viele Vervielfältigungsstücke gegeben wurde, die er via Download selbst herstellen muss.[219] Es muss dann sichergestellt sein, dass der Ersterwerber (Veräußerer) die entsprechende Zahl an Vervielfältigungsstücken unbrauchbar macht oder sie nie hergestellt hat.[220] Obwohl es sich streng genommen nicht um die in Verkehr gebrachten physischen Vervielfältigungsstücke handelt (da der Erwerber diese selbst herstellt), ist dies nur die logische Konsequenz aus einer Gleichstellung von Download und physischem Vertrieb.[221] Handelt es sich dagegen um **Client-Server-Lizenzen,** also nicht nur einfach eine mehrfache Übertragung des Programms aus Vereinfachungsgründen, sondern um solche, die nur die Zahl der Nutzer regeln, die Software aber nach wie vor von einem Server aus eingesetzt wird, kann der Ersterwerber nicht diese einfach aufspalten. So erhält er gerade nur ein Nutzungsrecht, lediglich mit der Ermächtigung weitere Zugriffsmöglichkeiten einzurichten.[222] Die Erschöpfung kann so nur an dem Mastersatz eintreten,[223] nicht aber an „abgespaltenen" Stücken bzw. Programmen,[224] da es sich hier nicht mehr um den konkreten Datensatz handelt.[225] Die Erschöpfungswirkung bezieht sich aber auch nach dem EuGH-Urteil nur auf den **konkreten Programmcode.**[226] Zudem stellt sich weiterhin die Frage, ob Weitergabeverbote im Rahmen von Volumenlizenzen **schuldrechtlich bzw. AGB-rechtlich** unzulässig sind;[227] insbesondere soll kein schutzwürdiges Interesse an degressiven Gebührenstrukturen seitens des Softwareveräußerers bestehen, welches eine Zulässigkeit begründen würde.[228] Für Einzelplatz-Volumenlizenzen kann dem ohne Weiteres beigepflichtet werden, nicht jedoch bei Client-Server-Volumenlizenzen, da hier eben nicht nur Vereinfachungsgründe bzw. degressive Gebührenstrukturen, sondern andere Anwendungsmodelle für die Softwarenutzung im Vordergrund stehen.

34i   In Bezug auf sog. **Unternehmens- bzw. Konzernlizenz** ist zwischen solchen Lizenzen zu unterscheiden, die ohne Festlegung einer konkreten Nutzerzahl die konzern- bzw. unternehmensweite Nutzung einer Software gestatten und solchen, bei denen die Nutzerzahl nach oben begrenzt ist.[229] Während bei der Weiterveräußerung in Bezug auf Lizenzen mit begrenzten Nutzerzahlen ohne Weiteres Erschöpfung eintritt, sofern die betroffenen Lizenzen bzw. die Software gelöscht wird, kann dies bei Lizenzen mit nicht begrenzter Nutzungszahl nicht eingreifen; denn hier ist von vornherein die

---

[215] LG Frankfurt a. M. CR 2009, 142 (143); Wandtke/Bullinger/*Grützmacher* UrhG § 69c Rn. 62.

[216] OLG Frankfurt a. M. NJW-RR 1997, 494; GRUR-RR 2010, 5 (6); *Royla/Gramer* CR 2005, 154 (155); Wandtke/Bullinger/*Grützmacher* UrhG § 69c Rn. 62; *Zecher* S. 117 f.; DKMH/*Kotthoff* UrhG § 69c Rn. 32.

[217] Vgl. EuGH GRUR 2012, 904 Rn. 77, 80, der davon spricht, dass der Hersteller einer Weiterveräußerung nicht mehr widersprechen kann; OLG Hamburg CR 2013, 700 (701); OLG Frankfurt a. M. GRUR 2013, 279 (282) – Adobe/UsedSoft; *Hoeren* CR 2006, 573 (578); Wandtke/Bullinger/*Grützmacher* UrhG § 69c Rn. 66; DKMH/*Kotthoff* UrhG § 69c Rn. 31; aA wohl *Pahlow* ZGE 2016, 218 (234), der vertragliche Veräußerungsverbote für zulässig hält, davon unabhängig aber § 69d eingreifen lässt.

[218] So wohl auch BGH GRUR 2015, 772 – UsedSoft III; zuvor OLG Frankfurt a. M. GRUR 2013, 279 (282 f.); LG München I ZUM-RD 2008, 496 (499); *Marly* Rn. 231 ff.; *Schneider/Spindler* CR 2012, 489 (497); *Paul/Preuß* K&R 2008, 527 (528); DKMH/*Kotthoff* UrhG § 69c Rn. 29; ebenfalls differenzierend: *Bröckers* MMR 2011, 18 (19 f.).

[219] Zutr. und konsequent BGH GRUR 2015, 772 Rn. 30 ff. – UsedSoft III.

[220] BGH GRUR 2015, 772 Rn. 45, 49 – UsedSoft III; OLG Frankfurt a. M. MMR 2017, 263 Rn. 24.

[221] S. auch *Schneider* CR 2015, 413 (415), der dies als „Sensation" bezeichnet.

[222] BGH GRUR 2015, 772 Rn. 44 – UsedSoft III; *Schneider* CR 2015, 413 (417); *Paul/Preuß* K&R 2008, 527 (528).

[223] So auch OLG Frankfurt a. M. MMR 2010, 621 (622); *Hoeren* GRUR 2010, 665 (668 f.); *Bröckers* Second Hand-Software im urheberrechtlichen Kontext, 153 ff., 155 ff.; DKMH/*Kotthoff* UrhG § 69c Rn. 29.

[224] OLG Frankfurt a. M. GRUR 2013, 279 (282 f.) – Adobe/UsedSoft; *Schneider/Spindler* CR 2012, 489 (497); *Hoeren/Försterling* MMR 2012, 642 (646); offen BGH BeckRS 2014, 02107 Rn. 65 – UsedSoft II; zuvor schon OLG Frankfurt a. M. MMR 2010, 621 (622); *Spindler* CR 2008, 69 (72 f.); *Heyden/Schmidl* MMR 2006, 832; *Wimmers/Schulz* ZUM 2007, 162 (163); Wandtke/Bullinger/*Grützmacher* UrhG § 69c Rn. 55.

[225] Dagegen aber bzw. für Analogie zu § 69c Nr. 3 auch in diesen Fällen LG Hamburg CR 2006, 812 (813 f.); LG München CR 2008, 416 (417 f.); *Eilmansberger* GRUR 2009, 1123 (1126); *Sosnitza* K&R 2006, 206 (208 f.); *Jobke* S. 101 ff.

[226] EuGH GRUR 2012, 904 Rn. 69 ff., 86 – UsedSoft; *Heydn* MMR 2012, 592 f.; *Schneider/Spindler* CR 2012, 489 (497); s. aber auch Wandtke/Bullinger/*Grützmacher* UrhG § 69c Rn. 53, der dies für unklar hält.

[227] Für eine ausführliche Darstellung s. *Schneider/Spindler* CR 2014, 213 (214 ff.).

[228] LG Hamburg CR 2006, 812 (815); *Hilty* CR 2012, 625 (632 f.); *Grützmacher* ZUM 2006, 302 (305); *Sosnitza* K&R 2006, 206 (209); *Huppertz* CR 2006, 145 (147 f.); Wandtke/Bullinger/*Grützmacher* UrhG § 69c Rn. 67; *Wolf* S. 76 ff., 222 f.

[229] Dazu ausf. *Grützmacher* ITRB 2004, 204 ff.

Zahl der Lizenzen offen, so dass auch nicht bestimmt werden kann, welche Lizenzen gelöscht werden. Damit käme es zu einem extremen Missverhältnis zwischen dem Umfang der Nutzung beim Erst- und Zweiterwerber, was offenkundig in Widerspruch zu den Interessen des Lizenzgebers stünde.[230] Trotz Weitergabe von Lizenzen könnte der Ersterwerber wiederum eine auf die Größe seines Unternehmens bezogene Zahl von Lizenzen beanspruchen (etwa bei späteren Wachstum). Unter Berücksichtigung des Sinns und Zwecks des Erschöpfungsgrundsatzes kann in einem solchen Fall das Interesse des Urhebers an der wirtschaftlichen Teilhabe an der Verwertung seines Werkes dem Interesse der Allgemeinheit an der Zirkulation der Software überwiegen.[231] Somit ist der Erschöpfungsgrundsatz bei unbegrenzten Unternehmens- und Konzernlizenzen entsprechend einzuschränken.[232]

Der EuGH lässt aber auch den Schutz der Software durch **technische (Kopier-)Schutzmaß-** **34j** **nahmen** zu.[233] Dementsprechend können auch Produktaktivierungen etc aus urheberrechtlicher Sicht im Prinzip nach wie vor mit der Software verbunden werden,[234] soweit sie nicht die Identität eines potentiellen Zweiterwerbers offenlegen, sondern nur dazu dienen die Unbrauchbarmachung bei dem Ersterwerber im Falle einer Weitergabe sicherzustellen.[235] Sie dürfen jedoch nicht wie Serialisierungen (Seriennummern) oder sonstige **Produktaktivierungen**, die nur mit einem Rechner verbunden sind, die Weitergabe verhindern.[236] Dies gilt auch im Hinblick auf die Half Life 2-Entscheidung des BGH, die eine Produktaktivierung über ein Benutzerkonto für zulässig erachtete;[237] Eine solche Anbindung führt zur mangelnden Verkehrsfähigkeit und ist daher entgegen dem BGH unzulässig.[238] Dagegen spricht auch die von der Nintendo-Entscheidung des EuGH verlangte Verhältnismäßigkeitsprüfung bei technischen Schutzmaßnahmen.[239] Sind solche Schutzmechanismen jedoch rechtlich zulässig, stellen sie auch keine unangemessene Benachteiligung im Rahmen der Inhaltskontrolle dar.[240] Fraglich ist hingegen die praktische Umsetzung der EuGH-Vorgaben:[241] Soll der Zweiterwerb der Software möglich sein, so muss der Erwerbende einen Anspruch auf Freischaltung der Software geltend machen können und dem Hersteller die Kontrolle erlaubt sein, ob seine Programmkopie gelöscht wurde. Dies wirft **datenschutzrechtliche Probleme** auf, da hierzu eine Identifizierung des Zweiterwerbers notwendig ist.[242] Auch können entsprechende Schutzmechanismen **Mängelgewährleistungsansprüche** auslösen;[243] Denn wenn die Lauffähigkeit eines Programms von der Zustimmung des Verkäufers (Herstellers) abhängt oder nur auf einem personalisierten PC gestartet werden kann, ohne dass sie zB auf einen Laptop übertragbar ist, weicht die Istbeschaffenheit typischerweise von der Sollbeschaffenheit ab.[244]

Inverkehrbringen bedeutet, dass die Vervielfältigungsstücke des Programms effektiv in den freien **35** Handelsverkehr gelangt sein müssen, sei es auch nur auf dem Großhandelsmarkt; die bloße **Durchfuhr** durch einen Mitgliedstaat reicht dafür nicht aus.[245] Das Inverkehrbringen kann im Wege der **Veräußerung** erfolgen. Der Begriff der Veräußerung ist allerdings nicht nur im Sinne eines Verkaufs nach §§ 433 ff. BGB zu verstehen, sondern erfasst in der Regel jede Übereignung oder Entäußerung des Eigentums, ohne dass es auf den Charakter des zugrundeliegenden Kausalgeschäfts[246] ankommt.[247] Entscheidend ist, dass sich der Berechtigte **der Verfügungsmöglichkeit** über die Werkstücke **endgültig begibt**; die vorübergehende Besitzüberlassung, etwa durch Vermieten oder Verleihen der Vervielfältigungsstücke, reicht nicht aus.[248] Bei **Lizenzverträgen** über Software ist darauf abzustellen,

---

[230] *Grützmacher* ITRB 2004, 204 (205 f.); *Hoeren* GRUR 2010, 665 (668).
[231] *Grützmacher* ITRB 2004, 204 (207).
[232] Wandtke/Bullinger/*Grützmacher* UrhG § 69c Rn. 63; *Grützmacher* ITRB 2004, 204 (207); dagegen wohl *Hoeren* GRUR 2010, 665 (668), mit dem Argument, dass „es im Risikobereich des Softwarehändlers bzw. Rechtsinhabers lieg(e), eine nutzerzahlunabhängige Unternehmens- oder Konzernlizenz zu erteilen, da bei einer solchen auch ein gewisses Wachstum des Unternehmens des Ersterwerbers nicht ausgeschlossen sei)".
[233] EuGH GRUR 2012, 904 Rn. 79, 87 – UsedSoft.
[234] S. im Ausgangspunkt BGH CR 2010, 565 (566) – Half-Life 2; *Schneider*/*Spindler* CR 2014, 213 (221); dazu aber sogleich.
[235] EuGH GRUR 2014, 904 Rn. 87 – UsedSoft; *Schneider*/*Spindler* CR 2014, 213 (221); *Schneider* CR 2015, 413 (421); zust. *Roth* WRP 2015, 1303 (1308).
[236] *Schneider* CR 2015, 413 (420).
[237] BGH CR 2010, 565 – Half Life 2; dem folgend KG CR 2016, 81 zu Steam-Konten (Computerspielen).
[238] Zutr. *Schneider* 2015, 414 (420); *Schneider*/*Spindler* CR 2014, 213 (221); *Weisser*/*Farber* MMR 2014, 364 (365 f.); aA offenbar *Grützmacher* ITRB 2015, 141 (144 f.); diff. *Malvanny* CR 2013, 422 (425 f.): nur unzulässig, wenn es allein der Produktaktivierung dient, nicht, wenn es um weitere Dienstleistungen geht.
[239] EuGH GRUR 2014, 255 – Nintendo ua.
[240] *Schneider*/*Spindler* CR 2012, 489 (493).
[241] Zu dieser Problematik ebenfalls: *Rath*/*Maiworm* WRP 2012, 1051 (1054 f.).
[242] *Schneider*/*Spindler* CR 2012, 489 (496); zur Problemdarstellung: *Hoeren*/*Frösterling* MMR 2012, 642 (645); vertiefend: *Spasche*/*Störing*/*Schneider* CR 2013, 131 (133 f.).
[243] BGH NJW 1981, 2684 – Programmsperre I; BGH CR 1987, 358 ff. – Programmsperre II; BGH GRUR 2000, 249 (250 f.) – Programmsperre III; *Schneider*/*Spindler* CR 2014, 213 (221); *Metzger*/*Jaeger* CR 2011, 77; *Marly* Rn. 1792 ff.; Wandtke/Bullinger/*Grützmacher* UrhG § 69c Rn. 71.
[244] *Grützmacher* ITRB 2015, 141 (142); *Jobke,* Produktaktivierung und Registrierung bei Software für den Massenmarkt, 2010, S. 58 ff.; *Marly* Rn. 1526, der auf OLG Bremen CR 1997, 609 (611) verweist.
[245] BGH GRUR-Int 1981, 562 (564) – Schallplattenimport; dazu auch mwN → § 17 Rn. 40.
[246] Kauf, Tausch, Schenkung usw.
[247] BGH GRUR 1995, 673 (675 f.) – Mauerbilder; Spindler/Schuster/*Wiebe* UrhG § 69c Rn. 16.
[248] Nachweise in → § 17 Rn. 41.

ob der Lizenznehmer die Software nach Vertragsende zurückzugeben oder zu vernichten hat; ist dies nicht der Fall, so ist von einer Veräußerung auszugehen.[249] Dies gilt auch für die verschiedenen Formen des Softwareleasings: So ist regelmäßig beim sog. Finanzierungsleasing und erst recht bei der Vollamortisation, bei der der Leasingnehmer zum Ende der Leasingzeit eine Kaufoption erhält, von einer Erschöpfung bzw. einem Inverkehrbringen auszugehen, da der Leasinggeber seine Verfügungsmacht über die Software aufgibt.[250] Zur Sicherungsübereignung und zum gesetzlichen Eigentumsübergang vgl. → § 17 Rn. 43 f.

36   Das Inverkehrbringen muss im Gebiet der **Europäischen Union** oder eines anderen **Vertragsstaates des Abkommens über den Europäischen Wirtschaftsraum**[251] erfolgen.[252] Maßgeblich ist der Ort des Inverkehrbringens, auf den Ort der Herstellung kommt es demgegenüber nicht an.[253] Beim Download kommt es auf den Ort an, an dem die Vervielfältigungsstücke das erste Mal hergestellt werden.[254] Es tritt nur eine gemeinschaftsweite Erschöpfung ein, zur **internationalen Erschöpfung** vgl. → § 17 Rn. 57 ff.

37   Das Inverkehrbringen muss **mit einer konkreten Zustimmung des zur Verbreitung Berechtigten** erfolgt sein.[255] Berechtigter ist der Urheber sowie alle diejenigen, die eine Berechtigung vom Urheber ableiten.[256] Die Berechtigung muss für das Gebiet bestehen, in dem das Inverkehrbringen erfolgt;[257] Eine Zustimmung zur Verbreitung außerhalb der EU und des EWR reicht für die Zustimmung innerhalb der EU nicht aus.[258] Zur Verbreitung **rechtswidrig hergestellter Werkstücke** liegt eine Zustimmung in aller Regel nicht vor, so dass ihre Verbreitung verhindert werden kann. Das gilt auch für die sog. **Surplus-Produktion,** also die Fälle, in denen der Hersteller von Computerprogrammen mehr Exemplare herstellt, als er aufgrund des ihm eingeräumten Nutzungsrechts darf. Wird diese Mehrproduktion in Verkehr gebracht, so fehlt es insoweit an der Zustimmung des Berechtigten.[259] Im Interesse der Rechtsklarheit kann die **Zustimmung keinen Beschränkungen oder Bedingungen** unterworfen werden.[260] Im Übrigen unterliegt die Zustimmung den allgemeinen Regeln über Willenserklärungen, so dass sie auch anfechtbar ist.[261] Der Berechtigte kann seine **Zustimmung nicht auf einen Teil des Verbreitungsrechts beschränken,** er kann auch nicht über das ihm eingeräumte Verbreitungsrecht hinausgehen. Durch die Zustimmung des Berechtigten wird immer (mit Ausnahme des Vermietrechts) dessen **gesamtes Verbreitungsrecht erschöpft,** der Berechtigte hat nicht die Möglichkeit, durch eine Beschränkung seiner Zustimmung die Erschöpfungswirkung nur partiell eintreten lassen.[262] Die Zustimmung muss aber erteilt werden, wenn der Rechteinhaber keine schutzwürdigen Interessen hat, etwa beim Handel mit Gebrauchsoftware, wenn die Löschung beim Ersterwerber gesichert ist (→ Rn. 34).[263]

38   Davon zu unterscheiden ist die Situation, dass das **Verbreitungsrecht beschränkt eingeräumt** worden ist. Ist dies der Fall, so führt ein Inverkehrbringen von Werkstücken, das sich im Rahmen der beschränkt eingeräumten Verbreitungsberechtigung hält, dazu, dass die **Erschöpfung nur hinsichtlich des beschränkt eingeräumten Teils des Verbreitungsrechts eintritt,** nicht aber hinsichtlich der Teile, die durch die Beschränkung von der Rechtseinräumung ausgenommen wurden. Bringt also der Lizenznehmer Werkstücke auf einem anderen als auf dem zugelassenen Absatzweg in Verkehr, so ist diese Nutzung nicht mehr von der Zustimmung des zur Verbreitung Berechtigten gedeckt mit der Folge, dass insoweit mangels Zustimmung keine Erschöpfung des Verbreitungsrechts eintreten kann.[264]

39   **b) Erschöpfungswirkung.** Die Wirkung der Erschöpfung besteht darin, dass die **Weiterverbreitung** der Werkstücke **zulässig** ist, der Urheber oder sonstige zur Verbreitung Berechtigte kann sein Verbietungsrecht nicht mehr geltend machen. Das führt ua dazu, dass sich Beschränkungen des Verbreitungsrechts nur auf der Stufe der Erstverbreitung auswirken und die Veräußerung auf weiteren Vertriebsstufen nicht beschränkt werden kann.[265] Der Regelungsbereich des § 69c Nr. 3 S. 2 be-

[249] *Haberstumpf* in Lehmann, Rechtsschutz, Kap. II Rn. 128; sa *Marly* Rn. 1603.
[250] OLG Hamm CR 2013, 214 (217); *Bartsch* CR 1987, 8 (12); zu den unterschiedlichen Formen des Leasings s. *Marly* Rn. 1602; Wandtke/Bullinger/*Grützmacher* UrhG § 69c Rn. 33; weitergehend *Vander* CR 2011, 77 (80 ff.): Leasing stets keine Vermietung.
[251] Dh Island, Liechtenstein oder Norwegen.
[252] EuGH GRUR-Int 2007, 237 Rn. 9 – Laserdisken ApS gegen Kulturministeriet.
[253] BGH GRUR-Int 1981, 562 (564) – Schallplattenimport.
[254] Wandtke/Bullinger/*Grützmacher* UrhG § 69c Rn. 40.
[255] Daher muss etwa vorgetragen werden, dass der Rechtsinhaber seine Zustimmung zum Download einer betreffenden Softwarelizenz erteilt hat, OLG München MMR 2015, 397 – UsedSoft mAnm *Heydn.*
[256] Weitere Einzelheiten in → § 17 Rn. 47.
[257] Dazu näher → § 17 Rn. 48.
[258] OLG Hamburg GRUR 2010, 127 (128) – Super Mario III.
[259] Vgl. auch → § 17 Rn. 50.
[260] BGH GRUR 1986, 736 (737) – Schallplattenvermietung; mwN in → § 17 Rn. 51.
[261] Wandtke/Bullinger/*Grützmacher* UrhG § 69c Rn. 42.
[262] Einzelheiten in → § 17 Rn. 51.
[263] Wandtke/Bullinger/*Grützmacher* UrhG § 69a Rn. 79; *Grützmacher* CR 2007, 549 (554 f.) mwN; ähnlich *Haberstumpf* CR 2009, 346 (350, 352); *Hoeren* GRUR 2010, 665 (672 f.).
[264] BGH GRUR 2001, 153 (154) – OEM-Version; BGH GRUR 1986, 736 (737) – Schallplattenvermietung; weitere Einzelheiten und wN in → § 17 Rn. 59.
[265] Vgl. näher → Rn. 31.

schränkt sich angesichts des Territorialitätsprinzips[266] zwar auf den Geltungsbereich des Urheberrechtsgesetzes, so dass diese Vorschrift auch nur für dieses Gebiet den Erschöpfungseintritt anordnen
kann.[267] Angesichts der Harmonisierung der nationalen Regelungen in den Mitgliedstaaten tritt die
Erschöpfungswirkung aber im Ergebnis einheitlich für das gesamte Gebiet der Europäischen Union
und des Abkommens über den Europäischen Wirtschaftsraum ein.

Die Wirkung der Erschöpfung erstreckt sich nicht auf das **Vermietrecht.** Der Inhaber des Verbrei-   **40**
tungsrechts kann also die Vermietung von Vervielfältigungsstücken von Computerprogrammen auch
dann untersagen, wenn sie mit seiner Zustimmung veräußert worden sind.[268] Die diesbezügliche
frühere Streitfrage[269] hat sich damit erledigt. Das **Verleihrecht**[270] wird dagegen von der Erschöpfung
umfasst; das Verleihen von Programmträgern kann also nach ihrer Veräußerung vom Inhaber des Verbreitungsrechts nicht untersagt werden.[271] Dass das **Vervielfältigungsrecht** nicht der Erschöpfung
unterliegt, ergibt sich bereits aus seiner Selbstständigkeit gegenüber dem Verbreitungsrecht.

V. Das Recht der öffentlichen Zugänglichmachung

§ 69c Nr. 4 wurde durch das Gesetz zur Regelung des Urheberrechts in der Informationsgesellschaft   **41**
v. 10.9.2003[272] eingefügt, um klarzustellen, dass das Recht der öffentlichen Zugänglichmachung ausschließlich dem Rechtsinhaber zugewiesen ist.[273] Mit dieser Klarstellung hat der Gesetzgeber zum Ausdruck gebracht, dass dieses Recht dem Urheber bzw. sonstigen Rechtsinhaber auch schon vorher zustand, wobei davon auszugehen ist, dass es sich um ein unbenanntes Recht der öffentlichen Wiedergabe
(§ 15 Abs. 2) handelte.[274] Einer besonderen Übergangsvorschrift bedurfte es deshalb nicht.

Das **Recht der öffentlichen Zugänglichmachung** ist das Recht, das Werk drahtgebunden oder   **41a**
drahtlos der Öffentlichkeit in einer Weise zugänglich zu machen, dass es Mitgliedern der Öffentlichkeit von Orten und zu Zeiten ihrer Wahl zugänglich ist.[275] Die allgemeinen Kriterien, wie sie vom
EuGH und BGH entwickelt wurden zu Hyperlinks etc, finden hier entsprechende Anwendung
(→ § 19a Rn. 91). So führt das freie öffentliche Zugänglichmachen durch den Rechtinhaber, zB
von Testversionen, in Anwendung der Grundsätze des EuGH (Renckhoff-Entscheidung)[276] nicht
dazu, dass ein Dritter ebenfalls auf seiner Webseite eigenständig Programme anbieten kann.[277] Öffentlich können auch interne Netzwerke sein, sofern die Beteiligten keine unmittelbaren Beziehungen
zueinander haben; Allein eine gemeinsame Infrastruktur kann noch nicht die Öffentlichkeit ausschließen, etwa bei Intranets.[278] Auch Passwörter für einen bestimmten Nutzerkreis genügen für sich genommen noch nicht, wenn der Personenkreis groß ist und keine sonstigen Beziehungen untereinander aufweist.[279] § 69c Nr. 4 wird vor allem bei der Datenübertragung im Internet, in sonstigen
Netzwerken und bei On-Demand-Services zur Anwendung kommen.[280] Es kommt nicht darauf an,
ob der Zugriff gleichzeitig oder sukzessive erfolgt.[281] Die Bereitstellung von Computerprogrammen
zum Abruf bedarf in solchen Fällen der Zustimmung des Rechtsinhabers. Es bedarf nicht des interaktiven Abrufs, das Bereitstellen genügt bereits, um das Recht zu verletzen.[282] Selbst das Aufrufen einer
Webseite kann dieses Recht betreffen, wenn etwa Programme ausgeführt werden, wie ein Flash-
Player[283] oder ein Java-Applet.[284]

Das Recht zur öffentlichen Zugänglichmachen erfasst vor allem auch das Nutzen der Software,[285]   **41b**
so dass es etwa für **Cloud Services** und **Application Service Providing** von Bedeutung sein kann
(auch → Vor §§ 69a ff. Rn. 65 ff.). Das Recht der öffentlichen Zugänglichkeit ist durch das ASP
nur dann berührt, wenn die Software nicht nur einer Person, sondern gerade einer Mehrzahl von

---

[266] Dazu → Vor §§ 120 ff. Rn. 109 ff.
[267] Vgl. auch AmtlBegr. BT-Drs. 12/4022, 11.
[268] Wandtke/Bullinger/*Grützmacher* UrhG § 69c Rn. 46.
[269] Dazu → 1. Aufl. 1987, § 17 Rn. 13 f.
[270] Zum Begriff vgl. § 27 Abs. 2 S. 2, dazu auch → § 27 Rn. 11.
[271] Dazu kritisch *Lehmann* CR 1994, 271 (274).
[272] BGBl. I S. 1774.
[273] AmtlBegr. BT-Drs. 15/38, 22; zur Vereinbarkeit von § 69c Nr. 4 und der Computerprogramm-RL s.
Fromm/Nordemann/*Czychowski* UrhG § 69c Rn. 34.
[274] Vgl. dazu → Rn. 26.
[275] § 19a; sa OLG München GRUR-RR 2009, 91 – ASP.
[276] EuGH GRUR 2018, 911 (912 ff.).
[277] OLG München CR 2017, 495 (497).
[278] OLG München GRUR-RR 2009, 91; *Spindler* GRUR 2002, 105 (108 f.); wie hier auch Wandtke/Bullin-
ger/*Grützmacher* UrhG § 69c Rn. 86; aA offenbar *Hoeren* 87 f.
[279] Anders *Hoeren/Schuhmacher* CR 2000, 137 (145).
[280] Wandtke/Bullinger/*Grützmacher* UrhG § 69c Rn. 82.
[281] Wandtke/Bullinger/*Grützmacher* UrhG § 69c Rn. 80.
[282] BGH GRUR 2009, 864 (865) – CAD-Software; OLG Köln MMR 2010, 780 (781) – Kfz-Diagnose-
Software; OLG Köln ZUM 2012, 579 (580 f.); MMR 2011, 396 mAnm *Hannemann/Solmecke;* LG Hamburg CR
2013, 498; LG Köln ZUM 2011, 88 (90 f.); 2011, 350 f.; ZUM-RD 2012, 99 (100): LG Hamburg ZUM-RD
2010, 416 (417).
[283] LG Köln ZUM-RD 2010, 426 (427).
[284] Wandtke/Bullinger/*Grützmacher* UrhG § 69c Rn. 82.
[285] Wandtke/Bullinger/*Grützmacher* UrhG § 69c Rn. 81.

Mitgliedern der Öffentlichkeit bereitgestellt wird.[286] Ob Programmteile dabei auf den Rechner des Nutzers übertragen werden, ist unerheblich; Eine derartige Einschränkung kann dem Normtext nicht entnommen werden, da vom Recht der öffentlichen Zugänglichmachung bereits solche Fälle erfasst sind, in denen den Kunden die Möglichkeit eingeräumt wird, auf die Software beliebig zugreifen zu können; entscheidend ist, dass das Programm einer Öffentlichkeit überhaupt zugänglich gemacht wird, auf technische Zufälligkeiten kann es dabei genauso wenig ankommen wie auf den tatsächlichen Abruf seitens der Cloud-Kunden (auch → Vor §§ 69a ff. Rn. 66).[287] Bei der Möglichkeit, auf Software via remote-Anwendungen zuzugreifen, lassen sich zwei Arten des remote-Zugriffs unterscheiden: Entweder kommt es zur Erstellung einer virtuellen Maschine, auf welcher die begerbte Software installiert und zum Ablauf gebracht wird oder ein innerhalb der Cloud installiertes Programm wird virtuell für mehreren Cloud-Kunden bereitgestellt.[288] Für die Frage des öffentlichen Zugänglichmachens iSd § 69c Nr. 4 ist diese Differenzierung jedoch sekundär, es ist bei beiden Varianten zu bejahen.[289] Gleiches gilt für **Software as a Service (SaaS)** beim Cloud Computing: Hier wird die Software durch den Cloudprovider (oder gegebenenfalls einem Softwareanbieter, der die Dienste eines Cloudanbieters nutzt) zur Verfügung gestellt. Sofern die Software einer Öffentlichkeit zur Verfügung gestellt wird, benötigt der Anbieter ein Recht zur öffentlichen Zugänglichmachung, unabhängig davon, ob die Benutzeroberfläche selber schutzfähig ist oder client-seitig Programmteile wie Java-Applets laufen.[290] Auch auf die Frage, ob es sich um eine Art Streaming handelt,[291] kommt es nicht an – unabhängig davon, dass technisch in der Regel kein Streaming von Programmdaten, sondern nur von Grafikdaten vorliegt[292] und keine Vervielfältigungsstücke auf dem Rechner des Nutzers, sondern nur beim Anbieter angefertigt werden.[293] Denn das Recht zur öffentlichen Zugänglichmachung stellt nicht darauf ab, ob Vervielfältigungsstücke beim Nutzer angefertigt werden, sondern als Unterfall des Rechts auf öffentliche Wiedergabe nur auf die durch die Öffentlichkeit entsprechend gesteigerte Nutzung.[294] Dies gilt auch, wenn es um die Nutzung einer Betriebssystemsoftware im Rahmen des Infrastructure Cloud Service (IaaS) oder des Plattform as a Service (PaaS) geht.[295] Werden Vervielfältigungsstücke der Anwendung veranlasst, ist dies aufgrund der Beherrschung des Prozesses durch den Nutzer diesem zuzurechnen – und nicht dem Anbieter,[296] vergleichbar den Fällen der Erstellung einer Kopie bei einem Dritten; anders ist dies nur zu sehen, wenn der Nutzer keinen Einfluss darauf hat, ob Vervielfältigungsstücke durch den Cloud-Service angefertigt werden.

41c   Das **Recht der öffentlichen Zugänglichmachung** unterliegt nicht der Erschöpfung (vgl. → Rn. 34).

§ 69d Ausnahmen von den zustimmungsbedürftigen Handlungen

(1) **Soweit keine besonderen vertraglichen Bestimmungen vorliegen, bedürfen die in § 69c Nr. 1 und 2 genannten Handlungen nicht der Zustimmung des Rechtsinhabers, wenn sie für eine bestimmungsgemäße Benutzung des Computerprogramms einschließlich der Fehlerberichtigung durch jeden zur Verwendung eines Vervielfältigungsstücks des Programms Berechtigten notwendig sind.**

---

[286] Zu diesem differenzierenden Ansatz s. *Dietrich* ZUM 2010, 567 (568); vgl. ferner DKMH/*Kotthoff* UrhG § 69c Rn. 24.

[287] OLG München CR 2009, 500 Rn. 53 ff.; *Giedke* S. 398; *Bräutigam/Thalhofer* in Bräutigam, Teil 14 Rn. 122; *Marly* Rn. 1101 ff., insbes. 1104; *Jaeger* CR 2002, 309 (311); *Niemann/Paul* S. 108 Rn. 21; *Argyriadou/Bierekoven* in Intveen/Gennen/Karger, Handbuch des Softwarerechts, § 14 Rn. 17 ff. *Bettinger/Scheffelt* CR 2001, 729 (735); *Söbbing* ITRB 2015, 172 (175); *Möhring/Nicolini/Kaboth/Spies* UrhG § 69c Rn. 28; aA *Grützmacher* CR 2015, 779 (784 f.); Wandtke/Bullinger/*Grützmacher* UrhG § 69c Rn. 98 der § 69c Nr. 4 UrhG nur annimmt, wenn Programmteile und nicht bloß Grafikdaten übertragen werden; *Grützmacher* CR 2011, 697 (705); Fromm/Nordemann/*Czychowski* UrhG § 69c Rn. 76, sofern nicht das Programm selbst, sondern nur die Bildschirmmaske wiedergegeben werde; so auch Killian/Heussen/*Czychowski/Siesmayer* CHB Abschnitt 1 Teil 2 Rn. 146.

[288] *Giedke* S. 399 ff., insbes. 401.

[289] *Giedke* S. 400 ff.

[290] So aber Wandtke/Bullinger/*Grützmacher* UrhG § 69c Rn. 99; *Nägele/Jacobs* ZUM 2010, 281 (287, 290); Hilber/*Paul/Niemann* Teil 3 Rn. 107 ff.; wohl zustimmend: *Bräutigam/Thalhofer* in Bräutigam, Teil 14 Rn. 122; *Bisges* MMR 2012, 574 (576 f.).

[291] So aber *Pohle/Ammann* CR 2009, 273 (276); *Pohle/Ammann* K&R 2009, 625 (629); *Bierekoven* ITRB 2010, 42 (43 f.); *Splittgerber/Rockstroh* BB 2011, 2179, die §§ 44a oder 69d anwenden wollen.

[292] *Lehmann/Giedke* CR 2013, 681 (682); Wandtke/Bullinger/*Grützmacher* UrhG § 69c Rn. 99.

[293] *Koch* GRUR 2012, 574 (575); Wandtke/Bullinger/*Grützmacher* UrhG § 69c Rn. 99.

[294] *Marly* Rn. 240; *Bisges* MMR 2012, 574 (576); Spindler/Schuster/*Wiebe* UrhG § 19a Rn. 2; anders Wandtke/Bullinger/*Grützmacher* UrhG § 69c Rn. 85, 99, der aber abhängig von der technischen Situation bei Streaming bzw. § 69c Nr. 4 nachdenken will; Hilber/*Paul/Niemann* Teil 3 Rn. 107.

[295] *Pohle/Ammann* CR 2009, 273 (276); *Niemann/Paul* K&R 2009, 444 (448); *Giedke* S. 402 ff.; aA Wandtke/Bullinger/*Grützmacher* UrhG § 69c Rn. 99: nur ein Vervielfältigungsstück bei Anbieter; ebenso *Nägele/Jacobs* ZUM 2010, 281 (287).

[296] Vgl. BGH GRUR 2009, 845 Rn. 16 – Internet-Videorecorder; *Bisges* MMR 2012, 574 (577 f.); *Nägele/Jacobs* ZUM 2010, 281 (286); *Niemann* CR 2009, 661 (662 f.); *Grützmacher* CR 2011, 697 (704 f.); Wandtke/Bullinger/*Grützmacher* UrhG § 69c Rn. 99; dagegen aber (nur Anbieter) *Schuster/Reichl* CR 2010, 38 (40 f.); *Giedke* S. 382 ff.; ähnlich Hilber/*Paul/Niemann* Teil 3 Rn. 94; nicht ganz eindeutig *Bräutigam/Thalhofer* in Bräutigam, Teil 14 Rn. 120, die zu einer Unterlizenzierung raten.

(2) **Die Erstellung einer Sicherungskopie durch eine Person, die zur Benutzung des Programms berechtigt ist, darf nicht vertraglich untersagt werden, wenn sie für die Sicherung künftiger Benutzung erforderlich ist.**

(3) **Der zur Verwendung eines Vervielfältigungsstücks eines Programms Berechtigte kann ohne Zustimmung des Rechtsinhabers das Funktionieren dieses Programms beobachten, untersuchen oder testen, um die einem Programmelement zugrundeliegenden Ideen und Grundsätze zu ermitteln, wenn dies durch Handlungen zum Laden, Anzeigen, Ablaufen, Übertragen oder Speichern des Programms geschieht, zu denen er berechtigt ist.**

Schrifttum: *Baus,* Umgehung der Erschöpfungswirkung durch Zurückhaltung von Nutzungsrechten, MMR 2002, 14; *ders.,* Verwendungsbeschränkungen in Software-Überlassungsverträgen, 2004; *Bettinger/Scheffelt,* Application Service Providing: Vertragsgestaltung und Konflikt-Management, CR 2001, 729; *Bräutigam/Thalenhofer,* Teil 14 Cloud-Computing, in: Bräutigam (Hg.), IT-Outsourcing und Cloud-Computing, Eine Darstellung aus rechtlicher, technischer, wirtschaftlicher und vertraglicher Sicht, 3. Aufl. 2013; *Bröckers,* Software-Gebrauchthandel: Der Teufel steckt im Detail, MMR 2011, 18; *Czychowski,* Der BGH und Computerspiele: Es bleiben noch Fragen offen, GRUR 2017, 362; *Determann/Specht,* Online-Erschöpfung in Europa und den USA, GRUR-Int 2018, 731; *Diedrich,* Nutzungsrechte für Systemsicherungen nach § 69d UrhG – Eine Auslegung des Begriffs der Sicherungskopie in § 69d Abs. 2 UrhG, CR 2012, 69; *ders.,* ASP – öffentliche Zugänglichmachung oder unbenannte Nutzungsart?, ZUM 2010, 567; *Dorner,* Umfassende Nutzungsrechteeinräumung gegen Pauschalabgeltung – Ende für „Buyouts"?, MMR 2011, 780; *Doubrava/Münch/Leupold,* Teil 4 Cloud Computing in: Leupold/Glossner (Hg.), Münchener Anwaltshandbuch IT-Recht, 3. Aufl. 2013; *Dreier,* Verletzung urheberrechtlich geschützter Software nach der Umsetzung der EG-Richtlinie, GRUR 1993, 781; *Fritzemeyer/Schoch,* Übernahme von Softwareüberlassungsverträgen beim IT-Outsourcing, CR 2003, 793; *Giedke,* Cloud Computing: Eine wirtschaftliche Analyse mit besonderer Berücksichtigung des Urheberrechts, 2013; *Grützmacher,* Die Übertragung von Softwarenutzungsrechten: Gebrauchtsoftware und Outsourcing – Länderbericht Deutschland –, in: Büchner/Briner (Hg.), DGRI Jahrbuch 2009, S. 127; *ders.,* Lizenzgestaltung für neue Nutzungsformen im Lichte von § 69d UrhG (Teil 1), CR 2011, 485, (Teil 2), CR 2011, 697; *ders.,* Application Service Providing – Urhebervertragsrechtliche Aspekte, ITRB 2001, 59; *ders.,* Die Übertragung von Softwarenutzungsrechten: Gebrauchtsoftware und Outsourcing – Länderbericht Deutschland –, in: Büchner/Briner (Hg.), DGRI Jahrbuch 2009, S. 127; *ders.,* Lizenzgestaltung für neue Nutzungsformen im Lichte von § 69d UrhG (Teil 1), CR 2011, 485, (Teil 2), CR 2011, 697; *ders.,* „Software aus der Datendose" – Outsourcing, Cloud, SaaS & Co. CR 2015, 779; *Haberstumpf,* Der Handel mit gebrauchter Software und die Grundlagen des Urheberrechts, CR 2009, 345; *ders.,* Der Handel mit gebrauchter Software im harmonisierten Urheberrecht – Warum der Ansatz des EuGH einen falschen Weg zeigt, CR 2012, 561; *Häuser/Schmid,* Robotic Process Automation, CR 2018, 266; *Herzog,* Handel mit gebrauchter Software, 2009; *Heydn,* Identitätskrise eines Wirtschaftsguts: Im Spannungsfeld zwischen Schuldrecht und Urheberrecht, CR 2010, 765; *Hilber/Knorr/Müller,* Serververlagerungen im Konzern, CR 2011, 417; *Hilber/Litzka,* Wer ist urheberrechtlicher Nutzer von Software bei Outsourcing-Vorhaben? – Bestimmungen des Begriffs des urheberrechtlichen Nutzers unter Berücksichtigung des Urteils des Bundesgerichtshofes zum internetbasierten persönlichen Videorekorder, ZUM 2009, 739; *Hilgert,* Keys und Account beim Computerspielvertrieb – Probleme der Erschöpfung beim Vertrieb hybrider Werke, CR 2014, 354; *Hoeren,* Der urheberrechtliche Erschöpfungsgrundsatz bei der Online-Übertragung von Computerprogrammen, CR 2006, 573; *ders.,* Der Erschöpfungsgrundsatz bei Software, GRUR 2010, 665; *Hoeren/Försterling,* Onlinevertrieb „gebrauchter" Software, Hintergründe und Konsequenzen der EuGH-Entscheidung „UsedSoft", MMR 2012, 642; *Hoeren/Schuhmacher,* Verwendungsbeschränkungen im Softwarevertrag, CR 2000, 137; *Hoeren/Pinelli,* Die Überprüfung von Software auf sicherheitsrelevante Fehler, CR 2019, 410; *Huppertz,* Handel mit Second Hand-Software – Analyse der wesentlichen Erscheinungsformen aus urheber- und schuldrechtlicher Perspektive, CR 2006, 145; *Koch,* Urheberrechtliche Zulässigkeit technischer Beschränkungen und Kontrolle der Software-Nutzung, CR 2002, 629; *ders.,* Client Access License – Abschied von der Softwarelizenz?, ITRB 2011, 42; *Kochmann,* Schutz des „Knowhow" gegen ausspähende Produktanalysen („Reverse Engineering"), 2009; *König,* Zur Zulässigkeit der Umgehung von Softwareschutzmechanismen, NJW 1995, 3293; *Kreutzer,* Computerspiele im Sytem des deutschen Urheberrechts – Eine Untersuchung des geltenden Rechts für Sicherungskopien und Schutz technischer Maßnahmen bei Computerspielen, CR 2007, 1; *ders.,* Schutz technischer Maßnahmen und Durchsetzung von Schrankenbestimmungen bei Computerprogrammen, CR 2006, 804; *Leistner,* Gebrauchtsoftware auf dem Weg nach Luxemburg, Der Vorlagebeschluss des BGH in Sachen Oracle v. UsedSoft, CR 2011, 209; *Marko,* Vertragliche Aspekte des Cloud Computing, in: Blaha/Marko/Zellhofer/Liebel (Hg.), Rechtsfragen des Cloud Computing, 2011; *Marly,* Der Handel mit so genannter „Gebrauchtsoftware", EuZW 2012, 654; *Metzger,* Zur Zulässigkeit von CPU-Klauseln in Softwarelizenzverträgen, NJW 2003, 1994; *ders./Hoppen,* Zur Zulässigkeit von Nutzungsbeschränkungen in Lizenzverträgen bei Verwendung von Drittanbietersoftware, CR 2017, 625; *Moritz,* Vervielfältigungsstück eines Programms und seine berechtigte Verwendung – § 69d UrhG und die neueste BGH-Rechtsprechung, MMR 2001, 94; *ders.,* Keine Nutzungsberechtigung für ein „gebrauchtes" Computerprogramm nach Art. 5 Abs. 1 der RL 2009/24/EG ohne Zustimmung des Rechtsinhabers – Zugleich Kommentar zu BGH, Beschl. v. 3.2.2011 – I ZR 129/08, K&R 2011, 240; *Nägele/Jacobs,* Rechtsfragen des Cloud Computing, ZUM 2010, 281; *Niemann,* Shift der urheberrechtlichen Verwertungsrechte in der arbeitsteiligen digitalen Welt, CR 2009, 661; *Niemann/Paul,* Bewölkt oder wolkenlos – rechtliche Herausforderungen des Cloud Computings, K&R 2009, 444; *Oelschlägl/Schmidt,* Lizenzpflicht für „indirekte Nutzung" von SAP-Software? ITRB 2015, 72; *Oswald,* Erschöpfung durch Online-Vertrieb urheberrechtlich geschützter Werke, Hamburg 2005; *Pahlow,* Lizenzen als handelbare Güter? ZGE 2016, 218; *Paul/Niemann,* Teil 3 Urheberrecht, in: Hilber (Hg.), Handbuch Cloud Computing, 2014; *Pohle/Ammann,* Software as a Service – auch rechtlich eine Evolution?, K&R 2009, 625; *dies.,* Über den Wolken ... – Chancen und Risiken des Cloud Computing, CR 2009, 273; *Runte,* Produktaktivierung, CR 2001, 657; *Sahin/Haines,* Einräumung von Nutzungsrechten im gestuften Vertrieb von Standardsoftware, Unter welchen Voraussetzungen kann ein Vertragshändler Endkunden Nutzungsrechte einräumen?, CR 2005, 241; *Schneider,* Handbuch EDV-Recht, 5. Aufl. 2017; *ders.,* Indirekte Softwarenutzung – ein Vertragsrisiko für beide Seiten, ITRB 2017, 286; *Schneider/Spindler,* Der Erschöpfungsgrundsatz bei „gebrauchter" Software im Praxistest – Der Umgang mit dem unabdingbaren Kern als Leitbild für Softwareüberlassungs-AGB und anderen praxisrelevante Aspekte aus BGH, Urt. v. 17.7.2013 – I ZR 129/08 – Used Soft, CR 2014, 213; *Scholz,* Sind Lizenzen kündbar? – Beendigung der Nutzungsrechtseinräumung bei Softwareüberlassung, ITRB 2012, 162; *Scholz/Haines,* Hardwarebezogene Verwendungsbeschränkungen in Standardverträgen zur Überlassung von Software, CR 2003, 393; *Schuhmacher,* Wirksamkeit von typischen Klauseln in Softwareüberlassungsverträgen, CR 2000, 641; *Schulz,* Dezentrale Softwareentwicklungs- und Softwarevermarktungskonzepte, Köln u. a. 2005; *Schweyer*, Die rechtliche Bewertung des Reverse Engineering in Deutschland und den USA, 2012; *Söbbing*, Backuplizenz vs. Sicherheitskopie – Rechtliche Differenzierung zwischen Backuplizenzen und Sicherheitskopien in Lizenzmodellen, ITRB 2007, 50; *ders.*, Die Zulässigkeit von sog. „Hostingklauseln" in Lizenzbedingungen, MMR 2007, 479; *Sosnitza*, Die urheberrechtliche Zulässigkeit des Handels mit „gebrauchter" Software, K&R 2006, 206; *Spindler*, Grenzen des Softwareschutzes, Das Urteil des EuGH in Sachen SAS Institute, CR 2012, 417; *Spindler/Wiebe*, Open Source-Vertrieb, CR 2003, 873; *Splittgerber/Rockstroh*, Sicher durch die Cloud navigieren – Vertragsgestaltung beim Cloud Computing, BB 2011, 2179; *Stieper*, Anm. zu BGH, Urt. v. 17.7.2013 – I ZR 129/08 – UsedSoft II, GRUR 2014, 270; *Triebe*, Revere Engineering im Lichte des Urheber- und Geschäftsgeheimnisschutzes, WRP 2018, 795; *Ullrich/Körner* (Hg.), Der internationale Softwarevertrag, 1995; *Vianello*, Handel mit gebrauchter Software für Schüler, Studenten und Lehrkräfte, Die aktuelle Rechtsprechung des BGH, MMR 2012, 139; *Weber/Hötzel*, Das Schicksal der Softwarelizenz in der Lizenzkette bei Insolvenz des Lizenznehmers, NZI 2011, 432; *Werner*, Sind Sicherheitskopien von CDs notwendig?, CR 2000, 807; *Wolff-Rojczyk/Hansen*, Anmerkung zum Vorlagebeschluss des BGH vom 3.2.2011 (1 ZR 129/08, CR 2011, 223) – Zulässigkeit von Gebrauchtsoftwarehandel, CR 2011, 228; *Zech*, Lizenzen für die Benutzung von Musik, Film und E-Books in der Cloud, Das Verhältnis von Urheber- und Vertragsrecht bei Verträgen über den Werkkonsum per Cloud-Computing, ZUM 2014, 3.

Siehe auch die Schrifttumsangaben zu § 69a, § 69c und vor §§ 69a ff.

Übersicht

I. Zweck und Bedeutung der Norm; Verhältnis zu anderen Vorschriften; Prozessuales

1   Die weitgehende Zuweisung von Ausschließlichkeitsrechten an den Urheber,[1] die auch die bestimmungsgemäße Benutzung von Computerprogrammen erfasst, macht eine Regelung notwendig, in welchen Fällen Benutzungshandlungen trotz ihres Charakters als Vervielfältigung oder Umarbeitung der Zustimmung des Urhebers nicht bedürfen. Diesem Zweck dient (neben § 69e) die Vorschrift des § 69d, die Art. 5 der Computerprogramm-RL umsetzt.[2] Sie ist richtlinienkonform auszulegen.[3] Sie regelt in Abs. 1 die bestimmungsgemäße Benutzung, in Abs. 2 die Herstellung einer Sicherungskopie und in Abs. 3 bestimmte Handlungen der Beobachtung, der Untersuchung und des Testens des Programms. § 69d stellt damit in erster Linie eine **Schrankenbestimmung** dar, die das Vervielfältigungsrecht und Umarbeitungsrecht an Computerprogrammen begrenzt.[4] § 69d sperrt die urheberrechtlichen Schranken der §§ 53 f.[5] Während die Befugnis zur Erstellung einer Sicherungskopie (Abs. 2) und zu Programmtestläufen (Abs. 3) zwingender Natur ist und dagegen verstoßende Vereinbarungen nach § 69g Abs. 2 nichtig sind, können in den Fällen des Abs. 1 abweichende vertragliche Bestimmungen getroffen werden. Auch Abs. 1 enthält jedoch einen zwingenden Kern von Benutzerbefugnissen, der vertraglich nicht eingeschränkt werden darf.[6] Soweit § 69d aber auch solche zwingenden Regelungen enthält, die dem Nutzer auch ohne Rechteeinräumung zustehen, handelt es sich um zwingende urhebervertragliche Bestimmungen.[7] Gemäß § 137d Abs. 1 S. 1 ist § 69f auch auf vor dem 24.6.1993 geschaffene Computerprogramme anwendbar.

Die **Darlegungs- und Beweislast** für die Tatbestandsvoraussetzungen des § 69d trägt derjenige, der vorträgt, dass die Zustimmung des Urhebers zur Programmvervielfältigung nicht vonnöten sei.[8]

---

[1] Vgl. → § 69c Rn. 2.

[2] Zur Entstehungsgeschichte der Norm und der ihr zugrundeliegenden Richtlinienbestimmung vgl. *Lehmann* FS Schricker, 1995, 549 ff.; *Schulte* CR 1992, 648 (651 ff.).

[3] BGH GRUR 2014, 264 Rn. 29 – UsedSoft II.

[4] *Möhring/Nicolini/Kaboth/Spies* UrhG § 69d Rn. 1; *Kilian/Heussen/Czychowski/Siesmayer* CHB 1. Abschnitt Teil 2, 20.4 Rn. 141; *Lehmann* FS Schricker, 1995, 553 mwN; *Schulte* CR 1992, 588 (592); aA Dreier/Schulze/*Dreier* UrhG § 69d Rn. 2, der von einer Mischform zwischen gesetzlicher Lizenz und vertraglicher Auslegungsvorschrift spricht; Fromm/Nordemann/*Czychowski* UrhG § 69d Rn. 4; Wandtke/Bullinger/*Grützmacher* UrhG § 69d Rn. 1; Mestmäcker/Schulze/*Haberstumpf* UrhG § 69d Rn. 2; für die hier vertretene Auffassung spricht auch die Begr. RegE. Zur funktionsgleichen Vorschrift des § 55a, vgl. BT-Drs. 13/7934, 43; s. auch die Nachweise in Fn. 30.

[5] Spindler/Schuster/*Wiebe* UrhG § 69d Rn. 2.

[6] Dazu näher → Rn. 13.

[7] Insoweit zutr. Wandtke/Bullinger/*Grützmacher* UrhG § 69d Rn. 33.

[8] BGH GRUR 2014, 264 Rn. 56 – UsedSoft II; *Stieper* ZUM 2012, 668 (670).

II. Herstellung von Vervielfältigungen und Bearbeitungen (§ 69d Abs. 1)

Durch Abs. 1 soll dem berechtigten Benutzer die **bestimmungsgemäße Benutzung** des Computerprogramms ermöglicht werden;[9] dafür soll der Benutzer mit den erforderlichen Rechten ausgestattet werden.[10] Es soll sichergestellt sein, dass der befugte Benutzer mit dem Programm auch wirtschaftlich sinnvoll arbeiten kann und dabei nicht durch unangemessene Verbote des Inhabers des Urheberrechts am Programm eingeschränkt wird;[11] der in Abs. 1 vorgesehene Vorbehalt besonderer vertraglicher Bestimmungen findet dafür seine Grenze an einem zwingenden Kern von Benutzerbefugnissen, welcher nicht eingeschränkt werden kann (→ Rn. 13).

1. Der Vorschrift unterfallende Benutzungshandlungen

Abs. 1 schränkt das Vervielfältigungsrecht des § 69c Nr. 1 und das Umarbeitungsrecht des § 69c Nr. 2 ein; es werden also **Vervielfältigungshandlungen**[12] und **Umarbeitungshandlungen**[13] gestattet. Der Benutzer darf beispielsweise unter den Voraussetzungen des Abs. 1 das Programm in den Arbeitsspeicher laden und auf der Festplatte abspeichern.[14] Auf den bloßen Programmlauf und die Darstellung auf dem Bildschirm ist Abs. 1 dagegen nicht anzuwenden, weil es sich insoweit nicht um Vervielfältigungen handelt.[15] Umarbeitungen des Programms können nicht nur für die Fehlerberichtigung in Betracht kommen, sondern auch bei der Anpassung des Programms an individuelle Erfordernisse des Benutzers, an veränderte technische, wirtschaftliche oder organisatorische Gegebenheiten, an ein neues Betriebssystem oder bei der Portierung auf eine andere Hardware. Sie können bereits in der Erstellung von Programmroutinen, Makros und ähnlichem liegen.

§ 69d Abs. 1 bezieht sich nicht auf das Verbreitungsrecht;[16] Verbreitungshandlungen werden also ausweislich des Verweises des Art. 5 Abs. 1 Computerprogramm-RL bzw. § 69d Abs. 1 durch diese Vorschrift nicht gestattet.[17] Ebenso wenig erfasst § 69d Abs. 1 das **Recht der öffentlichen Zugänglichmachung** nach § 69c Nr. 4.[18] Bei der Einfügung des § 69c Nr. 4 hat der Gesetzgeber die Vorschrift des § 69d Abs. 1 nicht geändert;[19] zudem dürfte eine öffentliche Zugänglichmachung von Programmen für deren bestimmungsgemäße Benutzung, die § 69d Abs. 1 sicherstellen will, nicht erforderlich sein. Zwar wird demgegenüber gerade für den Netzwerkbetrieb eingewendet, dass der Gesetzgeber das Problem übersehen habe und eine analoge Anwendung geboten sei, da bei einer zentralen Softwareeinspielung und im Bedarfsfall auf den Arbeitsplatz übertragenen Programmen immer Bestandteile davon auf dem Einzelplatzrechner zurückbleiben.[20] Indes treten hier nur dann Probleme auf, wenn diese Vervielfältigungsvorgänge über die Zahl der Netzwerklizenzen hinausgehen – was kein spezifisches Problem des Rechts auf öffentliches Zugänglichmachen ist, sondern der nötigen Zahl an Lizenzen, so dass keine Notwendigkeit für eine analoge Anwendung besteht.

Bedenken bestehen auch dagegen, im Rahmen des § 69d Abs. 1 die **Dekompilierung** zuzulassen.[21] Die Dekompilierung ist in § 69e nur unter zahlreichen Kautelen[22] und lediglich zum Zweck der Herstellung der Interoperabilität von Programmen zugelassen; Gesetzgebungsgeschichte und Fassung des § 69e sprechen dafür, sie auf den dort geregelten Fall zu beschränken.

2. Zur Verwendung berechtigte Personen

Berechtigte iSd Abs. 1 sind nicht nur die **Käufer** von Programmen, sondern alle Personen, die am Programm urheberrechtliche **Nutzungsbefugnisse wirksam erworben** haben, insbesondere also

[9] Begr. RegE. BT-Drs. 12/4022, 12; sa 17. Erwgr. der Richtlinie.
[10] OLG Karlsruhe CR 1996, 341 (342).
[11] *Lehmann* FS Schricker, 1995, 555.
[12] Dazu → § 69c Rn. 5 ff.
[13] Dazu → § 69c Rn. 13 ff.
[14] Zu Vervielfältigungshandlungen im Netzwerkbetrieb vgl. → Rn. 9.
[15] Vgl. → § 69c Rn. 8 f.
[16] Fromm/Nordemann/*Czychowski* UrhG § 69d Rn. 7.
[17] Fromm/Nordemann/*Czychowski* UrhG § 69d Rn. 7.
[18] Fromm/Nordemann/*Czychowski* UrhG § 69d Rn. 7; Dreier/Schulze/*Dreier* UrhG § 69d Rn. 10; DKMH/ *Kotthoff* UrhG § 69d Rn. 2; aA Wandtke/Bullinger/*Grützmacher* UrhG § 69d Rn. 12, der, um den Netzwerkbetrieb zu erfassen, davon ausgeht, dass eine planwidrige Regelungslücke bestehe, welche eine Analogie des § 69d Abs. 1 für das Recht der öffentlichen Wiedergabe erlaube; ebenso Spindler/Schuster/*Wiebe* UrhG § 69d Rn. 13.
[19] Wie hier Dreier/Schulze/*Dreier* UrhG § 69d Rn. 10.
[20] Wandtke/Bullinger/*Grützmacher* UrhG § 69d Rn. 12; für eine Analogie iE auch Spindler/Schuster/*Wiebe* UrhG § 69d Rn. 13; zur vorzugswürdigen Gegenauffassung s. die Nachweise in Fn. 18.
[21] So schließt auch der BGH eine Anwendung des § 69d Abs. 3 aus, wenn eine Dekompilierung erfolgt ist, s. BGH GRUR 2017, 266 Rn. 57, 62 – World of Warcraft I, weiterführend Dreier/Schulze/*Dreier* UrhG § 69d Rn. 10; Wandtke/Bullinger/*Grützmacher* UrhG § 69d Rn. 22 mwN; Kilian/Heussen/*Czychowski/Siesmayer* CHB 1. Abschnitt Teil 2, 20.4 Rn. 53; im Grundsatz auch Fromm/Nordemann/*Czychowski* UrhG § 69d Rn. 20; aA DKMH/*Kotthoff* UrhG § 69d Rn. 7; *Hoeren/Schuhmacher* CR 2000, 137 (140).
[22] *Marly* Rn. 265.

auch diejenigen, die einen **Softwarelizenzvertrag** geschlossen haben[23] sowie derjenige, der „das Computerprogramm zum Ablaufenlassen einsetzt".[24] Während die Richtlinie vom „rechtmäßigen Erwerber" spricht,[25] hat der deutsche Gesetzgeber zu Recht den Begriff des „zur Verwendung Berechtigten" gebraucht, um Lizenznehmer einzuschließen.[26]

4a Berechtigte können auch **Zweit- sowie weitere Erwerber** sein, soweit der Vorerwerber berechtigt war, ihnen die Software zu überlassen;[27] ob dies der Fall ist, hängt von den ausdrücklichen oder stillschweigenden Vereinbarungen mit dem (berechtigten) Vorveräußerer ab. Allerdings bedarf es keines Vertrages des Zweiterwerbers mit dem ursprünglichen Rechteinhaber, etwa im Sinne der Abtretung von Rechten des Ersterwerbers gegenüber dem Zweiterwerber;[28] vielmehr handelt es sich bei § 69d Abs. 1 um eine gesetzliche („implied") Lizenz,[29] was inzwischen im Einklang mit der vom EuGH angenommenen Erschöpfung selbst bei online erworbener Software gilt (dazu → § 69c Rn. 34), zumal der Ersterwerber seine Programmkopien löschen muss, so dass sich Fragen von mehrfachen Berechtigungen nicht stellen.[30] Die Reichweite der Berechtigung bestimmt sich in der Lizenzkette aber nach dem Verhältnis Urheber-Erstlizenznehmer.[31] Der Ersterwerber hat den Zweiterwerber über die Reichweite seiner Rechtsstellung zu informieren.[32] Ebenso kommt ein Zweiterwerber in den Genuss von § 69d Abs. 1, wenn der Ersterwerber gegen ein schuldrechtliches Weiterveräußerungsverbot verstoßen hat.[33] Letztlich handelt es sich bei § 69d Abs. 1 trotz des Rekurses auf die vertraglichen Bedingungen um eine Entkoppelung vom ursprünglichen Lizenzvertrag, da dessen Beschränkungen bei einer Weitergabe quasi „wegerworben" werden, und der Veräußerer auf schuldrechtliche Ansprüche gegen den Ersterwerber verwiesen wird.[34] Der durch § 69d Begünstigte muss daher nicht eine lückenlose Rechtekette bis zum Ersterwerber nachweisen.[35] Allerdings muss der Ersterwerber den Zweiterwerber über den „Kern" der Lizenz informieren, insbesondere die zulässige Zahl der Nutzungen; selbst die Verletzung dieser Pflicht führt aber nicht zum Verlust der Rechte nach § 69d Abs. 1, sondern allenfalls zur Zurechnung der Verletzungshandlung zum Ersterwerber bzw. Veräußerer.[36] Erforderlich ist für den Zweiterwerber ebenfalls, dass er berechtigter Erwerber ist, was die Erschöpfung des Verbreitungsrechts voraussetzt, die insbesondere dass die Programmkopie beim Ersterwerber verlässlich gelöscht wird.[37] Eine Berechtigung zur Vervielfältigung von Programmkopien ohne Zustimmung des Rechteinhabers auf Basis des § 69d Abs. 1 scheidet aus, wenn es sich bei der Software lediglich um eine kostenlose, zeitlich begrenzte **Testversion** eines Programmes handelt

---

[23] Begr. RegE. BT-Drs. 12/4022, 12; OLG Frankfurt a. M. MMR 2014, 661 (662); allg. Ansicht auch im Schrifttum, vgl. etwa Dreier/Schulze/*Dreier* UrhG § 69d Rn. 6; Wandtke/Bullinger/*Grützmacher* UrhG § 69d Rn. 28; Fromm/Nordemann/*Czychowski* UrhG § 69d Rn. 10; Spindler/Schuster/*Wiebe* UrhG § 69d Rn. 8; *Haberstumpf* GRUR-Int 1992, 715 (719).

[24] Fromm/Nordemann/*Czychowski* UrhG § 69d Rn. 7.

[25] Krit. zu dieser Formulierung auch Fromm/Nordemann/*Czychowski* UrhG § 69d Rn. 10.

[26] Begr. RegE. 12/4022, S. 12.

[27] Fromm/Nordemann/*Czychowski* UrhG § 69d Rn. 10.

[28] Fromm/Nordemann/*Czychowski* UrhG § 69d Rn. 10; anders dagegen noch *Haberstumpf* in Lehmann, Rechtsschutz, Kap. II Rn. 159; *Haberstumpf* CR 2009, 345 (346 f.); *Haberstumpf* CR 2012, 561 (567); Mestmäcker/Schulze/*Haberstumpf* UrhG § 69d Rn. 3; *Moritz* K&R 2011, 240 (241 f.); *Heydn* CR 2010, 765 (772); *Wolff-Rojczyk/Hansen* CR 2011, 228 (229 f.).

[29] S. die Nachweise in Fn. 4; EuGH GRUR 2012, 904 Rn. 82 f. – UsedSoft; BGH CR 2011, 223 (225) – UsedSoft; BGH GRUR 2014, 264 Rn. 28, 30 – UsedSoft II; OLG Frankfurt a. M. GRUR-RR 2010, 5 (6); *Marly* Rn. 243 ff.; *Vianello* MMR 2012, 139 (139); aA Dreier/Schulze/*Dreier* UrhG § 69d Rn. 2: „Mischform zwischen gesetzlicher Lizenz gegenüber einem beschränkten Kreis Berechtigter und vertraglicher Auslegungsvorschrift"; Wandtke/Bullinger/*Grützmacher* UrhG § 69d Rn. 30; *Grützmacher* CR 2011, 485 (486 f.); Fromm/Nordemann/*Czychowski* UrhG Rn. 4, 10, der aber in Rn. 9 darauf hinweist, dass die dogmatische Einordnung aus praktischer Sicht sekundär sei; *Grützmacher* CR 2011, 485 (486); *Leistner* CR 2011, 209 (210 f.); *Sahin/Haines* CR 2005, 241 (244 f.); *Zech* ZUM 2014, 3 (5); *Weber/Hötzel* NZI 2011, 432 (433); wohl auch Spindler/Schuster/*Wiebe* UrhG § 69d Rn. 6; anders *Hoeren* GRUR 2010, 665 (667 f.), der zwischen dem nichtdispositiven „Kern" (gesetzliche Schranke) und dem dispositiven Teil (Auslegungsregel) unterscheidet; *Schweyer* 102 ff.; aA OLG Karlsruhe CR 1996, 341 (342): Ausprägung der Zweckübertragungsregel; LG Berlin ZD 2012, 276 (278 f.). Zur Auswirkung der streitigen dogmatischen Einordnung *Grützmacher* CR 2011, 485 (486 f.), ebenfalls mit deulicher Kritik *Wiebe* ZUM 2017, 44 (46 ff.).

[30] Zur Darlegung und Beweislast der Berechtigung im Einzelnen, s. OLG München MMR 2015, 397 (400 ff.) mAnm *Heydn* – UsedSoft; Fromm/Nordemann/*Czychowski* UrhG § 69d Rn. 10; dazu auch Spindler/Schuster/*Wiebe* UrhG § 69d Rn. 9; *Hoeren/Försterling* MMR 2012, 642 (644 f.); *Marly* EuZW 2012, 654 (656 f.); anders aber *Haberstumpf* o. Fn. 28; weiterführend zum Gewährleistungsrecht bei gebrauchter Software *Kubach/Hunzinger* CR 2016, 213; kein Fall der Weitergabe bereits existierender Vervielfältigungsstücke liegt vor, wenn ein Produktkey veräußert wird, ohne dass die Software erstmals installiert worden ist, vgl. OLG Frankfurt a. M. CR 2016, 711.

[31] EuGH GRUR 2012, 904 Rn. 72, 88 – UsedSoft; BGH GRUR 2014, 264 Rn. 30, 68 – UsedSoft II; Spindler/Schuster/*Wiebe* UrhG § 69d Rn. 9; *Stieper* GRUR 2014, 270 (271 aE).

[32] BGH GRUR 2014, 264 Rn. 68 – UsedSoft II; OLG Hamburg MMR 2017, 344 Rn. 22 f.; zu den kumulativen Voraussetzungen der Berechtigung und der verbundenen Beweislast: OLG München MMR 2015, 397 (400 ff.) mAnm *Heydn* – UsedSoft.

[33] *Lehmann* FS Schricker, 1995, 543 (564); Wandtke/Bullinger/*Grützmacher* UrhG § 69d Rn. 33.

[34] BGH GRUR 2015, 772 Rn. 61 f., 66 – UsedSoft III.

[35] *Pahlow* ZGE 2016, 218 (235).

[36] BGH GRUR 2015, 772 Rn. 64 f. – UsedSoft III.

[37] BGH WRP 2015, 1367 Rn. 43 ff. – Green-IT; OLG Hamburg MMR 2017, 344 Rn. 23.

(→ § 69c Rn. 34b).[38] Eine Erschöpfung des Verbreitungsrechts setzt vielmehr den Ersterwerb einer Programmkopie dergestalt voraus, dass der jeweilige Erwerber gegen Zahlung eines Entgelts ein unbefristetes Recht zur Nutzung dieser Kopie erhält,[39] anstatt einer lediglich unentgeltlichen, zeitlich begrenzten Nutzungserlaubnis.[40]

Anders verhält es sich, wenn sich das zu vervielfältige Programm auf einem **körperlichen (Original-)Datenträger** befindet, der dem Käufer übergeben wird: Da das Verbreitungsrecht bezüglich des konkreten Vervielfältigungsstücks erschöpft ist, darf dieses gem. § 69c Nr. 3 S. 2 auch ohne Zustimmung des Rechtsinhabers weiterveräußert werden.[41] Da dem rechtmäßigen Erwerber eines Vervielfältigungsstücks auch ohne vertragliche Einräumung gem. § 69d Abs. 1 die Nutzungsrechte zur bestimmungsgemäßen Nutzung zustehen, bedarf der Erwerber keiner zusätzlichen Informationen, um die Software rechtmäßig zu nutzen (oder eigene Sicherungskopien nach § 69d Abs. 2 anzufertigen).[42] Auch der Beleg der Erschöpfung am konkreten Werkstück wird durch die Übergabe des „erschöpften" Datenträgers erbracht.[43] Die Weiterveräußerung von auf körperlichen (Original-)Datenträgern befindlichen Programmen ist mithin von dem Fall zu differenzieren, dass **Produkt-Keys** isoliert weiterveräußert werden.[44]

Ebenso können Personen, die **keine eigenen Nutzungsbefugnisse** erworben haben, zur Benutzung berechtigt sein, etwa Angestellte, Familienmitglieder, Freunde und Bekannte etc.[45] Auch hier hängt es wieder von den Vereinbarungen mit dem Vorveräußerer ab, ob eine Benutzung durch solche Personen gestattet ist. Dabei ist allerdings zu berücksichtigen, dass die nach Abs. 1 an sich zulässigen vertraglichen Einschränkungen ihre Grenze am zwingenden Kern der Benutzerrechte finden (→ Rn. 13). **Bibliotheksbenutzer,** die in Bibliotheken Computerprogramme entleihen, sind gleichfalls berechtigte Benutzer, und zwar auch, soweit nach den Pflichtexemplargesetzen des Bundes und der Länder für Computerprogramme eine Ablieferungspflicht besteht und die Programme auf diese Weise in den Bibliotheksbestand gelangt sind.[46] Zur Selbstverpflichtungserklärung der öffentlichen Bibliotheken zur Einschränkung der Ausleihe von Computerprogrammen → § 27 Rn. 14. **4b**

Der zur Verwendung Berechtigte kann sein Recht **durch Dritte ausüben** lassen,[47] das Recht ist jedoch **nicht übertragbar.**[48] Gerade für Outsourcing, ASP-Anwendungen etc kann dies relevant sein, → Vor §§ 69a ff. Rn. 65 ff. **5**

3. Notwendigkeit zur bestimmungsgemäßen Nutzung einschließlich der Fehlerberichtigung

Abs. 1 sieht zwar die Möglichkeit besonderer vertraglicher Bestimmungen über die Programmbenutzung vor, enthält aber gleichwohl einen **zwingenden Kern** von Benutzerbefugnissen, der nicht eingeschränkt werden kann.[49] Handlungen, die zur Benutzung einer Kopie eines rechtmäßig erworbenen Computerprogramms erforderlich sind, dürfen nicht vertraglich untersagt werden.[50] Was vertraglich geregelt werden kann, ist die nähere Ausgestaltung der Umstände der Ausübung der Benutzungshandlungen.[51] Einzelheiten zum Umfang dieses zwingenden Kerns in → Rn. 13 ff. **6**

Für die Frage, was **bestimmungsgemäße Programmbenutzung** ist, sind grundsätzlich die meist in Lizenzbedingungen niedergelegten **Vereinbarungen zwischen dem Softwarehersteller und dem Benutzer** maßgeblich.[52] Wozu ein Programm benutzt werden soll, wird sich zwar vielfach aus der Art des Programms und seiner Ausgestaltung ergeben, primär sind aber die Parteivereinbarungen maßgeblich. Die Art und Weise der Programmnutzung unterliegt der Parteiautonomie, in deren Rahmen auch eine sich aus Art und Ausgestaltung ergebende Nutzungsbestimmung abgeändert werden kann. Den Beteiligten obliegt es, ausdrücklich oder stillschweigend eine Bestimmung zu treffen, wie das Computerprogramm von seinem Erwerber genutzt werden soll. Bei einer solchen Bestimmung sind aber nicht nur die allgemeinen Grenzen der Privatautonomie und der §§ 307 ff. BGB zu berücksichtigen, sondern auch der durch Abs. 1 garantierte zwingende Kern von Benutzerbefugnissen **7**

---

[38] OLG Frankfurt a. M. ZUM 2017, 512 (515); *Scholz* GRUR 2015, 142 (146).

[39] EuGH GRUR 2012, 904 Rn. 42 ff. – UsedSoft; BGH GRUR 2014, 264 Rn. 34 – UsedSoft II.

[40] OLG Frankfurt a. M. ZUM 2017, 512 (515).

[41] LG Hamburg MMR 2018, 250 Rn. 16.

[42] LG Hamburg MMR 2018, 250 Rn. 18; Dreier/Schulze/*Dreier* UrhG § 69d Rn. 13; jüngst zum spiegelbildlichen Fall der Informationspflichten beim Verkauf gebrauchter Produktschlüssel KG WRP 2018, 99 Rn. 13 ff.

[43] LG Hamburg MMR 2018, 250 Rn. 22.

[44] S. hierzu *Stieper/Henke* NJW 2015, 3548 (3549); *Roth* ZUM 2015, 981.

[45] Spindler/Schuster/*Wiebe* UrhG § 69d Rn. 10.

[46] Begr. RegE. 12/4022, 12.

[47] OLG Düsseldorf CR 2002, 95 (97) – Mitarbeiterschulung.

[48] Dreier/Schulze/*Dreier* UrhG § 69d Rn. 6; Spindler/Schuster/*Wiebe* UrhG § 69d Rn. 10; *Caduff* S. 160 f.

[49] Begr. RegE. BT-Drs. 12/4022, 12.

[50] 17. Erwgr. der Richtlinie.

[51] Begr. RegE. BT-Drs. 12/4022, 12.

[52] BGH GRUR 2014, 264 Rn. 68 – UsedSoft II; OLG Düsseldorf CR 1997, 337 (338); Dreier/Schulze/*Dreier* UrhG § 69d Rn. 7; *Marly* Rn. 247; *Paul/Niemann* in Hilber Teil 3 Rn. 141; *Giedke* S. 422; *Hoeren/Schuhmacher* CR 2000, 137 (139); sa die Beispiele bei Fromm/Nordemann/*Czychowski* UrhG § 69d Rn. 13 ff.; *Grützmacher* CR 2011, 485 (488); *Scholz* GRUR 2015, 142 (146).

(→ Rn. 6, 13 ff.).[53] Jeder Softwareüberlassungsvertrag hat die durch den zwingenden Kern garantierten Mindestrechte zu respektieren und dem Benutzer zu eröffnen.[54] Aufgrund der Wertung des § 69d kann die normale Benutzung dem Erwerber eines Programms nicht untersagt werden. Insofern setzt der zwingende Kern von Mindestrechten nicht nur den in Abs. 1 genannten „besonderen vertraglichen Bestimmungen" Grenzen, sondern wirkt sich auch auf die Bestimmung der Programmbenutzung aus.

8   Vereinbarungen über die bestimmungsgemäße Programmbenutzung können **ausdrücklich** erfolgen, was im Allgemeinen in Lizenzbedingungen des Softwareveräußerers zu geschehen pflegt. Sind **keine ausdrücklichen Vereinbarungen** getroffen, so tritt die Art und Ausgestaltung des Programms und die sich daraus ergebende **übliche Nutzung** in den Vordergrund;[55] der Zweck des Softwareüberlassungsvertrages besteht ja darin, dem Erwerber diese Nutzung zu ermöglichen.[56] Ferner ist im Rahmen der Zweckübertragungsregel[57] zu fragen, zu welchen **wirtschaftlichen und technischen Zwecken** die Software überlassen wurde,[58] wobei auch die technische Ausgestaltung des Programms zB als netzwerkfähige Software aussagekräftig sein kann.[59] Die bestimmungsgemäße Nutzung ist dabei nicht gleichzusetzen mit der Nutzungsart nach § 31 Abs. 5, sondern ist weiter gefasst[60] – wenngleich sich auch Überlappungen ergeben. Fehlt es an Vereinbarungen, sind die Interessen des Programmverwenders gegen die Vergütungsinteressen des Herstellers abzuwägen.[61] So darf dem Programmbenutzer nicht eine Verbesserung des Computerprogramms dergestalt ermöglicht werden, dass er damit dem Hersteller seinerseits unmöglich macht, Programmverbesserungen, Programmzusätze bzw. -erweiterungen abzusetzen.[62] Auch ist bei fehlenden Abreden in der Regel nicht von der Einräumung von Rechten zur gewerblichen Nutzung auszugehen.[63] So stellt die Nutzung eines Computerspiels auf einer (kommerziellen) eSport-Veranstaltung keinen bestimmungsgemäßen Gebrauch iSd § 69d dar, wenn sich die Nutzungslizenz lediglich auf den Gebrauch durch private Endkunden erstreckt.[64] Allerdings dürfen nicht nur allein die Vermögensinteressen des Herstellers berücksichtigt werden;[65] Zusätzliche Einnahmequellen des Herstellers durch von der Software abhängige Produkte sind nicht per se von § 69d erfasst.[66] Soweit es geht, sind jedoch **Lock-in-Effekte** oder andere Wettbewerbseffekte zu berücksichtigen, da das Kartellrecht entsprechende negative Effekte zu kompensieren hat.[67]

9   Ist nichts anderes vereinbart, so ist grundsätzlich von einer **Einzelplatzlizenz** auszugehen.[68] Bei dieser gehört zum bestimmungsgemäßen Gebrauch das Laden, Anzeigen, Ablaufen, Übertragen und Speichern des Computerprogramms.[69] Die Neuinstallation auf demselben Computer zählt zum bestimmungsgemäßen Gebrauch, ebenso auf einem anderen Computer, wenn sichergestellt ist, dass das Programm auf dem ersten Computer nicht mehr genutzt wird.[70] Die zusätzliche Installation auf einem zweiten Computer, zB einem Laptop oder einem Notebook, soll dagegen nicht mehr vom bestimmungsgemäßen Gebrauch erfasst sein.[71] Soweit diese Installation aber nur dazu dient, das Programm auch an anderen Orten, etwa auf Reisen, benutzen zu können, und eine gleichzeitige Nut-

[53] Ausführlich zu vertraglichen Gestaltungsmöglichkeiten hinsichtlich der Weitergabe von Software s. *Scholz* GRUR 2015, 142.
[54] S. zum „abredefesten Kern" auch Begr. BRegE, BT-Drs. 12/4022, 12; EuGH GRUR 2012, 814 Rn. 58 – SAS Institute; BGH GRUR 2000, 866 (868) – Programmfehlerbeseitigung; BGH CR 2003, 323 (326) – CPU-Klausel; BGH GRUR 2014, 264 Rn. 32 – UsedSoft II; Dreier/Schulze/*Dreier* UrhG § 69d Rn. 12.
[55] OLG Düsseldorf CR 2002, 95 (96 f.) – Mitarbeiterschulung; OLG Düsseldorf CR 1997, 337 (338); OLG Karlsruhe CR 1996, 341 (342); Dreier/Schulze/*Dreier* UrhG § 69d Rn. 7; *Marly* Rn. 247.
[56] Sa *Marly* Rn. 666; Spindler/Schuster/*Wiebe* UrhG § 69d Rn. 7.
[57] *Marly* Rn. 247; zur Zweckübertragungsregel → § 31 Rn. 52 ff.
[58] *Lehmann* FS Schricker, 1995, 558.
[59] *Lehmann* FS Schricker, 1995, 559; s. dazu auch Fromm/Nordemann/*Czychowski* UrhG § 69d Rn. 12.
[60] Dreier/Schulze/*Dreier* UrhG § 69d Rn. 7; Wandtke/Bullinger/*Grützmacher* UrhG § 69d Rn. 6; *Grützmacher* CR 2011, 485 (487 f.).
[61] *Grützmacher* CR 2011, 485 (488); Fromm/Nordemann/*Czychowski* UrhG § 69d Rn. 12; Spindler/Schuster/*Wiebe* UrhG § 69d Rn. 1: „zentrale Norm zum Interessenausgleich zwischen Programmurheber und Nutzer sowie der Allgemeinheit".
[62] *Grützmacher* CR 2011, 485 (488).
[63] OLG Dresden CR 2015, 357 (358) für Online-Videospiel mit Client-Software.
[64] *Brtka* GRUR-Prax 2017, 500 (501).
[65] Wandtke/Bullinger/*Grützmacher* UrhG § 69d Rn. 7; *Grützmacher* CR 2011, 485 (488); aA und maßgeblich auf die wirtschaftlichen Teilhabeinteressen des Herstellers rekurrierend LG Düsseldorf CR 1996, 737 (738) – Dongle-Umgehung; *Lehmann* FS Schricker, 1995, 543 (560, 568).
[66] *Diedrich* CR 2012, 69 (72), der sich unmittelbar allerdings auf die Auslegung des § 69d Abs. 2 bezieht.
[67] So aber *Grützmacher* CR 2011, 485 (488); Wandtke/Bullinger/*Grützmacher* UrhG § 69d Rn. 7.
[68] Fromm/Nordemann/*Czychowski* UrhG § 69d Rn. 13; Spindler/Schuster/*Wiebe* UrhG § 69d Rn. 12: „Normalfall".
[69] EuGH GRUR 2012, 814 Rn. 58 f. – SAS Institute, dazu *Spindler* CR 2012, 417 (421 f.); auch OLG Düsseldorf CR 2002, 95 (96 f.) – Mitarbeiterschulung; OLG Stuttgart CR 2012, 299 (300); Dreier/Schulze/*Dreier* UrhG § 69d Rn. 8; Fromm/Nordemann/*Czychowski* UrhG § 69d Rn. 13; Wandtke/Bullinger/*Grützmacher* UrhG § 69d Rn. 9; Spindler/Schuster/*Wiebe* UrhG § 69d Rn. 12; *Haberstumpf* in Lehmann Kap. II Rn. 159; *Lehmann* FS Schricker, 1995, 543 (566).
[70] Dreier/Schulze/*Dreier* UrhG § 69d Rn. 8; Wandtke/Bullinger/*Grützmacher* UrhG § 69d Rn. 9; DKMH/*Kotthoff* UrhG § 69d Rn. 5 f.; Fromm/Nordemann/*Czychowski* UrhG § 69d Rn. 13; Spindler/Schuster/*Wiebe* UrhG § 69d Rn. 12; *Hoeren/Schuhmacher* CR 2000, 137 (139).
[71] Dreier/Schulze/*Dreier* UrhG § 69d Rn. 8; Fromm/Nordemann/*Czychowski* UrhG § 69d Rn. 13; Wandtke/Bullinger/*Grützmacher* UrhG § 69d Rn. 9.

zung durch verschiedene Personen ausgeschlossen ist, sollte aber ein bestimmungsgemäßer Gebrauch angenommen werden können.[72] Schließlich sind Speicherungen im Arbeitsspeicher, aber auch Caching etc von § 69d Abs. 1 erfasst, wenn diese für die Benutzung der Software erforderlich sind.[73] Verändert ein Programm eine Router-Firmware dergestalt, dass einzelne Dateien aus dem Arbeitsspeicher entfernt werden, liegt eine Umarbeitung iSd § 69c Nr. 2 vor, die nicht durch § 69d Abs. 1 gerechtfertigt ist.[74]

Bei **Mehrplatzlizenzen** kommt es maßgeblich auf die Art der Lizenz an. Es kann eine Lizenz für **9a** die (gleichzeitige) Nutzung auf lediglich einer **Zentraleinheit (CPU)** erteilt werden, es kann sich um eine Netzwerklizenz handeln, die auf eine bestimmte Anzahl von Workstations begrenzt sein kann. Ebenso kann die Benutzung auf bestimmte Zwecke oder bestimmte Personen beschränkt werden.[75] Der bestimmungsgemäße Gebrauch wird sich in den meisten Fällen bereits aus der jeweiligen Version des Programms und den bei diesen Versionen üblicherweise vereinbarten Lizenzbedingungen ergeben. Der Netzwerkbetrieb stellt zudem eine eigene Nutzungsart dar.[76] § 69d gibt dem Nutzer im Falle einer Netzwerklizenz auch die Befugnis zum Laden des Programms in den Arbeitsspeicher der jeweiligen Clients, allerdings beschränkt auf die Zahl der von der Lizenz vorgesehen Nutzer.[77] Reine Terminals oder der reine **Client-Access** des Servers stellen ebenfalls eine bestimmungsgemäße Nutzung dar, zumal bereits keine weiteren Vervielfältigungen anfallen.[78] Zu Problemen im Hinblick auf das nicht von § 69d Abs. 1 erfasste Recht auf öffentliches Zugänglichmachen → Rn. 3. Bei der **Remote-Nutzung**[79] von Computerprogrammen, bei denen die Software auf einem zentralen Server betrieben wird und lediglich die Programmmaske übertragen wird, liegt nur eine Vervielfältigung auf dem Server vor, auch eine öffentliche Zugänglichmachung ist zu verneinen, da nur die ungeschützte Bildschirmmaske (→ § 69a Rn. 7) übertragen wird.[80]

Im Falle des sog. **Robotic Process Automation (RPA),** das anstelle menschlicher Bedienung **9b** von (Standard-)Software die entsprechenden Eingaben durch eigenständige Software vornimmt, ohne dass es einer eigenen Schnittstelle bedürfte (vielmehr über das Graphical User Interface), ist aufgrund der erheblich intensivierten Nutzung fraglich, ob noch eine bestimmungsgemäße Verwendung vorliegt. Dagegen spricht – zumindest solange RPA nicht weithin bekannt ist –, dass die (Standard-) Software nicht auf die automatisierte Bedienung ausgelegt ist, mithin nicht die intensivierte Nutzung vom Rechteinhaber vorherzusehen war. Gerade die durch RPA mögliche Verringerung der nötigen Lizenzen an der eingesetzten (Standard-)Software spricht hierfür.[81]

Auch für den **Client-Server-Betrieb** ist eine Einzelplatzlizenz nicht ausreichend, da zusätzliche **9c** Vervielfältigungen im Arbeitsspeicher erfolgen. Bei **Rechenzentrumsbetrieb, Outsourcing, Application Service Providing** und **Service-Büro-Betrieb** bedarf es grundsätzlich besonderer Vereinbarungen, um diese Formen der Benutzung in den bestimmungsgemäßen Gebrauch einzubeziehen, eine normale Netzwerklizenz genügt hierfür nicht.[82] Angesichts der wirtschaftlich eigenständigen Verwertung und der gegenüber einer Netzwerklizenz kaum noch abzugrenzenden Zahl an Kunden bzw. Zugriffen handelt es sich um eine eigenständige Nutzungsart.[83] Maßgeblich ist die gegenüber einer unternehmensinternen Nutzung als Application Service Providing oder Outsourcing gesteigerte Nutzung bei Nutzung durch sonstige, beliebige Dritte.[84]

---

[72] Ebenso Mestmäcker/Schulze/*Haberstumpf* UrhG § 69d Rn. 7; *Hoeren*/*Schuhmacher* CR 2000, 137 (139); Spindler/Schuster/*Wiebe* UrhG § 69d Rn. 12.
[73] Wandtke/Bullinger/*Grützmacher* UrhG § 69d Rn. 9.
[74] LG Berlin ZUM-RD 2012, 153 (154) – Surfsitter.
[75] Sa Wandtke/Bullinger/*Grützmacher* UrhG § 69d Rn. 10 ff.; Mestmäcker/Schulze/*Haberstumpf* UrhG § 69d Rn. 7; *Hoeren*/*Schumacher* CR 2000, 137 (139); *Lehmann* FS Schricker, 1995, 559, jeweils mwN.
[76] *Hoeren*/*Schumacher* CR 2000, 137 (141); *Marly* Rn. 1686 ff.; Wandtke/Bullinger/*Grützmacher* UrhG § 69d Rn. 10; *Haberstumpf* in Lehmann Kap. II Rn. 163; Spindler/Schuster/*Wiebe* UrhG § 69d Rn. 13, wobei dies nich für Programme gelte, die „speziell für den Einsatz in Netzwerken bestimmt sind und die keine Parallelnutzung auch als Einzelplatzsystem erlauben"; einschränkend auch Kilian/Heussen/*Czychowski/Siesmayer* CHB 1. Abschnitt Teil 2, 20.4 Rn. 124, die eine eigene Nutzungsart annehmen, wenn die Netzwerkklausel die Nutzung des Programms an mehreren PCs gleichzeitig erlaube.
[77] Wandtke/Bullinger/*Grützmacher* UrhG § 69d Rn. 11.
[78] *Koch* ITRB 2011, 42 (44 f.).
[79] Synonym gebracht wird auch der Begriff der „Anwendervisualisierung": *Grützmacher* CR 2011, 697 (702), der auch von „eine[r] Art unternehmensinterne[m] ASP" spricht.
[80] *Grützmacher* CR 2011, 697 (702); aA für das ASP dagegen OLG München GRUR-RR 2009, 91, welches eine öffentliche Zugänglichmachung annahm.
[81] Überzeugend *Häuser/Schmid* CR 2018, 266 (273 f.).
[82] Dreier/Schulze/*Dreier* UrhG § 69d Rn. 8; Wandtke/Bullinger/*Grützmacher* UrhG § 69d Rn. 13 ff., 18; Fromm/Nordemann/*Czychowski* UrhG § 69d Rn. 15; Spindler/Schuster/*Wiebe* UrhG § 69d Rn. 13; zum Outsourcing sa *Fritzemeyer/Schoch* CR 2003, 793; *Söbbing* MMR 2007, 479 (482); zum Application Service Providing *Bettinger/Scheffelt* CR 2001, 729; *Czychowski/Bröcker* MMR 2002, 81.
[83] Wandtke/Bullinger/*Grützmacher* UrhG § 69d Rn. 13; Fromm/Nordemann/*Czychowski* UrhG § 69c Rn. 47, UrhG Vor § 69a ff. Rn. 10; *Bettinger/Scheffelt* CR 2001, 729 (735 ff.); *Röhrborn/Sinhart* CR 2001, 69 (73); *Czychowski/Bröcker* MMR 2002, 81 (82 ff.); *Grützmacher* ITRB 2001, 59 (62); für den Rechenzentrumsbetrieb: *Schneider* Handbuch EDV-Recht U Rn. 125 ff.; offen OLG München GRUR-RR 2009, 91; aA *Dietrich* ZUM 2010, 567 (569 ff.).
[84] *Grützmacher* CR 2011, 697 (704); *Dietrich* ZUM 2010, 567 (572); Wandtke/Bullinger/*Grützmacher* UrhG § 69d Rn. 14; DKMH/*Kotthoff* UrhG § 69d Rn. 16.

Im Fall des **Outsourcing,** bei dem bereits die Frage unterschiedlich beantwortet wird, ob es sich bei dem outsourcingproviderseitigen Betrieb überhaupt um eine eigene Nutzungsart handelt,[85] kann die Vervielfältigung der Software auf dem fremden Server des Outsourcingproviders Fragen der bestimmungsgemäßen Nutzung nach § 69d Abs. 1 aufwerfen. Als Leitlinie sollte hier die Steuerungshoheit des Nutzers über den Ablauf der Software herangezogen werden, vergleichbar der Frage des Herstellens einer Kopie im Rahmen von § 53 auf dem System eines Dritten,[86] wie sie die Rechtsprechung etwa für Online-Videorekorder oder Fernkopien angenommen hat.[87] Dagegen wird zwar eingewandt, dass der Outsourcingprovider aufgrund seiner Systemhoheit selbst die Vervielfältigungen vornehmen würde, außer es handele sich um ein Infrastruktur-Outsourcing für die Software auf Applikationsebene,[88] doch ist nicht ersichtlich, welche Unterschiede zwischen einem Outsourcing-Provider und etwa einem Internetdienst bestehen sollen, der Steuerung und Kopien durch seine Kunden auf seiner Plattform ermöglicht und damit selbst entsprechende Software zur Verfügung stellt.[89] Maßgeblich ist die Gefährdung der Vergütungsinteressen des Rechteinhabers – diese ist aber nicht tangiert, wenn die Software des Lizenznehmers lediglich bei einem Dritten eingesetzt wird, ohne dass sie zu einer intensiveren Nutzung oder zusätzlichen Vervielfältigungen führt, solange der Lizenznehmer die entsprechende Kontrolle hierüber besitzt.[90]

Hiervon sind **andere Formen des Outsourcing** zu unterscheiden, bei denen der Outsourcingprovider selbst die Kontrolle über das Programm übernimmt, und sei es auch nur durch die Pflege des Programms.[91] Eine pauschale Einordnung, ob es der gesonderten Lizenzierung bzw. Zustimmung durch den Rechteinhaber der Software an den Provider bedarf, kann aufgrund der unterschiedlichen Ausgestaltungen des Outsourcings, die zu einer unterschiedlichen Einordnung, ob eine eigene Nutzungsart vorliegt, führen können, nicht erfolgen.[92] Zum Ganzen auch → Vor §§ 69a ff. Rn. 65 ff.

9d   Für **Cloud Computing** handelt es sich im Hinblick auf die bestimmungsgemäße Nutzung beim **Cloud Anbieter** beim Einsatz der Software für eine Vielzahl von Nutzern um eine eigenständige Nutzungsart, da sie die Software in einem besonderen Maße nutzt und technisch sowie wirtschaftlich abgrenzbar ist.[93] Bei der Bereitstellung von entsprechend lizenzierter Software in der Cloud durch einen **SaaS-Anbieter** stellen die dafür notwendigen Bearbeitungs- und Vervielfältigungshandlungen eine bestimmungsgemäße Nutzung iSd § 69d Abs. 1 dar.[94] Nichts Abweichendes ergibt sich, wenn die Vervielfältigung durch den Nutzer erfolgt bzw. ausgelöst wird.[95] Ob es auch auf Seiten des **Nutzers** zu entsprechenden urheberrechtlich relevanten Verwertungshandlungen kommt, hängt davon ab, ob zumindest im Arbeitsspeicher des Nutzers die Software zum Ablauf gebracht wird.[96] Handelt es sich dagegen nur um eine temporäre Zwischenspeicherung ohne eigenen wirtschaftlichen Wert ist dem Gedanken des § 44a UrhG folgend eine teleologische Reduktion vorzunehmen, auch wenn § 44a UrhG auf der InfoSoc-RL beruht, die gerade nicht auf Computerprogramme Anwendung finden soll.[97] Eine Rechtfertigung durch § 69d Abs. 1 UrhG wegen bestimmungsgemäßer Benutzung des Computerprogramms scheitert dagegen in der Regel an der mangelnden Berechtigung des End-

---

[85] Verneinend Fromm/Nordemann/*Czychowski* UrhG § 69d Rn. 15a; bejahend Wandtke/Bullinger/*Grützmacher* UrhG § 69d Rn. 13; dazu auch *Grützmacher* in Büchner/Briner DGRI Jahrbuch 2009, 127 (149 ff.).

[86] *Niemann* CR 2009, 661 (662 f.); ähnlich *Hilber/Litzka* ZUM 2009, 730 (733 ff.); *Hilber/Knorr/Müller* CR 2011, 417 (422 f.) für das konzerninterne Outsourcing; aA Wandtke/Bullinger/*Grützmacher* UrhG § 69d Rn. 14.

[87] BGH CR 2009, 598 – Online-Videorekorder; BGHZ 141, 13 = GRUR 1999, 707 (709) – Kopienversanddienst; gegen eine Übertragung der Grundsätze der Entscheidung, die nur zu § 53 ergangen seien wohl Wandtke/Bullinger/*Grützmacher* UrhG § 69d Rn. 14.

[88] *Grützmacher* CR 2011, 697 (703); Wandtke/Bullinger/*Grützmacher* UrhG § 69d Rn. 14.

[89] Darauf stellt jetzt auch *Grützmacher* CR 2015, 779 (781 f.) ab, der sich nun (in Abhängigkeit von der konkreten tech. Ausgestaltung) zumindest für eine gemeinsame Verantwortlichkeit ausspricht.

[90] Letztlich auch Wandtke/Bullinger/*Grützmacher* UrhG § 69d Rn. 13, der bei einem Hosting der IT-Infrastruktur ebenfalls von einer bestimmungsgemäßen Nutzung ausgeht.

[91] *Söbbing* MMR 2007, 479 (482); Wandtke/Bullinger/*Grützmacher* UrhG § 69d Rn. 15.

[92] *Grützmacher* in Büchner/Briner DGRI Jahrbuch 2009, 129 (159); anders *Fritzemeyer/Schoch* CR 2003, 793 (796 f.); *Hilber/Knorr/Müller* CR 2011, 417 (423).

[93] *Paul/Niemann* in Hilber Teil 3 Rn. 82 f., 146; *Nägele/Jacobs* ZUM 2010, 281 (290); *Pohle/Ammann* CR 2009, 273 (276); *Dorner* MMR 2011, 780 (785); Wandtke/Bullinger/Grützmacher UrhG § 69d Rn. 17; *Grützmacher* CR 2011, 697 (705); *Giedke* S. 409 ff.; offen lassend *Bräutigam/Thalenhofer* in Bräutigam, Teil 14 Rn. 123; speziell für das SaaS eine eigene Nutzungsart im Verhältnis zu ASP bejahend Leupold/Glossner/*Doubrava/Münch/Leupold* MAH IT-Recht Teil 4 Rn. 120.

[94] *Paul/Niemann* in Hilber Teil 3 Rn. 142.

[95] *Paul/Niemann* in Hilber Teil 3 Rn. 94, 142.

[96] Dazu → Vor §§ 69a ff. Rn. 67; *Pohle/Ammann* CR 2009, 273 (276); Spindler/Schuster/*Wiebe* UrhG § 69c Rn. 64; Leupold/Glossner/*Wiebe* MAH IT-Recht Teil 3 Rn. 138; aA: *Niemann/Paul* K&R 2009, 444 (448), mit der Begründung, dass etwaige Vervielfältigungshandlungen ausschließlich in der Cloud stattfinden; *Schuster/Reichl* CR 2010, 38 (40 f.).

[97] Offen lassend BGH GRUR 2011, 418 Rn. 17 – UsedSoft I; Wandtke/Bullinger/*Grützmacher* UrhG § 69a Rn. 85; Leupold/Glossner/*von dem Bussche/Schelinski* MAH IT-Recht Teil 1 Rn. 391; die Anwendbarkeit des § 44a bejahend Fromm/Nordemann/*Czychowski* UrhG § 69a Rn. 43, UrhG § 69c Rn. 9; unklar Dreier/Schulze/*Dreier* UrhG § 69a Rn. 34 (offen lassend), § 69c Rn. 9 (bejahend), § 69d Rn. 3 (§§ 69d Abs. 1–3, 69e seien legis specialis); die Anwendbarkeit erwägend *Pohle/Ammann* CR 2009, 273 (276); die Vorschrift des § 44a UrhG zugunsten von § 69c Nr. 1 S. 2 UrhG verneinend *Bisges* MMR 2012, 574 (577); *Hoeren* CR 2006, 573 (576 f.).

nutzers,[98] da der Endnutzer keine vertragliche Nutzungsrechte an der betreffenden Software originär erworben hat.[99] Was die bloße Darstellung auf dem Bildschirm betrifft, stellt sich die Frage nach der Rechtfertigung nicht, da mangels Verkörperung ohnehin keine Vervielfältigung iSd § 69c Nr. 1 UrhG vorliegt.[100] Liegt der Darstellung auf dem Bildschirm jedoch eine Vervielfältigung eines urheberrechtlich geschützten Werkes im Arbeitsspeicher des Anwendersystems zugrunde (entspr. ASP → Vor §§ 69a ff. Rn. 67), kommt diesbezüglich § 44a UrhG in Frage.[101] Stellt der **Cloudnutzer** im Rahmen von **IaaS oder PaaS** selbst Software zur Verfügung und kommt es dabei zu urheberrechtlich relevanten Handlungen seitens des Nutzers oder des Cloud-Providers, so ist unproblematisch dann von einer bestimmungsgemäßen Nutzung iSd § 69d Abs. 1 auszugehen, wenn die zugrundeliegende Lizenz die Nutzung der Software im Rahmen von IaaS und/oder PaaS ausdrücklich gestattet.[102] Sofern der Cloud-Nutzer jedoch lediglich Inhaber einer Einzelplatz-, Netzwerk oder Terminallizenz ist, liegt nur dann ein bestimmungsgemäßer Gebrauch iSd § 69d Abs. 1 vor, wenn der Lizenzvertrag keine entgegenstehende Regelung vorsieht (zB durch Hostingklauseln)[103] und auch ansonsten die Nutzung in der Cloud mit der Lizenz in Einklang zu bringen ist; also zB keine Erweiterung des Nutzerkreis stattfindet.[104]

Bei einer **Generallizenz zur Nutzung eines Computerprogramms** durch eine Vielzahl von **9e** Mitarbeitern des Lizenznehmers kann es zum bestimmungsgemäßen Gebrauch gehören, dass ein Dritter das Programm zur Schulung der Mitarbeiter nutzt.[105] Zum Ganzen auch → Vor §§ 69a ff. Rn. 64.

Zur bestimmungsgemäßen Benutzung gehören ferner Kopien im Rahmen von **Sicherungsmaß-** **9f** **nahmen,** insbesondere Sicherungskopien (→ Rn. 16 ff.). Aber auch komplexere Maßnahmen wie **komplette Plattenspiegelungen** oder RAID-Sicherheitsmaßnahme unterfallen § 69d Abs. 1,[106] ferner das Vorhalten von Programmkopien in Back-Up-Systemen, etwa bei Rechenzentren etc, ist noch eine bestimmungsgemäße Nutzung, sofern diese Programme nicht selbständig genutzt werden können, sondern erst bei Ausfall des Hauptsystems.[107]

Zur bestimmungsgemäßen Benutzung zählt nach § 69d auch die **Fehlerberichtigung.**[108] Fehler **10** sind diejenigen Elemente, die eine bestimmungsgemäße Benutzung des Programms beeinträchtigen, wie Funktionsstörungen, Programmabstürze, Viren und „Bugs".[109] Es braucht sich nicht um dem Programm immanente Faktoren zu handeln, etwa um Fehler, die bei seiner Erstellung gemacht wurden. Auch von außen kommende Elemente wie die Verseuchung mit Viren sind als Fehler anzusehen. Abs. 1 spricht nicht von Programmfehlern, sondern allgemein von Fehlern, und zur bestimmungsgemäßen Benutzung gehört es auch, Viren aus einem Programm entfernen zu können oder andere nicht programmimmanente Störungen beseitigen zu können. Aus dem gleichen Grunde brauchen die Fehler nicht bereits beim Erwerb des Programms vorhanden zu sein, auch später auftretende Fehler muss der Benutzer beheben können;[110] es geht bei Abs. 1 nicht um Fragen des Gewährleistungsrechts. Die Benutzung von entsprechenden Tools, zB von **Antivirusprogrammen,** ist daher durch Abs. 1 gedeckt, auch soweit dadurch Vervielfältigungen und Umarbeitungen erfolgen,[111] wobei man allerdings bereits daran zweifeln kann, ob überhaupt eine Umarbeitung vorliegt und nicht viel mehr die Wiederherstellung des ursprünglichen Zustands erfolgt.[112] Das Gleiche gilt für das Hinzufügen eines zusätzlichen Moduls.[113] **Keine Fehlerbeseitigung** stellen dagegen Maßnahmen wie Programmverbesserungen, Erweiterungen des Funktionsumfanges, Anpassungen an neue gesetzliche, organisatorische oder technische Anforderungen, an veränderte Benutzerwünsche und Ähnliches dar.[114] Hingegen werden viele vorbereitende Maßnahmen, nämlich solche der Fehlersuche schon mangels zustimmungspflichtiger Nutzung urheberrechtlich nicht relevant sein.[115] Zulässig sind aber Anpassungen an geänderte Rahmenbedingungen wie neue Gebührensätze oder Steuern, wenn damit das eigentliche Computerprogramm nicht verändert wird; hier handelt es sich nur um die Änderung von

---

[98] *Pohle/Ammann* CR 2009, 273 (276); aA Fromm/Nordemann/*Czychowski* UrhG § 69c Rn. 76a.
[99] Wandtke/Bullinger/*Grützmacher* UrhG § 69d Rn. 29; *Grützmacher* CR 2011, 697 (704).
[100] → § 69c Rn. 9.
[101] So auch *Bisges* MMR 2012, 574 (577).
[102] *Paul/Niemann* in Hilber Teil 3 Rn. 94, 115, 143 f.
[103] S. dazu ausf. *Paul/Niemann* in Hilber Teil 3 Rn. 81 ff., 146, 194.
[104] *Paul/Niemann* in Hilber Teil 3 Rn. 81, 146; s. ferner *Nägele/Jacobs* ZUM 2010, 281 (290); *Grützmacher* CR 2011, 697 (704 f.); *Giedke* S. 425.
[105] OLG Düsseldorf CR 2002, 95 (96).
[106] *Hoeren/Schumacher* CR 2000, 137 (139); *Grützmacher* CR 2011, 697 (701); s. auch *Diedrich* CR 2012, 69 (73).
[107] Wandtke/Bullinger/*Grützmacher* UrhG § 69d Rn. 20; *Grützmacher* CR 2011, 697 (702); dagegen aber *Söbbing* ITRB 2007, 50 f.
[108] OLG Frankfurt a. M. MMR 2014, 661 (663).
[109] Sa Dreier/Schulze/*Dreier* UrhG § 69d Rn. 9; Wandtke/Bullinger/*Grützmacher* UrhG § 69d Rn. 21; Spindler/Schuster/*Wiebe* UrhG § 69d Rn. 15; *Triebe* WRP 2018, 795 Rn. 26.
[110] Ebenso Dreier/Schulze/*Dreier* UrhG § 69d Rn. 9; Spindler/Schuster/*Wiebe* UrhG § 69d Rn. 15.
[111] Wie hier Wandtke/Bullinger/*Grützmacher* UrhG § 69d Rn. 21.
[112] *Hoeren/Schumacher* CR 2000, 137 (140); *Schweyer* S. 108.
[113] BGH GRUR 2000, 866 (868) – Programmfehlerbeseitigung; Dreier/Schulze/*Dreier* UrhG § 69d Rn. 9.
[114] Dreier/Schulze/*Dreier* UrhG § 69d Rn. 9; aA LG Köln NJW-RR 2006, 1709 (1711).
[115] *Hoeren/Pinelli* CR 2019, 410 (412 f.), die im Übrigen solche mittels Erst-Recht-Schluss auch unter den bestimmungsgemäßen Gebrauch subsumieren.

Parametern.[116] Ebenso möglich sind reine **Portierungen** oder Emulationen ohne Änderung der Nutzungsmöglichkeiten.[117] Veränderungen eines Computerprogramms, die bewirken, dass ein anderer, wesentlicher Teil des Programms ausgeschaltet wird, fallen nicht unter den bestimmungsgemäßen Gebrauch.[118] Mit der Fehlerbeseitigung darf der Benutzer auch **Dritte** beauftragen.[119]

Zum vertraglichen Ausschluss der Fehlerbeseitigung → Rn. 14. Zur Unzulässigkeit der **Dekompilierung** zur Fehlerbeseitigung → Rn. 3.

11   Zur Fehlerbeseitigung gehört grundsätzlich nicht die Entfernung von **Kopierschutzroutinen,** zB eines **Dongle.**[120] Dass solche Programmschutzmechanismen nicht als Fehler anzusehen sind, ergibt sich bereits aus § 69f Abs. 2. Die bestimmungsgemäße Benutzung des Programms besteht in dessen Benutzung mit und nicht ohne Dongle.[121] Anders kann die Beurteilung ausfallen, wenn infolge des Dongles das Programm nicht einwandfrei läuft. In diesem Fall kann ein Programmfehler vorliegen,[122] eine differenzierende Betrachtungsweise, wonach kein Programmfehler, sondern nur ein solcher des Dongles selbst vorliege, ist abzulehnen.[123] Vielfach wird angenommen, dass in solchen Fällen der Benutzer zur Entfernung der Dongleabfrage berechtigt sei.[124] Die Frage ist zunächst, ob die Entfernung durch den Benutzer notwendig ist. Das wird dann zu verneinen sein, wenn der Programmhersteller oder Lieferant zur Beseitigung der Störung bereit und in der Lage ist.[125] Auch soweit das nicht der Fall ist, sollte aber gegenüber der Annahme eines Selbsthilferechts angesichts der erheblichen Missbrauchsgefahr äußerste Zurückhaltung bestehen.[126] Zur wettbewerbsrechtlichen Beurteilung der Beseitigung einer Dongleabfrage auch → § 69a Rn. 30.[127] Nicht unter die Fehlerbeseitigung fällt auch die Entfernung eines softwarebasierten „SIM-Lock".[128]

12   Abs. 1 setzt weiter voraus, dass die Vervielfältigung oder Umarbeitung zur bestimmungsgemäßen Benutzung **notwendig** ist. Es reicht nicht aus, dass sie lediglich zweckmäßig oder nützlich ist;[129] der 13. Erwgr. der Computerprogramm-RL spricht von „technisch erforderlich[en]" Benutzungshandlungen. Dass zweckmäßige oder nützliche Vervielfältigungen nicht unter Abs. 1 fallen, zeigt sich auch daran, dass ihr wichtigster Fall, nämlich die Anfertigung einer Sicherungskopie des Programms, in Abs. 2 geregelt ist. Der Begriff der **Notwendigkeit** ist weit auszulegen.[130] Notwendigkeit besteht dann, wenn durch andere zumutbare Maßnahmen die bestimmungsgemäße Benutzung des Programms nicht ermöglicht werden kann.[131] Mit anderen Worten ist die Fehlerberichtigung notwendig, wenn das Programm in der vom Urheber intendierten Richtung fortentwickelt wird.[132] Die Notwendigkeit zu eigenen Maßnahmen des Benutzers[133] ist dann zu verneinen, wenn sich der Programmhersteller oder Lieferant bereit erklärt, die bestimmungsgemäße Benutzung sicherzustellen, und dies für den Benutzer zumutbar ist.[134] So ist beispielsweise die Lieferung eines Programms zur Umgehung eines Dongle nur dann notwendig, wenn der Rechtsinhaber nicht bereit ist, einen fehlerhaften Dongle auszutauschen.[135] Dabei wird es nicht darauf ankommen, ob die Maßnahmen des Programmherstellers oder Lieferanten mit Kosten für den Benutzer verbunden sind und in einem angemessen

---

[116] *Lehmann* FS Schricker, 1995, 543 (567); *Günther* CR 1994, 321 (326).

[117] Fromm/Nordemann/*Czychowski* UrhG § 69d Rn. 18; Dreier/Schulze/*Dreier* UrhG § 69d Rn. 8; Wandtke/Bullinger/*Grützmacher* UrhG § 69d Rn. 25; *Lehmann* FS Schricker, 1995, 543 (560).

[118] OLG Karlsruhe CR 1996, 341 (343).

[119] Dreier/Schulze/*Dreier* UrhG § 69d Rn. 9; Spindler/Schuster/*Wiebe* UrhG § 69d Rn. 15; *Koch* NJW-CoR 1994, 293 (296).

[120] Zum Begriff vgl. → § 69f Rn. 10.

[121] OLG Karlsruhe CR 1996, 341 (342); LG Frankfurt a. M. CR 1997, 25 (26); OLG Düsseldorf CR 1997, 337 (338); Dreier/Schulze/*Dreier* UrhG § 69d Rn. 9; Fromm/Nordemann/*Czychowski* UrhG § 69d Rn. 22; Möhring/Nicolini/*Kaboth/Spies* UrhG § 69d Rn. 8; *Raubenheimer* Anm. zu OLG Karlsruhe CR 1996, 343.

[122] So die Situation in OLG Karlsruhe CR 1996, 341 (342).

[123] BGH CR 2005, 337 (338) – SIM-Lock II.

[124] LG Mannheim CR 1995, 542; DKMH/*Kotthoff* UrhG § 69d Rn. 7; *Koch* NJW-CoR 1994, 293 (296); *König* NJW 1995, 3293; sa *Schack* UrhR Rn. 473; aA OLG Karlsruhe CR 1996, 341 (342); LG Düsseldorf C 1996, 737 (739); Fromm/Nordemann/*Czychowski* UrhG § 69d Rn. 22; *Raubenheimer* CR 1996, 69 ff.; *Raubenheimer* NJW-CoR 1996, 174 ff. mit eingehendem Nw. zu Rspr. und Schrifttum.

[125] Sa Wandtke/Bullinger/*Grützmacher* UrhG § 69d Rn. 22 f.; Kilian/Heussen/*Czychowski/Siesmayer* CHB 1. Abschnitt Teil 2, 20.4 Rn. 47; Spindler/Schuster/*Wiebe* UrhG § 69d Rn. 16; sowie → Rn. 12.

[126] OLG Karlsruhe CR 1996, 341 (342); OLG Düsseldorf CR 1997, 337 (338); LG Düsseldorf CR 1996, 737 (739); Spindler/Schuster/*Wiebe* UrhG § 69d Rn. 16; *Raubenheimer* NJW-CoR 1996, 174 (177).

[127] S. auch *Raubenheimer* CR 1996, 343.

[128] BGH CR 2005, 337 (338) – SIM-Lock II.

[129] Dreier/Schulze/*Dreier* UrhG § 69d Rn. 11; DKMH/*Kotthoff* UrhG § 69d Rn. 8; *Haberstumpf* GRUR-Int 1992, 715 (719); aA *Günther* CR 1994, 321 (325 f.); Wandtke/Bullinger/*Grützmacher* UrhG § 69d Rn. 27: Abwägung im Einzelfall.

[130] OLG München CR 1996, 11 (18); aA Fromm/Nordemann/*Czychowski* UrhG § 69d Rn. 18; Wandtke/Bullinger/*Grützmacher* UrhG § 69d Rn. 27; Dreier/Schulze/*Dreier* UrhG § 69d Rn. 11.

[131] Spindler/Schuster/*Wiebe* UrhG § 69d Rn. 19.

[132] Fromm/Nordemann/*Czychowski* UrhG § 69d Rn. 21; dazu auch Spindler/Schuster/*Wiebe* UrhG § 69d Rn. 17.

[133] Oder durch einen von ihm beauftragten Dritten.

[134] OLG München CR 1996, 11 (18); Gloy/Loschelder/Erdmann/*Harte-Bavendamm/Schöler* HdB WettbewerbsR § 64 Rn. 57; Kilian/Heussen/*Czychowski/Siesmayer* CHB 1. Abschnitt Teil 2, 20.4 Rn. 48; sa OLG Düsseldorf CR 1997, 337 (338).

[135] OLG München CR 1996, 11 (18).

Zeitraum erfolgen.[136] Insbesondere bei der Fehlerbeseitigung[137] kann die Notwendigkeit aus diesem Grund entfallen.

4. Besondere vertragliche Bestimmungen

a) Zwingender Kern der Rechte des Benutzers. Nach Abs. 1 können besondere vertragliche **13** Bestimmungen über die Zulässigkeit von Vervielfältigungen und Umarbeitungen getroffen werden, jedoch gibt es einen **zwingenden Kern von Benutzerbefugnissen,** der nicht eingeschränkt werden kann. Die Annahme eines zwingenden Kerns von Benutzerbefugnissen entspricht dem Willen des deutschen Gesetzgebers[138] und ist durch den 13. Erwgr. der Computerprogramm-RL vorgegeben, demgemäß in Rechtsprechung und Schrifttum anerkannt.[139] Wie weit dieser zwingende Kern von Mindestrechten reicht, hat der Gesetzgeber offen gelassen; Ausmaß und Bedeutung sollen durch die Rechtsprechung festgelegt werden.[140] Allerdings darf das Regel-Ausnahme-Verhältnis, das dieser Vorschrift zugrunde liegt, nicht ins Gegenteil verkehrt werden: Grundsatz der Vorschrift ist deren Dispositivität.[141] Bei der **näheren Bestimmung dieser Mindestrechte** wird primär zu berücksichtigen sein, dass der europäische Gesetzgeber jedem befugten Benutzer garantieren wollte, dass er mit dem Programm auch arbeiten und dieses wirtschaftlich sinnvoll nutzen kann.[142] Dem steht das **Partizipationsinteresse des Urhebers** gegenüber, der an den Erträgnissen seines Werkes und an den einzelnen Verwertungsvorgängen wirtschaftlich beteiligt werden soll. Notwendig ist daher eine **Interessenabwägung,** in die die Umstände des jeweiligen Einzelfalls einzubeziehen sind.[143] Nicht völlig geklärt ist das Verhältnis von § 69d Abs. 1 zu den §§ 307 ff. BGB.

b) Einzelfragen. Vorbehaltlich der Besonderheiten des Einzelfalls werden dem **zwingenden** **14** **Kern von Mindestrechten** folgende Benutzungshandlungen zuzurechnen sein: Das **Laden und Ablaufenlassen des Programms** kann vertraglich nicht ausgeschlossen werden, es bildet den unverzichtbaren Kern der bestimmungsgemäßen Nutzung und kann als Werkgenuss dem befugten Benutzer eines Werkstücks nicht untersagt werden.[144] Dazu gehören auch das **Speichern** des Programms im Arbeitsspeicher des Computers[145] sowie sonstige mit der bestimmungsgemäßen Nutzung verbundene Vervielfältigungs- und Speichervorgänge,[146] ferner die **Fehlerbeseitigung** durch den Benutzer.[147] Etwas anderes kann nur gelten, wenn der Programmhersteller oder Lieferant ein Interesse hat, dass der Benutzer nicht in das Programm eingreift und er seinerseits die Beseitigung von Fehlern kostenfrei und in einem angemessenen Zeitraum anbietet. Auch in diesem Fall muss aber die Benutzung von gängigen Programmen zur Fehlerbeseitigung, beispielsweise von Antivirusprogrammen, zulässig bleiben. Zum zwingenden Kern gehört auch die Möglichkeit der Einschaltung eines Dritten zur Fehlerbeseitigung, wenn der Hersteller selbst hierzu nicht willens oder in der Lage ist,[148] ferner die Zulässigkeit des **Wechsels der Hardware** (zu CPU-Klauseln → Rn. 15).[149] Mehr als zweifelhaft sind auch Klauseln, die eine „indirekte Nutzung" einer Software, insbesondere den Zugriff einer anderen Anwendungssoftware auf die durch das Programm generierten Daten, als lizenzpflichtige Verwertungshandlung qualifizieren wollen; denn die Daten gehören nicht dem Softwarehersteller, deren Erzeugung erfolgt durch das gerade von § 69d Abs. 1 geschützte Ablaufenlassen des Pro-

---

[136] Ebenso Dreier/Schulze/*Dreier* UrhG § 69d Rn. 11.

[137] Dazu auch → Rn. 10.

[138] Vgl. Begr. RegE. BT-Drs. 12/4022, 12.

[139] EuGH GRUR 2012, 814 Rn. 58 – SAS Institute; BGH GRUR 2014, 264 Rn. 32, 34 – UsedSoft II; BGH GRUR 2000, 866 (868) – Programmfehlerbeseitigung; BGH GRUR 2003, 416 (419) – CPU-Klausel; OLG Düsseldorf CR 2002, 95 (96); Dreier/Schulze/*Dreier* UrhG § 69d Rn. 12; Fromm/Nordemann/*Czychowski* UrhG § 69d Rn. 4, 12, 16, 30; Wandtke/Bullinger/*Grützmacher* UrhG § 69d Rn. 40 ff.; Spindler/Schuster/*Wiebe* UrhG § 69d Rn. 20; DKMH/*Kotthoff* UrhG § 69d Rn. 10; *Marly* Rn. 248 f., 1719; *Schuhmacher* CR 2000, 641 (645); *Baus* MMR 2002, 14 (15); *Grützmacher* CR 2011, 485 (489); *Bröckers* MMR 2011, 18 (18); *Schneider/Spindler* CR 2014, 213 (215); *Diedrich* CR 2012, 69 (70); *Lehmann* FS Schricker, 1995, 553 ff., auch zur Entstehungsgeschichte; *Lehmann* NJW 1993, 1822 (1823); *Haberstumpf* in Lehmann, Rechtsschutz, Kap. II Rn. 159; *Schulte* CR 1992, 648 (653); *Günther* CR 1994, 321 (326 f.); *Günther* CR 1992, 648 (652 f.); aA *Moritz* MMR 2001, 94 (96).

[140] Begr. RegE. 12/4022, 12.

[141] Spindler/Schuster/*Wiebe* UrhG § 69d Rn. 21.

[142] *Lehmann* FS Schricker, 1995, 555; Spindler/Schuster/*Wiebe* UrhG § 69d Rn. 20.

[143] Zur Problematik der Auslegung des zwingenden Kerns vgl. auch *Schulte* CR 1992, 648 (682 f.).

[144] BGH GRUR 2014, 264 Rn. 32, 67 – UsedSoft II; Dreier/Schulze/*Dreier* UrhG § 69d Rn. 12; Wandtke/Bullinger/*Grützmacher* UrhG § 69d Rn. 41; *Lehmann* NJW 1993, 1822 (1824 f.); Kilian/Heussen/*Czychowski*/*Siesmayer* CHB 1. Abschnitt Teil 2, 20.4 Rn. 53; *Marly* Rn. 248; *Grützmacher* CR 2011, 485 (490); *Stieper* GRUR 2014, 270 (271); *Bröckers* MMR 2011, 18 (18); *Hilgert* CR 2014, 354 (355); vgl. auch den 13. Erwgr. der Richtlinie, wo es heißt, dass das Laden und Ablaufen, sofern es für die Benutzung einer Kopie eines rechtmäßig erworbenen Computerprogramms erforderlich ist, sowie die Fehlerberichtigung nicht vertraglich untersagt werden dürfen.

[145] Dreier/Schulze/*Dreier* UrhG § 69d Rn. 12; Wandtke/Bullinger/*Grützmacher* UrhG § 69d Rn. 41; *Haberstumpf* in Lehmann, Rechtsschutz, Kap. II Rn. 159.

[146] Sa *Schuhmacher* CR 2000, 641 (645 f.) mwN.

[147] Dreier/Schulze/*Dreier* UrhG § 69d Rn. 12; Fromm/Nordemann/*Czychowski* UrhG § 69d Rn. 18; *Lehmann* FS Schricker, 1995, 558; *Marly* Urheberrechtsschutz S. 223.

[148] BGH GRUR 2000, 866 (868) – Programmfehlerbeseitigung.

[149] BGH GRUR 2003, 416 (419) – CPU-Klausel; *Scholz/Haines* CR 2003, 393 (396).

gramms.[150] Durch wen das Programm dabei gestartet wird, ob durch den Nutzer selbst oder durch ein von ihm verwandtes Anwendungsprogramm, ist unerheblich. Schließlich zeigt auch die Wertung in § 69e Abs. 1, dass die Interoperabilität eröffnet werden soll, mithin gerade der Datenzugriff möglich sein muss. Dies gilt auch für sog. ERP-Programme, die die Nutzung durch Drittanbietersoftware ermöglichen; hier können keine zusätzlichen Lizenzen bzw. Vergütungen für die Nutzung durch die Drittanbietersoftware verlangt werden, da die Schnittstellen und die Zusammenarbeit mit anderen Programmen gerade Bestandteil des ERP-Programms sind.[151]

15   **Vertragliche Einschränkungen** der Benutzungsbefugnisse werden dagegen – wiederum vorbehaltlich der Besonderheiten des Einzelfalls – in folgenden Fällen **zulässig** sein: Grundsätzlich zulässig ist es, **Art und Umfang der Benutzung** des Computerprogramms durch die Vergabe beschränkter Nutzungsrechte zu beschränken, wobei freilich die Grenzen der Aufspaltbarkeit von Nutzungsrechten[152] und, soweit AGB verwendet werden, zusätzlich die Grenzen der §§ 307 ff. BGB zu beachten sind.[153] Dazu können das Vervielfältigungs- und das Umarbeitungsrecht beschränkt werden.[154] Vertraglich untersagt werden können grundsätzlich auch **Änderungen zur Anpassung** des Programms an individuelle Benutzerwünsche[155] sowie **Programmverbesserungen** und **Erweiterungen des Funktionsumfanges.**[156]

15a   So sind etwa nach § 69d Abs. 1 ebenso wie im Rahmen der Inhaltskontrolle nach § 307 BGB sog. Netzwerkklauseln zulässig, die die Nutzungsbefugnisse auf eine bestimmte Computerumgebung und die Nutzung in einem Netzwerk regeln bzw. beschränken. Aufgrund der wesentlich intensiveren Nutzung in einem Netzwerk kann das Bereithalten des Programms auf dem Server eines Netzwerks oder auf einem anderen Rechner eines Netzwerks für andere Rechner untersagt werden.[157] Zulässig und eng mit Netzwerken zusammenhängend sind auch sog. Floating-Lizenzen, die die maximale Zahl von gleichzeitig das Programm Nutzenden regeln;[158] denn der Rechteinhaber hat ein schutzwürdiges Interesse daran, die Intensität der Nutzung seines Werkes zu begrenzen, die Vergütung daran auszurichten und sein Werk möglichst umfassend auszuwerten.[159] Dies gilt auch für die Inhaltskontrolle nach § 307 BGB.[160] Die Grenze zum AGB-Verstoß wird in aller Regel erst dann überschritten sein, wenn die Nutzung der Software in einem Netzwerk ausnahmslos untersagt ist; also auch der Einsatz der Software auf einem System, das zwar an ein Netzwerk angeschlossen ist, das aber anderen Netzwerkteilnehmern keinen Zugriff auf die Software ermöglicht.[161]

15b   Möglich sind schließlich bei Netzwerken sowohl nach § 69d Abs. 1 als auch nach § 307 BGB sog. Named-User-Lizenzen, die die Nutzung nur für namentlich bezeichnete Nutzer oder Unternehmen erlauben, denn sie legen nur die Berechtigten fest und ermöglichen dem Rechteinhaber die Identifizierung und die Vergabe von Zugangskennungen.[162] Kein Fall der Netzwerkklauseln sind dagegen Outsourcing-Klauseln, die die Auslagerung der Software an Dritte untersagen sollen: Solange gesichert ist, dass nur der Nutzer bzw. Lizenznehmer die Software nutzt, verstoßen solche Klauseln gegen § 69d Abs. 1, ebenso halten sie nicht der Inhaltskontrolle stand.[163]

15c   In der Praxis verbreitet sind auch sog. CPU-Klauseln,[164] die die Verwendung des Programms nur auf einer bestimmten Hardware in Abhängigkeit von deren Leistungsfähigkeit zulässt, ggf. Zusatzentgelte bei einem Umstieg auf leistungsfähigere Geräte vorsieht (Upgrade-Klauseln). Wird dem Nutzer durch die Klausel jedwede „Ausweichmöglichkeit" entzogen, so soll ein Verstoß gegen den Kern des § 69d Abs. 1 anzunehmen sein.[165] Andere Stimmen begründen die Unzulässigkeit mit einem Verstoß

---

[150] Ebenso *Oelschlägel/Schmidt* ITRB 2015, 72 (74 f.), allerdings im Rahmen von §§ 305 ff. BGB; eingehend zu den SAP-AGB *Schneider* ITRB 2017, 286 ff.

[151] *Metzger/Hoppen* CR 2017, 625 (629 ff.), dort auch zu weiteren Fallkonstellationen.

[152] Dazu → § 31 Rn. 28 ff.

[153] Zur Verwendung von AGB sa *Schuhmacher* CR 2000, 641 ff.; *Koch* CR 2002, 629 (632 ff. sowie Fn. 26).

[154] Sa *Haberstumpf* in Lehmann, Rechtsschutz, Kap. I A Rn. 159.

[155] AA *Günther* CR 1994, 321 (327).

[156] Zum Ganzen eingehend Fromm/Nordemann/*Czychowski* UrhG § 69d Rn. 31.

[157] *Lehmann* FS Schricker, 1995, 543 (559); *Schumacher* CR 2000, 641 (649); *Marly* Rn. 1699 ff.; Wandtke/Bullinger/*Grützmacher* UrhG § 69d Rn. 42, 54; *Baus* S. 171 ff.

[158] *Lehmann* FS Schricker, 1995, 543 (559); *Bartsch* CR 1994, 667 (668 f.); Wandtke/Bullinger/*Grützmacher* UrhG § 69d Rn. 42.

[159] *Marly* Rn. 1702.

[160] OLG München ZUM 2005, 838; *Grützmacher* CR 2011, 697; *Bartsch* CR 1994, 667 (669 f.); Wandtke/Bullinger/*Grützmacher* UrhG § 69d Rn. 54; Spindler/Schuster/*Wiebe* UrhG § 69d Rn. 38; *Marly* Rn. 1699 ff.; *Wolf/Horn/Lindacher* AGBG § 9 Rn. 145; aA und damit gegen die Möglichkeit, entsprechende Beschränkungen im Vertrag vorzusehen *Hoeren,* IT-Vertragsrecht, S. 97 aE f., der einen Verstoß gegen § 307 Abs. 2 Nr. 2 BGB annimmt.

[161] *Marly* Rn. 1702.

[162] S. dazu auch OLG München ZUM 2005, 838; wohl auch Wandtke/Bullinger/*Grützmacher* UrhG § 69d Rn. 42, 54; einschränkend *Koch* CR 2006, 112 (117, Fn. 14), nach dem diese Klauseln dinglich unwirksam, aber schuldrechtlich wirksam seien, sofern in einer dem Erschöpfungsgrundsatz widersprechenden Weise sämtliche Weiterverbreitungen verhindert würden; sie seien an den §§ 307 ff. BGB zu messen.

[163] Zutr. *Grützmacher* CR 2011, 697 (704), Wandtke/Bullinger/*Grützmacher* UrhG § 69d Rn. 47, 54; dagegen aber *Hilber/Litzka* ZUM 2009, 730 (735).

[164] Zu diesen Spindler/Schuster/*Wiebe* UrhG § 69d Rn. 43.

[165] Spindler/Schuster/*Wiebe* UrhG § 69d Rn. 20.

gegen die §§ 307 ff. BGB.[166] Entscheidend ist für die Beurteilung nach § 69d Abs. 1 hinsichtlich der bestimmungsgemäßen Nutzung, ob die Software endgültig dem Erwerber überlassen wird (als Kauf etc; zur schuldrechtsdogmatischen Einordnung von Softwareverträgen → Vor §§ 69a ff. Rn. 59) oder nur zeitweise (Vermietung):[167] Denn bei einem Kauf hat der Erwerber typischerweise das Interesse, mit der Sache nach seinem eigenen Ermessen zu verfahren und sie bestmöglich für sich zu nutzen. Eine CPU-Klausel würde hier den Erwerber gerade in der endgültigen Verwendungsfreiheit im Sinne der bestimmungsgemäßen Nutzung behindern.[168] Nicht zuletzt aus der Intention der Computerprogramm-RL, den Wettbewerb offenzuhalten und gegenüber dem Interesse des Rechteinhabers abzuwägen, folgt gerade bei einem endgültigen Erwerb, dass der Rechteinhaber nicht technologische Innovationen behindern können soll.[169] Auch liegt keine eigenständige wirtschaftliche Nutzungsart vor,[170] da nur unterschiedliche Hardware (im Laufe der Zeit) eingesetzt wird. In gleicher Weise würde die Klausel einer Inhaltskontrolle nach § 307 Abs. 1 BGB nicht standhalten. Anders ist dies jedoch bei einer Überlassung nur auf Zeit (Miete) zu beurteilen:[171] Denn hier genießt der Nutzer nicht in demselben Maße die Dispositionsfreiheit über das Programm.[172] Allerdings darf eine CPU-Klausel nicht die Nutzung eines anderen Rechners mit der gleichen Leistung untersagen, da der Vermieter hier kein schutzwürdiges Interesse daran haben kann, dass nur auf einem spezifischen Rechner die Software genutzt wird.[173] Dies gilt auch im Rahmen der AGB-Inhaltskontrolle.[174] Auch sog. Core-Klauseln, die die Nutzung des Programms auf eine bestimmte Zahl von Cores beschränken, sind aus den gleichen Gründen unzulässig – außer, wenn zusätzliche Vervielfältigungshandlungen vorgenommen werden, da hier das Risiko einer anderweitigen, über das vereinbarte Nutzungsentgelt hinausgehender Nutzungen, vergrößert wird.[175]

Ebenso wenig sind Klauseln nach § 69d Abs. 1 zulässig, die dem Nutzer die Verwendung des Programms nur in bestimmten Räumen vorschreiben (Site-Klauseln).[176] Selbst bei einer Vermietung muss es dem Nutzer aber überlassen bleiben, wo er das Programm nutzt, zumal mobile Anwendungen (Laptop etc) andernfalls unmöglich wären. Nur bei erheblichen Piraterierisiken wären solche Klauseln zulässig. **15d**

III. Erstellung von Sicherungskopien (§ 69d Abs. 2)

Abs. 2 will dafür Sorge tragen, dass der berechtigte Programmnutzer erforderlichenfalls vom Programm eine Sicherungskopie herstellen darf, um die zukünftige Programmnutzung sicherzustellen. **16** Die Vorschrift verbietet daher die vertragliche Untersagung der Anfertigung von Sicherungskopien.[177] Das bedeutet zugleich, dass der Programmnutzer **zur Herstellung einer Sicherungskopie der Zustimmung des Rechteinhabers nicht bedarf.**[178] Auf diese Weise werden gleichermaßen die Schranken des Vervielfältigungsrechts (auch → Rn. 1) und die Zulässigkeitsgrenzen vertraglicher Regelungen bestimmt. Daneben[179] unterfällt die Anfertigung von Sicherungskopien auch der bestimmungsgemäßen Nutzung im Sinne von § 69d Abs. 1.[180]

§ 69d Abs. 2 ist **zwingendes Recht;** vertragliche Bestimmungen, die dagegen verstoßen, sind nach § 69g Abs. 2 **nichtig;** die Wirksamkeit der übrigen Vertragsbestimmungen wird dadurch grundsätzlich nicht berührt.[181] Unter einer **Sicherungskopie** ist eine Kopie des Computerprogramms zu

---

[166] *Koch* CR 2002, 629 (634 sowie Fn. 26).

[167] *Grützmacher* CR 2011, 697 (701); Spindler/Schuster/*Wiebe* UrhG § 69d Rn. 35; aA *Marly* Rn. 1715.

[168] Zutr. Wandtke/Bullinger/*Grützmacher* UrhG § 69d Rn. 37; *Schumacher* CR 2000, 641 (646 ff.); *Romey* CR 1999, 345 (347); aA aber LG Arnsberg CR 1994, 283; *Scholz/Haines* CR 2003, 393 (397); *Lehmann* FS Schricker, 1995, 543 (559).

[169] Spindler/Schuster/*Wiebe* UrhG § 69d Rn. 35, der einen Verstoß gegen den der Disposition entzogenen Kern des § 69d Abs. 1 bejaht und auch kartellrechtliche Probleme anmeldet.

[170] Kilian/Heussen/*Czychowski/Siesmayer* CHB 1. Abschnitt Teil 2, 20.4 Rn. 125 f.

[171] Spindler/Schuster/*Wiebe* UrhG § 69d Rn. 36.

[172] BGH GRUR 2003, 416 (419) – CPU-Klausel; *Scholz/Haines* CR 2003, 393 (397); *Spindler* JZ 2003, 1117 (1118); Wandtke/Bullinger/*Grützmacher* UrhG § 69d Rn. 44.

[173] BGH GRUR 2003, 416 (418) – CPU-Klausel; Spindler/Schuster/*Wiebe* UrhG § 69d Rn. 34.

[174] BGH GRUR 2003, 416 (418) – CPU-Klausel; zust. *Spindler* JZ 2003, 1117 (1118); *Wiebe/Neubauer* CR 2003, 327 (328); *Metzger* NJW 2003, 1994 (1995); aA OLG Frankfurt a.M. CR 2000, 146 (149 ff.); *Marly* Rn. 1715 f.; Wandtke/Bullinger/*Grützmacher* UrhG § 69d Rn. 52; *Bartsch* CR 1994, 667 (668 f.).

[175] Weitergehend *Grützmacher* CR 2011, 697 (699 f.); Wandtke/Bullinger/*Grützmacher* UrhG § 69d Rn. 45: selbst bei Vervielfältigungen unzulässige Klausel; wiederum anders DKMH/*Kotthoff* UrhG § 69d Rn. 13: zulässig.

[176] *Hilber/Knorr/Müller* CR 2011, 417 (423); *Lehmann* FS Schricker, 1995, 543 (560); Wandtke/Bullinger/*Grützmacher* UrhG § 69d Rn. 47; zur sinnvollen Auslegung entsprechender Klauseln, die anscheinend auf Räumlichkeiten abstellen („Rechtsschutzbüro"), letztlich damit aber Einsatzgebiete meinen OLG Düsseldorf CR 2002, 95.

[177] Ausf. *Marly* Rn. 1552 ff.

[178] *Haberstumpf* in Lehmann, Rechtsschutz, Kap. II Rn. 160; *Lehmann* FS Schricker, 1995, 543 (553).

[179] Wie hier *Hoeren/Schumacher* CR 2000, 137 (139).

[180] Nur hierauf abstellend Wandtke/Bullinger/*Grützmacher* UrhG § 69d Rn. 20; *Marly* Rn. 1556; aA *Diedrich* CR 2012, 69 (73).

[181] Vgl. → § 69g Rn. 3.

verstehen, die für den Fall bereitgehalten wird, dass die Arbeitskopie des Programms beschädigt wird, versehentlich gelöscht oder sonst zerstört wird, verloren geht oder aus einen anderen Grund nicht mehr einsatzfähig ist.[182] Da die Sicherungskopie die Neuinstallation des Programms ermöglichen soll, erstreckt sie sich auf die Installations- und Startdateien.[183]

17   Die **Anzahl** der zulässigen Sicherungskopien ist strittig. Der Gesetzgeber ist davon ausgegangen, dass nur eine einzige Sicherungskopie zulässig ist,[184] von anderer Seite wird dagegen angenommen, dass auch mehrere Sicherungskopien erlaubt sind, wenn die Bedürfnisse des Benutzers es erfordern.[185] Der Wortlaut („*einer* Sicherungskopie") ist jedenfalls nicht so eindeutig, wie dies auf den ersten Blick scheint, denn die gesetzgeberische Wahl des unbestimmten Artikels zwingt nicht zur Interpretation iSe zahlenmäßigen Beschränkung.[186] Auch die Computerprogramm-RL, weder in der deutschen, noch in der englischen oder französischen Sprachfassung, legt nahe, dass eine Beschränkung auf zahlenmäßig eine Sicherungskopie erfolgen sollte.[187] Dennoch sollte es im Grundsatz bei der Herstellung einer einzigen Sicherungskopie bleiben; es muss verhindert werden, dass unter dem Deckmantel der Anfertigung von Sicherungskopien das Vervielfältigungsrecht unterlaufen wird. In besonderen Fällen wird sich allerdings die Herstellung einer weiteren Kopie nicht ausschließen lassen,[188] etwa dann, wenn die Sicherungskopie auf einem externen Datenträger aufbewahrt wird, die Datensicherung auf dem Computer die Vervielfältigung von Programmen miteinschließt, beispielsweise durch Spiegelung der Festplatte.

18   Der Begriff der **zur Benutzung berechtigten Person** entspricht nicht dem der zur Verwendung berechtigten Person des Abs. 1 (dazu → Rn. 4).[189] Könnte jeder, der das Programm – auch nur kurzfristig – verwenden darf, sich eine Sicherungskopie anfertigen, so würde dies zu einer nicht mehr überschaubaren und nicht mehr kontrollierbaren Anzahl von Vervielfältigungsstücken des Programms führen. Die nicht ausschließbare Berechtigung zur Erstellung einer Sicherungskopie sollte sich daher auf die Personen beschränken, denen Nutzungsrechte am Programm eingeräumt werden;[190] Sie sind es auch, mit denen vertragliche Abmachungen bestehen, bei denen die vertragliche Untersagung unzulässig ist. Wird die Benutzungsmöglichkeit legal weiteren Personen eröffnet (→ Rn. 4), so muss diesen gegebenenfalls auch der Zugriff auf die Sicherungskopie gegeben werden. Die Erstellung einer Sicherungskopie kann der Benutzungsberechtigte **durch Dritte** vornehmen lassen, das Recht ist aber **nicht übertragbar.**[191]

19   Die Erstellung der Sicherungskopie muss für die Sicherung der künftigen Benutzung des Programms **erforderlich** sein. Das ist jedenfalls dann zu bejahen, wenn der Programmhersteller oder Lieferant mit dem Programm keine Sicherungskopie geliefert hat. Ist dem Benutzer dagegen eine **Sicherungskopie mitgeliefert** worden, so ist davon auszugehen, dass das Recht auf Anfertigung einer Sicherungskopie ausgeschlossen werden kann.[192] Der Zweck des Abs. 2, nämlich dem Benutzer bei Zerstörung oder Verlust der Arbeitskopie die künftige Benutzung des Programms durch ein weiteres Vervielfältigungsstück des Programms zu sichern, ist in diesem Fall auf andere Weise erfüllt. Eine Sicherungskopie wird nicht dadurch ausgeschlossen, dass das Programm auf einer CD-ROM oder DVD geliefert wird; Auch ein solcher Datenträger kann beschädigt werden.[193] Dem rechtmäßigen Erwerber der Kopie eines Computerprogramms, der eine Lizenz zur unbefristeten Nutzung besitzt, muss daher nach Ansicht des EuGH möglich sein, das jeweilige Programm von der Website des Urheberrechtsinhabers herunterzuladen, falls er nicht mehr über den originalen, körperlichen Datenträger verfügt.[194] Denn dies stellt nach Ansicht des EuGH eine für die bestimmungsgemäße Benutzung des Programms notwendige Vervielfältigung dar, andernfalls würde die Erschöpfung des Verbreitungs-

---

[182] LG Frankfurt a.M. ZUM 2011, 929 (933); zum Begriff sa Begr. RegE. BT-Drs. 12/4022, 12; Dreier/ Schulze/*Dreier* UrhG § 69d Rn. 15; *Caduff* S. 161 ff.; *Werner* CR 2000, 807 (808); s. auch OLG Frankfurt a.M. GRUR–RR 2010, 5 (6) zur Sicherungskopie bei weiterverkaufter Hardware.

[183] Dreier/Schulze/*Dreier* UrhG § 69d Rn. 15.

[184] Begr. RegE. BT-Drs. 12/4022, 12; ebenso Möhring/Nicolini/*Kaboth/Spies* UrhG § 69d Rn. 13; *Mäger* CR 1996, 522 (524); *Lehmann* NJW 1993, 1822 (1823).

[185] Fromm/Nordemann/*Czychowski* UrhG § 69d Rn. 24; Wandtke/Bullinger/*Grützmacher* UrhG § 69d Rn. 69; DKMH/*Kotthoff* UrhG § 69d Rn. 17; Spindler/Schuster/*Wiebe* UrhG § 69d Rn. 25; *Marly* Urheberrechtsschutz S. 188 f.; *Diedrich* CR 2012, 69 (71); *Hoeren/Schuhmacher* CR 2000, 137 (140).

[186] Spindler/Schuster/*Wiebe* UrhG § 69d Rn. 25; *Diedrich* CR 2012, 69 (71).

[187] *Diedrich* CR 2012, 69 (70 f.).

[188] Ebenso Dreier/Schulze/*Dreier* UrhG § 69d Rn. 17.

[189] Fromm/Nordemann/*Czychowski* UrhG § 69d Rn. 23; aA Wandtke/Bullinger/*Grützmacher* UrhG § 69d Rn. 72; Spindler/Schuster/*Wiebe* UrhG § 69d Rn. 23.

[190] Ebenso Dreier/Schulze/*Dreier* UrhG § 69d Rn. 14; Fromm/Nordemann/*Czychowski* UrhG § 69d Rn. 23; aA Wandtke/Bullinger/*Grützmacher* UrhG § 69d Rn. 72; *Caduff* S. 159 f.

[191] Dreier/Schulze/*Dreier* UrhG § 69d Rn. 14; *Caduff* S. 160 f.

[192] Begr. RegE. BT-Drs. 12/4022, 12; ebenso das Schrifttum, vgl. etwa Dreier/Schulze/*Dreier* UrhG § 69d Rn. 16; Fromm/Nordemann/*Czychowski* UrhG § 69d Rn. 25; Wandtke/Bullinger/*Grützmacher* UrhG § 69d Rn. 67; Spindler/Schuster/*Wiebe* UrhG § 69d Rn. 24; *Haberstumpf* in Lehmann, Rechtsschutz, Kap. II Rn. 160; *Hoeren/Schuhmacher* CR 2000, 137 (139 f.).

[193] Dreier/Schulze/*Dreier* UrhG § 69d Rn. 16; Wandtke/Bullinger/*Grützmacher* UrhG § 69d Rn. 68; Spindler/ Schuster/*Wiebe* UrhG § 69d Rn. 24; *Kreutzer* CR 2006, 804 (809); *Werner* CR 2000, 807 (808); aA LG Bochum CR 1998, 381; *Marly* Rn. 1564.

[194] EuGH GRUR 2016, 1271 Rn. 53 f. – Ranks.

rechts praktisch unwirksam.[195] Erst recht hat der Nutzer bei nur online heruntergeladenen oder vor-installierten Programmen das Recht zur Sicherungskopie, da eine Installation ohne die Hardware oder nochmaligen Bezug online nicht möglich wäre.[196] Nicht ausreichend ist es dagegen, wenn der Hersteller den jederzeitigen Austausch eines defekten Datenträgers gegen einen neuen anbietet; Abgesehen davon, dass der Nutzer hier mit einem unzumutbaren Aufwand belastet wird, spricht vor allem das Insolvenzrisiko gegen einen solchen Ersatz der Sicherungskopie.[197] Demgegenüber ist bei embedded Software zB auf EPROMS etc keine Sicherungskopie erforderlich, sofern es sich nicht um besonders wertvolle Software handelt, da der Verlust des Programms hier außerordentlich unwahrscheinlich ist.[198]

Abs. 2 erfasst nicht die Fälle, in denen die Anfertigung von Sicherungskopien durch **Kopier-** **20** **schutzmechanismen** verhindert wird. Der Gesetzgeber hatte noch das Verhältnis zwischen dem Recht auf Sicherungskopie und dem Schutz von Kopierschutzmechanismen als ungeklärt bezeichnet.[199] Dem Wertungsgehalt der Vorschrift ist aber zu entnehmen, dass der Erwerber eines Programms in solchen Fällen einen vertraglichen Anspruch auf Beseitigung des Kopierschutzmechanismus oder auf Lieferung einer Sicherungskopie hat.[200] Dafür spricht jetzt auch die Vorschrift des § 95b, die zwar auf Computerprogramme nicht anzuwenden ist,[201] aber zum Ausdruck bringt, dass Rechte zur Herstellung von Vervielfältigungen nicht durch Kopierschutzmechanismen unterlaufen werden sollen. Der Schutz von Kopierschutzmechanismen durch § 69f Abs. 2[202] steht dem nicht entgegen. § 69f Abs. 2 dient der Verhinderung von Piraterie, will aber nicht die durch § 69d Abs. 2 ausdrücklich zugelassene Herstellung von Sicherungskopien verhindern.

IV. Programmtestläufe (§ 69d Abs. 3)

Die Ideen und Grundsätze, die den Elementen eines Computerprogramms zugrunde liegen, sind **21** gemäß § 69a Abs. 2 S. 2 nicht geschützt. § 69d Abs. 3 gestattet es dem berechtigten Benutzer (zum Begriff des Berechtigten, der demjenigen des § 69d Abs. 1 entspricht, → Rn. 4),[203] diese **Ideen und Grundsätze zu ermitteln,**[204] sog. „Experimentierklausel".[205] Die Fassung der Vorschrift ist ebenso wie die des ihr nahezu wörtlich zugrundeliegenden Art. 5 Abs. 3 der Richtlinie missglückt. Ihrem Wortlaut nach besagt sie, dass der Benutzer durch Handlungen, zu denen er ohnehin berechtigt ist, die Ideen und Grundsätze[206] feststellen darf, was urheberrechtlich gem. § 69a Abs. 2 S. 2 nicht geschützt ist[207] und auch durch Lizenzvertrag nicht geschützt werden kann.[208] Zu erklären ist die Norm durch ihre Entstehungsgeschichte, bei der ein Kompromiss zwischen Befürwortern und Gegnern des **Reverse Engineering**[209] gefunden werden musste.[210] Ihren Sinn gewinnt sie erst iVm § 69g Abs. 2, indem sie nämlich die vertragliche Untersagung der Ermittlung der Ideen und Grundsätze für unzulässig erklärt.[211] Über § 69d Abs. 1 geht sie nicht nur im Hinblick auf die Anwendbarkeit von § 69g Abs. 2 hinaus, sondern auch insofern, als sie sich mit der Funktionsanalyse durch Beobachten, Untersuchen oder Testen auf Handlungen bezieht, die außerhalb der bestimmungsgemäßen Benutzung iSd § 69d Abs. 1 liegen.[212] Da die Vorschrift den Kreis zulässiger Nutzungshandlungen nicht erweitert (→ Rn. 22),[213] sind ihre Bedeutung und Reichweite beschränkt.[214] Zu welchen Zwecken die Hand-

---

[195] EuGH GRUR 2012, 904 Rn. 83 – UsedSoft; GRUR 2016, 1271 Rn. 53 – Ranks; kritisch zur Ranks-Entscheidung *Wiebe* ZUM 2017, 44 (45 ff.).
[196] *Hoeren/Schumacher* CR 2000, 137 (140); Wandtke/Bullinger/*Grützmacher* UrhG § 69d Rn. 68.
[197] Wandtke/Bullinger/*Grützmacher* UrhG § 69d Rn. 67; Spindler/Schuster/*Wiebe* UrhG § 69d Rn. 24; *Hoeren/Schumacher* CR 2000, 137 (140); *Baus* S. 126 f.; aA aber Dreier/Schulze/*Dreier* UrhG § 69d Rn. 16, der danach differenzieren will, ob es zu einer erheblichen zeitlichen Verzögerung durch den Austausch kommt; auch *Marly* Rn. 1558 ff., der meint, dass der Kunde typischerweise das Insolvenzrisiko zu tragen habe – was sich zumindest bei einer endgültigen Überlassung des Programms kaum mit den Wertungen der §§ 433 ff. BGB verträgt.
[198] Zutr. Wandtke/Bullinger/*Grützmacher* UrhG § 69d Rn. 68.
[199] Begr. RegE. BT-Drs. 12/4022, 12.
[200] Dreier/Schulze/*Dreier* UrhG § 69d Rn. 19; Fromm/Nordemann/*Czychowski* UrhG § 69d Rn. 26; Spindler/Schuster/*Wiebe* UrhG § 69d Rn. 26; *Koch* CR 2002, 629 (634); *Haberstumpf* in Lehmann, Rechtsschutz, Kap. II Rn. 160; nur für Lieferung einer Sicherungskopie Wandtke/Bullinger/*Grützmacher* UrhG § 69d Rn. 70; aA *Marly* Rn. 1567, nach dem es für einen Anspruch auf eine Sicherungskopie an einer Anspruchsgrundlage fehlt, ferner führe die Annahme eines Anspruchs auf Beseitigung des Kopierschutzes zu einem Wertungswiderspruch zu den §§ 69f, 95a, 95b.
[201] Vgl. § 69a Abs. 5.
[202] Bzw. Art. 7 Abs. 1 lit. c der Richtlinie.
[203] Fromm/Nordemann/*Czychowski* UrhG § 69d Rn. 27; Spindler/Schuster/*Wiebe* UrhG § 69d Rn. 29.
[204] EuGH GRUR 2012, 814 Rn. 51 f. – SAS Institute; dazu *Spindler* CR 2012, 417 (418).
[205] *Lehmann* GRUR-Int 1991, 327 (332); *Marly* Rn. 221.
[206] EuGH GRUR 2012, 814 Rn. 51 ff. – SAS Institute.
[207] Sa Möhring/Nicolini/*Hoeren* (2. Aufl.) UrhG § 69d Rn. 15; *Marly* Rn. 221.
[208] EuGH GRUR 2012, 814 Rn. 51 ff., 59 – SAS Institute.
[209] Zum Begriff vgl. → § 69e Rn. 6.
[210] Zur Entstehung s. *Vinje* GRUR-Int 1992, 250 (253 f.).
[211] *Ullrich*/Körner S. 75; *Marly* Rn. 222.
[212] Sa Dreier/Schulze/*Dreier* UrhG § 69d Rn. 20.
[213] DKMH/*Kotthoff* UrhG § 69d Rn. 19.
[214] So auch DKMH/*Kotthoff* UrhG § 69d Rn. 19; *Marly* Rn. 222.

lungen vorgenommen werden, ist im Gegensatz zu § 69e irrelevant.[215] Ebenso wenig kann eine **Lizenz** die Befugnisse nach § 69d Abs. 3 beschränken; die Handlungen nach § 69d Abs. 3 können über den in der Lizenz festgelegten Zweck hinausgehen.[216] So darf der Berechtigte die benannten Handlungen (zum Laden, Anzeigen, Ablaufen, Übertragen oder Speichern des Programms) gem. § 69d Abs. 3 auch dann ohne Zustimmung des Rechtsinhabers vornehmen, wenn er **gewerbliche oder berufliche Zwecke** verfolgt und der Lizenzvertrag lediglich eine Nutzung des Programms zu privaten Zwecken gestattet.[217] § 69d Abs. 3 ist aber **nur auf Computerprogramme** anwendbar; andere urheberrechtlich geschützte Werke werden nicht erfasst, was insbesondere für Computerspiele als hybride Werke von Bedeutung ist.[218]

22   Abs. 3 gestattet das **Beobachten, Untersuchen oder Testen des Funktionierens des Programms.**[219] Damit sind, wie sich aus der Gegenüberstellung zu § 69e ergibt, diejenigen Formen der Programmanalyse gemeint, die **nicht mit einem Dekompilieren des Programms**[220] verbunden sind.[221] Die Programmanalyse kann verschiedenen Zwecken dienen, etwa der Herstellung der Kompatibilität von Programmen, der Anpassung des Programms an geänderte Anforderungen, der wissenschaftlichen Forschung oder dem Nachweis der Identität mit anderen Programmen im Verletzungsprozess.[222] Auch die Imitation des Programms durch Programmierung eines neuen Programms unter Zugrundelegung der Ideen des anderen Programms ist zulässig, insbesondere mit Hilfe der sog. **Clean-Room-Technik,** indem die Grundsätze des untersuchten Programms einem anderen (nicht dem analysierenden) Team von Softwareentwicklern zur Verfügung gestellt werden.[223] Zulässig sind die sog. **Black-Box-Techniken.**[224] Dazu gehören beispielsweise Testläufe, Speicherabzüge[225] und die Protokollierung der Signalkommunikation, ebenso das Beobachten und Auswerten von Testdaten;[226] Die reine Anzeige des hexadezimalen Objektcodes auf dem Bildschirm ist als solche schon deswegen zulässig, weil sie keine Vervielfältigung darstellt.[227] Es dürfen auch **Tools** eingesetzt werden, die den Ablauf des Programms in einzelne Befehlsschritte aufteilen und damit ein Verfolgen des Programmablaufs ermöglichen, ohne den Programmcode zu kennen, beispielsweise Debugger oder Linetracer, mit denen man die Zusammenarbeit von Programmen an Hand von deren Signalkommunikation beobachten kann.[228] Auf diese Weise können auch Informationen über Schnittstellen gewonnen werden.[229] Dagegen soll das Beobachten des Zusammenspiels einer selbst entwickelten Software („Bot") mit einem Online-Spiel unter Verwendung einer Client-Software nicht mehr von § 69d Abs. 3 umfasst sein, da nicht die dem Programm zugrundeliegenden Ideen ermittelt würden, sondern der Spielzweck beeinträchtigt würde;[230] dies erscheint jedoch zweifelhaft, da damit die Beobachtung jeder Software in ihrer Interaktion mit einer anderen Software untersagt würde, was gerade dem Zweck widerspricht, den Markt für Anwendungssoftware freizuhalten (auch → Vor §§ 69a ff. Rn. 14 zum Schutz durch UWG). Dementsprechend hat der BGH das Beobachten eines Programms und die Testläufe zu gewerblichen Zwecken zugelassen, auch wenn das Programm nur zur privaten Nutzung lizenziert wurde.[231]

23   Zur Programmanalyse nach Abs. 3 dürfen nur **Handlungen** zum Laden, Anzeigen, Ablaufen, Übertragen oder Speichern des Programms vorgenommen werden, zu denen der Benutzer **ohnehin berechtigt** ist. Abs. 3 erweitert also nicht den Kreis zulässiger Benutzungshandlungen. Die Berechtigung ergibt sich aus der vom Programmhersteller oder Lieferanten eingeräumten Nutzungsberechtigung unter Berücksichtigung der Schranken des § 69d Abs. 1. Insbesondere erlaubt Abs. 3 **keine weiteren Vervielfältigungen;** sind Programmstrukturen auf dem Bildschirm sichtbar gemacht, so dürfen sie nicht ausgedruckt oder auf einem Datenträger abgespeichert werden, hierzu ist vielmehr

[215] *Triebe* WRP 2018, 795 Rn. 39; Wandtke/Bullinger/*Grützmacher* UrhG § 69d Rn. 78.
[216] EuGH GRUR 2012, 814 Rn. 61, 47 – SAS-Institute; BGH GRUR 2017, 266 Rn. 63 – World of Warcraft I; zust. *Czychowski* GRUR 2017, 362 (363).
[217] BGH GRUR 2017, 266 Rn. 63 – World of Warcraft I.
[218] BGH GRUR 2017, 266 Rn. 65 ff. – World of Warcraft I; *Czychowski* GRUR 2017, 362 (364); *Bullinger/Czychowski* GRUR 2011, 19 (22 f.).
[219] Spindler/Schuster/*Wiebe* UrhG § 69d Rn. 28.
[220] Zum Begriff des Dekompilierens vgl. → § 69e Rn. 4.
[221] BGH GRUR 2017, 266 Rn. 57 – World of Warcraft I; Dreier/Schulze/*Dreier* UrhG § 69d Rn. 22; Wandtke/Bullinger/*Grützmacher* UrhG § 69d Rn. 26; Fromm/Nordemann/*Czychowski* UrhG § 69d Rn. 28; *Triebe* WRP 2018, 795 Rn. 33; zu früherem Schrifttum s. Vorauflage.
[222] Redeker/*Redeker*, IT-Recht, A. Der Schutz von Software, Rn. 66; Dreier/Schulze/*Dreier* UrhG § 69d Rn. 22.
[223] Auch → § 69e Rn. 9; *Vinje* GRUR-Int 1992, 250 (259); *Schnell/Fresca* CR 1990, 157 (159); *Sucker* CR 1989, 468 (471 f.).
[224] S. dazu *Triebe* WRP 2018, 795 Rn. 34 ff.; Fromm/Nordemann/*Czychowski* UrhG § 69d Rn. 29; Spindler/Schuster/*Wiebe* UrhG § 69d Rn. 28.
[225] *Dumps,* dazu *Lietz* CR 1991, 564 (565); Fromm/Nordemann/*Czychowski* UrhG § 69d Rn. 29.
[226] EuGH GRUR 2012, 814 Rn. 56 – SAS Institute.
[227] Dreier/Schulze/*Dreier* UrhG § 69d Rn. 22; vgl. auch → § 69c Rn. 9; *Marly* Urheberrechtsschutz S. 272.
[228] Dreier/Schulze/*Dreier* UrhG § 69d Rn. 22.
[229] *Vinje* GRUR-Int 1992, 250 (253 f.).
[230] So OLG Dresden CR 2015, 357 (358).
[231] BGH GRUR 2017, 266 Rn. 57 ff. – World of Warcraft I.

die Zustimmung des Berechtigten erforderlich.[232] Ebenso wenig sind durch Abs. 3 **Veränderungen des Programms** gestattet, wie sich auch aus der Bezugnahme auf die in § 69c Nr. 1 genannten Handlungen ergibt. Auch darf nicht der Quellcode ermittelt werden.[233] **Vertragliche Beschränkungen der Benutzung** von Computerprogrammen auf eine bestimmte Anzahl von Geräten oder an bestimmten Orten **bleiben wirksam.** Ist beispielsweise die Benutzung eines Programms nur auf einem bestimmten Terminal in den Räumen des Kunden erlaubt, so darf das Programm nicht auf anderen Computern unter Berufung auf § 69d Abs. 3 getestet werden. Auf diese Weise wollte der Gesetzgeber der Gefahr unzulässiger dauerhafter Vervielfältigungen vorbeugen.[234]

Die Programmanalyse darf von den **zur Verwendung eines Vervielfältigungsstücks eines** 24 **Programms Berechtigten** vorgenommen werden. Dieser Begriff entspricht dem des Abs. 1 (dazu → Rn. 4). Der Berechtigte braucht die Programmanalyse aber nicht selbst vorzunehmen, sondern kann sie **durch Dritte** vornehmen lassen. Das Recht ist aber **nicht übertragbar.** Abs. 3 ist nicht nur auf einzelne Programmelemente, sondern auch **auf vollständige Programme anwendbar.**[235]

Abs. 3 ist **zwingendes Recht,**[236] in Widerspruch zu dieser Vorschrift stehende Vereinbarungen sind nach § 69g Abs. 2 nichtig.

§ 69e Dekompilierung

(1) **Die Zustimmung des Rechtsinhabers ist nicht erforderlich, wenn die Vervielfältigung des Codes oder die Übersetzung der Codeform im Sinne des § 69c Nr. 1 und 2 unerläßlich ist, um die erforderlichen Informationen zur Herstellung der Interoperabilität eines unabhängig geschaffenen Computerprogramms mit anderen Programmen zu erhalten, sofern folgende Bedingungen erfüllt sind:**

1. **Die Handlungen werden von dem Lizenznehmer oder von einer anderen zur Verwendung eines Vervielfältigungsstücks des Programms berechtigten Person oder in deren Namen von einer hierzu ermächtigten Person vorgenommen;**
2. **die für die Herstellung der Interoperabilität notwendigen Informationen sind für die in Nummer 1 genannten Personen noch nicht ohne weiteres zugänglich gemacht;**
3. **die Handlungen beschränken sich auf die Teile des ursprünglichen Programms, die zur Herstellung der Interoperabilität notwendig sind.**

(2) **Bei Handlungen nach Absatz 1 gewonnene Informationen dürfen nicht**

1. **zu anderen Zwecken als zur Herstellung der Interoperabilität des unabhängig geschaffenen Programms verwendet werden,**
2. **an Dritte weitergegeben werden, es sei denn, daß dies für die Interoperabilität des unabhängig geschaffenen Programms notwendig ist,**
3. **für die Entwicklung, Herstellung oder Vermarktung eines Programms mit im wesentlichen ähnlicher Ausdrucksform oder für irgendwelche anderen das Urheberrecht verletzenden Handlungen verwendet werden.**

(3) **Die Absätze 1 und 2 sind so auszulegen, daß ihre Anwendung weder die normale Auswertung des Werkes beeinträchtigt noch die berechtigten Interessen des Rechtsinhabers unzumutbar verletzt.**

Schrifttum (s. auch § 69d): *Arnold,* Rechtmäßige Anwendungsmöglichkeiten zur Umgehung von technischen Kopierschutzmaßnahmen?, MMR 2008, 144; *Brooks,* Disruptive Security Technologies with Mobiler Code and Peer-to-Peer Networks, 2005; *Ernst,* die Verfügbarkeit des Source Codes – Rechtlicher Know-How-Schutz bei Software und Webdesign, MMR 2001, 208; *Grützmacher,* Dateneigentum – ein Flickenteppich: Wem gehören die Daten bei Industrie 4.0, Internet der Dinge und Connected Cars? CR 2016, 485; *Günther,* Änderungsrechte des Softwarenutzers, CR 1994, 321; *Heymann,* Anmerkung zu EuGH, Urt. v. 2.5.2012 – C-406/10 – SAS Institute, CR 2012, 431; *Schweyer,* Die rechtliche Bewertung des Reverse Engineering in Deutschland und den USA, 2012; *Spindler,* Grenzen des Softwareschutzes, Das Urteil des EuGH in Sachen SAS Institute, CR 2012, 417; *Spindler/Weber,* Die Umsetzung der Enforcement-Richtlinie nach dem Regierungsentwurf für ein Gesetz zur Verbesserung der Durchsetzung von Rechten des geistigen Eigentums ZUM 2007, 257; *Triebe,* Reverse Engineering im Lichte des Urheber- und Geschäftsgeheimnisschutzes, WRP 2018, 795; *Ullrich/Lejeune* (Hg.), Der internationale Softwarevertrag nach deutschem und ausländischem Recht, 2. Aufl. 2006; *Werner,* Eingriff in das (Rollen-)Spielsystem, Spielregeln und regelwidrige Drittprogramme bei Online-Spielen, CR 2013, 516; *Wiebe,* Interoperabilität von Software: Art. 6 der Computerprogramm-RL aus heutiger Sicht, JIPITEC 2 (2011), 89.
Siehe auch die Schrifttumsangaben zu § 69a und vor §§ 69a ff.

---

[232] Dreier/Schulze/*Dreier* UrhG § 69d Rn. 22; *Haberstumpf* GRUR-Int 1992, 715 (720); Wandtke/Bullinger/*Grützmacher* UrhG § 69d Rn. 77; Mestmäcker/Schulze/*Haberstumpf* UrhG § 69d Rn. 16; *Ullrich/*Körner S. 76 Fn. 143; Kilian/Heussen/*Czychowski/Siesmayer* CHB 1. Abschnitt Teil 2, 20.4 Rn. 141; *Marly* Urheberrechtsschutz S. 271.
[233] EuGH GRUR 2012, 814 Rn. 61 – SAS Institute.
[234] Dazu Begr. RegE. BT-Drs. 12/4022, 12 f.
[235] Begr. RegE. BT-Drs. 12/4022, 12.
[236] EuGH GRUR 2012, 814 Rn. 47 f., 58 f. – SAS Institute: Lernausgabe kann analysiert werden, um funktional gleichwertiges Programm zu entwickeln.

I. Zweck und Bedeutung der Norm

1   § 69e soll den **Zugang zu Schnittstellen**[1] und die Möglichkeit der **Herstellung der Interoperabilität**[2] der verschiedenen Elemente eines Computersystems sicherstellen.[3] Die in § 69c gewährten Ausschließlichkeitsrechte ermöglichen es, diesen Zugang – auch zu den gemäß § 69a Abs. 2 S. 2 nicht geschützten Ideen und Grundsätzen der Schnittstellen – zu versperren, weil sie ohne Maßnahmen der Vervielfältigung und Übersetzung regelmäßig nicht erschlossen werden können.[4] Das würde nicht nur zu einem urheberrechtlichen de facto-Schutz an sich nicht schutzfähiger Objekte führen,[5] sondern auch empfindliche Beeinträchtigungen des freien Wettbewerbs mit sich bringen. Schnittstellen oder andere technische Definitionen marktmächtiger Hersteller können sich im Markt als de facto-Standards etablieren, die von Substitutionsprodukte anbietenden Wettbewerbern benutzt werden müssen, wenn sie konkurrenzfähig bleiben wollen. Ganze Branchen können auf diese Weise von einem marktmächtigen Unternehmen abhängig werden. Die Mitbewerber sind dann entweder auf die Mitteilung der Codes durch das marktbeherrschende Unternehmen oder auf die Erschließung der Codes durch Dekompilierung[6] angewiesen.[7] Allerdings wenden Softwarehersteller technische Hilfsmittel zum Schutz vor Reverse-Engineering-Maßnahmen an (sog. Obfuskation),[8] die dazu führen, dass die Dekompilierung erheblich erschwert wird.

2   **Entstehungsgeschichte:** Die Europäische Kommission hat schon frühzeitig auf die wirtschafts- und wettbewerbspolitische Problematik des Zugangs zu den Schnittstellen von Computerprogrammen und der Interoperabilität hingewiesen,[9] strebte aber zunächst keine urheberrechtliche, sondern eine kartellrechtliche Lösung an. Erst auf Grund einer Intervention des Europäischen Parlaments wurde eine Regelung über die Dekompilierung in die Richtlinie zum Schutz von Computerprogrammen aufgenommen.[10] Dem lag eine intensive Auseinandersetzung zugrunde, die dazu führte, dass der[11]

---

[1] Zum Begriff → Rn. 8.
[2] Zum Begriff → Rn. 7.
[3] Begr. RegE BT-Drs. 12/4022, 13; 15. Erwgr. der Richtlinie; sa OLG Düsseldorf CR 2001, 371 (372).
[4] Dazu näher *Haberstumpf* CR 1991, 129 (133 ff.).
[5] Dazu *Lehmann* CR 1989, 1057 (1059 f.).
[6] Zum Begriff → Rn. 4.
[7] Vgl. dazu die AmtlBegr. BT-Drs. 12/4022, 13; näher *Vinje* GRUR-Int 1992, 250 ff.; *Sucker* CR 1988, 271 (274 ff.); *Pilny* GRUR-Int 1995, 954 (960); Spindler/Schuster/*Wiebe* UrhG § 69e Rn. 2 f.; zur Interessenlage sa *Haberstumpf* CR 1991, 129 f.; *Marly* Urheberrechtsschutz S. 276 ff.; weiterführend zur mögl. Rolle des § 69e als Orientierungshilfe in der Diskussion um „Dateneigentum" in einer Datenwirtschaft, *Grützmacher* CR 2016, 485; ähnl. *Wiebe* CR 2017, 87 (91).
[8] *Brooks,* Disruptive Security Technologies with Mobile Code and Peer-to-Peer Networks, S. 38 ff.; http://de.wikipedia.org/wiki/Obfuskation.
[9] *Grünbuch* über Urheberrecht und die technologische Herausforderung, Dok. KOM [88] 172 v. 23.8.1988, S. 184 ff.
[10] Dazu näher *Haberstumpf* CR 1991, 129 f.
[11] Durch § 69e umgesetzte.

Art. 6 die wohl umstrittenste und am härtesten umkämpfte Vorschrift der Richtlinie wurde.[12] Einerseits wurde unter Einschränkung des Urheberrechts freier Zugang zu den Schnittstellen gefordert, andererseits wurde befürchtet, eine Freigabe des Dekompilierens werde zu einer weitgehenden Übernahme mit Mühe und Kosten entwickelter Programmelemente und Standards führen und für den Entwickler erhebliche Wettbewerbsnachteile mit sich bringen.[13] Das Ergebnis war ein Kompromiss, der nicht nur in gesetzessystematischer Hinsicht unbefriedigend ist, weil die Tatbestandsvoraussetzungen nicht ausreichend aufeinander abgestimmt sind, sich überschneiden und Regelungsinhalte wiederholen, sondern der auch trotz seiner detaillierten Regelungen viele Fragen offen lässt und kaum zu überwindende Abgrenzungsschwierigkeiten aufwirft.[14] Auch der deutsche Gesetzgeber spricht von einem diffizilen Kompromiss und der umstrittensten Bestimmung der Richtlinie.[15] Er hat angesichts der Unklarheiten der europäischen Regelung den Wortlaut des Art. 6 in § 69e nahezu wörtlich und vollständig übernommen,[16] was freilich die Anwendung der Vorschrift nicht erleichtert. Die bisherige Entwicklung zeigt, dass die Vorschrift keine größere Bedeutung erlangt hat.[17] Da auch Art. 3 Abs. 1 lit. b der 2016 beschlossenen EU Richtlinie zum Schutz von Know-How und Geschäftsgeheimnissen[18] das Reverse Engineering reguliert, stellt sich die Frage, in welchem Verhältnis § 69e und die entsprechende Regelung der RL 2016/943 (bzw. der nationalstaatlichen Umsetzung) stehen, vorausgesetzt das betrachtete Programm ist als Geschäftsgeheimnis iSd Richtlinie zu werten. Diesbezüglich führt EG 39 aus, dass die Anwendung einschlägiger Rechtsvorschriften anderer Rechtsbereiche – wie dem Immaterialgüterrecht – keine Einschränkung durch die RL 2016/943 erfahren sollen.[19] Aus diesem Grunde hebt auch der Referentenentwurf des Umsetzugsgesetzes zum Schutz von Geschäftsgeheimnissen (GeschGehG) hervor, dass immaterialgüterrechtliche oder lauterkeitsrechtliche Beschränkungen unberührt bleiben.[20] Nichts desto trotz wäre es wünschenswert gewesen, hätte der Gesetztesentwurf noch einmal klärend Stellung zu dem Sonderfall der Dekompilierung und ihrer urheberrechtlichen (Un-)Zulässigeit genommen – zumal eine solche (speziellere) Regelung mit § 69e bereits besteht.[21] Ergänzend hierzu → Vor §§ 69a ff. Rn. 15a.

§ 69e stellt eine **Schrankenbestimmung** dar, die, worauf § 69e hinweist,[22] wie alle Ausnahmebestimmungen grundsätzlich **eng auszulegen** ist.[23] Das ergibt sich auch daraus, dass der europäische Gesetzgeber mit der detaillierten Regelung des § 69e jeden Missbrauch vermeiden wollte;[24] im 15. Erwgr. der Computerprogramm-RL wird betont, dass nur in den auf die Herstellung der Interoperabilität begrenzten Fällen eine Dekompilierung rechtmäßig sei, anständigen Gepflogenheiten entspreche und deshalb nicht der Zustimmung des Rechtsinhabers bedürfe. Ein **vertraglicher Ausschluss** der Dekompilierung ist **nichtig** (§ 69g Abs. 2).[25] Ebenso wenig kann für die Dekompilierung eine Lizenzgebühr verlangt werden. **3**

Von der **Programmanalyse nach § 69d Abs. 3** unterscheidet sich die Dekompilierung nach § 69e dadurch, dass sich die Regelung des § 69d Abs. 3 auf Handlungen beschränkt, zu denen der Programmnutzer ohnehin berechtigt ist,[26] während § 69e in Ausschließlichkeitsrechte eingreift, die dem Urheber nach § 69c Nr. 1 und 2 zugewiesen sind. Gemäß § 137d Abs. 1 S. 1 ist § 69e auch auf vor dem 24.6.1993 geschaffene Computerprogramme anwendbar. Die **Darlegungs- und Beweislast** für das Vorliegen der Voraussetzungen des § 69e trägt derjenige, der sich auf die Zulässigkeit der Dekompilierung beruft.[27]

---

[12] Dazu *Lehmann,* Rechtsschutz, Kap. I A Rn. 20 mwN; Spindler/Schuster/*Wiebe* UrhG § 69e Rn. 1.
[13] S. dazu *Schulte* CR 1992, 648 (653).
[14] Sa *Ullrich*/Körner S. 77 ff.
[15] AmtlBegr. BT-Drs. 12/4022, 13.
[16] So ausdrücklich die AmtlBegr. BT-Drs. 12/4022, 13.
[17] Sa Dreier/Schulze/*Dreier* UrhG § 69e Rn. 7; Fromm/Nordemann/*Czychowski* UrhG § 69e Rn. 2, der darauf hinweist, dass zu der Vorschrift keine Entscheidungen bekannt seien; Spindler/Schuster/*Wiebe* UrhG § 69e Rn. 1; *Marly* Rn. 237.
[18] Richtlinie 2016/943 des Europäischen Parlaments und des Rates vom 8.6.2016 über den Schutz vertraulichen Know-Hows und vertraulicher Geschäftsinformationen (Geschäftsgeheimnisse) vor rechtswidrigem Erwerb sowie rechtswidriger Nutzung und Offenlegung, ABl. 2016 L 157, S. 1.
[19] Ebenso *Lejeune* CR 2016, 330 (333).
[20] Begr. Reg.-E eines Gesetzes zur Umsetzung der Richtlinie (EU) 2016/943 zum Schutz von Geschäftsgeheimnissen vor rechtswidrigem Erwerb sowie rechtswidriger Nutzung und Offenlegung, BT-Drs. 19/4724, 25; *Thiebe* WRP 2018, 795 (804); *Lejeune* ITRB 2018, 140 (141).
[21] So bereits *Lejeune* ITRB 2018, 140 (141).
[22] DKMH/*Kotthoff* UrhG § 69e Rn. 2.
[23] Wandtke/Bullinger/*Grützmacher* UrhG § 69e Rn. 15, 24 im Hinblick auf den Dreistufentest; sa DKMH/*Kotthoff* UrhG § 69e Rn. 2; *Raubenheimer* CR 1996, 69 (76); *Werner* CR 2013, 516 (522); zur engen Auslegung der urheberrechtlichen Schrankenbestimmungen vgl. → Vor §§ 45 ff. Rn. 18 ff.
[24] Gloy/Loschelder/Erdmann/*Harte-Bavendamm*/*Schöler* HdB WettbewerbsR § 64 Rn. 58.
[25] S. auch Wandtke/Bullinger/*Grützmacher* UrhG § 69d Rn. 29 zu den kartellrechtlichen Fragen.
[26] Vgl. → Rn. 23.
[27] Fromm/Nordemann/*Czychowski* UrhG § 69e Rn. 17; Wandtke/Bullinger/*Grützmacher* UrhG § 69e Rn. 19; Gloy/Loschelder/Erdmann/*Harte-Bavendamm*/*Schöler* HdB WettbewerbsR § 64 Rn. 58; Kilian/Heussen/*Czychowski*/*Siesmayer* CHB 1. Abschnitt Teil 2, 20.4 Rn. 53.

II. Begriffe

1. Dekompilierung

4   Jedes Computerprogramm durchläuft bei seiner Herstellung eine Reihe von Entwicklungsphasen.[28] Nachdem der Lösungsweg für den Programmablauf festgelegt ist, wird der **Quellcode** (Quellenprogramm, Sourcecode) erstellt, der das Computerprogramm in einer für den Menschen lesbaren Programmiersprache bildet. In dieser Sprache ist das Programm für den Computer nicht lesbar, es muss vielmehr in den maschinenlesbaren **Objektcode** (Objektprogramm) übersetzt werden. Der Objektcode ist ein binärer Code, der in hexadezimalen Ziffern dargestellt wird, dh in einer Abfolge von Nullen und Einsen, die den Schaltzuständen des Computers entsprechen.[29] In dieser binären Form sind Computerprogramme auf den Programmträgern enthalten. Diese Maschinensprache, also der Objektcode, ist aber wiederum für den Menschen nicht lesbar; will man Programmelemente lesen, so müssen sie wieder in den Quellcode zurückübersetzt werden, gegebenenfalls auch in frühere Entwicklungsstufen. Diese **Rückübersetzung** wird als Dekompilierung bezeichnet;[30] sie erfolgt mit Hilfe von Decompilern oder anderen Tools.[31] Auf diese Weise können Programmstrukturen erschlossen werden, die der Programmhersteller oft als geheimes Know-how nicht bekannt werden lassen möchte.

5   Die **Bedeutung der Dekompilierung** beschränkt sich nicht auf die Herstellung der Interoperabilität mit anderen Programmen, sie kann grundsätzlich auch sonstigen Zielen dienen, was allerdings nicht auf § 69e gestützt werden kann (→ Rn. 10). Dazu sind beispielsweise die Anpassung des Programms an geänderte Anforderungen, die wissenschaftliche Forschung oder der Nachweis der Identität mit anderen Programmen im Verletzungsprozess zu zählen. In der Regierungsbegründung[32] wird darauf hingewiesen, dass die beweispflichtige Partei sich auf das Gutachten eines unabhängigen Sachverständigen berufen kann, der die Quellcodes beider Programme miteinander vergleicht. Das Gericht könne dann dem Gegner aufgeben, entweder dem Sachverständigen den Quellcode zur Verfügung zu stellen oder in die Dekompilierung des eigenen Programms einzuwilligen. Weigere sich dieser dem nachzukommen, so könnten die Grundsätze der Beweisvereitelung Anwendung finden.[33]

6   Der Begriff des **Reverse Engineering** ist demgegenüber weiter als der des Dekompilierens.[34] Er umfasst auch Techniken der Programmanalyse, die nicht mit einer Rückübersetzung verbunden sind, insbesondere Testläufe, Speicherabzüge[35] und die Protokollierung der Signalkommunikation.[36]

Ferner unterfällt die **Disassemblierung** der Dekompilierung,[37] da sie eine Form der Aufwärtsübersetzung ist, indem sie Maschinencode in ein Assemblerprogramm umwandelt. Auch wenn etwa Kommentarzeilen etc fehlen, ist das so generierte Programm doch durch Fachleute lesbar – und nicht allein von einer Maschine, was entscheidend ist.[38]

Dagegen liegt keine Dekompilierung bei der Betrachtung einer Webseite im **HTML-Code** mit Hilfe eines Web-Browsers vor, da es schon an der Eigenschaft als Computerprogramm fehlt.[39] Selbst wenn etwa **Java-Code** als Quellcode im Rahmen eines Scripts übermittelt wird, liegt keine Übersetzung vor;[40] zudem ist jedenfalls von einer konkludenten Einwilligung auszugehen, da der Entwickler auch eine Übermittlung bzw. Anwendung im Objektcode wählen kann und eine Anzeige im Web-Browser unterbinden kann.[41]

---

[28] *Marly* Rn. 225; vgl. etwa *Ilzhöfer* CR 1990, 578 ff.; *Lietz* CR 1991, 564 ff.; sa BGH GRUR 1985, 1041 (1046 f.) – Inkasso-Programm.

[29] ZB 1 011 0101, was der Zahl 181 entspricht.

[30] Fromm/Nordemann/*Czychowski* UrhG § 69e Rn. 1; DKMH/*Kotthoff* UrhG § 69e Rn. 3.

[31] Sa *Lietz* CR 1991, 564 (565 ff.); sa auch zu den Schwierigkeiten der Dekompilierung; ferner Wandtke/Bullinger/*Grützmacher* UrhG § 69e Rn. 4; die sog. Robotic Process Automation (RPA) als Form der automatisierten Bedienung von Programmen unterfällt dem Anwendungsbereich des § 69d und dekompiliert ihrerseits die genutzte Software nicht, sodass § 69e keine Anwendung findet, überzeugend hierzu *Häuser/Schmid* CR 2018, 266 (271 ff.).

[32] BT-Drs. 12/4022, 14.

[33] S. dazu auch *Dreier* GRUR 1993, 781 (789 f.).

[34] Vgl. zum Reverse Engineering eingehend *Harte-Bavendamm* GRUR 1990, 657 ff.; *Haberstumpf* CR 1991, 129 ff.; *Thiebe* WRP 2018, 795 Rn. 43; *Marly* Rn. 226 ff.; Möhring/Nicolini/*Kaboth/Spies* UrhG § 69e Rn. 4.

[35] *Dumps,* dazu *Lietz* CR 1991, 564 (565).

[36] Sa *Vinje* GRUR-Int 1992, 250 (251 Fn. 7); zur Zulässigkeit dieser Techniken nach § 69d Abs. 3 vgl. dort → § 69d Rn. 22.

[37] Wandtke/Bullinger/*Grützmacher* UrhG § 69e Rn. 5; DKMH/*Kotthoff* UrhG § 69e Rn. 3; Dreier/Schulze/ *Dreier* UrhG § 69e Rn. 9.

[38] Wandtke/Bullinger/*Grützmacher* UrhG § 69e Rn. 5.

[39] Dazu → § 69a Rn. 21; *Ernst* MMR 2001, 208 (211 f.); Fromm/Nordemann/*Czychowski* UrhG § 69e Rn. 7; Wandtke/Bullinger/*Grützmacher* UrhG § 69e Rn. 31.

[40] *Ernst* MMR 2001, 208 (212).

[41] Zutr. Wandtke/Bullinger/*Grützmacher* UrhG § 69e Rn. 31; Fromm/Nordemann/*Czychowski* UrhG § 69e Rn. 7.

2. Interoperabilität

Interoperabilität wird im 10. Erwgr. Computerprogramm-RL als „die Fähigkeit zum Austausch **7** von Informationen und zur wechselseitigen Verwendung der ausgetauschten Informationen" definiert. Computerprogramme, auf die sich der Interoperabilitätsbegriff der Richtlinie beschränkt,[42] sind also dann interoperabel, wenn sie mit anderen Computerprogrammen zusammenarbeiten können.[43] Die **Software-Hardware-** sowie die **Hardware-Hardware-**Kommunikation erfasst § 69e dagegen nicht – sofern sie überhaupt ohne Software auskommen kann (→ Rn. 11).[44] Vielfach wird auch von Kompatibilität gesprochen, international durchgesetzt hat sich aber der Begriff der Interoperabilität.

3. Schnittstellen

Als Schnittstellen bezeichnet der 10. Erwgr. der Computerprogramm-RL diejenigen Teile eines **8** Computerprogramms, die eine Verbindung und Interaktion zwischen den Elementen von Software und Hardware ermöglichen sollen.[45] Es handelt sich also um Informationen bzw. Vereinbarungen über die Art, wie an einer bestimmten logischen Stelle im Computersystem die Daten bereitgestellt werden müssen oder die Aufrufe für Programme erfolgen müssen, damit die Interoperabilität verschiedener Systeme hergestellt wird und sie miteinander kompatibel sind.[46] Dies bedeutet im Umkehrschluss, dass ein Dekompilierungsanspruch ausscheidet, wenn jedwede Interoperabilität unmöglich ist, weil die in Frage stehende Software Schnittstellen zu der Ankopplung anderer Systeme technisch ausschließt.[47]

III. Zulässigkeitsvoraussetzungen der Dekompilierung (Abs. 1)

1. Unabhängig geschaffenes Computerprogramm

Die Dekompilierung von Computerprogrammen ist nur dann durch § 69e gedeckt, wenn es sich **9** um ein unabhängig geschaffenes Computerprogramm handelt, das mit anderen Programmen interoperabel gemacht werden soll. Es dürfen also nicht Teile der Programme, mit denen die Interoperabilität begründet werden soll, in einer Weise übernommen werden, die über den zur Herstellung der Interoperabilität erforderlichen Umfang (→ Rn. 16) hinausgeht. Dabei ist allerdings zu berücksichtigen, dass es im Urheberrecht nicht auf die objektive Neuheit der Gestaltung ankommt, sondern dass es ausreicht, wenn es sich für den Urheber (subjektiv) um etwas Neues handelt, wenn er also eine etwa schon vorhandene Gestaltungsform nicht kennt (→ § 2 Rn. 64). Das unabhängige Schaffen ist daher aus der Sicht des Programmierers zu beurteilen. In der Praxis ist daher das sog. **Clean-Room-Programming** zu empfehlen, um den Nachweis der Unabhängigkeit zu führen.[48]

2. Herstellung der Interoperabilität mit anderen Programmen

a) Dekompilierungszweck. Zweck der Dekompilierung ist die **Herstellung der Interoperabi- 10 lität.** Nur zu diesem Zweck erlaubt § 69e Dekompilierungen ohne Zustimmung des Rechtsinhabers.[49] Dekompilierungen zu anderen Zwecken bedürfen stets der Zustimmung,[50] insbesondere wenn die einem Programm zugrundeliegenden Ideen und Grundsätze ermittelt werden, wofür nur das Reverse Engineering benutzt werden kann.[51] Eine Dekompilierung zum Zweck der **Programmwartung** wird zB durch § 69e nicht erfasst, selbst dann nicht, wenn der Programmhersteller zur Wartung nicht bereit oder nicht in der Lage ist.[52] Auch zur **Fehlerberichtigung** lässt § 69e die Dekompilie-

---

[42] Fromm/Nordemann/*Czychowski* UrhG § 69e Rn. 1, 9.

[43] Fromm/Nordemann/*Czychowski* UrhG § 69e Rn. 1, 9.

[44] BT-Drs. 12/4022, 13; Fromm/Nordemann/*Czychowski* UrhG § 69e Rn. 1; *Funk/Zeifang* in Ulrich/Lejeune Rn. 44; aA Spindler/Schuster/*Wiebe* UrhG § 69e Rn. 4; Dreier/Schulze/*Dreier* UrhG § 69e Rn. 11; *Marly* Rn. 248; *Vinje* GRUR-Int 1992, 250 (251 Fn. 6).

[45] Vgl. auch Begr. RegE BT-Drs. 12/4022, 9.

[46] Vgl. dazu auch → § 69a Rn. 13; *Pilny* GRUR-Int 1995, 954 (960); *Lehmann* CR 1989, 1057 (1058); *Vinje* GRUR-Int 1992, 250 (258 ff.).

[47] BKartA Bonn NZBau 2016, 514 Rn. 165 f.

[48] *Vinje* GRUR-Int 1992, 250 (259); Wandtke/Bullinger/*Grützmacher* UrhG § 69e Rn. 10; Spindler/Schuster/*Wiebe* UrhG § 69e Rn. 5.

[49] Fromm/Nordemann/*Czychowski* UrhG § 69e Rn. 8; *Marly* Rn. 238; *Triebe* WRP 2018, 795 Rn. 44 f.

[50] Fromm/Nordemann/*Czychowski* UrhG § 69e Rn. 8; *Möhring/Nicolini/Kaboth/Spies* UrhG § 69e Rn. 7; Wandtke/Bullinger/*Grützmacher* UrhG § 69e Rn. 6 f.; Gloy/Loschelder/Erdmann/*Harte-Bavendamm/Schöler* HdB WettbewerbsR § 64 Rn. 58; *Marly* Urheberrechtsschutz S. 313; *Marly* Rn. 256; aA DKMH/*Kotthoff* UrhG § 69e Rn. 4.

[51] Wandtke/Bullinger/*Grützmacher* UrhG § 69e Rn. 7; *Vinje* GRUR-Int 1992, 250 (257); *Lehmann* NJW 1991, 2112 (2116).

[52] Dreier/Schulze/*Dreier* UrhG § 69e Rn. 12; Wandtke/Bullinger/*Grützmacher* UrhG § 69e Rn. 7; dazu näher *Marly* Urheberrechtsschutz S. 314 ff.

rung nicht zu;[53] die Beseitigung einer Dongle-Abfrage (→ § 69a Rn. 30) kann daher durch § 69e nicht gerechtfertigt werden,[54] selbst wenn das Programm infolge des Dongles fehlerhaft läuft.[55] Ebensowenig fällt die Dekompilierung zum Zweck der **Programmanpassung** unter § 69e, etwa zur Anpassung an veränderte Anforderungen oder Benutzerwünsche oder zum Zweck der **wissenschaftlichen Forschung**.[56] Auch für eine Migration kann die Dekompilierung nicht verwandt werden, da es sich nicht nur um Schnittstelleninformationen handelt,[57] ferner nicht zur Entfernung von „Spionageeinrichtungen" in einem Programm.[58] Ebenso wenig gehört **Robotic Process Automation** (→ § 69d Rn. 9b) zu den von § 69e erfassten Fällen der Interoperabilität, da die RPA-Software keine Schnittstellen zur eigentlichen Software benötigt, sondern nur die menschlichen Eingaben ersetzt.[59]

Schließlich rechtfertigt § 69e die Dekompilierung auch nicht zum Zweck des Nachweises der Identität mit anderen Programmen im **Verletzungsprozess**;[60] in der AmtlBegr. wird jedoch darauf hingewiesen, dass bei einer Verweigerung der Einwilligung des Rechtsinhabers in die Dekompilierung die Grundsätze der Beweisvereitelung Anwendung finden können (→ Rn. 5).[61] In diesem Zusammenhang steht dem Rechteinhaber der Besichtigungsanspruch nach § 101a UrhG zu.[62]

11   **b) Keine Herstellung der Interoperabilität von Hardware.** § 69e spricht von der Herstellung der Interoperabilität eines Computerprogramms. Das bedeutet, dass die Dekompilierung nur zur Herstellung der Interoperabilität von Software, nicht dagegen von Hardware gestattet ist (→ Rn. 7).[63] Bestrebungen, die Vorschrift ausdrücklich auf die Herstellung der Interoperabilität von Hardware zu erstrecken, haben sich weder im Europäischen Parlament noch im Rat durchgesetzt.[64] Die Gegenauffassung beruft sich darauf, dass sich aus Erwgr. 12 bzw. Erwgr. 10 der jetzigen Computerprogramm-RL ergäbe, dass der Interoperabilitätsbegriff der Richtlinie nicht auf Software beschränkt werden könne.[65] Zwar ist es richtig, dass der Erwägungsgrund im Hinblick auf Schnittstellen von der Kommunikation zwischen Software und Hardware spricht;[66] doch ändert dies zum einen nichts daran, dass die Richtlinie sich nur auf Computerprogramme einschließlich ihrer Schnittstellen bezieht, zum anderen, dass hier die Interoperabilität aus Sicht der Software betrachtet wird. Auch der deutsche Gesetzgeber hat bei der Umsetzung Wert hierauf gelegt.[67] Bei **embedded Software** bleibt es indes dabei, dass diese zu den von § 69e privilegierten Zwecken dekompiliert werden darf.[68] Die fehlende Erstreckung auf Hardware schließt kartellrechtliche Pflichten zur Schaffung der Interoperabilität bei Hardware nicht aus.[69]

12   **c) Andere Programme.** Andere Programme sind **nicht nur das dekompilierte Programm,** sondern auch sonstige Programme. Die ursprüngliche Formulierung, die die Herstellung der Interoperabilität auf das dekompilierte Programm beschränkte, wurde verworfen.[70] Dekompilierung ist also nicht nur zum Zweck der Herstellung von Interoperabilität mit dem dekompilierten Programm gestattet. Das bedeutet, dass auch zum Zweck der Schaffung von Programmen dekompiliert werden darf,

[53] Dreier/Schulze/*Dreier* UrhG § 69e Rn. 12; Möhring/Nicolini/*Kaboth/Spies* UrhG § 69e Rn. 4; Fromm/Nordemann/*Czychowski* UrhG § 69e Rn. 12; *Raubenheimer* CR 1996, 69 (76); das Gleiche gilt für § 69d, dort → § 69d Rn. 3 und 22; aA DKMH/*Kotthoff* UrhG § 69e Rn. 4.
[54] Fromm/Nordemann/*Czychowski* UrhG § 69e Rn. 15.
[55] OLG Karlsruhe CR 1996, 341 (342) mzustAnm *Raubenheimer; Raubenheimer* NJW-CoR 1996, 174 (178 f.); Möhring/Nicolini/*Kaboth/Spies* UrhG § 69e Rn. 7; vgl. auch die Entscheidung der Vorinstanz LG Mannheim CR 1995, 542; s. ferner LG Düsseldorf CR 1996, 737 (739); zum Begriff des Dongles vgl. → § 69f Rn. 10.
[56] Dreier/Schulze/*Dreier* UrhG § 69e Rn. 12; Wandtke/Bullinger/*Grützmacher* UrhG § 69e Rn. 7; sa *Marly* Urheberrechtsschutz S. 317; *Marly* Rn. 257.
[57] Dreier/Schulze/*Dreier* UrhG § 69e Rn. 12; Wandtke/Bullinger/*Grützmacher* UrhG § 69e Rn. 4; dagegen aber OLG Düsseldorf CR 2001, 371 (372), was letztlich aber auf fehlendem Sachvortrag im Verfahren beruhte; *Schweyer* S. 137.
[58] OLG Frankfurt a. M. GRUR 2015, 784 Rn. 49 – Objektcode.
[59] *Häuser/Schmid* CR 2018, 266 (271 f.).
[60] Wandtke/Bullinger/*Grützmacher* UrhG § 69e Rn. 7, 30; Möhring/Nicolini/*Kaboth/Spies* UrhG § 69e Rn. 7; Dreier/Schulze/*Dreier* UrhG § 69e Rn. 12; *Redeker* CR 2010, 426 (427).
[61] Begr. BRegE BT-Drs. 12/4022, 13 unter Verweis auf BGH NJW 1967, 2012 f.; MDR 1984, 48.
[62] *Spindler/Weber* ZUM 2007, 257 (263 ff.).
[63] BT-Drs. 12/4022, 13; Wandtke/Bullinger/*Grützmacher* UrhG § 69e Rn. 9, 27 f.; Fromm/Nordemann/*Czychowski* UrhG § 69e Rn. 1, 9; Möhring/Nicolini/*Kaboth/Spies* UrhG § 69e Rn. 9; aA Dreier/Schulze/*Dreier* UrhG § 69e Rn. 11; Spindler/Schuster/*Wiebe* UrhG § 69e Rn. 4; DKMH/*Kotthoff* UrhG § 69e Rn. 4; *Marly* Rn. 254; *Vinje* GRUR-Int 1992, 250 (251 Fn. 6).
[64] Begr. RegE BT-Drs. 12/4022, 13; *Marly* Urheberrechtsschutz S. 322 ff.; Wandtke/Bullinger/*Grützmacher* UrhG § 69e Rn. 27; Kilian/Heussen/*Czychowski/Siesmayer* CHB 1. Abschnitt Teil 2, 20.4 Rn. 53; s. dazu auch *Schulte* CR 1992, 648 (654 ff.); *Moritz* CR 1993, 257 (266).
[65] Dreier/Schulze/*Dreier* UrhG § 69e Rn. 11; *Marly* Rn. 248.
[66] Erwgr 10: „Zu diesem Zweck ist eine logische und, wenn zweckmäßig, physische Verbindung und Interaktion notwendig, um zu gewährleisten, dass Software und Hardware mit anderer Software und Hardware und Benutzern wie beabsichtigt funktionieren können. Die Teile des Programms, die eine solche Verbindung und Interaktion zwischen den Elementen von Software und Hardware ermöglichen sollen, sind allgemein als ‚Schnittstellen' bekannt."
[67] BT-Drs. 12/4022, 13.
[68] Wandtke/Bullinger/*Grützmacher* UrhG § 69e Rn. 9; *Schweyer* S. 133 ff.
[69] S. dazu Wandtke/Bullinger/*Grützmacher* UrhG § 69e Rn. 28 mwN.
[70] Dazu näher *Vinje* GRUR-Int 1992, 250 (255 ff.); *Moritz* CR 1993, 257 (266); *Schulte* CR 1992, 648 (653 f.).

die in der Interoperabilität mit anderen Programmen mit dem dekompilierten Programm **in Wettbewerb stehen** bzw. dieses ersetzen können.[71] Es ist beispielsweise zulässig, dass ein Softwareingenieur das PC-BIOS von IBM dekompiliert, um die Schnittstellenspezifizierungen zu ermitteln und diese Spezifizierungen dann unabhängig in einem nicht verletzenden PC-BIOS zu implementieren, das mit anderen Programmen[72] in derselben Weise zusammenarbeitet wie das IBM PC-BIOS.[73] Teilweise wird allerdings angenommen, die Dekompilierung zwecks Herstellung konkurrierender Programme verstoße gegen § 69e Abs. 3.[74]

3. Unerlässlichkeit zum Erhalt der erforderlichen Informationen

Nur für die Informationen, die zur Herstellung der Interoperabilität erforderlich sind, ist die De- **13** kompilierung zulässig. Andere Informationen dürfen durch das Dekompilieren nicht gewonnen werden. Mit dieser Voraussetzung soll sichergestellt werden, dass keine Offenlegung von Know-how erfolgt, die nicht durch den Gesetzeszweck der Herstellung von Interoperabilität gedeckt ist.[75] Bei den erforderlichen Informationen wird es sich in der Regel um die Schnittstellen handeln, die die Interoperabilität ermöglichen. **Unerlässlichkeit** bedeutet, dass die Informationen nicht auf anderem Wege zu beschaffen sein dürfen; die Dekompilierung muss das letzte aller möglichen Mittel sein.[76] Lassen sich die Informationen bereits mit den nach § 69d Abs. 3 zulässigen Maßnahmen[77] gewinnen, so ist die Dekompilierung nicht unerlässlich.[78] Zum Verhältnis zu Abs. 1 Nr. 2 und 3 → Rn. 15 und 16.

4. Berechtigte Personen (Abs. 1 Nr. 1)

Berechtigt zur Vornahme der Dekompilierung sind nach Abs. 1 Nr. 1 nur der Nutzungsberechtigte **14** (Lizenznehmer) sowie weitere zur Verwendung des Programms Berechtigte,[79] ferner die von diesen Personen Ermächtigten. Dafür kommen insbesondere Fachleute in Betracht, die in der Lage sind, eine Dekompilierung durchzuführen. Liegt eine solche Ermächtigung nicht vor, so darf die Dekompilierung nicht ohne Zustimmung des Rechtsinhabers erfolgen. Auch kann sich ein Dritter nicht auf die Ermächtigung durch den Nutzer berufen, wenn er die Dekompilierung nur zu eigenen Zwecken durchführen will.[80]

5. Fehlende Zugänglichkeit der Informationen (Abs. 1 Nr. 2)

Die für die Herstellung der Interoperabilität notwendigen Informationen dürfen den Berechtigten **15** (→ Rn. 14) noch nicht ohne Weiteres zugänglich gemacht worden sein. Diese Voraussetzung überschneidet sich mit dem Merkmal der Unerlässlichkeit: sind die Informationen bereits zugänglich gemacht, so ist die Dekompilierung nicht unerlässlich.[81] Der Programmhersteller bzw. Rechtsinhaber hat es also in der Hand, durch die Zurverfügungstellung der Informationen die Dekompilierung seines Programms auszuschließen. **Ohne Weiteres zugänglich** sind die Informationen, wenn sie veröffentlicht, in der Begleitdokumentation zum Programm enthalten oder vom Programmhersteller auf Anforderung zu erhalten sind; auch die Veröffentlichung auf einer Webseite genügt, sofern diese noch zugänglich ist.[82] Dazu gehört auch, dass sie auf Nachfrage kostenlos oder gegen Erstattung lediglich der Unkosten zu erhalten sind.[83] Der Nutzer ist aber gehalten, von sich aus beim Hersteller nachzufragen, da er nicht von sich aus berechtigt ist, zu dekompilieren, sondern sich Gewissheit verschaffen

---

[71] Stellungnahme der EG-Kommission an das Parlament, Dok. SEK [91] 87 endg. – SYN 183 v. 18.1.1991; *Vinje* GRUR-Int 1992, 250 (255 ff.); OLG Düsseldorf CR 2001, 371 (372); Dreier/Schulze/*Dreier* UrhG § 69e Rn. 11; Wandtke/Bullinger/*Grützmacher* UrhG § 69e Rn. 8; Fromm/Nordemann/*Czychowski* UrhG § 69e Rn. 9; Möhring/Nicolini/*Kaboth/Spies* UrhG § 69e Rn. 8; *Haberstumpf* in Lehmann, Rechtsschutz, Kap. II Rn. 175; *Wiebe* JIPITEC (2) 2011, 89 (91); *Dreier* CR 1991, 577 (582); sa *Marly* Urheberrechtsschutz S. 316 f.

[72] ZB Lotus 1–2–3 und dBase IV.

[73] Beispiel nach *Vinje* GRUR-Int 1992, 250 (256).

[74] Dazu *Moritz* CR 1993, 257 (266); Kilian/Heussen/*Czychowski/Siesmayer* CHB 1. Abschnitt Teil 2. 20.4 Rn. 53, jeweils mwN.

[75] *Marly* Rn. 240.

[76] Dreier/Schulze/*Dreier* UrhG § 69e Rn. 10; Fromm/Nordemann/*Czychowski* UrhG § 69e Rn. 10; Wandtke/Bullinger/*Grützmacher* UrhG § 69e Rn. 13; DKMH/*Kotthoff* UrhG § 69e Rn. 8; *Marly* Urheberrechtsschutz S. 319; *Lehmann* NJW 1991, 2112 (2116); Gloy/Loschelder/Erdmann/*Harte-Bavendamm/Schöler* HdB WettbewerbsR § 64 Rn. 58.

[77] Vgl. → § 69d Rn. 22.

[78] *Dreier* CR 1991, 577 (582); sa *Vinje* GRUR-Int 1992, 250 (257).

[79] Vgl. dazu → § 69d Rn. 4.

[80] Wandtke/Bullinger/*Grützmacher* UrhG § 69e Rn. 12.

[81] sa *Marly* Urheberrechtsschutz S. 319; *Dreier* CR 1991, 577 (582).

[82] Dreier/Schulze/*Dreier* UrhG § 69e Rn. 15; Wandtke/Bullinger/*Grützmacher* UrhG § 69e Rn. 14.

[83] Möhring/Nicolini/*Kaboth/Spies* UrhG § 69e Rn. 12; *Lehmann*, Rechtsschutz, Kap. I A Rn. 21; *Marly* NJW-CoR 1993, 21 (23 f.); sa *Schulte* CR 1992, 648 (650); strenger Wandtke/Bullinger/*Grützmacher* UrhG § 69e Rn. 14: immer kostenlos; ähnlich *Haberstumpf* in Lehmann, Rechtsschutz, Kap. II Rn. 174; aA DKMH/*Kotthoff* UrhG § 69e Rn. 10, nach dem die bei der Herausgabe der Informationen zwingenden entstehenden Kosten verlangt werden könnten.

muss.[84] Auch wenn diese Pflicht zur Nachfrage eine Hürde darstellen sollte,[85] wird nur eine Pflicht zur Nachfrage dem Know-how schützenden Sinn und Zweck der Vorschrift gerecht.[86] Ist die Nachfrage aber umständlich oder wird nicht in kurzer Zeit beantwortet, so sind die Informationen nicht ohne Weiteres zugänglich und der Nachfragende ist zur Dekompilierung berechtigt.[87]

6. Beschränkung auf die notwendigen Programmteile (Abs. 1 Nr. 3)

16   Die Berechtigung zum Dekompilieren beschränkt sich auf diejenigen Programmteile, deren Dekompilierung zur Herstellung der Interoperabilität erforderlich ist. Damit soll einem Missbrauch des § 69e zum Zweck der unlauteren Aneignung fremden Programmentwicklungsaufwandes vorgebeugt werden. Auch diese Voraussetzung überschneidet sich mit dem Merkmal der Unerlässlichkeit; die Dekompilierung von Programmteilen, die nicht dekompiliert zu werden brauchen, ist nicht unerlässlich.[88] Die Entscheidung, welche Programmteile dekompiliert werden dürfen, wird sich nur im Einzelfall treffen lassen. Es ist jedoch nicht nur die Dekompilierung als solcher gekennzeichneter oder benannter Schnittstellen vom Zustimmungserfordernis ausgenommen,[89] sondern auch die inoffiziellen Schnittstellen, die aber für die Interoperabilität erforderlich sind.[90] Ist nicht bekannt, welche Programmteile die erforderlichen Informationen liefern, so dürfen auch solche Programmteile dekompiliert werden, bei denen die Informationen zu vermuten, wenngleich tatsächlich nicht vorhanden sind.[91] Denn der Nutzer weiß oft nicht im Vorhinein, welche Teile für die Herstellung der Interoperabilität erforderlich sind.[92] Es muss aber zuvor versucht werden, die in Frage kommenden Programmteile mit anderen Mitteln einzugrenzen, einschließlich einer Programmanalyse nach § 69d Abs. 3.[93]

IV. Erlaubte Handlungen

1. Vervielfältigung des Codes und Übersetzung der Codeform

17   Als Dekompilierungshandlungen lässt § 69e die Vervielfältigung des Codes und die Übersetzung der Codeform iSd § 69c Nr. 1 und 2 zu. Es handelt sich um diejenigen Maßnahmen, die die Rückerschließung in eine andere Programmsprache (→ Rn. 4) ermöglichen.[94] Zulässig sind **alle Formen der Vervielfältigung**[95] sowie **jede Übertragung der Codeform eines Computerprogramms in eine andere Codeform.** Erfasst wird nicht nur die Übersetzung aus dem Objektcode in den Quellcode,[96] sondern auch in **frühere Programmstufen;**[97] ebenso die **Redekompilierung,** also das Wiederübersetzen des rückerschlossenen Quellcodes in den Objektcode, etwa um durch den Programmlauf des rekonstruierten Objektcodes Übereinstimmungen und Abweichungen gegenüber dem ursprünglichen Objektcode festzustellen.[98] Voraussetzung ist freilich stets, dass diese Maßnahmen für die zur Herstellung der Interoperabilität erforderliche Informationsgewinnung unerlässlich (→ Rn. 13) sind. Gestattet ist auch der Einsatz von **Softwarewerkzeugen** wie Dekompiler-Programmen, Programmcode/Graphik-Umsetzerprogrammen, Rekompilierungs-Programmen[99] und ähnlichen Tools,[100] insbesondere auch das Disassemblieren (→ Rn. 6),[101] sofern damit nicht eine Vervielfältigung oder Übersetzung nicht notwendiger Programmteile (→ Rn. 16) verbunden ist.[102]

---

[84] Wandtke/Bullinger/*Grützmacher* UrhG § 69e Rn. 15; Dreier/Schulze/*Dreier* UrhG § 69e Rn. 15; aA Fromm/Nordemann/*Czychowski* UrhG § 69e Rn. 11; *Marly* Rn. 241, Fn. 663.
[85] Fromm/Nordemann/*Czychowski* UrhG § 69e Rn. 11.
[86] Wandtke/Bullinger/*Grützmacher* UrhG § 69e Rn. 15.
[87] Dreier/Schulze/*Dreier* UrhG § 69e Rn. 15; Wandtke/Bullinger/*Grützmacher* UrhG § 69e Rn. 15; *Haberstumpf* in Lehmann, Rechtsschutz, Rn. 174; Möhring/Nicolini/*Kaboth*/*Spies* UrhG § 69e Rn. 12; Spindler/Schuster/*Wiebe* UrhG § 69e Rn. 7; gegen jegliche Nachfragepflicht *Vinje* GRUR-Int 1992, 250 (257); *Marly* Urheberrechtsschutz S. 319; Fromm/Nordemann/*Czychowski* UrhG § 69e Rn. 11.
[88] Sa *Marly* Urheberrechtsschutz S. 319.
[89] Dreier/Schulze/*Dreier* UrhG § 69e Rn. 16; Wandtke/Bullinger/*Grützmacher* UrhG § 69e Rn. 16.
[90] Dreier/Schulze/*Dreier* UrhG § 69e Rn. 16.
[91] Wandtke/Bullinger/*Grützmacher* UrhG § 69e Rn. 16.
[92] Wandtke/Bullinger/*Grützmacher* UrhG § 69e Rn. 16; *Wiebe* JIPITEC (2) 2011, 89 (91).
[93] *Marly* Urheberrechtsschutz S. 319; sa *Vinje* GRUR-Int 1992, 250 (257); zurückhaltender Wandtke/Bullinger/*Grützmacher* UrhG § 69e Rn. 17: nur wenn kein übermäßiger Aufwand für Reverse Engineering.
[94] Näher dazu *Marly* Urheberrechtsschutz S. 273 ff.; *König* GRUR 1989, 559 ff.
[95] Zum Begriff der Vervielfältigung vgl. → § 69c Rn. 5; *Werner* CR 2013, 516 (521): aber stets nur mit Einwilligung des jeweiligen Rechteinhabers.
[96] Zu den Begriffen vgl. → Rn. 4.
[97] *Koch* NJW-CoR 1994, 293 (298).
[98] *Koch* NJW-CoR 1994, 293 (298).
[99] Fromm/Nordemann/*Czychowski* UrhG § 69e Rn. 6.
[100] Zur Technik sa *Haberstumpf* CR 1991, 129 (133) mwN.
[101] Dreier/Schulze/*Dreier* UrhG § 69e Rn. 9; Wandtke/Bullinger/*Grützmacher* UrhG § 69e Rn. 5; Fromm/Nordemann/*Czychowski* UrhG § 69e Rn. 6.
[102] *Koch* NJW-CoR 1994, 293 (298).

Nicht durch § 69e gestattet sind die in § 69c Nr. 2 genannten **sonstigen Formen der Umarbeitung,** es sei denn, dass es sich um zur Übersetzung notwendige Maßnahmen handelt.[103]

2. Verwendung der gewonnenen Informationen

Die Zulässigkeit der Informationsgewinnung zur Herstellung der Interoperabilität von Programmen **18** impliziert, dass der Entwickler des unabhängig geschaffenen Programms auch in der Lage sein muss, die gewonnenen Informationen in seinem Programm zu verwerten.[104] Das ist unproblematisch, solange lediglich die **Schnittstellenspezifikationen,** dh die zu den nach § 69a Abs. 2 S. 2 nicht geschützten Ideen und Grundsätzen der Schnittstellen gehörenden Regeln und Methoden der Interoperabilität[105] übernommen werden. Es lässt sich aber, wenn die Interoperabilität sichergestellt sein soll, die Übernahme der Ausdrucksform, der **konkreten Implementierung und Anwendung** dieser Ideen und Grundsätze im Programm nicht immer vermeiden[106] – von den Abgrenzungsschwierigkeiten einmal ganz abgesehen. Da diese Elemente dem Urheberrechtsschutz unterliegen,[107] stellt sich die Frage, ob eine Übernahme auch insoweit zulässig ist. Das ist prinzipiell zu bejahen. Zweck des § 69e bzw. Art. 6 der Richtlinie ist es, die Verbindung aller Elemente eines Computersystems, auch solcher verschiedener Hersteller zu ermöglichen, so dass sie zusammenwirken können.[108] Dieses Ziel ließe sich nicht erreichen, wenn nicht auch in Fällen, in denen dies erforderlich ist, die Übernahme geschützter Schnittstellenmerkmale zulässig wäre.[109] Die Einschränkung des Vervielfältigungsrechts durch § 69e kann sich also auch auf **urheberrechtlich schutzfähige Schnittstellenelemente** erstrecken, allerdings nur, soweit die Übernahme unvermeidlich ist. Grenzen können sich immer noch aus § 69e Abs. 3 ergeben. Soweit schutzfähige Schnittstellenelemente übernommen werden dürfen, muss auch ihre Verbreitung zusammen mit dem unabhängig geschaffenen Programm möglich sein.[110]

V. Verbot anderweitiger Verwendung (Abs. 2)

1. Verwendung zu anderen Zwecken (Abs. 2 Nr. 1)

Abs. 2 enthält eine Reihe weiterer Kauteln, die die Verwendung der durch Dekompilierung ge- **19** wonnenen Informationen betrifft und durch die eine missbräuchliche Benutzung dieser Informationen verhindert werden soll. Anders als die nach § 69d Abs. 3 gewonnenen Informationen dürfen die aus der Dekompilierung stammenden Resultate **nur zur Herstellung der Interoperabilität** des unabhängig geschaffenen Programms verwendet werden (Abs. 2 Nr. 1). Jede andere Verwendung, etwa zu Forschungszwecken oder zum Nachweis der Übereinstimmung im Verletzungsprozess, ist nur mit Zustimmung des Rechteinhabers des dekompilierten Programms zulässig. Auch zur Herstellung anderer Programme, die nicht mit dem dekompilierten Programm interoperabel sein sollen, ist die Verwendung der Informationen nicht gestattet.[111] Das Verwendungsverbot bezieht sich nicht nur auf urheberrechtlich geschützte, sondern auch auf urheberrechtlich nicht schutzfähige Informationen.[112] § 69e Abs. 2 Nr. 1 ist neben dem Abs. 1 nicht überflüssig,[113] sondern hat Bedeutung, wenn ein interoperables Programm hergestellt wurde und es um die Frage geht, ob die dabei erhaltenen Informationen noch weiter verwendet werden können.[114]

2. Weitergabe an Dritte (Abs. 2 Nr. 2)

Nach Abs. 2 Nr. 2 dürfen die Informationen nicht an Dritte weitergegeben werden, es sei denn, **20** dass dies für die Interoperabilität des unabhängig geschaffenen Programms notwendig ist. Eine solche

---

[103] OLG Düsseldorf CR 2001, 371 (372); *Koch* NJW-CoR 1994, 293 (298); aA OLG Karlsruhe NJW 1996, 2583 (2584); Fromm/Nordemann/*Czychowski* UrhG § 69e Rn. 5; Wandtke/Bullinger/*Grützmacher* UrhG § 69e Rn. 4.
[104] Sa *Haberstumpf* in Lehmann, Rechtsschutz, Kap. II Rn. 173 mwN.
[105] Vgl. dazu → § 69a Rn. 13.
[106] S. dazu auch *Haberstumpf* in Lehmann, Rechtsschutz, Kap. II Rn. 173; *Vinje* GRUR-Int 1992, 250 (259); *Marly* Rn. 249 f.
[107] Vgl. → § 69a Rn. 13.
[108] 15. Erwgr. der Richtlinie.
[109] Wie hier *Haberstumpf* in Lehmann, Rechtsschutz, Kap. II Rn. 173; *Marly* Urheberrechtsschutz S. 324; im Ergebnis auch *Vinje* GRUR-Int 1992, 250 (258 ff.); sa *Schulte* CR 1992, 648 (650); *Dreier* CR 1991, 577 (583); aA Wandtke/Bullinger/*Grützmacher* UrhG § 69e Rn. 11: über Wortlaut hinaus, zudem genüge Clean-Room-Programming.
[110] *Haberstumpf* in Lehmann, Rechtsschutz, Kap. II Rn. 173; dagegen Wandtke/Bullinger/*Grützmacher* UrhG § 69e Rn. 11; *Wiebe* JIPITEC (2) 2011, 89 (92).
[111] *Marly* Urheberrechtsschutz S. 320.
[112] Ganz hM, vgl. Dreier/Schulze/*Dreier* UrhG § 69e Rn. 18; Fromm/Nordemann/*Czychowski* UrhG § 69e Rn. 13; Wandtke/Bullinger/*Grützmacher* UrhG § 69e Rn. 20; Mestmäcker/Schulze/*Haberstumpf* UrhG § 69e Rn. 13; Möhring/Nicolini/*Kaboth/Spies* UrhG § 69e Rn. 14; *Marly* Urheberrechtsschutz S. 319 ff.; aA Walter/*Blocher,* Europäisches Urheberrecht, Software-RL, Art. 6 Rn. 34 ff.
[113] So aber Fromm/Nordemann/*Czychowski* UrhG § 69e Rn. 13.
[114] *Marly* Rn. 243.

Notwendigkeit kann beispielsweise dann bestehen, wenn der Hersteller des unabhängig geschaffenen Programms die Schnittstelleninformationen an seine Kunden weitergeben muss, um die Lauffähigkeit seines Programms sicherzustellen.[115] Unzulässig ist dagegen die **Veröffentlichung** der durch Dekompilierung erlangten Informationen in der Fachliteratur ohne Zustimmung des Rechtsinhabers, wie dies früher häufig zu geschehen pflegte.[116] Ebenfalls nicht durch § 69e gedeckt ist die Weitergabe der Informationen an **andere Programmhersteller,** die interoperable Programme schaffen wollen.[117] Abs. 2 Nr. 2 bezieht die Notwendigkeit für die Interoperabilität auf „das" unabhängig geschaffene Programm und nicht auf „ein" unabhängig geschaffenes Programm.[118] Die anderen Programmhersteller müssen also selbst die Dekompilierung durchführen. Dieses Weitergabeverbot dient dem Schutz der Rechtsinhaber vor einer unkontrollierten Verbreitung der Informationen, erschwert aber angesichts des mit einer Dekompilierung verbundenen Aufwandes die Herstellung interoperabler Programme für kleine und mittlere Hersteller.[119]

3. Verwendung für urheberrechtsverletzende Handlungen (Abs. 2 Nr. 3)

21 Abs. 2 Nr. 3 untersagt die Verwendung der Informationen für die **Entwicklung, Herstellung oder Vermarktung eines Programms mit im Wesentlichen ähnlicher Ausdrucksform**[120] sowie für **andere urheberrechtsverletzende Handlungen.** Auch bei dieser Bestimmung handelt es sich um eine zusätzliche Kautele zugunsten der Rechtsinhaber, die sich teilweise mit anderen Regelungen überschneidet. Die Vermarktung urheberrechtsverletzender Programme ist als Verbreitung ebenso wie die Begehung sonstiger urheberrechtsverletzender Handlungen schon nach den allgemeinen Regelungen des Urheberrechts unzulässig; Abs. 2 Nr. 3 hat insoweit keine eigenständige Bedeutung. Eine eigenständige Funktion hat die Vorschrift nur insofern, als der Rechtsschutz für dekompilierte Computerprogramme gegenüber Verletzungsprogrammen, die die dekompilierten Informationen benutzen, auf die Stufe der Entwicklung und Herstellung vorverlagert wird.[121]

VI. Interessenabwägung (Abs. 3)

22 Die Vorschrift des Abs. 3 hat zu den verschiedensten Deutungen Anlass gegeben.[122] Der ihr zugrundeliegende Art. 6 Abs. 3 der Richtlinie besagt, dass zur Wahrung der Übereinstimmung mit der RBÜ die Bestimmungen über die Dekompilierung nicht in einer Weise ausgelegt werden dürfen, die die rechtmäßigen Interessen des Rechtsinhabers in unvertretbarer Weise beeinträchtigt oder im Widerspruch zur normalen Nutzung des Computerprogramms steht. Damit wird auf den Dreistufentest des Art. 9 Abs. 2 RBÜ Bezug genommen. Der deutsche Gesetzgeber hat nicht den Richtlinientext, sondern die allgemeinere Formulierung des Art. 9 Abs. 2 RBÜ übernommen.[123] Ob es der Umsetzung insoweit überhaupt bedurft hätte, ist zu Recht angezweifelt worden, weil Deutschland als Mitglied der RBÜ ohnehin an deren Vorschriften gebunden ist[124] und zur Einhaltung des Dreistufentestes auch nach Art. 13 TRIPS und Art. 10 WCT verpflichtet ist.[125] Des Weiteren sieht sie sich nicht zuletzt wegen ihrer Unbestimmtheit Kritik ausgesetzt.[126] Einen Sinn erhält Abs. 3 erst dann, wenn man ihn als nochmalige Verpflichtung versteht, bei der Anwendung des § 69e einen **Interessenausgleich** zwischen den Belangen des Inhabers der Rechte am Computerprogramm und dem Benutzer des Programms herbeizuführen.[127] Immerhin hat das LG Düsseldorf die Vorschrift herangezogen, um die Unzulässigkeit der Beseitigung einer Dongle-Abfrage – also einer technischen Maßnahme zur Verhinderung der Nutzbarkeit von unberechtigten Vervielfältigungsstücken – zu begründen;[128] was gleichermaßen allgemein für die Beseitigung von Kopierschutzmaßnahmen gelten muss.[129] Hinsichtlich der vom Dreistufentest geforderten Nichtbeeinträchtigung einer **normalen Verwertung** (Art. 13 TRIPs) ist auf die gewährten und verkehrsüblichen Nutzungsmöglichkeiten

---

[115] *Vinje* GRUR-Int 1992, 250 (258).
[116] *Marly* Urheberrechtsschutz S. 321.
[117] Wandtke/Bullinger/*Grützmacher* UrhG § 69e Rn. 21.
[118] Ebenso *Marly* Urheberrechtsschutz S. 320.
[119] Dazu näher *Marly* Urheberrechtsschutz S. 320.
[120] Dh für Programme, die das dekompilierte Programm verletzen. EuGH GRUR 2012, 814 Rn. 60 – SAS Institute; *Eichelberger* WRP 2013, 852 Rn. 69.
[121] *Marly* Urheberrechtsschutz S. 321 f.; zur Entstehung der Bestimmung *Vinje* GRUR-Int 1992, 250 (258); dagegen aber Wandtke/Bullinger/*Grützmacher* UrhG § 69e Rn. 23: hier greift bereits Vervielfältigungsrecht.
[122] S. den Überblick bei *Marly* Urheberrechtsschutz S. 325; sa Dreier/Schulze/*Dreier* UrhG § 69e Rn. 22.
[123] AmtlBegr. BT-Drs. IV/270, 13.
[124] Vgl. dazu *Marly* Urheberrechtsschutz S. 325; *Vinje* GRUR-Int 1992, 250 (258); sa *Schulte* CR 1992, 648 (654).
[125] *Marly* Rn. 252, der die Vorschrift daher für „überflüssig" hält; ähnl. Wandtke/Bullinger/*Grützmacher* UrhG § 69e Rn. 24.
[126] *Marly* Rn. 251.
[127] In diesem Sinne auch *Marly* Urheberrechtsschutz S. 326; ähnlich Wandtke/Bullinger/*Grützmacher* UrhG § 69e Rn. 24; *Lehmann* GRUR-Int 1991, 327 (334).
[128] CR 1996, 737 (739); sa OLG Düsseldorf BB 1997, 7; DKMH/*Kotthoff* UrhG § 69e Rn. 17.
[129] DKMH/*Meckel* UrhG § 69e Rn. 17.

abzustellen. Wird das Programm dagegen derart dekompiliert, dass unverhältnismäßige, über Verluste an Lizenzen durch die Entwicklung konkurrierender Produkte hinausgehende Einkommensverluste für den Entwickler eintreten, kann § 69e nicht mehr greifen.[130] Dies gilt etwa bei Reputationsschäden für den Entwickler und Risiken für die Allgemeinheit durch Fremdprodukte.[131] Auch für sog. **Cheats** (die ua unterteilt werden können in „Cheatbots" und „Cracks"), dh solche Programme, mit denen zugunsten des „Betrügenden" bzw. Nutzers Änderungen an dem Spiel vorgenommen werden,[132] kann § 69e Abs. 3 Bedeutung erlangen. Von Bedeutung sind insbesondere erhebliche Auswirkungen auf das Spiel und den Hersteller, die durch negative Reaktionen ehrlicher Spieler ausgelöst werden, wenn ein Spiel als durch Cheater stark beeinflusst bzw. manipuliert in Verruf gerät.[133] Durch diese Abschreckung der ehrlichen Spieler kann es zu beträchtlichen Umsatzeinbußen zulasten des Spieleherstellers kommen, wodurch iSd § 69e Abs. 3 die „normale Auswertung des Werkes beeinträchtigt […] [sowie] die berechtigten Interessen des Rechtsinhabers unzumutbar verletzt" werden.[134] Dabei ist jedoch genau danach zu differenzieren, ob der Herstellung des Cheatprogramms tatsächlich eine Dekompilierung des Objektcodes des betroffenen Programms zugrunde liegt. Legt etwa das Computerprogramm lediglich in Klartext einen Wert im Arbeitsspeicher oder in einer Spielstandsicherungsdatei ab und das Cheatprogramm manipuliert diesen, damit das betroffene Programm ab dem Zeitpunkt einen anderen Wert nutzt (zB der Geldbetrag, der im Spiel genutzt werden kann), wird gar nicht auf den Spielecode als solchen eingewirkt,[135] es ist dafür keine Übersetzung in eine andere Codeform erforderlich und es liegt dementsprechend keine Handlung iSv § 69e vor. Basiert die Beeinflussung des Computerprogramms jedoch gerade auf den Informationen über den Quellcode, die durch die Dekompilierung des Objektcodes gewonnen wurden, und ist dadurch die normale Auswertung des Werkes in der dargestellten Weise beeinträchtigt, kann die Dekompilierung nicht durch § 69e gerechtfertigt sein.[136]

VII. Verhältnis zum UWG

23 § 69e schließt die Anwendung anderer Vorschriften, insbesondere die des UWG nicht grds. aus, § 69g Abs. 1.[137] Auf die allgemeine Kommentierung zum Verhältnis von UrhG und UWG (→ Vor §§ 69a ff. Rn. 13 ff.) wird ergänzend verwiesen. Der **Geheimnis- und Know-how-Schutz** nach § 17 Abs. 2 UWG ist bei Eingreifen der Voraussetzungen des § 69e jedoch gesperrt, da bei den nach § 69e zulässigen Handlungen nicht von „unbefugt" im Rahmen des § 17 Abs. 2 UWG die Rede sein kann (zum Verhältnis zum GeschGehG → Vor §§ 69a ff. Rn. 15a).[138] Andere gehen davon aus, dass § 69e lex specialis sei.[139] Es wäre schwer verständlich, warum sich das Interesse des Nutzers im strengeren Urheberrecht durchsetzen sollte, im UWG dagegen nicht.[140] Der Schutz durch das UWG kann insbesondere dann Bedeutung erlangen, wenn im Ausland eine – nach deutschem bzw. EU-Recht unzulässige – Dekompilierung vorgenommen wurde und das konkurrierende Produkt dann im Inland vertrieben wird, da keine im Inland begangene Urheberrechtsverletzung vorliegt, wohl aber ein wettbewerbsrechtlicher Verstoß gem. §§ 3 Abs. 1, 4 Nr. 3, 4 (§ 4 Nr. 9, 10 aF)[141] UWG.[142]

§ 69f Rechtsverletzungen

(1) [1]**Der Rechtsinhaber kann von dem Eigentümer oder Besitzer verlangen, daß alle rechtswidrig hergestellten, verbreiteten oder zur rechtswidrigen Verbreitung bestimmten Vervielfältigungsstücke vernichtet werden.** [2]**§ 98 Abs. 3 und 4 ist entsprechend anzuwenden.**

(2) **Absatz 1 ist entsprechend auf Mittel anzuwenden, die allein dazu bestimmt sind, die unerlaubte Beseitigung oder Umgehung technischer Programmschutzmechanismen zu erleichtern.**

---

[130] *Werner* CR 2013, 516 (522).
[131] Wandtke/Bullinger/*Grützmacher* UrhG § 69e Rn. 25.
[132] *Werner* CR 2013, 516 (518 f.).
[133] *Werner* CR 2013, 516 (519).
[134] *Werner* CR 2013, 516 (519).
[135] *Spindler* CR 2012, 417 (419).
[136] *Werner* CR 2013, 516 (522).
[137] Köhler/Bornkamm/Feddersen/*Köhler* UWG § 17 Rn. 12.
[138] → Vor §§ 69a ff. Rn. 15; LG Mannheim NJW 1995, 3322 (3323); Dreier/Schulze/*Dreier* UrhG § 69e Rn. 5; *Heymann* CR 2012, 431 (433), der zusätzlich auf § 69d Abs. 3 rekurriert.
[139] Fromm/Nordemann/*Czychowski* UrhG § 69e Rn. 19; Dreier/Schulze/*Dreier* UrhG § 69e Rn. 5; Spindler/Schuster/*Wiebe* UrhG § 69e Rn. 13.
[140] Köhler/Bornkamm/Feddersen/*Köhler* UWG § 17 Rn. 12; Ohly/Sosnitza/*Ohly* UWG § 17 Rn. 26a, 47. Wandtke/Bullinger/*Grützmacher* UrhG § 69e Rn. 32; *Marly* Urheberrechtsschutz S. 302 f.; *Wiebe* JIPITEC (2) 2011, 89 (92); *Haberstumpf* in Lehmann, Rechtsschutz, Rn. 172 f., 177; *Raubenheimer* CR 1994, 264 (269); *Schulte* CR 1992, 648 (656); anders noch *Wiebe* S. 269; *Wiebe* CR 1992, 134 (138).
[141] Zweites Gesetz zur Änderung des Gesetzes gegen den unlauteren Wettbewerb, das vom Deutschen Bundestag am 5.11.2015 beschlossen worden ist; BT-Drs. 18/4535 (RegE); BT-Drs. 18/6571 (Beschlussempfehlung und Bericht).
[142] *Lehmann* FS Schricker, 1995, 543 (555); Wandtke/Bullinger/*Grützmacher* UrhG § 69e Rn. 33, § 69g Rn. 32.

Schrifttum: *Arlt,* Ansprüche des Rechteinhabers bei Umgehung seiner technischen Schutzmaßnahmen, MMR 2005, 148; *Arnold,* Die Gefahr von Urheberrechtsverletzungen durch Umgehungsmittel nach Wettbewerbsrecht und Urheberrecht, Frankfurt a. M. u. a. 2006; *ders.,* Rechtmäßige Anwendungsmöglichkeiten zur Umgehung von technischen Kopierschutzmaßnahmen?, MMR 2008, 144; *Baus,* Verwendungsbeschränkungen in Softwareüberlassungsverträgen, 2004; *Grützmacher,* Die juristische Beurteilung von DRM-Maßnahmen und Sperren im Rahmen verschiedener Lizenzmodelle, Teil 1 ITRB 2015, 120, Teil 2 ITRB 2015, 141; *Hecht/Kockentiedt,* Wettbewerbsrechtlicher Schutz von Online-Games gegen Cheatbots, CR 2009, 719; *Heinemeyer/Normeyer,* Super Marios, Kratos' und des Master Chiefs Erzfeind – Die Legalität der Modchips und Softwaremodus für Videokonsolen – Die Rechtmäßigkeit von Konsolenmodifikationen speziell nach dem Umgehungsverbot des § 69f UrhG, CR 2013, 586; *Kreutzer,* Schutz technischer Maßnahmen und Durchsetzung von Schrankenbestimmungen bei Computerprogrammen, CR 2006, 804; *ders.,* Computerspiele im System des deutschen Urheberrechts – Eine Untersuchung des geltenden Rechts für Sicherungskopien und Schutz technischer Maßnahmen bei Computerspielen, CR 2007, 1; *Kusnik,* Hände weg von der Handysperre?, CR 2011, 718; *Runte,* Produktaktivierung – Zivilrechtliche Fragen der »Aktivierung« von Software, CR 2001, 657; *Schröder,* Rechtmäßigkeit von Modchips, Stellt der Vertrieb von Modchips eine Urheberrechtsverletzung dar?, MMR 2013, 80; *Schweyer,* Die rechtliche Bewertung des Reverse Engineering in Deutschland und den USA, Tübingen 2012; *Spindler,* Grenzen des Softwareschutzes, Das Urteil des EuGH in Sachen SAS Institute, CR 2012, 417; *Wieduwilt,* Cheatbots in Onlinespielen – eine Urheberrechtsverletzung?, MMR 2008, 715.

Siehe auch die Schrifttumsangaben zu § 69a und Vor §§ 69a ff.
Schrifttum vor 2000 s. Vorauflage.

Übersicht

I. Zweck und Bedeutung der Norm

1 § 69f richtet sich gegen bestimmte Verletzungshandlungen und dient der Umsetzung von **Art. 7 der Computerprogramm-RL.** Die Vorschrift des Art. 7 beruht auf dem Einfluss britischer Urheberrechtstradition und umfasst als Verletzungshandlungen auch eine Reihe von Vorbereitungshandlungen und mittelbaren Verletzungshandlungen, wie sie dem anglo-amerikanischen Rechtsinstitut des secondary infringement zugrunde liegen.[1] Art. 7 sieht eine Verpflichtung der Mitgliedstaaten vor, geeignete Maßnahmen gegen Personen zu treffen, die Kopien von Computerprogrammen in Verkehr bringen oder zu Erwerbszwecken besitzen, soweit diese Personen wussten oder Grund zu der Annahme hatten, dass es sich um eine unerlaubte Kopie handelt (Art: 7 Abs. 1 lit. a und b), oder der Mittel zur Beseitigung oder Umgehung von Programmschutzmechanismen in Verkehr bringen oder zu Erwerbszwecken besitzen (Art. 8 Abs. 1 lit. c.).[2] Die Möglichkeit, solche Mittel sowie unerlaubte Kopien von Computerprogrammen beschlagnahmen zu lassen, ist dagegen den Mitgliedstaaten anheimgestellt (Art. 7 Abs. 2 und 3).

2 Der deutsche Gesetzgeber hat bei der **Umsetzung** den ihm durch Art. 7 eingeräumten Freiraum genutzt und mit der Systematik des deutschen Urheberrechts abgestimmte Ansprüche geschaffen, die gleichzeitig den Zielsetzungen des Produktpirateriegesetzes v. 7.3.1990[3] Rechnung tragen. Dabei hat er sich – insoweit über die Vorgaben der Richtlinie hinausgehend – für einen **generellen Vernichtungsanspruch** entschieden, der nicht auf das Inverkehrbringen und den Besitz zu Erwerbszwecken beschränkt ist und auch nicht die Kenntnis oder die Vermutung der Illegalität zur Voraussetzung hat. Mit Recht ist der Gesetzgeber davon ausgegangen, dass der Besitzer oder Eigentümer eines rechtswidrig hergestellten Vervielfältigungsstücks eines Computerprogramms dieses wegen § 69c Nr. 1 nicht weiter benutzen könne, weil eine unzulässige weitere Vervielfältigung voraussetzen würde[4] und dass ein solches Vervielfältigungsstück nur Grundlage rechtswidriger weiterer Benutzung oder untersagter Vervielfältigung oder Verbreitung sein könne. Durch den Vernichtungsanspruch soll sichergestellt werden, dass der Berechtigte alle rechtswidrig hergestellten, verbreiteten oder zur rechtswidrigen

---

[1] Vgl. auch Begr. RegE BT-Drs. IV/270, 15; *Lehmann,* Rechtsschutz, Kap. I A Rn. 23; *Dreier* GRUR 1993, 781 (787).
[2] S. dazu BGH GRUR 2013, 1035 Rn. 19 – Videospiel-Konsolen.
[3] BGBl. I S. 422.
[4] Vgl. auch → § 69c Rn. 7.

Verbreitung bestimmten Vervielfältigungsstücke aus dem Verkehr ziehen kann, um weitere Beeinträchtigungen seines Rechts zu verhindern und dem Missbrauch rechtswidriger Vervielfältigungsstücke vorzubeugen.[5] Der Regelung § 98 UrhG entsprechend[6] kann anstelle der Vernichtung die Überlassung der Vervielfältigungsstücke gegen Zahlung einer angemessenen Vergütung verlangt werden. Ebenso unterliegt der Vernichtungs- und Überlassungsanspruch gemäß § 69f Abs. 1 S. 2 dem Verhältnismäßigkeitsgebot des § 98 Abs. 4.

§ 69f erweitert die Ansprüche aus § 98 insofern, als der Eigentümer oder Besitzer der Vervielfältigungsstücke nicht der Verletzer zu sein braucht (→ Rn. 6). **Gegenüber § 98 ist § 69f die Spezialvorschrift.**[7] § 98 ist damit auf die Vernichtung der in § 69f bezeichneten Vervielfältigungsstücke von Computerprogrammen nicht anwendbar, lässt sich jedoch auf die in § 98 Abs. 1 S. 2 bezeichneten Vorrichtungen anwenden.[8] Im Übrigen bleiben gemäß § 69g Abs. 1[9] **sämtliche Ansprüche und Sanktionen einschließlich der strafrechtlichen Sanktionen nach §§ 96–111 unberührt,**[10] so etwa auch der Unterlassungsanspruch aus § 97 Abs. 1.[11] Ebenso bleiben § 4 Nr. 4 UWG[12] (§§ 3 Abs. 1, 4 Nr. 10 UWG aF) und §§ 823, 826 BGB anwendbar.[13] Gemäß der **Übergangsvorschrift** des § 137d Abs. 1 S. 1 ist § 69f auch auf vor dem 24.6.1993 geschaffene Computerprogramme anwendbar. Im **einstweiligen Verfügungsverfahren** kann der Vernichtungsanspruch als eine nicht vorläufige Maßnahme nicht durchgesetzt werden, er kann aber dadurch gewahrt werden, dass neben dem Unterlassungsantrag ein Sicherstellungsantrag gestellt wird.[14] Im Adhäsionsverfahren zu einem Strafprozess kann der Vernichtungsanspruch ebenfalls geltend gemacht werden, zumal es sich hier um originär zivilrechtliche Ansprüche handelt.[15] Zum Verhältnis von §§ 95a ff. zu den §§ 69a ff. → Vor §§ 69a ff. Rn. 4 und → § 69a Rn. 26 ff. Beachte insbes. die parallele Anwendung der Schutzsysteme bei hybriden Werken.[16]

II. Vernichtung von Vervielfältigungsstücken (Abs. 1)

1. Der Vernichtung unterliegende Vervielfältigungsstücke

Dem Vernichtungsanspruch nach Abs. 1 unterliegen alle Vervielfältigungsstücke, die rechtswidrig hergestellt, rechtswidrig verbreitet oder zur rechtswidrigen Verbreitung bestimmt sind. Der Begriff der **Vervielfältigungsstücke** bezieht sich primär auf die dem Schutz der §§ 69a ff. unterliegenden Computerprogramme. Diese werden in jeglicher Gestalt einschließlich des Entwurfsmaterials erfasst.[17] Eine Regelung, § 69f ebenfalls auf das[18] Begleitmaterial wie Handbücher, Bedienungsanleitungen, Wartungsbücher und sonstige dem Benutzer zur Information und richtigen Bedienung des geschützten Programms überlassene Unterlagen anzuwenden, wäre sinnvoll gewesen und hätte eine einheitliche Rechtsgrundlage geschaffen, ist aber vom Gesetzgeber nicht vorgenommen worden. Für eine Beschränkung des Vernichtungsanspruchs auf die Computerprogramme spricht, dass bei diesen angesichts ihrer digitalen Form die Gefahr einer weiteren Vervielfältigung und Verbreitung wesentlich höher als bei Printpublikationen ist; auch soweit heute Begleitmaterial in digitaler Form geliefert wird, ist die Gefahr einer weiteren Vervielfältigung nicht so groß wie bei den Computerprogrammen selbst. Auf das Begleitmaterial ist daher nur der Vernichtungsanspruch nach § 98 anzuwenden.[19] Selbst Papierhüllen, auf denen Serien- bzw. Aktivierungsnummern aufgebracht sind, unterliegen nicht dem Vernichtungsanspruch, da sie nicht Teil des Computerprogramms sind.[20]

---

[5] Begr. RegE BT-Drs. 12/4022, 14.

[6] Spindler/Schuster/*Wiebe* UrhG § 69f Rn. 2.

[7] Spindler/Schuster/*Wiebe* UrhG § 69f Rn. 1; Möhring/Nicolini/*Kaboth/Spies* UrhG § 69f Rn. 2; anders *Dreier*/Schulze UrhG § 69f Rn. 2; Wandtke/Bullinger/*Grützmacher* UrhG § 69f Rn. 2; Fromm/Nordemann/*Czychowski* UrhG § 69f Rn. 2.

[8] Beispiel nach Dreier/Schulze/*Dreier* UrhG § 69f Rn. 2: ein CD-Brenner wird vorwiegend zur Herstellung von Raubkopien von Computerprogrammen verwendet.

[9] Mit Ausnahme der §§ 95a–95d, vgl. § 69a Abs. 5.

[10] Begr. RegE BT-Drs. IV/270, 15.

[11] Dreier/Schulze/*Dreier* UrhG § 69f Rn. 1; Wandtke/Bullinger/*Grützmacher* UrhG § 69f Rn. 25, 28 ff.

[12] Neue Zählung nach dem zweiten Gesetz zur Änderung des Gesetzes gegen den unlauteren Wettbewerb, das vom Deutschen Bundestag am 5.11.2015 beschlossen worden ist; BT-Drs. 18/4535; BT-Drs. 18/6571.

[13] Eingehend dazu BGH GRUR 1996, 78 (78) – Umgehungsprogramm sowie die jeweiligen UWG-Kommentare, Wandtke/Bullinger/*Grützmacher* UrhG § 69f Rn. 25 ff. mwN; Spindler/Schuster/*Wiebe* UrhG § 69f Rn. 1; Fromm/Nordemann/*Czychowski* UrhG § 69f Rn. 14.

[14] Fromm/Nordemann/*Czychowski* UrhG § 69f Rn. 12; Gloy/Loschelder/Erdmann/*Harte-Bavendamm/Schöler* HdBWettbewerbsR § 64 Rn. 62.

[15] Wandtke/Bullinger/*Grützmacher* UrhG § 69f Rn. 4.

[16] So für Computerspiele: BGH GRUR 2013, 1035 Rn. 21 – Videospiel-Konsolen I, dem folgend OLG München MMR 2017, 339 (340); ebenso BGH GRUR 2017, 266 Rn. 34 – World of Warcraft I; BGH GRUR 2017, 541 Rn. 19 – Videospiel-Konsolen III.

[17] § 69a Abs. 1, näher dazu → § 69a Rn. 5.

[18] Nicht zum Computerprogramm gehörend, vgl. → § 69a Rn. 6.

[19] HM, vgl. Wandtke/Bullinger/*Grützmacher* UrhG § 69f Rn. 6; Dreier/Schulze/*Dreier* UrhG § 69f Rn. 4; Fromm/Nordemann/*Czychowski* UrhG § 69f Rn. 3; anders noch 3. Auflage sowie Kilian/Heussen/*Czychowski*/*Siesmayer* CHB 1. Abschnitt Teil 2, 20.4 Rn. 64.

[20] LG Frankfurt a. M. CR 2009, 142 (143 f.).

5   Die Herstellung bzw. Verbreitung ist **rechtswidrig,** wenn sie unter Verstoß gegen die Ausschließlichkeitsrechte der § 69c erfolgt, also weder durch die Zustimmung des Berechtigten noch durch die Schrankenbestimmungen der §§ 69d und 69e gedeckt ist und, soweit es sich um die Verbreitung handelt, das Verbreitungsrecht nicht erschöpft ist (§ 69c Nr. 3 S. 2).[21] Ist bereits die Herstellung rechtswidrig erfolgt, also unter Verstoß gegen das Vervielfältigungsrecht (§ 69c Nr. 1) oder Umarbeitungsrecht (§ 69c Nr. 2), so wird auch die Verbreitung von der Rechtswidrigkeit erfasst (§ 96 Abs. 1). Auch die Verbreitung rechtmäßig hergestellter Vervielfältigungsstücke ist aber rechtswidrig, wenn sie von der Zustimmung des Berechtigten nicht gedeckt ist; das Verbreitungsrecht ist ein gegenüber dem Vervielfältigungsrecht selbstständiges Recht.[22] Unerheblich ist die **Art der Festlegung** der Computerprogramme, Vervielfältigungsstücke in Form externer Datenträger wie CD-ROM, DVD oder Memorystick fallen ebenso unter § 69f wie auf der (externen) Festplatte eines Computers abgespeicherte Programme. Auch Sicherungskopien sind davon umfasst.[23] Der Verletzer kann bei fehlendem Verschulden die Vernichtung analog § 100 abwenden,[24] indem er dem Rechteinhaber eine geldwerte Entschädigung in Höhe der angemessenen Lizenzgebühr zahlt. Denn § 100 ist Ausdruck einer allgemeinen Interessenabwägung zwischen Nutzer und Rechteinhaber, da bei einem unverhältnismäßig großen Schaden für den Nutzer eine Vernichtung in einer übermäßigen Sanktion münden würde.[25] Die Computerprogramm-RL steht dem nicht entgegen, da Art. 7 auf Fahrlässigkeit abstellt.[26]

2. Anspruchsinhaber und Anspruchsgegner

6   Inhaber des Vernichtungsanspruchs ist der **Rechtsinhaber,** also derjenige, dem die Rechte am Computerprogramm zustehen, von dem die Vervielfältigungsstücke hergestellt sind. Das kann der Urheber sein, im Allgemeinen aber der Programmhersteller, dem die Nutzungsrechte am Programm eingeräumt sind oder nach § 69b zustehen, nicht aber der einfache Lizenznehmer. Der Vernichtungsanspruch richtet sich gegen den **Eigentümer oder Besitzer** der Vervielfältigungsstücke. Im Unterschied zu § 98 ist es nicht erforderlich, dass der Eigentümer oder Besitzer auch der **Verletzer** ist, also derjenige, der die rechtswidrige Handlung begangen hat.[27] Obwohl der Besitz als solcher nach deutschem Rechtsverständnis noch keine Urheberrechtsverletzung darstellt, war die Einbeziehung des Besitzers durch Art. 7 der Richtlinie vorgegeben. Angesichts der heutigen Möglichkeiten, Computerprogramme zu vervielfältigen und zu verbreiten, ist diese weitreichende Schutz angemessen. Besitzen in einem Unternehmen Arbeitnehmer oder Beauftragte Vervielfältigungsstücke im Sinne des § 69f Abs. 1, so ist gegen den **Inhaber des Unternehmens,** wenn er nicht gem. § 855 BGB unmittelbarer oder gem. § 868 BGB mittelbarer Besitzer ist, der Vernichtungsanspruch in analoger Anwendung des § 99 begründet.[28]

3. Verschuldensunabhängigkeit

7   Der Vernichtungsanspruch setzt **kein Verschulden** voraus, er ist ebenso wie der Anspruch aus § 98 als **Störungsbeseitigungsanspruch** konzipiert.[29] Anders als nach Art. 7 Abs. 1 lit. a und b der Computerprogramm-RL ist es also nicht erforderlich, dass der Eigentümer oder Besitzer der Vervielfältigungsstücke wusste oder Grund zu der Annahme hatte, dass es sich um eine unerlaubte Kopie handelt.[30] Es ist nicht davon auszugehen, dass diese Regelung richtlinienwidrig ist. Die Richtlinie stellt insoweit nur Mindestvoraussetzungen auf.

4. Unverhältnismäßigkeit

8   Nach § 69f Abs. 1 S. 2 iVm § 98 Abs. 4 unterliegt der Vernichtungsanspruch dem **Verhältnismäßigkeitsgebot.** Ist die Vernichtung gegenüber dem Eigentümer oder Besitzer der Vervielfältigungsstücke unverhältnismäßig und kann der rechtsverletzende Zustand auf andere Weise beseitigt werden, so hat der Rechtsinhaber nur Anspruch auf die hierfür erforderlichen Maßnahmen. Als Alternative zur Vernichtung des Datenträgers kommt in erster Linie **Löschung der gespeicherten Daten** unter Erhalt des Datenträgers bzw. ein **Neuformatieren** des Datenträgers in Betracht,[31] uU kann auch eine teilweise Löschung genügen, wobei den Rechtsverletzer die Beweislast für den Nachweis, dass das

---

[21] Fromm/Nordemann/*Czychowski* UrhG § 69f Rn. 3.
[22] Näher dazu → § 17 Rn. 4.
[23] Fromm/Nordemann/*Czychowski* UrhG § 69f Rn. 3; Wandtke/Bullinger/*Grützmacher* UrhG § 69f Rn. 8.
[24] Fromm/Nordemann/*Czychowski* UrhG § 69f Rn. 5.
[25] Ebenso Dreier/Schulze/*Dreier* UrhG § 69f Rn. 9; Wandtke/Bullinger/*Grützmacher* UrhG § 69f Rn. 7; Möhring/Nicolini/*Kaboth/Spies* UrhG § 69f Rn. 12; aA Fromm/Nordemann/*Czychowski* UrhG § 69f Rn. 6: Gesetzgeber habe § 100 gekannt.
[26] Zutr. Wandtke/Bullinger/*Grützmacher* UrhG § 69f Rn. 7.
[27] S. auch Begr. RegE BT-Drs. 12/4022, 14; Fromm/Nordemann/*Czychowski* UrhG § 69f Rn. 1, 3, 5; *Marly* Rn. 254.
[28] Dreier/Schulze/*Dreier* UrhG § 69f Rn. 6; Wandtke/Bullinger/*Grützmacher* UrhG § 69f Rn. 5; Möhring/Nicolini/*Kaboth/Spies* UrhG § 69f Rn. 5; Fromm/Nordemann/*Czychowski* UrhG § 69f Rn. 3.
[29] Vgl. auch → § 98 Rn. 6; Fromm/Nordemann/*Czychowski* UrhG § 69f Rn. 5; *Marly* Rn. 254.
[30] So noch DKMH/*Kotthoff* UrhG § 69f Rn. 2.
[31] LG Frankfurt a. M. ZUM 2012, 162 (168).

Recht nur durch einen abgrenzbaren Programmteil, der löschbar ist, erfolgt, trifft.[32] Bei Datenträgern wie Festplatten, Arbeitsspeichern, CD-RWs, Memorysticks und dgl. wird das vielfach ausreichen.[33] Entscheidend ist aber, dass die Wiederherstellung des gelöschten Programms auf dem Datenträger nicht möglich ist; so reicht es zum Beispiel nicht aus, dass auf Festplatten oder Disketten das Programm lediglich im Register gelöscht wird und damit nicht mehr abrufbar ist, aber als solches erhalten bleibt und durch entsprechende Tools wiederhergestellt werden kann. In solchen Fällen ist eine **Neuformatierung** des Datenträgers erforderlich, ggf. mehrfach, so dass auch mit Datenrettungsprogrammen die Inhalte nicht mehr rekonstruiert werden können. Das kann Probleme bei Löschungen von Festplatten aufwerfen; lässt sich bei einer solchen Teillöschung das Programm mittels entsprechender Tools wiederherstellen, so kommt nur eine Neuformatierung in Betracht, die dann aber auch die übrigen Programme auf der Festplatte beseitigt.[34] Daher wird oft eine sog. Low-Level-Formatierung erforderlich sein und keine Schnellformatierung, da letztere nur die Dateizuordnungen beseitigt und nicht die Daten selbst physisch löscht.[35] Dass andere Programme und Daten davon ebenfalls betroffen sind, spielt keine Rolle, da diese vorher gesichert werden können.[36] Ist das **Programm in die Hardware fest integriert**, so dass es vom Speichermedium nicht entfernt werden kann, zB bei einer wieder beschreibbaren CD-ROM oder DVD, so kommt nur eine Vernichtung des Datenträgers in Betracht.[37] Trifft den Eigentümer oder Besitzer kein Verschulden, so kann er in analoger Anwendung des § 100 unter den dort genannten Voraussetzungen einen **Abfindungsanspruch**[38] geltend machen (auch → Rn. 5).[39] Als ein „Minus" zum Anspruch auf Vernichtung, der grundsätzlich vom Anspruchsgegner durchgeführt werden muss, kann auch die Herausgabe an den zur Vernichtung bereiteten Gerichtsvollzieher verlangt werden, da § 69f nur den Anspruchsgegner benennt, nicht aber dass dieser abschließend zur Vernichtung zuständig ist.[40] Zur Vollstreckung → § 98 Rn. 25 ff.

III. Umgehung von Programmschutzmechanismen (Abs. 2)

§ 69f Abs. 2 geht über Art. 7 Abs. 1 lit. c hinaus, indem die Vorschrift auf das dem Besitz zugrunde **9** liegende subjektive Element, dass der Besitz dem Inverkehrbringen oder Erwerbszwecken dienen muss, verzichtet.[41] Die Regelung des Abs. 1 ist entsprechend auf Mittel anzuwenden, deren alleinige Bestimmung die unerlaubte Beseitigung oder Umgehung technischer Programmschutzmechanismen ist; auch sie unterliegen also dem Vernichtungsanspruch. Der Gesetzgeber wollte mit dieser Regelung einen Einklang mit der Zielsetzung des Produktpirateriegesetzes und der darauf beruhenden Änderung des § 99 aF[42] herbeiführen: Den dort genannten Vorrichtungen zur rechtswidrigen Herstellung von Vervielfältigungsstücken hat er die Mittel zur rechtswidrigen Beseitigung oder Umgehung von Programmschutzmechanismen gleichgestellt, da auch sie zum Ziel haben, rechtswidrige Vervielfältigungen zu ermöglichen.[43] Im Umkehrschluss zu § 69f Abs. 2 folgt, dass entsprechende Programmschutzmechanismen zulässig sind;[44] allerdings trifft § 69f Abs. 2 keine Aussagen darüber, wann das Entfernen eines solchen Schutzmechanismus umgekehrt zulässig ist bzw. eine bestimmungsgemäße Nutzung nach § 69d ist.[45]

1. Programmschutzmechanismen

Technische Programmschutzmechanismen sind alle Vorrichtungen, die Urheberrechtsverlet- **10** zungen der Programme verhindern sollen. Dazu gehören nicht nur Vorrichtungen, die die Vervielfäl-

[32] Fromm/Nordemann/*Czychowski* UrhG § 69f Rn. 4.

[33] S. Begr. RegE BT-Drs. 12/4022, 14; Dreier/Schulze/*Dreier* UrhG § 69f Rn. 7; Fromm/Nordemann/*Czychowski* UrhG § 69f Rn. 4; Wandtke/Bullinger/*Grützmacher* UrhG § 69f Rn. 9; Möhring/Nicolini/*Kaboth*/ *Spies* UrhG § 69f Rn. 7.

[34] Von denen allerdings vorher eine Sicherungskopie erstellt werden kann, s. auch Wandtke/Bullinger/ *Grützmacher* UrG § 69f Rn. 9.

[35] Wie hier Wandtke/Bullinger/*Grützmacher* UrhG § 69f Rn. 9.

[36] Wandtke/Bullinger/*Grützmacher* UrhG § 69f Rn. 9; Dreier/Schulze/*Dreier* UrhG § 69f Rn. 7; aA wohl noch Möhring/Nicolini/*Hoeren* (2. Aufl.) UrhG § 69f Rn. 9.

[37] Dreier/Schulze/*Dreier* UrhG § 69f Rn. 7; Wandtke/Bullinger/*Grützmacher* UrhG § 69f Rn. 10; Möhring/ Nicolini/*Kaboth/Spies* UrhG § 69f Rn. 7; Spindler/Schuster/*Wiebe* UrhG § 69f Rn. 2.

[38] Entschädigung in Geld.

[39] Dreier/Schulze/*Dreier* UrhG § 69f Rn. 7, 9; Wandtke/Bullinger/*Grützmacher* UrhG § 69f Rn. 7; aA Fromm/ Nordemann/*Czychowski* UrhG § 69f Rn. 6, der eine planwidrige Regelungslücke verneint und darüber hinaus das Schutzbedürfnis des Rechtsverletzers nicht zuletzt infolge seiner Regressmöglichkeit gegenüber seinem Vertragspartner verneint.

[40] BGH GRUR 2003, 228 (229 f.) – P-Vermerk; Wandtke/Bullinger/*Grützmacher* UrhG § 69f Rn. 11; Fromm/ Nordemann/*Czychowski* UrhG § 69f Rn. 12.

[41] *Marly* Rn. 255.

[42] Jetzt § 98 Abs. 1 S. 2.

[43] Begr. RegE BT-Drs. 12/4022, 14.

[44] *Raubenheimer* CR 1994, 129 (130).

[45] OLG Düsseldorf ZUM-RD 1997, 555 (557 f.) – Dongle-Umgehung; LG Düsseldorf CR 1996, 737 (739); Wandtke/Bullinger/*Grützmacher* UrhG § 69f Rn. 3.

tigung oder Veränderung des Programms vereiteln sollen, sondern auch solche, die sich gegen eine urheberrechtlich nicht genehmigte Art und Weise der Nutzung richten, beispielsweise gegen die gleichzeitige Mehrfachnutzung. Ob die Programmschutzmechanismen effektiv sind, ist im Gegensatz zu §§ 95a ff. bei § 69f nicht erheblich.[46] Die Vorrichtungen können **hardware- oder softwaremäßiger Art** sein. Als Hardwareprogrammschutz hat vor allem der Dongle (Hardwarelock) Verbreitung gefunden, der in Verbindung mit entsprechenden Abfragemechanismen im Programm die gleichzeitige Mehrfachnutzung des Programms verhindert.[47] Softwareprogrammschutzmechanismen bestehen meist in einem Kopierschutz, der die Herstellung von Vervielfältigungen verhindert.[48] Es kann sich aber auch um softwaretechnische **Passwortabfragen, Programmsperren** oder **Routineabfragen** handeln, die bei Shareware[49] die Benutzung des Programms über einen bestimmten Zeitpunkt oder über eine bestimmte Anzahl von Benutzungshandlungen hinaus verhindern. Ferner gehörten zu den Schutzmechanismen Prüfmechanismen die den sog. Lead-in-Bereich überprüfen, um das Kopieren von bestimmten Programm- bzw. Speicherzuständen zu verhindern;[50] allerdings ist hier Vorsicht angebracht, wenn etwa eine Software nur einen Arbeitsspeicher ausliest und entsprechend mit dem Spielprogramm interagiert.[51] Maßgeblich ist, wie die Schutzmaßnahme beim Auslesen des Arbeitsspeichers agiert, dh was sie technisch genau unternimmt. Prüft eine Software im Rahmen von Computerspielen bspw. das Nichtvorliegen sog. **Cheat-Bots,** so kann von der Umgehung eines Programmschutzmechanismus nur ausgegangen werden, wenn eine Unterbrechung der Vervielfältigung im Arbeitsspeicher stattfindet.[52] Plakativ ist die Rede davon, dass § 69f Abs. 2 voraussetze, dass „die Drittsoftware einen manifesten Schutzzaun überwinden [müsse]".[53] Schutz können auch reine Produktaktivierungs- oder Registrierungsprozeduren bieten, da sie oftmals der Vorbeugung gegenüber Produktpiraterie dienen; nur dann, wenn sie zur Bindung an eine Hardware bestimmt sind, unterfallen sie nicht § 69f.[54] Nicht zum Schutz des Programms bestimmt sind schließlich SIM-Lock-Sperren bei Handys, die nur der Vertragsbindung dienen.[55]

2. Mittel zur Erleichterung der unerlaubten Beseitigung oder Umgehung des Programmschutzes

11 Als **Mittel zur unerlaubten Beseitigung oder Umgehung** des Programmschutzes wollte der Gesetzgeber sog. **Kopierprogramme** erfassen, durch die ein Kopierschutz des Programmherstellers ausgeschaltet wird.[56] Dabei handelt es sich vor allem um speziell für die Beseitigung des Kopierschutzes geschriebene Disketteneditoren und Debugger/Disassembler,[57] die den Kopierschutz eines Programms identifizieren und ausschalten, sowie um Programme oder Zusatzgeräte zum Analogkopieren, die Daten vom Datenträger oder aus dem Hauptspeicher identisch einschließlich des in ihnen enthaltenen Kopierschutzes vervielfältigen können.[58] Zu den Mitteln des Abs. 2 zählen aber auch **Dongle-Umgehungsprogramme,** deren Zweck darin besteht, die Dongle-Abfrage eines Programms auszuschalten.[59] Weiter sind hier Programme zu nennen, die Passwortabfragen, Programmsperren, Routineabfragen oder bei Shareware[60] Programmschutzmechanismen ausschalten, die die Benutzung des Programms über einen bestimmten Zeitpunkt oder über eine bestimmte Anzahl von Benutzungshandlungen hinaus verhindern.[61] Ferner können dazu aber auch hardwareseitige Maßnahmen zählen, wie **Ersatzprogrammsperren** oder **ModChips** oder Geräte zum Auslesen von

---

[46] Möhring/Nicolini/*Hoeren* UrhG (2. Aufl.) § 69f Rn. 18; Wandtke/Bullinger/*Grützmacher* UrhG § 69f Rn. 14; Fromm/Nordemann/*Czychowski* § 69f Rn. 9; wohl auch Möhring/Nicolini/*Kaboth/Spies* UrhG § 69f Rn. 8 („verhindern sollen").

[47] Beim Dongle handelt es sich um einen Stecker, der auf die parallele Schnittstelle des Computers aufgesteckt wird und dessen Vorhandensein das Programm laufend abfragt; erfolgt auf die Abfrage keine oder eine falsche Antwort, wird der Programmlauf gestoppt. Da der Dongle als mechanisches Bauelement nicht kopiert werden kann, kann das Programm nur auf einem Computer laufen.

[48] Zur Technik des Kopierschutzes s. auch *Kuhlmann* CR 1989, 177 (178); *Wand* GRUR-Int 1996, 897.

[49] Dazu → Vor §§ 69a ff. Rn. 21 ff.

[50] LG München I MMR 2008, 839 (841)–Modchips; Wandtke/Bullinger/*Grützmacher* UrhG § 69f Rn. 14.

[51] S. dazu *Spindler* CR 2012, 417 (418 f.); gegen OLG Hamburg GRUR-RR 2013, 13 (15) – Replay PSP.

[52] *Wieduwilt* MMR 2008, 715 (716 ff., insbes. 718 f.).

[53] *Wieduwilt* MMR 2008, 715 (719); offen *Hecht/Kockentied* CR 2009, 719 (723).

[54] Enger tendenziell wohl Wandtke/Bullinger/*Grützmacher* UrhG § 69f Rn. 14; zum technischen Vorgang bei der Onlineverifikation von Produktkeys *Mayer-Wegelin* JurPC Web-Dok. 28/2009, Abs. 29 ff.

[55] *Kusnik* CR 2011, 718 (720 f.); Wandtke/Bullinger/*Grützmacher* UrhG § 69f Rn. 14.

[56] Begr. RegE BT-Drs. 12/4022, 14 f.

[57] Unprotect-Werkzeuge.

[58] Näher dazu *Kuhlmann* CR 1989, 177 (178).

[59] Dreier/Schulze/*Dreier* UrhG § 69f Rn. 12; *Raubenheimer* CR 1996, 69 (71 f.); s. auch *Raubenheimer* CR 1994, 129 (130 ff.); *Raubenheimer* NJW-CoR 1996, 174 (177); *König* NJW 1995, 3293; s. auch OLG Karlsruhe CR 1996, 341 (342); OLG Düsseldorf CR 1997, 337 (339); LG Düsseldorf CR 1996, 737 (739); zum Angebot von Dongle-Umgehungsprogrammen als Verstoß gegen § 1 UWG s. BGH CR 1996, 79 (80); OLG München CR 1996, 11 (16 f.); OLG Stuttgart CR 1989, 685; auch → § 69d Rn. 11.

[60] Dazu → Vor §§ 69a ff. Rn. 21 ff.

[61] S. dazu auch Dreier/Schulze/*Dreier* UrhG § 69f Rn. 12; Wandtke/Bullinger/*Grützmacher* UrhG § 69f Rn. 15 f.

ROMs etc.[62] Zwar leisten ModChips im Regelfall nicht mehr, als eine (Spiel-)Konsole in technischer Hinsicht zu „öffnen", was für sich genommen keine Urheberrechtsverletzung bedeuten würde.[63] Der Modchip wirkt selbst nicht unmittelbar auf die das Spiel schützenden technischen Schutzmaßnahmen des Programms, sondern erleichtert nur die Umgehung der technischen Schutzmaßnahmen.[64] Dennoch kann § 69f Abs. 2 nicht auf reine Umgehungsprogramme beschränkt werden, da die Norm weit gefasst ist und bereits die Erleichterung der Umgehung erfasst. Gerade hierzu dienen aber Modchips, so dass sie unter § 69f Abs. 2 fallen.[65]

Die Mittel müssen zur **unerlaubten** Beseitigung oder Umgehung des Programmschutzes bestimmt   **12** sein. Unter Berufung auf dieses Tatbestandsmerkmal ist angenommen worden, dass Mittel zur Ausschaltung des Kopierschutzes dann nicht unter Abs. 2 fielen, wenn es um die **Herstellung einer Sicherungskopie** nach § 69d Abs. 2 gehe.[66] Weiter wird vertreten, dass die Entfernung von Programmschutzmechanismen nicht zustimmungsbedürftig seien, soweit sie der **Fehlerberichtigung** gem. § 69d Abs. 1 UrhG dient.[67] Dem ist aber nicht zu folgen.[68] § 69d Abs. 2 sieht vor, dass die Erstellung einer Sicherungskopie vertraglich nicht ausgeschlossen werden kann, seinem Wertungsgehalt ist auch zu entnehmen, dass der Erwerber eines Programms ein Recht auf eine Sicherungskopie hat, die Vorschrift gibt aber kein Recht zur Selbsthilfe in Form der Ausschaltung von Programmschutzmechanismen.[69] Die (eigene) Ausschaltung des Programmschutzes ist also auch zur Erstellung einer Sicherungskopie nicht gestattet; der Anwendung des § 69f kann nicht mit dem Hinweis entgegengetreten werden, man habe das Kopierprogramm nur für die Anfertigung einer Sicherungskopie benutzen wollen.[70] Wie die Rechtsprechungsfälle zeigen, würde auch mit dem Akzeptieren einer solchen Behauptung dem Missbrauch Tür und Tor geöffnet.[71] Dagegen sind Mittel zur Beobachtung des Programms zulässig,[72] wie dies § 69d Abs. 3 verdeutlicht, etwa Deobfuskatoren und Entschlüsselungsprogramme.[73] Allerdings heißt das nicht, dass Nutzer jegliche Sperren hinnehmen müssten, insbesondere solche nicht, die über den vom UrhG gewährten Schutz des Rechteinhabers hinausgehen, zB bei schweren Vertragsverletzungen (Programmsperren)[74] oder die die Verkehrsfähigkeit trotz Erschöpfung des Verbreitungsrechts (→ § 69c Rn. 34) beseitigen.[75]

Die Mittel iSd Abs. 2 müssen die Beseitigung oder Umgehung der Programmschutzmechanismen   **13** **erleichtern.** Das bedeutet, dass die Ausschaltung des Programmschutzes nicht ausschließlich auf diesen Mitteln zu beruhen braucht.[76] Es reicht aus, dass sie die Ausschaltung vereinfachen und dies fördern bzw. ermöglichen. Es genügt auch das Zusammenwirken mit anderen Mitteln.[77] Der Vernichtungsanspruch wird also nicht dadurch ausgeschlossen, dass der Programmschutz im Wesentlichen durch die Tätigkeit des Programmbenutzers ermöglicht wird.

3. Alleinige Bestimmung

Die unerlaubte Ausschaltung des Programmschutzes muss alleinige Bestimmung der Mittel iSd   **14** Abs. 2 sein. Damit werden Programme und sonstige Mittel von der Anwendung des Abs. 2 ausgeschlossen, die legalen Zwecken, etwa der Wartung oder Dekompilierung dienen, dabei aber auch die Ausschaltung von Programmschutzmechanismen ermöglichen. Abs. 2 erfasst grundsätzlich nur solche

---

[62] LG München I MMR 2008, 839 (841) – Modchips; Fromm/Nordemann/*Czychowski* UrhG § 69f Rn. 8; Wandtke/Bullinger/*Grützmacher* UrhG § 69f Rn. 15; *Heinemeyer/Nordmeyer* CR 2013, 586 (590 f.); *Arnold* MMR 2008, 144 (146 ff.).

[63] *Heinemeyer/Nordmeyer* CR 2013, 586 (591).

[64] *Heinemeyer/Nordmeyer* CR 2013, 586 (590).

[65] IE ebenso LG München I MMR 2008, 839 (841 f.); Wandtke/Bullinger/*Grützmacher* UrhG § 69f Rn. 14 f.; aA *Heinemeyer/Nordmeyer* CR 2013, 586 (590 f.) die Erfassung von ModChips führe zu einem systemwidrigen Doppelschutz; *Schröder* MMR 2013, 80 (82 aE, f.).

[66] *Raubenheimer* CR 1996, 69 (72); *Raubenheimer* CR 1994, 129 (131); *Kreutzer* CR 2006, 804 (807 f.); Möhring/Nicolini/*Kaboth/Spies* UrhG § 69f Rn. 10; die Begr. RegE sieht einen nicht gelösten Konflikt zwischen Art. 5 Abs. 2 und Art. 7 Abs. 1 lit. c der Richtlinie, vgl. BT-Drs. 12/4022, 12.

[67] *Marly* Rn. 257.

[68] Ebenso Dreier/Schulze/*Dreier* UrhG § 69f Rn. 12; Fromm/Nordemann/*Czychowski* UrhG § 69f Rn. 8; *Marly* Urheberrechtsschutz S. 184 f.; *Baus* Verwendungsbeschränkungen in Software-Überlassungsverträgen, S. 188 f., 198; *Schweyer* Die rechtliche Bewertung des Reverse Engineering in Deutschland und den USA, S. 228 f.; Mestmäcker/Schulze/*Haberstumpf* UrhG § 69f Rn. 14 (34. EL, Juni 2003), nach dem das Entfernen eines Kopierschutzes nur in Ausnahmefällen rechtmäßig sei, bspw. dann, wenn Gewährleistungsansprüche nicht durchsetzbar seien.

[69] Vgl. näher → § 69d Rn. 20.

[70] AA Möhring/Nicolini/*Hoeren* (2. Aufl.) UrhG § 69f Rn. 16.

[71] Vgl. dazu etwa die Fälle OLG München CR 1996, 11 (13 ff.); OLG Düsseldorf CR 1997, 337 (338); s. auch Vorinstanz LG Düsseldorf CR 1996, 737 (739).

[72] S. auch EuGH GRUR 2012, 814 Rn. 47 ff. – SAS-Institute; *Spindler* CR 2012, 417 (421 f.).

[73] Ähnlich Wandtke/Bullinger/*Grützmacher* UrhG § 69f Rn. 19; *Schweyer* Die rechtliche Bewertung des Reverse Engineering in Deutschland und den USA, S. 229 ff.

[74] BGH NJW 1987, 2004 – Programmsperre II.

[75] So wohl auch *Grützmacher* ITRB 2015, 141 (144 f.).

[76] Spindler/Schuster/*Wiebe* UrhG § 69f Rn. 4; *Heinemeyer/Nordmeyer* CR 2013, 586 (590).

[77] Dreier/Schulze/*Dreier* UrhG § 69f Rn. 12; Wandtke/Bullinger/*Grützmacher* UrhG § 69f Rn. 16; *Heinemeyer/Nordmeyer* CR 2013, 586 (590).

Programme und sonstige Mittel, die **keinen anderen Bestimmungszweck** haben.[78] Allerdings ist das „allein dazu bestimmt" nicht streng wörtlich auszulegen;[79] ein Kopierprogramm lässt sich dem Anwendungsbereich des Abs. 2 nicht dadurch entziehen, dass es mit zusätzlichen, nicht der Ausschaltung des Kopierschutzes dienenden Funktionen ausgestattet wird,[80] die Möglichkeit, das Programm in einer nichturheberrechtsverletzenden Weise zu nutzen, reicht keinesfalls, um § 69f Abs. 2 zu verneinen.[81] Zumindest sind derartige Fälle unter dem Gesichtspunkt der Umgehung des § 69f Abs. 2 zu erfassen. Ob eine solche alleinige Bestimmung vorliegt, ist objektiv und nicht nach den subjektiven Vorstellungen des Herstellers oder des Verkäufers zu beurteilen.[82] Die an sich bestehenden Abgrenzungsschwierigkeiten verlieren in der Praxis an Gewicht, wenn man die Art und Weise berücksichtigt, wie für solche Programmschutzumgehungsmechanismen geworben wird und wie sie zum Einsatz kommen, da Produktgestaltung oder Werbung jedenfalls als Indizien herangezogen werden können, um den Einsatzzweck des „Mittels" iSd § 69f Abs. 2 zu beurteilen.[83]

4. Sonstiges

15   Ebenso wie der Vernichtungsanspruch nach Abs. 1 (→ Rn. 7) setzt auch der Anspruch nach Abs. 2 **kein Verschulden** voraus.[84] Die Verweisung auf Abs. 1 bezieht sich auch auf Abs. 1 S. 2 iVm § 98 Abs. 3 und 4, so dass auch der Anspruch nach § 69f Abs. 2 zum einen dem **Verhältnismäßigkeitsgebot** unterliegt (→ Rn. 8),[85] zum anderen der Überlassungsanspruch nach § 98 Abs. 3 besteht.

16   **Anspruchsinhaber** ist der Inhaber der Rechte an dem Programm, dessen Programmschutzmechanismen durch die Mittel nach Abs. 2 ausgeschaltet werden können, regelmäßig also der Programmhersteller. Sind diese Mittel geeignet, die Programmschutzmechanismen **verschiedener Hersteller** auszuschalten, so steht der Vernichtungsanspruch jedem Hersteller zu, der ein Programm mit dem entsprechenden Kopierschutz vertreibt.[86]

IV. Gegenstand der Vernichtung und Überlassungsanspruch

17   Die Ansprüche nach Abs. 1 und 2 richten sich auf **Vernichtung** der Vervielfältigungsstücke bzw. der Programmschutzumgehungsmechanismen. Bei **Computerprogrammen** bedeutet das nicht von vornherein, dass auch die Vernichtung des Programmträgers verlangt werden kann. Dieser ist weder Vervielfältigungsstück des Programms noch Mittel zur Ausschaltung des Programmschutzes, sondern verkörpert diese nur. Unter dem Gesichtspunkt der Verhältnismäßigkeit wird der Berechtigte nur die **Löschung der Speicherung** oder **Neuformatierung** des Datenträgers, verlangen können.[87] Anders ist es, wenn das Programm vom Speichermedium nicht entfernt werden kann, zB bei einer nicht wieder beschreibbaren CD-ROM. Hier unterliegt auch der Datenträger dem Vernichtungsanspruch.[88]

18   Nach Abs. 1 S. 2 iVm § 98 Abs. 3 kann der Verletzte statt der Vernichtung die **Überlassung der Gegenstände** gegen Zahlung einer angemessenen Vergütung verlangen, welcher jedoch nicht höher sein darf als die Kosten der Produktion der Kopie.[89] Das gilt sowohl für die Vervielfältigungsstücke nach Abs. 1 als auch für die Mechanismen zur Ausschaltung des Programmschutzes nach Abs. 2. Handelt es sich um low-level-formatierbare und wieder beschreibbare Datenträgern, kann der Rechtsinhaber sich die Datenträger auch ohne Vergütung übergeben lassen, wenn er sie nach dem Löschen wieder zurückgibt.[90] In Voraussetzungen und Rechtsfolgen weist der Überlassungsanspruch keine Besonderheiten gegenüber dem unmittelbar sich aus § 98 Abs. 3 ergebenden Anspruch auf. Auf die dortige Kommentierung kann verwiesen werden.[91]

---

[78] LG München I MMR 2008, 839 (841); Dreier/Schulze/*Dreier* UrhG § 69f Rn. 13; Wandtke/Bullinger/ *Grützmacher* UrhG § 69f Rn. 21; Fromm/Nordemann/*Czychowski* UrhG § 69f Rn. 11; *Heinemeyer/Nordmeyer* CR 2013, 586 (591); anders wohl *Raubenheimer* CR 1994, 129 (131 f.).

[79] LG München I MMR 2008, 839 (841); *Marly* Rn. 257; DKMH/*Kotthoff* UrhG § 69f Rn. 7; *Heinemeyer/Nordmeyer* CR 2013, 586 (591).

[80] LG München I MMR 2008, 839 (841).

[81] AA *König* NJW 1995, 3293 (3295), der „solche Mittel, die in nicht völlig unerheblichem Umfang auch zur erlaubten Beseitigung oder Umgehung von Programmschutzmechanismen geeignet sind" als zulässig erachtet.

[82] LG München I MMR 2008, 839 (841); Dreier/Schulze/*Dreier* UrhG § 69f Rn. 13; Wandtke/Bullinger/ *Grützmacher* UrhG § 69f Rn. 21; Fromm/Nordemann/*Czychowski* UrhG § 69f Rn. 11; Möhring/Nicolini/*Kaboth/ Spies* UrhG § 69f Rn. 10.

[83] Stärker gewichtend *Arnold* MMR 2008, 144 (147); *Wieduwilt* MMR 2008, 715 (719); wie hier Wandtke/ Bullinger/*Grützmacher* UrhG § 69f Rn. 21; auch LG München I MMR 2008, 839 (842) rekurriert auf die Bewerbung der ModChips.

[84] Fromm/Nordemann/*Czychowski* UrhG § 69f Rn. 10; *Marly* Rn. 255.

[85] Fromm/Nordemann/*Czychowski* UrhG § 69f Rn. 10.

[86] Begr. RegE BT-Drs. 12/4022, 15.

[87] Dazu näher → Rn. 8; vgl. auch Begr. RegE BT-Drs. 12/4022, 14.

[88] → Rn. 8; wegen weiterer Fragen zur Vernichtung vgl. → § 98 Rn. 7 ff.

[89] *Marly* Rn. 256.

[90] Wandtke/Bullinger/*Grützmacher* UrhG § 69f Rn. 23.

[91] Vgl. → § 98 Rn. 17 f.

§ 69g Anwendung sonstiger Rechtsvorschriften; Vertragsrecht

(1) **Die Bestimmungen dieses Abschnitts lassen die Anwendung sonstiger Rechtsvorschriften auf Computerprogramme, insbesondere über den Schutz von Erfindungen, Topographien von Halbleitererzeugnissen, Marken und den Schutz gegen unlauteren Wettbewerb einschließlich des Schutzes von Geschäfts- und Betriebsgeheimnissen, sowie schuldrechtliche Vereinbarungen unberührt.**

(2) **Vertragliche Bestimmungen, die in Widerspruch zu § 69d Abs. 2 und 3 und § 69e stehen, sind nichtig.**

Schrifttum: *Gaugenrieder/Unger-Hellmich,* Know-how-Schutz – gehen mit dem Mitarbeiter auch die Unternehmensgeheimnisse?, WRP 2011, 1364.
Siehe auch die Schrifttumsangaben zu § 69a und vor §§ 69a ff.

Übersicht

I. Anwendung sonstiger Rechtsvorschriften

§ 69g Abs. 1 setzt Art. 9 Abs. 1 S. 1 der Computerprogramm-RL um. Unberührt bleibt danach **1** zunächst der Rechtsschutz von Computerprogrammen nach **anderen Schutzrechten,** insbesondere also nach Patentrecht und Markenrecht. Unberührt bleibt ferner der Schutz nach dem **UWG.**[1] Die Aufzählung der wirksam bleibenden Rechtsvorschriften in Abs. 1 ist **nicht abschließend.**[2] Anwendbar bleiben beispielsweise §§ 823 Abs. 1 und 2, § 826, §§ 812 ff. und § 687 Abs. 2 BGB sowie das Kartellrecht.[3] Näher dazu, insbesondere der Patentierbarkeit von Programmen → Vor §§ 69a ff. Rn. 10.

§ 69g Abs. 1 lässt weiter die **vertraglichen Vereinbarungen** über Computerprogramme unbe- **2** rührt, insbes. also Lizenzverträge, näher dazu → Vor §§ 69a ff. Rn. 59 ff. Dabei ist allerdings zu berücksichtigen, dass nach § 69g Abs. 2 vertragliche Bestimmungen, die in Widerspruch zu § 69d Abs. 2 und 3 sowie § 69e stehen, nichtig sind; bei § 69d Abs. 1 muss dessen Kernbereich gewahrt bleiben (→ § 69d Rn. 6). Dies gilt nicht nur für urheberrechtliche Verträge, sondern wirkt sich auch auf andere Rechtsgebiete aus. So ist beispielsweise ein lizenzvertragliches Verbot der Herstellung von Sicherungskopien oder ein gegen § 69e verstoßendes Dekompilierungsverbot auch dann nichtig, wenn es im Rahmen einer Patent- oder einer Know-how-Lizenz ausgesprochen wird.[4]

II. Nichtigkeit vertraglicher Bestimmungen

§ 69g Abs. 2 setzt Art. 9 Abs. 1 S. 2 der Computerprogramm-RL um. § 69d Abs. 2 und 3 sowie **3** § 69e sind zwingendes Recht; vertragliche Bestimmungen, die gegen diese Vorschriften verstoßen, sind nichtig. § 69g Abs. 2 ist nicht auf § 69d Abs. 1 anwendbar, wobei aber wiederum der zwingende Kern von Benutzungsbefugnissen dieser Vorschrift zu beachten ist,[5] → § 69d Rn. 6. Gemäß § 137d Abs. 2 fallen auch vor dem 24.6.1993 geschlossene Verträge **(Altverträge)** unter § 69g Abs. 2. Nichtig sind in Widerspruch zu § 69d Abs. 2 und 3 und § 69e stehende Vertragsbestimmungen auch dann, wenn die Verträge andere Schutzrechte zum Gegenstand haben (→ Rn. 2). Die Nichtigkeit ist **auf die Vertragsbestimmungen beschränkt,** die gegen § 69d Abs. 2 und 3 bzw. gegen § 69e verstoßen; die übrigen Vertragsteile werden von der Nichtigkeit nicht erfasst. Das entspricht dem Grundsatz, dass bei Verbotsnormen, die eine Vertragspartei vor nachteiligen Klauseln schützen sollen, nur die nachteiligen Klauseln nichtig sind und das Rechtsgeschäft im Übrigen wirksam bleibt; §§ 69d und 69e iVm § 69g stellen solche Schutznormen dar.[6] – Die Unwirksamkeit von Bestimmungen in Verträgen über Computerprogramme kann sich ferner unter dem Gesichtspunkt der Kontrolle Allgemeiner Geschäftsbedingungen aus §§ 305 ff. BGB ergeben,[7] gegebenenfalls auch aus kartellrechtlichen Vorschriften.

---

[1] Zum Schutz von Computerprogrammen nach anderen Rechtsvorschriften → Vor §§ 69a ff. Rn. 8 ff.; *Gaugenrieder/Unger-Hellmich* WRP 2011, 1364 (1366) weisen auf die Anwendbarkeit der §§ 17 ff. UWG hin.

[2] AmtlBegr. BT-Drs. 12/4022, 15; Fromm/Nordemann/*Czychowski* UrhG § 69g Rn. 1.

[3] S. eingehend zur Anwendung sonstiger Rechtsvorschriften Fromm/Nordemann/*Czychowski* UrhG § 69g Rn. 3 ff.; zum Patentrecht Spindler/Schuster/*Wiebe* UrhG § 69g Rn. 2 ff.

[4] Vgl. auch *Lehmann,* Rechtsschutz, Kap. I A Rn. 25; *Raubenheimer* CR 1994, 328 (334); *Dreier* GRUR 1993, 781 (784).

[5] So auch Fromm/Nordemann/*Czychowski* UrhG § 69g Rn. 16; wohl für Einbeziehung im Rahmen des § 69g Abs. 2: Dreier/Schulze/*Dreier* UrhG § 69g Rn. 3.

[6] Dreier/Schulze/*Dreier* UrhG § 69g Rn. 3.

[7] Vgl. etwa BGH GRUR 2003, 416 (418) – CPU-Klausel.

Teil 2. Verwandte Schutzrechte

Abschnitt 1. Schutz bestimmter Ausgaben

§ 70 Wissenschaftliche Ausgaben

(1) Ausgaben urheberrechtlich nicht geschützter Werke oder Texte werden in entsprechender Anwendung der Vorschriften des Teils 1 geschützt, wenn sie das Ergebnis wissenschaftlich sichtender Tätigkeit darstellen und sich wesentlich von den bisher bekannten Ausgaben der Werke oder Texte unterscheiden.

(2) Das Recht steht dem Verfasser der Ausgabe zu.

(3) [1]Das Recht erlischt fünfundzwanzig Jahre nach dem Erscheinen der Ausgabe, jedoch bereits fünfundzwanzig Jahre nach der Herstellung, wenn die Ausgabe innerhalb dieser Frist nicht erschienen ist. [2]Die Frist ist nach § 69 zu berechnen.

Schrifttum: *Gentz*, Schutz von wissenschaftlichen und Erst-Ausgaben im musikalischen Bereich, UFITA 52 (1969) 135; *Gounalakis*, Urheberrechtsschutz für die Bibel?, GRUR 2004, 996; *Hofmann*, Rechtsbeziehungen zwischen Editionsinstitut, Herausgeber und Verlag, in: Hubmann (Hrsg.), Rechtsprobleme musikwissenschaftlicher Editionen, (1982); *Katzenberger*, Urheberrechtliche und urhebervertragsrechtliche Fragen bei der Edition philosophischer Werke, GRUR 1984, 319; *Klinkenberg*, Urheber- und verlagsrechtliche Aspekte des Schutzes wissenschaftlicher Ausgaben nachgelassener Werke, GRUR 1985, 419; *Lührig*, die Revision der Lutherbibel – eine schöpferische Leistung?, WRP 2003, 1269; *Möhring*, Der Schutz wissenschaftlicher Ausgaben im Urheberrecht, in Homo creator, FS Troller (1976), S. 153; *Rehbinder*, Zum Rechtsschutz der Herausgabe historischer Texte, UFITA 106 (1987) 255; *Ruzicka*, Zum Leistungsschutzrecht des Wissenschaftlers nach § 70 UrhG, UFITA 84 (1979) 65; *Stang*, Das urheberrechtliche Werk nach Ablauf der Schutzfrist (2011); *Stieper*, Geistiges Eigentum an Kulturgütern, GRUR 2012, 1083; *Ulmer*, Diskussionsbeitrag zum Schutz wissenschaftlicher Leistungen, in: Hubmann (Hrsg.), Rechtsprobleme musikwissenschaftlicher Editionen, (1982).

Übersicht

I. Allgemeines

1   Die wissenschaftliche Edition nachgelassener Werke oder Texte, wie alter Handschriften oder Inschriften, stellt häufig eine **bedeutende wissenschaftliche Leistung** dar, die mit erheblichem Aufwand an Arbeit und Kosten verbunden zu sein pflegt. Die dafür erforderliche wissenschaftlich sichtende Tätigkeit, die im Allgemeinen eingehende historische und fachwissenschaftliche Kenntnisse sowie die genaue Beherrschung der entsprechenden wissenschaftlichen Methoden erfordert, schlägt sich aber im Gegensatz zu anderen Formen der Publikation wissenschaftlicher Ergebnisse nur in geringerem Umfang in einer urheberrechtlich schutzfähigen Leistung nieder. Urheberschutz ist nur dort möglich, wo eigenes Werkschaffen vorliegt, und dafür kommen nur eigene Ergänzungen, Anmerkungen und Kommentierungen, insbes. der „wissenschaftliche Apparat", in Betracht,[1] nicht hingegen die Herausgabe des Werkes bzw. Textes selbst, die insofern nur eine Wiedergabe fremder Geistestätigkeit darstellt.[2] Diese noch im LUG und KUG bestehende Schutzlücke hat das UrhG 1965 dadurch geschlossen, dass es dem Verfasser der Edition ein Leistungsschutzrecht gewährt, das in seinem Inhalt, abgesehen von der Schutzdauer, dem Urheberrecht voll entspricht.[3]

2   Trotz des unabweisbaren Bedürfnisses eines Schutzes der wissenschaftlichen Edition ist die **praktische Bedeutung** des § 70, gemessen an der Zahl gerichtlich entschiedener Fälle, relativ gering geblieben. Das dürfte vor allem darauf zurückzuführen sein, dass im wissenschaftlichen Bereich Streitig-

---

[1] → Rn. 3.

[2] Vgl. auch KG GRUR 1973, 602 (604) – Hauptmann-Tagebücher.

[3] Zur historischen Entwicklung des Schutzes wissenschaftlicher Ausgaben vgl. *Rehbinder* UFITA 106 (1987), 255 (260 ff.).

keiten eher innerhalb der scientific community als unter Inanspruchnahme der Gerichte ausgetragen werden, zumal die Verhältnisse hier oft durch persönliche Beziehungen, traditionell auch durch hierarchische Abhängigkeitsverhältnisse gekennzeichnet sind.

2. Verhältnis zu anderen Vorschriften

Neben der nach § 70 geschützten wissenschaftlich sichtenden Tätigkeit, die selbst keine persönliche **3** geistige Schöpfung darstellt,[4] pflegen wissenschaftliche Editionen auch Teile zu enthalten, die auf **eigenem Werkschaffen** des Verfassers der Edition beruhen. Neben dem Werktext findet sich der wissenschaftliche Apparat, der text- und quellenkritische Bericht des Verfassers in Form von Kommentaren, Anmerkungen oder Abhandlungen, die im Allgemeinen das für eine persönliche geistige Schöpfung erforderliche Niveau erreichen. Das Gleiche gilt für vom Verfasser vorgenommene Ergänzungen des Originaltextes an Stellen, an denen dessen authentische Wiederherstellung nicht mehr möglich war.[5] Solche Teile unterliegen, sofern sie eine persönliche geistige Schöpfung verkörpern, dem **Urheberrechtsschutz**.[6] Dieser kann sich nicht nur aus § 2, sondern bei Vorliegen der entsprechenden Voraussetzungen auch aus § 3 oder § 4 ergeben. Der Urheberrechtsschutz beschränkt sich aber auf diejenigen Teile, die eine schöpferische Leistung des Verfassers der Edition darstellen, er umfasst weder den editierten Text noch das auf der wissenschaftlich sichtenden Tätigkeit beruhende Herausgabe des Textes, die Wiedergabe fremder Geistestätigkeit ist. § 70 gewährt das **Leistungsschutzrecht unabhängig von** einem etwa bestehenden **Urheberrechtsschutz**;[7] Urheberrechtsschutz und Leistungsschutz schließen sich also nicht aus. Bei einer Verletzung urheberrechtlich geschützter Teile der Edition wird man sich freilich am ehesten auf das Urheberrecht stützen.

Während § 70 die in der Herstellung der Edition liegende wissenschaftliche Leistung schützt, ge- **4** währt **§ 71** Schutz für die Erstausgabe nachgelassener Werke, die auf diese Weise der Öffentlichkeit zugänglich gemacht werden.[8] Beide Tatbestände können zusammentreffen, wenn die wissenschaftliche Edition zugleich eine Erstausgabe darstellt. Sind die Voraussetzungen beider Vorschriften erfüllt, so entsteht sowohl ein Leistungsschutzrecht nach § 70, das dem Verfasser der wissenschaftlichen Edition zusteht, als auch ein Leistungsschutzrecht nach § 71, das dem Herausgeber zusteht. Ist der Verfasser mit dem Herausgeber identisch, so stehen ihm beide Rechte unabhängig voneinander zu, er kann sich auf beide Rechte stützen. Fallen Verfasser und Herausgeber auseinander, so muss sich der Herausgeber vom Verfasser der wissenschaftlichen Ausgabe für die Herausgabe das Recht zur Vervielfältigung und Verbreitung einräumen lassen.

II. Schutzvoraussetzungen

1. Urheberrechtlich nicht geschützte Werke oder Texte

Das Leistungsschutzrecht des § 70 hat Ausgaben urheberrechtlich nicht geschützter Werke oder **5** Texte zum Gegenstand. Es darf also **kein Urheberrechtsschutz** bestehen; besteht solcher Schutz, so stellt die Herausgabe keine schützenswerte Leistung dar und bedarf der Zustimmung des Rechtsinhabers. Aus welchem Grund der Schutz fehlt, ist unerheblich. Unter **Werken** sind Gestaltungen zu verstehen, die an sich vom schöpferischen Niveau her schutzfähig, aber im Einzelfall nicht geschützt sind, etwa wegen Ablaufs der Schutzfrist, weil nach §§ 120 ff. Schutz im Inland nicht besteht oder weil es sich um nach § 5 vom Schutz ausgeschlossene amtliche Werke handelt.[9] Auch wenn die Einbeziehung nicht schutzfähiger Gestaltungen wünschenswert sein mag,[10] ergibt sich die Absicht des Gesetzgebers doch klar aus der Gegenüberstellung von Werken und Texten, die anderenfalls sinnlos wäre; soweit es um die Herausgabe nicht schutzfähiger Gestaltungen geht, lassen sich Sprachgebilde als Texte erfassen, im Übrigen kommt allenfalls eine analoge Anwendung in Betracht. Es kommen alle in § 2 Abs. 1 genannten Werkarten in Frage; auch die Edition von Musikwerken, alten Karten oder Plänen usw kann nach § 70 geschützt sein.[11] **Texte** sind schutzunfähige Sprachgebilde, die die Voraussetzungen einer persönlichen geistigen Schöpfung nicht aufweisen, etwa Inschriften, Chroniken oder Briefe, denen die erforderliche Individualität fehlt.[12]

---

[4] Vgl. → Rn. 1.
[5] Vgl. dazu für musikwissenschaftliche Editionen *Hofmann* in Hubmann S. 17 ff.
[6] KG GRUR 1991, 596 (597) – Schopenhauer-Ausgabe; Dreier/Schulze/*Dreier* UrhG § 70 Rn. 3; Fromm/Nordemann/*A. Nordemann* UrhG § 70 Rn. 8; Wandtke/Bullinger/*Thum* UrhG § 70 Rn. 32; *Schack* Rn. 737.
[7] AmtlBegr. BT-Drs. IV/270, 87.
[8] Vgl. → § 71 Rn. 1.
[9] Dreier/Schulze/*Dreier* UrhG § 70 Rn. 5; Wandtke/Bullinger/*Thum* UrhR § 70 Rn. 5 f.; aA Fromm/Nordemann/*A. Nordemann* UrhG § 70 Rn. 11.
[10] So Fromm/Nordemann/*A. Nordemann* UrhG § 70 Rn. 11.
[11] Dreier/Schulze/*Dreier* UrhG § 70 Rn. 5; Wandtke/Bullinger/*Thum* UrhG § 70 Rn. 2.
[12] Dreier/Schulze/*Dreier* UrhG § 70 Rn. 5.

2. Wissenschaftlich sichtende Tätigkeit

6 Die Edition muss das Ergebnis wissenschaftlich sichtender Tätigkeit sein. Nur für die wissenschaftlich fundierte Herstellung eines in dieser Form bisher unbekannten Originaltextes wird das Schutzrecht gewährt, nicht dagegen für dieses Niveau nicht erreichende Tätigkeiten, etwa das bloße Auffinden eines alten Schriftstücks.[13] Erforderlich ist eine **sichtende, ordnende und abwägende Tätigkeit unter Anwendung wissenschaftlicher Methoden;**[14] eine persönliche geistige Schöpfung ist hingegen nicht erforderlich. Der Regelfall ist die text- und quellenkritische Arbeit zur Rekonstruktion der (verlorengegangenen) Originalfassung. Wissenschaftlich sichtende Tätigkeit liegt aber auch noch vor bei der Vergleichung umfangreichen und zum Teil widersprüchlichen Zeitungsmaterials, dessen kritischer Sichtung und Klassifizierung nach Wahrscheinlichkeits- und Häufigkeitsgesichtspunkten mit dem Ziel, den Ablauf eines Prozesses zu rekonstruieren.[15] Ein wissenschaftlicher Apparat in Form von Anmerkungen oder Fußnoten ist nicht erforderlich, stellt aber ein Indiz für die Anwendung wissenschaftlicher Methoden dar.[16] Als schutzrechtsbegründende Kriterien wurden in der Rechtsprechung ferner angesehen die Modernisierung von Rechtschreibung und Zeichensetzung, die Einfügung von altsprachlichen Übersetzungen und deren Berichtigung, die Bearbeitung sämtlicher bisher erschienenen Ausgaben, um die Textunterschiede philologisch festzuhalten, die Anordnung der Schriften in der editorisch richtigen Reihenfolge sowie die Schaffung eines in dieser Form bislang nicht existierenden Personen- und Begriffsregisters.[17] Erreicht die wissenschaftlich sichtende Tätigkeit schöpferisches Niveau, so entsteht insoweit ein Urheberrecht.[18]

3. Wesentliche Unterscheidung von bisher bekannten Ausgaben

7 Die Edition muss sich wesentlich von bisher bekannten Ausgaben der Werke bzw. Texte unterscheiden. Mit dem **Begriff der Ausgabe** ist das Ergebnis der wissenschaftlichen Leistung des Verfassers gemeint, nicht eine Ausgabe im verlagstechnischen Sinn.[19] Die **Ausgabe** braucht nicht in schriftlicher Form zu erfolgen; jede Festlegungsform reicht aus, beispielsweise auch die Festlegung auf Ton- oder Bildträger oder die Festlegung in digitaler Form.[20] Anders als bei § 71 braucht es sich bei § 70 nicht um eine Erstausgabe zu handeln. Das Tatbestandsmerkmal der wesentlichen Unterscheidung von bisher bekannten Ausgaben soll der **Rechtssicherheit** dienen: Würden auch Editionen geschützt, die sich von bereits bekannten Ausgaben nicht oder nur unwesentlich unterscheiden, so ließe sich bei einer Verwertung nicht feststellen, welche der Editionen benutzt wurde.[21] Von diesem Normzweck her ist der Begriff der **wesentlichen Unterscheidung** zu bestimmen: bei einer Verwertung muss sich ohne weiteres feststellen lassen, welche der Ausgaben zugrundegelegt wurde.[22] Das Erfordernis der Unterscheidung von bisher bekannten Ausgaben besteht naturgemäß nur, wenn solche bisher bekannten Ausgaben existieren; der Verfasser eines wissenschaftlich edierten Werkes kann nicht deswegen schutzlos bleiben, weil er der Erste ist, der sich dieser Aufgabe unterzogen hat.

8 Der **Schutz** nach § 70 ist daher **zu versagen,** wenn auf Grund aufwändiger quellenkritischer Arbeit eine Originalfassung rekonstruiert wird, die sich von bereits bekannten Fassungen des Werkes kaum unterscheidet, etwa wenn sie zu dem Ergebnis führt, dass eine bisher unbekannte Originalfassung mit einer bekannten Edition vollständig oder doch im Wesentlichen übereinstimmt.[23] An einer wesentlichen Unterscheidung fehlt es regelmäßig auch dann, wenn bereits bekannte Einzelwerke in einem Gesamtwerk zusammengefasst oder in veränderter Reihenfolge vorgelegt werden;[24] wohl aber können in solchen Fällen die Voraussetzungen des § 4 erfüllt sein.[25]

III. Inhalt des Schutzrechts

9 Abgesehen von der Schutzdauer entspricht der durch § 70 gewährte Schutz **voll dem urheberrechtlichen Schutz.**[26] Dem Verfasser der Edition stehen ua die **urheberpersönlichkeitsrechtli-**

---

[13] AmtlBegr. BT-Drs. IV/270, 87.
[14] BGH GRUR 1975, 667 (668) – Reichswehrprozess.
[15] BGH GRUR 1975, 667 (668) – Reichswehrprozess.
[16] Dreier/Schulze/*Dreier* UrhG § 70 Rn. 7; Wandtke/Bullinger/*Thum* UrhG § 70 Rn. 10.
[17] KG GRUR 1991, 596 (597) – Schopenhauer-Ausgabe.
[18] Einen Grenzfall bildet die Entscheidung BGH GRUR 1975, 667 – Reichswehrprozess; dazu kritisch *Ruzicka* UFITA 84 1979, 65 ff.
[19] Dreier/Schulze/*Dreier* UrhG § 70 Rn. 8.
[20] Dreier/Schulze/*Dreier* UrhG § 70 Rn. 6; Fromm/Nordemann/*A. Nordemann* UrhG § 70 Rn. 10.
[21] Vgl. AmtlBegr. BT-Drs. IV/270, 87.
[22] Dreier/Schulze/*Dreier* UrhG § 70 Rn. 8; Fromm/Nordemann/*A. Nordemann* UrhG § 70 Rn. 16; eingehend Wandtke/Bullinger/*Thum* UrhG § 70 Rn. 11 ff.; aA DKMH/*Meckel* UrhG § 70 Rn. 10 im Anschluss an *v. Gamm,* die die gleichen Anforderungen wie bei einer freien Benutzung nach § 24 stellen wollen.
[23] AmtlBegr. BT-Drs. IV/270, 87; sa LG München I ZUM-RD 2007, 212 (215).
[24] *Möhring* FS Troller, 1976, 161.
[25] Zum Kriterium der wesentlichen Unterscheidung bei Musikwerken vgl. Wandtke/Bullinger/*Thum* UrhG § 70 Rn. 15 ff. mwN.
[26] Vgl. auch AmtlBegr. BT-Drs. IV/270, 87.

chen Befugnisse der §§ 12–14 zu, insbesondere auch das Recht auf Namensnennung.[27] Der Verfasser hat ferner die **Verwertungsrechte** der §§ 15–23, insbesondere also das Vervielfältigungsrecht und das Verbreitungsrecht; er kann auch im Rahmen des § 23 **Bearbeitungen** seiner Edition untersagen, die Grenze bildet § 24. Die Übertragung des Leistungsschutzrechts ist im gleichen Umfang wie beim Urheberrecht ausgeschlossen, dafür können **Nutzungsrechte** am Leistungsschutzrecht nach §§ 31 ff. eingeräumt werden. Ebenso finden die Vorschriften über die **Schranken** des Urheberrechts Anwendung; insbesondere unterliegen Vervielfältigungen den Schranken des § 53 und der Vergütungspflicht der §§ 54 ff.

Der durch § 70 gewährte **Schutz beschränkt sich auf die vom Verfasser** der Edition in wis- **10** senschaftlich sichtender Tätigkeit **geschaffene Fassung** des Werkes bzw. Textes. Geschützt ist, was auf der wissenschaftlich sichtenden Tätigkeit beruht; nur diejenigen Teile genießen den Schutz des § 70, in denen sich die wissenschaftliche Leistung manifestiert.[28] Anders als nach § 71[29] ist also nicht das Werk als solches geschützt. Die Benutzung anderer Ausgaben kann nicht untersagt werden, ebensowenig derjenigen Teile der Ausgabe, in der die wissenschaftlich sichtende Tätigkeit nicht zum Ausdruck kommt. Gleichermaßen ist es zulässig, unter Benutzung des Quellenmaterials eine neue Ausgabe zu erstellen. Selbst wenn diese Ausgabe mit der vorhergehenden Edition identisch ist, liegt keine Verletzung des Leistungsschutzrechts des ersten Verfassers vor, allerdings ist die neue Ausgabe dann ihrerseits wegen fehlender Unterscheidung von früheren Ausgaben nicht schutzfähig, auch darf sie nicht in einer das Leistungsschutzrecht des ersten Verfassers verletzenden Weise verwertet werden.

IV. Rechtsinhaberschaft

Schutzrechtsinhaber ist gemäß Abs. 2 der **Verfasser der Ausgabe,** also der Musik- oder Litera- **11** turwissenschaftler, der die wissenschaftlich sichtende Tätigkeit erbracht hat, nicht aber der Verlag oder das Institut, für das er tätig wird.[30] Anders als bei § 71 kann Schutzrechtsinhaber nur eine **natürliche Person** sein; das ergibt sich bereits aus der urheberpersönlichkeitsrechtlichen Komponente des Schutzrechts. Die **Wahrnehmung** der Rechte an wissenschaftlichen Ausgaben von Musikwerken erfolgt durch die VG Musikedition.

V. Entstehung und Dauer des Schutzes

Der **Schutz entsteht,** wie sich aus Abs. 3 ergibt, mit der Herstellung der Fassung des Werkes oder **12** Textes, also bereits mit der Erstellung des Manuskripts und nicht erst mit der Veröffentlichung oder dem Erscheinen der Ausgabe.[31] Ist das Schutzrecht durch die Herstellung des Manuskripts entstanden, so bleibt es auch erhalten, wenn vor der Veröffentlichung eine andere Ausgabe erscheint.[32]

Die **Schutzdauer** beträgt 25 Jahre ab Erscheinen[33] bzw. 25 Jahre ab Herstellung, wenn innerhalb **13** dieser Zeit die Ausgabe nicht erschienen ist (Abs. 3 S. 1). Die Fristberechnung erfolgt nach § 69, dh sie beginnt mit Ablauf des Kalenderjahres, in das das Erscheinen bzw. die Herstellung fällt. Ursprünglich betrug die Schutzdauer nur 10 Jahre, weil der Gesetzgeber von 1965 eine zu starke Behinderung der wissenschaftlichen Arbeit befürchtete.[34] Durch das Produktpirateriegesetz v. 7.3.1990[35] wurde die Schutzdauer auf 25 Jahre verlängert, weil die 10-jährige Schutzfrist im Vergleich zur 25-jährigen Schutzfrist anderer Leistungsschutzrechte nicht mehr zu vertreten war.[36]

§ 71 Nachgelassene Werke

(1) [1]Wer ein nicht erschienenes Werk nach Erlöschen des Urheberrechts erlaubterweise erstmals erscheinen läßt oder erstmals öffentlich wiedergibt, hat das ausschließliche Recht, das Werk zu verwerten. [2]Das gleiche gilt für nicht erschienene Werke, die im Geltungsbereich dieses Gesetzes niemals geschützt waren, deren Urheber aber schon länger als siebzig Jahre tot ist. [3]Die §§ 5 und 10 Abs. 1 sowie die §§ 15 bis 24, 26, 27, 44a bis 63 und 88 sind sinngemäß anzuwenden.

---

[27] Dazu für Arbeits- und Dienstverhältnisse näher *Katzenberger* GRUR 1984, 319 (322 f.); vgl. auch BGH GRUR 1978, 360 – Hegel-Archiv.

[28] Fromm/Nordemann/*A. Nordemann* UrhG § 70 Rn. 18; Wandtke/Bullinger/*Thum* UrhG § 70 Rn. 19; *Klinkenberg* GRUR 1985, 419 (421); sa *Ulmer* § 118 I 3.

[29] Vgl. dort → § 71 Rn. 10.

[30] AmtlBegr. BT-Drs. IV/270, 87; zur Problematik bei Arbeits- und Dienstverhältnissen eingehend *Katzenberger* GRUR 1984, 319 (321 ff.); bei musikwissenschaftlichen Editionen *Hofmann* in Hubmann S. 17 ff.

[31] Dreier/Schulze/*Dreier* UrhG § 70 Rn. 12; Wandtke/Bullinger/*Thum* UrhG § 70 Rn. 25.

[32] Wandtke/Bullinger/*Thum* UrhG § 70 Rn. 25; Dreier/Schulze/*Dreier* UrhG § 70 Rn. 12.

[33] Zum Begriff des Erscheinens vgl. § 6 Abs. 2.

[34] AmtlBegr. BT-Drs. IV/270, 87.

[35] BGBl. I S. 422.

[36] AmtlBegr. BT-Drs. 11/5744, 35; sa den Bericht der Bundesregierung über die Auswirkungen der Urheberrechtsnovelle 1985, BT-Drs. 11/4929, 33.

(2) **Das Recht ist übertragbar.**

(3) [1]**Das Recht erlischt fünfundzwanzig Jahre nach dem Erscheinen des Werkes oder, wenn seine erste öffentliche Wiedergabe früher erfolgt ist, nach dieser.** [2]**Die Frist ist nach § 69 zu berechnen.**

Schrifttum: *v. Becker,* Eine nachgelassene Vorschrift – Warum § 71 UrhG abgeschafft gehört, FS Schulze, 2017, S. 201; *Büscher,* Concertion Veneziano – Über die Schutzfähigkeit von Werken älterer Komponisten, FS Raue (2006), S. 363; *Dietz,* Die Schutzdauer-Richtlinie der EU, GRUR-Int 1995, 670; *Eberl,* Himmelsscheibe von Nebra, GRUR 2006, 1009; *Eknutt,* Der Schutz der „editio princeps", UFITA 84 (1979) 45; *Götting/Lauber-Rönsberg,* Der Schutz nachgelassener Werke, GRUR 2006; *dies.,* Noch einmal: Die Himmelsscheibe von Nebra, GRUR 2007, 303; *Kleinheisterkamp,* Der Schutz des Herausgebers nach § 71 UrhG im internationalen Vergleich, ZUM 1989, 548; *Klinkenberg,* Urheber- und verlagsrechtliche Aspekte des Schutzes wissenschaftlicher Ausgaben nachgelassener Werke, GRUR 1985, 419; *Langer,* Der Schutz nachgelassener Werke (2012); *v. Linstow,* Motezuma, Himmelsscheibe und das System der Schutzrechte, FS Ullmann (2006), S. 297; *Ohly,* Von einem Indianerhäuptling, einer Himmelsscheibe, einer Jeans und dem Lächeln der Mona Lisa – Überlegungen zum Verhältnis zwischen Urheber- und Kennzeichenrecht, FS Klippel (2006), S. 203; *Rehbinder,* Zum Rechtsschutz der Herausgabe historischer Texte, UFITA 106 (1987) 255; *Rüberg,* Mo(n)tezumas späte Rache, ZUM 2006, 122; *Sebastian,* Die Himmelsscheibe von Nebra – Eine historische und rechtliche Perspektive, UFITA 2014, 329; *Stieper,* Geistiges Eigentum an Kulturgütern, GRUR 2012, 1083; *Stroh,* Der Schutz nachgelassener Werke gemäß § 71 UrhG, FS W. Nordemann (1999), S. 269; *Vogel,* Die Umsetzung der Richtlinie zur Harmonisierung der Schutzdauer des Urheberrechts und bestimmter verwandter Schutzrechte, ZUM 1995, 451; *Walter,* Der Schutz nachgelassener Werke nach der EG-Schutzdauer-Richtlinie, im geänderten deutschen Urheberrecht und nach der österreichischen UrhG-Novelle 1996, FS Beier (1996), S. 425.

Übersicht

I. Zweck und Bedeutung der Norm

1   § 71 gewährt einen Schutz für die **Erstausgabe** (editio princeps) oder **erstmalige öffentliche Wiedergabe nachgelassener Werke,** deren urheberrechtliche Schutzfrist abgelaufen ist. Anders als § 70 setzt § 71 keine wissenschaftliche Leistung voraus, sondern knüpft allein an die Tatsache an, dass jemand ein bisher noch nicht veröffentlichtes Werk nach Ablauf der Schutzfrist der Öffentlichkeit zugänglich macht. Das können Bücher und sonstige Schriften, Aufzeichnungen von Musikwerken sowie Kunstwerke aller Art sein. Der Gesetzgeber ging mit Recht davon aus, dass das Auffinden, Sammeln und die Herausgabe solcher Werke auch dann, wenn eine wissenschaftlich-textkritische Bearbeitung entbehrlich ist, oft einen erheblichen Arbeits- und Kostenaufwand erfordern, der es gerechtfertigt erscheinen lässt, dem Herausgeber für eine gewisse Zeit das ausschließliche Recht zur Verwertung der Ausgabe zu gewähren.[1] Zugleich wurde herausgestellt, dass der Allgemeinheit der bleibende Besitz des Werkes vermittelt wird.[2] Der **Normzweck** des § 71 lässt sich also in dreifacher Hinsicht bestimmen: Erstens findet die Leistung Anerkennung, die im Auffinden des Werkes, dem Erkennen seines Wertes und seiner Veröffentlichung liegt; zweitens wird der Herausgeber der editio princeps dafür belohnt, dass er durch die Veröffentlichung das Werk der Allgemeinheit zugänglich macht und drittens soll durch das Schutzrecht ein Anreiz für die Veröffentlichung nachgelassener Werke geboten werden.[3] – Zum **Verhältnis zu § 70** vgl. → § 70 Rn. 4.

2   **Entstehungsgeschichte:** Vor Inkrafttreten des Urheberrechtsgesetzes 1965 bestand für die Erstherausgabe nachgelassener Werke kein besonderes Schutzrecht, es gab lediglich eine Verlängerung der urheberrechtlichen Schutzfrist: war ein Werk nicht innerhalb der normalen Schutzfrist von 50 Jahren post mortem auctoris veröffentlicht, so erlosch der Urheberschutz gemäß § 29 S. 1 LUG erst, wenn 10 Jahre seit Veröffentlichung des Werks verstrichen waren.[4] Diese Regelung war in zweifacher Hin-

---

[1] AmtlBegr. BT-Drs. IV/270, 87 f.
[2] AmtlBegr. BT-Drs. IV/270, 88; BGH GRUR 2009, 942 Rn. 11 – Motezuma.
[3] LG Magdeburg GRUR 2004, 672 (673) – Himmelsscheibe von Nebra; Fromm/Nordemann/*A. Nordemann* UrhG § 71 Rn. 2; Wandtke/Bullinger/*Thum* UrhG § 71 Rn. 1 ff.; *v. Becker* FS Schulze, 2017, 201 (202 f.); *Walter* FS Beier, 1996, 425 (429).
[4] Vgl. zur historischen Entwicklung *Rehbinder* UFITA 106 1987, 255 (260 ff.).

sicht unbefriedigend: einmal führte sie zu einer Verewigung des Urheberrechts an unveröffentlichten Werken, zum anderen kam der Schutz nicht dem Herausgeber zugute, der die schutzwürdige Leistung erbracht hatte, sondern den Erben des Urhebers, die nichts zu ihr beigetragen hatten. Mit dem **Urheberrechtsgesetz 1965** wurde deshalb das Leistungsschutzrecht des § 71 eingeführt. Dieser Schutz knüpfte an das Erscheinenlassen eines bisher nicht erschienenen nachgelassenen Werkes an und gewährte dem Herausgeber das ausschließliche Recht der Vervielfältigung und Verbreitung sowie der öffentlichen Wiedergabe von Vervielfältigungsstücken des Werkes. Durch das **Produktpiraterieesetz** v. 7.3.1990[5] wurde die ursprünglich bestehende Schutzfrist von 10 Jahren auf 25 Jahre verlängert. Durch das **3. UrhGÄndG** v. 23.6.1995[6] wurde Art. 4 der Schutzdauerrichtlinie[7] umgesetzt. Durch das Gesetz zur Stärkung der vertraglichen Stellung von Urhebern und ausübenden Künstlern[8] wurde mit Wirkung vom 1.7.2002 in Abs. 1 S. 3 eingefügt, der durch die Gesetze v. 7.7.2008[9] und 26.10. 2007[10] um die Verweisung auf § 44a und § 10 Abs. 1 erweitert wurde.

Durch die **Neufassung** von 1995 hat der Tatbestand des § 71 eine in mehrfacher Hinsicht **prob-** **3** **lematische Erweiterung** erfahren. Die Vorschrift knüpft nicht mehr an das erstmalige Erscheinen, sondern auch an die **erstmalige öffentliche Wiedergabe** an. Soweit der Schutz dadurch entstehen soll, darf also das Werk bisher nicht öffentlich wiedergegeben sein; die (den Schutz begründen sollende) öffentliche Wiedergabe wäre sonst nicht erstmalig.[11] Der Gesetzgeber von 1965 hatte auf ein solches Kriterium unter dem Aspekt der Rechtssicherheit mit der zutreffenden Begründung verzichtet, dass eine öffentliche Wiedergabe im Gegensatz zum Erscheinen keine Spuren hinterlasse und dass sich deshalb kaum jemals mit Sicherheit feststellen lasse, ob früher bereits einmal eine öffentliche Wiedergabe und damit eine Veröffentlichung stattgefunden hat.[12] Wie dieses Problem gerade bei alten Werken gelöst werden soll, ist offen; das Leistungsschutzrecht des § 71 wird jedenfalls mit dem Risiko behaftet sein, dass von dritter Seite eine Vorveröffentlichung in Form einer öffentlichen Wiedergabe erfolgreich geltend gemacht wird.[13] Der Gesetzgeber von 1965 hatte auch deswegen das Schutzrecht nur für das erstmalige Erscheinenlassen und nicht für die erstmalige öffentliche Wiedergabe gewährt, weil erst durch das Erscheinenlassen, also das Herstellung und Verbreitung von Vervielfältigungsstücken, der Allgemeinheit der bleibende Besitz des Werkes vermittelt wird.[14]

Problematisch ist aber auch der **weite Schutzumfang,** der sich nicht mehr auf das Recht der Ver- **4** vielfältigung und Verbreitung sowie der öffentlichen Wiedergabe von Vervielfältigungsstücken beschränkt, sondern in vollem Umfang die urheberrechtlichen Verwertungsrechte für die Dauer von 25 Jahren gewährt.[15] Die in der Veröffentlichung liegende Leistung lässt sich mit der des Urhebers nicht vergleichen und rechtfertigt nicht einen in vermögensrechtlicher Hinsicht gleichen Schutz, dessen Kehrseite naturgemäß die Monopolisierung des aufgefundenen Werkes ist. So kann derjenige, der in einem Museum ein altes unveröffentlichtes Werk der Musik findet und öffentlich wiedergibt, nunmehr auch die öffentliche Wiedergabe dieses Musikwerks von der Originalpartitur verbieten. Wer ein in fremdem Eigentum stehendes, bisher nicht veröffentlichtes Kunstwerk veröffentlicht, erhält daran das Folgerecht und kann bei jeder Veräußerung des Werkes fünf Prozent des Veräußerungserlöses kassieren.[16] Die Entstehung eines Schutzrechts nach § 70 durch eine wissenschaftliche Bearbeitung ist nicht mehr möglich, wenn jemand am Werk ein Schutzrecht nach § 71 erworben hat.[17] Im Schrifttum ist vorgeschlagen worden, diesen Schwierigkeiten im Wege der Auslegung durch eine teleologische Reduktion zu begegnen bzw. die Vorschrift ganz abzuschaffen.[18] Im Hinblick auf Art. 4 der Schutzdauerrichtlinie dürfte aber eine Korrektur nur auf europäischer Ebene möglich sein.[19]

Ein weiteres Problem, das die Regelung des § 71 allerdings nur mittelbar betrifft, ergibt sich aus **5** der **Aufhebung des § 64 Abs. 2.** Diese Vorschrift sah vor, dass bei der Veröffentlichung eines nachgelassenen Werks innerhalb der letzten zehn Jahre vor Ablauf der Schutzfrist das Schutzrecht erst zehn Jahre nach der Veröffentlichung erlosch. Da nach Art. 1 Abs. 1 der Schutzdauerrichtlinie die Schutzfrist unabhängig vom Zeitpunkt der Veröffentlichung berechnet wird, mussten die an die Veröffentlichung anknüpfenden Sonderregelungen bei posthum veröffentlichten Werken aufgehoben

---

[5] BGBl. I S. 422.
[6] BGBl. I S. 842, in Kraft getreten am 1.7.1995.
[7] Richtlinie 93/98/EWG des Rates vom 29.10.1993 zur Harmonisierung der Schutzdauer des Urheberrechts und bestimmter verwandter Schutzrechte; ABl. 1993 L 290, S. 9, mehrfach geändert, zuletzt durch Richtlinie 2011/77/EU, ABl. 2011 L 372, S. 1.
[8] BGBl. I S. 1155.
[9] BGBl. I S. 1191.
[10] BGBl. I S. 2513.
[11] Vgl. näher → Rn. 7.
[12] AmtlBegr. BT-Drs. IV/270, 88.
[13] S. dazu *v. Becker* FS Schulze, 2017, 201 f. (204 f.); *Dietz* GRUR-Int 1995, 670 (680).
[14] AmtlBegr. BT-Drs. IV/270, 88; kritisch auch *Stieper* GRUR 2012, 1083 (1088), der vorschlägt, in richtlinienkonformer Auslegung eine Übertragung des Werkes auf Distanz wie beim öffentlichen Zugänglichmachen über das Internet zu verlangen; ferner *Walter* FS Beier, 1996, 425 (432); *Stroh* FS Nordemann, 1999, 269 (275 ff.).
[15] AmtlBegr. BT-Drs. 13/781, 10 f.; BGH GRUR 2009, 942 Rn. 12 – Motezuma.
[16] Vgl. zu den Beispielen *Vogel* ZUM 1995, 451 (456).
[17] S. dazu *v. Becker* FS Schulze, 2017, 201 (204 f.).
[18] *v. Becker* FS Schulze, 2017, 201 (205 f.); *Walter* FS Beier, 1996, 425 (434).
[19] Sa *Stroh* FS Nordemann, 1999, 269 (272).

werden.[20] Das hat zur Folge, dass ein „unerfreulicher übergangsloser Bruch"[21] zwischen der urheberrechtlichen Schutzdauerregelung und dem Leistungsschutzrecht des § 71 entsteht. Wird nämlich ein nachgelassenes Werk innerhalb des letzten Jahres vor Ablauf der siebzigjährigen Schutzfrist veröffentlicht, so ist die Schutzdauer auf die wenigen Monate Restlaufzeit dieser Schutzfrist begrenzt. Wird ebendieses Werk nur einen Tag nach Ablauf der Schutzfrist veröffentlicht, so genießt es den fünfundzwanzigjährigen Schutz des § 71, der hinsichtlich der Verwertungsrechte dem Urheberrechtsschutz nicht nachsteht.[22]

II. Schutzvoraussetzungen

1. Das veröffentlichte Werk

6   **a) Werke.** Es muss sich bei § 71 um an sich schutzfähige persönliche geistige Schöpfungen iSd § 2 Abs. 2 handeln.[23] Das ergibt sich nicht nur daraus, dass Abs. 1 S. 1 das Erlöschen des Urheberrechts voraussetzt, sondern auch aus einer Gegenüberstellung mit dem Wortlaut des § 70, der neben den Werken die (schutzunfähigen) Texte aufführt. Geschützt ist nicht die Veröffentlichung beliebiger Texte, sondern nur urheberrechtliches Niveau aufweisender Schöpfungen. Auf die Werkart (§ 2 Abs. 1) kommt es nicht an. Beispiele bilden Bücher und sonstige Schriften, Partituren und andere Aufzeichnungen von Musikwerken sowie Kunstwerke wie Gemälde, Grafiken, Werke der Bildhauerei. Die AmtlBegr. zum UrhG 1965 nennt noch alte Märchen, Sagen, Volkslieder und Volkstänze;[24] nach der Neufassung der Vorschrift von 1995[25] wird ein Schutz für solche Werke aber vielfach ausscheiden, weil sie bereits öffentlich wiedergegeben worden sind. An amtlichen Werken kann ein Schutz nach § 71 nicht begründet werden (Abs. 1 S. 3).

7   **b) Nichterschienensein.** Nach dem Wortlaut des § 71 muss es sich um ein **nicht erschienenes Werk** handeln. Diese Formulierung ist aus § 71 aF übernommen worden; sie hatte dort ihren Sinn, weil schutzbegründend ausschließlich das erstmalige Erscheinenlassen des Werkes war. Nachdem § 71 nunmehr aber auch die erstmalige öffentliche Wiedergabe als schutzbegründenden Tatbestand einbezieht, muss es sich in den Fällen, in denen der Schutz durch die erstmalige öffentliche Wiedergabe entstehen soll, um Werke handeln, die bisher **noch nicht öffentlich wiedergegeben** worden sind; anderenfalls wäre die Wiedergabe, die den Schutz begründen soll, nicht erstmalig. Auch der Wortlaut des Art. 4 der Schutzdauerrichtlinie ist insofern nicht klarer; der dort gebrauchte Begriff der Veröffentlichung ist nicht iSd § 6 Abs. 1 als ein „der Öffentlichkeit Zugänglichmachen", sondern dem Sprachgebrauch der Richtlinie und dem internationalen Sprachgebrauch entsprechend im Sinne des Erscheinens zu verstehen.[26] Soweit also der Schutz nach § 71 durch die erstmalige öffentliche Wiedergabe entstehen soll, ist eine **berichtigende Auslegung** des § 71 geboten: das Werk darf nicht nur nicht erschienen sein, es darf auch noch nicht öffentlich wiedergegeben worden sein.[27] Das Werk darf **weder im Inland noch im Ausland** erschienen bzw. öffentlich wiedergegeben sein; das Abdrucken oder die öffentliche Wiedergabe bereits im Ausland erschienener Werke stellt keine schutzwürdige Leistung dar.[28]

8   Der **Begriff des Erscheinens** beurteilt sich nach § 6 Abs. 2 S. 1.[29] Danach ist ein Werk erschienen, wenn mit Zustimmung des Berechtigten Vervielfältigungsstücke in genügender Anzahl der Öffentlichkeit angeboten oder in Verkehr gebracht worden sind. § 6 Abs. 2 S. 2 dürfte allerdings nicht anzuwenden sein. Nach dieser Vorschrift gilt ein Werk der bildenden Künste auch dann als erschienen, wenn das Original oder ein Vervielfältigungsstück des Werkes mit Zustimmung des Berechtigten bleibend der Öffentlichkeit zugänglich ist. Das würde bedeuten, dass im Museum mit der erstmaligen Ausstellung eines unbekannten gemeinfreien Werkes der bildenden Kunst die Rechte nach § 71 erwerben würde.[30] Mit der Formulierung in der Richtlinie dürfte allerdings nur die Vervielfältigung und Verbreitung körperlicher Werkexemplare gemeint sein,[31] so dass in richtlinienkonformer Ausle-

---

[20] Dazu *Dietz* GRUR-Int 1995, 670 (672).

[21] *Dietz* GRUR-Int 1995, 670 (673).

[22] Sa *Stroh* FS Nordemann, 1999, 269 (272).

[23] Dreier/Schulze/*Dreier* UrhG § 71 Rn. 4; Wandtke/Bullinger/*Thum* UrhG § 71 Rn. 9; Fromm/Nordemann/*A. Nordemann* UrhG § 71 Rn. 10; *Ekrutt* UFITA 84 1979, 45 (46).

[24] BT-Drs. IV/270, 87.

[25] Vgl. → Rn. 2.

[26] *Dietz* GRUR-Int 1995, 670 (673); eingehend *Walter* FS Beier, 1996, 425 (430 ff.).

[27] Ebenso Dreier/Schulze/*Dreier* UrhG § 71 Rn. 5; Wandtke/Bullinger/*Thum* UrhG § 71 Rn. 12; *Dietz* GRUR-Int 1995, 670 (673); *Vogel* ZUM 1995, 451 (456); *Götting/Lauber-Rönsberg* GRUR 2006, 638 (645); aA Fromm/Nordemann/*A. Nordemann* UrhG § 71 Rn. 18; offengelassen in BGH GRUR 2009, 942 Rn. 21 – Motezuma.

[28] OLG Düsseldorf ZUM 2005, 825 – Motezuma; Dreier/Schulze/*Dreier* UrhG § 71 Rn. 5; Wandtke/Bullinger/*Thum* UrhG § 71 Rn. 10; *Götting/Lauber-Rönsberg* GRUR 2006, 638 (645).

[29] BGH GRUR 2009, 942 Rn. 20 – Motezuma; OLG Düsseldorf ZUM 2005, 825 – Motezuma; *Stieper* GRUR 2012, 1083 (1087); *v. Becker* FS Schulze, 2017, 201 (204).

[30] Dreier/Schulze/*Dreier* UrhG § 71 Rn. 7; Fromm/Nordemann/*A. Nordemann* UrhG § 71 Rn. 15; Wandtke/Bullinger/*Thum* UrhG § 71 Rn. 10; *Stieper* GRUR 2012, 1083 (1087).

[31] So zutreffend *Stieper* GRUR 2012, 1083 (1087).

gung die Definition des § 6 Abs. 2 S. 1 auch auf Werke der bildenden Künste anzuwenden ist.[32] Dass ein Werk lange als verschollen galt, aber möglicherweise in früheren Zeiten erschienen ist, begründet kein Nichterscheinen.[33] **Der Begriff der öffentlichen Wiedergabe** bestimmt sich nach § 15 Abs. 2 und 3. Die **Darlegungs- und Beweislast** dafür, dass das Werk noch nicht erschienen bzw. öffentlich wiedergegeben worden ist, trägt derjenige, der sich auf § 71 beruft, also derjenige, der das Recht nach § 71 in Anspruch nimmt.[34] Ob ein Werk schon einmal öffentlich wiedergegeben worden ist, wird oft schwer festzustellen sein.[35] Den daraus resultierenden Schwierigkeiten lässt sich im Rahmen des Zumutbaren dadurch begegnen, dass die Gegenseite sich nicht auf ein bloßes Bestreiten des Nichterschienenseins beschränken darf, sondern substantiiert darzulegen hat, welche Umstände für ein Erscheinen sprechen.[36]

c) Erloschensein (Abs. 1 S. 1) oder Nichtbestehen (Abs. 1 S. 2) des Urheberschutzes. 9
Nach Abs. 1 S. 1 muss das Urheberrecht am Werk erloschen sein, es muss also die Schutzfrist abgelaufen sein. Das sind, soweit nicht früher kürzere Schutzfristen bestanden, 70 Jahre nach Ablauf des Kalenderjahres, in dem der Urheber gestorben ist (§ 64 iVm § 69). Bei Werken, die nach Ablauf von 50 Jahren nach dem Tode des Urhebers, aber vor Inkrafttreten des UrhG veröffentlicht sind, ist die Vorschrift des § 129 Abs. 2 zu beachten. Den Werken, an denen das Urheberrecht erloschen ist, sind in Abs. 1 S. 2 diejenigen Werke gleichgestellt, die im Geltungsbereich des UrhG (Bundesrepublik Deutschland) niemals geschützt waren und deren Urheber schon länger als 70 Jahre tot ist. Diese Regelung ist zwar in Art. 4 der Schutzdauerrichtlinie nicht vorgesehen, ihrer Beibehaltung steht jedoch nichts entgegen.[37] Diese Regelung erfasst Werke aus Zeiten, in denen es einen Urheberrechtsschutz noch nicht gab (vor allem altes Volksgut) sowie Werke ausländischer Urheber, die nach den Regeln des internationalen Urheberrechts in der Bundesrepublik keinen Schutz genießen. Die Voraussetzung, dass der Urheber seit 70 Jahren verstorben sein muss, verhindert die Entstehung des Schutzrechts für das Erscheinenlassen von Werken zeitgenössischer ausländischer Urheber.[38] Bei altem Kulturgut wie Märchen, Sagen, Volksliedern und Volkstänzen, deren Urheber nicht bekannt und bei denen der Ablauf der Schutzfrist daher nicht feststellbar ist, lässt sich vermuten, dass das Schutzrecht erloschen ist oder nie bestanden hat.[39]

2. Die Veröffentlichung

a) Erstmaliges Erscheinenlassen und erstmalige öffentliche Wiedergabe des Werkes. Die 10
Entstehung des Schutzes nach § 71 knüpft an das erstmalige Erscheinenlassen und an die erstmalige öffentliche Wiedergabe des Werkes an. Ausreichend ist, dass einer dieser beiden Tatbestände erfüllt ist. Der Begriff des **Erscheinens** bestimmt sich nach § 6 Abs. 2.[40] Es müssen also Vervielfältigungsstücke des Werks in genügender Anzahl der Öffentlichkeit angeboten oder in Verkehr gebracht worden sein. Es handelt sich damit um eine Werkverwertung in körperlicher Form, die aber nicht in Printform zu erfolgen braucht, auch das Erscheinen auf digitalen Datenträgern oder im Internet reicht aus.[41] Die **öffentliche Wiedergabe** stellt eine Werkverwertung in unkörperlicher Form dar, sie umfasst die in § 15 Abs. 2 geregelten Fälle. Seit dem Inkrafttreten der Neufassung (1.7.1995) braucht das Erscheinenlassen **nicht mehr im Geltungsbereich des Urheberrechtsgesetzes** zu erfolgen; ebenso wenig ist das für die öffentliche Wiedergabe erforderlich. Der Gesetzgeber hat diese Tatbestandsvoraussetzung aufgegeben, weil bei ihrer Beibehaltung ein einheitlicher Schutz innerhalb der Europäischen Union und dem EWR nicht erreicht worden wäre.[42]

b) Erlaubterweise. Zu den Unklarheiten der Neufassung gehört die Tatbestandsvoraussetzung, 11
dass das Erscheinenlassen und die öffentliche Wiedergabe erlaubterweise zu erfolgen haben.[43] Diese Voraussetzung findet sich ebenso in Art. 4 der Schutzdauerrichtlinie. Der deutsche Gesetzgeber hat sie unverändert in die Neufassung des § 71 übernommen und die Auslegung den Gerichten überlassen.[44] Im allgemeinen urheberrechtlichen Kontext wird das Erlaubtsein von Verwertungshandlungen regel-

---

[32] Wandtke/Bullinger/*Thum* UrhG § 71 Rn. 10, 21; *Stieper* GRUR 2012, 1083 (1087); *Langer* S. 104; aA wohl *Götting/Lauber-Rönsberg* GRUR 2006, 638 (640).
[33] BGH GRUR 2009, 942 Rn. 10 – Motezuma; OLG Düsseldorf ZUM 2005, 825 – Motezuma; anders noch LG Magdeburg GRUR 2004, 672 (674) – Himmelsscheibe von Nebra; wie hier *Götting/Lauber-Rönsberg* GRUR 2006, 638 (642 ff.); *Büscher* FS Raue, 2006, 363 (369, 371 ff.); sa Fromm/Nordemann/*A. Nordemann* UrhG § 71 Rn. 32 ff.
[34] BGH GRUR 2009, 942 Rn. 14 ff. – Motezuma; OLG Düsseldorf ZUM 2005, 825 – Motezuma.
[35] Vgl. auch → Rn. 3.
[36] BGH GRUR 2009, 942 Rn. 17 f. – Motezuma.
[37] AmtlBegr. BT-Drs. 13/781, 14; *Vogel* ZUM 1995, 451 (456).
[38] Vgl. auch AmtlBegr. BT-Drs. IV/270, 88; *Ekrutt* UFITA 84 1979, 45 (47).
[39] Wandtke/Bullinger/*Thum* UrhG § 71 Rn. 19; sa Dreier/Schulze/*Dreier* UrhG § 71 Rn. 6; *Götting/Lauber-Rönsberg* GRUR 2006, 638 (640).
[40] BGH GRUR 2009, 942 Rn. 20 – Motezuma; OLG Düsseldorf ZUM 2005, 825 – Motezuma; zur Anwendung von § 6 Abs. 2 vgl. → Rn. 8.
[41] Dreier/Schulze/*Dreier* UrhG § 71 Rn. 7; Wandtke/Bullinger/*Thum* UrhG § 71 Rn. 21.
[42] AmtlBegr. BT-Drs. 13/781, 14.
[43] Vgl. auch *Stroh* FS Nordemann, 1999, 269 (278).
[44] AmtlBegr. BT-Drs. 13/781, 14.

mäßig auf die Zustimmung des Urhebers oder sonstigen Berechtigten bezogen. Das kann hier aber nicht gemeint sein, weil § 71 ja gerade voraussetzt, dass der Urheberrechtsschutz erloschen ist oder niemals bestanden hat und es daher einen urheberrechtlich Berechtigten gar nicht geben kann.[45] Urheberrechtlich ergibt dieses Tatbestandsmerkmal also keinen Sinn. Man muss es vielmehr dahingehend interpretieren, dass das Erscheinenlassen bzw. die öffentliche Wiedergabe nicht gegen andere Rechtsvorschriften verstoßen darf, insbesondere nicht gegen Eigentums- oder Besitzrechte an den für die Erstausgabe oder öffentliche Wiedergabe benutzten Werkexemplaren.[46] Ein Beispiel bildet der Fall, dass archäologische Gegenstände gefunden werden, deren Eigentümer nach denkmalschutzrechtlichen Bestimmungen die öffentliche Hand ist und dass in Zeitungsberichten dieser Fund mit Abbildungen ohne Zustimmung der öffentlichen Hand veröffentlicht wird.[47]

III. Inhalt des Schutzrechts

12 Da es nicht wie in § 70 um eine der schöpferischen Leistung des Urhebers verwandte wissenschaftliche Tätigkeit geht, sondern lediglich um die im Erscheinenlassen oder der öffentlichen Wiedergabe liegende Leistung, gewährt § 71 **kein Urheberpersönlichkeitsrecht,** sondern beschränkt sich auf die vermögensrechtlichen Befugnisse in Form der **Verwertungsrechte.** Diese werden seit der Neufassung von 1995 **in vollem Umfang** gewährt; die Beschränkung auf das Vervielfältigungsrecht, das Verbreitungsrecht und das Recht der öffentlichen Wiedergabe von Vervielfältigungsstücken ist entfallen. Der Rechtsinhaber ist damit insoweit dem Urheber gleichgestellt.[48] Er hat die Rechte zur Verwertung in körperlicher Form (§§ 16–18), insbesondere das Vervielfältigungsrecht und das Verbreitungsrecht einschließlich des Vermietrechts, er hat ferner die Rechte zur Verwertung in unkörperlicher Form (§§ 19–22). Er hat auch das Bearbeitungsrecht, kann also ebenfalls die Verwertung des Werkes in bearbeiteter Form untersagen. Diese Rechte unterliegen den Schranken der §§ 44a–63 (Abs. 1 S. 3). Der Rechtsinhaber kann ferner den Vergütungsanspruch nach § 27 und das Folgerecht des § 26 geltend machen. Die Einfügung des § 88 in Abs. 1 S. 3 ist lediglich gesetzessystematischer Art und hat sachlich nichts geändert; diese Regelung war vorher in § 88 Abs. 3 enthalten, der gestrichen wurde.

13 Der Schutz bezieht sich – anders als nach § 70[49] auf das **Werk,** nicht nur auf eine bestimmte Ausgabe. Der Rechtsinhaber kann also die Verwertung des Werkes auch dann untersagen, wenn dies anhand einer weiteren aufgefundenen Ausgabe des Werkes erfolgen soll. Da sich das Recht der öffentlichen Wiedergabe nicht mehr auf Vervielfältigungsstücke der Erstausgabe beschränkt, ist die Rechtsprechung des BGH, dass vor Entstehung des Schutzrechts hergestellte Vervielfältigungsstücke auch nach Entstehung des Schutzrechts zu öffentlichen Wiedergaben benutzt werden dürfen,[50] nicht mehr anwendbar.[51] In sinngemäßer Anwendung des § 5 besteht kein Schutz, wenn es sich um **amtliche Werke** im Sinne dieser Vorschrift handelt (Abs. 1 S. 3). Wegen des Fehlens der persönlichkeitsrechtlichen Komponente ist das Leistungsschutzrecht im Gegensatz zum Urheberrecht voll **übertragbar** (Abs. 2); auf die Übertragung finden §§ 398 ff. BGB Anwendung. Der Umfang der Übertragung bestimmt sich nach dem Parteiwillen; wegen der Gleichheit der Interessenlage lässt sich aber der der Zweckübertragungstheorie zugrundeliegende Rechtsgedanke entsprechend heranziehen.[52]

IV. Rechtsinhaberschaft

14 Inhaber des Leistungsschutzrechts ist derjenige, der die Leistung erbringt, die im Auffinden des Werkes, dem Erkennen seines Wertes und seiner Veröffentlichung liegt. Das ist der **Herausgeber** der editio princeps bzw. derjenige, der die **erste öffentliche Wiedergabe** besorgt.[53] Von anderer Seite wird der Verleger als Rechtsinhaber angesehen.[54] Unerlaubte Vorveröffentlichungen[55] begründen das

---

[45] So auch *Stieper* GRUR 2012, 1083 (1088 f.); *Götting/Lauber-Rönsberg* GRUR 2006, 638 (646); *Walter* FS Beier, 1996, 425 (434 f.); *Stroh* FS Nordemann, 1999, 269 (278).
[46] *Dreier/Schulze/Dreier* UrhG § 71 Rn. 8; Fromm/Nordemann/*A. Nordemann* UrhG § 71 Rn. 24; Wandtke/Bullinger/*Thum* UrhG § 71 Rn. 25; *Stieper* GRUR 2012, 1083 (1088 f.); *Götting/Lauber-Rönsberg* GRUR 2006, 638 (646).
[47] LG Magdeburg GRUR 2004, 672 (674) – Himmelsscheibe von Nebra.
[48] Zur Kritik vgl. → Rn. 4.
[49] Vgl. dort → § 70 Rn. 10 f.
[50] Vgl. BGH GRUR 1975, 447 – TE DEUM.
[51] Sa AmtlBegr. BT-Drs. 13/781, 14.
[52] *Dreier/Schulze/Dreier* UrhG § 71 Rn. 12; Wandtke/Bullinger/*Thum* UrhG § 71 Rn. 36; aA Fromm/Nordemann/*A. Nordemann* UrhG § 71 Rn. 28.
[53] AmtlBegr. zum UrhG 1965, BT-Drs. IV/270, 88 und zum 3. UrhGÄndG, BT-Drs. 13/781, 14; *Dreier/Schulze/Dreier* UrhG § 71 Rn. 9; Wandtke/Bullinger/*Thum* UrhG § 71 Rn. 32; DKMH/*Meckel* UrhG § 71 Rn. 13; *Walter* FS Beier, 1996, 425 (435 f.).
[54] *Schack* Rn. 740; *Schmieder* UFITA 73 (1975), 65 (68); differenzierend *Ekrutt* UFITA 84 1979, 45 (52 ff.).
[55] Dazu → Rn. 11.

Recht nach § 71 nicht.[56] Anders als bei § 70[57] kann nicht nur eine natürliche, sondern auch eine juristische Person Rechtsinhaber sein, insbesondere ein Institut oder eine Akademie;[58] Für die Entstehung des Schutzrechts ist unerheblich, ob der Herausgeber Deutscher oder Ausländer ist.[59] Die Rechte an der editio princeps von Musikwerken werden durch die VG Musikedition wahrgenommen.

V. Entstehung und Dauer des Schutzes

Der **Schutz entsteht,** wie sich aus Abs. 3 ergibt, mit dem Erscheinen des Werkes oder mit seiner   15
ersten öffentlichen Wiedergabe.[60] Die **Schutzdauer** beträgt 25 Jahre. Sie belief sich ursprünglich auf
10 Jahre und wurde bereits durch das ProduktpiraterieG v. 7.3.1990[61] auf 25 Jahre verlängert, weil die
10jährige Schutzfrist im Vergleich zur 25jährigen Schutzfrist anderer Leistungsschutzrechte nicht mehr
zu vertreten war.[62] Der **Beginn des Schutzes** knüpft nach dem Gesetzeswortlaut an das Erscheinen
bzw. an die erste öffentliche Wiedergabe an, je nachdem, welcher Zeitpunkt früher liegt.[63] Die für das
Erlöschen des Schutzes maßgebliche **Schutzfrist** ist nach § 69 zu berechnen (§ 71 Abs. 3 S. 2), endet
also 25 Jahre nach dem Ablauf des Jahres, in das das Erscheinen des Werkes bzw. seine erste öffentlichen Wiedergabe fällt.

Abschnitt 2. Schutz der Lichtbilder

§ 72 Lichtbilder

(1) **Lichtbilder und Erzeugnisse, die ähnlich wie Lichtbilder hergestellt werden, werden in entsprechender Anwendung der für Lichtbildwerke geltenden Vorschriften des Teils 1 geschützt.**

(2) **Das Recht nach Absatz 1 steht dem Lichtbildner zu.**

(3) [1]**Das Recht nach Absatz 1 erlischt fünfzig Jahre nach dem Erscheinen des Lichtbildes oder, wenn seine erste erlaubte öffentliche Wiedergabe früher erfolgt ist, nach dieser, jedoch bereits fünfzig Jahre nach der Herstellung, wenn das Lichtbild innerhalb dieser Frist nicht erschienen oder erlaubterweise öffentlich wiedergegeben worden ist.** [2]**Die Frist ist nach § 69 zu berechnen.**

Schrifttum: *Apel,* Überlegungen zu einer Reform des Lichtbildschutzrechts, FS Vogel (2017), S. 205; *ders.,* Anmerkung zu LG Berlin, Urteil vom 6.1.2015 – Az. 15 O.412/14, ZUM 2015, 522; *Arnold,* Paintings from Photographs: A Copyright Conundrum, IIC 2019, 860; *Augenstein,* Rechtliche Grundlagen des Verteilungsplans urheberrechtlicher Verwertungsgesellschaften, 2004; *Bappert/Wagner,* Urheberrechtsschutz oder Leistungsschutz für die Photographie?, GRUR 1954, 104; *dies.,* Der Referentenentwurf und die Revidierte Berner Übereinkunft, UFITA 18 (1954) 328; *Baum,* Die Brüsseler Konferenz zur Revision der Revidierten Berner Übereinkunft, GRUR 1949, 1; *Berberich,* Die urheberrechtliche Zulässigkeit von Thumbnails bei der Suche nach Bildern im Internet, MMR 2005, 145; *ders.,* Der Content „gehört" nicht Facebook! ABG-Kontrolle der Rechteeinräumung an nutzergenerierten Inhalten, MMR 2010, 736; *Bildhäuser,* Nutzungsrechte an Fotos: Urheberrechte als Waffe im E-Commerce?, GRUR-Prax 2015, 181; *Bollack,* Die Rechtsstellung des Urhebers im Dienst- oder Arbeitsverhältnis, GRUR 1976, 74; *Büchner,* Schutz von Computerbildern als Lichtbild(werke), ZUM 2011, 549; *Bullinger/Garbers-von Boehm,* Der Blick ist frei – Nachgestellte Fotos aus urheberrechtlicher Sicht, GRUR 2008, 24; *Davis,* Pixel Piracy, Digital Sampling & Moral Rights, GRUR-Int 1996, 888; *Dittrich,* Sind Lichtbildwerke gleichzeitig Lichtbilder, ÖBl 1978, 113; *Dreier,* Sachfotografie, Urheberrecht und Eigentum, FS Dietz (2001), S. 235; *ders.,* Bilder im Zeitalter ihrer vernetzten Kommunizierbarkeit, in Geschichte und Grundlagen des Urheberrecht, Martin Vogel zum 70. Geburtstag, ZGE Bd. 9 2017, S. 135; *Ekrutt,* Der Rechtsschutz der Filmeinzelbilder, GRUR 1973, 512; *Elster,* Die photographischen „Urheberrechte", GRUR 1934, 500; *Erdmann,* Schutz der Kunst im Urheberrecht, FS v. Gamm (1990), S. 389; *ders.,* Der urheberrechtliche Schutz von Lichtbildwerken und Lichtbildern, FS Bornkamm (2014), S. 761; *ders./Bornkamm,* Schutz von Computerprogrammen, GRUR 1991, 877; *Ferchland,* Fotografieschutz im Wandel – Auswirkungen technischer, künstlerischer und rechtlicher Veränderungen auf den Urheberrechtsschutz von Fotografien, 2018; *Flechsig,* Das Lichtbild als Dokument der Zeitgeschichte, UFITA 116 (1991) 5; *ders.,* 500 Jahre Schutz des Werkschaffens – Sind wir für die Zukunft gerüstet?, in VFF (Hrsg.), Urheberrecht im Wandel der Zeit, 2018, S. 91; *Franzen/Götz v. Olenhusen,* Lichtbildwerke, Lichtbilder und Fotoimitate. Abhängige Bearbeitung oder freie Benutzung?, UFITA Bd. 2007/II, S. 435; *v. Gamm,* Photographieschutz und Schutzumfang, NJW 1958, 371; *Gerstenberg,* Zur Schutzdauer für Lichtbilder und Lichtbildwerke, GRUR 1976, 131; *ders.,* Fototechnik und Urheberrecht, FS Klaka (1987), S. 120; *Habel/Meindl,* Das Urheberrecht an Fotografien bei Störung ihrer professionellen Verwertung, ZUM 1993, 270; *Hanser-Strecker,* Zur Frage des urheberrechtlichen Schutzes des Notenbildes, UFITA 93 (1982) 13; *Heitland,* Der Schutz der Fotografie im Urheberrecht Deutsch-

---

[56] Vgl. dazu den Fall des LG Magdeburg GRUR 2004, 672 – Himmelsscheibe von Nebra, das die Rechtsinhaberschaft allerdings unmittelbar aus der Eigentümerposition ableiten will.

[57] Vgl. → § 70 Rn. 12.

[58] Fromm/Nordemann/*A. Nordemann* UrhG § 71 Rn. 29.

[59] Dreier/Schulze/*Dreier* UrhG § 71 Rn. 9; Fromm/Nordemann/*A. Nordemann* UrhG § 71 Rn. 30.

[60] Zu den Begriffen vgl. → Rn. 10.

[61] BGBl. I S. 422.

[62] AmtlBegr. BT-Drs. 11/5744, 35; sa den Bericht der Bundesregierung über die Auswirkungen der Urheberrechtsnovelle 1985, BT-Drs. 11/4929, 33.

[63] Vgl. AmtlBegr. BT-Drs. 13/781, 14 f.; Dreier/Schulze/*Schulze* UrhG § 71 Rn. 13; Fromm/Nordemann/ *A. Nordemann* UrhG § 71 Rn. 31.

lands, Frankreichs und der Vereinigten Staaten von Amerika, 1995; *Hoffmann*, Die Verlängerung der Schutzfristen für das Urheberrecht an Lichtbildern, UFITA 13 (1940) 120; *Hubmann*, Das Recht des schöpferischen Geistes, 1954; Jacobs, Photographie und künstlerisches Schaffen, FS Quack (1991), S. 33; *Karnell*, Photography – A Stepchild of International Conventions and National Laws on Copyright, Copyright 1988, 132; *Katzenberger*, Urheberrecht und Datenbanken, GRUR 1990, 94; *ders.*, Neue Urheberrechtsprobleme der Photographien, GRUR-Int 1989, 116; *Kemp*, Geschichte der Fotografie, 2011; *Koch*, Rechtsschutz für Benutzeroberflächen von Software, GRUR 1991, 180; *Krieger, U.*, Lichtbildschutz für die photomechanische Vervielfältigung?, GRUR-Int 1973, 286; *Leistner/Stang*, Die Bildersuche im Internet aus urheberrechtlicher Sicht, CR 2008, 499; *Lutzi*, Digitalisate klassischer Gemälde – zwischen Lichtbildschutz, Eigentumseingriff und Gemeinfreiheit. Zugleich Besprechung von OLG Stuttgart „Reiss-Engelhorn-Museen" GRUR 2017, 878; *Maaßen*, Urheberrechtliche Probleme der elektronischen Bildverarbeitung, ZUM 1992, 338; *ders.*, Vertragshandbuch für Fotografen und Bildagenturen, 1995; *Marly*, Der Urheberrechtsschutz grafischer Benutzeroberflächen von Computerprogrammen, GRUR 2011, 204; *Michl*, Die limitierte Auflage – Rechtsfragen zeitgenössischer Fotokunst, Diss. Heidelberg 2015, Heidelberg University Publishing http//heiup.uni-heidelberg.de; *Mielke*, Fragen zum Fotorecht, 4. Aufl. 1996; *Mielke/Mielke*, Allgemeine Liefer- und Geschäftsbedingungen im Fotobereich, ZUM, 1998, 646; *Noll*, Lichtbildwerk und/oder einfaches Lichtbild, ÖBl 2003, 164; *Nordemann, A.*, Zur Problematik der Schutzfristen für Lichtbildwerke und Lichtbilder im vereinigten Deutschland, GRUR 1991, 418; *ders.*, Die künstlerische Fotografie als urheberrechtlich geschütztes Werk, 1991; *ders.*, Verwertung von Lichtbildern, in Beier/Götting/Lehmann/Moufang (Hrsg.), Urhebervertragsrecht (= FS Schricker (1995)), S. 477; *ders./Mielke*, Zum Schutz von Fotografien nach der Reform durch das Dritte Urheberrechtsänderungsgesetz, ZUM 1996, 214; *Nordemann, J. B.*, Die MFM-Bildhonorare: Marktübersicht für angemessene Lizenzgebühren im Fotobereich, ZUM 1998, 642; *Nordemann, W.*, Das Prinzip der Inländerbehandlung und der Begriff der „Werke der Literatur und Kunst", GRUR-Int 1989, 615; *ders.*, Die Urheberrechtsreform 1985, GRUR 1985, 837; *ders.*, Lichtbildschutz für fotografisch hergestellte Vervielfältigungen?, GRUR 1987, 15; *ders.*, Das Dritte Urheberrechtsänderungsgesetz, NJW 1995, 2534; *Ohly*, Zwölf Thesen zur Einwilligung im Internet, GRUR 2012, 983; *ders.*, Urheberrecht in der digitalen Welt – brauchen wir neue Regelungen zum Urheberrecht und dessen Durchsetzung? Gutachten F zum 70. Deutschen Juristentag, 2014; *Oldekop*, Elektronische Bildbearbeitung im Urheberrecht, 2006; *Ott*, Zulässigkeit der Erstellung von Thumbnails durch Bilder- und Nachrichtensuchmaschinen, ZUM 2007, 119; *ders.*, Bildsuchmaschinen und Internet – Sind Thumbnails unerlässlich, sozial nützlich, aber rechtswidrig?, ZUM 2009, 345; *Overbeck*, Der Lichtbildschutz gem. 72 UrhG im Lichte der Digitalfotografie, 2018; *Pfennig*, Die digitale Verwertung von Werken der bildenden Kunst und von Fotografien, in Becker/Dreier (Hrsg.), Urheberrecht und digitale Technologie, 1994, S. 95; *Platena*, Das Lichtbild im Urheberrecht, Diss. Marburg 1998; *Reuter*, Digitale Film- und Bildbearbeitung im Licht des Urheberrechts, GRUR 1997, 320; *Riedel*, Der Schutz der Photographie im geltenden und zukünftigen Urheberrecht, GRUR 1951, 378; *ders.*, Das photographische Urheberrecht in den Referentenentwürfen des Bundesjustizministeriums zur Urheberrechtsreform, GRUR 1954, 500; *ders.*, Fotorecht für die Praxis, 4. Aufl. 1988; *Schack*, Urheberrechtliche Gestaltung von Webseiten unter Einsatz von Links und Frames, MMR 2009, 9; *ders.*, Bildzitate zu Lasten der Fotografen?, FS Pfennig (2012), S. 207; *Schrader/Rautenstrauch*, Urheberrechtliche Verwertung von Bildern durch Anzeige von Vorschaugrafiken (sog. „Thumbnails") bei Internetsuchmaschinen, UFITA 2007/III, S. 761; *Schricker*, Abschied von der Gestaltungshöhe im Urheberrecht, FS Kreile (1994), S. 715; *Schulze, G.*, Die kleine Münze und ihre Abgrenzungsproblematik bei den Werkarten des Urheberrechts, 1983; *ders.*, Der Schutz von technischen Zeichnungen und Plänen, Lichtbildschutz für Bildschirmzeichnungen?, CR 1988, 181; *ders.*, Urheber- und Leistungsschutzrechte des Kameramanns, GRUR 1994, 855; *ders.*, Die Übertragungszwecklehre – Auslegungsregel und Inhaltsnorm?, GRUR 2012, 993; *ders./Bettinger*, Wiederaufleben des Urheberrechtsschutzes bei gemeinfreien Fotografien, GRUR 2000, 12; *Stieper*, Reformistischer Aufbruch nach Luxemburg – Die Schranken des Urheberrechts im Lichte europäischer Grundrechte, GRUR 2017, 1209; *Strohscheer*, Die Abbildung von Kunstwerken zur Werbung für deren Ausstellung und Verkauf – Ein Vergleich der Rechtslage zwischen Deutschland, Großbritannien und den USA, 2017; *Talke*, Lichtbildschutz für digitale Bilder von zweidimensionalen Vorlagen, ZUM 2010, 846; *v. Ungern-Sternberg*, Das Urteil des BGH „Verlegeranteil" und seine Folgen – zugleich eine Erwiderung auf Riesenhuber ZUM 2018, 407, http.www.jurpc/show?, id = 20180105; *ders.*, Schlichte einseitige Einwilligung und treuwidrig widersprüchliches Verhalten des Urheberberechtigten bei Internetnutzungen, GRUR 2009, 369; *ders.*, Die Bindungswirkung des Unionsrechts und die urheberrechtlichen Verwertungsrechte, FS Bornkamm (2014), S. 1007; *ders.*, Die Rechtsprechung des Bundesgerichtshofs zum Urheberrecht und zu den verwandten Schutzrechten in den Jahren 2006 und 2007 GRUR 2008, 193 (Teil I), 291 (Teil II); *ders.*, Die Rechtsprechung des Bundesgerichtshofs zum Urheberrecht und den verwandten Schutzrechten in den Jahren 2008 und 2009, GRUR 2010, 273 (Teil I), 386 (Teil II); *ders.*, Die Rechtsprechung des EuGH und des BGH zum Urheberrecht und zu den verwandten Schutzrechten im Jahre 2012, GRUR 2013, 248; *ders.*, Die Rechtsprechung des EuGH und des BGH zum Urheberrecht und zu den verwandten Schutzrechten im Jahre 2013, GRUR 2014, 209; *ders.*, Die Rechtsprechung des EuGH und des BGH zum Urheberrecht und zu den verwandten Schutzrechten im Jahre 2014, GRUR 2015, 205; *ders.*, Die Rechtsprechung des EuGH und des BGH zum Urheberrecht und zu den verwandten Schutzrechten im Jahre 2015, GRUR 2016, 321; *ders.*, Die Rechtsprechung des EuGH und des BGH zum Urheberrecht und zu den verwandten Schutzrechten im Jahre 2016, GRUR 2017, 217; *ders.*, Die Rechtsprechung des EuGH und des BGH zum Urheberrecht und zu den verwandten Schutzrechten im Jahre 2017, GRUR 2018, 225; *Vogel*, Die Umsetzung der Richtlinie zur Harmonisierung der Schutzdauer des Urheberrechts und bestimmter verwandter Schutzrechte, ZUM 1995, 451; *Wadle*, Photographie und Urheberrecht im 19. Jahrhundert – Die deutsche Entwicklung bis 1876 –, in ders. (Hrsg.), Geistiges Eigentum, 1996, S. 343; *Wagner*, Das Fernsehen in der Revidierten Berner Übereinkunft, FS Bappert (1964), S. 299; *Yang*, Bilder von Bildern: Urheberrechtliche und eigentumsrechtliche Fragen der Kunstfotografie – Anmerkung zu OLG Stuttgart ZUM 2017, 940, ZUM 2017, 951.

Übersicht

I. Allgemeines

§ 72 erweitert den Fotografieschutz über den Bereich schöpferischer Lichtbildwerke nach § 2 **1**
Abs. 1 Nr. 5, Abs. 2 hinaus, indem er die für diese geltenden Vorschriften auf **Lichtbilder, dh.
nichtschöpferische Fotografien,** für entsprechend anwendbar erklärt (Abs. 1). Über die ausdrückliche Abweichung in der Schutzdauer (Abs. 3) hinaus ergeben sich dabei Unterschiede zwischen gestalteten Lichtbildwerken und abbildenden Lichtbildern *(A. Nordemann)* im Wesentlichen aus dem
Schutzumfang, der sich nach dem Maß der individuellen Gestaltung der jeweiligen Fotografie richtet
und in dessen Lichte die entsprechende Anwendung der für Urheber geltenden Vorschriften zu erfolgen hat, sowie aus dem unterschiedlichen, leistungsschutzrechtlichen Wesen des Lichtbildschutzes.

1. Rechtsentwicklung

Französischem Vorbild folgend stellte in Deutschland erstmals das **Bayerische Gesetz zum Schut-** **2**
ze des Urheberrechts an literarischen Erzeugnissen und Werken der Kunst vom 28.6.1865
durch Fotografie oder ein anderes ähnliches Kunstverfahren hergestellte Werke unter Schutz, soweit
sie als Werke der Kunst zu betrachten waren (§ 28). Die noch in jener Zeit vorherrschenden **Unikat-**
techniken prägten die Vorstellung dieses Gesetzes von der Fotografie als einer neuen Art der Kunst.
Sie geriet zunehmend in Zweifel, je mehr neue fotografische Verfahren die Herstellung beliebig vieler
Reproduktionsstücke zuließen. Die Auffassung, die Fotografie sei ein bloß abbildendes industrielles
Erzeugnis ohne gestalterische Elemente, gewann die Oberhand.[1] Sie lag erstmals dem **Gesetz, betr.**

---

[1] Ausführlich *Wadle* S. 343 (351 ff., 360 ff.); *Allfeld*, KUG, S. 6.

den Schutz von Photographien gegen unbefugte Nachbildung vom 10.1.1876 (PG) zugrunde, welches unabhängig vom schöpferischen Gehalt einer Fotografie ihrem Verfertiger für die Dauer von 5 Jahren ab dem Erscheinen das Recht der mechanischen Nachbildung vorbehielt, vorausgesetzt, das Foto war mit seinem Namen und Wohnsitz sowie dem Erscheinungsjahr bezeichnet worden.[2]

3   Das ihm folgende **Gesetz, betr. das Urheberrecht an Werken der bildenden Kunst und der Photographie vom 9.1.1907 (KUG)** stellte Fotografie- und Kunstschutz gleich, beließ es jedoch gemäß § 26 KUG bei einer kurzen Schutzfrist für Fotografien von 10, seit 1940 von 25 Jahren ab ihrem Erscheinen.[3] Außerdem traf es – in der leistungsschutzrechtlichen Tradition des PG – wegen des nach damaliger Auffassung geringen gestalterischen Spielraums des Fotografen, der sich auf die Abbildung von Vorgaben der Natur beschränke, keine Unterscheidung nach dem jeweiligen schöpferischen Gehalt einer Fotografie.[4]

4   In der Zeit der Reformdiskussion vor dem 2. Weltkrieg blieben die Meinungen über den schöpferischen Spielraum des Fotografen geteilt. Einige **Reformentwürfe** sahen für fotografische Werke urheberrechtlichen Schutz vor,[5] während andere wie der Akademie-E (1939) den Fotografieschutz ohne Differenzierung nach dem jeweiligen schöpferischen Gehalt zu regeln gedachten (§ 58).

5   **Der RefE** von 1954 (§§ 68–71) und der **MinE** von 1959 (§§ 77–80) sahen – dem KUG folgend – für Fotografien wegen fehlender künstlerischer Leistung ebenfalls nur ein Leistungsschutzrecht vor. Erst der **RegE** von 1962 unterschied unter dem Eindruck der Literatur[6] systematisch zwischen schöpferischem Lichtbildwerk und nichtschöpferischem Lichtbild. **Er wurde insoweit unverändert 1965 Gesetz.** Wegen „unüberwindlicher Schwierigkeiten" bei der Abgrenzung zwischen Lichtbildwerken und Lichtbildern hielt es der Gesetzgeber jedoch weiterhin für angebracht, den Schutz beider Arten fotografischer Erzeugnisse nach Inhalt und Dauer unterschiedslos auszugestalten, zumal ihm eine Höherbewertung des Leistungsschutzrechts für Lichtbilder gegenüber anderen Leistungsschutzrechten nicht gerechtfertigt erschien.[7] Die Schutzfrist für Fotografien betrug deshalb ungeachtet eines individuellen Ausdrucks einheitlich 25 Jahre seit ihrem Erscheinen.[8]

2. Die Gesetzgebung unter dem UrhG von 1965

6   Beeinflusst von einer sich allgemein wandelnden Einstellung zur künstlerischen Fotografie, zunehmender **Kritik des Schrifttums an der Gleichbehandlung von Lichtbildwerken und Lichtbildern**[9] und einem Gesetzentwurf der CDU/CSU-Fraktion zur Verbesserung des Schutzes der Urheber von Lichtbildwerken im Jahre 1978 (BT-Drs. 8/2064) kam es schließlich im Rahmen der **Novellierung des Urheberrechtsgesetzes vom 24.6.1985** zur Streichung von § 68 und damit zur Anwendung der urheberrechtlichen **Regelschutzfrist von 70 Jahren pma.** auch auf Lichtbildwerke sowie auf Empfehlung des Rechtsausschusses zur **Verlängerung der Schutzfrist einfacher Lichtbilder, die Dokumente der Zeitgeschichte waren,** von 25 auf 50 Jahre ab ihrem Erscheinen bzw. ihrer Herstellung und damit zu einer Privilegierung, die im selben Jahr in Frankreich auf Drängen der Fotografen und ihrer Verbände gerade erst wieder abgeschafft worden war.[10]

7   Nach § 137a Abs. 1 kommen die 1985 **verlängerten Schutzfristen** den fraglichen Lichtbildwerken bzw. Lichtbildern nur dann zugute, wenn am 1.7.1985 die zuvor gültige Frist von 25 Jahren nach ihrem Erscheinen bzw. ihrer Herstellung noch nicht abgelaufen war. Zum Verständnis dessen ist die Kenntnis der Vorgeschichte des § 135a unerlässlich:

8   Die **hilfsweise Schutzfristberechnung ab dem Tode** des Fotografen, die noch § 26 S. 2 KUG für nicht erschienene Fotografien vorsah, **wurde durch die Anknüpfung an den Zeitpunkt der Herstellung der Fotografie ersetzt.** Diese Änderung erfolgte zunächst ohne Übergangsregel (§ 135), so dass der Wechsel der Anknüpfung bei nicht erschienenen Fotografien (Zeitpunkt der Herstellung anstatt dem des Todes des Herstellers) im Einzelfall erhebliche rechtliche Einbußen nach sich ziehen musste.[11] Die mitunter eingetretene Verkürzung des Schutzes dieser Fotografien erwies sich im Lichte der Entscheidung des BVerfG zu der ähnlich problembeladenen Neuregelung der Schutzdauer des Interpretenrechts und der rückwirkenden Anknüpfung ihrer Berechnung als Verstoß gegen Art. 14 GG, während die grundsätzliche Verkürzung der Schutzfrist der verfassungsrechtlichen Überprüfung standhielt.[12]

---

[2] Vgl. *Allfeld,* KUG, S. 11 f.

[3] Zur Fristverlängerung von 1940 *Hoffmann* UFITA 13 (1940) 120.

[4] Vgl. RGZ 105, 160 (162) – Der Industriehafen; BGH GRUR 1961, 489 (490) – Autohochhaus; *Allfeld,* KUG, § 1 KUG Anm. 29 f.; eingehend dazu *Heitland* S. 26 ff.

[5] Elster-E (1929) §§ 1, 2; Goldbaum-E (1929) § 1 Nr. 1; Marwitz-E (1929) § 1 Abs. 1.

[6] Vgl. *Ulmer* (2. Aufl.), § 95; *Riedel* GRUR 1951, 378; *Riedel* GRUR 1954, 500; *Bappert/Wagner* GRUR 1954, 104; *Bappert/Wagner* UFITA 18 (1954) 328 (330 ff.); zurückhaltend allerdings *v. Gamm* NJW 1958, 371; *Hubmann* S. 170 ff.

[7] AmtlBegr. UFITA 45 (1965) 240 (306).

[8] §§ 68, 72 idF v. 9.9.1965.

[9] Vgl. *Gerstenberg* GRUR 1976, 131; *Ulmer* § 26 IV.

[10] Kritisch zur Aufhebung der Gleichbehandlung von Lichtbildern und Lichtbildwerken *W. Nordemann* GRUR 1981, 326 (332 f.); auch → 1. Aufl. 1987, Rn. 3.

[11] §§ 72 Abs. 1, 68, 129 Abs. 1, 135 UrhG (1965).

[12] BVerfGE 31, 275 – Schallplatten.

Daraufhin wurde **1972 § 135a in das Gesetz eingefügt.** Er bestimmt mit Wirkung vom 9
1.1.1973 für die zu KUG-Zeiten lediglich hergestellten, jedoch nicht erschienenen Fotografien, dass
die Neuregelung der Berechnung ihrer 25-jährigen Schutzfrist (Anknüpfung nicht mehr an den Tod
des Herstellers einer Fotografie, sondern an deren Herstellung) nicht schon mit ihrer Herstellung zu
laufen beginnt, sondern erst mit dem Inkrafttreten des Urheberrechtsgesetzes am 1.1.1966 (§ 143
Abs. 2). Der Schutz dieser Lichtbilder lief somit erst Ende 1990 ab. Ist der Hersteller einer nicht erschienenen Fotografie jedoch vor dem 1.1.1966 verstorben, berechnet sich die gleich gebliebene
Schutzfrist von 25 Jahren weiterhin ab seinem Tode. Denn ein übergangsrechtlicher Ausgleich war aus
verfassungsrechtlichen Gründen nur da geboten, wo die Neuregelung der Schutzfrist zu einer Verkürzung der Schutzdauer geführt hätte, nach der dem Lichtbildner nicht einmal mehr die volle neue
Schutzfrist geblieben wäre.

Mit dem **Inkrafttreten des Einigungsvertrages am 3.10.1990**[13] findet das UrhG rückwirkend 10
auf die in der ehemaligen DDR entstandenen Lichtbilder und Lichtbildwerke Anwendung.[14] Erstere
waren dort 10 Jahre nach ihrer Veröffentlichung (§§ 77, 82 URG-DDR), letztere 50 Jahre pma. geschützt (§ 33 Abs. 1 URG-DDR). Während bei Lichtbildern der Einigungsvertrag eine Verlängerung
der Schutzdauer bzw. ein Wiederaufleben des Schutzes bewirkte, führte die Erstreckung des UrhG auf
in der DDR noch geschützte Lichtbildwerke, die vor dem Inkrafttreten der Novelle von 1985
(1.7.1985) durch Ablauf der bis dahin gültigen 25jährigen Schutzfrist gemäß § 68 gemeinfrei geworden waren, zunächst zu einer verfassungsrechtlich bedenklichen Verkürzung der Schutzdauer. Der
Problematik ist jedoch durch die Entscheidung des EuGH vom 20.10.1993[15] in Verbindung mit der
Umsetzung der Schutzdauer-RL in 3. UrhGÄndG die Spitze genommen worden.[16]

Anlässlich der **Umsetzung der EG-Richtlinie über die Schutzdauer der Urheberrechte und** 11
anderer verwandter Schutzrechte vom 29.10.1993 (93/98/EWG) durch das 3. UrhGÄndG
vom 23.6.1995, aber ohne insoweit durch die Richtlinie veranlasst worden zu sein, hat der Gesetzgeber
die 1985 eingeführte Besserstellung dokumentarischer Lichtbilder wegen praktischer Schwierigkeiten
ihrer Qualifizierung wieder abgeschafft,[17] indem er die Schutzdauer unterschiedslos für alle Lichtbilder
auf 50 Jahre festgelegt und dabei die Anknüpfungsregelung der Schutzdauer-RL bei Leistungsschutzrechten nach Art. 3 und 4 übernommen hat.[18] **Richtlinienbedingte Änderungen** hat der Gesetzgeber im Bereich der Fotografie **nicht für erforderlich erachtet.** Im Hinblick auf **Art. 6 Schutzdauer-RL,** der verbietet, den Schutz von Werken der Fotografie von anderen Kriterien als dem Vorliegen
einer eigenen geistigen Schöpfung abhängig zu machen,[19] begnügt sich die Begründung des
3. UrhGÄndG mit dem Hinweis, dass bereits die nach geltendem Recht anerkannte untere Schutzgren-
ze der **kleinen Münze** Fotografien nach § 2 Abs. 1 Nr. 5, Abs. 2 **ohne besondere Schöpfungshöhe**
unter urheberrechtlichen Schutz stelle und deshalb Gesetzesänderungen erübrige.[20]

Wegen der nach § 72 Abs. 1 gebotenen entsprechenden Anwendung der für Lichtbildwerke gelten- 12
den Vorschriften hat die Umsetzung der **InfoSoc-RL 2001/29/EG**[21] keine Änderungen dieser Vorschrift erfordert. Sie ist von dem **Gesetz zur Regelung des Urheberrechts in der Informationsgesellschaft vom 10.9.2003** (BGBl. I S. 1774) bis auf kleinere redaktionelle Korrekturen unberührt
geblieben.[22] Allerdings beruht § 72 nicht unmittelbar auf Unionsrecht, denn der Lichtbildner gehört
nicht zu den Berechtigten nach Art. 2 InfoSoc-RL.

3. Charakteristik des Lichtbildschutzes

a) Rechtsnatur. Seiner Rechtsnatur nach ist der Lichtbildschutz gemäß § 72 ein **umfassend** aus- 13
gestaltetes, **dem Urheberrecht verwandtes Schutzrecht,** das dem Lichtbildner als natürlicher
Person originär zugeordnet ist und die mit der Herstellung einer Fotografie verbundene **technische
Leistung als immaterielles Gut** honoriert.[23] Der Lichtbildschutz setzt keine schöpferische Leistung
voraus.[24] In Abgrenzung zur ungeschützten rein mechanischen Reproduktion (→ Rn. 32) verlangt

---

[13] Dazu eingehend → Vor §§ 120 ff. Rn. 173 ff.
[14] Anl. I Kap. III Sachgeb. E Abschn. II 2 § 1 Abs. 1 und 2 des Einigungsvertrages.
[15] EuGH GRUR 1994, 280 – Phil Collins: Verpflichtung zur Gleichbehandlung aller EU- und EWR-Bürger.
[16] Dazu eingehend → A. Nordemann GRUR 1991, 418 (420); A. Nordemann/Mielke ZUM 1996, 214 (215).
[17] BTDrs. 13/781 S. 15; zur früheren Rechtslage vgl. Flechsig UFITA 116 (1991) 5; Platena S. 196; Schricker/
Gerstenberg (1. Aufl.), § 72 UrhG Rn. 3, 7; Fromm/Nordemann/Hertin (9. Aufl.), § 72 UrhG Rn. 1.
[18] Einzelheiten Rn. 28 f.; Schricker FS Kreile (1994), S. 715 (718 f.).
[19] Dazu → Rn. 28 f.
[20] AmtlBegr. BT-Drs. 13/781, 10; → § 2 Rn. 213.
[21] ABl. EG 2001 L 167 S. 10.
[22] AmtlBegr. BT-Drs. 15/38, 22.
[23] AmtlBegr. UFITA 45 (1965) 240 (306); ähnlich OGH GRUR-Int 2001, 351 (352) – Vorarlberg Online.
[24] BGH GRUR 2019, 284 Rn. 23 – Museumsfotos mAnm Zech GRUR 2019, 291 = JZ 2019, 412 mAnm Dreier JZ 2019, 417 = BGH ZUM 2019, 335 mAnm Lauber-Rönsberg ZUM 2019, 341 = BGH MMR 2019, 241 mkrit
Anm Hoeren MMR 2019, 246; s. ferner Praxishinweis Gabers-von Boehm GRUR-Prax 2019, 92; Loewenheim/
Vogel, Handbuch, § 37 Rn. 8; anders Fromm/Nordemann/A. Nordemann § 72 UrhG Rn. 10, der als weiteres
Merkmal verlangt, dass eine dreidimensionale Vorlage mit Hilfe fotografischer oder fotografieähnlicher Technik in
ein zweidimensionales Bild umgesetzt wird, muss dabei jedoch – nicht unproblematisch – die fotografische Abbildung von Gemälden und Zeichnungen einschließen; enger Wandtke/Bullinger/Thum § 72 UrhG Rn. 2: rein
technische Leistung; aA Schack Rn. 720: weder besondere technische noch besondere persönliche Leistung.

der Lichtbildschutz jedoch ein **Mindestmaß an geistiger Leistung (nicht Schöpfung),** die meist, jedoch nicht zwingend, in der handwerklichen Fertigkeit des Lichtbildners beim Umgang mit dem Aufnahmegerät liegen wird.[25] Angesichts des Schutzes der kleinen Münze schöpferischer, dh. gestalteter Fotografien[26] gibt es **keine eigentümlichen Lichtbilder** (Rn. 30–32). Wo gerade noch Individualität vorliegt, greifen die Grundsätze der kleinen Münze als der Untergrenze des urheberrechtlichen Schutzes.[27] Das Recht nach § 72 entsteht **unabhängig vom Gegenstand der Abbildung und unabhängig von der Art der eingesetzten fotografischen Technik,** schließt allerdings von Kopiergeräten gefertigte Fotokopien vom Schutz aus (Rn. 32). Nach den allgemeinen Grundsätzen des Rechts an Immaterialgütern kommt ein **gutgläubiger Erwerb** des Schutzrechts **nicht in Betracht.**[28]

14   **b) Inhalt.** Nach der 1965 und 1985 endgültig vollzogenen **systematischen und dogmatischen Unterscheidung von** urheberrechtlich zu schützendem schöpferischem **Lichtbildwerk** gemäß § 2 Abs. 1 Nr. 5, Abs. 2 **und** lediglich durch den Einsatz einer Kamera oder ähnlicher Geräte gekennzeichnetem **Lichtbild** gemäß § 72 stehen dem Lichtbildner **inhaltlich** zwar **dieselben umfassenden Rechte** des schöpferischen Fotografen zu, mit denselben Schranken der §§ 44a ff., einschließlich des § 5,[29] jedoch weiterhin mit einer **kürzeren Schutzdauer** (Abs. 3), mit einem wegen der fehlenden Individualität des Lichtbildes **geringeren Schutzumfang**[30] und mit Einschränkungen, die sich aus seiner eigenständigen leistungsschutzrechtlichen Natur ergeben.[31] Zudem steht dem Lichtbildner kein Folgerecht (§ 26) zu und auch fremdenrechtlich bleiben seine Rechte deutlich hinter denen des Urhebers an Lichtbildwerken zurück (→ Rn. 94 f.). Übergangsrechtlich ist zu beachten, dass **§ 137f Abs. 2** nach seinem eindeutigen Wortlaut nur für Lichtbildwerke ein Wiederaufleben erloschener Rechte vorsieht.[32]

15   Aus dem geringeren Schutzumfang des Lichtbildes gegenüber dem Lichtbildwerk folgen **in lediglich entsprechender Anwendung** der für Lichtbildwerke geltenden Vorschriften zwangsläufig **Abweichungen beim Bearbeitungsrecht nach § 23,** das die Rechte des Urhebers auch auf das Werk in bearbeiteter Form erstreckt, einschließlich des **Rechts der freien Benutzung nach § 24** (→ Rn. 46 f.), **und bei den Persönlichkeitsrechten,** die beim Lichtbildner insofern enger zu fassen sind, als sein Recht keine schöpferische, sondern eine technische Leistung voraussetzt (→ Rn. 50 ff.).

16   **c) Rechtfertigung.** Wenngleich § 72 selbst bedeutungslose Knipsbilder unter Schutz stellt, erfährt er im Wesentlichen seine Rechtfertigung durch die Erfassung all jener nichtschöpferischen Fotografien, die unter Einsatz umfangreicher finanzieller und technischer Mittel und mit hohem technischem Verständnis im Bereich der Wissenschaften, namentlich der Naturwissenschaften und der Technik, sowie im Bereich der zeitgeschichtlichen Dokumentation gefertigt werden und vor dem unberechtigten Zugriff Dritter bewahrt werden sollen. Dies gilt in besonderem Maße für die „Erzeugnisse, die ähnlich wie Lichtbilder hergestellt werden", seitdem die **Digitaltechnik** in vielfältiger Ausprägung bei der Bildherstellung Einzug gehalten hat.[33]

17   **d) Bedeutung.** Die Bedeutung des Lichtbildschutzes liegt darin, dass er der Rechtsprechung häufig Ausführungen zu der bisweilen schwierig zu beantwortenden Frage nach der schöpferischen Natur einer Fotografie erspart. Dies tut er jedoch nur solange, als die 50-jährige Schutzfrist des Lichtbildes noch nicht abgelaufen ist und Fragen des Schutzumfangs und des Persönlichkeitsschutzes nicht in Rede stehen. Ferner kommt ihm besondere Bedeutung für den Schutz technisch mitunter aufwändiger Fotografien ohne schöpferischen Charakter (etwa Satellitenbilder, Aufnahmen in der Medizin ua.) zu, weil auf sie ohne Zustimmung ihres Lichtbildners bzw. der von ihm beauftragten Foto-Agentur nicht zugegriffen werden kann und das Schutzrecht eine differenziertere Verwertung von Lichtbildern ermöglicht.

4. Kritik; Reformvorschläge

18   **a) Kritik.** Die Systematik des Lichtbildrechts hat von Beginn an zu Diskussionen über seinen Schutzumfang und seine grundsätzliche Rechtfertigung Anlass gegeben. Unter digitalem Vorzeichen

---

[25] BGH GRUR 2019, 284 Rn. 23, 26 – Museumsfotos mwN und mAnm *Zech* GRUR 2019, 291 = JZ 2019, 412 mAnm *Dreier* JZ 2019, 417 = BGH GRUR 2019, 335 mAnm *Lauber-Rönsberg* ZUM 2019, 341 = BGH MMR 2019, 241 mkritAnm *Hoeren* MMR 2019, 246; s. ferner Praxishinweis *Gabers-von Boehm* GRUR-Prax 2019, 92; BGH GRUR 2000, 317 (318) – Werbefotos; BGH GRUR 1993, 34 (35) – Bedienungsanweisung; BGH GRUR 1990, 669 (673) – Bibel-Reproduktion; sa. Loewenheim/*Vogel,* Handbuch, § 37 Rn. 10; kritisch zum Erfordernis eines Mindestmaßes an geistiger Leistung Fromm/Nordemann/*A. Nordemann* § 72 UrhG Rn. 10.
[26] Dazu → § 2 Rn. 206 ff.
[27] Ebenso *A. Nordemann* S. 116; unzutreffend wird mitunter der Leistungsschutz nach § 72 als die kleine Münze der Lichtbildwerke angesehen; so noch *W. Nordemann* GRUR 1981, 326 (333) sowie *G. Schulze* S. 243.
[28] Schricker/*Gerstenberg* (1. Aufl.), § 72 UrhG Rn. 13; *Rossbach* S. 94 f.
[29] OLG Düsseldorf ZUM-RD 2007, 521 – Fahrradausrüstung.
[30] Instruktiv dazu OLG Hamburg ZUM-RD 1997, 217 (219 ff.) – Troades-Fotografie.
[31] Vgl. auch *Flechsig* UFITA 116 (1991) 5 (29).
[32] → § 137f Rn. 6 Fn. 18; ebenso Möhring/Nicolini/*Lauber-Rönsberg* (4. Aufl.), § 72 UrhG Rn. 3.
[33] Vgl. OGH GRUR-Int 2001, 351 – Vorarlberg Online; *Maaßen* ZUM 1992, 338 f.; *Pfennig* S. 95 f.

hat sich die Kritik deutlich verstärkt. Zuletzt haben **Ohly,**[34] ihm folgend **Flechsig**[35] und **Schack**[36] gar seine Abschaffung gefordert, während **Apel** zumindest kostspieligeren Aufnahmen den gesetzlichen Schutz belassen will.[37] *Ohly* hat in seinem Gutachten für den 70. Deutschen Juristentag 2014 nicht zuletzt im Lichte veränderten Sozialverhaltens nach dem Siegeszug der Digitaltechnik auf dem Gebiet der alltäglichen Fotografie die Kritik an der Systematik und Rechtfertigung des Lichtbildschutzes verschärft.[38] Einem leistungsschutzrechtlichen Unterbau des Urheberrechts an Lichtbildwerken fehle die Rechtfertigung nicht zuletzt im Hinblick auf die heutzutage dominante Handyfotografie. Es sei dem urheberrechtlichen Schutz eines Werks immanent, dass dort, wo nicht mehr von einer Werkschöpfung gesprochen werden könne, Gemeinfreiheit gegeben sei. Zudem liege es in der Natur des Urheberrechts, dass bisweilen Abgrenzungsschwierigkeiten entstünden.

Einen grundsätzlicheren Ansatz verfolgt **Dreier.**[39] Ausgehend von dem Funktionswandel des Bildes **19** im digitalen Zeitalter zeigt er an Hand verschiedener Beispiele, dass die gesetzlichen Regelungen des Lichtbildwerkes und des Lichtbildes zunehmend mit den Anforderungen der Bildnutzung vor allem in der Wissenschaft und in den sozialen Medien in Konflikt geraten sind und der Anpassung bedürften. Das gelte zunächst für das Bildzitat in der Wissenschaft (→ Rn. 55),[40] sodann für den zu engen gesetzlichen Spielraum bei der Nutzung fotografischer Bilder im Rahmen der Bildkommunikation von Gedächtnisinstitutionen wie Museen, Archiven, Bibliotheken ua.[41] und schließlich gelte dies für die veränderte Rolle des Bildes in den sozialen Medien als – der Sprache ähnlich – Kommunikationsmittel, um Informationen, Gefühle etc., die die Bilder transportierten, zu übermitteln. Es gehe dabei nicht um die kommerzielle Verwertung des Bildes, sondern vorrangig um einen gestischen Verweis in der veränderten, digitalen Kommunikationslandschaft.[42]

b) Reformvorschläge. Der Streichung des § 72 ist **Apel** als zu weitgehend entgegengetreten, al- **20** lerdings nicht ohne Reformbedarf im Hinblick auf den de lege lata bestehenden massenhaften Schutz von Knipsbildern, die unzureichende Abgrenzung zum Urheberrecht und die fehlende Abgrenzung zum Teileschutz anzumelden.[43] *Apel* schlägt die Umwandlung des geltenden § 72 in ein wirtschaftliches Leistungsschutzrecht vor. Das Knipsbild-Problem möchte er gelöst sehen, indem – in Anlehnung an das Leistungsschutzrecht des Datenbankherstellers – de lege ferenda einem gesetzlich geschützten Lichtbild eine wesentliche Investition an Geld, Mühe und Zeit (insbesondere Organisationsaufwand) bei seiner Herstellung zugrundeliegen müsse.[44] Dabei verkennt er nicht, dass er mit seinem Vorschlag die Schwierigkeiten der Abgrenzung den Gerichten überbürdet.[45] Dem Problem des zu weitgehenden Teileschutzes wäre in Anlehnung an § 87b Abs. 1 durch ein Beschränkung des Schutzes auf wesentliche Teile zu begegnen. In persönlichkeitsrechtlicher Hinsicht schlägt *Apel* eine Reduzierung des Schutzrechts auf das Veröffentlichungsrecht und das Recht auf Anerkennung als Hersteller des Lichtbildes vor.

Dreier sieht Handlungsbedarf bei der Verbesserung des erlaubnisfreien Zitierens von Bildern im **21** Wissenschaftsbereich, um zu verhindern, dass Wissenschaftler bei Bildzitaten infolge einer ungeklärten Rechtslage, der dadurch häufig auf sie abgewälzten Klärung der Rechte und der Haftung sowie der gleichwohl verbleibenden Rechtsunsicherheit, gezwungen sind, auf gemeinfreie, häufig nicht mehr aktuelle Bilder auszuweichen. Dies gelte umso mehr, als sich das Zitat auf das in der Abbildung Abgebildete und nicht auf die Abbildung selbst, also das Foto, beziehe mit der Folge, dass nicht die Rechte an dem Abgebildeten, sondern an der Abbildung erworben werden müssten.[46] Um das zu vermeiden, werde zwar de lege lata im Sinne der „Germania 3"[47] und „Metall auf Metall"[48] Entscheidungen des BVerfG auf eine Abwägung in praktischer Konkordanz der sich gegenüberstehenden Grundrechte des Eigentums (Art. 14 GG) und der Wissenschaftsfreiheit nach Art. 5 Abs. 3 GG zunehmend zurückgegriffen.[49] Im Sinne einer eindeutigen Regelung schlägt *Dreier* demgegenüber vor, § 51 Satz 2 Ziff. 1, 2. Halbsatz folgenden Text anzufügen: „bei der Abbildung von Werken erstreckt sich die Zitierbefugnis sowohl auf die abgebildeten Werke als auch auf die Abbildung als solche".[50] Zur Lösung des drit-

---

[34] *Ohly,* Gutachten F zum 70. Deutschen Juristentag, 2014, S. F 37 f., F 126.
[35] *Flechsig,* 500 Jahre, S. 91 (106 ff.).
[36] *Schack* FS Wandtke (2013), S. 18; *Schack* FS Pfennig (2012), 207 (213).
[37] *Apel* FS Vogel (2017), S. 205 ff.; *Apel* ZUM 2015, 522 (525).
[38] *Ohly,* Gutachten F zum 70. Deutschen Juristentag, 2014, S. F 36 ff., F 126.
[39] *Dreier* ZGE Bd. 9 2017, 135 ff.
[40] *Dreier* ZGE Bd. 9 2017, 135 (137 ff.); vgl. insoweit auch die Kritik von *Schack* FS Pfennig (2012), S. 207 ff.
[41] *Dreier* ZGE Bd. 9 2017, 135 (140 ff.).
[42] *Dreier* ZGE Bd. 9 2017, 135 (145 ff.).
[43] *Apel* FS Vogel (2017), S. 205 (220).
[44] *Apel* FS Vogel (2017), S. 295 (222), in Anlehnung an Dreier/Schulze/*Schulze* § 72 UrhG Rn. 10.
[45] *Apel* FS Vogel (2017), S. 205 (222 f.).
[46] *Dreier* ZGE Bd. 9 2017, 135 (141).
[47] BVerfG GRUR 2001, 149 (151 f.) – Germania 3.
[48] BVerfG GRUR 2016, 690 – Rn. 81 ff. – Metall auf Metall.
[49] S. die Lit.-Hinweise bei *Dreier* ZGE Bd. 9 2017, 135 Fn. 26.
[50] *Dreier* ZGE Bd. 9 2017, 135 (142); inzwischen gesetzlich geregelt durch die Einfügung des § 51 S. 3 durch das UrhWissG (BGBl. I 3346), in Kraft getreten am 1.3.2018 und befristet auf 5 Jahre (§ 142 Abs. 2); Einzelheiten dazu Dreier/Schulze/*Dreier* § 51 UrhG Rn. 26 f.; zur Anpassung des UrhG an die Bedürfnisse der Gedächtnisinformationen s. die Kommentierungen zu Teil I Abschnitt 6 Unterabschnitt 4 (§§ 60a ff.).

ten Problemkreises (ua. Museums-Selfies) bietet *Dreier* nach geltendem Recht die Behandlung des im Hintergrund des Fotos abgebildeten Kunstwerks als unwesentliches Beiwerk (wenngleich diesem Werk gerade eine zentrale Bedeutung des Selfies zukomme) oder seine Behandlung als freie Benutzung (§ 24) oder de lege ferenda in Anlehnung an §§ 44a, 52a und 52b eine Freistellung für nicht kommerzielle Zwecke an.[51]

22   Die erneut entfachte Diskussion bedarf der Vertiefung. *Lauber-Rönsberg* stellt sich gegen eine Abschaffung des § 72 mit dem Hinweis, dass es einer Prüfung bedürfe, ob nicht dadurch bei durchaus schutzwürdigen Lichtbildern wie bei handwerklich-technischen Gemäldefotografien ohne Gestaltungsspielraum oder selbst bei Handyfotografien ohne handwerklichen Einsatz neue Schutzlücken entstünden.[52]

II. Einzelerläuterungen

1. Schutzgegenstand

23   **a) Lichtbilder und Erzeugnisse, die ähnlich wie Lichtbilder hergestellt werden.** Schutzgegenstand des § 72 sind nach seiner weiten tatbestandlichen Fassung, die Spielraum lässt für die Berücksichtigung neuer fotografischer Technologien,[53] sowohl Lichtbilder als auch Erzeugnisse, die ähnlich wie Lichtbilder hergestellt werden. Beiden Kategorien von Fotografien ist wesentlich, dass sie **mittels strahlender Energie erzeugt** werden und **die Wirklichkeit naturgetreu wiedergeben**. Der Rechtsnatur der Vorschrift entsprechend bezieht sich der Schutz allein auf das fotografisch hergestellte Bild **als immaterielles Gut,** nicht dagegen auf seine Verkörperung, und zwar selbst dann nicht, wenn – wie bei der Gegenstandsfotografie zwangsläufig – die Vorlage naturgetreu abfotografiert wird.[54] Eine **handwerkliche Leistung**, die in einem Lichtbild bisweilen zum Ausdruck kommt, soll nach verbreiteter Auffassung für die Begründung des Rechtsschutzes nach § 72 keine Rolle spielen; jedoch kann sie ohne künstlerische Aussage nach Meinung des BGH **„neben der rein technischen Leistung des Lichtbildners"** ebenfalls in den Schutzbereich der Vorschrift fallen.[55] Unverzichtbar ist freilich der Einsatz fotografischer Technik und eines Mindestmaßes an geistiger Leistung, die in der Bedienung einer automatischen Kamera ebenso wie in der oft schwierigen Handhabung komplizierter Fototechnik ihren Ausdruck findet (→ Rn. 32–34).

24   **Ohne Bedeutung** ist des Weiteren die **körperliche Festlegung** des Bildes. § 72 kommt folglich auch dann zur Anwendung, wenn, wie etwa bei live gesendeten Bildern, eine körperliche Festlegung nicht erfolgt, wenn das Bild erst unter Zuhilfenahme technischer Mittel (Projektoren etc.) sichtbar wird oder wenn es um **Schattenspiele** geht. Wer folglich ein live gesendetes Fernsehbild fotografisch festhält, verletzt das Vervielfältigungsrecht seines Lichtbildners bzw. Kameramanns.[56] In gleicher Weise genießen **Einzelbilder eines Filmstreifens** und Einzelbilder zeitversetzter und live ausgestrahlter Fernsehsendungen Leistungsschutz nach § 72 bzw. bei ausreichender Schöpfungshöhe Urheberrechtsschutz nach § 2 Abs. 1 Nr. 5 (dh. kein Schutz an der bewegten Bildfolge nach § 2 Abs. 1 Nr. 6),[57] unabhängig davon, ob sie einem Filmwerk nach § 2 Abs. 1 Nr. 6 oder Laufbildern nach § 95 entstammen (arg. § 91 alt).[58] Der Lichtbildschutz umfasst auch die Verwertung eines Einzelbildes im

---

[51] *Dreier* ZGE Bd. 9 2017, 135 (147).

[52] Möhring/Nicolini/*Lauber-Rönsberg* (4. Aufl.), § 72 UrhG Rn. 3a.

[53] Dazu OGH GRUR-Int 2001, 351 – Vorarlberg Online.

[54] Missverständlich in der Formulierung BGH GRUR 1967, 315 (316) – skai cubana; wie hier OGH GRUR-Int 2001, 351 (352) – Vorarlberg Online; *Ulmer* § 119 II 1; *Rossbach* S. 93; *Heitland* S. 102; *Walter* Rn. 1589: Gegenstand des Schutzes ist nicht die Festlegung, sondern die Abbildung; *W. Nordemann* GRUR 1987, 15; aA Möhring/Nicolini/*Lauber-Rönsberg* (4. Aufl.), § 72 UrhG Rn. 22, der den Schutz mit der Belichtung der chemisch oder physikalisch lichtempfindlichen Schicht entstehen lässt (S. 111 ff.); → 1. Aufl. 1987, UrhG Rn. 9.

[55] *Ulmer* § 119 I 1; *Erdmann* FS Bornkamm (2014), S. 761 (765); *Ohly,* Gutachten F zum 70. Deutschen Juristentag, 2014, S. F 36 ff.; *G. Schulze* GRUR 1994, 855 (859); zurückhaltend Möhring/Nicolini/*Lauber-Rönsberg* (4. Aufl.), § 72 UrhG Rn. 12 ff. im Hinblick auf die Rspr. auch eine handwerkliche Komponente, vgl. BGH Urteil vom 20.12.2018 I ZR 104/2017 Rn. 26 – Museumsfotos unter Hinweis auf *Schack* FS Pfennig, S. 207 (208).

[56] BGH GRUR 2014, 363 Rn. 20 – Peter Fechter; BGHZ 37, 1 (6, 9) = GRUR 1962, 470 – AKI; *Walter* Rn. 1589; ausführlich Fromm/Nordemann/*A. Nordemann* § 72 UrhG Rn. 13 sowie *G. Schulze* GRUR 1994, 855 (859); ebenso *Schack* Rn. 721; zu Schattenspielen auch *W. Nordemann* GRUR 1987, 15 (16); aA *Platena* S. 130: es fehle an einer strahlenempfindlichen Schicht.

[57] Vgl. Fromm/Nordemann/*A. Nordemann* § 72 UrhG Rn. 13, der darauf hinweist, dass der Gesetzgeber konsequenterweise für die Rechte der filmischen Verwertung von Lichtbildern und Lichtbildwerken bei der Herstellung eines Filmwerkes die Anwendung der Auslegungsregel nach § 89 Abs. 1 und 2 ausdrücklich angeordnet hat (§ 89 Abs. 4).

[58] → 2. Aufl. 1999, § 91 UrhG Rn. 1 ff.; BGH GRUR 2014, 363 Rn. 20 ff. – Peter Fechter; BGH GRUR 2010, 620 Rn. 15 – Film-Einzelbilder; BGHZ 9, 262 (268) = GRUR 1953, 299 – Lied der Wildbahn I; ebenso *G. Schulze* GRUR 1994, 855 (858 ff.); Fromm/Nordemann/*A. Nordemann* § 72 UrhG Rn. 13; Dreier/Schulze/*Schulze* § 72 UrhG Rn. 5; *ders.* GRUR 1994, 855 (860) mwN; aA *Ekrutt* GRUR 1973, 512 ff.: Schutz nur im Rahmen und im Umfang des Rechts an Filmwerken oder Laufbildern; dagegen wiederum *Staehle* GRUR 1974, 205 f.

Rahmen eines Films,[59] und zwar auch dann, wenn das Einzelbild vor Inkrafttreten des UrhG gefertigt worden ist.[60] Dabei tritt das Recht am Einzelbild nach Auffassung des BGH neben das gleichzeitig entstehende Laufbildrecht nach § 95.[61] Gegen diese Auffassung wird geltend gemacht, sie stehe im Widerspruch zum Unionsrecht und zu § 95, der nur von Bildfolgen und von Bild- und Tonfolgen spricht.[62] Rechtlich bedeutungslos ist der **Inhalt eines Bildes,** seitdem die Privilegierung dokumentarischer Fotos durch die Rückkehr zu einer einheitlichen Schutzfrist entfallen ist.[63] Ohne Abweichungen in den Rechtsfolgen und damit ohne die Notwendigkeit strenger Abgrenzung unterscheidet das Gesetz[64] begrifflich:

– **Lichtbilder,** die – im Gegensatz zu gestalteten Lichtbildwerken – lediglich **zweidimensional   25 abbildende Fotografien dreidimensionaler Gegenstände (Gegenstandsfotografien)** sind,[65] ohne die Qualität einer persönlichen geistigen Schöpfung iSd. § 2 Abs. 2 zu erreichen. Ebenso wie jene entstehen Lichtbilder dadurch, dass **strahlungsempfindliche Schichten chemisch** (herkömmliche analoge Fototechnik) **oder physikalisch** (digitaltechnisch mittels lichtempfindlicher Elemente wie CCD oder CMOS) durch Strahlung (Licht) eine Veränderung erfahren.[66] Diese Voraussetzungen sind auch bei solchen Standbildern gegeben, die von einer computergesteuerten Kamera aufgenommen und auf der Festplatte eines mit der Kamera verbundenen PCs gespeichert werden.[67] Ferner zählen zu dieser Kategorie von Lichtbildern auch Einzelbilder eines Films oder einer live ausgestrahlten Fernsehsendung (→ Rn. 24);

– **Erzeugnisse, die ähnlich wie Lichtbilder hergestellt werden.** Sie umfassen in gebotener wei-   26 ter Auslegung des § 72[68] all diejenigen Bilder, die zwar nicht den technischen Anforderungen gängiger Fototechnik entsprechen, wohl aber ebenfalls unter Benutzung strahlender Energie erzeugt werden.[69] Unabhängig von der jeweils angewandten Aufnahmetechnik und unabhängig von der Art der strahlenden Energie (Licht, Wärme, Röntgenstrahlen ua.) bezieht sich § 72 deshalb auch auf fotografieähnliche Abbildungen von in der Natur Vorgegebenem, die etwa durch **Infrarotstrahlen, durch Kernspin- und Computertomographie oder sonstige Strahlungstechniken** hergestellt und elektromagnetisch (Ampex), thermographisch, chemisch oder digital festgelegt werden.[70] Dazu rechnen insbesondere auch die zahlreichen in der Astronomie oder in der Industrietechnik eingesetzten spektroskopischen Messverfahren.

b) Schutzvoraussetzungen und andere Techniken der Bilderzeugung. Schutzbegrün-   27 dend ist zunächst der Einsatz der genannten Techniken durch den jeweiligen Lichtbildner als natürlicher Person, gleich, ob er ein Bild mit einer einfachen oder hochkomplexen, einer automatischen, handbetriebenen oder mit einer digitalen computergesteuerten Kamera herstellt. Auf die Qualität des Bildes kommt es ebenso wenig an wie auf den bei der Herstellung des Lichtbildes betriebenen Zeit- und Kostenaufwand.[71] Auch von Flugzeugen mit speziellen automatischen Kameras (sog. Reihenmesskammern) aufgenommene **Luftbilder,** auf ähnliche Weise hergestellte **Satellitenfotos,** bei denen die Aufnahmebedingungen durch die Flugplanung, Navigation und Steuerung beeinflusst werden,[72] sowie Bilder, die in **Bildautomaten** (polizeiliche Radarbilder; Passbilder

---

[59] BGH GRUR 2014, 363 Rn. 21 – Peter Fechter; BGH GRUR 2010, 620 Rn. 18 – Film-Einzelbilder; kritisch dazu *v. Ungern-Sternberg* GRUR 2015, 205 (214); Fromm/Nordemann/*A. Nordemann* § 72 UrhG Rn. 13.

[60] BGH GRUR 2014, 363 Rn. 20, 27 ff. – Peter Fechter; zum Schutz von Lichtbildern, die zur Zeit der Geltung des KUG und bis zur Novellierung des UrhG vom 24.6.1985 gefertigt worden sind → Rn. 3 ff.

[61] BGH ZUM 2013, 406 Rn. 16 – Einzelbild unter Bezugnahme auf BGHZ 175, 135 Rn. 18 – TV-Total; vgl. auch Fromm/Nordemann/*A. Nordemann* § 72 UrhG Rn. 13; Dreier/Schulze/*Schulze* § 94 UrhG Rn. 29.

[62] So *v. Ungern-Sternberg,* GRUR 2015, 205 (214), der außerdem die Unionsrechtswidrigkeit dieser Auffassung moniert: s. Art. 2 lit. c Vermiet- und Verleih-RL, Art. 3 Abs. 3 Schutzdauer-RL, Art. 2 lit. d, Art. 3 Abs. 2 lit. c InfoSoc-RL.

[63] → Rn. 10 und → Rn. 64 ff.

[64] Kritisch zu dieser Unterscheidung *Heitland* S. 22 f.

[65] So überzeugend *Axel Nordemann* auch im Hinblick auf die Abgrenzung zur reinen Vervielfältigung zweidimensionaler Druckvorlagen, in Fromm/Nordemann/*A. Nordemann* § 72 UrhG Rn. 10; ferner → Rn. 33.

[66] So OLG Köln GRUR 1987, 42 f. – Lichtbildkopien; ausführlich *Platena* S. 111 f.; *A. Nordemann* S. 61 ff.; *Heitland* S. 20 f.; → § 2 Rn. 208; Loewenheim/*Vogel,* Handbuch, § 37 Rn. 9; Fromm/Nordemann/*A. Nordemann* § 72 UrhG Rn. 8; Voigtländer/Elster/*Kleine* (4. Aufl.), S. 26; Möhring/Nicolini/*Kroitzsch* (2. Aufl.), § 72 UrhG Rn. 3; ebenso Möhring/Nicolini/*Lauber-Rönsberg* (4. Aufl.), § 72 UrhG Rn. 8; *W. Nordemann* GRUR 1987, 15 ff.

[67] OGH GRUR-Int 2001, 351 (352) – Vorarlberg Online zum entsprechenden Lichtbildschutz in Österreich.

[68] Ebenso OGH GRUR-Int 2001, 351 (352) – Vorarlberg Online zum entsprechenden Lichtbildschutz in Österreich.

[69] BGHZ 37, 1 (6) = GRUR 1962, 470 – AKI; LG Hamburg ZUM 2004, 675 (677) – Becker-Seltur: Digitalfotos zumindest Erzeugnisse, die ähnlich wie Lichtbilder hergestellt werden; ebenso Möhring/Nicolini/*Lauber-Rönsberg* (4. Aufl.), § 72 UrhG Rn. 10.

[70] Vgl. LG Düsseldorf ZUM-RD 2018, 16 (20) – Nutzung von thermografischen Fotografien im Internet (n. rkr.); *Platena* S. 108 ff.; *Erdmann* FS Bornkamm (2014), S. 761 (765); Loewenheim/*Vogel,* Handbuch, § 37 Rn. 8; Fromm/Nordemann/*A. Nordemann* § 72 UrhG Rn. 10; Bisges/*Vollrath* Kap. 10 B II 1 C Rn. 112 f.; ebenso Möhring/Nicolini/*Lauber-Rönsberg* (4. Aufl.), § 72 UrhG Rn. 10; Dreier/Schulze/*Schulze* § 72 UrhG Rn. 6, s. aber dort Rn. 7: Befürwortung des Schutzes von Computerbildern, die nicht unter Benutzung strahlender Energie hergestellt werden; ferner Fromm/Nordemann/*Hertin* (9. Aufl.), § 72 UrhG Rn. 3, 4; *Maaßen* ZUM 1992, 338 (339 f.); Wandtke/Bullinger/*Thum* § 72 UrhG Rn. 24.

[71] Ebenso *Erdmann* FS Bornkamm (2014), S. 761 (765).

[72] *Katzenberger* GRUR-Int 1989, 116 (118 f.).

ua.) entstehen, fallen unter den Schutz des § 72.[73] Bei derart fototechnisch hergestellten Bildern ist als Lichtbildner jeweils diejenige Person anzusehen, die die automatische Kamera des Flugzeugs, des Satelliten oder des Lichtbildautomaten konditioniert und damit die Herstellung des Lichtbildes bewirkt.[74]

28   **Keine fotografischen Lichtbilder oder ähnlich wie Lichtbilder hergestellte Abbilder** in diesem Sinne sind **auf dem Computerbildschirm erzeugte,** nicht lediglich aus einem Bildspeicher abgerufene und damit unkörperlich wiedergegebene Bilder (**CAD- und CAM-Bilder, gestaltete Bildschirmdisplays, Computeranimationen** ua.), weil sie nicht mittels strahlender Energie gefertigt werden, sondern mittels elektronischer Befehle erzeugte Abbildungen darstellen.[75] Dasselbe gilt für eingescannte, also vervielfältigte und unter Umständen am Bildschirm auf vielerlei Arten der digitalen Bildbearbeitung wie etwa **Fotocomposing, Webdesign u. a. digital veränderte Bilder.** Auch sie beruhen nicht auf der Verarbeitung von Lichtreizen, sondern auf der Vervielfältigung, Wiedergabe und/oder Veränderung gespeicherter Bilder mittels elektronischer Befehle. Im Einzelfall stehen sie der nach § 2 Abs. 1 Nr. 4 oder Nr. 7 geschützten Zeichnung näher als der fotografischen Abbildung.[76] Bei diesen Techniken wird unter Verzicht auf eine fotografische Abbildung lediglich ein unter Zugrundelegung eines Computerprogramms erzeugtes Bild visualisiert und/oder bearbeitet. Ob dessen Nutzung über die Rechte am eingesetzten Computerprogramm und/oder an den bearbeiteten Vorlagen kontrolliert werden kann, wird kontrovers diskutiert.[77]

29   Insoweit hat der **EuGH** in seinem Urteil vom 22.12.2010 in der Sache C-393/09[78] Klarheit geschaffen. Die auf dem Bildschirm sichtbare grafische Benutzeroberfläche ist lediglich eine **Interaktionsschnittstelle,** die eine Kommunikation zwischen dem Computerprogramm und dem Benutzer ermöglicht.[79] Sie stellt **keine Vervielfältigung des Computerprogramms** dar, sondern nur eines seiner Elemente, mittels dessen die Funktionen des Programms genutzt werden.[80] Die Schnittstelle ist folglich keine Ausdrucksform eines Computerprogramms iSd. Art. 1 Abs. 2 Computerprogramm-RL 91/250/EWG, so dass ein Schutz nach dieser Richtlinie ausscheidet.[81] Allerdings bedeutet das nach Auffassung des EuGH nicht, dass der grafischen Benutzeroberfläche auch der Schutz als Werk der bildenden Künste gemäß § 2 Abs. 1 Nr. 4[82] bzw. als Darstellung wissenschaftlicher oder technischer Art gemäß § 2 Abs. 1 Nr. 7 versagt ist. Ob die grafische Benutzeroberfläche die Voraussetzungen einer persönlichen geistigen Schöpfung erfüllt, ist jeweils unter Würdigung der Anordnung oder der spezifischen Konfiguration aller ihrer Komponenten zu beurteilen. Soweit diese nur technisch

---

[73] HM, OGH GRUR-Int 2001, 351 (352) – Vorarlberg Online; LG Berlin GRUR 1990, 270 – Satellitenfoto; Loewenheim/*Vogel,* Handbuch, § 37 Rn. 9; Fromm/Nordemann/*A. Nordemann* § 72 UrhG Rn. 10; ebenso Möhring/Nicolini/*Lauber-Rönsberg* (4. Aufl.), § 72 UrhG Rn. 10; Dreier/Schulze/*Schulze* § 72 UrhG Rn. 4; Wandtke/Bullinger/*Thum* § 72 UrhG Rn. 49, 53, 54; aA Möhring/Nicolini/*Kroitzsch* (2. Aufl.), § 72 UrhG Rn. 3; aA zu Satellitenfotos *Schack* Rn. 723; aA zu Radarfotos Wandtke/Bullinger/*Thum* § 72 UrhG Rn. 15; *Schack* Rn. 723; DKMH/*Meckel* § 72 UrhG Rn. 8.
[74] Ebenso OGH GRUR-Int 2001, 351 (352 f.) – Vorarlberg Online; *Platena* S. 91 f.; *Erdmann* FS Bornkamm (2014), S. 761 (766); *Gerstenberg* FS Klaka (1987), S. 120 (124), mit weiteren Beispielen zufallsgenerierter Fotografien; *Katzenberger* GRUR-Int 1989, 116 (118); Wandtke/Bullinger/*Thum* § 72 UrhG Rn. 24.
[75] Sa. OLG Köln GRUR-RR 2010, 141 (142) – 3D-Messestände; OLG Hamm GRUR-RR 2005, 73 (74) – Web-Grafiken; LG Berlin ZUM 2017, 955 (957 f.) – computergenerierte Packshots; LG Köln ZUM 2008, 556 – Virtueller Dom in Second Life; Fromm/Nordemann/*A. Nordemann* § 72 UrhG Rn. 8; Loewenheim/*A. Nordemann,* Handbuch, § 9 Rn. 128; Möhring/Nicolini/*Lauber-Rönsberg* (4. Aufl.), § 72 UrhG Rn. 11; Wandtke/Bullinger/*Thum* § 72 UrhG Rn. 60; Loewenheim/*Vogel,* Handbuch, § 37 Rn. 9; Bisges/*Vollrath* Kap. 10 B II 1c Rn. 113; *Oldekop* S. 11 ff.; *Heitland* S. 23 ff.; *Maaßen* ZUM 1992, 338 (341 f.); aA Dreier/Schulze/*Schulze* § 72 UrhG Rn. 7; *Walter* Rn. 1594; *G. Schulze* CR 1988, 181 (188 f.); *Schack* Rn. 721; *Büchner* ZUM 2011, 549 (552): Einsatz strahlender Energie nicht ausschlaggebend; nach § 72 bestehe wie bei Computerbildern die schutzbegründende Leistung in einer Abbildung der Wirklichkeit unter eigenständiger Bildeinrichtung.
[76] Ebenso OLG Köln GRUR-RR 2010, 141 (142 f.) – 3D-Messestände: auch keine Multimedia-Werke; LG Berlin ZUM 2017, 955 (957 f.) – computergenerierte Packshots: Wertungswiderspruch angesichts der gegenüber Lichtbildern regelmäßig aufwändigeren Schöpfung von Werken der bildenden Kunst, den jedoch der Gesetzgeber zu lösen habe; Fromm/Nordemann/*A. Nordemann* § 72 UrhG Rn. 8; aA *G. Schulze* CR 1988, 181 (190 f.); *Oldekop* S. 16, 53 ff.: Computergrafik als Ausdrucksform des Computerprogramms; wie hier auch OLG Hamm GRUR-RR 2005, 73 (74) – Web-Graphiken; LG Hamburg ZUM 2004, 675 (677) – Becker-Seltur; *Platena* S. 127 ff.; Loewenheim/*Vogel,* Handbuch, § 37 Rn. 9; *Schack* MMR 2001, 9 (12 f.).
[77] Für einen Schutz als Werke der bildenden Kunst nach § 2 Abs. 1 Nr. 4 Fromm/Nordemann/*Hertin* (9. Aufl.), § 72 UrhG Rn. 5; Möhring/Nicolini/*Kroitzsch* (2. Aufl.), § 72 UrhG Rn. 3; aA Möhring/Nicolini/*Lauber-Rönsberg* (4. Aufl.), § 72 UrhG Rn. 11, uU auch nach § 2 Abs. 1 Nr. 7; Wandtke/Bullinger/*Thum* § 72 UrhG Rn. 60; *Schack* MMR 2001, 9 (12 f.); *Maaßen* ZUM 1992, 338 (341 f.); *Heitland* S. 23 ff.; *Reuter* GRUR 1997, 23 (27); aA Dreier/Schulze/*Schulze* § 72 UrhG Rn. 7 f. unter Hinweis auf ein Schutzbedürfnis angesichts der jüngsten technischen Entwicklung; *G. Schulze* CR 1988, 181 (188): für einen Lichtbildschutz von Bildschirmdisplays auch Fromm/Nordemann/*Hertin* (9. Aufl.), § 72 UrhG Rn. 4; *Koch* GRUR 1991, 180 (184 f.), nicht jedoch von Benutzeroberflächen einer Software (S. 189).
[78] EuGH GRUR 2011, 220 – BSA/Kulturministerium; zu dieser Entscheidung *Marly* GRUR 2011, 204.
[79] EuGH GRUR 2011, 220 Rn. 40 – BSA/Kulturministerium.
[80] EuGH GRUR 2011, 220 Rn. 41 – BSA/Kulturministerium.
[81] EuGH GRUR 2011, 220 Rn. 42 – BSA/Kulturministerium.
[82] Ebenso OLG Köln GRUR-RR 2010, 141 – 3D-Messestände, im entschiedenen Fall hat der Senat jedoch die Schutzfähigkeit wegen fehlender Schöpfungshöhe verneint.

bedingt sind, können sie die Schutzvoraussetzung der Originalität der Benutzeroberfläche nicht begründen.[83]

Kartographische Orthofotos, die durch rechnergestützte Entzerrung von Luftbildern entstehen, **30** um ein abgebildetes Gebiet perspektivisch genau wiederzugeben, sind **lediglich technische Bearbeitungen einer fotografischen Vorlage** und damit bloße Vervielfältigungsstücke, nicht jedoch eigenständige Lichtbilder gegenüber dem entzerrten Luftbild.[84] Ebenfalls keine fotografischen Abbilder stellen Lithographien und Masken für die Fertigung von Halbleitern dar.[85] Auch die Herstellung eines **Positivabzugs, eines Klischees oder eines Films für den Druck** begründet als bloße Vervielfältigungen einer Vorlage keinen Leistungsschutz nach § 72.[86] Einzelheiten dazu → § 2 Rn. 208 f.

c) Ober- und Untergrenze des Lichtbildschutzes. Umstritten war lange die Frage, ob **der 31 Schutzbereich** des § 72 seine **Obergrenze** dort findet, wo die Untergrenze eines Lichtbild**werks** mangels Individualität endet.[87] Nach gerade erst **vom BGH**[88] **bestätigter Meinung findet der Lichtbildschutz jedoch in vollem Umfang wegen seines anderen Schutzgrundes auch auf schöpferische Fotografien Anwendung.** Deshalb kommen beide Rechte nebeneinander zur Anwendung, wenn der Kläger nach seinem Antrag und dem ihm zugrundeliegenden Lebenssachverhalt aus beiden Schutzrechten vorgeht und jedes von ihnen einen gesonderten Streitgegenstand bildet,[89] vorausgesetzt, jedes Lichtbildwerk iSd. § 2 Abs. 1 Nr. 5, Abs. 2 erfüllt auch die Tatbestandsmerkmale des Lichtbildes iSd. § 72.[90] Aus dem Wortlaut der Norm und der unterschiedlichen Rechtfertigung von Urheber- und Leistungsschutz lässt sich dagegen nichts einwenden. Dennoch weisen die Geschichte und der Zweck des Lichtbildschutzes eher in eine andere Richtung. Bei der Einführung des Lichtbildschutzes ging es darum, der Schwierigkeit aus dem Wege zu gehen, die man mit der Bestimmung des schöpferischen Gehalts einer Fotografie verband (→ Rn. 2 ff.). Darin liegt auch der Grund, weshalb Lichtbilder mit Ausnahme der Regelung der Schutzdauer **nur in entsprechender Anwendung** der für Lichtbildwerke geltenden Vorschriften geschützt sind. Zudem genießen **Lichtbilder einen weitergehenden Teilschutz als Lichtbildwerke** (→ Rn. 49), deren Fragmente nur dann urheberrechtlich geschützt sind, wenn sie selbst schöpferischer Natur sind. Nach der herrschenden Meinung kann folglich der Urheber eines Lichtbildwerkes durch Rückgriff auf § 72 einen weitergehenden Rechtsschutz für sich in Anspruch nehmen als die Urheber von Werken anderer Art.[91] Schließlich unterscheidet sich der Schutzumfang beider Rechte bei den Persönlichkeits- und Fremdenrechten. Deshalb erschiene es angebracht, den Schutzbereich des § 72 teleologisch auf nichtschöpferische Fotografien zu beschränken. Dies hinderte die Gerichte in der Regel nicht daran, dahingestellt zu lassen, ob ein Anspruch aus dem Urheberrecht nach § 2 Abs. 1 Nr. 5 begründet ist, wenn er jedenfalls auf dem Schutzrecht nach § 72 beruht.[92]

Die Trennlinie zwischen Werk- und Leistungsschutz bei der Fotografie ist im Lichte von **Art. 6 32 Schutzdauer-RL** festzulegen. Nach seinem Wortlaut setzt er bei einem **Lichtbildwerk** lediglich eine **eigene geistige Schöpfung** voraus und verbietet bei der Prüfung der Schutzfähigkeit die Be-

---

[83] EuGH GRUR 2011, 220 Rn. 46 – BSA/Kulturministerium.

[84] AA *Katzenberger* GRUR-Int 1989, 116 (118); wie hier Fromm/Nordemann/*Hertin* (9. Aufl.), § 72 UrhG Rn. 3; Wandtke/Bullinger/*Thum* § 72 UrhG Rn. 58.

[85] Möhring/Nicolini/*Kroitzsch* (2. Aufl.), § 72 UrhG Rn. 3; Wandtke/Bullinger/*Thum* § 72 UrhG Rn. 57.

[86] Ebenso Dreier/Schulze/*Schulze* § 72 UrhG Rn. 11; wohl auch Wandtke/Bullinger/*Thum* § 72 UrhG Rn. 11; aA *Katzenberger* GRUR-Int 1999, 116 (117 f.); hinsichtlich des Notendrucks auch *Hanser-Strecker* UFITA 93 (1982) 13 (18).

[87] Wie hier *Oldekop* S. 117; Möhring/Nicolini/*Lauber-Rönsberg* (4. Aufl.), § 72 UrhG Rn. 1; aA Wandtke/Bullinger/*Thum* § 72 UrhG Rn. 3, 25.

[88] BGH GRUR 2019, 284 Rn. 13 – Museumsfotos mAnm *Zech* GRUR 2019, 291 = JZ 2019, 412 mAnm *Dreier* JZ 2019, 417 = BGH ZUM 2019, 335 mAnm *Lauber-Rönsberg* ZUM 2019, 341 = BGH MMR 2019, 241 mkritAnm *Hoeren* MMR 2019, 246; s. ferner Praxishinweis *Gabers-von Boehm* GRUR-Prax 2019, 92.

[89] BGH GRUR 2019, 284 Rn. 14 – Museumsfotos (unter Hinweis auf BGHZ 189, 56 Rn. 3 f. – TÜV I) mAnm *Zech* GRUR 2019, 291 = JZ 2019, 412 mAnm *Dreier* JZ 2019, 417 = BGH ZUM 2019, 335 mAnm *Lauber-Rönsberg* ZUM 2019, 341 = BGH MMR 2019, 241 mkritAnm *Hoeren* MMR 2019, 246; s. ferner Praxishinweis *Gabers-von Boehm* GRUR-Prax 2019, 92; s. ferner Fromm/Nordemann/*A. Nordemann* § 72 UrhG Rn. 2, 12 (dort unter Hinweis auf BGH GRUR 2012, 602 Rn. 12 – Vorschaubilder II; OLG Köln GRUR 2015, 167 (169) – Creative Commons-Lizenz; OLG Düsseldorf ZUM 2011, – 327 – Embedded Content: alle Lichtbildwerke sind zugleich auch als Lichtbilder geschützt; ebenso OGH ÖBl 1991, 178 (279) – Passfoto; *Dittrich* ÖBl 1978. 113; *Walter*, öUrhR, § 74 Rn. 1595; Dreier/Schulze/*Schulze* § 72 UrhG Rn. 2; *Apel* FS Vogel (2017), S. 205 (208 f.) unter Hinweis auf das Verhältnis von Urheber- und Leistungsschutzrecht des ausübenden Künstlers; § 73 Rn. 37 ff. und *Apel*, Der ausübende Musiker im Recht Deutschlands und der USA, 2001, S. 223 f jeweils mwN: wegen des Gleichlaufs beider Rechte werde das Recht an Lichtbildern durch das Urheberrecht an Lichtbildwerken konsumiert.

[90] BGH GRUR 2019, 284 Rn. 15 – Museumsfotos mAnm *Zech* GRUR 2019, 291 = JZ 2019, 412 mAnm *Dreier* JZ 2019, 417 = BGH ZUM 2019, 335 mAnm *Lauber-Rönsberg* ZUM 2019, 341 = BGH MMR 2019, 241 mkritAnm *Hoeren* MMR 2019, 246; s. ferner Praxishinweis *Gabers-von Boehm* GRUR-Prax 2019, 92; Wandtke/Bullinger/*Thum* § 72 UrhG Rn. 25.

[91] *Apel* FS Vogel (2017), S. 205 (208) geht in diesem Fall von einer faktischen Durchbrechung infolge einer Konsumtion des Lichtbildschutzes durch den Urheberrechtsschutz aus.

[92] Vgl. BGH GRUR 2015, 264 Rn. 29 – Hi Hotel II; BGH GRUR 2000, 317 (318) – Werbefotos.

rücksichtigung anderer, eine besondere Gestaltungshöhe begründender – etwa ästhetischer – Kriterien.[93]

Nach Auffassung des deutschen Gesetzgebers hat es einer durch Art. 6 Schutzdauer-RL veranlassten Gesetzesänderung nicht bedurft,[94] weil – abgesehen von dem Gebot richtlinienkonformer Auslegung – die Grundsätze der **kleinen Münze,** nach denen ein Minimum an Individualität bereits schutzbegründend wirkt, auch im Bereich fotografischer Werke gelten.[95] Für gesteigerte Anforderungen an die Gestaltungshöhe bei Lichtbildwerken, wie sie wegen des leistungsschutzrechtlichen Unterbaus nach § 72 teilweise befürwortet worden sind,[96] ist spätestens seit der europäischen Harmonisierung des Schutzstandards für diese Werkkategorie kein Raum mehr.[97]

Die Schutzanforderungen nach Art. 6 Schutzdauer-RL hat der EuGH in der Painer-[98] und später bekräftigend in der Cofemel-Entscheidung[99] präzisiert. Danach stellt ein Lichtbildwerk eine eigene geistige Schöpfung des Fotografen dar, wenn in ihm durch die gewählten Einstellungen **„dessen Persönlichkeit zum Ausdruck kommt"** und damit dem Werk eine „persönliche Note" verliehen wird.[100] Damit endet der urheberrechtliche Schutzbereich und beginnt der Leistungsschutz nach § 72,[101] wo fotografische Tätigkeit keine eigenschöpferischen Züge aufweist, sondern sich bei einem Mindestmaß an persönlicher geistiger Leistung[102] im Gängigen oder Technischen erschöpft.

33   Die **Untergrenze** des Lichtbildschutzes bildet nach dem Sinn und Zweck der Vorschrift die nicht mehr schutzfähige **rein mechanische Reproduktion,** bei der eine zweidimensionale Bild- oder Textvorlage durch Foto-, Mikro- oder elektrostatische Kopie, durch automatisiertes Einscannen von Büchern, Bildern oder Texten,[103] durch andere digitale Techniken oder durch Diapositive (nach Abzug von einem Negativ), durch Vergrößerungen oder durch Duplikatnegative 1:1 vervielfältigt wird.[104] Ist jedoch mit der Einstellung des Reproduktionsapparates ein Mindestmaß an persönlicher geistiger Leistung verbunden, entsteht ein Lichtbild im Sinne des § 72.[105] Denn nicht die lediglich technische Reproduktion einer vorhandenen Darstellung begründet den Lichtbildschutz, sondern der Umstand, dass das Lichtbild als solches originär, dh. als **Urbild** *(Hertin)*, geschaffen wird.[106] Insoweit

---

[93] BGH GRUR 2000, 317 (318) – Werbefotos unter Verweis auf die AmtlBegr. des 3. UrhGÄndG, s. BT-Drs. 13/781, 10; § 2 Rn. 207 ff.; aA Fromm/Nordemann/*A. Nordemann* § 72 UrhG Rn. 10 f.; Dreier/Schulze/ *Schulze* § 72 UrhG Rn. 10.

[94] AA wohl *W. Nordemann* NJW 1995, 2534 (2535); *A. Nordemann/Mielke* ZUM 1996, 214 (215).

[95] Vgl. AmtlBegr. BT-Drs. 13/781, 10; vgl. zur Auslegung des nationalen Rechts im Lichte europäischer Richtlinien ua. BVerfG GRUR 2016, 690 Rn. 109 ff. – Metall auf Metall; *v. Ungern-Sternberg* FS Bornkamm (2014), S. 1007 passim; → § 15 Rn. 107 ff.; *Erdmann/Bornkamm* GRUR 1991, 877 (879 f.); vgl. → § 2 Rn. 211 ff. sowie → § 59 Rn. 12 ff.

[96] Möhring/Nicolini/*Kroitzsch* (2. Aufl.), § 72 UrhG Rn. 2: „künstlerische fotografische Erzeugnisse"; *Gerstenberg* FS Klaka (1987), S. 120; sa. *W. Nordemann* NJW 1995, 2534 (2535); *A. Nordemann/Mielke* ZUM 1996, 214 (215).

[97] Vgl. BGH GRUR 2000, 317 (318) – Werbefotos; zur inzwischen obsolet gewordenen Diskussion *Heitland* S. 53 ff.; *Vogel* ZUM 1995, 451 (455); Walter/*Walter* Schutzdauer-RL Art. 6 Rn. 7 f.; dies scheint das OLG Düsseldorf GRUR 1997, 49 (50 f.) – Beuys-Fotografien zu übersehen; ginge man in Deutschland dennoch von einer Herabsetzung der Schutzanforderungen durch die Schutzdauer-RL aus, wie dies in Österreich offensichtlich der Fall ist (OGH ZUM-RD 2002, 281 = ÖBl. 2003, 39 – Eurobike; dazu *Noll* ÖBl 2003, 164), käme ihr für vor dem Inkrafttreten der Richtlinienumsetzung am 1.7.1995 begangene Verletzungshandlungen keine Rückwirkung zu (BGH GRUR 2000, 317 (318) – Werbefotos; BGH GRUR 1994, 39 – Buchhaltungsprogramm).

[98] Vgl. EuGH GRUR 2012, 166 Rn. 88, 89, 92, 94, 99 – Painer/Standard; ebenso die Schlussanträge der Generalanwältin *Trstenjak* in dieser Sache Rn. 124; vgl. auch Wandtke/Bullinger/*Thum* § 72 UrhG Rn. 17.

[99] EuGH GRUR 2019, 1185 Rn. 26 ff. – Cofemel, sa. dazu den Praxishinweis von *Redlich* GRUR-Prax 2019, 464

[100] EuGH GRUR 2012, 166 Rn. 88 ff. – Painer/Standard; EuGH GRUR 2018, 911 Rn. 14 – Land Nordrhein-Westfalen/Renckhoff; EuGH GRUR 2019, 1185 Rn. 26 ff., 30 – Cofemel.

[101] Auch → § 2 Rn. 182 f.

[102] BGH GRUR 2000, 317 (318) – Werbefotos; BGH GRUR 1993, 34 (35) – Bedienungsanweisung; BGH GRUR 1990, 669 (673) – Bibelreproduktion; ablehnend Möhring/Nicolini/*Kroitzsch* (2. Aufl.), § 72 UrhG Rn. 4: kein Mindestmaß an persönlicher geistiger Leistung; ebenso Fromm/Nordemann/*A. Nordemann* § 72 UrhG Rn. 9 f., der die Berücksichtigung dieses Merkmals ebenso für verfehlt erachtet wie das der „technischen Qualität" oder des „technischen Aufwands"; es komme (im Unterschied zur bloßen fotografischen Vervielfältigung) allein auf die fotografische Abbildung als technische Leistung an; ebenso Wandtke/Bullinger/*Thum* § 72 UrhG Rn. 21.

[103] Differenzierend Möhring/Nicolini/*Lauber-Rönsberg* (4. Aufl.), § 72 UrhG Rn. 16.1: bei technisch anspruchsvollen Scan-Robotern, bei denen die Einstellung verschiedener Parameter im Einzelfall Schutz nach § 72 begründen können.

[104] HM, BGH GRUR 2019, 284 Rn. 23 – Museumsfotos mAnm *Zech* GRUR 2019, 291 = JZ 2019, 412 mAnm *Dreier* JZ 2019, 417 = BGH ZUM 2019, 335 mAnm *Lauber-Rönsberg* ZUM 2019, 341 = BGH MMR 2019, 241 mkritAnm *Hoeren* MMR 2019, 246; s. ferner Praxishinweis *Gabers-von Boehm* GRUR-Prax 2019, 92; *Erdmann* FS Bornkamm (2014), S. 761 (765); Fromm/Nordemann/*Hertin* (9. Aufl.), § 72 UrhG Rn. 3: Möhring/ Nicolini/*Lauber-Rönsberg* (4. Aufl.), § 72 UrhG Rn. 14; *Oldekop* S. 129; *Katzenberger* GRUR-Int 1989, 116 (117); *Heitland* S. 73 ff.; ebenso *Talke* ZUM 2010, 846 (851 f.) für digitale Bilder zweidimensionaler Vorlagen eingescannter Bücher jeweils mwN; aA zur Mikrokopie *Riedel* GRUR 1951, 378 (381).

[105] Sa. die Hinweise der vorherigen Fn.; BGH GRUR 2001, 755 – Telefonkarte; BGH GRUR 1990, 669, (673) – Bibelreproduktion; Möhring/Nicolini/*Lauber-Rönsberg* (4. Aufl.), § 72 UrhG Rn. 16.1; *Oldekop* S. 129 f.

[106] BGH GRUR 2019, 284 Rn. 23 – Museumsfotos mAnm *Zech* GRUR 2019, 291 = JZ 2019, 412 mAnm *Dreier* JZ 2019, 417 = BGH ZUM 2019, 335 mAnm *Lauber-Rönsberg* ZUM 2019, 341 = BGH MMR 2019, 241 mkritAnm *Hoeren* MMR 2019, 246; s. ferner Praxishinweis *Gabers-von Boehm* GRUR-Prax 2019, 92; BGH GRUR 2001, 755 (757) – Telefonkarte; BGH GRUR 2000, 317 – Werbefotos; BGH GRUR 2001, 755 (757 f.) – Telefonkarte; BGH GRUR 1990, 669 (673) – Bibel-Reproduktion sowie die Vorinstanz OLG Köln GRUR 1987, 42

entspricht § 72 dem Recht des Tonträgerherstellers, das nach § 85 Abs. 1 S. 3 nicht durch die bloße Vervielfältigung eines Tonträgers entsteht. Andernfalls könnte die Schutzfrist eines Lichtbildes durch wiederholte maschinelle Reproduktionsvorgänge beliebig verlängert werden, ohne dass ein Urbild hergestellt wird.[107] Etwas anderes gilt aber für die **Gegenstandsfotografie** (mitunter auch als Reproduktionsfotografie bezeichnet), bei der zB ein zwei- oder dreidimensionales Kunstwerk oder ein sonstiger Gegenstand fotografisch abgebildet wird.[108] Denn diese entsteht stets durch die Herstellung eines Urbildes und erfordert Überlegungen zur Bewältigung situationsbezogener fotografisch-technischer Problemstellungen (Standort, Entfernung, Blickwinkel, Belichtung etc.), die ausnahmsweise sogar die Annahme eines Lichtbildwerkes rechtfertigen können.[109] Anderes gilt für fotografisch von einer Bild- oder Textvorlage hergestellte **Klischees für den Druck**[110] sowie für Abzüge, die vom Negativ als dem fotografischen Urbild hergestellt werden und damit unabhängig von einer Originaleigenschaft[111] **Vervielfältigungen iSd. § 16** darstellen.[112]

Mit der überwiegenden Meinung in Literatur und Rechtsprechung setzt § 72 neben der techni- **34** schen Leistung **ein Mindestmaß an persönlicher geistiger Leistung (nicht Schöpfung)** voraus (→ Rn. 32). Sie liegt regelmäßig in der handwerklichen Fertigkeit bei der Bedienung technisch oft komplizierter Apparate oder in der häufig gegenstandsbedingten Wahl des Blickwinkels, der Entfernung, der Ausleuchtung des Motivs etc., ohne dass das Lichtbild den Individualitätsanforderungen einer Werkschöpfung genügt.[113] Dabei spielt es keine Rolle, ob das Motiv zwei- oder dreidimensionaler Natur ist. Denn die Fotografie eines Gegenstandes, etwa eines Gemäldes, erfordert unabhängig von einem eventuell pastosen Farbauftrag und damit seiner Dreidimensionalität von einem Fotografen eine persönliche geistige Leistung bei der handwerklich technischen Einstellung und Handhabung der Kamera im Sinne der Rechtsprechung des BGH.[114] Das zur Begründung des Lichtbildschutzes notwendige Mindestmaß liegt demnach nicht vor bei der bloßen Vervielfältigung, also dem reinen technischen Reproduktionsvorgang, oder wenn ein Foto allein zufällig zustande gekommen ist. Anders verhält es sich hingegen, wenn der Zufall lediglich mitspielt.[115]

Zum **Verhältnis von Urheberrecht und Sachenrecht** im Falle von Gebäudefotografien, also **35** unbeweglichen Sachen, die von einem erlaubterweise betretenen Grundstück angefertigt worden sind, hat sich der BGH (5. Zivilsenat) in den Entscheidungen „Preußische Gärten und Parkanlagen" – heftig von der Literatur kritisiert – ausführlich geäußert (dazu → § 59 Rn. 5 ff.).

Höchstrichterlich geklärt hat der **BGH nunmehr in seiner Entscheidung „Museumsfotos"** **vom 20.12.2018** außerdem, wie es sich verhält, wenn **Fotografien gemeinfreier Gemälde, also beweglicher Sachen, in öffentlichen Museen** hergestellt bzw. aus einem Museumskatalog gescannt und öffentlich zugänglich gemacht werden. Zur Klärung dieser Frage hatten die Reiss-

---

[43] – Lichtbildkopien unter Verweis auf *Riedel* § 72 UrhG Anm. 6 sowie *Ulmer* § 119 I 1; *Erdmann* FS Bornkamm (2014), S. 761 (765); Dreier/Schulze/*Schulze* § 72 UrhG Rn. 9; Möhring/Nicolini/*Lauber-Rönsberg* (4. Aufl.), § 72 UrhG Rn. 14; Fromm/Nordemann/*A. Nordemann* § 72 UrhG Rn. 9; Wandtke/Bullinger/*Thum* § 72 UrhG Rn. 56.

[107] BGH GRUR 1990, 669 (673) – Bibel-Reproduktion, im Anschluss an Fromm/Nordemann/*Hertin* (9. Aufl.), § 72 UrhG Rn. 3; *W. Nordemann* GRUR 1987, 15 (18); *Krieger* GRUR-Int 1973, 286 (287); *Gerstenberg* FS Klaka (1987), S. 120 (122); *Schack* Rn. 722; Loewenheim/*Vogel*, Handbuch, § 37 Rn. 10; aA *Platena* S. 140 ff., der der hM vorhält, den Lichtbildbegriff zu sehr im Lichte der Werkarten des § 2 zu verstehen, ebd. S. 148.

[108] Klarstellung gegenüber der 4. Aufl., § 72 Rn. 23; ebenso *Erdmann* FS Bornkamm (2014), S. 761 (766); Dreier/Schulze/*Schulze* § 72 Rn. 10; ferner LG Berlin GRUR-RR 2016, 318.

[109] Vgl. OLG Düsseldorf GRUR 1997, 49 (51) – Beuys-Fotografien; Möhring/Nicolini/*Lauber-Rönsberg* (4. Aufl.), § 72 UrhG Rn. 15; Wandtke/Bullinger/*Thum* § 72 UrhG Rn. 17; LG Berlin GRUR-RR 2016, 318 (319 f.) – Reproduktionsfotografie; zu weit geht die von *Ohly* vertretene Auffassung, der Lichtbildschutz scheide bei Fotografien zweidimensionaler Vorlagen aus, Gutachten F zum 70. Deutschen Juristentag, 2014, S. F 37.

[110] Fromm/Nordemann/*Hertin* (9. Aufl.), § 72 UrhG Rn. 3; aA die ältere Rspr. zu Faksimile-Drucken RGZ 130, 196 (198) – Codex Aureus; *Katzenberger* GRUR-Int 1989, 116 (117 f.) unter Hinweis auf den Unterschied zu den am Lichtbildschutz des Negativs teilhabenden bloßen Positivabzügen und auf das durch den fotografisch-technischen Vorgang entstehende selbstständig verwertbare, schutzbedürftige Wirtschaftsgut; *Hanser-Strecker* UFITA 91 (1981) 13 (18) für den Notendruck; Beschränkung des Schutzes auf Lichtbilder von Werken der bildenden Kunst (keine Sprachwerke); *Krieger* GRUR-Int 1973, 286 (288); ähnlich Fromm/Nordemann/*Hertin* (9. Aufl.), § 72 UrhG Rn. 3.

[111] → § 44 Rn. 23.

[112] OLG Köln GRUR 1987, 42 (43) – Lichtbildkopien.

[113] BGH GRUR 2019, 284 Rn. 23, 26 – Museumsfotos mAnm *Zech* GRUR 2019, 291 = JZ 2019, 412 mAnm *Dreier* JZ 2019, 417 = BGH ZUM 2019, 335 mAnm *Lauber-Rönsberg* ZUM 2019, 341 = BGH MMR 2019, 241 mkritAnm *Hoeren* MMR 2019, 246; s. ferner Praxishinweis *Gabers-von Boehm* GRUR-Prax 2019, 92; vgl. LG Berlin GRUR 2016, 318 (319 f.) – Reproduktionsfotografie (n. rk.); *Erdmann* FS Bornkamm (2014), S. 761 (765); *Apel* FS Vogel (2017), S. 209 f.; Fromm/Nordemann/*A. Nordemann* § 72 UrhG Rn. 11, in zu Recht kritischer Auseinandersetzung mit LG Hamburg ZUM 2004, 675 (677) – Becker-Seltur, wo die Kriterien, die für die schöpferische Fotografie maßgeblich sind, zur Rechtfertigung des Leistungsschutzes herangezogen werden.

[114] BGH GRUR 2019, 284 Rn. 23, 26 – Museumsfotos mAnm *Zech* GRUR 2019, 291 = JZ 2019, 412 mAnm *Dreier* JZ 2019, 417 = BGH ZUM 2019, 335 mAnm *Lauber-Rönsberg* ZUM 2019, 341 = BGH MMR 2019, 241 mkritAnm *Hoeren* MMR 2019, 246; s. ferner Praxishinweis *Gabers-von Boehm* GRUR-Prax 2019, 92; ebenso LG Berlin GRUR-RR 2016, 318 (320) – Reproduktionsfotografie (n. rkr.); ebenso Möhring/Nicolini/*Lauber-Rönsberg* (4. Aufl.), § 72 UrhG Rn. 15 f.; zurückhaltend Dreier/Schulze/*Schulze* § 72 UrhG Rn. 10: zumindest dreidimensionale Kunstwerke; sa. Fromm/Nordemann/*A. Nordemann* § 72 UrhG Rn. 10; *Lutzi* GRUR 2017, 878 (879); ferner → Rn. 22.

[115] Ebenso *Heitland* S. 79; aA Gerstenberg FS Klaka (1987), S. 120 (124).

Engelhorn-Museen in Mannheim gegen einen ehrenamtlich für Wikimedia Commens arbeitenden Lichtbildner beim LG Stuttgart[116] sowie gegen Wikimedia Commens selbst beim LG Berlin[117] Klage erhoben, um die Herstellung und öffentliche Zugänglichmachung von in den Museumsräumen gefertigten Fotografien und von Scans gemeinfreier Werke aus einem ihrer Museumskataloge zu unterbinden. Dabei ging es darum, ob der Lichtbildschutz an den Gegenstandsfotografien gegenüber der urheberrechtlichen Gemeinfreiheit der aufgenommenen Bilder teleologisch zu reduzieren ist,[118] um zu verhindern, dass die zeitliche Befristung des Urheberrechtsschutzes nach § 64 durch den aktuell begründeten Lichtbildschutz gemäß § 72 unterlaufen wird. Das OLG Stuttgart und das KG haben sich den Vorinstanzen angeschlossen[119] und basierend auf einer strikten Trennung zwischen der urheberrechtlichen Gemeinfreiheit des aufgenommenen Gemäldes und dem unterschiedlichen Schutzgrund des Lichtbildschutzes für eine teleologische Reduktion des § 72 bei möglichst wirklichkeitsgetreuen Gegenstandsfotografien im Hinblick auf die eindeutige Gesetzesbegründung keinen Raum gesehen.[120] Der BGH hat das Berufungsurteil des OLG Stuttgart bestätigt und eine teleologische Reduktion im Hinblick darauf, dass der Lichtbildschutz nur der Vervielfältigung des konkret betroffenen Lichtbildes entgegensteht, ausgeschlossen.[121] Das Museum muss folglich die Erlaubnis zur Herstellung von Lichtbildern der Exponate – wie vom BGH unbeanstandet gelassen[122] – vertraglich regeln. Dem ist zuzustimmen. Andernfalls würde – von Abgrenzungsschwierigkeiten abgesehen – derartigen meist technisch aufwändig hergestellten Fotografien der Schutz versagt, während Handyfotos desselben gemeinfreien Werkes unter § 72 fielen.[123] Zudem ist wegen des fehlenden Motivschutzes niemand gehindert, mit der Erlaubnis des Museums ein Exponat zu fotografieren, das bereits vorher von anderen Museumsbesuchern aufgenommen worden ist.

2. Inhalt des Lichtbildschutzes

36   In **entsprechender Anwendung der Vorschriften des Teils 1 des UrhG** stehen dem Lichtbildner **dieselben umfassenden Verwertungsrechte der §§ 15 ff. zu wie dem Urheber eines Lichtbildwerkes.** Gewisse Abweichungen ergeben sich allerdings aus der leistungsschutzrechtlichen Natur des Lichtbildschutzes.[124] In jedem Falle hat der Lichtbildner das ausschließliche Recht, seine Fotografie in jeder körperlichen und unkörperlichen Form zu verwerten. Das gilt auch für die Verwertung von Filmeinzelbildern in Form von Fotografien und von Filmen (laufende Einzelbilder). Andernfalls würde der Filmhersteller die Rechte des Lichtbildners zur filmischen Verwertung der bei der Filmherstellung entstehenden Lichtbilder nicht benötigen (§ 89 Abs. 4).[125]

37   Die Vorschrift des § 5 über die Gemeinfreiheit amtlicher Werke ist auf Lichtbilder entsprechend anzuwenden. Im Übrigen sind dem Leistungsschutzrecht des Lichtbildners **dieselben Schranken** gezogen wie dem Urheberrecht des schöpferischen Fotografen[126] mit der Folge, dass der Lichtbildner an dem Aufkommen aus den **gesetzlichen Vergütungsansprüchen** nach §§ 45a Abs. 2, 46 Abs. 4, 47 Abs. 2 S. 2, 49 und 53 Abs. 1 und 2, 54, 60h und 61b partizipiert.[127] Auch und gerade für ihn gilt ferner die Auslegungsregel des § 60.[128] Dem Lichtbildner steht zudem ein **Vergütungsanspruchs für das Verleihen** seiner originalen und vervielfältigten Fotografien zu, an denen das Verbreitungsrecht erschöpft ist (§ 27 Abs. 2), **nicht dagegen das Folgerecht** nach § 26.[129] Im Rechtsverkehr gelten die §§ 31 ff.[130] Je nach dem Gegenstand des Lichtbildes kann seine Herstellung und Nutzung

---

[116] LG Stuttgart ZUM-RD 2017, 161.
[117] LG Berlin GRUR-RR 2016, 318 – Reproduktionsfotografie.
[118] So aber Y*ang* ZUM 2017, 951 (954) mwN.
[119] OLG Stuttgart GRUR 2017, 905 – Reiss-Engelhorn-Museen mit Anm. *Yang* ZUM 2017, 951 und *Lutzi* GRUR 2017, 87; KG BeckRS 2017, 191930 (Hinweisbeschluss) und BeckRS 2017, 142191 (Entscheidung nach § 533 Abs. 2 ZPO), Nichtzulassungsbeschwerde unter BGH I ZR 189/17.
[120] Anders AG Nürnberg ZUM-RD 2016, 615.
[121] BGH GRUR 2019, 284 – Museumsfotos mwN mAnm *Zech* GRUR 2019, 291 = JZ 2019, 412 mAnm *Dreier* JZ 2019, 417 = BGH ZUM 2019, 335 mAnm *Lauber-Rönsberg* ZUM 2019, 341 = BGH MMR 2019, 241 mkritAnm *Hoeren* MMR 2019, 246; s. ferner Praxishinweis *Gabers-von Boehm* GRUR-Prax 2019, 92.
[122] BGH Urteil GRUR 2019, 284 Rn. 34 ff. – Museumsfotos mwN mAnm *Zech* GRUR 2019, 291 = JZ 2019, 412 mAnm *Dreier* JZ 2019, 417 = BGH ZUM 2019, 335 mAnm *Lauber-Rönsberg* ZUM 2019, 341 = BGH MMR 2019, 241 mkritAnm *Hoeren* MMR 2019, 246; s. ferner Praxishinweis *Gabers-von Boehm* GRUR-Prax 2019, 92; dort auch zu den AGB des Museums.
[123] Vgl. dazu die Begründung LG Berlin GRUR-RR 2016, 318 – Reproduktionsfotografie; sa. Möhring/Nicolini/*Lauber-Rönsberg* (4. Aufl.), § 72 UrhG Rn. 16c.
[124] Vgl. *Erdmann* FS Bornkamm (2014), S. 761 (762): Unterschiede im persönlichkeitsrechtlichen Bereich, der sachliche Schutzumfang beschränkt auf die konkrete Fotografie als körperlicher Gegenstand mit kürzerer Schutzdauer.
[125] BGH GRUR 2014, 363 Rn. 21 f. – Peter Fechter; BGH GRUR 2010, 620 Rn. 18 – Film-Einzelbilder; BGH GRUR 1962, 470 (473) – Aki.
[126] § 72 Abs. 1 iVm. § 44a ff. sowie § 5; zutreffend insoweit OLG Düsseldorf ZUM-RD 2007, 531 – Fahrradausrüstung; sa. Wandtke/Bullinger/*Thum* § 72 UrhG Rn. 78 ff.
[127] Zur kollektiven Wahrnehmung dieser Ansprüche → Rn. 83 ff.
[128] Dazu die Erläuterungen zu § 60.
[129] → § 26 Rn. 20; Loewenheim/*Vogel*, Handbuch, § 37 Rn. 14; Fromm/Nordemann/*A. Nordemann* § 72 UrhG Rn. 23; Wandtke/Bullinger/*Thum* § 72 UrhG Rn. 86; Möhring/Nicolini/*Lauber-Rönsberg* (4. Aufl.), § 72 UrhG Rn. 3.
[130] Einzelheiten → Rn. 61 ff.

mit dem allgemeinen Persönlichkeitsrecht und/oder dem Eigentumsrecht Dritter an der Verkörperung des Lichtbildes kollidieren.[131] Nach Maßgabe des Schutzumfangs stehen ihm schließlich in engen Grenzen das Recht der Verwertung seines Lichtbildes in bearbeiteter Form (§ 23) und persönlichkeitsrechtliche Befugnisse nach §§ 12 ff. zu, soweit sich aus der mangelnden Individualität seiner Fotografie keine Besonderheiten ergeben.[132]

a) Die **Verwertungsrechte** des Lichtbildners sind im Lichte der harmonisierenden Richtlinien des **38** autonom und einheitlich auszulegenden Unionsrechts, insbesondere der InfoSoc-RL, zu interpretieren. Das gilt spätestens seit der UrhG-Novelle von 2003[133] auch für das Recht der öffentlichen Zugänglichmachung nach § 19a, dem für die Verwertung von Lichtbildern besondere wirtschaftliche Bedeutung zukommt. Auf die dortigen allgemeinen Erläuterungen wird verwiesen. Im Rahmen speziell des § 72 ist zu beachten:

b) Insbesondere das Vervielfältigungsrecht und das Recht der öffentlichen Zugänglich- **39** **machung,** die häufig gemeinsam in Anspruch genommen werden;[134] insoweit wird auf die Kommentierungen zu § 16 und § 19a verwiesen und hier nur einzelne, im Rahmen des Lichtbildschutz auftretende besondere Probleme behandelt.

aa) Zum Vervielfältigungsrecht. Der Begriff der **Vervielfältigung von Lichtbildern** hängt **40** weder vom angewandten analogen oder digitalen Vervielfältigungsverfahren noch von der Anzahl der gefertigten Vervielfältigungsstücke ab. Die Vervielfältigung eines Lichtbildes nach §§ 15 Abs. 1 Nr. 1, 16 kann deshalb auch im Scannen[135] oder in der Einspeicherung eines Lichtbildes in den Arbeitsspeicher eines Computers liegen, bisweilen verbunden mit einer öffentlichen Zugänglichmachung nach § 19a.[136] Eine Vervielfältigung ist auch dann gegeben, wenn vom analogen Originalnegativ, etwa eines Filmwerkes,[137] einem Positiv oder einem Klischee ein Abzug gefertigt und das Foto in einen digitalen Speicher eingescannt oder auf andere Weise digital gespeichert wird.[138] Nichts anderes gilt, wenn es als Thumbnail verkleinert, elektronisch von einem Speicher in einen anderen überspielt oder von einem solchen Speicher abgerufen und ausgedruckt wird.[139]

Vervielfältigungsstücke sind neben den Negativen, Abzügen, Filmen und digitalen Speichern **41** **auch Fotokopien** eines Lichtbildes. Ferner kann im Abmalen eines Lichtbildes bei getreuer Wiedergabe eine Vervielfältigung liegen.[140] Keine Rolle spielt, ob mit der Vervielfältigung eine **Formatänderung** einhergeht.[141] Die Annahme, es handle sich insoweit um eine unfreie Bearbeitung, ist überholt.[142]

bb) Fragen des Rechts der öffentlichen Zugänglichmachung. Das **Linking und Framing** **42** verletzt das Recht der öffentlichen Zugänglichmachung des Lichtbildners nicht.[143] Lädt demgegenüber ein Nutzer ein Lichtbild von einer frei zugänglichen Website auf den eigenen Server herunter (d. h. mit der Folge seiner Vervielfältigung), um es sodann auf einer eigenen Website selbst öffentlich zugänglichzumachen, liegt nach der Rspr. des EuGH[144] anders als beim Linking und Framing nicht lediglich eine Verlängerung (*Peifer*) der ersten öffentlichen Zugänglichmachung, sondern – mit dem BGH[145] – eine erneute Nutzungshandlung nach § 19a in Form eines eigenständigen Uploads vor, die beim Hyperlinking und Framing gerade fehlt.[146]

Dem Lichtbildner grundsätzlich vorbehalten ist nach der Rspr. des EuGH und des BGH auch die **43** Internetnutzung seines Lichtbildes im Kleinstformat **(Thumbnail)** durch einen Suchmaschinenbe-

---

[131] Zum Verhältnis von Sachfotografie und Sacheigentum → § 59 Rn. 5 ff.

[132] Dazu OLG Hamburg ZUM-RD 1997, 217 (219 ff.) – Troades-Fotografie.

[133] BGBl. I S. 1774; → 4. Aufl. 2010, § 15 Rn. 56.

[134] Vgl. den dem BGH GRUR 2019, 284 – Museumsfotos zugrundeliegenden Sachverhalt.

[135] BGH ZUM 2002, 218 – Scanner; OLG Stuttgart GRUR 2017, 905 – Reiss-Engelhorn-Museen Vorinstanz zu BGH „Museumsfotos"; OLG Frankfurt ZUM-RD 2013, 528 (529).

[136] Vgl. → § 16 Rn. 17, 20 mwN; BGH GRUR 2015, 258 Rn. 35 – CT-Paradies, s. zu dieser Entscheidung auch Rn. 48; LG Hamburg GRUR-RR 2004, 313 – Thumbnails.

[137] Zum Begriff des Originals bei urheberischen Fotografien vgl. → § 44 Rn. 23; → § 26 Rn. 20.

[138] Ebenso *Oldekop* S. 131 ff.; *Maaßen* ZUM 1992, 338 (340); *Pfennig* S. 95 (100).

[139] Zu elektronischen Vervielfältigungen eingehend → § 16 Rn. 16 ff.

[140] Ebenso *Ulmer* § 119 II 1; zur Abgrenzung bei Bearbeitung bzw. freien Benutzung Rn. 41; zum Original eines Lichtbildes → § 44 Rn. 23 ff., 27 ff. sowie *Michl* passim.

[141] BGH GRUR 2010, 628 Rn. 22 – Vorschaubilder I; ebenso *Ott* ZUM 2009, 345 (346); *Ott* ZUM 2007, 119 (125) mit einem Vorschlag für die erlaubnisfreie Nutzung von Bildern als Thumbnails S. 126 f.

[142] Anders noch OLG Jena MMR 2008 – 408 (410) – Thumbnails; LG Hamburg ZUM 2009, 315 (318 f.) – Suchmaschine G.; LG Hamburg GRUR-RR 2004, 313 (316) – Thumbnails; *Berberich* MMR 2005, 145 (147 f.); *Schrader/Rautenstrauch* UFITA 2007/III, 761 (763); Wandtke/Bullinger/*Thum* § 72 UrhG Rn. 72; Fromm/Nordemann/*A. Nordemann* § 72 UrhG Rn. 21; wie hier auch *Schack* Anm. zu OLG Jena MMR 2008, 414 (415).

[143] Vgl. EuGH GRUR 2014, 360 Rn. 27 – Svensson zum Linking; EuGH GRUR 2014, 1196 Rn. 17 – Bestwater International; Einzelheiten → § 19a Rn. 91 ff.

[144] EuGH GRUR 2018, 911 insb. Rn. 29 ff. – Land Nordrhein Westfalen/Dirk Renckhoff = NJW 2018, 3501 m. zustimmender Anm. *Peifer*, Einmal im Netz – für immer frei? NJW 2018, 3490.

[145] Vorlageentscheidung des BGH GRUR 2017, 514 Rn. 35 ff. – Cordoba; vgl. auch BGH GRUR 2019, 813 Rn. 40 ff. – Cordoba II.

[146] EuGH GRUR 2018, 911 insb. Rn. 46 – Land Nordrhein Westfalen/Dirk Renckhoff; sa. *Peifer* NJW 2018, 3490/3491 f.

treiber.[147] Hat der Lichtbildner allerdings sein Lichtbild ins Internet gestellt oder einen Dritten befugt, dies zu tun, geht der BGH davon aus, dass er gegenüber einem Suchmaschinenbetreiber keine rechtsgeschäftliche Erklärung über die Einräumung entsprechender Nutzungsrechte abgibt oder eine schuldrechtliche Gestattung erklärt. Wohl aber liegt eine **schlichte Einwilligung** vor, so dass die Rechtswidrigkeit des Eingriffs des Suchmaschinenbetreibers in das ausschließliche Recht des Lichtbildners entfällt. Dabei lässt es der BGH dahingestellt, ob die schlichte Einwilligung auf einer rechtsgeschäftsähnlichen Handlung gemäß den für Willenserklärungen geltenden Regeln oder nach *Ohly* auf einer Willenserklärung mit Besonderheiten beruht.[148] Denn ein Suchmaschinenbetreiber kann, so der BGH, darauf vertrauen, dass eine unverschlüsselte Einstellung von Bildern ins Internet mit der Einwilligung in dessen Nutzung im Wege der üblichen Bildersuche einhergeht.[149] Wegen der alleinigen Maßgeblichkeit des objektiven Erklärungsinhalts aus der Sicht des Erklärungsempfängers kommt es dabei nicht darauf an, welche Nutzungshandlungen im Einzelnen mit der üblichen Bildersuche im Netz verbunden sind.[150] Dies gilt auch, wenn ein Dritter das Bild mit Zustimmung des Urhebers bzw. Leistungsschutzberechtigten ins Internet stellt. Hat der Rechtsinhaber oder mit seiner Zustimmung ein Dritter seine Einwilligung zur Wiedergabe eines Bildes als Thumbnail im Internet erteilt, erstreckt sich die Zustimmung auch auf solche Abbildungen, die nicht vom Urheber oder von einem von ihm autorisierten Dritten öffentlich zugänglich gemacht worden sind.[151] Für das Gegenteil wäre der Berechtigte beweispflichtig.[152] Der Urheber bzw. Leistungsschutzberechtigte ist freilich nicht gehindert, denjenigen, der sein Bild unberechtigt ins Internet gestellt hat, in Anspruch zu nehmen.[153]

44 cc) Zum Problem des **Anhängens von Lichtbildern an Produktinformationen auf Verkaufsplattformen** im Internet → Rn. 72 sowie Fromm/Nordemann/*A. Nordemann* § 72 UrhG Rn. 21a mwN.

45 c) **Kein Motivschutz. Mangels Individualität** erzeugt der Lichtbildschutz **keine Sperrwirkung gegenüber nachschaffenden Leistungen und hinsichtlich des gewählten Motivs**.[154] Auch die Wesenszüge des aufgenommenen Gegenstandes gehören – anders als bei der auf unterschiedlichen Darstellungsmitteln wie Farbe und Pinsel beruhenden Malerei – nicht zum Schutzumfang der oft technisch bedingten fotografischen Mittel eines Lichtbildes (Entfernung und Winkel zum Gegenstand, Lichteinfall, Blende, Zeit, Schärfe etc.), soweit sie nicht kreativer Natur sind. Dasselbe gilt für Personenbilder.[155] Ebenso wenig vermögen Stil und Vorgehensweise des Fotografen eine Sperrwirkung zu begründen.[156] Wer selbst vor der Natur ein fotografisches Urbild herstellt, das mit einem anderen Lichtbild (nahezu) identischen Inhalts ist, verletzt nicht die Rechte des Lichtbildners der älteren Abbildung, sondern erwirbt selbst ein originäres Schutzrecht an dem von ihm hergestellten Lichtbild.[157] Das gilt jedoch nicht für Fotografien mit **individuellem** Bildausschnitt, Blickwinkel, individueller Bildschärfe etc. oder mit **gestellten Motiven**, bei denen die Komposition des aufgenommenen Gegenstands meist den fotografischen Werkschutz begründet.[158]

---

[147] Qualitativ minderwertige Kleinstwiedergaben von Bilden durch Suchmaschinen im Internet; BGH GRUR 2010, 628 Rn. 22 – Vorschaubilder I; OLG Jena MMR 2008, 408 (410) – Thumbnails; LG Hamburg ZUM 2009, 315 (318 ff.) – Suchmaschine G.; LG Hamburg GRUR-RR 2004, 313 (315) – Thumbnails ausführlich dazu → § 19a Rn. 98 ff.

[148] BGH GRUR 2010, 628 Rn. 34 – Vorschaubilder I mwN.

[149] BGH GRUR 2010, 628 Rn. 34 ff. – Vorschaubilder I mwN; LG Hamburg ZUM-RD 2011, 503 (504 f.) – Intenetsuchmaschine.

[150] BGH GRUR 2010, 628 Rn. 36 – Vorschaubilder I; ebenso bereits vorher *Berberich* MMR 2005, 145 (147 f.); *Ott* ZUM 2007, 119 (126 f.); *Ott* ZUM 2009, 345 (346 f.); *v. Ungern-Sternberg* GRUR 2009, 369 ff., insbesondere 371 f.; *Leistner/Stang* CR 2008, 499 (504 f.); aA *Schack* MMR 2008, 414 (415 f.); *Schrader/Rautenstrauch* UFITA 2007/III, 761 (776 ff.).

[151] BGH GRUR 2012, 602 Rn. 18 ff. – Vorschaubilder II; Einzelheiten dazu → § 19a Rn. 98 ff.

[152] BGH GRUR 2012, 602 Rn. 27 – Vorschaubilder II; andernfalls verhielte sich der Berechtigte widersprüchlich (protestatio facto contraria) Rn. 28.

[153] BGH GRUR 2012, 602 Rn. 29 – Vorschaubilder II.

[154] BGH GRUR 2019, 284 Rn. 30 – Museumsfotos mAnm *Zech* GRUR 2019, 291 = JZ 2019, 412 mAnm *Dreier* JZ 2019, 417 = BGH ZUM 2019, 335 mAnm *Lauber-Rönsberg* ZUM 2019, 341 = BGH MMR 2019, 241 mkritAnm *Hoeren* MMR 2019, 246; s. ferner Praxishinweis *Gabers-von Boehm* GRUR-Prax 2019, 92; BGH GRUR 1967, 315 (316) – skai cubana; *Erdmann* FS Bornkamm (2014), S. 761 (768); Möhring/Nicolini/*Lauber-Rönsberg* (4. Aufl.), § 72 UrhG Rn. 16b; Dreier/Schulze/*Schulze* § 72 UrhG Rn. 10; Wandtke/Bullinger/*Thum* § 72 UrhG Rn. 65; Bisges/*Vollrath* Kap. 10 B II 3 Rn. 121.

[155] Dazu Dreier/Schulze/*Schulze* § 72 UrhG Rn. 14.

[156] OLG Hamburg ZUM-RD 1997, 217 (221) – Troades-Fotografie; LG München I ZUM-RD 2002, 489 (493) – Scharping/Pilati-Foto.

[157] BGH GRUR 1967, 315 (316) – skai cubana; anders mag es sich bei der Übernahme kreativ arrangierter Motive von Lichtbildwerken verhalten; zum Motivschutz BGH GRUR 2003, 1035 (1037) – Hundertwasser-Haus; LG Mannheim ZUM 2006, 886 – Freiburger Münster; OLG Köln GRUR 2000, 43 (44) – Klammerpose; ausführlich dazu *Franzen/Götz v. Olenhusen* UFITA 2007/II, S. 435 (455 ff.), zum Fotoimitat S. 458 ff.; *Franzen/Götz v. Olenhusen* kritisch zu der Entscheidung OLG Hamburg ZUM-RD 1997, 217 (219, 221) – Troades-Inszenierung (keine rechtsverletzende Nachahmung einer Fotografie) sowie *Franzen/Götz v. Olenhusen* S. 468 ff. jeweils mwN; sa. Fromm/Nordemann/*A. Nordemann* § 72 UrhG Rn. 21; Möhring/Nicolini/*Kroitzsch* (2. Aufl.), § 72 UrhG Rn. 7; *Heitland* S. 106; *Schack* Rn. 724; vgl. auch Bullinger/Garbers-von Boehm GRUR 2008, 24.

[158] BGH GRUR 2003, 1035 (1037) – Hundertwasser-Haus; OLG Hamburg ZUM-RD 1997, 217 (219 ff.) – Troades-Fotografie; vgl. auch OLG Köln GRUR 2000, 43 (44) – Klammerpose; OLG Hamburg NJW 1996, 1153

d) Bearbeitungsrecht. Die körperlich festgelegte **Bearbeitung oder andere Umgestaltung** **46** iSd. **§ 23 S. 1** stellt eine Vervielfältigung des zugrundeliegenden Werkes in veränderter Form dar.[159] In analoger Anwendung der Vorschriften des Teils 1 (§ 72 Abs. 1) steht dem Lichtbildner grundsätzlich auch ein **Recht der Verwertung seines Lichtbildes in umgestalteter Form** zu (§ 23). Allerdings passen die von der Rechtsprechung entwickelten Kriterien für die dem Urheber eines Originalwerkes nach § 23 vorbehaltenen Nutzungen (Übernahme der schöpferischen Züge des Originalwerkes in veränderter Form) bzw. bei der freien Benutzung nach § 24 (Verblassen der individuellen Züge des Originalwerkes) nicht auf Lichtbilder, deren Schutz gerade nicht auf einer persönlichen geistigen Schöpfung, sondern einer technischen Leistung verbunden mit einem Mindestmaß an persönlicher geistiger Leistung beruht.[160]

Der **Schutzbereich einer nichtschöpferischen Fotografie** beschränkt sich deshalb zwangsläufig **47** auf ihre **Vervielfältigung in nahezu identischer Form.** Denn je geringer die Eigenart eines Bildes ist, umso enger bemisst sich sein Schutzumfang,[161] so dass bereits bei geringfügigen Änderungen das Verbotsrecht des Lichtbildners nicht mehr berührt und die Grenze zur freien Benutzung nach § 24 überschritten wird.[162] Bei naturgetreuen Gegenstandsfotografien reduziert sich der Lichtbildschutz meist auf die konkrete Aufnahme, weil derartige Lichtbilder einer über diese hinausgehenden immateriellen Leistung entbehren.[163] Dem Lichtbildner vorbehalten sind dennoch in analoger Anwendung des § 23 etwa **Nutzungen des Lichtbildes in veränderter Größe** (soweit man dabei nicht bereits von einer bloßen Vervielfältigung ausgeht (§ 16)), im **kolorierter oder (digitaltechnisch) retuschierter Form sowie** – im Hinblick auf den Schutz von Lichtbildteilen – **die Verwendung seines Lichtbildes im Rahmen einer Fotocollage**[164] **oder in Form eines Ausschnitts**, dessen Nutzung der Rechtsinhaber uU freilich bereits unter dem Gesichtspunkt des Teileschutzes untersagen kann (Rn. 49).[165] Das sollte ein vom Lichtbildschutz abhängiges leistungsschutzrechtliches Bearbeiterschutzrecht nicht ausschließen (§ 23 analog), wenn die Bearbeitung einfacher Natur ist und das zugrundeliegende Lichtbild nahezu unverändert übernommen wird.[166]

Abgrenzungsprobleme ergeben sich bei **Gemälden nach fotografischen Vorlagen**[167] sowie bei **48** Gemälden des **Fotorealismus.**[168] Wird dabei ein Lichtbild vollständig übernommen und/oder durch Hinzufügungen ergänzt, liegt eine abhängige Umgestaltung zumindest dann vor, wenn der durch die Aufnahmetechnik geprägte Gesamteindruck des Lichtbildes erhalten bleibt.[169] Ob die Wesenszüge des zugrundeliegenden Lichtbildes noch erkennbar bleiben, ist dabei bedeutungslos, weil die dem Lichtbildner vorbehaltenen Rechte nicht auf einer schöpferischen, sondern technischen Herstellerleistung beruhen.[170] Bei fotorealistischen Kunstwerken wird deshalb weitgehend von einer erlaubnisfreien Benutzung iSd. § 24 auszugehen sein. Angesichts des leistungsschutzrechtlichen Pixelschutzes spielt die entsprechende Anwendung des § 23 jedoch eine nur untergeordnete Rolle. Im künstlerischen Bereich sind Pixelschutz und Bearbeitungsrecht insofern weiter eingeschränkt, als nach der Rechtsprechung des BVerfG eine von Art. 5 Abs. 3 S. 1 GG geforderte kunstspezifische Betrachtung verlangt, die Übernahme von Ausschnitten urheberrechtlich geschützter Gegenstände als Mittel künstlerischen Ausdrucks und künstlerischer Gestaltung anzuerkennen. Das hat zur Folge, dass in Fällen, in

(1154) – Power of Blue; sa. *A. Nordemann* S. 34 ff.; Loewenheim/*A. Nordemann*, Handbuch, § 9 Rn. 130 ff.; wie hier auch Bisges/*Vollrath* Kap. 10 B II 3b Rn. 121; Wandtke/Bullinger/*Thum* § 72 UrhG Rn. 66.

[159] BGH GRUR 2014, 65 Rn. 36 – Beuys Aktion, str., s. zum Meinungsstand die dortigen Nachweise.

[160] BGH GRUR 2019, 284 Rn. 23 – Museumsfotos mwN mAnm *Zech* GRUR 2019, 291 = JZ 2019, 412 mAnm *Dreier* JZ 2019, 417 = BGH ZUM 2019, 335 mAnm *Lauber-Rönsberg* ZUM 2019, 341 = BGH MMR 2019, 241 mkritAnm *Hoeren* MMR 2019, 246; s. ferner Praxishinweis *Gabers-von Boehm* GRUR-Prax 2019, 92; vgl. auch Bisges/*Vollrath* Kap. 10 B II 3b Rn. 120 mwN.

[161] Ebenso *Walter* Rn. 1591; *Arnold* IIC 2019, 860 (876); Einzelheiten zum Schutzumfang § 2 Rn. 73 f.; → Rn. 31 ff.

[162] OLG Hamburg ZUM-RD 1997, 217 (219) – Troades-Fotografie; OLG München ZUM 2003, 571 (574, 576) – Scharping/Pilati-Foto; LG München I Schulze LGZ 87 – Insel der Frauen, m. zust. Anm. *Gerstenberg;* sa. die bei *Mielke* (4. Aufl.), Abschn. 1 angeführten Entscheidungen; Möhring/Nicolini/*Lauber-Rönsberg* (4. Aufl.), § 72 UrhG Rn. 23.

[163] BGH GRUR 1967, 315 (316 f.) – skai cubana, mit zust. Anm. *Reimer;* ebenso Möhring/Nicolini/*Kroitzsch* (2. Aufl.), § 72 UrhG Rn. 7; *v. Gamm* § 72 UrhG Rn. 5; *Reuter* GRUR 1997, 23 (26).

[164] Ebenso Fromm/Nordemann/*A. Nordemann* § 72 UrhG Rn. 21; *Oldekop* S. 180 ff., 246 ff.; Bisges/*Vollrath* Kap. 10 B II 3b Rn. 122 f. mwN; Wandtke/Bullinger/*Thum* § 72 UrhG Rn. 67 f.: Abgrenzung allerdings bei nicht identischer Übernahme des Motivs schwierig.

[165] Vgl. OLG Köln GRUR 2015, 167 (169 f.) – Creative-Commons-Lizenz; ferner Fromm/Nordemann/*A. Nordemann* § 72 UrhG Rn. 21 mwN.

[166] Ebenso *Walter* Rn. 1590, der allerdings zusätzlich verlangt, dass die am Original vorgenommenen bloßen Veränderungen einer Aufnahmetätigkeit entsprechen; → zum Teileschutz Rn. 49.

[167] S. RGZ 169, 109 (114) – Hitler-Bild, wo die Benutzung eines Lichtbildes durch den bildenden Künstler in der Regel als freie Benutzung erachtet wird; kritisch dazu *A. Nordemann* S. 226.

[168] Vgl. LG München I GRUR 1988, 36 – Hubschrauber mit Damen; zu dieser Entscheidung eingehend *A. Nordemann* S. 219 ff.; ausführlich *Arnold* IIC 2019, 860 passim.

[169] Ebenso *A. Nordemann* S. 226; *Heitland* S. 104 f.; s. aber auch die Bewertung von Gerhard Richters „Zyklus 18. Oktober 1977" als freie Benutzung der zugrundeliegenden Fotos durch *Jacobs* FS Quack (1991), S. 33 (38 f.).

[170] Ebenso Bisges/*Vollrath* Kap. 10 B II 3b Rn. 124; Fromm/Nordemann/*A. Nordemann* § 72 UrhG Rn. 21; Dreier/Schulze/*Schulze* § 72 UrhG Rn. 17; anders Wandtke/Bullinger/*Thum* § 72 UrhG Rn. 69: es kommt auf die Individualisierbarkeit an; aA jedoch LG München I GRUR 1988, 36 (37) – Hubschrauber mit Damen; LG Hamburg ZUM-RD 2008, 202 (204) – Pele-Foto.

denen dieser Entfaltungsfreiheit ein Eingriff in Urheber- oder Leistungsschutzrechte gegenübersteht, der die Verwertungsmöglichkeiten nur geringfügig beschränkt und nach gebührender Abwägung die Verwertungsinteressen der Rechteinhaber zu Gunsten der Kunstfreiheit zurückzutreten haben.[171]

49   **e) Teileschutz.** Gegenüber dem Urheberrecht an Lichtbildwerken ergeben sich beim Teileschutz von Lichtbildern leistungsschutzrechtlich begründete Besonderheiten. Das Vervielfältigungsrecht des Urhebers bezieht sich auch auf Teile eines Werkes, wenn der entnommene Ausschnitt selbst schutzfähig ist, also den Anforderungen einer persönlichen geistigen Schöpfung nach § 2 Abs. 2 genügt. Davon kann bei Lichtbildern wegen ihres unterschiedlichen Schutzgrundes nicht ausgegangen werden. Denn bei ihnen geht es nicht um den Schutz einer kreativen, sondern einer im Wesentlichen **technischen Leistung.**[172] Im Lichte der ersten beiden, inzwischen überholten Entscheidungen des BGH in der Sache „Metall auf Metall" zum Teileschutz nach dem Tonträgerherstellerrecht (§ 85) sollten die dort entwickelten Grundsätze nach überwiegender Auffassung auch beim Teileschutz von Lichtbildern zur Anwendung kommen. Das bedeutete, dass der Leistungsschutz des § 72 nicht allein dem vollständigen Lichtbild gilt, sondern seinen Niederschlag in jedem einzelnen Teil des Bildes findet, mag er auch noch so klein sein.[173] Das Verbotsrecht wird nach Auffassung des BGH zwar in analoger Anwendung des § 24 durch das Recht auf freie Benutzung eingeschränkt, jedoch nur, wenn ein durchschnittlicher Lichtbildner die Pixel nicht selbst herstellen kann.[174] Auf die **Individualisierung und Zuordnung der entnommenen Teile des Lichtbildes** kommt es somit lediglich **im Rahmen der Beweisbarkeit** an.[175]

49a   Auf die dagegen gerichtete Verfassungsbeschwerde ist nach Auffassung des BVerfG zukünftig die strenge Rechtsprechung des BGH zu überdenken und auf ein Verbot der Übernahme substantieller Teile zu reduzieren (→ Rn. 48).[176] Das hat den BGH bewogen, die Sache zur Beantwortung verschiedener Fragen dem EuGH vorzulegen, deren Beantwortung für das Recht nach § 72 jedoch nicht ohne Weiteres Geltung beanspruchen kann. Klar ist, dass nach der Entscheidung des EuGH die Auffassung des BGH zum Teileschutz in den ersten beiden Urteilen „Metall auf Metall" überholt ist.[177] Der BGH hat seine Entscheidungen weitgehend auf der Grundlage des harmonisierten Tonträgerherstellerrechts getroffen. Der nationale Lichtbildschutz beruht demgegenüber nicht auf Unionsrecht (Art. 2 InfoSoc-RL), sodass für ihn die Grundsätze der Pelham-Entscheidung des EuGH keine unmittelbare Wirkungen entfalten. Auch die entsprechende Anwendung der für Lichtbildwerke geltenden Vorschriften helfen nur bedingt weiter, weil sich beim Teileschutz die für Werke geltenden Prinzipien von denen des Leistungsschutzes von Lichtbildern gerade fundamental unterscheiden (→ Rn. 13 ff.).

49b   Dennoch sollte die Pelham-Entscheidung des EuGH wegen der systematischen und dogmatischen Nähe der Rechte nach § 72 und § 85 und in Zusammenschau mit der Entscheidung des BVerfG („Metall auf Metall") mit einer gewissen Vorsicht auch beim Lichtbildschutz angewendet werden. Das bedeutet, dass – wie bisher – die Entnahme eines Fragments eines Lichtbildes als Vervielfältigung anzusehen ist. Dies gilt jedoch nicht, sofern nach gebührender Abwägung zwischen den Grundrechten des Eigentums nach Art. 17 CRCh bzw. hier in direkter Anwendung Art. 14 Abs. 1 GG und der Meinungsäußerungsfreiheit, einschließlich der Kunstfreiheit, nach Art. 13 GRCh bzw. hier Art. 5 GG die Vervielfältigung in Ausübung der Kunstfreiheit erfolgt und das entnommene Fragment in geänderter und in nicht wiedererkennbarer Form verwendet wird.[178] § 24 wird zu streichen sein, sodass er auch im Rahmen des § 72 nicht mehr zur (entsprechenden) Anwendung kommen kann.[179]

---

[171] BVerfG GRUR 2016, 290 Rn. 70 ff. – Metall auf Metall mwN; EuGH GRUR 2019, 929 Rn. 32 ff. – Pelham/Hütter.

[172] Vgl. *Dreier* in Schricker (Hrsg.), Informationsgesellschaft, S. 114; ihm folgend *Oldekop* S. 123.

[173] Zur entsprechenden Beurteilung kleinster Partikel von Tonaufnahmen BGH GRUR 2009, 403 Rn. 14 ff. – Metall auf Metall I (dort ging es um eine Tonsequenz von zwei Sekunden) und BGH GRUR 2013, 614 Rn. 11 – Metall auf Metall II; dem folgend LG Berlin ZUM 2015, 1011 (1012); wie hier *Erdmann* FS Bornkamm (2014), S. 761 (769); Dreier/Schulze/*Schulze* § 72 UrhG Rn. 15; zurückhaltend Fromm/Nordemann/*A. Nordemann* § 72 Rn. 20; kritisch Wandtke/Bullinger/*Thum* § 72 UrhG Rn. 68 ff.; ebenfalls Möhring/Nicolini/*Lauber-Rönsberg*, 4. Aufl., § 72 Rn. 25 unter Hinweis auf BVerfG GRUR 2016, 690 – Metall auf Metall; → § 85 Rn. 15 f., 50 ff., 60 ff.

[174] BGH GRUR 2013, 614 Rn. 13 f. – Metall auf Metall II = MMR 2013, 464 mAnm *Hoeren* S. 465 = ZUM 2013, 484 mAnm *Apel*.

[175] Zur Verwendung eines Lichtbildteils als Grundlage eines Kunstwerkes *Jacobs* FS Quack (1991), S. 33 (40); vgl. auch → § 85 Rn. 60a sowie Fromm/Nordemann/*A. Nordemann* § 72 Rn. 20.

[176] Gegen einen strengen Pixel-Schutz Wandtke/Bullinger/*Thum* § 72 UrhG Rn. 69; ihr folgend Möhring/Nicolini/*Lauber-Rönsberg* (4. Aufl.), § 72 UrhG Rn. 25 im Hinblick auf die Entscheidung des BVerfG GRUR 2016, 690 – Metall auf Metall; aA noch 3. Aufl. sowie *Reuter* GRUR 1997, 23 (28), der von der Übernahme wesentlicher Teile der Fotografie spricht; → § 85 Rn. 51 ff., 60 ff. sowie die Beispiele bei *Davis* GRUR-Int 1996, 888 (894 f.).; kritisch zur Rspr. des BGH *v. Ungern-Sternberg* GRUR 2014, 209 (216); *v. Ungern-Sternberg* GRUR 2013, 321 (322 f.) im Hinblick auf die Disproportionalität von Schutzdauer und möglicher geringer noch geschützter Leistung vom Gesetzgeber nicht gewollt; unter Verweis auf Art. 12 Abs. 1 InfoSoc-RL und *Peifer* ZGE 2011, 329 (337 f.) sei bei dem unionsrechtlich harmonisierten Tonträgerherstellerrecht sogar von einem Verstoß gegen die Grundfreiheiten auszugehen.

[177] EuGH GRUR 2019, 929 – Pelham/Hütter; dazu die Anm *Thonemann/Farkas* ZUM 2019, 748 und *Homar* ZUM 2019, 731.

[178] EuGH GRUR 2019, 929 Rn. 39 – Pelham/Hütter; vgl. auch BVerfG GRUR 2016, 690 Rn. 67 ff. – Metall auf Metall mwN.

[179] Einzelheiten → § 85 Rn. 60c; ebenso *Leistner* GRUR 2019, 1008.

f) Bei **entsprechender Anwendung der dem Urheber zustehenden Urheberpersönlich-** 50
keitsrechte ist zu berücksichtigen, dass das Recht des Lichtbildners ohne das Vorliegen einer individuellen Schöpfung begründet wird und deshalb auch keine geistigen und persönlichen Beziehungen iSd. § 11 zu dem von ihm hergestellten Lichtbild geschützt werden können.[180] Eine entsprechende Anwendung von § 14, der den **Entstellungsschutz** betrifft, sollte deshalb auch nicht in Betracht kommen, da die dort geschützten persönlichen und geistigen Interessen am Werk auf einem Werkschaffen beruhen, das gerade bei Lichtbildern fehlt.[181] **Denkbar** ist bei minderwertiger Wiedergabe oder Vervielfältigung und bei anderen Beeinträchtigungen des Lichtbildes jedoch eine **Verletzung des allgemeinen Persönlichkeitsrechts,** wenn sie das berufliche Ansehen des Lichtbildners in Mitleidenschaft ziehen.

Von den übrigen Persönlichkeitsrechten des Urhebers stehen dem Lichtbildner dagegen das **Veröf-** 51
fentlichungsrecht (§ 12),[182] das Recht auf **Anerkennung als Lichtbildner** (§ 13 S. 1), das **Namensnennungsrecht** (§ 13 S. 2)[183] und das **Zugangsrecht** (§ 25)[184] in entsprechender Anwendung zu. Denn diese Rechte können auch für seine vermögensrechtlichen Interessen Bedeutung erlangen.[185]

Dem **Namensnennungsrecht** des Lichtbildners genügt nicht die bloße Angabe einer Nachrich- 52
ten- oder Bildagentur, die an dem Lichtbild Nutzungsrechte erworben hat.[186] Vielmehr ist der Lichtbildner unter dem Bild oder in einem speziellen Bildnachweis so klar und deutlich anzugeben, dass der Zusammenhang zwischen dem Foto und seinem Hersteller erkennbar wird. Das gilt auch für Werbefotos.[187] Das Namensnennungsrecht kann vertraglich eingeschränkt bzw. speziell geregelt werden, jedoch ist es wie das des Urhebers **nicht vollständig verzichtbar.**[188] Nach Auffassung des österOGH reicht bei digitalen Lichtbildern etwa im JPEG-Format die Namensnennung in den Metadateien des Lichtbildes nach dem JPTC-Standard aus.[189] Bei **Fotodateien** eines Lichtbildners **auf einer CD-ROM** oder sonstigen Bilddatenbank ist seine Nennung auf jeder einzelnen Datei entbehrlich. Jedoch ist bei der Entnahme eines Lichtbildes der Lichtbildner so vollständig (dh mit Vor- und Zunamen) anzugeben, wie er in den Geschäftsbedingungen der Datenbank angegeben ist.[190] Demgegenüber hat das LG Düsseldorf die Urheberbenennung im Internet nicht bei jedem Pop-up, das sich beim Anklicken eines Thumbnails öffnet, für erforderlich gehalten, sondern bei der Darstellung gleicher Bilder eine einmalige deutliche Urheberbenennung auf einer Bildunterseite mit Bezug auf alle Bilder für ausreichend erachtet.[191] Die Vermutungsregel des § 10 Abs. 1 setzt nicht mehr voraus als den Hinweis auf den Lichtbildner in einer separaten Datei einer CD-ROM.[192] Die Namensnennung ist nicht zuletzt deshalb von Bedeutung, weil andernfalls der Verpflichtung zur Quellenangabe in den Fällen erlaubnisfreier Nutzung nicht nachgekommen werden kann (§ 63). Branchenübungen sind bisweilen gesetzeswidrig. Wegen der für den Lichtbildner großen wirtschaftlichen Bedeutung des Namensnennungsrechts sind sie kritisch zu bewerten und, soweit sie zum Nachteil des Lichtbildners ausfallen, restriktiv zu berücksichtigen.[193]

---

[180] Vgl. BGH GRUR 2019, 284 Rn. 15 – Museumsfotos mAnm *Zech* GRUR 2019, 291 = JZ 2019, 412 mAnm *Dreier* JZ 2019, 417 = BGH ZUM 2019, 335 mAnm *Lauber-Rönsberg* ZUM 2019, 341 = BGH MMR 2019, 241 mkritAnm *Hoeren* MMR 2019, 246; s. ferner Praxishinweis *Gabers-von Boehm* GRUR-Prax 2019, 92; für einen – im Hinblick auf §§ 12, 13 nicht gerechtfertigten – vollständigen Ausschluss der Anwendung von §§ 12 bis 14 bei automatisierten Aufnahmetechniken Fromm/Nordemann/*Hertin* (9. Aufl.), § 72 UrhG Rn. 7.

[181] Wie hier Möhring/Nicolini/*Kroitzsch* (2. Aufl.), § 72 UrhG Rn. 6; aA *Ulmer* § 119 II 2; *Erdmann* FS Bornkamm (2014), S. 761 (770); → 1. Aufl. 1987, Rn. 11; Fromm/Nordemann/*A. Nordemann* § 72 UrhG Rn. 17; Dreier/Schulze/*Schulze* § 72 UrhG Rn. 18; im Hinblick auf den Wortlaut des § 72 Abs. 1 auch Bisges/*Vollrath* Kap. 10 B II 4a Rn. 125, jedoch beschränkt auf krasse Ausnahmefälle; wohl auch *Schack* Rn. 724; DKMH/*Dreyer* § 72 UrhG Rn. 13; Wandtke/Bullinger/*Thum* § 72 UrhG Rn. 97 f.; Fromm/Nordemann/*Hertin* (9. Aufl.), § 72 UrhG Rn. 7 unter Bezugnahme auf LG Mannheim ZUM-RD 1997, 405 (407) – Freiburger Holbein-Pferd.

[182] OLG Köln ZUM-RD 2003, 539 (540) – Figurensammlung; Fromm/Nordemann/*A. Nordemann* § 72 UrhG Rn. 16.

[183] Vgl. BGH GRUR 2015, 780 Rn. 17 – Motoradteile; Fromm/Nordemann/*A. Nordemann* § 72 UrhG Rn. 17; Fromm/Nordemann/*Hertin* (9. Aufl.), § 72 UrhG Rn. 7; Wandtke/Bullinger/*Thum* § 72 UrhG Rn. 89; *Erdmann* FS Bornkamm (2014), S. 761 (770); zu Einzelheiten s. die Kommentierung zu § 13.

[184] *Erdmann* FS Bornkamm (2014), S. 761 (770); Fromm/Nordemann/*A. Nordemann* § 72 UrhG Rn. 23; Wandtke/Bullinger/*Thum* § 72 UrhG Rn. 33.

[185] Einzelheiten bei den jeweiligen Kommentierungen.

[186] BGH GRUR 2015, 258 Rn. 41 – CT-Paradies; wie verbreitet „Foto: dpa" zur Einschränkung des Bestimmungsrechts durch vertragliche Vereinbarungen oder Branchenübungen → § 13 Rn. 22 ff.

[187] LG München I ZUM-RD 1997, 249 (253); Dreier/Schulze/*Schulze* § 72 UrhG Rn. 27; Wandtke/Bullinger/*Thum* § 72 UrhG Rn. 94.

[188] Unklar, bejahend Wandtke/Bullinger/*Thum* § 72 UrhG Rn. 95 bei Werbeanzeigen unter Hinweis auf LG München I ZUM-RD 1997, 249 (253).

[189] Vgl. OGH Entscheidung vom 28.3.2017 in der Sache 4Ob43/17b unter 4.

[190] Vgl. Bisges/*Vollrath* Kap. 10 B II 4b Rn. 127.

[191] LG Düsseldorf ZUM-RD 2018, 16 (22) – Nutzung von Fotografien im Internet (n. rkr.).

[192] So LG Kiel GRUR-RR 2005, 181 – Fotodateien.

[193] Zutreffend LG Köln MMR 2014, 265 f. – Urheberbenennung in Pixelio-Fotos mAnm *Wieddekind* GRUR-Prax 2014, 88; Verfügungsantrag in der Berufungsinstanz nach einem gerichtlichen Hinweis des OLG Köln zurückgenommen; sa. Wandtke/Bullinger/*Thum* § 72 UrhG Rn. 91.

53   **Hat der Lichtbildner sein Lichtbild ohne Namensnennung veröffentlicht**, etwa weil er anonym zu bleiben wünscht, kommt bei einer rechtswidrigen Nutzung seines Lichtbildes wegen unterlassener Namensnennung ein Aufschlag auf seinen Schadensersatzanspruch nicht in Betracht.[194] Unterlässt der Nutzer die Namensnennung, obwohl der Name des Urhebers oder Lichtbildners angegeben ist oder er den Namen des Lichtbildners kennt, steht dem Berechtigten dagegen neben einem Unterlassungs- und Beseitigungsanspruch[195] grundsätzlich zu dem angemessenen Honorar ein zusätzlicher **100%-iger Aufschlag wegen entgangener Werbemöglichkeiten und Folgeaufträge als Schadenersatz sowie bei schwerwiegenden Eingriffen eine der Billigkeit entsprechenden Entschädigung nach § 97 Abs. 2 S. 4 zu.**[196] Lässt sich kein materieller Schaden feststellen, weil dem Lichtbildner keine Werbemöglichkeiten oder Folgeaufträge entgangen sind, kann das Gericht den 100%-igen Aufschlag nach § 287 ZPO entsprechend reduzieren.[197] Die davon **abweichende Auffassung im Fall eines privaten Ebay-Verkaufs** stützt sich auf eine fehlende Vergütungspraxis, die bei unterbliebenem Bildquellennachweis aus kommerziellen Erwägungen einen Lizenzaufschlag geboten erscheinen lässt, und verneint überdies eine aus Billigkeitsgründen auszugleichende Persönlichkeitsrechtsverletzung.[198]

54   Nach der Rechtsprechung des BGH kann die Verletzung des Rechts nach § 72 nicht nur die **Vermutung der Wiederholungsgefahr** der Verletzung desselben Schutzrechts, sondern auch hinsichtlich solcher in ihrem Schutzgegenstand verschiedener Schutzrechte begründen, wenn die drohende Verletzungshandlung in ihrem Kern gleichartig ist.[199]

55   **g) Schrankenregelungen, insbesondere das Zitatrecht nach § 51.** Die Schrankenregelung des § 51 wirft bei ihrer analogen Anwendung auf Lichtbilder Probleme insofern auf (dazu → Rn. 19, 21), als bei Bildzitaten meist das (mitunter geschützte) abgebildete Werk bzw. sein Abbild als immaterielles Gut im Vordergrund des Interesses des Zitierenden steht, hingegen nicht dessen **Abbildung durch die Gegenstandsfotografie.**[200] Ihr fehlt deshalb die **dem Zitat wesentliche Belegfunktion,** die allein dem fotografierten Gegenstand zukommt. Der dadurch entstehende Konflikt spitzt sich zu bei Lichtbildern gemeinfreier Kunstwerke. Zitiert zu Belegzwecken wird in aller Regel das gemeinfreie Kunstwerk, nicht das abbildende Lichtbild, dem lediglich dienende Funktion zukommt, wenngleich es für das Zitat allerdings unverzichtbar ist. Dementsprechend bedarf es nach *Dreier* de lege ferenda einer Lösung (→ Rn. 21), will man nicht *Schack* darauf vertrauen, dass sich eine verfassungskonforme Auslegung des § 51 im überragenden Allgemeininteresse an der Zitierfreiheit durchsetzt.[201] Die Belegfunktion hätte sich dann auch auf das zitierte Bild zu erstrecken.[202] Der Dreistufentest nach Art. 5 Abs. 5 InfoSoc-RL stehe dieser Lösung nicht entgegen.[203]

55a   Mit dem am 1.3.2018 in Kraft getretenen **UrhWissG ist dem § 51 ein Satz 3 angefügt** worden, nach dem die Zitierbefugnis gemäß den Sätzen 1 und 2 die Nutzung einer Abbildung oder sonstigen Vervielfältigung des zitierten Werkes auch dann umfasst, auch wenn diese selbst durch ein Urheberrecht oder ein verwandtes Schutzrecht geschützt ist. Die geschilderte Problematik bei Gegenstandsfotografien gemeinfreier Werke hat der Gesetzgeber dadurch freilich nicht gelöst, zumal der BGH in der Entscheidung „Museumsfotos" entschieden hat, dass es einer **teleologische Reduktion des § 72 zur** erlaubnisfreien fotografischen Abbildung gemeinfreier Werke im Interesse einer ungehinderten geistigen Auseinandersetzung **nicht bedarf,** da der Lichtbildschutz nur der Vervielfältigung des jeweils konkreten Lichtbildes entgegenstehe.[204] Die Frage hat allerdings an Bedeutung

[194] LG Kassel ZUM-RD 2011, 250 (252).
[195] BGH GRUR 2015, 258 Rn. 63 ff. – CT-Paradies.
[196] Vgl. BGH GRUR 2015, 780 Rn. 37 – Motorradteile; OLG Hamm GRUR-RR 2016, 188 Rn. 147 ff. – Beachfashion; EuGH GRUR-Int 2016, 471 Rn. 17 – Liffers zu Art. 13 Abs. 1 Enforcement-RL als Grundlage bei der Geltendmachung eines immateriellen Schadens; OLG Brandenburg ZUM 2009, 412; OLG Düsseldorf GRUR-RR 2006, 393 (394 f.) – Informationsbroschüre; NJW-RR 1999, 194; OLG Hamburg GRUR 1989, 912 (913) – Spiegel-Fotos; im entschiedenen Fall auch LG Hamburg ZUM 2004, 675 (679) – Becker-Seltur, mit insoweit krit. Anm. *Feldmann;* LG Düsseldorf ZUM-RD 2018, 16 (22) – Nutzung von Fotografien im Internet (n. rkr.): technische Fotografien eines Maschinenbauingenieurs; LG Düsseldorf GRUR 1993, 664 – Urheberbenennung bei Fotos; LG München I ZUM 1995, 57 (58) – Venus der Lumpen; LG Berlin ZUM 1998, 673 – MFM-Empfehlungen; LG Münster NJW-RR 1996, 32 – T-Magazin; weitere Fallbeispiele bei *Mielke* (4. Aufl.), Abschn. 2; *Loewenheim/A. Nordemann,* Handbuch, § 73 Rn. 33; *Dreier/Schulze/Schulze* § 72 UrhG Rn. 27; *Möhring/Nicolini/Lauber-Rönsberg* (4. Aufl.), § 72 UrhG Rn. 36; *Wandtke/Bullinger/Thum* § 72 UrhG Rn. 154, 173, 180 f.; zurückhaltend in jüngerer Zeit OLG Hamburg MMR 2009, 196 (197 f.) – Fiktive Lizenzgebühr m. zust. Anm. *Möller;* ablehnend OLG Hamburg GRUR-RR 2010, 378 Nr. 3 – FOOD-Fotografie unter Hinweis darauf, dass der Verletzter nicht besser, aber auch nicht schlechter stehen dürfe als ein vertraglicher Lizenznehmer.
[197] Vgl. OLG Hamm GRUR-RR 2016, 188 Rn. 153 ff. – Beachfashion unter Verweis auf BGH GRUR 2015, 780 Rn. 37 ff. – Motorradteile.
[198] OLG Braunschweig GRUR 2012, 920 (924 f.); dazu auch → Rn. 74.
[199] BGH GRUR 2013, 1235 Rn. 20 – Restwertbörse II, mAnm *Wille* GRUR-Prax 2013, 518.
[200] Vgl. *Dreier* ZGE 9 (2017), 135 (140 ff.).
[201] *Schack* FS Pfennig (2012), S. 207 (212 f.).
[202] Einzelheiten dazu → § 51 Rn. 27 f.; Dreier/Schulze/*Dreier* § 51 Rn. 4 jeweils mwN.
[203] *Schack* FS Pfennig (2012), S. 207 (213).
[204] BGH GRUR 2019, 284 Rn. 30 – Museumsfotos mAnm *Zech* GRUR 2019, 291 = JZ 2019, 412 mAnm *Dreier* JZ 2019, 417 = BGH ZUM 2019, 335 mAnm *Lauber-Rönsberg* ZUM 2019, 341 = BGH MMR 2019, 241 mkritAnm *Hoeren* MMR 2019, 246; s. ferner Praxishinweis *Gabers-von Boehm* GRUR-Prax 2019, 92; ebenso die

verloren, seit der Unionsgesetzgeber in **Art. 14 DSM-RL**[205] Folgendes vorschreibt: „Die Mitglied-staaten sehen vor, dass nach Ablauf der Dauer des Schutzes eines Werkes der bildenden Kunst Materi-al, das im Zuge einer Handlung der Vervielfältigung dieses Werkes entstanden ist, weder urheber-rechtlich noch durch verwandte Schutzrechte geschützt ist, es sei denn, dieses Material stellt eine eigene geistige Schöpfung dar." *Lauber-Rönsberg* problematisiert in diesem Zusammenhang zutreffend, ob nicht die rückwirkende Anwendung dieser Vorschrift auf bereits hergestellte Gegenstandsfotogra-fien im Hinblick auf die national wie unionsrechtlich geltenden Prinzipien des Vertrauensschutzes und des Rückwirkungsverbots ausgeschlossen ist.[206]

h) Kommt Leistungsschutz nach § 72 nicht in Betracht, ist **lauterkeitsrechtlicher Schutz** nach   **56** § 3 iVm. § 4 Nr. 3 UWG denkbar, wenn zur Übernahme des Lichtbildes besondere die Sittenwidrig-keit begründende Umstände hinzukommen[207] und der lauterkeitsrechtliche Schutz nicht in Wider-spruch zu dem Sonderrecht des § 72 tritt.

3. Rechtsinhaber (Abs. 2)

a) Nach § 72 Abs. 2 steht der Lichtbildschutz originär dem **Lichtbildner** als der **natürlichen Per-**   **57** **son** zu, die persönlich das Lichtbild oder das lichtbildähnliche Erzeugnis herstellt, indem sie den Blickwinkel auswählt, die Einstellung der Kamera vornimmt und den Auslöser betätigt. Das ist bei Filmaufnahmen, insbesondere bei Standbildern, der Kameramann.[208] Bei Luft- und Satellitenbildern sowie bei Fotoautomaten für Passbilder ist Lichtbildner, wer die Parameter einer Aufnahme festlegt oder einen unterstützend zum Einsatz kommenden Computer konditioniert und so die Bildgestaltung bestimmt.[209] In Betracht kommt auch die Herstellung eines Lichtbildes durch **mehrere gleichbe-rechtigte Personen.** In diesen Fällen sind die Grundsätze der Miturheberschaft nach § 8 entspre-chend anzuwenden. Denkbar ist dies etwa bei der Herstellung von Lichtbildern durch den Einsatz hochkomplexer astronomischer Messgeräte. Wer lediglich demjenigen, der die entscheidenden Ein-stellungen festlegt, weisungsabhängig Hilfedienste leistet, scheidet als Lichtbildner aus.[210] Ohne Be-deutung ist auch, wer Eigentümer der verwendeten Kamera ist oder den für Luftaufnahmen genutzten Hubschrauber steuert, soweit im Einzelfall die Flugroute nicht aufnahmetechnisch vorbestimmt wird.[211]

b) Ein **originärer Rechtserwerb durch den Arbeitgeber** eines Lichtbildners **kommt** im Hin-   **58** blick auf den eindeutigen Wortlaut des Abs. 2 und die Systematik des § 72 **nicht in Frage.**[212] Der Arbeitgeber hat eventuelle Nutzungsrechte vertraglich zu erwerben, wobei § 43 zu berücksichtigen ist (→ Rn. 81).[213] Entstand nach dem bis zum 30.6.2002 geltenden Recht ein Lichtbild bei der Herstel-lung eines Filmwerkes, gingen die Rechte der filmischen Verwertung des Lichtbildes kraft Gesetzes auf den Filmhersteller über (§ 91 alt).[214] Dies galt nicht für Verwertungsbefugnisse an Lichtbild**wer-ken,** die bei der Filmherstellung entstanden sind.[215] Seit dem Inkrafttreten des Gesetzes zur Stärkung der vertraglichen Stellung von Urhebern und ausübenden Künstlern am 1.7.2002 gilt nicht mehr die cessio legis des aufgehobenen § 91, sondern der gleichzeitig eingefügte § 89 Abs. 4, nach dem der Lichtbildner dem Filmproduzenten nur im Zweifel das ausschließliche Recht einräumt, die bei der Filmherstellung entstandenen Bilder auf alle bekannten Nutzungsarten zu nutzen.[216]

c) In einem engen sachlichen Zusammenhang mit der originären Inhaberschaft des Rechts an   **59** Lichtbildern steht in entsprechender Anwendung auch die **Vermutung der Lichtbildnerschaft**

Vorinstanzen OLG Stuttgart ZUM 2017, 940 (946) und LG Stuttgart ZUM-RD 2017, 201, (205); zustimmend BeckOK UrhR/*Lauber-Rönsberg* Stand 14.4.2019, § 72 Rn. 16b; kritisch wegen der damit verbundenen Einschrän-kung der Wissenschaft *Dreier* JZ 2019, 417 (418).

[205] ABl. EU 2019, L 130, S. 92; zur unionsrechtlichen Entwicklung Wandtke/Bullinger/*Thum* § 72 UrhG Rn. 93, die für den Fall des Scheiterns einer einschlägigen Unionsregelung eine erst recht Analogie des § 51 S. 3 (argumentum a maiore ad minus) bei der Abbildung gemeinfreier Werke vorgeschlagen hat. Dieser Vorschlag ist freilich überholt.

[206] BeckOK UrhR/*Lauber-Rönsberg* in Stand 14.4.2019, § 72 Rn. 16d.

[207] OLG Hamburg ZUM-RD 1997, 217 (221) – Troades-Fotografie; OLG München ZUM 1991, 431 – Hoch-zeits-Fotograf; *Erdmann* FS Bornkamm (2014), S. 761 (769); *Franzen/Götz v. Olenhusen* UFITA 2007/II, S. 435 (455 ff.); grundsätzlich zur ergänzenden Anwendung des Lauterkeitsrechts Einl. Rn. 60 ff.

[208] LG Köln ZUM-RD 2018, 24 Rn. 37 – Wiederaufleben des Schutzes von Lichtbildwerken; Dreier/Schulze/*Schulze* § 72 UrhG Rn. 32.

[209] LG Düsseldorf ZUM-RD 2018, 16 (20) – Nutzung von Fotografien im Internet (n. rkr.); LG Berlin GRUR 1990, 270 – Satellitenfoto; *Erdmann* FS Bornkamm (2014), S. 761 (771); *Dünnwald* UFITA 71 (1976) 165 (175); Fromm/Nordemann/*A. Nordemann* § 72 UrhG Rn. 26; Loewenheim/*Vogel*, Handbuch, § 37 Rn. 12; Dreier/Schulze/*Schulze* § 72 UrhG Rn. 32 f.; Wandtke/Bullinger/*Thum* § 72 UrhG Rn. 103; Fromm/Nordemann/*Hertin* (9. Aufl.), § 72 UrhG Rn. 6; → Rn. 26.

[210] OGH GRUR-Int 2001, 351 (353) – Vorarlberg Online.

[211] Vgl. LG Düsseldorf ZUM-RD 2018, 16 (20) – Nutzung von Fotografien im Internet (n. rkr.).

[212] LG Berlin GRUR 1990, 270 – Satellitenfoto.

[213] Allg. M.; zum Umfang einer stillschweigenden Übertragung von Nutzungsrechten des angestellten Fotogra-fen auf den Arbeitgeber s. KG GRUR 1976, 264 – Gesicherte Spuren sowie *Bollack* GRUR 1976, 74 (76 f.).

[214] Str.; → 2. Aufl. 1999, § 91 UrhG Rn. 6.

[215] Einzelheiten dazu → 2. Aufl. 1999, § 91 UrhG Rn. 12.

[216] Einzelheiten dazu § 89 Abs. 4.

nach § 10 Abs. 1. Sie gilt nur für Lichtbilder, die **in üblicher Weise** auf der Rückseite oder bei Negativen auf dem Umschlag namentlich gekennzeichnet sind. Für denjenigen, der Fotografien auf einem Datenträger an einen Dritten übergibt, spricht nach Auffassung des LG München I ein erster Anschein für seine Lichtbildnerschaft, wenn der Dritte die übergebenen Fotos auf seiner Homepage nutzt.[217] Mit der Frage der Urhebervermutung in den Fällen der **Internetnutzung** eines Lichtbildes hatte sich der BGH in der **CT-Paradies-Entscheidung** auseinanderzusetzen. Dort ging es um die unerlaubte Internetnutzung von Fotografien, die nicht mit dem Namen des Lichtbildners, sondern mit dem Firmenbezeichnung CT-Paradies gekennzeichnet waren.[218] Der BGH ging in dieser Entscheidung zunächst davon aus, dass § 10 Abs. 1 nur bei körperlichen Werknutzungen, also nicht bei öffentlichen Auf- und Vorführungen, in Frage kommt, weil bei unkörperlichen Werknutzungen der Urheber – der Publizitätsfunktion des Rechts und dem Schutzzweck der Norm entsprechend – die Richtigkeit der Namensangabe nicht in gleicher Weise überwachen kann, wie dies bei körperlichen Werkstücken möglich ist.[219] Ein körperliches Werkstück liegt zwar auch bei Internetnutzungen in Form seiner Festlegung auf dem Server vor, jedoch ist in diesem Fall die Urheberbezeichnung „auf den Vervielfältigungsstücken" gemäß § 10 Abs. 1 nicht von der Öffentlichkeit wahrzunehmen. Der BGH hat es deshalb für die Anwendung dieser Vorschrift ausreichen lassen, wenn auf der fraglichen Website der Hersteller des Lichtbildes bezeichnet und die für die Vermutung des § 10 Abs. 1 erforderliche Publizität gewährleistet ist, die es dem Hersteller gestattet zu überwachen, ob und wie seine Leistung im Netz genutzt wird.[220] Allerdings konnte im entschiedenen Fall schon deshalb keine Vermutungswirkung entstehen, weil die Bezeichnung „CT-Paradies" nicht – wie nach § 72 Abs. 2 erforderlich – „in üblicher Weise" auf eine **natürliche Person** als Urheber oder Hersteller hinweisen kann.[221] Die Frage, ob ein fotografisches Werk oder ein Lichtbild bereits dann gemäß § 10 Abs. 1 erschienen ist, wenn es dauerhaft abrufbar im Netz bereitgehalten wird, oder ob der **Begriff des Erscheinens** ein Anbieten des Werkes oder der Leistung in körperlichen Form verlangt, wie es der Wortlaut des § 6 Abs. 2 nahelegt, bedurfte deshalb ebenso wenig einer Beantwortung wie die Frage, ob das nationale Recht die Urhebervermutung an engere Voraussetzungen (wie zB das Erscheinen der fraglichen Fotografie) knüpfen darf, als dies Art. 5 lit. a der Enforcement-RL tut.[222]

4. Schutzdauer (Abs. 3)

60 **a) Die Dauer** des Lichtbildschutzes beträgt **einheitlich 50 Jahre.** Die 1985 eingeführte Privilegierung dokumentarischer Lichtbilder gegenüber einfachen Lichtbildern ist 1995 durch die generelle Anhebung der Schutzfrist auf 50 Jahre entfallen.[223] Die Schutzfrist beginnt in dogmatischer Abgrenzung zur schöpferischen Fotografie nicht mit dem Tode des Lichtbildners zu laufen, sondern seit dem 3. UrhGÄndG in Anlehnung an die Anknüpfungsregel des Art. 3 der Schutzdauer-RL[224] ab dem **Erscheinen nach § 6 Abs. 2 oder der mit Zustimmung des Lichtbildners erfolgten erstmaligen öffentlichen Wiedergabe des Lichtbildes** iSd. § 15 Abs. 2 und 3, falls diese zeitlich vor seinem Erscheinen liegt.

61 **b) Anknüpfungspunkte. Erschienen** ist ein Lichtbild, wenn es etwa in einem Buch oder einem Produkt der Presse mit Zustimmung des Berechtigten in körperlicher Form in genügender Anzahl der Öffentlichkeit angeboten oder in Verkehr gebracht (§ 6 Abs. 2 S. 1) oder in ein öffentliches elektronisches Bildarchiv eingegeben worden ist.[225] Eine **öffentliche Wiedergabe,** die die Schutzfrist in Lauf setzt, kann vorliegen, wenn ein Lichtbild in unkörperlicher Form erlaubterweise zB im Fernsehen gesendet, iSd. § 19a im Internet öffentlich zugänglich gemacht oder als Diapositiv öffentlich vorgeführt wird, bevor es in einem Buch abgedruckt iSd. § 6 Abs. 2 erscheint.[226] Dagegen bleibt das Erscheinen für die Schutzfristberechnung maßgeblich, wenn das Bild erst danach erstmals öffentlich wiedergegeben wird. **Hilfsweiser Anknüpfungszeitpunkt** bleibt weiterhin die **Herstellung** des Lichtbildes. Das ist der Zeitpunkt der Herstellung des Negativs als der der ersten körperlichen Festle-

---

[217] LG München I ZUM-RD 2008, 615 (619 f.) – Auf einer Homepage veröffentliche Fotos.
[218] BGH GRUR 2015, 258 – CT-Paradies.
[219] BGH GRUR 2015, 258 Rn. 34 – CT-Paradies; s. zum Schutzzweck des § 10 auch die Besprechung dieser Entscheidung von *v. Ungern-Sternberg* GRUR 2015, 205 (206).
[220] BGH GRUR 2015, 258 Rn. 35 – CT-Paradies; da der BGH bei dieser Auffassung darauf verzichtet, dass eine Namensnennung „auf den Vervielfältigungsstücken" (§ 10 Abs. 1) mit einer ausreichenden Grundlage für eine Vermutungswirkung vorliegt, hält *v. Ungern-Sternberg* GRUR 2015, 205 (206) in den Fällen der Internetnutzung von Lichtbildern lediglich eine analoge Anwendung des § 10 Abs. 1 für zulässig.
[221] BGH GRUR 2015, 258 Rn. 41 – CT-Paradies, → Rn. 57 f.
[222] BGH GRUR 2015, 258 Rn. 43, 44 – CT-Paradies mwN.
[223] Dazu → Rn. 4; zur früheren Rechtslage → 1. Aufl. 1987, Rn. 20 ff.
[224] Vgl. die ebenfalls geänderte Anknüpfung in §§ 70 Abs. 3, 82, 85 Abs. 3, 94 Abs. 3.
[225] Vgl. BGH GRUR 2014, 363 Rn. 35 – Peter Fechter, hinsichtlich des Erscheinens durch Eingabe in elektronische Bildarchive unter Bezugnahme auf *Maaßen* ZUM 1992, 338 (342 f.); zustimmend Wandtke/Bullinger/ *Thum* § 72 UrhG Rn. 109; Fromm/Nordemann/*Hertin* (9. Aufl.), § 72 UrhG Rn. 12; zur umstrittenen Frage des Erscheinens durch die Bereithaltung eines Lichtbildes auf einem Server für den Internetabruf BGH GRUR 2015, 258 Rn. 34 – CT-Paradies (dort jedoch offengelassen) mwN; → Rn. 59 sowie → § 6 Rn. 56.
[226] Vgl. BGH GRUR 2013, 1235 Rn. 12 – Restwertbörse II; sa. Fromm/Nordemann/*A. Nordemann* § 72 UrhG Rn. 27.

gung des Lichtbildes oder der Zeitpunkt der Festlegung einer Live-Sendung (Rn. 23), nicht dagegen der der Fertigung des Abzuges eines Lichtbildes.[227] Für die Herstellung digitaler Fotografien ist der Zeitpunkt der Einspeicherung in der Kamera, also der der Aufnahme, maßgeblich. Ist das Lichtbild innerhalb von 50 Jahren nach der Herstellung weder erschienen noch öffentlich wiedergegeben worden, wird es gemeinfrei. Erscheint ein Lichtbild hingegen im 50. Jahr nach seiner Herstellung oder wird es in diesem Jahr erstmals öffentlich wiedergegeben, berechnet sich die Schutzfrist ab dem maßgeblichen Ereignis, so dass sich der Schutz des Lichtbildes auf maximal 100 Jahre beläuft.

Hinsichtlich der Voraussetzungen des Beginns der Schutzdauer obliegt demjenigen, der sich auf deren Voraussetzungen beruft, die **Darlegungs- und Beweislast** für die Herstellung bzw. das Erscheinen oder eine frühere öffentliche Wiedergabe eines Lichtbildes sowie dessen originär Berechtigten.[228]   **62**

c) Dies gilt ebenfalls für solche **Persönlichkeitsrechte** des Lichtbildners, die ihm in entsprechender Anwendung der für den Werkschöpfer geltenden Vorschriften zustehen (Rn. 50 ff.). Da das Lichtbild einer schöpferischen Natur entbehrt, bedarf es keiner dem Recht des ausübenden Künstlers entsprechenden Regelung (§ 76), der zufolge persönlichkeitsrechtliche Befugnisse frühestens mit dem Tode des originär Berechtigten enden.[229] Das allgemeine Persönlichkeitsrecht des Lichtbildners wirkt als Auffangrecht freilich über seinen Tod hinaus.[230]   **63**

d) Obwohl die **Verlängerung der Schutzfrist** für einfache Lichtbilder im Zusammenhang mit der Schutzfristenharmonisierung in der EU erfolgt ist, gilt für sie anders als für Lichtbildwerke nicht die Regel des § 137f Abs. 2, nach der abgelaufene Schutzfristen wieder aufleben, wenn die betreffenden Werke in einem Mitgliedstaat der EU noch Schutz genießen. Denn die Verlängerung der Schutzfrist des Abs. 3 war nicht durch die Schutzdauer-RL veranlasst. Die Verlängerung kommt folglich nach allgemeinen Grundsätzen nur solchen Lichtbildern zugute, die im Zeitpunkt des Inkrafttretens der einschlägigen Bestimmungen des 3. UrhGÄndG am 1.7.1995 noch geschützt waren. Demnach waren all diejenigen vor dem 1.1.1970 erschienenen bzw. hergestellten Lichtbilder bereits gemeinfrei, die nach der alten Fassung des Abs. 3 nicht als Dokumente der Zeitgeschichte zu qualifizieren waren. Für dokumentarische Lichtbilder ist der maßgebliche Stichtag der 1.1.1960. Alle vorher erschienenen bzw. hergestellten nichtschöpferischen, dokumentarischen Fotos waren 1985, als für sie die 25-jährige Schutzfrist auf 50 Jahre verlängert wurde, bereits gemeinfrei, so dass sie 1995 nicht mehr in den Genuss der Schutzfristverlängerung kommen konnten. Für eine entsprechende Anwendung des § 137f Abs. 2 S. 2 auf Lichtbilder, wie sie von *G. Schulze* vorgeschlagen wird,[231] ist angesichts der Eindeutigkeit der Bestimmung kein Raum.[232] Denn die Schutzdauer-RL sieht insoweit keine Notwendigkeit der Harmonisierung. Dies ergibt sich unzweifelhaft aus Art. 6 iVm. Erwgr. 17 der Richtlinie, der die Regelung einfacher Lichtbilder ausdrücklich dem nationalen Gesetzgeber überlässt.[233]   **64**

e) Für die **Bemessung der Schutzdauer** von Lichtbildern, die in der Zeit vom **1.1.1960 bis 31.12.1969** erschienen oder hergestellt worden sind, spielt folglich die Frage, ob ihnen ein **dokumentarischer Charakter** iSd. alten Fassung des Abs. 3 zukommt, noch eine Rolle. Denn alle einfachen, nicht dokumentarischen Lichtbilder, deren Schutzfrist vor Ende dieses Zeitraums zu laufen begonnen hat, waren im Zeitpunkt des Inkrafttretens des 3. UrhGÄndG bereits gemeinfrei. Für sie kam folglich die Verlängerung der Schutzfrist am 1.7.1995 auf 50 Jahre zu spät. Für dokumentarische Fotos aus diesem Zeitraum hingegen wurde bereits 1985 die Schutzfrist auf 50 Jahre verlängert.   **65**

f) Bei der Schutzfristberechnung ist **übergangsrechtlich** insbesondere zu beachten,[234]   **66**
– dass für **vor dem Inkrafttreten des KUG am 1. Juli 1907** erschienene oder hergestellte Fotografien § 53 KUG galt, dem zufolge die Schutzfrist von fünf (§ 6 PhG von 1876) auf zehn Jahre (seit 1940 auf 25 Jahre[235]) ab ihrem Erscheinen (§ 26 Satz 1 KUG) verlängert wurde, ohne dass für nicht mehr geschützte Fotografien ein Wiederaufleben des Schutzes vorgesehen war.[236] Für Fotografien, die zur Zeit des Inkrafttretens des KUG am 1.7.1907 noch nach altem Recht geschützt waren, richtete sich die Schutzfrist nach neuem Recht. Davon Abweichendes galt nach § 53

---

[227] Ebenso Fromm/Nordemann/*A. Nordemann* § 72 UrhG Rn. 27; Wandtke/Bullinger/*Thum* § 72 UrhG Rn. 107; DKMH/*Meckel* § 72 UrhG Rn. 18; abweichend Fromm/Nordemann/*Hertin* (9. Aufl.), § 72 UrhG Rn. 12: entscheidend für den Beginn der Schutzfrist ist die Entwicklung des Negativs nicht die Belichtung.
[228] Ebenso Fromm/Nordemann/*A. Nordemann* § 72 UrhG Rn. 29; aA Wandtke/Bullinger/*Thum* § 72 UrhG Rn. 104.
[229] Ebenso *Flechsig* UFITA 116 (1991) 5 (29); aA 1. Aufl. 1987, § 72 UrhG Rn. 11.
[230] BVerfGE 50, 133 – Mephisto; ähnlich *Schack* Rn. 727: bis zum Tode des Lichtbildners.
[231] Dreier/Schulze/*Schulze* § 72 UrhG Rn. 41; *Schulze/Bettinger* GRUR 2000, 12 (18).
[232] Wie hier OLG Düsseldorf GRUR 1997, 49 (50) – Beuys-Fotografien; *A. Nordemann/Mielke* ZUM 1996, 214 (216).
[233] Das wird übersehen von Dreier/Schulze/*Schulze* § 72 UrhG Rn. 41, die aus dem Verweis des Art. 1 Abs. 2 der Richtlinie auf die nach Art. 2 RBÜ geschützten Werke auf eine Harmonisierung auch des Lichtbildrechts schließen.
[234] Instruktiv OLG Hamburg GRUR 1999, 717 – Wagner-Familienfotos; Beispiele zur Berechnung der Schutzdauer dokumentarischer Lichtbilder auch bei *Flechsig* UFITA 116 (1991) 5 (32).
[235] Geändert durch das Gesetz vom 12. Mai 1940 RGBl. I S. 758; Einzelheiten dazu *Hoffmann* UFITA Bd. 13 (1940), S. 120.
[236] *Allfeld*, KUG, § 53 Bem. 4; aA *Osterrieth/Marwitz*, KUG, 1929, § 53 Bem. I 1, II 1, die § 53 Abs. 1 KUG auch auf nach §§ 5, 6 PhG nicht geschützte, jedoch nach dem KUG schutzfähige Fotografien beziehen.

Abs. 1 Satz 2 KUG für lediglich hergestellte, also **nicht erschienene Fotografien.** Ihr Schutz währte zwar ebenso lange, jedoch berechnete er sich ungeachtet ihres schöpferischen Gehalts und ungeachtet der Frage, ob sie nach dem PhG von 1876 im Zeitpunkt des Inkrafttretens des KUG noch geschützt waren, **ab dem Tode ihres Urhebers** (§ 26 Satz 2 KUG);[237]

– dass bei **unveröffentlichten Lichtbildern,** die vor dem Inkrafttreten des UrhG entstanden sind, der Schutz gemäß **§ 26 S. 2 KUG** 25 Jahre nach dem Tode des Lichtbildners endete;

– dass **nach § 135a S. 1** die Schutzfrist des § 72 auch für bereits entstandene Rechte erst mit dem Inkrafttreten des UrhG zu laufen begann, wenn die Frist eines bereits vorher entstandenen Rechts zu laufen beginnt, jedoch nach S. 2 spätestens endete, wenn der Schutz nach altem Recht abgelaufen war;[238]

– dass **dokumentarische Lichtbilder,** die bei Inkrafttreten der Novellierung von 1985 (1.7.1985) noch geschützt waren, in entsprechender Anwendung des **§ 137a**[239] in den Genuss der Fristverlängerung auf 50 Jahre gekommen sind; und

– dass mit der Einführung der generellen Schutzfrist für Lichtbilder von 50 Jahren ab dem 1.7.1995 für alle noch geschützten Lichtbilder eine Fristverlängerung eintrat, **ein Wiederaufleben des Schutzes** jedoch nicht angeordnet wurde.[240]

67 **g)** Für **in der früheren DDR geschaffene oder veröffentlichte Lichtbilder** brachte der Einigungsvertrag, in Kraft getreten am 3.10.1990, durch die Anwendung des § 72 eine Verlängerung bzw. ein Wiederaufleben der Schutzfrist (dazu → Rn. 8) nach Maßgabe der Ausführungen unter Rn. 9. Zur einigungsbedingten Anwendung des UrhG auf Lichtbildwerke, die zunächst damit verbundene Schutzfristverkürzung für vor dem 1.1.1960 geschaffene oder veröffentlichte Lichtbildwerke und deren Revision durch das Diskriminierungsverbot des Art. 18 AEUV (ex Art. 6 EGV) sowie die Umsetzung der Schutzdauer-RL → Rn. 9 und → § 64 Rn. 66 ff. mwN.

68 **h)** Die **Frist beginnt** nach § 72 Abs. 3 S. 2 iVm. § 69 mit dem auf das fristauslösende Ereignis folgenden 1. Januar zu laufen.

69 **i)** Nach Ablauf des Sonderschutzes des § 72 tritt eine Verlängerung der Schutzfrist durch das Lauterkeitsrecht nicht ein. Allerdings ist eine Berufung auf § 3 iVm. § 4 Nr. 3 lit. a und b, Nr. 4 UWG auch nach Ablauf der Schutzfrist des § 72 Abs. 3 möglich, wenn besondere außerhalb des leistungsschutzrechtlichen Tatbestandes liegende Umstände gegeben sind, die die Nutzung eines Lichtbildes aus lauterkeitsrechtlicher Sicht als sittenwidrig erscheinen lassen und die nicht in Widerspruch zur spezialgesetzlichen Regelung des UrhG tritt.[241] Diese sog. Vorrangtheorie ist von der neueren Rechtsprechung des BGH[242] zurückgedrängt worden. Nach ihr können lauterkeitsrechtliche Ansprüche im Sinne einer **Anspruchskonkurrenz** unabhängig von urheberrechtlichem Sonderrecht bestehen, wenn besondere außerhalb des Urheberrechts liegende **Begleitumstände** gegeben sind, die nach § 3 iVm. § 4 Nr. 3 lit. a und b sowie Nr. 4 UWG die Unlauterkeit begründen.[243]

III. Das Recht des Lichtbildners im Rechtsverkehr

1. Abtretbarkeit und Vererblichkeit

70 Obwohl der Lichtbildschutz anders als das Urheberrecht keine schöpferische Leistung voraussetzt und damit eines die grundsätzliche Unabtretbarkeit rechtfertigenden persönlichkeitsrechtlichen Elements entbehrt, wird das Recht des Lichtbildners in entsprechender Anwendung der für den Urheber geltenden Vorschrift des § 29 Abs. 1 S. 1 überwiegend für unübertragbar gehalten.[244] Demgegenüber ist der Auffassung der Abtretbarkeit des Leistungsschutzrechts nach § 72 im Hinblick auf die nichtschöpferische Leistung des Lichtbildners gegenüber der hM der Vorzug zu geben. Zwar wird der hM einer möglichst lückenlosen entsprechenden Anwendung der urheberrechtlichen Vorschriften besser gerecht. Dennoch werden dadurch Abgrenzungsschwierigkeiten zum Urheberrechtsschutz von Lichtbildwerken, mit denen die Unabtretbarkeit begründet wird,[245] nicht vollständig ausgeschlos-

---

[237] *Allfeld,* KUG, § 53 Bem. 9 ff.; *Rietzler,* Urheber- und Erfinderrecht, 1907, S. 406.

[238] Spätester Ablauf des Schutzes solcher Lichtbilder am 31.12.1990; → Rn. 5.

[239] Vgl. → § 137a Rn. 4.

[240] S. § 137f Abs. 2, der § 72 nicht aufführt; anders verhält es sich bei Lichtbildwerken, dazu OLG Hamburg ZUM 2004, 303 – U-Boot.

[241] St. Rspr. zuletzt BGH GRUR 2003, 956 (962 f.) – Paperboy; BGH GRUR 1999, 325 – Elektronische Pressearchive; BGH GRUR 1997, 459 – CD-Infobank I; BGH GRUR 1992, 697 (699) – ALF; BGH GRUR 1987, 814 (816) – Die Zauberflöte; Einzelheiten → Einl. UrhG Rn. 60 ff. insb. 67 ff. mwN; sa. Möhring/Nicolini/*Lauber-Rönsberg* (4. Aufl.), § 72 UrhG Rn. 4.

[242] BGH GRUR 2011, 134 Rn. 65 – Perlentaucher; BGH GRUR 2012, 58 Rn. 41 – Seilzirkus.

[243] Ausführlich → Einl. UrhG Rn. 60 ff.; sa. Köhler/Bornkamm/Feddersen/*Köhler* UWG (36. Aufl.), § 4 UWG Rn. 3.7.

[244] So die hM: Wandtke/Bullinger/*Thum* § 72 UrhG Rn. 46; Fromm/Nordemann/*Hertin* (9. Aufl.), § 72 UrhG Rn. 15; *Ulmer* § 119 II 2; *Schack* Rn. 725; *Heitland* S. 123.

[245] AmtlBegr. UFITA 45 (1965) 240 (306).

sen.[246] Überdies sprechen die zu Lebzeiten des Lichtbildners endenden Rechte nach § 72 für die hier vertretene Auffassung.

Hinsichtlich der **Vererblichkeit** des Rechts des Lichtbildners gilt § 28 entsprechend. Für Miterben **71** kommen nicht die Grundsätze der Miturheberschaft nach § 8 entsprechend zur Anwendung, vielmehr richtet sich ihr Verhältnis untereinander nach den §§ 2032 ff. BGB.[247] In der **Zwangsvollstreckung** gelten die für das Urheberrecht bestehenden Einschränkungen der §§ 113–119 im Hinblick auf die freilich reduzierten persönlichkeitsrechtlichen Befugnisse des Lichtbildners entsprechend.[248]

2. Vertragsrecht des Fotografen

a) Allgemeine Grundsätze. Für das Recht des Lichtbildners im Rechtsverkehr finden die **72** §§ 31 ff., einschließlich der Vorschriften über die Vereinbarung von auf Verbandsebene ausgehandelter Gemeinsamer Vergütungsregeln (GVR) nach §§ 36 36a,[249] entsprechende Anwendung,[250] für Fotografen in Arbeits- oder Dienstverhältnissen somit § 43. Für freischaffende Fotografen spielen der Übertragungszweckgedanke nach § 31 Abs. 5 bei der Bestimmung des Umfangs der eingeräumten Nutzungsrechte[251] und die Vorschriften über die angemessene Vergütung nach §§ 32 ff. eine wichtige Rolle.[252] Bei vorformulierten Verträgen gilt das AGB-Recht mit der Folge, dass etwa Klauseln, nach denen mit dem vereinbarten Honorar alle nachfolgenden Nutzungen, einschließlich solche auf noch unbekannte Nutzungsarten, abgegolten sein sollen,[253] unzulässig sind. Dasselbe gilt für Klauseln, die Schadensersatzforderungen wegen unterlassener Urheberbenennung ausschließen oder die Freistellung des Verlags gegenüber Dritten enthalten.[254] Infolge vielfältiger Verwertungsmöglichkeiten von Fotografien haben sich in der Praxis Besonderheiten entwickelt, die bei der Gestaltung von Verträgen über die Nutzung von Lichtbildern zu berücksichtigen sind.[255] Dies gilt zB für die Frage eines mit der Einräumung von Nutzungsrechten **verbundenen Eigentumserwerbs an den überlassenen Fotografien.**[256] Eine differenziertere Betrachtung erfordert auch die in Rechtsprechung und Lehre anerkannte Auffassung, nach der von einer die Rechtswidrigkeit ausschließenden **schlichten Einwilligung in die Nutzung als Thumbnail** durch einen Suchmaschinenbetreiber auszugehen ist,[257] wenn ein Lichtbildner (oder ein von ihm ermächtigter Dritter) ein Foto öffentlich zugänglich macht (§ 19a), und zwar selbst dann, wenn dasselbe Bild von einem unbefugten Dritten als Vorschaubild ins Netz gestellt worden ist.[258] Wer im Bereich des E-Commerce für einen Warenproduzenten Produktfotos zur Einstellung in das Internet hergestellt hat, gestattet damit nicht auch die Verwendung seiner Fotos zur Bewerbung derselben Produkte durch andere Anbieter oder Plattformbetreiber im Netz.[259]

b) Bildagenturen als Werkmittler. Häufig schalten professionelle Fotografen bei der **Verwer- 73 tung ihrer Bilder treuhänderisch arbeitende Bildagenturen ein, denen sie ein ausschließliches Nutzungsrecht** einräumen, auf Grund dessen Werknutzer (Buch- und Zeitungsverlage, Sendeunternehmen etc.) wiederum einfache Nutzungsrechte erwerben können.[260] Mit den Fotografen verbindet die Bildagentur ein Geschäftsbesorgungsvertrag nach § 675 BGB, nach dem diese im eigenen Namen und für fremde Rechnung tätig sind. In der Regel teilen sie sich hälftig mit dem Lichtbildner die erlösten, von der **Mittelstandsgemeinschaft Foto-Marketing (MFM),** einem Arbeitskreis im Bundesverband Pressebild-Agenturen und Bildarchive e. V. (BVPA),[261] empfoh-

---

[246] → Rn. 4; *Flechsig* UFITA 116 (1991) 5 (29); Einzelheiten zur dogmatischen Begründung der Unübertragbarkeit des Urheberrechts unter Lebenden vgl. → § 29 Rn. 1, 8 ff.

[247] OLG Hamburg GRUR 1999, 717 – Wagner Familienfotos.

[248] Ebenso *Platena* S. 161.

[249] Die für freie hauptberufliche Fotojournalisten 2013 und 2010 zwischen DJV/ver.di und dem BDZV ausgehandelten GVR hat der BDZV zum 1.3.2017 wieder gekündigt; dazu → § 36 Rn. 99.

[250] Loewenheim/*A. Nordemann,* Handbuch, § 73 Rn. 27, 37, 50; *von Eggelkraut-Gottanka* in Berger/Wündisch (Hrsg.), Urhebervertragsrecht (2. Aufl.), S. 882 ff. mwN.

[251] OLG München BeckRS 2006, 03115 Rn. 38 ff.; OLG Hamm GRUR-RR 2016, 108 Rn. 188 ff. – Beachfashion m. Praxishinweis Bildhäuser in GRUR-Prax 2016, 153.

[252] Vgl. BGH GRUR 2015, 264 Rn. 49 ff. – Hi-Hotel II; BGH GRUR 2010, 623 Rn. 20 ff. – Restwertbörse mwN; → Rn. 72.

[253] Vgl. etwa LG Hamburg BeckRS 2010, 25096 m. Praxishinweis *Lindhorst* GRUR-Prax 2010, 514.

[254] LG Hamburg BeckRS 2010, 25096 m. Praxishinweis *Lindhorst* GRUR-Prax 2010, 514; zum AGB-Recht im Zusammenhang mit urheberrechtlichen Nutzungsverträgen eingehend Vor §§ 31 ff. Rn. 36 ff.

[255] Eingehend dazu *A. Nordemann* FS Schricker (1995), S. 477; Loewenheim/*Loewenheim,* Handbuch, § 73; Vertragsmuster finden sich im MünchVertragshdb Bd. 3 (7. Aufl.), IX 64 Agenturvertrag sowie bei *Maaßen,* Vertragshandbuch.

[256] Dazu ausführlich → § 44 Rn. 17.

[257] S. BGH GRUR 2010, 628 Rn. 30 ff. – Vorschaubilder I; BGH GRUR 2012, 606 – Vorschaubilder II sowie Rn. 43 f. mw Lit.-Nachweisen.

[258] BGH GRUR 2012, 606 Rn. 25 ff. – Vorschaubilder II.

[259] So zutreffend LG Berlin BeckRS 2015, 07175 und BeckRS 2015, 07179 m. zust. Praxishinweis *Bildhäuser* GRUR-Prax 2015, 181 (182 f.) dazu auch Fromm/Nordemann/*A. Nordemann* § 72 UrhG Rn. 21a.

[260] Einzelheiten bei Loewenheim/*A. Nordemann,* Handbuch, § 73 Rn. 4 ff.; *A. Nordemann* FS für Schricker (1995), S. 477 passim.

[261] Näheres zu den MFM-Empfehlungen und deren Honorarsätze auf deren Website; sa OLG Braunschweig GRUR 2012, 920 (923 f.).

lenen Honorare.[262] Die MFM-Empfehlungen enthalten meist, aber längst nicht stets die **angemesse-ne Vergütung für Berufsfotografen nach § 32.**

74   c) Die **MFM-Empfehlungen** haben durch die jüngere Rechtsprechung in Fällen der rechtswidrigen Verwertung von Lichtbildern eine differenziertere Beurteilung und infolge dessen eine restriktivere Heranziehung erfahren, wenn es um die **Schadensberechnung nach der Lizenzanalogie gemäß § 287 ZPO** geht.[263] Danach sind nach überwiegender Meinung die MFM-Empfehlungen grundsätzlich dann von Bedeutung, wenn sie **marktübliche, auch unter Berücksichtigung der Umstände des Einzelfalles einschlägige Honorarsätze** enthalten.[264] Dem widerspricht nicht der vorzugsweise Rückgriff auf aktuelle oder frühere vertragliche Regelungen der Parteien,[265] namentlich wenn feststeht, dass diese Regelungen dem objektiven Wert der Nutzungsberechtigung entsprechen.[266] Das OLG Hamburg hat bereits in einer früheren Entscheidung die MFM-Empfehlungen kritischer beurteilt und sie weniger als eine „Übersicht der marktüblichen Vergütungssätze" gewertet denn als **einseitige Festlegung eines Interessenverbandes von Fotografen,** die bei der Pauschalierung der Vergütung eine Vielzahl wertbildender Faktoren nicht berücksichtigt.[267] Deshalb sollen – höchstrichterlich bestätigt – die MFM-Empfehlungen bei der Schadensberechnung nach der Lizenzanalogie nicht schematisch, sondern einschränkend nur herangezogen werden, sofern sie die Marktüblichkeit entsprechende Honorarsätze enthalten, die den besonderen Umständen des jeweiligen Falles Rechnung tragen.[268] Einen **Zuschlag auf die angemessene Lizenzgebühr wegen unterlassener Namensnennung** des Lichtbildners hat das OLG Hamburg zurückgewiesen,[269] nicht dagegen selbst bei Amateurfotos das LG Köln[270] und auch nicht das OLG München[271] sowie das LG Düsseldorf.[272] Das LG Köln hat in einer aktuellen Entscheidung ausgehend von einem regelmäßig zuerkannten 100-prozentigen Zuschlag unter Berücksichtigung des Umstände des Falles von 25% der angemessenen Lizenzgebühr zugesprochen, weil der Kläger kein Berufsfotograf war und als Rechtsnachfolger des Fotografen nur die Nennung von dessen Namen verlangen konnte.[273]

75   **Obergerichtliche Entscheidungen.** Eine **restriktivere Berücksichtigung** haben die MFM-Empfehlungen auch bei der Schadensbemessung nach der Lizenzanalogie in solchen Fällen erfahren, in denen es um die unerlaubte Übernahme von **Fotografien zu privaten Zwecken** etwa im Rahmen von **Ebay-Versteigerungen** gegangen ist. Das OLG Braunschweig hat in Übereinstimmung mit dem OLG Hamburg (→ Rn. 74) bei der Festlegung der angemessenen Lizenz vorrangig auf eine repräsentative Vertragspraxis des Lichtbildners bei der Vermarktung seiner Fotos abgestellt. Lässt sich eine derartige Vertragspraxis nicht ermitteln, kommt dennoch eine Bemessung der angemessenen Lizenzhöhe auf der Grundlage der MFM-Empfehlungen nicht in Frage, weil sie bei Nutzungen im Rahmen von Privatverkäufen keine Anhaltspunkte für eine angemessene Vergütungspraxis bieten.[274] Ohne branchenübliche Vergütungssätze bedarf es der Klärung, auf welchem legalen Markt zu welchen Lizenzen einschlägige Nutzungsrechte gehandelt werden, und sodann unter deren Berücksichtigung

[262] LG Düsseldorf GRUR 1993, 664 – Urheberbenennung bei Fotos; LG München I ZUM 1995, 57 (58) – Venus der Lumpen; Einzelheiten bei *A. Nordemann* FS Schricker (1995), S. 477 (482 f., 494 ff.); *J. B. Nordemann* ZUM 1998, 642; Agenturverträge finden sich bei *Maaßen* S. 109 ff. sowie im MünchVertragshdb Bd. 3 (7. Aufl.), IX 64.
[263] Dazu → § 97 Rn. 267 ff.
[264] BGH GRUR 2006, 136 Rn. 29 – Pressefotos; LG Köln ZUM-RD 2018, 24 Rn. 55 – Anwendung der MFM-Empfehlungen ohne konkrete Einwendungen bei der Verwendung von Lichtbildern für Werbezwecke LG Düsseldorf ZUM-RD 2018, 16 (22) – Nutzung von Fotografien im Internet (n. rkr.).
[265] Vgl. OLG Hamburg GRUR-RR 2010, 378 Nr. 2 – FOOD-Fotografie, vollständig veröffentlicht in Beck-RS 2009, 87819; ähnlich LG Kassel ZUM-RD 2011, 250: Heranziehung eines zeitnahen Lizenzvertrages des Verletzten.
[266] OLG Hamburg GRUR-RR 2010, 378 Nr. 2 – FOOD-Fotografie unter Berufung auf BGH GRUR 2009, 407 Rn. 23 – Whistling for a train.
[267] OLG Hamburg ZUM-RD 2009, 330 – Restwertbörse (insoweit vom BGH in der Revisionsentscheidung dahingestellt gelassen, BGH GRUR 2010, 623 Rn. 36 – Restwertbörse I); aA OLG Brandenburg ZUM 2009, 412 (413); LG Mannheim ZUM 2006, 886 (887); vgl. auch BGH GRUR 2006, 136 Rn. 27 f. – Pressefotos; ferner OLG Hamburg MMR 2009, 196 (197) – Fiktive Lizenzgebühr; zur Schadensberechnung bei Verlust leihweise überlassener Fotos OLG Hamburg ZUM-RD 2008, 183 – Kuschelfotograf; LG Berlin GRUR-RR 2003, 97 (98) – PNN (MFM-Empfehlungen); LG Berlin ZUM 1998, 637 – MFM-Empfehlungen; LG München I ZUM 2008, 78 (79 ff.) – Überlassene Diapositive.
[268] Vgl. BGH GRUR 2010, 529 Rn. 37 – Restwertbörse I; BGH GRUR 2006, 136 Rn. 29 – Pressefotos; LG Köln ZUM-RD 2018, 24 Rn. 63 – Wiederaufleben des Schutzes von Lichtbildwerken; vgl. auch OLG Hamburg GRUR-RR 2010, 378 Nr. 3 – FOOD-Fotografie.
[269] OLG Hamburg GRUR-RR 2010, 378 Nr. 3 – FOOD-Fotografie; → Rn. 51 f.
[270] LG Köln MMR 2014, 265 – Urheberbenennung in Pixelio-Fotos m. Praxishinweis *Wieddekind* GRUR-Prax 2014, 88; Verfügungsantrag nach einem Hinweis des OLG Köln zurückgenommen.
[271] OLG München GRUR-RR 2014, 377 (379) – Kippschalter: 100-Prozent Zuschlag wegen Verletzung des Rechts auf Urheberbenennung (§ 13).
[272] LG Düsseldorf ZUM-RD 2018, 16 (22) – Nutzung von Fotografien im Internet (n. rkr.): Nutzung von Lichtbildern im geschäftlichen Verkehr.
[273] LG Köln ZUM-RD 2018, 24 Rn. 66 – Wiederaufleben des Schutzes von Lichtbildwerken.
[274] OLG Braunschweig GRUR 2012, 920 (923); ebenso bereits OLG Brandenburg ZUM 2009, 412 (413): keine Honorarempfehlungen für private Nutzer.

der Schätzung nach § 287 ZPO, was vernünftige Vertragspartner unter Berücksichtigung aller Umstände des Einzelfalls[275] vereinbart hätten.[276]

Folglich ist davon auszugehen, dass die **auf den Erfahrungswerten professioneller Marktteil-** 76 **nehmer beruhenden MFM-Empfehlungen allenfalls im Rahmen ihres Tätigkeitsbereichs** maßgeblich sind. So hat das OLG München im Falle eines klagenden Berufsfotografen, ausgehend davon, was vernünftige Parteien bei Abschluss des Lizenzvertrags in Kenntnis der Rechtslage und der gesamten Umstände des konkreten Falls vereinbart hätten,[277] einen abstrakten Rückgriff auf die MFM-Empfehlungen abgelehnt, weil sich nicht hat feststellen lassen, dass die Parteien nach den Gesamtumständen den sich aus ihnen ergebenden Betrag vernünftigerweise vereinbart hätten. Das Gericht hat deshalb Abschläge wegen der besonderen Umstände des Falles, der langen Dauer der Verwertung und insbesondere der konkreten Nutzungsart vorgenommen.[278] Anders liegen die Dinge auch, wenn ein Berufsfotograf Lichtbilder, die mit professionell hergestellten Lichtbildern qualitativ nicht vergleichbar sind, zu rein privaten Zwecken gefertigt hat.[279] Wird hingegen das Foto eines Berufsfotografen auf einer Website gewerblicher Marktteilnehmer genutzt, gilt das nicht.[280] Bei rein privaten Nutzern hält die Rechtsprechung es mitunter für angebracht, von einer Heranziehung der MFM-Empfehlungen bei der Schadenberechnung ganz abzusehen und eine Schadensschätzung nach § 287 ZPO unter Berücksichtigung ua. der Qualität der Lichtbilder vorzunehmen.[281] Das OLG Hamm nimmt in einer neueren Entscheidung – ähnlich wie das OLG München – in einem ersten Schritt die Honorarempfehlung der MFM im Rahmen der Schätzung nach § 287 ZPO zwar als Ausgangspunkt, prüft jedoch in einem zweiten Schritt, ob das streitige Lichtbild insgesamt als professionelles Werk anzusehen ist, das tatsächlich am Markt entsprechende Preise erzielen könnte, oder ob ein prozentualer Abschlag von den MFM-Empfehlungen vorzunehmen ist, weil etwa die streitgegenständlichen Lichtbilder einfache Produktfotografien ohne Schaffenshöhe und/oder lediglich semiprofessionelle Arbeiten mit erheblichem Qualitätsmanko darstellen.[282] Bei der Zweitverwertung von Auftragsfotografien hat das OLG Hamm die MFM-Richtlinien für nicht anwendbar erachtet.[283] Auch das LG Düsseldorf hat bei der Bestimmung der Angemessenheit der dem klagenden Fotografen zustehenden Nachvergütung für den Fotoabdruck in einem kostenlosen Anzeigenwochenblatt gemäß § 32 Abs. 1 S. 3 als Schätzungsgrundlage nach § 287 ZPO zwar gemeinsame Vergütungsregeln (GVR), wegen fehlender Üblichkeit für den Bildbereich jedoch nicht den Tarifvertrag für den Bereich Tageszeitungen und als einseitige Vergütungsempfehlungen eines Interessenverbandes auch nicht die Empfehlungen der MFM herangezogen.[284]

d) Verwerten Fotografen ihre Lichtbilder selbst, kommen für den Umfang von Rechtsein- 77 räumungen nicht zuletzt im Hinblick auf neue digitale Reproduktions- und Wiedergabetechniken § 31 Abs. 4 (alt) und 5 sowie § 31a (neu) (unbekannte Nutzungsarten und Übertragungszwecklehre) ins Spiel, dh. vorrangig bei Nutzungsarten, die im Zeitpunkt des Vertragsschlusses noch nicht bekannt waren.[285] Bei Verträgen aus der Zeit, als digitale Werknutzungen bereits bekannt waren, kann sich die Einräumung eines Nutzungsrechts für analoge Vervielfältigungen (Zeitung) auf die digitale Vervielfältigung (etwa in einem E-Paper) erstrecken, wenn eine entsprechende Branchenübung Rückschlüsse auf einen objektivierten rechtsgeschäftlichen Willen der Vertragsparteien hinsichtlich der eingeräumten Nutzungsrechte erlaubt.[286] In **allgemeinen Honorarbedingungen** enthaltene, weitreichende Rechtseinräumungen („Soweit nicht anders vereinbart ... zeitlich, räumlich und inhaltlich unbeschränkt ... körperlich und unkörperlich ... digital und ... analog") haben nach der Rechtsprechung

[275] Preisverhältnisse auf dem Markt, privat oder professionell hergestellte Fotos, Qualität der Fotos, Dauer der Nutzung ua.

[276] OLG Braunschweig GRUR 2012, 920 (923 f.); OLG Brandenburg ZUM 2009, 412 (413): angemessene Vergütung nach § 32 als Schadensersatz; LG Düsseldorf BeckRS 2008, 12 988 – Ebay-Angebote.

[277] Vgl. BGH GRUR 1990, 1008 (1009) – Lizenzanalogie.

[278] OLG München GRUR-RR 2014, 377 (379) – Kippschalter.

[279] So LG Düsseldorf ZUM-RD 2013, 204 unter Berufung auf OLG Braunschweig GRUR 2012, 920 (924); OLG Brandenburg ZUM 2009, 412.

[280] LG Düsseldorf ZUM-RD 2013, 206 (207).

[281] OLG Braunschweig GRUR 2012, 920 (924); LG Düsseldorf ZUM-RD 2013, 204 (205); LG Berlin ZUM 2015, 1011 (1012 f.) (n. rkr.) – Fehlende Lizenzierungspraxis.

[282] Vgl. OLG Hamm ZUM 2014, 408 (410) mit Praxishinweis *Bildhäuser* GRUR-Prax 2014, 161, im entschiedenen Fall hat der Abschlag 60 % betragen; vgl. OLG München GRUR-RR 2014, 377 (379) – Kippschalter.

[283] OLG Hamm GRUR-RR 2016, 188 Rn. 127 – Beachfashion m. Praxishinweis *Bildhäuser* GRUR-Prax 2016, 153; sa. die ähnlich gelagerten Fälle OLG Hamburg BeckRS 2016, 07416 – Beachfashion und OLG München BeckRS 2016 2016, 03115 – Beachfashion.

[284] Dazu ausführlich LG Düsseldorf ZUM-RD 2017, 658 (662 ff.) – Angemessene Vergütung für Fotografien für ein kostenloses Anzeigenwochenblatt.

[285] BGH GRUR 2007, 693 Rn. 31 – Archivfotos; BGH GRUR 2010, 623 (624) – Restwertbörse I; LG Berlin ZUM-RD 2001, 36 (39) – Internetnutzung von Pressefotos, bestätigt durch KG GRUR 2002, 252 (254 ff.) – Internet-Homepage einer Tageszeitung; zu weitgehend OLG Düsseldorf ZUM-RD 2010, 663 – E-Paper-Ausgabe: im Hinblick auf die gängige Vertragspraxis umfasst eine Abdruckgenehmigung für Papierausgabe auch die E-Paper-Ausgabe; OLG Hamburg ZUM 1999, 410 – Tonträger-Cover-Foto.

[286] So OLG Zweibrücken ZUM-RD 2015, 20 (22) – Umfang des Nutzungsrechts für Printausgabe unter Verweis auf BGH ZUM 2004, 830 – Comic-Übersetzungen III mwN.

des BGH, aber entgegen einer verbreiteten Ansicht in der Literatur,[287] nicht zur Folge, dass derartige AGB-Klauseln gemäß § 307 Abs. 2 Nr. 1, Abs. 3 BGB unwirksam sind.[288] Denn der BGH sieht in der Übertragungszweckregel des § 31 Abs. 5 zwar ebenso wie die Literatur einen Leitgedanken des Urheberrechtsgesetzes, jedoch hat, so der BGH, der Gesetzgeber es unterlassen, ihn als gesetzliche Regelung im Sinne von § 307 Abs. 2 Nr. 1 BGB umzusetzen. Daran ändert auch der Grundsatz der angemessenen Beteiligung nach § 11 S. 2 nichts.[289] Deshalb versteht der BGH die Übertragungszwecklehre des § 31 Abs. 5 als eine bloße Auslegungsregel, in deren Natur es liegt, den Inhalt und den Umfang der eingeräumten Nutzungsrechte zu bestimmen und privatautonom die vertraglichen Hauptleistungspflichten festzulegen, deren Inhaltskontrolle durch das AGB-Recht nach § 307 ff. BGB enge Grenzen gezogen sind.[290] Der BGH hat sich damit gegen die namentlich von *G. Schulze* vertretene Auffassung gestellt, nach der § 31 Abs. 5 auch in § 11 S. 2 zum Ausdruck kommt und als Inhaltsnorm für AGB zu berücksichtigen ist, soll § 11 S. 2 nicht leerlaufen.[291] Beanstandet hat der BGH hingegen in dieser Entscheidung die Vergütungsregel der streitgegenständlichen Honorarbedingungen als intransparent.[292]

78   Ohne besondere Absprachen ist mit der **Veräußerung eines Abzugs oder Ausdrucks einer Fotografie keine Nutzungsrechtseinräumung** verbunden (§ 44 Abs. 1). Etwas anderes kommt in Betracht, wenn Sinn und Zweck des Vertrages, besondere Kostenübernahmen und/oder die Höhe des Honorars zusätzlich für die Einräumung von Nutzungsrechten sprechen.[293] Bei Auftragsproduktionen sind die Regeln über den Werkvertrag nach § 631 BGB zu beachten. Sie verpflichten nicht ohne weiteres zur Herausgabe der Negative.[294] Namentlich für die Werbefotografie, aber auch für Illustrationsverträge und Verträge über die Aufnahme von Fotos in Pressearchive gilt das in gleicher Weise. Bei Letzteren kann jedoch die Entgeltlichkeit der Überlassung für eine Eigentumsübertragung sprechen.[295] Stellt ein Lichtbildner ein von ihm gefertigtes Lichtbild ins Internet, ist davon auszugehen, dass er damit seine Einwilligung verbindet, dass sein Lichtbild auf die nach den Umständen üblichen Handlungen genutzt wird.[296]

79   Beim **fotografischen Kunstverlagsvertrag**, der insbesondere die Vervielfältigung und Verbreitung von Fotografien in Kalendern oder Büchern zum Gegenstand hat, handelt es sich um einen Vertrag sui generis mit Zügen des Pacht- und Werkvertrages,[297] auf den die Bestimmungen des Verlagsgesetzes jedoch mitunter entsprechende Anwendung finden.[298]

80   Die **Rechte zur filmischen Verwertung von Einzelbildern**, die bei der Herstellung eines Filmwerkes entstanden sind, erwirbt der Filmhersteller nach § 89 Abs. 4 die Rechte im Zweifel hinsichtlich aller bekannten Nutzungsarten.[299] Das schließt eine enge Auslegung des Begriffs der filmischen Verwertung nicht aus. So ist er nach § 31 Abs. 5 auf das zu begrenzen, was konkret zur Verwendung eines hergestellten Films benötigt wird. Das Einstellen von nach § 72 geschützten Einzelbildern eines Films in ein Online-Archiv wird davon nicht umfasst.[300] Eine Übertragung des Eigentums am Lichtbild ist ohne besondere Absprache mit dem Filmhersteller damit ebenfalls nicht verbunden.[301]

81   **Angestellte Fotografen** räumen ihrem Arbeitgeber Nutzungsrechte ausdrücklich oder stillschweigend nach Maßgabe des § 43 ein, soweit sie nicht unter den Tarifvertrag für arbeitnehmerähnliche freie Journalisten oder den Manteltarifvertrag für Redakteure und Redakteurinnen an Tageszeitungen und an Zeitschriften bzw. den Tarifvertrag für Film- und Fernsehschaffende fallen.[302] Kommen Tarifverträge nicht zur Anwendung, ist zu prüfen, ob die Herstellung der betreffenden Fotografien zum arbeitsvertraglichen Aufgabenbereich des Lichtbildners gehört.[303]

---

[287] Vgl. Vor §§ 31 ff. Rn. 44 f.; Dreier/Schulze/*Schulze* § 31 UrhG Rn. 114 ff.; *G. Schulze* GRUR 2012, 993; Wandtke/Bullinger/*Wandtke/Grunert* § 31 UrhG Rn. 40; *Berberich* MMR 2010, 736 (737, 739).

[288] BGH GRUR 2012, 1031 Rn. 17 – Honorarbedingungen freier Journalisten; früher schon BGH GRUR 1984, 45 (49) – Honorarbedingungen; BGH GRUR 1974, 786 – Kassettenfilm.

[289] BGH GRUR 2012, 1031 Rn. 21 – Honorarbedingungen freier Journalisten.

[290] BGH GRUR 2012, 1031 Rn. 18 – Honorarbedingungen freier Journalisten; dem BGH folgend Vor §§ 31 ff. Rn. 44 f.; kritisch *G. Schulze* GRUR 2012, 993 ff.; Dreier/Schulze/*Schulze* § 31 UrhG Rn. 114 ff.; Wandtke/Bullinger/*Wandtke/Grunert* § 31 UrhG Rn. 40.

[291] Dreier/Schulze/*Schulze* § 31 UrhG Rn. 114 ff.; *Schulze* GRUR 2012, 993 (994).

[292] S. BGH GRUR 2012, 1031 Rn. 24 ff. – Honorarbedingungen freier Journalisten.

[293] BGH GRUR 1996, 885 (886) – METAXA mit krit. Anm. *Hertin;* OLG Karlsruhe GRUR 1984, 522 (523 f.) – Herrensitze in Schleswig-Holstein; Dreier/Schulze/*Schulze* § 72 UrhG Rn. 21; Einzelheiten dazu → § 44 Rn. 17.

[294] LG Hannover NJW-RR 1989, 53 f. – Hochzeitsfoto; aA AG Regensburg NJW-RR 1987, 1008 – Fotoreportage: jedenfalls soweit keine künstlerischen Interessen des Fotografen entgegenstehen.

[295] OLG Hamburg GRUR 1989, 912 (914) – Spiegel-Fotos; zur Übertragung des Eigentums am Werkstück auch → § 44 Rn. 14 ff.

[296] BGH GRUR 2010, 628 Rn. 36 – Vorschaubilder I; LG Hamburg ZUM-RD 2011, 503 (504).

[297] *A. Nordemann* FS Schricker (1995), S. 477 (488); vgl. auch OLG Hamburg ZUM 1998, 665 (667) – Tiere auf Weiß.

[298] Ausführlich dazu → Vor §§ 31 ff. Rn. 124 ff.; *Schricker,* Verlagsgesetz, § 1 VerlG Rn. 33, 34.

[299] Einzelheiten dazu → § 89 Rn. 24 ff.

[300] BGH GRUR 2010, 620 Rn. 18 – Film-Einzelbilder; Einzelheiten zu § 91 (gültig bis 30.6.2002): s. die Erläuterungen dort.

[301] Vgl. → § 44 Rn. 16.

[302] KG GRUR 1976, 264 – Gesicherte Spuren; Einzelheiten bei *A. Nordemann* FS Schricker (1995), S. 477 (490 ff.); Loewenheim/*A. Nordemann,* Handbuch, § 73 Rn. 63 ff.; ferner § 43 Rn. 103 ff.

[303] Sa. LG Düsseldorf BeckRS 2008, 12 988 – Ebay-Angebote.

Besonderheiten gelten bei **Verträgen über die Herstellung von Bildnissen.**[304] Ihrer Natur nach   82
stellen sie Werklieferungsverträge nach § 651 BGB dar. Bei der Lizenzvergabe gelten die §§ 31 ff.
allerdings mit der Maßgabe, dass § 31 Abs. 5 durch die gesetzliche Auslegungsregel des § 60 eine
Einschränkung erfährt (Einzelheiten dort). § 60 gestattet dem Besteller eines Bildnisses die Vervielfältigung und die unentgeltliche sowie nicht gewerblichen Zwecken dienende Verbreitung des Lichtbildes, nicht jedoch dessen öffentliche Wiedergabe, etwa durch öffentliche Zugänglichmachung.[305] Dasselbe gilt für seinen Rechtsnachfolger, für den Abgebildeten des bestellten Bildnisses und nach seinem
Tode für seine Angehörigen. Eine Verpflichtung zur Übergabe der Negative ist damit im Lichte von
§ 31 Abs. 5 nicht verbunden.[306] Bei der Verwertung von Bildnissen sind zusätzlich das Recht des
Abgebildeten am eigenen Bild, das Recht des Lichtbildners auf entgeltliche Verbreitung sowie sein
Namensnennungsrecht zu beachten.

e) Daneben besteht die **kollektive Wahrnehmung** verschiedener Fotografenrechte durch die dem   83
doppelten Wahrnehmungszwang der §§ 9, 34 VGG (früher §§ 6, 11 UrhWG) unterliegende **VG
Bild-Kunst.** Soweit die VG Bild-Kunst nach ihrem Wahrnehmungsvertrag für die Berufsgruppe II[307]
Rechte verwaltet, tritt die individuelle Rechtewahrnehmung zurück, es sei denn, der Fotograf hat
nach § 2 Abs. 1 des Wahrnehmungsvertrages der BG II im Einzelfall sein Nutzungsrecht zurückgerufen. Der Wahrnehmungsvertrag für Fotografen umfasst – ungeachtet des schöpferischen Gehalts einer
Fotografie – keine Reproduktionsrechte, wohl aber die Rechte der Vorführung (§ 19 Abs. 4) und der
Sendung, einschließlich der Kabelweiter- und der europäischen Satellitensendung (§§ 20, 20a, 20b),
verlegter Fotografien sowie die gesetzlichen Vergütungsansprüche.[308] Die Reproduktionsrechte verbleiben bei den Bildagenturen.

aa) Die Verteilung der vereinnahmten Erlöse hat durch die **Entscheidung des BGH vom**   84
21.4.2016 „Verlegeranteil" grundlegende Veränderungen erfahren.[309] Vor diesem Urteil ist bei den
kollektiv verwalteten Rechten an verlegten Lichtbildern gemäß dem **Verteilungsplan der VG Bild-
Kunst** ungeachtet der Frage, wer die jeweiligen Rechte in die Verwertungsgesellschaft eingebracht
hat, bei Nutzungsrechten bzw. Vergütungsansprüchen das Vergütungsaufkommen zwischen Verleger,
Bildagentur und Fotograf aufgeteilt worden.[310]

Diese Praxis begegnete zumindest bei der Verteilung des Aufkommens aus gesetzlichen Vergü-   85
tungsansprüchen **schwerwiegenden Bedenken.** Denn die VG Bild-Kunst schüttete demnach ihre
Erlöse bewusst auch an solche Leistungsempfänger aus, die ihr überhaupt keine Rechte zur treuhänderischen Wahrnehmung übertragen haben. Da **nach dem Treuhandgrundsatz Berechtigte** nur
diejenigen sein können, die der VG Bild-Kunst Rechte bzw. Ansprüche eingeräumt oder übertragen
haben,[311] durfte sie nur die originär berechtigten Urheber an ihren Einnahmen aus den gesetzlichen
Vergütungsansprüchen beteiligen, ganz abgesehen davon, dass diese ihre Rechte bereits im Voraus bei
der VG Bild-Kunst eingebracht hatten. **Verleger und Bildagenturen brachten** hingegen **keine
Rechte ein;** sie brauchten dies auch gar nicht, um beteiligt zu werden. Schon deshalb erfolgten die
Ausschüttungen an sie – wie bei der VG WORT – jahrelang unter Verstoß gegen elementare Grundprinzipien des Treuhandrechts. Sie waren deshalb unzweifelhaft rechtswidrig. Auch aus weiteren, un-
abhängig voneinander bestehenden Gründen schieden Verleger und Bildagenturen als berechtigte
Ausschüttungsempfänger aus.

bb) Unionsrecht. Der EuGH hat in seinem Urteil **Luksan/van der Let** – insoweit überein-   86
stimmend mit der Regelung des § 63a aF – entschieden, dass in den Fällen der erlaubnisfreien Privatkopie der **Anspruch auf gerechten Ausgleich,** der dem Urheber für die Aufhebung seines Verbotsrechts zusteht, **unverzichtbar** ist und **der Urheber unbedingt die auf sein Werk entfallende
Vergütung erhalten muss.**[312] Für die Auslegung des ab dem 1.1.2008 geltenden § 63a 2. Alt., der
eine Abtretung an einen Verleger erlaubt, wenn dieser sie sodann in eine Verwertungsgesellschaft zur
Wahrnehmung einbringt, die Rechte der Verleger und Urheber gemeinsam verwaltet,[313] bedeutet
dies, dass der Vergütungsanspruch nur an einen Verleger abgetreten werden kann, wenn dieser **die**

---

[304] Portraits, Passbilder, Hochzeitsfotos etc., s. Loewenheim/*A. Nordemann,* Handbuch, § 73 Rn. 49 ff. sowie
→ § 60 Rn. 30.
[305] OLG Köln GRUR 2004, 499 – Portraitfoto im Internet; → § 60 Rn. 30.
[306] LG Hannover NJW-RR 1989, 53 (54) – Hochzeitsfoto; LG Wuppertal GRUR 1989, 54 (55) – Lichtbild-
Negative; → § 60 Rn. 7 sowie *A. Nordemann* FS Schricker (1995), S. 477 (489 f.).
[307] Fotografen, Bildjournalisten, Grafik-Designer, Foto-Designer, Karikaturisten, Pressezeichner sowie Bildagenturen.
[308] Einzelheiten dort; der Wahrnehmungsvertrag der VG Bild-Kunst ist abrufbar auf deren Website.
[309] BGH GRUR 2016, 596 – Verlegeranteil; ausführlicher dazu noch → 5. Aufl. 2017, § 72 Rn. 74 ff.; eingehend zu den Folgen dieser Entscheidung *v. Ungern-Sternberg,* Das Urteil Der BGH „Verlegeranteil" und seine Folgen – zugleich eine Erwiderung auf Riesenhuber ZUM 2018, 407, http://www.jurpc.de/jurpc/show?id=
20180105.
[310] Einzelheiten dazu im Verteilungsplan der VG Bild-Kunst idF vom 11.5.2015, abrufbar unter www.Bildkunst.de.
[311] BVerfG ZUM 1997, 555 f. – Bandübernahmeverträge; BGH GRUR 2002, 332 (334) – Klausurerfordernis;
so auch Art. 11 Abs. 4 VerwertungsgesellschaftenRL; ausführlich *v. Ungern-Sternberg* GRUR 2015, 205 (218 f.)
mwN.
[312] EuGH GRUR-Int 2012, 341 Rn. 100, 108 = GRUR 2012, 389 – Luksan/van der Let.
[313] Dazu mit abweichender Ansicht die Kommentierung von Dreier/Schulze/*Schulze* § 63a UrhG Rn. 11 ff.

Vergütung treuhänderisch für den Urheber in Empfang nimmt, um sie anschließend an den Urheber auszukehren.[314]

87   Hinzu kommt, dass der EuGH in seinem Urteil vom 12.11.2015[315] in der Sache **Hewlett Packard/Reprobel** entschieden hat, **dass Verleger nicht zu den nach Art. 2 InfoSoc-RL originär berechtigten Inhabern des Vervielfältigungsrechts zählen** und deshalb auch nicht am gerechten Ausgleich für die erlaubnisfreie Privatkopie teilhaben können.[316]

88   **cc)** Die **VG Bild-Kunst durfte** deshalb **nur an den originär berechtigten Fotografen ausschütten,** der ihr Rechte übertragen hat,[317] es sei denn, ein Verleger wies eine Abtretung des Vergütungsanspruchs durch den Fotografen nach, die ihn zur treuhänderischen Entgegennahme der Vergütung berechtigte und zu deren Weiterleitung an den Urheber/Lichtbildner verpflichtete. Solche Abtretungen waren allerdings wegen des ehernen Prioritätsprinzips[318] kaum denkbar.

89   Damit wurde endgültig offenbar, dass die von den Verwertungsgesellschaften mit Verlegerbeteiligung, den ihnen verbundenen Wissenschaftlern und den Funktionären der Berufsverbände beförderte **Lehre von den statutarischen Verteilungsregeln** der Verwertungsgesellschaften nach **dem vorrangigen Unionsrecht, dem geänderten nationalen Recht**[319] **und der zitierten Rechtsprechung des BVerfG und des BGH** jeder rechtlichen Grundlage entbehrte.[320]

90   Abgesehen von dem im Unionsrecht[321] und im nationalem Recht[322] verankerten **Verbot der Abtretung** gesetzlicher Vergütungsansprüche zu fremdnützigen Zwecken beurteilt die höchstrichterliche Rechtsprechung die Statuten der Verwertungsgesellschaften kritisch unter **Stärkung der individuellen Rechte der Urheber gegenüber ihren Treuhändern.**[323] Danach unterliegen **Satzungen von Monopolvereinen,** folglich auch die der Verwertungsgesellschaften, einer Angemessenheitsprüfung auf ihre Vereinbarkeit mit Treu und Glauben.[324] Zudem richtet sich **das Verhältnis von Berechtigtem und Verwertungsgesellschaft allein nach** den schuldrechtlichen **Bestimmungen des Wahrnehmungsvertrages** sowie den Vorschriften **der Geschäftsführung gemäß §§ 675 ff. BGB,** dagegen nicht nach den körperschaftlichen Bestimmungen der Satzung.[325] Die Wahrnehmungsverträge einschließlich der dort in Bezug genommenen Vorschriften der Satzung und der Verteilungspläne unterliegen deshalb als vertragsrechtliche Vorschriften der **Inhaltskontrolle nach den Bestimmungen des BGB über Allgemeine Geschäftsbedingungen (§§ 305 ff.).**[326] Genügen diese Regelungen den gesetzlichen Anforderungen nicht, wie es bei der Verkürzung des Anteils der originär Berechtigten zugunsten Dritter, die keine Rechte eingebracht haben, auf der Hand liegt, sind sie durch die Abweichung von wesentlichen Grundgedanken des Gesetzes (§ 307 Abs. 2 Nr. 1 BGB) wie dem Willkürverbot nach § 27 VGG (früher § 7 UrhWG) unanwendbar, auch wenn sie von der Mitgliederversammlung mehrheitlich beschlossen worden sind.[327]

---

[314] Ebenso *v. Ungern-Sternberg* GRUR 2016, 321 (329 ff.); *v. Ungern-Sternberg* GRUR 2014, 209 dort Fn. 253; *v. Ungern-Sternberg* GRUR 2013, 248 (255); ferner *Flechsig* MMR 2012, 293 (297 f.); *Flechisg* ZUM 2012, 855 (865); *Walter* MR 2013, 73 (73 f., 79): aA Dreier/Schulze/*Schulze* § 63a UrhG Rn. 12; *Russ,* Verlagsgesetz, § 2 VerlG Rn. 115 ff.

[315] EuGH GRUR 2016, 55 – Hewlett-Packard/Reprobel; s. dazu die zust. Anm. von *Hillig* GRUR-Prax 2015, 509; ausführlich *v. Ungern-Sternberg* GRUR 2016, 38; *Flechsig* ZUM 2016, 152; *Flechsig* MMR 2016, 50 (51); *Grünberger/Podzun* GPR 2016, 23 (28); kritisch dagegen *Reinbothe* GRUR-Prax 2015, 454.

[316] EuGH GRUR 2016, 55 Rn. 47 – Hewlett-Packard/Reprobel.

[317] BVerfG ZUM 1997, 555 f. – Bandübernahmeverträge; BGH GRUR 2002, 332 (333) – Klausurerfordernis.

[318] Vgl. BGH GRUR 2009, 939 Rn. 29 – Mambo No. 5; OLG München GRUR 2014, 272 – Verlegeranteil = ZUM 2014, 52 m. abweiger Anm. *Pfennig;* das OLG übergeht allerdings, dass nach Unionsrecht eine Abtretung der Vergütungsansprüche ausscheidet, wenn nicht gewährleistet ist, dass die Vergütung unbedingt beim Urheber ankommt, vgl. EuGH GRUR-Int 2012, 341 Rn. 100 ff. – Luksan/van der Let; dazu ausführlich *v. Ungern-Sternberg* GRUR 2014, 209 (214, 223, dort insb. Fn. 79 ff., 239 ff.).

[319] § 63a in seiner am 1.7.2002 in Kraft getretenen Fassung.

[320] Vgl. BVerfG ZUM, 1997, 555 f. – Bandübernahmeverträge; BGH GRUR 2013, 375 – Missbrauch des Verteilungsplans; BGH GRUR 2005, 757 (759) – Pro-Verfahren; BGH GRUR 2004, 767 (768 f.) – Verteilung des Vergütungsaufkommens; BGH GRUR 2002, 332 (333) – Klausurerfordernis.

[321] Näher dazu *v. Ungern-Sternberg* GRUR 2013, 248 (256); *v. Ungern-Sternberg* GRUR 2014, 209 (222 f.); *v. Ungern-Sternberg* GRUR 2016, 38 (40 f.); *v. Ungern-Sternberg* 2016, 321 (329 ff.).

[322] § 63a mit der Einschränkung durch dessen 2. Alt.

[323] S. etwa zur Anwendung des § 31 Abs. 4 auf Wahrnehmungsverträge BGH GRUR 1986, 62 (65) – GEMA-Vermutung I; BGH GRUR 1988, 296 (298) – GEMA-Vermutung IV 1998, 454 – Versicherungsbedingungen eines Versicherungsvereins auf Gegenseitigkeit; BGH NJW 1989, 1724 – Spitzenverband der Kreditgenossenschaften.

[324] BGH NJW 1998, 454 – Versicherungsbedingungen eines Versicherungsvereins auf Gegenseitigkeit; BGH NJW 1989, 1724 – Spitzenverband der Kreditgenossenschaften.

[325] BGH GRUR 2005, 757 (759) – Pro-Verfahren; ebenso *v. Ungern-Sternberg* GRUR 2016, 321 (329 ff.; s. dort auch die Lit.-Hinweise in Fn. 156 ff.) mit dem Hinweis, dass die den Verwertungsgesellschaften nahestehenden Autoren weder die Auswirkungen der Rspr. des EuGH noch die Tatsache, dass Verleger überhaupt keine gesetzlichen Vergütungsansprüche einbringen, zur Kenntnis nehmen wollen, zB *Staats* ZUM 2014, 470 f.; *S. Müller* ZUM 2014, 65; *Riesenhuber* EuZW 2016, 16; *Rosenkranz* ZUM 2016, 160 (161); *Wandtke* 2016 MMR 1 (2); *Pfennig* ZUM 2014, 65; wie hier *Grünberger/Podzun* GPR 2016, 23 (28).

[326] St. Rspr., zuletzt BGH GRUR 2016, 596 Rn. 26 – Verlegeranteil; BGH GRUR 2009, 395 Rn. 23, 39, 40 – Klingeltöne für Mobiltelefone mwN; BGH GRUR 2006, 319 (321) – Alpensinfonie; BGH GRUR 2005, 757 (759) – Pro-Verfahren; BGH GRUR 2002, 332 (333) – Klausurerfordernis; ausführlich dazu *Augenstein* S. 73 ff.

[327] BGH GRUR 2005, 757 (759) – Pro-Verfahren; BGH GRUR 2013, 375 Rn. 22 – Missbrauch des Verteilungsplans.

dd) Die **BGH-Entscheidung „Verlegeranteil"** hat die pauschale Beteiligung der Verleger am 91
Aufkommen der VG Wort aus den gesetzlichen Vergütungsansprüchen der Urheber für rechtswidrig
erklärt.[328] Sie ist auch für die VG Bild-Kunst wegen entsprechender Verteilungsgrundsätze richtungsweisend. Der BGH folgt im Ergebnis den Vorinstanzen.[329] Nach seiner eigenen Rechtsprechung, der
des BVerfG und der des EuGH sowie den Ausführungen von *v. Ungern-Sternberg*[330] unterstrich der
BGH erneut den Grundsatz, **dass eine Verwertungsgesellschaft als Treuhänderin derjenigen
und nur derjenigen, die ihr Rechte eingeräumt oder Vergütungsansprüche übertragen haben,** ihre Einnahmen ausschließlich an diese **zu verteilen hat,** und zwar in dem Verhältnis, in dem
diese Einnahmen auf einer Verwertung der Rechte und Ansprüche ihrer Berechtigten beruhen.[331]

In § 1 ihres **Verteilungsplans vom 29.7.2017,** idF v. 27.7.2019 hat die VG Bild-Kunst nunmehr 92
als Folge des BGH-Urteils „Verlegeranteil" den Berechtigten wir folgt definiert: „Berechtigter" im
Sinne dieses Verteilungsplans ist, wer zu den satzungsgemäß von der VG Bild-Kunst vertretenen
Rechteinhabern zählt und in einem Wahrnehmungsverhältnis zur VG Bild-Kunst steht.

Die gegen die Entscheidung des BGH eingelegte Verfassungsbeschwerde eines als Nebeninterve- 93
nient dem Revisionsverfahren beigetretenen Verlages hat das BVerfG mit Beschluss vom 18.4.2018
mangels substantiierter Darlegung von Grundrechtsverletzungen als unzulässig nicht zur Entscheidung
angenommen hat.[332]

IV. Fremdenrecht

1. Der persönliche Geltungsbereich des § 72 richtet sich zunächst nach dem **nationalen Fremden-** 94
recht des § 124, der wiederum die für den persönlichen Anwendungsbereich des Teils 1 des UrhG
geltenden Vorschriften der §§ 120 bis 123 sinngemäß für anwendbar erklärt.[333] Soweit es dabei nicht um
Lichtbilder deutscher Staatsangehöriger nach § 120 geht, gelten ungeachtet internationaler Übereinkommen die für Ausländer, Staatenlose und ausländische Flüchtlinge geltenden Regelungen. Zu beachten ist, dass § 120 Abs. 2 idF der 3. UrhGÄndG EU- und EWR-Angehörige deutschen Staatsangehörigen gleichstellt, nachdem der EuGH das Diskriminierungsverbot des Art. 18 AEUV (ex Art. 12 EGV)
auch auf dem Gebiet der Urheber- und Leistungsschutzrechte für anwendbar erklärt hat.[334]

2. Nach **internationalem Fremdenrecht** sind Lichtbilder weder durch die **RBÜ** noch durch das 95
WUA geschützt. Vielmehr regeln nach überwiegender Meinung beide Konventionen lediglich den
internationalen Schutz von Lichtbild**werken.**[335] Artt. 1, 6 iVm. Erwägr. 17 der Schutzdauer-RL
stützen diese Auffassung (→ Rn. 11). Das **TRIPS-Übereinkommen** (Art. 9) und der **WCT** (Art. 1)
nehmen die RBÜ in Bezug, so dass die Befürwortung der Anwendung der RBÜ auf Lichtbilder die
Anwendung des TRIPS-Übereinkommens und des WCT auf diesen Schutzgegenstand zur Folge
hätte. Dazu besteht jedoch kein Anlass. Das **deutsch-amerikanische Abkommen vom 15.1.1892**
erstreckt sich ebenfalls nicht auf Lichtbilder, da dieses Abkommen keinen Leistungsschutz zum Gegenstand hat, sondern ausschließlich auf einen gegenseitigen Urheberrechtsschutz auf der Grundlage
der Inländerbehandlung gerichtet ist.[336] Der **WPPT** und andere internationale Abkommen über
Leistungsschutzrechte betreffen bereits per definitionem keine Rechte des Lichtbildners.[337]

---

[328] BGH GRUR 2016, 596 – Verlegeranteil; s. dazu auch die teils abweichenden Kommentierungen von § 63a
bei Wandtke/Bullinger/*Bullinger* und Dreier/Schulze/*Schulze*.

[329] LG München ZUM-RD 2012, 410; OLG München GRUR 2014, 272 – Verlegeranteil = ZUM 2014, 52.

[330] S. dazu seine jährlichen Berichte zur höchstrichterlichen Rspr. des BGH und des EuGH, zitiert in den Anmerkungen zu Rn. 79 ff. angeführten Literaturhinweise sowie *v. Ungern-Sternberg* GRUR 2016, 38 jeweils mwN;
ferner *Flechsig* MMR 2012, 293; *Flechsig* iurisPR-ITR 25/2015, Anm. 2; *Flechsig* iurisPR-ITR 13 und 14/2015
jeweils Anm. 2.

[331] BGH GRUR 2016, 596 Rn. 23, 30 – Verlegeranteil unter Verweis auf BGH GRUR 2005, 757 (759) – Pro-
Verfahren; BGH GRUR 2012, 910 Rn. 11 – Delcantos Hits; BGH GRUR 2014, 479 Rn. 22 – Verrechnung von
Musik in Werbefilmen; erneut BGH GRUR 2017, 172 Rn. 111 – Musik-Handy; ausführlich zum Rechtsstreit Verle-
geranteil *v. Ungern-Sternberg*, Das Urteil des BGH „Verlegeranteil" und seine Folgen – zugleich eine Erwiderung auf
Riesenhuber ZUM 2018, 407, http://www.jurpc.de/jurpc/show?id=20180105 aA und *Riesenhuber* ZUM 2016, 613,
620; *Ventroni* ZUM 2017, 187, 194; *Pflüger*, Gerechter Ausgleich und angemessene Vergütung, 2017, S. 249 ff.

[332] BVerfG GRUR 2018, 829 – Verlegeranteil; s. dazu den Praxishinweis von *Flechsig* GRUR-Prax 2018, 310.

[333] Einzelheiten jeweils dort.

[334] EuGH GRUR 1994, 280 – Phil Collins.

[335] Art. 2 Abs. 1 RBÜ „fotografische Werke"; hinsichtlich der RBÜ umstritten: wie hier OLG Frankfurt GRUR-
Int 1993, 872 (873) – The Beatles; *Wagner* FS Bappert (1964), S. 299 (302); *Nordemann*/Vinck/Hertin Art. 2 RBÜ
Rn. 3; Loewenheim/*Vogel*, Handbuch, § 37 Rn. 1; Fromm/Nordemann/*A. Nordemann* § 72 UrhG Rn. 5; *Bappert*/
Wagner Art. 2 RBÜ Rn. 11; *Heitland* S. 10 ff.; *Schack* Rn. 720; aA belg. Cour de Cassation GRUR-Int 1990, 863;
ebenso OLG Hamburg AfP 1983, 347 – Lech Walesa, allerdings ohne Erörterung der Streitfrage; *Katzenberger* GRUR-
Int 1989, 116 (119) mwN; *Ulmer* GRUR 1974, 593 (598); sa. Art. I WUA, jedoch ohne Verpflichtung der Vertrags-
staaten, fotografische Werke überhaupt zu schützen, sowie Art. IV 3 WUA; ferner → § 124 Rn. 3 Fn. 8.

[336] Zum sachlichen Geltungsbereich dieses Abkommens BGH GRUR 1986, 454 (455) – Bob Dylan; BGH
GRUR 1992, 845 (846 f.) – Cliff Richard; aA wegen der ausdrücklichen Nennung der Fotografien in diesem Abkommen Wandtke/Bullinger/*v. Welser* § 121 UrhG Rn. 33; wohl auch, letztlich jedoch offen gelassen OLG Düsseldorf GRUR-RR 2009, 45 f. – Schaufensterdekoration; Einzelheiten zu diesem Abkommen → Vor §§ 120 ff.
Rn. 58, → § 124 Rn. 3.

[337] Ebenso Fromm/Nordemann/*A. Nordemann* § 72 UrhG Rn. 5; Loewenheim/*Vogel*, Handbuch, § 37 Rn. 1.

Abschnitt 3. Schutz des ausübenden Künstlers

Vorbemerkung

Schrifttum zum Interpretenrecht seit 1965 und zur europäischen Entwicklung (ab 1990): *Ahlberg,* Der Einfluss des § 31 UrhG auf die Auswertungsrechte von Tonträgerunternehmen, GRUR 2002, 313; *Apel,* Der ausübende Musiker im Recht Deutschlands und der USA, 2011; *Bäcker,* Die Rechtsstellung der Leistungsschutzberechtigten im digitalen Zeitalter, 2005; *Bayreuther,* Beschränkungen der Urheberrechts nach der neuen EU-Urheberrechtsrichtlinie, ZUM 2001, 828; *Beining,* Der Schutz ausübender Künstler im internationalen und supranationalen Recht, 2000; *Boddien,* Alte Musik im Neuen Gewand. Der Schtz musikalischer Updates und der Quasischutz gemeinfreier Musikaufnahmen, 2006; *Boden,* Die Zwangslizenz im Recht des Interpreten, UFITA 47 (1966), 146; *Boden,* Über die Unzulänglichkeit des Leistungsschutzes der ausübenden Künstler, GRUR 1968, 537; *Bortloff,* Tonträgersampling als Vervielfältigung, ZUM 1993, 476; *Bortloff,* Der Tonträgerpiraterieschutz im Immaterialgüterrecht, 1995; *Brack,* Die Rechte der ausübenden Künstler und der Hersteller von Tonträgern bei der Verwertung von Schallplatten im Rundfunk, UFITA 50 (1967); *Braun,* „Filesharing"-Netze und deutsches Urheberrecht, GRUR 2001, 1106; *Braun,* Schutzlücken-Piraterie – Der Schutz ausländischer ausübender Künstler in Deutschland vor einem Vertrieb von bootlegs, 1995; *Braun,* Die Schutzlückenpiraterie nach dem Urheberrechtsänderungsgesetz vom 23. Juni 1995, GRUR-Int 1996, 790; *Breuer,* Die Rechte des ausübenden Künstler im digitalen Zeitalter, Saarbrücken, 2007; *Breuer,* Die körperliche Individualität des Interpreten, ZUM 2010, 310; *Bünte,* Die künstlerische Darbietung als persönliches und immaterielles Rechtsgut, 2000; *Bungeroth,* Der Schutz der ausübenden Künstler gegen die Verbreitung im Ausland hergestellter Vervielfältigungsstücke ihrer Darbietungen, GRUR 1976, 454; *Czychowski,* Das Gesetz zur Regelung des Urheberrechts in der Informationsgesellschaft, NJW 2003, 2409; *Däubler-Gmelin,* Zur Notwendigkeit eines Urhebervertragsgesetzes, GRUR 2000, 764; *Dietz,* Die Schutzdauer-Richtlinie der EU, GRUR-Int 1995, 670; *Dietz,* Schutz der Kreativen (der Urheber und ausübenden Künstler) durch das Urheberrecht oder Die fünf Säulen des modernen kontinentaleuropäischen Urheberrechts, GRUR-Int 2015, 309; *Dietz/Loewenheim/Nordemann/Schricker/Vogel,* Entwurf eines Gesetzes zur Stärkung der vertraglichen Stellung der Urheber und ausübenden Künstler, GRUR 2000, 765; *Dreier,* Die Umsetzung der Urheberrechtsrichtlinie 2001/29/EG in deutsches Recht, ZUM 2002, 28; *Drücke,* Der Richtlinienvorschlag der EU-Kommission zur Schutzfristenverlängerung für ausübende Künstler und Tonträgerhersteller aus Sicht der Tonträgerhersteller – eine Stärkung der Musikwirtschaft, ZUM 2009, 108; *Dünnwald,* Zum Begriff des ausübenden Künstlers, UFITA 52 (1969), 49; *Dünnwald,* Interpret und Tonträgerhersteller, GRUR 1970, 274; *Dünnwald,* Zum Leistungsschutz an Tonträgern und Bildtonträgern, UFITA 76 (1976), 165; *Dünnwald,* Die künstlerische Leistung als geschützte Leistung, UFITA 84 (1979), 1; *Dünnwald,* Leistungsschutz im „unteren Bereich" oder überdehnter Leistungsschutz?, FS Roeber, 1982, 73; *Dünnwald,* Sind die Schutzfristen für Leistungsschutzrechte noch angemessen?, ZUM 1989, 47; *Dünnwald,* Zur Angleichung des künstlerischen Leistungsschutzes an das Urheberrecht, FS Rehbinder, 2002, 233; *Dünnwald,* Die Neufassung des künstlerischen Leistungsschutzes, ZUM 2004, 161; *Dünnwald/Gerlach,* Schutz des ausübenden Künstlers, Stuttgart, 2008; *Erdmann,* Werktreue des Bühnenregisseurs aus urheberrechtlicher Sicht, FS Nirk, 1992, 209; *Erdmann,* Die zeitliche Begrenzung des ergänzenden wettbewerbsrechtlichen Leistungsschutzes, FS Vieregge, 1995, 197; *Erdmann,* Urhebervertragsrecht im Meinungsstreit, GRUR 2002, 923; *Ekrutt,* Der Rechtsschutz des ausübenden Künstlers, GRUR 1976, 193; *Ernst,* Urheberrecht im Tonstudio, 1995; *Fischer/Reich* (Hrsg.), Der Künstler und sein Recht, 2014; *Flechsig,* Die Dauer des Anspruchs des ausübenden Künstlers auf Integrität seiner künstlerischen Leistung, FuR 1976, 208; *Flechsig,* Beeinträchtigungsschutz von Regieleistungen im Urheberrecht, FuR 1976, 429; *Flechsig,* Der Leistungsintegritätsanspruch des ausübenden Künstlers, Berlin, 1977; *Flechsig,* Grundlagen des Europäischen Urheberrechts, ZUM 2002, 1; *Flechsig,* Darbietungsschutz in der Informationsgesellschaft, NJW 2004, 575; *Flechsig/Kuhn,* Das Leistungsschutzrecht des ausübenden Künstlers in der Informationsgesellschaft, ZUM 2004, 14; *Freitag,* Die Kommerzialisierung von Darbietung und Persönlichkeit des ausübenden Künstlers, 1993; *Gentz,* Der künstlerische Leistungsschutz, GRUR 1974, 328; *Gerlach,* Lizenzrecht und Internet – Statement aus der Sicht der GVL, ZUM 2000, 856; *Gerlach,* Ausübende Künstler als Kreative 2. Klasse? – Teilhabe der ausübenden Künstler an den Schutznormen des UrhG und des UrhWahrnG, ZUM 2008, 372; *Gerlach,* Zur Schutzfristverlängerung für ausübende Künstler – die vergessenen Schauspieler, FS G. Schulze, 2017, 207; *v. d. Groeben,* Darbietung und Einwilligung des ausübenden Künstlers, FS Reichardt, 1990, 3; *Grünberger,* Das Interpretenrecht, 2006; *Grünberger,* Die Urhebervermutung und die Inhabervermutung für die Leistungsschutzberechtigten, GRUR 2006, 894; *Häuser,* Sound und Sampling, 2002; *Hartwieg,* Die „Gemeinschaft" von Interpret und Hersteller, GRUR 1970, 67; *Hartwieg,* Die künstlerische Darbietung, GRUR 1971, 144; *Helmersdorfer,* Was leistet der ausübende Künstler?, UFITA 2005, 811; *Hertin,* Der Künstlerbegriff des Urhebergesetzes und des Rom-Abkommens, UFITA 81 (1978), 39; *Hertin,* Sounds von der Datenbank – eine Erwiderung auf Hoeren, GRUR 1989, 578; *Hertin,* Die Vermarktung nicht lizenzierter Live-Mitschnitte von Darbietungen ausländischer Künstler nach den höchstrichterlichen Entscheidungen „Bob Dylan" und „Die Zauberflöte", GRUR 1991, 722; *Hesse,* Flankenschutz für das Leistungsschutzrecht, ZUM 1985, 365; *Hilty,* Gedanken zum Schutz der nachbarrechtlichen Leistung, UFITA 116 (1991), 35; *Hilty,* Urheberrecht in der Informationsgesellschaft: „Wer will was von wem woraus?" – Ein Auftakt zum „zweiten Korb", ZUM 2003, 983; *Hock,* Das Namensnennungsrecht des Urhebers, 1993; *Hodik,* Leistungsschutzrechtliche Vertragsbeziehungen bei der Tonträgerherstellung und -verwertung, UFITA 113 (1990), 5; *Hoeren,* Sounds von der Datenbank – Zur urheber- und wettbewerbsrechtlichen Beurteilung des Samplings in der Popmusik, GRUR 1989, 11; *Hoeren,* Entwurf einer EU-Richtlinie zum Urheberrecht in der Informationsgesellschaft, MMR 2000, 515; *Hoeren,* Der Kampf um das UrhG 1965, FS 50 Jahre UrhG, 2017, 21; *Hubmann,* Das neue Urheberrecht, NJW 1965, 2129; *Hunziker,* Leistungsschutzrecht nach dem Tode des Interpreten, FuR 1983, 591; *Kawohl/Kretschmer,* DJing, Coverversionen und andere „produktive Nutzungen", UFITA 2007, 363; *Kreile J.,* Der Richtlinienvorschlag der EU-Kommission aus Sicht der Filmhersteller, ZUM 2009, 113; *Kreile R.,* Über den Bericht der Bundesregierung über die Auswirkungen der Urheberrechtsnovelle 1985 und Fragen des Urheber- und Leistungsschutzrechts vom 4.7.1989 und seine gesetzgeberische Umsetzung in der 11. Legislaturperiode, ZUM 1990, 1; *Kröger,* Die Urheberrechtsrichtlinie für die Informationsgesellschaft – Bestandsaufnahme und kritische Bewertung, CR 2001, 316; *Krüger,* Zur Anwendung der Zweckübertragungstheorie im Leistungsschutzrecht des ausübenden Künstlers, WRP 1980, 30; *Krüger,* Persönlichkeitsschutz und Werbung, GRUR 1980, 628; *Krüger,* Zum Leistungsschutzrecht ausländischer ausübender Künstler in der Bundesrepublik Deutschland im Falle des sog. bootlegging, GRUR-Int 1986, 381; *Krüger,* Kritische Bemerkungen zum Regierungsentwurf für ein Gesetz zur Regelung des Urheberrechts in der Informationsgesellschaft aus der Sicht eines Praktikers, ZUM 2003, 122; *Krüger,* Zum postmortalen Schutz des Künstlerpersönlichkeitsrechts, FS Dietz, 2001, 101; *Krüger,* „Eroc III" –

UrhG Vor §§ 73 ff.

eine rechtsdogmatische Erosion? FS W. Nordemann, 2004, 343; *Krüger-Nieland,* Das Urheberpersönlichkeitsrecht, eine besondere Erscheinungsform des allgemeinen Persönlichkeitsrechts?, FS Hauß, 1978, 215; *Lewenton,* Der Schutz der ausübenden Künstler in Film und Fernsehen, 1966; *v. Lewinski,* Der EG-Richtlinienvorschlag zur Harmonisierung der Schutzdauer im Urheber- und Leistungsschutzrecht, GRUR-Int 1992, 724; *v. Lewinski,* Die Umsetzung der Richtlinie zum Vermiet- und Verleihrecht, ZUM 1995, 724; *v. Lewinski,* Verwandte Schutzrechte, Schricker (Hrsg.), Urheberrecht auf dem Weg in die Informationsgesellschaft, 1997, 219; *Limper,* Entertainmentrecht, 2017; *Lindner,* Der Referentenentwurf für ein Gesetz zur Regelung des Urheberrechts in der Informationsgesellschaft vom 18. März 2002, KUR 2002, 56; *Mayer,* Richtlinie 2001/29/EG zur Harmonisierung bestimmter Aspekte des Urheberrechts und der verwandten Schutzrechte in der Informationsgesellschaft, EuZW 2002, 325; *Metzger,* Rechtsgeschäfte über das Droit moral im deutschen und französischen Urheberrecht, 2002; *Metzger/Kreutzer,* Richtlinie zum Urheberrecht in der „Informationsgesellschaft" – Privatkopie trotz technischer Schutzmaßnahmen, MMR 2002, 139; *Moser/Scheuermann* (Hrsg.), Handbuch der Musikwirtschaft, Starnberg und München, 2003; *Nordemann J. B.,* Die erlaubte Einräumung von Rechten für unbekannte Nutzungsarten, FS W. Nordemann, 2004, 198; *Nordemann W.,* Vererblichkeit von Leistungsschutzrechten, FuR 1969, 15; *Nordemann W.,* Die Anwendung der Zweckübertragungstheorie im Leistungsschutzrecht, UFITA 58 (1970), 1; *Nordemann W.,* Kunst und Kaffee, Zur „White Christmas"-Entscheidung des BGH, WRP 1979, 695; *Nordmann M.,* Rechtsschutz von Folkloreformen, 2001; *Oebbecke J.,* Der „Schutzgegenstand" der Verwandten Schutzrechte, 2011; *Peukert,* Die Leistungsschutzrechte des ausübenden Künstlers nach dem Tode, 1999; *Peukert,* Leistungsschutz des ausübenden Künstlers de lege lata und de lege ferenda unter besonderer Berücksichtigung der postmortalen Rechtslage, UFITA 138 (1999), 63; *Pietzko,* Die Werbung mit dem Doppelgänger eines Prominenten, AfP 1988, 209; *Pakuscher,* Der Richtlinienvorschlag der EU-Kommission zur Schutzfristenverlängerung für ausübende Künstler und Tonträgerhersteller, ZUM 2009, 89; *Reinbothe,* Die EG-Richtlinie zum Urheberrecht in der Informationsgesellschaft, GRUR-Int 2001, 733; *Reinbothe,* Die Umsetzung der EU-Urheberrechtsrichtlinie in deutsches Recht, ZUM 2002, 43; *Rossbach,* Die Vergütungsansprüche im deutschen Urheberrecht, 1990; *Rossbach,* Ausübende Künstler und die GVL, Gerlach/Evers (Hrsg.), 50 Jahre GVL, 2011, 29; *Rohweder,* Der ausübende Künstler und seine Position im Rechtsverkehr, UFITA 2015, 401; *Rüll,* Allgemeiner und urheberrechtlicher Persönlichkeitsschutz des ausübenden Künstlers, 1998; *Ruzicka,* Wiederholungsvergütungen für ausübende Künstler, FuR 1978, 512; *Schack,* Das Persönlichkeitsrecht der Urheber und ausübenden Künstler nach dem Tode, GRUR 1985, 352; *Schack,* Schutz digitaler Werke vor privater Vervielfältigung – zu den Auswirkungen der Digitalisierung auf § 53 UrhG, ZUM 2002, 497; *Schardt,* Musikverwertung im Internet und deren vertragliche Gestaltung, ZUM 2000, 849; *Schierholz,* Der Schutz der menschlichen Stimme gegen Übernahme und Nachahmung, 1998; *Schimmel,* Erwartungen aus der Sicht der ausübenden Künstler – Statement ver.di e. V., ZUM 2003, 1028; *Schippan,* Urheberrecht goes digital – Die Verabschiedung der „Multimedia-Richtlinie 2001/29/EG", NJW 2001, 2682; *Schmieder,* Wann endet das Urheberrecht der ausübenden Künstler nach dem neuen Urheberrechtsgesetz?, FuR 1968, 315; *Schmieder,* Vererblichkeit von Leistungsschutzrechten, FuR 1969, 15; *Schmieder,* Die verwandten Schutzrechte – ein Torso?, UFITA 73 (1975), 65; *Schmieder,* Werkintegrität und Freiheit der Interpretation, NJW 1990, 1945; *Schorn,* Zum Schutz ausübender Künstler in der Bundesrepublik Deutschland, GRUR 1983, 492; *Schorn,* Sounds von der Datenbank, GRUR 1989, 579; *Schricker,* Zum neuen deutschen Urhebervertragsrecht, GRUR-Int 2002, 797; *Schricker* (Hrsg.), Urheberrecht auf dem Weg in die Informationsgesellschaft, 1997; *Schwarz,* Der ausübende Künstler, ZUM 1999, 40; *Schwarz/ Schierholz,* Das Stimmplagiat: Der Schutz der Stimme berühmter Schauspieler und Sänger gegen Nachahmung im amerikanischen und deutschen Recht, FS R. Kreile, 1994, 723; *Schulze G.,* Der Richtlinienvorschlag der EU-Kommission aus dogmatischer, krtischer und konstruktiver Sicht, ZUM 2009, 93; *Schwarz,* Die ausübenden Künstler, ZUM 1999, 40; *Schwenzer,* Tonträgerauswertung zwischen Exklusivrecht und Sendeprivileg im Lichte von Internetradio, GRUR-Int 2001, 722; *Schweyer,* Die Zweckübertragungstheorie im Urheberrecht, München, 1982; *Seelig,* Der Schutz von Sprechleistungen im Rundfunk, UFITA 133 (1997), 53; *Seibold,* Urheberrecht in der Informationsgesellschaft – der Referentenentwurf zum Zweiten Korb, ZUM 2005, 130; *Spieß,* Urheber- und wettbewerbsrechtliche Probleme des Sampling in der Popmusik, ZUM 1991, 524; *Spindler,* Europäisches Urheberrecht in der Informationsgesellschaft, GRUR 2002, 105; *Ullmann,* Urheberrecht und Leistungsschutz im Tonstudio (Buchbesprechung), GRUR 1996, 145; *Unger,* Die Verlängerung der Schutzfristen für ausübende Künstler: Perpetuierung des bootleg-Problems bei historischen Aufnahmen?, ZUM 1990, 501; *Unger/v. Olenhusen,* Historische Live-Aufnahmen ausübender Künstler im Bereich klassischer Musik, ZUM 1987, 154; *Vogel,* Bedarf es längerer Schutzfristen für Leistungsschutzrechte?, Das Orchester 1989, 378; *Vogel,* Verlängerte Schutzfrist für die Leistungsschutzrechte der ausübenden Künstler, Das Orchester 1990, 1140; *Vogel,* Wahrnehmungsrecht und Verwertungsgesellschaften in der Bundesrepublik Deutschland – eine Bestandsaufnahme im Hinblick auf die Harmonisierung des Urheberrechts in der Europäischen Gemeinschaft, GRUR 1993, 513; *Vogel,* Die Umsetzung der Richtlinie zur Harmonisierung der Schutzdauer des Urheberrechts und bestimmter verwandter Schutzrechte, ZUM 1995, 451; *Vogel,* Zur Neuregelung des Rechts des ausübenden Künstlers, FS W. Nordemann, 2004, 349; *Walter/v. Lewinski,* European Copyright Law, 2010; *Wandtke,* Zu den Leistungsschutzrechten der ausübenden Künstler im Zusammenhang mit dem Einigungsvertrag, GRUR 1993, 18; *Wandtke/Gerlach,* Die eine Schutzfristverlängerung im künstlerischen Leistungsschutz, ZUM 2008, 822; *Wegmann,* Der Rechtsgedanke der freien Benutzung des § 24 UrhG und die verwandten Schutzrechte, 2013; *v. Welser,* Die Wahrnehmung urheberpersönlichkeitsrechtlicher Befugnisse durch Dritte, 2000; *Weßling,* Der zivilrechtliche Schutz gegen digitales Sound-Sampling, 1995.

Schrifttum zum Interpretenrecht (bis 1965): Akademie für Deutsches Recht, Entwurf eines Urheberrechtsgesetzes, GRUR 1939, 242; *Apel,* Die Entwicklung des Interpretenschutzes in Deutschland und den USA von 1877 bis 1945, ZGE 2012, 1; *Baum,* Rundfunk und Schallplatte, GRUR 1932, 259; *Baum,* Über den Schutz des vortragenden Künstlers de lege lata (§ 2 II LUG) und de lege ferende, GRUR 1951, 372; *Baum,* Zum Recht des ausübenden Musikers, GRUR 1952, 556; *Baum,* Über den Rom-Entwurf zum Schutze der vortragenden Künstler, der Hersteller von Phonogrammen und des Rundfunks, GRUR Ausl. 1953, 197; *Benkard,* Bearbeitungs-, Verwertungs- und Leistungsschutzrechte im Referentenentwurf zur Urheberrechtsreform, UFITA 19 (1955), 28; *Blomeyer,* Der Urheberrechtsschutz für den ausübenden Tonkünstler nach deutschem Recht, 1960; *de Boor,* Die Entwicklung des Urheberrechts im Jahre 1939, UFITA 13 (1940) 185; *Brack,* Die Rechte der ausübenden Künstler und der Hersteller von Tonträgern bei der Verwertung von Schallplatten im Rundfunk, UFITA 50 (1967), 544; *Büchen,* Welche Rechte hat die Schallplattenindustrie gem. § 2 Abs. 2 LitUrhG?, Leistungsschutz, INTERGU-Schriftenreihe Bd. 5, 1958, 77; *Cahn-Speyer,* Leistungsschutz oder Urheberrecht des ausübenden Künstlers?, UFITA 4 (1931), 368; *Cahn-Speyer,* Über das Schutzrecht des ausübenden Künstlers, UFITA 5 (1932), 342; *de Pierro,* Das Recht des ausübenden Künstlers, UFITA 15 (1942), 157; *de Sanctis,* Die „benachbarten Rechte", UFITA 20 (1955), 22; *Elster,* Gibt es ein Urheberrecht der produzierenden Künstler?, GRUR 1927, 42; *Elster,* Das Leistungsschutzrecht des ausübenden Künstlers, UFITA 3 (1930), 574; *Elster,* Ist das Leistungsschutzrecht des ausübenden

Künstlers ein gewerbliches Schutzrecht?, GRUR 1932, 427; *Elster,* Wesen, Umfang und Begründung des Schall-plattenschutzrechts, GRUR 1935, 141; *v. Erffa,* Einiges zum Recht des ausübenden Musikers, GRUR 1951, 334; *Gentz,* Urheberrechtliches Nachbarrecht oder Leistungsschutzrecht, GRUR-Int 1957, 538; *Goldbaum,* Rechtsstel-lung des fiktiven Bearbeiters, UFITA 26 (1958), 271; *Haensel,* Leistungsschutz oder Normalvertrag, Hamburg, 1954; *Haensel,* Die „verwandten Schutzrechte" im Referentenentwurf, UFITA 19 (1955), 15; *Hirsch,* Urheberrecht und verwandte Rechte, UFITA 26 (1958), 1; *Hirsch-Ballin,* „Verwandte Schutzrechte", UFITA 18 (1954), 310; *Hirsch-Balin,* Zum sog. Leistungsschutz des Interpreten, UFITA 35 (1961), 48; *Hoffmann,* Entwurf eines Gesetzes über das Urheberrecht an Werken der Literatur und Kunst, UFITA 2 (1929), 659; *Hoffmann,* Die Konkurrenz von Urheberrecht und Leistungsschutz, UFITA 12 (1939), 96; *Hubmann,* Der Schutz des ausübenden Künstlers nach geltendem Recht, INTERGU-Schriftenreihe Bd. 9, 1959, 7; *Hubmann,* Die Auslegung des § 2 Abs. 2 LUG durch die Leistungsschutzurteile des Bundesgerichtshofes, UFITA 34 (1961), 1; *Kleine,* Die Urteile des Bundesgerichtshofs zum Leistungsschutz für die ausübenden Künstler, GRUR 1960, 577; *Kleine,* Der Leistungsschutz der ausübenden Künstler, der Tonträgerhersteller und der Sendeunternehmen, JZ 1961, 354; *Kohler,* Autorschutz des reproduzie-renden Künstlers, GRUR 1909, 230; *Liermann,* Die Stellung der §§ 2 Abs. 2, 22 und 22a LUG im Rahmen der rechtsstaatlichen Ordnung, INTERGU-Schriftenreihe Bd. 11, 1959, 7; *Marwitz,* Künstlerschutz, UFITA 3 (1930), 299; *Marwitz,* Schutz ausübender Künstler, UFITA 5 (1932), 507; *Mentha,* Einige Gedanken zur Rechtslage aus-übender Künstler, UFITA 39 (1963), 134; *Mittelstädt,* Schutz der Vortragskunst, GRUR 1909, 34; *Möhring,* Träger des Aufführungsrechts an Schallplatten, FS H. Lehmann, 1956, 615; *Möhring/Elsaesser,* Die internationale Regelung des Rechts der ausübenden Künstler und anderer sog. Nachbarrechte, INTERGU-Schriftenreihe Bd. 6, 1958; *Neumann-Duesberg,* Rechtsschutz der Leistung des ausübenden Künstlers, INTERGU-Schriftenreihe Bd. 9, 1959, 57; *Neumann-Duesberg,* „Verwandte Schutzrechte" im Urheberrechts-Gesetzentwurf, UFITA 31 (1960), 162; *Nip-perdey,* Der Leistungsschutz des ausübenden Künstlers, INTERGU-Schriftenreihe Bd. 10, 1959; *Osterrieth,* Zum Ausbau des Urheberrechts, Ein Schutz phonographischer Aufnahmen, FG J. Kohler, 1909, 405; *Overath,* Urheber und Interpret in der Musik, INTERGU-Schriftenreihe Bd. 11, 1959, 40; *Peter,* Die Entwicklung der Leistungs-schutzrechte im Spiegel des neuen Schrifttums, GRUR Ausl. 1960, 176; *Peter,* Das allgemeine Persönlichkeitsrecht und das „droit moral" des Urhebers und des Leistungsschutzberechtigten in den Beziehungen zum Film, UFITA 36 (1962), 257; *Piola Caselli,* Die Regelung der Konflikte zwischen dem Urheberrecht und manchen benachbarten oder ähnlichen Rechten, UFITA 11 (1938), 1, 71; *v. Rauscher auf Weeg,* Das Aufführungsrecht der Interpreten und Schallplattenhersteller nach geltendem deutschen Recht, 1960; *Roeber,* Zur Gleichstellung ausübender Künstler mit Werkurhebern, FuR 12/1960, 3; *Röber,* Der Leistungsschutz des ausübenden Künstlers, 1935; *Runge,* Urheber-rechts- oder Leistungsschutz?, GRUR 1959, 75; *Samson,* Die Grenzen des Quasi-Urheberrechts der ausübenden Künstler nach § 2 LUG, GRUR 1960, 174; *Schiefler,* Verhältnis des Urheberrechts und des Leistungsschutzrechts des ausübenden Künstlers zum allgemeinen Persönlichkeitsrecht, GRUR 1960, 156; *Schmieder,* Das Recht des Werkmittlers, 1963; *Schulze* Der Künstler und die Technik. Leistungsschutz für den ausübenden Künstler, IN-TERGU-Schriftenreihe Bd. 5, 1958, 9; *Süss,* Das Recht der ausübenden Künstler, der Schallplattenhersteller und des Rundfunks, INTERGU-Schriftenreihe Bd. 11, 1959, 46; *Tournier,* Das Quasi-Bearbeiterrecht im deutschen Gesetz, INTERGU-Schriftenreihe Bd. 5, 1958, 59; *Troller,* Jurisprudenz auf dem Holzweg, INTERGU-Schriften-reihe Bd. 13, 1959; *Ulmer,* Der Rechtsschutz der ausübenden Künstler, der Hersteller von Tonträgern und der Sendegesellschaften, 1957; *Wawretzko,* Leistungsschutz des ausübenden Künstlers in arbeitsrechtlicher Sicht, IN-TERGU-Schriftenreihe Bd. 11, 1959, 74; *Wippermann,* Der Schutz der Leistung des ausübenden Künstlers nach geltendem und nach künftigem Recht, 1959.

Schrifttum zum internationalen Schutz des ausübenden Künstlers, zur Rechtsvergleichung und zur (bis 1990) europäischen Rechtsentwicklung: *Apel,* Bridgeport Music Inc. v. Dimension Films (USA), Metall auf Metall (Germany) and Digital Sound Sampling – „Bright Line Rules"?, ZGE 2010, 331; *Apel,* Der ausübende Musiker im Recht Deutschlands und der USA, 2011; *Apel,* Digital Sound Sampling und US-Copyright – (No) „Bright-Line-Rule"?, Hennemann/Sattler (Hrsg.), Immaterialgüter und Digitalisierung, 2017; *Baum,* Über den Rom-Entwurf zum Schutze der vortragenden Künstler, der Hersteller von Phonogrammen und des Rundfunks, GRUR Ausl. 1953, 197; *Beining,* Der Schutz ausübender Künstler im internationalen und supranationalen Recht, 2000; *Braun,* Schutzlücken-Piraterie – Der Schutz ausländischer ausübender Künstler in Deutschland vor einem Vertrieb von bootlegs, 1995; *Braun,* Die Schutzlückenpiraterie nach dem Urheberrechtsänderungsgesetz vom 23. Juni 1995, GRUR-Int 1996, 790; *Cohen Jehoram,* The Relationship Between Copyright and Neighbouring Rights, RIDA 144 (1990), 81; *Davies/v. Rauscher auf Weeg,* Das Recht der Hersteller von Tonträgern. Zum Urhe-ber- und Leistungsschutzrecht in der Europäischen Gemeinschaft, 1983; *Deutsch,* Der Schutz der angrenzenden Rechte in den USA, GRUR Ausl. 1958, 114; *Dietz,* Das Urheberrecht in der Europäischen Gemeinschaft, 1978; *Dietz,* Die Entwicklung des bundesdeutschen Urheberrechts in Gesetzgebung und Rechtsprechung von 1972 bis 1979, UFITA 87 (1980), 1; *Dünnwald,* Die Leistungsschutzrechte im TRIPS-Abkommen, ZUM 1996, 725; *Elster,* Internationales Schutzrecht der ausübenden Künstler, UFITA 14 (1941), 63; *Ficsor,* The Law of Copyright and the Internet, 2002; *Frotz,* Gedanken zu einer Revision des Rom-Abkommens über den Schutz der ausübenden Künst-ler, der Hersteller von Tonträgern und der Sendeunternehmen, INTERGU-Jahrbuch 1975, 91; *Gottschalk,* Digitale Musik und Urheberrecht aus US-amerikanischer Sicht, GRUR-Int 2002, 95; *Gotzen,* Das Recht der Interpreten in der Europäischen Wirtschaftsgemeinschaft, 1980; *Gotzen,* Angleichung des Rechts der ausübenden Künstler im Rahmen der Europäischen Gemeinschaft, GRUR-Int 1980, 471; *Gruenberger,* A Duty to Protect the Rights of Performers? Constitutional Foundations of an Intellectual Property Right, Cardozo Arts & Ent. L. J. Bd. 24 (2006), 617; *Hirsch-Ballin,* Zum Rom-Abkommen v. 26. Oktober 1961, INTERGU-Schriftenreihe Bd. 35, 1964; *Hertin,* Der Künstlerbegriff des Urhebergesetzes und des Rom-Abkommens, UFITA 81 (1978), 39; *Hubmann,* Hundert Jahre Berner Übereinkunft – Rückblick und Ausblick, UFITA 103 (1986), 5; *Hundt-Neumann/Schaefer,* Elvis lebt! Zur „Elvis-Presley"-Entscheidung des Hanseatischen Oberlandesgerichts, GRUR 1995, 381; *Jaeger,* Der ausübende Künstler und der Schutz seiner Persönlichkeitsrechte im Urheberrecht Deutschlands, Frankreichs und der Europäi-schen Union, 2002; *Jorcke-Kaßner,* Internationaler Rechtsschutz für ausübende Künstler – An Evening with Marlene Dietrich, FS Büscher, 2017, 187; *Kaminstein,* Report of the Rapporteur General, International Labour Organiza-tion et al (Hrsg.), Records of the Diplomatic Conference on the International Protection of Performers, Producers of Phonograms and Broadcasting Organizations, 1968, 34 (erhältlich unter: http://unesdoc.unesco.org/images/0000/000035/003572eo.pdf); *Katzenberger,* TRIPS und das Urheberrecht, GRUR-Int 1995, 447; *Katzenberger,* Inländerbehandlung und Mindestrechte ausübender Künstler nach dem Rom-Abkommen, GRUR-Int 2014, 443; *Kloth,* Der Schutz der ausübenden Künstler nach TRIPS und WPPT, 2000; *Kloth,* Bericht über die WIPO-Sitzungen zum möglichen Protokoll zur Berner Konvention und zum „Neuen Instrument" im September 1995, ZUM 1995, 815; *Kreile R.,* Bericht über die WIPO-Sitzungen zum möglichen Protokoll zur Berner Konvention und zum „Neuen Instrument" im Dezember 1994, ZUM 1995, 307; *v. Lewinski,* Die diplomatische Konferenz der

WIPO 1996 zum Urheberrecht und zu den verwandten Schutzrechten, GRUR-Int 1997, 667; *v. Lewinski,* Die Diplomatische Konferenz der WIPO 2000 zum Schutz der audiovisuellen Darbietungen, GRUR-Int 2001, 529; *v. Lewinski,* The Protection of Folklore, Cardozo J. Int'l & Comp. L. Bd. 11 (2003), 707; *v. Lewinski,* Ein Happy End nach vielen Anläufen: Der Vertrag von Peking zum Schutz von audiovisuellen Darbietungen, GRUR-Int 2013, 12; *Metzger,* Rechtsgeschäfte über das Droit moral im deutschen und französischen Urheberrecht, 2002; *Nater,* Der künstlerische Leistungsschutz, 1977; *Püschel,* 100 Jahre Berner Union, 1986; *Reimer/Ulmer,* Die Reform der materiellrechtlichen Bestimmungen der Berner Übereinkunft, GRUR-Int 1967, 431; *Reinbothe,* Der Schutz des Urheberrechts und der Leistungsschutzrechte im Abkommensentwurf GATT/TRIPS, GRUR-Int 1992, 707; *Reinbothe,* TRIPS und die Folgen für das Urheberrecht, ZUM 1996, 735; *Reinbothe/v. Lewinski,* The WIPO Treaties on Copyright, 2. Aufl. 2015; *Schorn,* Das Recht der Interpreten in der Europäischen Wirtschaftsgemeinschaft, GRUR-Int 1983, 167; *Spai,* Der internationale Schutz ausübender Künstler, UFITA 35 (1961), 26; *Steiger-Herms,* Der Leistungsschutz des Schauspielers, Basel, 1981; *Straus,* Der Schutz der ausübenden Künstler und das Rom-Abkommen von 1961 – Eine retrospektive Betrachtung, GRUR-Int 1985, 19; *Ulmer,* Das Rom-Abkommen über den Schutz der ausübenden Künstler, der Hersteller von Tonträgern und der Sendeunternehmungen, GRUR-Int 1961, 569; UNESCO – WIPO World Forum on the Protection of Folklore, Phuket, Thailand, April 8 to 10, 1997, WIPO Publication No. 758 (erhältlich unter ftp://ftp.wipo.int/pub/library/ebooks/wipopublications/wipo_pub_758efs.pdf); *Waldhausen,* Schutzmöglichkeiten gegen Bootlegs in der Bundesrepublik Deutschland und den USA unter besonderer Berücksichtigung des TRIPS-Abkommens, 2002; WIPO (Hrsg.) Guide to the Rome Convention and the Phonograms Convention, 1981 (erhältlich unter http://www.wipo.int/edocs/pubdocs/en/copyright/617/wipo_pub_617.pdf); WIPO (Hrsg.) Guide to the Copyright and Related Rights Treaties and Glossary of Copyright and Related Rights Terms, 2003 (erhältlich unter http://www.wipo.int/edocs/pubdocs/en/copyright/891/wipo_pub_891.pdf).

Übersicht

A. Regelungsgegenstand der §§ 73–83

I. Interpretenrecht

1   Die §§ 73–82 regeln (mit Ausnahme des eigenständigen Veranstalterschutzes in § 81)[1] den „Schutz des ausübenden Künstlers". Das UrhG konzipiert die Rechte des ausübenden Künstlers als ein dem Urheberrecht **verwandtes Schutzrecht.** Das sind „Rechte, die nicht wie das Urheberrecht die schöpferische Leistung schützen, sondern Leistungen anderer Art, die der schöpferischen Leistung des Urhebers ähnlich sind oder in Zusammenhang mit den Werken der Urheber erbracht werden."[2] Der ausübende Künstler ist idR ein „Werkmittler":[3] Während der Urheber (§ 7) ein eigenes Immaterialgut, das Werk (§ 2 Abs. 2) schafft, interpretieren ausübende Künstler fremde Immaterialgüter: entweder die Werke von Urhebern oder Ausdrucksformen der Volkskunst (§ 73). Deshalb werden ausübende Künstler – begrifflich genauer – auch als Interpreten bezeichnet.[4] An seiner Interpretation, der „Darbietung" (§ 73), räumt das Gesetz dem ausübenden Künstler ein Leistungsschutzrecht ein, „das zwar in der Systematik an das Urheberrecht angelehnt, in der Sache selbst aber abweichend gestaltet ist."[5] Das **„Interpretenrecht"**[6] ist nach der dem UrhG ursprünglich zugrundeliegenden Konzeption kein umfassendes Recht, sondern die Summe einzelner, in den §§ 73 ff. grundsätzlich abschließend aufgeführter Befugnisse: Es setzt sich aus den in den §§ 74, 75 genannten Aspekten des Interpretenpersönlichkeitsrechts,[7] den in den §§ 77, 78 abschließend bezeichneten Ausschließlichkeitsrechten und Vergütungsansprüchen und den aufgrund der Verweisung in § 83 anwendbaren urheberrechtlichen Schrankenregelungen und den daraus folgenden Vergütungsansprüchen zusammen.

2   Das UrhG von 1965 basierte auf dem „streng durchgeführten Grundsatz (...), daß nur die schöpferische Leistung Urheberrechtsschutz genießen kann".[8] Deshalb trat das dem ausübenden Künstler in den §§ 73 ff. neu gewährte Leistungsschutzrecht unmittelbar (§§ 129 Abs. 1, 135)[9] an die Stelle des vom alten Recht dem Interpreten an der festgelegten Darbietung eingeräumten (Bearbeiter-)Urheberrechts (→ Rn. 14). Die systematische Einfügung des Rechts des ausübenden Künstlers in die Gruppe der Leistungsschutzrechte erlaubte es dem Gesetzgeber, **„Umfang und Dauer des Rechts**

---

[1] → § 81 Rn. 13.
[2] BT-Drs. IV/270, 33 f.
[3] Begriff nach *Schmieder,* Werkmittler, 1963, 3, 31.
[4] *Dünnwald* UFITA 52 (1969), 49 (87); *Steiger-Herms,* Der Leistungsschutz des Schausspielers, 1981, S. 5; *Schack* UrheberR Rn. 662; *Grünberger,* Das Interpretenrecht, 2006, S. 4.
[5] BT-Drs. IV/270, 34.
[6] Näher zum Begriff *Grünberger,* Das Interpretenrecht, 2006, S. 4 f.
[7] Zum Begriff *Grünberger,* Das Interpretenrecht, 2006, S. 75.
[8] BT-Drs. IV/270, 115.
[9] → §§ 135, 135a Rn. 3 f.

unabhängig von der Ausgestaltung des Urheberrechts nach eigenen, der besonderen Interessenlage entsprechenden Grundsätzen zu entwickeln."[10] Mit dem Gesetz zur Regelung des Urheberrechts in der Informationsgesellschaft v. 10.9.2003[11] haben die §§ 73 ff. eine weitreichende **„Neukonzeption"**[12] erfahren, die in interpretenvertragsrechtlicher Sicht mit dem Gesetz zur verbesserten Durchsetzung des Anspruchs der Urheber und ausübenden Künstler auf angemessene Vergütung und zur Regelung von Fragen der Verlegerbeteiligung v. 20.12.2016[13] vervollständigt wurde. Die geltende Ausgestaltung des Interpretenrechts unterscheidet sich deutlich von der Rechtslage, wie sie das UrhG ursprünglich eingeführt hatte.[14]

II. Überblick über die §§ 73–83

1. Schutzgegenstand und Rechtsinhaber

§ 73 leitet den Abschnitt mit einer **Begriffsdefinition** des ausübenden Künstlers ein. Die Norm **3** erfüllt zwei Zwecke: Sie bestimmt erstens den originären Rechtsinhaber des Leistungsschutzrechts und ist insoweit die interpretenrechtliche Parallele zu § 7. Sie bestimmt zweitens den (immateriellen) Schutzgegenstand des Leistungsschutzrechts, die Darbietung, und ist insoweit die interpretenrechtliche Parallelvorschrift zu § 2.

2. Interpretenpersönlichkeitsrecht

Die §§ 74–76 schützen persönlichkeitsrechtliche Interessen des ausübenden Künstlers an seiner Dar- **4** bietung und bilden zusammen das Interpretenpersönlichkeitsrecht. Sie sind mit dem Gesetz zur Änderung des Urheberrechts in der Informationsgesellschaft v. 10.9.2003[15] teilweise neu in das Gesetz eingefügt (§ 74) bzw. novelliert worden (§§ 75, 76). Der Interpret hat in Bezug auf seine Darbietung ein Recht auf **Anerkennung** (§ 74 Abs. 1 S. 1) und **Namensnennung** (§ 74 Abs. 1 S. 2). Die Parallele zu § 13 ist deutlich sichtbar.[16] Bei einer gemeinsamen Darbietung mehrerer Interpreten **(Gruppendarbietung)** beschränkt § 74 Abs. 2 S. 2 das Namensnennungsrecht des einzelnen Mitwirkenden auf die Nennung der Künstlergruppe, wenn die Nennung der einzelnen Künstler einen unverhältnismäßigen Aufwand erfordern würde (§ 74 Abs. 2 S. 1). Zur rechtsgeschäftlichen **Vertretung** und Prozessführung ist allein der Vorstand (§ 74 Abs. 2 S. 2), der (künstlerische) Leiter (§ 74 Abs. 2 S. 3 Alt. 1) oder ein *ad hoc* zu wählender Vertreter (§ 74 Abs. 2 S. 3 Alt. 2) befugt. In Ausnahmefällen kann ein Interpret sein Namensnennungsrecht selbstständig geltend machen, wenn er ein besonderes Interesse an seiner persönlichen Nennung hat (§ 74 Abs. 2 S. 4). § 74 Abs. 3, der mit Art. 6 Nr. 5 des Gesetzes zur Verbesserung der Durchsetzung von Rechten des geistigen Eigentums v. 7.7.2008[17] eingefügt wurde, ist die Grundlage einer dem § 10 Abs. 1 entsprechenden **Interpretenvermutung**.[18] Nach § 75 S. 1 hat der Interpret nach dem Vorbild des § 14[19] ein Recht auf die **Integrität** seiner Darbietung. Bei Gruppendarbietungen ist jeder beteiligte ausübende Künstler verpflichtet, bei der Ausübung seines Rechts auf die Interessen der übrigen Beteiligten angemessen Rücksicht zu nehmen (§ 75 S. 2). § 76 S. 1–3 bestimmt die **Schutzdauer** des Interpretenpersönlichkeitsrechts. Danach enden die Rechte auf Anerkennung und Namensnennung (§ 74 Abs. 1) und das Recht des Künstlers, die Beeinträchtigung seiner Darbietung zu verbieten (§ 75 S. 1), 50 Jahre nach der Darbietung, jedoch niemals vor dem Tode des Künstlers und niemals vor Ablauf der Schutzdauer der Verwertungsrechte. Soweit die Rechte nach dem Tod des Interpreten fortbestehen, sind im Unterschied zum Urheber nicht seine Erben, sondern seine Angehörigen (§ 60 Abs. 2) zur Wahrnehmung befugt (§ 76 S. 4).

3. Verwertungsrechte (Ausschließlichkeitsrechte und Vergütungsansprüche)

Die Verwertungsrechte des ausübenden Künstlers werden in den §§ 78, 79 geregelt. Diese bezeich- **5** nen alle dem Interpreten zugewiesenen **wirtschaftlichen Verwertungsmöglichkeiten** hinsichtlich eines geschützten Gegenstandes. Synonym dazu ist der im Unionsrecht verwendete Begriff der „vermögensrechtlichen Befugnisse".[20] Diese Zuweisung kann in Form eines Ausschließlichkeitsrechts erfolgen oder als Vergütungsanspruch ausgestaltet sein.[21] Im Interpretenrecht finden sich beide Varianten in verschiedener Ausprägung. Das UrhG gewährt dem Interpreten im Unterschied zum Urheber (§ 15) **kein umfassendes Ausschließlichkeitsrecht** an der körperlichen und nicht körperlichen

---

[10] BT-Drs. IV/270, 90.
[11] BGBl. I S. 1774.
[12] BT-Drs. 15/38, 23.
[13] BGBl. I S. 3037.
[14] Vertiefend *Dünnwald* ZUM 2004, 161; *Flechsig/Kuhn* ZUM 2004, 14; *Flechsig* NJW 2004, 575.
[15] BGBl. I S. 1774.
[16] *Grünberger*, Das Interpretenrecht, 2006, S. 88.
[17] BGBl. I S. 1191.
[18] Näher *Grünberger* GRUR 2006, 894 (900 ff.).
[19] → § 75 Rn. 15.
[20] Vgl. Art. 4 Schutzdauer-RL.
[21] *Grünberger* ZUM 2015, 273.

Verwertung seiner Darbietung.[22] Die §§ 77 und 78 Abs. 1 benennen **abschließend** die Handlungen, die dem ausübenden Künstler zur ausschließlichen Verwertung zugewiesen werden. Das Gesetz trennt zwischen dem Ausschließlichkeitsrecht, die Darbietung auf Bild- oder Tonträger aufzunehmen (§ 77 Abs. 1), und dem ausschließlichen Vervielfältigungsrecht (§ 77 Abs. 2 S. 1 Var. 1). Darin unterscheidet sich das Interpretenrecht vom Urheberrecht, nach dem die Übertragung von Werken auf Bild- oder Tonträger eine Vervielfältigung ist (§ 16 Abs. 2).[23] Der ausübende Künstler ist Inhaber eines ausschließlichen Verbreitungs- und Vermietrechts (§ 77 Abs. 2 S. 1 Var. 2). Besonders deutlich unterscheiden sich die Urheber- und das Interpretenrecht bei der **öffentlichen Wiedergabe**. Dem Interpreten sind lediglich die in § 78 Abs. 1 abschließend aufgezählten Handlungen zur ausschließlichen Verwertung zugewiesen. Dazu zählt seit dem Jahr 2003 auch das Recht der öffentlichen Zugänglichmachung (§ 78 Abs. 1 Nr. 1). Zur öffentlichen Wiedergabe gehört auch das auf Erstverwertungshandlungen beschränkte ausschließliche Senderecht (§ 78 Abs. 1 Nr. 2). Basiert die Sendung der Darbietung auf einem erschienenen Bild- oder Tonträger, einer erlaubten Sendung oder öffentlichen Zugänglichmachung (Zweit- oder Drittverwertung), besteht daran kein Ausschließlichkeitsrecht. Zu den ausschließlichen Befugnissen an der öffentlichen Wiedergabe zählt auch das Recht der öffentlichen Wahrnehmbarmachung: die Übertragung der Darbietung mittels Bildschirm und Lautsprechern außerhalb des stattfindenden Raumes (§ 78 Abs. 2 Nr. 3).

6   Das Gesetz enthält zahlreiche **Vergütungsansprüche** zugunsten des ausübenden Künstlers: Dazu zählen die Ansprüche aus Zweitverwertungshandlungen wie der Sendung erschienener Bild- oder Tonträger oder erlaubterweise öffentlich zugänglich gemachter Darbietungen (§ 78 Abs. 2 Nr. 1), der öffentlichen Wahrnehmbarmachung der Darbietung mittels erschienener Bild- oder Tonträger (§ 78 Abs. 2 Nr. 2) sowie Ansprüche aus Zweit- und Drittverwertungshandlungen wie der öffentlichen Wahrnehmbarmachung von Sendungen und der öffentlichen Zugänglichmachung (§ 78 Abs. 2 Nr. 3).[24] Dazu kommen weitere Vergütungsansprüche, auf die im Interpretenrecht verwiesen wird: die Vergütung für Vermietung und Verleihen (§ 77 Abs. 2 S. 2 iVm § 27) und für die Kabelweitersendung (§ 78 Abs. 4 iVm § 20b). Weitere Vergütungsansprüche ergeben sich aufgrund der Verweisung auf die urheberrechtlichen Schrankenbestimmungen in § 83. Auf die Vergütungsansprüche kann der Interpret nicht verzichten (§§ 78 Abs. 3 S. 1, 63a S. 1) und er kann sie im Voraus nur an eine Verwertungsgesellschaft abtreten (§§ 78 Abs. 3 S. 2, 63a S. 2).

4. Interpretenvertragsrecht

7   Das Interpretenvertragsrecht ist der Regelungsgegenstand der §§ 79–79b. Nach dem Wortlaut des § 79 Abs. 1 kann der ausübende Künstler seine Verwertungsrechte aus den §§ 77 und 78 (translativ) **übertragen.** Alternativ dazu kann der Interpret einem Dritten Nutzungsrechte daran (konstitutiv) **einräumen,** § 79 Abs. 2. Unabhängig davon, welche Form der Rechtsübertragung die Vertragsparteien wählen,[25] ordnet § 79 Abs. 2a an, dass im Wesentlichen das gesamte Urhebervertragsrecht (§§ 31–43) mit Ausnahme der §§ 31a, 32c, 40a und 42a für Verträge ausübender Künstler entsprechend anwendbar ist.[26] Damit ist diese Norm die **Grundlage** eines den ausübenden Künstler in den Vertragsbeziehungen mit dem Verwerter seiner Leistung schützenden **Interpretenvertragsrechts.** § 79a sieht einen gesetzlichen Vergütungsanspruch gegen den Tonträgerhersteller vor, damit auch der Interpret an der Verlängerung der Schutzdauer von Tonträgerherstellern[27] partizipiert. Der erst 2016[28] eingefügte § 79b sieht bei der Aufnahme von bei Vertragsabschluss noch unbekannten Nutzungsarten einen weiteren Vergütungsanspruch des ausübenden Künstlers nach dem Vorbild des § 32c vor.

5. Künstlergruppen

8   § 80 regelt die Zuordnung und Ausübung der Verwertungsrechte bei einer von mehreren ausübenden Künstlern gemeinsam erbrachten Darbietung (Gruppendarbietung). In Anlehnung an die Miturheberschaft (§ 8 Abs. 1) kann der einzelne Interpret die Darbietung nicht selbstständig verwerten, weil die Rechte der **Interpretengesamthand** zugewiesen sind (§ 80 Abs. 1 S. 1). Der einzelne Interpret darf seine lediglich im Innenverhältnis[29] wirkende Einwilligung zur Verwertung nicht treuwidrig versagen (§ 80 Abs. 1 S. 2). Das Innenverhältnis der Interpretengesamthand wird mit der entsprechenden Anwendung urheberrechtlicher Normen (§ 80 Abs. 1 S. 3) sehr knapp skizziert. In der Praxis werden die Verwertungsrechte von einer **Interpretengesellschaft** bzw. -körperschaft ausgeübt, während die vom Gesetz vorgesehene Interpretengesamthand subsidiär dazu ist.[30]

---

[22] Dazu BT-Drs. IV/270, 89 f.
[23] → § 16 Rn. 26.
[24] Zur Unterscheidung von unmittelbarer Erst- und mittelbarer Zweit- und Drittverwertung s. BT-Drs. IV/270, 89 f.; krit. dazu *Dünnwald/Gerlach* UrhG Vor § 77 Rn. 15.
[25] Zur Relevanz der unterschiedlichen Wege → § 79 Rn. 17 f.
[26] → § 79 Rn. 28 ff.
[27] → § 82 Rn. 8.
[28] BGBl. I S. 3027.
[29] → § 80 Rn. 23 f.
[30] → § 80 Rn. 19 ff.

6. Schutzdauer und Schranken

Die Schutzdauer der Verwertungsrechte wird in § 82 Abs. 1 festgelegt. Seit dem 9. Urheberrecht- **9**
sänderungsG vom 2.7.2013[31] ist zwischen Darbietungen, die auf einem Tonträger aufgezeichnet worden sind (§ 82 Abs. 1 S. 1), und allen übrigen Darbietungen (§ 82 Abs. 1 S. 2) zu **differenzieren.** Im erstgenannten Fall beträgt die Schutzdauer 70 Jahre nach dem jeweils einschlägigen fristauslösenden Ereignis, während bei sonstigen Darbietungen die Schutzdauer bei 50 Jahren nach dem fristauslösenden Ereignis liegt. Das fristauslösende Ereignis ist grundsätzlich das Erscheinen des Tonträgers, subsidiär eine früher erfolgte erste erlaubte Benutzung zur öffentlichen Wiedergabe (§ 80 Abs. 1 S. 1, 2). Liegt keiner dieser Anknüpfungspunkte vor, erlischt der Schutz für jede Darbietung 50 Jahre nach Darbietungserbringung (§ 82 Abs. 1 S. 3). § 82 Abs. 3 verweist für die Fristberechnung auf § 69. Die Schutzdauer der Verwertungsrechte ist auch für die Berechnung der Schutzdauer des Interpretenpersönlichkeitsrechts von Bedeutung (→ Rn. 4).

§ 83 ordnet die entsprechende **Anwendung der urheberrechtlichen Schranken** (§§ 44a–63a) **10** auf das verwandte Schutzrecht des ausübenden Künstlers an. Umstritten ist, ob § 24 Abs. 1 im Interpretenrecht ebenfalls analog gilt.[32]

7. Veranstalterrecht

§ 81 schützt die Interessen des Veranstalters einer künstlerischen Darbietung. Die Einordnung in **11** den dem Interpretenrecht gewidmeten Abschnitt 3 kann aus systematischen Gründen nicht überzeugen:[33] Der Veranstalter erhält ein **eigenes, vom Interpreten unabhängiges** und unternehmensbezogenes Leistungsschutzrecht. Er hat neben dem Interpreten das ausschließliche Recht, die Darbietung auf Datenträger aufzunehmen, diese Datenträger zu vervielfältigen und zu verbreiten sowie öffentlich wiederzugeben (§ 81 S. 1). Der Veranstalter kann Dritten an diesen Rechten Nutzungsrechte einräumen (§ 81 S. 2 iVm § 31 Abs. 1 S. 1). In diesem Fall sind § 31 Abs. 1–3, 5 und §§ 33–38 entsprechend anwendbar. Alternativ dazu kann der Veranstalter seine Verwertungsrechte auch vollständig an Dritte übertragen.[34] Die Schutzdauer beträgt 25 Jahre (§ 82 Abs. 2).

B. Entstehungsgeschichte

I. Rechtslage bis 1965

1. Erste Lösungsansätze eines neuen Problems

Die technischen Errungenschaften des ausgehenden 19. Jahrhunderts ermöglichten es, den Gesang **12** eines Opernsängers, die Deklamationen eines Schauspielers oder das Spiel eines ganzen Orchesters zu fixieren.[35] Bis zu diesem Zeitpunkt war die Leistung dieser Künstler der Vergänglichkeit des Augenblicks anheimgegeben. Die neue Technik erlaubte es, den Augenblick der Darbietung zu perpetuieren und zu repetieren. Die vom Künstler erbrachte Leistung konnte dauerhaft von seiner Person getrennt werden. Die Erfindung mechanischer Instrumente zur Tonaufnahme und -wiedergabe veränderte die soziale und wirtschaftliche Stellung des Interpreten nachhaltig. War er vorher zumindest theoretisch in der Lage gewesen, Zeitpunkt, Ort und das Publikum seiner Darbietung zu bestimmen, bewirkte die mit der Fixierung einhergehende Materialisierung seiner Darbietung einen entscheidenden Kontrollverlust. Die Darbietung büßte mit der **Festlegung** ihren ausschließlich vorübergehenden Charakter ein und verwandelte sich in einen **verkehrsfähigen Gegenstand.** Diese Veränderung der sozialen Realität warf für das Recht die entscheidende Frage auf, ob und wie es dem Interpreten (wieder) die Kontrolle über seine *festgelegte (fixierte)* Darbietung verschaffen sollte.[36]

Bereits um die Jahrhundertwende vom 19. ins 20. Jahrhundert zeigte sich das Bedürfnis, die auf **13** Schallvorrichtungen (Phonographen) festgelegten Interpretationen ausübender Künstler zu schützen, weil diese Tonträger von Dritten ohne Zustimmung des Interpreten oder der Ersthersteller der Phonographen vervielfältigt und verbreitet wurden.[37] Dafür kamen zunächst **zwei Ansatzpunkte** in Frage: Der Schutz des Vortragenden konnte entweder persönlichkeitsrechtlich konstruiert werden oder der Vortrag wurde als immaterialgüterrechtlich (bereits) geschützte Leistung aufgefasst.[38] Die ersten (instanz-)gerichtlichen Entscheidungen haben das Problem im Wesentlichen[39] urheberrechtlich

---

[31] BGBl. I S. 1940.
[32] → § 77 Rn. 41 a f.
[33] → § 81 Rn. 13.
[34] → § 81 Rn. 37.
[35] Zum folgenden bereits *Grünberger,* Das Interpretenrecht, 2006, S. 1.
[36] Zur aufkommenden Diskussion im späten 19. Jhdt. s. *Apel,* Der ausübende Musiker im Recht Deutschlands und der USA, 2011, S. 15 ff.
[37] Siehe RGZ 73, 294 – Schallplatten; OLG Dresden GRUR 1909, 237; LG Berlin GRUR 1900, 121; *Mittelstädt* GRUR 1909, 34.
[38] *Apel,* Der ausübende Musiker im Recht Deutschlands und der USA, 2011, S. 49, 53.
[39] Daneben wurde *auch* persönlichkeitsrechtlich argumentiert, vgl. LG Berlin GRUR 1900, 131; dazu *Apel,* Der ausübende Musiker im Recht Deutschlands und der USA, 2011, S. 26. Meine frühere Einschätzung, dass sich das

gelöst, indem der künstlerische Vortrag als Geistesschöpfung analog § 1 LUG geschützt wurde.[40] Obergerichtlich konnte sich dieser Ansatz nicht durchsetzen.[41] Stattdessen wurde die Leistung des Interpreten aufgrund seines **Persönlichkeitsrechts** geschützt.[42] Diese Rechtsposition des Interpreten war aber nicht verkehrsfähig, weil das Persönlichkeitsrecht nicht übertragen werden konnte.[43] Der Interpret konnte lediglich in die Festlegung einwilligen. Sein Vertragspartner, der Tonträgerhersteller, hatte aber ein wirtschaftliches Interesse daran, gegen die Vervielfältigungen Dritter vorzugehen. Dieser Schutz wurde von der Rechtsprechung zunächst im Wesentlichen **lauterkeitsrechtlich** gewährleistet.[44] Die aufkommende Unterhaltungsindustrie war dagegen bestrebt, eine, ähnlich dem Urheberrecht, übertragbare und mit einer gesetzlichen Schutzfrist versehene Rechtsposition zu erhalten.[45]

2. Bearbeiterurheberrecht (§ 2 Abs. 2 LUG)

14   Aufgrund – letztlich nicht verwirklichter – Vorschläge zum Rechtsschutz von ausübenden Künstlern auf internationaler Ebene[46] und nach dogmatischen Vorarbeiten von *Kohler*[47] wurde das LUG im Jahr 1910 novelliert und § 2 Abs. 2 LUG neu eingefügt.[48] **§ 2 Abs. 1 S. 1 LUG** lautete: *„Wird ein Werk der Literatur oder Tonkunst durch einen persönlichen Vortrag auf Vorrichtungen für Instrumente übertragen, die der mechanischen Wiedergabe für das Gehör dienen, so steht die auf diese Weise hergestellte Vorrichtung einer Bearbeitung des Werks gleich.“* Damit entstand ein (fiktives) **Bearbeiterurheberrecht.**[49] Schutzsubjekt und damit Rechtsinhaber war der „Vortragende“. Dieser galt als der Bearbeiter (§ 2 Abs. 2 S. 3 Hs. 1 LUG).[50] Schutzobjekt war nach dem Wortlaut die „Vorrichtung“ und damit der Tonträger[51] und nicht die (festgelegte) Darbietung des Künstlers.[52] Das an der Schallvorrichtung bestehende Bearbeiterurheberrecht räumte dem ausübenden (Ton-)Künstler **urheberrechtliche Ausschließlichkeitsrechte** an seiner auf Tonträger festgelegten Leistung ein.[53] Der Schutz des Interpreten war urheberrechtlich ausgestaltet und mit urheberrechtlichen Folgen verknüpft.[54] Der ausübende Künstler war daher Inhaber des ausschließlichen Vervielfältigungs- und Verbreitungsrechts (§ 11 Abs. 1 S. 1 LUG iVm § 2 Abs. 1 LUG).[55] Die Schutzdauer betrug zunächst 30 Jahre, ab der Novellierung des LUG im Jahr 1934 50 Jahre nach dem Tod des Interpreten (§ 25 LUG).[56] In der Praxis war der Tonträgerhersteller Rechtsinhaber, weil der ausübende Künstler ihm das Bearbeiterurheberrecht **(vollständig) übertragen** konnte.[57] Der Zweck des Gesetzes bestand letztlich darin, den Tonträgerhersteller mit dem Bearbeiterurheberrecht des Vortragenden mittelbar gegen die Nachbildung seiner Konkurrenten zu schützen.[58]

Gericht *primär* auf persönlichkeitsrechtliche Gründe gestützt habe (*Grünberger,* Das Interpretenrecht, 2006, S. 7) ist insoweit unzutreffend.

[40] LG Berlin GRUR 1900, 131; LG Leipzig 7.12.1908, abgedruckt bei *Mittelstädt* GRUR 1909, 34; als zeitgenössische Stimme zur urheberrechtlichen Einordnung s. *Eger* ArchBürgR 18 (1900), 264; näher zur zeitgenössischen urheberrechtlichen Konstruktion *Apel,* Der ausübende Musiker im Recht Deutschlands und der USA, 2011, S. 25 ff., 65 f.

[41] Siehe die Entscheidung der Berufungsinstanz OLG Dresden GRUR 1909, 237 (239 ff.); bestätigt von RGZ 73, 294 (297) – Schallplatten; näher dazu *Apel,* Der ausübende Musiker im Recht Deutschlands und der USA, 2011, S. 66 f.

[42] OLG Dresden GRUR 1909, 237 (239 ff.); zur zeitgenössischen Konstruktion eines persönlichkeitsrechtlichen Schutzes s. *Kohler,* Urheberrecht an Schriftwerken und Verlagsrecht, 1907, 136 f.; dazu jetzt *Apel,* Der ausübende Musiker im Recht Deutschlands und der USA, 2011, S. 53 ff.

[43] RGZ 73, 294 (297) – Schallplatten; *Bünte,* Die künstlerische Darbietung als persönliches und immaterielles Rechtsgut, 2000, 20.

[44] OLG Dresden GRUR 1908, 237 (241); *Ulmer* FS Hefermehl, 1971, 189 (191 ff.).

[45] *Bünte,* Die künstlerische Darbietung als persönliches und immaterielles Rechtsgut, 2000, S. 20; *Grünberger,* Das Interpretenrecht, 2006, S. 8.

[46] Auf der Berliner Revisionskonferenz zur RBÜ v. 1908 wurde erstmals ein urheberrechtlich ausgestalteter Schutz der Tonträgerhersteller diskutiert, vgl. *Baum* GRUR Ausl. 1953, 197 (199); *Apel,* Der ausübende Musiker im Recht Deutschlands und der USA, 2011, S. 77 f.

[47] *Kohler* GRUR 1909, 230 unter Aufgabe seiner Ansicht in *Kohler,* Urheberrecht an Schriftwerken und Verlagsrecht, 1907, 136 f.; näher dazu *Apel,* Der ausübende Musiker im Recht Deutschlands und der USA, 2011, S. 61 f.; zum Einfluss Kohlers auf die Ausgestaltung und zum Einfluss der Tonträgerindustrie auf die Gesetzgebung siehe *Dünnwald/Gerlach* Einl. Rn. 2; *Grünberger,* Das Interpretenrecht, 2006, S. 8 f.

[48] Gesetz zur Ausführung der Revidierten Berner Übereinkunft zum Schutze von Werken der Literatur und Kunst v. 22.10.1910; RBGl. 1910, S. 793.

[49] Zur vermeintlich „doppelten Fiktion“ der Norm s. *Apel,* Der ausübende Musiker im Recht Deutschlands und der USA, 2011, S. 82 mwN.

[50] Daher rührt auch der Begriff der „doppelten Fiktion“ (*Elster* GRUR 1927, 42 (45)); vgl. *Apel,* Der ausübende Musiker im Recht Deutschlands und der USA, 2011, S. 82. Er wird hier bewusst nicht verwendet, weil er in der Debatte häufig polemisch eingesetzt wurde, vgl. *Süss* INTERGU-Schriftenreihe Bd. 11 (1959), S. 46 (53); dagegen auch *Hirsch-Ballin* UFITA 35 (1961), 48 (59).

[51] Zum Schutz von Filmschauspielern s. *Dünnwald/Gerlach* Einl. Rn. 2.

[52] *Grünberger,* Das Interpretenrecht, 2006, 9; *Dünnwald/Gerlach* Einl. Rn. 2; *Apel,* Der ausübende Musiker im Recht Deutschlands und der USA, 2011, S. 71 f.

[53] BGHZ 17, 266 = GRUR 1955, 492 (494) – Grundig-Reporter.

[54] RGZ 153, 1 (21) – Schallplatte-Rundfunk.

[55] S. dazu BGHZ 8, 88 = GRUR 1953, 140 (142) – Magnetton.

[56] *Apel,* Der ausübende Musiker im Recht Deutschlands und der USA, 2011, S. 82 f.

[57] *Grünberger,* Das Interpretenrecht, 2006, S. 9; vgl. RGZ 153, 1 (8 f.) – Schallplatte-Rundfunk.

[58] RGZ 153, 1 (21) – Schallplatte-Rundfunk.

UrhG Vor §§ 73 ff.

Der Schutz setzte aber die Zwischenschaltung der Leistung eines ausübenden Künstlers voraus.[59] Das Bearbeiterurheberrecht hatte einen **beschränkten Schutzinhalt:** § 2 Abs. 2 LUG schützte weder vor der erstmaligen Fixierung[60] noch vor der Live-Sendung.[61] Umstritten war, ob vom Schutzinhalt des § 2 Abs. 2 LUG auch unkörperliche Verwertungshandlungen, insbesondere das ausschließliche Aufführungs- und Senderecht am Tonträger, erfasst waren.[62] Während das RG ein Aufführungsrecht für Urheber – und damit auch für den Bearbeiterurheber – verneint hatte,[63] bejahte der BGH dieses Rechts jedenfalls für die öffentliche Aufführung rechtswidrig vervielfältigter Tonträger.[64] Dagegen war das RG bereits 1937 der Auffassung, dass der ausübende Künstler (bzw. der Tonträgerhersteller) die Rundfunksendung der festgelegten Darbietung erlauben oder verbieten konnte.[65]

Die dogmatische Ausgestaltung des Rechts als echtes Urheberrecht[66] wurde – vor allem nach dem **15** Aufkommen des Rundfunks in den 1920er Jahren[67] – immer stärker in Frage gestellt.[68] Stattdessen setzte sich das Verständnis durch, dass § 2 Abs. 2 LUG ein **vom Urheberrecht verschiedenes künstlerisches Leistungsschutzrecht** enthalte.[69] Nicht etablieren konnte sich ein dritter (rechtspolitischer) Ansatz, wonach an die Stelle von Ausschließlichkeitsrechten lediglich Vergütungsansprüche des ausübenden Künstlers treten sollten, damit der Schutz des Urhebers nicht gefährdet würde.[70] Trotz der konstruktiven Unterschiede bestand im Ergebnis „Einigkeit darüber, dass der Vortrag des Künstlers eine **persönlich-individuelle kreative Leistung bedeutete, an der ihm gewisse (Verwertungs-)Rechte** gewährt werden sollten, die denjenigen des Urhebers an dessen Werk ähnlich sein mussten."[71] Gestritten wurde über den Grad dieser Ähnlichkeit. Obwohl das RG auf die Konstruktion als „bloßes Leistungsschutzrecht" einging und der BGH den § 2 Abs. 2 LUG wiederholt als materielles Leistungsschutzrecht bezeichnete, hielten beide Gerichte am urheberrechtlich ausgestalteten Schutz des Interpreten fest.[72]

3. Reformbestrebungen

Veranlasst von der Revisionskonferenz zur RBÜ 1928 in Rom, bei der eine Verankerung des (Leis- **16** tungsschutz-)Rechts des ausübenden Künstlers in der RBÜ scheiterte,[73] verstärkten sich in Deutschland ab 1929 die Reformbestrebungen, die in mehreren Gesetzesentwürfen von Wissenschaftlern,[74] zwei Entwürfen des Reichsjustizministeriums aus dem Jahr 1932[75] und 1934[76] und der Akademie für

---

[59] BGHZ 8, 88 = GRUR 1953, 140 (142) – Magnetton.
[60] BGHZ 33, 20 = GRUR 1960, 614 (616) – Figaros Hochzeit; anders noch das *obiter dictum* in BGHZ 17, 266 (270) = GRUR 1955, 492 (494) – Grundig-Reporter: „Auch wenn die ungenehmigte Erstaufnahme des Vortrages oder der Aufführung eines Werkes auf Vorrichtungen zur mechanischen Wiedergabe einer Bearbeitung des Werkes gleichzustellen wäre, was nach dem Sinn des § 2 Abs. 2 LUG und dem heute allgemein geforderten Leistungsschutz des ausübenden Künstlers naheliegt ..."; zu den zeitgenössischen Stimmen s. *Apel,* Der ausübende Musiker im Recht Deutschlands und der USA, 2011, S. 81.
[61] Vgl. BGHZ 33, 20 = GRUR 1960, 614 (616) – Figaros Hochzeit.
[62] *Grünberger,* Das Interpretenrecht, 2006, S. 10 mwN; eingehend dazu *Apel,* Der ausübende Musiker im Recht Deutschlands und der USA, 2011, S. 83 ff.
[63] RGZ 136, 377 – Lautsprecher-Wiedergabe.
[64] BGHZ 8, 88 = GRUR 1953, 140 (143) – Magnetton.
[65] RGZ 153, 1 (21 ff.) – Schallplatte-Rundfunk; zur Würdigung s. *Apel,* Der ausübende Musiker im Recht Deutschlands und der USA, 2011, S. 130 ff.; *Dünnwald/Gerlach* Einl. Rn. 9.
[66] Dazu *Cahn-Speyer* GRUR 1927, 195; *Cahn-Speyer* GRUR 1927, 795; *Cahn-Speyer* UFITA 4 (1931), 368, *Cahn-Speyer* UFITA 5 (1932), 342; zu seiner Funktion als Interessenvertreter der ausübenden Künstler s. *Apel,* Der ausübende Musiker im Recht Deutschlands und der USA, 2011, S. 81 (Fn. 18), 112 f.
[67] *Apel,* Der ausübende Musiker im Recht Deutschlands und der USA, 2011, S. 84 ff.
[68] Zu den Gründen *Apel,* Der ausübende Musiker im Recht Deutschlands und der USA, 2011, S. 90 ff.
[69] Dazu beispielhaft *Elster* GRUR 1927, 42 (49), *Elster* GRUR 1927, 431 (437); *Elster* UFITA 3 (1930), 774; *Elster* GRUR 1935, 140; *Hoffmann* GRUR 1930, 1213; *Hoffmann* GRUR 1932, 44; dazu *Apel,* Der ausübende Musiker im Recht Deutschlands und der USA, 2011, S. 93 f., 110 ff.
[70] Dazu *Piola-Caselli* UFITA 11 (1938), 1 (5 f.), 71 (74, 78 ff.); näher dazu *Apel,* Der ausübende Musiker im Recht Deutschlands und der USA, 2011, S. 115 f.
[71] *Apel,* Der ausübende Musiker im Recht Deutschlands und der USA, 2011, S. 95.
[72] S. RGZ 153, 1 (7 f., 21, 23) – Schallplatte-Rundfunk; BGHZ 8, 88 = GRUR 1953, 140 (141) – Magnetton; BGHZ 33, 1 = GRUR 1960, 619 (621 f.) – Künstlerlizenz Schallplatte; BGH GRUR 2005, 502 (504) – Götterdämmerung.
[73] Näher *Baum* GRUR Ausl. 1953, 197 (200 ff.); *Apel,* Der ausübende Musiker im Recht Deutschlands und der USA, 2011, S. 107 f.; *Dünnwald/Gerlach* Einl. Rn. 5.
[74] *Goldbaum/Wolff* UFITA 2 (1929), 185; *Elster* UFITA 2 (1929), 652; *Hoffmann* UFITA 2 (1929), 659; *Marwitz* UFITA 2 (1929), 681; *Hoffmann,* Ein deutsches Urheberrechtsgesetz, 1933.
[75] Abgedruckt in: *Reimer,* Vergleichende Darstellung der geltenden deutschen Gesetzestexte und früherer Gesetzentwürfe, 1950; der Entwurf nahm erstmals eine klare Abgrenzung der urheberrechtlich geschützten schöpferischen Tätigkeit von der mit einem Leistungsschutzrecht versehenen Tätigkeit des ausübenden Künstlers vor, vgl. *Maracke,* Die Entstehung des Urheberrechtsgesetzes von 1965, 2003, S. 33 ff.; vertiefend zum Inhalt *Dünnwald/Gerlach* Einl. Rn. 7.
[76] Entwurf des Reichsjustizministeriums zu einem Urheberrechtsgesetz vom 22.1.1934, abgedruckt bei *Schubert* (Hrsg.), Akademie für Deutsches Recht, Bd. 9 (1999), S. 534–555 und in UFITA 2000, 743; der Entwurf ist im Wesentlichen eine Überarbeitung des Entwurfs aus dem Jahre 1932, der im Bereich des Interpretenrechts keine wesentlichen Neuerungen mit sich brachte, vgl. *Maracke,* Die Entstehung des Urheberrechtsgesetzes von 1965, 2003, S. 36, 41.

Deutsches Recht (1939)[77] mündeten. Trotz aller Unterschiede in den Details[78] sahen diese Konzepte übereinstimmend ein besonderes, vom Urheberrecht **systematisch zu unterscheidendes Leistungsschutzrecht** für Interpreten vor. Obwohl keiner dieser Entwürfe verwirklicht wurde, bildeten sie die Grundlage für die weitere Behandlung des Interpretenrechts in der zweiten Hälfte des 20. Jahrhunderts.[79]

17   Im Anschluss an den Referentenentwurf für ein Urheberrechtsgesetz von 1954[80] begann in Deutschland eine neue Diskussion über die Notwendigkeit und den systematisch richtigen Standort einer Regelung des künstlerischen Leistungsschutzes.[81] Der Referentenentwurf von 1954 differenzierte im Anschluss an die Vorkriegsentwürfe zwischen dem Urheberrecht und den, in einem zweiten Teil erfassten, **„verwandten Schutzrechten",** zu denen die Leistungen der ausübenden Künstler zählten. Damit wurde die Vorstellung, dass es sich beim Interpretenrecht um ein vom Urheberrecht verschiedenes, aber gleichwohl mit ihm in einem engen Zusammenhang stehendes Recht handle, endgültig gefestigt.[82] Der „Ministerialentwurf" von 1959[83] hielt an der leistungsschutzrechtlichen Ausgestaltung der Tätigkeit fest. Im Mittelpunkt stand dabei das ausschließliche Recht des Interpreten, Vorträge und Aufführungen auf Bild- oder Tonträger aufzunehmen und diese Datenträger zu vervielfältigen.[84] Das wichtigste Argument dafür war, dass Ansprüche aus Verträgen gegenüber Dritten versagten.[85] Soweit die dogmatische Ausgestaltung des Schutzes diskutiert wurde, knüpfte man an die Diskussion der Vorkriegszeit an: Die Verfechter eines echten Urheberrechts[86] standen den Anhängern eines vom Urheberrecht zu trennenden, aber ebenfalls (bestimmte) ausschließliche Rechte verleihenden Leistungsschutzrechts[87] gegenüber. Besonders umstritten waren ausschließliche Rechte des ausübenden Künstlers an der Aufführung (öffentlichen Wahrnehmbarmachung) und Sendung der Live-Darbietung sowie der festgelegten Darbietung. Insbesondere die Vertreter der Urheberinteressen opponierten dagegen.[88]

4. Leistungsschutzurteile des BGH (1960)

18   Eine **Weichenstellung** zugunsten einer Stärkung der Rechtsposition des Interpreten erfolgte in den vier Leistungsschutzurteilen des BGH vom 30.5.1960.[89] Dem ausübenden Künstler wurde erstmals das ausschließliche Recht an der Aufnahme einer Live-Darbietung eingeräumt, weil sie der Zustimmung jedes daran beteiligten ausübenden Künstlers bedurfte.[90] Wenn es sich um eine Gruppendarbietung handelte, war jedes einzelne Gruppenmitglied selbst Rechtsinhaber;[91] dem künstlerischen Leiter oder dem Orchestervorstand kam allerdings eine ausschließliche Wahrnehmungsbefugnis bei der Geltendmachung dieser Rechte zu.[92] Weil das Aufnahmerecht nicht auf § 2 Abs. 2 LUG gestützt werden konnte (→ Rn. 14), begründete der BGH diese Position mit dem Persönlichkeitsrecht des Interpreten und sah in der Verwertung der Leistung eine sittenwidrige Schädigung (§ 826 BGB) und

---

[77] Entwurf eines Urheberrechtsgesetzes; Vorschlag des Fachausschusses für Urheber- und Verlagsrecht der Deutschen Arbeitsgemeinschaft für gewerblichen Rechtsschutz und Urheberrecht in der Akademie für Deutsches Recht, GRUR 1939, 242, abgedruck auch in: *Schubert* (Hrsg.), Akademie für Deutsches Recht, Bd. 9 (1999), S. 589–607, bezüglich des Interpretenrechts besteht zwischen diesem Entwurf und seinen Vorgängern weitgehende Übereinstimmung, vgl. *Maracke,* Die Entstehung des Urheberrechtsgesetzes von 1965, 2003, S. 46; *Dünnwald/ Gerlach* Einl. Rn. 8.

[78] Siehe die vergleichende Gegenüberstellung von *Haensel,* Leistungsschutz oder Normalvertrag, 1954, S. 25–29; eingehend zu allen Enwürfen *Apel,* Der ausübende Musiker im Recht Deutschlands und der USA, 2011, S. 117 ff.; *Dünnwald/Gerlach* Einl. Rn. 7 ff.

[79] *Grünberger,* Das Interpretenrecht, 2006, S. 12.

[80] Abgedruckt in: Stellungnahme zu den Entwürfen des Bundesjustizministeriums zur Urheberrechtsreform INTERGU-Schriftenreihe Bd. 16 (1960), 26 ff.; zum Inhalt s. *Dünnwald/Gerlach* Einl. Rn. 22; *Apel,* Der ausübende Musiker im Recht Deutschlands und der USA, 2011, S. 171 ff.

[81] Näher *Hoeren* FS 50 Jahre UrhG, 2015, 21 (29 ff.).

[82] *Maracke,* Die Entstehung des Urheberrechtsgesetzes von 1965, 2003, S. 110 f.; *Apel,* Der ausübende Musiker im Recht Deutschlands und der USA, 2011, S. 171 f.

[83] Ministerialentwurf eines Gesetzes über Urheberrecht und verwandte Schutzrechte (Urheberrechtsgesetz), abgedruckt in: UFITA 29 (1959), 214; dazu näher *Apel,* Der ausübende Musiker im Recht Deutschlands und der USA, 2011, S. 174 ff.

[84] *Maracke,* Die Entstehung des Urheberrechtsgesetzes von 1965, 2003, S. 165.

[85] Vgl. *Neumann-Deusberg* UFITA 31 (1960), 162 (167).

[86] *Hirsch/Ballin* UFITA 18 (1954), 310 (318 ff.); *Troller* INTERGU-Schriftenreihe Bd. 13 (1959), S. 63 ff.

[87] *de Boor* UFITA 18 (1954), 260 (273); *Benkard* UFITA 19 (1955), 28 (31 ff.); *Neumann-Deusberg* UFITA 31 (1960), 162 (166 ff.); *Schiefler* GRUR 1960, 156 (161 f.).

[88] S. *Grünberger,* Das Interpretenrecht, 2006, S. 39; *Apel,* Der ausübende Musiker im Recht Deutschlands und der USA, 2011, S. 158 ff.

[89] BGHZ 33, 1 = GRUR 1960, 619 – Künstlerlizenz Schallplatten; BGHZ 33, 20 = GRUR 1960, 614 – Figaros Hochzeit; BGHZ 33, 38 = GRUR 1960, 627 – Künstlerlizenz Rundfunk; BGHZ 33, 48 = GRUR 1960, 630 – Orchester Graunke; vertiefend dazu *Bünte,* Die künstlerische Darbietung als persönliches und immaterielles Rechtsgut, 2000, S. 41 ff.; *Grünberger,* Das Interpretenrecht, 2006, S. 13 f.; *Dünnwald/Gerlach* Einl. Rn. 18 ff.; *Apel,* Der ausübende Musiker im Recht Deutschlands und der USA, 2011, S. 161 ff. (dort auf S. 166 ff. auch zur zeitgenössischen Rezeption der Entscheidungen).

[90] BGHZ 33, 20 = GRUR 1960, 614 (615 ff.) – Figaros Hochzeit.

[91] BGHZ 33, 48 = GRUR 1960, 630 (633 f.) – Orchester Graunke; BGHZ 33, 20 = GRUR 1960, 614 (617) – Figaros Hochzeit.

[92] BGHZ 33, 20 = GRUR 1960, 614 (617 f.) – Figaros Hochzeit.

im gewerblichen Bereich einen lauterkeitsrechtlichen Verstoß gegen § 1 UWG aF.[93] In **extensiver Interpretation des § 2 Abs. 2 LUG** war der Interpret auch Inhaber ausschließlicher Rechte an der Zweit- und Drittverwertung seiner Aufnahme: Eine vom ausschließlichen Senderecht erfasste Zweitverwertung lag vor, wenn die rechtmäßig hergestellte Schallplatte im Rundfunk gespielt wurde,[94] während eine von dem ausschließlichen Aufführungsrecht erfasste Drittverwertung gegeben war, wenn die im Rundfunk gesendete Aufnahme in einer Gaststätte Dritten wahrnehmbar gemacht[95] wurde. Handelte es sich bei der in dieser Weise zugänglich gemachten Aufnahme nicht um eine Schallplattenaufnahme, sondern um eine Live-Sendung, verletzte der Gastwirt ebenfalls das Ausschließlichkeitsrecht des Interpreten.[96] Die ausschließlichen Rechte an der Sendung der Live-Darbietung und öffentlichen Wiedergabe der Live-Sendung konnten ebenfalls nicht mehr auf § 2 Abs. 2 LUG gestützt werden.[97] Stattdessen gewährte der BGH auch in diesen Fällen Schutz gegen die Verwertung der (gesendeten) Live-Darbietung mit einer **Kombination aus allgemeinem Persönlichkeitsrecht, § 826 BGB und § 1 UWG** aF.[98] Hervorzuheben ist, dass der BGH die „Vorrichtung" in § 2 Abs. 2 LUG „allein als Träger der Wiedergabeleistung des ‚vortragenden' Künstlers" auffasste[99] und damit die **Darbietung als Schutzobjekt** des Rechts sichtbar machte.[100] Insgesamt hatte das Gericht einen umfassenden Schutz des Interpreten mittels Ausschließlichkeitsrechten auf der Grundlage eines immaterialgüterrechtlichen[101] „Zwei-Säulen-Modells" geschaffen. Sein Verhältnis zum Urheberrecht basierte auf zwei Prämissen: (1.) Das Bearbeiterurheberrecht (§ 2 Abs. 2 LUG) und der Kombinationsschutz einerseits und das Urheberrecht am Originalwerk andererseits sind originär entstehende, nicht voneinander abgeleitete Ausschließlichkeitsrechte;[102] (2.) In den Fällen, in denen „der Genuß eines Geisteswerks von der Mittlertätigkeit Dritter abhängig" ist, sei es gerecht, dass sich der Urheber „mit den jeweiligen Werkmittlern das wirtschaftliche Entgelt teilen muß, das der Werknutzer für die Auswertung des Werkes aufzuwenden bereit und in der Lage ist".[103] Die Urteile des Bundesgerichtshofs waren als Grundlage eines modernen Konzepts eines Leistungsschutzes der ausübenden Künstler gedacht.[104] Gleichwohl beschritt das UrhG von 1965 hinsichtlich des Schutzinhalts der dem Interpreten zugewiesenen Ausschließlichkeitsrechte andere Wege.

II. Paradigmenwechsel im UrhG von 1965

1. Grundlinien

Der „Entwurf eines Gesetzes über Urheberrecht und verwandte Schutzrechte" (Urheberrechtsge   **19**
setz) v. 5.12.1961[105] und das auf seiner Grundlage verabschiedete UrhG v. 1965 vollendeten den sich seit langem ankündigenden **Paradigmenwechsel.**[106] Anstelle der „systematisch verfehlte(n) und zudem unvollkommene(n) Regelung des Schutzes der ausübenden Künstler" in § 2 Abs. 2 LUG sollte der ausübende Künstler „ein Leistungsschutzrecht erhalten, das zwar in der Systematik an das Urheberrecht angelehnt, in der Sache selbst aber abweichend gestaltet ist".[107] Vorbild dafür war das Rom-Abkommen von 1961 (→ Rn. 52 ff.).[108] Das UrhG gab die urheberrechtliche Ausgestaltung des Interpretenrechts auf. Rechtsdogmatisch zog der Gesetzgeber aufgrund der „Wesensverschiedenheit zwischen Urheberrecht und Leistungsschutzrechten"[109] „eine **klare Trennungslinie** [...] zwischen dem Schutz der schöpferischen Leistung des Urhebers und dem Schutz der das geschaffene Werk wiedergebenden Leistung des ausübenden Künstlers sowie der mehr technisch-wirtschaftlichen Leistung der Tonträgerhersteller und Sendeunternehmen".[110] Die Rechtsstellung der ausübenden Künstler wurde daher zusammen mit den Leistungsschutzrechten des Veranstalters (§ 81), des Tonträgerherstellers (§§ 85, 86) und des Sendeunternehmens (§ 87) sowie einigen weniger umstrittenen

---

93 BGHZ 33, 20 = GRUR 1960, 614 (615 ff.). – Figaros Hochzeit.
94 BGHZ 33, 1 = GRUR 1960, 619 (621 ff.) – Künstlerlizenz Schallplatten.
95 BGHZ 33, 38 = GRUR 1960, 627 (627 ff.) – Künstlerlizenz Rundfunk.
96 BGHZ 33, 38 = GRUR 1960, 627 (629 f.) – Künstlerlizenz Rundfunk.
97 BGHZ 33, 38 = GRUR 1960, 627 (629 f.) – Künstlerlizenz Rundfunk.
98 BGHZ 33, 38 = GRUR 1960, 627 (630) – Künstlerlizenz Rundfunk.
99 BGHZ 33, 1 = GRUR 1960, 619 (622) – Künstlerlizenz Schallplatten.
100 *Apel,* Der ausübende Musiker im Recht Deutschlands und der USA, 2011, S. 169.
101 Ob der ergänzende Schutz des Kombinationsmodells auch immaterialgüterrechtlicher Natur war, ist umstritten, vgl. *Bünte,* Die künstlerische Darbietung als persönliches und immaterielles Rechtsgut, 2000, S. 47 f.
102 BGHZ 33, 1 = GRUR 1960, 619 (626) – Künstlerlizenz Schallplatten; BGH NJW 1962, 1006 (1007) – Schallplatteneinblendung in Filme.
103 BGHZ 33, 1 = GRUR 1960, 619 (623) – Künstlerlizenz Schallplatten.
104 *Bornkamm/Danckwerts* GRUR 2010, 761 (765).
105 BR-Drs. 1/62 (= BT-Drs. IV/270): s. auch den schriftlichen Bericht des Rechtsausschusses v. 10.5.1965, BT-Drs. IV/3401; zu den Einzelheiten s. *Maracke,* Die Entstehung des Urheberrechtsgesetzes von 1965, 2003, S. 205 f.; speziell zum Interpretenrecht s. *Dünnwald/Gerlach* Einl. Rn. 26 ff.; *Apel,* Der ausübende Musiker im Recht Deutschlands und der USA, 2011, S. 176 ff.
106 *Grünberger,* Das Interpretenrecht, 2006, S. 21 ff., 38 ff.
107 BT-Drs. IV/270, 34.
108 BT-Drs. IV/270, 34, 86, 89; zu den Abweichungen s. *Dünnwald/Gerlach* Einl. Rn. 26.
109 Schriftl. Bericht des Abg. Reischl, zu BT-Drs. IV/3401, 13.
110 BT-Drs. IV/270, 87.

Leistungsschutzrechten[111] in einem besonderen Teil unter der Bezeichnung „verwandte Schutzrechte" geregelt.[112] Deshalb seien Inhalt und Umfang der Leistungsschutzrechte „jeweils unter Berücksichtigung der besonderen Bedürfnisse der zu schützenden Personengruppen selbstständig zu bestimmen und könn[t]en nicht einfach aus einer entsprechenden Anwendung urheberrechtlicher Grundsätze gewonnen werden".[113]

2. Grundstruktur des verwandten Schutzrechts des ausübenden Künstlers

20   Das am 1.1.1966 in Kraft getretene UrhG (§ 143 Abs. 2) wies folgende Grundstruktur auf: § 73 definierte mit der Darbietung das Schutzobjekt und mit dem ausübenden Künstler den Rechtsinhaber des Interpretenrechts.[114] Hinsichtlich der **Verwertungsrechte** wurde **differenziert**: Bei einer unmittelbaren Verwertung der Darbietung des ausübenden Künstlers durch Lautsprecherübertragung (§ 74 aF), Aufnahme auf Bild- oder Tonträger (§ 75 S. 1 aF), der Vervielfältigung dieser Träger (§ 75 S. 2 aF) oder Funksendung der Live-Darbietung oder aufgenommenen, aber nicht auf Bild- oder Tonträger erschienen Darbietung (§ 76 Abs. 1 aF), wurden dem ausübenden Künstler **„Einwilligungsrechte"** eingeräumt. Diese Rechte konnte der Interpret zwar abtreten, behielt aber auch danach die Befugnis, gegenüber Dritten erneut in die Verwertung einzuwilligen (§ 78 aF). Damit war eine vollständige Übertragung der Einwilligungsrechte ausgeschlossen.[115] Dagegen hatte der Interpret bei der mittelbaren Verwertung der Darbietung von mittels Funksendung erschienenen Bild- oder Tonträgern (§ 76 Abs. 2 aF) oder bei der öffentlichen Wahrnehmbarmachung solcher Bild- oder Tonträger oder Funksendungen (§ 77 aF) keine Verbotsrechte, sondern einen **Anspruch auf angemessene Vergütung.** § 79 enthielt eine Auslegungsregel für die Rechtsübertragung bei Darbietungen, die in Erfüllung von Arbeits- oder Dienstpflichten erbracht wurden. Daraus ergab sich „auch ohne besondere Vereinbarung die Befugnis des Arbeitgebers oder Dienstherrn (…), die Darbietung des ausübenden Künstlers entsprechend dem unmittelbaren Vertragszweck zu verwenden".[116] § 80 Abs. 1 sah im Interesse aller beteiligter Interpreten und zur Erleichterung des Rechtsverkehrs[117] bei Chor-, Orchester- und Bühnenaufführungen vor, dass die Einwilligungsrechte vom gewählten Vertreter (Vorstand) der mitwirkenden Künstlergruppen einheitlich erteilt wird. Zur (prozessualen) **Geltendmachung** der Vergütungsansprüche und der sekundären subjektiven Rechte bei einem Verstoß gegen die Einwilligungsrechte war § 80 Abs. 2 für die Gesamtheit der betreffenden Künstlergruppen wiederum deren Vorstand bzw. Leiter allein ermächtigt.[118] Davon unberührt blieben die Einwilligungsrechte und Geltendmachung der übrigen Rechte durch die Solisten, den Dirigenten und den Regisseur. § 81 sah erstmals einen immaterialgüterrechtlichen Schutz der unternehmerischen Leistung des Veranstalters einer künstlerischen Darbietung vor. Die Dauer der Verwertungsrechte des Interpreten betrug 25 Jahre nach dem Erscheinen des Bild- oder Tonträgers, hilfsweise 25 Jahre nach der Darbietung, wenn der Bild- oder Tonträger innerhalb dieser Frist nicht erschienen ist (§ 82). Damit wurde die **Rechtsposition** im Vergleich zum bisherigen Bearbeiterurheberrecht (50 Jahre, § 29 LUG) erheblich **verkürzt.** Nach der Auffassung des damaligen Gesetzgebers reichte diese Schutzdauer aus, „um dem ausübenden Künstler eine angemessene wirtschaftliche Auswertung seiner Darbietung zu sichern".[119] Als verfassungsrechtlich problematisch[120] sollte sich die Entscheidung herausstellen, die verkürzte Schutzdauer und den Fristbeginn nachträglich auf die bereits bestehenden Urheberrechte anzuwenden, die mit Inkrafttreten des UrhG in das Leistungsschutzrecht transferiert worden waren (§ 135).[121] § 83 Abs. 1 enthielt mit dem Schutz vor Entstellungen oder anderer Beeinträchtigungen der Darbietung ein **beschränktes** *droit moral* des ausübenden Künstlers.[122] Ein weitergehender Schutz der ideellen Interessen des ausübenden Künstlers erschien dem Gesetzgeber nicht erforderlich; insbesondere fehlte ein Recht auf Namensnennung, weil man davon ausging, dass der Interpret regelmäßig in der Lage sei, sich dieses vertraglich zu sichern.[123] § 83 Abs. 2 verpflichtete den ausübenden Künstler einer Gruppendarbietung zur angemessenen Rücksichtnahme bei der Ausübung seines Rechts. Danach war eine Interessenabwägung notwendig, falls einer der Mitwirkenden die Verwertung der Aufführung untersagen wollte, andere dagegen an dieser Verwertung interessiert waren, um daraus zusätzliche Einnahmen zu erzielen.[124] § 83 Abs. 3 regelte die Schutzdauer des Leistungsintegritätsanspruchs abweichend von der Dauer der Verwertungsrechte. Danach erlosch das Recht mit dem Tod des Interpreten, spätestens aber 25 Jahre nach der Darbietung, wenn der Interpret vorher verstarb.

---

[111] BT-Drs. IV/270, 86.
[112] BT-Drs. IV/270, 86 f.
[113] BT-Drs. IV/270, 87.
[114] *Apel*, Der ausübende Musiker im Recht Deutschlands und der USA, 2011, S. 178.
[115] BT-Drs. IV/270, 93; näher zur dogmatischen Konstruktion *Grünberger*, Das Interpretenrecht, 2006, S. 259 ff.
[116] BT-Drs. IV/270, 93.
[117] BT-Drs. IV/270, 94.
[118] BT-Drs. IV/270, 94.
[119] BT-Drs. IV/270, 94.
[120] BVerfGE 31, 275 = GRUR 1972, 491 – Schallplatten; → §§ 135, 135a Rn. 6 f.
[121] Dazu → §§ 135, 135a Rn. 3 f.
[122] BT-Drs. IV/270, 94.
[123] BT-Drs. IV/270, 95.
[124] BT-Drs. IV/270, 95.

Weil die ausübenden Künstler **nicht besser gestellt** sein sollten **als die Urheber,** ordnete § 84 an, dass sie den gleichen Einschränkungen im Interesse der Allgemeinheit unterlagen wie diese.[125]

3. Vergleich mit dem Urheber

Vergleicht man das UrhG von 1965 mit der Rechtslage, wie sie der ausübende Künstler gem. **21** § 2 Abs. 2 LUG und angesichts des Kombinationsschutzes aufgrund der Leistungsschutzurteile des BGH (→ Rn. 18) genossen hatte, **verkleinerte** sich der **Gesamtschutzbereich** des Interpretenrechts aufgrund der „neuen richtigeren systematischen Einfügung des Rechts des ausübenden Künstlers in die Gruppe der Leistungsschutzrechte"[126] **nicht unerheblich.**[127] Der ausübende Künstler stand nach der Reform deutlich schlechter als vorher.[128] Sichtbar wurde der Unterschied, wenn man die Rechtsposition des ausübenden Künstlers mit der des Urhebers verglich. Es **fehlten** das Veröffentlichungs-, Anerkennungs- und Namensnennungsrecht, das Verbreitungsrecht, ein unbeschränktes Ausschließlichkeitsrecht an der öffentlichen Wiedergabe, das Bearbeitungsrecht, das Zugangsrecht, der Vergütungsanspruch bei Vermietung, die gesamten Regelungen zum Urhebervertragsrecht, inklusive Übertragungszwecklehre und angemessener Beteiligung an den Erträgnissen, das Änderungsrecht und die Rückrufsrechte.[129]

III. Änderungen des UrhG seit 1966[130]

1. Korrekturen (1972–1990)

Der grundsätzlich verfassungskonforme Systemwechsel vom Bearbeiterurheberrecht zum Leis- **22** tungsschutzrecht (→ Rn. 19) war hinsichtlich des Beginns der neuen, **verkürzten Schutzdauer verfassungswidrig,** weil die darin liegende Rückbewirkung von Rechtsfolgen dazu führte, dass eine vormals geschützte Leistung ganz- oder teilweise ersatzlos erlosch.[131] Zur Beseitigung der Verfassungswidrigkeit fügte das „Gesetz zur Änderung des UrhG" v. 10.11.1972[132] den § 135a neu ein.[133]

Das „Gesetz zur Stärkung des Schutzes des geistigen Eigentums und zur Bekämpfung der Produkt- **23** piraterie" v. 7.3.1990[134] **verlängerte die Schutzdauer** für noch geschützte Darbietungen ausübender Künstler – nicht aber der Tonträgerhersteller! – auf 50 Jahre (§§ 82 aF, 137c). Damit korrigierte der Gesetzgeber seine ursprüngliche Einschätzung (→ Rn. 20), weil sich wegen der Digitalisierung die technischen Möglichkeiten erheblich verbesserten, die Leistungen der ausübenden Künstler auch nach Ablauf von 25 Jahren noch zu vermarkten. Deshalb hielt es der Rechtsausschuss „für angebracht, die ausübenden Künstler durch eine Verlängerung der Schutzfrist auch in Zukunft an der wirtschaftlichen Auswertung zu beteiligen und ihnen insbesondere durch den Fortbestand der Vergütungsansprüche ein angemessenes Einkommen zu sichern".[135]

2. Erweiterung der Rechte in Umsetzung von EG-Richtlinien (1995–1998)

Ein erster Schritt zu einer **Wiederannäherung von Urheber- und Interpretenrecht** erfolgte im **24** „Dritten Gesetz zur Änderung des Urheberrechtsgesetzes" v. 23.6.1995.[136] Es diente erstens der **Umsetzung der Vermiet- und Verleih-RL,**[137] zweitens der Schutzdauer-RL[138] und passte drittens das deutsche Recht mit § 125 Abs. 1 S. 2 iVm § 120 Abs. 2 Nr. 1 an die Interpretation des unmittelbar anwendbaren und rückwirkenden[139] Art. 18 AEUV in der Phil-Collins-Entscheidung des EuGH[140] an.[141]

Der neu in das Gesetz eingefügte § 75 Abs. 2 aF führte zu einem nur teilweise gemeinschaftsrecht- **25** lich veranlassten (→ Rn. 33 f.) **Bruch** mit der dem Gesetz zugrunde liegenden **Terminologie:** Während die Ausschließlichkeitsrechte des ausübenden Künstlers bis dahin als „Einwilligungsrechte" be-

---

[125] BT-Drs. IV/270, 95.
[126] BT-Drs. IV/270, 90.
[127] *Apel,* Der ausübende Musiker im Recht Deutschlands und der USA, 2011, 202.
[128] *Grünberger,* Das Interpretenrecht, 2006, 22; *Dünnwald/Gerlach* Einl. Rn. 32.
[129] *Dünnwald/Gerlach* Einl. Rn. 32.
[130] Gesetzesänderungen, die ausschließlich urheberrechtliche Bestimmungen ändern, auf die das Interpretenrecht verweist bzw. welches dieser für entsprechend anwendbar erklärt und die zu keinen Änderungen in den §§ 73 ff. führen, werden nicht aufgeführt.
[131] BVerfGE 31, 275 = GRUR 1972, 491 (495) – Schallplatten.
[132] BGBl. I S. 120.
[133] → §§ 135, 135a Rn. 7.
[134] BGBl. I S. 422.
[135] BT-Drs. 11/5744, 36.
[136] BGBl. I S. 842.
[137] Vertieft dazu *v. Lewinski* ZUM 1995, 442.
[138] Vertieft dazu *Vogel* ZUM 1995, 451.
[139] BGH GRUR 1995, 794 (797) – Rolling Stones; BGH GRUR-Int 1995, 503 (504 f.) – Cliff Richards II; BGH GRUR 1998, 568 (569) – Beatles-Doppel-CD; BGH GRUR 1999, 49 (51) – Bruce Springsteen and his Band.
[140] EuGH GRUR-Int 1994, 53 – Collins u. Patricia Im- und Export/Imtrat u. EMI Electrola (dazu krit. *Schack* JZ 1994, 144 und zustimmend *Gaster* ZUM 1996, 262).
[141] BT-Drs. 13/115, 1.

zeichnet worden waren (→ Rn. 20), benannte § 75 Abs. 2 Var. 1 aF das Vervielfältigungsrecht und Var. 2 das neue Verbreitungsrecht ausdrücklich als **ausschließliche Rechte**. Darunter fiel auch das ausschließliche Vermietrecht.[142] Dagegen wurde weder für den Urheber noch für den Interpreten ein ausschließliches Verleihrecht eingeführt.[143] Ebenfalls neu war der Vergütungsanspruch gem. § 75 Abs. 3 aF iVm § 27. Hinsichtlich der Vergütung für die Vermietung war die darin liegende „Gleichbehandlung der ausübenden Künstler mit den Urhebern" von der Richtlinie vorgegeben.[144] Das galt aber nicht für den Vergütungsanspruch für das Verleihen. Die Begründung dazu kündigte eine **Neuausrichtung** im Verhältnis von Urheber und Interpret an: Eine Schlechterbehandlung des ausübenden Künstlers sei nicht mehr gerechtfertigt.[145] Gestrichen wurde in diesem Zusammenhang § 78 Hs. 2 aF, weil die damit ermöglichte „doppelte Verfügungsmacht" des Interpreten (→ Rn. 20) angeblich unvereinbar mit der Richtlinie sei,[146] obwohl sie für ausübende Künstler, die bei Filmen mitwirken, zeitgleich neu eingefügt wurde.[147]

26   Im Rahmen der **Umsetzung der Schutzdauer-RL** wurden die maßgeblichen Anknüpfungspunkte für die Fristberechnung in § 82 aF neu bestimmt: Danach war nicht mehr allein das Erscheinen der Ton- oder Bildtonträger maßgeblich, sondern auch deren erste erlaubte Benutzung zur öffentlichen Wiedergabe, was im Ergebnis zu einer Verkürzung der Schutzdauer führen konnte.[148] Gleichzeitig wurde „auch die Schutzdauer der persönlichkeitsrechtlichen Befugnisse des ausübenden Künstlers (§ 83 Abs. 3 aF) auf 50 Jahre verdoppelt und damit wieder ein Gleichklang mit der Dauer der vermögensrechtlichen Befugnisse" hergestellt.[149] Wegen der zwingenden Vorgabe in Art. 7 Abs. 2 Schutzdauer-RL wurde in § 125 Abs. 7 ein Schutzdauervergleich neu eingefügt.

27   Das „Vierte Gesetz zur Änderung des Urheberrechtsgesetzes" v. 8.5.1998[150] diente der **Umsetzung der Satelliten- und Kabel-RL** (→ Rn. 36 f.) und fügte § 76 Abs. 3 aF neu ein, womit die entsprechende Anwendung des § 20b Abs. 1 auf ausübende Künstler ausdrücklich angeordnet wurde.[151] Eine ausdrückliche Anordnung der entsprechenden Anwendung des § 20a unterblieb, weil sie „ohne weiteres auch für das Satellitensenderecht des ausübenden Künstlers" gelten würde.[152] Die für alle nach dem 1.6.1998 abgeschlossenen Verträge (§ 137h Abs. 3) ebenfalls ausdrücklich angeordnete Anwendung des § 20b Abs. 2 stellte „im Bereich des Rechts des ausübenden Künstlers sicher, dass der Grundsatz der angemessenen Vergütung auch für die Kabelweitersendung der Darbietung des Interpreten gilt."[153] Diese **Gleichbehandlung** von Urheber und Interpret war gemeinschaftsrechtlich nicht vorgegeben.

3. Neuausrichtung des Interpretenrechts (2002–2003)

28   Das „Gesetz zur Stärkung der vertraglichen Stellung von Urhebern und ausübenden Künstlern" v. 22.3.2002[154] basiert auf der Prämisse, dass Urheber und ausübende Künstler insoweit als „Kreative" vertragsrechtlich gleich schutzbedürftig und daher auch gleich zu behandeln sind.[155] Der neu eingefügte § 75 Abs. 4 aF ordnete deshalb die entsprechende Geltung (fast) aller Bestimmungen, die eine angemessene Vergütung des Urhebers sicherten (§§ 32, 32a, 36 und 36a), ebenso wie der Regelung über Werkänderungen (§ 39 UrhG) und – klarstellend[156] – des Übertragungszweckgedankens (§ 31 Abs. 5) im Interpretenrecht an. Der fehlende Verweis auf § 32b war ein später beseitigtes Redaktionsversehen.[157] Für Gruppendarbietungen war vorgesehen, dass die ausübenden Künstler für die Geltendmachung des Anspruchs auf Vertragsanpassung eine wahrnehmungsberechtigte Person vor Beginn der Darbietung bestimmen konnten (§ 75 Abs. 5 aF). Mit der These, dass die **vertragsrechtliche Gleichbehandlung von Urhebern und ausübenden Künstlern** wegen der wirtschafts-, sozial- und kulturpolitisch gleich gelagerten Beurteilung beider kreativen Berufsgruppen notwendig sei,[158] brach das StärkungsG mit der dogmatisch strikten Trennung zwischen Urheber und ausübendem Künstler (→ Rn. 19).[159] Der Interpret wurde im Verhältnis zu den Verwertern seiner Leistung so

---

[142] *v. Lewinski* ZUM 1995, 442; zur Vereinbarkeit mit der Warenverkehrsfreiheit s. EuGH GRUR-Int 1998, 596 – Metronome Musik/Music Point Hokamp.
[143] BT-Drs. 13/115, 8.
[144] BT-Drs. 13/115, 15.
[145] BT-Drs. 13/115, 15.
[146] BT-Drs. 13/115, 15.
[147] BT-Drs. 13/115, 16; krit. dazu *Dünnwald/Gerlach* Einl. Rn. 38; → § 92 Rn. 11.
[148] BT-Drs. 13/781, 10.
[149] BT-Drs. 13/781, 10.
[150] BGBl. I S. 902.
[151] BT-Drs. 13/4796, 14.
[152] BT-Drs. 13/4796, 14.
[153] BT-Drs. 13/4796, 14.
[154] BGBl. I S. 1155.
[155] BT-Drs. 14/6433, 9 f.
[156] Dieser wurde von der Rechtsprechung schon vorher auch im Interpretenvertragsrecht angewandt, vgl. BGH GRUR 1979, 637 (638 f.) – White Christmas; BGH GRUR 1984, 119 (121) – Synchronisationssprecher.
[157] BT-Drs. 15/38, 24.
[158] So *Erdmann* GRUR 2002, 923 (930).
[159] Vgl. BGH GRUR 2003, 234 (236) – EROC III.

behandelt wie der Urheber.[160] Allerdings erfolgte dieser Schritt **unvollständig:** Die Regelung über neue Nutzungsarten (§ 31 Abs. 4 aF) wurde bewusst nicht auf die ausübenden Künstler erstreckt, was mit Praktikabilitätsgründen gerechtfertigt wurde.[161]

Eine **durchgreifende Neukonzeption** (dazu bereits → Rn. 2) und seine heutige Grundkonzep-   **29** tion hat das Leistungsschutzrecht der ausübenden Künstler mit dem „Gesetz zur Regelung des Urheberrechts in der Informationsgesellschaft" v. 10.9.2003[162] erfuhr.[163] Das Gesetz dient im Wesentlichen der **Umsetzung der InfoSoc-RL** und der Pflichten Deutschlands aus den **WIPO-Verträgen.**[164] Das Gesetz erweiterte die persönlichkeitsrechtlichen Befugnisse des ausübenden Künstlers inhaltlich, indem es ein Anerkennungs- und Namensnennungsrecht einführte (§ 74 Abs. 1) und die Schutzdauer des Interpretenpersönlichkeitsrechts verlängerte (§ 76 S. 1). Die vermögensrechtlichen Befugnisse wurden einheitlich von Einwilligungsrechten auf Ausschließlichkeitsrechte umgestellt (§§ 77, 78 Abs. 1) und inhaltlich um das neue Recht der öffentlichen Zugänglichmachung (§ 78 Abs. 1 Nr. 1) erweitert. § 79 Abs. 2 S. 1 idF v. 2003 übernahm das urheberrechtliche Modell der Rechtsübertragung mittels Einräumung von Nutzungsrechten ausdrücklich[165] in das Interpretenvertragsrecht und § 79 Abs. 2 S. 2 idF v. 2003 ordnete die entsprechende Anwendung der §§ 31–43 im Interpretenvertragsrecht an – mit der zweifelhaften Ausnahme der Regeln zur Verwertung bei unbekannten Nutzungsarten. Die Rechtsinhaberschaft bei Interpretengruppen ist in § 80 Abs. 1 nach dem Vorbild der Urhebergesamthand gestaltet, während die §§ 74 Abs. 2, 80 Abs. 2 für die Vertretungs- und Prozessführungsbefugnis der Interpretengesamthand weiterhin Sonderregelungen enthalten. Inhaltlich unverändert blieben 2003 lediglich der Leistungsintegritätsanspruch (§ 75), die Schutzdauer (§ 82) und die entsprechende Anwendung urheberrechtlicher Schranken (§ 83).[166]

4. Weitere Gesetzesänderungen (seit 2008)

Das „Zweite Gesetz zur Regelung des Urheberrechts in der Informationsgesellschaft" v. 26.10.   **30** 2007[167] beschränkte sich im Wesentlichen auf **redaktionelle Anpassungen** in den §§ 79 Abs. 2 S. 2 und 81, die mit der Neuregelung des Rechts unbekannter Nutzungsarten (§§ 31a, 32c, 137l) notwendig wurden.[168] Der Gesetzgeber entschied sich 2007 noch einmal dagegen, die ausübenden Künstler in dieser Hinsicht gleich wie die Urheber zu behandeln.[169] Klargestellt wurde, dass es eine Zwangslizenz (§ 42a) im Interpretenrecht nicht gibt.[170] Mittelbar erfuhren die erfolgten weitreichenden Änderungen der Regelungen zur Vergütung für erlaubnisfrei zulässige private Kopien (§§ 54 ff.) über § 83 erhebliche praktische Bedeutung im Interpretenrecht. Das „Gesetz zur Verbesserung der Durchsetzung von Rechten des geistigen Eigentums" v. 7.7.2008[171] setzt Art. 5 der Enforcement-RL (→ Rn. 41) um und ordnet die entsprechende Anwendbarkeit der Urhebervermutung im Interpretenrecht an (§ 74 Abs. 3).[172]

Das „Neunte Gesetz zur Änderung des Urheberrechtsgesetzes" v. 2.7.2013[173] fügte in **Umsetzung**   **31** **der Richtlinie 2011/77/EU**[174] (→ Rn. 39) die §§ 79 Abs. 3, 79a, und 137m neu in das UrhG ein und führte zu einer inhaltlichen Änderung und Umgestaltung der § 82 geführt. Die Schutzdauer für die auf einem Tonträger aufgezeichnete Darbietung wurde von 50 auf 70 Jahre verlängert (§ 82 Abs. 1). Die Schutzdauer für das Veranstalterrecht ist seitdem – inhaltlich unverändert – in § 82 Abs. 2 geregelt. § 82 Abs. 3 ordnet – inhaltlich ebenfalls unverändert – für beide Berechnungen die entsprechende Geltung des § 69 an. Die §§ 79 Abs. 3, 79a sehen vier neue Rechte des Interpreten vor: (1.) das Recht, den Übertragungsvertrag nach Ablauf der alten Schutzdauer von 50 Jahren zu kündigen, wenn der Tonträgerhersteller die Darbietung unzureichend verwertet (§ 79 Abs. 3); (2.) einen unverzichtbaren und verwertungsgesellschaftspflichtigen Anspruch auf eine zusätzliche Vergütung, wenn der Interpret dem Tonträgerhersteller die Rechte an seiner Darbietung gegen Zahlung einer einmaligen Vergütung eingeräumt oder übertragen hat (§ 79a Abs. 1–3); (3.) einen darauf bezogenen Auskunftserteilungsanspruch (§ 79a Abs. 4) und (4.) das Verbot, bei Vereinbarung einer wiederkehrenden Vergütung Vorschüsse oder vertraglich vereinbarte Abzüge abzuziehen (§ 79a Abs. 5).

Das „Gesetz zur verbesserten Durchsetzung des Anspruchs der Urheber und ausübenden Künst-   **32** ler auf angemessene Vergütung und zur Regelung von Fragen der Verlegerbeteiligung" v. 20.12.

---

[160] *A. Nordemann,* Das neue Urhebervertragsrecht, 2002, 57 f.
[161] BT-Drs. 14/8958, 21; krit. *Erdmann* GRUR 2002, 923 (930); *Krüger* ZUM 2003, 123; → § 79 Rn. 29.
[162] BGBl. I S. 1774.
[163] Ausführlich dazu *Dünnwald* ZUM 2004, 161; *Flechsig/Kuhn* ZUM 2004, 14; *Grünberger,* Das Interpretenrecht, 2006, S. 35 ff.; *Dünnwald/Gerlach* Einl. Rn. 57 ff.
[164] BT-Drs. 15/38, 14.
[165] Zur vergleichbaren Konstruktionsmöglichkeiten nach der alten Rechtslage s. *Grünberger,* Das Interpretenrecht, 2006, S. 259 ff.
[166] BT-Drs. 15/38, 23, 25.
[167] BGBl. I S. 2513.
[168] Dazu *Dünnwald/Gerlach* Einl. Rn. 60–62.
[169] Krit. *Dünnwald/Gerlach* Einl. Rn. 61.
[170] BT-Drs. 16/1828, 32.
[171] BGBl. I S. 1191.
[172] Dazu *Grünberger* GRUR 2006, 894.
[173] BGBl. 2013 I S. 1940.
[174] ABl. 2011 L 265, S. 1.

2016[175] hat das Interpretenvertragsrecht nicht unerheblich modifiziert. Der bisherige § 79 Abs. 2 S. 2, der die entsprechende Geltung der urhebervertragsrechtlichen Vorschriften anordnete, wurde mit § 79 Abs. 2a ersetzt. Nach der – missverständlichen – Systematik beschränkte sich die entsprechende Anwendung der urheberrechtlichen Schutzvorschriften in § 79 Abs. 2 S. 2 aF auf die Einräumung von Nutzungsrechten (§ 79 Abs. 2 S. 1 aF), erfasste aber die Übertragung der Ausschließlichkeitsrechte (§ 79 Abs. 1) nicht. § 79 Abs. 2a bezieht sich jetzt ausdrücklich sowohl auf die Einräumung des Nutzungsrechts (§ 79 Abs. 2) als auch die Übertragung des Leistungsschutzrechts (§ 79 Abs. 1 S. 1). Nach hier vertretener Auffassung ist das lediglich eine Klarstellung der bereits seit 2003 geltenden Rechtslage; nach anderer Auffassung liegt darin eine inhaltliche Neuregelung.[176] Im Kern reagierte der Gesetzgeber mit der Novelle 2016 auf Defizite der Urhebervertragsrechtsnovelle 2002, indem er mit Wirkung zum 1.3.2017 eine Reihe von Vorschriften änderte bzw. neu einführte, die eine angemessene vertragliche Vergütung des Urhebers für die Einräumung von Nutzungsrechten betrafen.[177] Diese Änderungen im Urhebervertragsrecht machten die Anpassung der Verweisung im neugefassten § 79 Abs. 2a notwendig.[178] Dem ausübenden Künstler stehen damit die Auskunftsansprüche (§§ 32d, 32e), das Verbandsklagerecht (§ 36b) und der individualvertragliche Anpassungsanspruch (§ 36c) zu. Ausdrücklich von der Verweisung ausgenommen bleiben das Recht zur anderweitigen Verwertung (§ 40a)[179] und die Regelungen zur Verwertung (§ 31a) und Vergütung (§ 32c) von später bekannt gewordenen Nutzungsarten. Die darin liegende Ungleichbehandlung im Vergleich zu den Urhebern wird mit dem neu eingefügten § 79b erheblich abgemildert. Danach hat jetzt auch der ausübende Künstler nach dem Vorbild des § 32c einen Anspruch auf gesondert angemessene Vergütung für später bekannte Nutzungsarten.

C. Unions- und verfassungsrechtliche Vorgaben

I. Harmonisierende Richtlinien

1. Vermiet- und Verleih-RL

33   Die Vermiet- und Verleih-RL wurde ursprünglich 1992 verabschiedet und 2006 in kodifizierter Form neu erlassen.[180] Sie ist die **erste Harmonisierungsmaßnahme** im Bereich der verwandten Schutzrechte. Wesentliches Anliegen der Richtlinie ist die Vereinheitlichung des Vermiet- und Verleihrechts für Urheber und Inhaber von Leistungsschutzrechten. Weil zum Entstehungszeitpunkt die verwandten Schutzrechte in den Mitgliedstaaten der Gemeinschaft sehr unterschiedlich geregelt waren,[181] war es sinnvoll, die Leistungsschutzrechte der Interpreten, Ton- und Filmhersteller und der Sendeunternehmen (teilweise) zu harmonisieren.[182] Die Richtlinie wurde mit dem „Dritten Gesetz zur Änderung des Urheberrechtsgesetzes" v. 23.6.1995 umgesetzt (→ Rn. 24). Für den fortbestehenden nationalen Spielraum und die Reichweite der Pflicht zur richtlinienkonformen Auslegung des deutschen Rechts kommt es entscheidend auf den Harmonisierungsgrad an. Die Vermiet- und Verleih-RL weist **unterschiedliche Harmonisierungsgrade** auf.

34   **Vollharmonisiert** sind:
– das ausschließliche Recht des ausübenden Künstlers, die Aufzeichnung seiner Darbietungen zu erlauben oder zu verbieten (**Aufnahmerecht,** Art. 7 Abs. 1);
– das ausschließliche Recht, unmittelbare oder mittelbare Vervielfältigungen im Hinblick auf Darbietungsaufzeichnungen zu erlauben oder zu verbieten (**Vervielfältigungsrecht,** Art. 7 RL 92/100/EWG, mittlerweile von Art. 2 InfoSoc-RL abgelöst, → Rn. 40);
– das ausschließliche Recht, die Aufzeichnungen seiner Darbietungen sowie Kopien davon der Öffentlichkeit im Wege der Veräußerung oder auf sonstige Weise zur Verfügung zu stellen (**Verbreitungsrecht,** Art. 9 Abs. 1 lit. a;[183]
– die **Erschöpfung** des Verbreitungsrechts (Art. 9 Abs. 2) und die Sicherung seiner **Verkehrsfähigkeit,** wobei dem Mitgliedstaat überlassen wird, ob es „übertragen oder abgetreten werden oder Gegenstand vertraglicher Lizenzen sein" kann (Art. 9 Abs. 4);
– das ausschließliche Recht, die **Vermietung** von Aufzeichnungen seiner Darbietungen zu erlauben oder zu verbieten (Art. 3 Abs. 1 lit. b) sowie die Übertragbarkeit dieses Rechts (Art. 3 Abs. 3) und die Übertragungsvermutung bei Filmproduktionsverträgen ausübender Künstler (Art. 3 Abs. 4);

---

[175] BGBl. I S. 3037.
[176] → § 79 Rn. 15 f.
[177] → Vor §§ 31 ff. Rn. 14a ff.
[178] BT-Drs. 18/8625, 31.
[179] Kritisch dazu → § 79 Rn. 78b.
[180] Richtlinie 92/100/EWG des Rates v. 19.11.1992 zum Vermietrecht und Verleihrecht sowie zu bestimmten dem Urheberrecht verwandten Schutzrechten im Bereich des geistigen Eigentums, ABl. 1992 L 346, S. 61; kodifiziert in Richtlinie 2006/115/EG, ABl. 2006 L 376, S. 28.
[181] Vgl. *Gotzen* GRUR-Int 1980, 471.
[182] *v. Lewinski* GRUR-Int 1991, 104.
[183] BGH ZUM 2017, 706 Rn. 45 – Metall auf Metall III; BGH ZUM-RD 2016, 285 Rn. 12 – Al Di Meola.

– der unverzichtbare **Anspruch** auf angemessene Vergütung des ausübenden Künstlers, auch nachdem er sein Vermietrecht an einen Tonträgerhersteller oder Filmproduzenten übertragen oder abgetreten hat (Art. 5). Spielraum besteht lediglich hinsichtlich der Frage, ob der Anspruch verwertungsgesellschaftspflichtig ist (Art. 5 Abs. 4).

Lediglich **mindestharmonisiert** sind: 35
– das Recht der öffentlichen Wiedergabe (Erwägungsgrund 16):[184] Art. 8 Abs. 1 verpflichtet die Mitgliedstaaten dazu, ein **ausschließliches** Recht für drahtlos übertragene Rundfunksendungen und die **öffentliche Wiedergabe** ihrer (Live-)Darbietungen vorzusehen;[185]
– der anstelle des Ausschließlichkeitsrechts vorgesehene **angemessene Vergütungsanspruch** der ausübenden Künstler und Tonträgerhersteller, wenn ein zu Handelszwecken veröffentlichter Tonträger für drahtlos übertragene Rundfunksendungen oder eine **öffentliche Wiedergabe** benutzt wird (Art. 8 Abs. 2). Die Regelung basiert auf Art. 12 Rom-Abkommen,[186] geht aber in mehrfacher Hinsicht darüber hinaus.[187] Diesen Vergütungsanspruch nennt der EuGH ein „Recht mit Entschädigungscharakter".[188] Der Begriff der öffentlichen Wiedergabe in Art. 8 Abs. 2 Vermiet- und Verleih-RL ist dabei unionsweit einheitlich zu verstehen. Er ist inhaltlich **identisch** mit dem in Art. 3 Abs. 1 InfoSoc-RL verwendeten Begriff.[189] Weil es sich um einen Mindestschutz handelt, können die Mitgliedstaaten den Vergütungsanspruch auch auf (audio-)visuelle Datenträger erweitern.[190] Die Mitgliedstaaten können anstelle des Vergütungsanspruchs die Rechtsposition des ausübenden Künstlers auch als Ausschließlichkeitsrecht ausgestalten.[191]
– das ausschließliche **Verleihrecht**[192] (Art. 3 Abs. 1 lit. b), weil die Mitgliedstaaten das öffentliche Verleihwesen davon ausnehmen können (Art. 6 Abs. 1) und in Bezug auf Tonträger, Filme und Computerprogramme nicht einführen müssen (Art. 6 Abs. 2). Machen sie von diesen Optionen Gebrauch, müssen sie jedenfalls den Urheber mit Vergütungsansprüchen ausstatten. Die Ausdehnung auf ausübende Künstler ist danach optional;
– die Vermutung, dass die schriftliche Unterzeichnung eines Filmproduktionsvertrags eines ausübenden Künstlers den Filmproduzenten zur **Vermietung ermächtigt**, sofern der Vertrag eine angemessene Vergütung des Interpreten vorsieht (Art. 3 Abs. 6), wobei die Mitgliedstaaten diese Vermutung auch auf die harmonisierten Ausschließlichkeitsrechte ausdehnen können;
– die **Schranken** der harmonisierten Ausschließlichkeitsrechte des Interpreten (Art. 10). Sofern die Mitgliedstaaten davon Gebrauch machen, alle Schranken des Urheberrechts auf die ausübenden Künstler zu übertragen (Art. 10 Abs. 2), wirkt sich der abschließende Schrankenkatalog in Art. 5 InfoSoc-RL mittelbar auch auf die dort nicht harmonisierten Ausschließlichkeitsrechte des Interpreten aus.

2. Satelliten- und Kabel-RL

Ziel der **Satelliten- und Kabel-RL** ist es, Rechtssicherheit bezüglich des anwendbaren Rechts 36 beim Satellitenrundfunk für die beteiligten Verkehrskreise herzustellen.[193] Die urheber- und interpretenrechtliche Zulässigkeit einer **Satellitenausstrahlung** richtet sich sachrechtlich allein nach dem **Ursprungs-** oder **Sendeland** (Art. 1 Abs. 2).[194] Daher muss ein Rundfunkveranstalter die das Intperetenrecht betreffenden Fragen seiner Satellitenübertragung nur für das Ursprungsland klären. Das Ursprungs- oder Sendelandprinzip setzt voraus, dass die ausübenden Künstler in allen Mitgliedstaaten wenigstens einen einheitlichen Mindestschutz beanspruchen können.[195] Dieser ergibt sich aus der Vermiet- und Verleih-RL (Art. 4 Abs. 1). Damit übernimmt die Satelliten- und Kabel-RL das Konzept des eingeschränkten Rechts der öffentlichen Wiedergabe in Art. 8 Vermiet- und Verleih-RL.[196] Art. 4 Abs. 2 stellt klar, dass Satellitensendungen drahtlos übertragene Rundfunksendungen iSv Art. 8 Vermiet- und Verleih-RL sind. Im Anschluss an die Vermiet- und Verleih-RL stellt Art. 6 Abs. 1 klar, dass es sich insoweit ebenfalls um eine **Mindestharmonisierung** handelt.

Zweiter Regelungsschwerpunkt ist die **Kabelweiterverbreitung** (Art. 1 Abs. 3). Sie kann (grenz- 37 überschreitend) nur auf vertraglicher Grundlage erfolgen (Art. 8 Abs. 1).[197] Klargestellt wird damit auch, dass der ausübende Künstler auch Inhaber des ausschließlichen Kabelweiterverbreitungsrechts

---

[184] EuGH GRUR 2015, 477 Rn. 33 – C More Entertainment AB/Sandberg; s. auch BT-Drs. 13/115, 10.
[185] → § 78 Rn. 12.
[186] → § 78 Rn. 22.
[187] Näher Walter/v. Lewinski/*v. Lewinski,* European Copyright Law, 2010, Rn. 6.8.13.
[188] EuGH ZUM-RD 2012, 241 Rn. 75 – SCF.
[189] EuGH ZUM 2016, 755 Rn. 31 ff. – Reha Training/GEMA; näher *Grünberger* GRUR 2016, 977; → § 78 Rn. 15 ff.
[190] Walter/v. Lewinski/*v. Lewinski,* European Copyright Law, 2010, Rn. 6.8.15.
[191] Vgl. Erwägungsgrund (16) Vermiet- und Verleih-RL.
[192] Zur Eigenständigkeit des Verleihrechts → § 77 Rn. 49.
[193] Zur Zielerreichung s. Commission Staff Working Document Evaluation on the Council Directive 93/83/EEC v. 14.9.2016, SWD(2016) 308 final.
[194] Dazu → § 20a Rn. 3.
[195] Walter/v. Lewinski/*Dreier,* European Copyrigth Law, 2010, Rn. 7.4.1.
[196] Krit. dazu Walter/v. Lewinski/*Dreier,* European Copyrigth Law, 2010, Rn. 7.4.3 f.
[197] *Loewenheim* GRUR-Int 1997, 285 (286).

ist, soweit ihm ausschließliche Befugnisse an der öffentlichen Wiedergabe zustehen. Weil er dieses Recht nur durch eine Verwertungsgesellschaft ausüben kann (Art. 9 Abs. 1), die nach den Vorgaben in Art. 11, 12 im Ergebnis abschlussverpflichtet ist, reduziert sich das Recht in der Praxis auf einen Vergütungsanspruch. Auch die Vorgaben zur Kabelweiterverbreitung sind nach Erwägungsgrund (33) lediglich eine **Mindestharmonisierung.**[198] Der nationale Gesetzgeber kann deshalb über die in der Satelliten- und Kabel-RL gewährten Rechte hinausgehen und dem ausübenden Künstler neben dem Ausschließlichkeitsrecht einen zusätzlichen Vergütungsanspruch zuweisen.[199]

3. Schutzdauer-RL

38   Die Schutzdauer-RL wurde ursprünglich 1993 verabschiedet[200] und im Jahr 2006 neu kodifiziert.[201] Die nationalen Schutzfristen innerhalb der Mitgliedstaaten unterschieden sich erheblich.[202] Art. 12 Vermiet- und Verleih-RL sah bezüglich der gemeinschaftsrechtlich harmonisierten Befugnisse des ausübenden Künstlers lediglich eine Mindestharmonisierung auf dem Niveau der Rom-Abkommens vor. Die Schutzdauer-RL verfolgt eine **Vollharmonisierung** sowohl hinsichtlich der **Schutzdauer** als auch der **Fristberechnung.**[203] Die Darbietung des Interpreten wurde gem. Art. 3 Abs. 1 S. 1 zunächst 50 Jahre lang geschützt; Anknüpfungspunkte sind die erlaubte Veröffentlichung oder die erlaubte öffentliche Wiedergabe, abhängig davon, welche zuerst erfolgte. Fehlen beide Anknüpfungspunkte ist– subsidiär – an die Darbietungserbringung anzuknüpfen (Art. 3 Abs. 1 S. 2). Im Verhältnis mit Drittstaaten sieht Art. 7 einen zwingenden Schutzfristenvergleich vor.

39   Die **Richtlinie 2011/77/EU** v. 27.9.2011 zur Änderung der Richtlinie 2006/116/EG über die Schutzdauer des Urheberrechts und bestimmter verwandter Schutzrechte[204] änderte Art. 3 Abs. 1 Schutzdauer-RL und bewirkte damit, dass sich die Schutzdauer einer auf einem **Tonträger erfolgten Aufzeichnung**[205] der Darbietung von 50 auf 70 Jahre erhöht. Die vor dem 1.11.2013 erfolgte Übertragung oder Einräumung der Interpretenrechte an den Verwerter soll im Zweifel auch den von der Schutzdauerverlängerung erfassten Zeitraum erfassen (Art. 10a Schutzdauer-RL nF). Eine Reihe von **„begleitenden Maßnahmen"** soll sicherstellen, dass letztlich auch die ausübenden Künstler von der Schutzdauerverlängerung profitieren: das Recht, den Übertragungs- oder Abtretungsvertrag bei nicht ausreichender Verwertung des Tonträgerherstellers zu kündigen mit der Folge eines Rückfalls der Verwertungsrechte und des Erlöschens der Tonträgerrechte an der Festlegung (Art. 3 Abs. 2a Schutzdauer-RL nF), ein unverzichtbarer und verwertungsgesellschaftspflichtiger Anspruch auf eine zusätzliche Vergütung, wenn der Interpret dem Tonträgerhersteller die Rechte an seiner Darbietung gegen Zahlung einer einmaligen Vergütung eingeräumt oder übertragen hat (Art. 3 Abs. 2b, 2c S. 1, 2d Schutzdauer-RL nF), ein darauf bezogener Auskunftserteilungsanspruch (Art. 3 Abs. 2c S. 2 Schutzdauer-RL nF) und ein Verbot, bei einer vertraglich vereinbarten wiederkehrenden Vergütung Vorschüsse oder vertraglich vereinbarte Abzüge im Verlängerungszeitraum abzuziehen (Art. 3 Abs. 2e Schutzdauer-RL nF). Von der Schutzdauerverlängerung und den Begleitrechten sollen alle Darbietungen profitieren, deren Schutz am 1.11.2013 unter Anwendung des alten Rechts noch nicht erloschen war (Art. 10 Abs. 5 Schutzdauer-RL nF).

4. InfoSoc-RL

40   Die InfoSoc-RL dient der Umsetzung der Pflichten der EU aus dem WPPT (→ Rn. 64, 68 f.).[206] Aus der ständigen Rechtsprechung zur **völkerrechtskonformen Interpretation des Unionsrechts,** mit dem ein völkerrechtlicher Vertrag umgesetzt werden soll, folgt, dass die Richtlinie nach Möglichkeit im Licht des WPPT auszulegen ist.[207] Die Richtlinie strebt hinsichtlich der von ihr vorgesehenen Ausschließlichkeitsrechte der ausübenden Künstler eine **Vollharmonisierung** an.[208] Sie tritt grundsätzlich[209] neben die bestehenden Richtlinien und ergänzt diese.[210] Die ausübenden Künstler haben das ausschließliche Recht, die unmittelbare und mittelbare, vorübergehende oder dauerhafte Vervielfältigung auf jede Art und Weise und in jeder Form ganz oder teilweise zu erlauben oder zu verbieten

---

[198] EuGH GRUR 2007, 225 Rn. 30 – SGAE/Rafael Hoteles.

[199] BT-Drs. 13/4796, 11.

[200] Richtlinie 93/98/EWG des Rates zur Harmonisierung der Schutzdauer des Urheberrechts und bestimmter verwandter Schutzrechte v. 29.10.1993, ABl. 1993 L 290, S. 9.

[201] Richtlinie 2006/116/EG, ABl. 2006 L 372, S. 12.

[202] *v. Lewinski* GRUR-Int 1992, 724 (727).

[203] Erwägungsgründe (3) und (4) Schutzdauer-RL; vertiefend *Flechsig-Bisle,* Erstreckung der künstlerischen Leistungsschutzrechte und Umsetzung der Schutzdauer-RL 2011/77/EU in nationales Recht, 2015, S. 66 ff.

[204] ABl. 2011 L 265, S. 1.

[205] Kritisch zur Beschränkung auf Tonträger *Gerlach* FS G. Schulze, 2017, 207.

[206] Erwägungsgrund (15) InfoSoc-RL.

[207] EuGH GRUR 2012, 593 Rn. 51 f. – SCF; EuGH GRUR 2008, 604 Rn. 30 f. – Peek & Cloppenburg KG/Cassina SpA.

[208] S. Erwägungsgrund (7) InfoSoc-RL; BGH ZUM 2017, 706 Rn. 44 – Metall auf Metall III.

[209] Die wichtigste Ausnahme ist Art. 11 Abs. 1 InfoSoc-RL, der Art. 7 Vermiet- und Verleih-RL aufhebt und Art. 10 Vermiet- und Verleih-RL um den Abs. 3 ergänzt.

[210] *Reinbothe* GRUR-Int 2001, 733 (735 f.).

(Art. 2 lit. a). Dieses **umfassende**[211] **Vervielfältigungsrecht** löst das in Art. 7 Vermiet- und Verleih-RL aF enthaltene Recht ab. Art. 3 Abs. 2 lit. a sieht vor, dass die ausübenden Künstler das ausschließliche Recht haben, die Aufzeichnungen ihrer Darbietung drahtgebunden oder drahtlos in einer Weise der Öffentlichkeit zugänglich zu machen, dass sie Mitgliedern der Öffentlichkeit an Orten und zu Zeiten ihrer Wahl zugänglich sind. Das Recht der **öffentlichen Zugänglichmachung** ist vollharmonisiert.[212] Es ist zwar grundsätzlich ein besonderer Fall der in Art. 3 Abs. 1 InfoSoc-RL geregelten „öffentlichen Wiedergabe".[213] Allerdings stellt Erwägungsgrund (24) InfoSoc-RL klar, dass sich das Ausschließlichkeitsrecht für ausübende Künstler auf die öffentliche Zugänglichmachung beschränkt und nicht für andere Handlungen der öffentlichen Wiedergabe gilt.[214] Insoweit lässt die InfoSoc-RL das **dualistische Konzept der öffentlichen Wiedergabe** in Art. 8 Vermiet- und Verleih-RL unberührt.[215] Weil damit lediglich eine Mindestharmonisierung erfolgte, können die Mitgliedstaaten Handlungen, die eine öffentliche Wiedergabe, aber keine Zugänglichmachung iSv Art. 3 Abs. 2 sind, mit einem Ausschließlichkeitsrecht belegen, sofern eine solche Ausdehnung den Schutz der Urheberrechte nicht beeinträchtigt.[216] Die in Art. 2 lit. a und Art. 3 Abs. 2 lit. a vollständig harmonisierten Verwertungsrechte werden in Art. 5 um eine uneinheitliche **Schrankenregelung** ergänzt. Sie ist auch für die in der Vermiet- und Verleih-RL harmonisierten Rechte relevant, wenn die Mitgliedstaaten von Art. 10 Abs. 2 Vermiet- und Verleih-RL Gebrauch gemacht und die urheberrechtlichen Schranken auf das Recht der ausübenden Künstler erstreckt haben.[217] Im Ergebnis folgt aus der Rechtsprechung des EuGH, dass der Schrankenkatalog weitreichende Vorgaben an das mitgliedstaatliche Recht macht.[218]

5. Enforcement-RL

Die Enforcement-RL vereinheitlicht nach der Harmonisierung der Rechte am geistigen Eigentum **41** die **Sanktionen von Rechtsverletzungen.** Die Mitgliedstaaten werden, in Umsetzung der Vorgaben aus Art. 41 ff. TRIPS (→ Rn. 57 ff.), zur Regelung bestimmter materiellrechtlicher Sanktionen und verfahrensrechtlicher Instrumente verpflichtet.[219] Für das Interpretenrecht besonders relevant ist Art. 5 lit. a, der – nach dem Vorbild des Art. 15 RBÜ – eine Vermutung für die Urheberschaft enthält, die wegen Art. 5 lit. b entsprechend für die Inhaber von verwandten Schutzrechten in Bezug auf ihre Schutzgegenstände und damit für die ausübenden Künstler gilt.[220]

6. Verwaiste Schutzgegenstände

Für Darbietungen, die in Film- und audiovisuellen Werken sowie auf Tonträger festgelegt worden **41a** sind und die sich in Sammlungen von öffentlich zugänglichen Bibliotheken, Bildungseinrichtungen oder Museen sowie in den Sammlungen von Archiven oder Einrichtungen im Bereich des Film- oder Tonerbes befinden bzw. die von öffentlich-rechtlichen Rundfunkanstalten vor 2003 produziert worden sind, sieht die **Richtlinie 2012/28/EU über bestimmte zulässige Formen der Nutzung verwaister Werke** Zugangsregeln vor, wenn der oder die Rechteinhaber trotz sorgfältiger Suche (Art. 3 Richtlinie) nicht ermittelt werden können („verwaistes Werk"). Danach dürfen die privilegierten Einrichtungen im Interesse des Gemeinwohls den **verwaisten Schutzgegenstand erlaubnis- und vergütungsfrei** gem. Art. 3 Abs. 2 InfoSoc-RL **öffentlich zugänglichmachen** und ihn zum Zweck der Digitalisierung, Zugänglichmachung, Indexierung, Katalogisierung, Bewahrung oder Restaurierung gem. Art. 2 InfoSoc-RL auch **vervielfältigen** (Art. 6 Abs. 1 Richtlinie). Die Richtlinie wurde mit dem Gesetz zur Nutzung verwaister und vergriffener Werke und einer weiteren Änderung des Urheberrechtsgesetzes v. 1.10.2013[221] in den §§ 61 ff. umgesetzt, die kraft der Verweisung in § 83 auch für das Interpretenrecht gelten.

7. Umsetzung des Marrakesch-Abkommens

Die EU hat mit Wirkung vom 1.1.2019[222] den Vertrag von Marrakesch zur Erleichterung des Zu- **41b** gangs für blinde, sehbehinderte oder anderweitig lesebehinderte Personen zu veröffentlichten Werken v. 27.6.2013[223] ratifiziert.[224] Der Vertrag enthält in Art. 4 erstmals völkerrechtlich verpflichtende Vor-

---

[211] S. Erwägungsgrund (21) InfoSoc-RL.
[212] Vgl. EuGH GRUR 2014, 360 Rn. 33 ff. – Svensson (zu Art. 3 Abs. 1 InfoSoc-RL); zum Interpretenrecht zuletzt BGH ZUM-RD 2018, 665 Rn. 24 – YouTube.
[213] EuGH GRUR 2015, 477 Rn. 24 – C More Entertainment AB/Sandberg; BGH ZUM-RD 2018, 665 Rn. 26 – YouTube.
[214] *Walter/v. Lewinski/Walter*, European Copyright Law, 2010, Rn. 11.3.38.
[215] Vgl. Erwägungsgrund (20) InfoSoc-RL.
[216] EuGH GRUR 2015, 477 Rn. 37 – C More Entertainment AB/Sandberg.
[217] *Grünberger* ZUM 2015, 273 (284).
[218] Vgl. BGH ZUM 2017, 706 Rn. 44 – Metall auf Metall III; vertiefend *Grünberger* ZUM 2015, 273 (285 ff.); *Grünberger* ZUM 2017, 321; → Vor §§ 44a ff. Rn. 26.
[219] *Knaak* GRUR 2004, 745.
[220] *Grünberger* GRUR 2006, 894.
[221] BGBl. I S. 3728.
[222] S. https://www.wipo.int/treaties/en/ShowResults.jsp?lang=en&treaty_id=843.
[223] ABl. 2018 L 48, S. 3.
[224] Beschluss 2018/254/EU v. 15.2.2018, ABl. 2018 L 48, S. 2.

gaben von „Beschränkungen und Ausnahmen" für das Vervielfältigungsrecht, das Recht der Verbreitung sowie das Recht der öffentlichen Zugänglichmachung, um die Verfügbarkeit von Schutzgegenständen in barrierefreien Formaten zugunsten von **blinden, sehbehinderten oder anderweitig lesebehinderten Personen** (begünstigte Personen) zu erleichtern.[225] In Umsetzung der daraus für die EU[226] folgenden Pflicht, schreibt die **Richtlinie 2017/1564/EU**[227] den Mitgliedstaaten **zwingende Ausnahmen** für die in Art. 2, Art. 3 Abs. 1 InfoSoc-RL sowie für die in Art. 1 Abs. 1, Art. 8 Abs. 2 und Art. 9 Abs. 1 lit. a der Vermiet- und VerleihrechtsRL vorgesehenen **Ausschließlichkeitsrechte** der **Interpreten** vor: Die gesetzlich erlaubte Nutzung erfasst solche Handlungen, mit denen begünstigte Personen ein Vervielfältigungsstück der Darbietung, zu dem sie rechtmäßigen Zugang haben, in einem barrierefreien Format und zur ausschließlichen Nutzung durch die begünstigte Person erstellen und die barrierefreie Erstellung sowie gemeinnützige Verwertung solcher Vervielfältigungsstücke durch eine staatlich befugte Stelle zugunsten begünstigter Personen (Art. 3 Abs. 1 Richtlinie). Die Richtlinie war zum 11.10.2018 umzusetzen (Art. 11 Abs. 1 Richtlinie). Sie ist in **Deutschland** etwas verspätet mit dem „Gesetz zur Umsetzung der Marrakesch-Richtlinie über einen verbesserten Zugang zu urheberrechtlich geschützten Werken zugunsten von Menschen mit einer Seh- oder Lesebehinderung" v. 28.11.2018[228] umgesetzt worden. Das Gesetz hat § 45a geändert und §§ 45b–45d neu eingefügt, die gem. § 83 grundsätzlich auch für das Interpretenrecht gelten. Das hat insbesondere Auswirkungen auf die Vervielfältigung von Darbietungen von Sprachwerken. Menschen mit einer Seh- oder Lesebehinderung bzw. befugte Stellen dürfen veröffentlichte **Sprachwerke, die im Audioformat vorliegen,** verwerten, um sie in ein barrierefreies Format umzuwandeln (§§ 45b Abs. 1, 45c Abs. 1) bzw. dieses Format Menschen mit Seh- oder Lesebehinderung zugänglich machen (§ 45c Abs. 2). Damit ist **nicht nur** die **Vervielfältigung des Werkes,** sondern **auch** die im Audioformat zwangsläufig **mitenthaltene Darbietung** gesetzlich erlaubt. Gem. § 83 iVm § 45b Abs. 4 haben die ausübenden Künstler dafür einen verwertungsgesellschaftspflichtigen **Vergütungsanspruch.** Ist ein Vervielfältigungsstück in einem barrierefreien Format rechtmäßig hergestellt worden, ermöglicht Art. 5 des Vertrags von Marrakesch seinen **grenzüberschreitenden Austausch.** Diese Vorgabe wird mit der **Verordnung 2017/1563/EU**[229] umgesetzt. Danach können seit dem 12.10.2018 befugte Stellen Vervielfältigungsstücke von Darbietungen, die gem. den Vorgaben der Richtlinie 2017/1564/EU hergestellt worden sind, an befugte Personen und Stellen in Drittstaaten, die Partei des Marrakesch-Vertrags sind, exportieren (Art. 3 VO) bzw. von diesen in den Binnenmarkt importieren (Art. 4 VO).

8. Strategie für einen digitalen Binnenmarkt

41c   Im Mai 2015 stellte die EU-Kommission ihre „Strategie für einen digitalen Binnenmarkt für Europa" vor, in der sie die weitere Harmonisierung des Urheberrechts ankündigte, mit der ein bedarfsgerechtes Regulierungsumfeld für Plattformen und ein besserer Zugang zu digitalen Inhalten ermöglicht werden sollte.[230] In der im 1. Dezember 2015 vorgelegten Miteilung „Schritte zu einem modernen, europäischeren Urheberrecht"[231] nennt die Kommission im Wesentlichen drei Ziele: (1.) Gewährleistung eines EU-weiten Zugangs zu Inhalten, (2.) Anpassung von Ausnahmen an ein digitales und grenzübergreifendes Umfeld und (3.) Schaffung eines funktionsfähigen Marktes für urheberrechtlich geschützte Werke. Zur Verwirklichung dieser Ziele hat die Kommission mehrere Gesetzgebungsvorhaben auf den Weg gebracht, von denen zwei beim Manuskriptabschluss erfolgreich verabschiedet worden sind, die erhebliche **Auswirkungen auf das Interpretenrecht** haben: (1.) Die zum 1.4.2018 in Kraft getretene **Portabilitäts-VO**[232] schützt die normative Erwartung von Verbrauchern, auf den bezahlten Zugang zu portablen Diensten im gesamten Binnenmarkt zugreifen zu können. Die Anbieter kostenpflichtiger Online-Inhaltedienste trifft nach Art. 3 VO die Pflicht, es ihren Abonnenten (Verbrauchern), die sich vorübergehend in einem anderen EU-Mitgliedstaat aufhalten, zu ermöglichen, auf das Angebot des Online-Inhaltedienstes auch von dort aus zuzugreifen und es – mit Ausnahme der technischen Qualität – nach denselben Bedingungen nutzen zu können. Dafür lokalisiert Art. 4 Portabilitäts-VO jede von dieser Verpflichtung erfasste **Nutzungshandlung an der Darbietung sachrechtlich** zwingend ausschließlich **im Wohnsitzmitgliedstaat des Abonnenten.** Damit ist sichergestellt, dass die Nutzung interpretenrechtlich von der dem Diensteanbieter erteilten (Unter-)Lizenz erfasst ist. Entgegenstehende Territorialitätsklauseln in (Unter-)Lizenzverträgen sind gem. Art. 7 VO unwirksam. (2.) Basierend auf einem VO-Vorschlag der Kommission[233] führt die 2019 verabschiedete **Richtlinie** für die **Wahrnehmung von Urheberrechten und verwandten Schutzrechten in**

---

[225] Näher zum Regelungsinhalt *Schmidt,* Maximalschutz im internationalen und europäischen Urheberrecht, 2019, S. 76 ff.
[226] Zur ausschließlichen Abschlusskompetenz der EU s. EuGH ECLI:EU:C:2017:114.
[227] ABl. 2017 L 242, S. 6.
[228] BGBl. I S. 2014.
[229] ABl. 2017 L 242, S. 1.
[230] COM(2015) 192 final; s. dazu *Stieper* GRUR 2015, 1145.
[231] COM(2015) 626 final.
[232] VO 2017/1128/EU zur grenzüberschreitenden Portabilität von Online-Inhaltediensten im Binnenmarkt, ABl. 2017 L 168, S. 1.
[233] COM (2016) 594 final.

Bezug auf bestimmte Online-Übertragungen von Rundfunkveranstaltern und die Weiterverbreitung von Fernseh- und Hörfunkprogrammen[234] nach dem Vorbild der Satelliten- und KabelrundfunkRL auch für das Interpretenrecht das Ursprungs- bzw. **Sendelandprinzip** für bestimmte Online-Dienste von Rundfunkveranstaltern (Simulcasting, Nachholdienste und weitere, das Hauptprogramm ergänzende Dienste) ein. Zugleich sieht die Richtlinie einen Mechanismus vor, mit dem die **Lizenzierung des Interpretenrechts für die Weiterverbreitung** – in bestimmten Konstellationen auch über das Internet – von Hörfunk- und Fernsehprogrammen erleichtert wird.

9. Fazit

Die vermögensrechtlichen Bestandteile **(Verwertungsrechte)** des verwandten Schutzrechts des **42** ausübenden Künstlers sind mittlerweile **weitgehend harmonisiert.** Vollharmonisiert sind nach den ausdrücklichen Vorgaben der Richtlinien das Vervielfältigungs-, Verbreitungsrecht und die (eigenständigen)[235] Vermiet- und Verleihrechte (→ Rn. 34) sowie das Recht der öffentlichen Zugänglichmachung (→ Rn. 40). Für das Recht der **öffentlichen Wiedergabe** sieht das Unionsrecht im Übrigen **Mindestvorgaben** vor: Während Interpreten bezüglich der drahtlos übertragenen Rundfunksendung (einschließlich der Satellitensendung) und der öffentlichen Wiedergabe ihrer Live-Darbietungen (einschließlich der Kabelweiterverbreitung) ein Ausschließlichkeitsrecht haben, führt die entsprechende Zweitverwertung der auf einem zu Handelszwecken veröffentlichten Tonträger festgelegten Darbietung lediglich zu einem Vergütungsanspruch. Praktisch relevant ist die Festschreibung des **Ursprungs-, Herkunftslands- oder Sendeprinzips** für die Verwertung der Darbietung im Wege des Satellitenrundfunks (→ Rn. 36); bei entgeltlichen Online-Inhaltediensten im Binnenmarkt (→ Rn. 41c) und bei bestimmten Online-Zusatzdiensten von Rundfunkveranstaltern (→ Rn. 41c). Überträgt man die Rechtsprechung des EuGH zum Werkbegriff, die im Kern auf der Interpretation der Verwertungshandlungen beruht,[236] auf den ausübenden Künstler, folgt daraus, dass das Unionsrecht auch den **Schutzgegenstand** harmonisiert: Der Begriff der Darbietung ist damit unionsweit einheitlich.[237] Dasselbe gilt für den Rechtsinhaber: Auch der Begriff des ausübenden Künstlers ist harmonisiert.[238] Bezüglich der **gesetzlichen Nutzungserlaubnisse** partizipiert das Interpretenrecht an dem komplizierten System der Teilharmonisierung in Art. 5 InfoSoc-RL (→ Rn. 40) sowie den Vollharmonisierungen bei verwaisten Schutzgegenständen (→ Rn. 41a) und für die Nutzung von sehbehinderten Personen (→ Rn. 41b). Hinsichtlich des **Interpretenvertragsrechts** enthält die novellierte Schutzdauer-RL eine Reihe von zwingenden Vorgaben zum Schutz des Interpreten. Auswirkungen darauf hat auch die unmittelbar geltende Portabilitäts-VO, indem sie die gesamten Nutzungsvorgänge auch lizenzvertragsrechtlich zwingend im Wohnsitzstaat des Abonnenten eines Online-Inhaltedienstes lokalisiert (→ Rn. 41c). Interessant ist die vertragsrechtliche Behandlung des Verbreitungsrechts: Während es verkehrsfähig sein muss (Art. 9 Abs. 4 Vermiet- und Verleih-RL), sichert Art. 5 Vermiet- und Verleih-RL auch nach Übertragung oder Einräumung einen zusätzlichen Vergütungsanspruch zum Schutz des ausübenden Künstler. Ebenfalls zwingend vorgeschrieben sind bestimmte **Vermutungsregelungen** zum Schutz des Filmproduzenten (→ Rn. 35). Vereinheitlicht ist auch die **Schutzdauer** der Verwertungsrechte (→ Rn. 38). Dagegen sind die Persönlichkeitsrechte des ausübenden Künstlers unionsrechtlich nicht ausdrücklich harmonisiert.

II. Deutsches Verfassungsrecht

1. Eigentum (Art. 14 GG) und gegenläufige Grundrechtspositionen der Nutzer

Die **vermögensrechtlichen Bestandteile** des Interpretenrechts, also die Ausschließlichkeitsrechte **43** nach §§ 77, 78 Abs. 1 und die Vergütungsansprüche des Interpreten, sind Eigentum iSv Art. 14 Abs. 1 GG.[239] Die aus der Darbietung fließenden Vermögensrechte sind dem Interpreten als das Ergebnis eigener Leistung gegenüber der Allgemeinheit und anderen Personen zu seinem wirtschaftlichen Vorteil und zur eigenen Verfügung zuzuordnen.[240] Der grundgesetzlich geschützte Kern dieses Leistungsschutzrechts ist die Freiheit des ausübenden Künstlers, in eigener Verantwortung unter Ausschließung anderer über dieses Recht zu verfügen.[241] Der Gesetzgeber muss aber nicht jede nur denkbare Verwertungsmöglichkeit sichern.[242] Art. 14 GG verpflichtet den Gesetzgeber, eine Eigen-

---

[234] ABl. 2019 L 130, S. 82.
[235] *Grünberger* ZUM 2017, 324 (333); *Grünberger* ZGE 2017, 188 (204 ff.); *Grünberger* FS G. Schulze, 2017, 67 (70 f.).
[236] Grundlegend zu Art. 2 InfoSoc-RL: EuGH GRUR 2009, 1041 Rn. 30 ff. – Infopaq International/Danske Dagblades; dazu näher → § 2 Rn. 4 ff.
[237] → § 73 Rn. 6 f.
[238] → § 73 Rn. 6 f.
[239] BVerfGE 81, 208 = GRUR 1990, 438 (440 f.). – Bob Dylan.
[240] BVerfGE 81, 208 = GRUR 1990, 438 (440 f.) – Bob Dylan.
[241] BVerfGE 142, 74 = ZUM 2016, 626 Rn. 72 – Metall auf Metall (zum Tonträgerherstellerrecht).
[242] Grundlegend BVerfGE 31, 229 = GRUR 1972, 481 (483) – Kirchen- und Schulgebrauch; BVerfGE 31, 275 = GRUR 1972, 491 (494) – Schallplatten; BVerfGE 81, 208 = GRUR 1990, 438 (441) – Bob Dylan; zuletzt BVerfGE 142, 74 = ZUM 2016, 626 Rn. 72, 87 – Metall auf Metall.

tumsordnung zu schaffen, die sowohl den privaten Interessen des Einzelnen als auch denen der Allgemeinheit gerecht wird.[243] Im Interpretenrecht hat der Gesetzgeber die **Interessen von mehreren Beteiligten** – ausübender Künstler, Urheber, Tonträgerhersteller und die der Allgemeinheit – auszugleichen.[244] Er muss dabei insbesondere der in Art. 5 Abs. 3 GG verankerten Freiheit der Kunst hinreichend Rechnung tragen.[245] Die Darbietung steht nach ihrer Festlegung und Veröffentlichung des Tonträgers nicht mehr allein ihrem Inhaber zur Verfügung, „sondern tritt bestimmungsgemäß in den gesellschaftlichen Raum und kann damit zu einem eigenständigen, das kulturelle und geistige Bild der Zeit mitbestimmenden Faktor werden. Da [sie] sich mit der Zeit von der privatrechtlichen Verfügbarkeit löst und geistiges und kulturelles Allgemeingut wird, muss der [Interpret] hinnehmen, dass [sie] stärker als Anknüpfungspunkt für eine künstlerische Auseinandersetzung dient."[246] Bei der Ausgestaltung dieser Positionen kommt dem Gesetzgeber aus verfassungsrechtlichen Gründen ein **weiter Gestaltungsspielraum** zu.[247] Daher durfte das UrhG den urheberrechtlich ausgestalteten Schutz der Interpretenleistung durch ein künstlerisches Leistungsschutzrecht ersetzen.[248] Die zeitliche Begrenzung des Interpretenrechts und die unterschiedliche Länge der Schutzdauer von Interpreten- und Urheberrecht sind verfassungsrechtlich nicht zu beanstanden, weil sie die gegenläufigen Interessen aller Beteiligten ausgleichen und dem Interpreten dennoch eine angemessene wirtschaftliche Verwertung sichern.[249] Aus der Verfassung lässt sich auch keine Verpflichtung ableiten, wonach die Geltungsdauer der Verwertungsrechte des ausübenden Künstlers auf einen bestimmten Zeitraum festzulegen sind, solange eine zu kurze Schutzdauer die künstlerischen Verwertungsrechte nicht übermäßig beschränkt oder andere am Interessenausgleich Beteiligte ungerechtfertigt bevorzugt oder benachteiligt werden.[250] Die Festlegung der Schutzdauer der Interpretenrechte ist damit kontingent.[251] Sie „kann zu verschiedenen Zeiten je nach der Bewertung der widerstreitenden Interessen verschieden beurteilt werden."[252] Das BVerfG hat lediglich die Übergangsregelung für die verkürzte Schutzfrist moniert, weil darin in der Sache eine problematische echte Rückwirkung lag.[253] Ebenfalls grundsätzlich zulässig ist es, dass mit dem Ausschließlichkeitsrecht der Interpreten Dritten die unbeschränkte Nutzung der Darbietung für die eigene künstlerische Betätigung erschwert wird. Das Interpretenrecht kann mit Berufung auf die in § 83 für anwendbar erklärten Urheberrechtsschranken oder mit einer entsprechenden Anwendung des § 24 Abs. 1[254] die Produktionsbedingungen künstlerische Artefakte sicherstellen.[255] Bei der Interpretation sowohl der Ausschließlichkeitsrechte als auch ihrer Begrenzungen zwingt Art. 5 Abs. 3 GG zu einer **kunstspezifische Betrachtung.** Sie „verlangt, bei der Auslegung und Anwendung der urheberrechtlichen Ausnahmeregelungen die Übernahme fremder Werkausschnitte in eigene Werke als Mittel künstlerischen Ausdrucks und künstlerischer Gestaltung anzuerkennen und damit diesen Vorschriften für Kunstwerke zu einem Anwendungsbereich zu verhelfen, der weiter ist als bei einer anderen, nichtkünstlerischen Nutzung."[256]

44   Die verfassungsrechtliche Kontrolldichte ist aufgrund der fortgeschrittenen **unionsrechtlichen Harmonisierung** des Interpretenrechts mittlerweile erheblich beschränkt. Das hat unmittelbare **praktische Relevanz** nicht nur für die verfassungsrechtliche **Bindung des Gesetzgebers,** sondern auch für den Anwendungsbereich der verfassungskonformen Interpretation des nationalen Rechts. Soweit die **EU-Richtlinien** den Mitgliedstaaten **keine Umsetzungsspielräume** überlassen, sondern zwingende Vorgaben machen (→ Rn. 33 ff.), sind die Vorschriften im nationalen Recht – also die §§ 73 ff. – grundsätzlich nicht am Maßstab der Grundrechte des Grundgesetzes, sondern am Unionsrecht und damit auch den durch dieses gewährleisteten Grundrechten zu messen.[257] Prüfungsmaßstab dafür ist das primäre Unionsrecht, insbesondere Art. 17 Abs. 2 Grundrechte-Charta.[258] Für die **verfassungskonforme Interpretation** bleibt nur mehr Raum, (1.) wenn der Regelungsgegenstand **nicht** in den **Anwendungsbereich des Unionsrechts** fällt oder (2.) wenn das Unionsrecht dem **nationalen Recht** einen **Umsetzungsspielraum** belässt. „Ob ein Umsetzungsspielraum besteht, ist durch Auslegung des dem nationalen Umsetzungsrecht zugrunde liegenden Unionsrechts zu ermitteln. … Dabei ist in Bezug auf jede einzelne Regelung zu unterscheiden, inwieweit diese den Mitgliedstaaten ver-

---

[243] Grundlegend BVerfGE 58, 300 = NJW 1982, 745 (749) – Nassauskiesung.
[244] BVerfGE 31, 275 = GRUR 1972, 491 (494) – Schallplatten; BVerfGE 81, 208 = GRUR 1990, 438 (441) – Bob Dylan.
[245] BVerfGE 142, 74 = ZUM 2016, 626 Rn. 75 – Metall auf Metall.
[246] BVerfGE 142, 74 = ZUM 2016, 626 Rn. 87 – Metall auf Metall (zum Urheberrecht).
[247] BVerfGE 31, 275 = GRUR 1972, 491 (494) – Schallplatten.
[248] BVerfGE 31, 275 = GRUR 1972, 491 (494) – Schallplatten.
[249] BVerfGE 31, 275 = GRUR 1972, 491 (494) – Schallplatten.
[250] BVerfGE 31, 275 = GRUR 1972, 491 (494) – Schallplatten.
[251] Dazu zuletzt *Gaillard,* Die Schutzdauerverlängerungen in der Urheberrechtsnovelle 2013, 2016, Rn. 274 ff.
[252] BVerfGE 31, 275 = GRUR 1972, 491 (494) – Schallplatten.
[253] BVerfGE 31, 275 = GRUR 1972, 491 (495) – Schallplatten; dazu → §§ 135, 135a Rn. 6 f.
[254] Dazu → § 77 Rn. 41a f.
[255] BVerfGE 142, 74 = ZUM 2016, 626 Rn. 77 – Metall auf Metall.
[256] BVerfGE 142, 74 = ZUM 2016, 626 Rn. 85 f. – Metall auf Metall.
[257] BVerfGE 142, 74 = ZUM 2016, 626 Rn. 115 – Metall auf Metall.
[258] Zur Frage, ob Unionsgrundrechte auch Prüfungsmaßstab der Verfassungsbeschwerde sein können s. *Griebel* DVBl 2014, 204.

bindliche Vorgaben macht oder ihnen Umsetzungsspielräume belässt."²⁵⁹ Das bedeutet für die Anwendung der §§ 73 ff., dass die Gerichte den Einfluss der deutschen Grundrechte überall dort zur Geltung bringen müssen, wo es sich nicht um die Umsetzung unionsrechtlich vollständig determinierter Vorgaben handelt.²⁶⁰ Belassen die Richtlinien dem deutschen Gesetzgeber in den relevanten interpretenrechtlichen Fragen **keinen Umsetzungsspielraum,** müssen die nationalen Gerichte aufgrund der Vorgaben auch des nationalen Verfassungsrechts auf einen **effektiven unionsrechtlichen Grundrechtsschutz** hinwirken.²⁶¹ Dabei müssen die Gerichte ein angemessenes Gleichgewicht zwischen allen im Unionsrecht geschützten Grundrechten herstellen.²⁶² Bestehen Zweifel an der Vereinbarkeit einer unionsrechtlich determinierten Norm des nationalen Rechts mit den Gewährleistungen der Grundrechtecharta, müsen die deutschen Gerichte qua Verfassungsrecht die Frage gem. Art. 267 AEUV dem EuGH zur Vorabentscheidung vorlegen.²⁶³ Damit besteht in solchen Fällen nicht nur für die letztinstanzlichen Gerichte eine Vorlagepflicht aus Art. 267 Abs. 3 AEUV. Auch die Vorlageberechtigung der Instanzgerichte gem. Art. 267 Abs. 2 AEUV wird über das verfassungsrechtliche Gebot eines effektiven Rechtsschutzes zur verfassungsrechtlichen Vorlagepflicht.

2. Allgemeines (verfassungsrechtliches) Persönlichkeitsrecht und Kunstfreiheit

Soweit der Interpret Verletzungen seiner **persönlichkeitsrechtlichen Befugnisse** geltend macht, **45** ist auf *verfassungsrechtlicher* Ebene das allgemeine Persönlichkeitsrecht nach Art. 2 Abs. 1 iVm Art. 1 Abs. 1 GG einschlägig.²⁶⁴ Dieses Regelungsgegenstand ist unionsrechtlich nicht harmonisiert, weshalb hier die verfassungsrechtlichen Wertungen zu beachten sind. Von Eingriffen betroffen ist auch der Schutzbereich der von Art. 5 Abs. 3 GG geschützten Kunstfreiheit: Die Darbietung gehört selbst zum künstlerischen Schaffen und damit zum „**Werkbereich**". Selbst wenn man die Darbietung *verfassungsrechtlich* nicht als einen Aspekt künstlerisches Schaffens ansieht, so zählt sie jedenfalls zum ebenfalls geschützten „Wirkbereich".²⁶⁵ Der (künstlerischen) Darbietung liegt begriffsnotwendig ein eigenes künstlerisches Konzept des Interpreten zugrunde.²⁶⁶ Hervorzuheben ist die Bedeutung der in Art. 2 Abs. 1 GG verankerten **Privatautonomie** für das Interpretenvertragsrecht, das unionsrechtlich ebenfalls (noch) nicht harmonisiert ist. Der ausübende Künstler, der nicht bereits ein „Star" ist, befindet sich gegenüber dem Verwerter seiner Leistung häufig in einer Position der „strukturellen Unterlegenheit".²⁶⁷ Dann ist es verfassungsrechtlich erforderlich, nur den Urheber, sondern auch den sich in vergleichbarer Lage befindlichen Interpreten vor einer Fremdbestimmung zu schützen.²⁶⁸ Diesem Auftrag kommt das Gesetz in § 79 Abs. 2a nach, indem es die urhebervertragsrechtlichen Schutzvorschriften im Interpretenrecht für entsprechend anwendbar erklärt.²⁶⁹

3. Pflicht zur Gleichbehandlung von Urheber und Interpret?

Im Interpretenrecht kommt dem allgemeinen Gleichheitssatz (Art. 3 Abs. 1 GG) als **Prüfungs- 46 maßstab für Differenzierungen zwischen den Rechten des Urhebers und denen des ausübenden Künstlers** besondere Bedeutung zu.²⁷⁰ Gerade weil die Werkschöpfung und die künstlerische Darbietung nicht gleichzusetzen sind, stellt sich die Frage, ob sie vergleichbare Regelungsprobleme aufwerfen und inwieweit sie deshalb vom Gesetzgeber gleich zu behandeln sind. Eine verfassungswidrige Ungleichbehandlung liegt erst dann vor, wenn eine Gruppe von Normadressaten im Vergleich zu anderen Normadressaten anders behandelt wird, obwohl zwischen beiden Gruppen keine Unterschiede von solcher Art und solchem Gewicht bestehen, dass sie die ungleiche Behandlung rechtfertigen würden.²⁷¹ Es geht dabei nicht darum, ob sich „ein Werk (...) generell von der Leistung des Interpreten abhebt".²⁷² Auszugehen ist vielmehr von der Prämisse, dass der Gesetzgeber aufgrund der vielschichtigen Interessenlage bei der immaterialgüterrechtlichen Regelung der Nutzung von Darbietungen über einen weiten **Gestaltungsspielraum** verfügt.²⁷³ Das erlaubt dem Gesetzgeber eine eigenständige Würdigung der jeweiligen Regelungsmaterie und ist damit ein notwendiges Instrument, um verfassungsrechtlich untermauerte Strategien zur Schutzexpansion begrenzen zu kön-

---

²⁵⁹ BVerfGE 142, 74 = ZUM 2016, 626 Rn. 115, 117 – Metall auf Metall.
²⁶⁰ BVerfGE 129, 78 = GRUR 2012, 53 Rn. 88 ff. – Le Corbusier Möbel.
²⁶¹ BVerfGE 142, 74 = ZUM 2016, 626 Rn. 120 ff. – Metall auf Metall.
²⁶² BVerfGE 142, 74 = ZUM 2016, 626 Rn. 122 – Metall auf Metall.
²⁶³ BVerfGE 142, 74 = ZUM 2016, 626 Rn. 123 – Metall auf Metall.
²⁶⁴ BVerfGE 81, 208 = GRUR 1990, 438 (441) – Bob Dylan.
²⁶⁵ So wohl BVerfGE 30, 173 = GRUR 1971, 461 (463) – Mephisto.
²⁶⁶ Zu diesem Erfordernis BVerfG GRUR 2005, 880 (881) – Xavier Naidoo.
²⁶⁷ Vgl. BT-Drs. 14/6433, 9; *Däubler-Gmelin* GRUR 2000, 764 (765).
²⁶⁸ S. BT-Drs. 14/6433, 7, 9 unter Bezugnahme auf BVerfG NJW 1994, 2749, eine Nachfolgeentscheidung zu BVerfGE 89, 214 = NJW 1994, 36 – Bürgschaft; instruktiv zum Schutzbedürftnis: OLG Karlsruhe ZUM 2003, 785 (bestätigt von BVerfG GRUR 2005, 880 – Xavier Naidoo).
²⁶⁹ → § 79 Rn. 28 ff.
²⁷⁰ Dazu näher *Breuer* ZUM 2010, 301.
²⁷¹ BVerfGE 55, 72 (88) = NJW 1981, 271 (272); BVerfGE 82, 60 (86) = NJW 1990, 2869 (2872); BVerfGE 89, 365 (377) = NJW 1994, 2410 (2411); BVerfGE 95, 39 (45) = NJW 1997, 1359.
²⁷² So aber *Breuer* ZUM 2010, 301 (304).
²⁷³ BVerfGE 31, 275 = GRUR 1972, 491 (494) – Schallplatten.

nen. Weil in verfassungsrechtlicher Hinsicht zwischen der persönlich-geistigen Leistung des Urhebers und der nachvollziehenden Gestaltung des Interpreten unterschieden werden darf,[274] ist der Gesetzgeber grundsätzlich frei, den Gesamtschutzbereich[275] des Interpretenrechts **unabhängig vom Urheberrecht** festzulegen. Das gilt insbesondere für die Ausgestaltung der Verwertungsrechte. Damit konnte man sowohl das bis 1995 noch fehlende Verbreitungsrecht des Interpreten[276] als auch das heute noch bestehende eingeschränkte Recht der öffentlichen Wiedergabe verfassungsrechtlich rechtfertigen.[277] Dafür spricht in beiden Fällen auch das berücksichtigungsfähige **Interesse der Nutzer und der Allgemeinheit**, einen erleichterten – wenn auch nicht zwangsläufig kostenfreien – Zugang zu den festgelegten Darbietungen zu erhalten.[278] Weil die Interpretation wiederholbar ist, darf der Gesetzgeber auch hinsichtlich der Schutzdauer unterscheiden.[279] **Fremdenrechtlich** ist die unterschiedliche Behandlung von ausländischen Interpreten, deren Heimatstaat Mitglied völkerrechtlicher Verträge ist (§ 125 Abs. 5), und sonstigen ausländischen ausübenden Künstlern (§ 125 Abs. 2–4, Abs. 6) gerechtfertigt, weil sie auf sachlichen Gründen beruht und das eingesetzte Mittel zur Erreichung des verfolgten Ziels (Förderung der Gegenseitigkeit) auch angemessen ist.[280]

47 **Problematisch** sind dagegen Differenzierungen im **Interpretenvertragsrecht.** Bei der Feststellung einer rechtfertigungsbedürftigen Ungleichbehandlung kommt dem Gebot der Systemgerechtigkeit besondere Bedeutung zu. Ein Verstoß dagegen ist regelmäßig ein Indiz für einen Gleichheitssatzverstoß.[281] Die in den letzten Jahren erfolgte Annäherung des Interpretenvertragsrechts an das Urhebervertragsrecht (→ Rn. 28 ff.) führte daher zu einer Verschärfung des Rechtfertigungsmaßstabs. Deshalb ist die fehlende Verweisung auf § 40a in § 79 Abs. 2a verfassungsrechtlich problematisch: Sie wird damit begründet, dass „bereits die große Zahl der mitwirkenden ausübenden Künstler [in einer Vielzahl von Fällen] zu erheblichen praktischen Problemen führen [würde], wenn diesen ein Recht auf anderweitige Verwertung zustünde".[282] Vergleichbare Probleme stellen sich auch für Mehrheiten von Urhebern. § 8 und § 80 sorgen in solchen Fällen für die angemessene Lösung der auftretenden Kollisionen. Daher ist der Ausschluss aller Interpreten unverhältnismäßig. Die „Schwäche der Verhandlungsmacht von Kreativen"[283] ist auch der Grund, warum es Art. 3 Abs. 1 GG gebietet, in Altfällen § 79 Abs. 2 S. 2 aF auf (translative) Rechtsübertragungen iSv § 79 Abs. 1 S. 1 anzuwenden.[284]

D. Völkervertragsrechtliche Einflüsse

I. Grundlagen[285]

48 Die Gefahr der unberechtigten Übernahme der interpretatorischen Leistung des ausübenden Künstlers von Dritten gab auch auf internationaler Ebene seit Beginn des 20. Jahrhunderts Anlass, über einen Schutz der Tonträgerhersteller[286] und – zeitlich nachfolgend – den eigenständigen Schutz der ausübenden Künstler[287] innerhalb der RBÜ nachzudenken.[288] Mit den kriegsbedingt nicht weiterverfolgten „Samader Entwürfen"[289] wurde die urheberrechtliche Lösung zugunsten einer eigenständigen Behandlung der Leistungsschutzrechte im Kern aufgegeben. Vorgesehen waren mehrere Konventionsentwürfe als Annex zur RBÜ.[290] Vom Konzept eines **urheberrechtlichen Schutzes** innerhalb der Berner Union hat man sich auf der Revisionskonferenz der RBÜ in Brüssel **1948 endgültig verabschiedet.**[291] In den 1950er Jahren setzte sich auch international der Gedanke einer eigenständigen, vom Urheberrecht streng getrennten, gemeinsamen Behandlung der verwandten Schutzrechte von ausübenden Künstlern, Tonträgerherstellern und Sendeunternehmen durch.[292]

---

[274] BVerfGE 31, 275 = GRUR 1972, 491 (495) – Schallplatten; BVerfGE 81, 208 = GRUR 1990, 438 (441) – Bob Dylan.
[275] Zum Begriff *J. Oebbecke,* Der „Schutzgegenstand" der Verwandten Schutzrechte, 2011, S. 46 ff.
[276] BVerfGE 81, 208 = GRUR 1990, 438 (441) – Bob Dylan.
[277] AA *Breuer* ZUM 2010, 301 (308).
[278] BVerfGE 81, 208 = GRUR 1990, 438 (441) – Bob Dylan.
[279] AA *Breuer* ZUM 2010, 301 (310).
[280] BVerfGE 81, 208 = GRUR 1990, 438 (441 f.) – Bob Dylan.
[281] Sachs/*Osterloh*/*Nußberger,* GG, 7. Aufl. 2014, Art. 3 Rn. 99.
[282] BT-Drs. 18/8625, 31.
[283] BT-Drs. 14/6433, 7.
[284] → § 79 Rn. 14 ff.; insoweit zutreffend *Breuer* ZUM 2010, 301 (309).
[285] Der folgende Abschnitt ist eine Übernahme aus *Grünberger,* Das Interpretenrecht, 2006, S. 15 f.
[286] *Baum* GRUR Ausl. 1953, 197 (199).
[287] Näher *Ulmer,* Der Rechtsschutz der ausübenden Künstler, der Hersteller von Tonträgern und der Sendegesellschaften, 1957, S. 2.
[288] *Stewart,* International Copyright and Neighbouring Rights, 1989, 221 f.; *Baum* GRUR Ausl. 1953, 197 (199 f.); ausführlich WIPO Guide to the Rome Convention, 1981, S. 9 ff.
[289] Konvention über den Leistungsschutz (Nachbarrechte), Vorentwurf der Konvention über den Schutz der ausübenden Künstler und der Schallplattenhersteller, abgedruckt in UFITA 14 (1941), 57–59, vgl. dazu *Elster* UFITA 14 (1941), 63 ff.
[290] *Baum* GRUR Ausl. 1953, 197 (201 f.).
[291] *Baum* GRUR Ausl. 1953, 197 (202); *Ulmer* GRUR Ausl. 1961, 569.
[292] Näher *Stewart,* International Copyright and Neighbouring Rights, 1989, 223 f.

Nach einer ganzen Reihe von Vorschlägen mündete dieses Bemühen schließlich in das Internationale Abkommen über den Schutz der ausübenden Künstler, der Hersteller von Tonträgern und der Sendeunternehmen v. 26.10.1961 **(Rom-Abkommen).**[293]

Das Rom-Abkommen war das erste Instrument, in dem die Völkerrechtsgemeinschaft die Probleematik des künstlerischen Leistungsschutzes zum Vertragsgegenstand machte. Das Abkommen erfasste neben den Leistungen der ausübenden Künstler diejenigen der Hersteller von Tonträgern und von Sendeunternehmen.[294] Der – im einzelnen unterschiedlich ausgestaltete – Schutz dieser Leistungen wurde bewusst **nicht urheberrechtlich** gefasst. Vor dem Hintergrund der Diskussion in Deutschland (→ Rn. 19) und der im österreichischen Urheberrechtsgesetz von 1936 gefundenen Lösung, den Schutz dieser dem Urheberrecht „verwandten" Leistungen als „Leistungsschutzrechte" auszugestalten,[295] setzte sich mit dem Rom-Abkommen dieser Weg auch auf internationaler Ebene durch. Seitdem werden die Rechte von Interpreten, Tonträgerherstellern und Sendeunternehmen im internationalen Sprachgebrauch als **„neighbouring"** oder **„related rights"** bezeichnet.[296] Neben dem Rom-Abkommen kommen dem TRIPS-Übereinkommen als integralem Bestandteil des WTO-Übereinkommens v. 15.4.1994[297] und dem WIPO-Vertrag über Darbietungen und Tonträger v. 20.12.1996 (WPPT)[298] eine besondere Bedeutung für die Entwicklung des Interpretenrechts zu. Noch nicht in Kraft getreten ist der Beijing Treaty on Audiovisual Performances v. 24.6.2012 (BTAP).[299] Nach der ständigen Rechtsprechung des BGH kann sich der ausübende Künstler zum Schutz von Darbietungen, die vor dem 1.1.1966 stattfanden, weder auf die urheberrechtlichen Konventionen (Revidierte Berner Übereinkunft,[300] Welturheberrechtsabkommen[301]) noch auf das bilaterale Übereinkommen zwischen dem Deutschen Reich und den Vereinigten Staaten von Amerika über den gegenseitigen Schutz der Urheberrechte[302] berufen.[303] Das bis zu diesem Zeitpunkt bestehende Bearbeiterurheberrecht (§ 2 Abs. 2 LUG, → Rn. 14 f.) des ausübenden Künstlers an seiner festgelegten Darbietung ist **völkervertragsrechtlich kein eigentliches Urheberrecht** und fällt daher nicht in den sachlichen Schutzbereich dieser Verträge.[304]

Dem Konventionsrecht sind **vier** gemeinsame **Prinzipien zum Leistungsschutzrecht** des ausübenden Künstlers zu entnehmen:[305] (1.) Vorrang des Urheberrechts, (2.) Grundsatz der Inländerbehandlung, (3.) Gewährung von Mindestrechten und (4.) Unabhängigkeit der Leistungsschutzrechte untereinander. Davon kommt dem erst- und letztgenannten eine grundlegende Bedeutung für das Verständnis der Leistungsschutzrechte zu. Der Grundsatz des **Vorrangs des Urheberrechts** betrifft das Verhältnis von geschütztem Werk und geschützter Darbietung. Art. 1 Rom-Abkommen, Art. 1 Abs. 2 WPPT und Art. 1 Abs. 2 BTAP besagen, dass der rechtliche Schutz des Urhebers durch die Leistungsschutzrechte nicht beeinträchtigt werden darf, wobei eine wirtschaftliche Verschlechterung des Urhebers aufgrund von Rechten der Interpreten freilich nicht ausgeschlossen werden kann.[306] Damit wird klargestellt, dass beide Rechte unabhängig voneinander ausgeübt werden können.[307] Daraus folgt, dass die urheberrechtlich notwendige Zustimmung zur Verwertung des Werks durch eine Aufnahme von den Übereinkommen nicht beeinträchtigt wird[308] und umgekehrt.[309] Im Grundsatz der **Unabhängigkeit der Leistungsschutzrechte untereinander** drückt sich das „leistungsschutzrechtliche Abstraktionsprinzip" (→ Rn. 77) aus: Die Leistungsschutzrechte entstehen originär in der Person des jeweiligen Rechtsinhabers. Die Rechte der Tonträgerhersteller und Sendeunternehmen sind unabhängig vom (Fort-)Bestand der Leistungsschutzrechte des ausübenden Künstlers. Dieses

49

50

---

[293] BGBl. 1965 II S. 1245; zur komplizierten Vorgeschichte und den miteinander konkurrierenden Entwürfen näher *Baum* GRUR Ausl. 1953, 197 (204 ff.); *Ulmer* GRUR Ausl. 1961, 569 (570); *Straus* GRUR-Int 1985, 19 (21).

[294] Zu den Gründen dafür s. WIPO Guide to the Copyright and Related Rights Treaties, 2003, S. 133 f.

[295] Vgl. Gesetz über das Urheberrecht an Werken der Literatur und der Kunst und über verwandte Schutzrechte vom 9.4.1936, BGBl. S. 111.

[296] WIPO Guide to the Copyright and Related Rights Treaties, 2003, S. 133.

[297] BGBl. 1994 II S. 1625.

[298] BGBl. 2003 II S. 770.

[299] Abrufbar unter http://www.wipo.int/wipolex/en/treaties/text.jsp?file_id=295837 [Stand: 31.12.2018].

[300] BGBl. 1973 II S. 1071, geändert durch Beschluss v. 2.10.1979, BGBl. 1985 II S. 81; → Vor §§ 120 ff. Rn. 27 ff.

[301] v. 6.9.1952, BGBl. 1955 II S. 102; BGBl. 1973 II S. 1111.

[302] v. 15.1.1892, RGBl. 1892 S. 473 und Gesetz über den Schutz der Urheberrechte der Angehörigen der Vereinigten Staaten von Amerika v. 18.5.1922, RGBl. II S. 129; → Vor §§ 120 ff. Rn. 58.

[303] BGH GRUR 1994, 794 – Rolling Stones; BGH GRUR 1992, 845 (846 f.) – Cliff Richards; BGH GRUR 1987, 815 (816) – Die Zauberflöte; BGH GRUR 1986, 454 (455 f.) – Bob Dylan.

[304] AA *Schack* GRUR 1987, 817 zur RBÜ; *Schack* GRUR 1986, 734 (735 f.) zum deutsch-amerikanischen Abkommen, vertiefend *Braun*, Schutzlücken-Piraterie, 1995, S. 83 ff.

[305] Vertiefend *Grünberger*, Das Interpretenrecht, 2006, S. 16 ff.

[306] WIPO Guide to the Rome Convention, 1981, S. 16 f.; *Straus* GRUR-Int 1985, 19 (23); zum Hintergrund vgl. *Kaminstein* in ILO, Records of the Rome Conference, 1968, S. 34, 38; *Ulmer* GRUR Ausl. 1961, 569 (574 ff.); *Ulmer*, Der Rechtsschutz der ausübenden Künstler, der Hersteller von Tonträgern und der Sendegesellschaften, 1957, S. 26 ff.

[307] *Ulmer* GRUR Ausl. 1961, 569 (575); *Nordemann/Vinck/Hertin*, Internationales Urheberrecht, 1977, RA Art. 3 Rn. 2; WIPO Guide to the Copyright and Related Rights Treaties, 2003, S. 135.

[308] *Kaminstein* in ILO, Records of the Rome Conference, 1968, S. 34, 38.

[309] Siehe WPPT, Vereinbarte Erklärung zu Art. 1 Abs. 2.

Prinzip führt zu einer deutlichen Stärkung der Rechte des jeweiligen Rechteverwerters, der nicht mehr auf die wirksame Rechtseinräumung oder -übertragung des Interpreten angewiesen ist, um seine Rechtsposition gegenüber Dritten zu behaupten und durchzusetzen.[310]

51   Die internationalen Abkommen sind für das Interpretenrecht **dreifach relevant:** (1.) Sie haben seine inhaltliche Ausgestaltung erheblich beeinflusst; (2.) sie sind Grundlage des fremdenrechtlichen Schutzes ausländischer Interpreten gem. § 125 Abs. 5 S. 1; (3.) ihnen kommt eine besondere **unions-rechtliche** – und damit mittelbar auch für die Auslegung der §§ 73 ff. bedeutende – Relevanz zu. Die Rechte aus dem Rom-Abkommen, dem TRIPS und dem WPPT haben zwar keine unmittelbare Wirkung im Unionsrecht und können daher für den Einzelnen keine Rechte begründen, auf die er sich nach diesem Recht vor den Gerichten der Mitgliedstaaten unmittelbar berufen könnte.[311] Weil die EU selbst Vertragspartei des TRIPS und des WPPT ist und weil das Rom-Abkommen über Art. 1 Abs. 1 WPPT jedenfalls mittelbare Wirkung im Unionsrecht entfaltet,[312] sind die harmonisie-renden Richtlinien (→ Rn. 33 ff.) aber möglichst so auszulegen, dass sie mit den im Rom-Abkommen, im TRIPS-Übereinkommen und den im WPPT enthaltenen Rechten vereinbar sind.[313]

II. Rom-Abkommen (1961)

1. Sachlicher, persönlicher und zeitlicher Anwendungsbereich

52   Dem Rom-Abkommen gehörten zum 31.12.2018 insgesamt 93 Vertragsstaaten, darunter alle EU und EWR-Mitgliedstaaten, nicht aber die U.S.A. an.[314] Es erfasst Darbietungen ausübender Künst-ler[315] bei **internationalen Sachverhalten.**[316] Rein inländische Sachverhalte liegen außerhalb seines persönlichen Anwendungsbereichs.[317] Auf die Staatsangehörigkeit des Interpreten kommt es nicht an.[318] Ein internationaler Sachverhalt liegt vor, wenn einer von drei Anknüpfungspunkten gegeben ist (Art. 4 Rom-Abkommen):

– Primär anzuknüpfen ist an den **Ort, an dem die Darbietung stattfindet.** Dieser muss sich in einem Vertragsstaat befinden (Art. 4 lit. a Rom-Abkommen).[319] Ist das der Fall, wird die Leistung in einem anderen Vertragsstaat geschützt.[320] Weil die U.S.A. nicht Vertragsstaat sind, sind die dort stattfindenden Darbietungen insoweit in Deutschland nicht geschützt.[321]

– Alternativ ist die **festgelegte Darbietung** geschützt, wenn der Hersteller des Tonträgers die Staats-angehörigkeit[322] eines Vertragsstaates aufweist (Art. 4 lit. b iVm Art. 5 Abs. 1 lit. a Rom-Abkom-men). Die zweite Möglichkeit, wonach ein Anknüpfungspunkt auch dann besteht, wenn der Ton-träger erstmals bzw. gleichzeitig in einem Vertragsstaat veröffentlicht wurde (Art. 4 lit. b iVm Art. 5 Abs. 1 lit. c, Abs. 3 Rom-Abkommen), ist in Deutschland aufgrund eines zulässigen[323] Vorbehalts nicht anwendbar.[324] Die festgelegte Darbietung des Interpreten wird also immer dann geschützt, wenn **auch der Tonträgerhersteller** Schutz genießt.[325] In diesem Fall muss die Darbietung nicht in einem Vertragsstaat stattgefunden haben.[326] Davon werden aber nur Verletzungshandlungen er-fasst, bei denen der Tonträgerhersteller ebenfalls Ansprüche nach dem Rom-Abkommen geltend machen könnte.[327] Das ist im Ergebnis lediglich dann der Fall, wenn ein vorbestehender Tonträger, auf dem die Darbietung mit Einwilligung des Interpreten festgelegt wurde, vervielfältigt wird.[328]

---

[310] *Grünberger,* Das Interpretenrecht, 2006, S. 20.
[311] EuGH GRUR 2012, 593 Rn. 43 ff. – SCF; offengelassen von BGH ZUM 2016, 861 Rn. 42 ff. – An Eve-ning with Marlene Dietrich; BGH ZUM 2014, 517 Rn. 52 – Tarzan; → Vor §§ 120 ff. Rn. 104 ff.
[312] EuGH GRUR 2012, 593 Rn. 49 f. – SCF.
[313] EuGH GRUR 2012, 593 Rn. 54 – SCF.
[314] S. https://www.wipo.int/treaties/en/ip/rome/.
[315] Zum Begriff → § 73 Rn. 10.
[316] *Kaminstein* in ILO, Records of the Rome Conference, 1968, S. 34, 41; *Ulmer* GRUR Ausl. 1961, 569 (577); *Straus* GRUR-Int 1985, 19 (24).
[317] WIPO Guide to the Rome Convention, 1981, 26.
[318] BGH ZUM 2016, 861 Rn. 57 – An Evening with Marlene Dietrich; WIPO Guide to the Rome Conven-tion, 1981, 26; *Ulmer* GRUR Ausl. 1961, 569 (578); *Straus* GRUR-Int 1985, 19 (24); *Braun,* Schutzlücken-Piraterie, 1995, S. 38 f.; *Beining,* Der Schutz ausübender Künstler im internationalen und supranationalen Recht, 2000, S. 72 f.; noch verkannt von BGH GRUR 1986, 454 (455) – Bob Dylan.
[319] BGH GRUR 1987, 814 (815) – Die Zauberflöte; BGH GRUR 1993, 550 (553) – The Doors; BGH GRUR 1999, 49 (51) – Bruce Springsteen and his Band; BGH ZUM 2016, 861 Rn. 56 f. – An Evening with Marlene Dietrich.
[320] WIPO Guide to the Rome Convention, 1981, 27.
[321] OLG Frankfurt a. M. GRUR-Int 1993, 702.
[322] Bei juristischen Personen kommt es auf den Sitz der Hauptniederlassung an, *Ulmer* GRUR Ausl. 1961, 569 (579).
[323] Näher zu den Möglichkeiten *Kaminstein* in ILO, Records of the Rome Conference, 1968, S. 34, 42.
[324] Art. 2 Nr. 1 Gesetz v. 15.9.1965, BGBl. 1965 II S. 1243.
[325] *Kaminstein* in ILO, Records of the Rome Conference, 1968, S. 34, 41.
[326] BGH GRUR 1999, 49 (51) – Bruce Springsteen and his Band.
[327] BGH GRUR 1999, 49 (51) – Bruce Springsteen and his Band.
[328] BGH GRUR 1999, 49 (51) – Bruce Springsteen and his Band; *Hertin* GRUR 1991, 722 (724); *Braun,* Schutzlücken-Piraterie, 1995, S. 40.

– Bei nicht festgelegten,[329] aber **gesendeten Darbietungen** wird Schutz gewährt, wenn entweder das Sendeunternehmen in einem vertragsschließenden Staat liegt (Art. 4 lit. c iVm Art. 6 Abs. 1 lit. a Rom-Abkommen) oder die Sendung von einem Sender in einem anderen Vertragsstaat ausgestrahlt wird (Art. 4 lit. c iVm Art. 6 Abs. 1 lit. b Rom-Abkommen). Hinsichtlich der gesendeten Darbietung genießt der Interpret Schutz, soweit das **Sendeunternehmen Rechte** an dieser Sendung geltend machen kann.[330] Beispiel: Die Darbietung eines Konzerts, das Bruce Springsteen im Jahre 1992 in Los Angeles gab und das von zahlreichen Sendeunternehmen in Vertragsstaaten „live" übertragen wurde, ist nur geschützt, wenn es sich um den Mitschnitt einer geschützten Sendung handelt.[331]

Das Rom-Abkommen ist am 18.5.1964, für die Bundesrepublik jedoch erst am 21.10.1966 in Kraft **53** getreten.[332] Die Bundesrepublik hat von der Möglichkeit des Art. 20 Abs. 2 Rom-Abkommen Gebrauch gemacht und sieht **keine rückwirkende Anwendung** auf Darbietungen vor, die vor diesem Zeitpunkt stattgefunden haben.[333]

2. Inländerbehandlung und Mindestrechte

Das Rom-Abkommen verpflichtet die Vertragsstaaten zur Inländerbehandlung (Art. 4 Rom- **54** Abkommen). Inländerbehandlung bedeutet, dass der Vertragsstaat, in dessen Gebiet der Schutz beansprucht wird, den geschützten (→ Rn. 52) ausübenden Künstlern die Behandlung gewährt, die er den ausübenden Künstlern, die seine Staatsangehörigen sind, für die Darbietungen, die in seinem Gebiet stattfinden, gesendet oder erstmals festgelegt werden, gewährt (Art. 2 Abs. 1 Rom-Abkommen).[334] **Umstritten** ist der **Inhalt** der daraus resultierenden Gleichbehandlungspflicht.[335] Nach einer engen Interpretation beschränkt sich die Inländerbehandlung auf die im Abkommen ausdrücklich vorgesehenen Mindestrechte.[336] Nach einer weiten Auslegung gilt er unbeschränkt und erfasst damit alle im nationalen Recht für die eigenen Staatsangehörigen vorgesehenen Rechte.[337] Die Streitfrage hat in Deutschland erhebliche **praktische Auswirkungen** zur Anwendbarkeit des § 96, des Verbreitungs- und Vermietrechts (§ 77 Abs. 2 S. 1 Var. 2) oder des Rechts auf öffentliche Zugänglichmachung.[338] Der **BGH** hat sich mit überzeugenden Gründen für das **weite Verständnis** des Inländerbehandlungsgrundsatzes entschieden.[339] Die Mindestrechte begrenzen den Inländerbehandlungsgrundsatz nicht, sondern ergänzen den konventionsrechtlichen Mindestschutz des Interpreten.[340] Art. 19 Rom-Abkommen, wonach die Mindestrechte des ausübenden Künstlers erlöschen, nachdem die Darbeitung mit seiner Zustimmung in einen Bild-/Bild-Tonträger eingefügt wurde, hat keine Auswirkungen auf den Inländerbehandlungsgrundsatz.[341] Der Grundsatz gilt auch für die solche Rechte wie § 78 Abs. 1 Nr. 1, die der vertragschließende Staat aufgrund seiner (supra-)nationalen Gesetzgebung nach Abschluss des Rom-Abkommens gewährt.[342] Damit kommt dem Rom-Abkommen eine erhebliche praktische Bedeutung in fremdenrechtlichen Konstellationen zu. Er gilt nach dem Wortlaut des Art. 2 Abs. 2 Rom-Abkommen nicht für die Fälle, in denen ein Vertragsstaat einen nach Art. 16 Rom-Abkommen zulässigen Vorbehalt gemacht hat.[343] Das ist in Deutschland beim Vergütungsanspruch gem. Art. 12 Rom-Abkommen der Fall, der von einem entsprechenden Gegenseitigkeitsvorbehalt beschränkt wird.[344]

Dem ausübenden Künstler werden im Rom-Abkommen **keine Ausschließlichkeitsrechte** einge- **55** räumt.[345] Das Abkommen gewährt dem Interpreten lediglich die Möglichkeit, bestimmte Handlungen, die ohne seine Zustimmung erfolgen, zu „untersagen" (Art. 7 Rom-Abkommen). Soweit ausübende Künstler einer Verwertung der Darbietung auf Bild- oder Bild-/Tonträger zugestimmt haben,

---

[329] Zum Problem technisch bedingter Zeitverzögerungen vgl. *Firsching* UFITA 133 (1997), 131 (159).

[330] *Kaminstein* in ILO, Records of the Rome Conference, 1968, S. 34, 41.

[331] BGH GRUR 1999, 49 (51) – Bruce Springsteen and his Band.

[332] BGBl. 1966 II S. 1473.

[333] Art. 4 Gesetz v. 15.9.1965, BGBl. II S. 1243.

[334] *Ulmer* GRUR Ausl. 1961, 569 (576); *Straus* GRUR-Int 1985, 19 (23).

[335] Zum Streitstand BGH ZUM 2016, 861 Rn. 69 ff. – An Evening with Marlene Dietrich; auch → Vor §§ 120 ff. Rn. 64.

[336] Denkschrift zum WPPT, BT-Drs. 15/15, 50; *Reinbothe* GRUR-Int 1992, 707 (713); *Reinbothe/v. Lewinski,* The WIPO Treaties on Copyright, 2. Aufl. 2015, Rn. 8.4.21; *v. Lewinski* GRUR-Int 1997, 667 (671); *Knies,* Die Rechte der Tonträgerhersteller in internationaler und vergleichender Sicht, 1999, 7 f.; *Dünnwald/Gerlach* Einl. Rn. 15.

[337] *Katzenberger* FS Dietz, 2001, 481 (487 ff.); *Katzenberger* GRUR-Int 2014, 443; *Straus* GRUR-Int 1985, 19 (23 f.); *Kloth,* Der Schutz ausübender Künstler nach TRIPS und WPPT, 2000, S. 35; *Grünberger,* Das Interpretenrecht, 2006, S. 16 f.; eingehend auch *Ficsor,* The Law of Copyright and the Internet, 2002, Rn. PP4.04 ff.; *Waldhausen,* Schutzmöglichkeiten vor Bootlegs, 2002, S. 76 ff.

[338] *Katzenberger* FS Dietz, 2001, 481 (483); *Katzenberger* GRUR-Int 2014, 443 (445).

[339] BGH ZUM 2016, 861 Rn. 76 ff. – An Evening with Marlene Dietrich; implizit bereits BGH GRUR 1993, 550 (552) – The Doors, weil er dort § 96 Abs. 1 auf einen unter das Rom-Abkommen fallenden Sachverhalt anwendet.

[340] BGH ZUM 2016, 861 Rn. 85 – An Evening with Marlene Dietrich.

[341] BGH ZUM 2016, 861 Rn. 61 ff. – An Evening with Marlene Dietrich.

[342] BGH ZUM 2016, 861 Rn. 89 ff. – An Evening with Marlene Dietrich.

[343] *Kaminstein* in ILO, Records of the Rome Conference, 1968, S. 34, 39; WIPO Guide to the Copyright and Related Rights Treaties, 2003, S. 137 f.

[344] → § 78 Rn. 22.

[345] Näher *Straus* GRUR-Int 1985, 19 (25); *Ulmer* GRUR Ausl. 1961, 569 (581).

erlöschen diese Mindestrechte.[346] Es handelt sich um Rechtspositionen, die mit Sanktionen nach freier Wahl des Vertragsstaates abzusichern sind.[347] Eine ausdrückliche Regelung, wie das **„Verhinderungsrecht"** dogmatisch auszugestalten ist, unterblieb. Das dem Vertragsstaat zur Verfügung stehende Spektrum an Mitteln reicht von strafrechtlichen Sanktionen[348] hin zur Gewährung von Ausschließlichkeitsrechten.[349] Bezüglich der Mindestrechte bietet es sich an, zwischen den Rechten an der nicht festgelegten Darbietung und solchen an der festgelegten Darbietung zu unterscheiden.[350] Allerdings können sich die Interpreten für den unionsrechtlich harmonisierten Bereich nicht unmittelbar auf die Mindestrechte aus dem Rom-Abkommen berufen;[351] der Rechtsschutz wird vielmehr über die harmonisierten Vorschriften des nationalen Rechts gewährleistet. Im praktischen Ergebnis führt aber der unbeschränkte Inländerbehandlungsgrundsatz (→ Rn. 54) dazu, dass sich die ausländischen Interpreten auf die im nationalen Recht vorgesehenen Ausschließlichkeitsrechte stützen können.[352] Für die Einzelheiten wird auf die Kommentierung der §§ 77 und 78 verwiesen.[353]

3. Schranken, Schutzdauer und Formalitäten

56   Art. 15 Abs. 1 Rom-Abkommen enthält eine abschließende Aufzählung von Fällen, in denen die Vertragsstaaten die Rechte der ausübenden Künstler beschränken können. Art. 15 Abs. 2 Rom-Abkommen erlaubt es ihnen daneben,[354] – mit Ausnahme der Zwangslizenz – alle **urheberrechtlichen Schranken** auf die Mindestrechte der ausübenden Künstler zu übertragen. Das ist mit § 83 in Deutschland der Fall. Die Schutzdauer der Mindestrechte beträgt nach Art. 14 Rom-Abkommen mindestens 20 Jahre. Sie beginnt mit dem Jahr, das auf das fristauslösende Ereignis folgt. Das fristauslösende Ereignis hängt davon ab, ob die Darbietung auf einem Tonträger festgelegt wurde oder nicht.[355] Wegen des Inländerbehandlungsgrundsatzes (→ Rn. 54) gilt in Deutschland für ausländische Interpreten die Schutzdauer gem. § 82. Art. 11 Rom-Abkommen erlaubt es den Vertragsstaaten, den Schutz der Darbietung von Förmlichkeiten abhängig zu machen.[356] Er enthält weder eine Pflicht, den Schutz an Förmlichkeiten zu knüpfen, noch versagt er in Ländern ohne Förmlichkeiten den Schutz, wenn den in Art. 11 Rom-Abkommen genannten Anforderungen nicht genügt ist.[357] Deutschland hat davon keinen Gebrauch gemacht.[358]

III. TRIPS (1994)

57   Das TRIPs-Abkommen ist integraler Bestandteil des WTO-Abkommens. Der WTO gehörten am 31.12.2018 164 Vertragsstaaen an.[359] Aufgrund der im Entstehungszeitpunkt des TRIPS noch geringeren Akzeptanz des Rom-Abkommens und der Tatsache, dass die U.S.A. diesem Abkommen nicht beigetreten sind, verzichtete man im Unterschied zum Urheberrecht („Bern-Plus"-Ansatz, Art. 9 Abs. 1 TRIPS) auf einen vergleichbaren „Rom-Plus"-Ansatz und regelte die Rechte ausübender Künstler, Tonträgerhersteller und Sendeunternehmen selbständig in Art. 14 TRIPS.[360] Das in Art. 2 Abs. 2 TRIPS angesprochene Verhältnis zum Rom-Abkommen bedeutet, dass dieses auch für WTO-Angehörige untereinander weiterhin wirksam bleibt und zu beachten ist.[361]

1. Sachlicher, persönlicher und zeitlicher Anwendungsbereich

58   Das TRIPS enthält keine Definition des ausübenden Künstlers und keine eigenständigen **Anknüpfungspunkte** zur Bestimmung seines persönlichen Anwendungsbereichs. Nach Art. 1 Abs. 3 S. 1 TRIPS werden die „Angehörigen der anderen Mitglieder" erfasst. Das ist ein technischer Begriff, der in Art. 1 Abs. 3 S. 2 TRIPS mit **Bezug zum Rom-Abkommen** definiert wird. Daraus folgt, dass die Begriffsbestimmungen des Rom-Abkommens und die dort vorgesehenen Anknüpfungsmomente (→ Rn. 52) auch für Art. 14 TRIPS maßgeblich sind. Die anzuknüpfende Handlung muss freilich

---

[346] BGH ZUM 2016, 861 Rn. 61 – An Evening with Marlene Dietrich.

[347] *Ulmer* GRUR Ausl. 1961, 569 (581); WIPO Guide to the Rome Convention, 1981, 34.

[348] Vgl. *Kaminstein* in ILO, Records of the Rome Conference, 1968, S. 34, 43 zur damaligen Rechtslage im Vereinigten Königreich.

[349] *Ulmer* GRUR Ausl. 1961, 569 (581).

[350] *Gruenberger* 24 Cardozo Arts & Entertainment L.J. 617 (639 ff., 643 ff.) (2006).

[351] EuGH GRUR 2012, 593 Rn. 43 ff. – SCF; offengelassen von BGH ZUM 2016, 861 Rn. 42 ff. – An Evening with Marlene Dietrich; BGH ZUM 2014, 517 Rn. 52 – Tarzan; → Vor §§ 120 ff. Rn. 104 ff.

[352] BGH ZUM 2016, 861 Rn. 75 – An Evening with Marlene Dietrich; implizit auch BGH GRUR 1993, 550 (552 f.) – The Doors.

[353] → § 77 Rn. 16 ff. und → § 78 Rn. 22.

[354] Zum Hintergrund *Ulmer* GRUR Ausl. 1961, 569 (590 f.).

[355] Einzelheiten bei *Ulmer* GRUR Ausl. 1961, 569 (589 ff.).

[356] *Ulmer* GRUR Ausl. 1961, 569 (587).

[357] *Kaminstein* in ILO, Records of the Rome Conference, 1968, S. 34, 47 f.

[358] Vgl. BGH GRUR 2003, 227 (230) – P-Vermerk.

[359] https://www.wto.org/english/thewto_e/whatis_e/tif_e/org6_e.htm.

[360] *Reinbothe* GRUR-Int 1992, 707 (709); *Katzenberger* GRUR-Int 1995, 447 (457); *Dünnwald* ZUM 1996, 725 (726).

[361] *Katzenberger* GRUR-Int 1995, 447 (456).

nicht in einem Rom-Abkommen-Mitgliedsstaat, sondern in einem TRIPS-Mitgliedsstaat erfolgen.[362] Weil Deutschland eine Anknüpfung an das Merkmal der Festlegung im Rom-Abkommen ausgeschlossen hat (→ Rn. 56), gilt das auch für den Anwendungsbereich des TRIPS (Art. 1 Abs. 3 S. 3 TRIPS). Das TRIPS erfasst nur internationale Sachverhalte.[363] Die Staatsangehörigkeit des Interpreten ist auch im TRIPS kein Anknüpfungspunkt.[364] Beispiel: Die Darbietung eines amerikanischen Staatsangehörigen in den U.S.A. wird nur deshalb erfasst, weil der Darbietungsort in einem TRIPS-Vertragsstaat liegt.[365]

Das TRIPS ist für die Bundesrepublik Deutschland am 1.1.1995 in Kraft getreten.[366] Aus Art. 65 **59** Abs. 1 TRIPS folgt nicht, dass das Übereinkommen erst am 1.1.1996 wirksam wird.[367] Im Unterschied zum Rom-Abkommen gewährt das TRIPS-Übereinkommen im Grundsatz **rückwirkenden Schutz** (Art. 14 Abs. 6 S. 2 iVm Art. 18 RBÜ). Damit werden die im TRIPS vorgesehenen Mindestrechte auch auf solche Darbietungen erstreckt, die im Zeitpunkt des Inkrafttretens schon stattgefunden haben oder festgelegt worden sind, sofern die Mindestschutzdauer (Art. 14 Abs. 5 S. 1 TRIPS) beim Inkrafttreten des TRIPS weder im Ursprungs- noch im Schutzland abgelaufen ist.[368] Das „Ursprungsland" bestimmt sich in entsprechender Anwendung von Art. 5 Abs. 4 RBÜ unter Berücksichtigung der allgemeinen Anknüpfungspunkte der Art. 1 Abs. 3 S. 2 TRIPS iVm mit Art. 4 Rom-Abkommen. Es kommt daher nicht auf die Staatsangehörigkeit des ausübenden Künstlers an.[369] Maßgebend ist der Ort der Darbietung,[370] die Staatsangehörigkeit des Tonträgerherstellers oder der Ort der ersten Veröffentlichung. Bezüglich des Vermietrechts hat Art. 70 Abs. 5 TRIPS Vorrang.

2. Inländerbehandlung, Meistbegünstigung und Mindestrechte

Das TRIPS unterscheidet sich vom Rom-Abkommen aufgrund des nur **eingeschränkt gelten- 60 den Inländerbehandlungsgrundsatzes** (Art. 3 Abs. 1 TRIPS).[371] Anders als im Rom-Abkommen (→ Rn. 54) ist dieser Grundsatz hier inhaltlich auf die Rechte beschränkt, die dem Interpreten in Art. 14 Abs. 1 TRIPS gewährt sind (Art. 3 Abs. 1 S. 2 TRIPS).[372] Ein ausübender Künstler, dessen Darbietung in den Anwendungsbereich des TRIPS fällt, kann daher eine Inländerbehandlung nur bezüglich der ihm in Art. 14 Abs. 1 TRIPS gewährten Rechte verlangen.[373] Daher können sich die Interpreten weder auf § 78 Abs. 1 Nr. 1[374] noch auf § 96 Abs. 1 berufen.[375]

Im Interpretenrecht gilt eine praktisch wichtige **Ausnahme** vom Grundsatz der **Meistbegünsti- 61 gung** (Art. 4 TRIPS): Alle Vorteile gegenüber Drittstaaten, die nicht im TRIPS selbst vorgesehen sind, sind davon nicht erfasst (Art. 4 lit. c TRIPS).[376] Damit will das TRIPS einen Trittbrettfahrereffekt verhindern:[377] WTO-Mitgliedsstaaten und ihre Angehörigen sollen insbesondere nicht vom Rom-Abkommen profitieren können, ohne sich selbst daran zu binden.[378]

Das TRIPS gestaltet, in der Tradition des Rom-Abkommens (→ Rn. 55), die von den Vertrags- 62 staaten zu gewährenden Mindestrechte des ausübenden Künstlers als „**Verhinderungsrechte**"[379] aus (Art. 14 Abs. 1 TRIPS). Dogmatisch handelt es sich hierbei lediglich um negative Verbots- oder Abwehrrechte und keine Ausschließlichkeitsrechte.[380] Eine Einordnung als Ausschließlichkeitsrecht

---

[362] *Beining,* Der Schutz ausübender Künstler im internationalen und supranationalen Recht, 2000, S. 92 f.; *Kloth,* Der Schutz ausübender Künstler nach TRIPS und WPPT, 2000, 66.
[363] *Katzenberger* GRUR-Int 1995, 447 (459).
[364] *Kloth,* Der Schutz ausübender Künstler nach TRIPS und WPPT, 2000, 64 ff.; aA *Dünnwald* ZUM 1996, 725 (726).
[365] *Braun* GRUR-Int 1997, 427 (429).
[366] Vgl. Bekanntmachung über das Inkrafttreten des Übereinkommens zur Errichtung der Welthandelsorganisation v. 18.5.1995, BGBl. II S. 456.
[367] *Braun* GRUR-Int 1997, 427; *Kloth,* Der Schutz ausübender Künstler nach TRIPS und WPPT, 2000, S. 60; *Waldhausen,* Schutzmöglichkeiten gegen Bootlegs, 2002, S. 213 ff.
[368] *Katzenberger* GRUR-Int 1995, 447 (467); *Beining,* Der Schutz ausübender Künstler im internationalen und supranationalen Recht, 2000, S. 101 f.
[369] AA *Wandtke/Bullinger/Braun/v. Welser* UrhG § 125 Rn. 31 (für unveröffentlichte oder nicht in einem WTO-Mitgliedsstaat veröffentlichte Darbietungen).
[370] *Dünnwald* ZUM 1996, 725 (730); *Kloth,* Der Schutz ausübender Künstler nach TRIPS und WPPT, 2000, S. 119.
[371] *Ficsor,* The Law of Copyright and the Internet, 2002, Rn. PP4.13 ff.
[372] BGH ZUM 2016, 861 Rn. 46 – An Evening with Marlene Dietrich; *Dünnwald* ZUM 1996, 725 (726); *Braun* GRUR-Int 1997, 427 (429); *Kloth,* Der Schutz ausübender Künstler nach TRIPS und WPPT, 2000, 67 ff.; *Reinbothe/v. Lewinski,* The WIPO Treaties on Copyright, 2. Aufl. 2015, Rn. 8.4.20; *Gruenberger* Cardozo Arts & Ent. L. J. Bd. 24 2006, 617 (634).
[373] OLG Hamburg ZUM 2004, 133 (136).
[374] BGH ZUM 2016, 861 Rn. 47 – An Evening with Marlene Dietrich.
[375] OLG Hamburg ZUM 2004, 133 (136 f.); ZUM-RD 1997, 343 (344); LG Berlin ZUM 2006, 761 (762).
[376] Vgl. *Kloth,* Der Schutz ausübender Künstler nach TRIPS und WPPT, 2000, 72 ff.; *Beining,* Der Schutz ausübender Künstler im internationalen und supranationalen Recht, 2000, S. 96 ff.
[377] *Reinbothe* GRUR-Int 1992, 707 (709).
[378] → Vor §§ 120 ff. Rn. 20.
[379] *Dünnwald* ZUM 1996, 725 (728 f.).
[380] OLG Hamburg ZUM 2004, 133 (137); ZUM-RD 1997, 343 (344); eingehend *Waldhausen,* Schutzmöglichkeiten gegen Bootlegs, 2002, 183 ff.; aA *Kloth,* Der Schutz ausübender Künstler nach TRIPS und WPPT, 2000, S. 71 f.; *Braun* GRUR-Int 1997, 427 (430 f.).

scheitert hier – anders als beim Rom-Abkommen – am nur beschränkt geltenden Inländerbehandlungsgrundsatz. Allerdings können sich die Interpreten für den unionsrechtlich harmonisierten Bereich nicht unmittelbar auf die Mindestrechte aus TRIPS berufen;[381] der Rechtsschutz wird vielmehr über die harmonisierten Vorschriften des nationalen Rechts gewährleistet. Zu den Mindestrechten an den nicht festgelegten und den festgelegten Darbietungen siehe die Kommentierung zu §§ 77, 78.[382]

3. Schranken und Schutzdauer

63   Die Mitgliedstaaten können die Mindestrechte aus dem TRIPS denselben Beschränkungen unterwerfen, die im Rom-Abkommen vorgesehen sind (Art. 14 Abs. 4 TRIPS). Dabei handelt es sich um eine Spezialregelung zu Art. 13 TRIPS, der aufgrund seines Wortlauts und seiner systematischen Stellung keine Anwendung auf die Rechte der ausübenden Künstler findet.[383] Anwendbar sind danach die Schrankenregelung in Art. 15 Rom-Abkommen oder die Regelung zu den Förmlichkeiten.[384] Die Schutzdauer beträgt mindestens 50 Jahre (Art. 14 Abs. 5 S. 1 TRIPS).

IV. WPPT (1996)

64   Von erheblicher **praktischer Bedeutung** für die Regelung der Leistungsschutzrechte auf internationaler Ebene ist der WPPT. Der Vertrag wurde durch die WIPO, die Weltorganisation für geistiges Eigentum, einer völkerrechtsfähigen internationalen Organisation, initiiert.[385] Die vertragsschließenden Parteien sahen in diesem „Neuen Instrument"[386] eine Möglichkeit, die „tiefgreifenden Auswirkungen der Entwicklung und Annäherung der Informations- und Kommunikationstechnologien auf die Produktion und Nutzung von Darbietungen und Tonträgern"[387] rechtlich zu erfassen. Abweichend vom Rom-Abkommen und vom TRIPS befasst sich der WPPT ausschließlich mit den Rechten der ausübenden Künstler und der Tonträgerhersteller. Der WPPT ist am 20.5.2002[388] in Kraft getreten, für die EU und Deutschland am 14.3.2010.[389] Er zählte zum 31.12.2018 insgesamt 98 Vertragsstaaten.[390]

1. Sachlicher, persönlicher und zeitlicher Anwendungsbereich

65   Der WPPT übernimmt wie das TRIPS-Übereinkommen (→ Rn. 58) die **Anknüpfungspunkte des Rom-Abkommens** (→ Rn. 52): Geschützt werden „Angehörige anderer Vertragsparteien" (Art. 3 Abs. 1 WPPT), die definiert werden als Personen, die nach Art. 4 Rom-Abkommen geschützt würden, wenn alle WPPT-Mitglieder auch Mitglieder jenes Abkommens wären (Art. 3 Abs. 2 S. 1 WPPT). Dabei sind aber ausschließlich die von dem Rom-Abkommen abweichenden[391] Begriffsdefinitionen des WPPT zugrunde zu legen (Art. 3 Abs. 2 S. 2 WPPT). Weil Deutschland eine Anknüpfung an das Merkmal der Festlegung im Rom-Abkommen ausgeschlossen hat, kann daran auch nicht im Anwendungsbereich des WPPT angeknüpft werden (vgl. Art. 3 Abs. 3 WPPT).[392] Erfasst sind daher nur internationale Sachverhalte. Auf die Staatsangehörigkeit des Interpreten kommt es nicht, auch nicht als kumulatives Kriterium neben Art. 4 Rom-Abkommen,[393] an.[394] Eine Anknüpfung an die Sendung einer nicht auf Tonträger festgelegten Darbietung (Art. 4 lit. c Rom-Abkommen) scheidet im Anwendungsbereich des WPPT aus.[395]

66   Wie das TRIPS-Übereinkommen (→ Rn. 59) ordnet auch Art. 22 Abs. 1 WPPT mit entsprechender Anwendung des Art. 18 RBÜ auf die Rechte der ausübenden Künstler eine **Rückwirkung** der Rechte auf noch geschützte Darbietungen an. Von der in Art. 22 Abs. 2 WPPT vorgesehenen Möglichkeit, die Anwendung des Interpretenpersönlichkeitsrechts aus Art. 5 Abs. 1 WPPT auf zukünftige Darbietungen zu beschränken, hat die Bundesrepublik Deutschland keinen Gebrauch gemacht.

---

[381] EuGH GRUR 2012, 593 Rn. 43 ff. – SCF; offengelassen von BGH ZUM 2016, 861 Rn. 42 ff. – An Evening with Marlene Dietrich; BGH ZUM 2014, 517 Rn. 52 – Tarzan; → Vor §§ 120 ff. Rn. 104 ff.

[382] → § 77 Rn. 19 f. und → § 78 Rn. 23 f.

[383] Vgl. *Reinbothe/v. Lewinski,* The WIPO Treaties on Copyright, 2. Aufl. 2015, Rn. 8.16.40.

[384] Dazu *Kloth,* Der Schutz des ausübenden Künstler nach TRIPS und WPPT, 2000, S. 118 ff.

[385] Zur Vorgeschichte *v. Lewinski* GRUR-Int 1997, 667.

[386] Zur Begrifflichkeit vgl. *Kreile* ZUM 1994, 525.

[387] Präambel des WPPT, BGBl. 2003 II S. 771.

[388] WPPT Notification No. 32, http://www.wipo.int/treaties/en/notifications/wppt/treaty_wppt_32.html [Stand: 31.12.2018].

[389] Bekanntmachung über das Inkrafttreten des WIPO-Vertrages über Darbietungen und Tonträger v. 9.8.2011, BGBl. II S. 860.

[390] https://www.wipo.int/treaties/en/ip/wppt/.

[391] Denkschrift zum WPPT, BT-Drs. 15/15, 51; näher *v. Lewinski* GRUR-Int 1997, 667 (678).

[392] Vgl. dazu auch den Vorbehalt in der Bekanntmachung über das Inkrafttreten des WIPO-Vertrages über Darbietungen und Tonträger v. 9.8.2011, BGBl. II S. 860.

[393] Unzutreffend daher Denkschrift zum WPPT, BT-Drs. 15/15, 53; *Ricketson/Ginsburg,* International Copyright, 2006, Bd. II, Rn. 19.48.

[394] WIPO Guide to the Copyright and Related Rights Treaties, 2003, S. 237 f.; *Reinbothe/v. Lewinski,* The WIPO Treaties on Copyright, 2. Aufl. 2015, Rn. 8.3.5; vertiefend *Kloth,* Der Schutz ausübender Künstler nach TRIPS und WPPT, 2000, S. 192 ff.

[395] Eingehend WIPO Guide to the Copyright and Related Rights Treaties, 2003, S. 238 f.

Nicht in den sachlichen Anwendungsbereich des WPPT fallen alle **audiovisuellen** Darbietun- 67
gen.[396] Das folgt aus den Beschränkungen der Mindestrechte auf hörbare Live-Darbietungen (Art. 5
Abs. 1 WPPT) und den Legaldefinitionen der Festlegung, des Tonträgers, der Sendung und der öffentlichen Wiedergabe in Art. 2 WPPT. Der Vertrag von Peking zum Schutz von audiovisuellen Darbietungen v. 24.6.2012 (BTAP)[397] schließt die im WPPT enthaltenen Lücken für audiovisuelle Darbietungen.[398] Er ist allerdings noch nicht in Kraft getreten.[399]

2. Inländerbehandlung und Mindestrechte

Der Grundsatz der **Inländerbehandlung** (Art. 4 Abs. 1 WPPT) ist inhaltlich – wie Art. 3 Abs. 1 68
S. 2 TRIPS (→ Rn. 60) – auf die im WPPT vorgesehenen Rechte **beschränkt.**[400] Dadurch wird der
Inländerbehandlungsgrundsatz im Kern auf einen Grundsatz (materieller) Gegenseitigkeit reduziert.[401]
Ausländische Interpreten können daher nicht an weitergehenden Befugnissen für inländische Inter-
preten im nationalen Recht partizipieren.[402] Vergütungen für private Vervielfältigungen fallen daher
aus dem Anwendungsbereich des Inländerbehandlungsgrundsatzes.[403] Die Verpflichtung zur Inländer-
behandlung gilt auch nicht, soweit eine Vertragspartei von den Vorbehaltsmöglichkeiten des Art. 15
Abs. 3 WPPT in Bezug auf den Vergütungsanspruch für die Sendung und die öffentliche Wiedergabe
Gebrauch gemacht hat (Art. 4 Abs. 2 WPPT).[404] Diesbezüglich entspricht die Rechtslage auch nach
dem Inkrafttreten des WPPT weiterhin der des Rom-Abkommens (→ Rn. 54 f.), weil Deutschland
von der in Art. 16 Abs. 1 lit. a (iv) Rom-Abkommen vorgesehenen Gegenseitigkeitsbeschränkung
Gebrauch gemacht hat.[405]

Die den ausübenden Künstlern im WPPT eingeräumten Rechte sind als **Mindestschutz** zu ver- 69
stehen.[406] An der Spitze der materiellen Regelungen des WPPT steht – zum ersten Mal auf internationaler Ebene[407] – der Schutz des **Interpretenpersönlichkeitsrechts** in Art. 5 WPPT. Vorbild
dafür war Art. 6bis RBÜ.[408] Geschützt sind nur „hörbare Live-Darbietungen" oder auf Tonträger[409]
festgelegte[410] Darbietungen. Damit wird auch der Sendevorgang erfasst, während audiovisuelle Darbietungen nicht geschützt sind.[411] Der ausübende Künstler hat das Recht auf Namensnennung (Art. 5
Abs. 1 Alt. 1 WPPT) und ein „integrity right" (Art. 5 Abs. 1 Alt. 2 WPPT). Die Persönlichkeitsrechte bestehen unabhängig von den wirtschaftlichen Rechten (Art. 5 Abs. 1 WPPT). Die Mitgliedsstaaten haben zu entscheiden, ob und inwieweit über diese Rechte disponiert werden kann.[412] Der Streit,
ob Art. 5 Abs. 1 WPPT zu den ausschließlichen Rechten zählt, bezüglich derer Inländerbehandlung
zu gewähren ist,[413] ist in Deutschland praktisch irrelevant, weil diesbezüglich ohnehin der persönlichkeitsrechtliche Mindestschutz nach § 125 Abs. 6 eingreift. Die wirtschaftlichen Rechte sind den ausübenden Künstlern erstmals auf internationaler Ebene ausdrücklich als **Ausschließlichkeitsrechte** an
der nicht festgelegten und der auf Tonträger festgelegten Darbietung eingeräumt worden.[414] Allerdings können sich die Interpreten für den unionsrechtlich harmonisierten Bereich nicht unmittelbar
auf diese Mindestrechte berufen;[415] der Rechtsschutz wird vielmehr über die harmonisierten Vor-

---

[396] Vertiefend *v. Lewinski* GRUR-Int 2001, 529 ff.
[397] → Vor §§ 73 ff. Rn. 49.
[398] *v. Lewinski* GRUR-Int 2001, 529 f.
[399] Näher zum Inhalt *v. Lewinski* GRUR-Int 2001, 529; *v. Lewinski* GRUR-Int 2013, 12, → Vor §§ 120 ff.
Rn. 77 f.; http://www.wipo.int/treaties/en/notifications/wppt/treaty_wppt_32.html.
[400] BGH ZUM 2016, 861 Rn. 48 – An Evening with Marlene Dietrich; Denkschrift zum WPPT, BT-Drs.
15/15, 53 f.; WIPO Guide to the Copyright and Related Rights Treaties, 2003, S. 240 f.; *v. Lewinski* GRUR-Int
1997, 667 (671); *Kloth,* Der Schutz ausübender Künstler nach TRIPS und WPPT, 2000, S. 199 f.
[401] WIPO Guide to the Copyright and Related Rights Treaties, 2003, S. 240.
[402] Denkschrift zum WPPT, BT-Drs. 15/15, 54; *Ricketson/Ginsburg,* International Copyright, 2006, Bd. II,
Rn. 19.50.
[403] *v. Lewinski* GRUR-Int 1997, 667 (671); *Ricketson/Ginsburg,* International Copyright, 2006, Bd. II, Rn. 19.50;
aA *Ficsor,* The Law of Copyright and the Internet, 2002, Rn. PP4.14.
[404] Denkschrift zum WPPT, BT-Drs. 15/15, 54.
[405] Art. 2 Nr. 2 Gesetz v. 15.9.1965, BGBl. II S. 1243.
[406] Vereinbarte Erklärung zu Art. 1 Abs. 2 WPPT; *Reinbothe/v. Lewinski,* The WIPO Treaties on Copyright,
2. Aufl. 2015, Rn. 8.1.19; *v. Lewinski* GRUR-Int 1997, 667 (671).
[407] Denkschrift zum WPPT, BT-Drs. 15/15, 54; *Reinbothe/v. Lewinski,* The WIPO Treaties on Copyright,
2. Aufl. 2015, Rn. 8.5.12.
[408] *Ricketson/Ginsburg,* International Copyright, 2006, Bd. II, Rn. 19.53; *v. Lewinski* GRUR-Int 1997, 667
(679).
[409] S. die Legaldefinition in Art. 2 lit. b WPPT.
[410] S. die Legaldefinition in Art. 2 lit. c WPPT.
[411] *Ricketson/Ginsburg,* International Copyright, 2006, Bd. II, Rn. 19.53.
[412] WIPO Guide to the Copyright and Related Rights Treaties, 2003, 242; *Reinbothe/v. Lewinski,* The WIPO
Treaties on Copyright, 2. Aufl. 2015, Rn. 8.5.17 ff.; *Ricketson/Ginsburg,* International Copyright, 2006, Bd. II,
Rn. 19.53.
[413] Bejahend *Reinbothe/v. Lewinski,* The WIPO Treaties on Copyright, 2. Aufl. 2015, Rn. 8.4.27; verneinend
Denkschrift zum WPPT, BT-Drs. 15/15, 54; *Ricketson/Ginsburg,* International Copyright, 2006, Bd. II, Rn. 19.50.
[414] *Reinbothe/v. Lewinski,* The WIPO Treaties on Copyright, 2. Aufl. 2015, Rn. 8.6.5; *v. Lewinski* GRUR-Int
1997, 667 (679).
[415] EuGH GRUR 2012, 593 Rn. 43 ff. – SCF; offengelassen von BGH ZUM 2016, 861 Rn. 42 ff. – An Evening with Marlene Dietrich; BGH ZUM 2014, 517 Rn. 52 – Tarzan; → Vor §§ 120 ff. Rn. 104 ff.

schriften des nationalen Rechts gewährleistet. Zu den Einzelheiten siehe die Kommentierung zu §§ 77 und 78.[416]

3. Schranken, Schutzdauer und Formalitäten

70 Die Mindestschutzdauer der wirtschaftlichen Rechte beträgt nach dem Vorbild des TRIPS 50 Jahre ab Ende des Jahres, in dem die Darbietung festgelegt wurde (Art. 17 Abs. 1 WPPT). Wie Art. 15 Abs. 2 Rom-Abkommen erlaubt Art. 16 Abs. 1 WPPT den Unterzeichnerstaaten, die urheberrechtlichen Schranken, die ihrerseits in Art. 10 WCT geregelt werden, auf das Interpretenrecht auszudehnen. Insoweit kommt es zu einem Gleichlauf zwischen Urheber- und Interpretenrecht.[417] In Art. 16 Abs. 2 WPPT findet sich der aus Art. 9 Abs. 2 RBÜ und Art. 13 TRIPS bekannte sog. „Drei-Stufen-Test", der bestimmte inhaltliche Anforderungen an nationale Schrankenbestimmungen stellt. Neu im internationalen Leistungsschutzrecht ist der zwingende Verzicht auf die Einhaltung irgendwelcher[418] Formalitäten (Art. 20 WPPT).

E. Interessenlage und Dogmatik im Interpretenrecht

I. Interessenkollisionen im Interpretenrecht

71 Bei der Ausgestaltung des Interpretenrechts hat der Gesetzgeber die Belange ganz unterschiedlicher Verwertungs- und Nutzungsinteressenten zu berücksichtigen:[419] das jeweils unterschiedliche Schutzbedürfnis der ausübenden Künstler einerseits und der Tonträgerhersteller, Sendeunternehmen und Veranstalter andererseits, das Interesse der Urheber an einer möglichst ungehinderten Verwertung ihrer Werke, die Interessen von Informationsintermediären an einer möglichst raschen und transaktionskostenniedrigen Nutzung und schließlich die Interessen der Allgemeinheit an möglichst ungehindertem Zugang zu den Darbietungen.[420] Diese Konstellation lässt sich am besten als **„pentagonale Interessendivergenz"** erfassen:[421] (1.) Urhebern und Interpreten ist gemeinsam, dass sie beide eine „kreative" Leistung erbringen: Der Urheber erbringt mit seiner „schöpferische(n) Leistung den entscheidenden Beitrag zu dem veräußerten Produkt" und die „ausübenden Künstler (erwecken) das Werk durch ihre Interpretation erst zum Leben und (erbringen) damit gleichfalls eine schutzwürdige schöpferische Leistung".[422] (2.) Weil die Darbietung als Schutzgegenstand des Interpretenrechts im Regelfall ein schutzfähiges Werk voraussetzt,[423] besteht die theoretische Möglichkeit divergierender Interessen von Urhebern und Interpreten.[424] (3.) Urheber und Interpreten waren in der Vergangenheit vollständig und sind in großen Teilen immer noch auf die „technisch-organisatorisch-unternehmerischen Werkmittler" angewiesen. Diese lassen sich von den „Kreativen" Nutzungsrechte einräumen oder – soweit möglich – Verwertungsrechte übertragen. Die Interessen der „originären" und der „abgeleiteten" Rechtsinhaber stimmen dabei nicht notwendigerweise überein.[425] (4.) Vielfach sind diese Werkmittler selbst Inhaber originärer Ausschließlichkeitsrechte an dem Ergebnis ihrer jeweiligen unternehmerischen Leistung. (5.) Die Allgemeinheit hat ein Interesse an möglichst ungehindertem Zugang zu Werk und Darbietung. Dabei steht dieses Interesse häufig weniger im Widerspruch zu den Interessen der „Kreativen" als im Spannungsverhältnis zu den Interessen der Verwerter.[426] Besonders pointiert wird dieses Interesse von Informationsintermediären oder Anbietern von Telediensten verfolgt.

II. Das Interpretenrecht als besonders eng verwandtes Schutzrecht

1. Vorrang des Urheberrechts?

72 Das UrhG zog ursprünglich noch eine „klare Trennungslinie (...) zwischen dem Schutz der schöpferischen Leistung des Urhebers und dem Schutz der das geschaffene Werk wiedergebenden Leistung des ausübenden Künstlers sowie der mehr technisch-wirtschaftlichen Leistung der Tonträgerhersteller und Sendeunternehmen".[427] Die internationalen Konventionen (→ Rn. 48 ff.), das Unionsrecht (vgl.

---

[416] → § 77 Rn. 21 ff. und → § 78 Rn. 25 ff.
[417] WIPO Guide to the Copyright and Related Rights Treaties, 2003, S. 255.
[418] Beispiele nach *Reinbothe/v.Lewinski*, The WIPO Treaties on Copyright, 2. Aufl. 2015, Rn. 8.20.7: Registrierung, Kaution, Gebühren, P-Vermerk.
[419] Vgl. *Grünberger*, Das Interpretenrecht, 2006, S. 38 ff.
[420] Vgl. BVerfGE 31, 275 = GRUR 1972, 491 (494) – Schallplatten; BVerfGE 81, 12 = GRUR 1990, 183 (184) – Vermietungsvorbehalt (zum Tonträgerhersteller); BVerfGE 81, 208 = GRUR 1990, 438 (441) – Bob Dylan.
[421] In Anlehnung an die „tripolare Interessendivergenz" im Urheberrecht, vgl. dazu *Hilty* FS Schricker, 2005, 325 (329 f.); *Hilty* GRUR 2005, 819 (820); *Hilty* ZUM 2003, 985.
[422] BVerfGE 81, 12 = GRUR 1990, 183 (184) – Vermietungsvorbehalt.
[423] → § 73 Rn. 13 ff.
[424] BVerfGE 31, 275 = GRUR 1972, 491 (494) – Schallplatten; BVerfGE 81, 12 = GRUR 1990, 183 (184) – Vermietungsvorbehalt.
[425] *Hilty* GRUR 2005, 819 (822).
[426] *Hilty* GRUR 2005, 819 (822).
[427] BT-Drs. IV/270, 87.

Art. 12 Vermiet- und Verleih-RL)[428] und die §§ 73 ff. basieren zudem auf dem Grundsatz, dass das Leistungsschutzrecht des ausübenden Künstlers den Schutz der Urheberrechte an Werken der Literatur und Kunst unberührt lassen und ihn in keiner Weise beeinträchtigen soll. Dieser Grundsatz wird häufig als **materieller Vorrang des Urheberrechts missverstanden,** was damit begründet wird, dass der Urheber „durch seine schöpferische Leistung den entscheidenden Beitrag" erbringe.[429] Die Argumentation wies in der Vergangenheit teilweise metaphysische Züge auf.[430] Im Ergebnis wurde eine Dichotomie zwischen der schöpferischen Tätigkeit des Urhebers und der „lediglich nachschaffenden Leistung"[431] des Interpreten konstruiert, die den Blick auf die „im Zeichen der Schöpfung und Wiedergabe von Sprach- und Musikwerken (bestehende) enge Zusammengehörigkeit" beider Kreativen[432] verdunkelte.[433]

Die konventionsrechtlichen Vorgaben können die Vorrangthese nicht stützen. Mit der Aussage, dass **73** der Schutz der Rechte der Urheber und ihrer Rechtsnachfolger unberührt bleibe, wird im Kern etwas Selbstverständliches geregelt: Neben den Urhebern genießen auch die ausübenden Künstler einen Rechtsschutz mit Bezug auf den ihnen zugewiesenen Schutzgegenstand.[434] Sie lassen insbesondere **keinen** Rückschluss auf eine **Hierarchie** zwischen Urheber- und Interpretenrecht zu. Insbesondere proklamiert Art. 1 Rom-Abkommen keine Überlegenheit des Urheberrechts, wonach verwandte Schutzrechte niemals einen größeren Gesamtschutzbereich als Urheberrechte haben dürften.[435] „Die Rechte der Urheber und der ausübenden Künstler bestehen also parallel, ohne daß man dabei von Mehr- oder Minderwertigkeit sprechen könnte."[436] Die an der Darbietung bestehenden Rechte lassen den rechtlichen Schutz der Urheberrechte konsequent unberührt und beeinträchtigen ihn in keiner rechtlich relevanten Weise. Anstatt vom Vorrang des Urheberrechts sollte deshalb von der **beiderseitigen Unabhängigkeit** von Urheber- und Interpretenrecht gesprochen werden. Das Interpretenrecht ist gegenüber der Werkschöpfung des Urhebers kein *minus,* sondern ein *aliud.*[437] Urheberrecht und Interpretenrecht sind danach zwei unabhängig voneinander bestehende **Schutzrechte an unterschiedlichen Schutzgegenständen** (Werk bzw. Darbietung) mit einem jeweils **unterschiedlichen Gesamtschutzbereich.** Daraus rechtfertigt sich auch die systematische Trennung von Urheberrecht und künstlerischem Leistungsschutz. Das erlaubt dem Gesetzgeber, „Umfang und Dauer des Rechts unabhängig von der Ausgestaltung des Urheberrechts nach eigenen, der besonderen Interessenlage entsprechenden Grundsätzen zu entwickeln."[438] Das ist aufgrund der unterschiedlichen Interessenlage der Beteiligten nach wie vor ein **rechtspolitisch sinnvoller** Ansatz. Deshalb sollte der Gesetzgeber den regelmäßig vorgetragenen rechtspolitischen Forderungen nach einer inhaltlichen Stärkung der Verwertungsrechte, insbesondere eines uneingeschränkten Ausschließlichkeitsrechts an der öffentlichen Wiedergabe,[439] zurückhaltend begegnen. Die Krise des Urheberrechts liegt nicht zuletzt auch an der Asynchronität von dynamischer Schutzgewährung[440] und statischer Schutzbegrenzung[441] sowie dem vielleicht zu großen Vertrauen auf die Lösungstauglichkeit von Ausschließlichkeitsrechten[442] und der Skepsis gegenüber Formen kollektiver Rechtewahrnehmung.[443] Insoweit könnte das Interpretenrecht sogar zum Vorbild differenzierter Regelungen werden.

2. Gemeinsamkeiten und Interessengegensätze zum Urheber

Das Gesetz hat sich von der Vorrangthese und der Vorstellung, dass ein „Abstand" zwischen Urhe- **74** ber- und Interpretenrecht zu sichern sei,[444] mittlerweile verabschiedet.[445] Seit der Neuausrichtung (→ Rn. 28) verdeutlichen die §§ 73 ff., dass die strikt leistungsschutzrechtliche Konzeption des Interpretenrechts und der betonte Unterschied zum Urheber der vielfach **gemeinsamen Interessenlage**

---

[428] EuGH GRUR 2015, 477 Rn. 35 – C More Entertainment.
[429] BVerfGE 81, 12 = GRUR 1990, 183 (184) – Vermietungsvorbehalt; in jüngerer Zeit *Hilty/Kur/Klass* ua GRUR-Int 2008, 907 (911 f.); *Schulze* ZUM 2009, 93 (100).
[430] Näher *Grünberger,* Das Interpretenrecht, 2006, 39 f.; *Apel,* Der ausübende Musiker im Recht Deutschlands und der USA, 2011, S. 158 ff.
[431] BT-Drs. IV/270, 89.
[432] *Ulmer* GRUR Ausl. 1961, 569 (573).
[433] *Stewart,* International Copyright and Neighbouring Rights, 1989, S. 190 f.
[434] *Kaminstein* in ILO, Records of the Rome Conference, 1968, S. 34, 38; *Ulmer* GRUR Ausl. 1961, 589 (574).
[435] WIPO Guide to the Rome Convention, 1981, 17; WIPO Guide to the Copyright and Related Rights Treaties, 2003, S. 135 f.
[436] *Straus* GRUR-Int 1985, 19 (23).
[437] *Apel,* Der ausübende Musiker im Recht Deutschlands und der USA, 2011, S. 385; *Hillers,* Gleiches Recht für alle Darbietungen?, 2007, S. 84 ff.
[438] BT-Drs. IV/270, 90.
[439] Exemplarisch *Apel,* Der ausübende Musiker im Recht Deutschlands und der USA, 2011, S. 400 ff.
[440] → § 15 Rn. 262 ff.
[441] → Vor §§ 44a ff. Rn. 34 ff.
[442] Vertiefend *Grünberger* ZGE 2017, 188.
[443] Vgl. dazu *Hilty* GRUR 2009, 633.
[444] *Gerlach* ZUM 2009, 103 (104 f.).
[445] *Grünberger,* Das Interpretenrecht, 2006, S. 37; *Dünnwald* FS Rehbinder, 2002, 233 (247); *Dünnwald/Gerlach* Einl. Rn. 67; *Krüger* ZUM 2003, 122; *Vogel* FS W. Nordemann, 2004, 349; *Breuer* ZUM 2010, 301; *Wandtke* ZUM 2015, 152.

der Kreativen nicht gerecht wurde. Naheliegend ist daher ein Verständnis des Interpretenrechts als ein dem Urheberrecht besonders eng verwandtes Schutzrecht. Die Rechtsposition des Interpreten in Bezug auf seine Darbietung wird nicht zuletzt deshalb wieder (→ Rn. 28 f.) an die des Urhebers angeglichen.[446] Die vom UrhG gewählte Regelungstechnik macht diese Gemeinsamkeiten nicht unmittelbar sichtbar.[447] Das Interpretenrecht ist nach dem Gesetz kein umfassendes Immaterialgüterrecht, sondern ein Immaterialgüterrecht, das sich aus der Summe einzelner, abschließend aufgeführter Befugnisse bildet.[448] Unter Beachtung dieser Prämissen ist der **Rückgriff auf urheberrechtliche Bestimmungen** und Grundsätze jedoch unter Berücksichtigung allgemein geltender methodischer Anforderungen ohne weiteres möglich (→ Rn. 83 ff.).[449]

75   Mit dieser Konzeption ist es weiterhin möglich, die nicht zu leugnenden **Interessengegensätze** von Urhebern und ausübenden Künstlern abzubilden. Das trifft insbesondere auf die **Verteilung von Vergütungsansprüchen** zu, die von Nutzern beispielsweise für die öffentliche Wiedergabe von auf Tonträgern aufgenommenen Kompositionen (§ 21 S. 1) und Musikdarbietungen ausübender Künstler (§ 78 Abs. 2 Nr. 2) in Tanzschulen geschuldet werden.[450] Gegenüber dem Nutzer von Komposition und Darbietung kann eine Erhöhung der Vergütung nicht damit gerechtfertigt werden, dass die Leistungen der Leistungsschutzberechtigten und der Urheber gleichwertig seien.[451] Das folgt auch daraus, dass die vom Nutzer zu entrichtende Gesamtvergütung nicht unangemessen hoch sein darf.[452] Deshalb ist die Verteilung unterhalb der Anspruchsberechtigten zu lösen. Urheber und Interpreten sitzen insoweit im selben Boot. Anders als traditionell kolportiert, weist das Gesetz dabei den Urhebern nicht die besseren Plätze zu.[453] Beide müssen rudern, damit sich das Boot bewegt und es kann dabei durchaus sein, dass der Interpret das Boot schneller und weiter voran bringt.[454] Daher kommt es nach der zutreffenden Auffassung des BGH für die Verteilung der Vergütung darauf an, inwieweit sie auf der Verwertung der jeweiligen Werke und Leistungen beruht.[455] Das ist anhand der konkreten Nutzung und der dort jeweils dem Werk oder der Darbietung zukommenden wirtschaftlichen Bedeutung zu bestimmen.[456] Die anstehende Verteilungsdebatte sollte dabei nicht von angeblichen Vorrangthesen geprägt werden. Sie hat sich alleine daran zu orientieren, „inwieweit die Vergütung auf die Verwertung ihrer jeweiligen Werke und Leistungen entfällt",[457] was zwangsläufig von der jeweils konkreten Nutzungsart abhängt.

III. Interpretenrecht und Leistungsschutzrechte der technisch–organisatorischen Werkmittler

1. Mehr Unterschiede als Gemeinsamkeiten

76   In Folge des Rom-Abkommens hat das UrhG die Leistungsschutzrechte von ausübenden Künstlern, Tonträgerherstellern und Sendeunternehmen gemeinsam behandelt.[458] Die Gründe, warum diese Rechte zu gewähren sind, unterschieden sich allerdings bei Interpreten einerseits und Tonträgerherstellern und Sendeunternehmen andererseits.[459] Die Darbietung des Interpreten ist eine individuelle künstlerische Leistung und damit – wie die Schöpfung des Urhebers – Ausdruck seiner Persönlichkeit. Das wird jetzt auch auf internationaler Ebene mit Art. 5 WPPT anerkannt. Die Leistung der Tonträgerhersteller und Sendeunternehmen besteht dagegen in technisch-organisatorischer Hinsicht. Geschützt wird die Erwartung, die Investition in die Herstellung und Vermarktung ihrer Leistungen mit dem Angebot der Gegenstände am Markt wieder erwirtschaften zu können. Das ist bezeichnend für den gewerblichen Rechtsschutz.[460] Die **einzige Gemeinsamkeit**, die das Interpretenrecht mit den anderen Leistungsschutzrechten verband, war die einen Schutz ablehnende Haltung der Urheberverbände.[461] Die gemeinsame Konzeption als Leistungsschutzrecht verdeckt, dass die Interessen von Interpreten, Tonträgerindustrie und Sendeunternehmen nicht gleich gerichtet sind.[462] Systematisch ist

---

[446] *Apel,* Der ausübende Musiker im Recht Deutschlands und der USA, 2011, S. 384.

[447] Krit. auch *Apel,* Der ausübende Musiker im Recht Deutschlands und der USA, 2011, S. 398.

[448] *Grünberger,* Das Interpretenrecht, 2006, 47; *Dünnwald/Gerlach* Einl. Rn. 65.

[449] Loewenheim/*Vogel* § 38 Rn. 27.

[450] Dazu BGH GRUR 2015, 61 – Gesamtvertrag Tanzschulkurse; BGH ZUM-RD 2015, 89; dazu *Wandtke* ZUM 2015, 152.

[451] BGH GRUR 2015, 61 Rn. 44 ff. – Gesamtvertrag Tanzschulkurse.

[452] BGH GRUR 2015, 61 Rn. 65 – Gesamtvertrag Tanzschulkurse.

[453] So *Frotz* INTERGU-Jahrbuch Bd. 3, 1975, 91 (106).

[454] *Grünberger,* Das Interpretenrecht, 2006, S. 41.

[455] BGH GRUR 2015, 61 Rn. 55 – Gesamtvertrag Tanzschulkurse.

[456] Vgl. BGH GRUR 2015, 61 Rn. 46: bei klassischen Standardtänzen und lateinamerikanischen Tänzen stehe der Interpret des Musikstücks, das beim Einstudieren der Tänze von Tonträgern abgespielt wird, nicht im Vordergrund.

[457] BGH GRUR 2015, 61 Rn. 55 – Gesamtvertrag Tanzschulkurse.

[458] Zum folgenden bereits *Grünberger,* Das Interpretenrecht, 2006, S. 20 f., 42.

[459] Nicht überzeugend ist daher der Versuch, überwiegende Gemeinsamkeiten zu konstruieren: WIPO Guide to the Copyright and Related Rights Treaties, 2003, S. 133 f.

[460] Vgl. *Ulmer* GRUR Ausl. 1961, 569 (573); *Hilty* GRUR 2005, 819 (826).

[461] *Ulmer* GRUR Ausl. 1961, 569 (573); *Stewart,* International Copyright and Neighbouring Rights, 1989, S. 222.

[462] Vgl. dazu *Ulmer* GRUR Ausl. 1961, 569 (571 f.) einerseits und *Baum* GRUR Ausl. 1953, 197 (214 ff.) andererseits.

das Interpretenrecht insoweit falsch platziert.[463] Daraus sind Konsequenzen zu ziehen: Das Interpretenrecht unterscheidet sich grundsätzlich von den Rechten der Tonträgerhersteller, Sendeunternehmen und Veranstaltern.[464]

2. Leistungsschutzrechtliches Abstraktionsprinzip

Rechte des Interpreten an der auf Bild- oder Tonträger aufgenommenen oder gesendeten Darbietung bestehen unabhängig von den Rechten des Veranstalters, des Tonträgerherstellers am Tonträger und denen des Sendeunternehmens an der Sendung. Besondere Probleme wirft das **Verhältnis von Interpreten- und Tonträgerhersteller- bzw. Filmherstellerrecht** auf.[465] Das Leistungsschutzrecht des Tonträgerherstellers und das Interpretenrecht des ausübenden Künstlers sind zwei **unabhängige Rechte an zwei unterschiedlichen Schutzgegenständen.**[466] Schutzgegenstand des Tonträgerherstellerrechts (§ 85) ist „die zur Festlegung der Tonfolge auf dem Tonträger erforderliche wirtschaftliche, organisatorische und technische Leistung des Tonträgerherstellers",[467] die im Tonträger verkörpert wird.[468] Schutzgegenstand des Filmherstellerrechts (§§ 94 Abs. 1, 95) „ist nicht der Filmträger als materielles Gut, sondern die im Filmträger verkörperte organisatorische und wirtschaftliche Leistung des Filmherstellers".[469] Schutzgegenstand des Interpretenrechts ist die immaterielle Darbietung des ausübenden Künstlers (§ 73).[470] Wird diese auf einem Bild- oder Tonträger festgelegt, werden die Leistungsergebnisse beider Rechtsinhaber in **einem körperlichen Artefakt** – dem Tonträger – verkörpert.[471] Die Darbietung hat im Tonträger „Gestalt in Raum und Zeit"[472] gefunden. Rechtlich gesehen bestehen sie völlig unabhängig voneinander.[473] Das Tonträger- oder Filmherstellerrecht entsteht auch, wenn die Herstellung unter Verletzung fremder Urheber- oder Interpretenrechte erfolgt ist.[474] Selbst wenn der Tonträgerhersteller bei der Erstfestlegung gegen das Aufnahmerecht des ausübenden Künstlers (§ 77 Abs. 1) verstoßen hat, kann er nach § 97 Abs. 1 iVm § 85 Abs. 1 gegen die Verwertung dieses Tonträgers durch Dritte vorgehen.[475] Die Leistungsschutzrechte des Film- und Tonträgerherstellers entstehen abstrakt und unabhängig von (Nutzungs-)Rechten an der Darbietung.[476] Für das Verhältnis von Film- bzw. Tonträgerherstellerrecht und Interpretenrecht gilt damit ein **„leistungsschutzrechtliches Abstraktionsprinzip".**

3. Eingeschränktes Kausalprinzip im Übertragungsvertrag

Das leistungsschutzrechtliche Abstraktionsprinzip bewirkt im Ergebnis einen Nachteil des Interpreten im Vergleich zum Urheber. Der ausübende Künstler kann die Nutzungsrechte, die er regelmäßig dem Tonträgerhersteller eingeräumt hat, zwar zurückrufen (§ 79 Abs. 2a iVm § 34 Abs. 3 bzw. § 41). Er kann nach dem Wortlaut des Gesetzes seine auf dem Tonträger festgelegte Darbietung aber weder selbst verwerten noch anderen Nutzungsrechte daran einräumen. Obwohl der Interpret im Fall des § 41 die Nutzungsrechte lediglich deshalb zurückruft, weil der Rechtsinhaber sie unzureichend ausübt und er damit bezweckt, selbst für eine seinen Interessen entsprechende Verwertung zu sorgen, verhindert das leistungsschutzrechtliche Abstraktionsprinzip eine vom Tonträgerhersteller unabhängige Verwertung. Das eigenständige Leistungsschutzrecht wird zum vertragsrechtlichen Verteidigungsinstrument des wirtschaftlich überlegenen Verwerters.[477] Im Filmrecht ist dieser Konflikt ausdrücklich zugunsten des Filmherstellers gelöst, weil der Rückruf ausgeschlossen wird (§ 92 Abs. 3 iVm § 90). Kündigt der Interpret den Übertragungsvertrag aufgrund unzureichender Verwertung gem. § 79 Abs. 3 S. 1, ordnet das Gesetz zugunsten des Interpreten ausdrücklich an, dass mit wirksamer Kündigung „die Rechte des Tonträgerherstellers am Tonträger" erlöschen (§ 79 Abs. 3 S. 3). Dieser Fall zeigt, dass ein **abstrakt ausgestaltetes Leistungsschutzrecht** der organisatorisch-technischen und unternehmerischen Werkmittler **interpretenvertragsrechtlich durchbrochen** werden kann. Dieses Lösungsmodell ist nach hier vertretener Auffassung im Kern auch auf die nicht ausdrücklich geregelten Fälle des Rückrufs zu übertragen.[478] Deshalb lässt sich das leistungsschutzrechtliche Abstraktionsprinzip innerhalb des Vertragsverhältnisses von Interpret und Tonträgerhersteller nicht mehr aufrecht-

77

78

---

[463] Vgl. *Apel,* Der ausübende Musiker im Recht Deutschlands und der USA, 2011, S. 398 mwN.

[464] *Ulmer,* Der Rechtsschutz der ausübenden Künstler, der Hersteller von Tonträgern und der Sendegesellschaften, 1957, 10f.; *Ulmer* GRUR Ausl. 1961, 569 (573).

[465] Der folgende Abschnitt ist eine Adaption von *Grünberger,* Das Interpretenrecht, 2006, S. 217 ff.

[466] *Ulmer,* Der Rechtsschutz der ausübenden Künstler, der Hersteller von Tonträgern und der Sendegesellschaften, 1957, S. 52f.; *Dünnwald* GRUR 1970, 274 (275).

[467] BGH GRUR 2009, 403 Rn. 14 – Metall auf Metall I.

[468] → § 85 Rn. 21.

[469] BGH GRUR 2010, 620 Rn. 35 – Film-Einzelbilder.

[470] → § 73 Rn. 12 ff.

[471] *Dünnwald* GRUR 1970, 274 (275).

[472] *Schorn* GRUR-Int 1983, 167 (168).

[473] Loewenheim/*Vogel* § 40 Rn. 31; *Schack* UrhR Rn. 657.

[474] OLG Köln ZUM-RD 1998, 371 (379) – Nutzungsrechte an Remix-Version; → § 85 Rn. 47.

[475] Fromm/Nordemann/*Boddien* UrhG § 85 Rn. 17.

[476] Fromm/Nordemann/*Boddien* UrhG § 85 Rn. 17.

[477] Vgl. *Schack* UrhR Rn. 1143 in Bezug auf ein Leistungsschutzrecht des Verlegers.

[478] → § 79 Rn. 73 ff.

erhalten. An seine Stelle tritt das **„eingeschränkte Kausalprinzip":**[479] Ruft er die Nutzungsrechte mit anschließender Wiederverwertung der Darbietung zurück, kann der Tonträgerhersteller gegen die Verwertung des Tonträgers durch den Interpreten oder einen Dritten, dem der Interpret Nutzungsrechte an der Darbietung eingeräumt hat, keine Ansprüche aus den §§ 97 ff. durchsetzen.[480] Kündigt der Interpret gem. § 79 Abs. 3, erlischt das Tonträgerherstellerrecht insgesamt.[481]

IV. Das Interpretenrecht als einheitliches Immaterialgüterrecht

1. Immaterialgüterrecht oder besonderes Persönlichkeitsrecht?

79 Die Darbietung (§ 73) ist ein immaterielles Gut.[482] Daran weist das Gesetz dem ausübenden Künstler entweder ausschließliche Befugnisse an der Verwertung (§§ 77, 78 Abs. 1), Vergütungsansprüche bei erlaubter Nutzung (§ 78 Abs. 2, Abs. 4 iVm § 20b, § 83 iVm §§ 44a ff.) der Anerkennungs-, Namensnennungs- und Leistungsintegritätsansprüche ausschließlich in Bezug auf diese Darbietung gegenüber jedermann zu (§§ 74, 75). Diese Rechtspositionen sind **subjektive Rechte** des Interpreten. Sie bilden in ihrer Summe die hier als „Interpretenrecht" bezeichnete (→ Rn. 1) Rechtsposition des ausübenden Künstlers. Die §§ 73 ff. regeln den Gesamtschutzbereich,[483] die originäre Rechtsinhaberschaft und die Verkehrsfähigkeit **immaterialgüterrechtlicher Positionen.** Das gilt nicht nur – was unstreitig ist – für die Verwertungsrechte, sondern auch für die Interpretenpersönlichkeitsrechte.[484] Dafür spricht, erstens, der Darbietungsbezug dieser Rechte.[485] Gegenstand des Interpretenpersönlichkeitsrechts ist die geistige und persönliche Beziehung des Interpreten zu der von seiner Person abgelösten Darbietung.[486] Diese „entäußerte Individualität" – die von der Person des Interpreten verselbständigte Darbietung – ist auch im Interpretenrecht ein immaterielles Gut. Daran bestehen absolute Rechte.[487] Zweitens spricht dafür die in der Novellierung 2003 unternommene „Neukonzeption" des Interpretenrechts (→ Rn. 29). Gerade die Stärkung der Interpretenpersönlichkeitsrechte sollte deutlich machen, „dass hinsichtlich der persönlichkeitsrechtlichen Befugnisse geistige und künstlerische Leistungen grundsätzlich gleich behandelt werden sollen".[488] Weder die Urheberpersönlichkeitsrechte noch die Interpretenpersönlichkeitsrechte stehen einer immaterialgüterrechtlichen Zuordnung derselben entgegen. Deshalb sind die Verwertungs- und Persönlichkeitsrechte des Interpreten mit Bezug auf seine Darbietung immaterialgüterrechtlich zu qualifizieren.[489]

2. Einheitliches Recht vs. dualistische Konzeption

80 Das Interpretenrecht ist nach dem ursprünglichen **gesetzlichen Vorverständnis** kein umfassendes Recht, sondern setzt sich aus der Summe einzelner, abschließend aufgeführter Befugnisse des Interpreten an der Nutzung seiner Darbietung zusammen.[490] Umstritten ist, ob das Interpretenrecht – in Parallele zur monistischen Deutung des deutschen Urheberrechts[491] – ein einheitliches, wenn auch nicht umfassendes, Immaterialgüterrecht ist[492] oder ob man von einer dualistischen Konzeption des Interpretenrechts mit selbständigen Verwertungs- und Persönlichkeitsrechten[493] ausgehen muss.[494]

81 In **monistischen Konzeptionen** eines Rechts stammen ideelle und materielle Befugnisse aus einer einheitlichen Quelle. Diese Befugnisse sind untrennbar miteinander verbunden und das Recht ist

---

[479] *Grünberger,* Das Interpretenrecht, 2006, S. 225 ff., dort noch als „relatives Kausalprinzip" bezeichnet.

[480] → § 79 Rn. 73 f.

[481] → § 79 Rn. 182 f.

[482] *Dünnwald/Gerlach* Einl. Rn. 64.

[483] Zum Begriff s. *J. Oebbecke,* Der „Schutzgegenstand" der Verwandten Schutzrechte, 2011, S. 46 ff.

[484] *Dünnwald/Gerlach* Einl. Rn. 66; aA *Apel,* Der ausübende Musiker im Recht Deutschlands und der USA, 2011, S. 222.

[485] Ausführlich dazu *Rüll,* Allgemeiner und urheberrechtlicher Persönlichkeitsrechtsschutz des ausübenden Künstlers, 1998, S. 100 ff.

[486] *Grünberger,* Das Interpretenrecht, 2006, S. 84.

[487] AA *Peifer,* Individualität im Zivilrecht, 2001, S. 108 f., der den Schutz auf die Persönlichkeit des Interpreten fokussiert.

[488] BT-Drs. 15/38, 23.

[489] Vgl. *Rohweder* UFITA 2015, 401 (433 ff.).

[490] *Grünberger,* Das Interpretenrecht, 2006, S. 47.

[491] Dazu → § 11 Rn. 3; eingehend zuletzt *McGuire* FS 50 Jahre UrhG, 2015, 291.

[492] BFH GRUR 1980, 49 (50) – Teilaktivierung; OLG München GRUR 1989, 55 – Cinderella; *von Gamm,* UrhG, 1968, § 73 Rn. 2; *Vogel* FS W. Nordemann, 2004, 349 (352 ff.); *Dünnwald/Gerlach* UrhG Einl. Rn. 66; *Flechsig,* Der Leistungsintegritätsanspruch des ausübenden Künstlers, 1977, S. 11 ff.; *Steiger-Herms,* Der Leistungsschutz des Schauspielers, 1981, S. 88 ff.; *Rüll,* Allgemeiner und urheberrechtlicher Persönlichkeitsrechtsschutz des ausübenden Künstlers, 1998, S. 55 ff.

[493] *Schack* UrhR Rn. 681; *Schack* GRUR 1985, 354 (Fn. 54 und 58); *Peukert,* Die Leistungsschutzrechte des ausübenden Künstlers nach dem Tode, 1999, S. 45 ff.; *Peukert* UFITA 136 (1999), 63 (78 f.); *Jaeger,* Der ausübende Künstler und der Schutz seiner Persönlichkeitsrechte im Urheberrecht Deutschlands, Frankreichs und der Europäischen Union, 2002, S. 80 f.; *Flechsig/Kuhn* ZUM 2004, 14 (26); *Apel,* Der ausübende Musiker im Recht Deutschlands und der USA, 2011, S. 221 f.

[494] Vertiefend dazu *Grünberger,* Das Interpretenrecht, 2006, S. 44 ff.

grundsätzlich weder vollständig übertragbar noch verzichtbar.[495] Insoweit weist das Interpretenrecht **Gemeinsamkeiten** mit dem Urheberrecht auf: Die ideellen und materiellen Befugnisse des Interpreten entstammen aus seiner künstlerischen Darbietung und damit einer einheitlichen Quelle. Die untrennbare Verflechtung von materiellen und ideellen Komponenten ist für den ausübenden Künstler ebenso charakteristisch wie für den Urheber. Mit der Verwertung verfolgt der Interpret immer auch ideelle Ziele: das Bekanntwerden seines Namens in Verbindung mit seiner Leistung, die Anerkennung seiner Leistung und Sicherung von Ruf und Ansehen in der Öffentlichkeit.[496] Große **Unterschiede** scheinen dagegen bei der **Unübertragbarkeit** des Rechts zu bestehen: § 29 Abs. 1 gilt im Interpretenrecht nicht. Nach dem Wortlaut des § 79 Abs. 1 S. 1 kann der Interpret sogar seine Verwertungsrechte vollständig übertragen. Dieser oberflächliche Eindruck täuscht. Der Interpret kann nicht seine gesamte Rechtsposition – das Interpretenrecht – restlos und vollständig übertragen.[497] Selbst die Auffassung, die § 79 Abs. 1 S. 1 so versteht, dass der Interpret seine Verwertungsrechte (translativ) übertragen kann, muss darauf § 79 Abs. 2a anwenden.[498] Aus der entsprechenden Anwendung der §§ 31 ff. resultieren auch nach einer Rechtsübertragung eine Reihe von **fortbestehenden Bindungen** des übertragenen Verwertungsrechts an den Interpreten. Im Ergebnis verbleiben zwei relevante Unterschiede zwischen dem Urheber- und dem Interpretenrecht: die unterschiedliche **Schutzdauer** und das unterschiedliche **postmortale Schicksal** der Verwertungs- und Persönlichkeitsrechte. Erstere ist schon deshalb kein Argument für oder gegen eine ausschließlich im nationalen Recht zu verortende Konzeption des Rechts, weil sie unionsrechtlich zwingend vorgegeben ist.[499] Auch der zweite Unterschied ist wenig aussagekräftig, wie das allgemeine Persönlichkeitsrecht zeigt:[500] Die in einem einheitlichen Recht zusammengefassten Befugnisse können nach dem Tod des Rechtsinhabers durchaus unterschiedliche Wege gehen, ohne dass sich deshalb seine Rechtsnatur nachträglich ändert.[501]

Die gegen ein monistisches und für ein dualistisches Verständnis des Interpretenrechts vorgetragenen rechtsdogmatischen Argumente können im Ergebnis nicht überzeugen. Damit ist allerdings noch nicht gesagt, ob man das Recht auch monistisch konzipieren sollte.[502] Das Gesetz lässt diese Frage unbeantwortet. Die Antwort hängt entscheidend davon ab, ob der monistische Ansatz – der auch im Urheberrecht keineswegs logisch notwendig ist[503] – ein sinnvolles Instrument zum Schutz der Interessen des Interpreten ist. Wenn „der Begriff des Monismus im Kern nicht mehr besagt, als dass ideelle und materielle Befugnisse des Urhebers durch den einheitlichen Schöpfungsakt entstehen und beide gleichermaßen durch das Urheberrecht geschützt werden",[504] dann lässt er sich auch für das Interpretenrecht fruchtbar machen. Danach handelt es sich beim Interpretenrecht um ein einheitliches Immaterialgüterrecht, das sich aus verwertungs- und interpretenpersönlichkeitsrechtlichen Befugnissen zusammensetzt. Zugleich muss man sich eingestehen, „dass das Wesen als einheitliches Recht keine Festlegung hinsichtlich des rechtlichen Schicksals der daraus fließenden Befugnisse vorgibt".[505] Dann kommt dem Begriff freilich **keine eigenständige rechtsdogmatische Bedeutung** mehr zu. Die Streitfrage ist dann insoweit nicht weiter praxisrelevant[506] und die Antwort hat lediglich heuristische Bedeutung.

82

V. Entsprechende Anwendbarkeit urheberrechtlicher Regelungen

1. Grundsatz

Aus der systematischen Stellung des Interpretenrechts im Zweiten Teil des UrhG ergibt sich, dass die urheberrechtlichen Bestimmungen des Ersten Teils (Abschnitte 1–5) **nicht ohne weiteres entsprechend angewendet** werden dürfen.[507] Die Entscheidung des Gesetzes, dieses Recht in Inhalt, Umfang und Dauer zu begrenzen, darf nicht mit einem Rückgriff auf genuin urheberrechtliche Wertungen unterlaufen werden. Insbesondere scheidet ein Rückgriff auf die in § 15 angelegte Konzeption unbenannter Verwertungsrechte aus.[508] Die in den §§ 77, 78 gewährten Ausschließlichkeitsrechte und Vergütungsansprüche sind enumerativ.[509]

83

---

[495] → § 11 Rn. 3.
[496] *Rüll,* Allgemeiner und urheberrechtlicher Persönlichkeitsrechtsschutz des ausübenden Künstlers, 1998, S. 55.
[497] → § 79 Rn. 11.
[498] → § 79 Rn. 14 ff.
[499] Näher *Grünberger,* Das Interpretenrecht, 2006, S. 48 f.
[500] S. BGH GRUR 2000, 709 – Marlene Dietrich; BGH GRUR 2007, 168 – klaus-kinski.de.
[501] Eingehend *Grünberger,* Das Interpretenrecht, 2006, S. 50 ff.
[502] So aber *Rohweder* UFITA 2015, 401 (437 ff.); meine bejahende Auffassung in *Grünberger,* Das Interpretenrecht, 2006, S. 45 ff., gebe ich insoweit auf.
[503] *Schricker* FS 100 Jahre GRUR, 1991, 1095 (1116); *McGuire* FS 50 Jahre UrhG, 2015, 289 (295).
[504] *McGuire* FS 50 Jahre UrhG, 2015, 289 (303).
[505] *McGuire* FS 50 Jahre UrhG, 2015, 289 (303).
[506] *Apel,* Der ausübende Musiker im Recht Deutschlands und der USA, 2011, S. 222; *Schack* UrhR Rn. 681 (der freilich dem Monismus beim Urheberrecht eine praktisch wichtige Rolle zuschreibt, Rn. 343); aA *Peukert,* Die Leistungsschutzrechte des ausübenden Künstlers nach dem Tode, 1999, S. 47.
[507] BGH GRUR 2003, 234 (235) – EROC III.
[508] Allg. Ansicht, statt aller Loewenheim/*Vogel* § 38 Rn. 27 mwN.
[509] → § 78 Rn. 1 ff.

2. Ausdrückliche Anordnung urheberrechtlicher Regelungen im Interpretenrecht

84   Allerdings ordnet das Interpretenrecht mittlerweile in großem Umfang die **entsprechende Anwendung urheberrechtlicher Bestimmungen ausdrücklich** an: § 74 Abs. 3 verweist auf § 10 Abs. 1; § 76 S. 2 und S. 4 auf § 69 bzw. § 60 Abs. 2; § 77 Abs. 2 S. 2 auf § 27; § 78 Abs. 1 Nr. 1 auf § 19a; § 78 Abs. 4 auf § 20b; § 79 Abs. 2a auf die §§ 31, 32–32b, 32d–40, 41, 42 und 43; § 80 Abs. 1 S. 3 auf wesentliche Abschnitte des § 8; § 82 Abs. 3 auf § 69 und schließlich § 83 auf die §§ 44a–63a. Daneben ist vom Grundsatz auszugehen, dass Begriffe, die in beiden Teilen des UrhG verwendet werden, auch gleich ausgelegt werden sollen,[510] soweit der jeweilige Normzusammenhang dabei gewahrt bleibt[511] und das übereinstimmende Verständnis richtlinienkonform ist. Das gilt grundsätzlich für die Begriffe der Veröffentlichung und des Erscheinens (§ 6), der Vervielfältigung (§ 16 Abs. 1), der Verbreitung (17 Abs. 1), der Vermietung (§ 17 Abs. 3), der Erschöpfung (§ 17 Abs. 2), der (im Interpretenrecht allerdings unterschiedlich ausgestalteten) öffentlichen Wiedergabe (§ 15 Abs. 3 in richtlinienkonformer Interpretation),[512] der öffentlichen Zugänglichmachung (§ 19a) und der Sendung (§§ 20 ff.). Die Tatsache, dass § 19a in § 78 Abs. 1 Nr. 1 ausdrücklich erwähnt wird, ist eine Bestätigung dieses Grundsatzes.[513] **Unterschiedlich auszulegen** ist vor allem § 73. Die dort verwendeten Begriffe sind wegen ihres funktionalen Charakters nicht unter Rückgriff auf § 19 zu verstehen.[514]

3. Veröffentlichungsrecht

85   Der Interpret hat **kein eigenständiges Veröffentlichungsrecht** analog § 12 Abs. 1.[515] Ein dem Urheber vergleichbarer Schutz war nach Auffassung des Gesetzgebers nicht erforderlich.[516] Das ist im Fall der Live-Darbietung unproblematisch, weil die Darbietung und die zustimmungsbedürftige Verwertungshandlung häufig zusammenfallen.[517] Beim Mitschnitt und bei der Sendung der Live-Darbietung und bei allen Studioaufzeichnungen besteht dagegen die Gefahr, dass die aufgenommene Darbietung bzw. eine Version der aufgenommenen Darbietung ohne den Willen des Interpreten veröffentlicht wird.[518] Insbesondere das Aufnahmerecht kann das fehlende Veröffentlichungsrecht nicht kompensieren, weil die Zustimmung dazu regelmäßig vor der Darbietung erteilt wird, deren künstlerische oder technische Mängel man zu diesem Zeitpunkt gar nicht kennen kann.[519] Vor einer Veröffentlichung solcher Darbietungen kann zwar das **Vervielfältigungsrecht** schützen, weil es dem Interpreten ermöglicht, ihre Vervielfältigung zu verhindern. Hat der Interpret vor Festlegung der Darbietung allerdings bereits über seine Ausschließlichkeitsrechte verfügt, steht dieser Weg nicht mehr zur Verfügung. Der Urheber kann in diesem Fall der Veröffentlichung gem. § 12 Abs. 1 widersprechen, solange sich das Veröffentlichungsrecht noch nicht verbraucht hat.[520] Der ausübende Künstler hat dagegen keine gesetzliche Möglichkeit, die Veröffentlichung nach erfolgter Übertragung oder Rechtseinräumung der Einwilligungsrechte zu steuern.[521] Dogmatisch nicht überzeugen konnte der Vorschlag, dem allgemeinen Persönlichkeitsrecht ein „Endabnahmerecht" des ausübenden Künstlers zu entnehmen,[522] weil dieses hinter dem anwendbaren § 75 S. 1 zurücktritt (→ Rn. 89). Es ist aber auch nicht zutreffend, dass das Veröffentlichungsinteresse ausschließlich vertraglich abgesichert werden kann.[523] Der Schutz des Interpreten, abschließend über die Veröffentlichung seiner festgelegten Darbietung zu entscheiden, folgt aus dem **Integritätsanspruch** (§ 75 S. 1 iVm §§ 39 Abs. 1, 79 Abs. 2a). Der Interpret hat bei der Anfertigung von Studioaufnahmen ein entscheidendes Interesse daran, dass die festgelegte Darbietung nicht ohne seine Zustimmung vervielfältigt und veröffentlicht wird. Jede technische Manipulation an der festgelegten Interpretation, jeder Schnitt, mit dem die unterschiedlichen Aufnahmesitzungen zum Masterband zusammengestellt werden, ist eine Änderung iSv § 39 Abs. 1 und damit eine Beeinträchtigung nach § 75 S. 1.[524] Ob sie auch eine Verletzung des

---

[510] *Dünnwald* UFITA 76 (1976), 165 (182).

[511] Loewenheim/*Vogel* § 38 Rn. 29.

[512] → § 78 Rn. 15 ff.

[513] Vgl. *Dünnwald* ZUM 2004, 161 (170).

[514] Loewenheim/*Vogel* § 38 Rn. 29; *Grünberger*, Das Interpretenrecht, 2006, S. 67; → § 73 Rn. 22.

[515] *Dünnwald* GRUR 1970, 274 (275); *Jaeger*, Der ausübende Künstler und der Schutz seiner Persönlichkeitsrechte im Urheberrecht Deutschlands, Frankreichs und der Europäischen Union, 2002, S. 63 f.; *Dünnwald/Gerlach* UrhG Vor § 74 Rn. 15.

[516] BT-Drs. IV/270, 95.

[517] *Freitag*, Die Kommerzialisierung von Darbietung und Persönlichkeit des ausübenden Künstlers, 1993, S. 95; *Grünberger*, Das Interpretenrecht, 2006, S. 77; insoweit auch *Dünnwald/Gerlach* UrhG Vor § 74 Rn. 1.

[518] *Rüll*, Allgemeiner und urheberrechtlicher Persönlichkeitsrechtsschutz des ausübenden Künstlers, 1998, S. 212 ff., 254 ff.; *Grünberger*, Das Interpretenrecht, 2006, S. 77.

[519] AA *Bünte*, Die künstlerische Darbietung als persönliches und immaterielles Rechtsgut, 2000, S. 98.

[520] → § 12 Rn. 12 f.

[521] *Rüll*, Allgemeiner und urheberrechtlicher Persönlichkeitsrechtsschutz des ausübenden Künstlers, 1998, S. 213; *Grünberger*, Das Interpretenrecht, 2006, S. 78.

[522] Fromm/Nordemann/*Hertin*, 9. Aufl. 1998, UrhG Vor § 73 Rn. 6; *Rüll*, Allgemeiner und urheberrechtlicher Persönlichkeitsrechtsschutz des ausübenden Künstlers, 1998, S. 255 ff.; *Peter* UFITA 36 (1962), 257 (305).

[523] AA *Dünnwald/Gerlach* UrhG Vor § 74 Rn. 15; *Apel*, Der ausübende Musiker im Recht Deutschlands und der USA, 2011, S. 351.

[524] *Grünberger*, Das Interpretenrecht, 2006, S. 123 ff.; zur Anwendungsmethodik → § 75 Rn. 25 f.

Rechts ist, zeigt freilich erst das Ergebnis einer umfassenden Interessenabwägung.[525] Das Veröffentlichungsinteresse des Interpreten wird also in der Sache mit dem Leistungsintegritätsanspruch nach § 75 S. 1 geschützt.[526] Das Endabnahmerecht, das Künstlerverträge häufig vorsehen,[527] ist dogmatisch konsequent eine rechtsgeschäftliche Vereinbarung über die Ausübung des Leistungsintegritätsanspruchs nach § 39 Abs. 1 iVm § 79 Abs. 2a.[528] Die **rechtspolitische Forderung** nach dem Veröffentlichungsrecht des Interpreten hat sich damit nicht erledigt. Zum einen ist der Schutz des § 75 aufgrund der Interessenabwägung im Vergleich zum Urheber deutlich eingeschränkt, zum anderen bleibt immer noch ein Defizit, soweit es um die Veröffentlichung sog. „nicht autorisierter" Darbietungen geht.[529]

4. Bearbeitungsrecht und freie Benutzung

Dem Interpreten wurde **kein Bearbeitungsrecht** gem. § 23 zugebilligt.[530] Diese Wertung des **86** Gesetzgebers von 1965 darf aufgrund der unionsrechtlichen Vorgaben bei der Interpretation des Vervielfältigungsrechts (§ 77 Abs. 2 S. 1 Alt. 1) nicht berücksichtigt werden. Jeder Bearbeitung geht zwangsläufig eine Vervielfältigung der aufgenommenen Darbietung voraus.[531] Damit ist sie eine von Art. 2 InfoSoc-RL erfasste Verwertung der Interpretenleistung[532] und die Verwertung der Bearbeitung selbst fällt unter Art. 2 und Art. 3 Abs. 2 InfoSoc-RL sowie Art. 8 Abs. 2 und Art. 9 Abs. 1 lit. a Vermiet- und Verleih-RL.[533] Die Grundsätze der **freien Benutzung** (§ 24 Abs. 1) hat die Rechtsprechung bislang – trotz des fehlenden Verweises auf diese Vorschrift in § 85 Abs. 4 – in verfassungsrechtlich zulässiger Weise[534] auf das Tonträgerherstellerrecht entsprechend angewendet.[535] Das spricht im Ausgangspunkt dafür, sie auch im Interpretenrecht anzuwenden.[536] Allerdings ist unklar, ob die (entsprechende) Anwendung des § 24 Abs. 1 überhaupt richtlinienkonform ist.[537] Als „ein Hybrid zwischen Schutzbereichsbestimmung und Schranke"[538] begrenzt § 24 Abs. 1 entweder in noch zulässiger Weise den Schutzinhalt der Ausschließlichkeitsrechte (immanente Schutzbereichsgrenze)[539] oder ist eine von Art. 5 InfoSoc-RL – mit Ausnahme von Karrikaturen, Parodien oder Pastiches – nicht mehr gedeckte Schrankenbestimmung.[540] Weil es sich dabei um ein nicht auf die Leistungsschutzrechte beschränktes Problem handelt, wird auf die Kommentierung zu § 24 verwiesen.[541]

5. Zugangsrecht

Ein dem § 25 entsprechendes **Zugangsrecht** des ausübenden Künstlers zu seiner aufgenommenen **87** Darbietung **fehlt**.[542] Ein Zugang zu der nicht festgelegten Darbietung scheidet wegen des ephemeren Charakters derselben schon begrifflich aus.[543] Bis zur Novellierung 2003 hatte der Interpret keinen Anspruch gegen den Tonträgerhersteller gerichtet auf Herausgabe des Tonträgers, auf dem die Darbietung aufgenommen wurde.[544] Das hat sich geändert.[545] Im Fall eines Rückrufs nach § 79 Abs. 2a iVm § 41[546] kann der Interpret gem. § 25 analog verlangen, dass ihm Zugang zum Masterband gegeben wird, damit er eine Vervielfältigung davon herstellen kann. Dasselbe gilt beim Erlöschen der Tonträ-

---

[525] → § 75 Rn. 36 f.
[526] AA *Schack* UrhR Rn. 683; der allerdings nur auf das Ergebnis der Anspruchsprüfung abstellt, während sich die Argumentation hier allein auf die erste Stufe – die Beeinträchtigungshandlung – bezieht.
[527] → § 79 Rn. 87.
[528] *Grünberger,* Das Interpretenrecht, 2006, S. 131 f.
[529] Vgl. *Hertin,* Urheberrecht, 2. Aufl. 2008, Rn. 591.
[530] KG ZUM 2004, 467 (470) – Modernisierung einer Liedaufnahme; *v. Lewinski* in Schricker (Hrsg.), Urheberrecht auf dem Weg in die Informationsgesellschaft, 1997, S. 219, 251 ff.; teilweise aA *Flechsig,* Der Leistungsintegritätsanspruch des ausübenden Künstlers, 1977, S. 52 ff. (aufgrund einer weiten Auslegung des § 83 = § 75 S. 1).
[531] *Grünberger,* Das Interpretenrecht, 2006, S. 80 f.; allgemein BGH ZUM 2014, 36 Rn. 36 – Beuys-Aktion.
[532] → § 77 Rn. 41a f.; allgemein DKMH/*Dreyer* § 23 Rn. 2.
[533] Vgl. *Ohly* GRUR 2017, 964 (967).
[534] BVerfGE 142, 74 = ZUM 2016, 626 Rn. 76 – Metall auf Metall.
[535] BGH GRUR 2009, 403 – Metall auf Metall I; BGH GRUR 2013, 614 – Metall auf Metall II; → § 85 Rn. 60 ff.
[536] → § 77 Rn. 41a f.; aA Fromm/Nordemann/*Schaefer* § 77 Rn. 13; *Apel* ZGE 2018, 162 (187 f.).
[537] BGH ZUM 2017, 760 Rn. 27 – Metall auf Metall III.
[538] *Ohly* GRUR 2017, 964 (967 f.); ähnlich *Schulze* FS M. Walter, 2018, 504 (506 f.).
[539] So BGH ZUM 2017, 760 Rn. 22 – Metall auf Metall III.
[540] So das Verständnis von GA *Szpunar,* Schlussanträge, C-476/17 ZUM 2019, 237 Rn. 50 ff. – Pelham GmbH/ Hütter ua.
[541] → § 24 Rn. 3 ff.
[542] *Peter* UFITA 36 (1962), 257 (308); *Flechsig,* Der Leistungsintegritätsanspruch des ausübenden Künstlers, 1977, S. 70; *Jaeger,* Der ausübende Künstler und der Schutz seiner Persönlichkeitsrechte im Urheberrecht Deutschlands, Frankreichs und der Europäischen Union, 2002, S. 64.
[543] *Rüll,* Allgemeiner und urheberrechtlicher Persönlichkeitsrechtsschutz des ausübenden Künstlers, 1998, S. 268.
[544] *Dünnwald* GRUR 1970, 274 (277); aA *Hartwieg* GRUR 1970, 67 (72); *Hartwieg* GRUR 1971, 144 (148).
[545] Eingehend zu Voraussetzungen und Rechtsfolgen *Grünberger,* Das Interpretenrecht, 2006, S. 258 ff.; zustimmend *Dünnwald/Gerlach* UrhG Vor § 77 Rn. 9, UrhG § 79 Rn. 29; *Apel,* Der ausübende Musiker im Recht Deutschlands und der USA, 2011, S. 347 ff.
[546] → § 79 Rn. 54 ff.

gerherstellerrechte aufgrund einer Kündigung gem. § 79 Abs. 3.[547] Beide Rechte haben zu einer nachträglichen Regelungslücke geführt, die mit der analogen Anwendung des § 25 zu schließen ist. Ohne Zugang zum Masterband würde der Interpret in vielen Fällen um die Wirkung seines Rückrufs bzw. der Kündigung gebracht, weil eine technisch und wirtschaftlich angemessene Neuverwertung nur bei Verwendung des Masterbandes erfolgversprechend ist. Der Zugang zum Masterband muss so beschaffen sein, dass der Interpret den Anspruchsgegenstand auf technisch neuestem Stand vervielfältigen kann. Verfügt der Besitzer des Originalmasterbandes selbst nicht über die technischen Möglichkeiten die Vervielfältigung herzustellen, ist es ihm zuzumuten, den Anspruchsgegenstand dorthin zu verbringen, wo er vervielfältigt werden kann.[548]

VI. Anwendbarkeit allgemeiner Regelungen

1. Bürgerliches Recht

88   Das Urheberrecht ist ein **Sonderprivatrecht** und als ausschließliches Recht zugleich sonstiges Recht gem. § 823 Abs. 1 BGB.[549] Es steht zum Deliktsrecht im BGB im Verhältnis der Spezialität und Subsidiarität.[550] Gleiches gilt für das Interpretenrecht. Der im Vergleich zum Urheberrecht beschränkt ausgestaltete Schutz dieser Rechtsinhaber muss dabei auch bei der Anwendung der Generalklauseln des BGB beachtet werden. Soweit die Leistung im UrhG nicht geschützt ist und diese Beschränkung abschließend ist, darf diese **immanente Schutzbegrenzung** nicht mit Rückgriff auf das BGB überspielt werden.[551]

89   Besondere Schwierigkeiten wirft das Verhältnis des Interpretenpersönlichkeitsrechts (§§ 74–76) zum **allgemeinen Persönlichkeitsrecht** auf. Die im UrhG erfassten persönlichkeitsrechtlichen Ansprüche des Interpreten sind abschließend und verdrängen das allgemeine Persönlichkeitsrecht.[552] Das allgemeine Persönlichkeitsrecht hat nicht die Aufgabe, Lücken im Schutz der Darbietung zu schließen.[553] Es ist, soweit es um den Schutz der Darbietung geht, kein Auffangrecht.[554] Maßgebliches Abgrenzungskriterium ist der **Darbietungsbezug:**[555] Das Interpretenpersönlichkeitsrecht schützt die Interessen des Künstlers an der Darbietung. Sein Gegenstand ist – entsprechend der Rechtslage beim Urheberpersönlichkeitsrecht[556] – die geistige und persönliche Beziehung des Interpreten zu der von seiner Person abgelösten Darbietung. Das allgemeine Persönlichkeitsrecht schützt den ausübenden Künstler bei Eingriffen in seine Rechtssphäre unabhängig von einer bestimmten Darbietung. Zielt der Eingriff in seinem Schwerpunkt auf eine bestimmte Darbietung, so liegt der erforderliche Darbietungsbezug vor. Ist dagegen die Verletzungshandlung auf die Person des Interpreten oder sein künstlerisches Schaffen insgesamt ausgerichtet, so liegt ein Anwendungsfall des allgemeinen Persönlichkeitsrechts vor.[557] Erforderlich sind also Umstände, die außerhalb der Sonderschutztatbestände der §§ 73 ff. liegen.[558] Ein Darbietungsbezug ist beispielsweise gegeben, wenn eine Darbietung von Peter Alexander auf einem Tonträger als Vorspannangebot zu vier Tafeln Schokolade im Supermarkt angeboten wird.[559] Der in § 75 geschützte künstlerische Ruf könnte nämlich durch eine solche Form des Schallplattenvertriebs in Mitleidenschaft gezogen werden.[560] Wird eine festgelegte Darbietung für Werbezwecke verwendet, liegt ein Darbietungsbezug vor und die persönlichkeitsrechtliche Dimension des Falls fällt unter § 75 S. 1.[561] Ebenfalls abschließend geregelt sind alle Verwertungshandlungen, die grundsätzlich von den §§ 73 ff. erfasst sind, an denen der ausübende Künstler aber im Einzelnen keine (Verwertungs-)Rechte hat.[562] Die Verwertung von Tonträgern minderwertiger technischer Qualität und eines nicht zufriedenstellenden künstlerischen Niveaus hat einen Darbietungsbezug und kann

---

[547] → § 79 Rn. 179 ff.

[548] Vgl. KG GRUR 1983, 507 (508) – Totenmaske II.

[549] → Einl. UrhG Rn. 43.

[550] BGH GRUR 1958, 354 (356) – Sherlock Holmes.

[551] Grundlegend *Peukert*, Güterzuordnung als Rechtsprinzip, 2008, S. 237 ff.

[552] BGH GRUR 1987, 814 (817) – Zauberflöte; BGH GRUR 1958, 354 (356) – Sherlock Holmes (zum Urheber); *Freitag*, Die Kommerzialisierung von Darbietung und Persönlichkeit des ausübenden Künstlers, 1993, S. 108 ff.; *Krüger-Nieland* FS Hauß, 1978, 215 (222 f.); auch → § 75 Rn. 8.

[553] *Dünnwald/Gerlach* UrhG Vor § 74 Rn. 15.

[554] AA *Rüll*, Allgemeiner und urheberrechtlicher Persönlichkeitsrechtsschutz des ausübenden Künstlers, 1998, S. 108 ff.

[555] *Rüll*, Allgemeiner und urheberrechtlicher Persönlichkeitsrechtsschutz des ausübenden Künstlers, 1998, S. 101; *Grünberger*, Das Interpretenrecht, 2006, S. 84.

[556] → Vor §§ 12 ff. Rn. 3.

[557] *Rüll*, Allgemeiner und urheberrechtlicher Persönlichkeitsrechtsschutz des ausübenden Künstlers, 1998, S. 101 f.; *Grünberger*, Das Interpretenrecht, 2006, S. 84. Vgl. dazu BGH GRUR 1995, 668 (670) – Emil Nolde (zum Urheber). Zu Fällen aus der Praxis s. *Dünnwald/Gerlach* UrhG Vor § 74 Rn. 17.

[558] BGH GRUR 1987, 814 (817) – Die Zauberflöte.

[559] Vgl. BGH GRUR 1979, 637 – White Christmas.

[560] Vgl. BGH GRUR 1979, 637 (639) – White Christmas. Der BGH hat den Fall über die Übertragungszwecklehre gelöst, im Kern handelte sich um einen Fall der Ansehensminderung als Fall der indirekten Beeinträchtigung, *Krüger* GRUR 1980, 628 (634 f.); → § 75 Rn. 35.

[561] AA *Krüger* GRUR 1980, 628 (634).

[562] *Dünnwald/Gerlach* UrhG Vor § 74 Rn. 15.

deshalb nicht nach Maßgabe des allgemeinen Persönlichkeitsrechts beurteilt werden, selbst wenn darin keine Verletzung des § 75 S. 1 liegt.[563] Kein Darbietungsbezug liegt dagegen vor, wenn ein Dritter die charakteristische Stimme und Sprachäußerung von Heinz Erhardt nachahmt.[564] Die Fälle der Stimmenimitation fallen daher nicht in den Anwendungsbereich des Interpretenpersönlichkeitsrechts.[565] Das gilt auch für die Fälle, in denen Personen das von einem bekannten Interpreten dargebotene Werk offen imitieren und sich dadurch eine Interpretation „aneignen"[566] oder die fremde Interpretation parodieren.[567] Aus den Schutzbegrenzungen der §§ 73 ff. folgt insoweit ein **Grundsatz der Nachahmungsfreiheit** fremder Darbietungen. Weil darin schon keine nach dem UrhG relevante Benutzungshandlung liegt, muss man dafür nicht § 24 Abs. 1 (analog) bemühen.[568] Handelt es sich bei der verwendeten oder nachgeahmten Leistung nicht um eine geschützte Darbietung isv § 73, wie dies etwa bei Sportlern oder Artisten der Fall ist (→ Rn. 90), erfolgt der Schutz ausschließlich über das allgemeine Persönlichkeitsrecht. Dabei ist aber zu beachten, dass dieser Schutz inhaltlich nicht über den der Interpreten hinausreichen darf.[569] § 73 ist diesbezüglich als Privilegierung der Interpreten zu verstehen.

2. Lauterkeitsrecht

Schwierig ist das Verhältnis der Leistungsschutzrechte zum ergänzenden lauterkeitsrechtlichen Leistungsschutz gem. § 4 Nr. 3 UWG bzw. § 3 Abs. 1 UWG.[570] Für die Rechtsentwicklung der verwandten Schutzrechte spielte der **lauterkeitsrechtlich fundierte Leistungsschutz** eine hervorgehobene Rolle.[571] Die gesetzliche Ausgestaltung dieser Rechtspositionen als Ausschließlichkeitsrechte machte den lauterkeitsrechtlichen Schutz aber obsolet. Auszugehen ist vom Grundsatz, dass der Schutz des ausübenden Künstlers gegenüber einer Übernahme seiner Leistung abschließend in den §§ 73 ff. geregelt ist.[572] Die **Wertung des bestehenden Sonderrechtsschutzes** ist im lauterkeitsrechtlichen Leistungsschutz grundsätzlich zu berücksichtigen.[573] Man kann das UWG also nicht instrumentalisieren, um über die bewusste Begrenzung der gewährten Rechte hinauszugehen.[574] Die Nachahmung des Leistungsergebnisses als solche wird ausschließlich vom UrhG erfasst. Das gilt insbesondere dort, wo die Verwertungshandlung unionsrechtlich vollharmonisiert (→ Rn. 33 ff.) ist.[575] Die Nutzung eines Gegenstands verwandter Schutzrechte ist damit **grundsätzlich frei.** Das Lauterkeitsrecht schützt lediglich, wenn die Art und Weise des Vertriebs der übernommenen Leistung das Interesse der Marktteilnehmer an einem unverfälschten Wettbewerb berührt.[576] Es müssen besondere Umstände vorliegen, die die Ausnutzung fremder Leistung als unlauter erscheinen lassen.[577] Es genügt daher nicht, wenn man die wettbewerbliche Eigenart mit dem besonderen Erscheinungsbild des Produkts begründet oder wenn man bei der Kopie die Herkunftstäuschung vermutet und den Nachahmer auf eine Umgestaltung seiner Produkte verweist, weil dann „ohne zeitliche Begrenzung die Gefahr eines systemwidrigen ewigen Immaterialgüterschutzes [besteht]."[578] Nach heutiger Einschätzung war man **früher zu großzügig** bei der Gewährung eines lauterkeitsrechtlichen Schutzes.[579] Heute bietet das UWG keinen Schutz mehr für ausländische Interpreten, deren Leistungen nicht von § 125 erfasst werden.[580] § 125 regelt bei Drittstaatsangehörigen nicht nur den Fall, dass die Darbietung ohne Zutimmung festgelegt wurde,[581] sondern gerade auch den Fall, dass der Interpret die Verwertung einer technisch mangelhaften Aufnahme nicht autorisiert hat. Deshalb liegt in der Namensnennung ohne zusätzlichen Hinweis auf die fehlende Autorisierung keine relevante Herkunftstäuschung.[582]

90

---

[563] AA BGH GRUR 1987, 814 (816 f.) – Die Zauberflöte; mit Recht streng dagegen OLG Hamburg GRUR 1989, 525 (527) – Die Zauberflöte II; OLG Köln GRUR 1992, 388 (389) – Prince.

[564] OLG Hamburg GRUR 1989, 666 – Heinz Erhardt.

[565] *Dünnwald/Gerlach* UrhG Vor § 74 Rn. 23, 27; *Krüger* GRUR 1980, 628 (635).

[566] Näher *Dünnwald/Gerlach* UrhG Vor § 74 Rn. 23; *Schwarz/Schierholz* FS Kreile, 1994, 723; ausführlich *Schierholz*, Der Schutz der menschlichen Stimme gegen Übernahme und Nachahmung, 1998.

[567] *Dünnwald/Gerlach* UrhG Vor § 74 Rn. 25.

[568] AA offenbar *Dünnwald/Gerlach* UrhG Vor § 74 Rn. 25.

[569] *Rehbinder/Peukert* UrhR Rn. 641.

[570] Ausführlich dazu *Ohly* GRUR-Int 2015, 693.

[571] *D. Reimer* FS Wendel, 1969, 98 (101); *Ohly* GRUR-Int 2015, 693 (694).

[572] Kritisch *Lubberger* FS Ullmann, 2007, 337 (347 ff.).

[573] *Ohly* GRUR-Int 2015, 693 (697) mwN.

[574] BGH GRUR 1986, 454 (456) – Bob Dylan; BGH GRUR 1987, 814 (816) – Die Zauberflöte.

[575] *Ohly* GRUR-Int 2015, 693 (697).

[576] *Stieper* WRP 2006, 291 (294 f.); *Ohly* GRUR-Int 2015, 693 (698).

[577] BGH GRUR 2017, 79 Rn. 77 – Segmentstruktur; BGH GRUR 2013, 951 Rn. 20 – Regalsystem; BGH GRUR 2012, 58 Rn. 41 – Seilzirkus; früher bereits zu § 1 UWG aF und speziell zum Interpretenrecht: BGH GRUR 1986, 454 (456) – Bob Dylan; BGH GRUR 1987, 814 (816) – Die Zauberflöte.

[578] *Ohly* GRUR 2017, 90 (92).

[579] *Ohly* GRUR-Int 2015, 693 (696 f.); anders dagegen *Sack* WRP 2017, 7, der im Grundsatz für die zweifelhafte Beibehaltung der hergebrachten Grundsätze plädiert.

[580] Zu großzügig noch BGH GRUR 1987, 814 (816 f.) – Die Zauberflöte (zum Interpreten); *Ulmer* FS Hefermehl, 1971, 189 (193 f.); *D. Reimer* FS Wendel, 1969, 98 (103) (jeweils zum Tonträgerhersteller).

[581] Richtig gesehen von BGH GRUR 1986, 454 (456) – Bob Dylan (zu § 1 UWG aF).

[582] Anders noch BGH GRUR 1987, 814 (817) – Die Zauberflöte; OLG Hamburg GRUR 1989, 525 (527) – Die Zauberflöte II (jeweils zu § 1 UWG aF).

Handlungen, die nicht vom Gesamtschutzbereich des Interpretenrechts erfasst werden – etwa die Verlinkung zu geschützten Gegenständen[583]– können weder über § 4 Nr. 3 UWG noch über eine angebliche Irreführung beim Framing[584] sanktioniert werden. Nach Ablauf der Schutzdauer ist die unmittelbare Leistungsübernahme als solche auch ohne zusätzliche Hinweise erlaubt.[585] Besonders zweifelhaft ist, ob Mitbewerber oder Verbraucherverbände gegen eine Rechtsverletzung aus dem UWG vorgehen können, die der Rechtsinhaber selbst nicht verfolgt.[586] Die „sklavische Nachahmung" einer fremden Darbietung ist – solange nicht über die Identität des tatsächlichen Interpreten getäuscht wird[587] – kein Fall des § 4 Nr. 3 lit. a UWG.[588] **§ 4 Nr. 3 UWG** bietet also **keinen** „ergänzenden Schutz,** wenn ansonsten der Rechtsinhaber um ‚die Früchte seiner Arbeit' gebracht wird".[589] Ob § 3 Abs. 1 UWG daneben Grundlage für einen **allgemeinen Leistungsschutz** bietet, ist umstritten.[590] Die besseren Gründe sprechen für die These, dass „dem derzeitigen UWG keine „Schrittmacherfunktion" für die Entwicklung neuer Immaterialgüterrechte im Gewande des Unlauterkeitsvorwurfs" zukommt[591] und der „UWG-Nachahmungsschutz immer mehr seine Bedeutung als Rettungsboot für immaterialgüterrechtliche Schiffbrüchige [verliert]".[592]

§ 73 Ausübender Künstler

Ausübender Künstler im Sinne dieses Gesetzes ist, wer ein Werk oder eine Ausdrucksform der Volkskunst aufführt, singt, spielt oder auf eine andere Weise darbietet oder an einer solchen Darbietung künstlerisch mitwirkt.

Schrifttum: *Andresen,* Orchester aus dem Chip – Musik ohne Musiker?, ZUM 1985, 38; *Andresen,* Leistungsschutz für Tonmeister?, ZUM 1986, 335; *Apel,* Der ausübende Musiker im Recht Deutschlands und der USA, 2011; *Apel,* „Metall auf Metall" und § 24 UrhG im „Trans Europa Express" nach Luxemburg, K&R 2017, 563; *Apel,* Interpretenrecht (§§ 73 ff. UrhG) und Teilschutz, ZGE 2018, 162; *Benz,* Der Teilschutz im Urheberrecht, 2018; *Breuer,* Die körperliche Individualität des Interpreten, ZUM 2010, 301; *Brockmann,* Volksmusikbearbeitungen und Volksmusikschutz im Lichte der Urheberrechtsnovelle 1985, 1998; *Bünte,* Die künstlerische Darbietung als persönliches und immaterielles Rechtsgut, 2000; *Castendyk/Schwarzbart,* Die Rechte des Fernsehshowregisseurs aus dem Urheberrecht, UFITA 2007, 33; *Dünnwald,* Zum Begriff des ausübenden Künstlers, UFITA 52 (1969), 49; *Dünnwald,* Inhalt und Grenzen des künstlerischen Leistungsschutzes, UFITA 65 (1972), 99; *Dünnwald,* Ist der Regisseur Urheber oder ausübender Künstler?, Das Orchester 1977, 329; *Dünnwald,* Die künstlerische Darbietung als geschützte Leistung, UFITA 84 (1979), 1; *Dünnwald,* Der Quizmaster ein Interpret – Leistungsschutz „im unteren Bereich", Das Orchester 1981, 737; *Dünnwald,* Leistungsschutz „im unteren Bereich" oder überdehnter Leistungsschutz, FS Roeber, 1982, 73; *Dünnwald,* Das Leistungsschutzrecht des ausübenden Künstlers in der neueren Rechtsprechung des BGH, FuR 1984, 615; *Dünnwald,* Die Neufassung des künstlerischen Leistungsschutzes, ZUM 2004, 161; *Dünnwald/Gerlach,* Schutz des ausübenden Künstlers, 2008; *Flechsig,* Darbietungsschutz in der Informationsgesellschaft, NJW 2004, 575; *Flechsig/Kuhn,* Das Leistungsschutzrecht des ausübenden Künstlers in der Informationsgesellschaft, ZUM 2004, 14; *Ekrutt,* Der Rechtsschutz der ausübenden Künstler, GRUR 1976, 193; *Ernst,* Urheberrecht und Leistungsschutz im Tonstudio, 1995; *Grünberger,* Das Interpretenrecht, 2006; *Gentz,* Der künstlerische Leistungsschutz, GRUR 1974, 328; *v. d. Groeben,* Darbietung und Einwilligung des ausübenden Künstlers, FS Reichardt, 1990, 39; *Grunert,* Götterdämmerung, Iphigenie und die amputierte Csárdásfürstin – Urteile zum Urheberrecht des Theaterregisseurs und die Folgen für die Verwertung seiner Leistung, ZUM 2001, 210; *Grunert,* Werkschutz contra Inszenierungskunst, 2002; *Haltem,* Musik (und Recht) heute – Eine rhapsodische Collage, FS K. Ipsen, 2000, 651; *Hertin,* Zum Künstlerbegriff des Urhebergesetzes und des Rom-Abkommens, UFITA 81 (1978), 39; *Hertin,* Sounds von der Datenbank, GRUR 1989, 578; *Hillers,* Gleiches Recht für alle Darbietungen?, 2007; *Hilty/Henning-Bodewig,* Leistungsschutzrechte zugunsten von Sportveranstaltern?, 2007; *Hodik,* Der Begriff „ausübende Künstler" im österreichischen Urheberrecht, ÖBl. 1990, 49; *Hofmann,* Verdient digitales Spielen ein Leistungsschutzrecht?, ZUM 2013, 279; *Hubmann,* Zum Leistungsschutzrecht der Tonmeister, GRUR 1984, 620; *Hoeren,* Sounds von der Datenbank – zum Schutz des Tonträgerherstellers gegen Sampling, FS Hertin, 2000, 113; *Kainer,* Sportveranstalterrecht – ein neues Immaterialgüterrecht?, 2014; *Krumow,* Der Schutz artistischer und sportlicher Leistungen in den Mitgliedstaaten der EU, 2005; *Kaminstein,* Report of the Rapporteur General, in: International Labour Organization et al (Hrsg.), Records of the Diplomatic Conference on the International Protection of Performers, Producers of Phonograms and Broadcasting Organizations, 1968 (erhältlich unter: http://unesdoc. unesco.org/images/0000/000035/003572eo.pdf); *Kruse,* Die rechtlichen Differenzierungen zwischen Urhebern und ausübenden Künstlern unter besonderer Berücksichtigung des § 79 UrhG, 2013; *Nordemann W.,* Das Leistungsschutzrecht des Tonmeisters, GRUR 1980, 568; *Nordmann M.,* Rechtsschutz von Folkloreformen, 2001; *Obergfell,* Tanz als Gegenwartskunstform im 21. Jahrhundert, ZUM 2005, 621; *Oebbecke J.,* Der „Schutzgegenstand" der Verwandten Schutzrechte, 2011; *Peukert,* Die Leistungsschutzrechte des ausübenden Künstlers nach dem

---

[583] → § 78 Rn. 30d, 31.
[584] Unionsrechtlich unzutreffend daher *Fuchs/Farkas* ZUM 2015, 110 (123 f.).
[585] Vgl. dazu *Ulmer* FS Hefermehl, 1971, 189 (194); *D. Reimer* FS Wendel, 1969, 98 (102 f.); *Erdmann* FS Vieregge, 1995, 197 (zu den zeitlichen Grenzen des ergänzenden Leistungsschutzes); aA für Altaufnahmen vor 1965: *Rüll,* Allgemeiner und urheberrechtlicher Persönlichkeitsrechtsschutz des ausübenden Künstlers, 1998, S. 114; *Krüger* GRUR-Int 1986, 381 (386 f.).
[586] *Stieper* WRP 2006, 291 (292); *Ohly* GRUR-Int 2015, 693 (698 f.).
[587] *Dünnwald/Gerlach* UrhG Vor § 74 Rn. 24; *Krüger* GRUR 1980, 628 (635).
[588] AA *Dünnwald/Gerlach* UrhG Vor § 74 Rn. 23.
[589] *Ohly* GRUR-Int 2015, 693 (703).
[590] Offengelassen von BGH GRUR 2017, 79 Rn. 97 – Segmentstruktur; BGH ZUM-RD 2016, 440 Rn. 24 f. – Pippi-Langstrumpf-Kostüm II; BGH GRUR 2011, 436 Rn. 19 ff. – Hartplatzhelden.de.
[591] *Köhler/Bornkamm/Feddersen/Köhler,* UWG, 37. Aufl. 2019, UWG § 3 Rn. 2.28.
[592] *Ohly* GRUR 2017, 90 (92).

Tode, 1999; *Peukert,* Leistungsschutz des ausübenden Künstlers de lege lata und de lege ferenda unter besonderer Berücksichtigung der postmortalen Rechtslage, UFITA 138 (1999), 63; *Reupert,* Der Film im Urheberrecht – Neue Perspektiven nach hundert Jahren Film, 1995; *Schlemm,* Zum Leistungsschutzrecht der Musiktonmeister, UFITA 105 (1987), 17; *Raschèr,* Für ein Urheberrecht des Bühnenregisseurs, 1989; *Schorn,* Sounds von der Datenbank, GRUR 1989, 579; *Schwarz/Schierholz,* Das Stimmplagiat: Der Schutz der Stimmer berühmter Schauspieler und Sänger gegen Nachahmung im amerikanischen und deutschen Recht, FS R. Kreile, 1994, 723; *Schwenzer,* Die Rechte des Musikproduzenten, 1998; *Schulze,* Urheber- und leistungsschutzrechtliche Fragen virtueller Figuren, ZUM 1997, 77; *Seelig,* Der Schutz von Sprechleistungen im Rundfunk, 1997; *Tenschert,* Ist der Sound urheberrechtlich schützbar?, ZUM 1987, 612; *Wild/Salagean,* Das Zusammenfallen von Werkschöpfung und Werkdarbietung im deutschen und schweizerischen Urheberrecht, ZUM 2008, 580; WIPO (Hrsg.) Guide to the Rome Convention and the Phonograms Convention, 1981 (erhältlich unter http://www.wipo.int/edocs/pubdocs/en/copyright/617/wipo_pub_617.pdf); WIPO (Hrsg.) Guide to the Copyright and Related Rights Treaties and Glossary of Copyright and Related Rights Terms, 2003 (erhältlich unter http://www.wipo.int/edocs/pubdocs/en/copyright/891/wipo_pub_891.pdf).

Übersicht

A. Grundlagen

I. Regelungsinhalt

§ 73 enthält nach dem Wortlaut eine Legaldefinition des „ausübenden Künstlers". Die **Funktion** 1 der Norm geht deutlich darüber hinaus: § 73 enthält die sachlichen Voraussetzungen dafür, dass jemand Rechte und Ansprüche aus den §§ 74 ff. mit der Behauptung geltend macht, er sei als ausübender Künstler Inhaber der Rechte an der Darbietung. § 73 bestimmt sowohl den **Schutzgegenstand** („Darbietung") als auch den **originären Rechtsinhaber** („ausübender Künstler") des Interpretenrechts. Damit fasst die Regelung zusammen, was im Urheberrecht auf zwei Normen (§§ 2, 7) verteilt ist.[1] Mit der „Darbietung" wird das immaterielle Gut bezeichnet, das den Schutzgegenstand des Interpretenrechts bildet.[2] Die „Darbietung" ist das Bezugsobjekt der Persönlichkeits- und Verwertungsrechte. Mit ihr beschreibt das Gesetz die „konkrete Codierung visueller und/oder akustischer Inhalte als Produkt der persönlichen Darbietungshandlung des ausübenden Künstlers".[3] Die künstlerische (→ Rn. 23 f.) Darbietungshandlung (→ Rn. 22) codiert zwei vom Gesetz näher bestimmte Inhalte: Werke (→ Rn. 13 ff.) oder Folkore (→ Rn. 18 ff.). Das Interpretenrecht gewährt nur Schutz gegen die technische Aufzeichnung und technische Übernahme dieser spezifischen Codierung, nicht aber gegen ihre Nachahmung.[4] Der Darbietungsbegriff ist **abschließend** und schließt alle nicht davon erfassten immateriellen Leistungen aus dem sachlichen Anwendungsbereich des Interpretenrechts aus.[5] Originärer Rechtsinhaber des Interpretenrechts ist der „ausübende Künstler". Der Begriff gilt nicht nur für die §§ 74–83, sondern für alle Normen im UrhG, die vom ausübenden Künstler sprechen.[6] Das Interpretenrecht entsteht unabhängig vom Urheberrecht und von anderen verwandten Schutzrechten.[7] Der ausübende Künstler kann darüber selbständig disponieren und bedarf für die Verwertung seiner Darbietung nicht der Zustimmung des Urhebers des von ihm interpretierten Werks. Soweit die Darbietung zugleich auch eine Verwertung des Werkes ist, muss er bzw. der Verwerter insoweit auch die Erlaubnis des Urhebers oder seines Rechtsnachfolgers einholen.[8] In bestimmten Konstellationen kann der Interpret auch Urheberrechte erwerben (→ Rn. 37).

2   § 73 verwendet zwei **Differenzierungskriterien,** die **kumulativ** vorliegen müssen, damit die Leistung als Darbietung eines ausübenden Künstlers mit einem Interpretenrecht geschützt ist: (1.) einen bestimmten Darbietungsgegenstand (Werk oder Folkloreform) und (2.) die Darbietung dieses Gegenstandes („aufführen" etc). Bezüglich der Darbietung unterscheidet das Gesetz zwischen der (a) eigenen Darbietung und der (b) künstlerischen Mitwirkung an einer (fremden, unmittelbaren) Darbietung. Nur wenn die konkrete Leistung diese spezifische Eigenart erfüllt, entsteht daran das Interpretenrecht.[9] Irrelevant ist, ob die Person einer bestimmten Berufsgruppe angehört, deren Angehörige regelmäßig und typischerweise ausübende Künstler sind.[10] Es kommt nur darauf an, ob im Einzelfall eine (künstlerische) Darbietung gem. § 73 vorliegt.[11] § 73 kommt daher eine **Schlüsselfunktion** im Interpretenrecht zu: Wer nicht ausübender Künstler ist, dem steht keines der in §§ 74–83 genannten Rechte zu.

II. Entstehungsgeschichte

3   Vor Inkrafttreten des UrhG gab es im LUG weder den Begriff des ausübenden Künstlers noch den der Darbietung. Der ausübende Künstler war als Inhaber eines inhaltlich begrenzten **Bearbeiterurheberrechts** (§ 2 Abs. 2 LUG) urheberrechtlich geschützt.[12] In der Praxis wurde der „Vortragende", dessen persönlicher Vortrag auf den geschützten Tonträgern festgelegt ist, bald mit dem „nachschaffenden"[13] oder „ausübenden Künstler"[14] gleichgesetzt. „Vortragender" iSv § 2 Abs. 2 S. 3 LUG war jeder Mitwirkende, bei Gruppendarbietungen neben dem Leiter der Gruppe und den Solisten auch jedes einzelne Chor- oder Orchestermitglied.[15] Die nicht vom Bearbeiterurheberrecht erfassten Verwertungshandlungen wurden dem ausübenden Künstler im Wege einer rechtsfortbildend geschaffenen **Kombination** aus allgemeinem Persönlichkeitsrecht, § 826 BGB und § 1 UWG zur ausschließlichen Nutzung zugewiesen.[16] Davon war auch ein Schutz vor der ersten Festlegung erfasst. Die Festlegung gegen seinen Willen sei ein besonders einschneidender Eingriff in die Erwerbsmöglichkeiten des ausübenden Künstlers, weil seine Leistung damit ohne erneute persönliche Inanspruchnahme beliebig oft wiederholbar werde.[17] Dieses Problem „stellt sich bei allen stofflich nicht gebundenen, ihrer Natur nach **vergänglichen Darbietungen,** bei denen eine Nachfrage nach ihrer Wiederholung besteht,

---

[1] *Dünnwald* UFITA 65 (1972), 99 (101); *Grünberger,* Das Interpretenrecht, 2006, S. 58.
[2] *v. Gamm,* UrhG, 1968, UrhG § 73 Rn. 5; *Dünnwald* UFITA 52 (1969), 49 (68); *Dünnwald/Gerlach* UrhG § 73 Rn. 1.
[3] *Benz,* Der Teileschutz im Urheberrecht, 2018, S. 308.
[4] *Benz,* Der Teileschutz im Urheberrecht, 2018, S. 311 f.
[5] AG Hamburg ZUM 2002, 661 (664) – Hörfunkfeature.
[6] *Dünnwald/Gerlach* UrhG § 73 Rn. 7.
[7] → Vor §§ 73 ff. Rn. 72, 77.
[8] Grundlegend BGH GRUR 1962, 370 (373 ff.) – Schallplatteneinblendung (noch zum alten Recht); vgl. auch Vereinbarte Erklärung zu Art. 1 WPPT; WIPO Guide to the Copyright and Related Rights Treaties, 2003, S. 135; → Vor §§ 73 ff. Rn. 50.
[9] Vgl. *Dünnwald* UFITA 52 (1969), 49 (68).
[10] Vgl. BGH GRUR 2002, 961 (962) – Mischtonmeister (zum Urheberrecht); *Dünnwald/Gerlach* UrhG § 73 Rn. 1, 5.
[11] *Dünnwald* UFITA 52 (1969), 49 (68).
[12] → Vor §§ 73 ff. Rn. 14 f.
[13] RGZ 153, 1 (7, 21, 23) – Schallplatte-Rundfunk.
[14] RGZ 153, 1 (9) – Schallplatte-Rundfunk; BGHZ 33, 1 = GRUR 1960, 619 (620) – Künstlerlizenz Schallplatten; näher *Apel,* Der ausübende Musiker im Recht Deutschlands und der USA, 2011, S. 81 f.
[15] BGHZ 33, 48 = GRUR 1960, 630 (632 f.) – Orchester Graunke.
[16] → Vor §§ 73 ff. Rn. 18.
[17] BGHZ 33, 20 = GRUR 1960, 614 (617) – Figaros Hochzeit.

wie beispielsweise bei Darbietungen von Artisten oder Sportlern".[18] Damit hatte die Rechtsprechung grundsätzlich einen gleichen persönlichkeits- und lauterkeitsrechtlich fundierten Schutz aller Darbietungen ermöglicht.[19]

Mit **Inkrafttreten** des UrhG änderte sich das Schutzregime. An die Stelle des Bearbeiterurheber- **4** rechts (§ 2 Abs. 2 LUG) und des kombinierten Leistungsschutzes trat das in den §§ 73 ff. geregelte verwandte Schutzrecht des ausübenden Künstlers.[20] Damit wurde eine **eigenständige Bestimmung** von Schutzgegenstand und Rechtsinhaber notwendig. Diese Aufgabe erfüllte der neu aufgenommene § 73.[21] Dieser lautete in der **ursprünglichen Fassung:** „Ausübender Künstler im Sinne dieses Gesetzes ist, wer ein Werk vorträgt oder aufführt oder bei dem Vortrag oder der Aufführung eines Werkes künstlerisch mitwirkt." Der Begriff des „ausübenden Künstlers" war keine gesetzliche Neuschöpfung.[22] Inhaltlich wurde er ganz erheblich von der entsprechenden Begriffsdefinition in Art. 3 lit. a Rom-Abkommen (→ Rn. 10) beeinflusst.[23] Das gilt insbesondere für die bereits im Rom-Abkommen enthaltene Beschränkung der geschützten Darbietungen auf solche von Werken der Literatur und Kunst. Auch § 73 aF beschränkte sich auf die Darbietungen von schutzfähigen Werken iSv § 2.[24] Das Gesetz sah bewusst davon ab, Leistungen zu schützen, die nicht Vorträge oder Aufführungen eines Werkes waren, wie beispielsweise Zirkus- und Varietévorführungen.[25] Damit **verengte** § 73 aF den **Kreis der Schutzberechtigten** im Vergleich zum früheren Recht.[26] Die Definition des § 73 aF war nicht vollständig geglückt. Insbesondere die Bezeichnung der erfassten Darbietungsformen („vortragen", „aufführen") stiftete Verwirrung, ob diese Begriffe identisch mit den gleichlautenden Verwertungshandlungen in § 19 zu interpretieren seien (→ Rn. 22). Das hätte im Ergebnis dazu geführt, dass der Schutzgegenstand des § 73 auf die öffentliche Darbietung beschränkt gewesen wäre.[27] § 73 aF stellte ausdrücklich klar, dass „nicht nur die unmittelbar das Werk Vortragenden oder Aufführenden, wie die Sänger, Musiker, Schauspieler oder Tänzer, als ausübende Künstler im Sinne des Gesetzes anzusehen sind, sondern auch die sonst bei dem Vortrag oder der Aufführung künstlerisch Mitwirkenden, also insbesondere der Dirigent und der Regisseur".[28] Weil deren Mitwirkung stets künstlerisch sein muss, ist das technische Personal nicht Inhaber des Interpretenrechts.[29] Man kann daran zweifeln, ob die ausdrückliche Nennung der **Mitwirkungsvariante** notwendig ist.[30] Der Wortlaut dieser zweifelhaften „Klarstellung" wirft das zusätzliche Problem auf, ob lediglich die Mitwirkung oder auch die unmittelbare Darbietung selbst künstlerisch sein muss.[31]

Die heute **geltende Fassung** des § 73 beruht auf dem „Gesetz zur Regelung des Urheberrechts in **5** der Informationsgesellschaft" v. 10.9.2003.[32] Auslöser dafür war die vom Rom-Abkommen inhaltlich abweichende Begriffsdefinition in Art. 2 lit. a **WPPT** (→ Rn. 11). Nach seinem Vorbild erweiterte die Novellierung den Schutzgegenstand des Interpretenrechts von Darbietungen um „Ausdrucksformen der Volkskunst".[33] Diese Änderung war offenbar auch Anlass dazu, den Wortlaut der Norm etwas enger an die Vorbilder im Rom-Abkommen und im WPPT anzulehnen. Von den dort genannten **Darbietungsformen** („aufführen, singen, vortragen, vorlesen, spielen, interpretieren (nur im WPPT) oder auf andere Weise darbieten") hat das Gesetz – unerklärlicherweise – lediglich vier übernommen („aufführen, singen, spielen oder auf eine andere Weise darbietet"). Dabei wurde insbesondere darauf verzichtet, das Merkmal „interpretieren" zu übernehmen, weil darin keine inhaltliche Änderung gesehen wurde und es lediglich der Klarstellung diente.[34] Das beruht auf einer Fehleinschätzung (→ Rn. 23).[35] Die Aufnahme dieser Darbietungsform wäre hilfreich gewesen, um das interpretative Element als zentrales Merkmal der Darbietung im Wortlaut des § 73 zu verankern.[36] Die Novellierung 2003 hielt trotz der konstruktiven Probleme an der **Mitwirkungsvariante** fest. Diese wurde aber inhaltlich modifiziert: Statt der künstlerischen Mitwirkung „*bei dem Vortrag oder*

---

[18] BGHZ 33, 20 = GRUR 1960, 614 (617) – Figaros Hochzeit.
[19] Vgl. *Ulmer* GRUR Ausl. 1961, 569 (580).
[20] → Vor §§ 73 ff. Rn. 19 ff.
[21] Zu den Einzelheiten der verschiedenen Reformvorschläge (→ Vor §§ 73 ff. Rn. 16 f.) s. *Dünnwald/Gerlach* UrhG § 73 Rn. 2 f.
[22] *Dünnwald/Gerlach* UrhG § 73 Rn. 7; eingehend *Apel,* Der ausübende Musiker im Recht Deutschlands und der USA, 2011, S. 225 f.
[23] Vgl. BT-Drs. IV/270, 89; *Dünnwald/Gerlach* UrhG § 73 Rn. 3.
[24] Die begrifflichen Reminiszenzen an § 2 Abs. 2 LUG sind historisch zufällig und für die Interpretation nicht relevant, vgl. *Dünnwald/Gerlach* UrhG § 73 Rn. 2; Schricker/Loewenheim/*Krüger,* 4. Aufl. 2010 UrhG § 73 Rn. 5; aA *Hertin* UFITA 81 (1978), 39 (41, 49).
[25] BT-Drs. IV/270, 90.
[26] *Dünnwald/Gerlach* UrhG § 73 Rn. 3.
[27] S. *Dünnwald* ZUM 2004, 161 (173); ausführlich *Gentz* GRUR 1974, 328 (330).
[28] BT-Drs. IV/270, 90.
[29] BT-Drs. IV/270, 90.
[30] *Dünnwald* UFITA 52 (1969), 49 (73); *Dünnwald* UFITA 65 (1972), 99 (103); *Gentz* GRUR 1974, 328 (331 f.).
[31] Vgl. *Dünnwald* UFITA 52 (1969), 49 (72).
[32] BGBl. I S. 1774.
[33] BT-Drs. 15/38, 23.
[34] BT-Drs. 15/38, 23.
[35] Anders Dreier/Schulze/*Dreier* UrhG § 73 Rn. 10.
[36] *Grünberger,* Das Interpretenrecht, 2006, S. 67, 71; *Dünnwald/Gerlach* UrhG § 73 Rn. 7.

der Aufführung" genügt jetzt eine künstlerische Mitwirkung „an einer solchen Darbietung". Damit wurde klargestellt, dass die Mitwirkung nicht zeitgleich mit der unmittelbaren Darbietung erfolgen muss.[37]

III. Unionsrechtliche Vorgaben

6   Die das Interpretenrecht harmonisierenden Richtlinien,[38] insbesondere die Vermiet- und Verleih-RL und die InfoSoc-RL begründen für die „ausübenden Künstler" Verwertungsrechte an ihren „Darbietungen". Im Unionsrecht gibt es **keine allgemeine Begriffsbestimmung** der Darbietung bzw. des ausübenden Künstlers. Weder die Schutzvoraussetzungen noch der originäre Rechtsinhaber werden in den Richtlinien ausdrücklich harmonisiert. Dem stehen die bezüglich der körperlichen Verwertungshandlungen vollständig harmonisierten (Art. 7, 9, 3 Vermiet- und Verleih-RL, Art. 2 InfoSoc-RL) und bezüglich der öffentlichen Wiedergabe teilharmonisierten (Art. 3 Abs. 2 InfoSoc-RL, Art. 8 Vermiet- und Verleih-RL) Verwertungsrechte gegenüber. Wie die Rechtsprechung des EuGH zum Urheberrecht belegt, können die Verwertungsrechte, insbesondere der Begriff der Vervielfältigung, ohne Harmonisierung des Schutzgegenstandes unionsweit nicht einheitlich angewendet werden.[39] Das Problem stellt sich im Interpretenrecht – wie im Urheberrecht – besonders pointiert bei der Verwertung von Teilen des Schutzgegenstandes (→ Rn. 14). Aus der mittlerweile umfangreichen Rechtsprechung des EuGH[40] folgt, dass jedenfalls die InfoSoc-RL den urheberrechtlichen Werkbegriff allgemein und abschließend für sämtliche Werkarten[41] auf dem Niveau der Schutzvoraussetzung einer „eigenen geistigen Schöpfung" harmonisiert.[42] Der EuGH begründet diesen Ansatz überzeugend mit der, aus der Harmonisierung der Verwertungsrechte folgenden, Notwendigkeit, die Richtlinie in allen Mitgliedstaaten einheitlich anzuwenden.[43] Aus denselben Gründen verlangt die unionsrechtliche Harmonisierung der Verwertungsrechte auf dem Gebiet der verwandten Schutzrechte jeweils einen unionsrechtlichen Begriff für die Entstehungsvoraussetzungen dieser Rechte und die davon erfassten Schutzgegenstände zu bilden.[44] Deshalb ist auch der **Darbietungsbegriff** in den Richtlinien **autonom unionsrechtlich** zu interpretieren.[45]

7   Grundlage dafür sind die **Begriffsdefinitionen im Rom-Abkommen und im WPPT.**[46] Alle Mitgliedstaaten der EU sind Vertragsstaaten des Rom-Abkommens und des WPPTs. Die EU ist Vertragsstaat des WPPT. Die Vermiet- und Verleih-RL,[47] die InfoSoc-RL[48] und die Schutzdauer-RL dienen der Umsetzung der daraus resultierenden Pflichten. Die EU ist zwar nicht Vertragsstaat des Rom-Abkommens. Aus Erwägungsgrund (7) der Vermiet- und Verleih-RL folgt aber, dass die darin vorgenommene Rechtsangleichung sich nicht in Widerspruch zu den internationalen Übereinkommen setzen soll, auf denen die verwandten Schutzrechte in den Mitgliedstaaten beruhen. Daher entfaltet auch das Rom-Abkommen in der Union mittelbare Wirkung.[49] Aus diesen Erwägungen ergibt sich, dass die in den Richtlinien enthaltenen Begriffe wie „ausübender Künstler" und „Darbietung" im Lichte der gleichen Begriffe in den internationalen Übereinkünften und so auszulegen sind, dass sie mit diesen vereinbar bleiben. Dabei sind auch der Kontext dieser Begriffe und die Zielsetzung der einschlägigen Bestimmungen der Übereinkünfte im Bereich des geistigen Eigentums zu berücksichtigen.[50] Der **unionsrechtliche Begriff** ist mit der Begriffsdefinition des **WPPT** (Art. 2 lit. a, dazu → Rn. 11) **identisch.** Ausübende Künstler im Sinne der Richtlinien sind „Schauspieler, Sänger, Musiker, Tänzer und andere Personen, die Werke der Literatur und Kunst oder Ausdrucksformen der

---

[37] BT-Drs. 15/38, 23.
[38] → Vor §§ 73 ff. Rn. 33 ff.
[39] Grundlegend EuGH GRUR 2009, 1041 Rn. 33 ff. – Infopaq International.
[40] EuGH GRUR 2009, 1041 – Infopaq International; EuGH GRUR 2011, 320 – BSA; EuGH GRUR 2012, 156 – Football Association Premier League; EuGH GRUR 2012, 166 – Painer; EuGH GRUR 2012, 386 – Football Dataco; EuGH GRUR 2012, 814 – SAS Institute; EuGH GRUR 2014, 255 – Nintendo; EuGH GRUR 2019, 73 Rn. 33 – Levola Hengelo BV/Smilde Foods BV.
[41] Anders offenbar BGH GRUR 2014, 175 Rn. 27 ff. – Geburtstagszug zum Bereich der angewandten Kunst; kritisch dazu *Steinbeck* EuZW 2014, 239 (330); *Obergfell* GRUR 2014, 621 (625 f.); *Grünberger* GPR 2015, 11 (13).
[42] Ausführlich *Metzger* ZEuP 2017, 836 (848 ff.); *Benz,* Der Teileschutz im Urheberrecht, 2018, S. 27 ff.; gegen eine Vollharmonisierung *Erdmann* FS Loschelder, 2010, 61; *Schulze* NJW 2014, 475; *Schack* GRUR 2019, 75; *Schmidt,* Maximalschutz im internationalen und europäischen Urheberrecht, 2018, S. 148 ff.; dazu eingehend → § 2 Rn. 4 ff.
[43] EuGH GRUR 2019, 73 Rn. 33 – Levola Hengelo BV/Smilde Foods BV.
[44] *Leistner* GRUR 2016, 772 (776 f.); *Ohly* GRUR 2017, 964 (965); *Stieper* ZUM 2017, 637 (639); vertiefend *Benz,* Der Teileschutz im Urheberrecht, 2018, S. 255 ff.; aA *Apel* K&R 2017, 563 (564); *Apel* ZGE 2018, 162 (164 f.).
[45] Vgl. GA Szpunar, Schlussanträge C-476/17, ZUM 2019, 237 Rn. 76 – Pelham GmbH/Hütter ua; BGH ZUM 2017, 706 Rn. 12 – Metall auf Metall III (jeweils zum Tonträgerherstellerrecht).
[46] Dazu bereits *Grünberger,* Das Interpretenrecht, 2006, S. 60; *Benz,* Der Teileschutz im Urheberrecht, 2018, S. 301.
[47] EuGH GRUR 2012, 593 Rn. 54 – SCF.
[48] Erwägungsgrund (15) InfoSoc-RL.
[49] EuGH GRUR 2012, 593 Rn. 50 – SCF.
[50] EuGH GRUR 2012, 593 Rn. 55 – SCF (dort zum Begriff der öffentlichen Wiedergabe).

Volkskunst aufführen, singen, vortragen, vorlesen, spielen, interpretieren oder auf andere Weise darbieten". Für die Auslegung dieser Begriffe greift der EuGH[51] regelmäßig auf das Begriffsglossar der WIPO und damit auch auf die entsprechenden Auslegungsmaterialien[52] zurück. § 73 beruht damit auf unionsrechtlichen Vorgaben und ist (unmittelbar) richtlinienkonform und damit (mittelbar) **völkerrechtskonform zu interpretieren.** Obwohl die Interpretenpersönlichkeitsrechte nicht harmonisiert sind, ist § 73 nach Maßgabe des autonomen deutschen Rechts einheitlich auszulegen. Das folgt aus der Entstehungsgeschichte, weil die Änderung des § 73 maßgeblich von Art. 2 lit. a WPPT veranlasst wurde, dessen Begriffsdefinition insbesondere auch für das Persönlichkeitsrecht in Art. 5 WPPT gilt.[53]

B. Persönlicher Anwendungsbereich (Fremdenrecht)

I. Umfassende Anwendbarkeit

Die Begriffsbestimmung des § 73 gilt für alle Deutschen (§ 125 Abs. 1 S. 1), deutschen Staatsange- **8** hörigen Gleichgestellten und EU-Staatsangehörigen (§§ 125 Abs. 1 S. 2, 120 Abs. 2), Staatenlosen und Flüchtlingen mit gewöhnlichem Aufenthalt in Deutschland (§§ 125 Abs. 5 S. 2, 122 Abs. 1, 123 S. 1), gleichviel wo die Darbietungen stattfinden. Darlegungs- und beweispflichtig für das Vorliegen dieser Voraussetzungen ist der ausübende Künstler.[54]

II. Drittstaatsangehörige

1. Nationales Fremdenrecht

Die übrigen Drittstaatsangehörigen genießen nach nationalem Fremdenrecht Schutz, wenn die Vor- **9** aussetzungen des § 125 Abs. 2–4, Abs. 6 vorliegen.[55] Die fremdenrechtliche Begriffsdefinition des ausübenden Künstlers und der Darbietung ist mit der in § 73 identisch.[56]

2. Schutz nach dem Inhalt der Staatsverträge

a) Rom-Abkommen. Im Übrigen bestimmt sich der Schutz nach dem Inhalt der geltenden **10** Staatsverträge. Das sind das Rom-Abkommen, das TRIPS und der WPPT.[57] Nach Art. 3 lit. a **Rom-Abkommen** sind ausübende Künstler „die Schauspieler, Sänger, Musiker, Tänzer und anderen Personen, die Werke der Literatur oder der Kunst aufführen, singen, vortragen, vorlesen, spielen oder auf irgendeine andere Weise darbieten". Diese Definition gilt nach Art. 3 Abs. 3 S. 2 TRIPS auch im TRIPS. Auf eine Definition der Darbietung wurde dagegen verzichtet, weil sie in der Aktivität eines ausübenden Künstlers als solcher besteht.[58] Der Begriff des Werks, der Literatur und der Kunst ist deckungsgleich mit den Begriffen in der RBÜ und im WUA.[59] Es ist aber gerade keine Voraussetzung, dass das Werk auch tatsächlich noch geschützt ist.[60] Damit sind Künstler, die keine Werke zur Darbietung bringen, keine ausübenden Künstler im Sinne des Abkommens. „Dies gilt insbesondere für die Künstler im Bereiche von Varieté und Zirkus, für Artisten und Akrobaten, Kunstreiter, Löwenbändiger" und Athleten.[61] Die Vertragsstaaten können den Schutz auf derartige und ähnliche[62] Leistungen erstrecken (Art. 9 Rom-Abkommen).[63] Unter den Begriff sollten auch alle an der Darbietung **Mitwirkenden,** wie insbesondere der Dirigent oder der Theaterregisseur,[64] fallen, obwohl das aus den Sprachfassungen des Art. 3 lit. a Rom-Abkommen nicht eindeutig hervorgeht.[65] Zweifelhaft ist, ob die Darbietung auch eine künstlerische sein muss.[66] Vergleicht man die deutsche Übersetzung

---

[51] EuGH GRUR 2012, 593 Rn. 85 – SCF.

[52] S. WIPO Guide to the Copyright and Related Rights Treaties, 2003, S. 263 ff.

[53] BT-Drs. 15/38, 23.

[54] Vgl. OLG Köln GRUR-RR 2005, 75 – Queen.

[55] → § 77 Rn. 11 ff.; → § 78 Rn. 19 ff.

[56] *Dünnwald/Gerlach* UrhG § 73 Rn. 44.

[57] → Vor §§ 73 Rn. 52 ff., 57 ff. und 64 ff.

[58] *Kaminstein* in ILO, Records of the Rome Conference, 1968, S. 34, 40.

[59] *Kaminstein* in ILO, Records of the Rome Conference, 1968, S. 34, 39 f.; WIPO Guide to the Rome Convention, 1981, S. 21; *Ulmer* GRUR Ausl. 1961, 569 (580).

[60] WIPO Guide to the Copyright and Related Rights Treaties, 2003, S. 138.

[61] *Ulmer* GRUR Ausl. 1961, 569 (580).

[62] WIPO Guide to the Copyright and Related Rights Treaties, 2003, S. 139.

[63] Dazu *Beinig,* Der Schutz ausübender Künstler im internationalen und supranationalen Recht, 2000, S. 25; zur Anwendung in Lateinamerika s. *Lipszyc* GRUR-Int 1997, 681 (693).

[64] *Kaminstein* in ILO Records of the Rome Conference, 1968, S. 34, 40; WIPO Guide to the Rome Convention, 1981, S. 21 f.

[65] S. WIPO Guide to the Copyright and Related Rights Treaties, 2003, S. 139.

[66] Verneinend Nordemann/Vinck/*Hertin,* Internationales Urheberrecht, 1977, Rom-Abkommen Art. 3 Rn. 3; vgl. auch *Ulmer* GRUR-Int 1978, 214 (215), nach dem die Darbietung aber individuelle Züge aufweisen müsse; bejahend *Dünnwald/Gerlach* UrhG § 73 Rn. 45.

mit den maßgeblichen englischen, französischen und spanischen Fassungen des Abkommens (vgl. Art. 33 Rom-Abkommen), wird deutlich, dass „vortragen, vorlesen" iSv „deliver, declaim", „récitent, déclament" und „recite, declame" verstanden werden muss. Darin kommt deutlich zum Ausdruck, dass ein **individueller, künstlerischer Ausdruck** mit der Darbietung verbunden sein muss.[67] Das folgt auch aus dem Ausschluss lediglich technisch Mitwirkender, *„since their part in the show bears no personal stamp".*[68]

11 **b) WPPT.** Art. 2 lit. a **WPPT** baut auf die Definition im Rom-Abkommen auf,[69] erweitert den zulässigen Darbietungsgegenstand um „Ausdrucksformen der Volkskunst" **(expressions of folklore)** und ergänzt die Auflistung der Darbietungsformen um das Interpretieren des Darbietungsgegenstandes. Die Erweiterung des Darbietungsgegenstandes beseitigt eine, insbesondere von „den Entwicklungsländern"[70] monierte, Beschränkung des Rechtsschutzes auf eine eurozentrische Werkkonzeption.[71] Damit ist sichergestellt, dass die Interpreten von „Ausdrucksformen der Volkskunst" auch dann geschützt werden, wenn es sich dabei nicht um Werke der Literatur und Kunst handeln sollte.[72] Mit der **„Interpretation"** greift der WPPT eine bereits in der auch maßgeblichen (Art. 33 Rom-Abkommen) spanischen Fassung des Rom-Abkommens enthaltene Darbietungsform auf. Damit wurde eine sichere Textgrundlage für den Schutz aller Interpreten geschaffen, unabhängig davon, ob sie selbst darbieten oder an der Darbietung mitwirken.[73] Obwohl der Wortlaut wiederum keine „künstlerische" Darbietung voraussetzt, folgt aus dem um das Interpretieren erweiterten Katalog, dass die Darbietung ein individuell-gestaltendes – und damit künstlerisches – Element enthalten muss.[74]

C. Die Darbietung als Schutzgegenstand des Interpretenrechts

I. Gegenstand der Darbietung

12 Gegenstand der Darbietung muss entweder ein Werk oder eine Ausdrucksform der Volkskunst sein (§ 73). Darin liegt im Vergleich zu § 73 aF nicht nur eine Erweiterung, sondern auch eine **dogmatische Akzentverschiebung.** Nach altem Recht war die Darbietung nur geschützt, wenn sie ein im Grundsatz urheberrechtsschutzfähiges Werk zum Gegenstand hatte. Dieser Grundsatz der **Werkakzessorietät** wurde mit der Neufassung für einen Teilbereich ganz aufgegeben.[75] Das verstärkt die Eigenständigkeit des Interpretenrechts, dessen Schutzgegenstand die **eigene künstlerisch-intellektuelle Leistung** des Interpreten ist. Fraglich ist, ob der Leistende das Interpretenrecht erwirbt, wenn der Gegenstand der Darbietung weder ein Werk noch eine Ausdrucksform der Volkskunst ist.[76] Art. 9 Rom-Abkommen (→ Rn. 10) erlaubt den Vertragsstaaten eine Erweiterung des Schutzgegenstandes.[77] Allerdings ist im autonomen deutschen Recht eine **analoge Anwendung** des § 73 auf solche Konstellationen **ausgeschlossen.**[78] Es fehlt an einer planwidrigen Regelungslücke, weil sich § 73 bewusst auf die genannten Darbietungen beschränkt (→ Rn. 4). Eine entsprechende Expansion des Darbietungsbegriffs ist dem nationalen Recht auch aufgrund der unionsrechtlichen Vollharmonisierung des Darbietungsbegriffs (→ Rn. 6f.) verwehrt.[79] Der **Katalog** der geschützten geistigen Leistungen von Künstlern ist daher **abschließend** und schließt alle anderen Darbietungen vom Interpretenrecht aus.[80] Der Schutz anderer Leistungen wäre zwangsläufig nur über ein anderes Schutzrecht möglich.[81]

1. Werk

13 **a) Schutzfähigkeit des Darbietungsgegenstandes. aa) Werk.** Gegenstand der Darbietung muss ein – in richtlinienkonformer Interpretation – nach § 2 **schutzfähiges Werk** sein.[82] Unerheb-

---

[67] *Jaeger,* Der ausübende Künstler und der Schutz seiner Persönlichkeitsrechte im Urheberrecht Deutschlands, Frankreichs und der Europäischen Union, 2002, S. 20 f.
[68] WIPO Guide to the Rome Convention, 1981, S. 22.
[69] WIPO Guide to the Copyright and Related Rights Treaties, 2003, S. 234.
[70] Denkschrift zum WPPT, BT-Drs. 15/15, 51.
[71] Vgl. WIPO Guide to the Copyright and Related Rights Treaties, 2003, S. 234.
[72] Denkschrift zum WPPT, BT-Drs. 15/15, 51.
[73] WIPO Guide to the Copyright and Related Rights Treaties, 2003, S. 234.
[74] *Grünberger,* Das Interpretenrecht, 2006, S. 68; aA *Reinbothe/v. Lewinski,* The WIPO Treaties on Copyright, 2. Aufl. 2015, Rn. 8.2.27; *Beining,* Der Schutz ausübender Künstler im internationalen und supranationalen Recht, 2000, S. 28 f.
[75] *Flechsig/Kuhn* ZUM 2004, 14 (16 f.).
[76] Vertiefend *Benz,* Der Teileschutz im Urheberrecht, 2018, S. 302 ff.
[77] In diese Richtung argumentiert Walter/v. Lewinski/*v. Lewinski,* European Copyright Law, 2010, Rn. 6.2.10.
[78] BGH GRUR 1983, 22 (25) – Tonmeister I; ausführlich *Kainer,* Sportveranstalterrecht, 2014, S. 116 ff. (zum Sportler).
[79] *Benz,* Der Teileschutz im Urheberrecht, 2018, S. 304.
[80] AG Hamburg ZUM 2002, 661 (664) – Hörfunkfeature.
[81] *Benz,* Der Teileschutz im Urheberrecht, 2018, S. 304.
[82] BT-Drs. IV/270, 90.

lich ist, ob das dargebotene „Werk" selbst im Geltungsbereich des Urheberrechts geschützt ist oder ob es gemeinfrei ist.[83] Im Kern arbeitet das Gesetz mit einer **Fiktion:** Die Darbietung des ausübenden Künstlers muss sich auf einen Gegenstand beziehen, der die Voraussetzungen des § 2 Abs. 2 erfüllt, dessen Anwendbarkeit fingiert wird.[84] Entscheidend ist also, ob der konkrete Darbietungsgegenstand als Werk schutzfähig wäre. Nicht verlangt wird, dass das Werk auch tatsächlich noch in Deutschland urheberrechtlich geschützt wird,[85] *„since the role and the achievement of a performer may be the same also in cases where the performed works are already in the public domain".*[86] Das Verhältnis zwischen schutzfähigem Werk und Darbietung lässt sich damit als **„gelockerte Akzessorietät"** des Interpretenrechts zum Urheberrecht bezeichnen.[87] Die spezifischen Gründe, mit denen der Darbietungsgegenstand auf Ausdrucksformen der Volkskunst erweitert wurde (→ Rn. 11), sind kein Anlass, die im Übrigen fortbestehende Werkakzessorietät des Interpretenrechts *de lege ferenda* aufzugeben.[88]

bb) Werkteil. Besondere Schwierigkeiten weist die Darbietung von **Werkteilen** auf. Liegt der **14** Darbietung ein selbständig schutzfähiger Werkteil zugrunde,[89] handelt es sich um ein Werk und damit um einen schutzfähigen Darbietungsgegenstand.[90] Umstritten ist, ob eine schutzfähige Darbietung auch dann vorliegt, wenn sich die Leistung auf einen Gegenstand bezieht, der im Einzelfall nicht die erforderliche Schöpfungshöhe erreicht oder wenn es sich um die Darbietung schutzunfähiger Teile eines an sich schutzfähigen Werkes handelt.[91] Beispiel: Eine Schauspielerin gibt in einer Filmsequenz von fünf Sekunden Dauer zwei (gänzlich unverfängliche) Sätze wieder und erweckt dabei einen besorgten Eindruck.[92] Nach einer Auffassung genügt es, wenn das Werk nur seiner Art nach schutzfähig ist, ohne dass der konkret dargebotene Gegenstand oder die einzelnen Teile eines Werks im Einzelfall schutzfähig sind.[93] Danach wäre die Schauspielerin ausübende Künstlerin. Nach anderer Auffassung muss dagegen ein schutzfähiges Werk bzw. ein schutzfähiger Werkteil zwangsläufig Grundlage der Darbietung sein,[94] damit an dieser ein Interpretenrecht entstehen kann.[95] Folgt man dieser Auffassung, hat die Schauspielerin „keinen urheberrechtlich schutzfähigen Teil des dem Film zu Grunde liegenden Skripts wiedergegeben" und kann sich nicht auf das Interpretenrecht stützen.[96] Die Diskussion leidet darunter, dass **zwei unterschiedliche Konstellationen** vermengt werden: Die erste Fallgruppe betrifft das Problem, ob jemand, der Texte und Musik wiedergibt, die insgesamt oder hinsichtlich einzelner Teile kein schutzfähiges Werk sind, gleichwohl Inhaber des Interpretenrechts und damit auch Berechtigter von Vergütungsansprüchen sein kann. Das Problem stellt sich beispielsweise bei Fernseh- und Radiomoderationen.[97] Die zweite Fallgruppe betrifft dagegen die Bewertung konkreter Nutzungshandlungen. Werden, wie beim Sampling,[98] lediglich **Darbietungsteile** verwendet, stellt sich die Frage, ob damit Interpretenpersönlichkeits- oder verwertungsrechte verletzt werden. Es geht in der ersten Konstellation also darum, den **Schutzgegenstand** des Interpretenrechts bei der Interpretation von nicht schutzfähigen Werken oder Werkteilen allgemein und losgelöst von etwaigen Nutzungshandlungen zu bestimmen. Dagegen geht es bei der zweiten Problemkonstellation darum, ob eine konkrete Nutzung von Darbietungsteilen in den **Schutzinhalt** des Interpretenrechts eingreift.[99] „Diese Differenzierung wird von § 97 Abs. 1 vorgegeben. Danach ist zunächst festzustellen,

---

[83] BT-Drs. IV/270, 90; Loewenheim/*Vogel* § 38 Rn. 42.

[84] *Grünberger,* Das Interpretenrecht, 2006, S. 62; ähnlich *Hoeren* FS Hertin, 2000, 113 (118); aA *Apel,* Der ausübende Musiker im Recht Deutschlands und der USA, 2011, S. 212, wonach § 73 die Geltung des § 2 „anordne".

[85] *Grünberger,* Das Interpretenrecht, 2006, S. 62; *Dünnwald/Gerlach* UrhG § 73 Rn. 10; aA *Hoeren* FS Hertin, 2000, 113 (116 ff.); zutreffend dagegen *Apel,* Der ausübende Musiker im Recht Deutschlands und der USA, 2011, S. 212 f.; *Apel* ZGE 2018, 162 (171).

[86] WIPO Guide to the Copyright and Related Rights Treaties, 2003, S. 138 (zu Art. 3 lit. a Rom-Abkommen).

[87] *Grünberger,* Das Interpretenrecht, 2006, S. 62; missverständlich Fromm/Nordemann/*Schaefer* UrhG § 73 Rn. 8, § 77 Rn. 18, der von einer „strengen Werkakzessorietät" ausgeht.

[88] Anders *Bünte,* Die künstlerische Darbietung als persönliches und immaterielles Rechtsgut, 2000, S. 80 f.; *Kruse,* Die rechtlichen Differenzierungen zwischen Urhebern und ausübenden Künstlern unter besonderer Berücksichtigung des § 79 UrhG, 2013, S. 84.

[89] → § 2 Rn. 87.

[90] Loewenheim/*Vogel* § 38 Rn. 43.

[91] Zum Diskussionsstand s. *Benz,* Der Teileschutz im Urheberrecht, 2018, S. 149 ff.; *Apel* ZGE 2018, 162 (168 f.).

[92] Garcia v. Google, Inc., 786 F.3d 733 (9th Cir. 2015); dazu *Apel* GRUR-Int 2016, 431.

[93] LG Köln ZUM-RD 2010, 698 (701); LG Hamburg ZUM-RD 2010, 399 (409); Dreier/Schulze/*Dreier* UrhG § 73 Rn. 8; Wandtke/Bullinger/*Büscher* UrhG § 73 Rn. 4; *Dünnwald/Gerlach* UrhG § 73 Rn. 11 (allerdings nur in Bezug auf Werkteile).

[94] BGH GRUR 1981, 419 (420) – Quizmaster; Fromm/Nordemann/*Schaefer* UrhG § 73 Rn. 8 f.; Loewenheim/*Vogel* § 38 Rn. 42; *Dünnwald/Gerlach* UrhG § 73 Rn. 12 (allerdings nur in Bezug auf den gesamten Darbietungsgegenstand); *Hertin* GRUR 1989, 581; *Müller* ZUM 1999, 555 (557); *Hoeren* FS Hertin, 2000, 113 (117).

[95] Fromm/Nordemann/*Schaefer* UrhG § 77 Rn. 18, *Schack* UrhR Rn. 220; *Schulze* ZUM 1994, 15 (22 f.); *Kloth,* Der Schutz ausübender Künstler nach TRIPS und WPPT, 2000, S. 166; *Beining,* Der Schutz ausübender Künstler im internationalen und supranationalen Recht, 2000, S. 30; *Apel,* Der ausübende Musiker im Recht Deutschlands und der USA, 2011, S. 209 ff.; *Apel* ZGE 2018, 162 (169 f.).

[96] *Apel* GRUR-Int 2016, 431 (437).

[97] S. BGH GRUR 1981, 419 (420) – Quizmaster; LG Hamburg ZUM 1995, 340 (341 f.) – Moderator für Musiksendungen.

[98] → § 77 Rn. 35 ff.

[99] Zutreffend *Benz,* Der Teileschutz im Urheberrecht, 2018, 60.

ob überhaupt „ein anderes nach diesem Gesetz geschütztes Recht" vorliegt. Das richtet sich nach § 73, der den Schutzgegenstand des Immaterialgüterrechts bestimmt. Liegt eine geschützte Darbietung grundsätzlich vor, steht damit auch der originäre Rechtsinhaber (→ Rn. 34) und die grundsätzlich aktivlegitimierte Person fest. Danach ist zu prüfen, ob die dargelegte Benutzungshandlung das Interpretenrecht auch tatsächlich „verletzt". Das betrifft den Schutzinhalt des Interpretenrechts. Der Schutzinhalt beantwortet die Frage, gegen welche Art von Handlungen das Interpretenrecht tatsächlich Schutz gewährt.[100] Der Schutzinhalt des Interpretenrechts setzt sich aus den einzelnen persönlichkeits- und verwertungsrechtlichen Befugnissen zusammen. Beim Sampling geht es also um die Frage, ob diese spezifische Verwertungshandlung auch von den Verwertungsrechten erfasst wird.[101]

15   Die Darbietung von Gegenständen, deren **Werkqualität** insgesamt oder jedenfalls deren Werkqualität von Teilen **fraglich** ist, betrifft den **Schutzgegenstand.** Geschützt wird nach dem Wortlaut, der Entstehungsgeschichte (→ Rn. 4) und dem Normzweck lediglich die Darbietung eines konkret schutzfähigen Werks.[102] Erfüllt der dargebotene Gegenstand nicht die Anforderungen des – richtlinienkonform zu interpretierenden – § 2 Abs. 2, liegt keine schutzfähige Darbietung iSv § 73 vor. Der Darbietende ist nicht ausübender Künstler. Das ist die Folge der Werkakzessorietät des Interpretenrechts (→ Rn. 12). Jede Darbietung muss **individuell** auf ihren **Werkbezug** überprüft werden.[103] Die einzelnen Darbietungen müssen daher voneinander abgrenzbar sein. Die Abgrenzung muss objektiv erfolgen. Grundlage dafür ist, was der Verkehr als **einheitliche, zusammenhängende Darbietung** auffasst. Das sind bei Moderationen die einzelnen Textpassagen und Überleitungen, während es bei Musikdarbietungen im Regelfall die vollständige Komposition (Song, ganze Symphonie) ist. Deshalb sind bei einer Gruppendarbietung die einzelnen Leistungen der an der Gesamtdarbietung Beteiligten wechselseitig zuzurechnen.[104] Weil die einzelne Leistung im Zusammenhang mit der Interpretation eines Werkes steht, ist jeder Part integraler Bestandteil der einheitlichen Darbietung.[105] Liegt eine einheitliche Darbietung eines Werkes vor, besteht daran ein Interpretenrecht zugunsten des oder den Darbietenden. Der Schutzgegenstand liegt vor. Die Benutzung eines Darbietungsteils betrifft dann lediglich den – von den Verwertungsrechten bestimmten – Schutzinhalt und hat keinerlei Auswirkungen auf die Bestimmung des Schutzgegenstandes.[106]

16   **b) Interpretationsfähigkeit des Gegenstandes.** Voraussetzung für § 73 ist, dass **das Werk dargeboten werden kann.**[107] Aus dem beispielhaften Katalog des § 2 Abs. 1 kommen daher nur die in § 2 Abs. 1 Nr. 1–3 aufgezählten persönlich-geistigen Schöpfungen, deren Bearbeitung (§ 3), Sammelwerke davon (§ 4) und amtliche Werke (§ 5) in Betracht.[108] Im Wesentlichen handelt es sich um Sprachwerke,[109] Werke der Musik, (musik-)dramatische Werke und Tanzchoreographien, weil diese Werkarten unproblematisch interpretierbar sind.[110] Der Normalfall des ausübenden Künstlers ist daher der Schauspieler, (Opern-)Sänger, Instrumentalist und Tänzer.[111] Werke der bildenden Kunst,[112] Darstellungen wissenschaftlicher und technischer Art, Lichtbild- und Filmwerke können dagegen nicht als solche dargeboten werden. Beim **Filmwerk** besteht die schauspielerische Darbietung in der Interpretation des Drehbuchs und damit eines Sprachwerkes.[113] Der Synchronsprecher eines Filmes bietet die vom Synchronautor hergestellte Bearbeitung[114] des Drehbuchs dar und ist regelmäßig ausübender Künstler.[115] Der Film selbst kann jedoch im Normalfall nicht Gegenstand einer Darbietung sein. Der Filmregisseur ist daher Urheber am Filmwerk und regelmäßig nicht ausübender Künstler.[116] Zweifelhaft ist, ob Pornodarsteller ein Werk darbieten.[117] Allein die Klassifizierung eines Genres als Porno-

---

[100] Vielfach wird auch vom Schutzumfang gesprochen; zum hier verwendeten Begriffsverständnis s. *J. Oebbecke,* Der „Schutzgegenstand" der Verwandten Schutzrechte, 2011, S. 46 ff., 50, 72.
[101] Auf dieser Stufe könnte man noch weiter differenzieren und fragen, ob der Schutzinhalt eine allen Verwertungsrechten vorausgelagerte gemeinsam zu beantwortende Frage ist (so *Benz,* Der Teilschutz im Urheberrecht, 2018, S. 259 f.) oder ob man ihn für die einzelnen Verwertungsrechte getrennt beantworten kann (so wohl BGH ZUM 2017, 760 Rn. 12 f. – Metall auf Metall III).
[102] S. BGH GRUR 1981, 419 (420) – Quizmaster; *Dünnwald/Gerlach* UrhG § 73 Rn. 12; *Apel,* Der ausübende Musiker im Recht Deutschlands und der USA, 2011, S. 201 f.
[103] Vgl. BGH GRUR 1981, 419 (420) – Quizmaster.
[104] *Apel* ZGE 2018, 162 (170).
[105] *Dünnwald/Gerlach* UrhG § 73 Rn. 11; Loewenheim/*Vogel* § 38 Rn. 43.
[106] So auch *Apel* ZGE 2018, 162 (177 f.); → § 77 Rn. 35 f.
[107] Vgl. Loewenheim/*Vogel* § 38 Rn. 54; Fromm/Nordemann/*Schaefer* § 73 Rn. 13.
[108] Loewenheim/*Vogel* § 38 Rn. 44; *Dünnwald/Gerlach* UrhG § 73 Rn. 8 f.
[109] Vgl. dazu BGH GRUR 1981, 419 (42) – Quizmaster (Reden, Überleitungen und Fragestellungen in den mehreren Sendungen *Hans Rosenthals* als Sprachwerke im unteren Bereich).
[110] *Dünnwald* UFITA 65 (1972), 99 (109 f.).
[111] *Dünnwald* UFITA 52 (1969), 49 (59 f.).
[112] Zur Nachstellung eines Bildes s. BGH GRUR 1985, 529 – Happening.
[113] *Dünnwald/Gerlach* UrhG § 73 Rn. 9.
[114] *Melichar* ZUM 1999, 12.
[115] BGH GRUR 1984, 119 (120) – Synchronisationssprecher; BGH GRUR 2012, 1248 Rn. 38 – Fluch der Karibik; KG GRUR-RR 2012, 362 (364) – Synchronsprecher; LG Berlin ZUM 2015, 264 – Namensnennung eines Synchronsprechers (dazu *Wandtke/Völger* ZUM 2015, 266).
[116] Vgl. WIPO Guide to the Copyright and Related Rights Treaties, 2003, S. 139; BGH GRUR 1984, 730 (732) – Filmregisseur; dazu auch → Rn. 37.
[117] Generell verneinend *Dünnwald/Gerlach* UrhG § 73 Rn. 20.

graphie schließt einen urheberrechtlichen – und damit einen darauf aufbauenden interpretenrechtlichen – Schutz nicht aus.[118] Man wird daher differenzieren müssen: In Hardcorepornos wird die spärliche Rahmenhandlung nicht Werkqualität erreichen,[119] sodass es am zulässigen Darbietungsgegenstand (→ Rn. 14 f.) fehlt. Liegen die Voraussetzungen des § 2 Abs. 2 im Einzelfall aber vor, bieten die Schauspieler ein Werk dar.[120] So liegt dem Film *Nymphomaniac* (2013) von *Lars von Trier* unzweifelhaft ein schutzfähiges Drehbuch und damit ein darbietungsfähiger Gegenstand zugrunde. Der **Regisseur** eines Fernsehfeatures kann nicht zugleich ausübender Künstler sein, weil seine Leistung kein bestehendes Werk interpretiert, sondern ein solches erst schafft.[121] Dasselbe gilt für den Regisseur eines Hörfunkfeatures,[122] während der Regisseur eines Hörspiels oder -buchs regelmäßig an den künstlerischen Leistungen der Sprecher mitwirkt.[123] Die Leistungen der **Bühnen-,**[124] **Masken-**[125] und **Kostümbildner** sind nicht Darbietungen des sprach- bzw. musikdramatischen Werkes.[126] Sie sind Werke der bildenden Kunst, wenn sie die Schöpfungshöhe erreichen und damit urheberrechtlich geschützt.[127] Diese Personen leisten einen schöpferischen Beitrag zum Gesamterscheinungsbild einer Interpretation oder Bearbeitung eines Werkes, sie interpretieren aber nicht die von einer persönlich-individuellen Darbietung.[128] Einordnungsprobleme werfen auch die wirtschaftlich signifikanten Fälle auf, in denen **Personen für die Öffentlichkeit Computerspiele darbieten.** Die Behandlung als „eSport"[129] darf die interpretenrechtliche Einordnung nicht vorwegnehmen. Entscheidend kommt es darauf an, ob die gespielten Computergames als grundsätzlich schutzfähige Werke (§ 2 Abs. 1 Nr. 1) auch darbietungsfähig sind. Dafür sprechen bei Multiplayergames, insbesondere bei Echtzeitstrategiespielen, dass sie vielfältige Handlungsspielräume eröffnen, die von Spielern individuell ausgeführt werden können.[130] Im Unterschied zum Tanzsport (→ Rn. 17) ist hier das Werk nicht der Hintergrund der sportlichen Darbietung, vielmehr liegt gerade in der strengen Wechselbezüglichkeit von zu Grunde liegendem Werk und seiner performativen Umsetzung durch den Spieler die entscheidende Leistung. Deshalb sind solche Multiplayergames im Unterschied zu traditionellen Sportarten grundsätzlich interpretationsfähige Werke.[131]

c) Ausschluss sportlicher, artistischer und ähnlicher Leistungen. Handelt es sich bei der **17** **Leistung nicht um die Interpretation eines Werkes,** besteht – vorbehaltlich der Ausdrucksform einer Volkskunst – **kein Interpretenrecht** an der Darbietung. Der Leistende ist nicht ausübender Künstler iSv § 73. Die Leistungen von Artisten,[132] Akrobaten,[133] Varietékünstlern[134] und Elefantendompteuren[135] werden in der Regel nicht geschützt, weil sie keine urheberschutzfähigen Werke darbieten.[136] Auch Sportler bieten kein Werk dar. Sportereignisse sind keine eigenen geistigen Schöpfungen.[137] „Der Sportler erbringt lediglich seine eigene sportliche Leistung und knüpft an keine weitere Leistung an."[138] Sie sind deshalb keine ausübenden Künstler.[139] **Zweifelhaft** ist die Einordnung für den Tanzsport und den Eiskunstlauf. In beiden Fällen gibt regelmäßig ein Musikwerk den Rahmen für die sportliche Vorführung vor. Damit scheitert die Einordnung dieser Sportler als Inter-

---

[118] Vgl. BVerfGE 83, 130 (139) = NJW 1991, 1471 – Josephine Mutzenbacher (zum Verhältnis von Kunstfreiheit und Pornographie).
[119] OLG Hamburg GRUR 1984, 663 – Video Intim.
[120] IE auch Dreier/Schulze/*Dreier* UrhG § 73 Rn. 12.
[121] Offengelassen von BGH GRUR 1984, 730 (732) – Filmregisseur; vgl. dazu → Rn. 37.
[122] Vgl. AG Hamburg ZUM 2002, 661 (664) – Hörfunkfeature. Zum Begriff des Features näher *Dünnwald* ZUM 2002, 664.
[123] *Dünnwald/Gerlach* UrhG § 73 Rn. 14 f.
[124] BGH GRUR 1986, 458 – Oberammergauer Passionsspiele I; BGH GRUR 1989, 106 (108) – Oberammergauer Passionsspiele II.
[125] SG Hamburg BeckRS 2006, 43904; näher *Kuhn,* Die Bühneninszenierung als komplexes Werk, 2005, S. 140 f.
[126] *Dünnwald* UFITA 65 (1972), 99 (109); *Dünnwald/Gerlach* UrhG § 73 Rn. 31 f.; offengelassen von BGH GRUR 1974, 672 (673 f.) – Celestina (zum Maskenbildner); aA *Boden* GRUR 1968, 537 (538); *D. Reimer* GRUR 1975, 674. BeckOK UrhR/*Stang* UrhG § 73 Rn. 15.1 löst die Frage auf Konkurrenzebene (→ Rn. 37) zugunsten des urheberrechtlichen Schutzes.
[127] *Wandtke* ZUM 2004, 505 (506); → § 2 Rn. 169 ff.
[128] Loewenheim/*Vogel* § 38 Rn. 45.
[129] *Wendeborn/Schulke/Schneider,* 48 German Journal of Exercise and Sport Research, 451 (2018).
[130] *Hofmann* ZUM 2013, 279 (281). Zur Frage, ob die Spieler es auch künstlerisch darbieten → Rn. 22, 25.
[131] *Hofmann* ZUM 2013, 279 (285 f.); *Brtka* GRUR-Prax 2017, 500 (501).
[132] LG Berlin AfP 1988, 168 – Trickkünstler.
[133] Zur Abgrenzung von Akrobatik und Tanz s. OLG Köln GRUR-RR 2007, 263 – Arabeske (zur Werkqualität).
[134] BT-Drs. IV/270, 90. Für einen Schutz de lege ferenda *Gotzen* GRUR-Int 1980, 471 (489); *Schorn* GRUR-Int 1983, 167 (169).
[135] LG München I UFITA 54 (1969), 320 (323) – Wanda, der Wunderelefant.
[136] Zu einem Schutz *de lege ferenda* s. *Hillers,* Gleiches Recht für alle Darbietungen?, 2007, S. 93 ff. Näher zum Schutz solcher Leistungen *Krumow,* Der Schutz artistischer und sportlicher Leistungen in den Mitgliedstaaten der EU, 2005.
[137] EuGH GRUR 2012, 156 Rn. 98 f. – Football Association Premier League; ausführlich dazu *Kainer,* Sportveranstalterrecht, 2014, S. 96 ff.
[138] *Kainer,* Sportveranstalterrecht, 2014, S. 116.
[139] WIPO Guide to the Rome Convention, 1981, S. 21 (zu Art. 3 lit. a Rom-Abkommen); vertiefend *Kainer,* Sportveranstalterrecht, 2014, S. 113 ff.

pret zwar nicht am fehlenden Werkbezug. Die darstellenden Elemente sind aber nicht „künstlerische" (→ Rn. 23), sondern primär sportliche Leistungen. Deshalb liegt keine Darbietung vor.[140] Anders kann in den Fällen einer Tanz- oder Eisrevue zu entscheiden sein,[141] wenn vor dem sportlichen Aspekt ein künstlerisch-tänzerisches Element tritt, das der Darbietung insgesamt eine über die bloße Sportlichkeit hinausgehende künstlerische Qualität verleiht.[142]

2. Ausdrucksform der Volkskunst

18 Seit der Novellierung 2003 (→ Rn. 5) ist auch eine Ausdrucksform der Volkskunst ein schutzfähiger Darbietungsgegenstand (§ 73). Diese Erweiterung geht auf Bestrebungen der Entwicklungsländer zurück.[143] Damit sollen Darbietungen, deren Schutzfähigkeit aufgrund eines möglicherweise eurozentrisch konzipierten Werkbegriffs zweifelhaft ist (→ Rn. 11), geschützt werden. Das **erweitert** den sachlichen **Anwendungsbereich** des Interpretenrechts substantiell.[144] An die Stelle der werkvermittelnden tritt eine – auf diese spezifischen Ausdrucksformen beschränkte – kulturvermittelnde Leistung.[145] Darbietungen folkloristischer Ausdrucksweisen sind entweder Darbietungen eines Werks oder einer Ausdrucksform der Volkskunst und werden in beiden Fällen gleichermaßen geschützt.[146] Der Begriff ist aufgrund richtlinienkonformer Auslegung (→ Rn. 6) so wie in Art. 2 lit. a WPPT zu verstehen. Anstelle der unglücklichen deutschen Übersetzung[147] ist auf den Begriff der **Folklore** zurückzugreifen, wie er in den verbindlichen Sprachfassungen des WPPT (Art. 32 Abs. 1 WPPT) gebraucht wird. In jüngerer Zeit wird auf internationaler Ebene stattdessen auch der Begriff der „traditional cultural expressions" verwendet.[148]

19 Folkloristische Ausdrucksweisen entspringen einer **kollektiven Tradition** und sind im Regelfall **nicht** die persönlich-geistige **Schöpfung eines individuellen Urhebers.**[149] Art. 2 lit. a WPPT knüpft mit dem Folklorebegriff an vorangegangene Vorschläge von UNESCO und WIPO zum Schutz von Folklore an.[150] Erfasst sind alle Produktionen „consisting of characteristic elements of the traditional artistic heritage developed and maintained by a community or by individuals reflecting the expectations of such a community". Es kommt entscheidend auf die **Zugehörigkeit zum traditionellen künstlerischen Erbe** einer aufgrund ethnischer, geographischer, religiöser oder historischer Gründe bestimmbaren **Gemeinschaft** an.[151] Dazu zählen insbesondere sprachliche Ausdrucksweisen wie Volksmärchen, Volksdichtung und Volksrätsel, musikalische Ausdrucksweisen wie Volkslieder und darstellende Ausdrucksweisen wie Volkstänze, Stücke (Passionsspiele) und sonstige artistische Formen und Rituale. Voraussetzung ist, dass die Ausdrucksweise von einem Interpreten dargeboten werden kann. Zweifelhaft ist, ob man bezüglich der Volksmusik auf § 3 S. 2[152] zurückgreifen kann. Dabei ist der unterschiedliche Zweck beider Normen besonders zu berücksichtigen. § 3 zielt auf einen möglichst engen Volksmusikbegriff zur Erleichterung der Brauchtumspflege. In § 73 geht es darum, den sachlichen Anwendungsbereich des Interpretenrechts zu bestimmen. Es liegt in der Tendenz der Neuregelung, den Begriff hier weit zu fassen, um sicherzustellen, dass der Begriff nicht von eurozentrischen Vorstellungen geprägt wird.[153]

20 Umstritten ist der **zeitliche Anwendungsbereich** der Novellierung. Das hat praktische Auswirkungen auf Darbietungen folkloristischer Ausdrucksformen, die keine persönlich-geistigen Schöpfungen[154] sind und die vor dem Inkrafttreten der novellierten Fassung des § 73 am 13.9.2003 erfolgten.[155] Nach dem Grundgedanken des § 129 Abs. 1 S. 2 sind diese Darbietungen nicht geschützt.[156] Die Gegenansicht argumentiert stattdessen mit Art. 22 Abs. 1 WPPT, der in entsprechender Anwendung von Art. 18 RBÜ den Schutz auf alle folkloristischen Darbietungen erstreckt, die beim Inkrafttreten des WPPT für die Bundesrepublik am 14.3.2010[157] noch nicht infolge des Ablaufs der Schutz-

---

[140] *Dünnwald/Gerlach* UrhG § 73 Rn. 18; anders Dreier/Schulze/*Dreier* UrhG § 73 Rn. 12.

[141] Vgl. BGH GRUR 1960, 604 – Eisrevue I; BGH GRUR 1960, 606 (607 ff.) – Eisrevue II.

[142] Vgl. OLG Köln GRUR-RR 2007, 263 (264) – Arabeske (zur Abgrenzung zur Akrobatik); näher *Dünnwald/Gerlach* UrhG § 73 Rn. 18; iE auch Fromm/Nordemann/*Schaefer* UrhG § 73 Rn. 31.

[143] Denkschrift zum WPPT, BT-Drs. 15/15, 51.

[144] BT-Drs. 15/38, 23.

[145] *Koth,* Der Schutz der ausübenden Künstler nach TRIPS und WPPT, 2000, S. 195.

[146] Denkschrift zum WPPT, BT-Drs. 15/15, 51.

[147] Vgl. *Dünnwald* ZUM 2004, 161 (174).

[148] Vgl. WIPO, Intellectual Property and Traditional Cultural Expressions/Folklore, WIPO Publication No. 913(E), 2005, 2 (erhältlich unter http://www.wipo.int/edocs/pubdocs/en/tk/913/wipo_pub_913.pdf).

[149] *v. Lewinski* 11 Cardozo J. Int'l & Comp. L. 707, 757 (2003).

[150] UNESCO/WIPO, Model Provisions for National Law on the Protection of Expressions of Folklore Against Illicit Exploitation and Other Prejudicial Actions, Copyright 1982, S. 278 (abgedruckt bei *M. Nordmann,* Rechtsschutz von Folkloreformen, 2001, S. 269 ff.).

[151] *M. Nordmann,* Rechtsschutz von Folkloreformen, 2001, S. 58 ff.

[152] Vgl. *Brockmann,* Volksmusikbearbeitung und Volksmusikschutz im Lichte der Urheberrechtsnovelle 1985, 1998, S. 75 f.

[153] Vgl. *Grünberger,* Das Interpretenrecht, 2006, S. 64.

[154] Zur Möglichkeit einer Überschneidung *Dünnwald* ZUM 2004, 161 (174); wohl auch BT-Drs. 15/38, 23.

[155] Ausführlich *Grünberger,* Das Interpretenrecht, 2006, S. 64 f.

[156] Dreier/Schulze/*Dreier* UrhG § 73 Rn. 9.

[157] BGBl. 2011 II S. 860.

dauer im Ursprungsland Gemeingut geworden sind.[158] Das trifft lediglich für internationale Anwendungsfälle zu. Daraus können aber keine zwingenden Vorgaben für die Interpretation des § 73 in den nicht davon erfassten Fällen entnommen werden. Allerdings dient § 73 auch der Umsetzung der Info-Soc-RL, die ihrerseits die Pflichten aus dem WPPT ins Unionsrecht transferiert. Daher ist auf den Zeitpunkt abzustellen, an dem die InfoSoc-RL hätte implementiert werden müssen.[159] Danach sind vor dem 22.12.2002 erfolgte Darbietungen folkloristischer Ausdrucksformen nicht nach § 73, sondern lediglich gem. § 125 Abs. 5 S. 1 iVm Art. 22 Abs. 1 WPPT geschützt.

II. Darbietung des Gegenstands

Schutzgut des Interpretenrechts ist die Darbietung des Werks oder einer folkloristischen Ausdrucks-   21
form. Die Darbietungshandlung selbst wird in § 73 nicht definiert.[160] Das Gesetz unterscheidet **zwei Darbietungskonstellationen:** (1.) der ausübende Künstler, der eine unmittelbare eigene Darbietung in seiner Person erbringt und (2.) der ausübende Künstler, der an einer solchen (unmittelbaren) Darbietung künstlerisch mitwirkt.[161]

1. Unmittelbar eigene Darbietung

a) Darbietungsformen. § 73 enthält einen nicht abschließenden („oder auf eine andere Weise   22
darbietet") Katalog von Darbietungsformen. Das **„Darbieten" ist der Oberbegriff,** „aufführen", singen und spielen" sind Regelbeispiele.[162] Diese Merkmale sind richtlinienkonform auszulegen (→ Rn. 6). Ob eine Darbietung vorliegt, ist unionsweit einheitlich nach Maßgabe der in Art. 2 lit. a WPPT enthaltenen Darbietungsformen zu bestimmen. Ein Rückgriff auf urheberrechtliche Begriffe scheidet deshalb aus.[163] Damit hat sich auch die alte Streitfrage erledigt, ob die in § 73 aF enthaltenen Begriffe „vortragen" und „aufführen" deckungsgleich mit § 19 Abs. 1, Abs. 2 auszulegen waren.[164] Damit wäre nur die persönliche Darbietung geschützt gewesen, die öffentlich zu Gehör gebracht wurde. Die Begründung des allgemein für richtig gehaltenen Schutzes von Studiomusikern[165] wurde damit zur Herausforderung.[166] Der BGH griff zwar auf die Begriffsdefinitionen in § 19 zurück, aber nur mit „Einschränkungen, die sich aus dem besonderen Schutzbedürfnis des ausübenden Künstlers ergeben".[167] Richtigerweise hätte man die Darbietung in § 73 aF ohne Bezug auf § 19 auslegen müssen.[168] Im geltenden Recht verbietet sich jeder Verweis auf § 19.[169] Alle Darbietungsformen sind wegen des selbstständigen Schutzgegenstands des Interpretenrechts **eigenständig** ohne Verwendung urheberrechtlicher Begriffe als Unterfälle der **Darbietung** auszulegen.[170] Geschützt wird jede persönliche und künstlerische (→ Rn. 23) Wiedergabe eines Werkes oder einer folkloristischen Ausdrucksform.[171] Das kann aufgrund des Wortlauts („spielen") im Ausgangspunkt auch die Darbietung von Computerspielen sein, „deren kreativer Gehalt sich aus den durch das System vielfältig eröffneten Handlungsspielräumen ergibt, die der Spieler individuell ausfüllen kann".[172]

b) Künstlerische Darbietung. § 73 schützt nur solche Darbietungen, die eine **künstlerische**   23
Gestaltung,[173] also eine persönlich-individuelle Interpretation eines Werkes oder einer folkloristischen Ausdrucksform sind.[174] Das folgt für die an einer Darbietung Mitwirkenden schon aus dem Wortlaut des § 73. Für den unmittelbar Darbietenden ist der Wortlaut des § 73 insoweit nicht aussagekräftig. Nach ganz überwiegender Auffassung zwingt die künstlerische Leistung den Mitwirkenden dazu, diese Voraussetzung auch für den unmittelbar ausübenden Künstler anzuwenden, weil das

---

[158] *Dünnwald/Gerlach* UrhG § 73 Rn. 21.
[159] *Grünberger,* Das Interpretenrecht, 2006, S. 65.
[160] *Gentz* GRUR 1974, 328 (330).
[161] Zur steuerrechtlichen Auswirkung dieser Differenzierung s. FG Düsseldorf DStRE 2011, 565.
[162] *Dünnwald/Gerlach* UrhG § 73 Rn. 40; Loewenheim/*Vogel* § 38 Rn. 40.
[163] *Grünberger,* Das Interpretenrecht, 2006, S. 67; aA Wandtke/Bullinger/*Büscher* UrhG § 73 Rn. 5.
[164] Vgl. *Dünnwald* UFITA 65 (1972), 99 (105); *Gentz* GRUR 1974, 328 (330).
[165] Anders lediglich *v. d. Groeben* FS Reichhardt, 1990, 39 (45 ff.).
[166] Vertiefend *Dünnwald* UFITA 52 (1969), 59 (60 ff.) einerseits und *Gentz* GRUR 1974, 328 (330) andererseits.
[167] BGH GRUR 1983, 22 (24) – Tonmeister I.
[168] *Gentz* GRUR 1974, 328 (329).
[169] Verkannt von Dreier/Schulze/*Dreier* UrhG § 73 Rn. 10; DKMH/*Meckel* UrhG § 73 Rn. 16.
[170] So bereits *Gentz* GRUR 1974, 328 (330); Loewenheim/*Vogel* § 38 Rn. 40; *Dünnwald/Gerlach* UrhG § 73 Rn. 22.
[171] Vgl. BGH GRUR 1983, 22 (24) – Tonmeister I.
[172] *Hofmann* ZUM 2013, 279 (283). Zur Frage, ob diese Darbietung auch „künstlerisch" ist → Rn. 25.
[173] Der Begriff stammt aus BGH GRUR 1974, 672 (673) – Celestina.
[174] Grundlegend BGH GRUR 1981, 419 (420 f.) – Quizmaster; LG Hamburg GRUR 1976, 151 (152) – Rundfunksprecher; AG und LG Hamburg ZUM 1995, 340 (341 f.) – Moderator für Musiksendungen; LG Köln ZUM-RD 2010, 698 (701); LG München I ZUM 2018, 386 (390); *Dünnwald* UFITA 65 (1972), 99 (108 f.); *Gentz* GRUR 1974, 328 (329); *Jaeger,* Der ausübende Künstler und der Schutz seiner Persönlichkeitsrechte im Urheberrecht Deutschlands, Frankreichs und der Europäischen Union, 2002, S. 25 ff.; *Dünnwald* ZUM 2004, 161 (173 f.); *Flechsig/Kuhn* ZUM 2014, 14 (16); *Grünberger,* Das Interpretenrecht, 2006, S. 67 ff.; *Apel,* Der ausübende Musiker im Recht Deutschlands und der USA, 2011, S. 214 f.; *Benz,* Der Teilschutz im Urheberrecht, 2018, S. 306 f.; Loewenheim/*Vogel* § 38 Rn. 52 ff.; *Dünnwald/Gerlach* UrhG § 73 Rn. 24 mwN.

„künstlerische" an der Darbietung dem Begriff wesensimmanent sei.[175] Nach einer Gegenauffassung war dagegen jeder, der ein urheberrechtlich schutzfähiges Werk persönlich „vortrug" oder „aufführte" (§ 73 aF), etwa der Nachrichtensprecher, ausübender Künstler.[176] Diese Auffassung kann für § 73 nF nicht mehr vertreten werden.[177] Ausschlaggebend dafür ist die richtlinienkonforme Auslegung des § 73 (→ Rn. 6). Obwohl das Merkmal „interpretieren" nicht in den Text des § 73 aufgenommen wurde (→ Rn. 5), ist es für die Bestimmung der Darbietungsqualität maßgeblich.[178] Das folgt aus Art. 2 lit. a WPPT mit dem dort ausdrücklich enthaltenen Merkmal des „Interpretierens".[179] Erwägungsgrund (10) der InfoSoc-RL bestätigt diese Auffassung, weil er davon spricht, dass die angemessene Vergütung sicherstellen soll, dass ausübende Künstler „weiterhin … künstlerisch tätig sein" können. Dieses Verständnis deckt sich auch mit der Gesetzesbegründung zu § 73, wonach der „Werkinterpret" von § 73 geschützt werden soll.[180] Die **Interpretation** beschreibt damit die **spezifische Leistung** des ausübenden Künstlers[181] und unterscheidet ihn von den nicht geschützten Personen, die Werke lediglich wiedergeben.[182] Sie begrenzt als entscheidende **qualitative Entstehungsvoraussetzung** den Schutzumfang des Interpretenrechts.[183]

24   Weil die „künstlerische" Wiedergabe das **zentrale Abgrenzungskriterium** zwischen schutzfähiger Interpretation und nicht geschützter Werkwiedergabe ist, kommt es entscheidend auf die Anforderungen an die Interpretation an.[184] Eine abstrakte Definition des Künstlerischen ist nicht möglich.[185] Mann kann sich dem Begriff nur typologisch annähern.[186] Voraussetzung jeder Interpretation ist eine **gestaltende persönliche Wiedergabe** des Werkes oder der Ausdrucksform der Volkskunst.[187] Gestaltend ist eine Leistung nur, wenn sie einen **künstlerischen Eigenwert** aufweist[188] oder über eine eigenpersönliche Ausprägung verfügt.[189] Das setzt voraus, dass die maßgebliche Handlung unabhängig von ihrem sachlichen Inhalt die Stimmung, das Empfinden, das Gefühl oder die Phantasie des Adressaten anregen kann.[190] Entscheidend ist der dadurch hervorgerufene Sinneseindruck beim Adressaten.[191] Interpretation ist nicht Mitteilung von Information, sondern Ausdruck, und zwar unmittelbarster Ausdruck der individuellen Persönlichkeit des Künstlers.[192] Deshalb ist der Porträtierte eines Dokumentarfilms kein ausübender Künstler.[193]

25   Das wirft die Frage nach der **Gestaltungshöhe** (dem Grad des ästhetischen Gehalts)[194] der Interpretation auf. Nach der älteren Auffassung des BGH wurde der Leistungsschutz nicht für eine künstlerische Leistung bestimmter Gestaltungshöhe, sondern für die künstlerische (Mitwirkung an der) Gestaltung der Darbietung gewährt.[195] Das ist etwas missverständlich formuliert. Problematisch ist nicht die Gestaltungshöhe, sondern ob – in Parallele zur „kleinen Münze" des Urheberrechts – eine Interpretation, die ein Minimum an Gestaltungshöhe aufweist, für das Schutzrecht genügt oder ob ein deutliches Überragen der Durchschnittsgestaltung notwendig ist. Das Rom-Abkommen überlässt die Auslegung insoweit den nationalen Gerichten.[196] Eine autonome deutsche Interpretation ist mit der Vollharmonisierung des Begriffs in den EU-Richtlinien (→ Rn. 6) nicht mehr vereinbar. Die Anfor-

---

[175] BGH GRUR 1981, 419 (420) – Quizmaster.

[176] *Eknutt* GRUR 1976, 193; *Hertin* UFITA 81 (1978), 39 (48 ff.); Fromm/Nordemann/*Hertin,* 9. Aufl. 1998, UrhG § 73 Rn. 5.

[177] *Grünberger,* Das Interpretenrecht, 2006, S. 69 ff.; *Dünnwald/Gerlach* UrhG § 73 Rn. 22; *Apel* ZGE 2018, 162 (173); so auch Mestmäcker/Schulze/*Hertin* UrhG § 73 Rn. 23 unter Aufgabe seiner früheren Ansicht.

[178] *Grünberger,* Das Interpretenrecht, 2006, S. 68.

[179] *Grünberger,* Das Interpretenrecht, 2006, S. 68; aA *Reinbothe/v. Lewinski,* The WIPO Treaties on Copyright, 2. Aufl. 2015, Rn. 8.2.27.

[180] BT-Drs. IV/270, 90.

[181] *Dünnwald/Gerlach* UrhG § 73 Rn. 24.

[182] *Jaeger,* Der ausübende Künstler und der Schutz seiner Persönlichkeitsrechte im Urheberrecht Deutschlands, Frankreichs und der Europäischen Union, 2002, S. 26.

[183] Zu den theoretischen Grundlagen *J. Oebbecke,* Der „Schutzgegenstand" der Verwandten Schutzrechte, 2011, S. 127 ff.

[184] Eine Definition schlägt *Kruse,* Die rechtliche Differenzierung zwischen Urhebern und ausübenden Künstlern, 2013, S. 86 ff. vor: „Eine künstlerische Darbietung ist jede eigentümliche, durch die Persönlichkeit geprägte, geistig-gestaltende, sinnlich wahrnehmbare Leistung, wodurch der oder die Wahrnehmende(n) einen die Stimmung, das Empfinden, das Gefühl und/oder die Phantasie anregenden Sinneseindruck empfangen." Damit fasst *Kruse* die bestehenden Erfordernisse im Wesentlichen zutreffend zusammen.

[185] Vgl. BVerfGE 67, 213 (224 f.) = NJW 1985, 261 – Anachronistischer Zug (zum ähnlich gelagerten Problem bei Art. 5 Abs. 3 GG). Eine begriffliche Definition schlägt *Bünte,* Die künstlerische Darbietung als persönliches und immaterielles Rechtsgut, 2000, S. 78 f. vor. Dem folgt Mestmäcker/Schulze/*Hertin* UrhG § 73 Rn. 27.

[186] Vgl. BVerfGE 67, 213 (225 ff.) = NJW 1985, 261 – Anachronistischer Zug.

[187] *Dünnwald/Gerlach* UrhG § 73 Rn. 24.

[188] BGH GRUR 1981, 419 (421) – Quizmaster.

[189] LG München I ZUM 2018, 386 (390).

[190] BGH GRUR 1981, 419 (421) – Quizmaster.

[191] BGH GRUR 1981, 419 (421) – Quizmaster.

[192] Vgl. BVerfGE 67, 213 (226) = NJW 1985, 261 – Anachronistischer Zug.

[193] BGH ZUM 2018, 782 Rn. 14 – My Lai.

[194] Vgl. die Definition in BGH GRUR 2014, 175 Rn. 17 – Geburtstagszug (zum Urheberrecht).

[195] BGH GRUR 1974, 672 (673) – Celestina; BGH GRUR 1981, 419 (421 f.) – Quizmaster; zustimmend Dreier/Schulze/*Dreier* UrhG § 73 Rn. 10.

[196] WIPO Guide to the Rome Convention, 1981, S. 22.

derungen an die Gestaltungshöhe gelten **unionsweit einheitlich.** Grundsätzlich kann man von einer Interpretation mit künstlerischem Eigenwert nur dann sprechen, wenn die Darbietung eine „persönliche Note"[197] des Interpreten aufweist. Dabei kommt es nicht auf die Interpretationsfähigkeit des dargebotenen Werkes, sondern die Charakterisierung der Wiedergabeleistung als Interpretation der Vorlage an.[198] Das ist der Fall, wenn sie eine Gestaltungshöhe erreicht, „die es nach Auffassung der für Kunst empfänglichen und mit Kunstanschauungen einigermaßen vertrauten Kreise rechtfertigt, von einer ‚künstlerischen' Leistung zu sprechen".[199] Ein besonders hoher Grad ästhetischen Gehalts ist nicht erforderlich. „Auch Werkinterpretationen von geringer künstlerischer Höhe können Schutz genießen."[200] Entscheidend ist, ob **gerade noch von einem „künstlerischen Eigenwert"** gesprochen werden kann. Das ist bei Darbietungsgegenständen, die ihrerseits gerade noch als Werk schutzfähig sind, zweifelhaft, weil sie regelmäßig keinen Spielraum für eigene Gestaltungen bieten.[201] Daher ist Anpreisung, die sich nicht von dem unterscheidet, was üblicherweise auf Jahrmärkten bei der Bewerbung von Fahrgeschäften dargeboten wird, nicht mehr geschützt.[202] Die Form einer Werkinterpretation, insbesondere ein vom (potentiellen) Adressatenkreis wahrgenommener „Identitätswechsel" des Darbietenden erlaubt Rückschlüsse darauf, ohne allerdings die entscheidenden Abgrenzungskriterien abschließend liefern zu können.[203] Liegt dagegen eine schlichte Übermittlung von Informationen ohne „persönliche Note" vor, fehlt es am Tatbestandsmerkmal der künstlerischen Darbietung.[204] Das ist bei Sprecherleistungen in der Regel der Fall.[205] Deshalb ist der Nachrichtensprecher kein ausübender Künstler.[206] Daran scheiterte auch der Schutz eines Sprechers eines Werbetexts, weil sich der Darbietungsgegenstand auf wenige Wörter und Töne beschränkte, die dem Vortragenden eine hinreichende künstlerische Interpretation ermöglichten.[207] Dagegen wird die Synchronfassung eines Spielfilms von den Synchronsprechern eigenständig interpretiert (vgl. → Rn. 16). Zweifelhaft ist, ob die Darbietung von Multiplayer-Computerspielen „künstlerisch" erfolgt.[208] Dafür ist es irrelevant, dass diese Spiele einen erheblichen Vorbereitungs- und Trainingsaufwand erfordern.[209] Entscheidend ist, dass die Darbietung einen künstlerisch-performativen Aspekt aufweist. Das kann man im Einzelfall bejahen, wenn die Spielerin die Vorgaben des Spiels kreativ umsetzt und es ihr damit gelingt, die Design-Elemente des Spiels mit ihrer Persönlichkeit so zu prägen, dass sich gerade die Verbindung des im Spiel angelegten Spielgefühls und der konkreten Spielerin auf die Zuschauer transportiert.[210]

c) Öffentlichkeit der Darbietung. § 73 erfasst jede **öffentliche oder nicht öffentliche** Darbietung.[211] Das folgt aus dem eigenständig auszulegenden Darbietungsbegriff (→ Rn. 22). Damit ist auch der Studiomusiker unzweifelhaft Interpret. Umstritten sind besondere Fälle der nicht-öffentlichen Darbietung.[212] Dazu zählen **Proben**[213] und solche Darbietungen, **die nur für einen selbst bestimmt**[214] sind. Mit dem in § 19 Abs. 2 enthaltenen Öffentlichkeitsmerkmal kann man nicht mehr argumentieren, weil im Rückgriff auf die urheberrechtliche Definition kraft richtlinienkonformer Auslegung unzulässig ist (→ Rn. 6, 22). Stattdessen wird behauptet, der Begriff der „Darbietung" setze voraus, dass das Werk jemandem dargeboten werde und zur Wahrnehmung von Dritten bestimmt sei.[215] Der **Schutzzweck** des Interpretenrechts gebietet dagegen ein anderes Verständnis. Aufgabe des Interpretenrechts ist es, den aufgrund technischer Aufzeichnungsmöglichkeiten herbeige-   **26**

[197] EuGH GRUR 2012, 166 Rn. 92 – Painer (zum Urheber); *Grünberger,* Das Interpretenrecht, 2006, S. 69 (im Anschluss an *Ulmer,* UrhR, 1980, 524), dagegen *Dünnwald/Gerlach* UrhG § 73 Rn. 26.

[198] AG Hamburg ZUM 2001, 661 (663) – Hörfunkfeature.

[199] BGH GRUR 2014, 175 Rn. 26 – Geburtstagszug (zum Schutz von Werken der angewandten Kunst).

[200] BGH GRUR 1981, 419 (421) – Quizmaster.

[201] Fromm/Nordemann/*Schaefer* UrhG § 73 Rn. 10.

[202] LG München I ZUM 2018, 386 (390): „Ja und jetzt, jetzt bring ma wieder Schwung in die Kiste, hey, ab geht die Post, let's go, let's fetz, volle Pulle, volle Power, wow, super!"

[203] Anders die von *Dünnwald* UFITA 65 (1972), 99 (110 ff.); *Dünnwald* UFITA 84 (1979), 1 (14 ff.); *Dünnwald/Gerlach* UrhG § 73 Rn. 26 f. vertretene Formthese, wonach es auf die Form der Werkwiedergabe ankomme.

[204] *Grünberger,* Das Interpretenrecht, 2006, S. 69.

[205] Zu den Anforderungen s. BGH GRUR 1981, 419 (420 f.) – Quizmaster; eingehend *Dünnwald/Gerlach* UrhG § 73 Rn. 25 ff.

[206] LG Hamburg GRUR 1976, 151 (153) – Nachrichtensprecher.

[207] LG Köln ZUM-RD 2010, 698 (702).

[208] Bejahend *Hofmann* ZUM 2013, 279 (284 f.); *Brtka* GRUR-Prax 2017, 500 (502).

[209] So *Hofmann* ZUM 2013, 279 (284 f.).

[210] Die Kriterien sind an *Hofmann* ZUM 2013, 279 (284 f.) angelehnt, der allerdings zu pauschal eine künstlerische Darbietung annimmt.

[211] Allgemeine Meinung, vgl. nur Loewenheim/*Vogel* § 38 Rn. 47.

[212] Vertiefend *Apel,* Der ausübende Musiker im Recht Deutschlands und der USA, 2011, S. 215 ff.

[213] Bejahend *Rüll,* Allgemeiner und urheberrechtlicher Persönlichkeitsrechtsschutz des ausübenden Künstlers, 1998, S. 119; Dreier/Schulze/*Dreier* UrhG § 73 Rn. 10; Wandtke/Bullinger/*Büscher* UrhG § 73 Rn. 6; differenzierend *Dünnwald* UFITA 52 (1969), 49 (71) und BeckOK UrhR/*Stang* UrhG § 73 Rn. 12, wenn sie der Vorbereitung einer Aufnahme dienen; aA Loewenheim/*Vogel* § 38 Rn. 48; *Hubmann* GRUR 1984, 620 (621).

[214] Bejahend Mestmäcker/Schulze/*Hertin* UrhG § 73 Rn. 31; verneinend Wandtke/Bullinger/*Büscher* UrhG § 73 Rn. 6; Dreier/Schulze/*Dreier* UrhG § 73 Rn. 10; Loewenheim/*Vogel* § 38 Rn. 47; BeckOK UrhR/*Stang* UrhG § 73 Rn. 11.

[215] *Hubmann* GRUR 1984, 620 (621); Loewenheim/*Vogel* § 38 Rn. 48; Dreier/Schulze/*Dreier* UrhG § 73 Rn. 10; so auch noch – zum zeitlichen Kontext der Mitwirkungshandlung (→ Rn. 29) – *Grünberger,* Das Interpretenrecht, 2006, S. 70. Diesen Standpunkt gebe ich insoweit auf.

führten Kontrollverlust des Interpreten zu kompensieren.[216] Diese Gefahr besteht bei allen Darbietungen, unabhängig davon, ob sie im Augenblick der Darbietung vom ausübenden Künstler zur Wahrnehmung bestimmt waren, ob es sich um Selbstdarbietungen oder Proben handelt.[217] Wie der Tonträgermarkt zeigt, werden regelmäßig Interpretationen verbreitet und öffentlich zugänglich gemacht, die vom Interpreten nicht zur Wahrnehmung Dritter bestimmt waren: unveröffentlichte Probeaufnahmen, Mitschnitte von improvisierten Sessions, verworfene Studioouttakes. Die Entscheidung, ob diese Nachfrage befriedigt werden soll, weist das Interpretenrecht in § 77 Abs. 1 dem ausübenden Künstler zu, weil diese Verwertung seine materiellen und ideellen Interessen an der von ihm abgelösten Darbietung berührt. Ein ausschließlich über das allgemeine Persönlichkeitsrecht gewährter Schutz wäre auch ein Anachronismus.[218] Deshalb erfasst der Schutzgegenstand des § 73 insoweit **jede künstlerische Darbietung** eines Werks oder einer Ausdrucksform der Folklore.[219]

27   **d) Beispielsfälle.** Auszugehen ist von den Normalfällen des Musikers, Sängers, Schauspielers und Tänzers.[220] Schauspieler, Sänger, Tänzer, Musiker, Orchester-, Chor-[221] und Balletcorpsmitglieder, Mitglieder von Bands[222] und Popgruppen, Kabarettisten und Pantomime sind im Allgemeinen ausübende Künstler.[223] Gleiches gilt für den Synchronisationssprecher, der den Charakteren in fremdsprachigen Filmen seine Stimme leiht.[224] Ausübende Künstler sind auch Mitglieder sog. „Plastik-Gruppen"[225] (Beispiel: Milli Vanilli), allerdings nicht bezüglich der nicht vorhandenen Gesangsdarbietungen, sondern nur wegen ihrer schauspielerischen und tänzerischen Leistungen.[226] Werden bei der Aufführung eines Werkes oder einer Ausdrucksform der Volkskunst bestehende Aufführungtraditionen streng beachtet, liegt gerade darin die interpretatorische Leistung des Künstlers.[227] Probleme bereitet seit jeher die Beurteilung der Leistungen von Personen, die sachliche Texte oder Texte sachlich wiedergeben. Hier ist die Interpretation von der reinen Vermittlung von Informationen abzugrenzen. Die Ansagen des Quizmasters *Hans Rosenthal*[228] und die Telefonanrufsketche der Kunstfigur *Bodo Bach*[229] wurden als gerade noch künstlerische Werkwiedergaben beurteilt. Dabei handelt es sich um Grenzfälle. Im Regelfall interpretieren Nachrichtensprecher,[230] Fernseh- und Rundfunkmoderatoren[231] das jeweilige Sprachwerk nicht und sind deshalb keine ausübenden Künstler. Bei Statisten wird man zwischen Bühne und Film zu differenzieren haben. Während die Leistungen von Bühnenstatisten idR keinen eigenen künstlerischen Aussagewert haben,[232] dürfte der künstlerische Beitrag von Stuntmen und Komparsen noch genügen.[233] Die Leistungen von DJs sind keine Werkinterpretationen, sondern Bearbeitungen, an denen uU ein Bearbeiterurheberrecht entstehen kann.[234]

2. Künstlerische Mitwirkung an der Darbietung

28   **a) Grundsatz.** Ausübender Künstler ist auch, wer an einer (unmittelbaren) Darbietung eines anderen künstlerisch mitwirkt (§ 73). Damit wird klargestellt, dass nicht nur die unmittelbar das Werk Darbietenden (Sänger, Musiker, Schauspieler, Tänzer), sondern auch die sonst künstlerisch Mitwirkenden, also insbesondere Dirigent, künstlerischer Leiter[235] und Bühnenregisseur ausübende Künstler sind.[236] Diese – systematisch zweifelhafte[237] – Differenzierung ist **richtlinienkonform.** Art. 2 lit. a WPPT – der für das Begriffsverständnis in den EU-Richtlinien maßgeblich ist (→ Rn. 7) – hat mit der Ergänzung um die Darbietungsform „interpretieren" eine klare Textgrundlage für den Schutz von künstlerisch Mitwirkenden geschaffen. Jeder, der an einer Darbietung künstlerisch mitwirkt, erbringt

[216] → Vor §§ 73 ff. Rn. 1 ff., → § 77 Rn. 26.
[217] *Apel,* Der ausübende Musiker im Recht Deutschlands und der USA, 2011, S. 219; ähnlich auch Fromm/Nordemann/*Schaefer* UrhG § 73 Rn. 16.
[218] *Apel,* Der ausübende Musiker im Recht Deutschlands und der USA, 2011, S. 219.
[219] So auch *Apel* ZGE 2018, 162 (174 ff.).
[220] BT-Drs. IV/270, 90.
[221] Zum Chorsänger s. OLG Hamburg BeckRS 2015, 14371 Rn. 211 ff. (nicht rechtskräftig).
[222] OLG Frankfurt a. M. ZUM 2015, 260 (262).
[223] *Dünnwald/Gerlach* UrhG § 73 Rn. 29.
[224] BGH GRUR 1984, 119 (120) – Synchronisationssprecher.
[225] Zum Begriff BGH GRUR 1989, 198 (202) – Künstlerverträge.
[226] *Dünnwald/Gerlach* UrhG § 73 Rn. 36; undifferenziert Dreier/Schulze/*Dreier* UrhG § 73 Rn. 12.
[227] Fromm/Nordemann/*Schaefer* UrhG § 73 Rn. 12.
[228] BGH GRUR 1981, 419 (421) – Quizmaster; kritisch *Dünnwald/Gerlach* UrhG § 73 Rn. 25, 27.
[229] LG Frankfurt a. M. ZUM 2003, 791 – Bodo Bach.
[230] LG Hamburg GRUR 1976, 151 (152) – Rundfunksprecher; zustimmend BGH GRUR 1981, 419 (421) – Quizmaster.
[231] AG und LG Hamburg ZUM 1995, 340 (341 f.) – Moderator für Musiksendungen.
[232] WIPO Guide to the Rome Convention, 1981, S. 22 (zu Art. 3 lit. a Rom-Abkommen); vgl. dazu auch KG GRUR 1984, 507 – Happening (bestätigt von BGH GRUR 1985, 734 – Happening) zur Frage der Miturheberschaft der Beteiligten eines Happenings; *Dünnwald/Gerlach* UrhG § 73 Rn. 36.
[233] Vgl. *Peifer,* Werbeunterbrechungen in Spielfilmen, 1994, S. 248; zurückhaltender *Dünnwald/Gerlach* UrhG § 73 Rn. 41.
[234] *Dünnwald/Gerlach* UrhG § 73 Rn. 37; Dreier/Schulze/*Dreier* UrhG § 73 Rn. 12.
[235] LG Köln ZUM-RD 2008, 211 (212).
[236] BT-Drs. IV/270, 90.
[237] *Dünnwald* ZUM 2004, 161 (173 f.); *Grünberger,* Das Interpretenrecht, 2006, S. 71.

die für eine Darbietung typische kulturvermittelnde Leistung letztlich in seiner Person.[238] Der Dirigent ist geradezu der Prototyp des Interpreten.[239] Damit der Mitwirkende geschützt wird, muss seine **Tätigkeit die Interpretation eines anderen künstlerisch beeinflussen und damit mitgestalten.**[240] „Diese kann in Hinweisen, Anregungen, Anweisungen u.a. zur sprachlichen, mimischen, gesanglichen oder instrumentalen Gestaltung der Darbietung liegen."[241] Damit kommt es entscheidend auf den **sachlichen Zusammenhang** der eigenen (künstlerischen) Leistung mit der eigentlichen **Werkinterpretation** an.[242]

b) Zeitlicher Konnex. Die Mitwirkung muss *an einer Darbietung* erfolgen (§ 73). Nach dem **29** Wortlaut des § 73 aF war dagegen eine Mitwirkung *bei* der Darbietung erforderlich. Daraus wurde teilweise gefolgert, dass jede Mitwirkung, die „vor" oder „nach" dem Vortrag bzw. der Aufführung erfolge, keine geschützte Darbietung mehr sein könne.[243] Das Problem wurde in der Vergangenheit am Beispiel des Tonmeisters diskutiert.[244] Mit der Änderung sollte klargestellt werden, dass die künstlerische Einflussnahme auf die Darbietung nicht zeitgleich mit der Darbietung erfolgen muss, sondern ihr auch vorausgehen kann.[245] Das zeigt, dass die Darbietung und die Mitwirkung daran zeitlich nicht zusammenfallen müssen.[246] Zweifelhaft ist, ob Leistungen, die der Darbietung **zeitlich nachfolgen,** noch eine künstlerische Mitwirkung daran sein können.[247] Dagegen spricht, dass man „nicht an etwas mitwirken (kann), was schon passiert ist".[248] Allerdings bleibt damit offen, zu welchem **Zeitpunkt** eine Darbietung **abgeschlossen** ist.

Dafür kommen im Wesentlichen **drei Möglichkeiten** in Betracht:[249] (1.) die unmittelbare, im **30** Moment der Klangerzeugung durch die Instrumente und Stimmen wahrnehmbare Klangdarbietung (enger Darbietungsbegriff),[250] (2.) der Moment, in dem das Klangergebnis vom anwesenden Zuhörer wahrgenommen wird[251] und (3.) der Zeitpunkt der Aufnahme, weil sich die Darbietung erst mit der Festlegung vom Interpreten ablöst.[252] Der enge Darbietungsbegriff kann nicht überzeugen.[253] Er passt ausschließlich auf die herkömmliche klassische Konzertaufführung und wird den Besonderheiten elektronischer Musik und den Aufführungen von Rock- und Popmusik[254] nicht gerecht: „Der Sänger singt nicht ins Publikum, sondern ins Mikrophon. Die Leute im Saal hören nicht ihn, sondern den Lautsprecher. Sie hören nicht seine Stimme, sondern das, was ihnen die Technik als die Stimme ihres Lieblings darstellt, eben seinen sound."[255] Deshalb ist nach der **Art der jeweiligen Darbietung** zu unterscheiden.[256] Handelt es sich bei der Darbietung um einen Live-Auftritt, bei dem technische Verfahren bei der Werkinterpretation keine künstlerische Rolle spielen, ist der Zeitpunkt der Klangerzeugung maßgeblich. Kommt es dagegen auf das Klangerlebnis beim Publikum an, ist die objektive Wahrnehmung der Leistung beim Publikum entscheidend. Das gilt auch für die Fälle, in denen Live-Darbietungen außerhalb des Raumes, in dem sie stattfinden, öffentlich wiedergegeben werden.[257] Schließlich ist der Zeitpunkt der Festlegung relevant, wenn die maßgebliche künstlerische Werkinterpretation in der klanglich manipulierten Aufnahme und damit im Sounddesign liegt. Man denke nur an die britische Band *Pink Floyd*. In solchen Fällen wirkt der **künstlerische Produzent** *(producer)* an einer Darbietung mit und ist dann ausübender Künstler.[258] Damit man ihn von einem technisch Mit-

---

[238] *Flechsig,* Der Leistungsintegritätsanspruch des ausübenden Künstlers, 1977, S. 32.

[239] WIPO Guide to the Copyright and Related Rights Treaties, 2003, S. 234; *Dünnwald* ZUM 2004, 161 (174).

[240] WIPO Guide to the Copyright and Related Rights Treaties, 2003, 234 (zu Art. 2 lit. a WPPT); BGH GRUR 1974, 672 (673) – Celestina; BGH GRUR 1983, 22 (25) – Tonmeister I.

[241] *Loewenheim/Vogel* § 38 Rn. 57.

[242] BGH GRUR 1983, 22 (25) – Tonmeister I; *W. Nordemann* GRUR 1980, 568 (570); *Hubmann* GRUR 1984, 620 (621).

[243] *Dünnwald* UFITA 52 (1969), 49 (61).

[244] BGH GRUR 1983, 22 (24f.) – Tonmeister I; OLG Köln GRUR 1984, 345 – Tonmeister II; OLG Hamburg ZUM 1995, 52 – Tonmeister III; *W. Nordemann* GRUR 1980, 568; *Hubmann* GRUR 1984, 620.

[245] BT-Drs. 15/38, 23; *Flechsig/Kuhn* ZUM 2004, 14 (17). Der Vorschlag geht zurück auf *W. Nordemann* GRUR 1980, 568 (570).

[246] AA *Dünnwald* UFITA 65 (1972), 99 (103); *Flechsig,* Der Leistungsintegritätsanspruch des ausübenden Künstlers, 1977, S. 32f.

[247] Verneinend *W. Nordemann* GRUR 1980, 569 (570); *Loewenheim/Vogel* § 38 Rn. 57.

[248] *W. Nordemann* GRUR 1980, 568 (570).

[249] Zum Folgenden bereits *Grünberger,* Das Interpretenrecht, 2006, S. 69ff.

[250] BGH GRUR 1983, 22 (25) – Tonmeister I; *Bünte,* Die künstlerische Darbietung als persönliches und immaterielles Rechtsgut, 2000, S. 92; *Dünnwald/Gerlach* UrhG § 73 Rn. 37.

[251] OLG Hamburg GRUR 1976, 708 (710) – Staatstheater; OLG Köln GRUR 1984, 345 (347) – Tonmeister II (jeweils zur Live-Darbietung); *W. Nordemann* GRUR 1980, 568 (570f.); *Hubmann* GRUR 1984, 620 (621); *Ullmann* GRUR 1996, 145 (146); *Loewenheim/Vogel* § 38 Rn. 57.

[252] *Grünberger,* Das Interpretenrecht, 2006, S. 70; iE auch BeckOK UrhR/*Stang* UrhG § 73 Rn. 16.1.

[253] *W. Nordemann* GRUR 1980, 568 (571); tendenziell auch *Ullmann* GRUR 1996, 145 (146).

[254] Näher *Ernst,* Urheberrecht und Leistungsschutz im Tonstudio, 1995, S. 83ff.

[255] *W. Nordemann* GRUR 1980, 568 (569).

[256] *Grünberger,* Das Interpretenrecht, 2006, S. 70f.; dagegen *Apel,* Der ausübende Musiker im Recht Deutschlands und der USA, 2011, S. 220.

[257] *Hubmann* GRUR 1984, 620 (622f.).

[258] Vgl. OLG Hamburg ZUM 1995, 52 (54) – Tonmeister III; Fromm/Nordemann/*Schaefer* UrhG § 73 Rn. 32; *Dünnwald/Gerlach* UrhG § 73 Rn. 15, 37; vertiefend *Schwenzer,* Die Rechte des Musikproduzenten, 1998,

wirkenden – wie dem Toningenieur – unterscheiden kann, muss er darlegen, welche Aufgaben er bei der Konzerteinstudierung übernommen hat, welche Tonsignale und Sounds er für diese konkrete Aufnahme produziert hat und woraus sich eine künstlerische Produktion ergeben soll.[259]

31   **c) Künstlerische Mitwirkung.** Die Mitwirkung an der (unmittelbaren) Darbietung muss künstlerisch sein (§ 73). In der Sache bedarf es bei der Mitwirkung einer **zweifachen künstlerischen Leistung:** Die Mitwirkungshandlung selbst muss künstlerisch sein und damit das Minimum einer Gestaltungshöhe (→ Rn. 25) erreichen und die (unmittelbare) Darbietung, bei welcher mitgewirkt wird, muss ebenfalls künstlerisch sein (→ Rn. 23).[260] Alle technisch zu qualifizierenden Mitwirkungshandlungen bei der Darbietung begründen daher kein Interpretenrecht.[261] Die Mitwirkung muss **auf die künstlerische Gestaltung einwirken** und für sie künstlerisch mitbestimmend sein.[262] Dabei kommt es weder auf den Umfang noch die Intensität dieser Mitwirkung an. Entscheidend ist, dass eine Leistung vorliegt, die die Gesamtgestaltung im künstlerischen Bereich mitbestimmt.[263] Der Leistungsschutz wird für die künstlerische Mitwirkung an der Gestaltung der Darbietung gewährt.[264] Die künstlerische Mitwirkung muss eine Werkinterpretation und damit Ausdruck gestalterischen Willens mit einem Minimum an gestalterischem Spielraum sein.[265] Die künstlerische Mitwirkung ist damit eine weitere **qualitative Entstehungsvoraussetzung** des Interpretenrechts.[266]

32   **Leitbild** des Mitwirkenden ist der Dirigent.[267] Nach traditioneller Auffassung ist auch der Bühnenregisseur ein Normalfall des künstlerisch Mitwirkenden.[268] Die Regietätigkeit des **Bühnenregisseurs** wird nach mittlerweile überwiegender Auffassung mit einem Bearbeiterurheberrecht geschützt, wenn sie – wie im modernen Regietheater regelmäßig der Fall[269] – die Voraussetzungen der §§ 3 S. 1, 2 Abs. 2 im Einzelfall erfüllt.[270] Der Synchronregisseur ist regelmäßig nur ausübender Künstler.[271] Dasselbe gilt für den Regisseur eines Radiohörspiels.[272] Erstellt der Hörfunkregisseur dagegen auf der Grundlage eines bereits bestehenden Manuskripts ein Hörfunk-Feature, wird er regelmäßig zum (Bearbeiter-)Urheber.[273] Der Filmregisseur ist regelmäßig Urheber des Filmwerks.[274] Er kann, sofern er selbst im Film an der Darbietung eines bestehenden Werks (Drehbuchs, Hörfunktexts) mitwirkt, ausübender Künstler sein (→ Rn. 16).

33   Weil sie keine künstlerische Tätigkeit ausüben, sind die für den **technischen Ablauf einer Darbietung verantwortlichen** oder dabei tätigen **Personen keine ausübenden Künstler.** Das gilt für Inspizienten[275] und Souffleure[276] sowie Orchesterwarte, Bühnenarbeiter, Abendspielleiter,[277] Requisiteur,[278] Cutter, und Bildmischer.[279] Aufnahmeleitung, Bildregie und die Studio- oder Ablaufregie bei Fernseh- und Hörfunkproduktionen wirken nicht auf die künstlerische Gestaltung der Darbietung des relevanten Werkes ein.[280] Gleiches gilt für die Personen, die in der Organisation, Planung und Kontrolle der künstlerischen Arbeitsprozesse tätig sind, wie Intendanten oder (wirtschaftliche) Produzen-

---

S. 109 ff.; aA Wandtke/Bullinger/*Büscher* UrhG § 73 Rn. 15. Damit ist der anerkannte Schutz des künstlerischen Produzenten allerdings nicht mehr begründbar, zutreffend BeckOK UrhR/*Stang* UrhG § 73 Rn. 16.1.
[259] LG Hamburg BeckRS 2010, 21389.
[260] AG Hamburg ZUM 2002, 661 (663) – Hörfunkfeature.
[261] BT-Drs. IV/270, 90; BGH GRUR 1974, 672 (673) – Celestina.
[262] BGH GRUR 1983, 22 (25) – Tonmeister I; BGH GRUR 1974, 672 (673) – Celestina; WIPO Guide to the Copyright and Related Rights Treaties, 2002, S. 234.
[263] BGH GRUR 1974, 672 (673) – Celestina.
[264] BGH GRUR 1974, 672 (673) – Celestina.
[265] OLG Hamburg ZUM 1995, 52 (54) – Tonmeister III.
[266] AA *J. Oebbecke*, Der „Schutzgegenstand" der Verwandten Schutzrechte, 2011, S. 192 ff., der aber verkennt, dass das von ihm verwendete Beispiel des Orchestermusikers nicht von der Mitwirkungsvariante erfasst wird und die wechselseitige Zurechnung bei Gruppenleistungen (vgl. dazu → Rn. 15) übersieht.
[267] BT-Drs. IV/270, 90; *Kaminstein* in ILO, Records of the Rome Conference, 1968, S. 34, 40 (zu Art. 3 lit. a Rom-Abkommen); WIPO Guide to the Copyright and Related Rights Treaties, 2002, 234 (zu Art. 2 lit. a WPPT).
[268] BT-Drs. 15/38, 23; WIPO Guide to the Copyright and Related Rigths Treaties, 2003, 139 f.; *Flechsig/Kuhn* ZUM 2004, 14 (17); *Dünnwald/Gerlach* UrhG § 73 Rn. 13 mwN.
[269] Vgl. *Dünnwald/Gerlach* UrhG § 73 Rn. 13, 30.
[270] *Raschér,* Für ein Urheberrecht des Bühnenregisseurs, 1989, S. 91 ff.; *Grunert* ZUM 2001, 210 (214); *Grunert,* Werkschutz contra Inszenierungskunst, 2002 (passim); Wandtke/Bullinger/*Bullinger* § 2 Rn. 55; Mestmäcker/Schulze/*Hertin* UrhG § 73 Rn. 34; vgl. bereits BGH GRUR 1971, 35 (37) – Maske in Blau; BGH GRUR 1972, 143 (144) – Biografie: Ein Spiel, wonach ein Regisseur bei der Inszenierung eines Bühnenwerkes gegebenenfalls auch eine eigene schöpferische Tätigkeit entfalten kann; aA OLG Dresden NJW 2001, 622 – Die Csárdásfürstin (mit deutlichen Sympathien für einen urheberrechtlichen Schutz); OLG Frankfurt a. M. GRUR 1976, 199 (201) – Götterdämmerung I; OLG Koblenz GRUR-Int 1968, 164 (165) – Liebeshändel in Chioggia; differenzierend *Schack* UrhR Rn. 678 ff.
[271] *Dünnwald/Gerlach* UrhG § 73 Rn. 16.
[272] BGH GRUR 1981, 419 (421 f.) – Quizmaster; *Dünnwald/Gerlach* UrhG § 73 Rn. 16, 38.
[273] Offengelassen von AG Hamburg ZUM 2002, 661 (664) – Hörfunkfeature.
[274] → § 89 Rn. 7 ff.
[275] SG Hamburg BeckRS 2006, 43904.
[276] SG Hamburg BeckRS 2006, 43904.
[277] SG Hamburg BeckRS 2006, 43904; *Dünnwald/Gerlach* UrhG § 73 Rn. 35.
[278] *Dünnwald* UFITA 52 (1969), 49 (78); *Wandtke* ZUM 2004, 505 (507).
[279] Dreier/Schulze/*Dreier* UrhG § 73 Rn. 14; Wandtke/Bullinger/*Büscher* UrhG § 73 Rn. 18.
[280] *Dünnwald/Gerlach* UrhG § 73 Rn. 40.

ten.[281] Wenn der Beleuchter im Einzelfall die Funktion einer Lichtregie hat, ist er ausübender Künstler.[282] Auch der Regieassistent kann im Einzelfall Mitwirkender sein;[283] im Regelfall ist es aber der Regisseur, der die Darbietung der Schauspieler beeinflusst.[284] Schwierig ist die Abgrenzung bei den **Einstudierungskräften.** Korrepetitoren, Gesangs- und Schauspiellehrer bereiten zwar die künstlerische Darbietung der anderen vor, gestalten sie aber nicht mit und sind deshalb keine ausübenden Künstler.[285] Anderes gilt für den Chorleiter (auch wenn er nicht als „Hilfsdirigent" bei der Aufführung eingesetzt wird)[286] und den Ballettmeister,[287] weil deren Tätigkeit sich wesentlich auf die Interpretation der Werke auswirkt. Masken-,[288] Bühnen-[289] und Kostümbildner[290] interpretieren nach vielfach vertretener Auffassung kein Werk, sondern schaffen uU ein solches und sind deshalb keine ausübenden Künstler (→ Rn. 16). Der **Tonmeister** ist ein Grenzfall zwischen rein technischer und interpretatorischer Mitwirkung. Die Frage ist nach den konkreten Leistungen im Einzelfall zu entscheiden.[291] Im Regelfall wird darin – wie beim Toningenieur[292] – eine technische Mitwirkung an der Aufnahme der Darbietung gesehen.[293] Nach dem von der Rechtsprechung des BGH zugrunde gelegten engen Darbietungsbegriff (→ Rn. 30) ist er aber künstlerisch Mitwirkender, wenn er „mit dem Dirigenten die eigentliche Interpretation des Werkes abspricht und klärt, welche Instrumente an welcher Stelle hervorgehoben werden sollen, welche Lautstärken oder Tempi für die eine oder andere Stelle angemessen sind, und schließlich auch andere, die spätere Aufführung betreffende Anregungen gibt".[294] Nach dem hier vertretenen weiten Darbietungsbegriff ist der Tonmeister auch dann künstlerisch Mitwirkender, wenn er den Sound einer aufgenommenen Darbietung mitproduziert, indem er die Vokal- oder Instrumentalklänge manipuliert (→ Rn. 30). Für den künstlerischen Produzenten **(Producer)** ist das anerkannt, weil er an der Werkinterpretation und Werkgestaltung im Sinne eines „Audio-Designers"[295] mitwirkt.[296] Seine Aufgabe besteht dann darin, die klangliche Erscheinung des aufzunehmenden Gegenstandes durch alle zur Verfügung stehenden Mittel zu beeinflussen. Weil er damit einen ganz wesentlichen Anteil am „Sound" einer Darbietung hat, ist diese Tätigkeit regelmäßig als künstlerische Mitwirkung an einer Darbietung einzuordnen.[297] Für den Bildregisseur einer audiovisuell aufgenommenen Darbietung gilt das nicht.[298] Die Visualisierung der Darbietung ist eine Verbindung eines Musikwerks mit dem Bildteil eines Films und als solche bei unveränderter Übernahme der Musik nur eine Vervielfältigung des Werkes[299] und daher keine künstlerische Mitwirkung an der Interpretation des Werks. Wer eine festgelegte Darbietung neu abmischt (Remix), ist auch nach dem hier vertretenen weiten Darbietungsbegriff nicht Mitwirkender an der ursprünglichen Darbietung, weil diese mit der fertiggestellten Originalaufnahme abgeschlossen war.[300]

D. Bestimmung des originären Inhabers des Interpretenrechts

I. Interpretenprinzip

§ 73 bestimmt neben dem Schutzgegenstand auch den originären Rechtsinhaber des Interpretenrechts: den ausübenden Künstler. In Parallele zum urheberrechtlichen Schöpferprinzip (§ 7) gilt für

34

---

[281] *Wandtke* ZUM 2004, 505 (507); Dreier/Schulze/*Dreier* UrhG § 73 Rn. 14.

[282] *Wandtke* ZUM 2004, 505 (506); Mestmäcker/Schulze/*Hertin* UrhG § 73 Rn. 36; Wandtke/Bullinger/*Büscher* UrhG § 73 Rn. 16; aA Dreier/Schulze/*Dreier* UrhG § 73 Rn. 14.

[283] *Dünnwald* UFITA 52 (1969), 49 (77) (Fn. 73).

[284] SG Hamburg BeckRS 2006, 43904.

[285] *Dünnwald* UFITA 52 (1969), 49 (77); Mestmäcker/Schulze/*Hertin* UrhG § 73 Rn. 45; *Schack* UrhR Rn. 675 (jeweils mit Differenzierungen).

[286] AA *Dünnwald/Gerlach* UrhG § 73 Rn. 34; BeckOK UrhR/*Stang* UrhG § 73 Rn. 19.

[287] *Dünnwald/Gerlach* UrhG § 73 Rn. 33; anders noch *Dünnwald* UFITA 52 (1969), 49 (83).

[288] BGH GRUR 1974, 672 (673) – Celestina; SG Hamburg BeckRS 2006, 43904; *Kuhn*, Die Bühneninszenierung als komplexes Werk, 2005, S. 140 f.; *Dünnwald/Gerlach* UrhG § 73 Rn. 32; Loewenheim/*Vogel* § 38 Rn. 45; aA *Reimer* GRUR 1974, 674 (675); *Boden* GRUR 1968, 537 (538).

[289] *Dünnwald/Gerlach* UrhG § 73 Rn. 31.

[290] *Dünnwald/Gerlach* UrhG § 73 Rn. 32.

[291] *Grünberger*, Das Interpretenrecht, 2006, S. 69 ff.

[292] OLG Saarbrücken UFITA 84 (1979), 225 (228) – Toningenieur. Zur Abgrenzung zum Tonmeister vgl. *W. Nordemann* GRUR 1980, 568 (569 f.).

[293] BGH GRUR 1983, 22 (24 f.) – Tonmeister I; OLG Köln GRUR 1984, 345 – Tonmeister II; OLG Hamburg ZUM 1995, 52 – Tonmeister III; *Dünnwald/Gerlach* UrhG § 73 Rn. 37; aA *W. Nordemann* GRUR 1980, 568 (570 ff.); *Hubmann* GRUR 1984, 620 (622 ff.); *Ernst*, Urheberrecht und Leistungsschutz im Tonstudio, 1995, S. 59 ff., 75 f., 89 f.

[294] BGH GRUR 1983, 22 (25) – Tonmeister I.

[295] *Rehbinder/Peukert* UrhR Rn. 666.

[296] *Dünnwald/Gerlach* UrhG § 73 Rn. 37; Mestmäcker/Schulze/*Hertin* UrhG § 73 Rn. 39, 41; Dreier/Schulze/*Dreier* UrhG § 73 Rn. 14; aus der Praxis s. OLG Hamburg BeckRS 2015, 14371 Rn. 204 ff. (nicht rechtskräftig).

[297] Vgl. Loewenheim/*Rossbach* § 69 Rn. 49; *Rossbach/Joost* FG Schricker, 1995, 333 (375).

[298] *Dünnwald/Gerlach* UrhG § 73 Rn. 40; BeckOK UrhR/*Stang* UrhG § 73 Rn. 17; aA aber LG Köln ZUM 1994, 519.

[299] BGH GRUR 2006, 319 Rn. 30 – Alpensinfonie.

[300] Vgl. auch OLG Hamburg ZUM-RD 2002, 145 (149) – Modernisierung einer Liedaufnahme.

das Leistungsschutzrecht des ausübenden Künstlers das **„Interpretenprinzip":** Ausübender Künstler ist, wer die künstlerische Darbietung (→ Rn. 21 ff.) selbst unmittelbar in seiner Person erbringt oder an einer solchen Darbietung künstlerisch mitwirkt (→ Rn. 28 ff.). Ausübender Künstler kann nur eine **natürliche Person** sein.[301] Das folgt daraus, dass nur ein Mensch eine Leistung erbringen kann, die einen künstlerischen Eigenwert aufweist (→ Rn. 24 f.). Die Existenz der Interpretenpersönlichkeitsrechte (§§ 74, 75) und der Wortlaut des § 76 („mit dem Tode des ausübenden Künstlers") bestätigen das.[302] Die Darbietung verlangt eine **persönliche Wiedergabe** eines Werkes oder einer folkloristischen Ausdrucksform.[303] Der Interpret kann sich dabei **technischer Hilfsmittel bedienen.**[304] Wenn jemand Werke auf einem Keyboard spielt und diese unmittelbar digital aufzeichnet, liegt eine persönliche Darbietung vor.[305] In der elektronischen Musik und in der Pop-Musik kommt elektronischen und computergesteuerten Klangerzeugern und Klangfiltern große Bedeutung zu, um den gewollten musikalischen Effekt oder Sound herzustellen.[306] Soweit die Maschine lediglich ein Werkzeug bei der Interpretation ist und sie maßgeblich von einem Menschen gesteuert wird, liegt eine persönliche Handlung vor.[307] Davon zu unterscheiden ist die Frage, ob derjenige, der die Maschine bedient, auch künstlerisch an der Darbietung mitwirkt (→ Rn. 33). Die *Music for 10 Autosonic Gongs* von *Jay Schwartz*[308] ist ein Beispiel einer Musikaufführung, die keine Darbietung ist: Ein Tamtam wird aufgrund elektroakustischer Rückkoppelung in Schwingung versetzt. Diese wird von Mikrofonen aufgezeichnet und mittels Lautsprecher wieder an das Instrument weitergeleitet.[309] Hier fehlt es an einer persönlichen Wiedergabe.

35 Die Darbietung selbst ist – wie die Werkschöpfung – ein **Realakt.** Die Vorschriften über Willenserklärungen sind nicht anwendbar. Deshalb entsteht an jeder Darbietung jedes Menschen, die den Anforderungen des § 73 genügt, das Interpretenrecht. Jeder ausübende Künstler erwirbt diese Rechte **originär in seiner Person.** Steht der Interpret in einem Arbeits- oder Dienstverhältnis, ist er ebenfalls originärer Rechtsinhaber. Ob und inwieweit dem Arbeitgeber oder Dienstherrn daran Rechte übertragen werden, bestimmt sich nach dem Arbeitsvertrag bzw. dem Dienstverhältnis (§ 79 Abs. 2a iVm § 43).[310] Bei einer **Gruppendarbietung** ist jeder Einzelne ausübender Künstler und damit Inhaber des Interpretenrechts.[311] Jeder Orchestermusiker,[312] vom Solohornisten[313] bis zum Tuttigeiger,[313] jedes Bandmitglied und jeder Background-Sänger[314] ist ausübender Künstler. § 80 Abs. 1 beschränkt allerdings seine Verfügungsbefugnis über diese Rechte, indem sie der Künstlergruppe zur gesamten Hand zugewiesen werden.[315] Dem einzelnen Gruppenmitglied fehlt grundsätzlich auch die Vertretungs- und Prozessführungsbefugnis, um sein Namensnennungsrecht (§ 74 Abs. 2 S. 2 und S. 3)[316] und die Verwertungsrechte an der Darbietung (§ 80 Abs. 2) geltend zu machen.[317] Auch hinsichtlich des Integritätsrechts ist der einzelne Interpret bei einer Gruppendarbietung Einschränkungen unterworfen (§ 75 S. 2).[318] Dass jemand in Bezug auf eine Darbietung ausübender Künstler und damit originärer Rechtsinhaber[319] ist, wird für denjenigen **vermutet,** der auf den Vervielfältigungsstücken einer festgelegten Darbietung in üblicher Weise bezeichnet wird (§ 74 Abs. 3 iVm § 10 Abs. 1).[320] Eine Namensnennung im Zusammenhang mit einer Live-Darbietung genügt dafür nicht, weil es an den Publizitätserfordernissen der Vermutungsbasis fehlt.[321] Fehlt die Vermutungsbasis, muss grundsätzlich derjenige seine Interpreteneigenschaft an der Darbietung beweisen, der sie für sich in Anspruch nimmt.

---

[301] Vgl. OLG Koblenz GRUR-Int 1968, 164 – Liebeshändel in Chiogga.

[302] *Grünberger,* Das Interpretenrecht, 2006, S. 91 f.

[303] Allgemeine Meinung, vgl. nur Loewenheim/*Vogel* § 38 Rn. 50.

[304] Loewenheim/*Vogel* § 38 Rn. 50; BeckOK UrhR/*Stang* UrhG § 73 Rn. 10.

[305] Vgl. OLG München GRUR 2001, 499 (502) – MIDI-Files.

[306] Vgl. den Sachverhalt in OLG Hamburg GRUR 1976, 708 – Staatstheater.

[307] Implizit OLG Hamburg GRUR 1976, 708 – Staatstheater; dazu auch → § 2 Rn. 13.

[308] https://www.youtube.com/watch?v=tXdSjSut__U.

[309] S. die Beschreibung unter https://www.swr.de/swr-classic/donaueschinger-musiktage/programme/2001/werke/schwartz-jay-music-for-10-autosonic-gongs-2001/-/id=2136842/did=3328110/nid=2136842/17oyca9/index.html.

[310] → § 79 Rn. 98 ff.

[311] Grundlegend BGHZ 33, 20 = GRUR 1960, 614 (615 f.) – Figaros Hochzeit; BGHZ 33, 48 = GRUR 1960, 630 (632 f.) – Orchester Graunke (jeweils zum alten Recht); BGH GRUR 1990, 550 (551) – The Doors; BGH GRUR 2005, 502 (504) – Götterdämmerung.

[312] ArbG Dresden ZUM 2005, 418.

[313] Vgl. OLG Hamburg ZUM 1995, 52 (53 f.) – Tonmeister III.

[314] KG GRUR-RR 2004, 129 – Modernisierung einer Liedaufnahme.

[315] → § 80 Rn. 11 ff.

[316] → § 74 Rn. 28 ff.

[317] → § 80 Rn. 27 ff.

[318] → § 75 Rn. 39.

[319] S. *Grünberger* GRUR 2006, 894 (898 f.).

[320] → § 74 Rn. 43.

[321] *Grünberger* GRUR 2006, 894 (900).

II. Abschlussberechtigter eines Wahrnehmungsvertrags

Erhebliche praktische Bedeutung hat § 73 für die **Geltendmachung von Vergütungsansprü-** 36
chen (§ 77 Abs. 2 S. 2 iVm §§ 27, 78 Abs. 2, Abs. 3, 83 iVm §§ 44 a ff.). Diese werden in Deutschland von der Gesellschaft zur Verwertung von Leistungsschutzrechten (GVL) wahrgenommen.[322] Damit die GVL die Rechte wahrnehmen kann und der Rechtsinhaber an der Ausschüttung der Vergütungsansprüche nach dem UrhG teilnehmen kann, muss er einen **Wahrnehmungsvertrag** mit der GVL abschließen.[323] Die GVL schließt diesen Vertrag mit jeder Person, die ihren Beruf oder ihre Tätigkeit im Sinne einer künstlerischen Berufsgruppe beschreibt, die herkömmlich unter § 73 fällt.[324] Das ist im Interesse der ausübenden Künstler und der Allgemeinheit gerechtfertigt, weil „der Erwerb von Rechten durch Wahrnehmungsverträge zum Zweck der treuhänderischen Wahrnehmung weitgehend ein Massengeschäft ist, das nur dann wirtschaftlich erfolgreich abgewickelt werden kann, wenn bei der Vertragsgestaltung in weitem Umfang typisiert und standardisiert wird".[325] Wird eine Tätigkeit oder Funktion angegeben, die herkömmlich keine Darbietung ist, verweigert die GVL den Vertragsschluss, soweit der Antragende den Darbietungscharakter nicht konkret belegen kann.[326] Ein Beispiel dafür ist der Regisseur eines Hörfunkfeatures.[327] Damit verstößt sie nicht gegen den Wahrnehmungszwang, weil dieser sie nicht dazu verpflichtet, „mit Angehörigen weiterer Berufsgruppen Wahrnehmungsverträge abzuschließen, die nur auf die Zugehörigkeit zu dieser Berufsgruppe abstellen".[328] Bei der Verteilung der Vergütung wird erneut danach differenziert, ob es sich bei der konkret geltend gemachten Leistung um eine Darbietung handelt. Die GVL tendiert zu einer „restriktiven Bestimmung des Berechtigtenkreises"[329] und ist deshalb in der Vergangenheit regelmäßig für eine enge Auslegung des Interpretenbegriffs eingetreten.[330]

E. Konkurrenzen

I. Urheberrecht

Die schöpferische Leistung des Werkschaffenden und die Wiedergabeleistung des ausübenden 37
Künstlers sind nach der Konzeption des UrhG zu unterscheiden: Schutzgegenstand des Urheberrechts ist das Werk, in dem die persönlich-geistige Schöpfung (§ 2 Abs. 2) zum Ausdruck kommt. Schutzgegenstand des Interpretenrechts ist die persönlich-künstlerische Darbietung eines Werks oder einer folkloristischen Ausdrucksform. Der Unterschied zwischen Werk und Darbietung liegt in der **Reproduzierbarkeit**. Das Werk kann wiederholt aufgeführt werden; die Darbietung desselben Gegenstandes durch dieselbe Person zu einem anderen Zeitpunkt ist denknotwendig eine neue Darbietung.[331] Urheber- und Interpretenrecht sind grundsätzlich selbständig und stehen unabhängig nebeneinander.[332] Das Interpretenrecht ist daher auch kein „Auffangrecht" im Verhältnis zu Leistungen, die keinen urheberrechtlichen Schutz genießen.[333] Zu Abgrenzungsproblemen kommt es in den Fällen der **Personenidentität** von Urhebern und ausübenden Künstlern.[334] Grundsätzlich kann ein ausübender Künstler zugleich Werkschöpfer sein.[335] Beispiel: Spielt ein Komponist von Fernsehmusik diese auf einem Keyboard selbst ein, hat er Urheberrechte am Werk und Leistungsschutzrechte an seiner Darbietung.[336] Dasselbe gilt für den Pianisten, der improvisiert,[337] den Dirigenten, der seine eigene Komposition aufführt oder die Autorin, die aus ihren Texten vorliest.[338] Der Urheber erbringt hier uU auch gleichzeitig zwei **unterschiedliche, voneinander getrennte Leistungen,** indem er einmal das Werk schöpferisch (mit-)gestaltet und unabhängig davon bei dessen Darbietung als aus-

---

[322] S. http://www.gvl.de.
[323] https://www.gvl.de/rechteinhaber/kuenstler/vertragsunterlagen.
[324] *Dünnwald/Gerlach* UrhG § 73 Rn. 5.
[325] BGH GRUR 2002, 961 (962) – Mischtonmeister (zum Urheberrecht).
[326] *Dünnwald/Gerlach* UrhG § 73 Rn. 5.
[327] AG Hamburg ZUM 2002, 661 (663) – Hörfunkfeature; dazu *Dünnwald* ZUM 2002, 664.
[328] BGH GRUR 2002, 961 (962) – Mischtonmeister (zum Urheberrecht).
[329] *Dünnwald/Gerlach* UrhG § 73 Rn. 5; zustimmend *Schack* UrhR Rn. 677.
[330] S. LG Hamburg GRUR 1976, 151 – Rundfunksprecher; BGH GRUR 1981, 419 – Quizmaster; BGH GRUR 1984, 730 – Filmregisseur; AG und LG Hamburg ZUM 1995, 340 – Moderator für Musiksendungen; AG Hamburg ZUM 2002, 661 – Hörfunkfeature.
[331] BGHZ 33, 20 = GRUR 1960, 614 (616) – Figaros Hochzeit; *Kohler* GRUR 1909, 231; *Bünte,* Die künstlerische Darbietung als persönliches und immaterielles Rechtsgut, 2000, S. 92 f.; *Apel,* Der ausübende Musiker im Recht Deutschlands und der USA, 2011, S. 223.
[332] BGH GRUR 1984, 730 (732) – Filmregisseur; → Vor §§ 73 ff. Rn. 72 f.
[333] *Dünnwald/Gerlach* UrhG § 73 Rn. 6.
[334] Ausführlich *Wild/Salagean* ZUM 2008, 580.
[335] BGH GRUR 1984, 730 (732) – Filmregisseur.
[336] OLG Hamburg GRUR 2002, 335 – Kinderfernseh-Sendereihe.
[337] LG München I ZUM 1993, 432 (433 f.); GRUR-Int 1992, 82 (83) – Duo Gismonti-Vasconcelos.
[338] Vgl. dazu FG Köln ZUM-RD 2013, 43 (zur umsatzsteuerrechtlichen Behandlung als ausübende Künstlerin).

übender Künstler mitwirkt.[339] Voraussetzung dafür ist, dass diese Leistungen sachlich auseinander gehalten werden können.[340] Fallen dagegen – wie beim Filmregisseur – schöpferische Gestaltung und künstlerisch mitwirkende Regieleistung untrennbar zusammen, wird diese vom Gesetz als eine untrennbar einheitliche Leistung behandelt.[341] In diesen Fällen absorbiert der Urheberschutz den künstlerischen Leistungsschutz. Bei musikalischen Darbietungen bleibt es dagegen bei der Verschiedenheit der Schutzgegenstände.[342]

II. Künstlersozialrecht

38   Zwischen § 73 und dem **Künstlerbegriff im Sozialversicherungsrecht** bestehen Überschneidungen.[343] § 2 S. 1 Künstlersozialversicherungsgesetz[344] enthält eine Legaldefinition: „Künstler im Sinne dieses Gesetzes ist, wer Musik, darstellende oder bildende Kunst schafft, ausübt oder lehrt." Der Gesetzgeber spricht im KSVG nur allgemein von „Künstlern" und „künstlerischen Tätigkeiten"; auf eine materielle Definition des Kunstbegriffs hat er bewusst verzichtet.[345] Der Kunstbegriff im KSVG ist aus dem Regelungszweck des KSVG unter Berücksichtigung der allgemeinen Verkehrsauffassung und der historischen Entwicklung zu erschließen.[346] Das Gesetz orientiert sich primär an einer historisch festgelegten Typologie von Ausübungsformen, die in aller Regel vorliegen, „wenn das zu beurteilende Werk den Gattungsanforderungen eines bestimmten Kunsttyps (zB Theater, Gemälde, Konzert) entspricht. Bei diesen Berufsfeldern ist das soziale Schutzbedürfnis zu unterstellen, ohne dass es auf die Qualität der künstlerischen Tätigkeit ankommt oder eine bestimmte Werk- und Gestaltungshöhe vorausgesetzt wird."[347] Wer ausübender Künstler iSv § 73 ist, erfüllt diese Voraussetzung im Regelfall. Der Schluss vom Künstlerbegriff im KSVG auf den in § 73 ist dagegen unzulässig. Der sozialversicherungsrechtliche Begriff erfasst beispielsweise bildende Künstler[348] oder künstlerische Fotografen,[349] die nach dem System des UrhG entweder urheberrechtlich geschützt werden oder Inhaber eines eigenen Leistungsschutzrechts sind.

§ 74 Anerkennung als ausübender Künstler

(1) ¹**Der ausübende Künstler hat das Recht, in Bezug auf seine Darbietung als solcher anerkannt zu werden. ²Er kann dabei bestimmen, ob und mit welchem Namen er genannt wird.**

(2) ¹**Haben mehrere ausübende Künstler gemeinsam eine Darbietung erbracht und erfordert die Nennung jedes Einzelnen von ihnen einen unverhältnismäßigen Aufwand, so können sie nur verlangen, als Künstlergruppe genannt zu werden. ²Hat die Künstlergruppe einen gewählten Vertreter (Vorstand), so ist dieser gegenüber Dritten allein zur Vertretung befugt. ³Hat eine Gruppe keinen Vorstand, so kann das Recht nur durch den Leiter der Gruppe, mangels eines solchen nur durch einen von der Gruppe zu wählenden Vertreter geltend gemacht werden. ⁴Das Recht eines beteiligten ausübenden Künstlers auf persönliche Nennung bleibt bei einem besonderen Interesse unberührt.**

(3) **§ 10 Abs. 1 gilt entsprechend.**

Schrifttum: *Apel,* Der ausübende Musiker im Recht Deutschlands und der USA, 2011; *ders.,* Interpretenrecht (§§ 73 ff. UrhG) und Teileschutz. „Metall auf Metall" remixed? ZGE Bd. 10 2/2018, 162; *Baum,* Zum Recht des ausübenden Musikers, GRUR 1952, 556; *Dünnwald,* Die Neufassung des künstlerischen Leistungsschutzes, ZUM 2004, 161; *Flechsig,* Der Leistungsintegritätsanspruch des ausübenden Künstlers, 1977; *ders.,* Die Vererbung des immateriellen Schadensersatzanspruchs des ausübenden Künstlers, FuR 1976, 74; *ders,* Die Dauer des Anspruchs des ausübenden Künstlers auf Integrität seiner künstlerischen Leistung, FuR 1976, 208; *Freitag,* Die Kommerzialisierung von Darbietung und Persönlichkeit des ausübenden Künstlers, 1993; *Grünberger,* Das Interpretenrecht, 2005; *ders,* Die Urhebervermutung und die Inhabervermutung für die Leistungsschutzberechtigten, GRUR 2006, 894; *Jaeger,* Der ausübende Künstler und der Schutz seiner Persönlichkeitsrechte im Urheberrecht Deutschlands, Frankreichs und der Europäischen Union, 2002; *Kloiber,* Handbuch der Oper, 2 Bde., 8. Aufl., 1973; *Lucas,* Rechtsverhältnisse in Orchestern – Die Wahrnehmung von Leistungsschutzrechten und Gruppendarbietungen gem. § 80 UrhG, 2002; *Peukert,* Leistungsschutz des ausübenden Künstlers de lege lata und de lege ferenda unter besonderer Berücksichtigung der postmortalen Rechtslage, UFITA 138 (1999), 63; *Radmann,* Abschied von der Branchenübung: Für ein uneingeschränktes Namensnennungsrecht der Urheber, ZUM 2001, 788; *Rehbinder,* Das Namensnennungsrecht des Urhebers, ZUM 1991, 220; *Reinbothe/v. Lewinski,* The WIPO-Treaties 1996, 2002; *Rüll,* Allgemeiner und urheberrechtlicher Persönlichkeitsschutz des ausübenden Künstlers, 1998; *Samson,* Die urhe-

---

[339] BGH GRUR 1984, 730 (732) – Filmregisseur.
[340] BGH GRUR 1984, 730 (732) – Filmregisseur.
[341] BGH GRUR 1984, 730 (732) – Filmregisseur; *Castendyk/Schwarzbart* UFITA 2007, 33 (54); *Wild/Salagean* ZUM 2008, 580 (586); *Dünnwald/Gerlach* UrhG § 73 Rn. 13; aA *Schricker* GRUR 1984, 733 (734).
[342] *Apel,* Der ausübende Musiker im Recht Deutschlands und der USA, 2011, S. 224.
[343] Vertiefend *Schriever* FS 50 Jahre BSG, 2004, 709.
[344] Vertiefend *Berndt* DStR 2008, 203.
[345] BT-Drs. 8/3172, 21.
[346] BSG ZUM-RD 2007, 449 – Tätowierer.
[347] BSG ZUM-RD 2007, 449 (450) – Tätowierer.
[348] Vgl. BSG BeckRS 2014, 68236.
[349] BSG ZUM-RD 1998, 585 (586) – Lichtbilder.

berrechtliche Regelung in Dienst- und Tarifverträgen, UFITA 64 [1972] 181; *Schack,* Das Persönlichkeitsrecht der Urheber und ausübenden Künstler nach dem Tode, GRUR 1985, 352; *Schlatter,* Die BGH-Entscheidung „The Doors": Zur Prozeßführungsbefugnis bei Gruppenleistungen nach § 80 UrhG – zum Leistungsschutz ausübender Künstler bei Sachverhalten mit Auslandsberührung, ZUM 1993, 522; *Schlatter-Krüger,* Zur Urheberrechtsschutzfähigkeit choreographischer Werke in der Bundesrepublik Deutschland und der Schweiz, GRUR-Int 1985, 299; *Vogel,* Zur Neuregelung des Rechts des ausübenden Künstlers, FS Nordemann (2004), S. 349.

Übersicht

I. Allgemeines

Das Recht des ausübenden Künstlers auf Anerkennung (Abs. 1 S. 1) und Namensnennung (Abs. 1 **1** S. 2) – in das UrhG eingefügt im Rahmen der Neuordnung des Künstlerrechts im Gesetz zur Regelung des Urheberrechts in der Informationsgesellschaft vom 10.9.2003 (BGBl. I S. 1774) – stellt eine wesentliche Ergänzung der beiden bisher bereits gesetzlich anerkannten Persönlichkeitsrechte des Interpreten dar, nämlich die Aufnahme seiner Darbietung zu erlauben und zu verbieten (§ 77 Abs. 1 früher § 75 Abs. 1) sowie der Beeinträchtigung seiner Darbietung entgegentreten zu können (§ 75 früher § 83). § 74 bewirkt zusammen mit der gleichzeitigen Einführung von Nutzungsrechten anstelle der bisherigen Einwilligungsrechte und der Gewährung eines Rücktrittsrechts wegen gewandelter Überzeugung (§ 79 Abs. 2 iVm. § 42) eine weitere Annäherung der Rechte von Urhebern und Interpreten. Bis zu dieser Gesetzesänderung blieb der Künstler darauf verwiesen, die Nennung seines Namens in Verbindung mit seiner Darbietung vertraglich zu regeln (Rn. 7). Im Filmbereich ist das Recht des Interpreten durch § 93 Abs. 2 bei unverhältnismäßigem Aufwand eingeschränkt.[1] Allerdings ist es gerade im Filmbereich üblich, ohne besonderen Aufwand alle Interpreten im Abspann zu nennen.[2] Die Notwendigkeit des § 93 Abs. 2 ergibt sich, worauf *Schaefer* hinweist, daraus, dass Schauspieler – anders als in § 74 Abs. 2 vorausgesetzt – ohne Verbundenheit untereinander keine Künstlergruppe iS. dieser Vorschrift darstellen.[3]

Der gegenüber dem Urheberrecht eigenständige Schutzgegenstand und die nicht umfassende Aus- **2** gestaltung des Interpretenrechts gestatten **keine analoge Anwendung weiterer persönlichkeitsrechtlicher Bestimmungen** des Teils 1 UrhG auf dieses Leistungsschutzrecht.[4]

1. Entstehungsgeschichte der Vorschrift

Die Aufnahme des § 74 in das UrhG wurde veranlasst durch **Art. 5 Abs. 1, 1. Alt. WPPT**, der **3** erstmals in einem internationalen Vertrag neben dem Recht auf Leistungsintegrität (right of integrity) ein Recht des ausübenden Künstlers auf Nennung (right to be identified) als Darbietender normiert.[5]

---

[1] S. die Erläuterungen zu → § 93 Rn. 4a bis c.
[2] Vgl. LG Berlin ZUM 2015, 264 (265) – Namensnennung eines Synchronsprechers.
[3] Fromm/Nordemann/*Schaefer* § 74 UrhG Rn. 2.
[4] AmtlBegr. UFITA 45 (1965) 240 (304); *Dünnwald/Gerlach* Vor § 74 UrhG Rn. 15; Fromm/Nordemann/ *Hertin* (9. Aufl.), Vor § 73 UrhG Rn. 4; *Flechsig* S. 11 ff. mwN.
[5] Ausführlich dazu *Reinbothe/v. Lewinski* Art. 5 WPPT passim.

Der **aquis communautaire** der Europäischen Union kennt dieses Recht nicht, weil es in ihrem Regelwerk bisher an einer die Urheber- und Künstlerpersönlichkeitsrechte harmonisierenden Richtlinie fehlt. Die Unterzeichnung des WPPT durch die EU[6] und ihre einzelnen Mitgliedstaaten lässt jedoch bereits das Fundament erkennen, auf dem in der EU harmonisierte Moral Rights auch des ausübenden Künstlers gründen werden. Dies hat den nationalen Gesetzgeber veranlasst, ein dem § 13 nachgebildetes Recht des ausübenden Künstlers auf Anerkennung und auf Namensnennung in das UrhG aufzunehmen.[7] Unabhängig davon ist dieser gesetzgeberische Schritt geboten, um eine Besserstellung ausländischer gegenüber nationalen Interpreten zu vermeiden. Die Bundesrepublik Deutschland hat dem WPPT mit Gesetz vom 10.8.2003[8] zugestimmt und die Ratifizierungsurkunde zusammen mit den übrigen Mitgliedstaaten der EU am 14.12.2009 hinterlegt, so dass dieser Vertrag für ihr Territorium drei Monate nach der Hinterlegung, d. h. am 14.3.2010 in Kraft getreten ist (BGBl. II Nr. 24 S. 860). Art. 5 Abs. 1, 1. Alt. WPPT beschränkt als Mindestrecht seinen Anwendungsbereich auf hörbare Live-Darbietungen und auf Tonträgern festgelegte Darbietungen, während § 74 sich auch auf ausschließlich visuell wahrnehmbare Darbietungen wie etwa eine Pantomime ua. erstreckt. Außerdem gewährt der WPPT – anders als § 74 Abs. 1 S. 1 – seinem Wortlaut nach kein ausdrückliches Recht auf Anerkennung, sondern nur das Recht auf Namensnennung. *Büscher* und *Grünberger* weisen allerdings zutreffend darauf hin, dass Art. 5 Abs. 1, 1. Alt. WPPT in Verbindung mit Art. 6bis Abs. 1 RBÜ zu lesen ist, der Art. 5 Abs. 1, 1. Alt. WPPT als Vorbild gedient hat und ausdrücklich das Recht des Urhebers vorsieht, die Urheberschaft an seinem Werk zu beanspruchen.[9] Schließlich schränkt Art. 5 Abs. 1, 1. Alt. WPPT weitergehend als § 74 Abs. 2 das Nennungsrecht des Künstlers ein, wenn – gleich, ob bei einer Einzel- oder Ensembledarbietung – die Unterlassung der Namensnennung durch die Art der Nutzung der Darbietung geboten ist, während das nationale Recht dies nur bei einer Mehrzahl von Darbietenden gestattet.[10]

2. Frühere Rechtslage

4   Vor dem Inkrafttreten des Gesetzes zur Regelung des Urheberrechts in der Informationsgesellschaft am 13.9.2003 gab es, wie die AmtlBegr. von 1965 hervorhebt,[11] kein gegenüber jedermann durchsetzbares Recht auf Namensnennung. Allerdings wurde das Namensnennungsrecht mitunter bei Solo-Darbietungen im Rahmen des Üblichen als vertraglich vereinbart angesehen, wo ausdrückliche Abmachungen fehlten.[12] Bisweilen wurde in diesen Fällen der Rückgriff auf das aPR bejaht,[13] überwiegend jedoch verneint, weil ohne besondere Gründe eine fehlende gesetzliche Regelung nicht durch das aPR ausgeglichen werden könne.[14]

5   Über die Verweisungsnorm des § 84 aF (§ 83 nF) kam freilich auch schon früher bei **gesetzlichen Nutzungsverhältnissen** die Regel des § 63 (Quellenangabe) als persönlichkeitsrechtliche Bestimmung des Teils 1 des UrhG zur Anwendung.[15]

3. Sinn und Zweck sowie Rechtfertigung der Vorschrift

6   **a)** Nach seinem **Sinn und Zweck** festigt § 74 das persönliche Band zwischen dem Interpreten und der von ihm erbrachten künstlerischen Darbietung, in der sein Werkverständnis und sein persönliches interpretatorisches Einfühlungsvermögen ihren Ausdruck finden. Dabei geht es zunächst in Abs. 1 S. 1 als dem allgemeineren Recht um den Schutz des Künstlerinteresses, als Interpret in Bezug auf seine Darbietung anerkannt zu werden **(Authentizitätsinteresse)**, im Wesentlichen also um die **Abwehr von Leistungsanmaßungen** durch Dritte **oder um das bloße Bestreiten der Künstlerschaft,** und sodann nach Abs. 1 S. 2 um sein demgegenüber spezielleres Interesse, positiv bestimmen zu können, ob er seine Darbietung mit seinem bürgerlichen Namen oder mit einem Künstlernamen versehen möchte **(Bestimmungsinteresse).** Dabei ist es nach § 74 – anders als nach § 13 S. 2, der nur für die *Anbringung* des Namens des Werkschöpfers auf körperlichen Werkstücken

---

[6] Art. 26 Abs. 2 und 3 WPPT.
[7] AmtlBegr. BT-Drs. 15/38, 23.
[8] BGBl. II S. 754, abgedruckt bei Hillig (Hrsg.) (17. Aufl. 2018), S. 457.
[9] Wandtke/Bullinger/*Büscher* § 74 UrhG Rn. 6; *Grünberger* S. 91 Rn. 299; sa. *Reinbothe/v. Lewinski* Art. 5 WPPT Rn. 9 f.
[10] S. AmtlBegr. BT-Drs. 15/38, 23.
[11] AmtlBegr. UFITA 45 (1965) 240 (313).
[12] OLG Köln UFITA 93 (1982) 203 (205) – TÜLAY; anders hingegen LG München I UFITA 71 (1974) 253 (274) – Domicile conjugal = Schulze LGZ 132 – Tisch und Bett m. zust. Anm. *Müller*, das einem ausübenden Künstler die Nennung im Abspann der deutschen Fassung eines Films – anders als in der Originalfassung – unter Hinweis auf eine fehlende gesetzliche Regelung verwehrte, kritisch dazu *Dietz* UFITA 87 (1980) 1 (90); Einzelheiten zur Nennung nach früherem Recht *Dünnwald/Gerlach* Vor § 74 UrhG Rn. 5 mwN.
[13] Nach Abwägung der Interessen der Künstler und derjenigen der Verwerter *Rüll* § 19 I 1c cc; Dreier/Schulze/*Dreier* § 74 UrhG Rn. 3.
[14] *Jaeger* S. 63.
[15] Ausführlich zur Bedeutung des § 74 für Sachverhalte mit Bezug auf die Zeit vor dessen Inkrafttreten am 13.9.2003 *Dünnwald/Gerlach* Vor § 74 UrhG Rn. 11.

gilt[16] – ohne Belang, ob die Darbietung der Öffentlichkeit in körperlicher oder in unkörperlicher Form begegnet.[17] Angesichts der überragenden Bedeutung des Künstlernamens für die Vermarktung von Werken und deren Interpretation spielt § 74 für die wirtschaftliche Seite des Urheber- und Interpretenrechts eine hervorgehobene Rolle. Der zuletzt eingefügte Abs. 3 dient mit der Normierung einer Interpretenvermutung nicht zuletzt der Erleichterung der Piraterieverfolgung (Rn. 42 f.).

Auch bei **Ensembledarbietungen** erwirbt jeder Mitwirkende nach § 73 ein individuelles Leis- **7** tungsschutzrecht an der Darbietung.[18] Ohne besondere Regelung der Vertretung würde dies Schwierigkeiten im Rechtsverkehr bereiten, weil jeder einzelne Interpret ohne Rücksicht auf die übrigen Mitwirkenden seine Nennung einfordern könnte. Überdies dürften bei wechselnden Mitgliedern eines Ensembles Probleme bei der Berücksichtigung sämtlicher Berechtigter nicht zu umgehen sein, zumal da eine analoge Anwendung der urheberrechtlichen Vorschriften für in Miturheberschaft geschaffener Werke und für verbundene Werke (§§ 8, 9) ausscheidet.[19] Zum **Schutz der Rechtserwerber** sowie der Mehrheit der Interpreten vor einem abweichenden Votum einer Minderheit und zur **Erleichterung des Rechtsverkehrs** des Ensembledarbietungen reduziert deshalb Abs. 2 die Rechte aus Abs. 1 S. 2 auf die **Nennung als Künstlergruppe** und vereinheitlicht ihre Ausübung bzw. Geltendmachung durch ein hervorgehobenes Mitglied, wenn die Nennung aller Mitglieder einen unverhältnismäßigen Aufwand verursacht. Ausnahmen gelten nur bei einem besonderen Interesse eines einzelnen ausübenden Künstlers (Abs. 2 S. 4).

b) Seine **Rechtfertigung** erfährt die Normierung des absolut wirkenden Rechts auf Authentizität **8** und Namensnennung zum einen durch die verfassungsrechtlich nach Art. 1 und Art. 2 Abs. 1 GG gebotene **Achtung der kreativen Leistung** des ausübenden Künstlers und zum anderen durch die **für ihre wirtschaftliche Verwertung unverzichtbare Verknüpfung von Darbietung und Künstlername,** auch ohne dass es dazu einer besonderen, ohnehin nur gegenüber dem Vertragspartner wirkenden Vereinbarung bedarf.

4. Systematik, Rechtsnatur und Bedeutung

a) Systematik. Das Recht auf Anerkennung als ausübender Künstler hat – ungeachtet seines **9** gleichzeitigen Schutzes auch materieller Interessen (Rn. 3) – zutreffend seinen **systematischen Ort** im Kontext der §§ 75 und 76 gefunden. Anders als noch die frühere Fassung des Gesetzes hebt die Neuordnung des Interpretenrechts die Bedeutung seiner persönlichkeitsrechtlichen Seite durch die Platzierung der §§ 74 bis 76 **vor den Verwertungsrechten und Vergütungsansprüchen** hervor. Sie wird ferner unterstrichen durch die differenzierte, zur Interessenabwägung verpflichtende Regelung des Rechts auf Anerkennung bei der Mitwirkung mehrerer Interpreten in Abs. 2, durch die Regelung seiner Dauer in § 76, nach der das Recht niemals vor dem Tode des Künstlers endet, und durch die Nachbildung der für den Werkschöpfer geltenden Regel des § 13 in § 74 Abs. 1.

b) Rechtsnatur. Es gehört **zum Wesen des einheitlichen Künstlerrechts,** die persönliche **10** Bindung des Interpreten an seine Darbietung unter Schutz zu stellen. Neben dem Recht, entscheiden zu können, ob seine Darbietung überhaupt festgelegt (§ 77 Abs. 1) und in welcher Erscheinungsform ihre Verwertung vorgenommen werden soll, erhält der Künstler mit den Rechten auf Anerkennung und Namensnennung nach § 74 Abs. 1 eine für seine persönlichen Interessen zusätzliche absolute Rechtsposition in Bezug auf seine Werkinterpretation, die lediglich in den Fällen der Beteiligung mehrerer Künstler durch Abs. 2 aus Praktikabilitätsgründen relativiert ist (→ Rn. 3). Im Sinne des monistischen Verständnisses auch des Interpretenrechts mit seiner ihm innewohnenden spezifischen Verklammerung des Schutzes ideeller und materieller Interessen[20] dient Abs. 1 neben der Wahrung der ideellen Bande zwischen dem Künstler und seiner Interpretation den Verwertungsinteressen des Künstlers, indem er – ähnlich einer Marke – mit der Namensnennung des Künstlers die Individualisierung und Abgrenzung seiner Darbietung gegenüber konkurrierenden Aufnahmen ermöglicht.[21] Deshalb kommt es im Einzelfall nicht darauf an, ob der Interpret sein Recht aus rein materiellen oder allein ideellen Gründen verteidigt.[22]

---

[16] In Bezug auf § 13 S. 2 umstritten, s. die Kommentierung zu → § 13 Rn. 12; Dreier/Schulze/*Dreier* § 13 UrhG Rn. 3; Wandtke/Bullinger/*Büscher* § 74 UrhG Rn. 9 jeweils mwN.

[17] Ebenso *Apel* S. 330.

[18] BGH GRUR 2005, 502 (504) – Götterdämmerung; BGHZ 121, 319 (321) = BGH GRUR 1993, 550 (551) – The Doors.

[19] Ebenso Fromm/Nordemann/*Hertin* (9. Aufl.), § 80 UrhG Rn. 1; Möhring/Nicolini/*Kroitzsch* (2. Aufl.), § 80 UrhG Rn. 1; aA *Lucas* S. 118 ff.: zumindest bei kleinen Künstlergruppen § 8 analog.

[20] AA *Peukert* Vor §§ 12 ff. Rn. 18 f.; wie hier noch → 3. Aufl. 2006, Vor §§ 12 ff. Rn. 18.

[21] Gegen die überwiegend monistische Deutung des Interpretenrechts mit beachtenswerten Einwänden *Peukert* Vor §§ 12 ff. Rn. 36; *Peukert* UFITA 138 (1999) 63 (66 ff.): „Bündel von Rechten"; *Schack* Rn. 681; *Schack* GRUR 1985, 352 (354); Möhring/Nicolini/*Kroitzsch* (2. Aufl.), § 73 UrhG Rn. 6, § 83 UrhG Rn. 4, § 82 UrhG Rn. 1; wie hier OLG München GRUR 1980, 49 (50) – Cinderella; Schricker/*Dietz* (3. Aufl.), Vor § 73 UrhG Rn. 18; *Dünnwald/Gerlach* Einl. Rn. 66; *Flechsig* S. 11 ff.; *Flechsig* FuR 1976, 74 (76 f.); *Flechsig* FuR 1976, 208 (209 f.); *Vogel* FS Nordemann (2004), S. 349 ff.; *Rüll* § 4 IV; wohl auch Fromm/Nordemann/*Hertin* (9. Aufl.), Vor §§ 73 ff. Rn. 79 ff.

[22] *Dünnwald/Gerlach* § 74 UrhG Rn. 3.

11   Aus dem persönlichkeitsrechtlichen Wesen des Rechts auf Anerkennung folgt seine **Unverzicht-barkeit und Unabtretbarkeit in toto.**[23] Art. 5 WPPT lässt diese Frage mit Rücksicht auf den anglo-amerikanischen Rechtskreis offen.[24] Vertragliche oder sich zwangsläufig aus den Umständen ergebende und deshalb stillschweigend hingenommene Einschränkungen des Rechts werden dadurch im Einzelfall nicht ausgeschlossen. Abs. 2 ordnet eine derartige Beschränkung für die Fälle mehrerer Mitwirkender an.

12   **c) Bedeutung des Rechts.** § 74 als **absoluter Schutz des Authentizitätsinteresses** des aus-übenden Künstlers **und des Rechts seiner Bezeichnung** erlangt besondere praktische Bedeutung **im Bereich freischaffender Künstler,** denen als Name oder ihre Künstlerbezeichnung auch als Werbeträger dient und die bei einer Mehrheit von Interpreten einer praktikablen Regelung ihrer Anerkennung und Nennung bedürfen, wie sie Abs. 2 vorsieht. Letzteres ist der Fall bei Darbietungen von Kirchenchören, Unterhaltungsorchestern, Musikbands, freien Tanzgruppen und anderen lose zusammengeschlossenen Ensembles sowie bei außerdienstlichen, tarifvertraglich nichtgeregelten Dar-bietungen im Anstellungsverhältnis stehender Gruppenmitglieder (zB Tonträgerproduktionen mit den Berliner Philharmonikern, Studioaufnahmen mit dem Ensemble des Stuttgarter Balletts). Im Übrigen stehen die Mitglieder von Chor-, Orchester-, Ballett-Ensembles und Statisteren weitgehend in einem festen Anstellungsverhältnis bei Konzert-, Sende- oder Bühnenunternehmen. Für sie gelten die ein-schlägigen Tarifverträge und die darauf Bezug nehmenden Dienstverträge auch hinsichtlich der Nen-nung als ausübende Künstler.[25]

13   Mit der Einführung des absoluten Rechts auf Namensnennung erübrigen sich vertragliche Abma-chungen mit dem Tonträgerhersteller und anderen Nutzern über die namentliche Nennung des Interpreten nicht, vielmehr bleiben auch weiterhin Vereinbarungen über den Namen und den Umfang seiner Nennung erforderlich, nicht zuletzt um Probleme nach Ablauf einer Exklu-sivbindung, markenrechtliche Fragen u. a. zu regeln.[26] Eine Missachtung der Künstlerpersönlichkeits-rechte nach § 74 wie im Übrigen auch nach § 75 stellt eine Verletzung des einheitlichen Künstler-rechts dar, die je nach Tragweite des Eingriffs und Grad des Verschuldens sowohl Schadensersatzan-sprüche hinsichtlich des materiellen wie des immateriellen Schadens rechtfertigen kann.[27]

II. Rechte auf Anerkennung und auf Bestimmung der Künstlerbezeichnung (Abs. 1)

1. Verhältnis beider Rechte

14   § 74 Abs. 1 S. 1 normiert den allgemeinen Grundsatz des **Rechts des ausübenden Künstlers auf Anerkennung** als Interpret eines von ihm dargebotenen Werkes oder einer von ihm dargebotenen Ausdrucksform der Volkskunst. Abs. 1 S. 1 sichert dabei die **Authentizität einer Darbietung,** wäh-rend Abs. 1 S. 2 das gegenüber dem Grundprinzip speziellere **Bestimmungsrecht** statuiert, welches dem Interpreten vorbehält zu bestimmen, ob er mit seinem bürgerlichen Namen, anonym oder pseu-donym mit seiner Darbietung in Verbindung gebracht werden möchte.[28] In der Regel wird dem Recht nach Abs. 1 S. 1 mit der Durchsetzung des Rechts nach Abs. 1 S. 2 genügt. Abs. 1 findet – anders als § 13 S. 2, der nach überwiegender Auffassung nur auf die Verkörperung eines Werkes an-zuwenden ist[29] – seinem Wesen entsprechend unabhängig davon Anwendung, ob es um eine Live- oder um eine festgelegte Darbietung geht, dh. unabhängig davon, ob der Künstler seine Anerkennung in Bezug auf ein Vervielfältigungsstück seiner Darbietung, für eine öffentliche Wiedergabe mittels Tonträger oder auf eine Live-Darbietung geltend macht.[30] Beide Rechte des Abs. 1 schließen den Verzicht auf ihre Geltendmachung im Einzelfall nicht aus, ein grundsätzlicher Verzicht hingegen wür-de den Kernbereich des Rechts berühren und deshalb unzulässig sein (Rn. 11). Mit dem Tode des ausübenden Künstlers erhalten seine Angehörigen das Recht, die Befugnisse nach Abs. 1 wahrzuneh-men (§ 76 Rn. 8).

2. Recht auf Anerkennung (Abs. 1 S. 1)

15   Das Recht auf Anerkennung verleiht dem ausübenden Künstler das positive Recht, **jederzeit in Bezug auf seine Darbietung als Interpret** anerkannt zu werden. Dies bedeutet, dass sich das

---

[23] E contrario § 79 Abs. 1 S. 1; sa. BGH GRUR 1995, 671 (673) – Namensnennungsrecht des Architekten.
[24] S. *Reinbothe/v. Lewinski* Art. 5 WPPT Rn. 7.
[25] Die einzelnen Tarifverträge, die der Deutsche Bühnenverein mit den Gewerkschaften der ausübenden Künst-ler, namentlich der Deutschen Orchestervereinigung, geschlossen hat, finden sich in der Vertragssammlung des Dt. Bühnenverein (Hrsg.), Bühnen- und Musikrecht; zu Besonderheiten bei der Geltendmachung vermögenswerter Rechte s. die Erläuterungen zu → § 80 UrhG Rn. 16 f.
[26] Loewenheim/*Vogel*, Handbuch, § 38 Rn. 122.
[27] Vgl. zB LG Berlin ZUM 2015, 264 (265 f.) – Namensnennung des Synchronsprechers m. zust. Anm. *Wandt-ke/Valentin*; Einzelheiten dazu § 97.
[28] Zum Unterschied von Nichtbezeichnung und Anonymität → § 13 Rn. 14.
[29] Str., → § 13 Rn. 2, 22 mwN sowie → Rn. 6.
[30] AllgM, *Grünberger* S. 92 f.; *Dünnwald* ZUM 2004, 161 (174); *Dünnwald/Gerlach* § 74 UrhG Rn. 5; Fromm/Nordemann/*Schaefer* § 74 UrhG Rn. 7; Möhring/Nicolini/*Stang* (4. Aufl.), § 74 Rn. 8; Dreier/Schulze/*Dreier* § 74 UrhG Rn. 4; Wandtke/Bullinger/*Büscher* § 74 UrhG Rn. 9; sa. AmtlBegr. BT-Drs. 15/38, 22.

Recht auf die Live-Darbietung ebenso bezieht wie auf die festgelegte Darbietung.[31] In seinem Schwerpunkt dient es freilich der Abwehr eines Angriffs auf die unauflösliche persönliche Verbindung eines Künstlers mit seiner Darbietung.[32] Ein solcher Angriff kann in der **Anmaßung der Künstlerschaft** liegen, sei es unmittelbar durch die wahrheitswidrige mündliche oder schriftliche Behauptung eines Dritten, er selbst oder eine andere Person sei Interpret der Darbietung des betroffenen Künstlers, sei es mittelbar etwa durch einen Bühnenauftritt mit unterlegter fremder Werkinterpretation.[33] Auch dem **Bestreiten** der Authentizität einer fremden Interpretation, der **Entfernung, Unterdrückung** oder **Unterlassung** des Hinweises auf den Interpreten kann dieser unter Berufung auf das Recht des Abs. 1 S. 1 entgegentreten.[34] Dabei mag es um die Verbindung der Person des Künstlers mit einer Festlegung seiner Darbietung gehen, seine Nennung im Zusammenhang mit der Sendung oder einer sonstigen öffentlichen Wiedergabe seiner Darbietung (etwa auf einem Plakat, einer öffentlichen Einladung, in einem Zeitungsartikel etc.) in Rede stehen oder die werbliche Verwendung seine Darbietung für ein Konzert oder für ein Produkt im Streit sein.

Mit dem positiven Recht des Künstlers auf Anerkennung korrespondiert – unabhängig von vertraglichen Absprachen – sein **Recht auf Nichtnennung,** das es ihm gestattet durchzusetzen, nicht (mehr) mit seiner Darbietung in Verbindung gebracht zu werden **(Distanzierungsrecht).** Meist dürfte es in solchen Fällen darum gehen, sich von der künstlerischen oder technischen Qualität einer Aufnahme oder von der weltanschaulichen Tendenz eines früher dargebotenen Werkes zu distanzieren, mitunter um nicht auf das schärfere Mittel der Untersagung etwa wegen eines Verstoßes gegen § 75 zurückgreifen zu müssen.[35] Im Rahmen vertraglicher Beziehungen kommt ihm dabei auch das Rückrufrecht wegen gewandelter Überzeugung zur Hilfe.[36] Wird dem Künstler hingegen eine **fremde Darbietung zugeordnet,** steht ihm nicht das Recht nach Abs. 1 S. 1 zur Seite,[37] sondern sein allgemeines Persönlichkeitsrecht unter dem Gesichtspunkt des Rechts auf Nichtkünstlerschaft mit allen Konsequenzen, die sich aus der Schutzdauer des postmoralen Persönlichkeitsrecht ergeben.[38] **16**

3. Recht auf Bestimmung der Künstlerbezeichnung (Abs. 1 S. 2)

Das Bestimmungsrecht des ausübenden Künstlers ist die wichtigste Ausprägung des Anerkennungsrechts. Es verleiht dem Interpreten – im Filmbereich nach § 93 Abs. 2 nicht in Fällen unzumutbaren Aufwands (§ 93 Rn. 20 ff.) – die ausschließliche Entscheidungsbefugnis darüber, **ob und mit welcher Bezeichnung** er mit jeder seiner Darbietungen eines Werkes oder einer Ausdrucksform der Volkskunst in Verbindung gebracht zu werden wünscht.[39] Es umfasst zum einen negativ die Abwehr all derjenigen Bezeichnungen, die von seiner Bestimmung abweichen, einschließlich der Unterdrückung des von ihm bestimmten Namens, und zum anderen positiv die persönliche Wahl des bürgerlichen Namens oder eines (Künstler-)Namens, mit dem er in Bezug auf seine Darbietung genannt werden möchte. Hinzu kommen die **Anonymität** und der **Verzicht auf eine Künstlerbezeichnung,** die sich dadurch unterscheiden, dass bei Letzterer der Interpret **im konkreten Fall** lediglich von einer Bezeichnung Abstand nimmt, seine Identität jedoch der Öffentlichkeit durchaus bekannt ist, während dies bei der Anonymität nicht der Fall ist,[40] ohne dass die Anonymität vor einer Offenlegung durch Dritte schützt.[41] Wird dem ausübenden Künstler **eine fremde Darbietung untergeschoben,** liegt kein Fall des § 74 Abs. 1 S. 2 vor, weil es sich dabei nicht um den Schutz seiner Beziehung zu seiner Darbietung geht, sondern wahrheitswidrig um die Herstellung einer Verbindung zur Darbietung eines Dritten. Dagegen kann sich der ausübende Künstler nur unter Rückgriff auf sein aPR zur Wehr setzen.[42] **17**

Das Bezeichnungsrecht umfasst **Ankündigungen unkörperlicher Wiedergaben von Darbietungen** mit der vom Künstler bestimmten Bezeichnung auf Plakaten, in Zeitungen, im Fernsehen, Radio oder Internet ua. sowie seine Bezeichnung **auf Verkörperungen seiner Darbietungen** wie Tonträgern und Bildtonträgern gleich welcher Technik.[43] Dies geschieht bei Tonträgern durch die **18**

---

[31] Amtl.Begr. BT-Drs. 15/38, 22; LG Berlin ZUM 2015, 264 (265 f.) – Namensnennung eine Synchronsprechers m. zust. Anm. *Wandtke/Valentin; Jaeger* S. 147; Dreier/Schulze/*Dreier* § 74 UrhG Rn. 4; *Apel* S. 330.
[32] Entsprechend § 13 S. 1 für das Recht des Urhebers → § 13 Rn. 1; ebenso *Dünnwald/Gerlach* § 74 UrhG Rn. 3; vgl. auch Wandtke/Bullinger/Büscher § 74 UrhG Rn. 2, 10.
[33] Ebenso Möhring/Nicolini/*Stang* (4. Aufl.), § 74 UrhG Rn. 4.
[34] *Grünberger* S. 93 Rn. 309; vgl. auch die Erläuterungen zu → § 13 Rn. 10 ff.
[35] Vgl. die Erläuterungen zu → § 13 Rn. 19.
[36] § 79 Abs. 2 iVm. § 42.
[37] Dem jedoch zuneigend Fromm/Nordemann/*Schaefer* § 74 UrhG Rn. 6, letztlich offengelassen.
[38] *Grünberger* S. 94 Rn. 311: kein droit de non-paternité unter Hinweis auf BGH GRUR 1995, 668 (670) – Emil Nolde; Wandtke/Bullinger/*Büscher* § 74 UrhG Rn. 11; Möhring/Nicolini/*Stang* (4. Aufl.), § 74 UrhG Rn. 5 f.; *Apel* ZGE Bd. 10 2/2018, S. 162 (198); *Reinbothe/v. Lewinski* Art. 5 WPPT Rn. 18; zum entsprechenden Recht des Urhebers → 4. Aufl. 2010, § 13 Rn. 11.
[39] Sa. *Grünberger* S. 94 ff. Rn. 312 ff.
[40] Vgl. Wandtke/Bullinger/*Büscher* § 74 UrhG Rn. 14 f.
[41] Vgl. LG Köln ZUM-RD 2007, 201 (205) – Schwammskulptur; *Grünberger* S. 95 Rn. 317 mwN; *Schack* Rn. 374.
[42] Vgl. BGHZ 107, 383 (390 f.) – Emil Nolde; *Apel* S. 329 f.; Mestmäcker/Schulze/*Hertin* (Stand 12/2005) § 74 UrhG Rn. 32.
[43] Ebenso Fromm/Nordemann/*Schaefer* § 74 UrhG Rn. 8; *Dünnwald/Gerlach* § 74 UrhG Rn. 5; *Apel* S. 330.

Beschriftung des Trägers, durch entsprechende Angaben auf der Hülle und im Booklet, bei Filmen in gleicher Weise sowie im Vor- oder Abspann, je nachdem, ob es sich um eine Vorführkopie für das Kino oder um eine Kassette für den Endverbraucher handelt, bei der die Angabe allein auf der Verpackung nicht genügt.[44] Die Namensnennung im Fernseh- und Hörfunk erfolgt gewöhnlich durch Ansage oder durch Untertitel.[45]

19   Fehlen Absprachen über die **Art und Weise der Kennzeichnung,** ist der Künstler **grundsätzlich unmissverständlich und deutlich namentlich kenntlich zu machen,** wobei das gebotene Maß seiner Hervorhebung mit der Bedeutung der Bezeichnung für die jeweilige Darbietung wächst. Entsprechendes gilt bei mündlicher Benennung im Radio oder im Fernsehen. Die Rechtsfolgen bei Verstößen gegen die Rechte aus § 74 richten sich nach §§ 97 ff.[46]

20   Bei **Zweitverwertungen,** die auf Grund von Schrankenregelungen nach §§ 83 iVm. 44a ff. erlaubnisfrei zulässig sind, gelten insoweit die Einschränkungen der §§ 62 Abs. 1 S. 2, 63 mit der Folge, dass der Name des Interpreten nicht geändert, dh. auch nicht weggelassen werden darf, sofern nichts anderes vereinbart worden ist (§§ 62 Abs. 1 S. 2 iVm. 39 Abs. 1). Bei gesetzlichen Lizenzen nach §§ 78 Abs. 2, 78 Abs. 4 iVm. 20b, 77 Abs. 2 S. 2 iVm. 27 Abs. 2 (Schallplattensendung, Kabelweitersendung, Verleihen) fehlen den §§ 62 Abs. 1 S. 2, 63 entsprechende Regelungen, und auch § 39, der nach dem Gesetzeswortlaut nur bei den ausschließlichen Nutzungsbefugnissen zur Geltung kommt (§ 79 Abs. 2 S. 2), findet auf sie keine unmittelbare Anwendung.[47] Gleichwohl sollte er mit *Dünnwald/Gerlach* wegen einer offensichtlichen Regelungslücke bei gesetzlichen Lizenzen entsprechend angewendet werden.[48]

4. Vertragliche Regelungen der Künstlerbenennung

21   Das **Recht auf Namensnennung** als ein mit der Persönlichkeit des ausübenden Künstlers eng verbundenes, verfassungsrechtlich auf Art. 2 Abs. 1, Art. 1 Abs. 1 GG beruhendes Recht gewährt das Gesetz **uneingeschränkt.**[49] Seinem Wesen als höchstpersönliches Recht entsprechend sind ein Verzicht in Formularverträgen im Lichte von § 307 Abs. 1 S. 1, Abs. 1 Nr. 1 BGB und eine translative Übertragung des Namensnennungsrechts ausgeschlossen,[50] wohl aber sind vertragliche Einschränkungen möglich. Um Auseinandersetzungen aus dem Wege zu gehen, werden – mitunter stillschweigend – nach §§ 79 Abs. 2 iVm. 39 Abs. 1 erforderliche Vereinbarungen über die Art und Weise der Benennung des ausübenden Künstlers getroffen.[51] Das Recht auf Namensnennung ist dabei nach dem Wortlaut der Vorschrift nicht durch den Vorbehalt von Treu und Glauben nach § 39 Abs. 2 eingeschränkt.[52] Ob im Einzelfall eine gebundene Rechtsübertragung, eine reine schuldrechtliche Gestattung oder eine widerrufliche Einwilligung vorliegt, bedarf der Auslegung.[53] Auch kann vertraglich ein **Verzicht auf Namensnennung** – jedoch nicht ein Verzicht mit dinglicher Wirkung – zulässigerweise vereinbart werden, sofern dies unter Berücksichtigung der beiderseitigen Interessen ausgewogen erscheint und **nicht den Kerngehalt** des Rechts berührt.[54] Begegnen wird ein Verzicht dort, wo die Darbietung lediglich eine sekundäre Rolle spielt, wie etwa bei der Hintergrund- oder Werbemusik. Zu beachten ist, dass ein Verzicht auf das Namensnennungsrecht nicht einen Verzicht auf das Anerkennungsrecht nach Abs. 1 S. 1 einschießt.

22   **Branchenübliche Einschränkungen,** die sich weitgehend noch zu Zeiten des alten Rechts herausgebildet haben, bewegen sich angesichts der wirtschaftlichen Unterlegenheit der kreativen Seite mitunter am Rande des Unsittlichen.[55] Sie könnten möglicherweise je nach den Umständen des Einzelfalls bei vorformulierten Verträgen wegen Verstoßes gegen wesentliche Grundgedanken der gesetzlichen Regelung einer Inhaltskontrolle nach den §§ 307 ff. BGB nicht standhalten. Zudem können sie

---

[44] OLG München ZUM 2000, 61 (63) – Das kalte Herz; wohl auch Möhring/Nicolini/*Stang* (4. Aufl.), § 74 UrhG Rn. 8.

[45] *Dünnwald/Gerlach* § 74 UrhG Rn. 6.

[46] Einzelheiten dort; sa. die Erläuterungen unter → § 13 Rn. 20 f.

[47] So auch Loewenheim/*Vogel*, Handbuch, § 38 Rn. 123.

[48] *Dünnwald/Gerlach* vor § 74 UrhG Rn. 9, § 74 UrhG Rn. 5, 6; bei der Schallplattensendung als Massennutzung sollte de lege ferenda die GVL über das Recht nach § 74 UrhG kraft ihres Wahrnehmungsvertrags verfügen dürfen.

[49] BGH GRUR 1995, 671 (672) – Namensnennungsrecht des Architekten für den Urheber, ohne Abweichung für den Interpreten.

[50] Zum Ausschluss des Verzichts ausführlich LG Berlin ZUM 2015, 264 (265) – Namensnennung eines Synchronsprechers m. zust. Anm. *Wandtke/Valentin*; eingehend dazu *Grünberger* S. 100 Rn. 335.

[51] Ebenso *Grünberger* S. 97; zur stillschweigenden Verfügung über Künstlerpersönlichkeitsrechte ausführlich *Dünnwald/Gerlach* Vor § 74 UrhG Rn. 5.

[52] Ebenso → § 13 Rn. 26; Möhring/Nicolini/*Kroitzsch* (2. Aufl.), § 13 UrhG Rn. 24; Wandtke/Bullinger/*Büscher* § 13 UrhG Rn. 20; Fromm/Nordemann/*Hertin* (9. Aufl.), § 13 UrhG Rn. 7.

[53] Ausführlich zu den Gestaltungsmöglichkeiten der rechtsgeschäftlichen Disposition über das Künstlernennungsrecht und ihre Grenzen *Grünberger* S. 98 ff. Rn. 331 ff. mwN.

[54] → § 75 Rn. 7; → Vor §§ 12 ff. Rn. 17; wie hier *Dünnwald/Gerlach* Vor § 74 UrhG Rn. 3; Loewenheim/*Vogel*, Handbuch, § 38 Rn. 124; Dreier/Schulze/*Dreier* § 74 UrhG Rn. 4; Wandtke/Bullinger/*Büscher* § 74 UrhG Rn. 17; *Grünberger* S. 101 ff. Rn. 338 mwN.

[55] Vgl. OLG Düsseldorf GRUR-RR 2006, 393 (395); LG Köln BeckRS 2007, 65193; LG München I ZUM 1995, 57 (58); LG München I AfP 1994, 239 (240) – Venus der Lumpen; zustimmend § 13 Rn. 28, 34 ff.; *Schack* Rn. 377; Fromm/Nordemann/*Hertin* (9. Aufl.), § 13 UrhG Rn. 9; *Grünberger* S. 106 Rn. 354.

im Lichte des Benennungsrechts **nicht ohne weiteres als stillschweigend vereinbart** gelten, sondern nach der Rechtsprechung nur unter Beachtung nicht zu geringer Anforderungen.[56] Ihnen ist im Bereich des Interpretenrechts dann genügt, wenn insbesondere die allgemeine Übertragungszwecklehre beachtet wird, sodann wenn Branchenübungen im konkreten Fall objektiv bestehen sowie wenn sie als dem Künstler bekannt angesehen werden können und sich aus dem Vertrag im Übrigen nichts Entgegenstehendes ergibt.[57] Ohne strenge Prüfung träte eine nicht hinnehmbare Relativierung des Rechts nach § 74 ein, weil dem ausübenden Künstler die Last aufgebürdet würde, sich gegen ihn einseitig belastende Branchenübungen zu wehren, um in den Genuss des ihm schrankenlos zustehenden Rechts auf Namensnennung zu gelangen. Damit würde letztlich die Rechtslage perpetuiert, die vor Inkrafttreten des § 74 galt und durch die Einführung des Namensnennungsrechts gerade geändert werden sollte.[58] Dies gilt auch für Künstlerverträge in Arbeits- oder Dienstverhältnissen.[59] Das Namensnennungsrecht sollte deshalb – im Einklang mit Art. 5 Abs. 1 WPPT („sofern die Unterlassung der Namensnennung nicht durch die Art der Nutzung der Darbietung geboten ist") – nur dann zurücktreten, wenn eindeutig feststeht, dass die Nennung des ausübenden Künstlers technisch unmöglich, praktisch nicht durchführbar oder, wie zB in Diskotheken oder bei Hintergrundmusik, sozial inadäquat ist.[60]

III. Mehrheit von ausübenden Künstlern (Abs. 2)

1. Abs. 2 im Überblick

Das **Recht auf Nennung** nach Abs. 1 S. 2 – **nicht** hingegen das **Recht auf Anerkennung** nach Abs. 1 S. 1[61] – unterliegt nach Abs. 2 aus praktischen Gründen der Relativierung bei Ensembleleistungen.[62] Beim Recht auf Anerkennung stellen sich die mit der gemeinsamen Darbietung mehrerer Künstler verbundenen praktischen Probleme nicht in gleicher Schärfe. Es wird deshalb von Abs. 2 nicht erfasst mit der Folge, dass jeder mitwirkende Künstler selbst gegen die ihm verwehrte Anerkennung vorgehen kann.[63] Nach seinem Sinn und Zweck soll Abs. 2 den Schwierigkeiten begegnen, die sich bei der Wahrnehmung sowohl ideeller als auch materieller Belange der Ensemblemitglieder ergeben können, wenn einzelne von der Mehrheitsmeinung abweichen und wenn die Mitglieder häufig wechseln. Dabei liegen die Vorteile der gesetzlichen Regelung sowohl auf Seiten des Ensembles als auch auf Seiten derer, die mit ihm in geschäftliche Beziehungen treten.[64]   23

Abs. 2 enthält im Wesentlichen **zwei Regelungen:** zunächst reduziert Abs. 2 S. 1 das Nennungsrecht des einzelnen Mitwirkenden auf die **Nennung lediglich der Künstlergruppe.** Allein bei **Filmwerken,** bei denen es in der Regel keine Künstlergruppe gibt, gilt die weiterreichende Ausnahme des **§ 93 Abs. 2,** nach der die Nennung eines mitwirkenden Künstlers unter Umständen ganz entfallen kann, wenn seine Nennung wegen der Vielzahl der Mitwirkenden unverhältnismäßig wäre. Diese Relativierung des § 93 Abs. 2 gilt nur für das Nennungsrecht, nicht hingegen für das Recht auf Anerkennung als ausübender Künstler.[65] Sodann findet für Künstlergruppen bei der Ausübung ihres Nennungsrechts nach Abs. 1 S. 2 die **gesetzliche Vertretungsregelung** des Abs. 2 S. 2 und 3 Anwendung. Beide Bestimmungen werden wiederum in zweifacher Hinsicht eingeschränkt. So steht die Reduzierung des Nennungsrechts auf die bloße Nennung der Künstlergruppe unter dem **Vorbehalt eines ansonsten unverhältnismäßigen Aufwands.** Insoweit korrespondiert die Vorschrift mit dem weniger strengen Art. 5 Abs. 1 WPPT, der das Nennungsrecht nur gewährt, sofern die Unterlassung   24

---

[56] Vgl. für das Recht des Urhebers BGH GRUR 1995, 671 (672) – Namensnennungsrecht des Architekten; → 4. Aufl. 2010, § 13 Rn. 26 ff.

[57] Vgl. dazu auch OLG München GRUR 1969, 146 f. – Bundeswehrplakat; zur Beachtung von Branchenübungen ferner *Dünnwald/Gerlach* Vor § 74 UrhG Rn. 3 ff.; *Grünberger* S. 104 ff.; Loewenheim/*Vogel*, Handbuch, § 38 Rn. 125; für strengere Anforderungen im Bereich des Interpretenrechts Wandtke/Bullinger/*Büscher* § 74 UrhG Rn. 19; zum Urheberrecht § 13 Rn. 26 ff. mwN; Fromm/Nordemann/*Hertin* (9. Aufl.), § 13 UrhG Rn. 9; *Radmann* ZUM 2001, 788 (791): Unbeachtlichkeit einer Branchenübung per se; *Schack* Rn. 377: Einschränkungen nur durch vertragliche Vereinbarungen, die im Lichte von Verkehrssitte und Branchenübungen auszulegen sind; aus der Zeit vor der BGH-Entscheidung *Ulmer* § 40 IV 2: nur in besonderen Fällen unter Berücksichtigung der Natur des Werkes und der Verkehrsgewohnheiten; aA *Rehbinder* ZUM 1991, 220 (225): Namensnennung im Hinblick auf § 63 Abs. 2 nur im Rahmen der Verkehrssitte.

[58] So auch *Grünberger* S. 104 ff., der den Ausschluss der Namensnennung nur bei sozialer Inadäquanz, dh. nach eindeutigem Vorrang der Verwerterinteressen, etwa in Diskotheken oder bei Hintergrundmusik, favorisiert, ebd. S. 106 ff.; dagegen *Dünnwald/Gerlach* Vor § 74 UrhG Rn. 6 unter Hinweis auf → 3. Aufl. 2006, § 13 Rn. 23: zunächst Nichtausübung oder konkludente Abbedingung prüfen.

[59] Vgl. → § 79 Rn. 38; → § 13 Rn. 32.

[60] Ausführlich Grünberger S. 106 ff. Rn. 355; ebenso Mestmäcker/Schulze/*Hertin* § 74 UrhG Rn. 30; Fromm/Nordemann/*Hertin* (9. Aufl.), § 13 UrhG Rn. 9.

[61] AmtlBegr. BT-Drs. 15/38, 23.

[62] Zur speziellen Frage der Anwendung des § 74 beim Sound-Sampling ausführlich Fromm/Nordemann/*Schaefer* § 74 UrhG Rn. 9.

[63] *Dünnwald/Gerlach* § 74 UrhG Rn. 9; Wandtke/Bullinger/*Büscher* § 74 UrhG Rn. 22.

[64] S. BGH GRUR 2005, 502 (504) – Götterdämmerung.

[65] Ebenso Dreier/Schulze/*Schulze* § 93 UrhG Rn. 18; Bisges/*Vollrath* Kap. 10 B III 5a Rn. 167; aA wohl die Erläuterungen zu § 93 Rn. 20.

der Namensnennung nicht durch die Art der Nutzung der Darbietung geboten ist. Sodann finden beide Einschränkungen dann keine Anwendung, wenn ein Künstler ein **besonderes Interesse** an seiner persönlichen Nennung geltend machen kann (Abs. 2 S. 4).

2. Nennung als Künstlergruppe

25   Die Befugnis, anstelle jedes einzelnen ausübenden Künstlers lediglich die Künstlergruppe zu nennen, besteht zunächst nur bei einer **gemeinsamen Darbietung mehrerer Künstler.** Mehrere Künstler iSd. Vorschrift sind nicht allein Großgruppen, sondern bereits zwei Interpreten, die dasselbe ein- oder mehrstimmige Werk darbieten.[66] Spielen zwei Mitglieder einer Gruppe unabhängig voneinander und nachgeordnet, fehlt es an der Gemeinsamkeit der Darbietung, so dass beide zu nennen sind. Bei kleineren Gruppen stellt sich freilich die Problematik, der Abs. 2 Herr zu werden versucht, seltener. Sie besteht im Wesentlichen bei Chören, Orchestern, Tanzgruppen oder Schauspieltruppen, bei denen die Einzelnennung aller beteiligten Künstler in der Regel an ihrer technischen Bewältigung scheitert.

26   Die Beantwortung der Frage, unter welchen Voraussetzungen sich das Nennungsrecht nach Abs. 1 S. 2 auf die Nennung der Künstlergruppe beschränkt, setzt eine differenzierende Betrachtung des gesetzlich vorausgesetzten **unverhältnismäßigen Aufwandes** bei der Nennung aller Künstler voraus. Als Ausnahme von Abs. 1 ist Abs. 2 **eng auszulegen,** so dass die Vorschrift nur zum Tragen kommt, wenn es nach Abwägung der beiderseitigen Interessen dem Verwerter nicht zuzumuten ist, alle Mitwirkenden zu nennen.[67] Grundsätzlich ist davon auszugehen, dass sich der Aufwand umso eher der Unverhältnismäßigkeitsschwelle nähert, je mehr Künstler an der Darbietung mitwirken.[68] Jedoch wird bei der Abwägung auch nach **den Umständen und der Art des Mediums** zu unterscheiden sein, das eine Darbietung der Öffentlichkeit ankündigt und präsentiert.[69] Die Mitglieder eines Nonetts werden zwar im Beiheft eines Tonträgers problemlos genannt werden können, nicht aber auf dem Träger selbst oder seinem Cover. Dasselbe dürfte anzunehmen sein bei der Nennung aller Mitglieder im Rundfunkprogrammheft eines Sendeunternehmens, wo sich mitunter die Namen aller Mitglieder eines größeren Orchesters anführen lassen, hingegen nicht bei der Ansage einer Darbietung vor ihrer Sendung. Nichts anderes gilt auch für die Nennung auf dem Plakat und im Programmheft einer Veranstaltung. Selbstverständlich hindert Abs. 2 S. 1 niemand, einen unverhältnismäßigen Aufwand zu treiben und auch dort alle Interpreten einzeln zu nennen, wo dies über das Vertretbare hinausgeht.[70]

27   Als **keine Frage des Aufwandes, sondern der stillschweigend gebilligten Branchenübung** stellt sich die bloße Nennung der Gruppe in den Bereichen der **Popmusik** ua. dar. Dort entspricht es den Gepflogenheiten, dass die Künstler weniger mit ihrem bürgerlichen Namen als vielmehr unter ihrem Gruppennamen auftreten.[71] Bei Streichquartetten, insbesondere solchen mit langer Tradition, begegnet nicht selten der bürgerliche Name neben dem Gruppennamen. Wird ein Quartett bei einer einzelnen Darbietung zu einem Quintett erweitert, ist es verbreitete Übung, auf jeden Fall den hinzugetretenen Musiker namentlich hervorgehoben zu benennen.

3. Gesetzliche Beschränkung der Rechtsausübung (Abs. 2 S. 2 und 3)

28   **a) Innenverhältnis.** Abs. 2 S. 2 und 3, denen die Regelung des § 80 Abs. 1 aF entspricht, trifft **keine Regelung des Verhältnisses der Gruppenmitglieder untereinander und zu ihrem Vorstand oder Leiter.** Zur Auslegung der Vorschrift geben auch die Gesetzesmaterialien keinen Aufschluss. Die Rechtsprechung zu § 80 aF hat sich im Zusammenhang mit der Geltendmachung von Vergütungsansprüchen gem. § 80 Abs. 2 aF auf die vor dem Inkrafttreten des UrhG ergangene BGH-Entscheidung „Figaros Hochzeit"[72] berufen und auf die Stellung des Vorstands nach den gesetzlichen Vorschriften über die **Rechtsgemeinschaft und die vereinsrechtlichen Bestimmungen** der §§ 741, 54, 24 ff. BGB verwiesen.[73]

---

[66] BGH GRUR 1993, 550 (551) – The Doors; wohl auch Möhring/Nicolini/*Stang* (4. Aufl.), § 74 UrhG Rn. 14.
[67] *Dünnwald/Gerlach* § 74 UrhG Rn. 10; Dreier/Schulze/*Dreier* § 74 UrhG Rn. 6; vgl. auch die Erläuterungen zu § 93 Abs. 1, der bereits die Rechte des einzelnen Künstlers nach Abs. 1 unter den Vorbehalt eines unverhältnismäßigen Aufwandes stellt.
[68] Ebenso Dreier/Schulze/*Dreier* § 74 UrhG Rn. 6; *Dünnwald/Gerlach* § 74 UrhG Rn. 10.
[69] Ebenso Fromm/Nordemann/*Schaefer* § 74 UrhG Rn. 10; Dreier/Schulze/*Dreier* § 74 UrhG Rn. 6.
[70] Ähnlich differenzierend *Reinbothe/v. Lewinski* Art. 5 WPPT Rn. 16; ihnen folgend Möhring/Nicolini/*Stang* (4. Aufl.), § 74 UrhG Rn. 14.
[71] Vgl. auch Fromm/Nordemann/*Schaefer* § 74 UrhG Rn. 10.
[72] BGHZ 33, 20 (30) = GRUR 1960, 614 – Figaros Hochzeit.
[73] OLG Frankfurt GRUR 1984, 162 f. – Erhöhungsgebühr bei Orchestervorstand; OLG Frankfurt GRUR 1985, 380 f. – Opereneröffnung; OLG München GRUR 1989, 55 (56) – Cinderella; AG Hamburg GRUR 1990, 267 (269) – Bayreuther Orchester; ebenso *v. Gamm* § 80 UrhG Rn. 6; Fromm/Nordemann/*Hertin* (9. Aufl.), § 80 UrhG Rn. 1: Gemeinschaftsrecht oder alternativ dazu Gesellschaftsrecht nach §§ 705 ff. BGB; ähnlich noch zum Recht unter dem LUG *Baum* GRUR 1952, 556 (560).

Die tatsächliche Handhabung innerhalb dieser Gruppen spricht eher für die vom OLG Frankfurt[74] **29**
angenommene und auch vom BGH[75] neben der gesellschaftsrechtlichen für naheliegend erachtete
vereinsrechtliche Struktur, selbst wenn entsprechende Satzungen nicht vorhanden sind. Auch der
Tarifvertrag über Bildung und Aufgaben des Orchestervorstandes (TV Orchestervorstand) vom
1.7.1971 in der Fassung vom 4.12.2002[76] lässt keinen Rückschluss auf die Rechtsform der Gruppen zu. Die dort in § 4 Abs. 5 genannte Geschäftsordnung betrifft nur das Verhältnis der Vorstandsmitglieder untereinander und ist theoretisch sowohl bei Gesamthands- als auch bei Bruchteilsge-
meinschaften denkbar. Etwaige tarifvertragliche Bindungen des Gruppenvorstands lassen jedenfalls
dessen Aktivlegitimation nach Abs. 2 S. 2 bei der Geltendmachung von Ansprüchen aus den §§ 97 ff.
unberührt.[77] Aus dem Gesetzeszweck des Abs. 2 S. 2 ergibt sich jedoch, dass durch die gesetzliche
Prozessstandschaft des Gruppenvorstands die Durchsetzung der persönlichkeitsrechtlichen und über
§ 80 Abs. 2 auch die vermögensrechtlichen Ansprüche der Beteiligten vom **häufigen Mitgliederwechsel unabhängig gemacht** werden sollen.[78] Dieses Ziel lässt sich nur über die Struktur eines
nicht rechtsfähigen Vereins erreichen. Dabei sind nach § 54 BGB ergänzend die Vorschriften des Gesellschaftsrechts heranzuziehen, soweit das Vereinsrecht (§§ 21 ff. BGB) die Rechtsfähigkeit voraussetzt.[79]

Dem Vereinsrecht entsprechend werden in den genannten tarifvertraglich gebundenen Gruppen **30**
Mehrheitsentscheidungen bei der Einräumung von Nutzungsrechten (früher Einwilligungsrechten) als
ausreichend erachtet.[80] Die vereinsrechtliche Analogie entspricht Art. 8 RA, nach dem die nationalen Regelungen die Willensbildung innerhalb der Gruppe reglementieren können, so dass Entscheidungen nach dem Mehrheitsprinzip konventionskonform sind.[81]

Bei den Künstlerpersönlichkeitsrechten des einzelnen Interpreten, wie etwa die Wahl des **31**
Gruppennamens, erscheint jedoch im Innenverhältnis[82] eine strikte Unterwerfung ihrer Ausübung
unter Mehrheitsbeschlüsse durch eine direkte oder analoge Anwendung gesellschafts-, gemein-
schafts- oder vereinsrechtlicher Vorschriften nicht unproblematisch.[83] Zwar belässt Abs. 2 S. 1 unter
den dort näher bezeichneten Umständen den Künstlern das Recht, als Künstlergruppe genannt
zu werden; deren Name ist jedoch für den einzelnen Mitwirkenden nicht belanglos. Dasselbe gilt
für die Frage der Durchsetzung dieses Namens und der Geltendmachung von Schadensersatzansprüchen. Im Rahmen des Abs. 2 S. 1 sollte deshalb eine Majorisierung des einzelnen Künstlers nur
dann in Betracht gezogen werden, wenn sie in einer Satzung, einem Gesellschaftsvertrag oder einem
Tarifvertrag vereinbart ist und darüber hinaus das Nennungsrecht des einzelnen durch eine Mehr-
heitsentscheidung der Gruppe **nicht in seinem Kern berührt** wird (vgl. → Rn. 11, 21). Ohne
ausdrückliche Regelung der gruppeninternen Willensbildung sollte im Innenverhältnis wie in § 75
S. 2 das **Gebot gegenseitiger Rücksichtnahme** gelten, nach dem bei einer Abwägung der wechselseitigen Interessen die der Minderheit nicht schwerer wiegen dürfen als die Interessen der Mehrheit.[84]

b) Außenverhältnis. Abs. 2 S. 2 und 3 regeln, wer in welcher Reihenfolge gesetzlich befugt ist, **32**
eine Künstlergruppe bei der Frage der Nennung ihres Gruppennamens gegenüber Dritten zu vertreten. Dabei spielt es keine Rolle, ob die aktuelle Zusammensetzung des Ensembles noch mit der übereinstimmt, die bei Entstehung des Anspruchs bestanden hat, und zudem, ob der Vorstand noch derselbe ist, vorausgesetzt, bei dem Ensemble handelt es sich um einen auf einen längeren Zeitraum und
unter Beibehaltung seiner einem Verein oder einer Gesellschaft entsprechenden Eigenart angelegten
Zusammenschluss.[85] Ferner ist es unerheblich, ob das Ensemble, wie etwa das Bayreuther Festspiel-
chester, nur in bestimmten Zeiträumen aktiv ist. Die Regelung entspricht der des § 80 Abs. 2 aF für
Chor-, Orchester- und Bühnenaufführungen. Nach § 80 Abs. 2 nF findet sie für die Vertretung mehrerer Künstler bei der Geltendmachung der vermögenswerten Rechte nach §§ 77 und 78 entsprechende Anwendung.[86]

---

[74] OLG Frankfurt GRUR 1984, 162 f. – Erhöhungsgebühr bei Orchestervorstand; OLG Frankfurt GRUR 1985,
380 f. – Operneröffnung; vgl. auch OLG München GRUR 1989, 55 (56) – Cinderella – und AG Hamburg
GRUR 1990, 267 (269) – Bayreuther Orchester.
[75] BGH GRUR 2005, 502 (504) – Götterdämmerung.
[76] Abgedruckt in Dt. Bühnenverein (Hrsg.), Bühnen- und Musikrecht, II A 3.
[77] OLG München ZUM 1988, 349 – Cinderella und OLG München ZUM 1993, 42 – Cosi fan tutte.
[78] BGH GRUR 2005, 502 (504) – Götterdämmerung; ebenso bereits OLG Frankfurt/M GRUR 1984, 162 f. –
Erhöhungsgebühr bei Orchestervorstand sowie GRUR 1985, 380 f. – Operneröffnung.
[79] Palandt/*Ellenberger* BGB (72. Aufl.), § 54 BGB Rn. 1.
[80] Vgl. § 32 BGB im Gegensatz zu § 709 BGB; so allgemein für Gruppenentscheidungen Fromm/Nordemann/
Hertin (9. Aufl.), § 80 UrhG Rn. 7.
[81] Nordemann/Vinck/*Hertin* Art. 8 RA Rn. 3; sa. § 66 Abs. 3 öUrhG, der eine Entscheidung mit einfacher
Mehrheit ohne Berücksichtigung von Stimmenthaltungen vorsieht.
[82] Zur Problematik der Geltendmachung vermögenswerter Rechte des Künstlers nach § 80 Abs. 2, s. die Erläuterungen → § 80 Rn. 27 ff.
[83] So auch Möhring/Nicolini/*Kroitzsch* (2. Aufl.), § 80 UrhG Rn. 12: persönlichkeitsrechtliche Ansprüche können nur vom Künstler selbst geltend gemacht werden.
[84] → § 75 Rn. 37.
[85] BGH GRUR 2005, 502 (504) – Götterdämmerung.
[86] S. dazu auch die Erläuterungen → § 80 Rn. 27 ff.

Abs. 2 S. 2 und 3 sind erst auf Empfehlung des Rechtsausschusses an die alte Fassung des § 80 Abs. 2 aF angeglichen worden.[87] Der RegE sah noch die Geltendmachung des Nennungsrechts durch einen gewählten Vertreter mit Zustimmung der Mehrheit der beteiligten ausübenden Künstler vor.[88]

33   **c) Vertretungsberechtigte. aa) Vorstand.** Nach Abs. 2 S. 2 steht die Geltendmachung des Rechts zunächst dem **gewählten Vertreter** der Künstlergruppe zu. Dies ist der Vorstand. Wie er zu wählen ist, richtet sich nach der Satzung der Gruppe, ihrem Tarif- oder ihrem Gesellschaftsvertrag. Über die **Wahl des Gruppenvorstands** enthält § 2 des TV-Orchestervorstand vom 1.7.1971, geändert durch TV vom 4.12.2002,[89] genauere Verfahrensvorschriften für den Geltungsbereich der Orchester, ua. über die Zahl der Vorstandsmitglieder, die aktiv und passiv Wahlberechtigten, das Mehrheitsprinzip und die Wahlperiode. Für die nach dem Normalvertrag (NV) Bühne vom 15.10.2002 in der Fassung vom 1.6.2019[90] gewählten Vorstände (Chor/Tanz) gilt nach § 48 Ähnliches mit der Maßgabe, dass dort ein Obmann mit qualifizierter Mehrheit in einem Wahlgang zu wählen ist. Da derartige Wahlverfahren der zumindest analog anwendbaren vereinsrechtlichen Vorschrift des § 32 Abs. 1 S. 3 BGB entsprechen, ist eine einfache Mehrheit auch bei der Vorstandswahl nicht tarifvertraglich gebundener Gruppen als ausreichend anzusehen. Eine in freien Wahlen praktisch nie zu erzielende Einstimmigkeit zu verlangen,[91] widerspräche der ratio legis, die Gruppe primär durch eine aus den eigenen Reihen gewählte Person ihres Vertrauens vertreten zu lassen.[92]

34   **bb) Leiter der Gruppe.** Fehlt ein Vorstand, ist subsidiär der Leiter der Gruppe befugt, das Nennungsrecht auszuüben. Dies ist in aller Regel der ständige **künstlerische Leiter** und kann zB der Dirigent, Chorleiter oder Ballettmeister sein,[93] nicht jedoch eine Person, die ihrer Aufgaben wegen organisatorisch der Arbeitgeberseite zuzuordnen ist, wie dies beim Intendanten der Fall ist,[94] oder, wie zB ein Gastdirigent, keine dauerhafte Beziehung zur Gruppe hat.[95]

35   **cc) Gewählter Vertreter.** Erst **wenn auch ein Gruppenleiter fehlt, hat das Ensemble einen Vertreter zu wählen,** der nicht zwangsläufig aus seiner Mitte stammen muss. Für die Wahl des Vertreters gelten die Ausführungen zur Wahl des Vorstandes entsprechend (Rn. 32). Wegen des zwingenden Charakters des § 80 aF wurde eine Rechtsausübung ohne gewählten Vertreter, etwa durch **einzelne Gruppenmitglieder,** bereits nach altem Recht von einem Teil der Literatur für unzulässig erachtet.[96] So besagt es auch der Wortlaut des § 74 Abs. 2 S. 2 und 3. Dem ist jedoch der BGH noch unter dem Recht des § 80 Abs. 2 aF insofern entgegengetreten, als in diesem Fall die Durchsetzung verfassungsrechtlich verbriefter Rechte mangels eines Leiters der Gruppe scheitern würde, und hat in einem solchen Fall auch einzelne Gruppenmitglieder für aktivlegitimiert angesehen.[97] Daran sollte die neue Vorschrift trotz teilweise geändertem Wortlaut nichts ändern.[98]

36   Unklar ist die Rechtslage, wenn eine Gruppe ohne Vorstand, aber mit künstlerischem Leiter einen Vertreter zur Geltendmachung der Rechte aus § 74 Abs. 1 wählt.[99] Nach dem Wortlaut der Vorschrift müsste der gewählte Vertreter zugunsten des künstlerischen Leiters zurückstehen, obwohl der gewählte Vertreter dem ausdrücklichen Wunsch und dem Interesse der Gruppe entspricht. *Apel* spricht sich in diesem Fall – entgegen dem Gesetzeswortlaut und damit unter Zurücksetzung des künstlerischen Leiters – in Umkehrung der Reihenfolge des Abs. 2 S. 2 und 3 für den gewählten, den ausdrücklichen Willen der Gruppe repräsentierenden Vertreter aus.[100] Dem ist zuzustimmen, weil der künstlerische Leiter mitunter der Arbeitgeberseite zuzurechnen ist und deshalb als interessengerechter Vertreter der Künstler ausscheidet. Hinzu kommt, dass sich die künstlerische Leitung nicht selten auf die jeweilige Veranstaltungs- oder Produktionsdauer beschränkt und es damit fraglich erscheinen lässt, ob in diesem Zusammenhang überhaupt von einem künstlerischen Leiter im Sinne eines längerfristig angelegten Betreuungsverhältnisses gesprochen werden kann, das es rechtfertigt, dem Leiter der Gruppe die Nennungsrechte der Künstlergruppe gesetzlich zwingend anzuvertrauen.[101] Soll es zur

---

[87] S. Beschlussempfehlung und Bericht des Rechtsausschusses vom 8.4.2003 BT-Drs. 15/837, 23.

[88] AmtlBegr. BT-Drs. 15/38, 8; zur Entstehungsgeschichte der Vorschrift Wandtke/Bullinger/*Büscher* § 74 UrhG Rn. 26.

[89] Abgedr. in Dt. Bühnenverein (Hrsg.), Bühnen- und Musikrecht, II A 3.

[90] Bühnen und Musikrecht I B 1.

[91] So aber im Hinblick auf die wirtschaftliche Bedeutung der Entscheidungen der Vorstände für den freien Interpreten Möhring/Nicolini/*Kroitzsch* (2. Aufl.), § 80 UrhG Rn. 13.

[92] AmtlBegr. BT-Drs. 15/38, 23.

[93] AmtlBegr. UFITA 45 (1965) 240 (312); ausführlich *Dünnwald/Gerlach* § 74 UrhG Rn. 13.

[94] AllgM BGH GRUR 1999, 49 (50) – Bruce Springsteen and his Band (Solist als Arbeitgeber der Begleitband); *Dünnwald/Gerlach* § 74 UrhG Rn. 13; Dreier/Schulze/*Dreier* § 74 UrhG Rn. 7; Fromm/Nordemann/*Hertin* (9. Aufl.), § 80 UrhG Rn. 7; Fromm/Nordemann/*Schaefer* § 74 UrhG Rn. 16.

[95] Fromm/Nordemann/*Hertin* (9. Aufl.), § 80 UrhG Rn. 7; *Dünnwald/Gerlach* § 74 UrhG Rn. 13.

[96] v. *Gamm* § 80 UrhG Rn. 7; nach neuem Recht auch Dreier/Schulze/*Dreier* § 74 UrhG Rn. 7; Fromm/Nordemann/*Schaefer* § 74 UrhG Rn. 14.

[97] Vgl. BGH GRUR 1993, 550 (551) – The Doors.

[98] So überzeugend Fromm/Nordemann/*Schaefer* § 74 UrhG Rn. 14 unter Hinweis auf die AmtlBegr. BT-Drs. 15/38, 25; dem folgend Möhring/Nicolini/*Stang* (4. Aufl.), § 74 UrhG Rn. 17.

[99] Vgl. *Apel* S. 332.

[100] Ebenso *Apel* S. 322f.

[101] In diesem Sinne auch *Dünnwald/Gerlach* § 74 UrhG Rn. 13 mwN, die eine an Art. 16 WPPT ausgerichtete, interessengerechte Auslegung befürworten; die Vorschrift räumt den Vertragsparteien das Recht ein, hinsichtlich

Verwertung einer weit zurückliegenden Aufnahme kommen und keiner der nach Abs. 2 S. 2 und 3 bestimmten Vertretungsberechtigten noch ausgemacht werden können, ist jeder einzelne ausübende Künstler nach § 744 Abs. 2 BGB befugt, das Namensnennungsrecht für die Gruppe geltend zu machen.[102]

d) Prozessstandschaft. Nach ihrem Wortlaut bezieht sich die Bestimmung des **Abs. 2 S. 2 und** **37** **3** auf das Recht nach Abs. 2 S. 1 (Nennung als Gruppe), zu dessen Geltendmachung der Vorstand, Leiter oder sonstige gewählte Vertreter für die Gruppe in **gesetzlicher Prozessstandschaft** ermächtigt wird.[103] Auch das § 74 ergänzende Verbotsrecht nach § 96[104] wird vom Zweck der Regelung, eine möglichst einheitliche Rechtsverfolgung zu gewährleisten, mit umfasst.[105] Darüber hinaus gilt die gesetzliche Prozessstandschaft auch für die Geltendmachung der aus einer Rechtsverletzung folgenden Ansprüche der §§ 97 ff.[106] Ein aus mehreren Mitgliedern bestehender Vorstand ist prozessual und gebührenrechtlich nicht als eine Partei anzusehen.[107]

Dem Normzweck der Vereinfachung des Rechtsverkehrs und der Prozessökonomie entsprechend **38** ist eine **Passivlegitimation** des Vorstands, Leiters oder eines sonstigen gewählten Vertreters in denjenigen Fällen anzunehmen, in denen er auf der Klägerseite aufgrund der Prozessstandschaft des Abs. 2 S. 2 und 3 aktivlegitimiert wäre,[108] jedoch nicht für Schadensersatzansprüche wegen Vertragsverletzung, die sich allein gegen jeden einzelnen Künstler zu richten haben.[109]

Die **persönlichkeitsrechtlichen Befugnisse** der Gruppenmitglieder aus § 75 bleiben von der **39** Bestimmung des Abs. 2 S. 2 und 3 unberührt.[110] Ihre Geltendmachung bleibt jedem einzelnen Gruppenmitglied unter Beachtung des Grundsatzes gegenseitiger Rücksichtnahme vorbehalten.[111] **Persönlichkeitsrechtliche Befugnisse der Gruppe als solcher** sind de lege lata nicht gegeben, auch wenn in Einzelfällen ein entsprechendes Schutzbedürfnis anzuerkennen ist, so zB gegen die unterlassene Namensnennung eines Chors oder Orchesters bei Sendungen[112] oder eine nur die Gesamtwirkung einer Gruppenleistung entstellende Videoaufnahme.

4. Besonderes Interesse an persönlicher Nennung (Abs. 2 S. 4)

Nicht von den Beschränkungen des Abs. 2 S. 1 bis 3 betroffen sind **Personen mit besonderem** **40** **Interesse an ihrer persönlichen Nennung.** Dazu zählt im Wesentlichen der Kreis von Künstlern, den § 80 Abs. 1 aF noch ausdrücklich aufgeführt hatte: Solisten, die bereits per definitionem nicht zur Gruppe gehören,[113] Dirigenten[114] sowie Regisseure, und zwar neben dem Schauspiel- und Opernregisseur – soweit im Einzelfall erforderlich – auch der Bewegungs- und Tonregisseur.[115] Der Ballett- und Tanzregisseur kann sich zudem auf § 13 berufen, da der Choreograph überwiegend ein urheberrechtsschutzfähiges Werk der Tanzkunst schafft bzw. bearbeitet und ist nicht nur interpretiert.[116] Soweit Dirigenten, Regisseure oder Solisten gleichzeitig gewählte Vorstände oder Leiter einer Gruppe sind, können sie deren Einwilligungsrechte neben ihren eigenen ausüben.

Für die **Abgrenzung zwischen Solist und Gruppenmitglied** ist die Bezeichnung im Arbeits- **41** vertrag kein verlässliches Indiz, da – abgesehen von Vertragstypen wie „Halbsolo" und „Gruppe mit

---

der Rechte des ausübenden Künstlers und Tonträgerherstellers Beschränkungen und Ausnahmen zu den im WPPT gewährten Rechten vorzusehen, soweit diese nach nationalem Recht in ihrer Art denen des Urhebers entsprechen, jedoch die Interessen der Rechteinhaber nicht unzumutbar verletzen.

[102] So zu Recht *Dünnwald/Gerlach* § 74 UrhG Rn. 13 aE.

[103] BGH GRUR 2005, 502 (503 f.) – Götterdämmerung; so auch schon für das alte Recht BGHZ 33, 20 = GRUR 1960, 614 – Figaros Hochzeit; ebenso zu § 80 aF BGH GRUR 1993, 550 (551) – The Doors; OLG Frankfurt/M GRUR 1985, 380 – Opernereöffnung; OLG Frankfurt/M GRUR 1984, 162 – Erhöhungsgebühr bei Orchestervorstand; s. ferner mit ausführlicher Begründung *Dünnwald/Gerlach* § 74 UrhG Rn. 12; Fromm/Nordemann/*Schaefer* § 74 UrhG Rn. 24; Loewenheim/*Vogel*, Handbuch, § 38 Rn. 127; *v. Gamm* § 80 UrhG Rn. 5; Möhring/Nicolini/*Kroitzsch* (2. Aufl.), § 80 UrhG Rn. 9; aA Fromm/Nordemann/*Hertin* (9. Aufl.), § 80 UrhG Rn. 2; OLG München GRUR 1989, 55 (56) – Cinderella; LG Hamburg ZUM 1991, 98 f. – Bayreuther Orchester; ferner KG ZUM-RD 1997, 245 – Staatskapelle Berlin.

[104] AA → § 96 Rn. 15; vgl. auch Dreier/Schulze/*Specht* § 96 Rn. 2: § 96 tritt ergänzend neben die Verletzungen der Ausschließlichkeitsrechte.

[105] BGH GRUR 1993, 550 (551) – The Doors.

[106] So schon die AmtlBegr. zu § 80 Abs. 2 UrhG aF UFITA 45 (1965) 240 (312).

[107] OLG Frankfurt/M GRUR 1984, 162 – Erhöhungsgebühr bei Orchestervorstand.

[108] Fromm/Nordemann/*Hertin* (9. Aufl.), § 80 UrhG Rn. 9; Wandtke/Bullinger/*Büscher* § 80 UrhG Rn. 16.

[109] Möhring/Nicolini/*Kroitzsch* (2. Aufl.), § 80 UrhG Rn. 11.

[110] Zu der teilweise befürworteten Ausübung des Änderungsrechts durch den Vorstand sa. *Flechsig* S. 128 ff.

[111] → § 75 Rn. 7; Fromm/Nordemann/*Hertin* (9. Aufl.), § 80 UrhG Rn. 8; Möhring/Nicolini/*Kroitzsch* (2. Aufl.), § 80 UrhG Rn. 12; *Ulmer* § 124 II 3.

[112] *Samson* UFITA 64 (1972) 181 (189).

[113] Loewenheim/*Vogel*, Handbuch, § 38 Rn. 126.

[114] Abgelehnt jedoch im Fall LG Köln ZUM-RD 2008, 211 (213) – E. Symphoniker, das unter Berücksichtigung aller Umstände des Einzelfalles (erfolgte Nennung unter „very special thanks", Länge der eingespielten Musik, E-Musik u. a.) eine gesonderte hervorgehobene Nennung des Dirigenten nicht für erforderlich hielt; zum Begriff des Dirigenten s. Fromm/Nordemann/*Hertin* (9. Aufl.), § 80 UrhG Rn. 4.

[115] Vgl. OLG Hamburg GRUR 1976, 708 – Staatstheater – für das Musikwerk „Staatstheater" von Mauricio Kagel; dazu auch → § 73 Rn. 27.

[116] Vgl. → § 2 Rn. 130 f.; → § 3 Rn. 21 ff.; zur Abgrenzung *Schlatter-Krüger* GRUR-Int 1985, 299 (307).

Solo" im Ballett – insbesondere bei kleinen Ensembles teilweise Solisten zur Mitwirkung in der Gruppe verpflichtet sind und mitunter Gruppenmitgliedern kleine Solopartien übertragen werden. Die in der Literatur als sicheres Indiz für die Solisteneigenschaft bezeichnete Namensnennung im Programm[117] kann angesichts eines geänderten und örtlich unterschiedlichen Bühnenbrauchs nur noch bedingt als Abgrenzungskriterium herangezogen werden. Besonders bei Tanzdarbietungen werden heute auch die Mitglieder des corps de ballet namentlich aufgeführt. Abgesehen davon kann auch ein **einfaches Gruppenmitglied bei Vorliegen eines besonderen Interesses** an einer individuellen Nennung sich auf Abs. 2 S. 4 berufen.[118]

42   Für die Differenzierung **zwischen Solo- und Chorsängern** hat sich in der Praxis auch bei den Bühnenschiedsgerichten die Verwendung von *Kloibers* Handbuch der Oper durchgesetzt. Die dort gesondert genannten Stimmen werden als Solo behandelt. Für Orchester, Ballett und Komparserie ist ein entsprechender Bühnenbrauch nicht festzustellen. Hier muss die Abgrenzung danach vorgenommen werden, ob im konkreten Fall die Leistung des einzelnen ausübenden Künstlers in der Wirkung der Gesamtleistung aufgeht[119] oder aus dieser für das Publikum erkennbar visuell oder akustisch hervortritt.[120] Solistische Einlagen eines Mitglieds der Gruppe genügen hierfür nicht.[121]

IV. Interpretenvermutung (Abs. 3)

43   Nach dem **Gesetz zur Verbesserung der Durchsetzung von Rechten des geistigen Eigentums vom 7.7.2008,**[122] in Kraft getreten am 1.9.2008, ist infolge eines dem § 74 angefügten Abs. 3 die Vorschrift des § 10 Abs. 1 künftig auf das Recht des ausübenden Künstlers entsprechend anzuwenden. Diese Gesetzesänderung geht zurück auf Art. 5 lit. b der Enforcement-RL 2004/48/EG und deren Erwgr. 19. § 74 Abs. 3 statuiert eine die Piraterietbekämpfung erleichternde tatsächliche Vermutung, dass der auf einem Vervielfältigungsstück einer erschienenen Darbietung angegebene ausübende Künstler bis zum Beweis des Gegenteils als deren tatsächlicher Interpret anzusehen ist. Der Vorschlag *Grünbergers,*[123] § 10 Abs. 2 UrhG wegen übereinstimmender Interessenlage auch ohne gesetzliche Inbezugnahme auf den anonym bleibenden Interpreten entsprechend anzuwenden, weil dieser nicht gezwungen werden dürfe, seine Anonymität zu lüften, verdient bedacht zu werden. Dies hätte eine widerlegliche Vermutung zugunsten des Inhabers eines ausschließlichen Nutzungsrechts zur Folge, zur Geltendmachung der Interpretenrechte an einer anonymen Darbietung befugt zu sein.[124] Eine planwidrige Regelungslücke als Voraussetzung einer Analogie dürfte insoweit kaum vorliegen.

44   Ferner erhält § 10 selbst einen Abs. 3, der, auch ohne dass § 74 Abs. 3 ausdrücklich auf ihn verweist, für das Recht des ausübenden Künstlers wie für das Recht des Urhebers bestimmt, dass die Vermutung des § 10 Abs. 1 UrhG nicht allein für den originären Rechtsinhaber zur Anwendung kommt, sondern auch für die Inhaber ausschließlicher Nutzungsrechte, jedoch insoweit nur in Verfahren des einstweiligen Rechtsschutzes oder bei der Geltendmachung von Unterlassungsansprüchen.[125] Um Missbräuchen entgegenzuwirken, kommt letzteres jedoch nicht im Verhältnis zum Urheber und zum ursprünglichen Inhaber eines verwandten Schutzrechts zur Geltung (§ 10 Abs. 3 S. 2), da es keine Vermutung für die Gültigkeit eines Lizenzvertrages gibt.[126]

V. Sonstige Fragen

45   **Ausländische ausübende Künstler.** Die Rechte aus § 74 stehen nach § 125 Abs. 6 allen ausländischen Staatsangehörigen ungeachtet geschlossener Staatsverträge zu, unterliegen jedoch, soweit es sich nicht um EU- und EWR-Angehörige handelt (§ 125 Abs. 1), hinsichtlich ihrer Dauer dem Schutzfristenvergleich des § 125 Abs. 7.[127]

---

[117] v. *Gamm* § 80 UrhG Rn. 4; Möhring/Nicolini/*Kroitzsch* (2. Aufl.), § 80 UrhG Rn. 5; Fromm/Nordemann/ *Hertin* (9. Aufl.), § 80 UrhG Rn. 3.

[118] *Dünnwald/Gerlach* § 74 UrhG Rn. 14.

[119] BGHZ 33, 20 (30) = GRUR 1960, 614 – Figaros Hochzeit; BGHZ 33, 48 (52) = GRUR 1960, 630 – Orchester Graunke.

[120] Ebenso *v. Gamm* § 80 UrhG Rn. 3; Möhring/Nicolini/*Kroitzsch* (2. Aufl.), § 80 UrhG Rn. 5; ähnlich Fromm/Nordemann/*Hertin* (9. Aufl.), § 80 UrhG Rn. 3.

[121] OLG Hamburg ZUM 1991, 496 (499) – The Doors; kritisch hierzu *Schlatter* ZUM 1993, 522 (523).

[122] BGBl. I S. 1191; der insoweit unverändert gebliebene Reg-E vom 20.4.2007 BT-Drs. 16/5048 ist auszugsweise abgedruckt bei Hillig (Hrsg.), 11. Aufl., S. 533 ff.

[123] *Grünberger* S. 113 ff., 116, 118 f.; *Grünberger* GRUR 2006, 894 (901 f.).

[124] *Grünberger* S. 118 f.; *Grünberger* GRUR 2006, 894 (902).

[125] Ebenso Dreier/Schulze/*Dreier* § 74 UrhG Rn. 10.

[126] BT-Drs. 16/5048, 113; sa. Fromm/Nordemann/*Schaefer* § 74 UrhG Rn. 19 ff.

[127] Einzelheiten dort; sa. *Grünberger* S. 92 Rn. 304 Fn. 5.

§ 75 Beeinträchtigungen der Darbietung

[1]Der ausübende Künstler hat das Recht, eine Entstellung oder eine andere Beeinträchtigung seiner Darbietung zu verbieten, die geeignet ist, sein Ansehen oder seinen Ruf als ausübender Künstler zu gefährden. [2]Haben mehrere ausübende Künstler gemeinsam eine Darbietung erbracht, so haben sie bei der Ausübung des Rechts aufeinander angemessene Rücksicht zu nehmen.

Schrifttum: *Apel,* Der ausübende Musiker im Recht Deutschlands und der USA, 2011; *ders.,* Interpretenrecht (§§ 73 ff. UrhG) und Teileschutz. „Metall auf Metall" remixed? ZGE Bd. 10 2/2018, 162; *Boden,* Über die Unzulänglichkeit des Leistungsschutzrechtes des ausübenden Künstlers, GRUR 1968, 537; *Bortloff,* Der Tonträgerpiraterieschutz im Immaterialgüterrecht, 1995; *Braun,* Schutzlücken-Piraterie – Der Schutz ausländischer ausübender Künstler in Deutschland vor einem Vertrieb von bootlegs, 1996; *ders.,* Die Schutzlückenpiraterie nach dem Urheberrechtsänderungsgesetz vom 23. Juni 1995, GRUR-Int 1996, 790; *Flechsig,* Der Leistungsintegritätsanspruch des ausübenden Künstlers, 1977; *ders.,* Die Vererbung des immateriellen Schadensersatzanspruchs des ausübenden Künstlers, FuR 1976, 74; *ders.,* Die Dauer des Anspruchs des ausübenden Künstlers auf Integrität seiner künstlerischen Leistung, FuR 1976, 208; *ders.,* Beeinträchtigungsschutz von Regieleistungen im Urheberrecht, FuR 1976, 429; *Freitag,* Kommerzialisierung von Darbietung und Persönlichkeit des ausübenden Künstlers, 1993; *Grünberger,* Das Interpretenrecht, 2005; *Häuser,* Sound und Sampling, 2002; *Hertin,* Sounds von der Datenbank, GRUR 1989, 578; *ders.,* Die Vermarktung nicht lizenzierter Live-Mitschnitte von Darbietungen ausländischer Künstler nach den höchstrichterlichen Entscheidungen „Bob Dylan" und „Die Zauberflöte", GRUR 1991, 722; *Hoeren,* Sounds von der Datenbank – zum Schutz des Tonträgerherstellers gegen Sampling, FS Hertin (2000), S. 113; *Kloth,* Der Schutz der ausübenden Künstler nach TRIPs und WPPT, 2000; *Krüger,* Persönlichkeitsschutz und Werbung, GRUR 1980, 628; *ders.,* Zum Leistungsschutzrecht ausländischer ausübender Künstler in der Bundesrepublik Deutschland im Falle des sog. bootlegging, GRUR-Int 1986, 381; *Krüger-Nieland,* Das Urheberpersönlichkeitsrecht, eine besondere Erscheinungsform der allgemeinen Persönlichkeitsrechts?, FS Hauß (1978), S. 215; *W. Nordemann,* Vererblichkeit von Leistungsschutzrechten, FuR 1969, 15; *Peukert,* Die Leistungsschutzrechte des ausübenden Künstlers nach dem Tode, 1999; *ders.,* Leistungsschutz des ausübenden Künstlers de lege lata und de lege ferenda unter besonderer Berücksichtigung der postmortalen Rechtslage, UFITA 138 (1999) 63; *Peter,* Persönlichkeitsbezogene Immaterialgüterrechte?, ZUM 2000, 710; *Peter,* Das allgemeine Persönlichkeitsrecht und das „droit moral" des Urhebers und des Leistungsschutzberechtigten in den Beziehungen zum Film, UFITA 36 (1962) 257; *Reinbothe/v. Lewinski,* The WIPO Treaties 1996, 2002; *Rüll,* Allgemeiner und urheberrechtlicher Persönlichkeitsschutz des ausübenden Künstlers, Diss. München 1997 (zit. nach Kap.); *Schack,* Das Persönlichkeitsrecht der Urheber und ausübenden Künstler nach dem Tode, GRUR 1985, 352; *Schaefer/Körfer,* Tonträgerpiraterie, 1995; *Schiefler,* Verhältnis des Urheberrechts und des Leistungsschutzrechts des ausübenden Künstlers zum allgemeinen Persönlichkeitsrecht, GRUR 1960, 156; *Schmieder,* Wann endet das Schutzrecht der ausübenden Künstler nach dem neuen Urheberrechtsgesetz?, FuR 1968, 315; *ders.,* Vererblichkeit von Leistungsschutzrechten, FuR 1969, 15; *ders.,* Werkintegrität und Freiheit der Interpretation, NJW 1990, 1945; *Schwarz/Schierholz,* Das Stimmplagiat: Der Schutz der Stimme berühmter Schauspieler und Sänger gegen Nachahmung im amerikanischen und deutschen Recht, FS Kreile, 1994, S. 723; *Unger/Götz v. Olenhusen,* Historische Live-Aufnahmen ausübender Künstler im Bereich klassischer Musik, ZUM 1987, 154; *Weßling,* Der zivilrechtliche Schutz gegen digitales Sound-Sampling, 1995.

Übersicht

I. Allgemeines

1. Grundcharakteristik der Vorschrift

1   § 75 gewährt dem ausübenden Künstler das der Regelung des § 14 nachgebildetes Recht auf „Leistungstreue". In seinem Schwerpunkt schützt es das **ideelle Interesse des Interpreten an der Integrität seiner Werkinterpretation,** dient gleichzeitig aber auch der Wahrung seiner materiellen Belange, soweit die unverfälschte Leistungswiedergabe zum wirtschaftlichen Erfolg des Künstlers beizutragen vermag.[1]

2   § 75 regelt die **Persönlichkeitsrechte** des ausübenden Künstlers in Bezug auf seine Darbietung nicht ausschließlich,[2] **sondern neben den** neu in das Gesetz aufgenommenen **Rechten auf Anerkennung als ausübender Künstler sowie auf Namensnennung nach § 74 und im weiteren Sinne neben dem Aufnahmerecht nach § 77 Abs. 1.** Der gegenüber dem Urheberrecht eigenständige Schutzgegenstand und die nicht umfassende Ausgestaltung des Interpretenrechts verbieten – über die §§ 74, 75 hinausgehend – die analoge Anwendung weiterreichender persönlichkeitsrechtlicher Bestimmungen des Teils 1 des UrhG auf leistungsschutzrechtliche Sachverhalte.[3] Dies gilt namentlich für das **Veröffentlichungsrecht,** welches nur über den Zuschnitt eingeräumter Nutzungsrechte ausgeübt werden kann, und dies galt bis zum Inkrafttreten der Gesetzesnovelle vom 10.9.2003 am 13.9.2003 auch für das **Recht auf Namensnennung,**[4] das allerdings nach altem Recht im Rahmen des Üblichen als vertraglich vereinbart galt, wo ausdrückliche Abmachungen fehlten.[5] Über die Verweisungsnorm des § 83 nF (§ 84 aF) kommt bei gesetzlichen Nutzungsverhältnissen als persönlichkeitsrechtliche Bestimmung des Teils 1 des UrhG neben § 63 (Quellenangabe) die Regel des § 62 (Änderungsverbot) zur Anwendung, innerhalb der wiederum – allerdings ohne praktische Auswirkungen gegenüber der Rechtslage nach § 75[6] – die änderungsrechtliche Vorschrift des § 39 zu berücksichtigen ist. Sie ist nach neuem Recht gemäß § 79 Abs. 2 ebenso wie das Rückrufrecht wegen gewandelter Überzeugung nach § 42 nunmehr auch im Zusammenhang mit leistungsschutzrechtlichen Nutzungsverträgen entsprechend anwendbar.

2. Rechtslage vor dem UrhG und Gesetzgebungsgeschichte

3   Zur **Entstehungsgeschichte** des Leistungsschutzrechts des ausübenden Künstlers s. Vor §§ 73 ff. Rn. 12 ff.; *Dünnwald/Gerlach* Einl. Rn. 1 ff.

Die **Geschichte gesetzlich geregelter Persönlichkeitsrechte des ausübenden Künstlers** beginnt mit den Reformentwürfen vor dem 2. Weltkrieg, von denen der RJM-E 1932, der Hoffmann-E 1933 und der Akademie-E 1939 bereits Interpretenrechte vorsahen, die die ideellen Interessen des ausübenden Künstlers berücksichtigten. Der RJM-E behielt ihm das Recht auf körperliche Festlegung seiner Darbietung vor (§ 57 Abs. 1), während der Akademie-E dem Interpreten gar einen Entstellungsschutz sowie die Rechte auf Namensnennung und Veröffentlichung zu gewähren beabsichtigte.[7] Der persönlichkeitsrechtlichen Grundlage des Interpretenrechts entsprechend, die der BGH in seinen vier leistungsschutzrechtlichen Urteilen vom 31.5.1960[8] bekräftigte, sah nach dem 2. Weltkrieg § 80 RefE 1954 bei genereller Gefährdung des Ansehens oder des Rufs des Künstlers ein Beeinträchtigungs- und Entstellungsverbot vor. Die **genauere Unterscheidung von Künstlerehre und bürgerlicher Ehre** hingegen kam erst in § 88 MinE 1959 zum Ausdruck.[9] Diese Vorschrift stellte einschränkend nur auf diejenigen Beeinträchtigungen und Entstellungen der Darbietung des Interpreten ab, die sein Ansehen oder seinen Ruf als ausübender Künstler in Gefahr bringen. Sie wurde als § 93 in den RegE 1962 übernommen, 1965 als § 83 UrhG vom Bundestag beschlossen und in Kraft gesetzt.[10]

4   Mit der **Neuordnung des Rechts des ausübenden Künstlers durch das Gesetz vom 10.9. 2003** (→ Rn. 2) wurde § 83 Abs. 1 wörtlich in § 75 S. 1 übernommen. Der teilweise erhobenen Forderung, die Vorschrift dem Wortlaut des § 14 anzupassen, hat der Gesetzgeber nicht entspro-

---

[1] Ebenso *Flechsig* FuR 1976, 208 (210); *Rüll* § 4 IV im Hinblick auf die AmtlBegr. UFITA 45 (1965) 240 (313); Möhring/Nicolini/*Kroitzsch* (2. Aufl.), § 83 UrhG Rn. 1; sa. *Peter* UFITA 36 (1962) 257 (300).

[2] *Dünnwald/Gerlach* Vor § 74 UrhG Rn. 15; zur Rechtslage vor dem Inkrafttreten des Gesetzes zur Regelung des Urheberrechts in der Informationsgesellschaft vom 10.9.2003 → Vor §§ 73 ff. Rn. 19 ff., 22 ff.; Fromm/Nordemann/*Hertin* (9. Aufl.), Vor § 73 UrhG Rn. 2, 4; *v. Gamm* § 83 UrhG Rn. 4; kritisch dazu *Boden* GRUR 1968, 537 (538, 540); aA *Rüll* § 17.

[3] AmtlBegr. UFITA 45 (1965) 240 (304); *Dünnwald/Gerlach* Vor § 74 UrhG Rn. 15; Fromm/Nordemann/*Hertin* (9. Aufl.), Vor § 73 UrhG Rn. 4; *Flechsig* S. 11 ff. mwN.

[4] AmtlBegr. UFITA 45 (1965) 240 (313).

[5] Einzelheiten dazu → § 74 Rn. 4 mwN.

[6] → § 62 Rn. 12.

[7] §§ 55 Abs. 4 S. 4 iVm. 10a Abs. 1 bis 3 Akademie-E.

[8] BGHZ 33, 1 = GRUR 1960, 619 – Künstlerlizenz Schallplatten; BGHZ 33, 20 = GRUR 1960, 614 – Figaros Hochzeit; BGH 33, 38 = GRUR 1960, 627 – Künstlerlizenz Rundfunk; BGHZ 33, 48 = GRUR 1960, 630 – Orchester Graunke.

[9] Vgl. *Schiefler* GRUR 1960, 156 (161).

[10] Ausführlich zur geschichtlichen Entwicklung der Vorschrift *Dünnwald/Gerlach* § 75 UrhG Rn. 2.

chen.[11] § 83 Abs. 2 aF wurde § 75 S. 2 nF, während sich die Regelung des § 83 Abs. 3 aF in § 76 S. 4 (Fassung 2003) regelungsgleich wiederfindet. § 75 steht im Einklang mit Art. 5 Abs. 1 WPPT, der erstmals in einem internationalen Vertrag dem ausübenden Künstler das Recht verleiht, sich gegen jede Entstellung, Verstümmelung oder sonstige Änderung seiner Darbietung, die seinem Ruf abträglich ist, zu widersetzen.[12]

3. Zweck und Rechtfertigung des Rechts auf Leistungsintegrität

Seinen **Zweck** und seine **Rechtfertigung** findet § 75 in der Notwendigkeit einer gegenüber dem 5 aPR gesonderten Regelung des Integritätsschutzes, um mit einem speziell zugeschnittenen Tatbestand dem Wesen des iSd. monistischen Theorie **einheitlichen Leistungsschutzrechts**[13] mit persönlichkeitsrechtlichen und vermögensrechtlichen Elementen besser zu entsprechen.[14] Der praktische Schwerpunkt der Vorschrift liegt naturgemäß auf dem Schutz der von der Persönlichkeit des Interpreten losgelösten, weit festgelegten Darbietung, ohne freilich den Schutz von Live-Darbietungen gegen Beeinträchtigungen auszuschließen. Als eine auf den Schutz der ideellen Beziehungen des Interpreten zu seiner Darbietung beschränkte besondere Erscheinungsform des aPR sieht § 75 S. 2 mit der **Anordnung angemessener Rücksichtnahme** bei der Geltendmachung des Leistungsintegritätsanspruchs **bei Ensembleleistungen** ausdrücklich eine der besonderen Interessenlage gerecht werdende Konfliktlösung vor.

4. Rechtsnatur und Schutzumfang

a) Rechtsnatur. Seiner Rechtsnatur nach stellt der Schutz gegen Leistungsbeeinträchtigung eine 6 **selbständige Erscheinungsform des aPR** dar.[15] Als Bestandteil des einheitlichen Interpretenrechts[16] ist das Recht auf Leistungsintegrität freilich untrennbar mit den vermögensrechtlichen Befugnissen des ausübenden Künstlers verknüpft. Innerhalb seines speziellen Anwendungsbereichs verdrängt das Recht auf Leistungstreue das aPR.[17] Dagegen kommt das aPR weiterhin zur Anwendung, soweit besondere außerhalb des sondergesetzlichen Tatbestands liegende Umstände der Verletzung des Persönlichkeitsrechts hinzutreten und der Schutz nach dem aPR nicht in Wertungswiderspruch zu dem nach § 75 tritt,[18] und auch das Namensrecht nach § 12 BGB sowie das Recht am eigenen Bilde gemäß §§ 22 ff. KUG bleiben neben den §§ 74, 75 anwendbar (→ Rn. 8).

Wegen seiner persönlichkeitsrechtlichen Natur ist das Recht aus § 75 in seinem **Kerngehalt** – wie 7 im Übrigen das Leistungsschutzrecht im Ganzen – **unübertragbar**,[19] insoweit auch **unverzichtbar**[20] und – im Gegensatz zu den entsprechenden Rechten des Urhebers – **unvererblich. Stattdessen ordnet das Gesetz eine Wahrnehmungsbefugnis der Angehörigen hinsichtlich des postmortalen Persönlichkeitsrechts an.**[21] Im Übrigen sind vertragliche Einschränkungen denkbar und verbreitete Praxis. Aus denselben Gründen steht es ungeachtet geschlossener Staatsverträge jedem ausländischen Staatsangehörigen zu (§ 125 Abs. 6) und kann weder bei einem veranstaltenden Unternehmen (§ 81), Tonträger- (§ 85) oder Filmhersteller (§ 94) noch bei einem sonstigen Dritten, etwa dem Dienstherrn des Künstlers oder einem Orchestervorstand, entstehen.[22] Seine persönlichkeitsrechtliche Natur bedingt, dass das Recht aus § 75 in **gewillkürter Prozessstandschaft** von Dritten nur geltend gemacht werden kann, wenn – in Anlehnung an die für das Urheberrecht geltenden Grundsätze – der wirksam Ermächtigte, meist der Tontägerhersteller, ein eigenes schutzwürdiges Interesse an der Rechtsdurchsetzung, wie etwa die wirtschaftliche Verwertung der Darbietung, nach-

---

[11] Dazu Wandtke/Bullinger/*Büscher* § 75 UrhG Rn. 2 f.

[12] Sa. *Grünberger* S. 121 Rn. 409 f.

[13] Str., → Vor §§ 12 ff. Rn. 35 f. mwN sowie → Rn. 6 f.

[14] Vgl. AmtlBegr. UFITA 45 (1965) 240 (313) sowie die Nachw. unter Rn. 6.

[15] BGH GRUR 1971, 525 (526) – Petite Jacqueline; ebenso Fromm/Nordemann/*Hertin* (9. Aufl.), § 83 UrhG Rn. 1; *v. Gamm* Einf. Rn. 93; *Flechsig* S. 22; *Rüll* § 6 I 2; für einen Ausschnitt des aPR AmtlBegr. UFITA 45 (1965) 240 (313); *Schiefler* GRUR 1960, 156 (162); *Schack* Rn. 46: Verhältnis des UPR zum aPR ist nicht das eines Teils zum Ganzen, sondern das zweier nebeneinander bestehender Rechte mit teilweisen Überschneidungen; zu den Konkurrenzen mit dem aPR s. die Ausführungen von *Rüll* Teil 3 sowie Vor §§ 12 ff. Rn. 14 ff. mwN.

[16] → Vor §§ 73 ff. Rn. 79 ff.; *v. Gamm* § 83 UrhG Rn. 2; *Flechsig* S. 11 ff.; *Flechsig* FuR 1976, 74 (76 f.); *Flechsig* FuR 1976, 208 8209 f.); *Rüll* § 4 IV; wohl auch Fromm/Nordemann/*Hertin* (9. Aufl.), § 83 UrhG Rn. 11; aA mit freilich beachtenswerten Gründen die Kommentierung von *Peukert* Vor §§ 12 ff. Rn. 35 f.; wie hier noch Schricker/*Dietz* (3. Aufl.); ferner *Peukert* UFITA 138 (1999) 63 ff.; Möhring/Nicolini/*Kroitzsch* (2. Aufl.), § 83 UrhG Rn. 4, § 82 UrhG Rn. 1; *Schack* Rn. 681; *Schack* GRUR 1985, 352 (354) (Fn. 54, 58, (359) Fn. 137.

[17] *Schiefler* GRUR 1960, 156 (162).

[18] *Krüger* (4. Aufl.) Vor §§ 73 ff. Rn. 21; ausführlich *Rüll* § 8 III 3 jeweils mwN; *Häuser* S. 119.

[19] *v. Gamm* § 83 UrhG Rn. 2; Fromm/Nordemann/*Hertin* (9. Aufl.), § 83 UrhG Rn. 3; Möhring/Nicolini/*Kroitzsch* (2. Aufl.), § 83 UrhG Rn. 3; Möhring/Nicolini/*Stang* (4. Aufl.), § 75 UrhG Rn. 3; Dreier/Schulze/*Dreier* § 75 UrhG Rn. 3; *Schmieder* FuR 1969, 15 (16).

[20] LG München I UFITA 87 (1980) 342 (345) – Wahlkampf; sa. für das Urheberrecht Vor §§ 12 ff. Rn. 11 jeweils mwN; Möhring/Nicolini/*Stang* (4. Aufl.), § 75 UrhG Rn. 3; Wandtke/Bullinger/*Büscher* § 75 UrhG Rn. 5; Dreier/Schulze/*Dreier* § 75 UrhG Rn. 3.

[21] *v. Gamm* § 78 UrhG Rn. 8, § 83 Rn. 2; str., Einzelheiten § 76 Rn. 8 mwN; krit. *Rüll* § 6 II 2b bb.

[22] Vgl. *v. Gamm* § 83 UrhG Rn. 1; Möhring/Nicolini/*Kroitzsch* (2. Aufl.), § 83 UrhG Rn. 3.

weisen kann.[23] Nimmt der ausübende Künstler seine Rechte aus § 75 hingegen selbst wahr, ist eine gewillkürte Prozessstandschaft Dritter ausgeschlossen.[24]

8 **b) Regelungsumfang.** In **sachlicher Hinsicht** beschränkt sich § 75 nach Maßgabe seiner tatbestandlichen Voraussetzungen auf den Schutz der persönlichen Bande zwischen dem ausübenden Künstler und seiner Werkdarbietung iSd. § 73.[25] Eine Beschränkung des Schutzes nach § 75 auf festgelegte Darbietungen, wie sie mitunter für richtig gehalten wird,[26] ist zu verneinen, weil sich das Künstlerrecht seinem Sinn und Zweck entsprechend auch auf die körperlose Live-Darbietung bezieht und deshalb auch Beeinträchtigungen der (nicht festgelegten) Darbietung „an sich" verbietet,[27] wie dies bei indirekten Eingriffen in die Darbietung, die geeignet sind, sein Ansehen oder seinen Ruf als ausübender Künstler zu gefährden, der Fall ist.[28] Wird der Interpret in seinem Ruf oder Ansehen als Künstler gefährdet, ohne dass ein direkter oder ein indirekter Angriff auf die Integrität seiner Leistung vorliegt, scheidet die Anwendung des § 75 aus. Dies gilt auch dann, wenn umgekehrt zwar in die Leistung des Künstlers eingegriffen wird, dabei aber weder sein Ruf noch sein Ansehen in Gefahr geraten.[29] In diesen Fällen kommt je nach Sachverhalt **Schutz nach §§ 22 ff. KUG, 12 BGB und dem aPR** in Betracht.[30] Ob im Einzelfall ein Angriff auf die persönlichen oder geistigen Interessen des Künstlers in Bezug auf seine Leistung vorliegt oder sein genereller Anspruch auf Schutz seiner Persönlichkeit missachtet wird, ist wertend zu entscheiden.[31]

9 Nach überwiegender Auffassung stellt die **Beeinträchtigung** den **Oberbegriff** dar, während die Entstellung als eine schwerwiegende Beeinträchtigung zu verstehen ist.[32] Weniger strenge Voraussetzungen des Beeinträchtigungsverbots normiert die Sonderregelung des § 93 für **Leistungen,** die **bei der Herstellung von Filmwerken** und Laufbildern erbracht werden. Bei ihnen können im Hinblick auf das wirtschaftliche Engagement des Filmherstellers einschränkend nur **gröbliche Entstellungen oder andere gröbliche Beeinträchtigungen** untersagt werden. Eine andere Beurteilung des Verhältnisses von Beeinträchtigung und Entstellung ist dadurch nicht veranlasst.[33]

10 Sodann unterliegt der Leistungsintegritätsanspruch insofern einer **doppelten Relativierung,** als er stets an möglichen entgegenstehenden Interessen der Nutzungsberechtigten und/oder unter Umständen an der Darbietung beteiligter weiterer Künstler gemessen und ihnen gegenüber für vorrangig befunden werden muss.[34]

11 **c)** Den **persönlichen Geltungsbereich** des § 75 bestimmt § 125. Nach dessen Abs. 1 genießen alle deutschen Staatsangehörigen sowie alle ihnen gleichgestellten EU- und EWR-Angehörigen (§ 125 Abs. 1 S. 2, Art. 18 Abs. 1 AEUV) ungeachtet des Ortes ihrer Darbietung Schutz gemäß § 75. Nach dem nationalen Fremdenrecht des § 125 Abs. 6 kommt dieser Schutz ferner allen übrigen ausländischen Interpreten ungeachtet ihrer Staatsangehörigkeit zu, sofern die Verletzungshandlung im Inland stattfindet.[35] Bei Leistungsbeeinträchtigungen im Ausland und Vertrieb des entsprechenden Tonträgers im Inland richtet sich der Künstlerschutz wegen der Nichtanwendung des § 96 Abs. 1 im Rahmen des § 125 Abs. 6[36] nach dem Inhalt der Staatsverträge (§ 125 Abs. 5).[37]

---

[23] BGH GRUR 1971, 35 (37) – Maske in Blau – m. zust. Anm. *Ulmer;* zum Recht aus § 75 bei Ensemble-Darbietungen → Rn. 34; ausführlich zur gewillkürten Prozessstandschaft in den Fällen des § 75 Fromm/Nordemann/*Schaefer* § 75 UrhG Rn. 38.

[24] Fromm/Nordemann/*Schaefer* § 75 UrhG Rn. 38 unter Hinweis auf OLG Hamburg ZUM-RD 2010, 260 (268) – Lizensierung eines Musikstücks als Handy-Klingelton.

[25] Zur Individualität der Darbietung § 73 Rn. 23; *Dünnwald/Gerlach* § 75 UrhG Rn. 3; *Rüll* § 5 II.

[26] So *Freitag* S. 91; kritisch zu *Freitag* vor allem *Apel* S. 335 ff.

[27] Ebenso *Dünnwald/Gerlach* § 75 UrhG Rn. 7 ff.; Dreier/Schulze/*Dreier* § 75 UrhG Rn. 1; *Flechsig* S. 37; *Apel* S. 335; *Grünberger* S. 135 Rn. 468 f.

[28] Zur indirekten Beeinträchtigung → Rn. 30; insoweit ist die Vorschrift des § 75 gegenüber § 14 aufgrund des unterschiedlichen Wesens der Darbietung gegenüber dem urheberrechtlich geschützten Werk anders gefasst, ohne dass darin eine Verschärfung der Schutzvoraussetzungen zu sehen wäre, → Rn. 23; vgl. *Schack* S. 683; *Grünberger* S. 135 Rn. 468; *Apel* S. 335 ff.

[29] Möhring/Nicolini/*Kroitzsch* (2. Aufl.), § 83 UrhG Rn. 2; Dreier/Schulze/*Dreier* § 75 UrhG Rn. 1; *Flechsig* S. 15; zur Abgrenzung *Rüll* § 8 II; → Rn. 22.

[30] S. BGH GRUR 1995, 668 (670 f.) – Emil Nolde; *Krüger* GRUR 1980, 628 ff.; *Krüger* GRUR 1979, 639 Anm. zu BGH GRUR 1979, 637 – White Christmas; *Schiefler* GRUR 1960, 156 (161 ff.); *Krüger-Nieland* FS Hauß (1978), S. 215 (222) jeweils mwN; Bisges/*Vollrath* Kap. 10 B III 4b Rn. 170; zum Schutz der Stimme durch das aPR sowie das UWG s. *Schwarz/Schierholz* FS Kreile (1994), S. 723 (734 ff.); *Rüll* § 11 IV 2; *Krüger* GRUR 1980, 628 (634); Möhring/Nicolini/*Stang* (4. Aufl.), § 75 UrhG Rn. 2.

[31] Ebenso *Rüll* § 8 II mwN.

[32] OLG München ZUM 1991, 540 (541) – U2; § 14 Rn. 13 ff.; Dreier/Schulze/*Dreier* § 75 UrhG Rn. 5; *Flechsig* S. 65; *Flechsig* FUR 1976, 429 (430); Loewenheim/*Vogel*, Handbuch, § 38 Rn. 116; *Grünberger* S. 130 f. Rn. 449, 452; *Haberstumpf* Rn. 219; *Apel* ZGE Bd. 10 2/2018, 162 (193); aA *Dünnwald/Gerlach* § 75 UrhG Rn. 6; Mestmäcker/Schulze/*Hertin* (Stand 12/2005) § 75 UrhG Rn. 4; Fromm/Nordemann/*Schaefer* § 75 UrhG Rn. 8 ff.: keine Über- und Unterordnung, vielmehr stellt eine Entstellung einen Eingriff in die Substanz der Darbietung dar, während die Beeinträchtigung den Eindruck der Darbietung verändert, ohne deren Substanz zu berühren.

[33] So auch *Apel* ZGE Bd. 10 2/2018, 162 (194) mwN; aA *Dünnwald/Gerlach* § 75 Rn. 6; Mestmäcker/Schulze/*Hertin* § 75 Rn. 4; vgl. auch *Grünberger* S. 130 Rn. 449: Streit praktisch ohne Bedeutung.

[34] Dazu → Rn. 16 ff.

[35] Einzelheiten → § 125 Rn. 15; → Rn. 37; *Grünberger* S. 128 Rn. 439 mwN.

[36] BGH GRUR 1986, 454 (455) – Bob Dylan; BGH GRUR 1987, 814 (815) – Die Zauberflöte; BGH GRUR 1999, 49 (51) – Bruce Springsteen and his Band; sa. Dreier/Schulze/*Dreier* § 125 UrhG Rn. 9.

[37] § 125 Abs. 5; → Rn. 37; *Grünberger* S. 128 Rn. 440 mwN.

Der älteste dieser **Staatsverträge** ist das auf dem Grundsatz der Inländerbehandlung und gewissen 12
Mindestrechten basierende **Rom-Abkommen.**[38] Die für die Anwendung dieses Staatsvertrags zunächst erforderliche Internationalität des Sachverhalts knüpft primär nicht an die Staatsangehörigkeit, sondern daran an, ob die Darbietung in einem Vertragsstaat stattfindet, ob sie auf einem nach Art. 5 RA geschützten Tonträger festgelegt oder ob die nicht festgelegte Darbietung durch eine nach Art. 6 RA geschützte Sendung ausgestrahlt wird (Art. 4 lit. a–c RA). Die Staatsangehörigkeit des Interpreten spielt seit dem Inkrafttreten des 3. UrhGÄndG lediglich insofern eine Rolle, als § 125 Abs. 1 S. 2 Angehörige von Mitgliedstaaten der EU und des EWR infolge des Diskriminierungsverbots des Art. 18 Abs. 1 AEUV[39] ausdrücklich deutschen Staatsangehörigen gleichstellt. **Inländerbehandlung** iSd. Abkommens bedeutet nach der früher umstrittenen, inzwischen aber überwiegenden Meinung auch der des BGH,[40] dass ausländische Interpreten sich nicht nur auf die im RA selbst anerkannten Rechte berufen können, sondern auf alle im Recht des Schutzlandes dem ausübenden Künstler zustehenden Rechte.[41] Obwohl das RA keinen § 75 entsprechenden Leistungsintegritätsschutz kennt, kann sich ein ausländischer Interpret danach auf § 125 Abs. 5 iVm. dem RA berufen, um eine Entstellung seiner Darbietung in Deutschland als Schutzland abzuwehren.

Der internationale Leistungsschutz sieht, allerdings in **Art. 5 Abs. 1, 2. Alt. WPPT** – wei- 13
tergehend als das RA – nach dem Vorbild des Art. 6bis Abs. 1 RBÜ iure conventionis ein Recht des ausübenden Künstlers auf Integrität seiner Darbietung vor. Außerdem steht dem Interpreten nach der 1. Alternative derselben Vorschrift dieses unmittelbar anwendbaren internationalen Vertrages ein Recht auf Namensnennung zu (→ § 74 Rn. 3). Als Vertragsunterzeichner dürfte die EU, die bisher von einer Harmonisierung der Persönlichkeitsrechte der Urheber und ausübenden Künstler abgesehen hat, mittelfristig das Schutzniveau des Art. 5 Abs. 1 und 2 WPPT, dem das deutsche UrhG bereits seit Inkrafttreten des 3. UrhGÄndG vom 10.9.2003 entspricht, rechtsvereinheitlichend für alle Mitgliedstaaten vorschreiben.

d) Zeitlich findet § 75 seine Beschränkung in der speziellen Schutzdauerregel des § 76. Eine 14
rückwirkende Anwendung des § 75 auf Verletzungshandlungen vor Inkrafttreten des Gesetzes scheidet wegen § 129 aus.[42]

5. § 75 im Verhältnis zu den für den Urheber geltenden änderungsrechtlichen Bestimmungen

§ 75 weist zum Recht des Urhebers auf Werktreue nach § 14 sowohl in seiner Systematik als auch 15
in seiner Tragweite keine wesentlichen Unterschiede auf.[43] Gleichwohl sind beide Rechte wegen ihres anderen Schutzgegenstandes stets unabhängig voneinander zu prüfen, denn bei der Darbietung eines geschützten Werkes impliziert eine Verletzung des § 14 nicht zwangsläufig auch eine solche des § 75 und umgekehrt. Dies beruht darauf, dass anders als beim urheberrechtlich geschützten Werk, dessen immaterielles Wesen durch einen unmittelbaren Eingriff entstellt werden kann, der Darbietung als konkretem körperlosen Vorgang ein manipulierbarer immaterieller Gehalt fehlt. Manipulierbar ist nur die technische Aufnahme einer Darbietung. Selbst bei Live-Darbietungen ist nur ein Eingriff in deren ästhetischen Eindruck denkbar.[44]

Dennoch findet die Vorschrift des § 39 nach der Novellierung 2003 ebenso wie bei den Rechten 16
des Werkschöpfers auch beim Leistungsschutzrecht des ausübenden Künstlers sowohl im Rahmen gesetzlicher Nutzungsverhältnisse nach § 83 nF iVm. § 62 als auch bei Künstlerverträgen gemäß § 79 Abs. 2 nF entsprechende Anwendung.[45] Denn § 39 kommt lediglich eine klarstellende, das Beeinträchtigungsverbot bekräftigende Funktion zu.[46] Ausgangspunkt auch des leistungsschutzrechtlichen Beeinträchtigungsverbots ist der **grundsätzliche Schutz der Darbietung in unveränderter Form.** Dies folgt sowohl aus der persönlichkeitsrechtlichen Grundlage des Künstlerrechts als auch aus seiner einheitlichen, sowohl ideelle als auch materielle Interessen umfassenden Rechtsnatur.[47] Das Beeinträchtigungsverbot erfährt für den Interpreten wie für den Urheber zunächst insoweit eine **Ein-**

---

[38] Vgl. → Vor §§ 120 ff. Rn. 61 ff.
[39] Auch auf das Urheberrecht und die Leistungsschutzrechte anwendbar: EuGH GRUR 1994, 280 – Phil Collins.
[40] BGH GRUR 2016, 1048 Rn. 68 ff. – An Evening with Marlene Dietrich; aA noch Vorauflage.
[41] Dazu ausführlich → Vor §§ 120 ff. Rn. 64 mwN.; → § 85 Rn. 101; Dreier/Schulze/*Dreier* Vor §§ 120 ff. UrhG Rn. 22.
[42] BGH GRUR 1971, 525 (526) – Petite Jacqueline.
[43] Ebenso *Dünnwald/Gerlach* § 75 UrhG Rn. 3 mwN; Möhring/Nicolini/*Kroitzsch* (2. Aufl.), § 83 UrhG Rn. 7; *Grünberger* S. 122 f. Rn. 414 ff., S. 126 Rn. 430 ff.: der gleiche Schutzgegenstand und das dahinterstehende Schutzbedürfnis verbieten ungleiche Behandlung von Urheber und ausübendem Künstler; *Flechsig* S. 15 f., 65 ff.; aA Fromm/Nordemann/*Hertin* (9. Aufl.), § 83 UrhG Rn. 4: Verschärfung gegenüber § 14.
[44] So eingehend *Apel* S. 334 ff.; *Apel* ZGE Bd. 10 2/2018, 163 (193) mwN; ebenso *Grünberger* S. 131 Rn. 451: es gibt keine äußere Form der Darbietung, so dass eine Anpassung des Änderungsbegriffs erforderlich ist.
[45] Loewenheim/*Vogel*, Handbuch, § 38 Rn. 106; *Dünnwald/Gerlach* Vor § 74 UrhG Rn. 4; Wandtke/Bullinger/*Büscher* § 79 UrhG Rn. 21.
[46] Vgl. → § 39 Rn. 1; Wandtke/Bullinger/*Wandtke/Grunert* § 39 UrhG Rn. 3 f.; DKMH/*Kotthoff* § 39 UrhG Rn. 4; *Haberstumpf* Rn. 218; *Grünberger* S. 123 ff. Rn. 420 ff.; ebenso *Rüll* § 2 I 1.
[47] Vgl. *Flechsig* S. 21 ff.; *Rüll* § 5 III.

schränkung, als über entstellende Eingriffe **vertraglich disponiert** werden kann, solange der unverzichtbare Kern des Rechts gewahrt bleibt.[48] Sodann sind änderungsrechtliche Sachverhalte im Bereich des Interpretenrechts nicht anders als nach den Vorschriften der §§ 14 und 39 Abs. 2 einer **Interessenabwägung** unterworfen.[49] Letzteres ergibt sich aus der vom Gesetzgeber beabsichtigten weitgehend übereinstimmenden Ausgestaltung der §§ 14 und 75 S. 1, demselben Schutzzweck beider Normen und den insoweit gleichgelagerten Interessen der Anspruchsberechtigten.[50]

6. Reformüberlegungen

17   Dennoch hat es der Gesetzgeber bei der Neuordnung des Rechts des ausübenden Künstlers im Jahre 2003 nicht für erforderlich gehalten, im Hinblick auf die zunehmende Gefährdung der Leistungsintegrität durch den Einsatz digitaler Aufnahmetechniken die Vorschrift des § 75 S. 1 klarstellend im Wortlaut des § 14 anzupassen und § 93 zu streichen. Eingeführt wurde lediglich durch § 74 Abs. 1 ein Anerkennungs- und Namensnennungsrecht des ausübenden Künstlers nach der Vorgabe des Art. 5 Abs. 1 WPPT verbunden mit einer Einschränkungsmöglichkeit ihrer Wahrnehmung bei Ensemble-Leistungen gemäß dessen Abs. 2 S. 1, 2. Halbsatz. Die Einführung eines Bearbeitungsrechts des Interpreten zur Abwehr digitaltechnischer Eingriffe im Hinblick auf die bestehenden Rechte der Vervielfältigung und auf Leistungsintegrität wurde der Literatur folgend für entbehrlich gehalten.[51]

II. Anwendungsbereich und -methodik des § 75

1. Anwendungsbereich

18   **a) Eingriffsbefugnis und Nutzungsrechtseinräumung.** Bei Nutzungen, die nur mit Genehmigung des Interpreten zulässig sind (§§ 77, 78 Abs. 1), richten sich die **Eingriffsbefugnisse zunächst nach den im Einzelnen getroffenen Absprachen,**[52] wobei bei der Vertragsauslegung die allgemeine Übertragungszweckregel zur Anwendung kommt.[53] Vertraglich nach Reichweite, Ausmaß und Tendenz konkretisierte Änderungsmöglichkeiten vermögen idR einen stärkeren Eingriff in die Leistungssubstanz zuzulassen als ein pauschal gestatteter Eingriff, der am persönlichkeitsrechtlichen Kern des Rechts seine Grenzen findet.[54] Das gilt auch für **konkludent zugestandene Eingriffe** namentlich in Verträgen zu Werbe- und Merchandisingzwecken.[55] Als stillschweigend zugestanden haben solche Eingriffe zu gelten, die – etwa durch technische, inszenatorische oder organisatorische Notwendigkeiten veranlasst – mit der Ausübung eines eingeräumten Nutzungsrechts zwangsläufig verbunden sind.[56] Die Rechte an im Künstlervertrag unberücksichtigt gebliebenen Nutzungsarten können nach der Übertragungszwecklehre nicht weiteres als stillschweigend eingeräumt angesehen werden, so dass insoweit auch nicht von gewährten Eingriffsbefugnissen ausgegangen werden kann[57] und zudem keine Möglichkeit der Ausweitung der Befugnisse des Nutzungsberechtigten nach Treu und Glauben gemäß § 39 Abs. 2 besteht.[58] **Nachträgliche** ausdrückliche oder stillschweigende Billigungen von Beeinträchtigungen sind möglich.[59]

19   Leistungsbeeinträchtigungen, die weder ausdrücklich oder stillschweigend genehmigt noch in Anwendung der **allgemeinen Übertragungszweckregel** vom Vertragszweck gedeckt sind wie beispielsweise immer häufiger begegnende digitale Vervielfältigungen in verkürzter oder verlängerter Form, in anderer Tonhöhe oder Lautstärke unterliegen bereits den Verbotsrechten nach §§ 77, 78 Abs. 1,[60] soweit **Änderungen nach Treu und Glauben gemäß § 39 Abs. 2** nicht untersagt wer-

---

[48] S. die Kommentierung → Vor §§ 12 ff. Rn. 17.
[49] Ausführlich dazu die Kommentierung zu → § 14 Rn. 4, → § 39 Rn. 1, die entsprechend auch für das Interpretenrecht maßgeblich sind.
[50] Zum unterschiedlichen Wortlaut beider Vorschriften → Rn. 23; vgl. auch *Schiefler* GRUR 1960, 156 (162); *Flechsig* FuR 1976, 429 (431 ff.).
[51] Vgl. *v. Lewinski* in Schricker (Hrsg.), Informationsgesellschaft, S. 236 ff.; eingehend zu möglichen Gesetzesänderungen mit teilweise weitergehenden Vorschlägen *Peukert* UFITA 138 (1999) 63 (80 ff.); *Rüll* Teil 5 und 6.
[52] Dazu *Peter* UFITA 36 (1962) 36 (303 ff.).
[53] BGH GRUR 1979, 637 – White Christmas; BGHZ 15, 249 (258) = GRUR 1955, 201 – Cosima Wagner; BGH GRUR 1977, 551 (554) – Textdichteranmeldung; OLG Frankfurt/M GRUR 1995, 215 – Springtoifel; ausführlich § 31 Rn. 52 ff. mwN.
[54] *Schricker,* Verlagsgesetz, § 13/39 UrhG Rn. 10; *Schricker* FS Hubmann (1985), 409 ff.; ihm folgend die Kommentierung zu § 39 Rn. 10 in der 3. Aufl. (*Dietz*); Dreier/Schulze/*Dreier* § 75 UrhG Rn. 3; *Schack* Rn. 347 f.; aA → § 39 Rn. 14.
[55] → Rn. 7; Fromm/Nordemann/*Hertin* (9. Aufl.), § 83 UrhG Rn. 8.
[56] BGH GRUR 1986, 458 (459) – Oberammergauer Passionsspiele I; BGH GRUR 1989, 106 (107) – Oberammergauer Passionsspiele II; OLG München NJW 1996, 1157 – Iphigenie in Aulis; § 39 Rn. 17; *Schricker,* Verlagsgesetz, § 39 Rn. 10; *Haberstumpf/Hintermeier* S. 144 (145); vgl. auch *Schack* Rn. 390; dagegen im Hinblick auf die Systematik des § 39 Fromm/Nordemann/*Vinck* (9. Aufl.), § 39 UrhG Rn. 2 gegen Fromm/Nordemann/*Hertin* (9. Aufl.), § 83 UrhG Rn. 8.
[57] LG München I UFITA 87 (1980) 342 – Wahlkampf.
[58] *Dünnwald/Gerlach* § 75 UrhG Rn. 15.
[59] Vgl. *Schricker,* Verlagsgesetz, § 13/§ 39 UrhG Rn. 10; *Dünnwald/Gerlach* § 75 Rn. 15.
[60] BGH GRUR 1979, 637 – White Christmas m. krit. Anm. *Krüger;* BGH GRUR 1984, 119 (121) – Synchronisationssprecher; Einzelheiten *Peter* UFITA 36 (1962) 257 (311).

den können.[61] Dasselbe gilt bei gesetzlich zulässigen Nutzungen **im Rahmen der Schrankenregelungen**.[62] Dabei geht die hM – nicht unproblematisch – davon aus, dass gemäß § 39 Abs. 2 nach Treu und Glauben nur Eingriffe in die Darbietung als solche hinzunehmen sind.[63]

Bei **Künstlerverträgen** ist idR davon auszugehen, dass sie **nur den normalen Absatzweg und** 20 **die Vervielfältigung ohne jede technische Modifizierung** abdecken. Der im Rahmen des künstlerischen Leistungsschutzes analog anzuwendende § 16 umfasst zwar mehr als die bloße Kopie 1:1,[64] jedoch betreffen die nach dieser Vorschrift zulässigen Änderungen lediglich eine andere Art und Weise der Festlegung. Dagegen ist mit der Einräumung des Vervielfältigungsrechts ohne besondere Gestattung über das nach § 39 Abs. 2 Zulässige hinaus kein Recht verbunden, in die Identität der Darbietung einzugreifen. Mit der Gewährung eines eigenen Verbreitungsrechts gemäß § 77 Abs. 2 S. 1 (§ 75 Abs. 2 aF) durch das 3. UrhGÄndG vermag der Künstler den Vertriebsweg seiner Darbietung vertraglich zu konkretisieren und so eine Verbreitung zu verhindern, die sein Ansehen oder seinen Ruf als Künstler gefährdet.[65]

Die **Feststellung einer rufgefährdenden Beeinträchtigung** nach § 75 S. 1 bleibt in den Fällen 21 vertraglich oder gesetzlich zulässiger Nutzungen, von § 39 Abs. 2 jedoch nicht gedeckter Eingriffe insofern von Bedeutung, als sie für eine angemessene Entschädigung gemäß § 97 Abs. 2 tatbestandlich vorausgesetzt wird.[66]

Einwilligungen in beeinträchtigende Eingriffe können **nicht unbegrenzt** widerrufen wer- 22 den. Eine durch vertragliche Absprachen geschaffene Vertrauenslage, vereinbarte Honorarzahlungen und andere Vermögensdispositionen sind in diesen Fällen gegen das Interesse des Künstlers am Widerruf abzuwägen, wobei insbesondere der Vorhersehbarkeit des Ausmaßes der Beeinträchtigung und der Umstand zu berücksichtigen sind, dass nach neuem Recht dem Interpreten ein Rückrufrecht wegen gewandelter Überzeugung gemäß § 79 Abs. 2 iVm. § 42 zusteht.[67] Auch im Übrigen unterliegen Leistungsbeeinträchtigungen der durch § 75 gebotenen Interessenabwägung (Rn. 25, 37, 39), bei interpretatorischen Leistungen im Rahmen der Filmherstellung, allerdings nur nach Maßgabe des § 93.

b) Leistungsbeeinträchtigung und gesetzliche Nutzungsbefugnis. In den Fällen gesetzlicher 23 Lizenzen gemäß **§§ 77 Abs. 2 S. 2, 78 Abs. 2** sowie bei den Schrankenregelungen nach § 83 iVm. §§ 44a ff. sind wie bei ausdrücklich oder stillschweigend genehmigten Eingriffen dem Beeinträchtigungsverbot entgegenstehende Interessen kaum denkbar. Bedeutung in der Praxis kann § 75 für auf **Bild- oder Tonträgern** festgehaltene Leistungen zukommen, wenn diese **zur öffentlichen Wiedergabe benutzt** werden. Die Wiedergabe in zerstückelter, verzerrter oder durch elektronische Eingriffe manipulierter Form vermag ebenso eine Leistungsbeeinträchtigung – meist sogar in der schwerwiegenden Form der Entstellung – zu bewirken wie die indirekte Beeinträchtigung durch die Schaffung eines anstößigen Zusammenhangs, etwa durch die Wiedergabe ernster Musik im Rahmen einer Werbesendung, durch die Verwendung einer aufgenommenen Musikdarbietung entgegen ihrer ursprünglichen Bestimmung wie etwa für Wahlkampfzwecke[68] oder durch die Kombination einer Gesangsaufnahme mit unpassenden Bildern des Interpreten.

Grundsätzlich gilt § 75 auch im Rahmen der Schrankenregelungen der §§ 44a ff. Bestimmten dem 24 Interpretenrecht gezogenen **Schranken** wie etwa dem Zitatrecht (§ 51) sind jedoch **Änderungsbefugnisse immanent**. Abgesehen davon gestattet § 75 iVm. §§ 62, 39 Abs. 2 Änderungen nach Treu und Glauben.

2. Anwendungsmethodik

Angesichts seiner weitgehenden tatbestandlichen Übereinstimmung mit § 14 erfordert § 75 dasselbe 25 dort gebotene **dreistufige Prüfungsverfahren,** bei dem nach der Feststellung einer **Beeinträchtigung** oder **Entstellung** als deren besonders schwerem Fall (1. Stufe) und deren **Eignung zur Gefährdung des künstlerischen Rufs oder Ansehens** (2. Stufe) abzuwägen ist, ob gegenüber dem gefährdeten Künstlerinteresse gewichtigeren **Gegeninteressen** der Vorrang einzuräumen ist (3. Stufe).[69] Ausschlaggebend ist die Sicht des unvoreingenommenen Durchschnittsbetrachters.[70] Dabei indi-

---

[61] S. die Erläuterungen zu → § 39 Rn. 16 ff. sowie *Dünnwald/Gerlach* § 75 UrhG Rn. 15.

[62] §§ 83 iVm. 79 Abs. 2, 44a ff.

[63] Statt vieler *Dünnwald/Gerlach* § 75 UrhG Rn. 15 mwN unter Hinweis insbesondere auf BGH GRUR 1982, 107 (109) – Kircheninnenraumgestaltung; aA → 3. Aufl. 2006, § 39 Rn. 8; → Rn. 20.

[64] Vgl. → § 16 Rn. 8.

[65] Vgl. *Krüger* GRUR 1980, 628 (634 f.).

[66] Dazu → § 97 Rn. 297 ff.

[67] Vgl. auch OLG Hamburg Schulze OLGZ 153 – Kyldex I mAnm *Neumann-Duesberg;* LG Oldenburg GRUR 1988, 694 – Grillfest.

[68] LG München I UFITA 87 (1980) 342 – Wahlkampf.

[69] Ebenso OLG Dresden ZUM 2000, 955 (957) – Die Csárdásfürstin; § 14 Rn. 12; Fromm/Nordemann/*Schaefer* § 75 UrhG Rn. 8; Dreier/Schulze/*Dreier* § 75 Rn. 5, 7; Möhring/Nicolini/*Stang* (4. Aufl.), § 75 UrhG Rn. 7; Wandtke/Bullinger/*Büscher* § 75 Rn. 13; *Weßling* S. 155; *Grünberger* S. 130 Rn. 446, S. 139 Rn. 480; Einzelheiten → § 14 Rn. 12 ff. mwN; aA Mestmäcker/Schulze/*Hertin* (Stand 12/2005) § 75 UrhG Rn. 11 unter Hinweis auf den Wortlaut der Vorschrift; *Rehbinder* (16. Aufl.), Rn. 805; mit ausführlicher Begründung auch *Dünnwald/Gerlach* § 75 UrhG Rn. 14; *Apel* S. 343 ff.; *Apel* ZGE Bd. 10 2/2018, S. 162 (196 f.).

[70] OLG München ZUM 1991, 540 (541) – U2; Dreier/Schulze/*Dreier* § 75 UrhG Rn. 5; § 14 Rn. 27.

ziert idR die Beeinträchtigung[71] bereits die Eignung zur Ruf- oder Ansehensgefährdung,[72] es sei denn, der Künstler hat sein Einverständnis mit der Beeinträchtigung zu erkennen gegeben oder er hat Änderungen als nach Treu und Glauben zulässig hinzunehmen.[73] Die Kriterien, nach denen die sich begegnenden Interessen zu gewichten sind, entsprechen im Wesentlichen denjenigen, die im Rahmen des § 14 Beachtung finden (dort Rn. 26 ff.).

26   Soweit § 75 abweichend von § 14 die **Eignung der Beeinträchtigung zur Ruf- oder Ansehensgefährdung**[74] tatbestandlich voraussetzt, ist dieser Unterschied dem anderen Schutzgegenstand des Leistungsschutzrechts und dessen unmittelbarer Verknüpfung mit der Persönlichkeit des Künstlers geschuldet.[75] Eine Verschärfung der Schutzvoraussetzungen ist darin nicht zu sehen.[76] Demnach schützt § 75 – ebenso wie § 14 im Rahmen des Urheberrechts – zum einen die persönlichen Interessen des Interpreten in Bezug auf seine Darbietung durch die Wahrung seines **Rufinteresses** und zum anderen seine geistigen Interessen in Form des **Wirkungs-** und **Bestandsinteresses**.[77] Angesichts dieser Übereinstimmungen hätte sich bei der jüngsten Novellierung des Künstlerrechts empfohlen, beide Vorschriften gleichlautend zu formulieren und auch im Rahmen des § 75 auf die Gefährdung der persönlichen und geistigen Interessen des Künstlers in Bezug auf seine Interpretation abzustellen (so. Rn. 16).

3. Entstellung und andere Beeinträchtigung

27   Der Wortlaut von § 75 unterscheidet zwischen Entstellung und einer anderen Beeinträchtigung. Dabei bildet der Begriff der Beeinträchtigung den Oberbegriff, während die **Entstellung** als deren schwerwiegenderer Fall zu verstehen ist.[78] Unter den Begriff der **anderen Beeinträchtigung** sind insbesondere solche Eingriffe zu subsumieren, die nicht direkt, sondern indirekt die Abwertung einer Darbietung verursachen. Maßgeblich ist die Sicht des unvoreingenommenen Durchschnittsbetrachters bzw. -hörers.[79] Einer genaueren Abgrenzung zwischen dem Begriff der Beeinträchtigung und dem der Entstellung, der eine Verzerrung, Verfälschung oder einen sonstigen schwerwiegenden Eingriff in den künstlerischen Ausdruck der Darbietung zugrunde liegt[80] und deshalb eine stärkere negative Bewertung beinhaltet,[81] bedarf es nicht, da beide Formen des Angriffs auf die Integrität der Interpretenleistung grundsätzlich dieselben Sanktionen auslösen. Die Intensität der Beeinträchtigung spielt lediglich bei der vorzunehmenden Interessenabwägung eine Rolle (Rn. 36). Nach überwiegender Auffassung kommt § 75 bei Live-Darbietungen in gleicher Weise zur Anwendung wie bei festgelegten Darbietungen.[82] Unerheblich ist der Zeitpunkt des Eingriffs bei **Theaterinszenierungen,** so dass auch die Wiederaufnahme einer Inszenierung in veränderter Form unter Umständen nach § 75 untersagt werden kann.[83]

28   **a) Direkte Beeinträchtigungen.** Direkte Beeinträchtigungen (Entstellungen), dh. solche des „Darbietungssubstrats",[84] sind denkbar als Eingriff in eine Live-Darbietung,[85] als Eingriff bei deren Festlegung oder als Eingriff in die fixierte Darbietung.[86]

29   **aa) Live-Darbietungen.** Bei Live-Darbietungen ausübender Künstler können direkte Beeinträchtigungen mit der Folge einer Ruf- oder Ansehensgefährdung dann vorliegen, wenn eine Darbietung mit Unterbrechungen, von Mischpulten verzerrt und/oder nur bruchstückhaft von Lautsprechern übertragen oder gesendet wird und dabei die Gefahr besteht, dass das Publikum dem Künstler die beeinträchtigte Darbietung als authentisch zurechnet.[87] Eine direkte Beeinträchtigung liegt zB in einer unautorisierten Veränderung der Inszenierung eines Bühnenstücks.[88]

---

[71] Zum Begrifflichen → Rn. 24 ff.; → § 14 Rn. 13 ff.

[72] Ebenso Fromm/Nordemann/*Hertin* (9. Aufl.), § 83 UrhG Rn. 3.

[73] Einzelheiten → § 14 Rn. 24, → § 39 Rn. 8 ff., 16 ff.

[74] Anstatt der Gefährdung der persönlichen oder geistigen Interessen am Werk.

[75] AllgM OLG Dresden ZUM 2000, 955 (957) – Die Csárdásfürstin; *Dünnwald/Gerlach* § 75 UrhG Rn. 15 mwN.

[76] AA Fromm/Nordemann/*Schaefer* § 75 UrhG Rn. 17 ff.: § 75 enger als § 14; Fromm/Nordemann/*Hertin* (9. Aufl.), § 83 UrhG Rn. 4; wie hier *v. Gamm* § 83 UrhG Rn. 4; *Möhring/Nicolini/Kroitzsch* (2. Aufl.), § 83 UrhG Rn. 7; *Ulmer* § 123 V; *Flechsig* S. 65 ff.; *Weßling* S. 154 ff.; *Rüll* § 5 III.

[77] Vgl. *Schmieder* NJW 1990, 1945 (1948); ausführlich dazu *Rüll* § 5 III.

[78] OLG München ZUM 1991, 540 (542) – U2; OLG München ZUM 1996, 165 (166) – Dachgauben; Fromm/Nordemann/*Hertin* (9. Aufl.), § 83 UrhG Rn. 4; Wandtke/Bullinger/*Bullinger* § 14 UrhG Rn. 3; Dreier/Schulze/*Dreier* § 75 UrhG Rn. 5; *Haberstumpf* Rn. 219; *Flechsig* FuR 1976, 429 (430); *Flechsig* S. 73; *Grünberger* S. 130 Rn. 449; aA *Dünnwald/Gerlach* § 75 UrhG Rn. 6: beide Begriffe gleichwertig.

[79] OLG München ZUM 1991, 540 (541) – U2; § 14 Rn. 23 ff.

[80] OLG Frankfurt/M GRUR 1976, 199 (202) – Götterdämmerung.

[81] BGH NJW 1989, 384 (385) – Oberammergauer Passionsfestspiele II.

[82] Ebenso *Rüll* § 9 III 2 mwN; aA *Schack* Rn. 683; *Freitag* S. 82 ff.

[83] OLG München NJW 1996, 1157 – Iphigenie in Aulis.

[84] *Flechsig* S. 69 ff.

[85] AA *Schack* Rn. 683 im Anschluss an *Freitag* S. 82 ff.

[86] Vgl. *Rüll* § 10 II.

[87] Vgl. Fromm/Nordemann/*Schaefer* § 75 UrhG Rn. 14; Fromm/Nordemann/*Hertin* (9. Aufl.), § 83 UrhG Rn. 3; *v. Gamm* § 83 UrhG Rn. 5; *Peter* UFITA 36 (1962) 257 (311 ff.).

[88] OLG München NJW 1996, 1157 – Iphigenie in Aulis.

bb) Beeinträchtigung bei der Festlegung. Technisch mangelhafte Aufzeichnungen allein   **30** erfüllen noch nicht den Tatbestand des § 75.[89] In diesen Fällen indiziert die Beeinträchtigung ausnahmsweise nicht die Ruf- oder Ansehensgefährdung,[90] vielmehr bedarf es zusätzlich der Feststellung, dass die Mängel die Gefahr hervorrufen, der Hörer werde die schlechte Aufnahmequalität für eine mindere künstlerische Leistung halten.[91] Bei **älteren Aufnahmen** dürfte dies nur selten der Fall sein, da sich der Hörer bei historischen Aufnahmen der verminderten Aufnahmequalität regelmäßig bewusst ist.[92] Die technisch unzulängliche Aufzeichnung einer Live-Darbietung aus dem Jahre 1962 als solche stellt jedenfalls noch keine Beeinträchtigung iSd. § 75 dar.[93] Dies gilt ebenfalls für Live-Mitschnitte, insbesondere **Bootlegs,**[94] bei denen die üblichen Unzulänglichkeiten derartiger Aufnahmen zumindest bei einem entsprechenden Hinweis offensichtlich sind.[95] Deshalb sind nur solche Aufnahmemängel beachtlich, die das aufnahmetechnisch bedingte Maß überschreiten.[96] Bei digitalen Manipulationen während der Aufnahme wie der Veränderung der Lautstärke, der Geschwindigkeit und der Tonhöhe dürfte angesichts der engen Auslegung des § 75 durch die zitierte höchstrichterliche Rechtsprechung ein Eingriff in die Leistungsintegrität wohl nur bei Darbietungen von überdurchschnittlicher Leistungshöhe in Betracht kommen, weniger hingegen bei Aufnahmen der Unterhaltungsmusik.[97]

cc) Eingriff in die fixierte Darbietung. Bei dieser Form der Beeinträchtigung geht es um bear-   **31** beitungsähnliche Eingriffe in die festgelegte Darbietung, meist zur digitalen Aufbereitung von Altaufnahmen (Digital Remastering), die idR der klanglichen Wiedergabe einer Darbietung dienen und deshalb § 75 selten zur Anwendung bringen. Allerdings ist zu beachten, dass die Begriffe der Entstellung und der anderen Beeinträchtigung wertneutral zu verstehen sind, dh. unabhängig davon der Prüfung bedürfen, ob eine Verschlechterung oder Verbesserung der originären Darbietung vorliegt.[98] Erhebliche Beeinträchtigungen lassen sich unter Anwendung digitaler Technik in vielfältiger Weise denken, etwa im **Musikbereich** durch die Veränderung des Tempos einer Darbietung, durch ihre Verkürzung oder Ausdehnung, durch die Veränderung der Tonlage, der Klangfarbe oder des Rhythmus, durch die Einfügung oder Entfernung einzelner Stimmen ua.,[99] im **Bereich des Films** durch Veränderung der Stimme, der Bewegung oder der Mimik eines Schauspielers, durch die Einblendung von Doubles, Stuntmen und virtuellen Figuren oder durch Werbeunterbrechungen ua.[100] Die Manipulation einer festgelegten Darbietung hat die Rspr. zB in der Unterlegung einer schauspielerischen Leistung durch Nachsynchronisation mit einer fremden Stimme gesehen.[101]

Derartige Eingriffe in die Leistungsintegrität beruhen auch und gerade auf der Technik des **digita-**   **32** **len Sound-Samplings,** die es ua. ermöglicht, Sequenzen einer Darbietung aus der Ursprungsaufnahme herauszulösen und in einen neuen „gesampelten" Klangzusammenhang zu stellen oder eine ganze Aufnahme in ihrem Klangbild zu verändern. Der Ruf oder das Ansehen des Interpreten geraten dabei mitunter durch die Art der neu entstandenen Musik, durch die Kombination unterschiedlicher Klänge, durch Verzerrungen und/oder durch Zerstückelung seiner Interpretation in Gefahr.[102]

Das stellt die Frage nach dem Schutz von **Darbietungsteilen.** Liegt einem Darbietungsteil ein selbst-   **33** ständig schutzfähiger Werkteil zugrunde, besteht kein Zweifel an seinem Leistungsschutz, weil er von vorneherein die Voraussetzungen eine Werkdarbietung im Sinne des § 73 UrhG erfüllt. Umstritten ist hingegen, ob für einen Darbietungsteil auch dann Leistungsschutz beansprucht werden kann, wenn er derart klein ausfällt, dass dem ihm zugrundeliegenden Werkstück kein schöpferischer Charakter im Sinne des § 2 Abs. 2 UrhG mehr zukommt, so dass Rechte aus § 77 Abs. 2 S. 1 nicht geltend gemacht wer-

---

[89] BGH GRUR 1987, 814 (816) – Die Zauberflöte; OLG Hamburg GRUR 1989, 525 (526) – Die Zauberflöte II; OLG Hamburg ZUM 1991, 545 (547) – The Rolling Stones; OLG Köln GRUR 1992, 388 (389) – Prince.

[90] → Rn. 22; *Rüll* § 12 II 2.

[91] BGH GRUR 1987, 814 (816) – Die Zauberflöte; OLG Köln GRUR 1992, 388 (389) – Prince; OLG Hamburg ZUM 1992, 512 (513) – Prince; ebenso *Schack* GRUR 1986, 734 (735) Anm. zu BGH GRUR 1986, 454 – Bob Dylan; *Dreier/Schulze/Dreier* § 75 UrhG Rn. 11; *Möhring/Nicolini/Stang* (4. Aufl.), § 75 UrhG Rn. 12.

[92] *Unger/Götz v. Olenhusen* ZUM 1987, 154 (165); *Bortloff* S. 112 ff.

[93] BGH GRUR 1987, 814 (816) – Die Zauberflöte.

[94] Zum Begrifflichen *Schaefer/Körfer* S. 17 ff., 93 ff.

[95] OLG Hamburg ZUM 1991, 545 (547) – The Rolling Stones; OLG Köln GRUR 1992, 388 (390) – Prince; *Fromm/Nordemann/Schaefer* § 75 UrhG Rn. 20; *Fromm/Nordemann/Hertin* (9. Aufl.), § 83 UrhG Rn. 5; zu den Beeinträchtigungsmöglichkeiten bei Live-Mitschnitten ausführlich *Bortloff* S. 111 ff.

[96] Ebenso *Rüll* § 11 II 2.

[97] Vgl. *Rüll* § 12 II 2 b.

[98] OLG Dresden ZUM 2000, 955 (957) – Die Csárdásfürstin; für das Recht des Urhebers BGH GRUR 1989, 106 (107) – Oberammergauer Passionsspiele II BGH GRUR 1999, 230 (232) – Treppenhausausgestaltung BGH GRUR 2002, 532 (534) – Unikatrahmen; *Dünnwald/Gerlach* § 75 UrhG Rn. 6; § 14 Rn. 13; *Flechsig* S. 65; *Grünberger* S. 131 Rn. 450 f.

[99] Sa. *Reinbothe/v. Lewinski* Art. 5 WPPT Rn. 20; vgl. auch *Grünberger* S. 133 f. Rn. 462 f.: eine Beeinträchtigung ist nicht zwingend mit einer Verschlechterung verbunden.

[100] Einzelheiten bei *Rüll* § 11 II.

[101] OLG München UFITA 28 (1958) 342 – Stimme; zu Unrecht ablehnend im Hinblick auf die häufige Praxis der Nachsynchronisation und dem weniger strengen § 93 *v. Hartlieb* (3. Aufl.), Kap. 101 Rn. 38; weitere Beispiele bei *Flechsig* S. 41 ff.

[102] *Häuser* S. 98 f.; *Grünberger* S. 133 f. Rn. 462 f.

den können.[103] Die eine Meinung geht dahin, eine Analogie zu ziehen zum Teileschutz beim Recht des Urhebers, der nur dann gewährt wird, wenn der einem Werk entnommene Teil selbst eine persönliche geistige Schöpfung beinhaltet.[104] Die demgegenüber überzeugendere Auffassung leitet sich nicht zuletzt aus dem dogmatischen Unterschied zwischen Werkschöpfung und Werkinterpretation sowie dem ausdrücklichen Schutz der künstlerischen Mitwirkung an einer Darbietung nach § 73 letzte Alt. ab.[105] Denn die Mitwirkung an einer Darbietung verlangt nicht zwingend, dass jeder Mitwirkende einen jeweils selbstständig schutzfähigen Werkteil interpretiert. Vielmehr setzt sie lediglich voraus, dass sein Darbietungsteil im Zusammenhang mit der Interpretation eines Werkes steht.[106] Der Paukist, der nur einmal zweimal mit einem Paukenwirbel an der Interpretation eines vollständigen Orchesterwerkes mitwirkt, genießt zweifellos Schutz nach § 73 UrhG, ohne dass seinem meist kurzen Einsatz in jedem Falle ein urheberrechtlich schutzfähiger Werkteil zugrunde liegt. Der (digitale) Zusammenschnitt einzelner, unterschiedlichen Darbietungen entnommener Klangpartikel **(Sampling)** kann folglich das Leistungsschutzrecht ihrer ausübenden Künstler durch manipulative Eingriffe etwa in Klang und Geschwindigkeit verletzen, sofern diese selbstverständlicherweise individualisierbar sind und die entnommenen Einzelteile ein Minimum an künstlerischer Gestaltung erkennen lassen.[107]

Dies könnte dann praktisch bedeutsam werden, wenn sich aus einem Tonträgerherstellerrecht keine Unterlassungsansprüche herleiten lassen, weil nach der **Rechtsprechung des BVerfG** eine wirtschaftlich relevante Konkurrenz zwischen dem Hersteller des Originals eines Samples und seinem Verwender nicht besteht und deshalb die Abwägung der sich gegenüberstehenden Grundrechte nach Art. 14 (Eigentumsschutz) und 5 Abs. 3 S. 1 (Kunstfreiheit) GG keine Annahme einer Rechtsverletzung nach § 85 rechtfertigt.[108] In solchen Fällen kann die Berufung auf § 75 S. 1 weiterhelfen. Wird einer Darbietung ein einziger, besonders charakteristischer Ton entnommen und zur Erzeugung eines Sounds verwendet, kann dies unter Umständen die Darbietung in ihrer Integrität berühren, wenn sich eine gedankliche Verbindung zwischen Ton und Ausgangsdarbietung herstellen lässt.[109] Ist dies zu verneinen, kann der Interpret unter der Voraussetzung der weiteren tatbestandlichen Voraussetzungen allenfalls auf lauterkeitsrechtliche Ansprüche oder solche aus dem allgemeinen Persönlichkeitsrecht zurückgreifen.[110]

Unter dem Gesichtspunkt des unternehmerischen Leistungsschutzes nach § 85 beurteilt der BGH die Entnahme kleinster Tonfetzen eines Tonträgers im Einzelfall als Verletzung des Tonträgerherstellerrechts nach § 85.[111] Das Leistungsintegritätsinteresse eines ausübenden Künstlers nach § 75 kann **umgekehrt** auch dann berührt sein, wenn **einzelne Töne der Aufnahme** seiner Darbietung durch Töne fremder oder anderer eigener Darbietungen **ersetzt** werden. Auf die von der Beklagten u a. eingelegte Verfassungsbeschwerde hat das BVerfG das angegriffene Urteil des BGH aufgehoben und den Fall zurückverwiesen, weil in diesem Fall der BGH bei gebotener kunstspezifischer Betrachtung die Bedeutung der Kunstfreiheit nach Art. 5 Abs. 3 S. 1 GG gegenüber dem Eigentumsinteresse der Kläger nach Art. 14 GG verkannt habe.[112] Daraufhin hat der BGH eine Vorlage an den EuGH gerichtet, der der Abwägung des BVerfG im Grundsatz gefolgt ist.[113]

34   Unterschiedlich beantwortet wird die Frage des Rechts des Sacheigentümers auf **Vernichtung des Originals** eines urheberrechtlich geschützten Werkes.[114] Nach Auffassung *Grünbergers* tritt beim

---

[103] Ausführlich zum Vervielfältigungsrecht an Samples *Apel* ZGE Bd. 10 2/2018, 162 (178 ff., 199): Voraussetzung es handele sich um eine künstlerische Wiedergabe eines schutzfähigen Werkes und die entnommene Tonfolge sei künstlerisch geprägt; s. ferner die Kommentierung von § 77 Rn. 35 ff. jeweils mwN.

[104] Fromm/Nordemann/*Schaefer* § 77 UrhG Rn. 18; Mestmäcker/Schulze/*Hertin* § 77 UrhG Rn. 7; Fromm/Nordemann/*Hertin* (9. Aufl.), § 77 UrhG Rn. 2; *Hertin* GRUR 1989, 578 (579); *Weßling* S. 149 f. Ziff. 154; *Schack* Rn. 220; *Hoeren* FS Hertin (2000), S. 113 (117); *Schack* GRUR 1989, 12; *Reinbothe/v. Lewinski* Art. 5 WPPT Rn. 21; *Kloth* S. 166; 89, 579; *v. Lewinski* in: Lehmann (Hrsg.), Internet und Multimediarecht, S. 149, 152; jeweils mwN.

[105] So *Häuser* S. 82 ff.; Fromm/Nordemann/*Hertin* (9. Aufl.), § 73 UrhG Rn. 12; Loewenheim/*Vogel*, Handbuch, § 38 Rn. 64; *Dünnwald/Gerlach* § 73 UrhG Rn. 11, 13: es geht hier nicht um den Schutz des übernommenen Teils, sondern um den Schutz der „geplünderten Aufnahme"; → § 73 Rn. 12 mwN; Möhring/Nicolini/*Kroitzsch* (2. Aufl.), § 73 UrhG Rn. 3; *Rüll* § 9 I 3a im Hinblick auf die Darbietung als gegenüber den Urheberrechts anderen Schutzgegenstands des Leistungsschutzrechts; *Bortloff* S. 110, der lediglich **Individualisierbarkeit** des übernommenen Licks verlangt.

[106] BGHZ 79, 363 (367) = GRUR 1981, 419 (421 f.) – Quizmaster; BGH GRUR 1974, 672 (673) – Celestina; → § 73 Rn. 12 mwN.

[107] Ebenso Dreier/Schulze/*Dreier* § 75 UrhG Rn. 12, deshalb jedoch zweifelnd hinsichtlich der House- und Hip-Hop-Musik; § 77 Rn. 9 mwN; vgl. auch *Apel* ZGE Bd. 10 2/2018, 162 (199); für einen ausdrücklichen gesetzlichen Schutz von Darbietungsteilen *v. Lewinski* in Schricker (Hrsg.), Informationsgesellschaft, S. 228 f.; *Häuser* S. 82 ff. mwN.

[108] So zutreffend *Apel* ZGE Bd. 10 2/2018, S. 162 (199) etwa für den Fall eines Wechsels des Genres der übernehmenden gegenüber der Originalaufnahme unter Hinweis auf BVerfG GRUR 2016, 690 Rn. 78, 107 – Metall auf Metall.

[109] AA wohl *Häuser* S. 120 f.

[110] Vgl. auch Loewenheim/*Vogel*, Handbuch, § 38 Rn. 32 ff.

[111] BGH GRUR 2009, 403 – Metall auf Metall I und BGH GRUR 2013, 614 – Metall auf Metall II; → § 85 Rn. 50 f., 60 ff.; zur Entscheidung des BVerfG GRUR 2016, 690 – Metall auf Metall.

[112] BVerfG GRUR 2016, 690 – Metall auf Metall; dazu ausführlich die Kommentierung zu § 85 Rn. 15 f., 64 f.

[113] BGH GRUR 2017, 895 – Metall auf Metall III; EuGH GRUR 2019, 929 Rn. 34 ff. in Pelkam/Hütter; zu der Entscheidung des EuGH → § 85 Rn. 66a–d.

[114] Zum Recht des Urhebers ausführlich § 14 Rn. 37 ff.; *Grünberger* S. 134 f. Rn. 464 ff. jeweils zahlreichen Rechtsprechungs- und Literaturnachweisen zum Streitstand → § 25 Rn. 25.

künstlerischen Leistungsschutz an die Stelle des Werkoriginals das **Masterband,** mit dessen Vernichtung das persönliche Band des Interpreten zu seiner Darbietung zerstört würde. Dem könnte nach seiner Auffassung durch eine Anbietungspflicht abgeholfen werden.[115] Sie verdient als Abhilfe gegenüber der Vernichtung Zustimmung.

b) Andere (indirekte) Beeinträchtigungen. Bei indirekten Beeinträchtigungen bleibt die Darbietung selbst unangetastet, wird jedoch in einen für den Künstler nachteiligen Zusammenhang gestellt, der geeignet ist, seinen Ruf oder sein Ansehen zu gefährden.[116] Bei Live-Darbietungen begegnen derartige indirekte Beeinträchtigungen, etwa wenn die Darbietung von unpassenden Lichteffekten begleitet und/oder mit sachlich nicht zu rechtfertigender Kameraführung übertragen wird.[117] Bei festgelegten Darbietungen kommen indirekte Beeinträchtigungen ua. durch anstößig gestaltete Schallplattenhüllen,[118] herabwürdigende Kombinationen mit anderen Aufnahmen oder durch die Verwendung zu Werbezwecken[119] in Betracht.[120]

4. Ruf- und Ansehensgefährdung

Die Beeinträchtigung einer Darbietung indiziert die **Gefährdung des Rufs oder Ansehens** des Interpreten.[121] Sie kann bewirken, dass die Darbietung dem Künstler selbst zugerechnet wird, sei es, dass die Beeinträchtigung als künstlerisches Unvermögen gedeutet wird, sei es, dass die Vermutung naheliegt, der Künstler habe die Beeinträchtigung hingenommen.[122] Für das Ansehen und den Ruf des ausübenden Künstlers sind alle Faktoren von Bedeutung, die unter Zugrundelegung der Vorstellung eines **unvoreingenommenen Durchschnittsbetrachters** die öffentliche Meinung über seine künstlerischen Fähigkeiten und Auffassungen prägen und die Wertschätzung seiner Künstlerpersönlichkeit zu beeinflussen vermögen.[123] Dabei spielt es keine Rolle, ob die Darbietung aus mancher Sicht eine „Verbesserung" erfährt, denn durch § 75 ist die Darbietung ungeachtet einer ästhetischen Bewertung vor jeglichem Eingriff geschützt.[124] Es ist ein objektivierter Maßstab anzulegen, so dass persönliche Empfindlichkeiten des Interpreten außer Betracht zu bleiben haben. Im Übrigen kommt den Erwägungen der Rspr. zum aPR von Schauspielern, die ihre Person als solche und nicht ihre Leistung in einen für sie unerwünschten Zusammenhang gestellt sehen, auch im Rahmen von § 75 Bedeutung zu.[125] Ungeachtet einer Verletzung des Rufs oder Ansehens des Künstlers durch die Verwendung seiner Leistung zu Werbezwecken kommt Schutz nach dem aPR in Frage, wenn dadurch in die wirtschaftliche und persönliche Selbstbestimmung des Betroffenen eingegriffen wird.[126]

5. Interessenabwägung

Bei der **Interessenabwägung** (Rn. 25), die § 93 für Filmwerke bekräftigt und § 75 S. 2 bei Ensemble-Leistungen ausdrücklich vorschreibt, ist einerseits auf die Leistungshöhe, die Intensität des Eingriffs, das Maß der Abweichung von bereits getroffenen vertraglichen Änderungsvereinbarungen sowie deren vorherige Kenntnis ua.[127] und andererseits auf das Maß der wirtschaftlichen und künstlerischen Interessen des Interpreten und auf den Umfang vermögenswerter Dispositionen,[128] arbeitsvertragliche Bindungen[129] sowie eine durch Zusagen geschaffene Vertrauenslage[130] ua. abzustellen.[131] Eine generelle Privilegierung der ideellen Interessen des Künstlers gegenüber etwaigen wirtschaftli-

35

36

37

---

[115] AA *Reinbothe/v. Lewinski* Art. 5 WPPT Rn. 23.

[116] Fromm/Nordemann/*Schaefer* § 75 UrhG Rn. 15; Fromm/Nordemann/*Hertin* (9. Aufl.), § 83 UrhG Rn. 4; *v. Gamm* § 83 UrhG Rn. 5; *Flechsig* S. 71 ff.; *Unger/Götz v. Olenhusen* ZUM 1987, 154 (165).

[117] Zum Persönlichkeitsschutz bei Live-Darbietungen → Rn. 28 sowie *Peter* UFITA 36 (1962) 257 (312).

[118] Vgl. BGH GRUR 1987, 814 – Die Zauberflöte; zum Urheberrecht OLG Frankfurt/M GRUR 1995, 215 – Springteufel.

[119] LG München UFITA 87 (1980) 342 (345) – Wahlkampfwerbung; siehe auch den Sachverhalt von BGH GRUR 1979, 637 – White Christmas.

[120] Weitere Beispiele bei *Flechsig* S. 71 ff. sowie *Rüll* § 11 III.

[121] OLG München NJW 1996, 1157 (1158) – Iphigenie in Aulis; LG Leipzig ZUM 2000, 331 (334) – Die Csárdásfürstin; → § 14 Rn. 23 ff., → § 39 Rn. 16 ff. jeweils mwN; aber *Grünberger* S. 137 f.: dies gilt nicht für indirekte Beeinträchtigungen, so dass insoweit die Indizwirkung entfällt und der Interpret die volle Darlegungs- und Beweislast für die Gefährdung seiner Interessen trägt; sa. *Flechsig* FuR 1976, 429 (432); *Weßling* S. 155 Ziff. 266; zur Ausnahme bei technisch mangelhaften Aufzeichnungen → Rn. 27.

[122] Sa. Fromm/Nordemann/*Schaefer* § 75 UrhG Rn. 22, dort auch zur Rolle der Fachöffentlichkeit; *Rüll* § 12 I 1.

[123] Ausführlich *Flechsig* S. 66 ff.; wie hier auch *Grünberger* S. 137 Rn. 474; Möhring/Nicolini/*Stang* (4. Aufl.), § 75 UrhG Rn. 16.

[124] *Grünberger* S. 134 Rn. 463.

[125] BGHZ 20, 345 = GRUR 1956, 427 – Paul Dahlke; BGHZ 30, 7 = 1959, 430 – Caterina Valente; BGH GRUR 1972, 97 – Liebestropfen; eingehend dazu die Erläuterungen Anhang zu § 60/§§ 22 ff. KUG mwN.

[126] BGH GRUR 1979, 425 (427) – Fußballspieler; BGH GRUR 1981, 446 (447) – Rennsportgemeinschaft; BGH GRUR 1992, 557 – Talkmaster-Fotos; BGH GRUR 2000, 715 – Marlene Dietrich; aA noch BGHZ 30, 7 (12) = 1959, 430 – Caterina Valente.

[127] OLG Dresden ZUM 2000, 955 (957) – Die Csárdásfürstin mit insoweit zust. Anm. *Wündisch.*

[128] OLG Frankfurt/M GRUR 1976, 199 (202) – Götterdämmerung.

[129] Zum Direktionsrecht des Arbeitgebers → § 79 Rn. 37.

[130] OLG Hamburg Schulze OLGZ 153, 7 f. – Kyldex I.

[131] Einzelheiten § 14 Rn. 26 ff.; *Rüll* § 13.

chen Interessen des Verwerters ist nicht statthaft;[132] jedoch hat das künstlerische Interesse nicht schon allein deshalb hinter die wirtschaftlichen Interessen des Verwerters zurückzutreten, weil es vom Publikum nicht überwiegend positiv bewertet wird.[133] Denn die Akzeptanz der künstlerischen Leistung eines verpflichteten Regisseurs liegt weitgehend im Risikobereich des Auftraggebers. Möchte er sein Risiko verringern, muss er vertraglich konkrete Vorgaben vereinbaren.[134]

6. Beweislast

38   Die Beweislast für das Vorliegen einer anspruchsbegründenden rufgefährdenden Entstellung oder anderer Beeinträchtigungen seiner Leistung nach § 75 obliegt dem Künstler.[135] Hinsichtlich der durch die Beeinträchtigung indizierten Rufgefährdung bedarf es des Beweises freilich nur bei Wegfall der Indizwirkung (Rn. 23). Die Beweislast für das Vorliegen entgegenstehender Interessen trägt der Verletzer.[136]

III. Beeinträchtigungsverbot bei Ensemble-Leistungen (Satz 2)

39   § 75 S. 2 gebietet untereinander **angemessene Rücksichtnahme** bei der Geltendmachung des Leistungsintegritätsanspruchs, wenn mehrere Künstler (Orchester-, Chormitglieder, Solisten, Dirigenten, Tänzer, Schauspieler ua.) an der Darbietung beteiligt sind. Bei der dabei erforderlichen Interessenabwägung sind im Wesentlichen das Maß der Leistungsbeeinträchtigung auf der einen und das Verwertungsinteresse der übrigen Künstler auf der anderen Seite zu berücksichtigen und zu gewichten,[137] nicht dagegen der Inhaber anderer Rechte etwa nach §§ 81, 85, 94. Je geringer die Anzahl der Ensemblemitglieder und je geringer das Verwertungsinteresse an einer Darbietung umso eher wird der einzelne Künstler seine Rechte nach § 75 durchsetzen können.[138] Mehrheitsentscheidungen des Ensembles braucht sich der Interpret jedoch nicht zu unterwerfen.[139] Häufig dürfte dem Interesse des in seinem Persönlichkeitsrecht betroffenen Künstlers der Vorrang gebühren vor etwaigen Interessen der übrigen Künstler an der Verwertung einer beeinträchtigenden Aufnahme.[140] Zu berücksichtigen ist jedoch die Anzahl der übrigen Mitwirkenden, die Qualität ihrer Darbietung und die Schwere der Beeinträchtigung der Leistung des betroffenen Künstlers.[141] Eine Geltendmachung des Rechts durch einen Gruppenvorstand scheidet aus. Denn eine Regelung wie in § 74 Abs. 2 hat der Gesetzgeber im Rahmen des § 75 nicht getroffen. Erklärt sich ein Orchestervorstand mit der Verwertung einer beeinträchtigten Aufnahme einverstanden, bleibt der betroffenen Künstler die Geltendmachung seines Verbotsrechts.[142] Gewillkürte Prozessstandschaft ist nur in engen Grenzen möglich, wenn ein berechtigtes Interesse des Dritten (etwa des Vertragspartners des Künstlers) an der Durchsetzung des Rechts besteht und der Künstler nicht selbst sein Recht verfolgt.[143] Im **Filmbereich** können die einzelnen Mitwirkenden nur **gröbliche Entstellungen und andere gröbliche Beeinträchtigungen** ihrer Darbietung geltend machen. Ferner haben sie nicht nur untereinander angemessene Rücksicht zu nehmen, sondern nach § 93 Abs. 1 S. 2 jeder einzelne auch auf die Interessen der Filmurheber und des Filmherstellers, unabhängig davon, ob er überhaupt an gemeinsamen Darbietungen teilnimmt.[144]

IV. Rechtsfolgen der Verletzung des Beeinträchtigungsverbots

40   Bei Verletzung der Rechte aus § 75 kann gemäß § 97 Abs. 1 auf **Beseitigung,** bei Wiederholungsgefahr auf **Unterlassung** und bei Vorsatz oder Fahrlässigkeit auch auf **Ersatz eines** freilich oft

---

[132] Vgl. → § 14 Rn. 27; *v. Gamm* § 14 UrhG Rn. 9; *Schricker*, Verlagsgesetz, § 13/§ 39 UrhG Rn. 11; *Grünberger* S. 139; Möhring/Nicolini/*Stang* (4. Aufl.), § 75 UrhG Rn. 18; Dreier/Schulze/*Dreier* § 75 UrhG Rn. 7; aA Fromm/Nordemann/*Vinck* (9. Aufl.), § 39 UrhG Rn. 4; Möhring/Nicolini/*Spautz* (2. Aufl.), § 39 UrhG Rn. 10.

[133] OLG Frankfurt/M GRUR 1976, 199 (202) – Götterdämmerung; LG Leipzig ZUM 2000, 331 (334) – Die Csárdásfürstin.

[134] Dazu Loewenheim/*Schulze*, Handbuch, § 70 Rn. 45.

[135] OLG Hamburg ZUM 1991, 545 (547) – The Rolling Stones.

[136] Ebenso Dreier/Schulze/*Dreier* § 75 UrhG Rn. 8.

[137] Ebenso Fromm/Nordemann/*Schaefer* § 75 Rn. 31 ff.; Möhring/Nicolini/*Stang* (4. Aufl.), § 75 UrhG Rn. 21; *Dünnwald/Gerlach* § 75 UrhG Rn. 19.

[138] So überzeugend Fromm/Nordemann/*Schaefer* § 75 Rn. 35.

[139] Ebenso *Dünnwald/Gerlach* § 75 UrhG Rn. 21; Möhring/Nicolini/*Stang* (4. Aufl.), § 75 UrhG Rn. 23.

[140] Ebenso Fromm/Nordemann/*Hertin* (9. Aufl.), § 83 UrhG Rn. 6; DKMH/*Meckel* § 75 UrhG Rn. 7; Möhring/Nicolini/*Kroitzsch* (2. Aufl.), § 83 UrhG Rn. 11 und Dreier/Schulze/*Dreier* § 75 UrhG Rn. 13 hingegen stellen allein auf die Abwägung unter Berücksichtigung der gegenläufigen Interessen, des künstlerischen Wertes der Darbietung und der Schwere des Eingriffs ab.

[141] Fromm/Nordemann/*Schaefer* § 75 UrhG Rn. 34 ff.

[142] Ebenso Fromm/Nordemann/*Schaefer* § 75 Rn. 37.

[143] Fromm/Nordemann/*Schaefer* § 75 UrhG Rn. 38 unter Hinweis auf die zum Urheberrecht ergangenen Entscheidungen BGH GRUR 1995, 668 (670) – Emil Nolde und OLG Hamburg ZUM 2008, 438 (441) – Anita.

[144] Einzelheiten s. die Erläuterungen zu § 93 sowie *Dünnwald/Gerlach* § 75 UrhG Rn. 15, Rn. 19 ff.; Fromm/Nordemann/*Schaefer* § 75 Rn. 36.

schwer zu beweisenden **materiellen Schadens** geklagt werden.[145] Zudem kommt nach § 97 Abs. 2 im Rahmen der Billigkeit bei schwerwiegenden Persönlichkeitsverletzungen eine Entschädigung wegen des erlittenen **immateriellen Schadens** in Betracht, wenn auf andere Weise kein befriedigender Ausgleich erzielt werden kann.[146]

Ein **Eingriff in das Recht** des ausübenden Künstlers auf Leistungsintegrität **liegt allein in der** **41** **jeweiligen Entstellungshandlung.** Trotz des Umstandes, dass das Gesetz bei persönlichkeitsrechtlichen Tatbeständen die Art der Verletzungshandlungen nicht im Einzelnen bestimmt, wird ein Verstoß gegen § 75 in der bloßen Verbreitung der entstellten Darbietung gesehen werden können.[147] Die maßgebliche Rechtsverletzung findet somit nicht auch am Ort der Verbreitung, sondern allein am Ort der entstellenden Handlung statt. Bei der Durchsetzung des Entstellungsverbots kann sich der Interpret darauf berufen, die erforderlichen Befugnisse nach §§ 77 Abs. 2, 78 Abs. 1 zur Nutzung der aufgenommenen Darbietung nicht oder nicht für die fragliche Fassung erteilt zu haben. Abgesehen davon können die Verbreitung und öffentliche Wiedergabe der entstellten Darbietung auch nach § 96 Abs. 1 untersagt werden (Darbietung, Simultanveröffentlichung bzw. Sendung).

V. Fremdenrechtliche Fragen

Zum persönlichen Geltungsbereich der Vorschrift s. zunächst Rn. 11 f. Für **ausländische aus-** **42** **übende Künstler,** deren Rechtsverhältnisse sich nicht nach bestehenden Staatsverträgen richten[148] und auch im Übrigen kein Bezug zu Deutschland als Schutzland besteht, statuiert **§ 125 Abs. 6 eine** **fremdenrechtliche Beschränkung** des Interpretenschutzes auf die Rechte nach §§ 74 und 75, 77 Abs. 1 und 78 Abs. 1 Nr. 3 sowie § 78 Abs. 1 Nr. 2 im Falle der unmittelbaren Sendung. Die Rechte nach §§ 77 Abs. 2, 78 Abs. 2 Nr. 1 und Nr. 2 nimmt § 125 Abs. 6 hingegen nicht in Bezug. Da auch das Verwertungsverbot des § 96 nicht zu den Mindestrechten des ausübenden Künstlers zählt, kann sich der vertraglich oder infolge des § 125 Abs. 2–4 in Deutschland geschützte Künstler nicht zur Wehr setzen, wenn die Entstellung seiner Darbietung im Ausland erfolgt ist, die **beanstan-** **dete inländische Handlung aber allein in der Verbreitung** der entstellenden Aufnahme liegt. Bei derart gelagerten grenzüberschreitenden Sachverhalten bietet das deutsche Fremdenrecht als Schutzlandrecht nach § 125 Abs. 6 keine Handhabe.[149] Denn § 125 Abs. 6 versagt – ohne Verstoß gegen Art. 1, 2 und 14 GG[150] – dem ausübenden Künstler die Befugnis, die unautorisierte Aufnahme seiner Darbietung nach § 96 zu unterbinden, weil diese Vorschrift nicht von § 125 Abs. 6 erfasst wird. Außerdem hat der Gesetzgeber den ausländischen Interpreten nicht gegen die inländische Vermarktung einer unautorisierten Aufnahme schützen wollen.[151] Das Problem wird freilich an Bedeutung verlieren, je mehr Staaten den am 20.2.2002 in Kraft getretenen WPPT ratifizieren und infolge dessen die Angehörigen der Vertragsstaaten unmittelbar auf Art. 5 und das Verbreitungsrecht nach Art. 8 WPPT stützen können.[152]

§ 76 Dauer der Persönlichkeitsrechte

[1] **Die in den §§ 74 und 75 bezeichneten Rechte erlöschen mit dem Tode des ausübenden Künstlers, jedoch erst 50 Jahre nach der Darbietung, wenn der ausübende Künstler vor Ablauf dieser Frist verstorben ist, sowie nicht vor Ablauf der für die Verwertungsrechte nach § 82 geltenden Frist. [2] Die Frist ist nach § 69 zu berechnen. [3] Haben mehrere ausübende Künstler gemeinsam eine Darbietung erbracht, so ist der Tod des letzten der beteiligten ausübenden**

---

[145] Einzelheiten unter §§ 97 ff.
[146] BGH GRUR 2015, 508 Rn. 37 – Motorradteile; BGH GRUR 1971, 525 (526) – Petite Jacqueline; OLG Hamburg GRUR 1992, 512 (513) – Prince; Einzelheiten → § 97 Rn. 297 ff. sowie die Erläuterungen zu §§ 33 bis 50 KUG; sa. *Rüll* § 15.
[147] Ebenso BGH GRUR 1987, 814 (816) – Die Zauberflöte; OLG Köln GRUR 1992, 388 (389) – Prince; OLG Hamburg ZUM 1991, 545 (547) – The Rolling Stones; *Dünnwald/Gerlach* § 75 UrhG Rn. 6; aA *Schack* GRUR 1987, 817 (818); *Schack* Rn. 937; *Braun* S. 80 ff., 104 ff.; *Braun* GRUR-Int 1996, 790 (796), die die Verbreitung als Steigerung der Beeinträchtigung werten.
[148] Namentlich nach Art. 5 Abs. 1 WPPT.
[149] Ebenso OLG Hamburg ZUM 1991, 545 (547) – The Rolling Stones; OLG Frankfurt/M GRUR-Int 1993, 702 – Bruce Springsteen; im Anschluss an BGH GRUR 1986, 454 (455) – Bob Dylan; BGH GRUR 1987, 814 (815) – Die Zauberflöte; später ebenso BGH GRUR 1999, 49 (51) – Bruce Springsteen and his Band.
[150] BVerfG GRUR 1990, 438 – Bob Dylan.
[151] Ebenso Fromm/Nordemann/*Hertin* (9. Aufl.), § 83 UrhG Rn. 9; *Hertin* GRUR 1991, 722 (727); *Dünnwald/Gerlach* § 75 UrhG Rn. 27; wegen nicht ausreichenden Sachvortrags zu einer Verletzung des § 83 (jetzt § 75) letztlich offen gelassen in OLG Köln GRUR 1992, 388 (389) – Prince; gleicher Ansicht auch in Bezug auf das TRIPS-Übereinkommen, das in Art. 14 Abs. 1 kein Verbreitungsrecht des ausübenden Künstlers vorsieht OLG Hamburg ZUM 2004, 133 (136) – unautorisierte Konzertmitschnitte; aA noch 1. Aufl., § 83 Rn. 22 sowie OLG Hamburg GRUR-Int 1986, 416 (419) – Karajan; OLG München ZUM 1991, 540 (541) – U2; *Krüger* GRUR-Int 1986, 381 (384 ff.); *Schack* GRUR 1987, 817 (818); *Braun* S. 80 ff., 104 ff.; *Braun* GRUR-Int 1996, 790 (796) ua. mit dem Einwand, § 125 Abs. 6 verzichte auf die Inbezugnahme von Rechtsfolgeregelungen, zu denen auch § 96 zu zählen sei, weshalb diese auch in den Fällen des § 125 Abs. 6 Anwendung fänden.
[152] Vgl. *v. Lewinski* GRUR-Int 1997, 667 (771); *Grünberger* S. 128 Rn. 440 mwN.

Künstler maßgeblich. [4]Nach dem Tod des ausübenden Künstlers stehen die Rechte seinen Angehörigen (§ 60 Abs. 2) zu.

Schrifttum: Siehe auch die Literaturhinweise zu §§ 74, 75; *Flechsig,* Der Leistungsintegritätsanspruch des ausübenden Künstlers, 1976; *ders.,* Die Vererbung des immateriellen Schadensersatzanspruchs des ausübenden Künstlers, FuR 1976, 74; *ders.,* Die Dauer des Anspruchs des ausübenden Künstlers auf Integrität seiner künstlerischen Leistung, FuR 1976, 208; *Krüger,* Kritische Bemerkungen zum Regierungsentwurf für ein Gesetz zur Regelung des Urheberrechts in der Informationsgesellschaft aus der Sicht eines Praktikers, ZUM 2003, 122; *ders.,* Zum postmortalen Schutz des Künstlerpersönlichkeitsrechts, FS Dietz, 2001, S. 101; *Nordemann,* Nochmals: Vererblichkeit von Leistungsschutzrechten (mit *Schmieder*), FuR 1969, 15; *Peukert,* Die Leistungsschutzrechte des ausübenden Künstlers nach dem Tode, 2000; *ders.,* Leistungsschutz des ausübenden Künstlers de lege lata und de lege ferenda unter besonderer Berücksichtigung der postmortalen Rechtslage, UFITA 138 (1999) 63.

Übersicht

I. Allgemeines

1. Entstehung, Systematik und Rechtsnatur der Vorschrift

1   **Entstehungsgeschichtlich** geht § 76 auf die Neuordnung des Rechts des ausübenden Künstlers im Gesetz zum Urheberrecht in der Informationsgesellschaft vom 10.9.2003 und die dort in Angleichung an das Schutzniveau des Art. 5 WPPT vorgenommene Einführung des Rechts auf Anerkennung als ausübender Künstler und auf Namensnennung gemäß § 74 zurück.[1] Die Vorschrift übernimmt die **Regelungscharakteristik** und die Schutzdauer des noch auf das Beeinträchtigungsverbot beschränkten § 83 Abs. 3 aF mit der primären Anknüpfung der Schutzdauer an den Zeitpunkt der Darbietung des ausübenden Künstlers, ergänzt durch zwei Mindestschutzdauerregelungen. Danach enden nach § 76 die Rechte auf Anerkennung und Namensnennung nach § 74 ebenso wie das Recht des Künstlers, die Beeinträchtigung seiner Darbietung gemäß § 75 zu verbieten (früher § 83 Abs. 1), 50 Jahre nach der Darbietung, jedoch **niemals vor dem Tode des Künstlers und** – dies ist in Anlehnung an Art. 5 Abs. 2 S. 1 WPPT neu in das Gesetz aufgenommen worden – **niemals vor Ablauf der Frist nach § 82** (§ 76 S. 1 am Ende).

2   Mit dem von § 82 abweichenden zeitlichen Mindestschutz der Rechte nach §§ 74, 75 (Lebenszeit des Künstlers) trägt das Gesetz der in ihrem Schwerpunkt **persönlichkeitsrechtlichen Natur** dieser Vorschriften Rechnung.[2] Da die Persönlichkeitsrechte des ausübenden Künstlers nach §§ 74, 75 anders als noch nach § 83 Abs. 3 aF **zusätzlich auch niemals vor Ablauf der Schutzfrist nach § 82** enden, gehen die vermögens- und die persönlichkeitsrechtlichen Befugnisse des in seinem Wesen einheitlichen, der Ausgestaltung des Urheberrechts angenäherten Künstlerrechts im Gegensatz zum früheren Recht nur noch beschränkt eigene Wege.[3] Durch die Einheitlichkeit des Leistungsschutzrechts des ausübenden Künstlers waren einheitliche Schutzfristen zwar nicht geboten, sachlich sind sie jedoch wiederholt als vorzugswürdig erachtet worden.[4] Der Gesetzgeber konnte sich trotz der angestrebten Annäherung des Künstlerrechts an das Wesen des Urheberrechts im Gesetz zur Regelung des Urheberrechts in der Informationsgesellschaft vom 10.9.2003 nicht dazu entschließen, dem in der Literatur unterbreiteten Vorschlag zu entsprechen, § 76 S. 4 durch eine entsprechende Anwendung der §§ 28, 29 zu ersetzen.[5]

---

[1] Dazu Loewenheim/*Vogel,* Handbuch, § 38 Rn. 132 ff.; Wandtke/Bullinger/*Büscher* Vor §§ 73 ff. UrhG Rn. 8, § 76 UrhG Rn. 3.
[2] AmtlBegr. UFITA 45 (1965) 240 (313).
[3] → § 74 Rn. 10 mwN, → Vor §§ 73 Rn. 79 ff. mwN; aA zur Einheitlichkeit des Künstlerrechts → Vor §§ 12 Rn. 36 mwN sowie nach altem Recht *Peukert* UFITA 138 (1999) 63 ff.
[4] Ebenso *Grünberger* S. 141 Rn. 490; Fromm/Nordemann/*Hertin* (9. Aufl.), § 83 UrhG Rn. 7; *Rüll* § 14 II; zumindest im Hinblick auf die Entscheidung BGH GRUR 2000, 709 – Marlene Dietrich; *Krüger* FS Dietz (2001), S. 101 (109); de lege ferenda auch *Peukert* UFITA 138 (1999) 63 (79 f.).
[5] S. *Krüger* ZUM 2003, 122 (126).

2. Änderungen gegenüber dem alten Recht

Somit spielen **im Gegensatz zum alten Recht und in Übereinstimmung mit Art. 5 Abs. 2 S. 1 WPPT** der Zeitpunkt des Erscheinens oder der der erstmaligen berechtigten Verwendung der Aufnahme zur öffentlichen Wiedergabe für die Schutzfristberechnung nach § 76 zumindest eine mittelbare Rolle, wenn der Künstler mehr als 50 Jahre nach seiner Darbietung verstirbt, die Schutzfrist des § 82 aber noch läuft, weil die Darbietung vor weniger als 50 Jahren erschienen ist. Durch das zusätzliche Mindesterfordernis der Berücksichtigung der Schutzdauer nach § 82 tritt **bei allen noch geschützten Persönlichkeitsrechten eine Verlängerung des Schutzes** ein. Sofern der Schutz bei Inkrafttreten der Neuregelung bereits abgelaufen war, lebt er mangels einer ausdrücklichen Anordnung nicht wieder auf. **3**

Die überwiegende Meinung erachtete nach altem Recht eine Ausdehnung der Schutzdauer des § 83 Abs. 3 aF auf die des § 82 aF für unzulässig, sofern der persönlichkeitsrechtliche Schutz später ablief.[6] Art. 22 Abs. 1 WPPT iVm. Art. 18 Abs. 1 und 2 RBÜ bestimmt nichts anderes.

II. Einzelerläuterungen

1. Aufgenommene Darbietung. Die Schutzfristberechnung knüpft an die aufgenommene Darbietung iSd. § 73 an. Für nicht aufgenommene Darbietungen spielt die Schutzdauer naturgemäß keine Rolle. Ob die aufgenommene Darbietung öffentlich erfolgt oder nur im Studio stattfindet, ist dabei ohne Bedeutung.[7] **4**

2. Für die **Schutzfristberechnung** des § 76 sind **drei Ereignisse** maßgeblich, von denen dasjenige als Anknüpfungspunkt zu wählen ist, welches den am längsten währenden Schutz begründet. Zunächst knüpft § 76 S. 1 an die nicht erschienene oder nicht erlaubterweise zur öffentlichen Wiedergabe benutzte **Darbietung** an. Von diesem Zeitpunkt gerechnet sind die Persönlichkeitsrechte nach §§ 74, 75 auf jeden Fall 50 Jahre lang geschützt, unabhängig davon, ob der Künstler inzwischen verstorben ist.[8] Überlebt er hingegen den Ablauf dieser Frist, währt der Schutz auf Grund der zweiten Mindestregel des Satz 1 auf jeden Fall bis zu seinem **Tod** oder nach der dritten Mindestregel des § 76 S. 1 **bis zum Ablauf des Schutzes der vermögenswerten Rechte und Ansprüche nach § 82,** falls der Schutz dieser Rechte über den Zeitpunkt des Todes hinausreicht. Dies hat zur Folge, dass die Rechte aus §§ 74, 75 ebenso wie die vermögenswerten Rechte und Ansprüche maximal 120 Jahre geschützt sein können, wenn die auf einem Tonträger aufgezeichnete Darbietung im letzten Jahr der für Aufzeichnungen geltenden Schutzdauer von 50 Jahren erscheint oder vor dem Erscheinen erlaubterweise öffentlich wiedergegeben wird (§ 82 Abs. 1 S. 2), sodass die Schutzdauer von 50 Jahren gemäß § 82 Abs. 1 S. 1 erst ab diesem Zeitpunkt zu laufen beginnt (→ § 82 Rn. 9 f.). Denkbar sind auch Fälle, in denen der Tod des Künstlers den Zeitpunkt des Fristablaufs bestimmt, etwa wenn die Aufzeichnung einer Darbietung mehr als 50 Jahre zuvor erschienen oder öffentlich wiedergeben worden ist. **5**

Nach § 76 S. 2 iVm. § 69 werden die Fristen mit dem **Ablauf des Kalenderjahres** in Lauf gesetzt, in das das maßgebliche Ereignis[9] fällt. Sie enden folglich am 31. Dezember des letzten Jahres der gesetzlichen Schutzdauer. Das gilt nicht in den Fällen, in denen der künstlerpersönlichkeitsrechtliche Schutz mit dem Tod des Interpreten endet (§ 76 S. 1). Die aA, die aus Gründen der Vereinfachung und der Rechtssicherheit – § 69 entsprechend – auch bei Beendigung des Schutzes durch den Tod des Interpreten den diesem Ereignis folgenden 31. Dezember als maßgebliches Datum für den Schutzablauf annehmen will,[10] dürfte mit dem Wesen des Persönlichkeitsschutzes und mit dem Wortlaut des S. 1 nicht in Einklang zu bringen sein.[11] **6**

3. Gemeinsame Darbietung. Satz 3 bestimmt die Berechnung der Schutzdauer bei gemeinsamen Darbietungen mehrerer Künstler. In diesen Fällen ist der Tod des längstlebenden mitwirkenden Künstlers maßgeblich, und zwar, im Gegensatz zum alten Recht (§ 83 Abs. 3 aF), nach dem die Schutzfristen für alle Interpreten getrennt liefen, für alle Mitwirkenden gleichermaßen.[12] Andere Anknüpfungen[13] bleiben von S. 3 unberührt. **7**

4. Wahrnehmungsbefugnis der Angehörigen. Soweit die Rechte aus §§ 74, 75 nach dem Tode des Künstlers fortgelten, gehen sie nach **Satz 4** auf die **Angehörigen** iSd. § 60 Abs. 2 über. **8**

---

[6] So Fromm/Nordemann/*Hertin* (9. Aufl.), § 83 UrhG Rn. 7; Möhring/Nicolini/*Kroitzsch* (2. Aufl.), § 83 UrhG Rn. 13; *Schack* GRUR 1985, 352 (359); für eine einheitliche Beendigung der Schutzdauer v. *Gamm* § 83 UrhG Rn. 3; *Flechsig* S. 99; *Flechsig* FuR 1976, 208 (209).

[7] Vgl. → § 73 Rn. 26; Loewenheim/*Vogel,* Handbuch, § 38 Rn. 47 ff.

[8] Dreier/Schulze/*Dreier* § 76 UrhG Rn. 2; Wandtke/Bullinger/*Büscher* § 76 UrhG Rn. 2.

[9] Darbietung, Erscheinen, erlaubte Benutzung eines Bild- oder Tonträgers zur öffentlichen Wiedergabe.

[10] So Dreier/Schulze/*Dreier* § 76 UrhG Rn. 3; wie hier Möhring/Nicolini/*Stang* (4. Aufl.), § 76 UrhG Rn. 4; *Dünnwald*/*Gerlach* § 76 UrhG Rn. 4.

[11] Ebenso Fromm/Nordemann/*Schaefer* § 82 UrhG Rn. 7; *Dünnwald*/*Gerlach* § 76 UrhG Rn. 4.

[12] Das gilt auch für den Film: s. Fromm/Nordemann/*Schaefer* § 76 UrhG Rn. 9 f.

[13] Darbietung, Erscheinen, früher erfolgte erlaubte Benutzung des Bild- oder Tonträgers zu einer öffentlichen Wiedergabe.

Dies sind der Ehegatte, der Lebenspartner und die Kinder, mangels solcher die Eltern.[14] In dieser Regelung liegt keine Vererbung, sondern die **Anordnung einer Wahrnehmungsbefugnis hinsichtlich des postmortalen Persönlichkeitsrechts,** wie sie für das aPR charakteristisch ist.[15] Nach anderer Meinung liegt eine Klarstellung vor, dass mit dem Tode des Berechtigten das Recht nicht ende,[16] und eine Bekräftigung der sich aus der Einheitlichkeit des Leistungsschutzrechts ergebenden gesetzlichen Erbfolge (§§ 1922 ff. BGB), von der jedoch im Wege der Verfügung von Todes wegen oder der Anordnung der Testamentsvollstreckung abgewichen werden könne.[17] Damit können in den Fällen, in denen der ausübende Künstler vor Ablauf von 50 Jahren nach der Darbietung bzw. vor Ablauf der Schutzfrist nach § 82 stirbt, andere Personen zur Ausübung der künstlerpersönlichkeitsrechtlichen Befugnisse berechtigt sein als diejenigen, die der ausübende Künstler uU testamentarisch als Erben der Verwertungsrechte eingesetzt hat.[18] Stirbt der Interpret nachher, enden seine Rechte nach §§ 74, 75 mit dem Tag seines Todes (§ 76 S. 1).

III. Sonstige Fragen

1. Allgemeines Persönlichkeitsrecht

9   **Entfällt der Schutz des § 76 mit dem Tode des Künstlers** (→ Rn. 5), kann unter Umständen zum Schutz der verstorbenen Künstlerpersönlichkeit der Rückgriff auf das aPR erforderlich sein, um der grundgesetzlichen Wertentscheidung der Art. 1, 2 Abs. 1 GG zu entsprechen.[19] Ebenso wie die persönlichkeitsrechtlichen Befugnisse aus §§ 74, 75 können die Rechte aus dem aPR nur von den Angehörigen, nicht dagegen von sonstigen Erben wahrgenommen werden (→ Rn. 8). Zu beachten ist, dass nach höchstrichterlicher Rechtsprechung zum postmortalen Schutz des Persönlichkeitsrechts Ansprüche nach dem aPR länger geltend gemacht werden können als solche nach §§ 74, 75.[20]

Wegen der Auffangfunktion des aPR erscheinen die verfassungsrechtlichen Bedenken von *Schack*[21] gegen die Regelung des § 76 (früher § 83 Abs. 3) nicht begründet.

2. Übergangsrecht

10   Bei Leistungen, die **vor Inkrafttreten des UrhG** erbracht wurden, sind hinsichtlich ihrer Schutzdauer die Vorschriften der §§ 135, 135a zu beachten (Einzelheiten dort). § 137f spielt für die Rechte aus §§ 74, 75 keine Rolle, weil die Schutzdauer-RL (Richtlinie 93/98/EWG) von einer Harmonisierung der Schutzdauer der Urheberpersönlichkeitsrechte und der Persönlichkeitsrechte des ausübenden Künstlers absieht (dort Art. 9).

11   Für den **Übergang von § 83 Abs. 3 aF zu § 76** hat der Gesetzgeber keine besondere Bestimmung vorgesehen. Somit gilt nach allgemeiner Regel,[22] dass ohne ausdrückliche gesetzliche Anordnung abgelaufene Rechte nicht wieder aufleben. Ergibt sich folglich aus der Anknüpfung der Schutzdauer der Verwertungsrechte des ausübenden Künstlers gemäß § 82, dass der Schutz einer Darbietung nach § 76 noch besteht, der Beeinträchtigungsschutz gemäß § 83 aF aber bei Inkrafttreten der Neuregelung des § 76 schon abgelaufen war, kommt die Schutzfristverlängerung dem Künstler bzw. nach seinem Tode seinen Angehörigen (§ 76 S. 4) nicht zugute.[23] Anders verhält es sich bei den neu entstandenen Rechten nach § 74, die bei Inkrafttreten des § 76 nach dessen Voraussetzungen noch geschützt sind. Inter partes wirkende frühere Vereinbarungen über die Namensnennung des Künstlers gelten nach Maßgabe ihrer vertraglich festgelegten zeitlichen Geltung fort.

12   **Entsprechendes gilt für Sachverhalte mit Auslandsbezug,** bei denen der WPPT zur Anwendung kommt. Art. 22 Abs. 1 WPPT bringt hinsichtlich der im WPPT vorgesehenen Rechte des ausübenden Künstlers Art. 18 RBÜ analog zur Anwendung mit der Folge, dass Rechte, die nach dem

---

[14] Einzelheiten → § 60 Rn. 23 sowie → KUG § 22 Rn. 57 f.

[15] BGHZ 50, 133 (137 ff., 140) = GRUR 1968, 552 – Mephisto; BGH GRUR 1995, 668 (670) – Emil Nolde; § 28 Rn. 18; Dreier/Schulze/*Dreier* § 76 UrhG Rn. 4; *Grünberger* S. 143 ff. Rn. 498 ff.; Fromm/Nordemann/*Schaefer* § 76 UrhG Rn. 12; Wandtke/Bullinger/*Büscher* § 76 UrhG Rn. 6; *v. Gamm* § 83 UrhG Rn. 2 und § 78 UrhG Rn. 8; *Peukert* UFITA 138 (1999) 66 (77); *Schack* GRUR 1985, 352 (354) Fn. 54; *Schack* Rn. 685; ebenso auch *Ulmer* § 123 V 2; Möhring/Nicolini/*Kroitzsch* (2. Aufl.), § 83 UrhG Rn. 13 nimmt eine Wahrnehmungsbefugnis „zum Schutze der Angehörigen" an; in diesem Sinne auch die AmtlBegr. UFITA 45 (1965) 240 (313).

[16] So *Schmieder* FuR 1968, 315 (316).

[17] Fromm/Nordemann/*Hertin* (9. Aufl.), § 83 UrhG Rn. 7; *Flechsig* S. 100 ff.; *Flechsig* FuR 1976, 208 (210 ff.); *Schmieder* FuR 1968, 315 (316 f.); *Schmieder* FuR 1969, 15 f.; *Nordemann* mit *Schmieder* FuR 1969, 15; *Rüll* § 6 II 2; zuletzt *Krüger* FS Dietz (2001), S. 101 (104 f., 109); *Krüger* ZUM 2003, 122 (125 f.).

[18] Ebenso Wandtke/Bullinger/*Büscher* § 76 UrhG Rn. 6; Möhring/Nicolini/*Stang* (4. Aufl.), § 76 Rn. 7 f.; aA wohl *Dünnwald/Gerlach* § 76 UrhG Rn. 6: hinsichtlich der persönlichkeitsrechtlichen Befugnisse sind die Angehörigen Erben.

[19] S. BGH GRUR 1995, 668 (670 f.) – Emil Nolde; Fromm/Nordemann/*Hertin* (9. Aufl.), § 83 UrhG Rn. 7; *Krüger-Nieland* FS Hauß (1978), S. 215 (222, 223); *Schack* GRUR 1985, 352 (354, 359); *Schack* Rn. 688.

[20] BGH GRUR 2007, 168 (169) – Klaus Kinski; BGH GRUR 2002, 690 (691) – Marlene Dietrich; BGH GRUR 2000, 709 (711) – Marlene Dietrich.

[21] GRUR 1985, 352 (359).

[22] Vgl. zB Art. 18 RBÜ.

[23] Sa. Loewenheim/*Vogel*, Handbuch, § 38 Rn. 136.

Schutzlandrecht bereits bei Inkrafttreten des WPPT nicht mehr geschützt waren, nicht wieder aufleben. Eine Beschränkung der Anwendung der Rechte aus Art. 5 WPPT, wie es nach Art. 22 Abs. 2 WPPT gestattet ist, hat der deutsche Gesetzgeber nicht vorgenommen.

§ 77 Aufnahme, Vervielfältigung und Verbreitung

(1) **Der ausübende Künstler hat das ausschließliche Recht, seine Darbietung auf Bild- oder Tonträger aufzunehmen.**

(2) [1] **Der ausübende Künstler hat das ausschließliche Recht, den Bild- oder Tonträger, auf den seine Darbietung aufgenommen worden ist, zu vervielfältigen und zu verbreiten.** [2] **§ 27 ist entsprechend anzuwenden.**

Schrifttum: *Apel,* Der ausübende Musiker im Recht Deutschlands und der USA, 2011; *Apel,* Interpretenrecht (§§ 73 ff. UrhG) und Teileschutz, ZGE 2018, 162; *Benz,* Der Teileschutz im Urheberrecht, 2018; *Beining,* Der Schutz ausübender Künstler im internationalen und supranationalen Recht, 2000; *Bortloff,* Tonträgersampling als Vervielfältigung, ZUM 1993, 476; *Braun,* Die Schutzlücken-Piraterie nach dem Urheberrechtsänderungsgesetz v. 23.6.1995, GRUR-Int 1996, 790; *Bünte,* Die künstlerische Darbietung als persönliches und immaterielles Rechtsgut, 2000; *Bungeroth,* Der Schutz der ausübenden Künstler gegen die Verbreitung im Ausland hergestellter Vervielfältigungsstücke ihrer Darbietungen, GRUR 1976, 454; *Dünnwald,* Die Neufassung des künstlerischen Leistungsschutzes, ZUM 2004, 161; *Flechsig/Kuhn,* Das Leistungsschutzrecht des ausübenden Künstlers in der Informationsgesellschaft, ZUM 2004, 14; *Grünberger,* Das Interpretenrecht, 2006; *Grünberger,* Vergütungsansprüche im Urheberrecht, ZGE 2017, 188; *Grünberger,* Verbreiten, Vermieten und Verleihen im Europäischen Urheberrecht, FS G. Schulze, 2017, 67; *Häuser,* Sound und Sampling, 2002; *Hertin,* Die Vermarktung nicht lizenzierter Live-Mitschnitte von Darbietungen ausländischer Künstler nach den höchstrichterlichen Entscheidungen „Bob Dylan" und „Die Zauberflöte", GRUR 1991, 722; *Hesse,* Flankenschutz für das Leistungsschutzrecht, ZUM 1985, 365; *Hilty,* Kontrolle der digitalen Werknutzung zwischen Vertrag und Erschöpfung, GRUR 2018, 865; *Hoeren,* Sounds von der Datenbank – Zum Schutz des Tonträgerherstellers gegen Sampling, FS Hertin, 2000, 113; *Hofmann,* E-Lending – Elektronisches Vermieten und elektronisches Verleihen aus urheberrechtlicher Sicht, ZUM 2018, 107; *Jörger,* Das Plagiat in der Popularmusik, 1992; *Katzenberger,* Inlandsschutz ausübender Künstler gegen die Verbreitung ausländischer Mitschnitte ihrer Darbietungen, GRUR-Int 1983, 640; *Katzenberger,* TRIPS und das Urheberrecht, GRUR-Int 1995, 447; *Katzenberger,* Inländerbehandlung und Mindestrechte ausübender Künstler nach dem Rom-Abkommen, GRUR-Int 2014, 443; *Kloth,* Der Schutz ausübender Künstler nach TRIPs und WPPT, 2000; *Krüger,* Zum Leistungsschutzrecht ausländischer Künstler aus dem Bundesgebiet in der Bundesrepublik Deutschland im Falle des sog. bootlegging, GRUR-Int 1986, 381; *v. Lewinski,* Die Umsetzung der Richtlinie zum Vermiet- und Verleihrecht, ZUM 1995, 442; *v. Lewinski,* Verwandte Schutzrechte, in: Schricker (Hrsg.), Urheberrecht auf dem Weg zur Informationsgesellschaft, 1997, 219; *v. Lewinski,* Die diplomatische Konferenz der WIPO 1996 zum Urheberrecht und zu verwandten Schutzrechten, GRUR-Int 1997, 667; *v. Lewinski,* Das Urheberrecht zwischen GATT/WTO und WIPO, UFITA 136 (1998), 103; *v. Lewinski,* Der EG-Richtlinienvorschlag zum Urheberrecht und zu verwandten Schutzrechten in der Informationsgesellschaft, GRUR-Int 1998, 637; *Loewenheim,* Der Schutz ausübender Künstler aus anderen Mitgliedstaaten der Europäischen Gemeinschaft im deutschen Urheberrecht, GRUR-Int 1993, 105; *Münker,* Urheberrechtliche Zustimmungserfordernisse beim Digital Sampling, Frankfurt a. M., 1995; *J. Oebbecke,* Der „Schutzgegenstand" der Verwandten Schutzrechte, 2011; *Rochlitz,* Der strafrechtliche Schutz des ausübenden Künstlers, des Tonträger- und Filmherstellers und des Sendeunternehmens, 1987; *Salagean,* Sampling im deutschen, schweizerischen und US-amerikanischen Urheberrecht, 2008; *Schack,* Leistungsschutz für Tonträgeraufnahmen mit ausübenden Künstlern aus den USA, ZUM 1986, 69; *Schaefer,* Für EG-Bürger führen viele Wege nach Rom, GRUR 1992, 424; *Ulmer,* Die Verbreitung körperlich festgelegter Darbietungen ausländischer ausübender Künstler, IPRax 1987, 13; *Unger/v. Olenhusen,* Historische Live-Aufnahmen ausübender Künstler im Bereich klassischer Musik, ZUM 1987, 154; *Unger,* Die Verlängerung der Schutzfristen für ausübende Künstler – Perpetuierung des bootleg-Problems bei historischen Aufnahmen?, ZUM 1990, 501; *Unger,* Herstellung und Import unautorisierter Live-Aufnahmen auf Tonträger, ZUM 1988, 59; *Waldhausen,* Schutzmöglichkeiten gegen Bootlegs in der Bundesrepublik Deutschland und den USA unter besonderer Berücksichtigung des TRIPS-Abkommens, 2002; *Waldhausen,* Schließt TRIPS die Schutzlücke bei Bootlegs?, ZUM 1998, 1015, *Wegmann,* Der Rechtsgedanke der freien Benutzung des § 24 UrhG und die verwandten Schutzrechte, 2013; *Winter,* Die urheberrechtliche Bewertung des Samplings im Lichte des Unionsrechts, 2018; WIPO (ed.) Guide to the Rome Convention and the Phonograms Convention, 1981 (erhältlich unter http://www.wipo.int/edocs/pubdocs/en/copyright/617/wipo_pub_617.pdf); WIPO (ed.) Guide to the Copyright and Related Rights Treaties and Glossary of Copyright and Related Rights Terms, 2003 (erhältlich unter http://www.wipo.int/edocs/pubdocs/en/copyright/891/wipo_pub_891.pdf).

Übersicht

I. Grundlagen

1. Regelungsinhalt und Systematik

1   § 77 nennt die dem ausübenden Künstler zugewiesenen Rechte an der **Verwertung der Darbietung in körperlicher Form.** § 78 betrifft dagegen die unkörperlichen Verwertungsrechte an der Darbietung. Mit dem Begriff der **„Verwertungsrechte"** werden hier alle dem Interpreten zugewiesenen wirtschaftlichen Verwertungsmöglichkeiten der geschützten Darbietung bezeichnet.[1] Synonym dazu ist der im Unionsrecht verwendete Begriff der „vermögensrechtlichen Befugnisse".[2] Diese Zuweisung kann in Form eines Ausschließlichkeitsrechts (*property* right) erfolgen oder als Vergütungsanspruch *(liability rule)* ausgestaltet sein.[3] § 77 gewährt dem Interpreten insgesamt **vier Ausschließlichkeitsrechte** und **zwei Vergütungsansprüche** hinsichtlich der körperlichen Nutzung seiner Darbietung: (1.) das ausschließliche Recht, die Darbietung auf Bild- oder Tonträger aufzunehmen (§ 77 Abs. 1), (2.) das ausschließliche Vervielfältigungsrecht (§ 77 Abs. 2 S. 1 Var. 1), (3.) das ausschließliche Verbreitungsrecht (§ 77 Abs. 2 S. 1 Var. 2), (4.) das – nach der Konzeption des deutschen Rechts im Verbreitungsrecht enthaltene[4] – ausschließliche Vermietrecht, (5.) einen gegen den Vermieter gerichteten Anspruch auf angemessene Vergütung bei der Vermietung, auch wenn der Interpret das ausschließliche Vermietrecht übertragen hat (§ 77 Abs. 2 S. 2 iVm § 27 Abs. 1) und (6.) einen Anspruch auf angemessene Vergütung beim öffentlichen Verleihen von Vervielfältigungsstücken der Darbietung (§ 77 Abs. 2 S. 2 iVm § 27 Abs. 2).

2   Die Aufzählung der Verwertungsrechte in § 77 ist abschließend. Der Interpet hat **keine anderen** als die hier genannten Rechte an der körperlichen Verwertung der Darbietung. Das ist nach der Konzeption des autonomen deutschen Rechts ein theoretisch wichtiger **Unterschied zum Urheberrecht.** § 15 wurde bewusst als ein umfassendes, inhaltlich nicht abgeschlossenes Ausschließlichkeitsrecht an der Werkverwertung ausgestaltet.[5] Damit werden Verwertungsmöglichkeiten, die bei Erlass des Gesetzes noch nicht bekannt oder wirtschaftlich nicht bedeutsam waren, als unbekannte Nut-

---

[1] Der Begriff wird vielfach abweichend verwendet: So versteht BVerfGE 142, 74 = ZUM 2016, 626 Rn. 73 – Metall auf Metall, darunter – im Unterschied zum Verfügungsrecht – allein die Vergütungsansprüche erlaubnisfreier Nutzung, während *v. Ungern-Sternberg* (→ § 15 Rn. 204) die Verwertungsrechte mit den Ausschließlichkeitsrechten gleichsetzt. Beides ist nicht sinnvoll. Deshalb wird der Begriff hier als gemeinsamer Oberbegriff aller vermögensrechtlichen Befugnisse der Rechtsinhaber konzipiert.
[2] Vgl. Art. 4 Schutzdauer-RL.
[3] *Grünberger* ZUM 2015, 273.
[4] BT-Drs. 13/115, 7; → Rn. 48 ff. und → § 17 Rn. 32.
[5] → § 15 Rn. 261 ff.

zungsarten dem Urheber gem. § 15 zur ausschließlichen Nutzung zugewiesen.[6] Weil § 15 als Generalklausel ausgestaltet wurde, können für den Urheber keine Verwertungslücken entstehen. Das ist im Interpretenrecht grundsätzlich anders. Der Interpret hat **keine Innominatrechte.** Dieser Unterschied im Schutzinhalt[7] wirkt sich mittlerweile besonders deutlich bei den Rechten an der unkörperlichen Wiedergabe (§ 78) aus.[8] Allerdings hat sich dieser, vom Gesetzgeber 1965 eingeführte **konzeptionelle Unterschied** zwischen Urheber- und Interpretenrecht aufgrund der unionsrechtlichen Harmonisierung der Verwertungsrechte mittlerweile **erheblich verringert.** Erstens ist auch bei § 15 eine Anerkennung unbenannter Verwertungsrechte nur innerhalb der (Voll-)harmonisierung möglich, dann aber auch zur Umsetzung der Richtlinienvorgaben erforderlich.[9] Zweitens besteht insbesondere bei den körperlichen Verwertungsrechten nicht zuletzt aufgrund unionsrechtlicher Vorgaben (→ Rn. 8 ff.) eine **weitgehende Übereinstimmung** zum Urheberrecht.[10] Das gilt für das Vervielfältigungs-, das Verbreitungs-, sowie für das Vermiet- und das (fehlende ausschließliche) Verleihrecht. Die in § 77 verwendeten Begriffe sind als Ergebnis einer **richtlinienkonformen Auslegung** (→ Rn. 9) wie in §§ 16 Abs. 1, 17 Abs. 1, Abs. 3 zu interpretieren. Eine dogmatische Sonderstellung nimmt das Aufnahmerecht ein. Während es beim Urheber Bestandteil des Vervielfältigungsrechts ist (§ 16 Abs. 2), gestaltet § 77 Abs. 1 es als eigenständiges Verwertungsrecht aus. Das ist wiederum unionsrechtlichen Vorgaben geschuldet (→ Rn. 8 ff.), die ihrerseits auf konventionsrechtlichen Einflüssen (→ Rn. 16 ff.) basieren.[11] Für das fehlende Ausstellungsrecht (§ 18) gibt es im Interpretenrecht keinen Bedarf, weil darunter zu fassende Fälle im Wesentlichen vom Recht der öffentlichen Wiedergabe (§ 78) abgedeckt werden.[12] Besondere Probleme wirft das fehlende **Bearbeitungsrecht** (§ 23) auf. Nach hier vertretener Auffassung kommt es im Interpretenrecht mit einer Kombination aus dem richtlinienkonform auszulegenden Vervielfältigungsrecht (§ 77 Abs. 2 S. 1 Var. 1) und dem autonomen Integritätsanspruch (§ 75 S. 1) zu einer weitgehenden Substitution des Bearbeitungsrechts (→ Rn. 43). Eine dem Zugangsrecht des Urhebers (§ 25) entsprechende Befugnis fehlt beim Interpreten. Allerdings ist § 25 analog anzuwenden, wenn der Interpret die Nutzungsrechte an seiner Darbietung erfolgreich zurückgerufen oder gem. § 79 Abs. 3 gekündigt hat und er für die nachfolgende Verwertung seiner festgelegten Darbietung Zugang zum Masterband benötigt.[13]

2. Entstehungsgeschichte

Das Aufnahme- und Verbreitungsrecht des ausübenden Künstlers war **vor dem Inkrafttreten** des **3** UrhG gem. § 2 Abs. 2 LUG geschützt.[14] Das danach bei einer Schallvorrichtung bestehende (fiktive) Bearbeiterurheberrecht wies dem ausübenden (Ton-)Künstler urheberrechtliche Ausschließlichkeitsrechte an seiner auf einem Tonträger festgelegten Leistung zu. Weil der Schutz urheberrechtlich ausgestaltet und mit urheberrechtlichen Folgen verknüpft war, war der ausübende Künstler Inhaber des ausschließlichen Vervielfältigungs- und Verbreitungsrechts (§ 11 Abs. 1 S. 1 LUG iVm § 2 Abs. 1 LUG). Eine Vervielfältigung war danach auch das Überspielen eines Tonträgers (Schallplatte) auf einen anderen Tonträger (Magnettonband).[15] Das Verbreitungsrecht erfasst auch die öffentliche Aufführung und Sendung des Tonträgers.[16] Nach § 11 Abs. 1 S. 1 LUG iVm § 2 Abs. 1 LUG erstreckte sich das ausschließliche Verbreitungsrecht des Bearbeiterurhebers allerdings „nicht auf das ‚Verleihen‘, worunter auch die entgeltliche Gebrauchsüberlassung verstanden wurde".[17] Das Bearbeiterurheberrecht schützte auch nicht vor der erstmaligen Festlegung der Darbietung (Aufnahme).[18] Das ausschließliche Recht an der Aufnahme einer Live-Darbietung des ausübenden Künstlers war Ergebnis einer auf das allgemeine Persönlichkeitsrecht, auf § 826 BGB und auf die lauterkeitsrechtliche Generalklausel gestützten Rechtsfortbildung, wonach die Aufnahme der Zustimmung jedes daran beteiligten ausübenden Künstlers bedurfte.[19] In Konsequenz dieser Rechtsprechung war dem ausübenden Künstler auch die Vervielfältigung einer ohne seine Zustimmung festgelegten Aufnahme vorbehalten.[20]

Das UrhG von **1965** führte zu einem **Paradigmenwechsel** im Interpretenschutz.[21] Die Verwer- **4** tungsrechte des ausübenden Künstlers wurden in den §§ 74 ff. aF als „Einwilligungsrechte" ausgestal-

---

[6] BT-Drs. IV/270, 29; vgl. BGH GRUR 2003, 958 (961) – Paperboy (zum Recht der öffentlichen Wiedergabe).
[7] Zum Begriff → § 73 Rn. 14.
[8] → § 78 Rn. 4 f.
[9] → § 15 Rn. 268 ff.
[10] *Dünnwald/Gerlach* UrhG Vor § 77 Rn. 2, UrhG § 77 Rn. 1.
[11] Deshalb überzeugt die Kritik von *Dünnwald* ZUM 2004, 161 (164 f.) nicht.
[12] *Dünnwald/Gerlach* UrhG Vor § 77 Rn. 2.
[13] → Vor §§ 73 ff. Rn. 87.
[14] → Vor §§ 73 ff. Rn. 14 f.
[15] BGH GRUR 1953, 140 (142 ff.) – Magnettonband.
[16] RGZ 153, 1 (9 f.) – Schallplatten-Rundfunk.
[17] BVerfGE 31, 248 = GRUR 1972, 485 (486) – Bibliotheksgroschen.
[18] BGHZ 33, 20 = GRUR 1960, 614 (616) – Figaros Hochzeit.
[19] BGHZ 33, 20 = GRUR 1960, 614 (615 ff.) – Figaros Hochzeit, dazu → Vor §§ 73 ff. Rn. 18.
[20] Vgl. BGHZ 33, 20 = GRUR 1960, 614 (616) – Figaros Hochzeit, wonach dem Interpreten „im Grundsatz das Recht zusteht, über Art und Umfang der Verwertung seiner Leistung selbst zu entscheiden"; *Dünnwald/Gerlach* UrhG § 77 Rn. 2.
[21] → Vor §§ 73 ff. Rn. 19 ff.

tet. § 75 S. 1 kodifizierte – nach dem Vorbild des Rom-Abkommens (→ Rn. 16 ff.) – das rechtsfortbildend geschaffene (→ Rn. 3) Recht des ausübenden Künstlers in die Aufnahme seiner Darbietung einzuwilligen.[22] § 75 S. 2 gewährte dem ausübenden Künstler das Recht zur Vervielfältigung der Bild- oder Tonträger auf die seine Darbietung aufgenommen ist, damit diese auch „nicht von Personen vervielfältigt werden können, mit denen der ausübende Künstler nicht in Vertragsbeziehungen steht".[23] Weil dieses absolute Verbietungsrecht zur Wahrung der Belange des Interpreten ausreiche, sei ein Verbreitungsrecht entbehrlich.[24] Diese Beschränkung der Rechte war verfassungskonform.[25] Konsequenz dieser Entscheidung war auch, dass der Interpret nicht gegen die gewerbliche Vermietung von Tonträgern vorgehen konnte und der entsprechende Vergütungsanspruch in verfassungsrechtlich zulässiger Weise[26] nicht auf die ausübenden Künstler erstreckt wurde.[27] Existenz und Umfang eines (negativen) Verbietungsrechtes an der Verbreitung folgte ausschließlich aus § 96.[28] Der Interpret war darüber hinaus nur gegen die Verbreitung von im In- oder Ausland nach deutschem Verständnis rechtswidrig hergestellten Vervielfältigungsstücken geschützt.[29] Umstritten war der fremdenrechtliche Anwendungsbereich dieses Rechts.[30] Für die vor dem 1.1.1966 (§ 143 Abs. 2) erbrachten Darbietungen und den daran bestehenden Rechten gelten die Überleitungsvorschriften (§§ 135, 135a).[31]

5　　Mit dem **Dritten Gesetz zur Änderung des Urheberrechtsgesetzes** v. 23.6.1995[32] wurde die Konzeption der Verwertungsrechte als „Einwilligungsrechte" schrittweise verlassen. Das Gesetz diente im Wesentlichen der **Umsetzung der mit der Vermiet- und Verleih-RL** erfolgten Harmonisierung[33] des Interpretenrechts.[34] Das Aufnahmerecht wurde inhaltlich unverändert in § 75 Abs. 1 übernommen.[35] § 75 Abs. 2 Var. 1 sah dagegen – in Umsetzung von Art. 7 aF **Vermiet- und Verleih-RL** (jetzt in Art. 2 lit. b InfoSoc-RL geregelt) – ein auch als solches bezeichnetes ausschließliches Vervielfältigungsrecht vor. Substantiell neu war § 75 Abs. 2 Var. 2, der dem ausübenden Künstler in Umsetzung von Art. 9 **Vermiet- und Verleih-RL** erstmals ein ausschließliches Verbreitungsrecht einräumte. Weil nach der Konzeption des deutschen Rechts das Verbreitungsrecht auch das ausschließliche Vermietrecht umfasst,[36] wurde mit § 75 Abs. 2 Var. 2 zugleich auch das dem ausübenden Künstler in Art. 2 Abs. 1 aF (Art. 3 Abs. 1 lit. n nF) **Vermiet- und Verleih-RL** gewährte Vermietrecht eingeführt.[37] Der ebenfalls neu eingeführte § 75 Abs. 3 stärkt die Gleichbehandlung von Urhebern und Interpreten in Bezug auf die unverzichtbaren Vergütungsansprüche für die Vermietung und das Verleihen, indem § 27 für entsprechend anwendbar erklärt wird.[38] Die Übergangsregelung dazu findet sich in § 137e.

6　　Das **Gesetz zur Stärkung der vertraglichen Stellung von Urhebern und ausübenden Künstlern** v. 22.3.2002[39] hat § 75 Abs. 4 und 5 neu eingefügt. Nach § 75 Abs. 4 wurden § 31 Abs. 5 und die §§ 32, 32a, 36, 36a, 39 im Interpretenrecht für entsprechend anwendbar erklärt. Die Regelung über den Erwerb von Rechten an unbekannten Nutzungsarten (§ 31 Abs. 4 aF) wurde nach der Beschlussempfehlung des Rechtsausschusses bewusst davon ausgeklammert, weil es nicht praktikabel sei, bei komplexen Werken mit vielen Mitwirkenden von den zahlreichen ausübenden Künstlern die Nutzungsrechte nachzuerwerben.[40] § 75 Abs. 5 S. 1 ermöglichte es, die Ausübung von Ansprüchen nach §§ 32, 32a vertraglich zu bündeln, wenn sich die erbrachten künstlerischen Leistungen nicht gesondert verwerten lassen.[41] Diese Möglichkeit sollte neben die Vertretungs- und Prozessführungsbefugnis der Interpretengesamthand in § 80 treten.[42]

7　　Das **Gesetz zur Regelung des Urheberrechts in der Informationsgesellschaft** v. 10.9.2003[43] hat das Interpretenrecht neu konzipiert.[44] § 77 Abs. 1 übernimmt den Regelungsgehalt des § 75

---

[22] BT-Drs. IV/270, 89 und 91.
[23] BT-Drs. IV/270, 91.
[24] BT-Drs. IV/270, 91.
[25] BVerfGE 81, 208 = GRUR 1990, 438 (441) – Bob Dylan.
[26] BVerfG GRUR 1990, 183 (184) – Vermietungsvorbehalt (zur vergleichbaren Rechtslage beim Tonträgerhersteller).
[27] *Dünnwald/Gerlach* UrhG § 77 Rn. 2.
[28] BVerfGE 81, 208 = GRUR 1990, 438 (449) – Bob Dylan.
[29] BGH GRUR 1990, 550 (552 f.) – The Doors; OLG Hamburg GRUR-Int 1986, 416(419) – Karajan; vertiefend *Katzenberger* GRUR-Int 1993, 640; → § 96 Rn. 6.
[30] → § 96 Rn. 11 f.
[31] LG Mannheim GRUR-RR 2002, 1 (2) – Götterdämmerung; → §§ 135, 135a Rn. 13 ff.
[32] BGBl. I S. 842.
[33] → Vor §§ 73 ff. Rn. 33 ff.
[34] BT-Drs. 13/115, 10 f.
[35] BT-Drs. 13/115, 14.
[36] Vertiefend *Grünberger* FS G. Schulze, 2017, 67 (68 ff.).
[37] BT-Drs. 13/115, 15.
[38] BT-Drs. 13/115, 15.
[39] BGBl. I S. 1155.
[40] BT-Drs. 14/8058, 21.
[41] BT-Drs. 14/8058, 21.
[42] BT-Drs. 14/8058, 21.
[43] BGBl. I S. 1774.
[44] BT-Drs. 15/38, 15; → Vor §§ 73 ff. Rn. 29.

Abs. 1 und stellt klar, dass es sich auch beim Aufnahmerecht um ein Ausschließlichkeitsrecht handelt. § 77 Abs. 2 S. 1 übernimmt das Vervielfältigungs- und Verbreitungsrecht inhaltlich unverändert aus § 75 Abs. 2. Der Verweis auf die Vergütungsansprüche bei Vermietung und Verleih wanderte von § 75 Abs. 3 aF in § 77 Abs. 2 S. 2. Die in § 75 Abs. 4 aF angeordnete entsprechende Geltung urhebervertragsrechtlicher Schutzvorschriften wurde in § 79 Abs. 2 S. 2 geregelt, der mit der Novellierung 2016[45] zum § 79 Abs. 2a wurde. § 75 Abs. 5 aF wurde komplett gestrichen.[46]

3. Unionsrechtliche Vorgaben

Das Unionsrecht hat das ausschließliche **Aufnahmerecht** des ausübenden Künstlers (Art. 7 **Ver-** **8** **miet- und Verleih-RL**), sein Vervielfältigungsrecht (Art. 2 lit. b InfoSoc-RL), sein **Verbreitungsrecht** und dessen **Erschöpfung** (Art. 9 Vermiet- und Verleih-RL), sein ausschließliches **Vermietrecht** (Art. 3 Abs. 1 lit. b Vermiet- und Verleih-RL) und den unverzichtbaren Anspruch auf **angemessene Vergütung**, auch nach Übertragung oder Abtretung des Vermietrechts (Art. 5 Vermiet- und Verleih-RL), **vollständig harmonisiert.**[47] Daraus folgt, dass bezüglich dieser Verwertungsrechte kein Umsetzungsspielraum besteht. Spielraum besteht lediglich, ob der Vergütungsanspruch für das Vermieten verwertungsgesellschaftspflichtig ausgestaltet wird (Art. 5 Abs. 4 Vermiet- und Verleih-RL). Der deutsche Gesetzgeber hat sich in § 77 Abs. 2 S. 2 iVm § 27 Abs. 3 dafür entschieden. Lediglich **teilharmonisiert** ist das **Verleihrecht** (Art. 3 Abs. 1 lit. b Vermiet- und Verleih-RL), weil die Mitgliedstaaten das öffentliche Verleihwesen vom Ausschließlichkeitsrecht ausnehmen können (Art. 6 Abs. 1 Vermiet- und Verleih-RL) und in Bezug auf Tonträger, Filme und Computerprogramme ein Ausschließlichkeitsrecht schon nicht einführen müssen (Art. 6 Abs. 2 Vermiet- und Verleih-RL).[48] Macht der Mitgliedstaat von diesen **Gestaltungsoptionen** Gebrauch, müssen sie kompensierende Vergütungsansprüche nur für den Urheber vorsehen; eine Ausdehnung auf ausübende Künstler ist danach optional.[49] Von dieser Möglichkeit hat § 77 Abs. 2 S. 2 iVm § 27 Abs. 2 Gebrauch gemacht.

Die (fast) vollständige Vollharmonisierung der in § 77 genannten Verwertungsrechte hat erhebliche **9** Auswirkungen auf die Anwendung der Norm. Die vier Ausschließlichkeitsrechte und der Vergütungsanspruch aus § 77 Abs. 2 S. 2 iVm § 27 Abs. 1 sind grundsätzlich richtlinienkonform auszulegen. Deshalb sind die in § 77 verwendeten **Begriffe unionsrechtlich autonom** zu verstehen. Sofern das Unionsrecht die Rechte von Urhebern und Interpreten einheitlich regelt – was beim Vervielfältigungs-, Vermiet- und Verleihrecht der Fall ist – ist von einem gemeinsamen Begriff auszugehen. Daher kann in diesen Fällen auf das – seinerseits richtlinienkonform auszulegende – urheberrechtliche Begriffsverständnis in §§ 16 Abs. 1, 17 Abs. 3 und 27 Abs. 2 zurückgegriffen werden. Verwendet das Unionsrecht dagegen identische Begriffe in unterschiedlichen Richtlinien – das trifft etwa auf die Verbreitung zu, die für den Urheber in Art. 4 InfoSoc-RL und für die Interpretin aber in Art. 9 Abs. 1 lit. a Vermiet- und Verleih-RL geregelt ist – sind diese Begriffe nach der Rechtsprechung des EuGH „nach Maßgabe der jeweils anwendbaren Bestimmung nach denselben Kriterien zu beurteilen, um u. a. widersprüchliche und miteinander unvereinbare Auslegungen zu vermeiden".[50] Daher ist der Verbreitungsbegriff in § 77 Abs. 2 S. 1 Var. 2 wie der richtlinienkonform auszulegende § 17 Abs. 1 zu verstehen. Soweit unionsrechtliche einheitliche **Definitionen** fehlen, greift der EuGH auf das Begriffsverständnis in den internationalen Konventionen zurück. Weil die EU selbst Vertragsstaat des TRIPS und des WPPT ist und sich die Rechtsangleichung auch nicht in Widerspruch zu den übrigen internationalen Übereinkommen setzen soll, sind die unionsrechtlich harmonisierten Rechte im Licht der gleichen Begriffe der internationalen Übereinkünfte auszulegen. Der Kontext dieser Begriffe und die Zielsetzung der einschlägigen Bestimmungen der Übereinkünfte im Bereich des geistigen Eigentums sind dabei ebenfalls zu berücksichtigen.[51] § 77 ist somit **(unmittelbar) richtlinienkonform** und damit **(mittelbar) völkerrechtskonform** zu interpretieren. Besondere Bedeutung kommt dabei den Begriffsdefinitionen im WPPT zu.[52] Dabei muss man berücksichtigen, dass die **unionsrechtliche Adaption** dieser Begriffe zu einem **grundlegenden Kategorienwechsel** führt: Die klassischen Staatsverträge (Rom-Abkommen, TRIPS und WPPT) sind vom „Mindestschutzprinzip geprägt und zielen durchweg nicht auf die Festlegung materieller Schutzobergrenzen ab."[53] Dagegen legen die vollharmonisierenden Richtlinienbestimmungen[54] Höchststandards fest, die die Mitgliedstaaten weder unter- noch überschreiten dürfen.[55] Dazu kommt, dass es für den *effet utile*

---

[45] → Vor §§ 73 ff. Rn. 32.
[46] BT-Drs. 15/38, 24.
[47] → Vor §§ 73 ff. Rn. 34 und → Rn. 40.
[48] Zur Entstehungsgeschichte Walter/v. Lewinski/*v. Lewinski,* European Copyright Law, 2010, Rn. 6.5.1 ff.
[49] → Vor §§ 73 ff. Rn. 35.
[50] EuGH ZUM 2016, 744 Rn. 34 – Reha Training/GEMA (zur „öffentlichen Wiedergabe").
[51] EuGH GRUR 2012, 593 Rn. 55 – SCF (dort zum Begriff der öffentlichen Wiedergabe).
[52] Vgl. EuGH GRUR 2008, 604 Rn. 31 ff. – Peek & Cloppenburg KG/Cassina SpA (zum urheberrechtlichen Verbreitungsbegriff); EuGH ZUM 2017, 152 Rn. 31 ff. (zum Vermietrecht).
[53] *Schmidt,* Maximalschutz im internationalen und europäischen Urheberrecht, 2018, 62.
[54] Dazu → Vor §§ 73 ff. Rn. 33 ff.
[55] *Schmidt,* Maximalschutz im internationalen und europäischen Urheberrecht, 2018, 110 f.

der mit den Richtlinien angestrebten Gewährleistung der Freizügigkeit von Waren und Dienstleistungen im Binnenmarkt notwendig ist, die ausfüllungsbedürftigen Rechtsbegriffe in den Richtlinien unionsweit einheitlich durch den EuGH und nicht individuell auf Ebene der Mitgliedstaaten zu konkretisieren.[56] Deshalb sind die in den Richtlinien enthaltenen vollharmonisierten Verwertungsrechte zwangsläufig maximalschützend. Wenn der EuGH die Begriffe dieser Verwertungsrechte unter Rückgriff auf die Vorgaben in den internationalen Konventionen, insbesondere den WPPT, konkretisiert, dann wandelt sich in methodischer Hinsicht ein minimalschützender zu einem **maximalschützenden Begriff.**[57]

II. Persönlicher Anwendungsbereich (Fremdenrecht)

1. Unbeschränkte Anwendbarkeit

10   Die Rechte aus § 77 stehen allen Interpreten zu, die **Deutsche** (§ 125 Abs. 1 S. 1), deutschen Staatsangehörigen gleichgestellt oder **EU-Staatsangehörige** (§§ 125 Abs. 1 S. 2, 120 Abs. 2), Staatenlose oder Flüchtlinge mit gewöhnlichem Aufenthalt in Deutschland (§§ 125 Abs. 5 S. 2, 122 Abs. 1, 123 S. 1) sind, unabhängig davon, wo die Darbietungen stattfanden. Zu Gruppendarbietungen → § 80 Rn. 37. In diesen Fällen ist Anknüpfungspunkt für den interpretenrechtlichen Schutz die Staatsangehörigkeit des ausübenden Künstlers im Zeitpunkt der Darbietungserbringung[58] und nicht die Staatsangehörigkeit desjenigen, der Nutzungsrechte von ihm ableitet.[59]

2. Drittstaatsangehörige

11   **a) Nationales Fremdenrecht. aa) Persönlichkeitsrechtlicher Mindestschutz (§ 125 Abs. 6).** Das **Aufnahmerecht** (§ 77 Abs. 1) steht jedem ausübenden Künstler als Bestandteil des persönlichkeitsrechtlich motivierten Mindestschutzes unabhängig von weiteren Voraussetzungen zu.[60] Dieser Mindestschutz des ausübenden Künstlers ist **zweifach beschränkt:** Er setzt als zwingende Folge des Territorialitätsgrundsatzes eine im Inland begangene Verletzungshandlung voraus und ist auf die in § 125 Abs. 6 ausdrücklich genannten Rechte sowie die vom Verletzer selbst ausgehenden Verwertungshandlungen limitiert.[61] Deshalb besteht der Schutz des ausländischen Interpreten nur, wenn die Darbietung – unabhängig davon, wo sie stattfand – im Inland aufgenommen wurde.[62] Weil § 77 Abs. 1 nur vor der erstmaligen Festlegung (Erstaufnahme) schützt (→ Rn. 28),[63] ist jede weitere Vervielfältigung dieses Masterbands[64] nicht mehr von § 125 Abs. 1 iVm § 77 Abs. 1 erfasst.[65] Fand die verwertete Darbietung des ausübenden Künstlers im Inland statt, gewährt § 125 Abs. 2 einen weiterreichenden Schutz (→ Rn. 12 f.).[66] Aufgrund des Wortlauts sind von § 125 Abs. 6 **nicht erfasst:** das Vervielfältigungsrecht (§ 77 Abs. 2 S. 1 Var. 1),[67] das Verbreitungsrecht (§ 77 Abs. 2 S. 2 Var. 2)[68] und das Verbietungsrecht gem. § 96 Abs. 1.[69] Dagegen wurden in der Vergangenheit Einwände erhoben,[70] die – soweit sie nicht auf das unionsrechtliche Diskriminierungsverbot in Art. 18 AEUV gestützt waren[71] – nicht überzeugen können.[72]

---

[56] Zum Konkretisierungsproblem näher *Schmidt,* Maximalschutz im internationalen und europäischen Urheberrecht, 2018, 111 ff.

[57] Kritisch dazu *Schmidt,* Maximalschutz im internationalen und europäischen Urheberrecht, 2018, 229 f. mwN.

[58] BGH ZUM 2016, 861 Rn. 31 – An Evening with Marlene Dietrich: kein Schutz nach § 125 Abs. 1 S. 1 für Marlene Dietrich, weil sie im Zeipunkt des Konzerts (1972) nicht mehr deutsche Staatsangehörige war.

[59] BGH ZUM 2018, 123 Rn. 15 – Vorschaubilder III.

[60] Schriftlicher Bericht des Rechtsausschusses, zu BT-Drs. IV/3407, 15.

[61] BGH GRUR 1987, 814 (815) – Die Zauberflöte.

[62] BGH GRUR 1987, 814 (815) – Die Zauberflöte; BGH GRUR 1999, 49 (51) – Bruce Springsteen and his Band; näher *Bortloff,* Der Tonträgerpiraterieschutz im Immaterialgüterrecht, 1995, S. 127 f.; aA *Braun,* Schutzlücken-Piraterie, 1995, S. 111 f.; *Waldhausen,* Schutzmöglichkeiten gegen Bootlegs, 2002, S. 90 (Herstellung der Aufnahme im Ausland genügt).

[63] BGH GRUR 1987, 814 (815) – Die Zauberflöte.

[64] Dazu *Waldhausen,* Schutzmöglichkeiten gegen Bootlegs, 2002, S. 91.

[65] BGH GRUR 1986, 454 (455) – Bob Dylan.

[66] BGH GRUR 1987, 814 (815) – Die Zauberflöte.

[67] BGH GRUR 1986, 454 (455) – Bob Dylan; BGH GRUR 1987, 814 (815 f.) – Die Zauberflöte; aA *Braun,* Schutzlücken-Piraterie, 1995, 109 ff.; → § 125 Rn. 13.

[68] OLG Hamburg ZUM 2004, 133 (136); → § 125 Rn. 13.

[69] BGH GRUR 1986, 454 (455) – Bob Dylan; BGH GRUR 1987, 814 (815 f.) – Die Zauberflöte; BGH GRUR 1999, 49 (51) – Bruce Springsteen and his Band; OLG Köln GRUR 1992, 388 – Prince; OLG Frankfurt a. M. GRUR-Int 1993, 872 – Beatles; OLG Hamburg GRUR-Int 1992, 390 – Tonträgersampling; OLG Hamburg ZUM 2004, 133 (136). Diese Interpretation des § 125 Abs. 6 ist verfassungskonform, BVerfGE 81, 208 = GRUR 1990, 438 – Bob Dylan.

[70] *Krüger* GRUR-Int 1986, 381 (384 ff.); *Schack* GRUR 1986, 734; *Schack* GRUR 1987, 817; *Schack* UrhR Rn. 935 f.; *Braun,* Schutzlücken-Piraterie, 1995, S. 106 ff.; *Braun* GRUR-Int 1996, 790 (794 ff.); *Kloth,* Der Schutz der ausübenden Künstler nach TRIPs und WPPT, 2000, S. 138 ff.; *Dünnwald/Gerlach* UrhG § 77 Rn. 21.

[71] Grundlegend EuGH GRUR 1994, 280 – Phil Collins/Imtrat; BGH GRUR 1994, 794 (796 f.) – Rolling Stones; BGH GRUR-Int 1995, 503 (504 f.) – Cliff Richard II (zur Rückwirkung des unmittelbar aus dem Primärrecht abgeleiteten Schutzes); → § 120 Rn. 4 ff.

[72] Dazu → § 96 Rn. 11; vertiefend *Waldhausen,* Schutzmöglichkeiten gegen Bootlegs, 2002, S. 94 ff.

bb) Schutz von inländischen Darbietungen (§ 125 Abs. 2–Abs. 4). Findet die **Darbietung** 12 **im** räumlichen[73] **Geltungsbereich des UrhG** statt, genießen die ausländischen ausübenden Künstler den Schutz nach § 77 **(§ 125 Abs. 2).** Der Ort, an dem die unmittelbare Darbietung (Livedarbietung) erfolgte, muss **in Deutschland lokalisiert** werden.[74] Das wirft Probleme für Darbietungen auf, die in der DDR stattfanden, weil diese nicht zum Geltungsbereich zählte.[75] § 125 Abs. 2 ist gegenüber § 125 Abs. 3 und Abs. 4 **subsidiär.**[76] Das bedeutet für eine in Deutschland aufgenommene, aber im Ausland vor Ablauf der Karenzfrist auf Tonträgern erschiene Darbietung, dass sie – da die Voraussetzungen des § 123 Abs. 3 fehlen – keinen Schutz nach § 125 Abs. 2 erlangen kann.[77] Der Schutz aus § 125 Abs. 2 beschränkt sich daher auf die **unmittelbare Nutzung** der Darbietung selbst.[78] Die aufgenommene und erschienene Darbietung wird lediglich dann von § 125 Abs. 2 erfasst, wenn die Aufnahme ohne Erlaubnis oder das Erscheinen ohne die Zustimmung des ausübenden Künstlers erfolgte.[79] Aus § 125 Abs. 4 folgt, dass eine gesendete Darbietung nur erfasst wird, wenn sie ohne Erlaubnis gesendet wurde. Rechtsfolge des § 125 Abs. 2 ist, dass der ausländische ausübende Künstler das Aufnahmerecht (§ 77 Abs. 1) und hinsichtlich dieser unerlaubten Festlegung auch das Vervielfältigungsrecht (§ 77 Abs. 2 S. 1 Var. 1) und das Verbreitungs- und Vermietrecht (§ 77 Abs. 2 S. 1 Var. 2) geltend machen kann.[80]

Für die Verwertung von **erlaubterweise aufgenommenen** und **im Geltungsbereich** des UrhG 13 **erschienenen** Darbietungen greift der fremdenrechtliche Schutz nach Maßgabe von **§ 125 Abs. 3.** Damit wird mittelbar an den Schutz der Tonträgerhersteller angeknüpft und der Schutz der ausländischen ausübenden Künstler für die Vervielfältigung, Verbreitung und Vermietung der jeweiligen Ton- oder Bildträger beschränkt.[81] Die Darbietungen sind gem. § 125 Abs. 3 erlaubterweise aufgenommen worden, wenn die Zustimmung (§ 182 BGB) des ausübenden Künstlers dazu vorliegt.[82] Irrelevant ist, ob die Darbietung und/oder Aufnahme und Vervielfältigung in Deutschland erfolgten (vgl. § 125 Abs. 2) oder außerhalb davon.[83] Die Ton- und Bildträger müssen erstmals im Geltungsbereich des Gesetzes erschienen sein.[84] Datenträger, die in der DDR erschienen sind, werden bei § 125 Abs. 3 nicht berücksichtigt, weil diese nicht zum Geltungsbereich des UrhG zählte.[85] Die Begriffe „Bild- und Tonträger" sind auch mit Wirkung für §§ 125 Abs. 2, 77 in § 16 Abs. 2 legaldefiniert (→ Rn. 29). Erschienen sind sie, wenn die Voraussetzungen des § 6 Abs. 2 vorliegen.[86] Dafür genügt es, wenn Bild- oder Tonträger der Darbietung an Sendeanstalten zur Ausstrahlung überlassen worden sind.[87] Zweifelhaft ist, ob lediglich **online** angebotene Tonträger in Deutschland erschienen sind.[88] Es genügt, wenn sie nicht früher als dreißig Tage vor ihrem Erscheinen in Deutschland bereits im Ausland erschienen sind (Karenzfrist).[89] Rechtsfolge des § 125 Abs. 3 ist, dass sich der ausübende Künstler auf die Vervielfältigungs- (§ 77 Abs. 2 S. 1 Var. 1) und das Verbreitungs- und Vermietrecht (§ 77 Abs. 2 S. 1 Var. 2) stützen kann. Er ist aber nicht Inhaber der Vergütungsansprüche aus § 77 Abs. 2 S. 2. Ist der Tonträger außerhalb der Karenzzeit **im Ausland erschienen** – was ebenfalls nach § 6 Abs. 2 zu beurteilen ist[90] –, scheidet ein Schutz nach § 125 Abs. 3 aus. Das gilt nach dem Wortlaut des § 125 Abs. 2 auch, wenn die Darbietung in Deutschland stattfand.[91]

§ 125 Abs. 4 ist eine **Spezialregelung** für im Geltungsbereich des UrhG **gesendete Darbietun-** 14 **gen.** Damit wird an den Schutz der Sendeunternehmen angeknüpft und der Schutz der ausländischen ausübenden Künstler auf die Aufnahme der Darbietung beschränkt.[92] Der ausübende Künstler muss die Sendung seiner Darbietung erlaubt, dh ihr zugestimmt (§ 182 BGB) haben. Die Funksendung muss im Geltungsbereich des Gesetzes ausgestrahlt worden sein. Eine Ausstrahlung in der DDR genügt nicht, weil diese nicht zum Geltungsbereich zählte (→ Rn. 12). Der Begriff der Funksendung ist in Übereinstimmung mit § 78 Abs. 1 Nr. 2 iVm § 20 zu interpretieren. § 125 Abs. 4

---

[73] Beispiele bei *Unger* ZUM 1988, 59 (62).
[74] S. BGH GRUR 1986, 454 (455) – Bob Dylan; OLG München NJW-RR 1992, 742 (743) – U2; OLG München GRUR 1994, 118 (120) – Beatles CD; OLG Köln GRUR 1992, 388 – Prince.
[75] Vgl. LG München I GRUR-Int 1993, 82 (84) – Duo Gismonti-Vasconcelos; *Katzenberger* GRUR-Int 1993, 2 (3).
[76] Wandtke/Bullinger/*Braun/v. Welser* UrhG § 125 Rn. 9; *Dünnwald/Gerlach* UrhG § 77 Rn. 22.
[77] BeckOK UrhR/*Lauber-Rönsberg* § 125 Rn. 10.
[78] BT-Drs. IV/270, 113.
[79] → § 125 Rn. 10.
[80] BeckOK UrhR/*Lauber-Rönsberg* § 125 Rn. 7.
[81] BGH GRUR 1999, 49 (51) – Bruce Springsteen and his Band; *Hertin* GRUR 1992, 722 (723).
[82] S. OLG Hamburg NJW-RR 1995, 744.
[83] → § 125 Rn. 11.
[84] Vertiefend *Dünnwald/Gerlach* UrhG § 77 Rn. 23.
[85] Vgl. LG München GRUR-Int 1993, 82 (84) – Duo Gismonti-Vasconcelos (das Gericht nahm ein Erscheinen in der Bundesrepublik an).
[86] BGH ZUM 2016, 861 Rn. 35 – An Evening with Marlene Dietrich; → § 6 Rn. 4, 58.
[87] BGH ZUM 2016, 861 Rn. 37 – An Evening with Marlene Dietrich.
[88] → § 6 Rn. 54; verneinend *Dünnwald/Gerlach* UrhG § 77 Rn. 23.
[89] Zur Beweislast s. OLG Hamburg ZUM 1996, 697 (701). Der Fall ist heute gem. § 125 Abs. 2 S. 2 iVm § 120 Abs. 2 Nr. 1 zu lösen.
[90] OLG Hamburg ZUM 1996, 697 (701).
[91] → § 125 Rn. 10.
[92] BGH GRUR 1999, 49 (51) – Bruce Springsteen and his Band; *Hertin* GRUR 1992, 722 (723).

erfasst wegen seines Wortlauts nicht die Kabelweitersendung. Bezüglich körperlicher Verwertungshandlungen ist Rechtsfolge des § 125 Abs. 4, dass der ausländische ausübende Künstler Inhaber des Aufnahmerechts (§ 77 Abs. 1) ist. Nicht erfasst ist eine Verwertung der Darbietung, die unmittelbar aufgenommen wurde.[93] Zweifelhaft ist, ob die Aufnahme einer Funksendung eines erschienenen Tonträgers von § 125 Abs. 4 erfasst ist. Obwohl der Wortlaut dafür spricht, handelt es sich dabei wirtschaftlich um eine (**mittelbare**) **Vervielfältigung** des Tonträgers und damit um eine Handlung, die nach der Entstehungsgeschichte[94] gerade nicht von § 125 Abs. 4 erfasst sein sollte. Deshalb eröffnet § 125 Abs. 4 dagegen keinen Schutz.[95] Ist die Sendung **nicht im Inland** ausgestrahlt worden, scheidet ein Schutz nach § 125 Abs. 4 aus, unabhängig davon, ob die Darbietung selbst im In- oder Ausland erfolgte.[96]

15   **cc) Schutzdauervergleich (§ 125 Abs. 7).** Genießt der ausländische Interpret für seine Darbietung in Deutschland Schutz nach § 125 Abs. 6 (→ Rn. 11) oder nach § 125 Abs. 2–4 (→ Rn. 12 ff.), ordnet § 125 Abs. 7 in Umsetzung von Art. 7 Abs. 2 S. 2 Vermiet- und Verleih-RL einen Schutzdauervergleich an. Damit soll sichergestellt werden, dass Drittstaatsangehörige nicht von den langen Schutzfristen in der EU profitieren, wenn ihr Herkunftsstaat selbst kürzere Schutzfristen vorsieht. Fehlt im Herkunftsstaat ein entsprechendes Leistungsschutzrecht, wird die Schutzdauer dort auf Null gesetzt.[97] Das gilt kraft richtlinienkonformer Auslegung für alle in § 77 erfassten Rechte, insbesondere auch für das persönlichkeitsrechtlich geprägte Aufnahmerecht. § 125 Abs. 7 ist nicht anzuwenden, wenn der Schutz über § 125 Abs. 5 iVm dem jeweiligen Staatsvertrag gewährt wird.[98]

16   **b) Schutz nach dem Inhalt der Staatsverträge. aa) Rom-Abkommen.** Ist der Anwendungsbereich des Rom-Abkommens[99] eröffnet, kann der Interpret wegen des **unbeschränkten Inländerbehandlungsgrundsatzes**[100] (Art. 4 Rom-Abkommen) nicht nur das Verwertungsverbot aus § 96 Abs. 1,[101] sondern auch das Vervielfältigungs- und das Verbreitungsrecht aus § 77 Abs. 2 S. 1 geltend machen;[102] dagegen stehen die Vergütungsansprüche unter Gegenseitigkeitsvorbehalt (Art. 12 Rom-Abkommen).[103] Diese expansive Interpretation des Inländerbehandlungsgrundsatzes verringert die praktische Bedeutung der im Rom-Abkommen vorgesehenen Mindestrechte. Diese werden dem ausübenden Künstler **nicht** als **Ausschließlichkeitsrechte** gewährt.[104] Der Interpret hat lediglich die Möglichkeit, bestimmte Handlungen, die ohne seine Zustimmung erfolgen, zu „untersagen" (Art. 7 Rom-Abkommen). Das Abkommen räumt damit Rechtspositionen ein, die mit Sanktionen nach Wahl des Vertragsstaates abzusichern sind und auf die sich der Interpret nicht unmittelbar berufen kann.[105] Dazu zählt das Recht, die **Festlegung** ihrer nicht festgelegten Darbietung zu untersagen (Art. 7 Abs. 1 lit. b Rom-Abkommen). Erfasst ist die Festlegung auf **Tonträgern** und auf **Filmen**.[106] Schutzgegenstand ist **jede nicht festgelegte Darbietung** („unfixed performance").[107] Damit ist die **Live-Darbietung** gemeint,[108] auch wenn dieser Begriff im Rom-Abkommen bewusst nicht verwendet wird.[109] Unerheblich ist, ob die Darbietung unmittelbar aufgenommen wird, ob eine gesendete Darbietung[110] oder eine auf anderem Wege öffentlich wiedergegebene Darbietung[111] erstmals festgelegt wird; entscheidend ist lediglich, dass es sich um die Festlegung einer vorher noch nicht dauerhaft festgelegten Darbietung handelt.[112]

17   Hinsichtlich einer **festgelegten Darbietung** hat der ausübende Künstler kein umfassendes Recht, die **Vervielfältigung** einer Festlegung seiner Darbietung zu untersagen.[113] Art. 7 Abs. 1 lit. c Rom-Abkommen sieht diese Möglichkeit nur für die **Sonderfälle** vor, in denen ein vertragsrechtlicher Schutz schon im Ausgangspunkt versagt:[114]

---

[93] BGH GRUR 1999, 49 (51) – Bruce Springsteen and his Band.
[94] BT-Drs. IV/270, 113.
[95] AA *Dünnwald/Gerlach* UrhG § 77 Rn. 24.
[96] → § 125 Rn. 12; *Dünnwald/Gerlach* UrhG § 77 Rn. 24.
[97] *Dünnwald/Gerlach* UrhG § 77 Rn. 25 f.; aA *Braun* GRUR-Int 1996, 790 (797).
[98] OLG Hamburg GRUR 2000, 707 (708) und GRUR-RR 2001, 73 (77 f.) – Frank Sinatra (zur vergleichbaren Frage in § 126 Abs. 2 S. 2); *Dünnwald/Gerlach* UrhG § 82 Rn. 18.
[99] → Vor §§ 73 ff. Rn. 52 ff.
[100] → Vor §§ 73 ff. Rn. 54 f.
[101] BGH GRUR 1993, 550 (552) – The Doors.
[102] Insoweit zutreffend Wandtke/Bullinger/*Braun/v. Welser* UrhG § 125 Rn. 24.
[103] → Vor §§ 73 ff. Rn. 54.
[104] → Vor §§ 73 ff. Rn. 55.
[105] → Vor §§ 73 ff. Rn. 51.
[106] *Ulmer* GRUR Ausl. 1961, 569 (582).
[107] WIPO Guide to the Rome Convention, 1981, 37.
[108] *Beining*, Der Schutz ausübender Künstler im internationalen und supranationalen Recht, 2000, S. 98.
[109] Zu den Gründen *Kaminstein* in ILO, Records of the Rome Conference, 1968, S. 34, 43 f.
[110] *Ulmer* GRUR Ausl. 1961, 569 (582).
[111] *Kaminstein* in ILO, Records of the Rome Conference, 1968, S. 34, 44.
[112] WIPO Guide to the Copyright and Related Rights Treaties, 2003, 148.
[113] Zur Entstehungsgeschichte *Kaminstein* in ILO, Records of the Rome Conference, 1968, S. 34, 44 f.; *Ulmer* GRUR Ausl. 1961, 569 (582).
[114] *Ulmer* GRUR Ausl. 1961, 569 (582).

– die erste Festlegung der Darbietung erfolgte ohne Zustimmung des Interpreten (Art. 7 Abs. 1 lit. b (i) Rom-Abkommen). Damit sind die sog. „bootlegs" erfasst.[115]
– die Zustimmung wurde nur für eine Vervielfältigung zu anderen als den tatsächlich verfolgten Zwecken erteilt (Art. 7 Abs. 1 lit. b (ii) Rom-Abkommen). Damit wird beispielsweise verhindert, dass die für Sendezwecke festgelegten Darbietungen zur Herstellung von Tonträgern oder Tonträger zur Herstellung der Tonstreifen eines Films benutzt werden.[116] Maßgeblich ist der vertraglich vereinbarte Zweck. Ob darunter auch quantitative Beschränkungen fallen, ist zweifelhaft.[117]
– die erste Festlegung war aufgrund einer Schrankenregelung iSv Art. 15 Rom-Abkommen[118] erlaubt, während die nachfolgende Vervielfältigung nicht mehr von diesen Zwecken gedeckt ist (Art. 7 Abs. 1 lit. b (iii) Rom-Abkommen).

Alle drei Fälle betreffen sowohl die Vervielfältigung auf **Ton-** als auch auf Ton-/**Bildträgern.**[119] **18**
Der ausübende Künstler wird damit – im Unterschied zum Tonträgerhersteller (Art. 10 Rom-Abkommen) – **nicht** vor **Vervielfältigungshandlungen Dritter** geschützt.[120] Ein Vorschlag, den ausübenden Künstler auch vor der Verbreitung derartiger Vervielfältigungen zu schützen, wurde auf der Rom-Konferenz abgelehnt.[121] Den besonderen Interessen der **Sendeunternehmen** an der möglichst ungehinderten Ausübung ihrer Sendepraxis wird mit den Spezialregelungen in Art. 7 Abs. 2 Rom-Abkommen Rechnung getragen.[122] Damit kann die nationale Gesetzgebung die Festlegung für Zwecke der Sendung und die Vervielfältigung einer solchen Festlegung für Zwecke der Sendung vom zwingenden Mindestschutz des ausübenden Künstlers im Verhältnis zu Sendeunternehmen ausnehmen, sobald er der Sendung seiner Live-Darbietung (Art. 7 Abs. 1 lit. a Rom-Abkommen)[123] zugestimmt hat.[124] Im Interesse der **Filmproduzenten** erlöschen die von Art. 7 Rom-Abkommen gewährten Mindestrechte, nicht aber die sonstigen Rechte, inbesondere der Inländerbehandlungsgrundsatz,[125] sobald ein ausübender Künstler seine Zustimmung erteilt hat, dass seine Darbietung einem Bild- oder Bild-/Tonträger (visual or audiovisual fixation) eingefügt wird (Art. 19 Rom-Abkommen).[126] Die ausübenden Künstler haben in diesem Fall lediglich vertragliche Ansprüche gegen den Filmproduzenten.[127] **Vergleicht** man die vom Rom-Abkommen gewährten Mindestrechte mit dem von § 77 gewährleisteten Schutz, gewährleisten jene keinen Mindestschutz gegen die Verbreitung von Darbietungen auf Bild- oder Tonträgern, keinen Schutz vor der Vermietung und keinen umfassenden Vervielfältigungsschutz.[128]

bb) TRIPS. Das TRIPS-Übereinkommen[129] sieht in der Tradition des Rom-Abkommens **„Ver- 19 hinderungsrechte"**[130] des ausübenden Künstlers vor (Art. 14 Abs. 1 TRIPS). Dogmatisch handelt es sich um – allerdings vor deutschen Gerichten nicht unmittelbar anwendbare[131] – negative Verbots- oder Abwehrrechte und keine vollständigen Ausschließlichkeitsrechte.[132] Diese Mindestrechte haben im Vergleich zum Rom-Abkommen größere Bedeutung, weil der Inländerbehandlungsgrundsatz auf die im Abkommen gewährten Mindestrechte beschränkt ist.[133] Art. 14 Abs. 1 S. 1 Var. 1 TRIPS sieht für ausübende Künstler die Möglichkeit vor, die **Festlegung** der **nicht festgelegten Darbietung** auf Tonträger zu verhindern. **Tonträger** ist nach dem entsprechend anwendbaren Art. 3 lit. b Rom-Abkommen „jede ausschließlich auf den Ton beschränkte Festlegung der Töne einer Darbietung oder anderer Töne". Nicht mehr darunter fallen die Festlegungen von Bildern und von Tönen, die sich mit Festlegungen von Bildern verbinden.[134] Damit bleibt der Schutzgegenstand hinter dem Rom-Abkommen zurück, das (mit der Rückausnahme von Art. 19 Rom-Abkommen) auch visuelle und

---

[115] WIPO Guide to the Copyright and Related Rights Treaties, 2003, 148; zum Begriff *Waldhausen,* Schutzmöglichkeiten gegen Bootlegs in der Bundesrepublik Deutschland und den USA unter besonderer Berücksichtigung des TRIPS-Abkommens, 2002, S. 4 ff.
[116] *Ulmer* GRUR Ausl. 1961, 569 (582); WIPO Guide to the Rome Convention, 1981, 37.
[117] Verneinend WIPO Guide to the Copyright and Related Rights Treaties, 2003, 148.
[118] → Vor §§ 73 ff. Rn. 56.
[119] WIPO Guide to the Rome Convention, 1981, 38.
[120] *Kaminstein* in ILO, Records of the Rome Conference, 1968, S. 34, 44; WIPO Guide to the Rome Convention, 1981, 38; zweifelnd WIPO Guide to the Copyright and Related Rights Treaties, 2003, 148 f.
[121] *Kaminstein* in ILO, Records of the Rome Conference, 1968, S. 34, 45.
[122] *Straus* GRUR-Int 1985, 19 (25).
[123] → § 78 Rn. 22.
[124] WIPO Guide to the Rome Convention, 1981, 39.
[125] BGH ZUM 2016, 861 Rn. 61 ff. – An Evening with Marlene Dietrich; näher *Katzenberger* GRUR-Int 2014, 443 (451 f.).
[126] WIPO Guide to the Copyright and Related Rights Treaties, 2003, 157; kritisch dazu *Straus* GRUR-Int 1985, 19 (25).
[127] WIPO Guide to the Rome Convention, 1981, 65.
[128] *Katzenberger* GRUR-Int 2014, 443 (445).
[129] → Vor §§ 73 ff. Rn. 57 ff.
[130] *Dünnwald* ZUM 1996, 725 (728 f.).
[131] → Vor §§ 73 ff. Rn. 51.
[132] OLG Hamburg ZUM 2004, 133 (137); ZUM-RD 1997, 343 (344); näher *Waldhausen,* Schutzmöglichkeiten gegen Bootlegs, 2002, S. 183 ff.; aA *Kloth,* Der Schutz der ausübenden Künstler nach TRIPs und WPPT, 2000, S. 71 f.; Wandtke/Bullinger/*Braun/v. Welser* UrhG § 125 Rn. 36.
[133] BGH ZUM 2016, 861 Rn. 48 – An Evening with Marlene Dietrich; → Vor §§ 73 ff. Rn. 60.
[134] *Ulmer* GRUR Ausl. 1961, 569 (580).

audiovisuelle Festlegungen erfasst.[135] Unerheblich ist, auf welchem Medium die Tonfestlegung erfolgt.[136]

20   Hinsichtlich einer **festgelegten Darbietung** hat der ausübende Künstler das vom EU-Mitgliedstaat im nationalen Recht vorzusehende Recht, die Vervielfältigung einer auf Tonträger festgelegten Darbietung zu verhindern (Art. 14 Abs. 1 S. 1 Var. 2 TRIPS). Im Unterschied zu Art. 7 lit. c Rom-Abkommen (→ Rn. 17 f.) wird davon **jede Vervielfältigungshandlung** erfasst.[137] Die **Verbreitung** zählt **nicht** zu den Mindestrechten.[138] Ausländische ausübende Künstler im Anwendungsbereich des TRIPS können sich auch nicht auf § 96 Abs. 1 berufen.[139] Die entgegenstehende Auffassung[140] kann nicht überzeugen. Das Verwertungsverbot aus § 96 Abs. 1 würde im Ergebnis wie ein negatives Verbreitungsrecht wirken. Dieses wurde dem Interpreten aber von Art. 14 Abs. 1 TRIPS gerade nicht eingeräumt. Sie kann sich auch nicht auf den Inländerbehandlungsgrundsatz stützen, weil dieser im TRIPS nur beschränkt für die dort gewährten Mindestrechte gilt.[141] Diese Beschränkung des Rechtsschutzes auf konventionsrechtlicher Ebene ist im nationalen Recht zu respektieren. Eine Neuerung gegenüber dem Rom-Abkommen ist das **Vermietrecht** des Tonträgerherstellers und – freilich nur nach Maßgabe des nationalen Rechts – sonstiger Inhaber von Rechten am Tonträger (Art. 14 Abs. 4 TRIPS). Sobald das nationale Recht dem Interpreten Rechte an den auf Tonträger fixierten Darbietungen[142] einräumt, muss es ihnen auch ein ausschließliches Vermietrecht zuweisen.[143]

21   **cc) WPPT.** Die im WPPT[144] den ausübenden Künstlern eingeräumten wirtschaftlichen Rechte sind ausdrücklich als **ausschließliche Rechte** ausgestaltet.[145] Allerdings haben sie keine unmittelbare Wirkung im Unionsrecht und können daher für den Einzelnen keine Rechte begründen, auf die er sich nach diesem Recht vor den Gerichten der Mitgliedstaaten unmittelbar berufen könnte.[146] Die ausübenden Künstler haben das im Recht der EU-Mitgliedstaaten vorzusehende ausschließliche Recht, ihre **nicht festgelegte Darbietung festzulegen** (Art. 6 lit. ii WPPT). Festlegung bedeutet „die Verkörperung von Tönen oder von Darstellungen von Tönen in einer Weise, dass sie mittels einer Vorrichtung wahrgenommen, vervielfältigt oder wiedergegeben werden können" (Art. 2 lit. c WPPT). Daraus folgt eine im Vergleich zum Rom-Abkommen wesentliche Beschränkung des Aufnahmerechts, weil lediglich die Festlegung von **Tönen,** nicht aber von visuellen oder audiovisuellen Darbietungen erfasst wird.[147] Der Begriff der „Verkörperung" ist dabei weit auszulegen.[148] Hinsichtlich der **festgelegten Darbietung** haben ausübende Künstler das ausschließliche Recht, jede unmittelbare oder mittelbare Vervielfältigung ihrer auf Tonträgern festgelegten Darbietung zu erlauben, gleichviel, auf welche Art und in welcher Form sie vorgenommen wird (Art. 7 WPPT). Eine Vereinbarte Erklärung zu den Art. 7, 11 und 16 WPPT zum Schutzinhalt des Vervielfältigungsrechts stellt klar, dass sie im digitalen Bereich, insbesondere für die Verwendung von Darbietungen in digitaler Form und für die elektronische Speicherung einer geschützten Darbietung in digitaler Form, gelten. In der Sache geht Art. 7 WPPT über Art. 7 lit. c Rom-Abkommen und Art. 14 Abs. 1 S. 1 TRIPS hinaus und gewährt dem ausübenden Künstler für die erfassten Schutzgegenstände ein **umfassendes Vervielfältigungsrecht.**[149] Insoweit ist es inhaltsgleich mit dem des Urhebers.[150] Danach erfasst das Vervielfältigungsrecht jede heute denkbare oder zukünftig mögliche Vervielfältigungshandlung. „The scope of this right cannot be ‚over-stretched' or ‚extended' further; there is simply no room for such over-stretching or extension."[151] Erfasst ist also jede unmittelbare oder mittelbare („off the air copy-

---

[135] *Katzenberger* GRUR-Int 1994, 447 (467 f.); *Dünnwald* ZUM 1995, 725 (729).

[136] Busche/Stoll/Wiebe/*Füller* TRIPS (2. Aufl. 2013) Art. 14 Rn. 8.

[137] *Kloth,* Der Schutz der ausübenden Künstler nach TRIPs und WPPT, 2000, S. 111 f.

[138] OLG Hamburg ZUM 2004, 133 (136); ZUM-RD 1997, 343 (344).

[139] OLG Hamburg ZUM 2004, 133 (136 f.); ZUM-RD 1997, 343 (344); LG Berlin ZUM 2006, 761 (762).

[140] *Braun* GRUR-Int 1997, 427 (430 ff.); *Kloth,* Der Schutz der ausübenden Künstler nach TRIPs und WPPT, 2000, S. 146 ff.; *Waldhausen,* Schutzmöglichkeiten gegen Bootlegs, 2002, S. 188 ff.; *Dünnwald/Gerlach* UrhG § 77 Rn. 28.

[141] → Vor §§ 73 ff. Rn. 60.

[142] Weil Schutzgegenstand des Interpretenrechts nicht der Tonträger ist, muss auf die darauf festgelegte Darbietung abgestellt werden, *Dünnwald* ZUM 1996, 725 (732); *Katzenberger* GRUR-Int 1994, 447 (468).

[143] *Kloth,* Der Schutz der ausübenden Künstler nach TRIPs und WPPT, 2000, S. 115 ff.; Busche/Stoll/Wiebe/*Füller* TRIPS (2. Aufl. 2013) Art. 14 Rn. 15 f.; Wandtke/Bullinger/*Braun/v. Welser* UrhG § 125 Rn. 37; aA *Dünnwald* ZUM 1996, 725 (732).

[144] → Vor §§ 73 ff. Rn. 64 ff.

[145] *Reinbothe/v. Lewinski,* The WIPO Treaties on Copyright, 2. Aufl. 2015, Rn. 8.6.5; *v. Lewinski* GRUR-Int 1997, 667 (679).

[146] → Vor §§ 73 ff. Rn. 51.

[147] WIPO Guide to the Copyright and Related Rights Treaties, 2003, 243 ff.; *Reinbothe/v. Lewinski,* The WIPO Treaties on Copyright, 2. Aufl. 2015, Rn. 8.6.11; vertiefend *Ficsor,* The Law of Copyright and the Internet, 2002, Rn. PP6.04 ff.

[148] WIPO Guide to the Copyright and Related Rights Treaties, 2003, 235.

[149] Denkschrift zum WPPT, BT-Drs. 15/15, 55; *Reinbothe/v. Lewinski,* The WIPO Treaties on Copyright, 2. Aufl. 2015, Rn. 8.7.18 ff.; *Ficsor,* The Law of Copyright and the Internet, 2002, Rn. PP7.03.

[150] WIPO Guide to the Copyright and Related Rights Treaties, 2003, 245.

[151] WIPO Guide to the Copyright and Related Rights Treaties, 2003, 194 (zu Art. 1 Abs. 4 WCT und der dazu im Wesentlichen inhaltsgleichen Vereinbarten Erklärung).

ing")[152] Vervielfältigung, gleich ob in analoger oder digitaler Form, einer festgelegten Darbietung und unabhängig davon, ob die Festlegung erlaubterweise erfolgte oder nicht.[153] Das gilt nach nicht unumstrittener Auffassung auch für die lediglich temporäre elektronische Speicherung.[154] Aus den Legaldefinitionen des Tonträgers in Art. 2 lit. b WPPT und der Festlegung in Art. 2 lit. c WPPT folgt, dass alle **visuellen oder audiovisuellen** Festlegungen vom Vervielfältigungsrecht **ausgeschlossen** sind.[155]

Art. 8 Abs. 1 WPPT sieht erstmals ein ausschließliches **Verbreitungsrecht** bezüglich auf Tonträgern festgelegten Darbietungen vor. Aufgrund der Legaldefinitionen in Art. 2 lit. b und c WPPT sind visuelle und audiovisuelle Darbietungen auch davon nicht erfasst. Im Übrigen sind das Verbreitungsrecht des Urhebers und des ausübenden Künstlers deckungsgleich. Deshalb kann für die Auslegung des Art. 8 WPPT auf Art. 4 WCT zurückgegriffen werden.[156] Das Mindestrecht ist auf körperliche Vervielfältigungsstücke beschränkt[157] und erfasst nach seinem Wortlaut („durch Verkauf oder sonstige Eigentumsübertragung") nur auf Dauer angelegte Übertragungsvorgänge,[158] mit denen die Vervielfältigungsstücke der Öffentlichkeit[159] zugänglich gemacht werden. Die Vertragsparteien können darauf den **Erschöpfungsgrundsatz** anwenden (Art. 8 Abs. 2 WPPT),[160] wobei das ausschließliche Vermietrecht davon auszunehmen ist (Art. 9 Abs. 1 WPPT). Art. 8 Abs. 1 WPPT und der (beschränkte) Inländerbehandlungsgrundsatz[161] sind damit die Instrumente, mit denen sich ausländische ausübende Künstler erfolgreich gegen die Verbreitung rechtswidrig aufgenommener Vervielfältigungsstücke im Inland zur Wehr setzen können (§ 77 Abs. 2 S. 1 Var. 2 iVm § 125 Abs. 5 S. 1 iVm Art. 4 Abs. 1 und 8 Abs. 1 WPPT). Dagegen gehört § 96 Abs. 1 nicht zu den im WPPT gewährten Rechten und ist deshalb nicht vom Inländerbehandlungsgrundsatz erfasst.   22

Das ausschließliche **Vermietrecht** des ausübenden Künstlers (Art. 9 WPPT) entspricht wie Art. 7 WCT dem von Art. 14 Abs. 4 S. 1 TRIPS festgelegten Schutzinhalt.[162] Deshalb bestimmt sich nach nationalem Recht, wer Rechte in Bezug auf Tonträger hat.[163] Art. 9 WPPT stellt lediglich klar, dass die ausübenden Künstler in jedem Fall Rechteinhaber der darauf festgelegten Darbietung sein können.[164] Das Recht betrifft nur die gewerbsmäßige Vermietung an die Öffentlichkeit und schließt damit das (unentgeltliche) Verleihen aus.[165] Schutzgegenstand sind nur körperliche Vervielfältigungsstücke[166] von auf physischen Tonträgern festgelegten Darbietungen. Vom Vermietrecht ausgeschlossen sind daher unkörperliche Gegenstände und trägerlose Vervielfältigungsstücke, insbesondere also digitale Kopien.[167] Damit sind aufgrund der Legaldefinitionen in Art. 2 lit. b und c WPPT visuelle und audiovisuelle Darbietungen nicht geschützt. Art. 9 Abs. 2 WPPT enthält eine Besitzstandsklausel nach dem Vorbild von Art. 14 Abs. 4 S. 2 TRIPS.[168]   23

dd) BTAP. Der Schutz von **visuell und audiovisuell festgelegten Darbietungen** ist auf internationaler Ebene schwach ausgeprägt: Obwohl sie grundsätzlich vom Mindestschutz gem. Art. 7 Rom-Abkommen erfasst werden, bewirkt Art. 19 Rom-Abkommen, dass dieser Schutz erlischt, soweit der ausübende Künstler der Einfügung seiner Darbietung auf einem Bild- oder Bild-/Tonträger zugestimmt hatte. Art. 14 TRIPS beschränkt den Schutzgegenstand auf Live-Darbietungen und auch der WPPT klammert hinsichtlich der körperlichen Verwertungsrechte audiovisuelle Darbietungen weitgehend aus.[169] Nach **Inkrafttreten des BTAP**[170] wird den Schauspielern ein im Wesentlichen   24

---

[152] S. *Ulmer* GRUR Ausl. 1969, 569 (583) zum identischen Art. 10 Rom-Abkommen; *Ricketson/Ginsburg,* International Copyright, Bd. II, 2006, Rn. 19.56.
[153] *Gruenberger,* 24 Cardozo Arts & Entertainment L.J. 617, 645 (2006) mwN.
[154] S. WIPO Guide to the Copyright and Related Rights Treaties, 2003, 195; Denkschrift zum WPPT, BT-Drs. 15/15, 55; *Reinbothe/v. Lewinski,* The WIPO Treaties on Copyright, 2. Aufl. 2015, Rn. 8.7.30, 35; *Ricketson/Ginsburg,* International Copyright, Bd. II, 2006, Rn. 19.56.
[155] *Reinbothe/v. Lewinski,* The WIPO Treaties on Copyright, 2. Aufl. 2015, Rn. 8.7.8.
[156] WIPO Guide to the Copyright and Related Rights Treaties, 2003, 246.
[157] Vgl. dazu die Vereinbarte Erklärung zu den Art. 2 lit. e und 8, 9, 12 und 13 WPPT; s. dazu WIPO Guide to the Copyright and Related Rights Treaties, 2003, 203.
[158] Grundlegend EuGH GRUR 2008, 604 Rn. 32 ff. – Peek & Cloppenburg KG/Cassina SpA; EuGH GRUR 2012, 817 Rn. 24 – Donner; EuGH GRUR 2015, 665 Rn. 23 f. – Dimensione Direct Sales Srl ua/Knoll International SpA; *Reinbothe/v. Lewinski,* The WIPO Treaties on Copyright, 2. Aufl. 2015, Rn. 8.8.20.
[159] Zum Begriff s. *Reinbothe/v. Lewinski,* The WIPO Treaties on Copyright, 2. Aufl. 2015, Rn. 8.8.16.
[160] Dazu Denkschrift zum WPPT, BT-Drs. 15/15, 56.
[161] → Vor §§ 73 ff. Rn. 68.
[162] Vgl. WIPO Guide to the Copyright and Related Rights Treaties, 2003, 204.
[163] Denkschrift zum WPPT, BT-Drs. 15/15, 56; WIPO Guide to the Copyright and Related Rights Treaties, 2003, 205 (zu Art. 7 WCT); *Reinbothe/v. Lewinski,* The WIPO Treaties on Copyright, 2. Aufl. 2015, Rn. 8.9.11 ff., 18; *Ricketson/Ginsburg,* International Copyright, Bd. II, 2006, Rn. 19.58; aA *Kloth,* Der Schutz der ausübenden Künstler nach TRIPs und WPPT, 2000, S. 212 f.
[164] Denkschrift zum WPPT, BT-Drs. 15/15, 56.
[165] WIPO Guide to the Copyright and Related Rights Treaties, 2003, 205 (zu Art. 7 WCT); *Reinbothe/v. Lewinski,* The WIPO Treaties on Copyright, 2. Aufl. 2015, Rn. 8.9.19.
[166] Siehe Vereinbarte Erklärung zu den Art. 2 lit. e, 8, 9, 12 und 13 WPPT.
[167] EuGH ZUM 2017, 152 Rn. 34 f. – Vereniging Openbare Bibliotheken/Stichting Leenrecht (zu Art. 7 WCT).
[168] Denkschrift zum WPPT, BT-Drs. 15/15, 56.
[169] BeckOK UrhR/*Lauber-Rönsberg* UrhG § 125 Rn. 26.
[170] → Vor §§ 73 ff. Rn. 49, 67.

dem WPPT entsprechender Schutz eingeräumt: Hinsichtlich körperlicher Verwertungshandlungen bei nicht festgelegten Darbietungen haben ausübende Künstler das ausschließliche Recht, die Festlegung ihrer nicht festgelegten Darbietungen zu erlauben (Art. 6 lit. ii BTAP). Hinsichtlich festgelegter Darbietungen hat der ausübende Künstler ausschließliche Rechte an der Vervielfältigung (Art. 7 BTAP), Verbreitung (Art. 8 BTAP) und Vermietung (Art. 9 BTAP).

III. Aufnahmerecht (§ 77 Abs. 1)

1. Grundlagen

25   § 77 Abs. 1 sieht für den ausübenden Künstler das ausschließliche Recht vor, seine Darbietung auf Bild- oder Tonträger aufzunehmen. Das **Interpretenrecht unterscheidet** – anders als das Urheberrecht – das Aufnahmerecht vom Vervielfältigungsrecht. Dogmatisch wäre das nicht notwendig: Schutzgut des Interpretenrechts ist die Darbietung als solche und nicht erst die festgelegte Darbietung.[171] Die erste Festlegung der Darbietung ist deshalb streng genommen bereits die Vervielfältigung der in der Darbietung konkret codierten Interpretation (vgl. § 16 Abs. 2).[172] Mit der dennoch vorgenommenen Unterscheidung setzt das UrhG zwingende unionsrechtliche Vorgaben (s. Art. 7 Vermiet- und Verleih-RL einerseits und Art. 2 lit. b InfoSoc-RL andererseits) um und folgt den Lösungsansätzen der internationalen Konventionen (Art. 7 Abs. 1 lit. b und lit. c Rom-Abkommen, Art. 14 Abs. 1 TRIPS und Art. 6 lit. ii bzw. Art. 7 WPPT).

26   Inhaltlich drückt sich darin eine **Besonderheit** des Interpretenrechts aus: Die Darbietung ist ohne körperliche Festlegung vergänglich.[173] Erst der Einsatz technischer Mittel löst sie von der Zeit und dem Raum ihrer Vornahme.[174] Mit der **Festlegung** verliert sie ihren vorübergehenden Charakter und ihre Ortsgebundenheit und wird zum verkehrsfähigen (!) immateriellen Gegenstand.[175] In „der Verbindung mit dem Träger der Aufzeichnung erhält die immaterielle Interpretation Gestalt in Raum und Zeit".[176] Damit verliert der Interpret die vertragliche Zugangskontrolle zu seiner Darbietung. Zugleich kann er auch die Höhe seiner Vergütung nicht mehr vertraglich von der jeweiligen Reichweite seiner Leistung abhängig machen.[177] Ein besonders einschneidender Eingriff in die Persönlichkeitsinteressen[178] und Erwerbsmöglichkeiten des ausübenden Künstlers ist es, „wenn seine Leistungen gegen seinen Willen auf Ton- oder Bildträger festgelegt und damit ohne seine erneute persönliche Inanspruchnahme beliebig oft wiederholbar und einem theoretisch unbegrenzten Hörerkreis zugänglich gemacht werden".[179] Davor schützt das dem ausübenden Künstler in § 77 Abs. 1 eingeräumte Aufnahmerecht. Damit reagiert das Recht auf die von der Technik bewirkte Umweltveränderung und den dadurch ausgelösten **Verlust** der vertraglichen **Zugangskontrolle.** Es stattet den Interpreten mit einem *property right* aus, um die positiven Externalitäten der festgelegten Darbietung in seiner Person zu konzentrieren und alle anderen davon auszuschließen.[180]

2. Schutzinhalt

27   **a) Darbietung. Schutzgegenstand** des Aufnahmerechts ist eine Darbietung, die den sachlichen Schutzvoraussetzungen des § 73 genügt. Erforderlich ist also, dass der ausübende Künstler ein Werk oder eine Ausdrucksform der Folklore künstlerisch darbietet oder an einer solchen Darbietung künstlerisch mitwirkt.[181] Ahmt ein Interpret die Darbietung eines anderen Interpreten nach, wird nur die nachahmende und nicht die **nachgeahmte** Darbietung festgelegt.[182] Gegenstand der Nutzungshandlung ist nämlich nicht die Interpretation des nachgeahmten Künstlers, sondern die des Nachahmenden. Der nachgeahmte Künstler kann deshalb dagegen nicht aus § 77 Abs. 1 vorgehen.[183]

28   **b) Aufnahme auf Bild- oder Tonträger.** Aufnahme ist nur die **erstmalige Festlegung** der bis zu diesem Zeitpunkt noch nicht festgelegten Darbietung. Das folgt in richtlinienkonformer Interpretation (→ Rn. 9) aus Art. 7 Vermiet- und Verleih-RL, der seinerseits Art. 6 lit. ii WPPT umsetzt und aus der Abgrenzung zu Art. 2 lit. b InfoSoc-RL. Jede erneute Aufnahme einer bereits festgelegten

---

[171] *Dünnwald/Gerlach* UrhG § 77 Rn. 4; *Apel,* Der ausübende Musiker im Recht Deutschlands und der USA, 2011, S. 266 f.; insoweit nicht überzeugend *Bünte,* Die künstlerische Darbietung als persönliches und immaterielles Rechtsgut, 2000, S. 98; Fromm/Nordemann/*Schaefer* UrhG § 77 Rn. 6; → § 73 Rn. 12.
[172] Walter/v. Lewinski/*v. Lewinski,* European Copyright Law, 2010, Rental and Lending Rights Directive Art. 6 Rn. 1; *Dünnwald/Gerlach* UrhG § 77 Rn. 4; aA *Schorn* GRUR-Int 1983, 167 (168).
[173] BGHZ 33, 20 = GRUR 1960, 614 (616) – Figaros Hochzeit; *Kohler* GRUR 1909, 230 (231).
[174] BGHZ 33, 20 = GRUR 1960, 614 (616) – Figaros Hochzeit.
[175] *Grünberger,* Das Interpretenrecht, 2006, S. 1; *Schorn* GRUR-Int 1983, 167 (168).
[176] *Schorn* GRUR-Int 1983, 167 (168).
[177] BGHZ 33, 20 = GRUR 1960, 614 (616 f.) – Figaros Hochzeit; *Grünberger,* Das Interpretenrecht, 2006, S. 1.
[178] S. dazu *Rüll,* Allgemeiner und urheberrechtlicher Persönlichkeitsrechtsschutz des ausübenden Künstlers, 1998, S. 209 f.
[179] *BGHZ 33, 20* = GRUR 1960, 614 (617) – Figaros Hochzeit.
[180] Zu dieser Grundentscheidung *Grünberger* ZGE 2017, 188 f.
[181] → § 73 Rn. 21 ff. und → Rn. 28 ff.
[182] Zum Schutz aus anderen Rechtsgründen → Vor §§ 73 ff. Rn. 89 f.
[183] Fromm/Nordemann/*Schaefer* § 77 Rn. 7.

Darbietung ist daher eine Vervielfältigung dieser Aufnahme (§ 77 Abs. 2 S. 1 Var. 1). Beispiel: Die private Aufzeichnung des Internetstreams eines Albums ist keine Aufnahme, sondern eine Vervielfältigung.[184] Der Begriff der Aufnahme ist **unionsrechtlich einheitlich** auszulegen (→ Rn. 9). Weil Art. 7 Vermiet- und Verleih-RL keine Definition enthält, ist der Begriff im Licht des Art. 2 lit. c WPPT auszulegen. Die sachliche Beschränkung des WPPT auf Tonträger muss dabei außer Acht gelassen werden, weil die Richtlinie auch Festlegungen auf visuellen und audiovisuellen Trägern erfasst.[185] **Aufnahme** ist danach eine Verkörperung von Bildern und/oder Tönen oder von Darstellungen von Bildern und/oder Tönen auf Bild- und Tonträgern in einer Weise, dass diese Verkörperung oder Darstellung mittels einer Vorrichtung wahrgenommen, vervielfältigt oder wiedergegeben werden kann. Darunter fällt jeder technische Vorgang, der die Darbietung wiederholbar macht. Die Aufnahmetechnik ist dafür ohne Bedeutung.[186] Es ist für Art. 7 Vermiet- und Verleih-RL und damit für § 77 Abs. 1 unerheblich, ob die Aufnahme unmittelbar (Mitschnitt der Live-Darbietung im Konzertsaal) oder mittelbar (Mitschnitt der gesendeten, aber ihrerseits noch nicht festgelegten Live-Darbietung) erfolgt[187] oder ob es sich um die Aufnahme einer Live-Darbietung oder einer Studiodarbietung handelt.[188]

Die Aufnahme muss auf **Bild- oder Tonträger** erfolgen (§ 77 Abs. 1). Dieses Tatbestandsmerkmal **29** fehlt in Art. 7 Abs. 1 Vermiet- und Verleih-RL. Das ist unschädlich, weil die Festlegung zwangsläufig auf einen Datenträger angewiesen ist. Erfasst sind Bild-, Ton- sowie Bildtonträger.[189] Nach traditioneller Auffassung gilt die **Legaldefinition** in § 16 Abs. 2 auch für § 77 Abs. 1.[190] Das ist nicht zweifelsfrei, weil § 16 Abs. 2 darunter „Vorrichtungen zur wiederholbaren Wiedergabe von Bild- oder Tonfolgen" versteht, während der für Art. 7 Abs. 1 Vermiet- und Verleih-RL maßgebliche Festlegungsbegriff des Art. 2 lit. c WPPT *jede Verkörperung* der Darbietung genügen lässt, die es erlaubt, den Schutzgegenstand wahrzunehmen, zu vervielfältigen oder wiederzugeben.[191] Das hat beispielsweise Auswirkungen auf den Schutz vor der Festlegung eines Bildes der (visuellen) Darbietung: Nach § 16 Abs. 2 ist die einzelne Fotoaufnahme kein Bildträger, weil es sich nicht um eine wiederholbare Bildfolge handelt.[192] Der unionsrechtliche Aufnahmebegriff ist dagegen weiter und erfasst auch einzelne Bilder. **§ 16 Abs. 2** ist daher **richtlinienkonform** so auszulegen, dass auch ein **einzelner** wiederholbarer **Ton** oder ein einzelnes **Bild** ausreicht. Voraussetzung dafür ist aber, dass gerade in diesem Bild der Schutzgegenstand – also die Darbietung iSv § 73 – festgelegt wird.

c) Aufnahme von Darbietungsteilen. Umstritten ist, ob das Aufnahmerecht auch für die Festlegung von **Teilen** einer **Darbietung** gilt.[193] Zur Beantwortung muss man zwischen Schutzgegenstand und Schutzinhalt des Aufnahmerechts unterscheiden.[194] Schutzgegenstand des Aufnahmerechts ist eine Darbietung iSv § 73 (→ Rn. 27). Daraus folgt, dass die Darbietung ihrerseits nur geschützt ist, wenn sie ein schutzfähiges Werk oder Teile davon bzw. Ausdrucksformen der Volkskunst zum Gegenstand hat.[195] Damit hat sich die Funktion des Darbietungsgegenstands und damit des schutzfähigen Werk(teil)s erschöpft. Er ist für die Bestimmung des Schutzinhalts der Verwertungsrechte irrelevant.[196] Der **Schutzinhalt** beantwortet die Frage, bei welcher Art von Handlungen das Interpretenrecht Schutz vor Vervielfältigung genießt.[197] Ob eine konkrete Aufnahme von Teilen der Darbietung in das Ausschließlichkeitsrecht eingreift, hängt allein davon ab, ob diese Teile den Schutzgegenstand – also die Darbietung – aufnehmen oder nicht. Aufgrund der Unabhängigkeit des Interpreten- vom Urheberrecht kommt es für den Schutzinhalt nicht darauf an, ob die Aufnahmehandlung zugleich auch schutzfähige Werkteile erfasst.[198] Aus dem Wortlaut des Art. 2 lit. b InfoSoc-RL folgt, dass die Vervielfältigung von Darbietungsteilen zum Schutzinhalt des Vervielfältigungsrechts zählt (→ Rn. 35). Art. 7 Abs. 1 Vermiet- und Verleih-RL spricht dagegen lediglich von „Aufzeichnungen ihrer Darbietung" ohne nähere Spezifikation. Für ein weites Verständnis, wonach auch Elemente der Darbietung geschützt sind, spricht der **Normzweck** des Aufnahmerechts. Nicht erst die vollständige Aufnahme der Darbietung entzieht dem Interpreten die Zugangskontrolle und schafft ein neues Gut, sondern

[184] Zur Frage der Privatkopieschranke → Rn. 31.
[185] Zur Methode → Rn. 9.
[186] OLG München GRUR 2001, 499 (502) – MIDI-Files.
[187] BT-Drs. IV/270, 91.
[188] *Apel,* Der ausübende Musiker im Recht Deutschlands und der USA, 2011, S. 266.
[189] *Dünnwald/Gerlach* UrhG § 77 Rn. 4.
[190] Vgl. BGH GRUR 2005, 502 (504) – Götterdämmerung; *Dünnwald/Gerlach* UrhG § 77 Rn. 4; *Apel,* Der ausübende Musiker im Recht Deutschlands und der USA, 2011, S. 265.
[191] WIPO Guide to the Copyright and Related Rights Treaties, 2003, 235.
[192] LG München I GRUR 1979, 852 – Godspell; *Dünnwald/Gerlach* UrhG § 77 Rn. 4; BeckOK UrhR/*Stang* UrhG § 77 Rn. 5.
[193] Bejahend *Apel,* Der ausübende Musiker im Recht Deutschlands und der USA, 2011, S. 267ff.; BeckOK UrhR/*Stang* UrhG § 77 Rn. 5; *Wandtke/Bullinger/Büscher* UrhG § 77 Rn. 3; verneinend Loewenheim/*Vogel* § 38 Rn. 62.
[194] → § 73 Rn. 13ff.
[195] → § 73 Rn. 12ff.
[196] S. *Apel,* Der ausübende Musiker im Recht Deutschlands und der USA, 2011, S. 268; *Apel* ZGE 2018, 162 (177f.).
[197] Vgl. *J. Oebbecke,* Der „Schutzgegenstand" der Verwandten Schutzrechte, 2011, S. 50.
[198] *Apel,* Der ausübende Musiker im Recht Deutschlands und der USA, 2011, S. 269f.

bereits jedes einzelne aufgenommene Element, sofern dieses die (künstlerische) Darbietung festhält. Daraus folgt, dass die Aufnahme von Teilen einer Darbietung unter das Aufnahmerecht fällt, sofern darin der Schutzgegenstand – also die Darbietung – festgelegt wird (dazu → Rn. 35 ff.).

3. Rechtsfolgen

31   § 77 Abs. 1 weist dem ausübenden Künstler ein **Ausschließlichkeitsrecht** an der wirtschaftlichen Verwertung der Aufnahme seiner Darbietung zu. Darauf beschränkt sich die Funktion des § 77 Abs. 1. Wer eine unerlaubt aufgenommene Darbietung vervielfältigt, greift deshalb nicht in das Aufnahmerecht, sondern in das eigenständig zu prüfende Vervielfältigungsrecht (§ 77 Abs. 2 S. 1 Var. 1) ein.[199] Ist die Aufnahme mit Zustimmung des Interpreten erfolgt, folgt daraus nicht, dass auch die Vervielfältigung dieser Aufnahme erlaubt ist.[200] Das Aufnahme- und das Vervielfältigungsrecht sind **selbständige** und voneinander **unabhängige Verwertungsrechte** an unterschiedlichen Nutzungsarten. Überträgt der Interpret das Aufnahmerecht einem Dritten oder räumt er diesem Nutzungsrechte daran ein, fehlt im Übertragungsvertrag aber eine Regelung zum Vervielfältigungsrecht, kann nicht ohne weiteres auf die konkludente Einräumung bzw. Übertragung des Vervielfältigungsrechts geschlossen werden. Das lässt sich auch nicht auf den Übertragungszweckgedanken (§ 31 Abs. 5 iVm § 79 Abs. 2a) stützen. Dem **Vervielfältigungsrecht** kommt nämlich nach der Festlegung der Darbietung eine **eigenständige Bedeutung** zu. Es ermöglicht dem Interpreten, Vervielfältigungen von Aufnahmen zu verhindern, die er als nicht gelungen oder mängelbehaftet ansieht.[201] Insoweit ist das Vervielfältigungsrecht und nicht das Aufnahmerecht ein Ersatz für das fehlende Veröffentlichungsrecht.[202] In der Praxis werden dem Verwerter der Interpretenleistung regelmäßig alle vier von § 77 gewährten Ausschließlichkeitsrechte eingeräumt (§ 79 Abs. 2) bzw. übertragen (§ 79 Abs. 1 S. 1). Für ausübende Künstler, die bei der Herstellung eines **Filmwerks** mitwirken, enthält § 92 praktisch wichtige Sondervorschriften. Für die Anwendung der **Schranken** (§ 83) ist zu beachten, dass zwischen der unmittelbaren und der mittelbaren Aufnahme unterschieden werden muss: Die unmittelbare Aufnahme einer öffentlichen Darbietung ist niemals erlaubt (§ 53 Abs. 7 iVm § 83),[203] während die privat vorgenommene Aufnahme der öffentlichen Live-Sendung einer Live-Darbietung eine von der Privatkopieschranke erfasste Vervielfältigung sein kann (§ 53 Abs. 1 iVm § 83). Im Übrigen differenzieren die §§ 44a ff. nicht zwischen Aufnahme und Vervielfältigung. Im Rahmen der in § 83 angeordneten entsprechenden Anwendung sind alle für das Vervielfältigungsrecht geltenden Schranken grundsätzlich auch auf das Aufnahmerecht anzuwenden, weil es sich insoweit um einen strukturellen Unterfall des Vervielfältigungsrechts handelt (→ Rn. 25).[204]

IV. Vervielfältigungsrecht (§ 77 Abs. 2 S. 1 Var. 1)

1. Grundlagen

32   Der ausübende Künstler hat das ausschließliche Recht, den Bild- oder Tonträger, auf dem seine Darbietung aufgenommen wurde (→ Rn. 28 ff.) zu vervielfältigen (§ 77 Abs. 2 S. 1 Var. 1). Damit wird Art. 2 lit. b **InfoSoc-RL umgesetzt**. Aus Art. 2 InfoSoc-RL folgt, dass das Vervielfältigungsrecht des **Urhebers** und das des ausübenden Künstlers inhaltlich **vollständig deckungsgleich** sind. Konventionsrechtlich dient die Richtlinie vor allem der Umsetzung des umfassenden Vervielfältigungsrechts in Art. 7 WPPT (→ Rn. 21). Das Unionsrecht geht darüber hinaus, weil Vervielfältigungsgegenstand jede festgelegte Darbietung und nicht lediglich die auf Tonträgern festgelegten Darbietungen sind (§ 77 Abs. 2 S. 1 Var. 1 geht auch über die eingeschränkten Vervielfältigungsrechte in Art. 14 Abs. 1 S. 1 TRIPS (→ Rn. 19 f.) und Art. 7 lit. c Rom-Abkommen (→ Rn. 17 f.) hinaus. Das Vervielfältigungsrecht **schützt** das Interesse des Interpreten, die **wirtschaftliche** Verwertung der festgelegten Darbietung zu kontrollieren und zu steuern. Daneben dient das Vervielfältigungsrecht auch dem **persönlichkeitsrechtlichen** Interesse des Interpreten, verhindern zu können, dass Vervielfältigungsstücke einer nicht gelungenen festgelegten Darbietung angefertigt werden.[205] Bei ausübenden Künstlern, die bei der Herstellung eines Filmwerks mitwirken, enthält § 92 Sonderregelungen.

2. Schutzinhalt

33   **a) Aufgenommene Darbietung.** Gegenstand der Vervielfältigungshandlung ist nach dem Wortlaut des § 77 Abs. 2 S. 1 Var. 1 der „Bild- oder Tonträger, auf dem seine Darbietung aufgenommen

---

[199] Fromm/Nordemann/*Schaefer* UrhG § 77 Rn. 9; aA OLG Hamburg GRUR-Int 1986, 416 (418 f.) – Karajan (insoweit von der Revisionsinstanz nicht behandelt, BGH GRUR 1987, 814 – Die Zauberflöte).
[200] Insofern zutreffend OLG Hamburg GRUR-Int 1986, 416 (418 f.) – Karajan.
[201] Insofern zutreffend OLG Hamburg GRUR-Int 1986, 416 (418 f.) – Karajan.
[202] → Vor §§ 73 ff. Rn. 85.
[203] Loewenheim/*Vogel* § 38 Rn. 62.
[204] Loewenheim/*Vogel* § 38 Rn. 62; *Dünnwald/Gerlach* UrhG § 77 Rn. 4; aA Mestmäcker/Schulze/*Hertin* UrhG § 77 Rn. 9.
[205] Insofern zutreffend OLG Hamburg GRUR-Int 1986, 416 (419) – Karajan; *Rüll*, Allgemeiner und urheberrechtlicher Persönlichkeitsrechtsschutz des ausübenden Künstlers, 1998, S. 209 f.

worden ist". Der Wortlaut ist etwas ungenau, weil es scheint, als ob Schutzgegenstand des Vervielfältigungsrechts der Bild- oder Tonträger sei. **Schutzgegenstand** des Rechts ist aber die auf Bild- oder Tonträger **aufgenommene Darbietung.** Deshalb ist die Nachahmung einer festgelegten Darbietung eines anderen Interpreten keine Vervielfältigung der nachgeahmten Darbietung.[206] Es ist unerheblich, ob die Darbietung mit oder ohne Zustimmung des Interpreten aufgenommen wurde.[207] Die Rechtmäßigkeit der ersten Festlegung ist keine Voraussetzung des Vervielfältigungsrechts. Das geltende Recht weicht damit von der Vorgängernorm in § 2 Abs. 2 LUG (→ Rn. 3) ab.[208] Für Darbietungen, die vor dem 1.1.1966 festgelegt worden sind, folgt daraus, dass das Vervielfältigungsrecht wegen § 135 nur für die erlaubte Aufnahme fortbesteht.[209] Nach traditioneller Auffassung gilt die Legaldefinition des Bild- oder Tonträgers in § 16 Abs. 2 auch für § 77 Abs. 2 S. 1. Damit diese Definition mit Art. 2 InfoSoc-RL kompatibel bleibt, ist sie richtlinienkonform auszulegen: Ein Bild- oder Tonträger liegt bereits dann vor, wenn es zu wiederholbaren Wiedergaben eines Einzeltons oder eines einzelnen Bildes kommt (→ Rn. 29).

b) Vervielfältigung. aa) Begriff. Der Begriff der Vervielfältigung ist nach der Vorgabe in Art. 2 **34** InfoSoc-RL im **Urheber- und Interpretenrecht einheitlich** auszulegen. Vervielfältigung ist jede körperliche Festlegung der Darbietung, die geeignet ist, sie den menschlichen Sinnen auf irgendeine Weise unmittelbar oder mittelbar wahrnehmbar zu machen.[210] Danach greift in dieses Ausschließlichkeitsrecht ein, wer Vervielfältigungsstücke der Darbietung herstellt, gleichviel ob vorübergehend oder dauerhaft, in welchem Verfahren und in welcher Zahl (§ 16 Abs. 1). Dieser **denkbar weite** Vervielfältigungsbegriff folgt aus Art. 2 InfoSoc-RL und Art. 7 WPPT. Vervielfältigung ist damit auch die Übertragung einer Darbietung von einem Bild- oder Tonträger auf einen anderen. Dagegen ist die erstmalige Aufnahme einer Darbietung auf Bild- oder Tonträger aufgrund der vorrangigen Spezialregelung in Art. 7 Abs. 1 Vermiet- und Verleih-RL keine Vervielfältigung, sondern fällt unter das Aufnahmerecht (→ Rn. 28). Aus Art. 2 InfoSoc-RL folgt, dass der Begriff jede unmittelbare und mittelbare Vervielfältigung erfasst. Eine unmittelbare Vervielfältigung liegt beispielsweise vor, wenn die Vervielfältigungsstücke auf Grundlage des ursprünglichen Masterbands hergestellt werden;[211] eine mittelbare Vervielfältigung, wenn ein neues Vervielfältigungsstück der im Radio gesendeten oder im Internet gestreamten, auf Tonträger festgelegten, Darbietung hergestellt wird („off the air copying").[212] Vervielfältigung ist nicht nur die identische Festlegung, sondern auch die körperliche Festlegung in veränderter Form, sofern ein **übereinstimmender Gesamteindruck** gegeben ist[213] (dazu auch → Rn. 43).

bb) Vervielfältigung von Darbietungsteilen. Nach Art. 2 lit. b InfoSoc-RL erfasst der Schutz- **35** inhalt des Vervielfältigungsrechts neben der ganzen auch die **teilweise Vervielfältigung.** Dabei muss es sich aber um die Verwertung der Darbietung iSv § 73 handeln. Das wirft die Frage auf, inwieweit diese Darbietung vor einer Vervielfältigung auch nur von Teilen davon geschützt wird. Die Antwort darauf bestimmt den Schutzinhalt des Vervielfältigungsrechts.[214] **Unproblematisch** geschützt wird vor Vervielfältigungen, bei denen eine längere (Ton-)Sequenz übernommen wird, die selbst tauglicher Schutzgegenstand des Urheberrechts wäre.[215] Damit wird – auch bei isolierter Betrachtung des Teils – eine selbständig schutzfähige Darbietung vervielfältigt.[216] Deshalb greift beispielsweise eine Vervielfältigung des aufgenommenen Gesangs in den Schutzinhalt ein, wenn die digitalisierten Gesangsbeiträge im Wege des Samplings technisch klanglich bearbeitet werden (insbesondere mit einem schnelleren Tempo versehen) und in die Neuaufnahme integriert werden.[217] Problematisch ist die Vervielfältigung **kleiner und kleinster Elemente** einer Darbietung: Differenzieren die harmonisierten Ausschließlichkeitsrechte zwischen der Verwertung geschützter und nicht geschützter Elemente der Darbietung?[218] Dem Wortlaut von Art. 2 lit. b InfoSoc-RL („Vervielfältigung … ganz oder teilweise … für die ausübenden Künstler in Bezug auf die Aufzeichnungen ihrer Darbietungen") kann man keine abschlie-

---

[206] *Apel* ZGE 2018, 162 (178).
[207] Fromm/Nordemann/*Schaefer* UrhG § 77 Rn. 9; aA OLG Hamburg GRUR-Int 1986, 416 (419) – Karajan (zu § 75 S. 2 aF); *v. d. Groeben* FS Reichardt, 1990, 39 (49).
[208] BGHZ 33, 20 = GRUR 1960, 614 (615 ff.) – Figaros Hochzeit; LG Mannheim GRUR-RR 2002, 1 – Götterdämmerung (s. dazu nachfolgend BGH GRUR 2005, 502 – Götterdämmerung).
[209] LG Mannheim GRUR-RR 2002, 1 (2) – Götterdämmerung.
[210] → § 16 Rn. 5.
[211] OLG Hamburg ZUM-RD 2002, 145 (149).
[212] BT-Drs. 13/115, 14 f.
[213] BGH GRUR 1988, 533 (535) – Vorentwurf II; BGH ZUM 2014, 36 Rn. 36 f. – Beuys-Aktion; BGH ZUM 2016, 985 Rn. 17 – auf fett getrimmt (jeweils zum Urheber); KG GRUR-RR 2004, 129 (131) – Modernisierung einer Liedaufnahme.
[214] Zum Unterschied zwischen Schutzgegenstand und Schutzinhalt → § 73 Rn. 14; so auch *Apel* ZGE 2018, 162 (184).
[215] *Apel* ZGE 2018, 162 (183).
[216] *Hoeren* FS Hertin, 2000, 113 (127); *Apel,* Der ausübende Musiker im Recht Deutschlands und der USA, 2011, S. 275.
[217] KG GRUR-RR 2004, 129 (131) – Modernisierung einer Liedaufnahme.
[218] Vertiefend *Apel,* Der ausübende Musiker im Recht Deutschlands und der USA, 2011, S. 271 f.; *J. Oebbecke,* Der „Schutzgegenstand" der Verwandten Schutzrechte, 2011, S. 183; *Benz,* Der Teileschutz im Urheberrecht, 2018, 149 ff., 301 ff.

ßende Antwort entnehmen,[219] weil offen bleibt, was eine teilweise Vervielfältigung voraussetzt. Das Problem wird insbesondere beim **Soundsampling** diskutiert.[220] Ein *sample* kann aus einer Länge von einigen wenigen Tönen bis hin zu nur einem Ton oder eines Bruchteils davon bestehen.[221] Beispiel dafür ist die etwa zwei Sekunden lange Rhythmussequenz aus dem Titel „Metall auf Metall", den Kraftwerk im Jahr 1977 interpretiert und aufgenommen hatten, und den Sabrina Setlur im Song „Nur mir" im Jahr 1997 dargeboten hat.[222]

36   **(1) Mehrstufigkeit der dogmatischen Fragestellungen.** Im Kern geht es um die Frage, wie das Urheberrecht mit künstlerischen Techniken der Bezugnahme umgeht. Fremdreferenzialität ist ein Kennzeichnen zeitgenössischer kreativer Prozesse und zugleich eine Herausforderung an das Urheberrecht.[223] Das Urheberrecht und die Leistungsschutzrechte können auf mehreren Ebenen darauf reagieren:[224] (a) Wird ein Werk/Darbietung/Tonträger benutzt? (Frage nach dem Schutzgegenstand) (b) Ist diese konkrete Nutzung des Schutzgegenstands dem Rechteinhaber im Grundsatz ausschließlich zugewiesen (Frage nach dem Schutzinhalt) (c) Greifen die Grundsätze der freien Bearbeitung (§ 24 Abs. 1) (Frage nach immanenten oder funktionalen Grenzen des Schutzinhalts) (d) Ist die Nutzung gesetzlich erlaubt, weil es sich beim Sample um ein unwesentliches Beiwerk (§ 57, Art. 5 Abs. 3 lit. i InfoSoc-RL), um ein Pastiche (Art. 5 Abs. 3 lit. k InfoSoc-RL) oder um ein Zitat (§ 51, Art. 5 Abs. 3 lit. d InfoSoc-RL) handelt? (e) Ist eine außerhalb der urheberrechtlichen Verwertungsbefugnisse und Schrankenbestimmungen angesiedelte allgemeine Interessenabwägung möglich?

37   **(2) Zwei Grundkonzeptionen im Widerstreit.** Um die dogmatischen Antworten auf die Fragen (a) bis (e) konkurrieren zwei Grundkonzeption des Urheberrechts: (1.) Das „**Eigentümermarktmodell**" kulturellen Schaffens"[225] plädiert für die ausschließliche Zuweisung des *Samples* auch von kleinsten Teilen des Schutzgegenstandes an den Rechteinhaber.[226] Dieser solle, erstens, frei entscheiden dürfen, ob er Dritten die kommerzielle Nutzung seiner Leistung erlaubt[227] und, zweitens, an den Erträgen partizipieren, die sich aus der wirtschaftlichen Nutzung des ihm zugewiesenen Schutzgegenstandes ergeben. Der Nutzer, der auf den Zugang zum *Sample* angewiesen ist, könne am bestehenden Markt entsprechende Lizenzen erwerben. Das beschränke nicht die grundrechtlich geschützte Kunstfreiheit, weil diese kein künstlerisches Schaffen „zu denkbar günstigsten wirtschaftlichen Konditionen auf Kosten unternehmerischer Leistungen Dritter" schütze[228] und nicht sicherstellen kann, „dass ein jeder alles, was er will, zum Zweck seines schöpferischen Vorhabens frei benutzen kann".[229] Weil „das Sampling das Fremde in Bruchstücken unmittelbar [aufnimmt] (ohne „Bearbeitung" und ohne Ausweis des Zitierten)", sei es eine „hybride Version der Benutzung fremder Werke und Leistungen [...], die Elemente der freien Benutzung und des Zitats enthält, der aber die Referenz auf das „Eigene" der Bearbeitung ebenso wie die Referenz auf das Fremde des Zitats fehlt."[230] (2.) Demgegenüber plädiert das auch hier vertretene Modell eines **multilateralen Urheberrechts** für eine **umweltsensible (responsive) Interpretation** des Urheberrechts.[231] Weil Ausschließlichkeitsrechte den Rechteinhabern die Kontrolle über die Nutzung der urheberrechtlich geschützten Güter zuweisen, beeinflusst das Recht die Operationsbedingungen aller anderen sozialen Systeme. Rekonstruiert man das Urheberrecht ausschließlich als Wirtschaftsrecht, läuft man Gefahr, es einseitig der ökonomischen Rationalität und den expansiven Tendenzen des Wirtschaftssystems auszuliefern. Dem ist strukturell vorzubeugen, indem man das (Urheber-)Recht für die jeweiligen Operationsbedingungen kommunikativer Prozesse in den Funktionssystemen der Gesellschaft ausreichend sensibilisiert. Der **Schutzgegenstand** tritt mit ihrer Veröffentlichung „bestimmungsgemäß in den gesellschaftlichen

---

[219] *Benz,* Der Teileschutz im Urheberrecht, 2018, 279 ff., 328 f.; wohl aA GA *Szpunar,* Schlussanträge Rs. C-476/17, ZUM 2019, 237 Rn. 26 – Pelham GmbH/Hütter ua.

[220] Näher *Häuser,* Sound und Sampling, 2002, S. 79 ff.; *Salagean,* Sampling im deutschen, schweizerischen und US-amerikanischen Urheberrecht, 2008, S. 198 ff.; *Winter,* Die urheberrechtliche Bewertung des Samplings im Lichte des Unionsrechts, 2018.

[221] Zum Begriff: *Häuser,* Sound und Sampling, 2002, S. 5 ff.; *Salagean,* Sampling im deutschen, schweizerischen und US-amerikanischen Urheberrecht, 2008, S. 19 ff.

[222] BGH GRUR 2009, 403 – Metall auf Metall I; BGH GRUR 2013, 614 – Metall auf Metall II; BVerfGE 142, 74 = ZUM 2016, 626 – Metall auf Metall; BGH ZUM 2017, 760 – Metall auf Metall III; GA Szpunar, Schlussanträge Rs. C-476/17, ZUM 2019, 237 – Pelham GmbH/Hütter ua.

[223] Vertiefend *Klass* FS G. Schulze, 2017, 147.

[224] Vgl. die Ansätze in BVerfGE 142, 74 = ZUM 2016, 626 Rn. 77 – Metall auf Metall; BGH ZUM 2017, 760 – Metall auf Metall.

[225] Zum Begriff *Wielsch* ZGE 2013, 274 (276).

[226] Exemplarisch GA *Szpunar,* Schlussanträge Rs. C-476/17, ZUM 2019, 237 Rn. 89 ff. – Pelham GmbH/Hütter ua; BGH GRUR 2009, 403 Rn. 17, 23 – Metall auf Metall I; BGH GRUR 2013, 614 Rn. 23 f. – Metall auf Metall II; aus der Literatur *Ladeur* ZGE 2016, 447.

[227] *Ladeur* ZGE 2016, 447 (458). *Ladeur* plädiert allerdings für eine allerdings kaum praktikable Ausnahme bei der nicht gewerblichen und geringfügig gewerblichen Nutzung (457).

[228] BGH GRUR 2013, 614 Rn. 23 – Metall auf Metall II.

[229] GA *Szpunar,* Schlussanträge Rs. C-476/17, ZUM 2019, 237 Rn. 96 – Pelham GmbH/Hütter ua.

[230] *Ladeur* ZGE 2016, 447 (452, 453); zum fehlenden Referenzcharakter von „Nur mir" auch *Schulze* FS M. Walter, 2018, 504 (514).

[231] Grundlegend *Wielsch,* Zugangsregeln, 2008, S. 31 ff.; *Wielsch* ZGE 2013, 274 (297 ff.); *Wielsch* Über Zugangsregeln, in: Grünberger/Jansen (Hrsg.), Privatrechtstheorie heute, 2017, 268; *Grünberger* in Grünberger/Leible (Hrsg.), Die Kollision von Urheberrecht und Nutzerverhalten im Informationszeitalter, 2014, S. 1, 8 ff.

Raum und kann damit zu einem eigenständigen, das kulturelle und geistige Bild der Zeit mitbestimmenden Faktor werden. Da [er] sich mit der Zeit von der privatrechtlichen Verfügbarkeit löst und geistiges und kulturelles Allgemeingut wird, muss der [Rechteinhaber] hinnehmen, dass [er] stärker als **Anknüpfungspunkt für eine künstlerische Auseinandersetzung** dient."[232] Das Urheberrecht und die verwandten Schutzrechte müssen ihren jeweiligen Gesamtschutzbereich in reflexiver Auseinandersetzung mit den charakteristischen Anforderungen der konkreten Nutzungsmöglichkeiten und -bedürfnissen in den einzelnen Funktionssystemen der Gesellschaft konkretisieren und begrenzen. Die Interpretation des UrhG muss daher mit den Entstehungsvoraussetzungen der verschiedenen kommunikativen Prozesse in der Gesellschaft abgestimmt werden, weil das Urheberrecht bestimmt, inwieweit und unter welchen Zugangsvoraussetzungen andere Akteure an diesen Prozessen teilnehmen können. Den Auftrag, die kommunikativen Prozesse in der (kulturellen) Umwelt des Rechts angemessen zu berücksichtigen, erhält das einfache Recht von den europäischen und – soweit anwendbar[233] – deutschen Grundrechten.[234] Exemplarisch dafür ist die **"kunstspezifische Betrachtungweise"**, die "verlangt, bei der Auslegung und Anwendung der urheberrechtlichen Ausnahmeregelungen die Übernahme fremder Werkausschnitte in eigene Werke als Mittel künstlerischen Ausdrucks und künstlerischer Gestaltung anzuerkennen und damit diesen Vorschriften für Kunstwerke zu einem Anwendungsbereich zu verhelfen, der weiter ist als bei einer anderen, nicht künstlerischen Nutzung."[235] Insbesondere verdeutlicht sie, dass der Verweis auf die **Lizenzierungsmöglichkeit** wegen der Abschlussfreiheit und der für den Lizenzsucher verbundenen Transaktionskosten **keinen gleichwertigen Schutz** der künstlerischen Betätigungsfreiheit bietet.[236] Die "kunstspezifische Betrachtung" hat **dogmatische Auswirkungen** auf die Interpretation von (a) Schutzgegenstand, (b) Schutzinhalt, (c) immanenten Schutzinhaltsbegrenzungen sowie (d) ausdrücklich bzw. (e) rechtsfortbildend geschaffenen Schranken. Davon berühren **nur** die Punkte (a) und (b) **genuin interpretenrechtliche Fragen.** Das gilt wegen der Frage nach dem Ob und dem Wie der analogen Anwendung des § 24 Abs. 1 im Interpretenrecht auch für Punkt (c). Allerdings hängt das von der urheberrechtlichen Vorfrage ab, ob § 24 Abs. 1 als immanente Begrenzung des Schutzinhalts überhaupt unionsrechtskonform ist. Die Punkte (d) und (e) betreffen dagegen alle Schutzgegenstände gemeinsam und werden hier nicht weiter verfolgt.

(3) Keine Übertragbarkeit der Lösung zum Tonträgerherstellerrecht. Der BGH hat zum **38** **Tonträgerherstellerrecht** (§ 85) und dem Filmherstellerrecht (§ 94) bzw. Laufbildschutz (§ 95) entschieden, dass in das Vervielfältigungsrecht bereits dann eingegriffen wird, wenn dem Tonträger kleinste Tonpartikel[237] oder dem Film bzw. Laufbild einzelne Teile unabhängig von der Größe oder der Länge des Filmausschnitts entnommen[238] werden. Da jedenfalls das Tonträgerherstellerrecht in Art. 2 InfoSoc-RL (und die daran anschließende Verbreitung in Art. 9 Abs. 1 lit. b Vermiet- und Verleih-RL)[239] vollharmonisiert ist, und die Frage nach dem Teileschutz unionsrechtlich ungeklärt ist, war insoweit eine Vorlage an den EuGH angezeigt.[240] Nach Auffassung des BGH im Vorlagebeschluss greift in den Schutzinhalt des unionsrechtlich harmonisierten Vervielfältigungsrecht ein, wer dem Tonträger eines anderen kleinste Tonfetzen (etwa zwei Sekunden einer Rhythmussequenz) entnimmt und auf einen anderen Tonträger überträgt.[241] GA Szpunar hat in seinen Schlussanträgen diese Ansicht geteilt.[242] Danach habe sich der Richtliniengeber entschieden, dem Hersteller als Instrument zum Schutz ihrer finanziellen Interessen das ausschließliche Recht einzuräumen, jede – auch teilweise – Vervielfältigung ihrer Tonträger zu erlauben oder zu verbieten".[243] Deshalb sei die **Entnahme jeden Ausschnitts** eine **Verletzung** des Vervielfältigungsrechts.[244] Dieser Ansatz kann **nicht** ohne weiteres auf das **Interpretenrecht übertragen** werden. Der Leistungsschutz für Tonträger bzw. Filmhersteller und der Schutz von künstlerischen Darbietungen haben jeweils **unterschiedliche Schutzgegenstände.**[245] Schutzgegenstand des Tonträger- und Filmherstellerrechts bzw. des Laufbildschutzes ist die wirtschaftliche, organisatorische und technische Leistung des Tonträger- oder Filmherstellers. Weil diese unternehmerische Leistung für den gesamten Tonträger oder Film erbracht werde,

---

[232] BVerfGE 142, 74 = ZUM 2016, 626 Rn. 87 – Metall auf Metall.

[233] → Vor §§ 73 ff. Rn. 44.

[234] Grundlegend BVerfGE 142, 74 = ZUM 2016, 626 Rn. 84 ff. – Metall auf Metall; so bereits *Wielsch* ZGE 2013, 274 (299 f.).

[235] BVerfGE 142, 74 = ZUM 2016, 626 Rn. 98 – Metall auf Metall.

[236] BVerfGE 142, 74 = ZUM 2016, 626 Rn. 86 – Metall auf Metall.

[237] BGH GRUR 2009, 403 Rn. 8 ff. – Metall auf Metall I; BGH GRUR 2013, 614 Rn. 11 – Metall auf Metall II; → § 85 Rn. 51 ff., 60 ff.

[238] BGH GRUR 2008, 693 Rn. 19 – TV-Total.

[239] → Rn. 8.

[240] So jetzt auch BGH ZUM 2017, 760 Rn. 13 – Metall auf Metall III in Umsetzung der Vorgabe aus BVerfGE 142, 74 = ZUM 2016, 626 Rn. 118 – Metall auf Metall; dazu *Ohly* GRUR 2017, 964 (965); *Leistner* GRUR 2016, 772 (777); aA *Apel* K&R 2017. 563 f.

[241] BGH ZUM 2017, 760 Rn. 13 – Metall auf Metall III.

[242] GA Szpunar, Schlussanträge Rs. C-476/17, ZUM 2019, 237 Rn. 25 ff. – Pelham GmbH/Hütter ua.

[243] GA Szpunar, Schlussanträge Rs. C-476/17, ZUM 2019, 237 Rn. 33 – Pelham GmbH/Hütter ua.

[244] GA Szpunar, Schlussanträge Rs. C-476/17, ZUM 2019, 237 Rn. 40 – Pelham GmbH/Hütter ua.

[245] Vgl. BGH GRUR 2009, 403 Rn. 16 – Metall auf Metall I (zur Unterscheidung von § 85 und § 2); GA Szpunar, Schlussanträge Rs. C-476/17, ZUM 2019, 237 Rn. 35 – Pelham GmbH/Hütter ua.

kann man argumentieren, dass es keinen Teil des Tonträgers oder Films gibt, auf den dieser Aufwand nicht entfällt und der daher nicht geschützt ist.[246] Diese Argumentation scheidet bei der Darbietung, die im Unterschied zu §§ 85, 94 eine künstlerische Tätigkeit voraussetzt,[247] aus. Die Frage, ob die Verwendung von Darbietungselementen in der Anschnitt des Schutzinhalts des Vervielfältigungsrechts eingreift, muss deshalb autonom interpretenrechtlich entschieden werden.

39   **(4) Meinungsspektrum im Interpretenrecht.** Im Wesentlichen werden im Interpretenrecht **drei Ansätze** vertreten:[248] (1.) Nach einer **expansiven Auffassung** ist (wie beim Tonträgerherstellerrecht) jedes Element der Darbietung vor einer Vervielfältigung geschützt, weil sich in jedem Teil die künstlerische Darbietung als solche niederschlägt.[249] Das überzeugt nicht. Das Interpretenrecht würde dann vor einer Vervielfältigung eines nicht künstlerischen Teils der Darbietung schützen, obwohl der Schutzgegenstand immer ein künstlerisches Element voraussetzt.[250] Der Schutzgegenstand des Interpretenrechts wirkt sich aber auf seinen Schutzinhalt aus, weil er diesen begrenzt. Wer keine künstlerische Darbietung vervielfältigt, verletzt nicht das Ausschließlichkeitsrecht. (2.) Nach einer **werkakzessorischen Auffassung** liegt eine relevante Vervielfältigung nur dann vor, wenn im vervielfältigten Darbietungsteil zugleich ein schutzfähiger Werkteil enthalten ist und dieser Teil der Darbietung für sich genommen Schutzgegenstand des Interpretenrechts sein könnte.[251] Diese Auffassung überzeugt auch nicht. Schutzgegenstand des Interpretenrechts ist die Darbietung, nicht das Werk.[252] Darauf bezieht sich der Schutzinhalt. Deshalb ist es irrelevant, ob das vervielfältigte Element einen schutzfähigen Werkteil enthält; es kommt nur darauf an, ob es auch eine Darbietung vervielfältigt.[253] Man darf daher den Teilschutz der Darbietung nicht an die Werkqualität des vervielfältigten Teils knüpfen.[254] Die Teile der Darbietung als konkrete Codierung einer Werkinterpretation bleiben deshalb stets Teile dieser Darbietung, ohne dass man dafür weiterhin auf die Entstehungsvoraussetzungen des Schutzgegenstandes zurückgreifen muss.[255] Man kann auch nicht argumentieren, dass der Interpret, wenn er gegen die Übernahme urheberrechtlich nicht schutzfähiger Teilstücke seiner Darbietung vorgehen könnte, weitergehende Schutzrechte als der Urheber erhielte.[256] Damit verkennt man erneut, dass Schutzgegenstand des Interpretenrechts die künstlerische Darbietung ist. Der Schutzinhalt des Interpretenrechts ist daher nicht vom Schutzbereich des dargebotenen Werks abhängig.[257] (3.) Nach der **interpretenrechtlichen Auffassung** muss Gegenstand der Vervielfältigung eine schutzfähige (künstlerische) Darbietung sein, unabhängig davon, ob darin auch ein schutzfähiger Werkteil liegt.[258] Innerhalb dieser Auffassung gehen manche davon aus, dass es zusätzlicher Beschränkungen bedarf: (3a.) So verlangen einige Stimmen, dass die konkrete künstlerische Eigenart einer Darbietung im kopierten Teil noch erkennbar sein muss.[259] (3b) Andere plädieren mit Blick auf die kollidierenden Grundrechtspositionen der Nutzer für eine ökonomische Begrenzungsregel. Danach sei die Vervielfältigung nur dann von § 77 erfasst, wenn sie die Verwertung der Darbietung auf dem Primärmarkt substituiere.[260] Die interpretenrechtliche Auffassung überzeugt im Ausgangspunkt, weil sie beim Teileschutz zu richtlinienkonformen Ergebnissen kommt.

40   **(5) Richtlinienkonforme Auslegung.** Der Teilschutz bestimmt sich aufgrund der Vollharmonisierung des Vervielfältigungsrechts nach den Vorgaben von Art. 2 lit. b InfoSoc-RL.[261] Für das Urheberrecht hat der **EuGH** die Voraussetzungen für den Schutzinhalt des Vervielfältigungsrechts bei der Nutzung von Werkteilen konkretisiert.[262] Sie ist davon erfasst, wenn diese Teile selbst ein Werk, also

---

[246] BGH GRUR 2009, 403 Rn. 14 ff. – Metall auf Metall I; BGH GRUR 2008, 693 Rn. 18 f. – TV-Total; BGH ZUM 2018, 293 Rn. 19 – Konferenz der Tiere.

[247] → § 73 Rn. 23 ff.

[248] Vgl. auch *Apel* ZGE 2018, 162 (179 ff.); *Benz,* Der Teilschutz im Urheberrecht, 2018, 149 ff.

[249] *Schorn* GRUR 1989, 579; *Dünnwald/Gerlach* UrhG § 77 Rn. 7.

[250] *Apel,* Der ausübende Musiker im Recht Deutschlands und der USA, 211, 276 ff.

[251] *Hertin* GRUR 1989, 578; *Hoeren* FS Hertin, 2000, 113 (127 f.); *Kloth,* Der Schutz der ausübenden Künstler nach TRIPs und WPPT, 2000, S. 165 f.; *Salagean,* Sampling im deutschen, schweizerischen und US-amerikanischen Urheberrecht, 2008, S. 192 f.; Mestmäcker/Schulze/*Hertin* UrhG § 77 Rn. 13; Fromm/Nordemann/*Schaefer* UrhG § 77 Rn. 18.

[252] → § 73 Rn. 14.

[253] In der Sache auch BGH ZUM 2018, 293 Rn. 17 f. – Konferenz der Tiere (zu § 94).

[254] So auch *Apel* ZGE 2018, 162 (183 f.); vertiefend *Benz,* Der Teilschutz im Urheberrecht, 2018, 365 ff.

[255] *Benz,* Der Teilschutz im Urheberrecht, 2018, 368.

[256] Vgl. aber mit Blick auf die Leistungsschutzrechte allgemein *Hoeren* GRUR 1989, 581; *Bortloff* ZUM 1999, 476 (478).

[257] IE auch GA Szpunar, Schlussanträge Rs. C-476/17, ZUM 2019, 237 Rn. 35 f. – Pelham GmbH/Hütter ua.

[258] *Bortloff* ZUM 1993, 476 (477); *Häuser,* Sound und Sampling, 2002, 86 ff.; *Münker,* Urheberrechtliche Zustimmungserfordernisse beim Digital Sampling, 1994, S. 198 f.; *J. Oebbecke,* Der „Schutzgegenstand" der verwandten Schutzrechte, 2011, S. 218 ff., 236 f.; *Apel* ZGE 2018, 162 (183 ff.); Wandtke/Bullinger/*Büscher* UrhG § 77 Rn. 6; Loewenheim/*Vogel* § 38 Rn. 64; Dreier/Schulze/*Dreier* UrhG § 77 Rn. 5.

[259] *Bortloff* ZUM 1993, 476 (477); *Häuser,* Sound und Sampling, 2002, 93 f.; dagegen *Schorn* GRUR 1989, 579; *Dünnwald/Gerlach* UrhG § 77 Rn. 7.

[260] *Benz,* Der Teilschutz im Urheberrecht, 2018, 388 ff.; allgemeiner *Ohly,* Gutachten F zum 70 DJT, 2014, F41; *Podszun* ZUM 2016, 606 (610); s. auch BVerfGE 142, 74 = ZUM 2016, 626 Rn. 102 – Metall auf Metall.

[261] AA *Apel* ZGE 2018, 162 (184 f.).

[262] → § 2 Rn. 87.

eine eigene geistige Schöpfung des Urhebers sind.[263] Die Teile eines Werkes unterliegen keiner anderen Regelung als das Gesamtwerk und sind daher urheberrechtlich geschützt, da sie als solche an der Originalität des Gesamtwerkes teilhaben.[264] Der Schutzinhalt des Vervielfältigungsrechts schützt damit jedes Element des Werkes, das seinerseits sämtliche Schutzvoraussetzungen des Urheberrechts erfüllt.[265] Entscheidend ist also, ob der gesampelte **Werkteil** für sich noch die Anforderungen an den (unionsrechtlich vollharmonisierten) **Werkbegriff** erfüllt.[266] Bei sehr kleinen Teilen eines Musikwerkes – wie einzelnen Noten oder knappen Notenfolgen – wird der Urheberrechtsschutz **meistens** daran **scheitern,** dass diese für sich genommen nicht hinreichend individuell sind.[267] Dieses Verständnis ist aufgrund des Prinzips der einheitlichen Auslegung unionsrechtlicher Begriffe[268] auf das Interpretenrecht zu übertragen. „Eine so verstandene allgemeine Regel für den Teileschutz würde also lauten: ,Nichts in der Richtlinie 2001/29/EG oder in einer anderen maßgeblichen Richtlinie deutet darauf hin, dass die Teile eines Schutzgegenstands einer anderen Regelung unterliegen als der gesamte Schutzgegenstand.'"[269] Die Übertragung der Voraussetzungen für den urheberrechtlichen Teileschutz auf das Interpretrecht ist – im Unterschied zu den rein investitionsschützenden Leistungsschutzrechten – möglich, weil mit der Interpretation ein kreatives Moment vorliegt, das der Originalität beim Werk entspricht.[270] Es kommt daher darauf an, dass die **geschützte Darbietung** auch **im** vervielfältigten **Darbietungsteil** vorhanden ist. Das wird von Art. 2 lit. b InfoSoc-RL bestätigt, wonach das Vervielfältigungsrecht verletzt ist, wenn die Aufzeichnung der *Darbietung* ganz oder teilweise vervielfältigt wird. Die Vervielfältigung von Darbietungsteilen ist daher vom Schutzinhalt des Vervielfältigungsrechts erfasst, wenn Gegenstand der Vervielfältigung ein Element ist, dass für sich genommen eine künstlerische Darbietung ist. Der Schutzinhalt des Vervielfältigungsrechts kann sich nur auf den Schutzgegenstand des Interpretenrechts beziehen. Aus der Richtlinie folgt, dass die Teile einer Darbietung keiner anderen Regelung als die Gesamtdarbietung unterliegen und daher leistungsschutzrechtlich geschützt sind, wenn sie als solche an der künstlerischen Eigenart[271] der Gesamtdarbietung teilhaben. Deshalb ist der **interpretenrechtliche Lösungsansatz** grundsätzlich **richtlinienkonform.** Danach ist der Schutz von Teilen davon abhängig, dass sich auch in diesen Teilen die **künstlerische Darbietung abbildet.** Die Elemente müssen von darstellender Individualität geprägt sein[272] und für sich genommen eine gestaltende persönliche Wiedergabe sein.[273] Das ist zu bejahen, wenn die Darbietung „mit sehr großer Wahrscheinlichkeit niemand ein weiteres Mal hervorbringen könnte, es sei denn er wertet dazu das schon vorhandene Element mit technischen Hilfsmitteln aus".[274] Daran – und das **relativiert** die praktische Bedeutung des Streits – fehlt es nur bei sehr kurzen Darbietungsteilen.[275] Die zwei Sekunden lange Schlagzeug-Rhythmussequenz aus dem Titel „Metall auf Metall", die für den Song „Nur mir" dargeboten von Sabrina Setlur, verwendet wurde, ist aus interpretenrechtlicher Sicht ein Grenzfall.[276]

Zweifelhaft ist, ob beim Interpretenrecht darüber hinaus eine zusätzliche **ökonomische Begrenzungsregel** (→ Rn. 39) zur funktionalen Interpretation des Schutzinhalts richtlinienkonform ist. 41 Dafür lassen sich quantitative (Dauer) als auch qualitative Abgrenzungsregeln (Prägung des Darbietungsteils für den Schutzgegenstand insgesamt)[277] entwickeln. Solche Begrenzungen haben das allgemeine Problem, wie sie zu bemessen sind.[278] Die damit verbundenen Rechtsunsicherheiten steigern die Transaktionskosten für Nutzer. Dazu kommt ein besonderes interpretenrechtliches Problem: Beim Tonträgerherstellerrecht lässt sich aufgrund des unbegrenzten Schutzgegenstandes mit guten Gründen argumentieren, dass bei einer Verwendung von kleinsten Teilen nicht in den spezifischen Schutzgegenstand seines Ausschließlichkeitsrechts eingegriffen und die wirtschaftliche Verwertung des Tonträ-

---

[263] Grundlegend EuGH GRUR 2009, 1041 Rn. 39 – Infopaq I; dazu → § 2 Rn. 4 ff.
[264] EuGH GRUR 2009, 1041 Rn. 38 – Infopaq I.
[265] Vgl. *J. Oebbecke,* Der „Schutzgegenstand" der Verwandten Schutzrechte, 2011, S. 79, der das Ergebnis allerdings nicht aufgrund richtlinienkonformer Auslegung erzielt.
[266] Dazu vertiefend *Benz,* Der Teileschutz im Urheberrecht, 2018, 49 ff.
[267] Vgl. BGH ZUM 2011, 151 Rn. 54 – Perlentaucher (zu Sprachwerken).
[268] Grundlegend EuGH ZUM 2016, 744 Rn. 34 – Reha Training/GEMA (zur „öffentlichen Wiedergabe").
[269] *Benz,* Der Teileschutz im Urheberrecht, 2018, 361 ff., der sich aber gegen die Übertragbarkeit ausspricht, weil er die Frage des Teileschutzes – anders als hier – nicht als Problem des Schutzinhalts, sondern des Schutzgegenstandes ansieht.
[270] Vgl. GA *Szpunar,* Schlussanträge Rs. C-476/17, ZUM 2019, 237 Rn. 30 – Pelham GmbH/Hütter ua., der gerade aus dem Fehlen einer entsprechenden qualitativen Schutzvoraussetzung beim Tonträgerherstellerrecht gegen die Übertragung der Infopaq-Rechtsprechung auf dieses Schutzrecht argumentiert.
[271] → § 73 Rn. 23 ff.
[272] *Schramm,* Sample-Computer und das Recht der Musik, 1992, S. 118; *Wegmann,* Der Rechtsgedanke der freien Benutzung des § 24 und die verwandten Schutzrechte, 2013, S. 323.
[273] → § 73 Rn. 24, 34.
[274] *J. Oebbecke,* Der „Schutzgegenstand" der Verwandten Schutzrechte, 2011, S. 219, der damit eine „statistische Einmaligkeit im leistungsschutzrechtlichen Sinne" definiert.
[275] *J. Oebbecke,* Der „Schutzgegenstand" der Verwandten Schutzrechte, 2011, S. 236 f.
[276] Die Verletzung bejahend dagegen *Apel* ZGE 2018, 162 (186).
[277] *Benz,* Der Teileschutz im Urheberrecht, 2018, 388 ff., 420.
[278] Vgl. GA *Szpunar,* Schlussanträge Rs. C-476/17, ZUM 2019, 237 Rn. 32 – Pelham GmbH/Hütter ua.

gers nicht nachhaltig beeinträchtigt wird.[279] Dieser Ansatz passt auf verwandte Schutzrechte, die wettbewerbliche Herstellerleistungen schützen,[280] nicht aber auf kreative Leistungen.[281] Deshalb trifft die Erwägung für das Interpretenrecht schon im Ansatz nicht zu. Dieses ist kein Investitionsschutzrecht.[282] Der spezifische Schutzgegenstand ist die künstlerische Darbietung. Wer diese vervielfältigt, verletzt den Schutzinhalt des Ausschließlichkeitsrechts.

41a   **(6) Entsprechende Anwendbarkeit von § 24 Abs. 1.** Erfüllt der vervielfältigte Teil der Darbietung die in → Rn. 41 genannten Voraussetzungen, stellt sich die Frage, ob es für die Benutzung dieser Teile eine **Zugangsregel**[283] gibt. Zugangsregeln verhindern, „dass der Gebrauch von subjektiv-individuellen Rechten an Immaterialgütern die Grundlagen für die Produktion solcher Güter unterläuft".[284] Als Zugangsregel kommen – wie in → Rn. 36 gesehen – (c) die Grundsätze der freien Bearbeitung, § 24 Abs. 1 oder (d) zahlreiche Schranken (§ 83 iVm §§ 57, 51, Pastiche) bzw. (e) rechtsfortbildend gewonnene Schranken in Betracht. Diese Fragen sind im Kern nicht genuin interpretenrechtlicher Art. Das gilt insbesondere für das Problem, ob § 24 Abs. 1 als „immanente Schranke" des Urheberrechts unionsrechtskonform ist[285] und deshalb „im unionsrechtlich geprägten Urheberrecht überhaupt eine Zukunft hat".[286] Wenn man diese Frage verneint, dann hat sich die vom BGH grundsätzlich bejahte[287] Frage erledigt, ob die **Grundsätze der freien Benutzung** (§ 24 Abs. 1 analog) auf die Leistungsschutzrechte und damit auf das Interpretenrecht anwendbar sind.[288] Hat § 24 Abs. 1 eine Zukunft, sprechen die besseren Gründe für eine analoge Anwendbarkeit im Interpretenrecht. Mit § 24 Abs. 1 verfolgt das Gesetz den Zweck, Freiraum für eine schöpferische Auseinandersetzung mit bestehenden immaterialgüterrechtlich geschützten Gegenständen zu schaffen, um damit eine kulturelle Fortentwicklung zu ermöglichen.[289] Damit kann das Urheberrecht den Schutz der künstlerischen Betätigungsfreiheit im Einzelfall gegenüber der Befugnis der Interpreten, andere von der Nutzung ihrer Darbietungen auszuschließen, sicherstellen.[290] § 24 Abs. 1 dient daher zur Verwirklichung eines umweltsensiblen Urheberrechts. Sein Normzweck erlaubt es nicht, anhand der betroffenen Schutzgegenstände zu unterscheiden und sie lediglich an die Urheber und nicht an die Inhaber von Leistungsschutzrechten zu adressieren.[291] Die Anwendung des § 24 Abs. 1 zur Beschränkung der dem Interpreten eingeräumten Ausschließlichkeitsrechte kommt einerseits den Interessen der Allgemeinheit am ungehinderten (kreativen) Zugang zu immateriellen Gütern zu, ohne die berechtigten Interessen der ausübenden Künstler andererseits unzumutbar einzuschränken.[292] Es gibt schließlich keinen Grund, warum die Inhaber von Leistungsschutzrechten stärker vor einer (kritischen) Auseinandersetzung mit dem Inhalt ihrer Leistung geschützt werden sollten als Urheber.[293] Unionsrechtlich nicht haltbar ist die Auffassung, dass die entsprechende Anwendung im Interpretenrecht ausscheide, weil § 24 Abs. 1 die Gegengewicht zu § 23 S. 1 sei, dem ausübenden Künstler aber vom Gesetz kein Bearbeitungsrecht eingeräumt wurde.[294] Das Argument verkennt, dass § 23 als Auschließlichkeitsrecht im unionsrechtlichen Kontext keine Rolle spielt und insoweit vom Vervielfältigungsrecht abgedeckt wird.[295] Dazu kommt, dass es darum geht, ob derjenige, der einen neuen – nicht notwendig schutzfähigen[296] – Gegenstand schafft, auf die Darbietung des Interpreten zurückgreifen darf. Dafür ist es unerheblich, ob dem Interpreten ein Bearbeitungsrecht zusteht oder nicht.

---

[279] *Grünberger* ZUM 2018, 271 (274 mwN); dezidiert aA GA Szpunar, Schlussanträge Rs. C-476/17, ZUM 2019, 237 Rn. 28 ff. – Pelham GmbH/Hütter ua.

[280] *Ohly* GRUR 2017, 964 (966).

[281] *Stieper* ZUM 2016, 637 (638) (zum Urheber).

[282] AA *Wegmann,* Der Rechtsgedanke der freien Benutzung des § 24 und die verwandten Schutzrechte, 2013, S. 325 ff.; *Benz,* Der Teileschutz im Urheberrecht, 2018, 313 ff., der von einer gemeinsamen wettbewerbsrechtlichen Prägung aller verwandten Schutzrechte ausgeht – dabei aber die persönlichkeitsrechtliche Komponente des Interpretenrechts vernachlässigt.

[283] Begriff von *Wielsch,* Zugangsregeln, 2008, 50 ff.

[284] *Wielsch* FS G. Teubner, 2009, 395 (410).

[285] Dazu BGH ZUM 2017, 760 Rn. 27 – Metall auf Metall III.

[286] *Ohly* GRUR 2017, 964 (968).

[287] Bejahend BGH GRUR 2009, 403 Rn. 21 – Metall auf Metall I; BGH GRUR 2013, 614 Rn. 12 ff. – Metall auf Metall II; BGH ZUM 2017, 760 Rn. 27 – Metall auf Metall III; BGH GRUR 2008, 693 Rn. 14 ff. – TV-Total; BGH GRUR 2000, 703 (704) – Mattscheibe.

[288] Vertiefend *Apel,* Der ausübende Musiker im Recht Deutschlands und der USA, 2011, S. 296 ff.; *Winter,* Die urheberrechtliche Bewertung des Samplings im Lichte des Unionsrechts, 2018, 269 f. (verneinend); *Wegmann,* Der Rechtsgedanke der freien Benutzung des § 24 und die verwandten Schutzrechte, 2013, S. 322 ff. (bejahend); *J. Oebbecke,* Der „Schutzgegenstand" der Verwandten Schutzrechte, 2011, S. 295 ff. (bejahend).

[289] Vgl. BGH GRUR 2013, 614 Rn. 14 – Metall auf Metall II.

[290] BVerfGE 142, 74 = ZUM 2016, 626 Rn. 77 – Metall auf Metall.

[291] Vgl. BGH GRUR 2009, 403 Rn. 21 – Metall auf Metall I; BGH GRUR 2013, 614 Rn. 14 – Metall auf Metall II.

[292] Eingehend *Wegmann,* Der Rechtsgedanke der freien Benutzung des § 24 und die verwandten Schutzrechte, 2013, 119 ff., S. 171; *J. Oebbecke,* Der „Schutzgegenstand" der Verwandten Schutzrechte, 2011, S. 296 f.

[293] BGH GRUR 2009, 403 Rn. 21 – Metall auf Metall I; *Stieper* ZUM 2009, 223 (225).

[294] *Apel* ZGE 2018, 162 (189).

[295] → Rn. 43.

[296] BGH ZUM 2016, 985 Rn. 28 – auf fett getrimmt; → § 24 Rn. 32.

Bei der entsprechenden Anwendung des § 24 Abs. 1 im Interpretenrecht kommt es – entgegen der **41b** früheren Auffassung des BGH[297] – nicht darauf an, ob der Nutzer imstande ist, die fremde Darbietung selbst nachzuahmen. Die Anwendung des § 24 Abs. 1 hängt **nicht** davon ab, ob die **Verwertung der Darbietungsteile substituierbar** ist.[298] Damit verkennt man, dass das eigene Nachspielen von Klängen in einer Referenzierungskultur, in der die Verwendung des „Originals" stilprägendes Kommunikationsmedium ist, kein gleichwertiger Ersatz sein kann.[299] Daher ist bei der entsprechenden Anwendung des § 24 Abs. 1 im Interpretenrecht – gleiches gilt im Tonträgerherstellerrecht – eine **kunstspezifische Betrachtungsweise** notwendig.[300] § 24 Abs. 1 ist so auszulegen, dass „der Nutzer sein neues Werk in genau der Form herstellen kann, die ihm vorschwebt"[301] – ohne dass damit die genutzte Darbietung substituiert wird. Für die Substituierbarkeit es daher darauf an, ob der neue, selbstständige Gegenstand auch bei der Verwendung einer lediglich nachgeahmten Darbietung den vom Künstler gewollten Kommunikationsinhalt aufweist oder ob es im entsprechenden Medium entscheidend auf die Verwendung eines fremden Darbietungsteils ankommt.[302] Bei einer Parodie oder Satire ist regelmäßig die Verwendung der fremden Darbietung entscheidend.[303] Bei einer Komposition, der es um die Herstellung eines bestimmten Klangbildes geht, dürfte regelmäßig die Verwendung einer eigenen Darbietung ausreichend sein. Das betrifft vor allem das Sampling einzelner Töne oder Drum-Sounds, die lediglich als musikalische Bausteine verwendet werden,[304] wobei diesbezüglich fraglich ist, ob sie überhaupt vom Schutzinhalt des Vervielfältigungsrechts (→ Rn. 40) erfasst werden. Kommt es dagegen auf die **Eigenheit der fremden Darbietung** an – etwa auf die Rhythmussequenz genau dieses Schlagzeugers in einem Song – oder geht es dem Urheber darum, sein Werk in einen bestimmten kulturellen oder ästhetischen Kontext zu setzen und benötigt er dafür die stärkste Authentizität der festgelegten Darbietung, ist diese aus künstlerischen Gründen **nicht substituierbar**. Sähe die Partitur einer zeitgenössischen Oper beispielsweise an einer Stelle vor, dass eine bestimmte, noch geschützte Darbietung von Maria Callas abzuspielen ist, handele es sich bei dieser Wahl um eine künstlerische Entscheidung, die vom Zweck des § 24 Abs. 1 – Fortentwicklung des Kulturschaffens – erfasst wird. Dasselbe muss erst recht gelten, wenn es sich um Rap, Hip-Hop oder elektronische Musik handelt, weil dort musikalische Querbezüge eine entscheidende Rolle spielen. § 24 Abs. 1 erlaubt also das **„Sampling zu tongestalterischen Zwecken"**.[305] Daraus folgt, dass eine entsprechende Anwendung des § 24 Abs. 1 dann ausgeschlossen ist, wenn das verwendete Sample nicht als künstlerisches Gestaltungsmittel eingesetzt wird, sondern ein Mittel dazu ist, das musikalische Gerüst des Werks nicht selbst einspielen zu müssen.[306] In solchen Fällen ist der Nutzer auf die Vergabe entsprechender Lizenzen angewiesen. Dasselbe gilt, wenn die Nutzung nicht von der Kunstfreiheit erfasst ist, weil sie aufgrund ihres Umfangs oder ihres zeitlichen und inhaltlichen Zusammenhangs mit der Originaldarbietung nicht hinnehmbare wirtschaftliche Risiken für dessen Inhaber mit sich bringt.[307] Daneben muss der Nutzer auch die Grenzen zulässiger Veränderungen einer Darbietung (§ 75) einhalten.[308]

3. Vervielfältigungsrecht und Bearbeitung der aufgenommenen Darbietung

Der deutsche Gesetzgeber hat dem ausübenden Künstler **kein Bearbeitungsrecht** zugewiesen.[309] **42** Das wirft die Frage auf, ob § 23 im Interpretenrecht analog anwendbar ist. Dabei sind zwei Aspekte zu unterscheiden: (1.) die Freiheit des Darbietungsnutzers, eine Bearbeitung herzustellen (§ 23 S. 1 analog) und (2.) die Verwertungsbefugnis des Herstellers einer solchen Bearbeitung. Daher ist es nur die halbe Wahrheit, wenn man aus dem fehlenden Verweis in §§ 73 ff. auf § 23 S. 1 folgert, das Interpretenrecht kenne keine Bearbeitungsfreiheit und jede Bearbeitung einer Aufnahme sei eine Verletzung des Vervielfältigungsrechts.[310] Dabei wird verkannt, dass es sich bei der in § 23 S. 1 implizit vorausgesetzten **Bearbeitungsfreiheit** in der Sache um eine Zugangsregel (→ Rn. 40) handelt. Danach ist die Herstellung der Bearbeitung eines Werkes – im Unterschied zur Veröffentlichung und sonsti-

---

[297] BGH GRUR 2009, 403 Rn. 23 – Metall auf Metall I; BGH GRUR 2013, 614 Rn. 15 – Metall auf Metall II; in BGH ZUM 2017, 760 Rn. 25 – Metall auf Metall III werden diese Voraussetzungen nicht mehr genannt, offenbar weil sie von BVerfGE 142, 74 = ZUM 2016, 626 Rn. 99 – Metall auf Metall als verfassungswidrige Interpretation des § 24 Abs. 1 verworfen worden sind.

[298] So schon *Hoeren* MMR 2009, 257 (258); *Schack* JZ 2009, 475 (476); *Stieper* ZUM 2009, 223 (225); *v. Ungern-Sternberg* GRUR 2010, 386 (388).

[299] Zutreffend BVerfGE 142, 74 = ZUM 2016, 626 Rn. 99 – Metall auf Metall.

[300] BVerfGE 142, 74 = ZUM 2016, 626 Rn. 85, 99 – Metall auf Metall.

[301] *J. Oebbecke,* Der „Schutzgegenstand" der Verwandten Schutzrechte, 2011, S. 313.

[302] *J. Oebbecke,* Der „Schutzgegenstand" der Verwandten Schutzrechte, 2011, S. 313.

[303] EuGH GRUR 2014, 972 Rn. 20 – Deckmyn.

[304] *Stieper* ZUM 2009, 223 (225).

[305] BVerfGE 142, 74 = ZUM 2016, 626 Rn. 96 – Metall auf Metall.

[306] *Stieper* ZUM 2009, 223 (225).

[307] Vgl. BVerfGE 142, 74 = ZUM 2016, 626 Rn. 108 – Metall auf Metall.

[308] Dazu *Apel* ZGE 2018, 162 (192 ff.).

[309] KG GRUR-RR 2004, 129 (131) – Modernisierung einer Liedaufnahme; LG München ZUM-RD 2011, 632 (634); → Vor §§ 73 ff. Rn. 86.

[310] So Fromm/Nordemann/*Schaefer* UrhG § 77 Rn. 16 f.; BeckOK UrhR/*Stang* UrhG § 77 Rn. 7.

gen Verwertung – grundsätzlich frei.[311] Im autonomen deutschen Recht gilt diese Zugangsregel auch für die Nutzung einer Darbietung. Es leuchtet nämlich nicht ein, dass der Urheber in § 23 S. 1 eine Beschränkung seines Urheberrechts hinnehmen muss, der Interpret aber die Rechte an seiner Darbietung gegenüber Dritten weitergehend durchsetzen kann.[312] Das eigentliche Problem dieser Zugangsregel ist – wie auch bei § 24 Abs. 1 – ob sie unionsrechtskonform ist. Dagegen spricht, dass die Bearbeitung einer Darbietung zwangsläufig ihre Vervielfältigung voraussetzt (→ Rn. 43). Dieses Recht ist aber vollharmonisiert und eine entsprechende Schranke fehlt.[313] Daher kann die von § 23 S. 1 geregelte Herstellungsfreiheit kraft **richtlinienkonformer Interpretation nicht analog** im Interpretenrecht angewendet werden.[314]

43   Das fehlende **Bearbeitungsrecht** des ausübenden Künstlers wird im Ergebnis aus einer Kombination von **Vervielfältigungsrecht** (§ 77 Abs. 2 S. 1 Var. 1) und Änderungsverbot (§ 75 S. 1) weitgehend **substituiert.**[315] **Bearbeitungen** und Umgestaltungen sind nach der Rechtsprechung lediglich besondere Fälle der **Vervielfältigung** des Werkes.[316] Diese Auffassung ist vom Standpunkt des autonomen deutschen Rechts nicht ganz zweifelsfrei, weil das Gesetz zwischen der Vervielfältigung (§ 16 Abs. 1), der Bearbeitung (§§ 3, 23 S. 1), sonstigen Umgestaltungen (§ 23 S. 1) und der freien Benutzung (§ 24 Abs. 1) differenziert.[317] Unionsrechtlich ist daran aber aufgrund der Vollharmonisierung des Vervielfältigungsrechts und der jedenfalls zweifelhaften Grundlagen für ein Bearbeitungsrecht bzw. des § 24 Abs. 1[318] festzuhalten. Das gilt insbesondere im Interpretenrecht. Dort sind „Bearbeitungen oder andere Umgestaltungen" nur möglich, wenn eine festgelegte Darbietung genutzt wird. Deshalb liegt nicht nur bei unwesentlichen, sondern auch bei wesentlichen Veränderungen der Darbietung ein Eingriff in den Schutzinhalt des § 77 Abs. 2 S. 1 Var. 1 vor.[319] Deshalb ist es im Interpretenrecht nicht notwendig, die festgelegte Darbietung mit der „bearbeiteten" Vervielfältigung zu vergleichen.[320] Vom Vervielfältigungsrecht an der zugrundeliegenden Aufnahme wird daher jede technische Veränderung einer Tonaufnahme erfasst, etwa ein „Aufbessern" zB der Höhen und Bässe, das „digitale Remastering" des Originaltonträgers oder ein „remix" der Tonspuren.[321] Dazu gehören Veränderungen der zeitlichen Ausdehnung von Aufnahmen, Änderungen der Tonhöhe und der Klangfarbe, Änderung der Lautstärke oder des Resonanzraums (Halleffekte), das Einfügen oder Löschen bestimmter Klänge oder Soundeffekte, Änderungen der Melodik und des Rhythmus.[322] Wenn diese **digitalen Veränderungen,** zu einer Verbesserung des Sounds und zu einer „Modernisierung" der festgelegten Darbietung führen, handelt es sich bei dem Endprodukt lediglich um eine Vervielfältigung derselben.[323] Eine Vervielfältigung liegt auch vor, wenn eine festgelegte Darbietung als Handyklingelton verwendet wird.[324] Wird die derart bearbeitete Darbietung verwertet, liegt darin eine Verletzung der Ausschließlichkeitsrechte des Interpreten. Wird sie beispielsweise wieder vervielfältigt, ist das Vervielfältigungsrecht betroffen; werden Vervielfältigungsstücke dieser „Bearbeitung" verbreitet, das Verbreitungsrecht und werden sie zum Download angeboten, greift § 78 Abs. 1 Nr. 1. Wird die derart bearbeitete Vervielfältigung gesendet, liegt eine Verletzung des ausschließlichen Senderechts (§ 78 Abs. 1 Nr. 2) vor, wenn diese „bearbeitete" Darbietung nicht auf Bild- oder Tonträger erschienen ist. Darauf, dass Bild- oder Tonträger der Ursprungsdarbietung, die bearbeitet wurde, erschienen waren, kommt es dagegen nicht an. Tritt die Darbietung in der „Bearbeitung" aufgrund starker „Verfremdung" so weit in den Hintergrund, dass damit ein selbständiger Gegenstand geschaffen wird,[325] liegt eine freie Benutzung (§ 24 Abs. 1 analog, → Rn. 41.) vor.

4. Rechtsfolgen

44   § 77 Abs. 2 S. 1 Var. 1 weist dem ausübenden Künstler ein **Ausschließlichkeitsrecht** an der Vervielfältigung der aufgenommenen Darbietung zu. Das ist ein vom Aufnahmerecht (§ 77 Abs. 1) und

---

[311] → § 23 Rn. 18.
[312] Vgl. BGH GRUR 2009, 403 Rn. 21 – Metall auf Metall (zu § 24 Abs. 1).
[313] DKMH/*Dreyer* § 16 Rn. 11, § 23 Rn. 20.
[314] Anders noch die Vorauflage.
[315] *v. Lewinski* in Schricker (Hrsg.), Urheberrecht auf dem Weg in die Informationsgesellschaft, 1997, S. 219, 253 ff.; *Grünberger,* Das Interpretenrecht, 2006, S. 80 ff., 140, 274; *Dünnwald/Gerlach* UrhG Vor § 77 Rn. 8; Loewenheim/*Vogel* § 38 Rn. 64.
[316] BGH ZUM 2016, 985 Rn. 17 – auf fett getrimmt.
[317] Kritisch daher Fromm/Nordemann/A. Nordemann § 24 Rn. 9.
[318] → Rn. 41.
[319] Anders BGH ZUM 2014, 36 Rn. 37 – Beuys-Aktion (zum Urheberrecht).
[320] So aber (noch) *v. Lewinski* in Schricker (Hrsg.), Urheberrecht auf dem Weg in die Informationsgesellschaft, 1997, S. 219, 253; Dreier/Schulze/*Dreier* UrhG § 77 Rn. 5.
[321] OLG Hamburg ZUM-RD 2002, 145 (149 f.). Weitere Beispiele bei *v. Lewinski* in Schricker (Hrsg.), Urheberrecht auf dem Weg in die Informationsgesellschaft, 1997, S. 219, 253 f.
[322] *Reinbothe/v. Lewinski,* The WIPO Treaties on Copyright, 2. Aufl. 2015, Rn. 8.5.29; *v. Lewinski* in Schricker (Hrsg.), Urheberrecht auf dem Weg in die Informationsgesellschaft, 1997, S. 219, 248, 254.
[323] OLG Hamburg ZUM-RD 2002, 145 (149 f.); KG GRUR-RR 2004, 129 (131) – Modernisierung einer Liedaufnahme.
[324] Vgl. BGH GRUR 2009, 395 (397) – Klingeltöne für Mobiltelefone; OLG Hamburg GRUR 2006, 323 – Handyklingeltöne II; OLG Hamburg GRUR-RR 2008, 282 – Anita.
[325] OLG Hamburg ZUM-RD 2002, 145 (150).

vom Verbreitungsrecht (§ 77 Abs. 2 S. 1 Var. 2) **unabhängiges** und **eigenständiges** Recht (→ Rn. 31 und 47). Der Interpret kann daher über diese Rechte getrennt verfügen. Ein Anwendungsfall dafür ist der ausübende Künstler, der hinsichtlich der Vervielfältigung eines Tonträgers einer vertraglich vereinbarten Titelexklusivität[326] unterliegt, seine Darbietung aber von einer Rundfunkanstalt aufnehmen und senden lassen möchte.[327]

V. Verbreitungsrecht (§ 77 Abs. 2 S. 1 Var. 2)

Der ausübende Künstler hat das ausschließliche Recht, den Bild- oder Tonträger, auf dem seine **45** Darbietung aufgenommen worden ist (→ Rn. 25 ff.), zu verbreiten (§ 77 Abs. 2 S. 1 Var. 2). § 77 Abs. 2 S. 1 Var. 2 setzt **Art. 9 Abs. 1 lit. a Vermiet- und Verleih-RL** um, mit dem die EU Art. 8 WPPT auf Unionsebene implementiert. Daraus folgt, dass Gegenstand des Verbreitungsrechts Original und Vervielfältigungsstücke der auf Tonträgern festgelegten Darbietungen sind. Weil der Schutzinhalt des Verbreitungsrechts des **Urhebers** und das des Interpreten in Art. 6 WCT und Art. 8 WPPT **inhaltsgleich** geregelt sind (→ Rn. 22), sind Art. 9 Abs. 1 lit. a Vermiet- und Verleih-RL und Art. 4 InfoSoc-RL gleich auszulegen. Daraus folgt, dass der in § 77 Abs. 2 S. 1 Var. 2 verwendete Verbreitungsbegriff denselben Inhalt hat wie § 17 Abs. 1.[328] Der unionsrechtliche Verbreitungsbegriff erfasst nur die körperlichen Verwertungshandlungen, die letztlich mit einer Eigentumsübertragung verbunden sind.[329] Erfasst sind also nur **dauerhaft angelegte Nutzungsüberlassungen** und Handlungen im Vorfeld davon; vorübergehende Gebrauchsüberlassung fallen nicht unter Art. 9 Abs. 1 lit. a Vermiet- und Verleih-RL.[330] § 77 Abs. 2 S. 1 Fall 2 umfasst das Recht, den Bild- oder Tonträger der Öffentlichkeit zum Erwerb anzubieten und gegenüber der Öffentlichkeit gezielt für den Erwerb dieses Bild- oder Tonträgers zu werben. Darunter fällt insbesondere das Einstellen eines Ton-/Bild-Tonträgers auf einer Internetverkaufsplattform, auf der zum Erwerb von Vervielfältigungsstücken des Bildtonträgers aufgefordert wird.[331] Art. 9 Abs. 2 Vermiet- und Verleih-RL schreibt den Grundsatz der unionsweiten **Erschöpfung** vor. Dieser ist in § 17 Abs. 2 geregelt, der kraft richtlinienkonformer Auslegung auch im Interpretenrecht gilt. Deshalb kann insgesamt auf die Kommentierung des § 17 Abs. 1 und Abs. 2 verwiesen werden.

Problematisch ist, ob der Schutzinhalt des Verbreitungsrechts auch die Verwertung von **Teilen ei-** **45a** **ner Darbietung** erfasst. Nach Auffassung des GA Szpunar gilt Art. 9 lit. a Vermiet- und Verleih-RL nicht für die Verwertung von Teilen eines Tonträgers.[332] Er begründet das mit dem Normzweck des Verbreitungsrechts – dem Schutz vor „Tonträgerpiraterie" – und dem Wortlaut, wonach sich das Verbreitungsrecht auf „die Schutzgegenstände" sowie „Kopien davon" beschränkt. Kopien seien nur solche Tonträger, die den ursprünglichen Tonträger vollständig substituieren.[333] Übertragen auf die Darbietung bedeutet das, dass nur solche Kopien der Aufzeichnung einer Darbietung erfasst sind, die entweder die **Gesamtheit** oder einen **wesentlichen Teil** der festgelegten Darbietung verkörpern und damit die ursprünglich körperlich festgelegte Darbietung **am Markt ersetzen**. Folgt man dem, ist das Verbreitungsrecht deutlich enger gefasst als das Vervielfältigungsrecht.[334]

Wegen des abschließenden Katalogs der Verwertungsrechte stellt sich im Interpretenrecht ein be- **46** sonderes Problem. Das Verbreitungsrecht nach Art. 8 WPPT beschränkt sich auf Vervielfältigungsstücke, die als **körperliche Gegenstände** in Verkehr gebracht werden können (→ Rn. 22). Weil es sich dabei um ein Mindestrecht handelt, bleibt dem Vertragsstaat die Möglichkeit, auch nicht körperliche Verwertungsformen dem Schutzinhalt des Verbreitungsrechts zuzuweisen.[335] Vor der Einführung des Rechts auf öffentliche Zugänglichmachung (§ 78 Abs. 1 Nr. 1), wurde diskutiert, ob die digitale Übermittlung einer vervielfältigten Darbietung über Onlinedienste eine Form der Verbreitung sei.[336] Seit der Novellierung 2003 besteht **kein** argumentativer Spielraum für ein **virtuelles Verbreitungs-** **recht** neben § 78 Abs. 1 Nr. 1.[337] Damit wird abschließend geregelt, welche „Verbreitungs"-Handlungen im Zusammenhang mit der öffentlichen Zugänglichmachung Schutzinhalt des Aus-

---

[326] → § 79 Rn. 90.
[327] Fromm/Nordemann/*Schaefer* UrhG § 77 Rn. 11.
[328] BT-Drs. 13/115, 15.
[329] → § 17 Rn. 9 f.
[330] BGH ZUM-RD 2009, 529 Rn. 18 ff. – Le Corbusier-Möbel II; *Grünberger* ZUM 2015, 273 (274).
[331] BGH ZUM-RD 2016, 285 Rn. 14 – Al Di Meola; LG Bielefeld ECLI:DE:LGBI:2018:0703.20S62.17.00 (unabhängig davon, ob Täter tatsächlich auch über das Vervielfältigungsstück verfügen kann).
[332] GA *Szpunar,* Schlussanträge Rs. C-476/17, ZUM 2019, 237 Rn. 41 ff. – Pelham GmbH/Hütter ua.
[333] GA *Szpunar,* Schlussanträge Rs. C-476/17, ZUM 2019, 237 Rn. 47 ff. – Pelham GmbH/Hütter ua.
[334] So ausdrücklich GA *Szpunar,* Schlussanträge Rs. C-476/17, ZUM 2019, 237 Rn. 47 – Pelham GmbH/ Hütter ua.
[335] WIPO Guide to the Copyright and Related Rights Treaties, 2003, 203, 208 f. (zum vergleichbaren Problem bei Art. 6 und 8 WCT).
[336] *Thurow* FS Kreile, 1994, 763; s. auch *v. Lewinski* in Lehmann (Hrsg.), Internet- und Multimediarecht, 1997, S. 149, 165 f.; *v. Lewinski* in Schricker (Hrsg.), Urheberrecht auf dem Weg in die Informationsgesellschaft, 1997, S. 219, 268 ff.
[337] Im Ergebnis auch Dreier/Schulze/*Dreier* UrhG § 77 Rn. 7.

schließlichkeitsrechts (!) sind.[338] Das folgt aus der Teilharmonisierung dieses Aspekts der öffentlichen Wiedergabe in Art. 3 Abs. 2 lit. a InfoSoc-RL.[339] Deshalb ist es **unionsrechtswidrig,** wirtschaftlich möglicherweise vergleichbare Vorgänge, die nicht unter § 78 Abs. 1 Nr. 1 fallen und – aufgrund der Verwertung einer erschienenen Darbietung – auch nicht vom beschränkten Senderecht gem. § 78 Abs. 1 Nr. 2 erfasst werden, unter das ausschließliche Verbreitungsrecht zu fassen. Im Interpretenrecht kommt es somit entscheidend auf die **spezifische Zuordnung der Verwertungshandlung** zu einem der abschließend genannten Verwertungsrechte des ausübenden Künstlers an.[340] Soweit damit Speichervorgänge einhergehen, werden sie allerdings unproblematisch vom Vervielfältigungsrecht erfasst. Umgekehrt kann der Erschöpfungsgrundsatz wegen Art. 3 Abs. 3 InfoSoc-RL nicht auf das Recht der öffentlichen Zugänglichmachung angewendet werden.[341] Im Einzelnen ist die Abgrenzung zwischen Art. 3 Abs. 2 InfoSoc-RL und dem Anwendungsbereich des Erschöpfungsgrundsatzes in Art. 9 Abs. 2 Vermiet- und Verleih-RL insbesondere bei der Weiterveräußerung der Rechtspositionen des Nutzers eines dauerhaft erworbenen Gebrauchsrechts von digitalen Inhalten noch unklar.[342] Im Kern geht es dabei freilich nicht um den Erschöpfungsgrundsatz, sondern um die Frage, ob das Vertrags- und das Urheberrecht die Verkehrsfähigkeit solcher Gegenstände beschränken.[343]

47   Das Verbreitungsrecht ist ein **selbständiges** und vom Aufnahme- sowie Vervielfältigungsrecht unabhängiges **Ausschließlichkeitsrecht.** Wer eine unerlaubt festgelegte Darbietung verbreitet, greift damit nicht auch in das Aufnahmerecht (§ 77 Abs. 1) ein.[344] Erfolgte die Aufnahme und/oder die Vervielfältigung mit Zustimmung des Interpreten, kann daraus nicht ohne weiteres geschlossen werden, dass er damit auch über das Verbreitungsrecht verfügt hat.[345] Nach der Übergangsregelung in § 137e Abs. 4 S. 3 wird fingiert, dass in einer vor dem 30.6.1995 erteilten Einwilligung des Interpreten in die Aufnahme und Vervielfältigung auch die Übertragung des Verbreitungsrechts liegt. Will ein Verwerter die Darbietung wirtschaftlich ausbeuten, muss er sich im Nutzungsvertrag alle drei Verwertungsrechte einräumen bzw. übertragen lassen.

VI. Vermietungs- und Verleihrecht

1. Ausschließlichkeitsrechte

48   **a) Vermietrecht.** Unionsrechtlich ist die Vermietung ein in Art. 3 Abs. 1 lit. b Vermiet- und VerleihrechtsRL eigenständig und abschließend geregeltes Ausschließlichkeitsrecht. Es ist nicht Bestandteil eines breit verstandenen Verbreitungsrechts, weil sich dieses auf dauerhafte, auf einen Erwerbsvorgang ausgerichtete Verwertungshandlungen beschränkt (→ Rn. 45).[346] Die „zeitlich begrenzte, unmittelbar oder mittelbar Erwerbszwecken dienende Gebrauchsüberlassung" (§ 17 Abs. 3 S. 1) erfüllt **nicht den unionsrechtlichen Verbreitungsbegriff.** Dagegen qualifiziert die traditionelle Auffassung das Vermieten (und Verleihen)[347] als eine vom Verbreitungsrecht nach § 17 Abs. 1 UrhG erfasste Verwertungshandlung.[348] Weil sich das Verbreitungsrecht an den vermieteten (oder verliehenen) Werkstücken regelmäßig bereits gem. § 17 Abs. 2 UrhG erschöpft habe, ordne § 17 Abs. 3 UrhG für das Vermietrecht eine Rückausnahme vom Erschöpfungsgrundsatz an.[349] Das Verständnis erklärt sich zwar aus der Gesetzgebungsgeschichte[350] – unionsrechtlich ist es aber überholt.[351] Es gibt unionsrechtlich keinen dogmatischen Zusammenhang zwischen der Erschöpfung des Verbreitungsrechts und dem Vermietrecht bzw. dem Verleihrecht. Aus Art. 1 Abs. 2 Vermiet- und Verleih-RL folgt, dass sich das Vermiet- und Verleihrecht im Unterschied zum Verbreitungsrecht gerade nicht mit „der Veräußerung oder einer anderen Handlung der Verbreitung" erschöpft.[352] Das Verbreitungsrecht hat „einen anderen Gegenstand und einen anderen Anwendungsbereich" als das Vermiet- und das Verleihrecht.[353] Schließlich unterscheiden sich auch die Schutzinhalte des Vermiet- und des (nicht

---

[338] Zur anders gelagerten Frage, welche Nutzungshandlungen Schutzinhalt des zusätzlichen Verwertungsrechts aus § 77 Abs. 2 S. 2 sind, → Rn. 50.

[339] → § 78 Rn. 11.

[340] BeckOK UrhR/*Stang* UrhG § 77 Rn. 11.

[341] EuGH ZUM 2018, 647 Rn. 32 ff. – Land Nordrhein-Westfalen/Dirk Renckhoff; s. auch OLG Hamburg ZUM 2009, 414 (415) – StayTuned III; dazu → § 17 Rn. 38.

[342] → § 17 Rn. 38.

[343] So im Ausgangspunkt übereinstimmend: *Grünberger* AcP 218 (2018), 213 (270 ff.); *Hilty* GRUR 2018, 865 (874 ff.); *Hofmann* ZUM 2018, 107 (108 f.).

[344] Verkannt von LG Hamburg ZUM 2016, 299.

[345] Vgl. dazu KG GRUR-RR 2002, 129 (131) – Modernisierung einer Liedaufnahme; anders noch OLG Hamburg GRUR-Int 1986, 416 (419) – Karajan zu § 75 idF 1965.

[346] Vertiefend *Grünberger* FS G. Schulze, 2017, 67 (70 f.).

[347] → Rn. 49.

[348] Vgl. Dreier/Schulze/*Dreier* § 17 Rn. 16, § 27 Rn. 20.

[349] Dreier/Schulze/*Dreier* § 17 Rn. 41; differenzierter hierzu → § 17 Rn. 58.

[350] *Grünberger* FS G. Schulze, 2017, 67 (68 f.).

[351] Kritisch aber *Schulze* GRUR 2009, 812; *v. Welser* GRUR-Int 2008, 596; *Eichelberger* ZGE 2011, 403; *Stieper* ZGE 2011, 227 (232 ff.); Wandtke/Bullinger/*Heerma* § 17 Rn. 4 ff.

[352] EuGH BeckRS 2006, 70512, Rn. 34 – Kommission/Portugal.

[353] EuGH ZUM 1998, 490 Rn. 20 – Metronome Music/Music Point Hokamp.

ausschließlichen) Verleihrechts.[354] Daraus sind auch für die Anwendung des Vermietrechts im deutschen Recht Konsequenzen zu ziehen. Dazu gibt es zwei Möglichkeiten:[355] (1.) Mit einer gespaltenen Auslegung des Verbreitungsbegriffs in §§ 17 Abs. 1, 77 Abs. 2 S. 1 Var. 2, wird ein enger Begriff verwendet, wenn es um die Umsetzung von Art. 4 InfoSoc-RL bzw. Art. 9 Abs. 1 Vermiet- und Verleih-RL geht, dagegen ein weiter, soweit Art. 3 Vermiet- und Verleih-RL umgesetzt wird.[356] Das ist methodisch unglücklich, weil das dem Gebot der transparenten Richtlinienumsetzung widerspricht. (2.) Überzeugender ist es daher, das Vermietrecht als unbenanntes Verwertungsrecht (§ 15 Abs. 1) zu konzipieren.[357] Allerdings scheidet die Lösung über einen Innominatfall im Interpretenrecht aus.[358] Weil der Wortlaut des § 77 Abs. 2 S. 1 Var. 2 aufgrund der begrifflichen Engführung des Verbreitungsbegriffs den Vorgaben des Art. 3 Abs. 1 lit. b Vermiet- und Verleih-RL nicht mehr entspricht, entstand eine nachträgliche **Umsetzungslücke**, die im Weg der richtlinienkonformen Rechtsfortbildung zu schließen ist.[359] Das wirft vorliegend keine Probleme in der Kompetenzabgrenzung zwischen Gesetzgeber und Rechtsprechung auf, weil ein ausschließliches Vermietrecht des Interpreten vom Gesetzgeber ausdrücklich gewollt war[360] und damit ein konkreter Umsetzungswille der Richtlinie vorlag.[361] Daraus folgt, dass das Vermietrecht des ausübenden Künstlers kraft **richtlinienkonformer Rechtsfortbildung** ein drittes, in § 77 Abs. 2 S. 1 **nicht ausdrücklich genanntes**, Ausschließlichkeitsrecht ist. Vermietung „ist die zeitlich begrenzte Gebrauchsüberlassung zu unmittelbarem oder mittelbarem wirtschaftlichen oder kommerziellen Nutzen" (Art. 2 Abs. 1 lit. a Vermiet- und Verleih-RL) in Bezug auf Aufzeichnungen der Darbietung. Diese Vorgabe wird mit dem **Vermietungsbegriff** in § 17 Abs. 3 umgesetzt. Dieser gilt im Rahmen der richtlinienkonformen Rechtsfortbildung auch im Interpretenrecht. Das Vermietrecht erschöpft sich nicht mit der Veräußerung oder einer anderen Verbreitungshandlung des Schutzgegenstands (Art. 1 Abs. 2 Vermiet- und Verleih-RL).[362] Weil das ausschließliche Vermietrecht des ausübenden Künstlers im Übrigen **deckungsgleich** mit dem des **Urhebers** ist, kann auf die entsprechende Kommentierung verwiesen werden.[363]

Fraglich ist der **Schutzinhalt** des ausschließlichen Vermietrechts bei **digitalen Geschäftsmodel-** 48a **len.** Das Vermietrecht wurde (für ausübende Künstler) zu einem Zeitpunkt eingeführt, als digitale Träger analoge Werkexemplare ersetzten („erste Phase der digitalen Darbietungsnutzung").[364] In der Praxis haben die Tonträgerhersteller, denen die Interpreten das Recht übertragen haben, das Ausschließlichkeitsrecht – ohne Verstoß gegen das Unionsrecht[365] – dazu eingesetzt, das Geschäftsmodell der Tonträgervermietung zu unterbinden; während die Filmhersteller das Vermietgeschäft in ihre Wertschöpfungskette einbauen konnten.[366] Mittlerweile spielt dieses Geschäftsmodell nur noch eine marginale Rolle. Es wurde in der „zweiten Phase der digitalen Darbietungsnutzung" von **Download-Vermietungsmodellen** abgelöst, bei denen dem Endnutzer die Möglichkeit gegeben wurde, eine Kopie auf seinen Endgeräten anzufertigen, die er – mittels DRM-Maßnahmen gesichert – lediglich zeitlich begrenzt nutzen konnte. Mittlerweile sind wir in der „dritten Phase": dem **On-Demand-Streaming.** Hier fehlt auf der Seite des Nutzers der physische Träger mit einer stabilen Vervielfältigung der Darbietung; an seine Stelle tritt der permanente Zugang zur festgelegten Darbietung.[367] Der wesentliche Unterschied der Geschäftsmodelle ist, „dass ab der zweiten Phase der Zugang zum entscheidenden Faktor wird, damit seitens des Nutzers überhaupt ein Download möglich ist."[368] In der dritte Phase geht es „nicht mehr um den einmaligen Zugang zwecks Download auf einen eigenen Träger des Nutzers … sondern um dauerhaften Zugang als Voraussetzung der Nutzung an sich".[369] Deshalb ist zweifelhaft, ob sich das ausschließliche Vermietrecht auf die Nutzungsvorgänge der ersten Phase beschränkt, oder auch die Geschäftsmodelle der zweiten und dritten Phase von seinem Schutzinhalt erfasst sind. Der EuGH hat die Vermiet- und Verleih-RL unter Rückgriff auf eine Vereinbarte Erklärung zu Art. 7 WCT so interpretiert, dass vom Schutzinhalt des ausschließlichen Vermietrechts nur körperliche Vervielfältigungsstücke erfasst sind, also solche, die auf einem physischen Träger angebracht sind.[370] **Ausgeschlossen** sind unkörperliche Gegenstände und **trägerlose Vervielfältigungsstücke,** wie digitale Kopien.[371] Aufgrund der insoweit wortlautidentischen

---

[354] EuGH ZUM 2017, 152 Rn. 36 ff. – Vereniging Openbare Bibliotheken/Stichting Leenrecht.

[355] *Hofmann* ZUM 2018, 107 (109).

[356] *Schmidt*, Maximalschutz im internationalen und europäischen Urheberrecht, 2018, 200 ff.

[357] *Berger* ZUM 2012, 353 (356); *Grünberger* ZUM 2015, 273 (274).

[358] → Vor §§ 73 ff. Rn. 19 f.

[359] Vertiefend zur Methode *Schlachter* EuZA 2015, 1.

[360] BT-Drs. 13/115, 15.

[361] Zum Problem s. einerseits *Schlachter* EuZA 2015, 1 (11 ff.) und andererseits *Herresthal* JuS 2014, 289 (291, 294).

[362] EuGH GRUR-Int 1998, 596 Rn. 19 – Metronome Musik GmbH/Music Point Hokamp GmbH.

[363] → § 17 Rn. 62 ff.

[364] Vgl. zu den einzelnen Phasen *Hilty* GRUR 2018, 865 (866).

[365] EuGH GRUR-Int 1998, 596 – Metronome Musik GmbH/Music Point Hokamp GmbH.

[366] *Dünnwald/Gerlach* UrhG § 77 Rn. 12.

[367] Vgl. *Hilty* GRUR 2018, 865 (866).

[368] *Hilty* GRUR 2018, 865 (877).

[369] *Hilty* GRUR 2018, 865 (877).

[370] EuGH ZUM 2017, 152 Rn. 35 – Vereniging Openbare Bibliotheken/Stichting Leenrecht.

[371] EuGH ZUM 2017, 152 Rn. 34 – Vereniging Openbare Bibliotheken/Stichting Leenrecht.

Regelung in Art. 9 WPPT gilt das auch für das Interpretenrecht.[372] Aufgrund richtlinienkonformer Auslegung fallen daher die Geschäftsmodelle der dritten Phase, insbesondere das **Streaming, nicht** unter das ausschließliche Vermietungsrecht des Interpreten.[373] **Unklar** bleibt, ob man mit der vom EuGH gegebenen Begründung auch eine Vermietung im **Download-Modell** verneinen kann. Immerhin entstehen hier nach dem Download beim Nutzer im Ausgangspunkt verkehrsfähige Datenträger.[374] Es handelt sich also gerade nicht um „unkörperliche Gegenstände und trägerlose Vervielfältigungsstücke",[375] sondern um Vervielfältigungsstücke, „die auf einem physischen Träger angebracht sind".[376] Daher scheint es nicht ausgeschlossen zu sein, dass das Downloadmodell vom Schutzinhalt des ausschließlichen Vermietrechts erfasst ist. Richtigerweise wird man bei Geschäftsmodellen der zweiten Phase drei **Problemkreise unterscheiden** müssen: (1.) die Frage nach dem Schutzinhalt des Ausschließlichkeitsrechts, (2.) die Frage nach der möglichen Verkehrsfähigkeit der Güter, insbesondere der Relevanz des Erschöpfungsgrundsatzes und (3.) der Frage nach der Anwendbarkeit von Vergütungsansprüchen. Hinsichtlich Problem (1) greift der Vorrang des § 78 Abs. 1 Nr. 1 (→ Rn. 46), weil auch im Downloadmodell der Zugang zu den Schutzgegenständen der entscheidende wirtschaftliche und technische Faktor ist, der den zeitlich beschränkten Gebrauch erst ermöglicht.[377] Das Vermietrecht tritt als subsidiär dahinter zurück. Was Frage (2) betrifft, scheitert die Verkehrsfähigkeit der vom Nutzer erlaubterweise erstellten Kopien nicht erst an dem, gerade für diese Fälle umstrittenen, Art. 3 Abs. 3 InfoSoc-RL, sondern bereits an Art. 1 Abs. 2 Vermiet- und Verleih-RL. Hinsichtlich Problem (3) gilt auch hier der Grundsatz, dass der Schutzinhalt des Ausschließlichkeitsrechts unabhängig vom Schutzinhalt des Vergütungsanspruchs konzipiert werden kann.[378]

49   **b) Kein ausschließliches Verleihrecht.** Der ausübende Künstler hat – wie der Urheber – **kein ausschließliches Verleihrecht.** Dieses ist nach der Konzeption der Vermiet- und Verleih-RL ein eigenständiges Verwertungsrecht.[379] Entgegen vielfach vertretener Auffassung ist die Befugnis zum Verleihen **nicht Teil des Verbreitungsrechts.**[380] Der Verleihbegriff erfüllt nämlich nicht die Voraussetzungen des richtlinienkonform interpretierten Verbreitungsbegriffs (→ Rn. 48). Verleihen „ist die zeitlich begrenzte Gebrauchsüberlassung, die nicht einem unmittelbaren oder mittelbaren wirtschaftlichen oder kommerziellen Nutzen dient und durch der Öffentlichkeit zugängliche Einrichtungen vorgenommen wird" (Art. 2 Abs. 1 lit. b Vermiet- und Verleih-RL). Die Mitgliedstaaten haben aber die Option, anstelle eines Ausschließlichkeitsrecht einen Vergütungsanspruch der Urheber vorzusehen (Art. 6 Abs. 1 Vermiet- und Verleih-RL).[381] Diese „Ausnahme" ist in methodischer Hinsicht eine Zugangsregel.[382] Das UrhG hat von dieser Option Gebrauch gemacht. Danach ist das Verleihen grundsätzlich[383] nicht Schutzinhalt eines ausschließlichen Verbotsrechts, sondern löst in bestimmten Fällen (→ Rn. 51 f.) lediglich eine Vergütungspflicht aus.[384] Anders entscheidet, wer das Verleihen als Inominatfall konzipiert[385] oder das Verleihen „digitaler Kopien" als Fall der §§ 19a, 78 Abs. 1 Nr. 1 konstruiert. Beide Ansätze können nicht überzeugen: Wegen des fehlenden Inominatrechts[386] scheidet der erste Ansatz im Interpretenrecht aus und die zweite Auffassung verkennt, dass die Zugangs- und Vergütungsregelungen in der Vermiet- und Verleih-RL *leges speciales* zur InfoSoc-RL[387] sind. Dazu kommt, dass Art. 6 Abs. 1 Vermiet- und Verleih-RL den Mitgliedstaaten erlaubt, Verleihhandlungen vollständig vom Schutzinhalt des Verbotsrechts auszunehmen. Folglich stellt sich auch nicht die Frage nach dem Ob und dem Zeitpunkt der Erschöpfung des Verleihrechts. Der Interpret kann die Verleihung auch dann nicht untersagen, wenn das betreffende Werkstück noch nicht mit Zustimmung des zur Verbreitung Berechtigten im Wege der Veräußerung in Verkehr gebracht ist.[388] Diese Befugnis kann dem Interpreten nur dadurch zugewiesen werden, indem der Gesetzgeber ein ausschließliches Recht daran einräumt. Darauf hat der Gesetzgeber in richtlinienkonformer Weise verzichtet. Diese Entscheidung ist vom Rechtsanwender zu akzeptieren.

---

[372] Zur Methode → Rn. 8 f.
[373] *Stieper* GRUR 2016, 1270 (1271).
[374] *Hilty* GRUR 2018, 865 (869).
[375] So EuGH ZUM 2017, 152 Rn. 34 – Vereniging Openbare Bibliotheken/Stichting Leenrecht.
[376] EuGH ZUM 2017, 152 Rn. 35 – Vereniging Openbare Bibliotheken/Stichting Leenrecht.
[377] Vgl. → § 78 Rn. 30.
[378] → Rn. 50.
[379] *Grünberger* FS G. Schulze, 2017, 67 (71).
[380] Statt vieler Dreier/Schulze/*Schulze* UrhG § 27 Rn. 15.
[381] Walter/v. Lewinski/*v. Lewinski,* European Copyright Law, 2010, Rn. 6.5.8.
[382] *Grünberger* ZGE 2017, 188 (204).
[383] Zu einer Ausnahme → Rn. 51.
[384] *Grünberger* ZGE 2017, 188 (198 f.).
[385] *Hofmann* ZUM 2018, 107 (110 f.).
[386] → Rn. 2.
[387] GA *Szpunar,* Schlussanträge C-174/15, BeckRS 2016, 81362 Rn. 65 – Vereniging Openbare Bibliotheken/ Stichting Leenrecht.
[388] Anders noch BT-Drs. 13/115, 8.

2. Vergütungsansprüche (§ 77 Abs. 2 S. 2 iVm § 27)

a) Vermietung (§ 27 Abs. 1 iVm § 77 Abs. 2 S. 2). Hat der ausübende Künstler sein aus- **50** schließliches **Vermietrecht** (→ Rn. 48) an einer auf Bild- oder Tonträger festgelegten Darbietung dem Tonträger- oder Filmhersteller **übertragen** (§ 79 Abs. 1 S. 1) oder eingeräumt (§ 79 Abs. 2) – beides wird im Filmbereich gem. § 92 Abs. 1 vermutet – hat der Vermieter gleichwohl dem ausübenden Künstler eine **angemessene Vergütung** für die Vermietung zu zahlen. Dieser Anspruch folgt aus der entsprechenden Anwendung des § 27 Abs. 1 S. 1 (§ 77 Abs. 2 S. 2). Das Gesetz setzt damit Art. 5 Abs. 1 Vermiet- und Verleih-RL um. Der Vergütungsanspruch ist unverzichtbar (§ 27 Abs. 1 S. 2 iVm § 77 Abs. 2 S. 2; Art. 5 Abs. 2 Vermiet- und Verleih-RL). Die Unverzichtbarkeit des Anspruchs zeigt, dass der selbständige Vergütungsanspruch die Interessen der Interpreten auf Kosten der Verwerter ihrer Darbietungen stärken will.[389] Weil er im Voraus nur an eine Verwertungsgesellschaft abgetreten werden kann (§ 27 Abs. 1 S. 2 iVm § 77 Abs. 2 S. 2), macht das UrhG von der Option in Art. 5 Abs. 3 Vermiet- und Verleih-RL Gebrauch. Die **Verwertungsgesellschaftspflichtigkeit** des Anspruchs (§ 27 Abs. 3 iVm § 77 Abs. 2 S. 2) ist von Art. 5 Abs. 4 Vermiet- und Verleih-RL gedeckt. Weil die Rechtsposition des **Urhebers und des Interpreten gleich** sind, kann insgesamt auf die Kommentierung zu § 27 Abs. 1 verwiesen werden. In der Praxis läuft der Anspruch des Interpreten häufig leer, weil die Tonträgerhersteller bereits die Vermietung untersagen (→ Rn. 48a).[390] Bedeutung hatte der Anspruch daher vor allem für das Filmgeschäft.[391]

Wie gesehen ist das klassische Geschäftsmodell der Vermietung von Bild/Tonträgern mittlerweise **50a** von der Online-Vermietung bzw. vom On-Demand-Streaming verdrängt worden (→ Rn. 48a). Daher stellt sich die Frage, ob der Interpret (gleiches gilt für den Urheber) *de lege lata*[392] für die **Geschäftsmodelle** der digitalen Welt (→ Rn. 48a) einen **zusätzlichen Vergütungsanspruch** hat.[393] Methodisch muss man hier zwischen der direkten und der analogen Anwendung von Art. 5 Abs. 1 Vermietrecht- und VerleihrechtsRL unterscheiden. Wie oben (→ Rn. 48a) gesehen, erfüllt das Download-Vermietungsmodell im Ausgangspunkt den Vermietungsbegriff. Allerdings hat sich der Unionsgesetzgeber entschieden, das ausschließliche Recht an dieser Verwertungshandlung in Art. 3 Abs. 2 lit. a InfoSoc-RL zu regeln. Damit hat er lediglich eine Aussage zur Behandlung des Verbotsrechts getroffen. Davon unberührt bleibt die Vergütung als zweiter Aspekt des Verwertungsrechts (→ Rn. 1). Insoweit ist Art. 5 Abs. 1 Vermiet- und Verleih-RL die **speziellere Norm**.[394] Wenn die öffentliche Zugänglichmachung zum Zweck der zeitlich beschränkten Gebrauchsüberlassung einer festgelegten Darbietung erfolgt, liegt eine tatbestandliche Vermietung vor (→ Rn. 48a). Da das Recht der öffentlichen Zugänglichmachung insoweit keine Aussagen trifft, geht die tatbestandlich gegebene Spezialregelung vor. Im **Download-Vermietungsmodell** hat der Interpret daher kraft **unmittelbarer Anwendung** des Art. 5 Abs. 1 InfoSoc-RL einen **Vergütungsanspruch**.[395] Daher ist § 77 Abs. 2 S. 2 insoweit richtlinienkonform auszulegen. Die Verwertungsgesellschaften sind daher gem. § 27 Abs. 3 berechtigt – und im Verhältnis zu den Intepreten sogar verpflichtet – diesen Vergütungsanspruch gegen die Anbieter von Download-Vermietungsmodellen (Beispiel: Apple iTunes) geltend zu machen.

Beim **Streamingmodell** fehlt es tatbestandlich an der Vermietung (→ Rn. 48a). Deshalb kommt **50b** hier allenfalls eine **analoge Anwendung** von Art. 5 Abs. 1 Vermiet- und Verleih-RL in Betracht. Der vom EuGH mit Blick auf den WCT/WPPT eng geführte Vermietungsbegriff (→ Rn. 48a) spricht nicht gegen diese Analogie. Art. 7 Abs. 2 WCT und Art. 9 Abs. 2 WPPT differenzieren ausdrücklich zwischen dem Ausschließlichkeitsrecht und einem kraft (supra-)nationalem Recht bestehenden Vergütungsanspruch an der Vermietung und schließen lediglich Vergütunganspruche anstelle (!) eines Auschließlichkeitsrechts aus. Darum geht es hier aber nicht. Im Unterschied zum Verleihrecht (→ Rn. 51f.) ist der Vergütungsanspruch bei der „Vermietung" kumulativ zum ausschließlichen Vermietrecht und flankiert dieses im Interesse der Kreativen.[396] Der EuGH bezieht sich in seiner Entscheidung ausschließlich auf das Ausschließlichkeitsrecht. Er trifft keine Aussagen zum Schutzinhalt des Vergütungsanspruchs. Daher ist die Frage, ob dieser auch für die temporäre Gebrauchsüberlassung beim Streaming geschuldet wird, nach den allgemeinen Regeln der Rechtsfortbildung bei Richtlinien zu beantworten.[397] Entscheidend dafür sind die Erwägungen, mit denen die Beteiligung der Kreativen am Geschäftsmodell „Vermieten" begründet wurde. Die Kommission argumentiert ausdrücklich damit, dass der Vergütungsanspruch beim Vermieten dem Schutz der Kreativen als schwächerer Vertragspartei dient. Gerade neue Rechte werden in der Hand der Verwerter konzentriert und haben „für die Urheber und ausübenden Künstler nicht die gewünschten wirtschaftlichen Auswirkungen". Der

---

[389] Vgl. Walter/v. Lewinski/*v. Lewinski,* European Copyright Law, 2010, Rn. 6.4.15.
[390] Dreier/Schulze/*Dreier* UrhG § 77 Rn. 8.
[391] S. dazu Loewenheim/*Dünnwald* § 87 Rn. 31 ff.
[392] Für ein Plädoyer *de lege ferenda* s. *Gerlach* ZUM 2017, 312 (314 f.).
[393] Dagegen *Schäufele* ZUM 2017, 316.
[394] S. auch GA *Szpunar,* Schlussanträge C-174/15, BeckRS 2016, 81362 Rn. 65 – Vereniging Openbare Bibliotheken/Stichting Leenrecht.
[395] Anders noch die Voraufauflage, die sich lediglich für eine Änderung *de lege ferenda* aussprach.
[396] So auch *Gerlach* ZUM 2017, 312 (313).
[397] Dazu *Neuner* in Riesenhuber (Hrsg.), Europäische Methodenlehre, 3. Aufl., 2015, 255 ff.

Vergütungsanspruch garantiert, dass „alle ursprüngelichen Rechteinhaber an der wirtschaftlichen Verwertung angemessen teilhaben". Der Vergütungsanspruch sei „geradezu notwendig", damit die Kreativen auch faktisch in den Genuss des Vermietrechts kommen.[398] Die Parellelen zum On-Demand-Streaming drängen sich förmlich auf. In wirtschaftlicher Hinsicht ist die Situation vergleichbar. Sie unterscheiden sich nur dadurch, „dass es an einem körperlichen Vervielfältigungsstück, das konkret vermietet wird, fehlt. Im Werkgenuss macht es für die Nutzer allerdings keinen Unterschied, ob die Wiedergabe von einem körperlichen Träger oder online erfolgt."[399] Sie haben das klassische Modell der ersten Phase deshalb substituiert, weil die Online-Nutzung deutlich komfortabler für die Endverbraucher ist: diese sparen sich den Weg in die Audio-/Videothek.[400] Nicht tragfähig ist auch der Einwand, dass das Streaming heute im Unterschied zur Vermietung damals die wichtigste Form der Erstverwertung sei, für die der Unionsgesetzgeber keinen zusätzlichen Vergütungsanspruch vorgesehen habe.[401] Damit verkennt man, dass die Richtlinie zwischen dem Veräußern und der Vermietung differenziert. Diese Differenzierung findet sich auch in digitalen Geschäftsmodellen wieder – und drückt sich in einer unterschiedlichen Preisgestaltung aus. Schließlich bestätigt Erwägungsgrund (4) der Richtlinie, dass eine Rechtsfortbildung in Übereinstimmung mit den Prämissen des Unionsgesetzgebers ist. Danach ist es Aufgabe der Rechtsprechung, den vom Urheberrecht gewährten Schutz an die neuen wirtschaftlichen Entwicklungen anzupassen.[402] Daher ist es insgemt folgerichtig, den Vergütungsanspruch aus Art. 5 Abs. 1 Vermiet- und Verleih-RL auch auf die zeitlich begrenzte Gebrauchsüberlassung in Streamingmodellen analog anzuwenden. Somit haben Interpreten auch gegenüber den Anbietern von Streamingdiensten einen unmittelbaren Vergütungsanspruch, der gem. § 77 Abs. 2 S. 2 iVm § 27 Abs. 3 von der GVL durchzusetzen ist.

51 **b) Verleihen (§ 27 Abs. 2 iVm § 77 Abs. 2 S. 2).** Der ausübende Künstler hat einen Vergütungsanspruch für das Verleihen von Vervielfältigungsstücken einer festgelegten Darbietung, wenn die Vervielfältigungsstücke durch eine der Öffentlichkeit zugängliche Einrichtung (Bücherei, Sammlung von Bild- oder Tonträgern oder anderer Vervielfältigungsstücke) verliehen werden. Das folgt aus dem entsprechend anwendbaren § 27 Abs. 2 S. 1 (§ 77 Abs. 2 S. 2). Damit hat sich der deutsche Gesetzgeber entschieden, den im Unionsrecht nur für den Urheber zwingend vorgesehenen Vergütungsanspruch (Art. 6 Abs. 1 Vermiet- und Verleih-RL)[403] auf die Inhaber von Leistungsschutzrechten und damit auch den Interpreten zu erstrecken.[404] Der **Normzweck** besteht darin, das fehlende Ausschließlichkeitsrecht am Verleihen (→ Rn. 49) zu kompensieren.[405] Damit werden die Rechte des Interpreten erweitert, weil ihm eine Verwertungshandlung außerhalb des Schutzinhalts eines Ausschließlichkeitsrechts als Vergütungspflicht zugewiesen wird.[406] Der Begriff der **Vergütung** in § 27 Abs. 2 ist für den Urheber **unionsrechtlich autonom** und einheitlich auszulegen.[407] Damit soll der Urheber dafür „entschädigt" werden, dass seine Werke im Rahmen des öffentlichen Verleihs ohne seine Erlaubnis genutzt werden und ihm dadurch ein Schaden entsteht.[408] Zweifelhaft ist, ob dieses Begriffsverständnis auch im Interpretenrecht relevant ist. Bei der sog. „überschießenden Umsetzung" besteht hinsichtlich des Teils, der von der Richtlinie nicht harmonisiert ist, keine Pflicht zur richtlinienkonformen Auslegung. Es stellt sich insoweit die vom nationalen Methodenkanon zu beantwortende Frage, ob der Vergütungsbegriff einheitlich und damit im überschießenden Bereich richtlinienorientiert oder gespalten ausgelegt werden muss.[409] Aus den Materialien folgt, dass der deutsche Gesetzgeber Urheber und Interpreten gleichermaßen vergüten wollte.[410] Deshalb ist der Vergütungsbegriff in § 27 Abs. 2 S. 1 für alle Anspruchsinhaber gleich auszulegen.

52 Verleihen „ist die zeitlich begrenzte, weder unmittelbar noch mittelbar Erwerbszwecken dienende Gebrauchsüberlassung" (§ 27 Abs. 2 S. 2 iVm § 77 Abs. 2 S. 2). Das entspricht der Begriffsdefinition in Art. 2 Abs. 1 lit. b Vermiet- und Verleih-RL (→ Rn. 48). Nach dem **Wortlaut** des § 27 Abs. 2 S. 2 besteht der **Vergütungsanspruch** erst, nachdem die Weiterverbreitung des Vervielfältigungsstücke nach § 17 Abs. 2 zulässig ist. Dem liegt das Verständnis zugrunde, dass das Verleihen bis zum Inverkehrbringen des Vervielfältigungsstücks Teil des Verbreitungsrechts ist, sich damit aber erschöpft und man die Kreativen für damit wegfallende Verwertungsvorgänge kompensiert.[411] Das ist aufgrund unionsrechtlicher Vorgaben überholt (→ Rn. 49): Das Verleihen ist – da der deutsche Gesetzgeber auf das optionale ausschließliche Verleihrecht verzichtet hat (→ Rn. 49) – grundsätzlich erlaubt, aber in bestimmten Konstellationen vergütungspflichtig. Daraus resultiert, dass der Vergütungsanspruch **bei**

---

[398] KOM(90), 586 endg. unter 3.1.1 (= UFITA 129 (1995), 162 (206 f.).
[399] *Gerlach* ZUM 2017, 312 (314).
[400] *Gerlach* ZUM 2017, 312 (314).
[401] Entkräftend auch *Gerlach* ZUM 2017, 312 (314).
[402] EuGH ZUM 2017, 152 Rn. 45 – Vereniging Openbare Bibliotheken/Stichting Leenrecht.
[403] Zu den Voraussetzungen EuGH GRUR 2011, 913 – VEWA/Belgien.
[404] BT-Drs. 13/115, 8.
[405] Vgl. EuGH GRUR 2011, 913 Rn. 22 – VEWA/Belgien (zum Urheber).
[406] *Grünberger* ZGE 2017, 188 (197 f.); *Hofmann* ZUM 2018, 107 (110).
[407] EuGH GRUR 2011, 913 Rn. 25 ff. – VEWA/Belgien.
[408] EuGH GRUR 2011, 913 Rn. 29 – VEWA/Belgien.
[409] Zum Problem *Habersack/Mayer* in Riesenhuber (Hrsg.), Europäische Methodenlehre, 2015, S. 297 ff.
[410] BT-Drs. 13/115, 8.
[411] → § 27 Rn. 12.

jedem Verleihvorgang der erfassten Nutzer entsteht. Das gilt jedenfalls für das Verleihen von Darlegungen, die auf körperlichen Datenträgern verbreitet worden sind.

Auch hier stellt sich die Frage, ob der Interpret (gleiches gilt für den Urheber) *de lege lata* für die **53** **Verleihmodelle in der digitalen Welt** einen **Vergütungsanspruch** hat. Der EuGH hat die Frage für „digitale Kopien" und „unkörperliche Gegenstände" im „One-copy-one-user"-Modell überzeugend bejaht.[412] Das „digitale Verleihen" ist eine neue Nutzungsart und „macht daher eine Anpassung des durch das Urheberrecht gewährten Schutzes an die neuen wirtschaftlichen Entwicklungen erforderlich."[413] Sowohl der Beteiligungsgrundsatz für die Kreativen als auch das Zugangsinteresse der Informationsintermediäre und der Allgemeinheit sprechen für die rechtliche Gleichbehandlung wirtschaftlich funktional vergleichbarer Sachverhalte.[414] Umstritten ist, ob diese Interpretation dazu führt, dass im nationalen Recht zwingend dasselbe Verständnis gelten muss, ob sie lediglich eine entsprechende Auslegung des nationalen Rechts ermöglicht oder ob die Entscheidung darüber dem nationalen Gesetzgeber vorbehalten ist.[415] Vorzugswürdig ist die Auffassung, wonach § 27 Abs. 2 einer richtlinienorientierten Rechtsfortbildung zugänglich ist und den **Verleih digitaler Kopie** im „One-copy-one-user"-Modell schon *de lege lata* **erlaubt.**[416] Dagegen spricht auch nicht, dass § 27 Abs. 2 die vergütungspflichtige Verleihbefugnis mit der Erschöpfung iSv § 17 Abs. 2 verknüpft. Der EuGH hat eine vergleichbare Regelung im niederländischen Recht dahingehend interpretiert, dass der nationale Gesetzgeber das Verleihrecht – richtlinienkonform – von einer zusätzlichen Beschränkung abhängig machen muss, um die berechtigten Interessen der Rechteinhaber angemessen zu wahren.[417] Deshalb ist die Rechtsfortbildung auf die Fälle zu beschränken, in denen „eine digitale Kopie eines Buches, die öffentlich verliehen wird, zuvor durch den Rechteinhaber oder mit dessen Zustimmung in den Verkehr gebracht werden muss".[418] Diese unionsrechtlich verpflichtende Vorgabe kann bei der Rechtsfortbildung des § 27 Abs. 2 UrhG umgesetzt werden, indem man das Verleihen auf solche Schutzgegenstände beschränkt, die gem. § 6 Abs. 1 UrhG der Öffentlichkeit als digitales Vervielfältigungsexemplar zugänglich gemacht worden sind.[419] Zur Interpretation der Tatbestandsmerkmale wird im Übrigen auf die Ausführungen zu § 27 Abs. 2 verwiesen. Der Anspruch kann nur von einer Verwertungsgesellschaft geltend gemacht werden (§ 27 Abs. 3 iVm § 77 Abs. 2 S. 2). Weil in § 27 Abs. 2 eine ausdrückliche Regelung fehlt, ist zweifelhaft ist, ob der Anspruch verzichtbar und im Voraus auch an Dritte abgetreten werden kann. Dagegen spricht eine Gesamtanalogie zu den übrigen im Gesetz geregelten Vergütungsansprüchen des ausübenden Künstlers (§§ 20b Abs. 2 S. 2 und 3, 27 Abs. 1 S. 2 und 3, 63a, 78 Abs. 3).[420]

§ 78 Öffentliche Wiedergabe

(1) Der ausübende Künstler hat das ausschließliche Recht, seine Darbietung

1. öffentlich zugänglich zu machen (§ 19a),
2. zu senden, es sei denn, dass die Darbietung erlaubterweise auf Bild- oder Tonträger aufgenommen worden ist, die erschienen oder erlaubterweise öffentlich zugänglich gemacht worden sind,
3. außerhalb des Raumes, in dem sie stattfindet, durch Bildschirm, Lautsprecher oder ähnliche technische Einrichtungen öffentlich wahrnehmbar zu machen.

(2) Dem ausübenden Künstler ist eine angemessene Vergütung zu zahlen, wenn

1. die Darbietung nach Abs. 1 Nr. 2 erlaubterweise gesendet,
2. die Darbietung mittels Bild- oder Tonträger öffentlich wahrnehmbar gemacht oder
3. die Sendung oder die auf öffentlicher Zugänglichmachung beruhende Wiedergabe der Darbietung öffentlich zugänglich gemacht wird.

(3) [1] Auf Vergütungsansprüche nach Abs. 2 kann der ausübende Künstler im Voraus nicht verzichten. [2] Sie können im Voraus nur an eine Verwertungsgesellschaft abgetreten werden.

(4) § 20b gilt entsprechend.

Schrifttum: *Bäcker,* Die Rechtsstellung der Leistungsschutzberechtigten im digitalen Zeitalter, 2005; *Bortloff,* Internationale Lizenzierung von Internet-Simulcasts durch die Tonträgerindustrie, GRUR-Int 2003, 669; *Dreier,* Konvergenz und das Unbehagen des Urheberrechts, FS Erdmann, 2002, 73; *Dreier,* „De fine": Vom Ende des Definierens, FS Ullmann, 2006, 37; *Dreier/Leistner,* Urheberrecht im Internet: die Forschungsherausforderungen, GRUR 2013, 881; *Dünnwald,* Die Neufassung des künstlerischen Leistungsschutzes, ZUM 2004, 164; *Flechsig,*

---

[412] EuGH ZUM 2017, 152 Rn. 44, 54 – Vereniging Openbare Bibliotheken/Stichting Leenrecht; dazu → § 27 Rn. 15.
[413] EuGH ZUM 2017, 152 Rn. 45 – Vereniging Openbare Bibliotheken/Stichting Leenrecht.
[414] Vgl. EuGH ZUM 2017, 152 Rn. 51 – Vereniging Openbare Bibliotheken/Stichting Leenrecht.
[415] Vertiefend DKMH/*Dreyer* § 27 Rn. 35; auch → § 27 Rn. ?.
[416] *Grünberger* ZUM 2017, 331 (334); *Grünberger* ZGE 2017, 188 (207 f.); *Peifer* LMK2017, 385298; ausführlich zu den Voraussetzungen *Hofmann* ZUM 2018, 107 (113).
[417] EuGH ZUM 2017, 152 Rn. 61 ff. – Vereniging Openbare Bibliotheken/Stichting Leenrecht.
[418] EuGH ZUM 2017, 152 Rn. 64 – Vereniging Openbare Bibliotheken/Stichting Leenrecht.
[419] *Stieper* GRUR 2016, 1270 f.; *Grünberger* ZGE 2017, 188 (208).
[420] *Dünnwald/Gerlach* UrhG § 77 Rn. 10; *Loewenheim/Vogel* § 38 Rn. 78.

Grundlagen des Europäischen Urheberrechts, ZUM 2002, 1; *Flechsig/Kuhn*, Das Leistungsschutzrecht des ausübenden Künstlers in der Informationsgesellschaft, ZUM 2004, 14; *Gerlach, F.-T.,* Die urheberrechtliche Bewertung des nicht-linearen Audio-Video Streamings im Internet, 2012; *Gerlach T.,* „Making available right" – Böhmische Dörfer, ZUM 1999, 278; *Grünberger,* Einheit und Vielfalt im Recht der öffentlichen Wiedergabe, GRUR 2016, 977; *Grünberger,* Bedarf es einer Harmonisierung der Verwertungsrechte und Schranken, ZUM 2015, 273; *Grünberger,* Das Interpretenrecht, 2006; *Kaminstein,* Report of the Rapporteur General, in: International Labour Organization *et al* (ed.), Records of the Diplomatic Conference on the International Protection of Performers, Producers of Phonograms and Broadcasting Organizations, 1968, 34 (erhältlich unter: http://unesdoc.unesco.org/images/0000/ 000035/003572eo.pdf); *Koof,* Senderecht und Recht der öffentlichen Zugänglichmachung, 2015; *v. Lewinski,* Die diplomatische Konferenz der WIPO 1996 zum Urheberrecht und zu verwandten Schutzrechten, GRUR-Int 1997, 667; *v. Lewinski,* Ein Happy End nach vielen Anläufen: Der Vertrag von Peking zum Schutz von audiovisuellen Darbietungen, GRUR-Int 2013, 12; *v. Lewinski,* Die Diplomatische Konferenz der WIPO 2000 zum Schutz der audiovisuellen Darbietungen, GRUR-Int 2001, 529; *Poll,* Neue internetbasierte Nutzungsformen – Das Recht der Zugänglichmachung auf Abruf (§ 19a UrhG) und seine Abgrenzung zum Senderecht (§§ 20, 20b UrhG), GRUR 2007, 476; *Poll,* Vom Broadcast zum Podcast – Urheberrechtliche Einordnung neuer Internetgeschäftsmodelle, MMR 2011, 226; *Rohwedder,* Der ausübende Künstler und seine Rechtsposition im Rechtsverkehr, UFITA 2015, 401; *Schaefer,* Alles oder nichts!, ZUM 2010, 150; *Schulze,* Aspekte zu Inhalt und Reichweite von § 19a UrhG, ZUM 2011, 2; *Schwenzer,* Tonträgerauswertung zwischen Exklusivrecht und Sendeprivileg im Lichte von Internetradio, GRUR-Int 2001, 722; *Straus,* Der Schutz der ausübenden Künstler und das Rom-Abkommen von 1961 – Eine retrospektive Betrachtung, GRUR-Int 1985, 19; *Ulmer,* Das Rom-Abkommen über den Schutz der ausübenden Künstler, der Hersteller von Tonträgern und der Sendeunternehmungen, GRUR Ausl. 1961, 569; *Wandtke/Gerlach F.-T.,* Die urheberrechtliche Rechtmäßigkeit der Nutzung von Audio-Video Streaminginhalten im Internet, GRUR 2013, 676; *Welp,* Der Öffentlichkeitsbegriff im Urheberrecht und die Praxis der internationalen Rechtewahrnehmung, GRUR 2014, 751; *Wiemer,* Sendevergütung für erschienene Tonträger in nichtsendereigenen Filmproduktionen (integrierte Tonträger), UFITA 2015, 709; *WIPO* (ed.) Guide to the Rome Convention and the Phonograms Convention, 1981 (erhältlich unter http://www.wipo.int/edocs/pubdocs/en/copyright/617/ wipo_pub_617.pdf); *WIPO* (ed.) Guide to the Copyright and Related Rights Treaties and Glossary of Copyright and Related Rights Terms, 2003 (erhältlich unter http://www.wipo.int/edocs/pubdocs/en/copyright/891/wipo_ pub_891.pdf); *Zimmermann v.,* Recording-Software für Internetradios, MMR 2007, 553. Siehe auch die Literatur zu §§ 15, 19a und 20–20b.

Übersicht

I. Grundlagen

1. Regelungsinhalt und Systematik

Die vermögensrechtlichen Befugnisse **(Verwertungsrechte)**[1] des ausübenden Künstlers an der **öf-** **1** **fentlichen Wiedergabe** der Darbietung sind in § 78 **abschließend** geregelt. Die Norm differenziert zwischen Handlungen, die dem Interpreten zur ausschließlichen Verwertung zugewiesen werden (§ 78 Abs. 1) und solchen, die erlaubnisfrei, aber vergütungspflichtig sind (§ 78 Abs. 2). Vereinfachend ausgedrückt[2] sind alle Fälle der **unmittelbaren Verwertung** (Erstverwertung) der **Live-Darbietung** von einem Ausschließlichkeitsrecht erfasst, während alle Fälle der **mittelbaren Verwertung** (Zweitverwertung) einer **festgelegten Darbietung** (also eines erlaubterweise hergestellten Bild- oder Tonträgers oder einer gesendeten oder öffentlich zugänglich gemachten Darbietung) nur einen Vergütungsanspruch auslösen.[3] Ebenfalls ein Ausschließlichkeitsrecht besteht an der öffentlichen Zugänglichmachung. Das UrhG sieht bewusst **kein umfassendes Recht** des Interpreten an der öffentlichen Wiedergabe vor.[4] Eine öffentliche Wiedergabe, die nicht unter §§ 78 Abs. 1, Abs. 4 iVm § 20b Abs. 1 fällt, ist dem Interpreten nicht zur ausschließlichen Verwertung zugewiesen; fällt sie nicht unter §§ 78 Abs. 2, Abs. 4 iVm § 20b Abs. 2, ist die Nutzung auch nicht vergütungspflichtig. Verfassungsrechtlich ist diese Beschränkung nicht zu beanstanden, weil dem Interpreten nicht jede denkbare Verwertungsmöglichkeit vorbehalten bleiben muss.[5]

Wie im Urheberrecht (§ 19a) ist die **öffentliche Zugänglichmachung** der Darbietung ein **Aus-** **2** **schließlichkeitsrecht** des Interpreten (§ 78 Abs. 1 Nr. 1). Das **ausschließliche Senderecht** ist dagegen im Vergleich zum Urheber erheblich **beschränkt.** Schutzinhalt dieses Rechts ist lediglich die Sendung der Live-Darbietung und unerlaubt aufgenommener Darbietungen (§ 78 Abs. 1 Nr. 2). Sendungen von Darbietungen, die erlaubterweise aufgenommen (§ 77 Abs. 1) worden sind *und* die entweder auf Tonträger erschienen oder erlaubterweise öffentlich zugänglich gemacht worden sind, liegen außerhalb des Schutzbereichs des Ausschließlichkeitsrechts (§ 78 Abs. 1 Nr. 2). Die Benutzung dieser Bild- und Tonträger zu Sendezwecken ist zwar erlaubnisfrei, aber **vergütungspflichtig** (§ 78 Abs. 2 Nr. 1). Darauf kann der Interpret nicht im Voraus verzichten (§ 78 Abs. 3 S. 1). Der Vergütungsanspruch kann im Voraus auch nur an eine Verwertungsgesellschaft abgetreten werden (§ 78 Abs. 3 S. 2). An dem Vergütungsaufkommen ist der Tonträgerhersteller angemessen zu beteiligen (§ 86).

Keine Besonderheiten gelten bei einer **Kabelweitersendung** der von § 78 Abs. 1 Nr. 2 erfassten **3** Gegenstände: Das Verbotsrecht kann nur von einer Verwertungsgesellschaft geltend gemacht werden (§ 78 Abs. 4 iVm § 20b Abs. 1). Hat der Interpret das (ausschließliche) Recht der **Kabelweitersendung** einem anderen übertragen (§ 79 Abs. 1 S. 1) oder Nutzungsrechte daran eingeräumt (§ 79 Abs. 2), hat er weiterhin Anspruch auf einen nichtverzichtbaren und nur an die Verwertungsgesellschaft abtretbaren **Vergütungsanspruch** (§ 78 Abs. 4 iVm § 20b Abs. 2). Im Fall einer **Satellitensendung** ist § 20a anzuwenden.[6]

Das **ausschließliche Recht** der **öffentlichen Wahrnehmbarmachung** ist im Vergleich zum **4** Urheber erheblich **beschränkt.** Technische Vorrichtungen ermöglichen es, die Live-Darbietung außerhalb des Veranstaltungsraumes zu übertragen. Das führt zum Kontrollverlust des Interpreten.[7] Indem § 78 Abs. 1 Nr. 3 – vergleichbar mit § 19 Abs. 3 – verhindert, dass das Publikum ohne seine Zustimmung erweitert wird, reagiert das Recht auf diesen faktischen Kontrollverlust und gleicht ihn

---

[1] Zum Begriff → § 77 Rn. 1.
[2] Eingehend *Dünnwald/Gerlach* Vor § 77 Rn. 15.
[3] BT-Drs. IV/270, 34.
[4] BT-Drs. IV/270, 34, 89 f., 91 f.
[5] BVerfGE 81, 208 = GRUR 1990, 438 (441) – Bob Dylan; BVerfGE 31, 275 = GRUR 1972, 491 (494) – Schallplatten.
[6] *Dünnwald/Gerlach* Vor § 77 Rn. 3.
[7] Vgl. *Grünberger,* Das Interpretenrecht, 2006, S. 1.

mit einer rechtlichen Exklusivität aus.[8] Nicht vom Schutzinhalt dieses Ausschließlichkeitsrechts erfasst sind dagegen die öffentliche Wahrnehmbarmachung einer festgelegten (§ 77 Abs. 1), gesendeten (§ 78 Abs. 1 Nr. 2) oder öffentlich zugänglich gemachten (§ 78 Abs. 1 Nr. 1) Darbietung. Diese Handlungen sind – im Unterschied zu den strukturell vergleichbaren Rechten des Urhebers (§§ 21, 22)[9] – erlaubnisfrei. Sie lösen aber einen **Vergütungsanspruch** aus (§ 78 Abs. 2 Nr. 2 und Nr. 3).[10] Davon werden auch festgelegte bzw. gesendete Darbietungen erfasst, die unerlaubt hergestellt, nicht erschienen oder ohne Erlaubnis öffentlich zugänglich gemacht worden sind.[11] Auf diesen Vergütungsanspruch kann der Interpret ebenfalls nicht im Voraus verzichten (§ 78 Abs. 3 S. 1) und er kann im Voraus nur an eine Verwertungsgesellschaft abgetreten werden (§ 78 Abs. 3 S. 2). Auch an diesem Vergütungsaufkommen ist der Tonträgerhersteller angemessen zu beteiligen (§ 86).

5   Im **Vergleich zum Urheber** fallen drei weitere **Einschränkungen** auf: (1) Der ausübende Künstler hat **kein Vorführrecht** entsprechend § 19 Abs. 4. Diesbezügliche Nutzungen sind auch nicht vergütungspflichtig. Damit ist eine Filmwiedergabe im Kino frei von Leistungsschutzrechten des Interpreten.[12] (2) Die Vortrags- und Aufführungsrechte (§ 19 Abs. 1 und Abs. 2) fehlen ganz. Der Interpret ist insoweit nicht schutzbedürftig, weil er entscheidet, ob es zur Darbietung kommt und er den Zugang dazu (vertraglich) kontrollieren kann. (3) Die in § 78 gewährten Rechte sind abschließend. Es gibt **kein** dem § 15 Abs. 2[13] entsprechendes **Auffangrecht** für Innominatfälle.[14] Die wichtigste Konsequenz daraus ist, dass (neue) Verwertungsformen, die sich nicht unter § 78 subsumieren lassen, dem Interpreten weder zur ausschließlichen Verwertung noch als Vergütungsrecht zugewiesen sind. Das ist **keine „Schutzlücke"** des Interpretenrechts, sondern die vorhersehbare und vom Gesetz gewollte Konsequenz des Systems einzeln aufgezählter, eng umrissener Verwertungsrechte. Das hat erhebliche praktische Auswirkungen bei der Einordnung der Verlinkungsfälle (→ Rn. 31).

2. Entstehungsgeschichte

6   **Vor dem Inkrafttreten des UrhG** am 1.1.1966 (§ 143 Abs. 2) war der ausübende Künstler nach § 2 Abs. 2 LUG als Bearbeiter-Urheber[15] Inhaber des ausschließlichen Rechts, den aufgenommenen Tonträger im Rundfunk zu senden.[16] § 2 Abs. 2 LUG war auch Grundlage des ausschließlichen Rechts des Interpreten, einen rechtswidrig[17] oder rechtmäßig hergestellten Tonträger öffentlich aufzuführen.[18] Dem ausübenden Künstler stand damit ein ausschließliches Recht an der Zweit-[19] und Drittverwertung[20] seiner Aufnahme zu.[21] Handelte es sich um die öffentliche Wiedergabe einer nicht auf Tonträgern festgelegten Darbietung, konnte das Verbotsrecht nicht mehr auf § 2 Abs. 2 LUG gestützt werden.[22] Stattdessen gewährte die Rechtsprechung einen Schutz gegen die ungenehmigte Verwertung der (gesendeten) Live-Darbietung mit einer Kombination aus allgemeinem Persönlichkeitsrecht, § 826 BGB und § 1 UWG aF.[23] Im Ergebnis standen den ausübenden Künstlern damit weitreichende, inhaltlich dem Urheberrecht entsprechende, Ausschließlichkeitsrechte an der öffentlichen Wiedergabe ihrer Darbietung zu.[24]

7   Das **UrhG von 1965** hat den umfassenden Schutz der Interpretenleistung inhaltlich **deutlich beschränkt**.[25] Der Entwurf der Bundesregierung orientierte sich am Rom-Abkommen (→ Rn. 22).[26] Das Gesetz unterscheidet zwischen der unmittelbaren und der mittelbaren Verwertung der Darbietung.[27] Nur bei der unmittelbaren Verwertung (Erstverwertung) war ein „Einwilligungsrecht"[28] des ausübenden Künstlers vorgesehen, während die mittelbare Verwertung der festgelegten Darbietung (Zweit- oder Drittverwertung) im Weg der öffentlichen Wiedergabe im Interesse der Urheber[29] er-

---

[8] BT-Drs. IV/270, 90.

[9] BT-Drs. 15/38, 24.

[10] Kritisch dazu *Dünnwald/Gerlach* Vor § 77 Rn. 5.

[11] *Dünnwald/Gerlach* Vor § 77 Rn. 4.

[12] Kritisch *Dünnwald/Gerlach* Vor § 77 Rn. 6.

[13] → § 15 Rn. 261 ff.

[14] *Dünnwald/Gerlach* Vor § 77 Rn. 7.

[15] → Vor §§ 73 ff. Rn. 14 f.

[16] RGZ 153, 1 (26) – Schallplatte-Rundfunk.

[17] BGHZ 8, 88 (97) = GRUR 1953, 140 – Magnetton.

[18] BGHZ 33, 1 = GRUR 1960, 619 (621 ff.) – Künstlerlizenz Schallplatten.

[19] BGHZ 33, 1 = GRUR 1960, 619 (621 ff.) – Künstlerlizenz Schallplatten.

[20] BGHZ 33, 38 = GRUR 1960, 627 (629) – Künstlerlizenz Rundfunk.

[21] *Grünberger*, Das Interpretenrecht, 2006, S. 13 f.

[22] BGHZ 33, 38 = GRUR 1960, 627 (629 f.) – Künstlerlizenz Rundfunk.

[23] BGHZ 33, 38 = GRUR 1960, 627 (630) – Künstlerlizenz Rundfunk; → Vor §§ 73 ff. Rn. 18.

[24] *Grünberger*, Das Interpretenrecht, 2006, S. 13 f.; *Apel*, Der ausübende Musiker im Recht Deutschlands und der USA, 2011, S. 169 f.

[25] Zu den Vorentwürfen vgl. *Apel*, Der ausübende Musiker im Recht Deutschlands und der USA, 2011, S. 171 ff.; *Dünnwald/Gerlach* UrhG § 78 Rn. 4 ff.

[26] BT-Drs. IV/270, 34.

[27] BT-Drs. IV/270, 34, 89 f., 91 f.; kritisch zum schlagwortartigen Charakter dieser Unterscheidung *Dünnwald/Gerlach* Vor § 77 Rn. 15.

[28] → Vor §§ 73 ff. Rn. 20.

[29] BT-Drs. IV/270, 34, 91.

laubnisfrei, aber vergütungspflichtig ausgestaltet wurde.[30] Das Recht der öffentlichen Wiedergabe war im UrhG von 1965 auf insgesamt **fünf Regelungen verstreut:** Nach § 74 aF durfte die Darbietung nur mit Einwilligung des Interpreten außerhalb des stattfindenden Raumes mittels technischer Einrichtungen öffentlich wahrnehmbar gemacht werden. § 76 Abs. 1 aF sah ein Einwilligungsrecht für die Sendung der Darbietung vor, das gem. § 76 Abs. 2 aF zu einem Vergütungsanspruch abgeschwächt wurde, wenn es sich um die Sendung eines erschienenen Tonträgers – und damit um eine Zweitverwertung – handelte.[31] § 77 aF sah anstelle des vormals bestehenden Ausschließlichkeitsrechts für die sonstigen Fälle der Zweit- und Drittwertung im Rahmen öffentlicher Wiedergaben (→ Rn. 6) ebenfalls nur einen Vergütungsanspruch vor.[32]

Diese Rechtslage blieb im Wesentlichen bis ins Jahr 2003 unverändert. Lediglich Art. 1 Nr. 3 des **8 Vierten Gesetzes zur Änderung des Urheberrechtsgesetzes** v. 8.5.1998[33] hat in Umsetzung der Satelliten- und Kabel-RL (→ Rn. 13) § 76 Abs. 3 neu eingefügt. Danach war § 20b Abs. 1 auf ausübende Künstler entsprechend anzuwenden;[34] auf eine ausdrückliche Inbezugnahme des § 20a verzichtete der Gesetzgeber.[35] Die angeordnete Geltung des § 20b Abs. 2 stellte „im Bereich des Rechts des ausübenden Künstlers sicher, dass der Grundsatz der angemessenen Vergütung auch für die Kabelweitersendung der Darbietung des Interpreten gilt.“[36] Diese interpretenvertragsrechtliche Flankierung des Kabelweitersendungsrechts ist nicht unionsrechtlich vorgegeben, sondern beruht auf einer autonomen Entscheidung des nationalen Gesetzgebers.

Das **Gesetz zur Regelung des Urheberrechts in der Informationsgesellschaft** v. 10.9. **9** 2003[37] konzipierte den ganzen Abschnitt neu.[38] Seitdem werden die bisher verstreuten Ausschließlichkeitsrechte und Vergütungsansprüche bei öffentlichen Wiedergaben der Darbietung in § 78 zusammengefasst.[39] Damit steht fest, dass die „**öffentliche Wiedergabe**" der gesetzliche **Oberbegriff** für alle Verwertungen in unkörperlicher Form ist, die das Gesetz mit Rechten zugunsten des ausübenden Künstlers ausgestaltet.[40] § 78 Abs. 1 regelt den Schutzinhalt des Ausschließlichkeitsrechts, § 78 Abs. 2 den Schutzinhalt der an die Stelle des fehlenden Verbotsrechts tretenden Vergütungsansprüche. In Umsetzung von Art. 3 Abs. 2 InfoSoc-RL und Art. 10 WPPT wurde § 78 Abs. 1 Nr. 1 mit Wirkung zum 13.9.2003[41] neu eingefügt. Das Recht der **öffentlichen Zugänglichmachung** wurde damit erstmals als ausschließliches Recht des Interpreten ausgestaltet. Vor Inkrafttreten der Neuregelung war diese Verwertungsform dem Interpreten nicht zugewiesen (→ Rn. 7). In § 78 Abs. 1 Nr. 2 wurde das ausschließliche Senderecht neu gefasst.[42] Danach reduziert sich das Ausschließlichkeitsrecht bei erlaubterweise aufgenommenen Darbietungen alternativ zum Erscheinen auch dann auf einen Vergütungsanspruch, wenn der Bild- oder Tonträger erlaubterweise öffentlich zugänglich gemacht worden ist. § 78 Abs. 1 Nr. 3 entspricht ohne inhaltliche Veränderungen dem bisherigen § 74 aF.[43] § 78 Abs. 2 Nr. 1 regelt den vorher in § 76 Abs. 2 aF niedergelegten Vergütungsanspruch des Interpreten für die Sendung erschienener oder – eine Konsequenz der Beschränkung des § 78 Abs. 1 Nr. 2 – auch erlaubterweise öffentlich zugänglich gemachter Bild- oder Tonträger. § 78 Abs. 2 Nr. 2 übernimmt den früher in § 77 Alt. 1 aF enthaltenen Vergütungsanspruch für die öffentliche Wahrnehmbarmachung von Bild- oder Tonträgern, während der früher in § 77 Alt. 2 aF geregelte Vergütungsanspruch für die Funksendung jetzt in § 78 Abs. 2 Nr. 3 zu finden ist. **Inhaltlich** hat das Gesetz den Begriff der Funksendung durch den der Sendung ersetzt und zugleich den Vergütungsanspruch auf die öffentliche Wiedergabe einer öffentlich zugänglich gemachten Darbietung erweitert. Die in § 78 Abs. 3 neu vorgesehene Unverzichtbarkeit der Vergütungsansprüche und die Abtretungsbeschränkung sollen sicherstellen, dass die gesetzlichen Vergütungsansprüche auch tatsächlich dem ausübenden Künstler zugute kommen.[44] § 78 Abs. 4 entspricht inhaltlich unverändert dem § 76 Abs. 3 aF.[45]

3. Unionsrechtliche Vorgaben

Die Rechte an der öffentlichen Wiedergabe der Darbietung sind im Unionsrecht auf **mehrere 10 Richtlinien** verteilt. Problematisch daran ist, dass diese einen jeweils **unterschiedlichen Harmoni-**

---

[30] BT-Drs. IV/270, 91 ff.
[31] Näher BT-Drs. IV/270, 91 f.
[32] Näher BT-Drs. IV/270, 92 f.
[33] BGBl. I S. 902.
[34] BT-Drs. 13/4796, 14.
[35] BT-Drs. 13/4796, 9, 14.
[36] BT-Drs. 13/4796, 14.
[37] BGBl. I S. 1774.
[38] BT-Drs. 15/38, 15.
[39] BT-Drs. 15/38, 24.
[40] *Dünnwald* ZUM 2004, 161 (165).
[41] Art. 6 Abs. 1 Gesetz zur Regelung des Urheberrechts in der Informationsgesellschaft, BGBl. 2003 I S. 1774.
[42] BT-Drs. 15/38, 24.
[43] BT-Drs. 15/38, 24.
[44] BT-Drs. 15/38, 24.
[45] BT-Drs. 15/38, 24.

sierungsgrad aufweisen.[46] Im Grundsatz kennt auch das Unionsrecht kein umfassendes Recht der öffentlichen Wiedergabe. Art. 3 Abs. 1 InfoSoc-RL, der die Grundlage dieses umfassenenden Ausschließlichkeitsrechts ist, ist ausdrücklich auf Urheber beschränkt. Daraus folgt, dass die Rechte an der öffentlichen Wiedergabe der Darbietung unionsrechtlich abschließend enumeriert sind.

11   **a) Recht der öffentlichen Zugänglichmachung. Art. 3 Abs. 2 lit. a InfoSoc-RL** sieht für ausübende Künstler das ausschließliche Recht vor, die Aufzeichnungen ihrer Darbietungen drahtgebunden oder drahtlos in einer Weise der Öffentlichkeit zugänglich zu machen, dass sie Mitgliedern der Öffentlichkeit von Orten und zu Zeiten ihrer Wahl zugänglich sind. Damit setzt die EU ihre Pflichten aus Art. 10 WPPT um[47] (→ Rn. 25). Sie geht allerdings über dieses völkerrechtliche Mindestrecht hinaus, weil das Recht auch für Bild- und Bild-/Tonträger gilt.[48] Schutzinhalt sind nur Handlungen der Zugänglichmachung von aufgezeichneten Darbietungen für Mitglieder der Öffentlichkeit, die an dem Ort der Zugänglichmachung nicht anwesend sind (Erwägungsgrund (24) InfoSoc-RL).[49] Der Begriff der **„öffentlichen Zugänglichmachung"** in Art. 3 Abs. 2 InfoSoc-RL fällt unter den weitergehenden Begriff der „öffentlichen Wiedergabe".[50] Allerdings stellt Erwägungsgrund (24) InfoSoc-RL klar, dass sich das Ausschließlichkeitsrecht für Inhaber von Leistungsschutzrechten auf die öffentliche Zugänglichmachung beschränkt und – im Unterschied zum Urheber (Art. 3 Abs. 1 InfoSoc-RL) – **nicht für andere Handlungen der öffentlichen Wiedergabe** gilt (→ Rn. 30 ff.).[51] Das Unionsrecht weist dem Interpreten – anders als in Art. 3 Abs. 1 InfoSoc-RL dem Urheber – keine weitergehenden Rechte zu. Mitgliedstaaten können Handlungen, die eine öffentliche Wiedergabe, aber keine Zugänglichmachung iSv Art. 3 Abs. 2 InfoSoc-RL sind, mit einem Ausschließlichkeitsrecht versehen, sofern sie damit den Schutz der Urheberrechte nicht beeinträchtigen.[52] Das ist bei der Gewährung von unabhängigen Leistungsschutzrechten regelmäßig nicht der Fall.[53] Die InfoSoc-RL enthält keine Anhaltspunkte dafür, dass die Mitgliedstaaten Verwertungshandlungen von leistungsschutzrechtlich geschützten Gegenständen, die nicht unter Art. 3 Abs. 2 InfoSoc-RL fallen, hinsichtlich der Art und des Umfangs des Schutzes nicht mehr selbständig zuerkennen können. Der Unionsgesetzgeber hatte nicht die Absicht, etwaige Unterschiede zwischen den nationalen Rechtsvorschriften zu harmonisieren.[54] Einen weiteren Aspekt harmonisiert jetzt die Richtlinie für die Wahrnehmung von Urheberrechten und verwandten Schutzrechten in Bezug auf bestimmte Online-Übertragungen von Rundfunkveranstaltern und die Weiterverbreitung von Fernseh- und Hörfunkprogrammen.[55] Für bestimmte **programmakzessorische Online-Dienste** von Rundfunkveranstaltern, insbesondere für Nachholdienste, gilt, dass für die dafür erforderlichen Rechte nach Art. 3 Abs. 2 lit. a InfoSoc-RL das **Herkunftslandprinzip** gilt. Art. 3 Abs. 2 InfoSoc-RL ist insgesamt keine Vollharmonisierung, sondern lediglich eine Teilharmonisierung des Rechts der öffentlichen Wiedergabe. **Teilharmonisierung** bedeutet, dass der Mitgliedstaat bezüglich des Schutzinhalts des Rechts der öffentlichen Zugänglichmachung als Teilaspekt der öffentlichen Wiedergabe an die Vorgaben der InfoSoc-RL gebunden ist, während er sonstige Handlungen der öffentlichen Wiedergabe, die von diesem Teilaspekt nicht erfasst werden, dem Interpreten ebenfalls zur ausschließlichen Verwertung zuweisen kann. Deutschland hat die Vorgaben in § 78 Abs. 1 Nr. 1 **umgesetzt.** Das deutsche Recht weist dem Interpreten – im deutlichen Unterschied zum Urheber (→ Rn. 1) – keine weitergehenden Rechte an der öffentlichen Wiedergabe zu. Die Entscheidung des Gesetzgebers, für den Interpreten den Rückgriff auf § 15 Abs. 2 zu sperren und ihm kein unbenanntes Recht an der öffentlichen Wiedergabe der Darbietung zu gewähren, ist daher richtlinienkonform.

12   **b) Ausschließliches Recht der öffentlichen Wiedergabe.** Die **Vermiet- und Verleih-RL** differenziert: Einerseits schreibt Art. 8 Abs. 1 ein **ausschließliches Recht** für ausübende Künstler vor, drahtlos übertragene **Rundfunksendungen** und die **öffentliche Wiedergabe** ihrer Darbietungen zu erlauben oder zu verbieten. Der Schutzinhalt dieses ausschließlichen Rechts der öffentlichen Wiedergabe ist nicht restlos geklärt. Aus der Beschränkung auf die drahtlose Sendung folgt, dass die drahtgebundene Sendung (Kabelsendung) nicht von Art. 8 Abs. 1 Vermiet- und Verleih-RL erfasst wird.[56] Im übrigen ist der Begriff „öffentliche Wiedergabe" unter Beachtung und im Einklang mit den im WPPT verwendeten Begriffen auszulegen.[57] Nach Art. 2 lit. g WPPT ist die öffentliche

---

[46] Vertiefend *Grünberger* ZUM 2015, 273 (282 f.); *Leistner* GRUR 2014, 1145 (1149 ff.); *Lucas-Schloetter* ZGE 2013, 84.
[47] S. Erwägungsgrund (15) InfoSoc-RL.
[48] Walter/v. Lewinski/*Walter*, European Copyright Law, 2010, Rn. 11.3.38.
[49] → Rn. 30.
[50] EuGH GRUR 2015, 477 Rn. 24 – C More Entertainment AB/Sandberg; BGH ZUM-RD 2018, 665 Rn. 26 – YouTube.
[51] Walter/v. Lewinski/*Walter*, European Copyright Law, 2010, Rn. 11.3.38.
[52] EuGH GRUR 2015, 477 Rn. 37 – C More Entertainment AB/Sandberg.
[53] → Vor §§ 73 ff. Rn. 72 f.
[54] EuGH GRUR 2015, 477 Rn. 31 – C More Entertainment AB/Sandberg.
[55] → Vor §§ 73 ff. Rn. 41c.
[56] Walter/v. Lewinski/*v. Lewinski,* European Copyright Law, 2010, Rn. 6.8.6.
[57] EuGH GRUR 2012, 597 Rn. 58 – Phonographic Performance (Ireland); EuGH GRUR 2012, 592 Rn. 55 – SCF.

Wiedergabe der Oberbegriff und die drahtlose Sendung ist ein Unterfall davon.[58] Dieses Recht besteht aber nach dem Wortlaut von Art. 8 Abs. 1 Vermiet- und Verleih-RL nicht („es sei denn"), wenn die Darbietung selbst bereits eine gesendete Darbietung ist oder auf einer Aufzeichnung beruht. **Schutzinhalt** des Ausschließlichkeitsrechts ist damit – in Übereinstimmung mit Art. 6 lit. i WPPT – **nur** die Sendung und öffentliche Wiedergabe einer **Live-Darbietung.**[59] Deshalb erfasst Art. 8 Abs. 1 Vermiet- und Verleih-RL auch keine Online-Abrufdienste,[60] weil diese immer eine aufgezeichnete Darbietung voraussetzen (→ Rn. 29). Das hat Auswirkungen auf den Begriff der öffentlichen Wiedergabe (→ Rn. 15). Obwohl in der Vermiet- und Verleih-RL eine der InfoSoc-RL vergleichbare Beschränkung ihres sachlichen Anwendungsbereichs (nur Wiedergabehandlungen gegenüber einer Öffentlichkeit, die an dem Ort, an dem die Wiedergabe ihren Ursprung nimmt, nicht anwesend ist) fehlt, ist davon auszugehen, dass diese Beschränkung aufgrund des sonst fehlenden Harmonisierungsbedarfs auch für Art. 8 Abs. 1 Vermiet- und VerleihrechtRL gilt. Deshalb fällt die unmittelbar vor dem anwesenden Publikum stattfindende Darbietung nicht in den Anwendungsbereich der Richtlinien. Wird dagegen eine **Übertragung** notwendig, weil das Publikum nicht am Ort der Wiedergabe anwesend ist, greifen beide Richtlinien ein.[61] Art. 8 Abs. 1 Vermiet- und Verleih-RL ist eine **Mindestharmonisierung,** weil die Mitgliedstaaten nach Erwägungsgrund (16) der Richtlinie einen weiterreichenden Schutz vorsehen können.[62] Das bedeutet, dass die Mitgliedstaaten den ausübenden Künstlern das ausschließliche Recht gewähren können, Handlungen der öffentlichen Wiedergabe ihrer Darbietungen auch unter anderen Umständen, als den in Art. 8 Abs. 1 Vermiet- und Verleih-RL vorgesehenen zu erlauben oder zu verbieten. Ein solches Recht darf gem. Art. 12 der Richtlinie den Schutz der Urheberrechte in keiner Weise beeinträchtigen.[63] Davon hat Deutschland – im Unterschied zum Sendeunternehmen (§ 87 Abs. 1 Nr. 1)[64] – keinen Gebrauch gemacht. Das (beschränkte) ausschließliche Senderecht der Live-Darbietung ist in § 78 Abs. 1 Nr. 2 und das beschränkte ausschließliche Recht der öffentlichen Wiedergabe der Live-Darbietung in § 78 Abs. 1 Nr. 2 **umgesetzt.**

Nach Art. 4 Abs. 1 und Abs. 2 der **Satelliten- und Kabel-RL** erfasst das (inhaltlich beschränkte, **13** → Rn. 12) Senderecht nach Art. 8 Abs. 1 Vermiet- und Verleih-RL auch die öffentliche Wiedergabe, soweit sie über **Satellit** erfolgt.[65] Dabei handelt es sich für die ausübenden Künstler um eine **Mindestharmonisierung** (Art. 6 Abs. 1 Satelliten- und Kabel-RL). Die in § 20a Abs. 3 umgesetzte Legaldefinition der Satellitensendung (Art. 1 Abs. 2 lit. a Satelliten- und Kabel-RL) gilt wegen Art. 4 Abs. 2 iVm Art. 1 Abs. 2 Satelliten- und Kabel-RL ohne weiteres auch im Interpretenrecht.[66] Obwohl der Gesetzgeber auf die terminologische Klarstellung verzichtet hat (→ Rn. 8), wäre sie aus unionsrechtlichen Gründen wünschenswert. Art. 9 Abs. 1 Satelliten- und Kabel-RL ordnet die Verwertungsgesellschaftspflicht des ausschließlichen Senderechts an, soweit es um eine **Kabelweiterverbreitung** (legaldefiniert in Art. 1 Abs. 3 Satelliten- und Kabel-RL) und damit eine Zweitverwertung der Darbietung[67] geht. Das setzt § 78 Abs. 4 mit dem Verweis auf § 20b Abs. 1 um.[68] Das ist eine „überschießende Umsetzung",[69] weil sich der sachliche Anwendungsbereich der Richtlinie auf Weitersendungen aus einem anderen Mitgliedstaat beschränkt, während § 78 Abs. 4 iVm § 20b Abs. 1 auch rein nationale Vorgänge erfasst.[70] Die Norm ist in beiden Konstellationen einheitlich und damit richtlinienkonform auszulegen. Nicht unionsrechtlich vorgegeben ist der zusätzliche Vergütungsanspruch des ausübenden Künstlers (§ 78 Abs. 4 iVm § 20b Abs. 2).[71] Für die nicht von Art. 9 Vermiet- und VerleihrrechtsRL erfassten **Weiterverbreitungshandlungen über das Internet** gilt nach Art. 3 der Richtlinie für die Wahrnehmung von Urheberrechten und verwandten Schutzrechten in Bezug auf bestimmte Online-Übertragungen von Rundfunkveranstaltern und die Weiterverbreitung von Fernseh- und Hörfunkprogrammen[72] eine Verwertungsgesellschaftspflichtigkeit.

---

[58] Vgl. auch EuGH GRUR 2012, 597 Rn. 47 – Phonographic Performance (Ireland), wonach die Übermittlung von Sendesignalen an Empfangsgeräte eine öffentliche Wiedergabe ist; vgl. auch EuGH GRUR 2015, 477 Rn. 24 – C More Entertainment AB/Sandberg (zum Verhältnis der Zugänglichmachung zur Wiedergabe in Art. 3 Abs. 1 InfoSoc-RL).

[59] *Grünberger* ZUM 2015, 273 (283); Walter/v. Lewinski/*v. Lewinski,* European Copyright Law, 2010, Rn. 6.8.10 f.

[60] Näher – wenn auch aus anderen Gründen – Walter/v. Lewinski/*v. Lewinski,* European Copyright Law, 2010, Rn. 6.8.9. Anders die Auffassung der Kommission, vgl. Erwägungsgrund (6) der Empfehlung der Kommission v. 18.5.2005 für die länderübergreifende kollektive Wahrnehmung von Urheberrechten und verwandten Schutzrechten, die für legale Online-Musikdienste benötigt werden, ABl. 2006 L 276, S. 54.

[61] *Grünberger* ZUM 2015, 273 (275) zur InfoSoc-RL und zu den Auswirkungen für § 19 Abs. 3.

[62] EuGH GRUR 2015, 477 Rn. 33 – C More Entertainment AB/Sandberg; s. auch BT-Drs. 13/115, 10.

[63] Vgl. EuGH GRUR 2015, 477 Rn. 35 – C More Entertainment AB/Sandberg (zum Sendeunternehmen); → Vor §§ 73 ff. Rn. 72.

[64] → § 87 Rn. 8.

[65] Näher Walter/v. Lewinski/*Dreier,* European Copyright Law, 2010, Rn. 7.4.8 f.

[66] BT-Drs. 13/4796, 9, 14.

[67] BT-Drs. 13/4796, 13; *Dünnwald/Gerlach* Vor § 77 Rn. 15.

[68] BT-Drs. 13/4796, 14.

[69] Zum Begriff *Habersack/Mayer* in Riesenhuber (Hrsg.), Europäische Methodenlehre, 2015, S. 297 ff.

[70] BT-Drs. 13/4796, 13.

[71] BT-Drs. 13/4796, 14.

[72] → Vor §§ 73 ff. Rn. 41c.

14   **c) Vergütungsansprüche bei öffentlicher Wiedergabe.** An die Stelle des unionsrechtlich nicht vorgesehenen Ausschließlichkeitsrechts bei der Verwertung festgelegter Darbietungen (→ Rn. 12) tritt ein **angemessener Vergütungsanspruch.** Voraussetzung ist, dass ein zu **Handelszwecken veröffentlichter Tonträger** für drahtlos übertragene Rundfunksendungen oder eine öffentliche Wiedergabe benutzt wird (Art. 8 Abs. 2 Vermiet- und Verleih-RL). Der Vergütungsanspruch besteht auch bei Satellitensendungen (Art. 4 Abs. 1 Satelliten- und Kabel-RL).[73] Die Regelung basiert auf Art. 12 Rom-Abkommen (→ Rn. 22), geht aber in mehrfacher Hinsicht darüber hinaus[74] und entspricht im Kern den Vorgaben des Art. 15 WPPT (→ Rn. 26). Vergütungspflichtig ist jede unmittelbare und mittelbare Nutzung des Tonträgers, auf dem eine Darbietung festgelegt worden ist.[75] Die Richtlinie differenziert im Unterschied zu Art. 12 Rom-Abkommen also nicht zwischen einer Zweit- oder Drittverwertung der Darbietung.[76] Sie erfasst also auch den Fall, dass die Sendung der auf einem Tonträger aufgezeichneten Darbietung eines ausübenden Künstlers weitergesendet wird.[77] Der Begriff der angemessenen **Vergütung** ist unionsweit **einheitlich auszulegen,** wobei der Mitgliedstaat für sein Gebiet die Kriterien festsetzt, die am besten geeignet sind, innerhalb der von der Richtlinie gezogenen Grenzen die Beachtung dieses Unionsbegriffs zu gewährleisten.[78] Zahlungspflichtig ist der Nutzer. **„Nutzer"** ist, wer einen Tonträger für eine Rundfunksendung oder eine öffentliche Wiedergabe nutzt.[79] Das ist die Person, die in voller Kenntnis der Folgen ihres Verhaltens tätig wird, um Dritten beispielsweise Zugang zu einer Rundfunksendung zu verschaffen, die das geschützte Werk enthält.[80] Die Mitgliedstaaten müssen sicherstellen, dass die vom Nutzer geschuldete einheitliche Vergütung unter den ausübenden Künstlern und den Tonträgerherstellern aufgeteilt wird.[81] Die §§ 78 Abs. 2, 86 **setzen** diese **Vorgaben um** und sind daher richtlinienkonform zu interpretieren. Der sachliche Anwendungsbereich des Vergütungsrechts beschränkt sich auf **Tonträger.** Weil es sich insoweit um einen Mindestschutz handelt, können die Mitgliedstaaten den Vergütungsanspruch auf (audio-)visuelle Datenträger erweitern.[82] Die Mitgliedstaaten können anstelle des Vergütungsanspruchs nach Erwägungsgrund (16) Vermiet- und Verleih-RL und Art. 6 Satelliten- und Kabel-RL auch einen weitergehenden Schutz vorsehen und die Rechtsposition des ausübenden Künstlers als Ausschließlichkeitsrecht ausgestalten (→ Rn. 12). Nicht mehr richtlinienkonform wäre es aber, am Vergütungsanspruch festzuhalten und den Begriff der öffentlichen Wiedergabe abweichend von Art. 8 Abs. 2 Vermiet- und Verleih-RL zu interpretieren (→ Rn. 17).

15   **d) Öffentliche Wiedergabe – Einheitlicher Begriff bei unterschiedlichem Schutzinhalt.** Das Unionsrecht verwendet den Begriff der „öffentlichen Wiedergabe" sowohl für das Ausschließlichkeitsrecht (Art. 8 Abs. 1 Vermiet- und Verleih-RL und – als Oberbegriff (→ Rn. 11) – auch für Art. 3 Abs. 2 lit. a InfoSoc-RL) als auch für die Vergütungsansprüche (Art. 8 Abs. 2 Vermiet- und Verleih-RL) des Interpreten. Zugleich verwendet es den Begriff für das – umfassende – Ausschließlichkeitsrecht des Urhebers in Art. 3 Abs. 1 InfoSoc-RL. Das wirft die Frage auf, ob das Unionsrecht einen einheitlichen Begriff für alle Verwertungsrechte verwendet oder ob es je unterschiedliche Begriffsinhalte für Ausschließlichkeitsrechte einerseits und Vergütungsansprüche andererseits gibt.[83] Die Position des EuGH dazu war zwischenzeitlich unklar;[84] vieles deutete auf zwei unterschiedliche Begriffskonzeptionen hin.[85] Mittlerweile haben sich EuGH und BGH übereinstimmend für ein **einheitliches Begriffsverständnis** ausgesprochen.[86] Damit steht fest, dass die „öffentliche Wiedergabe" in jeder Richtlinie, also auch in der mindestharmonisierenden Vermiet- und Verleih-RL, ein einheitlicher und autonom auszulegender Begriff des Unionsrechts ist. Damit konkretisiert der EuGH nicht nur den Schutzinhalt der Ausschließlichkeitsrechte unionsweit einheitlich, sondern bestimmt auch die Ausgestaltung und den Umfang des Vergütungsanspruchs. Die Mitgliedstaaten – und damit auch die nationalen Gerichte – haben keine Kompetenz, den Tatbestand der Vergütungsansprüche weiter zu fassen.[87] **Konsequenz** des einheitlichen Begriffsverständnisses ist, dass der Begriff der „öffentlichen Wiedergabe" im Interpretenrecht genauso zu verstehen ist, wie im Urheberrecht.[88] Der Grundsatz

---

[73] Walter/v. Lewinski/*Dreier,* European Copyright Law, 2010, Rn. 7.4.8.
[74] Näher Walter/v. Lewinski/*v. Lewinski,* European Copyright Law, 2010, Rn. 6.8.13.
[75] BGH ZUM 2016, 162 Rn. 34 – Ramses; BGH ZUM 2016, 652 Rn. 37 – Köngshof.
[76] Vgl. Walter/v. Lewinski/*v. Lewinski,* European Copyright Law, 2010, Rn. 6.8.17 f.
[77] BGH ZUM 2016, 652 Rn. 37 – Königshof.
[78] EuGH GRUR 2003, 325 Rn. 38 – Stichting ter Exploitatie van Naburige Rechten/Nederlandse Omroep Stichting. Zur Frage der „Angemessenheit" von Vergütungsansprüchen → § 54 Rn. 8.
[79] EuGH GRUR 2012, 597 Rn. 27 – Phonographic Performance (Ireland).
[80] EuGH GRUR 2012, 597 Rn. 31 – Phonographic Performance (Ireland); EuGH GRUR 2012, 592 Rn. 82 – SCF.
[81] Näher zu den Möglichkeiten Walter/v. Lewinski/*v. Lewinski,* European Copyright Law, 2010, Rn. 6.8.20 f.
[82] Walter/v. Lewinski/*v. Lewinski,* European Copyright Law, 2010, Rn. 6.8.15.
[83] Zum Problem *Grünberger* GRUR 2016, 977.
[84] Vgl. EuGH GRUR 2014, 472 Rn. 35 – OSA (Ausschließlichkeitsrecht des Urhebers) mit EuGH GRUR 2012, 592 Rn. 76 f. – SCF (Vergütungsanspruch des Interpreten).
[85] Dazu ausführlich Schricker/Loewenheim/*Grünberger* (5. Aufl., 2017), § 78 Rn. 15 ff.
[86] EuGH ZUM 2016, 744 Rn. 28 ff. – Reha Training/GEMA; BGH ZUM 2018, 532 Rn. 22 – Krankenhausradio; BGH ZUM 2016, 652 Rn. 41 – Königshof; vorher schon BGH GRUR 2012, 1136 Rn. 14 – Breitbandkabel (zur überschießenden Umsetzung im Senderecht).
[87] *Grünberger* GRUR 2016, 977 (980); aA noch *Leistner* GRUR 2014, 1145 (1153).
[88] → § 15 Rn. 58 ff.

der einheitlichen Auslegung gilt aber nur soweit „der Unionsgesetzgeber in einem konkreten gesetz-geberischen Kontext einen anderen Willen zum Ausdruck gebracht hat" und Anhaltspunkte dafür bestehen, dass der Begriff der „öffentlichen Wiedergabe" im jeweiligen Kontext der Richtlinien eine unterschiedliche Bedeutung hat.[89] Das ist für die „öffentliche Wiedergabe" in Art. 8 Abs. 1 Vermiet-und Verleih-RL der Fall. Weil Schutzgegenstand nur die Live-Darbietung ist (→ Rn. 12), ist der Öf-fentlichkeitsbegriff zwangsläufig auf die im Moment der Darbietung vorhandene Öffentlichkeit be-schränkt, die zudem tatsächlich empfangsbereit sein muss (→ Rn. 47 ff.).

Das einheitliche Begriffsverständnis darf aber nicht darüber hinwegtäuschen, dass der **Schutzinhalt** 16 der Verwertungsrechte des Interpreten an der „öffentlichen Wiedergabe" **nicht identisch** ist mit dem Recht der öffentlichen Wiedergabe des Urhebers ist. Wie bereits gesehen, hat der Urheber ein um-fassendes, generalklauselartiges Recht an jeder öffentlichen Wiedergabe seines Werkes.[90] Der Schutz-inhalt der Verwertungsrechte des ausübenden Künstlers an der „öffentliche Wiedergabe" der Darbie-tung ist dagegen mehrfach beschränkt:

– als Ausschließlichkeitsrecht auf den Unterfall der öffentlichen Zugänglichmachung (Art. 3 Abs. 2 lit. a InfoSoc-RL, → Rn. 11, 30 ff.);

– auf die Sendung (auch über Satellit (Art. 4 Satelliten-KabelRL) und Kabelweiterverbreitung (Art. 9 Satelliten- und Kabel-RL)) seiner Live-Darbietung (Art. 8 Abs. 1 Vermiet- und Verleih-RL, → Rn. 12 f.);

– und auf die öffentliche Wiedergabe der Darbietung an ein Publikum, das an dem Ort, an dem die Darbietung ihren Ursprung nimmt, nicht anwesend ist (Art. 8 Abs. 1 Vermiet- und Verleih-RL, → Rn. 12);

– als **Vergütungsanspruch** auf alle Fälle der Zweit- oder Drittverwertung von erlaubterweise auf Ton- oder Bild-/Tonträger festgelegten Darbietungen (Art. 8 Abs. 2 Vermiet- und Verleih-RL, → Rn. 14).

Alle hier nicht aufgezählten Verwertungshandlungen sind unionsrechtlich nicht Schutzinhalt der Verwertungsrechte des Interpreten. Weil Deutschland beim Interpretenrecht nicht von den mindest-harmonisierenden Vorgaben abgewichen ist, ist dieses Ergebnis bei der Auslegung des § 78 kraft richt-linienkonformer Interpretation sicherzustellen.

Der beschränkte Schutzinhalt der Ausschließlichkeitsrechte an der öffentlichen Wiedergabe der 17 Darbietung wirkt sich im Interpretenrecht auch auf die täterschaftliche Haftung von **mittelbaren Verletzungshandlungen**[91] aus. Der EuGH hat rechtsfortbildend in einer Reihe von Entscheidun-gen[92] mittelbare Verletzungshandlungen als (täterschaftliche) Eingriffe in den Schutzinhalt des Art. 3 Abs. 1 InfoSoc-RL gewertet.[93] Obwohl diese Rechtsfortbildung auf Art. 3 Abs. 1 InfoSoc-RL ge-stützt ist, ist sie grundsätzlich auch im Interpretenrecht anzuwenden.[94] Voraussetzung dafür ist, dass die mittelbare Verletzungshandlung, die dem Dritten die (unmittelbare) Nutzungshandlung ermög-licht, vom beschränkten Schutzinhalt der „öffentlichen Wiedergabe" im Interpretenrecht erfasst wird. Ist die unmittelbare Verletzungshandlung eine öffentliche Zugänglichmachung iSv Art. 3 Abs. 2 lit. a InfoSoc-RL, ist deshalb zu fragen, ob die mittelbar handelnde Plattformbetreiberin (YouTube) die Schutzgegenstände insoweit selbst öffentlich wiedergibt.[95] Ist die unmittelbare Nutzungshandlung dagegen ein unbenannter Fall der öffentlichen Wiedergabe (§ 15 Abs. 1 in richtlinienkonformer Aus-legung von Art. 3 Abs. 1 InfoSoc-RL), der dem Interpreten nicht ausdrücklich als ausschließliches Recht zugewiesen wurde, scheitert die täterschaftliche Konstruktion mittelbarer Verletzungshandlun-gen.[96] Wenn bereits die unmittelbare Nutzungshandlung nicht Schutzinhalt eines Ausschließlichkeits-rechts ist, folgt daraus erst recht, dass mittelbare Tatbeiträge dazu nicht zu einer Verantwortlichkeit führen können.

II. Persönlicher Anwendungsbereich (Fremdenrecht)

1. Unbeschränkte Anwendbarkeit

Die Rechte aus § 78 stehen allen Interpreten zu, die Deutsche (§ 125 Abs. 1 S. 1), deutschen 18 Staatsangehörigen gleichgestellt oder EU-Staatsangehörige (§§ 125 Abs. 1 S. 2, 120 Abs. 2), Staatenlo-se oder Flüchtlinge mit gewöhnlichem Aufenthalt in Deutschland (§§ 125 Abs. 5 S. 2, 122 Abs. 1, 123 S. 1) sind, unabhängig davon, wo die Darbietungen stattfanden. Zu Gruppendarbietungen → § 80 Rn. 37. In diesen Fällen ist Anknüpfungspunkt für den interpretenrechtlichen Schutz die

---

[89] EuGH ZUM 2016, 744 Rn. 28, 31 – Reha Training/GEMA.
[90] → § 15 Rn. 59.
[91] Zur Differenzierung *Ohly* GRUR 2018, 996.
[92] EuGH ZUM 2016, 975 – GS Media/Sanoma; EuGH ZUM 2017, 587 – Stichting Brein/Wullems (Filmspe-ler); EuGH ZUM 2017, 746 – Stichting Brein/Ziggo BV (The Pirate Bay).
[93] → § 15 Rn. 59.
[94] Grundlegend BGH ZUM-RD 2018, 665 Rn. 24 ff. – YouTube.
[95] BGH ZUM-RD 2018, 665 Rn. 24 ff. – YouTube.
[96] So auch *Ohly* GRUR 2018, 1139.

Staatsangehörigkeit des ausübenden Künstlers im Zeitpunkt der Darbietungserbringung[97] und nicht die Staatsangehörigkeit desjenigen, der Nutzungsrechte von ihr ableitet.[98]

2. Drittstaatsangehörige

19   **a) Nationales Fremdenrecht. aa) Persönlichkeitsrechtlicher Mindestschutz (§ 125 Abs. 6).** Nicht EU-Staatsangehörige können sich, unabhängig von zusätzlichen Voraussetzungen, auf den **persönlichkeitsrechtlichen Mindestschutz** (§ 125 Abs. 6) stützen.[99] Dieser erfasst allerdings nur das Recht der öffentlichen Wahrnehmbarmachung (§ 78 Abs. 1 Nr. 3 iVm § 125 Abs. 6 S. 1) und das ausschließliche Senderecht (§ 78 Abs. 1 Nr. 2 iVm § 125 Abs. 6 S. 2) an der Live-Darbietung. Hinsichtlich des Senderechts wird der fremdenrechtliche Schutz auf die unmittelbare Sendung einer Live-Darbietung beschränkt, obwohl der sachliche Anwendungsbereich des Ausschließlichkeitsrechts auch die Sendung einer aufgenommenen Darbietung erfasst (→ Rn. 41). § 125 Abs. 6 bietet daher grundsätzlich keinen Schutz für die Verwertung aufgenommener Bild- und Tonträger. Der Schutz unterliegt dem unionsrechtlich vorgesehenen **Schutzdauervergleich** (§ 125 Abs. 7).[100]

20   **bb) Schutz bei inländischen Darbietungen (§ 125 Abs. 2–Abs. 4).** Findet die **Darbietung im räumlichen** Geltungsbereich des UrhG[101] statt, genießen die ausländischen ausübenden Künstler Schutz nach § 78, soweit sich aus § 125 Abs. 3 und Abs. 4 nichts anderes ergibt (§ 125 Abs. 2).[102] § 125 Abs. 2 ist gegenüber § 125 Abs. 3 und Abs. 4 **subsidiär.**[103] § 125 Abs. 3 betrifft die Verwertung von erlaubterweise aufgenommenen und im Geltungsbereich des UrhG auf Bild- oder Tonträger **erschienenen** Darbietungen. Rechtsfolge des § 125 Abs. 3 ist, dass sich der ausübende Künstler auf das Recht der öffentlichen Zugänglichmachung (§ 78 Abs. 1 Nr. 1) stützen und er die Vergütungsansprüche aus § 78 Abs. 2 geltend machen kann. Ist der Tonträger außerhalb der Karenzzeit im Ausland erschienen (§ 6 Abs. 2),[104] scheidet ein Schutz nach § 125 Abs. 3 aus.[105] Das gilt nach dem Wortlaut des § 125 Abs. 2 auch, wenn die Darbietung in Deutschland stattfand.[106] § 125 Abs. 4 betrifft die im Geltungsbereich des UrhG **gesendeten** Darbietungen.[107] Damit wird mittelbar an den Schutz der Sendeunternehmen angeknüpft und der Schutz der ausländischen ausübenden Künstler gegen die weitere Verwertung der Sendung[108] geschützt. Rechtsfolge des § 125 Abs. 4 ist, dass der ausländische Interpret Inhaber des (Zweit-)Senderechts (§ 78 Abs. 1 Nr. 2) und des Vergütungsanspruchs aus § 78 Abs. 3 Nr. 3 ist. Ist die Sendung nicht im Inland ausgestrahlt worden, scheidet ein Schutz der Darbietung nach § 125 Abs. 4 aus, unabhängig davon, ob sie im In- oder Ausland erfolgte[109] (§ 125 Abs. 2 iVm Abs. 4). Der Schutz nach § 125 Abs. 2–Abs. 4 unterliegt dem unionsrechtlich vorgesehen **Schutzdauervergleich** (§ 125 Abs. 7).[110]

21   **b) Schutz nach Konventionsrecht (§ 125 Abs. 5 S. 1).** Im Übrigen werden die Nicht-EU-Staatsangehörigen nach dem Inhalt der Staatsverträge geschützt (§ 125 Abs. 5 S. 1).

22   **aa) Rom-Abkommen.** Ist der Anwendungsbereich des Rom-Abkommens[111] eröffnet, kann der Interpret wegen des **unbeschränkten Inländerbehandlungsgrundsatzes**[112] (Art. 4 Rom-Abkommen) alle Ausschließlichkeitsrechte des § 78 Abs. 1 geltend machen.[113] Das gilt auch für „das zum Zeitpunkt des Abschlusses des Rom-Abkommens gesetzlich noch nicht geregelte und unbekannte ausschließliche Recht des ausübenden Künstlers nach § 78 Abs. 1 Nr. 1".[114] Die Vergütungsansprüche des Art. 78 Abs. 1 stehen auch beim Inländerbehandlungsgrundsatz unter Gegenseitigkeitsvorbehalt (Art. 12 Rom-Abkommen).[115] Diese expansive Interpretation des Inländerbehandlungsgrundsatzes verringert die praktische Bedeutung der im Rom-Abkommen vorgesehenen Mindestrechte. Diese werden dem ausübenden Künstler **nicht** als **Ausschließlichkeitsrechte** eingeräumt.[116] Der Interpret hat lediglich die Möglichkeit bestimmte Handlungen, die ohne seine Zustimmung erfolgen, zu „untersagen" (Art. 7 Rom-Abkommen). Das Abkommen gewährt damit Rechtspositionen, die mit Sank-

---

[97] BGH ZUM 2016, 861 Rn. 31 – An Evening with Marlene Dietrich: kein Schutz nach § 125 Abs. 1 S. 1 für Marlene Dietrich, weil sie im Zeipunkt des Konzert (1972) nicht mehr deutsche Staatsangehörige war.
[98] BGH ZUM 2018, 123 Rn. 15 – Vorschaubilder III.
[99] → § 77 Rn. 11.
[100] → § 77 Rn. 15.
[101] Beispiele bei *Unger* ZUM 1988, 59 (62).
[102] → § 77 Rn. 12.
[103] → § 77 Rn. 12.
[104] BGH ZUM 2016, 861 Rn. 35 – An Evening with Marlene Dietrich.
[105] BGH ZUM 2016, 861 Rn. 34 ff. – An Evening with Marlene Dietrich; dazu → § 77 Rn. 13.
[106] → § 77 Rn. 13.
[107] → § 77 Rn. 14.
[108] BGH GRUR 1999, 49 (51) Bruce Springsteen and his Band.
[109] *Dünnwald/Gerlach* UrhG § 77 Rn. 24, UrhG § 78 Rn. 59.
[110] → § 77 Rn. 15.
[111] → Vor §§ 73 ff. Rn. 52 ff.
[112] → Vor §§ 73 ff. Rn. 54 f.
[113] Grundlegend BGH ZUM 2016, 861 Rn. 55 ff. – An Evening with Marlene Dietrich.
[114] BGH ZUM 2016, 861 Rn. 89 ff. – An Evening with Marlene Dietrich.
[115] *Ulmer* GRUR Ausl. 1961, 569 (586); → Vor §§ 73 ff. Rn. 54.
[116] Zu den Hintergründen *Straus* GRUR-Int 1985, 19 (25); *Ulmer* GRUR Ausl. 1961, 569 (581).

tionen nach Wahl des Vertragsstaates abzusichern sind.[117] Der ausübende Künstler hat danach das Recht, die **Sendung** und die **öffentliche Wiedergabe** seiner Darbietung zu untersagen.[118] Geschützt sind neben rein auditiven auch visuelle und audiovisuelle Darbietungen.[119] Die Sendung (zur Definition s. Art. 3 lit. f Rom-Abkommen) ist ein Spezialfall der öffentlichen Wiedergabe.[120] Mit der öffentlichen Wiedergabe ist jede Handlung gemeint, welche die Live-Darbietung „to another public, not present in the hall, by loudspeakers or by wire" überträgt.[121] Erfasst ist daher nur die öffentliche Übertragung von Darbietungen über Lautsprecher oder Draht an einen anderen Ort als den der Veranstaltung.[122] Der Begriff ist daher weder mit § 15 Abs. 2 noch mit Art. 3 Abs. 1 InfoSoc-RL gleichzusetzen.[123] Der **Schutzinhalt** ist beschränkt, weil nach dem Wortlaut des Art. 7 Abs. 1 lit. a Rom-Abkommen („es sei denn, dass für die Sendung oder für die öffentliche Wiedergabe eine bereits gesendete Darbietung oder die Festlegung einer Darbietung verwendet wird") **vier praktisch relevante Fälle nicht** erfasst sind:[124] Ausgeschlossen ist (1.) jede Zweitsendung oder Weitersendung (zur Definition s. Art. 3 lit. g Rom-Abkommen) einer bereits gesendeten Darbietung, (2.) jede Sendung einer festgelegten Darbietung, unabhängig davon, ob es sich um eine ephemere Aufnahme (Art. 15 lit. c Rom-Abkommen), eine Sendekopie (Art. 7 Abs. 2 S. 1 Rom-Abkommen) oder um einen erschienenen Bild- oder Tonträger (Art. 12 Rom-Abkommen) handelt, (3.) die Wiedergabe einer gesendeten Darbietung und (4.) die Wiedergabe einer festgelegten Darbietung. Damit beschränkt sich der Schutz in der Sache auf die **Live-Darbietung**,[125] obwohl dieser Begriff im Rom-Abkommen aufgrund seiner Vieldeutigkeit bewusst nicht verwendet wird.[126] Daraus folgt, dass die Sendung und öffentliche Wiedergabe von auf Tonträgern (s. dazu die Definition in Art. 3 lit. b Rom-Abkommen) festgelegten Darbietungen („**Zweitverwertung**")[127] nicht Schutzinhalt des Untersagungsrechts ist. Weil es sich um Mindestrechte handelt, können die Vertragsstaaten im nationalen Recht darüber hinausgehen und insoweit auch ausschließliche Befugnisse vorsehen.[128] Art. 12 Rom-Abkommen enthält für diese Fälle einen, heftig umstrittenen,[129] **Vergütungsanspruch,** der nach Wahl des Vertragsstaates entweder dem Interpreten, dem Tonträgerhersteller oder beiden – in der Regel hälftig[130] – zusteht.[131] Es handelt sich aber um einen einheitlichen und daher auch einheitlich geltend zu machenden Anspruch, um sicherzustellen, dass die Anspruchsschuldner sich nicht mit einer Vielzahl von Berechtigten auseinandersetzen müssen.[132] Dieser Anspruch entsteht, wenn ein zu Handelszwecken veröffentlichter[133] Tonträger oder ein Vervielfältigungsstück davon für die Funksendung oder für irgendeine öffentliche Wiedergabe unmittelbar benutzt wird. Damit sind alle Formen der mittelbaren Benutzung (**„Drittverwertung"**), in Form der Weitersendung und der öffentlichen Wiedergabe von Rundfunksendungen, die einen Tonträger senden, vom Vergütungsanspruch **ausgenommen.**[134] Zugleich sieht Art. 16 Abs. 1 lit. a Rom-Abkommen eine ganze Reihe von Vorbehalten vor und erlaubt es, den Vergütungsanspruch von der Gewährleistung der Gegenseitigkeit abhängig zu machen.[135] Die Bundesrepublik Deutschland hat davon Gebrauch gemacht und stellt den Vergütungsanspruch unter einen Gegenseitigkeitsvorbehalt (Art. 16 Abs. 1 lit. a (iv) Rom-Abkommen).[136] Im Interesse der **Filmproduzenten** erlöschen die von Art. 7 Rom-Abkommen gewährten Rechte,[137] – nicht aber der in Art. 4 Rom-Abkommen gewährte Inländerbehandlungsgrundsatz[138] – sobald ein ausübender Künstler seine Zustimmung dazu erteilt hat, dass seine Darbietung einem Bildträger oder einem Bild-

[117] *Ulmer* GRUR Ausl. 1961, 569 (581).
[118] Näher *Ulmer* GRUR Ausl. 1961, 569 (581 f.); *Dünnwald/Gerlach* UrhG § 78 Rn. 62.
[119] WIPO Guide to the Rome Convention, 1981, 36.
[120] Vgl. WIPO Guide to the Copyright and Related Rights Treaties, 2003, 147.
[121] WIPO Guide to the Rome Convention, 1981, 36; *Ulmer* GRUR Ausl. 1961, 569 (581).
[122] BGH ZUM 2016, 861 Rn. 73 mwN – An Evening with Marlene Dietrich.
[123] BGH ZUM 2016, 861 Rn. 73 – An Evening with Marlene Dietrich.
[124] Näher WIPO Guide to the Rome Convention, 1981, 36 f.
[125] WIPO Guide to the Rome Convention, 1981, 37; *Ulmer* GRUR Ausl. 1961, 569 (582).
[126] Zu den Gründen *Kaminstein* in ILO, Records of the Rome Conference, 1968, S. 34, 43 f.
[127] *Kaminstein* in ILO, Records of the Rome Conference, 1968. S. 34, 48; kritisch zum Begriff: WIPO Guide to the Copyright and Related Rights Treaties, 2003, 151 f. („they have become basic, primary ways of exploiting phonograms and the performances embodied in them").
[128] WIPO Guide to the Rome Convention, 1981.
[129] Siehe *Kaminstein* in ILO, Records of the Rome Conference, 1968, S. 34, 48 f.; *Ulmer* GRUR Ausl. 1961, 569 (584).
[130] WIPO Guide to the Rome Convention, 1981, 49.
[131] *Ulmer* GRUR Ausl. 1961, 569 (585). Zu den verschiedenen Kombinationsmöglichkeiten näher *Beining,* Der Schutz ausübender Künstler im internationalen und supranationalen Recht, 2000, S. 83 f.; zur Praxis in Deutschland s. *Straus* GRUR-Int 1985, 19 (26).
[132] Vgl. WIPO Guide to the Rome Convention, 1981, 46, 48.
[133] *Ulmer* GRUR Ausl. 1961, 569 (584): serienweise hergestellt und zum Verkauf bestimmt.
[134] *Kaminstein* in ILO, Records of the Rome Conference, 1968, S. 34, 49; *Ulmer* GRUR Ausl. 1961, 569 (585).
[135] *Ulmer* GRUR Ausl. 1961, 569 (586 f.).
[136] S. Art. 2 Nr. 2 des Gesetzes zu dem Internationalen Abkommen vom 26.10.1961 über den Schutz der ausübenden Künstler, der Hersteller von Tonträgern und der Sendeunternehmen v. 15.9.1965, BGBl. II S. 1243.
[137] Ausführlich zur Rechtsfolge des Art. 19 Rom-Abkommen s. *Katzenberger* GRUR-Int 2014, 443 (451 f.).
[138] BGH ZUM 2016, 861 Rn. 65 ff. – An Evening with Marlene Dietrich.

oder[139] Tonträger *(visual or audiovisual fixation)* eingefügt wird (Art. 19 Rom-Abkommen).[140] **§ 78** geht insgesamt **deutlich** über die im Rom-Abkommen gewährten **Mindestrechte hinaus.**[141]

23   **bb) TRIPS.** Das TRIPS-Übereinkommen[142] sieht in der Tradition des Rom-Abkommens „**Verhinderungsrechte**"[143] des ausübenden Künstlers vor (Art. 14 Abs. 1). Dogmatisch handelt es sich um negative Verbots- oder Abwehrrechte und keine vollständigen Ausschließlichkeitsrechte.[144] Der Interpret kann die **Funksendung** auf drahtlosem Weg und die **öffentliche Wiedergabe** der **Live-Darbietung** verhindern (Art. 14 Abs. 1 S. 2 TRIPS). Das gilt auch für **audiovisuelle** Darbietungen.[145] Nicht vom Verbotsrecht erfasst sind dagegen alle Formen der unmittelbaren oder mittelbaren Verwertung einer festgelegten oder gesendeten Darbietung.[146] Insbesondere gewährt das TRIPS kein Recht, das unerlaubte öffentliche Zugänglichmachen einer auf einem Bild- oder Tonträger festgelegten Darbietung zu verbieten.[147] Die Kabel(weiter)sendung kann nicht unter die öffentliche Wiedergabe subsumiert werden.[148] Im Unterschied zum Rom-Abkommen sieht das TRIPS-Übereinkommen generell keine Vergütungsansprüche – auch nicht für die Zweitverwertung einer auf Tonträger festgelegten Darbietung[149] – vor.[150] Die Rechte aus dem TRIPS-Übereinkommen haben auf Grund ihrer Natur und ihrer Systematik keine unmittelbare Wirkung und begründen daher für den Einzelnen keine Rechte, auf die er sich nach dem Unionsrecht vor den Gerichten unmittelbar berufen könnte.[151]

24   § 78 geht deutlich über die Mindestrechte im TRIPS hinaus. In dessen Anwendungsbereich kann sich der ausländische Interpret – im Unterschied zum Rom-Abkommen (→ Rn. 22) – dafür aber nicht auf den Grundsatz der **Inländerbehandlung** (Art. 3 Abs. 1 TRIPS) berufen.[152] Dieser Grundsatz ist im TRIPS inhaltlich auf die Mindestrechte **beschränkt,** die dem Interpreten in Art. 14 Abs. 1 TRIPS gewährt sind (Art. 3 Abs. 1 S. 2).[153]

25   **c) WPPT und BTAP.** Die im WPPT[154] dem ausübenden Künstler eingeräumten wirtschaftlichen Rechte sind erstmals auf internationaler Ebene ausdrücklich als **ausschließliche Rechte** ausgestaltet.[155] Allerdings haben sie keine unmittelbare Wirkung im Unionsrecht und können daher für den Einzelnen keine Rechte begründen, auf die er sich nach diesem Recht vor den Gerichten der Mitgliedstaaten unmittelbar berufen könnte.[156] Der WPPT gewährt den Interpreten das Recht auf **öffentliche Zugänglichmachung** von Darbietungen, die auf Tonträgern **festgelegt** wurden (Art. 10 WPPT). Visuelle und audiovisuelle Darbietungen sind davon nicht erfasst (vgl. Art. 2 lit. b und lit. c WPPT). Damit reagierte man auf die Verwertungsmöglichkeiten, die durch die interaktive Übertragung der Darbietung in digitalen Netzen möglich geworden sind.[157] Den Vertragsstaaten steht es frei, ob sie diese Rechtsposition als eigenständiges Verwertungsrecht, als Teil des Verbreitungsrechts oder als Bestandteil des Rechts der öffentlichen Wiedergabe ausgestalten, solange sie den von Art. 10 WPPT bestimmten Schutzinhalt aufweist.[158] Für die EU-Mitgliedstaaten wurde diese Entscheidung in Art. 3 Abs. 2 lit. a InfoSoc-RL abschließend und für das nationale Recht verbindlich getroffen (→ Rn. 11).[159]

26   Der ausübende Künstler hat auch ein ausschließliches Recht zur **Sendung** und **öffentlichen Wiedergabe** der nicht festgelegten und nicht gesendeten Darbietung (Art. 6 lit. i WPPT).[160] Schutz-

---

[139] Richtigerweise müsste es „Bildtonträger" oder „Bild- und Tonträger" heißen.

[140] WIPO Guide to the Copyright and Related Rights Treaties, 2003, 157; kritisch dazu *Straus* GRUR-Int 1985, 19 (25).

[141] *Dünnwald/Gerlach* UrhG § 78 Rn. 5, 9.

[142] → Vor §§ 73 ff. Rn. 57 ff.

[143] *Dünnwald* ZUM 1996, 725 (728 f.).

[144] OLG Hamburg ZUM 2004, 133 (137); ZUM-RD 1997, 343 (344); näher *Waldhausen*, Schutzmöglichkeiten gegen Bootlegs, 2002, S. 183 ff.; aA *Kloth*, Der Schutz der ausübenden Künstler nach TRIPs und WPPT, 2000, S. 71 f.; Wandtke/Bullinger/*Braun/v. Welser* UrhG § 125 Rn. 36.

[145] *Dünnwald* ZUM 1995, 725 (729); *Kloth*, Der Schutz der ausübenden Künstler nach TRIPs und WPPT, 2000, S. 113 f.

[146] *Kloth*, Der Schutz der ausübenden Künstler nach TRIPs und WPPT, 2000, S. 113 f.

[147] BGH ZUM 2016, 861 Rn. 47 – An Evening with Marlene Dietrich.

[148] Busche/Stoll/Wiebe/*Füller*, TRIPS (2. Aufl. 2013), Art. 14 Rn. 14; aA *Kloth*, Der Schutz der ausübenden Künstler nach TRIPs und WPPT, 2000, S. 114 f.; offengelassen von *Dünnwald* ZUM 1996, 725 (729 f.).

[149] *Katzenberger* GRUR-Int 1995, 447 (468).

[150] Vertiefend *Kloth*, Der Schutz der ausübenden Künstler nach TRIPs und WPPT, 2000, S. 157 ff.

[151] EuGH GRUR 2012, 592 Rn. 46 – SCF mwN; offengelassen in BGH ZUM 2016, 861 Rn. 44 – An Evening with Marlene Dietrich.

[152] Vgl. *Ficsor*, The Law of Copyright and the Internet, 2002, Rn. PP4.13 ff.

[153] BGH ZUM 2016, 861 Rn. 48 – An Evening with Marlene Dietrich; → Vor §§ 73 ff. Rn. 60.

[154] → Vor §§ 73 ff. Rn. 64 ff.

[155] *Reinbothe/v. Lewinski*, The WIPO Treaties on Copyright, 2. Aufl. 2015, Rn. 8.6.5; *v. Lewinski* GRUR-Int 1997, 667 (679).

[156] → Vor §§ 73 ff. Rn. 51.

[157] Denkschrift zum WPPT, BT-Drs. 15/15, 57; *Reinbothe/v. Lewinski*, The WIPO Treaties on Copyright, 2. Aufl. 2015, Rn. 8.10.8.

[158] WIPO Guide to the Copyright and Related Rights Treaties, 2003, 247 f.

[159] BGH ZUM 2016, 861 Rn. 44 – An Evening with Marlene Dietrich.

[160] *Kloth*, Der Schutz der ausübenden Künstler nach TRIPs und WPPT, 2000, S. 207.

gegenstand davon ist nur die **Live-Darbietung.** Während vom Senderecht audiovisuelle und visuelle Darbietungen erfasst sind (Art. 2 lit. f WPPT),[161] beschränkt sich das Recht der öffentlichen Wiedergabe auf die öffentliche Übertragung der Töne einer Darbietung (Art. 2 lit. g WPPT). Davon ist die Lautsprecherübertragung außerhalb des Raumes oder jede drahtgebundene Übertragung an einen anderen Ort erfasst.[162] Werden für die Sendung oder das öffentliche Hörbarmachen der auf einem Tonträger festgelegten Töne (öffentliche Wiedergabe iSv Art. 2 lit. g WPPT) zu gewerblichen Zwecken veröffentlichte Tonträger benutzt, hat der ausübende Künstler zusammen mit dem Tonträgerhersteller einen einheitlichen **Vergütungsanspruch** (Art. 15 Abs. 1 WPPT). Damit macht der WPPT den Vertragsstaaten genauere Vorgaben als Art. 12 Rom-Abkommen.[163] Aufgrund unterschiedlicher Begriffsdefinitionen der Sendung, sind auch Weitersendungen einer bereits gesendeten Darbietung vergütungspflichtig.[164] Im Unterschied zu Art. 12 Rom-Abkommen genügt es, wenn der Tonträger lediglich **mittelbar** benutzt wird (sog. **Drittverwertung**).[165] Der Vergütungsanspruch besteht nur für die Nutzung körperlicher Vervielfältigungsstücke.[166] Damit auch lediglich online zugänglich gemachte Tonträger auch erfasst werden, fingiert Art. 15 Abs. 4 WPPT insoweit eine Veröffentlichung.[167] Wie und von wem der Vergütungsanspruch geltend gemacht wird, hat das nationale Recht zu entscheiden (Art. 15 Abs. 2 WPPT). Art. 15 Abs. 3 erlaubt weitreichende Vorbehalte der Mitgliedstaaten. Anders als der im WCT geschützte Urheber, hat der Interpret **kein umfassendes** Recht an der **öffentlichen Wiedergabe** seiner Darbietung.[168]

Für den Rechtsanwender besteht eine Pflicht, § 78 im Anwendungsbereich des WPPT **völker-** **rechtskonform** auszulegen.[169] Die Bestimmungen des WPPT sind auch für die Auslegung des Unionsrechts relevant, weil die EU mit der InfoSoc-RL und der Vermiet- und Verleih-RL ihre Pflichten aus dem WPPT umsetzt.[170] Daraus folgt, dass die genannten Bestimmungen des WPPT mittelbar kraft **richtlinienkonformer Auslegung** bei der Anwendung des deutschen Rechts zu berücksichtigen sind. § 78 geht im Einzelnen über die Mindestvorgaben des WPPT hinaus. Insoweit kann sich der ausländische Interpret aber nicht auf den Grundsatz der Inländerbehandlung stützen,[171] weil dieser inhaltlich – wie Art. 3 Abs. 1 S. 2 TRIPS (→ Rn. 24) – auf die im Vertrag vorgesehenen Rechte beschränkt ist (Art. 4 Abs. 1 WPPT).[172] **27**

Der **Vertrag von Peking zum Schutz von audiovisuellen Darbietungen** v. 24.6.2012 **28** (BTAP)[173] schließt die im WPPT enthaltenen Lücken für audiovisuelle Darbietungen.[174] Nach Art. 10 BTAP hat der Interpret das ausschließliche Recht, seine audiovisuelle Festlegung (Art. 2 lit. b BTAP) öffentlich zugänglich zu machen. Er hat zudem das ausschließliche Recht, die Sendung (Art. 2 lit. c BTAP) und öffentliche Wiedergabe der nicht festgelegten und nicht bereits gesendeten Darbietung zu erlauben. Art. 11 Abs. 1 sieht für ausübende Künstler erstmals ein umfassendes Ausschließlichkeitsrecht für die Sendung und öffentliche Wiedergabe in Bezug auf festgelegte audiovisuelle Darbietungen vor. Art. 15 Abs. 2 und Abs. 3 BTAP erlauben es den Vertragsstaaten allerdings, stattdessen ganz oder mit Blick auf bestimmte Nutzungshandlungen einen Vergütungsanspruch für die unmittelbare und jede mittelbare Verwertung vorzusehen.[175] Art. 12 Abs. 3 BTAP stellt – nach dem Vorbild des Art. 5 Vermiet- und Verleih-RL – klar, dass das nationale Recht erlauben kann, dass „der ausübende Künstler selbst nach der Übertragung seines ausschließlichen Rechts noch ein Recht auf angemessene Vergütung für jegliche Nutzung behält".[176] Weil der Vertrag für die EU und Deutschland noch nicht in Kraft getreten ist, können sich ausländische Interpreten nicht darauf stützen.

---

[161] *Reinbothe/v. Lewinski,* The WIPO Treaties on Copyright, 2. Aufl. 2015, Rn. 8.6.9.
[162] *Reinbothe/v. Lewinski,* The WIPO Treaties on Copyright, 2. Aufl. 2015, Rn. 8.6.9.
[163] WIPO Guide to the Copyright and Related Rights Treaties, 2003, 252.
[164] WIPO Guide to the Copyright and Related Rights Treaties, 2003, 252.
[165] *Reinbothe/v. Lewinski,* The WIPO Treaties on Copyright, 2. Aufl. 2015, Rn. 8.15.29; abweichend WIPO Guide to the Copyright and Related Rights Treaties, 2003, 252, in dem auf die mittelbare Nutzung nicht recht überzeugend auf Kopien des Tonträgers bezogen wird.
[166] Vgl. die Vereinbarte Erklärung zu den Art. 2 lit. e und 8, 9, 12 und 13 WPPT.
[167] WIPO Guide to the Copyright and Related Rights Treaties, 2003, 251; *Reinbothe/v. Lewinski,* The WIPO Treaties on Copyright, 2. Aufl. 2015, Rn. 8.15.23.
[168] *Reinbothe/v. Lewinski,* The WIPO Treaties on Copyright, 2. Aufl. 2015, Rn. 8.10.9 ff.
[169] Vgl. BGHZ 141, 13 = GRUR 1999, 707 (713) – Kopienversanddienst (zur RBÜ).
[170] Vgl. EuGH GRUR 2008, 604 Rn. 30 – Peek & Cloppenburg KG/Cassina SpA (zum WCT); EuGH GRUR 2012, 592 Rn. 51 ff. – SCF (zum WPPT).
[171] Denkschrift zum WPPT, BT-Drs. 15/15, 54; *Ricketson/Ginsburg,* International Copyright and Neighbouring Rights, 2005, Rn. 19.50.
[172] BGH ZUM 2016, 861 Rn. 49 – An Evening with Marlene Dietrich; → Vor §§ 73 ff. Rn. 68.
[173] → Vor §§ 73 ff. Rn. 67.
[174] *v. Lewinski* GRUR-Int 2001, 529 f.
[175] Dazu *v. Lewinski* GRUR-Int 2001, 529 (535).
[176] *v. Lewinski* GRUR-Int 2013, 12 (15).

III. Ausschließlichkeitsrechte (§ 78 Abs. 1)

1. Öffentliche Zugänglichmachung (§ 78 Abs. 1 Nr. 1)

29   **a) Schutzgegenstand.** Nach dem Wortlaut des § 78 Abs. 1 Nr. 1 erfasst das Recht der öffentlichen Zugänglichmachung **jede Darbietung** iSv **§ 73,** unabhängig davon, ob sie auf Bild- oder Tonträger festgelegt worden ist. Nach der Entstehungsgeschichte soll das Recht auch nicht festgelegte Darbietungen erfassen, etwa wenn die Darbietung bereits durch Funk gesendet worden ist.[177] Das ist zweifelhaft. Technisch ist es unmöglich, eine nicht festgelegte Darbietung der Öffentlichkeit zu zwangsläufig verschiedenen Zeiten ihrer Wahl zugänglich zu machen.[178] Jedenfalls verstößt eine derartige Auslegung gegen das **Unionsrecht.** Art. 3 Abs. 2 lit. a InfoSoc-RL beschränkt das Recht auf **aufgezeichnete Darbietungen.** Auch Art. 10 WPPT bezieht sich lediglich auf festgelegte Darbietungen. Darin liegt eine zwingende Beschränkung des Schutzgegenstandes. Aufgrund der insoweit vorgenommenen Teilharmonisierung (→ Rn. 11) kann der Mitgliedstaat nicht darüber hinausgehen.[179] Deshalb ist § 78 Abs. 1 Nr. 1 **richtlinienkonform auszulegen** und betrifft nur die öffentliche Zugänglichmachung einer aufgenommenen Darbietung iSv § 77 Abs. 1.[180] In Umsetzung von Art. 3 Abs. 2 lit. a InfoSoc-RL, der insoweit zulässigerweise über die Mindestrechte in Art. 10 WPPT hinausgeht, fallen nicht nur auf **Tonträger** festgelegte, sondern auch auf **Bild- oder Bildtonträger** aufgenommene Darbietungen unter § 78 Abs. 1 Nr. 1. Unerheblich ist, ob die Festlegung rechtmäßig oder rechtswidrig erfolgte und wo sie sich befindet.[181] Nach § 129 Abs. 1 ist § 78 Abs. 1 Nr. 1 auch auf die vor seinem Inkrafttreten am 13.9.2003 erbrachten Darbietungen anzuwenden, wenn der Schutz zu diesem Zeitpunkt[182] noch nicht abgelaufen war.

30   **b) Schutzinhalt.** § 78 Abs. 1 Nr. 1 weist dem Interpreten das ausschließliche Recht zu, die festgelegte Darbietung (→ Rn. 29) „drahtgebunden oder drahtlos Mitgliedern der Öffentlichkeit von Orten und zu Zeiten ihrer Wahl öffentlich zugänglich zu machen". Mit dem Verweis auf § 19a stellt das Gesetz klar,[183] dass beide Ausschließlichkeitsrechte denselben Schutzinhalt haben.[184] § 78 Abs. 1 Nr. 1 setzt Art. 3 Abs. 2 lit. a InfoSoc-RL (→ Rn. 11) um, während § 19a der Umsetzung eines ausdrücklich geregelten Teilaspekts von Art. 3 Abs. 1 InfoSoc-RL dient. Das Recht der öffentlichen Zugänglichmachung ist in beiden Fällen ein besonderes Recht der öffentlichen Wiedergabe.[185] Weil dem Interpreten – im Unterschied zum Urheber – aber in der InfoSoc-RL nur dieser Teilaspekt zugewiesen wurde, kommt es für die unionsrechtskonforme Auslegung der §§ 19a, 78 Abs. 1 Nr. 1 auf den engeren Begriff der öffentlichen Zugänglichmachung an.[186] Erwägungsgrund (24) InfoSoc-RL verdeutlicht, dass sich das Ausschließlichkeitsrecht „auf alle Handlungen der Zugänglichmachung" iSv Art. 3 Abs. 2 InfoSoc-RL beschränkt und „für keine weiteren Handlungen" gilt.[187] Weitergehende Ausschließlichkeitsrechte an der öffentlichen Wiedergabe hat der Interpret nur unter den in § 78 Abs. 1 Nr. 2 und Nr. 3 genannten Voraussetzungen. Handlungen, die nicht von § 78 Abs. 1 erfasst sind, sind nicht Schutzinhalt des ausschließlichen Rechts an der öffentlichen Wiedergabe. Der Interpret hat insbesondere kein unbenanntes Recht der öffentlichen Wiedergabe. Mit den Tatbestandsmerkmalen „drahtgebunden oder drahtlos" stellen §§ 19a, 78 Abs. 1 klar, dass es um die **technologieneutrale** Erfassung von Verwertungshandlungen geht.[188] Umstritten ist, ob § 19a neben dem Bereithalten auch den nachfolgenden Abrufübertragungsakt zum Endnutzer **(Online-Übermittlungsrecht)** erfasst.[189] Art. 3 Abs. 2 InfoSoc-RL und Art. 10 WPPT nehmen dazu nicht eindeutig Stellung.[190] Die Einordnung des Vorgangs als unbenanntes Verwertungsrecht (§ 15 Abs. 2)[191] scheidet im Interpretenrecht aus (→ Rn. 5). Erwägungsgründe (24) und (25) InfoSoc-RL erlauben aber den Schluss, dass das Recht der öffentlichen Zugänglichmachung **insgesamt zweiaktig** ausgestaltet ist

---

[177] BT-Drs. 15/38, 24.
[178] *Dünnwald/Gerlach* UrhG § 78 Rn. 16; Fromm/Nordemann/*Schaefer* UrhG § 78 Rn. 5.
[179] EuGH GRUR 2015, 477 Rn. 28 ff. – C More Entertainment AB/Sandberg.
[180] Verkannt von Wandtke/Bullinger/*Büscher* UrhG § 78 Rn. 4 f.; BeckOK UrhR/*Stang* UrhG § 78 Rn. 4; *Flechsig/Kuhn* ZUM 2004, 14 (25); *Dünnwald* ZUM 2004, 161 (178); *Apel,* Der ausübende Musiker im Recht Deutschlands und der USA, 2011, S. 280 f.
[181] Vgl. dazu LG München I MMR 2007, 260 (261 f.).
[182] AA *Dünnwald/Gerlach* UrhG § 78 Rn. 3, die wegen Art. 10 Abs. 1 InfoSoc-RL auf den 22.12.2002 abstellen.
[183] BT-Drs. 15/837, 35; kritisch zum an sich überflüssigen Verweis: *Dünnwald* ZUM 2004, 161 (170).
[184] OLG Stuttgart GRUR-RR 2008, 289 Rn. 12 – Music-on-demand-Dienst; OLG Hamburg ZUM 2009, 414 (415) – StayTuned III (jeweils zu § 85).
[185] EuGH GRUR 2015, 477 Rn. 24 – C More Entertainment AB/Sandberg; BGH ZUM-RD 2018, 665 Rn. 24 – YouTube; BGH ZUM 2017, 668 Rn. 17 – Cordoba.
[186] DKMH/*Dreyer* § 19a Rn. 4.
[187] Darauf abstellend *Dünnwald/Gerlach* UrhG § 78 Rn. 13.
[188] → § 19a Rn. 66.
[189] → § 19a Rn. 7 ff.; *Poll* GRUR 2007, 476 (478); *Schack* GRUR 2007, 639 (640); vertiefend *Koof,* Senderecht und Recht der öffentlichen Zugänglichmachung, 2015, S. 104 ff.
[190] AA *Reinbothe/v. Lewinski,* The WIPO Treaties on Copyright, 2. Aufl. 2015, Rn. 8.10.15; *Dünnwald/Gerlach* UrhG § 78 Rn. 13.
[191] → § 19a Rn. 8.

und sowohl die Bereitstellung als auch den Abrufvorgang erfasst.[192] Deshalb ist § 78 Abs. 1 Nr. 1 richtlinienkonform so auszulegen, dass der sachliche Schutzbereich beide Teilakte erfasst.[193] Zur **Erschöpfungsproblematik** → § 19a Rn. 16 f.

Den **Schutzinhalt** des § 78 Abs. 1 Nr. 1 bestimmt man in richtlinienkonformer Auslegung des **30a** Art. 3 Abs. 2 lit. a InfoSoc-RL methodisch in **zwei Schritten:** (1.) Das Verhalten muss zunächst die **Tatbestandsmerkmale** der breiter gefassten **öffentlichen Wiedergabe** iSv Art. 3 Abs. 1 InfoSoc-RL erfüllen (→ Rn. 30b). (2.) Weil Art. 3 Abs. 2 InfoSoc-RL lediglich einen Teilaspekt davon erfasst, müssen die **zusätzlichen Tatbestandsvoraussetzungen** der „öffentlichen Zugänglichmachung" vorliegen (→ Rn. 30c ff.).[194] Aus Wortlaut und systematischer Stellung von Art. 3 Abs. 2 InfoSoc-RL und Erwägungsgründen (24) und (25) InfoSoc-RL folgt, dass das Recht der öffentlichen Zugänglichmachung einen engeren Schutzinhalt hat. Daher ist es methodisch unzulässig, vom Tatbestand der öffentlichen Wiedergabe ohne weiteres zu schließen, dass auch Art. 3 Abs. 2 lit. a und damit § 78 Abs. 1 Nr. 1 verletzt ist.[195] Damit verkennt man, dass die öffentliche Zugänglichmachung eine Teilmenge der öffentlichen Wiedergabe ist.

aa) Öffentliche Wiedergabe. Weil die öffentliche Zugänglichmachung gem. §§ 19a, 78 Abs. 1 **30b** Nr. 1 eine Teilmenge der öffentlichen Wiedergabe ist (→ Rn. 11), muss das beanstandete Verhalten die vom EuGH herausgearbeiteten **Tatbestandsmerkmale einer öffentlichen Wiedergabe** erfüllen.[196] Wenn das Verhalten schon nicht diese Merkmale erfüllt, kann es logisch zwingend keine öffentliche Wiedergabe sein. Die Handlung muss daher (1.) eine „Handlung der Wiedergabe" eines Schutzgegenstandes und (2.) dessen „öffentliche" Wiedergabe sein.[197] Der EuGH versteht den Begriff der **Wiedergabehandlung** weit und fasst darunter jede Übertragung geschützter Werke unabhängig vom eingesetzten technischen Mittel oder Verfahren.[198] Eine solche Handlung liegt vor, „wenn ein Werk einer Öffentlichkeit in der Weise zugänglich gemacht wird, dass deren Mitglieder an Orten und zu Zeiten ihrer Wahl dazu Zugang haben, ohne dass es darauf ankommt, ob sie diese Möglichkeit nutzen oder nicht."[199] Die Darbietung wird **„öffentlich"** wiedergegeben, wenn (2a) die Handlung gegenüber einer unbestimmten Zahl potenzieller Adressaten erfolgt, die aus einer ziemlich großen Zahl von Personen bestehen muss.[200] Zusätzlich muss die Wiedergabe der Darbeitung (2b) unter Verwendung eines technischen Verfahrens, das sich von dem bisher Verwendeten unterscheidet, oder ansonsten für ein „neues Publikum" erfolgen.[201] Kriterium (2b) bildet eine „Zugangsregel",[202] mit der Ausschließlichkeitsrecht und Nutzerfreiheit anhand der spezifischen (technischen) Bedürfnisse des jeweiligen Kommunikationsvorgangs im Netz abgestimmt werden können.[203] Für die Einzelheiten wird auf die Kommentierung in § 15 verwiesen.[204]

bb) Beschränkung der erfassten Wiedergabehandlungen. Liegen die beiden Voraussetzungen **30c** einer öffentlichen Wiedergabe iSv Art. 3 Abs. 1 InfoSoc-RL vor, muss im zweiten Schritt geprüft werden, ob die „Handlung der Wiedergabe" auch die engeren Voraussetzungen der öffentlichen Zugänglichmachung erfüllt (→ Rn. 30). Art. 3 Abs. 2 lit. a InfoSoc-RL führt **zwei begrenzende Tatbestandsmerkmale** ein, mit denen die auch für dieses Ausschließlichkeitsrecht relevanten „Handlungen der Wiedergabe" ausgesiebt werden. Geschützt werden nur solche Wiedergabehandlungen, die (1.) eine „Zugänglichmachung" sind und (2.) auch nur solche Zugänglichmachungen, die es nur den Mitgliedern der Öffentlichkeit überlassen, ob, von wo und wann sie auf die Schutzgegenstände zugreifen („Mitgliedern der Öffentlichkeit von Orten und zu Zeiten ihrer Wahl zugänglich").

(1) Zugänglichmachung. Der **Zugänglichmachung** kommt in der Praxis der EuGH-Recht- **30d** sprechung keine begrenzende Rolle gegenüber dem weiten Wiedergabebegriff zu. Das zeigen die **Verlinkungsfälle.** Der EuGH geht von einem weiten Verständnis aus. „Zugänglichmachen" erfasst danach alle Handlungen mit denen ein Nutzer in voller Kenntnis der Sachlage seinen Kunden Zugang zu den geschützten Gegenständen verschafft.[205] Wer auf einer Internetseite anklickbare Links zu geschützten Gegenständen bereitstellt, „die auf einer anderen Seite ohne Zugangsbeschränkung veröffentlicht sind, bietet den Nutzern der erstgenannten Seite im vorliegenden Fall direkten Zugang zu

---

[192] Vertiefend *Koof*, Senderecht und Recht der öffentlichen Zugänglichmachung, 2015, S. 104 ff.

[193] *Dünnwald/Gerlach* UrhG § 78 Rn. 13; Wandtke/Bullinger/*Büscher* UrhG § 78 Rn. 6; *Bäcker*, Die Rechtsstellung der Leistungsschutzberechtigten im digitalen Zeitalter, 2005, S. 172 ff.; *Gerlach* ZUM 1999, 278 (282); iE auch *Apel*, Der ausübende Musiker im Recht Deutschlands und der USA, 2011, S. 281 ff.

[194] EuGH GRUR 2015, 477 Rn. 25 – C More Entertainment.

[195] Übersehen von BGH ZUM-RD 2018, 665 Rn. 28 f. – YouTube.

[196] EuGH ZUM 2018, 674 Rn. 19 ff. – Land Nordrhein-Westfalen/Dirk Renckhoff (zum Urheberrecht); BGH ZUM-RD 2018, 665 Rn. 26 – YouTube.

[197] EuGH ZUM 2018, 674 Rn. 19 – Land Nordrhein-Westfalen/Dirk Renckhoff; dazu ausführlich → § 15 Rn. 57 ff.

[198] S. die Nachweise bei → § 15 Rn. 60.

[199] Zuletzt EuGH ZUM 2018, 674 Rn. 20 mwN – Land Nordrhein-Westfalen/Dirk Renckhoff.

[200] EuGH ZUM 2018, 674 Rn. 22 – Land Nordrhein-Westfalen/Dirk Renckhoff.

[201] EuGH ZUM 2018, 674 Rn. 24 – Land Nordrhein-Westfalen/Dirk Renckhoff.

[202] Begriff nach *Wielsch*, Zugangsregeln, 2008, 63.

[203] Näher *Grünberger* ZUM 2016, 905; anders *Ohly* GRUR 2018, 996 (999), der mit der Konstruktion einer konkludenten (freilich objektivierten) Einwilligung arbeitet.

[204] → § 15 Rn. 57 ff.

[205] Grundlegend EuGH GRUR 2014, 360 Rn. 18 ff. – Svensson.

diesen Werken".[206] Der EuGH bezeichnet die Bereitstellung von anklickbaren Links ausdrücklich „als ‚Zugänglichmachung' und deshalb als ‚Handlung der Wiedergabe'".[207] Weil sich die Zugänglichmachung sowohl in Art. 3 Abs. 1 als auch in Abs. 2 InfoSoc-RL findet, spricht viel dafür, dass der EuGH von einem einheitlichen Begriffsverständnis ausgeht.

30e   **(2) Kontrolle über die Bereithaltung.** Die **wesentliche Engführung** der relevanten Wiedergabehandlungen bei der öffentlichen Zugänglichmachung erfolgt mit dem **zweiten Tatbestandsmerkmal:** die Zugänglichmachung muss so erfolgen, „dass der betreffenden Öffentlichkeit der Zugriff auf den betreffenden Schutzgegenstand sowohl von Orten als auch zu Zeiten ihrer Wahl ermöglicht wird."[208] Nach ständiger und **zutreffender Rechtsprechung des BGH** erfordert die Zugänglichmachung, dass Dritten der Zugriff auf die festgelegte Darbietung eröffnet wird, die sich in der **Zugriffssphäre des Vorhaltenden** befindet.[209] Das ist unstreitig dann der Fall, wenn der Nutzer die Schutzgegenstände auf einem eigenen Server vorhält.[210] Wer eine festgelegte Darbietung unmittelbar selbst zum Download bereitstellt, macht diese öffentlich zugänglich, weil es allein bei den Mitgliedern der Öffentlichkeit liegt, ob, wann und wo sie darauf zugreifen. Das bestätigt Erwägungsgrund (25) InfoSoc-RL: Paradigmatischer Fall der „öffentlichen Zugänglichmachung" ist die Darbietung „im Wege der interaktiven Übertragung auf Abruf für die Öffentlichkeit". Damit werden grundsätzlich alle **On-Demand-Streamingangebote** erfasst, unabhängig davon, ob beim Endnutzer eine dauerhafte Kopie verbleibt.[211] Es kommt also darauf an, dass die Zugänglichmachung der Öffentlichkeit einen selbstbestimmten Zugriff ermöglicht.[212] Entscheidend dafür ist, ob der Nutzer die **Kontrolle über die Bereithaltung** des geschützten Gegenstandes hat.[213] Das ist beispielsweise der Fall, wenn ein Link auf eine Website auf einem vom Verlinkenden selbst gehosteten Inhalt verweist.[214] Deshalb liegt eine von §§ 19a, 78 Abs. 1 Nr. 1 erfasste Wiedergabehandlung auch dann vor, wenn eine andere Vervielfältigung der festgelegten Darbietung zuvor von einem Dritten zugänglich gemacht wurde, solange der Nutzer eine eigene Vervielfältigung auf seiner Website zugänglich macht.[215] In diesen Fällen liegt auch die zusätzlich notwendige „öffentliche" Wiedergabe (→ Rn. 30a) vor, weil die Zugänglichmachung eines solchen Werks gegenüber einem neuen Publikum erfolgt.[216] Andernfalls liefe das Ergebnis auf eine unzulässige Erschöpfung dieses Rechts (Art. 3 Abs. 2 InfoSoc-RL) hinaus.[217] § 78 Abs. 1 Nr. 1 ist auch verletzt, wenn für die Zugänglichmachung im Handel erworbene Tonträger benutzt werden. Deren Inverkehrbringen erschöpft nur das Verbreitungsrecht (§ 77 Abs. 2 S. 1 Alt. 2)[218] und hat keine Auswirkungen auf die Zugänglichmachung. Auf einen tatsächlich erfolgten Abruf der aufgenommenen Darbietung kommt es nicht an.[219] Es ist auch nicht notwendig, dass es im Anschluss zu einer Vervielfältigung kommt.[220]

31   **cc) Auswirkungen auf Verlinkungsfälle.** Mit den in → Rn. 30e herausgearbeiteten Kriterien sind auch die Verlinkungsfälle[221] zu lösen. Die Verlinkung ist – unabhängig davon in welcher Form *(surface link; deep link; embedding/framing)*[222] sie erfolgt – keine Zugänglichmachung iSv §§ 19a, 78 Abs. 1 Nr. 1.[223] Damit eine Handlung eine „öffentliche Zugänglichmachung" ist, muss sie der betreffenden Öffentlichkeit den Zugriff auf den Schutzgegenstand sowohl von Orten als auch zu Zeiten ihrer Wahl ermöglichen.[224] Das ist nach der überzeugenden Auffassung des BGH nur dann der Fall, wenn der **Handelnde** selbst darüber **entscheidet,** ob der auf der Internetseite bereitgehaltene **Schutzgegenstand** für die Öffentlichkeit **zugänglich bleibt.**[225] Bei der Verlinkung nutzt der Linksetzende die bereits erfolgte Zugänglichmachung eines Dritten. Hier entscheidet der Dritte, ob der Schutzgegenstand, den der Verlinkende mit dem Link zwar „zugänglich" macht (→ Rn. 30c), auch

---

[206] EuGH GRUR 2014, 360 Rn. 18 ff. – Svensson.

[207] EuGH GRUR 2014, 360 Rn. 17 – Svensson.

[208] EuGH GRUR 2015, 477 Rn. 25 – C More Entertainment.

[209] BGH ZUM 2018, 123 Rn. 19 – Vorschaubilder III; BGH ZUM 2016, 365 Rn. 13 – Die Realität II; BGH ZUM 2013, 662 Rn. 8 – Die Realität I; BGH ZUM 2011, 49 Rn. 23 – Session-ID; BGH ZUM 2010, 580 Rn. 19 – Vorschaubilder I.

[210] EuGH ZUM 2018, 674 Rn. 21 – Land Nordrhein-Westfalen/Dirk Renckhoff; BGH ZUM 2018, 123 Rn. 19 – Vorschaubilder III.

[211] *Koof,* Senderecht und Recht der öffentlichen Zugänglichmachung, 2015, S. 103. Zur Abgrenzung vom Senderecht → Rn. 32 ff.

[212] Vgl. EuGH GRUR 2015, 477 Rn. 25 f. – C More Entertainment.

[213] BGH ZUM 2018, 123 Rn. 19 – Vorschaubilder III; DKMH/*Dreyer* § 19a Rn. 15.

[214] BGH ZUM-RD 2014, 77 Rn. 14 – Terminhinweis mit Kartenausschnitt.

[215] Vgl. EuGH ZUM 2018, 674 Rn. 44 – Land Nordrhein-Westfalen/Dirk Renckhoff (zum Urheberrecht).

[216] EuGH ZUM 2018, 674 Rn. 29 ff. – Land Nordrhein-Westfalen/Dirk Renckhoff; → § 15 Rn. 84 ff.

[217] EuGH ZUM 2018, 674 Rn. 32 f. – Land Nordrhein-Westfalen/Dirk Renckhoff.

[218] OLG Hamburg ZUM 2009, 414 (415) – StayTuned III; OLG Hamburg ZUM 2005, 749 (750) – StayTuned.

[219] OLG Stuttgart GRUR-RR 2008, 289 Rn. 12 – Music-on-demand-Dienst.

[220] OLG Stuttgart GRUR-RR 2008, 289 Rn. 12 – Music-on-demand-Dienst; OLG Hamburg ZUM 2005, 749 (750) – StayTuned.

[221] S. dazu vertiefend *Grünberger* ZUM 2018, 371 (381 ff.).

[222] Zu den Begriffen *Grünberger* ZUM 2015, 273 (276).

[223] Vertiefend *Grünberger* ZUM 2016, 905 (907 f.); *Grünberger* ZUM 2015, 273 (275 ff.); aA *Hendel* ZUM 2014, 102 (104 ff.).

[224] EuGH GRUR 2015, 477 Rn. 25 – C More Entertainment.

[225] BGH ZUM 2016, 365 Rn. 14 ff. – Die Realität II.

für die Öffentlichkeit zugänglich bleibt.[226] Dem Verlinkenden fehlt die Kontrolle über die Zugänglichmachung (→ Rn. 30e). Dasselbe gilt, wenn der Link es der Öffentlichkeit ermöglicht, auf Inhalte zuzugreifen, die der Drittseitenanbieter mit technischen Maßnahmen vor einem freien Zugang schützen möchte. Hier liegt nach der Rechtsprechung des EuGH zwar eine öffentliche Wiedergabe iSv Art. 3 Abs. 1 InfoSoc-RL vor,[227] es ist aber keine Zugänglichmachung iSv Art. 3 Abs. 2 InfoSoc-RL, weil der Linksetzende den Zugang der Öffentlichkeit nicht autonom steuern kann.[228] Das gilt auch für die Fälle des *Embedding/Framing*. §§ 19a, 78 Abs. 1 Nr. 1 verwirklicht in unmittelbarer Täterschaft nur derjenige, der die Darbietung selbst zum Abruf vorhält; es genügt nicht, dass der für den Internetauftritt Verantwortliche den – unzutreffenden – Eindruck der eigenen Bereitstellung erweckt.[229] **Verlinkungen** machen den für Internetnutzer bereits frei zugänglichen Schutzgegenstand **nicht** (erneut) **öffentlich zugänglich** iSv §§ 19a, 78 Abs. 1 Nr. 1. In diesen Fällen kann man diskutieren ob Verlinkungen unter bestimmten Voraussetzungen eine von Art. 3 Abs. 1 InfoSoc-RL erfasste öffentliche Wiedergabe sind.[230] Das ist aber kein Problem des § 19a, sondern ein Fall des unbenannten Verwertungsrechts in Umsetzung der Vorgaben aus Art. 3 Abs. 1 InfoSoc-RL.[231] Die Antworten darauf sind im Interpretenrecht (gleiches gilt für § 85) bedeutungslos. Weil der Interpret gerade kein umfassendes Recht an der öffentlichen Wiedergabe hat, sind **Verlinkungshandlungen nicht Schutzinhalt** seines Ausschließlichkeitsrechts.

c) Abgrenzung zum Senderecht. Im Interpretenrecht ist die **genaue Zuordnung** der verschiedenen Erscheinungsformen elektronischer und digitaler Darbietungsverwertung praktisch **wichtig:** Fallen sie unter § 19a, zählen sie zum Schutzinhalt eines Ausschließlichkeitsrechts (§ 78 Abs. 1 Nr. 1), handelt es sich dagegen um eine Sendung, ist die Nutzung idR zustimmungsfrei, aber vergütungspflichtig (§ 78 Abs. 2 Nr. 1).[232] Im ersten Fall nimmt jeder Rechtsinhaber die Rechte individuell wahr. Im Regelfall hat sie der Interpret an den Tonträgerhersteller oder einen anderen Verwerter übertragen (§ 79 Abs. 1 S. 1) oder ihm daran Nutzungsrechte eingeräumt (§ 79 Abs. 2). Das erklärt in vielen Fällen eine interessengesteuerte Argumentation der derivativen Rechteinhaber zugunsten einer Expansion des Ausschließlichkeitsrechts.[233] Bei der Sendung aufgenommener Tonträger werden die Vergütungsansprüche dagegen von der GVL wahrgenommen.[234] Das erleichtert die Nutzung ganz erheblich, weil eine kollektive Rechtevergabe die Lizenztransaktionskosten senkt.[235] Das macht die Einordnung der Nutzung als Sendung insbesondere für die Anbieter von Telediensten attraktiv.[236] Daneben hat die Einordnung Auswirkungen auf die Schrankenregelungen,[237] beispielsweise auf § 53, wenn der Nutzer Recording-Software einsetzt.[238] Die Abgrenzung ist besonders schwierig bei Nutzungsmöglichkeiten, die, als Ergebnis einer wirtschaftlichen und technischen **Konvergenz** von Medien, vor allem bei Übertragungen in Kommunikationsnetzwerken wie „dem Internet", typische Merkmale beider Verwertungsrechte aufweisen.[239]   32

Dogmatisch ist die **Abgrenzung** schwierig, weil sich sowohl in § 19a iVm § 78 Abs. 1 Nr. 1 als auch in § 20 iVm § 78 Abs. 1 Nr. 2, Abs. 2 Nr. 1 der Begriff der „öffentlichen Zugänglichmachung" findet.[240] Sie wird erschwert, weil der Schutzinhalt des Senderechts nicht auf die historischen Fälle der zeitgleichen Funksendung beschränkt ist (→ Rn. 9). Man kann ihm im Interpretenrecht auch nicht ausweichen. Weil die Rechtezuweisung abschließend erfolgt ist und kein Raum für einen Innominatfall gegeben ist, erübrigt sich auch eine Diskussion über die Existenz eines „Online-Übertragungsrechts".[241] Die Abgrenzung hat anhand der Tatbestandsmerkmale in § 19a[242] bzw. Art. 3 Abs. 2 lit. a InfoSoc-RL zu erfolgen.[243] Entscheidendes dogmatisches Abgrenzungsmerkmal ist die Frage, ob die Darbietung den Mitgliedern der Öffentlichkeit **zu Zeiten ihrer Wahl zugänglich** ist. Die Zu-   33

---

[226] BGH ZUM 2018, 123 Rn. 19 – Vorschaubilder III.

[227] EuGH GRUR 2014, 360 Rn. 31 – Svensson.

[228] *Grünberger* JZ 2016, 318; verkannt von BGH ZUM 2011, 49 Rn. 27 – Session-ID; DKMH/*Dreyer* § 19a Rn. 16; Dreier/Schulze/*Dreier* § 19a Rn. 6a aE; Fromm/Nordemann/*Dustmann/Engels* § 19a Rn. 23a.

[229] BGH ZUM 2018, 123 Rn. 20 – Vorschaubilder III; BGH ZUM 2013, 662 Rn. 9 – Die Realität I.

[230] Dazu *Grünberger* ZUM 2016, 905 (908 ff.).

[231] Grundlegend verkannt von Fromm/Nordemann/*Dustmann/Engels* § 19a Rn. 23a ff.

[232] *Schack* GRUR 2007, 639 (641); *Koof*, Senderecht und Recht der öffentlichen Zugänglichmachung, 2015, S. 122 ff.

[233] So auch *Poll* MMR 2011, 226 (228).

[234] *Klatt* CR 2009, 517 (518); → § 79 Rn. 80.

[235] *Malcher*, Personalisierte Webradios – Sendung oder Abruf, 2011, S. 6 f.; *Koof*, Senderecht und Recht der öffentlichen Zugänglichmachung, 2015, S. 123 f.

[236] *Poll* MMR 2011, 226 (228).

[237] *Koof*, Senderecht und Recht der öffentlichen Zugänglichmachung, 2015, S. 126 f.

[238] *v. Zimmermann* MMR 2007, 553.

[239] Vertiefend *Koof*, Senderecht und Recht der öffentlichen Zugänglichmachung, 2015, 2 ff., S. 179 ff.

[240] *Poll* GRUR 2007, 476 (479).

[241] Dazu *v. Ungern-Sternberg* FS Loschelder, 2010, 415 ff.; *Poll* MMR 2011, 226 (231); mit guten Gründen kritisch *Koof*, Senderecht und Recht der öffentlichen Zugänglichmachung, 2015, S. 272 ff.

[242] *Schack* GRUR 2007, 639 (641); nicht überzeugend *Bäcker*, Rechtstellung der Leistungsschutzberechtigten digitalen Zeitalter, 2005, S. 192, weil der „Leitgedanke" der Substitutionsgefahr bestimmte Geschäftsmodelle privilegiert.

[243] → § 19a Rn. 108 ff.

gänglichmachung muss bei §§ 19a, 78 Abs. 1 Nr. 1 so erfolgen, dass die **Rezeptionskontrolle** ausschließlich auf Seiten des Empfängers liegt[244] (→ Rn. 30e). „Danach wird bei der Sendung der Zeitpunkt der Übermittlung ebenso wie die zeitliche Reihenfolge der Programmbestandteile vom Sendenden vorgegeben, der zeitgleich für alle möglichen Empfänger auch das Sendesignal abschickt, mithin über den Zeitpunkt der Übertragung entscheidet. Demgegenüber entscheidet beim öffentlichen Zugänglichmachen der Empfänger (Nutzer) über Zeitpunkt, Reihenfolge und Umfang des Empfangs und veranlasst seinerseits die Übermittlung der angeforderten Daten."[245] Die Übermittlung an die Öffentlichkeit wird bei Sendungen also einseitig (aktiv) durch das Sendeunternehmen, beim Recht aus § 19a dagegen zweiseitig **(interaktiv)** durch den Anbieter (Provider) und den Endnutzer bewirkt.[246] Unter § 78 Abs. 1 Nr. 1 fallen daher alle **nichtlinearen Dienste,** bei denen der Endnutzer den Zeitpunkt der Abrufübertragung individuell durch seine Handlung (interaktiv) bestimmen kann.[247] Die Nutzung ist eine Sendung, wenn die Darbietung zu einem vom Nutzer bestimmten Zeitpunkt den Mitgliedern der Öffentlichkeit (linear) zugänglich gemacht wird.[248] Das **Abgrenzungsmerkmal** ist in einer Reihe von Fällen **unscharf:**[249] Unklar bleibt der von § 78 Abs. 1 Nr. 1 verlangte Grad an Interaktion. Fraglich ist, ob die Zugriffskontrolle objektiv beim Endnutzer liegen muss, oder ob es genügt, wenn bei ihm der Eindruck jederzeitiger Abrufbarkeit entsteht. Unsicher ist auch, wie sich zeitliche Verzögerungen beim Zugriff auswirken und ob der Zugang zu einer konkreten Darbietung erforderlich ist oder der Zugang zu vorgefertigten Abläufen, die die Darbietung enthalten, genügt und schließlich wie groß das vom Diensteanbieter bereitgestellte Zeitfenster der Abrufbarkeit sein muss.

34   **Nicht überzeugen** kann der Vorschlag, alle **Zwischenformen** der digitalen Online-Nutzung **generell** nach **§ 78 Abs. 1 Nr. 1** zu behandeln.[250] Entscheidend ist auch nicht, ob das Geschäftsmodell den Kunden eine bestimmte Wahlfreiheit in Bezug auf die in Playlisten zu speichernden Titel ermöglicht, die es „noch wesentlich weiter von einer Sendung" entfernen und stärker in die Rechte des Leistungsschutzrechtsinhaber eingreifen.[251] Es liegt vielmehr im **Interesse der Interpreten,** für die Nutzung ihrer Darbietungen vergütet zu werden, was der Vergütungsanspruch in § 78 Abs. 2 Nr. 1 gewährleistet.[252] Weil das beim Ausschließlichkeitsrecht nicht zwangsläufig in gleicher Art gewährleistet ist, müssen diese Folgen bei der Abgrenzung mit Blick auf § 11 S. 2 berücksichtigt werden.[253] Andererseits vereinbart der Interpret im Künstlervertrag häufig einen Vorschuss.[254] Um diesen leisten zu können, ist sein Vertragspartner auf starke Ausschließlichkeitsrechte angewiesen.

35   Ebenfalls **nicht überzeugen** kann der Vorschlag, das Tatbestandsmerkmal „zu Zeiten ihrer Wahl" in § 19a als **Typusbegriff** zu konzipieren[255] oder nach dem **Schwerpunkt** des gesamten Diensteangebots abzugrenzen.[256] Noch weiter geht der Vorschlag, einer **wertenden** Zuordnung.[257] Diese Ansätze laufen auf ein „elastisches Merkmalsgefüge" hinaus, das durch seine „Entwicklungsoffenheit und Dynamik" geprägt ist.[258] Dahinter steht der Gedanke, dass Dienste, welche die traditionelle Verbreitung körperlicher Vervielfältigungsstücke substituieren könnten, strukturell als öffentliche Zugänglichmachung einzuordnen seien.[259] Das mag für das Urheberrecht mit dem umfassenden Recht der öffentlichen Wiedergabe (Art. 3 Abs. 1 InfoSoc-RL) ein diskutabler Ansatz sein. Im Interpretenrecht scheidet er kraft richtlinienkonformer Auslegung des § 78 Abs. 1 Nr. 1 aus. Der Unionsgesetzgeber hat sich in Art. 3 Abs. 2 lit. a InfoSoc-RL bewusst dafür entschieden, dem ausübenden Künstler nur für „interaktive Übertragungen auf Abruf" und in Art. 8 Abs. 1 Vermiet- und Verleih-RL nur für die Erstverwertung der Darbietung Ausschließlichkeitsrechte einzuräumen. Der deutsche Gesetzgeber hat von der Möglichkeit, davon zugunsten des Interpreten abzuweichen (→ Rn. 12), bewusst keinen Gebrauch gemacht. Daher ist für die übrigen Fälle der Verwertung einer aufgenommenen Darbietung kein Ausschließlichkeitsrecht vorgesehen. Diese Entscheidung führt zwangsläufig zu einem **statischen Schutz.** Zudem verfolgen der Unionsgesetzgeber und der nationale Gesetzgeber mit der erlaubten,

---

[244] *Gounalakis* ZUM 2009, 447 (450).
[245] OLG Stuttgart GRUR-RR 2008, 289 Rn. 10 – Music-on-demand-Dienst.
[246] *Poll* GRUR 2007, 476 (479).
[247] *Poll* GRUR 2007, 476 (480); *Klatt* CR 2008, 517 (519 f.); *Koof,* Senderecht und Recht der öffentlichen Zugänglichmachung, 2015, S. 134 f.
[248] OLG Hamburg ZUM 2005, 749 (751); → § 20 Rn. 36.
[249] Ausführlich dazu und mit Nachweisen: *Koof,* Senderecht und Recht der öffentlichen Zugänglichmachung, 2015, S. 169 ff.
[250] So iE *Schwenzer* GRUR-Int 2001, 722 (727 ff.); Dreier/Schulze/*Dreier* UrhG § 19a Rn. 10; Fromm/Nordemann/*Schaefer* § 78 Rn. 21.
[251] So OLG Hamburg ZUM 2009, 414 (416) – Stay Tuned III.
[252] *Dünnwald/Gerlach* UrhG § 78 Rn. 28.
[253] Vgl. BGHZ 151, 300 ff. = GRUR 2002, 963 (966) – Elektronischer Pressespiegel.
[254] → § 79 Rn. 88.
[255] *Koof,* Senderecht und Recht der öffentlichen Zugänglichmachung, 2015, S. 220 ff.; *Malcher,* Personalisierte Webradios – Sendung oder Abruf, 2011, S. 154.
[256] AA *Poll* GRUR 2007, 476 (480); *Klatt* CR 2008, 517 (522).
[257] *Bäcker,* Die Rechtsstellung der Leistungsschutzberechtigten im digitalen Zeitalter, 2005, S. 190 ff.; *Malcher,* Personalisierte Webradios – Sendung oder Abruf, 2011, 154 ff.
[258] *Koof,* Senderecht und Recht der öffentlichen Zugänglichmachung, 2015, S. 238, 240.
[259] *Koof,* Senderecht und Recht der öffentlichen Zugänglichmachung, 2015, S. 211 ff.

aber vergütungspflichtigen Nutzung das Ziel, es der Allgemeinheit ungehindert zu ermöglichen, auf die auf Bild- und Tonträger erschienenen Darbietungen zugreifen zu können.[260] Dieses Interesse an der Befriedigung kultureller Bedürfnisse durfte der Gesetzgeber berücksichtigen.[261]

Die Abgrenzungsfälle sind daher so zu lösen, dass die Zugangsbeschränkungen zu Wiedergabe- **36** handlungen auf das zum Schutz des spezifischen Gegenstands Erforderliche begrenzt werden, damit die Möglichkeiten der Wissensteilung in den übrigen Teilsystemen der Gesellschaft nicht über Gebühr behindert wird.[262] **Zweck der Abgrenzung** muss es sein, drei gegenläufige Ziele in Übereinstimmung zu bringen: die Nutzungshandlungen sind *ex ante* sicher einzuordnen, die Transaktionskosten für Nutzungen sind zu senken und zugleich ist eine angemessene Vergütung der Interpreten (und wegen § 86 auch der Tonträgerhersteller) sicherzustellen. Aufgabe des Urheberrechts ist es, auf die vielfältigen Operationsbedingungen der kommunikativen Prozesse in seiner Umwelt responsiv und systemintern produktiv zu reagieren.[263] Notwendig ist daher ein **differenzierender Ansatz.** Insoweit ist der primär wertenden und auf mikroökonomische Gesichtspunkte abstellenden Methode ein objektiv-technisches Verständnis – ein *more technological approach*[264] – vorzuziehen. Deshalb sind **nur vollständig interaktive Nutzungsmöglichkeiten,** bei denen der Endnutzer Zeitpunkt, Reihenfolge und Umfang selbst bestimmt, von § 78 Abs. 1 Nr. 1 erfasst.[265] Plastisch gesprochen fällt die Nutzung darunter, wenn dem Konsumenten des Diensteangebots die von ihm gewählte konkrete Darbietung jederzeit so zugänglich ist, wie ein Titel auf einer CD in seinem CD-Player.[266] Ist das nicht der Fall, liegt eine Sendung (§ 78 Abs. 1 Nr. 2, Abs. 2 Nr. 1) vor. Daran ändert auch der Umstand nichts, dass solche hybriden Dienste dem Endnutzer weitere Verwendungsmöglichkeiten einräumen und damit die Primärverwertung stärker beeinträchtigen können als die Übermittlung im Rahmen einer herkömmlichen Radiosendung.[267] Das ist eine für die Abgrenzungsproblematik nicht relevante wirtschaftliche Betrachtung.

Einzelfälle: Der klassische Anwendungsfall von § 78 Abs. 1 Nr. 1 ist die Bereitstellung eines **37** Schutzgegenstandes auf der eigenen Website zum Download.[268] Das sind **On-Demand-Download**-Dienste wie iTunes oder **On-Demand-Streaming**-Dienste wie Onlinevideotheken (Maxdome, Netflix, Amazon Prime Video), Mediatheken der Sendeanstalten oder Audioportale (Spotify, Apple Music, Mediatheken der Hörfunkanstalten).[269] Bei endnutzergespeisten Internetvideoplattformen wie **YouTube** oder Vimeo, steht fest, dass die Nutzer, die die Darbietungen „hochladen", diese unmittelbar öffentlich zugänglich machen. Höchstrichterlich noch nicht geklärt ist, ob auch die Diensteanbieter als Verletzer des Ausschließlichkeitsrechts oder nur mittelbar als Störer haften.[270] In der Vergangenheit spielte dafür das Downloadangebot in sog. Internettauschbörsen **(file-sharing)** eine praktisch wichtige Rolle.[271] Unter § 78 Abs. 1 Nr. 1 fällt auch das **Podcasting,** wenn es der Nutzer überlassen bleibt, wann er sich den Podcast vom Server „abholt".[272] Ebenfalls unter § 78 Abs. 1 Nr. 1 fallen sog. **Sharehosting**-Dienste, bei denen der Diensteanbieter Dritten Serverplatz einräumt, damit diese dort Dateien hochladen und der Öffentlichkeit zur Verfügung stellen können.[273] Unklar ist, ob dabei nicht nur derjenige in den Schutzinhalt eingreift, der die festgelegte Darbietung tatsächlich hochlädt und zum Download anbietet, sondern auch folgende Handlungen nicht §§ 19a, 78 Abs. 1 erfasste **Sendevorgänge:**[275] **Livestreaming,**[276] **Simulcasting,**[277] **Webcasting.**[278] Wird **Streaming** als technisches Verfahren benutzt, um ein nach eigenen Wünschen zusammengestelltes Musikprogramm (individuelles Abrufen von Titeln oder Alben und Erstellen von individuellen Playlisten) vom Nutzer nach

---

[260] Vgl. BGH GRUR 1981, 360 (362) – Erscheinen von Tonträgern.

[261] BVerfGE 81, 208 ff. = GRUR 1990, 438 (441) – Bob Dylan.

[262] Vgl. *Grünberger* ZUM 2015, 273 (275); vertiefend *Wielsch,* Zugangsregeln, 2008, S. 31 ff.; *Wielsch* ZGE 2013, 274 (291 ff.).

[263] *Grünberger* ZUM 2015, 273 (275).

[264] Näher *Grünberger/Podszun* ZGE 2014, 269.

[265] IE auch EuGH GRUR 2015, 477 Rn. 25 – C More Entertainment AB/Sandberg.

[266] Vgl. *Klatt* CR 2009, 517 (522); s. auch *Bäcker,* Die Rechtsstellung der Leistungsschutzberechtigten im digitalen Zeitalter, 2005, S. 248 ff.

[267] BGH GRUR 2004, 669 (670) – Musikmehrkanaldienst.

[268] Vgl. EuGH ZUM 2018, 674 Rn. 32 f. – Land Nordrhein-Westfalen/Dirk Renckhoff.

[269] *Koof,* Senderecht und Recht der öffentlichen Zugänglichmachung, 2015, S. 320 f.

[270] S. dazu Vorlagebeschluss BGH ZUM-RD 2018, 665 – YouTube; *Ohly* GRUR 2018, 1139; näher → § 15 Rn. 59.

[271] Vgl. zuletzt BGH ZUM 2018, 705 Rn. 12 – Dead Island.

[272] → § 20 Rn. 88.

[273] BGH ZUM 2018, 870 Rn. 14 f. – uploaded.

[274] S. dazu Vorlagebeschluss BGH ZUM 2018, 870 Rn. 14 f. – uploaded; *Specht* ZUM 2018, 877; näher → § 15 Rn. 59.

[275] Vertiefend *Koof,* Senderecht und Recht der öffentlichen Zugänglichmachung, 2015, S. 37 ff., 311 ff.; dazu auch → § 20 Rn. 81.

[276] EuGH GRUR 2015, 477 Rn. 27 – C More Entertainment AB/Sandberg; *Schack* GRUR 2007, 639 (641): LG Hamburg ZUM 2013, 226 (dort auch zur Anwendung des Schutzlandprinzips gem. Art. 8 Abs. 1 Rom II-VO).

[277] *Schack* GRUR 2007, 639 (641); aA *Bortloff* GRUR-Int 2003, 669 (675).

[278] *Poll* GRUR 2007, 476 (480); *Schack* GRUR 2007, 639 (641).

seiner Wahl beliebig oft anhören zu lassen, liegt eine öffentliche Zugänglichmachung vor.[279] **Near-on-demand-Dienste (Multicasting)** sind Sendungen, weil sich der Nutzer lediglich zu einem fremdbestimmten Beginn zuschalten, aber nicht die vollständige Rezeptionskontrolle ausüben kann.[280] Deshalb ist ein **Musikmehrkanaldienst** eine Sendung.[281] Weil der Kunde die Daten zu Zeiten seiner Wahl abruft, fallen **Pull-Dienste** unter § 78 Abs. 1 Nr. 1, aber nur, wenn auch dieselbe Festlegung[282] der Darbietung der Öffentlichkeit zugänglich gemacht wird. **Push-Dienste,** bei denen der Anbieter den Übermittlungsvorgang an die Öffentlichkeit steuert, sind Sendungen.[283] Probleme bereiten **personalisierte Internetradio- oder Streamingdienste,** die es dem Nutzer erlauben, nach einem speziellen Interpreten und einer Darbietung zu suchen. Daraus wird der Musikgeschmack des Nutzers ermittelt und es werden, meistens algorithmusbasiert, seltener aufgrund manueller Vorauswahl des Diensteanbieters Darbietungen desselben oder vergleichbarer anderer Interpreten abgespielt („Playlist").[284] Die Tatsache, dass den abgespielten Musiktiteln ein interaktiver Zugriff vorausging, führt nicht dazu, dass der gesamte Verwertungsvorgang einheitlich unter § 78 Abs. 1 Nr. 1 fällt.[285] Die Eingriffsmittel des Nutzers („stop", „skip", „never play again") lassen nur eine beschränkte interaktive Beeinflussung des Nutzers zu, während die Zugänglichmachung letztlich vom Diensteanbieter gesteuert wird.[286] Das fällt nicht unter § 78 Abs. 1 Nr. 1, weil dem Nutzer gerade nicht eine von ihm gewünschte, konkrete Darbietung zugänglich gemacht wird.[287] Insoweit liegt also eine Sendung vor.[288] Diensteangebote, die dem Nutzer Zugang zu der konkret von ihm abgerufenen Darbietung ermöglichen, machen diese öffentlich zugänglich. Schließt sich danach eine manuell oder automatisiert erstellte Playlist an, ist das eine Sendung[289] und begründet entsprechende Vergütungsansprüche des Nutzers (§ 78 Abs. 2 Nr. 1).

2. (Eingeschränktes) Senderecht (§ 78 Abs. 1 Nr. 2)

38   **a) Normzweck.** § 78 Abs. 1 Nr. 2 enthält ein **inhaltlich beschränktes Ausschließlichkeitsrecht** des Interpreten an der Sendung. Damit wird Art. 8 Abs. 1 Vermiet- und Verleih-RL und Art. 6 lit. i WPPT umgesetzt (→ Rn. 12, 26).[290] Die Beschränkung erfolgt hier – anders als bei § 78 Abs. 1 Nr. 1 – nicht über eine Engführung des Schutzinhalts (→ Rn. 39), sondern über die Beschränkung des Schutzgegenstandes (→ Rn. 40 ff.). Im Ergebnis bewirkt § 78 Abs. 1 Nr. 2, dass die Sendung erlaubterweise festgelegter und auf Ton- und Bild-/Tonträger erschienener Darbietungen nicht vom Verbotsrecht erfasst wird. Damit ist eine **praktisch wichtige Verwertungshandlung nicht geschützt.** Der Gesetzgeber v. 1965 wollte damit ausschließen, dass die Interpreten die Urheber mittelbar an der wirtschaftlichen Verwertung ihrer Werke hindern könnten.[291] Diese Erklärung ist nicht tragfähig. Beide Kreativen sind an der weitgehenden Verwertung ihrer kreativen Leistungen interessiert.[292] Gleichwohl ergibt die Beschränkung unter Berücksichtigung der mulitpolaren Interessen[293] der Interpreten, der Nutzer, der Verbraucher und der Allgemeinheit nach wie vor Sinn.[294] Der Verbraucher kann dadurch (mittelbar) ungehindert auf die auf Bild- und Tonträger erschienenen Darbietungen zugreifen[295] und zugleich senkt dieses System die Transaktionskosten für den Nutzer und schafft damit Anreize für vielfältige Diensteangebote. Das Interesse an der Befriedigung kultureller

---

[279] OLG Hamburg ZUM 2009, 414 f. – StayTuned III; OLG Hamburg ZUM 2005, 749 (751); OLG Stuttgart GRUR-RR 2008, 289 – Music-on-demand-Dienst.

[280] *Reinbothe* GRUR-Int 2001, 733 (736, 742); *Poll* GRUR 2007, 476 (482); *Schack* GRUR 2007, 639 (641 f.); *Dünnwald/Gerlach* UrhG § 78 Rn. 16; aA *Dreier/Schulze/Dreier* § 20 Rn. 16; *Dreier* FS Erdmann, 2002, 73 (83 ff.); *Schwenzer* GRUR-Int 2001, 722 (729 f.); Wandtke/Bullinger/*Büscher* UrhG § 78 Rn. 8; dazu auch → § 20 Rn. 36.

[281] BGH GRUR 2004, 669 (670) – Musikmehrkanaldienst.

[282] BGH GRUR 2009, 845 Rn. 26 f. – Internet-Videorekorder; *Dreier* FS Ullmann, 2006, 37 (44 f.); *Hofmann* MMR 2006, 793 (796); aA OLG Köln GRUR-RR 2006, 5 – Personal Video Recorder; *Schack* GRUR 2007, 639 (642); *Poll* MMR 2011, 226 (230), vertiefend zur Einordnung: *Malcher,* Personalisierte Webradios – Sendung oder Abruf, 2011, S. 157 ff.; *Koof,* Senderecht und Recht der öffentlichen Zugänglichmachung, 2015, S. 339 ff. (zugunsten der öffentlichen Zugänglichmachung).

[283] *Schack* GRUR 2007, 639 (643); aA *Bäcker,* Die Rechtsstellung der Leistungsschutzberechtigten im digitalen Zeitalter, 2005, 257.

[284] *Klatt* CR 2009, 517 (520).

[285] *Klatt* CR 2009, 517 (520 ff.); aA *Schwenzer* GRUR-Int 2001, 722 (728 f.); Wandtke/Bullinger/*Büscher* UrhG § 78 Rn. 8.

[286] *Klatt* CR 2009, 517 (522); *Koof,* Senderecht und Recht der öffentlichen Zugänglichmachung, 2015, S. 371 ff.

[287] *Handing* GRUR-Int 2006, 206 (209); aA Wandtke/Bullinger/*Büscher* UrhG § 78 Rn. 8; *Schwenzer* GRUR-Int 2001, 722 (728); *Bäcker,* Die Rechtsstellung der Leistungsschutzberechtigten im digitalen Zeitalter, 2004, S. 258.

[288] Dazu auch → § 19a Rn. 95, → § 20 Rn. 83.

[289] AA *Klatt* CR 2009, 517 (522): Schwerpunkt liege insgesamt bei der Sendung.

[290] BGH ZUM 2016, 652 Rn. 37 – Königshof.

[291] BT-Drs. IV/270, 39, 41 BVerfGE 81, 208 = GRUR 1990, 438 (441) – Bob Dylan; instruktiv *Ulmer* GRUR Ausl. 1961, 569 (571 ff.); vertiefend *Dünnwald/Gerlach* UrhG § 78 Rn. 4 ff.

[292] *Boden* GRUR 1968, 537 (539 f.); *Grünberger,* Das Interpretenrecht, 2006, S. 38 ff.

[293] → Vor §§ 73 ff. Rn. 71.

[294] AA *Dreier* ZUM 2002, 28 (30), der für ein umfassendes Recht der öffentlichen Wiedergabe plädiert; vgl. bereits *Gotzen* GRUR-Int 1890, 471 (477 ff.), der im Vergütungsanspruch lediglich einen „Notbehelf" sieht.

[295] Vgl. BGH GRUR 1981, 360 (362) – Erscheinen von Tonträgern.

Bedürfnisse durfte der Gesetzgeber in verfassungsrechtlicher Hinsicht berücksichtigen.[296] Die Aufhebung des Verbotsrechts wird mit dem Vergütungsanspruch (§ 78 Abs. 2 Nr. 1) kompensiert.[297] Das ist aufgrund der Mindestharmonisierung in Art. 8 Abs. 1 Vermiet- und Verleih-RL (→ Rn. 12) **unionsrechtskonform.** Die Entscheidung des Gesetzgebers lässt sich zusätzlich dadurch **legitimieren,** dass ein unbeschränktes Ausschließlichkeitsrecht die Position der Kreativen nicht zwangsläufig verbessert.[298] Weil der Interpret dem Tonträgerhersteller oder sonstigen Verwertern alle Nutzungsrechte überträgt oder einräumt (§ 79), profitiert er nicht unmittelbar vom Ausschließlichkeitsrecht,[299] sondern lediglich mittelbar über die Möglichkeit der antizipierten Vergütung (Vorschuss) in Künstlerverträgen. Das in § 78 vorgesehene System dient damit im Ergebnis den Interessen der Interpreten und der Allgemeinheit, während die Interessen der Verwerter nach der **verfassungskonformen**[300] Konzeption des Gesetzes zurückstehen müssen. Die Vergütung bleibt allerdings nur zur Hälfte beim Interpreten, der Rest geht an den Tonträgerhersteller (§ 86).

b) Schutzinhalt. Der ausübende Künstler hat nach § 78 Abs. 1 Nr. 2 das ausschließliche Recht, **39** den Schutzgegenstand (→ Rn. 40 ff.) „zu senden". Der **Sendebegriff** ist nach allgemeiner Meinung auch ohne ausdrückliche Bezugnahme inhaltlich mit dem in § 20 verwendeten Sendebegriff identisch.[301] Das Senderecht ist das ausschließliche Recht, die geschützte Darbietung (→ Rn. 40 ff.) durch Funk oder ähnliche technische Mittel der Öffentlichkeit (→ Rn. 15 f.) zugänglich zu machen.[302] Damit ist die **zeitgleiche Zugänglichmachung** des Schutzgegenstandes an Mitglieder der Öffentlichkeit gemeint. Im Übrigen wird auf die Ausführungen zum Sendebegriff § 20 verwiesen.[303] Zur Abgrenzung zum Recht der öffentlichen Zugänglichmachung → Rn. 32 ff. Dieser **weite Sendebegriff** ist einer **richtlinienkonformen** Auslegung geschuldet. Zwar sieht Art. 8 Abs. 1 Vermiet- und Verleih-RL das Senderecht lediglich für die „drahtlos übertragene Rundfunksendung"[304] vor. Allerdings erfasst Art. 8 Abs. 1 Vermiet- und Verleih-RL auch die öffentliche Wiedergabe („communication to the public"). Das ist nach der Konzeption des Europäischen Urheberrechts der Oberbegriff und erfasst daher alle Sendungen, die nicht drahtlos übertragener Rundfunk sind (→ Rn. 9). Wegen des einheitlichen Sendebegriffs und in richtlinienkonformer Auslegung der Satelliten- und Kabel-RL (→ Rn. 13) ist auch eine **Satellitensendung**[305] iSv § 20a eine „Sendung" iSv § 78 Abs. 1 Nr. 2.[306] Die **Kabelweitersendung**[307] fällt ebenfalls unter den Sendebegriff. Das stellt § 78 Abs. 4 mit der entsprechenden Anwendung des § 20b ausdrücklich klar. Wird eine rechtswidrig gesendete Darbietung erneut gesendet (Wiederholungssendung), handelt es sich um eine Sendung, die nach § 78 Abs. 1 Nr. 2 dem Interpreten vorbehalten ist; § 96 Abs. 2 ist subsidiär. § 96 Abs. 2 gewährt allerdings Schutz gegen die Wiederholung der ursprünglichen Sendung, wenn eine Neusendung im Zeitpunkt der Rechtsdurchsetzung nicht mehr vom Ausschließlichkeitsrecht erfasst ist (→ Rn. 59).

c) Schutzgegenstand. Das ausschließliche Senderecht erfasst nicht jede Darbietung. § 78 Abs. 1 **40** Nr. 2 nimmt Darbietungen, die erlaubterweise auf Bild- oder Tonträger aufgenommen wurden, die entweder **erschienen** oder erlaubterweise **öffentlich zugänglich** gemacht worden sind, vom Anwendungsbereich des Ausschließlichkeitsrechts aus. Aus der Formulierung der Norm („es sei denn") folgt, dass im Streitfall der Nutzer **darlegungs- und beweislastpflichtig** dafür ist, dass ein Fall vorliegt, der das Ausschließlichkeitsrecht zum Vergütungsanspruch herabstuft. Darin erschöpft sich die Bedeutung dieser Formulierung. Daraus kann insbesondere nicht abgeleitet werden, dass die erlaubte, aber vergütungspflichtige Nutzung eine eng auszulegende Ausnahme sei.

In der Praxis führt § 78 Abs. 1 Nr. 2 dazu, dass das ausschließliche Senderecht lediglich **drei 41 Schutzgegenstände** erfasst:

1. die nicht vor der Sendung aufgenommene Darbietung (Live-Sendung der **Live-Darbietung**).
2. die Darbietung, die **ohne Erlaubnis** des Interpreten auf Bild- oder Tonträger **aufgenommen** worden ist. Darin liegt ein Verstoß gegen § 77 Abs. 1,[308] der dazu führt, dass auch die nachfolgende Sendung dieser Aufnahme eine ausschließliche Rechtsposition des Interpreten verletzt. Der tatbestandlich ebenfalls vorliegende Eingriff in § 96 Abs. 1 ist daher subsidiär.[309] Ist die Aufnahme ohne Zustimmung des Interpreten erfolgt, hängt das ausschließliche Senderecht daran von keinen weiteren Voraussetzungen ab.[310] § 78 Abs. 1 Nr. 2 geht insoweit über den Wortlaut von Art. 8

---

[296] BVerfGE 81, 208 = GRUR 1990, 438 (441) – Bob Dylan.
[297] BT-Drs. IV/270, 41.
[298] Vgl. BGHZ 151, 300 ff. = GRUR 2002, 963 (966) – Elektronischer Pressespiegel (zu § 49 aF).
[299] Vgl. BGHZ 151, 300 = GRUR 2002, 963 (966) – Elektronischer Pressespiegel.
[300] BVerfGE 31, 275 (286) = GRUR 1972, 491 (494) – Schallplatten.
[301] BGHZ 152, 317 = GRUR 2003, 328 (330) – Sender Felsberg.
[302] → § 20 Rn. 1.
[303] → § 20 Rn. 27 ff.
[304] Zum Begriff → § 20 Rn. 8 ff.
[305] → § 20 Rn. 22 ff.; → § 20a Rn. 14 ff.
[306] BT-Drs. 13/4796, 14; *Dünnwald/Gerlach* UrhG Vor § 77 Rn. 3.
[307] → § 20 Rn. 62 ff.
[308] → § 77 Rn. 25 ff.
[309] Zur problematischen Unionsrechtskonformität → § 96 Rn. 7 ff.; aA Loewenheim/*Vogel* § 38 Rn. 71; *Dünnwald/Gerlach* UrhG § 78 Rn. 29 (jeweils Anspruchskonkurrenz).
[310] Falsch daher *Apel,* Der ausübende Musiker im Recht Deutschlands und der USA, 2011, S. 285.

Abs. 1 Vermiet- und Verleih-RL hinaus, weil dort nicht vorausgesetzt wird, dass die Aufzeichnung mit Zustimmung des Interpreten erfolgt ist. Aus dem systematischen Zusammenhang mit Art. 7 Abs. 1 Vermiet- und Verleih-RL kann man aber schließen, dass das ausschließliche Senderecht nur bei einer erlaubten Aufzeichnung entfällt. Deshalb geht § 78 Abs. 1 Nr. 2 nicht über den von der Richtlinie vorgeschriebenen Mindestinhalt hinaus.

3. die **erlaubterweise aufgenommene Darbietung**,[311] wenn **Bild- oder Tonträger** entweder **nicht erschienen** oder **nicht erlaubterweise öffentlich zugänglich gemacht worden** sind. Normalfall dafür ist die vom Sendeunternehmen aufgezeichnete Live-Darbietung.[312] Sobald das Sendeunternehmen aber Vervielfältigungsstücke vom hergestellten Tonträger erscheinen lässt,[313] mutiert das Ausschließlichkeitsrecht zum Vergütungsanspruch. Bei Aufnahmen der Darbietung, die nicht zur körperlichen oder unkörperlichen „Verbreitung" bestimmt sind, behält der Interpret die weitere Kontrolle über deren Verwendung,[314] bis die Vervielfältigungsstücke mit seiner – konkludent auch mit der Einräumung des Verbreitungsrechts erteilten – Zustimmung (§ 6 Abs. 2) erscheinen.

42   Für den Begriff des **Erscheinens** ist die Legaldefinition in § 6 Abs. 2 maßgebend.[315] Danach ist ein Tonträger erschienen, wenn 50 Vervielfältigungsexemplare in einem nur für professionelle Abnehmer (Rundfunk- und Fernsehsender, Filmfirmen und Werbeagenturen) zugänglichen Format mit Zustimmung des Interpreten in Verkehr gebracht worden sind.[316] Es genügt, „dass Vervielfältigungsstücke in für die Öffentlichkeit genügender Anzahl hergestellt worden sind und die Öffentlichkeit [die Darbietung] auf der Grundlage dieser Vervielfältigungsstücke mit Auge oder Ohr wahrnehmen kann."[317] „Nicht notwendig ist, dass der Öffentlichkeit ein Vervielfältigungsstück (…) zur Verfügung gestellt wird."[318] Der Tonträger ist auch erschienen, wenn ausreichende Exemplare davon zur Vermietung oder zum Verleih angeboten werden.[319] Danach genügt die Überlassung einiger weniger Vervielfältigungsstücke oder sogar nur eines einzigen Vervielfältigungsstücks, wenn die Darbietung der Öffentlichkeit von einem Vermittler zugänglich gemacht und damit der voraussichtliche Publikumsbedarf gedeckt wird.[320] Ein Filmwerk ist erschienen, wenn es in acht Kopien zum üblichen Vertrieb freigegeben und damit dem breiten Publikum zugänglich gemacht wurde.[321] Die Sendung einer Darbietung im Film, der im Kino gezeigt wurde, ist daher praktisch nie vom Ausschließlichkeitsrecht erfasst.[322]

43   **Problematisch** sind die Fälle, in denen eine auf erschienenen Bild- oder Tonträgern aufgenommene Darbietung in einen **neuen Verwendungskontext** eingeführt wird. Beispielhaft dafür ist die Verwendung einer solchen Darbietung in einem Werbespot. Nach überwiegender Meinung handelt es sich dabei nicht um einen Normalfall der Zweitverwertung, sodass diese Nutzung weiterhin vom Verbotsrecht des ausübenden Künstlers erfasst sei.[323] Das wird im Wesentlichen mit den davon berührten persönlichkeitsrechtlichen Interessen begründet.[324] Das ist eine – selten offengelegte – teleologische Reduktion, weil der Wortlaut des § 78 Abs. 1 Nr. 2 dieses Ergebnis nicht trägt. Sie überzeugt nicht.[325] Im Regelfall setzt der Einsatz der Darbietung im Werbespot deren Vervielfältigung voraus. Der Verwender des Werbespots muss sich daher ein (einfaches) Nutzungsrecht daran einräumen lassen. Darüber verfügt der Interpret idR aber nicht mehr, weil er dieses Recht an einen Dritten übertragen bzw. eingeräumt hat (§ 79). Im Regelfall erfasst die Rechtsübertragung im Künstlervertrag auch das ausschließliche Senderecht. Der ausübende Künstler ist daher nicht mehr aktivlegitimiert, die Verletzung des Senderechts gegenüber dem Nutzer des Werbespots durchzusetzen. Er ist insoweit auf seine Persönlichkeitsrechte (§ 75 S. 1) angewiesen.

44   Dem Erscheinen steht jede, vom Interpreten oder dem derivaten Rechtsinhaber erlaubte **öffentliche Zugänglichmachung** (iSv § 78 Abs. 1 Nr. 1, → Rn. 29 ff.)[326] aufgenommener Darbietungen

---

[311] → § 77 Rn. 31, 33.
[312] Vgl. BT-Drs. IV/240, 92; Fromm/Nordemann/*Schaefer* UrhG § 78 Rn. 6.
[313] S. BGH GRUR 1999, 577 (578) – Sendeunternehmen als Tonträgerhersteller; kritisch, aber nicht überzeugend dazu *Dünnwald/Gerlach* UrhG § 78 Rn. 31.
[314] BT-Drs. IV/270, 92.
[315] BGH GRUR 1981, 360 (361) – Erscheinen von Tonträgern; BGHZ 161, 161 = GRUR 2005, 502 (504) – Götterdämmerung.
[316] BGH GRUR 1981, 360 (362) – Erscheinen von Tonträgern.
[317] BGH ZUM RD 2016, 861 Rn. 36 – An Evening with Marlene Dietrich.
[318] BGH GRUR 1981, 360 (362) – Erscheinen von Tonträgern; die Kritik bei *Dünnwald/Gerlach* UrhG § 78 Rn. 30 überzeugt nicht.
[319] Wandtke/Bullinger/*Büscher* UrhG § 78 Rn. 17; Dreier/Schulze/*Dreier* UrhG § 78 Rn. 13; Loewenheim/*Vogel* § 38 Rn. 72; Fromm/Nordemann/*Schaefer* UrhG § 78 Rn. 8; *Apel,* Der ausübende Musiker im Recht Deutschlands und der USA, 2011, S. 286.
[320] BGH ZUM RD 2016, 861 Rn. 36 – An Evening with Marlene Dietrich.
[321] Vgl. BGH GRUR-Int 1973, 49 (51) – Goldrausch.
[322] Vertiefend *Dünnwald/Gerlach* UrhG § 78 Rn. 21, 32.
[323] Dreier/Schulze/*Dreier* UrhG § 78 Rn. 12; Loewenheim/*Vogel* § 38 Rn. 71; *Dünnwald/Gerlach* UrhG § 78 Rn. 34; Wandtke/Bullinger/*Büscher* UrhG § 78 Rn. 20.
[324] Eingehend *Dünnwald/Gerlach* UrhG § 78 Rn. 34.
[325] Zutreffend Fromm/Nordemann/*Schaefer* UrhG § 78 Rn. 10 f.
[326] Fromm/Nordemann/*Schaefer* UrhG § 78 Rn. 7.

gleich. Das folgt auch aus einer **völkerrechtskonformen** Auslegung (→ Rn. 26), weil Art. 14 Abs. 5 WPPT fingiert, dass ein solcher Tonträger als zu gewerblichen Zwecken veröffentlicht ist. Es ist deshalb nicht notwendig, dass ein dauerhafter Zugriff eingerichtet werden muss oder dass dem Endnutzer die Möglichkeit eines dauerhaften Downloads gegeben werden muss.[327] Das ist im Ergebnis schon deshalb gerechtfertigt, weil die erlaubte Zugänglichmachung an die allgemeine Öffentlichkeit bereits das **funktionale Äquivalent** zum Erscheinen ist. Daraus folgt, dass Darbietungen vom ausschließlichen Senderecht erfasst sind, wenn bei nicht erschienenen Tonträgern auch keine erlaubte öffentliche Zugänglichmachung erfolgte. In unionsrechtlicher Hinsicht ist die darin liegende Beschränkung des Senderechts mit Art. 8 Abs. 1 Vermiet- und Verleih-RL vereinbar. Das folgt aus Art. 8 Abs. 2 Vermiet- und Verleih-RL, der für „die Nutzung eines zu Handelszwecken veröffentlichten Tonträgers" einen Vergütungsanspruch an Stelle des Ausschließlichkeitsrechts vorsieht. Der Normzweck erlaubt es, einen öffentlich zugänglich gemachten Tonträger unter „einen zu Handelszwecken veröffentlichten" Tonträger zu subsumieren.[328] Nicht mehr von der Richtlinie vorgegeben ist § 78 Abs. 1 Nr. 2, soweit das Ausschließlichkeitsrecht auch bei aufgenommenen und nicht erschienenen bzw. zugänglich gemachten Bild- oder Tonträgern besteht. Insoweit geht das deutsche Recht in zulässiger Weise über die Mindestharmonisierung der Richtlinie hinaus (→ Rn. 12).[329]

3. (Eingeschränktes) Recht der öffentlichen Wahrnehmbarmachung (§ 78 Abs. 1 Nr. 3)

a) Normzweck. § 78 Abs. 1 Nr. 3 enthält ein **eingeschränktes Ausschließlichkeitsrecht** an **45** der öffentlichen Wahrnehmbarmachung. Damit wird Art. 8 Abs. 1 Vermiet- und Verleih-RL und Art. 6 lit. i WPPT umgesetzt (→ Rn. 12, 26). Die Beschränkung erfolgt hier sowohl über den Schutzgegenstand (→ Rn. 46) als auch über den Schutzinhalt (→ Rn. 47 ff.). Im Ergebnis bewirkt § 78 Abs. 1 Nr. 3, dass nur die öffentliche Wiedergabe der Live-Darbietung geschützt ist. **Normzweck** des (eingeschränkten) Rechts der öffentlichen Wiedergabe ist es, dem ausübenden Künstler die Kontrolle über die Erweiterung des Teilnehmerkreises von Veranstaltungen in Räume außerhalb der Veranstaltung zu ermöglichen.[330] Erfolgt die Wahrnehmbarmachung mittels Bild- oder Tonträger, auf dem die Darbietung aufgenommen wurde (§ 77 Abs. 1), oder liegt ihr eine Sendung (§ 78 Abs. 1 Nr. 2) bzw. eine öffentliche Zugänglichmachung (§ 78 Abs. 1 Nr. 1) zugrunde, tritt ein Vergütungsanspruch an die Stelle des Ausschließlichkeitsrechts (§ 78 Abs. 2 Nr. 2 und 3). Diese Einschränkung lässt sich mit denselben Gründen wie beim Senderecht rechtfertigen (→ Rn. 38). Ist die Aufnahme bzw. die Erstsendung nicht rechtmäßig erfolgt, kann der Interpret die Rechte aus § 77 Abs. 1 bzw. § 78 Abs. 1 Nr. 2 geltend machen; § 96 tritt dahinter zurück.

b) Schutzgegenstand. § 78 Abs. 1 Nr. 3 schützt nur die **Live-Darbietung.**[331] Das ergibt sich **46** aus dem Wortlaut von § 78 Abs. 1 Nr. 3, der in Anlehnung an § 19 Abs. 3[332] von einer unmittelbar stattfindenden Darbietung in einem Veranstaltungsraum ausgeht. Diese Beschränkung ist richtlinienkonform (→ Rn. 12). Bei einer Darbietung mit Playback wird die Wahrnehmbarmachung des optischen Eindrucks von § 78 Abs. 1 Nr. 3, die der akustischen Darbietung dagegen von § 78 Abs. 2 Nr. 2 erfasst.[333] Wird die öffentlich wahrnehmbar gemachte Live-Darbietung zeitgleich gesendet, fällt die Sendungshandlung unter § 78 Abs. 1 Nr. 2.

c) Schutzinhalt. aa) Richtlinienkonforme Auslegung. § 78 Abs. 1 Nr. 3 beschreibt die dem **47** Interpreten vorbehaltene Nutzungshandlung in Anlehnung an § 19 Abs. 3 als „öffentlich **wahrnehmbar** zu machen". Art. 8 Abs. 1 **Vermiet- und Verleih-RL** und Art. 6 lit. i WPPT benutzen **stattdessen** den Begriff der „öffentlichen **Wiedergabe**". Damit ist nach der **Legaldefinition** in Art. 2 lit. g WPPT – die im Kern auch für die Richtlinie gilt[334] – die Übertragung einer nicht festgelegten Darbietung auf einem anderen Weg als durch Sendung gemeint. Eine „Übertragung" liegt danach nur vor, wenn eine **räumliche Distanz** zwischen dem Ort der Live-Darbietung und der Öffentlichkeit überbrückt wird.[335] Auf diesem Verständnis basiert auch Art. 8 Abs. 1 Vermiet- und Verleih-RL (→ Rn. 12). Daher fällt § 78 Abs. 1 Nr. 3 in den sachlichen Anwendungsbereich des Unionsrechts und ist **richtlinienkonform** auszulegen.[336] Den **Schutzinhalt** des § 78 Abs. 1 Nr. 3 bestimmt man richtlinienkonform in **zwei Schritten:** (1.) Das Verhalten muss zunächst die **Tatbestandsmerkmale** des einheitlich konzipierten Begriffs der **öffentlichen Wiedergabe** erfüllen. Weil

---

[327] AA *Dünnwald/Gerlach* UrhG § 78 Rn. 33; *Apel,* Der ausübende Musiker im Recht Deutschlands und der USA, 2011, S. 287.
[328] *Walter/v. Lewinski,* European Copyright Law, 2010, Rn. 6.8.14.
[329] IE auch *Dünnwald/Gerlach* UrhG § 78 Rn. 21.
[330] BT-Drs. IV/270, 90.
[331] Allg. Meinung, statt aller *Dünnwald/Gerlach* § 78 Rn. 24.
[332] Dazu BT-Drs. IV/270, 90.
[333] *Dünnwald/Gerlach* § 78 Rn. 24.
[334] EuGH GRUR 2012, 597 Rn. 59 – Phonographic Performance (Ireland); die in Art. 2 lit. g WPPT enthaltene Beschränkung auf Töne wird von der Richtlinie nicht übernommen und ist daher für die Begriffsdefinition im Europäischen Urheberrecht nicht maßgeblich.
[335] *Reinbothe/v. Lewinski,* The WIPO Treaties on Copyright, 2. Aufl. 2015, Rn. 8.2.67, 73.
[336] Vgl. *Grünberger* ZUM 2015, 273 (275); DKMH/*Dreyer* § 19 Rn. 2; aA *Leistner* GRUR 2014, 1145 (1150) – jeweils zur Parallelvorschrift des § 19 Abs. 3; dazu auch → § 19 Rn. 2.

die öffentliche Wahrnehmbarmachung gem. §§ 19 Abs. 3, 78 Abs. 1 Nr. 1 eine Teilmenge der öffentlichen Wiedergabe ist (→ Rn. 15), muss das beanstandete Verhalten logisch zwingend die vom EuGH herausgearbeiteten **Tatbestandsmerkmale einer öffentlichen Wiedergabe** erfüllen.[337] (2.) Weil Art. 8 Abs. 1 Vermiet- und Verleih-RL lediglich einen Teilaspekt davon erfasst, müssen dessen **zusätzliche Tatbestandsvoraussetzungen** vorliegen. Aus dem Wortlaut der Richtlinie folgt, dass das Recht der öffentlichen Zugänglichmachung einen engeren Schutzinhalt hat. Dieser engere Schutzinhalt wird in § 78 Abs. 1 Nr. 3 richtlinienkonform mit „öffentlicher Wahrnehmbarmachung" konkretisiert.

48   **bb) Wahrnehmbarmachung. Schutzinhalt** des § 78 Abs. 1 Nr. 3 sind nur solche öffentliche Wiedergaben iSv Art. 3 Abs. 1 InfoSoc-RL, die den Schutzgegenstand (→ Rn. 46) außerhalb des stattfindenden Raumes durch technische Einrichtungen öffentlich wahrnehmbar machen. Die **Wahrnehmbarmachung** einer Darbietung setzt voraus, dass sie auf technischem Weg **unmittelbar** für die menschlichen Sinne **wiedergegeben** wird.[338] Es kommt deshalb – im Unterschied zu § 78 Abs. 1 Nr. 1 und Nr. 2 – darauf an, dass die Darbietung von der Öffentlichkeit (→ Rn. 15 f., 30b) **tatsächlich empfangen** wird.[339] An dem Ort, an dem die (potentielle) Öffentlichkeit versammelt ist, muss sie die Darbietung tatsächlich wahrnehmen können. Die **Öffentlichkeit** muss daher **zeitgleich** am Ort der Wahrnehmbarmachung **anwesend** sein.[340] Eine **sukzessive** Öffentlichkeit genügt nicht.[341] Das folgt aus den **einschränkenden Tatbestandsmerkmalen** von **Art. 8 Abs. 1 Vermiet- und Verleih-RL.** Eine Erweiterung auf die sukzessive Öffentlichkeit ist bei der allein geschützten Live-Darbietung (→ Rn. 12) nicht denkbar. Keine Wahrnehmbarmachung erfolgt, wenn lediglich Empfangsgeräte bereitgestellt werden.[342] Darin kann eine Sendung iSv § 78 Abs. 1 Nr. 2 liegen, wenn der Handelnde zugleich auch die Sendesignale an die Endgeräte sendet.[343] Unionsrechtlich ist dieser Vorgang wegen des eingeschränkten Rundfunkbegriffs in Art. 8 Vermiet- und Verleih-RL (→ Rn. 12) zwar eine „öffentliche Wiedergabe".[344] Im nationalen Recht wird dieser Vorgang aber richtlinienkonform als Sendung iSv § 20 aufgefasst und fällt daher unter § 78 Abs. 1 Nr. 2. Damit weicht der Begriff der öffentlichen Wahrnehmbarmachung erheblich vom Öffentlichkeitsbegriff in Art. 3 Abs. 1 InfoSoc-RL und Art. 8 Abs. 2 Vermiet- und Verleih-RL ab (→ Rn. 15 f.).

49   Die Wahrnehmbarmachung der Darbietung muss **außerhalb des Raumes,** in dem diese gerade **stattfindet,** erfolgen, § 78 Abs. 1 Nr. 3. Ein „anderer Raum" ist bereits ein anderer Raum innerhalb desselben Gebäudes. Normalfall dafür ist die Übertragung der Darbietung aus dem Konzertsaal ins Foyer für zu spät gekommene Konzertbesucher.[345] Deshalb muss der Veranstalter dafür ein Nutzungsrecht beim Interpreten einholen.[346] **„Raum"** ist nicht als ein nach allen Seiten abgeschlossener Raum zu verstehen. Darunter fallen auch Open-Air-Veranstaltungen, weil auch hier grundsätzlich die Gefahr besteht, dass dem Interpreten die Zugangskontrolle entzogen und das Publikum ohne seine Zustimmung ausgedehnt wird.[347] Wird die Darbietung insgesamt an einer anderen Stelle als dem eigentlichen Veranstaltungsort der unmittelbaren Live-Darbietung wahrnehmbar gemacht („Public Viewing"), ist § 78 Abs. 1 Nr. 3 einschlägig.[348] Weil die Darbietung außerhalb des Raums, in dem die Darbietung stattfindet, wahrnehmbar gemacht werden muss, ist die **rauminterne Übertragung** an dort verteilte Lautsprecher und Bildschirme vom Schutzinhalt nicht erfasst.[349] Das ist WPPT- und damit auch richtlinienkonform (→ Rn. 26).[350] Die Zulassung von „Zaungästen" oder eine Vermietung von Anrainerplätzen bei einer Open-Air-Veranstaltung fällt nicht unter § 78 Abs. 1 Nr. 3, solange die Darbietung über die am Veranstaltungsort selbst eingesetzte Technik wahrnehmbar gemacht wird.

50   Die Wahrnehmbarmachung außerhalb des Raumes muss mittels Bildschirm, Lautsprecher oder ähnlicher technischer Einrichtungen erfolgen. Damit werden dieselben **Übertragungsmedien wie in § 19 Abs. 3** genannt.[351]

---

[337] → Rn. 30b.
[338] Vgl. BGH ZUM 2016, 652 Rn. 11 – Königshof (zu § 22); BGHZ 123, 149 = GRUR 1994, 45 (46) – Verteileranlagen (zu § 19 Abs. 3).
[339] Vgl. BGH ZUM 2016, 652 Rn. 12 – Königshof (zu § 22).
[340] S. BGH GRUR 1996, 875 (876) – Zweibettzimmer im Krankenhaus; BGHZ 123, 149 = GRUR 1994, 45 (46) – Verteileranlagen; → § 19 Rn. 41; Wandtke/Bullinger/*Büscher* UrhG § 78 Rn. 11; BeckOK/*Stang* UrhG § 78 Rn. 11.
[341] AA *Dünnwald/Gerlach* UrhG § 78 Rn. 27.
[342] BGH ZUM 2016, 652 Rn. 11 – Königshof (zu § 22).
[343] BGH ZUM 2016, 652 Rn. 15 – Königshof (zu § 20).
[344] EuGH GRUR 2012, 597 Rn. 25 ff. – Phonographic Performance (Ireland).
[345] *Dünnwald/Gerlach* UrhG § 78 Rn. 25; *Apel*, Der ausübende Musiker im Recht Deutschlands und der USA, 2011, 291; aA *Kurz*, Praxishandbuch Theaterrecht, 1999, 13. Kap. Rn. 120.
[346] Im Anwendungsbereich der NV-Bühne (→ § 79 Rn. 126) sieht § 8 Abs. 3 NV-Bühne eine entsprechende Regelung vor, vgl. Wandtke/Bullinger/*Büscher* UrhG § 78 Rn. 13.
[347] *Dünnwald/Gerlach* UrhG § 78 Rn. 25.
[348] *Dünnwald/Gerlach* UrhG § 78 Rn. 25.
[349] Dreier/Schulze/*Dreier* UrhG § 78 Rn. 8; kritisch *Dünnwald/Gerlach* UrhG § 78 Rn. 25.
[350] AA *Dünnwald* ZUM 2004, 161 (177 f.).
[351] → § 19 Rn. 50.

IV. Vergütungsansprüche (§ 78 Abs. 2)

1. Differenzierte Umsetzung von Art. 8 Abs. 2 Vermiet- und Verleih-RL

§ 78 Abs. 2 setzt Art. 8 Abs. 2 Vermiet- und Verleih-RL (→ Rn. 14) um. Obwohl der Wortlaut **50a**
der Richtlinie zwei Verwertungshandlungen („drahtlos übertragene Rundfunksendungen" und „öffentliche Wiedergabe") unterscheidet, ist die „öffentliche Wiedergabe" der allein maßgebliche Oberbegriff. Dieser ist grundsätzlich übereinstimmend mit Art. 3 Abs. 1 InfoSoc-RL auszulegen
(→ Rn. 15 f.); § 78 Abs. 2 unterscheidet dagegen **drei Konstellationen:** (1.) die Sendung von festgelegten Darbietungen, § 78 Abs. 2 Nr. 1 (→ Rn. 51 ff.); (2.) die öffentliche Wahrnehmbarkeit
festgelegter Darbietungen, § 78 Abs. 2 Nr. 2 (→ Rn. 54 ff.) und (3.) die öffentliche Wahrnehmbarmachung einer gesendeten oder öffentlich zugänglich gemachten Darbietung, § 78 Abs. 2 Nr. 3
(→ Rn. 58 ff.). Das ist bei der **richtlinienkonformen Auslegung** der Norm zu berücksichtigen.
Beispiele: Wird eine Sendung der auf einem Tonträger aufgezeichneten Darbietung eines ausübenden Künstlers über Kabel weitergesendet, ist der Anwendungsbereich des Art. 8 Abs. 2 Vermiet- und
Verleih-RL eröffnet.[352] Dasselbe gilt, wenn eine solche Weitersendung es einem in Aufenthaltsräumen anwesenden Publikum ermöglicht, sich diese Sendungen – und damit mittelbar auch die darin
genutzten Tonträger – anzuhören.[353] Im zweiten Fall liegen insgesamt drei Nutzungshandlungen vor:
(1.) die Sendung, (2.) die Weitersendung und (3.) die Wahrnehmbarmachung von Sendung und –
mittelbar – der festgelegten Darbietung. Das deutsche Recht macht diesen Vorgang besser sichtbar:
Die kabelgebundene Weiterleitung der (vergütungspflichtigen, § 78 Abs. 2 Nr. 1) Sendung im ersten
Fall wird (nur) von § 78 Abs. 2 Nr. 1 iVm § 20b erfasst.[354] Dasselbe gilt im zweiten Fall; dort schließt
sich aber eine öffentliche Wahrnehmbarmachung iSv § 78 Abs. 2 Nr. 3 als weitere Zweitverwer-
tungshandlung an. Dagegen handelt es sich nur im ersten Fall des § 78 Abs. 1 Nr. 3, wenn die Wahrnehmbarmachung erfolgt, ohne dass das Sendesignal vorher weitergeleitet wird.[355] Fraglich ist, ob alle
drei **Nutzungshandlungen separat** zu vergüten sind. Was das Verhältnis von Sendung und Weitersendung betrifft, hat der EuGH zutreffend entschieden, dass der Weitersendende zusätzlich zu der
vom Sendenden gezahlten Vergütung eine angemessene Vergütung schuldet.[356] Zweifelhaft ist, ob das
auch für das Verhältnis von Weitersendung und einer dadurch bezweckten Wahrnehmbarmachung
gilt. Für die Antwort lassen sich die vom EuGH bei Vergütungsansprüchen regelmäßig als Kriterien
verwendeten Begriffe „**Erwerbszweck** der Nutzung" und „**Aufnahmebereitschaft** des Publikums"
fruchtbar machen.[357] Da der Vergütungsanspruch ein „Recht mit Entschädigungscharakter"[358] ist,
spricht viel dafür, dass er sich am wirtschaftlichen Schaden orientiert, der den Rechteinhabern aufgrund der erlaubten Nutzung entsteht. Dieser bemisst sich nach dem verfolgten Nutzungszweck und
der damit zusammenhängenden Aufnahmebereitschaft des adressierten Publikums. Ist eine Wiedergabehandlung lediglich Voraussetzung der wirtschaftlich relevanten Anschlussnutzung, schuldet der
Nutzer allein dafür die Vergütung. Sie konsumiert die vorangehende Verwertungshandlung.

Die deutsche Umsetzung bereitet **Probleme** bei Verwertungshandlungen, die weder vom nationa- **50b**
len Sendebegriff (→ Rn. 39 ff.) noch vom nationalen Begriff der öffentlichen Wahrnehmung
(→ Rn. 48 ff.) erfasst sind, die aber eine öffentliche Wiedergabe nach unionsrechtlichen Maßstäben
sein können.[359] Im Urheberrecht kann man die Vorgaben des Unionsrechts mit einem unbenannten
Ausschließlichkeitsrecht umsetzen.[360] Dieser Weg scheidet im Interpretenrecht aus (→ Rn. 5). In
solchen Konstellationen zwingt die richtlinienkonforme Auslegung dazu, § 78 Abs. 2 insgesamt so zu
interpretieren, dass der Vergütungsanspruch sichergestellt ist. Dafür bietet es sich an, **§ 78 Abs. 2
Nr. 2 weit auszulegen** (→ Rn. 54). Zu beachten ist, dass das deutsche Recht in zwei Punkten erlaubterweise (→ Rn. 14) über die Richtlinie hausgeht: (1.) Es erfasst auch Darbietungen, die auf
Bild-/Bild-Tonträger festgelegt werden. (2.) § 78 Abs. 2 Nr. 3 erfasst auch Verwertungshandlungen,
die keine Nutzung eines Tonträgers iSv Art. 8 Abs. 2 Vermiet- und Verleih-RL sind.

2. Sendung (§ 78 Abs. 2 Nr. 1)

§ 78 Abs. 2 Nr. 1 sieht einen **Vergütungsanspruch** für eine vom Schutzinhalt des § 78 Abs. 1 **51**
Nr. 2 nicht erfasste und daher **gesetzlich erlaubte Sendung** vor. Der Anspruch kompensiert das

---

[352] EuGH GRUR 2012, 597 Rn. 25 ff. – Phonographic Performance (Ireland); BGH ZUM 2018, 532 Rn. 22 –
Krankenhausradio; BGH ZUM 2016, 162 Rn. 34 – Ramses. Der BGH hat aber in der Weiterleitung an die Mitglieder einer Wohnungseigentümergemeinschaft keinen relevanten Öffentlichkeitsbezug (→ Rn. 30b) gesehen,
kritisch *Leistner* CR 2017, 818; zustimmend *Rossbach* MMR 2016, 208.
[353] EuGH ZUM 2016, 744 Rn. 12 – Reha Training/GEMA.
[354] BGH ZUM 2016, 162 Rn. 34 – Ramses.
[355] Verkannt im Vorlagebeschluss von LG Köln ZUM 2015, 596 (600); dementsprechend fehlt auch eine Differenzierung in EuGH ZUM 2016, 744 – Reha Training.
[356] EuGH GRUR 2012, 597 Rn. 48 ff. – Phonographic Performance (Ireland).
[357] Dazu vertiefend *Grünberger* GRUR 2016, 977 (982).
[358] EuGH ZUM 2016, 744 Rn. 30 – Reha Training/GEMA.
[359] Beispielhaft dafür ist die Unterscheidung in BGH ZUM 2016, 652 – Königshof.
[360] → § 20 Rn. 79 und → § 15 Rn. 268 ff., 283 ff.

eingeschränkte Senderecht.[361] Die Regelung dient der (Teil-)Umsetzung von Art. 8 Abs. 2 Vermiet-
und Verleih-RL.[362] Die Beschränkung des Sendebegriffs auf „drahtlos übertragene Rundfunksendungen" ist aufgrund des weiten Begriffs der „öffentlichen Wiedergabe" (→ Rn. 14) mittlerweile überholt. Die Richtlinie differenziert nicht zwischen der Verwertungshandlung „Sendung der Tonträger"
und der sich daran anschließenden Verwertungshandlung „Wiedergabe der Sendung" (→ Rn. 14).
§ 78 Abs. 2 unterscheidet dagegen zwischen der **erlaubten Sendung** von Ton- bzw. Bild-/Ton-
trägern iSv § 78 Abs. 1 Nr. 2 und der **mittelbaren** Nutzung dieser Datenträger bei der unmittelbaren
Wahrnehmbarmachung der Sendung (§ 78 Abs. 2 Nr. 3 – „Drittverwertung"). Das ist bei der richtlinienkonformen Interpretation zu berücksichtigen. Vergütungsansprüche sind im Interpretenrecht
nicht eng auszulegen (→ Rn. 40).[363] Die Nutzung ist vielmehr auch dann erlaubt, aber vergütungspflichtig, wenn sie dem Endverbraucher „weitergehende Verwendungsmöglichkeiten einräumt und
damit die Primärverwertung stärker beeinträchtigen kann als die Übermittlung im Rahmen einer
herkömmlichen Radiosendung."[364] § 78 Abs. 2 Nr. 1 hat in der Praxis erhebliche Bedeutung für das
Vergütungsaufkommen der GVL.[365]

52   **a) Schutzgegenstand.** Nach dem Wortlaut des § 78 Abs. 2 Nr. 1 muss die Darbietung „erlaubterweise gesendet" worden sein. Das ist **missverständlich formuliert**.[366] Voraussetzung des Vergütungsanspruchs ist die Sendung einer Darbietung, die gerade nicht vom Schutzinhalt des Ausschließlichkeitsrechts erfasst ist.[367] Eine Sendung, die unter das Ausschließlichkeitsrecht in § 78 Abs. 1 Nr. 2
fällt, löst keine Vergütungsansprüche aus. Das ist richtlinienkonform. Art. 8 Abs. 2 Vermiet- und Verleih-RL sieht einen Vergütungsanspruch dann vor, wenn der Mitgliedstaat die Rechtsposition nicht
als Ausschließlichkeitsrecht ausgestaltet hat. Erfolgt die Sendung rechtswidrig, kann der ausübende
Künstler dagegen aus § 97 Abs. 1 iVm § 78 Abs. 1 Nr. 2 vorgehen.[368] **Vergütungspflichtig** ist daher
lediglich die Sendung einer Darbietung, die **erlaubterweise aufgenommen** worden ist[369] und von
der entweder Bild- oder Tonträger **erschienen** sind oder die erlaubterweise **öffentlich zugänglich**
gemacht worden ist (→ Rn. 41).[370] Obwohl die Richtlinie nur Tonträger erfasst, ist die Ausdehnung
des Vergütungsanspruchs auf Bild- bzw. Bild-/Tonträger richtlinienkonform (→ Rn. 14). Mit der
Variante des **Erscheinens** wird das in Art. 8 Abs. 2 Vermiet- und Verleih-RL verwendete Merkmal
„eines zu Handelszwecken veröffentlichten Tonträgers oder eines Vervielfältigungsstücks eines solchen
Tonträgers" **richtlinienkonform** umgesetzt. Unerheblich ist, ob für die Sendung ein im Handel
erhältliches Vervielfältigungsstück, ein Sonderexemplar für Rundfunkzwecke oder eine elektronische
Festlegung einer handelsüblichen CD zum Zweck der Sendung (vgl. § 55 Abs. 1) verwendet wird,
solange es sich um eine Darbietung handelt, von der Bild- oder Tonträger erschienen (→ Rn. 42 ff.)
sind.[371] Erfasst sind auch Tonträger, die von **Sendeunternehmen als Tonträgerhersteller** produziert werden, wenn diese Tonträger erschienen oder öffentlich zugänglich gemacht worden sind.[372]
Zweifelhaft ist, ob der Vergütungsanspruch auch entsteht, wenn ein Film gesendet wird, in den eine
auf Tonträger festgelegte Darbietung eingefügt wurde. Aus Art. 2 lit. b WPPT und der dazu vereinbarten Erklärung folgt nach dem Gebot konventionsfreundlicher Auslegung, dass mit der Einfügung
in den Film aus dem Tonträger keine Rechte mehr fließen, solange und soweit er zusammen mit dem
Film verwertet wird.[373]

53   **b) Schutzinhalt.** § 78 Abs. 2 Nr. 1 knüpft an die **Sendung** als **vergütungspflichtige Handlung**
an. Der Begriff ist im Ausgangspunkt wie in § 78 Abs. 1 Nr. 2 auszulegen (→ Rn. 39 ff.). Das Unionsrecht geht dagegen von einem deutlich weiteren Begriff der öffentlichen Wiedergabe aus
(→ Rn. 15). Die Engführung in § 78 Abs. 2 Nr. 1 verstößt nicht gegen die Richtlinie, weil es sich
dabei (1.) lediglich um eine Teilumsetzung des Unionsrechts handelt (→ Rn. 50a) und man (2.) sich
nicht unter den Sendebegriff fallenden Verwertungshandlungen mit einer erweiternden Auslegung
von § 78 Abs. 2 Nr. 2 erfassen kann (→ Rn. 50b). **Beispiel:** Eine Krankenhausbetreiberin bietet
ihren Patienten die Möglichkeit, in den Patientenzimmern Radio zu hören, indem sie Rundfunksendungen (technisch) in die Patientenzimmer weiterleitet.[374] „Ein Hotelbetreiber, der in seinen Gästezimmern Fernseh- und/oder Radiogeräte aufstellt, zu denen er ein Sendesignal übermittelt", macht

---

[361] BT-Drs. IV/270, 91 f.
[362] Vgl. BGH ZUM 2016, 162 Rn. 33 – Ramses.
[363] *Dünnwald/Gerlach* UrhG § 78 Rn. 28; aA Dreier/Schulze/*Dreier* UrhG § 78 Rn. 11; Fromm/Nordemann/
Schaefer UrhG § 78 Rn. 16.
[364] BGH GRUR 2004, 669 (671) – Musikmehrkanaldienst.
[365] Dreier/Schulze/*Dreier* UrhG § 78 Rn. 15.
[366] *Dünnwald* ZUM 2004, 161 (177).
[367] Vgl. BGH ZUM 2016, 162 Rn. 25 – Ramses.
[368] *Dünnwald/Gerlach* UrhG § 78 Rn. 29; Wandtke/Bullinger/*Büscher* UrhG § 78 Rn. 16.
[369] → § 77 Rn. 25 ff.
[370] Allg. Meinung, statt aller Dreier/Schulze/*Dreier* UrhG § 78 Rn. 13.
[371] *Dünnwald/Gerlach* § 78 Rn. 30.
[372] BGH GRUR 1999, 577 – Sendeunternehmen als Tonträgerhersteller; kritisch *Dünnwald/Gerlach* UrhG § 78
Rn. 31.
[373] *Reinbothe/v. Lewinski*, The WIPO Treaties on Copyright, 2. Aufl. 2015, Rn. 8.2.40 ff.; aA *Dünnwald/Gerlach*
UrhG § 78 Rn. 32; vertiefend *Wiemer* UFITA 2015, 709.
[374] BGH ZUM 2018, 532 Rn. 22 – Krankenhausradio (ohne nähere Differenzierung).

damit die Darbietung den Hotelgästen – und damit der Öffentlichkeit – (mittelbar) zugänglich.[375] Das ist im deutschen Recht ein Fall des § 78 Abs. 2 Nr. 1, weil es eine (Weiter-)Sendung einer Sendung ist. Verwertungshandlungen, die Schutzinhalt eines anderen Ausschließlichkeitsrechts an der öffentlichen Wiedergabe sind, sind nach Art. 8 Abs. 2 Vermiet- und Verleih-RL nicht Gegenstand des Vergütungsanspruchs (→ Rn. 14). Deshalb kommt auch in diesem Zusammenhang der **Abgrenzung** zwischen dem Senderecht einerseits und dem Recht der **öffentlichen Zugänglichmachung** andererseits erhebliche praktische Bedeutung zu (→ Rn. 32 ff.).

3. Öffentliche Wahrnehmbarmachung von Bild- oder Tonträgern (§ 78 Abs. 2 Nr. 2)

Wird die auf einem Bild- oder Tonträger aufgenommene Darbietung öffentlich wahrnehmbar ge- **54** macht, schuldet der Nutzer dafür eine Vergütung (§ 78 Abs. 2 Nr. 2). Damit wird für die Fälle der unmittelbaren Nutzung von Tonträgern **Art. 8 Abs. 2 Vermiet- und Verleih-RL** umgesetzt, wonach für „eine öffentliche Wiedergabe die Zahlung einer einzigen angemessenen Vergütung durch den Nutzer" geschuldet ist. Normalfall dafür ist das Abspielen von Tonträgern in Bars und Gaststätten. [376] Die Erweiterung des Vergütungsanspruchs auf Bild-/Tonträger ist richtlinienkonform (→ Rn. 14).

a) Schutzgegenstand. Schutzgegenstand ist eine „mittels Bild- oder Tonträger" wahrnehmbar **55** gemachte Darbietung. Im Unterschied zu § 78 Abs. 1 Nr. 2 (→ Rn. 41) muss es sich um eine **erlaubterweise** auf Bild- oder Tonträger **aufgenommene Darbietung** handeln. Die Nutzung einer Darbietung, die unter Verstoß gegen § 77 Abs. 1 aufgenommen wurde, löst keinen Vergütungsanspruch aus. In diesem Fall kann der ausübende Künstler seine Rechte aus § 77 Abs. 1 und § 96 Abs. 1 geltend machen.[377] Der Verbotsanspruch aus § 96 Abs. 1 besteht auch, wenn ein rechtswidrig vervielfältigter Tonträger zur Wahrnehmbarmachung benutzt wurde.[378] Eine gem. § 96 Abs. 1 **rechtswidrige Nutzung** liegt auch dann vor, wenn der Interpret lediglich Nutzungsrechte zur Vervielfältigung bezüglich einer Nutzungsart eingeräumt hat, der Verwerter diese im Anschluss aber auf eine andere, nicht mehr vom Vertrag erfasste Art nutzt. Beispiel: Die Aufnahme einer Ballettmusik, die vom Orchester lediglich zu Probenzwecken des Balletts erlaubt wurde, kann wegen § 96 Abs. 1 nicht in einer öffentlichen Ballettaufführung öffentlich wahrnehmbar gemacht werden.[379] Diese Beschränkung des Vergütungsanspruchs ist richtlinienkonform, weil Art. 8 Abs. 2 Vermiet- und Verleih-RL einen Vergütungsanspruch nur dann vorsieht, wenn der Mitgliedstaat die Rechtsposition nicht als Verbotsrecht ausgestaltet hat (→ Rn. 14) und § 96 Abs. 1 – insoweit aufgrund der Mindestharmonisierung des Rechts der öffentlichen Wiedergabe auch unionsrechtskonform[380] – dem Interpreten eine Untersagungsmöglichkeit verschafft. Der Ton- oder Bild-/Tonträger muss **erschienen** sein:[381] Art. 8 Abs. 2 Vermiet- und Verleih-RL setzt einen zu Handelszwecken veröffentlichten Tonträger oder dessen Vervielfältigungsstücke voraus.[382] Diese Vorgabe ist für die Mitgliedstaaten bindend, sofern sie am Vergütungsanspruch festhalten und kein allgemeines ausschließliches Recht der öffentlichen Wiedergabe einführen (→ Rn. 14). Daher ist § 78 Abs. 2 Nr. 2 richtlinienkonform dahin auszulegen, dass die Bild- oder Tonträger erschienen sein müssen. Der Begriff richtet sich nach § 6 Abs. 2 (→ Rn. 42).

b) Schutzinhalt. Vergütungspflichtig ist nach dem Wortlaut des § 78 Abs. 2 Nr. 2 die „öffentliche **56** Wahrnehmbarmachung". Dieser Begriff ist richtlinienkonform zu interpretieren, weil § 78 Abs. 2 Nr. 2 eine Teilumsetzung von Art. 8 Abs. 2 Vermiet- und Verleih-RL ist. Er ist der Auffangtatbestand aller im nationalen Recht sonst nicht ausdrücklich geregelten vergütungspflichtigen Verwertungshandlungen (→ Rn. 50b). Das Unionsrecht legt insoweit einen **einheitlichen Begriff der öffentlichen Wiedergabe** im Urheber- und im Interpretenrecht zugrunde (→ Rn. 15 f.). Daraus folgt, dass man den Begriff der öffentlichen Wahrnehmbarmachung in § 78 Abs. 2 Nr. 2 **nicht wie in § 78 Abs. 1 Nr. 3** (→ Rn. 48 ff.) verstehen darf. Es kommt bei § 78 Abs. 2 Nr. 2 also weder darauf an, dass die Öffentlichkeit die Darbietung tatsächlich wahrnehmen kann, noch darauf, dass diese Öffentlichkeit zeitgleich anwesend ist. Das folgt zwingend aus dem Unionsrecht: Während Art. 8 Abs. 1 Vermiet- und Verleih-RL den Schutzinhalt des Ausschließlichkeitsrechts an der öffentlichen Wiedergabe begrenzt (→ Rn. 47), erfasst Art. 8 Abs. 2 der Richtlinie hinsichtlich des Vergütungsanspruchs **„jede denkbare und praktikable Wiedergabeart".**[383] Sie liegt bereits dann vor, wenn ein Hotelbetreiber in seinen Gästezimmern Abspielgeräte und (!) dazu kompatible Tonträger bereithält, die mit einem solchen Gerät abgespielt oder gehört werden können.[384] Dieses Ergebnis lässt sich mit dem

---

[375] EuGH GRUR 2012, 597 Rn. 25 ff. – Phonographic Performance (Ireland).
[376] BeckOK UrhR/*Stang* UrhG § 78 Rn. 22.
[377] *Dünnwald/Gerlach* UrhG § 78 Rn. 36, Dreier/Schulze/*Dreier* UrhG § 78 Rn. 17; → § 96 Rn. 15.
[378] *Dünnwald/Gerlach* UrhG § 78 Rn. 36.
[379] Vgl. *Dünnwald* FuR 1979, 25 (26); Wandtke/Bullinger/*Büscher* UrhG § 78 Rn. 25.
[380] → § 96 Rn. 7 ff.
[381] So auch Wandtke/Bullinger/*Büscher* UrhG § 78 Rn. 22; aA *Dünnwald/Gerlach* UrhG § 78 Rn. 36; BeckOK UrhR/*Stang* UrhG § 78 Rn. 23a.
[382] S. EuGH GRUR 2012, 592 Rn. 75 – SCF.
[383] EuGH GRUR 2012, 597 Rn. 61 – Phonographic Performance (Ireland).
[384] EuGH GRUR 2012, 597 Rn. 48 ff. – Phonographic Performance (Ireland).

klassisch engen Begriff der „öffentlichen Wahrnehmbarmachung" (→ Rn. 48 ff.) nicht erzielen. Daher ist dieser Begriff in § 78 Abs. 2 Nr. 2 weit zu verstehen: Er erfasst im Ausgangspunkt jede öffentliche Wiedergabe, die die in → Rn. 30b genannten Voraussetzungen der öffentlichen Wiedergabe erfüllt. Insoweit kann auf die entsprechenden Ausführungen in § 15 verwiesen werden.[385]

57   Bei der entsprechenden Anwendung dieser Grundsätze im Interpretenrecht muss man aber auch bei der richtlinienkonformen Auslegung zwischen den drei Fallgruppen des § 78 Abs. 2 differenzieren (→ Rn. 50a f.). Daher erfasst die öffentliche Wiedergabe in § 78 Abs. 2 Nr. 2 nur die unmittelbare Verwertung einer festgelegten Darbietung, die keine Sendung iSv § 78 Abs. 2 Nr. 1 ist (→ Rn. 53). Liegt dagegen eine mittelbare Verwertung der festgelegten Darbietung vor, ist § 78 Abs. 2 Nr. 3 (→ Rn. 58) einschlägig. Das ist der Fall, wenn eine (uU weitergeleitete) Sendung der Öffentlichkeit wahrnehmbar gemacht wird (→ Rn. 50a). Zu den von § 78 Abs. 2 Nr. 2 erfassten Fällen zählt daher jede (unmittelbare) Nutzung, wie etwa das Abspielen von Tonträgern in einer Gaststätte mittels technischer Übertragungsgeräte[386] oder die Bereitstellung von Abspielgeräten und dazu kompatiblen Tonträgern.[387] Nicht von § 78 Abs. 2 Nr. 2 sondern von Nr. 3 erfasst ist dagegen der Fall, wenn ein Rehabilitationszentrum in Warte- und Trainingsräumen Fernsehgeräte installiert, die es den Patienten ermöglichen, sich Fernsehsendungen anzusehen und dadurch mittelbar in den Genuss der festgelegten Darbietungen zu kommen.[388]

4. Öffentliche Wahrnehmbarmachung von Sendung oder öffentlicher Zugänglichmachung (§ 78 Abs. 2 Nr. 3)

58   § 78 Abs. 2 Nr. 3 begründet einen Vergütungsanspruch, wenn eine **Darbietung (mittelbar) öffentlich wahrnehmbar** gemacht wird, indem eine Sendung oder öffentliche Zugänglichmachung benutzt wird. Der Vergütungsanspruch knüpft also an eine **vorherige Nutzungshandlung** an: entweder die vorgelagerte (Weiter-)Sendung oder die vorgelagerte öffentliche Zugänglichmachung. § 78 Abs. 2 Nr. 3 erfasst dabei sowohl den Fall der öffentlichen Wahrnehmbarmachung der gesendeten Live-Darbietung **(Zweitverwertung)** als auch den Fall der Sendung bzw. öffentlichen Zugänglichmachung der auf Bild- oder Tonträger aufgenommenen Darbietung **(Drittverwertung)**. Deshalb ist der Anspruch auf § 78 Abs. 2 Nr. 3 und nicht auf Nr. 2 zu stützen, wenn die Sendung eines erschienenen Tonträgers wahrnehmbar gemacht wird.[389] Soweit eine Drittverwertung vorliegt, ist § 78 Abs. 2 Nr. 3 eine weitere Teilumsetzung von **Art. 8 Abs. 2 Vermiet- und Verleih-RL** (→ Rn. 50b). Soweit die Norm auch die Zweitverwertung der Live-Darbietung vergütungspflichtig ausgestaltet, geht sie unionsrechtskonform (→ Rn. 14) über die Mindestvorgaben von Art. 8 Abs. 2 Vermiet- und Verleih-RL hinaus.

59   **a) Schutzgegenstände.** § 78 Abs. 2 Nr. 3 erfasst **drei Schutzgegenstände.** Unproblematisch ist das für die Nutzung einer **(vergütungspflichtigen) Sendung** iSv § 78 Abs. 2 Nr. 1 (→ Rn. 52). Vergütungspflichtig ist auch die Verwertung einer vom **Ausschließlichkeitsrecht** erfassten und vom Interpreten erlaubten **Sendung** iSv § 78 Abs. 1 Nr. 2 (→ Rn. 39). Fehlt seine Zustimmung kann der Interpret auch die Anschlussnutzung gem. § 96 Abs. 2[390] verbieten. Er hat deshalb keinen Vergütungsanspruch (vgl. → Rn. 14). Seit dem Gesetz zur Regelung des Urheberrechts in der Informationsgesellschaft v. 10.9.2003[391] hat der Interpret auch Anspruch auf Vergütung, wenn die Wiedergabe der Darbietung auf einer **öffentlichen Zugänglichmachung** iSv § 78 Abs. 1 Nr. 1 (→ Rn. 9) beruht. Die öffentliche Zugänglichmachung ist als Vorhandlung vom Ausschließlichkeitsrecht erfasst.[392] § 78 Abs. 2 Nr. 3 gilt nur für eine Wiedergabehandlung, die unmittelbar auf einer öffentlichen Zugänglichmachung beruht, was bei der Wahrnehmbarmachung eines heruntergeladenen und dabei vervielfältigten Tonträgers nicht mehr der Fall ist.[393] **Problematisch** sind die Folgen einer Wahrnehmbarmachung der **nicht erlaubten öffentlichen Zugänglichmachung.** Weil es keine Funksendung ist, greift § 96 Abs. 2 nicht. Die Norm kann auf die interaktiven Nutzungsvorgänge auch nicht analog angewendet werden.[394] Wird ein zu Handelszwecken veröffentlichter Tonträger unerlaubt öffentlich zugänglich gemacht, folgt aus Art. 8 Abs. 2 Vermiet- und Verleih-RL, dass auch in diesem Fall ein Vergütungsanspruch geschuldet wird, weil das nationale Recht diese Handlung nicht mit einem Verbotsrecht versieht. Daher ist § 78 Abs. 2 Nr. 3 richtlinienkonform dahingehend zu interpretieren, dass **jede Wahrnehmbarmachung** einer öffentlichen Zugänglichmachung genügt, unabhängig davon, ob die Vortat rechtmäßig oder rechtswidrig erfolgt ist. Keinen Vergütungsanspruch löst die Wahrnehmbarmachung der Live-Darbietung aus, weil diese gem. § 78 Abs. 1 Nr. 3 mit einem Ausschließlichkeitsrecht ausgestattet ist.

---

[385] → § 15 Rn. 57 ff.
[386] Loewenheim/*Vogel* § 38 Rn. 74.
[387] EuGH GRUR 2012, 597 Rn. 48 ff. – Phonographic Performance (Ireland).
[388] S. EuGH ZUM 2016, 744 – Reha Training/GEMA.
[389] *Dünnwald/Gerlach* UrhG § 78 Rn. 38.
[390] Offensichtlich falsch BeckOK UrhR/*Stang* UrhG § 78 Rn. 26a.
[391] BGBl. I S. 1774 → Rn. 9.
[392] Vgl. OLG Hamburg ZUM 2009, 414 – StayTuned III; Dreier/Schulze/*Dreier* UrhG § 78 Rn. 19.
[393] Vgl. *Dünnwald/Gerlach* UrhG § 78 Rn. 38; BeckOK UrhR/*Stang* UrhG § 78 Rn. 27.
[394] → § 96 Rn. 20.

b) Schutzinhalt. Vergütungspflichtig ist nach § 78 Abs. 2 Nr. 3 die „öffentliche Wahrnehmbar- **60** machung" der Schutzgegenstände (→ Rn. 59). Dieser Begriff ist hier wie in § 78 Abs. 1 Nr. 3 eng auszulegen. Es kommt daher darauf an, dass die grundsätzlich erforderliche öffentliche Wiedergabe (→ Rn. 30b) auch die zusätzlichen Merkmale einer „Wahrnehmbarmachung" (→ Rn. 48 ff.) verwirklicht. Das folgt aus dem Wortlaut und dem systematischen Zusammenhang beider Normen. Dieser Ansatz ist auch richtlinienkonform. Art. 8 Abs. 2 **Vermiet- und Verleih-RL** kennt **keine Differenzierung** zwischen der Zweit- und Drittverwertung von Tonträgern. Jede direkte Verwertung einer auf Tonträger festgelegten Darbietung wird von dem weit zu interpretierenden § 78 Abs. 2 Nr. 2 (→ Rn. 56) erfasst. Dagegen sind die indirekten Verwertungen als wirtschaftlich relevante Anschlussnutzungen (→ Rn. 50a) von dem eng konzipierten § 78 Abs. 2 Nr. 3 vollständig erfasst. Eventuelle Lücken sind mit der richtlinienkonformen Auslegung des § 78 Abs. 2 Nr. 2 zu schließen (→ Rn. 50b). Deshalb genügt hier eine **sukzessive** Öffentlichkeit nicht.[395] Beispiel: Eine im Radio gesendete Live-Darbietung oder die Sendung einer auf erschienenen Tonträgern aufgenommenen Darbietung wird in einer Gaststätte der anwesenden Öffentlichkeit wahrnehmbar gemacht. Dasselbe gilt für die Beschallung in Supermärkten, der regelmäßig eine Sendung in Form einer Syndication zugrunde liegt.[396] Keine öffentliche Wiedergabe iSv Art. 8 Abs. 2 Vermiet- und Verleih-RL liegt vor, wenn sich das Radio in dem an den Geschäftsraum angrenzenden Arbeitsraum befindet und im Verkaufsraum nur zufällig zu hören ist, sobald die Verbindungstür beider Räume geöffnet ist.[397]

5. Rechtsfolgen: Vergütungsanspruch

a) Angemessenheit und Beteiligung des Tonträgerherstellers. § 78 Abs. 2 Nr. 1–3 geben **61** dem ausübenden Künstler einen Anspruch auf eine **angemessene Vergütung.** Ob eine Vergütung angemessen ist, richtet sich nach dem Verhältnis von Leistung und Gegenleistung.[398] Geht es um den Tarif für eine Sekundärvermarktung, gebietet es darüber hinaus der Beteiligungsgrundsatz, die Auswirkungen der Sekundärvermarktung auf die Primärvermarktung zu berücksichtigen.[399] Weil in der Praxis die ausübenden Künstler den Vergütungsanspruch an die GVL abtreten (→ Rn. 64), gelten die von der GVL ausgestellten Tarife.[400]

Nach Art. 8 Abs. 2 Vermiet- und Verleih-RL schuldet der Nutzer (→ Rn. 14) für die (mittelbare) **62** Nutzung des Tonträgers eine **einzige** angemessene Vergütung, die zwischen ausübenden Künstlern und Tonträgerherstellern aufzuteilen ist. Mit dem Begriff „einzige" wird geklärt, dass der Nutzer für ein und dieselbe öffentliche Wiedergabe nicht mehrere separate Vergütungen zahlen muss.[401] Daraus folgt aber nicht, dass im Fall des § 78 Abs. 2 Nr. 3 ein Anschlussnutzer – der Hotelbetreiber – keine Vergütung schuldet, wenn bereits das Sendeunternehmen für die Sendung vergütet hat.[402] Der „einzige" Vergütungsanspruch entsteht bei jeder eigenständigen, von § 78 Abs. 2 erfassten Nutzungshandlung (zur Konsumtion → Rn. 50a). Der **Tonträgerhersteller** hat einen Anspruch auf **angemessene Beteiligung** an der Vergütung (§ 86). Das gilt wegen Art. 8 Abs. 2 Vermiet- und Verleih-RL auch in den Fällen der Drittverwertung von Tonträgern in § 78 Abs. 2 Nr. 3. Die Verteilungspläne der GVL sehen für die Fälle des § 78 Abs. 2 Nr. 1 eine Aufteilung 50:50 vor.[403] Für die Vergütung aus § 78 Abs. 2 Nr. 2 und Nr. 3 sehen die Verteilungspläne bei der öffentlichen Wiedergabe, ausgehend von einem Gesamtverhältnis von 55:45 eine Aufteilung bei Tonträgern und Tonträger begleitenden Bildtonträgern (Videoclips) 50:50, bei der öffentlichen Wiedergabe von Radiosendungen 60:40 und bei der öffentlichen Wiedergabe von Fernsehsendungen 90:10 vor.[404] Für die Ansprüche aus § 78 Abs. 2 Nr. 2 und Nr. 3 führt die GEMA das Inkasso für die GVL durch.[405]

b) Vergütungsschuldner. Vergütungsschuldner ist der **Nutzer** (Art. 8 Abs. 2 Vermiet- und Ver- **63** leih-RL). Weil nur für den **einzelnen Verwertungsvorgang** eine einzige angemessene Vergütung geschuldet wird, muss bei Verwertungsvorgängen, in die mehrere Personen involviert sind, der Schuldner individualisiert werden. **Schuldner** ist die Person, die den Tatbestand der öffentlichen Wiedergabe unmittelbar verwirklicht.[406] Anders als beim Ausschließlichkeitsrecht lösen mittelbare Handlungen keinen Vergütungsanspruch aus. Schuldner ist daher die Person, die mit ihrem absichtlichen Tätigwerden[407] die auf Bild- oder Tonträger aufgenommene Darbietung der Öffentlichkeit zu-

---

[395] Zutreffend BeckOK UrhR/*Stang* UrhG § 78 Rn. 26; anders noch die Vorauflage.
[396] S. dazu Fromm/Nordemann/*Schaefer* UrhG § 78 Rn. 25 f.
[397] Anders noch AG Kassel NJW-RR 2000, 493.
[398] BGH GRUR 2004, 669 (670) – Musikmehrkanaldienst.
[399] BGH GRUR 2004, 669 (671) – Musikmehrkanaldienst.
[400] Abrufbar unter https://www.gvl.de/tarifuebersicht. Zur gerichtlichen Überprüfung vgl. BGH ZUM 2015, 142 – Gesamtvertrag Tanzschulkurse.
[401] EuGH GRUR 2012, 597 Rn. 54 – Phonographic Performance (Ireland).
[402] EuGH GRUR 2012, 597 Rn. 55 – Phonographic Performance (Ireland).
[403] https://www.gvl.de/rechteinhaber/kuenstler/verteilung/verteilungsplaene.
[404] https://www.gvl.de/rechteinhaber/kuenstler/verteilung/verteilungsplaene.
[405] Vertiefend Dünnwald/Gerlach UrhG § 78 Rn. 54.
[406] → § 15 Rn. 59.
[407] EuGH GRUR 2012, 592 Rn. 94 – SCF.

gänglich macht.[408] Beispiele: Ein Hotelbetreiber, der in seinen Gästezimmern Abspielgeräte und (!) Tonträger bereithält, stellt damit seinen Gästen die beiden Elemente zur Verfügung, die sie benötigen, um die fraglichen Darbietungen genießen zu können. Ohne sein Tätigwerden wären sie den Gästen also nicht zugänglich.[409] Die Klinikbetreiberin wird bei der Weiterleitung von Radiosendungen in voller Kenntnis der Folgen ihres Verhaltens tätig, um ihren Patienten über die in den Patientenzimmern vorhandenen Radiogeräte die Möglichkeit des Zugriffs auf Rundfunksendungen zu verschaffen.[410]

64   **c) Eingeschränkte Verkehrsfähigkeit der Vergütungsansprüche (§ 78 Abs. 3).** Auf die Vergütungsansprüche des § 78 Abs. 2 kann der Interpret **nicht im Voraus verzichten** (§ 78 Abs. 3 S. 1). Sie können im Voraus nur an eine **Verwertungsgesellschaft abgetreten** werden (§ 78 Abs. 3 S. 2). Das soll sicherstellen, dass der Vergütungsanspruch wirtschaftlich auch tatsächlich dem ausübenden Künstler zugute kommt[411] und nicht dem Verwerter seiner Darbietung. Eine Abtretung an den **Tonträgerhersteller** (§ 79 Abs. 1 S. 1) läuft leer, weil dem Interpreten insoweit die Verfügungsbefugnis fehlt.[412] Der ausübenden Künstler kann den Anspruch nicht vorher an den Tonträgerhersteller abtreten, damit dieser ihn zu einer Verwertungsgesellschaft einbringt.[413] Das folgt schon daraus, dass § 78 Abs. 3 im Unterschied zu § 63a S. 2 eine solche Möglichkeit nicht vorsieht. Schon deshalb fehlt die für eine teleologische Reduktion notwendige planwidrige Regelungslücke. Dazu kommt, dass diese Abtretung in der Regel am Prioritätsprinzip scheitert. In der Praxis hat der ausübende Künstler die Vergütungsansprüche nämlich im Voraus an die GVL abgetreten.[414] Deshalb können die Tonträgerhersteller eine Beteiligung an den Einnahmen der GVL allein im Hinblick auf die Einnahmen aus der Geltendmachung von gesetzlichen Vergütungsansprüchen beanspruchen, die ihnen die Interpreten **im Nachhinein** – also nach dem Entstehen dieser Ansprüche – abgetreten haben und die sie ihrerseits der GVL zur Wahrnehmung übertragen haben.[415] Eine Vorausabtretung des Vergütungsanspruchs an den Tonträgerhersteller liefe im Ergebnis auf einen Verzicht des Interpreten auf seinen Vergütungsanspruch hinaus.[416] Das ist richtlinienwidrig, weil es das erklärte Bestreben der Vermiet- und Verleihrechtsrichtlinie ist, dem Interpreten eigenständige und von seinem Vertragsverhältnis mit dem Verwerter unabhängige Vergütungsansprüche zu verschaffen.[417]

V. Kabelweitersendung (§ 78 Abs. 4 iVm § 20b)

65   § 79 Abs. 4 ordnet die entsprechende **Anwendung des § 20b** im Interpretenrecht an. Damit werden die Art. 8 ff. Satelliten- und Kabel-RL umgesetzt (→ Rn. 8, 13). Das ausschließliche Kabelweiterverbreitungsrecht (§ 20b Abs. 1) ist **kein eigenständiges Verwertungsrecht;** die Befugnis, ein geschütztes Werk per Kabel weiterzusenden, ergibt sich für den Urheber bereits aus § 20.[418] Im Unterschied zum Urheber hat der Interpret lediglich in den von § 78 Abs. 1 Nr. 2 erfassten Fällen ein ausschließliches Senderecht (→ Rn. 2, 38 ff.).[419] Nur auf die davon **erfassten Sendevorgänge** bezieht sich § 78 Abs. 4 iVm § 20b Abs. 1.[420] Soweit die Kabelweitersendung zum Schutzinhalt des § 78 Abs. 1 Nr. 2 zählt, kann der ausübende Künstler diese Nutzungsart nur durch eine **Verwertungsgesellschaft** einräumen (§ 20b Abs. 1 S. 1 iVm § 78 Abs. 4). Weil die Verwertungsgesellschaft einem Kontrahierungszwang unterliegt (§ 34 VGG), reduziert sich das Kabelweiterverbreitungsrecht im Ergebnis auf einen Vergütungsanspruch.[421] Das ausschließliche Kabelweitersendungsrecht kann an einen Verwerter abgetreten oder eingeräumt werden (vgl. § 20b Abs. 2 S. 1 iVm § 78 Abs. 4). Davon unabhängig kann der Interpret vom Kabelunternehmen auch nach Übertragung des Rechts eine **angemessene Vergütung** für die Nutzung der Darbietung verlangen (§ 20b Abs. 2 S. 1 iVm § 78 Abs. 4). Der Anspruch besteht nur für Verträge, die nach dem 1.6.1995 geschlossen worden sind (§ 137h Abs. 3). Dieser Anspruch ist aus den gleichen Erwägungen, die bei § 78 Abs. 3 gelten (→ Rn. 64), nicht verzichtbar und im Voraus nur an eine Verwertungsgesellschaft abtretbar (§ 20b Abs. 2 S. 2 und 3 iVm § 78 Abs. 4). Der Anspruch kann auch nur von einer Verwertungsgesellschaft geltend gemacht werden (§ 20b Abs. 2 S. 3 iVm 78 Abs. 4). Der Wahrnehmungsvertrag für ausüben-

---

[408] Vgl. EuGH GRUR 2012, 597 Rn. 67 – Phonographic Performance (Ireland).

[409] EuGH GRUR 2012, 597 Rn. 67 – Phonographic Performance (Ireland).

[410] BGH ZUM 2018, 532 Rn. 30 – Krankenhausradio.

[411] BT-Drs. 15/38, 24.

[412] → § 79 Rn. 22.

[413] AA *Dünnwald/Gerlach* UrhG § 78 Rn. 40; BeckOK UrhR/*Stang* UrhG § 78 Rn. 31.

[414] S. § 1 (1) Nr. 1 lit. a und c GVL-Wahrnehmungsvertrag für ausübende Künstlerinnen und Künstler, erhältlich unter https://www.gvl.de/rechteinhaber/kuenstler/vertragsunterlagen.

[415] Vgl. BGH ZUM 2016, 639 Rn. 77 – Verlegeranteil (zum vergleichbaren Problem bei § 63a, → § 63 Rn. 9 ff.).

[416] Vgl. BGH ZUM 2016, 639 Rn. 79 – Verlegeranteil.

[417] → § 77 Rn. 50b.

[418] Dreier/Schulze/*Dreier* UrhG § 20b Rn. 1.

[419] Verkannt von *Rohwedder* UFITA 2015, 401 (411).

[420] Fromm/Nordemann/*Schaefer* UrhG § 78 Rn. 35 f.

[421] Dreier/Schulze/*Dreier* UrhG § 78 Rn. 23.

de Künstlerinnen und Künstler der GVL sieht eine entsprechende Rechtseinräumung vor.[422] Für den Vergütungsanspruch ist gem. Art. 8 Abs. 1 Rom II–VO das Schutzlandprinzip maßgeblich.[423]

§ 79 Nutzungsrechte

(1) [1]Der ausübende Künstler kann seine Rechte und Ansprüche aus den §§ 77 und 78 übertragen. [2]§ 78 Abs. 3 und 4 bleibt unberührt.

(2) Der ausübende Künstler kann einem anderen das Recht einräumen, die Darbietung auf einzelne oder alle der ihm vorbehaltenen Nutzungsarten zu nutzen.

(2a) Auf Übertragungen nach Absatz 1 und Rechtseinräumungen nach Absatz 2 sind die §§ 31, 32 bis 32b, 32d bis 40, 41, 42 und 43 entsprechend anzuwenden.

(3) [1]Unterlässt es der Tonträgerhersteller, Kopien des Tonträgers in ausreichender Menge zum Verkauf anzubieten oder den Tonträger öffentlich zugänglich zu machen, so kann der ausübende Künstler den Vertrag, mit dem er dem Tonträgerhersteller seine Rechte an der Aufzeichnung der Darbietung eingeräumt oder übertragen hat (Übertragungsvertrag), kündigen. [2]Die Kündigung ist zulässig

1. nach Ablauf von 50 Jahren nach dem Erscheinen eines Tonträgers oder 50 Jahre nach der ersten erlaubten Benutzung des Tonträgers zur öffentlichen Wiedergabe, wenn der Tonträger nicht erschienen ist, und
2. wenn der Tonträgerhersteller innerhalb eines Jahres nach Mitteilung des ausübenden Künstlers, den Übertragungsvertrag kündigen zu wollen, nicht beide in Satz 1 genannten Nutzungshandlungen ausführt.

[3]Ist der Übertragungsvertrag gekündigt, so erlöschen die Rechte des Tonträgerherstellers am Tonträger. [4]Auf das Kündigungsrecht kann der ausübende Künstler nicht verzichten.

Schrifttum zu § 79 Abs. 1 bis 2a: *Ahlberg,* Der Einfluss des § 31 IV UrhG auf die Auswertungsrechte von Tonträgerunternehmen, GRUR 2002, 313; *Berger, Chr.,* Der Rückruf urheberrechtlicher Nutzungsrechte bei Unternehmensveräußerungen nach § 34 Abs. 3 S. 2 UrhG, FS Schricker, 2005, 223; *Berger Chr./Wündisch* (Hrsg.), Urhebervertragsrecht, 2. Aufl. 2015; *Breuer,* Die körperliche Individualität des Interpreten, ZUM 2010, 301; *Brandenburg,* Die Rückrufsrechte des Urhebers im Kontext allgemeiner Vertragsbeendigungsgründe, 2014; *Breuer,* Die körperliche Individualität des Interpreten, ZUM 2010, 301; *Budde,* Das Rückrufsrecht des Urhebers wegen Nichtausübung in der Musik, 1997; *Büscher/Kuhn/Kunisch,* Musikvertragsrecht, in: Raue/Hegemann (Hrsg.), Münchener Anwaltshandbuch Urheber- und Medienrecht, 2011, 223ff.; *Bungeroth,* Der Schutz der ausübenden Künstler gegen die Verbreitung des immateriellen Vervielfältigungsstücke ihrer Darbietung, GRUR 1976, 454; *Dünnwald,* Die Neufassung des künstlerischen Leistungsschutzes, ZUM 2004, 164; *Dünnwald,* Die Berechtigten am Filmwerk, ZUM 1999, 52; *Dünnwald/Gerlach,* Schutz des ausübenden Künstlers, 2008; *Erdmann,* Urhebervertragsrecht im Meinungsstreit, GRUR 2002, 923; *Fette,* Die Zweckübertragungslehre – immer noch und immer wieder aktuell, FS Hertin, 2000, 53; *Flechsig,* Die Vererbung des immateriellen Schadensersatzanspruchs des ausübenden Künstlers, FuR 1976, 74; *Flechsig/Kuhn,* Das Leistungsschutzrecht des ausübenden Künstlers in der Informationsgesellschaft, ZUM 2004, 14; *Forkel,* Gebundene Rechtsübertragungen, 1977; *Forkel,* Lizenzen an Persönlichkeitsrechten durch gebundene Rechtsübertragung, GRUR 1988, 491; *Gentz,* Aus dem neuen Schallplattenrecht, UFITA 46 (1966) 33; *Gerlach,* Ausübende Künstler als Kreative 2. Klasse?, ZUM 2008, 372; *Grünberger,* Das Interpretenrecht, 2006; *Gilbert/Scheuermann/Deubzer/Westerhoff,* Künstler-, Produzenten- und Bandübernahmeverträge, in: Moser/Scheuermann (Hrsg.), Handbuch der Musikwirtschaft, 6. Aufl., 2003, 1091; *Gotzen,* Die Verträge über die Verwertung der Rechte von ausübenden Künstlern, 1981; *Gotzen,* Die Verträge über die Verwertung der Rechte von ausübenden Künstlern, 1981; *Hertin,* Urhebervertragsnovelle 2002: Up-Date von Urheberrechtsverträgen, MMR 2003, 16ff.; *Hertin,* Tonträgerproduktions/Künstlerexklusivvertrag in: Sieder/Schütze/Weipert (Hrsg.), Münchener Vertragshandbuch, Bd. 3, Wirtschaftsrecht II, 7. Aufl., 2015, 811; *Ingendaay,* Künstlerverträge, 2008; *Kornmeier/Cichon,* Nutzungsrechte bei Multimedia- und Internetauswertungen, in: Moser/Scheuermann (Hrsg.), Handbuch der Musikwirtschaft, 6. Aufl., 2003, 894; *Krüger,* Zur Anwendung der Zweckübertragungstheorie im Leistungsschutzrecht des ausübenden Künstlers, WRP 1980, 30; *Krüger,* Kritische Bemerkungen zum Regierungsentwurf für ein Gesetz zur Regelung des Urheberrechts in der Informationsgesellschaft aus der Sicht eines Praktikers, ZUM 2003, 122; *Krüger,* „EROC III" – eine rechtsdogmatische Erosion, FS W. Nordemann, 2004, S. 343; *Kruse,* Die rechtliche Differenzierung zwischen Urhebern und ausübenden Künstlern unter besonderer Berücksichtigung des § 79 UrhG, 2013; *Michow,* Vertragsgestaltung von Veranstaltungs- und Künstlerbetreuungsverträgen, in: Moser/Scheuermann (Hrsg.), Handbuch der Musikwirtschaft, 6. Aufl., 2003, 1257; *Nordemann W.,* Die Anwendung der Zweckübertragungstheorie im Leistungsschutzrecht, UFITA 58 (1970), 1; *Nordemann W.,* Vorschlag für ein Urhebervertragsgesetz, GRUR 1991, 1ff.; *Nordemann J. B.,* Die erlaubte Einräumung von Rechten für unbekannte Nutzungsarten, FS W. Nordemann, 2004, 198; *Obergfell/Zurth,* Nach der Reform ist vor der Reform: Das neue Urhebervertragsrecht, ZGE 2017, 21; *Ohly,* Volenti non fit iniuria, 2002; *Pahlow,* Von Müttern, Töchtern und Enkeln, GRUR 2010, 112; *Peifer,* Das neue Urhebervertragsrecht – Herausforderungen für die Vertragsgestaltung, AfP 2018, 109; *Peukert,* Die Leistungsschutzrechte des ausübenden Künstlers nach dem Tode, 1999; *Pleister/Ruttig,* Beteiligungsansprüche für ausübende Künstler bei Bestsellern, ZUM 2004, 337; *Reber,* Die Beteiligung von Urhebern und ausübenden Künstlern an der Mehrfachauswertung von Filmwerken in Deutschland und den USA, 1998; *Reber,* Die Redlichkeit der Vergütung (§ 32 UrhG) im Film- und Fernsehbereich, GRUR 2003, 393; *Rossbach/Joos,* Vertragsbeziehungen im Bereich Musikverwertung unter besonderer Berücksichtigung des Musikverlags und der Tonträgerherstellung, FG Schricker, 1995, 333; *Rohweder,* Der ausübende Künstler und seine Rechtsposition im

---

[422] § 1 (1) Nr. 1 lit. b GVL-Wahrnehmungsvertrag für ausübende Künstlerinnen und Künstler, erhältlich unter https://www.gvl.de/gvl/dokumente-und-formulare mit offensichtlichem Tippfehler, weil es „§ 78 IV" statt „§ 78 II" heißen müsste.

[423] NomosBGB/*Grünberger,* Die Rom-Verordnungen, 3. Aufl., 2019, Rom II-VO Art. 8 Rn. 23f., 47.

Rechtsverkehr, UFITA 2015, 401; *Schäfer,* Keep the Artist Happy, FS Chr. Kirchner, 2014, 229; *Walter/v. Lewinski,* European Copyright Law, 2010; *Wandtke,* Aufstieg und Fall des § 31 Abs. 4 UrhG?, FS W. Nordemann, 2004, 267; *Wandtke,* Reform des Urhebervertragsrechts aus Sicht der ausübenden Künstler, ZUM 2015, 488; *Weiß,* Der Künstlerexklusivvertrag, 2009; *Wandtke,* Reform des Urhebervertragsrechts aus Sicht der ausübenden Künstler, ZUM 2015, 488; *Will-Flatau,* Rechtsbeziehung zwischen Tonträgerproduzent und Interpret aufgrund eines Standard-Künstlerexklusivvertrages, 1990; *Zimmermann,* Sampling- und Remixverträge, in: Moser/Scheuermann (Hrsg.), Handbuch der Musikwirtschaft, 6. Aufl., 2003, 1180.

Schrifttum zu ausübenden Künstlern in Arbeitsverhältnissen (§ 79 Abs. 2a iVm. § 43):
Schrifttum zu § 79 Abs. 3: *Angelopoulos,* Amended Directive Extends the Term of Protection for Performers and Sound Recordings, GRUR-Int 2011, 987; *Apel,* Der ausübende Musiker im Recht Deutschlands und der USA, 2011; *Büchele,* Schutzfristenerstreckung im Leistungsschutzrecht – Eine ökonomische Einführung, ipCompetence 2010, 22; *Dietz,* Zusammenhänge zwischen Vertragsdauer und Schutzdauer (insbesondere am Beispiel der jüngsten Schutzdauerverlängerung bei ausübenden Künstlern), GRUR-Int 2015, 635; *Flechsig-Bisle,* Erstreckung der künstlerischen Leistungsschutzrechte und Umsetzung der Schutzdauer-Richtlinien 2011/77/EU in nationales Recht, Baden-Baden 2015; *Gaillard,* Das Neunte Gesetz zur Änderung des Urheberrechtsgesetzes – Überblick und Analyse, GRUR 2013, 1099; *Gaillard,* Die Schutzdauerverlängerungen in der Urheberrechtsnovelle von 2013, 2016; *Geiger,* The Extension of the Term of Copyright and Certain Neighbouring Rights – A Never-Ending Story?, IIC 2009, 78; *Gerlach,* Der Richtlinienvorschlag der EU-Kommission zur Schutzfristenverlängerung für ausübende Künstler und Tonträgerhersteller aus Sicht der ausübenden Künstler, ZUM 2009, 103; *Helberger/Dufft/van Gompel/Hugenholtz,* Never Forever: Why Extending the Term of Protection for Sound Recordings is a Bad Idea, EIPR 2008, 174; *Hilty/Kur/Klass/Geiger/Peukert/Drexl/Katzenberger,* Stellungnahme des Max-Planck-Instituts für Geistiges Eigentum, Wettbewerbs- und Steuerrecht zum Vorschlag der Kommission für eine Richtlinie zur Änderung der Richtlinie 2006/116 EG des Europäischen Parlaments und des Rates über die Schutzdauer des Urheberrechts und bestimmter verwandter Schutzrechte, GRUR-Int 2008, 907; *Klass,* Die geplante Schutzfristenverlängerung für ausübende Künstler und Tonträgerhersteller: Der falsche Ansatz für das richtige Ziel, ZUM 2008, 663; *Klass,* Der Richtlinienvorschlag der Kommission zur Änderung der bestehenden Schutzdauerrichtlinie, ZUM 2008, 828; *Kunz-Hallstein/Loschelder,* Stellungnahme der GRUR zum Vorschlag der Kommission für eine Richtlinie zur Änderung der Richtlinie 2006/116/EG des Europäischen Parlaments und des Rates über die Schutzdauer des Urheberrechts und bestimmter verwandter Schutzrechte, GRUR 2009, 38; *Kunz-Hallstein/Loschelder,* Stellungnahme zum Referentenentwurf eines Achten Gesetzes zur Änderung des Urheberrechtsgesetzes, GRUR 2013, 152; *Malevanny,* Die Länge der Schutzfristen im Musikurheberrecht: Rechtfertigung im Zeitalter des Internet, GRUR-Int 2013, 737; *Pennartz,* Schutzfristverlängerung für Tonaufnahmen, MMR-aktuell 2012, 330025; *Walter M.,* Der Richtlinien-Vorschlag der Kommission für eine Änderung der Schutzdauer-Richtlinie 1993/2006, FS Loewenheim, 2009, 377; *Wandtke/Gerlach,* Für eine Schutzfristverlängerung im künstlerischen Leistungsschutz, ZUM 2008, 822.

Übersicht

A. Überblick *(Grünberger)*

1   § 79 ist die zentrale Regelung des Interpretenvertragsrechts. Sie enthält vier Regelungskomplexe: Historisch bestand die wichtigste Aufgabe der Norm darin, die **Verkehrsfähigkeit** der **Verwertungsrechte** zu sichern. Mit „Verwertungsrechten" werden hier alle dem ausübenden Künstler (Interpreten) zugewiesenen wirtschaftlichen Verwertungsmöglichkeiten eines geschützten Gegenstandes verstanden.[1] Das sind die dem Interpreten in § 77 Abs. 1 und Abs. 2 S. 1 und in § 78 Abs. 1 zugewiesenen Ausschließlichkeitsrechte sowie die gesetzlichen Vergütungsansprüche (§§ 77 Abs. 2 S. 2 iVm §§ 27, 78 Abs. 2 und Abs. 4 iVm § 20b, § 83 iVm § 44a ff.). Nach § 79 Abs. 1 S. 1 kann der ausübende Künstler alle Verwertungsrechte **vollständig** (translativ, → Rn. 12) auf einen Zweiterwerber **übertragen** (§§ 413, 398 BGB). Davon sind die **gesetzlichen Vergütungsansprüche ausgeschlossen.** Das stellt § 79 Abs. 1 S. 2 für die erlaubte öffentliche Wiedergabe (§ 78 Abs. 2 iVm Abs. 3) und für die Kabelweitersendung (§ 78 Abs. 4 iVm § 20b) klar. Dasselbe gilt auch für die übrigen gesetzlichen Vergütungsansprüche (→ Rn. 20), insbesondere aus Vermietung und Verleihen (§ 77 Abs. 2 S. 2 iVm § 27)[2] sowie für die Vergütungsansprüche im Zusammenhang mit gesetzlichen Schranken (§ 63a). § 79 Abs. 2 sieht die Möglichkeit vor, dass der Interpret seinem Vertragspartner **Nutzungsrechte** an der Darbietung **einräumen** kann. Wortlaut und System des § 79 erwecken den Eindruck, dass die Parteien zwischen einer Vollrechtsübertragung (§ 79 Abs. 1 S. 1) oder einer Rechtseinräumung (§ 79 Abs. 2) frei wählen könnten. Das ist irreführend. Die Vollrechtsübertragung ist dogmatisch schon deshalb **keine Entscheidungsalternative** zur Rechtseinräumung, weil § 79 Abs. 2a auch darauf anzuwenden ist.

2   Die zweite wichtige Funktion des § 79 ist der **vertragsrechtliche Schutz** des Interpreten. Von praktisch erheblicher Bedeutung ist § 79 Abs. 2a, der die entsprechende Geltung der wesentlichen urhebervertragsrechtlichen Normen (§§ 31, 32–32b, 32d–40, 41, 42 und 43) zum **Schutz** des ausübenden Künstlers anordnet. Damit wird sichergestellt, dass den Interpreten im Wesentlichen (zu Ausnahmen → Rn. 78 ff.) derselbe vertragsrechtliche Schutz wie den Urhebern gewährt wird. Das Gesetz basiert auf der Prämisse, dass Urheber und ausübende Künstler die regelmäßig schwächere Vertragspartei sind und insoweit gleich zu behandeln sind.[3] Deshalb ist es berechtigt, vom **Interpretenvertragsrecht** zu sprechen und dieses in deutlicher Parallele zum Urhebervertragsrecht zu konzipieren. Von der entsprechenden Anwendbarkeit ausgeschlossen sind die Neuregelungen über unbekannte Nutzungsarten (§§ 31a, 32c, 137l), die jetzt aber von der Sonderregelung in § 79b erfasst sind, das Recht zur anderweitigen Verwertung der Darbietung (§ 40a), die Zwangslizenz (§ 42a) und die Vorschriften zur Auflösung der Kollision von Urheber und Sacheigentümer bei der Veräußerung eines Originals (§ 44). Wirkt der ausübende Künstler an einem Filmwerk mit, hat § 92 Vorrang. Als speziellere Vorschrift schließt § 92 Abs. 3 iVm § 90 für die an der Herstellung eines Films mitwirkenden Interpreten die entsprechende Anwendung der §§ 34, 35 und §§ 41, 42 aus.

3   Eine erhebliche Anzahl von Interpreten erbringt ihre Darbietung in Erfüllung ihrer Verpflichtungen aus einem **Arbeits- oder Dienstverhältnis.** Deshalb kommt § 79 Abs. 2a iVm § 43 in der Praxis besondere Bedeutung zu (→ Rn. 98 ff.).

4   § 79 Abs. 3 räumt dem ausübenden Künstler ein nicht abdingbares (§ 79 Abs. 3 S. 4) **Kündigungsrecht** für den Fall ein, dass der Tonträgerhersteller die Darbietung **unzureichend verwertet** (§ 79 Abs. 3 S. 1). Die Kündigung ist erst **50 Jahre** nach Beginn der schutzdauerrelevanten Verwertung zulässig (§ 79 Abs. 3 S. 2 Nr. 1). Sie **setzt voraus,** dass der Interpret den Tonträgerhersteller über seine Kündigungsabsicht **informiert** und die Darbietung im Anschluss daran ein Jahr lang nicht in bestimmter Form verwertet wird (§ 79 Abs. 3 S. 2 Nr. 2). Mit Wirksamkeit der Kündigung **fallen** die (Nutzungs-) Rechte wieder an den Interpreten **zurück.** Zugleich **erlöschen** die Rechte des Tonträgerherstellers aus § 85 an dem Tonträger, auf dem die Darbietung festgelegt wurde (§ 79 Abs. 3 S. 3). Die Regelung soll sicherstellen, dass die im Jahr 2013 erfolgte **Schutzdauerverlängerung** von auf Tonträgern aufgezeichneten Darbietungen[4] dem Interpreten nützt, indem er die Kontrolle über seine Darbietung zurückerhält, wenn sie der Tonträgerhersteller nicht zureichend verwertet (**„use-it-or-lose-it").**[5]

---

[1] *Grünberger* ZUM 2015, 273.
[2] → § 77 Rn. 50 ff.
[3] BT-Drs. 14/6433, 9 f.
[4] → § 82 Rn. 9 f.
[5] KOM(2008) 464 endg., 15.

B. Verkehrsfähigkeit der Verwertungsrechte
(§ 79 Abs. 1, Abs. 2, Abs. 2a) *(Grünberger)*

I. Grundlagen

1. Entstehungsgeschichte

Bis zum Inkrafttreten des UrhG am 1.1.1966 (§ 143 Abs. 2) konnte der ausübende Künstler sein **5** Bearbeiterurheberrecht aus § 2 Abs. 2 LUG[6] **unbeschränkt auf Dritte übertragen** (§ 8 Abs. 3 LUG).[7] Im Übrigen konnte der Interpret Dritten seine Zustimmung zur Aufnahme der Darbietung erteilen[8] und in die Sendung durch Rundfunk und die öffentliche Wahrnehmbarmachung dieser Rundfunksendung einwilligen.[9]

Mit dem Systemwechsel vom Bearbeiterurheberrecht zum Leistungsschutzrecht[10] hat das UrhG die **6** Ausschließlichkeitsrechte des ausübenden Künstlers als „Einwilligungsrechte" ausgestaltet.[11] Zugleich wurden die §§ 78, 79 aF neu eingefügt. § 78 aF regelte die Verkehrsfähigkeit der Einwilligungsrechte. Der ausübende Künstler konnte die Rechte und Ansprüche aus §§ 74–77 an Dritte **abtreten** (§ 78 Hs. 1 aF). Nach erfolgter Abtretung war grundsätzlich nur mehr der Zessionar zur Geltendmachung der Verbotsrechte berechtigt.[12] Die „Abtretung" in § 78 idF von 1965 war aber keine Abtretung iSv §§ 398, 413 BGB, weil die Rechtsposition des ausübenden Künstlers nicht vollständig (translativ) auf den Zessionar überging.[13] § 78 Hs. 2 aF schränkte die absolute Wirkung der Abtretung ein, indem der Interpret die Befugnis behielt, die Einwilligung selbst (erneut) zu erteilen. Er konnte einem Dritten gegenüber wirksam in die Verwertung einwilligen, auch nachdem er seine Einwilligungsrechte an den Erstzessionar abgetreten hatte[14] und er konnte das Verbotsrecht und Schadensersatzansprüche gegenüber Dritten auch nach erfolgter „Abtretung" weiterhin selbst als eigenes Recht geltend machen.[15] Diese **eigenartige Konstruktion** ist damit zu erklären, dass der Gesetzgeber davon ausging, der Interpret würde sämtliche vermögenswerte Rechte im Voraus auf Verwertungsgesellschaften übertragen: „[B]ei unbeschränkter Wirksamkeit einer solchen Abtretung [könnte er] niemals mehr ohne Zustimmung der Verwertungsgesellschaft für eine Schallplattenfirma oder ein Sendeunternehmen tätig werden", was als unzumutbar erschien.[16] Deshalb sollte der ausübende Künstler im eigenen Interesse und im Interesse seiner nachfolgenden Vertragspartner weiterhin befugt sein, wirksame Einwilligungen zu erteilen.[17] Insbesondere sollten die Tonträgerhersteller die Einwilligungsrechte wirksam erwerben können.[18] Umstritten war, ob diese **Ausnahme zum verfügungsrechtlichen Prioritätsprinzip** als „doppelte Verfügungsbefugnis" des Interpreten oder als eine gesetzlich verankerte auflösende Bedingung für die vorangegangene Rechtseinräumung zu konstruieren war.[19] In der ursprünglichen Fassung regelte § 79 Darbietungen, die in Erfüllung von Verpflichtungen aus einem Arbeits- oder Dienstverhältnis erbracht werden. Wenn keine besonderen Vereinbarungen getroffen wurden, bestimmte sich nach dem Wesen des Arbeits- oder Dienstverhältnisses, in welchem Umfang und unter welchen Bedingungen der Arbeitgeber oder Dienstherr die Darbietung benutzen und anderen ihre Benutzung gestatten durfte. § 79 aF war das interpretenrechtliche Pendant zu § 43.

Mit dem **Dritten Gesetz zur Änderung des Urheberrechtsgesetzes** v. 23.6.1995[20] wurde § 78 **7** aF in **Umsetzung der Vermiet- und Verleih-RL** neu formuliert. Die Abtretung der dem ausübenden Künstler gewährten „Rechte und Ansprüche" wurde als richtlinienkonforme Lösung beibehalten.[21] Der ihre Wirksamkeit einschränkende § 78 Hs. 2 wurde dagegen als (vermeintlich) richtlinienwidrig aufgefasst und daher gestrichen.[22] Das hinderte den Gesetzgeber freilich nicht daran, zeitgleich dieselbe Regel als Umsetzung von Art. 3 Abs. 4 (Art. 2 Abs. 5 aF) **Vermiet- und Verleih-RL** in § 92 Abs. 2 als zweckmäßigen Schutz des Filmproduzenten vor Vorausverfügungen neu einzuführen.[23] Im Ergebnis erhielt der „Zessionar" mit der Neufassung eine umfassende Rechtsposition

---

[6] → Vor §§ 73 ff. Rn. 14 f.
[7] *Dünnwald/Gerlach* UrhG § 79 Rn. 2.
[8] BGHZ 33, 20 = GRUR 1960, 614 (617) – Figaros Hochzeit; → Vor §§ 73 ff. Rn. 18.
[9] BGHZ 33, 1 = GRUR 1960, 627 (630) – Künstlerlizenz Schallplatten; dazu → Vor §§ 73 ff. Rn. 18.
[10] → Vor §§ 73 ff. Rn. 19 ff.
[11] → Vor §§ 73 ff. Rn. 20.
[12] *Grünberger,* Das Interpretenrecht, 2006, 266.
[13] Näher zum Ganzen *Grünberger,* Das Interpretenrecht, 2006, S. 267 ff.
[14] BT-Drs. IV/270, 93.
[15] BGH GRUR 1999, 49 (50) – Bruce Springsteen and his Band.
[16] BT-Drs. IV/270, 93.
[17] BT-Drs. IV/270, 93; näher *Grünberger,* Das Interpretenrecht, 2006, S. 268.
[18] *Gentz* UFITA 46 (1966), 33 (37 ff.).
[19] Die Frage stellt sich noch bei §§ 89 Abs. 2, 92 Abs. 2; → § 89 Rn. 21 f. und → § 92 Rn. 17.
[20] BGBl. I S. 842.
[21] BT-Drs. 13/115, 15.
[22] BT-Drs. 13/115, 15.
[23] BT-Drs. 13/115, 16; vgl. auch BT-Drs. 15/38, 25.

mit Wirkung gegenüber jedermann.[24] Umstritten ist, ob diese „Abtretung" eine translative Vollrechts-übertragung iSv §§ 412, 398 BGB[25] oder eine Einräumung ausschließlicher Nutzungsrechte (§ 31 Abs. 3 analog)[26] war. Der geänderte § 78 S. 2 sollte sicherstellen, dass der Anspruch auf angemessene Vergütung für die Vermietung letztlich dem Interpreten zugute kommt.[27] Das **„Gesetz zur Stärkung der vertraglichen Stellung von Urhebern und ausübenden Künstlern"** v. 22.3.2002[28] hat mit Wirkung zum 1.7.2003[29] § 75 Abs. 4 neu eingefügt. Danach sind § 31 Abs. 5 und die §§ 32, 32a, 36, 36a, 39 auf das Interpretenrecht entsprechend anwendbar. Damit erfolgte ein erster Schritt hin zur vertragsrechtlichen Gleichbehandlung von Urhebern und Interpreten.[30]

8   Das **Gesetz zur Regelung des Urheberrechts in der Informationsgesellschaft** v. 10.9.2003[31] führt die an verschiedenen Stellen im Interpretenrecht verstreuten (→ Rn. 6 f.) Regelungen zur „Einräumung von Verwertungsbefugnissen an Dritte"[32] einheitlich in § 79 zusammen. An die Stelle der „Abtretung" (§ 78 aF) tritt in § 79 Abs. 1 die **Übertragung** der Verwertungsrechte und in § 79 Abs. 2 S. 1 aF die **Einräumung** von Nutzungsrechten daran. § 79 Abs. 1 S. 1 soll nach der Begründung des BT-Rechtsausschusses ausdrücklich klarstellen, dass die Verwertungsrechte der ausübenden Künstler „vollständig übertragbar und verkehrsfähig"[33] sind. „Neben dieser translativen Rechtsübertragung besteht" nach § 79 Abs. 2 S. 1 aF „zudem die Möglichkeit, einfache und ausschließliche Nutzungsrechte an den genannten Rechtspositionen einzuräumen".[34] Dritte sollten damit ein „konkurs- und sukzessionsfestes Recht" erhalten können.[35] Im Übrigen liege darin die Konsequenz aus „der dogmatischen Umorientierung von dem System der „Einwilligungsrechte" zu demjenigen der ausschließlichen Verwertungsrechte".[36] Überzeugender dürfte es sein, darin die seit langem geforderte[37] terminologische Klarstellung[38] für die Dogmatik zur Rechtsübertragung im Interpretenrecht zu sehen.[39] Besondere praktische Bedeutung kommt § 79 Abs. 2 S. 2 zu, der an die Stelle des § 75 Abs. 4 aF tritt und die dort enthaltene Verweisung auf das Urhebervertragsrecht weiter ausbaut: Die Norm erklärte wesentliche urhebervertragsrechtliche Regelungen (§§ 31 Abs. 1–3; § 31 Abs. 5; 32–43) im Interpretenrecht für entsprechend anwendbar. Die Neukonzeption zur Verkehrsfähigkeit und den fortbestehenden interpretenvertragsrechtlichen Bindungen trat zum 13.9.2003 in Kraft.[40] Sie ist dem Gesetzgeber von 2003 nicht vollständig geglückt.[41] Zweifelhaft blieb insbesondere, ob das mit § 79 Abs. 2 S. 2 konturierte „Interpretenvertragsrecht" lediglich für Rechtseinräumungen nach § 79 Abs. 2 S. 1 galt oder ob es auch bei Rechtsübertragungen iSv § 79 Abs. 1 anzuwenden war (→ Rn. 8a).

8a   Diese Unklarheit hat das **„Gesetz zur verbesserten Durchsetzung des Anspruchs der Urheber und ausübenden Künstler auf angemessene Vergütung** und zur Regelung von Fragen der Verlegerbeteiligung" v. 20.12.2016[42] beseitigt. § 79 Abs. 2 S. 2 aF wurde aufgehoben und – inhaltlich modifiziert – mit § 79 Abs. 2a ersetzt. Damit gelten alle in der Verweisung genannten Regeln des primären Urhebervertragsrechts unabhängig davon, ob die Disposition über die Interpretenrechte gem. § 79 Abs. 1 S. 1 oder Abs. 2 erfolgt ist.[43] Fraglich ist, ob § 79 Abs. 2a konstitutiven[44] oder deklaratorischen Charakter hat. Das hat praktische Auswirkungen auf Verträge, die zwischen dem 13.9.2003 und dem 1.3.2017 geschlossen wurden (→ Rn. 15). Die Gesetzesbegründung ist aus zwei Gründen wenig hilfreich: (1.) Sie spricht einerseits ausdrücklich davon, dass § 79 Abs. 2a die Rechtslage „klarstellt", andererseits wird die frühere Rechtslage so verstanden, dass sich § 79 Abs. 2 S. 2 aF „nur auf die Einräumung von Nutzungsrechten gemäß Abs. 2" bezog.[45] (2.) Der Gesetzgeber der 18. Legislaturperiode hat auch keine Kompetenz, diese Frage zu beantworten. Es obliegt allein den Gerichten zu entscheiden, ob eine Norm konstitutiven oder deklaratorischen Charakter hat.[46]

---

[24] *Grünberger,* Das Interpretenrecht, 2006, 269.
[25] BFH GRUR 1980, 49 (50) – Teilaktivierung; *Peukert,* Leistungsschutzrechte des ausübenden Künstlers nach dem Tode, 1999, S. 40; *Peukert* UFITA 136 (1999), 63 (69).
[26] *v. Gamm,* UrhG, 1968, § 78 Rn. 6; *Flechsig,* Der Leistungsintegritätsanspruch des ausübenden Künstlers, 1977, S. 125; *Bungeroth* GRUR 1976, 454 (464); *Grünberger,* Das Interpretenrecht, 2006, S. 269.
[27] BT-Drs. 13/115, 15.
[28] BGBl. I S. 1155.
[29] Art. 3 G. v. 22.3.2002, BGBl. I S. 1155.
[30] → Vor §§ 73 ff. Rn. 28.
[31] BGBl. I S. 1774.
[32] BT-Drs. 15/38, 24.
[33] BT-Drs. 15/837, 35.
[34] BT-Drs. 15/837, 35; so auch die Begründung des Regierungsentwurfs, BT-Drs. 15/38, 24.
[35] BT-Drs. 15/38, 22 f.; → Rn. 24.
[36] BT-Drs. 15/38, 24.
[37] *v. Gamm* UrhG § 78 Rn. 6.
[38] So auch BT-Drs. 15/38, 25 zu § 85 Abs. 2 S. 2.
[39] Vertiefend *Grünberger,* Das Interpretenrecht, 2006, S. 269; aA BT-Drs. 15/38, 22 wonach erst die Neukonzeption der Ausschließlichkeitsrechte die Möglichkeit für konstitutive Rechtseinräumungen ermöglichte.
[40] Art. 6 Abs. 1 Gesetz v. 10.9.2003, BGBl. I S. 1774.
[41] Kritisch *Wandtke* ZUM 2015, 488.
[42] BGBl. I S. 3037.
[43] Vgl. BT-Drs. 18/8625, 30 f.
[44] So dezidiert Fromm/Nordemann/*Schaefer* UrhG § 79 Rn. 49; Berger/Freyer ZUM 2016, 569 (578).
[45] BT-Drs. 18/8625, 30 f.
[46] BVerfGE 135, 1 Rn. 48 = NVwZ 2014, 577.

2. Unionsrechtliche Vorgaben und Völkervertragsrecht

Das Unionsrecht enthält nur wenige Vorgaben zur Verkehrsfähigkeit der Verwertungsrechte des **9** ausübenden Künstlers. Nach Art. 3 Abs. 3 und Art. 9 Abs. 4 der **Vermiet- und Verleih-RL** muss das ausschließliche Vermiet- und Verleihrecht bzw. das Verbreitungsrecht übertragen oder abgetreten werden können oder Gegenstand vertraglicher Lizenzen sein.[47] Daraus folgt, dass die Mitgliedstaaten einen **weiten Umsetzungsspielraum** genießen und wählen können, wie sie die Verkehrsfähigkeit sicherstellen. Deshalb ist die gesetzliche Ausgestaltung der Übertragbarkeit in § 79 Abs. 1 S. 1 und Abs. 2 **richtlinienkonform.**[48] Schließen ausübende Künstler mit einem Filmproduzenten einen Vertrag über eine **Filmproduktion** ab, wird nach Art. 3 Abs. 4 Vermiet- und Verleih-RL widerlegbar vermutet, dass er sein Vermietrecht an den Filmproduzenten „abgetreten" hat. Diese Vorgabe setzt § 92 Abs. 1 um.[49] Nach Art. 5 Abs. 1 behält der Interpret den Anspruch auf eine **angemessene Vergütung für die Vermietung** auch nachdem er sein Vermietrecht übertragen oder abgetreten hat. § 79 Abs. 1 S. 2 ist richtlinienkonform dahin gehend auszulegen, dass eine erfolgte Vollabtretung der Verwertungsrechte den entsprechenden Vergütungsanspruch (§ 77 Abs. 2 S. 2 iVm § 27 Abs. 1) unberührt lässt. Das folgt im Übrigen auch aus § 77 Abs. 1 S. 2 iVm § 27 Abs. 1 S. 3.[50]

Die internationalen **Verträge** zum Schutz des ausübenden Künstlers enthalten **keine ausdrückli- 10 che Regelung** zur Übertragbarkeit der Verwertungsrechte. Art. 5 Abs. 1 WPPT („Unabhängig von den wirtschaftlichen Rechten haben ausübende Künstler auch nach Abtretung dieser Rechte") kann man implizit entnehmen, dass die Rechte übertragbar sind.[51] Das Konventionsrecht enthält auch keine Vorgaben zum übrigen Interpretenvertragsrecht.[52]

II. Rechtsübertragung (§ 79 Abs. 1)

1. Keine Übertragbarkeit des Interpretenrechts als Ganzes

Nach § 79 Abs. 1 S. 1 kann der ausübende Künstler „seine Rechte und Ansprüche aus den §§ 77 **11** und 78 übertragen". Mit „Rechte" sind die Ausschließlichkeitsrechte in §§ 77, 78 Abs. 1 gemeint, mit „Ansprüche" jedenfalls die Vergütungsansprüche aus §§ 77 Abs. 2 S. 2, 78 Abs. 2 (→ Rn. 20). Die Interpretenpersönlichkeitsrechte (§§ 74, 75) sind in § 79 Abs. 1 bewusst nicht genannt. Der ausübende Künstler kann zwar rechtsgeschäftlich über seine Persönlichkeitsrechte disponieren, das folgt aus § 79 Abs. 2a iVm § 39 Abs. 1; die Ausgestaltung und Reichweite der Ausübungs- oder Änderungsvereinbarungen unterliegen aber gesetzlichen Grenzen.[53] Die persönlichkeitsrechtliche Wurzel dieser Rechte schließt einen vollständigen Rechtsübergang auf Dritte aber aus.[54] Deshalb ist die gesamte Rechtsposition des ausübenden Künstlers – das **Interpretenrecht als Ganzes,** unabhängig davon, ob man darunter ein einheitliches Recht oder ein Bündel von Rechten versteht[55] – **nicht übertragbar.**[56]

2. Übertragung der Ausschließlichkeitsrechte

a) Begriff. § 79 Abs. 1 S. 1 ermöglicht die „Übertragung" der Rechte. Mit „Übertragung" kann **12** im urheber- und interpretenvertragsrechtlichen Kontext sowohl die **translative** als auch die konstitutive (gebundene) **Rechtsübertragung** gemeint sein.[57] Translativ ist die Übertragung, wenn das Recht vollständig auf ein anderes Rechtssubjekt übergeht.[58] Konstitutiv ist die Übertragung, wenn der ursprüngliche Rechtsinhaber eine Befugnis aus seinem Recht abspaltet und auf einen Dritten überträgt.[59] Die Einräumung von Nutzungsrechten (§§ 31 Abs. 1, 79 Abs. 2) ist eine konstitutive Übertragung (→ § 31 Rn. 9).[60] Im Umkehrschluss aus § 79 Abs. 2 und aus der Entstehungsgeschichte der Norm (→ Rn. 5 ff.) folgt, dass § 79 Abs. 1 S. 1 auf eine translative Übertragung **(Vollrechts-**

---

[47] → Vor §§ 73 ff. Rn. 34.
[48] Vgl. BT-Drs. 13/115, 15.
[49] → § 92 Rn. 3.
[50] → § 77 Rn. 50.
[51] *Ficsor,* The Law of Copyright and the Internet, 2002, Rn. PP5.02.
[52] *Sterling,* World Copyright Law, 3rd ed. 2008, Rn. 12.04.
[53] → § 74 Rn. 21 f.; → § 75 Rn. 18 f.; *Grünberger,* Das Interpretenrecht, 2006, S. 98 ff., 123 ff.
[54] *Grünberger,* Das Interpretenrecht, 2006, S. 307.
[55] → Vor §§ 73 ff. Rn. 80 ff.; insoweit missverständlich *Flechsig/Kuhn* ZUM 2004, 14 (26).
[56] Allg. Meinung, vgl. nur BFH GRUR 1980, 49 (50) – Teilaktivierung (zu § 78 idF von 1965); *Dünnwald/ Gerlach* UrhG § 79 Rn. 6; Wandtke/Bullinger/*Büscher* UrhG § 79 Rn. 2; Fromm/Nordemann/*Schaefer* UrhG § 79 Rn. 32.
[57] *Ohly,* Volenti non fit iniuria, 2002, S. 147 ff.; *Grünberger,* Das Interpretenrecht, 2006, S. 257.
[58] Grundlegend *v. Thur,* Der Allgemeine Teil des Deutschen Bürgerlichen Rechts, Bd. I, 1914, S. 59; *Grünberger,* Das Interpretenrecht, 2006, 257.
[59] → § 31 Rn. 9 ff.
[60] Näher *Ulmer,* Urheberrecht, 3. Aufl., 1980, 359; *Ohly,* Volenti non fit iniuria, 2002, S. 148; *Grünberger,* Das Interpretenrecht, 2006, S. 258.

übertragung) abzielt.[61] Die Übertragung des Rechts erfolgt nach §§ 413, 398 BGB. Danach geht das jeweilige Ausschließlichkeitsrecht in seinem vollen Bestand auf den Erwerber (Zessionar) über und der ausübende Künstler als originärer Rechtsinhaber (Zendent) erleidet einen vollständigen Rechtsverlust. Aus der Übertragbarkeit folgt die Vererblichkeit der Ausschließlichkeitsrechte und Vergütungsansprüche.[62]

13   **b) Gegenstand.** Gegenstand der Übertragung bilden die **Ausschließlichkeitsrechte aus den §§ 77, 78 Abs. 1.** Das sind im Einzelnen: das Aufnahmerecht (§ 77 Abs. 1), das Vervielfältigungs- (§ 77 Abs. 2 S. 1 Var. 1) und Verbreitungsrecht (§ 77 Abs. 2 S. 1 Var. 2), das eigenständige Vermietrecht,[63] das Recht der öffentlichen Zugänglichmachung (§ 78 Abs. 1 Nr. 1), das eingeschränkte Senderecht (§ 78 Abs. 1 Nr. 2), das Recht der Kabelweitersendung (§ 78 Abs. 4 iVm § 20b Abs. 1) und das eingeschränkte Recht der öffentlichen Wahrnehmbarmachung (§ 78 Abs. 1 Nr. 3).[64] Beim Aufnahmerecht (§ 77 Abs. 1) ist die Möglichkeit der Vollrechtsübertragung aufgrund seiner persönlichkeitsrechtlichen Komponente[65] nicht ganz zweifelsfrei.[66] Der insoweit klare Verweis in § 79 Abs. 1 S. 1 und die Ausgestaltung dieser Befugnis als Verwertungsrecht sprechen im Ergebnis dafür, dass **auch** das **Aufnahmerecht** übertragen werden kann.

14   **c) Anwendbarkeit des § 79 Abs. 2a.** Nach altem Recht war zweifelhaft, ob die in § 79 Abs. 2 S. 2 aF angeordnete entsprechende Geltung urhebervertragsrechtlicher Regelungen nur für die Fälle der Rechtseinräumung nach § 79 Abs. 2 S. 1 gilt oder auch bei einer Rechtsübertragung iSv § 79 Abs. 1 S. 1 anzuwenden ist.[67] Diese Streitfrage hat sich mit Inkrafttreten des § 79 Abs. 2a erledigt. Damit „wird **klargestellt**, dass die Prinzipien der angemessenen Vergütung bei ausübenden Künstlern nicht nur für die Einräumung von Nutzungsrechten nach § 79 Abs. 2 UrhG gelten, sondern auch für die Übertragung der Leistungsschutzrechte nach § 79 Abs. 1 UrhG."[68] Die in der Norm angeordnete entsprechende Anwendung urheberrechtlicher Schutzvorschriften greift daher auch, wenn der Interpret seine Ausschließlichkeitsrechte gem. § 79 Abs. 1 S. 1 „überträgt". § 79 Abs. 2a ist mit Wirkung zum 1.3.2017 in Kraft getreten.[69] Die dort vorgesehenen interpretenvertragsrechtlichen Bindungen (mit Ausnahme des neuen § 41, vgl. § 132 Abs. 3a S. 2)[70] gelten daher für alle Verträge, in denen sich der Interpret zur Rechtsübertragung verpflichtet, die seit dem 1.3.2017 abgeschlossen wurden.

15   Zweifelhaft ist, ob sie auch auf **Altverträge anwendbar** sind, die eine Rechtsübertragung (und gerade keine Rechtseinräumung) vorsehen.[71] § 132 Abs. 4 iVm § 132 Abs. 3a S. 1 bestimmt, dass für Verträge, die **vor dem 1.3.2017** abgeschlossen wurden, das alte Recht – und damit § 79 Abs. 2 S. 2 aF – anzuwenden ist. Deshalb hängt die intertemporale Anwendbarkeit des § 79 Abs. 2 S. 2 davon ab, ob diese Regelung auch für die **seit dem 13.9.2003** (→ Rn. 8a) abgeschlossenen Verträge galt, die keine Rechtseinräumung sondern eine Rechtsübertragung vorsahen. Die systematische Stellung der Regelung und der vom Gesetzgeber angestrebte Konzeption des § 79 Abs. 1 S. 1 als (translative) Vollrechtsübertragung (→ Rn. 12) legen zunächst den Schluss nahe, dass § 79 Abs. 2 S. 2 auf diese Fälle nicht anzuwenden ist.[72] Träfe das zu, könnte – mit Blick auf die bestehende Vertragspraxis (→ Rn. 83 ff.) – letztlich der Verwerter entscheiden, ob der Interpret in den Genuss der Schutzvorschriften kommt oder nicht. Die den Interpreten **schützenden Normen** stünden damit zur **Disposition des Vertragspartners**, dessen Rechtsmacht sie eigentlich begrenzen sollen.[73] Dieses Ergebnis konnte nicht richtig sein.[74] Deshalb war § 79 Abs. 2 S. 2 aF **auch auf Rechtsübertragungen** iSv § 79 Abs. 1 S. 1 **anzuwenden.**[75] Der Gesetzgeber hat, zunächst in § 75 Abs. 4 aF (→ Rn. 7) und dann in § 79 Abs. 2 S. 2 aF, auf eine strukturell bedingte wirtschaftliche und organisatorische Unterlegenheit der Kreativen[76] reagiert, und zum Schutz gerade auch der ausübenden Künstler zwingende Normen einfügt. Es wäre widersprüchlich, wenn der Gesetzgeber einerseits zwingende Schutzvor-

---

[61] OLG München GRUR-RR 2007, 186 – Lizenz für Tonträger; *Dünnwald/Gerlach* UrhG § 79 Rn. 6; Dreier/Schulze/*Dreier* UrhG § 79 Rn. 2; Wandtke/Bullinger/*Büscher* § 79 Rn. 2; Fromm/Nordemann/*Schaefer* UrhG § 79 Rn. 34; *Rohweder* UFITA 2015, 401 (447 ff.).
[62] BGH ZUM 2016, 861 Rn. 21 – An Evening with Marlene Dietrich.
[63] → § 77 Rn. 48.
[64] *Grünberger*, Das Interpretenrecht, 2006, S. 296; Fromm/Nordemann/*Schaefer* UrhG § 79 Rn. 33.
[65] → § 77 Rn. 25 f.
[66] Verneint noch vor → 4. Aufl. 2010, Rn. 4.
[67] Zum Streitstand *Kruse*, Die rechtliche Differenzierung zwischen Urhebern und ausübenden Künstlern, 2013, S. 140 ff.
[68] BT-Drs. 18/8625, 30.
[69] Art. 3 Gesetz v. 20.12.2016, BGBl. I S. 3037.
[70] → § 132 Rn. 28.
[71] Dezidiert verneinend Fromm/Nordemann/*Schaefer* UrhG § 79 Rn. 49 ff.
[72] Nachdrücklich Fromm/Nordemann/*Schaefer* UrhG § 79 Rn. 49 ff.
[73] *Grünberger*, Das Interpretenrecht, 2006, S. 298.
[74] Eingehend *Grünberger*, Das Interpretenrecht, 2006, S. 298 ff.; *Kruse*, Die rechtliche Differenzierung zwischen Urhebern und ausübenden Künstlern, 2013, 140 ff.
[75] Grundlegend *Grünberger*, Das Interpretenrecht, 2006, 298 f.; *Dünnwald/Gerlach* § 79 Rn. 6; Loewenheim/*Vogel* § 38 Rn. 85; *Gerlach* ZUM 2008, 373 (375); Rehbinder/*Peukert* Rn. 678; *Rohweder* UFITA 2015, 401 (455 ff.); → 4. Aufl. 2010, Rn. 15.
[76] BT-Drs. 14/6433, 9.

schriften zugunsten aller Interpreten vorsieht, dann aber deren Anwendung letztlich ins Belieben einer Partei stellt. Entweder ist der Interpret schutzbedürftig oder er ist es nicht – die Form der Rechtsübertragung, über die er in der Praxis selten selbst bestimmen kann ändert daran nichts. Es besteht auch kein klarer Anhaltspunkt dafür, dass der Gesetzgeber von der seit langem praktizierten entsprechenden Anwendung der Übertragungszwecklehre (§ 31 Abs. 5)[77] und von der im Stärkungsgesetz von 2002 angeordneten weitreichenden vertragsrechtlichen Gleichbehandlung von Interpret und Urheber (→ Rn. 7) bewusst abweichen wollte. Daraus folgt, dass man § 79 Abs. 2 S. 2 aF **als eigenständigen Absatz** des § 79 **lesen** musste. Damit war es **unvereinbar, nur einzelne Bestimmungen,** auf die § 79 Abs. 2 S. 2 verweist,[78] auf die Rechtsübertragung **anzuwenden.**[79] Diese Rechtslage hat § 79 Abs. 2a lediglich klargestellt. Daraus folgt, dass auf Verträge, die zwischen dem 13.9.2003 und dem 1.3.2017 abgeschlossen wurden, und die eine Rechtsübertragung iSv § 79 Abs. 1 S. 1 zum Gegenstand hatten, **§ 79 Abs. 2 S. 2 aF entsprechend anzuwenden** war.

Für **Altverträge** mit Rechtsübertragungen, die **vor dem 13.9.2003** abgeschlossen wurden, ist zu **16** **differenzieren:** (1.) Auf Verträge, die zwischen dem 1.7.2002 und dem 12.9.2003 abgeschlossen wurden, sind die §§ 32, 32a, 36, 36a, 39 aufgrund der Verweisung in § 75 Abs. 4 aF (→ Rn. 7) entsprechend anwendbar (§§ 132 Abs. 4 iVm Abs. 3 S. 1). (2.) Davon unberührt bleiben davor abgeschlossene Verträge mit Rechtsübertragungen. Davon gibt es zwei **Ausnahmen:** (a) Auf Verträge, die nach dem 1.6.2001 abgeschlossen wurden, ist § 32 (iVm § 79 Abs. 2a) anzuwenden, wenn von der Rechtsübertragung Gebrauch gemacht worden ist (§ 132 Abs. 4 iVm Abs. 3 S. 3).[80] (b) Der Anspruch des Interpreten auf weitere Beteiligung gem. § 32a (iVm § 79 Abs. 2a) besteht auch mit Bezug auf alle Verträge, die vor dem 1.7.2002 geschlossen wurden („Altverträge"),[81] §§ 132 Abs. 4 iVm Abs. 3 S. 2.[82]

d) Verhältnis zu § 79 Abs. 2. Nach § 79 Abs. 2a gelten die dort genannten urhebervertrags **17** rechtlichen Schutzvorschriften auch für Übertragungen gem. § 79 Abs. 1. Das wirft die Frage auf, wie sich translative Vollrechtsübertragung und konstitutive Rechtseinräumung zueinander verhalten. Aus dem Wortlaut des § 79 Abs. 1 S. 1 und der Entstehungsgeschichte (→ Rn. 8) ziehen viele den Schluss, dass den Parteien im Interpretenvertragsrecht die Vollrechtsübertragung oder die Rechtseinräumung als gleichwertige und unabhängige Alternativen zur Verfügung stünden.[83] Das ist unzutreffend. Die **Vollrechtsübertragung** ist aus dogmatischer Sicht im Binnenverhältnis von Interpret und Verwerter **keine Alternative** zur Rechtseinräumung.[84] Der Gesetzgeber kann vorschreiben, dass eine „Rechtsübertragung" den Bindungen des § 79 Abs. 2a ausgesetzt ist (→ Rn. 28 ff.). Das ist dann aber kein translativer (also vollständiger) Rechtsübergang der Ausschließlichkeitsrechte vom Zedenten auf den Zessionar. Die deutsche Privatrechtsdogmatik unterscheidet nun einmal zwischen vollständigen und gebundenen Rechtsübertragungen. Solange und soweit bei einer Rechtsübertragung Bindungen des Erwerbers gegenüber dem Veräußerer bestehen, liegt begrifflich eine gebundene und keine vollständige Rechtsübertragung vor. § 79 Abs. 2a soll gerade bewirken, dass die Ausschließlichkeitsrechte nicht vollständig iSv „unbeschränkt" übertragbar sind. Auch bei einer Übertragung iSv § 79 Abs. 1 S. 1 ist die Weiterübertragung des „übertragenen Rechts" auf Dritte grundsätzlich von der Zustimmung des Interpreten abhängig (§ 79 Abs. 2a iVm §§ 34, 35) und der Rückruf des Interpreten bewirkt den „Heimfall" der Rechte (→ Rn. 67). Will man den juristischen Wert von dogmatischen Begriffskategorien im Interpretenvertragsrecht beibehalten, muss man sich der Eigenrationalität der Dogmatik stellen. Begrifflich ist es dann falsch, eine derart an den Interpreten gebundene Rechtsposition des Zessionars als translative Vollrechtsübertragung zu bezeichnen.[85] Für Rechtspositionen, die nach einer Übertragung weiterhin Bindungen zugunsten ihres Veräußerers unterliegen, kennt die Dogmatik einen eigenen Begriff: die **„gebundene Übertragung"**[86] oder die „Nutzungsrechtseinräumung" (§ 31 Abs. 1 S. 1). § 79 Abs. 1 S. 1 ist – soweit es um die Übertragung der Ausschließlichkeitsrechte geht – wegen der Anwendung des § 79 Abs. 2a dogmatisch nichts anderes als eine **Einräumung von ausschließlichen Nutzungsrechten.** Es ist deshalb überzeugend, wenn der BGH eine Vertragsklausel, mit der ein ausübender Künstler einem Unternehmen Rechte „überträgt", ohne weiteres als Einräumung eines ausschließlichen Nutzungsrechts konstruiert.[87] Entscheiden sich die

---

[77] BGH GRUR 1979, 637 (638 f.). – White Christmas.
[78] Vgl. Berger/Wündisch/*Fierdag* Urhebervertragsrecht § 21 Rn. 160 (nur die §§ 32–32b); *Ingendaay,* Künstlerverträge, 2008, 41 ff. (zusätzlich auch § 31 Abs. 5, 40); *Kruse,* Die rechtliche Differenzierung zwischen Urhebern und ausübenden Künstlern, 2013, S. 144 f. (nur Vorschriften, die eine fortbestehende Bindung zwischen Mutter- und Tochterrecht implizieren).
[79] → 4. Aufl. 2010, § 79 Rn. 16.
[80] → § 132 Rn. 20 f.
[81] BGH ZUM-RD 2012, 192 Rn. 55 – Das Boot; OLG München ZUM 2017, 849 (857) – Elvis Presley.
[82] → § 132 Rn. 14 ff.
[83] *Schack* Rn. 689, 614; *Rehbinder/Peukert* Rn. 797 f.; *Flechsig/Kuhn* ZUM 2004, 14 (26); Fromm/Nordemann/ *Schaefer* UrhG § 79 Rn. 49 ff.; iE auch Dreier/Schulze/*Dreier* UrhG § 79 Rn. 4; BeckOK UrhR/*Stang* UrhG § 79 Rn. 4.
[84] Vertiefend *Grünberger,* Das Interpretenrecht, 2006, S. 302 f.
[85] *Grünberger,* Das Interpretenrecht, 2006, S. 302; ähnlich Mestmäcker/Schulze/*Hertin* UrhG § 79 Rn. 3 („entbehrt der logischen Stringenz").
[86] *Forkel,* Gebundene Rechtsübertragungen, 1977, S. 44 ff., 165 ff.; *Forkel* GRUR 1988, 491 (493 ff.).
[87] BGH GRUR 2003, 234 (236) – EROC III.

Vertragsparteien für eine „Übertragung" der Ausschließlichkeitsrechte, legt es der von beiden zugrunde gelegte Vertragszweck (§ 79 Abs. 2a iVm § 31 Abs. 5) regelmäßig nahe, dass der Interpret dem Verwerter ein ausschließliches Nutzungsrecht **an allen Nutzungsarten**[88] seiner Darbietung einräumt. Damit ist § 79 Abs. 1 S. 1 in der Sache ein Fall der Rechtseinräumung gem. § 79 Abs. 2. Er konkretisiert, dass die Parteien ein ausschließliches Nutzungsrecht iSv § 31 Abs. 3 übertragen wollen. Im Interesse der terminologischen Klarheit **sollte man** § 79 Abs. 1 komplett streichen[89] und die im Entwurf der Bundesregierung über das Gesetz zur Regelung des Urheberrechts in der Informationsgesellschaft vorgeschlagene Lösung[90] umzusetzen.

18   **e) Praktische Bedeutung der Rechtsübertragung.** Die praktische Relevanz des § 79 Abs. 1 S. 1 im Binnenverhältnis von Interpret und Verwerter beschränkt sich daher auf die **Vergütungsansprüche** (aber → Rn. 21).[91] § 79 Abs. 1 S. 1 wirkt sich auch im **Kreditsicherungsrecht** aus, weil er es dem Interpreten erlaubt, seine Verwertungsrechte zur Sicherheit an den Kreditgeber abzutreten. Im Außenverhältnis zwischen dem Verwerter und Dritten bleibt es trotz der Anwendbarkeit des § 79 Abs. 2a dabei, dass die von den Parteien als solche bezeichnete Rechtsübertragung wie eine translative Vollrechtsübertragung wirkt. Der Erwerber wird daher im Verhältnis zu Dritten – also relativ – Vollrechtsinhaber des jeweiligen Verwertungsrechts. Das hat insbesondere Auswirkungen auf die **Insolvenz:** Bei der Insolvenz des Interpreten ist § 103 InsO nicht auf die Vollrechtsübertragung iSv § 79 Abs. 1 S. 1 anwendbar, weil der gegenseitige Rechtskaufvertrag bereits vollständig erfüllt ist. Der Erwerber kann ein Aussonderungsrecht (§ 47 InsO) geltend machen. Bei der Insolvenz des Erwerbers hängt die Zugehörigkeit von immaterialgüterrechtlichen Rechtspositionen von ihrer Übertragbarkeit ab (§§ 36 Abs. 1 S. 1 InsO, 857 Abs. 1, 851 ZPO). § 79 Abs. 1 S. 1 stellt die Übertragbarkeit her. Konstruktiv mit Hilfe der Sukzessionsschutzes zu lösende Probleme entstehen bei Weiterübertragungsketten, wenn der Interpret das Recht zurückruft (→ Rn. 43a).

3. Übertragung der Vergütungsansprüche

19   **a) Begriff.** § 79 Abs. 1 S. 1 sieht vor, dass der ausübende Künstler die **Vergütungsansprüche** aus den §§ 77, 78 übertragen kann. Damit stellt das Gesetz im Ausgangspunkt klar, dass der Interpret diese Ansprüche gem. **§ 398 BGB abtreten** kann. Der Zessionar wird nach erfolgter Abtretung Vollrechtsinhaber dieser Ansprüche.

20   **b) Gegenstand.** § 79 Abs. 1 S. 1 erfasst die Ansprüche wegen Vermietung (§ 77 Abs. 2 S. 2 iVm § 27 Abs. 1 S. 1) und Verleihens (§ 77 Abs. 2 S. 2 iVm § 27 Abs. 2 S. 1) aufgrund einer erlaubten Sendung veröffentlichter Tonträger (§ 78 Abs. 2 Nr. 1), öffentlicher Wahrnehmbarmachung von Tonträgern (§ 78 Abs. 2 Nr. 2) und von öffentlichen Wiedergaben, die auf Sendungen bzw. öffentlichen Zugänglichmachungen beruhen (§ 78 Abs. 2 Nr. 3) sowie wegen einer Kabelweitersendung (§ 78 Abs. 4 iVm § 20b Abs. 2 S. 1).[92] Obwohl in § 79 Abs. 1 S. 1 nicht ausdrücklich angesprochen, sind auch die Vergütungsansprüche im Zusammenhang mit Schrankenregelungen (§ 83) prinzipiell übertragbar.[93] Nicht von § 79 Abs. 1 S. 1 erfasst sind Ansprüche aus Rechtsverletzungen oder die Ausschüttungsansprüche gegen eine Verwertungsgesellschaft.

21   **c) Einschränkungen (§ 79 Abs. 1 S. 2).** In der Praxis hat § 79 Abs. 1 S. 1 auch für Vergütungsansprüche keine große Bedeutung, weil diese vielfach **Verfügungsbeschränkungen** unterliegen:[94] Für den Anspruch wegen Vermietung folgen die Beschränkungen aus § 77 Abs. 2 S. 2 iVm § 27 Abs. 1 S. 2 und S. 3 und § 27 Abs. 3. Danach kann der Interpret weder auf den Anspruch verzichten, noch ihn im Voraus an einen anderen als eine Verwertungsgesellschaft abtreten. Dasselbe gilt für den Anspruch aus Verleihung[95] und nach § 78 Abs. 3 für alle Ansprüche der erlaubnisfrei gestellten Zweit- und Drittverwertung in § 78 Abs. 2. Folgt der Vergütungsanspruch aus einer verwertungsgesellschaftspflichtigen Kabelweitersendung, ordnet § 78 Abs. 4 iVm § 20b Abs. 2 S. 2 und S. 3 dieselbe Beschränkung an. § 79 Abs. 1 S. 2 stellt lediglich explizit klar, dass die grundsätzliche Übertragbarkeit nach § 79 Abs. 1 S. 2 unbeschadet dieser Verfügungsbeschränkungen gilt. Das gilt auch für die Fälle des § 77 Abs. 2 S. 2, auch wenn er in § 79 Abs. 1 S. 2 nicht genannt wird.[96]

22   Ist der Vergütungsanspruch eine **Kompensation für gesetzlich erlaubte Nutzungen,** finden die speziellen (vgl. § 60h Abs. 4) und die in § 63a angeordnete(n) allgemeine(n) Verfügungsbeschränkung(en) aufgrund der ausdrücklichen Anordnung in § 83 entsprechende Anwendung. Dabei ist zu beachten, dass im Interpretenrecht keine Möglichkeit besteht, diese Rechte an den Tonträgerhersteller

---

[88] Zum Begriff → § 31 Rn. 8.
[89] *Dünnwald* ZUM 2004, 161 (170); *Gerlach* ZUM 2008, 372 (376); *Breuer* ZUM 2010 (301 (309); *Wandtke* ZUM 2015, 488 (492).
[90] BT-Drs. 15/38, 9.
[91] Grundlegend *Grünberger,* Das Interpretenrecht, 2006, S. 297 ff.; dem folgend *Dünnwald/Gerlach* UrhG § 79 Rn. 6.
[92] *Grünberger,* Das Interpretenrecht, 2006, S. 294.
[93] *Dünnwald* ZUM 2004, 161 (169); *Grünberger,* Das Interpretenrecht, 2006, S. 294 f.
[94] Ausführlich *Dünnwald* ZUM 2004, 161 (169).
[95] → § 77 Rn. 52.
[96] *Dünnwald/Gerlach* UrhG § 79 Rn. 6; BeckOK UrhR/*Stang* UrhG § 79 Rn. 10.

vorausabzutreten. § 63a S. 2 ist nicht entsprechend anzuwenden, weil der Tonträgerhersteller Inhaber eigener Leistungsschutzrechte ist.[97] Der Tonträgerhersteller kann schon deshalb nicht die im Voraus nicht abtretbaren Vergütungsansprüche des ausübenden Künstlers aus § 78 Abs. 2 in eine gemeinsame Verwertungsgesellschaft einbringen.[98] Die Interpreten sind originäre Inhaber der gesetzlichen Vergütungsansprüche aus den §§ 77 Abs. 2 S. 2, 78 Abs. 2. Daran werden die Tonträgerhersteller gem. § 86 beteiligt; eine darüberhinausgehende Beteiligung verstößt gegen die Vorgaben der Vermiet- und Verleihrechts-RL.[99] Die Einnahmen aus der Wahrnehmung der gesetzlichen Vergütungsansprüche müssen kraft Gesetzes den unmittelbar und originär berechtigten Interpreten zukommen.[100] Zulässig ist es aber, dass der Interpret dem Tonträgerhersteller die Ansprüche nach ihrer Entstehung abtritt.[101] Das setzt aber voraus, dass der Interpret diese Ansprüche nicht bereits zuvor an die GVL abgetreten hat.[102] Es ist zweifelhaft, ob die Konstruktion einer Einbringungsermächtigung (§ 185 BGB) des Tonträgerherstellers[103] mit diesen Vorgaben vereinbar ist.

Im Ergebnis ist § 79 Abs. 1 S. 1 also nur für die **nicht verwertungsgesellschaftspflichtigen An-** **23** **sprüche** relevant und dann auch nur, wenn der Interpret diese Ansprüche noch nicht an eine Verwertungsgesellschaft abgetreten hat und diese bereits entstanden waren, bevor sie abgetreten wurden.[104] **Entstanden** sind die Vergütungsansprüche regelmäßig mit ihrer Fälligkeit (§ 271 BGB). Hatte der Interpret seine Vergütungsansprüche bereits an eine Verwertungsgesellschaft abgetreten, ist eine Abtretung nach Fälligkeit an Dritte wirkungslos, weil der Interpret zu diesem Zeitpunkt nicht mehr Anspruchsinhaber und somit nicht mehr verfügungsbefugt war.[105] Möglich ist im Wege der Umdeutung (§ 140 BGB) der leerlaufenden Abtretung in eine Abtretung des Auszahlungsanspruchs gegen die Verwertungsgesellschaft. Diese Verfügung ist nach § 399 Hs. 2 BGB iVm § 5 S. 1 des Wahrnehmungsvertrages für ausübende Künstler und Künstlerinnen der GVL zustimmungspflichtig.[106] Im **Regelfall** bleibt dem Interpreten daher **kein abtretbarer Anspruch,** den er an einen Dritten übertragen könnte.[107]

III. Rechtseinräumung (§ 79 Abs. 2)

Der ausübende Künstler kann einem Anderen Nutzungsrechte an der Darbietung einräumen (§ 79 **24** Abs. 2). Die urheberrechtliche Konzeption der **gebundenen Rechtsübertragung** mittels Einräumung von Nutzungsrechten[108] gilt auch im Interpretenvertragsrecht. Damit wird eine schon länger **übliche Praxis** der Rechteeinräumung in Künstlerverträgen rezipiert.[109] Neben rechtssystematischen Gründen[110] dient die Erweiterung der Handlungsbefugnisse der Vertragsparteien dazu, die Interessen der Verwerter – und mittelbar die der Interpreten – zu stärken. Den Parteien soll es ermöglicht werden, die Verwertungsrechte möglichst flexibel vertraglich einzusetzen.[111] Das Gesetz stellt den Parteien dafür die gesamte **„Stufenleiter der Gestattungen"**[112] zur Verfügung. Diese reicht von der translativen Vollrechtsübertragung (§ 79 Abs. 1 S. 1) – der allerdings wegen § 79 Abs. 2a im Ergebnis nur relative Wirkung im Außenverhältnis gegenüber Dritten zukommt (→ Rn. 17 f.) – über die ausschließliche und einfache Nutzungsrechtseinräumung (§ 79 Abs. 2 iVm § 31 Abs. 2 und Abs. 3) zur schuldvertraglichen Gestattung bis zur widerruflichen Einwilligung. Die wichtigste Neuerung des § 79 Abs. 2 im Vergleich zur alten Rechtslage ist die Möglichkeit, **einfache Nutzungsrechte** an der Darbietung einzuräumen.[113] Das sei gerade im Hinblick auf neuartige Formen der Verwertung von Darbietungen ausübender Künstler im Rahmen multimedialer Produktionen sinnvoll.[114] Mit dem einfachen Nutzungsrecht erwerben diese Verwerter „ein dingliches, d. h. insbesondere konkurs- und sukzessionsfestes Recht".[115] Während der **Bestandsschutz** des einfachen und ausschließlichen Unter-

[97] Vgl. BT-Drs. 16/1828, 32.
[98] Nicht überzeugend daher Fromm/Nordemann/*Schaefer* UrhG § 79 Rn. 41.
[99] Vgl. BGH ZUM 2016, 639 Rn. 58 ff. – Verlegeranteil (zu den gesetzlichen Ansprüchen bei erlaubten Nutzungen im Urheberrecht).
[100] Vgl. BGH ZUM 2016, 639 Rn. 42 ff. – Verlegeranteil (zu den gesetzlichen Ansprüchen bei erlaubten Nutzungen im Urheberrecht).
[101] Vgl. BGH ZUM 2016, 639 Rn. 77 ff. – Verlegeranteil (zu den gesetzlichen Ansprüchen bei erlaubten Nutzungen im Urheberrecht).
[102] Vgl. BGH ZUM 2016, 639 Rn. 82 – Verlegeranteil.
[103] So Fromm/Nordemann/*Schaefer* UrhG § 79 Rn. 43.
[104] *Dünnwald* ZUM 2004, 161 (170); vertiefend zum Problem der Doppelabtretung *Kruse,* Die rechtliche Differenzierung zwischen Urhebern und ausübenden Künstlern, 2013, S. 137 ff.
[105] BGH ZUM 2016, 639 Rn. 82 – Verlegeranteil.
[106] Erhältlich unter https://www.gvl.de/gvl/dokumente-und-formulare.
[107] Fromm/Nordemann/*Schaefer* UrhG § 79 Rn. 38, 40.
[108] → § 31 Rn. 6 ff.
[109] Vgl. BGH GRUR 2001, 764 – Musikproduktionsvertrag; OLG Hamburg ZUM-RD 2002, 145 – Remix/Remastering.
[110] BT-Drs. 15/38, 23.
[111] Vgl. *Rehbinder/Peukert* Rn. 800.
[112] Grundlegend *Ohly,* Volenti non fit iniuria, 2002, S. 143 ff.; näher → § 29 Rn. 23 f.
[113] Vgl. BT-Drs. 15/38, 23.
[114] BT-Drs. 15/38, 23.
[115] BT-Drs. 15/38, 23.

lizenznehmers wegen § 33 iVm § 79 Abs. 2a mittlerweile gefestigt ist,[116] bestehen hinsichtlich der Insolvenzfestigkeit von Nutzungsrechten noch erhebliche Zweifel.[117] Insgesamt ist die Stellung eines Lizenznehmers im Vergleich zum Vertragspartner einer schuldvertraglichen Gestattung deutlich gestärkt.[118] Sein Vertrauen auf den Fortbestand des erworbenen Rechts wird gesetzlich über den Sukzessionsschutz (Bestandsschutz) gestellt, was ihm die planmäßige Amortisation seiner Investitionen ermöglicht.[119]

25 Der Wortlaut des § 79 Abs. 1 entspricht im Wesentlichen dem § 31 Abs. 1 S. 1. § 79 Abs. 2a iVm § 31 Abs. 1 S. 1 stellt klar, dass die in § 79 Abs. 2 S. 1 nicht enthaltene Legaldefinition des Nutzungsrechts[120] auch im Interpretenvertragsrecht gilt.[121] An die Stelle des Werks tritt in § 79 Abs. 2 die Darbietung. Mit der zusätzlichen Begrenzung („der ihm *vorbehaltenen* Nutzungsarten") stellt § 79 Abs. 2 klar, dass der ausübende Künstler selbstverständlich nur Nutzungsrechte an solchen Nutzungsarten einräumen kann, deren **ausschließliche Verwertung ihm das Gesetz** in den §§ 77, 78 Abs. 1 zugewiesen hat.[122] Der Interpret kann das Nutzungsrecht als einfaches (§ 79 Abs. 2a iVm § 31 Abs. 2) oder ausschließliches (§ 79 Abs. 2a iVm § 31 Abs. 3) Recht sowie räumlich, zeitlich oder inhaltlich beschränkt einräumen (§ 79 Abs. 2a iVm § 31 Abs. 1 S. 2).

26 Mit der Einräumung eines **ausschließlichen Nutzungsrechts** erwirbt der Inhaber die in §§ 31 Abs. 3, 33 beschriebene Rechtsposition. Der Rechtsinhaber ist zur eigenen Nutzung der Darbietung innerhalb der räumlichen, zeitlichen oder inhaltlichen Grenzen (§ 79 Abs. 2a iVm § 31 Abs. 1 S. 2) des Nutzungsrechts berechtigt **(positives Nutzungsrecht).** Dogmatisch und praktisch wichtiger ist, dass der Inhaber des ausschließlichen Nutzungsrechts allen anderen, einschließlich des ausübenden Künstlers, die ihm vorbehaltene Nutzung verbieten kann **(negatives Verbotsrecht).** Der Inhaber eines ausschließlichen Nutzungsrechts ist aktivlegitimiert, die Ansprüche aus §§ 97 ff. geltend zu machen.[123] Hat der Interpret ein ausschließliches Nutzungsrecht an der Aufnahme einer bestimmten Darbietung **im Voraus eingeräumt,** kann der Rechtsinhaber daher die Verwertung einer nachträglich vertragswidrig mit Zustimmung des Interpreten erfolgten Festlegung gem. § 97 Abs. 1 verhindern.[124] Er ist nicht auf die Geltendmachung vertraglicher Schadensersatzansprüche gegen den Interpreten beschränkt.[125] Geht der Nutzungsrechtsinhaber bei seiner Verwertung über die ihm im **Lizenzvertrag** eingeräumten Befugnisse hinaus, ist diese Verwertungshandlung nicht mehr von der Nutzungsrechtseinräumung gedeckt und er verletzt seinerseits das Interpretenrecht. **Beispiele:** Das Nutzungsrecht beschränkt sich auf einen Teil eines Konzerts[126] oder der Inhaber verwertet Tonaufnahmen, obwohl ihm nur das Recht zur Videoverwertung eines Konzerts eingeräumt wurde.[127] Der ausübende Künstler bleibt auch nach der Einräumung eines ausschließlichen Nutzungsrechts **aktivlegitimiert,** soweit er ein eigenes schutzwürdiges Interesse an der Rechtsverfolgung hat.[128] Will der ausübende Künstler eine auf Tonträger festgelegte Darbietung auch nach Einräumung eines ausschließlichen Nutzungsrechts selbst, beispielsweise zur Werbung auf seiner Internetpräsenz nutzen, muss er sich gem. § 79 Abs. 2a iVm § 31 Abs. 3 S. 2 das entsprechende Recht vertraglich vorbehalten[129] und – wegen des interpretenrechtlichen Abstraktionsprinzips[130] – sich zugleich ein einfaches Nutzungsrecht am Tonträger gem. § 85 Abs. 2 S. 2 einräumen lassen. Die Rechtsfolgen eines **einfachen Nutzungsrechts** an der Darbietung ergeben sich aus § 79 Abs. 2a iVm §§ 31 Abs. 2, 33.[131]

27 Für ausübende Künstler im **Filmbereich** enthalten die §§ 92, 90 Sonderregelungen. § 92 Abs. 1 vermutet zugunsten des Filmherstellers, dass ihm die Nutzungsrechte eingeräumt wurden, sofern es die Verwertung des konkreten Filmwerks betrifft.[132] Nach § 92 Abs. 2 behält der Interpret, der im Voraus einem anderen ein Nutzungsrecht an seiner Darbietung eingeräumt hat, „die Befugnis, dem Filmhersteller dieses Recht hinsichtlich der Verwertung des Filmwerkes zu übertragen oder einzuräumen". Diese Befugnis haben nicht nur die ausübenden Künstler, die am Filmwerk beteiligt sind oder an der eigens dafür geschaffenen Musik, die zum Bestandteil des Films werden soll, mitwirken, sondern auch die Interpreten an vorbestehenden Tonaufnahmen.[133] Die Interpreten haben idR die

---

[116] BGH GRUR 2009, 946 Rn. 17 ff. – Reifen Progressiv; BGH GRUR 2012, 914 Rn. 15 ff. – Take Five; BGH GRUR 2012, 916 Rn. 21 ff. – M2Trade; näher → § 31 Rn. 20 ff.
[117] Näher → § 31 Rn. 24.
[118] → § 31 Rn. 22.
[119] BGH GRUR 2012, 961 Rn. 24 – M2Trade; BGH GRUR 2012, 914 Rn. 16 – Take Five.
[120] → § 31 Rn. 7.
[121] *Dünnwald/Gerlach* UrhG § 79 Rn. 9.
[122] *Dünnwald/Gerlach* UrhG § 79 Rn. 9.
[123] → § 97 Rn. 43.
[124] BGH GRUR 2002, 795 (796) – Titelexklusivität.
[125] BGH GRUR 2002, 795 (796) – Titelexklusivität.
[126] Vgl. LG München I ZUM 2007, 574 (576 f.).
[127] Vgl. EuGH GRUR 2009, 753 Rn. 2 – Falco Privatstiftung u. Thomas Rabitsch/Gisela Weller-Lindhorst.
[128] → § 97 Rn. 44.
[129] Insoweit zutreffend *Dünnwald/Gerlach* UrhG § 79 Rn. 10.
[130] → Vor §§ 73 ff. Rn. 77.
[131] → § 31 Rn. 46 ff.
[132] → § 92 Rn. 5.
[133] *Dünnwald/Gerlach* UrhG § 79 Rn. 7; Loewenheim/*Schwarz/Reber* § 74 Rn. 177.

Rechte an der festgelegten Darbietung bereits einem Dritten übertragen oder diesem daran ausschließliche Nutzungsrechte eingeräumt. Nach § 92 Abs. 2 könnte der ausübende Künstler über diese Rechte erneut verfügen. Das ist in der Praxis aber schon deshalb ausgeschlossen, weil der Filmhersteller in jedem Fall (einfache) Nutzungsrechte vom Tonträgerhersteller oder dessen Rechtsnachfolger erwerben muss (sog. „Einblenderechte" oder *„master use license"*).[134] Weil der Inhaber dieser Rechte idR auch Inhaber der Verwertungsrechte an der Darbietung ist, erwirbt der Filmhersteller darüber auch einfache Nutzungsrechte an der Darbietung.[135] Voraussetzung dafür ist allerdings, dass der Interpret in die Unterlizenzierung eingewilligt hat (§ 79 Abs. 2a iVm § 35 Abs. 1 S. 1, → Rn. 44ff.). Bei Eigen- und Auftragsproduktionen der Fernsehsender zu eigenen Sendezwecken werden die Interpretenrechte von der GVL wahrgenommen.[136] Auf die gesetzlichen Vergütungsansprüche des Interpreten findet § 92 Abs. 2 keine Anwendung, weil es sich dabei nicht um „vorbehaltene Nutzungsarten" handelt.[137]

C. Interpretenvertragsrecht (§ 79 Abs. 2a) *(Grünberger)*

I. Grundlagen

1. Entstehungsgeschichte

Bei seinem Inkrafttreten am 1.1.1966 (§ 143 Abs. 2) enthielt das UrhG lediglich eine spezifisch interpretenvertragsrechtliche Regelung. § 79 aF enthielt eine § 43 nachgebildete Auslegungsregel für den Übergang der vom ausübenden Künstler originär erworbenen Einwilligungsrechte[138] auf den Arbeitgeber oder Dienstherrn. **28**

Der erste wesentliche Impuls zur Angleichung der vertragsrechtlichen Stellung der Interpreten an die Urheber war das **Gesetz zur Stärkung der vertraglichen Stellung von Urhebern und ausübenden Künstlern** v. 22.3.2002.[139] Es fügte § 74 Abs. 4 und Abs. 5 neu ein. § 75 Abs. 4 aF erklärte die § 31 Abs. 5 und die §§ 32, 32a, 36, 36a, 39 auf Verträge ausübender Künstler für entsprechend anwendbar. Urheber und ausübende Künstler waren insoweit als „Kreative" vertragsrechtlich gleich zu behandeln.[140] Nicht in den Verweisungsketten enthalten waren § 31 Abs. 4, nach dem die Einräumung von Nutzungsrechten für noch nicht bekannte Nutzungsarten unwirksam ist und § 32b, der die international zwingende Anwendung normiert. Während letzteres ein Redaktionsversehen war,[141] wurde § 31 Abs. 4 ausdrücklich ausgenommen.[142] Es sei „nicht praktikabel, bei komplexen Werken mit vielen Mitwirkenden (beispielsweise Film, Hörbuch, Multimedia) von den zahlreichen ausübenden Künstlern die Nutzungsrechte für neue, bislang unbekannte Nutzungsarten nachzuerwerben."[143] Verkannt wird dabei, dass regelmäßig auch eine Vielzahl verschiedener Urheber beteiligt ist und die Situation beim ausübenden Künstler gerade keinen signifikanten Unterschied zum Urheber aufweist.[144] § 75 Abs. 5 aF behandelte die Konstellationen der Gruppendarbietung.[145] In diesem Fall musste die Interpretengruppe vor Beginn der Darbietung eine Person bestimmen, die zur Ausübung ihrer Ansprüche aus den §§ 32, 32a befugt war. **29**

Das Gesetz zur Regelung des Urheberrechts in der **Informationsgesellschaft** v. 10.9.2003[146] führte § 75 Abs. 4 aF in den neuen § 79 Abs. 2 S. 2 über. Darin wurde auf fast alle urhebervertragsrechtlichen Bestimmungen verwiesen: § 31 Abs. 1–3 sowie die §§ 32–43. Der Verweis auf § 43 bewirkte, dass § 79 aF ersatzlos entfallen konnte.[147] Es blieb bei der Nichtanwendbarkeit der Regelung zur Nutzungsrechtseinräumung an unbekannten Nutzungsarten. Die Nichtanwendbarkeit des § 44 erklärt sich damit, dass die dort gelöste Kollision zwischen Urheberrecht und Eigentum im Interpretenvertragsrecht idR nicht auftreten kann.[148] Die entsprechende Anwendung des § 42a im Interpretenvertragsrecht war ein Redaktionsversehen.[149] Dieses wurde im **Zweiten Gesetz zur Rege- **30**

---

[134] *Ventroni* ZUM 1999, 24.
[135] *Dünnwald/Gerlach* UrhG § 79 Rn. 7.
[136] Vgl. § 1 Abs. 1 Nr. 2 Wahrnehmungsvertrag GVL; näher *Ventroni* ZUM 1999, 24 (25); *Dünnwald/Gerlach* UrhG § 79 Rn. 7.
[137] *Loewenheim/Schwarz/Reber* § 74 Rn. 180.
[138] → Vor §§ 73ff. Rn. 20.
[139] BGBl. I S. 1155.
[140] BT-Drs. 14/6433, 9f.
[141] BT-Drs. 15/38, 24.
[142] Beschlussempfehlung des Rechtsausschusses, BT-Drs. 14/8058, 11; anders noch der der Entwurf der Regierungskoalition, BT-Drs. 14/6433, 19.
[143] BT-Drs. 14/8958, 21.
[144] *Gerlach* ZUM 2008, 372 (374); kritisch auch *Erdmann* GRUR 2002, 923 (930).
[145] Zum Begriff → § 80 Rn. 9.
[146] BGBl. I S. 1774.
[147] BT-Drs. 15/38, 24.
[148] *Dünnwald* ZUM 2004, 161 (166f.).
[149] *Dünnwald* ZUM 2004, 161 (170); vertiefend *Grünberger*, Das Interpretenrecht, 2006, S. 289f.

lung des Urheberrechts in der Informationsgesellschaft v. 26.10.2007[150] beseitigt.[151] Zugleich wurde § 79 Abs. 2 S. 2 redaktionell an die Neuregelung der unbekannten Nutzungsarten (§§ 31a, 31c, 137l) angepasst. Es blieb erneut bei der rechtspolitisch zweifelhaften (→ Rn. 29) Nichtanwendbarkeit dieser Regelungen im Interpretenvertragsrecht, obwohl das bis dahin geltende „Alles-oder-Nichts-Prinzip" zugunsten einer vergütungspflichtigen Verwertungsmöglichkeit abgelöst worden ist.[152]

31   Das „**Gesetz zur verbesserten Durchsetzung des Anspruchs der Urheber und ausübenden Künstler auf angemessene Vergütung** und zur Regelung von Fragen der Verlegerbeteiligung" v. 20.12.2016[153] hat § 79 Abs. 2 S. 2 aF aufgehoben und mit § 79 Abs. 2a ersetzt. Damit gelten alle in der Verweisung genannten Regeln des primären Urhebervertragsrechts unabhängig davon, ob die Disposition über die Interpretenrechte gem. § 79 Abs. 1 S. 1 oder Abs. 2 erfolgt ist.[154] Zur intertemporalen Anwendbarkeit auf Verträge mit Rechtsübertragungen vor dem 1.3.2017 → Rn. 15. Von der Verweisung ausgenommen bleiben die urhebervertragsrechtlichen Regelungen zu den unbekannten Nutzungsarten. Insoweit hat das Gesetz v. 20.12.2016 mit § 79b eine adäquate Ersatzregelung neu eingeführt.[155] Rechtspolitisch unbefriedigend und verfassungsrechtlich zweifelhaft ist die Entscheidung des Gesetzes, auf die entsprechende Anwendung des § 40a im Interpretenrecht zu verzichten (→ Rn. 78b).[156]

2. Normzweck

32   § 79 Abs. 2a verweist – mit Ausnahme der Verträge über unbekannte Nutzungsarten, dem Recht zur anderweitigen Verwertung und der Zwangslizenz zur Herstellung von Tonträgern – auf (fast) den gesamten „Allgemeinen Teil des Urhebervertragsrechts".[157] § 79 Abs. 2a ist deshalb der „**Allgemeine Teil des Interpretenvertragsrechts**".[158] Damit setzt das Gesetz das verfassungsrechtliche Gebot um, die **gestörte Vertragsparität**[159] zwischen Interpret und Verwerter wieder auszugleichen, indem es die Rechtsstellung der ausübenden Künstler als der regelmäßig schwächeren Partei gegenüber den Unternehmen, denen sie die Erstverwertung ihrer Werke und Leistungen anvertrauen, stärkt.[160] Der Gesetzgeber durfte in verfassungsrechtlicher Hinsicht von einem typischerweise bestehenden Verhandlungsungleichgewicht der Parteien ausgehen.[161] **Urheber und Interpreten werden als grundsätzlich gleichermaßen schutzbedürftig** angesehen. „Die vertragsrechtliche Gleichbehandlung von Urhebern und ausübenden Künstlern erhält ihre Rechtfertigung aus der wirtschafts-, sozial- und kulturpolitisch gleichgelagerten Beurteilung beider kreativer Berufsgruppen."[162] Beiden sollen daher im Grundsatz dieselben rechtlichen Möglichkeiten gegeben werden, ihre wirtschaftliche Existenz zu sichern und diese Rechte effektiv durchzusetzen. Deshalb gilt der Leitgedanke des Urheberrechts, wonach dem Urheber eine angemessene Vergütung zusteht (§ 11 S. 2), auch für die ausübenden Künstler.[163] Das folgt auch aus einer unionsrechtskonformen Auslegung. Nach Erwägungsgrund (10) der InfoSoc-RL muss neben dem Urheber auch der ausübende Künstler für die Nutzung seiner Leistungen eine angemessene Vergütung erhalten.

II. Entsprechend anwendbare Bestimmungen des Urhebervertragsrechts

1. Einräumung von Nutzungsrechten (§ 31 Abs. 1–3)

33   § 79 Abs. 2a verweist auf § 31 Abs. 1–3, um das Konzept der **Nutzungsrechtseinräumung** in § 79 Abs. 2 zu vervollständigen (→ Rn. 24). Dieser Verweis ist aufgrund der abweichenden dogmatischen Wirkung der Rechtsübertragungen iSv § 79 Abs. 1 S. 1 nur eingeschränkt anwendbar. Diese sind grundsätzlich immer als Fall der ausschließlichen Nutzungsrechtseinräumung zu verstehen (→ Rn. 17).

---

[150] BGBl. I S. 2513.
[151] BT-Drs. 16/1828, 32.
[152] Kritisch *Gerlach* ZUM 2008, 372 (375).
[153] BGBl. I S. 3037.
[154] Vgl. BT-Drs. 18/8625, 30 f.
[155] → § 79b Rn. 2 ff.
[156] Kritisch auch BeckOK UrhR/*Stang* § 79 Rn. 2.
[157] *Dietz*, Das primäre Urhebervertragsrecht in der Bundesrepublik Deutschland und in den anderen Mitgliedstaaten der Europäischen Gemeinschaft, 1984, S. 25, 31.
[158] *Grünberger*, Das Interpretenrecht, 2006, S. 270.
[159] Grundlegend BVerfGE 89, 214 = NJW 1994, 36 – Bürgschaft.
[160] Vgl. BT-Drs. 14/6433, 7, 8.
[161] BVerfG GRUR 2014, 169 Rn. 92 – Übersetzungshonorare (zum Urheber).
[162] BT-Drs. 14/6433, 10.
[163] *Wandtke* ZUM 2015, 152; *Wandtke* ZUM 2015, 488 (493 f.).

2. Übertragungszweckgedanke (§ 31 Abs. 5)

§ 79 Abs. 2a verweist auf den in § 31 Abs. 5 niedergelegten Übertragungszweckgedanken. Damit **34** festigt das Gesetz die bisherige Rechtsprechung,[164] wonach der Übertragungszweckgedanke als **allgemeine Regel auf alle Übertragungsvorgänge** im Interpretenrecht anzuwenden ist.[165] § 79 Abs. 2a iVm § 31 Abs. 5 gilt daher auch für die Fälle der Vollrechtsübertragung iSv § 79 Abs. 1 S. 1.[166] Der ausübende Künstler räumt nur in dem Umfang Nutzungsrechte ein, der für die Erreichung des **Vertragszwecks** erforderlich ist.[167] Damit wird der Umfang der Rechtseinräumung mithilfe einer Auslegungsregel beschränkt.[168] Die im Interpretenrecht gebündelten Verwertungsrechte bleiben so weit wie möglich beim ausübenden Künstler zurück. Dieser ist an den wirtschaftlichen Früchten der Verwertung seiner Darbietung möglichst weitgehend zu beteiligen.[169] Nach der zweifelhaften Auffassung der Rechtsprechung kommt § 31 Abs. 5 **keine Leitbildfunktion** bei der Bewertung der Übertragung von Nutzungsrechten im Rahmen der AGB-Kontrolle zu: Sie sei lediglich eine Auslegungsregel, die einer umfassenden Übertragung in AGB nicht entgegenstehe.[170]

Beispiele: Die Verwertung einer aufgenommenen Darbietung als Vorspannangebot zu vier Tafeln **35** Schokolade ist nicht mehr vom ausschließlichen Nutzungsrecht erfasst, die aufgenommene Darbietung in jeder technisch möglichen Art zu vervielfältigen und nach Belieben des Verwerters hinsichtlich Zeitpunkt, Art, Form und Marke zu veröffentlichen.[171] Vertragsklauseln zur branchenüblichen Nutzung erlauben es dem Verwerter grundsätzlich, verschiedene Songs auszukoppeln, Sampler herzustellen und verschiedene Songs mit Titeln anderer Gruppen zu verbinden.[172] Dabei sind auch die interpretenpersönlichkeitsrechtlichen Grenzen solcher Nutzungshandlungen zu beachten.[173] Das ist insbesondere der Fall, wenn eine solche *Compilation* in einen Zusammenhang gestellt wird, der geeignet ist, die berechtigten geistigen oder persönlichen Interessen des Interpreten zu beeinträchtigen.[174] Eine Klausel, mit der ein Synchronisationssprecher einer Fernsehserie alle Rechte, insbesondere auf Vervielfältigung durch ua Schallplatten überträgt, erlaubt es, die Synchronisation als Hörbuch erscheinen zu lassen.[175] Die Einräumung von Nutzungsrechten an einer Aufnahme, die für eine Sendung im Rundfunk vorgenommen worden ist, erlaubt es im Zweifel nicht, diese auf Tonträgern oder audiovisuellen Datenträgern selbstständig zu verwerten.[176] Die Verwendung einer musikalischen Darbietung in einer Werbung ist eine eigenständige Nutzungsart, die dem Verwerter ausdrücklich eingeräumt werden muss.[177] Dasselbe gilt für die Verwendung der festgelegten Darbietung für Wahlkampfzwecke, sofern die Nutzung von einem Ausschließlichkeitsrecht des Interpreten erfasst wird.[178] Eine Verwendung der vorbestehenden Darbietung in Filmwerken und Laufbildern bedarf der ausdrücklichen Vereinbarung im Interpretenvertrag.[179] Nach Auffassung der Rechtsprechung muss der Vertrag auch die Befugnis des Verwerters, die festgelegte Darbietung zu sampeln, ausdrücklich vorsehen.[180] In solchen Fällen liegt regelmäßig eine „Bearbeitung" der Darbietung vor, deren Verwertung dem Interpreten im Zweifel nach § 79 Abs. 2a iVm § 37 Abs. 1 vorbehalten ist (→ Rn. 49). Voraussetzung dafür ist, dass der verwendete Ausschnitt in den § 73 erfasster Schutzgegenstand ist[181] und die Vervielfältigung von Teilen der Darbietung in den Schutzinhalt des Vervielfältigungsrechts[182] eingreift. Dagegen ist eine technische „Modernisierung" der festgelegten Darbietung lediglich eine technische Anpassung, bei der die neuere die ältere Fassung idR ablöst. Das ist keine zusätzliche Nutzung, sondern eine neue Nutzungsvariante, welcher der Übertragungszweckgedanke nicht entgegensteht.[183]

---

[164] BGH GRUR 2003, 234 (236) – EROC III; BGH GRUR 1984, 119 (121) – Synchronisationssprecher; BGH GRUR 1979, 637 (638 f.) – White Christmas; KG GRUR-RR 2005, 129 (131) – Modernisierung einer Liedaufnahme; grundlegend *Nordemann, W.* UFITA 58 (1970), 1; aA *Krüger* WRP 1980, 30 f.

[165] BT-Drs. 14/6433, 19.

[166] *Dünnwald/Gerlach* UrhG § 79 Rn. 11 (zu § 79 Abs. 2 S. 2); unhaltbar Fromm/Nordemann/*Schaefer* UrhG § 79 Rn. 51, 69: Die in der Vermiet- und Verleih-RL vorgesehene „Übertragung oder Abtretung" der Rechte überlässt es dem nationalen Recht, wie es diese Rechtsübertragung dogmatisch ausgestaltet.

[167] BGH GRUR 1979, 637 (638 f.) – White Christmas.

[168] → § 31 Rn. 52 ff.

[169] BGH GRUR 1979, 637 (638 f.) – White Christmas.

[170] BGH GRUR 2014, 556 Rn. 8 ff. – Rechteeinräumung Synchronsprecher.

[171] BGH GRUR 1979, 637 (638 f.) – White Christmas.

[172] OLG Frankfurt a. M. GRUR 1995, 215 – Springtoifel (zum Urheberrecht); vgl. auch BGH GRUR 1979, 637 (638 f.) – White Christmas.

[173] → § 75 Rn. 20.

[174] Vgl. OLG Frankfurt a. M. GRUR 1995, 215 (216) – Springtoifel (zu § 14 UrhG).

[175] BGH GRUR 1984, 119 (121) – Synchronisationssprecher.

[176] Vgl. BGH GRUR 1960, 619 (624) – Künstlerlizenz Schallplatten (noch zu § 2 Abs. 2 LUG); LG München GRUR-Int 1993, 82 (83 f.) – Duo Gismonti-Vasconcelos; *Dünnwald/Gerlach* UrhG § 79 Rn. 12.

[177] Vgl. OLG Hamburg GRUR 1991, 599 (600) – Rundfunkwerbung; die Entscheidung erging zum Urheberrecht und ist wegen § 78 Abs. 2 Nr. 1 nur eingeschränkt auf das Interpretenrecht übertragbar.

[178] LG München UFITA 87 (1980), 342 (346).

[179] Vgl. BGH GRUR 1962, 370 (373 f.) – Schallplatteneinblendung (zu § 2 Abs. 2 LUG); näher *Dünnwald/Gerlach* UrhG § 79 Rn. 12.

[180] KG GRUR-RR 2004, 129 (131) – Modernisierung einer Liedaufnahme.

[181] → § 73 Rn. 14 f.

[182] → § 77 Rn. 35 ff.

[183] KG GRUR-RR 2004, 129 (131) – Modernisierung einer Liedaufnahme.

36   § 31 Abs. 5 schließt die Einräumung von Nutzungsrechten an **unbekannten Nutzungsarten nicht** aus.[184] Deshalb kann man die von § 79 Abs. 2a bewusst nicht angeordnete Geltung des Rechtsregimes für unbekannte Nutzungsarten (→ Rn. 31, 78) nicht anhand einer erweiternden Auslegung des § 31 Abs. 5 korrigieren.[185] Allerdings bleibt wegen § 79 Abs. 2a iVm § 31 Abs. 5 ein lediglich pauschaler Verweis auf die Übertragung von Nutzungsrechten „an unbekannten Nutzungsarten" problematisch.[186] Andererseits ist eine spezifische und präzise Umschreibung bei unbekannten Nutzungsarten naturgemäß schwierig.[187] Hat der Interpret das Recht „übertragen" (§ 79 Abs. 1 S. 1, → Rn. 17), die Darbietung in jeder beliebigen Weise auszuwerten, liegt eine umfassende Nutzungsvereinbarung vor, die sich nicht auf die im Aufnahmezeitpunkt bekannten Medien beschränkt, sondern auch die noch nicht bekannte Nutzung auf CD[188] sowie Downloadangebote[189] umfasst. Damit wird lediglich die vertraglich vereinbarte Nutzung fortgesetzt, weil die CD die Schallplatte substituiert hat.[190] **Beispiel:** Der Opernsänger Gustav Neidlinger hat seine Verwertungsrechte an verschiedenen Ring-Aufnahmen jeweils vertraglich („in jeder beliebigen Weise zu verwerten") auf einen Verwerter übertragen, der die gemeinsame Verwertung der Leistungen aller Beteiligten auf marktgerechte Weise übernahm. Davon waren aufgrund ausreichender vertraglicher Anhaltspunkte auch weiterentwickelte (CD) oder neue Verwertungsarten (Download- und Streamingangebote im Internet) erfasst.[191]

3. Anspruch auf angemessene Vergütung (§§ 32–32b, 32d, 32e, 36–36c)

37   Der Interpret hat als Gegenleistung für die Übertragung (§ 79 Abs. 1 S. 1) bzw. die Einräumung von Nutzungsrechten (§ 79 Abs. 2) einen Anspruch auf eine vertraglich vereinbarte und angemessene Vergütung (§ 79 Abs. 2a iVm § 32 Abs. 1 S. 1). Dieser Anspruch auf **Vertragsanpassung** gilt auch für die Rechtsübertragung iSv § 79 Abs. 1 S. 1 (→ Rn. 15 f.).[192] Er gilt gem. § 132 Abs. 4 iVm Abs. 3 S. 1 für alle Verträge, die seit dem 1.7.2002 abgeschlossen worden sind[193] (zur intertemporalen Anwendbarkeit auf **Altverträge** → Rn. 15 f.).

38   Ist die Höhe der Vergütung im Vertrag nicht bestimmt oder haben die Parteien gar keine Regelung über die Vergütung getroffen,[194] wird eine **angemessene Vergütungsvereinbarung** fingiert (§ 79 Abs. 2a iVm § 32 Abs. 1 S. 2). Die Angemessenheit der Vergütung bestimmt sich anhand eines dreistufigen Prüfungsprogramms:[195] (1.) Ergeben sich Kriterien für die angemessene Vergütung aus einem anwendbaren Tarifvertrag (§§ 32 Abs. 4, 36 Abs. 1 S. 3 iVm § 79 Abs. 2a)? Auf Tarifverträge kann man vielfach im Bühnenarbeitsrecht[196] sowie bei Verwertungsverträgen von Interpreten mit den öffentlich-rechtlichen Rundfunksendern[197] abstellen. (2.) Liegen die Voraussetzungen einer gemeinsamen Vergütungsregel (GVR) im Sinne von § 36 vor, greift die unwiderlegliche Vermutung nach § 32 Abs. 2 S. 1 iVm § 79 Abs. 2a. Im Interpretenvertragsrecht gibt es mittlerweile einige GVR für Interpreten bei der Filmproduktion und -verwertung;[198] im Übrigen sind keine GVR vorhanden.[199] (3.) Deshalb muss in der Praxis die angemessene Vergütung gemäß § 32 Abs. 2 S. 2 iVm § 79 Abs. 2a gerichtlich bestimmt werden. Dabei können auch solche Tarifverträge und GVR als Vergleichsmaßstab und Orientierungshilfe herangezogen werden, deren Anwendungsvoraussetzungen nicht (vollständig) erfüllt sind.[200] Es kommt zunächst auf die in der jeweiligen **Branche übliche Vergütung** an, allerdings nur, soweit diese auch redlich ist. Die Vergütung ist branchenüblich, wenn sie in vergleichbaren Nutzungsverträgen durchschnittlich vereinbart wird. Im Interpretenrecht kommt es auf den Umfang der Rechtseinräumung und die **Umstände des Einzelfalls** an: Bekanntheitsgrad des Künstlers, Umfang der Exklusivbindungen (→ Rn. 90), Vertragsdauer, Person des Vertragspartners (Independent-Label oder Majorlabel) und Verteilung der Marketingmaßnahmen und Kosten.[201] Weil die Künstlerverträge idR ein kompliziertes Vergütungssystem haben (→ Rn. 88), ist es in der Praxis nicht einfach, die Vergütungen innerhalb der Branchen zu vergleichen. Auszugehen ist vom berech-

---

[184] BGH GRUR 2003, 234 (236) – EROC III; OLG München ZUM 2000, 61 (65); vertiefend *J. B. Nordemann* FS Nordemann, 2004, 193 (198 ff.); aA *Wandtke* FS Nordemann, 2004, 267 (275); *Krüger* FS Nordemann, 2004, 343.
[185] Nicht überzeugend daher *Dünnwald/Gerlach* UrhG § 79 Rn. 11.
[186] *Hertin* MMR 2003, 16 (22).
[187] OLG München ZUM 2000, 61 (66); krit. *Fette* FS Hertin, 2000, 53 (60 ff.).
[188] BGH GRUR 2003, 234 (236) – EROC III.
[189] KG NJOZ 2009, 4671 (unter II A 1b ccc).
[190] BGH GRUR 2003, 234 (236) – EROC III.
[191] KG NJOZ 2009, 4671.
[192] *Ingendaay*, Künstlerverträge, 2008, S. 54 f. (zu § 79 Abs. 2 S. 2).
[193] Unhaltbar Fromm/Nordemann/*Schaefer* UrhG § 79 Rn. 79 (keine Anwendbarkeit auf Verträge mit Rechtsübertragung, die vor dem 1.3.2017 geschlossen wurden).
[194] *Ingendaay*, Künstlerverträge, 2008, S. 59.
[195] → § 32 Rn. 23 ff.
[196] → Rn. 125 ff.
[197] *Datta*, Die angemessene Vergütung des Urhebers, 2018, S. 196 ff.
[198] *Datta*, Die angemessene Vergütung des Urhebers, 2018, S. 211 ff.
[199] *Schäfer* FS Chr. Kirchner, 2014, 229 (242); *Ingendaay*, Künstlerverträge, 2008, S. 65 (dort auch zu den Gründen).
[200] BGH ZUM-RD 2016, 710 Rn. 32 – GVR Tageszeitungen III.
[201] *Ingendaay*, Künstlerverträge, 2008, S. 67 f.; Loewenheim/*Rossbach* § 69 Rn. 43.

tigten Interesse des Interpreten, an jeder wirtschaftlichen Nutzung der Darbietung angemessen beteiligt zu werden.[202] Nutzt ein Verwerter die Darbietung, indem er Vervielfältigungsstücke vertreibt, entspricht es dem Beteiligungsgrundsatz am ehesten, die Vergütung des Interpreten mit dem Absatz der Vervielfältigungsstücke zu verknüpfen und an die Zahl und den Preis der veräußerten Exemplare zu binden, da die Leistung des Interpreten mit dem Verkauf eines jeden einzelnen Exemplars wirtschaftlich genutzt wird.[203] Bei einer die gesamte Schutzdauer umspannenden Verwertung wird dem daher – jedenfalls bei *featured artists* – idR nur eine prozentuale Umsatzbeteiligung gerecht.[204]

Die vereinbarte Vergütung muss auch **redlich** sein (§ 32 Abs. 2 S. 2 iVm § 79 Abs. 2a).[205] Dieses **39** Merkmal zwingt zur **Abwägung** der gleichberechtigten Interessen der Verwerter und der ausübenden Künstler.[206] Deshalb ist die Höhe einer branchenüblichen **Umsatzbeteiligung,** basierend auf verkauften Tonträgern, Downloads oder Streams,[207] nicht ohne weiteres angemessen.[208] Ob die damit vereinbarte Vergütung auch redlich ist, hängt davon ab, ob sie ertrags- und leistungsbezogene Faktoren berücksichtigt:[209] **Ertragsbezogen** sind der zu erwartende Umsatz und einzelfallabhängige Investitionskosten (Bekanntheitsgrad des Interpreten, relevanter Markt); **leistungsbezogen** sind die Art der Darbietung oder die Darbietungshöhe (→ § 73 Rn. 23 f.). Daher kann ein hoher, nicht rückzahl- und verrechenbarer Vorschuss eine niedrige Umsatzbeteiligung ausgleichen[210] und ein Solokünstler (*featured artist*) ist höher als ein Backgroundmusiker (*non featured artist*) zu vergüten.[211] Besondere Probleme wirft der sog. **Technikabzug** auf. Dabei wird von der maßgeblichen Vergütungsgrundlage (dem Händlerabgabepreis) ein pauschalisierter Prozentsatz für die Herstellungskosten des Tonträgers und die Distributionskosten abgezogen.[212] Dieser branchenübliche Abzug ist dann nicht mehr redlich, wenn er den Anteil des Verwerters grundsätzlich überhöht ansetzt.[213] Insoweit trifft den Vertragspartner des Interpreten die sekundäre Last, darzulegen, dass der geltend gemachte Abzug den durchschnittlichen Kosten entspricht. Insbesondere bei Einkünften aus Lizenzierungen gegenüber **Streamingdiensten** sind die Abzüge in dieser Höhe nicht mehr gerechtfertigt. Weitere Probleme werfen **Lizenzrabatte** auf. Das betrifft insbesondere Vertragsgestaltungen, wonach sich die Beteiligung des Interpreten bei allen Vertriebsarten außerhalb des normalen Handelsbetriebs reduziert.[214] Der Übertragungs- oder Lizenzvertrag verteilt insoweit die niedrigen Gewinnmargen in bestimmten Vertriebskanälen auf den Verwerter und den Interpreten.[215] Insbesondere bei der Nutzungsrechteinräumung an Streaminganbieter ist der Erstverwerter Marktzwängen ausgesetzt, die zu niedrigen Handelsspannen führen. § 79 Abs. 2a iVm § 32 Abs. 2 S. 2 lässt die komplette Überwälzung des unternehmerischen Risikos auf den Interpreten aber nicht zu. Nicht mehr redlich ist es, wenn der Erstverwerter im Fall der Unterlizenzierung den ausübenden Künstler nach Maßgabe des **Unterlizenzvertrags** vergütet.[216] Damit wird das wirtschaftliche Risiko auf den Interpreten abgewälzt und für den Rechteinhaber besteht kein Anreiz mehr, sich gegenüber seinem Lizenznehmer für eine höhere Vergütung einzusetzen. Besonders sichtbar wird dieses Defizit in den sehr niedrigen Vergütungen ausübender Künstler bei Streamingdiensten.

Die *non featured artists* werden in der Praxis idR in sog. „Künstlerquittungen" (**„Buy-Out-Verträ- 40 gen",** → Rn. 95) pauschal vergütet. Pauschalvergütungen sind im Interpretenrecht weit verbreitet – und mit Blick auf § 32 Abs. 2 S. 2 nicht unproblematisch.[217] Eine Pauschalvergütung des Interpreten ist nicht schon als solche unangemessen.[218] Das belegt § 79a Abs. 1.[219] Gerade wenn der ausübende Künstler einen untergeordneten Beitrag zur gesamten Darbietung leistet, dürfte das Interesse des Verwerters an einer **Pauschalvergütung** überwiegen.[220] Dies setzt jedoch voraus, dass die Pauschalvergütung – bei objektiver Betrachtung zum Zeitpunkt des Vertragsschlusses – eine angemessene (und daher **redliche**) Beteiligung am voraussichtlichen Gesamtertrag der Nutzung gewährleistet.[221] Insbe-

---

[202] BT-Drs. 14/6433, 14 f.; BT-Drs. 14/8058, 18; BGH GRUR 2009, 1148 Rn. 23 – Talking to Edison mwN (zum Urheber).
[203] BGH GRUR 2009, 1148 Rn. 23 – Talking to Edison (zum Urheber).
[204] Vgl. BGH GRUR 2009, 1148 Rn. 26 – Talking to Edison (zu Übersetzerverträgen).
[205] Kritisch *Schäfer* FS Chr. Kirchner, 2014, 229 (242 f.).
[206] BT-Drs. 14/8058, 18.
[207] *Weiß,* Künstlerexklusivvertrag, 2009, S. 414.
[208] Vgl. BGH GRUR 2002, 602 (604) – Musikfragmente; s. auch OLG Karlsruhe ZUM 2003, 785 (786): übliche, aber sittenwidrige Klauseln sind unmaßgeblich.
[209] Vertiefend *Ingendaay,* Künstlerverträge, 2008, S. 70 ff.; *Datta,* Die angemessene Vergütung des Urhebers, 2018, S. 269 ff.
[210] *Ingendaay,* Künstlerverträge, 2008, S. 72.
[211] *Ingendaay,* Künstlerverträge, 2008, S. 71.
[212] *Weiß,* Künstlerexklusivvertrag, 2009, S. 353 ff.
[213] *Weiß,* Künstlerexklusivvertrag, 2009, S. 416.
[214] *Weiß,* Künstlerexklusivvertrag, 2009, S. 363.
[215] *Weiß,* Künstlerexklusivvertrag, 2009, S. 420.
[216] *Weiß,* Künstlerexklusivvertrag, 2009, S. 421 f.
[217] Vgl. *Datta,* Die angemessene Vergütung des Urhebers, 2018, S. 295 ff.
[218] BT-Drs. 14/8058, 18.
[219] Insoweit zutreffend Fromm/Nordemann/*Schaefer* UrhG § 79 Rn. 79a.
[220] *Ingendaay,* Künstlerverträge, 2008, S. 74; Loewenheim/*Rossbach* § 69 Rn. 47 f.
[221] BGH GRUR 2009, 1148 Rn. 24 – Talking to Edison (zum Urheber).

sondere müssen sich vertraglich erlaubte weitergehende Nutzungen in der Höhe der Pauschalvergütung niederschlagen.[222] Die Vergütungsstruktur muss daher sicherstellen, dass dieser Interpret nicht nur für die anfängliche, sondern auch für die weitere Nutzung der Darbietung eine angemessene Vergütung erhält.[223] Das ermöglicht eine **nachträgliche Kontrolle** der Vergütungshöhe. § 32a iVm § 79 Abs. 2a vermag eine unangemessene Anfangsvergütung nicht auszugleichen, da dieser Anspruch nur bei einem – vom Interpreten darzulegenden und nachzuweisenden – auffälligen Missverhältnis zwischen Leistung und Gegenleistung eingreift.[224] Entspricht die vertraglich vereinbarte oder die branchenübliche Vergütung nicht der angemessenen Vergütung, hat der Interpret einen Anspruch auf **Vertragsanpassung** (§ 79 Abs. 2a iVm § 32 Abs. 1 S. 3). Nach der zutreffenden Rechtsprechung „kann mit der Klage auf Einwilligung in die Vertragsänderung die (unbezifferte) Klage auf Zahlung der sich aus der Vertragsänderung ergebenden Nachforderung verbunden werden oder [...] allein Zahlungsklage erhoben werden".[225] Bei der Darbietung einer **Interpretengruppe** gilt § 80 Abs. 1 S. 1.[226] Anspruchsgegner ist nur der **Vertragspartner** des ausübenden Künstlers.[227]

41 Steht die vereinbarte Gegenleistung unter Berücksichtigung aller vertraglichen Beziehungen in einem auffälligen Missverhältnis zu den Erträgen und Vorteilen aus der Nutzung der Darbietung, hat der Interpret einen Anspruch auf eine **weitere angemessene Beteiligung** (§ 79 Abs. 2a iVm § 32a Abs. 1 S. 1). Zur intertemporalen Anwendbarkeit → Rn. 16. Das auffällige Missverhältnis wird von der Rechtsprechung in **vier Schritten** bestimmt:[228] (1.) Zunächst ist die für die Nutzungsrechtseinräumung **vereinbarte Vergütung** zu ermitteln, für die der Interpret beweisbelastet ist.[229] Eine dem Interpreten gewährte Pauschalvergütung bildet dabei insgesamt die Gegenleistung; insbesondere ist sie nicht in eine Teilvergütung für die Arbeitsleistung und eine zu berücksichtigende Teilvergütung für die Einräumung des Nutzungsrechts aufzuteilen.[230] Bei einer Pauschalvergütung für die weltweite Lizenzierung der Verwertung von aufgenommenen Darbietungen, muss der auf Deutschland entfallende Teil bestimmt werden.[231] (2.) Danach sind die mit der **Werknutzung erzielten Erträge und Vorteile** des Dritten zu bestimmen. Maßgeblich dafür sind die Bruttoerlöse des Verwerters.[232] Davon sind im Fall des § 32 Abs. 2 S. 1 die vom Unterlizenznehmer dem Lizenzgeber geschuldete Lizenzgebühr nach umstrittener Auffassung nicht abzuziehen.[233] Lassen sich die Erlöse, wie bei der Verwertung durch öffentliche Rundfunkanstalten, nicht unmittelbar beziffern, stellt die Rechtsprechung nicht darauf ab, was ein Dritter für die Verwertung bezahlt hat oder hätte, sondern wie der Verwerter selbst (uU in seinen Tarifverträgen) die Vorteile für die Werknutzung beziffert.[234] Konsequenterweise muss sich das Gericht dann an diese Maßstäbe halten und darf sie nicht nach Belieben modifizieren.[235] (3.) Im Anschluss daran ist die **Vergütung** zu bestimmen, die *ex post* unter Berücksichtigung der erzielten Erträge und Vorteile gem. § 32 Abs. 2 S. 2 **angemessen** wäre. Zweifelhaft ist, ob man dafür auf die von den Parteien selbst vereinbarten Vergütungssätze abstellen kann.[236] Die vom Interpret ursprünglich erhaltene pauschale Gegenleistung ist bei einem **Buy-Out-Vertrag** nach umstrittener Auffassung nicht nach Zeiträumen aufzuteilen.[237] Daher kann insbesondere bei Altverträgen die vom Verwerter an den Interpreten geleistete Pauschalvergütung bereits am Stichtag (28.3.2002) vollständig verbraucht sein, sodass ab diesem Zeitpunkt der Verwertung der Darbietung eine Vergütung von 0 EUR entgegensteht.[238] Die vom ausübenden Künstler unmittelbare oder mittelbar über den Verwerter an seinen Manager geleisteten Zahlungen werden dabei nicht zu seinen Gunsten von der tatsächlich erhaltenen Vergütung abgezogen.[239] (4.) Schließlich ist zu prüfen, ob die **vereinbarte Vergütung** im Hinblick auf diese angemessene Vergütung in einem **auffälligen Missverhältnis** zu den Erträgen und Vorteilen steht. Ein auffälliges Missverhältnis liegt jedenfalls vor, wenn die vereinbarte

---

[222] BGH GRUR 2012, 1031 Rn. 39 – Honorarbedingingen Freie Journalisten (zum Urheber).
[223] BGH GRUR 2009, 1148 Rn. 25 – Talking to Edison (zum Urheber).
[224] BGH GRUR 2009, 1148 Rn. 26 – Talking to Edison (zum Urheber).
[225] BGH ZUM 2017, 56 Rn. 20 – Geburtstagskarawane; → § 32 Rn. 46.
[226] → § 80 Rn. 17.
[227] → § 32 Rn. 19.
[228] BGH ZUM 2013, 39 Rn. 55 ff. – Fluch der Karibik; OLG München ZUM 2017, 849 (857) – Elvis Presley (jeweils zum Interpreten).
[229] OLG Stuttgart ZUM-RD 2019, 19 (51 f.) – Das Boot (zum Urheber).
[230] BGH ZUM-RD 2012, 192 Rn. 27 – Das Boot; KG ZUM-RD 2016, 510 (512) – Fluch der Karibik II.
[231] OLG München ZUM 2017, 849 (858) – Elvis Presley (bei einem Buy-Out-Vertrag iHv 5,4 Mio. US-Dollar sollen 10 % davon auf Deutschland entfallen).
[232] KG ZUM-RD 2016, 510 (513) – Fluch der Karibik II; OLG München ZUM 2017, 849 (859) – Elvis Presley.
[233] OLG Stuttgart ZUM-RD 2019, 19 (61) – Das Boot; aA OLG München ZUM-RD 2018, 208 (231) – Das Boot (jeweils zum Urheber); OLG München ZUM 2017, 849 (857 f.) – Elvis Presley (zum Interpreten).
[234] OLG Stuttgart ZUM-RD 2019, 19 (52 ff.) – Das Boot im Anschluss an OLG München ZUM-RD 2018, 208 – Das Boot III (jeweils zum Urheber).
[235] Zutreffend OLG Stuttgart ZUM-RD 2019, 19 (59) – Das Boot; aA OLG München ZUM-RD 2018, 208 (229 f.) – Das Boot III (jeweils zum Urheber).
[236] So OLG München ZUM 2017, 849 (859) – Elvis Presley.
[237] OLG Stuttgart ZUM-RD 2019, 19 (62) – Das Boot; KG ZUM-RD 2016, 510 – Fluch der Karibik II; aA OLG München ZUM-RD 2018, 208 (221) – Das Boot; OLG München ZUM 2017, 849 (858) – Elvis Presley.
[238] Dreier/Schulze/*Schulze* UrhG § 32 Rn. 38; aA OLG München ZUM 2017, 849 (858) – Elvis Presley.
[239] OLG München ZUM 2017, 849 (858) – Elvis Presley.

Vergütung nur die Hälfte der angemessenen Vergütung beträgt; im Einzelfall können bereits geringere Abweichungen ein auffälliges Missverhältnis begründen.[240] Der Anspruch setzt nicht voraus, dass die Leistung des ausübenden Künstlers ursächlich für die Erträge und Vorteile ist, die aus der Nutzung des Werkes gezogen werden.[241] Eine **Umsatzbeteiligung** ist jedenfalls bei herausgehobenen Interpreten das beste Instrument, der Pflicht aus § 32a iVm § 79 Abs. 2a gerecht zu werden. Allerdings schließt auch diese die Anwendung des § 32a nicht grundsätzlich aus.[242] Für Interpreten sind Buy-Out-Verträge problematisch, auch wenn sie branchenüblich sind.[243] Nur bei gänzlich untergeordneten (marginalen) Leistungen, die üblicherweise durch ein Pauschalhonorar abgegolten werden, ist ein auffälliges Missverhältnis von vornherein ausgeschlossen.[244] Das ist bei einer Synchronisationsleistung für den Hauptdarsteller eines Films nicht der Fall.[245] Auch bei einer prozentualen Umsatzbeteiligung kann ein auffälliges Missverhältnis vorliegen.[246] Der Anspruch aus § 32a Abs. 1 S. 1 kann auch gegen den **Zweiterwerber** des Nutzungsrechts geltend gemacht werden (§ 79 Abs. 2a iVm § 32a Abs. 2). Das ist im Interpretenrecht vor allem bei Bandübernahmeverträgen praxisrelevant.[247] Für den Fall, dass der Interpret sein Verwertungsrecht gem. § 79 Abs. 1 S. 1 übertragen und der Zessionar es an einen Dritten weiterübertragen hat, ist § 32 Abs. 2 analog anzuwenden. Zum Verhältnis des Vertragsanpassungsanspruchs zum Vergütungsanspruch aufgrund der Schutzdauerverlängerung → § 137c Rn. 9.

Bestehen **tarifvertragliche** Vergütungsansprüche, sind Ansprüche aus §§ 32 Abs. 1 S. 3, 32a **42** Abs. 1 S. 1, Abs. 2 S. 1 ausgeschlossen (§ 79 Abs. 2a iVm § 32 Abs. 4 und § 32a Abs. 4). Dem kommt im Interpretenrecht erhebliche praktische Bedeutung zu, weil es zahlreiche Tarifverträge für die ausübenden Künstler gibt. Zu nennen sind der Normalvertrag Bühne (NV Bühne), der Tarifvertrag für Kulturorchester (TVK) und die Tarifverträge von Rundfunkanstalten (→ Rn. 135). Die **Regelungen zu den Gemeinsamen Vergütungsregeln** (§ 36), der Rolle von Schlichtungsstellen (§ 36a), der Verbandsklagebefugnis (§ 36b) und den Rechten des Einzelnen bei Verstößen des Vertragspartners gegen GVR (§ 36c) gelten wegen § 79 Abs. 2a auch im Interpretenrecht.

Nach § 79 Abs. 2a iVm § 32d haben die Interpreten einen unabdingbaren **Auskunfts- und Re- 43 chenschaftsanspruch.** Der Anspruch besteht nicht, wenn der Interpret einen lediglich nachrangigen Beitrag erbracht hat, § 32d Abs. 2 Nr. 1 iVm § 79 Abs. 2a. Das trifft im Interpretenrecht auf Leistungen von Komparsen in Filmproduktionen oder von nicht individualisierbaren Studiomusikern zu.[248] Der Informationsanspruch besteht gem. § 79 Abs. 2a iVm § 32e auch in der Weiterübertragungs- bzw. **Lizenzkette.** Das wird für Bandübernahmeverträge praktisch relevant.[249] Die Vergütungsregelungen sind **(international) zwingendes** Recht (§ 79 Abs. 2a iVm §§ 32 Abs. 3, 32a Abs. 2 S. 1, 32b). Zur Frage, ob ausländische Interpreten die Ansprüche aus den §§ 32 ff. geltend machen können, ohne dass die Voraussetzungen des § 125 vorliegen, → § 32b Rn. 26.[250]

4. Sukzessionsschutz (§ 33) und Verfügungen über Nutzungsrechte (§§ 33–35)

§ 79 Abs. 2a iVm § 33 gewährt dem Inhaber eines eingeräumten ausschließlichen oder einfachen **43a** **Nutzungsrechts** einen **Bestandsschutz** gegenüber einer nachfolgenden Nutzungsrechtseinräumung bzw. gegenüber einer nachfolgenden Rechtsübertragung. § 33 ist nicht nur im Verhältnis von Interpret und Ersterwerber anwendbar, sondern ist auch auf Rechtsübertragungen auf nachfolgenden Stufen anwendbar.[251] Dieser Sukzessionsschutz des Erwerbers eines Nutzungsrechts ist im Interpretenrecht in **drei Konstellationen praktisch** wichtig:[252] (1.) Auf ein zunächst eingeräumtes einfaches Nutzungsrecht folgt ein ausschließliches Nutzungsrecht (an derselben Nutzungsart): Die spätere Nutzungsrechtseinräumung ist zwar wirksam, aber das ausschließliche Nutzungsrecht bleibt mit dem früher erteilten einfachen Nutzungsrecht belastet („beschränkte Exklusivität"[253]). (2.) Auf das eingeräumte ausschließliche Nutzungsrecht folgt ein weiteres ausschließliches Nutzungsrecht (an derselben Nutzungsart): Das zweite Nutzungsrecht ist unwirksam, weil der Interpret mit der Ersteinräumung seine Verfügungsbefugnis darüber verbraucht hat.[254] § 33 hat hier lediglich klarstellende Bedeutung. (3.) Nachdem der Interpret ein (einfaches oder ausschließliches) Nutzungsrecht eingeräumt hat, über-

---

[240] OLG München ZUM 2017, 849 (857) – Elvis Presley; KG ZUM-RD 2016, 510 (512) – Fluch der Karibik II.
[241] BGH GRUR 2012, 1248 Rn. 42 – Fluch der Karibik.
[242] Verkannt von Fromm/Nordemann/*Schaefer* UrhG § 79 Rn. 81.
[243] KG ZUM-RD 2016, 510 (514) – Fluch der Karibik II.
[244] BGH GRUR 2012, 1248 Rn. 42 – Fluch der Karibik; BT-Drs. 14/8058, 19; *Ingendaay,* Künstlerverträge, 2008, S. 79.
[245] BGH GRUR 2012, 1248 Rn. 44 – Fluch der Karibik; KG ZUM-RD 2016, 510 (512) – Fluch der Karibik II; vertiefend *Wandtke/Leinemann* ZUM 2011, 746.
[246] AA Fromm/Nordemann/*Schaefer* UrhG § 79 Rn. 81.
[247] Fromm/Nordemann/*Schaefer* UrhG § 79 Rn. 82.
[248] Tendentiell strenger wohl Fromm/Nordemann/*Schaefer* UrhG § 79 Rn. 82a.
[249] Fromm/Nordemann/*Schaefer* UrhG § 79 Rn. 82b.
[250] Verneinend *Hilty/Peukert* GRUR-Int 2002, 643 (652); *Ingendaay,* Künstlerverträge, 2008, S. 56.
[251] → § 33 Rn. 13.
[252] → § 33 Rn. 9 ff.
[253] Dreier/Schulze/*Schulze* UrhG § 33 Rn. 6.
[254] → § 33 Rn. 11.

trägt er das Nutzungsrecht iSv § 79 Abs. 1 S. 1: Nach hier vertretener Auffassung liegt darin ohnehin eine umfassende Einräumung von ausschließlichen Nutzungsrechten (→ Rn. 17), sodass es sich um einen Fall von (1.) oder (2.) handelt. Folgt man dem nicht, liegt hier ein Inhaberwechsel von § 33 S. 2 vor. Der Erwerber muss die vom Rechtsvorgänger erteilten Nutzungsrechte gegen sich gelten lassen. **Zweifelhaft** ist, ob und wie sich § 33 auf **Rechtsübertragungen** auswirkt. Folgt man der hier vertretenen Auffassung, liegt darin in der Sache die Einräumung eines umfassenden ausschließlichen Nutzungsrechts (→ Rn. 17), sodass es sich um einen Anwendungsfall von (2.) handelt. Folgt man ihr nicht, führt die Rechtsübertragung zum Verlust der Verfügungsbefugnis des Zedenten. Der Zweitzessionar oder der nachfolgende Aspirant auf ein Nutzungsrecht erwirbt nichts. Beide Ansätze kommen also zum gleichen Ergebnis.

44 Der Inhaber eines Nutzungsrechts an der Darbietung kann dieses Recht nur mit **Zustimmung** des Interpreten vollständig auf einen Dritten **weiter übertragen** (§ 79 Abs. 2a iVm § 34 Abs. 1 S. 1). Will der Nutzungsrechtsinhaber Dritten einfache oder ausschließliche Nutzungsrechte auf zweiter oder weiterer Stufe („Enkelrechte") **einräumen**, bedarf es ebenfalls der Zustimmung des Interpreten (§ 79 Abs. 2a iVm § 35 Abs. 1 S. 1). Hat der Interpret dem Verwerter das Recht gem. § 79 Abs. 1 S. 1 übertragen, bedarf eine Weiterübertragung oder eine erstmalige Einräumung eines Nutzungsrechts an einen Dritten wegen § 79 Abs. 2a ebenfalls der Zustimmung des Interpreten.[255]

45 § 34 erfasst die Übertragung des Nutzungsrechts, § 35 die Einräumung von Nutzungsrechten daran. In beiden Fällen handelt es sich dogmatisch um die Übertragung einer Rechtsposition.[256] Eine **translative Übertragung** (§ 34) liegt vor, wenn der Inhaber (Ersterwerber) das gesamte Nutzungsrecht rückhaltlos auf den Zweiterwerber überträgt. § 398 BGB gilt entsprechend (§ 413 BGB). Die Rechtszuständigkeit des Ersterwerbers endet und sämtliche aus dem Recht fließenden Befugnisse können nur mehr vom Zweiterwerber geltend gemacht werden.[257] Anders wirkt die **konstitutive oder „gebundene" Übertragung** von Nutzungsrechten,[258] die von §§ 31 Abs. 3 und 35 Abs. 1 S. 1 als „Einräumung weiterer Nutzungsrechte" bezeichnet wird.[259] Hier bleibt der Hauptlizenznehmer Inhaber des ausschließlichen Nutzungsrechts. § 398 BGB gilt nicht, weil aus dem UrhG ergibt, dass der Unterlizenznehmer gerade nicht an die Stelle des Hauptlizenznehmers treten soll (§ 413 BGB). Dieser überträgt dem Unterlizenznehmer lediglich das Recht, die Darbietung auf eine bisher ausschließlich ihm vorbehaltene Nutzungsart zu nutzen. Handelt es sich um ein einfaches Nutzungsrecht, bleibt der Hauptlizenznehmer zur Nutzung neben dem Unterlizenznehmer berechtigt (§ 31 Abs. 2 iVm § 79 Abs. 2a). Räumt der Hauptlizenznehmer dem Unterlizenznehmer dagegen ein ausschließliches Nutzungsrecht ein, ist nur mehr der Unterlizenznehmer zur Nutzung auf die erlaubte Art berechtigt (§ 31 Abs. 3 S. 1 iVm § 79 Abs. 2a). Bestehen **Zweifel,** ob eine Übertragung oder Unterlizenzierung erfolgt ist, ist danach abzugrenzen, ob die Parteien wollten, dass sich der Ersterwerber seiner Nutzungsberechtigung vollständig entäußern kann oder ob er bestimmte Befugnisse zurückhalten wollte.[260] Zum Schicksal der „Enkelrechte" beim Wegfall des Hauptlizenzvertrags („Mutterrechts") → § 31 Rn. 20 ff.

46 Die Zustimmung ist **Wirksamkeitsvoraussetzung** der (Zweit-)Verfügung zwischen Rechtsinhaber und Zweiterwerber.[261] Die Zustimmung ist eine einseitige Willenserklärung, die sowohl dem Ersterwerber als auch dem Zweiterwerber gegenüber abgegeben werden kann (§ 182 Abs. 1 BGB). Sie kann als Einwilligung bis zur Vornahme der Übertragung (§ 183 BGB) oder als Genehmigung nachträglich (§ 184 Abs. 1 BGB) erteilt werden. Die Zustimmung kann ausdrücklich oder aufgrund schlüssigen Verhaltens des Interpreten erteilt werden. Er kann die Einwilligung zur Weiterübertragung bereits **im Übertragungs- bzw. Nutzungsvertrag erteilen** (§ 79 Abs. 2a iVm § 34 Abs. 5 S. 2, 35 Abs. 2). Zweifelhaft ist, ob eine in **AGB** erteilte und pauschal jede Weiterübertragung erfassende Einwilligung einer Inhaltskontrolle standhält.[262] Ohne erfolgte Zustimmung ist eine Weiterübertragung unmöglich.[263] Hat der Urheber eingewilligt, ist die Übertragung sofort wirksam. Ansonsten ist das Verfügungsgeschäft **schwebend unwirksam.** Ist die Übertragung unwirksam, haftet der Zessionar neben dem Zedenten gesamtschuldnerisch für die sich aus dem Lizenzvertrag mit dem ausübenden Künstler ergebenden Verpflichtungen des Zedenten, es sei denn, der Interpret hat der Übertragung im konkreten Einzelfall ausdrücklich zugestimmt (§ 34 Abs. 4 iVm § 79 Abs. 2 S. 2). Will der Zweiterwerber in den Fällen das Nutzungsrecht wirksam erwerben und den gesetzlichen Schuldbeitritt vermeiden, muss er den Interpreten, der seine pauschale Einwilligung im formularmäßigen Ver-

---

[255] Unhaltbar Fromm/Nordemann/*Schaefer* UrhG § 79 Rn. 85.
[256] *Ohly,* Volenti non fit iniura, 2002, S. 147 ff.; *Grünberger,* Das Interpretenrecht, 2006, S. 257 f.
[257] *Ohly,* Volenti non fit iniura, 2002, S. 147.
[258] *v. Thur,* Der Allgemeine Teil des Deutschen Bürgerlichen Rechts, Bd. II/1, 1914, S. 62; *Forkel,* Gebundene Rechtsübertragungen, 1977, S. 44 ff.
[259] Vgl. OLG München ZUM 1995, 890 (891).
[260] *Pahlow,* Lizenz und Lizenzvertrag im Recht des Geistigen Eigentums, 2006, S. 450.
[261] LG München I ZUM 2007, 409 (413 f.); 2003, 73 (76) – Pumuckl.
[262] Zur umstrittenen Frage der Einwilligungserklärung in AGB → § 34 Rn. 28; bejahend OLG Rostock ZUM 2012, 706 (711); OLG Hamburg GRUR-RR 2011, 293 (300) – Buy-out mit Pauschalabgeltung; *Weiß,* Künstlerexlusivvertrag, 2009, S. 226 ff.; verneinend OLG Zweibrücken ZUM 2001, 346 (347); *Grünberger,* Das Interpretenrecht, 2006, S. 171 ff.
[263] BGH GRUR 1987, 37 (39) – Videolizenzvertrag.

wertungsvertrag gegeben hat, in die Vertragsverhandlungen einbeziehen. Eine **pauschale,** vorab erteilte Einwilligung erfüllt nicht die Voraussetzungen des § 34 Abs. 4.[264] Auf die Haftung des Erwerbers kann der Interpret im Voraus nicht verzichten (§ 34 Abs. 5 S. 1 iVm § 79 Abs. 2a).

Der Interpret darf die Zustimmung **nicht treuwidrig verweigern** (§ 79 Abs. 2a iVm §§ 34 **47** Abs. 2 S. 2, 35 Abs. 2).[265] Ausgangspunkt der Prüfung ist das in § 34 Abs. 1 S. 1 iVm § 79 Abs. 2a verankerte Prinzip, dass der ausübende Künstler aufgrund persönlichkeitsrechtlicher oder wirtschaftlicher Gründe der Übertragung gerade **nicht zustimmen muss.** Andererseits darf er seine Rechtsposition nicht dazu missbrauchen, eine Übertragung, die seine Interessen nicht oder nur marginal behindert, zu verhindern.[266] Der Interpret muss nicht schon dann zustimmen, wenn eine umfassende Abwägung seiner Interessen mit denen des Erstinhabers ergibt, dass die schutzwürdigen Interessen des Erstinhabers deutlich überwiegen.[267] Die **Interessen des Ersterwerbers** an der Übertragung müssen so **schwerwiegend** sein, dass ihm eine Blockierung der Verwertung nicht zugemutet werden kann.[268] Das ist nicht der Fall, wenn der Tonträgerhersteller sein Tonträgerherstellerrecht an einen Dritten überträgt.[269] Dass die fehlende Zustimmung des Interpreten eine Blockade der Verwertung auslösen kann, ist die Folge des gesetzlich vorgesehenen leistungsschutzrechtlichen Abstraktionsprinzips.[270] Für den Regelfall besteht daher kein Grund, diesen Nutzungskonflikt zu Lasten des Interpreten und nicht zu Lasten des Tonträgerherstellers aufzulösen. Der Konflikt lässt sich auch nicht über § 34 Abs. 2 lösen, weil diese Regelung im Interpretenvertragsrecht nicht entsprechend anwendbar ist und Tonträger-Compilations nicht mit einem Sammelwerk vergleichbar sind.[271]

Bei Darbietungen, die in **Filmwerken** erbracht oder eingebracht werden, erlöschen die Zustim- **48** mungsrechte mit Beginn der Dreharbeiten (§ 92 Abs. 3 iVm § 90). Bei **gemeinsamen Darbietungen** muss der Vertreter der Interpretengruppe zustimmen (§ 80 Abs. 2). Der Zustimmung des Interpreten bedarf es nicht, wenn das Nutzungsrecht im Rahmen einer **Unternehmensveräußerung** übertragen wird (§ 79 Abs. 2a iVm § 34 Abs. 3 S. 1).[272] Das gilt nur für den rechtsgeschäftlich veranlassten Inhaberwechsel am Unternehmen („asset deal"), weil es beim Beteiligungskauf („share deal") nicht zu einem Wechsel des Unternehmensträgers und damit zu keiner Übertragung von Rechten kommt.[273] § 79 Abs. 2a iVm § 34 Abs. 3 S. 1 sind auf den Anteilskauf weder direkt noch analog anzuwenden.[274] Der Erwerber des Nutzungsrechts haftet zusammen mit dem Veräußerer gesamtschuldnerisch, es sei denn der Interpret hat der konkreten Übertragung im Einzelfall ausdrücklich zugestimmt (§ 79 Abs. 2a iVm §§ 34 Abs. 4, 35 Abs. 2).[275]

5. Auslegungsregeln (§§ 37, 38)

Obwohl § 79 Abs. 2a auf den ganzen § 37 verweist, ist im Interpretenrecht nur § 37 Abs. 1 von **49** praktischer Relevanz.[276] § 37 Abs. 2 und Abs. 3 sind hinfällig, weil sich schon das jeweilige Regelungsproblem nicht stellt.[277] § 37 Abs. 1 Var. 1 scheidet aus, weil das Gesetz kein Veröffentlichungsrecht des Interpreten kennt.[278] Anders ist beim **„Bearbeitungsrecht"** zu entscheiden, das in der Sache aus einer Kombination von § 75 und § 77 Abs. 2 S. 1 gewährleistet ist.[279] Im Zweifel kann der Interpret deshalb dem Inhaber der Vervielfältigungsrechte an der festgelegten Darbietung (§ 77 Abs. 2 S. 1 Var. 1) die Verwertung einer „Bearbeitung" derselben verbieten (§ 79 Abs. 2a iVm § 37 Abs. 1 Var. 2).[280] Wegen des „leistungsschutzrechtlichen Abstraktionsprinzips"[281] kann der Interpret seinerseits die „bearbeitete" Darbietung nicht ohne Zustimmung des Tonträgerherstellers verwerten.[282]

---

[264] BT-Drs. 16/6433, 16.

[265] → § 34 Rn. 26 ff.

[266] Vgl. BT-Drs. IV/270, 57.

[267] → § 34 Rn. 32.

[268] LG München I ZUM 2003, 73 (76).

[269] AA Fromm/Nordemann/*Schaefer* UrhG § 79 Rn. 85.

[270] → Vor §§ 73 ff. Rn. 77.

[271] *Dünnwald/Gerlach* UrhG § 79 Rn. 17; *Kruse,* Die rechtliche Differenzierung zwischen Urhebern und ausübenden Künstlern, 2013, S. 109; aA Fromm/Nordemann/*Schaefer* UrhG § 79 Rn. 85.

[272] Vertiefend *Grünberger,* Das Interpretenrecht, 2006, S. 181 ff., 643 ff.

[273] *Grünberger,* Das Interpretenrecht, 2006, S. 184 ff.; *Berger* FS Schricker, 2005, 223 (228).

[274] *Berger* FS Schricker, 2005, 223 (228); *Grünberger,* Das Interpretenrecht, 2006, S. 184 ff.; *Royla/Cramer* CR 2005, 153 (156 f.); *v. Pfeil,* Urheberrecht und Unternehmenskauf, 2007, S. 56 ff.; aA *Joppich* K & R 2003, 211 (212 f.); *Koch-Sembdner,* Rückrufsrecht des Urhebers, 2004, S. 41 ff.

[275] → § 34 Rn. 49.

[276] *Grünberger,* Das Interpretenrecht, 2006, S. 274 ff.; zustimmend Wandtke/Bullinger/*Büscher* § 79 Rn. 19; gänzlich ablehnend Fromm/Nordemann/*Schaefer* UrhG § 79 Rn. 59; *Dünnwald/Gerlach* UrhG § 79 Rn. 20.

[277] *Grünberger,* Das Interpretenrecht, 2006, S. 277 f.; insoweit zutreffend *Dünnwald/Gerlach* UrhG § 79 Rn. 20; mit guten Gründen anders bei § 37 Abs. 3 BeckOK UrhR/*Stang* UrhG § 79 Rn. 27.

[278] *Grünberger,* Das Interpretenrecht, 2006, S. 77 f.

[279] → § 77 Rn. 42 f.

[280] AA KG GRUR-RR 2004, 129 (131) – Modernisierung einer Liedaufnahme (zum alten Recht); vertiefend *Grünberger,* Das Interpretenrecht, 2006, S. 274 ff.; *Kruse,* Die rechtliche Differenzierung zwischen Urhebern und ausübenden Künstlern, 2013, S. 111 f.

[281] → Vor §§ 73 ff. Rn. 77.

[282] Näher *Grünberger,* Das Interpetenrecht, 2006, S. 275 ff.

Damit zwingt das Recht die Parteien, die **gegenseitige Blockade** vertragsrechtlich aufzulösen. Praktisch relevante Anwendungsfälle des § 38 sind im Interpretenrecht nicht ersichtlich.[283]

6. Persönlichkeitsrechtsrelevante Änderungsvereinbarungen (§ 39)

50   § 79 Abs. 2 S. 2 iVm § 39 ist ein wesentlicher **Baustein** im System des leistungsschutzrechtlichen **Integritätsschutzes.**[284] Der Verweis stellt auch klar, dass der ausübende Künstler grundsätzlich über sein Namensnennungsrecht aus § 74 Abs. 1 S. 2 rechtsgeschäftlich disponieren kann.[285]

7. Verträge über künftige Darbietungen (§ 40)

51   Ein Vertrag, mit dem sich der Interpret zur Übertragung des Verwertungsrechts (§ 79 Abs. 1 S. 1)[286] oder zur Einräumung von Nutzungsrechten (§ 79 Abs. 2) an **künftigen Darbietungen** verpflichtet, die überhaupt nicht oder nur der Gattung nach bestimmt sind, bedarf der **schriftlichen** Form und kann von beiden Vertragsteilen fünf Jahre nach Vertragsabschluss gekündigt werden (§ 79 Abs. 2a iVm § 40 Abs. 1). § 40 erfasst nur **Verpflichtungsverträge,** wobei es genügt, wenn die Verpflichtung zeitgleich mit der Einräumung von Nutzungsrechten an einer zukünftigen Darbietung erfolgt.[287] Die Norm ist auch auf den verpflichtenden Teil von Wahrnehmungsverträgen mit Verwertungsgesellschaften anwendbar.[288] § 40 greift aber nicht ein, wenn der Darbietungsgegenstand nach Titel oder Beschreibung so genau bezeichnet wurde, dass die Rechtsübertragung hinreichend individualisiert ist.[289] Das gilt nicht, wenn nur eine zukünftige, aber nicht näher individualisierte Darbietung Vertragsgegenstand ist.[290] Nicht nur der Hauptvertrag, sondern auch vertragliche **Vorstufen** dazu (Vorvertrag, Optionsrecht und qualifizierte Vorrechtsverträge) fallen unter § 40. Das Optionsrecht unterscheidet sich vom Vorvertrag dadurch, dass es die vertraglichen Verpflichtungen des Hauptvertrags unmittelbar durch einseitigen Gestaltungsakt begründet, während jener lediglich einen Anspruch auf Abschluss des Hauptvertrags gewährt.[291] Nicht von § 40 erfasst sind einfache Vorrechtsverträge (Vorhand, Optionsverträge iwS einfache Optionsklauseln).[292] In diesen Fällen verpflichtet sich der Vorrechtsgeber lediglich dazu, einen bestimmten Gegenstand für den Fall, dass er ihn veräußern möchte, zunächst dem Vorberechtigten anzubieten.[293] In Künstlerverträgen wird häufig eine **Optionsabrede** getroffen.[294] Die Unwirksamkeit solcher Optionsvereinbarungen kann sich bei **Sittenwidrigkeit** auch aus § 138 Abs. 1 BGB ergeben.[295] Jedenfalls bedürfen solche Verträge idR der Schriftform (§ 126 BGB). Das folgt aus § 79 Abs. 2a iVm § 40 Abs. 1 S. 1.[296] § 40 gilt auch für Verträge, die den Interpreten verpflichten, innerhalb eines Zeitraums für Tonträgeraufnahmen zur Verfügung zu stehen (**Künstlerexklusivvertrag,** → Rn. 83 f.).[297]

52   Ist die nach §§ 126, 126a BGB erforderliche Form nicht eingehalten, ist der Vertrag **nichtig,** § 125 S. 1 BGB. Nach dem Rechtsgedanken des § 40 Abs. 3, der nach seinem Wortlaut nur für die Kündigung gilt, ist beim nichtigen Verpflichtungsgeschäft zu **differenzieren:** Wurde die Darbietung noch nicht festgelegt, gilt das Abstraktionsprinzip nicht und die entsprechende Rechtsübertragung ist ebenfalls *ex tunc* unwirksam. Wurde sie festgelegt, ist § 125 S. 1 BGB teleologisch zu reduzieren: Der Verpflichtungsvertrag bleibt bezüglich der Gegenleistungspflichten des Verwerters bestehen, dieser kann wegen des insoweit geltenden Abstraktionsprinzips die Leistung verwerten.[298]

53   Beide Parteien können den Vertrag nach Ablauf von fünf Jahren (Wartefrist), beginnend mit dem tatsächlichen Beginn der vertraglichen Bindung,[299] **kündigen** (§ 79 Abs. 2a iVm § 40 Abs. 1 S. 2). Andere vertragliche oder gesetzliche (§§ 314, 624, 627 BGB)[300] Kündigungsmöglichkeiten bleiben unberührt (§ 79 Abs. 2a iVm § 40 Abs. 2 S. 2). Die Kündigungsfrist beträgt sechs Monate und kann

---

[283] *Grünberger,* Das Interpretenrecht, 2006, S. 278; Loewenheim/*Vogel* § 38 Rn. 32; Wandtke/Bullinger/*Büscher* UrhG § 79 Rn. 20; Fromm/Nordemann/*Schaefer* UrhG § 79 Rn. 60; aA *Dünnwald/Gerlach* UrhG § 79 Rn. 22; *Kruse,* Die rechtliche Differenzierung zwischen Urhebern und ausübenden Künstlern, 2013, S. 113 ff.
[284] → § 75 Rn. 16.
[285] Wandtke/Bullinger/*Büscher* UrhG § 79 Rn. 21; → § 74 Rn. 19 f.
[286] *Ingendaay,* Künstlerverträge, 2008, S. 202.
[287] *Grünberger,* Das Interpretenrecht, 2006, S. 280 f.; → § 40 Rn. 12.
[288] *Dünnwald/Gerlach* UrhG § 79 Rn. 24.
[289] *Grünberger,* Das Interpretenrecht, 2006, S. 281; → § 40 Rn. 21 ff.
[290] *Grünberger,* Das Interpretenrecht, 2006, S. 281.
[291] Vgl. *Braunecke/Brauner* ZUM 2006, 513 (520).
[292] Zu den Begriffen: *Bock,* Option im Musik- und Buchverlag, 2002, S. 86; *Brandi-Dohrn,* Der urheberrechtliche Optionsvertrag, 1966, S. 71; *Braunecke/Brauner* ZUM 2006, 513 (516).
[293] BGHZ 102, 384 (388) = NJW 1988, 1261; BGHZ 9, 237 – Gaunerroman; BGH GRUR 1957, 387 – Clemens Laar; *Brauneck/Brauner* ZUM 2006, 513 (516 ff.).
[294] *Grünberger,* Das Interpretenrecht, 2006, S. 279; *Ingendaay,* Künstlerverträge, 2008, S. 190 f., 202 f. mwN.
[295] BGH GRUR 2009, 1052 Rn. 15 ff. – Seeing is Believing; OLG Karlsruhe ZUM 2003, 785; BVerfG GRUR 2005, 880 – Xavier Naidoo; vertiefend *Ingendaay,* Künstlerverträge, 2008, S. 92 ff.
[296] *Grünberger,* Das Interpretenrecht, 2006, S. 281; Wandtke/Bullinger/*Büscher* UrhG § 79 Rn. 22; Fromm/Nordemann/*Schaefer* § 79 Rn. 92.
[297] *Grünberger,* Das Interpretenrecht, 2006, S. 280; Wandtke/Bullinger/*Büscher* UrhG § 79 Rn. 22.
[298] *Grünberger,* Das Interpretenrecht, 2006, S. 283 f.
[299] *Grünberger,* Das Interpretenrecht, 2006, S. 282.
[300] Dazu vertiefend *Ingendaay,* Künstlerverträge, 2008, S. 203 ff.

nicht verlängert, sondern nur zugunsten des Interpreten verkürzt werden, § 79 Abs. 2a iVm § 40 Abs. 1 S. 3. Das Kündigungsrecht ist unverzichtbar, § 40 Abs. 2 S. 1 iVm § 79 Abs. 2a. Nach erfolgter Kündigung muss der Interpret einen erhaltenen **Vorschuss** nur zurückzahlen, wenn die Rückzahlung vertraglich vereinbart war oder § 812 Abs. 1 S. 2 Var. 1 BGB vorliegt, wobei dann im Regelfall § 818 Abs. 3 BGB eingreift.[301] Die Haftungsverschärfung gem. § 819 Abs. 1 BGB tritt erst mit Abgabe der Kündigungserklärung ein. Konkludent vereinbart ist eine Rückzahlungspflicht, wenn im Vertrag vereinbart war, dass der Vorschuss auf die vom Verwerter geschuldete Vergütung für die Einräumung des Nutzungsrechts anzurechnen ist. Eine Pflicht zur Rückgewähr aus § 346 Abs. 1 BGB scheidet aus, weil die Kündigung kein Rückgewährverhältnis begründet. Mit Wirksamkeit der Kündigung fallen bei einer Rechtsübertragung iSv § 79 Abs. 1 S. 1 die Ausschließlichkeitsrechte und bei einer Rechtseinräumung iSv § 79 Abs. 2 die **Nutzungsrechte** an der noch nicht festgelegten Darbietung an den ausübenden Künstler **zurück** (§ 79 Abs. 2a iVm § 40 Abs. 3).[302] Wurde die Darbietung bereits festgelegt, bleibt die Vorausverfügung wirksam.[303] Die Kündigung des Verpflichtungsvertrages hat keine Auswirkungen auf die Nutzungsrechtseinräumung an bereits festgelegten Darbietungen. Allerdings schuldet der Verwerter die vertraglich vereinbarte Gegenleistung.[304] § 79 Abs. 2a iVm § 40 gilt auch für vor dem 13.9.2003[305] geschlossene Altverträge (§ 132 Abs. 1 S. 3 und § 132 Abs. 2 analog).[306] Die Wartezeit (§ 40 Abs. 1 S. 2 iVm § 79 Abs. 2a) begann in diesen Konstelletation am 13.9.2003.

8. Rückrufsrechte (§§ 34 Abs. 3 S. 2, 41, 42)

a) Tatbestandsvoraussetzungen. aa) Rückrufsrecht bei Unternehmensverkäufen (§ 34 Abs. 3). Werden im Rahmen einer Unternehmensveräußerung Nutzungsrechte übertragen (§ 34 Abs. 3 S. 1 iVm § 79 Abs. 2a), kann der Interpret das Nutzungsrecht als Ausgleich für die fehlende Zustimmungspflicht zurückrufen, wenn ihm dessen Ausübung durch den Erwerber nicht zuzumuten ist (§ 79 Abs. 2a iVm § 34 Abs. 3 S. 2).[307] Erfasst ist nur der durch Rechtsgeschäft veranlasste Inhaberwechsel *(asset deal);* der Beteiligungskauf *(share deal)* löst kein Rückrufsrecht aus.[308] Die weitere Ausübung ist dem Interpreten unzumutbar, wenn er seine Entscheidung mit **sachlichen** (persönlichkeitsrechtlichen und/oder wirtschaftlichen) **Gründen,** insbesondere mangelndem Vertrauen in den Erwerber, stützen kann und diesen keine schwerwiegenden Nutzerinteressen entgegenstehen.[309] Der Rückruf tritt als zusätzlicher Rechtsbehelf neben eine weiterhin mögliche Kündigung des Lizenzvertrags aus wichtigem Grund (§ 314 BGB).[310] Der Rückruf ist gegenüber dem **gegenwärtigen Inhaber** des Nutzungsrechts – dem Erwerber des Unternehmens – zu erklären.[311] Es gibt **keine Ausübungsfrist;**[312] weder § 613a Abs. 4 BGB[313] noch § 314 Abs. 3 BGB[314] sind entsprechend anwendbar. Eine vertragliche Ausübungsbeschränkung fällt als Verpflichtungsgeschäft zwar nicht unmittelbar in den Anwendungsbereich des § 34 Abs. 5 S. 1 iVm § 79 Abs. 2a, ist aber als Umgehungsmaßnahme ebenfalls daran zu messen.[315] Ein Rückrufsrecht besteht auch ohne Wechsel des Unternehmensträgers, wenn sich die **Beteiligungsverhältnisse** der Gesellschafter am Unternehmensträger wesentlich[316] ändern (§ 79 Abs. 2a iVm § 34 Abs. 3 S. 3).[317]

bb) Rückrufsrecht wegen Nichtausübung (§ 41). Der Interpret kann das iSv § 79 Abs. 1 S. 1 übertragene Ausschließlichkeitsrecht und die gem. § 79 Abs. 2 eingeräumten ausschließlichen Nutzungsrechte (§ 79 Abs. 2a iVm § 31 Abs. 3) zurückrufen, wenn der Inhaber sie nicht oder nur unzureichend ausübt und dadurch berechtigte Interessen des ausübenden Künstlers erheblich verletzt (§ 79 Abs. 2a iVm § 41 Abs. 1 S. 1).[318] Sowohl bei der Übertragung als auch bei einer Nutzungsrechtsein-

54

55

[301] *Grünberger,* Das Interpretenrecht, 2006, S. 282.
[302] *Grünberger,* Das Interpretenrecht, 2006, S. 283.
[303] *Grünberger,* Das Interpretenrecht, 2006, S. 283.
[304] *Grünberger,* Das Interpretenrecht, 2006, S. 283 f.
[305] Art. 6 Abs. 1 Gesetz zur Regelung des Urheberrechts in der Informationsgesellschaft v. 10.9.2003, BGBl. I S. 1774 (ausgegeben am 12.9.2003).
[306] Vertiefend *Grünberger,* Das Interpretenrecht, 2006, S. 291 f.
[307] Ausführlich zu den Tatbestandsvoraussetzungen einer entsprechenden Anwendung: *Grünberger,* Das Interpretenrecht, 2006, S. 181 ff.
[308] Eingehend *Grünberger,* Das Interpretenrecht, 2006, S. 184 ff.
[309] *Grünberger,* Das Interpretenrecht, 2006, S. 190 f. mwN.
[310] *Grünberger,* Das Interpretenrecht, 2006, S. 182 f.; aA *Berger* FS Schricker, 2005, 223 (227).
[311] *Grünberger,* Das Interpretenrecht, 2006, S. 158.
[312] Vgl. die ablehnende Antwort der BReg (BT-Drs. 14/7564, 12) auf die Forderung des Bundesrats, eine Ausübungsfrist einzufügen (BT-Drs. 14/7564, 8); *Grünberger,* Das Interpretenrecht, 2006, S. 191 f.; *Brandenburg,* Rückrufsrechte des Urhebers im Kontext allgemeiner Vertragsbeendigungsgründe, 2014, S. 64 f.; *Joppich* K & R 2003, 211 (214).
[313] AA *Partsch/Reich* AfP 2002, 298 (300 f.); *Partsch/Reich* NJW 2002, 3286 (3287 f.); *Koch-Sembdner,* Rückrufsrecht des Urhebers, 2004, S. 102 f.; *Koch-Sembdner* AfP 2004, 211 (213 f.); *Berger* FS Schricker, 2005, 223 (231).
[314] Wernicke/Kockentiedt ZUM 2004, 348 (354); → § 34 Rn. 47.
[315] *Grünberger,* Das Interpretenrecht, 2006, S. 194.
[316] → § 34 Rn. 43.
[317] Vertiefend *Grünberger,* Das Interpretenrecht, 2006, S. 186 ff.
[318] Nach Fromm/Nordemann/*Schaefer* UrhG § 79 Rn. 61 ff. ist § 41 insgesamt nicht im Interpretenrecht entsprechend anwendbar, weil die Interpreten die Darbietung selbst nicht verwerten könnten. Diese Einschätzung trifft nicht zu, → Rn. 73 ff.

räumung hängt es vom **Belieben des Verwerters** ab, ob und wie dieser von seiner abgeleiteten Rechtsposition Gebrauch macht. Für den ausübenden Künstler kann daraus die Gefahr resultieren, dass das Werk „auf Eis gelegt wird"[319] und damit der Öffentlichkeit auf Dauer entzogen wird.[320] Mit dem Rückruf hat der Interpret die Möglichkeit, „sich gegen die **Nichtausübung** eines eingeräumten Nutzungsrechts **zu wehren**",[321] es wieder „heimzuholen" und für eine erneute Verwertung (→ Rn. 73) zu sorgen. Das Rückrufsrecht dient dem ideellen Interesse des ausübenden Künstlers am Bekanntwerden seiner Darbietung und seinem materiellen Interesse an dessen Verwertung.[322] Für Interpreten, die bei einem **Film** mitwirken, ist das Recht ab dem Beginn der Dreharbeiten ausgeschlossen (§ 92 Abs. 3 iVm § 90).

56 Zweifelhaft ist der **zeitliche Anwendungsbereich** des Rückrufrechts **im Interpretenrecht.** § 79 Abs. 2a ordnet die entsprechende Geltung des § 41 seit dem 13.9.2003 an.[323] Aus § 132 Abs. 1 S. 3 folgt, dass sich der Gesetzgeber beim Rückrufsrecht wegen Nichtausübung bewusst gegen den in § 132 Abs. 1 S. 1 niedergelegten Grundsatz der Nichtanwendbarkeit auf früher abgeschlossene Verträge und für den Vorrang der Interessen der Kreativen entschieden hat.[324] Weil die Interessenlage von Urhebern und Interpreten gegenüber den Verwertern ihrer Leistungen im UrhG mittlerweile als im Wesentlichen gleichartig angesehen wird,[325] gelten diese Erwägungen für den Interpreten entsprechend.[326] Aus § 132 Abs. 4 iVm § 132 Abs. 3 folgt nichts anderes. Diese Regelung betrifft nur die zeitliche Anwendbarkeit der aufgrund des Gesetzes zur Stärkung der vertraglichen Stellung von Urhebern und ausübenden Künstlern[327] geänderten Normen. Dazu zählt die entsprechende Geltung des § 41 gerade nicht. § 132 Abs. 4 iVm § 132 Abs. 3a S. 2 betrifft nicht die Anwendung des Rückrufrechts als solches, sondern den mit dem Gesetz v. 20.12.2016 neu gefassten § 41 Abs. 4 (→ Rn. 62). Somit findet § 41 auf **alle Rechtsübertragungen und -einräumungen** des Interpreten Anwendung, die in seit dem 1.1.1966 geschlossenen Verträgen vereinbart wurden. Zu modifizieren ist der in § 132 Abs. 1 S. 3 genannte Zeitpunkt für den Fristenlauf: Hier muss auf das Inkrafttreten des Änderungsgesetzes am 13.9.2003 abgestellt werden.

57 Der Rückruf ist eine einseitige, empfangsbedürftige Willenserklärung **(Gestaltungserklärung)**, die mit Zugang (§ 130 BGB) wirksam wird, wenn zu diesem Zeitpunkt alle Tatbestandsvoraussetzungen vorliegen. **Rückrufsberechtigt** ist der ausübende Künstler. Betrifft der Rückruf Rechte an einer gemeinsamen Darbietung mehrerer ausübender Künstler (§ 80 Abs. 1), muss der Rückruf vom Vorstand, vom Leiter der Gruppe oder von einem Ad-hoc-Vertreter erklärt werden, um wirksam zu sein (§ 80 Abs. 2 iVm § 74 Abs. 2 S. 2 und S. 3). Das Rückrufsrecht erlischt nicht mit dem Tod des Interpreten, sondern dauert jedenfalls solange, wie die Ausschließlichkeitsrechte an der Darbietung Bestand haben (§ 82). Weil beim Rückrufsrecht letztlich eine erneute Verwertung der Darbietung erreicht werden soll (→ Rn. 73), sind die Erben des Interpreten und nicht seine Angehörigen iSv § 76 S. 4 zur Ausübung des Rückrufs berechtigt.[328] Gegner des Rückrufs ist **jeder gegenwärtige Inhaber des Ausschließlichkeitsrechts** bzw. **des ausschließlichen Nutzungsrechts,** das zurückgerufen wird.[329]

58 § 41 Abs. 1 S. 1 iVm § 79 Abs. 2a setzt keine vertraglich begründete Auswertungspflicht des Verwerters voraus.[330] Das Recht sanktioniert keine Pflichtverletzung des Verwerters sondern begründet für ihn **lediglich eine Ausübungslast (Obliegenheit):**[331] Verwertet er nicht, läuft er Gefahr, das übertragene Ausschließlichkeitsrecht bzw. das eingeräumte ausschließliche Nutzungsrecht zu verlieren. Der Rückruf ist daher für die Interpreten von besonderer Bedeutung, weil die Verwertungsverträge häufig keine ausdrückliche Nutzungspflicht vorsehen.[332] Das ist etwa im Standardkünstlerexklusivvertrag der Fall.[333] Unabhängig davon, ob man diesen Verträgen im Wege der ergänzenden Vertragsauslegung eine Verwertungspflicht entnehmen kann,[334] setzt § 41 Abs. 1 iVm § 79 Abs. 2a **Anreize zur Verwertung,** die der Interpret steuern kann. Der Verwerter übt sein Recht nicht aus (§ 41 Abs. 1 S. 1 Var. 1 iVm § 79 Abs. 2a), wenn eine Ausübung des Nutzungsrechts **gänzlich unterbleibt.**[335] Das ist der Fall, wenn die vom Verwerter getroffenen Maßnahmen keinerlei Öffentlichkeitsbezug

---

[319] Fromm/Nordemann/*J. B. Nordemann* § 41 Rn. 1.
[320] Vgl. BT-Drs. IV/270, 60.
[321] BT-Drs. IV/270 = UFITA 45 (1965), 240 (275).
[322] Vgl. BGH GRUR 2009, 946 Rn. 23 – Reifen Progressiv (zum Urheber).
[323] → Vor §§ 73 ff. Rn. 29.
[324] BT-Drs. IV/270, 114.
[325] Zu den Gemeinsamkeiten siehe BGH GRUR 2003, 234 (236) – EROC III.
[326] IE *Dünnwald/Gerlach* UrhG § 79 Rn. 25.
[327] BGBl. I S. 1155.
[328] *Grünberger,* Das Interpretenrecht, 2006, S. 250 f.; *Dünnwald/Gerlach* UrhG § 79 Rn. 27.
[329] *Grünberger,* Das Interpretenrecht, 2006, S. 157.
[330] BGH GRUR 2011, 810 Rn. 48 – World's End; *Budde,* Rückrufsrecht des Urhebers wegen Nichtausübung in der Musik, 1997, S. 41.
[331] BGH GRUR 1970, 40 (43) – Musikverleger; *Forkel,* Gebundende Rechtsübertragung, 1977, S. 153; *Grünberger,* Das Interpretenrecht, 2006, S. 159.
[332] *Ingendaay,* Künstlerverträge, 2008, S. 158.
[333] Vgl. dazu *Grünberger,* Das Interpretenrecht, 2006, S. 147 ff., 152 f.
[334] Dazu *Grünberger,* Das Interpretenrecht, 2006, S. 152 f.; *Ingendaay,* Künstlerverträge, 2008, S. 158 ff.
[335] → § 41 Rn. 13.

aufweisen.[336] Der Verwerter der Darbietung des Interpreten übt das **Verbreitungsrecht** nicht aus, wenn die Vervielfältigungsstücke der Aufnahme am Markt nicht lieferbar sind, weil sie zur Zeit aus dem Katalog lieferbarer Aufnahmen gestrichen sind.[337] Die unzureichende Ausübung bei mangelnder Lieferbarkeit von Vervielfältigungsstücken kann insoweit auch nicht damit ausgeglichen werden, dass die festgelegte Darbietung über Download- oder Streamingangebote öffentlich zugänglich gemacht wird, weil es sich um zwei unterschiedliche Nutzungsarten handelt. Zureichend sind seine Bemühungen erst dann, wenn er Vervielfältigungsstücke der Darbietung in Prospekten, Anzeigen oder Webseiten der Öffentlichkeit anbietet.[338] Die Nutzungshandlungen von Unterlizenznehmern können dem Hauptlizenznehmer zugerechnet werden.[339]

Eine unzureichende Ausübung des ausschließlichen Nutzungsrechts liegt vor, wenn der **Rechtsin-** 59 **haber weniger Mittel einsetzt als zur Erreichung des Vertragszwecks objektiv erforderlich** sind.[340] Das ist im Einzelfall nach Maßgabe des Vertragszwecks aufgrund einer Interessenabwägung nach Treu und Glauben unter Berücksichtigung der Verkehrssitte zu ermitteln.[341] Die Verkehrssitte oder Branchengepflogenheiten sind bei der Ermittlung des Vertragszwecks auf ihre Angemessenheit zu überprüfen.[342] Der **Branchengebrauch** ist unverbindlich, wenn sich in ihm die „strukturelle Unterlegenheit" der Kreativen[343] und die wirtschaftliche Dominanz der Verwerterseite einseitig niedergeschlagen hat.[344] Das berechtigte wirtschaftliche Interesse des Verwerters genießt innerhalb der Nutzungsfrist des § 41 Abs. 2 Vorrang; danach tritt es mit zunehmendem Zeitablauf hinter die Interessen des Interpreten zurück.[345]

Die unzureichende Ausübung verletzt idR die **berechtigten Interessen** des Interpreten (Indiz- 60 wirkung).[346] § 41 Abs. 1 S. 1 iVm § 79 Abs. 2a sichert den Verwerter lediglich gegen eine missbräuchliche Ausübung des Rechts ab.[347] Es findet keine Interessenabwägung statt.[348] Das Rückrufsrecht ist ausgeschlossen, wenn das Unterlassen auf Umständen beruht, deren Behebung dem Interpreten zumutbar ist (§ 41 Abs. 1 S. 2 iVm § 79 Abs. 2a). Für diesen Fall impliziert das Gesetz eine Interessenabwägung.[349] Darlegungs- und beweispflichtig dafür ist der Rückrufsgegner. Wird beispielsweise eine technische Neubearbeitung oder ein Remix notwendig, um die aufgenommene Darbietung weiter zu verwerten, ist es dem Interpreten zuzumuten, dem zuzustimmen.[350] Soweit die abgelieferte Darbietung mängelbehaftet ist, ist es dem Interpreten zumutbar, solche Fehler, die mit dem Schnitt alleine nicht behoben werden können, mit einer Neueinspielung zu beheben.[351]

Das Recht entsteht erst nachdem der Verwerter **ausreichend Zeit** hatte, das eingeräumte Nut- 61 zungsrecht auch tatsächlich zu verwerten (§ 41 Abs. 2 iVm § 79 Abs. 2a). Beginnt die Frist mit der Ablieferung zu laufen, ist auf den Zeitpunkt abzustellen, in dem der Interpret die Darbietung vollständig erbracht hat.[352] Diese **Nutzungsfrist** konnte gem. § 41 Abs. 4 aF vertraglich (individualvertraglich oder in AGB) auf fünf Jahre verlängert werden. Nach § 41 Abs. 4 nF ist eine **einzelvertragliche Verlängerung** jetzt **ausgeschlossen**.[353] Von § 41 Abs. 1–3 iVm § 79 Abs. 2a kann zu Lasten des Interpreten nur in gemeinsamen Vergütungsregeln oder in Tarifverträgen abgewichen werden. Die strikte Zwei-Jahresfrist in § 41 Abs. 2 gilt für Verträge, die nach dem 1.3.2017 abgeschlossen worden sind (§§ 132 Abs. 4 iVm Abs. 3a S. 1). Enthalten davor abgeschlossene Verträge über Rechtsübertragungen und -einräumungen **(Altverträge)** noch eine Nutzungsfrist von 5 Jahren, sind diese Klauseln für Auswertungsvorgänge, die nach dem 1.3.2018 stattfinden, unwirksam (§ 132 Abs. 4 iVm Abs. 3a S. 2).[354] Der Interpret muss dem Inhaber nach Ablauf der zweijährigen Nutzungsfrist grundsätzlich (zu Ausnahmen siehe § 41 Abs. 3 S. 2) eine Nachfrist setzen, bevor er das Recht zurückrufen kann **(Wartefrist, § 41 Abs. 3 iVm § 79 Abs. 2a).**[355] Die Wartefrist beginnt erst mit Ablauf der Nutzungsfrist zu laufen, kann aber bereits vorher erklärt werden.[356] Die Nachfristsetzung ist ein fristbezogenes

---

[336] *Grünberger,* Das Interpretenrecht, 2006, S. 160.
[337] *Grünberger,* Das Interpretenrecht, 2006, S. 166 f.
[338] *Grünberger,* Das Interpretenrecht, 2006, S. 160 unter Bezug auf BGHZ 113, 159 (161) = GRUR 1991, 316 – Einzelangebot.
[339] *Brandenburg,* Rückrufsrechte des Urhebers im Kontext allgemeiner Vertragsbeendigungsgründe, 2014, S. 51 f.
[340] OLG München ZUM 2008, 154 (155).
[341] BGH GRUR 2011, 810 Rn. 48 – World's End.
[342] *Grünberger,* Das Interpretenrecht, 2006, S. 162 f.; *Dünnwald/Gerlach* UrhG § 79 Rn. 26.
[343] Vgl. BT-Drs. 14/6433, 9.
[344] *Grünberger,* Das Interpretenrecht, 2006, S. 162 f. und 103 f. mit Verweis auf BGHZ 126, 245 (247) = GRUR 1995, 671 – Namensnennungsrecht des Architekten (zu § 13 UrhG).
[345] Vertiefend *Grünberger,* Das Interpretenrecht, 2006, S. 163 f.
[346] → § 41 Rn. 17.
[347] BT-Drs. IV/270, 60.
[348] → § 41 Rn. 16.
[349] → § 41 Rn. 17.
[350] *Grünberger,* Das Interpretenrecht, 2006, S. 169.
[351] *Grünberger,* Das Interpretenrecht, 2006, S. 169.
[352] Grünberger, Das Interpretenrecht, 2006, S. 170.
[353] → § 41 Rn. 26 f.
[354] → § 132 Rn. 28.
[355] → § 41 Rn. 18 ff.
[356] Anders → § 41 Rn. 18.

Leistungsverlangen, mit der der Interpret auf die gegenwärtige Unzulänglichkeit der Ausübung des Nutzungsrechts hinweist und vom Rechtsinhaber konkrete Maßnahmen zu deren Beseitigung verlangt, die innerhalb der Frist abgeschlossen sein müssen.[357]

62   Auf das Rückrufsrecht kann nur in gemeinsamen Vergütungsregeln oder Tarifverträgen verzichtet werden (§ 41 Abs. 4 iVm § 79 Abs. 2a). Zweifelhaft ist, ob nach § 41 Abs. 4 iVm § 79 Abs. 2a einzelvertraglich vereinbarte, **schuldrechtlich wirkende, Ausübungsbeschränkungen** zulässig sind.[358] Soweit sie funktionale Äquivalente zu den Voraussetzungen des Rückrufsrechts in § 41 Abs. 1–3 sind, oder dieses faktisch einschränken, verstoßen sie gegen § 41 Abs. 4 und sind daher nichtig.[359] Andere vertragliche oder gesetzliche Beendigungsgründe,[360] insbesondere die ordentliche oder außerordentliche Kündigung aus wichtigem Grund (§ 314 BGB) bleiben unberührt (§ 41 Abs. 7 iVm § 79 Abs. 2a).

63   **cc) Rückrufsrecht wegen gewandelter Überzeugung (§ 42).** Der ausübende Künstler kann ein iSv § 79 Abs. 1 übertragenes Ausschließlichkeitsrecht oder ein eingeräumtes einfaches oder ausschließliches Nutzungsrecht zurückrufen, wenn die Darbietung seiner Überzeugung nicht mehr entspricht und ihm deshalb ihre Verwertung nicht mehr zugemutet werden kann (§ 42 Abs. 1 S. 1 iVm § 79 Abs. 2a). Während es bei § 41 dem Interpreten darum geht, mit seiner Darbietung in der Öffentlichkeit präsent zu bleiben, liegt der Zweck bei § 42 gerade darin, diese Darbietung **aus der Öffentlichkeit zurückzuholen.**[361] Im Unterschied zu § 41 sind die Gründe, die zum Rückruf führen, nicht dem Verwerter sondern ausschließlich dem Interpreten zuzurechnen.[362] Die Regelung ist Ausfluss des Interpretenpersönlichkeitsrechts.[363] Aus § 132 Abs. 1 S. 1 folgt, dass der Rückruf wegen Überzeugungswandels alle Rechtsübertragungen bzw. Nutzungsrechtseinräumungen erfasst, unabhängig davon, wann sie erfolgten. Das Recht erlischt bei Darbietungen in **Filmwerken** nach Beginn der Dreharbeiten (§ 92 Abs. 3 iVm § 90).

64   Der Rückruf ist eine einseitige, empfangsbedürftige Willenserklärung **(Gestaltungserklärung),** die mit Zugang (§ 130 BGB) wirksam wird, wenn zu diesem Zeitpunkt alle Tatbestandsvoraussetzungen des § 42 vorliegen. **Rückrufsberechtigt** ist der Interpret. Bei Gruppendarbietungen fällt die Ausübung des Rückrufsrechts wegen seiner persönlichkeitsrechtlichen Natur nicht unter § 80 Abs. 2.[364] Der Normzweck des § 74 Abs. 2 und die Erwägung, dass man einen Miturheber nicht schlechter stellen sollte als das Mitglied einer Interpretengruppe, sprechen im Ergebnis grundsätzlich dafür, den Rückruf analog § 74 Abs. 2 nur vom Vertreter der Gruppe ausüben zu lassen. Eine eigenständige Ausübung analog § 75 scheidet daher aus.[365] Nach dem Tod des Interpreten ist zweifelhaft, ob seine Erben oder seine Angehörigen (§ 76 S. 4 analog) zur Ausübung des Rückrufs berechtigt sind.[366] Die persönlichkeitsrechtliche Natur des § 42 spricht im Ergebnis dafür, das Rückrufsrecht – im Unterschied zum Rückruf nach § 41 (→ Rn. 57) – von den Angehörigen ausüben zu lassen.[367] **Erklärungsgegner** ist jeder gegenwärtige Inhaber eines ausschließlichen oder einfachen Nutzungsrechts bzw. – im Fall der Vollrechtsübertragung – der Zessionar des Ausschließlichkeitsrechts.

65   Die Darbietung entspricht nicht mehr der Überzeugung des ausübenden Künstlers, wenn sich seine aktuelle Auffassung von der im Zeitpunkt ihrer Veröffentlichung vorhandenen unterscheidet. Es genügt, wenn der **Interpret die in der Darbietung zum Ausdruck gebrachte Überzeugung mittlerweile ablehnt.**[368] Beispiel: Die Musikband *Böhse Onkelz* verfasste in den 80er Jahren einige Songs mit rechtsradikalen Texten, die sie aufführten und einspielten, und wurden deshalb zu einer „Kultband" der rechtsradikalen Skinheadszene.[369] Nach Auffassung des LG Göttingen habe sich die Band seit den 90er Jahren davon distanziert und bemühe sich um ein anderes, Gewalt ablehnendes oder sogar ausländerfreundliches Image. Treffen diese Ausführungen zu, liegt darin ein Überzeugungswandel. Der Rückruf verlangt, dass dem ausübenden Künstler die weitere Verwertung wegen seines Überzeugungswandels nicht mehr zugemutet werden kann. Damit wird eine **Interessenabwägung** zwischen den persönlichkeitsrechtlichen Interessen des Interpreten, nicht mehr mit der Darbietung öffentlich in Verbindung gebracht zu werden, und den wirtschaftlichen Interessen des Verwerters notwendig.[370] Im Fall der *Böhsen Onkelz* überwiegen die Interessen der Musikband, weil sie wegen

---

[357] *Grünberger,* Das Interpretenrecht, 2006, S. 174 ff.

[358] *Grünberger,* Das Interpretenrecht, 2006, S. 193 (noch zu § 41 Abs. 4 aF).

[359] → § 41 Rn. 27.

[360] Vertiefend *Pahlow* GRUR 2010, 112 (114 ff.); *Brandenburg,* Rückrufsrechte des Urhebers im Kontext allgemeiner Vertragsbeendigungsgründe, 2014, S. 67 ff.

[361] → § 42 Rn. 6.

[362] BT-Drs. IV/270, 61; *Grünberger,* Das Interpretenrecht, 2006, S. 204.

[363] BT-Drs. IV/270, 61 (zum Urheber).

[364] → § 80 Rn. 17.

[365] AA Loewenheim/*Vogel* § 38 Rn. 102; *Dünnwald/Gerlach* § 79 Rn. 32.

[366] Vertiefend *Grünberger,* Das Interpretenrecht, 2006, S. 248 ff.

[367] *Dünnwald/Gerlach,* Schutz des ausübenden Künstlers, 2008, § 79 Rn. 31; insoweit gebe ich meine abweichende Auffassung (*Grünberger,* Das Interpretenrecht, 2006, S. 250 f.) auf.

[368] → § 42 Rn. 18.

[369] LG Göttingen NJW 1996, 1138; *Jaeger,* Der ausübende Künstler und der Schutz seiner Persönlichkeitsrechte im Urheberrecht Deutschlands, Frankreichs und der Europäischen Union, 2002, S. 161 f.

[370] → § 42 Rn. 23 ff.

der im Handel erhältlichen Tonträger von Konzertveranstaltern und Teilen des Publikums boykottiert würden.[371] Ein Überzeugungswandel, in dem sich eine ästhetisch-künstlerische Weiterentwicklung ausdrückt, kann als solcher die Verwerterinteressen bei fortbestehender Nachfrage nicht überwiegen.[372] Insoweit ist bei der Zusammenstellung der Verwerterinteressen auch zu berücksichtigen, dass sie als Darbietungsmittler Agenten des öffentlichen Interesses an der fortbestehenden Dokumentation des künstlerischen Werdegangs eines Interpreten sind.

Die **Wirksamkeit des Rückrufs** ist aus Furcht vor einer missbräuchlichen Anwendung[373] und zur **66** Absicherung des Insolvenzrisikos des Verwerters zusätzlich erschwert. Die Rückrufserklärung wird erst wirksam, sobald der Interpret dem Rechtsinhaber die **Aufwendungen** nach § 42 Abs. 3 S. 2 (Mindestentschädigung) **erstattet** hat oder dafür Sicherheit leistet (§ 42 Abs. 3 S. 3 iVm § 79 Abs. 2a). Der Verwerter muss den Interpreten über die Höhe der Aufwendungen informieren (§ 42 Abs. 3 S. 4 iVm § 79 Abs. 2a).[374] Das Rückrufsrecht ist unverzichtbar und (vertragliche) Ausübungsbeschränkungen sind unwirksam (§ 42 Abs. 2 iVm § 79 Abs. 2a).

b) Rechtsfolgen eines ausgeübten Rückrufs. aa) Erlöschen des Nutzungsrechts und Ver- 67 tragsbeendigung. Mit dem Zugang der wirksamen Rückrufserklärung **erlischt** das **Nutzungsrecht** (§§ 41 Abs. 5, 42 Abs. 5 iVm § 79 Abs. 2a). In den Fällen des § 34 Abs. 3 S. 2 oder S. 3 iVm § 79 Abs. 2a ist § 41 Abs. 5 analog anzuwenden.[375] Das bedeutet, dass das Recht mit Wirkung *ex nunc* wieder an den Interpreten als Inhaber des Stammrechts zurückfällt.[376] Das **Verpflichtungsgeschäft** ist damit **kausal** vom Fortbestand des Verfügungsgeschäfts abhängig.[377] Nutzt der Verwerter nach einem wirksamen Rückruf die Darbietung weiter, kann der Interpret die Rechte aus § 97 geltend machen.[378]

Zweifelhaft ist, ob sich die unmittelbare Beendigung des Verfügungsgeschäfts auf erster Stufe **68** **(Hauptlizenz)** auch auf den Bestand der Verfügungsgeschäfte auf zweiter oder dritter Stufe **(Unterlizenzen)** auswirken.[379] Nach Auffassung der Rechtsprechung fallen die vom ausschließlichen Nutzungsrecht abgeleiteten einfachen Nutzungsrechte beim Rückruf nicht an den originären Rechtsinhaber zurück.[380] Das wird im Wesentlichen mit der Interessenlage der Parteien und dem Grundsatz des Sukzessionsschutzes legitimiert. Dieser „besagt unter anderem, dass ausschließliche und einfache Nutzungsrechte wirksam bleiben, wenn der Inhaber des Rechts, der das Nutzungsrecht eingeräumt hat, wechselt."[381] Daraus kann man schließen, dass beim Erlöschen eines Nutzungsrechts die von diesem abgeleiteten Nutzungsrechte nicht zurückfallen.[382] Mit Wirksamkeit des Rückrufs endet auch der schuldrechtliche Lizenzvertrag *ex nunc*.[383] Die Unterlizenz genießt damit **Bestandsschutz.** Problematisch bleibt, wie die angemessene Vergütung (§§ 79 Abs. 2a iVm § 32) des Interpreten bei fortdauernder Nutzung des Unterlizenznehmers sichergestellt werden kann.[384]

Zweifelhaft sind die Rechtsfolgen, wenn der Interpret eine **Vollrechtsübertragung** iSv § 79 **69** Abs. 1 S. 1 zurückruft. Im Ergebnis muss der Rückruf auch hier dazu führen, dass die Verwertungsrechte wieder „zum Interpreten zurückkommen".[385] § 41 Abs. 5 ist darauf unmittelbar anwendbar, wenn man der hier vertretenen Auffassung (→ Rn. 17) folgt und die Rechtsübertragung als umfassende Einräumung eines ausschließlichen Nutzungsrechts versteht. Folgt man ihr nicht, ist das Ergebnis schwieriger zu konstruieren: § 41 Abs. 4 scheidet aus, weil es kein beim Interpreten verbleibendes Mutterrecht gibt. Der Rückruf entzieht aber auch die *causa* der Rechtsübertragung *ex nunc* (→ Rn. 67). Wegen der **kausalen Verknüpfung** von Verpflichtungs- und Verfügungsgeschäft fällt mit der Beendigung des ersteren das Ausschließlichkeitsrecht *ipso iure* wieder an den Interpreten zurück.[386] Damit wird dem – auch das Interpretenvertragsrecht beherrschenden (→ Rn. 34) – Übertragungszweckgedanken Rechnung getragen, dem zufolge der Interpret im Zweifel Rechte nur in dem

---

[371] Vgl. LG Göttingen NJW 1996, 1138; *Flechsig/Kuhn* ZUM 2004, 14 (20).
[372] Grünberger, Das Interpretenrecht, 2006, S. 180.
[373] → § 42 Rn. 4.
[374] Zu den Voraussetzungen → § 42 Rn. 29.
[375] Vgl. *Brandenburg,* Rückrufsrechte des Urhebers im Kontext allgemeiner Vertragsbeendigungsgründe, 2014, S. 88 ff. mwN zur Gegenauffassung.
[376] → § 41 Rn. 28 ff.; *Pahlow* GRUR 2012, 112 (113) zum Urheber; speziell zum Interpreten *Grünberger,* Das Interpretenrecht, 2006, S. 200; *Brandenburg,* Rückrufsrechte des Urhebers im Kontext allgemeiner Vertragsbeendigungsgründe, 2014, S. 129 f.
[377] *Grünberger,* Das Interpretenrecht, 2006, S. 203.
[378] *Grünberger,* Das Interpretenrecht, 2006, S. 201.
[379] → § 41 Rn. 30 f.; Einzelheiten bei *Pahlow* GRUR 2010, 111 (116 ff.).
[380] BGH GRUR 2009, 946 Rn. 17 – Reifen Progressiv.
[381] BGH GRUR 2012, 914 Rn. 16 – Take Five; BGH GRUR 2012, 916 Rn. 24 – M2Trade.
[382] BGH GRUR 2012, 914 Rn. 16 – Take Five; BGH GRUR 2012, 916 Rn. 24 – M2Trade.
[383] OLG Frankfurt a. M. BeckRS 2010, 03391; *Pahlow* GRUR 2012, 112 (113 f.); *Brandenburg,* Rückrufsrechte des Urhebers im Kontext allgemeiner Vertragsbeendigungsgründe, 2014, S. 90 ff.; dazu → § 41 Rn. 29.
[384] Vgl. kritisch *Brandenburg,* Rückrufsrechte des Urhebers im Kontext allgemeiner Vertragsbeendigungsgründe, 2014, S. 190 ff.
[385] Zustimmend *Brandenburg,* Rückrufsrechte des Urhebers im Kontext allgemeiner Vertragsbeendigungsgründe, 2014, S. 130.
[386] Vgl. BGH GRUR 2012, 916 Rn. 19 – M2Trade (zur Verknüpfung von Lizenzvertrag und Rechtseinräumung).

Umfang überträgt, der für die Erreichung des Vertragszwecks erforderlich ist. Hat der Ersterwerber das Verwertungsrecht weiterübertragen oder daran einfache oder ausschließliche Nutzungsrechte eingeräumt, genießen der Zweiterwerber bzw. sein Lizenznehmer **Sukzessionsschutz** (§ 79 Abs. 2a iVm § 33).[387]

70   **bb) Entschädigungspflichten des Interpreten.** Ruft der Interpret wegen **gewandelter Überzeugung** zurück, hat er den Inhaber des Nutzungsrechts angemessen zu entschädigen (§ 42 Abs. 3 S. 1 iVm § 79 Abs. 2a). Die Entschädigung dient dem Ausgleich unterschiedlicher Interessen, indem sie den Rechtsinhaber für erlittene Vermögensnachteile kompensiert.[388] Die Entschädigung ist angemessen, wenn sie den Rechtsinhaber für die **nutzlos gewordenen Aufwendungen kompensiert.** Der Interpret schuldet aber keinen vollen Ausgleich (Schadensersatz). Erfasst sind alle Aufwendungen, die der Inhaber bis zur Erklärung des Rückrufs gemacht hat, § 42 Abs. 3 S. 2 iVm § 79 Abs. 2a.

71   Beim Rückruf wegen **Nichtausübung** muss der Interpret den Betroffenen dagegen nur entschädigen, wenn und soweit es der Billigkeit entspricht (§ 41 Abs. 6 iVm § 79 Abs. 2a). Das ist **keine Pflicht zum Schadensersatz.**[389] Die Entschädigung hat eine Ausgleichsfunktion zwischen den Interessen des Urhebers und denen des Nutzungsberechtigten und soll erlittene Vermögensnachteile kompensieren.[390] Der Ausgleichsanspruch steht unter zweifachem **Billigkeitsvorbehalt:** hinsichtlich des „Ob" und hinsichtlich der Höhe.[391] Maßgebliches Kriterium ist die Zurechnung der zum Rückruf führenden Gründe an die Parteien.[392] § 42 Abs. 3 S. 2 ist aufgrund der anders gelagerten Zurechnungsgründe nicht analog anwendbar. Dem Rechtsinhaber sind alle Ursachen zuzurechnen, die mit dem wirtschaftlichen Risiko der Verwertung zusammenhängen.[393] Im Ergebnis ist eine **Entschädigung** die **Ausnahme.**[394] Einen erhaltenen Vorschuss muss der Interpret grundsätzlich nicht zurückzahlen. Dieser wird vom Rechtsinhaber in der Erwartung geleistet, dass er sich während der Nutzungszeit amortisiert; wird diese Erwartung enttäuscht, fällt dies in seinen Risikobereich und nicht in den des Interpreten.[395]

72   Im Fall des Rückrufs bei **Unternehmensveräußerung** oder Änderung der Beteiligungsverhältnisse (§ 34 Abs. 3 S. 2 oder S. 3 iVm § 79 Abs. 2a) muss der Interpret den Erwerber **nicht entschädigen.**[396] § 41 Abs. 6 oder § 42 Abs. 3 S. 1 sind aufgrund der unterschiedlichen Interessenlage nicht analog anzuwenden.[397] Eine Rückzahlung der erhaltenen Vergütung scheidet im Ergebnis ebenfalls aus.[398]

73   **cc) Wiederverwertung der auf Tonträger festgelegten Darbietung.** Der Rückruf nach §§ 34 Abs. 3, 41 Abs. 1 führt im Interpretenrecht zu einem gravierenden und vom Gesetzgeber offensichtlich nicht gesehenen **Folgeproblem.**[399] Ruft der ausübende Künstler die Nutzungsrechte an seiner auf Tonträger festgelegten Darbietung erfolgreich zurück, darf der Tonträgerhersteller oder dessen Rechtsnachfolger den Tonträger, auf dem die Darbietung festgelegt worden war, nicht mehr verwerten (→ Rn. 67, 69). Darin liegt zwangsläufig eine Verwertung der Darbietung, die der Interpret gem. § 97 Abs. 1 verbieten kann. Der Interpret kann seinerseits aber die auf Bild-/Tonträger festgelegte Darbietung nicht selbst verwerten oder Dritten daran Nutzungsrechte neu einräumen, weil die Verwertung der festgelegten Darbietung ohne gleichzeitige Verwertung des Tonträgers ebenfalls unmöglich ist.[400] Weil die beiden Leistungsschutzrechte in ihrem Bestand unabhängig voneinander sind **(„leistungsschutzrechtliches Abstraktionsprinzip"),**[401] können sich Interpret und Tonträgerhersteller gegenseitig **blockieren.**[402]

74   Das Problem kann in mehreren Konstellationen auftreten und ist **differenziert zu lösen:**[403] Ist der Interpret (auch) originärer Inhaber des Tonträgerherstellerrechts[404] und hat er dem Verwerter Rechte

---

[387] Grundlegend (jeweils zum Urheber) BGH GRUR 2009, 946 Rn. 17 ff. – Reifen Progressiv zum Fall des § 41; vgl. auch BGH GRUR 2012, 914 – Take Five zum Fall einer vertraglichen Aufhebung des Hauptlizenzvertrags; BGH GRUR 2012, 916 – M2Trade zum Fall einer außerordentlichen Kündigung des Hauptlizenzvertrags; aA *Brandenburg,* Rückrufsrechte des Urhebers im Kontext allgemeiner Vertragsbeendigungsgründe, 2014, S. 236 ff., 254 f., wonach es idR zu einem Rückfall an den Interpeten komme.

[388] *Grünberger,* Das Interpretenrecht, 2006, S. 204; → § 42 Rn. 28.

[389] → § 41 Rn. 36.

[390] *Grünberger,* Das Interpretenrecht, 2006, S. 204.

[391] *Grünberger,* Das Interpretenrecht, 2006, S. 205.

[392] *Grünberger,* Das Interpretenrecht, 2006, S. 204.

[393] *Budde,* Rückrufsrecht des Urhebers wegen Nichtausübung in der Musik, 1997, S. 103; *Grünberger,* Das Interpretenrecht, 2006, S. 206.

[394] → § 41 Rn. 36; *Grünberger,* Das Interpretenrecht, 2006, S. 205 ff.; *Dünnwald/Gerlach* § 79 Rn. 28.

[395] *Grünberger,* Das Interpretenrecht, 2006, S. 206.

[396] *Koch-Sembdner,* Rückrufsrecht des Urhebers bei Unternehmensveräußerungen, 2004, S. 105; *Koch-Sembdner* AfP 2004, 211 (214); *Grünberger,* Das Interpretenrecht, 2006, S. 206 f.

[397] Vertiefend *Grünberger,* Das Interpretenrecht, 2006, S. 203 ff.

[398] *Koch-Sembdner,* Rückrufsrecht des Urhebers bei Unternehmensveräußerungen, 2004, S. 106 f.; *Schack* Rn. 635; aA *Haas,* Das neue Urhebervertragsrecht, 2002, Rn. 115.

[399] Ausführlich dazu *Grünberger,* Das Interpretenrecht, 2006, S. 208 ff.

[400] *Grünberger,* Das Interpretenrecht, 2006, S. 217.

[401] → Vor §§ 73 ff. Rn. 77.

[402] *Grünberger,* Interpretenrecht, 2006, S. 218; *Loewenheim/Vogel* § 38 Rn. 32; Fromm/Nordemann/*Schaefer* UrhG § 79 Rn. 63; *Schäfer* FS Chr. Kirchner, 2014, 229 (249).

[403] Nicht gesehen von Fromm/Nordemann/*Schaefer* UrhG § 79 Rn. 66.

[404] Ein solcher Fall liegt vor in BGH GRUR 2009, 401 – Metall auf Metall.

sowohl an der Darbietung als auch am Tonträger eingeräumt bzw. übertragen (Bandübernahmevertrag), steht die Rechtsübertragung bezüglich des Tonträgers unter der stillschweigend vereinbarten auflösenden Bedingung des Wegfalls der Nutzungsrechte an der Darbietung. Mit Wirksamkeit des Rückrufs tritt diese Bedingung ein, der Verwertungsvertrag und die Rechtsübertragung bezüglich des Tonträgers erlöschen.[405] Kompliziert ist die Rechtslage, wenn der Nutzungsrechtsinhaber der Darbietung bzw. der Zessionar der Verwertungsrechte (§ 79 Abs. 1 S. 1) **originärer Tonträgerhersteller** ist. In dieser Konstellation ist weiter danach zu unterscheiden, ob er die Darbietung und den Tonträger selbst verwertet oder ob er einem Dritten am Tonträger Nutzungsrechte (§ 85 Abs. 2 S. 2) eingeräumt hat und diesem die Darbietung unterlizenziert hat. In beiden Fällen fehlt ein vertragsrechtliches Instrumentarium zur **Auflösung des Nutzungskonflikts.**

Es gibt fünf **Möglichkeiten, den Konflikt aufzulösen:** **75**
– keine entsprechende Anwendung der §§ 34 Abs. 3, 41 im Interpretenvertragsrecht;[406]
– Pflicht des Tonträgerherstellers, der Drittverwertung seines Tonträgers nach § 9 UrhG analog oder als Gesamtanalogie zu §§ 8, 9, 80 zuzustimmen;[407]
– die analoge Anwendung des § 79 Abs. 3 S. 3;
– teleologische Reduktion des Schutzumfangs der Tonträgerherstellerrechte;[408]
– ein rechtsfortbildend geschaffenes, einfaches, übertragbares Nutzungsrecht am Tonträger in der Hand des Interpreten (und seiner Rechtsnachfolger).[409]

Jede Lösung muss sich an den vier **Grundparametern des Gesetzes** orientieren:[410] (1.) das vergleichbare vertragsrechtliche Schutzbedürfnis von Interpreten und Urhebern, (2.) das legitime Bedürfnis von Urhebern und Interpreten, mit ihren Leistungen in der Öffentlichkeit wirken zu können, (3.) die grundlegende Entscheidung des Gesetzgebers aus dem Jahr 2003, das Interpretenrecht deutlich näher an das Urheberrecht heranzuführen und (4.) das in § 41 Abs. 5 grundlegend gesicherte Interesse der Kreativen, eine in der Vergangenheit unzureichende Verwertung aufgrund eines „Neustarts" auszugleichen.

Mit diesen Anforderungen ist eine Nichtanwendung der Rückrufsrechte im Interpretenrecht unvereinbar. Damit würde der Rechtsanwender die grundlegende Entscheidung des Gesetzes, die Beendigungsmöglichkeiten des Interpreten mit denen des Urhebers gleichzustellen, ignorieren.[411] Die analoge Anwendung der Grundsätze bei verbundenen Werken (§ 9) scheidet schon deshalb aus, weil die Interessenlage im Verhältnis Interpret-Verwerter nicht mit der von Urhebern verbundener Werke vergleichbar ist.[412] Die analoge Anwendung des § 79 Abs. 3 S. 3 geht in den Fällen des Rückrufs zu weit. Den Interessen des Interpreten ist bereits dann gedient, wenn er oder sein Rechtsnachfolger eine gesicherte **Nutzungsbefugnis am Tonträger** erhalten. Dafür ist es nicht erforderlich, dass der Tonträgerhersteller seine Rechtsposition völlig verliert. Allerdings zeigt § 79 Abs. 3 S. 3, dass der Konflikt zugunsten des Interpreten aufgelöst werden kann. Die **beiden zuletzt genannten Alternativen** bieten dafür einen jeweils konstruktiv gangbaren und mit höherrangigem Recht vereinbaren[413] Weg. **76**

Ist zur erneuten Verwertung der festgelegten Darbietung ein **Zugang zum Masterband** erforderlich, das sich im Eigentum des Tonträgerherstellers oder seines Rechtsnachfolgers befindet, hat der Interpret nach erfolgtem Rückruf ein Zugangsrecht aus § 25 analog.[414] Kommt es zu einer **erneuten Verwertung der Darbietung,** folgt aus § 41 Abs. 6 iVm § 79 Abs. 2a, dass der Interpret dem Tonträgerhersteller den Anteil an den **Herstellungskosten** des Tonträgers ersetzen muss, der sich im Zeitraum nach dem Rückruf amortisiert hätte. Dabei kann man im Regelfall von den steuerlichen Abschreibungsraten dieser Aufwendungen ausgehen. Der Aufwendungsersatzanspruch ist geboten, weil es unbillig wäre, den Interpreten den Tonträger verwerten zu lassen, ohne ihn an den Herstellungskosten zu beteiligen. **77**

---

[405] Im Ergebnis *Dünnwald/Gerlach* UrhG § 79 Rn. 29 (über § 139 BGB); anders *Schäfer* FS Chr. Kirchner, 2014, 229 (249 f.), der eine Lösung über § 313 BGB vorschlägt; dagegen Fromm/Nordemann/*Schaefer* UrhG § 79 Rn. 92b (im Zusammenhang mit § 40), der in dieser Konstellation die Rechte des Interpreten aus § 79 Abs. 2a reduziert – aber dafür nur das Interesse des Verwerters berücksichtigt.
[406] Fromm/Nordemann/*Schaefer* UrhG § 79 Rn. 61 ff.
[407] So wohl *Dünnwald* UFITA 2007, 583 (586); *Kruse,* Die rechtliche Differenzierung zwischen Urhebern und ausübenden Künstlern, 2013, S. 126 ff.; ähnlich *Hartwieg* GRUR 1970, 67 (71 f.).
[408] *Grünberger,* Das Interpretenrecht, 2006, S. 226 f.; Loewenheim/*Vogel* § 38 Rn. 32.
[409] *Grünberger,* Das Interpretenrecht, 2006, S. 227 ff.
[410] *Grünberger,* Das Interpretenrecht, 2006, S. 223.
[411] *Grünberger,* Das Interpretenrecht, 2006, S. 222 f.; *Kruse,* Die rechtliche Differenzierung zwischen Urhebern und ausübenden Künstlern, 2013, S. 120 f.
[412] Näher *Grünberger,* Das Interpretenrecht, 2006, S. 224 f.
[413] Ausführlich *Grünberger,* Das Interpretenrecht, 2006, S. 228 ff.
[414] Näher *Grünberger,* Das Interpretenrecht, 2006, S. 242 f.; *Dünnwald/Gerlach* § 79 Rn. 29; *Kruse,* Die rechtliche Differenzierung zwischen Urhebern und ausübenden Künstlern, 2013, S. 128 f.

III. Nicht anwendbare Bestimmungen

1. Unbekannte Nutzungsarten (§§ 31a, 32c, 137l)

78   Die Regelung über die Einräumung von Nutzungsrechten an unbekannten Nutzungsarten (§ 31 Abs. 4 aF; §§ 31a, 32c, 137l) ist im Interpretenrecht nicht entsprechend anwendbar. Das gilt ausdrücklich erst seit dem Jahr 2002, weil sowohl in § 75 Abs. 4 aF (→ Rn. 7), in § 79 Abs. 2 S. 2 aF (→ Rn. 8) und in § 79 Abs. 2a bewusst nicht auf diese Normen verwiesen wird (→ Rn. 30 f.). Für Sachverhalte vor 2002 hat die Rechtsprechung eine analoge Anwendung des § 31 Abs. 4 aF oder eine entsprechend weite Interpretation der Übertragungszwecklehre ausgeschlossen.[415] Diese Festlegung war **verfassungsrechtlich zweifelhaft.**[416] Mittlerweile hat sich dieses Problem mit dem neu eingeführten § 79b weitgehend erübrigt. „Die Vorschrift gibt den ausübenden Künstlern einen Anspruch auf eine gesonderte angemessene Vergütung für die Nutzung auf neue, vorher unbekannte Nutzungsarten."[417]

2. Recht zur anderweitigen Verwertung (§ 40a)

78a   § 79 Abs. 2a verweist bewusst nicht auf § 40a.[418] Das ist nicht nur rechtspolitisch fraglich, sondern auch verfassungsrechtlich zweifelhaft. Übernimmt der Gesetzgeber – wie in § 79 Abs. 2a geschehen – einen konsistenten Normenkomplex aus einem anderen Regelwerk und weicht er dabei lediglich im Hinblick auf eine Einzelnorm ab, liegt ein Verstoß gegen Art. 3 Abs. 1 GG besonders nahe.[419] Die systemwidrige Ausnahme bedarf eines besonders plausiblen Grundes.[420] Der Gesetzentwurf begründet diese Ausnahme damit, dass „in einer Vielzahl von Fällen bereits die große Zahl der mitwirkenden ausübenden Künstler zu erheblichen praktischen Problemen führen [würde], wenn diesen ein Recht auf anderweitige Verwertung zustünde."[421] Das Argument überzeugt schon deshalb nicht, weil die praktischen Probleme bei einer Mehrheit von Interpreten durchaus sachgerecht mit einer Kombination aus § 80 Abs. 2 für die jeweilige Interpretengruppe einerseits und einer (analogen) Anwendung des § 31a Abs. 3 zwischen selbstständigen Interpreten und Interpretengruppen andererseits gelöst werden können.[422]

3. Sonstige Bestimmungen (§§ 42a, 44)

79   Der ausübende Künstler ist nicht zur Vergabe von Zwangslizenzen verpflichtet.[423] Deshalb gilt § 42a nicht im Interpretenrecht. § 79 Abs. 2a verweist auch nicht auf § 44, weil es im Interpretenrecht kein verkörpertes „Original" der Darbietung geben kann.[424]

IV. Vertragspraxis

1. Wahrnehmungsvertrag

80   Der Wahrnehmungsvertrag zwischen Interpret und Verwertungsgesellschaft ist einer der praktisch wichtigsten Fälle der Rechtsübertragung. Die Gesellschaft zur Verwertung von Leistungsschutzrechten **(GVL)** stellt dafür ein Vertragsformular[425] bereit, nachdem der berechtigte Interpret der GVL „zur Wahrnehmung im eigenen Namen gegenüber Dritten" eine Reihe von „ihm gegenwärtig zustehenden und während der Vertragsdauer zufallenden Rechte" einräumt. Von der Rechtsübertragung erfasst sind nach § 1 Abs. 1 Nr. 1 Wahrnehmungsvertrag folgende **Vergütungsansprüche:**
– die gesetzlichen Ansprüche auf angemessene Vergütung für die Hörfunk- und Fernsehsendung von Darbietungen auf erschienenen Tonträgern und Bildtonträgern als Anwendungsfall des § 78 Abs. 2 Nr. 1, auch in Form des Simulcastings oder Webcastings,
– die Vergütungsansprüche aus § 78 Abs. 2 Nr. 2 und Nr. 3,
– die Vergütung wegen einer Kabelweitersendung (§ 78 Abs. 4 iVm § 20b Abs. 2),[426]
– Vergütungsansprüche aus Vermietung und Verleihung (§ 77 Abs. 2 S. 2 iVm § 27),

---

[415] BGH GRUR 2003, 234 (235 f.) – EROC III; KG GRUR-RR 2004, 129 (131) – Modernisierung einer Liedaufnahme; dagegen *Krüger* FS Nordemann, 2004, 343 (346 ff.); *Ahlberg* GRUR 2002, 313 (315 ff.).
[416] Näher *Grünberger,* Das Interpretenrecht, S. 286 f.; *Wandtke* FS Nordemann, 2004, 267 (275); *Dünnwald* ZUM 2004, 161 (167 f.); *Krüger* ZUM 2003, 122 (123 ff.). *Breuer* ZUM 2010, 301 (309); *Wandtke* ZUM 2015, 488 (492 f.).
[417] BT-Drs. 18/8625, 31.
[418] BT-Drs. 18/8625, 31.
[419] BVerfGE 124, 199 = NJW 2010, 1439 Rn. 94; dazu → Vor §§ 73 ff. Rn. 46 f.
[420] BVerfGE 124, 199 = NJW 2010, 1439 Rn. 94.
[421] BT-Drs. 18/8625, 31.
[422] Kritisch auch BeckOK UrhR/*Stang* § 79 Rn. 33a.
[423] BT-Drs. 16/1828, 32.
[424] *Grünberger,* Das Interpretenrecht, 2006, S. 290.
[425] https://www.gvl.de/gvl/dokumente-und-formulare.
[426] Und nicht „§ 78 II" wie im Vertragsformular angegeben.

– der gesetzliche Vergütungsanspruch aus der Schutzdauerverlängerung, § 79a Abs. 1 und 2,
– die Vergütungsansprüche aus den Schrankenregelungen,
– sowie alle sonstigen verwertungsgesellschaftspflichtigen Vergütungsansprüche.

Nach § 1 Abs. 1 Nr. 2 Wahrnehmungsvertrag räumt der Interpret der GVL auch eine Reihe von **81** „**Ausschließlichkeitsrechten**" – gemeint sind ausschließliche Nutzungsrechte an den im Einzelnen bezeichneten Nutzungshandlungen – ein:
– Aufnahme und Vervielfältigung der Darbietung (§ 77 Abs. 1, Abs. 2 S. 1 Var. 1), allerdings beschränkt auf den Zweck, einer von § 78 Abs. 2 erfassten Nutzungshandlung zu dienen,
– die öffentliche Zugänglichmachung der Darbietung (§ 78 Abs. 1 Nr. 1), allerdings nur soweit diese als Grundlage der Nutzungshandlungen in § 78 Abs. 2 verwendet werden soll,
– Vervielfältigung und Verbreitung der Darbietung auf erschienenen Tonträgern oder Bildtonträgern zusammen mit zuvor gesendeten Programmen der Hörfunk- und Fernsehsender auf physischen Speichermedien (§ 77 Abs. 2 S. 1). Bei Fernsehsendungen ist die Rechteeinräumung beschränkt auf Einzel- und Serienfilme, die von den Fernsehsender selbst oder in dessen Auftrag zu eigenen Sendezwecken hergestellt wurden und in denen Tonträger lediglich zur dramaturgischen Unterstützung verwendet werden. Musikfilme sind von der Rechteeinräumung ausgenommen. Die Rechtseinräumung erfasst nur solche Hörfunksendungen, die von dem Hörfunksender selbst oder in dessen Auftrag zu eigenen Sendezwecken hergestellt wurden und in denen Tonträger lediglich zur dramaturgischen Unterstützung verwendet werden. Sie erfasst nicht Hörspiele mit musikbezogenem Hauptthema,
– die öffentliche Zugänglichmachung der auf erschienenen Tonträgern oder Bildtonträgern festgelegten Darbietung zusammen mit gesendeten Programmen in Form des Podcastings (§ 78 Abs. 1 Nr. 1). Die soeben beschriebenen Einschränkungen für Fernseh- und Hörfunksendungen gelten auch hier,
– keine Nutzungsrechtseinräumung zur Werbung,
– die Befugnis zur Durchsetzung der eingeräumten Rechte,
– die Befugnis, die eingeräumten Rechte „weiter zu übertragen". Damit sind sowohl die Fälle des § 34 als auch des § 35 erfasst.
– den Auskunftsanspruch des Interpreten aus § 79a Abs. 4 UrhG,
– und den Sonderfall zugleich entstehender Urheberrechte[427] an den von der Rechteeinräumung erfassten Bild- und Tonträgern.

Nach § 31 Abs. 5 iVm § 79 Abs. 2a, der auch für Wahrnehmungsverträge gilt,[428] bestimmt sich der **82** Umfang der eingeräumten Nutzungsrechte nach dem **Vertragszweck**. Zweck des Wahrnehmungsvertrags ist es, der GVL als Verwertungsgesellschaft die Rechte und Ansprüche zur **kollektiven Wahrnehmung** einzuräumen, deren individuelle Wahrnehmung dem einzelnen Interpreten nicht möglich ist, während die Rechte, die der Interpret individuell verwerten kann, bei ihm verbleiben sollen.[429] Daher ist die Rechtseinräumung an die GVL schon im Ausgangspunkt **beschränkt**. Im Filmrecht gilt ohnehin eine doppelte Verfügungsbefugnis des Interpreten, § 92 Abs. 2. Räumt der Interpret einem Dritten Nutzungsrechte ein, liegt darin eine konkludente Einschränkung der Übertragung auf die GVL.[430] Eine umfassende kollektive Rechtewahrnehmung des Vervielfältigungs- und Verbreitungsrechts ist auch deshalb ausgeschlossen, weil der Kontrahierungszwang aus § 34 VGG im Ergebnis eine Zwangslizenz (§ 42a) bewirkt, die von § 79 Abs. 2a bewusst ausgeschlossen wurde und konventionsrechtlich problematisch wäre.[431] Hat der Interpret dem Tonträgerhersteller ausschließliche Nutzungsrechte eingeräumt und schließt dieser einen Wahrnehmungsvertrag mit der GVL, werden diese Rechte über § 1 Nr. 11 des Wahrnehmungsvertrages für Tonträgerhersteller[432] mittelbar ebenfalls von der GVL wahrgenommen. Das hat für die dort vorgesehenen einfachen Nutzungsrechte für IP-TV, Mehrkanaldienste, Webcasting und Simulcasting keine große praktische Bedeutung, weil es sich dabei idR um eine Zweitverwertung handelt, an denen kein Ausschließlichkeitsrecht des Interpreten und des Tonträgerherstellers besteht. **Praxisrelevant** ist aber das unter § 78 Abs. 1 Nr. 1 fallende Podcasting. Es wäre für die Interpreten sinnvoll, weitere unter § 78 Abs. 1 Nr. 1 fallende Nutzungsarten im Bereich der Online-Verwertung von der GVL wahrgenommen würden, um die einzelnen **Transaktionskosten** von Diensteanbietern zu senken, eine angemessene Versorgung des Marktes und eine angemessene Vergütung der Interpreten sicherzustellen. Der Vertragszweck würde diese Rechteeinräumung decken, weil dem Interpreten die individuelle Geltendmachung nicht möglich ist. Wegen des leistungsschutzrechtlichen Abstraktionsprinzips[433] müssten allerdings entsprechende Rechtseinräumungen auch im Wahrnehmungsvertrag für Tonträgerhersteller vorgenommen werden. Das scheint wohl wenig Aussicht auf Erfolg zu haben.

---

[427] → § 73 Rn. 37.
[428] Vgl. BGH GRUR 2002, 228 (229 f.) – Musical-Gala; BGH GRUR 1986, 62 (66) – GEMA-Vermutung I.
[429] Vgl. BGHZ 142, 388 = GRUR 2002, 228 (230) – Musical-Gala (zur GEMA).
[430] Vertiefend *Grünberger*, Das Interpretenrecht, 2006, S. 303 ff.
[431] *Dünnwald/Gerlach* § 77 Rn. 18.
[432] https://www.gvl.de/gvl/dokumente-und-formulare.
[433] → Vor §§ 73 ff. Rn. 77.

2. Künstler(exklusiv)vertrag

83   Der Künstler(exklusiv)vertrag zählte lange Zeit zu den praktisch wichtigsten Vertragstypen im Interpretenrecht.[434] Bei ihm handelt es sich um einen **Verwertungsvertrag eigener Art** mit Dienst-, Geschäftsbesorgungs-, Kauf- und Pachtvertragselementen, dessen Hauptvertragsgegenstand darin besteht, Bild- und Tonaufnahmen von Darbietungen durch die Herstellung und den Vertrieb von Bild- und/oder Tonträgern aller Art **umfassend** auszuwerten.[435] Der ausübende Künstler bindet sich darin gegenüber seinem Vertragspartner, der nicht notwendigerweise, aber vielfach auch Tonträgerhersteller ist.[436]

84   Im Künstlervertrag ist die **Verpflichtung** des Interpreten, sich zur Herstellung von Musikaufnahmen und für die Produktion von Musikvideos (Bildaufnahmen in Kombination mit Tonaufnahmen) zur Verfügung zu stellen, ein dienstvertragliches Element.[437] Ist der Interpret bezüglich der Darbietung im Einzelfall persönlich abhängig und weisungsgebunden, liegt ein **Arbeitsverhältnis** vor.[438] Der ausübende Künstler ist eine arbeitnehmerähnliche Person, wenn er zwar selbstständig, aber vom Vertragspartner wirtschaftlich abhängig und nach Berücksichtigung aller Umstände des Einzelfalls in seiner gesamten sozialen Stellung mit einem Arbeitnehmer vergleichbar ist.[439]

85   **a) Rechteeinräumung.** Der Künstlerexklusivvertrag enthält grundsätzlich eine **umfassende Rechteeinräumung** zur Verwertung der Darbietung.[440] Ein umfangreicher Rechtekatalog stellt sicher, dass dem Vertragspartner alle denkbaren Verwertungsmöglichkeiten der Darbietung eingeräumt werden.[441] Im Regelfall streben die Vertragspartner eine inhaltlich, zeitlich und örtlich unbeschränkte, ausschließliche und an Dritte übertragbare Nutzungsbefugnis des Verwerters an.[442] Dagegen bestehen keine grundsätzlichen **AGB-rechtlichen** Bedenken.[443] Wenn der Vertrag von einer „Übertragung" spricht, kann darunter sowohl eine Vollrechtsübertragung als auch eine Einräumung ausschließlicher Nutzungsrechte zu verstehen sein.[444] Im Zweifel ist gem. § 79 Abs. 2a iVm § 31 Abs. 5 (→ Rn. 34) davon auszugehen, dass der ausübende Künstler ausschließliche Nutzungsrechte einräumt. Haben die Parteien eine Vollrechtsübertragung ausdrücklich vereinbart, gilt auch dafür § 79 Abs. 2a (→ Rn. 15 ff.). In der Sache ist das nach hier vertretener Auffassung eine umfassende ausschließliche Einräumung von Nutzungsrechten an allen Nutzungsarten (→ Rn. 17). **Beispiele** eingeräumter Nutzungsarten: Tonträgerauswertung, Aufnahme, Vervielfältigung, Verbreitung und öffentliche Zugänglichmachung[445] von analogen/digitalen Tonträgern in allen möglichen technischen Konfigurationen[446] inklusive Mobilfunkklingeltöne, Bildtonträgerauswertung[447] und Multimedianutzung.[448] Insbesondere für die dem Interpreten vorbehaltenen Formen der **öffentlichen Wiedergabe** hat der Vertrag vorzusehen, dass die Vertragsaufnahmen in Datenbanken und Datennetzen gespeichert und öffentlich zugänglich gemacht werden dürfen. Der Vertrag sollte weiter spezifizieren, welche Online-Dienste darunter fallen und insbesondere klären, ob sich die Rechte auf On-Demand-Dienste mit oder ohne regelmäßige Speichermöglichkeit des Endnutzers (Download oder Streaming) und auf lineare Dienste (Live-Streaming und Webcasting)[449] beziehen und ob drahtgebundene und drahtlose Handlungen (Mobilfunk) davon erfasst werden.[450]

86   Weil Verwertungshandlungen das **Interpretenpersönlichkeitsrecht** beeinträchtigen können (Mobiltelefonklingeltöne, Auswertung in Werbefilmen, Multimedianutzungen),[451] beinhaltet der Vertrag regelmäßig eine an § 75 iVm § 79 Abs. 2a iVm § 39 zu messende Einwilligung für derartige Bearbeitungen der Darbietung. Wegen § 37 Abs. 1 Var. 2 iVm § 79 Abs. 2a muss sich der Verwerter ausdrücklich das Recht einräumen lassen, die „Bearbeitung" einer festgelegten Darbietung zu verwerten (→ Rn. 49). **Auskopplungen** von Tonträgern („Compilations", „Best-of"), Remix und Sampling

---

[434] Zu den Umwälzungen s. Münch. Anwaltshandbuch/*Büscher,* Urheber- und Medienrecht, 2017, § 9 Rn. 3; Wandtke/Ohst/*Schunke/Hensel,* Medienrecht Praxishandbuch, Rn. 47.

[435] BGH GRUR 1989, 198 (201) – Künstlerverträge; Münch. Vertragshandbuch/*Hertin* S. 820 f.; Berger/Wündisch/*Fierdag* § 21 Rn. 127 ff.; näher *Weiß,* Künstlerexklusivvertrag, 2009, S. 75 f.

[436] Münch. Vertragshandbuch/*Hertin* S. 818.

[437] LAG Köln ZUM 2002, 840 (841).

[438] Ausführlich *Weiß,* Künstlerexklusivvertrag, 2009, S. 77 ff.

[439] LAG Köln ZUM 2002, 840 (841); *Weiß,* Künstlerexklusivvertrag, 2009, S. 121 ff.

[440] *Rossbach/Joost* FG Schricker, 1995, 333 (366 f.).

[441] Loewenheim/*Rossbach* § 69 Rn. 14; Münch. Anwaltshandbuch/*Büscher,* Urheber- und Medienrecht, 2017, § 9 Rn. 19; Münch. Vertragshandbuch/*Hertin* S. 822 f.; *Weiß,* Künstlerexklusivvertrag, 2009, S. 188 ff.

[442] *Ingendaay,* Künstlerverträge, 2008, S. 109 f.

[443] *Schäfer* FS Chr. Kirchner, 2014, 229 (239 ff.); vertiefend *Weiß,* Künstlerexklusivvertrag, 2009, S. 191 ff.

[444] AA *Ingendaay,* Künstlerverträge, 2008, S. 110 f.

[445] Vgl. dazu den Rechtekatalog bei Münch. Anwaltshandbuch/*Büscher,* Urheber- und Medienrecht, 2017, § 9 Rn. 19.

[446] Vgl. Münch. Anwaltshandbuch/*Kuhn/Kunisch,* Urheber- und Medienrecht, 2017, § 9 Rn. 75 (zum Bandübernahmevertrag).

[447] Zu Musikvideos s. *Gilbert/Scheuermann/Deubzer/Westerhoff,* Handbuch der Musikwirtschaft, 2003, S. 1102 ff.

[448] Vertiefend *Ingendaay,* Künstlerverträge, 2008, S. 112 ff.

[449] Zur Frage, ob diese Nutzungsarten noch von § 78 Abs. 1 erfasst sind, → § 78 Rn. 32 ff.

[450] Münch. Anwaltshandbuch/*Kuhn/Kunisch,* Urheber- und Medienrecht, 2017, § 9 Rn. 75 (zum Bandübernahmevertrag).

[451] *Ingendaay,* Künstlerverträge, 2008, S. 113.

von Darbietungen betreffen jeweils eigenständige Nutzungsarten und müssen im Vertrag wegen § 31 Abs. 5 iVm § 79 Abs. 2a ausdrücklich spezifiziert werden.[452]

b) Endabnahmerecht. Räumt der Interpret dem Verwerter im vorhinein Nutzungsrechte ein, **87** kann er die Verwertung einer aus seiner (subjektiven) Sicht problematischen Festlegung idR nicht verhindern.[453] Das Interesse des Interpreten, die festgelegte Darbietung vor Veröffentlichung zu prüfen, wird mangels **Veröffentlichungsrecht** nicht ausdrücklich gesetzlich[454] geschützt. Erfolgt zwischen der Darbietungserbringung und dem fertigen Tonträger eine Änderung, liegt darin eine Beeinträchtigung des **Leistungsintegritätsanspruchs** (§ 75 S. 1).[455] Deshalb muss sich der Interpret nicht in jedem Fall die Entscheidung über die Veröffentlichungsreife vertraglich vorbehalten. Allerdings kann er eine Veröffentlichung nur verhindern, wenn eine Interessenabwägung zu seinen Gunsten ausfällt. Der Schutz nach § 75 S. 1 ist somit beschränkt.[456] Deshalb kommt dem **Endabnahmerecht,** das der Standardkünstlerexklusivvertrag in unterschiedlichen Ausprägungen vorsieht,[457] eine praktisch wichtige Bedeutung zu. Darin liegt eine rechtsgeschäftliche Vereinbarung über die Ausübung des Leistungsintegritätsanspruchs nach § 39 Abs. 1 iVm § 79 Abs. 2a.[458] Wirklich effektiv wirkt es, wenn man die endgültige Verweigerung zur Freigabe der festgelegten Darbietung als **auflösende Bedingung** (§ 158 Abs. 2 BGB) der **Nutzungsrechtseinräumung** am Aufnahmerecht (§ 77 Abs. 1) oder am Vervielfältigungsrecht (§ 77 Abs. 2 S. 1 Var. 1) behandelt. Eine dennoch erfolgte Verwertung verstößt dann gegen § 97 iVm § 77 Abs. 1. Kein ausreichender Schutz besteht bei einer **Vorauseinräumung** des Vervielfältigungsrechts, wenn der Verwerter die *takes,* die bei der Aufnahmesitzung angefallen waren, später unverändert veröffentlicht.[459] Dabei handelt es sich um Proben, Experimente oder später ausdrücklich verworfene Darbietungen, an deren Verwertung bei wachsender Bekanntheit des Interpreten ein großes Interesse besteht.[460] Hier bleibt nur ein Rückruf gem. § 42 iVm § 79 Abs. 2a (→ Rn. 63 ff.).

c) Vergütung. Die **Vergütung** für die Nutzungsrechtseinräumung ist im Wesentlichen als **Umsatzbeteiligung** ausgestaltet, die auf mehreren **Parametern** basiert und auf die ein nicht rückzahlbarer Vorschuss[461] angerechnet wird.[462] Beim Vertrieb von Vervielfältigungsstücken wird im Regelfall eine Beteiligung von 5–15% des Netto-Händlerabgabepreises (HAP) als **Abrechnungsbasis** vereinbart, von dem zahlreiche Kostenpositionen abgezogen werden.[463] Der durchschnittliche Netto-HAP beträgt bei Tonträgern der Hochpreiskategorie 10–12,50 EUR.[464] Alternative Abrechnungsbasis sind die Nettoeinnahmen.[465] Die abgesetzte Nettomenge (verkaufte, bezahlte und nicht retournierte Tonträger) bildet die **Abrechnungsmenge.** Daher enthalten die Verträge detaillierte Abrechnungsbedingungen.[466] Weicht die Vergütungsregelung von diesen Modellen erheblich ab oder werden Technikabzüge von mehr als 10% vorgenommen, ist die Vergütung idR unangemessen iSv § 32 Abs. 2 S. 2 iVm § 79 Abs. 2a.[467] Dasselbe gilt, wenn Werbungs- und sonstige **Marketingkosten** abgezogen werden, weil der Verwerter das wirtschaftliche Risiko der Auswertung trägt und der Interpret daran bereits aufgrund der vereinbarten Umsatzbeteiligung partizipiert.[468] Der **Onlinevertrieb** kennt noch keine standardisierten Vergütungsmodelle.[469] Es gibt Modelle, die auf einzelnen Verwertungsvorgängen basieren und eine Abrechnung nach Stückzahlen erlauben (Einzel- oder Albumdownload bzw. Einzelstreaming) und pauschal zu vergütende Abonnentensysteme. Bei ersteren bietet sich eine Über-

---

[452] Vgl. die Klausel von Münch.Vertragshandbuch/*Hertin* S. 812: „Der Tonträgerhersteller ist berechtigt, unter Wahrung der Künstlerpersönlichkeitsrechte die Vertragsaufnahen zu bearbeiten und umzugestalten, insbesondere durch Verwertung von Teilen oder Ausschnitten, auch durch Vergabe von Sampling-Lizenzen, zur Herstellung von Remixen oder zur interaktiven Nutzung durch Dritte oder zur Auswertung von Klingentönen unter Verwendung vertraglicher Aufnahmen"; zum Ganzen ausführlich *Ingendaay,* Künstlerverträge, 2008, S. 114 ff.

[453] → Vor §§ 73 ff. Rn. 85.

[454] *Rüll,* Allgemeiner und urheberrechtlicher Persönlichkeitsrechtsschutz des ausübenden Künstlers, 1998, 207; *Jaeger,* Der ausübende Künstler und der Schutz seiner Persönlichkeitsrechte, 2002, S. 63 f.; *Grünberger,* Das Interpretenrecht, 2006, S. 77 f.

[455] *Grünberger,* Das Interpretenrecht, 2006, S. 131 f.

[456] Weitergehend *Rüll,* Allgemeiner und urheberrechtlicher Persönlichkeitsrechtsschutz des ausübenden Künstlers, 1998, S. 254 ff., der für ein aus dem allgemeinen Persönlichkeitsrecht fließendes Endabnahmerecht des Interpreten plädiert.

[457] *Ingendaay,* Künstlerverträge, 2008, S. 98 ff.

[458] *Grünberger,* Das Interpretenrecht, 2006, S. 131 f.

[459] *Hertin,* Urheberrecht, 2004, Rn. 436.

[460] *Hertin,* Urheberrecht, 2004, Rn. 436.

[461] Dazu *Ingendaay,* Künstlerverträge, 2008, S. 187 ff.

[462] Einzelheiten bei Loewenheim/*Rossbach* § 69 Rn. 30 ff.; Münch. Anwaltshandbuch/*Büscher,* Urheber- und Medienrecht, 2017, § 9 Rn. 39 ff.; *Gilbert/Scheuermann/Deubzer/Westerhoff,* Handbuch der Musikwirtschaft, 2003, 1107 ff.; *Schäfer* FS Chr. Kirchner, 2014, 229 (234 ff.); vertiefend *Ingendaay,* Künstlerverträge, 2008, S. 168 ff.; *Weiß,* Künstlerexklusivvertrag, 2009, S. 349 ff.

[463] Berger/Wündisch/*Fierdag* § 23 Rn. 130 ff.

[464] *Ingendaay,* Künstlerverträge, 2008, S. 178.

[465] *Ingendaay,* Künstlerverträge, 2008, S. 179.

[466] *Ingendaay,* Künstlerverträge, 2008, S. 183 ff.

[467] Vgl. *Ingendaay,* Künstlerverträge, 2008, S. 181 f.

[468] Münch. Vertragshandbuch/*Hertin* S. 829; teilweise anders *Weiß,* Künstlerexklusivvertrag, 2009, S. 396 ff.

[469] Dazu Berger/Wündisch/*Fierdag* § 21 Rn. 152.

tragung der klassischen Vergütungsregelungen an.[470] Aufgrund einer anderen Kostenstruktur des On-
line-Vertriebs sind die herkömmlichen Technik- und Kostenabzüge regelmäßig unangemessen.[471] Bei
Pauschalangeboten bietet sich – nicht zuletzt wegen der beiderseitigen Leistungsschutzrechte – eine
hälftige Teilung der Vergütung an.[472] Gerade mit Blick auf die Angemessenheit (§ 32 Abs. 2 S. 2) ist
die weitere Vergütungsentwicklung bei **Streamingangeboten kritisch** zu beobachten (→ Rn. 39).
Ob die Vergütungs- und Abrechnungsklauseln für sich genommen sittenwidrig sind, kann dahinstehen.[473] Sie unterliegen als **AGB** sowohl der Einbeziehungs- als auch der Inhaltskontrolle.[474] Sind sie –
was nicht selten der Fall ist – unübersichtlich,[475] liegt ein Verstoß gegen das Transparenzgebot, § 307
Abs. 1 S. 2 BGB, vor.[476] Das trifft insbesondere auf Onlineverwertungen und Lizenzierungen an
Streamingplattformen zu. Die Höhe der Technikabzüge ist nach § 307 Abs. 2 S. 2 BGB kontrollfähig;
ein Abzug, der den Herstellungsaufwand um 150–200 % übersteigt, verschleiert die wahre Höhe der
Künstlervergütung und ist daher unwirksam.[477] Sind die Vergütungsklauseln unwirksam, hat der In-
terpret Anspruch auf angemessene Vergütung, § 306 Abs. 2 BGB iVm §§ 79 Abs. 2a, 32 Abs. 2 S. 2
(→ Rn. 37 ff.).

89   **d) Auswertungspflicht.** Soweit eine **Auswertungspflicht** im Vertrag nicht ausdrücklich geregelt
ist,[478] kann sie dem Vertrag – jedenfalls bei Vereinbarung einer umsatzabhängigen Vergütung – aufgrund **ergänzender Vertragsauslegung** entnommen werden.[479] Verstößt der Verwerter dagegen,
kann der Interpret vom Vertrag zurücktreten (§ 323 BGB[480] oder §§ 32, 30 VerlG analog)[481] und
Schadensersatz (§ 280 Abs. 3 iVm §§ 281, 325 BGB)[482] verlangen[483] oder den Vertrag kündigen
(§ 314 BGB).[484] Der Interpret kann das Nutzungsrecht in solchen Fällen **alternativ** auch über § 79
Abs. 2a iVm § 41 **zurückrufen** (→ Rn. 55 ff.).[485] Während § 41 Abs. 5 iVm § 79 Abs. 2a unmittelbar zum „Heimfall" des Nutzungsrechts führt (→ Rn. 67), sind die Auswirkungen der schuldrechtlichen Beendigungsgründe auf das Verfügungsgeschäft umstritten.[486] Schließt der Künstlervertrag eine
Auswertung ausdrücklich aus, ist diese Klausel regelmäßig unwirksam (§ 307 Abs. 2 Nr. 2 BGB).[487]
Das gilt insbesondere, wenn Vertragspartner ein Major Label ist, während bei einem unabhängigen
Produzenten (Independent Label) zu differenzieren ist.[488] Bei Unerfahrenheit des Interpreten kommt
daneben auch ein Verstoß gegen § 138 Abs. 1 BGB in Betracht.[489]

90   **e) Exklusivitätsbindungen.** Zentraler Bestandteil des Künstlerexklusivvertrages ist eine **Exklusivbindung** in dreifacher Hinsicht:[490] (1.) Die Exklusivität an den vertraglichen **Aufnahmen**[491] wird
mit der antizipierten Einräumung ausschließlicher Nutzungsrechte (§ 79 Abs. 2) an den Verwertungsrechten aus §§ 77 Abs. 2 S. 1, 78 Abs. 1 hergestellt. Sie ist der Grundpfeiler des Künstlerexklusivvertrages; (2.) Die **persönliche** Exklusivität verpflichtet den Interpreten unter anderem[492] während eines
festzulegenden Zeitraums (3–5 Jahre)[493] keine Aufnahmen für Dritte zu tätigen und verbietet ihm,
den Dritten Rechte an vertragswidrigen Aufnahmen einzuräumen;[494] (3.) Die **Titelexklusivität** verhindert, dass der Interpret bei Vertragsende die aufgenommenen Werke für einen bestimmten Zeit-

---

[470] Vgl. aber Münch. Vertragshandbuch/*Hertin*, 828.
[471] Münch. Vertragshandbuch/*Hertin*, 828; *Ingendaay*, Künstlerverträge, 2008, S. 174 f.
[472] Münch. Vertragshandbuch/*Hertin*, 815, 828.
[473] Offengelassen von OLG Karlsruhe ZUM 2003, 785 (786).
[474] *Weiß*, Künstlerexklusivvertrag, 2009, S. 375 f.
[475] Vgl. Berger/Wündisch/*Fierdag* § 21 Rn. 147; *Schäfer* FS Chr. Kirchner, 2014, 229 (244 f.).
[476] Näher *Weiß*, Künstlerexklusivvertrag, 2009, S. 377 ff.
[477] *Ingendaay*, Künstlerverträge, 2008, S. 180 f.; *Weiß*, Künstlerexklusivvertrag, 2009, S. 380 ff.
[478] Vgl. BGH GRUR 2001, 764 (765 f.) – Musikproduktionsvertrag.
[479] KG UFITA 86 (1980), 230 (238) – Tangerine Dream; bestätigt von BGH UFITA 86 (1980), 240 (243);
GRUR 1989, 198 (201) – Künstlerverträge; *Rossbach/Joost* FG Schricker, 1995, 333 (369); *Loewenheim/Rossbach*
§ 69 Rn. 26 ff.; Berger/Wündisch/*Fierdag* § 21 Rn. 143; *Will-Flatau*, Rechtsbeziehungen zwischen Tonträgerproduzent und Interpret aufgrund eines Standardkünstlerexklusivvertrags, 1990, S. 93 ff.; *Ingendaay*, Künstlerverträge,
2008, S. 158 ff.; *Weiß*, Künstlerexklusivvertrag, 2009, S. 231 ff.
[480] Vgl. BGH GRUR 2001, 764 (765 f.) – Musikproduktionsvertrag.
[481] *Will-Flatau*, Rechtsbeziehungen zwischen Tonträgerproduzent und Interpret aufgrund eines Standardkünstlerexklusivvertrags, 1990, S. 90 f.; *Loewenheim/Rossbach* § 69 Rn. 29.
[482] Vgl. BGH GRUR 2001, 764 (765 f.) – Musikproduktionsvertrag.
[483] Münch. Vertragshandbuch/*Hertin* S. 824 f.
[484] Vgl. KG UFITA 86 (1980), 230 (238) – Tangerine Dream.
[485] *Ingendaay*, Künstlerverträge, 2008, S. 165 f.
[486] → § 31 Rn. 18 f.
[487] *Ingendaay*, Künstlerverträge, 2008, S. 167 f.
[488] Näher *Ingendaay*, Künstlerverträge, 2008, S. 163 f.
[489] Vgl. BGH GRUR 2009, 1052 Rn. 18 f. – Seeing is Believing.
[490] Berger/Wündisch/*Fierdag* § 21 Rn. 137; Münch. Vertragshandbuch/*Hertin* S. 824; *Ingendaay*, Künstlerverträge, 2008, S. 123 ff.; etwas abweichend Münch. Anwaltshandbuch/*Büscher*, Urheber- und Medienrecht, 2017, § 9
Rn. 24 ff.
[491] *Rossbach/Joost* FG Schricker, 1995, 333 (367).
[492] Fromm/Nordemann/*Schaefer* UrhG § 79 Rn. 20.
[493] Münch. Vertragshandbuch/*Hertin* S. 824.
[494] *Loewenheim/Rossbach* § 69 Rn. 24; *Will-Flatau*, Rechtsbeziehungen zwischen Tonträgerproduzent und Interpret aufgrund eines Standardkünstlerexklusivvertrags, 1990, S. 19 f.; *Gilbert/Scheuermann/Deubzer/Westerhoff*,
Handbuch der Musikwirtschaft, 2003, S. 1127 f.

raum (5–10 Jahre)[495] erneut aufnimmt („Sperrfrist"). Persönliche Exklusivität und Titelexklusivität sind schuldrechtliche Wettbewerbsverbote.[496] Sie verstoßen regelmäßig nicht gegen §§ 307, 138 Abs. 1 BGB, §§ 74 f., 90a HGB oder § 1 GWB.[497] Eine Titelexklusivität, die länger als 5 Jahre nach Erscheinen des Tonträgers wirkt, ist problematisch, weil das Interesse des Interpreten dann das Interesse des Verwerters konkurrierende Aufnahmen zu verhindern, überwiegt.[498] Nach § 78 Hs. 2 aF (→ Rn. 6) hatten die persönliche Exklusivität und die Titelexklusivität nur **schuldrechtliche** Wirkung und begründeten vertragliche Unterlassungs- und Schadensersatzansprüche.[499] Das hat sich **geändert.**[500] Räumt der Interpret dem Verwerter im voraus Nutzungsrechte an der Aufnahme (§ 77 Abs. 1) von Darbietungen ein, kann er Dritten daran keine absoluten Rechte mehr verschaffen, weil seine Verfügungsmacht insoweit verbraucht ist.[501] Der Verwerter kann wegen vertragswidrig hergestellter Aufnahmen gegen den Dritten aus § 97 vorgehen.[502] Solche **antizipierten Nutzungsrechtseinräumungen** bedürfen der Schriftform, § 79 Abs. 2a iVm § 40 Abs. 1 (→ Rn. 51 ff.), und sind nach § 79 Abs. 2a iVm § 31 Abs. 5 ausdrücklich zu vereinbaren. Der Vertragszweck als solcher könnte nämlich auch von einer rein schuldrechtlich wirkenden Exklusivitätsbindung erreicht werden.[503]

f) Werbung und Merchandising. Wirtschaftlich erhebliche Bedeutung haben die Vereinbarungen zu **Werbung und Merchandising.**[504] Wegen § 74 Abs. 1 S. 2 ist es für den Verwerter sinnvoll, die Namensnennung des Interpreten vertraglich zu regeln[505] und zu klären, welche Namens- oder Markenrechte an der Künstlerbezeichnung bestehen.[506] Der Künstlervertrag erfasst auch Regelungen zur Durchführung von Werbemaßnahmen[507] und die dafür notwendigen Rechteübertragungen (insbesondere am eigenen Bild des Interpreten).[508] Problematisch ist, dass der ausübende Künstler mit der Einräumung dieser persönlichkeitsrechtlichen Positionen dem Verwerter der Darbietung zusätzliches Einkommen verschafft und daran nicht zwangsläufig beteiligt wird.[509]   **91**

g) Vertragsdauer. Zur **Vertragsdauer** finden sich in der Praxis zwei Vertragstypen: Während der **Titelvertrag** nur für eine bestimmte Produktion abgeschlossen wird,[510] vereinbaren die Parteien bei einer längerfristig angelegten Zusammenarbeit häufig eine **Mindestlaufzeit.** Sie beträgt bei einem Vertrag mit persönlicher Exklusivität (→ Rn. 90) 1–5 Jahre.[511] Bei bekannten und erfolgreichen Künstlern wird regelmäßig auch eine längere Laufzeit (3–5 Jahre) vereinbart. Bei Newcomern und weniger bekannten Künstlern wird eine kurze Grundlaufzeit flankiert von einem einseitigen Optionsrecht des Verwerters vereinbart.[512] Bei Interpreten im Arbeitsverhältnis sind diese Befristungen wegen des TzBfG problematisch.[513] Klauseln, die die Vertragslaufzeit vom Erscheinen eines Tonträgers abhängig machen, sind unwirksam (§ 307 Abs. 2 BGB), weil dieser Zeitpunkt und damit die konkrete Vertragsdauer im Belieben des Verwerters steht.[514] **Verlängerungsoptionen** sind Gegenstand einer Inhaltskontrolle (§§ 307, 138 Abs. 1 BGB). Regelmäßig handelt es sich um Optionen ieS (qualifizierte Optionen),[515] weil sie den Verwerter in die Lage versetzen, den Vertrag durch einseitige Willenserklärung zu verlängern. Sie bedürfen der **Schriftform** (§ 79 Abs. 2a iVm § 40 Abs. 1, → Rn. 51 ff.). **Sittenwidrig** sind Bestimmungen, die es dem Verwerter ermöglichen, die Laufzeit des Vertrages nach Belieben über 5 Jahre hinaus zu verlängern und ihm gleichzeitig erlauben, sich selbst kurzfristig vom   **92**

[495] *Gilbert/Scheuermann/Deubzer/Westerhoff,* Handbuch der Musikwirtschaft, 2003, S. 1100; mit Recht strenger Münch. Anwaltshandbuch/*Büscher,* Urheber- und Medienrecht, 2017, § 9 Rn. 28: 5 Jahre.

[496] *Will-Flatau,* Rechtsbeziehungen zwischen Tonträgerproduzent und Interpret aufgrund eines Standardkünstlerexklusivvertrags, 1990, S. 20, 45; *Weiß,* Künstlerexklusivvertrag, 2009, 150, S. 163.

[497] Näher *Ingendaay,* Künstlerverträge, 2008, S. 123 ff.; zwischen Arbeitnehmer und Selbstständigen differenzierend *Weiß,* Künstlerexklusivvertrag, 2009, S. 149 ff.

[498] *Weiß,* Künstlerexklusivvertrag, 2009, S. 180 ff.

[499] BGH GRUR 2005, 735 (736) – Titelexklusivität.

[500] Übersehen von Berger/Wündisch/*Fierdag* § 21 Rn. 142.

[501] Näher *Hodik* UFITA 113 (1990), 5 (13 f.).

[502] *Grünberger,* Das Interpretenrecht, 2006, S. 148.

[503] *Grünberger,* Das Interpretenrecht, 2006, S. 148.

[504] *Schäfer* FS Chr. Kirchner, 2014, 229 (236 f.); *Rossbach/Joos* FG Schricker, 1995, 333 (366 f.); Münch. Anwaltshandbuch/*Büscher,* Urheber- und Medienrecht, 2017, § 9 Rn. 32; MVHdB III WirtschaftsR II/*Hertin* Form IX.23 Rn. 10; *Ingendaay,* Künstlerverträge, 2008, S. 145 ff.; *Weiß,* Künstlerexklusivvertrag, 2009, S. 242 ff., 249 ff.

[505] Näher *Weiß,* Künstlerexklusivvertrag, 2009, S. 244 ff.

[506] Vgl. OLG München WRP 1996, 933 – Boney M.

[507] Zum Umfang *Weiß,* Künstlerexklusivvertrag, 2009, S. 236 ff.

[508] Münch. Anwaltshandbuch/*Büscher,* Urheber- und Medienrecht, 2017, § 9 Rn. 34; vgl. BGH GRUR 1997, 125 – Künstlerabbildung im CD-Einlegeblatt.

[509] Kritisch *Schäfer* FS Chr. Kirchner, 2014, 229 (247 f.).

[510] Loewenheim/*Rossbach* § 69 Rn. 45.

[511] *Gilbert/Scheuermann/Deubzer/Westerhoff,* Handbuch der Musikwirtschaft, 2003, S. 1096; Loewenheim/*Rossbach* § 69 Rn. 45; *Will-Flatau,* Rechtsbeziehungen zwischen Tonträgerproduzent und Interpret aufgrund eines Standardkünstlerexklusivvertrags, 1990, S. 145 ff.

[512] *Gilbert/Scheuermann/Deubzer/Westerhoff,* Handbuch der Musikwirtschaft, 2003, S. 1097; *Weiß,* Künstlerexklusivvertrag, 2009, S. 290 f.

[513] Vertiefend *Weiß,* Künstlerexklusivvertrag, 2009, S. 294 ff.

[514] *Weiß,* Künstlerexklusivvertrag, 2009, S. 311 ff.

[515] *Weiß,* Künstlerexklusivvertrag, 2009, S. 329 f.

Vertrag zu lösen.[516] Künstlerverträge mit mehr als 5 Jahren Dauer sind beiderseits kündbar (§ 79 Abs. 2a iVm § 40 Abs. 1 S. 2, → Rn. 51 ff.). Im Übrigen kann nach § 314 BGB außerordentlich gekündigt werden.[517] Von der Vertragslaufzeit ist die Dauer der eingeräumten Verwertungsrechte zu unterscheiden. Sie werden regelmäßig für den Zeitraum der gesetzlichen Schutzdauer (§ 82) eingeräumt.[518]

93   **h) Inhaltskontrolle.** Einen besonderen Stellenwert nimmt die **Inhaltskontrolle** von Künstlerverträgen ein. Werden **Produktions- und Produktionsnebenkosten** zu Lasten des Interpreten von einer ohnehin niedrigen Vergütung abgezogen und weist der Vertrag dem Interpreten die typischen Auswertungsrisiken zu, ist die Vereinbarung wegen § 138 Abs. 1 BGB nichtig.[519] Der Künstlervertrag ist insgesamt **sittenwidrig**, § 138 Abs. 1 BGB, wenn er die **künstlerische Freiheit** des ausübenden Künstlers weitestgehend zu Gunsten der Entscheidungsbefugnis des Verwerters beschränkt oder beschränken kann.[520] Das ist der Fall, wenn dem Künstler die Entscheidungsbefugnis über Art, Dauer und Inhalt seiner künstlerischen Tätigkeit genommen wird.[521] Die Einräumung einer **weltweiten Exklusivität** verbunden mit der Übertragung sämtlicher hierzu erforderlicher Rechte ist sittenwidrig, wenn dieser Bindung keine kompensierende Auswertungspflicht entspricht.[522] Künstlerexklusivverträge, die den Interpreten verpflichten, die Darbietung vergütungsfrei solange zu **wiederholen,** bis sie aus Sicht des Produzenten veröffentlichungsreif ist, verstoßen gegen § 307 Abs. 1 BGB und sind unwirksam.[523]

3. Sonstige Vertragstypen

94   **a) Bandübernahmevertrag.** Es kommt in der Praxis häufig vor, dass die Auswertung nicht vom Tonträgerhersteller, sondern von einem Tonträgerunternehmen *(Label)* durchgeführt wird. In diesem Fall benötigt das verwertende Unternehmen auch eine Rechtsübertragung oder -einräumung der Tonträgerherstellerrechte. Dafür hat sich in der Praxis der **„Bandübernahmevertrag"** eingebürgert.[524] Lizenzgeber (Bandgeber) ist entweder ein (selbständiger) Tonträgerhersteller, der sich seinerseits die Interpretenrechte hat übertragen bzw. einräumen lassen oder der ausübende Künstler, der den Tonträger selbst produziert hat.[525] Wesentlicher Vertragsgegenstand ist die Übergabe eines Mastertonträgers mit Übertragung bzw. Einräumung der Tonträgerherstellerrechte und der eigenen oder derivativ erworbenen Interpretenrechte zur exklusiven (→ Rn. 83 ff., 90) Nutzung.[526] Kennzeichnend dafür ist, dass der Bandgeber das wirtschaftliche Risiko der Produktion trägt. Der Bandgeber sichert dem Lizenznehmer auch zu, über alle erforderlichen Rechte an der festgelegten Darbietung und dem Tonträger zu verfügen.[527] Dafür erhält er eine im Vergleich zu den Künstlerverträgen höhere Vergütung als abschließende Gegenleistung des Lizenznehmers für die Verwertungsmöglichkeit.[528]

95   **b) Künstlerquittung (Buy-Out-Vertrag).** Mit Backgroundinterpreten *(non featured artists* oder *session musicians)* werden regelmäßig keine Künstlerverträge abgeschlossen.[529] Das trifft beispielsweise auf die Refrainsänger beim Hit „You're my heart, you're my soul" von Modern Talking zu.[530] Stattdessen verwendet man **„Künstlerquittungen".**[531] Diese Verträge enthalten eine **umfassende Rechtsübertragung** iSv § 79 Abs. 1 S. 1 für alle nur erdenklichen Nutzungsarten kombiniert mit einer Pauschalvergütung; Exklusivitätsbindungen fehlen.[532] Das Gebot angemessener Vergütung, § 79 Abs. 2a iVm § 32, sieht zwar eine umsatzbasierte Vergütung als Regelfall vor, schließt aber ein Festhonorar (**„Buyout"**) bei besonderen Fallgestaltungen nicht aus (→ Rn. 37 ff., 40). Darunter fallen Vergütungen von Session-Musikern, weil es sich um kurze Darbietungsnutzungen, um Beiträge untergeordneter Bedeutung oder um eine Vielzahl von Kreativen handelt, die eine Absatzhonorierung

---

[516] OLG Karlsruhe ZUM 2003, 785 (786); bestätigt von BVerfG GRUR 2006, 880 (882) – Xavier Naidoo.

[517] *Ingendaay,* Künstlerverträge, 2008, S. 203 ff.

[518] *Gilbert/Scheuermann/Deubzer/Westerhoff,* Handbuch der Musikwirtschaft, 2003, S. 1098; Münch. Anwaltshandbuch/*Büscher,* Urheber- und Medienrecht, 2017, § 9 Rn. 60.

[519] BGH GRUR 1989, 198 (201) – Künstlerverträge.

[520] OLG Karlsruhe ZUM 2003, 785 (786); bestätigt von BVerfG GRUR 2005, 880 (882 f.) – Xavier Naidoo.

[521] OLG Karlsruhe ZUM 2003, 785 (786); bestätigt von BVerfG GRUR 2005, 880 (882 f.) – Xavier Naidoo; vertiefend *Ingendaay,* Künstlerverträge, 2008, S. 92 ff., 108, 125 f., 139, 168; *Weiß,* Künstlerexklusivvertrag, 2009, S. 144 ff.

[522] BGH GRUR 2009, 1052 Rn. 18 f. – Seeing is Believing.

[523] Näher *Weiß,* Künstlerexklusivvertrag, 2009, S. 138 ff.; aA Münch. Anwaltshandbuch/*Büscher,* Urheber- und Medienrecht, 2017, § 9 Rn. 12.

[524] Münch. Vertragshandbuch/*Hertin* S. 840 ff.

[525] Berger/Wündisch/*Fiedag* § 21 Rn. 168; nach Münch. Vertragshandbuch/*Hertin* S. 845, empfiehlt sich in der zweiten Konstellation der Abschluss eines Künstlervertrags.

[526] Münch. Vertragshandbuch/Ohst/*Schunke/Hensel,* Medienrecht Praxishandbuch, Rn. 42; Einzelheiten bei Münch. Anwaltshandbuch/*Kuhn/Kunisch,* Urheber- und Medienrecht, 2017, § 9 Rn. 75 ff.

[527] Münch. Anwaltshandbuch/*Kuhn/Kunisch,* Urheber- und Medienrecht, 2017, § 9 Rn. 76.

[528] Münch. Anwaltshandbuch/*Kuhn/Kunisch,* Urheber- und Medienrecht, 2017, § 9 Rn. 75, 96, 111.

[529] Zum Film s. *Reber* GRUR 2003, 393 (395).

[530] KG GRUR-RR 2004, 129 – Modernisierung einer Liedaufnahme.

[531] KG GRUR-RR 2004, 129 – Modernisierung einer Liedaufnahme.

[532] *Ingendaay,* Künstlerverträge, 2008, S. 73.

unzumutbar erschweren.[533] Die umfassende Rechtseinräumung muss sich dann in der Höhe des vereinbarten Entgelts niederschlagen, sofern es sich nicht um Beiträge von ganz untergeordneter Bedeutung handelt (→ Rn. 40) oder eine Erhöhung aufgrund sonstiger Umstände unüblich und auch nicht angemessen ist.[534] Handelt es sich um die Verwertung zentraler Darbietungen und ist diese Verwertung typischerweise auf einen längerfristigen Absatz angelegt, ist eine pauschale Einmalzahlung regelmäßig nicht mit den Grundsätzen der Redlichkeit und Billigkeit zu vereinbaren (→ Rn. 37 ff., 39). Ist das vereinbarte Pauschalentgelt angemessen, kann der Interpret zusätzlich aus § 32a iVm § 79 Abs. 2a gegenüber dem Verwerter einen Anspruch auf weitere Beteiligung geltend machen (→ Rn. 41). Der ausübende Künstler hat zusätzlich den Anspruch aus § 79a Abs. 1.

c) Produzentenvertrag. Der Producer einer Aufnahme kann ausübender Künstler sein.[535] Im **96**
Producervertrag oder Produzentenvertrag verpflichtet er sich gegenüber dem Tonträgerhersteller und/oder dem ausübenden Künstler zur Produktion einer festgelegten Darbietung, wobei er maßgeblichen (künstlerischen) Einfluss auf den Sound der Aufnahme nimmt.[536] Beschränkt sich sein Einfluss auf wirtschaftlich-technische Vorgänge, kann er Inhaber der Tonträgerherstellerrechte sein.[537] Inhaltlich ähneln die Verträge dem Künstlerexklusivvertrag, insbesondere was die Rechteeinräumung betrifft.[538] Vereinbart wird keine persönliche, aber eine Titelexklusivität,[539] Werbe- und Merchandisingregelungen sind regelmäßig nicht vorgesehen und es besteht auch keine Auswertungspflicht.[540] Die Vergütungsstruktur ähnelt einem Bandübernahmevertrag.[541] Wenn die Aufnahme unter Verwendung vorbestehenden Materials hergestellt werden soll (Remix, Soundsampling), kommt den sog. Rechte-Clearing-Klauseln eine besondere Bedeutung zu.[542]

d) Konzertvertrag. Ein praktisch wichtiges Gebiet bilden die **Konzert- und Aufführungsver- 97**
träge zwischen Interpreten und Veranstaltern iSv § 81. Sie zeichnen sich einerseits durch werkvertragliche Elemente aus,[543] insbesondere Ort, Datum, Zeit, Programm und Vergütung,[544] andererseits beinhalten sie Nutzungsrechtseinräumungen. Regelmäßig räumt der Interpret dem Veranstalter ein Nutzungsrecht zur öffentlichen Wahrnehmbarmachung außerhalb des Raumes (§ 78 Abs. 1 Nr. 3) ein. Wegen des „leistungsschutzrechtlichen Abstraktionsprinzips"[545] müssen die Verträge auch klären, wie die Interpreten- und Veranstalterrechte an der veranstalteten Darbietung gemeinsam ausgeübt werden.

D. Ausübende Künstler in Arbeits- oder Dienstverhältnissen
(§ 79 Abs. 2 S. 2 iVm. § 43) *(Rojahn/Frank)*

I. Vertragsrechtliche Verhältnisse von ausübenden Künstlern

1. Leistungsschutzvertragsrecht

Ausübende Künstler erbringen ihre Darbietungen zumeist im Rahmen eines Arbeitsverhältnisses. **98**
Nahezu 75 % aller Musikschaffenden und Darsteller sind Arbeitnehmer.[546] Dies hat dazu geführt, dass schon frühzeitig **kollektive Regelungen, insbesondere Tarifverträge** ausgehandelt wurden, die auch die Leistungsschutzrechte betreffen. Für die Bühnenangehörigen, die bereits 1919 den ersten Tarifvertrag abgeschlossen hatten, hat sich ein besonderes Arbeitsrecht herausgebildet.[547] Im Medienbereich ist zunehmend eine tarifliche Regelung zu finden, auch für auf Produktionsdauer beschäftigte Leistungsschutzberechtigte. Eine nähere Darstellung der für die Praxis besonders bedeutsamen tarifvertraglichen Regelungen in den Bereichen Bühne, Film, Funk und Fernsehen sowie Orchester erfolgt unter → Rn. 125–137.

---

[533] BT-Drs. 14/8058, 14; OLG München ZUM 2007, 317 (325).
[534] *Erdmann* GRUR 2002, 923 (927); *Ingendaay,* Künstlerverträge, 2008, S. 73 f.
[535] → § 73 Rn. 30.
[536] Loewenheim/*Rossbach* § 69 Rn. 49 ff.; Vertragsmodelle bei *Gilbert/Scheuermann/Deubzer/Westerhoff,* Handbuch der Musikwirtschaft, 2003, S. 1140; Münch. Anwaltshandbuch/*Kuhn/Kunisch,* Urheber- und Medienrecht, 2017, § 9 Rn. 127 ff.
[537] Münch. Anwaltshandbuch/*Kuhn/Kunisch,* Urheber- und Medienrecht, 2017, § 9 Rn. 148.
[538] Münch. Anwaltshandbuch/*Kuhn/Kunisch,* Urheber- und Medienrecht, 2017, § 9 Rn. 148 ff.
[539] Münch. Anwaltshandbuch/*Kuhn/Kunisch,* Urheber- und Medienrecht, 2017, § 9 Rn. 155.
[540] Loewenheim/*Rossbach* § 69 Rn. 50 ff.
[541] Münch. Anwaltshandbuch/*Kuhn/Kunisch,* Urheber- und Medienrecht, 2017, § 9 Rn. 157.
[542] Weiterführend Loewenheim/*Rossbach* § 69 Rn. 59; *Zimmermann,* Handbuch der Musikwirtschaft, 2003, S. 1181 f.
[543] Vgl. OLG München NJW-RR 2005, 616; OLG Karlsruhe NJW-RR 1991, 1245; im Einzelnen ist vieles streitig, Loewenheim/*Rossbach* § 69 Rn. 88.
[544] Loewenheim/*Rossbach* § 69 Rn. 95; *Michow,* Handbuch der Musikwirtschaft, S. 1257, 1261 f.
[545] → Vor §§ 73 ff. Rn. 77.
[546] *Fohrbeck/Wiesand* S. 136.
[547] *v. Olenhusen* ZUM 2012, 829, NV Bühne; Nix/Hegemann/*Henke,* Normalvertrag Bühne, Baden-Baden 2012.

2. Entsprechende Anwendbarkeit des § 43

99   § 79 Abs. 2 Satz 2 verweist auf § 43, der auf ausübende Künstler in Arbeits- und Dienstverhältnissen entsprechend anwendbar ist.[548]

Trotz dieser Angleichung der Rechtspositionen sind Besonderheiten hinsichtlich der Rechte von ausübenden Künstlern in Arbeits- und Dienstverhältnissen zu beachten.

3. Zeitlich befristete Arbeitsverhältnisse

100   Gerade ausübende Künstler sind häufig **zeitlich befristet** beschäftigt, zB nur für eine bestimmte Produktion.[549] Die Gerichte haben die Arbeitnehmereigenschaft auch in diesen Fällen häufig bejaht, etwa für Künstler, die von einer Rundfunkanstalt nur für eine bestimmte Produktion beschäftigt werden.[550] Allerdings hat das BAG das Vorliegen eines Arbeitsverhältnisses verneint, als ein Opernsänger nur für einen bestimmten Probezeitraum und bestimmte vereinbarte Vorstellungen als Gastsänger an einem Opernhaus verpflichtet war: Es fehle insoweit die erforderliche Weisungsabhängigkeit.[551] Arbeitnehmer sind idR auch Regisseure, Schauspieler, Sänger etc., die bei der Herstellung eines Filmes mitwirken.[552] Das Gleiche gilt für Regisseure, Sänger und Schauspieler an Bühnen, und zwar auch bei Saison- und Gastspielverträgen.[553] Auch Orchestermusiker sind idR Arbeitnehmer.[554] Die Zulässigkeit der Befristung von Arbeitsverträgen richtet nach dem Gesetz über Teilzeitarbeit und befristete Arbeitsverträge (TzBfG): Befristungen sind ua. zulässig bei Vorliegen eines sachlichen Grundes, § 14 Abs. 1 TzBfG.[555] Gerade im Bühnenbereich ist es üblich, Arbeitsverträge auf eine oder mehrere Spielzeiten zu befristen. Dies ist sachlich gerechtfertigt, weil sich das künstlerische Konzept von Produktion zu Produktion ändert und in der Regel dieselben Mitarbeiter nicht in das künstlerische Konzept der folgenden Produktionen integrierbar sind.[556] Fehlt ein sachlicher Grund, ist eine Befristung auf max. 2 Jahre zulässig, § 14 Abs. 2 TzBfG. Eine Befristung ist nur schriftlich wirksam, § 14 Abs. 4 TzBfG.[557] Auch der Abschluss eines mit Sachgrund befristeten Arbeitsvertrags im Anschluss an eine ohne Sachgrund befristetes Arbeitsverhältnis ist gem. TzBfG grundsätzlich möglich. Eine Grenze für den wiederholten Abschluss befristeter Verträge mit Sachgrund besteht nicht.[558] Für den Bereich der Rundfunk- und Fernsehanstalten hat das BVerfG ausdrücklich bestätigt, dass der von der Rechtsprechung der Gerichte für Arbeitssachen geforderte sachliche Grund bei programmgestaltender Tätigkeit in der Rundfunkfreiheit (Art. 5 GG) selbst liegt und weitere Gründe nicht hinzutreten müssen, wenn die Intensität der Einflussnahme des betreffenden Mitarbeiters auf die Programmgestaltung dies rechtfertigt.[559] Zur Problematik befristeter Arbeitsverhältnisse auch → § 43 Rn. 15.

---

[548] Infolge des Gesetzes zur Regelung des Urheberrechts in der Informationsgesellschaft vom 10.9.2003 wurde in Abs. 2 Satz 2 der Verweis auf § 43 aufgenommen, wodurch die im Wesentlichen mit § 43 wesensgleiche Bestimmung des § 79 aF bzgl. der Rechte an Darbietungen ausübender Künstler in Arbeits- und Dienstverhältnissen überflüssig und aufgehoben wurde. Diesbezüglich kann grundsätzlich auf die dortige Kommentierung verwiesen werden.

[549] *Opolony,* ZfA 2000, 179 (185); *Opolony* NZA 2001, 1351; s. dazu auch ausführlich *Herms* MAHGewRS § 33 Rn. 29 ff. zur Abgrenzung freier Mitarbeiter und Arbeitnehmer und zur Befristung der Arbeitsverträge Rn. 52 ff.

[550] LAG Saarbrücken UFITA 47 (1966) 347; LAG Düsseldorf UFITA 92 (1982) 293 (295); aA LAG Bremen ZTR 1990, 163, *v. Olenhusen* FuR 1982, 298 mwN.

[551] BAG ZUM 2007, 507; BSG (12. Senat) SGb 2014, 213: auch als „Gäste" beschäftigte Bühnenkünstler stehen in einer dauernden (durchgehenden) Beschäftigung, wenn in den Zeiten zwischen den Vorstellungen eine Verpflichtung zur Dienstbereitschaft besteht; BOSchG-Nr. 32, 1997, abrufbar unter: http://www.buehnengenossenschaft.de/recht/rechtsprechung, Inhalt des Gastspielvertrags ist vielmehr, dass der Gast dem Theater ausschließlich für Proben und Vorstellungen der Produktion zur Verfügung steht, für die er engagiert ist. Als Gage erhält der Gast kein Monatsgehalt, sondern ein Honorar für die Probenzeit und ein Honorar für jede wahrgenommene Vorstellung. Er muss nicht wie jedes andere Ensemblemitglied dauernd zur Verfügung stehen und kann außerhalb der Proben und Aufführungen im Rahmen des Engagements über seine Zeit frei verfügen. Der Gast ist weder in den täglichen Theaterbetrieb eingebunden noch dem allgemeinen Direktionsrecht der Theaterleitung unterworfen; BOSchG-Nr. 3 und 4 2001 unter: http://www.buehnengenossenschaft.de/recht/rechtsprechung. Ein nach dem Gastspielvertrag vereinbartes höheres Ausmaß der Probenverpflichtung spricht dagegen für ein Arbeitsverhältnis (vgl. BOSchG 37/93 vom 21.3.1994). Dies ist insbesondere dann der Fall, wenn der Bühnenkünstler uneingeschränkt für Proben zur Verfügung zu stehen hat. Ferner ist davon auszugehen, dass der Bühnenkünstler bei nicht näherer Konkretisierung der zu leistenden Dienste im Gastspielvertrag auch in fachlicher Hinsicht weisungsgebunden ist und dem künstlerischen Direktionsrecht des Regisseurs unterliegt.

[552] Zur Arbeitnehmereigenschaft von Regisseuren BAG UFITA 92 (1982) 242; OLG München UFITA 44 (1965) 207; ArbG München UFITA 27 (1959) 112.

[553] LAG Düsseldorf UFITA 92 (1982) 293 (295); BOSchG Köln UFITA 75 (1976) 283 (286).

[554] Zum Arbeitsrecht der Musiker, insbesondere zum Problem der Ensemblemusiker, *Heinze* NJW 1985, 2112.

[555] Vgl. BAG NJW 2004, 3138; BAG NZA 2005, 218; BAG NZA 2007, 147; ArbG Berlin ZUM 2004, 587. Der Gesetzgeber hat beim Inkrafttreten des Gesetzes in 2002 lediglich die zuvor in der Rechtsprechung entwickelten Grundsätze kodifiziert.

[556] Vgl. BAG NZA 1992, 925 ff.; so auch die Bühnenschiedsgerichte abrufbar unter: http://www.buehnengenossenschaft.de/recht/rechtsprechung.

[557] BezBüSchG Berlin NZA-RR 2002, 574 kein Schriftformerfordernis für die Verlängerungsvereinbarung.

[558] Vgl. ErfK/*Glöge* § 14 TzBfG Rn. 9.

[559] Vgl. BVerfG NZA 2000, 653.

II. Abtretung der Leistungsschutzrechte

1. Abtretung der Leistungsschutzrechte an den Arbeitgeber oder Dienstherrn

a) Ausdrückliche Regelung. Der Übertragungszweckgedanke gilt auf Grund der Verweisung auf 101
§ 43 (Abs. 2 Satz 2) auch für den in einem Arbeits- oder Dienstverhältnis tätigen ausübenden Künstler. Er ist jedoch nicht anwendbar, wenn die Vertragsparteien detaillierte Regelungen zu leistungsschutzrechtlichen Befugnissen ausdrücklich in Form einzelner Bezeichnung der Nutzungsarten[560] getroffen haben. Für Bühne, Film, Funk und Fernsehen sowie Orchester bestehen Tarifverträge, die – zum Teil sehr umfassende – Leistungsschutzklauseln enthalten.[561] Unternehmen verwenden oft Formulararbeitsverträge, die entweder selbst Leistungsschutzklauseln enthalten oder auf die entsprechenden Klauseln in Tarifverträgen verweisen.[562] Der **Umfang der Einwilligung oder der Abtretung** von Rechten **richtet** sich dann zunächst nach diesen **vertraglichen Vereinbarungen.** Der ausübende Künstler kann sich auch verpflichten, Einwilligungen zu erteilen und Rechte abzutreten, die sein Arbeitgeber oder Dienstherr nicht benötigt. Es kann zudem vereinbart werden, dass diese zusätzliche Rechtsübertragung mit dem Arbeitslohn abgegolten ist. Zahlt ein Theater an seine angestellten Schauspieler und Chorsänger aber Vergütungen für die Übertragung von Leistungsschutzrechten, ist dies kein Arbeitsentgelt, das mit Beiträgen zur Sozialversicherung zu belegen ist.[563] Es kann zulässig sein, dass der Arbeitnehmer bereits bei Abschluss des Arbeitsvertrages alle zukünftigen Rechte an seinen Arbeitgeber umfassend abtritt.

Enthält der Vertrag nur die Klausel, dass der ausübende Künstler alle Leistungsschutzrechte an seinen Arbeitgeber abtritt oder eine sonstige die Nutzungsarten nicht einzeln bezeichnende Klausel, so ist für die **Auslegung** der **Zweckübertragungsgedanke** heranzuziehen.

b) Stillschweigende Übertragung der Rechte. Haben die Parteien die Abtretung der Leis- 102
tungsschutzrechte nicht ausdrücklich vertraglich geregelt, ist bei ausübenden Künstlern in Arbeits- oder Dienstverhältnissen – ebenso wie bei Urhebern – idR von einer stillschweigenden Übertragung der für die betrieblichen Zwecke erforderlichen Rechte an den Arbeitgeber oder Dienstherrn auszugehen.[564] Angestellte ausübende Künstler sind überwiegend im Bühnen-, Hörfunk-, Fernseh- und Filmbereich tätig. Je nach ihrem arbeitsvertraglichen **Aufgabenbereich** und nach den **Bedürfnissen** des **Arbeitgebers** bestimmt sich der **Umfang der übertragenen Leistungsschutzrechte.** Welche Leistungen der ausübende Künstler für seinen Arbeitgeber oder Dienstherrn zu erbringen hat, ergibt sich aus den arbeitsrechtlichen Normen, etwaigen kollektivvertraglichen Regelungen und den jeweiligen individuellen Vereinbarungen.

Bühnenangehörige sind arbeitsvertraglich verpflichtet, an der jeweiligen Bühneninszenierung 103
mitzuwirken. Hieraus folgt keine Verpflichtung, eine Aufnahme auf einen Bild- oder Tonträger oder eine Übertragung dieser Darbietung zu dulden:[565] Der betriebliche Zweck eines Bühnenunternehmens ist die unmittelbare Darbietung eines Werkes und nicht die Verwertung dieser Darbietung durch den Hörfunk oder das Fernsehen. Will das Bühnenunternehmen die Inszenierung aufzeichnen, um sie durch Ausstrahlung verwerten zu lassen, bedarf es der Einwilligung der angestellten Leistungsschutzberechtigten. Der Arbeitgeber kann sich insbesondere auch nicht darauf berufen, dass er die Mitwirkung eines Bühnenmitgliedes unbegrenzt nutzen könne, während dieses nur eine angemessene Vergütung fordern dürfe.[566] Soweit jedoch auch für die Realisierung der Bühneninszenierung selbst die Aufzeichnung der Darbietung auf Bild- oder Tonträger notwendig ist, ist eine Einwilligung des ausübenden Künstlers anzunehmen. Hierzu gehören Aufzeichnungen der Orchestermusik, um Ballettproben durchführen zu können, oder Aufzeichnungen der schauspielerischen Leistungen während der Probe, um bestimmte Teilstudien bestreiten zu können. Die Aufnahme von Szenenfotos fällt nicht unter § 77,[567] so dass sich ihre Zulässigkeit wiederum nach arbeitsrechtlichen Normen regelt.

Eine **Rundfunkanstalt** benötigt stets die Einwilligung der angestellten ausübenden Künstler, die 104
Darbietung durch Funk zu senden, § 78. Daher ist von einer stillschweigenden Einwilligung des Künstlers auszugehen. Da eine Live-Sendung immer mehr zur Ausnahme wird, gehört es auch zu den betrieblichen Zwecken einer Rundfunkanstalt, dass der ausübende Künstler seine Einwilligung erteilt, die Darbietung auf Bild- oder Tonträger aufzunehmen, § 77 Abs. 1. Dies bedeutet jedoch nicht, dass der Rundfunksender mit der Einwilligung zur Aufzeichnung der Darbietung diese Bild- oder Tonträ-

---

[560] Vgl. § 31 Abs. 5.
[561] Vgl. → Rn. 125 ff.; zur Auslegung von Tarifverträgen BAG NZA 2011, 1441 – Bühnenschiedsgerichtsbarkeit – Überprüfung durch staatliche Gerichte.
[562] *Rojahn* S. 74 ff.; *Ulmer* Urhebervertragsrecht Rn. 20–22; Wandtke/Bullinger/*Büscher* § 79 UrhG Rn. 30 ff.
[563] SG Hamburg BeckRS 2006, 43904.
[564] RGZ 153, 1 (8) – Rundfunksendung von Schallplatten; LG Saarbrücken UFITA 38 (1962) 224 (229). Diesbezüglich wird grundsätzlich verwiesen auf die Kommentierung zu → § 43 Rn. 40 ff.
[565] BGHZ 33, 20 (29) = BGH NJW 1960, 2043 – Figaros Hochzeit; BGH NJW 1960, 2055 = BGHZ 33, 48 (52) – Orchester Graunke; BOSchG Frankfurt a. M. UFITA 41 (1964) 365; *Kutzer* S. 244; *Riepenhausen* S. 128, 129, 222; *Sack*, Münchener Hdb. ArbeitsR, Bd. 1 § 102 Rn. 46.
[566] OLG Hamburg GRUR 1976, 708 (711) – Staatstheater.
[567] LG München I GRUR 1979, 852 – Godspell zum früheren § 75, dessen Regelung jetzt mit weitergehenden Rechten für den ausübenden Künstler in § 77 Abs. 1 enthalten ist.

ger beliebig verwerten kann. Auch eine stillschweigende Abtretung der Leistungsschutzrechte erfolgt nur insoweit, als dies zur Durchführung von Rundfunkaufnahmen und deren bestimmungsgemäßer Verwendung erforderlich ist. Der Rundfunkzweck erfasst die Weitergabe der Bild- und Tonträger im Rahmen des Programmaustausches.[568] Eine weitergehende – außerhalb der Rundfunkzwecke liegende – Verwertung, insbesondere die Herstellung von Tonträgern oÄ, bedarf einer zusätzlichen Einwilligung aller Leistungsschutzberechtigten.[569] Zur Einwilligung bei Chor-, Orchester- und Bühnenaufführungen → § 80 Rn. 23 f.

105   Für ausübende Künstler, die bei der Herstellung eines **Films** mitwirken, enthält § 92 UrhG die widerlegliche Vermutung, dass die Rechte aus § 77 Abs. 1 und 2 sowie § 78 Abs. 1 Nr. 1 und Nr. 2 hinsichtlich der Verwertung des Filmwerks durch den Vertrag mit dem Filmhersteller im Zweifel an diesen abgetreten werden. Die Mitwirkung bei dem jeweiligen Filmprojekt gehört zu den Hauptpflichten des angestellten Künstlers. Der Filmhersteller kann – ohne Beschränkung – den Film umfassend verwerten, sei es durch Ausstrahlung, Abruf on Demand, über Bild/Tonträger oder andere technische Möglichkeiten.

2. Abtretung der Leistungsschutzrechte an Dritte

106   **a) Durch den Arbeitgeber.** In welchem Umfange der Arbeitgeber ihm von Arbeitnehmern abgetretene Leistungsschutzrechte durch Abtretung an Dritte verwerten kann, ist zum Teil **tarifvertraglich** umfassend geregelt.[570] Eine stillschweigende Zustimmung wird **vorliegen,** wenn die Abtretung der Leistungsschutzrechte an Dritte noch **vom Betriebszweck** selbst **erfasst** wird.[571]

107   Vom **Rundfunkzweck** noch erfasst ist die Weitergabe der Bild/Tonträger im Rahmen des Programmaustausches mit anderen Rundfunkanstalten.[572] Nicht mehr hiervon gedeckt hingegen ist eine kommerzielle Verwertung von Speichermedien mit Aufzeichnungen der Rundfunksendungen.

108   Zu Einstudierzwecken bespielte Aufnahmen eines **Bühnenorchesters** dürfen nicht an andere Bühnen weitergegeben werden, die diese dann für die Bühneninszenierungen selbst nutzen wollen.[573] Eine dementsprechende Weitergabe ist nicht mehr vom Betriebszweck gedeckt.[574]

109   **b) Durch den Arbeitnehmer.** Ausübende Künstler können **Leistungsschutzrechte** im **Voraus umfassend abgetreten.** Eine Vorausabtretung ist für Zweitverwertungsrechte an Verwertungsgesellschaften üblich. Sie hat zur Folge, dass der ausübende Künstler die bereits abgetretenen Rechte nicht erneut an den Arbeitgeber oder Dienstherrn abtreten kann.[575]

110   Der **Arbeitgeber** veranstaltet idR die Darbietung des ausübenden Künstlers. Er ist somit **Veranstalter** gemäß § 81. In diesen Fällen kann der ausübende Künstler oder ein Dritter, dem die Rechte abgetreten wurden, die Darbietung gemäß §§ 77 Abs. 1 und 2 Satz 1 sowie 78 Abs. 1 nur verwerten, wenn auch der Arbeitgeber einwilligt. Aber genauso wie der Arbeitnehmer dem Arbeitgeber auf Grund seiner Treuepflicht durch eine eigenständige Verwertung seiner Darbietung während des Arbeitsverhältnisses keine Konkurrenz machen darf (vgl. dazu § 43 Rn. 59), darf der Arbeitgeber auf Grund seiner **Fürsorgepflicht** dem Arbeitnehmer nicht willkürlich die Einwilligung zur eigenständigen Verwertung verweigern.[576] Werden die **betrieblichen Belange** des Arbeitgebers durch eine eigenständige Verwertung des Arbeitnehmers **nicht tangiert,** ist der **Arbeitgeber verpflichtet,** seine **Einwilligung** gemäß § 81 **zu erteilen.**

111   Bei künstlerischer Darbietung handelt es sich überwiegend um Leistungen eines **Ensembles.** Will einer der Mitwirkenden die Darbietung außerbetrieblich verwerten, bedarf er der Einwilligung aller Leistungsschutzberechtigten. Diese richtet sich bei Chor-, Orchester- und Bühnenaufführungen sowie bei anderen gemeinsam erbrachten Darbietungen nach § 80.

III. Rechte von ausübenden Künstlern

1. Vergütungsansprüche

112   Der ausübende Künstler hat gegenüber dem Arbeitgeber einen Anspruch auf Zahlung des vereinbarten oder – falls eine Vergütung nicht geregelt wurde – des angemessenen Lohnes. Mit der **Lohnzahlung** ist regelmäßig auch die **Abtretung** der Verwertungsrechte **abgegolten,** die der Arbeitgeber für die betrieblichen Zwecke benötigt.[577] Pauschalvergütungen sind grundsätzlich zulässig; hieran hat

---

[568] LG Saarbrücken UFITA 38 (1962) 224 (229).
[569] KG UFITA 91 (1981) 224, (227 f.).
[570] Dazu → Rn. 134 ff.
[571] *Ulmer* § 124 I; *Ulmer* Urhebervertragsrecht Rn. 117.
[572] OLG Hamburg GRUR 1977, 556 – Zwischen Marx und Rothschild; LG Saarbrücken UFITA 38 (1962) 224 (229).
[573] Dazu → § 78 Rn. 55.
[574] Vgl. zu dieser Auseinandersetzung *Sieger* FuR 1979, 23 und *Dünnwald* FuR 1979, 25.
[575] Seit der Streichung des vormaligen § 78 Hs. 2 in 1995 kann er die Einwilligung zur Verwertung nicht mehr selber erteilen.
[576] Zur Fürsorgepflicht des Arbeitgebers Schaub ArbR-HdB/*Ahrendt* § 106 Rn. 6 ff.
[577] *Dreier/Schulze/Dreier* UrhG § 79 Rn. 8; *Wandtke/Bullinger/Büscher* UrhG § 79 Rn. 35; *Vogel* NJW 2007, 177 (178).

die Reform des Urhebervertragsrechts nichts geändert.[578] Da in § 79 Abs. 2 S. 2 nun auf die Vergütungsbestimmungen der §§ 32 ff. verwiesen wird, kann der ausübende Künstler für die Zweitverwertung seiner Darbietung stets eine angemessenen Vergütung verlangen.[579]

Zusätzliche Vergütungsansprüche bestehen grundsätzlich auch dann, wenn der Arbeitgeber die Leistungsschutzrechte des Arbeitnehmers über den eigentlichen Betriebszweck hinaus nutzt oder der Arbeitnehmer Darbietungen erbringt, die nicht mehr von seinen arbeitsvertraglichen Pflichten erfasst werden.[580]

Die Aufnahme einer **Theaterinszenierung** zum Zweck der Ausstrahlung oder die unmittelbare   **113** Übertragung im Hörfunk oder Fernsehen ist eine Verwertung außerhalb des betrieblichen Zweckes eines Theaterunternehmens. Der Arbeitgeber erzielt durch diese Verwertung idR einen zusätzlichen Ertrag; der Arbeitnehmer ist zu vergüten. Nach Auffassung des ArbG Dresden besteht auch dann der vertraglich vereinbarte zusätzliche Vergütungsanspruch, wenn die vorgesehene Rundfunkübertragung tatsächlich nicht stattgefunden hat.[581] Durch den Arbeitslohn ist diese Verwertung nicht bereits abgegolten, es sei denn, dies ist vertraglich vereinbart.[582] Ebenso hat ein **Rundfunkorchester** einen Anspruch auf eine zusätzliche Honorierung, wenn die Orchesteraufnahmen vom Rundfunksender aufgenommen und zum Zwecke der Tonträgerverwertung weitergegeben werden.[583]

Der Umfang der Mitwirkungspflicht ist zumeist arbeitsvertraglich geregelt. Erbringt der angestellte   **114** Künstler außervertragliche Leistungen, so steht ihm hierfür ein zusätzlicher Arbeitslohn zu.[584] Insbesondere im **Bühnenarbeitsrecht** werden häufig Sonderleistung angenommen: So wurde das rhythmische Hammerschlagen der Chormitglieder auf Fassreifen im Refrain des Fassbinderliedes in der Operette „Boccaccio" als Sonderleistung angesehen,[585] wie auch der Holzschuhtanz der Chormitglieder in der Oper „Zar und Zimmermann"[586] oder die Darbietung lediglich von Teilen musikalischer Bühnenwerke im Rahmen eines Konzerts von Opernchormitgliedern.[587] Hierbei handelt es sich um Leistungen, zu denen Chormitglieder nicht verpflichtet waren. Für diese zusätzliche Arbeitsleistung besteht auch ein zusätzlicher Honoraranspruch.[588] Nach § 71 Abs. 2e) NV-Bühne gehören zur Mitwirkungspflicht des Opernchormitglieds in Oper und Operette auch kurze solistische Sprech- und/oder Gesangseinlagen mit szenischer Darstellung.

Eine sondervergütungspflichtige Leistung liegt dagegen vor, wenn das Opernchormitglied eine kleinere Rolle oder Partie Rolle übernimmt, § 79 Abs. 2 a) NV-Bühne und diese außerhalb des Opernchores als Individuum darstellt. Indiz dafür ist u. a. das Vorkommen der Rolle im Textbuch.[589]

Mitwirkende, die selbst **keine Leistungsschutzrechte erwerben,** können für ihre Tätigkeit bei   **115** einer Fernsehaufzeichnung ihre Ansprüche auf Zahlung einer zusätzlichen Vergütung nur auf §§ 611, 612 BGB stützen.[590]

Nachvergütungsansprüche entsprechend dem nun auch auf ausübende Künstler anwendbaren   **116** § 32a kommen nur in Betracht, wenn der besondere Erfolg des Werkes auf der Nutzung eines vom Künstler eingeräumten Nutzungsrechts aus den §§ 77, 78 beruht. Dies ist etwa denkbar, wenn die Aufführung eines Theaterstücks mit Einverständnis der beteiligten Künstler in elektronische Medien übertragen oder auf Bild-/Tonträger aufgenommen wird und die dortige Nutzung besonders erfolgreich ist.[591]

Im Übrigen wird hinsichtlich der gemäß § 79 Abs. 2 S. 2 entsprechenden Anwendung der §§ 32   **117** und 32a auf die Kommentierung zu § 43 verwiesen.[592] Sofern die Vergütung tarifvertraglich festgelegt ist, kann sich der ausübende Künstler nicht auf ihre Unangemessenheit berufen und keine Einwilli-

---

[578] Vgl. *Schricker,* Zum neuen deutschen Urhebervertragsrecht, GRUR-Int 2002, 797 (807); dazu → Rn. 40.

[579] Vgl. Loewenheim HdBUrhR/*Schlatter* § 72 Rn. 86. Diesbezüglich wird verwiesen auf die Kommentierung zu → § 43 Rn. 64 ff.

[580] Vgl. dazu → § 43 Rn. 65–69.

[581] ArbG Dresden ZUM 2005, 418.

[582] OLG Hamburg GRUR 1976, 708 (710) – Staatstheater; OLG Frankfurt a. M. GRUR 1985, 380 – Operneröffnung; BOSchG Frankfurt a. M. UFITA 41 (1964) 365; *Neumann-Duesberg* BOSchG Frankfurt a. M. AP Nr. 3 zu § 611 BGB – Bühnenengagementsvertrag – mit abl. Anm. *Kauffmann* UFITA 41 (1964) 279/285; *Riepenhausen* S. 1 f.; *Kutzer* S. 197.

[583] KG UFITA 91 (1981) 224.

[584] *Kutzer* S. 242; *Riepenhausen* S. 226.

[585] BOSchG Frankfurt a. M. UFITA 97 (1984) 245.

[586] BOSchG Frankfurt a. M. UFITA 97 (1984) 255.

[587] Vgl. BAG NJOZ 2002, 680 ff.

[588] AA *Sack* in Münch. Hdb. ArbeitsR, Bd. 1, § 102 Rn. 49.

[589] BOSchG Nr. 10, 2002 abrufbar: http://www.buehnengenossenschaft.de unter recht/rechtsprechung; BAG NZA 2011, 1441 zum Begriff „kleinere Partie" gemäß § 79 und § 71 Abs. 3a NV Bühne.

[590] BOSchG Frankfurt a. M. UFITA 88 (1980) 253 – Tätigkeit von Inspizienten und Souffleuren; BOSchG Frankfurt a. M. UFITA 88 (1980) 293 – Tätigkeit von Maskenbildnern; BOSchG Frankfurt a. M. UFITA 97 (1984) 254 – Tätigkeit von Inspizienten.

[591] Vgl. *Pleister/Ruttig* ZUM 2004, 337 ff.

[592] Vgl. → Rn. 64; der BGH hat – allerdings zum Werkvertrag – in der Entscheidung BGH GRUR 2012, 1248 (1252) – Fluch der Karibik grundlegend zu den Voraussetzungen der weiteren Beteiligung Stellung genommen: gemäß § 32a sind die für die ausübenden Künstler wichtigen Einnahmen durch Verwertungsgesellschaften bei dem zusätzlichen Vergütungsanspruch nicht zu berücksichtigen.

gung in deren Änderung entsprechend § 32 Abs. 1 S. 3 verlangen. Auch eine weitere Beteiligung entsprechend § 32a Abs. 1 kann ein tarifvertraglich gebundener ausübender Künstler nicht verlangen.

2. Persönlichkeitsrechte

118 Das Gesetz zur Regelung des Urheberrechts in der Informationsgesellschaft hat die Persönlichkeitsrechte ausübender Künstler erheblich gestärkt. Dies gilt auch für ausübende Künstler in Arbeits- oder Dienstverhältnissen.

119 **a) Entstellungsverbot.** Auch in einem Arbeits- oder Dienstverhältnis kann der ausübende Künstler Entstellungen oder andere Beeinträchtigungen seiner Darbietung grundsätzlich verbieten, die geeignet sind, sein Ansehen und seinen Ruf als ausübender Künstler zu gefährden. Als **persönlichkeitsrechtliche Befugnis** des ausübenden Künstlers ist § 75 auch für in einem Arbeits- oder Dienstverhältnis stehende Künstler **unabdingbar.**[593] Zulässig ist nur eine auf den konkreten Fall bezogene Zustimmung des ausübenden Künstlers.[594] So sind zB vertragliche Vereinbarungen hinsichtlich der Änderung der Darbietung zulässig, sofern sie den Kern der persönlichkeitsrechtlichen Belange des ausübenden Künstlers unangetastet lassen.[595] Im Rahmen eines Arbeits- oder Dienstverhältnisses ist jedoch eine besondere Interessenabwägung vorzunehmen. Der Arbeitgeber wird die Darbietung des ausübenden Künstlers trotz einer Entstellung verwerten können, wenn eine Namensnennung unterbleibt und seine Person als solche durch die Verwertung der Darbietung nicht erkannt wird. Ferner ist dem Theaterunternehmen das Recht zuzubilligen, bei einer Inszenierung, die von Publikum und Presse einmütig als misslungen bezeichnet worden ist, die Anregungen der Kritik aufzugreifen und die Inszenierung diesen Anregungen anzupassen.[596] Der Fall einer Entstellung wäre zB dann gegeben, wenn eine Tonaufzeichnung für parteipolitische Zwecke unter Namensnennung des Sprechers verwandt wird.[597] Eine nicht mehr hinzunehmende Entstellung ist auch dann gegeben, wenn Schauspieler entgegen ihrem Willen synchronisiert oder gedoubelt werden.[598]

120 Für die **unmittelbare Darbietung** hat der ausübende Künstler dem **Direktionsrecht** des Arbeitgebers zu folgen.[599] Dieses Direktionsrecht gilt grundsätzlich auch für die künstlerischen Leistungen des ausübenden Künstlers, denn auch er leistet in erster Linie fremdbestimmte Arbeit und muss sich in den jeweiligen Betrieb des Arbeitgebers eingliedern. In welchem **Umfang** der Arbeitgeber jedoch von seinem Direktionsrecht Gebrauch machen kann, hängt auch vom **Berufsbild** und den **übernommenen Aufgaben** des Künstlers ab. Je höher die künstlerische Aufgabe und Leistung des Arbeitnehmers ist, umso stärker wird das Direktionsrecht des Arbeitgebers eingeschränkt. So hat das BOSchG ausgeführt, dass, soweit nicht der Stil und sonstige künstlerische Modalitäten der Inszenierung angesprochen sind, die Theaterleitung mit Rücksicht auf den schöpferischen Charakter der Regieleistung nicht berechtigt ist, einem Gastregisseur in seine Regie hineinzureden.[600]

121 **b) Recht der Namensnennung.** Für den ausübenden Künstler ist seine Namensnennung von großer wirtschaftlicher Bedeutung. Je bekannter sein Name dem Publikum wird, umso leichter ist es für ihn, im Rahmen von Vertragsverhandlungen wirtschaftliche, aber auch künstlerische Wünsche durchzusetzen. Mit dem Gesetz zur Regelung des Urheberrechts in der Informationsgesellschaft vom 10.9.2003[601] wurde der Persönlichkeitsschutz ausübender Künstler entsprechend der Vorgabe des Art. 5 des WIPO-Vertrags über Darbietungen und Tonträger (WPPT) um das Recht erweitert, in Bezug auf die Darbietung als ausübender Künstler anerkannt zu werden. Dadurch wurde ausübenden Künstlern im deutschen Urheberrecht erstmals ein gesetzliches Namensnennungsrecht zuerkannt.

122 Der **Umfang der Namensnennung** richtet sich nach der Branchenübung. Das Recht der Darsteller eines Films, genannt zu werden, bezieht sich somit auch nur auf die branchenüblichen Formen der Nennung, vor allem im Titelvorspann, im Abspann und auf den Plakaten, nicht jedoch auf Insertion und Außenfrontreklame.[602] Anders scheint dies jedoch in der Fernsehproduktion zu sein, wo gelegentlich zB im Abspann, nicht die Namen aller ausübenden Künstler genannt werden.

Im Theaterbereich hat sich nichts geändert, da auch schon vor 2003 die Namen der Künstler idR im Programmheft aufgeführt wurden. Handelt es sich um eine gemeinsame Darbietung mehrerer ausübender Künstler, so haben auch diese ein Recht auf Namensnennung gemäß § 74 Abs. 2 S. 2, es sei denn, die Nennung jedes Einzelnen ist mit einem unverhältnismäßigen Aufwand verbunden. In diesen Fällen wird das Namensnennungsrecht der Künstlergruppe zuerkannt.[603]

---

[593] *v. Gamm* Rn. 1; Wandtke/Bullinger/*Büscher* Rn. 37; *Ulmer* § 124 III.
[594] LG München I UFITA 87 (1980) 342/345 – Wahlkampf; vgl. auch *Schricker* FS Hubmann (1985) S. 409 (416).
[595] Vgl. Dreier/Schulze/*Dreier* UrhG § 75 Rn. 3.
[596] Zur Interessenabwägung vgl. OLG Frankfurt a. M. GRUR 1976, 199 – Götterdämmerung.
[597] LG München I UFITA 87 (1980) 342 – Wahlkampf.
[598] OLG München UFITA 28 (1959) 342 – Stimme; zustimmend nunmehr v. Hartlieb/Schwarz/*Reber* (4. Aufl.) Kap. 63 Rn. 12.
[599] Zum Direktionsrecht (Weisungsrecht) Schaub ArbR-HdB/*Linck* § 45 Rn. 13 ff.
[600] BOSchG Köln UFITA 75 (1976) 283.
[601] BGBl. I S. 1774.
[602] ArbG München UFITA 27 (1959) 104 (108).
[603] Vgl. *Wandtke* ZUM 2004, 505 ff.

Wird der Name des ausübenden Künstlers entgegen der vertraglichen Vereinbarung oder der Bran- **123** chenübung nicht genannt, kann der Arbeitnehmer grundsätzlich einen **Schadensersatzanspruch** geltend machen. Er muss jedoch nachweisen, dass ihm gerade durch die Nichtnennung ein konkreter Schaden entstanden ist.[604] Das LG Frankfurt a. M. hat bei der Verletzung des vertraglich vereinbarten Zustimmungsvorbehalts für eine Fernsehausstrahlung dem – allerdings freien – Künstler zugesprochen, dass er seinen Schadensersatzanspruch auch in Form der Herausgabe des Verletzergewinns berechnen kann.[605]

c) Rückrufsrechte. Seit Inkrafttreten des Gesetzes zur Regelung des Urheberrechts in der Infor- **124** mationsgesellschaft vom 10.9.2003 steht auch ausübenden Künstlern ein Rückrufsrecht wegen Nichtausübung oder wegen gewandelter Überzeugung zu.[606] Gemäß § 41 kann der ausübende Künstler ein (ausschließliches) Nutzungsrecht zurückrufen, wenn dieses vom Rechtsinhaber nicht oder nicht hinreichend ausgeübt wird, und dies zu einer Verletzung berechtigter Interessen des ausübenden Künstlers führt. § 42 gewährt dem ausübenden Künstler ein Rückrufsrecht, wenn die Darbietung nicht mehr seiner Überzeugung entspricht und ihm auf Grund dessen die Verwertung dieser Darbietung nicht mehr zugemutet werden kann. Da die §§ 41, 42 bei ausübenden Künstlern entsprechend anwendbar sind, wird in Bezug auf Einzelheiten auf die dortige Kommentierung verwiesen. In der Praxis kann das Rückrufsrecht aus § 41 wegen Nichtausübung insbesondere für ausübende Künstler in der Musikbranche von Bedeutung sein, in der oft exklusive Bindungen bestehen, die die Verwertung für längere Zeit blockieren. Vor allem bei jungen, noch unbekannten Künstlern unterbleibt eine Verwertung häufig ganz, wogegen sie sich nun durch die entsprechende Anwendbarkeit des § 41 wehren können. Das Rückrufsrecht aus § 42 wegen gewandelter Überzeugung kann zB bei Künstlern relevant sein, die sich von ihren früheren Darbietungen distanziert haben,.[607] Allerdings ist im Fall des Rückrufs wegen gewandelter Überzeugung der Inhaber des Nutzungsrechts gemäß § 42 Abs. 3 angemessen zu entschädigen. Da durch die Ausübung des Rückrufsrechts Produktionen erheblich gestört werden können, wurde das Rückrufsrecht für ausübende Künstler im Filmbereich im Interesse einer ungestörten Verwertung des Filmwerkes ausgeschlossen.[608]

Die Rückrufsrechte gelten grundsätzlich auch für ausübende Künstler in Arbeits- und Dienstverhältnissen, sind aber entsprechend dem Wesen und Inhalt des Arbeits- bzw. Dienstverhältnisses eingeschränkt.[609]

IV. Sonstiges

1. Einzelne arbeitsvertragliche Regelungen

a) Das Bühnenarbeitsrecht. Historische Entwicklung. Bereits im 19. Jahrhundert wurde der **125** Grundstein für ein **spezielles Arbeitsrecht der Bühne** gelegt. Der Deutsche Bühnenverein (DBV) wurde 1846 gegründet. In diesem Jahr erfolgte auch die Einführung von Bühnenschiedsgerichten, deren Aufgabe es jedoch zunächst nur war, Streitigkeiten der Vereinsmitglieder zu schlichten. Die Gründung der Genossenschaft Deutscher Bühnenangehöriger (GDBA) erfolgte im Jahre 1871. 1873 wurde die **Schiedsgerichtsbarkeit** auf alle Streitigkeiten aus den Bühnenengagementsverträgen zwischen Vereinsbühnen und Arbeitnehmern ausgedehnt. Zwei der insgesamt fünf Schiedsrichter wurden aus dem Kreise der angestellten Künstler gewählt. 1905 erfolgte eine paritätische Besetzung, nämlich von jeder Seite drei Beisitzer. Vorsitzender des Spruchgremiums war ein rechtskundiger Obmann. Die beiden Verbände schlossen 1918 den ersten **Tarifvertrag** ab, und zwar für Solisten, Chor- und Tanzmitglieder. Im Zusammenhang mit diesen tariflichen Normalverträgen wurde auch eine neue Schiedsgerichtsordnung vereinbart, deren Fassung aus dem Jahre 1927 im Wesentlichen den noch heute gültige Form begründet hat. Die Bühnenschiedsgerichte nahmen frühzeitig zur Mitwirkungspflicht und zu den Vergütungsansprüchen der Bühnenkünstler im Falle von Rundfunksendungen Stellung. Diese Schiedssprüche fanden ihren Niederschlag in dem Normalvertrag Solo von 1933, der für eine solche Mitwirkung der Bühnenkünstler eine angemessene Vergütung zusicherte.[610]

Die Tradition der Bühnenschiedsgerichte wurde auch nach 1945 fortgesetzt. Die zunächst historisch bedingte arbeitsrechtliche Sonderstellung der Bühnenkünstler hat sich im Laufe der Jahre zu

---

[604] BAG UFITA 33 (1960) 232 – Schadensersatzanspruch eines Kapellmeisters bei Unterlassung der rundfunküblichen Namensnennung; *Riepenhausen* S. 128 (129).

[605] LG Frankfurt a. M. ZUM 2003, 791.

[606] § 79 Abs. 2 Satz 2 UrhG iVm. § 41 UrhG bzw. § 42 UrhG; dazu → Rn. 54 ff.

[607] Vgl. *Flechsig / Kuhn* ZUM 2004, 14 ff. unter Bezugnahme auf *Jaeger* S. 161 f., zum Fallbeispiel einer Musikband, die wegen eines politischen Meinungswechsels die Rechte an der Verwertung von alten Aufnahmen mit rechtsradikalen Texten zurückrufen möchte.

[608] Vgl. § 92 Abs. 3 iVm. § 90.

[609] Vgl. hierzu → § 43 Rn. 88 ff.; zur Problematik des Sukzessionsschutzes bei Rückruf siehe BGH GRUR 2012, 916 – M2 Trade; BGH GRUR 2012, 914 – Take Five.

[610] Abgedr. im Anhang bei *Riepenhausen*.

einem **Sondergebiet des Arbeitsrechts** entwickelt, das die bühnenkünstlerischen und sozialen Aspekte des Bühnenwesens berücksichtigt.[611]

126   **Normalvertrag Bühne. 1. Regelung der Leistungsschutzrechte.** Zur Zeit ist der Normalvertrag Bühne (NV-Bühne) vom 15.10.2002 in Fassung des elften Tarifvertrags vom 1.6.2019 mit Wirkung vom 1.8.2019 in Kraft.[612] Die Neufassung 2002 vereinigte die vormaligen Tarifverträge NV Solo (für Solokünstler), NV Chor/Tanz (für Opernchöre und Tanzgruppen), Bühnentechnikertarifvertrag BTT (für technische Angestellte mit künstlerischer oder überwiegend künstlerischer Tätigkeit) und den Bühnentechnikervertrag Landesbühne BTTL (für technische Angestellte mit künstlerischer oder überwiegend künstlerischer Tätigkeit an Landesbühnen). Im NV-Bühne sind insbesondere die **Mitwirkungspflichten** sowie die **Vergütungs-** und **Beschäftigungsansprüche** des Künstlers und die **Kündigungsmodalitäten geregelt.** Der NV-Bühne gilt im persönlichen Bereich für Solomitglieder (zB Einzeldarsteller, Dirigenten, Regisseure, Dramaturgen, Kostümbildner, Souffleure, Direktoren des künstlerischen Betriebs etc.),[613] Bühnentechniker (zB technische Direktoren, Chefmaskenbildner, Tonmeister, Leiter des Beleuchtungswesens etc.)[614] sowie für Opernchor- und Tanzgruppenmitglieder. Die Einbeziehung in den NV hängt somit nicht davon ab, ob der Bühnenangehörige als ausübender Künstler im Sinne des § 73 anzusehen ist. So ist die Tätigkeit der Inspizienten und Souffleure idR keine künstlerische.[615]

127   Bereits in den 1920er Jahren zeigte sich, dass Bühnenaufführungen durch eine **gleichzeitige** oder **zeitversetzte Ausstrahlung im Rundfunk** nochmals verwertet wurden. Das BOSchG hatte im Schiedsspruch vom 29.5.1925 den Bühnenkünstler für die damit verbundenen Nachteile die „Gewährung eines Anteils an den Erträgnissen" zugesprochen.[616] Im NV-Solo von 1924 idF von 1933 wurde zwischen den Tarifparteien geregelt, dass „für die Mitwirkung in Vorstellungen, die aus dem Theater durch den Rundfunk oder Fernsprecher übertragen werden, sowie für die Mitwirkung bei Ensembledarbietungen des Theaters, die aus dem Senderaum durch Rundfunk übertragen werden, neben dem Gehalt eine angemessene Vergütung im Dienstvertrag zu vereinbaren ist".[617] Jeder Mitwirkende hatte damit für diese Verwertung einen Anspruch auf ein **zusätzliches Entgelt;** es war jedoch gerechtfertigt, nichtkünstlerischen Bühnenangehörigen weniger zu zahlen als Bühnenkünstlern.[618]

128   Diese tarifliche Klausel blieb über 50 Jahre unverändert. Sie wurde von Bühnenschiedsgerichten, aber auch von Zivilgerichten restriktiv ausgelegt. Eine Mitwirkungspflicht und Verpflichtung zur Abtretung der Leistungsschutzrechte wurde somit für den Fall verneint, dass die Theateraufführung auf Bild- oder Tonträger aufgezeichnet werden sollte.[619]

Der auch im Bühnenbetrieb rasanten technischen Entwicklung wurde zunächst in der bis zum 31.12.2002 geltenden Fassung des NV-Solo Rechnung getragen. Die durch das Arbeitsverhältnis begründete Mitwirkungspflicht des Bühnenmitgliedes ist in fachlicher, inhaltlicher und zeitlicher Hinsicht allgemein in § 7 NV-Bühne und für die einzelnen Berufsgruppen in §§ 54 ff. (Solomitglieder), in §§ 63 ff. (Bühnentechniker), in §§ 71 ff. (Chormitglieder) und in §§ 84 ff. (Tanzgruppenmitglieder) genau geregelt. Der Tarifvertrag NV-Bühne differenziert klar zwischen den Mitwirkungspflichten und der Rechteübertragung. Letztere ist in § 8 NV-Bühne allgemein und für die einzelnen Berufsgruppen in § 59 (Solomitglieder), in § 68 (Bühnentechniker), in § 80 (Chormitglieder) und in § 93 (Tanzgruppenmitglieder) geregelt. Die insoweit übereinstimmenden Regelungen gewähren zusätzliche Sondervergütungen für Aufzeichnungen und Live-Veranstaltungen zu Sendezwecken einschließlich Sendung, deren Wiedergabe, Wiederholungssendungen, Kabel- und Satellitenverbreitung und Weiterverbreitung des Sendeguts durch dritte Sendeunternehmen. § 8 Abs. 1 enthält die Einwilligung für die Verwertung der künstlerischen Leistungen in Online-Diensten. Präzisiert wird jetzt, dass bei „Online-Angeboten mit Downloadmöglichkeit" der Download „nur unentgeltlich erfolgen, die Wiedergabedauer 15 Minuten nicht überschreiten und nicht mehr als ein Viertel des Werkes umfassen" darf. Außerdem wird klargestellt, dass die Werbezwecke des Arbeitgebers auch die Abgabe von Tonträgern (zB CDs) sowie Bildtonträger (zb DVDs) umfasst, sofern sie unentgeltlich oder nur gegen eine Schutzgebühr erfolgt. Die Tarifparteien sind sich darüber einig, dass die Entwicklung des elektronischen Markts, vor allem des Internets, alsbald eine Neuregelung der Rechteübertragungsbestimmun-

---

[611] Zur historischen Entwicklung des Bühnenarbeitsrechts s. *Rehbinder* UFITA 41 (1964) 291 ff.; *Riepenhausen* UFITA 24 (1957) 27 ff.

[612] Am 6.8.2019 abrufbar unter https://www.buehnengenossenschaft.de/recht/normalvertrag-buehne-recht.

[613] Vgl. § 1 Abs. 2 Normalvertrag (NV) Bühne v. 15.10.2002, mit Sonderregelungen (SR) für Solomitglieder, Bühnentechniker, Opern- und Tanzmitglieder; *Herms* Münchner Anwaltshandbuch § 33 Rn. 34 – 37 zur Einordnung der Mitwirkenden als Arbeitnehmer mit ausführlicher Rspr.

[614] Vgl. § 1 Abs. 3 Normalvertrag (NV) Bühne v. 15.10.2002 mit Sonderregelungen (SR) für Solomitglieder, Bühnentechniker, Opern- und Tanzmitglieder.

[615] BOSchG Frankfurt a. M. UFITA 88 (1980) 253 – zur künstlerischen Tätigkeit von Inspizienten und Souffleuren; BOSchG-Nr. 1, 2000 – ein Korrepetitor ist dem Repititor als Bühnenmitglied iS. des § 1 Abs. 2 NV-Solo gleichzustellen. Er übt eine künstlerische Tätigkeit aus.

[616] BOSchG vom 29.5.1925, zitiert bei *Kutzer* S. 197 in Anm. 2.

[617] § 3 Abs. 4 Normalvertrag (NV) Solo.

[618] BOSchG Frankfurt a. M. UFITA 88 (1980) 253 (257).

[619] OLG Hamburg GRUR 1976, 708/711 – Staatstheater; BOSchG Frankfurt a. M. UFITA 41 (1964) 365.

gen erfordert. Was im Einzelfall theatereigener Zweck oder Gebrauch bedeutet, ist sowohl durch den Bühnenbrauch als spezifisches Regelungsinstrument des Bühnenarbeitsrechts als auch durch die Zweckbestimmung der Leistungsschutzrechte der ausübenden Künstler im Arbeitsverhältnis festzustellen.[620] Abweichungen davon durch Individualvereinbarung sind nur für Solisten vorgesehen.[621]

Schiedsgerichtsverfahren. Die Tarifparteien haben für den Tarifvertrag NV-Bühne in § 53 die 129 Zuständigkeit der **Bühnenschiedsgerichte** vereinbart. Die Zulässigkeit der Schiedsgerichtsvereinbarung richtet sich nach § 101 Abs. 2 ArbGG. Der Schiedsvertrag ist nur für bestimmte, enumerativ aufgezählte Berufsgruppen zulässig, hierzu gehören auch die Bühnenkünstler und Filmschaffende. Das BAG hat die Zulässigkeit der Tarifvereinbarung für die Bühnenschiedsgerichte ausdrücklich bestätigt.[622]

Der **Schiedsgerichtsbarkeit** sind jedoch die **urheber-** oder **leistungsschutzrechtlichen Ansprüche entzogen,** § 104 UrhG.[623] Wird eine nicht vereinbarte Vergütung ausschließlich auf die Verletzung von Leistungsschutzrechten gestützt, ist der ordentliche Rechtsweg gegeben.[624]

b) Filmbereich. Bereits das Reichsgericht hatte anerkannt, dass **darstellende Künstler** sowie 130 sonstige Mitwirkende bei einer **Filmproduktion Arbeitnehmer** sind.[625] Im Jahre 1943 erfolgte eine Tarifordnung für Filmschaffende, die sämtliche Filmschaffende erfasste und bis zum Inkrafttreten des Tarifvertrages für Filmschaffende am 19.12.1959 verbindlich war.[626] Im Manteltarifvertrag vom 21.11. 2011, gültig ab dem 1.1.2012, wurde die Ziff. 3 des Tarifvertrages, der mit Wirkung vom 1.1.1995 gekündigt wurde, wiederum mit aufgenommen. Gemäß I 3 A verpflichten sich die Tarifvertragsparteien, mit dem Ziel einer Neuregelung unverzüglich in Verhandlungen zu treten. Bis zu einem Neuabschluss ist I 3 C weiterhin verbindlich. Somit sind weiterhin insbesondere folgende Regelungen dieses Tarifvertrags zu beachten:

Der Filmhersteller kann Aufnahmen derselben Fassung nachsynchronisieren. Er darf hierfür jedoch nur dann eine andere Kraft einsetzen, wenn dies aus künstlerischen oder wirtschaftlichen Gründen notwendig ist.[627]

c) Funk und Fernsehen. Neben den fest angestellten Mitarbeitern beschäftigen die Rundfunk- 131 und Fernsehanstalten auch **Mitarbeiter** nur für eine **bestimmte Produktion.** Auch diese sind **Arbeitnehmer.**[628]

Rundfunkanstalten haben zum Teil für diesen Personenkreis einen **gesonderten Tarifvertrag** 132 abgeschlossen.[629] Hierzu gehört der Tarifvertrag für auf Produktionsdauer Beschäftigte des WDR vom 1.12.1976 in der Fassung vom 1.4.2001.

Diese Tarifverträge gelten für Arbeitnehmer, die bei der Herstellung von Produktionen des Fernsehens oder Hörfunks unmittelbar und persönlich mitwirken und für datumsmäßig bestimmte oder durch die Dauer einer Produktion begrenzte Zeit zu diesen Tätigkeiten verpflichtet werden (Schauspieler, Regisseure, Kamerapersonal, Cutter).

In Ziff. 13 des WDR-Vertrages ist eine umfassende **Rechtseinräumung** geregelt worden. Auch hier werden Urheber- und Leistungsschutzrechte gleichbehandelt.[630] Der Geltungsbereich des Tarifvertrages betrifft aber nahezu ausschließlich Leistungsschutzberechtigte. Unterschieden wird hinsichtlich der Rechtseinräumung „zu Rundfunkzwecken" (§ 13) und „zu anderen Zwecken" (§ 14), zu Letzterem gehören ua. Kino- und Schmalfilmverwertung, audiovisuelle Verwertung sowie Tonträger- und digitale Verwertung. Von der Übertragung der Rechte zu Rundfunkzwecken ist auch die Verwendung von Standbildern im Internet umfasst.[631] Die **Nutzungseinräumung „zu anderen Zwecken"** erfolgt grundsätzlich gegen ein **gesondertes Entgelt.** Dieses zusätzliche Entgelt wird zunächst für die Gesamtheit der Mitwirkenden berechnet und dann im Verhältnis der vereinbarten Erstvergütung der jeweils Beschäftigten verteilt. Eine Besonderheit sieht der WDR-Vertrag hinsichtlich der sogenannten **Wiederholungshonorare** vor. Die Vergütungspflicht trifft den WDR nach seiner Auffassung aber nur dann, wenn eine erneute Ausstrahlung durch den Sender selbst erfolgt, nicht wenn andere die Sendung verwerten.[632] Das BAG hat zur Auslegung der Ziff. 16.2.5 TV jedoch entschieden, dass trotz des Wortlautes dieser Klausel die Vergütungspflicht dem WDR obliegt. Ein

---

[620] Vgl. *Wandtke* ZUM 2004, 505 ff.
[621] Vgl. § 59 Abs. 5 Normalvertrag (NV) Bühne v. 15.10.2002, zuletzt geändert am 15.5.2014 mit Sonderregelungen (SR) für Solomitglieder, Bühnentechniker, Opern- und Tanzmitglieder.
[622] BAG NJW 1964, 268.
[623] Zu den Einzelheiten → § 104 Rn. 1, 2.
[624] BOSchG Frankfurt a. M. UFITA 88 (1980) 293 – Mitwirkung bühnenverpflichteter Maskenbildner bei Fernsehaufzeichnungen.
[625] RG JR 1927, 848.
[626] UFITA 31 (1960) 86.
[627] Ziff. 3.8 des Mantel- Tarifvertrages für Film- und Fernsehschaffende v. 21.11.2011, gültig ab 1.1.2012.
[628] BAG UFITA 81 (1978) 314 und BAG ZUM 1993, 306, allerdings ein Arbeitsverhältnis verneinend – für eine Fernsehreporterin; BAG UFITA 85 (1979) 294 für einen Filmautor; BAG UFITA 92 (1982) 242 für einen Regisseur; BAG NJW 2013, 2984 – Arbeitnehmerstatus einer Cutterin; LAG Düsseldorf UFITA 92 (1982) 293 (295); *Ulmer* Urhebervertragsrecht Rn. 76–79; *Herms* Münchner Anwaltshandbuch § 33 Rn. 5/(58).
[629] Ausführlich hierzu *v. Olenhusen,* Medienarbeitsrecht für Hörfunk und Fernsehen, S. 163 ff.
[630] Vgl. dazu → § 43 Rn. 115 ff.
[631] OLG Köln GRUR-RR 2005, 179.
[632] LAG Köln BeckRS 2009, 57429.

Tarifvertrag zu Lasten Dritter sei ausgeschlossen, so dass sich der Vergütungsanspruch ausschließlich an den Tarifspartner richtet.[633] Auch für eine rundfunkmäßige Verwertung erhalten Mitwirkende eine Vergütung. Für den Hauptregisseur sind besondere Wiederholungsvergütungen vorgesehen.[634] Wiederholungshonorare und Erlösbeteiligungen, die an ausübende Künstler von Hörfunk oder Fernsehproduktionen als Nutzungsentgelte für die Übertragung originärer urheberrechtlichen Verwertungsrechte gezahlt werden, stellen keinen Arbeitslohn dar.[635]

133   **d) Orchester.** Zwischen dem Deutschen Bühnenverein und dem Deutschen Orchesterverein wurde der **Tarifvertrag** für die Musiker in Kulturorchestern (TVK) zuletzt am 31.10.2009 abgeschlossen.[636] Er gilt nach § 1 Abs. 2 nur für **Musiker in Kulturorchestern**, das heißt für Orchester, die regelmäßig Operndienst versehen oder Konzerte ernster Musik spielen.[637]

Im **persönlichen Bereich** gilt der TVK nicht für Kapellmeister (für diese gilt die NV-Bühne), für Orchesteraushilfen und angestellte Musiker in beamtenähnlicher Stellung, § 2 Abs. 1 TVK.

Die Mitwirkungspflichten der Musiker ergeben sich aus § 7 TVK. Gemäß § 7 Abs. 4 TVK umfasst die Mitwirkungspflicht der Orchestermitglieder auch die Mitwirkung bei Darbietungen für Rundfunk- und Fernsehzwecke (live oder aufgezeichnet), im Theater, Konzertsaal oder im Rundfunk- bzw. Fernsehstudio sowie auch die unmittelbare Übertragung durch Bildschirm oder Lautsprecher oder ähnliche technische Einrichtungen, sofern die Übertragung in Innenräumen oder – nach Unterrichtung des Orchestervorstandes – auf Vorplätzen des Theaters erfolgt. Der Umfang der Rechteeinräumung wurde in § 8 TVK geregelt. Bei Darbietungen für Funkzwecke (live oder aufgezeichnet) erfolgt die Rechteeinräumung durch gesonderte Vereinbarung zwischen dem Arbeitgeber und dem Orchestervorstand. Diese Vereinbarung enthält dann eine umfassende Rechteübertragung einschließlich der Verwertung für Online-Dienste sowie für die – gegebenenfalls zeitversetzte – Verbreitung über Kabel oder Satellit. Kommt die Vereinbarung mit dem Orchestervorstand nicht vor der Darbietung bzw. deren Aufzeichnung zustande, ist der Arbeitgeber berechtigt, die in § 8 Abs. 1 und 2 TKV genannten Rechte zu nutzen, bis die Vereinbarung abgeschlossen wird.

Bei Darbietungen, die auf Ton- und/oder Bildträger sowie Bildtonträger aufgenommen werden, erfolgt die Rechteeinräumung nur zu theater- und/oder orchestereigenen Zwecken des Arbeitgebers.

In § 9 TVK wurde die Rechteabgeltung festgelegt. Den Musikern steht für die in § 8 Abs. 1 TKV genannten Rechte ein Anspruch auf eine angemessene Sondervergütung zu. Im Übrigen ist die Rechteeinräumung gemäß § 8 TKV mit der Vergütungsregelung gemäß § 16 TVK abgegolten.

2. Auslands- und Internationales Recht

134   Der WIPO-Vertrag über Darbietungen und Tonträger vom Dezember 1996 (WPPT) enthält als erster völkerrechtlicher Vertrag eine Regelung des Künstlerpersönlichkeitsrechts (Art. 5 WPPT). Des Weiteren führte er für ausübende Künstler und Tonträgerhersteller ein ausschließliches Recht auf öffentliche Zugänglichmachung ihrer auf Tonträgern festgelegten Darbietungen ein (Art. 10 bzw. 14 WPPT) und weist ihnen ein ausschließliches Vervielfältigungs- (Art. 7 bzw. 11 WPPT), Verbreitungs- (Art. 8 bzw. 12 WPPT) und Vermietrecht (Art. 9 bzw. 13 WPPT) zu. Der WPPT sowie der WIPO-Urheberrechtsvertrag (WCT), ebenfalls vom Dezember 1996, wurden auf europäischer Ebene umgesetzt mit der Richtlinie 2001/29/EG vom 22.5.2001 zur Harmonisierung bestimmter Aspekte des Urheberrechts und der verwandten Schutzrechte in der Informationsgesellschaft. Diese Regelungen kommen auch dem in einem Arbeitsverhältnis tätigen Künstler zugute.

Dadurch wurden alle Mitgliedsstaaten der Europäischen Union verpflichtet, die zwingenden Vorgaben der Richtlinie in nationales Recht umzusetzen, so dass die Rechtsposition ausübender Künstler in den anderen EU-Staaten der in Deutschland bereits zum Teil bereits vergleichbar ist und im Übrigen bald vergleichbar sein dürfte. Zum aktuellen Stand der Umsetzung in den EU-Staaten vgl. Übersicht auf der Website www.urheberrecht.org.

E. Kündigungsrecht des Interpreten (§ 79 Abs. 3) *(Grünberger)*

I. Unionsrechtliche Vorgaben, Systematik und Normzweck

138   § 79 Abs. 3 wurde zusammen mit § 79a und dem neu gefassten § 82 mit dem **Neunten Gesetz zur Änderung des Urheberrechtsgesetzes v. 2.7.2013**[638] eingefügt.[639] Damit wurde die, von der

---

[633] BAG ZUM 2009, 883 – Anspruch auf Wiederholungsvergütung; aA LAG Köln BeckRS 2009, 57429; kritisch zum BAG-Urteil *Hillig* ZUM 2010, 514; zur Höhe der Wiederholungsvergütung LG München ZUM 2010, 545.
[634] Vgl. zum WDR-Vertrag auch *Neufeldt* FuR 1977, 236; *Reuter* FuR 1977, 78 f.
[635] BFH GRUR 2006, 1021.
[636] Abgedr. in Bühnen- und Musikrecht II A 2.
[637] Nicht erfasst sind Orchester, die allein oder überwiegend Operrettendienst versehen, § 1 Abs. 2 S.2 TVK.
[638] BGBl. I S. 1940.
[639] → Vor § 73 ff. Rn. 31 und → § 82 Rn. 9 f.

Richtlinie 2011/77/EU[640] novellierte, Schutzdauer-RL in deutsches Recht **umgesetzt.** Nach Art. 3 Abs. 1 S. 2 zweiter Gedankenstrich beträgt die Schutzdauer für die Rechte aus einer auf einem Tonträger aufgezeichneten Darbietung, deren Schutzdauer am 1.11.2013 noch nicht erloschen war (§ 137m Abs. 1),[641] 70 Jahre, gerechnet ab dem für den Beginn der Frist jeweils maßgebenden Ereignis.[642]

Nach Einschätzung der Kommission bezweckt die Schutzdauerverlängerung, die **soziale Situa-** 139 **tion** ausübender Künstler (insbesondere von Studiomusikern) zu verbessern, weil diese die derzeit geltende 50-jährige Schutzdauer immer häufiger überlebten.[643] Den ausübenden Künstlern soll daher das Leistungsschutzrecht während ihres gesamten Lebens zur Verfügung stehen.[644] Das dazu erwählte Mittel – die Schutzdauerverlängerung – ist rechtpolitisch und ökonomisch **falsch.**[645] Die zeitgleich erfolgte Verlängerung der Tonträgerherstellerrechte zeigt, dass das Paket insgesamt auf den Schutz der Tonträgerhersteller abzielt[646] und diesen – jedenfalls für bereits existierende Tonträger[647] – ökonomisch nicht zu rechtfertigende Monopolrenten beschert. Zudem wird die Beschränkung der Maßnahmen auf Darbietungen, die auf Tonträgern festgelegt worden sind und der damit einhergehende Ausschluss des Filmbereichs als **sachwidrige Ungleichbehandlung** kritisiert.[648] Auf Art. 3 Abs. 1 GG kann man diese Kritik freilich nicht stützen,[649] weil die Schutzdauer vollständig unionsrechtlich harmonisiert ist und deshalb ein der verfassungsrechtlichen Kontrolle unterfallender Umsetzungsspielraum des deutschen Gesetzgebers schon grundsätzlich fehlt.[650] Als Prüfungsmaßstab kommt daher lediglich Art. 20 iVm Art. 17 Abs. 2 Grundrechte-Charta in Betracht. Angesichts der vom Unionsgesetzgeber zu beachtenden vielschichtigen Interessenlage, der tatsächlich bestehenden Unterschiede im Markt für Ton- und Filmträger und der völkerrechtlichen Vorbilder einer unterschiedlichen Regelung von Tonträgern und visuellen sowie audiovisuellen Datenträgern im WPPT einerseits und im BTAP andererseits[651] dürfte die Privilegierung von Tonträgern und darauf aufgenommenen Darbietungen gerechtfertigt sein.

Damit im Ergebnis auch die ausübenden Künstler von der Schutzdauerverlängerung profitieren, 140 sieht die Richtlinie **begleitende Maßnahmen** vor.[652] Sie betreffen das Vertragsverhältnis zwischen Interpret und Tonträgerhersteller. Das ist im Ausgangspunkt sinnvoll.[653] Dadurch nimmt die Richtlinie zur Kenntnis, dass der eigentliche Handlungsbedarf im **Interpretenvertragsrecht** besteht.[654] Allerdings ist der Anwendungsbereich dieser Maßnahmen auf die Zeitspanne nach Ablauf der alten Schutzdauer von 50 Jahren beschränkt. Im Einzelnen sehen die Richtlinie und §§ 79 Abs. 3, 79a **vier neue Rechte des Interpreten** vor:

– ein **Kündigungsrecht** (Art. 3 Abs. 2a Schutzdauer-RL, § 79 Abs. 3),
– einen unverzichtbaren und verwertungsgesellschaftspflichtigen **Anspruch auf eine zusätzliche Vergütung,** wenn der Interpret dem Tonträgerhersteller die Rechte an seiner Darbietung gegen Zahlung einer einmaligen Vergütung eingeräumt oder übertragen hat (Art. 3 Abs. 2b, 2c S. 1, 2d; § 79a Abs. 1–3),
– einen darauf bezogenen **Auskunftserteilungsanspruch** (Art. 3 Abs. 2c S. 2, § 79a Abs. 4).
– das **Verbot,** bei Vereinbarung einer wiederkehrenden Vergütung, **Vorschüsse oder vertraglich vereinbarte Abzüge abzuziehen** (Art. 3 Abs. 2e, § 79a Abs. 5).

Mit der Kündigungsmöglichkeit soll der ausübende Künstler die Kontrolle über seine Darbietung 141 zurückerhalten, wenn sie der Tonträgerhersteller nicht zureichend verwertet (**„use-it-or-lose-it").**[655] Die Neuregelung in § 79 Abs. 3 war erforderlich, weil die bestehenden vertraglichen oder gesetzlichen Beendigungsmöglichkeiten den Anforderungen der Richtlinie nicht genügten.[656] Nun-

---

[640] ABl. 2011 L 265, S. 1.
[641] → § 137m Rn. 2.
[642] → § 82 Rn. 11 f.
[643] KOM(2008) 464 endg., S. 2; vertiefend zu den Zielen *Flechsig-Bisle,* Erstreckung der künstlerischen Leistungsschutzrechte und Umsetzung der Schutzdauer-RL 2011/77/EU in nationales Recht, 2015, S. 25 ff.
[644] Erwägungsgründe (5) und (6) Richtlinie 2011/77/EU.
[645] *Helberger/Dufft/van Gompel/Hugenholtz* EIPR 2008, 174; *Hilty/Kur/Klass/Geiger/Peukert/Drexl/Katzenberger* GRUR-Int 2008, 907; *Klass* ZUM 2008, 663; *Malevanny* GRUR-Int 2013, 737 (744 f.); *Gaillard,* Die Schutzdauerverlängerungen in der Urheberrechtsnovelle 2013, Rn. 74; zurückhaltender *Walter M.* FS Loewenheim, 2009, 377.
[646] *Klass* ZUM 2008, 663 (665).
[647] Vgl. Gowers Review of Intellectual Property, https://www.gov.uk/government/uploads/system/uploads/attachment_data/file/228849/0118404830.pdf, S. 56 f.
[648] *J. Kreile* ZUM 2009, 113; *Stuwe* ZUM 2009, 117 (119 f.); *Gerlach* ZUM 2009, 103 (105 f.); Wandtke/Bullinger/*Wandtke* UrhG § 79 Rn. 39 f.
[649] Verkannt von *Flechsig-Bisle,* Erstreckung der künstlerischen Leistungsschutzrechte und Umsetzung der Schutzdauer-RL 2011/77/EU in nationales Recht, 2015, S. 120 ff.
[650] Vgl. BVerfGE 129, 78 = GRUR 2012, 53 Rn. 88 ff. – Le Corbusier Möbel; → Vor §§ 73 ff. Rn. 47.
[651] → Vor §§ 73 ff. Rn. 64 ff.
[652] Erwägungsgrund (10) Richtlinie 2011/77/EU.
[653] *Klass* ZUM 2008, 828 (833); zweifelnd *Apel,* Der ausübende Musiker im Recht Deutschlands und der USA, 2011, S. 393 ff.
[654] *Klass* ZUM 2008, 663 (664).
[655] KOM(2008) 464 endg., S. 15.
[656] BT-Drs. 17/12013, 12; *Gaillard,* Die Schutzdauerverlängerungen in der Urheberrechtsnovelle 2013, 2016 Rn. 144.

mehr kann der Interpret maßgeblich mitbestimmen, ob seine Stücke auf den Markt kommen bzw. auf dem Markt bleiben.[657] Mit der Schutzdauerverlängerung geht die **Obliegenheit** (→ Rn. 149) **des Tonträgerherstellers** einher, die fortgesetzte **Verwertung** der Darbietung und damit die daran geknüpfte Beteiligung des Interpreten an den Einnahmen (§ 79a) zu sichern.[658] Das Zusammenspiel beider Normen bestätigt, dass § 79 Abs. 3 S. 1 bezweckt, dem ausübenden Künstler die „**Einnahmen** aus den ausschließlichen Rechten für die Vervielfältigung und Zugänglichmachung [und] aus den ausschließlichen Rechten für die Verbreitung und Vermietung"[659] zu sichern. Das geschieht, indem die **Befugnis,** über das Ob und Wie der **wirtschaftlichen Verwertung** der Darbietung (und mittelbar des Tonträgers) zu entscheiden, nach dem Ablauf bestimmter Zeitpunkte (→ Rn. 158 ff., 162 ff.) dem **Interpreten** zugewiesen wird. Die **Rechtsfolgen** bestätigen diesen Normzweck: Kommt der Tonträgerhersteller seiner Obliegenheit nicht nach, fallen die Nutzungsrechte an der Darbietung an den ausübenden Künstler zurück und die Rechte am Tonträger erlöschen. Das belegt, dass das Gesetz dem Interpreten die selbstbestimmte Entscheidung darüber ermöglichen will, wie die Darbietung innerhalb der verlängerten Schutzdauer weiter zu verwerten ist. **Normzweck** des § 79 Abs. 3 ist es, dazu beizutragen, die soziale Situation ausübender Künstler zu verbessern, indem sie selbstbestimmt über die weitere Verwertungsmöglichkeit der Darbietung entscheiden können. Gerade im Verhältnis zwischen Interpret und Verwerter bezieht die Schutzdauer-RL deutlich Position zugunsten des Interpreten. Sie verfolgt „offensichtlich nur den Zweck, eine **Besserstellung der ausübenden Künstler** zu erreichen" und gibt vor, „dass die Interessen der ausübenden Künstler höher als die der Tonträgerhersteller einzustufen sind".[660] Diese normative Vorgabe ist bei der richtlinienkonformen Interpretation des § 79 Abs. 3 (und des § 79a) stets zu berücksichtigen.[661]

142   § 79 Abs. 3 **stärkt** die Position des ausübenden Künstlers:[662] Für den maßgeblichen Zeitraum (→ Rn. 158) kommt es nicht mehr entscheidend darauf an, ob die Voraussetzungen für ein Rückrufsrecht gem. § 41 iVm § 79 Abs. 2a auch bei einer translativen[663] Rechteübertragung gegeben sind[664] oder ob dem Übertragungsvertrag eine Verwertungspflicht zu entnehmen ist (→ Rn. 89, 185). Besonders wichtig für den Interpreten ist das mit Wirksamkeit der Kündigung erfolgende **Erlöschen der Tonträgerherstellerrechte** aus § 85 (Art. 3 Abs. 2a Schutzdauer-RL und § 79 Abs. 3 S. 3). Damit klärt die Neuregelung das bislang umstrittene Verhältnis von Kündigung und Rückruf[665] zu dem an derselben Aufnahme bestehenden Tonträgerherstellerrecht. Aufgrund des „leistungsschutzrechtlichen Abstraktionsprinzips"[666] zwischen dem Schutz der (festgelegten) Darbietung und dem davon unabhängigen Schutz des Tonträgers besteht die Gefahr der gegenseitigen Blockade von Interpret und Tonträgerhersteller. Bei der Kündigung nach § 79 Abs. 3 wird sie zugunsten des eingeschränkten Kausalprinzips[667] aufgelöst.[668]

II. Kündigungsvoraussetzungen

143   Damit der Interpret kündigen kann, muss (1.) zwischen ihm und dem Tonträgerhersteller ein **Übertragungsvertrag** abgeschlossen worden sein. Der Tonträgerhersteller muss (2.) die ihm übertragenen oder zur Nutzung eingeräumten Rechte an der Darbietung **unzureichend verwerten**. Die Kündigung ist (3.) erst nach dem **Ablauf von 50 Jahren** zulässig und hängt (4.) davon ab, dass der Tonträgerhersteller die Rechte innerhalb einer Wartefrist **nicht zureichend ausübt**. Sie setzt (5.) eine **wirksame Kündigungserklärung** der dazu berechtigten Person und den **Zugang** dieser Erklärung an den Tonträgerhersteller voraus.

1. Übertragungsvertrag

144   **a) Begriff.** § 79 Abs. 3 S. 1 enthält in Umsetzung von Art. 3 Abs. 2a Schutzdauer-RL eine **Legaldefinition** des Übertragungsvertrags. Das ist der Vertrag, mit dem der ausübende Künstler als originärer Inhaber der Ausschließlichkeitsrechte an der Darbietung[669] dem Tonträgerhersteller seine **Rechte** an der Aufzeichnung der Darbietung **eingeräumt oder übertragen** hat. Der Wortlaut des § 79 Abs. 3 S. 1 („Rechte an der Aufzeichnung der Darbietung") stammt aus der Richtlinie und ist im deutschen Kontext etwas missverständlich. Gegenstand des Übertragungsvertrags sind nicht lediglich die Rechte aus § 77 Abs. 1. Wie sich aus dem Gesamtkontext der Schutzdauer-RL, den Verwei-

---

[657] KOM(2008) 464 endg., S. 8.
[658] BeckOK UrhR/*Stang* UrhG § 79 Rn. 37.
[659] Erwägungsgrund (8) Richtlinie 2011/77/EU.
[660] *Gaillard,* Die Schutzdauerverlängerungen in der Urheberrechtsnovelle 2013, 2016 Rn. 141.
[661] *Gaillard,* Die Schutzdauerverlängerungen in der Urheberrechtsnovelle 2013, 2016 Rn. 142.
[662] *Gaillard* GRUR 2013, 1099 (1103).
[663] Zum Begriff *Grünberger,* Das Interpretenrecht, 2006, S. 257 f.
[664] Zum Problem *Grünberger,* Das Interpretenrecht, 2006, S. 297 ff.
[665] Ausführlich dazu *Grünberger,* Das Interpretenrecht, 2006, S. 208 ff.
[666] *Grünberger,* Das Interpretenrecht, 2006, 217 f.; → Vor §§ 73 ff. Rn. 77.
[667] → Vor §§ 73 ff. Rn. 77.
[668] Siehe *Gaillard* GRUR 2013, 1099 (1105).
[669] → § 73 Rn. 34 ff.

sen auf § 79 Abs. 1 („übertragen") bzw. auf § 79 Abs. 2 („eingeräumt") ergibt, können **alle** in den §§ 77, 78 vorgesehenen **Ausschließlichkeitsrechte** Gegenstand der vertraglichen Übertragung bzw. Rechtseinräumung sein. Während die Schutzdauer-RL vom „Übertragungs- oder Abtretungsvertrag" spricht, verwendet § 79 Abs. 3 S. 1 nur den Begriff des Übertragungsvertrags. Das geht auf die dogmatische Einordung der Übertragungsvorgänge im deutschen Recht zurück.[670] Der Begriff des „Übertragungsvertrags" fasst die **(translative) Übertragung** gem. § 79 Abs. 1 S. 1 und die **Nutzungsrechtseinräumung** (konstitutive Übertragung) gem. § 79 Abs. 2 unter den gemeinsamen Oberbegriff der Übertragung.[671] Wenn im Folgenden von der **„Übertragung (iwS)"** gesprochen wird, sind beide Gestaltungsvarianten, also die translative Übertragung (ieS) und die Rechtseinräumung gemeint.

Im Übrigen ist der Begriff des Übertragungsvertrags **unionsrechtlich-autonom auszulegen.** Der **Begriff** umfasst alle rechtsgeschäftlichen Vereinbarungen, die der Interpret bzw. die Interpretengruppe (§ 80)[672] mit dem Tonträgerhersteller getroffen haben und die die Übertragung (iwS) von Verwertungsrechten des ausübenden Künstlers zum Gegenstand haben. Obwohl der übereinstimmende Wortlaut von Richtlinie und UrhG von dem „Vertrag" spricht, „mit dem [der Interpret] *seine* Rechte" überträgt, setzt der Übertragungsvertrag nicht die Übertragung (iwS) aller Verwertungsrechte voraus. Aus dem Normzweck (→ Rn. 139, 141) folgt, dass ein kündigungsfähiger Übertragungsvertrag auch bei einer **Teilrechtsübertragung (iwS)** vorliegt.[673] Für das Kündigungsrecht macht es auch keinen Unterschied, ob die Rechtsübertragung in einem **Standardkünstlerexklusivvertrag,** einem **Künstlervertrag** oder einer sog. **Künstlerquittung** (→ Rn. 83 ff., 95) vereinbart worden ist oder ob die Rechte gegen Zahlung einer einmaligen (§ 79a Abs. 1) oder wiederkehrenden (§ 79a Abs. 5) Vergütung übertragen wurden. Alle Fälle haben eine vertragliche Übertragung (iwS) der Verwertungsrechte zum Gegenstand. Liegt der Herstellung des Tonträgers dagegen kein Vertrag zugrunde, in dem der Interpret Rechte übertragen (iwS) hat, scheidet eine Kündigung gem. § 79 Abs. 3 S. 1 aus.

b) Vertragsgegenseite. Die Schutzdauer-RL und § 79 Abs. 3 S. 1 bezeichnen den **Vertrags-** 146 **partner** des Interpreten als **„Tonträgerhersteller".** Das beruht auf dem Normalfall, dass der Tonträgerhersteller iSv § 85[674] die Verwertungsverträge mit dem Interpreten abschließt. Es gibt in der Praxis aber zahlreiche Konstellationen, in denen der Übertragungsvertrag zwischen Interpret und einem **Verwerter** („Label") abgeschlossen wird. Der davon zu unterscheidende Tonträgerhersteller überträgt die am Tonträger (!) bestehenden Rechte mittels **Bandübernahmevertrag** (→ Rn. 94) an diesen Verwerter. Zwischen dem Tonträgerhersteller und dem Interpreten fehlt dann eine unmittelbare vertragliche Vereinbarung. Dieser Fall zeigt, dass der Begriff des „Tonträgerherstellers" für die Interpretation aller begleitenden Maßnahmen (→ Rn. 140) **nicht ausschließlich iSv § 85** verstanden werden kann. In der geschilderten Fallkonstellation ist der Verwerter (das „Label") der maßgebliche Vertragspartner des Interpreten. Es spielt dafür keine Rolle, ob dieses selbst originärer Inhaber der Tonträgerherstellerrechte ist oder diese lediglich zur Verwertung (iwS) übertragen bekommt. Daraus folgt, dass mit dem Begriff „Tonträgerhersteller" in § 79 Abs. 3 S. 1 immer der Vertragspartner des Interpreten gemeint ist, dem der Interpret Rechte abgetreten oder eingeräumt hat.[675]

c) Zeitlicher und internationaler Anwendungsbereich. Gegenstand der Kündigung sind 147 alle Übertragungsverträge, die **ab dem 1.11.2013** abgeschlossen worden sind. Für diese Fälle ist das Kündigungsrecht aufgrund seiner zeitlichen Einschränkungen (→ Rn. 158) für die nächsten Jahrzehnte irrelevant. **Praktisch wichtig** ist das Kündigungsrecht für vertragliche Vereinbarungen, die **vor dem 1.11.2013** abgeschlossen worden sind und der Tonträger seit dem 1.1.1963 erschienen ist. In solchen Konstellationen wird gem. Art. 10a Abs. 1 Schutzdauer-RL und § 137m Abs. 3 UrhG vermutet, dass sich die Verlängerung der Schutzdauer auch auf die zeitliche Dauer des Übertragungsvertrags auswirkt (→ Rn. 186).[676] Auf die fortbestehenden Verträge findet das Kündigungsrecht ebenfalls Anwendung (§ 137m Abs. 1).

Bei Übertragungsverträgen mit **Auslandsbezug** stellt sich die Frage, ob das gesetzliche Kündigungsrecht als vertragsakzessorischer Anspruch dem Vertragsstatut (Art. 3, Art. 4 Abs. 2 Rom II-VO) unterfällt[677] oder ob es sich als flankierende Maßnahme der Schutzdauerverlängerung nach dem Schutzlandprinzip (Art. 8 Abs. 1 Rom II-VO) richtet. Die Qualifikation ist aufgrund der sachrechtlichen Harmonisierung durch die Richtlinie lediglich für die Fälle praxisrelevant, die zu einem Nicht-EU-Vertragsstatut führen würden. Die unionsrechtlich-autonom vorzunehmende Qualifikation hat für das Kündigungsrecht und die Vergütungsansprüche aus Art. 3 Abs. 2b ff. Schutzdauer-RL **ein-**

---

[670] Vgl. *Kunz-Hallstein/Loschelder* GRUR 2013, 142 (153 f.).
[671] Vertiefend *Grünberger,* Das Interpretenrecht, 2006, S. 256 ff.
[672] Im Regelfall tritt die Interpretengesellschaft im Rechtsverkehr nach außen auf, → § 80 Rn. 19 ff.
[673] BeckOK UrhR/*Stang* UrhG § 79 Rn. 49.
[674] → § 85 Rn. 34 ff.
[675] Eingehend *Gaillard,* Die Schutzdauerverlängerungen in der Urheberrechtsnovelle 2013, 2016 Rn. 149; aA Fromm/Nordemann/*Schaefer* UrhG § 79 Rn. 122.
[676] → § 137m Rn. 12 ff.
[677] So Fromm/Nordemann/*Schaefer* UrhG § 79 Rn. 118 f.

heitlich zu erfolgen. Maßgeblich dafür ist der mit beiden Rechten verfolgte Zweck: Sie sind begleitende Maßnahmen der (territorial wirkenden!) Schutzdauerverlängerung. Eine davon getrennte kollisionsrechtliche Anknüpfung löst den sachrechtlich gewollten engen Zusammenhang dieser Instrumente auf. Die sachrechtliche Zweckfestlegung muss vom europäischen Kollisionsrecht akzeptiert und umgesetzt werden. Sicherzustellen ist, dass in jedem Mitgliedstaat eine ausreichende Verwertung stattfindet und dass der Interpret in jedem einzelnen Mitgliedstaat, in dem das nicht der Fall ist, die Darbietung selbst verwerten kann. Ob eine Anknüpfung des Kündigungsrechts nach dem Vertragsstatut diesen Zweck erreichen kann, ist zweifelhaft. Jedenfalls ist das im nationalen Recht in Umsetzung der Richtlinie vorgesehene Kündigungsrecht über Art. 9 Rom I-VO anzuwenden. Damit kommt man auch über eine vertragsrechtliche Anknüpfung zu demselben praktischen Ergebnis: die Anwendung des jeweils **im Schutzland geltenden Kündigungsrechts** und dessen Rechtsfolgen.[678]

2. Unzureichende Verwertung (Kündigungsgrund)

149   **a) Grundlagen.** Das Kündigungsrecht setzt in der Sache eine **fehlende oder unzureichende Verwertung** der übertragenen oder eingeräumten Rechte an der festgelegten Darbietung voraus. Ob eine unzureichende Verwertung vorliegt, ist **ausschließlich** anhand des in **§ 79 Abs. 3 S. 1** vorgegebenen Prüfungsmaßstabes zu entscheiden. Es kommt daher nicht darauf an, ob der Übertragungsvertrag eine ausdrückliche Verwertungspflicht des Tonträgerherstellers enthält oder ob sie ihm im Wege der ergänzenden Vertragsauslegung entnommen werden kann (→ Rn. 89, 185). Die Verwertung ist nach der gesetzlichen Konzeption des Kündigungsrechts keine vertragliche Pflicht des Tonträgerherstellers. Sie begründet eine **Ausübungslast** und ist damit eine **Obliegenheit** des Vertragspartners. Das hat sie mit dem Rückruf wegen unzureichender Ausübung (§ 79 Abs. 2a iVm § 41 Abs. 1, → Rn. 58) gemeinsam: Verwertet der Erklärungsempfänger nicht, dann läuft er Gefahr, das Ausschließlichkeitsrecht bzw. das ausschließliche Nutzungsrecht an der Darbietung (und bei der Kündigung auch am Tonträger, → Rn. 182 f.) zu verlieren.[679] Allerdings gibt es auf der Tatbestandsebene erhebliche **Unterschiede zum Rückrufsrecht.** Der Wortlaut des § 79 Abs. 3 S. 1 enthält anders als § 41 Abs. 1 S. 1 weder eine ausfüllungsbedürftige Generalklausel noch bedarf es einer zusätzlichen Interessenabwägung (→ Rn. 60).

150   Eine unzureichende Verwertung liegt nach dem Wortlaut des § 79 Abs. 3 S. 1 vor, wenn der Tonträgerhersteller **Kopien** des Tonträgers nicht **zum Verkauf** anbietet **oder** den Tonträger **öffentlich zugänglich** macht. Es handelt sich danach um zwei alternative Kündigungsgründe. Die in § 79 Abs. 3 S. 1 geregelten Kündigungsvoraussetzungen sind „streng von der Situation zu unterscheiden (…), die die Abwendungsbefugnis des Tonträgerherstellers beschreibt und daher nachträglich die Zulässigkeit der Kündigung gem. § 79 Abs. 3 S. 2 Nr. 2 entfallen lässt".[680] Deshalb ist die vielfach bereits an dieser Stelle diskutierte Frage, ob § 79 Abs. 3 einen oder zwei Kündigungsgründe kenne und ob sie alternativ oder kumulativ vorliegen müssten,[681] in diesem Zusammenhang eindeutig zu beantworten: Aus dem Wortlaut des § 79 Abs. 3 S. 1 und des Art. 3 Abs. 2(a) S. 1 Schutzdauer-RL folgt mit hinreichender Klarheit, dass die Kündigungsvoraussetzung besteht, wenn der Tonträgerhersteller die eine *oder* die andere Verwertungsmöglichkeit nicht ausführt.[682] Beide Normen stellen gerade nicht darauf ab, dass er die eine *und* die andere Verwertungsform bleiben lässt.[683] Der Tonträgerhersteller verwertet also bereits dann **unzureichend,** wenn er die Darbietung **nur auf eine** der beiden genannten Arten nutzt. Bietet er keine Vervielfältigungsstücke zum Kauf an (→ Rn. 154) und stellt er auch keine Download- oder Streamingmöglichkeit zur Verfügung (→ Rn. 157), fehlt die Verwertung insgesamt.[684]

151   **b) Angebot von Tonträgerkopien.** Eine zur Kündigung berechtigende unzureichende Ausübung liegt vor, wenn es der Tonträgerhersteller unterlässt, „Kopien des Tonträgers in ausreichender Menge zum Verkauf anzubieten" (Art. 3 Abs. 2a S. 1 Schutzdauer-RL, § 79 Abs. 3 S. 1 Var. 1). Diese **Terminologie** ist **ungenau.** Das liegt daran, dass § 79 Abs. 3 S. 1 den Wortlaut der Schutzdauer-RL fast unverändert übernimmt. Mit den „Kopien des Tonträgers" sind **Vervielfältigungsstücke** iSv § 77 Abs. 2 S. 1 iVm § 16 Abs. 2 gemeint.

152   **aa) Tonträger.** Der Begriff des Tonträgers wird im UrhG einheitlich verwendet.[685] Nach § 16 Abs. 2 sind Tonträger Vorrichtungen zur wiederholbaren Wiedergabe von Tonfolgen. Der Begriff ist im Interpretenrecht **richtlinienkonform** auszulegen und erfasst danach nicht lediglich Tonfolgen sondern auch einzelne Töne,[686] sofern diese einen schutzfähigen Darbietungsteil[687] verkörpern. Nach

---

[678] AA Fromm/Nordemann/*Schaefer* UrhG § 79 Rn. 119.
[679] Zur Einordnung siehe *Grünberger,* Das Interpretenrecht, 2006, S. 159.
[680] *Gaillard,* Die Schutzdauerverlängerungen in der Urheberrechtsnovelle 2013, 2016 Rn. 156.
[681] Vgl. BeckOK UrhR/*Stang* UrhG § 79 Rn. 50 ff.
[682] Zutreffend Fromm/Nordemann/*Schaefer* UrhG § 79 Rn. 111 f.
[683] *Gaillard,* Die Schutzdauerverlängerungen in der Urheberrechtsnovelle 2013, 2016 Rn. 161.
[684] *Gaillard,* Die Schutzdauerverlängerungen in der Urheberrechtsnovelle 2013, 2016 Rn. 157.
[685] BGH GRUR 1999, 577 (578) – Sendeunternehmen als Tonträgerhersteller.
[686] → § 77 Rn. 29.
[687] → § 77 Rn. 35 ff.

Erwägungsgrund (8) der Richtlinie 2011/77/EU bestimmt sich der Begriff der Kopien für Art. 3 Abs. 2a Schutzdauer-RL nach dem Rom-Abkommen. Nach Art. 3 lit. b Rom-Abkommen ist Tonträger „jede ausschließlich auf den Ton beschränkte Festlegung der Töne einer Darbietung oder anderer Töne". Weil sich die Schutzdauerverlängerung – und damit das Kündigungsrecht – nur auf Töne bezieht, sind Bilder oder audiovisuell festgehaltene Darbietungen keine Tonträger iSv § 79 Abs. 1 S. 1. Die Abgrenzung zu audiovisuellen Darbietungen wirft erhebliche Probleme bei der Verwendung der Tonspur eines Bildtonträgers auf.[688] Im Anwendungsbereich der §§ 79, 79a, 82 Abs. 1 wird nur **die Festlegung der Töne einer Darbietung** erfasst. In Abweichung von Art. 3 lit. b Rom-Abkommen[689] und der Schutzdauerverlängerung beim Tonträgerherstellerrecht[690] fehlt es bei der Festlegung anderer Töne zwangsläufig am Darbietungsgegenstand (§ 73) des Interpretenrechts.

Aus dem systematischen Zusammenhang des § 79 Abs. 3 folgt eine weitere Spezifikation. Der Begriff ist auf die Darbietung zu beziehen, die Gegenstand des Übertragungsvertrags (→ Rn. 145) ist. Man darf **den „Tonträger" nicht mit einer Schallplatte oder CD gleichsetzen,**[691] weil auf einer CD mehrere unterschiedliche Darbietungen gekoppelt werden können. Nicht überzeugen kann deshalb auch der Vorschlag, jeden einzelnen Song einer CD als getrennt zu bewertenden Tonträger aufzufassen.[692] Damit wird übersehen, dass der Begriff schutzzweckorientiert (→ Rn. 141) mit Blick auf den Gegenstand des zu kündigenden Übertragungsvertrags auszulegen ist. Wenn der Tonträgerhersteller nur eine Auskoppelung eines ursprünglich im Übertragungsvertrag vereinbarten Albums verwertet, ist das zugleich eine unzureichende Festlegung der nicht verwerteten Songs. Zweifelhaft ist in diesem Fall, ob wegen der Auskoppelung eine zureichende Verwertung der Darbietung vorliegt. Bejaht man das,[693] wird das Kündigungsrecht im Ergebnis wertlos: Der Interpret kann wegen der an die Auskoppelung fortbestehenden Rechteübertragung (iwS) und des Tonträgerherstellerrechts daran das vollständige „Original-Album" nicht am Markt anbieten. Das **widerspricht dem Zweck** des Kündigungsrechts. Dadurch soll der Interpret selbst bestimmen können, ob und wie Festlegungen seiner Darbietung am Markt angeboten werden (→ Rn. 141). Allerdings hat der Tonträgerhersteller ein berechtigtes Interesse, die tatsächlich verwertete Darbietung weiterhin nutzen zu dürfen. Der Konflikt lässt sich auflösen, indem man auch in solchen Konstellationen von einer **unzureichenden Verwertung der Darbietung** und dem – nach Wirksamkeit der Kündigung erfolgenden – Verlust der Tonträgerherstellerrechte daran ausgeht. Problematisch sind lediglich die **Wirkungen** der Kündigungserklärung nach der Schutzdauer-RL. In solchen Fällen ist ein vollständiger Verlust des Tonträgerherstellerrechts auch an dem tatsächlich verwendeten Teil der vertragsgegenständlichen Darbietung unter Berücksichtigung des Art. 17 Abs. 2 Grundrechte-Charta problematisch. Um ein primärrechtswidriges Ergebnis zu vermeiden ist Art. 3 Abs. 2(a) S. 5 Schutzdauer-RL **teleologisch zu reduzieren:** Den berechtigten Interessen beider Parteien ist damit gedient, wenn der Tonträgerhersteller weiterhin ein **(einfaches) Nutzungsrecht an der Darbietung und am Tonträger** hinsichtlich der Album-Auskoppelungen behält, die er im Zeitpunkt der Wirksamkeit der Kündigung tatsächlich hinreichend verwertet. Folgt man dieser unionsrechtlichen Lösung, ist § 79 Abs. 3 S. 3 richtlinienkonform fortzubilden und ebenfalls teleologisch zu reduzieren.

bb) Ausreichendes Verkaufsangebot. Erhebliche Probleme bereitet die Antwort auf die Frage, wann ein Verkaufsangebot **„in ausreichender Menge"** (§ 79 Abs. 3 S. 1) vorliegt.[694] Zur Konkretisierung wird vorgeschlagen, auf die im nationalen Recht zu § 6 Abs. 2[695] bzw. § 41 Abs. 1 S. 1 (→ Rn. 58 f.) entwickelten Grundsätze zurückzugreifen.[696] Beides kann nicht überzeugen: Bei § 79 Abs. 2a iVm § 41 Abs. 1 S. 1 ergibt sich die unzureichende Ausübung des Nutzungsrechts aus einer **Interessenabwägung** (→ Rn. 60 f.). Das ist bei § 79 Abs. 3 S. 1 **nicht notwendig** (→ Rn. 149). Beim Rückrufrecht bildet zudem der Vertragszweck den Prüfungsmaßstab für die unzureichende Ausübung (→ Rn. 59).[697] Das ist bei § 79 Abs. 3 S. 1 anders (→ Rn. 155). § 6 Abs. 2 löst den völlig anders gearteten Konflikt zwischen Rechtsinhaber und Allgemeinheit.[698] Hier geht es dagegen um den Interessenkonflikt zwischen ausübendem Künstler und Tonträgerhersteller.[699] Schließlich handelt es sich bei § 6 Abs. 2 und dem Rückrufrecht um Begriffe des deutschen Rechts. Der Begriff der „ausreichenden Menge" stammt aber aus der Schutzdauer-RL und ist **unionsweit einheitlich auszulegen.** Ein Rückgriff auf nationales Recht ist daher nicht richtlinienkonform.

153

154

---

[688] Vertiefend dazu *Flechsig-Bisle,* Erstreckung der künstlerischen Leistungsschutzrechte und Umsetzung der Schutzdauer-RL 2011/77/EU in nationales Recht, 2015, S. 99 ff.

[689] WIPO Guide to the Copyright and Related Rights Treaties, 2003, 140.

[690] S. dazu *Gaillard,* Die Schutzdauerverlängerungen in der Urheberrechtsnovelle 2013, 2016 Rn. 138 f.; *Flechsig-Bisle,* Erstreckung der künstlerischen Leistungsschutzrechte und Umsetzung der Schutzdauer-RL 2011/77/EU in nationales Recht, 2015, S. 318 f.

[691] Im Ausgangspunkt zutreffend Fromm/Nordemann/*Schaefer* UrhG § 79 Rn. 121 ff.

[692] So Fromm/Nordemann/*Schaefer* UrhG § 79 Rn. 122.

[693] Fromm/Nordemann/*Schaefer* UrhG § 79 Rn. 123.

[694] Eingehend dazu *Gaillard,* Die Schutzdauerverlängerungen in der Urheberrechtsnovelle 2013, Rn. 164.

[695] → § 6 Rn. 47 ff.; BeckOK UrhR/*Stang* UrhG § 79 Rn. 55.

[696] Wandtke/Bullinger/*Wandtke* UrhG § 79 Rn. 47.

[697] *Grünberger,* Das Interpretenrecht, 2006, S. 161 f.

[698] *Gaillard,* Die Schutzdauerverlängerungen in der Urheberrechtsnovelle 2013, 2016 Rn. 164.

[699] Vertiefend *Gaillard* GRUR 2013, 1099 (1104).

155   Maßgeblich für die Bestimmung ist der mit dem Kündigungsrecht verfolgte **Normzweck**
(→ Rn. 141). Dagegen spielen der **Vertragszweck** oder – noch wesentlich problematischer: die
Branchenübung[700] – im maßgeblichen Zeitraum **keine Rolle** (mehr).[701] Bis zum Ablauf der ursprünglichen Schutzdauer von 50 Jahren (→ Rn. 158) hat der Interpret die wirtschaftliche Gesamt-
planung, die Beurteilung des Marktes und die Vertriebsorganisation des Tonträgerherstellers in den
Grenzen des Rückrufsrechts und der einer möglicherweise vereinbarten vertraglichen Verwertungspflicht hinzunehmen. Mit Eintritt der in § 79 Abs. 3 genannten Zeitpunkte ändert sich diese Interes-
senbewertung grundlegend. Beherrschten vorher die ökonomischen Interessen des Verwerters Art
und Umfang der Ausübung des Nutzungsrechts, kommt nunmehr den Interessen des Interpreten
ausschlaggebende Bedeutung zu. Nach dem von der Richtlinie verfolgten Ansatz sind diese Interessen
daran ausgerichtet, mit dem Vertrieb von Tonträgern am Markt Einnahmen zu erzielen. Für die von
der Richtlinie erfassten Einnahmeerzielungsmöglichkeiten (→ Rn. 139) müssen **dem Publikum
ausreichend Vervielfältigungsstücke zur Verfügung** gestellt werden. „Ausreichend ist eine Menge an Tonträgern dann, wenn jeder, der den Tonträger kaufen möchte, dies auch tun kann."[702] Zu
pauschal dürfte es aber sein, wenn man verlangt, der Tonträgerhersteller müsse mindestens 1000 Vervielfältigungsexemplare in Verkehr bringen.[703] Die ausreichende Menge richtet sich insoweit nach
dem am Markt dafür bestehenden Bedarf. Diesbezüglich kommt nach Ablauf der alten Schutzdauer
dem Interpreten eine Einschätzungsprärogative zu.[704] Er kann im Ausgangspunkt die potentielle
Nachfrage nach seiner Darbietung – unterstellt, die Tonträger würden ausreichend beworben – einschätzen. Diese Vorgabe kann vom Gericht lediglich auf ihre Plausibilität hin überprüft werden. Die
Anforderungen an die Darlegung sind entsprechend niedrig. Das Gericht darf insbesondere nicht von
der unzureichenden Verwertung auf die fehlende Nachfrage schließen.

156   Fraglich ist, ob die Tonträger **im jeweiligen Schutzland** anzubieten sind[705] oder ob ein **Angebot
im EU–Ausland** genügt.[706] Die Einbettung des Kündigungsrechts als begleitende Maßnahme der
Schutzdauerverlängerung spricht für die erste Auffassung: Der Tonträgerhersteller soll nur dann von
der – territorial wirkenden! – Schutzdauerverlängerung im jeweiligen Mitgliedstaat profitieren, wenn
er zugleich sicherstellt, dass in diesem Mitgliedstaat ausreichend Vervielfältigungsstücke angeboten
werden. Andernfalls würden dem Interpreten in allen Mitgliedstaaten die Kündigungsrechte genommen, obwohl die Darbietung nur in einem Mitgliedstaat angeboten wird.[707]

157   **c) Öffentliche Zugänglichmachung.** Die Verwertung ist bereits dann unzureichend, wenn der
Tonträgerhersteller es (lediglich) unterlässt, den **Tonträger öffentlich zugänglich** zu machen (§ 79
Abs. 3 S. 1 Var. 2). Damit knüpft das Gesetz an das in § 78 Abs. 1 Nr. 1 vorgesehene Verwertungsrecht an. Der Begriff bestimmt sich daher nach § 19a.[708] Art. 3 Abs. 2a Schutzdauer-RL formuliert
insoweit etwas umständlicher („öffentlich oder leitungsgebundenen oder drahtlosem Übertragungsweg
so zugänglich zu machen, dass die Öffentlichkeit an einem selbst gewählten Ort und zu einem selbst
gewählten Zeitpunkt auf ihn zugreifen kann"), meint aber ganz offensichtlich das in Art. 3 Abs. 2
lit. a InfoSoc-RL erfasste Recht der öffentlichen Zugänglichmachung des Interpreten.[709] Eine Sendung[710] des Tonträgers mit der festgelegten Darbietung genügt also nicht.[711] Zweifelhaft ist, ob eine
zureichende Verwertung bereits dann vorliegt, wenn der Tonträger **gestreamt** wird oder ob § 79
Abs. 3 S. 1 Var. 2 auch eine **Downloadmöglichkeit** voraussetzt.[712] Legt man den Normzweck
zugrunde, soll das Kündigungsrecht sicherstellen, dass die am Markt vorhandene Nachfrage bedient
werden kann. Solange am Markt eine relevante Nachfrage nach einer von beiden Arten der öffentlichen Zugänglichmachung besteht, trifft den Tonträgerhersteller daher die Obliegenheit (→ Rn. 149),
beide Kanäle (Download und Streaming) zu bedienen. Daher liegt eine **unzureichende öffentliche
Zugänglichmachung** bereits dann vor, wenn er den Tonträger nur auf einem dieser Kanäle zugänglich macht. Der Dienst, mit dem die festgelegte Darbietung zugänglich gemacht wird, muss sich an
Nutzer in Deutschland richten und von Deutschland aus rechtmäßig zugänglich sein.[713]

3. Ablauf von 50 Jahren (§ 79 Abs. 3 S. 2 Nr. 1)

158   Die Kündigung ist erst „zulässig" (§ 79 Abs. 3 S. 2 Nr. 1), nachdem **50 Jahre nach dem fristauslösenden Ereignis** (→ Rn. 159 ff.) verstrichen sind. Der Ablauf der Frist ist eine **materielle Wirk-**

---

[700] Vgl. zum Problem *Grünberger*, Das Interpretenrecht, 2006, S. 102 ff.
[701] Verkannt von Wandtke/Bullinger/*Wandtke* UrhG § 79 Rn. 47.
[702] *Gaillard* GRUR 2013, 1099 (1104); vertiefend jetzt *Gaillard*, Die Schutzdauerverlängerungen in der Urheberrechtsnovelle 2013, 2016 Rn. 166.
[703] *Gaillard* GRUR 2013, 1099 (1104).
[704] Im Ergebnis auch *Gaillard*, Die Schutzdauerverlängerungen in der Urheberrechtsnovelle 2013, 2016 Rn. 167.
[705] So *Gaillard* GRUR 2013, 1099 (1104).
[706] So Fromm/Nordemann/*Schaefer* UrhG § 79 Rn. 119f.
[707] *Gaillard*, Die Schutzdauerverlängerungen in der Urheberrechtsnovelle 2013, 2016 Rn. 166.
[708] → § 78 Rn. 30 f.
[709] BT-Drs. 17/12013, 12.
[710] Zur Abgrenzung → § 78 Rn. 32 ff.
[711] *Kunz-Hallstein/Loschelder* GRUR 2013, 152 (154).
[712] Verneinend BeckOK UrhR/*Stang* UrhG § 79 Rn. 56.
[713] *Gaillard*, Die Schutzdauerverlängerungen in der Urheberrechtsnovelle von 2013, 2016 Rn. 163.

samkeitsvoraussetzung für die Kündigung. Das folgt aus Art. 3 Abs. 2a Schutzdauer-RL („unter-lässt es der Tonträgerhersteller [...] so kann der ausübende Künstler den Vertrag [...] kündigen"). Davon ist die ganz anders gelagerte Frage streng zu trennen, zu welchem Zeitpunkt die Kündigung erklärt werden kann (→ Rn. 170 ff.).[714]

Fristauslösend sind **zwei Ereignisse:** Ist der Tonträger erschienen, ist der **Zeitpunkt des Er-** 159 **scheinens** maßgeblich (§ 79 Abs. 3 S. 2 Nr. 1 Var. 1). Das Erscheinen richtet sich hier nach § 6 Abs. 2.[715] Darin liegt insoweit eine zulässige Konkretisierung des in der Richtlinie verwendeten Be-griffs der Veröffentlichung.[716] Ist der Tonträger nicht erschienen, läuft die Frist mit der **ersten er-laubten Benutzung** des Tonträgers zur öffentlichen Wiedergabe.

Zweifelhaft sind die Fälle, in denen die **erste erlaubte Benutzung vor dem Erscheinen** liegt. 160 Der Wortlaut von Art. 3 Abs. 2a Schutzdauer-RL und § 79 Abs. 3 S. 2 Nr. 1 legt es nahe, dass der Zeitpunkt des Erscheinens fristauslösend ist. Dann wäre die Wiedergabe stets subsidiär zum Erschei-nen. Das steht im Widerspruch zur Berechnung der Schutzdauer, für die der jeweils frühere Zeit-punkt maßgeblich ist.[717] Aus der Entstehungsgeschichte der Richtlinie folgt, dass die Kommission das **Kündigungsrecht an den Ablauf der ursprünglichen Schutzdauer** – und damit auch die dafür maßgeblichen fristauslösenden Ereignisse – **koppeln** wollte.[718] Die jetzige Fassung entstand – ohne dass die Gründe dafür in den Materialien ersichtlich sind[719] – in der 1. Lesung im Parlament.[720] Dabei handelt es sich offenbar um ein **Redaktionsversehen.** Art. 3 Abs. 2a Schutzdauer-RL liegt erkenn-bar der Zweck zugrunde, die Verlängerung der ursprünglichen Schutzdauer mit begleitenden Maß-nahmen zum Schutz der Interpreten zu versehen. Eine strikt am Text der Richtlinie orientierte Aus-legung verkürzt die Möglichkeiten des Interpreten, bei unzureichender Verwertung während der zusätzlich gewonnenen Schutzdauer eigene Maßnahmen zu ergreifen. Erwägungsgrund (8) der Richtlinie 2011/77/EU unterstützt dieses Verständnis. Danach besteht das Kündigungsrecht bei einer Aufzeichnung, „die ohne die Verlängerung der Schutzdauer gemeinfrei wäre". Aus diesen Gründen ist Art. 3 Abs. 2a Schutzdauer-RL – und damit in richtlinienkonformer Interpretation auch § 79 Abs. 3 S. 2 Nr. 1 – **korrigierend auszulegen:** Fristauslösend ist entweder das Erscheinen oder die öffentliche Wiedergabe, sollte diese früher erfolgt sein.

Die **Berechnung der Fristen** in § 79 Abs. 3 S. 2 Nr. 1 erfolgt gem. §§ 82 Abs. 3, 69 analog. Das 161 folgt aus der hier vertretenen engen Koppelung des Kündigungsrechts mit der (verlängerten) Schutz-dauer.[721]

4. Zureichende Verwertung innerhalb der Wartefrist (§ 79 Abs. 3 S. 2 Nr. 2)

a) Normzweck und Einordnung. Ist die ursprüngliche Schutzdauer abgelaufen (→ Rn. 158 ff.), 162 ist die Kündigung nur „zulässig, wenn der Tonträgerhersteller innerhalb eines Jahres nach Mitteilung des ausübenden Künstlers, den Übertragungsvertrag kündigen zu wollen, nicht beide in Satz 1 ge-nannten Nutzungshandlungen ausführt" (§ 79 Abs. 3 S. 2 Nr. 2). Mit dieser Regelung berücksichti-gen Richtlinie und Gesetz das **Interesse des Tonträgerherstellers.** Bevor der Interpret kün-digt, muss er dem Tonträgerhersteller Zeit und Gelegenheit geben, die (iwS) übertragenen Rechte wirtschaftlich zu verwerten. Dabei handelt es sich – ähnlich wie beim Rückruf wegen Nichtausübung (→ § 41 Rn. 18 ff.) – um eine **Wartefrist.** Damit der Tonträgerhersteller nach Ablauf dieser Frist nicht von der Kündigung überrascht wird, muss ihm der Interpret die **Kündigung ankündi-gen.** Die Ankündigung und der Ablauf der Wartefrist sind **materielle Wirksamkeitsvorausset-zungen** der Kündigung. Davon unabhängig ist die Frage des Zeitpunkts der Kündigungserklärung (→ Rn. 170 ff.).[722] § 79 Abs. 3 enthält damit ein zweistufiges Verfahren: Zunächst muss der Kündi-gungsgrund der unzureichenden Verwertung vorliegen (→ Rn. 149 ff.) und im Anschluss daran muss der Interpret eine Wartefrist einhalten, in der der Tonträgerhersteller eine zureichende Verwertung durchführen kann. Das Verfahren ist für beide Parteien **sinnvoll,** weil der Tonträgerhersteller prüfen kann, ob er die weitere wirtschaftliche Verwertung für sinnvoll hält und der Interpret mit der Mittei-lung dazu einen Anreiz setzen kann und selbst Zeit gewinnt, über die Sinnhaftigkeit einer eigenen Verwertung nachzudenken.[723]

b) Mitteilung und Fristberechnung. Die Mitteilung muss vom **kündigungsberechtigten In-** 163 **terpreten** (→ Rn. 173) ausgehen. Sie ist keine Willenserklärung, sondern eine geschäftsähnliche

---

[714] Verkannt von Fromm/Nordemann/*Schäfer* UrhG § 79 Rn. 107, 125.
[715] BT-Drs. 17/12013, 12.
[716] Eingehend *Flechsig-Bisle,* Erstreckung der künstlerischen Leistungsschutzrechte und Umsetzung der Schutz-dauer-RL 2011/77/EU in nationales Recht, 2015, S. 166 ff.
[717] → § 82 Rn. 11.
[718] Art. 10a im Richtlinienentwurf, KOM(2008) 464 endg., S. 22.
[719] Vgl. dazu Dok. A6–0070/2009. Sowohl der Berichterstatter des Parlaments, als auch die Stellungnahmen ver-schiedener Ausschüsse hielten am Ansatz der Kommission fest.
[720] Standpunkt des Parlaments v. 23.4.2009, Dok. P6_TA(2009)0282. Ausführlich zum Verfahren *Gaillard,* Die Schutzdauerverlängerung in der Urheberrechtsnovelle von 2013, 2016 Rn. 86 ff.
[721] So auch Fromm/Nordemann/*Schaefer* UrhG § 79 Rn. 110.
[722] Verkannt von Fromm/Nordemann/*Schaefer* UrhG § 79 Rn. 107, 125.
[723] Näher *Gaillard,* Die Schutzdauerverlängerungen in der Urheberrechtsnovelle von 2013, 2016, Rn. 155.

Handlung.[724] Mit ihr **informiert** er den Tonträgerhersteller über die Absicht, nach Ablauf der Warte-frist zu kündigen. Sie muss daher geeignet sein, diesem den Ernst der Lage vor Augen zu führen. Der Interpret muss die unzureichenden Ausübungshandlungen und ihre Beseitigung nicht im Einzelnen konkret benennen und darlegen. Das käme einer Begründung der Mitteilung gleich, die von der Richtlinie nicht verlangt wird. Die Mitteilung ist **formfrei** möglich. Ein vertraglich vereinbartes Formerfordernis verstieße gegen § 79 Abs. 3 S. 4, weil es die Ausübung des Kündigungsrechts er-schweren würde.[725] Da die Mitteilung Kündigungsvoraussetzung ist, hat der Interpret nach allgemei-nen Regeln den Zugang darzulegen und zu beweisen. Deshalb ist eine Mitteilung in Textform (§ 126b BGB) ratsam.

164   Das Gesetz trifft keine Aussagen zum **Zeitpunkt** der Mitteilung. Aus dem Wortlaut des Art. 3 Abs. 2a S. 2 Schutzdauer-RL („kann Gebrauch gemacht werden, wenn der Tonträgerhersteller inner-halb eines Jahres ab der Mitteilung des ausübenden Künstlers") könnte man schließen, dass der Inter-pret zunächst den Ablauf der in § 79 Abs. 3 S. 2 Nr. 1 genannten Frist abwarten müsste, bevor er seine Kündigungsabsicht mitteilen könnte.[726] Das überzeugt nicht. Die Mitteilung verfolgt ausschließ-lich den Zweck, dem Tonträgerhersteller eine „letzte Chance" einzuräumen, den Tonträger auch im Zeitraum der verlängerten Schutzdauer zureichend zu verwerten. Diesen Zweck kann sie **jederzeit** erfüllen. Sie kann daher bereits vor Ablauf der 50-Jahres-Frist und bis zum Ende der in § 82 geregel-ten neuen Schutzdauer erklärt werden. Eine wiederholte Mitteilung wird dann notwendig, wenn der Tonträgerhersteller auf die erste Mitteilung hin zunächst zureichend verwertet, seine Aktivitäten in der folgenden Zeit aber wieder einstellt.[727]

165   Mit dem **Zugang** der Mitteilung (§ 130 BGB analog) beginnt im Regelfall die **Wartefrist.** Wird die Mitteilung vor Ablauf der 50 Jahre erklärt (→ Rn. 164), beginnt die Wartefrist erst an dem Tag, nach dem die 50-Jahres-Frist abgelaufen sein wird. Die Frist berechnet sich gem. § 188 Abs. 2 Var. 1 iVm § 187 Abs. 1 BGB. §§ 82 Abs. 3, 69 finden darauf keine analoge Anwendung. Das ist auch richt-linienkonform.[728] Die Mitteilungsfrist in Art. 3 Abs. 2a S. 2 Schutzdauer-RL ist keine „Frist" iSv Art. 8 Schutzdauer-RL. Diese Vorschrift bezieht sich nach ihrem Zweck nur auf die Dauer der Ver-wertungsrechte und Vergütungsansprüche. Sie trifft keine Regelung in vertraglichen Rechtsbeziehun-gen zwischen Interpret und Verwerter.

166   **c) Umfang der notwendigen Verwertungshandlungen.** Nach § 79 Abs. 3 S. 2 Nr. 2 ist die Kündigung nur „zulässig", wenn der Tonträgerhersteller innerhalb der Wartefrist (→ Rn. 162) „nicht beide in Satz 1 genannten Nutzungshandlungen ausführt". Nach dem übereinstimmenden Wortlaut von Richtlinie und Gesetz kann der Tonträgerhersteller die **Kündigung nur dann abwenden,** wenn er Kopien des Tonträgers in ausreichender Menge zum Verkauf anbietet (→ Rn. 154 ff.) **und** den Tonträger öffentlich zugänglich macht (→ Rn. 157). Beide Handlungen müssen **kumulativ** vor-liegen. Der Wortlaut der Kündigungsvoraussetzung in Art. 3 Abs. 2a S. 1 Schutzdauer-RL und § 79 Abs. 3 S. 1 verwendet dagegen die Konjunktion „oder". Als Kündigungsgrund reicht eine alternativ festzustellende unzureichende Ausübung (→ Rn. 150). Die unterschiedliche Verwendung von „oder" in S. 1 bzw. „und" in S. 2 Nr. 2 hat zu erheblichen Missverständnissen geführt, die manche zugunsten des Tonträgerherstellers aufklären wollen.[729]

167   Die Debatte kreist um ein **Scheinproblem.** Ursache dafür ist die Prämisse, wonach beide Tatbe-stände einheitlich zu behandeln seien.[730] Diese Prämisse beruht aber auf einer Fehlvorstellung. Damit verkennt man die unterschiedliche Aufgabe beider Tatbestandselemente.[731] Das System der Kündi-gungsgründe und Kündigungsvoraussetzungen ist in sich klar: (1.) Es muss eine **fehlende oder un-zureichende Verwertung** vorliegen. Letzteres ist der Fall, wenn der Tonträgerhersteller **eine der beiden** Nutzungsarten nicht ausübt (§ 79 Abs. 3 S. 1, → Rn. 150). (2.) Das berechtigt den ausüben-den Künstler zum **„Warnschuss".** Will der Tonträgerhersteller seine Rechte an der Darbietung (und am Tonträger) nicht verlieren, muss er jetzt die übertragenen Rechte **zureichend verwerten.** Eine zureichende Ausübung liegt aber erst dann vor, wenn er **beide Nutzungsarten** vornimmt. Solange er nur Vervielfältigungsstücke verbreitet oder den Tonträger zugänglich macht, liegt nach wie vor eine zur Kündigung berechtigende unzureichende Ausübung vor. Deshalb steht in § 79 Abs. 3 S. 1 das Wort „oder" und nicht das Wort „und".[732] Getragen wird dieses systematische Argument nicht nur vom Wortlaut der Schutzdauer-RL, sondern auch von Erwägungsgrund (8) der RL 2011/77/EU, der ausdrücklich auf beide Nutzungshandlungen verweist.[733] Im Ergebnis muss der Tonträgerhersteller

---

[724] Zutreffend BeckOK UrhR/*Stang* UrhG § 79 Rn. 58.
[725] Verkannt von BeckOK UrhR/*Stang* UrhG § 79 Rn. 59.
[726] So iE Fromm/Nordemann/*Schaefer* UrhG § 79 Rn. 125.
[727] Vgl. BeckOK UrhG/*Stang* UrhG § 79 Rn. 60; ähnlich auch Wandtke/Bullinger/*Wandtke* UrhG § 79 Rn. 56.
[728] AA Fromm/Nordemann/*Schaefer* UrhG § 79 Rn. 125a.
[729] So BeckOK UrhR/*Stang* UrhG § 79 Rn. 50 ff.; siehe auch Wandtke/Bullinger/*Wandtke* UrhG § 79 Rn. 46, 55; Fromm/Nordemann/*Schäfer* UrhG § 79 Rn. 111 ff.; *Kunz-Hallstein/Loschelder* GRUR 2013, 152 (154).
[730] So BeckOK UrhR/*Stang* UrhG § 79 Rn. 50; Wandtke/Bullinger/*Wandtke* UrhG § 79 Rn. 55.
[731] Eingehend Fromm/Nordemann/*Schaefer* UrhG § 79 Rn. 119.
[732] *Gaillard* GRUR 2013, 1099 (1104).
[733] *Gaillard* GRUR 2013, 1099 (1104).

innerhalb der Wartefrist beide Nutzungshandlungen vornehmen, um die Kündigung erfolgreich abwenden zu können.[734]

Die **inhaltlichen Anforderungen** an die vom Tonträgerhersteller vorzunehmenden Handlungen **168** ergeben sich wiederum aus § 79 Abs. 3 S. 1 (→ Rn. 149 ff.). Die Abwendungsbefugnis korrespondiert insoweit mit den Kündigungsgründen.[735] Es **genügt nicht,** wenn der Tonträgerhersteller mit den notwendigen Handlungen innerhalb eines Jahres nach Zugang der Mitteilung (→ Rn. 165) **beginnt.**[736] Die Kündigung kann nur abgewendet werden, wenn die Öffentlichkeit in diesem Zeitraum **tatsächlich Zugang** zur festgelegten Darbietung bekommt.[737]

Nach dem Wortlaut muss der Tonträgerhersteller die **Nutzungshandlungen selbst ausführen.** In **169** der Praxis hat er die Rechte am Tonträger und der Darbietung häufig an Dritte übertragen bzw. diesen daran weitere, uU auch ausschließliche, Nutzungsrechte eingeräumt (→ Rn. 146). Man könnte in solchen Fällen an eine subjektive Unmöglichkeit der zureichenden Verwertung denken. Abgesehen davon, dass die fehlende Möglichkeit, die Verwertungshandlungen ohne die Mithilfe Dritter vorzunehmen, auch nach allgemeinen Regeln nicht zur subjektiven Unmöglichkeit (§ 275 Abs. 1 BGB) führt,[738] kann sich der Tonträgerhersteller schon im Ausgangspunkt nicht auf § 275 BGB berufen. Die Vornahme der Verwertungshandlungen ist eine Obliegenheit und keine Leistungspflicht (→ Rn. 149). Es kann daher nur darum gehen, ob er dieser Obliegenheit genügt, wenn Dritte zureichende Verwertungshandlungen vornehmen. Diesbezüglich sind zwei Konstellationen zu unterscheiden:[739] Ist der Tonträgerhersteller auch nach Weiterübertragung (iwS) der Interpretenrechte in der Lage, die Ansprüche des Interpreten aus § 79a effektiv zu erfüllen, kann ihm das **Verhalten seiner Zedenten oder Lizenznehmer zugerechnet** werden.[740] Probleme bereitet die zweite Fallgruppe: Hat sich der Tonträgerhersteller der Rechte am Tonträger (und der Darbietung) in einem **Buy-Out-Vertrag** vollständig entledigt, laufen die Vergütungs- und Auskunftsansprüche aus § 79a Abs. 1 und Abs. 4 leer. Er schuldet keine zusätzliche Vergütung und der Dritte ist nach dem Wortlaut des § 79a Abs. 1 S. 1 nicht passivlegitimiert.[741] Weil deren Verwertung daher keine für § 79 Abs. 3 relevante positive Auswirkung auf die wirtschaftliche Situation des Interpreten hat, kann sie dem Tonträgerhersteller nicht zugerechnet werden. Die Kündigungsvoraussetzungen liegen vor.[742] Damit ist sichergestellt, dass der Interpret in jedem Fall von der Verlängerung der Schutzdauer finanziell partizipiert. Die ökonomischen Kosten für eine Kündigung sind aber (zu) hoch. Vorzugswürdig ist deshalb eine Lösung, welche die Verwertung des Dritten in diesen Konstellationen dem Tonträgerhersteller auch für die Anwendung des § 79 Abs. 3 zurechnet. Im Gegenzug wird dann der Dritte Anspruchsschuldner bei § 79a Abs. 1 und Abs. 4.[743]

5. Kündigungserklärung

a) Anforderungen und Zeitpunkt. Die Kündigung ist eine einseitige empfangsbedürftige **Wil- 170 lenserklärung.** Sie wird mit dem **Zugang** wirksam, wenn im Zugangszeitpunkt ihre drei **Wirksamkeitsvoraussetzungen:** unzureichende Ausübung (§ 79 Abs. 3 S. 1, → Rn. 149 ff.), Ablauf der 50-Jahres-Frist (§ 79 Abs. 3 S. 2 Nr. 1, → Rn. 158 ff.), keine zureichende Verwertung nach Mitteilung und innerhalb der Jahresfrist (§ 79 Abs. 3 S. 2 Nr. 2, → Rn. 162 ff.) vorliegen. Die Erklärung ist jederzeit nach Eintritt dieser Voraussetzung möglich. Sie ist **formfrei.** Weil der Interpret für die Wirksamkeitsvoraussetzungen nach allgemeinen Regeln darlegungs- und beweispflichtig ist, ist es sinnvoll, den Zugang der Kündigung zu dokumentieren.

Fraglich ist, ob der Interpret bereits vor Verwirklichung der Wirksamkeitsvoraussetzungen eine **171 aufschiebend bedingte Kündigung** erklären kann.[744] Der Grundsatz der Bedingungsfeindlichkeit von Gestaltungserklärungen steht dem nicht entgegen,[745] weil es Ausnahmen davon gibt. Bedingte Kündigungen sind nach allgemeinen Regeln **wirksam,** wenn sie so bestimmt sind, dass der Empfänger der Kündigung nicht in eine **ungewisse Lage** versetzt wird.[746] Aufschiebende Bedingungen, deren Eintreten nur vom Willen des Kündigungsempfängers abhängt, sind daher unbedenklich.[747] Das

---

[734] IE auch *Gaillard* GRUR 2013, 1099 (1104); *Gaillard,* Die Schutzdauerverlängerungen in der Urheberrechtsnovelle von 2013, 2016, Rn. 168 ff.; BeckOK UrhR/*Stang* UrhG § 79 Rn. 52, 62; wohl auch Fromm/Nordemann/*Schäfer* UrhG § 79 Rn. 112; aA Wandtke/Bullinger/*Wandtke* UrhG § 79 Rn. 46, 55; Dreier/Schulze/*Dreier* UrhG § 79 Rn. 14; *Kunz-Hallstein/Looschelder* GRUR 2013, 152 (154).
[735] BeckOK UrhR/*Stang* UrhG § 79 Rn. 63.
[736] Wandtke/Bullinger/*Wandtke* UrhG § 79 Rn. 58.
[737] *Gaillard,* Die Schutzdauerverlängerungen in der Urheberrechtsnovelle von 2013, 2016, Rn. 177.
[738] MüKo-BGB/*Ernst* BGB § 275 Rn. 52.
[739] BeckOK UrhR/*Stang* UrhG § 79 Rn. 54.
[740] S. dazu auch *Gaillard,* Die Schutzdauerverlängerungen in der Urheberrechtsnovelle von 2013, 2016, Rn. 176.
[741] → § 79a Rn. 25 ff.
[742] So BeckOK UrhR/*Stang* UrhG § 79 Rn. 54.
[743] → § 79a Rn. 26.
[744] Bejahend *Gaillard* GRUR 2013, 1099 (1103); verneinend Fromm/Nordemann/*Schaefer* UrhG § 79 Rn. 125; Wandtke/Bullinger/*Wandtke* UrhG § 79 Rn. 60; BeckOK UrhR/*Stang* UrhG § 79 Rn. 67.
[745] AA Fromm/Nordemann/*Schaefer* UrhG § 79 Rn. 125.
[746] MüKo-BGB/*H. P. Westermann* BGB § 158 Rn. 30 mwN.
[747] BGH NJW 2004, 284.

trifft auf eine aufschiebend bedingte Kündigung, die mit der Mitteilung gem. § 79 Abs. 3 S. 2 Nr. 2 verbunden wird, zu: Der Fristablauf nach § 79 Abs. 3 S. 2 Nr. 1 ist für den Tonträgerhersteller einfach zu bestimmen. Dasselbe gilt aufgrund der Mitteilung für den Ablauf der Jahresfrist nach § 79 Abs. 3 S. 2 Nr. 2. Ob innerhalb der Frist eine zureichende Verwertung erfolgt oder nicht, liegt ausschließlich im Verantwortungsbereich des Tonträgerherstellers.

172   **Beispiel:** Eine Tonaufnahme, die im Jahr 1969 erschienen ist, muss bis zum 31.12.2019 (§ 82 Abs. 3 iVm § 69 analog) zureichend verwertet werden (§ 79 Abs. 3 S. 1). Der Interpret kann bereits im Lauf des Jahres 2019 die Mitteilung tätigen, nach erfolglosem Ablauf der Jahresfrist zu kündigen. Die Mitteilung setzt die Jahresfrist erst mit Wirkung vom 1.1.2020 in Gang (→ Rn. 165). Daher endet die Abwendungsbefugnis am 31.12.2020 (§ 188 Abs. 2 Var. 1 BGB). Der Interpret kann mit der Mitteilung zugleich die aufschiebend bedingte Kündigung erklären. Die Kündigung wird am 1.1. 2021 wirksam.[748]

173   **b) Kündigungsberechtigter.** Zur Kündigung berechtigt ist der **Interpret,** der Partei des Übertragungsvertrags (→ Rn. 144 ff.) ist. Nach Art. 3 Abs. 2a S. 4 Schutzdauer-RL richtet sich die Kündigungsberechtigung bei der Darbietung von mehreren ausübenden Künstlern nach „den geltenden nationalen Rechtsvorschriften". Bei einer **Gruppendarbietung,** bei der die gemeinsame Darbietung nicht gesondert verwertet werden kann,[749] unterliegt die Kündigungsberechtigung der gesamthänderischen Bindung (§ 80 Abs. 1 S. 1).[750] Daher kann der einzelne Interpret im **Außenverhältnis** selbst nicht wirksam kündigen. Die Kündigungsbefugnis ist Teil der Alleinvertretungsmacht des Vorstands oder des Leiters der Gruppe bzw. – sofern kein gewählter Vertreter existiert – eines *ad-hoc* bestimmten Vertreters der Gruppe (§ 80 Abs. 2 iVm § 74 Abs. 2).[751] Auf die Rechtsprechung zu § 80 Abs. 2 aF, wonach der Interpret selbst vertretungs- bzw. prozessführungsbefugt ist, wenn die Künstlergruppe weder einen Vorstand noch einen Leiter hat,[752] kann nicht mehr zurückgegriffen werden.[753] Im **Innenverhältnis** darf der einzelne Interpret seine Zustimmung zur Kündigung bei Vorliegen der Voraussetzungen idR nicht verweigern, weil die zureichende Verwertung in der Phase der verlängerten Schutzdauer im Interesse der Interpretengruppe liegt.[754] Ist eine gesonderte Verwertung möglich, ist § 80 Abs. 1 nicht anwendbar.[755] Jeder ausübende Künstler, dessen Darbietung gesondert verwertet werden kann, ist dann Kündigungsberechtigter.

174   **c) Erklärungsempfänger.** Empfänger der Kündigungserklärung ist idR der **Tonträgerhersteller** als Vertragspartei des Übertragungsvertrags (→ Rn. 146). Art. 3 Abs. 2a Schutzdauer-RL und das Gesetz konzipieren die Kündigung als Instrument zur Beendigung des zwischen Interpreten und Tonträgerhersteller abgeschlossenen Übertragungsvertrags. Im Unterschied zum Rückrufsrecht wegen Nichtausübung (§§ 79 Abs. 2a iVm § 41) ist der jeweilige Inhaber des Ausschließlichkeitsrechts oder des ausschließlichen Nutzungsrechts an der festgelegten Darbietung nicht Adressat der Willenserklärung.[756] Dieser Ansatz wird den vielfältigen Vertragsgestaltungsmöglichkeiten nicht immer gerecht.

175   Würde man den Begriff des „Tonträgerherstellers" ausschließlich iSv § 85 verstehen, wäre eine Kündigung des Übertragungsvertrags ausgeschlossen, wenn der **Vertragspartner des Interpreten nicht Tonträgerhersteller** iSv § 85 ist. Das ist beispielsweise der Fall, wenn der Interpret die Verwertungsrechte an der Darbietung an einen Dritten überträgt, der selbst nicht der Hersteller des Tonträgers ist, auf dem die Darbietung aufgenommen wurde, sondern dem die Tonträgerherstellerrechte ihrerseits übertragen oder lizenziert worden sind. Das trifft vor allem auf Bandübernahmeverträge zu (→ Rn. 94). Hat der Tonträgerhersteller den Übertragungsvertrag mit dem Interpreten abgeschlossen, bleibt er Kündigungsempfänger. Das gilt unabhängig davon, ob der Tonträgerhersteller die Interpretenrechte übertragen gem. § 79 Abs. 1 S. 1 an den tatsächlichen Verwerter übertragen oder daran gem. § 79 Abs. 2a iVm § 35 ausschließliche Nutzungsrechte (Unterlizenz, „Enkelrechte") eingeräumt hat. Hat dagegen der tatsächliche Verwerter den **Übertragungsvertrag** (→ Rn. 144 ff.) mit Zustimmung des Interpreten **übernommen,** ist er auch richtiger Empfänger der Kündigungserklärung. Ist nicht der Tonträgerhersteller, sondern der tatsächliche Verwerter der Darbietung ursprüngliche Vertragspartei (→ Rn. 146), ist dieser richtiger Erklärungsempfänger, auch wenn er selbst nicht Tonträgerhersteller iSv § 85 Abs. 1 ist. Damit ist sichergestellt, dass Kündigungsempfänger **immer die andere Partei des Übertragungsvertrags** ist.

6. Ausschlussgründe

176   **a) Unverzichtbarkeit (§ 79 Abs. 3 S. 4).** Zum Schutz des Interpreten kann dieser **nicht wirksam** auf das Kündigungsrecht aus § 79 Abs. 3 **verzichten** (§ 79 Abs. 3 S. 4). Damit setzt das Gesetz

---

[748] Anders Fromm/Nordemann/*Schaefer* UrhG § 79 Rn. 125a.
[749] → § 80 Rn. 8 ff.
[750] BeckOK UrhR/*Stang* UrhG § 79 Rn. 40.
[751] BeckOK UrhR/*Stang* UrhG § 79 Rn. 39; dazu → § 80 Rn. 27 ff.
[752] BGHZ 121, 319 (323) = GRUR 1993, 550 – The Doors; krit. *Schack* JZ 1994, 43 f.
[753] → § 80 Rn. 34 f.
[754] BeckOK UrhR/*Stang* UrhG § 79 Rn. 40; verkannt von Fromm/Nordemann/*Schaefer* UrhG § 79 Rn. 130.
[755] Zutreffend BeckOK UrhR/*Stang* UrhG § 79 Rn. 42.
[756] BT-Drs. 17/12013, 12.

die eindeutige Vorgabe aus Art. 3 Abs. 2a S. 3 Schutzdauer-RL um. Nach dem Wortlaut bezieht sich die Unwirksamkeit nur auf den Verzicht. Das ist eine einseitige Gestaltungserklärung. Ein dennoch erklärter Verzicht ist unwirksam. Fraglich ist, ob sich dieses Verbot nur auf im **Voraus** getroffene Verzichtserklärungen bezieht oder ob es auch für Erklärungen gilt, die abgegeben werden, nachdem die Tatbestandsvoraussetzungen des § 79 Abs. 3 S. 1 und S. 2 vorliegen.[757] Für das Rückrufsrecht wegen Nichtausübung ist anerkannt, dass der Interpret wirksam auf die Geltendmachung dieses Rechts ausdrücklich oder durch konkludentes Verhalten verzichten kann, sobald die Tatbestandsvoraussetzungen des jeweiligen Rückrufs erfüllt sind (→ Rn. 62). Rechtsfolge des Verzichts ist, dass die vorangegangene unzureichende Ausübung sanktionslos bleibt.[758] Das ist auch bei der Kündigung gem. § 79 Abs. 3 möglich. Weil aber auf das Kündigungsrecht als solches nicht verzichtet werden kann, kann der Interpret bei gegenwärtiger oder zukünftiger unzureichender Ausübung **wieder kündigen.** Allerdings muss er dann eine neue Mitteilung gem. § 79 Abs. 3 S. 2 Nr. 2 abgeben und erneut den Ablauf der Jahresfrist abwarten.

Von dem Verzicht ist die **vertraglich vereinbarte Ausübungsbeschränkung** zu unterscheiden.[759] Dafür trifft das Gesetz keine ausdrückliche Regelung. Die praktischen Auswirkungen einer vertraglichen Ausübungsbeschränkung können im Ergebnis einem Vorausverzicht gleichen. Aufgrund des mit Art. 3 Abs. 2a S. 3 Schutzdauer-RL verfolgten Schutzzwecks sind auch solche Vereinbarungen, unabhängig davon, ob sie individualvertraglich oder in AGB geschlossen wurden, **gem. § 134 BGB unwirksam.** Die Nichtigkeitsfolge bezieht sich dabei lediglich auf die Vereinbarung als solche. Entgegen § 139 BGB ist nämlich aufgrund des mit der Unwirksamkeitsregelung verfolgten Zwecks davon auszugehen, dass der Übertragungsvertrag im Übrigen wirksam ist. **177**

b) Verwirkung und Verjährung. Bei der Kündigung handelt es sich um ein Gestaltungsrecht, das nicht der Verjährung unterliegt.[760] Fraglich ist, ob das Kündigungsrecht **verwirkt** werden kann. Gestaltungsrechte sind grundsätzlich verwirkungsfähig.[761] § 79 Abs. 3 S. 4 steht dem nicht entgegen. Der Verzicht führt zu einem Rechtsverlust kraft Willenserklärung, die Verwirkung zum Rechtsverlust aufgrund einer gesetzlichen Wertung.[762] Daher können unverzichtbare Rechte verwirkt werden.[763] Allerdings können die Tatbestandsvoraussetzungen einer Verwirkung beim Kündigungsrecht aus § 79 Abs. 3 niemals vorliegen.[764] Solange der Interpret keine Mitteilung gem. S. 2 Nr. 2 gemacht hat, ist der Tatbestand nicht erfüllt. Es kann daher nicht zu einem Auseinanderfallen von einem bestehenden Recht und seiner Nichtausübung kommen. Hat der ausübende Künstler die Mitteilung versendet, kann die nach Ablauf der Jahresfrist bestehende Kündigungsmöglichkeit dagegen nach allgemeinen Grundsätzen verwirkt werden. Das ist aber praktisch nur eingeschränkt bedeutsam, weil der ausübende Künstler jederzeit eine neue Mitteilung geben kann, die die Jahresfrist erneut in Gang setzt.[765] **178**

III. Rechtsfolgen

1. Beendigung des Übertragungsvertrags und Rückfall der Interpretenrechte

Mit Wirksamkeit der Kündigung wird der Übertragungsvertrag beendet. Damit erlöschen grundsätzlich alle schuldrechtlichen Pflichten zwischen den Parteien mit Wirkung *ex nunc.* Die Schutzdauer-RL und das Gesetz schweigen über das **Schicksal der übertragenen Verwertungsrechte** nach der Kündigung. Zur Lösung stehen sich die beiden klassischen Ansätze, das Kausalprinzip und der Abstraktionsgrundsatz gegenüber. Nach dem Kausalprinzip erlischt mit Beendigung des schuldrechtlichen Übertragungsvertrags auch die quasi-dingliche Nutzungsberechtigung des Tonträgerherstellers. Nach dem Abstraktionsprinzip hat der Wegfall des Übertragungsvertrags dagegen keine unmittelbare Auswirkung auf die Rechtsposition des Tonträgerherstellers. Besondere Bedeutung kommt der Antwort in den Fällen zu, in denen der Tonträgerhersteller Dritten ausschließliche oder einfache Nutzungsrechte an der Verwertung der Darbietung eingeräumt hat: Erlöscht die **Unterlizenz** mit dem Wegfall des Übertragungsvertrags oder bleibt sie bestehen? **179**

Während im allgemeinen Urheber- und Interpretenvertragsrecht die Antwort auf diese Frage umstritten ist (→ Rn. 68),[766] lassen sich für die Kündigung gem. § 79 Abs. 3 aus den Vorgaben der Richtlinie **eindeutige Schlüsse** ziehen. Die Kündigung soll den Interpreten in die Lage versetzen, bei unzureichender Ausübung der Darbietung während der verlängerten Schutzdauer diese ungeachtet der bis dahin bestehenden Bindung neu zu verwerten. Die Richtlinie geht soweit, die vom Leis- **180**

---

[757] So BeckOK UrhR/*Stang* UrhG § 79 Rn. 77.

[758] *Grünberger,* Das Interpretenrecht, 2006, S. 192.

[759] Näher *Grünberger,* Das Interpretenrecht, 2006, S. 193 (zum analogen Problem beim Rückruf).

[760] Vgl. Palandt/*Ellenberger* BGB § 194 Rn. 3.

[761] BGH GRUR 2002, 280 (282) – Verwirkung von Gestaltungsrechten.

[762] *Grünberger,* Das Interpretenrecht, 2006, S. 196.

[763] BGHZ 84, 280 (282) = NJW 1982, 1999.

[764] Vgl. zur ähnlichen Problemlage beim Rückruf wegen Nichtausübung *Grünberger,* Das Interpretenrecht, 2006, S. 196 f.

[765] Vgl. *Grünberger,* Das Interpretenrecht, 2006, S. 197.

[766] → Vor §§ 31 ff. Rn. 24.

tungsschutzrecht des Interpreten abstrakten Rechte des Tonträgerherstellers zu beenden (→ Rn. 183). Erwägungsgrund (8) der Richtlinie 2011/77/EU lässt deutlich erkennen, dass es Ziel der Regelung ist, „zu vermeiden, dass (...) Rechte gleichzeitig mit den Rechten des ausübenden Künstlers an der Aufzeichnung bestehen". Anders formuliert: Dem Interpreten soll mit der Kündigung ein völlig neues Feld zur Verwertung seiner festgelegten Darbietung überlassen werden.

181   Daraus sind folgende **Konsequenzen** zu ziehen: Im Fall des § 79 Abs. 3 **erlöschen** die Nutzungsrechte des Tonträgerherstellers an der festgelegten Darbietung analog § 79 Abs. 2a iVm § 41 Abs. 5. Hat der Interpret die Rechte gem. § 79 Abs. 1 S. 1 (ieS) übertragen, bewirkt die Kündigung den unmittelbaren Rückerwerb der unbelasteten Verwertungsrechte. Im **Fall der Unterlizenzierung** ist davon auszugehen, dass die Schutzdauer-RL das **Interesse des Interpreten am Erlöschen des Rechts** als **höherrangig** einstuft. Die Interessen des Unterlizenznehmers am Fortbestand seiner Rechtsposition sind unionsrechtlich nicht schutzwürdig.[767] Das ist überzeugend, weil der Unterlizenznehmer nicht mit der Verlängerung der Schutzdauer rechnen konnte und daher seine Investitionsentscheidung nicht davon abhängig machen durfte. Auf den im nationalen Recht wurzelnden **Sukzessionsschutz** (§ 33) kann sich der Unterlizenznehmer wegen des Vorrangs des Unionsrechts **nicht berufen.**

2. Erlöschen der Rechte am Tonträger (§ 79 Abs. 3 S. 3)

182   Fielen lediglich die Nutzungsrechte an der Darbietung wieder an den Interpreten zurück, wäre ihm wegen des **leistungsschutzrechtlichen Abstraktionsprinzips**[768] im Verhältnis von festgelegter Darbietung und Tonträger wenig genutzt: Weil der Tonträgerhersteller nach wie vor Ausschließlichkeitsrechte am Tonträger hat, auf dem die Darbietung festgelegt wurde, kann der Interpret seine festgelegte Darbietung nicht ohne Zustimmung des Tonträgerherstellers verwerten. Damit können sich die Parteien gegenseitig blockieren.[769] Die Diskussion um die Rechtsfolgen des Rückrufsrechts zeigt, dass eine Neuverwertung nur dann möglich ist, wenn die Rechtsposition des Tonträgerherstellers am Tonträger beschnitten wird (→ Rn. 73 ff.).[770]

183   Art. 3 Abs. 2(a) S. 5 Schutzdauer-RL und in seiner Umsetzung § 79 Abs. 3 S. 3 beschreiten den dafür sinnvollsten Weg:[771] Mit Wirksamkeit der Kündigung **erlöschen** auch **alle Rechte des Tonträgerherstellers an dem Tonträger,** auf dem die Darbietung des Interpreten festgelegt ist. Mit der Kündigung kann der Tonträgerhersteller den Tonträger ohnehin nicht mehr verwerten, weil er nicht mehr Inhaber der Nutzungsrechte an der darauf festgelegten Darbietung ist. Indem das eingeschränkte Kausalprinzip[772] an die Stelle des leistungsschutzrechtlichen Abstraktionsprinzips tritt, darf der Interpret die auf dem Tonträger festgelegte Darbietung verwerten, ohne dass Rechte des Tonträgerherstellers verletzt werden. Weil die Rechte des Tonträgerherstellers erlöschen, gilt das auch für davor erfolgte Übertragungen dieses Rechts. Eingeräumte Nutzungsrechte erlöschen ebenfalls. Ein Sukzessionsschutz des Zessionars oder Lizenznehmers des Tonträgerherstellerrechts kommt nach der klaren Regelung in der Schutzdauer-RL nicht in Betracht. Diese Lösung verstößt nicht gegen Art. 10 Rom-Abkommen, Art. 14 TRIP und den WPPT. Danach müssen die Tonträgerherstellerrechte lediglich 50 Jahre lang gewährt werden. Die Lösung verstößt auch nicht gegen Art. 17 Abs. 2 Grundrechte-Charta, weil die Kombination von Schutzdauerverlängerung und Kündigungsmöglichkeit mit Verlust der Rechte in keine bereits bestehenden grundrechtlich gesicherten Positionen der Tonträgerhersteller eingreift.[773]

IV. Verhältnis zu anderen Beendigungsgründen

184   Das Kündigungsrecht tritt als **zusätzliches Recht** neben die bereits bestehenden Gestaltungsrechte des Interpreten.[774] Dazu zählen die Rückrufe wegen Nichtausübung (§ 79 Abs. 2a iVm § 41), wegen gewandelter Überzeugungen (§ 79 Abs. 2a iVm § 42) und wegen Unternehmensveräußerung (§ 79 Abs. 2a iVm § 34 Abs. 3 S. 2)[775] sowie die Kündigung wegen unzureichender Verwertung beim Vorliegen eines Künstlerexklusivvertrages.[776] Die Rückrufsrechte können jederzeit und gegenüber jedem Inhaber eines (bei § 41 nur ausschließlichen) Nutzungsrechts ausgeübt werden. Sie enthalten im Vergleich zu § 79 Abs. 3 strengere Tatbestandsvoraussetzungen. Gemeinsam ist den Rückrufsrechten und der Kündigung, dass mit Wirksamkeit der Gestaltungserklärung das eingeräumte Nutzungsrecht wie-

---

[767] IE auch BeckOK UrhR/*Stang* UrhG § 79 Rn. 75; Wandtke/Bullinger/*Wandtke* UrhG § 79 Rn. 61.
[768] → Vor §§ 73 ff. Rn. 77.
[769] *Grünberger,* Das Interpretenrecht, 2006, S. 217 ff.
[770] Eingehend *Grünberger,* Das Interpretenrecht, 2006, S. 222 ff.
[771] *Gaillard* GRUR 2013, 1099 (1105).
[772] → Vor §§ 73 ff. Rn. 77.
[773] Zum Problem der unterschiedlichen Schutzdauer von Interpreten- und Tonträgerherstellerrecht s. *Flechsig-Bisle,* Erstreckung der künstlerischen Leistungsschutzrechte und Umsetzung der Schutzdauer-RL 2011/77/EU in nationales Recht, 2015, S. 314 ff.
[774] Ausführlich *Gaillard* GRUR 2013, 1099 (1105).
[775] → Rn. 54 ff.; vertiefend *Grünberger,* Das Interpretenrecht, 2006, S. 157 ff.
[776] Zum Folgenden siehe bereits *Grünberger,* Das Interpretenrecht 2006, S. 152 ff.

der an den Interpreten zurückfällt (§ 79 Abs. 2a iVm §§ 41 Abs. 5, 42 Abs. 5).[777] Dagegen soll der Rückruf eines ausschließlichen Nutzungsrechts nach Auffassung des BGH keine Auswirkungen auf den Bestand eines davon abgeleiteten (einfachen) Nutzungsrechts haben.[778] Noch nicht abschließend geklärt sind beim Rückruf auch die Folgewirkungen, insbesondere die Frage, ob der Interpret die auf dem Tonträger festgelegte Darbietung erneut verwerten kann (→ Rn. 73 ff.).[779] Die in § 79 Abs. 3 S. 3 gefundene Lösung ist trotz ihrer unionsrechtlichen Herkunft insoweit **analogiefähig.**[780]

Die Kündigung des Übertragungsvertrags aufgrund unzureichender Auswertung kommt **praktisch** 185 nur bei einem **Künstlerexklusivvertrag** (→ Rn. 83 ff.) in Betracht. Bei diesem stimmt die Interessenlage im Kern mit derjenigen des Verlagsvertrages überein, weil der Vertrag die Übernahme des wirtschaftlichen Risikos durch den Tonträgerhersteller und seine Pflicht zur Auswertung vorsieht.[781] Ist eine solche **Auswertungspflicht** des Vertragspartners nicht ausdrücklich vereinbart,[782] kann man sie dem Rechtsgeschäft durch Auslegung entnehmen.[783] Ein analog § 32 VerlG iVm § 30 VerlG berechtigter Rücktritt,[784] eine fristlose Kündigung aus wichtigem Grund nach § 314 BGB[785] oder ein Rücktritt vom Vertrag wegen nicht oder nicht vertragsgemäß erbrachter Verbreitungshandlungen nach § 323 BGB[786] führen im Verhältnis zwischen Interpret und Hauptlizenznehmer zu einem gleichzeitigen Erlöschen des Verfügungsgeschäfts und zum Heimfall des Rechts an den Interpreten. Wendet man die neuere Rechtsprechung des BGH zur Auswirkung der Beendigung des Hauptlizenzvertrages auf Unterlizenzen[787] auch im Interpretenrecht an – wofür die Wertung des § 79 Abs. 2 S. 2 spricht – bleiben die Unterlizenzen idR bestehen, weil der Unterlizenznehmer ein schutzwürdiges Interesse am Fortbestand seiner Rechtsposition hat. Insoweit sind die Rechtsfolgen der Kündigung nach § 79 Abs. 3 weitreichender.

V. Übergangsvorschriften

Das Kündigungsrecht besteht bei allen Verträgen, die **ab dem 1.11.2013** abgeschlossen worden 186 sind. Das folgt aus dem zeitlichen Geltungsanspruch der Neuregelung und wird implizit in § 137m Abs. 1 in Umsetzung von Art. 2 Richtlinie 2011/77/EU bestätigt.[788] Das Kündigungsrecht gilt auch für **Darbietungen,** die **vor diesem Zeitpunkt** auf Tonträger festgelegt worden sind und deren **Schutz am 1.11.2013 noch nicht erloschen** war (§ 137m Abs. 1, Art. 10 Abs. 5 Schutzdauer-RL).[789] Die Neuregelung erfasst alle auf Tonträgern festgelegten Darbietungen, die seit dem 1.1.1963 erschienen bzw. erstmals öffentlich wiedergegeben worden sind.[790] Das beruht für die Darbietungen im Zeitraum vom 1.1.1963–31.12.1965 auf §§ 135, 135, 137c Abs. 1 S. 1[791] sowie für die ab dem 1.1.1966 erschienenen Darbietungen auf § 137c.[792] Voraussetzung dafür ist, dass der zu kündigende Übertragungsvertrag das Ende der ursprünglichen Schutzdauer überlebt. Das stellt § 137m Abs. 3 in Umsetzung von Art. 10a Abs. 1 Schutzdauer-RL sicher.

§ 79a Vergütungsanspruch des ausübenden Künstlers

(1) [1]**Hat der ausübende Künstler einem Tonträgerhersteller gegen Zahlung einer einmaligen Vergütung Rechte an seiner Darbietung eingeräumt oder übertragen, so hat der Tonträgerhersteller dem ausübenden Künstler eine zusätzliche Vergütung in Höhe von 20 Prozent der Einnahmen zu zahlen, die der Tonträgerhersteller aus der Vervielfältigung, dem Vertrieb und der Zugänglichmachung des Tonträgers erzielt, der die Darbietung enthält. Enthält ein Tonträger die Aufzeichnung der Darbietungen von mehreren ausübenden Künstlern, so beläuft sich die Höhe der Vergütung ebenfalls auf insgesamt 20 Prozent der Einnahmen. [2]Als Einnahmen sind die vom Tonträgerhersteller erzielten Einnahmen vor Abzug der Ausgaben anzusehen.**

---

[777] Für den Rückruf wegen Unternehmensveräußerung folgt das aus dem systematischen Zusammenhang, s. *Grünberger,* Das Interpretenrecht, 2006, S. 200 f.; → § 34 Rn. 45.

[778] BGH GRUR 2009, 946 – Reifen Progressiv.

[779] Vertiefend *Grünberger,* Das Interpretenrecht, 2006, S. 222 ff.

[780] Vgl. *Gaillard* GRUR 2013, 1099 (1105).

[781] Vgl. KG UFITA 86 (1980), 230 (238) – Tangerine Dream.

[782] S. Münch. Vertragshandbuch Bd. 3/*Hertin/Klages,* 23. Tonträgerproduktionsvertrag/Künstlerexklusivvertrag § 4, S. 957.

[783] BGH UFITA 86 (1980), 240 (243) – Tangerine Dream; BGH GRUR 1989, 198 (201) – Künstlerverträge; KG UFITA 86 (1980), 230 (238) – Tangerine Dream.

[784] *Will-Flatau,* Rechtsbeziehung zwischen Tonträgerproduzent und Interpret aufgrund eines Standardkünstlerexklusivvertrages, 1990, S. 90 ff.

[785] KG UFITA 86 (1980), 230 (234 ff.) – Tangerine Dream.

[786] Vgl. Münch. Vertragshandbuch Bd. 3/*Hertin/Klages,* 23. Tonträgerproduktionsvertrag/Künstlerexklusivvertrag, S. 967.

[787] → § 31 Rn. 20 ff.

[788] → § 137m Rn. 13.

[789] → § 137m Rn. 12.

[790] Vgl. *Pennartz* MMR aktuell 2012, 330025.

[791] Vgl. dazu auch *Gerlach* ZUM 2009, 103 (104).

[792] → § 137m Rn. 9 f.

(2) Der Vergütungsanspruch besteht für jedes vollständige Jahr unmittelbar im Anschluss an das 50. Jahr nach Erscheinen des die Darbietung enthaltenen Tonträgers oder mangels Erscheinen an das 50. Jahr nach dessen erster erlaubter Benutzung zur öffentlichen Wiedergabe.

(3) [1] Auf den Vergütungsanspruch nach Absatz 1 kann der ausübende Künstler nicht verzichten. [2] Der Vergütungsanspruch kann nur durch eine Verwertungsgesellschaft geltend gemacht werden. [3] Er kann im Voraus nur an eine Verwertungsgesellschaft abgetreten werden.

(4) Der Tonträgerhersteller ist verpflichtet, dem ausübenden Künstler auf Verlangen Auskunft über die erzielten Einnahmen und sonstige, zur Bezifferung des Vergütungsanspruchs nach Absatz 1 erforderliche Informationen zu erteilen.

(5) Hat der ausübende Künstler einem Tonträgerhersteller gegen Zahlung einer wiederkehrenden Vergütung Rechte an seiner Darbietung eingeräumt oder übertragen, so darf der Tonträgerhersteller nach Ablauf folgender Fristen weder Vorschüsse noch vertraglich festgelegte Abzüge von der Vergütung abziehen:

1. 50 Jahre nach dem Erscheinen des Tonträgers, der die Darbietung enthält, oder
2. 50 Jahre nach der ersten erlaubten Benutzung des die Darbietung enthaltenden Tonträgers zur öffentlichen Wiedergabe, wenn der Tonträger nicht erschienen ist.

Schrifttum: Siehe die Schrifttumsangaben zu § 79 Abs. 3.

Übersicht

A. Grundlagen

I. Überblick über die Regelung

1   § 79a enthält einen gesetzlichen Vergütungsanspruch für ausübende Künstler. Er ist eine **begleitende Maßnahme** zur 2013 in Kraft getretenen[1] Schutzdauerverlängerung. Der Anspruch will sicherstellen, dass der ausübende Künstler an der Verlängerung der Schutzdauer von 50 auf 70 Jahre auch tatsächlich wirtschaftlich partizipiert.[2] § 79a dient der Umsetzung von Art. 3 Abs. 2(b)–2(e) Schutzdauer-RL.[3] Es gibt **zwei Varianten** des Vergütungsanspruchs. Sie unterscheiden sich aufgrund der im Übertragungsvertrag (§ 79 Abs. 3 S. 1)[4] vorgesehenen Vergütung des ausübenden Künstlers:[5] den Buy-Out-Vertrag (§ 79a Abs. 1–4) und eine kontinuierliche Beteiligung (§ 79a Abs. 5). **§ 79a Abs. 1–4** sind anzuwenden, wenn der ausübende Künstler einem Tonträgerhersteller gegen Zahlung

---

[1] → Vor §§ 73 ff. Rn. 31, 39.
[2] → § 79 Rn. 138 ff.
[3] → Vor §§ 73 ff. Rn. 39.
[4] → § 79 Rn. 144 ff.
[5] Erwägungsgrund (9) Richtlinie 2011/77/EU; BT-Drs. 17/12013, 12.

einer einmaligen **(pauschalen) Vergütung** Rechte an seiner Darbietung eingeräumt (§ 79 Abs. 2)[6] oder übertragen (§ 79 Abs. 1 S. 1)[7] hat. Im Fall eines **Buy-Out-Vertrags** hat der Interpret gem. § 79a Abs. 1 Anspruch auf eine zusätzliche **Vergütung iHv 20 Prozent** bestimmter „Einnahmen", die der Tonträgerhersteller aus der Verwertung der festgelegten Darbietung erzielt. Bei der Darbietung einer **Interpretengruppe** beschränkt sich die Höhe der Vergütung auf insgesamt 20 Prozent (§ 79a Abs. 1 S. 2). Was zu den Einnahmen zählt, ergibt sich aus § 79a Abs. 1 S. 3. Der Vergütungsanspruch entsteht **jährlich** und erstmals im 51. Jahr nach Erscheinen oder erster erlaubter Benutzung zur öffentlichen Wiedergabe des Tonträgers (§ 79a Abs. 2). Auf den Anspruch kann der Interpret **nicht verzichten** (§ 79a Abs. 3 S. 1). Der Anspruch ist **verwertungsgesellschaftspflichtig** (§ 79a Abs. 3 S. 2) und kann im Voraus auch nur an eine Verwertungsgesellschaft abgetreten werden (§ 79a Abs. 3 S. 3). Zur Durchsetzung des Anspruchs räumt das Gesetzt dem Interpreten – und nicht der Verwertungsgesellschaft[8] – einen **Auskunftsanspruch** gegen den Tonträgerhersteller ein (§ 79a Abs. 4).

Erfolgte die Rechtsübertragung oder Rechtseinräumung gegen Zahlung einer **wiederkehrenden** **2** **Vergütung,** folgt aus dem – im Zweifel fortgeltenden (§ 137m Abs. 3)[9] – Übertragungsvertrag, dass der Tonträgerhersteller für die verlängerte Schutzdauer weiterhin die **vertraglich vereinbarte** Vergütung schuldet. In der Vertragspraxis berechnet sich die Vergütung anhand zahlreicher Paramenter, von denen regelmäßig bestimmte Aufwendungen des Tonträgerherstellers abgezogen werden.[10] § 79a Abs. 5 untersagt dem Tonträgerhersteller diese Abzüge, für alle Verwertungen ab dem 51. Jahr nach Erscheinen (Nr. 1) oder der erlaubten Wiedergabe (Nr. 2) des die Darbietung enthaltenden Tonträgers.

II. Entstehungsgeschichte und unionsrechtliche Vorgaben

§ 79a wurde zusammen mit § 79 Abs. 3 und dem neu gefassten § 82 mit dem **Neunten Gesetz** **3** **zur Änderung des Urheberrechtsgesetzes v. 2.7.2013**[11] eingefügt.[12] Damit wurde die von der **Richtlinie 2011/77/EU**[13] novellierte Schutzdauer-RL[14] in deutsches Recht umgesetzt. Die in Art. 3 Abs. 2(c)–2(d) Schutzdauer-RL vorgesehenen Vergütungsansprüche des Interpreten bei Einmalzahlung und das in Art. 3 Abs. 2(e) enthaltene Abzugsverbot bei wiederkehrenden Zahlungen sind neue, bisher im deutschen Recht nicht vorgesehene Maßnahmen. Die ordnungsgemäße Umsetzung der Richtlinie zwang den deutschen Gesetzgeber deshalb dazu, § 79a neu einzufügen.[15] Die Umsetzung hält sich sehr eng an die entsprechenden Richtlinienvorgaben.[16] Erwägungsgrund (12) Richtlinie 2011/77/EU ermöglicht es den Mitgliedstaaten, hinsichtlich des zusätzlichen Vergütungsanspruchs bei Einmalzahlungen, eine Ausnahme für Kleinstunternehmen zu machen, um eine unverhältnismäßige Belastung bei der Erhebung und Verwaltung dieser Einnahmen zu vermeiden.[17] Davon hat der deutsche Gesetzgeber keinen Gebrauch gemacht.[18]

III. Normzweck

1. Nebeneffekt: Fortbestand der gesetzlichen Vergütungsansprüche

Nach der – rechtspolitisch zwar falschen und ökonomisch unzutreffenden,[19] für die Interpretation **4** der Neuregelung aber maßgeblichen – Einschätzung der Kommission bezweckt die Schutzdauerverlängerung, die soziale Situation ausübender Künstler (insbesondere von Studiomusikern) zu verbessern, weil diese die derzeit geltende 50-jährige Schutzdauer immer häufiger überlebten.[20] Insbesondere die vielfach nicht genannten Studiomusiker, die „ihre Exklusivrechte gegen eine Pauschalzahlung an die Plattenproduzenten abgetreten haben (‚Buy-Out')", würden vom Wegfall der **gesetzlichen** **Vergütungsansprüche** besonders getroffen.[21] Dieser wirtschaftliche Nachteil ist im Kern auf die **Defizite des Interpretenvertragsrechts** in den Mitgliedstaaten der EU zurückzuführen, das vielfach daran scheitert, eine wirtschaftlich angemessene Vergütung des ausübenden Künstlers sicherzu-

---

6 → § 79 Rn. 24 ff.

[6] → § 79 Rn. 24 ff.
[7] → § 79 Rn. 11 ff.
[8] *Gaillard* GRUR 2013, 1099 (1101).
[9] → § 137m Rn. 12 ff.
[10] → § 79 Rn. 88.
[11] BGBl. 2013 I S. 1940.
[12] → Vor §§ 73 ff. Rn. 31; → § 82 Rn. 9 f.
[13] ABl. 2011 L 265, S. 1.
[14] → Vor §§ 73 ff. Rn. 39.
[15] BT-Drs. 17/12013, 12.
[16] *Gaillard,* Die Schutzdauerverlängerungen in der Urheberrechtsnovelle von 2013, 2016 Rn. 214.
[17] Zur Entstehungsgeschichte *Gaillard,* Die Schutzdauerverlängerungen in der Urheberrechtsnovelle von 2013, 2016 Rn. 59, 87.
[18] Vgl. *Gerlach* ZUM 2009, 103 (105).
[19] → § 79 Rn. 139.
[20] KOM(2008) 464 endg., 2.
[21] KOM(2008) 464 endg., 2.

stellen.[22] Die in Art. 3 Abs. 1 S. 2 zweiter Gedankenstrich Schutzdauer-RL verlängerte Schutzdauer mag diese Nachteile verringern, allerdings unmittelbar auf Kosten der Allgemeinheit.[23] Für die Rechte aus einer auf einem Tonträger aufgezeichneten Darbietung, deren Schutzdauer am 1.11.2013 noch nicht erloschen war (§ 137m Abs. 1)[24] – das sind im Kern alle Tonträger, die seit dem 1.1.1963 erschienen oder öffentlich wiedergegeben worden sind – beträgt die Schutzdauer nunmehr 70 Jahre.[25] Dadurch können die Interpreten erheblich länger am Aufkommen der gesetzlichen Vergütungsansprüche partizipieren. Das hat aufgrund des wirtschaftlich relevanten Aufkommens aus den Vergütungsansprüchen des § 78 Abs. 2 und der Privatkopie (§§ 83 iVm §§ 54 ff.) für die ausübenden Künstler konkrete praktische Auswirkungen.

2. Stärkung der Position der Interpreten auf Kosten der Tonträgerhersteller

5   Die Schutzdauerverlängerung für bestehende Tonträger ist eine **Subvention der Tonträgerhersteller** auf Kosten der Nutzer. Die Vertragspartner der Interpreten mussten bei der Kalkulation der Vergütung von einer um 20 Jahre geringeren Verwertungsdauer ausgehen. Daher profitieren in der Praxis zunächst die Inhaber der Verwertungsrechte an der aufgenommenen Darbietung von der längeren Schutzdauer. Die Schutzdauer-RL und das Gesetz gehen davon aus, dass es sich dabei um den „Tonträgerhersteller"[26] handelt. Dieser profitiert wirtschaftlich, weil § 137m Abs. 3 in Umsetzung von Art. 10a Abs. 1 Schutzdauer-RL anordnet, dass ein vor dem 1.11.2013 abgeschlossener Übertragungsvertrag (§ 79 Abs. 3 S. 1)[27] sich im Zweifel auch auf die neue Schutzdauer erstreckt.[28] Der Tonträgerhersteller ist daher im Zweifel zur weiteren Verwertung der Darbietung befugt. Nur wenn er unzureichend[29] verwertet, kann der ausübende Künstler gem. § 79 Abs. 3 den Übertragungsvertrag kündigen. Abgesehen von den gesetzlichen Vergütungsansprüchen (→ Rn. 4) profitiert der ausübende Künstler deshalb nur dann von der Verlängerung, wenn ihm der Tonträgerhersteller als **Gegenleistung** für die fortdauernde Verwertung die Zahlung der im Übertragungsvertrag vereinbarten Vergütung schuldet. Voraussetzung dafür ist, dass der Übertragungsvertrag einen wiederkehrenden Anspruch des Interpreten überhaupt vorsieht. Ist das nicht der Fall, würde die Verlängerung der Schutzdauer ihr Ziel gänzlich verfehlen. Selbst wenn regelmäßig abgerechnet wird, ist nicht ausgeschlossen, dass der Tonträgerhersteller gegen bestimmte Aufwendungen aufrechnet. Um diese **zweckwidrigen Folgen** zu vermeiden, sieht die Schutzdauer-RL eine Reihe von „begleitenden Maßnahmen"[30] vor, mit denen die wirtschaftliche Beteiligung der ausübenden Künstler an der Schutzdauerverlängerung abgesichert werden soll.[31] Der **Normzweck** des § 79a besteht darin, „sicherzustellen, dass ausübende Künstler, die ihre ausschließlichen Rechte an den Tonträgerhersteller übertragen oder abgetreten haben, tatsächlich von dieser Verlängerung profitieren" (Erwägungsgrund 10 RL 2011/77/EU). Dieser unmissverständlich klar formulierte interpretenschützende Normzweck ist die von der Richtlinie dem Rechtsanwender vorgeschriebene Auslegungsleitlinie. Die Anwendung des § 79a muss dem Zweck dienen, „eine **Besserstellung der ausübenden Künstler** zu erreichen" und dabei sind im Zweifel „die Interessen der ausübenden Künstler höher als die der Tonträgerhersteller einzustufen".[32]

6   Die begleitenden Maßnahmen gelten für alle Übertragungsverträge iSv § 79 Abs. 3 S. 1,[33] unabhängig davon, ob sie vor (§ 137m Abs. 1) oder nach dem 1.11.2013 abgeschlossen wurden.[34] Es kommt nur darauf an, dass die alte Schutzdauer am 1.11.2013 noch nicht abgelaufen war (§ 137m Abs. 1). In beiden Fällen sollen die ausübenden Künstler von der Schutzdauerverlängerung profitieren. Daraus resultiert auch, dass sich der zeitliche Anwendungsbereich der begleitenden Maßnahmen auf die Zeitspanne nach Ablauf der alten Schutzdauer von 50 Jahren beschränkt.

7   **a) Buy-Out-Verträge.** Vielfach lassen sich die Tonträgerhersteller die Rechte der ausübenden Künstler gegen Zahlung einer **einmaligen Summe** vollständig (translativ) übertragen. Diese Praxis wurde früher mit der zulässigen „Abtretung" der Einwilligungsrechte (§ 78 aF),[35] jetzt mit Hinweis auf § 79 Abs. 1 S. 1 legitimiert. Wegen § 79 Abs. 2a nach hier vertretener Auffassung keine translative Vollrechtsübertragung.[36] Klargestellt ist, dass § 79 Abs. 2a iVm § 32 eine Inhaltskontrolle der seit 1.6.2001 abgeschlossenen Künstlerverträge (§ 132 Abs. 4 iVm Abs. 3 S. 3)

[22] Vgl. *Klass* ZUM 2008, 663 (664).
[23] Kritisch deshalb *Gaillard*, Die Schutzdauerverlängerungen in der Urheberrechtsnovelle von 2013, 2016 Rn. 74 ff.
[24] → § 137m Rn. 9 f.
[25] → § 82 Rn. 11 f.
[26] Zum Begriff → § 85 Rn. 34 ff.
[27] → § 79 Rn. 144 ff.
[28] → § 137m Rn. 12.
[29] → § 79 Rn. 149 ff.
[30] Zum Begriff → § 79 Rn. 140.
[31] Erwägungsgrund (10) Richtlinie 2011/77/EU.
[32] *Gaillard*, Die Schutzdauerverlängerungen in der Urheberrechtsnovelle von 2013, 2016, Rn. 141 ff.
[33] → § 79 Rn. 144 ff.
[34] BeckOK UrhR/*Stang* UrhG § 79a Rn. 6.
[35] → § 79 Rn. 6.
[36] → § 79 Rn. 17; ausführlich *Grünberger,* Das Interpretenrecht, 2006, S. 297 ff.

ermöglicht.[37] Das **Interpretenvertragsrecht** ist – bis auf die Spezialregelung nach Ablauf der bisherigen Schutzdauer – weiterhin **nicht harmonisiert** und damit Gegenstand nationaler Rechtsgestaltung. Deshalb trifft Art. 3 Abs. 2(e) Schutzdauer-RL auch keine Aussagen dazu, dass die Vereinbarung einer Pauschalvergütung unionsrechtlich erlaubt ist. Mit der Regelung reagiert der europäische Gesetzgeber lediglich auf die vielfältigen Gestaltungsmöglichkeiten der Rechtsübertragung in den Mitgliedstaaten und auf eine dort, vor allem in der Vergangenheit, angetroffene soziale Praxis. Die Regelung stellt lediglich sicher, dass der ausübende Künstler auch tatsächlich Nutznießer der Verlängerung seiner Rechte ist (→ Rn. 5). Die **Schutzdauer-RL** trifft aber **keine positive Aussage** über die Zulässigkeit dieser Vertragspraxis. Das ist weiterhin dem nationalen Recht vorbehalten.

Mit der in § 79a vorgesehenen „begleitenden Maßnahme" wird die **wirtschaftliche Teilhabe al-** 8 **ler ausübenden Künstler** – vom *featured artist* bis zum namentlich nicht genannten[38] Studiomusiker *(session musician)* – gesichert.[39] Sofern sie „ihre Rechte gegen eine einmalige Zahlung an den Tonträgerhersteller übertragen oder abgetreten haben",[40] sieht die Neuregelung einen „Anspruch auf eine zusätzliche, jährlich zu zahlende Vergütung" (Art. 3 Abs. 2(b) S. 2 Schutzdauer-RL) vor. Damit soll eine Einnahmenlücke gegen Ende des Lebens von Musikern geschlossen werden.[41] Die Mittel dafür muss der Tonträgerhersteller bereitstellen. Dieser hat mindestens einmal jährlich einen Betrag iHv 20% der Einnahmen beiseitezulegen, die er aus bestimmten Verwertungen der Tonträger zieht.[42] Würde dieser Anspruch unmittelbar im Verhältnis zwischen den Parteien abgewickelt, käme es zu erheblichen Transaktionskosten. Erschwerend tritt hinzu, dass die Interpreten wegen der im Einzelnen zu vernachlässigenden Erlöse auf eine Durchsetzung der Ansprüche verzichten könnten (rationale Apathie). Um diese Faktoren auszuschalten, betraut die Schutzdauer-RL die **Verwertungsgesellschaften** mit der **Verteilung der Erlöse an die Interpreten.**[43]

b) Wiederkehrende Vergütung. Vielfach wird im Übertragungsvertrag (§ 79a Abs. 1 S. 1) ver- 9 einbart, dass der Vertragspartner dem ausübenden Künstler einen **Vorschuss** auf Lizenzgebühren zahlt, die Auszahlung der vertraglich vereinbarten wiederkehrenden Vergütung aber erst dann schuldet, wenn der Vorschuss wieder erwirtschaftet ist und alle sonstigen vertraglich festgelegten Abzüge vorgenommen worden sind.[44] Mit der vermuteten Fortdauer des Übertragungsvertrags auch für den Zeitraum der verlängerten Schutzdauer (§ 137m Abs. 3) gelten diese Regelungen fort. Daher kann der Vertragspartner von der dem Interpreten geschuldeten Vergütung alle vertraglich vereinbarten Aufwendungen, insbesondere die gezahlten Vorschüsse, abziehen. Es käme zu einer zweiten Subvention des Tonträgerherstellers, dieses Mal auf Kosten des Interpreten. Damit wäre das Ziel der Neuregelung verfehlt. Deshalb sieht die Schutzdauer-RL einen „völligen ‚Neustart' im Hinblick auf die Verträge für diejenigen ausübenden Künstler (vor), die ihre (...) ausschließlichen Rechte an Tonträgerhersteller gegen Lizenzgebühren oder Vergütung abgetreten haben".[45] Damit sie in den uneingeschränkten Genuss der verlängerten Schutzdauer gelangen können, darf im zusätzlichen Zeitraum **die vertraglich geschuldete Vergütung nicht verringert** werden.

Zweifelhaft ist, ob diese für bestehende Verträge sinnvolle Regelung auch für **Neuverträge** zweck- 10 mäßig ist. Sie verhindert, dass in den letzten 20 Jahren der Auswertung Abzüge vorgenommen werden dürfen. Sie setzt allerdings einen Anreiz für den Tonträgerhersteller, die Abzüge in den ersten 50 Jahren derart anzupassen, dass sie im Ergebnis auch die Verwertung der letzten 20 Jahren erfassen. Dieser **Umgehung** kann lediglich anhand einer verstärkten Inhaltskontrolle von Übertragungsverträgen bereits innerhalb der ersten 50 Jahre der Verwertung entgegengewirkt werden. Die Abzüge müssen auf den Prüfstand. Dafür lässt sich § 79 Abs. 2a iVm § 32 Abs. 2 S. 2 fruchtbar machen.[46]

B. Rechte des ausübenden Künstlers bei Einmalzahlung (Buy-Out-Verträge)

I. Vergütungsanspruch (§ 79a Abs. 1–3)

1. Tatbestandsvoraussetzungen

§ 79a Abs. 1 S. 1 ist ein **gesetzlicher Vergütungsanspruch** zugunsten des ausübenden Künstlers. 11 Dieser zusätzliche Anspruch ergänzt die vertraglich geschuldete Pauschalvergütung und darf deshalb nicht mit ihr verrechnet werden.[47]

---

[37] → § 79 Rn. 15 f.
[38] Zur Fragwürdigkeit dieser Praxis siehe *Grünberger,* Das Interpretenrecht, 2006, S. 97 ff.; dazu auch → § 74 Rn. 21 f.
[39] KOM(2008) 464 endg., 2.
[40] Erwägungsgrund (12) Richtlinie 2011/77/EU.
[41] Erwägungsgründe (5) und (6) Richtlinie 2011/77/EU.
[42] Erwägungsgrund (11) Richtlinie 2011/77/EU.
[43] Erwägungsgrund (12) Richtlinie 2011/77/EU.
[44] Vgl. Erwägungsgrund (9) Richtlinie 2011/77/EU.
[45] Erwägungsgrund (14) Richtlinie 2011/77/EU.
[46] → § 79 Rn. 88.
[47] BeckOK UrhR/*Stang* UrhG § 79a Rn. 7.

12   **a) Rechteübertragung gegen Einmalzahlung (§ 79a Abs. 1 S. 1).** Der Anspruch setzt voraus, dass der ausübende Künstler dem Tonträgerhersteller Rechte an seiner Darbietung eingeräumt oder übertragen hat. Diese Merkmale erfüllt der in § 79 Abs. 3 S. 1 legal definierte Begriff des „**Übertragungsvertrags**".[48] Erfasst sind alle rechtsgeschäftlichen Vereinbarungen, die der Interpret bzw. der Vertreter der Interpretengruppe (§ 80 Abs. 2)[49] mit dem Tonträgerhersteller (→ Rn. 25 ff.) getroffen hat und die die Übertragung iwS, dh entweder eine Übertragung gem. § 79 Abs. 1 S. 1 oder eine Rechtseinräumung gem. § 79 Abs. 2 von Interpretenrechten zum Gegenstand haben.[50] Anspruchsberechtigt sind nur Interpreten, deren Darbietung auf einem Tonträger[51] festgelegt worden ist. **Internationalprivatrechtlich** ist der Vergütungsanspruch nicht vertragsrechtlich zu qualifizieren.[52] Es handelt sich um einen gesetzlichen Anspruch, der im jeweiligen Schutzland entsteht und dort – über eine Verwertungsgesellschaft – durchgesetzt wird. Die Anknüpfung erfolgt daher über Art. 8 Abs. 1 Rom II-VO.[53] Aus dem Schutzzweck folgt eine richtlinienkonforme Modifizierung der Darlegungs- und Beweislast. Danach muss die Verwertungsgesellschaft, die den Anspruch durchsetzt (→ Rn. 29 ff.), anhand von Künstlerquittungen, Vergütungsabrechnungen, Besetzungslisten, etc **substantiiert darlegen,** an welchen auf Tonträgern festgelegten Darbietungen die ausübenden Künstler, deren Rechte sie geltend macht, mitgewirkt haben. Gelingt ihr das, verschiebt sich die **sekundäre Darlegungslast** auf den Tonträgerhersteller. Dieser muss aufgrund der größeren Sachnähe und des insoweit bestehenden Informationsvorsprungs konkret darlegen und beweisen, dass keiner der von der Verwertungsgesellschaft genannten ausübenden Künstler an den Aufnahmen beteiligt war.[54]

13   Im Unterschied zu § 79 Abs. 3 S. 1 verlangt § 79a Abs. 1 S. 1 in Umsetzung von Art. 3 Abs. 2(b) S. 1 Schutzdauer-RL einen „**qualifizierten Übertragungsvertrag".** Die Qualifikation bezieht sich auf die Ausgestaltung der Vergütung als Gegenleistung zur Rechtsübertragung (iwS). Erfasst werden nur Übertragungsverträge, nach denen der Tonträgerhersteller die Zahlung einer **einmaligen,** nicht wiederkehrenden **Vergütung** schuldet. Klassische Anwendungsfälle dafür sind der „**Buy-Out"-Vertrag**[55] oder die „**Künstlerquittung".**[56] Die von den Parteien verwendete Bezeichnung ist irrelevant. Ausschlaggebend ist die Vergütungsstruktur. Die Abgrenzungskriterien sind von § 79a Abs. 1 S. 1 einerseits und § 79a Abs. 5 andererseits **dichotomisch** vorgegeben: einmalige oder wiederkehrende Vergütung. Maßgeblich ist die tatsächlich gewollte Regelung im Übertragungsvertrag. Wiederkehrende Vergütungen sind idR prozentuale oder stückzahlbezogene Umsatzbeteiligungen an den Auswertungserlösen.[57]

14   Diese vermeintlich klare Abgrenzung wirft **Probleme** auf. Sieht der Übertragungsvertrag gar **keine Vergütung** vor, ist § 79a Abs. 1 S. 1 erst recht anzuwenden.[58] Schwieriger ist der Fall, wenn der Tonträgerhersteller einen Vorschuss leistet und als Vergütung eine geringe prozentuale Umsatzbeteiligung vereinbart wird, auf die der **Vorschuss angerechnet** werden soll. Nach dem Wortlaut liegt eine wiederkehrende Vergütung und damit ein Fall von § 79a Abs. 5 vor. Das ist aber zweifelhaft, wenn der Vorschuss nicht sehr hoch, die Umsatzbeteiligung sehr gering oder die Umsatzerwartungen niedrig sind. Dann wirkt sich die scheinbar wiederkehrende Vergütung **im praktischen Ergebnis** wie eine Einmalzahlung aus. Werden dagegen optimistische Umsatzerwartungen lediglich enttäuscht, liegt tatsächlich eine wiederkehrende Vergütung vor, bei der sich das vom Interpreten eingegangene Risiko realisiert hat. Die Schwierigkeiten dieser Abgrenzung vermeidet man, wenn man sich strikt am Wortlaut der im Übertragungsvertrag getroffenen **Vergütungsstruktur** hält. Allerdings setzt man damit bei Neuverträgen einen Anreiz, die Vergütung als (scheinbar) wiederkehrende auszugestalten, obwohl, wirtschaftlich betrachtet, eine Einmalzahlung vorliegt. Ein rational handelnder, dh kostensenkend operierender Tonträgerhersteller dürfte den Weg über § 79a Abs. 5 vorziehen, weil er mehr Flexibilität verspricht (→ Rn. 35 ff.). Die daraus resultierende Benachteiligung des Interpreten kann teilweise über § 79 Abs. 2a iVm §§ 32 ff., für unbekannte Nutzungsarten jetzt über § 79b aufgefangen werden. Alternativ kann man die im Übertragungsvertrag vereinbarte Vergütung nach dem objektiven Empfängerhorizont (§§ 133, 157) auslegen[59] – und darüber zur Anwendbarkeit des § 79a Abs. 1 kommen. Aufgrund der damit einhergehenden Transaktionskosten bei seiner Durchsetzung dürfte diese Lösung aber nicht sehr praktikabel sein.

15   **b) Entstehungszeitpunkt und Fälligkeit (§ 79a Abs. 2).** Der Vergütungsanspruch des Interpreten entsteht erst **nach** Ablauf von **50 Jahren** (§ 79a Abs. 2). **Fristauslösendes** Ereignis ist das Erscheinen des Tonträgers. Ist der Tonträger nicht erschienen, ist die erste erlaubte Benutzung zur

---

[48] BeckOK UrhR/*Stang* UrhG § 79a Rn. 9.
[49] → § 80 Rn. 27 ff.
[50] → § 79 Rn. 144 ff.
[51] Zum Begriff → § 79 Rn. 152 f.
[52] Verkannt von Fromm/Nordemann/*Schaefer* UrhG § 79a Rn. 20.
[53] NK-BGB/*Grünberger* Rom-VO, 3. Aufl., 2019, Rom II-VO Art. 8 Rn. 58.
[54] Ausführlich *Gaillard,* Die Schutzdauerverlängerungen in der Urheberrechtsnovelle von 2013, 2016, Rn. 205 ff.
[55] KOM(2008) 464 endg., 2.
[56] → § 79 Rn. 95.
[57] BeckOK UrhR/*Stang* UrhG § 79a Rn. 25.
[58] So auch BeckOK UrhR/*Stang* UrhG § 79a Rn. 8.1.
[59] *Gaillard,* Die Schutzdauerverlängerungen in der Urheberrechtsnovelle von 2013, 2016, Rn. 187.

öffentlichen Wiedergabe maßgeblich. Damit weicht die Berechnung des Vergütungsanspruchs in § 79a Abs. 2 erheblich von der Berechnung der Schutzdauer in § 82 ab. Das kann in den Fällen, in denen der Tonträger zunächst erlaubt öffentlich wiedergegeben wurde und dann innerhalb der Schutzdauer erschienen ist, im Ergebnis zu einem vollständigen Ausschluss des Anspruchs führen.[60] Nach hier vertretener Auffassung handelt es sich dabei um ein **Redaktionsversehen.**[61] Aus der Entstehungsgeschichte folgt, dass die begleitenden Maßnahmen zum Schutz der Interpreten synchron zur verlängerten Schutzdauer liegen sollen. Das setzt eine **gleichlaufende Fristberechnung** voraus. Nach der damit gebotenen korrigierenden Auslegung ist das Erscheinen oder die öffentliche Wiedergabe fristauslösend, sollte diese früher erfolgt sein. Die Fristberechnung erfolgt gem. § 82 Abs. 3 iVm § 69. Der Vergütungsanspruch besteht daher vom 51. bis zum vollendeten 70. Jahr der Schutzdauer.

Die Vergütung wird für jedes **vollständige Jahr** geschuldet (§ 79 Abs. 2). Daraus folgt nicht, dass **16** der Anspruch jeweils zum 31.12. eines Jahres **fällig** ist. Der Tonträgerhersteller benötigt noch etwas Zeit, um die Anspruchshöhe aufgrund der maßgeblichen Einkommensparameter zu berechnen. Dafür ist ihm ein **angemessener Zeitraum** von 6 Wochen zuzugestehen.[62] Erst nach Ablauf dieser Frist wird der Anspruch auch fällig.

c) Ausschlussgründe (§ 79a Abs. 3 S. 1). Zum Schutz des Interpreten kann dieser nicht wirk- **17** sam auf den zusätzlichen Vergütungsanspruch verzichten (§ 79a Abs. 3 S. 1). Damit setzt das Gesetz die eindeutige Vorgabe aus Art. 3 Abs. 2(b) S. 1 Schutzdauer-RL um. Der **Verzicht** ist eine einseitige Gestaltungserklärung. Ein vom Interpreten erklärter Verzicht ist daher **unwirksam.** Das gilt sowohl für einen im Voraus erklärten Verzicht als auch für einen nach Anspruchsentstehung erklärten Verzicht.[63]

Von dem Verzicht sind **vertraglich vereinbarte Ausübungsbeschränkungen** zu unterschei- **18** den.[64] Dafür trifft das Gesetz keine ausdrückliche Regelung. Die praktischen Auswirkungen einer vertraglichen Ausübungsbeschränkung können im Ergebnis einem Vorausverzicht gleichen. Aufgrund des mit der Schutzdauer-RL verfolgten Schutzzwecks (→ Rn. 5) sind solche Vereinbarungen, unabhängig davon, ob sie individualvertraglich oder in AGB geschlossen wurden, **gem. § 134 BGB unwirksam.** Die Nichtigkeitsfolge bezieht sich dabei lediglich auf die Vereinbarung als solche. Der Übertragungsvertrag bleibt im Übrigen wirksam.

Der Vergütungsanspruch des Interpreten **erlischt** mit Ablauf der Schutzdauer (§ 82 Abs. 1).[65] Ob- **19** wohl § 79a in § 82 Abs. 1 S. 1 nicht genannt ist, folgt das in **richtlinienkonformer Interpretation** aus Art. 10 Abs. 5 Schutzdauer-RL.

2. Anspruchshöhe

Art. 3 Abs. 2(c) Schutzdauer-RL sieht vor, dass der Tonträgerhersteller „insgesamt 20% der Ein- **20** nahmen beiseite zu legen" hat. Das setzt § 79a Abs. 1 S. 1 dergestalt um, dass der Anspruch des Einzelinterpreten iHv **20 Prozent der Einnahmen** besteht. Handelt es sich um Darbietungen mehrerer ausübender Künstler, beläuft sich die Vergütung „ebenfalls auf insgesamt 20 Prozent der Einnahmen" (§ 79a Abs. 2 S. 2).

a) Ermittlung der Einnahmen (§ 79a Abs. 1 S. 3). Bemessungsgrundlage sind die vom **21** Tonträgerhersteller erzielten **Einnahmen vor Abzug der Ausgaben** (§ 79 Abs. 1 S. 3). Das folgt aus Erwägungsgrund (11) der Richtlinie 2011/77/EU („die vom Tonträgerhersteller erzielten Einnahmen vor Abzug der Abgaben"). Wie ein Wortlautvergleich mit der englischen („costs") oder italienischen Fassung („spese") bestätigt, ist der Begriff „Abgaben" in der deutschen Fassung ein Übersetzungsfehler. Richtigerweise muss es dort „Ausgaben" heißen. Nicht ausdrücklich geregelt ist die Berechnungsgrundlage.[66] Das Meinungsspektrum reicht vom „Bruttoprinzip"[67] bis hin zum „Reingewinn". Mit dem Wortlaut des Erwägungsgrunds und dem Schutzzweck der Richtlinie (→ Rn. 5) ist lediglich die Methode vereinbar, nach der von den Einnahmen des Tonträgerhersteller nur die Umsatzsteuer abgezogen werden darf.[68] Insoweit basiert der Anspruch auf einer (Netto-)Erlösbeteiligung.[69] Inkludiert werden nur Einnahmen aus der **Verwertung von Tonträgern** (→ Rn. 12). Erfasst sind bei § 79a Abs. 1 nur die Tonträger, welche die festgelegte Darbietung des Interpreten enthalten. Bei *Compilations* sind also nicht die Einnahmen aus der Verwertung der gesamten „Platte" zu berücksichtigen, sondern nur der auf die festgelegte Darbietung entfallende Anteil.[70] Einnahmen aus

---

[60] BeckOK UrhR/*Stang* UrhG § 79a Rn. 15.1.
[61] → § 79 Rn. 160; *Gaillard,* Die Schutzdauerverlängerungen in der Urheberrechtsnovelle von 2013, 2016, Rn. 200.
[62] Fromm/Nordemann/*Schaefer* UrhG § 79a Rn. 36.
[63] BeckOK UrhR/*Stang* UrhG § 79a Rn. 18.
[64] Näher *Grünberger,* Das Interpretenrecht, 2006, S. 193 (zum analogen Problem beim Rückruf).
[65] BeckOK UrhR/*Stang* UrhG § 79a Rn. 16.1.
[66] Eingehend *Gaillard,* Die Schutzdauerverlängerungen in der Urheberrechtsnovelle von 2013, 2016, Rn. 188 f.
[67] Wandtke/Bullinger/*Wandtke* UrhG § 79a Rn. 9.
[68] BeckOK UrhR/*Stang* UrhG § 79a Rn. 13.
[69] Fromm/Nordemann/*Schaefer* UrhG § 79a Rn. 35.
[70] Fromm/Nordemann/*Schaefer* UrhG § 79a Rn. 31 f.; BeckOK UrhR/*Stang* UrhG § 79a Rn. 11.

der Verwertung von Bild- bzw. Bild- und Tonträgern scheiden von vornherein aus.[71] Zu den Einnahmen des Tonträgerherstellers zählen grundsätzlich auch die Lizenzzahlungen, die er für die Einräumung von Nutzungsrechten an der festgelegten Darbietung erhält.[72] Problematisch wird das, wenn der Tonträgerhersteller seine und die Interpretenrechte ausschließlich weiterlizenziert hat und Einkommen lediglich in Form von Lizenzzahlungen erhält (→ Rn. 26 f.).

22   Nach Art. 3 Abs. 2(c) Schutzdauer-RL sind **nicht alle Einnahmen** aus der Verwertung des Tonträgers mit der festgelegten Darbietung zu berücksichtigen. In die Berechnungsgrundlage fließen lediglich die Einnahmen aus der **Vervielfältigung** (§§ 77 Abs. 2 S. 1 Var. 1, 85 Abs. 1 S. 1 iVm § 16), dem Vertrieb und der (öffentlichen) **Zugänglichmachung** (§§ 78 Abs. 1 Nr. 1, 85 Abs. 1 S. 1 iVm § 19a) des Tonträgers mit der festgelegten Darbietung ein. Fraglich ist, was unter „Vertrieb" zu verstehen ist. Der Begriff könnte sich auf die **Verbreitung** (§§ 77 Abs. 2 S. 1 Var. 2, 85 Abs. 1 S. 1 iVm § 17 Abs. 1 und 2) beschränken,[73] weil die Vermietung (und das Verleihen) ausdrücklich ausgenommen sind (→ Rn. 23). Es kommt nicht darauf an, wie diese Einnahmen generiert werden. Eigene Absatzleistungen gegenüber der Allgemeinheit sind genauso erfasst wie die Erzielung von Einkommen über die Lizenzierung von Tonträgern und Weiterlizenzierung der darauf festgelegten Darbietungen.[74] Es spielt auch keine Rolle, über welche Nutzungsart die Einnahmen generiert werden, solange es sich um eine dem Tonträgerhersteller (iwS) übertragene Nutzungsart handelt. Daher werden auch Erlöse aus der Verwendung in Spielfilmen, der Werbung, Computerspielen etc berücksichtigt.[75]

23   **Nicht** zu berücksichtigen sind die Einnahmen aus der **Vermietung** des Tonträgers (§§ 77 Abs. 2 S. 2, 85 Abs. 1 S. 1 iVm § 17 Abs. 3), die **Vergütungsansprüche aus der Zweitverwertung** der auf erschienenen Tonträgern festgelegten Darbietung (§§ 78 Abs. 2, 86 iVm § 78 Abs. 2) und aus der **Privatkopievergütung** (§§ 83, 85 Abs. 4 iVm §§ 54 ff.). Die Schutzdauer-RL begründet diese Beschränkung damit, dass den ausübenden Künstlern an diesen Nutzungen ohnehin eigene, nicht an den Tonträgerhersteller abgetretene gesetzliche Vergütungsansprüche zustünden.[76] Die Praxis weicht davon ab: In Deutschland werden die Vergütungsansprüche aus § 78 Abs. 2 vielfach an die Tonträgerhersteller gem. § 79 Abs. 1 abgetreten, die sie treuhänderisch in die GVL einbringen.[77] Das ist allerdings unvereinbar mit § 78 Abs. 3 S. 2.[78] Hat der Interpret die Vergütungsansprüche im Voraus bereits an die GVL abgetreten (§ 78 Abs. 3 S. 2), läuft die Abtretung an den Tonträgerhersteller ohnehin leer.[79] Bei konsequenter Rechtsanwendung wäre sichergestellt, dass der ausübende Künstler über die Ausschüttung der Verwertungsgesellschaft vollständig an dieser Einkommensquelle partizipieren kann. Rechtspolitisch kann die Ausnahme des Vermiet- und Verleihrechts, soweit es vom Mitgliedstaat als ausschließliches Recht ausgestaltet wurde,[80] nicht überzeugen, weil sie nicht mit dem Schutzweck der Schutzdauer-RL (→ Rn. 5) vereinbar ist. Danach soll der Interpret an jeder Verwertungshandlung des Tonträgers partizipieren. Dagegen kann die Ausnahme beim Senderecht überzeugen, weil dieses hinsichtlich auf erschienenen Tonträgern festgelegten Darbietungen nicht vollharmonisiert ist.[81] Überzeugender ist deshalb ein Begriffsverständnis, wonach bei der Berechnung der Einnahmen **alle Verwertungshandlungen** zu berücksichtigen sind, die vom Unionsrecht **vollharmonisiert** als Ausschließlichkeitsrechte ausgestaltet sind[82] und vom Interpreten an den Tonträgerhersteller übertragen (iwS) werden können.

24   **b) Darbietung mehrerer Interpreten (§ 79a Abs. 1 S. 2).** Art. 3 Abs. 2(c) S. 1 Schutzdauer-RL beschränkt die Höhe der vom Tonträgerhersteller jährlich zu zahlenden Vergütung auf insgesamt 20 % der Einnahmen. Weil § 79a die Vorgaben der Richtlinie mittels eines gegen den Tonträgerhersteller gerichteten Anspruchs des einzelnen Interpreten umsetzt,[83] wird eine **Sonderregelung** bei der Darbietung mehrerer ausübender Künstler notwendig. Deshalb regelt § 79a Abs. 1 S. 2, dass auch im Fall einer Gruppendarbietung[84] die Höhe der unter den Interpreten aufzuteilenden Vergütung 20 % der Einnahmen beträgt. Damit ist sichergestellt, dass der vom Tonträgerhersteller zu leistende Betrag in keinem Fall mehr als 20 % der Einnahmen an der Verwertung der Gruppendarbietung beträgt. Zur Verteilung → Rn. 29 ff.

---

[71] → § 79 Rn. 139.
[72] BeckOK UrhR/*Stang* UrhG § 79a Rn. 11.
[73] Fromm/Nordemann/*Schaefer* UrhG § 79a Rn. 33.
[74] BeckOK UrhR/*Stang* UrhG § 79a Rn. 11.
[75] BeckOK UrhR/*Stang* UrhG § 79a Rn. 11.
[76] Erwägungsgrund (13) Richtlinie 2011/77/EU; KOM(2008) 464 endgl., 15; vgl. BT-Drs. 17/12013, 12.
[77] Dünnwald/*Gerlach* UrhG § 78 Rn. 40.
[78] Dreier/Schulze/*Dreier* UrhG § 78 Rn. 22; dazu → § 78 Rn. 64.
[79] → § 78 Rn. 64.
[80] → § 77 Rn. 48 ff.
[81] → § 78 Rn. 12 ff.
[82] → Vor §§ 73 ff. Rn. 33 ff.
[83] Kritisch dazu Fromm/Nordemann/*Schaefer* UrhG § 79a Rn. 9.
[84] → § 80 Rn. 9 ff.

3. Anspruchsschuldner

a) Tonträgerhersteller (§ 79a Abs. 1 S. 1). Anspruchsschuldner ist der Tonträgerhersteller. Da- 25
für ist nicht der in § 85 verwendete Begriff[85] maßgeblich. „Tonträgerhersteller" ist nach der übereinstimmenden Konzeption aller begleitenden Maßnahmen **immer die Person, mit der der ausübende Künstler den Übertragungsvertrag abgeschlossen** hat.[86] Der Vertragspartner kann
zugleich auch originärer Inhaber der Tonträgerherstellerrechte und damit Tonträgerhersteller iSv § 85
Abs. 1 sein – muss das aber nicht. „Tonträgerhersteller" iSv § 79 Abs. 3, 79a kann auch sein, wer
lediglich ausschließliche Nutzungsrechte am Tonträger erwirbt und, zusammen mit den im Übertragungsvertrag vom ausübenden Künstler erworbenen oder eingeräumten Rechten, die darauf festgelegte Darbietung verwerten darf. § 79a Abs. 1 erfasst beide Konstellationen.[87]

b) Inhaber der Verwertungsrechte (§ 79a Abs. 1 S. 1 analog). Beim Bandübernahmevertrag 26
überträgt der Tonträgerhersteller ieS das Tonträgerherstellerrecht und – soweit möglich – sein
originäres oder ihm im Übertragungsvertrag übertragenes Interpretenrecht bzw. die ausschließlichen
Nutzungsrechte an der Darbietung auf einen Dritten oder räumt diesem Dritten daran (idR) ausschließliche (Unter-)Nutzungsrechte ein.[88] Die Zessionare bzw. Inhaber der Nutzungsrechte sind
nicht passivlegitimiert.[89] Anspruchsschuldner bleibt nach dem Wortlaut und Normzweck des § 79a
Abs. 1 der „Tonträgerhersteller", also der Vertragspartner des Interpreten. Weil dieser die Verwertungsrechte weiterübertragen hat, erzielt er im Verlängerungszeitraum entweder **keine Einnahmen**
mehr (bei einem Rechtsverkauf) oder Einnahmen in Form von **Lizenzzahlungen** (bei einem Lizenzvertrag). Soweit seine Rechtsübertragung regelmäßige Lizenzvergütungen generiert, sind das die
Einnahmen iSv § 79a Abs. 1 S. 3. Im Vergleich zur eigenen Verwertung verringert sich der Vergütungsanspruch des ausübenden Künstlers damit erheblich. Bezugsgröße sind nicht mehr die mit der
Verwertung erzielten Einnahmen, sondern die deutlich niedriger ausfallenden Lizenzgebühren.[90] Hat
der Tonträgerhersteller die Rechte an der Darbietung und am Tonträger **vollständig** (translativ)
übertragen und dafür innerhalb der alten Schutzdauer als Kaufpreis ein einmaliges Entgelt erzielt,
generiert er im Verlängerungszeitraum keine Einnahmen mehr. Der Vergütungsanspruch des Interpreten läuft leer.[91] Das wirft die Frage auf, wie diese Konstellationen zu behandeln sind.[92]

Man kann ausschließlich den Wortlaut der Schutzdauer-RL und des § 79a Abs. 1 anwenden.[93] 27
Damit setzt man allerdings Anreize für Tonträgerhersteller, die Rechte spätestens im 50. Jahr nach
Erscheinen gegen eine diskontierte Einmalzahlung an Dritte zu übertragen. Mit dem **Normzweck**
des § 79a ist das offensichtlich unvereinbar. Weil die Verwertungshandlungen der aktuellen Rechtsinhaber dem Tonträgerhersteller wegen seiner geringen oder fehlenden Erlösbeteiligung nicht zugerechnet werden können,[94] kann der ausübende Künstler nach erfolglosem Ablauf der Jahresfrist gem.
§ 79 Abs. 3 S. 1 kündigen.[95] Die Rechte an der Darbietung fallen an ihn zurück und die Rechte am
Tonträger erlöschen (§ 79 Abs. 3 S. 3); ein Sukzessionsschutz zugunsten des Erwerbers besteht nicht.[96]
Der Interpret kann daher den Tonträger neu verwerten. Diese Lösung hat **erhebliche Nachteile** für
alle Beteiligten: Sie bereitet Schwierigkeiten bei Gruppendarbietungen.[97] Weil sie zeitintensiv ist,
verfehlt sie das Ziel des § 79a, dem Interpreten ab dem 51. Jahr jährlich Einkommen zu generieren. Vor allem aber ist sie **ökonomisch ineffizient**. Die Kündigung und Neuvergabe der Rechte
ist mit hohen Transaktionskosten verbunden. Zugleich wird damit ein bestehendes und offenbar am
Markt funktionierendes Angebot unterbrochen und die Investitionen des Dritten werden nicht ausreichend berücksichtigt. Diese Ineffizienzen können vermieden und zugleich das von § 79a angestrebte
Ziel erreicht werden. Die Lösung des Problems liegt auf der Hand: Der **Zessionar** der Tonträgerherstellerrechte und Rechte an der Darbietung bzw. **Inhaber ausschließlicher Nutzungsrechte
schuldet** in analoger Anwendung des § 79a Abs. 1 den Vergütungsanspruch.[98] Der abgeleitete Inhaber der Rechte ist die Person, die von der verlängerten Schutzdauer wirtschaftlich am meisten profitiert. An diesem Erfolg will Art. 3 Abs. 2(c) Schutzdauer-RL und § 79a Abs. 1 S. 1 den Interpreten
teilhaben lassen (→ Rn. 5). Dieses Ziel soll nach dem System der Anspruchsverteilung und nach der
Entstehungsgeschichte der Richtlinie[99] einfach und schnell erreicht werden können. Das ist der Fall,

---

[85] → § 85 Rn. 34.
[86] → § 79 Rn. 146.
[87] *Gaillard*, Die Schutzdauerverlängerungen in der Urheberrechtsnovelle von 2013, 2016, Rn. 190.
[88] → § 79 Rn. 94.
[89] BeckOK UrhR/*Stang* UrhG § 79a Rn. 9.
[90] Siehe dazu das überzeugende Rechenbeispiel bei *Gaillard*, Die Schutzdauerverlängerungen in der Urheberrechtsnovelle von 2013, 2016, Rn. 195.
[91] BeckOK UrhR/*Stang* UrhG § 79a Rn. 9.
[92] Eingehend *Gaillard*, Die Schutzdauerverlängerungen in der Urheberrechtsnovelle von 2013, 2016,
Rn. 191 ff.
[93] Fromm/Nordemann/*Schaefer* UrhG § 79a Rn. 20.
[94] Zur Zurechnung → § 79 Rn. 169.
[95] Vgl. dazu auch BeckOK UrhR/*Stang* UrhG § 79 Rn. 9.
[96] → § 79 Rn. 182 ff.
[97] → § 79 Rn. 173.
[98] *Gaillard*, Die Schutzdauerverlängerungen in der Urheberrechtsnovelle von 2013, 2016, Rn. 191 ff.
[99] Siehe KOM(2008) 464 endg., 2 f.

wenn der abgeleitete Rechtsinhaber Anspruchsschuldner ist. Sind ihm die Rechte vollständig übertragen worden, haftet er als Alleinschuldner. Hat er ausschließliche Nutzungsrechte daran erworben, haftet er gegenüber der Verwertungsgesellschaft zusammen mit dem ursprünglichen Vertragspartner gesamtschuldnerisch für die Vergütung, die sich in diesem Fall aus seinen Einnahmen ergibt.[100]

28   Die analoge Anwendung des § 79a Abs. 1 auf den abgeleiteten Erwerber ist möglich, weil es sich um einen gesetzlichen Anspruch handelt, der – im Unterschied zur Kündigung des Vertrags nach § 79 Abs. 3 – keine Identität von ursprünglichem Vertragspartner und Anspruchsschuldner voraussetzt.[101] Die analoge Anwendung basiert auf einer lückenschließenden Fortbildung der Richtlinie. Art. 3 Abs. 2(c) Schutzdauer-RL geht ersichtlich von der Fallkonstellation aus, dass der ursprüngliche Vertragspartner – der „Tonträgerhersteller" – im Zeitpunkt der Schutzdauerverlängerung die auf den Tonträger festgelegte Darbietung selbst verwertet. Die hier diskutierten Fälle sind **vom Wortlaut der Richtlinie offensichtlich nicht erfasst.** Sie werden aber vom Schutzzweck der begleitenden Maßnahmen (→ Rn. 5) getragen. Im Ergebnis kommt es nach dem System der Richtlinie lediglich darauf an, dass derjenige, der die festgelegte Darbietung in der verlängerten Schutzfrist rechtmäßig nutzt, den Interpreten mit 20 % an den daran erzielten Einnahmen beteiligt. Die Richtlinie will insbesondere vermeiden, dass ein Verwerter von der Schutzdauerverlängerung profitiert, ohne dass der Interpret daran angemessen partizipiert. Die Entstehungsgeschichte des § 79a steht der Analogie nicht entgegen. In der Gesetzesbegründung wird die Identität von Vertragspartner und Kündigungsempfänger lediglich – und mit Recht – im Zusammenhang mit § 79 Abs. 3 hervorgehoben.[102] Zu § 79a schweigt die Begründung. Daher liegt – bereits auf Unionsebene – eine **verdeckte Regelungslücke** vor. Diese ist im nationalen Recht mit der analogen Anwendung des § 79a Abs. 1 auf den Zessionar bzw. Inhaber ausschließlicher Nutzungsrechte zu schließen.

4. Verwertungsgesellschaftspflichtigkeit (§ 79a Abs. 3 S. 2 und S. 3)

29   Der zusätzliche Vergütungsanspruch ist **verwertungsgesellschaftspflichtig** (§ 79a Abs. 3 S. 2). Damit wird Art. 3 Abs. 2(d) Schutzdauer-RL umgesetzt. Der ausübende Künstler ist zwar Rechtsinhaber des Vergütungsanspruchs (→ Rn. 11), aber selbst nicht zur Geltendmachung und prozessualen Durchsetzung des Anspruchs befugt. Eine entsprechende Klage scheitert an der **fehlenden Prozessführungsbefugnis.** Empfangsberechtigt und prozessführungsbefugt sind lediglich Verwertungsgesellschaften. Daher kann der Anspruch im Voraus nur an eine Verwertungsgesellschaft abgetreten werden (§ 79a Abs. 3 S. 3). Davon ist der gegen die Verwertungsgesellschaft gerichtete Anspruch auf Ausschüttung der Vergütung zu unterscheiden.[103]

30   Grundsätzlich muss der Interpret den Vergütungsanspruch an die Verwertungsgesellschaft abtreten bzw. zur treuhänderischen Wahrnehmung einbringen, damit sie den Anspruch gegenüber dem Tonträgerhersteller geltend machen kann. Der **Wahrnehmungsvertrag** für ausübende Künstler/-innen der GVL sieht eine Rechtsübertragung für „alle Vergütungs- und Beteiligungsansprüche, die gesetzlich nur durch eine Verwertungsgesellschaft wahrgenommen werden können", vor (§ 1 Abs. 1 Nr. 1 lit. p).[104] Darunter fallen auch die Ansprüche aus § 79a Abs. 1. Problematisch sind Altverträge, in denen eine entsprechende Regelung noch fehlt. Nach dem Wortlaut des § 49 Abs. 1 bezieht sich die **Vermutung der Rechtewahrnehmung** nicht auf § 79a Abs. 1. Folge davon wäre, dass die Verwertungsgesellschaft gegenüber dem Tonträgerhersteller in jedem einzelnen Fall ihre Befugnis nachweisen müsste.[105] Damit könnte die Verwertungsgesellschaft aber in vielen Fällen den unionsrechtlich zwingend vorgeschriebenen Anspruch nicht geltend machen. Das ist ersichtlich nicht richtlinienkonform. Nach den Vorgaben der Schutzdauer-RL haben die Tonträgerhersteller die geschuldeten Mittel beiseitezulegen, damit sie wenigstens einmal jährlich auf individueller Basis an die ausübenden Künstler ausgezahlt werden. An der Stelle eines ursprünglich dafür vorgesehenen eigenen Fonds[106] werden jetzt die Verwertungsgesellschaften mit der Verteilung dieser Mittel betraut.[107] Nach der vom deutschen Gesetzgeber gewählten Konstruktion wird dieses Ziel mit der Verwertungsgesellschaftspflicht des subjektiven Anspruchs des einzelnen Interpreten umgesetzt. § 49 Abs. 1 VGG ist deshalb **in richtlinienkonformer Rechtsfortbildung** auf § 79a Abs. 1 analog anzuwenden. Das nationale Recht ermöglicht eine analoge Anwendung auf alle Ansprüche, deren Wahrnehmung einer Verwertungsgesellschaft zugewiesen werden.[108] Daher wird **analog § 49 Abs. 1 VGG vermutet,** dass die **GVL** zur Geltendmachung der Ansprüche aus § 79a Abs. 1 berechtigt ist. Der Gegenbeweis kann nicht unter Hinweis auf die fehlende Rechtseinräumung im Wahrnehmungsvertrag geführt werden. Die GVL trifft insoweit eine gesetzlich auferlegte treuhänderische Pflicht, die Mittel einzusammeln und an alle berechtigten Künstler zu verteilen.

---

[100] *Gaillard*, Die Schutzdauerverlängerungen in der Urheberrechtsnovelle von 2013, 2016, Rn. 191 ff.
[101] AA BeckOK UrhR/*Stang* UrhG § 79a Rn. 9.
[102] Vgl. BT-Drs. 17/12013, 12.
[103] Zur Abtretbarkeit → § 79 Rn. 23.
[104] https://www.gvl.de/gvl/dokumente-und-formulare.
[105] So Fromm/Nordemann/*Schaefer* UrhG § 79a Rn. 27.
[106] KOM(2008) 464 engd., 15.
[107] Erwägungsgrund (12) Richtline 2011/77/EU.
[108] Vgl. BGH ZUM 1999, 566 (573 f.) – Kopienversanddienst; BeckOK UrhR/*Freudenberg* VVG § 49 Rn. 4.

Jeder ausübende Künstler hat einen **Anspruch** darauf, dass die **GVL** mit ihm einen **Vertrag** zur   31
Wahrnehmung der verwertungsgesellschaftspflichtigen (!) Rechte aus § 79a **abschließt.**[109] Das folgt
für Deutsche und EU-Angehörige aus **§ 9 Abs. 1 VGG,** für Drittstaatsangehörige aus dem völkerrechtlich mehrfach verankerten **Inländergleichbehandlungsgrundsatz.**[110] Die GVL muss dafür
angemessene Bedingungen sicherstellen (§ 9 Abs. 1 VGG). Sie darf deshalb die Wahrnehmung der
Ansprüche nicht davon abhängig machen, dass der Interpret ihr im Wahrnehmungsvertrag alle Rechte
und Ansprüche überträgt. Insoweit besteht bei der GVL noch Nachbesserungsbedarf. Der Interpret
muss gegenüber der Verwertungsgesellschaft anhand von Künstlerquittungen, Vergütungsabrechnungen, Besetzungslisten, etc **substantiiert darlegen,** an welchen auf Tonträgern festgelegten Darbietungen er mitgewirkt hat.[111] Das ist erforderlich, damit die Verwertungsgesellschaft ihrer Darlegungs-
und Beweislast gegenüber dem Tonträgerhersteller nachkommen und für eine angemessene Verteilung
sorgen kann.

Die **Verteilung** des Vergütungsaufkommens erfolgt einmal jährlich auf individueller Basis.[112] Sie   32
muss sicherstellen, dass die gesamten Erlöse den berechtigten ausübenden Künstlern zu Gute kommen.[113] Dabei ist eine möglichst **gleichmäßige Verteilung** an die Studiomusiker zu gewährleisten.[114] Diese unionsrechtliche Vorgabe ist bei der Aufstellung der Verteilungspläne iSv § 27 Abs. 1
VGG zu berücksichtigen. Damit unvereinbar ist eine Verteilung, die nach Mitwirkungsbeiträgen differenziert.[115] Sie würde das Ziel unterlaufen, insbesondere die meist namentlich nicht genannten Studiomusiker, deren Beitrag nach Jahren nur schwerlich eingeschätzt werden kann, besser zu stellen.
Dieses Ziel kann bei der Beteiligung mehrerer Interpreten dazu führen, dass ein Musiker, der mit
einer Einmalzahlung vergütet wurde, besser steht als der Musiker, der laufend vergütet wird.[116] Dieses
Ergebnis ist entgegen einer verbreiteten Auffassung nicht fragwürdig.[117] Es ist die Konsequenz der
von den Parteien gewählten Vergütungsstruktur, in der sich – jedenfalls im Zeitpunkt des Vertragsschlusses – auch die unterschiedliche Verhandlungsstärke der Interpreten niedergeschlagen hat. Dass es
im Einzelfall – 50 Jahre später – zu einer Besserstellung der einmalig vergüteten Interpreten kommen
kann, ist auch deshalb gerechtfertigt, weil dieser Interpret im Unterschied zum anderen Interpreten
am wirtschaftlichen Erfolg der Darbietung in der Zwischenzeit nicht partizipieren konnte. Deshalb ist
eine ungleiche Auswirkung der Vergütung als ein von der Richtlinie bewusst in Kauf genommenes
Ergebnis bei der Interpretation des § 79a Abs. 1 zu respektieren.

II. Auskunftsanspruch (§ 79a Abs. 4)

Art. 3 Abs. 2(c) Schutzdauer-RL verlangt, dass die Anspruchsverpflichteten den Anspruchsberech-   33
tigten „auf Antrag Informationen zur Verfügung zu stellen haben, die erforderlich sein können, um
die Zahlung dieser Vergütung sicherzustellen". § 79a Abs. 4 gewährt dem Interpreten daher einen
selbstständigen Auskunftsanspruch. Sein Zweck ist es, die **effektive Durchsetzung** des Vergütungsanspruchs sicherzustellen.

Inhaber des Vergütungs- und des Auskunftsanspruchs ist nach dem Wortlaut der ausübende Künst-   33a
ler. Dieser ist aber nicht zur Durchsetzung des Vergütungsanspruchs berechtigt (→ Rn. 29). „Eine
Aufspaltung dieser eng miteinander in Verbindung stehenden Ansprüche ist nicht zweckmäßig."[118]
Die Verwertungsgesellschaft hat dagegen keinen originären Auskunftsanspruch.[119] Schließt der ausübende Künstler einen Wahrnehmungsvertrag mit der GVL ab, überträgt er dieser gem. § 1 (1)
Nr. 5 den Auskunftsanspruch aus § 79a Abs. 4.[120] Im Übrigen kann man **§ 79 Abs. 3 S. 2 analog**
auf den Auskunftsanspruch anwenden.

Der Tonträgerhersteller ist danach verpflichtet, der Verwertungsgesellschaft „auf Verlangen Aus-   34
kunft über die erzielten Einnahmen" zu erteilen. Das bedeutet, dass er **alle Daten** offenlegen muss,
die Grundlage für die Ermittlung seiner Einnahmen (→ Rn. 21 ff.) sind. Der Tonträgerhersteller ist
zusätzlich verpflichtet, alle sonstigen, zur Bezifferung des Vergütungsanspruchs erforderlichen Informationen zu erteilen. Es ist **unklar,** was darunter zu verstehen ist. Lehnt man die hier vertretene

[109] Vgl. BT-Drs. 17/12013, 13.
[110] Näher Dreier/Schulze/*Schulze* VGG § 9 Rn. 23 mwN.
[111] *Gaillard,* Die Schutzdauerverlängerungen in der Urheberrechtsnovelle von 2013, 2016, Rn. 205.
[112] Erwägungsgrund (12) Richtlinie 2011/77/EU.
[113] BT-Drs. 17/12013, 13.
[114] KOM(2008) 464 endg., 15; *Gaillard,* Die Schutzdauerverlängerungen in der Urheberrechtsnovelle von 2013,
2016, Rn. 207; Fromm/Nordemann/*Schaefer* UrhG § 79a Rn. 23.
[115] AA BeckOK UrhR/*Stang* UrhG § 79a Rn. 17.1.
[116] S. Fromm/Nordemann/*Schaefer* UrhG § 79a Rn. 22; BeckOK UrhR/*Stang* UrhG § 79a Rn. 14.1.
[117] AA BeckOK UrhR/*Stang* UrhG § 79a Rn. 14.1; Fromm/Nordemann/*Schaefer* UrhG § 79a Rn. 22 f.;
Wandtke/Bullinger/*Wandtke* UrhG § 79a Rn. 8.
[118] *Gaillard* GRUR 2013, 1099 (1101).
[119] *Gaillard* GRUR 2013, 1099 (1101); kritisch dazu im Gesetzgebungsverfahren: *Kunz-Hallstein/Loschelder*
GRUR 2013, 152 (154).
[120] https://www.gvl.de/gvl/dokumente-und-formulare. Für Altverträge kann an mit der Figur einer konkludenten Abtretung arbeiten, vgl. *Gaillard* GRUR 2013, 1099 (1101); ähnlich BeckOK UrhR/*Stang* UrhG § 79a
Rn. 20.

Auffassung ab, wonach die Musiker gleichmäßig und daher unabhängig von ihrer Mitwirkung zu berücksichtigen sind (→ Rn. 32), könnte man darin einen Ansatzpunkt für den jeweiligen Anteil des Interpreten an der Gesamtdarbietung verstehen.[121]

C. Rechte des ausübenden Künstlers bei wiederkehrender Vergütung (§ 79a Abs. 5)

35   Art. 3 Abs. 2(e) Schutzdauer-RL schreibt vor, dass bei einem Übertragungsvertrag, der dem ausübenden Künstler einen Anspruch auf **wiederkehrende Zahlungen** gewährt, keine vertraglich vereinbarten Abzüge mehr vorgenommen werden dürfen, sobald der Zeitpunkt der verlängerten Schutzdauer erreicht wurde. § 79a Abs. 5 setzt diese „verbindliche Vorgabe unter nahezu wortgleicher Übernahme des Richtlinientextes"[122] um.

36   Voraussetzung für die Anwendung ist ein **bestehender Übertragungsvertrag** iSv § 79 Abs. 3 S. 1.[123] Es genügt, wenn gem. § 137m Abs. 3 vermutet wird, dass der ursprüngliche Übertragungsvertrag fortbesteht. Der Übertragungsvertrag muss als Gegenleistung für die Übertragung[124] der Interpretenrechte die „Zahlung einer wiederkehrenden Vergütung" an den Interpreten vorsehen. Ob eine wiederkehrende oder einmalige Vergütung vorliegt, ist nach einheitlichen Maßstäben zu ermitteln (→ Rn. 13). Hat der Anspruchsschuldner „mit einem Teil der Künstler Verträge mit einmaliger Vergütung, mit einem anderen Teil aber Verträge mit wiederkehrender Vergütung abgeschlossen, greifen die Begleitmaßnahmen **kumulativ**, d.h., für die Verträge mit einmaliger Vergütung findet Abs. 1 (bei mehreren Künstlern mit der Maßgabe von Abs. 1 S. 2), für die Verträge mit wiederkehrender Vergütung Abs. 5 Anwendung".[125]

37   Das **Abzugsverbot** ist **aufschiebend befristet.** Es greift erst 50 Jahre nachdem der Tonträger mit der festgelegten Darbietung erschienen ist (§ 79a Abs. 5 Nr. 1). Ist der Tonträger nicht innerhalb dieser Frist erschienen, ist die erste erlaubte Benutzung zur öffentlichen Wiedergabe das fristauslösende Ereignis (§ 79a Abs. 5 Nr. 2). Der **Wortlaut** des § 79a Abs. 5 **bedarf der Korrektur.**[126] Um sicherzustellen, dass der Interpret tatsächlich von der in § 82 angeordneten Schutzdauerverlängerung profitiert, müssen die fristauslösenden Ereignisse in § 79 Abs. 3 zeitlich damit korrelieren (→ Rn. 15). Maßgeblich ist daher das Erscheinen des Tonträgers, sofern nicht die erste öffentliche Wiedergabe davor erfolgt ist. Die **Fristberechnung** erfolgt analog § 82 Abs. 3 iVm § 69.

38   Das Abzugsverbot betrifft **alle vertraglich festgelegten Abzüge** von der Vergütung. Ein vom Tonträgerhersteller geleisteter Vorschuss wird in § 79a Abs. 5 lediglich beispielhaft genannt. Erfasst werden alle Positionen, die es dem Tonträgerhersteller erlauben, die dem Interpreten geschuldete Vergütung zu verringern. Das gilt zunächst für alle Positionen, die **unmittelbar** von der berechneten Vergütung **„abgezogen"** werden. Exemplarisch dafür ist der Vorschuss. Wirtschaftlich betrachtet ist er eine diskontierte Vergütung. Daher verringert er die Höhe der geschuldeten Vergütung solange, bis er vollständig getilgt wurde. In diese Kategorie fallen auch alle (fälligen) Gegenansprüche des Tonträgerherstellers, die einen unmittelbaren oder mittelbaren Bezug zum Übertragungsvertrag haben. Sieht der Vertrag beispielsweise vor, dass der Tonträgerhersteller mit Marketingausgaben aufrechnen darf, handelt es sich – wirtschaftlich betrachtet – um einen Abzug von der Vergütung.

39   Unklar ist, wie die **Ausgaben des Tonträgerherstellers** zu behandeln sind. Das sind alle Positionen, die bei der Gewinn- und Verlustrechnung von den Einnahmen abzuziehen sind. Dazu kommen in den Künstlerverträgen weitere, häufig pauschalierte Abzüge.[127] Die Differenz bildet in der Praxis die Vergütungsbasis, auf deren Grundlage der dem Interpreten geschuldete prozentuale Anteil berechnet wird.[128] § 79a Abs. 1 S. 3 schließt die Berücksichtigung dieser Positionen bei der Einnahmenermittlung aus. Dasselbe gilt auch in Abs. 5. Der Begriff „Abzüge von der Vergütung" ist nicht strikt auszulegen. Der Grundsatz der effektiven Durchsetzung unionsrechtlich gewährter subjektiver Rechte und der Normzweck des Abzugsverbots (→ Rn. 5) zwingen zu einer die Interessen des Interpreten wahrenden **weiten Begriffsauslegung.** Nur so ist sichergestellt, dass dem Interpreten der wirtschaftliche Vorteil der Schutzdauerverlängerung ungeschmälert zufließt. Andernfalls würde man Anreize setzen, die Vergütungsstruktur einseitig zu Lasten des strukturell häufig unterlegenen ausübenden Künstlers auszugestalten. Es wäre mit dem Normzweck des § 79a Abs. 5 unvereinbar, wenn das Abzugsverbot von der vertraglichen Einordnung des Abzugs als „Ausgabe" abhinge. Daher sind „Technik- oder Verpackungsabzüge" mit Befristungseintritt ausgeschlossen.[129] Bestand haben dagegen die vertraglichen Regelungen, nach denen die Vergütung von der jeweiligen Nutzungsart oder dem Dist-

---

[121] So BeckOK UrhR/*Stang* UrhG § 79a Rn. 21.
[122] BT-Drs. 17/12013, 13.
[123] → § 79 Rn. 144 ff.
[124] Zum Begriffsverständnis → § 79 Rn. 145.
[125] BeckOK UrhR/*Stang* UrhG § 79a Rn. 4.
[126] Vgl. BeckOK UrhR/*Stang* UrhG § 79a Rn. 27.1.
[127] → § 79 Rn. 88.
[128] → § 79 Rn. 88.
[129] AA Fromm/Nordemann/*Schaefer* UrhG § 79a Rn. 50.

ributionsweg abhängt.[130] Damit reagieren die Vertragsparteien auf **unterschiedliche Märkte,** was sich zwangsläufig in der Vergütung niederschlägt.

Der Tonträgerhersteller „darf" diese Abzüge nicht „von der Vergütung abziehen" (§ 79a Abs. 5).   **40** Die **dogmatische Struktur** dieses Verbots bleibt unklar. Ziel der Regelung ist es, entgegenstehende vertragliche Vereinbarungen zu neutralisieren. Das gelingt in den meisten Fällen, indem § 79a Abs. 5 – abweichend von § 139 BGB – als gesetzliche Anordnung der Teilnichtigkeit der entsprechenden Vereinbarungen im Übertragungsvertrag verstanden wird.[131] Handelt es sich beim „Abzug" strukturell um eine Aufrechnungssituation, kann man § 79a Abs. 5 effektivieren, indem man die Norm zusätzlich als gesetzliches Aufrechnungsverbot versteht.

D. Übergangsvorschriften

Zum zeitlichen Anwendungsbereich des Vergügungsanspruchs aus § 79a Abs. 1, des Auskunftsan-   **41** spruchs aus § 79a Abs. 3 und des Abzugsverbots nach § 79a Abs. 5 → § 79 Rn. 186 und → § 137m Rn. 13.

§ 79b Vergütung des ausübenden Künstlers für später bekannte Nutzungsarten

(1) **Der ausübende Künstler hat Anspruch auf eine gesonderte angemessene Vergütung, wenn der Vertragspartner eine neue Art der Nutzung seiner Darbietung aufnimmt, die im Zeitpunkt des Vertragsschlusses vereinbart, aber noch unbekannt war.**

(2) **¹Hat der Vertragspartner des ausübenden Künstlers das Nutzungsrecht einem Dritten übertragen, haftet der Dritte mit der Aufnahme der neuen Art der Nutzung für die Vergütung. ²Die Haftung des Vertragspartners entfällt.**

(3) **Auf die Rechte nach den Absätzen 1 und 2 kann im Voraus nicht verzichtet werden.**

Schrifttum: S. die Literaturangaben zu § 32c.

Übersicht

---

[130] Fromm/Nordemann/*Schaefer* UrhG § 79a Rn. 49; BeckOK UrhR/*Stang* UrhG § 79a Rn. 26.
[131] BeckOK UrhR/*Stang* UrhG § 79a Rn. 23.

A. Grundlagen

I. Überblick

1   § 79b ist ein **gesetzlicher Anspruch** des ausübenden Künstlers auf eine zusätzliche Vergütung, wenn seine Darbietung für eine bei Abschluss des Übertragungsvertrags (→ Rn. 6) noch **unbekannte Nutzungsart verwertet** wird. Dieser „gesonderte" Anspruch tritt neben die vertraglich vereinbarte und angemessene Vergütung (→ Rn. 11). Die Interpreten „erhalten damit erstmals ausdrücklich einen Anspruch auf Zahlung einer angemessenen Vergütung, wenn ihre Darbietung auf eine vormals unbekannte Nutzungsart genutzt wird".[1] § 79b ist die erste und einzige Norm, die die Verwertung unbekannter Nutzungsarten im Interpretenrecht regelt. § 79 Abs. 2a verweist bewusst nicht auf die urheberrechtliche Regelung der Nutzung vormals unbekannter Nutzungsarten (§§ 31a, 32c).[2] Mit § 79b wird diese rechtspolitisch falsche und verfassungsrechtlich fragwürdige[3] Entscheidung des Gesetzgebers kompensiert. Inhaltlich **orientiert** sich der Anspruch an seinem urheberrechtlichen **Vorbild in § 32c:**[4] § 79b Abs. 1 entspricht § 32c Abs. 1 S. 1. Wie in § 32c Abs. 2 haften Dritte gem. § 79b Abs. 2 S. 1 auf die Vergütung, wenn der Vertragspartner des Interpreten ihnen „das Nutzungsrecht … übertragen" hat (→ Rn. 17 f.). Wie im Urheberrecht (§ 32c Abs. 2 S. 2) entfällt bei der Inanspruchnahme des Dritten die Haftung des Vertragspartners, § 79b Abs. 2 S. 2. § 79b Abs. 3 schließt – entsprechend § 32c Abs. 3 S. 1 – einen Vorausverzicht des Interpreten auf den Vergütungsanspruch aus. **Problematisch** ist, dass § 32c in § 79b **nicht vollständig** übernommen wurde: (1.) Es fehlt der in § 32c Abs. 1 S. 2 enthaltene Verweis auf die §§ 32 Abs. 2 und 4, um die Angemessenheit zu konkretisieren. Das ist iE unschädlich, weil diese Normen bereits über § 79 Abs. 2a entsprechend gelten (→ Rn. 12). (2.) § 79b sieht, anders als § 32c Abs. 1 S. 3, keinen Unterrichtungsanspruch vor. Der Interpret ist auf allgemeine Auskunftsansprüche beschränkt (dazu → Rn. 14). (3.) Mangels vergleichbarer Sachverhalte verzichtet § 79b auf die Übernahme der Open-Content-Klausel in § 32c Abs. 3 S. 2. In **zeitlicher** Hinsicht gilt der Vergütungsanspruch für alle Verträge, die seit dem 1.3.2017 abgeschlossen wurden und für Altverträge, wenn die Darbietung nach dem 1.3.2017 auf die vormals unbekannte Nutzungsart genutzt wird (→ Rn. 24).

II. Entstehungsgeschichte

2   § 79b wurde mit dem **„Gesetz zur verbesserten Durchsetzung des Anspruchs der Urheber und ausübenden Künstler auf angemessene Vergütung und zur Regelung von Fragen der Verlegerbeteiligung"** v. 20.12.2016[5] mit Wirkung zum 1.3.2017[6] **neu** eingefügt. **Vorher** gab es im Interpretenrecht **keine Regelung** zum Schutz des ausübenden Künstlers gegen die Verwertung seiner Darbietung mittels bei Vertragsschluss noch unbekannter Nutzungsarten. § 31 Abs. 4 aF[7] war im Interpretenrecht aufgrund seiner systematischen Stellung und einer fehlenden gesetzlichen Anwendungsanordnung nicht unmittelbar anwendbar.[8] Der BGH hat auch eine analoge Anwendung des § 31 Abs. 4 mangels planwidriger Regelungslücke abgelehnt.[9] Der Gesetzgeber hat bei der im Zuge des „Stärkungsgesetzes" 2002[10] erfolgten Einführung des § 75 Abs. 4 aF, bei der 2003 mit dem „Ersten Korb"[11] erfolgten Angleichung des Interpretenvertragsrechts an das primäre Urhebervertragsrecht in § 79 Abs. 2 S. 2 aF und bei der 2008 erfolgten Neukonzeption der Verwertung unbekannter Nutzungsarten im „Zweiten Korb"[12] darauf verzichtet, das für die Urheber geltende Rechtsregime (§§ 31a, 32c, 137l) auf die ausübenden Künstler zu erstrecken.[13] Das wurde damit begründet, dass „die Verwerterseite nachdrücklich darauf hingewiesen hat, es sei nicht praktikabel, bei komplexen Werken mit vielen Mitwirkenden (beispielsweise Film, Hörbuch, Multimedia) von den zahlreichen ausübenden Künstlern die Nutzungsrechte für neue, bislang unbekannte Nutzungsarten nachzuerwerben".[14] Das war kein sachlicher Grund für die darin liegende **Ungleichbehandlung** zu den strukturell vergleichbaren Urhebern.[15] Mit dem Vergütungsanspruch aus § 79b wird diese Ungleichbehand-

---

[1] BT-Drs. 18/8625, 19.
[2] → § 79 Rn. 78.
[3] *Grünberger,* Das Interpretenrecht, 2006, S. 285 f.
[4] BT-Drs. 18/8625, 31.
[5] BGBl. I S. 3037.
[6] Art. 3 S. 1 Gesetz v. 20.12.2016, BGBl. I S. 3037.
[7] → § 32a Rn. 1.
[8] BGH ZUM 2003, 229 (230) – EROC III.
[9] BGH ZUM 2003, 229 (230) – EROC III.
[10] BGBl. I S. 1155.
[11] BGBl. I S. 1774.
[12] BGBl. I S. 2513.
[13] → § 79 Rn. 7 f.; krit. *Dünnwald/Gerlach* Einl. Rn. 61.
[14] BT-Drs. 14/8058, 21.
[15] Näher *Grünberger,* Das Interpretenrecht, 2006, S. 286 mwN; *Rohweder* UFITA 2015, 401 (428 ff.).

lung zwar nicht vollständig **beseitigt** – §§ 31a und 137l gelten nach wie vor nicht –, aber in ihrer finanziellen Auswirkung substantiell abgemildert.

Der Gesetzenwurf der Bundesregierung sah noch vor, dass der Vergütungsanspruch nur durch   3
eine Verwertungsgesellschaft geltend gemacht werden kann (§ 79b Abs. 1 S. 2 UrhG-E) und dass der
Vertragspartner die Verwertungsgesellschaft über die Aufnahme der vergütungsauslösenden Nutzung
unverzüglich zu unterrichten hat (§ 79b Abs. 2 UrhG-E).[16] Diese Regelungen sind im Gesetzgebungsverfahren – ohne Begründung – gestrichen worden.[17] Rechtspolitisch wäre es besser gewesen,
auf § 79b zu verzichten und in § 79 Abs. 2a auch auf § 32c zu verweisen.[18]

III. Normzweck

Im Unterschied zu den Urhebern, konnten ausübende Künstler schon immer wirksam über unbe-   4
kannte Nutzungsarten verfügen, weil § 31 Abs. 4 im Interpretenrecht nicht anwendbar war
(→ Rn. 2). Der Interpret genoss also „Vertragsfreiheit"[19] – in der Sache profitierte davon aber der
Verwerter. Als der Gesetzgeber die Urheber mit derselben „Vertragfreiheit" beglückte, stellte er mit
gutem Grund sicher, dass diese für die, dem Verwerter nunmehr mögliche, Nutzung mit einem zusätzlichen **Vergütungsanspruch** (§ 32c) **finanziell kompensiert** werden.[20] § 79b orientiert sich an
§ 32c[21] und verfolgt dasselbe Ziel: Sie sichern den Kreativen einen „zusätzlichen gesetzlichen Vergütungsanspruch [...] wenn der Verwerter" den Schutzgegenstand „in einer neuen Nutzungsart nutzt,
die bei Vertragsschluss vereinbart, aber noch unbekannt war".[22]

Das Gesetz reagiert damit auf ein **Problem unvollständiger Verträge:**[23] Die Vertragsparteien   5
können bei Vertragsabschluss zwangsläufig nicht alle zukünftigen Entwicklungen berücksichtigen und
in das vertragliche Leistungsprogramm einbauen. Das gilt insbesondere für bei Vertragsabschluss noch
unbekannte zukünftige Veränderungen in der technischen und wirtschaftlichen Umwelt des Rechts.
Weil den Parteien heute das Wissen über das wirtschaftliche Potential zukünftig möglicher Verwertungen fehlt, können sie deren Wert heute nicht in den Vertrag einpreisen. Da sich der Verwerter der
Darbietung aber schon heute die entsprechende Nutzung wirksam übertragen bzw. einräumen lassen
kann, besteht die Gefahr **opportunen Verhaltens:** Er kann die vom Gesetz ermöglichten Verhaltensspielräume einseitig zu Lasten des Interpreten nutzen. Dazu kommt eine **Informationsasy-
metrie** zugunsten des Verwerters, weil er im Regelfall den wirtschaftlichen Wert einer sich realisie-
renden neuen Nutzungsart früher und besser abschätzen kann als der Interpret. Der Anspruch auf
angemessene Vergütung (§ 79 Abs. 2a iVm §§ 32 Abs. 1, 32a) kompensiert diese Nachteile des Interpreten nicht vollständig, weil bei § 32 Abs. 2 S. 2 auf den Zeitpunkt des Vertragsschlusses abzustellen ist und § 32a ein auffälliges Missverhältnis verlangt. Deshalb bedarf es des zusätzlichen gesetzlichen
Vergütungsanspruchs. Dieser kompensiert – wie von der Gesetzesbegründung richtig gesehen – jedenfalls teilweise[24] die mit der Vertragfreiheit ermöglichten Verhaltensspielräume des Verwerters.

B. Anspruch auf gesonderte Vergütung (§ 79b Abs. 1)

I. Tatbestandsvoraussetzungen

1. Übertragungsvertrag

Aus dem Wortlaut des § 79b Abs. 1 („Vertragsabschluss") folgt, dass der gesetzliche Vergütungsan-   6
spruch einen wirksamen Vertrag zwischen dem Interpreten und seinem Vertragspartner voraussetzt.
Mit diesem Vertrag muss der ausübende Künstler als originärer Inhaber der Auschließlichkeitsrechte
an der Darbietung[25] seinem Vertragspartner entweder die Ausschließlichkeitsrechte an der Darbietung
iSv § 79 Abs. 1 S. 1 übertragen oder daran Nutzungsrechte iSv § 79 Abs. 2 eingeräumt haben. Da die
(translative) Übertragung und die **Nutzungsrechtseinräumung** (konstitutive Übertragung) unter
den gemeinsamen Oberbegriff der Übertragung fallen,[26] ist dieses Merkmal erfüllt, wenn zwischen
den Parteien ein „Übertragungsvertrag" iSv § 79 Abs. 3[27] geschlossen wurde. § 79b gilt also unabhängig davon, wie die Rechtsübertragung an den Erstverwerter ausgestaltet wurde.

---

[16] BT-Drs. 18/8625, 31.
[17] BT-Drs. 18/10637, 12, 24; kritisch *Peifer* GRUR-Prax 2017, 1 (3).
[18] Fromm/Nordemann/*Schaefer* § 79b Rn. 3.
[19] Vgl. BT-Drs. 16/1828, 25.
[20] BT-Drs. 16/1828, 25.
[21] BT-Drs. 18/8625, 31.
[22] BT-Drs. 16/1828, 25.
[23] Vgl. nur *Hart* 107 Am. Econ. Rev. 1731 (2017); *Erlei* ORDO 67 (2016), 451.
[24] Zur Kritik an der Unzulänglichkeit dieser Begrenzung s. Dreier/Schulze/*Schulze* § 32c Rn. 2.
[25] → § 73 Rn. 34 ff.
[26] Vertiefend *Grünberger,* Das Interpretenrecht, 2006, S. 256 ff.
[27] Dazu → § 79 Rn. 144 ff.

7   Der Übertragungsvertrag muss dem Vertragspartner die **Verwertung** der Darbietung für unbekannte Nutzungsarten **grundsätzlich erlauben.**[28] Das folgt schon aus dem Normzweck, weil der Vergütungsanspruch die Nutzungsmöglichkeit des Verwenders kompensiert (→ Rn. 5). Die Rechtsübertragung bzw. -einräumung muss entweder im Übertragungsvertrag ausdrücklich auch für unbekannte Nutzungsarten erfolgt sein oder diese Verwertung muss sich bei einer Auslegung gem. § 79 Abs. 2a iVm § 31 Abs. 5 aus dem Vertragszweck ergeben.[29] In der **Praxis** bewirken sowohl der Künstlerexklusivvertrag[30] als auch die Künstlerquittungen,[31] dass dem Vertragspartner alle wesentlichen Nutzungsrechte ausschließlich sowie räumlich und zeitlich unbegrenzt übertragen werden und **alle zukünftig möglichen Verwertungshandlungen** erfassen. Ist dem Vertragspartner die unbekannte Nutzungsart ausnahmsweise nicht wirksam übertragen oder eingeräumt worden, verletzt er das Interpretenrecht und haftet nach § 97.[32] Der Interpret hat dann keinen Vergütungsanspruch aus § 79b.

2. Unbekannte Nutzungsart

8   Der Anspruch kompensiert „eine neue Art der Nutzung" der Darbietung, § 79b Abs. 1. Es muss sich also um eine Verwertung der Darbietung in einer Nutzungsart[33] handeln, die im Zeitpunkt, zu dem der Übertragsvertrag (→ Rn. 6) abgeschlossen worden war,[34] noch **unbekannt** war und die sich erst **im weiteren Verlauf** als **neue** (eigenständige) **Nutzungsart** herausgebildet hat. Für die Einzelheiten kann insoweit auf die Ausführungen zu § 31a verwiesen werden.[35] In der Praxis müssen zwei **Konstellationen** abgegrenzt werden:[36] (1). Weitet der Vertragspartner bereits bei Vertragsschluss bestehende Nutzungsarten lediglich aus, besteht kein Anspruch aus § 79b Abs. 1 – möglicherweise aber aus § 79 Abs. 2a iVm § 32 Abs. 1, 32a Abs. 1. (2.) Der Anspruch aus § 79b Abs. 1 besteht nur, wenn die Darbietung auf eine Nutzungsart verwertet wird, die dem Publikum noch unbekannt war.

3. Aufnahme der neuen Nutzungsart

9   Der Vertragspartner muss die neue Art der Nutzung **tatsächlich aufgenommen** haben, § 79b Abs. 1. Die beabsichtigte Aufnahme dieser Nutzung genügt nicht. Das folgt aus dem Wortlaut des § 79b Abs. 1 und wird von einem Umkehrschluss aus § 31a Abs. 1 S. 4 bestätigt. Der Vertragspartner nimmt die neue Art der Nutzung auf, sobald er eine interpretenrechtlich relevante Handlung vornimmt, die vom Schutzinhalt der §§ 77, 78 Abs. 1, Abs. 4 erfasst wird. Unerheblich ist es, ob er damit Umsätze erzielt oder Gewinne macht.[37] Mit der **(weiteren) Übertragung** des Rechts (§ 79 Abs. 2a iVm § 34 Abs. 1) bzw. der Einräumung von Enkelrechten daran (§ 79 Abs. 2a iVm § 35 Abs. 1) wird als solche **keine neue Nutzung** aufgenommen.[38] Das ist erst der Fall, wenn der Dritte mit den relevanten, vom Schutzinhalt der Verbotsrechte erfassten, Nutzungshandlungen beginnt.[39] Mit der Aufnahme der tatsächlichen Nutzung wird der Vergütungsanspruch **fällig.**[40]

II. Rechtsfolgen

1. Gesonderter Vergütungsanspruch

10   Liegen die Voraussetzungen des § 79b Abs. 1 vor, hat der ausübende Künstler einen Anspruch auf „gesonderte Vergütung". Das ist – wie § 32c – ein **zusätzlicher gesetzlicher Anspruch** des Interpreten gegen seinen Vertragspartner.[41] Der Anspruch ist zwar **vertragsakzessorisch,** weil er eine wirksame vertragliche Übertragung voraussetzt (→ Rn. 6f.); er ist aber im Unterschied zu § 79b Abs. 2a iVm § 32 Abs. 1 **kein vertraglicher** Anspruch und ist daher unabhängig von den Vereinbarungen im Übertragungsvertrag.[42] Der Interpret kann bei Fälligkeit des Anspruchs unmittelbar auf Leistung klagen.[43]

11   Nicht zweifelsfrei geklärt ist das **Verhältnis** des „gesonderten" Anspruchs aus § 79b zu den **vertraglichen Ansprüchen** des Interpreten aus dem Übertragungsvertrag. Die Gesetzesbegründung

---

[28] BT-Drs. 18/8625, 31.
[29] BeckOK UrhR/*Stang* § 79b Rn. 6.
[30] → § 79 Rn. 85.
[31] → § 79 Rn. 95.
[32] → § 32c Rn. 8.
[33] Zum Begriff → § 31 Rn. 8, 27; → § 31a Rn. 28.
[34] → § 31a Rn. 29.
[35] → § 31a Rn. 29 ff.
[36] Vgl. BeckOK UrhR/*Soppe* § 32c Rn. 5; Wandtke/Bullinger/*Wandtke/Grunert* § 32c Rn. 9.
[37] Wandtke/Bullinger/*Wandtke/Grunert* § 32c Rn. 10.
[38] → § 32c Rn. 12.
[39] BeckOK UrhR/*Stang* § 79b Rn. 8.
[40] → § 32c Rn. 12.
[41] Vgl. BT-Drs. 16/1828, 25.
[42] → § 32c Rn. 7; Dreier/Schulze/*Schulze* § 32c Rn. 1; Wandtke/Bullinger/*Wandtke/Grunert* § 32c Rn. 25.
[43] BeckOK UrhR/*Soppe* § 32c Rn. 11.

geht von der parallelen Anwendung aus.[44] In der Sache bietet sich folgende Differenzierung an:[45] Der Anspruch aus § 79b Abs. 1 und auf weitere angemessene Vergütung (§ 79 Abs. 2a iVm § 32a Abs. 1) sind unabhängig voneinander (Anspruchskonkurrenz). Fehlt eine ausdrückliche Vergütungsabrede für die unbekannten Nutzungsarten, steht § 79b Abs. 1 ebenfalls in Anspruchskonkurrenz zu der gem. § 79 Abs. 2a iVm § 32 Abs. 1 S. 2 fingierten Vergütungsabrede.[46] Wurde der Interpret im Übertragungsvertrag für die Verwertung der unbekannten Nutzungsarten angemessen vergütet oder einigen sich die Parteien später auf eine angemessene Vergütung für die Verwertung der neuen Nutzungsart, kann der Interpret die vertragliche Vergütung gem. § 79 Abs. 2a iVm § 32 Abs. 1 S. 1 verlangen. § 79b Abs. 1 hat hier keine eigenständige Bedeutung.[47] Ist die vereinbarte Vergütung gerade für die die unbekannte Nutzungsart erfassende Verwertung nicht angemessen, kann er gem. § 79 Abs. 2a iVm § 32 Abs. 1 S. 3 eine Anpassung der vertraglichen Vergütung oder die gem. § 79b Abs. 1 geschuldete Vergütung verlangen. Beide Ansprüche stehen daher in Anspruchskonkurrenz.[48] In der Sache kann er die **angemessene Vergütung** für die Verwertung nach den neuen Nutzungsarten aber **nur einmal verlangen.**[49] Methodisch ist der Ausgleich im Rahmen der Angemessenheitsprüfung des jeweiligen Anspruchs vorzunehmen, indem man die jeweils vom Vertragspartner geschuldete Vergütung zu seinen Gunsten berücksichtigt.

2. Angemessenheit der Vergütung

Der Interpret hat Anspruch auf eine „angemessene Vergütung" für die neue Art der Nutzung seiner Darbietung, § 79b Abs. 1. Was angemessen ist, bestimmt sich im Urhebervertragsrecht grundsätzlich nach § 32 Abs. 2. § 32c Abs. 1 S. 2 ordnet sogar ausdrücklich seine entsprechende Anwendung für die Berechnung der Vergütung bei § 32 Abs. 1 S. 1 an. In § 79b fehlt dieser Verweis. Daraus kann man nicht schließen, dass diese Methode zur Berechnung der Angemessenheit bei § 79b ausscheidet.[50] § 79 Abs. 2a ordnet die entsprechende Geltung des § 32 Abs. 2, Abs. 4 im gesamten Interpretenvertragsrecht an.[51] Da der Anspruch aus § 79b Abs. 1 vertragsakzessorisch ist (→ Rn. 10) und der Interpret die angemessene Vergütung für die Verwertung der neuen Nutzungsarten, unabhängig von der Anspruchsgrundlage, nur einmal fordern kann (→ Rn. 11), sind die für Interpretenverträge nach § 79 Abs. 2b geltenden **Angemessenheitsregeln der § 32 Abs. 2 und Abs. 4** auch für § 79b **entsprechend anzuwenden.** 12

Die angemessene Vergütung bestimmt sich also nach der **tariflichen** Vergütung für die neue Nutzungsart (§ 79 Abs. 2a iVm § 32 Abs. 4); subsidiär nach den Vorgaben einer **gemeinsamen Vergütungsregel** (§ 79 Abs. 2a iVm § 32 Abs. 2 S. 1)[52] und schließlich danach, „was im Geschäftsverkehr nach Art und Umfang der eingeräumten Nutzungsmöglichkeit, insbesondere nach Dauer, Häufigkeit, Ausmaß und Zeitpunkt der Nutzung, unter Berücksichtigung aller Umstände **üblicher- und redlicherweise zu leisten** ist" (§ 79 Abs. 2a iVm § 32 Abs. 2 S. 2). Dabei kommt es im Rahmen der entsprechenden Anwendung in § 79b nicht auf den Zeitpunkt des Vertragsschlusses an, sondern auf den in § 79 Abs. 1 maßgeblichen Zeitpunkt der Verwertungshandlung.[53] Das folgt aus dem Normzweck (→ Rn. 5), weil es bei einem unvollständigen Vertrag im Zeitpunkt des Vertragsschlusses gerade nicht möglich ist, den ökonomischen Wert der unbekannten Nutzungsart zu bestimmen.[54] Zur Frage, wie sich die im Interpretenrecht besonders praxisrelevante **Pauschalvergütung** im Übertragungsvertrag auf den Anspruch aus § 79b Abs. 1 auswirken, → § 32c Rn. 9, 16. 13

3. Auskunfts- und Rechenschaftsanspruch

Der ausübende Künstler hat **keinen Anspruch,** von seinem Vertragspartner über die aufgenommene Verwertung der Darbietung nach der neuen Nutzungsart **unterrichtet** zu werden. Ein entsprechender Regelungsvorschlag im Gesetzentwurf der Bundesregierung wurde vom Bundestag nicht angenommen (→ Rn. 3). § 32c Abs. 1 S. 3 ist von der Verweisung in § 79 Abs. 2a ausdrücklich ausgenommen (→ Rn. 2). Man kann diese Norm bei § 79b auch nicht analog anwenden, weil eine planwidrige Regelungslücke fehlt. Der Interpret hat aber aus dem Übertragungsvertrag entweder einen ausdrücklichen oder einen aufgrund von Treu und Glauben (§ 242 BGB) konkludent daraus abzuleitenden **Auskunftsanspruch** gegen den Vertragspartner. Dieser muss dem ausübenden Künstler auf Verlangen darüber Auskunft erteilen, wann und wie er die Verwertung nach der neuen Nut- 14

---

[44] BT-Drs. 16/1828, 25 (zu § 32c).

[45] → § 32c Rn. 6 ff.

[46] AA Wandtke/Bullinger/*Wandtke/Grunert* § 32c Rn. 23 (Spezialität des § 32c).

[47] Wandtke/Bullinger/*Wandtke/Grunert* § 32c Rn. 15.

[48] AA DKMH/*Kotthoff* § 32c Rn. 5: § 32c habe lediglich klarstellende Bedeutung.

[49] → § 32c Rn. 7; Wandtke/Bullinger/*Wandtke/Grunert* § 32c Rn. 13, 21, 24; Dreier/Schulze/*Schulze* § 32c Rn. 9; BeckOK UrhR/*Soppe* § 32c Rn. 20.1.

[50] So aber Fromm/Nordemann/*Schaefer* § 79b Rn. 2 f.; abgeschwächt BeckOK UrhR/*Stang* § 79b Rn. 9.

[51] → § 79 Rn. 37 ff.

[52] → § 32c Rn. 15.

[53] → § 32c Rn. 17.

[54] Wandtke/Bullinger/*Wandtke/Grunert* § 32c Rn. 19; verkannt von DKMH/*Kotthoff* § 32c Rn. 7.

zungsart aufgenommen hat. Um den Anspruch aus § 79b Abs. 1 effektiv durchsetzen zu können, ist der Vertragspartner aus dem nach Treu und Glauben auszulegenden Überlassungsvertrag auch verpflichtet, dem Interpreten auf Verlangen alle Umstände mitzuteilen, die sich auf die Berechnung der angemessenen Vergütung auswirken können. Der Inhalt dieses **Rechenschaftsanspruchs** bestimmt sich nach § 259 BGB.

III. Aktiv- und Passivlegitimation

1. Interpret als Anspruchsinhaber

15   Inhaber des Vergütungsanspruchs und der Auskunfts- und Rechenschaftsansprüche aus § 79b ist der **Interpret** als originärer Inhaber der Ausschließlichkeitsrechte.[55] Da der Vergütungsanspruch und die Ansprüche zu seiner Durchsetzung jeweils vermögenswerte Rechtspositionen sind, die im Fall der Gesamtrechtsnachfolge (§§ 1922, 1967 BGB) auf die **Erben** übergehen, sind auch diese aktivlegitimiert.[56] Der Einzelrechtsnachfolger (Zedent), dem der Interpret seine Ausschließlichkeitsrechte gem. § 79 Abs. 1 S. 1 übertragen hat, ist nicht Anspruchsinhaber. § 79b ist eine Schutznorm des Interpreten und ist daher **nur im primären** Interpretenvertragsrecht anwendbar.[57] Bei **gemeinsamen Darbietungen** mehrerer ausübender Künster unterfällt der Vergütungsanspruch aus § 79b der gesamthänderischen Bindung (§ 80 Abs. 1)[58] und der Vertretungsregelung in § 80 Abs. 2.[59] Der einzelne Interpret hat auch **keine Prozessführungsbefugnis** zur Durchsetzung des Vergütungsanspruchs.[60] Nicht unter die gesamthänderische Bindung – und damit auch nicht unter § 80 Abs. 2 – fallen der Auskunfts- und Rechnungslegungsanspruch (→ Rn. 14). Diese können von jedem Gruppenmitglied selbstständig geltend gemacht werden.[61]

2. Vertragspartner als Anspruchsschuldner

16   Schuldner des Vergütungsanspruchs ist der **Vertragspartner** des Übertragungsvertrags (→ Rn. 10). Der Wortlaut des § 79b Abs. 1 bestimmt den Anspruchsschuldner zwar nicht direkt, allerdings folgt die Haftung des Vertragspartners aus dem Normzweck (→ Rn. 5) und dem Gedanken der Vertragsakzessorietät des gesetzlichen Vergütungsanspruchs (→ Rn. 10). Damit haftet derjenige, dem der Interpret die Ausschließlichkeitsrechte gem. § 79 Abs. 1 S. 1 übertragen oder daran Nutzungsrechte gem. § 79 Abs. 2 eingeräumt hat. Hat der Vertragspartner das übertragene Ausschließlichkeitsrecht oder das eingeräumte (ausschließliche) Nutzungsrecht gem. § 79 Abs. 2a iVm § 34 Abs. 1 S. 1 **weiterübertragen,** entfällt seine Haftung gem. § 79b Abs. 2 S. 2 (→ Rn. 17). Hat der Vertragspartner dem Dritten gem. § 79 Abs. 2a iVm § 35 Abs. 1 lediglich **Nutzungsrechte** an der ihm vom Interpreten übertragenen oder eingeräumten Rechtsposition **eingeräumt,** bleibt er weiterhin passivlegitimiert (→ Rn. 18).

C. Haftung Dritter (§ 79b Abs. 2)

I. Tatbestandsvoraussetzung

1. Übertragung von Nutzungsrechten

17   **a) Dritter bei Rechtsübertragung.** Nach dem Wortlaut des § 79b Abs. 2 S. 1 haftet der Dritte auf die Vergütung, wenn ihm der Vertragspartner des Interpreten (→ Rn. 16) „das Nutzungsrecht … übertragen" hat. Diese Regelung ist § 32c Abs. 1 nachgebildet. Mit dem Nutzungsrecht ist die vertraglich erlaubte Verwertung nach den neuen Nutzungsart gemeint.[62] Unmittelbar von § 79b Abs. 2 S. 1 erfasst ist nur der Fall der translativen Weiterübertragung (§ 34 Abs. 1):[63] Das Nutzungsrecht iSv § 31 Abs. 1 geht vollständig vom Vertragspartner auf den Dritten über, weshalb der Vertragspartner nicht mehr selbst zur Verwertung berechtigt ist.[64] Übertragen auf das Interpretenrecht kann **dieser Fall in zwei Konstellationen** auftreten: (1.) Der Interpret hat dem Vertragspartner gem. § 79 Abs. 2 Nutzungsrechte eingeräumt und dieser überträgt dem Dritten dieses Nutzungsrecht gem. § 79 Abs. 2a iVm § 34 Abs. 1. (2.) Der Interpret hat dem Vertragspartner die Ausschließlichkeitsrechte gem. § 79 Abs. 1 S. 1 übertragen. Wenn dieser seine Rechte später an einen Dritten gem. §§ 413, 398 BGB

---

[55] → § 73 Rn. 34 ff.
[56] Vgl. BeckOK UrhR/*Soppe* § 32c Rn. 2.
[57] Dreier/Schulze/*Schulze* § 32c Rn. 4; → § 32c Rn. 3.
[58] → § 80 Rn. 16.
[59] → § 80 Rn. 28.
[60] → § 80 Rn. 35; aA Dreier/Schulze/*Dreier* § 79b Rn. 6; BeckOK UrhR/*Stang* § 79b Rn. 12.
[61] → § 80 Rn. 16.
[62] BeckOK UrhR/*Soppe* § 32c Rn. 36.
[63] → § 32c Rn. 35.
[64] Dreier/Schulze/*Schulze* § 32c Rn. 40.

weiterüberträgt, ist darauf § 34 Abs. 1 wegen § 79 Abs. 2a anwendbar.[65] Beide Fälle sind also von § 79b Abs. 2 S. 1 **erfasst.** Bei **mehreren Übertragungsvorgängen** ist jeder Dritter, der die Darbietung auf die neue Art aufgrund des ihm übertragenen (Nutzungs-)Rechts benutzt.[66] Auf die Vergütung haftet dann der jeweilige Inhaber des Rechts für den Zeitraum, in dem er es nach der neuen Nutzungsart verwertet hat.[67]

b) Kein Dritter bei Rechtseinräumung. Zweifelhaft ist die Rechtslage, wenn der **Vertrags-** 18 **partner** seine vom Interpreten erhaltene Rechtsposition − unabhängig davon, ob diese Übertragung gem. § 79 Abs. 1 S. 1 oder Abs. 2 erfolgte − nicht vollständig weiterüberträgt, sondern dem Dritten daran **Nutzungsrechte einräumt** (§ 79 Abs. 2a iVm § 35 Abs. 1). Es werden **drei Möglichkeiten** vorgeschlagen, wie man diesen Fall lösen kann: (1.) Weil die Rechtsposition nicht vollständig auf den Dritten übertragen wurde, liege kein Fall des § 79b Abs. 2 vor. Alleiniger Schuldner des Vergütungsanspruchs bleibe der Vertragspartner.[68] Die Aufnahme der Nutzungshandlung beim Dritten (→ Rn. 20) sei dem Vertragspartner zuzurechnen.[69] (2.) Die Nutzungsrechtseinräumung sei − jedenfalls beim Total–Buy–Out[70] − der translativen Übertragung gleichzustellen, weil § 79b in beiden Fällen die Erträge abschöpfen wolle, die mit den neuen Nutzungsarten entstünden. Daher sei § 79b Abs. 2 auf den Fall der Nutzungsrechtseinräumung analog anzuwenden.[71] (3.) Weil es sich um einen gesetzlichen Anspruch handle, sei jeder Dritte Schuldner, der die Darbietung erlaubterweise nutze. Der Vertragspartner hafte daneben weiter, weil § 79b Abs. 2 S. 2 eng auszulegen sei und nur die Rechtsübertragung, nicht aber die Rechtseinräumung regle.[72] Die besseren Gründe dürften für die **Auffassung (1)** sprechen. Auffassung (3) kann methodisch nicht überzeugen, weil sie die einheitliche Regelung des § 79b Abs. 2 aufspaltet und sich damit dem Vorwurf des Rosinenpickens aussetzt. Gegen Auffassung (2) spricht, dass sie dem Interpreten das Insolvenzrisiko des Dritten auch dann zuweist, wenn das Stammrecht weiterhin beim Vertragspartner bleibt.[73] Der Vertragspartner haftet daher gem. § 79b Abs. 1 auch, wenn er dem Dritten ein ausschließliches Nutzungsrecht im Weg des **Buy–Out subli-zenziert** hat.[74] Für die Bestimmung der Angemessenheit in § 79b Abs. 1 iVm § 32 Abs. 2 S. 2 (→ Rn. 12) kommt es nämlich nicht darauf an, was der Vertragspartner bei der Weiterlizenzierung tatsächlich erzielt hat, sondern was er „überlicher- und redlicherweise" an Vergütung erzielen kann.

c) Voraussetzungen. Die **Weiterübertragung** der Ausschließlichkeitsrechte oder der vom Inter- 19 preten eingeräumten Nutzungsrechte (→ Rn. 17) vom Vertragspartner an den Dritten muss **wirksam** sein.[75] Hat der Vertragspartner das weiterzuübertragende Recht nicht wirksam erworben oder ist die Weiterübertragung ihrerseits − etwa wegen der fehlenden Zustimmung des Interpreten gem. § 79 Abs. 2a iVm § 34 Abs. 1 S. 1 − unwirksam oder geht der Dritte bei der Nutzung über die Grenzen des ihm übertragenen Rechts hinaus, verletzt er das Interpretenrecht und setzt sich Ansprüchen des Interpreten aus § 97 aus.[76] Eine Haftung auf die Vergütung aus § 79b Abs. 2 S. 1 scheidet aus.

2. Aufnahme der Nutzung

Der Dritte (→ Rn. 17) haftet erst ab dem Zeitpunkt und nur für die Zeitspanne, in der er die neue 20 Art der **Nutzung** der Darbietung **tatsächlich aufgenommen** hat. Insoweit gelten dieselben Kriterien wie bei der Haftung des Vertragspartners (→ Rn. 9). Hat bereits der Vertragspartner die neue Nutzungsart aufgenommen, die der Dritte „fortführt", so haftet jeder für den Zeitraum seiner Nutzung.[77]

II. Rechtsfolgen

1. Haftung auf die Vergütung

Hat der Dritte, dem das Ausschließlichkeitsrecht bzw. das Nutzungsrecht vom Vertragspartner 21 (→ Rn. 16) weiterübertragen wurde (→ Rn. 17), die neue Art der Nutzung aufgenommen, haftet er gem. § 79b Abs. 2 S. 1 „für [gemeint ist: auf][78] die Vergütung". Aus der Parallelvorschrift des § 32c Abs. 2 S. 1 kann man entnehmen, dass damit die **angemessene Vergütung iSv Abs. 1** gemeint ist (→ Rn. 12 f.).

---

[65] → § 79 Rn. 44 ff.
[66] → § 32c Rn. 37; Wandtke/Bullinger/*Wandtke/Grunert* § 32c Rn. 38.
[67] IE auch BeckOK UrhR/*Stang* § 79b Rn. 14.
[68] → § 32c Rn. 36, 40.
[69] BeckOK UrhR/*Stang* § 79b Rn. 16 (für die fortlaufende finanzielle Beteiligung an der Drittnutzung).
[70] BeckOK UrhR/*Stang* § 79b Rn. 17.
[71] Wandtke/Bullinger/*Wandtke/Grunert* § 32c Rn. 37; BeckOK UrhR/*Soppe* § 32c Rn. 20.1.
[72] Dreier/Schulze/*Schulze* § 32c Rn. 16, 41, 46.
[73] → § 32c Rn. 36.
[74] BeckOK UrhR/*Stang* § 79b Rn. 17.
[75] Dazu → § 32c Rn. 35.
[76] Vgl. Dreier/Schulze/*Schulze* § 32c Rn. 38; Wandtke/Bullinger/*Wandtke/Grunert* § 32c Rn. 39.
[77] BeckOK UrhR/*Soppe* § 32c Rn. 39; unklar → § 32c Rn. 39.
[78] BeckOK UrhR/*Soppe* § 32c Rn. 37.

2. Wegfall der Haftung (§ 79b Abs. 2 S. 2)

22   Soweit der Dritte (→ Rn. 17) gem. § 79b Abs. 2 S. 1 auf die angemessene Vergütung haftet, **entfällt** gem. § 79b Abs. 1 S. 2 die **Verpflichtung des Vertragspartners** nach § 79b Abs. 1. Damit soll nur der Verwerter haften, der (erlaubterweise) die neue Art der Nutzung aufnimmt und dem das Gesetz und der Vertrag die wirtschaftlichen Vorteile dieser Verwertung der Darbietung zuweisen. Die Regelung wird kritisiert, weil sie vom Grundsatz der gesamtschuldnerischen Haftung (§ 79 Abs. 2a iVm § 34 Abs. 4) abweiche und dem Interpreten das Insolvenzrisiko eines Dritten aufbürde, den er sich nicht als Vertragspartner ausgesucht hat.[79] Die Haftungsbefreiung des Vertragspartners ist als gesetzlich angeordnete Rechtsfolge hinzunehmen. Sie fügt sich auch in den Normzweck ein, weil sie die Haftung dort lokalisiert, wo die rechtliche Güterzuweisung wirtschaftliche Erträge abwirft. Die **Haftungsbefreiung** des Vertragspartners ist aber **dreifach beschränkt:** (1.) Soweit der Vertragspartner die neue Art der Darbietungsnutzung vor der Weiterübertragung selbst aufgenommen hatte, haftet er für den Nutzungszeitraum gem. § 79b Abs. 1 (→ Rn. 20). (2.) Der Vertragspartner haftet für die vertraglich vereinbarte Vergütung gem. § 79 Abs. 2 iVm § 32 Abs. 1 S. 1. Auf diese ist die vom Dritten geschuldete Vergütung aus § 79b Abs. 2 S. 1 nicht anzurechnen. (3.) Der Vertragspartner schuldet dem Interpreten eine angemessene Vergütung für die ihm übertragene bzw. eingeräumte neue Nutzungsart, § 79 Abs. 2a iVm § 32 Abs. 1 S. 3.[80] Bei der Ermittlung der angemessenen Vergütung iSv § 79 Abs. 2a iVm § 32 Abs. 2 S. 2 ist die vom Dritten geschuldete Vergütung zugunsten des Vertragspartners zu berücksichtigen. Deshalb ist er für deren Höhe darlegungs- und beweisbelastet.

D. Unverzichtbarkeit (§ 79b Abs. 3)

23   Der Interpret kann im Voraus weder auf den gesetzlichen Vergütungsanspruch gegen seinen Vertragspartner (§ 79b Abs. 1) noch auf die Haftung des Dritten (§ 79b Abs. 2 S. 1) verzichten, § 79b Abs. 3. Weil die Regelung wortlautgleich mit § 32c Abs. 3 ist, wird auf die Ausführungen in → § 32c Rn. 41 f. verwiesen.

E. Übergangsvorschriften

24   § 79b ist unproblematisch auf alle Verträge anzuwenden, die nach seinem Inkrafttreten am 1.7.2017 (→ Rn. 2) abgeschlossen worden sind. Für Altverträge ist zu differenzieren:[81] Hat der Vertragspartner oder der Dritte die **Verwertung** der Darbietung in der neuen Nutzungsart vor dem 1.3.2017 aufgenommen, liegt ein Sachverhalt vor, auf den § 79b gem. § 132 Abs. 4 iVm 3a S. 1 nicht anwendbar ist. Wird die Darbietung mit der neuen Nutzungsart **seit dem 1.3.2017** verwertet, ist **§ 79b zeitlich anwendbar.** § 132 Abs. 3a S. 1 UrhG besagt nämlich nicht, dass § 79b nur auf Verträge anwendbar ist, die nach dem 1.3.2017 geschlossen worden sind. **§ 132 Abs. 3a** enthält **zwei alternative Anknüpfungspunkte** für die intertemporale Anwendbarkeit: „Verträge" und „sonstige Sachverhalte". Zu den **„sonstigen Sachverhalten"** zählen alle Verwertungshandlungen in Ausübung eines vertraglich eingeräumten Nutzungsrechts.[82] § 79b ist ein gesetzlicher Vergütungsanspruch, der an die Aufnahme der neuen Art der Nutzung gekoppelt ist. Das ist der „sonstige Sachverhalt" iSv § 132 Abs. 3a S. 1. Daher hängt die Anwendung des § 79b nicht vom Zeitpunkt des Abschlusses des Übertragungsvertrags (→ Rn. 6) ab, sondern vom **Zeitpunkt der Verwertungshandlung.** Auf Verwertungshandlungen, die vor dem 1.3.2017 vorgenommen wurden, ist § 79b nicht anzuwenden. Dagegen lösen seit dem 1.3.2017 erfolgte Verwertungshandlungen den Vergütungsanspruch aus. § 132 Abs. 4 iVm Abs. 3a S. 1 ist eine verfassungsrechtlich grundsätzlich zulässige „unechte Rückwirkung", weil die belastenden Rechtsfolgen des § 79b erst nach seiner Verkündung eintreten, „tatbestandlich aber von einem bereits ins Werk gesetzten Sachverhalt ausgelöst werden".[83] § 132 Abs. 3a S. 1 schützt das Vertrauen der Parteien in die Gültigkeit der vertraglichen Vereinbarungen.[84] Es gibt aber kein legitimes Vertrauen der Verwerter, dass sie die Vorteile unvollkommener Verträge (→ Rn. 5) auch zukünftig ausnutzen können.

§ 80 Gemeinsame Darbietung mehrerer ausübender Künstler

(1) [1]**Erbringen mehrere ausübende Künstler gemeinsam eine Darbietung, ohne dass sich ihre Anteile gesondert verwerten lassen, so steht ihnen das Recht zur Verwertung der gesamten**

---

[79] Spindler/Heckmann ZUM 2006, 610 (630); Frey/Rudolph ZUM 2007, 13 (30).
[80] → § 32c Rn. 34; Dreier/Schulze/Schulze § 32c Rn. 37; aA BeckOK UrhR/Soppe § 32c Rn. 38; Wandtke/Bullinger/Wandtke/Grunert § 32c Rn. 23.
[81] Verkannt von Dreier/Schulze/Dreier § 79b Rn. 3; BeckOK UrhR/Stang § 79b Rn. 3.
[82] BGH ZUM-RD 2012, 192 Rn. 55 ff. – Das Boot; → § 132 Rn. 13.
[83] BGH ZUM-RD 2012, 192 Rn. 65 – Das Boot.
[84] BT-Drs. 18/8625, 31.

Hand zu. [2]**Keiner der beteiligten ausübenden Künstler darf seine Einwilligung zur Verwertung wider Treu und Glauben verweigern. [3]§ 8 Abs. 2 Satz 3, Abs. 3 und 4 ist entsprechend anzuwenden.**

(2) **Für die Geltendmachung der sich aus den §§ 77, 78 und 79 Absatz 3 ergebenden Rechte und Ansprüche gilt § 74 Abs. 2 Satz 2 und 3 entsprechend.**

Schrifttum: *Orth,* Die Besonderheiten der BGB-Gesellschaft im Urheberrecht, 1981; *Schack,* Anmerkung zu BGHZ 121, 319 – The Doors, JZ 1994, 43; *Schlatter,* Die BGH-Entscheidung „The Doors": Zur Prozeßführungsbefugnis bei Gruppenleistungen nach § 80 UrhG – Zum Leistungsschutz ausübender Künstler bei Sachverhalten mit Auslandsberührung, ZUM 1993, 522 ff.; *Sieger,* Garstige Tonbandleader – Schallmauer gegen Ballettgastspiele, FuR 1979, 23, 26; *Sontag,* Das Miturheberrecht, 1972; *Spindler,* Miturhebergemeinschaft und BGB-Gesellschaft, FS Schricker (2005) S. 539; *Wandtke,* Zum Bühnentarifvertrag und zu den Leistungsschutzrechten der ausübenden Künstler im Lichte der Urheberrechtsreform 2003, ZUM 2004, 505; *Waldenberger,* Die Miturhebergemeinschaft im Rechtsvergleich, 1991; *Werner,* Rechtsfragen der Miturhebergemeinschaften, BB 1982, 280.

Übersicht

I. Grundlagen

1. Regelungsinhalt und Systematik

Aus § 73 folgt, dass jeder Mensch, der ein Werk oder eine folkloristische Ausdrucksform selbst dar- **1** bietet oder daran künstlerisch mitwirkt, ausübender Künstler und damit originärer Rechtsinhaber des Interpretenrechts ist.[1] Sind **mehrere Personen** an einer Darbietung beteiligt, ist jeder von ihnen ausübender Künstler.[2] An der **Rechtsinhaberschaft des Einzelnen** ändert sich auch bei einer gemeinsamen Darbietung nichts.[3] Deshalb setzt die Verwertung grundsätzlich die Einwilligung jedes beteiligten Künstlers voraus (§ 80 Abs. 1 S. 2).[4] Im Interesse der Rechtssicherheit und Praktikabilität des Rechteerwerbs[5] **beschränkt** § 80 bei Gruppendarbietungen die **Rechtsausübung** des einzelnen Interpreten: § 80 Abs. 1 S. 1 ordnet eine gesamthänderische Bindung der Verwertungsrechte an und entzieht dem einzelnen Interpreten damit die Verfügungsbefugnis über sein Recht. Die in § 80 Abs. 2 zwingend vorgesehene gesetzliche Vertretungsregelung und Prozessführungsbefugnis erleichtern den Rechtsverkehr mit den Verwertern von Gruppendarbietungen sowohl im Interesse der einzelnen ausübenden Künstler, die durch die gemeinsame Wahrnehmung ihre Position gegenüber Dritten stärken, als auch im Interesse der Dritten, die sich nur einem oder wenigen Verhandlungspartnern gegenübersehen.[6]

§ 80 Abs. 1 enthält eine allgemein gehaltene Regelung nach dem Vorbild des § 8.[7] Die **Verwal- 2 tung** der vermögensrechtlichen Bestandteile des Interpretenrechts an einer gemeinsamen Darbietung steht allen Beteiligten zur gesamten Hand zu (§ 80 Abs. 1 S. 1). Es wäre aber unangemessen, wenn

---

[1] → § 73 Rn. 34 f.

[2] BGHZ 33, 48 = GRUR 1960, 631 (632) – Orchester Graunke; BGHZ 33, 20 = GRUR 1960, 614 (615) – Figaros Hochzeit; BGHZ 121, 319 = GRUR 1993, 550 (551) – The Doors; BGHZ 161, 161 = GRUR 2005, 502 (504) – Götterdämmerung.

[3] BGH GRUR 2005, 502 (504) – Götterdämmerung; KG NJOZ 2009, 4671 (4672 f.); *Dünnwald/Gerlach* UrhG § 80 Rn. 3.

[4] BGH GRUR 2005, 502 (504) – Götterdämmerung.

[5] BT-Drs. IV/270, 94.

[6] BGH GRUR 2005, 502 (504) – Götterdämmerung; LG Köln ZUM-RD 2008, 211 (212).

[7] BT-Drs. 15/38, 24.

ein einzelner Beteiligter die Verwertung willkürlich blockieren könnte.[8] Deshalb darf er seine Einwilligung zur Verwertung im **Innenverhältnis** nicht entgegen Treu und Glauben verweigern (§ 80 Abs. 1 S. 2). Nach dem Wortlaut ist jeder beteiligte ausübende Künstler auch berechtigt, Ansprüche aus Verletzungen des gemeinsamen Interpretenrechts selbständig geltend zu machen, kann aber nur Leistung an alle gemeinsam verlangen (§ 80 Abs. 1 S. 3 iVm § 8 Abs. 2 S. 3). Diese Regelung steht im Konflikt mit § 80 Abs. 2 und tritt dahinter zurück (→ Rn. 27 ff.). Die **Erträge** werden im Zweifel nach dem Umfang der Mitwirkung an der gemeinsamen Darbietung verteilt (§ 80 Abs. 1 S. 3 iVm § 8 Abs. 3). Ein Mitinterpret kann auf seine Verwertungsrechte **verzichten;** sein Anteil wächst den anderen Beteiligten zu (§ 80 Abs. 1 S. 3 iVm § 8 Abs. 4).

3   Für die (gesetzliche) **Vertretungsbefugnis**[9] im Außenverhältnis und die **Prozessführungsbefugnis**[9] gilt die Regelung in § 74 Abs. 2 S. 2 und S. 3 entsprechend (§ 80 Abs. 2). Damit soll wiederum verhindert werden, dass ein einzelnes Ensemblemitglied mit seinem Widerspruch seine KollegInnen um eine vielleicht erwünschte zusätzliche Einnahme an ihrer Leistung bringen könnte.[10] § 80 Abs. 2 will auch die Durchsetzung der vermögensrechtlichen Ansprüche unabhängig von einem häufigen Mitgliederwechsel im Ensemble erleichtern.[11]

4   § 80 hat keine praktische Bedeutung für Interpreten, die in einem **Arbeits- oder Dienstverhältnis** stehen. Auf diese Darbietungen findet § 43 entsprechende Anwendung (§ 79 Abs. 2a). Die Verwertung der Gruppendarbietung ist in diesen Fällen im Individualarbeitsvertrag oder in Tarifverträgen geregelt. Diesbezüglich sind der Normalvertrag Bühne und der Tarifvertrag für Musiker in Kulturorchestern praktisch wichtig.[12] Große Bedeutung hat die Vorschrift deshalb bei den sonstigen Gruppendarbietungen, wenn die Darbietungserbringung nicht arbeits- oder dienstrechtlich erfasst wird. Die Bandbreite reicht von der Rockband, Pop- oder Jazzgruppe über den Laienchor bis hin zu professionellen Ensembles Alter Musik (Freiburger Barockorchester, Cantus Cölln).

2. Entstehungsgeschichte

5   **Vor Inkrafttreten des UrhG** am 1.1.1966 (§ 143 Abs. 2) war jeder an einer Gruppendarbietung beteiligte ausübende Künstler bei gemeinsamen Darbietungen einer Interpretengruppe Inhaber des Bearbeiterurheberrechts aus § 2 Abs. 2 LUG und der Rechte aus dem von der Rechtsprechung entwickelten Kombinationsschutz aus Persönlichkeits-, Delikts- und Lauterkeitsrecht.[13] Während der BGH bei § 2 Abs. 2 LUG die Anwendung der §§ 741 ff. BGB (iVm § 6 LUG) offen gelassen hat, sprach er sich im Anwendungsbereich des Kombinationsschutzes zugunsten einer gemeinsamen Rechtsausübung aus.[14] Die Ausübung der Rechte war vom Entschluss der Mehrheit oder eines berufenen Organs abhängig.[15] Damit war lediglich der existierende Orchestervorstand zur ausschließlichen Wahrnehmung der Kombinationsrechte befugt.[16] Dirigent und Solisten dagegen aufgrund ihres individuellen Beitrages zur eigenständigen Wahrnehmung ihrer Rechte befugt.[17]

6   Das **UrhG von 1965** hat in § 80 aF eine **Sonderregelung** für Ensembledarbietungen eingeführt.[18] Die Regelung unterschied zwischen der gesetzlichen Vertretungsmacht bezogen auf die Einwilligungsrechte der § 74 (öffentliche Wahrnehmbarmachung außerhalb des Darbietungsraums), § 75 (Aufnahme- und Vervielfältigungsrecht) und § 76 Abs. 1 (Funksendung der Live-Darbietung) einerseits und der gesetzlichen Prozessführungsbefugnis für alle übrigen Rechte (Verbotsrechte und Vergütungsansprüche) aus den §§ 74–77 aF:[19] § 80 Abs. 1 betraf die **gesetzliche Vertretungsmacht** bezüglich der absolut ausgestalteten Berechtigungen des Leistungsschutzrechts, die prinzipiell in der Person des jeweiligen Mitwirkenden erwuchsen (Primärrecht). Haben die genannten Vertreter ihr Einverständnis zur Übertragung, Vervielfältigung oder Funksendung erteilt, war ein etwaiger Widerspruch einzelner Ensemblemitglieder unbeachtlich.[20] § 80 Abs. 2 aF regelte die **gesetzliche Prozessstandschaft** für die Geltendmachung der Vergütungsansprüche sowie für alle sekundären Ansprüche, die aus einer Verletzung des Primärrechts folgten. Bei Chor-, Orchester- und Bühnenaufführungen genügte für die Zustimmung zur Verwertung die Einwilligung der gewählten Vertreter (Vorstand) der mitwirkenden Künstlergruppen (§ 80 Abs. 1 S. 1 aF). Hatte die Gruppe keinen Vorstand, reichte die Einwilligung des Leiters der Gruppe (§ 80 Abs. 1 S. 2 aF). Solisten, Dirigenten und Regisseure blieben dagegen selbst einwilligungsbefugt (§ 80 Abs. 1 S. 1 aF). Im Übrigen war für die Geltendma-

[8] Vgl. BT-Drs. IV/270, 94.
[9] BGH GRUR 2005, 502 (504) – Götterdämmerung.
[10] BGH GRUR 2005, 502 (504) – Götterdämmerung.
[11] BGH GRUR 2005, 502 (504) – Götterdämmerung.
[12] → § 79 Rn. 126, 136.
[13] BGHZ 33, 48 = GRUR 1960, 631 (632) – Orchester Graunke; BGHZ 33, 20 = GRUR 1960, 614 (615) – Figaros Hochzeit; dazu → Vor §§ 73 ff. Rn. 14 f., 18.
[14] Vertiefend *Dünnwald/Gerlach* UrhG § 80 Rn. 2.
[15] BGH GRUR 1960, 614 (617 ff.) – Figaros Hochzeit.
[16] BGH GRUR 1960, 614 (617 ff.) – Figaros Hochzeit.
[17] BGH GRUR 1960, 614 (617 ff.) – Figaros Hochzeit.
[18] BT-Drs. IV/270, 94.
[19] OLG München GRUR 1989, 55 f. – Cinderella.
[20] BT-Drs. IV/270, 94.

chung der Verbotsrechte und Ansprüche aus den §§ 74–77 aF der Vorstand und, soweit für eine Gruppe ein Vorstand nicht bestand, der Leiter dieser Gruppe allein ermächtigt (§ 80 Abs. 2 S. 1 aF). Die Ermächtigung konnte auf eine Verwertungsgesellschaft übertragen werden (§ 80 Abs. 2 S. 2 aF).

Das Dritte Gesetz zur Änderung des UrhG v. 23.6.1995[21] hat § 80 aF lediglich redaktionell angepasst. Das Gesetz zur Stärkung der vertraglichen Stellung von Urhebern und ausübenden Künstlern v. 22.3.2002[22] hat § 75 Abs. 5 aF neu eingefügt, der die gemeinsame Ausübung der Ansprüche auf angemessene Vergütung (§§ 32, 32a) bei Gruppendarbietungen regelte. Diese Vorschrift wurde im Zuge der Neukonzeption im **Gesetz zur Regelung des Urheberrechts in der Informationsgesellschaft** v. 10.9.2003[23] wieder gestrichen. Mit diesem Gesetz erhielt § 80 die **heute geltende Struktur.** Zugleich wurde die Regelung inhaltlich erheblich **verändert.**[24] Hervorzuheben ist, dass zu **§ 80 Abs. 2** im Gesetzgebungsverfahrens mehrere **Fassungen intensiv diskutiert** wurden: Der Gesetzesentwurf der Bundesregierung entsprach inhaltlich noch weitgehend dem § 80 aF und sah keine ausschließliche Prozessführungsbefugnis vor.[25] Der BT-Rechtsausschuss hat das nicht übernommen und stattdessen auf § 74 Abs. 2 nF verwiesen.[26] Damit wollte man eine Gleichbehandlung der Ausübung aller Rechte bei gemeinsamen Darbietungen sicherstellen.[27] Der wichtigste Unterschied besteht darin, dass § 80 Abs. 2 auch dann gilt, wenn die Gruppe (noch) keinen Vorstand oder Leiter hat. Deshalb kann man sich bei der Interpretation der Norm nicht mehr ohne weiteres auf die Begründung im Regierungsentwurf stützen.[28] Für den **Übergangszeitraum** ordnet § 129 Abs. 1 S. 2 an, dass § 80 nF auch für davor erfolgte Darbietungen anzuwenden ist, wenn die maßgebliche Verwertungs- oder Prozesshandlung nach dem 13.9.2003 erfolgt.[29] Das Neunte Gesetz zur Änderung des UrhG v. 2.7.2013[30] hat die Vertretungsbefugnis des Gruppenleiters auf das im Rahmen der Schutzdauerverlängerung neu eingefügte Kündigungsrecht nach Ablauf von 50 Jahren (§ 79 Abs. 3) erstreckt.[31]

II. Gesamthänderische Bindung (§ 80 Abs. 1)

1. Tatbestandsvoraussetzungen

a) Mehrere ausübende Künstler. § 80 Abs. 1 S. 1 betrifft ausschließlich Darbietungen „mehrerer ausübender Künstler". Voraussetzung dafür ist eine **Vielzahl von Interpreten.**[32] Jeder der Beteiligten muss deshalb in seiner Person die Voraussetzungen des § 73 erfüllen. Dazu zählen die in § 80 Abs. 1 aF noch ausdrücklich genannten Darbietungen einer großen Anzahl Mitwirkender, wie Chor-, Orchester- und Bühnendarbietungen.[33] § 80 ist aber nicht auf „Großgruppen" beschränkt.[34] Nach § 80 Abs. 1 aF reichte es, wenn mindestens drei Personen regelmäßig gemeinsam auftreten und sich als Künstlergruppe verstehen,[35] was bei der Band *The Doors,* bestehend aus 4 Bandmitgliedern, der Fall war.[36] § 80 Abs. 1 S. 1 geht nach seinem Wortlaut darüber hinaus. Weil das Zusammenwirken von mehreren ausübenden Künstler genügt, fällt im Grundsatz **jede Darbietung mit mehr als nur einem Darbietenden** darunter.[37] Das würde auch für die Darbietung eines Duos gelten,[38] wie etwa bei einem Liederabend (Sänger und Pianist), oder für sich *ad hoc* bildende Darbietungsgruppen, wie sie vor allem im Kammermusikbereich öfters vorkommen. Angesichts der verbreiteten **Vertragspraxis,** wonach in solchen Konstellationen häufig getrennte Verwertungsverträge mit allen beteiligten Interpreten abgeschlossen werden, ist zweifelhaft, ob die Anwendung des § 80 dafür sinnvoll ist. Für eine entsprechende teleologische Reduktion fehlt es aber an der planwidrigen Regelungslücke. Auf die Vertragsgestaltung kommt es in § 80 Abs. 1 S. 1 ersichtlich nicht an.[39] Im Unterschied zum alten Recht macht § 80 Abs. 1 **keine Ausnahme** mehr für Dirigenten, Regisseure und Solisten.[40] Daran ist nach dem Normzweck festzuhalten. Deshalb erübrigt sich die Abgrenzung zwischen solistischer und kollektiver Leistung.[41]

[21] BGBl. I S. 842.
[22] BGBl. I S. 1155.
[23] BGBl. I S. 1774.
[24] Kritisch *Dünnwald* ZUM 2004, 161 (163 f., 179).
[25] BT-Drs. 15/38, 9, 24 f.
[26] BT-Drs. 15/837, 11, 13, 35.
[27] BT-Drs. 15/837, 35.
[28] Verkannt von BGH GRUR 2005, 502 (503) – Götterdämmerung.
[29] Vgl. BGH GRUR 2005, 502 (503) – Götterdämmerung; LG Köln ZUM-RD 2008, 211 (212).
[30] BGBl. I S. 1940.
[31] BT-Drs. 17/13270, 4.
[32] Vgl. BT-Drs. 15/8058, 21 (zu § 75 Abs. 5 idF v. 2002).
[33] BT-Drs. 15/38, 24.
[34] BGHZ 121, 319 = GRUR 1993, 550 (551) – The Doors; aA *Schack* JZ 1994, 43; *Schlatter* ZUM 1993, 522.
[35] OLG Hamburg ZUM 1991, 496 (498).
[36] OLG Hamburg ZUM 1991, 496 (498).
[37] *Dünnwald/Gerlach* UrhG § 74 Rn. 9.
[38] → § 74 Rn. 25.
[39] *Fromm/Nordemann/Schaefer* UrhG § 80 Rn. 8.
[40] LG Köln ZUM-RD 2008, 211 (212); *Dünnwald* ZUM 2004, 161 (163).
[41] *Dünnwald/Gerlach* UrhG § 80 Rn. 3.

9   **b) Gemeinsame Darbietung.** Die ausübenden Künstler müssen eine Darbietung gemeinsam erbringen (§ 80 Abs. 1 S. 1). Das Merkmal ist in Anlehnung an die Vorschrift über die Miturheberschaft zu interpretieren.[42] Notwendig ist eine **einheitliche Darbietung,** die von einem darauf gerichteten natürlichen **Handlungswillen** aller Beteiligten getragen wird.[43] Eine gemeinsame Darbietung liegt vor, wenn ein innerer Zusammenhang besteht, sich die Darbietungen der Beteiligten aufeinander beziehen und von einem **gemeinsamen Interpretationswillen** getragen werden.[44] Jeder ausübende Künstler muss in Unterordnung unter die gemeinsame Gesamtidee seinen einzelnen Beitrag erbringen.[45] Eine gemeinsame Darbietung setzt einen aufeinander bezogenen „Interpretationswillen" voraus.[46] Der notwendige innere Zusammenhang liegt vor, wenn die Darbietungen der einzelnen Interpreten sich wechselseitig aufeinander beziehen.[47] Handelt es sich um einen unmittelbar Darbietende,[48] folgt das bereits aus der **zeitlichen Koinzidenz** der gemeinsamen Darbietung; bei einer Mitwirkung[49] genügt der **sachliche Zusammenhang** mit der Leistung der unmittelbar Darbietenden. Zeitlich getrennte Beiträge bilden eine gemeinsame Darbietung, wenn jeder Beteiligte seinen interpretatorischen Beitrag in Unterordnung unter die gemeinsame Gesamtidee erbringt.[50] Daran fehlt es, wenn die spätere Handlung nicht mehr vom Handlungswillen der ursprünglich Darbietenden umfasst wird.[51] Nicht erforderlich ist, dass die Beteiligten untereinander eine Gruppe bilden müssen.[52] Die Voraussetzung liegt bei Darbietungen von Orchestern[53] und Chören,[54] Ballettaufführungen,[55] Darbietungen von Rock- und Popbands,[56] Volksmusikgruppen und Kammermusikensembles[57] unproblematisch vor.

10   **c) Keine gesonderte Verwertungsmöglichkeit.** Die Anteile der an der gemeinsamen Darbietung beteiligten ausübenden Künstler dürfen sich nicht gesondert verwerten lassen (§ 80 Abs. 1 S. 1). Dieses Tatbestandsmerkmal ist § 8 Abs. 1 nachgebildet.[58] Maßgeblich ist die reale Trennbarkeit der jeweiligen Anteile und **theoretische Möglichkeit** getrennter Verwertung.[59] Ist die Darbietung eines Beteiligten **selbstständig verkehrsfähig,** ist sie gesondert verwertbar.[60] Abzustellen ist auf die gesonderte Verwertbarkeit des jeweiligen **Anteils** des einzelnen Interpreten. Die Digitaltechnik ermöglicht eine selbstständige Verwertung in zunehmendem Maße. Wird ein Anteil einer gemeinsamen Darbietung nach Darbietungserbringung isoliert verwertet, folgt daraus, dass der theoretische Möglichkeit dafür von Anfang an bestand.[61] **Beispiele:** Die Leistung eines Dirigenten ist nicht von der von ihm geleiteten Orchesters trennbar, weil dieses seine Anweisungen unmittelbar in Musik umsetzt.[62] Werden die Anteile einzelner Interpreten an einer Darbietung auf verschiedenen Tonspuren aufgenommen, hängt die getrennte Verwertungsmöglichkeit dieser Anteile davon ab, ob sich darin die Beteiligung anderer zwangsläufig niederschlägt.[63] Deshalb ist eine Arienstelle mit Instrumentalbegleitung,[64] eine solistische Einlage eines Gruppenmitglieds[65] oder der auf getrennter Tonspur aufgezeichnete selbstständige Darbietungsanteil[66] im Ausgangspunkt getrennt verwertbar. Hier besteht idR kein Bedürfnis für eine einheitliche Rechtswahrnehmung. Solche trennbaren Darbietungsteile sind selbstständig verkehrsfähig und können insbesondere als Sample eigenständig lizenziert werden.[67] Das gilt freilich nicht, wenn an dem konkreten Darbietungsteil auch die Darbietung anderer Teilnehmer eingeflossen ist.[68] Das ist bei Dirigenten, Chorleitern oder Regisseuren, die an der Dar-

---

[42] Vgl. BT-Drs. 15/38, 24.

[43] Vgl. BGH GRUR 2005, 860 (862) – Fash 2000 zur Miturheberschaft.

[44] Loewenheim/*Vogel* § 38 Rn. 101.

[45] Vgl. zur Miturheberschaft: BGH GRUR 2005, 860 (862) – Fash 2000; BGH GRUR 1994, 39 (40) – Buchhaltungsprogramm.

[46] Loewenheim/*Vogel* § 38 Rn. 101; iE auch *Dünnwald/Gerlach* UrhG § 80 Rn. 3.

[47] *Dünnwald/Gerlach* UrhG § 80 Rn. 3.

[48] → § 73 Rn. 21 ff.

[49] → § 73 Rn. 28 ff.

[50] Vgl. BGH GRUR 2005, 860 (862) – Fash 2000; BGH GRUR 1994, 39 (40) – Buchhaltungsprogramm, jeweils zur Miturheberschaft.

[51] Vgl. BGH GRUR 2005, 860 (862) – Fash 2000 zur Miturheberschaft.

[52] Tendenziell anders wohl Loewenheim/*Vogel* § 38 Rn. 126.

[53] BGH GRUR 2005, 502 (503) – Götterdämmerung: Bayreuther Festspielorchester.

[54] BT-Drs. 15/38, 23.

[55] *Dünnwald* ZUM 2004, 161 (175).

[56] BGH GRUR 1993, 550 (551) – The Doors.

[57] Anders Loewenheim/*Vogel* § 38 Rn. 126 (beschränkt auf § 74 Abs. 2 S. 1).

[58] BT-Drs. 15/38, 24.

[59] Vgl. LG Köln ZUM-RD 2008, 211 (212); Loewenheim/*Vogel* § 38 Rn. 101; Wandtke/Bullinger/*Büscher* UrhG § 80 Rn. 6; BeckOK UrhR/*Stang* UrhG § 80 Rn. 5.

[60] Vgl. BGH GRUR 1959, 335 (336) – Wenn wir alle Engel wären (zu § 6 LUG).

[61] Ähnlich Fromm/Nordemann/*Schaefer* § 80 Rn. 7; → § 8 Rn. 5 mwN.

[62] LG Köln ZUM-RD 2008, 211 (212).

[63] *Dünnwald/Gerlach* UrhG § 80 Rn. 4.

[64] LG Köln ZUM-RD 2008, 211 (212).

[65] AA OLG Hamburg ZUM 1991, 496 (498 f.) (zu § 80 aF).

[66] *Dünnwald/Gerlach* UrhG § 80 Rn. 4.

[67] Zur Frage, ob ein Sample vom Schutzinhalt des Vervielfältigungsrechts erfasst ist, → § 77 Rn. 35 ff.

[68] *Dünnwald/Gerlach* UrhG § 80 Rn. 4; BeckOK UrhR/*Stang* UrhG § 80 Rn. 7.

bietung von Solisten künstlerisch mitwirken, regelmäßig der Fall, weshalb sich diese Teile nicht gesondert verwerten lassen.[69] Der selbstständig verwertbare Teil muss aber seinerseits die Voraussetzungen der Schutzfähigkeit erfüllen,[70] weil sonst kein Verwertungsgegenstand gegeben ist. Sofern eine gesonderte Verwertungsmöglichkeit besteht, kann der Interpret dieser Darbietung sie selbstständig verwerten. § 9 ist auf diese Fälle mangels planwidriger Regelungslücke nicht analog anzuwenden.[71]

2. Rechtsfolgen

a) Gesamthandsgemeinschaft (§ 80 Abs. 1 S. 1). Rechtsfolge des § 80 Abs. 1 S. 1 ist, dass den 11 ausübenden Künstlern die Verwertungsrechte[72] an der gemeinsamen Darbietung zur gesamten Hand zustehen. Daraus folgt, dass die Abtretung (§ 79 Abs. 1 S. 1), Rechtseinräumung (§ 79 Abs. 2), die Kündigung eines Verwertungsvertrags, die Kündigung nach § 79 Abs. 3 oder ein Rückruf des einzelnen Interpreten schwebend unwirksam ist. § 80 Abs. 1 S. 1 **beschränkt** insoweit die **Verfügungsbefugnis** des einzelnen ausübenden Künstlers. Dieser handelt als Nichtberechtigter.[73]

Berechtigt sind alle Interpreten zur **gesamten Hand.** Das Gesetz übernimmt für die Interpre- 12 tengruppe die Regelung zur Miturheberschaft in § 8 Abs. 2 S. 1. Damit ist für die praktische Behandlung wenig gewonnen, weil die **Rechtsnatur der Miturhebergesamthand** umstritten ist.[74] Teilweise wird sie als Anwendungsfall der BGB-Gesellschaft,[75] teilweise als modifizierte Bruchteilsgemeinschaft,[76] meistens aber als Gemeinschaft eigener Art angesehen.[77] Die kraft Gesetzes mit der gemeinsamen Werkschöpfung entstehende Miturhebergemeinschaft ist von der auf vertraglicher Vereinbarung beruhenden Miturhebergesellschaft zu unterscheiden.[78] Vereinbaren Miturheber ausdrücklich oder konkludent eine gemeinsame Verwertung ihrer Werke, bilden sie – sofern sie keine andere Rechtsform wählen – eine Gesellschaft bürgerlichen Rechts.[79] Diese Miturhebergesellschaft besitzt – anders als die Gesamthandsgemeinschaft der Miturheber[80] – nach außen (beschränkte) Rechtssubjektivität.[81]

Diese Grundsätze werden auf das Interpretenrecht **übertragen.**[82] Im Unterschied zum Urheber- 13 recht dürfte sich im Interpretenrecht gerade bei größeren Ensembles eine von den Mitgliedern gewählte körperschaftliche Struktur als praktisch relevante Alternative zur BGB-Gesellschaft anbieten.[83] Wie im Urheberrecht[84] ist deshalb auch hier die von § 80 Abs. 1 S. 1 angeordnete gemeinsame Rechtszuständigkeit der Interpreten (**„Interpretengesamthand"**) deutlich von den gesellschaftsvertraglich bestehenden Rechtsbeziehungen der ausübenden Künstler untereinander (**„Interpretengesellschaft** oder **–körperschaft"**) zu unterscheiden.[85] Diesbezüglich findet sich in der **Praxis** die ganze Bandbreite gesellschaftsrechtlicher Typen:[86] von der Stiftung (Berliner Philharmoniker) über die GmbH zum eingetragenen Verein (Mahler Chamber Orchestra),[87] über den nicht eingetragenen Verein[88] zur häufig anzutreffenden BGB-Gesellschaft.[89] In der Praxis existiert also eine **Konstruktion** bestehend aus **zwei** aufeinander aufbauenden, allerdings streng voneinander zu unterscheidenden[90] **Vehikeln:** (1.) eine gesetzlich angeordnete Gesamthand eigener Art und (2.) ein zwischen den beteiligten Interpreten satzungsautonom gegründeter gesellschafts- bzw. körperschaftsrechtlicher Verband (→ Rn. 19). Nach traditioneller Auffassung gilt im Außenverhältnis die Interpretengesamthand vor der Interpretengesellschaft vor. Das wirft **zahlreiche Fragen** auf, weil zweifelhaft ist, welches Modell der Gesamthand das Gesetz mit der gesamthänderischen Bindung verfolgt. Es ist jedenfalls falsch, ein bestimmtes Modell der Gesamthand – etwa die BGB-Gesellschaft – mit „der Gesamthand" gleichzuset-

---

[69] *Dünnwald/Gerlach* UrhG § 80 Rn. 4; BeckOK UrhR/*Stang* UrhG § 80 Rn. 8.
[70] Dazu → § 73 Rn. 14, → § 77 Rn. 40.
[71] *Dünnwald/Gerlach* UrhG § 80 Rn. 1.
[72] Zur begrifflichen Klarstellung s. *Dünnwald/Gerlach* UrhG § 80 Rn. 5.
[73] Vgl. OLG Frankfurt a. M. GRUR 2006, 578 (579) – Erstverwertungsrechte (zu § 8).
[74] → § 8 Rn. 10.
[75] So *Werner* BB 1982, 280.
[76] So MüKo-BGB/*Schmidt* (7. Aufl.) § 741 Rn. 65.
[77] BGH GRUR 2012, 1022 Rn. 15 f. – Kommunikationsdesigner; Wandtke/Bullinger/*Thum* UrhG § 8 Rn. 59, 61; MüKo-BGB/*Schäfer* (7. Aufl.) Vor § 705 Rn. 128; *Steffen,* Die Mithurhebergemeinschaft, 1989, S. 24 ff.
[78] BGH GRUR 2012, 1022 Rn. 20 – Kommunikationsdesigner.
[79] BGH GRUR 2012, 1022 Rn. 19 – Kommunikationsdesigner; dazu → § 8 Rn. 13.
[80] AA *Spindler* FS Schricker, 2005, 539 (545 ff.).
[81] BGH GRUR 2012, 1022 Rn. 20 – Kommunikationsdesigner.
[82] MüKo-BGB/*Schäfer* (7. Aufl.) Vor § 705 Rn. 131.
[83] Vgl. OLG Frankfurt a. M. GRUR 1985, 380 – Opernneröffnung (zu § 80 aF); dazu → § 74 Rn. 25.
[84] → § 8 Rn. 13; vertiefend DKMH/*Dreyer* § 8 Rn. 36 ff.
[85] Zutreffend MüKo-BGB/*Schäfer* (7. Aufl.) Vor § 705 Rn. 131.
[86] → § 74 Rn. 28 f.
[87] Siehe http://www.miz.org/index.php?seite=details&id=13572&suche=37 (Stand: 31.12.2018).
[88] OLG Frankfurt a. M. GRUR 1984, 162 – Erhöhungsgebühr für Orchestervorstand.
[89] *Andryk* AfP 2007, 187 (188); *Orth,* Die Besonderheiten der BGB-Gesellschaft im Urheberrecht, S. 30 ff.; *Sontag,* Das Miturheberrecht, 1972, S. 73 ff.
[90] MüKo-BGB/*Schmidt* (7. Aufl.) § 741 Rn. 65.

zen,[91] weil es ein Einheitsmodell „der" Gesamthand nicht gibt.[92] § 80 Abs. 1 lässt offen, ob die Ausschließlichkeitsrechte und Vergütungsansprüche der §§ 77, 78 zum Sondervermögen aller Interpreten in gesamthänderischer Verbundenheit werden, oder ob die „Künstlergruppe" (§ 74 Abs. 2 S. 2) Rechtsträgerin dieses Vermögens wird.[93] Nach traditioneller Auffassung ist die Interpretengesamthand selbst weder rechts- noch deliktsfähig; nach neuerer Auffassung soll sie dagegen wie eine BGB-Außengesellschaft beide Eigenschaften aufweisen.[94]

14   § 80 Abs. 1 regelt die **Binnenverfassung** der Interpretengesamthand nur rudimentär. Offen bleibt, ob die Interpretengesamthand rechts- und parteifähig ist. Die Rechtszuständigkeit zur gesamten Hand führt zu einer Reihe von Folgeproblemen, die das Gesetz nicht geregelt hat. Zur hier vorgeschlagenen **Lösung** → Rn. 19 ff.

15   Die Interpretengesamthand **endet** mit Ablauf der Schutzdauer der Verwertungsrechte (§ 82). Das folgt aus ihrem Zweck, die einheitliche Verwertung der gemeinsamen Darbietung zu sichern. § 727 BGB findet keine Anwendung.[95] Stirbt ein Beteiligter, gehen seine Rechte im Wege der Gesamtrechtsnachfolge auf seine Erben über (§ 1922 BGB).[96] Die Erben sind freilich genauso wie der Erblasser, in dessen Stellung sie einrücken, nicht verfügungsbefugt.

16   **b) Umfang der gesamthänderischen Bindung.** Gegenstand der gemeinsamen Rechtszuständigkeit der Interpretengesamthand ist „das Recht zur Verwertung" (§ 80 Abs. 1 S. 1). Darunter fallen nach dem Normzweck (→ Rn. 1, 19) **alle Dispositionen über vermögensrechtliche Befugnisse** des ausübenden Künstlers (Verwertungsrechte[97]) an der Darbietung. Erfasst sind also die Ausschließlichkeitsrechte und die (gesetzlichen) Vergütungsansprüche.[98] § 80 Abs. 1 S. 1 gilt also für die Übertragung (§ 79 Abs. 1 S. 1) der Ausschließlichkeitsrechte aus §§ 77, 78 Abs. 1, die Einräumung von Nutzungsrechten daran (§ 79 Abs. 2a), die (Voraus-)Abtretung der Vergütungsansprüche (§ 79 Abs. 1 S. 1) aus §§ 77 Abs. 2 S. 2 iVm § 27 Abs. 2, 78 Abs. 2, 78 Abs. 4 iVm § 20 Abs. 2 und gem. § 79a Abs. 3 S. 2. Nach dem Wortlaut („das Recht zu Verwertung") und dem Normzweck werden von der gesamthänderischen Bindung **auch die gesetzlichen Vergütungsansprüche** für unbekannte Nutzungsarten (§ 79b Abs. 1) sowie für erlaubte Nutzungshandlungen gem. § 83 iVm §§ 44a ff. erfasst. Nicht erfasst sind dagegen die Ansprüche aus § 79a Abs. 1. Diese teleologische Reduktion des § 80 Abs. 1 S. 1 folgt aus der Richtlinie 2011//77/EU.[99] Nach Erwägungsgrund (12) soll die Vergütung dazu beitragen, das Einkommen des einzelnen, an gemeinsamen Darbietungen beteiligten ausübenden Künstlers individuell zu verbessern. Eine vom nationalen Recht angeordnete Beschränkung der Verfügungsmacht würde die Ausübung dieses unionsrechtlich vorgesehenen subjektiven Rechts unzulässig erschweren (→ Rn. 18). Unter § 80 Abs. 1 S. 1 fallen auch alle Rechte, die dem Interpreten aufgrund der Verweisung in § 79 Abs. 2a zustehen.[100] Das bereitet **Probleme** beim Anspruch auf (weitere) **angemessene Vergütung** (§ 79 Abs. 2a iVm §§ 32, 32a Abs. 1 sowie § 79b Abs. 1): Fraglich ist, ob ein Interpret, der einen Anspruch aus §§ 32, 32a, 79b geltend macht, das Recht zur Verwertung der Darbietung in Anspruch nimmt.[101] Die Antworten darauf sind im Urheberrecht umstritten;[102] im Interpretenrecht gilt dafür § 80 Abs. 1 S. 1.[103] Nach der Gesetzesbegründung soll nämlich auch die „Geltendmachung obligatorischer Ansprüche aus Verträgen über Nutzungsrechte" darunter fallen.[104] Anspruchsberechtigt ist grundsätzlich nur der Interpret (§ 79 Abs. 2a iVm §§ 32 Abs. 1 S. 3, 32a Abs. 1; § 79b Abs. 1).[105] In der Praxis ist aber nicht der Interpret und auch nicht die Interpretengesamthand, sondern eine davon zu unterscheidende Interpretengesellschaft Lizenzgeberin (→ Rn. 19 ff.). Verwerten die Interpreten ihre Darbietung über eine Gesellschaft bürgerlichen Rechts, deren alleinige Gesellschafter sie sind, können sie in entsprechender Anwendung des § 32 Abs. 1 S. 3 UrhG von dem Vertragspartner der Gesellschaft die Einwilligung in die Änderung des Vertrags verlangen, durch die der Gesellschaft die angemessene Vergütung für die Einräumung von Nutzungsrechten und die Erlaubnis zur Werknutzung gewährt wird.[106] Von der gesamthänderischen Bindung **ausgenommen** sind die **Auskunftsansprüche** zur Durchsetzung der

[91] So aber Fromm/Nordemann/*Schaefer* UrhG § 80 Rn. 11; BeckOK UrhR/*Stang* UrhG § 80 Rn. 11, die beide „die Gesamthand" iSv § 80 UrhG Abs. 1 S. 1 kurzerhand mit der BGB-Gesellschaft (§§ 709, 714) gleichsetzen.

[92] Statt aller *K. Schmidt*, Gesellschaftsrecht, 4. Aufl., 2002, S. 208 f.

[93] Vgl. MüKo–BGB/*Schmidt* (7. Aufl.) § 741 Rn. 64 f.

[94] *Spindler* FS Schricker, 2005, 539 (549 ff.); DKMH/*Dreyer* § 8 Rn. 42 f.

[95] *Dünnwald/Gerlach* UrhG § 80 Rn. 5.

[96] AA *Dünnwald/Gerlach* UrhG § 89 Rn. 5 (Sondererbfolge).

[97] Zum Begriff → § 77 Rn. 1.

[98] BT-Drs. 15/38, 24; aA Fromm/Nordemann/*Schaefer* UrhG § 80 Rn. 1 (keine Vergütungsansprüche).

[99] → Vor §§ 73 ff. Rn. 39.

[100] *Flechsig/Kuhn* ZUM 2004, 14 (27); BeckOK UrhR/*Stang* UrhG § 80 Rn. 10.

[101] Verneint von BGH GRUR 2012, 496 Rn. 17 ff. – Das Boot für Urheber, die jeweils eigene Verwertungsverträge mit unterschiedlichen Vergütungsvereinbarungen geschlossen haben.

[102] → § 32a Rn. 23 f.

[103] Fromm/Nordemann/*Czychowski* § 32 Rn. 144.

[104] BT-Drs. 15/38, 24.

[105] BGH GRUR 2012, 1022 Rn. 15 f. – Kommunikationsdesigner (zum Urheber).

[106] BGH GRUR 2012, 1022 Rn. 21 ff. – Kommunikationsdesigner (zum Urheber).

angemessenen Vergütung.[107] Das „Recht zur Verwertung" bezieht sich auch auf die **Rechtsdurchsetzung** und damit die Geltendmachung der aus den Verwertungsrechten fließenden sekundären subjektiven Rechte,[108] § 80 Abs. 1 S. 1 betrifft das gesamte **Lizenzvertragsrecht.** Erfasst sind neben dem Abschluss und der Kündigung[109] von Nutzungsverträgen auch die Geltendmachung daraus folgender schuldrechtlicher Ansprüche[110] und die Geltendmachung aller Ansprüche aus tarifvertraglichen Bindungen.[111]

Nicht von § 80 Abs. 1 geregelt sind die **Interpretenpersönlichkeitsrechte.**[112] § 74 Abs. 2 S. 1 **17** enthält eine spezielle Regelung für das Namensnennungsrecht[113] und § 75 S. 2 für den Leistungsintegritätsanspruch.[114] Das Anerkennungsrecht (§ 74 Abs. 1 S. 1) wird bei Gruppendarbietungen nicht eingeschränkt.[115] Problematisch ist die Zuordnung der **Rückrufsrechte.**[116] Weil beim Rückruf nach § 42 iVm § 79 Abs. 2a die ideellen Interessen dominieren,[117] fällt er als Interpretenpersönlichkeitsrecht nicht unter § 80 Abs. 1 S. 1.[118] § 74 Abs. 2 S. 2 und 3 findet darauf ebenfalls keine Anwendung. Obwohl der Rückruf nach § 41 iVm § 79 Abs. 2a ebenfalls einen persönlichkeitsrechtlichen Gehalt hat, dient er im Wesentlichen dazu, eine erfolgreiche Verwertung im zweiten Anlauf sicherzustellen.[119] Das ist eine von § 80 Abs. 1 S. 1 erfasste Verwertungsmaßnahme. Dasselbe gilt auch für den Rückruf bei Unternehmensveräußerungen (§ 34 Abs. 3 S. 2 und S. 3 iVm § 79 Abs. 2a). Besondere Probleme wirft das Kündigungsrecht in § 79 Abs. 3 auf.[120]

Überträgt der Interpret seine Vergütungsansprüche im Voraus an die **GVL,** handelt er als Nicht- **18** berechtigter, weil diese Ansprüche an der gemeinsamen Darbietung in die gemeinsame Rechtszuständigkeit fallen (→ Rn. 11, 16).[121] Deshalb ist die vorherige Rechtsübertragung an die GVL **schwebend unwirksam.**[122] Im Außenverhältnis ist nach der Konzeption des Gesetzes nur der Vertreter der Interpretengesamthand zur Rechtsübertragung an die GVL befugt (§ 80 Abs. 2 S. 1 iVm § 74 Abs. 2). Dieses Ergebnis wollen manche vermeiden, indem sie in der Sache § 80 Abs. 1 S. 1 teleologisch reduzieren und treuhänderische Übertragungen an Verwertungsgesellschaften aus seinem Anwendungsbereich herausnehmen.[123] Soweit das Gesetz anordnet, dass diese Vergütungsansprüche im Voraus nur an eine Verwertungsgesellschaft abgetreten werden können (§§ 20b Abs. 2 S. 3 (iVm § 78 Abs. 4), 78 Abs. 3 S. 2, 79a Abs. 3 S. 3, 63a S. 2 (iVm § 83)), steht dies einer **Rechtsinhaberschaft der Interpretengesamthand** nicht entgegen. Nach Wortlaut und Normzweck des § 80 Abs. 1 S. 1 ist allein diese zur Verfügung über die Verwertungsrechte befugt. Auch der Normzweck der Übertragungsbeschränkung der Vergütungsansprüche steht einer Rechtsinhaberschaft der Interpretengesamthand nicht entgegen. Eine teleologische Reduktion scheidet damit aus. Sie ist freilich gar nicht notwendig.[124] Jeder einzelne ausübende Künstler kann einen Wahrnehmungsvertrag mit der GVL abschließen und die GVL kann gem. § 27 VGG die Anteile mehrerer Berechtigter von sich aus unter diesen aufteilen.[125] Die zunächst schwebend unwirksame Verfügung des Interpreten wird mit der **Genehmigung des Vertreters** der Interpretengesamthand wirksam (§ 182 BGB). Angesichts der bisherigen Praxis ist davon auszugehen, dass die Zustimmung regelmäßig durch konkludentes Verhalten im Zusammenhang mit der gemeinsamen Darbietungserbringung oder spätestens ihrer Verwertung erteilt wird.[126] Anders ist für die Ausschließlichkeitsrechte zu entscheiden. Sofern der Interpret diese an die GVL übertragen hat, ist die Rechtsübertragung schwebend unwirksam und für eine konkludente Zustimmung des vertretungsberechtigten Vorstands fehlen regelmäßig Anhaltspunkte.

c) Verhältnis der Interpretengesamthand zur Interpretengesellschaft. Nach herrschender **19** Auffassung stehen die von § 80 Abs. 1 S. 1 vorgesehene Interpretengesamthand und die von den be-

---

[107] S. OLG Frankfurt a. M. ZUM 2015, 260 (262); vgl. auch BGH GRUR 2012, 496 Rn. 17 ff. – Das Boot; → § 32a Rn. 24.
[108] BT-Drs. 15/38, 24.
[109] Fromm/Nordemann/*Schaefer* UrhG § 80 Rn. 10.
[110] BT-Drs. 15/38, 24.
[111] Vgl. OLG München ZUM 1993, 42.
[112] LG Köln ZUM-RD 2008, 211 (213); *Flechsig/Kuhn* ZUM 2004, 14 (27); Loewenheim/*Vogel* § 38 Rn. 102; *Dünnwald/Gerlach* UrhG § 80 Rn. 5.
[113] → § 74 Rn. 23 ff.
[114] → § 75 Rn. 38.
[115] → § 74 Rn. 23.
[116] Siehe zum Streitstand *Flechsig/Kuhn* ZUM 2004, 14 (27 f.); Loewenheim/*Vogel* § 38 Rn. 102.
[117] → § 79 Rn. 55.
[118] AA BeckOK UrhR/*Stang* UrhG § 80 Rn. 10.
[119] → § 79 Rn. 55.
[120] → § 79 Rn. 173.
[121] AA *Dünnwald* ZUM 2004, 161 (164).
[122] Vgl. OLG Frankfurt a. M. GRUR 2006, 578 (579 f.). – Erstverwertungsrechte zum vergleichbaren Problem im Urheberrecht.
[123] *Dünnwald* ZUM 2004, 161 (164); *Dünnwald/Gerlach* UrhG § 80 Rn. 11; zustimmend Fromm/Nordemann/*Schaefer* UrhG § 80 Rn. 33 ff.
[124] Vgl. OLG Frankfurt a. M. GRUR 2006, 578 (579) – Erstverwertungsrechte.
[125] Vgl. OLG Frankfurt a. M. GRUR 2006, 578 (579) – Erstverwertungsrechte.
[126] IE auch Fromm/Nordemann/*Schaefer* UrhG § 80 Rn. 36.

teiligten Künstlern im Regelfall vereinbarte Interpretengesellschaft oder gegründete Interpretenkörperschaft unabhängig nebeneinander, wobei im Außenverhältnis der Interpretengesamthand (§ 80) Vorrang zukommen soll (→ Rn. 13). Diese Konstruktion wird den Anforderungen der Praxis nicht gerecht. Die daraus resultierenden Probleme bieten einen Anlass zu einer **Neukonzeption** der **Interpretengesamthand**. Diese muss **vier Anforderungen** genügen, die aus dem Normzweck des § 80 Abs. 1 S. 1 folgen: (1.) Der Realakt einer gemeinsamen Darbietung begründet zwischen den Beteiligten ein gesetzliches Schuldverhältnis in Form einer Verwertungsgemeinschaft mit den sich aus § 80 ergebenden Rechten und Pflichten.[127] (2.) Im Interesse des Rechtsverkehrs und aller beteiligten Interpreten muss die einheitliche Verwertung der gemeinsamen Darbietung in rechtsgeschäftlicher und prozessualer Hinsicht sichergestellt werden. Insbesondere müssen die Verwerter von Gruppendarbietungen mit nur einem Verhandlungspartner wirksam kontrahieren können (Transaktionskostenreduktion). (3.) Das dispositive Recht muss ausreichende Vorkehrungen für die Regelung des Innenverhältnisses bereithalten. (4.) Soweit es in den von § 80 gesetzten Grenzen möglich ist, hat die von den Interpreten gewählte gesellschaftsrechtliche Handlungsform als privatautonom gewählte Konstruktion Vorrang. Das Gesetz sichert diese Ziele, indem es in § 80 Abs. 1 S. 1 die Befugnis des einzelnen ausübenden Künstlers, über seine Verwertungsrechte und Vergütungsansprüche zu verfügen, beschränkt und sie der gesamten Hand zuweist.[128] Dabei kommt dem gewählten Begriff („zur gesamten Hand") aufgrund der Vielfalt der damit angesprochenen Gestaltungsmöglichkeiten[129] keine richtungsweisende Bedeutung zu. Maßgeblich ist lediglich die damit verfolgte **Funktion** der **gemeinsamen Rechtszuständigkeit** aller Interpreten. Das ist für die Künstlergruppen entscheidend, bei denen eine klare verbandsrechtliche Einordnung der Interpretengesellschaft bzw. -körperschaft Probleme bereitet. Ein Beispiel dafür ist das Bayreuther Festspielorchester. Es ist ein alljährlich im Rahmen der Bayreuther Festspiele zusammentretendes Gremium von Musikern und damit eine auf Dauer angelegte Einrichtung zur Durchführung dieser Festspiele, weshalb es ungeachtet des häufigen Mitgliederwechsels ein einheitlicher Klangkörper ist.[130] Für diese Fälle erleichtert § 80 den Rechtsverkehr, weil sich der Dritte auf die in § 80 Abs. 1 S. 1 normierte einheitliche Verwertung und die in § 80 Abs. 2 gesetzlich geregelte Vertretungsmacht verlassen kann.

20   Dieser Funktion bedarf es aber nicht, wenn zwischen den beteiligten Künstlern eine Interpretengesellschaft bzw. -körperschaft besteht und diese im Rechtsverkehr nach außen auftritt. Die Vorstellung, dass die von § 80 Abs. 1 S. 1 vorgesehene Gesamthand das Außenverhältnis betrifft, während die von den Interpreten satzungsautonom begründete Handlungsform subsidiär dazu steht, wird der **Rechtswirklichkeit** nicht gerecht. Sie ist unnötig kompliziert und auch nicht notwendig, um die Vorgaben des § 80 einzuhalten. Vorzugswürdig ist eine Konstruktion, welche die **Interpretengesellschaft** bzw. -körperschaft in den **Mittelpunkt** stellt.[131] Es ist die Interpretengesellschaft, welche im Rechtsverkehr mit Dritten für die Verwertung der gemeinsamen Darbietung verantwortlich ist. Die von ihr abgeschlossenen Verträge sind keine Verträge der Interpretengesamthand; auch dann nicht, wenn die beteiligten Künstler die alleinigen Gesellschafter der Interpretengesellschaft sind und damit eine personelle Identität zwischen dieser und der Interpretengesamthand besteht.[132]

21   Haben die Interpreten ausdrücklich oder konkludent eine Interpretengesellschaft gegründet, wird die von § 80 Abs. 1 S. 1 vorgesehene gesetzliche Gesamthand von der Interpretengesellschaft abgelöst, solange und soweit § 80 keine entgegenstehenden zwingenden Bestimmungen enthält. Die **Interpretengesellschaft** bzw. -körperschaft bestimmt dann die Ausgestaltung der Rechtsverhältnisse im **Außenverhältnis und** die Verfassung im **Innenverhältnis**. Deshalb kann die Interpretengesellschaft eine zeitgleich mit der Live-Darbietung erfolgende Verwertung *ex ante* einräumen.[133] Die in § 80 vorgesehene **Interpretengesamthand** tritt als subsidiäre **Auffangregelung** dahinter zurück. Die Interpretengesamthand wird lediglich dann aktiviert, wenn es sich um die Ausübung von Befugnissen handelt, die auch nach einer wirksamen Übertragung/Rechtseinräumung grundsätzlich beim einzelnen Interpreten verbleiben. Das ist beispielsweise beim Rückrufrecht aus § 41 iVm § 79 Abs. 2a oder im Fall der Kündigung gem. § 79 Abs. 3 der Fall.

22   Die **Interpretengesellschaft** bzw. -körperschaft ist **nicht originärer Rechtsinhaber** der Verwertungsrechte. Das kann nur eine natürliche Person – der Interpret – sein.[134] Die Verwertungsrechte in den §§ 77 f. gehen auch nicht aufgrund gesetzlicher Anordnung an die Interpretengesellschaft über.[135] Sie werden erst dann Bestandteil des **Gesellschaftsvermögens,** wenn die **Interpretenge-**

---

[127] Vgl. OLG Frankfurt a. M. GRUR 2006, 578 (579) – Erstverwertungsrechte (zu § 8); MüKo-BGB/*Schmidt* (7. Aufl.) § 741 Rn. 65.

[128] Vgl. *Schulze-Osterloh,* Das Prinzip der gesamthänderischen Bindung, 1972, S. 134 f.

[129] Dazu *K. Schmidt,* Gesellschaftsrecht, 4. Aufl., 2002, S. 203 ff.

[130] BGH GRUR 2005, 502 (504) – Götterdämmerung.

[131] Tendenziell in diese Richtung auch BGH GRUR 2012, 1022 – Kommunikationsdesigner (zum Urheberrecht).

[132] Vgl. *BGH GRUR 2012,* 1022 Rn. 20 – Kommunikationsdesigner.

[133] Vgl. BeckOK UrhR/*Stang* UrhG § 80 Rn. 13, der eine Rechtszuständigkeit der Interpretengesamthand verneint, weil diese erst mit Darbietungserbringung entsteht.

[134] Vgl. MüKo-BGB/*Schmidt* (7. Aufl.) § 741 Rn. 65; → § 73 Rn. 34.

[135] OLG Hamburg ZUM 1991, 496 (498).

samthand – also das von § 80 Abs. 1 S. 1 angeordnete Gebilde zur gemeinsamen Rechtsverwertung – die Rechte an die privatautonom gegründete Interpretengesellschaft bzw. -körperschaft **überträgt** (§ 79 Abs. 1 S. 1) oder ihr Nutzungsrechte daran einräumt (§ 79 Abs. 2).[136] Nach der Übertragungszwecklehre (§ 79 Abs. 2a iVm § 31 Abs. 5)[137] räumt die Interpretengesamthand der Interpretengesellschaft dabei idR ausschließliche Nutzungsrechte an allen Nutzungsarten ein, um damit die einheitliche und umfassende Verwertung der Darbietung sicherzustellen. § 80 Abs. 1 S. 2 verlangt, dass im Innenverhältnis der Interpretengesamthand alle Beteiligten in diese Transaktion einwilligen. Die beteiligten Interpreten haben ihre vorherige Zustimmung (§ 183 BGB) zur Übertragung der Verwertungsrechte an die Interpretengesellschaft bzw. -körperschaft bereits erteilt: In der Gründung bzw. dem vertraglichen Beitritt zur Interpretengesellschaft oder der Mitgliedschaft in der Interpretenkörperschaft ist zugleich die **konkludent erteilte Verwertungseinwilligung** zu sehen, nämlich dahingehend, dass die Rechte von der Interpretengesamthand darauf übergehen sollen.[138] Die Übertragung an die Interpretengesellschaft bzw. -körperschaft kann nur vom Vorstand, Leiter oder ad-hoc-Vertreter der Interpretengesamthand erklärt werden (§ 80 Abs. 2 iVm § 74 Abs. 2 S. 2 und S. 3). Auch diese Erklärung kann konkludent erfolgen, was in der Praxis regelmäßig der Fall sein dürfte. Mit der Übertragung erklärt der **Vertreter** zugleich auch seine Zustimmung zur Weiterübertragung an Dritte (§ 79 Abs. 2a iVm §§ 34 Abs. 5 S. 2, 35 Abs. 2). Gegenstand der Übertragung an die Interpretengesellschaft bzw. -körperschaft sind die **Ausschließlichkeitsrechte** der §§ 77, 78 Abs. 1. Nach dem Wortlaut des § 80 Abs. 2 S. 1 sind auch alle Vergütungsansprüche davon erfasst (→ Rn. 16). Das wirft Probleme auf, wenn der einzelne ausübende Künstler diese im Voraus bereits an die Verwertungsgesellschaft abgetreten hat (→ Rn. 18). In diesen Fällen ist davon auszugehen, dass die Interpreten keine (konkludente) Zustimmung zur Übertragung dieser Ansprüche von der Interpretengesamthand auf die Interpretengesellschaft erteilt haben. Die vorherige Abtretung an die GVL steht einer entsprechenden Interpretation entgegen. Damit wird die Interpretengesellschaft in die Lage versetzt, die Darbietung – bis auf die der Verwertungsgesellschaft abgetretenen Vergütungsansprüche – umfassend zu verwerten. Die **Interpretengesellschaft** bzw. -körperschaft tritt im Rechtsverkehr **an die Stelle der Interpretengesamthand.** Die in § 80 Abs. 2 angeordnete Vertretungsregelung wird dann von der jeweils einschlägigen verbandsrechtlichen Vertretungsregelung abgelöst. Damit ist das Ziel des § 80 (→ Rn. 1, 3, 19) auf praxisnahem Weg erreicht. Ist dieser Zustand eingetreten, haben sich die Wirkungen von § 80 Abs. 1 S. 1 und Abs. 2 weitgehend erschöpft.

   d) Gemeinsame Verwaltung (Einwilligung, § 80 Abs. 1 S. 2). Die gemeinsame Rechtszuständigkeit aller beteiligten ausübenden Künstler (Interpretengesamthand, → Rn. 11 ff.) bewirkt, dass die Beteiligten die gemeinsame Darbietung nur gemeinsam verwerten können. Im Umkehrschluss aus § 80 Abs. 1 S. 2 folgt, dass die Verwertung einschließlich jeder darauf gerichteten Verwaltungsmaßnahme grundsätzlich von allen Interpreten **einstimmig beschlossen** werden muss.[139] Daran ist für die Interpretengesamthand festzuhalten.[140] Wird die Verwertung dagegen von einer Interpretengesellschaft durchgeführt (→ Rn. 19 ff.), bestimmt sich die Geschäftsführung nach der Satzung und dem einschlägigem Gesetzesrecht. In der **Interpretengesellschaft** sind daher Mehrheitsentscheidungen möglich. Gegenstand der **Einwilligung** (§ 183 S. 1 BGB) sind alle Verwertungsmaßnahmen, die in die gemeinsame Rechtszuständigkeit der Interpretengesamthand fallen (→ Rn. 16 f.). Im Unterschied zur Miturhebergesamthand,[141] betrifft die Einwilligung nur die Geschäftsführung im **Innenverhältnis.**[142] Im Außenverhältnis kommt es nach § 80 Abs. 2 S. 1 ausschließlich auf das Vertreterhandeln an. Hat der Vertretungsberechtigte gehandelt, ist daher auch ein unter Verstoß gegen § 80 Abs. 1 S. 2 eingeräumtes Nutzungsrecht wirksam.[143] Mit **„Verwertung"** ist jede eigene oder Dritten übertragene bzw. eingeräumte Nutzungshandlung gemeint, die eine von den §§ 77, 78 erfasste Nutzungsart betrifft, sowie die Kündigung und der Rückruf als *actus contrarius.* Verwertung ist auch die Geltendmachung von Vergütungsansprüchen.

   Kein Beteiligter darf seine Einwilligung wider **Treu und Glauben** verweigern (§ 80 Abs. 1 S. 2). Entscheidend ist, ob dem einzelnen Interpreten die Einwilligung zur Verwertung oder der entsprechende *actus contrarius* (Kündigung, Rückruf) **zumutbar** ist.[144] Abzuwägen sind die berechtigten vermögensrechtlichen Interessen des Einzelnen an der Verweigerung der konkreten Verwertung mit den Interessen der übrigen Beteiligten an der gewählten Verwertung.[145] Weil das Interpretenrecht ein ausdrückliches Veröffentlichungsrecht nicht kennt, ist die Einwilligung in die Vervielfältigung und Verbreitung der Darbietung für den einzelnen Interpreten die einzige Möglichkeit, das Interesse an der Nichtverbreitung von Darbietungen, deren Veröffentlichung er nicht zugestimmt hat, zu verfol-

23

24

---

[136] MüKo-BGB/*Schmidt* (7. Aufl.) § 741 Rn. 65.
[137] → § 79 Rn. 34 ff.
[138] Vgl. *Spindler* FS Schricker, 2005, 539 (545).
[139] Wandtke/Bullinger/*Büscher* UrhG § 80 Rn. 12; aA *Flechsig/Kuhn* ZUM 2004, 14 (27).
[140] AA Wandtke/Bullinger/*Büscher* UrhG § 80 Rn. 15.
[141] Dazu OLG Frankfurt a. M. GRUR 2006, 578 (579) – Erstverwertungsrechte.
[142] AA Wandtke/Bullinger/*Büscher* UrhG § 80 Rn. 10.
[143] AA *Dünnwald/Gerlach* UrhG § 80 Rn. 6.
[144] *Dünnwald/Gerlach* UrhG § 80 Rn. 6.
[145] Vgl. *Sontag,* Das Miturheberrecht, 1972, S. 46 ff.

gen.[146] Ob dieses **Veröffentlichungsinteresse** in der Abwägung berücksichtigt werden muss, ist aber zweifelhaft, weil § 80 Abs. 1 S. 2 den § 8 Abs. 2 S. 1 explizit aus der Verweisung ausnimmt.[147] Soweit dieses Interesse aber einen Niederschlag in den Verwertungsrechten des Interpreten gefunden hat,[148] muss man es konsequent auch im Rahmen der Interessenabwägung berücksichtigen. Im Übrigen sind die **persönlichkeitsrechtlichen Interessen** aufgrund der Spezialregelungen in §§ 74 Abs. 2, 75 S. 2 kein legitimer Grund einer Weigerung.[149] § 80 Abs. 1 S. 2 statuiert eine Treuepflicht gegenüber den anderen Interpreten. Die übrigen Mitglieder der Gruppe haben einen klagbaren und nach § 894 ZPO durchsetzbaren Anspruch auf Einwilligung, dessen Voraussetzungen von ihnen darzulegen und zu beweisen sind.[150] Der Vertreter der Künstlergruppe ist dafür nicht prozessführungsbefugt, weil es nicht um die Geltendmachung der in § 80 Abs. 1 genannten Rechte geht.[151] Eine analoge Anwendung scheidet aus, weil in diesem Verfahren keine Interessen des Rechtsverkehrs betroffen sind.

25   **e) Erträgnisaufteilung (§ 80 Abs. 1 S. 3 iVm § 8 Abs. 3).** Die Interpreten können grundsätzlich selbst beschließen, wie die **Erträgnisse** aus der Verwertung der Darbietung unter ihnen **verteilt** werden (§ 80 Abs. 1 S. 3 iVm § 8 Abs. 3). Haben die Interpreten keine **Vereinbarung** getroffen, kommt es auf den Umfang ihrer Mitwirkung an der Darbietung an (§ 80 Abs. 1 S. 3 iVm § 8 Abs. 3).[152] Eine Vereinbarung besteht immer dann, wenn eine Interpretengesellschaft bzw. -körperschaft (→ Rn. 20 ff.) existiert. Hat die Interpretengesamthand die Verwertung der Interpretengesellschaft übertragen (→ Rn. 22), richtet sich die Verteilung nach dem Gesellschaftsvertrag und nach dem auf die gewählte Rechtsform anwendbaren dispositiven Gesellschaftsrecht. Der **Umfang der Beteiligung** ist daher nur relevant, wenn keine Interpretengesellschaft besteht. Um den Umfang zu bestimmen, ist auf branchenübliche und angemessene Verteilungsgrundsätze zurückzugreifen. Fehlen entsprechende Daten, ist die Verteilung nach Billigkeit zu schätzen (§ 287 ZPO).[153] Im Zweifel sind gleiche Anteile anzusetzen.[154] Der einzelne Interpret hat einen, primär gegen die Interpretengesellschaft, subsidiär gegen die Interpretengesamthand (→ Rn. 19 ff.) gerichteten **Auskunftsanspruch,** in welcher Höhe Erträgnisse aus der Nutzung der von ihm mitgebotenen Interpretation erzielt wurden. Er kann diesen Anspruch wegen § 80 Abs. 2 nicht im Außenverhältnis gegenüber dem Verwerter der Darbietung geltend machen (→ Rn. 27 ff.). Die Prozessführungsbefugnis des einzelnen Interpreten ist insoweit ausgeschlossen (→ Rn. 27).[155]

26   **f) Anteilsverzicht (§ 80 Abs. 1 S. 2 iVm § 8 Abs. 4).** Der einzelne Interpret kann auf seinen Anteil an der Interpretengesamthand **verzichten** (§ 80 Abs. 1 S. 3 iVm § 8 Abs. 4). Das gilt nicht für die unverzichtbar ausgestalteten Vergütungsansprüche. Diese fallen zwar unter § 80 (→ Rn. 16), die jeweiligen Anordnungen der Unverzichtbarkeit haben aber als Spezialregelungen Vorrang. Die Anordnung der entsprechenden Anwendung dieser Regelung auf die Interpretengesamthand irritiert die Vertreter der These, wonach das Interpretenrecht vollständig translativ übertragbar ist.[156] Folgt man dagegen der hier vertretenen Auffassung, wonach die Ausschließlichkeitsrechte nicht vollständig translativ übertragbar sind,[157] ist die ausdrückliche Anordnung eines Verzichts notwendig. Mit dem Verzicht wächst der Anteil an den Verwertungsrechten den anderen ausübenden Künstlern zu (§ 80 Abs. 1 S. 3 iVm § 8 Abs. 4 S. 3). Damit verliert der einzelne Beteiligte seine Rechtsposition rückhaltlos. Eine **Übertragung auf Dritte** scheidet aus. Das folgt aus § 80 Abs. 1 S. 1 iVm § 73. Beteiligter einer Interpretengesamthand kann nur ein Interpret oder dessen Gesamtrechtsnachfolger sein. Die Beteiligung an der Interpretengesamthand ist kein Vermögensrecht, sondern eine gesetzlich angeordnete Beschränkung der Ausübung der in der eigenen Person entstandenen Verwertungsrechte. Dieser Ansatz ist der Konstruktion über § 719 BGB vorzuziehen, weil er die problematische Gleichsetzung von Gesamthand mit der BGB-Gesellschaft (→ Rn. 13) vermeidet.

III. Vertretungs- und Prozessführungsbefugnis (§ 80 Abs. 2)

1. Vertretungsregelung bei der Interpretengesamthand (§ 74 Abs. 2 S. 2 und S. 3)

27   § 80 Abs. 2 ordnet an, dass die Rechte und Ansprüche aus den §§ 77, 78, 79 Abs. 3 nur nach Maßgabe der Vertretungs- und Prozessführungsregeln des § 74 Abs. 2 S. 2 und S. 3 geltend gemacht

[146] *Grünberger,* Das Interpretenrecht, 2006, S. 77 ff., S. 85 f.
[147] Dreier/Schulze/*Dreier* UrhG § 80 Rn. 4.
[148] → Vor §§ 73 ff. Rn. 85 und → § 77 Rn. 31.
[149] IE auch Fromm/Nordemann/*Schaefer* UrhG § 80 Rn. 16; wohl auch Dreier/Schulze/*Dreier* UrhG § 80 Rn. 4; aA BeckOK UrhR/*Stang* UrhG § 80 Rn. 14; zurückhaltender Wandtke/Bullinger/*Büscher* UrhG § 80 Rn. 11.
[150] Vgl. DKMH/*Dreyer* § 8 Rn. 47; Wandtke/Bullinger/*Thum* UrhG § 8 Rn. 97 (zu § 8).
[151] Fromm/Nordemann/*Schaefer* UrhG § 80 Rn. 37.
[152] → § 8 Rn. 19.
[153] OLG Hamburg *Schulze* OLGZ 207, 7 – Ratgeber für Tierheilkunde; Wandtke/Bullinger/*Thum* UrhG § 8 Rn. 102.
[154] DKMH/*Dreyer* § 8 Rn. 55; Wandtke/Bullinger/*Thum* UrhG § 8 Rn. 100, 102; *Dünnwald/Gerlach* UrhG § 80 Rn. 10.
[155] Offensichtlich verkannt von OLG Frankfurt a. M. WRP 2015, 127 (130).
[156] *Flechsig/Kuhn* ZUM 2004, 14 (28).
[157] → § 79 Rn. 17; vertiefend *Grünberger,* Das Interpretenrecht, 2006, S. 302 ff.

werden können. Damit soll die **Durchsetzung** der vermögensrechtlichen Ansprüche unabhängig von einem häufigen Mitgliederwechsel im Ensemble erleichtert werden.[158] Die **Konzentration der Rechtewahrnehmung** beim Vorstand oder dem Leiter der Gruppe begegnet der Schwierigkeit, dass andernfalls Dritte mit allen – bei größeren Künstlergruppen wie Orchestern, Chören etc also mit einer Vielzahl – an der Darbietung beteiligten Künstlern Vereinbarungen treffen müssten.[159] Wegen § 80 Abs. 2 ist der einzelne Interpret grundsätzlich nicht prozessführungsbefugt.[160]

§ 80 Abs. 2 gilt nach seinem Wortlaut für die „Rechte und Ansprüche" aus §§ 77, 78, 79 Abs. 3. **28** Daraus folgt, dass die Norm für alle in §§ 77, 78 Abs. 1 und Abs. 4 erfassten **Ausschließlichkeitsrechte** sowie die in §§ 77 Abs. 2 S. 2, 78 Abs. 2, Abs. 4 vorgesehenen **Vergütungsansprüche** gilt. Aus dem systematischen Zusammenhang mit der von § 80 Abs. 1 S. 1 angeordneten gesamthänderischen Bindung folgt, dass § 80 Abs. 2 alle Verwertungsrechte erfasst, für die eine gesamthänderische Bindung angeordnet ist (→ Rn. 16). Über den Wortlaut des § 80 Abs. 2 sind daher auch die Ansprüche auf Vertragsanpassung gem. § 79 Abs. 2a iVm §§ 32 Abs. 1 S. 1, 32a Abs. 1,[161] der Vergütungsanspruch aus § 79b[162] und die Vergütungen aufgrund von Schrankenregelungen gemeint. Zur Zulässigkeit der individuellen Geltendmachung dieser Ansprüche über die GVL → Rn. 18. Kraft ausdrücklicher Anordnung gilt § 80 Abs. 2 auch für das Kündigungsrecht in § 79 Abs. 3. § 80 Abs. 2 ist **nicht** auf die **Vergütungsansprüche aus § 79a** anzuwenden. Das ist Folge einer richtlinienkonformen Auslegung der Norm (dazu → Rn. 16) und wird von der ausdrücklichen Beschränkung auf § 79a Abs. 3 im Neunten Urheberrechtsänderungsgesetz[163] bestätigt.

Mit „**Geltendmachung**" ist jede Rechtsausübung und jede Rechtswahrung gegenüber Dritten **29** gemeint.[164] Das betrifft zunächst die **rechtsgeschäftliche Disposition** über die Verwertungsrechte (Einräumung von Nutzungsrechten, § 79 Abs. 2, oder Übertragung von Verwertungsrechen, § 79 Abs. 1 S. 1) sowie die Geltendmachung von Vergütungsansprüchen, soweit sie nicht von der GVL wahrgenommen werden (→ Rn. 18). Nach dem Normzweck ist nicht lediglich die Einräumung von Verwertungsrechten, sondern auch die Kündigung von Lizenzverträgen und der damit ausgelöste Heimfall des Nutzungsrechts[165] eine Geltendmachung. § 80 Abs. 2 gilt nicht nur für die rechtsgeschäftliche, sondern auch für die außergerichtliche und **gerichtliche Durchsetzung** dieser Rechte.[166]

Rechtsfolge des § 80 Abs. 2 ist eine Konzentration der Geltendmachung im Außenverhältnis. **30** Während § 80 aF noch zwischen der Vertretungsmacht (§ 80 Abs. 1 aF) und der Prozessführungsbefugnis (§ 80 Abs. 2 aF) differenzierte,[167] behandelt § 80 Abs. 2 iVm mit § 74 Abs. 2 **Vertretungs- und Prozessführungsbefugnis** einheitlich. § 80 Abs. 2 ist damit sowohl eine Vertretungsnorm als auch eine Regelung der gesetzlichen Prozessstandschaft.[168] Prozessstandschaft deshalb, weil das geltend gemachte Recht nicht ein Recht der Interpretengesamthand ist, sondern originär in der Person jedes einzelnen Interpreten entsteht, der lediglich in seiner Rechtsausübung beschränkt wird (→ Rn. 1).

Nach § 80 Abs. 2 iVm § 74 Abs. 2 S. 2 ist im Regelfall der **Vorstand** gegenüber Dritten allein- **31** vertretungsbefugt. Der Vorstand ist der von der Künstlergruppe gewählte Vertreter (§ 74 Abs. 2 S. 2). Gewählt ist, wer über die Mehrheit der Stimmen aller an der Gruppendarbietung Beteiligten verfügt.[169] Das Gesetz trifft im Übrigen keine Aussage zur Wahl. Es knüpft implizit an die existierende Organisationsstruktur an.[170] Diese Organisationsform (eingetragener oder nicht eingetragener Verein, BGB-Gesellschaft, Gemeinschaft, GmbH) ist von der Interpretengesamthand des § 80 Abs. 1 S. 1 zu unterscheiden (→ Rn. 19 ff.). Nach hier vertretener Auffassung kommt der **Interpretengesellschaft** bzw. -körperschaft und der jeweils gesetzlich angeordneten Vertretung ohnehin Vorrang vor § 80 Abs. 2 zu (→ Rn. 19 ff.). Besteht ein Vorstand, so handelt es sich im Regelfall um eine Künstlergruppe, die eine körperschaftliche Struktur aufweist und daher über einen längeren Zeitraum unabhängig vom Mitgliederwechsel fortbesteht.[171] Der Vorstand einer unter einheitlichem Namen auftretenden Künstlergruppe ist auch für die nur vorübergehend in der Gruppe mitwirkenden Personen vertretungs- und prozessführungsbefugt.[172] Der aktuell amtierende Vorstand ist auch dann vertretungsberechtigt und prozessführungsbefugt, wenn über das Interpretenrecht früherer Mitglieder einer über

---

[158] BGH GRUR 2005, 502 (504) – Götterdämmerung.
[159] BGH GRUR 2005, 502 (504) – Götterdämmerung.
[160] LG Köln ZUM-RD 2008, 211 (212).
[161] Dreier/Schulze/*Dreier* UrhG § 80 Rn. 6; *Dünnwald/Gerlach* UrhG § 80 Rn. 11.
[162] AA Fromm/Nordemann/*Schaefer* UrhG § 80 Rn. 29.
[163] → Vor §§ 73 ff. Rn. 32.
[164] *Dünnwald/Gerlach* UrhG § 80 Rn. 11.
[165] BGH GRUR 2012, 916 Rn. 19 – M2Trade; dazu näher → Vor §§ 31 ff. Rn. 97 f.
[166] *Dünnwald/Gerlach* UrhG § 80 Rn. 11.
[167] OLG München GRUR 1989, 55 – Cinderella; OLG Frankfurt a. M. GRUR 1985, 380 (381) – Operneröffnung.
[168] → § 74 Rn. 37.
[169] Vgl. BGH GRUR 1960, 614 (617) – Figaros Hochzeit.
[170] OLG Frankfurt a. M. GRUR 1985, 380 (381) – Operneröffnung; vertiefend *Dünnwald/Gerlach* UrhG § 74 Rn. 12.
[171] BGH GRUR 2005, 502 (504) – Götterdämmerung.
[172] LG Köln ZUM-RD 2008, 211 (212 f.).

einen längeren Zeitraum bestehenden und vom Wechsel der Mitglieder unabhängigen Gruppe gestritten wird.[173]

32   Hat die Künstlergruppe keinen Vorstand, ist der **Leiter** vertretungs- und prozessführungsbefugt. Der Leiter ist die dauerhaft maßgebliche **künstlerische und wirtschaftliche Autorität** der Gruppe.[174] Hat eine Künstlergruppe einen künstlerischen Leiter und einen kaufmännischen Leiter, der alle wirtschaftlichen und rechtlichen Fragen entscheidet, ist dieser Leiter iSv § 74 Abs. 2 S. 2.[175] Beispiele: Chordirektoren, Chefdirigenten, Bandleader, Ballettdirektor,[176] Leiter von Ensembles Alter Musik. Keine Leiter sind Personen, die nur vorübergehend mit der Gruppe zusammenarbeiten.[177] Wegen des Grundsatzes der Selbstorganschaft muss der Vertreter Mitglied der Künstlergruppe sein.[178] Der Arbeitgeber kann nicht Leiter einer Künstlergruppe sein.[179] Kleinere Ensembles (Kammermusik- und Jazzformationen, Rockgruppen und Popbands) werden häufig keinen Leiter haben, weil sich alle Beteiligten als gleichberechtigt ansehen.[180]

33   Hat eine Gruppe **weder** einen **Vorstand** noch einen **Leiter**, kann das Recht nur durch einen von der Gruppe zu wählenden Vertreter geltend gemacht werden (§ 80 Abs. 2 iVm § 74 Abs. 2 S. 3). In diesem Fall müssen die Rechte **zwingend** von einem von der Gruppe *ad hoc* **zu wählenden Vertreter** geltend gemacht werden (§ 80 Abs. 2 iVm § 74 Abs. 2 S. 3).[181] Der einzelne Interpret ist grundsätzlich nicht prozessführungsbefugt (→ Rn. 27). Nach einer Auffassung können die beteiligten Künstler einen vertretungsberechtigten und prozessführungsbefugten Ad-Hoc-Vertreter auch dann wählen, wenn es bereits einen Vorstand oder einen Leiter gibt.[182] Das ist zweifelhaft, weil damit die klar angeordnete Hierarchie zur Disposition der Künstlergruppe gestellt wird. Die Vertretungsregelung der Interpretengesamthand ist – sofern keine Interpretengesellschaft (→ Rn. 19 ff.) vorliegt – im Interesse der Rechtssicherheit und Schnelligkeit im Verkehr zwingend.[183] Die Künstlergruppe kann damit **nicht** einseitig über die Vertretungsmacht und Prozessführungsbefugnis der Interpretengesamthand **disponieren**. Möchten die Beteiligten von der gesetzlichen Regelung abweichen, müssen sie eine Interpretengesellschaft oder -körperschaft gründen und an diese die Rechte übertragen (→ Rn. 19 ff.). Davon zu unterscheiden sind die Fälle, in denen die Rechtssicherheit oder Praktikabilitätsgründe **keine gebündelte Rechtsausübung** erfordern[184] und in der Vertragspraxis getrennte Verträge mit allen Beteiligten geschlossen werden. Liegen übereinstimmende Erklärungen aller Gruppenmitglieder vor, sind die Rechte auch ohne Ad-Hoc-Vertreter erfolgreich geltend gemacht. In solchen Fällen ist § 80 Abs. 2 iVm § 74 Abs. 2 S. 3 teleologisch zu reduzieren.

2. Vertretungs- und Prozessführungsbefugnis des einzelnen Mitinterpreten?

34   Nach § 80 Abs. 1 S. 3 iVm **§ 8 Abs. 2 S. 3** kann jeder einzelne Interpret die Ansprüche aus §§ 97 ff. bei der Verletzung des gemeinsamen Interpretenrechts geltend machen, wobei er nur Leistung an alle Interpreten gemeinsam verlangen kann. Der Verweis auf § 8 Abs. 2 S. 3 **kollidiert** mit § 80 Abs. 2, der eine ausschließliche Prozessführungsbefugnis des existierenden oder eines dafür zu benennenden Vertreters anordnet.[185] Während nach § 80 Abs. 2 nur der legitimierte Vertreter die Unterlassung einer von §§ 77 f. verbotenen Handlung verlangen kann, führt der Verweis auf § 8 Abs. 2 S. 3 dazu, dass jeder einzelne Interpret diesen Anspruch geltend machen kann.[186] Diese Lösung widerspricht ersichtlich der von § 80 Abs. 2 angestrebten Konzentrationswirkung. Daher muss man § 80 Abs. 1 S. 3 insoweit teleologisch reduzieren. Der Verweis ist ein Redaktionsversehen, das sich mit der Entstehungsgeschichte des § 80 Abs. 2 erklärt (→ Rn. 7). Normzweck und Entstehungsgeschichte zwingen dazu, **§ 80 Abs. 2 als speziellere Norm** aufzufassen.[187]

35   Fraglich ist, ob dieser Vorrang immer gilt oder auf die Fälle beschränkt bleibt, in denen die Gruppe weder Vorstand noch Leiter hat.[188] In diesen Konstellationen war nach alter Rechtslage jeder einzelne

---

[173] BGH GRUR 2005, 502 (504) – Götterdämmerung.

[174] OLG Köln ZUM 2001, 166 (169) – Kelly Family; *Dünnwald/Gerlach* UrhG § 74 Rn. 13.

[175] OLG Köln ZUM 2001, 166 (169) – Kelly Family (zu § 80 aF); aA *Dünnwald/Gerlach* UrhG § 74 Rn. 13.

[176] *Dünnwald/Gerlach* UrhG § 74 Rn. 13.

[177] *Dünnwald/Gerlach* UrhG § 74 Rn. 13; Wandtke/Bullinger/*Büscher* UrhG § 80 Rn. 14.

[178] Vgl. dazu OLG Köln ZUM 2001, 166 (169) – Kelly Family (ehemaliger künstlerischer Leiter); aA → § 74 Rn. 35.

[179] BGH GRUR 1999, 49 (50) – Bruce Springsteen and his band.

[180] Vgl. OLG Hamburg ZUM 1991, 496 (498); *Schlatter* ZUM 1993, 522 (523 f.).

[181] *Dünnwald/Gerlach* UrhG § 80 Rn. 2; aA Schricker/*Vogel* UrhG § 74 Rn. 35; Wandtke/Bullinger/*Büscher* UrhG § 80 Rn. 14; Fromm/Nordemann/*Schaefer* UrhG § 74 Rn. 14, UrhG § 80 Rn. 26 f.; widersprüchlich Dreier/Schulze/*Dreier* UrhG § 74 Rn. 9 u. UrhG § 80 Rn. 6.

[182] → § 74 Rn. 36; *Apel,* Der ausübende Musiker im Recht Deutschlands und der USA, 2011, S. 332.

[183] BGH GRUR 1993, 550 (551) – The Doors.

[184] Vgl. *Schack* JZ 1994, 43.

[185] *Dünnwald/Gerlach* UrhG § 80 Rn. 7; Loewenheim/*Vogel* § 38 Rn. 104; Fromm/Nordemann/*Schaefer* UrhG § 80 Rn. 19; nicht gesehen von Wandtke/Bullinger/*Büscher* UrhG § 80 Rn. 12; Dreier/Schulze/*Dreier* UrhG § 80 Rn. 5.

[186] So AG Hamburg GRUR-RS 2016, 9594 Rn. 29.

[187] *Krüger* ZUM 2003, 122 (127); Loewenheim/*Vogel* § 38 Rn. 104; iE auch LG Köln ZUM-RD 2008, 211 (212).

[188] So etwa BeckOK UrhR/*Stang* UrhG § 80 Rn. 15; Fromm/Nordemann/*Schaefer* UrhG § 80 Rn. 19, 39.

an der Darbietung Beteiligte prozessführungsbefugt.[189] Nach herrschender Meinung soll in solchen Fällen das **einzelne Gruppenmitglied** weiterhin prozessführungsbefugt sein.[190] Das überzeugt **nicht.** Der zur Begründung angeführte Verweis auf die Entstehungsgeschichte kann die These nicht tragen, weil die Gegenmeinung auf den insoweit noch abweichenden Regierungsentwurf[191] verweist und damit die vom Rechtsausschuss vorgenommene Änderung der Vertretungsregelung[192] ignoriert. Der einzelne Interpret ist daher grundsätzlich nicht berechtigt, Ansprüche aus Verletzungen des gemeinsamen Interpretenrechts oder die genannten Vergütungsansprüche geltend zu machen. Das ist keine verfassungsrechtlich unzulässige Beschränkung des in Art. 14 Abs. 1 GG wurzelnden Rechtsverfolgungsanspruchs des einzelnen Interpreten.[193] Die Konzentration der Prozessführungsbefugnis lässt sich mit der besonderen Situationsgebundenheit der gemeinsamen Darbietung und der damit abzuwägenden Interessen aller Beteiligten (Interpreten, Verwerter und Allgemeinheit) rechtfertigen. Der Ausschluss ist verhältnismäßig, weil es der Interpretengesamthand möglich ist, jederzeit einen Vertreter *ad hoc* zu bestimmen.[194] Sollten sich beteiligte Interpreten gegen eine Rechtsverfolgung aussprechen, sind sie auf Einwilligung zu verklagen (§ 80 Abs. 1 S. 2). § 80 Abs. 1 S. 3 iVm § 8 Abs. 2 S. 3 ist daher nur für die **seltenen** Fälle **praxisrelevant**, in denen die Bildung und Äußerung eines einheitlichen Willens der Interpretengesamthand unmöglich oder unzumutbar ist. Beispiel: Die Interpretengruppe besteht als solche nicht mehr und deshalb ist eine gemeinsame Willensbildung bzw. Vertreterwahl nicht in zumutbarem Rahmen möglich.[195] Hier sichert § 8 Abs. 2 S. 3 iVm § 80 Abs. 1 S. 3 den effektiven Justizgewährleistungsanspruch des einzelnen Gruppenmitglieds. § 80 Abs. 1 S. 3 iVm § 8 Abs. 2 S. 3 begründet aber nach dem insoweit klaren Wortlaut („Verletzungen") keine Prozessstandschaft des Interpreten für die Geltendmachung von Vergütungsansprüchen, auch nicht solchen aus § 79 Abs. 2a iVm §§ 32 Abs. 1, 32a und § 79b.[196] Eine entsprechende Anwendung auf die Ansprüche auf (weitere) angemessene Beteiligung scheidet im Interpretenrecht bereits mangels planwidriger Regelungslücke aus.[197]

3. Passivlegitimation, Passivvertretung und Beklagtenprozess

§ 80 Abs. 2 iVm § 74 Abs. 2 S. 2 und S. 3 treffen keine Aussage zur Passivlegitimation. § 80 Abs. 1 **36** basiert auf dem Grundsatz, dass Rechtsinhaber – und damit aktivlegitimiert – die Interpreten in ihrer gesamthänderischen Verbundenheit sind (→ Rn. 1). Entgegen einer verbreiteten Meinung[198] gelten diese Vorschriften **nicht** für **Passivvertretung** und im **Beklagtenprozess.** Nach dem Wortlaut der §§ 74 Abs. 2, 80 Abs. 2 ist nur die Geltendmachung der Interpretenrechte bzw. der Aktivprozess erfasst. Eine analoge Anwendung auf den Passivprozess scheidet aus. Obwohl das Problem bekannt war,[199] hat es der Gesetzgeber nicht geregelt. Der Normzweck der §§ 74 Abs. 2, 80 Abs. 2 trägt die Analogie ebenfalls nicht. Die einheitliche Rechtswahrnehmung bei Aktivvertretung und im Aktivprozess erleichtert den Rechtsverkehr im Interesse beider Seiten.[200] Eine Anwendung im Beklagtenprozess würde die Interessen des Dritten einseitig bevorzugen. Vertretungsverhältnisse, Parteistellung und Prozessführungsbefugnis im Beklagtenprozess der Interpretengesamthand richten sich daher nach allgemeinen Regeln. Wird die von § 80 Abs. 1 S. 1 angeordnete **Interpretengesamthand** verklagt, sind alle Interpreten als notwendige Streitgenossen (§ 60 ZPO) Partei und prozessführungsbefugt. In der Praxis wird sich das Problem selten stellen, weil die Verwertung in aller Regel von der rechtlich eigenständigen **Interpretengesellschaft** durchgeführt wird (→ Rn. 20). Diese besitzt – anders als die Interpretengesamthand – nach außen (beschränkte) Rechtssubjektivität. Sie kann aufgrund ihrer Teilnahme am Rechtsverkehr als Außengesellschaft grundsätzlich eigene Rechte und Pflichten begründen.[201] Die Interpretengesellschaft ist daher **rechtsfähig** und kann im Prozess als solche verklagt werden.[202] In der Praxis wird es sich um Ansprüche gegen die **Interpretengesellschaft** handeln (näher → Rn. 16, 20). Dann kommen die für die jeweilige Rechtsform geltenden Regeln zur Anwendung.

---

[189] BGH GRUR 1993, 550 (551 f.) – The Doors; krit. *Schack* JZ 1994, 43 f.
[190] Dazu → § 74 Rn. 35; Wandtke/Bullinger/*Büscher* UrhG § 80 Rn. 15; Fromm/Nordemann/*Schaefer* UrhG § 80 Rn. 26 f.; BeckOK UrhR/*Stang* UrhG § 80 Rn. 18; Dreier/Schulze/*Dreier* UrhG § 80 Rn. 6.
[191] BT-Drs. 15/38, 25.
[192] BT-Drs. 15/837, 11 f., 35.
[193] So noch GRUR 1993, 550 (551) – The Doors zu § 80 aF.
[194] Zutreffend *Schack* JZ 1994, 43 f.; anders noch zur alten Rechtslage BGH GRUR 1993, 550 (551 f.) – The Doors; aA → § 74 Rn. 35; Fromm/Nordemann/*Schaefer* UrhG § 74 Rn. 14.
[195] *Dünnwald/Gerlach* UrhG § 80 Rn. 7.
[196] BGH GRUR 2012, 496 Rn. 20 – Das Boot; verkannt von BeckOK UrhR/*Stang* UrhG § 79b Rn. 12.
[197] Vgl. BGH GRUR 2012, 496 Rn. 21 – Das Boot (zum Urheberrecht).
[198] → § 74 Rn. 38; Wandtke/Bullinger/*Büscher* UrhG § 80 Rn. 16; *Dünnwald/Gerlach* UrhG § 80 Rn. 15 (die das Problem jeweils missverständlich als Passivlegitimation bezeichnen).
[199] Vgl. Fromm/Nordemann/*Hertin* (9. Aufl.) UrhG § 80 Rn. 9.
[200] BGH GRUR 2005, 502 (504) – Götterdämmerung.
[201] Grundlegend BGH NJW 2001, 1056.
[202] Vgl. BGH GRUR 2012, 1022 Rn. 20 – Kommunikationsdesigner.

4. Fremdenrecht

37   Bei gemeinsamen Darbietungen mehrerer ausübender Künstler bleibt jeder Interpret Inhaber des Interpretenrechts, wobei eine gemeinsame Rechtszuständigkeit angeordnet wird (→ Rn. 13). Die Darbietung des deutschen Staatsangehörigen in einer gemischten Interpretengruppe fällt danach unter § 125 Abs. 1 S. 1; EU-Staatsangehörige werden gem. § 125 Abs. 1 S. 2 iVm § 120 Abs. 2 Nr. 2 geschützt. Der Schutz der ausländischen **Drittstaatsangehörigen der Künstlergruppe** beurteilt sich dagegen isoliert nach § 125 Abs. 2–6.[203] Das wirft für § 80 erhebliche **Probleme** auf, weil unklar ist, welche Rechte die Interpretengesamthand geltend macht und wer gem. § 80 Abs. 1 S. 2 in die Verwertung einwilligen muss. Man kann nicht einheitlich auf den Sitz der Gesamthand abstellen, weil es diesen nicht gibt.[204] Nach anderer Auffassung findet § 80 Abs. 2 nur Anwendung, wenn bei allen Mitgliedern zumindest eine der Voraussetzungen des § 125 vorliegt. Soweit nur einige Mitglieder fremden- und konventionsrechtlichen Schutz genössen, müssten diese einen *Ad-Hoc*-Vertreter wählen. Fällt nur ein Mitglied der Interpretengruppe unter § 125, solle § 80 gar nicht gelten.[205] Das ist zu kompliziert und wird den mit § 80 Abs. 2 verfolgten Zwecken nicht gerecht. § 80 Abs. 2 ist **immer anzuwenden,** auch wenn nur einer der Interpreten unter § 125 fällt. Die unterschiedliche persönliche Anwendbarkeit des UrhG nach § 125 wirkt sich dann lediglich auf der Rechtsfolgenebene aus. Das hat insbesondere Auswirkungen auf die Berechnung des Schadensersatzes, weil nur der Schaden des Interpreten berechnet werden darf, der in den persönlichen Anwendungsbereich des UrhG fällt. Eine analoge Anwendung des § 120 Abs. 1 S. 2 scheidet mangels Regelungslücke aus.[206]

§ 81 Schutz des Veranstalters

[1] **Wird die Darbietung des ausübenden Künstlers von einem Unternehmen veranstaltet, so stehen die Rechte nach § 77 Abs. 1 und 2 Satz 1 sowie § 78 Abs. 1 neben dem ausübenden Künstler auch dem Inhaber des Unternehmens zu.** [2] **§ 10 Abs. 1, § 31 Abs. 1 bis 3 und 5 sowie die §§ 33 und 38 gelten entsprechend.**

Schrifttum: *de Oliveira Ascensao,* Der Schutz von Veranstaltungen kraft Gewohnheitsrechts, GRUR-Int 1991, 20; *Dreier,* Lässt sich das Spiel in der Nachspielzeit noch drehen? – Zum Zusammenwirken von „Hartplatzhelden.de" und „Preußische Gärten und Parkanlagen", FS Pfennig (2012), 15; *Fezer,* Immaterialgüterrechtlicher und lauterkeitsrechtlicher Veranstalterschutz, WRP 2012, 1172; *Flechsig-Bisle,* Erstreckung der künstlerischen Leistungsschutzrechte und Umsetzung der Schutzdauer-Richtlinie 2011/77/EU in nationales Recht, 2015; *Gentz,* Veranstalterrecht, GRUR 1968, 182; *Heermann,* Stellung und Stellenwert des Hausrechts bei der audiovisuellen Verwertung von Sportveranstaltungen, WRP 2012, 17, 132; *ders.,* Neues zum Leistungsschutzrecht für Sportveranstalter, GRUR 2015, 232; *Hilty/Henning-Bodewig,* Leistungsschutzrechte zugunsten von Sportveranstaltungen, 2007; *Hodik,* Der Schutz des Theater- und Konzertveranstalters in Deutschland, Österreich und der Schweiz, GRUR-Int 1984, 421; *Krebs/Becker/Dück,* Das gewerbliche Veranstalterrecht im Wege richterlicher Rechtsfortbildung, GRUR 2011, 391; *Melichar,* „Hörfunkrechte" an Spielen der Fußballbundesliga?, FS Nordemann (2004), 213; *Nemeczek,* Rechtsübertragungen und Lizenzen bei wettbewerbsrechtlichen Leistungsschutz. Zugleich ein Beitrag gegen den unmittelbaren Leistungsschutz, GRUR 2011, 292; *Runge,* Schutz der ausübenden Künstler, UFITA 35 (1961) 159; *G. Schulze,* Die kleine Münze und ihre Abgrenzungsproblematik bei den Werkarten des Urheberrechts, 1983; *Stolz,* Die Rechte der Sendeunternehmen nach dem Urheberrechtsgesetz und ihre Wahrnehmung, 1987; *Schmieder,* Der Rechtsschutz des Veranstalters, GRUR 1964, 121; *ders.,* Die Verwandten Schutzrechte – ein Torso? UFITA 73 (1975) 65.

Übersicht

---

[203] *Dünnwald/Gerlach* UrhG § 77 Rn. 20, UrhG § 80 Rn. 17.
[204] AA *Dünnwald/Gerlach* UrhG § 80 Rn. 17.
[205] → § 125 Rn. 6; Loewenheim/*Vogel* § 38 Rn. 142.
[206] Dreier/Schulze/*Dreier* UrhG § 125 Rn. 6.

I. Allgemeines

Die Vorschrift des § 81 regelt die Fälle, in denen die Darbietung eines ausübenden Künstlers von 1
einem in organisatorischer und wirtschaftlicher Hinsicht verantwortlichen Unternehmen veranstaltet
wird. Sie gewährt dem veranstaltenden Unternehmen ein eigenes, von dem des Interpreten unabhängiges Recht der unmittelbaren Verwertung der Darbietung durch ihre Aufnahme auf Bild- oder Tonträger, durch Vervielfältigung und Verbreitung der Bild- und Tonträger, durch Bildschirm- oder Lautsprecherübertragung, durch öffentliche Zugänglichmachung und durch Funksendung. Die
Entstehung dieses Rechts ist ohne einen Künstlervertrag zwischen Interpreten und Veranstalter nicht
denkbar. Gleichwohl hat es seinen Rechtsgrund nicht in einer vertraglichen Abrede, sondern in der
eigenständigen, gesetzlich geschützten Veranstalterleistung.

1. Rechtslage vor dem UrhG von 1965, Entstehungsgeschichte, Zweck und Bedeutung des § 81

a) Vor Inkrafttreten des UrhG hatte der Veranstalter einer Darbietung allein die Möglichkeit, als 2
Besitzer oder Eigentümer des Veranstaltungsorts sein **Hausrecht** (§§ 858, 1004 BGB) gegenüber
jedem Dritten geltend zu machen, der unautorisiert die veranstaltete Darbietung eines ausübenden
Künstlers aufzunehmen versuchte.[1] Als gewerblichem Veranstalter standen ihm grundsätzlich gegen
derart unmittelbare Eingriffe in seinen gewerblichen Tätigkeitsbereich auch Ansprüche aus dem
Recht am eingerichteten und ausgeübten Gewerbebetrieb nach § 823 Abs. 1 BGB und bei
vorsätzlicher sittenwidriger Schädigung nach **§ 826 BGB** zu. In Ausnahmefällen war auch an einen
Urheberrechtsschutz für den Veranstalter **gemäß § 4 LUG** zu denken, wenn die Auswahl und/
oder Anordnung der dargebotenen Werke auf ihn zurückging und den Anforderungen einer persönlichen geistigen Schöpfung genügte.[2]

Gegen Wettbewerber, die veranstaltete Darbietungen mitschnitten, kamen Ansprüche aus § 1 3
UWG aF wegen unmittelbarer Leistungsübernahme hinzu, wobei der BGH nach früherer, heute
überholter Rechtsprechung (→ Rn. 17, 42) bereits in der **unmittelbaren Leistungsübernahme**
die Sittenwidrigkeit des Handelns sah.[3] Das UWG schützte den Veranstalter, gleich, was er veranstaltete, auch gegen **Beeinträchtigungen eines zwangsläufigen Nebengeschäfts** wie die Herausgabe
und den Vertrieb des Veranstaltungsprogramms.[4]

b) Entstehungsgeschichtlich geht der Veranstalterschutz auf – wenn auch noch unvollkommene 4
– Regelungen im RJM-E 1932 (§ 57 Abs. 2), im Hoffmann-E 1933 (§ 50 Abs. 2) und im Akademie-
E 1939 (§ 56 Abs. 2) zurück. Daran anknüpfend gewährten der RefE 1954 (§ 79 Abs. 2) wie später
noch der MinE 1959 (§ 87 Abs. 1 S. 2) dem Unternehmer lediglich ein Einwilligungsrecht bei künstlerischen Darbietungen im Rahmen seines Betriebes.[5] Umfassenderen Schutz erhielt der Veranstalter
erst in § 91 RegE 1962, der 1965 unverändert als § 81 Gesetz wurde.[6] Mit dem InformationsgesG
vom 10.9.2003 (BGBl. I S. 1774) ist § 81 an die gleichzeitigen Änderungen des Rechts des ausübenden Künstlers – namentlich die Erstreckung des Künstlerrechts auf Ausdrucksformen der Volkskunst,
die Umwandlung der Einwilligungs- in ausschließliche Nutzungsrechte und die Gewährung des
Rechts der öffentlichen Zugänglichmachung – angepasst worden. Ferner wurden § 31 Abs. 1 bis 3
und 5 sowie §§ 33 und 38 für entsprechend anwendbar erklärt. Das **2. InformationsgesG vom
26.10.2007** (BGBl. I 2513) strich – veranlasst durch die Aufhebung des § 31 Abs. 4 – in S. 2 nach der
Angabe „§ 31" die Angabe „Abs. 1 bis 3 und 5" wieder, während das **DurchsetzungsG vom
7.7.2008** (BGBl. I S. 1191) auf die Beschlussempfehlung des Rechtsausschusses vom 9.4.2008[7] die
Angabe „Abs. 1 bis 3 und 5" wieder einfügte und durch die Angabe „§ 10 Abs. 1" ergänzte, ohne
dass aus den Materialien klar würde, welchem praktischen Zweck die Vermutungsregel in Verbindung
mit dem Veranstalterrecht zu dienen bestimmt ist.[8]

c) Nach der AmtlBegr. des UrhG[9] findet der Veranstalterschutz seinen **Zweck** und seine – im 5
Schrifttum umstrittene (→ Rn. 11–15) – **Rechtfertigung** darin, dass bei Darbietungen eines aus-

---

[1] AmtlBegr. UFITA 45 (1965) 240 (312); *v. Gamm* § 81 UrhG Rn. 1; *Schmieder* GRUR 1964, 121 (124); *Runge*
UFITA 35 (1961) 159 (179); bei Sportveranstaltungen stellt das Hausrecht gemäß §§ 1004, 903, 858 ff. weiterhin
das probate Abwehrrecht gegen unbefugte Nutzungen der Veranstaltung ohne künstlerische Darbietung dar,
s. BGH GRUR 2006, 249 (250) – Hörfunkrechte; Einzelheiten dazu bei *Heermann* WRP 2012, 17 ff., 132 ff.; *Fezer*
WRP 2012, 1172; *Hilty/Henning-Bodewig,* Leistungsschutzrechte zugunsten von Sportveranstaltungen, 2007;
Krebs/Becker/Dück GRUR 2011, 391; *Dreier* FS Pfennig (2012), S. 15 jeweils mwN.
[2] Dazu ausführlich *Schmieder* GRUR 1964, 121 (122).
[3] BGHZ 33, 38 (47) = GRUR 1960, 627 – Künstlerlizenz Rundfunk; BGHZ 37, 1 (20) = GRUR 1962, 470 –
AKI; BGHZ 39, 352 (356) = GRUR 1963, 575 – Vortragsveranstaltung.
[4] BGHZ 27, 264 (270) = GRUR 1958, 549 – Box-Programme.
[5] Vgl. *Schmieder* GRUR 1964, 121 (122); *Runge* UFITA 35 (1961) 159 (178).
[6] Ausführlich zur Geschichte der Vorschrift *Dünnwald/Gerlach* § 81 UrhG Rn. 2.
[7] BT-Drs. 16/8783.
[8] Dazu ausführlich *Wandtke/Bullinger/Büscher* § 81 UrhG Rn. 1.
[9] UFITA 45 (1965) 240 (312).

übenden Künstlers, die von einem Unternehmen (Bühnenunternehmen, Konzertunternehmen und dgl.) veranstaltet werden, auch die wirtschaftlichen Interessen des Inhabers des Unternehmens zu berücksichtigen seien.[10] Dieser solle im Falle des Schmarotzens Dritter an den von ihm mit „Mühe und Kosten durchgeführten Darbietungen" nicht allein auf sein Hausrecht verwiesen werden, da die Lautsprecherwiedergabe, die Festlegung auf Bild- oder Tonträger und deren Vervielfältigung sowie die Funksendung der Darbietung auch ohne sein Wissen erfolgen könnten.

6   Mit der tatbestandlichen **Beschränkung auf veranstaltende Unternehmen** und auf die Veranstaltung von Darbietungen urheberrechtlich schutzfähiger – wenn auch nicht notwendig geschützter – Werke bzw. Ausdrucksformen der Volkskunst privilegiert § 81 die organisatorische Leistung des gewerblichen Veranstalters im Kulturbereich. Der Zweck dieser Bestimmung ist damit **auch im Schutz dort erbrachter organisatorisch-wirtschaftlicher Leistungen** zu sehen, der letztlich ihre Aufnahme in das UrhG rechtfertigt.

7   **d)** Seine **Bedeutung gegenüber der früheren Rechtslage** gewinnt § 81, der anders als § 3 iVm. § 4 Nr. 3 lit. a und b, Nr. 4 UWG (§ 1 UWG aF) weder ein Wettbewerbsverhältnis noch den Vorwurf unlauteren Verhaltens begründende zusätzliche Umstände verlangt, vor allem durch die **geringere Darlegungslast,**[11] durch die gegenüber § 3 iVm. § 4 Nr. 3 lit. a und b, Nr. 4 UWG und §§ 823, 826 BGB **erleichterte Beweisbarkeit** seiner Voraussetzungen sowie durch die Länge seiner **Schutzfrist** (Rn. 34). Hinzu kommt, dass § 81 als ausschließliches Recht dem Veranstalter gestattet, jeden Dritten, der die von ihm veranstaltete Darbietung auf die in den §§ 77 Abs. 1 und 2 S. 1, 78 Abs. 1 genannten Arten ohne seine Rechtseinräumung unabhängig von einer Rechtseinräumung des Interpreten nutzt, auf Beseitigung, Unterlassung und ggf. Schadensersatz in Anspruch zu nehmen (§ 97 Abs. 1), selbst wenn dieser den Eingriff nicht unmittelbar begangen hat.[12] Wer folglich einen erlaubterweise vorgenommenen Konzertmitschnitt gutgläubig erwirbt und sodann ohne Erwerb entsprechender Nutzungsrechte den Träger der veranstalteten Darbietung vervielfältigt, verbreitet, die Aufnahme öffentlich zugänglich oder mittels Bildschirm oder Lautsprecher öffentlich wahrnehmbar macht oder sendet, setzt sich dem Verbotsrecht sowohl des ausübenden Künstlers als auch des Veranstalters aus. Nicht zuletzt stehen dem Veranstalter nach § 81 iVm. § 83 **Vergütungsansprüche aus privater Überspielung (§ 54 Abs. 1)** sowie gemäß §§ 45a Abs. 2, 46 Abs. 4 und 47 Abs. 2 zu.

2. Rechtsnatur, Regelungsgegenstand und Schutzumfang der Norm

8   **a)** Der Veranstalterschutz gehört als ein seiner **Rechtsnatur nach unternehmensbezogenes Leistungsschutzrecht** neben den Rechten des Tonträgerherstellers (§ 85), des Sendeunternehmens (§ 87), des Datenbankherstellers (§§ 87a ff.), des Presseverlegers (§ 87f), letzteres seit der EuGH-Entscheidung (C-299/17) nicht mehr anwendbar, und des Filmherstellers (§§ 94, 95) zur Gruppe derjenigen verwandten Schutzrechte, die im Wesentlichen einen **besonderen unternehmerischen Aufwand** und ein mit ihm verbundenes Auswertungsrisiko auf kulturwirtschaftlichem Gebiet rechtlich absichern.[13] Seiner Entstehungsgeschichte nach ist er als **lauterkeitsrechtlicher Sondertatbestand** gedacht, jedoch geht er durch die Teilhabe des Veranstalters an verschiedenen gesetzlichen Vergütungsansprüchen über ein Recht rein lauterkeitsrechtlicher Natur hinaus. Mit der ausdrücklichen Berechtigung des Inhabers des veranstaltenden Unternehmens in § 81 wird klargestellt, dass anders als bei den Vorschriften der §§ 70, 72 und 73 ff. auch eine juristische Person als Inhaber dieses Leistungsschutzrechts in Betracht kommt.[14]

9   **b)** § 81 teilt wohl seine Rechtsnatur, nicht aber seine **Tragweite** mit den übrigen unternehmensbezogenen Leistungsschutzrechten. Anders als diese setzt der Veranstalterschutz **keine technische Leistung** voraus,[15] **sondern** verbindet den Rechtsschutz mit einer **organisatorischen Leistung.**[16] Anders auch als bei diesen Rechten, die selbst dann in Anspruch genommen werden können, wenn der Tonträgeraufnahme, der Sendung oder dem Filmstreifen kein schutzfähiges Werk zugrunde liegt,[17] verlangt der Veranstalterschutz die Darbietung eines schutzfähigen Werkes iSd. § 2 oder einer Ausdrucksform der Volkskunst (§ 73).[18] Der Veranstalterbegriff in § 81 ist abzugrenzen von dem in § 42 VGG. In § 42 VGG geht es um die Verantwortlichkeit für die Meldungen und Vergütungen gegenüber einer Verwertungsgesellschaft, gleich, ob eine öffentliche Werkwiedergabe live oder unter

---

[10] S. *Schmieder* UFITA 73 (1975) 65 (71).
[11] Vgl. *Gentz* GRUR 1968, 182 (183); *de Oliveira Ascensao* GRUR-Int 1991, 20 (22).
[12] Vgl. *Ulmer* § 124 III; *Nemeczek* GRUR 2011, 294.
[13] AmtlBegr. UFITA 45 (1965) 240 (312); *v. Gamm* § 81 UrhG Rn. 1; *Rehbinder* (16. Aufl.), Rn. 810.
[14] *v. Gamm* § 81 UrhG Rn. 4; Fromm/Nordemann/*Hertin* (9. Aufl.), § 81 UrhG Rn. 6; *Gentz* GRUR 1968, 182 (185).
[15] So aber *v. Gamm* § 81 UrhG Rn. 4.
[16] Vgl. Fromm/Nordemann/*Hertin* (9. Aufl.), § 81 UrhG Rn. 2; *Rehbinder* (16. Aufl.), Rn. 810; vermittelnd *Schmieder* GRUR 1964, 121, der von einem technisch-organisatorischen Rahmen spricht, den der Veranstalter auf eigenes Risiko erbringe; s. allgemein zur Einteilung der verwandten Schutzrechte Einl. Rn. 39.
[17] Vgl. → § 85 Rn. 11; → § 87 Rn. 51, 28; → § 95 Rn. 3.
[18] Fromm/Nordemann/*Hertin* (9. Aufl.), § 81 UrhG Rn. 3; *v. Gamm* § 81 UrhG Rn. 1; *Gentz* GRUR 1968, 182 (185).

Verwendung eines Tonträgers stattfindet, während § 81 Rechte hinsichtlich organisatorisch und wirtschaftlich verantworteter Live-Darbietungen zuweist.[19]

c) Bei den dem Veranstalter zustehenden Rechten knüpft § 81 an die Rechte des ausübenden **10** Künstlers an, ohne sie insgesamt auch für den Veranstalter zu übernehmen.[20] In **abschließender Regelung** gewährt ihm das Gesetz **dieselben Verwertungsrechte wie dem Interpreten,** versagt ihm aber die Teilhabe an der Vergütung des ausübenden Künstlers für das Verleihen von Ton- und Bildtonträgern mit veranstalteten Darbietungen (§ 77 Abs. 2 S. 2) und an der angemessenen Vergütung des ausübenden Künstlers gemäß § 78 Abs. 2 für die Ton- und Bildträgersendung (Nr. 1), für die öffentliche Wahrnehmbarmachung einer veranstalteten Darbietung mittels Bild- oder Tonträger (Nr. 2) und für die öffentliche Wahrnehmbarmachung einer veranstalteten Darbietung, die auf einer Sendung oder auf einer öffentlichen Zugänglichmachung beruht (Nr. 3). Dem Veranstalter gewährt das Gesetz schließlich – der Natur seines Rechts entsprechend – keine Persönlichkeitsrechte des ausübenden Künstlers gemäß §§ 74–76.[21] Die Rechte des Veranstalters genießen einen kürzeren Schutz als die Interpretenrechte,[22] unterliegen in sinngemäßer Anwendung des Teils 1 Abschnitt 6 des UrhG denselben Schrankenregelungen wie diese (§ 83) und gewähren dementsprechend dieselben Vergütungsansprüche nach diesem Abschnitt, die auch dem ausübenden Künstler zustehen.[23] Ferner steht dem Veranstalter in analoger Anwendung des § 10 Abs. 1 eine Vermutung zur Seite, Veranstalter einer festgelegten oder einer angekündigten Darbietung zu sein (S. 2). Schließlich sind die Veranstalterrechte nicht strafbewehrt.[24]

3. Kritik des besonderen Veranstalterrechts

Das eigene Leistungsschutzrecht des Veranstalters verdient mit dem überwiegenden Teil des Schrift- **11** tums[25] **Kritik** hinsichtlich seiner **grundsätzlichen Berechtigung**[26] sowie seiner **Regelung innerhalb der Bestimmungen des Interpretenrechts.**[27]

a) Das gegenüber dem Lauterkeitsrecht durch gesetzliche Vergütungsansprüche erweiterte und tat- **12** bestandlich fest umrissene Leistungsschutzrecht des § 81 bricht nicht nur mit dem Prinzip einer generalklauselartigen Erfassung lauterkeitswidrigen Verhaltens durch § 1 UWG aF bzw. – ohne Änderung insoweit – der nunmehr beispielhaften Aufzählung in § 3 iVm. § 4 Nr. 3 lit. a und b, Nr. 4 UWG nF;[28] sondern führt in seiner rechtlichen Wertung auch zu einer **unverhältnismäßigen Beschränkung des Interpretenschutzes.**[29]

b) Unabhängig von diesen grundsätzlichen Erwägungen überzeugt die Regelung des Veranstalter- **13** schutzes im Abschnitt über die Rechte des ausübenden Künstlers nicht.[30] § 81 dient nur der Wahrung wirtschaftlicher Belange und schließt nicht, wie dies bei den Vorschriften über den Schutz des ausübenden Künstlers der Fall ist, auch den Schutz ideeller Interessen ein.[31] Als ein in seinem Schutzgegenstand vom Recht des Interpreten verschiedenes Recht hätte dem Veranstalterschutz ebenso wie den besonderen Rechten des Tonträger- und Filmherstellers und des Sendeunternehmens ein eigener Abschnitt gebührt.[32]

In seiner heutigen Gestalt entwertet § 81 wirtschaftlich die Verwertungsrechte des Interpreten, indem er für die sehr häufigen Fälle einer veranstalteten Darbietung dem Veranstalter neben dem aus-

---

[19] So zutreffend Fromm/Nordemann/*Schaefer* § 81 UrhG Rn. 15.

[20] Zu den Verwertungsrechten s. die Erläuterungen zu §§ 77 Abs. 1 und 2 S. 1, 78 Abs. 1.

[21] Vgl. *v. Gamm* § 81 UrhG Rn. 3; Möhring/Nicolini/*Kroitzsch* (2. Aufl.), § 81 UrhG Rn. 2; Fromm/Nordemann/*Hertin* (9. Aufl.), § 81 UrhG Rn. 9; *Ulmer* § 124 III; → § 75 Rn. 7.

[22] § 82: 25 gegenüber 50 Jahre.

[23] § 45a (Vervielfältigung für und Verbreitung an behinderte Menschen), § 46 Abs. 4 (Kirchen-, Unterrichts- und Schulgebrauch), § 47 Abs. 2 (Schulfunksendungen), §§ 54, 54a (Geräte- und Speichermedienabgabe in den Fällen des privaten und eigenen Gebrauchs und des Kopienversands nach § 53, 53a).

[24] Vgl. § 108 Abs. 1 Nr. 4.

[25] Fromm/Nordemann/*Hertin* (9. Aufl.), § 81 UrhG Rn. 1; Möhring/Nicolini/*Kroitzsch* (2. Aufl.), § 81 UrhG Rn. 2; Wandtke/Bullinger/*Büscher* § 81 UrhG Rn. 2; *v. Gamm* § 81 UrhG Rn. 1, Einf. Rn. 37; *Ulmer* § 124 III; aA *Gentz* GRUR 1968, 182 (183); *Stolz* S. 100 f.; aus der Zeit vor Inkrafttreten des UrhG s. *Runge* UFITA 35 (1961) 159 (178); *Schmieder* GRUR 1964, 121 (122); *Schmieder*, Das Recht des Werkmittlers, S. 25; *Peter*, Der Haager Entwurf (1960) eines internationalen Abkommens zum Schutze der ausübenden Künstler, der Hersteller von Tonträgern und der Sendegesellschaften, 1960, S. 30, 105.

[26] AA *Dünnwald/Gerlach* § 81 UrhG Rn. 5.

[27] Insoweit zustimmend *Dünnwald/Gerlach* § 81 UrhG Rn. 5; wohl auch Dreier/Schulze/*Dreier* § 81 UrhG Rn. 1.

[28] S. *v. Gamm* Einf. Rn. 37; zum neuen, seit 2004 geltenden UWG Köhler/Bornkamm/Feddersen/*Köhler*, UWG (36. Aufl.), § 4 UWG Rn. 3.7.

[29] Möhring/Nicolini/*Kroitzsch* (2. Aufl.), § 81 UrhG Rn. 2; Fromm/Nordemann/*Hertin* (9. Aufl.), § 81 UrhG Rn. 1; aA *Gentz* GRUR 1968, 182 (183); *Stolz* S. 100 f.; *Schack* Rn. 695; zum Verhältnis von § 81 zur früheren, durch das 3. UrhGÄndG richtlinienbedingt geänderten Fassung des § 78 vgl. AmtlBegr. BT-Drs. 13/115, 15; → 1. Aufl. 1987, § 81 UrhG Rn. 11.

[30] Vgl. Fromm/Nordemann/*Hertin* (9. Aufl.), § 81 UrhG Rn. 1; Möhring/Nicolini/*Kroitzsch* (2. Aufl.), § 81 UrhG Rn. 2; *Schmieder* GRUR 1964, 121 (122); ebenso → Vor §§ 73 ff. Rn. 11.

[31] Vgl. *v. Gamm* § 81 UrhG Rn. 3.

[32] Ebenso Möhring/Nicolini/*Kroitzsch* (2. Aufl.), § 81 UrhG Rn. 2.

übenden Künstler ein selbstständiges Verbotsrecht zuspricht, so dass der Künstler nur dann seine Verwertungsrechte unabhängig nutzen kann, wenn er seine Darbietung selbst veranstaltet.[33] Dieser Kritik hat der Gesetzgeber bei der Novellierung des Urheberrechtsgesetzes durch das Gesetz zur Regelung des Urheberrechts in der Informationsgesellschaft vom 10.9.2003 (BGBl. I S. 1774) nicht entsprochen.

4. Rechtspolitische Erwägungen

14   Angesichts des weitreichenden Schutzes, den der Veranstalter ohnehin durch das Hausrecht basierend auf dem Besitz- und Eigentumsrecht, durch das Recht am eingerichteten und ausgeübten Gewerbebetrieb gemäß § 823 Abs. 1 BGB, durch § 826 BGB und durch § 3 iVm. § 4 Nr. 3 lit. a und b, Nr. 4 UWG nF erfährt, hätte es ausgereicht, ihn zur Wahrung seiner weitergehenden Interessen auf eine schuldrechtliche Vereinbarung mit dem ausübenden Künstler zu verweisen.[34]

15   In der Praxis scheint ein Bedürfnis nach einem gesonderten Leistungsschutz des Veranstalters auch nicht zu bestehen. Eine offensichtlich bewährte Vertragspraxis sowohl im tarifvertraglichen Bereich mit angestellten Künstlern – die Rechte aus §§ 77 Abs. 1 und 2 S. 1 und 78 Abs. 1 werden nach den bestehenden Tarifverträgen gesondert ausgehandelt und abgegolten[35] – als auch bei frei engagierten Interpreten, mit denen die Veranstalter das Recht der Sendung üblicherweise in einem eigenen Vertrag zu regeln pflegen, hat dazu geführt, dass es seit Bestehen des § 81 eine nennenswerte obergerichtliche Rechtsprechung zum Veranstalterrecht nicht gibt. De lege ferenda wäre deshalb daran zu denken, § 81 zu streichen. Das Gesetz befände sich damit in Übereinstimmung mit dem internationalen und dem europäischen Recht, denen ein gesonderter Leistungsschutz des Veranstalters fremd ist.

II. Einzelerläuterungen

1. Schutzgegenstand des § 81

16   **a)** Geschützte Leistung iSd. § 81 ist die **veranstaltete Darbietung,**[36] nicht etwa die Darbietung selbst,[37] an der der Veranstalter kein Recht erwirbt, oder die Veranstaltung als solche, die Schutz nur durch das UWG genießt. Das Recht an der Darbietung ist in den §§ 73 ff. allein dem ausübenden Künstler zugeordnet.

17   **b)** § 81 verlangt tatbestandlich die **Darbietung eines ausübenden Künstlers** iSd. § 73.[38] Das bedeutet nach dem Schutzzweck der Norm zweierlei: Zunächst ist § 81 **nur auf Live-Aufführungen,** nicht dagegen auf solche Veranstaltungen anwendbar, bei denen, wie etwa in Diskotheken, erschienene Tonträger abgespielt werden.[39] Für solche Werkwiedergaben ist der auf den ausübenden Künstler beschränkte § 78 Abs. 2 Nr. 2 einschlägig. Die dem Veranstalter gestatteten öffentlichen Wiedergaben müssen allerdings nicht ausnahmslos live erfolgen. Bei der zeitversetzten Sendung und bei der öffentlichen Zugänglichmachung sind notwendigerweise Festlegungen der Darbietung dazwischengeschaltet, die der Einräumung des Vervielfältigungsrechts nach § 77 Abs. 1 durch den Veranstalter bedürfen. Sodann beschränkt sich durch den Bezug auf § 73 der Geltungsbereich des § 81 auf Darbietungen **urheberrechtlich schutzfähiger, nicht notwendig jemals oder noch geschützter Werke** iSd. § 2 Abs. 2 sowie auf Darbietungen von Ausdrucksformen der Volkskunst, gleich, ob ihnen Werkcharakter zukommt oder nicht.[40] Mit der Einbeziehung von Ausdrucksformen der Volkskunst ist keine wesentliche Erweiterung des Schutzbereichs verbunden, da es sich bei ihnen ganz überwiegend um Werke iSd. § 2 Abs. 2 handeln dürfte, auch wenn ihre Urheber unbekannt sind.[41] Wenngleich der Gesetzgeber mit dieser Neuerung – dem internationalen Leistungsschutz des WPPT folgend – sich von der Beschränkung des Künstlerschutzes auf Darbietungen schutzfähiger Werke entfernt, kann sich auch weiterhin nicht auf § 81 berufen, wer einen **sportlichen Wettkampf, eine Zirkusnummer** etc. unter Übernahme des finanziellen Risikos veranstaltet, sondern **nur auf sein Hausrecht und/oder auf § 3 iVm. § 4 Nr. 3 lit. a und b,**

---

[33] Vgl. Fromm/Nordemann/*Hertin* (9. Aufl.), § 81 UrhG Rn. 7; Möhring/Nicolini/*Kroitzsch* (2. Aufl.), § 81 UrhG Rn. 1.

[34] Ebenso Fromm/Nordemann/*Schaefer* § 81 UrhG Rn. 13; Möhring/Nicolini/*Kroitzsch* (2. Aufl.), § 81 UrhG Rn. 2; *Runge* UFITA 35 (1961) 159 (178 f.).

[35] Ziff. 3 der Protokollnotizen zu § 7 des Tarifvertrages für die Musiker in Kulturorchestern (TVK) zwischen dem Dt. Bühnenverein und der Dt. Orchestervereinigung vom 1.7.1971, abgedruckt in Dt. Bühnenverein (Hrsg.), Bühnen- und Musikrecht II A 2 (Stand Juli 2003); s. ferner die Erl. zu → § 79 Rn. 41 ff.

[36] Ebenso Möhring/Nicolini/*Kroitzsch* (2. Aufl.), § 81 UrhG Rn. 3; Loewenheim/*Vogel*, Handbuch, § 39 Rn. 4; Wandtke/Bullinger/*Büscher* § 81 UrhG Rn. 4; Bisges/*Vollrath* Kap. 10 C I 1 Rn. 202; *Stolz* S. 102; *Gentz* GRUR 1968, 182 (183); aA *Dünnwald/Gerlach* § 81 UrhG Rn. 3: Schutzgegenstand ist die Veranstaltung.

[37] So jedoch *Hodik* GRUR-Int 1984, 421 f.

[38] S. dazu die Erl. zu § 73.

[39] Dreier/Schulze/*Dreier* § 81 UrhG Rn. 3; *Dünnwald/Gerlach* § 81 UrhG Rn. 3; Wandtke/Bullinger/*Büscher* § 81 UrhG Rn. 4; Fromm/Nordemann/*Schaefer* § 81 UrhG Rn. 6; Bisges/*Vollrath* Kap. 10 C I Rn. 202.

[40] Sprachliche, musikalische, tänzerische Überlieferungen im weiteren Sinne.

[41] S. dazu Loewenheim/*Vogel*, Handbuch, § 38 Rn. 26, 46; Dreier/Schulze/*Dreier* § 73 UrhG Rn. 9; Wandtke/Bullinger/*Büscher* § 73 UrhG Rn. 10–12 mwN.

Nr. 4 UWG, wenn zur unmittelbaren Leistungsübernahme besondere, die Sittenwidrigkeit begründende Umstände hinzutreten.[42]

Nach **§ 5 Abs. 4 des Staatsvertrages vom 31.8.1991 über den Rundfunk im vereinten** **18** **Deutschland** (idF des am 1.9.2017 in Kraft getretenen 20. Rundfunkänderungsstaatsvertrages vom 8. und 16.12.2016), besteht bei Ereignissen von allgemeinem Informationsinteresse ein **Anspruch auf unentgeltliche Kurzberichterstattung** gegen den Veranstalter, dem namentlich bei Sportereignissen besondere Bedeutung zukommt. Jedoch gilt der RStV nur für das Fernsehen.[43] Kurze Hörfunkübertragungen braucht der Veranstalter von Sportveranstaltungen nicht unentgeltlich zu gestatten.[44]

c) Eine Veranstaltung nach § 81 setzt – anders als § 73 (§ 73 Rn. 26) – die Darbietung **unmittel-** **19** **bar vor einem Publikum** voraus.[45] Erst vor geworbenem Publikum erhält die veranstaltete Darbietung ihre den lauterkeitsrechtlichen Sonderschutz rechtfertigende, gegenüber der Darbietung ohne Zuhörer oder Zuschauer **eigene Qualität.** Denn erst durch die Anwesenheit von Publikum werden zwischen diesem und dem Interpreten persönliche Wechselbeziehungen wirksam.[46] Der Interpret erfährt durch die unmittelbaren Reaktionen des Publikums Anregungen und Impulse, die je nach der Art des dargebotenen Werkes mehr oder weniger stark seine Interpretenleistung beeinflussen und die Einmaligkeit der Darbietung begründen.[47] Erst die Werbung des Publikums begründet auch das dem wirtschaftlichen Interesse des Veranstalters zugrundeliegende Auswertungsrisiko, das nach der Amtl.-Begr. zu § 81 bei der veranstalteten Darbietung in die Interessenabwägung einzustellen ist. Das schließt nicht aus, dem Veranstalter auch für öffentliche Generalproben oder Voraufführungen den Schutz des § 81 zukommen zu lassen.[48]

d) Die veranstaltete Darbietung muss ebenfalls im Unterschied zu der gemäß § 73 geschützten **20** Darbietung[49] **öffentlich** sein.[50] Wann Öffentlichkeit gegeben ist, bestimmt sich nach § 15 Abs. 3.[51] **Private Veranstaltungen** liegen, selbst wenn sie gesendet, öffentlich zugänglich gemacht oder durch Lautsprecher öffentlich wiedergegeben werden, außerhalb des Schutzbereichs des § 81,[52] denn der ausübende Künstler soll bei privaten Veranstaltungen allein darüber befinden können, ob seine Darbietung öffentlich wird. Die gegenteilige Auffassung ist, sofern keine gleichzeitige erlaubte öffentliche Wiedergabe stattfindet, mit dem Schutz des allgemeinen Persönlichkeitsrechts des Interpreten nicht zu vereinbaren.[53] Nichtöffentliche Darbietungen bei Studioaufnahmen des Tonträgerherstellers, Filmproduzenten oder Sendeunternehmens fallen ebenfalls nicht unter § 81. Für sie kommen lediglich die Leistungsschutzrechte der §§ 85, 87 und 94 in Betracht.[54] Veranstaltet dagegen ein Sendeunterneh-

---

[42] Ausführlich dazu BGH GRUR 2011, 323 Rn. 19 ff. – Hartplatzhelden.de mit zust. Bespr. *Dreier* FS Pfennig (2012), S. 15 (19 f.) mwN in Fn. 12; OLG Hamburg GRUR-RR 2007, 181 (184) – Slowakischer Fußball; OLG München ZUM-RD 1997, 290 (292) – Box-Classics; zum alten UWG BGH NJW 1990, 2815 (2817) – Sportübertragungen; allgemein Einl. § 73 Rn. 17; ferner BGHZ 51, 41 (46, 48 f.) = GRUR 1969, 186 – Reprint; Dreier/Schulze/*Dreier* § 81 UrhG Rn. 2; *Dünnwald/Gerlach* § 81 UrhG Rn. 3; *Fezer* WRP 2012, 1173 ff. mwN; *D. Reimer* FS Wendel (1969), S. 98 (103 f.); *G. Schulze* S. 287 f.; Fromm/Nordemann/*Schaefer* § 81 UrhG Rn. 14; zum Hausrecht des Veranstalters s. auch die Lit.-Hinweise in Fn. 1.

[43] Vgl. *Melichar* FS Nordemann (2004), S. 213 (222 ff.).

[44] Dazu *Melichar* FS Nordemann (2004), S. 213 ff.: ungenehmigte Hörfunkübertragungen verstoßen gegen § 1 UWG aF bzw. § 3 iVm. § 4 Nr. 3 lit. a und b UWG nF sowie nach § 823 Abs. 1 BGB gegen das Recht am eingerichteten und ausgeübten Gewerbebetrieb; sie können außerdem vom Veranstalter unter Berufung auf sein Hausrecht (§§ 858, 1004) untersagt werden; so jetzt letztinstanzlich der BGH GRUR 2011, 323 Rn. 21 – Hartplatzhelden.de mit zust. Bespr. *Dreier* FS Pfennig (2012), S. 15 (17 ff.); BGH Kartellsenat ZUM 2006, 137 unter Verneinung eines Verstoßes gegen das Behinderungs- und Diskriminierungsverbots nach § 20 Abs. 1 GWB und das Verbot des Missbrauchs einer marktbeherrschenden Stellung nach § 19 Abs. 1, 2 Nr. 2 GWB; Vorinstanzen: LG Hamburg ZUM 2002, 655; OLG Hamburg AfP 2003, 361; ebenso OLG Hamburg GRUR-RR 2007, 181 (184) – Slowakischer Fußballverband.

[45] Fromm/Nordemann/*Schaefer* § 81 UrhG Rn. 8; Möhring/Nicolini/*Kroitzsch* (2. Aufl.), § 81 UrhG Rn. 4; Fromm/Nordemann/*Hertin* (9. Aufl.), § 81 UrhG Rn. 4; Dreier/Schulze/*Dreier* § 81 UrhG Rn. 3; Bisges/*Vollrath* Kap. 10 C I 1 Rn. 203; Möhring/Nicolini/*Stang* (4. Aufl.), § 81 UrhG Rn. 10; Wandtke/Bullinger/*Büscher* § 81 UrhG Rn. 6; aA vgl. § 73 Rn. 26; *Hodik* GRUR-Int 1984, 421 (422); aA *Gentz* GRUR 1968, 182 (184); *Stolz* S. 103.

[46] Vgl. BGHZ 39, 352 (354 f.) = GRUR 1963, 575 – Vortragsveranstaltung.

[47] Vgl. RGZ 113, 413 (422) – Der Tor und der Tod.

[48] Zustimmend Fromm/Nordemann/*Schaefer* § 81 UrhG Rn. 8; Fromm/Nordemann/*Hertin* (9. Aufl.), § 81 Rn. 4; Wandtke/Bullinger/*Büscher* § 81 UrhG Rn. 5.

[49] Vgl. Fromm/Nordemann/*Hertin* (9. Aufl.), § 81 UrhG Rn. 4; *v. Gamm* § 73 UrhG Rn. 5; *Dünnwald* UFITA 65 (1972) 99 (107).

[50] Fromm/Nordemann/*Hertin* (9. Aufl.), § 81 UrhG Rn. 4; *Dünnwald/Gerlach* § 81 UrhG Rn. 6; Dreier/Schulze/*Dreier* § 81 UrhG Rn. 3; Möhring/Nicolini/*Stang* (4. Aufl.), § 81 UrhG Rn. 10a; Bisges/*Vollrath* Kap. 10 C I 1 Rn. 203; Wandtke/Bullinger/*Büscher* § 81 UrhG Rn. 5 unter Hinweis auf das fehlende Amortisationsinteresse bei privaten Veranstaltungen; aA Fromm/Nordemann/*Schaefer* § 81 UrhG Rn. 9; Möhring/Nicolini/*Kroitzsch* (2. Aufl.), § 81 UrhG Rn. 4.

[51] → § 15 Rn. 57 ff.; s. aber auch die Einschränkungen → Rn. 27.

[52] *Dünnwald/Gerlach* § 81 UrhG Rn. 4; Wandtke/Bullinger/*Büscher* § 81 UrhG Rn. 5; DKMH/*Meckel* § 81 Rn. 2; aA Möhring/Nicolini/*Kroitzsch* (2. Aufl.), § 81 UrhG Rn. 4; Fromm/Nordemann/*Schaefer* § 81 UrhG Rn. 9; *Gentz* GRUR 1968, 182 (184); *Stolz* S. 103.

[53] Ebenso Dreier/Schulze/*Dreier* § 81 UrhG Rn. 3; vgl. auch Fromm/Nordemann/*Hertin* (9. Aufl.), § 73 UrhG Rn. 3.

[54] Ebenso Fromm/Nordemann/*Hertin* (9. Aufl.), § 81 UrhG Rn. 4; *Dünnwald/Gerlach* § 81 UrhG Rn. 6; *Schack* Rn. 696; aA *Gentz* GRUR 1968, 182 (186); *Stolz* S. 100 f.

men nicht ausschließlich zum Zwecke der gleichzeitigen oder späteren Sendung ein Konzert oder eine Bühnenaufführung vor einer eintrittspflichtigen Öffentlichkeit, kann für diese Veranstaltungen neben den Rechten aus § 87 zusätzlicher Schutz gemäß § 81 beansprucht werden.[55] Entsprechendes gilt für derartige Veranstaltungen von Tonträger- und Filmhersteller.[56] Sie haben in diesen Fällen auch Anteil an der Vergütung für private Überspielung.[57] § 87 Abs. 4 gilt im Hinblick auf Veranstalterrechte gemäß § 81 nur, soweit Sendeunternehmen allein zu Sendezwecken veranstalterisch tätig werden.

21   **e)** Die Anwendung des § 81 ist auf solche Veranstaltungen zu beschränken, deren **primärer Veranstaltungszweck** in einer Werkvermittlung zu sehen ist.[58] Dies ist bei Theater- oder Konzertveranstaltungen, die beispielhaft in der AmtlBegr. aufgeführt sind,[59] der Fall, nicht dagegen bei solchen Veranstaltungen, bei denen die musikalische Darbietung lediglich der Umrahmung oder Untermalung von Festakten, Sportereignissen, Industriemessen, Modeschauen, Volksfesten, Verkaufsförderungen und dgl. dient.[60] Eine derart enge Auslegung des § 81 wird durch den Normzweck geboten, der darauf gerichtet ist, kulturwirtschaftliche bedeutende Investitionen abzusichern (Rn. 5 f.) und die erst durch eine qualifizierte Veranstaltungsleistung zustande kommende Interaktion zwischen Darbietendem und Publikum unter Schutz zu stellen (Rn. 19).

2. Unternehmen als Berechtigte iSd. § 81

22   **a)** Berechtigt nach § 81 ist der Inhaber des **Unternehmens,** das die Darbietung des ausübenden Künstlers ausrichtet. Das Gesetz gewährt folglich die Befugnisse aus diesem Leistungsschutzrecht **nicht jedem Veranstalter,** sondern nur derjenigen organisatorischen Einheit, die die Eigenschaft eines Unternehmens aufweist.[61] Dabei können die Rechte aus § 81 auch einer Mehrzahl von Veranstaltern gemeinsam zustehen, wenn sie gemeinsam das unternehmerische Risiko tragen und damit auch gesamtschuldnerisch gemäß §§ 830, 840 iVm. 421 ff. BGB haften.[62] Gleichwohl erfährt nicht jedes gewerbliche Unternehmen den Schutz für eine von ihm verantwortete Veranstaltung, vielmehr muss die Veranstaltung auch insoweit die qualifizierten Voraussetzungen nach § 81 wie etwa die der Öffentlichkeit erfüllen.[63] Der Interpret selbst kann Veranstalter seiner eigenen Darbietung sein;[64] aus § 81 sind für ihn jedoch nur die Vergütungsansprüche (Rn. 7), nicht dagegen die Verwertungsrechte von Bedeutung. Der Begriff des Unternehmens ist, da die Rechtsordnung keinen einheitlichen Rechtsbegriff des Unternehmens kennt, nach dem jeweiligen Normzweck auszulegen.[65] Der Interpret kann ebenso wie jeder Dritte auch Mitveranstalter sein,[66] wobei sich das Verhältnis untereinander in der Regel nach dem zwischen beiden geschlossenen Vertrag richtet.[67]

23   Wie der offene, eine weite wie eine einschränkende Auslegung gestattende **Begriff des Unternehmens in § 81** zu verstehen ist, ergibt sich aus einem Vergleich dieser Vorschrift mit der ihre Rechtsnatur teilenden Bestimmung zum Schutz des Tonträgerherstellers (§ 85). Während § 81 nur ein Unternehmen schützt, ist das Recht aus § 85 grundsätzlich dem Tonträger**hersteller** zugeordnet, dh. der natürlichen oder juristischen Person, die in technischer und wirtschaftlicher Hinsicht die erste Tonfestlegung vornimmt (Art. 3 lit. c RA). Das kann, wie die AmtlBegr.[68] hervorhebt, sowohl ein gewerblicher als auch ein nichtgewerblicher Hersteller sein. Eine Klarstellung ausschließlich für die gewerbliche Herstellung von Tonträgern enthält § 85 Abs. 2 S. 2:[69] Wird ein Tonträger in einem Unternehmen hergestellt, fingiert das Gesetz dessen Inhaber als Tonträgerhersteller (§ 85 Rn. 34). Die Beschränkung des Unternehmensbegriffs auf gewerbliche Unternehmen in § 85 Abs. 2 S. 2 ist angesichts der lauterkeitsrechtlichen Zielsetzung beider Vorschriften auch in § 81 angezeigt.[70] Gestützt wird diese Auffassung durch die AmtlBegr., wonach bei veranstalteten Darbietungen das **wirtschaft-**

---

[55] *Dünnwald/Gerlach* § 81 UrhG Rn. 6; Möhring/Nicolini/*Stang* (4. Aufl.), § 81 UrhG Rn. 15; zur Veranstaltung vor bestelltem Publikum Rn. 24.

[56] Ebenso Fromm/Nordemann/*Hertin* (9. Aufl.), § 81 UrhG Rn. 4; aA *Gentz* GRUR 1968, 182 (184).

[57] § 83 iVm. § 54 Abs. 1.

[58] Ebenso einschränkend Fromm/Nordemann/*Schaefer* § 81 UrhG Rn. 12; Fromm/Nordemann/*Hertin* (9. Aufl.), § 81 UrhG Rn. 2 und 5.

[59] UFITA 45 (1965) 240 (312).

[60] Dem folgend Wandtke/Bullinger/*Büscher* § 81 UrhG Rn. 9; ablehnend Möhring/Nicolini/*Kroitzsch* (2. Aufl.), § 81 UrhG Rn. 5; Dreier/Schulze/*Dreier* § 81 UrhG Rn. 4 wegen Abgrenzungsschwierigkeiten; Fromm/Nordemann/*Hertin* (9. Aufl.), § 81 UrhG Rn. 5.

[61] Fromm/Nordemann/*Schaefer* § 81 UrhG Rn. 14; Möhring/Nicolini/*Kroitzsch* (2. Aufl.), § 81 UrhG Anm. 4; aA *Stolz* S. 105 f.

[62] Vgl. BGH GRUR 2015, 987 Rn. 15 – Trassenfieber zu § 13b WahrnG; LG Düsseldorf ZUM-RD 2011, 105.

[63] *Dünnwald/Gerlach* § 81 UrhG Rn. 4.

[64] Fromm/Nordemann/*Schaefer* § 81 UrhG Rn. 17; aA *Gentz* GRUR 1968, 182 (186).

[65] Vgl. *Baumbach/Hopt* HGB (33. Aufl.), Einl. vor § 1 HGB; so ist – anders als nach § 81 – Veranstalter im wahrnehmungsrechtlichen Sinne (§ 42 VVG) auch derjenige, der Musik von Tonträgern wiedergibt.

[66] OLG München GRUR 1979, 152 – Transvestiten-Show.

[67] Ebenso *Dünnwald/Gerlach* § 81 UrhG Rn. 6.

[68] UFITA 45 (1965) 240 (314).

[69] S. AmtlBegr. UFITA 45 (1965) 240 (314).

[70] Ebenso Fromm/Nordemann/*Schaefer* § 81 UrhG Rn. 14; Dreier/Schulze/*Dreier* § 81 UrhG Rn. 4; Wandtke/Bullinger/*Büscher* § 81 UrhG Rn. 7.

liche Interesse des Inhabers des Unternehmens zu berücksichtigen sei,[71] dagegen nicht die des Veranstalters schlechthin.[72]

b) Unter **gewerblichen Unternehmen** sind solche zu verstehen, deren wirtschaftliche Tätigkeit **24** auf die Erzielung von Einnahmen ausgerichtet ist. Beim Inhaber des Unternehmens kann es sich um natürliche oder juristische Personen handeln,[73] gleich welcher Organisationsform des Handels- (OHG, KG, GmbH, AG etc.) oder des bürgerlichen Rechts (Gesellschaft, Genossenschaft, Verein etc.).

aa) Eine Beschränkung des Kreises der nach § 81 Berechtigten auf Unternehmen, die nach der **25** Gewerbeordnung als Gewerbe zu gelten haben,[74] wird den besonderen Verhältnissen des Kulturbereiches und dem Schutzzweck der Norm nicht gerecht.[75] Ein wesentlicher Anteil kultureller Aktivitäten kann nur aufrechterhalten werden, weil die öffentliche Hand finanziell unterstützend tätig wird oder selbst die Trägerschaft von Theater- und Konzertbetrieben übernommen hat. Es wäre deshalb sachfremd, **öffentlich-rechtliche Unternehmen**, die grundsätzlich nicht als gewerblich iSd. Gewerbeordnung anzusehen sind, aus dem Kreis der gemäß § 81 Berechtigten auszuschließen. Überdies kann es für die Anwendung des § 81 keinen Unterschied machen, ob ein Theaterunternehmen als subventionierter öffentlich-rechtlicher Regiebetrieb (Anstalt, Zweckverband) oder als privatrechtliche GmbH veranstaltend tätig wird.[76] Schließlich handeln subventionierte öffentlich-rechtlich organisierte Unternehmen unter denselben wirtschaftlichen Gesichtspunkten wie gewerbliche Unternehmen des privaten Rechts. Selbst wenn sie keine Gewinne erzielen, ist ihre Tätigkeit meist auf die Erzielung von Einnahmen angewiesen. Entsprechendes hat für die öffentlich-rechtlichen Rundfunkanstalten zu gelten.

bb) Auch eine **einmalige veranstalterische Tätigkeit** vermag Rechte aus § 81 zu begründen.[77] **26** Die Veranstalterrechte sollen nicht demjenigen vorenthalten werden, der seine gesamte wirtschaftliche Kraft auf die Organisation einer Veranstaltung richtet. Deshalb wird auch die Organisation einer einmaligen Wohltätigkeitsveranstaltung vom Schutzzweck der Norm umfasst.

cc) Ferner verlangt § 81 die **Übernahme eines Auswertungsrisikos.** Der Aufwendung von **27** Mühe und Kosten für die Organisation muss die Ungewissheit ihrer Amortisation gegenüberstehen.[78] Diese Voraussetzungen werden regelmäßig auch bei solchen Veranstaltern vorliegen, die für einen Festpreis tätig werden, ohne dass jegliche Ausfallrisiken abgedeckt sind.[79] Dies muss aber nicht zwangsläufig der Fall sein, so dass etwa der Veranstalterschutz entfällt, wenn eine Kirchengemeinde zur Erreichung eines ideellen Zwecks wie der Steigerung des Kirchenbesuchs ein eintrittsfreie Motette oder eine Messe aufführen lässt oder eine Werbeagentur zur Produktwerbung zu einem Unterhaltungskonzert einlädt. Ähnlich verhält es sich bei Sendeunternehmen, die lediglich vor einem **bestellten Publikum** Darbietungen veranstalten, oder für den örtlichen Arrangeur, der gegen eine Arrangementgebühr im Namen und für Rechnung des Veranstalters die technische Abwicklung am Ort besorgt, ohne am Gewinn und Verlust beteiligt zu sein oder auf die Programmgestaltung Einfluss nehmen zu können. Ob im Einzelfall Veranstalterschutz in Anspruch genommen werden kann, hängt letztlich von der Bewertung der jeweiligen Umstände ab.[80]

c) Die Verwertungsrechte nach § 81 stehen dem **Inhaber** oder den Inhabern des Unternehmens **28** zu. Mit dieser Zuordnung wird klargestellt, dass es bei § 81 nicht darauf ankommt, wer persönlich die organisatorische Leistung erbringt.[81] Inhaber des Unternehmens ist die natürliche oder juristische Person, die Rechte erwerben und Verpflichtungen eingehen kann und unter deren Namen das Unternehmen geführt wird.[82] Das kann der Eigentümer, Besitzer, Nießbraucher oder Pächter sein. Bei natürlichen Personen, etwa Einzelkaufleuten, werden diese selbst berechtigt, bei Gesellschaften des

---

[71] AmtlBegr. UFITA 45 (1965) 240 (312).

[72] Ebenso *Hodik* GRUR-Int 1984, 421 (422).

[73] HM, zB Fromm/Nordemann/*Hertin* (9. Aufl.), § 81 UrhG Rn. 6; *v. Gamm* § 81 UrhG Rn. 4; *Gentz* GRUR 1968, 182 (185).

[74] Wie hier Dreier/Schulze/*Dreier* § 81 UrhG Rn. 4; aA Fromm/Nordemann/*Schaefer* § 81 UrhG Rn. 14.

[75] Im Ergebnis ebenso Dreier/Schulze/*Dreier* § 81 UrhG Rn. 4.

[76] S. *Dünnwald/Gerlach* § 81 UrhG Rn. 4; zur Organisation von Theaterunternehmen *Dünnwald,* Die Rechtsstellung des Intendanten, 1964, S. 38 ff.

[77] AllgM; *v. Gamm* § 81 UrhG Rn. 4; Möhring/Nicolini/*Kroitzsch* (2. Aufl.), § 81 UrhG Rn. 5; Dreier/Schulze/*Dreier* § 81 UrhG Rn. 4; Möhring/Nicolini/*Stang* (4. Aufl.), § 81 UrhG Rn. 15; Bisges/*Vollrath* Kap. 10 C I 1 Rn. 205.

[78] Str., wie hier wohl Möhring/Nicolini/*Stang* (4. Aufl.), § 81 UrhG Rn. 14; aA wegen bestehender Abgrenzungsschwierigkeiten Dreier/Schulze/*Dreier* § 81 UrhG Rn. 4; *Dünnwald/Gerlach* § 81 UrhG Rn. 4; Bisges/*Vollrath* Kap. 10 C I 1 Rn. 205; weniger streng Wandtke/Bullinger/*Büscher* § 81 UrhG Rn. 9: bei Musikveranstaltungen zur Steigerung des Kirchenbesuchs kein Veranstalterrecht; wohl aber bei Verkaufsförderungsveranstaltungen, weil deren Zweck nicht primär in der Werkvermittlung liege; wohl aber bei der Übernahme eines finanziellen Risikos für Benefizveranstaltungen, insoweit gegen Mestmäcker/Schulze/*Hertin* § 81 UrhG Rn. 8.

[79] Fromm/Nordemann/*Schaefer* § 81 UrhG Rn. 16.

[80] Wandtke/Bullinger/*Büscher* § 81 UrhG Rn. 9; eher zurückhaltend Fromm/Nordemann/*Hertin* (9. Aufl.), § 81 UrhG Rn. 6; Dreier/Schulze/*Dreier* § 81 UrhG Rn. 4; Fromm/Nordemann/*Schaefer* § 81 UrhG Rn. 16.

[81] S. Fromm/Nordemann/*Hertin* (9. Aufl.), § 81 UrhG Rn. 6.

[82] Vgl. *v. Gamm* § 100 UrhG Rn. 4; Möhring/Nicolini/*Lütje* (2. Aufl.), § 100 UrhG Rn. 12.

bürgerlichen Rechts die Gesellschafter zur gesamten Hand,[83] bei der OHG und der KG wegen § 124 HGB die Personengesellschaft und bei juristischen Personen die jeweilige Gesellschaft (AG, GmbH ua.). Bei Unternehmen des öffentlichen Rechts ist Inhaber die juristische Person des öffentlichen Rechts, die Trägerin des Unternehmens ist. Die Einwilligungserklärung ist von der natürlichen Person oder einem zur Erklärung befugten Vertreter des Unternehmens abzugeben.

29 Wer auf Vervielfältigungsstücken einer veranstalteten Darbietung als Veranstalter angegeben ist, gilt seit der Einfügung des § **10 Abs. 1** in § 81 S. 2 bis zum Beweis des Gegenteils als deren Veranstalter. Auch ohne gesetzliche Inbezugnahme sollte § 10 Abs. 3 im Veranstalterrecht ebenfalls zu Geltung kommen und unter den Voraussetzungen dieser Vorschrift eine **gesetzliche Vermutung** zugunsten des Inhabers von vom Veranstalter abgeleiteten Nutzungsrechten statuieren.[84]

30 **d) Die Veranstalterleistung** des Unternehmens liegt in der organisatorischen Vorbereitung und Durchführung der Veranstaltung und in der Übernahme ihres finanziellen Risikos. Diese von der Rspr.[85] zum Veranstalterbegriff der §§ 37 LUG, 15 Abs. 3 UrhG herausgearbeiteten Merkmale sind nur unter Beachtung einschränkender Besonderheiten gültig, die sich aus dem Zweck dieser Vorschrift als gewerblichem Leistungsschutzrecht ergeben. Für § 81 ist entscheidend, dass das Unternehmen die für die veranstaltete Live-Darbietung wesentlichen **Verträge mit den ausübenden Künstlern und dem Publikum** schließt und gerade **durch diese Verträge ein Auswertungsrisiko** übernimmt.[86] **§ 15 Abs. 3 dagegen setzt keine Verpflichtung darbietender Künstler voraus.** Vielmehr umfasst er auch solche Veranstaltungen, in denen Tonträger geschützter Werke abgespielt werden. In dieser Vorschrift dient die persönliche Beziehung eines Veranstaltungsteilnehmers zum Verwerter als Kriterium der Abgrenzung einer öffentlichen von einer nichtöffentlichen Werkwiedergabe gleich welcher Art. Unerheblich für § 15 Abs. 3 ist, ob der Verwerter auch die qualifizierten Veranstalterleistungen, die § 81 voraussetzt, erbringt.[87] Zum unterschiedlichen Veranstalterbegriff des § 42 VGG siehe oben Rn. 9.

31 **aa)** Neben der Übernahme des finanziellen Wagnisses (dazu → Rn. 32) gehören zu den **typischen organisatorischen Veranstalterleistungen** die vertragliche Verpflichtung des Interpreten, die Anmietung des Saales, die Gestaltung, Herstellung und Verkauf des Programmhefts (nicht des Inhalts),[88] die Aufbewahrung der Garderobe, die Bewirtung der Besucher, die Übernahme der Nebenkosten, die Durchführung von Nebengeschäften, die Werbung und nicht zuletzt der Kartenverkauf, ohne dass alle diese Leistungen zur Begründung der Rechte nach § 81 ausnahmslos erbracht werden müssen.[89] **Technische Leistungen** wie die Installation einer Lautsprecheranlage können und werden regelmäßig hinzutreten, für den Veranstalterschutz sind sie jedoch nicht entscheidend (→ Rn. 7). Auch für ein Kammerkonzert ohne jede technische Installation können demnach Rechte aus § 81 beansprucht werden.

32 **bb)** Der Veranstalter iSd. § 81 muss nicht sämtliche, wohl aber **die wesentlichen, ein Auswertungsrisiko begründenden organisatorischen Leistungen selbst verantworten.** Dies sind die **Verpflichtung des Ensembles** und die **Werbung des Publikums,** weil erst die Darbietung vor Zuhörern zu einer schutzfähigen Veranstaltung führt (Rn. 19). Wer die Darbietung nur duldet, weil er der Musikkapelle lediglich den Veranstaltungsort, der Laienspielgruppe das Freilichttheater oder dem Sänger die Bühne zur Verfügung stellt, scheidet mangels organisatorischer Leistung ebenso als Berechtigter aus[90] wie derjenige, der in eigener oder fremder Verantwortung bloß die Programmhefte gestaltet und vertreibt oder sonstige für die Darbietung erforderliche äußere Vorkehrungen trifft.[91] Letztlich ist auch die Auswahl der dargebotenen Stücke für die Veranstalterleistung iSd. § 81 nicht von ausschlaggebender Bedeutung, wohl aber kann bei gebotener Gesamtschau die Bewirtung der Gäste der Vereinnahmung der Bewirtungserlöse und die Bewerbung der Veranstaltung die Veranstaltereigenschaft begründen.[92]

3. Die Rechtsverhältnisse zwischen Veranstalter und ausübendem Künstler

33 **a)** Die **Verwertungsrechte** des Veranstalters entstehen **originär** mit der Erbringung der Veranstalterleistung. Sie sind zwar ohne einen Künstlervertrag nicht denkbar, werden aber niemals durch einen

---

[83] Vgl. v. Gamm § 100 UrhG Rn. 4; Fromm/Nordemann/*W. Nordemann* (9. Aufl.), § 100 UrhG Rn. 2.

[84] Ebenso Dreier/Schulze/*Dreier* § 81 UrhG Rn. 9.

[85] St. Rspr., zuletzt BGH GRUR 2015, 987 Rn. 16 – Trassenfieber – mit umfassender Rspr. und Lit.-Hinweisen; ferner BGH GRUR 1960, 253 (255) – Auto-Skooter; KG GRUR 1959, 150 (151) – Musikbox-Aufsteller; OLG München GRUR 1979, 152 – Transvestiten-Show; sa. Fromm/Nordemann/*Schaefer* § 81 UrhG Rn. 15.

[86] Vgl. Fromm/Nordemann/*Hertin* (9. Aufl.), § 81 UrhG Rn. 6; Dreier/Schulze/*Dreier* § 81 UrhG Rn. 5.

[87] AA zur alten Fassung des § 15 Abs. 3 *Gentz* GRUR 1968, 182 (183), der beide Veranstalterbegriffe gleichsetzt.

[88] BGH GRUR 2015, 987 Rn. 17 – Trassenfieber.

[89] BGH GRUR 2015, 987 Rn. 17 – Trassenfieber: Programmgestaltung nicht notwendige Veranstalterleistung; BGHZ 27, 264 = GRUR 1958, 549 – Box-Programme; Möhring/Nicolini/*Strang* (4. Aufl.), § 81 UrhG Rn. 13.

[90] Ebenso BGH GRUR 2015, 987 Rn. 18 – Trassenfieber; Dreier/Schulze/*Dreier* § 81 UrhG Rn. 5; vgl. *Ulmer* § 128 III; aA v. Gamm § 15 UrhG Rn. 16.

[91] RG JW 1910, 682 (683).

[92] So BGH GRUR 2015, 987 Rn. 17 – Trassenfieber; anders wohl noch BGH GRUR 1960, 253 (255) – Auto-Skooter.

solchen Vertrag begründet. **Unabhängig** von dem Rechtsverhältnis zum ausübenden Künstler hat der Veranstalter das Recht, Dritten an seinen Verwertungsrechten **Nutzungsbefugnisse** einzuräumen. Konkret kann er die in den §§ 77 Abs. 1 und 2 S. 1 (Aufnahme, Vervielfältigung und Verbreitung der veranstalteten Darbietung) sowie 78 Abs. 1 (öffentliche Zugänglichmachung, Live-Sendung sowie öffentliche Wiedergabe der veranstalteten Darbietung mittels Bildschirm, Lautsprecher oder andere technische Mittel) genannten Nutzungen von seiner Zustimmung abhängig machen.[93] Jedoch ist er von der Teilhabe an den Vergütungsansprüchen nach § 78 Abs. 2 (Bild- und Tonträgersendung, öffentliche Wahrnehmbarmachung mittels Bild- und Tonträger, öffentliche Wahrnehmbarmachung gesendeter oder öffentlich zugänglich gemachter veranstalteter Darbietungen) ausgeschlossen.[94] Hat der Veranstalter den betreffenden Tonträger selbst hergestellt (§ 85), steht ihm jedoch der Vergütungsanspruch nach §§ 85, 86 zu.[95] § 81 S. 2 erklärt die § 31 Abs. 1–3, 5 sowie §§ 33 und 38 im Rahmen des unternehmensbezogenen Veranstalterrechts für entsprechend anwendbar, ohne dass freilich klar würde, weshalb der praktisch nur auf Druckwerke anwendbare § 38 im Bereich des Veranstalterrechts Anwendung finden soll.[96] Im Übrigen bekräftigt S. 2, dass nach der Umwandlung der Einwilligungsrechte des Veranstalters in ausschließliche Verwertungsrechte für das Veranstalterrecht im Rechtsverkehr auch die Vorschriften der §§ 31 ff. gelten, jedoch der Natur dieses Rechts entsprechend unter Ausschluss der Vorschriften mit persönlichkeitsrechtlichem Charakter (§§ 39, 41, 42) und derjenigen, die dem Schutz der Kreativen als der regelmäßig schwächeren Vertragspartei dienen.[97]

b) Angesichts der dadurch sich ergebenden Möglichkeiten des Veranstalters, den Interpreten über **34**
den Künstlervertrag hinaus an der Auswertung seiner Leistung zu hindern, steht die Ausübung seiner Verwertungsrechte unter dem **Vorbehalt von Treu und Glauben**.[98] Dies gilt umgekehrt auch für den ausübenden Künstler. Er kann jedoch anders als die Nutzungsrechtseinräumung auch aus persönlichkeitsrechtlichen Gründen verweigern.[99] Bei der Beurteilung einer verweigerten Rechtseinräumung unter dem Gesichtspunkt von § 242 BGB sind die Höhe der gezahlten Gage und die Einnahmen des Veranstalters zu berücksichtigen.

c) Der ausübende Künstler kann seine Verwertungsrechte an den Veranstalter **abtreten** (§ 79 **35**
Abs. 1 S. 1). Der Veranstalter vermag dann die für Nutzungen nach §§ 77 Abs. 1 und 2 S. 1, 78 Abs. 1 erforderlichen Rechte alleine einzuräumen, ohne dass es noch einer zusätzlichen Nutzungsrechtseinräumung durch den ausübenden Künstler bedarf. Dies gilt auch in umgekehrter Richtung. Anders als noch nach der früheren, richtlinienbedingt durch das 3. UrhGÄndG[100] geänderten Fassung des § 78 verbleibt dem ausübenden Künstler keine Befugnis mehr, die Rechtseinräumung (früher Einwilligung) trotz Abtretung selbst zu erteilen.[101] **Verzichtet der Veranstalter** gegenüber einem Interpreten auf die Geltendmachung seiner Rechte aus § 81, liegt darin nicht ohne Weiteres auch ein Verzicht gegenüber Dritten.[102]

d) Die einschlägigen Nutzungsrechte wurden früher regelmäßig von den ausübenden Künstlern **36**
und den Veranstaltern selbst eingeräumt. Das hat sich mit der Gründung und Zulassung der **Gesellschaft zur Wahrnehmung von Veranstalterrechten (GWVR)** durch das DPMA am 15.9.2014 geändert.[103] Die im **Erstverwertungsbereich** tätige GWVR erteilt seither Lizenzen für die Nutzung von Veranstalterrechten. **Lizenznehmer** der GWVR sind, wie sie auf ihrer Website angibt, natürliche und juristische Personen, die die von der GWVR wahrgenommenen Rechte nutzen wie beispielsweise **Hersteller von Ton- und Bildtonträgern** mit Mitschnitten von Veranstaltungen, **Radio- und Fernsehsender,** die Mitschnitte von Veranstaltungen senden, **Online-Anbieter** wie beispielsweise Youtube oder Spotify, die Veranstaltungsmitschnitte im Netz zugänglich machen.[104] Nach Abschluss einer Abgrenzungsvereinbarung nimmt die **Gesellschaft zur Verwertung von Leistungsschutzrechten (GVL)** weiterhin die **Zweitverwertungsrechte der Veranstalter** wahr. Es handelt sich dabei allein um die Vergütungsansprüche nach den §§ 44a ff., insbesondere für die private Überspielung gemäß § 54 Abs. 1 (Rn. 39).[105]

---

[93] AllgM; etwa *Schmieder* UFITA 73 (1975) 65 (71); Fromm/Nordemann/*Schaefer* § 81 UrhG Rn. 18; *Dünnwald/Gerlach* § 81 UrhG Rn. 7; Fromm/Nordemann/*Hertin* (9. Aufl.), § 81 UrhG Rn. 7; Möhring/Nicolini/*Kroitzsch* (2. Aufl.), § 81 UrhG Rn. 1.
[94] Einzelheiten dazu unter §§ 77, 78; Fromm/Nordemann/*Schaefer* § 81 UrhG Rn. 18.
[95] Ebenso Fromm/Nordemann/*Schaefer* § 81 UrhG Rn. 18.
[96] Vgl. Fromm/Nordemann/*Schaefer* § 81 UrhG Rn. 21.
[97] § 31 Abs. 4, der allerdings auch für ausübende Künstler nicht gilt (§ 79 Abs. 2 S. 2), §§ 32, 32a, 34 bis 37, 40, 43.
[98] Vgl. Möhring/Nicolini/*Kroitzsch* (2. Aufl.), § 81 UrhG Rn. 2; Möhring/Nicolini/*Stang* (4. Aufl.), § 81 UrhG Rn. 20.
[99] Vgl. *v. Gamm* § 81 UrhG Rn. 3.
[100] S. AmtlBegr. BT-Drs. 13/115, 15.
[101] § 78 S. 2 aF; zur früheren Rechtslage → 1. Aufl. 1987, § 78 UrhG Rn. 31.
[102] OLG München ZUM 1997, 144 (145) – Michael Jackson-Konzert.
[103] Siehe dazu insbesondere Fromm/Nordemann/*Schaefer* § 81 UrhG Rn. 2.
[104] Einzelheiten zur GWVR abrufbar unter http://gwvr.de/info/.
[105] Zur Verteilung s. Verteilungsplan Nr. 2 der vorläufigen Verteilungspläne der GVL ab 2013 idF. der Beiratsbeschlüsse vom 4.3.2014, 17.11.2014 und 18.3.2015.

37   e) Im Verhältnis **zwischen ausübendem Künstler und Veranstalter** kann – neben den allgemeinen schuldrechtlichen Schranken der Rechtsausübung – das **UWG** zur Anwendung kommen,[106] etwa wenn der Interpret zum Zwecke des Wettbewerbs unter einem anderen Veranstalter in zeitlichem und räumlichem Zusammenhang mit der ersten Veranstaltung dasselbe Werk darbietet.[107]

III. Sonstige Fragen

38   **1.** Für das Recht des Veranstalters gilt nach § 82 anders als für das Recht des ausübenden Künstlers (50 Jahre) eine **25-jährige Schutzfrist.**[108] **Nach Ablauf der sondergesetzlichen Schutzfrist** kann der Veranstalter sich auf § 3 iVm. § 4 Nr. 3 lit. a und b, 4 UWG berufen, wenn besondere außerhalb des leistungsschutzrechtlichen Tatbestands liegende Umstände gegeben sind, die die unmittelbare Übernahme seiner Veranstalterleistung aus lauterkeitsrechtlicher Sicht als sittenwidrig erscheinen lassen und ein solcher Rechtsschutz nicht in Gegensatz zu der spezialgesetzlichen Regelung des §§ 81, 82 tritt.[109]

39   **2.** Die **Schrankenregelungen** des Teils 1 Abschnitt 6 des UrhG finden gemäß § 83 auf die dem Veranstalter zustehenden Rechte entsprechende Anwendung. Deshalb hat auch der Veranstalter Anteil an den Vergütungen gemäß §§ 46, 47 und 54 Abs. 1.[110]

40   **3.** § 125 bestimmt auch den **persönlichen Geltungsbereich des Rechts des Veranstalters,** obwohl diese Bestimmung nach ihrem Wortlaut nur den Schutz deutscher und ausländischer Staatsangehöriger für alle ihre Darbietungen regelt. Die fehlende Erwähnung des Veranstalters dürfte auf ein Redaktionsversehen zurückgehen.[111] § 81 gilt deshalb auch für Leistungen deutscher Veranstalter im Ausland.[112] Deutschen Veranstaltern sind nach § 125 Abs. 1 S. 2 iVm. § 120 Abs. 2 EU- und EWR-Ausländer gleichgestellt.

41   **4.** Hinsichtlich der **Übertragbarkeit** und **Vererblichkeit** der Veranstalterrechte gelten die für vermögensrechtliche Leistungsschutzrechte einschlägigen allgemeinen Bestimmungen. Die Veranstalterrechte sind als Ganzes übertragbar (§§ 413, 398 ff. BGB) und vererblich (§ 1922 BGB).[113] Soweit durch die Inbezugnahme von § 63a die gesetzlichen Vergütungsansprüche des Veranstalters im Voraus nur an eine Verwertungsgesellschaft abtretbar sind, handelt es sich wohl um ein Redaktionsversehen, zumal die Gesetzesbegründung nichts Gegenteiliges erkennen lässt. Der § 63a zugrunde liegende Schutzgedanke ist dem unternehmensbezogenen Leistungsschutz ebenso fremd wie die persönlichkeitsrechtlichen Befugnisse der vertragsrechtlichen Bestimmungen der §§ 31 ff., die der Gesetzgeber nach § 81 S. 2 nicht für entsprechend anwendbar erklärt hat.[114]

5. Konkurrenzen

42   § 81 ging nach früherer Auffassung den lauterkeitsrechtlichen Bestimmungen des § 3 iVm. § 4 Nr. 3 lit. a und b sowie Nr. 4 UWG und den §§ 823 Abs. 1, 826 BGB als **lex specialis** vor und schließt deren Anwendung aus; das gilt für § 3 iVm. § 4 Nr. 3 lit. a und b sowie Nr. 4 UWG nur insoweit, als nicht besondere Begleitumstände vorliegen, die die Ausnutzung fremder Leistung wettbewerbsrechtlich als unlauter erscheinen lassen und die die Unlauterkeit begründenden Umstände außerhalb des Sonderschutztatbestandes liegen.[115] Diese sog. Vorrangtheorie ist von der neueren Rechtsprechung des BGH[116] zurückgedrängt worden. Nach ihr können lauterkeitsrechtliche Ansprüche im Sinne einer Anspruchskonkurrenz unabhängig von urheberrechtlichem Sonderrecht bestehen, wenn besondere außerhalb des Urheberrechts liegende Begleitumstände gegeben sind, die nach § 3 iVm. § 4 Nr. 3 lit. a und b, Nr. 4 UWG die Unlauterkeit begründen.[117] Neben § 81 verbleiben dem Veranstalter im Übrigen die Rechte aus seinem Hausrecht nach §§ 858, 1004 BGB (vgl. → Rn. 2).

---

[106] Vgl. BGHZ 26, 52 (58) = GRUR 1958, 354 – *Sherlock Holmes; Ulmer* § 7 I.

[107] Sa. Fromm/Nordemann/*Hertin* (9. Aufl.), § 81 UrhG Rn. 8 unter Verweis auf *Hodik* GRUR-Int 1984, 421 (422).

[108] Einzelheiten dazu in der Kommentierung zu § 82; zur Bewertung der Schutzdauer des Veranstalterrechts sa. ausführlich kritisch *Flechsig-Bisle* S. 331 ff.

[109] → Vor §§ 73 ff. Rn. 90 ff.; Dreier/Schulze/*Dreier* § 82 UrhG Rn. 7; *D. Reimer* FS Wendel (1969), S. 98 (100 ff.); *G. Schulze* FuR 1984, 619 (625); ausführlich zur ergänzenden Anwendung des UWG → Einl. UrhG Rn. 60 ff. mwN.

[110] Einzelheiten dazu → Rn. 6, 18 sowie die Erläuterungen zu § 83.

[111] Im Ergebnis ebenso Möhring/Nicolini/*Kroitzsch* (2. Aufl.), § 125 UrhG Rn. 11; *v. Gamm* § 125 UrhG Rn. 1; Einzelheiten dazu → § 125; aA *Dünnwald/Gerlach* § 81 UrhG Rn. 8: keine analoge Anwendung von § 125 (passt nicht für das Veranstalterrecht), sondern § 127 analog.

[112] OLG München ZUM 1997, 144 (145) – *Michael-Jackson-Konzert.*

[113] AllgM. Möhring/Nicolini/*Stang* (4. Aufl.), § 81 UrhG Rn. 7; *v. Gamm* § 81 UrhG Rn. 4 aE; vgl. auch → § 85 Rn. 68 sowie → § 28 Rn. 20.

[114] Vgl. auch → § 85 Rn. 69.

[115] BGH GRUR 1986, 454 (456) – *Bob Dylan;* BGH GRUR 1987, 814 (816) – *Die Zauberflöte;* BGH GRUR 1992, 697 (699) – *ALF;* s. zum Verhältnis der Leistungsschutzrechte zum Lauterkeitsrecht auch → Vor §§ 73 ff. Rn. 90 ff. sowie → Einl. UrhG Rn. 60 ff.; *Hodik* GRUR-Int 1984, 421 (423).

[116] BGH GRUR 2011, 134 Rn. 65 – *Perlentaucher;* BGH GRUR 2012, 58 Rn. 41 – *Seilzirkus.*

[117] Ausführlich Einl. Rn. 60 ff.; sa. Köhler/Bornkamm/Feddersen/*Köhler* UWG (36. Aufl.), § 4 UWG Rn. 3.7.

Außerdem kann er neben § 81 vorbehaltlich des Vorliegens der weiteren tatbestandlichen Voraussetzungen auch die Rechte aus §§ 73 (→ Rn. 20), 85, 87, 94 und 95 geltend machen.[118]

§ 82 Dauer der Verwertungsrechte

(1) [1] Ist die Darbietung des ausübenden Künstlers auf einem Tonträger aufgezeichnet worden, so erlöschen die in den §§ 77 und 78 bezeichneten Rechte des ausübenden Künstlers 70 Jahre nach dem Erscheinen des Tonträgers, oder wenn dessen erste erlaubte Benutzung zur öffentlichen Wiedergabe früher erfolgt ist, 70 Jahre nach dieser. [2] Ist die Darbietung des ausübenden Künstlers nicht auf einem Tonträger aufgezeichnet worden, so erlöschen die in den §§ 77 und 78 bezeichneten Rechte des ausübenden Künstlers 50 Jahre nach dem Erscheinen der Aufzeichnung, oder wenn deren erste erlaubte Benutzung zur öffentlichen Wiedergabe früher erfolgt ist, 50 Jahre nach dieser. [3] Die Rechte des ausübenden Künstlers erlöschen jedoch bereits 50 Jahre nach der Darbietung, wenn eine Aufzeichnung innerhalb dieser Frist nicht erschienen oder nicht erlaubterweise zur öffentlichen Wiedergabe benutzt worden ist.

(2) [1] Die in § 81 bezeichneten Rechte des Veranstalters erlöschen 25 Jahre nach Erscheinen einer Aufzeichnung der Darbietung eines ausübenden Künstlers, oder wenn deren erste erlaubte Benutzung zur öffentlichen Wiedergabe früher erfolgt ist, 25 Jahre nach dieser. [2] Die Rechte erlöschen bereits 25 Jahre nach der Darbietung, wenn eine Aufzeichnung innerhalb dieser Frist nicht erschienen oder nicht erlaubterweise zur öffentlichen Wiedergabe benutzt worden ist.

(3) Die Fristen sind nach § 69 zu berechnen.

Schrifttum: *Dünnwald,* Sind die Schutzfristen für Leistungsschutzrechte noch angemessen?, ZUM 1989, 47; *Dietz,* Die Schutzdauer-Richtlinie der EU, GRUR-Int 1995, 670; *Drücke,* der Richtlinienvorschlag der EU-Kommission zur Schutzfristverlängerung für ausübende Künstler und Tonträgerhersteller aus Sicht der Tonträgerhersteller, ZUM 2009, 113; *Erdmann,* Die zeitliche Begrenzung des ergänzenden wettbewerbsrechtlichen Leistungsschutzes, FS Vieregge (1995), S. 197; *Flechsig-Bisle,* Erstreckung der künstlerischen Leistungsschutzrechte und Umsetzung der Schutzdauer-Richtlinie 2011/77/EU in nationales Recht, 2015; *Gerlach,* Der Richtlinienvorschlag der EU-Kommission zur Schutzfristenverlängerung für ausübende Künstler und Tonträgerhersteller aus Sicht der ausübenden Künstler, ZUM 2009, 1003; *Hilty/Kur/Klass/Geiger/Peukert/Drexl/Katzenberger,* Stellungnahme des Max-Planck-Institut für Geistiges Eigentum, Wettbewerbs- und Steuerrecht zum Vorschlag der Kommission für eine Richtlinie zur Änderung der Richtlinie 2006/116/EG des Europäischen Parlaments und des Rates über die Schutzdauer der Urheberrechts und bestimmter verwandter Schutzrechte, GRUR-Int 2008, 907; *R. Kreile,* Der Bericht der Bundesregierung über die Auswirkungen der Urheberrechtsnovelle 1985 und Fragen des Urheber- und Leistungsschutzrechts vom 4.7.1989 und seine gesetzgeberische Umsetzung in der 11. Legislaturperiode, ZUM 1990, 1; *Pakuscher,* Der Richtlinienvorschlag der EU-Kommission zur Schutzfristverlängerung für ausübende Künstler und Tonträgerhersteller, ZUM 2009, 89; *Peukert,* Leistungsschutz des ausübenden Künstlers de lege lata und de lege ferenda unter besonderer Berücksichtigung der postmortalen Rechtslage, UFITA 138 (1999) 63; *G. Schulze,* Der Richtlinienvorschlag der EU-Kommission zur Schutzfristenverlängerung für ausübende Künstler und Tonträgerhersteller aus dogmatischer, kritischer und konstruktiver Sicht, ZUM 2009, 93; *Unger,* Die Verlängerung der Schutzfristen für ausübende Künstler: Perpetuierung des bootleg-Problems bei historischen Aufnahmen?, ZUM 1990, 501; *Vogel,* Bedarf es längerer Schutzfristen für Leistungsschutzrechte?, Das Orchester 1989, 378; *ders.,* Verlängerte Schutzfrist für die Leistungsschutzrechte der ausübenden Künstler, Das Orchester 1990, 1140; *ders.,* Die Umsetzung der Richtlinie zur Harmonisierung der Schutzdauer des Urheberrechts und bestimmter verwandter Schutzrechte, ZUM 1995, 451; *v. Ungern-Sternberg,* Die Bindungswirkung des Unionsrechts und die urheberrechtlichen Verwertungsrechte, FS Bornkamm (2014), S. 1007; *Walter,* Der Richtlinien-Vorschlag der Kommission für eine Änderung der Schutzdauer-Richtlinie 1993/2006, FS Loewenheim (2009), S. 377.

Übersicht

I. Allgemeines

1. Regelungsgegenstand

§ 82 regelt die **Schutzdauer der Rechte des ausübenden Künstlers** (§ 73), soweit sie in ihrem **1** Schwerpunkt **vermögensrechtlicher Natur** sind, und die **Schutzdauer des Veranstalterrechts** (§ 81). Dies sind die Verwertungsrechte nach §§ 77 Abs. 1 und Abs. 2 S. 1, § 78 Abs. 1, die Vergütungsansprüche nach § 77 Abs. 2 S. 2 und nach § 78 Abs. 2, das Kündigungsrecht nach § 79 Abs. 3

---

[118] → Rn. 18; ebenso Dreier/Schulze/*Dreier* § 81 UrhG Rn. 2.

sowie die Beteiligungsansprüche des ausübenden Künstlers nach § 79a.[1] Für den persönlichkeitsrechtlichen Schutz des Interpreten vor Entstellung und Beeinträchtigung seiner Leistung (§ 75) sowie für seine Rechte auf Anerkennung und Namensnennung (§ 74) gilt die abweichende Schutzfristregel des § 76, der zufolge die Rechte aus §§ 74 und 75 ihrem Wesen entsprechend niemals vor dem Tode des Künstlers erlöschen, mindestens aber solange währen wie die Rechte nach § 82. Die Schutzfristregeln der Vermögens- und Persönlichkeitsrechte des ausübenden Künstlers haben zwar unterschiedliche Anknüpfungspunkte, werden aber wegen der Mindestschutzdauer nach § 76 S. 1 aE nur selten zu unterschiedlichen Zeitpunkten enden.[2] Ein Widerspruch zum Grundsatz der Einheitlichkeit des Interpretenrechts ist darin nicht zu sehen.[3]

2 **Die Regelung der Schutzfristen** in § 82 ist nur für festgelegte Leistungen von Bedeutung, nicht dagegen für solche, die wohl geschützt, nicht aber aufgenommen und deshalb nicht wiederholbar sind.[4] Die Bestimmung gilt auch für **rechtswidrige Aufnahmen,** jedoch unterliegen diese ungeachtet der Schutzfrist des § 82 zeitlich unbegrenzt dem Verwertungsverbot des § 96.[5]

2. Entwicklung der Schutzfrist des Interpretenrechts

3 **a)** Das **LUG,** das noch keine Leistungsschutzrechte kannte, stellte den ausübenden Künstler einem Bearbeiterurheber gleich,[6] so dass seine Rechte erst 50 Jahre post mortem auctoris endeten. Das **UrhG von 1965** schaffte im Anschluss an die vier leistungsschutzrechtlichen Urteile des BGH vom 31.5.1960[7] die dogmatisch verfehlte Konstruktion des fiktiven Bearbeiterurheberrechts ab und gewährte dem ausübenden Künstler ein eigenes, in seinem Wesen vom Recht des Werkschöpfers verschiedenes Leistungsschutzrecht, welches gemäß § 82 aF 25 Jahre nach dem Erscheinen der Darbietung endete und zunächst uneingeschränkt, dh. ohne besonderen Übergang, auch auf diejenigen Darbietungen Anwendung finden sollte, die vor Inkrafttreten des UrhG erbracht worden waren (§§ 129, 135). Demnach wären alle vor dem Jahre 1940 erschienenen Aufnahmen Ende 1965 übergangslos gemeinfrei geworden.

4 Diese Regelung erachtete das **BVerfG** mit **Beschluss vom 8.7.1971** zwar grundsätzlich für verfassungsgemäß, jedoch beanstandete er sie insoweit als verfassungswidrige entschädigungslose Enteignung, als bei älteren Rechten das für den Beginn der Schutzfrist maßgebende Ereignis (Erscheinen bzw. Darbietung) vor Inkrafttreten des UrhG lag und deshalb zu einer Verkürzung der Schutzdauer geführt hätte.[8] Mit der **Einführung des § 135a im Zuge der Urheberrechtsnovelle von 1972** trug der Gesetzgeber diesem Beschluss Rechnung, indem er die 25-jährige Frist erst mit dem Inkrafttreten des Gesetzes (1.1.1966) in Lauf setzte, wenn das für den Schutzfristbeginn maßgebende Ereignis vor diesem Zeitpunkt lag. Zu einer Verlängerung der nach altem Recht gültigen Frist führte die Neuregelung jedoch nicht (§ 135a S. 2).[9]

5 **b)** Infolge dieser Regelung sollten nach dem 31.12.1990 alle unter dem LUG entstandenen und noch geschützten Aufnahmen gemeinfrei werden, so dass diese **Altaufnahmen** – häufig digitaltechnisch verbessert – in Konkurrenz zu den wegen der zu zahlenden Künstlervergütungen kostspieligeren Neuaufnahmen getreten wären.[10] Wegen der durch neue Techniken der Aufbereitung und Festlegung verlängerten Vermarktungsmöglichkeit,[11] längerer Schutzfristen in zahlreichen ausländischen Rechtsordnungen und der sich abzeichnenden Schutzfristenharmonisierung innerhalb der Europäischen Gemeinschaft wurde im ProduktpiraterieG vom 7.3.1990 (BGBl. I S. 422) die zunächst rechtspolitisch für vertretbar gehaltene und vom BVerfG wegen der weitreichenden Gestaltungsbefugnis des Gesetzgebers für verfassungsrechtlich unbedenklich erklärte,[12] in der Literatur freilich wiederholt kritisierte[13] 25-jährige Schutzfrist der Künstlerrechte – nicht dagegen die der unternehmensbezogenen Leistungs-

---

[1] Zu Recht weisen Möhring/Nicolini/*Stang* (4. Aufl.), § 82 UrhG Rn. 1.1 darauf hin, dass §§ 79 Abs. 3 und 79a auf Grund eines offensichtlichen Redaktionsversehens nicht ausdrücklich in § 82 erwähnt sind.

[2] Etwa wenn der ausübende Künstler nach Ablauf der Frist gemäß § 82 verstirbt; aA zum früheren Recht *Flechsig* FuR 1976, 74 (77); zu den unterschiedlichen Schutzfristen nach altem Recht § 76 Rn. 2, 5 mwN.

[3] Dazu *Dietz,* Urheberrecht in der Europäischen Gemeinschaft, Rn. 163; aA Möhring/Nicolini/*Kroitzsch* (2. Aufl.), § 82 UrhG Rn. 1; Vor §§ 12 ff. Rn. 36; *Peukert* UFITA 138 (1999) 63 (66 ff.); → § 76 Rn. 2.

[4] Fromm/Nordemann/*Hertin* (9. Aufl.), § 83 UrhG Rn. 5.

[5] LG Hamburg ZUM 1991, 98 (99) – Bayreuther Orchester; Wandtke/Bullinger/*Büscher* § 82 UrhG Rn. 7; zurückhaltend Dreier/Schulze/*Dreier* § 82 UrhG Rn. 4, der freilich zu erwägen gibt, rechtswidrig hergestellte Tonträger nach Fristablauf freizugeben, wenn der ausübende Künstler einem diesen konkreten Mitschnitt verwertet und damit der bleibenden Veröffentlichung zustimmt; gegen eine unbefristete Anwendung des § 96 wegen der dadurch bewirkten Verlängerung der Schutzfrist und des Schutzes vor außergesetzlichen Interessen Möhring/Nicolini/*Stang* (4. Aufl.), § 82 UrhG Rn. 16.

[6] § 2 Abs. 2 LUG idF des Gesetzes vom 22.5.1910.

[7] Dazu → Vor §§ 73 ff. Rn. 18 ff.

[8] BVerfGE 31, 275 (292 ff.) = GRUR 1972, 145 – Schallplatten; kritisch dazu *Schorn* NJW 1973, 687.

[9] Einzelheiten → §§ 135, 135a Rn. 5, 8; sa. *Dünnwald* ZUM 1989, 47 (48); *Vogel* Das Orchester 1989, 378 (379).

[10] Dazu *Dünnwald* ZUM 1989, 47 (51 f.); *Vogel* Das Orchester 1989, 378 (379 ff.); kritisch im Hinblick auf historische Aufnahmen *Unger* ZUM 1990, 501 (502 ff.).

[11] S. Beschlussempfehlung und Bericht des Rechtsausschusses UFITA 113 (1990) 259 (263).

[12] BVerfGE 31, 275 (288 f.) = GRUR 1972, 145 – Schallplatten.

[13] *Schmieder* UFITA 73 (1975) 65 (71, 81); *Schorn* GRUR 1978, 230 ff.; *Schorn* GRUR 1982, 644 (650) im Hinblick auf die Rechte der Tonträgerhersteller; *Ulmer* FS Hefermehl (1971), S. 189 (199).

schutzrechte der Veranstalter (§ 81), Film- und Tonträgerhersteller (§§ 94, 95 und § 85) – **auf 50 Jahre angehoben.** Fälle des Übergangs von altem zu neuem Recht regelt § 137c. Seit dem **Inkrafttreten des Einigungsvertrages am 3.10.1990**[14] findet das UrhG rückwirkend auch auf die in der ehemaligen DDR erfolgten Darbietungen Anwendung.[15]

c) Eine weitere substantielle Änderung erfuhr die Schutzdauer der Interpretenrechte durch das **6** **3. UrhGÄndG vom 23.6.1995** (BGBl. I S. 842), das fristgerecht vor dem 1.7.1995 ua. die Vorgaben der Richtlinie 93/98/EWG des Rates vom 29.10.1993 zur Harmonisierung der Schutzdauer des Urheberrechts und bestimmter verwandter Schutzrechte[16] in nationales Recht transformierte. Art. 3 dieser Richtlinie legte eine einheitliche Schutzfrist von 50 Jahren für die Rechte der ausübenden Künstler, Tonträger- und Filmhersteller sowie der Sendeunternehmen fest. Art. 11 Abs. 2 wiederum setzte die Vorschrift des Art. 12 der Vermiet- und Verleih-RL außer Kraft,[17] der den Mitgliedstaaten die Einführung der Schutzfristen des Rom-Abkommens zur Pflicht gemacht hatte.[18] Für die nach dem UrhG geschützten Interpreten brachte die Umsetzung der Schutzdauer-RL 93/98/EWG lediglich die zusätzliche Anknüpfung an den in praxi nicht immer leicht zu beweisenden Zeitpunkt der ersten erlaubten öffentlichen Wiedergabe einer Aufnahme, wenn diese früher erfolgt ist als ihr Erscheinen, sowie die Angleichung der Mindestschutzdauer der Persönlichkeitsrechte der ausübenden Künstlers in § 83 Abs. 3 aF (jetzt § 76).[19] Mit der Umsetzung der InfoSoc-RL durch das **Gesetz zur Regelung des Urheberrechts in der Informationsgesellschaft** vom 10.9.2003 (BGBl. I S. 1774) hat § 82 lediglich durch die Umwandlung der Einwilligungsrechte des ausübenden Künstlers sowie des Veranstalters in Verwertungsrechte und durch die Neuordnung der Vorschriften der Künstlerrechte bedingte redaktionelle Anpassungen erfahren. Durch die gleichzeitige Änderung der Schutzdauerregelung des Tonträgerherstellerrechts in § 85 Abs. 3 endet der Schutz beider Rechte nicht mehr notwendigerweise gleichzeitig (§ 85 Rn. 72).

d) Am 12.12.2006 wurde die **Richtlinie 2006/116/EG** des Europäischen Parlaments und des **7** Rates **über die Schutzdauer des Urheberrechts und bestimmter verwandter Schutzrechte (kodifizierte Fassung)**[20] beschlossen. Gegenüber der gleichzeitig gemäß Art. 12 außer Kraft gesetzten Richtlinie 93/98/EWG enthält sie wenige zwischenzeitlich notwendig gewordene Änderungen, die jedoch im Zusammenhang mit der Vorschrift des § 82 UrhG nicht von Bedeutung sind.

Nach einem **Vorschlag der EU-Kommission** für eine Richtlinie des Europäischen Parlaments **8** und des Rates **zur Änderung der Richtlinie 2006/116/EG** (Dok. KOM (2008) 464/3) sollte – als Anreiz, Altaufnahmen in digitaler Aufbereitung für neue Nutzungsarten zu verwerten, und zur besseren Alimentierung der ausübenden Künstler im Alter – die Schutzdauer des Interpretenrechts und des Tonträgerherstellerrechts für solche Darbietungen von **50 auf 95 Jahre** verlängert werden, die innerhalb von 50 Jahren nach der Darbietung erschienen oder früher erlaubterweise öffentlich wiedergegeben worden sind.[21] Im Übrigen sollte die Schutzfrist weiterhin 50 Jahre betragen. Der Kommissionsvorschlag ist heftig in die Kritik geraten,[22] führte jedoch letztlich in „abgespeckter" Form zur **Richtlinie 2011/77/EU des Europäischen Parlaments und des Rates vom 27.9.2011 zur Änderung der Richtlinie 2006/116/EG über die Schutzdauer des Urheberrechts und bestimmter verwandter Schutzrechte.**[23] Ihre Umsetzung in nationales Recht mit dem **9. UrhGÄndG vom 2.7.2013** (BGBl. I S. 1940) hat die derzeit gültige, am 6.7.2013 in Kraft getretene Fassung des § 82 zur Folge.

3. Die Regelung der Schutzdauer des Interpretenrechts im 9. UrhGÄndG

Die Neuregelung des § 82 im 9. UrhGÄndG beruht im Wesentlichen auf einer fortan unterschied- **9** lichen Schutzdauer der vermögenswerten Rechte des ausübenden Künstlers (§§ 77, 78) an Darbietungen, die auf **Tonträgern** aufgezeichnet und deshalb **ausschließlich akustisch wahrnehmbar** sind einerseits, und Aufzeichnungen **zumindest auch visuell wahrnehmbarer** Darbietungen (Bild-Tonträger), die nicht auf einem reinen Tonträger aufgezeichnet sind und deshalb zur Abgrenzung mitunter **als „Nicht-Tonträger"** bezeichnet werden,[24] andererseits (Art. 3 Abs. 1 S. 2 der

---

[14] Dazu eingehend → Vor §§ 120 ff. Rn. 173 ff.

[15] Anl. I Kap. III Sachgeb. E Abschn. II § 1 Abs. 1 und 2 des Einigungsvertrages; → Rn. 21.

[16] Veröffentlicht im ABl. EG vom 24.11.1993 Nr. L 290 S. 9.

[17] Richtlinie 92/100/EWG zum Vermiet- und Verleihrecht sowie zu bestimmten dem Urheberrecht verwandten Schutzrechten im Bereich des geistigen Eigentums, ABl. Nr. L 346 S. 61, kodifizierte Fassung: Richtlinie 2006/115/EG vom 12.12.2006, ABl. EG vom 27.12.2006 Nr. L 376 S. 28 = GRUR-Int 2007, 219.

[18] Dazu ausführlich *Dietz* GRUR-Int 1995, 670 (678 ff.).

[19] Zur Umsetzung allgemein AmtlBegr. UFITA 129 (1995) 219 (228 f., 243 f.); *Vogel* ZUM 1995, 450 (455).

[20] ABl. EU vom 27.12.2006 Nr. L 372 S. 12 = GRUR-Int 2007, 223.

[21] Dazu *Walter* FS Loewenheim (2009), S. 377 ff.

[22] Dazu ausführlich *Hilty* u. a. GRUR-Int 2008, 907; sowie die Beiträge von *Pakuscher, G. Schulze, Gerlach und Drücke* ZUM 2009, 89, 93, 103, 108, 113.

[23] ABl. EU 2011 Nr. L 265 S. 1.

[24] So die von *Flechsig-Bisle*, Einleitung, S. 76, 83 zum Leistungsschutzrecht des ausübenden Künstlers verwendete Bezeichnung.

durch die RL 2011/77 geänderten RL 2006/116/EU). Bei **gleicher Anknüpfung** der Schutzfristbe-rechnung
– **an den Zeitpunkt** des **Erscheinens** der Darbietung **oder**
– **an den einer** erlaubterweise vor ihrem Erscheinen erstmals erfolgten **öffentlichen Wiedergabe,**
– **hilfsweise** an den der **Aufzeichnung** der Darbietung
genießen **auf Tonträgern aufgezeichnete Darbietungen einen Schutz von 70 Jahren, auf Nicht-Tonträgern** (damit sind Bild- Tonträger gemeint) **aufgezeichnete Darbietungen** dagegen **wie bisher nur 50 Jahre** Schutz. Die hilfsweise Anknüpfung an den **Zeitpunkt der Aufzeichnung einer Darbietung,** wenn diese weder erschienen noch mittels eines Tonträgers öffentlich wiederge-geben worden ist, hat das Gesetz beibehalten. Unverändert geblieben ist zudem die **Schutzdauer des Veranstalterrechts,** die **sich weiterhin auf 25 Jahre** (§ 82 Abs. 2) beläuft, und geblieben ist end-lich die Schutzfristberechnung ab dem 1. Januar des fristauslösenden Ereignis folgenden Jahres (§ 82 Abs. 3 iVm. § 69).

10   Die **Novellierung** zielt darauf ab, Musikinterpreten eine längere, bis ins hohes Alter reichende Auswertung ihrer Darbietungen zu ermöglichen (Erwgr. 5, 6 der RL) und damit implizit auch die Musikindustrie zu stärken. Deshalb kommt die Schutzfristverlängerung nur einer aufgezeichneten, ausschließlich akustisch wahrnehmbaren Darbietung zugute, deren Tonträger – gleich welcher Auf-zeichnungstechnik (CD ua.) – entweder innerhalb der Schutzfrist von 50 Jahren erschienen oder vor-her erlaubterweise erstmals öffentlich wiedergegeben worden ist. Bei allen übrigen aufgezeichneten Darbietungen wie vornehmlich auf Bild- bzw. Bildtonträgern (DVD u. a.) festgehaltene, visuell wahr-nehmbare schauspielerische oder tänzerische Darbietungen, aber auch bei Darbietungen, für deren Schutzfristanknüpfung der Tag ihrer Aufzeichnung auf Tonträger maßgeblich ist, bleibt alles beim Alten (50 Jahre) – angesichts der Technikneutralität des Aufzeichnungsbegriffs weiterhin unabhängig von der Festlegungstechnik. Dies folgt aus dem Gebot der Gewährleistung des aquis communautaire. Die Neuregelung wirft Probleme bei der Beurteilung der Tonspur von Bildtonträgern auf (dazu → Rn. 15). **Verfassungsrechtlich** werden gegen die damit verbundene Ungleichbehandlung ver-schiedener Arten von Darbietungen Bedenken erhoben, weil die Rechtfertigungsgründe der Schutz-fristverlängerung gleichermaßen für alle ausübenden Künstler von Bedeutung sein sollten.[25]

II. Einzelerläuterungen

11   **1.** Die **neue 70-jährige Schutzfrist der Verwertungsrechte und der gesetzlichen Vergü-tungsansprüche des ausübenden Künstlers** gemäß § 82 Abs. 1 S. 1 iVm. §§ 77, 78 gilt nur für Darbietungen, die auf einem erschienenen Tonträger aufgezeichnet worden sind oder vor ihrem Er-scheinen erlaubterweise unter Benutzung der Aufzeichnung erstmals öffentlich wiedergegeben wor-den sind. § 82 Abs. 1 S. 1 2. Alt. knüpft nicht an die Benutzung des erschienenen Tonträgers an, son-dern an die Aufzeichnung der Darbietung. Das folgt nicht allein aus Abs. 1 S. 2, sondern auch daraus, dass andernfalls die alternative Anknüpfung überflüssig wäre. Maßgeblich ist der jeweils frühere Zeit-punkt. Anders als nach altem Recht sind rein akustische und (audio-)visuelle Darbietungen nicht mehr gleichgestellt. Letztere werden auf Bildträgern oder Bildtonträgern oder nach der Definition des Unionsrechts auf „Nicht-Tonträgern" aufgezeichnet. Nach Abs. 1 S. 2 gilt für sie unverändert eine 50-jährige Schutzfrist mit denselben Anknüpfungen wie bei allein akustisch vernehmbaren Darbie-tungen. **Hilfsweise** ist in beiden Fällen die Schutzdauer einer Darbietung **ab dem Zeitpunkt ihrer Aufzeichnung** zu berechnen, wenn diese nicht als Tonträger oder Nicht-Tonträger innerhalb von 50 Jahren erschienen oder nicht vorher erstmals erlaubterweise, dh. aufgrund einer Nutzungs-rechtseinräumung oder einer gesetzlichen Lizenz, zur öffentlichen Wiedergabe benutzt worden ist. Die Schutzfrist einer Darbietung wird nur dann durch eine öffentliche Wiedergabe in Lauf gesetzt, wenn die dabei verwendete Aufnahme auch dieselbe Darbietung verkörpert.[26]

12   Auf Tonträgern festgelegte Darbietungen, die im Jahr ihrer Aufnahme auch erschienen oder vorher erstmals erlaubterweise zur öffentlichen Wiedergabe benutzt worden sind, genießen demnach 70 Jahre Schutz, Darbietungen auf Nicht-Tonträgern (Bildtonträgern) unter denselben Voraussetzungen dage-gen nur 50 Jahre. Bei später als ein Jahr nach der Darbietung erschienenen bzw. vor ihrem Erscheinen erstmals erlaubterweise zur öffentlichen Wiedergabe verwendeten Aufnahme verlängert sich die Schutzfrist von 70 bzw. 50 Jahren um den zwischen der Aufzeichnung und der **maßgeblichen An-knüpfung** liegenden Zeitraum. Aufgezeichnete Darbietungen, deren Tonträger erst nach Ablauf von 50, aber noch innerhalb von 70 Jahren nach ihrer Festlegung erscheint oder erstmals erlaubterweise zur öffentlichen Wiedergabe benutzt wird, profitieren von der verlängerten Schutzfrist nicht. Denn das jeweilige fristverlängernde Ereignis ist in diesen Fällen erst eingetreten, als die Darbietung bereits aufgrund der hilfsweisen Anknüpfung an den Zeitpunkt der Aufzeichnung gemäß Abs. 1 S. 3 ge-meinfrei geworden ist. Eine einmal abgelaufene Frist wird nur durch eine ausdrückliche gesetzliche Bestimmung wieder in Lauf gesetzt. Dies bedeutet: Die **maximale Schutzdauer** einer aufgezeich-

[25] Für einen Verstoß gegen den Gleichheitsgrundsatz ausführlich *Flechsig-Bisle* S. 120 ff. mwN.
[26] *Dünnwald/Gerlach* § 82 UrhG Rn. 5.

neten Darbietung, die auf einem Tonträger erschienen oder zu einem früheren Zeitpunkt als dem Erscheinen erstmals öffentlich wiedergegeben worden ist, kann sich somit auf 120 Jahre belaufen, wenn das die Frist in Lauf setzende Ereignis in das 50. Jahr nach der Aufzeichnung der Darbietung fällt. Bei Nichttonträgern beläuft sich die maximale Schutzdauer auf 50 Jahre.[27]

Entsprechendes gilt für die Berechnung der Schutzdauer des **Rechts des Veranstalters** gemäß **13** § 81 mit der Maßgabe, dass dieses lediglich 25 Jahre währt. Das heißt, dass auch hier das Erscheinen der veranstalteten Darbietung oder eine vor dem Erscheinen erfolgte öffentliche Wiedergabe die 25-jährige Schutzfrist in Lauf setzt, wenn das maßgebliche Ereignis noch innerhalb von 25 Jahren nach der Darbietung eingetreten ist. Maximal ist eine veranstaltete Darbietung somit 50 Jahre geschützt.

2. Zur Definition des **Bild- und des Tonträgers** → § 16 Rn. 26. Probleme bereitet die Beurtei- **14** lung der **Tonspur** des **Bildtonträgers**,[28] seitdem auf ihm aufgenommene audiovisuelle Darbietungen kürzer geschützt sind als auf Tonträgern festgelegte akustisch wahrnehmbare Darbietungen. Eine auf einem Bildtonträger festgelegte **Tonspur** gilt als deren integraler Bestandteil, wenn sie speziell dem **Zweck**[29] **dient,** mit dem Bildteil eines Films verschmolzen zu werden. Die Tonspur ist in diesen Fällen kein Tonträger iSd. Art. 1 lit. a GTA[30] und des mit ihm übereinstimmenden Art. 2 lit. b WPPT, dessen Definition durch die Unterzeichnung dieses Vertrages durch die EU unionsrechtlich unmittelbare Geltung beansprucht.[31] Als Teil des audiovisuellen Gesamtgebildes kommt dem akustisch wahrnehmbaren Darbietungsteil (Musik, Synchronsprecher[32] oder Interpretation der vorgegebenen Sprachfassung) Schutz nur im Rahmen des § 82 Abs. 1 S. 2 zu (50 Jahre).[33] Wird allerdings ein reiner Tonträger, der für eine separate Vermarktung hergestellt worden ist, nachträglich als musikalische Untermalung eines (Fernseh-)Films verwendet und mit dem Bildteil auf einem Bildtonträger verbunden, genießt die für die selbstständige Vermarktung auf einem Tonträger aufgezeichnete Darbietung die längere Schutzfrist des Abs. 1 S. 1 mit der Maßgabe, dass sich die Anknüpfung der Schutzfrist allein nach den für den reinen Tonträger maßgeblichen Ereignissen richtet. Dasselbe gilt umgekehrt, wenn die Tonspur später aus dem Film herausgelöst und als separater Tonträger vermarktet wird (→ § 85 Rn. 32).[34]

3. Der **Begriff des Erscheinens** in § 82 entspricht dem der Veröffentlichung in den Richtlinien **15** und dem des § 6 Abs. 2, wenngleich letztere Vorschrift ihrem Wortlaut nach lediglich für Werke gilt.[35] Der **Begriff der öffentlichen Wiedergabe** wiederum folgt im Lichte der Rechtsprechung des EuGH zu lesenden Legaldefinition des § 15 Abs. 2 und Abs. 3.[36] Damit können neben der Sendung und der öffentlichen Zugänglichmachung auch die öffentlichen Tonträgerwiedergabe die Schutzfrist in Lauf setzen.

Rundfunkaufnahmen von Darbietungen, die vor der unionsrechtlichen Harmonisierung der **16** Schutzfristen der Interpreten- und Tonträgerherstellerrechte innerhalb der anfangs noch 25-jährigen Schutzfrist ab der Aufzeichnung der Darbietung häufig nicht erschienen waren,[37] genießen seit dem 3. UrhGÄndG vom 23.6.1995 einen komfortablen Schutz. Er resultiert aus der durch dieses Gesetz auf 50 Jahre verlängerten Schutzdauer und aus der zusätzlichen Anknüpfung an eine vor dem Erscheinen erfolgten ersten erlaubten öffentlichen Wiedergabe unter Benutzung des Bildton- oder Tonträgers, etwa durch eine erlaubte öffentlich Zugänglichmachung nach § 19a. Ist die Darbietung live gesendet worden und hat ihre Aufnahme danach lediglich im Archiv geruht, berechnet sich ihr 50-jähriger Schutz nicht ab der (live gesendeten) Darbietung, sondern erst ab einer danach erfolgten ersten Benutzung ihrer Aufzeichnung zur öffentlichen Wiedergabe (Rn. 12).[38] Aufnahmen, die zwar nicht unmittelbar von der Öffentlichkeit erworben werden können, sondern auf Spezialmärkten vertrieben und über Werkmittler der Allgemeinheit zugänglich gemacht werden, sind gleichwohl erschienen.[39]

---

[27] AllgM, Fromm/Nordemann/*Schaefer* § 82 UrhG Rn. 13; Dreier/Schulze/*Dreier* § 82 UrhG Rn. 2a; Wandtke/Bullinger/*Büscher* § 82 UrhG Rn. 5; Möhring/Nicolini/*Stang* (4. Aufl.), § 82 UrhG Rn. 7, 11.
[28] → § 85 Rn. 31 f.; Loewenheim/*Vogel*, Handbuch, § 40 Rn. 33 mwN.
[29] Beurteilung nach dem Zweck der Tonspur: § 85 Rn. 31; Wandtke/Bullinger/*Schaefer* § 85 UrhG Rn. 5.
[30] OLG München OLG München ZUM-RD 1997, 357 (358) – Garth Brooks; dazu auch *Flechsig-Bisle* S. 86 f.
[31] EuGH GRUR 2012, 593 Rn. 56 – SCF.
[32] Vgl. BGH GRUR 2012, 1248 (1252) – Fluch der Karibik.
[33] Vgl. auch Art. 2 lit. b 2. Halbs. WPPT: keine Anwendung des WPPT, wenn die Tonfestlegung in Form einer Festlegung erfolgt, „die Bestandteil eines Filmwerkes oder eines anderen audiovisuellen Werkes ist"; Wandtke/Bullinger/*Schaefer* § 85 UrhG Rn. 5; Loewenheim/*Vogel*, Handbuch, § 40 Rn. 33; Fromm/Nordemann/*Boddien* § 85 UrhG Rn. 14; aA *Flechsig-Bisle* S. 91 unter Hinweis auf die Vereinbarte Erklärung der Vertragsstaaten zu Art. 2 lit. b WPPT, nach der diese Vorschrift nicht so interpretiert werden darf, dass „Rechte an einem Tonträger durch ihre Einfügung in eine Filmwerk oder in ein anderes audiovisuelles Werk in irgendeiner Weise beeinträchtigt werden" sowie unter Hinweis auf die für den ausübenden Künstler nachteiligen vertragsrechtlichen Auswirkungen und den Wegfall gesetzlicher Vergütungsansprüche.
[34] Ebenso Möhring/Nicolini/*Stang* (4. Aufl.), § 82 UrhG Rn. 12.
[35] Einzelheiten → § 6 Rn. 29 ff.; ebenso *Dünnwald* UFITA 76 (1976) 165 (182); → § 86 Rn. 9.
[36] Dazu *v. Ungern-Sternberg* FS Bornkamm (2014), S. 1007 (1014 ff.); Einzelheiten auch → § 15 Rn. 329 ff.
[37] S. Fromm/Nordemann/*Hertin* (9. Aufl.), § 82 UrhG Rn. 2.
[38] Ebenso Möhring/Nicolini/*Stang* (4. Aufl.), § 82 UrhG Rn. 10.1.
[39] BGH GRUR 1981, 360 (361 f.) – Erscheinen von Tonträgern; dazu auch → § 86 Rn. 9.

17   Deutsche Hersteller pflegen zur Kennzeichnung des Schutzvorbehalts gemäß **Art. 11 RA** das Erscheinungsjahr zusammen mit dem **P-Vermerk** auf oder neben dem Etikett in die Schallplatte einzuprägen oder einzubrennen.[40] Seit einiger Zeit werden Tonaufnahmen nach dem International Standard Recording Code (ISRC) gekennzeichnet, der es erlaubt, die Nutzung digitaler Tonaufnahmen im digitalen Umfeld festzustellen.[41]

18   **4.** Für den **Fristbeginn** ist nach § 82 Abs. 3 (vorher S. 3) iVm. § 69 stets das Ende des Jahres maßgebend, in dem je nach Fallgestaltung die Aufnahme der Darbietung erschienen, ihre Festlegung vorher erstmals erlaubterweise für eine öffentliche Wiedergabe benutzt worden oder die Aufnahme erfolgt ist. Damit entfallen mögliche Unsicherheiten, wie sie sich noch nach früherem Recht dadurch ergaben, dass sich die Schutzfrist bei Ensemble-Leistungen noch 50 Jahre ab dem Tode des zuletzt verstorbenen Chor- bzw. Orchestermitglieds berechnete.

19   **5. Nach Ablauf der sondergesetzlichen Schutzdauer** stehen die Leistungen der Künstlers und Veranstalters grundsätzlich jedermann zur Nutzung frei. Die Grenzen des Leistungsschutzrechts sind zu respektieren. Eine Verlängerung der Schutzfrist durch das Wettbewerbsrecht kommt deshalb nicht in Betracht.[42] Gleichwohl können sich Interpreten und Veranstalter auf **§ 3 iVm. § 4 Nr. 3 lit. a und b, Nr. 4 UWG** berufen, wenn besondere außerhalb des leistungsschutzrechtlichen Tatbestands liegende Umstände gegeben sind, die die unmittelbare Übernahme ihrer Leistung aus lauterkeitsrechtlicher Sicht als sittenwidrig erscheinen lassen und ein solcher Rechtsschutz nicht in Gegensatz zur zeitlich befristeten spezialgesetzlichen Regelung ihres verwandten Schutzrechts tritt.[43] Diese sog. Vorrangtheorie ist von der neueren Rechtsprechung des BGH[44] zurückgedrängt worden. Nach ihr können lauterkeitsrechtliche Ansprüche im Sinne einer Anspruchskonkurrenz unabhängig von urheberrechtlichem Sonderrecht bestehen, wenn besondere außerhalb des Urheberrechts liegende Begleitumstände gegeben sind, die nach § 3 iVm. § 4 Nr. 3 lit. a und b sowie Nr. 4 UWG die Unlauterkeit begründen.[45] Ein lauterkeitsrechtlicher Schutz nach Ablauf der Schutzfrist soll infolge der unlauteren Übernahme jenseits der Darbietung liegender, wettbewerbliche Eigenart aufweisende Zusatzleistungen (Layout, Schrifttypen etc.) möglich sein.[46]

III. Sonstige Fragen

1. Übergangsregelungen

20   **a)** Nach der im **ProduktpiraterieG vom 7.3.1990** geschaffenen **Übergangsvorschrift des § 137c Abs. 1** kommt die Fristverlängerung von 25 auf 50 Jahre nicht jeder im Zeitpunkt des Inkrafttretens dieses Gesetzes noch geschützten Interpretation zugute. Vielmehr profitieren von ihr nur diejenigen Darbietungen, die vor dem 1.7.1990 auf Bild- oder Tonträger aufgenommen und am 1.1.1991 noch nicht vor mehr als 50 Jahren erschienen sind bzw. deren Aufnahmezeitpunkt noch nicht länger als 50 Jahre zurückliegt. Nach Abs. 1 S. 3 währt der Schutz in keinem Falle länger als 50 Jahre nach dem Erscheinen bzw. nach der Darbietung.[47]

21   **b)** Nach § 1 Abs. 2 der Einführung des UrhG in der ehemaligen DDR betreffenden Bestimmungen des **Einigungsvertrages**[48] ist die Schutzfristregel des § 82 UrhG auch auf Leistungen anzuwenden, die nach § 82 URG-DDR bereits gemeinfrei waren, so dass diese Rechte unter den Voraussetzungen des § 82 wieder aufleben konnten. Die Fortgeltung mit längerer Schutzfrist gilt erst recht für die im Zeitpunkt des Inkrafttretens des Einigungsvertrages (3.10.1990) nach dem Recht der DDR noch geschützten Leistungen.[49]

22   **c)** Für die im **3. UrhGÄndG** (→ Rn. 6) vorgenommenen Änderungen des § 82 gilt die **Übergangsvorschrift des § 137 f.**[50] Danach kommt altes Recht zur Anwendung, sofern aus dem neuen, ab dem 1.7.1995 geltenden Recht eine Schutzfristverlängerung folgt (§ 137f Abs. 1 S. 1). Da bereits vor Inkrafttreten dieses Änderungsgesetzes für Interpretenrechte die 50-jährige Schutzfrist galt, wäre § 137f allenfalls von Bedeutung, wenn sich durch den zusätzlichen Anknüpfungspunkt einer vor dem

---

[40] S. dazu BGH GRUR 2003, 228 – P-Vermerk; *Gentz* UFITA 46 (1966) 33 (35).
[41] Dazu Phono Press 1998, 25 f.
[42] Vgl. BGHZ 141, 13 (27) = GRUR 1999, 707 – Kopierversanddienst; BGHZ 156, 1 (17) = GRUR, 2003, 958 – Paperboy.
[43] S. BGH GRUR 1987, 814 (816) – Zauberflöte; BGH GRUR 1992, 697 (699) – ALF; → Vor §§ 73 ff. Rn. 90 ff.; *Erdmann* FS Vieregge (1996), S. 197 (200 ff., 206 ff.); älteres Schrifttum: *D. Reimer* FS Wendel (1969), S. 98 (100 ff.); *G. Schulze* FuR 1984, 619 (625); allgemein zur ergänzenden Anwendung des UWG → Einl. UrhG Rn. 60 ff. mwN.
[44] BGH GRUR 2011, 134 Rn. 65 – Perlentaucher; BGH GRUR 2012, 58 Rn. 41 – Seilzirkus.
[45] Ausführlich Einl. Rn. 60 ff.; sa. *Köhler/Bornkamm/Feddersen/Köhler* UWG (36. Aufl.), § 4 UWG Rn. 3.7;
[46] So *Möhring/Nicolini/Stang* (4. Aufl.), § 82 UrhG Rn. 3.
[47] S. dazu *R. Kreile* ZUM 1990, 1 (5 ff.); *Vogel* Das Orchester 1990, 1140 (1142) sowie die Erläuterungen zu § 137c.
[48] Anlage I Kap. II Sachgeb. E Abschn. II 2.
[49] KG ZUM-RD 1997, 245 (247, 249) – Staatskapelle Berlin.
[50] S. zu den Übergangsvorschriften auch Fromm/Nordemann/*Schaefer* § 82 Rn. 5.

Erscheinen erfolgten ersten erlaubten öffentlichen Wiedergabe einer Darbietung Änderungen ergäben. Praktisch sind derartige Fälle freilich ohne Belang: Denn wurde eine vor dem Stichtag[51] erfolgte Aufnahme vor ihrem Erscheinen erstmals erlaubterweise öffentlich wiedergegeben, berechnet sich die Schutzdauer nach dem **Grundsatz der Besitzstandswahrung** weiterhin nach altem Recht.[52] **Fälle des Wiederauflebens** eines abgelaufenen Interpretenschutzes **nach § 137f Abs. 2** iVm. § 82 sind **nicht ersichtlich.**[53]

d) Die im **9. UrhGÄndG** vorgenommene Schutzfristverlängerung nach § 82 Abs. 1 S. 1 gilt nach 23 der **Übergangsvorschrift des § 137m Abs. 1** für Aufzeichnungen von Darbietungen, deren Schutz am 1.11.2013 (Umsetzungsfrist der Richtlinie 2011/77/EU) nach den Vorschriften des UrhG in seiner bis zum 6.7.2013 (Inkrafttreten des 9. UrhGÄndG) noch nicht erloschen war, sowie für Aufzeichnungen von Darbietungen, die nach dem 1.11.2013 entstanden sind (im Einzelnen § 137m), sowie für Rechte und Ansprüche nach § 79 und § 79a.

2. Rechte ausländischer Staatsangehöriger

Ausländer, die einem EU- oder EWR-Staat angehören, sind im Anschluss an die Phil Collins- 24 Entscheidung des EuGH,[54] die das EU-vertragliche Diskriminierungsverbot nach Art. 18 AEUV[55] im Bereich der Leistungsschutzrechte für anwendbar erklärt hat, nun auch nach dem ausdrücklichen Wortlaut des § 125 Abs. 1 S. 2 in der Fassung des **3. UrhGÄndG** deutschen Interpreten uneingeschränkt gleichgestellt.[56] Nicht der EU oder dem EWR angehörige ausländische Interpreten, deren Darbietungen nach dem **RA** geschützt sind (§ 125 Abs. 5), kommen ebenfalls in den Genuss der vollen Schutzfrist des § 82, weil nach dem RA kein Schutzfristenvergleich stattfindet[57] und die Mindestschutzfrist von 20 Jahren (Art. 14 RA) hinter der nationalen Schutzdauer zurückbleibt. In den Fällen des § 125 Abs. 2 bis 4 und 6 gilt dagegen nunmehr die Schutzfrist des Staates, dem der ausübende Künstler angehört, ohne dass die Frist des § 82 überschritten werden darf (§ 125 Abs. 7). Das **TRIPS-Übereinkommen** sieht für ausübende Künstler eine rückwirkende Mindestschutzfrist von 50 Jahren vor, gerechnet ab dem Ende des Kalenderjahres, in dem die Festlegung der Darbietung erfolgt ist oder die Darbietung stattgefunden hat.[58] Der **WPPT** normiert in Art. 17 Abs. 1 dieselbe Schutzfristregel mit der einzigen Abweichung, dass die Frist ausschließlich an den Zeitpunkt der ersten Festlegung anknüpft.

3. Rechtsnachfolge

Die **vermögenswerten** Rechte und Ansprüche des ausübenden Künstlers und das Recht des Ver- 25 anstalters sind nicht nach § 28 UrhG, wohl aber nach §§ 1922 ff. BGB **vererblich** (§ 28 Rn. 14). Sie gehen deshalb auf die Erben über, sofern die Schutzfrist im Zeitpunkt des Todes noch nicht abgelaufen ist. Anders verhält es sich mit den Rechten aus §§ 74, 75, für die das Gesetz in § 76 eine Wahrnehmungsbefugnis der Angehörigen anordnet.[59]

§ 83 Schranken der Verwertungsrechte

Auf die dem ausübenden Künstler nach den §§ 77 und 78 sowie die dem Veranstalter nach § 81 zustehenden Rechte sind die Vorschriften des Abschnitts 6 des Teils 1 entsprechend anzuwenden.

Schrifttum: *Vogel,* Überlegungen zum Schutzumfang der Leistungsschutzrechte des Filmherstellers – angestoßen durch die BGH-Entscheidung TV-Total, FS Loewenheim (2009), S. 367.

Übersicht

---

[51] 1.7.1995, Art. 13 Abs. 1 der Richtlinie.
[52] § 137f Abs. 1 S. 1.
[53] Vgl. AmtlBegr. UFITA 129 (1995) 219 (248); Einzelheiten dazu in der Kommentierung zu § 137f.
[54] EuGH GRUR 1994, 280.
[55] Art. 18 AEUV (ex Art. 12 EG, noch früher Art. 6 EGV).
[56] → § 77 Rn. 11.
[57] S. *Nordemann/Vinck/Hertin* Art. 14 RA Rn. 1.
[58] Art. 14 Abs. 5 und 6 TRIPS iVm. Art. 18 RBÜ.
[59] Str.; vgl. → § 76 Rn. 8 mwN.

I. Allgemeines

1. Schranken des Leistungsschutzrechts

1   § 83 in seiner Fassung des Gesetzes zur Regelung des Urheberrechts in der Informationsgesellschaft vom 10.9.2003 entspricht inhaltlich § 84 aF,[1] der durch die Neuordnung des Rechts des ausübenden Künstlers vakant geworden ist. § 83 überträgt die für das Urheberrecht geltenden Schranken auf die Rechte des ausübenden Künstlers und des Veranstalters. Dieselben Beschränkungen sind auch den Rechten des Tonträgerherstellers (§ 85 Abs. 4), des Sendeunternehmens[2] und des Filmherstellers (§ 94 Abs. 4) gesetzt, so dass der Inhaber verwandter Schutzrechte niemals dort ein Verbotsrecht geltend machen kann, wo es dem Urheber oder einem anderen Leistungsschutzberechtigten nach §§ 70 bis 72 auf Grund gesetzlicher Schrankenbestimmungen genommen ist. Diesem Grundgedanken entsprechend hat der BGH § 24 (freie Benutzung) über den Gesetzeswortlaut hinaus auf das Leistungsschutzrecht des Filmherstellers und des Tonträgerherstellers entsprechend angewendet.[3] Jedoch hat der EuGH diese Rechtsprechung für unionsrechtswidrig angesehen.[4] Nichts anderes dürfte auch für das Recht des ausübenden Künstlers gelten.[5] Nach der Entscheidung des EuGH vom 29.7.2019 in der Sache Pelham/Hütter (GRUR 2019, 229) ist diese Auffassung unionsrechtlich nicht mehr haltbar (→ § 85 Rn. 66c). Das Recht des Datenbankherstellers unterliegt indes den besonderen Schrankenregelungen des § 87c.

2   Die **Gleichförmigkeit der Schranken der Urheber- und Leistungsschutzrechte** kennzeichnete bereits die im RefE 1954 (§ 81), MinE 1959 (§ 89) und RegE 1962 (§ 94) enthaltenen Schrankenregelungen, jedoch unterschieden sie sich nach Art und Umfang.

2. Zweck und Rechtfertigung der Vorschrift

3   **a)** Nach der AmtlBegr. findet die Vorschrift des § 83 ihren Zweck und ihre Rechtfertigung in denselben Gemeinwohlerwägungen, die für die Beschränkungen der Urheberrechte maßgeblich sind,[6] im Verbot der Besserstellung des Interpreten gegenüber dem Urheber[7] und in der aus Effektivitätsgründen gebotenen Übereinstimmungen von Urheberrechts- und Leistungsschutzrechtsschranken (→ Rn. 1).

4   **b)** Der Verzicht auf die Anordnung einer **Zwangslizenz** zugunsten des Tonträgerherstellers in entsprechender Anwendung von § 61 aF ist geblieben. Als ihrer Natur nach vertragsrechtliche Regelung hat sie durch das Gesetz vom 10.9.2003 zur Regelung des Urheberrechts in der Informationsgesellschaft richtigerweise ihren Platz in Abschnitt 5 des Teils 1 gefunden (§ 42a). Wenn § 79 Abs. 2 S. 2 ihn gleichwohl in Bezug nimmt, beruht das auf einem Redaktionsversehen.[8] Denn es gibt keine Anhaltspunkte dafür, dass nicht auch weiterhin der **Wettbewerb bei der Interpretation** und damit dem Interesse konkurrierender kulturwirtschaftlicher Unternehmen auf dem Gebiet der Tonträger- und Filmherstellung bestehen bleiben soll.[9]

5   Das Schriftformerfordernis des § 34 aF GWB bei **Künstlerexklusivverträgen** außerhalb von Arbeitsverhältnissen ist im Zuge der 6. GWB-Novelle[10] ersatzlos entfallen.[11]

3. Verfassungsrechtliche Fragen

6   **Verfassungsrechtlich** haben die Beschränkungen der von der Eigentumsgarantie des Art. 14 Abs. 1 S. 1 GG getragenen Interpretenrechte[12] dem Verhältnismäßigkeitsgrundsatz und damit dem

---

[1] AmtlBegr. BT-Drs. 15/38, 25.
[2] § 87 Abs. 4 mit Ausnahme der Vergütungsansprüche nach §§ 47 Abs. 2 S. 2 und 54 Abs. 1.
[3] BGH GRUR 2000, 703 (704) – Mattscheibe; BGH GRUR 2008, 693 Rn. 24 ff. – TV-Total; BGH GRUR 2009, 403 – Metall auf Metall I; Möhring/Nicolini/*Stang* (4. Aufl.), § 83 UrhG Rn. 3; dazu auch *Vogel* FS Loewenheim (2009), S. 367 ff.; zum Recht des Tonträgerherstellers BGH GRUR 2009, 403 – Metall auf Metall I, ausführlich dazu die Kommentierung → § 85 Rn. 15 f., 50 f., 60 ff. mwN.
[4] EuGH GRUR 2019, 929 Rn. 56 ff. – Pelkam/Hütter; → § 85 Rn. 60a–60d.
[5] EuGH GRUR 2019, 929 Rn. 56 ff. – Pelkam/Hütter; → § 85 Rn. 60a–60d.
[6] AmtlBegr. UFITA 45 (1965) 240 (313).
[7] AmtlBegr. UFITA 45 (1965) 240 (313).
[8] Ebenso *Dünnwald* ZUM 2004, 161 (170).
[9] Vgl. AmtlBegr. UFITA 45 (1965) 240 (313); Fromm/Nordemann/*Hertin* (9. Aufl.), § 84 UrhG Rn. 2; *v. Gamm* § 84 UrhG einzige Anm; Möhring/Nicolini/*Kroitzsch* (2. Aufl.), § 84 UrhG Rn. 2; *Ulmer* § 123 III 1.
[10] *Gesetz* vom 26.6.1998, BGBl. I 2521, neu bekannt gemacht mit neuer Paragraphenfolge am 26.8.1998 im BGBl. I 2546.
[11] Zum früheren Recht OLG München GRUR 1981, 614 – Schallplatten-Lizenzvertrag.
[12] BVerfGE 81, 208 (219 ff.) = GRUR 1990, 438 – Bob Dylan, in Fortführung von BVerfGE 31, 275 (283 ff.) = GRUR 1972, 491 – Schallplatten.

Verbot übermäßiger Belastung der Rechte des ausübenden Künstlers zugunsten der Allgemeinheit zu genügen. Im Einzelnen gelten die zu den urheberrechtlichen Schranken entwickelten Grundsätze[13] unter Beachtung des qualitativen Unterschieds zwischen persönlicher geistiger Leistung des Werkschöpfers und nachvollziehender Interpretation des ausübenden Künstlers, der in der unterschiedlichen Ausgestaltung von Urheber- und Leistungsschutzrechten seinen Niederschlag gefunden hat.[14] Entsprechendes dürfte unter Berücksichtigung von Art. 5 InfoSoc-RL und der GRCh gelten (→ Rn. 7).

4. Internationales Recht

Konventionsrechtlich hält sich § 83 mit der Übertragung der Urheberrechtsschranken auf die   7
Künstlerrechte im Rahmen dessen, was Art. 15 Abs. 2 RA und Art. 14 Abs. 6 TRIPS dem nationalen Gesetzgeber an Gestaltungsspielraum zugestanden haben. **EU-rechtlich** werden die Schrankenregelungen von Art. 10 der Vermiet- und Verleih-RL sowie den später in Kraft getretenen Art. 5 und 6 der InfoSoc-RL gedeckt, an die die Vorschriften der §§ 44a ff. durch die Novellierung vom 10.9.2003 angepasst worden sind. Das gilt insbesondere für den in Art. 5 Abs. 5 der Richtlinie bekräftigten Dreistufentest.

II. Einzelne Schrankenregelungen

1. Fälle erlaubnisfreier, aber vergütungspflichtiger Nutzungen

a) Die wirtschaftlich bedeutendste Regel, die über § 83 auch für Interpreten und Veranstalter zur   8
Anwendung gelangt, ist die **Vergütungspflichtigkeit der erlaubnisfrei zulässigen privaten Überspielung gemäß § 54 Abs. 1.** Signifikante Zahlen zum Aufkommen der GVL (Gesamtaufkommen in 2013 150,5 Mio. EUR) aus dieser Vergütung lassen sich derzeit nicht angeben. Denn die Änderungen der §§ 54 ff. im 2. InformationsgesG und der nunmehr nicht mehr durch Verordnung vorgeschriebenen Vergütungssätze hat zu erheblichen Verzögerungen bei der Vereinbarung der ZPÜ mit den Vergütungsschuldnern über Vergütungen für Aufzeichnungsgeräte geführt, die erst in jüngerer Zeit auf den Markt gekommen sind. Das Aufkommen für die private Überspielung wird nach dem Verteilungsplan der GVL im Verhältnis 64 % zu 36 % zwischen Künstlern und Tonträgerherstellern aufgeteilt, wobei der Anteil der Veranstalter in dem der Künstler enthalten ist.

b) Außerdem stehen ausübenden Künstlern Vergütungsansprüche aus erlaubnisfreien Nutzungs-   9
handlungen gemäß §§ 45a (Vervielfältigung für und Verbreitung an behinderte Menschen), 46 (Sammlungen für Kirchen-, Schul- und Unterrichtsgebrauch), 47 (Schulfunksendungen) und 52 (öffentliche Wiedergabe) zu. In letzterem Fall konkurriert § 52 mit der gesetzlichen Lizenz für die Schallplattensendung nach § 78 Abs. 2 Ziff. 2, so dass diese Schranke sinnvollerweise nur auf die dem Verbotsrecht des Interpreten unterliegende öffentliche Wiedergabe einer Live-Darbietung nach § 78 Abs. 1 zur Anwendung kommt.[15] Ansprüche aus § 49 (Pressespiegel) sind im Bereich des Leistungsschutzrechts des Interpreten zwar denkbar, kommen in der Praxis jedoch nicht vor. Die GVL nimmt diesen verwertungsgesellschaftspflichtigen Anspruch deshalb nicht wahr.[16] Schließlich ist den ausübenden Künstlern und Veranstaltern in allen Fällen der neu hinzugekommenen, in den §§ 60a–f (Abschnitt 6 Unterabschnitt 4) geregelten erlaubnisfreien Nutzungen nach § 60h eine angemessene Vergütung zu zahlen, sofern die jeweilige erlaubnisfreie Nutzungsart auch für festgelegte Darbietungen in Betracht kommt. Alle Vergütungen aus gesetzlichen Lizenzen sind mit den übrigen originär Berechtigten wie Tonträger- und Filmherstellern sowie Sendeunternehmen zu teilen.

2. Erlaubnis- und vergütungsfreie Nutzungen

a) Neben den Urhebern haben auch ausübende Künstler vergütungslos hinzunehmen, wenn eine   10
Aufnahme ihrer Darbietung für ein Gerichtsverfahren vervielfältigt und dort öffentlich wiedergegeben wird (§ 45), ihre Darbietung im Rahmen der **Berichterstattung über Tagesereignisse** durch Presse, Funk und Film wahrnehmbar wird (§ 50)[17] oder eine Aufnahme ihrer Darbietung für ein **Musikzitat** Verwendung findet (§ 51), wobei nach *Schaefer* der Belegzweck des Zitats sich auf die interpretatorische Leistung als Schutzgegenstand des Künstlerrechts beziehen muss.[18] Das ist problematisch. Denn damit würde ein Musikzitat, das sich auf die Komposition als urheberrechtlich geschütztes Werk bezieht, weitgehend unmöglich.[19] Der weitgehende Gleichlauf der für Urheber- und Leistungsschutzrechte geltenden Schrankenregelungen durch die Anordnung der analogen Anwen-

---

[13] S. BVerfGE 31, 229 = GRUR 1972, 481 – Kirchen- und Schulgebrauch; BVerfGE 49, 382 = 1980, 44 – Kirchenmusik.
[14] Einzelheiten zur Verfassungsmäßigkeit der Schrankenregelungen → Vor §§ 44a ff. Rn. 14 ff.
[15] So zutreffend Fromm/Nordemann/*Schaefer* § 83 UrhG Rn. 7.
[16] S. Wahrnehmungsvertrag der GVL, abrufbar unter www.GVL.de.
[17] S. OLG Frankfurt/M GRUR 1985, 380 – Operneröffnung; Einzelheiten dazu § 50.
[18] Fromm/Nordemann/*Schaefer* § 83 UrhG Rn. 6 unter Hinweis auf einen Lösungsansatz von *J. B. Nordemann/Berberich* GRUR 2010, 966.
[19] Ebenso Möhring/Nicolini/*Stang* (4. Aufl.), § 83 UrhG Rn. 5.

dung der für den Urheber geltenden §§ 44a ff. (§§ 70 Abs. 1, 71 Abs. 1, 72 Abs. 1, 83, 85 Abs. 3, 94 Abs. 4, 95) spricht dafür, bei Musikzitaten die Anführung der Komposition auch für ein zulässiges Zitat der Darbietung ausreichen zu lassen. Die Fallgestaltungen der §§ 58, 59 kommen im Rahmen des Leistungsschutzes des ausübenden Künstlers nicht in Betracht.

11 **b)** Die Befugnis zur sogenannten **ephemeren Festlegung** (§ 55) bezieht sich nicht nur auf die (erstmalige) Aufnahme einer Darbietung auf einen Bild- oder Tonträger, sondern auch auf den Umschnitt einer Schallplatte auf Tonband oder eines Zelluloid-Films auf Ampex[20] oder ein technisch anders geartetes, heute meist digital-technisches Trägermaterial. Weitergehend als nach § 55, nämlich ungeachtet der Dauer ihrer Festlegung, ist Sendeanstalten die Vervielfältigung von Tonträgern „für Rundfunkzwecke"[21] nach Nr. 1b des Tonträger-Sendevertrages mit der GVL bzw. nach den einschlägigen Tarifverträgen der Sendeanstalten[22] gestattet.

12 **c)** Bei **öffentlichen Reden** (§ 48) ist der Redner im Regelfall Urheber und Interpret zugleich und deshalb in seinen Urheber- wie in seinen Leistungsschutzrechten beschränkt, der Veranstalter freilich nur in seinem Leistungsschutzrecht gemäß § 81. Ohne praktische Bedeutung für die Rechte des Interpreten und Veranstalters sind wegen ihres Bezugs zur bildenden Kunst die Vorschriften der §§ 58–60.[23]

3. Persönlichkeitsrechtliche Bestimmungen

13 **a) Änderungsrechtlich** ergeben sich im Rahmen der Schrankenregelungen keine Abweichungen zu dem, was gemäß §§ 74, 75 an Beeinträchtigungen künstlerischer Leistungen zulässig ist. § 62 Abs. 1 S. 2 erklärt auch die auf verwandte Schutzrechte grundsätzlich anwendbare Vorschrift des § 39[24] im Rahmen der Schrankenregelungen für entsprechend anwendbar. § 39 bekräftigt jedoch lediglich das bereits in § 75 enthaltene Abwägungsgebot (§ 75 Rn. 16, 36).

14 **b)** Die **Verpflichtung zur Quellenangabe** nach § 63 obliegt sowohl dem Nutzer einer künstlerischen wie dem einer veranstalterischen Leistung, obwohl die Persönlichkeitsrechte des ausübenden Künstlers in §§ 74, 75 abschließend geregelt sind (vgl. → § 75 Rn. 2) und dem Veranstalter grundsätzlich keine Persönlichkeitsrechte zustehen (vgl. → § 81 Rn. 9). Die Regel des § 63 geht in ihrer Tragweite jedoch über eine bloße Bekräftigung des Namensnennungsrechts gemäß § 13 hinaus. Sie enthält auch Bestimmungen zum Schutze des Verlegers bzw. Sendeunternehmens (§ 63 Abs. 3), an deren Stelle im Bereich der verwandten Schutzrechte Veranstalter, Tonträgerhersteller, Sendeunternehmen und Filmproduzenten treten. § 63 fällt deshalb nach der Normierung des Nennungsrechts in § 74 im Bereich der Leistungsschutzrechte nicht dahin, sondern tritt infolge der ausdrücklichen Inbezugnahme durch § 83 neben den persönlichkeitsrechtlichen Schutz nach §§ 74 und 75.[25]

In der Vergangenheit wurde § 63 für den ausübenden Künstler praktisch, wenn er es versäumt hatte, mit seinem gesetzlich nicht dazu verpflichteten[26] Produzenten die Namensnennung zu vereinbaren oder eine Namensnennung nicht wie etwa bei Solodarbietungen dem Üblichen entsprach.[27] Diese Auslegung von § 84 aF iVm. § 63 führte zu keinem Wertungswiderspruch zu der im Übrigen geltenden abschließenden Regelung der Persönlichkeitsrechte des Interpreten in § 83 aF, vielmehr stellte er die vertraglich vereinbarte Namensnennung im Bereich der gesetzlich freien Nutzung sicher.

III. Sonstige Fragen

15 § 83 verweist lediglich auf die Bestimmungen des Abschnitts 6 des Teils 1 des UrhG. Angesichts der nichtumfassenden abschließenden Regelung der Rechte des ausübenden Künstlers und des Veranstalters ist die **analoge Gewährung weiterreichender Befugnisse des Urhebers im Bereich des Leistungsschutzrechts ausgeschlossen.** Demnach stehen dem ausübenden Künstler keine über §§ 74, 75 hinausgehenden Persönlichkeitsrechte zu.[28] Dagegen ist er seit dem Inkrafttreten des 3. UrhGÄndG an der Vergütung für das Vermieten und Verleihen von Ton- und Bildtonträgern zu beteiligen (§ 77 Abs. 2 Satz 2 iVm. § 27).

§ 84 Beschränkung der Rechte *(weggefallen)*

---

[20] *Brack* UFITA 50 (1957) 544 (548).
[21] S. dazu *Ulmer*, Urhebervertragsrecht, Rn. 109 ff.; *Dietz* GRUR-Int 1983, 390 (393 f.).
[22] S. zB Ziffer 13.2.2 des WDR-Tarifvertrages für auf Produktionsdauer Beschäftigte idF v. 1.4.2001, abgedr. bei Hillig (Hrsg.), 17. Aufl., S. 186.
[23] Ebenso *Fromm/Nordemann/Schaefer* § 83 UrhG Rn. 10.
[24] S. § 79 Abs. 2a; → § 77 Rn. 50.
[25] Ebenso *Dreier/Schulze/Dreier* § 83 UrhG Rn. 4; *Möhring/Nicolini/Stang* (4. Aufl.), § 83 UrhG Rn. 10.
[26] Vgl. → § 75 Rn. 2, 12; dazu → § 74 Rn. 4 jeweils mwN.
[27] OLG Köln UFITA 93 (1982) 203 – TÜLAY.
[28] → Vor §§ 73 ff. Rn. 4; *Müller* Anm. zu Schulze LGZ 132, 3.

Abschnitt 4. Schutz des Herstellers von Tonträgern

§ 85 Verwertungsrechte

(1) [1]Der Hersteller eines Tonträgers hat das ausschließliche Recht, den Tonträger zu vervielfältigen, zu verbreiten und öffentlich zugänglich zu machen. [2]Ist der Tonträger in einem Unternehmen hergestellt worden, so gilt der Inhaber des Unternehmens als Hersteller. [3]Das Recht entsteht nicht durch Vervielfältigung eines Tonträgers.

(2) [1]Das Recht ist übertragbar. [2]Der Tonträgerhersteller kann einem anderen das Recht einräumen, den Tonträger auf einzelne oder alle der ihm vorbehaltenen Nutzungsarten zu nutzen. [3]§ 31 und die §§ 33 und 38 gelten entsprechend.

(3) [1]Das Recht erlischt 70 Jahre nach dem Erscheinen des Tonträgers. [2]Ist der Tonträger innerhalb einer Frist von 50 Jahren nach der Herstellung nicht erschienen, aber erlaubterweise zur öffentlichen Wiedergabe benutzt worden, so erlischt das Recht 70 Jahre nach dieser. [3]Ist der Tonträger innerhalb dieser Frist nicht erschienen oder erlaubterweise zur öffentlichen Wiedergabe benutzt worden, so erlischt das Recht 50 Jahre nach der Herstellung des Tonträgers. [4]Die Frist ist nach § 69 zu berechnen.

(4) § 10 Abs. 1 und § 27 Abs. 2 und 3 sowie die Vorschriften des Teils 1 Abschnitt 6 sind entsprechend anzuwenden.

Schrifttum: *Ahlberg,* Die Vermietung von Schallplatten und Videokassetten, GRUR 1983, 406; *ders.,* Der Einfluss des § 31 Abs. 4 UrhG auf die Auswertungsrechte von Tonträgerunternehmen, GRUR 2002, 313; *Apel,* Der ausübende Musiker im Recht Deutschlands und der USA 2011; *ders.,* Anm. zum BGH, Urteil vom 12.12.2012 – „Metall auf Metall", ZUM 2013, 487; *ders.,* Digital Sound Sampling, German Copyright and the „Metall auf Metall" – Casa – A Never-Ending Story?, MR–Int, S. 40; *Arnold/Langhoff,* Fehlende Beteiligung von privaten Sendeunternehmen an der Leerträgervergütung gemäß § 54 UrhG – ein Fall der Staatshaftung?, ZUM 2006, 605; *Baum,* Über den Rom-Entwurf zum Schutze der vortragenden Künstler, der Hersteller von Phonogrammen und des Rundfunks, GRUR-Int 1953, 197; *Bechthold,* Multimedia und Urheberrecht – einige grundsätzliche Anmerkungen, GRUR 1998, 18; *Beining,* Der Schutz ausübender Künstler im internationalen und supranationalen Recht, 2000; *Boddien,* Alte Musik in neuem Gewand. Der Schutz musikalischer Updates und der Quasischutz gemeinfreier Musikaufnahmen, 2006; *Bortloff,* Der Tonträger-piraterieschutz im Immaterialgüterrecht, 1995; *ders.,* Tonträgersampling als Vervielfältigung, ZUM 1993, 476; *ders.,* Internationale Lizenzierung von Internet-Simulcasts durch die Tonträgerindustrie, GRUR-Int 2003, 669; *Brack,* Die Rechte der ausübenden Künstler und der Hersteller von Tonträgern bei der Verwertung von Schallplatten im Rundfunk, UFITA 50 (1967) 544; *Braun,* Schutzlücken-Piraterie, 1995; *ders.,* Die Schutzlücken-Piraterie nach dem Urheberrechtsänderungsgesetz vom 23. Juni 1995, GRUR-Int 1996, 790; *ders.,* „Filesharing"-Netze und deutsches Urheberrecht – zugleich eine Entgegnung auf Kreutzer, GRUR 2001, 193; *ders.,* GRUR 2001, 1106; *Brugger,* Rechtsfragen bei neuen Verfahren der elektronischen Bildaufzeichnung und Bildwiedergabe, UFITA 56 (1970) 1; Bundesverband Musikindustrie (Hrsg.), Musikindustrie in Zahlen, http://www.musikindustrie.de/umsatz/; *Davies/v. Rauscher auf Weeg,* Das Recht der Herstellung von Tonträgern. Zum Urheber- und Leistungsschutzrecht in der Europäischen Gemeinschaft, 1983; *Dierkes,* Die Verletzung der Leistungsschutzrechte des Tonträgerherstellers, 2000; *Drexl,* Entwicklungsmöglichkeiten des Urheberrechts im Rahmen des GATT, 1990; *Dünnwald,* Interpret und Tonträgerhersteller, GRUR 1970, 274; *ders.,* Die Rechtsentwicklung im Bereich der Audiovision, NJW 1974, 22; *ders.,* Zum Leistungsschutz an Ton- und Bildtonträgern, UFITA 76 (1976) 165; *ders.,* Die Leistungsschutzrechte im TRIPS-Abkommen, ZUM 1996, 725; *Erdmann,* Die zeitliche Begrenzung des ergänzenden wettbewerbsrechtlichen Leistungsschutzes, FS Vieregge (1995), S. 197; *Ernst,* Urheberrecht und Leistungsschutz im Tonstudio, 1995; *Flechsig,* Gesetzliche Regelung des Sendevertragsrechts?, GRUR 1980, 1046; *ders.,* Beteiligungsansprüche von Sendeunternehmen an gesetzlichen Vergütungsansprüchen wegen privater Vervielfältigungshandlung, ZUM 2004, 249; *Flechsig-Bisle,* Erstreckung der künstlerischen Leistungsschutzrechte und Umsetzung der Schutzdauer-Richtlinie 2011/77/EU in nationales Recht, 2015; *Gampp,* Die Beurteilung von „Musik-Tauschbörsen" im Internet nach US-amerikanischem Urheberrecht – Der Präzedenzfall Napster und seine Nachfolger, GRUR-Int 2003, 991; *Gelke,* Mushups im Urheberrecht, 2013; *Gentz,* Aus dem neuen Schallplattenrecht, UFITA 46 (1966) 33; *ders.,* Musikpiraterie und Leistungsschutzrecht, UFITA 70 (1974) 25; *Götting,* Beteiligung der Sendeunternehmen an der Pauschalvergütung nach § 54 UrhG, 2004; *Häuser,* Sound und Sampling, 2002; *ders.,* Die Vermarktung nicht lizenzierter Live-Mitschnitte von Darbietungen ausländischer Künstler nach den höchstrichterlichen Entscheidungen „Bob Dylan" und „Die Zauberflöte", GRUR 1991, 722; *Hoeren,* Sounds von der Datenbank – Zur urheber- und wettbewerbsrechtlichen Beurteilung des Samplings in der Popmusik, GRUR 1989, 11; *Jani,* Alles eins? – Das Verhältnis des Rechts der öffentlichen Zugänglichmachung zum Vervielfältigungsrecht, ZUM 2009, 722; *Katzenberger,* Inländerbehandlung und Mindestrechte ausübender Künstler nach dem Rom-Abkommen, GRUR 2004, 443; *Kluthmann,* Tonträgerherstellerrechte an vor Inkrafttreten des Urheberrechtsgesetzes erschienenen Musikaufnahmen, ZUM 2006, 535; *Knies,* Die Rechte der Tonträgerhersteller in internationaler und rechtsvergleichender Sicht, 1999; *Kreutzer,* Napster, Gnutella & Co.: Rechtsfragen zu Filesharing-Netzen aus der Sicht des deutschen Urheberrechts de lege lata und de lege ferenda, GRUR 2001, 193, 307; *Krieger,* Beteiligung der Sendeanstalten an der urheberrechtlichen Vergütung für private Ton- und Bildaufzeichnungen?, GRUR-Int 1983, 429; *Krüger,* Zum Leistungsschutzrecht ausländischer ausübender Künstler in der Bundesrepublik Deutschland im Falle des sog. bootlegging, GRUR-Int 1986, 381; *Krüger-Nieland,* Zur Frage der Beteiligung der Sendeunternehmen an den Vergütungen für private Ton- und Bildüberspielungen sowie für nicht gelöschte Vervielfältigungen von Schulfunksendungen, GRUR 1982, 253; *dies.,* Beteiligung der Sendeanstalten an den Erlösen aus den Geräte- bzw. Leerkassettenvergütungen, GRUR 1983, 345; *Krusemarck,* Die abhängige Schöpfung im Recht des geistigen Eigentums, 2013; *Leistner,* Der Ausschluss der Sendeunternehmen von der Geräte- und Leermedienvergütung aus europarechtlicher Sicht. Überlegungen aus Anlass der Rechtsprechung des EuGH zum gerechten Ausgleich, ZGE 2013, 312; *ders.,* Urheberrecht in der digitalen Welt, JZ 2014, 846; *ders.,* Die „Metall auf Metall"-Entscheidung des BVerfG – oder: Warum das Urheberrecht in Karlsruhe gut aufgehoben ist, GRUR 2016, 772; *ders.,* „Ende gut, alles gut" ... oder „Vorhang zu und alle Fragen offen"?, GRUR 2019, 1008; *v. Lewinski,* EU und Mitgliedstaaten ratifizieren WIPO-Internetverträge – Was ändert sich aus deutscher Sicht?, GRUR-Prax 2010, 49; *dies.*, International Copyright Law and Policy, 2008; *Loewenheim,* Die Beteiligung der Sendeunternehmen an den gesetzlichen Vergütungsansprüchen im Urheberrecht, GRUR 1998, 513; *Müncker,* Urheberrechtliche Zustimmungserfordernisse beim Digital Sampling, 1994; *Neumann-Duesberg,* Die „verwandten Schutzrechte" im Urheberrechts-Gesetzentwurf 1959, UFITA 31 (1960) 162; *Nick,* Musikdiebstahl, 1979; *J. B. Nordemann/Dustmann,* To Peer Or Not To Peer, CR 2004, 380; *W. Nordemann,* Altaufnahmen aus den USA und das deutsche Urheberrecht, FS Kreile (1994), S. 455; *Ossenbühl,* Verfassungsrechtliche Fragen der Beteiligung der Sendeunternehmen an den Vergütungen für private Ton- und Bildüberspielungen, GRUR 1984, 841; *Podzun,* Postmoderne Kreativität im Konflikt mit dem Urheberrechtsgesetz und die Annäherung an „fair use". Besprechung zu BVerfG ZUM 2016, 626 – Sampling, ZUM 2016, 606; *v. Rauscher auf Weeg,* Die Rechte der Rom-Konvention, GRUR-Int 1973, 310; *D. Reimer,* Einige Bemerkungen zum Leistungsschutz des § 1 UWG, FS Wendel (1969), S. 98; *ders.,* Urheberrecht und freier Warenverkehr, GRUR-Int 1981, 70; *Reinbothe,* TRIPS und die Folgen für das Urheberrecht, ZUM 1996, 735; *Rossbach,* Die Vergütungsansprüche im deutschen Urheberrecht, 1990; *Salagean,* Sampling im deutschen, schweizerischen und US-amerikanischen Urheberrecht, 2008; *Schack,* Leistungsschutz für Tonträgeraufnahmen mit ausübenden Künstlern aus den USA, ZUM 1986, 69; *ders.,* Ansprüche der Fernsehanstalten bei Videonutzung ihrer Sendungen, GRUR-Int 1985, 197; *ders.,* Zur Beteiligung der Sendeunternehmen an der Geräte- und Speichermedienabgabe des § 54 I UrhG, GRUR-Int 2009, 490; *Schaefer,* Gehen Vergütungsansprüche im Sinne von § 63a UrhG bei einer Gesamtrechtsübertragung unternehmensbezogener Leistungsschutzrechte gemäß §§ 85 Abs. 2 S. 1, 87 Abs. 2 S. 1 oder 94 Abs. 1 S. 1 mit über?, FS Wandtke (2013), S. 251; *ders.,* Alles oder nichts! Erwiderung auf Jani, Alles eins?, ZUM 2010, 150; *ders./Körfer,* Tonträgerpiraterie, 1995; *Schaub,* Haftung des Inhabers eines privaten Internetanschlusses für Rechtsverletzungen im Rahmen von Online-Musiktauschbörsen, GRUR 2016, 152; *Schmieder,* Das Recht der Werkmittlers, 1963; *Schorn,* Zum Rechtsschutz der ausübenden Künstler und Tonträgerhersteller, NJW 1973, 687; *ders.,* Zum Leistungsschutz nach deutschem Recht, GRUR 1978, 230; *ders.,* Zur Frage der Änderung von § 87 Absatz 3 und anderer Vorschriften des Urheberrechtsgesetzes im Rahmen der Urheberrechtsreform, GRUR 1982, 644; *ders.,* Zur Frage der Änderung von § 87 Absatz 3 des Urheberrechtsgesetzes, GRUR 1983, 718; Schricker (Hrsg.), Urheberrecht auf dem Weg zur Informationsgesellschaft, 1997; *G. Schulze,* Urheberrecht und neue Musiktechnologien, ZUM 1994, 15; *Schwenzer,* Die Rechte des Tonträgerproduzenten, 2. Aufl. 2001; *ders.,* Tonträgerauswertung zwischen Exklusivrecht und Sendeprivileg im Lichte von Internetradio, GRUR-Int 2001, 722; *Stewart,* Das Genfer Tonträgerabkommen, UFITA 70 (1974) 1; *Stieper,* Anmerkung zu BVerfG, Urteil vom 31. Mai 2016 – 1 BvR 1585/13, ZUM 2016, 637; *Stolz,* Der Begriff der Herstellung von Ton- und Bildtonträgern und seine Abgrenzung zum Senderecht, UFITA 96 (1983) 55; *ders.,* Das „schutzwürdige Interesse" der Sendeunternehmen hinsichtlich der Beteiligung an den Vergütungsansprüchen für private Ton- und Bildüberspielungen, GRUR 1983, 632; *ders.,* Die Rechte der Sendeunternehmen nach Inkrafttreten der Urheberrechtsnovelle von 1985, GRUR 1986, 859; *ders.,* Die Rechte der Sendeunternehmen nach den Urheberrechtsgesetzen der europäischen Nachbarstaaten und ihre Wahrnehmung in der Bundesrepublik Deutschland, UFITA 104 (1987) 31; *ders.,* Die Rechte der Sendeunternehmen nach dem Urheberrechtsgesetz und ihre Wahrnehmung, 1987 (zitiert: Sendeunternehmen); *Thurow,* Die digitale Verwertung von Musik aus der Sicht von Schallplattenproduzenten und ausübenden Künstlern, in Becker/Dreier (Hrsg.), Urheberrecht und digitale Technologie, 1994, S. 77; *ders.,* Zur gemeinsamen Interessenlage von Musikurhebern, Künstlern und Tonträgerherstellern angesichts der Herausforderungen einer multimedialen Zukunft, FS Kreile (1994), S. 763; *Triebe,* Beteiligung der Sendeunternehmen an der Privatkopievergütung, 2008; *Ulmer,* Vom deutschen Urheberrecht und seiner Entwicklung, UFITA 26 (1958) 257; *ders.,* Der Rechtsschutz der ausübenden Künstler, der Hersteller von Tonträgern und der Sendegesellschaften, 1957 (zit. Rechtsschutz); *ders.,* Das Rom-Abkommen über den Schutz der ausübenden Künstler, der Hersteller von Tonträgern und der Sendeunternehmungen, GRUR-Int 1961, 569; *ders.,* Der wettbewerbliche Schutz der Schallplattenhersteller, FS Hefermehl (1971), S. 189; *ders.,* Die Entscheidungen zur Kabelübertragung von Rundfunksendungen im Lichte urheberrechtlicher Grundsätze, GRUR-Int 1981, 372; *v. Ungern-Sternberg,* Die Bindungswirkung des Unionsrechts und die urheberrechtlichen Verwertungsrechte, FS Bornkamm (2014), S. 1007; *ders.,* Erschöpfung des Verbreitungsrechts und Vermietung von Videokassetten, GRUR 1984, 262; *ders.,* Die Rechtsprechung des Bundesgerichtshofs zum Urheberrecht und zu den verwandten Schutzrechten in den Jahren 2006 und 2007 GRUR 2008, 193 (Teil I), 291 (Teil II); *ders.,* Die Rechtsprechung des Bundesgerichtshofs zum Urheberrecht und der verwandten Schutzrechten in den Jahren 2008 und 2009, GRUR 2010, 273 (Teil I), 386 (Teil II); *ders.,* Die Rechtsprechung des EuGH und des BGH zum Urheberrecht und zu den verwandten Schutzrechten im Jahre 2012, GRUR 2013, 248; *ders.,* Die Rechtsprechung des EuGH und des BGH zum Urheberrecht und zu den verwandten Schutzrechten im Jahre 2013, GRUR 2014, 209; *Vogel,* Überlegungen zum Schutzumfang der Leistungsschutzrechte des Filmherstellers – angestoßen durch die TV-Total-Entscheidung des BGH, FS Loewenheim (2009), S. 367; *Walter,* Der Richtlinien-Vorschlag der Kommission für eine Änderung der Schutzdauer-Richtlinie 1993/2006, FS Loewenheim (2009), S. 377; *Weßling,* Der zivilrechtliche Schutz gegen digitales Sound-Sampling, 1995; *Windisch,* Gemeinsamer Markt und Schutzrechtsverbrauch, UFITA 66 (1973) 75; *ders.,* Beziehungen zwischen Urheber-, Erfinder-, Programmierer- und Tonaufnahme-Leistungen, GRUR 1980, 587.

Übersicht

I. Allgemeines

Die Bestimmungen der §§ 85, 86 regeln die Befugnisse, die dem Tonträgerhersteller von Gesetzes **1** wegen hinsichtlich des von ihm hergestellten Tonträgers zustehen. Sie sind nicht mehr wie noch vor Inkrafttreten des UrhG abgeleitete Rechte, sondern haben – ungeachtet vertraglicher Vereinbarungen mit Urhebern und Interpreten – ihren Rechtsgrund in der eigenständigen organisatorischen, technischen und wirtschaftlichen Leistung, die gewöhnlich mit der Herstellung eines Tonträgers verbunden ist.[1]

Das originäre Leistungsschutzrecht des Tonträgerherstellers des UrhG ersetzte nicht nur die **2** vordem gültige, dogmatisch unbefriedigende Konstruktion des vom Interpreten erworbene fiktive Bearbeiterurheberrechts nach § 2 Abs. 2 LUG des Tonträgerherstellers, sondern schuf auch eine tragfähige Grundlage für die Ratifizierung des Internationalen Abkommens über den Schutz der ausübenden Künstler, der Hersteller von Tonträgern und der Sendeunternehmen vom 26.10.1961 (Rom-Abkommen) und später des Übereinkommens zum Schutz der Hersteller von Tonträgern gegen die unerlaubte Vervielfältigung ihrer Tonträger vom 29.10.1971 (Genfer Tonträgerabkommen), deren vornehmliche Aufgabe – inzwischen zusammen mit dem TRIPS-Übereinkommen und dem WPPT – im grenzüberschreitenden Schutz des Herstellers gegen die um sich greifende Tonträger- und Internetpiraterie liegt. Auf dieser konventionsrechtlichen Grundlage beruht auch das im Rahmen verschiedener Richtlinien **unionsrechtlich vollharmonisierte Tonträgerherstellerrecht,** für das der WPPT infolge der Mitgliedschaft der EU unmittelbare[2] und das RA mittelbare Geltung[3] beanspruchen.

1. Rechtslage vor dem UrhG von 1965

Unter der Geltung des LUG konnte sich der Tonträgerhersteller – sieht man von den seit der **3** Entscheidung des RG vom 7.4.1910[4] für einschlägig erachteten allgemeinen Bestimmungen der §§ 1

---

[1] BGH GRUR 2009, 403 (404) – Metall auf Metall I.
[2] → Rn. 8.
[3] EuGH GRUR 2012, 593 Rn. 56 – SCF/Del Corso.
[4] RGZ 73, 294 – Schallplatten.

UWG aF, 823, 826 BGB ab – gegen die unbefugte Vervielfältigung und öffentliche Wiedergabe seiner Tonaufzeichnungen nur auf solche Rechte stützen, die er vom Interpreten erworben hatte.[5] Diese Möglichkeit kannte das LUG nicht von Beginn an. Erst mit der **Novelle vom 22.5.1910** wurde es im Interesse der Schallplattenindustrie[6] dem Schutzniveau der Berner Übereinkunft angepasst, nachdem deren Berliner Revisionskonferenz von 1908 die Rechte des Urhebers auch auf die Übertragung seines Werkes auf Tonträger und auf die öffentliche Wiedergabe unter deren Verwendung erstreckt hatte.[7]

4   Der **1910 eingefügte § 2 Abs. 2 LUG** stellte die Übertragung von Werken der Literatur und Tonkunst auf einen Tonträger einer Bearbeitung gleich. Das Recht des Bearbeiters entstand folglich erst mit der körperlichen Festlegung seiner Darbietung. Nach der Vorstellung des Gesetzgebers übertrug **der ausübende Künstler als fiktiver Bearbeiterurheber** dem Tonträgerhersteller ausdrücklich oder stillschweigend seine Nutzungsbefugnisse (§ 12 Abs. 2 Nr. 5 LUG), einschließlich des Rechts der öffentlichen Wiedergabe. Letzteres wurde allerdings für den Fall gesetzlich eingeschränkt, dass die Wiedergabe mittels eines Tonträgers erfolgte, der auf Grund einer freiwilligen oder Zwangslizenz hergestellt worden war (§ 22a LUG).[8]

5   Die **Rechtsprechung** wandte in der Folgezeit die Ausnahmevorschrift des § 22a LUG nur auf die im Zeitpunkt der Novelle von 1910 bekannten Wiedergabetechniken an und behielt dem Urheber wie dem insoweit rechtlich weitgehend gleichgestellten fiktiven Bearbeiterurheber[9] das Recht der Schallplattenwiedergabe im Rundfunk als eine besondere Art der Werkverbreitung[10] ebenso vor wie das Recht der öffentlichen Wiedergabe einer Schallplattenaufnahme über Lautsprecher.[11]

2. Entstehung und Weiterentwicklung des eigenständigen Tonträgerherstellerrechts

6   **Entstehungsgeschichtlich** gehört das verwandte Schutzrecht des Tonträgerherstellers zu den Rechten, die im Laufe der Diskussion über die grundsätzliche Unterscheidung von schöpferischer und werkvermittelnder Leistung als selbstständig schützenswert anerkannt wurden.[12] Der RJM-E 1932 enthielt zwar schon eigene Leistungsschutzrechte des ausübenden Künstlers, aber nur abgeleitete Rechte des Tonträgerherstellers (§ 57 Abs. 4). Wenig später ordneten der Hoffmann-E 1933 in § 48 Abs. 2 und der Akademie-E 1939 in § 59 dem Tonträgerhersteller das originäre Recht der Vervielfältigung und Verbreitung seines Tonträgers zu. Darauf aufbauend enthielten – mit Blick auf die Entwürfe des am 26.10.1961 unterzeichneten RA – die §§ 82, 83 **RefE 1954** bereits die im RA vorgesehenen ausschließlichen Rechte der Vervielfältigung und Verbreitung und den nach dem RA optionalen schuldrechtlichen Beteiligungsanspruchs des Tonträgerherstellers gegen den ausübenden Künstler im Falle der Nutzung des Tonträgers zur öffentlichen Wiedergabe (Art. 12, 16 RA). Diese Konzeption wurde **1965 in das UrhG als §§ 85, 86** übernommen. Sie behielt mit Ausnahme der zwischenzeitlichen Änderungen der Schutzdauer und der Einführung eines ausschließlichen Vermietrechts und eines Vergütungsanspruch für das Verleihen[13] bis zum 13.9.2003, dem Tag des Inkrafttretens des **Gesetzes zur Regelung des Urheberrechts in der Informationsgesellschaft vom 10.9.2003** (BGBl. I S. 1774), nahezu unverändert Gültigkeit. Seither steht dem Tonträgerhersteller mit dem **Recht der öffentlichen Zugänglichmachung** (§ 19a) internationalem und europäischem Recht folgend[14] mit Blick auf die wachsende Internetverwertung von Tonaufnahmen erstmals auch ein ausschließliches Recht der unkörperlichen Verwertung des Tonträgers zu.

7   Die mit der Umwandlung des fiktiven Bearbeiterurheberrechts des § 2 Abs. 2 LUG in das Leistungsschutzrecht des ausübenden Künstlers verbundene **Schutzfristverkürzung** von 50 Jahren post mortem auctoris auf 25 Jahre ab dem Erscheinen bzw. der Herstellung des Tonträgers wurde vom BVerfG mit Beschluss vom 8.7.1971 als entschädigungslose Enteignung für verfassungswidrig erklärt, sofern der Zeitpunkt des Fristbeginns vor dem Inkrafttretens des Gesetzes lag und deshalb zu einer Verkürzung der Schutzdauer geführt hätte.[15] Der Beschluss hatte die gesetzliche Regelung des § 135a im Zuge der Novelle vom 10.11.1972 zur Folge.[16]

8   Im letzten Jahrzehnt des 20. Jahrhunderts ist das **Tonträgerherstellerrecht EU-weit vollharmonisiert** worden. Dies bedeutet, dass die nationalen Vorschriften der §§ 85, 86 ausnahmslos im Lichte des Unionsrechts, namentlich der einschlägigen Richtlinien und ihren Erwägungsgründen, auszulegen sind. Dabei ist im Auge zu behalten, dass diese Richtlinien partiell darauf abzielen, im Einklang mit den Regelungen internationaler Verträge (RA, GTA, TRIPS, WPPT) zu bleiben, die im Falle des

---

[5] Ausführlich zur Geschichte des mechanischen Rechts RGZ 134, 198 (204 ff.) – Schallplattenrechte; BGHZ 11, 135 (140 ff.) = GRUR 1954, 216 – Lautsprecherübertragung; → Vor §§ 73 ff. Rn. 14 ff.
[6] S. Verh. RT XII. Legislaturperiode II. Session Bd. 275 S. 1793.
[7] S. *Ulmer,* Rechtsschutz, S. 17 f.
[8] Einzelheiten dazu *Ulmer* UFITA 26 (1958) 257 (268 ff.).
[9] BGHZ 33, 1 (18) = GRUR 1960, 619 – Künstlerlizenz Schallplatten.
[10] RGZ 153, 1 (25) – Rundfunksendung von Schallplatten; → Vor §§ 73 ff. Rn. 14 f.
[11] BGHZ 11, 135 (150) = GRUR 1954, 216 – Lautsprecherübertragung = GRUR 1954, 216.
[12] → Vor §§ 73 ff. Rn. 15 sowie *Schmieder* S. 15 ff. jeweils mwN.
[13] → Rn. 9.
[14] Art. 14 WPPT; Art. 3 Abs. 2 lit. b InfoSoc-RL.
[15] BVerfGE 31, 275 = GRUR 1972, 491 – Schallplatten; kritisch dazu *Schorn* NJW 1973, 687.
[16] Einzelheiten dazu → § 82 Rn. 4, → §§ 135, 135a Rn. 6 f.

WPPT und des TRIPS-Übereinkommens von der EU-Kommission selbst und eigenständig für die EU verhandelt und im Falle des WPPT als Mitglied des Abkommens unterzeichnet worden sind.[17] Geht Unionsrecht über den Regelungsgehalt international gewährter Mindestrechte hinaus, gebietet dies eine insoweit autonome und nicht etwa eine durch internationale Regelungen gebotene einschränkende Auslegung europäischen Rechts. Dasselbe gilt, soweit Unionsrecht internationale Vorgaben mit nationalem Regelungsspielraum zur Vermeidung eines innerhalb der Union unterschiedlichen Schutzniveaus vereinheitlichend ausfüllt, wie dies im Hinblick auf Art. 12 RA bei der Schallplattensendung geschehen ist.[18]

Im Zuge der **Umsetzung der Vermiet- und Verleih-RL**[19] durch das **3. UrhGÄndG** vom 9 23.6.1995 (BGBl. I S. 842) wurde dem Tonträgerhersteller ebenso wie dem Urheber, dem ausübenden Künstler und dem Filmhersteller nicht allein ein ausschließliches Vermietrecht gewährt (§ 17 Abs. 2), sondern auch der Vergütungsanspruch für das Verleihen (§ 27 Abs. 2 und 3) auf die leistungsschutzberechtigten Interpreten und Hersteller erstreckt.[20] Die gleichzeitige **Umsetzung der Schutzdauer-RL**[21] brachte die Verlängerung der Schutzdauer des Tonträgerherstellerrechts auf 50 Jahre und mit der erstmaligen Benutzung des Tonträgers zur öffentlichen Wiedergabe eine zum Erscheinen hinzutretende zusätzliche Anknüpfung des Beginns der Schutzfrist, wenn diese öffentliche Wiedergabe früher erfolgt ist.[22] Sodann sorgte die **InfoSoc-RL**[23] für eine Anpassung des Tonträgerherstellerrechts an die veränderten Praktiken der Verwertung festgelegter Darbietungen im digitalen Umfeld. Die Umsetzung ihrer Vorgaben in nationales Recht erledigte das am 13.9.2003 in Kraft getretene **1. InformationsgesG vom 10.9.2003** (Einl. Rn. 145). Dieses Gesetz fügte den ausschließlichen Rechten des Tonträgerherstellers das Recht der öffentlichen Zugänglichmachung nach Art. 14 WPPT und Art. 3 Abs. 1, 2 lit. b InfoSoc-RL hinzu, passte die Schrankenregelungen auch des Tonträgerherstellerrechts digitalen Nutzungsgewohnheiten an und modifizierte gemäß Art. 11 Abs. 2 der Richtlinie die Anknüpfung der Schutzfristberechnung in § 85 Abs. 2 aF in der Weise, dass primär, d. h. unabhängig von einer vorherigen oder nachfolgenden öffentlichen Wiedergabe, nur noch das Erscheinen iSd. § 6 Abs. 2 für den Fristbeginn maßgeblich ist. Die erstmalige Benutzung des Tonträgers zur öffentlichen Wiedergabe spielt – anders als noch nach der Regelung des 3. UrhGÄndG – seither allein dann noch eine Rolle, wenn der Tonträger nicht erschienen ist (→ Rn. 75). Ferner regelt § 85 Abs. 2 zum Tonträgerherstellerrecht im Rechtsverkehr nunmehr ausdrücklich die Übertragbarkeit dieses Rechts. Das war allerdings bereits vorher auf Grund seiner Rechtsnatur selbstverständlich (Rn. 68). Im **2. InformationsgesG** folgte die Streichung der Angaben der auf das Tonträgerherstellerrecht analog anwendbaren Absätze des § 31, da § 31 Abs. 4 entfallen ist. 2004 trat die **Enforcement-RL**[24] in Kraft. Mit ihrer Umsetzung durch das **DurchsetzungsG** vom 7.7.2008 kam die analoge Anwendung des § 10 Abs. 1 auf das Recht des Tonträgerhellers hinzu (Abs. 4) und das **9. UrhGÄndG** vom 2.7.2013 (BGBl. I S. 1940) brachte schließlich in Umsetzung der **SchutzdauerÄndRL 2011/77/EU** die Schutzfristverlängerung auf 70 Jahre unter den in Abs. 3 genannten Voraussetzungen.

3. Sinn und Zweck sowie Rechtfertigung des Tonträgerherstellerrechts

Seinen **Sinn und Zweck** und seine **Rechtfertigung** findet der besondere Leistungsschutz des Ton- 10 trägerherstellers in denselben Überlegungen, die schon 1910 den Gesetzgeber zur Einführung des fiktiven Bearbeiterurheberrechts bewogen hatten. Die hochqualifizierte **organisatorische, technische und wirtschaftliche Leistung,** die die Herstellung eines in der Regel zum Vertrieb geeigneten Tonträgers erfordert,[25] ist in besonderem Maße der Gefahr ausgesetzt, von unbefugten Dritten durch tech-

---

[17] Vgl. Art. 26 Abs. 3 WPPT.

[18] Art. 8 Abs. 2 Vermiet- und Verleih-RL.

[19] Richtlinie 92/100/EWG zum Vermiet- und Verleihrecht sowie zu bestimmten dem Urheberrecht verwandten Schutzrechten im Bereich des geistigen Eigentums, ABl. vom 27.1.1992 Nr. L 346 S. 61, abgedruckt auch in GRUR-Int 1993, 144, kodifizierte Fassung: Richtlinie 2006/115/EG vom 12.12.2006, ABl. EG vom 27.12.2006 Nr. L 376 S. 28 = GRUR-Int 2007, 219, geändert durch die Richtlinie 2011/77/EU vom 27.9.2011 zur Änderung der Richtlinie 2006/116/EG über die Schutzdauer der Urheberrechts und bestimmter verwandter Schutzrechte, ABl. EU vom 11.10.2011 Nr. L 265 S. 1.

[20] § 85 Abs. 3 aF, nunmehr § 85 Abs. 4.

[21] Richtlinie 93/98/EWG des Rates zur Harmonisierung der Schutzdauer des Urheberrechts und bestimmter verwandter Schutzrechte, ABl. Nr. L 290 v. 24.11.1993 S. 9, abgedruckt auch in GRUR-Int 1994, 670, kodifizierte Fassung: Richtlinie b2006/116/EG vom 12.12.2006, ABl. vom 27.12.2006 Nr. L 372 S. 12 = GRUR-Int 2007, 223; geändert durch die Richtlinie 2011/77/EU vom 27.9.2011 zur Änderung der Richtlinie 2006/116/EG über die Schutzdauer der Urheberrechts und bestimmter verwandter Schutzrechte, ABl. vom 11.10.2011 Nr. L 265 S. 1, berichtigt in ABl. 2013 Nr. L 117 S. 23.

[22] Dazu → Rn. 71 sowie → § 82 Rn. 6.

[23] Richtlinie 2001/29/EG vom 22.5.2001 zur Harmonisierung bestimmter Aspekte des Urheberrechts und der verwandten Schutzrechte in der Informationsgesellschaft ABl. Nr. L 167 S. 10, berichtigt ABl. 2002 Nr. L 6 S. 71, abgedruckt auch in GRUR-Int 2001, 745.

[24] Richtlinie 2004/48/EG vom 29.4.2004 zur Durchsetzung der Rechte des geistigen Eigentums, ABl. Nr. L 265 vom 2.6.2004 S. 12.

[25] BGH GRUR 2009, 403 Rn. 14 – Metall auf Metall I; AmtlBegr. UFITA 45 (1965) 240 (314); vgl. Dreier/Schulze/*Schulze* § 85 UrhG Rn. 15 ff.; Möhring/Nicolini/*Kroitzsch* (2. Aufl.), § 85 UrhG Rn. 1; *v. Gamm* § 85 UrhG Rn. 1.

nisch leicht zu bewerkstelligendes Brennen, Nachpressen oder Überspielen der festgelegten Aufnahme ausgebeutet zu werden.[26] Diese Entwicklung hat sich verschärft, seitdem digitale Aufnahme-, Vervielfältigungs- und Wiedergabetechniken nicht allein im Internet vorherrschend geworden sind.

11   Die dem Tonträgerhersteller zugeordneten Befugnisse dienen nach der AmtlBegr.[27] überdies der **rechtssystematischen und dogmatischen Unterscheidung** der Rechte an schöpferischen Leistungen von solchen, die lediglich im Zusammenhang mit der Verwertung von Werken der Urheber erbracht werden,[28] sowie der **Anpassung des nationalen Rechts an die Bestimmungen der einschlägigen internationalen Verträge und der unionsrechtlichen Richtlinien.**[29] Schließlich bezweckt § 85 eine **Ausweitung des Sonderrechtsschutzes** durch spezielle Leistungsschutzrechte der Werkverwerter. Er gilt – anders als noch das vom Interpreten abgeleitete Bearbeiterurheberrecht nach § 2 Abs. 2 LUG – auch für solche Tonträger, denen **keine künstlerische Darbietung** zugrunde liegt. Wegen seines hauptsächlichen Anwendungsbereichs bei der Festlegung künstlerischer Darbietungen dient das Tonträgerherstellerrecht dem besonderen Zweck, qualifizierte, unter Einsatz von Technik erbrachte Leistungen auf kulturwirtschaftlichem Gebiet zu schützen.[30]

4. Rechtsnatur und Schutzumfang

12   **a)** Das Recht des Tonträgerherstellers gehört seiner **Rechtsnatur** nach ebenso wie die Immaterialgüterrechte des Veranstalters (§ 81), des Sendeunternehmens (§ 87), des Datenbankherstellers (§ 87a), des Presseverlegers (§ 87f) und des Filmherstellers (§§ 94, 95) zu den verwandten Schutzrechten,[31] die als **Sondertatbestände mit lauterkeitsrechtlichem Bezug einen unternehmerischen Aufwand** gegen unmittelbare Leistungsübernahme rechtlich stärker absichern, als dies das UWG zu tun vermag. Zudem weist es durch die Gewährung gesetzlicher Vergütungsansprüche (§ 85 Abs. 4 iVm. §§ 27 Abs. 2 und 3, 45a Abs. 2, 47 Abs. 2 S. 2, 52a Abs. 4, 54 Abs. 1 und § 86) und durch seine festen inhaltlichen, zeitlichen und sachlichen Konturen über einen bloßen wettbewerbsrechtlichen Schutz hinaus.[32] Das Recht des Tonträgerherstellers steht gleichermaßen dem gewerblichen wie dem nicht gewerblichen Hersteller zu.[33] Es knüpft jedoch nicht an eine persönliche, sondern unternehmerische Leistung an, indem es als seinen originären Inhaber dasjenige Unternehmen fingiert, welches den Tonträger herstellt (§ 85 Abs. 1 S. 2). Das Tonträgerherstellerrecht zählt deshalb zu den **unternehmensbezogenen Leistungsschutzrechten,** die im Unterschied zu den Rechten nach §§ 70, 72 und 73 wegen eines fehlenden persönlichkeitsrechtlichen Gehalts[34] originär auch juristischen Personen zukommen können.[35]

13   **b)** In seinem **Schutzumfang** orientiert sich das einheitliche, jedoch nicht umfassende Recht des Tonträgerherstellers[36] ebenso wie die übrigen unternehmensbezogenen Leistungsschutzrechte und die Rechte des ausübenden Künstlers an der Verhinderung unmittelbarer Leistungsübernahme mit den Mitteln moderner Kopiertechniken der Tonträger- und Internetpiraterie. Nachschaffende oder nachahmende Leistungen lässt es hingegen unberührt.[37] In abschließender unionsrechtlicher Regelung[38] verleiht § 85 dem Hersteller die ausschließlichen Rechte der Vervielfältigung und Verbreitung seines Tonträgers sowie seiner Benutzung zur öffentlichen Zugänglichmachung, nicht dagegen das Recht der Verwendung des Tonträgers zur Sendung oder sonstigen öffentlichen Wiedergabe.[39] Für die **Zweitverwertung** eines erschienenen oder erlaubterweise öffentlich zugänglich gemachten Tonträgers gewährt § 86 dem Tonträgerhersteller lediglich einen **schuldrechtlichen Anspruch auf angemessene Beteiligung an der gesetzlicher Vergütung** des ausübenden Künstlers der auf dem Tonträger festgelegten Darbietung, um die durch sekundäre Nutzungen verursachten Mindererlöse bei der Verwertung des Tonträgers auf der Grundlage der Ausschließlichkeitsrechte nach § 85 Abs. 1 auszugleichen. Die Schutzfrist ist in Abs. 3 auf 50 bis unter Umständen 70 Jahre festgelegt.[40] Die dem Recht gezogenen **Schranken** sind dieselben, die auch dem Urheberrecht gesetzt sind (Abs. 4), nach

---

[26] So schon RGZ 73, 294 – Schallplatten.
[27] UFITA 45 (1965) 240 (303 f.).
[28] Vgl. *Ulmer* UFITA 45 (1965) 18 (45 f.).
[29] RA, GTA, TRIPS, WPPT; → Rn. 8 f., 98 ff. sowie → Einl. UrhG Rn. 140 ff.
[30] Vgl. *Samson* S. 203 f.; *Ulmer* § 3.
[31] Allgemein → Einl. UrhG Rn. 37 ff.; § 87 f ist jedoch wegen fehlender Notifizierung unanwendbar (EuGH C-299/17), vgl. *Peifer* GRUR-Prax 2019, 463.
[32] Vgl. OLG München GRUR-Int 1993, 332 (334) – Christoph Columbus; *Ulmer* § 120 II 2; *Ulmer* FS Hefermehl (1971), S. 189 (193); *Stolz* UFITA 96 (1983) 55 (65); *Gentz* UFITA 70 (1974) 25 ff. gegen die rein wettbewerbsrechtliche Sicht von *Windisch* UFITA 66 (1973) 75 (87).
[33] AmtlBegr. UFITA 45 (1965) 240 (314).
[34] HM, s. *v. Gamm* § 85 UrhG Rn. 1; *Ulmer* § 120 II 2.
[35] HM, s. Dreier/Schulze/*Schulze* § 85 UrhG Rn. 5, 15; Fromm/Nordemann/*Hertin* (9. Aufl.), §§ 85/86 UrhG Rn. 4 unter Hinweis auf Art. 3 lit. c RA.
[36] S. *v. Gamm* § 85 UrhG Rn. 1.
[37] S. *Ulmer* § 120 II 3.
[38] S. *v. Gamm* § 85 UrhG Rn. 1; Fromm/Nordemann/*Hertin* (9. Aufl.), §§ 85/86 UrhG Rn. 12; Dreier/Schulze/*Schulze* § 85 UrhG Rn. 29.
[39] Vgl. dazu *Dünnwald* GRUR 1970, 274 (275).
[40] Einzelheiten → Rn. 71 ff.

der Entscheidung des EuGH „Pelham/Hütter" nicht in analoger Anwendung die Vorschrift des § 24 über die freie Benutzung im Rahmen des Tonträgerherstellerrechts (anders noch der BGH in der Sache „Metall auf Metall").[41] Die vertragsrechtliche Vorschrift über die Zwangslizenz für Tonträgerhersteller[42] sorgt für den notwendigen Wettbewerb auf dem Gebiet der Interpretation.

5. Verfassungs- und unionsrechtliche Grundlagen

Das Vervielfältigungs- und Verbreitungsrecht sowie das Recht der öffentlichen Zugänglichmachung **14** des Tonträgerherstellers unterliegen ebenso wie die Rechte des Urhebers und des ausübenden Künstlers der Eigentumsgarantie des Art. 14 Abs. 1 S. 1 GG.[43] Nach Art. 17 EU-GrCh könnte im Hinblick auf dessen Abs. 2 nichts anderes gelten. Eine eindeutige Rechtsprechung des EuGH liegt dazu bisher nicht vor.[44] Der grundrechtliche Eigentumsschutz bedeutet nicht, dass dem Tonträgerhersteller jede nur denkbare Verwertungsmöglichkeit zustünde, vielmehr garantiert das Grundgesetz nur ein Recht auf angemessene Verwertungsmöglichkeit, dem idR schon dann Rechnung getragen ist, wenn dem Hersteller das Recht der Erstverwertung des Tonträgers gewährt wird. Im Übrigen ist dem Gesetzgeber bei der Inhalts- und Schrankenbestimmung des Eigentums nach Art. 14 Abs. 1 S. 2 GG ein weiter Gestaltungsspielraum zuzubilligen, innerhalb dessen er die Interessen der Urheber, der ausübenden Künstler und der Tonträger- und Filmhersteller in einen gerechten Ausgleich bringen kann.[45]

Das BVerfG hat in der Sache **„Metall auf Metall"** zur Abwägung der Grundrechte der Kunstfrei- **15** heit nach Art. 5 Abs. 3 S. 1 GG und des Eigentums nach Art. 14 GG eine Entscheidung getroffen, in der es um die **Zulässigkeit der Entnahme kleinster Tonfetzen (Samples)** von einem Tonträger zu deren Einbau in ein Werk des Hip-Hop ging.[46] Danach ist der Tonträgerherstellerschutz im Lichte des Art. 5 Abs. 3 S. 1 GG für sich genommen unbedenklich, und zwar auch insoweit, als er grundsätzlich dem Tonträgerhersteller das Recht der Entnahme einer nur kurzen Rhythmussequenz vorbehält.[47] Ungeachtet dessen kann bei der Bestimmung des Umfangs und der Reichweite des § 85 in praktischer Konkordanz das nach Art. 14 GG geschützte Grundrecht des Tonträgerherstellers gegenüber der nach Art. 5 Abs. 3 Satz 1 GG geschützten Kunstfreiheit eines Dritten zurücktreten, wenn der künstlerischen Entfaltungsfreiheit nur ein geringfügig beschränkender Eingriff in die Verwertungsmöglichkeiten des Tonträgerherstellers nach § 85 Abs. 1 gegenübersteht. Eine verfassungskonforme Rechtsanwendung kann, so das BVerfG, im Falle des Samplings in der vom BGH (noch) gewählten analogen Anwendung des § 24 liegen, in einer spezifischen restriktiven Auslegung des Vervielfältigungsbegriffs nach Art. 2 lit. c InfoSoc-RL, nach der eine Vervielfältigung nur anzunehmen ist, wenn das Sampling die wirtschaftlichen Interessen des Tonträgerherstellers in erheblicher Weise berührt,[48] uU in einer Anwendung des Zitatrechts nach § 51[49] oder in einem Rückgriff auf Art. 1 lit. c GTA, der für eine Vervielfältigung die Übernahme eines wesentlichen Teils eines Tonträgers verlangt.[50] Eine davon abweichende Abwägung mag sich im Falle des Samplings ergeben, wenn der Grundrechtsposition des Tonträgerherstellers keine auf dem Recht auf künstlerische Auseinandersetzung beruhende Grundrechtsposition gegenübersteht. Von einer generellen Zulässigkeit des verbots- und vergütungsfreien Samplings kann deshalb nicht gesprochen werden.[51] Dies gilt unabhängig davon, ob sich, wie vom BGH seinen Überlegungen zugrundegelegt,[52] die entnommene Tonsequenz selbst nachspielen lässt oder nicht.[53]

Die Entscheidung des BVerfG enthält wichtige Ausführungen zum **Verhältnis von Grundgesetz** **16** **und Unionsrecht,** einschließlich des Prüfungsumfangs der nationalen Fachgerichte sowie ihrer Entscheidungen durch das BVerfG bzw. den EuGH im Falle einer gebotenen Abwägung unterschiedlicher Grundrechtspositionen bei der Auslegung harmonisierten Urheberrechts. Welchen gerichtlichen Weg ein Fachgericht zu wählen hat, um den gebotenen Ausgleich der sich begegnenden Grundrechte herzustellen, hatte das BVerfG nicht zu entscheiden.

Wegen der unionsrechtlichen Vollharmonisierung des Tonträgerherstellerrechts haben die nationalen Fachgerichte – dh letztinstanzlich der BGH – § 85 richtlinienkonform und im Lichte der EU-Gundrechtecharta auszulegen. Dabei haben sie an Hand jeder einzelnen Richtlinienbestimmung zu

---

[41] Ausführlich dazu → Rn. 50 f., 60 ff.
[42] § 42a, früher systematisch zu Unrecht in § 61 aF als Schrankenbestimmung geregelt.
[43] BVerfG GRUR 1990, 183 – Vermietungsvorbehalt, in Fortführung von BVerfGE 31, 229 = GRUR 1972, 481 – Kirchen- und Schulgebrauch sowie BVerfG GRUR 1990, 438 – Bob Dylan.
[44] Vgl. EuGH GRUR 2019, 929 Rn. 30 ff. – Pelham/Hütter.
[45] BVerfG GRUR 1990, 183 (184) – Vermietungsvorbehalt.
[46] Vgl. BVerfG GRUR 2016, 690 – Metall auf Metall; dazu eingehend *Podzun* ZUM 2016, 606; *Stieper* ZUM 2016, 637; *Leistner* GRUR 2016, 772; → Rn. 50 f., 60 ff.
[47] BVerfG GRUR 2016, 690 Rn. 77, 93 ff. – Metall auf Metall.
[48] BVerfG GRUR 2016, 690 Rn. 110 – Metall auf Metall; vgl. auch OLG Hamburg GRUR-Int 1992, 390 (391); OLG Hamburg NJW-RR 1992, 746 (748); *Gelke* S. 128; *Häuser* S. 109 ff.; *Leistner* JZ 2014, 846 (849); *Salagean* S. 231 ff.
[49] Vgl. dazu auch → Rn. 95.
[50] BVerfG GRUR 2016, 690 Rn. 111 – Metall auf Metall; vgl. auch *Leistner* JZ 2014, 846 (849).
[51] BVerfG GRUR 2016, 690 Rn. 77, 80 – Metall auf Metall.
[52] Vgl. BGH GRUR 2013, 613 Rn. 26 – Metall auf Metall II; ferner → Rn. 61.
[53] BVerfG GRUR 2016, 690 Rn. 99 f. – Metall auf Metall.

prüfen, ob das sekundäre Unionsrecht die jeweilige nationale Bestimmung vollständig determiniert oder dem nationalen Gesetzgeber einen Umsetzungsspielraum einräumt.[54] Bestehen Zweifel an der Auslegung einer oder mehrerer Richtlinienbestimmungen im Hinblick auf die EU-Grundrechtecharta, haben die Fachgerichte nach Art. 267 AEUV insoweit eine Vorlage an den EuGH zu richten.[55] Hält der BGH bei einer anzuwendenden Vorschrift einen Umsetzungsspielraum für gegeben, unterliegt seine Entscheidung wegen der Bedeutung dieser Frage für die Anwendung der nationalen Grundrechte der Überprüfung durch das BVerfG. Sieht der BGH keinen Umsetzungsspielraum, nimmt das BVerfG seine Entscheidungsbefugnis zurück, sofern das Unionsrecht einen ausreichenden Grundrechtsschutz gewährt. Ohne Umsetzungsspielraum der Richtlinie hat das nationale Fachgericht eine richtlinienkonforme Auslegung vorzunehmen und gegebenenfalls bei sich gegenüberstehenden Grundrechtsnormen wie zB Art. 17 Abs. 2 (Eigentumsschutz) und Art. 13 S. 2 (Kunstfreiheit) EU-GrCh eine grundrechtskonforme Abwägung vorzunehmen.[56] Hat das Fachgericht allerdings Zweifel an der Auslegung der EU-Grundrechte oder muss es solche Zweifel haben, obliegt ihm gemäß seiner Vorlagepflicht nach Art. 267 Abs. 3 AEUV, sich zur Ausräumung der Zweifel an den EuGH zu wenden.[57] Ob das Fachgericht seiner Vorlagepflicht nachkommt, hat im Hinblick auf das Recht auf den gesetzlichen Richter nach Art. 101 Abs. 1 S. 2 GG und das Recht auf einen effektiven Grundrechtsschutz nach Art. 19 Abs. 4 GG das BVerfG zu entscheiden. Mit der Überprüfung der fachgerichtlichen Vorlagepraxis stellt das BVerfG sicher, dass der EuGH bei drohenden Grundrechtsverletzungen mit der Sache befasst wird und der grundrechtliche Mindestschutz gewahrt bleibt.[58]

6. Bedeutung und Kritik der Vorschrift; Entfaltung digitaler Technik

17   **a)** Seine **Bedeutung** gegenüber den Rechten der Urheber und weiterer Leistungsschutzberechtigter erlangt das Tonträgerherstellerrecht durch seine **eigenständigen Entstehungsvoraussetzungen,** die es dem Berechtigten erlauben, unabhängig von vertraglich erworbenen Nutzungsrechten jede ungenehmigte Verwertung des Tonträgers in körperlicher Form sowie in Form seiner Benutzung zur öffentlichen Zugänglichmachung aus eigenem Recht zu untersagen.[59] Jedoch kann er den Urheber an der Ausübung seines ausschließlichen Rechts der öffentlichen Werkwiedergabe (mit Ausnahme der öffentlichen Zugänglichmachung) mittels eines Tonträgers nicht hindern. Allerdings werden in der Praxis die Rechte der öffentlichen Wiedergabe meist von Verwertungsgesellschaften wahrgenommen, die einem Kontrahierungszwang unterliegen. Als besonderes Leistungsschutzrecht bietet § 85 auch da Schutz, wo die Voraussetzungen wettbewerbswidrigen Verhaltens nach dem UWG nicht vorliegen oder nur schwer beweisbar sind.[60]

18   Großes wirtschaftliches Gewicht kommt dem Tonträgerherstellerrecht vor allem bei der **Bekämpfung der Tonträger- und Internetpiraterie** zu.[61] Ohne eine sorgfältige Analyse an dieser Stelle ersetzen zu können, hier nur wenige Zahlen: Nach 15 Jahren rückläufiger Umsätze konnte die Musikindustrie in Deutschland 2013 erstmals wieder ein leichtes Plus von 1,2 % vermelden, allerdings auf relativ bescheidenem Niveau von 1,45 Mrd. EUR. Rückläufig entwickelten sich die illegale traditionelle und die Internetpiraterie. Sie blieb allerdings nach den letzten Zahlen von 2007 erschreckend hoch: die illegalen Downloads lagen zehnmal so hoch wie die legalen;[62] bei der Tonträgerpiraterie verfügt der Bundesverband Musikindustrie über keine verlässlichen Zahlen, sondern nennt lediglich Schäden allein in Deutschland in dreistelliger Millionenhöhe.[63] Deshalb fordert sie, ohne die Entwicklung neuer Verwertungsstrategien über das Internet zu vernachlässigen, seit langem einen über den derzeitigen Standard hinausgehenden Schutz, der ihr eine intensivere Kontrolle der Herstellung, des Vertriebs und der öffentlichen Zugänglichmachung von Tonträgerinhalten ermöglicht.[64]

19   **b) Kritik.** Es mag in der Tradition des dem Tonträgerhersteller übertragenen fiktiven Bearbeiterurheberrechts des § 2 Abs. 2 LUG als einem für eine persönliche Leistung gewährten Recht begründet sein, dass der Gesetzgeber von 1965 sich nicht hat entschließen können, das Tonträgerherstellerrecht als reines Unternehmensrecht auszugestalten, obwohl es, wie die AmtlBegr. erkennen lässt, entschiedene Befürworter im Gesetzgebungsverfahren fand. Nach geltendem Recht erhält so auch der private Tonträgerhersteller die Befugnisse aus §§ 85, 86, die allein der gewerbliche Hersteller als Inves-

---

[54] BVerfG GRUR 2016, 690 Rn. 112, 115 mwN aus der Rspr. – Metall auf Metall.
[55] BVerfG GRUR 2016, 690 Rn. 112 – Metall auf Metall.
[56] BVerfG GRUR 2016, 690 Rn. 121 f. mwN – Metall auf Metall.
[57] BVerfG GRUR 2016, 690 Rn. 123 mwN – Metall auf Metall.
[58] BVerfG GRUR 2016, 690 Rn. 124 mwN – Metall auf Metall.
[59] Vgl. *Neumann-Duesberg* UFITA 31 (1960) 162 (166).
[60] Vgl. AmtlBegr. UFITA 45 (1965) 240 (313 ff.); *Ulmer* §§ 3 II, 120 II 2.
[61] Dazu eingehend Wandtke/Bullinger/*Schaefer* § 85 UrhG Rn. 34 ff. mwN.
[62] www.musikindustrie.de/internetpiraterie/.
[63] www.musikindustrie.de/raubkopien/.
[64] Vgl. zu den Erfolgen bereits Bundesverband Musikindustrie (Hrsg.), Musikindustrie in Zahlen 2009, S. 24 ff.; 29; Bundesverband Musikindustrie (Hrsg.), Näheres zur wirtschaftlichen Seite Bundesverband Musikindustrie (Hrsg.), Musikindustrie in Zahlen 2015, S. 8 ff.; www.musikindustrie.de/gesetzgebung-national/; dort auch zu den rechtlichen Forderungen; ferner dazu *Braun* S. 54 ff. sowie die älteren Äußerungen von *Bortloff* S. 25 ff.; *Nick* S. 19; *Schaefer/Körfer* S. 13 ff.

titionsschutz benötigt. Mit der Beschränkung der Berechtigten auf gewerbliche Hersteller ginge nicht nur eine Beschränkung des Rechtsschutzes auf solche Tonträger einher, die zur gewerblichen Nutzung bestimmt sind und einem gewissen technischen Standard genügen, sondern ließe zudem eine klarere Abgrenzung des Tonträgerherstellerrechts von den Rechten der öffentlich-rechtlichen Sendeunternehmen zu.[65]

c) Entfaltung der Digitaltechnik. Die seit dem letzten Jahrzehnt des vergangenen Jahrhunderts **20** rapide **Entfaltung digitaler Technik** hat zunächst der CD als Tonträger zum unumstrittenen Offline-Mediums auf dem Musikmarkt verholfen. Zudem hat sie auf dem Online-Markt durch neue Geschäftsmodelle die Erschließung eines nahezu unbegrenzten Musikangebots über **Abrufsysteme (Music-On-Demand), Simulcast-, Webcast- und Near on Demand-Dienste,** inhaltlich hoch differenzierte **Multikanalsysteme** ua. ermöglicht, die den traditionellen Rundfunk mittelfristig einzuschränken drohen. Seither steht die hergebrachte Unterscheidung von Erstverwertung durch die Vervielfältigung und Verbreitung des Tonträgers und seiner nachgeordneten Zweitverwertung in Form der Schallplattensendung auf dem Prüfstand. Die Einschaltung von Spartensendern mit ihren für jeden Geschmack zugeschnittenen Programmschleifen sowie die rasche Verbreitung legaler und illegaler **File-Sharing-Systeme** (Musiktauschbörsen)[66] setzen – neben dem ungebremsten Brennen von CDs und DVDs im privaten Bereich – nicht allein dem Kaufgeschäft mit CD-Tonträgern zu, sondern stellen selbst den wirtschaftlichen Erfolg von Musikabrufsystemen in Frage. Im Einzelnen geht es dabei um die Verwendung privat zulässiger- oder unzulässigerweise vervielfältigter Tonträger zur öffentlichen Wiedergabe[67] und um die Benutzung eines Tonträgers zur ungenehmigten öffentlichen Zugänglichmachung nach § 19a. Dennoch zeichnet sich in jüngster Zeit eine gewisse Verrechtlichung des Online-Geschäfts ab und auch der nach § 95a gewährte Schutz technischer Maßnahmen könnte eine weiterreichende Sicherung der wirtschaftlichen Interessen der Musikindustrie gewährleisten. Um die Auswertung eines Tonträgers durch die zunehmend in den Vordergrund rückende Spartenkanalsendung so steuern zu können, dass auch die Vervielfältigung und Verbreitung von Tonträgern einträglich bleibt, hätte es sich im Interesse aller am Musikgeschäft partizipierenden Urheber und Leistungsschutzberechtigten empfohlen, zumindest für die spezielle Nutzungsart der Sendung über Multikanalsysteme dem Tonträgerhersteller und dem ausübenden Künstler ein **ausschließliches Recht** zu gewähren, wie es für die On-Demand-Nutzung im Anschluss an Art. 14 WPPT durch Art. 3 InfoSoc-RL und § 19a in Verbindung mit gewissen Korrekturen der Schranken- und Strafbestimmungen geschehen ist.[68] Derzeit bleibt abzuwarten, ob nicht die Mehrkanaldienst-Entscheidung des BGH,[69] die diese Nutzungsart zwar nicht dem Verbotsrecht des Tonträgerherstellers unterwirft, eine Verbesserung der Ertragslage bewirkt. Denn sie verlangt ausdrücklich von der GVL, bei der tariflichen Festlegung der angemessenen Vergütung für Mehrkanaldiensten die durch diese Art der erlaubnisfreien Sendung der Erstverwertung von Tonträgern zugefügten Einnahmeverluste zu berücksichtigen. Nicht zuletzt sei in diesem Zusammenhang das **Sound-Sampling** erwähnt, bei dem einem Tonträger kleinste Tonfetzen minimaler Länge (etwa zwei Sekunden) entnommen und in eine eigene Aufnahme eingebaut werden.[70]

II. Einzelerläuterungen

1. Der Schutzgegenstand des § 85

a) Schutzgegenstand des § 85 ist die **im Tonträger** – das ist nach der Legaldefinition des § 16 **21** Abs. 2 eine Vorrichtung zur wiederholbaren Wiedergabe einer Tonfolge[71] – **verkörperte besondere wettbewerbliche Herstellerleistung als immaterielles Gut.**[72] Anders als Art. 3 lit. b RA, aber in

---

[65] Vgl. dazu auch → Rn. 46, 88 ff.
[66] Zur Haftung mehrerer Peers als Mittäter bei illegalen Musiktauschbörsen BGH GRUR 2018, 400 Rn. 27 – Konferenz der Tiere mwN; eingehend dazu → § 97 Rn. 57 ff.
[67] § 53 Abs. 6 bzw. § 96 Abs. 1.
[68] Einzelheiten zu verschiedenen neuen Nutzungsarten der öffentlichen Zugänglichmachung → § 19a Rn. 51 ff.; zum Internetradio ausführlich *Schwenzer* GRUR-Int 2001, 722 ff.; *Bortloff* GRUR-Int 2003, 669 ff.; zu den File-Sharing-Systemen *Kreutzer* GRUR 2001, 193 ff., 307 ff.; *Braun* GRUR 2001, 1106 ff.; *J. B. Nordemann/Dustmann* CR 2004, 380 ff.; *Bechthold* GRUR 1998, 18 ff.; ferner *Thurow*, Die digitale Verwertung von Musik, S. 77 ff.; *Thurow* FS Kreile (1994), S. 763 ff.
[69] BGH GRUR 2004, 669 – Mehrkanaldienst.
[70] Dazu auch → Rn. 15 f., 50 f., 60 ff.
[71] → § 16 Rn. 26.
[72] Abweichend BGH GRUR 2018, 400 Rn. 19 – Konferenz der Tiere mwN.; BGH GRUR 2017, 895 Rn. 19 – Metall auf Metall III: Schutzgegenstand ist die wirtschaftliche, organisatorische und technische Leistung des Tonträgerherstellers; jedoch ist die Leistung allein nur der Schutzgrund, nicht der Schutzgegenstand; vgl. *v. Ungern-Sternberg* GRUR 2014, 209 (216); zum Schutzgegenstand gehört die Manifestierung der Herstellerleistung in einem körperlichen Gegenstand; BGH GRUR 2010, 620 Rn. 35 – Film-Einzelbilder; GRUR 2008, 693 Rn. 16 – TV-Total; wie hier neben *v. Ungern-Sternberg* auch *Häuser* S. 103 ff.; Wandtke/Bullinger/*Schaefer* § 85 UrhG Rn. 2; Dreier/Schulze/*Schulze* § 85 UrhG Rn. 15; Möhring/Nicolini/*Stang* (4. Aufl.), § 85 UrhG Rn. 6; *v. Gamm* § 85 UrhG Rn. 4; *Windisch* GRUR 1980, 587 (589); *Rossbach* S. 97; ähnlich Schorn GRUR 1982, 644, der unter dem

Übereinstimmung mit der unionsrechtlich unmittelbar verbindlichen Definition des Art. 2 lit. b WPPT[73] beschränkt sich der Begriff des Tonträgers nach § 85 nicht auf Festlegungen vernehmbarer Töne, sondern umfasst auch solche festgelegten Töne, die unabhängig von der Art ihrer Erzeugung ohne vorherige akustische Wahrnehmbarkeit, etwa durch ein Keyboard, in einen elektronischen Speicher eingegeben und dort wiederholbar abgerufen werden können („representation of sounds"). Maßgeblich für den Begriff der **Aufnahme** iSd. § 16 Abs. 2 Halbs. 1 ist der **Akt der Festlegung.** Darin unterscheidet sich der Tonträger vom klassischen Tonerzeuger (Musikinstrument). Ein Widerspruch zu Art. 3 lit. b RA besteht insoweit nicht, weil das RA lediglich einen Mindestschutz statuiert.[74]

22   Der Anwendungsbereich des § 85 beschränkt sich nicht auf Aufnahmen, denen eine künstlerische, nach § 73 schutzfähige Darbietung zugrunde liegt, sondern erfasst in Übereinstimmung mit Art. 3 lit. b RA **Tonaufnahmen gleich welchen Inhalts und welcher Aufnahmetechnik:** Konzerte, Sprachdarbietungen, digitale Einspeisungen elektronischer Klangwerte, Glockengeläute, Hintergrundgeräusche aller Art, Tierlaute wie etwa Vogelstimmen und andere Naturgeräusche,[75] festgelegt auf historischen Musikwalzen, Schellack- oder Vinylplatten, MC, DAT, CD, Festplatten, Speicherchips, Midi-Files ua.[76] Die Vorschrift gilt nach Wortlaut und Systematik und im Einklang mit dem RA und dem WPPT allein für Tonaufnahmen, **nicht** dagegen **für Bild-Tonfolgen,** die nach den Vorschriften der §§ 94, 95 geschützt werden. Zur Beurteilung der verselbstständigten Tonspur eines Films → Rn. 31 f.

23   **Das Recht des Tonträgerherstellers** an der vom Tonträger als materiellem Gut verkörperten spezifischen Herstellerleistung **entsteht unbeschadet etwaiger bei der Herstellung zu berücksichtigender Rechte der Urheber, ausübenden Künstler[77] und Sendeunternehmen** (§ 87 Abs. 1 Nr. 2) an den von diesen geschaffenen immateriellen Gütern. Es entsteht ferner unbeschadet **eines urheberrechtlichen Schutzes des Tonträgerherstellers gemäß § 4,** wenn, wie dies freilich selten der Fall ist, in der Auswahl und Anordnung der aufgenommenen Musikstücke ua. eine persönliche geistige Schöpfung zu sehen ist,[78] oder eines **Datenbankherstellerrechts des Tonträgerproduzenten,** sofern dieser, wie unter Umständen bei recherchierbaren CD-ROM-Katalogen oder Musiksuchsystemen, eine Musikdatenbank iSd. § 87a erstellt hat.[79] Eine solche Musikdatenbank kommt bei CDs mangels ausreichender Investition nur ausnahmsweise in Betracht, während sie bei DVDs oder sonstigen großen digitalen Musikspeichern zum Internetabruf häufiger begegnen dürfte.[80]

24   **b)** § 85 begründet ein Herstellerrecht nur im Fall der **Erstaufnahme** einer Darbietung oder Tonfolge, also bei einer Vervielfältigung iSd. § 16 Abs. 2 Halbs. 1.[81] Der besondere Schutz soll nur demjenigen zuteilwerden, der die Vergänglichkeit dargebotener oder sonstiger Tonfolgen aufhebt, indem er sie **zur beliebigen Wiederholbarkeit** mittels einer Wiedergabevorrichtung **fixiert.** Wiederholbarkeit erfordert zwar keine „ewige", wohl aber nicht unerhebliche Dauer der Festlegung, so dass nur vorübergehende Festlegungen wie Zwischenspeicherungen im Computer (Cache) nicht rechtsbegründend wirken.[82] In der Regel liegt heutzutage die Erstaufnahme in der Herstellung des **Masters,** eines Tonbands oder eines digitalen Speichers. Das Master beruht unabhängig von seiner Technik auf einer Vielzahl einzelner, technisch bearbeiteter Tonkanäle, die auf ihm zum endgültigen Produkt zusammengeführt werden. In dieser aufeinander bezogenen Form bilden sie erst den geschützten Tonträger, genießen jedoch auch als Teil des (fertiggestellten) Masters Schutz nach § 85.[83] Wird lediglich der Träger bereits festgelegter Töne vervielfältigt (§ 16 Abs. 1 Halbs. 2), entsteht, wie § 85 Abs. 1 S. 3 klarstellt, dieses Recht nicht. Dasselbe bestimmt wörtlich auch Art. 3 lit. c RA („erstmals ... festlegt"), in dessen Licht § 85 zu lesen ist. Das Recht zur Vervielfältigung eines Tonträ-

---

Begriff des Tonträgers das auf ihm festgelegte Programm versteht; aA OLG Köln ZUM-RD 1998, 371 – Remix-Version; *Dünnwald/Gerlach* Einl. Rn. 64; *Dünnwald* UFITA 76 (1976) 165 (167); *Knies* S. 186; *Stolz* UFITA 96 (1983) 55 (63); *Stolz* Sendeunternehmen S. 68, 72 f.; Möhring/Nicolini/*Kroitzsch* (2. Aufl.), § 85 UrhG Rn. 3; → § 94 Rn. 9.

[73] Art. 2 lit. b WPPT: Im Sinne des Vertrags bedeutet „Tonträger" die Festlegung der Töne einer Darbietung oder anderer Töne oder einer Darstellung von Tönen außer in Form einer Festlegung, die Bestandteil eines Filmwerks oder eines anderen audiovisuellen Werkes ist".

[74] Ebenso *v. Lewinski* in Schricker (Hrsg.), Informationsgesellschaft, S. 225 f.; für eine strikte Auslegung von § 85 nach Maßgabe des Art. 3 lit. b RA wohl auch *Schack* Rn. 701.

[75] AllgM., AmtlBegr. UFITA 45 (1965) 240 (314); *Ulmer* § 125 II 1; Möhring/Nicolini/*Stang* (4. Aufl.), § 85 UrhG Rn. 8, 10; Fromm/Nordemann/*Hertin* (9. Aufl.), §§ 85/86 UrhG Rn. 2; *Dünnwald* GRUR 1970, 274 (275); *Stolz* UFITA 96 (1983) 55 (63).

[76] Ebenso Möhring/Nicolini/*Stang* (4. Aufl.), § 85 UrhG Rn. 8.

[77] Vgl. *Dünnwald* GRUR 1970, 274 (275).

[78] Einzelheiten dazu unter § 4.

[79] Art. 7 Abs. 1 der Richtlinie 96/3/EG über den rechtlichen Schutz von Datenbanken; dazu auch Wandtke/Bullinger/*Schaefer* § 85 UrhG Rn. 18.

[80] S. Erwgr. 19 der Datenbank-RL; ferner → § 87a Rn. 16; Wandtke/Bullinger/*Schaefer* § 85 UrhG Rn. 18.

[81] BGH GRUR 1999, 577 (578) – Sendeunternehmen als Tonträgerhersteller; vgl. *v. Gamm* § 85 UrhG Rn. 3; Fromm/Nordemann/*Hertin* (9. Aufl.), §§ 85/86 UrhG Rn. 3; Möhring/Nicolini/*Kroitzsch* (2. Aufl.), § 85 UrhG Rn. 10; *Stolz* UFITA 96 (1983) 55 (63).

[82] Ebenso Wandtke/Bullinger/*Schaefer* § 85 UrhG Rn. 3; Fromm/Nordemann/*Boddien* § 85 UrhG Rn. 19.

[83] Vgl. dazu Wandtke/Bullinger/*Schaefer* § 85 UrhG Rn. 4; zum Teilschutz BGH GRUR 2009, 403 Rn. 10 – Metall auf Metall I sowie BGH GRUR 2017, 895 Rn. 16 – Metall auf Metall III; → Rn. 50; vgl. nunmehr insbesondere EuGH GRUR 2019, 929 – Pelham/Hütter.

gers iSd. § 16 Abs. 2 Halbs. 2, dh. zur Anfertigung weiterer Vervielfältigungsstücke, resultiert originär aus der Leistung der Erstaufnahme einer Tonfolge gemäß § 16 Abs. 2 Halbs. 1.[84]

aa) Im Hinblick auf den Schutzzweck der Norm bedeutet **Erstaufnahme weder Erstmaligkeit** 25 **der Aufnahme eines bestimmten Werkes noch Exklusivität der Aufnahme einer bestimmten Darbietung.** Der Schutz des Tonträgerherstellers knüpft ausschließlich an den schutzwürdigen Aufwand der Erstfestlegung an, gleichviel, ob zB dieselbe Darbietung, dieselbe Geräuschkulisse oder dasselbe Glockengeläute gleichzeitig auch von Dritten aufgenommen werden.[85] Erstaufnahme meint demnach die erste körperliche Festlegung einer dargebotenen Tonfolge, von der sich wiederum inhaltlich und qualitativ übereinstimmende Kopien herstellen lassen. Die Einspielung der Darbietung eines erfolgreichen Werkes **(Coverversion)** meist durch einen anderen Künstler begründet selbstverständlich ein neues Tonträgerherstellerrecht.[86] Dasselbe gilt für **Re-Recordings,** bei denen anders als bei Coverversions die klangliche Nähe zur Originalversion gesucht wird.[87]

bb) Eine Erstaufnahme iSd. § 85 setzt **keine Festlegung** der Töne **unmittelbar am Ort der** 26 **Darbietung** voraus. Geschützt sind auch im Studio einer Rundfunkanstalt klangtechnisch aufbereitete Aufnahmen gesendeter Live-Konzerte.[88] Dagegen scheidet der bloße private Mitschnitt gesendeter oder durch Lautsprecher übertragener Live-Darbietungen wegen fehlenden wirtschaftlichen und technischen Aufwands aus dem Kreis der vom Gesetzgeber für schutzwürdig erachteten Erstaufnahmen ebenso regelmäßig aus wie unerlaubte Live-Mitschnitte eines Konzerts mittels eines Mikrofons (bootlegs) (→ Rn. 24, 33).[89] Wird eine Schallplattenaufnahme gesendet, ist die Aufzeichnung der Sendung ohnehin lediglich als Vervielfältigung iSd. § 85 Abs. 1 S. 3 und nicht als eine die Rechte aus § 85 begründende Erstaufnahme zu werten.[90]

cc) Keine Erstaufnahme entsteht, wenn – wie dies bei Multimedia-Produkten mitunter begeg- 27 net – unter besonderen Ordnungskriterien bereits vorhandene Tonaufnahmen ausgewählt und zu neuen Ton- oder Bildtonträgern zusammengestellt werden.[91] Ihnen liegt möglicherweise ein urheberrechtlich schutzfähiges Sammelwerk nach § 4 und/oder eine nach §§ 87a ff.[92] geschützte Datenbank zugrunde, hingegen nicht die den Rechtsschutz des § 85 begründende Leistung der ersten körperlichen Festlegung (→ Rn. 17). Im Verhältnis zu den Erstaufnahmen ist der neu zusammengestellte Tonträger etwa als Multimedia-Produkt wiederum nur Vervielfältigungsstück iSd. § 85 Abs. 1 S. 3.

Entsprechendes gilt für **(digital-)technisch verbesserte und akustisch bereinigte historische** 28 **Aufnahmen, sog. Remixes,** die ebenfalls nur Vervielfältigungen sind.[93] Dabei werden die einzelnen, bereits vorhandenen Tonspuren (Tracks) von im Mehrspurverfahren produzierten Aufnahmen voneinander getrennt, einzeln überarbeitet und sodann wieder zusammengeführt.[94] Schutzgegenstand des § 85 ist nicht die technische Leistung an sich, sondern nur eine solche, die in den Erfolg der Festlegung einer wiederholbaren Tonfolge mündet. Davon kann nicht ausgegangen werden, wenn lediglich archivierte Tonspuren bearbeitet und zu einem neuen Master zusammengeführt werden.[95] Gleichwohl ist zuzugeben, dass der Unterschied der technischen Leistung desjenigen, der für die Festlegung einer „representation of sounds" iSd. Art. 2 lit. c WPPT Schutz erfährt, gegenüber der Leistung eines Remixers häufig geringfügiger ausfallen dürfte. Darauf kommt es aber nicht an. Anders soll es sich nach Auffassung des OLG Köln verhalten, wenn die Remix-Version einen deutlichen gestalterischen Abstand zur Erstaufnahme aufweist, so dass es sich verbietet, von derselben Aufnahme zu sprechen.[96]

---

[84] Zur erstmaligen Festlegung als Schutzvoraussetzung gemäß Art. 5 Abs. 1 lit. b iVm. Art. 3 lit. c RA; sa. BGH GRUR 1987, 814 (815) – Die Zauberflöte.

[85] AllgM, etwa Dreier/Schulze/*Schulze* § 85 UrhG Rn. 34; *v. Gamm* § 85 UrhG Rn. 4; *Ulmer*, Rechtsschutz, S. 53; *Windisch* GRUR 1980, 587 (588).

[86] Ebenso ausführlich Fromm/Nordemann/*Boddien* § 85 UrhG Rn. 34 f.; *Krusemarck* S. 358 f.; Bisges/*Vollrath* Kap. 10 C II 3e Rn. 237.

[87] Vgl. Fromm/Nordemann/*Boddien* § 85 UrhG Rn. 36.

[88] Begrifflich abweichend *v. Gamm* § 85 UrhG Rn. 3, der offensichtlich jede Erstaufnahme als unmittelbare Aufnahme bezeichnet.

[89] Ebenso Wandtke/Bullinger/*Schaefer* § 85 UrhG Rn. 14; Dreier/Schulze/*Schulze* § 85 UrhG Rn. 26; wohl auch Fromm/Nordemann/*Boddien* § 85 UrhG Rn. 26; *Schack* Rn. 702; aA Fromm/Nordemann/*Hertin* (9. Aufl.), §§ 85/86 UrhG Rn. 3.

[90] Vgl. Fromm/Nordemann/*Hertin* (9. Aufl.), §§ 85/86 UrhG Rn. 3; Möhring/Nicolini/*Kroitzsch* (2. Aufl.), § 85 UrhG Rn. 10.

[91] Vgl. Fromm/Nordemann/*Hertin* (9. Aufl.), §§ 85/86 UrhG Rn. 7.

[92] Art. 7 Abs. 1 Datenbank-RL.

[93] Fromm/Nordemann/*Hertin* (9. Aufl.), §§ 85/86 UrhG Rn. 7; *Schorn* GRUR 1982, 644 (647) (Fn. 23); aA Wandtke/Bullinger/*Schaefer* § 85 UrhG Rn. 15; Fromm/Nordemann/*Boddien* § 85 UrhG Rn. 38 ff.; *Boddien* S. 100 ff., 126; *Dünnwald* UFITA 76 (1976) 165 (176); *Gentz* UFITA 46 (1966) 33 (43 f.); soweit ein neues Klangbild entsteht, dessen Erarbeitung der Tonträgerhersteller am Computer als Klangquelle entspricht, auch Dreier/Schulze/*Schulze* § 85 UrhG Rn. 22; zum Technischen *Schwenzer* S. 99.

[94] Ausführlich und ebenfalls wie hier Fromm/Nordemann/*Boddien* § 85 UrhG Rn. 38 f.: Entstehung eines neuen Rechts nach § 85.

[95] AA Wandtke/Bullinger/*Schaefer* § 85 UrhG Rn. 15; *Knies* S. 190 f.

[96] OLG Köln ZUM-RD, 1998, 371 (378) – Remix-Version, das damit jedoch in Widerspruch zur Schutzbegründung durch die erstmalige Fixierung gerät; der Auffassung des OLG Köln folgend Bisges/*Vollrath* Kap. 10 C II 3c Rn. 231, jedoch in wertender Betrachtung kein neues Schutzrecht bei geringfügig neuem Arrangement;

29   Auch die klangliche, meist digital-technische Aufbesserung **(Digital Remastering)** einer Aufnahme durch die Beseitigung von Nebengeräuschen oder die Verbesserung des Klangeindrucks[97] begründet, selbst wenn sie unter hohem technischem Aufwand geschieht, kein neues Tonträgerherstellerrecht. Denn die zugrunde liegende Aufnahme bleibt in diesem Fall dieselbe, sie wird lediglich klangtechnisch bearbeitet. Ein Recht der technischen Bearbeitung des Tonträgers kennt das Gesetz jedoch nicht; seine Einführung ist bei der Beratung des WPPT ausdrücklich abgelehnt worden.[98] Auch das Leistungsschutzrecht des ausübenden Künstlers bleibt dadurch unberührt.[99] Nach Ablauf der Schutzfrist der ursprünglichen Aufnahme (§ 85 Abs. 3) stellt sie nur eine unter lauterkeitsrechtlichen Gesichtspunkten (§ 3 iVm. § 4 Nr. 3 lit. a und b, 4 UWG) zu schützende Leistung dar.[100]

30   **dd)** Heutzutage wird eine Tonfolge erstmals überwiegend **als Master** auf einem analogen Tonband oder in einem digitalen Speicher festgelegt (→ Rn. 24).[101] Davon abgeleitete **Matrizen, Disketten oder digitale Speicher,** welcher Art auch immer, sind **nur Vervielfältigungsstücke** iSd. §§ 85 Abs. 1 S. 3, 16 Abs. 2 Halbs. 2.[102] Dasselbe gilt für die unter ihrer Verwendung hergestellten traditionellen Schallplatten, Audio-Kassetten, Audio-CDs, CD-ROM, CDI, Tonbänder oder sonstige Tonträger, gleich welchen Materials, welcher Form oder welcher Art der Wiedergabetechnik.[103]

31   **ee)** Die – in der Literatur umstrittene – Beurteilung der **Tonspur eines Bildtonträgers** richtet sich, soweit die Rechte an ihr nicht von einem anderen Tonträgerhersteller abgeleitet sind, ausnahmsweise nach ihrer **Zweckbestimmung.**[104] IdR stellt der Filmhersteller Ton- und Bildteil eines Filmstreifens getrennt her. Dabei erwachsen ihm an der Tonaufnahme zunächst originäre Rechte aus § 85.[105] Werden Ton und Bild nach getrennter Fixierung auf Grund einer Nutzungsvereinbarung oder eines Gemeinschaftsproduktionsvertrages technisch wie inhaltlich aufeinander bezogen, so dass ein zur einheitlichen Verwertung bestimmter Tonfilmstreifen entsteht, gehen die Rechte aus § 85 in der in ihrem Schutzumfang weiterreichenden Spezialvorschrift des § 94 auf.[106] Dafür spricht nicht nur die AmtlBegr., die in § 94 die „im Filmstreifen verkörperte Gesamtleistung", also Bild **und** Ton, geschützt sieht,[107] sondern auch das RA, an dem sich der Gesetzgeber bei der Fassung des UrhG orientieren wollte.[108] Art. 3 lit. b RA bezieht sich nur auf ausschließlich auf den Ton beschränkte Festlegungen. Rechte am Filmstreifen sollten im RA – und ebenso in den späteren Abkommen GTA und WPPT – nicht berücksichtigt werden.[109] Dies gilt selbst dann, wenn zueinandergehörige Bild- und Tonfolgen auf getrennten Trägern verkörpert bleiben.[110] Die Vervielfältigung der Tonfolge eines Filmstreifens, etwa durch Überspielung anlässlich einer Sendung, kann folglich als Vervielfältigung eines Teils des Bild- und Tonträgers allein aus § 94 untersagt werden; als ein integraler Bestandteil des Filmstreifens berechnet sich ihre Schutzfrist allein nach § 94 Abs. 3 und die Vergütung für private Überspielung der Filmmusik bei der Sendung des Filmstreifens kann allein auf § 94 iVm. § 54 Abs. 1 verlangt werden. Ebenso sind elektromagnetische und digitale Aufzeichnungen zu beurteilen, bei denen Töne und Bilder gleichzeitig auf einem einheitlichen Bildtonträger fixiert werden.[111]

Wandtke/Bullinger/*Schaefer* § 85 UrhG Rn. 16: eigenständige Aufnahme durch erstmalige Festlegung; in diesem Sinn auch Fromm/Nordemann/*Boddien* § 85 UrhG Rn. 38.

[97] Vgl. BGH GRUR 1976, 317 (322) – Unsterbliche Stimmen; sa. Fromm/Nordemann/*Boddien* § 85 UrhG Rn. 28 ff.

[98] Vgl. *Knies* S. 75 f., 218.

[99] OLG Hamburg ZUM-RD 2002, 145 (149) – Amon Düül II.

[100] Dem folgend *v. Lewinski* in Schricker (Hrsg.), Informationsgesellschaft, S. 235; Dreier/Schulze/*Schulze* § 85 UrhG Rn. 21; Möhring/Nicolini/*Kroitzsch* (2. Aufl.), § 85 Rn. UrhG 11; *Krusemarck* S. 359; aA, die bloße Beseitigung von Nebengeräuschen bei Altaufnahmen mittels eines Softwareprogramms dürfe dazu allerdings nicht ausreichen; Fromm/Nordemann/*Boddien* § 85 UrhG Rn. 28 ff., Rn. 30 und 31: gegenüber dem Original etwas klanglich Neues und erneute technische, organisatorische und wirtschaftliche Leistung; *Knies* 190 f., 218: *technisch* neue Aufnahme mit neuer Schutzfrist; ebenso Bisges/*Vollrath* Kap. 10 C II 5b Rn. 229: bei qualitativ neuem Klangbild entsteht neues Schutzrecht.

[101] FrommNordemann/*Boddien* § 85 UrhG Rn. 20.

[102] Ebenso *Gentz* UFITA 46 (1966) 33 (43).

[103] So. Rn. 26; vgl. auch *Dünnwald* UFITA 76 (1976) 165 (167); *Ulmer,* Rechtsschutz, S. 50.

[104] BGH GRUR 1999, 577 (578) – Sendeunternehmen als Tonträgerhersteller; GRUR 1982, 102 (103) – Masterbänder; Fromm/Nordemann/*Boddien* § 85 UrhG Rn. 27, s. auch dort Rn. 39; kritisch zur Zweckbestimmung *Flechsig-Bisle* Kap. C I 8 c.

[105] Soweit hM, vgl. *Stolz* UFITA 96 (1983) 55 (79) mwN.

[106] Zustimmend Wandtke/Bullinger/*Schaefer* § 85 UrhG Rn. 5.

[107] UFITA 45 (1965) 240 (321).

[108] AmtlBegr. UFITA 45 (1965) 240 (307, 314).

[109] Vgl. Nordemann/Vinck/*Hertin* Art. 3 RA Rn. 11, Art. 19 RA Rn. 1; Wandtke/Bullinger/*Schaefer* § 85 UrhG Rn. 5; *Dünnwald* UFITA 76 (1976) 165 (167 f.); *Ulmer* GRUR-Int 1961, 569 (592); *Ulmer* Rechtsschutz, S. 50; *Schack* Rn. 701; im Hinblick auf Art. 1 lit. a GTA auch OLG München ZUM-RD 1997, 357 (358) – Garth Brooks; für Rechte des Filmherstellers aus § 94 und § 85 Möhring/Nicolini/*Kroitzsch* (2. Aufl.), § 94 UrhG Rn. 19; *v. Gamm* § 85 UrhG Rn. 2; *Gentz* UFITA 46 (1966) 33 (42); *Stolz* UFITA 96 (1983) 55 (80); *Stolz* Sendeunternehmen, S. 112 ff.

[110] Ebenso Fromm/Nordemann/*Hertin* (9. Aufl.), §§ 85/86 UrhG Rn. 5; für Rechte des Filmherstellers aus §§ 94 und 85 in diesen Fällen Möhring/Nicolini/*Kroitzsch* (2. Aufl.), § 85 UrhG Rn. 9; *Stolz* UFITA 96 (1983) 55 (81).

[111] *Stolz* UFITA 96 (1983) 55 (79).

Scheitert die Realisierung des Filmwerks nach der Fertigstellung der Tonspur, bleiben ihrem Hersteller die Rechte aus § 85.[112]

Wird die **Tonspur** gleichzeitig mit der Filmaufnahme oder später dazu bestimmt, **getrennt vom** **32** **Bildteil verwertet** zu werden, stehen dem Filmhersteller neben den Rechten am Film gemäß § 94 bei der separaten Verwertung der Tonspur auch solche aus § 85 zu.[113] Für diese Rechte gelten meist unterschiedliche Schutzfristen, wenn der Filmstreifen nach Abs. 3 zu einem anderen Zeitpunkt erschienen oder erlaubterweise zur öffentlichen Wiedergabe benutzt worden ist als die verselbstständigte Tonspur und der Tonträger deshalb in den Genuss der verlängerten Schutzfrist nach § 85 Abs. 3 kommt (vgl. §§ 85 Abs. 3, 94 Abs. 3). Der Beginn der Schutzfrist der getrennten Tonspur richtet sich nach dem gemäß § 85 Abs. 3 maßgeblichen Zeitpunkt, nicht nach dem der Trennung vom Bildteil des Films. Unterschiedliches gilt – mit Ausnahme des Rechts der öffentlichen Zugänglichmachung nach § 19a – auch hinsichtlich des Rechts der öffentlichen Wiedergabe, das für die losgelöste Tonspur in § 86 geregelt ist, während die Sendung des Filmstreifens im Ganzen wie in Teilen, also auch hinsichtlich der Tonspur, vom ausschließlichen Recht des Filmherstellers gemäß § 94 Abs. 1 umfasst wird.[114] Entsprechendes hat zu gelten, wenn vorbestehende, nicht für ein audiovisuelles Medium geschaffene Tonträger als Playback einer Tanz- oder Gesangsdarbietung verwendet werden.[115]

c) Der zu erbringende **Leistungsumfang** ist insofern von Bedeutung, als ein Mindestmaß an wirt- **33** schaftlichem, organisatorischem und technischem Aufwand erforderlich ist, um den Schutz der Leistung zu rechtfertigen (vgl. → Rn. 23, 25).[116] Geschützt sein kann sowohl die Aufnahme eines Amateurs mit Tonbandgerät und Mikrofon als auch die eines Keyboarders oder eines hochqualifizierten Produzenten, wenn sie nur zum Erfolg der durch die Erstaufnahme ermöglichten Wiederholbarkeit von Tonfolgen führt. Das zu fordernde Mindestmaß an technischer Leistung muss mehr beinhalten als eine bloße Vervielfältigung (arg. § 85 Abs. 1 S. 3) oder eine ihr in technischer Hinsicht gleichzusetzende Handlung. Eine allerdings zu strenge Orientierung für den die Schutzfähigkeit begründenden Leistungsumfang hat die AmtlBegr. gegeben. Danach hat der Tonträger technisch den Anforderungen zu genügen, die ein zum Vertrieb geeigneter Tonträger regelmäßig erfüllen muss.[117]

2. Der Tonträgerhersteller als Berechtigter iSd. § 85

a) Berechtigter iSd. des § 85 **ist der Hersteller** eines Tonträgers. Dies ist – der Natur und dem **34** Zweck dieser Vorschrift zufolge – nicht ausschließlich die natürliche Person, die die geschützte Leistung erbringt, sondern im Hinblick auf die besondere Schutzwürdigkeit der mit der Tonträgerherstellung verbundenen organisatorischen, wirtschaftlichen und technischen Leistungen **auch das Unternehmen, in dessen Betrieb die Herstellung erfolgt.**[118] Der Herstellerbegriff des § 85 Abs. 1 deckt sich insoweit mit dem des Art. 3 lit. c RA, der jede natürliche oder juristische Person einschließt, die erstmals die Töne einer Darbietung oder andere Töne festlegt. Was das RA durch die ausdrückliche Berechtigung auch juristischer Personen deutlich macht, stellt § 85 Abs. 1 S. 2 durch eine Fiktion zur Vorbeugung naheliegender Rechtszweifel *(Esser)* klar: Im Falle einer betrieblichen Herstellung eines Tonträgers gilt das **Unternehmen** und **nicht die angestellte Person** als aus § 85 berechtigt.[119] Gleichwohl ist der Schutz des Tonträgerherstellers nicht als reines Unternehmensrecht ausgestaltet, da nach Auffassung des Gesetzgebers die Leistung des nichtgewerblichen, etwa privaten Tonträgerherstellers als nicht weniger schutzwürdig zu erachten ist.[120]

Der **Nachweis des Erwerbs der Tonträgerherstellerrechte** erfolgt zwar in der Regel durch **35** den Nachweis der Erstfixierung. Er kann jedoch wegen der Komplexität des Begriffs des Tonträgerherstellers je nach den Umständen des Einzelfalls durch einen Indizienbeweis, dh. durch mittelbare

---

[112] Vgl. Möhring/Nicolini/*Kroitzsch* (2. Aufl.), § 85 UrhG Rn. 9; *Stolz* UFITA 96 (1983) 55 (79); *Stolz* Sendeunternehmen, S. 114 f.

[113] HM, etwa Wandtke/Bullinger/*Schaefer* § 85 UrhG Rn. 5; Fromm/Nordemann/*Hertin* (9. Aufl.), §§ 85/86 UrhG Rn. 5; Nordemann/Vinck/*Hertin* RA Art. 3 Rn. 11; Dreier/Schulze/*Schulze* § 85 UrhG Rn. 27; *Dünnwald* UFITA 76 (1976) 165 (168 f.).

[114] Ebenso Wandtke/Bullinger/*Schaefer* § 85 UrhG Rn. 5.

[115] LG München ZUM-RD 2012, 560 (564 f.) – Playback-Aufnahmen, das damit eine analoge Anwendung des § 137e Abs. 4 S. 2 auf Tonträgerherstellerrechte zumindest dann ausschließt, wenn die Tonträgeraufnahmen nicht für Live-Auftritte, sondern lediglich im Rahmen eines Voll-Playbacks genutzt werden.

[116] AllgM, etwa Möhring/Nicolini/*Stang* (4. Aufl.), § 85 UrhG Rn. 14.

[117] → Rn. 44; AmtlBegr. UFITA 45 (1965) 240 (314); *Dünnwald* UFITA 76 (1976) 165 (175, 179); vgl. auch BGH GRUR 1990, 669 (673) – Bibelreproduktion sowie *Nordemann* GRUR 1987, 15 zu den Mindestanforderungen beim Lichtbildschutz; weniger strenge Anforderungen wohl auch Fromm/Nordemann/*Boddien* § 85 UrhG Rn. 24 ff.

[118] AmtlBegr. UFITA 45 (1965) 240 (314); BGH GRUR 2016, 176 Rn. 20, 27 – Tauschbörse I; BGH GRUR 2009, 403 Rn. 8 – Metall auf Metall I; für die gleichgelagerte Definition des Filmherstellers BGH GRUR 1993, 472 (473) – Filmhersteller; OLG Köln GRUR-RR 2011, 161 f. – WAAhnsinn; OLG Hamburg ZUM-RD 2011, 220 (223) – Konzertfilmaufnahmen m. Praxishinweis *Lütje* GRUR-Prax 2010, 308222.

[119] S. AmtlBegr. UFITA 45 (1965) 240 (314); BGH GRUR 1993, 472 (473) – Filmhersteller; Möhring/Nicolini/*Kroitzsch* (2. Aufl.), § 85 UrhG Rn. 8; Möhring/Nicolini/*Stang* (4. Aufl.), § 85 UrhG Rn. 15; *Dünnwald* UFITA 76 (1976) 165 (174); *Schack* Rn. 702; aA *v. Gamm* § 85 UrhG Rn. 3, der § 85 Abs. 1 S. 2 als widerlegliche Vermutung versteht.

[120] AmtlBegr. UFITA 45 (1965) 240 (314); vgl. OLG Hamburg GRUR 1997, 826 f. – Erkennungsmelodie.

Tatsachen zur Herstellereigenschaft, erleichtert werden.[121] Ein Indizienbeweis kann auf dem Nachweis der Exklusivbindung des Künstlers, auf P-Vermerken, Lexika-Einträgen, dem Ph-Medienkatalog, andere Musikdatenbanken[122] ua. beruhen, wenn auf Grund derartiger Indizien keine vernünftigen Zweifel an der Herstellereigenschaft bestehen und die Vermutungswirkungen des § 10 Abs. 3 nicht greifen.[123] Derartige Indizien können nicht durch bloßes Bestreiten mit Nichtwissen, sondern nur durch konkrete Anhaltspunkte, die gegen die sich aus der Musikdatenbank ergebenden Herstellereigenschaft sprechen, erschüttert werden.[124] **Nach internationaler Gepflogenheit** wird der Hersteller eines Tonträgers meist hinter dem sog. **P-Vermerk** auf dem Tonträger oder seiner Hülle angegeben. Diese Praxis geht zurück auf Art. 5 GTA und Art. 11 RA. Sie erspart mitunter die Erfüllung national geforderter Förmlichkeiten, begründete in der Vergangenheit jedoch keine Vermutung iSd. § 10, dass dem genannten Unternehmen auch die Herstellereigenschaft iSd. § 85 zukommt.[125]

36   Durch die entsprechende Anwendung von § 10 Abs. 1, die § 85 Abs. 4 idF des die Enforcement-RL (Art. 5 lit. b) Enforcement-RL) umsetzenden Gesetzes zur Verbesserung der Durchsetzung von Rechten des geistigen Eigentums vom 7. Juli 2008[126] anordnet, gibt es ab dessen Inkrafttreten am 1.9.2008 eine **Vermutung der Tonträgerherstellereigenschaft**. Ob dabei die Angabe im **P-Vermerk** der Vermutungswirkung nach §§ 85 Abs. 4, 10 Abs. 1 genügt, ist allerdings fraglich. Denn in der P-Vermerk-Entscheidung des BGH heißt es, der P-Vermerk benenne nicht unbedingt das Unternehmen, das für sich in Anspruch nehme, Inhaber der Rechte des Tonträgerherstellers zu sein. Es könne sich dabei auch um einen Rechtsnachfolger oder den Inhaber einer ausschließlichen Lizenz handeln.[127] Bliebe in dieser Rechtsprechung bei dieser Rechtsprechung, träte die richtlinienkonforme Vermutungsregel in Konflikt mit dem internationalen Recht (Art. 11 RA, Art. 5 GTA). Die P-Vermerk-Entscheidung dürfte deshalb überholt sein.[128] Ginge man nach neuem Recht mit der Gesetzesbegründung[129] unter Bezug auf Erwgr. 19 der Richtlinie davon aus, die Vermutungswirkung erstrecke sich auch auf den Rechtsnachfolger oder den Inhaber ausschließlicher Nutzungsrechte, die meist die Last der Rechtsverfolgung tragen, dürfte es dafür an einer gesetzlichen Grundlage fehlen. Denn der Verweis des § 85 Abs. 4 bezieht sich unmissverständlich allein auf § 10 Abs. 1, nicht jedoch auf Abs. 3, der in einstweiligen Verfügungsverfahren ausnahmsweise die Vermutungsregel des Abs. 1 auch auf Inhaber ausschließlicher Nutzungsrechte erstreckt. Andernfalls führte dies zu dem fragwürdigen Ergebnis, dass ein und dieselbe Tatsache (P-Vermerk) über § 85 Abs. 4 iVm. § 10 Abs. 1 die Tonträgereigenschaft und wegen § 10 Abs. 3 auch die Inhaberschaft eines ausschließlichen Nutzungsrechts an der Darbietung soll begründen können. Eine Vermutungslage kann jedoch immer nur einen Rückschluss auf eine Tatsache zulassen. In den Gesetzesmaterialien ist dieses Problem nicht angesprochen.

37   **b)** Hersteller ist, wem objektiv der **Erfolg der Herstellerleistung** zuzuordnen ist; subjektive Vorstellungen der Beteiligten spielen bei der Beurteilung keine Rolle.[130] Die Herstellerleistung liegt in aller Regel in der Übernahme der wirtschaftlichen Verantwortung durch Abschluss der erforderlichen Verträge und in der organisatorischen Vorbereitung und Durchführung der Tonaufnahme,[131] einschließlich der Programmauswahl und dem Abschluss der Sach- und Personalverträge,[132] in der Bereitstellung der dafür erforderlichen wirtschaftlichen Mittel[133] und in der technischen Bewerkstelligung der Fixierung der Darbietung oder sonstiger Tonfolgen.[134] Sie muss in einem zur Wiedergabe geeigneten Tonträger als Leistungserfolg ihren Ausdruck finden. Dem Umfang der Herstellerleistung kommt nur insofern Bedeutung zu, als das Gesetz in § 85 Abs. 1 S. 3 die Überspielung von einem Tonträger auf einen anderen sowie das Mitschneiden einer gesendeten Tonaufnahme vom Rechts-

---

[121] BGH GRUR 2016, 176 Rn. 20 – Tauschbörse I unter Bezugnahme auf BGH GRUR 2003, 228 – P-Vermerk; ferner Wandtke/Bullinger/*Thum/Hermes* § 10 UrhG Rn. 53 sowie DKMH/*Dreyer* § 10 UrhG Rn. 56.
[122] S. BGH GRUR 2016, 176 – Tauschbörse I.
[123] OLG Hamburg GRUR-RR 2001, 121 (123 f.) – Cat Stevens.
[124] BGH GRUR 2016, 176 Rn. 20 -Tauschbörse I; dort unter Rn. 21 ff. auch zu möglichen Anhaltspunkten, die die Indizwirkung erschüttern könnten.
[125] BGH GRUR 2003, 228 (230) – P-Vermerk; so wohl auch BGH GRUR 2016, 176 Rn. 20 – Tauschbörse I.
[126] BGBl. I S. 1191 in Umsetzung von Art. 5 lit. b Enforcement-RL.
[127] BGH GRUR 2003, 228 (230 f.) – P-Vermerk, dort eine analoge Anwendung des § 10 Abs. 1 wegen zu großer Interessenunterschiede zwischen Urheber und Tonträgerhersteller abgelehnt hat. Kritisch dazu die Anm von *W. Nordemann* KUR 2003, 53, der darauf hinweist, dass § 10 Abs. 1 gerade nicht von einem gesicherten Rechtszustand ausgehe, sondern sich am Regelfall orientiere und deshalb eine lediglich widerlegliche Vermutung auch in Bezug auf den P-Vermerk aufstelle.
[128] So auch Wandtke/Bullinger/*Schaefer* § 85 UrhG Rn. 29.
[129] BT-Drs. 16/5048, S. 47.
[130] BGH GRUR 1993, 472 (473) – Filmhersteller; vgl. auch OLG Hamburg GRUR 1997, 826 – Erkennungsmelodie; Möhring/Nicolini/*Stang* (4. Aufl.), § 85 UrhG Rn. 15.
[131] OLG Hamburg GRUR 1997, 826 (827); LG München I ZUM-RD 2012, 560 (564) – Playback – Aufnahmen.
[132] Vgl. Wandtke/Bullinger/*Schaefer* § 85 UrhG Rn. 6 ff.; Fromm/Nordemann/*Hertin* (9. Aufl.), §§ 85/86 UrhG Rn. 4; *Dünnwald* UFITA 76 (1976) 165 (178 f.).
[133] Vgl. AmtlBegr. UFITA 45 (1965) 240 (314).
[134] Einzelheiten dazu *Davies/v. Rauscher auf Weeg* S. 21 ff.; *Gentz* UFITA 70 (1974) 25 (35 f.).

schutz ausnimmt, also allein auf die Erstaufnahme abstellt und ein Mindestmaß an Leistungsumfang fordert (→ Rn. 33). Deshalb ist Tonträgerhersteller – wie dies im Zeitalter digitaler Technik überwiegend begegnet – der Komponist, der seinem Vertragspartner ein sendefähiges Tonband oder einen digitalen Speicher liefert, hingegen nicht ohne weiteres der Produzent eines Tonträgers mit Melodien dieses Komponisten.[135]

Erst der **fertige Tonträger** verkörpert die den besonderen gesetzlichen Schutz rechtfertigende **38** Leistung, mag sie in einer hochqualifizierten Studioaufnahme oder in einer mit einfacherer Technik ins Werk gesetzten Aufnahme (etwa von Naturgeräuschen) liegen. Technisch erforderliche Zwischenschritte wie die Herstellung einzelner Tonspuren begründen für sich genommen noch kein Tonträgerherstellerrecht (vgl. → Rn. 24). Dazu bedarf es erst ihrer Zusammenführung zur endgültigen Aufnahme. Nach erfolgreichem Abschluss der schutzbegründenden Aufnahme stellt sich unter Umständen die Frage des Schutzes von Teilen dieser Aufnahme (dazu → Rn. 50 f., 60 ff.).

c) Sind **an der Tonträgerherstellung mehrere beteiligt,** berechtigt § 85 denjenigen, in dessen **39** Namen die Personal- und Sachverträge geschlossen werden.[136] Den Ausschlag gibt die **organisatorische Verantwortung.** Die Herstellerleistung kann dabei auch von mehreren in **Mitherstellerschaft** erbracht werden. Dies ist bei Koproduktionen der Fall, aber auch, wenn sich ein deutlicher Schwerpunkt der Herstellerleistung bei einem Beteiligten nicht feststellen lässt. In solchen Fällen ist von einer Gesamthandsgemeinschaft auszugehen, auf die die Grundsätze des § 8 entsprechend anzuwenden sind.[137]

Dagegen scheidet als Tonträgerhersteller aus, wer lediglich im **Lohnauftrag** Tonaufnahmen her- **40** stellt.[138] So kann etwa das **Presswerk,** das erst nach der Fertigstellung einer Aufnahme im Auftrag des für die Tonträgerherstellung wirtschaftlich und organisatorisch Verantwortlichen die industrielle Vervielfältigung eines Tonträgers besorgt, allein auf Grund dieser Tätigkeit keine originären Rechte nach § 85 beanspruchen; jedoch haftet das Presswerk bei rechtswidrigen Vervielfältigungen wegen seines adäquat kausalen Beitrags zur Verletzung des Tonträgerherstellerrechts,[139] und zwar auch dann, wenn die inländische Pressung allein für das Ausland bestimmt ist.[140] Wer wiederum als Auftragnehmer die Fertigstellung eines Tonträgers iSd. § 85 schuldet und dabei alle erforderlichen Verträge im eigenen Namen und für eigene Rechnung abschließt **(Auftragsproduzent),** ist originär Berechtigter gemäß § 85, auch wenn er nach gewissen inhaltlichen Vorgaben gearbeitet hat und die Auswertung des fertigen Produkts nicht übernimmt.[141] Das Auswertungsrisiko trägt in diesen Fällen der Auftraggeber nach vertraglicher Einräumung der zur Auswertung notwendigen Nutzungsrechte des Auftragnehmers. Im Einzelnen kommt es auf die Gestaltung des Auftragsproduzentenvertrages an.[142] Im Übrigen sind die Grundsätze zur Bestimmung des Filmherstellers entsprechend heranzuziehen.[143]

In der **Praxis der modernen Tonträgerherstellung und -vermarktung** haben sich nicht zu- **41** letzt unter dem Einfluss des dominanten angloamerikanischen Geschäftskreises und sich wandelnder Techniken der Tonträgerherstellung Aufgabenverteilungen herausgebildet, die mit dem klassischen, dem Urheberrechtsgesetz zugrundeliegenden Modell nicht vollständig übereinstimmen.[144] Hinzu kommen begriffliche Unklarheiten durch die unkritische Übernahme englischsprachiger Terminologie. Deshalb bedarf es der Abgrenzung des Tonträgerherstellers von weiteren Mitwirkenden, deren Tätigkeit sich mit den herkömmlichen Berufsbildern der nationalen Musikbranche zumindest teilweise überschneiden.

aa) **Produzent und Tonmeister.** So ist **Produzent oder „producer",** wer in der Regel als **42** Angestellter oder als auf andere Weise vom Tonträgerhersteller Verpflichteter die Aufnahmesitzung leitet, ohne die vom Gesetz geforderte Herstellerleistung zu erbringen. Bisweilen mag in der Produzentenleistung auch eine kreative Interpretation iSd. § 73 oder gar eine (Mit-)Urheberschaft zu sehen sein. Deshalb sind die Verträge des Produzenten denen des ausübenden Künstlers ähnlich.[145] Der Tätigkeit des Produzenten verwandt ist die des **Tonmeisters oder** englisch **„recording engineer",**

---

[135] OLG Hamburg ZUM-RD 1997, 453 – Erkennungsmelodie.

[136] Vgl. Fromm/Nordemann/*Hertin* (9. Aufl.), §§ 85/86 UrhG Rn. 4; *Dünnwald* UFITA 76 (1976) 165 (178).

[137] Instruktiv zur Mitherstellerschaft Wandtke/Bullinger/*Schaefer* § 85 UrhG Rn. 14a; Zu den entsprechenden Regelungen des Filmherstellers; Dreier/Schulze/*Schulze* § 94 UrhG Rn. 10; Wandtke/Bullinger/*Manegold* § 94 UrhG Rn. 30, 55; OLG Bremen GRUR-RR 2009, 244 – Mitherstellerschaft bei Filmwerken.

[138] Vgl. BGH GRUR 1982, 102 – Masterbänder; BGH GRUR 1987, 632 (634) – Symphonie d'Amour; BGH ZUM 1998, 405 (408) – Popmusikproduzenten; Möhring/Nicolini/*Stang* (4. Aufl.), § 85 UrhG Rn. 15.

[139] → § 97 Rn. 57 ff.; Dreier/Schulze/*Schulze* § 85 UrhG Rn. 8.

[140] BGH MMR 2004, 355 – Strafbarkeit der Verletzung inländischer Tonträgerherstellerrechte durch CD-Pressung.

[141] Vgl. Fromm/Nordemann/*Hertin* (9. Aufl.), §§ 85/86 UrhG Rn. 4, § 94 UrhG Rn. 5; Dreier/Schulze/*Schulze* § 85 UrhG Rn. 9; Möhring/Nicolini/*Stang* (4. Aufl.), § 85 UrhG Rn. 15; *Dünnwald* UFITA 76 (1976) 165 (178).

[142] Vgl. OLG Frankfurt ZUM 2015, 397 (398) – Tonträgerherstellereigenschaft.

[143] S. Vor §§ 88 ff. Rn. 36; zum Filmhersteller zuletzt BGH GRUR 2010, 620 Rn. 36 – Film-Einzelbilder; BGH GRUR 2009, 403 Rn. 14 – Metall auf Metall; BGH GRUR 2008, 693 Rn. 19 – TV-Total; BGH UFITA 55 (1970) 313 (319 ff.) – Triumph des Willens; BGH GRUR 1993, 472 (473) – Filmhersteller.

[144] Dazu *Schwenzer* passim; *Rossbach/Joos* FS Schricker (1995), S. 333 (334 ff.); Wandtke/Bullinger/*Schaefer* § 85 UrhG Rn. 7 ff.

[145] Zu Begriff und Tätigkeitsbereich des Musikproduzenten, seinen originären Rechten und seiner Stellung im Rahmen der Musikverwertung eingehend *Schwenzer* S. 17 ff., 106 ff., 155 ff.

der auf die klangliche Erscheinung einer Aufnahme mit akustisch-technischen Mitteln einwirkt, nicht jedoch auf die Darbietung. Ein eigenes, von seiner Berufsgruppe gefordertes Leistungsschutzrecht hat ihm der Gesetzgeber bisher verweigert.[146]

43 **bb) Schallplattenfirma.** Ebenfalls keine Tonträgerherstellereigenschaft kommt regelmäßig der Schallplattenfirma, dem deutschen Begriff für das englische **„label"**, zu. Denn die Tätigkeit von Plattenfirmen konzentriert sich heute im Wesentlichen auf den Abschluss der Künstlerverträge, die Betreuung der Produktion, die Beauftragung des Presswerks und den Vertrieb von Tonträgern. Am Anfang ihrer Tätigkeit steht der sogenannte **Bandübernahmevertrag mit dem Künstler,**[147] der meist durch die Einspeisung seiner Musik in digitale Speicher selbst die Tonträgerherstellung übernimmt und sodann das ihm als Künstler und als Tonträgerhersteller zustehende Recht der Vervielfältigung und Verbreitung der Plattenfirma überträgt.

44 **d) Zweckfreiheit.** § 85 gewährt Rechtsschutz **ohne besondere Zweckbestimmung** der Aufnahme.[148] Wenngleich die AmtlBegr. von einer Eignung des Tonträgers zum Vertrieb spricht,[149] beschränkt sich die Anwendung der Vorschrift nicht auf Tonträger, die zur weiteren Verbreitung hergestellt werden.[150] Der Tonträger muss sich nach der AmtlBegr. lediglich zum Vertrieb eignen, nicht jedoch dafür bestimmt sein.[151] Dabei darf jedoch nicht übersehen werden, dass auch das Master als Halbfertigprodukt bereits nach § 85 Schutz genießt (Rn. 24).

45 Die Zweckbestimmung des Tonträgers erlangt **ausnahmsweise** für die Rechte aus § 85 Bedeutung, wenn die Leistung des Tonträgerherstellers in einer anderen nach dem UrhG unter Schutz gestellten Leistung aufgeht, wie dies bei der Herstellung von Bild- und Tonträgern gemäß § 94 der Fall ist,[152] und – bei der Auslegung von § 87 Abs. 4 – wenn wie in aller Regel bei zeitversetzten Rundfunksendungen dem Tonträger eine lediglich dienende Funktion bei der gesondert geschützten Leistung des Sendeunternehmens zugewiesen ist.[153]

46 Grundsätzlich erwachsen auch einem **Sendeunternehmen** unabhängig von anderen originären Leistungsschutzrechten etwa nach §§ 81, 87, 87aff., 87f, 94 und 95 bei jeder Tonträgerherstellung die Rechte aus § 85, gleichviel, zu welchem Zweck die Aufnahme erfolgt.[154] Das Sendeunternehmen kann deshalb aus eigenem Recht gegen die ungenehmigte Vervielfältigung und Verbreitung seiner zu Sendezwecken hergestellten Tonträger vorgehen. Auch wenn der Tonträger eines Sendeunternehmens lediglich als Sendegut benutzt wird, treten, da die Leistung der Tonträgerherstellung eine andere als die des Sendens ist, zu den Rechten aus § 87 solche aus § 85 hinzu.[155] In diesen Fällen verdrängt § 87 Abs. 4, der die Sendeunternehmen von der Vergütung für private Überspielung ausschließt, die Rechte des Tonträgerherstellers aus § 85 Abs. 4 iVm. § 54 Abs. 1 insofern nicht, als das Sendeunternehmen kommerziell verwertbare Tonträger herstellt.[156]

47 **e)** Die **Rechtmäßigkeit der Tonträgerherstellung** ist für die Entstehung des Herstellerrechts ohne Bedeutung. § 85 knüpft allein an der als besonders schutzwürdig erachteten Herstellerleistung an. Er erstreckt sich deshalb tatbestandlich auch auf solche Tonträger, die unter Verletzung von Urheber- oder Leistungsschutzrechten Dritter hergestellt worden sind. Wer derartige Tonträger unbefugt vervielfältigt, verbreitet oder zur öffentlichen Zugänglichmachung benutzt, verletzt die Rechte der Urheber und Interpreten, gleichzeitig aber auch das originäre Leistungsschutzrecht des Herstellers der rechtswidrig erfolgten Erstaufnahme. Kopist wie rechtswidriger Tonträgerhersteller sind jedoch in gleicher Weise den Unterlassungs-, Auskunfts-, Schadensersatz- und Vernichtungsansprüchen der Urheber und Künstler nach §§ 97ff. ausgesetzt.[157] Überdies dürfen rechtswidrig hergestellte Tonträger

---

[146] Sa. BGH GRUR 1983, 22 (24) – Tonmeister; zur Filmurheberschaft des Filmtonmeisters BGH GRUR 2002, 961 (962) – Mischtonmeister.

[147] Dazu Loewenheim/*Rossbach,* Handbuch, § 69 Rn. 62 ff. sowie Wandtke/Bullinger/*Schaefer* § 85 UrhG Rn. 9.

[148] BGH GRUR 1999, 577 (578) – Sendeunternehmen als Tonträgerhersteller; BGH GRUR 1982, 102 (103) – Masterbänder.

[149] UFITA 45 (1965) 240 (314).

[150] Vgl. Fromm/Nordemann/*Hertin* (9. Aufl.), §§ 85/86 UrhG Rn. 5; *Ulmer* GRUR-Int 1961, 569 (584 f.); *Stolz* UFITA 96 (1983) 55 (69); *Dünnwald* UFITA 76 (1976) 165 (169); *Krüger-Nieland* GRUR 1983, 345 (346, 348) gegen *Schorn* GRUR 1982, 644 (645).

[151] AmtlBegr. UFITA 45 (1965) 240 (314); *Dünnwald* UFITA 76 (1976) 165 (175).

[152] Zur Beurteilung der Tonspur Rn. 31 f.

[153] So ebenfalls *Dünnwald* UFITA 76 (1976) 165 (170), jedoch im Ergebnis mit weiterreichendem Ausschluss der Tonträgerherstellerrechte durch § 87; im Ergebnis ebenso BGH GRUR 1999, 577 (578) – Sendeunternehmen als Tonträgerhersteller; aA *Stolz* UFITA 96 (1983) 55 (62 f.); *Stolz* Sendeunternehmen, S. 124 ff.

[154] BGH GRUR 1999, 577 (578) – Sendeunternehmen als Tonträgerhersteller; Wandtke/Bullinger/*Schaefer* § 85 UrhG Rn. 17; Möhring/*Nicolini* (1. Aufl.), § 85 UrhG Anm. 5; Fromm/Nordemann/*Hertin* (9. Aufl.), §§ 85/86 UrhG Rn. 6; *v. Gamm* § 85 UrhG Rn. 2; *Stolz* UFITA 96 (1983) 55 (79); *Stolz* Sendeunternehmen, S. 117 f.; insoweit aA *Dünnwald* UFITA 76 (1976) 165 (170 ff.), der zu Sendezwecken hergestellte Tonträger grundsätzlich vom Schutz des § 85 ausnimmt.

[155] Vgl. *v. Gamm* § 85 UrhG Rn. 2; Wandtke/Bullinger/*Schaefer* § 85 UrhG Rn. 17; Dreier/Schulze/*Schulze* § 85 UrhG Rn. 12; Möhring/Nicolini/*Kroitzsch* § 85 UrhG Rn. 3; aA Fromm/Nordemann/*Hertin* (9. Aufl.), §§ 85/86 UrhG Rn. 6; *Gentz* UFITA 46 (1966) 33 (42).

[156] BGH GRUR 1999, 577 (578) – Sendeunternehmen als Tonträgerhersteller; Einzelheiten dazu → Rn. 88 ff.

[157] Vgl. Fromm/Nordemann/*Hertin* (9. Aufl.), §§ 85/86 UrhG Rn. 3.

– selbst nach Ablauf der Schutzfrist (§ 85 Abs. 3) – weder verbreitet noch zu öffentlichen Wiedergaben benutzt werden (§ 96).[158]

3. Die ausschließlichen Rechte des Tonträgerherstellers (Abs. 1)

a) Allgemeines. Die Ausschließlichkeitsrechte des Tonträgerherstellers nach § 85 Abs. 1 beschrän- **48** ken sich in Umsetzung der Vermiet- und Verleih-RL 2006/115 EG (kodifizierte Fassung) sowie der InfoSoc-RL 2001/29/EG (→ Rn. 9) auf die **körperliche Verwertung des Tonträgers durch seine Vervielfältigung und Verbreitung** (Art. 2 und 4 InfoSoc-RL), einschließlich der Vermietung und des Verleihs nach Art. 2 und 3 der Vermiet- und Verleih-RL iVm. Art. 1 Abs. 2 InfoSoc-RL, **sowie** – in erstmaliger Durchbrechung des Grundsatzes, nach dem die Benutzung eines erschienenen Tonträgers für die öffentliche Wiedergabe einer gesetzlichen Lizenz unterliegt – **der unkörperlichen öffentlichen Zugänglichmachung** (Art. 3 Abs. 1 InfoSoc-RL). Damit kann sich der Tonträgerhersteller bei der wirtschaftlichen Verwertung seines Tonträgers sowohl in körperlicher (CD etc.) als auch in unkörperlicher Form über das Internet (zB Übermittlung im Streamingverfahren)[159] auf die dafür erforderlichen ausschließlichen Rechte stützen.[160] Inhalt und Tragweite dieser für Urheber und Leistungsschutzberechtigte gleichermaßen auf **europäischem Recht** beruhenden Verwertungsrechte[161] sind **in analoger Anwendung**[162] der für den Urheber geltenden Bestimmungen **der §§ 16, 17 und 19a** richtlinienkonform festzulegen.

Zu einem ausschließlichen **Senderecht des Tonträgerherstellers** für die das traditionelle Tonträ- **49** gergeschäft nachhaltig beeinträchtigenden **Mehrkanaldienste,** die sich unzweifelhaft der Sendetechnik bedienen und deshalb § 20 unterliegen,[163] hat man sich weder auf internationaler noch auf europäischer und damit zwangsläufig auch nicht auf nationaler Ebene verständigen können. Deshalb kommt auch für sie das Sendeprivileg des § 78 Abs. 2 Nr. 1 iVm. § 86 zur Anwendung.[164]

b) Das **Vervielfältigungsrecht** des Tonträgerherstellers nach Abs. 1 weist insoweit Besonderheiten **50** auf, als die **Erstaufnahme,** die urheberrechtlich bereits als eine Vervielfältigung verstanden wird, nach § 85 erst die schutzbegründende Handlung darstellt. In wertender Betrachtung schließt der Begriff der Vervielfältigung gemäß § 16 – ungeachtet der Persönlichkeitsrechte des ausübenden Künstlers gemäß § 75 – nach allgemeiner Auffassung Dimensionsvertauschungen, Kürzungen, Änderungen des Trägermaterials, der Klangfarbe, der Lautstärke und des Tempos einer Einspielung ein.[165] Ferner ist es berührt bei der **Nutzung von Teilen eines Tonträgers (Art. 1 und 2 GTA)** und der **Aufnahme einer Tonträgersendung.**[166] Nach alledem ist das Vervielfältigungsrecht nicht auf das Recht zur Kopie 1:1 beschränkt.[167] Der Tonträgerhersteller kann sich deshalb unter Berufung auf sein Vervielfältigungsrecht und den Teileschutz auch gegen Eingriffe in die Integrität seines Tonträgers zur Wehr setzen, obwohl ihm kein Bearbeitungsrecht nach § 23, kein Entstellungsschutz nach §§ 14 und 75, kein Änderungsschutz nach § 39 und kein dem des Filmherstellers gemäß § 94 Abs. 1 S. 2 nachgebil-

---

[158] AA Dreier/Schulze/*Schulze* § 85 UrhG Rn. 19: nur soweit auch Urheber- und Künstlerrechte nicht mehr geschützt sind.

[159] OLG Hamburg ZUM 2005, 749 (750) – Streamingverfahren.

[160] Wandtke/Bullinger/*Schaefer* § 85 UrhG Rn. 22 f. weist zutreffend auf das Zusammenspiel der ausschließlichen Rechte des Tonträgerherstellers im Verwertungsprozess eines Tonträgers hin; danach ist das Vervielfältigungsrecht bei der Vermarktung eines Tonträgers in körperlicher Form nur in Verbindung mit dem ihm nachgeschalteten Verbreitungsrecht, bei der Vermarktung eines Tonträgers in unkörperlicher Form nur durch seine Kombination mit dem ihm vorgeschalteten Recht der öffentlichen Zugänglichmachung wirtschaftlich von Bedeutung; da die Vervielfältigung (Upload auf einen Server) im Zusammenhang mit der öffentlichen Zugänglichmachung nur als untergeordnete Vorbereitungshandlung erscheint, hat das OLG München (GRUR 2011, 1 – Videodateien) sie nicht als selbständig lizenzierbare Nutzungsart erachtet. Zutreffend *Schaefer* ZUM 2010, 150 (keine getrennte Lizenzierung von Nutzungsrechten bei einer unter wirtschaftlich-technischer Betrachtung einheitlichen Nutzungsart) gegen *Jani* ZUM 2009, 723. Zu den für Tonträgerhersteller einschlägigen Nutzungsrechten und -verträgen s. Vor §§ 31 ff. Rn. 116.

[161] Vgl. BGH GRUR 2013, 818 Rn. 12 – Die Realität; zur Auslegung der harmonisierten Verwertungsrechte auch *v. Ungern-Sternberg* GRUR 2014, 209 (210).

[162] Vgl. *Brack* UFITA 50 (1967) 544 (549); *Gentz* UFITA 46 (1966) 33 (44); *Dünnwald* UFITA 76 (1976) 165 (182).

[163] S. *v. Lewinski* in Schricker (Hrsg.), Informationsgesellschaft, S. 270.

[164] BGH GRUR 2004, 669 (670) – Mehrkanaldienst; für die von Wandtke/Bullinger/*Schaefer* § 86 UrhG Rn. 5 ff. und *Knies* S. 219 ff. im Anschluss an *v. Lewinski* in Schricker (Hrsg.), Informationsgesellschaft, S. 269 ff. favorisierte teleologische Reduktion des Sendeprivilegs auf die traditionelle Zweitverwertung und Subsumtion der Primärnutzung der Mehrkanalsendung unter das ausschließliche Recht des § 78 Abs. 1 Nr. 2 dürfte nach der Entscheidung des BGH ebenso wie beim Simul- und Webcasting wohl kein Raum mehr bleiben, s. dazu die Kritik von *Bortloff* GRUR-Int 2003, 669 (673 ff.); letztlich wird deshalb aus Gründen der Rechtssicherheit de lege ferenda eine Aufhebung des Sendeprivileg empfohlen von *v. Lewinski* in Schricker (Hrsg.), Informationsgesellschaft, S. 274.

[165] Dazu die Kommentierung → § 16 Rn. 8.

[166] HM, vgl. BGH GRUR 2009, 403 Rn. 10 – Metall auf Metall I sowie BGH GRUR 2017, 895 Rn. 16 – Metall auf Metall III; zum Schutz von Teilen statt vieler *v. Lewinski* in Schricker (Hrsg.), Informationsgesellschaft, S. 227; aA *Hoeren* GRUR 1989, 580: Schutz nur des vollständigen Tonträgers; zum Eingriff in das Recht des Tonträgerherstellers bei der Aufnahme von Schallplattensendungen s. *Ulmer* § 125 II.

[167] In analoger Anwendung des § 16; ebenso *v. Lewinski* in Schricker (Hrsg.), Informationsgesellschaft, S. 253 ff.

deten Entstellungsschutz zusteht.[168] Das gilt im Hinblick auf die Übertragungszwecklehre selbst dann, wenn der Tonträgerhersteller die Vervielfältigung gestattet, ohne gleichzeitig einschlägige Veränderungen der Originalaufnahme zu erlauben.[169] Eine Vervielfältigung liegt ferner vor, wenn eine analoge Aufnahme digitalisiert wird.[170]

51 **aa)** Zur Frage der rechtlichen Beurteilung der **Übertragung kleinster Tonpartikel** (Licks) einer Aufnahme in einen digitalen Speicher, um dort im Wege des **Sound-Samplings**[171] mit anderen Licks kombiniert zu werden oder um den klanglichen Ausgangspunkt einer gesampelten Aufnahme zu bilden, sind die Meinungen in Rechtsprechung und Literatur seit langem geteilt.[172] In seiner Entscheidung „Metall auf Metall I" hat der **BGH** zunächst entschieden,[173] das Sound-Sampling verletze fremde Tonträgerherstellerrechte **bereits bei der Entnahme kleinster Tonpartikel**, unabhängig von ihrer Länge und unabhängig von ihrer wettbewerblichen Eigenart.[174] Dafür sei entscheidend, dass andernfalls dem Tonträgerhersteller die Verwertungsmöglichkeit seiner sich auch in kleinsten Teilen einer Aufnahme niederschlagenden unternehmerischen Leistung entzogen würde.[175] Eine andere Beurteilung sei nicht deshalb geboten, weil urheberrechtlich ein Teilschutz nur dann in Betracht komme, wenn der vervielfältigte Werkteil selbst Werkqualität nach § 2 Abs. 2 aufweise, weil der Schutzgegenstand des Tonträgerherstellerrecht gänzlich anderer Natur sei als der des Urheberrechts.[176] Der Rechtsschutz findet damit im Prinzip seine Grenze in der **Beweisbarkeit** der Entnahme eines Tonpartikels. Das **BVerfG** hat darin einen Verstoß gegen die Kunstfreiheit nach Art. 5 Abs. 3 Satz 1 GG gesehen und die Sache an den BGH zurückverwiesen.[177]

52 **bb)** Die Rechtsprechung des BGH ist im Hinblick auf die Größe des noch geschützten Tonpartikels unter mehreren Gesichtspunkten auf **erhebliche Bedenken** gestoßen.[178] So hält es *v. Ungern-Sternberg* insoweit für geboten, die Entscheidung des BGH einschränkend nicht im Sinne des Schutzes eines einzelnen aufgenommenen Tones oder gar Tonteils (Obertons) zu verstehen. In der Entscheidung selbst werde wiederholt und im Plural von Tonfolgen, Tönen oder Klängen gesprochen und vom wirtschaftlichen Wert, der selbst kleinsten Teilen von Tonaufnahmen zukomme.[179] Im Lichte des Schutzzwecks des Tonträgerherstellerrechts, das sich auf Tonträger und nicht auf Partikel von Tonträgern beziehe, und im Hinblick darauf, dass die erbrachte Leistung des Tonträgerherstellers sehr gering ausfallen könne, sei beim Schutz von Tonsequenzen eine nicht zu niedrige Untergrenze festzulegen. Der Schutz eines Teils eines Immaterialgüterrechts sei nur gerechtfertigt, wenn auch der betreffende Teil die Schutzanforderungen erfülle.[180] Schutzgegenstand sei nicht die Leistung des Tonträgerherstellers als solche, die lediglich Schutzgrund sei, sondern das im Tonträger verkörperte Leistungsergebnis als immaterielles Gut (dazu → Rn. 21), so dass der Schutz eines Teils des Immaterialguts nur gerechtfertigt sein, wenn dieser Teil den Schutzanforderungen genüge.[181] Ferner dürfe in einem Rechtsstaat die vollständige Ausschöpfung einer Rechtsposition nicht von vornerein an der Beweisbarkeit scheitern. Überdies seien die Schutzanforderungen in Auslegung des vorrangigen Unionsrechts (Art. 2 lit. c, Art. 3 Abs. 2 lit. b InfoSoc-RL) festzulegen, insbesondere im Einklang mit den Grundfreiheiten nach Art. 34, 36 AEUV. Deren Beschränkung sei nur gerechtfertigt, wenn sie zwingenden Gründen des Allgemeininteresses entspreche, zur Erreichung des im Allgemeininteresse

---

[168] Vgl. BGH 1963 GRUR, 441 (443) – Mit Dir allein; Dreier/Schulze/*Schulze* § 85 UrhG Rn. 33; Möhring/Nicolini/*Stang* (4. Aufl.), § 85 UrhG Rn. 20.

[169] Ähnlich Möhring/Nicolini/*Stang* (4. Aufl.), § 85 UrhG Rn. 20; Fromm/Nordemann/*Boddien* § 85 UrhG Rn. 52; wohl auch Dreier/Schulze/*Schulze* § 85 UrhG Rn. 33.

[170] OLG Wien ZUM-RD 1999, 1.

[171] Zum Technischen ausführlich *Häuser* S. 5 ff.

[172] Dazu aus der Sicht des Interpretenrechts § 77 Rn. 38 ff. mwN; nur bei messbarer Beeinträchtigung des Tonträgers als wirtschaftlichem Gut: OLG München ZUM 1991, 540 (548) – U2; OLG Hamburg GRUR-Int 1992, 390 (391) – Tonträgersampling; *Häuser* S. 111; *Knies* S. 193; *Müncker* S. 251, 257 f.; anders *Hoeren* GRUR 1989, 580 f.: nur bei Vervielfältigung des gesamten Tonträgers; ähnlich *Bortloff* S. 110 f.; *Bortloff* ZUM 1993, 476 (478); für einen Eingriff in das Recht nach § 85 Abs. 1 auch bei Übernahme kleinster Tonfetzen *Weßling* S. 159: keine Schutzbereichseinschränkung „nach unten"; *Dierkes* S. 26; *Hertin* GRUR 1989, 578; *Hertin* GRUR 1991, 722 (730); *G. Schulze* ZUM 1994, 15 (20); *Schorn* GRUR 1989, 579 (580); Wandtke/Bullinger/*Schaefer* § 85 UrhG Rn. 25; Dreier/Schulze/*Schulze* § 85 UrhG Rn. 25; *Schack* Rn. 700; Fromm/Nordemann/*Hertin* (9. Aufl.), §§ 85/86 UrhG Rn. 8.

[173] BGH GRUR 2013, 614 – Metall auf Metall II; BGH GRUR 2009, 403 – Metall auf Metall I; Vorinstanz OLG Hamburg GRUR-RR 2007, 3 (4).

[174] BGH GRUR 2009, 403 Rn. 11 ff. – Metall auf Metall I; ebenso BGH GRUR 2016 176 Rn. 27 – Tauschbörse I; BGH GRUR 2016, 184 Rn. 20 – Tauschbörse II; BGH GRUR 2017, 895 – Rn. 17 f. – Metall auf Metall III; BGH GRUR 2018, 400 Rn. 19 – Konferenz der Tiere.

[175] BGH GRUR 2009, 403 Rn. 15 – Metall auf Metall I unter Hinweis auf die Verwertung von Klammerteilchen; ebenso BGH GRUR 2017, 895 – Rn. 18 – Metall auf Metall III.

[176] BGH GRUR 2009, 403 Rn. 16 – Metall auf Metall I.

[177] BVerfG GRUR 2016, 690 – Metall auf Metall; Einzelheiten dazu → Rn. 15, 50 f., 60 ff. mwN, insbesondere Rn. 66 ff. zur Vorlage des BGH und zur folgenden Entscheidung des EuGH idS. „Pelham/Hütter".

[178] S. insbesondere *v. Ungern-Sternberg* GRUR 2010, 386 (387) mwN.

[179] Vgl. BGH GRUR 2009, 403 Rn. 15, 17, 23 – Metall auf Metall I.

[180] *v. Ungern-Sternberg* GRUR 2014, 209 (216) unter Verweis auf EUGH GRUR 2009, 1041 Rn. 47 f. – Infopaq/DDF I; BGH GRUR 2013, 1213 Rn. 57 – Sumo (jeweils zum Urheberrecht); vgl. auch EuGH GRUR 2014, 255 Rn. 21 ff. – Nintendo/PC Box.

[181] *v. Ungern-Sternberg* GRUR 2014, 209 (216).

liegenden Ziels geeignet sei und nicht über das Erforderliche hinausgehe.[182] Diese Sicht gebiete es zudem, die Ausuferung von unter Umständen 70 Jahre pma. während Monopolrechten zu verhindern, damit die Nutzung des kulturellen Erbes nicht erschwert werde. Ein Schutz von Tonsplittern einer Aufnahme über einen so langen Zeitraum sei mit den Grundfreiheiten nicht vereinbar, zumal auch mit geringerem Aufwand hergestellte Aufnahmen geschützt seien. Das könne der Gesetzgeber nicht gewollt haben.

Dem ist zuzustimmen mit dem Hinweis, dass eine großzügigere Freigabe der Entnahme von Tonsequenzen aus geschützten Aufnahmen eine rechtlich weniger problematische Lösung zuließe als die vom EuGH als unionsrechtswidrig erachtete Analogie zur freien Benutzung (→ Rn. 60 ff.). Das BVerfG hat auf die Verfassungsbeschwerde der Beklagten das angegriffene Urteil des BGH wegen eines Verstoßes gegen die Kunstfreiheit nach Art. 5 Abs. 3 Satz 1 GG aufgehoben und die Sache mit zahlreichen Hinweisen an den BGH zurückverwiesen (dazu → Rn. 15 f., 65).[183]

c) Für das **Verbreitungsrecht** des Tonträgerherstellers gilt ebenso wie für das Verbreitungsrecht **53** des Urhebers der EU-rechtlich vorgegebene **Grundsatz der unionsweiten Erschöpfung.**[184] Danach kann das Verbreitungsrecht hinsichtlich solcher Vervielfältigungsstücke nicht mehr geltend gemacht werden, die mit Zustimmung des zur Verbreitung Berechtigten im Gebiet der Europäischen Union oder des EWR im Wege der Veräußerung in den Verkehr gebracht worden sind.[185] Das Erschöpfungsprinzip, dessen Grundgedanke einerseits darauf beruht, dass der Berechtigte die Möglichkeit erhalten hat, die Verbreitung des Vervielfältigungsstücks von der Zahlung eines Entgelts abhängig zu machen, und andererseits darauf, dass der freie Warenverkehr im Interesse der Allgemeinheit durch weitere Eingriffe in den Vertrieb nicht behindert werden soll,[186] stellt – anders als zunächst vom BGH angenommen[187] – keine allgemeine, auf alle Verwertungsrechte des gewerblichen Rechtsschutzes und des Urheberrechts anwendbare Rechtsregel dar, sondern ist auf Grund seiner Rechtfertigung ausschließlich auf das Verbreitungsrecht beschränkt.[188] Art. 3 Abs. 3 der InfoSoc-RL und der im **3. UrhGÄndG** umgesetzte Art. 9 Abs. 2 der Vermiet- und Verleih-RL lassen an der EU- und EWR-weiten Erschöpfungswirkung ebenso wenig Zweifel[189] wie die Rspr. des EuGH zu Art. 28, 34, 35 AEUV mit der ausdrücklichen Ausnahme zugunsten des gewerblichen und kommerziellen Eigentums in Art. 36 AEUV (ex Art. 30, 36 EGV).[190] Dementsprechend ordnet der geänderte auf das Verbreitungsrecht des Tonträgerherstellers entsprechend anwendbare § 17 Abs. 2 die Erschöpfung des Verbreitungsrecht ausdrücklich an.[191] Sie gilt nicht für von der EU geschlossene **Freihandelsabkommen.**[192]

aa) § 17 Abs. 2 idF des 3. UrhGÄndG nimmt die Vermietung von der Erschöpfungs- **54** **wirkung aus** und verleiht dem Tonträgerhersteller seit dem Inkrafttreten dieser Bestimmung am 30.6.1995 ein eigenständiges Vermietrecht auch an solchen Tonträgern, die mit Zustimmung des Berechtigten durch Veräußerung in den Verkehr gebracht worden sind. Damit hat sich das Problem der rechtlichen Beurteilung des auf einem Tonträger aufgedruckten Vermietvorbehalts erledigt.[193] Vor der Novellierung bestand ein ausschließliches Vermietrecht nur an solchen Tonträgern, hinsichtlich derer noch keine Erschöpfung des Verbreitungsrechts eingetreten war. Die Neuregelung entspricht den Vorgaben des Art. 2 Abs. 1 der Vermiet- und Verleih-RL sowie des Art. 14 Abs. 4 TRIPS-Übereinkommen. Für vor dem 30.6.1995 (Stichtag der Umsetzung der Vermiet- und Verleih-RL) erfolgte Erwerbungen und Vermietungen von Tonträgern gewährt § 137e übergangsrechtlich unter den dort näher bestimmten Voraussetzungen Vergütungsansprüche des Tonträgerherstellers verbunden mit Übertragungsfiktionen.[194]

bb) Das 3. UrhGÄndG ordnet dem Tonträgerhersteller einen **Vergütungsanspruch für das Ver-** **55** **leihen von Tonträgern** zu (§ 85 Abs. 4 iVm. § 27 Abs. 2 und 3), den ihm das vordem gültige Recht noch versagt hatte.[195]

---

[182] *v. Ungern-Sternberg* GRUR 2014, 209 (216).

[183] So auch Wandtke/Bullinger/*Schaefer* § 85 UrhG Rn. 25 nach eingehender Kritik des vom BGH beschrittenen Weges; sa. BVerfG GRUR 2016, 690 – Metall auf Metall.

[184] Art. 9 Abs. 2 Vermiet- und Verleih-RL; Art. 4 Abs. 2 InfoSoc-RL.

[185] EuGH GRUR-Int 2007, 237 Rn. 21 – Laserdisken; zur Verbreitung nur bei Übertragung des Eigentums EuGH GRUR-Int 2008, 593 Rn. 33 – Le Corbusier-Möbel.

[186] Näheres → § 15 Rn. 40 ff.; → § 17 Rn. 35 ff. mwN; *Knies* S. 199 ff.

[187] BGH GRUR-Int 1981, 562 (563) – Schallplattenimport m. abl. Anm. *Ulmer;* BGH GRUR 1982, 100 (101) – Schallplattenexport/Gebührendifferenz III; BGH GRUR 1985, 924 (925) – Schallplattenimport II; BGH GRUR 1986, 736 (737) – Schallplattenvermietung mAnm *Hubmann;* BGH GRUR 1988, 206 (210) – Kabelfernsehen II).

[188] Nach der Entscheidung EuGH GRUR 2012, 904 Rn. 60 – UsedSoft wird freilich wieder die Erstreckung des Erschöpfungsgrundsatzes auf unkörperliche Werkverbreitungen verstärkt diskutiert; Einzelheiten → § 15 Rn. 41 f.; Möhring/Nicolini/*Stang* (4. Aufl.), § 85 UrhG Rn. 23 jeweils mwN.

[189] So inzwischen auch BGH GRUR 2000, 699 (701) – Kabelweitersendung; Einzelheiten zur Erschöpfung des Verbreitungsrechts → § 17 Rn. 35 ff.

[190] EuGH GRUR-Int 1981, 229 (230) – Gebührendifferenz II; EuGH GRUR-Int 1982, 372 (376) – Polydor/Harlequin; EuGH GRUR-Int 1989, 319 (320) – Warner/Christiansen.

[191] Einzelheiten dazu → § 17 Rn. 46 ff., 57.

[192] S. EuGH GRUR-Int 1982, 372 – Polydor/Harlequin; dazu auch *D. Reimer* GRUR-Int 1981, 70 (76 f.).

[193] Vgl. BGH GRUR 1986, 736 – Schallplattenvermietung; Einzelheiten → § 17 Rn. 58.

[194] S. die Erläuterungen dort; Wandtke/Bullinger/*Schaefer* § 85 UrhG Rn. 31.

[195] Vgl. → 1. Aufl. 1987, § 85 Rn. 33; Einzelheiten dazu → § 27 Rn. 11 ff.

56   **d) Recht der öffentlichen Zugänglichmachung.** Der entsprechend auf das Tonträgerherstellerrecht anzuwendende § 19a (Einzelheiten dort) geht auf Art. 14 WPPT und Art. 3 Abs. 2 InfoSoc-RL zurück. Er verleiht dem Hersteller erstmals ein ausschließliches Recht, seinen Tonträger in unkörperlicher Form zu verwerten. Bis zum Inkrafttreten des 1. InformationsgesG vom 10.9.2003 am 13.9.2003 (BGBl. I S. 1774) war ihm dies nicht möglich. Vielmehr stand ihm bei der öffentlichen Tonträgerwiedergabe lediglich der Beteiligungsanspruch nach § 86 zu. Nunmehr kann er allein bestimmen, ob und zu welchen Konditionen sein Tonträger drahtgebunden oder drahtlos an von Mitgliedern der Öffentlichkeit gewählten Orten und zu von ihnen gewählten Zeitpunkten der Öffentlichkeit zugänglich gemacht wird. Der Tonträgerhersteller vermag so diese Art der Tonträgernutzung wirtschaftlich zu steuern, die die traditionelle körperliche Form der Tonträgerverwertung zumindest partiell bereits substituiert.[196] Das Recht nach § 19a entsteht wie alle ausschließlichen Verwertungsrechte mit der Herstellung des Tonträgers, also nicht erst mit seinem Erscheinen oder seiner erstmaligen Verwendung zur öffentlichen Wiedergabe.[197] Für am 13.9.2003 noch geschützte Tonträger gilt mangels einer besonderen Übergangsbestimmung § 129 Abs. 1 mit der Folge, dass auch an ihnen Rechte nach § 19a begründet sind.[198] Einschlägige Nutzungshandlungen vor dem Stichtag können ohne eine ausdrückliche Regelung in der Richtlinie nicht nachträglich sanktioniert werden,[199] und zwar auch nicht unter dem Gesichtspunkt einer vordem angenommenen Verletzung des Verbreitungsrechts.[200]

57   **Besondere Bedeutung** erlangt das Recht der öffentlichen Zugänglichmachung für den entgeltlichen Internet-Vertrieb von Musikdarbietungen wie zB mittels eines Apple-iPods ua., aber auch für die rechtliche Beurteilung von **File-Sharing Systemen,** die durch das Musiktauschbörsen Napster, Gnutella, eDonkey, KaZaA und vielen anderen zu einem erheblichen Musikumschlag ohne Vergütung der Urheber, ausübenden Künstler und Tonträgerhersteller geführt haben. Dabei werden von Privatpersonen (Peers) Musikstücke im Netz zum Abruf angeboten und sodann Interessenten durch einen Diensteanbieter entweder über einen zentralen Server (so bei Napster) oder direkt, dh. über ein dezentrales System (so bei Gnutella, KaZaA, eDonkey), mit dem Anbieter in Verbindung gebracht (Peer to Peer oder P2P). Unabhängig von einer Verantwortlichkeit des Diensteanbieters als möglichem mittelbarem Täter verletzt das unautorisierte Anbieten im Netz die ausschließlichen Rechte des Tonträgerherstellers nach Abs. 1 S. 1: zunächst das Vervielfältigungsrecht (§ 16 Abs. 1) durch das Einspeichern der angebotenen Aufnahme in den Arbeitsspeicher des Anbieters und sodann das Recht der öffentlichen Zugänglichmachung nach § 19a durch das Anbieten des Titels im Netz.[201] Dabei kann sich der Anbieter nicht auf eine nach § 52 Abs. 1 privilegierte öffentliche Wiedergabe berufen, da nach dessen Abs. 3 diese Ausnahmebestimmung nicht für die öffentliche Zugänglichmachung gilt. Bei einer Verbreitung eines rechtswidrig hergestellten Tonträgers und bei der öffentlichen Wiedergabe mittels einer rechtswidrig hergestellten Kopie kann jeweils Unterlassung nach § 96 Abs. 1 verlangt werden.[202] Zur Haftung im Online-Bereich ausführlich § 97 Rn. 90 ff.

58   Das **Herunterladen einer Musikdatei** in den Arbeitsspeicher des Abrufenden stellt grundsätzlich eine **dem Hersteller vorbehaltene Vervielfältigungshandlung** dar. Bei ihr bedarf es allerdings der Prüfung, ob sie als private Vervielfältigung nicht nach § 53 Abs. 1 zulässig oder als von einer offensichtlich rechtswidrigen Vorlage stammend verboten ist.[203] Die Benutzung nach § 53 Abs. 1 erlaubterweise vervielfältigter Tonträger zur öffentlichen Wiedergabe ist nach der Schranken-Schranke des § 53 Abs. 6 ebenso unzulässig wie die Verbreitung rechtswidrig hergestellte Tonträger und deren Benutzung zu einer öffentlichen Wiedergabe gemäß § 96 Abs. 1.[204]

59   **e)** Ein Recht der **Verwertung** eines Tonträgers **in bearbeiteter Form** scheidet mangels gesetzlicher Grundlage im abschließend geregelten Tonträgerherstellerrecht aus.[205] Es ist auch nicht erforderlich, weil, wenngleich dies hinsichtlich der klangtechnischen Überarbeitung von Altaufnahmen strittig

---

[196] Sa. OLG Hamburg MMR 2006, 173 – staytuned; OLG Hamburg ZUM 2005, 749 (750) – Streamingverfahren; OLG Hamburg ZUM 2009, 414 (415 f.) – Stay Tuned III; LG Hamburg ZUM 2007, 869 – Streaming-on-Demand.
[197] Ebenso Dreier/Schulze/*Schulze* § 85 UrhG Rn. 41; Möhring/Nicolini/*Stang* (4. Aufl.), § 85 UrhG Rn. 24a.
[198] Dazu → § 129 Rn. 1 f.
[199] Ebenso Möhring/Nicolini/*Stang* (4. Aufl.), § 85 UrhG Rn. 24; aA Dreier/Schulze/*Schulze* § 85 UrhG Rn. 42.
[200] AA Dreier/Schulze/*Schulze* § 85 UrhG Rn. 42.
[201] EuGH GRUR 2009, 579 Rn. 26 ff. – LSG/tele2; EuGH GRUR 2016, 1146 Rn. 81 ff. – Mc Fadden/Sony Music; BGH GRUR 2016, 1275 Rn. 22 – Tanöd; BGH GRUR 2017, 386 Rn. 10 – Afterlife; BGH GRUR 2018, 400 Rn. 15 – Konferenz der Tiere.
[202] Vgl. BGH GRUR 2006, 319 Rn. 32 ff. – Alpensinfonie.
[203] Im Einzelnen str.; s. *Heghmanns* MMR 2004, 14 ff.; *J. B. Nordemann/Dustmann* CR 2004, 380 ff., dort auch zur Haftung des Serverbetreibers unter dem TDG; *Braun* GRUR 2001, 1106 ff.; *Kreutzer* GRUR 2001, 193 ff., 307 ff.; zur Rechtslage in den USA *Gampp* GRUR-Int 2003, 991 ff.
[204] Zur Offline- und Internetpiraterie Wandtke/Bullinger/*Schaefer* § 85 UrhG Rn. 43 ff.
[205] Dazu ausführlich die Analyse von *v. Lewinski* in Schricker (Hrsg.), Informationsgesellschaft, S. 252; ebenso Rn. 25; *Knies* S. 218; aA Wandtke/Bullinger/*Schaefer* § 85 UrhG Rn. 15 f. mwN; sa. Dreier/Schulze/*Schulze* § 85 UrhG Rn. 33.

ist,[206] der Tonträgerhersteller lediglich eines Schutzes gegen die Kopie des von ihm hergestellten Tonträgers bedarf. In diesen Fällen kann es jedoch um Fragen des unlauteren Wettbewerbs und/oder der Entstellung einer künstlerischen Darbietung nach § 75 gehen (→ § 75 Rn. 28). Veränderten Vervielfältigungen muss der Tonträgerhersteller auf vertraglichem Wege vorbeugen.[207]

f) Allerdings hat der BGH in seiner Entscheidung „**Metall auf Metall I**"[208] im Falle des **Sound-** **60** **Samplings** einer Tonfolge **§ 24 (freie Benutzung)** auf das Leistungsschutzrecht des Tonträgerherstellers **analog angewandt**[209] mit der Begründung, bei dieser Vorschrift handele es sich trotz ihrer systematischen Einordnung unter die sonstigen Rechte des Urhebers wesensmäßig um eine Schrankenbestimmung.[210] Sie solle die kulturelle Fortentwicklung ermöglichen und deshalb gleichermaßen auf Leistungsschutzrechte Anwendung finden, weil anderfalls der Tonträgerhersteller gegen Sinn und Zweck der Vorschrift ein Verbotsrecht geltend machen könnte, wo es dem Urheber genommen ist.[211] Deshalb bedürfe es, wenngleich der schöpferische Gehalt eines Tonaufnahme für ihre Schutzfähigkeit keine Rolle spiele, im Rahmen des § 85 der Prüfung, ob im Zusammenhang mit der Nutzung eines fremden Tonträgers ein selbständiges Werk entstehe und ob das neue Werk einen genügenden Abstand zu der entlehnten Tonfolge wahre.[212] Nach dem Sinn und Zweck des § 24 Abs. 1 und den sich daraus ergebenden Grenzen der freien Benutzung sei letzteres nach Auffassung des BGH dann der Fall, wenn derjenige, der dem Tonträger eines Dritten einen Tonfetzen entnehmen möchte, diesen Tonfetzen selbst herstellen könne. Bei dieser Konstellation stehe ihm § 85 nicht im Wege, weil eine Rechtfertigung für den Eingriff in das fremde Recht nicht gegeben sei.[213] Außerdem komme bei der Übernahme einer auf einem Tonträger festgelegten Melodie nach § 24 Abs. 2 (Melodienschutz) eine freie Benutzung nicht in Betracht.[214]

aa) In der weiteren Entscheidung „**Metall auf Metall II**"[215] hat der BGH sein erstes Urteil be- **61** kräftigt und – dem Berufungsurteil des OLG Hamburg folgend[216] – dahingehend konkretisiert, dass eine freie Benutzung nicht in Frage komme, wenn im Zeitpunkt der Entnahme der fremden Tonaufnahme ein durchschnittlich ausgestatteter und befähigter Musikproduzent selbst in der Lage gewesen wäre, eine dem Original gleichwertige Tonaufnahme herzustellen. Dabei ist – so der BGH – die Frage, ob die Ausschließlichkeitsrechte des Tonträgerherstellers im Allgemeininteresse einer Fortentwicklung des Kulturschaffens einzuschränken sind, nur nach objektiven Gesichtspunkten zu beurteilen. Andernfalls wäre ein unerfahrener oder unfähiger Produzent zur Verwertung einer fremden Tonfolge eher berechtigt als ein erfahrener und fähiger Produzent.[217] Auf die subjektiven Fähigkeiten des möglichen Rechtsverletzers kommt es folglich nicht an.[218] Unerheblich ist auch der Aufwand, der dem durchschnittlichen Musikproduzenten für den gleichwertigen Nachbau des Tonfetzens zuzumuten ist.[219] Ist der Nachbau möglich, bedarf es zur Übernahme eines Samples der Erlaubnis des Tonträgerherstellers.[220]

bb) Die **Rechtsprechung des BGH** zur Erstreckung der freien Benutzung nach § 24 auf die **62** Rechte des Tonträgerherstellers ist in der Literatur – zumindest im Ergebnis – **teils begrüßt** worden,[221] **teils** aber auch auf **heftige Kritik** gestoßen.[222] Dabei wird zu Recht angemerkt, dass § 24 im

---

[206] Vgl. Wandtke/Bullinger/*Schaefer* § 85 UrhG Rn. 15 f.; Fromm/Nordemann/*Boddien* § 85 UrhG Rn. 28 ff., eines Bearbeitungsrechts bedürfe es in diesen Fällen nicht; → Rn. 28.
[207] Dazu Bisges/*Vollrath* Kap. 10 C II 3d Rn. 223 mwN.
[208] BGH GRUR 2009, 403 – Metall auf Metall I BVerfG GRUR 2016, 690 – Metall auf Metall
[209] Ebenso bereits früher zu anderen Leistungsschutzrechten, vgl. BGH GRUR 2008, 693 Rn. 23 ff. – TV-Total; BGH GRUR 2000, 703 (704) – Mattscheibe, jeweils zu Filmherstellerrechten nach §§ 94 bzw. 95; sa. Bisges/ *Vollrath* Kap. 10 C II 3c Rn. 235.
[210] BGH GRUR 2009, 403 Rn. 21 – Metall auf Metall I mAnm *Lindhorst* = MMR 2009, 253 mAnm *Hoeren* = ZUM 2009, 219 mAnm *Stieper* mwN; vgl. auch Bisges/*Vollrath* Kap. 10 C II 3d Rn. 235; für die Benutzung von Filmträgern bereits BGH GRUR 2008, 693 (694) Rn. 23 ff. – TV-Total; BGH GRUR 2000, 703 (704) – Mattscheibe; *v. Ungern-Sternberg* GRUR 2010, 386 (387 f.); *Vogel* FS Loewenheim (2009), S. 367 ff.
[211] BGH GRUR 2009, 403 Rn. 19 ff., 21 – Metall auf Metall I mwN.
[212] BGH GRUR 2009, 403 Rn. 25 – Metall auf Metall I; GRUR 2008, 693 Rn. 29 – TV-Total; *v. Ungern-Sternberg* GRUR 2010, 386 (387 f.); *Vogel* FS Loewenheim (2009), S. 367 (374 f.).
[213] BGH GRUR 2009, 403 Rn. 23 – Metall auf Metall I.
[214] BGH GRUR 2009, 403 Rn. 24 – Metall auf Metall I.
[215] BGH GRUR 2013, 614 – Metall auf Metall II = MMR 2013, 464 mAnm *Hoeren* = ZUM 2013, 486; mAnm *Apel* ZUM 2013, 489; die Entscheidung wurde vom BVerfG auf die Verfassungsbeschwerde wegen eines Verstoßes gegen Art. 5 Abs. 3 S. 1 GG aufgehoben und in der Sache an den BGH zurückverwiesen, BVerfG GRUR 2016, 690 – Metall auf Metall, → Rn. 15.
[216] OLG Hamburg GRUR-RR 2011, 396 – Metall auf Metall II.
[217] BGH GRUR 2013, 613 Rn. 27 – Metall auf Metall II.
[218] So auch LG Hamburg ZUM-RD 2010, 399 (410) – Bushido II.
[219] BGH GRUR 2013, 613 Rn. 40 – Metall auf Metall II.
[220] Vgl. Fromm/Nordemann/*Boddien* § 85 UrhG Rn. 52; Wandtke/Bullinger/*Schaefer* § 85 UrhG Rn. 4,; Möhring/Nicolini/*Stang* § 85 UrhG Rn. 20; Dreier/Schulze/*Schulze* § 85 UrhG Rn. 33; Bisges/*Vollrath* Kap. 10 C II 3c Rn. 236.
[221] *Lindhorst* GRUR 2009, 406 (407); *C. Röhl* K&K 2009, 173 (174 f.); *Stieper* ZUM 2009, 219 (223, 224 f.); Loewenheim/*Vogel*, § 30 Rn. 3; *Vogel* Fs. für Loewenheim (2009), S. 367 (374 f.); *Gerlach* ZUM 2009, 103 (104).
[222] *Schack* Rn. 700; *Schack* JZ 2009, 475 (476); Wandtke/Bullinger/*Schaefer* § 85 UrhG Rn. 25; Fromm/Nordemann/*Boddien* § 85 UrhG Rn. 49a ff.; *Rehbinder/Peukert* Rn. 818: bedenklich wegen des gegenüber dem Urheberrecht anderen Schutzgrundes.

Gegensatz zur Auffassung des BGH keine Schrankenregelung enthält, sondern die Grenze markiert, an der der Urheberrechtsschutz endet.[223] Zudem enthalten anders als bei den überwiegend mit dem Schutz wissenschaftlicher Leistungen begründeten Rechten (§§ 70 – 72) die Vorschriften der wirtschaftlich ausgerichteten Leistungsschutzrechte nach §§ 85, 87, 87f, 94 und 95 ebenso wie das Recht des ausübenden Künstlers gerade keinen Verweis auf § 24. Vermisst wird bei einer analogen Anwendung des § 24 auf diese Leistungsschutzrechte auch die für eine Analogie erforderliche planwidrige Lücke.[224] Tatsächlich lässt sich bei den Rechten des Tonträgerherstellers, die im Wesentlichen die wirtschaftliche Nutzung der geschützten Aufnahme und die Abwehr ihrer unerlaubten Kopie ermöglichen sollen, keine Notwendigkeit erkennen, einen darüber hinausgehenden Schutzumfang und dessen Grenze zu bestimmen. Bedingt ist dies durch den unterschiedlichen Schutzgegenstand: hier das schöpferische Werk des Urhebers, dessen Ausstrahlung auf Umgestaltungen und andere Bearbeitungen auch seinen Schutzumfang über die identische Übernahme hinaus erstreckt, dort der Tonträger als das Ergebnis der technischen, organisatorischen und wirtschaftlichen Leistung des Herstellers, die – herausgewachsen aus einer wettbewerbsrechtlichen Rechtsposition – eines Schutzes gegen Umgestaltungen nicht oder allenfalls nur in sehr engen Grenzen bedarf.[225] Angesichts der Unterschiede in Schutzgegenstand und Schutzgrund des Urheberrechts des Werkschöpfers und des unternehmensbezogenen Leistungsschutzes sollte für eine analoge Anwendung des § 24 kein Platz sein.[226] Geltend gemacht wird ferner, der BGH begründe die analoge Anwendung des § 24 mit dem gebotenen Freiraum für die kulturelle Fortentwicklung als Sinn und Zweck der Vorschrift, obwohl davon in den Gesetzesmaterialien keine Rede sei.[227] Es gehe in dieser Vorschrift eben nicht um eine Schranke bestehender Rechte, sondern um deren Grenzen. Sodann sei fragwürdig, ob der Freiraum für die kulturelle Fortentwicklung die Analogie zur freien Benutzung im Rahmen des schöpferischen Werkschaffens nach § 24 rechtfertige. Anders als das auf den Schutz der materiellen und immateriellen Beziehungen des Werkschöpfers zu seinem Werk ausgerichtete Urheberrecht schütze § 85 die wirtschaftliche Leistung des Tonträgerherstellers, ohne dass dem Inhalt des Tonträgers eine Bedeutung zukomme. Das stellt auch der BGH nicht in Abrede, gleichwohl rekurriert er auf den Inhalt des Tonträgers, um im Lichte des § 24 die Zulässigkeit einer Tonsequenzentnahme zu prüfen. Ferner gibt die vom BGH vertretene Auffassung gerade solche Musiksequenzen zur Benutzung frei, die einen gewissen Bekanntheitsgrad gewonnen haben und beim Hörer einen Wiedererkennungseffekt auslösen sollten, während es bei der Anwendung des § 24 auf geschützte Werke vornehmlich darauf ankommt, dass die dem älteren Werk entnommenen individuellen Züge gegenüber der Eigenart des neugeschaffenen Werks verblassen.[228]

63   cc) Nach der Beantwortung der wesentlichen Fragen des Tonträger-Samplings in der ersten Metall-auf-Metall-Entscheidung sind die vom BGH in seiner Entscheidung **„Metall auf Metall II"** entwickelten Kriterien für die Beurteilung der Frage, ob der Entnehmende in der Lage gewesen wäre, die von ihm übernommenen Tonfolgen selbst herzustellen, in der Literatur teilweise **als konsequent bewertet,**[229] andererseits aber auch die frühere Kritik bekräftigt worden. Weiterhin ergäben sich Beweisschwierigkeiten bei nur schwer identifizierbaren Samples; gerade wertvolle Samples, die nicht nachgeahmt werden könnten, bliebe der Schutz versagt und Hip-Hop-Künstler und junge Musiker würden diskriminiert.[230] Das grundsätzliche Unbehagen an der Auffassung des BGH zur analogen Anwendung des § 24 auf das Leistungsschutzrecht nach § 85 ist somit geblieben.

64   dd) Die rechtssystematischen Einwände der Literatur hat der BGH durchaus gesehen. Dennoch bedarf es einer vertiefenden Analyse, ob nicht bei **Abwägung der sich in den BGH-Entscheidungen begegnenden Grundrechtspositionen** eine, wie der BGH es unter Bezugnahme auf die Rspr. des BVerfG[231] formuliert hat, „kunstspezifische Betrachtung" verlangt, „solchen Bestimmungen im Wege der Auslegung zu einem Anwendungsbereich zu verhelfen, der für Kunstwerke weiter ist als bei nichtkünstlerischen Werken".[232]

---

[223] Wandtke/Bullinger/*Bullinger* § 24 UrhG Rn. 1; kritisch aus rechtssystematischer Sicht *Apel* S. 303; *Apel* ZUM 2013, 487 (488 f.); insoweit auch *Lindhorst* GRUR 2009, 406 (407); *Krusemark* S. 356.

[224] *Apel* S. 304 ff.; *Apel* ZUM 2013, 487 (488).

[225] Fromm/Nordemann/*Boddien* § 85 UrhG UrhG Rn. 30; wie dieser Wandtke/Bullinger/*Schaefer* § 85 UrhG Rn. 15 f.: keine Bearbeitung, vielmehr entstehen durch die technische Überarbeitung neue Tonträgerrechte.

[226] Ausführlich dazu *Apel* S. 304 ff.; Wandtke/Bullinger/*Schaefer* § 85 UrhG Rn. 25; Fromm/Nordemann/*Boddien* § 85 UrhG Rn. 49a ff.

[227] So *Hoeren* MMR 2013, 468 unter Hinweis auf → 5. Aufl. 2017, § 24 Rn. 2 und Wandtke/Bullinger/*Bullinger* § 24 UrhG Rn. 1.

[228] St. Rspr. zuletzt BGH GRUR 2009, 404 Rn. 25 – Metall auf Metall I; weitere Nachweise → 5. Aufl. 2017, § 24 Rn. 10.

[229] *Apel* ZUM 2013, 487 (489).

[230] *Hoeren* MMR 2013, 468; zu den Beweisschwierigkeiten ebenso Wandtke/Bullinger/*Schaefer* § 85 UrhG Rn. 25; *Krusemarck* S. 356; *v. Ungern-Sternberg* GRUR 2010, 386 (388); vgl. auch *Röhl* K&R 2009, 172 (174 f.); *Stieper* ZUM 2009, 223 (225); *Schack* JZ 2009, 475 (476); *Lindhorst* GRUR 2009, 406 (407).

[231] BVerfG GRUR 2001, 149 (151 f.) – Germania 3; s. zur Auslegung von Schrankenregelungen im Lichte kollidierender Grundrechtspositionen auch die Kommentierung → § 50 Rn. 9 ff.

[232] BGH GRUR 2013, 614 Rn. 22 – Metall auf Metall II; kritisch bereits *v. Ungern-Sternberg* GRUR 2010, 386 (387).

Nach der **Entscheidung des BVerfG**[233] bedarf es bei der Auslegung und Anwendung einfachge- 65
setzlicher Normen in praktischer Konkordanz einer Abwägung der sich gegenüberstehenden Grundrechtspositionen aus Art. 5 Abs. 3 Satz 1 GG und Art. 14 Abs. 1 GG und der Herbeiführung eines
Ausgleichs in der Weise, dass die Grundrechte beider Seiten möglichst weitgehend im Sinne der
Wertentscheidungen des Grundgesetzes wirksam werden.[234] Dabei sei die grundsätzliche Anerkennung eines Leistungsschutzrechts des Tonträgerherstellers nach § 85 im Hinblick auf die Kunstfreiheit
nach Art. 5 Abs. 3 Satz 2 GG verfassungsrechtlich unbedenklich. Denn ihm könne im Rahmen der
Auslegung seines Schutzumfangs und seiner Reichweite im Zusammenspiel mit seinen Schranken
und einer entsprechenden, vergütungsfreien Anwendung des § 24 (freie Benutzung) genügt werden.
Eine Beeinträchtigung der dem Tonträgerhersteller für seine Leistung zustehenden Vergütung hat das
BVerfG nicht angenommen.[235] Insoweit sei angesichts des weiten Spielraums des Gesetzgebers bei der
Ausgestaltung des Eigentumsrechts des Tonträgerherstellers iSd. Art. 14 GG und der Ziehung seiner
Schranken den Anforderungen an dessen verfassungsrechtlichen Schutz Genüge getan. Dies gelte
umso mehr, als die freie Benutzung zu künstlerischen Zwecken sich nicht auch auf das nicht künstle-
rische Sampling erstreckte[236] und zudem bei kunstspezifischer Betrachtung die Verwendung fremder
Werkausschnitte zum Zwecke der Weiterverarbeitung im Sinne eines künstlerischen Dialogs eine
großzügigere Auslegung der Schrankenbestimmungen geboten sei als bei nicht künstlerischer Nutzung. Ein prinzipieller Vorrang des einen wie des anderen Grundrechts lasse sich aus dem Grundgesetz nicht herleiten.[237] Bei richtiger Abwägung allerdings könne der Künstler im Hinblick auf den
Schutz seiner künstlerischen Betätigungsfreiheit nicht auf den Erwerb einer Lizenz verwiesen werden.
Auch die Möglichkeit des eigenen Nachspielens einer Tonfolge ist dem Hip-Hop-Künstler bei
kunstspezifischer Betrachtung nicht zuzumuten, weil die originale Übernahme der Vorlage ein stilbil-
dendes Element dieser Musikrichtung darstelle.[238] Demgegenüber erscheine der Eingriff in das Tonträgerherstellerrecht im Falle des Samplings als geringfügig. Denn eine erhebliche wirtschaftliche
Schädigung des Tonträgerherstellers durch einen Rückgang der Erlöse aus seinen ausschließlichen
Rechten sei nicht erkennbar, während die künstlerische Betätigungs- und Entfaltungsfreiheit eine
erhebliche Einschränkung durch das Verbot der Übernahme des Samples erleiden würde.

ee) Im erneuten Revisionsverfahren hat der **BGH** in seiner Entscheidung „**Metall auf Metall** 66
III"" das Verfahren ausgesetzt und dem EuGH mehrere Fragen zur Beantwortung vorgelegt, die er
eigentlich schon im ersten Revisionsverfahren hätte stellen müssen.[239] Der BGH möchte wissen, ob
die Entnahme kleinster Tonfetzen von einem Tonträger und deren Übertragung auf einen anderen
Tonträger das ausschließliche Recht des Tonträgerherstellers nach Art. 2 lit. c InfoSoc-RL verletzt
(Frage 1), ob eine Kopie eines Tonträgers iSd. des Art. 9 Abs. 1 lit. b der Vermiet- und Verleih-RL
2006/115 (kod. Fassung) vorliegt, wenn der zweite Tonträger kleinste Tonfetzen des anderen Tonträgers enthält (Frage 2) und ob der nationale Gesetzgeber aus unionrechtlicher Sicht eine Bestimmung
vorsehen kann, nach der eine immanente Beschränkung der Tonträgerherstellerrechte nach Art. 2
Abs. 2 lit. c InfoSoc-RL und Art. 9 Abs. 1 lit. b Vermiet- und Verleih-RL 2006/115 (kod. Fassung)
in der Weise zulässig ist, dass ein unter freier Benutzung eines Tonträgers geschaffenes Werk zustimmungsfrei verwertet werden kann (Frage 3). Die Vorlagefragen vier bis sechs gelten den Schrankenbestimmungen (→ Rn. 95).

Mit Urteil vom 29.7.2019 hat der **EuGH** die vom BGH gestellten Fragen beantwortet. Danach ist 66a
(in Beantwortung der Fragen 1 und 6) Art. 2 lit. c) InfoSoc-RL mangels einer Definition der Wendung „Vervielfältigung … ganz oder teilweise"" seiner Bedeutung und Tragweite sowie seinem Sinn
entsprechend nach dem gewöhnlichen Sprachgebrauch und unter Berücksichtigung des Zusammenhangs und der Zielsetzung der Regelung auszulegen.[240] Unter Berücksichtigung dieser Auslegungsgrundsätze und im Hinblick auf das nach den Erwgr. 4, 9 und 10 mit der Richtlinie angestrebte hohe
Schutzniveau fällt auch die Entnahme eines nur kurzen Audiofragments unter das Ausschließlichkeitsrecht der Vervielfältigung nach Art. 2 lit. c) InfoSoc-RL. Dies gilt jedoch nicht, sofern der Nutzer des
Audiofragments dieses in Ausübung der Kunstfreiheit einem Tonträger entnimmt, um es in einem
neuen Werk **in geänderter und beim Hören nicht wiedererkennbarer Form** zu nutzen. Dies
gebietet nach den Erwgr. 3 und 31 InfoSoc-RL **der nach der Richtlinie herbeizuführende angemessene Ausgleich** der Interessen der Inhaber des nicht schranken- und bedingungslos gewährten
Grundrechts des geistigen Eigentums nach Art. 17 Abs. 2 EU-GrCh einerseits und der Interessen der
Nutzer anderer grundrechtlich garantierter Schutzrechte sowie des Allgemeininteresses andererseits.[241]

---

[233] BVerfG GRUR 2016, 690 – Metall auf Metall; → Rn. 15 f., 50 f., 60 ff., zustimmend *Podzun* ZUM 2016,
606, *Stieper* ZUM 2016, 637; *Leistner* GRUR 2016, 772.
[234] BVerfG GRUR 2016, 690 Rn. 70, 82 – Metall auf Metall.
[235] BVerfG GRUR 2016, 690 Rn. 77 ff. – Metall auf Metall.
[236] BVerfG GRUR 2016, 690 Rn. 80 – Metall auf Metall.
[237] BVerfG GRUR 2016, 690 Rn. 89 – Metall auf Metall.
[238] BVerfG GRUR 2016, 690 Rn. 99 ff. – Metall auf Metall.
[239] BGH GRUR 2017, 895 – Metall auf Metall III.
[240] EuGH GRUR 2019, 929 – Pelham/Hütter ua. unter Hinweis auf EuGH GRUR 2014, 972 – Deck-
myn/Vrijheitsfonds; zur Pelham/Hütter-Entscheidung des EuGH ausführlich *Leistner* GRUR 2019, 1008.
[241] EuGH GRUR 2019, 929 Rn. 31 ff. – Pelham/Hütter ua.

Zu letzteren gehört die zur Freiheit der Meinungsäußerung nach Art. 13 EU–GrCh zählende Kunstfreiheit, die das elektronische Kopieren eines Audiofragments (Sampling) als Gestaltungsmittel künstlerischen Schaffens umfasst, sofern das Sample in einen anderen Tonträger in geänderter und beim Hören in nicht wiedererkennbarer Form integriert ist. Über ein nicht wiedererkennbares Sample lässt sich freilich kaum streiten.

66b   Anders verhält es sich nach Auffassung des EuGH mit der Beurteilung der **Entnahme eines Musikfragments im Lichte des Art. 9 Abs. 1 lit. b) Vermiet- und Verleih-RL,** der dem Tonträgerhersteller die Verbreitung seines Tonträgers, einschließlich seiner Kopien, ihm vorbehält. Nach dieser Vorschrift geht es in Reaktion auf die schädliche Tonträgerpiraterie um einen angemessenen Schutz der bei der Herstellung eines Tonträgers getätigten Investition. Dies geschieht nach dem 7. Erwgr. der Richtlinie in Übereinstimmung mit internationalen Abkommen, namentlich dem zur Piraterebekämpfung geschlossenen **GTA,** dem zwar nicht die EU, jedoch mehrheitlich ihre Mitgliedstaaten beigetreten sind. Im Hinblick auf den gemeinsamen Regelungszweck des Investitionsschutzes ist der Begriff der Kopie in Art. 9 Abs. 1 lit. b) Vermiet- und Verleih.RL im Einklang mit dem Begriff des Vervielfältigungsstücks nach Art. 1 lit. c), Art. 2 GTA dahingehend zu verstehen, dass er den ganzen Tonträger oder wesentliche Teile von ihm umfasst, nicht hingegen einen Tonträger, der von einem anderen Tonträger übertragene Musikfragmente enthält.[242]

66c   Die dritte Frage betrifft die **Konformität des § 24 (freie Benutzung) mit dem Unionsrecht.** Der EuGH hat diese Vorschrift ebenso wie der BGH als Schrankenregelung angesehen und **wegen der abschließenden Regelung der urheberrechtlichen Ausnahmen und Beschränkungen in Art. 5 Abs. 1–4 InfoSoc-RL**[243] als unvereinbar mit dem Unionsrecht erachtet. Die Harmonisierung des Urheberrechts und damit die Rechtssicherheit innerhalb der Union würden gefährdet, wenn die Mitgliedstaaten bei der Umsetzung der Richtlinie über die in Art. 5 InfoSoc-RL geregelten Ausnahmen und Beschränkungen, die zum angemessenen Ausgleich bei der Abwägung sich begegnender Grundrechte beitragen (→ Rn. 66a), hinausgehen könnten. § 24 ist deshalb **unionsrechtswidrig.**[244] Damit dürfte die Rspr. des BGH zur entsprechenden Anwendung des § 24 auf die verwandten Schutzrechte des 2. Teils der UrhG hinfällig sein.[245] Offen bleibt allerdings die Frage, ob nicht § 24 weiterhin nicht als Schranke, sondern richtigerweise als Vorschrift zu verstehen ist, die die Regelungsrahmen des Urheberrechts bestimmt.

66d   Schließlich hat der EuGH entschieden, dass das Zitatrecht nach Art. 5 Abs. 3 lit. d) InfoSoc-RL die Erkennbarkeit des zitierten Werks zwingend voraussetzt.[246]

67   **g)** Anders als dem Filmhersteller (§ 94 Abs. 1 S. 2) steht dem Tonträgerhersteller kein Recht zu, aus wirtschaftlichen Gründen die **Entstellung oder Kürzung** seines Tonträgers zu verbieten, soweit die Veränderungen nicht mehr im Rahmen des § 16 Zulässiges liegen.[247] Der bei der Filmherstellung zu beachtende § 93 gilt für den Tonträgerhersteller selbst bei der Integration seiner Leistung in einen Bild-Tonträger nicht. Denn diese Vorschrift bezieht sich auf die persönlichkeitsrechtlichen Bestimmungen der §§ 14, 75. Sie ist deshalb nur auf Urheber und Interpreten als natürlichen kreativen Personen, nicht jedoch auf Produzenten als meist juristische, unternehmerisch agierende Personen anwendbar.[248]

4. Das Tonträgerherstellerrecht im Rechtsverkehr (Abs. 2)

68   **a) Übertragbarkeit und Vererblichkeit.** Als Leistungsschutzrecht vermögensrechtlicher Natur ohne persönlichkeitsrechtlichen Gehalt ist das Tonträgerherstellerrecht in vollem Umfang verkehrsfähig (Abs. 2 S. 1), dh. als Ganzes gemäß §§ 398 ff., 413 BGB übertragbar[249] und gemäß § 1922 BGB vererblich.[250] Insoweit gilt nichts anderes als für das Recht des Filmherstellers (§ 94 Abs. 2). Einer gesetzlichen Regelung dieser Selbstverständlichkeit hätte es nicht bedurft. Die Übertragung des Rechts nach Abs. 2 S. 1 geht der Übertragungsbeschränkung des Abs. 4 iVm. § 63a vor, so dass sie auch die Vergütungsansprüche umfasst, unabhängig davon, ob man diese Vorschrift im Rahmen des Tonträgerherstellerrechts überhaupt für anwendbar erachten sollte.[251] Für die Wirksamkeit der Rechtsübertragung ist grundsätzlich ihr Gegenstand genau zu bezeichnen. Globale Rechtsübertragungen zwischen konzerngebundenen Unternehmen, die das gesamte alte (back catalogue) und uU

---

[242] EuGH GRUR 2019, 929 Rn. 40 ff., 55 – Pelham/Hütter ua.
[243] St. Rspr.; EuGH GRUR 2019, 929 Rn. 58 – Pelham/Hütter ua.; so schon EuGH GRUR 2017, 62 Rn. 34 – Soulier und Doke; EuGH GRUR 2018, 911 Rn. 16 – Land Nordrhein-Westfalen, Renckhoff.
[244] EuGH GRUR 2019, 929 Rn. 56 ff., 65 – Pelham/Hütter ua.
[245] Dazu → Rn. 60.
[246] Dazu ausführlich → § 51 Rn. 27 ff.; Dreier/Schulze/*Dreier* § 52 UrhG Rn. 4 jeweils mwN.
[247] → Rn. 60 ff.; → § 94 Rn. 6.
[248] So auch Fromm/Nordemann/*Hertin* (9. Aufl.), §§ 85/86 UrhG Rn. 12 gegen *Dünnwald* UFITA 76 (1976) 165 (187 ff.); Einzelheiten zu den Rechten der Vervielfältigung, Verbreitung und öffentlichen Zugänglichmachung s. die Erl. zu §§ 16, 17 und 19a.
[249] BGH GRUR 1994, 210 (211) – The Beatles.
[250] Vgl. Fromm/Nordemann/*Hertin* (9. Aufl.), §§ 85/86 UrhG Rn. 15; *v. Gamm* § 85 UrhG Rn. 3; allgemein → § 28 Rn. 18 f.
[251] So KG GRUR-RR 2010, 372 Rn. 91 zu dem wortgleichen § 94 Abs. 2 S. 1; Wandtke/Bullinger/*Schaefer* § 85 UrhG Rn. 32; ferner → Rn. 85.

zukünftige Repertoires eines vertragsgebundenen Künstlers betreffen, können jedoch nach Auffassung des OLG Hamburg auch dann dem Bestimmtheitsgebot genügen und deshalb wirksam sein, wenn nicht alle übertragenen Titel einzeln genannt sind.[252]

b) Durch die Möglichkeit der **Einräumung von Nutzungsrechten** nach Abs. 2 S. 2, die wie die **69** Übertragbarkeit des Rechts nach Abs. 2 S. 1 bereits vor der Neuregelung des Abs. 2 nach allgemeiner Auffassung für zulässig erachtet wurde,[253] war die entsprechende Anwendung von § 31 Abs. 1 bis 3, 5, insbesondere des Übertragungszweckgedankens gemäß § 31 Abs. 5, und von § 33 über den Sukzessionsschutz nahegelegt.[254] Der Zweck einer analogen Anwendung des auf periodisch erscheinende Sammlungen zugeschnittenen § 38 ist nicht erkennbar. Abs. 2 S. 3 bezieht sich auf Abs. 2 S. 2, nicht hingegen auf die Übertragung des Rechts nach S. 1, da bei Übertragungen des Rechts nach § 85 für die dort genannten urhebervertragsrechtlichen Bestimmungen kein Raum bleibt.[255] Soweit in Abs. 2 S. 3 auf urhebervertragsrechtliche Vorschriften der §§ 31 ff. nicht verwiesen wird, hat dies seinen Grund entweder in den urheberpersönlichkeitsrechtlichen Bezügen dieser Normen oder in ihrer Schutzfunktion zugunsten der Urheber und Interpreten als den bei der Verwertung ihrer Schöpfungen bzw. Darbietungen regelmäßig schwächeren Vertragsparteien.[256] Dies gilt auch für **§ 31a, der an die Stelle des aufgehobenen § 31 Abs. 4** getreten ist. Seine Anwendung hatten der Gesetzgeber jedoch bereits im StärkungsG von 2002 und später der BGH selbst für die Zeit vor Inkrafttreten dieses Gesetzes am 1.7.2002 auf Verträge ausübender Künstler ausgeschlossen.[257] **Unternehmen, die am freien Wettbewerb teilnehmen, sind solche Schutznormen ohnehin wesensfremd.** Die für Urheberrechte bestehende Zwangslizenz des § 42a (§ 61 aF) erstreckt sich zur Gewährleistung des Wettbewerbs auf dem Tonträgermarkt zwangsläufig nicht auf deren Leistungsschutzrechte. Mit der eingeschränkten Zulassung von Zwangslizenzen hält sich das UrhG im Rahmen der Vorschrift des Art. 15 Abs. 2 S. 2 RA.[258]

c) Vergütungs- und Beteiligungsansprüche. Soweit dem Tonträgerhersteller nach § 85 Abs. 4 **70** iVm. §§ 44a ff. gesetzliche Vergütungsansprüche zustehen, kann er nach dem eindeutigen Wortlaut des § 63a auf diese im Voraus nicht verzichten und sie im Voraus nur an eine Verwertungsgesellschaft abtreten. Die zum Schutz der Kreativen eingeführte **Verfügungsbeschränkung des § 63a** in der Fassung des 2. InformationsgesG vom 26.10.2007 erscheint in Bezug auf das unternehmensbezogene Leistungsschutzrecht des Tonträgerherstellers jedoch fehl am Platz. Der Tonträgerhersteller muss über seine vermögenswerten Rechte frei disponieren können. Deshalb sollte § 63a auf die aus § 85 Abs. 4 resultierenden Vergütungsansprüche sowie auf diejenigen nach § 137e Abs. 2 und 3 wegen eines offensichtlichen gesetzgeberischen Irrtums nicht anwendbar sein, zumal auch die Gesetzesbegründung nichts Gegenteiliges erkennen lässt.[259] Das sollte auch für die Beteiligungsansprüche nach § 86 sowie den Vergütungsanspruch nach § 27 Abs. 2 für das Verleihen gelten. Die Verzichts- und Abtretungsbeschränkungen des § 78 Abs. 3 finden ihrem Sinn und Zweck entsprechend nur auf Vergütungsansprüche des ausübenden Künstlers Anwendung.

5. Die Schutzfristenregelung des Abs. 3

a) Berechnung der Schutzfristen vor und nach dem 13.9.2003 (Inkrafttreten des 1. Infor- **71** mationsgesG).[260] Die **Schutzfrist des Tonträgerherstellerrechts** betrug – EU-rechtlich harmonisiert durch die Schutzdauer-RL[261] – **seit dem** Inkrafttreten des für ihre Umsetzung **maßgeblichen 3. UrhGÄndG** (1.7.1995) **50 Jahre ab dem Erscheinen** nach § 6 Abs. 2 **oder** ab der **ersten erlaubten Benutzung der Aufnahme zur öffentlichen Wiedergabe** nach § 15 Abs. 2 und 3, falls diese früher erfolgt war, hilfsweise ab der Herstellung der Aufnahme (§ 85 Abs. 2 aF). Diese Schutzfristenregelung entsprach der des Interpretenrechts gemäß § 82 idF des mit Wirkung vom 1.7.1990 in Kraft getretenen **ProduktpiraterieG vom 7.3.1990.**[262] Vor der Gesetzesänderung durch das

---

[252] OLG Hamburg GRUR-RR 2001, 121 (124) – Cat Stevens.

[253] Statt vieler → 3. Aufl. 2006, Vor §§ 28 ff. Rn. 36.

[254] Zur Rechtslage vor dem Inkrafttreten des 1. InformationsgesG am 13.9.2003 → 2. Aufl. 1999, Vor §§ 28 ff. Rn. 33.

[255] Vgl. Wandtke/Bullinger/*Schaefer* § 85 UrhG Rn. 27.

[256] BT-Drs. 15/38, 25.

[257] BGH GRUR 2003, 234 – EROC III; berechtigte Kritik dazu von *Krüger* FS Nordemann (2004), S. 343; *Vogel* FS Nordemann (2004), S. 349 (351); hinsichtlich der Anwendung des § 31 Abs. 4 auf vordem liegende Sachverhalte auch *Ahlberg* GRUR 2002, 313 (316 f.).

[258] Zur Zwangslizenz des § 42a kritisch Wandtke/Bullinger/*Schaefer* § 85 UrhG Rn. 30.

[259] Ähnlich Wandtke/Bullinger/*Schaefer* § 85 UrhG Rn. 32: Redaktionsversehen, jedenfalls bei Gesamtrechtsübertragung tritt § 63a zurück; aA Dreier/Schulze/*Schulze* § 85 UrhG Rn. 44; Schricker/*Schricker* (3. Aufl.), § 63a UrhG Rn. 9; ausführlich dazu *Schaefer* FS Wandtke (2013), S. 251 ff.

[260] Gesetz zur Regelung des Urheberrechts in der Informationsgesellschaft vom 10.9.2003 (BGBl. I Nr. 46 S. 1774); dazu auch Rn. 9; konsolidierte Fassung: Richtlinie 2006/116/EG vom 12.12.2006, ABl. Nr. L 372/12, S. 12, abgedruckt auch bei Hillig (Hrsg.), 17. Aufl., 2018, S. 588.

[261] Richtlinie 93/98/EWG des Rates vom 29.10.1993 zur Harmonisierung der Schutzdauer des Urheberrechts und bestimmter verwandter Schutzrechte ABl. EG vom 24.11.1993 Nr. L 290 S. 9.

[262] BGBl. I S. 422.

3. UrhGÄndG war für beide Rechte nur das Erscheinen, hilfsweise die Herstellung des Tonträgers maßgeblich.

72   **aa)** Trotz der bereits mit Wirkung vom 1.7.1990 erfolgten Verlängerung der Schutzfrist des Rechts des ausübenden Künstlers auf 50 Jahre ergaben sich in der Interimszeit keine Unterschiede in der Laufzeit zum Recht des Tonträgerherstellers (bis zum 1.7.1995 25 Jahre), weil **Art. 10 Abs. 2 Schutzdauer-RL 93/98/EWG die Herstellerrechte wieder aufleben ließ,** sofern sie nach Ablauf der in der Bundesrepublik Deutschland maßgeblichen Schutzfrist in einem anderen Mitgliedstaat der EU oder des EWR wie zB im Vereinigten Königreich noch Bestand hatten und die in der Bundesrepublik Deutschland hergestellten Tonträger infolge des Diskriminierungsverbots (Art. 18 AEUV) dort noch geschützt waren (§ 137f Abs. 2).[263] Die Regelung des § 85 Abs. 2 in der Fassung von 1.7.1995 hatte auf Grund des nationalen Rechts eine Schutzdauer von maximal 100 Jahren zur Folge, vorausgesetzt, der Tonträger ist im 50. Jahr nach der Herstellung der Aufnahme erschienen oder erstmals erlaubterweise für eine öffentliche Wiedergabe verwendet worden.[264]

73   **bb)** Eine weitere Änderung der Schutzdauerregel des § 85 erforderte die durch **Art. 11 Abs. 2 InfoSoc-RL** vorgenommene **Anpassung des Unionsrechts an Art. 17 Abs. 2 WPPT.** Sie brachte die unionsweite Anknüpfung der Schutzfrist an die öffentliche Wiedergabe innerhalb von 50 Jahren nach der Aufnahme, wenn diese innerhalb der Frist von 50 Jahren nicht erschienen war.[265] Diese **Anknüpfungsregel** – umgesetzt durch das **1. InformationsgesG** vom 10.9.2003 (in Kraft getreten am 13.9.2003) – ist die heute gültige (→ Rn. 75).

74   **cc)** 2006 wurde die **Schutzdauer-RL 93/98/EWG durch deren kodifizierte Fassung 2006/116/EG**[266] ersetzt (Art. 12). Fünf Jahre später führte die **SchutzdauerÄndRL 2011/77/EU**[267] zur Verlängerung der Schutzfristen der Künstler- und der Tonträgerherstellerrechte auf 70 Jahre. Diese heute gültige unionsrechtliche Änderung der Schutzfristen, umgesetzt in § 85 Abs. 3, bezieht sich allein auf Aufnahmen musikalischer und sprachlicher Darbietungen urheberrechtlich schutzfähiger Werke oder Ausdrucksformen der Volkskunst. Sie gilt nicht für Rechte im audiovisuellen Bereich (Rechte an schauspielerischen Darbietungen und Filmherstellerrechte) und nicht für Aufnahmen urheberrechtlich bedeutungsloser Geräusche (Tierlaute etc.).[268] Die Schutzfristverlängerung ist verbunden mit den Vorschriften der §§ 79, 79a, die ihre Auswirkungen auf laufende Künstlerverträge regeln.[269]

75   **b) Geltende Fristberechnung.** Mit dem **1. InformationsgesG** vom 10.9.2003 und dem **9. UrhGÄndG** vom 2.7.2013 (in Kraft getreten am 6.7.2013)[270] hat die Schutzdauerregel des Tonträgerherstellerrechts in Abs. 3 ihre letzten **durch Unionsrecht bedingten Änderungen** erfahren.[271] Sie führen gegenüber den jeweils abgelösten Vorschriften zu Schutzfristverlängerungen,[272] sodass es keiner Übergangsregelungen bedurft hat. § 137m Abs. 1 stellt lediglich klar, dass nach allgemeinen Regeln eine Schutzfristverlängerung nur eintritt, wenn am Stichtag (1.11.2013) der Neuregelung die Schutzfrist nach altem Recht in seiner bis zum 6.7.2013 geltenden Fassung noch nicht erloschen war.[273] Gemäß Abs. 3 in seiner geltenden Fassung erlischt fortan das Tonträgerherstellerrecht grundsätzlich 70 Jahre nach dem Erscheinen des Tonträgers, vorausgesetzt, der Tonträger ist innerhalb von 50 Jahren nach seiner Herstellung erschienen (Abs. 3 S. 1 und S. 2). Infolgedessen errechnet sich eine **maximale Schutzdauer von 120 Jahren** (vgl. → § 82 Rn. 12). Ist der Tonträger nicht innerhalb von 50 Jahren nach seiner Herstellung erschienen, wohl aber innerhalb dieses Zeitraums zu einer erlaubten öffentlichen Wiedergabe benutzt worden, beginnt wie bisher der Lauf der Schutzfrist mit seiner ersten erlaubten Benutzung zur öffentlichen Wiedergabe (Abs. 3 S. 2). Allein wenn weder an ein Erscheinen noch an eine öffentliche Wiedergabe innerhalb von 50 Jahren nach der Herstellung angeknüpft werden kann, läuft die Schutzfrist von 50 Jahren ab der Herstellung des Tonträgers. Nach den Neuregelungen des 1. InformationsgesG und des 9. UrhGÄndG hat somit das **Erscheinen des Tonträgers gegenüber seiner erlaubterweise erfolgten Benutzung zur öffentlichen Wiedergabe stets Vorrang,** und zwar unabhängig davon, ob die öffentliche Wiedergabe innerhalb von 50 Jahren nach der Herstellung des Tonträgers vor oder nach seinem Erscheinen statt-

---

[263] In der Folge der Entscheidung des EuGH GRUR-Int 1994, 53 – Phil Collins; → Rn. 77.

[264] Dazu ausführlich *Dünnwald* ZUM 1989, 47; *Vogel* Das Orchester 1989, 378; *Vogel* Das Orchester 1990, 1140; *Kreile* ZUM 1990, 1.

[265] Dazu auch Walter/v. Lewinski/*Walter* Rn. 8.3.29.

[266] Richtlinie 2006/116/EG des Europäischen Parlaments und des Rates vom 12.12.2006 über die Schutzdauer des Urheberrechts und bestimmter verwandter Schutzrechte (kodifizierte Fassung), ABl. EU Nr. L 372 S. 12.

[267] Richtlinie 2011/77/EU des Europäischen Parlaments und des Rates vom 27. September 2011 zur Änderung der Richtlinie 2006/116/EG über die Schutzdauer des Urheberrechts und bestimmter verwandter Schutzrechte ABl. EU vom 11.10.2011 Nr. L 265 S. 1, berichtigt ABl. EU 2013 Nr. L 117 S. 23; zur Vorgeschichte der Richtlinie *Walter* FS Loewenheim (2009), S. 377 passim.

[268] Vgl. Dreier/Schulze/*Schulze* § 85 UrhG Rn. 53b; Möhring/Nicolini/*Stang* (4. Aufl.), § 85 UrhG Rn. 28a.

[269] Einzelheiten dazu bei Erläuterungen zu diesen Vorschriften.

[270] BGBl. I Nr. 34 S. 1940.

[271] Art. 11 Abs. 2 InfoSoc-RL 2001/29/EU vom 22.5.2001 (umgesetzt durch das 1. InformationsgesG) sowie Art. 3 Schutzdauer-RL 2011/77/EU (umgesetzt durch das 9. UrhGÄndG).

[272] Ebenso Wandtke/Bullinger/*Schaefer* § 85 UrhG Rn. 28.

[273] S. dazu die Kommentierung zu § 137m.

gefunden hat. Zwischen beiden Ereignissen gilt folglich nicht die zeitliche Priorität, sondern die **subsidiäre Anknüpfung an die öffentliche Wiedergabe**, falls eine Anknüpfung an das Erscheinen innerhalb von 50 Jahren seit der Herstellung nicht in Betracht kommt.[274] Damit gelten unpraktischerweise für Tonträgerhersteller und ausübende Künstler unterschiedliche Anknüpfungen der Schutzfrist.[275] Die **Berechnung der Schutzfrist** hat nach § 69 zu erfolgen (§ 85 Abs. 3 S. 3).

c) **Übergangsrecht.** Bei der Fristberechnung sind Übergangsregeln zu beachten, sofern es nicht **76** um bloße Verlängerungen laufender Schutzfristen geht. Bei Aufnahmen, die vor Inkrafttreten des UrhG **am 1.1.1966** hergestellt worden sind, finden die Vorschriften der **§§ 129 Abs. 1, 135, 135a** Anwendung, bei vor dem 1.7.1995 hergestellten Aufnahmen zusätzlich **§ 137f Abs. 2.** Daraus ergibt sich Folgendes:

aa) Für alle **vor dem Inkrafttreten des UrhG am 1.1.1966 erschienenen bzw. hergestellten** **77** **Tonträger** begann die seinerzeit gültige 25-jährige Schutzfrist des § 85 erst ab dem 1.1.1966 zu laufen, so dass das Recht spätestens nach dem 31.12.1990 erloschen war, es sei denn, die Schutzfrist des abgeleiteten fiktiven Bearbeiterurheberrechts nach dem LUG war bereits vorher abgelaufen (§ 135a).[276] Als die Schutzdauer mit Wirkung vom 1.7.1995 auf 50 Jahre verlängert wurde, führte dies durch § 137f Abs. 2 iVm. Art. 10 Abs. 2 Schutzdauer-RL zu einer gesetzlichen Verankerung des Wiederauflebens des nach nationalem Recht bereits erloschenen Schutzes, sofern der Tonträger in einem anderen Mitgliedstaat der EU oder einem Vertragsstaats des EWR noch geschützt war.[277] Diese Voraussetzungen waren bei solchen Tonträgern erfüllt, die zwar nach nationalem Recht bereits gemeinfrei waren, aber in Mitgliedstaaten wie etwa dem Vereinigten Königreich, das schon vor der Harmonisierung eine 50-jährige Laufzeit des Tonträgerherstellerrechts kannte, infolge des Diskriminierungsverbots des Art. 18 AEUV in den Genuss der dort geltenden Schutzdauer kamen.[278] Das Wiederaufleben erfordert konkrete Feststellungen zur Schutzrechtslage in dem jeweiligen Mitgliedstaat der EU bzw. Vertragsstaat des EWR.[279] Die wiederauflebenden Rechte stehen nach § 137f Abs. 3 dem Tonträgerhersteller zu. In schutzloser Zeit begonnene Verwertungshandlungen Dritter dürfen im vorgesehenen Rahmen gegen Zahlung einer angemessenen Vergütung für die Zeit nach Inkrafttreten der Schutzfristverlängerung fortgeführt werden (§ 137f Abs. 3 S. 2 und 3). Auf **Vorlage des BGH**[280] hat der EuGH im Sinne der freien Warenverkehrs klargestellt, dass Art. 10 Abs. 2 Schutzdauer-RL auch dann Anwendung findet, wenn der betreffende Gegenstand in dem Staat, in dem um Schutz nachgesucht wird, noch nie, wohl aber am 1.7.1995 in zumindest einem Mitgliedstaat nach dessen nationalen Vorschriften geschützt war.[281] Dies hat auch Auswirkungen auf Tonträger, die unter der Geltung des LUG, das kein originäres Tonträgerherstellerrecht kannte, etwa 1960 in der Bundesrepublik Deutschland hergestellt worden und erschienen waren.

bb) Die Neuregelung der Schutzfristberechnung des Tonträgerherstellerrechts durch das 1. Infor- **78** mationsgesG vom 10.9.2003 hat die **Übergangsregel des § 137j Abs. 2 und 3** nach sich gezogen. Sie ist durch die verspätete Umsetzung der InfoSoc-RL (Stichtag nach Art. 10 Abs. 1 InfoSoc-RL war der 22.12.2002) veranlasst worden und bezieht sich auf diejenigen Fälle, in denen ein am 22.12.2002 noch geschützter Tonträger wegen verspäteter Umsetzung der Richtlinie in nationales Recht am 13.9.2003 (Tag des Inkrafttretens des 1. InformationsgesG) nicht in den Genuss des nach europäischem Recht gebotenen längeren Schutzes kommen konnte. Um dadurch entstandene Schäden zu begegnen, findet die Neuregelung des § 85 Abs. 3 gemäß § 137j Abs. 2 rückwirkend auf solche Altaufnahmen Anwendung, die im fraglichen Zeitraum gemeinfrei geworden sind, bei rechtzeitiger Richtlinienumsetzung jedoch gemäß § 129 Abs. 1 von der neuen Schutzdauerberechnung unmittelbar profitiert hätten.[282] Ob freilich die von *Braun* erwähnte Fallkonstellation einer 1952 hergestellten und gesendeten, aber erst 1960 erschienenen Aufnahme in den Anwendungsbereich des § 137j Abs. 2 fällt, erscheint zweifelhaft. Denn die Schutzdauer des vor 1966 geltenden abgeleiteten Bearbeiterurheberrechts des Tonträgerstellers berechnete sich ab dem Tod des letztverstorbenen ausübenden Künstlers. Beim gesetzlichen Übergang zu den Leistungsschutzrechten nach § 73 und § 85 wurde infolge der BVerfG-Entscheidung aus dem Jahre 1971[283] die Berechnung umgestellt, so dass nach dem 1972 in das Gesetz eingefügten § 135a der Schutz des Tonträgers in dem von *Braun* herangezogenen Beispiel zunächst spätestens Ende 1990 auslief, dann 1995 infolge des § 137f Abs. 2 wiederauflebte und veranlasst durch die Verlängerung der Schutzfrist auf 70 Jahre gemäß dem

---

[274] Ebenso Walter/v. Lewinski/*Walter* Rn. 8.3.29.

[275] S. die Erl. zu § 82.

[276] Einzelheiten zum Übergang vom LUG zum UrhG → Rn. 6 f.; → § 82 Rn. 3 f. jeweils mwN.

[277] S. *Vogel* ZUM 1995, 451 (457 f.) sowie § 137f Rn. 4.

[278] EuGH GRUR-Int 1994, 53 – *Phil Collins;* zum Diskriminierungsverbot eingehend Walter/*Walter* Allgemeiner Teil, 2. Kapitel.

[279] OLG Hamburg GRUR 2000, 707 (708 f.) – Frank Sinatra.

[280] GRUR-Int 2007, 610 Rn. 18 – Tonträger aus Drittstaaten.

[281] EuGH GRUR-Int 2009, 404 (406 f.) Rn. 25 – Sony/Falcon; im Anschluss an diese EuGH-Entscheidung BGH ZUM 2010, 429 – Tonträger aus Drittstaaten II, jedoch gegen den Wortlaut des § 137 f Abs. 2, so *v. Ungern-Sternberg* GRUR 2010, 386 (388); für eine restriktive Auslegung des Art. 10 Abs. 2 Schutzdauer-RL demgegenüber *v. Ungern-Sternberg* GRUR 2008, 291 (294).

[282] Vgl. → § 137j Rn. 4 f.

[283] BVerfGE 31, 275 = GRUR 1972, 491 – *Schallplatten.*

9. UrhGÄndG erst am 31.12.2035 enden wird.[284] Folglich würde der Tonträgerhersteller von dem neuen Recht nach § 85 auch hinsichtlich seiner Altaufnahmen profitieren. Ein Fall des § 137j dürfte dies nicht sein.

79   **cc)** Für den **Zeitraum des Wiederauflebens** weist § 137j Abs. 3 das Recht dem Tonträgerhersteller zu, bestimmt allerdings nicht, wie in schutzloser Zeit vorgenommene Nutzungshandlungen Dritter zu beurteilen sind. Insoweit dürfte sich die analoge Anwendung des § 137f Abs. 3 anbieten.[285] Infolge der geänderten Schutzdauer durch die Richtlinie 2011/77/EU vom 27.9.2011[286] (Art. 10 Abs. 5) und ihrer Umsetzung in nationales Recht ist die **Übergangsvorschrift des § 137m** notwendig geworden. Ihr Abs. 1 bestimmt, dass die Vorschriften über die Schutzdauer nach § 82 und § 85 Abs. 3, § 79 Abs. 3 (Erlöschen der Tonträgerherstellerrechte durch Kündigung des Übertragungsvertrages) und § 79a (Vergütungsanspruch des ausübenden Künstlers) für Tonträger zur Anwendung kommen, die am 1.11.2013 (Zeitpunkt, bis zu dem die Richtlinie in nationales Recht umzusetzen war (Art. 2 Abs. 1)) nach dem bis zum 6.7.2013 (Inkrafttreten des 9. UrhGÄndG vom 2.7.2013) geltenden Recht noch geschützt sind, sowie für solche Tonträger, die nach dem 1.11.2013 hergestellt worden sind (Einzelheiten jeweils dort).

80   **dd)** Hinsichtlich des mit dem Inkrafttreten des 3. UrhGÄndG (1.7.1995) **harmonisierten Vermietrechts** (§ 17 Abs. 2 und 3) ist beim Übergang von altem zu neuem Recht § 137e zu beachten (Einzelheiten dort).

81   **d)** Zur **Verfassungsmäßigkeit der Verkürzung der Schutzfrist** des LUG durch das UrhG → Rn. 5. Zur Berechnung der Schutzfrist der vor Inkrafttreten des UrhG erbrachten Herstellerleistungen s. §§ 129, 135, 135a; zur übergangsweisen Berechnung der Schutzdauer nach der Umsetzung der Schutzdauer-RL im Einzelnen s. die Kommentierung zu § 137f.

82   **e) Nach Ablauf des Sonderschutzes** des § 85 ist die Vervielfältigung, Verbreitung und öffentliche Zugänglichmachung der auf dem Tonträger festgelegten Inhalte grundsätzlich jedermann gestattet, sofern die Nutzungshandlungen keine anderen Urheber- und Leistungsschutzrechte verletzen. Eine Verlängerung der Schutzfrist durch das Lauterkeitsrecht tritt grundsätzlich nicht ein.[287] Allerdings kann ein Verstoß gegen § 3 iVm. § 4 Nr. 3 UWG auch nach Ablauf der Schutzfrist des § 85 Abs. 3 nF in Betracht kommen, wenn nach dem wettbewerblichen Leistungsschutz besondere außerhalb des leistungsschutzrechtlichen Tatbestandes liegende Umstände gegeben sind, die die Nutzung des Tonträgers aus wettbewerbsrechtlicher Sicht als sittenwidrig erscheinen lassen und der wettbewerbsrechtlicher Schutz nicht in Widerspruch zur spezialgesetzlichen Regelung des UrhG tritt.[288] Diese sog. Vorrangtheorie ist von der neueren Rechtsprechung des BGH[289] zurückgedrängt worden. Nach ihr können lauterkeitsrechtliche Ansprüche im Sinne einer Anspruchskonkurrenz unabhängig von urheberrechtlichem Sonderrecht bestehen, wenn besondere außerhalb des Urheberrechts liegende Begleitumstände gegeben sind, die nach § 4 Nr. 3 lit. a und b sowie Nr. 4 UWG die Unlauterkeit begründen.[290] Eigenleistungen wie technische und akustische Verbesserungen der Aufnahmen schließen regelmäßig ein wettbewerbswidriges Verhalten aus.[291]

6. Die Schranken des Rechts des Tonträgerherstellers sowie § 27 Abs. 2 und 3 analog (Abs. 4)

83   **a)** Sowohl die Ausschließlichkeitsrechte als auch die Beteiligungsansprüche des Tonträgerherstellers unterliegen im Einklang mit Art. 5 der InfoSoc-RL denselben **Schrankenregelungen** wie das Recht des Urhebers und das Leistungsschutzrecht des ausübenden Künstlers[292] und damit auch dem Dreistufentest des Art. 5 Abs. 5 der InfoSoc-RL. Dem Tonträgerhersteller verbleibt folglich niemals dort ein Ausschließlichkeitsrecht, wo den Rechten des Urhebers und des Interpreten Schranken gezogen sind. Die Anwendung des § 24 analog auf Leistungsschutzrechte, wie sie der BGH befürwortet hatte

---

[284] Vgl. Wandtke/Bullinger/*Braun* (2. Aufl.), § 137j UrhG Rn. 6 ff.; aA auch Dreier/Schulze/*Schulze* § 85 UrhG Rn. 48, der wiederum übergeht, dass sich der Tonträgerhersteller unter dem LUG das Bearbeiterurheberrecht des ausübenden Künstlers hat übertragen lassen und diese Verfügung ihre Wirksamkeit nicht verloren hat, § 132 Abs. 2 UrhG.

[285] So → § 137j Rn. 7 f.

[286] ABl. EU 2011 Nr. L 372/12; abgedruckt auch bei Hillig (Hrsg.) 17. Aufl. 2018, S. 588, 598.

[287] Vgl. BGHZ 141, 13 (27) = GRUR 1999, 707 – Kopienversanddienst; BGHZ 156, 1 (17) = GRUR 2003, 958 – Paperboy; Köhler/Bornkamm/*Köhler* UWG (32. Aufl.), § 4 UWG Rn. 9.6 f. mwN; Einl. Rn. 60 ff.; Fromm/Nordemann/*Hertin* (9. Aufl.), §§ 85/86 UrhG Rn. 13, 17 gegen *Schorn* GRUR 1978, 230 (231). Köhler/Bornkamm/*Köhler* UWG (32. Aufl.), § 4 UWG Rn. 9.4, 9.7 mwN; ausführlich dazu auch → Vor §§ 73 ff. Rn. 90 ff.

[288] BGH GRUR 1992, 697 (699) – ALF; Möhring/Nicolini/*Stang* (4. Aufl.), § 85 UrhG Rn 33a; Erdmann FS Vieregge (1996), S. 197 (200 ff., 206 ff.); einschränkend zuletzt BGH GRUR 2012, 58 Rn. 41 – Seilzirkus; sa. *Ohly* GRUR 2007, 731.

[289] BGH GRUR 2011, 134 Rn. 65 – Perlentaucher; BGH GRUR 2012, 58 Rn. 41 – Seilzirkus.

[290] Ausführlich → Einl. UrhG Rn. 60 ff.; sa. Köhler/Bornkamm/Feddersen/*Köhler* UWG (36. Aufl.), § 4 UWG Rn. 3.7.

[291] Vgl. BGH GRUR 1976, 317 (322) – Unsterbliche Stimmen; Fromm/Nordemann/*Hertin* (9. Aufl.), §§ 85/86 UrhG Rn. 17; aA *Schorn* GRUR 1978, 230 (231); zur Verwendung rechtswidrig hergestellter Vervielfältigungsstücke nach Ablauf der Schutzfrist → Rn. 47 sowie Möhring/Nicolini/*Stang* (4. Aufl.), § 85 UrhG Rn. 39.

[292] Einzelheiten dazu s. die Erläuterungen zu § 83.

(→ Rn. 60), ist nach der Entscheidung des EuGH in der Sache „Pelham/Hütter" ausgeschlossen.[293] Beim Einsatz technischer Schutzmaßnahmen nach § 95a ist zur Durchsetzung von Schrankenbestimmungen § 95b zu beachten.

Dem Tonträgerhersteller stehen **Ansprüche auf angemessene Vergütung** zu **84**
– für die erlaubnisfreie Vervielfältigung von Tonträgern und ihre Verbreitung an behinderte Menschen zu nicht gewerblichen Zwecken nach § 45a Abs. 2,
– für Sammlungen für den Kirchen-, Schul- oder Unterrichtsgebrauch nach § 46 Abs. 4,
– für vervielfältigte und nicht innerhalb der gesetzlichen Frist gelöschte Schulfunksendungen nach § 47 Abs. 2 S. 2,
– für die öffentliche Zugänglichmachung in Unterricht und Forschung nach § 52a Abs. 4,
– für die private Vervielfältigung in Form der Beteiligung an der Vergütung aus §§ 54 Abs. 1, 54h Abs. 2,
– für sämtliche gesetzlich erlaubte Nutzungen nach dem UrhWissG (Abschnitt 6 Unterabschnitt 4, §§ 60a ff., 60h) sowie für die Nutzung verwaister Werke (Abschnitt 6, Unterabschnitt 5, §§ 61 Abs. 1 Nr. 3, 61b Satz 2, 61c Nr. 2).

Sofern diese Vergütungsansprüche nicht bereits auf Grund gesetzlicher Anordnung allein durch **85** eine Verwertungsgesellschaft wahrgenommen werden können und deshalb an diese abtretbar sind, sollten sie entgegen der eindeutigen Inbezugnahme des § 63a durch § 85 Abs. 4 auch im Übrigen **verzichtbar und abtretbar** sein.[294] Deshalb sollten ferner die sich aus der analogen Anwendung der §§ 44a ff. ergebenden Vergütungsansprüche des Tonträgerherstellers im Zuge einer Gesamtrechtsübertragung nach § 85 Abs. 2 S. 1 auf den Erwerber übergehen. Selbst wenn § 63a iVm. § 85 Abs. 4 für anwendbar angesehen würde, spräche jedenfalls § 85 Abs. 2 S. 1 vor.[295]

Nach Maßgabe des **§ 63** steht dem Tonträgerhersteller in den Fällen gesetzlich zulässiger Nutzun- **86** gen ein **Anspruch auf Quellenangabe** zu. Die Regelung der Zwangslizenz in § 61 ist als eine nach Auffassung des Gesetzgebers vertragsrechtliche Regelung und wegen des abschließenden Schrankenkatalogs in Art. 5 der InfoSoc-RL (Erwgr. 32) inhaltsgleich in § 42a verlagert worden.[296]

bb) Durch den mit dem 3. UrhGÄndG vom 23.6.1995 eingefügte Inbezugnahme von **§ 27 Abs. 2** **87** **und 3** verleiht das Gesetz dem Tonträgerhersteller ferner **einen Anspruch auf Beteiligung** an der Vergütung für das unentgeltliche Verleihen von Tonträgern, deren Weiterverbreitung nach § 17 Abs. 2 zulässig ist.[297] Außerdem stehen ihm für das **erlaubnisfreie Vermieten** eines Tonträgers im Zeitraum verspäteter Umsetzung der Vermiet- und Verleih-RL (1.7.1994 bis 30.6.995) nach **Maßgabe des § 137e Abs. 3 Vergütungsansprüche** zu.[298] Zu den **Beteiligungsansprüchen** des Tonträgerherstellers **gegen den ausübenden Künstler** in den Fällen der Benutzung erschienener oder erlaubterweise öffentlich zugänglich gemachter Tonträger siehe die Erläuterungen zu **§ 86.**

b) Lange war **strittig, ob der Vergütungsanspruch gemäß § 54 Abs. 1 auch Sendeunter-** **88** **nehmen zusteht,** soweit sie durch die Herstellung von Tonträgern Rechte nach § 85 erworben haben,[299] oder ob Sendeunternehmen infolge des § 87 Abs. 4 selbst als Tonträgerhersteller nach § 85 von der Vergütung für private Überspielung abgeschnitten sind.[300] Bei der Beantwortung der Frage ist in verfassungsrechtlicher Bewertung des § 87 Abs. 4 zu beachten, dass öffentlich-rechtliche Sendeunternehmen bereits keine Träger des Grundrechts aus Art. 14 GG sind[301] und es an der Verpflichtung des Gesetzgebers gegenüber privaten Sendeunternehmen fehlt, jede nur denkbare Verwertungsmöglichkeit zu gewähren.[302]

aa) Letzterer Meinung ist in der 2. Auflage im Hinblick auf Entstehungsgeschichte, Systematik und **89** Normzweck des § 87 Abs. 4 (Abs. 3 aF) der Vorzug gegeben worden, und zwar auch insoweit, als Tonträger nicht **ausschließlich Sendezwecken** zu dienen bestimmt sind.[303] Auf die dazu im Einzelnen angeführte Begründung wird verwiesen.[304]

bb) Die Frage, ob **Sendeunternehmen, die von ihnen hergestellten Tonträger oder Filme** **90** **vervielfältigen und zum Kauf anbieten,** Vergütungsansprüche aus §§ 85 Abs. 4, 94 Abs. 3, 95 iVm. § 54 Abs. 1 zuzubilligen sind, hat der **BGH zugunsten der Sendeunternehmen entschie-**

---

[293] EuGH GRUR 2019, 929 Rn. 56 ff. – Pelham/Hütter.
[294] → Rn. 68; aA → § 63a Rn. 5; Dreier/Schulze/*Schulze* § 63a UrhG Rn. 9 sowie § 85 UrhG Rn. 44.
[295] Ebenso Wandtke/Bullinger/*Schaefer* § 85 UrhG Rn. 30.
[296] AA hinsichtlich der Rechtsnatur der Regel des § 42a Wandtke/Bullinger/*Schaefer* § 85 UrhG Rn. 30: Beschränkung der Ausübbarkeit und damit durchaus eine Schrankenregelung.
[297] S. die Erläuterungen → § 27 Rn. 11 ff.
[298] Zu Einzelheiten s. die Erläuterungen bei § 137e.
[299] HM, *Flechsig* GRUR 1980, 1046 (1050 f.); *Stolz* UFITA 96 (1983) 55 (84 ff.); *Stolz* GRUR 1983, 632 (637 f.); *Stolz* GRUR 1986, 859; *Stolz* UFITA 104 (1987) 31 f.; *Stolz* Sendeunternehmen, S. 124 ff.; *Brugger* UFITA 56 (1970) 1 (13).
[300] LG Hamburg ZUM 1996, 818 – Wahrnehmungsvertrag GVL; *Dünnwald* UFITA 76 (1976) 165 (190); Möhring/*Nicolini* (1. Aufl.), § 87 UrhG Anm. 8; *Hubmann* (6. Aufl.), § 55 III; jedenfalls für öffentlich-rechtliche Sendeunternehmen auch *Schack* GRUR 1985, 197 (200).
[301] Vgl. BVerfG ZUM 1988, 296.
[302] Vgl. BVerfGE 31, 229 (240 f.) = GRUR 1972, 481 – Kirchen- und Schulgebrauch.
[303] Entgegen → 1. Aufl. 1987, Rn. 42; ihm folgend *Rossbach* S. 177 ff.; ebenso → § 94 Rn. 29 ff. mwN; → § 87 Rn. 102 ff.: Abs. 4 nicht richtlinienkonform.
[304] → 5. Aufl. 2017, Rn. 85, 86.

den mit der Begründung, dass auf Grund verschiedener Leistungen auch verschiedene Leistungsschutzrechte entstehen könnten und § 87 Abs. 4 einer Beteiligung der Sendeunternehmen am Aufkommen nach § 54 Abs. 1 nicht entgegenstehe, sofern diese in Eigenregie bzw. durch Lizenznehmer
ihre Tonträger vervielfältigten und verbreiteten. Dies folge daraus, dass durch die zulässige Aufzeichnung von Rundfunksendungen nicht unmittelbar in die geschützte Tätigkeit der Sendeanstalten eingegriffen werde, während bei der privaten Vervielfältigung kommerzieller Tonträger der Kern des
Geschäfts betroffen sei.[305]

91   **Dieses Ergebnis erscheint** unter Berücksichtigung zunehmender Online-Nutzungen **als problematisch.** Schon jetzt speichern Sendeanstalten oder ihnen wirtschaftlich verbundene Tochterunternehmen ihre Sendungen in elektronischen Datenbanken und bieten diese in **Mediatheken** der Öffentlichkeit zum Abruf an. Die elektronische Einspeicherung begründet aber, soweit nicht bereits vorher
eine Festlegung in ausreichendem Maße der Öffentlichkeit angeboten worden ist, nach §§ 85, 94, 95 ein
Recht an einem Ton- bzw. Bildtonträger, der mit der Zugriffsmöglichkeit der Öffentlichkeit iSd. § 6
Abs. 2 erschienen ist[306] und deshalb nach dieser einschränkenden Auffassung Vergütungsansprüche auslösen würde. Damit aber erhielten Sendeunternehmen, deren originären Rechte der Gesetzgeber auf das
unbedingt Erforderliche beschränkt sehen wollte (→ Rn. 89), für die Randnutzung der Ton- und Bild-
tonträgerherstellung einen zu Lasten der übrigen Berechtigten gehenden beträchtlichen Anteil.[307]

92   Die bereits nach damaligem Recht bestehenden Ansprüche ließ die Novellierung des UrhG von
1985, so die AmtlBegr., unberührt.[308] Eine uneingeschränkte, über den dargelegten Umfang hinausgehende Beteiligung der Sendeunternehmen an der Vergütung für private Überspielung (→ Rn. 90)
bestätigt die AmtlBegr. nicht.[309] Entsprechendes gilt für den Ausschluss der Vergütung nach § 47
Abs. 2 S. 2 durch § 87 Abs. 4.

93   **cc)** Inzwischen haben die Gerichte die – auch politisch umstrittene, durch die InfoSoc-RL 2001/
29/EG erneut aufgeworfene – Frage der Beteiligung der Sendeunternehmen an der Vergütung für
private Überspielung nach § 54 Abs. 1 im Lichte des Unionsrechts beantwortet. Zwar erlaubt **Art. 5
Abs. 2 lit. b InfoSoc-RL** die private Vervielfältigung[310] nur unter der Bedingung, dass **die Rechtsinhaber** nach Art. 2 InfoSoc-RL – dh. auch Sendeunternehmen[311] – dafür **einen gerechten Ausgleich** erhalten. Der **BGH** hat in seinem Beschluss vom 24.6.2010[312] in der Staatshaftungssache der
VG Media die Nichtzulassungsbeschwerde gegen das Urteil des KG vom 14.4.2009[313] zurückgewiesen und zur Begründung im Wesentlichen ausgeführt, die Bundesrepublik Deutschland habe bei der
Umsetzung der Richtlinie die durch den EuGH gesetzten Grenzen ihrer Rechtssetzungsbefugnis
unter Berücksichtigung aller Umstände des Einzelfalls weder offenkundig noch erheblich überschritten (dort Rn. 7). Denn der Begriff des „gerechten Ausgleichs" lasse sich, wie das KG als Vorinstanz
unter Heranziehung der Erwgr. 31 und 35 der InfoSoc-RL zu Recht erkannt habe, mit dem einer
„angemessenen Vergütung" nicht gleichsetzen (dort Rn. 9).[314] Vielmehr sei er flexibel zu verstehen
und könne unter Umständen bei geringfügigen Nachteilen zu einem Wegfall der Zahlungsverpflichtung führen. Diese Überlegungen habe ausweislich der AmtlBegr. der nationale Gesetzgeber in Betracht gezogen (dort Rn. 13), so dass angesichts des restriktiven Haftungsmaßstabs ein Schadensersatzanspruch zu verneinen sei.[315] Die dagegen eingelegte Verfassungsbeschwerde wegen einer Verletzung
des Rechts nach Art. 101 Abs. 1 S. 2 GG (gesetzlicher Richter), weil der BGH den Fall nicht dem
EuGH vorgelegt habe, hat das BVerfG nicht zur Entscheidung angenommen.[316]

94   **dd)** In einem weiteren von der **VG Media gegen die ZPÜ** geführten Rechtsstreit, in dem es um
die Beteiligung der Sendeunternehmen an der Vergütung für die Privatkopie ging, ist die VG Media
vor dem LG München I und dem OLG München ebenfalls unterlegen. Die Klägerin hatte unter
Hinweis auf ein Urteil des BVerfG[317] geltend gemacht, im Lichte dieser Entscheidung und der Regelung des Art. 5 Abs. 2 lit. b InfoSoc-RL sei eine teleologische Reduktion des § 87 Abs. 4 im Wege
der richterlichen Rechtsfortbildung in der Weise geboten, dass § 54 Abs. 1 von der Verweisung in

---

[305] BGH GRUR 1999, 577 (578) – Sendeunternehmen als Tonträgerhersteller; Bestätigung von OLG Hamburg
ZUM 1997, 43 – Wahrnehmungsvertrag GVL; im Ergebnis ebenso Fromm/Nordemann/*Hertin* (9. Aufl.), § 87
UrhG Rn. 14; → 1. Aufl. 1987, Rn. 42; *Rossbach* S. 179; § 94 Rn. 91; aA *Dünnwald* NJW 1974, 22; *Loewenheim*
GRUR 1998, 519.
[306] Vgl. die Erläuterungen → § 6 Rn. 40.
[307] Kritisch insoweit auch *Loewenheim* GRUR 1998, 519 (521).
[308] BTDrucks. 10/837, 22.
[309] AA offensichtlich *Hillig* UFITA 102 (1986) 11 (23); *Stolz* UFITA 104 (1987) 31.
[310] Nicht erstmalige Festlegung einer Live-Sendung nach Art. 6 Abs. 2 der Vermiet- und Verleih-RL.
[311] Art. 7 Abs. 1 Vermiet- und Verleih-RL.
[312] BGH Az. III ZR 140/09, BeckRS 2010, 16796 = GRUR 2010, 924 – Gerechter Ausgleich.
[313] KG GRUR 2010, 65 – Gerechter Ausgleich.
[314] Im Ergebnis ebenso *Schack* in seinem für die ZPÜ erstatteten Gutachten GRUR-Int 2009, 490; aA noch Voraufl.; *Flechsig* ZUM 2004, 249 jeweils mwN.
[315] Ebenso → § 87 Rn. 104; *Schack* GRUR-Int 2009, 490 (492 ff.); vgl. ferner Wandtke/Bullinger/*Ehrhardt* § 87
UrhG Rn. 21; aA *Leistner* in seinem Gutachten für die klagende VG Media ZGE 2013, 312 ff.; Möhring/
Nicolini/*Hillig* (3. Aufl.), § 87 Rn. 41.1; *Götting* Beteiligung der Sendeunternehmen, S. 47 ff.; *Flechsig* ZUM 2004,
249; *Triebe* S. 233 ff.; *Arnold/Langhoff* ZUM 2006, 605.
[316] BVerfG ZUM 2011, 236.
[317] BVerfG NJW-RR 2016, 1366 – Richterliche Rechtsfortbildung.

dieser Vorschrift nicht ausgenommen sei. Dem ist das OLG trotz bestehender Zweifel an der Vereinbarkeit des § 87 Abs. 4 mit dem Unionsrecht mit der Argumentation entgegengetreten, dass die Gerichte auf Grund der Gewaltenteilung (Art. 20 Abs. 2 GG) und der Bindung der Gerichte an Gesetz und Recht (Art. 20 Abs. 3 GG) nicht befugt seien, ihre eigenen Gerechtigkeitsvorstellungen an die Stelle derjenigen des Gesetzgebers zu stellen.[318]

c) In dem Vorlagebeschluss **„Metall auf Metall III"** hat der BGH dem EuGH drei die Schran- **95** kenregelungen betreffende Fragen vorgelegt. Zunächst geht es darum, ob ein Werk oder sonstiger Schutzgegenstand iSd. Art. 5 Abs. 3 lit. d InfoSoc-RL zu Zitatzwecken genutzt werden darf, wenn nicht erkennbar ist, dass ein fremdes Werk oder ein fremder Schutzgegenstand genutzt wird (Frage 4), sodann darum, ob die unionsrechtlichen Vorschriften zum Vervielfältigungs- (Art. 2 lit. c InfoSoc-RL 2001/29/EG) und Verbreitungsrecht (Art. 8 Abs. 1 lit. b Vermiet- und Verleih-RL, kod. Fassung 2006, 115/EG) des Tonträgerherstellers und den Ausnahmen und Beschränkungen dieser Rechte (Art. 5 Abs. 2 und 3 InfoSoc-RL 2001/29/EG; Art. 10 Abs. 2 Nr. 1 Vermiet- und Verleih-RL, kod. Fassung 2006/115/EG) dem nationalen Gesetzgeber Umsetzungsspielräume lässt, und schließlich in welcher Weise bei der Bestimmung des Schutzumfangs des ausschließlichen Rechts des Tonträgerherstellers zur Vervielfältigung (Art. 2 lit. c InfoSoc-RL 2001/29/EG) und Verbreitung seines Tonträgers und der Reichweite der Ausnahmen und Beschränkungen (Art. 5 Abs. 2 und 3 InfoSoc-RL 2001/29/EG; Art. 10 Abs. 2 Nr. 1 Vermiet- und Verleih-RL, kod. Fassung 2006/115/EG) dieser Rechte die Grundrechte der EU-Grundrechtecharta zu berücksichtigen sind (Frage 6).

Der EuGH hat die Fragen zu den Schrankenregelungen in seiner Entscheidung „Pelham/ **95a** Hütter" in der Weise beantwortet, dass das Zitatrecht nach Art. 5 Abs. 3 lit. d InfoSoc-RL verlangt, dass das zitierte Werk erkennbar ist (dort Rn. 76 zu Frage 4), und dass die Vorschrift des Art. 2 lit. c der InfoSoc-RL eine Maßnahme zur vollständigen Harmonisierung des materiellen Gehalts des darin geregelten Rechts (dort Rn. 86 zu Frage 5) darstellt. Zur Vorlagefrage 6 → Rn. 66a.

7. Der persönliche Geltungsbereich des § 85

a) Inländer. Den persönlichen Geltungsbereich des Tonträgerherstellerrechts regelt § 126. Nach **96** dessen Abs. 1 sind seit dem Inkrafttreten des 3. UrhGÄndG (1.7.1995) als Folge der Phil Collins-Entscheidung des EuGH[319] **EU-Ausländer und Angehörige von EWR-Staaten** bzw. Unternehmen aus diesen Staaten **Inländern uneingeschränkt gleichgestellt.**[320] Ihnen kommen die Rechte der §§ 85, 86 unabhängig vom Ort und Zeitpunkt des Erscheinens ihres Tonträgers zu.

Auf vor dem Inkrafttreten des **Einigungsvertrages** (3.10.1990) hergestellte Tonträger finden §§ 85, **97** 86 selbst dann Anwendung, wenn sie nach dem Recht der früheren DDR nicht mehr geschützt waren, die Schutzfrist nach dem UrhG aber zu diesem Zeitpunkt noch nicht abgelaufen war.[321]

b) Ausländische Staatsangehörige. Nach **§ 126 Abs. 2** genießen ausländische Staatsangehörige **98** denselben Schutz für ihre im Geltungsbereich des UrhG erschienenen oder innerhalb von 30 Tagen nach der Erstveröffentlichung im Ausland auch in der Bundesrepublik Deutschland erschienenen Tonträger. Hinsichtlich der für diese Tonträger geltenden Schutzdauer ordnet das Gesetz nach § 126 Abs. 2 S. 2 die Durchführung des Schutzfristenvergleichs an, sofern sich der ausländische Staatsangehörige nicht gemäß § 126 Abs. 3 auf einen Staatsvertrag berufen kann.[322] Einzelheiten dazu unter § 126 sowie in Bezug auf den Interpreten → Vor §§ 73 ff. Rn. 48 ff.

Im Übrigen gilt nach § 126 Abs. 3 das **internationale Fremdenrecht der Staatsverträge.** Als **99** Staatsverträge iSd. § 126 Abs. 3 sind zu beachten:

aa) Rom-Abkommen (RA). Ebenso wie für die Rechte des ausübenden Künstlers und des Sen- **100** deunternehmens bildet das RA vom 26.10.1961 für die Rechte des Tonträgerherstellers die Grundlage grenzüberschreitenden Schutzes. Im Zuge der Ausweitung und Aktualisierung des internationalen Herstellerrechts wurde das RA in der Folgezeit wiederholt Ausgangspunkt weitergehender internationaler Verträge, ohne dass seine Vorschriften stets in vollem Umfang rechtlich in Bezug genommen worden sind. Dasselbe gilt für das TRIPS-Übereinkommen[323] ebenso wie für den auf dem Schutzniveau des RA gründenden WPPT. Zudem standen bei der EU-weiten Harmonisierung der verwandten Schutzrechte im Zweiten Teil der Vermiet- und Verleih-RL die Regelungen des RA den Vorschriften der Richtlinie weitgehend Pate.

Das RA kommt dort, wo es nicht lediglich um im Inland hergestellte Tonträger geht, zur Anwen- **101** dung, sofern eines seiner besonderen Anknüpfungsmerkmale erfüllt ist. In seinem Kern basiert das RA bei den Rechten des Tonträgerherstellers ebenso wie bei den Rechten des ausübenden Künstlers

---

[318] OLG München ZUM 2019, 266.
[319] EuGH GRUR 1994, 280 – Phil Collins.
[320] Zur Auswirkung dieser Entscheidung auf in der Vergangenheit liegende Sachverhalte s. BGH GRUR 1994, 794 (797) – Rolling Stones; für die Zubilligung eines entschuldigenden Rechtsirrtums OLG Frankfurt/M ZUM 1996, 697 (699 ff.) – Yellow Submarine; kritisch zur Rspr. des EuGH und ihren Folgen *Schack* Rn. 988 ff. mwN.
[321] Einigungsvertrag Anl. I Kap. III Sachgeb. E Abschn. II § 1 Abs. 2.
[322] OLG Hamburg GRUR 2000, 707 (708) – Frank Sinatra.
[323] Kein „Rom-plus"-Ansatz, vgl. *Katzenberger* GRUR-Int 1995, 447 (457).

und des Sendeunternehmens auf den **Grundsätzen der Inländerbehandlung und gewisser Min-destrechte.** Beide Grundsätze bestehen unabhängig nebeneinander, so dass sich der Rechtsinhaber etwa bei den Schutzfristen auf die jeweils günstigere Regelung berufen kann.[324] Der Umfang der Inländerbehandlung war lange umstritten. Nach der einen Auffassung bedeutet Inländerbehandlung wie in Art. 5 Abs. 1 RBÜ, dass sämtliche materiellen Rechte der nationalen Rechtsordnung auch dem nach dem RA Berechtigten zustehen, und zwar auch insoweit, als es um Rechte geht, die, wie das Recht der öffentlichen Zugänglichmachung nach § 19a, bei Inkrafttreten des RA noch nicht bekannt waren.[325] Nach anderer, mittlerweile überholter Meinung beschränkt Art. 2 Abs. 2 RA die Inländerbehandlung auf die konkrete nationale Ausgestaltung der Mindestrechte des RA.[326] Der **BGH** hat diese Auseinandersetzung beendet[327] und in seinem Urteil **„An Evening with Marlene Dietrich"** entschieden, dass unter Inländerbehandlung nach Art. 2 Abs. 1 RA auch die Behandlung zu verstehen ist, die der vertragschließende Staat, für dessen Gebiet der Schutz beansprucht wird, auf Grund seiner nationalen Gesetzgebung nach Abschluss des RA gewährt.[328] Das schließt später hinzu-tretende Rechte wie das der öffentlichen Zugänglichmachung nach § 19a ein.[329]

102   **Anknüpfungsmerkmale des RA** sind nach Art. 5 Abs. 1 RA: (1) die einem anderen Vertrags-staat zugehörige Staatsangehörigkeit des Tonträgerherstellers oder (2) die Festlegung des Tons in ei-nem anderen Vertragsstaat oder (3) die Veröffentlichung des Tonträgers in einem anderen Vertragsstaat bzw. seine Veröffentlichung innerhalb von dreißig Tagen auch dort.[330] Zu den Mindestrechten des Tonträgerherstellers zählen neben der **Schutzdauer von 20 Jahren** ab der Festlegung (Art. 14 RA) insbesondere das **Recht der unmittelbaren und mittelbaren Vervielfältigung** seines Tonträgers (Art. 10 RA). Unter dem Vorbehalt, von der Möglichkeit gewisser nationaler Einschränkungserklä-rungen bis hin zur Erklärung der Gegenseitigkeit Gebrauch machen zu können (Art. 16 RA), steht der in Art. 12 RA geregelte **Vergütungsanspruch für die öffentliche Wiedergabe mittels eines Tonträgers.** Bei der Normierung dieses Anspruchs überlässt es das Abkommen den Vertragsstaaten, die Vergütung dem Tonträgerhersteller alleine, ihm gemeinsam mit dem ausübenden Künstler oder ausschließlich dem ausübenden Künstler zuzuordnen.

103   Mit Rücksicht auf den angelsächsischen Rechtskreis kennt das RA den **Grundsatz beschränkter Förmlichkeit** (Art. 11 RA). Danach können Vertragsstaaten in ihrer nationalen Gesetzgebung als Schutzvoraussetzung die Erfüllung bestimmter Förmlichkeiten verlangen. Zur Erleichterung ihrer Erfüllung reicht es aus, wenn Hersteller aus einem Vertragsstaat, der zur Schutzbegründung die Erfül-lung von Förmlichkeiten verlangt, ihren Tonträger mit einem P-Vermerk und der Jahreszahl der Erst-veröffentlichung versehen.[331]

104   In **zeitlicher Hinsicht** verpflichtet das Abkommen **nicht zu einer rückwirkenden Anwen-dung** auf solche Tonträger, die vor seinem Inkrafttreten hergestellt worden sind (Art. 20 RA).

105   **bb) Genfer Tonträger-Abkommen (GTA).** Der wirksameren Bekämpfung der seinerzeit zunehmenden Tonträgerpiraterie dient das am 29.10.1971 geschlossene Übereinkommen zum Schutz der Hersteller von Tonträgern gegen die unerlaubte Vervielfältigung ihrer Tonträger (GTA). Es soll die Möglichkeit eröffnen, diejenigen Staaten in die Piraterieebekämpfung einzubeziehen, die sich, wie etwa die USA, zu einem Beitritt zum RA nicht haben entschließen können.[332] Zu diesem Zweck verpflichtet es unter Verzicht auf die Übernahme des Prinzips der Inländerbehandlung die Vertrags-staaten lediglich zur **Gewährleistung des Schutzes vor ungenehmigter Vervielfältigung, Ver-breitung und Einfuhr** der Tonträger von Herstellern aus anderen Vertragsstaaten, sofern Herstellung und Einfuhr zum Zwecke der Verbreitung an die Öffentlichkeit bestimmt sind (Art. 2 GTA). Das GTA beinhaltet insoweit keine subjektiven Mindestrechte, sondern stellt es den Vertragsstaaten frei, ob sie diesen vertraglichen Verpflichtungen lauterkeitsrechtlich, strafrechtlich oder leistungsschutzrecht-lich genügen wollen.[333] Es gewährt folglich dem Tonträgerhersteller Rechtsschutz nur unter der Vor-

---

[324] Sa. *Knies* S. 8 f.

[325] Inländerbehandlung im weiteren Sinne; so die überwiegende Meinung, ausführlich dazu *Katzenberger* GRUR-Int 2014, 443 (zweifelnd jedoch *Katzenberger/Metzger* Vor §§ 120 ff. Rn. 64); *Wandtke/Bullinger/v. Welser/Braun* § 125 Rn. 24; *Fromm/Nordemann/Nordemann-Schiffel* Vor §§ 120 ff. UrhG Rn. 37; *Loewenheim/Vogel* § 38 Rn. 7; *Nordemann/Vinck/Hertin* Art. 2 RA Rn. 4; *Nordemann/Vinck/Hertin/Meyer,* International Copyright, 1990, Art. 2 RT Rn. 4; *Masouyé* Art. 2 Rn. 2.4; *Beining* S. 74; *Strauss* GRUR-Int 1982, 19, 23; *Drexl* S. 221, je-weils mit umfassenden Lit.- und Rspr.-Hinweisen.

[326] Inländerbehandlung im engeren Sinne, so *v. Lewinski* in Möhring/Schulze/Ulmer/Zweigert (Hrsg.) EG-Recht II/4 S. 13; *Loewenheim/v. Lewinski* Handbuch, § 57 Rn. 49; *v. Lewinski* International Copyright Law And Policy, Kap. 7 Rn. 7.34 bis 7.40; *v. Lewinski* GRUR-Int 1997, 667, 671; *Schack* Rn. 977; *Reinbothe* GRUR-Int 1992, 707, 713; *Dreier/Schulze/Dreier* Vor §§ 120 ff. UrhG Rn. 22; siehe auch die Hinweise bei *Loewenheim/Vogel,* Handbuch, § 38 Rn. 7.

[327] BGH GRUR 2016, 1048 Rn. 68 ff. – An Evening with Marlene Dietrich.

[328] BGH GRUR 2016, 1048 Rn. 76 ff. – An Evening with Marlene Dietrich.

[329] BGH GRUR 2016, 1048 Rn. 89 ff. – An Evening with Marlene Dietrich.

[330] Art. 5 Abs. 1 und 2 RA, wobei nach Art. 5 Abs. 3 RA den Vertragsstaaten die Möglichkeit der Nichtanwen-dung der Merkmale der Veröffentlichung – so die Bundesrepublik Deutschland – und Festlegung eingeräumt ist.

[331] Einzelheiten bei *Nordemann/Vinck/Hertin* Art. 11 RA.

[332] Zur Tonträgerpiraterie ausführlich *Wandtke/Bullinger/Schaefer* § 85 UrhG Rn. 35 ff. sowie die allerdings nicht mehr aktuellen Publikationen von *Nick,* Musikdiebstahl, und *Schaefer/Körfer,* Tonträgerpiraterie.

[333] *Knies* S. 24 ff.; sa. OLG Hamburg ZUM 1999, 853 (856) – Frank Sinatra.

aussetzung nationaler Umsetzung des Mindestschutzes und nur mit den Unterschieden, die sich zwangsläufig aus dem durch das Abkommen eröffneten Umsetzungsspielraum ergeben.[334] Die Schutzdauer darf 20 Jahre ab der ersten Festlegung nicht unterschreiten (Art. 4 GTA). Hinsichtlich der Schranken des Tonträgerherstellerrechts wird eine weitergehende Regelung, als sie national für das Urheberrecht vorgesehen ist, ausgeschlossen (Art. 6 GTA). Dasselbe gilt für eine rückwirkende Anwendung des Abkommens auf Altaufnahmen.[335] Im Übrigen sind einem strengeren Schutz des Tonträgerherstellers keine Grenzen gesetzt (Art. 7 GTA).

Die Bundesrepublik Deutschland hat dem GTA mit Gesetz vom 10.12.1973 zugestimmt;[336] in **106** Kraft getreten für die Bundesrepublik ist es am 18.5.1974 (BGBl. II S. 336). Im Zustimmungsgesetz ist festgelegt, dass das Abkommen in der Bundesrepublik keine Vergütungsansprüche des Tonträgerherstellers nach § 86 UrhG und nach §§ 85 Abs. 3, 54 UrhG (alt) begründet und dass sich der Rechtsschutz des Abkommens auch auf vor seinem Inkrafttreten hergestellte Tonträger bezieht, wobei allerdings der Schutz nicht weiter zurückreicht als der Inlandsschutz, der nach § 129 Abs. 1 UrhG keine Rückwirkung über den Zeitpunkt des Inkrafttretens des Urheberrechtsgesetzes am 1.1.1966 hinaus vorsieht. Denn dem Tonträgerhersteller kam vordem lediglich Schutz nach §§ 1 UWG aF, 823, 826 BGB zu, und das fiktive Bearbeiterurheberrecht nach § 2 Abs. 2 LUG entstand originär nicht bei ihm, sondern bei dem ausübenden Künstler (§ 129).[337]

cc) TRIPS-Übereinkommen. Den bis dahin effektivsten internationalen Schutz des Tonträger- **107** herstellers gewährt das Übereinkommen über handelsbezogene Aspekte der Rechte des geistigen Eigentums (TRIPS), einem Teilabkommen der WTO, dem nahezu alle wichtigen Handelsnationen beigetreten sind.[338] Dennoch ist es unionsrechtlich in seiner Anwendung beschränkt. Denn die Bestimmungen des TRIPS-Übereinkommens sind zwar integraler Bestandteil der Unionsrechtsordnung und daher in der Union unmittelbar anwendbar,[339] jedoch können sich Einzelpersonen nicht unmittelbar auf dieses Abkommen berufen.[340]

Das TRIPS-Übereinkommen übernimmt **in persönlicher Hinsicht die Anknüpfungspunkte** **108** **des RA**[341] und gewährt mindestens, also ungeachtet der Rechtslage im Schutzland, die in diesem Übereinkommen enthaltenen Rechte.[342] Für diese Rechte gilt – anders als beim RA (→ Rn. 101) der Grundsatz der **Inländerbehandlung im engeren Sinne,** dh. die Gewährung der Mindestrechte in ihrer konkreten Ausgestaltung im Schutzland (Art. 3 Abs. 1 S. 2 TRIPS).[343] Zudem bringt es im Rahmen der Immaterialgüterrechte und des Urheberrechts den aus dem GATT bekannten **Grundsatz der Meistbegünstigung** zur Anwendung (Art. 4 TRIPS). Die Verpflichtung zur Meistbegünstigung erfährt jedoch gewisse Beschränkungen, um zu verhindern, dass Nichtmitglieder der RBÜ und des RA ohne weiteres in den Genuss der dort gewährten Mindestrechte gelangen.

Dies betrifft namentlich die nicht zu den **Mindestrechten des TRIPS-Übereinkommens** gehö- **109** renden Mindestrechte des RA,[344] sodann Rechte, die nach dem RA von der **Reziprozität** abhängig gemacht werden können,[345] und schließlich Verpflichtungen aus internationalen Verträgen, die vor Inkrafttreten des TRIPS-Übereinkommens geschlossen worden sind, vorausgesetzt, diese Verträge sind dem Rat des TRIPS-Übereinkommens notifiziert worden und stellen keine willkürliche und ungerechtfertigte Diskriminierung von Angehörigen anderer Mitglieder des TRIPS-Übereinkommens dar.[346] Von letzterem Recht haben die EU-Kommission und die Bundesrepublik Deutschland in Bezug auf das Diskriminierungsverbot nach Art. 18 AEUV (ex 12 EGV) und seine Wirkungen auch hinsichtlich des Tonträgerherstellerrechts Gebrauch gemacht.

Dem **Tonträgerhersteller gewährt das TRIPS-Übereinkommen** das ausschließliche Recht **110** der unmittelbaren und mittelbaren **Vervielfältigung.**[347] Die Mitglieder des TRIPS-Übereinkom-

---

[334] *Knies* S. 24, 28 f.

[335] *Stewart* UFITA Bd. 70 (1974 1 (6).

[336] BGBl. II S. 1669; abgedruckt in Hillig (Hrsg.), 17. Aufl. 2018, S. 538.

[337] Vgl. BGH GRUR 1994, 220 (222) – The Beatles; OLG Hamburg ZUM 1999, 853 (856) – Frank Sinatra; das Rückwirkungsverbot des internationalen Schutzes über den Zeitpunkt des Inkrafttretens des Urheberrechtsgesetzes hinaus gilt auch für alle übrigen den Tonträgerherstellerschutz betreffenden Staatsverträge, vgl. für das RA → Rn. 11; ebenso Dreier/Schulze/*Schulze* § 85 UrhG Rn. 3.

[338] BGBl. II S. 1730 bzw. ABl. EG L 336 S. 213 geändert durch Protokoll vom 29.11.2007 ABl. EG L 311 S. 37; teilweise abgedruckt in Hillig (Hrsg.), 15. Aufl., S. 442; Einzelheiten zu TRIPS → Vor §§ 120 ff. Rn. 14 ff.; *Katzenberger* GRUR-Int 1995, 447 ff.; Loewenheim/*Vogel,* Handbuch, § 38 Rn. 9 und Loewenheim/*Walter,* Handbuch, § 57 Rn. 66 ff.

[339] So die Rspr. des EuGH GRUR 2012, 593 Rn. 37 bis 40 – SCF/Del Corso; vgl. auch BGH GRUR 2014, 559 Rn. 52 – Tarzan, mwN auch zur davon abweichenden Meinung.

[340] EuGH GRUR 2012, 593 Rn. 43 bis 48 – SCF/Del Corso.

[341] Statt vieler *Knies* S. 44.

[342] Art. 3 Abs. 1 S. 2 iVm. Art. 14 TRIPS.

[343] Enger Inländerbehandlungsgrundsatz; vgl. BGH GRUR 2016, 1048 Rn. 46 – An Evening with Marlene Dietrich mwN; → Vor §§ 120 ff. Rn. 19 mwN.

[344] Art. 4 lit. c TRIPS.

[345] Art. 4 lit. b TRIPS iVm. Art. 16 Ziff. 1 lit. a RA.

[346] Art. 4 lit. d TRIPS; ausführlich zum Meistbegünstigungsgrundsatz des Art. 4 TRIPS *Katzenberger* GRUR-Int 1995, 447/461 ff.; *Dünnwald* ZUM 1996, 725 (728); *Reinbothe* ZUM 1996, 735 (740 f.); *Knies* S. 45 ff.

[347] Art. 14 Abs. 2 TRIPS.

mens sind jedoch befugt, hinsichtlich dieser Rechte dieselben **Bedingungen, Beschränkungen, Ausnahmen und Vorbehalte** vorzusehen, die das RA ermöglicht (Art. 16 RA). Sodann steht dem Hersteller durch entsprechende Anwendung von Art. 11 TRIPS über das Vermietrecht an Computerprogrammen und Filmwerken ein Vermietrecht bezüglich seines Tonträgers zu, wobei es allerdings den Mitgliedern überlassen bleibt, ob sie die Gleichstellung von Tonträgern mit Filmwerken vorsehen. Auch können sie in Bezug auf dieses Recht ein bereits bestehendes bloßes Vergütungssystem beibehalten.[348] Der zeitliche Geltungsbereich des Tonträgerherstellerrechts geht mit **mindestens 50 Jahren** ab der Festlegung weit über den Schutz des RA hinaus und auch durch die rückwirkende Anwendung auf bereits vor seinem Inkrafttreten erfolgte noch geschützte Herstellerleistungen[349] erweist sich das TRIPS-Übereinkommen dem RA überlegen.[350]

111 Nach **Art. 14 Abs. 6 S. 2 TRIPS** ist Art. 18 RBÜ auf die Leistungsschutzrechte des Tonträgerherstellers analog anzuwenden, so dass das TRIPS-Übereinkommen **rückwirkend für bereits hergestellte Tonträger** gilt,[351] jedoch nicht weiter zurück als bis zum 1.1.1966.[352] Eine entsprechende Regelung enthält **Art. 22 Abs. 1 WPPT.**

112 **dd) WPPT.** Der am 20.5.2002 in Kraft getretene WIPO Performances and Phonograms Treaty (WPPT) vom 20.12.1996,[353] dem der Deutsche Bundestag mit Gesetz vom 10.8.2003 zugestimmt hat,[354] während die Ratifikationsurkunde erst am 14.12.2009 hinterlegt worden ist,[355] steht mit dem RA nicht in rechtlicher, wohl aber in tatsächlicher Verbindung, denn seine Vorschriften lassen Verpflichtungen aus anderen internationalen Verträgen unberührt und verbieten Auslegungen, die mit diesen Abkommen nicht vereinbar sind.[356] Ebenso wie beim TRIPS-Übereinkommen ist die EU selbständiger Unterzeichner dieses Vertrages. Die Bestimmungen des WPPT sind damit zwar integraler Bestandteil der Unionsrechtsordnung und daher in der EU unmittelbar anwendbar, jedoch können sich Einzelpersonen auch auf dieses Abkommen nicht unmittelbar berufen.[357]

113 Anders als das Rom-Abkommen (Rn. 101), aber ebenso wie das TRIPS-Übereinkommen basiert der WPPT auf dem Grundsatz der engen **Inländerbehandlung.**[358] Die Inländerbehandlung beschränkt sich folglich wie bei jenem internationalen Abkommen auf die im Vertrag selbst geregelten Mindestrechte.[359] Schutzberechtigt sind all diejenigen Angehörigen von Vertragsstaaten, auf die die Anknüpfungskriterien des RA zutreffen.[360] Die Erfüllung von Förmlichkeiten wird nicht verlangt (Art. 20 WPPT).

114 **Mindestrechte des Tonträgerherstellers** sind nach dem WPPT für die **Dauer von 50 Jahren** ab der Veröffentlichung,[361] hilfsweise ab der Festlegung,[362] das **Vervielfältigungs-** (Art. 11) **und Verbreitungsrecht** (Art. 12),[363] das **Vermietrecht** (Art. 13 WPPT) und das **Making available right** (Art. 14 WPPT). Hinsichtlich der Schallplattensendung steht dem Tonträgerhersteller und dem ausübenden Künstler nach Art. 15 Abs. 1 WPPT ebenso wie nach dem RA nur ein Vergütungsanspruch zu, anders als dort allerdings auch bei mittelbarer Benutzung des Tonträgers zur öffentlichen Wiedergabe.[364] Dabei können die Vertragsstaaten einen gewissen Handlungsrahmen bei der Frage nutzen, wer anspruchsberechtigt sein soll.[365] Außerdem sind sie insoweit zur **Erklärung von Vorbehalten** befugt.[366]

115 Überdies enthält der WPPT – wie der entsprechende WCT – Vorschriften über **technische Schutzvorkehrungen, über Informationen für die Rechtewahrnehmung und über die Rechtsdurchsetzung.**[367]

116 Wie das TRIPS-Übereinkommen verweist auch der WPPT schließlich hinsichtlich seines zeitlichen Anwendungsbereichs auf Art. 18 RBÜ, so dass die Rechte des WPPT **auch für vor seinem Inkrafttreten hergestellte Tonträger** in Anspruch genommen werden können.[368]

---

[348] Art. 14 Abs. 4 TRIPS; Einzelheiten *Knies* S. 50 ff. mwN.

[349] Art. 14 Abs. 6 TRIPS iVm. Art. 18 RBÜ.

[350] Kritisch zu Systematik und Auswirkungen der Rückwirkungsregelung von TRIPS *Knies* S. 55 f. mwN.

[351] Vgl. *Dünnwald* ZUM 1996, 725 (730).

[352] Vgl. BGH GRUR 1994, 220 (222) – The Beatles; zum GTA und zu anderen Staatsverträgen auch Rn. 99 ff.

[353] BGBl. II 2003 S. 770; abgedruckt bei Hillig (Hrsg.), 17. Aufl. 2018, S. 447; zur Geschichte des WPPT *Knies* S. 58 ff. mwN.

[354] Zustimmungsgesetz vom 10.8.2003 BGBl. II S. 754, in Kraft getreten für die Bundesrepublik Deutschland am 14.5.2010; abgedruckt in Hillig (Hrsg.), 17. Aufl. 2018, S. 457.

[355] Einzelheiten dazu *v. Lewinski* GRUR-Prax 2010, 49.

[356] Art. 1 WPPT; Einzelheiten → Vor §§ 120 ff. Rn. 69.

[357] Vgl. BGH GRUR 2016, 1048 Rn. 43 – An Evening with Marlene Dietrich mwN; → Rn. 101.

[358] Art. 4 WPPT; → Vor §§ 120 ff. Rn. 71; *Knies* S. 71.

[359] Art. 4 Abs. 1 WPPT.

[360] Art. 3 Abs. 2 WPPT.

[361] Für die Online-Veröffentlichung s. Art. 15 Abs. 4 WPPT.

[362] Art. 17 Abs. 2 WPPT.

[363] Art. 11 und 12 WPPT.

[364] *Klassischer Fall der öffentlichen Wiedergabe einer Schallplattensendung.*

[365] Art. 15 Abs. 2 WPPT.

[366] Art. 15 Abs. 3 WPPT.

[367] Art. 18, 19 und 23 WPPT.

[368] Art. 22 Abs. 1 WPPT.

ee) Das **Übereinkommen zwischen dem Deutschen Reich und den Vereinigten Staaten** 117
von Amerika über den gegenseitigen Schutz der Urheberrechte vom 15.1.1892 (RGBl. 473) stellt
keinen Staatsvertrag iSd. § 126 Abs. 3 dar, da es sich ausschließlich auf Urheberrechte bezieht; das
fiktive Bearbeiterurheberrecht nach § 2 Abs. 2 LUG war jedoch seinem materiellen Gehalt nach
schon immer ein Leistungsschutzrecht.[369]

ff) Pariser Verbandsübereinkunft (PVÜ). Angehörige solcher Staaten, die keine Mitglieder der 118
EU oder des EWR sind, nicht dem TRIPS-Übereinkommen und nicht oder erst nach dem Zeitpunkt der fraglichen Rechtsverletzung dem RA,[370] wohl aber der PVÜ beigetreten sind, können,
soweit die §§ 85, 86 für sie nicht unmittelbar Anwendung finden (§ 126 Abs. 2), für ihre Tonträger
lauterkeitsrechtlichen Schutz gemäß **Art. 1 Abs. 2, 2, 10bis PVÜ** nur beanspruchen, wenn im Übrigen die Voraussetzungen des unlauteren Wettbewerbs erfüllt sind und der Rechtsschutz nicht in Widerspruch zur sonderrechtlichen Regelung des § 85 tritt.[371] Denn neben einem bestehenden Sonderrechtsschutz darf der ergänzende lauterkeitsrechtliche Schutz nicht dazu dienen, dem international
geltenden Gegenseitigkeitsprinzip seine Wirkung auf die Gesetzgebung nicht konventionsgebundener
Staaten zu nehmen.[372]

III. Sonstige Fragen

1. Weitere Rechte des Tonträgerherstellers

Nach Ablauf der sondergesetzlichen Schutzdauer stehen die Leistungen des Tonträgerherstellers grundsätzlich jedermann zur Nutzung frei. Die Grenzen des Leistungsschutzrechts sind zu respek- 119
tieren. Eine Verlängerung der Schutzfrist über das Lauterkeitsrecht kommt deshalb nicht in Betracht.[373]
Gleichwohl können sich Tonträgerhersteller auf **§ 3 iVm. § 4 Nr. 3 lit. a und b, Nr. 4 UWG** berufen, wenn besondere außerhalb des leistungsschutzrechtlichen Tatbestands liegende Umstände gegeben
sind, die die unmittelbare Übernahme ihrer Leistung aus lauterkeitsrechtlicher Sicht als sittenwidrig
erscheinen lassen und ein solcher Rechtsschutz nicht in Gegensatz zur zeitlich befristeten spezialgesetzlichen Regelung ihres verwandten Schutzrechts tritt.[374] Diese sog. Vorrangtheorie ist von der neueren
Rechtsprechung des BGH[375] zurückgedrängt worden. Nach ihr können lauterkeitsrechtliche Ansprüche im Sinne einer Anspruchskonkurrenz unabhängig von urheberrechtlichem Sonderrecht bestehen,
wenn besondere außerhalb des Urheberrechts liegende **Begleitumstände** gegeben sind, die nach § 4
Nr. 3 lit. a und b sowie § 4 Nr. 4 UWG die Unlauterkeit begründen.[376]

2. Schutz aus abgeleiteten Rechten

Häufig wird der Tonträgerhersteller seine Ansprüche zusätzlich auf vertraglich vom ausübenden 120
Künstler erworbene Befugnisse stützen können, wegen § 42a dagegen nur eingeschränkt auf Nutzungsrechte, die ihm der Urheber eingeräumt hat. Von besonderer Bedeutung sind die vom ausübenden Künstler und Urheber erworbenen Befugnisse der Vermietung. Sie erlauben dem Tonträgerhersteller allein zu entscheiden, ob er den Vermietmarkt nutzen will. Die vertraglich erworbenen Rechte
können über die originären Rechte aus § 85 hinausgehen, etwa wenn der Interpret im Künstlervertrag dem Tonträgerhersteller sein Recht zur Bewilligung der Funksendung seiner Darbietung gemäß
§ 78 Abs. 1 Nr. 2 eingeräumt hat.

3. Ansprüche bei Rechtsverletzungen

In den Fällen der Verletzung der Rechte nach § 85 Abs. 1 stehen dem Berechtigten neben dem 121
Verwertungsverbot des § 96 die Ansprüche aus § 97 auf Beseitigung, Unterlassung, Auskunft und
Schadensersatz, aus § 98 auf Vernichtung oder Überlassung der rechtswidrig hergestellten Vervielfälti-

---

[369] BGH GRUR 1986, 454 (455) – Bob Dylan; BGH GRUR 1992, 845 (846 f.) – Cliff Richard; *Bortloff* S. 138;
Nordemann FS Kreile (1994), S. 455 (459); aA OLG Hamburg ZUM 1991, 143 (144) – Cliff Richard; OLG Hamburg ZUM 1992, 638 – The Rolling Stones; *Braun* S. 101 f.; *Braun* GRUR-Int 1996, 790 (794) im Anschluss an
Schack ZUM 1986, 69 (71 f.).
[370] Vgl. Art. 20 Abs. 2 RA iVm. Art. 4 des Ratifizierungsgesetzes zum RA v. 15.9.1965 (BGBl. II S. 1243).
[371] BGH GRUR 1986, 454 – Bob Dylan; ebenso Fromm/Nordemann/*Hertin* (9. Aufl.), §§ 85/86 Rn. 17; *Hertin*
GRUR 1991, 722 (725 f.); *Nordemann* FS Kreile (1994), S. 455 (463); kritisch dazu *Krüger* GRUR-Int 1986, 381
(386 f.) sowie *Krüger* GRUR 1986, 456 (457 f.) unter Berufung auf *Ulmer* FS Hefermehl (1971), S. 189 (193,
195 ff.).
[372] *Nordemann* FS Kreile (1994), S. 455 (463); dazu auch BVerfG GRUR 1990, 438 (441 f.) – Bob Dylan.
[373] Vgl. BHZ 141, 13 (27) – Kopienversanddienst = GRUR 1999, 707; BGHZ 156, 1 (17) = GRUR 2002, 958
– Paperboy; Einl. Rn. 67 f.
[374] BGH GRUR 2012, 58 Rn. 41 – Seilzirkus; BGH GRUR 2010, 80 Rn. 19 – LIKEaBIKE; BGH GRUR
1987, 814 (816) – Zauberflöte; BGH GRUR 1992, 697 (699) – ALF; sa. Vor §§ 73 ff. Rn. 91 f.; *Erdmann* FS Vieregge (1995), S. 197 (200 ff., 206 ff.); älteres Schrifttum: *D. Reimer* FS Wendel (1969), S. 98 (100 ff.); *G. Schulze* FuR
1984, 619 (625); allgemein zur ergänzenden Anwendung des UWG → Einl. UrhG Rn. 66 ff. mwN.
[375] BGH GRUR 2011, 134 Rn. 65 – Perlentaucher; BGH GRUR 2012, 58 Rn. 41 – Seilzirkus.
[376] Ausführlich → Einl. UrhG Rn. 60 ff.; sa. Köhler/Bornkamm/Feddersen/*Köhler* UWG (36. Aufl.), § 4 UWG
Rn. 3.7.

gungsstücke und aus § 99 auf Vernichtung oder Überlassung der Vervielfältigungsvorrichtungen zu.[377] Außerdem kann er die **strafrechtliche Verfolgung** der Rechtsverletzungen beantragen (§§ 108 Abs. 1 Nr. 5, 109). Einzelheiten jeweils dort.

4. Konkurrenzen

122   Soweit neben der Herstellung von Tonträgern weitere sonderrechtlich geschützte Leistungen des Teils 2 des Urheberrechtsgesetzes erbracht werden, etwa die Leistungen des Veranstalters, Sendeunternehmens oder Filmherstellers, treten die Rechte aus §§ 81, 87 und 94, 95 selbstständig neben diejenigen aus § 85.[378]

123   Dasselbe gilt für mögliche Rechte des Tonträgerherstellers aus § 4 Abs. 1 und 2 sowie dem Leistungsschutzrecht des Datenbankherstellers aus §§ 87a ff. Aus Letzterem lassen sich freilich meist keine Rechte herleiten, weil die in einem Tonträger verkörperte kompilatorische Leistung regelmäßig nicht ausreicht, um den Sonderrechtsschutz nach §§ 87a ff. zu begründen.[379] Anders liegen die Dinge bei Musikdatenbanken mit groß dimensionierten Musikspeichern. Ausnahmsweise geht § 85 in § 94 auf, wenn ein Tonträger hergestellt wird, um ihn in einen Tonfilmstreifen zu integrieren (Rn. 31 f.). § 87 Abs. 4 ist gegenüber § 85 Abs. 4 Spezialgesetz, wenn das Sendeunternehmen den von ihm hergestellten Tonträger lediglich zu Sendezwecken verwendet (Rn. 89 f.). Den allgemeinen Rechten aus §§ 823, 826 BGB sowie § 3 iVm § 4 Nr. 3 lit. a und b und Nr. 4 UWG geht § 85 nicht mehr als lex specialis vor.[380] Vielmehr besteht nach neuerer Auffassung des BGH Anspruchskonkurrenz.[381]

§ 86 Anspruch auf Beteiligung

Wird ein erschienener oder erlaubterweise öffentlich zugänglich gemachter Tonträger, auf den die Darbietung eines ausübenden Künstlers aufgenommen ist, zur öffentlichen Wiedergabe der Darbietung benutzt, so hat der Hersteller des Tonträgers gegen den ausübenden Künstler einen Anspruch auf angemessene Beteiligung an der Vergütung, die dieser nach § 78 Abs. 2 erhält.

Schrifttum: Siehe die Schrifttumsnachweise zu § 85; ferner *Greffenius,* Der Begriff des „Erscheinens" von Tonträgern, UFITA 87 (1980) 97; *Hubmann,* Zum Rechtsbegriff des Erscheinens, GRUR 1980, 537; *Ruzicka,* Verlagsproduzenten und Verwertungsgesellschaften, FuR 1979, 507.

Übersicht

I. Allgemeines

1   Während die Rechte des Tonträgerherstellers zur Vervielfältigung Verbreitung und öffentlichen Zugänglichmachung des von ihm hergestellten Tonträgers bzw. der auf ihm festgelegten Darbietung in § 85 absolut ausgestaltet sind,[1] gewährt das Gesetz bei der **Zweitverwertung** durch die Benutzung des erschienenen Tonträgers zur öffentlichen Wiedergabe (mit Ausnahme der öffentlichen Zugänglichmachung (§ 85 Abs. 1)) dem Tonträgerhersteller lediglich einen **schuldrechtlichen Anspruch gegen den Interpreten** der aufgenommenen Darbietung auf angemessene Beteiligung an dessen Vergütungen in den Fällen der erlaubnisfrei zulässigen Nutzungen nach § 78 Abs. 2.

---

[377] Einzelheiten jeweils dort sowie eingehend *Dierkes* S. 32 ff.; zur Haftung in den Fällen rechtswidriger Filesharing Systeme vgl. BGH GRUR 2016, 176 – Tauschbörse I; BGH GRUR 2016, 184 – Tauschbörse II; BGH GRUR 2016, 191 – Tauschbörse III; BGH BeckRS 2016, 18338 – Tannöd; BGH BeckRS 2016, 18339; BGH BeckRS 2016, 18340 – Everytime we touch; BGH BeckRS 2016, 18341 – Silver Linings Playbook; ausführlich *Schaub* GRUR 2016, 152 passim; ferner → § 97 Rn. 149 ff.
[378] Vgl. BGH GRUR 1999, 577 (578) – Sendeunternehmen als Tonträgerhersteller.
[379] S. Erwgr. 19 Datenbank-RL.
[380] AA Möhring/Nicolini/*Stang* (4. Aufl.), § 85 UrhG Rn. 39; *v. Gamm* § 86 UrhG Rn. 2.
[381] Dazu → Rn. 82.
[1] Einzelheiten → § 85 Rn. 48 f.

1. Zur Entstehungsgeschichte des Beteiligungsanspruchs

Nach den Bestimmungen des LUG konnte der Tonträgerhersteller auf Grund des ihm vom In- 2
terpreten übertragenen fiktiven Bearbeiterurheberrechts – von den Fällen des eng auszulegenden
§ 22a LUG abgesehen – die Verwendung des Tonträgers zum Zwecke der öffentlichen Wiedergabe
verbieten.[2] Er war deshalb in der Lage, mit der Geltendmachung seines abgeleiteten Verbotsrechts die
Urheber an der mittelbaren Verwertung ihrer Werke durch eine öffentliche Wiedergabe zu hindern,
wenngleich der BGH erkennen ließ, dass dies bei Zahlung einer angemessenen Vergütung unter Umständen als rechtsmissbräuchlich hätte erachtet werden können.[3]

Mit der systematischen und dogmatischen Trennung von Urheber- und Leistungsschutzrechten im 3
geltenden Urheberrechtsgesetz stufte der Gesetzgeber bei der Zweitverwertung das Ausschließlichkeitsrecht des Interpreten auf einen **Anspruch auf angemessene Vergütung** zurück, um den Interessen der Werkschöpfer an einer ungehinderten sekundären Nutzung ihrer Werke besser Rechnung
zu tragen. Der Tonträgerhersteller wurde dabei auf einen Beteiligungsanspruch gegen den ausübenden
Künstler verwiesen, wenn der von ihm hergestellte Tonträger mit dessen Darbietung erschienen ist
und zur Sendung oder sonstigen öffentlichen Wiedergabe benutzt wird.[4] Diese Regelung hält sich im
Rahmen von Art. 12 RA, der es den Vertragsstaaten freistellt, die Vergütung für die Benutzung von
Schallplatten zur öffentlichen Wiedergabe den ausübenden Künstlern, Tonträgerherstellern oder bei-
den zuzuordnen. Die vom deutschen Gesetzgeber gewählte Variante hat die EU in der Vermiet- und
Verleih-RL für ihre Mitgliedstaaten bindend eingeführt,[5] so dass insoweit kein Umsetzungsbedarf
bestand. Das Gesetz zur Regelung des Urheberrechts in der Informationsgesellschaft vom 10.9.2003
(BGBl. I S. 1774) modifizierte § 86 in der Weise, dass er auch dem neuen ausschließlichen Recht des
Tonträgerherstellers, den von ihm hergestellten Tonträger zur öffentlichen Zugänglichmachung zu
benutzen (§ 85 Abs. 1), genügt. Er gewährt ihm fortan den Beteiligungsanspruch gegen den ausübenden Künstler auch dann, wenn der von ihm hergestellte Tonträger zwar nicht erschienen, wohl aber
die dort aufgenommene Darbietung öffentlich zugänglich gemacht worden ist und im Anschluss daran nach § 78 Abs. 2 erlaubnisfrei öffentlich wiedergegeben wird.

2. Sinn und Zweck sowie Rechtfertigung des § 86

Nach der AmtlBegr. liegen **Sinn und Zweck sowie Rechtfertigung** der Vorschrift des § 86 dar- 4
in, dass in den Fällen des § 78 Abs. 2 die zusätzliche Nutzung der Leistung des Tonträgerherstellers
auszugleichen ist.[6] Mit der Zuordnung lediglich eines Anspruchs auf Beteiligung an der angemessenen
Vergütung, die dem ausübenden Künstler nach § 78 Abs. 2 zusteht, verfolgt der Gesetzgeber zwei
Ziele: Zum einen soll der Werknutzer nur **einem einzigen Anspruchsberechtigten** ausgesetzt
sein, zum anderen eine **Rangfolge in der Wertigkeit** der künstlerischen Leistung des Interpreten
und der technisch-organisatorischen Leistung des Tonträgerherstellers zum Ausdruck gebracht werden.[7]

Durch die tatbestandliche Beschränkung des § 86 auf erschienene oder zur öffentlichen Zugäng- 5
lichmachung benutzte Tonträger **mit festgelegten Darbietungen ausübender Künstler,** nicht
jedoch mit schutzunfähigen Geräuschen dient diese Vorschrift überdies der **Privilegierung der auf
kulturwirtschaftlichem Gebiet tätigen Tonträgerhersteller.**

II. Einzelerläuterungen

1. Berechtigter und Verpflichteter nach § 86

Berechtigter iSd § 86 ist **der Tonträgerhersteller,**[8] **Verpflichteter** nicht der Werknutzer, son- 6
dern **der ausübende Künstler,** dessen aufgenommene Darbietung unter Verwendung des erschienenen oder zur öffentlichen Zugänglichmachung benutzten Tonträgers auf eine der in § 78 Abs. 2
genannten Nutzungsarten öffentlich wiedergegeben wird.

2. Tragweite des § 86

Ebenso wie in § 85 geht es in § 86 um **die im Tonträger verkörperte, besonders schutzwür-** 7
dig erachtete Herstellerleistung als immaterielles Gut,[9] allerdings mit **zwei gegenüber § 85
wesentlichen Einschränkungen:**

---

[2] Vgl. BGHZ 33, 1(3) = GRUR 1960, 619 – Künstlerlizenz Schallplatten; BGHZ 33, 48 = GRUR 1960, 630 –
Orchester Graunke.

[3] Vgl. BGHZ 33, 1 (10) = GRUR 1960, 619 – Künstlerlizenz Schallplatten, unter Verweis auf BGHZ 18, 44
(57) = GRUR 1955, 544 – Fotokopie.

[4] Kritisch dazu bereits *Neumann-Duesberg* UFITA 31 (1960), 162 (169 ff.); zur Entstehungsgeschichte der Norm
Rossbach S. 55 f. sowie *Schwenzer* GRUR-Int 2001, 722 (725 f.).

[5] Richtlinie 92/100/EWG Art. 8 Abs. 2.

[6] Vgl. UFITA 45 (1965), 240 (315).

[7] AmtlBegr. UFITA 45 (1965), 240 (315); vgl. *Ulmer* UFITA 45 (1965), 18 (47); *Rossbach* S. 56.

[8] Dazu → § 85 Rn. 34 ff.

[9] Einzelheiten → § 85 Rn. 21.

8   **a)** Anders als § 85 gilt § 86 nach seinem Wortlaut und seiner Ausgestaltung als Beteiligungsanspruch nur bei Tonträgern mit **Darbietungen ausübender Künstler.** Das setzt voraus, dass der aufgenommene Darbietung ein urheberrechtlich schutzfähiges, nicht notwendig jemals oder noch geschütztes Werk iSd § 2 oder eine Ausdrucksform der Volkskunst zugrunde liegt.[10] Die öffentliche Wiedergabe akustisch wahrnehmbarer Laute allein artistischer Art ohne Werk- oder Folklorecharakter lösen deshalb keinen Beteiligungsanspruch nach § 86 aus. Dasselbe gilt für die öffentliche Wiedergabe aufgenommener Vogelstimmen, Glockengeläute, Lautmalereien, Bauchreden etc mittels Tonträger.[11]

9   **b)** § 86 verlangt – insoweit ebenfalls einschränkend gegenüber § 85 – ferner, dass der verwendete Tonträger **erschienen oder zur öffentlichen Zugänglichmachung benutzt** worden ist. Auf beide Begriffe sind § 6 Abs. 2 S. 1 und § 19a im Hinblick auf den ihnen zugrundeliegenden Rechtsgedanken und die insofern gleichgelagerten Interessen von Urhebern und Tonträgerherstellern entsprechend anzuwenden.[12] Ein Tonträger gleich welcher Technik ist demnach erschienen, wenn er mit Zustimmung der Berechtigten in genügender Zahl für die interessierte Öffentlichkeit hergestellt worden ist und die Öffentlichkeit das Werk auf der Grundlage dieser Tonträger akustisch wahrnehmen kann.[13] Ob diese Voraussetzungen erfüllt sind, beurteilt sich in jedem Einzelfall nach der auf ihm festgelegten Werkart, der Verwertungsart und der Vertriebsform des Tonträgers.[14] Der Begriff des Erscheinens erfordert daher nicht zwangsläufig, dass der Tonträger von der Öffentlichkeit unmittelbar erworben wird, vielmehr kann es für sein Erscheinen ausreichen, dass Vervielfältigungsstücke in ausreichender Zahl für die Öffentlichkeit hergestellt worden sind und der Öffentlichkeit die Möglichkeit eröffnet wird, die auf dem Tonträger aufgenommene Darbietung wahrzunehmen.[15] Deshalb können auch solche Tonträger erschienen sein, die auf Spezialmärkten vertrieben und über Werkmittler wie Sendeunternehmen, Filmproduzenten oder Werbeagenturen der Allgemeinheit zugänglich gemacht worden sind.[16] Erschienen sind schließlich auch solche Tonträger, deren Inhalt in elektronische Datenbanken eingespeichert und dort – auf welche Nutzungsart auch immer – der Öffentlichkeit zugänglich gemacht werden.[17] Zur öffentlichen Zugänglichmachung s. die Erläuterungen zu § 19a.

10   **c)** Der Tonträger muss für eine **öffentliche Wiedergabe** iSd §§ 78 Abs. 2 benutzt werden, dh für eine Tonträgersendung nach § 20, einschließlich des Simul- und Webcastings sowie der Mehrkanaldienste,[18] der Europäischen Satellitensendung nach § 20a und der Kabelweitersendung nach § 20b Abs. 1, für eine öffentliche Wahrnehmbarmachung iSd § 21 Abs. 2 Nr. 2 oder für die Wahrnehmbarmachung einer Sendung oder einer auf öffentlicher Zugänglichmachung beruhenden öffentlichen Wiedergabe iSd § 22.[19] Hingegen scheidet eine Anwendung des § 86 bei Erstverwertungen nach §§ 78 Abs. 1 Nr. 1, 19a bzw. § 85 Abs. 1 vorbehaltenen Nutzungen von Tonträgeraufnahmen im **Streamingverfahren** aus.[20] Der Beteiligungsanspruch des Tonträgerherstellers für die Kabelweitersendung von Werken und Leistungen unter Verwendung von Tonträgern fußt auf dem unverzichtbaren und im Voraus nur an eine Verwertungsgesellschaft abtretbaren Vergütungsanspruch des ausübenden Künstlers nach § 20b Abs. 2 für die Kabelweitersendung nach § 20b Abs. 1.[21] Die Ausstrahlung von Erkennungsmelodien für bestimmte Fernsehprogramme stellt sich nach Auffassung des OLG Hamburg nicht ohne weiteres als öffentliche Wiedergabe iSd § 86 unter Verwendung eines Tonträgers mit einer Sammlung derartiger Erkennungsmelodien dar, wenn der von einer Sendeanstalt beauftragte Komponist dieser gegenüber zur Ablieferung eines Tonbandes verpflichtet war und die Musiker vollständig abgefunden worden sind.[22]

---

[10] Dazu → § 73 Rn. 18 ff.

[11] Vgl. Fromm/Nordemann/*Hertin* (9. Aufl.) UrhG §§ 85/86 Rn. 11.

[12] Vgl. *Hubmann* GRUR 1980, 537 (538); zur analogen Anwendung urheberrechtlicher Vorschriften im Bereich der Leistungsschutzrechte → Vor §§ 73 ff. Rn. 83; für eine unmittelbare Anwendung BGH GRUR 1981, 360 (361) – Erscheinen von Tonträgern, unter Hinweis auf die AmtlBegr.

[13] Vgl. BGH GRUR 2016, 1048 Rn. 36 – An Evening with Marlene Dietrich; BGH GRUR 2009, 942 Rn. 34 – Motezuma; ferner BGH GRUR 1981, 360 (361 f.) – Erscheinen von Tonträgern; Einzelheiten → § 6 Rn. 29 ff.; *Greffenius* UFITA 87 (1980), 97; *Hubmann* GRUR 1980, 537.

[14] BGH GRUR 1981, 360 (362) – Erscheinen von Tonträgern; OLG Frankfurt a. M. ZUM 1996, 697 (701 f.) – Yellow Submarine.

[15] BGH GRUR 2016, 1048 Rn. 36 – An Evening with Marlene Dietrich; BGH GRUR 1981, 360 (361 f.) – Erscheinen von Tonträgern.

[16] → § 78 Rn. 42; aA *Ruzicka* FuR 1979, 507 (510 ff.); kritisch auch → 4. Aufl. 2010, § 78 Rn. 23.

[17] → § 6 Rn. 55; dies gilt nicht für die bloße Bemusterung von kommerziellen Nutzern, → § 6 Rn. 50.

[18] S. BGH GRUR 2004, 669 – Mehrkanaldienst; kritisch zu den Entscheidungen der Vorinstanzen und eingehend zu neuen Nutzungsarten durch das Internetradio *Schwenzer* GRUR-Int 2001, 722 (723, 730 f.) mwN; kritisch zur Erstreckung der gesetzlichen Lizenz auf diese neue Nutzungsart auch *Bortloff* GRUR-Int 2003, 669 (673 ff.); Wandtke/Bullinger/*Schaefer* UrhG § 86 Rn. 5 ff.

[19] Einzelheiten zur öffentlichen Zugänglichmachung s. die Kommentierung von § 19a sowie → § 78 Rn. 29 ff.

[20] OLG Hamburg ZUM 2009, 414 (415 f.) – Stay Tuned III; OLG Hamburg MMR 2006, 173 – staytuned; OLG Hamburg ZUM 2005, 749 (750) – Streamingverfahren; LG Hamburg ZUM 2007, 869 – Streaming on Demand.

[21] §§ 86, 78 Abs. 2 Nr. 1 iVm §§ 78 Abs. 4, 20b Abs. 2.

[22] OLG Hamburg GRUR 1997, 826 f. – Erkennungsmelodie.

3. Anspruch auf angemessene Beteiligung

a) Die **Vergütungsansprüche des ausübenden Künstlers** nach §§ 78 Abs. 2 sind nicht nur 11 Entstehungsvoraussetzung für den Beteiligungsanspruch des Tonträgerherstellers,[23] sondern auch maßgeblich für seine Höhe. Der Beteiligungsanspruch des Tonträgerherstellers entfiel nach früherem Recht (vor Inkrafttreten des 1. InformationsgesG am 13.9.2003) – so in bedenklicher Weise das OLG Hamburg[24] –, wenn ihm der Künstler gegen ein einmaliges Honorar alle Rechte übertragen hatte, weil in derartigen Fällen kein Vergütungsanspruch mehr ausgelöst werden könne.[25] Nach § 78 Abs. 3 ist der Vergütungsanspruch nunmehr unverzichtbar und abtretbar im Voraus nur noch an eine Verwertungsgesellschaft. Deshalb dürfte der vom OLG Hamburg entschiedene Fall ohne Verwertungsgesellschaftspflichtigkeit der Vergütungsansprüche nach § 78 Abs. 2 nicht mehr eintreten. Strittig ist, ob im Ausland erfolgte Abtretungen der Vergütungsansprüche des ausübenden Künstlers an den Tonträgerhersteller auch im Inland Geltung beanspruchen können. § 32b wird teilweise nur auf urhebervertragsrechtliche Sachverhalte nach §§ 31 ff. angewendet. Nach dem Sinn und Zweck der Vorschrift sollte sich § 32b auch auf Abtretungsbeschränkungen nach § 63a bzw. § 78 Abs. 3 erstrecken.[26]

b) Die Beteiligung muss angemessen sein. Zum Begriff der **Angemessenheit** → § 32 Rn. 28 ff. 12

III. Sonstige Fragen

1. In praktischer Hinsicht wirft § 86 wenige Probleme auf. Sowohl die Vergütungsansprüche der 13 Interpreten nach §§ 78 Abs. 2 als auch der Beteiligungsanspruch des Tonträgerherstellers aus § 86 werden als **Zweitverwertungsrechte** von der GVL[27] wahrgenommen, die die eingenommenen Vergütungen zu gleichen Teilen an Interpreten und Tonträgerhersteller ausschüttet. Unter altem Recht[28] sollte es dabei keine Rolle spielen, ob die Vergütungsansprüche des ausübenden Künstlers direkt von diesem oder nach Abtretung im Künstlervertrag von seinem Tonträgerhersteller in die Verwertungsgesellschaft eingebracht worden sind.[29] Auf Grund des § 78 Abs. 3 ist das nur noch durch den Künstler selbst möglich.

Die **Prüfung der Angemessenheit der Beteiligung** obliegt den ordentlichen Gerichten, nicht 14 der Schiedsstelle gemäß §§ 92 ff. VGG. Unabhängig davon kann aber insoweit der Verteilungsplan der Verwertungsgesellschaft als unangemessen und willkürlich iSd §§ 26 f. VGG vom Deutschen Patent- und Markenamt als Aufsichtsbehörde über Verwertungsgesellschaften beanstandet werden (§ 75 VGG). Der **gerichtlichen Überprüfung der Angemessenheit der** von der GVL aufgestellten **Tarife nach §§ 34 ff. VGG für die Vergütung der Ansprüche nach § 78 Abs. 2** ist die Anrufung der Schiedsstelle beim DPMA vorgeschaltet.[30]

2. Die **Fristen- und Schrankenregelungen** des § 85 Abs. 3 und Abs. 4 gelten auch für den Be- 15 teiligungsanspruch nach § 86.[31]

3. Die **Übertragbarkeit** und **Vererblichkeit** des Beteiligungsanspruchs richten sich nach den all- 16 gemeinen Bestimmungen der §§ 398 ff. BGB und § 1922 ff. BGB.[32] Der durch § 85 Abs. 4 in Bezug genommene § 63a sollte auf die Vergütungsansprüche des Tonträgerherstellers keine Anwendung finden. Der ihm zugrunde liegende Schutzgedanke ist dem unternehmensbezogenen Leistungsschutz fremd.[33]

4. Den **persönlichen Geltungsbereich** des § 86 bestimmt § 126. EU- und EWR-angehörige 17 Unternehmen sind danach inländischen Unternehmen gleichgestellt (§ 126 Abs. 1). Dasselbe gilt für ausländische Staatsangehörige und Unternehmen, deren Tonträger im Geltungsbereich des UrhG erschienen oder zumindest innerhalb von 30 Tagen nach ihrem Ersterscheinen im Ausland auch im Geltungsbereich des UrhG erschienen sind (§ 126 Abs. 2 S. 1). Im Übrigen richtet sich der Schutz ausländischer Staatsangehöriger oder Unternehmen ohne inländischen Firmensitz nach den geschlossenen Staatsverträgen (§ 126 Abs. 3). Als Staatsvertrag iSd § 126 Abs. 3 kommt das **Rom-Abkommen** zur Anwendung, das in Art. 12 die Vergütung für die Benutzung von Tonträgern zur öffentlichen Wiedergabe regelt. Von der Möglichkeit der Vorbehaltserklärung hinsichtlich des Umfangs und der Dauer des Schutzes nach Art. 12 RA hat die Bundesrepublik Deutschland Gebrauch gemacht und durch Art. 2 Nr. 2 des Gesetzes zu dem Internationalen Abkommen vom 26.10.1961 über den Schutz

---

[23] Ebenso *Rossbach* S. 101.
[24] GRUR 1997, 826 (827) – Erkennungsmelodie.
[25] Kritisch dazu auch Dreier/Schulze/*Schulze* UrhG § 86 Rn. 14.
[26] Nahegelegt durch die – umstrittene – Leitbildfunktion der §§ 32–32b; vgl. → § 32b Rn. 33 f. mwN.
[27] → § 73 Rn. 36.
[28] Vor dem Inkrafttreten des 1. InformationsgesellschG vom 10.9.2003 am 13.9.2003, → § 85 Rn. 9.
[29] S. Gesellschaftsvertrag der Gesellschaft zur Verwertung von Leistungsschutzrechten mbH (GVL) idF vom 5.12.2011 § 2 Abs. 4 Nr. 1.
[30] Zu den Prüfungskriterien s. BGH ZUM 2001, 983 – Gesamtvertrag privater Rundfunk; BGH GRUR 2004, 669 – Mehrkanaldienst sowie die Erläuterungen zu § 13 UrhWG.
[31] → § 85 Rn. 71 ff., 83 f.
[32] → § 29 Rn. 37 ff.
[33] Dazu → § 85 Rn. 70.

der ausübenden Künstler, der Hersteller von Tonträgern und der Sendeunternehmen vom 15.9.1965 (BGBl. II S. 1243) Umfang und Dauer der Rechte aus § 86 unter Gegenseitigkeitsvorbehalt gestellt.[34] Dieser Vorbehalt gilt nicht für Angehörige von Mitgliedstaaten der EU und Vertragsstaaten des EWR, die im Anschluss an die Phil Collins-Entscheidung[35] des nach dem im 3. UrhGÄndG geänderten § 126 Abs. 1 und die unionsrechtliche Vollharmonisierung des Tonträgerherstellerrechts ausdrücklich Inländern gleichgestellt sind. Anders als das RA gewährt der **WPPT** den Vergütungsanspruch auch bei mittelbarer Benutzung des Tonträgers zur öffentlichen Wiedergabe (Fall der öffentlichen Wiedergabe einer Schallplattensendung). Der WPPT stellt dabei jedoch ebenso wie das Rom-Abkommen (Art. 12, 16 RA) den Vertragsstaaten frei zu regeln, wer Anspruchsberechtigter sein soll sowie ob und wie die Vergütung zwischen Herstellern und Interpreten zu verteilen ist. Nach Art. 15 Abs. 3 WPPT können Vertragsstaaten eine Notifikation hinterlegen, nach der sie die Anwendung von Art. 15 WPPT beschränken oder ganz ausschließen. Das ist im Falle der EU als Vertragspartner des WPPT nicht geschehen.

Abschnitt 5. Schutz des Sendeunternehmens

§ 87 Sendeunternehmen

(1) **Das Sendeunternehmen hat das ausschließliche Recht,**
1. **seine Funksendung weiterzusenden und öffentlich zugänglich zu machen,**
2. **seine Funksendung auf Bild- oder Tonträger aufzunehmen, Lichtbilder von seiner Funksendung herzustellen sowie die Bild- oder Tonträger oder Lichtbilder zu vervielfältigen und zu verbreiten, ausgenommen das Vermietrecht,**
3. **an Stellen, die der Öffentlichkeit nur gegen Zahlung eines Eintrittsgeldes zugänglich sind, seine Funksendung öffentlich wahrnehmbar zu machen.**

(2) [1]**Das Recht ist übertragbar.** [2]**Das Sendeunternehmen kann einem anderen das Recht einräumen, die Funksendung auf einzelne oder alle der ihm vorbehaltenen Nutzungsarten zu nutzen.** [3]**§ 31 und die §§ 33 und 38 gelten entsprechend.**

(3) [1]**Das Recht erlischt 50 Jahre nach der ersten Funksendung.** [2]**Die Frist ist nach § 69 zu berechnen.**

(4) **§ 10 Abs. 1 sowie die Vorschriften des Teils 1 Abschnitt 6 mit Ausnahme des § 47 Abs. 2 Satz 2 und des § 54 Abs. 1 gelten entsprechend.**

(5) [1]**Sendeunternehmen und Kabelunternehmen sind gegenseitig verpflichtet, einen Vertrag über die Kabelweitersendung im Sinne des § 20b Abs. 1 Satz 1 zu angemessenen Bedingungen abzuschließen, sofern nicht ein die Ablehnung des Vertragsabschlusses sachlich rechtfertigender Grund besteht; die Verpflichtung des Sendeunternehmens gilt auch für die ihm in bezug auf die eigene Sendung eingeräumten oder übertragenen Senderechte.** [2]**Auf Verlangen des Kabelunternehmens oder des Sendeunternehmens ist der Vertrag gemeinsam mit den in Bezug auf die Kabelweitersendung anspruchsberechtigten Verwertungsgesellschaften zu schließen, sofern nicht ein die Ablehnung eines gemeinsamen Vertragsschlusses sachlich rechtfertigender Grund besteht.**

Schrifttum: a) Literatur bis 2010: *Bernhöft,* Die urheberrechtliche Zulässigkeit der digitalen Aufzeichnung einer Sendung, 2009; *Bornkamm,* Vom Detektorempfänger zum Satellitenrundfunk, GRUR-FS (1991), S. 1349; *Dittrich,* Überlegungen zum Begriff des Rundfunkunternehmers, FS Frotz (1993), S. 715; *Dreier,* Kabelweiterleitung und Urheberrecht – eine vergleichende Darstellung, 1991; *Flechsig,* Beteiligungsansprüche von Sendeunternehmen an gesetzlichen Vergütungsansprüchen wegen privater Vervielfältigungshandlung, ZUM 2004, 249; *Götting,* Beteiligung der Sendeunternehmen an der Pauschalvergütung nach § 54 UrhG, 2004; *Gounalakis/Mand,* Kabelweiterleitung und urheberrechtliche Vergütung, 2003; *Gregor,* Der Produzent und die Rechte am Filmwerk, 2010; *Grünberger,* Die Urhebervermutung und die Inhabervermutung der Leistungsschutzberechtigten, GRUR 2006, 894; *Hahne,* Kabelbelegung und Netzzugang – Rechtsfragen des Zugangs von Programm- und Diensteanbietern zum Breitbandkabelnetz, 2003; *Hillig,* Urheberrechtliche Fragen des Netzzugangs in der Kabelkommunikation, MMR 2001 Beil. Nr. 2 S. 34; *Hillig,* Auf dem Weg zu einem WIPO-Übereinkommen zum Schutz der Sendeunternehmen, GRUR-Int 2007, 122; *Hoeren,* Urheberrechtliche Fragen rund um IP-TV und Handy-TV, MMR 2008, 139; *Hoeren,* Genießt die Sendefolge urheberrechtlichen Schutz?, ZUM 2008, 271; *Hoeren/Neurauter,* IPTV – Die wichtigsten Rechtsfragen aus Sicht der Anbieter, 2010; *Kaminstein,* Diplomatische Konferenz über den internationalen Schutz der ausübenden Künstler, der Hersteller von Tonträgern und der Sendeunternehmen (Rom, 10. bis 26. Oktober 1961), UFITA 40 (1963) 99; *Katzenberger,* Vergütung der Sendeunternehmen für Privatkopien ihrer Livesendungen aus der Sicht der europäischen Schutzrechtslinien, GRUR-Int 2006, 190; *von Lewinski,* Vermieten, Verleihen und verwandte Schutzrechte – Der zweite Richtlinienvorschlag der EG-Kommission, GRUR-Int 1991, 104; *von Lewinski,* Der EG-Richtlinienvorschlag zur Harmonisierung der Schutzdauer im Urheber- und Leistungsschutzrecht, GRUR-Int 1992, 724; *Loewenheim,* Die Beteiligung der Sendeunternehmen an den gesetzlichen Vergütungsansprüchen im Urheberrecht, GRUR 1998, 513; *Megumi Ogawa,* Protection of Broadcasters' Rights, 2006; *von Münchhausen,* Der Schutz der Sendeunternehmen nach deutschem, europäischem und internationalem Recht, 2000; *Pleister/von Einem,* Zur urheberrechtlichen Schutzfähigkeit der Sendefolge, ZUM 2007, 904; *Reber,* Die Beteiligung von Urhebern und ausübenden Künstlern an der Verwertung von Filmwerken in Deutschland und den USA, 1998; *Reinbothe,* Die EG-Richtlinie zum Urheberrecht in der Informationsgesellschaft,

---

[34] S. dazu Nordemann/Vinck/*Hertin* RA Art. 12 Rn. 12 f.; RA Art. 16 Rn. 3 ff.
[35] GRUR 1994, 280.

GRUR-Int 2001, 733; *Reinbothe/von Lewinski,* The E. C. Directive on Rental and Lending Rights and on Piracy, 1993; *Reinholz,* Lizenzgebühren für Public Viewing?, K&R 2010, 364; *Rochlitz,* Der strafrechtliche Schutz des ausübenden Künstlers, des Tonträger- und Filmherstellers und des Sendeunternehmens, 1987; *Rüberg,* Vom Rundfunk- zum Digitalzeitalter, 2007; *Schack,* Ansprüche der Fernsehanstalten bei Videonutzung ihrer Sendungen, GRUR 1985, 197; *Schack,* Zur Beteiligung der Sendeunternehmen an der Geräte- und Speichermedienabgabe des § 54 I UrhG, GRUR-Int 2009, 490; *Schricker* (Hrsg.), Urheberrecht auf dem Weg zur Informationsgesellschaft, 1997; *Spindler,* Die Einspeisung von Rundfunkprogrammen in Kabelnetze, MMR 2003, 1; *Stolz,* Der Begriff der Herstellung von Ton- und Bildtonträgern und seine Abgrenzung zum Senderecht, UFITA 96 (1983) 55; *Stolz,* Die Rechte der Sendeunternehmen nach Inkrafttreten der Urheberrechtsnovelle von 1985, GRUR 1986, 859; *Stolz,* Die Rechte der Sendeunternehmen nach dem Urheberrechtsgesetz und ihre Wahrnehmung, 1987; *Treyde,* Kabelfernsehen in Deutschland im Licht des Europäischen Gemeinschaftsrechts, 2000; *Thiebe,* Beteiligung der Sendeunternehmen an der Privatkopievergütung, 2008; *v. Ungern-Sternberg,* Die Satellitensendungen des Rundfunks – Zur Frage ihres Schutzes durch das Rom-Abkommen, GRUR-Int 1970, 303; *v. Ungern-Sternberg,* Die Rechte der Urheber an Rundfunk- und Drahtfunksendungen, 1973; *Vogel,* Vorschlag der EG-Kommission für eine Richtlinie zur Koordinierung bestimmter urheber- und leistungsschutzrechtlicher Vorschriften betreffend Satellitenrundfunk und Kabelweiterverbreitung, ZUM 1992, 21; *Wagner,* Die Digitalisierungsfalle, FS Raue (2006), S. 723; *Walter* (Hrsg.), Europäisches Urheberrecht, 2001; *Weisser/Höppener,* Kabelweitersendung und urheberrechtlicher Kontrahierungszwang, ZUM 2003, 597; *Walter/von Lewinski* (Hrsg.), European Copyright Law, 2010.

b) Literatur nach 2010: *Benz,* Der Teileschutz im Urheberrecht, 2018; *Busche/Stoll/Wiebe,* TRIPs, 2. Aufl. 2013; *von Gerlach,* Die urheberrechtliche Bewertung des nicht-linearen Audio-Video Streamings im Internet, 2012; *Flechsig,* Zur Verkehrsfähigkeit gesetzlicher Vergütungsansprüche des Filmherstellers, ZUM 2012, 855; *Flechsig,* Fortschritte auf dem Weg zu einem WIPO-Abkommen zum Schutz gegen unbefugte Signalübernahme, GRUR-Int 2011, 813; *Grosskopf,* Übernachtungskosten sind kein „Eintrittsgeld", IPRB 2018, 117; *Grünberger,* Einheit und Vielfalt im Recht der öffentlichen Wiedergabe, GRUR 2016, 977; *Grünberger,* Die Entwicklung des Urheberrechts im Jahr 2017 – Teil I, ZUM 2018, 271; *Haedicke,* Die urheberrechtliche Beurteilung von Online-Videorekordern, ZUM 2016, 594; *Homar,* Enge Handlungsspielräume für das Sampling, ZUM 2019, 731; *Hugenholtz,* The WIPO Broadcasting Treaty: A Conceptual Conundrum, E.I.P.R. 2019, 199; *Hugenholtz,* Neightbouring Rights are obsolete, IIC 2019, 1006; *Langhoff,* Der urheberrechtliche Schutz von Sendeunternehmen im digitalen Umfeld, 2019; *Leistner,* Der Ausschluss der Sendeunternehmen von der Geräte- und Leermedienvergütung aus europarechtlicher Sicht. Überlegungen aus Anlass der aktuellen Rechtsprechung des EuGH zum gerechten Ausgleich, ZGE 2013, 312; *Neurauter,* Internetfernsehen und Co. – das Urheberrecht unter dem Druck des Medienwandels, GRUR 2011, 691; *Niebler/Schuppert,* Internet-Videorecorder II – Können sich Anbieter von Internet-Videorecordern gegenüber Sendeunternehmen auf den Zwangslizenzeinwand berufen?, CR 2013, 384; *Oebbecke,* Der „Schutzgegenstand" der Verwandten Schutzrechte, 2011; *Ohly,* Urheberrechte in der digitalen Welt – Brauchen wir neue Regelungen zum Urheberrecht und dessen Durchsetzung?, Gutachten F zum 70. Deutschen Juristentag 2014 F 1; *Schmittmann/ Massini,* Urheberrechtliche Erfassung von TV-Hotelverteileranlagen in Europa und geplante EU-Datenschutzverordnung, AfP 2012, 22; *Schwartmann* (Hrsg.), Praxishandbuch Medien-, IT- und Urheberrecht, 4. Aufl. 2018; *Weber,* Die urheberrechtliche Zwangslizenz, 2018 (frei abrufbar: www.doabooks.org); *Wegmann,* Der Rechtsgedanke der freien Benutzung des § 24 UrhG und die verwandten Schutzrechte, 2013; *Wittmann,* Das Leistungsschutzrecht des Rundfunkunternehmers nach § 76a UrhG in der Weitersendung, MR 2014, Beil. zu Nr. 5.

Zu weiterem Schrifttum s. Vorauflagen.

Übersicht

A. Allgemeines

I. Unionsrecht

1. Richtlinien

1   **a) Allgemeines.** Die Regelung der Schutzrechte der Sendeunternehmen ist auf **verschiedene Richtlinien** verteilt.[1] Der Schutz der dem Urheberrecht verwandten Schutzrechte, zu denen die Rechte der Sendeunternehmen gehören, soll nach den Vorschriften der Richtlinien den Schutz der Urheberrechte unberührt lassen und diesen in keiner Weise beeinträchtigen (Art. 12 Vermiet- und Verleih-RL; Art. 5 Satelliten- und Kabel-RL; Art. 12 Abs. 2 InfoSoc-RL). Dies gilt auch für weitergehende Rechte, die Mitgliedstaaten nach nationalem Recht in zulässiger Weise[2] Sendeunternehmen gewähren.[3] Verhandlungen über ein Abkommen über verwandte Schutzrechte von Sendeunternehmen sind nicht mehr Sache der Mitgliedstaaten. Sie fallen vielmehr in die **ausschließliche Zuständigkeit der Union,** da dieser Bereich bereits weitgehend von gemeinsamen Regeln der Union erfasst ist, die durch den Abschluss einer internationalen Übereinkunft beeinträchtigt oder in ihrer Tragweite verändert werden könnten (Art. 3 Abs. 2 AEUV).[4]

2   **b) Sendeunternehmen.** Sendeunternehmen iSd Richtlinien sind nur Veranstalter von Sendungen. Ihre Schutzrechte beziehen sich auf Sendungen an eine Öffentlichkeit. Die einer Sendung vor-

---

[1] Zum Inhalt dieser Richtlinien sa die Erläuterungen in Walter/von Lewinski (Hrsg.), European Copyright Law, 2010.
[2] → Rn. 8.
[3] Vgl. EuGH GRUR 2015, 477 Rn. 35 f. – C More Entertainment/Sandberg.
[4] Vgl. EuGH GRUR-Int 2014, 1064 Rn. 42 ff. – Kommission/Rat (zu Verhandlungen über ein entsprechendes Abkommen des Europarats).

ausgehenden Signale sind als solche für Sendeunternehmen unionsrechtlich nicht geschützt.[5] Das Aufzeichnungsrecht nach Art. 7 Abs. 2 Vermiet- und Verleih-RL wird gemäß deren Art. 7 Abs. 3 Kabelunternehmen versagt, die lediglich Sendungen anderer Sendeunternehmen über Kabel weiterverbreiten. Das darin zum Ausdruck kommende Verständnis des Begriffs des Sendeunternehmens gilt auch für die anderen in der Vermiet- und Verleih-RL zugunsten der Sendeunternehmen verankerten Rechte. Es spricht nichts für die Annahme, dass die Richtlinie den Kreis der Rechtsinhaber bei den verschiedenen Rechten, die sie den Sendeunternehmen zuerkennt, unterschiedlich fassen wollte. Das Fehlen einer Art. 7 Abs. 3 der Richtlinie entsprechenden ausdrücklichen Regelung bei den anderen Rechten ist ein Redaktionsversehen.[6] Der sich aus der Vermiet- und Verleih-RL ergebende Begriff des Sendeunternehmens ist auch für das Verständnis dieses Begriffs in der InfoSoc-RL maßgebend.[7] Begriffe, die in verschiedenen Richtlinien zum Urheberrecht verwendet werden, sind gleich auszulegen, wenn der Unionsgesetzgeber für die konkrete Vorschrift keinen anderen Willen zum Ausdruck gebracht hat.[8]

Der Begriff des Sendeunternehmens iSd Richtlinien erfasst auch Unternehmen, die in Form von **3** webradio, webcasting und simulcasting[9] senden.[10]

c) Vermiet- und Verleih-RL. Nach Art. 7 Abs. 2 Vermiet- und Verleih-RL[11] ist den Sendeun- **4** ternehmen das Recht zu gewähren, ihre Sendungen aufzuzeichnen.[12] Dieses Recht ist vom Recht der Vervielfältigung der Aufzeichnung zu unterscheiden, das sich aus Art. 2 Buchst. e InfoSoc-RL ergibt.[13] In Bezug auf die **Aufzeichnung seiner Sendung** ist dem Sendeunternehmen gemäß Art. 9 Abs. 1 Buchst. d Vermiet- und Verleih-RL ein Verbreitungsrecht zu gewähren.[14] Dieses Recht ist vollharmonisiert (Erwgr. 16).[15] Es greift nur ein, wenn eine Aufzeichnung der Sendung verbreitet wird, die diese ganz oder einen wesentlichen Teil von ihr enthält.[16]

Die Sendeunternehmen sollen weiter gemäß Art. 8 Abs. 3 Vermiet- und Verleih-RL – wie nach **5** dem Rom-Abkommen –[17] das Recht haben, die **drahtlose Weitersendung**[18] ihrer Sendungen zu erlauben oder zu verbieten. Das Recht umfasst daher nicht die Kabelweitersendung, die Weiterübertragung von Rundfunksendungen in Hotelanlagen[19] und Sendungen über das Internet (inbes. webcasting und simulcasting).[20] Der weitergehende Schutz durch § 87 Abs. 1 Nr. 1 steht jedoch mit Art. 8 Vermiet- und Verleih-RL in Einklang.[21]

Gemäß Art. 8 Abs. 3 Vermiet- und Verleih-RL ist den Sendeunternehmen ein Recht an der **öf- 6 fentlichen Wiedergabe** ihrer Sendungen zu gewähren, wenn diese an Orten stattfindet, die der Öffentlichkeit **gegen Zahlung eines Eintrittsgeldes** zugänglich sind.[22] Die Vermiet- und Verleih-RL regelt insoweit nur einen Mindestschutz.[23]

Die Vermiet- und Verleih-RL regelt nicht ausdrücklich die Frage, inwieweit die Rechte der Sen- **7** deunternehmen auch bei einer **Verwendung von Teilen** ihrer Sendungen eingreifen. Da es dabei

---

[5] Vgl. EuGH GRUR-Int 2014, 1064 Rn. 97 – Kommission/Rat.

[6] Vgl. *Reinbothe/von Lewinski* S. 87 f., 90, 99, 102; Walter/von Lewinski/*von Lewinski*, European Copyright Law, Kap. 6 Rn. 6.6.7, 6.8.26.

[7] Vgl. Walter/Walter, Europäisches Urheberrecht, S. 1042 Rn. 57; Walter/von Lewinski/*von Lewinski/Walter*, European Copyright Law, Kap. 11 Rn. 11.2.25.

[8] → § 15 Rn. 115.

[9] Zu diesen Begriffen → § 20 Rn. 15.

[10] AA Walter/von Lewinski/*von Lewinski*, European Copyright Law, Kap. 6 Rn. 6.6.8.

[11] Richtlinie 2006/115/EG des Europäischen Parlaments und des Rates vom 12.12.2006 zum Vermietrecht und Verleihrecht sowie zu bestimmten dem Urheberrecht verwandten Schutzrechten im Bereich des geistigen Eigentums (kodifizierte Fassung), ABl. 2006 L 376, S. 28; weiter zur Richtlinie → Einl. UrhG Rn. 97. Zur Auslegung der Richtlinie vgl. *Reinbothe/von Lewinski,* The E. C. Directive on Rental and Lending Rights and on Piracy, 1993; Walter/von Lewinski/*von Lewinski*, European Copyright Law, Kap. 6; zu den Vorarbeiten vgl. Richtlinienvorschlag der Kommission GRUR-Int 1991, 111; vgl. weiter *von Lewinski* GRUR-Int 1991, 104 und GRUR-Int 1992, 724.

[12] S. dazu Walter/von Lewinski/*von Lewinski*, European Copyright Law, Kap. 6 Rn. 6.7.1 ff.

[13] Vgl. *Katzenberger* GRUR-Int 2006, 190 (192 ff.).

[14] Zur Erschöpfung des Verbreitungsrechts s. *Reinbothe/von Lewinski* S. 104 f.; Walter/von Lewinski/*von Lewinski*, European Copyright Law, Kap. 6 Rn. 6.9.9 ff.

[15] Vgl. BGH GRUR 2016, 493 Rn. 12 – Al Di Meola (zum Verbreitungsrecht des ausübenden Künstlers).

[16] Vgl. EuGH GRUR 2019, 929 Rn. 40 ff. – Pelham/Hütter ua. Dieses Urteil ist zwar zu den Rechten der Tonträgerhersteller aus Art. 9 Abs. 1 Buchst. b Vermiet- und Verleih-RL ergangen, ein Grund, das Recht der Sendeunternehmen aus Art. 9 Abs. 1 Buchst. d Vermiet- und Verleih-RL insoweit anders auszulegen, ist aber nicht erkennbar. Weiter → Rn. 72 ff.

[17] → Rn. 17. Art. 8 Abs. 3 Vermiet- und Verleih-RL wurde nach dem Vorbild des Rom-Abkommens gefasst (vgl. *Reinbothe/von Lewinski* S. 99 f.; Walter/von Lewinski/*von Lewinski*, European Copyright Law, Kap. 6 Rn. 6.8.27).

[18] Auch durch Satellitensendungen (vgl. Walter/von Lewinski/*von Lewinski*, European Copyright Law, Kap. 6 Rn. 6.8.27).

[19] Im Urteil „Phonographic Performance (Ireland)" hat der EuGH die Ermöglichung des Empfangs in den Gästezimmern eines Hotels als öffentliche Wiedergabe iSd Art. 8 Abs. 2 Vermiet- und Verleih-RL angesehen (EuGH GRUR 2012, 597 Rn. 28 ff.). Ein entsprechendes Recht steht den Sendeunternehmen nach der Vermiet- und Verleih-RL nicht zu.

[20] Vgl. Walter/von Lewinski/*von Lewinski,* European Copyright Law, Kap. 6 Rn. 6.8.9.

[21] → Rn. 8.

[22] → Rn. 92.

[23] → Rn. 8; weiter → Rn. 92.

um die Bestimmung des Schutzumfangs der Rechte geht, ist diese Frage aber nicht den Mitgliedstaaten überlassen, sondern durch autonome und einheitliche Auslegung der Richtlinie zu klären, die letztlich dem EuGH obliegt.[24]

8   Während die Vermiet- und Verleih-RL sonst grundsätzlich die Obergrenze des Schutzes festlegt,[25] schreibt sie **im Regelungsbereich des Art. 8 nur** eine **Mindestharmonisierung** vor, hindert also die Mitgliedstaaten insoweit nicht, einen weiterreichenden Schutz vorzusehen (Erwgr. 16 Vermiet- und Verleih-RL; Art. 6 Abs. 1 Satelliten- und Kabel-RL).[26] Der Begriff der „öffentlichen Wiedergabe" ist allerdings autonom und einheitlich sowie in Übereinstimmung mit der InfoSoc-RL auszulegen.[27] Ein solcher ergänzender Schutz der Sendeunternehmen, den das nationale Recht gewährt, darf den Schutz der Urheberrechte in keiner Weise beeinträchtigen (Art. 12 Vermiet- und Verleih-RL).[28] Der Schutz der Sendeunternehmen bei kabelgebundenen Weitersendungen gemäß § 87 Abs. 1 Nr. 1 ist danach mit der Richtlinie vereinbar.[29] Ebenso können die Mitgliedstaaten ein ausschließliches Recht der Sendeunternehmen an der öffentlichen Wiedergabe ihrer Sendungen auch in Fällen vorsehen, in denen die Wiedergabe an Orten stattfindet, die der Öffentlichkeit ohne Zahlung eines Eintrittsgeldes zugänglich sind.[30] Live-Übertragungen von Funksendungen im Internet dürfen durch das nationale Recht auch dagegen geschützt werden, dass auf anderen Websites Hyperlinks auf sie gesetzt werden, die einer neuen Öffentlichkeit den Zugang unter Umgehung einer Bezahlschranke ermöglichen.[31]

9   Unterschiede im Schutzumfang der Rechte der Sendeunternehmen in den Mitgliedstaaten können sich auch hinsichtlich der durch Art. 10 Vermiet- und Verleih-RL zugelassenen **Beschränkungen des Schutzrechts** ergeben.[32] Nach Art. 10 Abs. 2 S. 2 Vermiet- und Verleih-RL dürfen die Mitgliedstaaten Zwangslizenzen für die Rechte der Sendeunternehmen nur insoweit vorsehen, als diese mit den Bestimmungen des Rom-Abkommens[33] vereinbar sind.[34]

10   **d) Satelliten- und Kabel-RL.** Nach Art. 4 Satelliten- und Kabel-RL[35] beziehen sich die Rechte der Sendeunternehmen gemäß Art. 7, 8 und 10 Vermiet- und Verleih-RL auch auf öffentliche Wiedergaben über Satellit.[36] Bei einer Weitersendung durch eine europäische Satellitensendung gilt nur die Einspeisung in die ununterbrochene Übertragungskette als Weitersendung (vgl. dazu Art. 4 Abs. 2, Art. 1 Abs. 2 Satelliten- und Kabel-RL iVm Art. 8 Abs. 3 Vermiet- und Verleih-RL).[37] Nach Art. 8 Abs. 1 Satelliten- und Kabel-RL sorgen die Mitgliedstaaten dafür, dass die Kabelweiterverbreitung von Rundfunksendungen aus anderen Mitgliedstaaten in ihrem Staatsgebiet unter Beachtung der anwendbaren Urheberrechte und verwandten Schutzrechte und auf der Grundlage individueller oder kollektiver Verträge zwischen den Urheberrechtsinhabern, den Leistungsschutzberechtigten und den Kabelunternehmen erfolgt. Das Unionsrecht stellt es den Mitgliedstaaten aber frei, in ihrem nationalen Recht einen Schutz der Sendeunternehmen bei der Kabelweiterverbreitung ihrer Sendungen vorzusehen.[38]

11   **e) Informationsgesellschafts-Richtlinie (InfoSoc-RL).** Die Informationsgesellschafts-Richtlinie (InfoSoc-RL)[39] enthält auch Vorschriften zum Schutz der Sendeunternehmen. Die in Art. 2

---

[24] Vgl. EuGH GRUR 2019, 929 Rn. 26 ff. – Pelham/Hütter ua (zum Schutzrecht des Tonträgerherstellers). Zur autonomen und einheitlichen Auslegung von Begriffen des Unionsrechts → § 15 Rn. 114 ff. Zum Teilschutz → Rn. 72 ff.

[25] Vgl. BGH GRUR 2017, 895 Rn. 45 – Metall auf Metall III.

[26] Vgl. EuGH GRUR 2015, 477 Rn. 32 ff. – C More Entertainment/Sandberg; Begr. des RegE eines 3. UrhG-ÄndG, BT-Drs. 13/115, 10; Walter/von Lewinski/*von Lewinski*, European Copyright Law, Kap. 6 Rn. 6.8.28; *Grünberger* GRUR 2016, 977 (979).

[27] Vgl. EuGH GRUR 2017, 385 Rn. 19 – Verwertungsgesellschaft Rundfunk/Hettegger Hotel Edelweiss.

[28] Vgl. EuGH GRUR 2015, 477 Rn. 35 f. – C More Entertainment/Sandberg.

[29] Vgl. BGH GRUR 2012, 1136 Rn. 12 f. – Breitbandkabel; ebenso – zu § 76a öUrhG – öOGH GRUR-Int 2019, 299 (301) mAnm *Sporn* = MR 2018, 232 (234) mAnm *Walter* – Hotel Edelweiß II; Walter/von Lewinski/*von Lewinski*, European Copyright Law, Kap. 6 Rn. 6.8.2, 6.8.7 und 6.8.28.

[30] Vgl. BGH GRUR 2012, 1136 Rn. 13 – Breitbandkabel; BGH GRUR 2016, 697 Rn. 40 – Königshof; Walter/von Lewinski/*von Lewinski*, European Copyright Law, Kap. 6 Rn. 6.8.31; *Götting* ZUM 2005, 185 (190); *Hillig* GRUR-Prax 2017, 124.

[31] Vgl. EuGH GRUR 2015, 477 Rn. 22 ff. – C More Entertainment/Sandberg; vgl. → Rn. 85.

[32] S. dazu *Reinbothe/von Lewinski* S. 107 ff.

[33] → Vor §§ 120 ff. Rn. 61 ff.

[34] Der noch in Art. 18 des Entwurfs einer Richtlinie zum Rundfunkwesen vom 29.4.1986 (GRUR-Int 1986, 388 (392, 401)) enthaltene Vorschlag, die zeitgleiche, unveränderte und ungekürzte Kabelweiterübertragung von Rundfunksendungen aus anderen Mitgliedstaaten gegebenenfalls auch durch eine gesetzliche Lizenz zu erleichtern, wurde damit aufgegeben.

[35] Richtlinie 93/83/EWG des Rates vom 27.9.1993 zur Koordinierung bestimmter urheber- und leistungsschutzrechtlicher Vorschriften betreffend Satellitenrundfunk und Kabelweiterverbreitung, ABl. 1993 L 248, S. 15; weiter zur Richtlinie → Einl. UrhG Rn. 97; → Vor §§ 20 ff. Rn. 11 ff.

[36] Vgl. Walter/von Lewinski/*von Lewinski*, European Copyright Law, Kap. 6 Rn. 6.8.8.

[37] Vgl. Walter/von Lewinski/*von Lewinski*, European Copyright Law, Kap. 6 Rn. 6.8.3; weiter → Rn. 33.

[38] Vgl. BGH GRUR 2012, 1136 Rn. 12 f. – Breitbandkabel.

[39] Richtlinie 2001/29/EG des Europäischen Parlaments und des Rates v0m 22.5.2001 zur Harmonisierung bestimmter Aspekte des Urheberrechts und der verwandten Schutzrechte in der Informationsgesellschaft (ABl. 2001 L 167, S. 10). Weiter zur Richtlinie → Einl. UrhG Rn. 97; → § 15 Rn. 1 f.

Buchst. e und Art. 3 Abs. 2 Buchst. d InfoSoc-RL gewährten Schutzrechte sind voll harmonisiert.[40] Das Unionsrecht regelt auch die Frage, inwieweit diese Rechte der Sendeunternehmen auch eine Nutzung in Teilen oder in veränderter Form erfassen.[41] Die Bestimmungen früherer Richtlinien über den Schutz der Sendeunternehmen blieben durch die InfoSoc-RL grundsätzlich unberührt (Art. 1 Abs. 2 InfoSoc-RL).[42] Das den Sendeunternehmen nach Art. 2 Buchst. e InfoSoc-RL[43] zu gewährende Vervielfältigungsrecht bezieht sich nur auf (unmittelbare oder mittelbare) Vervielfältigungen einer Aufzeichnung der Sendung, setzt also voraus, dass die Vervielfältigung auf einer Aufzeichnung der Sendung beruht. Das Recht greift demnach nicht ein, wenn Empfänger eine Live-Sendung mitschneiden.[44] Die vorübergehende Vervielfältigung einer Sendung im Speicher eines Satellitendecoders und auf einem Fernsehbildschirm wird gemäß Art. 5 Abs. 1 InfoSoc-RL nicht vom Vervielfältigungsrecht erfasst.[45]

Nach Art. 3 Abs. 2 Buchst. d InfoSoc-RL ist den Sendeunternehmen in Bezug auf die Aufzeichnungen ihrer Sendungen auch das **Recht der öffentlichen Zugänglichmachung** zu gewähren.[46] Eine Erschöpfung dieses Rechts ist nach Art. 3 Abs. 3 InfoSoc-RL ausgeschlossen (sa Erwgr. 29). Art. 5 InfoSoc-RL regelt erschöpfend die zwingenden oder nach Maßgabe des nationalen Rechts möglichen **Schranken** der Rechte aus den Art. 2 und 3 (vgl. dazu Erwgr. 31 ff.).

f) Online-SatCab-Richtlinie. Die Online-SatCab-RL vom 17.4.2019,[47] die bis zum 7.6.2021 **12** umzusetzen ist,[48] hat zum Ziel, die weitere Verbreitung von Fernseh- und Hörfunkprogrammen aus anderen Mitgliedstaaten zu fördern und „dafür die Lizenzierung von Urheberrechten und verwandten Schutzrechten an Werken und sonstigen Schutzgegenständen, die Gegenstand der Übertragung bestimmter Arten von Fernseh- und Hörfunkprogrammen sind," zu erleichtern.[49] Für die Ausübung der Rechte eines Sendeunternehmens nach § 87 gilt insoweit dasselbe wie für die Wahrnehmung urheberrechtlicher Nutzungsrechte. Auf die Ausführungen dazu kann deshalb verwiesen werden.[50]

g) Weitere Richtlinien. aa) Schutzdauer-Richtlinie.[51] Nach **Art. 3 Abs. 4 Schutzdauer- 13 RL** erlöschen die Rechte der Sendeunternehmen fünfzig Jahre[52] nach der Erstsendung.[53]

bb) Durchsetzungsrichtlinie.[54] Die übliche Angabe des Sendeunternehmens bei einer Sendung soll nach Art. 5 Buchst. b Enforcement-RL[55] wie bei Urhebern die **Vermutung der Rechtsinhaberschaft** begründen.

2. Räumliche Reichweite des Rechts

Gemäß Art. 9 Abs. 2 der Richtlinie über das Urheberrecht und die verwandten Schutzrechte im **14** digitalen Binnenmarkt vom 17.4.2019 **(DSM-RL)**[56] wird fingiert, dass öffentliche Wiedergaben, die unter die Schranke des Art. 8 Abs. 2 und 3 DSM-RL (Nutzung von vergriffenen Werken und sonstigen Schutzgegenständen durch Einrichtungen des Kulturerbes) fallen, in dem Mitgliedstaat erfolgt sind, in dem die Einrichtung des Kulturerbes ihren Sitz hat.[57]

Weitere Fiktionen für den Begehungsort der Nutzungshandlung (iSd Ursprungslandsprinzips) enthält Art. 3 Abs. 1 **Online-SatCab-RL**[58] vom 17.4.2019 für Nutzungen im Zusammenhang mit

---

[40] Vgl. → § 15 Rn. 143 f.

[41] Vgl. EuGH GRUR 2019, 929 Rn. 26 ff. – Pelham/Hütter ua (zum Schutzrecht des Tonträgerherstellers); → Rn. 72 ff.

[42] Vgl. *Reinbothe* GRUR-Int 2001, 733 (735 f.).

[43] Art. 7 Vermiet- und Verleih-RL aF, in dem dieses Vervielfältigungsrecht der Sendeunternehmen zuvor geregelt war, ist durch Art. 11 Abs. 1 Buchst. a InfoSoc-RL aufgehoben worden.

[44] Vgl. *Katzenberger* GRUR-Int 2006, 190 (192 ff.); *Triebe* S. 231 f.; Walter/von Lewinski/*von Lewinski/Walter*, European Copyright Law, Kap. 11 Rn. 11.2.25; aA *Leistner* ZGE 2013, 312 (316 ff.), nach dem das Vervielfältigungsrecht der Sendeunternehmen – entgegen dem Wortlaut des Art. 2 Buchst. e InfoSoc-RL – auch bei einer Live-Sendung eingreifen soll, wenn ein Sendeunternehmen von dieser selbst einen Mitschnitt fertigt.

[45] Vgl. EuGH GRUR 2012, 156 Rn. 160 ff. – Football Association Premier League u. Murphy; EuGH GRUR-Int 2014, 694 Rn. 25 ff. – Public Relations Consultants Association/Newspaper Licensing Agency; *Borghi* IIC 2011, 316 (338 ff.).

[46] Zur Frage, ob dieses Recht auch ein Abrufübertragungsrecht enthält, → § 19a Rn. 7 ff., 33, 57. Ein solches Verwertungsrecht könnte den Sendeunternehmen im nationalen Recht gewährt werden (→ Rn. 8).

[47] Zur Richtlinie vgl. → Vor §§ 20 ff. Rn. 13, 55, 75.

[48] Art. 12 Abs. 1 Online-SatCab-RL.

[49] Erwgr. 1 Online-SatCab-RL.

[50] Vgl. → Vor §§ 20 ff. Rn. 13, 55, 75.

[51] Richtlinie 2006/116/EG des Europäischen Parlaments und des Rates vom 12.12.2006 über die Schutzdauer des Urheberrechts und bestimmter verwandter Schutzrechte (kodifizierte Fassung), ABl. 2006 L 372, S. 12; weiter zur Richtlinie → Einl. UrhG Rn. 97.

[52] Zur Umsetzung im deutschen Recht → Rn. 32.

[53] Zu diesem Begriff → Rn. 67.

[54] Richtlinie 2004/48/EG des Europäischen Parlaments und des Rates v. 29.4.2004 zur Durchsetzung der Rechte des geistigen Eigentums, ABl. 2004 L 195, S. 16 (Abdruck der berichtigten Fassung); weiter zur Richtlinie → Einl. UrhG Rn. 97.

[55] Zur Frage der unmittelbaren Anwendbarkeit des Art. 5 Buchst. b Enforcement-RL nach Ablauf der Umsetzungsfrist am 29.4.2006 vgl. *Grünberger* GRUR 2006, 894 (902 f.).

[56] Zur DSM-RL → § 15 Rn. 1. Die Richtlinie ist bis zum 7.6.2021 umzusetzen (Art. 29 Abs. 1 DSM-RL).

[57] Zu dieser Vorschrift → Vor §§ 20 ff. Rn. 14.

[58] Zur Online-SatCab-RL → Vor §§ 20 ff. Rn. 13, 55, 75.

grenzüberschreitenden **„ergänzenden Online-Diensten"**[59] (insbes. Diensten wie den Mediatheken der Rundfunkveranstalter).[60] Die Richtlinie ist bis zum 7.6.2021 umzusetzen.[61]

Bei Leistungen von Online-Inhaltediensten für Abonnenten, die sich vorübergehend in einem Mitgliedstaat aufhalten, fingiert die **Portabilitäts-VO**[62] unter bestimmten Voraussetzungen, dass Werknutzungshandlungen des Dienstes und der Abonnenten im Wohnsitzmitgliedstaat des Abonnenten stattfinden.[63] Die Portabilitäts-VO enthält für diese Fälle zudem zwingende vertragsrechtliche Vorschriften.[64]

3. Auslegung der Richtlinien

15   Die Mitgliedstaaten haben bei der Ausgestaltung der Schutzrechte der Sendeunternehmen den Vorrang des Unionsrechts[65] in der Auslegung[66] des EuGH zu beachten. Der **Begriff der öffentlichen Wiedergabe** ist bei den Rechten der Urheber und den Rechten der Leistungsschutzberechtigten einheitlich auszulegen.[67] Bei der Auslegung der Rechte der Sendeunternehmen ist auch das **Rom-Abkommen** zu berücksichtigen.[68]

II. Abkommen zum Schutz der Sendeunternehmen

1. Schutz der Sendeunternehmen im Ausland

16   In den Mitgliedstaaten der **EU** und in den Vertragsstaaten des **EWR** genießen Sendeunternehmen mit Sitz in Deutschland denselben Schutz wie Sendeunternehmen mit Sitz in diesen Staaten.[69] **Im sonstigen Ausland** sind die Sendeunternehmen geschützt nach Maßgabe des jeweiligen nationalen Rechts und der geltenden Staatsverträge.[70]

2. Rom-Abkommen

17   Das Rom-Abkommen[71] ist zwar kein Bestandteil der Rechtsordnung der Union, entfaltet aber in dieser mittelbare Wirkungen.[72] Anders als § 87 Abs. 1 Nr. 1 erfasst das Rom-Abkommen nur drahtlose Weitersendungen (Art. 13 Buchst. a, Art. 3 Buchst. f und g RA). Die Vervielfältigungsrechte aus § 87 Abs. 1 Nr. 2 gehen über die im Rom-Abkommen (Art. 13 Buchst. c RA) vorgesehenen Rechte hinaus.[73] Das Rom-Abkommen gibt den Sendeunternehmen auch kein Verbreitungsrecht an den Vervielfältigungen ihrer Funksendungen.[74]

3. Europäisches Abkommen zum Schutz von Fernsehsendungen

18   Zum Schutz der Sendeunternehmen gegen die Kabelweitersendung ihrer Sendungen durch das Europ. Abkommen zum Schutz von Fernsehsendungen **(EuFSA)**[75] vgl. Art. 1 Nr. 1 Buchst. b, Art. 3 Abs. 1 Buchst. a EuFSA.

4. Brüsseler Satelliten-Abkommen

19   Das Brüsseler Satelliten-Abkommen[76] enthält selbst **keine Mindestrechte,** sondern verpflichtet die Vertragsstaaten nach seinem Art. 2 Abs. 1 S. 1, „angemessene Maßnahmen zu treffen, um die Verbreitung von programmtragenden Signalen in seinem Hoheitsgebiet oder von seinem Hoheitsgebiet aus durch einen Verbreiter zu verhindern, für den die an den Satelliten ausgestrahlten oder darüber geleiteten Signale nicht bestimmt sind." Nach Art. 2 Abs. 1 S. 2 des Abkommens gilt diese

---

[59] Zum Begriff des „ergänzenden Online-Dienstes" vgl. Art. 2 Abs. 1 Online-SatCab-RL (sowie Erwgr. 8).
[60] Vgl. näher → Vor §§ 20 ff. Rn. 13.
[61] Art. 12 Abs. 1 Online-SatCab-RL.
[62] Zur Portabilitäts-VO vgl. *Peifer* AfP 2017, 8; *Roos* MMR 2017, 147; *Ranke/Glöckler* MMR 2017, 378.
[63] → § 15 Rn. 153.
[64] → Vor §§ 20 ff. Rn. 76.
[65] Zur Bindungswirkung des Unionsrechts → § 15 Rn. 124 ff.
[66] Zur Auslegung des Unionsrechts → § 15 Rn. 107 ff.
[67] Vgl. → § 15 Rn. 58.
[68] → Rn. 17.
[69] Vgl. dazu und zum umgekehrten Fall der Schutzbeanspruchung in Deutschland → § 127 Rn. 1 ff.
[70] Vgl. zu diesen → § 127 Rn. 6.
[71] Zum Rom-Abkommen → Vor §§ 120 ff. Rn. 61 ff.; vgl. weiter *von Lewinski,* International Copyright Law and Policy, 2008, Kap. 6; *Dreier* GRUR-Int 1988, 753; *von Münchhausen* S. 35 ff.
[72] Vgl. EuGH GRUR 2012, 593 Rn. 41 f., 49 f. – SCF; EuGH GRUR 2017, 385 Rn. 21 – Verwertungsgesellschaft Rundfunk/Hettegger Hotel Edelweiss; vgl. auch MüKoBGB/*Drexl,* Band 12, 7. Aufl. 2018, IntImmGR, Rn. 85. Zur Auslegung des Rom-Abkommens s. BGH GRUR 2016, 1048 Rn. 62 ff., 78, 83, 86 ff. – An Evening with Marlene Dietrich; vgl. auch *Langhoff* S. 167 ff.
[73] Vgl. dazu *Kaminstein* UFITA 40 (1963), 99 (121).
[74] Vgl. *Kaminstein* UFITA 40 (1963), 99 (122); *Schorn* GRUR 1982, 644 (646).
[75] → Vor §§ 120 ff. Rn. 87 ff.; vgl. weiter *Stolz* S. 29 ff.; *von Münchhausen* S. 45 ff.
[76] → Vor §§ 120 ff. Rn. 83 ff.; vgl. weiter *Steup/Bungeroth* GRUR-Int 1975, 124 ff.; *von Münchhausen* S. 50 ff.; zu den Entwürfen für das Abkommen sa *v. Ungern-Sternberg* S. 175 ff.

Verpflichtung „für den Fall, dass das Ursprungsunternehmen Staatsangehöriger eines anderen Vertragsstaats ist und die verbreitete Signale abgeleitete Signale sind". **Deutschland** hat zur Erfüllung dieser Verpflichtung in Art. 2 des Zustimmungsgesetzes zu dem Brüsseler Satelliten-Abkommen vom 14.2.1979[77] ein **eigenes Schutzrecht neben § 87** begründet (Art. 2 Abs. 6 Zustimmungsgesetz).

Das zur Umsetzung des Brüsseler Satelliten-Abkommens eingeführte Schutzrecht hat einen **ande- 20 ren Schutzgegenstand als § 87**.[78] Das Abkommen selbst bezeichnet als Schutzgegenstand die programmtragenden Signale, Art. 2 Abs. 1 des Zustimmungsgesetzes die Sendung. Geschützt sind nicht die technischen Signale, die in den verschiedenen Stadien der Satellitenübertragung immer wieder durch neue Signale ersetzt werden, sondern das in diesen Signalen verkörperte Immaterialgut, die „Funkform" des gesendeten Materials.[79] Aus Art. 2 Abs. 1 ergibt sich, dass der Schutz bereits mit der Ausstrahlung zum Satelliten beginnt („an den Satelliten ausgestrahlten oder darüber geleiteten Signale"). Das Brüsseler Satelliten-Abkommen schützt die Sendeunternehmen bei Satellitenübertragungen wegen des dafür erforderlichen Aufwands und im Interesse der Verwendung von Satellitenverbindungen zur Programmverbreitung (sa die Präambel des Abkommens). Dementsprechend entsteht das Schutzrecht – anders als das Recht aus § 87[80] – bei jeder Satellitenübertragung neu, also auch bei Wiederholungssendungen des Ursprungsunternehmens auf Grund einer Aufzeichnung einer früheren Satellitensendung.[81]

Inhaber des Schutzrechts ist dasjenige Unternehmen, das die programmtragenden Signale über 21 den Satelliten übertragen lässt. Dieses Ursprungsunternehmen muss nach Art. 1 Nr. vi des Abkommens kein Sendeunternehmen iSd § 87 sein,[82] dh es muss nicht selbst Funksendungen veranstalten, die zum unmittelbaren gleichzeitigen Empfang durch die Öffentlichkeit bestimmt sind. Ursprungsunternehmen können auch Nachrichtenagenturen oder Sportveranstalter sein, die über den Satelliten fertige Sendungen an Sendeunternehmen zur Ausstrahlung an die Öffentlichkeit übertragen.[83] Auch das Unternehmen, für das die Satellitensendung (als „Verbreiter" iSd Art. 1 Nr. vii des Abkommens) bestimmt ist, muss nach dem Brüsseler Satelliten-Abkommen kein Sendeunternehmen iSd § 87 sein. Es kann sich bei ihm – anders als nach § 87[84] – auch um ein Unternehmen handeln, das lediglich Sendungen anderer unverändert und zeitgleich an die Allgemeinheit oder einen Teil der Allgemeinheit weitersendet. Die Vorschrift des Art. 2 des Zustimmungsgesetzes ist insoweit entsprechend dem Inhalt des Abkommens auszulegen.

Die **Bedeutung des Brüsseler Satelliten-Abkommens** ist begrenzt. Nach seinem Art. 2 Abs. 3 22 ist es nicht anzuwenden auf die Weitersendung von programmtragenden Signalen, die ein Unternehmen an die Allgemeinheit oder einen Teil der Allgemeinheit weiterverbreitet hat, für das die programmtragenden Signale bestimmt waren. Weiterhin ist es nach seinem Art. 3 nicht anzuwenden, wenn die programmtragenden Signale durch einen Satelliten unmittelbar zum Zweck des Empfangs durch die Allgemeinheit ausgestrahlt werden.[85]

5. TRIPS-Übereinkommen

Nach dem TRIPS-Übereinkommen[86] sind den Sendeunternehmen in Art. 14 Abs. 3 bestimmte 23 **Mindestrechte** mit einer Schutzdauer von mindestens 20 Jahren zu gewähren (Art. 14 Abs. 5 S. 2 TRIPS-Übereinkommen).[87] Die Mitglieder können allerdings (unter Vorbehalt der Bestimmungen der RBÜ) stattdessen die entsprechenden Verbotsrechte denjenigen einräumen, die das Urheberrecht am Inhalt der Funksendungen innehaben (Art. 14 Abs. 3 S. 2 TRIPS-Übereinkommen).[88] Nach Art. 14 Abs. 6 TRIPS-Übereinkommen können die Mitglieder für die nach Abs. 3 gewährten Rechte in dem Umfang, den das Rom-Abkommen gestattet, Bedingungen, Beschränkungen, Ausnahmen und Vorbehalte vorsehen.[89] Das Recht der Sendeunternehmen bezieht sich nur auf die drahtlose Weitersendung ihrer Funksendungen. Es erfasst daher nicht die Kabelweitersendung und die zeitgleiche Weiterübertragung im Internet.[90]

---

[77] BGBl. II S. 113; → Vor §§ 120 ff. Rn. 85.
[78] S. Begr. des RegE zu Art. 2 Zustimmungsgesetz, BT-Drs. 8/1390, 6.
[79] Vgl. dazu – zum Schutzgegenstand des § 87 – → Rn. 63; sa *v. Ungern-Sternberg* S. 168 Fn. 123.
[80] → Rn. 66 f.
[81] Vgl. Begr. des RegE zu Art. 2 Zustimmungsgesetz, BT-Drs. 8/1390, 6.
[82] → Rn. 50 f.
[83] Sa *v. Ungern-Sternberg* S. 167 f.
[84] → Rn. 2, 50 f.
[85] Zur Anwendbarkeit des Brüsseler Satelliten-Abkommens bei Kabelweitersendungen s. *Steup/Bungeroth* GRUR-Int 1975, 124 (133 f.).
[86] Vgl. → § 15 Rn. 117; → Vor §§ 20 ff. Rn. 37; → Vor §§ 120 ff. Rn. 14 ff.
[87] Zur Rechtslage nach dem TRIPS-Übereinkommen weiter → Vor §§ 120 ff. Rn. 14 ff., 23; Busche/Stoll/Wiebe/*Füller/Langeloh* TRIPs Art. 14 Rn. 23 ff.; *Katzenberger* GRUR-Int 1995, 447 (467 f.); *Dünnwald* ZUM 1996, 725; *Reinbothe* GRUR-Int 1992, 707; *von Münchhausen* S. 32 ff.
[88] Vgl. dazu Busche/Stoll/Wiebe/*Füller/Langeloh* TRIPs Art. 14 Rn. 28.
[89] Vgl. Busche/Stoll/Wiebe/*Füller/Langeloh* TRIPs Art. 14 Rn. 30 ff.; vgl. auch SchweizBG GRUR-Int 2009, 77 (80) – Kabelweitersendung.
[90] Vgl. Busche/Stoll/Wiebe/*Füller/Langeloh* TRIPs Art. 14 Rn. 26.

6. Europäische Konvention über urheber- und leistungsschutzrechtliche Fragen im Bereich des grenzüberschreitenden Satellitenrundfunks

24   Die Europäische Konvention über urheber- und leistungsschutzrechtliche Fragen im Bereich des grenzüberschreitenden Satellitenrundfunks vom 11.5.1994[91] ist **nicht in Kraft** getreten[92] und von Deutschland auch nicht ratifiziert worden.[93] Für Verhandlung und Abschluss eines solchen Abkommens ist nunmehr ausschließlich die Union zuständig.[94]

7. Entwurf eines WIPO Broadcasting Treaty

25   Im Rahmen der **WIPO** wird seit 1998 über einen Vertrag zum Schutz der Rechte der Sendenunternehmen beraten.[95] Der Beschluss der WIPO Vollversammlung vom 2.10.2006, für Ende 2007 eine diplomatische Konferenz einzuberufen, auf der ein Abkommen über den Schutz der Sendungen von (herkömmlichen) Rundfunkunternehmen (einschließlich Kabelsendenunternehmen) vereinbart werden sollte, konnte wegen zu großer Meinungsverschiedenheiten über den möglichen Inhalt des geplanten Abkommens nicht umgesetzt werden.[96] Das Vorhaben bleibt jedoch weiter auf der Tagesordnung des WIPO Standing Committee on Copyright and Related Rights (SCCR).[97]

III. Rechtsentwicklung

1. Rechtslage vor Inkrafttreten des UrhG

26   **Vor Inkrafttreten des UrhG** hat der BGH einen Schutz der Sendenunternehmen bei Ausnutzung ihrer Fernsehsendungen durch öffentliche Wiedergabe in Lichtspieltheatern aus § 1 UWG (aF) und aus den – von den Urhebern erworbenen – Rechten an den einzelnen Fernsehbildern hergeleitet.[98]

2. Urheberrechtsgesetz

27   **a) UrhG vom 9.9.1965.** Das **UrhG** hat in § 87 den Sendenunternehmen ein Leistungsschutzrecht zuerkannt.[99] Dadurch wurde den Anforderungen des Rom-Abkommens[100] und des Europ. Abkommens zum Schutz von Fernsehsendungen[101] entsprochen, deren Ratifizierung das UrhG ermöglichen sollte. Das Schutzrecht wurde allerdings damals auf das unbedingt Erforderliche beschränkt.[102]

28   **b) Gesetz vom 24.6.1985.** Durch Gesetz vom 24.6.1985[103] wurden § 53 und § 54 geändert und dementsprechend in § 87 Abs. 3 aF die Bezugnahme auf § 53 Abs. 5 durch eine solche auf § 54 Abs. 1 ersetzt.[104] Diese Novelle beseitigte auch den Anspruch auf eine angemessene Vergütung, den die Sendenunternehmen nach § 87 Abs. 3, § 54 Abs. 2 aF hatten, wenn eine Vervielfältigung ihrer Funksendung zum sonstigen eigenen Gebrauch gewerblichen Zwecken diente.[105]

---

[91] Vgl. BR-Drs. 377/95.

[92] Vgl. dazu SchweizBG MR-Int. 2010, 110 (112).

[93] → Vor §§ 120 ff. Rn. 90 ff.; s. weiter *von Münchhausen* S. 55 ff.

[94] Vgl. EuGH GRUR-Int 2014, 1064 – Kommission/Rat (zu Verhandlungen über ein Abkommen des Europarats über den Schutz verwandter Schutzrechte der Sendenunternehmen).

[95] S. Loewenheim/*Flechsig* § 41 Rn. 99 ff.; *Bongers,* Strategien der Rechtsvereinheitlichung am Beispiel des Urheberrechts, 2008, S. 403 ff.; *Megumi Ogawa* S. 92 ff.; *Hillig* GRUR-Int 2007, 122 ff.; *Hoeren* MMR 2008, 139 (142); *Flechsig* GRUR-Int 2011, 813; *Hugenholtz* E.I.P.R. 2019, 199. Die Beratungsprotokolle und Beratungsunterlagen des zuständigen Standing Committee on Copyright and Related Rights (SCCR) der WIPO sind unter www.wipo.int abrufbar.

[96] Eine Einigung auf der Grundlage des WIPO-Dokuments SCCR/15/2 (Revised Draft Basic Proposal for the WIPO Treaty on the Protection of Broadcasting Organizations), war nicht möglich.

[97] Vgl. Summary Report, 59. Series of Meetings (30.9.–9.10.2019), Agenda Item 15 (WIPO-Dok. A/59/13); Report on the Standing Committee on Copyright and Related Rights (SCCR) v. 19.9.2019, No. 4 ff. (WO/GA/51/5 Rev.); Sitzungsunterlagen abrufbar unter www.wipo.int (vgl. ua: Working Document for a Treaty on the Protection of Broadcast-ing Organizations, WIPO-Dokument v. 25.3.2014 SCCR/27/2 Rev.; Revised Consolidated Text on Definitions, Object of Protection, Rights to be Granted and other Issues, WIPO-Dokument v. 1.10.2019, SCCR/39/4); vgl. weiter Standing Committee on Copyright and Related Rights (SCCR): Thirty-Ninth Session – Summary by the Chair v. 25.10.2019 (SCCR/39/Summary by the Chair).

[98] Vgl. BGHZ 37, 1 = GRUR 1962, 470 – AKI; zum Schutz der Rundfunksendung nach früherem Recht vgl. auch *Hubmann* UFITA 29 (1959), 177; *Krause* GRUR 1959, 346; *Sterner* GRUR 1963, 303 (307); *von Münchhausen* S. 68 ff., jeweils mwN.

[99] Zur vorangegangenen Reformdiskussion sowie zur Behandlung der Rechte der Sendenunternehmen in den Entwürfen zum UrhG und im Gesetzgebungsverfahren s. *Stolz* S. 6 ff., 25 f., 39 ff.; *von Münchhausen* S. 70 ff., 232 ff.; sa *Bornkamm* FS GRUR, 1991, 1349 (1347).

[100] → Rn. 17; → Vor §§ 120 ff. Rn. 61 ff.

[101] → Rn. 18; → Vor §§ 120 ff. Rn. 87 ff.

[102] Vgl. die Begr. des RegE zu § 97 (jetzt § 87), BT-Drs. IV/270, 97 = UFITA 45 (1965), 240 (315).

[103] Gesetz zur Änderung von Vorschriften auf dem Gebiet des Urheberrechts, BGBl. I S. 1137; zur Entstehungsgeschichte vgl. *Möller,* Die Urheberrechtsnovelle '85, 1986, S. 51 f.; *von Münchhausen* S. 234 ff.

[104] Vgl. dazu auch → Rn. 103 f.

[105] S. dazu *Flechsig* NJW 1985, 1991 (1995); *Hillig* UFITA 102 (1986), 11 (23); *Stolz* GRUR 1986, 859 (862 ff.); weiter → Rn. 102 ff.

c) 3. UrhGÄndG. Das 3. UrhGÄndG vom 23.6.1995[106] hat in Umsetzung der **Vermiet- und** 29
Verleih-RL[107] und der **Schutzdauer-RL**[108] den Schutz der Sendeunternehmen erweitert.[109]

Entsprechend der **Vermiet- und Verleih-RL** hat das 3. UrhGÄndG die Rechte aus § 87 Abs. 1 30
Nr. 2 um das Verbreitungsrecht (mit Ausnahme des Vermietrechts)[110] erweitert (vgl. Art. 9 der Richtlinie). Das Recht aus § 87 Abs. 1 Nr. 3, die Funksendung öffentlich wahrnehmbar zu machen, wurde
durch das 3. UrhGÄndG auf Hörfunksendungen erstreckt (vgl. Art. 8 Abs. 3 Vermiet- und Verleih-
RL). Zuvor war es – entsprechend der Regelung in Art. 13 Buchst. d RA – auf Fernsehsendungen
beschränkt.

Nach der **Rechtslage vor dem 30.6.1995**[111] hatten die Sendeunternehmen noch kein ausschließ- 31
liches Verbreitungsrecht. In gewissem Umfang wurden allerdings die Vervielfältigungsrechte aus
Abs. 1 Nr. 2 aF durch § 96 Abs. 1 ergänzt. Nach dieser Vorschrift dürfen rechtswidrig hergestellte
Vervielfältigungsstücke weder verbreitet (§ 17) noch zu öffentlichen Wiedergaben (§ 15 Abs. 2) benutzt werden. Ein ausschließliches Verbreitungsrecht folgte daraus jedoch nicht.[112] Nach § 96 Abs. 1
konnte aber bereits verboten werden, dass im Ausland unautorisiert hergestellte Vervielfältigungen von
Funksendungen im Inland verbreitet oder zu öffentlichen Wiedergaben benutzt werden.[113]

Zur Umsetzung des Art. 3 Abs. 4 **Schutzdauer-RL** wurde durch das 3. UrhGÄndG die Schutz- 32
dauer auf 50 Jahre (statt bisher 25) festgesetzt und bestimmt, dass die Schutzfrist mit der ersten Funksendung beginnt.[114]

d) 4. UrhGÄndG. Das 4. UrhGÄndG vom 8.5.1998[115] hat die **Satelliten- und Kabel-RL**[116] 33
umgesetzt. Ohne Neufassung des Wortlauts des § 87 wurde der Inhalt der Rechte der Sendeunternehmen verändert: Geschützt sind danach auch Funksendungen, die durch eine europäische Satellitensendung iSd § 20a Abs. 3 übertragen werden, dh durch Einspeisung der Funksendung in eine
ununterbrochene Übertragungskette, die zum Satelliten und zurück zur Erde führt. Der Schutz gegen
Weitersendung erfasst auch die Weitersendung durch solche Satellitensendungen.[117] Bei Altverträgen
gilt jedoch die Übergangsvorschrift des § 137h Abs. 1.[118] Ferner wurde § 87 Abs. 4 (jetzt Abs. 5)
angefügt. Die durch das 4. UrhGÄndG für das Recht der Kabelweitersendung in § 20b Abs. 1 begründete Verwertungsgesellschaftenpflicht findet auf § 87 keine Anwendung.[119]

Durch das 4. UrhGÄndG wurde weiter **Abs. 5 S. 1** (früher Abs. 4) – in Umsetzung der Satelliten- 34
und Kabel-RL[120] – in das Gesetz eingefügt.

e) UrhG-Novelle 2003. Das Gesetz zur Regelung des Urheberrechts in der Informationsgesell- 35
schaft vom 10.9.2003 (**UrhG-Novelle 2003**)[121] hat die InfoSoc-RL[122] umgesetzt. Aufgrund der
UrhG-Novelle 2003 wird den Sendeunternehmen in Abs. 1 Nr. 1 auch das ausschließliche Recht
gewährt, ihre Funksendungen öffentlich zugänglich zu machen (s. dazu § 19a). Die Novelle hat weiter
Abs. 2, der die Übertragbarkeit des Rechts regelt, eingefügt. Die bisherigen Absätze 2, 3 und 4 wurden dadurch Absätze 3, 4 und 5.

f) „2. Korb". Das Zweite Gesetz zur Regelung des Urheberrechts in der Informationsgesellschaft 36
vom 26.10.2007 („2. Korb")[123] hat die Absätze 2 und 4 des § 87 geändert. Die Änderung des Abs. 2
(Streichung der Angabe „Abs. 1 bis 3 und 5" in Abs. 2 S. 3) war lediglich redaktioneller Art. Sie ergab sich daraus, dass das Verbot, Rechte an unbekannten Nutzungsarten zu übertragen (§ 31 Abs. 4
aF), dessen Geltung für Sendeunternehmen durch die bisherige Fassung des Abs. 2 ausgeschlossen
war, aufgehoben wurde. Abs. 5 wurde Satz 2 angefügt. Diese Rechtsänderung soll es Kabelunternehmen und Sendeunternehmen ermöglichen, einen Vertrag über die Kabelweitersendung gemeinsam

---

[106] BGBl. I S. 842.
[107] → Rn. 4 ff.; → Einl. UrhG Rn. 97.
[108] → Rn. 13; → Einl. UrhG Rn. 97.
[109] Zur Übergangsregelung s. § 137e.
[110] Dazu → Rn. 89.
[111] Inkrafttreten der Neufassung des Abs. 1 Nr. 2, vgl. Art. 3 Abs. 1 des 3. UrhGÄndG.
[112] Vgl. *Schorn* GRUR 1982, 644 (646); *Bungeroth* GRUR 1976, 454 Fn. 12; *Schack* GRUR 1985, 197 f.; aA
Stolz S. 62.
[113] Vgl. *Flechsig* UFITA 81 (1978), 97 (104); ebenso zur entsprechenden Problematik beim Schutz ausübender
Künstler BGHZ 121, 319 (324) = GRUR 1993, 550 (552) – The Doors; BGH GRUR-Int 1995, 503 (505) – Cliff
Richard II.
[114] Dazu → Rn. 99 ff. Diese Neuregelung trat am 1.7.1995 in Kraft (Art. 3 Abs. 2 des 3. UrhGÄndG). Mit
§ 137f ist eine Übergangsregelung getroffen worden.
[115] BGBl. I S. 902; Inkrafttreten der Art. 3 des 4. UrhGÄndG am 1.6.1998. Die Richtlinie wurde nach dem
vorgegebenen Termin (Art. 14 Abs. 1: 1.1.1995) umgesetzt.
[116] → Rn. 10; → Einl. UrhG Rn. 97.
[117] Vgl. dazu Begr. zu § 87 Abs. 4 des RegE, BT-Drs. 13/4796, 14; sa Art. 4 Abs. 2, Art. 1 Abs. 2 Satelliten- und
Kabel-RL iVm Art. 8 Abs. 3 Vermiet- und Verleih-RL.
[118] Vgl. Begr. zu § 87 Abs. 4 des RegE, BT-Drs. 13/4796, 14.
[119] Vgl. Begr. zu § 87 Abs. 4 des RegE, BT-Drs. 13/4796, 14 unter Hinweis auf § 20b Abs. 1 S. 2.
[120] Vgl. Erwgr. 30, Art. 12 der Richtlinie.
[121] BGBl. I S. 1774.
[122] → Rn. 11; → Einl. UrhG Rn. 97.
[123] BGBl. I S. 2513.

mit allen anspruchsberechtigten Verwertungsgesellschaften zu schließen, sofern nicht ein die Ablehnung eines gemeinsamen Vertragsschlusses sachlich rechtfertigender Grund besteht.

37   **g) Gesetz vom 7.7.2008.** Art. 6 Nr. 7 **Gesetz zur Verbesserung der Durchsetzung von
Rechten des geistigen Eigentums** vom 7.7.2008[124] hat in § 87 Abs. 4 die entsprechende Anwendung des § 10 Abs. 1 (Vermutung der Urheberschaft) auf die Rechte der Sendeunternehmen angeordnet. Dadurch ist Art. 5 Buchst. b **Enforcement-RL**[125] umgesetzt worden.

3. URG-DDR

38   Nach §§ 76, 80 ff. URG-DDR hatten Sendeunternehmen ein Leistungsschutzrecht.[126] Den
Rechtsnachfolgern des Deutschen Fernsehfunks steht für dessen Sendungen auch das Leistungsschutzrecht aus § 87 zu.[127]

IV. Ergänzender Schutz der Sendeunternehmen

39   Die Sendeunternehmen können sich idR im Zusammenhang mit ihren Funksendungen nicht nur
auf ihre Schutzrechte aus § 87 berufen, sondern auch auf andere Rechtspositionen.

1. Schutz aus anderen verwandten Schutzrechten

40   Neben dem Recht aus § 87 können die Sendeunternehmen grundsätzlich auch andere Leistungsschutzrechte geltend machen (inbes. aus **§ 85, § 94, § 95**), sofern sie die entsprechenden Leistungen
erbracht haben.[128] Die Leistungsschutzrechte entstehen mit der Erbringung der geschützten Leistung,
unabhängig davon, welche Zweckbestimmung das Unternehmen hat, in dem die Leistung erbracht
worden ist, oder für welchen Zweck das Leistungsergebnis benutzt werden soll. Hat sich ein Sendeunternehmen als Film- oder Tonträgerhersteller betätigt, können die auf diese Weise erworbenen
Schutzrechte nicht dadurch wieder entfallen, dass diese Eigenproduktionen zu einem späteren Zeitpunkt im Sendeprogramm ausgestrahlt werden. Soweit die Sendeunternehmen als Hersteller von
Tonträgern oder Filmhersteller Leistungsschutzrechte erwerben, stehen ihnen auch die Vergütungsansprüche aus § 47 Abs. 2 S. 2 und § 54 Abs. 1 zu.[129]

2. Schutz aus sonstigen originär erworbenen Rechten

41   Bei Verletzung des Schutzrechts aus § 87 stehen den Sendeunternehmen die Ansprüche aus § 97
Abs. 1 zu.[130] Daneben können die Sendeunternehmen auch Ansprüche aus anderen gesetzlichen
Vorschriften geltend machen (§ 102a).

42   Den Sendeunternehmen – einschließlich der öffentlich-rechtlichen Rundfunkanstalten – können
auch Ansprüche aus dem Gesetz gegen den unlauteren Wettbewerb **(UWG)** zustehen.[131] Unabhängig
von Ansprüchen aus dem Schutzrecht des § 87 können Ansprüche der Sendeunternehmen aus dem
UWG gegeben sein, wenn besondere Begleitumstände vorliegen, die außerhalb des sondergesetzlichen Tatbestands liegen.[132] Der wettbewerbsrechtliche Schutz darf nicht in Widerspruch zu den
Grenzen des Sonderrechtsschutzes aus § 87 stehen.[133] Nach Erlöschen des Schutzrechts aus § 87 (vgl.
§ 87 Abs. 3) kann der Schutz deshalb nicht auf dem Weg über das Wettbewerbsrecht verlängert werden. Nach Schutzfristablauf können wettbewerbsrechtliche Ansprüche nur gegeben sein, wenn über
die Vornahme von Nutzungshandlungen gemäß § 87 hinaus besondere Umstände vorliegen, die das
Gesamtverhalten als unlautere Wettbewerbshandlung erscheinen lassen.

---

[124] BGBl. I S. 1191. Zum früheren Recht, zur Neuregelung und zu ihrer Umsetzung in der Praxis vgl. *Gregor*
S. 258 ff. (bezogen auf das Leistungsschutzrecht des Filmherstellers).
[125] → Rn. 14; → Einl. UrhG Rn. 97.
[126] Vgl. *Püschel* ua, Urheberrecht, 2. Aufl. 1986, S. 117 ff.; *Wandtke* UFITA 115 (1991), 23 (115 ff.). Zur Entwicklung der Rundfunkorganisation in der DDR und in den neuen Bundesländern vgl. BGHZ 147, 244 (256 ff.)
= GRUR 2001, 826 (829) – Barfuß ins Bett; *Klute*, Das Rundfunkrecht der neuen Bundesländer – eine kommentierte Dokumentation, 1992; *Stögmüller*, Deutsche Einigung und Urheberrecht, 1994, S. 114 ff.
[127] Vgl. LG Berlin 12.6.2013 – 16 O 423/11 Rn. 20.juris (vgl. dazu KG 23.4.2013 – 24 U 112/12, juris); *Haupt*
jurisPR-WettbR 11/2014 Anm. 4.
[128] Vgl. BGHZ 140, 94 (98) = GRUR 1999, 577 (578) – Sendeunternehmen als Tonträgerhersteller, mwN; weiter → § 85 Rn. 45; → § 94 Rn. 20.
[129] Vgl. BGHZ 140, 94 (101 f.) = GRUR 1999, 577 (578) – Sendeunternehmen als Tonträgerhersteller; weiter
→ § 85 Rn. 45, 84 ff.; → § 94 Rn. 30 f. Zur Beteiligung der Sendeunternehmen am Vergütungsaufkommen aus
§ 54 Abs. 1 als Veranstalter iSd § 81 → § 81 Rn. 20; *von Münchhausen* S. 268 ff.
[130] Vgl. zu diesen auch *Schack* GRUR 1985, 197 (198 ff.).
[131] Vgl. dazu Köhler/Bornkamm/Feddersen/*Köhler* Wettbewerbsrecht, 37. Aufl. 2019, UWG § 12 Rn. 2.5;
→ § 127 Rn. 8.
[132] Vgl. BGH GRUR 2015, 909 Rn. 23 – Exzenterzähne, mAnm *Nemeczek*; BGH GRUR 2018, 734 Rn. 21 –
Bodendübel; Köhler/Bornkamm/Feddersen/*Köhler* Wettbewerbsrecht, 37. Aufl. 2019, UWG § 4 Rn. 3.6a, 3.7;
Ohly/Sosnitza/*Ohly* UWG 7. Aufl. 2016, Einl. D Rn. 80; Büscher/*Tolkmitt*, UWG, 2019, → Einl. Rn. 347; →
Einl. UrhG Rn. 60 ff.
[133] Vgl. dazu BGHZ 156, 1 (17) = GRUR 2003, 958 (962) – Paperboy; vgl. auch Köhler/Bornkamm/Fedder-
sen/*Köhler*, Wettbewerbsrecht, 37. Aufl. 2019, UWG § 4 Rn. 3.6a; *Ohly* GRUR-Int 2015, 693 (697).

Der Vertrieb von Vorrichtungen, die es Fernsehzuschauern ermöglichen, bei Werbesendungen au- **43** tomatisch auf einen anderen Sender umzuschalten **(Werbeblocker)**, ist nicht wettbewerbswidrig; kartellrechtliche Ansprüche gegen einen Anbieter von Werbeblockersoftware (§§ 18 Abs. 1, 19 Abs. 1 GWB) werden dadurch jedoch nicht ausgeschlossen).[134]

3. Schutz aus abgeleiteten Rechten

Der Inhalt einer Funksendung ist regelmäßig das Ergebnis der Leistungen einer größeren Zahl von **44** Personen, an deren Beiträgen Urheber- und Leistungsschutzrechte bestehen können (zB Drehbuchautor, Komponist, Schauspieler, Tonträgerhersteller, Veranstalter). Durch ihre Verträge mit den Berechtigten erwerben die Sendeunternehmen vielfach nicht nur die Rechte, die für die eigene Ausstrahlung der Funksendung erforderlich sind, sondern auch darüber hinausgehende Rechte. Aus diesen abgeleiteten Rechten kann das Sendeunternehmen einen ergänzenden Schutz gegen ungenehmigte Verwertungen seiner Funksendung herleiten.[135] Die Frage, ob das **Gesamtprogramm** eines Sendeunternehmens als Sammelwerk (§ 4) urheberrechtlich schutzfähig sein kann, ist umstritten.[136]

4. Schutz der Sendeunternehmen durch das öffentliche Recht

Das Leistungsschutzrecht der Sendeunternehmen wird als **Eigentum** iSd Art. 14 Abs. 1 S. 1 GG **45** geschützt.[137] Öffentlich-rechtliche Rundfunkanstalten können allerdings eine Verletzung des Art. 14 Abs. 1 S. 1 GG nicht geltend machen.[138]

Schutzmaßnahmen gegen den unbefugten Empfang von Rundfunksendungen (zB Verschlüsselung) **46** werden nach Maßgabe von § 95a, § 108b, § 111a sowie der Straf- und Bußgeldvorschriften des Zugangskontrolldiensteschutzgesetzes **(ZKDSG)**[139] geschützt. Nach § 3a, § 8 UWG iVm §§ 2 und 3 ZKDSG können Ansprüche gegeben sein wegen der Verbreitung von Umgehungsvorrichtungen (inbes. Entschlüsselungsgeräten) zur unerlaubten Nutzung von zugangskontrollierten Diensten (wie Pay-TV) und der Förderung des Absatzes solcher Geräte.[140]

B. Schutz der Sendeunternehmen nach § 87

I. Wesen und Bedeutung des Rechts

§ 87 gibt dem Sendeunternehmen ein **ausschließliches Leistungsschutzrecht** an seiner Funk- **47** sendung als dem Ergebnis seiner Unternehmerleistung. Die Veranstaltung einer Sendung erfordert im Allgemeinen einen kostspieligen organisatorisch-technischen und wirtschaftlichen Aufwand. Diese Leistung des Sendeunternehmens soll sich ein Dritter nicht durch Handlungen der in Abs. 1 Nr. 1–3 genannten Art mühelos zunutze machen können.[141] Der Schutz durch § 87 hängt allerdings nicht davon ab, dass im Einzelfall ein besonderer Aufwand getrieben wird.[142] Ebenso wie die auf gleichartigen Gedanken beruhenden unternehmensbezogenen Leistungsschutzrechte der Tonträgerhersteller (§ 85, § 86), der Datenbankhersteller (§ 87a) und der Filmhersteller (§ 94, § 95) ist das Leistungsschutzrecht des Sendeunternehmens vermögensrechtlicher Natur ohne persönlichkeitsrechtlichen Gehalt.[143] Besondere Bedeutung hat das selbstständige Schutzrecht in Fällen, in denen sich das Sendeunternehmen gegen die Auswertung seiner Sendung durch Dritte nicht auf vertraglich erworbene urheber- und leistungsschutzrechtliche Befugnisse berufen kann.[144]

Der **Anwendungsbereich** des § 87 wird durch § 127 bestimmt. **48**

---

[134] Vgl. BGH GRUR 2004, 877 (878 ff.) – Werbeblocker I; BGHZ 218, 236 = GRUR 2018, 1251 Rn. 22 ff. – Werbeblocker II; BGH GRUR 2019, 1305 Rn. 37 – Werbeblocker III (für BGHZ vorgesehen); *Köhler*/Bornkamm/Feddersen, Wettbewerbsrecht, 37. Aufl. 2019, UWG § 4.48a, 4.71, 4.73; Büscher/*Wille*, UWG, 2019, UWG § 4 Nr. 4 Rn. 60, 86; *Alexander* NJW 2018, 3620; *Fritzsche/Barth* WRP 2018, 1405); *Weiler,* jM 2019, 280. Zu kartellrechtlichen Ansprüchen s. BGH GRUR 2019, 1305 Rn. 18 ff. – Werbeblocker III.

[135] Zur Geltendmachung abgeleiteter Rechte der Sendeunternehmen → § 20b Rn. 37 f.

[136] → § 4 Rn. 32; Möhring/Nicolini/*Hillig* UrhG § 87 Rn. 54.1; *von Münchhausen* S. 79 f.; *Pleister/von Einem* ZUM 2007, 904 (905 f.); *Hoeren* ZUM 2008, 271; *Zimmer* K&R 2008, 590; *Veigel* AfP 2008, 551 ff.; *Leistner* ZGE 2013, 4 (24 f.). Zum Schutz von Electronic Programm Guides → § 4 Rn. 32; zu ihrer Funktionsweise Schwartmann/*Janik* Kap. 8 Rn. 75 ff.

[137] Vgl. BVerfG NJW 1998, 1627 (1631).

[138] Vgl. BVerfG NJW 1988, 1715.

[139] S. §§ 4 und 5 ZKDSG.

[140] Vgl. OLG Hamburg CR 2010, 45 (48); Ohly/Sosnitza/*Ohly*, UWG, 7. Aufl. 2016, UWG § 4 Rn. 4, 61; Köhler/Bornkamm/Feddersen/*Köhler*, Wettbewerbsrecht, 37. Aufl. 2019, UWG § 3a Rn. 1.280; vgl. auch die Bußgeld- und Strafvorschriften in §§ 4 und 5 ZKDSG.

[141] Begr. des RegE zu § 97 (jetzt § 87), BT-Drucks IV/270, 97 = UFITA 45 (1965), 240 (315); vgl. weiter *Stolz* S. 38 ff. und GRUR 1983, 632 (635); *Reinbothe/von Lewinski* S. 87; ebenso – zu § 76a öUrhG – öOGH GRUR-Int 1991, 653 – Oberndorfer Gschichtn = MR 1990, 230 (231) mAnm *Walter.*

[142] → Rn. 52. Vgl. dazu auch die Kritik von *Hugenholtz* IIC 2019, 1006 (1008).

[143] Vgl. *v. Gamm* Einf. Rn. 37; ebenso – zu § 76a öUrhG – öOGH GRUR-Int 1991, 653 – Oberndorfer Gschichtn.

[144] Vgl. auch → Rn. 39 ff.

II. Auslegung des Rechts

49   Die Vorschrift des § 87 beruht weitgehend auf Richtlinienrecht.[145] Ihre Auslegung muss insoweit richtlinienkonform sein.[146] Dabei ist auch das Rom-Abkommen zu berücksichtigen.[147] Soweit Sendeunternehmen Rechte an einer öffentlichen Wiedergabe zustehen, sind diese ebenso auszulegen wie entsprechende, auf dem Unionsrecht beruhende Rechte der Urheber. Dies folgt für das Unionsrecht aus dem Grundsatz, dass der Begriff der öffentlichen Wiedergabe bei den Rechten der Urheber und den Rechten der Leistungsschutzberechtigten einheitlich auszulegen ist.[148] Das Recht an der kabelgebundenen Weitersendung der Funksendung beruht nicht auf einer unionsrechtlichen Vorschrift. Es ist aber aufgrund des Gebots der einheitlichen Auslegung des nationalen Rechts ebenso auszulegen wie das entsprechende auf Unionsrecht beruhende Recht der Urheber.[149]

III. Sendeunternehmen

50   Der **Begriff des Sendeunternehmens** in § 87 ist ein Begriff des Urheberrechts, nicht des öffentlich-rechtlichen Rundfunk- und Telekommunikationsrechts (allgM). Eine Definition des Begriffs „Sendeunternehmen" ist weder in § 87 noch in den internationalen Abkommen[150] und den Richtlinien enthalten, auf denen § 87 in seiner geltenden Fassung beruht. Der Begriff wird jedoch bereits dadurch näher bestimmt, dass § 87 die „Funksendung" des Sendeunternehmens als Gegenstand des Schutzrechts bezeichnet und so auf § 20 und § 20a (Senderecht) verweist. Sendeunternehmen iSd § 87 ist danach jedes Unternehmen, das mit Hilfe von Funk iSd § 20 (dh durch „Ton- und Fernsehrundfunk, Satellitenrundfunk, Kabelfunk oder ähnliche technische Mittel") oder durch Satellitensendung iSd § 20a Abs. 3 Funksendungen[151] veranstaltet, die zum unmittelbaren zeitgleichen Empfang durch die Öffentlichkeit bestimmt ist.[152] Wer Programminhalte für die Öffentlichkeit zum Abruf zugänglich macht, ist kein Sendeunternehmen. Aus dem Begriff des „Unternehmens" folgt, dass die Veranstaltung von Sendungen zumindest auf eine gewisse Dauer angelegt sein muss.[153]

51   Die Eingrenzung des Begriffs des Sendeunternehmens auf **Veranstalter von Sendungen** ergibt sich aus dem Zweck des § 87, Schutz zu gewähren gegen die mühelose Ausbeutung des organisatorisch-technischen Aufwands bei der Veranstaltung von Sendungen. Keine Sendeunternehmen sind deshalb Unternehmen, die einen solchen Aufwand nicht tätigen, weil sie lediglich Sendungen anderer unverändert und zeitgleich weitersenden (zB Kabelunternehmen, Anbieter von Webradio oder Web-TV ohne eigenes Programm).[154] Dies gilt auch dann, wenn dabei fremde Programme zu neuen „Bouquets" zusammengestellt werden.[155] Ebenso können rein **technische Leistungen** bei der unveränderten und zeitgleichen Weiterleitung fremder Programme (zB durch Aufbereitung der Signale für die Weiterübertragung über Kabel oder im Internet) nicht die Eigenschaft als Sendeunternehmen begründen.[156]

52   Es genügt, dass das Unternehmen als Veranstalter von Sendungen angesehen werden kann. Besondere Anforderungen an das **Maß des organisatorisch-technischen und wirtschaftlichen Aufwands** stellt das Gesetz nicht. Die eigene Leistung des Sendeunternehmens bei der Veranstaltung der Sendung kann somit im Einzelfall gering sein.[157] Grundsätzlich genügt es, dass seinen Ausstrahlungen nicht lediglich Funksendungen anderer Unternehmen zugrunde liegen.[158]

53   Auch ein Unternehmen, das – wie zB ein **Mehrkanaldienst**[159] – für seine Ausstrahlungen an die Öffentlichkeit lediglich von Dritten hergestelltes Programmmaterial verwendet (zB Spielfilme oder Tonträger), ist Sendeunternehmen iSd § 87.[160] Es ist nicht notwendig, dass ein solches Unternehmen dabei einen besonderen Auswahlaufwand betreibt, wie er etwa für die Vorbereitung von Mischprogrammen erforderlich ist.[161]

---

[145] → Rn. 1 ff.
[146] Zu dieser richtlinienkonformen Auslegung → § 15 Rn. 131 ff.
[147] → Rn. 17.
[148] Vgl. → § 15 Rn. 58.
[149] Vgl. BGH GRUR 2012, 1136 Rn. 12 f. – Breitbandkabel.
[150] Zum Rom-Abkommen vgl. allerdings die Erläuterungen im Generalbericht von *Kaminstein* UFITA 40 (1963), 99 (108).
[151] Zum Begriff → Rn. 63.
[152] → Rn. 58.
[153] Vgl. Möhring/Nicolini/*Hillig* UrhG § 87 Rn. 1; Wandtke/Bullinger/*Ehrhardt* UrhG § 87 Rn. 8; *von Münchhausen* S. 95.
[154] Ebenso Fromm/Nordemann/*Boddien* UrhG § 87 Rn. 13; Dreier/Schulze/*Dreier* UrhG § 87 Rn. 6; *Dittrich* FS Frotz, 1993, 715 (718 ff.) – letzterer zum Begriff des Sendeunternehmens iSd Rom-Abkommens und des § 76a öUrhG; sa *Schack* Rn. 706; Loewenheim/*Flechsig* § 41 Rn. 17 ff.
[155] Vgl. Loewenheim/*Flechsig* § 41 Rn. 22; Wandtke/Bullinger/*Ehrhardt* UrhG § 87 Rn. 18.
[156] Vgl. *Hoeren*/Neurauter S. 129 ff.; → Rn. 55.
[157] Vgl. Fromm/Nordemann/*Boddien* UrhG § 87 Rn. 15; *Langhoff* S. 74 f.
[158] Vgl. aber auch → Rn. 58.
[159] Dazu → § 20 Rn. 37.
[160] Ebenso Wandtke/Bullinger/*Ehrhardt* UrhG § 87 Rn. 12; Möhring/Nicolini/*Hillig* UrhG § 87 Rn. 4.
[161] Vgl. OLG München ZUM 2012, 54 (60); aA *von Lewinski* in Schricker Informationsgesellschaft S. 270.

Der organisatorisch-technische Aufwand muss sich auf die Veranstaltung von Funksendungen (iSd **54** Sendevorgangs) beziehen. Deshalb sind Unternehmen, die (zB als **Auftragsproduzenten** oder Werbeagenturen) nur Programme für die Sendezwecke anderer herstellen, keine Veranstalter von Sendungen und damit keine Sendeunternehmen.[162] Unerheblich ist, ob die Sendungen Werke iSd § 2 Abs. 2 zum Inhalt haben.[163]

Die **Unterhaltung eigener Sendeanlagen** ist für die Anerkennung als Sendeunternehmen weder **55** erforderlich noch ausreichend. Sendeunternehmen ist nicht, wer lediglich die technischen Sendeanlagen betreibt, über die Sendungen ausgestrahlt werden, sondern dasjenige Unternehmen, das als Veranstalter von Sendungen diese Sendeanlagen zur Übermittlung seiner Sendungen an die Öffentlichkeit einsetzt.[164] Für die Fälle von Sendungen iSd § 20a gilt nichts anderes. Auch in diesen Fällen ist Sendeunternehmen nur, wer die mit der Einspeisung der programmtragenden Signale in die Übertragungskette ermöglichte Ausstrahlung an eine Öffentlichkeit kontrolliert und verantwortet.[165]

Die **ARD** (Arbeitsgemeinschaft der öffentlich-rechtlichen Rundfunkanstalten in Deutschland) ist **56** kein Sendeunternehmen, weil sie nicht selbst Veranstalter von Sendungen ist.[166]

Als Sendeunternehmen iSd § 87 wird nur tätig, wer sich selbst mit seiner Sendung **unmittelbar** **57** **an die Öffentlichkeit** wendet, nicht ein Unternehmen, das eine Übertragung (wie zB eine Richtfunk- oder Kabelübertragung) durchführt, die eine Ausstrahlung durch ein Sendeunternehmen an die Öffentlichkeit nur vorbereitet, auch wenn sich diese unmittelbar anschließen soll.[167] Die Vorschrift des § 87 gibt „Sendeunternehmen" ein Schutzrecht. Dies sind nach herkömmlichem Sprachgebrauch, von dem § 87 (wie das Rom-Abkommen) ausgeht, grundsätzlich nur Unternehmen, die sich mit ihren Sendungen unmittelbar an die Öffentlichkeit wenden und dabei die Ausstrahlung der Sendungen an die Öffentlichkeit auch selbst veranstalten. Da § 87 die Sendeunternehmen schützen soll, wenn sie als solche tätig werden, muss auch die Funksendung, für die ein Sendeunternehmen im konkreten Fall ein Schutzrecht in Anspruch nehmen will, unmittelbar an die Öffentlichkeit ausgestrahlt worden sein.

Empfängerkreis der Funksendungen muss nicht stets die Allgemeinheit sein.[168] Eine solche **58** Einschränkung lässt sich dem Wortlaut des § 87 nicht entnehmen und würde auch den Begriffsinhalt zu sehr am Vorbild der herkömmlichen Sendeunternehmen orientieren. Auch wenn ein Unternehmen mit entsprechendem organisatorisch-technischem und wirtschaftlichem Aufwand Sendungen nur für Angehörige eines bestimmten Konzerns (Unternehmensfernsehen) oder bestimmte Gruppen oder Empfängerkreise (zB in Altersheimen, Justizvollzugsanstalten) veranstalten sollte, würde es nach dem Gesetzeszweck den Schutz des § 87 verdienen. Dies bedeutet nicht, dass auch spezielle Funkdienste wie Polizei-, Taxi-, Schiffs- und Flugzeugfunk Sendeunternehmen sind.[169] Diese Einrichtungen benutzen den Funk lediglich zur schnelleren und breiteren betriebsbezogenen Informationsübermittlung. Das Schutzrecht des § 87 soll jedoch nicht allgemein die über Funk übermittelten Informationen, sondern nur die Leistung schützen, die mit der Veranstaltung einer Sendung für Konsumenten (ein Publikum) verbunden ist.[170] Es genügt daher nicht, dass der Empfängerkreis iSd § 15 Abs. 3 öffentlich ist.[171] Eine Presseagentur, die regelmäßig über Kabel zeitgleich Meldungen an eine Vielzahl von Redaktionen übermittelt, ist danach kein Sendeunternehmen, anders als ein Unternehmen, das Fernsehtextsendungen mit entsprechenden Meldungen für die Öffentlichkeit veranstaltet. Die Sendungen müssen zum zeitgleichen Empfang durch eine Öffentlichkeit bestimmt sein.[172] Dienste, die Programme uÄ auf individuellen Abruf hin übertragen, sind daher keine Sendeunternehmen.[173]

Inhaber des Schutzrechts ist der Rechtsträger des Sendeunternehmens. Davon geht das Gesetz **59** auch ohne eine § 85 Abs. 1 S. 2 entsprechende Vorschrift als selbstverständlich aus.[174] Die Rechtsform des Rechtsträgers (juristische Person des privaten oder öffentlichen Rechts, natürliche Person) ist bedeutungslos. Entsprechend dem Wortlaut des § 87 ist es auch unerheblich, ob das Sendeunternehmen

---

[162] Vgl. Wandtke/Bullinger/*Ehrhardt* UrhG § 87 Rn. 13, 17; zum Rom-Abkommen ebenso *Kaminstein* UFITA 40 (1963), 99 (108); *Dittrich* FS Frotz, 1993, 715 (717 ff.).
[163] → Rn. 71.
[164] Für das Rom-Abkommen ebenso Kaminstein UFITA 40 (1963), 99 (108); *Dittrich* FS Frotz, 1993, 715 (716 ff.); vgl. dazu auch die Definition des „Ursprungsunternehmens" in Art. 1 Nr. vi des Brüsseler Satelliten-Abkommens (→ Rn. 21) als „die natürliche oder juristische Person, die darüber entscheidet, welches Programm die ausgestrahlten Signale tragen werden".
[165] → § 20a Rn. 34.
[166] Vgl. *Stolz* S. 50; zur Rechtsnatur der ARD vgl. BGHZ 205, 195 = GRUR 2015, 1228 Rn. 18 ff. – Tagesschau-App; BGH NZKart 2016, 371 Rn. 19 – Gemeinschaftsprogramme. Vgl. weiter zum öffentlich-rechtlichen Rundfunk Wandtke/Bullinger/*Ehrhardt* UrhG § 87 Rn. 11.
[167] AA *von Münchhausen* S. 104; Loewenheim/*Flechsig* § 41 Rn. 16; → Rn. 65.
[168] Ebenso Möhring/Nicolini/*Hillig* UrhG § 87 Rn. 5; *von Münchhausen* S. 1106 f.; aA *Stolz* S. 47.
[169] Im Ergebnis allgM; vgl. Wandtke/Bullinger/*Ehrhardt* UrhG § 87 Rn. 13; für das Rom-Abkommen vgl. *Kaminstein* UFITA 40 (1963), 99 (108).
[170] Sa Fromm/Nordemann/*Boddien* UrhG § 87 Rn. 20.
[171] AA Dreier/Schulze/*Dreier* UrhG § 87 Rn. 10.
[172] Dazu auch → Rn. 61.
[173] Ebenso OLG Hamburg ZUM 2005, 749 (751); *von Münchhausen* S. 122 f.; vgl. auch Wandtke/Bullinger/*Ehrhardt* UrhG § 87 Rn. 13; → § 20 Rn. 35.
[174] Vgl. *Dünnwald* UFITA 76 (1976), 165 (174).

zur Veranstaltung von Sendungen und ggf. zum Betrieb von Sendeanlagen befugt ist. Auch Piraten-sendern[175] und Schwarzsendern kann für ihre Sendungen ein Leistungsschutzrecht zustehen (allgM).

IV. Funksendung

60   § 87 verwendet das Wort „Funksendung" in Abs. 1 und Abs. 2 in unterschiedlicher Bedeutung.[176]

1. „Funksendung" als Sendevorgang

61   Nach **Abs. 3** beginnt die Schutzfrist mit der „ersten Funksendung". **Funksendung** in diesem Sinn bezeichnet den Vorgang des Sendens, wie er in § 20 und in § 20a Abs. 3 umschrieben wird.[177] Sen-den ist danach der Vorgang, durch den der Sendeinhalt durch Funk, wie Ton- und Fernsehrundfunk, Satellitenrundfunk, Kabelfunk oder ähnliche technische Mittel der Öffentlichkeit zugänglich gemacht wird (§ 20).[178] Im Fall der europäischen Satellitensendung (§ 20a) ist maßgebend die Einspeisung der für den Empfang durch die Öffentlichkeit bestimmten programmtragenden Signale in eine ununter-brochene Übertragungskette, die zum Satelliten und zurück zur Erde führt.

62   Eine **Sendung mit kodierten Signalen** ist eine Funksendung, wenn die Mittel zur Decodierung durch das Sendeunternehmen selbst oder mit seiner Zustimmung der Öffentlichkeit zugänglich ge-macht worden sind.[179]

2. „Funksendung" als Schutzgegenstand des § 87

63   **a) Begriff der „Funksendung".** In **Abs. 1** bezeichnet „Funksendung" den Schutzgegenstand des Rechts des Sendeunternehmens. Der Begriff wird maßgeblich bestimmt durch den Zweck des Schutzrechts, das Ergebnis der besonderen Leistung der Sendeunternehmen als Veranstalter von Sen-dungen für die Öffentlichkeit zu schützen.[180] Die Funksendung als **Gegenstand des Schutzrechts** ist ein Immaterialgut.[181] Sie ist die „Funkform", in der das Sendeunternehmen ein bestimmtes Mate-rial (zB Konzert, Film, Computeranimation) bei seiner (ersten) Ausstrahlung an die Öffentlichkeit dieser zugänglich gemacht hat. Die Funksendung als „Funkform" des Sendematerials[182] ist zu unter-scheiden von dem – live, auf der Grundlage eines Bild- oder Tonträgers oder nach einer zwischenge-schalteten Computerspeicherung – gesendeten Material als solchem. Sie ist auch zu unterscheiden von den (wechselnden) Verkörperungen, in denen sie der Öffentlichkeit erstmals und ggf. später erneut zugänglich gemacht wird, und den Vervielfältigungsstücken, auf denen sie aufgezeichnet ist. Als Im-materialgut wird die Funksendung erstmals verkörpert durch die elektronisch erzeugten Programm-signale, mit denen das zu sendende Material zur ersten Ausstrahlung an die Öffentlichkeit (der ersten Funksendung iSd Abs. 2) aus dem Sendestudio „auf Sendung" geht, danach von den die Programm-signale tragenden Funkwellen, die sie der Öffentlichkeit zugänglich machen.[183]

64   Eine Funksendung iSd § 87 muss einen **Mindestumfang** haben, der es noch rechtfertigt, von ei-ner durch ein Sendeunternehmen veranstalteten Sendung zu sprechen.[184] Andernfalls wäre die Son-derregelung für die Herstellung, Vervielfältigung und Verbreitung von Lichtbildern von einer Funk-sendung (Abs. 1 Nr. 2) nicht notwendig gewesen. Die Ausstrahlung einzelner Lichtbilder oder einzelner Töne ist für sich genommen keine Funksendung.

65   Der **Schutz der Funksendung als Immaterialgut** knüpft notwendig an deren (wechselnde) Verkörperungen an. Darin unterscheidet sich der Schutz der Funksendung (als des Ergebnisses der Unternehmerleistung des Sendeunternehmens) von dem Schutz eines urheberrechtlich geschützten Werkes, das auch gegen Nachahmungen, die das Werk nur als Vorlage benutzt haben, geschützt ist. Der Schutz der Funksendung ist aber unabhängig davon, welche ihrer Verkörperungen der Nutzung

---

[175] Vgl. das Europ. Übereinkommen vom 22.1.1965 zur Verhütung von Rundfunksendungen, die von Sendestel-len außerhalb der staatlichen Hoheitsgebiete gesendet werden, BGBl. 1969 II S. 1940.

[176] Zur Verwendung des Wortes „Funksendung" in anderen Bestimmungen des UrhG vgl. Möhring/Nicolini/*Hillig* UrhG § 87 Rn. 11 f.; *Stolz* S. 44 und GRUR 1983, 632 (634).

[177] Vgl. Begr. zu § 87 Abs. 4 des RegE des 4. UrhGÄndG, BT-Drs. 13/4796, 14.

[178] Nach allgemeiner internationaler Praxis wird für den Schutz der Sendeunternehmen bei grenzüberschreiten-den terrestrischen Sendungen nur auf die Sendetätigkeit im Ausstrahlungsland abgestellt, nicht auch auf die Zu-gänglichkeit der Sendung im Ausland.

[179] Vgl. → § 20 Rn. 32; → § 20a Rn. 33.

[180] → Rn. 47.

[181] Vgl. dazu auch – zum Schutzgegenstand des § 85 als Immaterialgut – → § 85 Rn. 21; EuGH GRUR 2019, 929 Rn. 28 ff. – Pelham/Hütter ua; *Häuser*, Sound und Sampling, 2002, S. 103 ff.; *v. Ungern-Sternberg* GRUR 2010, 386 f.; *v. Ungern-Sternberg* GRUR 2014, 209 (216); zum Schutzgegenstand des Filmherstellerrechts → § 94 Rn. 9; BGH GRUR 2010, 620 Rn. 35 – Film-Einzelbilder; BGH GRUR 2018, 400 Rn. 19 – Konferenz der Tiere; *Gregor* S. 193 ff.; *v. Ungern-Sternberg* GRUR 2010, 386 (390 f.); *v. Ungern-Sternberg* GRUR 2012, 321 (322 f.).

[182] In der Formulierung von Möhring/Nicolini/*Hillig* UrhG § 87 Rn. 14 und Dreier/Schulze/*Dreier* UrhG § 87 Rn. 9: das „ausgestrahlte Sendegut"; sa Fromm/Nordemann/*Boddien* UrhG § 87 Rn. 5: „der in der Form des Funks gesendete Sendeinhalt als immaterielles Gut".

[183] Ebenso *von Münchhausen* S. 129 ff., 134 f.

[184] → Rn. 73 ff.

durch Dritte zugrunde liegen.[185] Die Ausstrahlung der Funksendung an die Öffentlichkeit ist Voraussetzung des Schutzes, weil Sendeunternehmen nach § 87 als Veranstalter von Sendungen für die Öffentlichkeit Schutz genießen. Vor der ersten Ausstrahlung, mit der die Schutzfrist erst zu laufen beginnt (Abs. 3), besteht noch kein Schutz nach § 87.[186] Wird aber die Ausstrahlung an die Öffentlichkeit durchgeführt, ist es unerheblich, ob die Nutzung der Funksendung technisch an die Ausstrahlung an die Öffentlichkeit als solche, eine parallel zu dieser durchgeführte Richtfunk-, Satelliten- oder Kabelübertragung (wie im Programmaustausch der Sendeunternehmen) oder eine Aufzeichnung der Funksendung anknüpft.[187] Die durch § 87 geschützte Leistung des Sendeunternehmens wird im Sendegut als „Funkform" des Sendematerials[188] verkörpert. Ob diese – ab der Ausstrahlung des Sendeguts an die Öffentlichkeit geschützte – Leistung technisch im Wege des Empfangs der an die Öffentlichkeit gerichteten Ausstrahlung oder durch Anzapfen eines anderen Übertragungsweges übernommen wird, ist im Hinblick auf den Schutzzweck des § 87 ohne Belang.[189] Die Funksendung als Immaterialgut ist dementsprechend auch geschützt, wenn die Programmsignale nach der Einspeisung in die ununterbrochene Übertragungskette,[190] die zur Ausstrahlung an die Öffentlichkeit führt, aber noch vor der Ausstrahlung an die Öffentlichkeit selbst übernommen werden.[191] Da das Schutzrecht auch dann eingreift, wenn die Übernahme an eine Aufzeichnung der geschützten Funksendung anknüpft, genießt das geschützte Sendeunternehmen auch bei einer Wiederholungssendung auf Grund einer eigenen Aufzeichnung seiner Funksendung Schutz, auch wenn die Wiederholungssendung selbst kein neues Schutzrecht begründet.[192]

Mit einer **erneuten Ausstrahlung der Funksendung**[193] durch das Erstsendeunternehmen selbst **66** oder ein anderes Sendeunternehmen wird kein neues Schutzrecht begründet.[194] Dies gilt nicht nur bei gleichzeitigen Weitersendungen,[195] sondern auch bei zeitversetzten Weitersendungen der Funksendung durch ein anderes Sendeunternehmen. Dies ist für **zeitversetzte Weitersendungen** nicht selbstverständlich und folgt auch nicht notwendig aus dem Wesen der Funksendung als Immaterialgut. Anforderungen an das Maß der organisatorisch-technischen Leistung des Sendeunternehmens stellt § 87 nicht.[196] Die Leistung bei der Veranstaltung von Sendungen durch Neuausstrahlung einer aufgezeichneten Funksendung ist auch nicht geringer als diejenige bei der Veranstaltung von Sendungen auf der Grundlage von Tonträgern oder Bildtonträgern. Wird ein Schutzrecht aus § 87 nicht gewährt, wenn eine Funksendung erneut ausgestrahlt wird, kann zudem die Kontrolle über die Nutzung einer Funksendung (etwa einer Sportsendung) im Inland nicht ohne weiteres gesichert werden, wenn das Erstsendeunternehmen im Inland keinen Schutz genießt. Dieses letztere Problem hat allerdings aufgrund der internationalen Rechtsentwicklung der vergangenen Jahre wesentlich an Bedeutung verloren, insbesondere durch das Brüsseler Satelliten-Abkommen,[197] die Erweiterung des Kreises der Vertragsstaaten des Rom-Abkommens[198] und die Rechtssetzungsakte der EU.[199]

Maßgebend für die Auslegung, dass eine erneute Ausstrahlung der Funksendung kein neues Schutz- **67** recht begründet, sind die Bestimmungen der **Schutzdauerrichtlinie,** die mit der Neufassung des § 87 durch das 3. UrhGÄndG umgesetzt wurde,[200] während der Wortlaut der Vorschriften über die Rechte der Sendeunternehmen in der Vermiet- und Verleih-RL auch eine andere Auslegung zulassen würde.[201] Nach Art. 3 Abs. 4 Schutzdauer-RL – und dementsprechend auch nach § 87 Abs. 3 S. 1 – erlöschen die Rechte der Sendeunternehmen fünfzig Jahre nach der Erstsendung. Diese Regelung bezweckt nach ihrer Erläuterung im Erwgr. 19 der Richtlinie das Recht der Sendeunternehmen an ihren Sendungen zeitlich zu begrenzen. Die Vorschrift, dass die Schutzdauer nur von der ersten Ausstrahlung einer bestimmten Sendung an laufe, solle verhindern, dass eine neue Frist zu laufen beginne, wenn die Sendung

---

[185] Vgl. dazu auch – zum Filmherstellerrecht – BGHZ 175, 135 (139) = GRUR 2008, 693 Rn. 16 – TV-Total; zum Leistungsschutzrecht an Lichtbildern vgl. BGH GRUR 2019, 284 Rn. 24 – Museumsfotos.

[186] Ebenso Dreier/Schulze/*Dreier* UrhG § 87 Rn. 9; aA *Pleister*/*von Einem* ZUM 2007, 904 (907); → Rn. 57.

[187] → Rn. 83; vgl. Loewenheim/*Flechsig* § 41 Rn. 14; Fromm/Nordemann/*Boddien* UrhG § 87 Rn. 28; *Langhoff* S. 84 f.; s. weiter Dreier/Schulze/*Dreier* UrhG § 87 Rn. 13.

[188] Vgl. → Rn. 63.

[189] Ebenso *von Münchhausen* S. 135 ff.

[190] S. dazu § 20a Abs. 3.

[191] Ebenso Begr. des RegE zu Art. 2 Zustimmungsgesetz zum Brüsseler Satelliten-Abkommen, BT-Drs. 8/1390, 6.

[192] → Rn. 62, 86; sa Begr. des RegE zu Art. 2 Zustimmungsgesetz, BT-Drs. 8/1390, 6; *Schack* Rn. 706.

[193] → Rn. 63.

[194] Ebenso *von Münchhausen* S. 138 f.; Loewenheim/*Flechsig* § 41 Rn. 15, 49; Dreier/Schulze/*Dreier* UrhG § 87 Rn. 6, 9; Wandtke/Bullinger/*Ehrhardt* UrhG § 87 Rn. 24; Fromm/Nordemann/*Boddien* UrhG § 87 Rn. 21; Möhring/Nicolini/*Hillig* UrhG § 87 Rn. 16; weiter → Rn. 99; zur abweichenden Rechtslage nach dem Brüsseler Satelliten-Abkommen → Rn. 21; zum Schutz des Erstsendeunternehmens aus dem durch die Erstsendung begründeten Schutzrecht → Rn. 65.

[195] Vgl. – zum Rom-Abkommen und zu § 76a öUrhG – *Dittrich* FS Frotz, 1993, 715 (718 f.); weiter → Rn. 51.

[196] → Rn. 52.

[197] → Rn. 19.

[198] → Rn. 17.

[199] → Rn. 1 ff.

[200] → Rn. 29.

[201] Vgl. dazu näher *Reinbothe*/*von Lewinski* S. 87 f.; sa Walter/*Walter* Europäisches Urheberrecht S. 573 Rn. 26; *von Münchhausen* S. 100 f., 138 f.

mit einer vorhergehenden identisch ist. Wenn es somit dem Erstsendeunternehmen selbst nicht möglich ist, durch Neuausstrahlung einer Funksendung eine neue Funksendung (als neuen Schutzgegenstand) zu schaffen, dann kann auch die Neuausstrahlung einer Funksendung durch ein anderes Sendeunternehmen nicht zu einem Schutzrechtserwerb führen. Bestätigt wird dies durch Art. 7 Abs. 3 Vermiet- und Verleih-RL,[202] der bestimmt, dass einem weiterverbreitenden Kabelsendeunternehmen, das lediglich Sendungen anderer Sendeunternehmen über Kabel weiterverbreitet, kein Recht zusteht, die Aufzeichnung seiner Sendungen zu erlauben oder zu verbieten.[203]

68   An die Vorgaben der Schutzdauer-RL und der Vermiet- und Verleih-RL war der deutsche Gesetzgeber gebunden. Die Möglichkeit, einen weiterreichenden Schutz der Sendeunternehmen vorzusehen, ist nur nach der Vermiet- und Verleih-RL – und auch dort nur beschränkt – gegeben (vgl. Erwgr. 16 der Richtlinie).[204]

69   Anders ist die Rechtslage bei **Sendung desselben Materials** (zB desselben Films oder desselben Tonträgers), etwa durch zwei unabhängig voneinander ausstrahlende Sendeunternehmen. In diesem Fall schaffen beide Sendeunternehmen jeweils für sich eine „Funksendung" iSd § 87 und erwerben dementsprechend auch unabhängig voneinander ein Schutzrecht. Die **veränderte Neuausstrahlung einer Funksendung** (zB mit neuer Synchronisation oder nach Nachkolorierung von Schwarzweißsendungen) kann ein neues Schutzrecht hinsichtlich der veränderten Teile begründen, soweit diese für sich als neue Funksendung angesehen werden können.[205] Bloße technische Verbesserungen der Funksendung vor der Neuausstrahlung (zur Verbesserung der Ton- oder Bildqualität) führen dagegen nicht zu einem neuen Schutzrecht.[206] Erwgr. 18 Schutzdauer-RL[207] schließt ein neues Schutzrecht nur bei einer identischen Neuausstrahlung aus.

70   **b) Art der Ausstrahlung.** Die Funksendung wird nach § 87 geschützt, gleichgültig welche Art der Ausstrahlung (drahtlos oder leitungsgebunden) das Sendeunternehmen selbst für seine eigene Ausstrahlung der Funksendung an die Öffentlichkeit gewählt hat. Demgegenüber gewähren das Rom-Abkommen (Art. 3 Buchst. g, Art. 13 Buchst. a RA) und das Europ. Abkommen zum Schutz von Fernsehsendungen (Art. 1 EuFSA „broadcasts") nur Schutz für drahtlos ausgestrahlte Sendungen.[208]

71   **c) Inhalt der Funksendung.** Das Schutzrecht aus § 87 ist unabhängig vom Inhalt der Funksendung, ebenso davon, ob an diesem Urheber- oder Leistungsschutzrechte (zB ausübender Künstler) bestehen und ob das Sendeunternehmen die zur Ausstrahlung der Funksendung erforderlichen Rechte erworben hat. Geschützt sind zB auch Funksendungen mit Wetterberichten oder Toto- und Lottoergebnissen. Live-Sendungen werden ebenso geschützt wie Sendungen auf der Grundlage von Aufzeichnungen des Programmmaterials (Tonträgern usw). Unabdingbar ist aber jedenfalls, dass eine Funksendung in Tonfolgen oder Bild- und Tonfolgen verkörperte und für die Öffentlichkeit bestimmte Inhalte (im weitesten Sinn) enthält. Die Ausstrahlung eines Standbilds als Testbild ist keine Veranstaltung einer Funksendung.

72   **d) Nutzung in Teilen oder in veränderter Form.** Auch bei Nutzung der Funksendung in Teilen oder in veränderter Form können die Rechte des Sendeunternehmens aus Abs. 1 gegeben sein.[209] Das Schutzrecht bezieht sich grundsätzlich auch auf die Nutzung sehr kurzer Teile der Funksendung.[210]

73   Nach der **Regelung des § 87** genießen allerdings **bloße Einzelelemente** einer Funksendung keinen Schutz als Funksendung nach § 87.[211] Dies bestätigt bereits die Sonderregelung für die Herstellung, Vervielfältigung und Verbreitung von Lichtbildern von einer Funksendung (Abs. 1 Nr. 2).

74   Der Gedanke, dass § 87 die wirtschaftliche, organisatorische und technische Leistung des Sendeunternehmens schützt,[212] könnte auch keine Ausdehnung des Schutzumfangs des Rechts auf bloße Einzelele-

---

[202] → Rn. 2.

[203] → Rn. 51. Aus entsprechenden Gründen schließt § 85 Abs. 1 S. 3 den Erwerb des Schutzrechts eines Tonträgerherstellers aus, wenn ein bereits vorhandener Tonträger nur vervielfältigt wird; → § 85 Rn. 24.

[204] Vgl. im Übrigen die Begr. zu Art. 1 Nr. 6 RegE der 3. UrhGÄndG, BT-Drs. 13/115, 16 und zu Art. 1 Nr. 9 RegE des 4. UrhGÄndG, BT-Drs. 13/781, 15.

[205] Ebenso Fromm/Nordemann/*Boddien* UrhG § 87 Rn. 22; → Rn. 64; vgl. zur entsprechenden Problematik bei dem Schutz des Filmherstellers → § 94 Rn. 15; *Gregor* S. 225 ff.

[206] Vgl. zur entsprechenden Problematik bei dem Schutz der Hersteller von Tonträgern → § 85 Rn. 28 f., bei dem Schutz der Filmhersteller → § 94 Rn. 15.

[207] → Rn. 13.

[208] Zum Rom-Abkommen sa *Dreier* GRUR-Int 1988, 753 (759).

[209] Vgl. EuGH GRUR 2019, 929 Rn. 26 ff. – Pelham/Hütter ua (zum Schutzrecht des Tonträgerherstellers); BGH GRUR 2016, 368 Rn. 11 – Exklusivinterview; ebenso – zu § 76a öUrhG – öOGH GRUR-Int 1991, 653 (654) = MR 1990, 230 (231) mAnm *Walter* – Oberndorfer Gschichtn; öOGH ÖBl. 1999, 304 = MR 1999, 229 (230) mAnm *Walter* – Konflikte; vgl. weiter – zum Rom-Abkommen – *Kaminstein* UFITA 40 (1963), 99 (121); Art. 1 Abs. 1 Buchst. d und e, Art. 5 EuFSA; vgl. auch – zum Gegenstand der Verwertungsrechte an einem Werk – → § 15 Rn. 28 ff., 241 ff.

[210] Vgl. EuGH GRUR 2019, 929 Rn. 28 f. – Pelham/Hütter ua.

[211] AA *von Münchhausen* S. 146 f.; *von Gerlach* S. 132 ff. (die beide eine Schutzrechtsverletzung auch bei Übernahme eines Einzeltons aus einer Funksendung für möglich halten); Möhring/Nicolini/*Hillig* UrhG § 87 Rn. 23 (Schutz auch von Einzelelementen); *Benz* S. 181 ff., 296 ff., 311 ff., 360 ff., 455 ff. (kein unbegrenzter Teileschutz kleinster Elemente; der Teileschutz setzt jedoch nicht voraus, dass die Teile die Schutzvoraussetzungen für das Schutzrecht erfüllen).

[212] → Rn. 47.

mente einer Funksendung rechtfertigen. Die Leistung des Sendeunternehmens, auf der letztlich auch jedes Element einer Funksendung beruht, ist Schutzgrund, nicht Schutzgegenstand[213] des Schutzrechts. Eine schutzwürdige Leistung ist zwar Voraussetzung für das Eingreifen des Schutzrechts, dessen Grenzen sind aber nach Sinn und Zweck der Schutzrechtsgewährung zu bestimmen. Diese hat aber nicht den Zweck, ein Schutzrecht mit einer Schutzdauer von 50 Jahren (Abs. 3 iVm § 69) zu begründen, das den Rechtsinhaber auch gegen geringfügigste Übernahmen schützt. Ein Schutz von Einzelelementen einer Funksendung, der dem Rechtsinhaber jahrzehntelang ein Blockaderecht zugesteht, würde die Grundfreiheiten (inbes. Art. 34, 36 AEUV) erheblich beeinträchtigen. Deren Beschränkung kann aber nur gerechtfertigt sein, wenn sie zwingenden Gründen des Allgemeininteresses entspricht, geeignet ist, die Erreichung des mit ihr verfolgten, im Allgemeininteresse liegenden Ziels zu gewährleisten, und nicht über das hinausgeht, was zur Erreichung dieses Ziels erforderlich ist.[214] Diese Voraussetzungen sind beim Schutz von Einzelelementen einer Funksendung (jedenfalls sofern es sich nicht um einzelne Lichtbilder handelt) nicht gegeben. Das Schutzrecht soll den Rechtsinhaber auch nicht in die Lage versetzen, durch ein umfassendes Verbotsrecht die höchstmögliche Vergütung zu erzielen, sondern ihm nur eine angemessene Vergütung für die Nutzung des Schutzgegenstands sichern, dh nur eine Vergütung, die in einem vernünftigen Zusammenhang mit dem Wert der erbrachten (Teil-)Leistung steht.[215]

Die Anforderungen an den Schutz der Sendeunternehmen bei **Verwendung von unveränderten** 75 **oder veränderten Teilen ihrer Sendung** sind im Einzelnen nach dem vorrangigen **Unionsrecht**[216] zu bestimmen, das den Schutzgegenstand des Rechts der Sendeunternehmen harmonisiert hat.[217] Wesentliche Grundsätze lassen sich dazu dem **Urteil des EuGH „Pelham/Hütter ua"** entnehmen, das zur insoweit gleichliegenden Rechtslage beim Schutzrecht des Tonträgerherstellers ergangen ist.[218] Danach kann auch die Nutzung sehr kurzer Teile einer Funksendung das Schutzrecht verletzen.[219] Eine Rechtsverletzung durch Vervielfältigung ist allerdings – schon tatbestandlich – ausgeschlossen, wenn die übernommenen Teile in geänderter und beim Hören nicht wiedererkennbarer Form[220] in einem neuen Werk genutzt werden.[221] Der EuGH begründet dies damit, dass die InfoSoc-RL (vgl. Erwgr. 3 und 31) einen angemessenen Ausgleich zwischen den Interessen der Inhaber von Urheber- und verwandten Schutzrechten am Schutz ihres in Art. 17 Abs. 2 CRCh verankerten Rechts am geistigen Eigentum auf der einen Seite und dem Schutz der Interessen und Grundrechte der Nutzer von Schutzgegenständen sowie dem Allgemeininteresse auf der anderen Seite sichern soll.[222] Das Recht am geistigen Eigentum muss deshalb nicht nur bei der Auslegung der gesetzlichen Tatbestände, sondern auch bei deren Anwendung im konkreten Fall gegen die anderen Grundrechte (wie der Freiheit der Kunst und der Freiheit der Meinungsäußerung) abgewogen werden.

Da das Grunderfordernis eines angemessenen Rechts- und Interessenausgleichs zwischen den verschiedenen Kategorien von Rechtsinhabern und dem Nutzern sowie dem Gemeinwohl allgemein gilt, ist danach die Reichweite des Schutzrechts bei der Verwendung von Teilen einer Sendung stets auch unter **Abwägung** der betroffenen Grundrechte zu bestimmen. Bei der Abwägung kann von Bedeutung sein, ob die Übernahme von Sendungsteilen der Schaffung eines neuen Werkes dient[223] und welches Maß an eigenschöpferischer Prägung dieses aufweist. Aber auch die Verwendung von Sendungsteilen in einer neuen Gestaltung, die urheberrechtlich nicht schutzfähig ist, kann außerhalb des Schutzbereichs des Rechts liegen.[224]

---

[213] Vgl. → Rn. 63.

[214] Vgl. EuGH GRUR-Int 2017, 519 Rn. 61 ff. – Vanderborght; EuGH GRUR 2012, 156 Rn. 93 f. – Football Association Premier League u. Murphy; EuGH 29.9.2016 – C-492/14, BeckRS 2016, 82408 Rn. 100 – Essent Belgium/Vlaams Gewest ua; EuGH 22.6.2017 – C-549/15 Rn. 46 – E.ON Biofor Sverige/Statens energimyndighet.

[215] Vgl. EuGH GRUR 2012, 156 Rn. 108 f. – Football Association Premier League u. Murphy; vgl. auch EuGH GRUR 2019, 929 Rn. 38 – Pelham/Hütter ua; weiter → § 15 Rn. 7, 44.

[216] → Rn. 1 ff., 7, 15.

[217] Vgl. – zum Schutzrecht des Tonträgerherstellers – EuGH GRUR 2019, 929 Rn. 26 ff. – Pelham/Hütter ua = MMR 2019, 596 mAnm *Apel*. Zur früheren Beurteilung nach nationalem Recht s. BGH GRUR 2000, 703 – Mattscheibe; vgl. weiter → 5. Aufl. 2017, Rn. 107 ff.

[218] Vgl. EuGH GRUR 2019, 929 Rn. 26 ff. – Pelham/Hütter ua.

[219] Vgl. EuGH GRUR 2019, 929 Rn. 28 ff. – Pelham/Hütter ua.

[220] Diese Frage wird objektiv zu beantworten sein („wiedererkennbar"). Dabei wird es auf die Sichtweise eines aufgeschlossenen Publikums ankommen, dem die Original-Funksendung bekannt ist (vgl. auch *Apel* MMR 2019, 601 (602); *Leistner* GRUR 2019, 1008 (1010); *Stumpf* GRUR-Int 2019, 1092 (1094 f.); *Schonhofen/Smith* GRUR-Prax 2019, 432 (434)).

[221] Vgl. EuGH GRUR 2019, 929 Rn. 31 f. – Pelham/Hütter ua (zum Schutzrecht des Tonträgerherstellers). Die Kriterien, die der EuGH bezogen auf den konkreten Fall „Pelham/Hütter ua" genannt hat, müssen nicht zwingend vorliegen, um das Eingreifen des Vervielfältigungsrechts auszuschließen (auch nicht das Kriterium, dass das Übernommene im neuen Zusammenhang nicht wiedererkennbar ist; aA *Homar* ZUM 2019, 731 (735 f., 737). Entscheidend für die Beurteilung des Schutzumfangs des Vervielfältigungsrechts ist nach der Entscheidung des EuGH vielmehr der allgemeine Gedanke, dass die InfoSoc-RL einen angemessenen Ausgleich zwischen den Interessen und Rechten der Beteiligten sichern soll.

[222] Vgl. EuGH GRUR 2019, 929 Rn. 31 ff. – Pelham/Hütter ua; weiter → Rn. 107 f.; → § 15 Rn. 8, 33, 39, 113, 122, 316 f.

[223] Vgl. EuGH GRUR 2019, 929 Rn. 31 ff. – Pelham/Hütter ua (zum Schutzrecht des Tonträgerherstellers).

[224] Vgl. EuGH GRUR 2014, 972 Rn. 21 – Vrijheidsfonds/Vandersteen ua (zur Parodie); vgl. auch GAin *Trstenjak*, SchlA v. 12.4.2011 – C 145/10 in Painer/Standard, BeckRS 2011, 80392 Rn. 130.

Das Urteil „Pelham/Hütter ua" zeigt deutlich, dass der EuGH die Verwertungsrechte von Inhabern verwandter Schutzrechte ebenso funktionsbezogen auslegt, wie die Rechte der Urheber.[225] Es muss eine **wirkliche Verwendung des Schutzgegenstands** gegeben sein.[226] Wird ein verwendeter Teil des Schutzgegenstands dem Publikum schon deshalb nicht vermittelt, weil er gar nicht wiedererkennbar ist,[227] fehlt es an einem Eingriff in das Schutzrecht.

Entgegen der früheren Rechtsprechung des BGH[228] ist **§ 24 (Freie Benutzung)** bei der Bestimmung des Schutzumfangs der Rechte aus § 87 nicht analog anzuwenden, weil diese Vorschrift nach dem Urteil des EuGH „Pelham/Hütter ua" dem Unionsrecht widerspricht.[229]

76   Eine **Nutzung der Funksendung in veränderter Form** liegt nur vor, wenn die Funksendung iSd § 87[230] benutzt wird (wie etwa bei der Aufzeichnung der Sendung eines Films und der Neuausstrahlung in nachkolorierter Form). Die veränderte Neuproduktion des Inhalts einer Funksendung greift nicht in das Schutzrecht des Sendeunternehmens ein.

V. Recht an der Weitersendung und dem öffentlichen Zugänglichmachen der Funksendung (Abs. 1 Nr. 1)

77   Nach Abs. 1 Nr. 1 hat das Sendeunternehmen das ausschließliche Recht, seine Funksendung weiterzusenden und öffentlich zugänglich zu machen. Das **Recht der kabelgebundenen Weitersendung** der Funksendung beruht nicht auf einer unionsrechtlichen Vorschrift. Die Einführung eines solchen Rechts der öffentlichen Wiedergabe ist den Mitgliedstaaten gemäß Erwgr. 16 Vermiet- und Verleih-RL freigestellt.[231] Wegen des Gebots der einheitlichen Auslegung des nationalen Rechts ist dieses Recht aber ebenso auszulegen wie das entsprechende auf Unionsrecht beruhende Recht der Urheber.[232]

78   Weitersendung iSd Abs. 1 Nr. 1 ist **nur eine gleichzeitige Weitersendung**.[233] Die Bestimmung wird insoweit einschränkend ausgelegt, weil das Rom-Abkommen, dem § 87 nachgebildet ist, den Schutz gegen die Weitersendung auf gleichzeitige Weitersendungen begrenzt (Art. 13 Buchst. a iVm Art. 3 Buchst. g RA; das Gleiche gilt für Art. 1 Abs. 1 Buchst. a EuFSA[234] und Art. 8 Abs. 3 Vermiet- und Verleih-RL).[235] Eine zeitgleiche Weitersendung in diesem Sinn ist auch anzunehmen, wenn eine automatisch vorgenommene technische Aufbereitung der empfangenen Signale für eine sich unmittelbar anschließende Weitersendung zu einer gewissen Zeitverschiebung führt.[236]

79   Die Vermiet- und Verleih-RL hindert die Mitgliedstaaten nicht, den Schutz der Sendeunternehmen auf **zeitverschobene Weitersendungen** ihrer Funksendungen auszudehnen (vgl. Erwgr. 16 der Richtlinie).[237] Allerdings besteht insoweit kaum ein Schutzbedürfnis: Zeitverschobene Weitersendungen sind nur auf der Grundlage einer vorherigen Aufzeichnung einer Funksendung möglich. Im Inland unterliegt diese dem Recht aus Abs. 1 Nr. 2. Auch im Ausland besteht vielfach Schutz gegen die unbefugte Vervielfältigung der Funksendung.[238] Wird eine im schutzrechtsfreien Ausland unautorisiert hergestellte Vervielfältigung im Inland zur zeitverschobenen Weitersendung verwendet, besteht Schutz nach § 96 Abs. 1.[239]

80   Nicht jede gleichzeitige Weiterübertragung der Funksendung ist eine Weitersendung iSd Abs. 1 Nr. 1. Der Begriff der Weitersendung verweist auf § 20.[240] Nur wenn der Weiterübertragung eine **Sendung im Rechtssinn** ist, liegt eine Weitersendung vor. Dementsprechend muss sich die Weitersendung auch an eine Öffentlichkeit iSd § 15 Abs. 3 richten.[241]

81   Als **technische Verfahren** der Weitersendung kommen alle Arten des Funks iSd § 20 (einschließlich der Sendung im Internet) und des § 20a in Betracht.[242] Unter § 87 Abs. 1 Nr. 1 fällt auch die gleichzeitige Übertragung von Rundfunksendungen über eine Hotelverteileranlage in die Hotelzim-

---

[225] Vgl. zum Urheberrecht → § 15 Rn. 23 ff., 237 f., 327, 342.
[226] Vgl. zum Urheberrecht → § 15 Rn. 23, 35, 90, 237 f., 345 ff.
[227] Vgl. EuGH GRUR 2019, 929 Rn. 31 – Pelham/Hütter ua.
[228] Vgl. BGH GRUR 2017, 895 Rn. 20 ff. – Metall auf Metall III.
[229] Vgl. EuGH GRUR 2019, 929 Rn. 56 ff. – Pelham/Hütter ua; vgl. auch *v. Ungern-Sternberg* GRUR 2015, 533 (537). Weiter → § 15 Rn. 32. Zum Vorrang des Unionsrechts → § 15 Rn. 124.
[230] → Rn. 63 f.
[231] Vgl. BGHZ 206, 365 = GRUR 2016, 71 Rn. 36 f. – Ramses.
[232] Vgl. BGHZ 206, 365 = GRUR 2016, 71 Rn. 38 – Ramses.
[233] AllgM; vgl. BGH GRUR 2009, 845 Rn. 29 – Internet-Videorecorder I = K&R 2009, 573 mAnm *Damm;* BGH GRUR 2013, 618 Rn. 21 – Internet-Videorecorder II; BGH GRUR 2010, 530 Rn. 21 – Regio-Vertrag.
[234] S. dazu *Nordemann/Vinck/Hertin* SFA Art. 1 Rn. 4.
[235] S. zu dieser *Reinbothe/von Lewinski* S. 99; *Walter/von Lewinski* Europäisches Urheberrecht S. 362 Rn. 24.
[236] Vgl. BGH ZUM-RD 2013, 314 Rn. 56; Fromm/Nordemann/*Boddien* UrhG § 87 Rn. 27.
[237] → Rn. 8.
[238] → Rn. 16 ff.
[239] Dazu → Rn. 31.
[240] Vgl. BGH GRUR 2009, 845 Rn. 31 – Internet-Videorecorder I; BGH GRUR 2010, 530 Rn. 17 – Regio-Vertrag.
[241] → § 15 Rn. 354 ff.; → § 20 Rn. 42 ff.
[242] → § 20 Rn. 6 ff.; vgl. auch – zur Funksendung iSd Sendevorgangs – → Rn. 61.

mer.[243] Die gleichzeitige Weiterübertragung von Rundfunksendungen im Rahmen eines Internet-Videorecorders kann nach der Rechtsprechung des BGH eine Weitersendung sein.[244] Diese Beurteilung ist jedoch durch das Urteil des EuGH „VCAST/RTI"[245] überholt (str.).[246]

Bei einer Weitersendung durch eine **europäische Satellitensendung** gilt in den Fällen des § 20a **82** nur die Einspeisung in die ununterbrochene Übertragungskette als Weitersendung (vgl. dazu Art. 4 Abs. 2, Art. 1 Abs. 2 Satelliten- und Kabel-RL iVm Art. 8 Abs. 3 Vermiet- und Verleih-RL).[247] Der anzunehmende Ort der Weitersendung – und zugleich die Anwendbarkeit des deutschen Rechts[248] – wird dabei durch § 20a Abs. 1 und 2 bestimmt.

Das Recht an der Weitersendung der Funksendung greift nicht nur ein, wenn die Weitersendung **83** auf der **Grundlage der Ausstrahlung** des Sendeunternehmens an die Öffentlichkeit stattfindet, sondern – dem Wesen der Funksendung iSd § 87 als Immaterialgut entsprechend – auch dann, wenn ihr eine gleichzeitige Anschlusssendung eines anderen Unternehmens oder eine Richtfunk-, Kabel- oder Satellitenübertragung der Funksendung durch das Sendeunternehmen oder ein anderes Unternehmen zugrunde liegt.[249]

Weitersendender ist nur derjenige, der darüber entscheidet, welche Funksendung an eine Öffent- **84** lichkeit weitergeleitet wird, nicht, wer lediglich Dienstleister beim Signaltransport ist.[250] Der Weitersendende muss nicht selbst ein Sendeunternehmen sein.[251] Das Rom-Abkommen setzt dagegen eine Weitersendung durch ein anderes Sendeunternehmen voraus (Art. 13 Buchst. a iVm Art. 3 Buchst. g RA).[252]

Das **Recht der öffentlichen Zugänglichmachung** ihrer Funksendungen (vgl. § 19a) wurde den **85** Sendeunternehmen in Umsetzung von Art. 3 Abs. 2 Buchst. d InfoSoc-RL[253] durch Art. 1 Abs. 1 Nr. 29 Buchst. a der UrhG-Novelle 2003[254] zuerkannt.[255] Werden im Internet **Hyperlinks auf Live-Übertragungen von Funksendungen** gesetzt, die einer neuen Öffentlichkeit den Zugang unter Umgehung einer Bezahlschranke ermöglichen, ist das Recht der öffentlichen Zugänglichmachung allerdings nicht anwendbar. Der Linksetzer hält die geschützten Funksendungen nicht in seiner eigenen Zugriffssphäre bereit.[256] Zudem werden die Funksendungen der Öffentlichkeit durch die Linksetzung nur von Orten ihrer Wahl, nicht aber auch zu Zeiten ihrer Wahl zugänglich gemacht.[257] Die Einbeziehung solcher Fälle in den Schutz des § 87 Abs. 1 Nr. 1 ginge zwar über die Vorgaben des Art. 3 Abs. 2 Buchst. d InfoSoc-RL hinaus, wäre aber mit dem Unionsrecht vereinbar.[258]

VI. Rechte aus Abs. 1 Nr. 2

Das Sendeunternehmen[259] hat nach Abs. 1 Nr. 2 die ausschließlichen **Vervielfältigungsrechte**, **86** seine Funksendung[260] auf Bild- oder Tonträger (Legaldefinition § 16 Abs. 2)[261] aufzunehmen, Lichtbilder (§ 72) von der Funksendung herzustellen und die hergestellten Bild- oder Tonträger oder

---

[243] Vgl. BGH GRUR 2010, 530 Rn. 16 ff. – Regio-Vertrag. Der EuGH hat die Ermöglichung des Fernsehempfangs in den Gästezimmern eines Hotels nicht als Rundfunksendung, sondern als öffentliche Wiedergabe iSd Art. 8 Abs. 2 Vermiet- und Verleih-RL angesehen (vgl. EuGH GRUR 2012, 597 Rn. 19, 25 ff. – Phonographic Performance (Ireland); EuGH GRUR 2017, 385 Rn. 19 – Verwertungsgesellschaft Rundfunk/Hetteger Hotel Edelweiss. Das engere Verständnis des Begriffs der Rundfunksendung iSd Vermiet- und Verleih-RL hindert die weitere Auslegung des § 87 Abs. 1 Nr. 1 nicht, weil die Richtlinie im Regelungsbereich ihres Art. 8 nur einen Mindestschutz vorschreibt (→ Rn. 8).
[244] Vgl. BGH GRUR 2013, 618 Rn. 41 ff. – Internet-Videorecorder II.
[245] EuGH GRUR 2018, 68 – VCAST/RTI mAnm *Kianfar*.
[246] Dazu → § 15 Rn. 286.
[247] Weiter → Rn. 33.
[248] Vgl. dazu → § 20a Rn. 3, 24 ff.
[249] Vgl. → Rn. 65; ebenso *von Münchhausen* S. 157 f.; Loewenheim/*Flechsig* § 41 Rn. 30; Fromm/Nordemann/*Boddien* UrhG § 87 Rn. 28.
[250] Vgl. BGH GRUR 2010, 530 Rn. 23 ff. – Regio-Vertrag. Im konkreten Fall einer Hotelverteileranlage hat der BGH nach dem zugrunde gelegten Sachverhalt nicht den Hotelier als Weitersendenden angesehen, sondern den Kabelnetzbetreiber, mit dem der Hotelier einen Kabelanschlussvertrag geschlossen hatte (zust. *Nolte* ZUM 2010, 591; abl. *Riesenhuber* ZUM 2011, 134). Die Verfassungsbeschwerde gegen das Urteil ist nicht angenommen worden (BVerfG ZUM 2011, 835 Rn. 29 ff.; vgl. auch BGH MMR 2010, 777 [Beschl. über die Anhörungsrüge]).
[251] Ebenso Möhring/Nicolini/*Hillig* UrhG § 87 Rn. 18; Fromm/Nordemann/*Boddien* UrhG § 87 Rn. 27.
[252] Ebenso zum Europ. Abkommen zum Schutz von Fernsehsendungen Nordemann/*Vinck*/Hertin SFA Art. 1 Rn. 4.
[253] → Rn. 11.
[254] → Rn. 35.
[255] Zur Frage, ob dieses Recht auch ein Abrufübertragungsrecht enthält, → § 19a Rn. 7 ff., 33, 57. Ein solches Verwertungsrecht könnte den Sendeunternehmen im nationalen Recht gewährt werden (→ Rn. 8).
[256] → § 19a Rn. 60.
[257] Vgl. EuGH GRUR 2015, 477 Rn. 25 ff. – C More Entertainment/Sandberg. Zum Schutz der Urheber in solchen Fällen → § 15 Rn. 106, 303; → § 19a Rn. 93.
[258] Vgl. EuGH GRUR 2015, 477 Rn. 28 ff. – C More Entertainment/Sandberg; → Rn. 8.
[259] → Rn. 50 f.
[260] → Rn. 63.
[261] Vgl. dazu BGHZ 140, 94 (97) = GRUR 1999, 577 (578) – Sendeunternehmen als Tonträgerhersteller.

Lichtbilder zu vervielfältigen.[262] Es ist unerheblich, ob die Funksendung – als ein erstmals im Verlauf der Erstsendung verkörpertes Immaterialgut[263] – bereits bei der Erstsendung oder später, auf Grund von Ausstrahlungen an die Öffentlichkeit oder mit Hilfe bereits bestehender Vervielfältigungsstücke, vervielfältigt wird (vgl. dazu Art. 2 InfoSoc-RL).[264] Das Recht zur Vervielfältigung der Funksendung bezieht sich nur auf diese, nicht auch auf etwaige Programmaufzeichnungen (Tonträger, Bänder oÄ), die der Funksendung zugrunde lagen. Nicht nur die Herstellung von Lichtbildern aus einer laufenden Fernsehsendung, sondern auch aus einer Vervielfältigung der Funksendung fällt unter Abs. 1 Nr. 2. Der Schutz erstreckt sich auch auf die Vervielfältigung von Teilen einer Funksendung.[265]

87 Die Beurteilung, wer bei einer Vervielfältigung **Nutzer** ist, kann im Einzelfall schwierig sein. Im Fall des BGH „Internet-Videorecorder II"[266] hat ein Dienstleister Kunden ermöglicht, Rundfunksendungen auf jeweils für sie reservierten Speicherplätzen in seiner Datenbank (Online-Videorecordern) vollautomatisch aufzeichnen zu lassen. Die Sendesignale wurden mit Satelliten-Antennen empfangen und an die Online-Videorecorder weitergeleitet. Hersteller der individuellen Vervielfältigungen sind in einem solchen Fall die Kunden selbst.[267] Verwendet der Dienstleister dagegen jeweils eine Kundenkopie als zentrale Vorlage für weitere Kundenkopien ist diese „Masterkopie" ihm als Werknutzer zuzurechnen.[268]

88 Vervielfältigungsstücke, die rechtmäßig zum privaten oder sonstigen eigenen Gebrauch hergestellt wurden, dürfen weder verbreitet (§ 17) noch zu öffentlichen Wiedergaben (§ 15 Abs. 2) verwendet werden (Abs. 4 iVm § 53 Abs. 6).

89 Ein ausschließliches **Verbreitungsrecht** (vgl. § 17) an Bild- oder Tonträgeraufnahmen und Lichtbildern der Funksendung sowie Vervielfältigungsstücken hiervon wird den Sendeunternehmen durch Abs. 1 Nr. 2 zuerkannt (seit dem 3. UrhGÄndG).[269] Das Verbreitungsrecht greift nur ein, wenn ein Bild- oder Tonträger verbreitet wird, auf dem die gesamte Funksendung oder ein wesentlicher Teil davon verbreitet wird. Die Vermiet- und Verleihrecht-RL hat das Verbreitungsrecht des Sendeunternehmens durch Art. 9 Abs. 1 Buchst. d Vermiet- und Verleihrecht-RL vollständig harmonisiert (vgl. Erwgr. 16). Abs. 1 Nr. 2 ist dementsprechend richtlinienkonform (durch einschränkende Auslegung des Begriffs „verbreiten") auszulegen.[270] Ausdrücklich ausgenommen vom Verbreitungsrecht ist das **Vermietrecht** (§ 17 Abs. 3). Dies widerspricht nicht Art. 9 Abs. 1 Vermiet- und Verleih-RL, der mit der Änderung des Abs. 1 Nr. 2 umgesetzt werden sollte.[271] Denn das Vermietrecht ist nur nach der Terminologie des § 17 (seit dessen Neufassung durch Art. 1 Nr. 1 des 3. UrhGÄndG) Teil des Verbreitungsrechts, nicht auch iSd Art. 9 Abs. 1 Vermiet- und Verleih-RL.[272]

VII. Recht am öffentlichen Wahrnehmbarmachen der Funksendung (Abs. 1 Nr. 3)

90 Das Sendeunternehmen hat nach § 87 Abs. 1 Nr. 3 das ausschließliche Recht, seine Funksendung[273] an Stellen, die der Öffentlichkeit nur gegen Zahlung eines Eintrittsgeldes zugänglich sind (wie den „Fernsehstuben" aus den Anfangsjahren des Fernsehens), öffentlich wahrnehmbar zu machen (§ 15 Abs. 3).[274] Die Wiedergabe von Funksendungen an Orten, die ohne Eintrittsgeld zugänglich sind (zB Gaststätten), ist frei (im Unterschied zu § 22, § 78 Abs. 2 Nr. 3 und § 86).[275]

91 Das Schutzrecht bezieht sich bei Fernsehsendungen auch auf die **getrennte Wiedergabe von Bild- oder Tonteil** (zB bei Opernsendungen; vgl. Art. 5 EuFSA).[276] Das Recht aus Abs. 1 Nr. 3 greift – entsprechend dem Wesen der Funksendung als Immaterialgut[277] – auch ein, wenn die Funksendung zeitversetzt zu ihrer Ausstrahlung öffentlich wahrnehmbar gemacht wird.[278]

92 Eine **Zugänglichkeit gegen Entgelt** ist jedenfalls anzunehmen, wenn Eintrittsgelder verlangt werden. Umstritten ist, inwieweit dieses Merkmal auch in anderer Weise erfüllt sein kann, zB wenn

---

[262] Vgl. dazu die Erläuterungen zum Vervielfältigungsrecht des Urhebers aus § 16; → Rn. 11.

[263] Vgl. → Rn. 63.

[264] Sa Walter/*von Lewinski* Europäisches Urheberrecht S. 352 Rn. 4.

[265] Vgl. *Reinbothe/von Lewinski* S. 90 f.; weiter → Rn. 72 ff.

[266] BGH GRUR 2013, 618 = ZUM 2013, 556 mAnm *Berberich* = CR 2013, 394 (mAnm *Niebler/Schuppert* CR 2013, 184) = K&R 2013, 381 mAnm *Lüghausen* – Internet-Videorecorder II; weiter → § 15 Rn. 286.

[267] AA *Haedicke* ZUM 2016, 594 (602 ff.).

[268] Vgl. BGH CR 2013, 400 Rn. 18; BGH ZUM-RD 2013, 314 Rn. 18.

[269] → Rn. 29 f.

[270] Dazu → Rn. 4.

[271] → Rn. 29.

[272] Vgl. die Begr. zu Art. 1 Nr. 6 RegE, BT-Drs. 13/115, 7, 15; sa *Reinbothe/von Lewinski* S. 103.

[273] → Rn. 63.

[274] Zu den wirtschaftlichen Erwägungen, auf denen Abs. 1 Nr. 3 beruht, vgl. *Ulmer* § 127 II 3; *Bußmann* UFITA 18 (1954), 29 (38); *Götting* ZUM 2005, 185 f.

[275] Dagegen de lege ferenda *Götting* ZUM 2005, 185 ff.; → Rn. 6 ff.

[276] Anders noch § 91 Abs. 1 Nr. 3 MinE 1959.

[277] → Rn. 63.

[278] Ebenso Dreier/Schulze/*Dreier* UrhG § 87 Rn. 17; *von Münchhausen* S. 180; aA Möhring/Nicolini/*Hillig* UrhG § 87 Rn. 35.

für andere Leistungen (wie Speisen und Getränke) Preisaufschläge gemacht werden.[279] Bei Finanzierung einer Public Viewing-Veranstaltung durch Sponsoren greift § 87 Abs. 1 Nr. 3 jedoch nicht ein.[280] Die Ermöglichung des Empfangs durch **Rundfunkgeräte in Hotelzimmern** wird, entsprechend der Entscheidung des EuGH „Verwertungsgesellschaft Rundfunk/Hettegger Hotel Edelweiss" (zu Art. 8 Abs. 3 Vermiet- und Verleih-RL),[281] durch § 87 Abs. 1 Nr. 3 nicht erfasst. In diesen Fällen ist zwar (unabhängig von der Technik der Signalübertragung) eine öffentliche Wiedergabe gegeben,[282] der Zimmerpreis wird aber nicht als „Eintrittsgeld", dh speziell als Gegenleistung für die öffentliche Wiedergabe von Sendungen gezahlt. Ebenso fehlt es an der – nach § 87 Abs. 1 Nr. 3 erforderlichen – öffentlichen Wahrnehmbarmachung bestimmter Funksendungen. Die Mitgliedstaaten wären jedoch nicht gehindert, den Sendeunternehmen insoweit weitergehende Rechte zu gewähren.[283]

VIII. Übertragbarkeit des Schutzrechts (Abs. 2)

Die UrhG-Novelle 2003 hat durch Einfügung eines neuen Abs. 2 in § 87 ausdrücklich klargestellt, **93** dass das Recht aus § 87 – anders als Urheberrechte – vollständig (translativ) übertragbar ist oder auch (konstitutiv) Nutzungsrechte eingeräumt werden können. Nach § 87 Abs. 2 S. 3 gelten für die Nutzungsrechtseinräumung § 31 sowie §§ 33 und 38 entsprechend.[284]

Bei der Auslegung einer Vereinbarung über Rechte an einer gemäß § 87 geschützten Sendung ist **94** (wie bei Verträgen über die Einräumung urheberrechtlicher Nutzungsrechte) der **Übertragungszweckgedanke** anzuwenden.[285] Dies gilt auch für Wahrnehmungsverträge mit Verwertungsgesellschaften.[286] Die Vereinbarung einer „Rechtsübertragung des Weitersenderechts" kann daher statt als (translative) Übertragung als (konstitutive) Einräumung ausschließlicher Nutzungsrechte auszulegen sein.[287]

Die **Verweisung in Abs. 2 S. 3** klammert diejenigen Vorschriften aus, die vertragsrechtliche **95** Konkretisierungen des Urheberpersönlichkeitsrechts sind oder lediglich dem Schutz des Urhebers als der regelmäßig schwächeren Vertragspartei dienen.[288]

Das **Abstraktionsprinzip,** das nach verbreiteter Ansicht bei Urheberrechten für das Verhältnis von **96** Verpflichtung und Verfügung nicht oder nur eingeschränkt gilt,[289] findet jedenfalls Anwendung auf das unbeschränkt übertragbare Leistungsschutzrecht aus § 87, da diesem kein persönlichkeitsrechtlicher Gehalt[290] zukommt.[291] Die Wirksamkeit der verschiedenen Verfügungen über Rechte aus dem UrhG, die aufgrund eines einheitlichen schuldrechtlichen Sendevertrags vorgenommen worden sind, kann daher bei Unwirksamkeit dieses Verpflichtungsgeschäfts unterschiedlich zu beurteilen sein.

Die Rechte aus § 87 waren bereits **nach früherem Recht** unbeschränkt übertragbar (§§ 398 ff., **97** § 413 BGB; allgM). Ebenso konnten – analog §§ 31 ff. – Nutzungsrechte eingeräumt werden.

Die Leistungsschutzrechte der Sendeunternehmen nehmen als **Verwertungsgesellschaften** wahr: **98** Die VFF Verwertungsgesellschaft der Film- und Fernsehproduzenten GmbH (www.vffvg.de) und die VG Media Gesellschaft zur Verwertung der Urheber- und Leistungsschutzrechte von Medienunternehmen mbH (www.vgmedia.de).[292]

---

[279] Vgl. dazu Dreier/Schulze/*Dreier* UrhG § 87 Rn. 17; Fromm/Nordemann/*Boddien* UrhG § 87 Rn. 34; Möhring/Nicolini/*Hillig* UrhG § 87 Rn. 33; Wandtke/Bullinger/*Ehrhardt* UrhG § 87 Rn. 23; Loewenheim/*Flechsig* § 41 Rn. 40 f.; Loewenheim/*Schwarz/Reber* § 21 Rn. 117; *Reinholz* K&R 2010, 364 (365 ff.); *Diesbach/Bormann/ Vollrath* ZUM 2006, 265 (266 f.); *Gaertner/Raab/Gierschmann/Freytag* K&R 2006, 1 (5 f.); *Hamacher/Efing* SpuRt 2006, 15 (16 ff.); *Krekel* SpuRt 2006, 59 ff.; *Wittneben/Soldner* WRP 2006, 675 (677 ff.); vgl. weiter → § 52 Rn. 17.

[280] Vgl. *Diesbach/Bormann/Vollrath* ZUM 2006, 265 (266 ff.); *Schwarz/Hansen* IPRB 2010, 114 (116); aA Wandtke/Bullinger/*Ehrhardt* UrhG § 87 Rn. 23.

[281] Vgl. EuGH GRUR 2017, 385 Rn. 20 ff. = EuZW 2017, 341 mAnm *Anderl/Heinzl* = K&R 2017, 245 mAnm *Ettig* = MR 2017, 137 mAnm *Walter* – Verwertungsgesellschaft Rundfunk/Hettegger Hotel Edelweiss (nachfolgend öOGH GRUR-Int 2019, 299 mAnm *Sporn* = MR 2018, 232 mAnm *Walter* – Hotel Edelweiß II; *Frhr. Raitz von Frentz/Masch* ZUM 2017, 406; *Hillig* GRUR-Prax 2017, 124; *Peifer* LMK 2017, 388797; *Grosskopf* IPRB 2018, 117.

[282] Vgl. EuGH GRUR 2017, 385 Rn. 17 ff., 26 f. – Verwertungsgesellschaft Rundfunk/Hettegger Hotel Edelweiss. Die gegenteilige Beurteilung des BGH im Urteil „Königshof" (GRUR 2016, 697 Rn. 13 ff.) entspricht nicht dem Unionsrecht → § 15 Rn. 63, 99.

[283] → Rn. 8.

[284] Vgl. die entsprechenden Regelungen in § 81 S. 2 (vgl. → § 81 Rn. 41), § 85 Abs. 2 S. 2 (vgl. → § 85 Rn. 69) und § 94 Abs. 2 S. 2 (vgl. → § 94 Rn. 40).

[285] AA Fromm/Nordemann/*Boddien* UrhG § 87 Rn. 37.

[286] Vgl. BGH GRUR 2013, 618 Rn. 29 ff. – Internet-Videorecorder II.

[287] Vgl. BGH GRUR 2013, 618 Rn. 26 ff. – Internet-Videorecorder II.

[288] Vgl. Begr. des RegE BT-Drs. 15/38, 25.

[289] Vgl. → § 31 Rn. 15 ff.

[290] → Rn. 47.

[291] Vgl. *Nolden,* Das Abstraktionsprinzip im urheberrechtlichen Lizenzverkehr, 2005, S. 194 ff.; *Deichfuß* FS Schilling, 2007, 73 (83 ff.); aA *Picot,* Abstraktion und Kausalabhängigkeit im deutschen Immaterialgüterrecht, 2007, S. 114 f.; *Oehler* Komplexe Werke im System des Urheberrechtsgesetzes am Beispiel von Computerspielen, 2016, S. 220 ff.; *Zurth* S. 206 ff.

[292] Vgl. dazu *Hoeren/Neurauter* S. 10 ff. Zur Wahrnehmung der Rechte der Sendeunternehmen s. weiter Wandtke/Bullinger/*Ehrhardt* UrhG § 87 Rn. 17; Loewenheim/*Castendyk* § 75 Rn. 340 ff.

IX. Schutzdauer (Abs. 3)

99   Das Schutzrecht erlischt 50 Jahre[293] nach Ablauf des Kalenderjahres, in dem die Funksendung erstmals an die Öffentlichkeit ausgestrahlt wurde (Abs. 3 iVm § 69). Die Schutzfrist entspricht der
Schutzdauer bei vergleichbaren Leistungsschutzrechten (§ 85 Abs. 3, § 94 Abs. 3). Eine erneute Ausstrahlung der Funksendung an die Öffentlichkeit begründet kein neues Schutzrecht.[294] Um dies klarzustellen, hat das 3. UrhGÄndG[295] in Abs. 1 Nr. 3 vor dem Wort „Funksendung" das Wort „ersten"
eingefügt.[296] Zur Schutzdauer bei Funksendungen, die Sendeunternehmen ohne Sitz im Inland dort
ausstrahlen, s. § 127 Abs. 1 und 2 (idF des 3. UrhGÄndG).

100   Durch Art. 1 Abs. 1 Nr. 29 Buchst. c der **UrhG-Novelle 2003**[297] wurde der bisherige Abs. 2 ohne
inhaltliche Änderung Abs. 3.

X. Beschränkungen des Schutzrechts (Abs. 4)

1. Schranken

101   Die Bestimmungen des Sechsten Abschnitts des Ersten Teils über die Schranken des Urheberrechts
(**§§ 44a ff.**) gelten – mit Ausnahme des § 47 Abs. 2 S. 2 und des § 54 Abs. 1 – entsprechend auch für
das Schutzrecht aus § 87.[298] Die **DSM-RL**[299] schreibt weitere zwingende Schranken vor (durch Art.
5 DSM-RL [zugunsten von digitalen und grenzüberschreitenden Unterrichts- und Lehrtätigkeiten],
durch Art. 6 DSM-RL [zur Erhaltung des Kulturerbes] sowie durch Art. 8 Abs. 2 und 3 DSM-RL
[für die Nutzung von vergriffenen Werken und sonstigen Schutzgegenständen durch Einrichtungen
des Kulturerbes]). Nach Art. 14 DSM-RL dürfen Lichtbilder von Funksendungen (§ 87 Abs. 1
Nr. 2), die gemeinfreie Werke der bildenden Kunst darstellen, nicht durch ein verwandtes Schutzrecht
geschützt werden, falls sie nicht eine eigene geistige Schöpfung (dh ein Werk iSd Unionsrechts) sein
sollten. Nach dem Zweck des Art. 14 DSM-RL (vgl. Erwgr. 30) kann es dabei nicht darauf ankommen, wann die Funksendung ausgestrahlt wurde. Die DSM-RL ist bis zum 7.6.2021 umzusetzen.[300]

2. Vergütungsansprüche als Ausgleich von Schranken

102   Nach der gesetzlichen Regelung sollen den Sendeunternehmen – anders als den ausübenden
Künstlern, Veranstaltern, Herstellern von Tonträgern und Filmherstellern (§ 83, § 85 Abs. 4, § 94
Abs. 4) – unter dem Gesichtspunkt des Schutzes ihrer Funksendungen weder der Löschungs- und der
Vergütungsanspruch bei Aufnahmen von Schulfunksendungen (**§ 47 Abs. 2 S. 2**) zustehen noch der
Vergütungsanspruch aus **§ 54 Abs. 1,** der als Ausgleich für die Zulassung privater Vervielfältigungen
auf Bild- oder Tonträger vorgesehen ist.[301] Mit dem Rom-Abkommen (Art. 15 Nr. 1 Buchst. a und d
RA) und dem Europ. Abkommen zum Schutz von Fernsehsendungen (Art. 3 Abs. 1 Buchst. c EuFr-
SA) ist diese Einschränkung des Schutzes der Sendeunternehmen vereinbar.[302]

103   Ob den Sendeunternehmen **de lege ferenda** im Hinblick auf ihre Funksendungen Vergütungsansprüche aus § 47 Abs. 2 S. 2 und § 54 Abs. 1 (vgl. § 53 Abs. 5 aF) zuerkannt werden sollen, war auch
nach der UrhG-Novelle 1985,[303] die ablehnend entschieden hat, umstritten.[304] Die UrhG-Novelle
2003[305] hat jedoch daran, dass den Sendeunternehmen im Hinblick auf ihre Funksendungen keine
Vergütungsansprüche aus § 47 Abs. 2 S. 2 und § 54 Abs. 1 zustehen, nichts geändert. Ein im Gesetzgebungsverfahren gestellter Änderungsantrag, der darauf abzielte, die Sendeunternehmen an den Vergütungen gemäß § 54 zu beteiligen, wurde nicht angenommen.[306] Das Zweite Gesetz zur Regelung

---

[293] Die Schutzdauer ist durch das 3. UrhGÄndG von bis dahin 25 Jahren auf 50 Jahre ausgedehnt worden
(→ Rn. 32; Übergangsregelung in § 137f).
[294] → Rn. 66 ff.; aA *von Münchhausen* S. 148 ff., die – wenig praktikabel – vor allem darauf abstellt, welchen
Aufwand das Sendeunternehmen – insbesondere im Hinblick auf einen Neuerwerb der Rechte – für die Neuausstrahlung tätigen musste.
[295] → Rn. 29.
[296] Vgl. Begr. des RegE eines 3. UrhG-ÄndG, BT-Drs. 13/781, 10 und 15; sa *Schack* Rn. 706.
[297] → Rn. 35.
[298] Zur Anwendung des Zitatrechts (§ 51 Nr. 2) vgl. EuGH GRUR 2019, 929 Rn. 66 ff. – Pelham/Hütter ua.
[299] Zur DSM-RL → § 15 Rn. 1.
[300] Art. 29 Abs. 1 DSM-RL.
[301] Der Rechtsausschuss des Bundestages hat ein schutzwürdiges Interesse der Sendeunternehmen an diesen
Rechten verneint (UFITA 45 [1965], 155 (208); UFITA 46 [1966], 143 (198); *Stolz* GRUR 1983, 632 (634); *von
Münchhausen* S. 232 ff.).
[302] Ebenso *von Münchhausen* S. 270 ff.; *Schack* GRUR-Int 2009, 490 (492).
[303] → Rn. 28.
[304] Bejahend: *Krüger-Nieland* GRUR 1982, 253 und GRUR 1983, 345; *Flechsig* GRUR 1980, 1046 (1051); *Ossenbühl* GRUR 1984, 841; *Stolz* S. 121 ff.; *Stolz* UFITA 96 (1983), 55 (86); *Stolz* GRUR 1983, 632 und GRUR
1986, 859 ff.; *Hillig* UFITA 102 (1986), 11 (23); *Rumphorst* Copyright 1982, 211; *Triebe* S. 171 ff.; verneinend:
Möller FuR 1983, 240 (249); *Schack* GRUR 1985, 197 (200 f.); *Schorn* GRUR 1982, 644; *Schorn* GRUR 1983,
718; *von Münchhausen* S. 277 ff.; vgl. auch *Krieger* GRUR-Int 1983, 429.
[305] → Rn. 35.
[306] Vgl. Bericht des BT-Rechtsausschusses, BT-Drs. 15/837, 31; sa *Flechsig* ZUM 2004, 249 (254).

des Urheberrechts in der Informationsgesellschaft vom 26.10.2007 („2. Korb")[307] hat die Gesetzeslage hinsichtlich der Beteiligung der Sendeunternehmen an den Vergütungsansprüchen aus § 47 Abs. 2 S. 2 und § 54 Abs. 1 unverändert gelassen.[308]

Die Regelung des § 87 Abs. 4 berücksichtigt jedoch nicht, dass auch die Sendeunternehmen nach **104** **Art. 2 Buchst. e, Art. 5 Abs. 2 Buchst. b InfoSoc-RL** Anspruch auf einen gerechten Ausgleich haben, wenn für ihre Sendungen eine Privatkopieausnahme eingeführt ist. Dem widerspricht § 87 Abs. 4, soweit er die Beteiligung der Sendeunternehmen an der Gerätevergütung vollständig ausschließt.[309] Der Verstoß gegen das Unionsrecht führt allerdings nicht dazu, dass § 87 Abs. 4 insoweit unanwendbar wird[310] und die Sendeunternehmen an der Gerätevergütung zu beteiligen sind.[311] Bei der Regelung des gerechten Ausgleichs steht den Mitgliedstaaten ein weites Ermessen zu.[312] Da der gerechte Ausgleich für die Sendeunternehmen anders geregelt werden könnte als für die anderen in Art. 2 InfoSoc-RL genannten Rechtsinhaber, kann die unionsrechtliche Regelung nicht unmittelbar in das inländische Recht hineinwirken. Einen unionsrechtlichen Staatshaftungsanspruch hat der BGH – allerdings vor den Urteilen des EuGH „Luksan/van der Let" und „Amazon/Austro-Mechana"[313] – abgelehnt.[314]

Nach Art. 5 Abs. 2 Buchst. b InfoSoc-RL ist den Sendeunternehmen nur insoweit ein **gerechter** **105** **Ausgleich** für eine Privatkopieausnahme zu gewähren, als diese das Vervielfältigungsrecht der Sendeunternehmen aus Art. 2 Buchst. e InfoSoc-RL einschränkt. Das Vervielfältigungsrecht bezieht sich nur auf (unmittelbare oder mittelbare) Vervielfältigungen einer Aufzeichnung der Sendung, setzt also voraus, dass die Vervielfältigung auf einer Aufzeichnung der Sendung beruht. Das Recht greift demnach nicht ein, wenn Empfänger eine Live-Sendung mitschneiden.[315] Nach dem Unionsrecht ist den Sendeunternehmen ein gerechter Ausgleich auch nur für den Schaden zu gewähren, der ihnen gerade durch die Privatkopieausnahme entstanden ist. Ausgleichspflichtig ist daher nur der Schaden, den die Sendeunternehmen unmittelbar dadurch erleiden, dass Endnutzer aufgrund der Schranke Aufzeichnungen ihrer Sendungen vervielfältigen dürfen.[316]

Soweit die Sendeunternehmen als **Tonträger- und Filmhersteller** Leistungsschutzrechte erwerben, stehen ihnen insoweit auch die Vergütungsansprüche aus § 47 Abs. 2 S. 2 und § 54 Abs. 1 zu.[317] **106** Diese Ansprüche sind unverzichtbar (§ 85 Abs. 4, § 94 Abs. 4 iVm § 63a).[318] Zwar werden Sendeunternehmen als solche den Schutz des § 63a kaum benötigen. Andere Tonträger- und Filmhersteller können aber, insbesondere als Vertragspartner von Sendeunternehmen, als erheblich schwächere Vertragspartei auf den Schutz des § 63a angewiesen sein.

3. Sonstige Beschränkungen des Schutzumfangs

a) Abwägung mit Grundrechten Dritter. Das Recht der Sendeunternehmen ist grundrechtlich **107** als Eigentum geschützt.[319] Es unterliegt jedoch den Schranken der §§ 44a ff. Bei der Bestimmung des Schutzumfangs des Rechts[320] und der Auslegung und Anwendung der Schranken[321] ist auch die Zielsetzung der InfoSoc-RL zu berücksichtigen (vgl. Erwgr. 31; vgl. auch Erwgr. 3). Diese bezweckt einen angemessenen Rechts- und Interessenausgleich zwischen den Interessen der Inhaber von Urheber- und verwandten Schutzrechten am Schutz ihres in Art. 17 Abs. 2 GRCh verankerten Rechts am

---

[307] BGBl. I S. 2513.
[308] Vgl. dazu die Begr. des RegE für den „2. Korb", BT-Drs. 16/1828, 16 ff.; zustimmend *Schack* GRUR-Int 2009, 490 ff.; dagegen *Arnold/Langhoff* ZUM 2006, 605 ff.; s. dazu auch *Katzenberger* GRUR-Int 2006, 190 ff.
[309] Vgl. *Flechsig* ZUM 2004, 249 ff., *Götting*, Beteiligung der Sendeunternehmen, S. 47 ff.; *Triebe* S. 221 ff.; *Möhring/Nicolini/Hillig* UrhG § 87 Rn. 41.1; *Leistner* ZGE 2013, 312 ff.; aA *Schack* Rn. 708; vgl. weiter *Wandtke/Bullinger/Ehrhardt* UrhG § 87 Rn. 21.
[310] Vgl. EuGH ZIP 2014, 287 Rn. 41 ff.; weiter → § 15 Rn. 133. Abweichend von *Leistner* (ZGE 2013, 312 (362 f.)) kann die klare Regelung in § 87 Abs. 4 nicht durch teleologische Reduktion in ihr Gegenteil verkehrt werden.
[311] Vgl. auch OLG München GRUR-RR 2019, 57 Rn. 14 ff.: jedenfalls keine richtlinienkonforme Auslegung contra legem (Gz. des BGH I ZR 206/18); Anm.: *Hillig* GRUR-Prax 2019, 64); *Flechsig* ZUM 2004, 249 (253 f.).
[312] EuGH GRUR 2013, 1025 Rn. 20 f. – Amazon/Austro-Mechana.
[313] EuGH GRUR 2012, 489 Rn. 96 ff. – Luksan/van der Let mAnm *Obergfell;* EuGH GRUR 2013, 1025 Rn. 46 ff. – Amazon/Austro-Mechana.
[314] Vgl. BGH GRUR 2010, 924 – gerechter Ausgleich; die Verfassungsbeschwerde wurde nicht zur Entscheidung angenommen (BVerfG ZUM 2011, 236). Zur Verfassungsmäßigkeit des Ausschlusses der öffentlich-rechtlichen Rundfunkanstalten von einer Beteiligung am Vergütungsaufkommen des § 54 Abs. 1 vgl. BVerfG NJW 1988, 1715; sa *Triebe* S. 193 ff.; *Schack* GRUR-Int 2009, 490 (495); *Bernhöft* S. 247 ff.
[315] → Rn. 11.
[316] Vgl. EuGH GRUR 2013, 1025 Rn. 23, 32, 58 f. – Amazon/Austro-Mechana; aA *Leistner* ZGE 2013, 312 (351 ff., 359): Ersatz auch für mittelbare Schäden wie den Ausfall von Werbeeinnahmen und Lizenzentgelten für Wiederholungssendungen.
[317] → Rn. 40.
[318] AA *Flechsig* ZUM 2012, 855 (857 ff.); weiter → § 15 Rn. 193, 199 f.
[319] Vgl. zu Art. 17 Abs. 2 GRCh: EuGH GRUR-Int 2013, 964 Rn. 10, 20, 21 – UEFA/Europäische Kommission (Beschränkung ausschließlicher Fernsehrechte im Interesse der Information der Öffentlichkeit über Ereignisse, denen der betreffende Mitgliedstaat eine erhebliche gesellschaftliche Bedeutung zumisst); vgl. auch EuGH GRUR 2019, 929 Rn. 32 ff. – Pelham/Hütter ua (zum Schutzrecht des Tonträgerherstellers); vgl. zu Art. 14 GG: BVerfG GRUR 2016, 690 Rn. 65 – Metall auf Metall (zu § 85). Öffentlich-rechtliche Rundfunkanstalten können sich auf Art. 14 Abs. 1 S. 1 GG nicht berufen → Rn. 45.
[320] Vgl. EuGH GRUR 2019, 929 Rn. 26 ff. – Pelham/Hütter ua.
[321] Vgl. EuGH GRUR 2019, 940 Rn. 51 ff. – Spiegel Online/Volker Beck; dazu → § 15 Rn. 123.

geistigen Eigentum auf der einen Seite und dem Schutz der Interessen und Grundrechte der Nutzer von Schutzgegenständen sowie dem Allgemeininteresse auf der anderen Seite.[322] Beschränkungen des Rechts ergeben sich dadurch insbesondere aus der Meinungsfreiheit, der Informationsfreiheit und der Kunstfreiheit.[323]

108 Nach der Rechtsprechung des EuGH ist der angemessene Ausgleich zwischen den verschiedenen (Grund-)Rechten und Interessen in der InfoSoc-RL selbst verankert. Es ist daher konseqent, dass der EuGH entschieden hat, dass eine weitere Begrenzung der in der InfoSoc-RL geregelten Verwertungsrechte nicht durch eine **Berufung auf Grundrechte** außerhalb der in Art. 5 Abs. 2 und 3 InfoSoc-RL vorgesehenen Ausnahmen und Beschränkungen gerechtfertigt werden kann.[324]

109 **b) Freie Benutzung.** Nach dem Urteil des EuGH „Pelham/Hütter ua" betrifft die Abgrenzung einer freien Benutzung von der Verletzung des Schutzrechts den unionsrechtlich zu bestimmenden Schutzumfang der Verwertungsrechte.[325] Das Unionsrecht bestimmt, ab wann keine urheberrechtlich relevante Werknutzung mehr gegeben ist.[326] Die Regelung der freien Benutzung in § 24 ist mit dem Unionsrecht daher nicht vereinbar und deshalb unanwendbar.[327]

XI. Vermutung der Rechtsinhaberschaft (Abs. 4)

110 Nach § 87 Abs. 4 gilt die **Urhebervermutung des § 10 Abs. 1** für die Rechte der Sendeunternehmen entsprechend.[328] Voraussetzung ist nach § 10 Abs. 1, dass das Sendeunternehmen auf Vervielfältigungsstücken seiner Sendung in der üblichen Weise als Rechtsinhaber bezeichnet ist. Die Vermutung kann dabei zB an die Verwendung einer Senderkennung oder Angaben im Vorspann oder Abspann anknüpfen.[329] Die bloße Ausstrahlung der Sendung mit solchen Hinweisen begründet die Vermutung nicht.[330] Aufgrund analoger Anwendung des § 10 Abs. 1 kann die Vermutung jedoch eingreifen, wenn die Funksendung durch **Einstellen in das Internet** öffentlich zugänglich gemacht und dabei das Sendeunternehmen in üblicher Weise als Rechtsinhaber bezeichnet wird.[331]

111 Die in § 87 Abs. 4 nicht genannte Vorschrift des **§ 10 Abs. 3** ist nicht entsprechend anzuwenden.[332] Aus § 10 Abs. 3 S. 2 ergibt sich nichts anderes. Diese Vorschrift bleibt auch dann verständlich, wenn sie nicht für Sendeunternehmen entsprechend gilt, weil § 10 auf die verwandten Schutzrechte aus § 70 und § 72 uneingeschränkt anzuwenden ist.[333] Die Anwendung des § 10 Abs. 3 auf die Inhaber abgeleiteter Rechte an Funksendungen iSd § 87 wäre auch nicht sachgerecht:[334] Es ist Sache solcher Rechtsinhaber, ihren Rechtserwerb beweiskräftig zu dokumentieren. Der Anspruchsgegner hat in diese Vorgänge keinen Einblick.

XII. Verpflichtung zum Vertragsschluss über die Kabelweitersendung (Abs. 5)

1. Zweck der Vorschrift

112 Zweck der Vorschrift ist es, den Abschluss von Verträgen über Kabelweitersendungen iSd § 20b Abs. 1 zu fördern, bei denen gesendete Werke im Rahmen eines zeitgleich, unverändert und vollständig weiterübertragenen Programms durch Kabel- oder Mikrowellensysteme weitergesendet werden sollen (vgl. Erwgr. 30 Satelliten- und Kabel-RL).

2. Auslegung

113 Die Auslegung des Abs. 5 S. 1 (früher Abs. 4)[335] ist am Inhalt der **Satelliten- und Kabel-RL** auszurichten, deren Umsetzung sie dient.[336] Die Vorschrift des Abs. 5 S. 1 ist mit Art. 9 Satelliten- und

[322] Vgl. EuGH GRUR 2019, 929 Rn. 32 ff., 59 ff. – Pelham/Hütter ua; weiter → Rn. 75.
[323] Vgl. weiter → § 15 Rn. 43, 316.
[324] Vgl. EuGH GRUR 2019, 940 Rn. 40 ff. – Spiegel Online/Volker Beck; EuGH GRUR 2019, 934 Rn. 55 ff. – Funke Medien/Bundesrepublik Deutschland; vgl. dazu auch GA Szpunar, SchlA v. 25.10.2018 – C-469/17 in Funke Medien/Bundesrepublik Deutschland, Rn. 40 ff.; vgl. weiter → § 15 Rn. 316 f.
[325] Vgl. EuGH GRUR 2019, 929 Rn. 56 ff. – Pelham/Hütter ua.
[326] → Rn. 72 ff.
[327] Vgl. EuGH GRUR 2019, 929 Rn. 56 ff. – Pelham/Hütter ua; → Rn. 75.
[328] Zum Inhalt der Vermutung s. Fromm/Nordemann/Boddien UrhG § 87 Rn. 41; Grünberger GRUR 2006, 894 (897 ff.).
[329] Vgl. OLG Köln GRUR-RR 2018, 326 Rn. 85 – TV Pannenshow; Fromm/Nordemann/Boddien UrhG § 87 Rn. 40.
[330] Sa BeckOK UrhR/Hillig, 26. Ed. Stand 15.10.2019, § 87 Rn. 39.
[331] Vgl. auch BGH GRUR 2015, 258 Rn. 35 – CT-Paradies; v. Ungern-Sternberg GRUR 2015, 205 (206 f.).
[332] AA Dreier/Schulze/Schulze UrhG § 10 Rn. 58; Dreier/Schulze/Dreier UrhG § 87 Rn. 22a; Fromm/Nordemann/A. Nordemann UrhG § 10 Rn. 61.
[333] Vgl. Mestmäcker/Schulze/Hertin (Stand August 2010) UrhG § 10 Rn. 72.
[334] Vgl. dazu näher Gregor S. 264 f.
[335] → Rn. 35.
[336] → Rn. 10, 49; OLG München ZUM 201, 54 (62).

Kabel-RL vereinbar.[337] Sie will nur entsprechend der Vorgabe des Art. 12 Abs. 1 Satelliten- und Kabel-RL, der nach seiner Überschrift die „Verhinderung des Missbrauchs von Verhandlungspositionen" zum Ziel hat, sicherstellen, dass der Vertragsabschluss nicht treuwidrig ohne triftigen Grund verhindert wird. Nur unter diesen Voraussetzungen enthält die Vorschrift einen Kontrahierungszwang. Abs. 5 soll in erster Linie Kabelsendungen erleichtern (sa Art. 12 Abs. 1 Satelliten- und Kabel-RL: „Verhandlungen über die *Erlaubnis* der Kabelweiterverbreitung").

Von Bedeutung für die Auslegung des Abs. 5 S. 1 ist auch das Europäische Abkommen zum Schutz **114** von Fernsehsendungen vom 22.6.1960 **(EuFSA)**,[338] nach dessen Art. 3 Abs. 3 die Vertragsstaaten hinsichtlich der Kabelweitersendung von Fernsehsendungen eine Zwangsschlichtung nur für Fälle vorsehen können, in denen ein Sendeunternehmen das ihm nach Art. 1 Abs. 1 Buchst. c EuFSA zustehende Recht der öffentlichen Übertragung seiner Sendungen durch Kabelfunk in willkürlicher Weise verweigert oder unter unangemessenen Bedingungen gewährt.[339]

3. Normadressaten des Abs. 5 S. 1

Normadressaten des Abs. 5 S. 1 sind Sendeunternehmen und Kabelunternehmen. Beide Seiten sind **115** einander unter den Voraussetzungen des Abs. 5 gleichermaßen zum Vertragsschluss verpflichtet. Die Verpflichtung gilt bereits nach dem Wortlaut der Vorschrift („gegenseitig") auch für die Kabelunternehmen bei der Gewährung des Netzzugangs.[340] Sendeunternehmen unterliegen – entsprechend der Zielsetzung des Art. 12 Satelliten- und Kabel-RL – gemäß Abs. 5 S. 1 Hs. 2 nicht nur dann den Rechtspflichten aus Abs. 5, wenn sie Rechte an eigenen Funksendungen im engeren Sinne des Abs. 1 innehaben, sondern immer dann, wenn sie – originär oder abgeleitet erworbene – Rechte zur Kabelweitersendung (aus Urheberrechten oder Leistungsschutzrechten) geltend machen können, die nicht der Verwertungsgesellschaftenpflicht unterliegen (vgl. dazu § 20b Abs. 1, § 78 Abs. 4, § 94 Abs. 4).

4. Gegenstand und Inhalt des Vertrages

Gegenstand und Inhalt des abzuschließenden Vertrages ist die Gestattung der Kabelweitersendung iSd **116** § 20b Abs. 1 im Hinblick auf alle Senderechte (aus Urheberrechten oder Leistungsschutzrechten), die dem Sendeunternehmen an seinen Sendungen originär oder abgeleitet zustehen (vgl. Abs. 5 S. 1 Hs. 2).

5. Angemessene Bedingungen

Sendeunternehmen und Kabelunternehmen sind einander verpflichtet, einen Vertrag zu angemes- **117** senen Bedingungen abzuschließen.[341] Diese Pflicht bezieht sich nur auf die Bedingungen für die Einräumung der Nutzungsrechte, nicht auch auf sonstige Leistungsbeziehungen, die in dem Vertrag mit geregelt werden.[342] Der Vertragsschluss über die Kabelweitersendung darf nicht von vertragsfremden Zusatzleistungen abhängig gemacht werden.[343] Für die Beurteilung von Vertragsbedingungen für Leistungsbeziehungen anderer Art würde zudem der Schiedsstelle, die nach § 92 Abs. 2 VGG in Streitfällen angerufen werden kann, die besondere Sachkunde fehlen.

Kabelunternehmen werden nach Abs. 5 nur ausnahmsweise verpflichtet sein, **Kabelweitersendun-** **118** **gen** von Programmen, die nicht kostenlos zur Verfügung gestellt werden, durchzuführen, da es ihnen – soweit nicht medienrechtliche Verpflichtungen bestehen – grundsätzlich zugestanden werden muss, ihr unternehmerisches Verhalten bei der Nachfrage nach Rundfunkprogrammen so auszugestalten, wie sie es für richtig und sinnvoll halten.[344] Die Verpflichtung der Kabelunternehmen aus Abs. 5 zur Übernahme von Programmen iSd § 20b Abs. 1 wird daher kaum weiter gehen als nach Kartellrecht.[345]

6. Sachlich rechtfertigender Grund

Ein Vertragsschluss kann von Sendeunternehmen oder Kabelunternehmen abgelehnt werden, wenn **119** dafür ein sachlich rechtfertigender Grund besteht (Art. 12 Abs. 1 Satelliten- und Kabel-RL benutzt

---

[337] S. Begr. des RegE des 4. UrhGÄndG, BT-Drs. 13/4796, 15; *Treyde* S. 164 f.; *Rüberg* S. 155; aA *Gounalakis* NJW 1999, 545 (547); vgl. auch die Bedenken der Ausschüsse des Bundesrats BR-Drs. 257/1/06, 19.

[338] → Rn. 18; → Vor §§ 120 ff. Rn. 87 ff.

[339] Vgl. dazu Begr. des RegE des 4. UrhGÄndG, BT-Drs. 13/4796, 14.

[340] Vgl. BGH GRUR 2013, 618 Rn. 47 – Internet-Videorecorder II; OLG München ZUM 2012, 54 (61 f.); Schiedsstelle ZUM 2009, 180 (183); *Dreier/Schulze/Dreier* UrhG § 87 Rn. 26; *Hillig* MMR 2001, Beil. Nr. 2 S. 34 (37); *Schmittmann/Massini* AfP 2012, 22 (23); aA *Hahne* S. 170; *Weisser/Höppener* ZUM 2003, 597 (599); → Rn. 124 f.

[341] Vgl. dazu OLG München ZUM 2012, 54 (62 ff.); sa *Wandtke/Bullinger/Erhardt* UrhG § 87 Rn. 26 ff.; *Hein/Schmidt* K&R 2002, 409 (412 ff.); *Gounalakis/Mand* S. 96 ff.; *Weisser/Höppener* ZUM 2003, 597 (606); *Spindler* MMR 2003, 1 (5 ff.); *Neurauter* GRUR 2011, 691 (696); *Loewenheim/Flechsig* § 41 Rn. 65 f.; *Loewenheim/Castendyk* § 75 Rn. 326 ff.; vgl. auch *Dreier/Schulze/Dreier* UrhG § 87 Rn. 28.

[342] AA *Spindler* MMR 2003, 1 (8).

[343] Vgl. Begr. zu Art. 1 Nr. 18 des RegE für den „2. Korb", BT-Drs. 16/1828, 32.

[344] Vgl. dazu auch – zu § 26 GWB aF (§ 20 GWB nF) – BGH GRUR 1996, 808 (810 f.) – Pay-TV-Durchleitung.

[345] Dazu auch → Rn. 124 f.

die Wendung „nicht ohne triftigen Grund"; sa Art. 3 Abs. 3 EuFSA).[346] In den Materialien zu Abs. 5[347] ist dazu ausgeführt, ein sachlich rechtfertigender Grund könne im Einzelfall im tatsächlichen, aber auch im rechtlichen Bereich liegen. So könnten auch entgegenstehende medienrechtliche Vorschriften der Länder, insbesondere auch mangelnde Übertragungskapazitäten des Kabelunternehmens aufgrund medienrechtlicher Übertragungspflichten (vgl. § 52b Rundfunkstaatsvertrag), die Ablehnung des Vertragsabschlusses rechtfertigen. Das Verhalten des Anspruchstellers kann einen sachlich rechtfertigenden Grund zur Ablehnung des Vertragsschlusses geben (zB offensichtlich überhöhte Preisforderungen).[348] Ein Sendeunternehmen kann den Vertragsschluss über die digitale Kabelweitersendung seiner Sendungen nicht mit der Begründung ablehnen, es habe bereits der analogen Weitersendung zugestimmt.[349] Geht es um die Weitersendung von Programmpaketen ist bei der Beurteilung, ob ein sachlich rechtfertigender Grund für die Ablehnung eines Vertragsschlusses besteht, ggf. nach den einzelnen Programmen zu unterscheiden.[350]

7. Rechtsfolgen

120   Ein Kabelunternehmen, das nach Abs. 5 verlangen kann, dass das Sendeunternehmen mit ihm einen Vertrag über die Kabelweitersendung zu angemessenen Bedingungen abschließt, kann nach dem Urteil des BGH „Internet-Videorecorder II" gegen Unterlassungsansprüche des Sendeunternehmens einen **Zwangslizenzeinwand** erheben.[351] Über die Frage der gegenseitigen Verpflichtung zum Vertragsschluss über die Kabelweitersendung hat zunächst die Schiedsstelle zu entscheiden (§ 92 Abs. 2, § 128 Abs. 1 VGG).[352] Eine Verpflichtung des Sendeunternehmens zum Vertragsschluss setzt allerdings voraus, dass sich der Anspruch auf Kabelweitersendungen iSd § 20b Abs. 1 S. 1 bezieht, dh auf die zeitgleiche, unveränderte und vollständige Weitersendung des Programms des Sendeunternehmens. Schon diese Voraussetzung wird bei einem „Internet-Videorecorder" nicht erfüllt sein.[353]

121   Die Vorschrift des Abs. 5 begründet nicht nur Pflichten hinsichtlich des Abschlusses eines Vertrags, sondern auch hinsichtlich der **Beendigung eines bestehenden Vertrags.** Nach Sinn und Zweck des Abs. 5 ist es einem Normadressaten verwehrt, einen Vertrag zu beenden, wenn er danach gemäß Abs. 5 wieder zum Vertragsschluss verpflichtet wäre.[354]

122   Der Kontrahierungszwang begründet **kein Nutzungsrecht** zur Kabelweitersendung ohne vorherigen Abschluss eines Vertrags.[355]

8. Gemeinsamer Vertragsschluss (Abs. 5 S. 2)

123   Durch Abs. 5 S. 2 (eingefügt mit Wirkung vom 1.1.2008)[356] soll den Kabelunternehmen und den Sendeunternehmen ermöglicht werden, eine umfassende Vereinbarung mit allen Berechtigten, vor allem über die Gesamtsumme der Vergütungen, die für die Kabelweitersendung zu zahlen sind, herbeizuführen, sofern nicht an einer Ablehnung eines gemeinsamen Vertragsschlusses sachlich rechtfertigender Grund besteht. Die Verwertungsgesellschaften mussten in Abs. 5 nicht zum Vertragsschluss verpflichtet werden, weil sie ohnehin dem – weitergehenden – Abschlusszwang des § 34 VGG unterliegen.

9. Ansprüche aus anderen Rechtsgründen

124   Abs. 5 schließt Ansprüche aus anderen Rechtsgründen, insbesondere aus **Kartellrecht,** nicht aus.[357] Ein marktbeherrschendes Unternehmen kann einem Kontrahierungszwang unterliegen, wenn nur auf diese Weise eine kartellrechtswidrige Diskriminierung oder unbillige Behinderung beseitigt oder vermieden werden kann.[358] Aus dem Kartellrecht kann sich auch ergeben, dass ein Rechtsinhaber verpflichtet ist, Nutzungswilligen ein Nutzungsrecht einzuräumen.[359]

---

[346] Dazu auch → Rn. 18.

[347] Früher Abs. 4, → Rn. 35; Begr. des RegE des 4. UrhGÄndG, BT-Drs. 13/4796, 15.

[348] Vgl. OLG München ZUM 2012, 54 (62); Möhring/Nicolini/*Hillig* UrhG § 87 Rn. 47.

[349] Vgl. Begr. zu Art. 1 Nr. 18 des RegE für den „2. Korb", BT-Drs. 16/1828, 32; s. weiter *Hahne* S. 168 f.; *Weisser*/*Höppener* ZUM 2003, 597 (604 ff.); *Wagner* FS Raue, 2006, 723 (733 f.); Loewenheim/*Flechsig* § 41 Rn. 61, 63.

[350] Sa *Wagner* FS Raue, 2006, 723 (734 f.).

[351] Vgl. BGH GRUR 2013, 618 Rn. 50 ff. – Internet-Videorecorder II; vgl. weiter → Rn. 125. Zur Frage, ob die Ablehnung eines Vertragsschlusses ohne sachlich rechtfertigenden Grund zum Schadensersatz verpflichtet, s. *Weisser*/*Höppener* ZUM 2003, 597 (608 f.).

[352] Vgl. – noch zum UrhWG – BGH GRUR 2013, 618 Rn. 47 – Internet-Videorecorder II; *Schiedsstelle* ZUM 2017, 76 (79); vgl. weiter Möhring/Nicolini/*Hillig* UrhG § 87 Rn. 47.2.

[353] → § 20b Rn. 24. Weiter → Rn. 81; → § 15 Rn. 286.

[354] Vgl. – zu § 242 BGB – BGHZ 205, 355 = NZKart 2015, 353 Rn. 16 – Einspeiseentgelt; BGH NZKart 2016, 371 Rn. 22 – Gemeinschaftsprogramme; *Emde* NZKart 2013, 355 (360 f.).

[355] Vgl. OLG Dresden GRUR 2003, 601 (603 f.); sa *Weisser*/*Höppener* ZUM 2003, 597 (608 ff.); Loewenheim/*Flechsig* § 41 Rn. 61.

[356] Bereits bestehende Vereinbarungen zur Kabelweitersendung wurden durch die Neuregelung nicht berührt (vgl. Begr. des RegE für den „2. Korb", BT-Drs. 16/1828, 32).

[357] Vgl. dazu auch Begr. des RegE des 4. UrhGÄndG, BT-Drs. 13/4796, 15; zum Verhältnis des Abs. 5 zu den kartellrechtlichen Ansprüchen sa OLG Dresden GRUR 2003, 601 (603).

[358] Vgl. BGHZ 205, 355 = NZKart 2015, 353 Rn. 42 – Einspeiseentgelt.

[359] Vgl. BGHZ 154, 260 (265) = GRUR 2003, 956 (957) – Gies-Adler; BGHZ 160, 67 (72 ff.) = GRUR 2004, 966 (967 ff.) – Standard-Spundfaß; weiter → § 15 Rn. 45, 320.

Der Inhaber eines Kabelnetzes kann durch das Kartellrecht (gemäß § 19 Abs. 4 Nr. 4 GWB oder **125**
§§ 20, 33 GWB)[360] zur Durchleitung von Programmen an die Empfänger verpflichtet sein.[361] Lehnt
ein Rechtsinhaber unter Missbrauch einer marktbeherrschenden Stellung den Abschluss eines Lizenzvertrags ab (Art. 102 AEUV, §§ 19, 20 GWB), kann gegen den Unterlassungsanspruch unter bestimmten Voraussetzungen der kartellrechtliche **„Zwangslizenzeinwand"** geltend gemacht werden.[362]

Kulturpolitisch begründete nationale Regelungen, die Kabelunternehmen verpflichten, die von be- **126**
stimmten Rundfunkveranstaltern gesendeten Programme zu übertragen („must carry"), können mit
dem Unionsrecht vereinbar sein.[363] Aus den rundfunkrechtlichen Regelungen (§ 52b RStV), die
private Plattformanbieter verpflichten, öffentlich-rechtliche Fernseh- und Radioprogramme als **Must-
carry-Programme** in Kabelnetze einzuspeisen, folgt keine Pflicht der öffentlich-rechtlichen Rundfunkanstalten, mit den Plattformanbietern einen **Einspeisevertrag** zu schließen oder ein bestimmtes
Entgelt als Gegenleistung für die Einspeisung der Programmsignale zu zahlen.[364] In der Weigerung
einer Rundfunkanstalt, einen Einspeisevertrag zu schließen, liegt als solcher auch kein Missbrauch
einer marktbeherrschenden Stellung iSd § 19 GWB.[365]

10. Regeln für die Streitschlichtung

Vor einer auf Abs. 5 gestützten Klage auf Abschluss eines Vertrags über die Kabelweitersendung ist **127**
gemäß § 92 Abs. 2, § 128 Abs. 1 VGG ein Verfahren vor der Schiedsstelle durchzuführen. Dies gilt
nach auch dann, wenn Streit über die Frage besteht, ob bereits ein solcher Vertrag zustande gekommen ist.[366] Zum Verfahren vor der Schiedsstelle s. §§ 92 ff. VGG.

Abschnitt 6. Schutz des Datenbankherstellers

Vorbemerkung Vor §§ 87a ff.

Schrifttum: *Bart/Markiewicz,* Datenbank als schutzfähiges Werk im Urheberrecht, Fs Beier (1996), S. 343; *Bechtold,* Der Schutz des Anbieters von Information – Urheberrecht und Gewerblicher Rechtsschutz im Internet, ZUM
1997, 427; *Becker/Dreier* (Hrsg.), Urheberrecht und digitale Technologie, 1994; *Benecke,* Was ist „wesentlich"
beim Schutz von Datenbanken, CR 2004, 608; *Berberich,* Die urheberrechtliche Zulässigkeit von Thumbnails bei
der Suche nach Bildern im Internet, MMR 2005, 145; *Bensinger,* Sui-generis Schutz für Datenbanken, 1999; *Berger,*
Der Schutz elektronischer Datenbanken nach der EG-Richtlinie vom 11.3.1996, GRUR 1997, 169; *Bettin-
ger/Freytag,* Privatrechtliche Verantwortlichkeit für Links, CR 1998, 545; *Beushausen,* Modernes Wissensmanagment
trotz „amtlicher Werke"? – Zur urheberrechtlichen Schutzfähigkeit kommunaler Datenbanken, MMR 2007, VIII;
Chichon, Urheberrechte an Webseiten, ZUM 1998, 897; *Cornish,* European Community Directive on Database
Protection, Columbia VLA Journal of Law & the Arts 21/1 (1996) 1; *Dannecker,* Rechtsschutz nach der Datenbank-Richtlinie: Einführung „geeigneter Sanktionen", K&R 1999, 529; *Davison/Hugenholtz,* Football Fixtures,
Horseraces and Spin-offs: The ECJ Domesticates the Database Right, E I P R 2005, 113; *Derclaye,* Database Sui
Generis Right: What is a Substantial Investment? A Tentative Definition, IIC 2005, 2; *Deutsch,* Die Zulässigkeit des
so genannten „Screen-Scraping" im Bereich der Online-Flugvermittler, GRUR 2009, 1027; *ders./Friedmann,* Unlauterer Schleichbezug durch Screen-Scraping, GRUR-Prax 2013, 174; *Dittrich,* Einige Bemerkungen zum Schutz
schlichter Datenbanken, ÖBl 2002, 3; *Dreier,* Die Harmonisierung des Rechtsschutzes von Datenbanken in der EG,
GRUR-Int 1992, 739; *ders.,* Perspektiven einer Entwicklung des Urheberrechts, in Becker/Dreier (Hrsg.), Urheberrecht und digitale Technologie, 1994, S. 123; *Eggert,* Urheberrechtsschutz von Landkarten, 1999; *Ehmann,*
Datenbankurheberrecht, Datenbankherstellerrecht und die Gemeinschaft der Rechteinhaber – zugleich Besprechung von BGH „Gedichttitelliste I und II", GRUR 2008, 474; *Ernst/Vassilaki/Wiebe* (Hrsg.), Hyperlinks, 2002;
Flechsig, Der rechtliche Rahmen der europäischen Richtlinie zum Schutz von Datenbanken, ZUM 1997, 577;
ders./Fischer, Speicherung von Printmedien in betriebseigenen Datenbankarchiven und die Grenze ihrer betrieblichen Nutzung, ZUM 1996, 833; *Fikentscher,* Urhebervertragsrecht und Kartellrecht, in Beier/Götting/Lehmann/
Moufang (Hrsg.), Urhebervertragsrecht (= FS Schricker (1995), S. 149; *Fuchs,* Die Gemeinfreiheit von amtlichen

---

[360] Bis zum 31.12.1998: § 35, § 26 Abs. 2 GWB.
[361] Zu dieser Frage s. *Hahne* S. 136 ff.; Loewenheim/*Flechsig* § 41 Rn. 61; sa BGH GRUR 1996, 808 – Pay-TV-
Durchleitung; OLG Hamburg AfP 2000, 371; OLG Naumburg AfP 2000, 367. Zum Unterlassungsanspruch eines
Netzbetreibers gegen die Durchleitung von Programmsignalen in Breitbandkabelnetzen s. BGHZ 156, 172 =
GRUR 2004, 530 – Fremdeinspeisung = MMR 2004, 29 mAnm *Dierck*.
[362] Vgl. – zum Patentrecht – BGHZ 180, 312 = GRUR 2009, 694 Rn. 22 ff. – Orange-Book-Standard; EuGH
GRUR 2015, 764 – Huawei Technologies/ZTE; weiter → Rn. 120; → Vor §§ 44a ff. Rn. 23. Allgemein zum
Zwangslizenzeinwand *Augsburger,* Der kartellrechtliche Zwangslizenzeinwand, 2017; *Weber* S. 514 ff.; *Kurtz* ZGE
2017, 491; *Kellener/Verhauwen* GRUR 2018, 761; *McGuire* Mitt. 2018, 297.
[363] Vgl. EuGH ZUM 2008, 131 Rn. 24 ff. – United Pan-Europe Communications Belgium ua; EuGH
AfP 2009, 42 Rn. 19 ff. = K&R 2009, 249 mAnm *Rößner* – Kabel Deutschland/Niedersächsische Landesmedien-
anstalt für privaten Rundfunk; vgl. weiter Art. 31 der Universaldienstrichtlinie 2002/22/EG vom 7.3.2002 (ABl.
2002 L 108, S. 51 (66)) idF des Art. 1 Nr. 22 der Richtlinie 2009/136/EG vom 25.11.2009 (ABl. 2009 L 337,
S. 11 (28)).
[364] Vgl. BGH NZKart 2016, 371 Rn. 24 ff., 57 – Gemeinschaftsprogramme; BGH NZKart 2016, 374 Rn. 23 ff.
– NetCologne.
[365] Vgl. BGHZ 205, 355 = NZKart 2015, 353 Rn. 41 ff. – Einspeiseentgelt; BGH NZKart 2016, 371 Rn. 37 ff.,
58 f. – Gemeinschaftsprogramme; BGH NZKart 2016, 374 Rn. 26 ff. – NetCologne.
[366] Vgl. OLG Dresden GRUR 2003, 601 (604); sa *Weisser/Höppener* ZUM 2003, 597 (610 f.).

Datenbanken, UFITA 2008/I, S. 27; *v. Gamm,* Rechtsfragen bei Datenbanken, GRUR 1993, 203; *Gaster,* Der Rechtsschutz von Datenbanken, Kommentar zur Richtlinie 96/9/EG mit Erläuterungen zur Umsetzung in das deutsche und österreichische Recht, 1999 (zit. n. Rn.); *ders.,* Sui-generis-Recht der Datenbankrichtlinie, in Hoeren/Sieber (Hrsg.), Handbuch Multimediarecht, 2003; *ders.,* Der Rechtsschutz von Datenbanken im Lichte der Diskussion zu den urheberrechtlichen Aspekten der Informationsgesellschaft, in Dittrich (Hrsg.), Beiträge zum Urheberrecht IV, ÖSGRUM 19 (1996) 15; *ders.,* Urheberrecht und verwandte Schutzrechte in der Informationsgesellschaft, ZUM 1995, 740; *ders.,* Die neue EU-Richtlinie zum rechtlichen Schutz von Datenbanken, VPP-Rundbrief 1996, 107; *ders.,* Zur anstehenden Umsetzung der EG-Datenbankrichtlinie, CR 1997, 669 u. 717; *Gerhardt,* Aufbau und Erstellung von Datenbanken, in Wiebe/Leupold (Hrsg.) Teil I A und B, 2003; *v. Gierke,* Amtliche Datenbanken?, FS Loschelder, 2010, S. 87; *Grützmacher,* Urheber-, Leistungs- und Sui-generis-Schutz von Datenbanken, 1999; *Haberstumpf,* Der urheberrechtliche Schutz von Computerprogrammen, in Lehmann (Hrsg.), Rechtsschutz und Verwertung von Computerprogrammen, 2. Aufl. 1993, S. 69; *ders.,* Der Schutz elektronischer Datenbanken nach dem Urheberrechtsgesetz, GRUR 2003, 14; *Hackemann,* Rechtlicher Schutz von Datenbanken, CR 1991, 305; *ders.,* Urheberrechtlicher Schutz von Datenbanken – rechtsvergleichend und nach internationalem Recht, ZUM 1987, 269; *ders.,* Schutz multimedialer Datenbanken, CR 1998, 510; *ders./Scheller,* Die Verwirklichung der urheberrechtlichen Verwertungsrechte beim Einsatz neuer Medien in der Fachkommunikation, ZUM 1985, 154; *Heinrich,* Der rechtliche Schutz von Datenbanken, WRP 1997, 275; *Heinz,* Die europäische Richtlinie über den rechtlichen Schutz von Datenbanken in verfassungsrechtlicher und rechtstheoretischer Sicht, GRUR 1996, 455; *Herberger,* Die Datenbanken sind im Urheberrecht angekommen, JurPC 1996, 207; *Herrmann/Dehißelles,* Das Schutzrecht sui-generis an Datenbanken, K&R 2009, 23; *Hertin,* Datenbankschutz für topografische Landkarten, GRUR 2004, 646; *Hillig,* Der Schutz von Datenbanken aus der Sicht des deutschen Rechts, ZUM 1992, 325; *Hoebbel,* EG-Richtlinienentwurf über den Rechtsschutz von Datenbanken, CR 1993, 12; *ders.,* Der Schutz von elektronischen Datenbanken nach deutschem und kommendem europäischen Recht, in *Lehmann* (Hrsg.), Rechtsschutz und Verwertung von Computerprogrammen, 2. Aufl. 1993, S. 1015; *Hoeren,* Überlegungen zur urheberrechtlichen Qualifizierung des elektronischen Abrufs, CR 1996, 517; *ders.,* Multimedia = Multilegia, CR 1994, 390; *ders.,* Anm. zu EuGH Urteil vom 9.11.2004 – C-203/02 – BHB-Pferdewetten, in MMR 2005, 34; ders./Sieber (Hrsg.), Handbuch MultimediaRecht, 2003; *Hohagen,* WIPO-Sitzung zum zukünftigen Schutz von Datenbanken (Genf, 17.–19. September 1997), GRUR-Int 1998, 54; *Hornung,* Die EU-Datenbank-Richtlinie und ihre Umsetzung in das deutsche Recht, 1998; *Hubmann,* Der Schutz von Adressenverzeichnissen gegen unerlaubte Benutzung, FS Preu (1988), S. 77; *Jarass,* Richtlinienkonforme bzw. EG-rechtskonforme Auslegung nationalen Rechts, EuR 1991, 211; *Joppich,* Das Internet als Informationsnetz?, CR 2003, 504; *Jung,* Software zur Auswertung von Datenbanken zulässig – „Automobil-Onlinebörse", K&R 2011, 710; *Kahler/Helbig,* Umfang und Grenzen des Datenbankschutzes bei dem Screen Scraping von Online-Datenbanken durch Online-Reiseportale, WRP 2012, 48; *Kappes,* Rechtsschutz computergestützter Informationssammlungen, 1996; *ders.,* Gesetzliche Vergütungsansprüche bei der privaten Nutzung von computergestützten Informationsanlagen, GRUR 1997, 338; *Katzenberger,* Urheberrecht und Dokumentation, GRUR 1973, 629; *ders.,* Urheberrechtsfragen der elektronischen Textkommunikation, GRUR-Int 1983, 895; *ders.,* Urheberrecht und Datenbanken, GRUR 1990, 94; *ders.,* Internationalrechtliche Aspekte des Schutzes von Datenbanken, ZUM 1992, 332; *ders.,* TRIPS und das Urheberrecht, GRUR-Int 1995, 447; *Kazemi,* Online-Nachrichten in Suchmaschinen, CR 2007, 94; *Kindler,* Leistungsschutz für Datenbanken ohne Werkcharakter – Eine Zwischenbilanz, K & R 2000, 265; *Klein,* Die Zweitverwertung von Stellenanzeigen, GRUR 2005, 377; *Koch,* Grundlagen des Urheberrechtsschutzes im Internet und in Online-Diensten, GRUR 1997, 417; *ders.,* Zur Regelung der Online-Übermittlung von Datenbanken im Diskussionsentwurf zum Fünften Urheberrechtsänderungsgesetz, ZUM 2001, 839; *M. Köhler,* Der Schutz von Websites gemäß §§ 87a ff. UrhG, ZUM 1999, 548; *Kotthoff,* Zum Schutz von Datenbanken beim Einsatz von CD-ROMs in Netzwerken, GRUR 1997, 597; *Krekel,* Die digitale Datenbank – Aktuelle Probleme im Recht des Datenbankherstellers, WRP 2011, 436; *Kur/Hilty/Geiger/Leistner,* First Evaluation of The Directive 96/9/EC of the Legal Protection of Databases – Comment by the Max Planck Institute for Intellectual Property, Competition and Tax Law, Munich, IIC 2006, 551; *Kur,* Erste Evaluierung der Richtlinie 96/9/EG über den rechtlichen Schutz von Datenbanken – Stellungnahme des Max-Planck-Instituts für Geistiges Eigentum, Wettbewerbs- und Steuerrecht, GRUR-Int 2006, 725; *Kutscher,* Über den Gerichtshof der Europäischen Gemeinschaft, EuR 1981, 392; *Lehmann,* Die neue Datenbankrichtlinie und Multimedia, NJW-CoR 1996, 249; *ders.,* Einführung zur Richtlinie 96/9/EG des Europäischen Parlaments und des Rates vom 11. März 1996 über den rechtlichen Schutz von Datenbanken, in Möhring/Schulze/Ulmer/Zweigert (Hrsg.), Quellen des Urheberrechts, Europäisches Gemeinschaftsrecht II/5; *ders.* (Hrsg.), Internet- und Multimediarecht, 1996; *Leistner,* Der Rechtsschutz von Datenbanken im deutschen und europäischen Recht, 2000; *ders.,* „Last exit" withdrawal?, K&R 2007, 457; *ders.,* Anm. zum Urteil des EuGH in der Rechtssache C-304/07 – Directmedia Publishing, JZ 2009, 101; *ders.,* Die Landkarte als Datenbank, GRUR 2014, 528; *ders.,* Urheber- und wettbewerbsrechtlicher Schutz der Website und rechtliche Beurteilung von Hyperlinks, in Bettinger/Leistner (Hrsg.), Werbung und Vertrieb im Internet, 2003, Teil 1 B S. 63; *ders.,* Anm. zum EuGH Urteil vom 9.11.2004 C 203/02 – BHB-Pferdewetten, JZ 2005, 408; *ders.,* Der Schutz von Telefonverzeichnissen und das neue Datenbankherstellerrecht, MMR 1999, 636; *ders.,* Der neue Rechtsschutz des Datenbankherstellers, GRUR-Int 1999, 819; *ders.,* Recht der elektronischen Datenbanken: Urheberrecht und Datenbankherstellerrecht, in Wiebe/Leupold (Hrsg.), Recht der elektronischen Datenbanken, 2003, Teil II A und B; *ders.,* Verwandte Schutzrechte im europäischen Urheberrecht: Eine Untersuchung am Beispiel des Datenbankherstellerschutzes, FS Dietz (2001), S. 493; *Leistner,* Was lange währt ...: EuGH entscheidet zur Schutzfähigkeit geografischer Karten als Datenbanken, GRUR 2016, 42; *Leupold,* Auswirkungen der Multimedia-Gesetzgebung auf das Urheberrecht, CR 1998, 234; *v. Lewinski,* Kommentar zu Art. 7 IuKDG, in Roßnagel (Hrsg.), Recht der Multimediadienste, 1999; *dies.,* Die WIPO-Verträge zum Urheberrecht und zu verwandten Schutzrechten vom Dezember 1996, CR 1997, 438; *dies.,* Die diplomatische Konferenz der WIPO 1996 zum Urheberrecht und zu den verwandten Schutzrechten, GRUR-Int 1997, 667; *dies.,* Der Schutz von Datenbanken: Rechtsangleichung in der EG, MR 1992, 178; *Lober/Neumüller,* Kurzkommentar zu OLG Frankfurt a. M. v. 5.3.2009, 6 U 221/08, EWiR 2010, 229; *Loewenheim,* Harmonisierung des Urheberrechts in Europa, GRUR-Int 1997, 285; *ders.,* Urheberrechtliche Grenzen der Verwendung geschützter Dokumente in Datenbanken, 1994 (zitiert: Loewenheim Urheberrechtliche Grenzen); *Marek,* Glossar zum Bereich Informationswesen, 1981; *Maurer/Hugenholtz,* Europe's Database Experiment, Sience Vol. 294 vom 26.10.2001, S. 789; *Mehrings,* Vertragliche Aspekte der Nutzung von Online- und CD-ROM-Datenbanken, NJW 1993, 3102; *ders.,* Wettbewerbsrechtlicher Schutz von Online-Datenbanken, CR 1990, 305; *ders.,* Der Rechtsschutz computergestützter Fachinformation, 1990; *Melichar,* Virtuelle Bibliotheken und Urheberrecht, CR 1995, 756; *Metzger,* Der Einfluss der EuGH auf die gegenwärtige Entwicklung des Urheberrechts, GRUR 2012, 118; *Milbradt,* Urheberrechtsschutz von Datenbanken – Im Spannungsverhältnis zwischen Informationsfreiheit und Schutz des Datenbankherstellers, CR 2002, 710; *Moufang,* Datenbankverträge, in Beier/Götting/Lehmann/Moufang (Hrsg.), Urhebervertragsrecht (= FS Schricker (1995), S. 571; *Müglich,* Urheberrechtsschutz digitaler Kartenwerke, CR 1995, 257; *Nolte,* Paperboy oder die Kunst, den Informationsfluss zu regulieren, ZUM 2003, 540; *Nordemann/Hertin,* Die juristische Datenbank in urheber- und wettbewerbsrechtlicher Sicht, NJW 1971, 857; *Ott,* Die urheberrechtliche Zulässigkeit des Framing nach der BGH-Entscheidung im Fall „Paperboy", ZUM 2004, 357; *Plaß,* Hyperlinks im Spannungsfeld von Urheber-, Wettbewerbs- und Haftungsrecht, WRP 2000, 599; *dies.,* Der Aufbau und die Nutzung eines Online-Volltextsystems durch öffentliche Bibliotheken aus urheberrechtlicher Sicht, WRP 2001, 195; *Raczinski/Rademacher,* Urheberrechtliche Probleme beim Aufbau und Betrieb einer juristischen Datenbank, GRUR 1989, 324; *Raue/Bensinger,* Umsetzung des sui-generis-Rechts an Datenbanken in den §§ 87a ff. UrhG, MMR 1998, 507; *Reinbothe,* Der Schutz des Urheberrechts und der Leistungsschutzrechte im Abkommensentwurf GATT/TRIPS, GRUR-Int 1992, 707; *Rieger,* Der rechtliche Schutz wissenschaftlicher Datenbanken, 2010; *Röttinger,* Der Rechtsschutz von Datenbanken nach EG-Recht, ZUM 1992, 594; *Schack,* Die urheberrechtliche Gestaltung von Webseiten unter Einsatz von Links und Frames, MMR 2001, 9; *Schapiro/Jensson,* Anmerkung zu BGH, Beschluss vom 16. Mai 2013 – I ZR 46/12 – Die Realität, ZUM 2013, 665; *Scheller,* Wettbewerbsrechtliche Aspekte beim Schutz von Datenbanken und ihrer Nutzung, CR 1988, 806; Schneider (Hrsg.), Lexikon der Informatik und Datenverarbeitung, 3. Aufl. 1993; *Schricker,* Urheber- und wettbewerbsrechtlicher Schutz von Telefonbüchern und Telefonbuchdaten, ArchivPT 1996, 5; *ders.,* Abschied von der Gestaltungshöhe, FS Kreile (1994), S. 715; *ders.,* Hundert Jahre Urheberrechtsentwicklung, GRUR-FS (1991), S. 1095; *Sendrowski,* Zum Schutzrecht „sui generis" an Datenbanken, GRUR 2005, 369; *Sieber,* Informationsrecht und Recht der Informationstechnik, NJW 1989, 2569; *Sosnitza,* Das Internet im Gravitationsfeld des Rechts: Zur rechtlichen Beurteilung sogenannter Deep Links, CR 2001, 693; *Spindler,* Das Ende der Links: Framing und Hyperlinks auf rechtswidrige Inhalte als eigenständige Veröffentlichung? GRUR 2016, 157; *ders.,* Die Entwicklung des EDV-Rechts, K&R 2008, 565; *ders.,* Bildersuchmaschinen, Schranken und konkludente Einwilligung im Urheberrecht – Besprechung der BGH-Entscheidung „Vorschaubilder", GRUR 2010, 785; *Tountopoulos,* Das private Handelsregister und die Datenbankrichtlinie, CR 1998, 129; *Ubertazzi,* Der urheberrechtliche Schutz von elektronischen Datenbanken in Italien, GRUR-Int 1985, 294; *Ullmann,* Die Einbindung der elektronischen Datenbanken in den Immaterialgüterschutz, FS Brandner (1996), S. 507; *Ulmer,* Einspeicherung und Wiedergewinnung urheberrechtlich geschützter Werke durch Computer-Anlagen, GRUR 1971, 297; *v. Ungern-Sternberg,* Schlichte einseitige Einwilligung und treuwidrig widersprüchliches Verhalten des Urheberberechtigten bei Internetnutzungen, GRUR 2009, 369; *ders.,* Urheberrechtliche Verwertungsrechte im Lichte des Unionsrechts, GRUR 2012, 1198; *ders.,* Die Bindungswirkung des Unionsrechts und der urheberrechtlichen Verwertungsrechte, FS Bornkamm (2014), S. 1007; *ders.,* Die Rechtsprechung des Bundesgerichtshofs zum Urheberrecht und zu den verwandten Schutzrechten in den Jahren 2006 und 2007, GRUR 2008, 193 (Teil I), 291 (Teil II); *ders.,* Die Rechtsprechung des Bundesgerichtshofs zum Urheberrecht und zu den verwandten Schutzrechten in den Jahren 2008 und 2009, GRUR 2010, 273 (Teil I), 386 (Teil II); *Völker/Lührig,* Abwehr unerwünschter Inline-Links, K&R 2000, 20; *Vogel,* Wenn die Computer zu Archiven werden, Blick durch die Wirtschaft v. 20.1.1997, S. 10; *ders.,* Die Umsetzung der EG-Richtlinie 96/9/EG über den rechtlichen Schutz von Datenbanken in Art. 7 des Regierungsentwurfs eines Informations- und Kommunikationsdienstegesetzes, ZUM 1997, 592; *ders.,* Von Johann Stephan Pütter und von der Rechtsprechung des Europäischen Gerichtshofs zum Datenbankherstellerrecht, FS Schricker (2005), S. 567; *Volkmann,* Haftung für fremde Inhalte: Unterlassungs- und Beseitigungsansprüche gegen Hyperlinksetzer im Urheberrecht, GRUR 2005, 200; *Weber,* Schutz von Datenbanken – Ein neues Immaterialgüterrecht?, UFITA 132 [1996] 5; *Westkamp,* Der Schutz von Datenbanken und Informationssammlungen im britischen und deutschen Recht, 2003; *Wiebe,* Europäischer Datenbankschutz nach „William Hill" – Kehrtwende zur Informationsfreiheit?, CR 2005, 169; *ders.,* Information als Naturkraft – Immaterialgüterrecht in der Informationsgesellschaft, GRUR 1994, 233; *Wiebe,* Schutz von Maschinendatendurch das sui-generis-Schutzrecht für Datenbanken, GRUR 2017, 338; *ders.,* Landkarten als Datenbanken: Der Informationswert von Daten, GRUR-Prax 2016, 49; *ders.,* Rechtsschutz von Datenbanken und europäische Harmonisierung, CR 1996, 198; *ders./Funkat,* Multimediaanwendung als urheberrechtlicher Schutzgegenstand, MMR 1998, 404; Wiebe/Leupold [Hrsg.], Recht der elektronischen Datenbanken, 2003; *Wittmann,* Umsetzung der Datenbankrichtlinie, MR 1997, 130; *Zuleeg,* Die Auslegung des europäischen Gemeinschaftsrechts, EuR 1969, 97.

Übersicht

I. Allgemeines

1. Wesensmerkmale der Datenbank

1 Mit dem Einzug digitaler Technik in das Gebiet des Informationswesens und der Entstehung globaler Informationsmärkte haben die Sammlung und die Bereitstellung von Daten vielfältigster Art eine vordem ungeahnte wirtschaftliche Dimension erfahren. **Neben die traditionellen Informationsträger** des Buches, der Kartei, der Mikrofilme und -fiches ua. sind seither immer leistungsfähigere **elektronische Informationsspeicher** getreten, die entweder online zugänglich sind oder – etwa als CD-ROM, DVD oder als bespielte Festplatten, Sticks ua. – in körperlicher Form erworben und offline genutzt werden können. Sie zeichnen sich durch ihre nahezu unbegrenzte Speicherkapazität aus und durch die Möglichkeit, gesammelte Informationen aller Art wie zB Werke, Texte, Töne, Bilder, Daten, Zahlen und Fakten in demselben technischen Format elektronisch, elektromagnetisch, elektrooptisch oder durch andere Verfahren unter Verwendung von Computerprogrammen zu ordnen, zu speichern und sodann einzeln zugänglich zu machen.[1] Mit den traditionellen Sammlungen der Nachschlagewerke oder -verzeichnisse in Papierform (Lexika, Adressbücher, Kataloge, Statistiken etc.) haben derartige elektronische Datenbanken trotz aller Unterschiede wesensmäßige Gemeinsamkeiten: Sie sind **inhaltlich abgegrenzt,** die gesammelten Informationen sind **nach bestimmten** – nicht notwendig logischen – **Prinzipien geordnet** und auf die gespeicherten Informationen kann **einzeln unter bestimmten Suchkriterien zugegriffen** werden.[2] Angesichts dieser Übereinstimmung konstitutiver Merkmale ist es folglich für die **Definition der Datenbank,** die im rechtlichen Sinne einen Unterfall der Sammlung darstellt, nicht ausschlaggebend, ob sie elektronisch oder unter Zuhilfenahme herkömmlicher Mittel aufgebaut und zugänglich ist.[3]

2. Neuordnung des Rechts an Sammlungen

2 **a) Rechtslage vor dem 1.1.1998.** Wie bereits § 4 LUG und Art. 2 Abs. 5 RBÜ stellt das UrhG **Sammelwerke** als eigene Werkart unter Schutz. Nach dem Wortlaut von § 4 UrhG in seiner ursprünglichen Fassung vom 9.9.1965 liegt bei ihnen die **persönliche geistige Schöpfung in der Auslese und/oder Anordnung der in die Sammlung aufgenommenen Werke oder anderen Beiträge.** Unterschiedlich beurteilt wird dabei lediglich die Frage, ob § 4 UrhG infolge des Merkmals der „anderen Beiträge" auch auf Sammlungen schutzunfähiger Angaben, Daten, Fakten etc. Anwendung findet[4] oder ob er lediglich solche Sammlungen umfasst, deren Beiträge selbst zwar iSd. § 2 Abs. 2 schutzfähig, jedoch – wie etwa amtliche Werke nach § 5 – nicht zwangsläufig auch geschützt sind.[5]

3 Unabhängig von der Beantwortung dieser – praktisch freilich wenig bedeutsamen – Streitfrage besteht in der **Literatur** Einigkeit darüber, dass das UrhG von Beginn an auch ohne ausdrückliche Erwähnung **schöpferische Datenbanken,** bei denen also die Struktur, dh. die Auswahl und/oder Anordnung ihres Inhalts, die Voraussetzungen einer persönlichen *geistigen* Schöpfung nach § 2 Abs. 2 erfüllen, unter Schutz stellt, gleichviel, ob sie elektronisch oder in herkömmlicher Weise aufgebaut sind.[6]

4 Der **BGH** hatte vor Inkrafttreten der §§ 87a ff. keine Gelegenheit, sich zur Schutzfähigkeit **elektronischer Datenbanken** zu äußern. Die in den achtziger Jahren seinen Entscheidungen zugrunde

---

[1] Eingehend *Gerhardt* in Wiebe/Leupold (Hrsg.) Teil I A und B; *Dreier* in Becker/Dreier (Hrsg.) S. 123 ff.
[2] Dazu *Grützmacher* S. 26 ff.; *Mehrings* S. 59 ff. mwN; Fromm/Nordemann/*Czychowski* § 87a UrhG Rn. 3 ff.
[3] Einzelheiten zum rechtlichen Begriff der Datenbank unter → § 87a Rn. 5 ff. sowie → § 4 Rn. 3 ff.
[4] So Möhring/*Nicolini* (1. Aufl.), § 4 UrhG Anm. 3b aa; teilweise auch *Ulmer* § 29 I 1; *Katzenberger* GRUR-Int 1983, 895 (899); → § 4 Rn. 11 f.
[5] So und deshalb bei schöpferischen Sammlungen schutzunfähiger Elemente von „organisierten Werken" nach § 2 ausgehend (1. Aufl.), § 4 Rn. 9; *v. Gamm* § 4 UrhG Rn. 6; *Hubmann* FS Preu (1988), S. 77 (83); Fromm/Nordemann/*Vinck* (8. Aufl.), § 2 UrhG Rn. 88; § 4 Rn. 1; *Ullmann* FS Brandner (1996), S. 507 (516); *Berger* GRUR 1997, 169 (170); ebenso BGH GRUR 1987, 704 – Warenzeichenlexika; ausführlich zur Problematik ferner *Mehrings* S. 114 ff.; speziell zum im Ergebnis bejahten urheberrechtlichen Schutz von Telefonbüchern *Schricker* ArchivPT 1996, 5 (6 ff.).
[6] Fromm/Nordemann/*Czychowski* § 87a UrhG Rn. 13; *Hillig* ZUM 1992, 325 (326); *Ullmann* FS Brandner (1996), S. 507 (516) mwN; *Nordemann/Hertin* NJW 1971, 857 (858 f.); Einzelheiten zur schöpferischen Tätigkeit des Urhebers einer Datenbank § 4 Rn. 44; *Schricker* ArchivPT 1996, 5 (9 ff.).

gelegten strengen Anforderungen an die Gestaltungshöhe wissenschaftlich-technischer Werke dürften jedoch diese Werkkategorie häufig vom Urheberrechtsschutz ausgeschlossen haben.[7]

Nichtschöpferische Datenbanken, also solche, die einer schöpferischen Struktur, dh. einer indi- 5 viduellen Auswahl und/oder Anordnung ihres Inhalts, entbehren, weil sie – wie häufig elektronische, aber auch herkömmliche Datenbanken – unter dem Gesichtspunkt bloßer Vollständigkeit und nach wenigen alphabetischen, numerischen, chronologischen oder sonstigen logisch zwingenden Ordnungskriterien rein schematisch und damit ohne phantasievolle Prägung angelegt sind,[8] genossen hingegen nach altem Recht keinen sondergesetzlichen, sondern bei Vorliegen unlauterkeitsbegründender Umstände lediglich **lauterkeitsrechtlichen Schutz gemäß § 1 UWG (aF),** überwiegend unter dem Gesichtspunkt der sklavischen Nachahmung, speziell ihrer Unterfälle der unmittelbaren Leistungsübernahme und der Rufausbeutung.[9] Dies wurde angesichts der nicht selten von Datenbanken verkörperten wirtschaftlichen Leistung zunehmend als unzureichend empfunden, weil das UWG – anders als der immaterialgüterrechtliche Sonderschutz – ein Wettbewerbsverhältnis der Beteiligten und eine wettbewerbliche Eigenart der Datenbank bzw. des übernommenen Teils voraussetzt, das Vorliegen eines wettbewerbswidrigen Verhaltens oft nur schwer zu beweisen ist, die Sanktionsmöglichkeiten gegenüber dem Sonderrecht beschränkt sind (kein Vernichtungsanspruch nach § 98) und scharfe Konturen der zeitlichen Geltung des Rechtsschutzes fehlen.[10] Außerdem erlaubt das Lauterkeitsrecht nicht die Untersagung der Herstellung, sondern nur die Verbreitung einer Datenbank[11] und vermag kein selbstständig abtretbares Ausschließlichkeitsrecht zu gewähren.[12] Hinzu kommt, dass die hergebrachten Schranken des Urheberrechts, namentlich soweit sie die private Vervielfältigung betreffen, für elektronische Datenbanken fragwürdig geworden sind. Die in allen Mitgliedstaaten der EG in dieser oder ähnlicher Form bestehenden Schutzdefizite sowie die grundsätzlichen Unterschiede der Urheberrechtssysteme innerhalb der Gemeinschaft haben zur europaweiten Harmonisierung des Rechts an Datenbanken durch die **Datenbank-RL** Anlass gegeben.[13]

b) Besondere Vorschriften über das Recht an Datenbanken. Seit der fristgerecht zum 1.1. 6 1998 erfolgten **Umsetzung der Datenbankrichtlinie** in nationales Recht[14] durch Art. 7 des Informations- und Kommunikationsdienstegesetzes (IuKDG) vom 13.6.1997 (BGBl. I S. 1870) beruht der Schutz von Sammlungen richtlinienbedingt auf einer breiteren und zugleich begrifflich differenzierteren Grundlage.[15] Nunmehr trifft das UrhG für Datenbanken, die die Richtlinie in Art. 1 Abs. 2 als solche Sammlungen definiert, deren inhaltlichen **Elemente systematisch oder methodisch angeordnet und einzeln mit elektronischen Mitteln oder auf andere Weise zugänglich** sind, spezielle, in mehrfacher Hinsicht von den für herkömmliche Sammlungen geltenden allgemeinen Vorschriften abweichende Regelungen (dazu → Rn. 16 f.).

Das Gesetz unterscheidet bei **schöpferischen Sammlungen** fortan zwischen **Sammelwerken** 7 nach § 4 Abs. 1 und ihrer speziellen Erscheinungsform der **Datenbankwerke** nach § 4 Abs. 2. Jedenfalls Datenbankwerke[16] sind künftig im Lichte der Originalitätsdefinition der Richtlinie bereits dann urheberrechtlich geschützt, wenn ihre Struktur auf einer eigenen geistigen Schöpfung beruht, ohne dass für die Beurteilung ihrer Schutzfähigkeit andere Kriterien maßgeblich sein dürfen (Art. 3 Abs. 1).[17] Ihr Schutzstandard entspricht damit dem des harmonisierten europäischen Rechts an Com-

---

[7] Vgl. etwa BGH GRUR 1984, 659 (661) – Ausschreibungsunterlagen; BGH GRUR 1986, 739 (740) – Anwaltsschriftsatz; BGH GRUR 1987, 704 (706) – Warenzeichenlexika; kritisch dazu *Schricker* GRUR-FS (1991), S. 1095 (1106 ff.); *Schricker* FS Kreile (1994), S. 715 ff.; *Schricker* ArchivPT 1996, 5 (8 f.); § 2 Rn. 59 ff.; weniger streng noch BGH GRUR 1980, 227 (231) – Monumenta Germaniae Historica; und erneut BGH GRUR 1991, 130 (133) – Themenkatalog; BGH GRUR 1992, 382 (385) – Leitsätze; weniger streng in jüngerer Zeit auch LG Frankfurt/M CR 1994, 473; Einzelheiten → § 2 Rn. 46; ausführlich dazu auch *Mehrings* S. 116 ff.; *Mehrings* CR 1990, 305 f.; *Hillig* ZUM 1992, 325 (326); *Katzenberger* GRUR 1990, 94 (99); *Heinrich* WRP 1997, 275 f. jeweils mwN.

[8] Vgl. BGH GRUR 1980, 227 (231) – Monumenta Germaniae Historica; OLG Hamburg ZUM 1997, 145 (146) – Hubert Fichte; dazu ausführlich § 4 Rn. 53 ff.; *Haberstumpf* (2. Aufl.), Rn. 525, 527; *Moufang* FS Schricker (1995), S. 571 (578 ff.); *Mehrings* S. 127, 129, 143 f.; *Berger* GRUR 1997, 169 (173 f.).

[9] BGH GRUR 1999, 923 (927) – Tele-Info-CD; BGH GRUR 1988, 308 (309) – Informationsdienst; OLG Frankfurt/M CR 1994, 211 – Telefonbuch-CD-ROM; LG Mannheim CR 1996, 411 – D-Info 2.0; LG Hamburg CR 1994, 476 – Teleauskunft 1188; die wettbewerbsrechtliche Eigenart einer Gesetzessammlung dagegen verneinend OLG München WRP 1996, 1221 – CD-ROM-Gesetzessammlung; ausführlich zum seinerzeitigen wettbewerbsrechtlichen Schutz *Heinrich* WRP 1997, 275 f. (278 ff.) mit zahlreichen Nachweisen zur Rechtsprechung; *Schricker* ArchivPT 1996, 5 (14 ff.); *Hubmann* FS Preu (1988), S. 77 (86 ff.); *Nordemann/Hertin* NJW 1971, 857 (860 f.); *Hillig* ZUM 1992, 325 (329); *Ullmann* FS Brandner (1996), S. 507 (520 f.); *Berger* GRUR 1997, 169 (171); *Scheller* CR 1988, 806.

[10] Einzelheiten → Einl. UrhG Rn. 60 ff.; → Vor §§ 69a Rn. 13 ff., jeweils mwN.

[11] BGH GRUR 1999, 923 (927) – Tele-Info-CD.

[12] Sa. *Dreier/Schulze/Dreier* Vor § 87a Rn. 6.

[13] Richtlinie 96/9/EG des Europäischen Parlaments und des Rates vom 11.3.1996 über den rechtlichen Schutz von Datenbanken, ABl. Nr. L 77/28 1996 S. 20, abgedr. auch in GRUR-Int 1996, 806.

[14] Art. 16 Abs. 1 Datenbank-RL.

[15] Zur Integration europäischen Urheberrechts in das UrhG → Rn. 14; → Einl. UrhG Rn. 76 ff.

[16] Einzelheiten zum Begriff → § 4 Rn. 4 ff.; → § 87a Rn. 5 ff.

[17] EuGH GRUR 2012, 386 Rn. 32 ff. – Football Dataco/Yahoo; präzisierend zuletzt EuGH GRUR 2019, 1185 Rn. 26 ff. – Cofemel; es müsse immer im Werk die Persönlichkeit des Urhebers zum Ausdruck kommen.

puterprogrammen (§ 69a Abs. 3) und an schöpferischen Fotografien.[18] Neben das Urheberrecht an Datenbankwerken tritt nunmehr das selbstständige, in seinem Rechtsgrund vom Urheberrecht verschiedene **Leistungsschutzrecht des Datenbankherstellers** nach §§ 87a ff., auch Recht sui generis genannt.[19] Es entsteht unabhängig vom Recht des Urhebers nach § 4 Abs. 2, gilt nicht für jede beliebige Sammlung von Werken, Daten und anderen unabhängigen Elementen, sondern ausschließlich für eine Datenbank als systematisch oder methodisch angelegte Sammlung mit einzeln zugänglichen Elementen iSd. gesetzlichen Definition des § 87a Abs. 1 und verbindet den Rechtsschutz nicht mit einer schöpferischen, sondern mit einer wirtschaftlichen Leistung, die nach dem Gesetzeswortlaut in einer nach **Art oder Umfang wesentlichen Investition in Form der Beschaffung, Überprüfung oder Darstellung des Datenbankinhalts** zu bestehen hat.[20]

3. Die europäische Richtlinie über den rechtlichen Schutz von Datenbanken

8   **a) Entstehungsgeschichte.** Die Änderung des UrhG durch Art. 7 IuKDG (→ Rn. 6) setzt den – nationalen – Schlusspunkt unter die mehr als ein Jahrzehnt während Bemühungen der EG-Kommission, angesichts erheblicher urheber- und wettbewerbsrechtlicher Unterschiede in den Rechtsordnungen der Mitgliedstaaten, namentlich bei den Anforderungen an die urheberrechtliche Schöpfungshöhe, die rechtlichen Voraussetzungen des Schutzes von Datenbanken durch die Angleichung der einschlägigen urheberrechtlichen Bestimmungen und durch die Einführung eines zusätzlichen, andersartigen Rechts zugunsten des Datenbankherstellers europaweit zu harmonisieren.[21] Am Anfang standen entsprechende Überlegungen im Grünbuch „Urheberrecht und die technologische Herausforderung" der EG-Kommission von 1988,[22] die in ihrem urheberrechtlichen Arbeitsprogramm „Initiativen zum Grünbuch" von 1991[23] bekräftigt wurden. Einen ersten Richtlinienvorschlag unterbreitete die Kommission dem Europäischen Parlament im Jahre 1992.[24] Er blieb noch auf den Schutz **elektronischer** Datenbanken beschränkt und sah neben dem urheberrechtlichen Schutz schöpferischer Datenbanken ein vom Werkcharakter einer Datenbank unabhängiges, durch die Möglichkeit der Einräumung einer **Zwangslizenz** beschränktes, aus dem Wettbewerbsrecht abgeleitetes Ausschließlichkeitsrecht auf **Schutz vor unlauteren Auszügen** und die Weiterverwertung der Datenbank oder ihres Inhalts für gewerbliche Zwecke vor.[25] Dieser Entwurf erfuhr im Laufe der Ausschuss- und Parlamentsberatung vielfältige Kritik, die sich in dem geänderten Richtlinienvorschlag der Kommission vom 4.1.1993 niederschlug.[26] Er lag den weiteren Beratungen zugrunde, welche – wiederum nach Berücksichtigung verschiedener Änderungsvorschläge – schließlich mit dem Gemeinsamen Standpunkt des Rates der Mitgliedstaaten v. 6.6.1995[27] und nach geringfügigen Korrekturen auf Wunsch des Parlaments mit dem Erlass der Richtlinie zum rechtlichen Schutz von Datenbanken v. 13.3.1996[28] erfolgreich abgeschlossen werden konnten.[29] Die später erlassene InfoSoc-RL 2001/29/EG lässt die Datenbank-RL unberührt; ebenso stellt das europäische Recht klar, dass Datenbanken rechtlich keine Computerprogramme sind.[30]

9   **b) Inhalt.** Die Richtlinie mit nicht weniger als 60 für ihre Auslegung bedeutsamen Erwägungsgründen übernimmt die von der Kommission vorgeschlagene **zweigliedrige Konzeption eines Datenbankschutzes.**[31] Sie beschränkt sich jedoch anders als frühere Entwürfe nicht mehr ausschließlich auf elektronische Datenbanken und gewährt dem Datenbankhersteller die Verbotsrechte des neuen Rechts sui generis unabhängig vom Handeln Dritter zu gewerblichen Zwecken und unabhängig von besonderen Unlauterkeitskriterien als eigenständiges, nicht durch eine Zwangslizenz eingeschränktes Immaterialgüterrecht.[32] Im Falle des urheberrechtlichen Schutzes bezieht sich dieses auf die **schöpferische Auswahl oder/und Anordnung (Struktur)** des Inhalts der Datenbank (Erwgr.

---

[18] Dazu → § 2 Rn. 61 ff.; → § 72 Rn. 30 ff.
[19] BGH GRUR 2007, 686 Rn. 27 – Gedichttitelliste I; zur Rechtsnatur → Rn. 28 ff.
[20] S. die Erl. zu → § 87a Rn. 42 ff.
[21] Dazu ausführlich *Leistner* S. 5 ff., 29 ff.; *Bensinger* S. 84 ff., zu den rechtspolitischen Überlegungen S. 89 ff., zu den kritischen Einwänden S. 103 ff.; *Westkamp* S. 19 ff.; *Grützmacher* S. 159 ff.; *Gaster* Rn. 8 ff., 416 ff.; *Gaster* in Hoeren/Sieber (Hrsg.) Teil 7.8 Rn. 5 ff.; *Gaster* CR 1997, 669 (671 f.); Walter/*v. Lewinski* vor Art. 7 Datenbank-RL Rn. 2 f. jeweils mwN; Möhring/Nicolini/*Decker* (2. Aufl.), Vor §§ 87a. UrhG Rn. 2.
[22] Dok. KOM [88] 172 endg. v. 23.8.1988 S. 205–216.
[23] Dok. KOM [90] 584 endg. v. 17.1.1991.
[24] Dok. KOM [92] 24 endg., ABl. Nr. C 156 S. 4.
[25] Einzelheiten dazu mit teils kritischen Anmerkungen bei *Dreier* GRUR-Int 1992, 739 (741 f.); *Gaster* ÖSGRUM 19 [1995] 15 (25); *Gaster* in Hoeren/Sieber (Hrsg.) Teil 7.8 Rn. 5 ff.; *Röttinger* ZUM 1992, 594; *Hoebel* CR 1993, 12; *v. Gamm* GRUR 1993, 203; *Flechsig* ZUM 1997, 577 f.
[26] Dok. KOM [93] 464 endg., ABl. Nr. C 308 S. 1.
[27] ABl. Nr. C 288 S. 14.
[28] ABl. Nr. L 77/28 v. 27.3.1996 S. 20, abgedr. auch in GRUR-Int 1996, 806.
[29] *Gaster* ZUM 1995, 740 (742 ff.); *Gaster* VPP-Rundbrief 1996, 107; *Leistner* S. 32 ff.; Walter/*v. Lewinski* Vor Art. 1 Datenbank-RL Rn. 1 ff.; Walter/*v. Lewinski* vor Art. 7 Datenbank-RL Rn. 4 ff.
[30] Erwgr. 23 Datenbank-RL; dazu auch *Gaster* in Hoeren/Sieber (Hrsg.) Teil 7.8. Rn. 32 f.
[31] Wegen dadurch geschaffener unübersichtlicher Rechtsverhältnisse für einen Verzicht auf urheberrechtlichen Schutz *Berger* GRUR 1997, 169 (172 f.), der jedoch den in vielen EU-Staaten bestehenden umfassenden Schutz persönlicher geistiger Schöpfungen und die konventionsrechtliche Bindung der Mitgliedstaaten durch Art. 2 Abs. 5 RBÜ außer Acht lässt.
[32] Ebenso Walter/*v. Lewinski* Vor Art. 7 Datenbank-RL Rn. 6; eingehend zu den einzelnen Regelungen der Richtlinie *Leistner* S. 50 ff.; *Flechsig* ZUM 1997, 577 ff.

15), im Falle des Rechts sui generis auf die von ihr repräsentierte **wesentliche Investition,** jeweils
ungeachtet bestehender Rechte am Inhalt selbst (Art. 3 Abs. 2, Art. 7 Abs. 4) und ungeachtet etwaiger Rechte an den für den Zugang zur Datenbank und für ihren Aufbau erforderlichen Computerprogrammen (Art. 1 Abs. 3, Art. 3 Abs. 3).

Die Richtlinie hat urheberrechtlich keinen einheitlichen Schutz auf Unionsebene geschaffen, vielmehr lediglich zwischen den Mitgliedstaaten bestehende Rechtsunterschiede eingeebnet. Sie hat zum
Ziel, durch Annäherung der innerstaatlichen Rechtsvorschriften die Unterschiede zu beseitigen, die
zwischen ihnen im Bereich des rechtlichen Schutzes von Datenbanken bestanden und das das Funktionieren des Binnenmarktes, den freien Waren- und Dienstleistungsverkehr innerhalb der Union
sowie die Entwicklung eines Informationsmarktes in der Union beeinträchtigten.[33] Dieses Ziel erreicht die Richtlinie durch eine **bloße Annäherung des nationalen Rechts** der Mitgliedstaaten,
also **nicht** durch eine **Vollharmonisierung.**[34] Infolgedessen sind Klagen wegen einer unerlaubten
Handlung nach Art. 8 Abs. 1 der Rom-VO II Nr. 864/2007[35] in dem Land einzureichen, für den der
Schutz beansprucht wird.[36]

Die Bestimmungen über den **urheberrechtlichen Schutz von Datenbanken,** der durch die   **10**
Regelung des Art. 2 Abs. 5 RBÜ über den Schutz von Sammelwerken bereits recht weitgehend harmonisiert war und zwischenzeitlich durch Art. 10 Abs. 2 TRIPS und Art. 5 WCT[37] auf einem breiteren internationalen Fundament steht, konzentrieren sich auf die folgenden Punkte: Regelung der
Urheberschaft unter grundsätzlicher Wahrung des Schöpferprinzips (Art. 4 Abs. 1); Festlegung der
eigenen geistigen Schöpfung als alleiniges Kriterium für die Beurteilung der Schutzfähigkeit (Art. 3
Abs. 1); Normierung der dem Urheber ausschließlich zustehenden Verwertungsrechte der Vervielfältigung, Verbreitung und öffentlichen Wiedergabe sowie des Rechts der Umgestaltung, einschließlich der Bearbeitung und Übersetzung (Art. 5); Anordnung der europaweiten Erschöpfung des
Verbreitungsrechts (Art. 5 lit. c); Normierung obligatorischer Schranken zugunsten des rechtmäßigen Datenbankbenutzers (Art. 6 Abs. 1) sowie verschiedener optionaler Schranken zugunsten der
Allgemeinheit. Letztere betreffen die private Vervielfältigung nichtelektronischer Datenbanken, die
nicht kommerzielle Benutzung der Datenbank in Unterricht und Forschung, ihre Verwendung zu
Zwecken der öffentlichen Sicherheit sowie in Verwaltungs- und Gerichtsverfahren und endlich –
unbeschadet der vorgenannten Fälle – bestehende traditionelle nationale Schrankenbestimmungen
(Art. 6 Abs. 2).

Der Kern des dem **Datenbankhersteller** auf 15 Jahre ab der Veröffentlichung, hilfsweise ab der   **11**
Herstellung (Art. 10 Abs. 1) für eine wesentliche Investition in eine Datenbank, einschließlich ihres
Thesaurus, Index und Abfragesystems (elektronisches Material), gewährte, durch wesentliche Änderungen unbegrenzt verlängerbare **Recht sui generis** liegt in der ausschließlichen Befugnis, die Entnahme und die Weiterverwendung der **Gesamtheit oder eines wesentlichen Teils des Inhalts** der
Datenbank zu untersagen (Art. 7 Abs. 1). Zudem kann er die Entnahme und Weiterverwendung auch
unwesentlicher Teile unterbinden, wenn derartige Nutzungen wiederholt und systematisch erfolgen
sowie der normalen Nutzung der Datenbank entgegenstehen oder die berechtigten Interessen des
Herstellers unzumutbar beeinträchtigen (Art. 7 Abs. 5). Dabei bedeutet Entnahme nach Art. 7 Abs. 2
lit. a Datenbank-RL die ständige oder vorübergehende Übertragung ungeachtet ihrer Form und ungeachtet der verwendeten Übertragungsmittel, während unter Weiterverwendung jede Form öffentlicher Verfügbarmachung durch die Verbreitung von Vervielfältigungsstücken oder durch Online- oder
andere Formen der Übermittlung zu verstehen ist (Art. 7 Abs. 2 lit. b).

Gegenüber dem rechtmäßigen Benutzer beziehen sich die Ausschließlichkeitsrechte des Her-   **12**
stellers nicht auf unwesentliche Teile einer öffentlich zugänglich gemachten Datenbank. Andererseits
darf der rechtmäßige Benutzer einer derartigen Datenbank weder deren normale Nutzung beeinträchtigen noch die berechtigten Interessen ihres Herstellers unzumutbar verletzen (Art. 8). Die obligatorischen und optionalen **Schrankenregelungen** sind nahezu identisch mit denen des Urheberrechts an Datenbankwerken, so dass bei nichtschöpferischen elektronischen Datenbanken ebenfalls
jede private Vervielfältigung eines wesentlichen Teils ihres Inhalts dem Ausschließlichkeitsrecht des
Datenbankherstellers unterliegt (Art. 9).

In **persönlicher Hinsicht** beschränkt Art. 11 Datenbank-RL das Recht sui generis auf solche   **13**
Datenbanken, deren Hersteller oder Rechtsinhaber Angehörige der EU sind oder dort ihren gewöhnlichen Aufenthalt haben bzw. auf dort niedergelassene oder dorthin in ständiger wirtschaftlicher Verbindung stehende Unternehmen. Gemäß Art. 11 Abs. 1 Datenbank-RL gilt der Schutz auch denjenigen Personen, die ihren gewöhnlichen Aufenthalt in einem EU- oder EWR-Mitgliedstaat haben.
Dies in das deutsche UrhG umzusetzen ist versehentlich unterblieben, so dass dieser Personenkreis im

---

[33] EuGH GRUR 2012, 1245 Rn. 24–26 – Dataco/Sportradar; EuGH GRUR 2012, 386 Rn. 48 – Dataco/
Yahoo.
[34] Zum geringeren Harmonisierungsgrad der Datenbank-RL *v. Ungern-Sternberg* FS Bornkamm, S. 1007 (1014)
mit dem Hinweis, dass dies den nationalen Gesetzgeber nicht davon entbindet, die autonomen Kriterien im innerstaatlichen Recht zur Geltung zu bringen.
[35] Einzelheiten dazu → Vor §§ 120 ff. Rn. 115.
[36] EuGH GRUR 2012, 1245 Rn. 31 – Dataco/Sportradar.
[37] Dazu → Rn. 41.

Wege richtlinienkonformer Auslegung ebenfalls zu den Rechteinhabern zu zählen ist.[38] Im Übrigen steht nach § 127a das Datenbankherstellerrecht ausländischen Staatsangehörigen nur auf der Basis materieller Reziprozität auf Grund eines bilateralen Vertrages zwischen der EU und seinem Herkunftsland zu. Für im Zeitpunkt des Inkrafttretens der Neuregelung bereits existierende Datenbanken sind Übergangsregelungen vorgesehen (Art. 14).[39]

4. Auslegung der Richtlinie und ihre Umsetzung in nationales Recht

14   **a) Auslegungsfragen.** Der Umsetzung in nationales Recht bedürfen lediglich die operativen Normen einer Richtlinie, nicht dagegen ihre Erwägungsgründe, die jedoch zur Auslegung der Normen heranzuziehen sind.[40] Dabei ist grundsätzlich unter Beachtung der angestrebten Harmonisierungswirkung zu prüfen, welche Regelungen das nationale Recht bereits enthält und welche ohne Umsetzungsspielraum zu übernehmen sind, wo die Richtlinie dem nationalen Gesetzgeber Gestaltungsspielraum zugesteht und wo bereits eine richtlinienkonforme Auslegung des geltenden Rechts die angestrebte europäische Rechtsangleichung herbeizuführen vermag.[41] Das bedeutet, dass bei jeder Richtlinienregelung ihr Harmonisierungsgrad gesondert zu prüfen ist.[42] Bei dem Recht sui generis ist er deutlich geringer als bei dem Recht des Datenbankurhebers. So hat der EuGH ausgeführt, dass die Datenbank-RL im Interesse eines funktionierenden Binnenmarktes und der Entwicklung eines unionsweiten Informationsmarktes zwar unionseinheitlich ein Recht sui generis schaffen wollte, dass aber im Übrigen nur eine Annäherung der nationalen Vorschriften beabsichtigt sei.[43] Das hat zur Folge, dass der Rechtsschutz durch die aufgrund der Richtlinie geschaffenen nationalen Rechtsvorschriften nur für den jeweiligen Mitgliedstaat gilt und unerlaubte Handlungen der Weiterverwendung nur untersagt werden können, wenn sie in diesem Mitgliedstaat stattfinden.[44] Hat der nationale Gesetzgeber sich freilich für eine strikte Umsetzung der Datenbank-RL entschieden wie in Deutschland, hat die Auslegung der umgesetzten Vorschriften richtlinienkonform einheitlich und autonom zu erfolgen.[45]

Denn Vorschriften, die im Zuge der Implementierung europäischen Rechts in das nationale UrhG Eingang gefunden haben, sind gerade auch insoweit, als sie nicht lediglich den Richtlinienwortlaut übernehmen, ein Teil europäischen Urheberrechts,[46] das mit Blick auf Sinn und Zweck der harmonisierenden europäischen Richtlinie autonom und einheitlich auszulegen ist,[47] sofern nicht die jeweilige europäische Vorschrift auf das Recht der Mitgliedstaaten verweist.[48] Dabei ist insbesondere dort, wo ein völkerrechtlicher Vertrag in europäisches Gemeinschaftsrecht transformiert wird, nach Möglichkeit eine Auslegung im Lichte des Völkerrechts vorzunehmen.[49]

Das gilt ebenso für Vorschriften, die, wenngleich nicht unbedingt in ihrem Wortlaut, so doch in ihrem Regelungsgehalt schon der Vorgabe der Richtlinie entsprechen und deshalb nicht zwangsläufig eine Änderung des nationalen Rechts erforderlich gemacht haben.[50] Denn Richtlinien sind nach Art. 288 Abs. 3 AEUV (geltende Fassung) nur ihrem Ziel nach verbindlich, welches die Rechtsprechung als Träger öffentlicher Gewalt nach Art. 19 EUV (geltende Fassung) und damit ebenso wie die Exekutive als Adressat der Umsetzungsverpflichtung zu beachten und damit harmonisiertem Recht durch im Zweifel richtlinienkonforme Auslegung nationale Geltung zu verschaffen hat.[51] Bei der Auslegung der nationalen Bestimmungen harmonisierten Urheberrechts ist ferner über den Richtlinientext hinaus die einschlägige Rechtsprechung in anderen Mitgliedstaaten der EU in Betracht zu ziehen.

15   **b) Gesetzgebungsverfahren.** Die Umsetzung der Datenbank-RL, in deren Lichte fortan die einschlägigen Bestimmungen des UrhG als einem Teil harmonisierten europäischen Urheberrechts aus-

---

[38] Ebenso *Leistner* S. 320; Walter/*v. Lewinski* Art. 11 Datenbank-RL Rn. 19; Fromm/Nordemann/*Hertin* (9. Aufl.), § 127a UrhG Rn. 2; *Haberstumpf* GRUR 2003, 14 (27); aA Möhring/Nicolini/*Decker* (2. Aufl.), § 127a UrhG Rn. 8.

[39] Dazu die Erläuterungen → § 127a Rn. 1 ff. sowie → Rn. 54, 55.

[40] AllgM, etwa *Leistner* S. 39.

[41] Vgl. zur richtlinienkonformen Auslegung als Mittel der Umsetzung EuGH EuZW 1994, 498 (500) – Paola Faccini Dori; EuGH EuZW 1996, 236 – El Corte Inglés; zur Umsetzungstechnik auch *Vogel* ZUM 1997, 592 ff.; zur Auslegung des EU-Rechts *Leistner* FS Dietz (2001), S. 493 (494) mwN.

[42] Vgl. *v. Ungern-Sternberg* FS Bornkamm (2014), S. 1007 (1014), insbesondere im Hinblick auf die unterschiedliche Harmonisierungstiefe von Datenbankurheberrecht und Datenbankherstellerrecht; → Rn. 9.

[43] EuGH GRUR 2012, 1245 Rn. 24, 25 – Dataco/Sportradar; dazu auch *v. Ungern-Sternberg* FS Bornkamm (2014), S. 1007 (1014).

[44] EuGH GRUR 2012, 1245 Rn. 26, 27 – Dataco/Sportradar.

[45] Ausführlich zur Auslegung des Unionsrecht *Ungern-Sternberg* FS Bornkamm (2014), S. 1007 (1008 f.).

[46] Vgl. AmtlBegr. des 2. UrhGÄndG BT-Drs. 12/4022, 8.

[47] EuGH GRUR 2012, 1245 Rn. 33 – Dataco/Sportradar, unter Hinweis auf den nicht voll vereinheitlichten Begriff der Weiterverwendung in Art. 7 Abs. 2 lit b Datenbank-RL; ferner EuGH GRUR 2012, 817 Rn. 25 – Donner; vgl. auch *v. Ungern-Sternberg* FS Bornkamm (2014), S. 1007 (1014).

[48] EuGH GRUR 2009, 1041 Rn. 27 – Infopaq/DDF; ausführlich dazu → § 15 Rn. 40.

[49] EuGH GRUR-Int 2008, 593 Rn. 30 – Peek und Cloppenburg.

[50] S. zur Auslegung der Begriffe der Vervielfältigung, Verbreitung und öffentlichen Wiedergabe im Lichte der Richtlinienbestimmung des Art. 7 die Erläuterungen unter → § 87b Rn. 5 ff.

[51] Ausführlich *Erdmann/Bornkamm* GRUR 1991, 877 (879); *Jarass* EuR 1991, 211, insb. 217 ff.; *Kutscher* EuR 1981, 392; *Zuleeg* EuR 1969, 97 jeweils mwN.

zulegen sind,[52] ist in Art. 7 IuKDG (→ Rn. 6) erfolgt. Der **RegE**[53] dieser Umsetzung hat in der Öffentlichkeit erhebliche Kritik erfahren,[54] so dass sich das Bundesministerium der Justiz veranlasst sah, dem zuständigen Ausschuss für Bildung, Wissenschaft, Forschung, Technologie und Technikfolgenabschätzung im Wege der **Formulierungshilfe** einen **völlig neuen Entwurf** mit Begründung für die weitere parlamentarische Beratung zur Verfügung zu stellen.[55] Er lag nach Berücksichtigung verschiedener Streichungsvorschläge[56] der Beschlussempfehlung und dem Bericht des Ausschusses zugrunde[57] und wurde am 13.6.1997 als Gesetz verabschiedet (BGBl. I 1870). Der Begründung des RegE (BR-Drs. 966/96) kommt demnach für die Auslegung des Gesetzes nur noch insoweit Bedeutung zu, als sie nicht durch die Formulierungshilfe und ihre Begründung überholt ist.

c) Grundzüge der Umsetzung. Anders als bei der Umsetzung der Richtlinie zum Schutz von **16** Computerprogrammen und entgegen dem RegE hat der Gesetzgeber den richtlinienbedingt neuen **urheberrechtlichen Bestimmungen keinen eigenen Abschnitt** am Ende des Teils 1 des UrhG gewidmet, sondern die Umsetzung systematisch richtig durch wenige Änderungen oder Ergänzungen der bereits existierenden einschlägigen Bestimmungen vollzogen.[58] So vermochte er sich darauf zu beschränken, die nach altem Recht strittige Frage, ob die in ein Sammelwerk aufgenommenen Beiträge selbst Werkcharakter haben müssen oder ob auch schöpferische Sammlungen von Beiträgen ohne Werkcharakter Rechte nach § 4 begründen können,[59] richtlinienkonform in letzterem Sinne klarzustellen (§ 4 Abs. 1) und in § 4 Abs. 2 die schöpferische Datenbank als Spezialfall eines Sammelwerkes nach Abs. 1 zu definieren, welches durch die systematische oder methodische Anordnung seiner einzeln elektronisch oder auf andere Weise zugänglichen Elemente charakterisiert ist. Unter Bezugnahme auf diese Definition eines Datenbankwerkes konnte mit einer geringfügigen Ergänzung des § 23 das Verbot der Herstellung einer Bearbeitung auf diese Werkkategorie erstreckt, durch die Einfügung eines Abs. 5 in übersichtlicher Weise die private Vervielfältigung elektronischer Datenbankwerke von der Schrankenregelung des § 53 ausgenommen und die Vervielfältigung zum wissenschaftlichen Gebrauch für diese Werkart auf nichtgewerbliche Zwecke beschränkt werden. Auf ähnlich einfache Weise ließ sich die durch Art. 6 Abs. 2 lit. b veranlasste Anpassung des § 63 (Quellenangabe) bewerkstelligen, so dass als einzige neue urheberrechtliche Vorschrift die durch Art. 6 Abs. 1 gebotene Schrankenregelung des § 55a über die zustimmungsfreie Benutzung eines Datenbankwerkes durch den rechtmäßigen Benutzer in das Gesetz einzufügen war. Schließlich wurden in § 137g Abs. 1 und 3 einige wenige übergangsrechtlich gebotene Regelungen getroffen.

Im Übrigen bestand keine Veranlassung zu Gesetzesänderungen. Dies gilt namentlich für den von **17** der Richtlinie angeordneten Verzicht auf besondere Anforderungen an die Gestaltungshöhe (Art. 3 Abs. 1), dem unter **zwingender Anwendung des Grundsatzes der kleinen Münze auf Datenbankwerke** im deutschen Recht Geltung zu verschaffen ist,[60] für die Beachtung des dem deutschen Recht zugrundeliegenden Schöpferprinzips (§ 7), für das Urheberrecht im Arbeitsverhältnis und für die dem Schöpfer einer Datenbank zustehenden Verwertungsrechte. Die ursprüngliche Umsetzungslücke beim Recht der Online-Übermittlung als nicht speziell geregeltem Innominatfall der öffentlichen Wiedergabe, die der Gesetzgeber aus zeitlichen Gründen offengelassen hatte,[61] ist mit der Einfügung des § 19a durch das Gesetz zur Regelung des Urheberrechts in der Informationsgesellschaft vom 10.9.2003 (BGBl. I S. 1774) in das UrhG geschlossen worden.[62]

Die **Umsetzung des Rechts sui generis** im Sechsten Abschnitt des Teils 2 des Gesetzes überzeugt **18** ebenfalls sowohl unter rechtsdogmatischen als auch – wenngleich mit Einschränkungen – unter systematischen Aspekten.[63] Denn das Datenbankherstellerrecht stellt ein Leistungsschutzrecht iSd. Teils 2 des UrhG dar, welches ebenso wie die unternehmensbezogenen Rechte nach § 81 (Veranstalter), § 85 (Tonträgerhersteller), § 87 (Sendeunternehmen), §§ 94, 95 (Filmhersteller) und auch nach dem vom EuGH (C-299/17) allerdings wegen fehlender Notifizierung für unanwendbar erklärten § 87f (Presseverleger) bestimmte Investitionsleistungen auf kulturwirtschaftlichem Gebiet unter besonderen Schutz stellt.[64]

[52] Vgl. AmtlBegr. BT-Drs. 12/4022, 8.
[53] BR-Drs. 966/96.
[54] S. etwa *Vogel*, Blick durch die Wirtschaft v. 20.1.1997, S. 10; *Vogel* ZUM 1997, 592 ff.
[55] A-Drs. 13/611, ohne Begründung abgedr. in ZUM 1997, 602.
[56] S. *Vogel* ZUM 1997, 605 f.
[57] BT-Drs. 13/7934, 22 ff., 42 ff.
[58] S. *Vogel* ZUM 1997, 592 (599); → § 4 Rn. 32; zustimmend statt vieler *Leistner* S. 259 mwN; kritisch *Gaster* CR 1997, 717 (719).
[59] → Rn. 2; Bericht und Beschlussempfehlung des Ausschusses BT-Drs. 13/7934, 43.
[60] → § 4 Rn. 50 sowie → § 2 Rn. 61 f.; aA noch die ursprüngliche Fassung der Formulierungshilfe sowie *Gaster* CR 1997, 717; kritisch dazu *Vogel* ZUM 1997, 592 (600, 605); zum Verhältnis der EU-Richtlinien zu den Grundsätzen der kleinen Münze → § 2 Rn. 61 ff.; → § 72 Rn. 29, jeweils mwN; *Erdmann/Bornkamm* GRUR 1991, 877 (879); *Schricker* FS Kreile (1994), S. 715 (719 ff.) sowie die AmtlBegr. zur Unterlassung gesetzgeberischer Maßnahmen im Hinblick auf Art. 6 der Schutzdauer-RL BT-Drs. 13/781, 10.
[61] S. BT-Drs. 13/7934, 55.
[62] Eingehend → § 15 Rn. 282 ff.; → § 19a Rn. 18 f.; → § 87b Rn. 8.
[63] Zustimmend auch *Leistner* S. 259 f.; Dreier/Schulze/*Dreier* Vor § 87a UrhG Rn. 2; Wandtke/Bullinger/*Hermes* UrhG Vor §§ 87a ff. Rn. 6 f.
[64] Ganz überwiegende Meinung *Wiebe* CR 1996, 198 (202); *Berger* GRUR 1997, 169 (172); *Leistner* GRUR-Int 1999, 819 (825); *Leistner* FS Dietz (2001), S. 493 (506); *Bensinger* S. 114 ff.; *Walter/v. Lewinski* Vor Art. 7 Rn. 8 ff.;

Eines in den Erörterungen der Richtlinienumsetzung gelegentlich befürworteten eigenen Gesetzes nach dem Vorbild des Ministerialentwurfs Österreichs, der schließlich zugunsten einer Integration des neuen Rechts in das österreichische UrhG fallen gelassen wurde, hat es deshalb nicht bedurft.[65] Allerdings steht die sammelnde, sichtende, ordnende und prüfende Tätigkeit des Datenbankherstellers in gewisser Hinsicht der nach §§ 70, 71 geschützten Leistung der Editoren nahe, so dass sich eine Einordnung seines Rechts im Ersten Abschnitt des Teils 2 eher empfohlen hätte.[66]

19   Zunehmend **kritisch** zu beurteilen ist die die **begriffliche Einheitlichkeit des Gesetzes** wahrende Übertragung der nach der Rechtsprechung des EuGH weit auszulegenden Begriffe der Entnahme und Weiterverwendung in die jeweiligen Entsprechungen der geltenden Terminologie (Vervielfältigung, Verbreitung und öffentliche Wiedergabe), wo keine wesentlichen inhaltlichen Unterschiede bestehen.[67] Die ursprünglich fehlende Umsetzung des nach Art. 7 Abs. 2 lit. b Datenbank-RL einzuführenden Rechts der Online-Übermittlung, welche zumindest eine Änderung des Öffentlichkeitsbegriffs nach § 15 Abs. 3 erfordert hätte, ist durch die Einführung des § 19a und die Änderung des § 15 wettgemacht worden.[68] Allerdings ist zu beachten, dass der Öffentlichkeitsbegriff vom EuGH anders verstanden wird, als es das bisherige nationale Recht tut.[69] Die dem nationalen Gesetzgeber teilweise zur Einführung freigestellten Schrankenbestimmungen finden sich in § 87c, die Schutzdauerregel des neuen Rechts in § 87d und die Vorschrift über die vertraglichen Mindestrechte des rechtmäßigen Benutzers in § 87e. In die strafrechtlichen und die Zwangsvollstreckungsbestimmungen der §§ 108 und 119 ist das Datenbankherstellerrecht einbezogen worden. § 127a schließlich enthält die durch die Richtlinie gebotene fremdenrechtliche Beschränkung des Rechts auf der Grundlage materieller Gegenseitigkeit, während § 137g die Anwendung des neuen Rechts auf vor seinem Inkrafttreten hergestellte Datenbanken regelt.

II. Sinn und Zweck, Rechtfertigung und Bedeutung des Rechts an Datenbanken

1. Sinn und Zweck

20   Sinn und Zweck der Novellierung des Rechts an Sammlungen liegen zunächst in der Ergänzung des unzureichenden urheberrechtlichen, auf die schöpferische Anordnung und Auswahl von Elementen gerichteten Schutzes, der meist nicht einmal bei einem unerlaubten Zugriff auf wesentliche Teile eines Datenbankwerkes berührt ist; sodann in der Beseitigung von Handelshemmnissen und Wettbewerbsverzerrungen innerhalb der EU durch die Rechtsangleichung der in den Mitgliedstaaten trotz des Art. 2 Abs. 5 RBÜ noch voneinander abweichenden Bestimmungen über den urheberrechtlichen Schutz von Sammelwerken (Erwgr. 2–4); und schließlich in der europäischen Harmonisierung des Rechts an Datenbanken durch die Einführung des weltweit neuartigen Rechts des Datenbankherstellers, das die Unterschiede in den vordem geltenden nationalen wettbewerbs- und urheberrechtlichen Regelungen innerhalb der Union (Erwgr. 6) und den durch die Digitaltechnik veränderten Verhältnissen auf dem Informationsmarkt Rechnung tragen soll. Denn durch die Möglichkeit der elektronischen Informationsspeicherung und -wiedergewinnung hat sich bei Sammlungen der wirtschaftliche Schwerpunkt von schöpferischen Sammelwerken auf solche (meist elektronisch organisierten) umfangreichen Sammlungen von Werken, Daten, Fakten und anderen Elementen verschoben, deren schematische Ordnungskriterien und Ausrichtung auf Vollständigkeit häufig keinen Spielraum für schöpferische Tätigkeit bei der Auswahl und/oder Anordnung des Inhalts lassen,[70] gleichwohl aber

---

dazu auch Rn. 20; aA *Lehmann* in Möhring/Schulze/Ulmer/Zweigert (Hrsg.) S. 4; kritisch *Gaster* ÖSGRUM 19 [1996] 15 (26); *Westkamp* S. 402; ebenso DKMH/*Kotthoff* § 87a UrhG Rn. 3 in der irrigen Annahme, nach §§ 87a ff. geschützte Datenbanken hätten im Unterschied zu den anderen unternehmensbezogenen Leistungsschutzrechten systemwidrig nicht notwendig schutzfähige Werke zum Inhalt; dies ist bei den Rechten nach §§ 85, 87, und 95 ebenso der Fall.

[65] Ebenso *Flechsig* ZUM 1997, 577 (589 f.); zum österr. MinE *Wittmann* MR 1997, 130.

[66] S. *Vogel* ZUM 1997, 592 (594); *Hoebbel* S. 77 ff.

[67] Anders noch der RegE; dazu → § 87b Rn. 6 f., 12 ff., 37 ff.; zu den Unterschieden → § 87b Rn. 37 ff.; *Bensinger* S. 186 ff. und *Westkamp* S. 413 ff., der sich deshalb kritisch zur vorgenommenen Umsetzung der Richtlinie in das deutsche Recht äußert; kritisch auch Möhring/Nicolini/*Koch* (3. Aufl.), § 87a UrhG Rn. 1, § 87b UrhG Rn. 5 ff. mit dem zwischenzeitlich berechtigten Hinweis, dass der EuGH (GRUR 2008, 1077 Rn. 38 – Directmedia Publishing) auch die reine Informationsauswertung als Entnahme iSd. Art. 7 Abs. 2 lit. a Datenbank-RL gewertet und deshalb den Rahmen des verkörperungsbezogenen Vervielfältigungsbegriffs geöffnet habe; zustimmend zur Umsetzung noch die Vorauflagen.

[68] Eingehend zur rechtlichen Beurteilung der Online-Übermittlung → § 19a Rn. 42 ff.; zu den Erfordernissen der Umsetzung des Rechts sui generis *Vogel,* Blick durch die Wirtschaft v. 20.1.1997, S. 10; *Vogel* ZUM 1997, 592 (594 ff.); kritisch zur begrifflichen Anpassung außer *Bensinger* S. 189; *Westkamp* S. 413 ff. auch *Gaster* CR 1997, 717 (720); *Lehmann* in Möhring/Schulze/Ulmer/Zweigert (Hrsg.) S. 10 f.; Möhring/Nicolini/*Koch* (3. Aufl.), § 87a UrhG Rn. 14; zurückhaltend hinsichtlich des Rechts der öffentlichen Wiedergabe Roßnagel/*v. Lewinski* § 87b UrhG Rn. 24 f.; auch *Leistner* S. 306 ff.: im Grundsatz zustimmend, aber unterlassene Anpassung der allgemeinen Verwertungsrechte an die inhaltlich übereinstimmenden Vorgaben der Richtlinie für Datenbankwerke und Datenbanken, S. 308.

[69] Dazu ausführlich die Kommentierung von *v. Ungern-Sternberg* → § 15 Rn. 59 sowie die dortigen Lit.- und Rechtsprechungs-Nachweise.

[70] S. dazu auch *Barta/Markiewicz* FS Beier (1996), S. 343 (345); *Hoebbel* in Lehmann (Hrsg.), Rechtsschutz (2. Aufl.), S. 1015 (1022 ff.).

wegen der Gefahr unbefugter unmittelbarer Übernahme der bei Aufbau, Aktualisierung und Pflege der Datenbank investierten sammelnden, sichtenden, prüfenden und ordnenden Leistungen eines besonderen Schutzes bedürfen.[71] Der Richtliniengeber hat zur Erreichung des gesetzten Ziels – anders als beim Recht an Datenbankwerken – auf eine Vollharmonisierung des Datenbankherstellerrechts verzichtet und stattdessen auf die Annäherung der Rechtsordnungen der Mitgliedstaaten vertraut.[72]

2. Rechtfertigung

Die **Gefahr der Vervielfältigung vollständiger, namentlich elektronischer Datenbanken** 21 ohne besonderen Aufwand und ohne angemessene Vergütung ihres Herstellers rechtfertigt die Einführung eines über das Lauterkeitsrecht hinausgehenden besonderen Rechts, das dem Datenbankhersteller angesichts der Bedrohung des von ihm geschaffenen Wirtschaftsgutes den notwendigen **Investitionsschutz** gewährt.[73] Um jedoch nicht mit der in Art. 10 EMRK geschützten Informationsfreiheit (heute auch nach Art. 11 EU-Grundrechte-Charta) in Konflikt zu geraten, beugt das Datenbankrecht der Monopolisierung von Informationen im Interesse der Allgemeinheit vor.[74]

Denn es ermöglicht den ungehinderten **Zugang zu Informationen,** indem es die ausschließli- 22 chen Rechte des Datenbankherstellers in Übereinstimmung mit der Richtlinie nicht auf jede Verwertung erstreckt, sondern sie auf die Entnahme oder/und Weiterverwendung der **Datenbank im Ganzen oder in wesentlichen Teilen** beschränkt und damit unwesentliche Teile jedermann zur erlaubnis- und vergütungsfreien Nutzung freigibt.[75] Eine Ausnahme gilt lediglich für die wiederholte und systematische Vervielfältigung, Verbreitung und öffentliche Wiedergabe **un**wesentlicher Teile der Datenbank, soweit die Nutzungen ihrer normalen Auswertung entgegenstehen oder die berechtigten Interessen des Datenbankherstellers unzumutbar beeinträchtigen (§ 87b Abs. 1 S. 2). Solche Nutzungen sind in ihren Rechtsfolgen der Nutzung wesentlicher Teile gleichgestellt.

Dieselben Gründe rechtfertigen überdies die gegenüber den bisherigen Regeln veränderten 23 **Schrankenbestimmungen.** Sie beziehen sich einerseits nicht auf die private Vervielfältigung sowohl schöpferischer als auch nichtschöpferischer elektronischer Datenbanken (§§ 53 Abs. 5, 87c Abs. 1 Nr. 1), statuieren andererseits aber im Informationsinteresse des rechtmäßigen Benutzers weitergehende Einschränkungen der Ausschließlichkeitsrechte als bisher, indem sie ihm bestimmte – im Falle des Rechts sui generis vertragliche – Mindestbefugnisse sichern (§§ 55a, 87e), sofern diese – wiederum beschränkt auf das Recht sui generis – nicht der wirtschaftlichen Auswertung der Datenbank zuwiderlaufen und der Datenbankhersteller in seinen berechtigten Interessen nicht unzumutbar beeinträchtigt wird.

3. Bedeutung

Das neue Recht sui generis bietet nach den Vorstellungen des Richtliniengebers mit seinen gegen- 24 über dem Wettbewerbsrecht schärfer umrissenen tatbestandlichen Voraussetzungen nicht nur eine wesentliche Voraussetzung für den Schutz immaterieller Güter in einer Umgebung technisch revolutionierter Informationsvermittlung, sondern gleichzeitig auch einen seiner wirtschaftlichen Bedeutung entsprechenden **Investitionsanreiz** (Erwgr. 11 und 12), der ua. den Rückstand der EU auf dem Gebiet elektronischer Datenbanken, insbesondere gegenüber den USA, verringern helfen soll.[76] Erste Einschätzungen der Auswirkungen des Datenbankherstellerrechts in der EU beurteilen die Erreichung des vorgegebenen Ziels eher zurückhaltend.[77]

Dem Vorbild der USA beim Schutz von Halbleitern folgend kommt das Recht an Datenbanken 25 Ausländern aus Drittstaaten nur auf der Grundlage **materieller Gegenseitigkeit** oder besonderer bilateraler Verträge zugute, um für Staaten mit niedrigerem Schutzniveau einen Anreiz zu schaffen, den Schutz von Datenbanken im eigenen Lande dem EU-Niveau anzupassen.[78] Die europäische Re-

---

[71] Ebenso Dreier/Schulze/*Dreier* Vor § 87a UrhG Rn. 5 ff.

[72] Einzelheiten ferner → Vor § 87a UrhG Rn. 14.

[73] Erwgr. 7 und 40 Datenbank-RL; *Haberstumpf* (2. Aufl.), Rn. 527; zu den Ausgangsüberlegungen der EG-Kommission *Gaster* Rn. 8 ff.; *Gaster* in Hoeren/Sieber (Hrsg.) Teil 7.8 Rn. 36 ff.; *Walter/v. Lewinski* Vor Art. 7 Datenbank-RL Rn. 1.

[74] Zum Verhältnis von Datenbankschutz und Informationsfreiheit Fromm/Nordemann/*Czychowski* Vor §§ 87a ff. UrhG Rn. 36 ff.

[75] AllgM, vgl. EuGH GRUR 2005, 244 Rn. 45 – BHB-Pferdewetten; BGH GRUR 2005, 857 (859) – HIT BILANZ; BGH GRUR 2005, 940 (942) – Marktstudien; → § 87b Rn. 12; Dreier/Schulze/*Dreier* § 87b UrhG Rn. 5.

[76] S. dazu die Angaben in der Begründung des Richtlinienentwurfs Dok. KOM. [92] 24 endg., ABl. Nr. C 156 vom 23.6.1992, S. 4; danach betrug 1989 der europäische Anteil des weltweiten Umsatzes bei Online- und Realzeitdatenbanken von 8,5 Mrd. ECU lediglich 2 Mrd. ECU oder ein Drittel des US-Umsatzes; zum wirtschaftlichen Hintergrund des Rechtsschutzes von Datenbanken ausführlich *Grützmacher* S. 75 ff. mwN.

[77] Vgl. *Maurer/Hugenholtz* Sience Vol. 294 vom 26.10.2001, S. 789 f.; kritisch auch *Bensinger* S. 103 ff.; ausführlich zur ersten Evaluierung der Richtlinie 96/9/EG über den rechtlichen Schutz von Datenbanken durch die Kommission vom 12.12.2005 → Rn. 26 ff.; dort auch Hinweise auf weitere Evaluierungsmaßnahmen der EU-Kommission.

[78] *Gaster* ZUM 1995, 740 (744); *Lehmann* in Möhring/Schulze/Ulmer/Zweigert (Hrsg.) S. 15.

ziprozitätsregelung hat zunächst dazu geführt, dass im Rahmen der WIPO ein internationaler Vertrag über den Rechtsschutz von Datenbanken auf der Grundlage der Vorstellungen der europäischen Richtlinie diskutiert wurde.[79] Nach anfänglichen Fortschritten sind jedoch nennenswerte Ergebnisse ausgeblieben und nach dem heutigen Stand der Dinge auch nicht mehr zu erwarten.[80]

4. Evaluierung

26   Art. 16 Abs. 3 Datenbank-RL gibt der EU-Kommission auf, gerechnet ab dem 1.1.1998 in dreijährigen Abständen dem Europäischen Parlament über die Auswirkungen der EU-weiten Neuregelung des Rechts an Datenbanken durch die Richtlinie 96/9/EG zu berichten. **Die Kommission** tat dies erstmals mit ihrem **Bericht über die Anwendung der Datenbank-RL vom 12.12.2005.**[81] Insgesamt zieht er eine skeptische Bilanz der Wirkungen der Richtlinie[82] und stellt letztlich **vier Optionen** zur Diskussion:
– Rücknahme der Richtlinie, also die rechtlich fragwürdige Rückkehr zum status quo ante mit der vorhersehbaren Folge, dass Datenbankhersteller zum Selbstschutz durch Zugangskontrollen greifen werden;
– Rücknahme des sui generis Rechts unter Beibehaltung des harmonisierten Urheberrechtsschutzes, wodurch nach mitunter vertretener Auffassung der Ineffektivität des Rechts infolge seines unbewiesenen Konzepts Rechnung getragen werde. Dabei sei freilich zu erwarten, dass der angelsächsische Rechtskreis den höheren Originalitätsstandard des Urheberrechts nicht zuletzt im Hinblick auf die Feist-Entscheidung[83] beibehalte, also weniger Datenbanken unter gesetzlichen Schutz stelle, so dass vertragliche Schutzvereinbarungen und der Einsatz technischer Schutzmechanismen insoweit erforderlich würden;
– Änderung des sui generis Rechts im Hinblick auf den unklaren Schutzumfang: eindeutigere Fassung der geltenden unbestimmten Rechtsbegriffe des sui generis Rechts;
– Beibehaltung des Status quo.

27   Auf der Grundlage der ermittelten Zahlen des vorliegenden Berichts und der zahlreichen eine Beibehaltung des Datenbankherstellerrechts befürwortenden Stellungnahmen[84] macht derzeit nur die **Beibehaltung des derzeitigen Rechtszustands** einen Sinn. Nach den im Bericht der Kommission zitierten Angaben der European Association of Directory and Database Publishers (EADP) und den Daten des „Gale Directory of Databases" (GDD), dem größten Adressbuch mit statistischen Angaben zum Wachstum der weltweiten Datenbankindustrie, wuchs zwischen 1996 und 2001 der Weltmarktanteil westeuropäischer Datenbanken von 22% auf 34%, während der US-Anteil von 69% auf 60% absank. Zwischen 2002 und 2004 wiederum ging der europäische Anteil von 33% auf 24% zurück, während der US-amerikanische von 62% auf 72% stieg. Dies bedeutet eine Anteilsverschiebung von 1:2 im Jahre 1996 auf 1:3 im Jahre 2004. Wie auch immer die dürftige statistische Grundlage zu interpretieren ist, eine Revision wäre nach so kurzer Zeit übereilt. Das sui generis Recht ist ein junges Recht, das seine Bewährung noch vor sich hat. Außerdem bedarf es noch der gerichtlichen Klärung offener Fragen, um ein zuverlässiges Bild vom Nutzen des neuen Datenbankherstellerrechts zu erhalten.[85] 2017 folgte ein weiteres Konsultationsverfahren der Kommission.[86] Auf die darauf basierende Studie[87] und die verhalten positive Bewertung im Evaluierungsdokument SWD (2018) 146 final vom 25.4.2018[88] mit dem wenig überraschenden Ergebnis, angesichts der harmonisierenden Wirkung der Datenbankrichtlinie den Status quo beizubehalten, wird verwiesen.

III. Das Recht des Datenbankherstellers im Besonderen

1. Rechtsnatur und Schutzgegenstand

28   Die Richtlinie äußert sich zum Wesen des Rechts sui generis nicht. Es heißt dort lediglich, es handle sich um ein völlig neues Recht ohne Vorbild.[89] Der Grund der Betonung seiner Neuartigkeit liegt ganz offensichtlich darin, dass zum einen den Mitgliedstaaten verwehrt bleiben soll, sich je nach

---

[79] Dazu *v. Lewinski* GRUR-Int 1997, 667 (680); *Gaster* CR 1997, 669 (675 f.); *Hohagen* GRUR-Int 1998, 54 f.
[80] Dazu ausführlich Fromm/Nordemann/*Czychowski* Vor §§ 87a ff. UrhG Rn. 15 ff. mwN.
[81] Abrufbar unter http://ec.europa.eu/internal_market/copyright/docs/databases/evaluation_report_en.
[82] S. auch die kritische Stellungnahme von *Kur/Hilty/Geiger/Leistner* IIC 2006, 551 sowie K&R 2007, 457 ff.; *Kur* GRUR-Int 2006, 725.
[83] U. S. Supreme Court GRUR-Int 1991, 933 mAnm *Hoebbel*.
[84] S. ausführlich *Leistner* K&R 2007, 457 sowie GRUR 2006, 483.
[85] S. zur fortlaufenden Entwicklung des Datenbankrechts in Europa auch die Website des Institut für Informationsrecht der Universität Amsterdam IViR; ferner Wandtke/Bullinger/*Thum/Hermes* Vor §§ 87a ff. UrhG Rn. 6 ff.
[86] https://ec.europa.eu/digital-single-market/en/news/commission-launches-public-consultation-databasedirective.
[87] https://ec.europa.eu/digital-single-market/en/news/study-support-evaluation-database-directive.
[88] https://ec.europa.eu/digital-single-market/en/news/staff-workingdocument-and-executive-summary-evaluation-directive-969ec-legal-protection.
[89] S. *Gaster* ÖSGRUM 19 [1996] 15 (26).

Rechtstradition bei der Umsetzung auf das Wettbewerbsrecht oder ein „unfair extraction right" zurückzuziehen,[90] und zum anderen, um klarzustellen, dass dieses Recht nicht unter bestehendes Konventionsrecht fällt und deshalb Angehörigen von Drittstaaten nicht auf der Grundlage der Inländerbehandlung zusteht.[91] Nach der Dogmatik und der Systematik des deutschen UrhG freilich stellt das die Richtlinienregelung nachvollziehende Datenbankherstellerrecht gemäß §§ 87a ff. ein **dem Urheberrecht verwandtes unternehmensbezogenes Schutzrecht** iSd. Teils 2 des Gesetzes dar.[92] Denn es entsteht häufig, wenngleich nicht zwingend, im wirtschaftlichen Umfeld der Verwertung von Urheberrechten, etwa wenn die Datenbank sowohl unter urheber- als auch unter leistungsschutzrechtlichen Gesichtspunkten geschützt ist, die Datenbank aus geschützten Werken iSd. § 2 besteht oder wenn mit der Erstellung oder Nutzung der Datenbank der Einsatz eines oder mehrerer urheberrechtlich geschützter Computerprogramme verbunden ist.

Sein **Schutzgegenstand** ist weder der Inhalt einer Datenbank noch die Verkörperung einer Datenbank etwa in Form einer CD-ROM, eines Buches oder einer Kartei noch eine Datenbank an sich, sondern eine jeweilige **auf einem Trägermedium festgelegte Datenbank als Erscheinungsform des unter wesentlichem Investitionsaufwand gesammelten, geordneten und einzeln zugänglich gemachten Inhalts als immaterielles Gut,** einschließlich der für Betrieb und Abfrage erforderlichen Elemente wie Thesaurus, Index und Abfragesystem.[93] Ebenso wie die Schutzrechte des Veranstalters (§ 81), des Sendeunternehmens (§ 87), des Tonträger- (§ 85) und des Filmherstellers (§§ 94, 95) sowie des Presseverlegers (§ 87f) (nicht mehr anwendbar, → Rn. 18) setzt das Datenbankherstellerrecht keine schöpferische, sondern eine wirtschaftlich mehr oder weniger aufwändige und deshalb schützenswerte sammelnde, sichtende und ordnende Tätigkeit voraus,[94] die – mit Ausnahme des Veranstalterrechts – in eine Verkörperung des Leistungserfolges münden muss. Der **unterschiedliche Schutzgrund** erlaubt es nicht, das auf wirtschaftlicher Investition beruhende Datenbankherstellerrecht in die Nähe der auf schöpferischem Tun basierenden kleinen Münze des Urheberrechts an Datenbankwerken zu rücken.   **29**

Seiner Rechtsnatur nach ist es deshalb ebenso wie jene Rechte ein – in seiner Ausschließlichkeitswirkung allerdings auf wesentliche Teile der Datenbank beschränktes – **Immaterialgüterrecht,** das zwar in wettbewerbsrechtlicher Tradition steht, jedoch durch das Erfordernis eines **materiellen Substrats,**[95] durch die Gewährung positiver Nutzungs- und negativer Verbotsrechte, durch abschließend normierte Schrankenregelungen und durch eine gesetzlich festgelegte zeitliche Geltung über die Sanktionierung unlauteren Verhaltens hinausgeht.[96] Ferner setzt es **kein Wettbewerbsverhältnis** voraus und schließlich lässt es nach § 87b Abs. 1 S. 2 die Nutzung unwesentlicher Teile der Datenbank nur zu, wenn sie weder der normalen Auswertung der Datenbank zuwiderläuft noch die Interessen des Herstellers unzumutbar beeinträchtigt.[97]   **30**

Wie die anderen unternehmensbezogenen die Leistungsschutzrechte ist nach den §§ 81, 85, 87, 94, 95 und 87f das Recht des Datenbankherstellers ein **Leistungsschutzrecht** zur Gewährleistung eines **Investitionsschutzes.**[98] Es wird konsequenterweise demjenigen Unternehmen zugeordnet, welches meist als juristische Person die risikobehaftete Investitionsleistung organisatorisch und wirtschaftlich verantwortet, dh. nicht notwendig der die sammelnde, prüfende, ordnende und sichtende Tätigkeit tatsächlich ausführenden natürlichen Person.[99] Diese Charakteristik des Datenbankherstellerrechts findet in der Regelung der sich bei Neuinvestitionen verlängernden Schutzdauer eine signifikante Ausprägung.[100]   **31**

Als derartiges Immaterialgüterrecht entbehrt das Recht des Datenbankherstellers zwangsläufig und anders als das Urheberrecht an Datenbankwerken persönlichkeitsrechtlicher Elemente, schließt jedoch Ansprüche aus dem allgemeinen Persönlichkeitsrecht wie etwa den Anspruch auf Anerkennung der unternehmerischen Vaterschaft nicht aus. Es ist deshalb auch – wiederum anders als das Urheberrecht – in vollem Umfang **übertragbar** (§§ 398, 413 BGB),[101] aber ebenso wie jenes **vererblich** (§ 1922   **32**

---

[90] S. *Gaster* CR 1997, 669 (673); *Gaster* ÖSGRUM 19 [1995] 15 (25); *Lehmann* in Möhring/Schulze/Ulmer/Zweigert (Hrsg.) S. 4.

[91] → Rn. 39 ff.; *Lehmann* NJW-CoR 1997, 249 (251).

[92] Vgl. → Einl. UrhG Rn. 37 ff.; *Leistner* FS Dietz (2001), S. 493 (506 f.); *Berger* GRUR 1997, 169 (172); kritisch *Gaster* ÖSGRUM 19 [1995] 15 (25 f.); aA auch *Lehmann* in Möhring/Schulze/Ulmer/Zweigert (Hrsg.) S. 4, jedoch ohne Begründung, weshalb das Recht sui generis kein Leistungsschutzrecht iSd. Teils 2 des UrhG sei.

[93] Erwgr. 20; → § 87a Rn. 34 ff.; ebenso *v. Ungern-Sternberg* GRUR 2008, 291 (293).

[94] Dazu auch die Erl. zu § 87a Rn. 42 ff.

[95] EuGH GRUR 2005, 254 Rn. 30 – Fixtures-Fußballspielpläne II; BGH GRUR 2005, 940 (941) – Marktstudien; *Leistner* S. 148 im Anschluss an *Ulmer* (2. Aufl.), § 26 II 1.

[96] Ausführlich dazu → Rn. 5, 34.

[97] → § 87b Rn. 12, 19 ff., 24 f.; sa. *Vogel* ZUM 1997, 592 (594); *Wiebe* CR 1996, 198 (202); *Berger* GRUR 1997, 169 (171 f.).

[98] St. Rechtsprechung des EuGH, zuletzt EuGH GRUR 2008, 1077 Rn. 33 – Directmedia Publishing; s. ferner *v. Ungern-Sternberg* GRUR 2010, 386 (388) mwN.

[99] → § 87a Rn. 71 ff.; *Gaster* in Hoeren/Sieber (Hrsg.) Teil 7.8. Rn. 109 f.; *Leistner* FS Dietz (2001), S. 493 (506); Loewenheim/*Loewenheim,* Handbuch, § 43 Rn. 2, 15.

[100] Art. 10 Abs. 3 Datenbank-RL, umgesetzt in § 87a Abs. 1 S. 2.

[101] Deshalb sind Investitionen eines früheren Inhabers des Datenbankherstellerrechts bei der zurechenbaren Investition zu berücksichtigen, vgl. *v. Ungern-Sternberg* GRUR 2010, 386 (389).

BGB), ohne dass dies einer besonderen gesetzlichen Erwähnung bedarf.[102] Aus diesem Grunde war – von der fehlenden Vorgabe der Richtlinie abgesehen – auch das in den Formulierungshilfen noch vorgesehene Veröffentlichungsrecht des Datenbankherstellers zu streichen.[103] Die Veröffentlichung einer Datenbank kann ihr Hersteller, wie dies im Übrigen auch bei Tonträgern, Filmen ua. der Fall ist, nur durch Ausübung der Sachherrschaft über den Datenbankträger, auf vertraglichem Wege oder durch eine entsprechende Handhabung der ihm zustehenden Verwertungsrechte steuern.

33   Infolge der **systematischen Einordnung** des Datenbankherstellerrechts **im Teil 2 des UrhG**[104] finden die allgemeinen Bestimmungen des Teils 4 des UrhG über ergänzende Schutzbestimmungen nach §§ 95a ff., über die Rechtsdurchsetzung bei Rechtsverletzungen §§ 96, 97 ff. sowie die Regeln über das Leistungsschutzrecht im Rechtsverkehr auf das neue Recht direkte oder zumindest entsprechende Anwendung.

2. Reichweite des Schutzes

34   Angesichts der beabsichtigten Harmonisierungswirkung und des ihnen zugrunde liegenden Schutzzwecks regeln die §§ 87a ff. den Inhalt des Datenbankherstellerrechts **abschließend.** Trotz der weitreichenden Befugnisse seines Inhabers ist dieses Recht – anders als das Urheberrecht, aber ebenso wie die übrigen unternehmensbezogenen Leistungsschutzrechte des Teils 2 des UrhG – nicht umfassend geregelt.

35   **a) In sachlicher Hinsicht** schlägt sich dies in der Beschränkung der ausschließlichen Rechte auf solche Teile einer Datenbank nieder, die eine **wesentliche** Investition verkörpern, und in den abschließend aufgezählten, lediglich durch die von den §§ 87c und e eingeschränkten Verwertungsrechten nach § 87b. Der Schutz schließt, so Erwgr. 20 der Datenbank-RL, neben den inhaltlichen Elementen auch solche Elemente ein, die für den Betrieb oder die Abfrage bestimmter Datenbanken erforderlich sind, wie etwa **Thesauri, Abfrage- oder Indexierungssysteme.**[105]

36   Die ausschließlichen Verwertungsrechte können – anders als unter urheber- oder wettbewerbsrechtlichen Gesichtspunkten[106] – auch dann berührt sein, wenn wesentliche Teile des Inhalts einer Datenbank oder ihre Gesamtheit vervielfältigt und unter anderen Parametern neu zusammengestellt werden.[107] Das Ausschließlichkeitsrecht bezieht sich nach dem Wortlaut der Richtlinie und dem des § 87b Abs. 1 dagegen **nicht auf unwesentliche Teile** einer nicht notwendig, in der Praxis freilich regelmäßig veröffentlichten Datenbank, sofern die jeweiligen Nutzungen nicht wiederholt und systematisch erfolgen und nicht der normalen Auswertung der Datenbank zuwiderlaufen oder die berechtigten Interessen des Datenbankherstellers unzumutbar beeinträchtigen (§ 87b Abs. 1 S. 2). In der Ausschließung der Nutzung unwesentlicher Teile einer Datenbank vom Schutz des Herstellerrechts ist keine Schrankenregelung zu sehen, sondern lediglich eine Grenzziehung des nicht umfassend ausgestalteten Rechts. Hinsichtlich unwesentlicher Teile der Datenbank stehen ihrem Hersteller im Übrigen schuldrechtliche Gestaltungsmittel zur Verfügung, sofern sich der Nutzer der Datenbank nicht auf die gesetzlichen Schranken des § 87c oder die (Teil-)Unwirksamkeit des Nutzungsvertrages nach § 87e berufen kann.

37   Das Recht bezieht sich – ebenso wie das Urheberrecht an Datenbankwerken – **nicht auf den Inhalt der einzelnen Datenbankelemente** (Daten, Fakten, Werke etc.), denn nicht die gesammelten Informationen sind Gegenstand dieses Leistungsschutzrechts, sondern die Datenbank als systematisch oder methodisch angeordnete investitionsintensive Sammlung einzeln zugänglicher Elemente.[108] Urheber- und Leistungsschutzrechte am Inhalt sowie deren Schutz nach dem UWG bleiben deshalb unberührt (→ Rn. 43). Wegen des unterschiedlichen Schutzgegenstandes besteht das Datenbankherstellerrecht zudem unabhängig neben dem Urheberrecht nach § 4 Abs. 2, wenn eine Datenbank sowohl urheberrechtlich als auch leistungsschutzrechtlich schutzfähig ist, und unabhängig neben dem urheberrechtlichen Schutz des zum Aufbau und zur Erschließung einer elektronischen Datenbank erforderlichen Computerprogramms, zu dem sich mitunter Abgrenzungsschwierigkeiten ergeben können.[109]

38   **b) In zeitlicher Hinsicht** gilt die fünfzehnjährige Schutzfrist des § 87d nach der Veröffentlichung der Datenbank, unbeschadet längerer urheberrechtlicher Schutzfristen der in die Datenbank aufgenommenen Werke bzw. des sie erschließenden Computerprogramms, welche regelmäßig länger wäh-

---

[102] Lediglich klarstellend Art. 7 Abs. 3 Datenbank-RL; sa. BGH GRUR 2009, 852 Rn. 27 – Elektronischer Zolltarif; Wandtke/Bullinger/*Hermes* Vor §§ 87a ff. UrhG Rn. 28; Dreier/Schulze/*Dreier* Vor § 87a UrhG Rn. 2; *Flechsig* ZUM 1997, 577 (588); *Vogel* ZUM 1997, 605.
[103] S. dazu *Vogel* ZUM 1997, 605.
[104] Dazu näher → Rn. 16 ff.
[105] Dazu → § 87a Rn. 37; kritisch zur rechtlichen Unselbstständigkeit des sog. elektronischen Materials, dessen Schutzfähigkeit mit der Auswahl oder Anordnung des Inhalts der Datenbank falle, *Dreier* GRUR-Int 1992, 739 (745).
[106] Vgl. etwa *Nordemann/Hertin* NJW 1971, 857 (859, 861).
[107] Erwgr. 38; EuGH GRUR-Int 2009, 501 Rn. 48 – Apis/Lakorda; BGH GRUR 2005, 857 – HIT BILANZ.
[108] → Rn. 21; → § 87a Rn. 34 ff.; *v. Ungern-Sternberg* GRUR 2008, 291 (292 f.).
[109] S. *v. Ungern-Sternberg* GRUR 2008, 193 (194 f.); *Dreier* GRUR-Int 1992, 739 (745); *Hoebbel* in Lehmann (Hrsg.) Rechtsschutz (2. Aufl.), S. 1015 (1017 ff.); *Hoebbel* CR 1993, 12 (14); *Haberstumpf* (2. Aufl.), Rn. 170, 527.

ren, es sei denn, in die Datenbank wird über den Ablauf der urheberrechtlichen Schutzfrist hinaus ständig schutzfristverlängernd investiert (§ 87a Abs. 1 S. 2).[110]

c) In **persönlicher Hinsicht** ist zu beachten, dass etwaige Urheber- und Leistungsschutzrechte an **39** einer Datenbank nicht stets originär in derselben Rechtspersönlichkeit entstehen, da Urheber nur eine natürliche, Datenbankhersteller iSd. § 87a Abs. 2 hingegen auch eine juristische Person sein kann.[111] Die originären Rechte an einer investitionsintensiven, nach §§ 87a ff. geschützten, zugleich aber nach § 4 Abs. 2 schöpferischen Datenbank fallen auseinander, wenn Werkschöpfer und Investor nicht identisch sind. Soweit hier § 43 nicht weiterhilft, sind zur Verwertung der Datenbank die einschlägigen Rechte durch vertragliche Vereinbarungen in einer Hand zusammenzuführen.[112]

Bei **nicht schöpferischen Datenbanken mit Auslandsbezug** gilt § 127a.[113] Danach können **40** die Rechte nach § 87b nur deutsche Staatsangehörige und ihnen gleichgestellte Angehörige eines EU-Mitgliedsstaats oder EWR-Vertragsstaates beanspruchen (§ 127a Abs. 1). Das gleiche gilt für ein nach dem Recht eines EU-Mitgliedstaates oder EWR-Staates gegründetes Unternehmen mit satzungsgemäßer Hauptverwaltung oder Hauptniederlassung im Geltungsbereich der EU oder des EWR oder in einem EU-Mitglied- bzw. EWR-Vertragsstaat und einem wirtschaftlichen Bezug zu einem dieser Staaten. Diese Umsetzung in § 127a Abs. 2 ist freilich als nicht richtlinienkonform kritisiert worden.[114] Denn nach Art. 11 Abs. 2 Datenbank-RL sei lediglich dann, wenn ein Unternehmen nur seinen satzungsmäßigen Sitz in der EU hat, eine wirtschaftliche Verbindung zu einem dieser Staaten gefordert.[115] Es gehe dem Sinn und Zweck der Vorschrift entsprechend nur um den Schutz von Unternehmen, die in der EU oder dem EWR wirtschaftlich tätig sind und damit um einen Anreiz für Drittstaaten zum Abschluss internationaler Gegenseitigkeitsverträge.[116]

Internationale Verträge über den grenzüberschreitenden Schutz nichtschöpferischer Datenbanken sind zwar beraten, bis heute aber nicht abgeschlossen worden.[117] Insbesondere kommt für US-amerikanische nichtschöpferische Datenbanken nicht das **Übereinkommen zwischen dem Deutschen Reich und den Vereinigten Staaten von Amerika vom 15.1.1892 über den gegenseitigen Schutz der Urheberrechte** zur Anwendung, weil dieser Vertrag keine Leistungsschutzrechte zum Gegenstand hat.[118]

Anders verhält es sich beim **internationalen Schutz schöpferischer Datenbanken.** Hier kann **41** sich der Verbandsurheber zunächst auf den Schutz von Sammelwerken nach **Art. 2 Abs. 5 RBÜ** berufen.[119] Nach dem am 6.3.2002 gemäß dessen Art. 20 in Kraft getretenen, von der EU und den meisten EU-Mitgliedstaaten am 14.12.2009 ratifizierten **WIPO Copyright Treaty (WCT)** vom 20.12.1996, einem Sonderabkommen iSd. Art. 20 RBÜ zur Anpassung des internationalen Urheberrechts an die Erfordernisse neuer Informations- und Kommunikationstechnologien,[120] gehören Datenbanken, gleich welcher Art und Technik, zu den ausdrücklich geschützten Werkarten, wobei Art. 5 WCT wiederum klarstellt, dass der Schutz sich nicht auf den Inhalt erstreckt und Urheberrechte an den kompilierten Daten oder Materialien, zu denen auch Werke zählen können, nicht berührt. Angehörige eines Vertragsstaates des **TRIPS-Übereinkommens**[121] können außerdem in anderen Vertragsstaaten Schutz nach Art. 10 Abs. 2 TRIPS in Anspruch nehmen, der eine Art. 5 WCT entsprechende Regelung enthält, sich also auch auf nicht elektronische Datenbanken bezieht. Der speziellen Vorschrift des Art. 10 Abs. 2 TRIPS kommt freilich insofern begrenzte praktische Bedeutung zu, als Art. 9 Abs. 1 TRIPS die Vertragsstaaten zur Beachtung von Art. 1 bis 21 RBÜ, mit Ausnahme von Art. 6bis RBÜ, verpflichtet.

---

[110] → § 87a Abs. 1 S. 2; → § 87a Rn. 60 ff.; → § 87d Rn. 5 ff.
[111] → Rn. 31; → § 87a Rn. 71 ff.
[112] Sa. Dreier/Schulze/*Dreier* Vor § 87a UrhG Rn. 8.
[113] Zu Einzelheiten s. die Erläuterungen dort.
[114] Wandtke/Bullinger/*v. Welser* § 127a UrhG Rn. 4; ebenso *Gaster* Rn. 670.
[115] S. im Einzelnen die Kommentierung zu § 127a, dort auch zu der Frage des Schutzes eines unter § 127a Abs. 2 fallenden Unternehmens, das die wesentlichen Investitionen in einem Drittstaat ohne Datenbankhersteller-recht iSd. §§ 87a ff. erbringt; sa. Möhring/Nicolini/*Koch* (3. Aufl.), § 87a UrhG Rn. 33, der Wandtke/Bullinger/ *Hermes* Vor §§ 87a ff. UrhG Rn. 45 folgend in diesen Fällen gleichwohl Schutz nach dem UrhG gewähren möchte; vgl. ferner Walter/*v. Lewinski* Art. 11 Rn. 8 ff.
[116] Erwgr. 56; sa. *Hornung* S. 201; *Grützmacher* S. 403.
[117] Zu den Bemühungen Ende der 90er Jahre Copyright 1997, 348 f.; *v. Lewinski* GRUR-Int 1997, 667 (680); *Hohagen* GRUR-Int 1998, 54 f.
[118] Vgl. BGH GRUR 1986, 454 (456) – Bob Dylan; BGH GRUR 1992, 845 (846 f.) – Cliff Richard.
[119] *Grützmacher* S. 149 ff. mwN.
[120] Eingehend → 4. Aufl. 2010, Vor §§ 120 ff. Rn. 50 ff.; *v. Lewinski* GRUR-Int 1997, 667 (677 f.) sowie *v. Lewinski* CR 1997, 438 (442).
[121] Ausführlich *Katzenberger* GRUR-Int 1995, 447 ff., zu Datenbanken insb. S. 464 f.; *Reinbothe* GRUR-Int 1992, 707 (710); → Vor §§ 120 ff. Rn. 14 ff.

IV. Verhältnis der Rechte an Datenbanken zu anderen Schutzrechten

1. Datenbankwerke und Datenbanken

42   Aufgrund des Art. 13 der Richtlinie, der das immaterialgüterrechtliche **Kumulationsprinzip** bekräftigt, können, sofern die näheren Vorrausetzungen vorliegen, neben die Ansprüche aus dem Recht des Datenbankherstellers zusätzliche Ansprüche aus weiteren Schutzrechten treten. Rechte an Datenbankwerken nach § 4 Abs. 2, die auf einer eigenen geistigen Schöpfung des Datenbankurhebers beruhen,[122] und Rechte an Datenbanken nach § 87a Abs. 1, die durch wesentliche Investitionen gekennzeichnet sind, entstehen nicht notwendig gemeinsam. Selbst wenn sie dies tun, haben sie nicht zwangsläufig denselben originären Rechtsinhaber, weil das Urheberecht dem Schöpferprinzip folgt, der Leistungsschutz nach §§ 87a ff. hingegen das Recht nicht etwa einem Angestellten, sondern dem investierenden Hersteller zuweist (§ 87a Abs. 2). Außerdem weichen sie im Schutzumfang voneinander ab und erlöschen regelmäßig nicht zur gleichen Zeit. Denn eine schöpferische Datenbank begründet dann kein Datenbankherstellerrecht, wenn sie nicht gleichzeitig auf einer nach Art und Umfang wesentlichen Investition beruht, wie umgekehrt lediglich das Leistungsschutzrecht entsteht, wenn eine Datenbank zwar eine wesentliche Investition erfordert hat, jedoch keine schöpferische, sondern allenfalls eine handwerkliche oder routinemäßige Struktur aufweist. Entstehen beide Rechte gleichzeitig und nebeneinander, sind namentlich im Rechtsverkehr die angesichts des anderen Rechtsgrundes bestehenden Unterschiede in der ersten Inhaberschaft, im Schutzumfang einschließlich des Beginns der Schutzfrist sowie die unterschiedlichen tatbestandlichen Voraussetzungen einer Rechtsverletzung zu beachten.[123]

2. Rechte am Inhalt

43   Sowohl das Urheberrecht als auch das Leistungsschutzrecht an einer Datenbank beziehen sich nicht auf die in die Datenbank aufgenommenen einzelnen Werke, Daten und sonstige Leistungen.[124] Das stellt Art. 7 Abs. 4 der Richtlinie ausdrücklich klar. Urheber- und Leistungsschutzrechte an den einzelnen Elementen sowie wettbewerbliche Rechtspositionen entstehen neben den Rechten an der Datenbank und haben ihr eigenes Schicksal (§ 4 Abs. 1; Erwgr. 46 Datenbank-RL), weil sie auf einem jeweils anderen Schutzgegenstand und Rechtsgrund beruhen. Sie nehmen deshalb weder am Schutz der Datenbank teil noch wird ihr eigener Schutz durch das Recht an der Datenbank eingeengt.[125] Das gilt auch für das Verhältnis eines Werkes zu seiner – je nach Fallgestaltung urheberrechtlich abhängigen oder unabhängigen – schutzfähigen – Zusammenfassung (Abstract).[126]

44   Bei der Aufnahme eines Werkes in eine Datenbank, eventuell in interpretierter Form, sind deshalb vom Originalurheber, Bearbeiter, Interpreten und/oder von sonstigen Leistungsschutzberechtigten die erforderlichen urheber- und leistungsschutzrechtlichen Nutzungsrechte zu erwerben, soweit dem Werknutzer keine Schrankenregelungen zugutekommen.[127] Dasselbe gilt für sämtliche Leistungsschutzrechte des Teils 2 des UrhG.[128] Die ungenehmigte Vervielfältigung, Verbreitung oder öffentliche Wiedergabe eines einzelnen Werkes oder einiger weniger Werke aus einem Datenbankwerk verletzt zwar das Urheberrecht des Schöpfers des Einzelwerks, nicht aber das des Urhebers des Datenbankwerkes, weil nach den Grundsätzen über den urheberrechtlichen Schutz von Werkteilen ein einzelnes Werk oder wenige Werke keinen selbstständig schutzfähigen Bestandteil eines Datenbankwerkes darstellen (vgl. → § 4 Rn. 41 f.). Denn genießt das einer schöpferischen Datenbank entnommene Werk keinen urheberrechtlichen Schutz oder handelt es sich dabei um ein schutzunfähiges Element, kann der Urheber des Datenbankwerkes weder aus originärem noch aus abgeleitetem Recht deren Nutzung unterbinden. Wird dagegen ein Teil eines Datenbankwerkes, der selbst ausnahmsweise schöpferische Qualität iSd. § 4 Abs. 2 iVm. § 2 Abs. 2 aufweist, unbefugt genutzt, werden die Urheberrechte sowohl des Datenbankurhebers als auch die der Urheber der entnommenen Werke verletzt.[129]

---

[122] Vgl. EuGH GRUR 2012, 386 Rn. 32 ff., 37 ff. – Football Dataco/Yahoo, der von einer „persönlichen Note" der Datenbank spricht; → § 4 Rn. 7, 50.

[123] Vgl. BGH GRUR 2007, 685 Rn. 27 – Gedichttitelliste I: der Urheber des Datenbankwerks ist nicht berechtigt, als Gesamtgläubiger auch den dem Datenbankhersteller entstandenen Schaden aus der Verletzung seines Leistungsschutzrechts geltend zu machen; kritisch dazu *Ehmann* GRUR 2008, 474 (476 f.); auch die Erläuterungen → § 87a Rn. 5 ff. und → § 87b Rn. 1 f.; *v. Ungern-Sternberg* GRUR 2009, 193 (194 f.); Dreier/Schulze/*Dreier* Vor § 87a UrhG Rn. 8.

[124] BGH GRUR 2007, 685 Rn. 16 – Gedichttitelliste I; dazu ausführlich *Loewenheim,* Urheberrechtliche Grenzen, passim; *Katzenberger* GRUR 1990, 94 ff.; *Ubertazzi* GRUR-Int 1985, 294 (297); → § 4 Rn. 40 ff.; oben Rn. 16 mit dem Hinweis auf Bericht und Beschlussempfehlung des Ausschusses BT-Drs. 13/7934, 43.

[125] Vgl. EuGH GRUR 2005, 244 Rn. 72 – BHB-Pferdewetten.

[126] Dazu → § 3 Rn. 14; *Katzenberger* GRUR 1990, 94 (97); liegt eine schöpferische Zusammenfassung des Inhalts eines wissenschaftlichen Aufsatzes mit ausschließlich eigenen Worten vor, handelt es sich in aller Regel um ein unabhängiges Werk, vgl. *Flechsig* ZUM 1996, 833 (835).

[127] Dazu *Loewenheim,* Urheberrechtliche Grenzen, S. 46 ff.; *Flechsig* ZUM 1996, 833 (838 ff.); *Katzenberger* GRUR 1990, 94 (95, 97); *Raczinski/Rademacher* GRUR 1989, 324 (326 ff.).

[128] §§ 70, 71, 72, 73, 81, 85, 87, 87f, 94, 95.

[129] S. *Barta/Markiewicz* FS Beier (1996), S. 343 (349).

Für Datenbankelemente einer nach §§ 87a ff. geschützten Datenbank gilt Entsprechendes. Das **45** Recht des Datenbankherstellers ist dann betroffen, wenn die vervielfältigten Teile als Inhalt der Datenbank selbst eine nach Art oder Umfang wesentliche Investition iSd. § 87b Abs. 1 verkörpern.[130] Keine schutzbegründende Investitionsleistung liegt ferner in Aufwendungen für die Erzeugung von Daten, so dass diese meist anderweitig nicht zu beschaffenden Daten (sole source data) nicht von der Ausschließlichkeit des Herstellerrechts erfasst werden.[131] Dies ist namentlich bei dem immer bedeutender werdenden **Text und Data Mining (TDM)** in wissenschaftlicher und gewerblicher Anwendung von großer Bedeutung. Dabei kommt es darauf an, rechtliche Lösungen zu finden, die Nutzung von Datenbanken für derartige neue Recherchetechniken u. U. durch entsprechend harmonisierte Schrankenregelungen innerhalb der EU zu ermöglichen. Die EU-Kommission hat dazu Konsultationen in die Wege geleitet und Lösungsvorschläge zur Diskussion gestellt,[132] die sich im § 60d niedergeschlagen haben.

3. Rechte am Computerprogramm

Den in der Richtlinie ausdrücklich hervorgehobenen Grundsatz (Art. 1 Abs. 3), dass Rechte an ei- **46** ner Datenbank nicht die Rechte an den zu ihrer Schaffung oder zu ihrem Zugang verwendeten Computerprogrammen berühren, übernimmt lediglich § 4 Abs. 2. Angesichts des auf den leistungsschutzrechtlichen Datenbankschutz ebenfalls zutreffenden Regelungszwecks der Vorschrift gilt sie in entsprechender Anwendung auch für das Herstellerrecht nach §§ 87a ff.[133] Somit ist die Art des für die Verwaltung einer Datenbank verwendeten Computerprogramms für den Begriff der Entnahme ohne Bedeutung.[134] Das heißt, dass bei einer vorbehaltenen Datenentnahme auch in der Regel der Erwerb der einschlägigen Nutzungsrechte an dem als bloßem Hilfsmittel für den Aufbau und den Zugang zu einer Datenbank dienenden, nach §§ 69a ff. gesondert geschützten Computerprogramm erforderlich ist.[135] Bisweilen führt das zu Schwierigkeiten bei der Abgrenzung des Rechts an der Datenbank von dem Recht an dem zur Nutzung ihres elektronischen Materials verwendeten Computerprogramm, insbesondere dann, wenn sich bei einer elektronischen Datenbank die schöpferische oder investorische Leistung für ihr Abfragesystem, ihren Index und ihren Thesaurus im Wesentlichen in den Computerprogrammen verbirgt.[136] Derartige Abfragesysteme werden trotz ihrer Ähnlichkeit teils nicht als Computerprogramme iSd. Computerprogramm-RL und damit als Bestandteil der Datenbank erachtet,[137] teils wird gar die Datenbank unter Hinweis auf § 69a Abs. 2 als Ausdrucksform der sie generierenden Datenbanksoftware eingestuft.[138]

4. Wettbewerbsrecht

Neben dem Sonderschutz nach § 4 Abs. 2 und §§ 87a ff., dessen gesetzgeberische Wertungen und **47** Grenzziehungen in der Sache zu respektieren sind, kommt das Wettbewerbsrecht, namentlich die § 3 iVm. § 4 Nr. 3 UWG über verschiedene Arten der unlauteren Nachahmung, ergänzend nur zur Anwendung, wenn neben den sonstigen wettbewerbsrechtlichen Voraussetzungen des Handelns im geschäftlichen Verkehr zu Zwecken des Wettbewerbs **besondere außerhalb des urheber- und/oder leistungsschutzrechtlichen Sonderschutzes liegende Umstände** gegeben sind, die die Nutzung der Datenbank aus wettbewerbsrechtlicher Sicht als sittenwidrig erscheinen lassen und ein wettbewerbsrechtlicher Schutz nicht in Widerspruch zur spezialgesetzlichen Regelung des UrhG tritt.[139] Dies gilt sowohl für den Gegenstand des Sonderschutzes und für den Umfang der vorbehaltenen Rechte als auch für einen lauterkeitsrechtlichen Schutz nach Ablauf der Schutzfrist, deren Bemessung grundsätzlich hinzunehmen ist.[140] Diese sog. Vorrangtheorie ist von der neueren Rechtsprechung des BGH[141] zurückgedrängt worden. Nach ihr können wettbewerbsrechtliche Ansprüche im Sinne einer

---

[130] Dazu auch *Dreier* GRUR-Int 1992, 739 (741 f.).

[131] → § 87a Rn. 57 ff.

[132] Commission staff working document impact assessment on the modernisation of EU copyright rules vom 14.9.2016, SWD 2016, 301 final, part 1/3, S. 104 ff., → § 87a Rn. 37 aE; → § 87b Rn. 20; zu Text and Data Mining ausführlich die Erläuterungen zu § 60d.

[133] Ebenso *Grützmacher* S. 175.

[134] EuGH GRUR-Int 2009, 501 Rn. 53, 55 – Apis/Lakorda.

[135] *Ubertazzi* GRUR-Int 1985, 294 (296).

[136] Einzelheiten dazu → § 4 Rn. 58, → § 87a Rn. 47 f.; *Wiebe* CR 1996, 198 (201); *Hoebbel* CR 1993, 12 (14); *Hoebbel* in Lehmann (Hrsg.) Rechtsschutz (2. Aufl.), S. 1015 (1017 ff.); *Bensinger* S. 141; *Grützmacher* S. 174 ff.; *Berger* GRUR 1997, 169 (174 f.).

[137] S. *Walter/v. Lewinski* Art. 1 Datenbank-RL Rn. 28 mwN.

[138] S. *Koch* GRUR 1997, 417 (419).

[139] → Rn. 5; → Einl. UrhG Rn. 65; ausführlich zum Schutz von Datenbanken durch das Wettbewerbsrecht *Rieger* S. 209 ff.

[140] St. Rspr., etwa BGH GRUR 2011, 14 Rn. 31 ff. – Markenheftchen; BGH GRUR 2003, 956 (962 f.) – Paperboy; BGH GRUR 1999, 325 – Elektronische Pressearchive; BGH GRUR 1997, 459 – CD-Infobank I; BGH GRUR 1992, 697 (699) – ALF; BGH GRUR 1987, 814 (816) – Die Zauberflöte; Einzelheiten → Einl. UrhG Rn. 60 ff. insb. 65; § 4 Rn. 71 f. sowie Fromm/Nordemann/*Czychowski* Vor §§ 87a ff. UrhG Rn. 26 ff.; ebenso Dreier/Schulze/*Dreier* Vor § 87a UrhG Rn. 9; DKMH/*Kotthoff* § 87a Rn. 14 jeweils mwN.

[141] BGH GRUR 2011, 134 Rn. 65 – Perlentaucher; BGH GRUR 2012, 58 Rn. 41 – Seilzirkus.

Anspruchskonkurrenz unabhängig von urheberrechtlichem Sonderrecht bestehen, wenn besondere **außerhalb des Urheberrechts liegende Begleitumstände** gegeben sind, die nach § 3 iVm. § 4 Nr. 3 lit. a und b sowie Nr. 4 UWG die Unlauterkeit begründen.[142]

48   In Betracht zu ziehen ist ferner der Tatbestand der unlauteren gezielten Behinderung von Mitbewerbern nach § 4 Nr. 4 UWG durch eine **unlautere Einschränkung** ihrer **wirtschaftlichen Entfaltungsmöglichkeit** über die mit jedem Wettbewerb verbundene Einschränkung hinaus, so dass ihnen die Möglichkeit genommen ist, ihre Leistung am Markt durch eigene Anstrengungen in angemessener Weise zur Geltung zu bringen.[143] Unter gebotener Würdigung der Gesamtumstände hat der BGH im Einsatz eines Computerprogramms einer Metasuchmaschine keine gezielte Störung der wettbewerblichen Entfaltung des Klägers gesehen. Denn berechtigte Interessen des Klägers seien selbst dann nicht betroffen, wenn durch die Metasuchmaschine die Werbung auf seiner Internetseite umgangen werde. Denn er könne deren Nutzern nicht untersagen, die Inhalte seiner Internetseite durch Suchmaschinen abzurufen, wenn er den Zugang ohne Einsatz technischer Schutzmaßnahmen eröffnet hat.[144]

49   Der **BGH** hat die **vollständige Übernahme von Telefonbucheintragungen** unabhängig von ihren äußeren Gestaltungsmerkmalen (etwa Wechsel der Schriftart) als unmittelbare Leistungsübernahme der wettbewerblichen Eigenart der Teilnehmerdaten gewertet und in solchen Fällen geringe Anforderungen an die Unlauterkeit bei der Rufausbeutung durch eine verdeckte Anlehnung an eine mit erheblichen Mühen und Kosten erbrachte fremde Leistung gestellt.[145] Diese Grundsätze sind auch bei der Prüfung im Rahmen eines konventionsrechtlichen Wettbewerbsschutzes nach **Art. 1 Abs. 2, 2, 10bis PVÜ** zu beachten.[146]

5. Kartellrecht

50   Das – wenngleich auf wesentliche Teile der Datenbank beschränkte – Verbotsrecht des Datenbankherstellers beschwört die Gefahr des Missbrauchs einer marktbeherrschenden Stellung herauf, weil es die Monopolisierung von Informationen ermöglicht. Zunächst wurde deshalb daran gedacht, der Monopolisierung von Informationen aus einer Single-Source-Datenbank mit einer Zwangslizenz zu begegnen. Dazu ist es nicht gekommen. Die Richtlinie stellt stattdessen klar, dass zur Gewährleistung des Wettbewerbs zwischen Anbietern von Informationsprodukten und -diensten sowohl das europäische[147] als auch das nationale Kartellrecht von der Richtlinie unberührt bleiben (Art. 13 und Erwgr. 47).[148] Dies bedeutet, dass die grundsätzlichen urheberrechtlichen Wertungen zu beachten sind, jedoch allein die Ausübung eines Urheber- und Leistungsschutzrechts durch ein Unternehmen in marktbeherrschender Stellung noch nicht die Anwendung des Art. 102 AEUV (ex Art. 82 EGV) ausschließt. So kann die Verweigerung einer Lizenzerteilung unter außergewöhnlichen Umständen ein missbräuchliches Verhalten darstellen.[149]

51   Dies setzt nach diesen Vorlageentscheidungen des **EuGH** allerdings voraus, dass die **Ausübung des Urheber- und Leistungsschutzrechts unter Ausnutzung einer marktbeherrschenden Stellung eine sachlich nicht gerechtfertigte Weigerung** beinhaltet, Erzeugnisse oder Dienstleistungen in einen unverzichtbaren vorgelagerten Markt zu liefern, ohne die es Dritten unmöglich ist, in einem – auch nur hypothetischen – nachgelagerten Markt neue potentiell nachgefragte Erzeugnisse oder neue Dienstleistungen anzubieten, die vom Inhaber der marktbeherrschenden Stellung nicht angeboten werden, so dass jeglicher Wettbewerb auf diesem Markt ausgeschlossen ist. Bei der Entscheidung darüber ist zu berücksichtigen, in welchem Umfang die Nutzer des ausschließlichen Rechts zu dessen Entwicklung, namentlich durch die Lieferung von Daten, beigetragen haben und welcher Aufwand, auch in finanzieller Hinsicht, betrieben werden muss, um ein alternatives Erzeugnis oder eine alternative Dienstleistung zu entwickeln.[150] Praktisch kann dies bei Single-Source-Daten-

---

[142] Ausführlich Einl. Rn. 60 ff.; sa. Köhler/Bornkamm/Feddersen/*Köhler* UWG (36. Aufl.), § 4 UWG Rn. 3.7.

[143] S. BGH GRUR 2011, 1018 Rn. 65 ff. – Automobil-Onlinebörse, dort wurde ein unlauteres Verhalten jedoch verneint; → § 87b Rn. 24 ff.

[144] BGH GRUR 2011, 1018 Rn. 69 – Automobil-Onlinebörse.

[145] BGH GRUR 1999, 923 (927) – Tele-Info-CD; zum ergänzenden wettbewerbsrechtlichen Leistungsschutz eingehend auch *Leistner* S. 326; *Leistner* zur BGH-Entscheidung Tele-Info-CD aaO S. 340 f., mit der kritischen Anmerkung, hinter dem wettbewerbsrechtlichen Anspruch verberge sich in Wahrheit ein leistungsbezogener Investitionsschutz; ebenso *Leistner* MMR 1999, 636 (641 f.); kritisch hinsichtlich der Annahme einer Rufausbeutung auch Dreier/Schulze/*Dreier* Vor § 87a UrhG Rn. 9.

[146] Dazu die Nachweise zu der gleichgelagerten Problematik beim Recht des Tonträgerherstellers → § 85 Rn. 118, 119.

[147] Art. 101, 102 AEUV (ex Art. 81, 82 EGV).

[148] Sa. *Gaster* CR 1997, 669 (675); kritisch zur Streichung der Zwangslizenzregelung des Vorentwurfs der Richtlinie *Ullmann* FS Brandner (1996), S. 507 (522 ff.); *Flechsig* ZUM 1997, 577 (589 f.); ausführlich zum Verhältnis von UrhG und GWB → Einl. UrhG Rn. 81 ff.

[149] EuGH GRUR-Int 1995, 490 (493) – Magill TV Guide; EuGH GRUR-Int 1999, 262 – Bronner; EuGH GRUR-Int 2004, 644 (646) – IMS Health; zum Ausschluss der Anwendung des Art. 102 AEUV wegen fehlender wirtschaftlicher Tätigkeit auf Hoheitsträger, die auf Grund gesetzlicher Verpflichtungen Daten in einer Datenbank bereithalten s. EuGH GRUR 2013, 191 – Compass-Datenbank.

[150] EuGH GRUR-Int 2004, 644 (647) – IMS Health; zum Verhältnis von Urheber- und Leistungsschutzrechten und nationalem und europäischem Kartellrecht Einl. Rn. 81 ff.; *Fikentscher* FS Schricker (1995), S. 149 ff. jeweils

banken der Fall werden, die nicht selten auf nicht zu berücksichtigenden Aufwendungen für die Datenerzeugung beruhen.[151]

6. Verfassungsrecht

Sowohl das Urheberrecht an Datenbankwerken als auch das Leistungsschutzrecht des Datenbank- **52** herstellers fallen unter die **Eigentumsgarantie des 17 EU-GrCh und des Art. 14 Abs. 1 S. 1 GG.** Für das Urheberrecht bestätigt dies in ständiger Rechtsprechung das BVerfG,[152] während für das Datenbankherstellerrecht die Begründung der Rechtsprechung des verfassungsrechtlichen Schutzes des Tonträgerherstellerrechts entsprechend heranzuziehen ist.[153] Der grundgesetzlich verbriefte Eigentumsschutz bedeutet jedoch nicht, dass dem Datenbankhersteller jede nur denkbare Verwertungsmöglichkeit zustünde, vielmehr garantiert die Verfassung nur ein **Recht auf angemessene Verwertungsmöglichkeit.** Im Übrigen ist dem Gesetzgeber bei der Inhalts- und Schrankenbestimmung des Eigentums nach Art. 14 Abs. 1 S. 2 GG ein weiter Gestaltungsspielraum zuzubilligen. Zur Sozialbindung des Eigentums und zu den sich daraus rechtfertigenden Schrankenbestimmungen → Vor §§ 44a Rn. 3 ff., 8 ff.

Ferner steht § 87b in einem Spannungsverhältnis zu der grundgesetzlich in **Art. 5 Abs. 1 GG und** **53** **überdies in Art. 10 EMRK sowie** unionsrechtlich **in Art. 11 EU-GRCh verankerten Informationsfreiheit der Allgemeinheit,** die jedoch nach Art. 5 Abs. 2 GG durch die allgemeinen Gesetze wie das Urheberrechtsgesetz beschränkt werden kann. Bei der gebotenen Abwägung zwischen dem Informationsinteresse der Allgemeinheit und dem Interesse des Datenbankherstellers an einer ungefährdeten Amortisation seiner Investitionen in seine Datenbank hat der Gesetzgeber die **Entnahme unwesentlicher Datenbankteile gestattet,** sofern sie ihrer normalen Auswertung nicht zuwiderläuft und die berechtigten Interessen des Datenbankherstellers nicht unzumutbar beeinträchtigt.[154]

7. Fremdenrecht

Der Leistungsschutz ausländischer Datenbankhersteller, die nicht der EU oder dem EWR angehö- **54** ren oder als Unternehmen dort ihre Hauptverwaltung haben, beruht nach **§ 127a** in Übereinstimmung mit Art. 11 Datenbank-RL auf der Grundlage von **Reziprozitätsvereinbarungen, die die** EU mit Drittstaaten schließt (§ 127a Abs. 3). Sie müssen vom Bundesministerium der Justiz und Verbraucherschutz im Bundesgesetzgeber veröffentlicht werden.[155] Ein **internationales Abkommen,** das einen grenzüberschreitenden sui generis Schutz gewährleisten könnten, ist an den Bedenken der USA, von Entwicklungsländern und Teilen der Wissenschaft schon 1996 gescheitert.[156]

Ein **urheberrechtlicher Schutz von Datenbankwerken** ist im internationalen Kontext durch **55** die Bestimmungen der Art. 2 Abs. 5 RBÜ, Art. 10 Abs. 2 TRIPS und 5 WCT geboten, die konventionsrechtlich zum Schutz schöpferischer Datenbanken verpflichten.

8. Übergangsrecht

Für Datenbanken, die vor Inkrafttreten des Art. 7 IuKDG am 1.1.1998 hergestellt worden sind, **56** gelten die §§ 87a ff. richtlinienkonform[157] nur, sofern deren Herstellung nicht vor dem 1.1.1983 erfolgt ist (§ 137g Abs. 2). Werden somit aus Datenbanken wesentliche Teile entnommen, die vor dem 1.1.1983 erstellt worden sind, unterliegen sie nicht dem Schutz der §§ 87a ff.[158]

§ 87a Begriffsbestimmungen

(1) [1]**Datenbank im Sinne dieses Gesetzes ist eine Sammlung von Werken, Daten oder anderen unabhängigen Elementen, die systematisch oder methodisch angeordnet und einzeln mit Hilfe elektronischer Mittel oder auf andere Weise zugänglich sind und deren Beschaffung, Überprüfung oder Darstellung eine nach Art oder Umfang wesentliche Investition erfordert.** [2]**Eine in ihrem Inhalt nach Art oder Umfang wesentlich geänderte Datenbank gilt als neue Datenbank.**

---

mwN; ferner Wandtke/Bullinger/*Hermes* Vor §§ 87a ff. UrhG Rn. 41 unter Bezugnahme auf *Leistner* K&R 2007, 457 (459) sowie *Leistner* CR 2018, 17 (20) hinsichtlich einer Gewährleistung des Marktzutritts von Mitbewerbern durch eine kartellrechtliche Zwangslizenz.

[151] Vgl. → § 87a Rn. 50 sowie Wandtke/Bullinger/*Hermes* Vor §§ 87a ff. UrhG Rn. 41 unter Hinweis auf die EuGH-Entscheidung BHB-Pferdewetten.

[152] BVerfG GRUR 1980, 44 – Kirchenmusik.

[153] Vgl. BVerfG GRUR 1990, 183 – Vermietungsvorbehalt.

[154] BGH GRUR 2005, 857 (859) – HIT BILANZ; sa. Dreier/Schulze/*Dreier* § 87b UrhG Rn. 5; ausführlich auch Fromm/Nordemann/*Czychowski* Vor §§ 87a ff. UrhG Rn. 36 ff.

[155] Einzelheiten s. die Erläuterungen zu § 127a.

[156] Einzelheiten zu den Gründen des Scheiterns bei *v. Lewinski* GRUR-Int 1997, 667 (680); sa. Dreier/Schulze/ *Dreier* Vor § 87a UrhG Rn. 12.

[157] Art. 14 Abs. 3 und 5 Datenbank-RL.

[158] Vgl. BGH ZUM-RD 2011, 14 Rn. 18 – Markenheftchen; BGH GRUR 2006, 1132 (1134) – Briefmarkenkatalog; BGH GRUR 2005, 857 (860) – HIT BILANZ; zu Einzelheiten s. die Erläuterungen zu § 137g.

(2) Datenbankhersteller im Sinne dieses Gesetzes ist derjenige, der die Investition im Sinne von Absatz 1 vorgenommen hat.

Schrifttum: Siehe die Schrifttumshinweise Vor §§ 87a ff.

I. Allgemeines

1. Regelungsgehalt der Vorschrift

1 § 87a enthält drei für das Datenbankherstellerrecht – nicht dagegen für das Urheberrecht an Datenbankwerken – maßgebliche Begriffsbestimmungen: Zunächst definiert er die **Datenbank** (Abs. 1 S. 1) als seinen immateriellen Schutzgegenstand, sodann den **Datenbankhersteller** (Abs. 2) als seinen originären Inhaber und schließlich legt Abs. 1 S. 2 die Voraussetzungen fest, unter denen eine bestehende, inhaltlich veränderte Datenbank als **neue Datenbank** fingiert wird mit der Folge, dass für sie eine neue Schutzfrist nach § 87d zu laufen beginnt. Zu Sinn und Zweck, Rechtfertigung und Bedeutung des Rechtsschutzes von Datenbanken, insbesondere zum Recht des Datenbankherstellers → Vor §§ 87a ff. Rn. 20 ff.

2. Umsetzung der Datenbank-RL

2 § 87a geht auf **zwingende Vorgaben der Datenbank-RL** zurück,[1] die den nationalen Gesetzgebern wegen der angestrebten Harmonisierungswirkung keinen Umsetzungsspielraum lassen, auch

---

[1] Richtlinie 96/9/EG des Europäischen Parlaments und des Rates vom 11.3.1996 über den rechtlichen Schutz von Datenbanken, ABl. EG Nr. L 77 S. 20, abgedr. auch in GRUR-Int 1996, 806.

wenn im Übrigen die Richtlinie auf eine Vollharmonisierung verzichtet.[2] Abs. 1 S. 1 übernimmt aus Art. 7 Abs. 1 iVm. Art. 1 Abs. 2 der Richtlinie (sa. Erwgr. 40) die Wesensmerkmale der Datenbank. Abs. 2 bestimmt den Datenbankhersteller nach Sinn und Zweck des Art. 7 Abs. 1 der Richtlinie und unter Heranziehung von Erwgr. 41 als denjenigen, der die bei der Herstellung einer Datenbank maßgeblichen Investitionen erbringt. Abs. 1 S. 2 schließlich fußt auf Art. 10 der Richtlinie über die Schutzdauer des Rechts sui generis, dessen Abs. 3 festlegt, unter welchen Voraussetzungen Neuinvestitionen in eine bestehende Datenbank den Lauf einer neuen Schutzfrist in Gang setzen.[3]

3. Bedeutung der Begriffsbestimmungen

Die Definitionen des § 87a, namentlich die des Schutzgegenstandes, verleihen dem Datenbankher- **3** stellerrecht seine Charakteristik. Mit der Voraussetzung einer wesentlichen Investition in die Herstellung einer Datenbank erweist es sich als ein gegenüber dem Urheberrecht an einem schöpferischen Datenbankwerk verschiedenes, **durch den Schutz einer wirtschaftlichen Leistung gekennzeichnetes verwandtes Schutzrecht.** Infolgedessen ist es nach Abs. 2 nicht dem tatsächlichen Hersteller der Datenbank als natürlicher, sondern dem **Investor** als gegebenenfalls juristischer Person originär zugeordnet.[4] Da **elektronische Datenbanken** wegen ihrer heute nahezu unbegrenzten Speicherkapazitäten vielfach auf Vollständigkeit angelegt sowie nach sachlogischen Prinzipien geordnet sind und deshalb in der Regel weniger Spielraum für die Schaffung schöpferischer Strukturen lassen (→ § 4 Rn. 24 f.), kommt dem Leistungsschutzrecht gegenüber dem Urheberrecht an Datenbanken wachsende wirtschaftliche Bedeutung auf dem Fachinformationsmarkt und für die Bereitstellung von Informationen in Bulletin Boards des Internets zu.[5]

Allerdings sind weder nach dem Wortlaut der Vorschrift noch nach ihrem Sinn und Zweck noch **4** nach ihrer Entstehungsgeschichte (→ Vor §§ 87a ff. Rn. 8) **herkömmliche analoge Datenbanken** in Buch-, Loseblatt- oder Karteikartenform ua. oder die kategorisierende Gliederung von Zeitungen und ihren Anzeigenteilen von diesem Schutz ausgeschlossen.[6]

II. Datenbanken iSd. § 87a Abs. 1 S. 1 und Datenbankwerke iSd. § 4 Abs. 2

1. Gemeinsamkeiten

Trotz der Unterschiede in Rechtsnatur, Inhaberschaft und Schutzumfang[7] haben Datenbankwerke **5** und Datenbanken nach §§ 87a ff. wesentliche Gemeinsamkeiten. So sind Datenbanken – unabhängig davon, ob für sie Schutz nach Teil 1 oder Teil 2 des UrhG in Frage kommt – durch folgende gemeinsame, sich einer isolierten Auslegung verschließende Merkmale gekennzeichnet:

Sie beinhalten erstens eine **Sammlung von Werken, Daten oder anderen unabhängigen Elementen;** diese sind zweitens **systematisch oder methodisch angeordnet** (→ Rn. 19); und drittens sind sie mit Hilfe elektronischer Mittel oder auf andere Weise **einzeln zugänglich,** dh. wiedergewinnbar.[8] In gebotener weiter Auslegung der §§ 4 Abs. 2, 87a Abs. 1 S. 1 entsteht ihr Schutz unabhängig von einer kommerziellen oder privaten Zweckbestimmung,[9] unabhängig von ihrer Veröffentlichung und unabhängig von ihrer Größe, wenn nur die Voraussetzungen einer schöpferischen Struktur auf der einen und/oder einer wesentlichen Investition auf der anderen Seite vorliegen (→ § 4 Rn. 4 f.). Insbesondere unter dem Blickwinkel des Datenbankherstellerrechts ist zu den gemeinsamen Merkmalen im Einzelnen auszuführen:

a) Nach dem **Oberbegriff** der nicht abschließenden Aufzählung des Abs. 1 S. 1 bestehen Daten- **6** banken aus **einer Sammlung** voneinander unabhängiger Elemente, die nach dem Wortlaut der Vorschrift und dem des Erwgr. 17 auch aus einer Sammlung **von Werken** der Literatur, Kunst, Musik

---

[2] Dazu → Vor §§ 87a ff. Rn. 14 mwN.

[3] Zur Änderung und Begründung der Vorschriften im Gesetzgebungsverfahren ausführlich *Gaster* Rn. 8 ff.; Roßnagel/*v. Lewinski* § 87a UrhG Rn. 2 ff.

[4] Einzelheiten zu Rechtsnatur und Schutzgegenstand des Datenbankherstellerrechts → Vor §§ 87a ff. Rn. 28 ff.; → § 87a Rn. 34 ff.

[5] Einzelheiten → Vor §§ 87a ff. Rn. 24 f.; zur zurückhaltenden Evaluierung der EU-Kommission → Vor §§ 87a ff. Rn. 26 ff.

[6] HM: EuGH GRUR 2005, 254 Rn. 21, 22 – Fixtures–Fußballspielpläne II; BGH GRUR 1999, 923 (925) – Tele-Info-CD; BGH GRUR 2005, 857 – HIT BILANZ; BGH GRUR 2005, 940 – Marktstudien; LG München I GRUR-RR 2010, 92 – Stadtplan in Gelben Seiten; den datenbankrechtlichen Schutz von Zeitungen in Online-Version bejahend BGH GRUR 2003, 958 – Paperboy sowie die Vorinstanz OLG Köln GRUR-RR 2001, 97 – Suchdienst für Zeitungsartikel; OLG Köln ZUM-RD 2001, 82 – Printmedien; OLG München GRUR-RR 2003, 329 (330) – Chart-Listen; OLG Dresden ZUM 2001, 595 – Sächs. Ausschreibungsblatt; Dreier/Schulze/*Dreier* § 87a UrhG Rn. 8; Wandtke/Bullinger/*Hermes* § 87a UrhG Rn. 7; *Gaster* § 87a UrhG Rn. 41 ff.; *Gaster* in Hoeren/Sieber (Hrsg.) Teil 7.8. Rn. 21 f.; *Leistner* GRUR-Int 1999, 819 (820); *Kindler* K&R 2000, 265 (271); aA Fromm/Nordemann/*Hertin* (9. Aufl.), § 87a UrhG Rn. 5 im Anschluss an *Kappes* ZEuP 1997, 654 (657).

[7] Zu den Unterschieden zwischen Datenbankwerken und Datenbanken iSd. §§ 87a ff. → Vor §§ 87a ff. Rn. 42.

[8] Sa. die Erl. zu → § 4 Rn. 6, 51 f.; Dreier/Schulze/*Dreier* § 87a UrhG Rn. 3 ff.

[9] Unter Hinweis auf die Entstehungsgeschichte EuGH GRUR 2005, 244 Rn. 48 – BHB-Pferdewetten; ebenso *Berger* GRUR 1997, 169 (173); *Tountopoulos* CR 1998, 129 (131).

ua. Schöpfungen iSd. Urheberrechts und/oder von informationstragenden **Daten, Tönen, Bildern, Zahlen, Fakten** ua. bestehen kann. Unerheblich ist es dabei, ob die Auswahl der Elemente der Datenbank subjektiven Kriterien folgt, wenn nur diese Elemente nach objektiven Kriterien systematisch oder methodisch angeordnet sind,[10] wie dies zB in der vom BGH entschiedenen Sache „Gedichttitelliste" (Die 1100 wichtigsten Gedichte der deutschen Literatur zwischen 1730 und 1900) der Fall war.[11] Ebenso wenig kommt es im Grunde auf die **Anzahl der Datenbankelemente** zur Bestimmung der Untergrenze des sachlichen Anwendungsbereichs des Datenbankrechts an,[12] sondern allein auf die in der Sammlung zum Ausdruck kommende schutzbegründende schöpferische oder Investitionsleistung. Gleichwohl ist eine **Mindestanzahl von unabhängigen Elementen** für die gesetzlich vorausgesetzte systematisch oder methodisch angeordnete Sammlung ebenso **unverzichtbar**[13] wie die für den Betrieb oder die Abfrage von Datenbanken zwangsläufig erforderlichen Elemente des **Thesaurus, der Abfrage- oder der Indexierungssysteme**,[14] die nach Erwgr. 20 Datenbank-RL neben den inhaltlichen Elementen vom Schutzgegenstand der §§ 87a ff. umfasst werden.

7   Die Elemente einer Datenbank können auch aus einer ausreichenden Anzahl von **Sub-Datenbanken** bestehen, die unabhängig voneinander die Schutzvoraussetzungen des § 87a erfüllen.[15] Ob in diesen Fällen von einer einheitlichen, aus mehreren Sub-Datenbanken bestehenden Datenbank auszugehen ist, hängt davon ab, ob alle Sub-Datenbanken gleichermaßen von einem einheitlichen Computerprogramm gesteuert werden. Ist das so, liegt neben den einzelnen Sub-Datenbanken eine übergreifende **Meta-Datenbank** vor, gleich, ob die einzelnen Datenbanken sich an demselben Standort oder räumlich getrennt voneinander befinden.[16] Werden dagegen die einzelnen Datenbanken von mehreren Computerprogrammen abgefragt, ist von mehreren unabhängigen Datenbanken auszugehen.[17] Dies ist bei der Formulierung von Unterlassungsansprüchen zu beachten.[18]

8   **b)** Für die Darstellung, insbesondere die Einzelzugänglichkeit der in eine Datenbank **aufgenommenen Elemente** ist das Erfordernis ihrer **Unabhängigkeit** von wesentlicher Bedeutung. Denn die Unabhängigkeit der Datenbankelemente ist **Voraussetzung für ihre systematischen oder methodischen Anordnung.** Sie richtet sich gegen die Aufsplitterung „einheitlich zu betrachtender Ausdrucksformen menschlicher Kreativität"[19] oder inhaltlich geschlossener Informationen, dh. sie dient der Abgrenzung einer Sammlung von einem Werk.[20] Dies folgt systematisch daraus, dass § 87a Abs. 1 Satz 1 zu den unabhängigen Elementen ausdrücklich Werke bzw. schutzfähige Werkteile iSd. § 2 rechnet, die jeweils auf Grund ihrer schöpferischen Gestalt ein geschlossenes Ganzes bilden und sich durch ihren eigenständigen Aussagegehalt von anderen Datenbankelementen unterscheiden. Sie können durchaus eine durch die typischen Auswahl- und Ordnungskriterien einer Datenbank bedingte inhaltliche Verwandtschaft zu anderen Elementen aufweisen,[21] dürfen jedoch durch die Trennung von diesen ebenso wenig an Informationswert einbüßen, wie sie andererseits durch die Verbindung mit anderen Elementen einen zusätzlichen Informationswert gewinnen dürfen.[22]

9   **aa)** Zur **Bestimmung der Einheitlichkeit** des Inhalts eines Elements wird in der Literatur[23] mitunter der **Grundsatz der gesonderten Verwertbarkeit** herangezogen, der bereits für die Unter-

---

[10] Sa. Wandtke/Bullinger/*Hermes* § 87a UrhG Rn. 28; aA *Raue/Bensinger* MMR 1998, 507 (508).

[11] Vgl. BGH GRUR 2007, 685; BGH GRUR 2007, 688; BGH GRUR-RR 2010, 232: Gedichttitelliste I–III.

[12] S. *Gaster* Rn. 61 f.; *Leistner* S. 45 (insb. Fn. 112); *Hornung* S. 73; *Haberstumpf* GRUR 2003, 14 (18).

[13] EuGH GRUR 2005, 254 Rn. 24 – Fixtures-Fußballspielpläne II; sa. *Leistner* S. 45 f.; Möhring/Nicolini/*Decker* (2. Aufl.), § 87a UrhG Rn. 9; Wandtke/Bullinger/*Hermes* § 87a UrhG Rn. 11 sprechen gegenüber früher nun von einer Mehrzahl von Elementen.

[14] Dazu → § 87a Rn. 37; kritisch zur rechtlichen Unselbstständigkeit des sog. elektronischen Materials, dessen Schutzfähigkeit mit der Auswahl oder Anordnung des Inhalts der Datenbank falle, *Dreier* GRUR-Int 1992, 739 (745).

[15] Vgl. EuGH GRUR 2009, 572 Rn. 61 ff. – Apis/Lakorda.

[16] Vgl. Erwgr. 21; sa. LG Berlin ZUM 2006, 343 (344) – eBay-Angebotsdatenbank.

[17] Vgl. LG Berlin ZUM 2006, 343 (344) – eBay-Angebotsdatenbank: Trennung von eBay-Angebotsdatenbank und -Bewertungsdatenbank, die von unterschiedlichen Computerprogrammen gesteuert werden; auf dieselbe Bildschirmanzeige oder die subjektive Sicht des Nutzers kommt es dabei nicht an; ausführlich Wandtke/Bullinger/*Hermes* § 87a UrhG Rn. 31 f.

[18] So zutreffend Wandtke/Bullinger/*Hermes* § 87a UrhG Rn. 30 unter Hinweis auf LG Berlin ZUM 2006, 343 (344) – eBay-Angebotsdatenbank.

[19] *Leistner* GRUR-Int 1999, 819 (820).

[20] AllgM S. 128 f.; *Raue/Bensinger* MMR 1998, 507 ff.; *Haberstumpf* GRUR 2003, 14 (18); *Haberstumpf* (2. Aufl.), Rn. 163; *Leistner* S. 47; *Leistner* GRUR-Int 1999, 819 (820 ff.); *Leistner* in Wiebe/Leupold (Hrsg.) Teil II A Rn. 7 ff.; *Wiebe* GRUR 2017, 338 (339); *Gaster* Rn. 74 ff.; *Grützmacher* S. 169 f.; *Dittrich* ÖBl 2002, 3 f.; *Kaye* EIPR 1995, 583 f.; *Walter/v. Lewinski* Art. 1 Datenbank-RL Rn. 22; Dreier/Schulze/*Dreier* § 87a UrhG Rn. 6; DKMH/*Kotthoff* § 87a UrhG Rn. 17; Wandtke/Bullinger/*Hermes* § 87a UrhG Rn. 12; abweichend *Hornung* S. 75: Problem der einzelnen Zugänglichkeit; aA *Wiebe/Funkat* MMR 1998, 69 (74): technisch strukturierte Ablagemöglichkeit reicht aus.

[21] Das scheint *Milbradt* CR 2002, 710 (712) in ihrer Kritik an *Leistner* GRUR-Int 1999, 819 (821) zu übersehen; wie hier auch DKMH/*Kotthoff* § 87a UrhG Rn. 17; Wandtke/Bullinger/*Hermes* § 87a UrhG Rn. 12; *Sendrowski* GRUR 2005, 369 (370).

[22] AllgM s. DKMH/*Kotthoff* § 87a UrhG Rn. 17 unter Hinweis auf EuGH GRUR 2012, 386 Rn. 26 – Football Dataco/Yahoo; EuGH 2005, 254 Rn. 29, 32 – Fixtures-Fußballspielpläne II; BGH GRUR 2005, 857 (858) – HIT BILANZ; BGH GRUR 2005, 940 (941) – Marktstudien.

[23] *Wiebe/Funkat* MMR 1998, 69 (74); *Leistner* S. 46 ff.; *Leistner* GRUR-Int 1999, 819 (829 f.); ebenso DKMH/*Kotthoff* § 87a UrhG Rn. 17; vgl. auch Wandtke/Bullinger/*Hermes* § 87a UrhG Rn. 12.

scheidung von Sammelwerk und Miturheberschaft dient und dabei darauf abstellt, ob ein Beitrag ein geschlossenes Ganzes darstellt, dh. weder unvollständig noch ergänzungsbedürftig und deshalb einer Weiterverwertung zugänglich ist.[24]

Ein derartiges **inhaltliches Gewebe** ist etwa **dem Film wesentlich** (→ Rn. 28), bei dem Musik, **10** Text und Bild aufeinander bezogen und miteinander verschmolzen sind.[25] Entsprechend zu beurteilen ist eine **Website,** sofern ihre Einzelteile von vorneherein aufeinander bezogen sind.[26] Anders zu beurteilen ist hingegen eine Sammlung vorbestehender Werke von Filmwerken gemäß § 88, die zwangsläufig gesondert verwertbar sind. Deshalb gilt etwas anderes für die vom Bild isolierte Tonspur eines Films, wenn sie als unabhängiges Element in eine Musikdatenbank aufgenommen worden ist.

Bei den gesetzlich nicht näher bestimmten **Multimediawerken** verhält es sich im Lichte der **11** Richtliniendefinition der Datenbank nicht anders. Multimediawerke bedienen sich in der Regel zwar unterschiedlicher, technisch allerdings auf dasselbe Format reduzierter und häufig unabhängig voneinander abgelegter Ausdrucksmittel menschlicher Kommunikation,[27] führen diese jedoch letztlich zu einer einheitlichen Darstellungsform zusammen, so dass auf dem Bildschirm eine Einheit inhaltlich untrennbar verbundener Bild-, Musik- und Textelemente des Multimediawerkes erscheint.[28] Kommt Multimediawerken allerdings **Referenzcharakter** zu, weil sie zahlreiche in sich geschlossene und voneinander unabhängige Informationen vermitteln, wie dies bei multimedialen Lexika, Katalogen ua. begegnet, fallen sie regelmäßig unter den Datenbankherstellerschutz des § 87a.[29] Auch mehrere **durch Links miteinander verbundene und systematisch angeordnete Websites** können somit die Voraussetzungen der Datenbank im Sinne der Vorschrift erfüllen.[30]

bb) Angesichts des **Erfordernisses der gedanklichen Einheit** schließt das Merkmal der Unab- **12** hängigkeit eines Elements solche Zusammenstellungen von einem eigenständigen Datenbankschutz sowohl nach § 4 Abs. 2 als auch nach §§ 87a ff. aus, deren Elemente, mögen sie als Wörter, Buchstaben, Pixel, Noten ua. auch digitaltechnisch oder manuell einzeln zugänglich sein, bei isolierter Betrachtung keinen eigenständigen geistigen Gehalt (etwa bei Film-, Sprach-, Bild- oder Musikwerken) aufweisen, sondern sich auf eine **Sammlung inhaltsloser Zeichen** reduzieren.[31]

Meist wird es bei solchen Elementen bereits am zusätzlichen gesetzlichen **Erfordernis der Ein-** **13** **zelzugänglichkeit** fehlen, weil dieses einen das Element bestimmenden Sinngehalt verlangt, der das Datenretrieval ermöglicht. Den notwendigen Sinngehalt vermittelt erst das vollständige sinntragende Element eines Bildes, Gedichtes, Musikstücks etc.[32] An der Möglichkeit **des einzelnen Zugriffs** fehlt es etwa bei **Elementen neuronaler Netze,** die lediglich interne, dem Nutzer verborgene Informationen (Neuronen) für das Verhalten des Netzes verkörpern (sog. Gewichte) und deshalb als konstitutive Elemente einer Datenbank ausscheiden.[33] Würden im Übrigen kleine, allein technisch definierte Elemente als einzeln zugänglich iSd. Art. 1 Abs. 2 der Richtlinie angesehen, führte dies zur Begründung eines sachlich nicht zu rechtfertigenden weiteren Schutzrechts an demselben immaterialgüterrechtlichen Schutzgegenstand wie etwa einem Musik-, Sprach-, Film- oder Bildwerk[34] und zu einer unvertretbaren Ausweitung des sachlichen Anwendungsbereichs des Datenbankherstellerrechts, so dass eine Korrektur über das Erfordernis der wesentlichen Investition zwingend notwendig wäre. Fehlt es hingegen an einem derartigen gedanklichen Zusammenhang der einzelnen Elemente, wie dies etwa bei Wörterbüchern (deutsches Wort und dessen fremdsprachiger Entsprechung) oder

---

[24] BGH GRUR 1959, 335 (336) – Wenn wir alle Engel wären.

[25] Erwgr. 17 S. 3 der Richtlinie nennt außerdem audiovisuelle, literarische oder musikalische Werke; sa. *Leistner* S. 49 f.; Büscher/Dittmer/Schiwy/*Haberstumpf* (2. Aufl.), § 87a UrhG Rn. 7; Möhring/Nicolini/*Decker* (2. Aufl.), § 87a UrhG Rn. 2; Fromm/Nordemann/*Czychowski* § 87a UrhG Rn. 9 f.; Wandtke/Bullinger/*Hermes* § 87a UrhG Rn. 12.

[26] OGH GRUR-Int 2002, 452 (453) – C-Villas; *Leistner* in Bettinger/Leistner (Hrsg.) Rn. 36; *Gaster* in Hoeren/Sieber (Hrsg.) Teil 7.8. Rn. 23.

[27] S. *Schricker* in Schricker (Hrsg.), Informationsgesellschaft, S. 41; *Haberstumpf* GRUR 2003, 14 (20); *Haberstumpf* (2. Aufl.), Rn. 147; *Bensinger* S. 147 ff.; Walter/*v. Lewinski* Art. 1 Datenbank-RL Rn. 26 f.; zur Charakteristik von Multimediawerken auch *Grützmacher* S. 63 f.

[28] Ebenso *Leistner* S. 50 f.; *Bensinger* S. 148.

[29] S. dazu auch *Leistner* S. 51 f.; *Leistner* GRUR-Int 1999, 819 (824); *Haberstumpf* GRUR 2003, 14 (20); Walter/*v. Lewinski* Art. 1 Datenbank-RL Rn. 27.

[30] OGH GRUR-Int 2002, 452 (453) – C-Villas; zurückhaltend OLG Düsseldorf MMR 1999, 729 (731) – Frames; bzgl. einer Linkliste LG Köln ZUM-RD 2000, 304 – Kidnet; *Gaster* in Hoeren/Sieber (Hrsg.) Teil 7.8 Rn. 23, 27; Wandtke/Bullinger/*Hermes* § 87a UrhG Rn. 94; ferner → Rn. 30; zu Links und Frames ausführlich → § 15 Rn. 106, 303, → § 19a Rn. 91 ff. sowie → § 87b Rn. 45 ff. jeweils mwN.

[31] AllgM, *Haberstumpf* GRUR 2003, 14 (18); *Haberstumpf* (2. Aufl.), Rn. 163; *Leistner* S. 47; *Leistner* GRUR-Int 1999, 819 (820 ff.); *Leistner* in Wiebe/Leupold (Hrsg.) Teil II A Rn. 7 ff.; *Gaster* § 87a UrhG Rn. 74 ff.; *Grützmacher* S. 169 f.; *Hornung* S. 75; *Dittrich* ÖBl 2002, 3 f.; Fromm/Nordemann/*Czychowski* § 87a UrhG Rn. 9; Walter/*v. Lewinski* Art. 1 Datenbank-RL Rn. 22; Dreier/Schulze/*Dreier* § 87a UrhG Rn. 6; Wandtke/Bullinger/*Hermes* § 87a UrhG Rn. 12; aA *Wiebe/Funkat* MMR 1998, 69 (74), die zur Begründung der Unabhängigkeit bei Multimediaprodukten allein auf die technisch strukturierte Ablage einzelner Daten eines inhaltlich geschlossenen Elements abstellen; → Rn. 8.

[32] *Leistner* S. 47; Walter/*v. Lewinski* Art. 1 Datenbank-RL Rn. 22; sa. *Grützmacher* S. 172.

[33] Dazu *Grützmacher* S. 65 f., 172; *Dreier* GRUR-Int 1992, 739 (745); *Haberstumpf* GRUR 2003, 14 (19); Walter/*v. Lewinski* Art. 1 Datenbank-RL Rn. 23; *Hornung* S. 75.

[34] *Dittrich* ÖBl. 2002, 3 f.; Dreier/Schulze/*Dreier* § 87a UrhG Rn. 9.

Soundarchiven der Fall ist, können die datenbankrechtlichen Vorschriften der §§ 87a ff. bzw. des § 4 Abs. 2 zum Zuge kommen.

14   **cc)** In Konsequenz dessen können auch **Elemente ohne Werkcharakter** iSd. Vorschrift **unabhängig voneinander** sein, sofern ihnen – **bei gebotener inhaltlich wertender Betrachtung** und mit Rücksicht auf die Möglichkeiten des Such- und Abfrageprogramms der Datenbank – ein **eigenständiger** sachlicher oder sonstiger **Informationsgehalt** zukommt, der verloren ginge, wenn die Elemente auseinandergerissen würden.[35] Obgleich bei elektronischen Datenbanken die unabhängigen Elemente über die thematische Ausrichtung und die Auswahl- und Ordnungskriterien der Datenbank, also durch deren elektronisches Material, regelmäßig untereinander eine lose Verbindung eingehen, bedeutet dies, dass der selbstständige Informationsgehalt des einzeln zugänglichen Elements weder den geistigen Gehalt anderer Elemente noch die unterscheidbare Struktur der Sammlung berühren darf.[36] Die Einzelelemente dürfen folglich nicht durch Hinzuziehung zusätzlicher Elemente additiv erweitert werden (→ Rn. 8). Vielmehr ist ihre Größe unter Berücksichtigung des verwendeten elektronischen Materials am Grundsatz kleinstmöglicher Aufspaltbarkeit ihres geistigen Gehalts zu bestimmen (Erwgr. 20). Das schließt nicht aus, dass auch **Datenkombinationen** unabhängige Elemente sein können.[37] Deshalb sind zB Abfahrts- und Ankunftszeiten eines Zuges keine von den Abfahrts- und Zielorten unabhängige Elemente der Datenbank (Fahrplan) eines Bahnunternehmens, wohl aber sind beide Angaben zusammengenommen unabhängig gegenüber anderen Fahrzeiten zwischen denselben Orten. Technische Elemente wie Bits oder Pixel vermögen die Unabhängigkeit von Elementen im Sinne der Definition des Abs. 1 S. 1 nicht zu begründen.[38]

15   Diese Auffassung vertritt ausdrücklich auch der **EuGH**. Er hat Ort, Datum, Uhrzeit und Identität der Mannschaften eines Fußballspiels zusammengenommen als unabhängiges, einen selbstständigen Informationswert besitzendes Element eines als Datenbank qualifizierten Fußballspielplans gewertet, mag sich auch ein darüber hinausgehendes Interesse der Öffentlichkeit auf den vollständigen Spielplan richten.[39] Der BGH hat sich in seiner Entscheidung HIT BILANZ[40] dem EuGH angeschlossen und die Auffassung vertreten, dass es der Qualifizierung einer Information als unabhängiges Element nicht entgegensteht, wenn dieses Element das Interesse des Nutzers der Datenbank nicht vollständig, sondern nur teilweise befriedigt. Demnach orientiert sich die Beurteilung des Einzelzugangs bei einer Datenbank von Sammelwerken[41] nicht etwa an der Zugänglichkeit des einzelnen Sammelwerkes, sondern an der Zugänglichkeit von dessen Einzelbestandteilen.[42] Im Zusammenhang mit topographischen Landkarten hat der BGH diese Problematik in einem an den EuGH gerichteten Vorlagebeschluss erneut aufgegriffen.[43] Weist eine Datenbank nur eine grobe Strukturierung auf, so dass ihre Elemente nicht einzeln abgerufen werden können, liegt keine Datenbank iSd. des § 87a Abs. 1 vor, sondern lediglich ein Datenhaufen.[44]

16   **Beispiele.** Unter Berücksichtigung des Erfordernisses einer **Sammlung** voneinander unabhängiger Elemente können demnach Datenbanken aus Sammlungen selbstständiger **schutzfähiger Werke aller Art** bestehen (zB Werke der Wissenschaft und Kunst wie Schrift-, Musik-, Bild-, Film- und fotografische Werke): aus Sammlungen von **schutzunfähigen Tonfolgen, Bildern, Filmen oder Texten** (zB kurze Tonfolgen, Lichtbilder, kleinste Pressemeldungen und Wirtschaftsnachrichten), aus **Zeitungen und Zeitschriften,**[45] aus **Sammlungen** bibliographischer Angaben, aus wissenschaftlichen oder sonstigen (Mess-)Daten, aus Soundarchiven, Rechentabellen, kartographischen Orthofotos, Verkehrsleitdaten, Börsenkurstabellen, Gebührentabellen, Fahrplänen, Katalogen und Listen aller Art, **privaten und amtlichen Registern,**[46] aus Sammlungen systematisch oder methodisch aufgenommener Satellitenbilder, aus Vermessungskatastern, Telefonbüchern, sonstigen Nachschlagewerken etc. oder aus Sammlungen von **Fakten** und sonstigen **anderen unabhängigen Elementen** wie zB Zeichen- oder Symbolsammlungen.[47] Ob Sammlungen **körperlicher Gegenstände ohne geistigen**

---

[35] Ebenso EuGH GRUR 2005, 254 Rn. 29 – Fixtures-Fußballspielpläne II; BGH GRUR 2005, 940 (941) – Marktstudien; GRUR 2005, 857 (858) – HIT BILANZ; sa. *Leistner* S. 47 Fn. 125; *Haberstumpf* GRUR 2003, 14 (19); Rn. 6 mwN.

[36] *Leistner* GRUR-Int 1999, 819 (821 f.); *Haberstumpf* GRUR 2003, 14 (18); *Haberstumpf* (2. Aufl.), Rn. 163; → Rn. 8.

[37] EuGH GRUR 2005, 254 Rn. 35 – Fixtures – Fußballspielpläne II; EuGH GRUR 2012, 386 Rn. 26 – Dataco/Yahoo; EuGH BeckRS 2015, 81579 Rn. 20 – Freistaat Bayern/Esterbauer; → Rn. 17 ferner *Haberstumpf* GRUR 2003, 14 (18); *Haberstumpf* (2. Aufl.), Rn. 163, 170; DKMH/*Kotthoff* § 87a UrhG Rn. 16.

[38] Dazu auch Rn. 12 f.; *Leistner* S. 46 ff. mwN; aA *Wiebe/Funkat* MMR 1998, 69 ff.

[39] EuGH GRUR 2005, 254 Rn. 33 f., 36 – Fixtures-Fußballspielpläne II.

[40] BGH GRUR 2005, 857 – HIT BILANZ.

[41] ZB mehrere Gedichtsammlungen, vgl. LG Mannheim GRUR-RR 2004, 196 – Freiburger Anthologie.

[42] Vgl. auch EuGH GRUR 2009, 572 Rn. 61 ff. – Apis/Lakorda; aA Möhring/Nicolini/*Decker* (2. Aufl.), § 87a UrhG Rn. 10; Wandtke/Bullinger/*Hermes* § 87a UrhG Rn. 16.

[43] BGH GRUR 2014, 1197 – Topografische Landkarten-TK 50; eingehend dazu → Rn. 17 ff.

[44] KG GRUR-RR 2001, 102 – Stellenanzeigen im Internet; OLG München GRUR-RR 2001, 228 (229) – Stellenanzeigen im Internet; LG Berlin ZUM 2006, 343 (344) – ebay-Angebotsdatenbank; → Rn. 24.

[45] *Gaster* in Hoeren/Sieber (Hrsg.) Teil 7.8 Rn. 27.

[46] Vereins-, Handels- und Schiffsregister, Bundeszentralregister, Grundbuch, Patentrolle, Marken-, Geschmacksmusterregister ua.

[47] So bereits *Katzenberger* GRUR 1990, 94 (98) mwN.

Gehalt wie Briefmarken, Münzen etc. ein Datenbankherstellerrecht begründen können, ist umstritten.[48] Die Körperlichkeit kann nicht den Ausschlag geben. Denn der immaterielle Gegenstand des Schutzrechts ist die festgelegte Datenbank als Gesamtergebnis der investitionsintensiven, nicht notwendig schöpferischen Zusammenstellung der in den jeweiligen Trägern verkörperten Informationen.[49] Sind dies Voraussetzungen erfüllt, steht einem Schutz nach §§ 87a ff. nichts im Wege.

Bei **digitalen Kartenwerken** ist fraglich, ob eine einzelne Karte als Datenbank im geschilderten   **17**
Sinne qualifiziert werden kann. Nicht selten dürfte offenbleiben, nach welchen Kriterien sich die Mindestgröße und der Mindestinhalt einzelner voneinander unabhängiger Kartenelemente bestimmen lassen, ohne dass sie auf lediglich technisch unabhängige Elemente ohne Inhalt reduziert werden (Pixel, Bytes). Das muss aber nicht so sein. Mitunter werden online zugängliche, je nach Anforderungsprofil bestimmbare Kartenausschnitte angeboten, denen nicht nur Urheberrechtsschutz, sondern wegen der mit ihrer Erstellung verbundenen Investitionsleistung auch Leistungsschutz nach §§ 87a ff. zuerkannt wird.[50] Bei **topografischen Kartenwerken** ist die Wiedergewinnbarkeit der einzelnen Elemente strittig, weil die Karte sie als simultan wahrnehmbares Bildwerk aus aufeinander bezogenen Einzelinformationen darstellt.[51] Der **BGH** hat in seinem an den EuGH gerichteten **Vorlagebeschluss** die für die Beurteilung der Unabhängigkeit eines Elements bedeutsame Frage aufgeworfen, ob eine Beeinträchtigung des Wertes eines Elements in inhaltlicher Hinsicht nach der Herauslösung aus seinem Zusammenhang schon dann zu verneinen ist, wenn das Element generell noch über einen Informationswert verfügt, oder ob bei der Beantwortung dieser Frage die Zweckbestimmung der jeweiligen Datensammlung und das sich aus ihr ergebende typische Nutzerverhalten einzubeziehen sind.[52] Unter Hinweis auf Erwgr. 17 Datenbank-RL hat sich der BGH bei der Bestimmung des inhaltlichen Wertes eines aus der Datenbank herausgelösten Einzelelements für die Berücksichtigung der Gesamtdarstellung ausgesprochen, also auf den **Aussagegehalt der einzelnen Elemente im Zusammenhang mit der vollständigen Datenbank,** weil nach dem Zweck der Richtlinie und in Analogie zur Beurteilung der Entnahme von Elementen audiovisueller, kinematographischer, literarischer oder musikalischer Werke (→ Rn. 12) solche Teile vom Datenbankschutz ausgeschlossen sind, die ihren Aussagegehalt erst im Zusammenhang mit dem Ganzen (etwa der Reihenfolge ihrer Anordnung) erhalten.[53]

Dem hat sich der EuGH in seiner Entscheidung vom 29.10.2015[54] **nicht angeschlossen.**   **18**
Ausgehend davon, dass der Wert eines unabhängigen Elements durch seine systematische oder methodische Anordnung in der Datenbank erhöht wird, kann seine Herauslösung zu einer Verringerung des Informationswertes führen (→ Rn. 25). Dies schließt jedoch nicht aus, dass dieses Element oder diese unabhängige Datenkombination weiterhin den Charakter eines unabhängigen Elements iSd. Art. 1 Abs. 2 der Datenbank-RL behält, sofern es nicht seinen **selbständigen Informationswert** verliert (→ Rn. 26 f.). Der selbständige Informationswert eines aus einer Sammlung herausgelösten Elements bestimmt sich dabei nicht nach dem Verständnis des typischen Datenbanknutzers, sondern nach dem eines jeden Dritten, der sich für das herausgelöste Element interessiert (→ Rn. 29). Angesichts dessen hat der EuGH entschieden, dass Art. 1 Abs. 2 Datenbank-RL dahin auszulegen ist, dass geografische Daten, die von einem Dritten aus einer topografischen Landkarte herausgelöst werden, um eine andere Landkarte herzustellen und zu vermarkten, nach ihrer Herauslösung ein hinreichender Informationswert bleibt, um als „unabhängige Elemente einer Datenbank" iSd. Bestimmung angesehen werden zu können.

Daraufhin hat der **BGH** das Berufungsurteil aufgehoben und die Sache zur erneuten Verhandlung   **19**
und zur Klärung der Fragen **zurückverwiesen,** ob die Beschaffung, Überprüfung oder Darstellung der in den Karten des Klägers enthaltenen Daten eine der Art und dem Umfang nach wesentliche Investition erfordern und ob der Beklagte nach Art und Umfang wesentliche Teile des Kartenmaterials des Klägers übernommen und vervielfältigt hat.[55] Im Ergebnis der Entscheidungen des EuGH und des BGH sieht *Leistner*[56] seine schon früher dargelegte Auffassung[57] bestätigt, nicht ohne allerdings

---

[48] Dagegen *Benecke* CR 2004, 608; *Haberstumpf* GRUR 2003, 14 (18); dafür jetzt auch → § 4 Rn. 14 mwN; Dreier/Schulze/*Dreier* § 4 Rn. 10, § 87a UrhG Rn. 4; DKMH/*Kotthoff* § 87a UrhG Rn. 6; *Rieger* S. 22 f., 47; Wandtke/Bullinger/*Hermes* § 87a UrhG Rn. 106.
[49] → Rn. 21 sowie → Vor §§ 87a ff. Rn. 28 ff.
[50] Vgl. KG ZUM-RD 2012, 331 (333 f.) Rn. 27; LG München I GRUR 2006, 225 (226 f.) – Topografische Kartenblätter; LG München I GRUR-RR 2010, 92 (93).
[51] Keine Datenbank iSd. § 87a: OLG München GRUR 2014, 75 – Topografische Karte; *Hertin* GRUR 2004, 646 (649); zweifelnd Fromm/Nordemann/*Czychowski* § 87a UrhG Rn. 10; aA LG München ZUM-RD 2013, 277 (Vorinstanz zu OLG München); LG Stuttgart NJOZ 2009, 335; LG Leipzig ZUM-RD 2013, 273; LG München I ZUM-RD 2006, 28 (31) – Topografische Karten; aA hinsichtlich topografischer Karten mit ausführlicher Begründung auch *Leistner* GRUR 2014, 528 (530 ff.); gegen Dreier/Schulze/*Dreier* § 2 UrhG Rn. 236; vgl. ferner Wandtke/Bullinger/*Hermes* § 87a UrhG Rn. 105.
[52] BGH GRUR 2014, 1197 Rn. 19 – Topografische Landkarten-TK 50.
[53] BGH GRUR 2014, 1197 Rn. 22 – Topografische Landkarten-TK 50 unter Verweis auf DKMH/*Kotthoff* § 87a UrhG Rn. 17 sowie Möhring/Nicolini/*Koch* (3. Aufl.), § 87a UrhG Rn. 10.
[54] EuGH GRUR 2015, 1187 – Freistaat Bayern/Verlag Esterbauer, BeckRS 2015, 81579 m. Praxishinweis *Lindhorst* GRUR-Prax 2015, 510; vgl. auch *Wiebe* GRUR 2017, 338 (339).
[55] BGH GRUR 2016, 930 – Topografische Landkarte-TK 50 II.
[56] *Leistner* GRUR 2016, 42.
[57] *Leistner* GRUR 2014, 528.

einschränkend darauf hinzuweisen, dass die vom EuGH angedeutete zusätzliche Anerkennung von **Datenkombinationen als unabhängige Elemente** – etwa die Daten zu Radwanderstrecken etc. – nicht unproblematisch sei, sofern das Herauslösen der Daten aus der Originalkarte nicht den Wert ihres informativen Gehalts beeinträchtige.[58] Wenn es bei der Erstreckung des Merkmals der Unabhängigkeit auf nützliche Kombinationen beliebiger Daten ankäme, die in einer Datenbank unabhängig von ihrer Konzeption aufzufinden sind, würde nahezu jede Informationszusammenstellung Schutz nach § 87a beanspruchen können.[59] Das Abstellen auf beliebige Datenkombinationen könne, so *Leistner* zutreffend,[60] das tatbestandsbegrenzende Merkmal der Unabhängigkeit auflösen und nahezu jede Informationszusammenstellung dem Datenbankherstellerrecht unterstellen. Deshalb müsse entscheidend sein, ob die Entnahme derartiger Kombinationen gerade der Konzeption der Datenbank entspreche.[61] Das ändere an der Einordnung einer topografischen Karte als Datenbank im Ergebnis nichts, da der Nutzer gerade auch derartige Kombinationen aus der methodisch angeordneten Karte entnehmen könne.[62]

20   Leichter beantwortet sich diese Frage bei der Betrachtung eines nach Objektkarten und ihren Attributen gegliederten **digitalen Objektkartenkatalogs**, wie er einem digitalen Landschaftsmodell (DLM) zugrunde liegt.[63] Ein DLM setzt sich aus einer Vielzahl übereinanderliegender, systematisch oder methodisch angeordneter und einzeln abrufbarer Objektkarten zusammen, die jeweils besondere (Teil-)Aspekte einer Landschaft[64] darstellen. Derartige Objektkartenkataloge erfüllen in der Regel die Voraussetzungen einer Datenbank iSd. § 87a Abs. 1.[65] Entsprechendes gilt für Katasterkarten, Vermessungsdaten, Orthofotos und Satellitenbilder, die nach einem gewissen Anforderungsprofil (Messdaten) aufgenommen, zerlegt und nach unterschiedlichen Parametern geordnet und nach unterschiedlichen Anforderungsprofilen verwertet werden.[66] Bei der Beurteilung ihrer Datenbankeigenschaft ist jedoch im Auge zu behalten, dass Investitionen in die Datenerzeugung nicht berücksichtigungsfähig sind, ohne dass dies angesichts des sonstigen Aufwandes für die Bereitstellung, Überprüfung und Darstellung der relevanten Kartendaten in der Regel eine Rolle spielen dürfte (→ Rn. 49).

21   **dd)** Die einzelnen, voneinander unabhängigen Elemente einer Datenbank müssen erkennbar nach bestimmten entweder **systematischen oder methodischen Ordnungsprinzipien**, dh. nach vorgegebenen logischen oder sachlichen Kriterien bzw. nach einem vorgegebenen Zweck planmäßig strukturiert abgelegt sein.[67] Denn erst die geordnete Zusammenführung vorhandener Daten und ihre durch die Ordnungsprinzipien ermöglichte Zugänglichkeit begründet im Wesentlichen den geschützten Mehrwert einer Datenbank.[68] Ordnungsprinzipien und Datenbankinhalt sind konstitutive Bestandteile einer geschützten Datenbank. Strenge Anforderungen an die Qualität der Methodik sind dabei im Hinblick auf den angestrebten Investitionsschutz nicht zu stellen, weil diese lediglich der Abgrenzung schutzfähiger Datenbanken von bloßen Datenhaufen dient.[69]

22   Die unverzichtbaren **Ordnungsprinzipien** dienen der **Wiedergewinnung der in die Datenbank aufgenommenen Elemente.**[70] Sie begründen, weshalb der Herstellerschutz eine körperliche Festlegung der Datenbank voraussetzt, ohne dass dadurch der immaterialgüterrechtliche Charakter des Rechts in Frage gestellt wird. Da die Wiedergewinnung der Elemente nach objektiv nachvollziehbaren Kriterien möglich sein muss, nimmt eine lediglich ungeordnete Aneinanderreihung von Elementen ohne Ordnungssystem am Schutz nicht teil. Ist zB der Datenbanknutzer gezwungen, wegen des

---

[58] *Leistner* GRUR 2016, 42 (43) unter Verweis auf EuGH GRUR 2015, 1187 Rn. 20 f. – Freistaat Bayern/Verlag Esterbauer.

[59] *Leistner* GRUR 2016, 42 (43).

[60] *Leistner* GRUR 2016, 42 (43 f.); ebenso *Wiebe* GRUR-Prax 2016, 49 (50).

[61] *Leistner* GRUR 2016, 42 (43 f.); ebenso *Wiebe* GRUR-Prax 2016, 49 (50).

[62] *Leistner* GRUR 2016, 42 (44) unter Hinweis auf EuGH GRUR 2015, 1187 Rn. 19 – Freistaat Bayern/Verlag Esterbauer; demgegenüber strenger Wiebe GRUR-Prax 2016, 49 (50): Das Abstellen auf Datenkombinationen führe in die Irre und lade zu einer ergebnisbezogenen Argumentation ein. Es sollte daher nicht aufgegriffen werden.

[63] Einzelheiten unter der Website des Amtlichen topografisch-kartografischen Informationssystems [ATKIS] und bei *Eggert* S. 50 ff., 153 ff.

[64] Etwa Autobahnen, Bundes- und Landstraßen, Schienen- und Wasserwege, Gebirgrücken, Ortschaften mit einer bestimmten Einwohnerzahl, Feuchtegebiete und v. a. m.

[65] Ebenso *Hertin* GRUR 2004, 646 (648, 652); Fromm/Nordemann/*Czychowski* § 87a UrhG Rn. 10; nachdrücklich *Leistner* GRUR 2014, 528 (532) in Auseinandersetzung mit OLG München GRUR 2014, 75 – Topografische Karte; zum weiteren Prozessverlauf → Rn. 17–19; sa. *Müglich* CR 1995, 257.

[66] S. zu Satellitenbildern bereits *Katzenberger* GRUR 1990, 94 (98) mwN; auch Walter/*v. Lewinski* Art. 1 Datenbank-RL Rn. 21; Zweifel hinsichtlich der Orthofotos und Satellitenbilder *Leistner* GRUR 2014, 528 Fn. 9, 26.

[67] So auch Fromm/Nordemann/*Czychowski* § 87a UrhG Rn. 11; Fromm/Nordemann/*Hertin* (9. Aufl.), § 87a UrhG Rn. 4; Wandtke/Bullinger/*Hermes* § 87a UrhG Rn. 25 ff.; Dreier/Schulze/*Dreier* § 87a UrhG Rn. 7; *Fuchs* UFITA 2008/I, S. 27 (33): mit diesen Ordnungsprinzipien könnten nur Informationen über bestimmte Elemente (Metadaten) gemeint sein, weil nur mit ihnen die Verarbeitung von Daten möglich sei.

[68] OLG Köln MMR 2007, 443 (445) – DWD-Wetterdaten.

[69] OLG München GRUR 2001, 228 (229) – Übernahme fremder Inserate; *Haberstumpf* GRUR 2003, 14 (18) f.); *Leistner* S. 53 ff.; *Leistner* GRUR-Int 1999, 819 (822 f.); *Gaster* Rn. 66; Walter/*v. Lewinski* Art. 1 Datenbank-RL Rn. 20; vgl. ferner Wandtke/Bullinger/*Hermes* § 87a UrhG Rn. 19 ff., 24, s. dort auch Rn. 88 ff. zur Problematik der Auffindbarkeit einzelner Elemente in Tageszeitungen und Zeitschriften sowie deren Online-Versionen.

[70] EuGH GRUR 2005, 254 Rn. 30 – Fixtures-Fußballspielpläne II.

Fehlens einer systematischen oder methodischen Anordnung jedes Element aufwändig einzeln anzusteuern, liegt keine Datenbank iSd. Abs. 1, sondern nur ein dem Sonderschutz unzugänglicher Datenhaufen vor (→ Rn. 24), mögen auch die Daten selbst von hohem Informationswert sein.[71] Auf analoger Technik basierende Datenbanken lassen sich wegen ihrer gröberen Struktur nur weniger intensiv systematisch durchdringen, als das bei elektronischen Datenbanken möglich ist (→ Rn. 29).

Als **Mindestvoraussetzung in Abgrenzung zu unstrukturierten Willkürprodukten** schlie- 23
ßen die erforderlichen Ordnungsprinzipien **geistig-ästhetische Anordnungen** nicht aus, sofern sie nur die Wiedergewinnung der Daten ermöglichen.[72] Dies gilt in erster Linie für urheberrechtlich geschützte Datenbankwerke, aber auch für Datenbanken nach §§ 87a ff. Denn bei beiden sind subjektiv geprägte Ordnungssysteme nicht ausgeschlossen, je nachdem, wo der Hersteller den Schwerpunkt der Erschließung seiner Datenbank zu legen beabsichtigt. Am häufigsten begegnen freilich alphabetische, numerische oder chronologische Datenanordnungen oder Kombinationen dieser Parameter.[73] Daneben sind beliebig viele Anordnungen oder Verknüpfungen der gesammelten unabhängigen Elemente denkbar, die die Anwendung der §§ 4 Abs. 2, 87a ff. auf zahllose Arten schöpferischer oder investitionsintensiver Datenbanken zulassen (→ § 4 Rn. 19 ff., 49 ff.). Überwiegend ergibt sich allerdings die Anordnung des Datenbankinhalts aus der Sachlogik, die für eine schöpferische Tätigkeit wenig Raum lässt.[74]

In Abgrenzung dazu genießen **bloße Datenhaufen,** deren einzelne Bestandteile als **Rohdaten** 24
nicht nach wie auch immer vorgegebenen Ordnungskriterien zusammengestellt sind, selbst **keinen Schutz** nach §§ 87a ff., auch wenn sie physisch geordnet abgelegt sind (Erwgr. 21).[75] Ihnen fehlt die für die Schutz einer Datenbank unverzichtbare, durch das Ordnungsprinzip gewährleistete Einzelzugänglichkeit.[76] Datenhaufen können jedoch selbst ein Element einer schutzfähigen Datenbank darstellen oder mitunter die Vorstufe zu einer im Aufbau begriffenen Datenbank bilden, so dass die für ihre Zusammenstellung aufgewandten Mittel zu den Investitionen in eine Datenbank zählen können (→ Rn. 44 ff.). Dies gilt auch für **Datenpools bzw. Datenbasen,** sofern sie – nach enger, im deutschen Sprachgebrauch vorherrschender Definition – gegenüber Datenbanken durch die fehlende Recherchierbarkeit ihrer Daten gekennzeichnet sind,[77] nicht aber bei international begegnender synonymer Verwendung der Begriffe der Datenbasen und Datenbanken.[78] Bei elektronischen Datenbanken liegt es in der Natur des Mediums, dass die Daten ungeordnet in den physischen Speicher eingegeben werden und erst das elektronische Material wie das Abfragesystem in Verbindung mit der der Datenbank unterlegten logischen Struktur auf der Zugriffsebene ihre schutzbegründende systematische oder methodische Ordnung herbeiführt. Rechtliche Konsequenzen für den Schutz einer Datenbank hat das nicht.[79]

Wegen der an den Grad der systematischen und methodischen Anordnungen der Daten zu stellen- 25
den geringen Anforderungen genügen auch investitionsintensive **Volltextdatenbanken,** die in der Regel nicht über ein Abfragesystem, sondern eine Volltextrecherche zugänglich sind, insoweit den Anforderungen an eine schutzfähige Datenbank.[80] Entsprechendes kann für **Hypertextsysteme** gelten, bei denen die Informationssuche im Unterschied zu Datenbanken nicht durch einen flexiblen Abruf über Boolesche Operatoren, sondern wesentlich umständlicher über Hyperlinks erfolgt.[81]

Die Anordnung von **Stellenanzeigen in einer Tageszeitung** nach lediglich zwei Ordnungskrite- 26
rien (Größe und Branche) hat die Rechtsprechung für nicht ausreichend systematisiert iSd. Vorschrift erachtet.[82] Bei einer feingliedrigeren Anordnung der einzelnen Elemente eines (analogen) Anzeigenteils gleich für welche Sparten wird hingegen der Datenbankschutz wegen fehlender Einzelzugäng-

---

[71] EuGH GRUR 2005, 254 Rn. 31 – Fixtures-Fußballspielpläne II; KG GRUR-RR 2001, 102 – Stellenmarkt; OLG München ZUM 2001, 255 f. – Stellenmarktanzeigen; *Haberstumpf* GRUR 2003, 14 (19); *Sendrowski* GRUR 2005, 269 (370 f.); ebenso Fromm/Nordemann/*Czychowski* § 87a UrhG Rn. 11; vgl. dazu auch *Wiebe* GRUR 2017, 338 (340).
[72] *Sendrowski* GRUR 2005, 369 (371); Möhring/Nicolini/*Decker* (2. Aufl.), § 87a UrhG Rn. 6; Walter/*v. Lewinski* Art. 1 Datenbank-RL Rn. 20; Wandtke/Bullinger/*Hermes* § 87a UrhG Rn. 27 f.; *Leistner* S. 53 f.; *Gaster* § 87a UrhG Rn. 66; *Hornung* S. 74; *Flechsig* ZUM 1997, 577 (580); aA *Raue/Bensinger* MMR 1998, 507 (508).
[73] Vgl. LG München I MMR 2002, 58 – Schlagzeilensammlung im Internet, dort nach geographischen Gesichtspunkten.
[74] Vgl. → § 4 Rn. 22 mwN; dem widerspricht *Haberstumpf* GRUR 2003, 14 (21) unter Hinweis auf die Relativität des Kriteriums der Vollständigkeit, das erst bestimmte Gesichtspunkte voraussetze, an denen die Vollständigkeit zu messen sei. Selbst banale Aufgabenstellungen eines Datenbankherstellers ließen vielfältige schöpferische Lösungsmöglichkeiten zu.
[75] *Gaster* in Hoeren/Sieber (Hrsg.) Teil 7.8 Rn. 26 ff.
[76] Vgl. OLG Köln MMR 2007, 443 (444) – DWD-Wetterdaten.
[77] S. *Marek* S. 183; *Mehrings* S. 55 ff. mwN.
[78] Dazu *Hackemann* CR 1991, 305 (306 f.) insb. Fn. 8 f.
[79] Davon geht auch die Richtlinie in Erwgr. 21 aus; ebenso EuGH GRUR 2005, 254 Rn. 30 – Fixtures-Fußballspielpläne II; OLG Köln MMR 2007, 443 (444) – DWD–Wetterdaten; GRUR-RR 2006, 78 (79) – EZT; § 4 Rn. 51; *Leistner* S. 54; *Bensinger* S. 137; Fromm/Nordemann/*Hertin* § 87a UrhG Rn. 4; Dreier/Schulze/*Dreier* § 87a UrhG Rn. 7; Wandtke/Bullinger/*Hermes* § 87a UrhG Rn. 21; → Rn. 21 ff.
[80] DKMH/*Kotthoff* § 87a UrhG Rn. 19.
[81] Näher *Grützmacher* S. 62 f.
[82] KG GRUR-RR 2001, 102 – FAZ-Stellenmarkt; OLG München ZUM 2001, 255 f. – Stellenmarktanzeigen; zu Tageszeitungen auch → Rn. 11.

lichkeit kaum zu verneinen sein, zumal bei den durch die Datenbank-RL ebenfalls unter Schutz gestellten analogen Datenbanken (Erwgr. 14 und → Rn. 4) naturgemäß nicht dieselbe Feinstruktur erwartet werden kann wie bei elektronischen.[83] Entsprechendes wird für die analoge Ausgabe einer Tageszeitung oder einer Fachzeitschrift[84] zu gelten haben, sofern die Feingliederung ihrer Inhaltsverzeichnisse dem Erfordernis der Einzelzugänglichkeit der Daten (Aufsätze, Artikel, Berichte etc.) genügt.[85]

27   Wird eine **analoge in eine elektronische Datenbank umgewandelt** und umgekehrt, stellt sich die Frage, ob es sich bei dem jüngeren Produkt um eine **bloße Vervielfältigung** der älteren Datenbank handelt **oder** ob die jüngere als eine **neue Datenbank** mit einer eigenen Schutzfrist zu werten ist. Letzteres erscheint insofern geboten, als die jüngere Datenbank regelmäßig andere, schützenswerte Investitionen erfordert als die ältere analoge Datenbank. So fallen bei der älteren Datenbank besonders die Druckkosten ins Gewicht, während bei der jüngeren vor allem die Erstellung und Pflege eines neuen digitalen Zugangssystems zu berücksichtigen ist. Beide Datenbanken beruhen damit auch auf unterschiedlichem Personal- und Finanzaufwand und somit auf jeweils unterschiedlichen Investitionen, die es rechtfertigen, von **zwei selbständig schützenswerten Datenbanken** auszugehen, sofern die jeweiligen Investitionen als wesentlich angesehen werden können.[86] Die bloße Vervielfältigungshandlung in Form der Digitalisierung vermag den eigenständigen Schutz der jüngeren, elektronischen Datenbank allerdings nicht zu begründen.[87] Dazu bedarf es weiterer Investitionen, insbesondere in das Abfragesystem. Geht es um eine Umwandlung eines Datenbank**werkes,** wird in der jüngeren Fassung mitunter eine Bearbeitung der älteren zu sehen sein, weil mit ihr meist eine neue Struktur verbunden sein wird.[88]

28   **ee)** Die unabhängigen Elemente müssen überdies **einzeln und mit elektronischen oder anderen Mitteln zugänglich** sein. Dieses weitere Erfordernis, das die Anwendung der Datenbank-RL sowohl auf herkömmliche als auch auf elektronische Datenbanken klarstellt,[89] folgt zwangsläufig aus den Merkmalen der Unabhängigkeit und der systematischen oder methodischen Anordnung der Datenbankelemente (→ Rn. 5 ff.). Bei **elektronischen Datenbanken** genügen unabhängige Elemente der Einzelzugänglichkeit nur, wenn sie unter Anwendung des benutzten und auf sie ausgerichteten Such- und Abfrageprogramms sowie unabhängig von den anderen Elementen eingegeben und später wieder zur Kenntnis genommen werden können.[90] Zugänglichkeit in diesem Sinne liegt zB nicht vor bei Daten, die lediglich statistischen Zwecken dienen, oder bei Anwendungsprogrammen mit einer integrierten Datenbasis wie etwa Rechtschreibprogrammen etc., weil auf sie der Nutzer nicht zugreifen kann.[91] Dies bedeutet, dass etwa Filmwerke, deren einzelne Beiträge sich inhaltlich untrennbar voneinander zu einem Gesamtkunstwerk verbinden,[92] keine Datenbanken im Sinne des Gesetzes ergeben können (Erwgr. 17). Dasselbe gilt für multimediale Werke, sofern sich bei ihnen gleichfalls mehrere Ausdrucksformen miteinander verschmelzen (vgl. → Rn. 6). Anders verhält es sich bei solchen Datenbanken, die aus einer Vielzahl einzeln abrufbarer Multimediawerke und Filme zusammengestellt werden, weil bei ihnen das jeweils einzeln zugängliche Element aus einem vollständigen Multimediawerk bzw. aus einem vollständigen Film besteht.[93] Nichts anderes gilt bei Suchmaschinen, die den Einzelzugriff auf Websites über ihre Indizes ermöglichen.[94]

29   Schließlich bedeutet das Merkmal „einzeln und mit elektronischen oder anderen Mitteln zugänglich", dass das Gesetz in nicht abschließender Regelung **sowohl elektronische und elektrooptische als auch herkömmliche, auf analoger Technik basierende Datenbanken** unter Schutz stellt.[95] Das schließt andere physikalische oder mechanische Mittel des Zugangs nicht aus. Einzeln zugänglich ist ein Element, wenn es etwa durch das Aufschlagen eines Buches, das Blättern in einer Kartei, das Einlegen eines Mikrofilms oder -fiches, das Ansteuern auf einer CD-ROM oder durch den Abruf aus einer Online-Datenbank zur Kenntnis genommen werden kann. Einen **unmittelba-**

---

[83] Dreier/Schulze/*Dreier* § 87a UrhG Rn. 8; Wandtke/Bullinger/*Hermes* § 87a UrhG Rn. 80 f.: auf die Anordnung innerhalb der einzelnen Ordnungskategorien kommt es nicht an, wobei selbst die Größe einer Anzeige selbst als Ordnungsprinzip anzuerkennen ist.

[84] Verneint wegen fehlender Möglichkeit der Wiedergewinnung der einzelnen Aufsätze von OLG München MMR 2007, 525 – subito-Kopienversanddienst.

[85] Vgl. *Bensinger* S. 149.

[86] Ebenso LG Berlin NJW-RR 1999, 1273 – Meta-Suchmaschine; vgl. auch LG München I MMR 2002, 58 – Schlagzeilensammlung im Internet; *Haberstumpf* GRUR 2003, 14 (20); Wandtke/Bullinger/*Hermes* § 87a UrhG Rn. 85.

[87] Vgl. *Haberstumpf* GRUR 2003, 14 (20); ebenso *Grützmacher* S. 328; Fromm/Nordemann/*Hertin* (9. Aufl.), § 87a UrhG Rn. 8; Walter/*v. Lewinski* Art. 10 Datenbank-RL Rn. 6; → Rn. 29.

[88] So zu Recht *Haberstumpf* GRUR 2003, 14 (20).

[89] BGH GRUR 1999, 923 (925) – Tele-Info-CD; dazu → Vor §§ 87a ff. Rn. 8.

[90] → Rn. 8; *Haberstumpf* GRUR 2003, 14 (19); *Bensinger* S. 137; *Leistner* S. 47; Walter/*v. Lewinski* Art. 1 Datenbank-RL Rn. 22.

[91] S. Fromm/Nordemann/*Hertin* (9. Aufl.), § 87a UrhG Rn. 3; *Haberstumpf* GRUR 2003, 14 (19).

[92] Vgl. → Rn. 6, 9 f.; → Vor §§ 88 ff. Rn. 65.

[93] *Gaster* CR 1997, 669 (673); → Rn. 6, 10 f.

[94] *Haberstumpf* GRUR 2003, 14 (19); im Ergebnis ebenso *Leistner* S. 62; *Leistner* GRUR-Int 1999, 819 (824).

[95] AllgM, → Rn. 3 f. mwN; BGH GRUR 1999, 923 (925) – Tele-Info-CD; aA lediglich Fromm/Nordemann/*Hertin* (9. Aufl.), § 87a UrhG Rn. 5.

ren Zugriff des Benutzers auf die einzeln zugänglichen Daten setzt der Gesetzeswortlaut entgegen einer engeren Auffassung[96] nicht voraus; vielmehr genießen – dem Schutzzweck der Norm entsprechend – auch solche Datenbanken Schutz, die als Thesaurus oder Index in ein Computerprogramm inkorporiert sind und nur mittelbar über dessen Anwendung benutzt werden können.[97]

2. Unterschiede zwischen Datenbanken und Datenbankwerken

Zwischen beiden Schutzgegenständen bestehen grundsätzliche Unterschiede insoweit, als **Daten-** **bankwerke urheberrechtlicher, also schöpferischer Natur** sind und damit eine Struktur aufweisen, die infolge der freien und kreativen Auswahl und Anordnung ihrer Elemente auf einer eigenen geistigen Schöpfung nach Art. 1 Abs. 1 der Richtlinie beruht und damit dem Datenbankwerk seine Individualität verleiht.[98] Bloßer Aufwand oder eine besondere Sachkenntnis und handwerkliche Fertigkeit sind dabei ebenso ohne Bedeutung wie der Umstand, dass die Auswahl und Anordnung der Daten damit verbunden ist, dass den Daten eine wesentliche Bedeutung hinzugefügt wird.[99] **Datenbanken nach § 87a Abs. 1 S. 1** hingegen verlangen – über die allen Datenbanken gemeinsamen Merkmale hinaus – bei einer zumindest handwerklichen Struktur eine nach **Art oder Umfang wesentliche Investition** bei der Beschaffung, Überprüfung oder Darstellung ihres Inhalts. Die Voraussetzungen einer schöpferischen wie einer nichtschöpferischen Datenbank können in derselben Datenbank verwirklicht sein, vorausgesetzt, ihre Struktur ist schöpferisch. Erfüllt der Urheber zugleich die Voraussetzungen, um Hersteller der Datenbank zu sein, stehen ihm Urheber- und Leistungsschutzrechte gemeinsam und nebeneinander zu.[100]

Wird eine systematisch oder methodisch angeordnete **analoge Datenbank,** die zugleich ein Datenbankwerk ist, **digitalisiert,** bleibt der Schutz nach beiden Rechten nur bestehen, wenn weiterhin die schöpferische Struktur der Datenbank in ihrer digitalisierten Form erhalten bleibt. Dies ist allerdings nur selten der Fall, weil digitalisierte Datenbanken regelmäßig eine andere Struktur erfordern und damit nicht mehr mit der analogen Datenbank identisch sind. Die digitale Datenbank beruht lediglich auf der vollständigen Entnahme des Inhalts der analogen Datenbank mit Ausnahme des Zugangssystems. Sie kann bei nicht schöpferischen Datenbanken allenfalls durch Änderungen eine neue Datenbank iSd. Abs. 1 S. 2 begründen.[101]

a) Beispiele. In der Praxis begegnen bei Datenbanken ua. folgende Unterscheidungen: **nach dem Inhalt** der Datenbank (Wort-, Musik-, Zahlen-, Bilddatenbanken ua.); **nach dem Speicher- oder Trägermedium** digitale und analoge Datenbanken (Bibliotheken, Artotheken, Museumssammlungen, Bücher, Karteien, sonstige Papierformen, Mikrofilme und -fiches, CD-ROM, Online-Datenbanken ua.); bei elektronischen Datenbanken **nach dem Zugang** Online- (Internet, Intranet) und Offline-Datenbanken (CD-ROM, CD-I, DVD ua.); **nach der Aktualität** (Realzeitdatenbanken (nur online) und klassische, meist statische Datenbanken (in Papierform oder computergestützt); **nach der Vollständigkeit** des Inhalts (bibliographische, Abstract- oder Volltextdatenbanken); nach der **Art des Inhalts** (Wirtschafts-, Rechts- oder naturwissenschaftliche Datenbanken etc.); **nach dem Benutzerzuschnitt** (Standardprofil- oder Individualprofildienste). Daneben oder überschneidend kommen vielfältige digital wie analog organisierte traditionelle Datenbankarten in Frage: Fachinformationssammlungen, Lexika und sonstige Nachschlagewerke wie Wörterbücher, Anthologien, Bibliographien, Register, Kataloge, Rechentabellen, Fahrpläne, Telefon- und Adressbücher, Listen aller Art, geographische, meteorologische, hydrographische oder sonstige naturwissenschaftliche Datensammlungen ua. Auch Satellitenaufnahmen können – ungeachtet ihrer Lichtbildeigenschaft nach § 72 – wegen der bei ihrer Herstellung erfolgten systematischen Erfassung von Helligkeitswerten ebenso wie Vermessungskataster, die aus einer Zusammenstellung von geographischen Messdaten bestehen, die gesetzlichen Voraussetzungen einer Datenbank erfüllen (→ Rn. 20). Denn für den Schutz einer Datenbank nach §§ 87a ff. ist ausschlaggebend, dass die bei ihrer Herstellung gesammelten Daten nach bestimmten im Voraus festgelegten Parametern geordnet werden. Diese Voraussetzungen können bei Satellitenaufnahmen und Vermessungskatastern ebenso vorliegen wie das Erfordernis, dass die ermittelten, in ihrer Gesamtheit die Datenbank erst ergebenden Messwerte einzeln abrufbar sind.[102]

Das **Internet** hingegen stellt keine Datenbank dar, da es gleichsam ungeordnet den Weg zu zahllosen Netzen eröffnet, während bei **Suchmaschinen** (Google, Bing ua.), die den geordneten Zugriff auf Websites ermöglichen, dies meist zu bejahen ist.[103] Die Subsumtion der Benutzeroberfläche einer einzelnen **Website** unter den Datenbankbegriff dürfte scheitern, sofern sie als ein einheitliches Ganzes

30

31

32

---

[96] Fromm/Nordemann/*Hertin* (9. Aufl.), § 87a UrhG Rn. 3; *Wiebe/Funkat* MMR 1998, 69 (74).
[97] Ebenso *Grützmacher* S. 172; Dreier/Schulze/*Dreier* § 87a UrhG Rn. 8; aA *Westkamp* S. 45 ff.
[98] EuGH GRUR 2012, 386 Rn. 32 ff. – Football Dataco/Yahoo; → § 4 Rn. 19 ff.; → Vor §§ 87a ff. Rn. 7, 42.
[99] EuGH GRUR 2012, 386 Rn. 41 – Football Dataco/Yahoo.
[100] Dazu Vor §§ 87a ff. Rn. 7, 42; aus systematischen Gründen kritisch zur terminologischen Unterscheidung von Datenbankwerk und Datenbank im deutschen UrhG *Leistner* S. 300 f.
[101] S. *Haberstumpf* GRUR 2003, 14 (20) mwN; ferner → Rn. 37.
[102] Weitere Beispiele bei *Bensinger* S. 146 f.
[103] Fromm/Nordemann/*Hertin* (9. Aufl.), § 87a UrhG Rn. 3; *Haberstumpf* GRUR 2003, 14 (19); *Leistner* S. 63 f.; Wandtke/Bullinger/*Hermes* § 87a UrhG Rn. 96; aA hinsichtlich des Internets Möhring/Nicolini/*Koch* (3. Aufl.), § 87a UrhG Rn. 7.

erscheint, bei dem die Einzelelemente zu einem Gesamtbild verschmolzen sind; deshalb ist insoweit allenfalls von einem Werk der bildenden Kunst auszugehen.[104] Dies muss jedoch nicht so sein. Denkbar ist etwa auch eine **Website als Sammlung von Hyperlinks,** die einzelne voneinander unabhängige Elemente miteinander verknüpfen und dabei bisweilen komplexe Strukturen schaffen, oder als Sammlung sonstiger selbstständig geschützter und damit auch gegen eine isolierte Übernahme gefeiter Elemente wie Lichtbilder, Laufbilder, Sprachwerke, Tonfolgen ua.[105] Zweifellos ist insoweit ein Online-Lexikon wie Wikipedia wegen des Einzelzugangs der Beiträge datenbankrechtlich schutzfähig.[106] Entscheidend sind im Übrigen die Verhältnisse im Einzelfall, wobei es im Wesentlichen um die Frage der systematischen Sammlung und der Einzelzugänglichkeit über Indices, Gliederungen oder sonstige Ordnungsprinzipien geht.

33   **b)** Die **Rechtsprechung** hatte ua. in folgenden Fällen über den Datenbankcharakter zu entscheiden: **EuGH** GRUR 2015, 1187 – Freistaat Bayern/Verlag Esterbauer (Topographische Kartenwerke [+]); EuGH GRUR 2014, 166 – Innoweb BV/Wengener ITC Media BV (Automobil-Onlinebörse [+]); EuGH GRUR 2012, 386 – Football Dataco/Yahoo (Sammlung von Daten über laufende Fußballspiele [+]; EuGH GRUR 2012, 1245 – Football Dataco/Sportradar (Sammlung von Daten über laufende Fußballspiele [+]); EuGH GRUR 2009, 572 – Apis/Lakorda (umfassendes Rechtsinformationssystem mit Untergruppen [+]); EuGH GRUR 2008, 1077 – Directmedia Publishing (Gedichtsammlung [+]); EuGH GRUR 2005, 244 – BHB-Pferdewetten (Datenbank mit vielfältigen Informationen über Pferderennen [+]); EuGH GRUR 2005, 252 – Fixtures-Fußballspielpläne I sowie EuGH GRUR 2005, 254 – Fixtures-Fußballspielpläne II (Fußballspielpläne grundsätzlich [+], im konkreten Fall jedoch keine wesentliche Investition); **BGH** GRUR 2011, 1018 – Automobil-Onlinebörse (Metasuchmaschine [–], nur Softwareschutz); BGH GRUR 2011, 724 – Zweite Zahnarztmeinung II (Zahnarztbewertungsportal [+]); BGH GRUR 2010, 1004 – Autobahnmaut (Sammlung der Transaktionsdaten von Toll Collect [+]); BGH ZUM-RD 2011, 14 – Markenheftchen (Briefmarkendatenbank, grundsätzlich [+]); BGH GRUR 2009, 852 – Elektronischer Zolltarif (Sammlung von Zolltarifen [+]); BGH GRUR 2007, 137 – (Bodenrichtwertsammlung [+]); BGH GRUR 2006, 493 (495) – Briefmarkenkatalog (grundsätzlich [+], jedoch außerhalb des zeitlichen Anwendungsbereichs des Gesetzes); BGH GRUR 2005, 857 – HIT BILANZ (Music-Sales-Charts [+]); BGH GRUR 2005, 940 – Marktstudien [+]; BGH GRUR 2003, 958 – Paperboy (Internetauftritt eines Zeitungsverlags durch Zugänglichmachung von Beiträgen; Datenbankherstellerrecht dahingestellt); BGH GRUR 1999, 923 – Tele-Info-CD und BGH I ZR 210/96 (unveröffentlicht) (Telefonbuch [+]); **OLG München** ZUM-RD 2013, 545 – Geodaten (topografische Karten [–]); OLG München MMR 2007, 525 – Subito (periodische Veröffentlichung von Aufsätzen in Zeitschriften [–]); OLG München ZUM 2003, 789 – Chart-Listen (nach bestimmten Kriterien zusammengestellte Musiktitel [+], Vorinstanz zu BGH HIT BILANZ); OLG München ZUM 2001, 255 – Stellenmarktanzeigen (kein methodisches Ordnungsprinzip [–]); **OLG Köln** MMR 2009, 191 – Internet-Bewertungsdatenbank (Bewertungssystem von Zahnarztleistungen [+], Vorinstanz zu BGH Zweite Zahnarztmeinung II); OLG Köln ZUM 2001, 414 – Paperboy (Suchdienst von Zeitpartikeln [–]); OLG Köln MMR 2007, 443 – DWD-Wetterdaten [+]); ZUM-RD 2001, 82 – List of Presses (Sammlung von Daten über Duckmaschinenhersteller in Printform [+]); **KG** ZUM-RD 2012, 331 (Online zugängliche Karten [+]); KG ZUM-RD 2001, 88 – Stellenanzeigen aus der FAZ (systematische oder methodischen Anordnung nicht erkennbar [–]); KG ZUM 2001, 70 – Ticketverkauf (Sammlung vielfältiger Daten über Veranstaltungen aller Art [+]); **OLG Hamburg** ZUM 2001, 512 – Roche Lexikon Medizin [+]; OLG Hamburg ZUM 1999, 849 – Börsendaten (kein Datenbankwerk; Herstellerrecht dahingestellt); **OLG Dresden** ZUM 2001, 595 – sächs. Ausschreibungsblatt [+]; **OLG Düsseldorf** MMR 1999, 729 – Frames (Homepage-Webseiten mit Werbeinhalt [Investition nicht nachgewiesen]); **OLG Frankfurt** ZUM-RD 2003, 180 – Marktberichte [+]; **OLG Hamm** JurPC Web-Dok. 260/2004 (äußeres Erscheinungsbild von Websites [–]); **LG München I** ZUM 2018, 461 – Bodenrichtwertsammlung (+); LG München I GRUR 2006, 225 – Topografische Kartenblätter (+); LG München I GRUR-RR 2010, 92 – MainPost (Topografische Karten [+]); LG München I ZUM-RD 2007, 212 – Rudolf Steiner Gesamtausgabe [+]; LG München I ZUM 2001, 1008 – verlinkte Schlagzeilen in Internet-Nachrichtendiensten (+); **LG Berlin** ZUM 1999, 420 – Internetangebot von Kleinanzeigen verschiedener Berliner Zeitungen [+]; LG Berlin JurPC Web-Dok. 185/2001 – Deep Links (Nachrichtensammlung einer lokalen Tageszeitung [+]); **LG Düsseldorf** ZUM 2004, 147 – Datenbank der Übersetzer, Dolmetscher und Agenturen [+]); LG Düsseldorf ZUM 2002, 65 – Dienstleistungsplatt-

---

[104] OGH GRUR-Int 2002, 349 (350) – telering.at; OGH GRUR-Int 2002, 452 (453) – C-Villas; OLG Karlsruhe GRUR-RR 2010, 234 (235) – Reisebüro-Software; OLG Köln GRUR-RR 2010, 141 (143) – 3D-Messestände; OLG Düsseldorf MMR 1999, 729 (730) – Frames mit krit. Anm. *Gaster; Schack* MMR 2001, 9 (11); im Ergebnis ebenso DKMH/*Kotthoff* § 87a UrhG Rn. 17.

[105] OGH GRUR-Int 2002, 349 (350) – telering.at; OGH GRUR-Int 2002, 452 (453) – C-Villas; ausführlich *Leistner/Bettinger* S. 9 ff.; *Leistner/Bettinger* CR 1999, 921 (936 ff.); *Hasshausen* MMR 2007, VIII f.; *Schack* MMR 2001, 9 (11); *Köhler* ZUM 1999, 548 (552 f.); Wandtke/Bullinger/*Marquardt* § 4 UrhG Rn. 14; aA wegen fehlender Indexierungs- und Katalogisierungsfunktion von Websites, jedoch für Sammelwerkschutz *Chinon* ZUM 1998, 897 (901) im Anschluss an *Koch* GRUR 1997, 417 (420); sa. *Haberstumpf* GRUR 2003, 14 (20).

[106] Ebenso Wandtke/Bullinger/*Hermes* § 87a UrhG Rn. 96.

form der Insel Rügen [+]; **LG Köln** JurPC Web-Dok. 166/2002 – Online-Auskünfte der Deutschen Bahn AG [+]; LG Köln JurPC Web-Dok. 138/2001 – Deep Links (nach Tätigkeitsbereich, Art der Tätigkeit und Region geordnete Stellenanzeigen [+]); LG Köln JurPC Web-Dok 211/2001 – Frame-Linking (im Internet bereitgehaltenes Angebot geordneter und elektronisch erschlossener lyrischer Textbeiträge [+]); LG Köln ZUM-RD 2000, 304 – Kidnet.de (Sammlung von Links zu Eltern, Kindern und Familien [+]); **AG Rostock** ZUM-RD 2002, 31 – Linksammlung als Datenbank [+]).

Entscheidungen aus Österreich: OGH GRUR-Int 2002, 452 – C-Villas (Website [–]); OGH GRUR-Int 2002, 349 – telering.at (Website [–]); OGH GRUR-Int 2002, 940 – Gelbe Seiten (Verzeichnis aller erfassbaren Unternehmen Österreichs [–]); OGH GRUR-Int 2001, 775 – C-Compass (APS-Manager [+]).

3. Schutzgegenstand des Datenbankherstellerrechts

a) Grundsätzliches. Gegenstand des Leistungsschutzrechts ist **weder der Datenbankinhalt** als 34 die Summe der in die Datenbank aufgenommenen einzelnen Elemente in Form von Werken, Daten und anderen Elementen wie etwa das Ordnungssystem.[107] Denn konstitutiv für das Datenbankherstellerrecht ist die Wesentlichkeit der getätigten Investition. Sie kann auch dann beeinträchtigt sein, wenn die Beschaffung des Datenbankinhalts nicht von der Ursprungsdatenbank, sondern von dritter Seite erfolgt.[108] **Noch** ist Gegenstand des Rechts **die Information als solche**, weil in diesem Fall nicht erklärt werden könnte, weshalb der Schutz zumindest eine wesentliche Investition voraussetzt und nur auf die Nutzung wesentlicher Teile der Datenbank, nicht aber auf die Nutzung jedes ihrer Einzelteile gerichtet ist (Erwgr. 46).[109] **Noch** richtet sich der Schutz auf **die Investition als solche,** da die Entstehung des Rechts untrennbar vom Leistungserfolg einer schutzfähigen Datenbank abhängt. **Noch** gilt der Schutz der **Datenbank als solcher** (kein Objektschutz), weil nicht jede Datenbank eine schutzbegründende wesentliche Investition verkörpert (Abs. 1 S. 1). **Noch** schützt das Recht **die Datenbank in ihrer materiellen Form,** weil nicht allein solche Nutzungshandlungen ihrem Hersteller vorbehalten sind, die sich direkt vom ersten Träger der Datenbank ableiten,[110] sondern auch indirekte Nutzungen wie die Entnahme oder Weiterverwendung auf der Grundlage eines Vervielfältigungsstücks dem Rechtsinhaber vorbehalten sind.[111]

Das bedingt – dem Charakter anderer unternehmensbezogener Leistungsschutzrechte wie denen 35 des Tonträger- und Filmherstellers (→ § 85 Rn. 12; → § 94 Rn. 9) sowie des Sendeunternehmens (→ § 87 Rn. 47) entsprechend –, dass die Datenbank als Leistungserfolg einen für die Einzelzugänglichkeit der Daten unerlässlichen **körperlichen Niederschlag** finden muss, ohne dass damit das immaterialgüterrechtliche Wesen des Rechts in Frage gestellt wird.[112] Unter Berücksichtigung dessen ist **Schutzgegenstand** des Datenbankherstellerrechts **die auf einem Trägermedium festgelegte Datenbank als materielle Erscheinungsform ihres unter wesentlichem Investitionsaufwand gesammelten, geordneten und einzeln zugänglich gemachten Inhalts als immaterielles Gut.**[113] Dazu zählen, wie Erwgr. 20 der Richtlinie ausdrücklich hervorhebt, auch Elemente wie der Thesaurus, der Index, das Abfragesystem und andere Mittel der Wiederauffindbarkeit der unabhängigen Elemente der Datenbank,[114] ohne die ihr Inhalt nur Rohmaterial bliebe.[115]

b) Diese Definition, die die **wesentliche Investition** als konstitutives und zugleich beschränkendes Merkmal des Schutzgegenstandes einbezieht, erklärt überzeugend, warum sich die Ausschließlichkeitsrechte nach § 87b Abs. 1 nicht auf jede Nutzung einer Datenbank erstrecken, sondern sich auf die vollständige Entnahme oder zumindest eines wesentlichen Teils ihres Inhalts beschränken und die Nutzung unwesentlicher Teile nur einschließen, wenn sie in ihrer Intensität der Nutzung wesentlicher

---

[107] So aber OGH GRUR-Int 2002, 940 (941) – Gelbe Seiten; *Bensinger* S. 108 ff.: Schutz des Inhalts als Summe der Datenbankbestandteile unter Hinweis auf Erwgr. 38, demzufolge die Übernahme des Datenbankinhalts unter anderer methodischer Anordnung vorbehalten ist.

[108] EuGH GRUR 2005, 244 Rn. 52 – BHB-Pferdewetten; BGH GRUR 2009, 852 Rn. 56 – Elektronischer Zolltarif; aA noch *Haberstumpf* GRUR 2003, 14 (25 f.).

[109] Ebenso *Leistner* S. 146 f.: kein Schutz der Information als solcher und kein objektbezogener Schutz hinsichtlich des Datenbankinhalts; aA OGH GRUR-Int 2002, 940 (941) – Gelbe Seiten; ebenso Fromm/Nordemann/ *Hertin* (9. Aufl.), § 87b UrhG Rn. 13: Schutz des Datenbankinhalts als solchem; wohl auch *Westkamp* S. 142.

[110] So aber die Schlussanträge der Generalanwältin Stix-Hackl in der Sache EuGH C-203/02 Rn. 100 – BHB-Pferdewetten.

[111] Ebenso EuGH GRUR 2005, 244 Rn. 52 – BHB-Pferdewetten; BGH GRUR 2009, 852 Rn. 56 – Elektronischer Zolltarif; vgl. auch BGH GRUR 2010, 620 Rn. 35 – Film-Einzelbilder: immaterielles Gut als Schutzgegenstand mwN.

[112] Ebenso EuGH GRUR 2005, 254 Rn. 30 – Fixtures-Fußballspielpläne II; BGH GRUR 2005, 940 (941) – Marktstudien; *v. Ungern-Sternberg* GRUR 2008, 291 (292); *Leistner* S. 148 f. spricht im Anschluss an *Ulmer* (2. Aufl.), S. 134 in diesem Zusammenhang zutreffend von der Voraussetzung eines „materiellen Substrats" der Datenbank.

[113] Ähnlich OLG Hamburg GRUR 2000, 319 (320) – Börsendaten; *Leistner* S. 148 f.; *Grützmacher* S. 329 f.; *Schack* Rn. 744 f.; *Gaster* § 87a UrhG Rn. 475; *Gaster* in Hoeren/Sieber (Hrsg.) Teil 7.8 Rn. 68; *Flechsig* ZUM 1997, 577 (587 f.); *Ullmann* FS Brandner (1996), S. 507 (521); *Wiebe* CR 1996, 198 (202); Wandtke/Bullinger/ *Hermes* § 87a UrhG Rn. 2.

[114] EuGH GRUR 2005, 254 Rn. 30 – Fixtures-Fußballspielpläne II; → Vor §§ 87a ff. Rn. 29.

[115] *Gaster* § 87a UrhG Rn. 69.

Teile gleichgestellt werden kann.[116] Daraus folgt für die Bestimmung eines wesentlichen Teils einer Datenbank, dass gerade dieser eine wesentliche Investitionsleistung verkörpern muss.[117] Da das Recht dem Datenbankhersteller als demjenigen gebührt, der in den **Aufbau einer Datenbank,** dh. in die Beschaffung, Überprüfung oder Darstellung ihres Inhalts (Art. 7 Abs. 1 Datenbank-RL), einschließlich in den Erwerb der Nutzungsrechte an den für die Darstellung des Inhalts erforderlichen Computerprogramme, investiert, wird es **nicht durch Lizenzen** für die Nutzung von Datenbanken Dritter und **nicht durch den Kauf einer vollständigen Datenbank** begründet.[118] Wenngleich zur wirtschaftlichen Auswertung gekaufter Datenbanken uU der Erwerb von Rechten an deren Elementen (etwa geschützten Werken) erforderlich ist,[119] handelt es sich bei den dafür aufgewendeten finanziellen Mitteln nicht um eine den Erwerb eines Datenbankherstellerrechts begründenden Investition in den Aufbau einer Datenbank.[120] Anders verhält es sich, wenn die durch eine Lizenz an einer Datenbank oder den Kauf einer vollständigen Datenbank erworbenen Daten ergänzt, durch anderes elektronisches Material (Thesaurus, Index und Abfragesystem) benutzerfreundlicher dargestellt und öffentlich zugänglich gemacht werden. In diesem Fall entsteht eine neue, eigenständige Datenbank.[121] Ob die Lizenz- und Kaufpreiszahlungen für die Rechte an aus anderen Datenbanken übernommenen, sonderrechtlich nicht geschützten Daten zu den rechtserheblichen, für ihren Aufbau aufgewendeten Beschaffungskosten zu zählen sind, hat der BGH in seiner Entscheidung „Elektronischer Zolltarif" nicht entscheiden müssen, da bereits der weitere Aufwand für die methodische oder systematische Anordnung, dh. für die Darstellung des Inhalts der Datenbank, die Annahme einer wesentlichen Investition rechtfertigte.[122] Demnach kommt es nach der Rechtsprechung des BGH nicht darauf an, ob die Investitionen des Datenbankherstellers in die Aufbereitung und Darstellung einer Datenbank selbst gewonnene oder anderweitig erworbene Daten betreffen.[123]

37 **c)** Beachtlich sind stets die mit dem Aufbau einer Datenbank verbundenen Investitionen in die **Mittel,** die der **systematischen oder methodischen Anordnung** der in der Datenbank enthaltenen Elemente und damit **ihrer individuellen Zugänglichkeit** dienen wie vornehmlich der Index, der Thesaurus und das Abfragesystem.[124] *Kotthoff* erstreckt – wohl im Gegensatz zu Erwgr. 20 Datenbank-RL – das Recht sui generis auf das Abfragesystem nur dann, wenn dieses selbständig und unabhängig von der Investition in die Zusammenstellung der Datenbankelemente die Voraussetzung einer wesentlichen Investition erfüllt.[125] Im Hinblick auf den einheitlichen Schutzgegenstand des Datenbankherstellerrechts ist diese Auffassung problematisch. Sie begründet neben dem Schutz eines ungeordneten, auf einer wesentlichen Investition beruhenden Datenhaufens einen selbständigen Schutz des auf einer wesentlichen Investition beruhenden Abfragesystems, obwohl erst beide zusammen dem Erfordernis einer investitionsintensiven systematischen oder methodischen Anordnung der einzelnen Datenbankelemente genügen.[126]

Der **Index** einer Datenbank stellt ein meist alphabetisch geordnetes Register der in der Datenbank vorkommenden Wörter mit Angabe der Belegstellen dar. Als spezielle Arten begegnen etwa Wortformen-, Häufigkeits- oder rückläufige Indizes, bei denen je nach dem Aufbau einer Datenbank andere Aspekte in den Vordergrund rücken.

Unter **Thesaurus** versteht man im Bereich der Dokumentation eine geordnete Menge von Bezeichnungen, die ein offenes oder geschlossenes System zur fach- oder/und problemorientierten Klassifizierung und Ordnung von Begriffen bilden. Index und Thesaurus stellen selbst eine Sammlung in der Sammlung dar, für die Schutz als Teil einer Datenbank, aber auch selbstständiger Schutz nach § 4 Abs. 2 S. 1 beansprucht werden kann.[127]

---

[116] S. *Leistner* S. 149; *Leistner* in Wiebe/Leupold (Hrsg.) Teil II B Rn. 13; § 87b Rn. 24.
[117] Ebenso *Leistner* S. 149.
[118] BGH GRUR 2009, 852 Rn. 24 – Elektronischer Zolltarif; *v. Ungern-Sternberg* GRUR 2010, 386 (389); Wandtke/Bullinger/*Hermes* § 87a UrhG Rn. 39; Dreier/Schulze/*Dreier* § 87a UrhG Rn. 13; Möhring/Nicolini/*Decker* (2. Aufl.), § 87a UrhG Rn. 14; *Gaster* § 87a UrhG Rn. 480; *Haberstumpf* GRUR 2003, 14 (26); Westkamp S. 11; DKMH/*Kotthoff* § 87a UrhG Rn. 25, der jedoch die Frage aufwirft, ob nicht eine Übertragung des Datenbankherstellerrechts vorliegt.
[119] Ebenso BGH GRUR 2009, 852 Rn. 22 ff., insb. Rn. 24 – Elektronischer Zolltarif; *Gaster* Rn. 480; *Gaster* in Hoeren/Sieber (Hrsg.) Teil 7.8 Rn. 90; *Haberstumpf* GRUR 2003, 14 (26); *Westkamp* S. 119; Dreier/Schulze/*Dreier* § 87a UrhG Rn. 13.
[120] Umstritten: wie hier wohl Dreier/Schulze/*Dreier* § 87a UrhG Rn. 13: nur Investitionen, die für den Aufbau einer Datenbank erbracht werden, dh. keine unabhängige vorherige Leistung; aA LG Köln CR 1999, 593; LG Berlin CR 1999, 388; Fromm/Nordemann/*Czychowski* § 87a UrhG Rn. 20 unter Hinweis auf EuGH GRUR 2005, 252 Rn. 28 – Fixtures-Fußballspielpläne I, wo der EuGH auch die Fremddatenbeschaffung zu den berücksichtigungsfähigen Investitionen einer (im Aufbau begriffenen) Datenbank angesehen habe.
[121] Vgl. BGH GRUR 2009, 852 Rn. 24 – Elektronischer Zolltarif.
[122] BGH GRUR 2009, 852 Rn. 27 – Elektronischer Zolltarif.
[123] BGH GRUR 2009, 852 Rn. 28 – Elektronischer Zolltarif.
[124] EuGH GRUR 2005, 252 Rn. 27 – Fixtures-Fußballspielpläne I; EuGH GRUR 2005, 254 – Rn. 43 – Fixtures-Fußballspielpläne II; Möhring/Nicolini/*Koch* (3. Aufl.), § 87a UrhG Rn. 12 f.
[125] DKMH/*Kotthoff* § 87a UrhG Rn. 11.
[126] Vgl. BGH GRUR 2005, 940 (941) – Marktstudien; wohl auch Fromm/Nordemann/*Czychowski* § 87a UrhG Rn. 11; Wandtke/Bullinger/*Hermes* § 87a UrhG Rn. 24.
[127] Vgl. BGH GRUR 1987, 705 – Warenzeichenlexika; BGH GRUR 1980, 231 – Monumenta Germaniae Historica.

Das **Abfragesystem** ermöglicht bei elektronischen Datenbanken die Wiedergewinnung der in den Datenspeicher meist ungeordnet eingegebenen Daten.[128] Dies geschieht in der Regel unter Verwendung einer Abfragesprache und durch die Beantwortung einer Anzahl vordefinierter parametrisierter Abfragen, wobei einfache Boolsche Operatoren wie UND-, ODER-, ABER NICHT-, JEDOCH AUCH- und vielfältige sonstige Verknüpfungen vorgenommen werden können, die bei Datenbankwerken bisweilen erst den schöpferischen Gehalt begründen.[129] Je nach dem einer Datenbank zugrundeliegenden Konzept kann sich der Benutzer lediglich im Rahmen vorgesehener Abfragewünsche bewegen oder die Informationswünsche selbst flexibel gestalten.[130] Dabei müssen, worauf *Koch* hinweist, nicht alle Zusammenhänge zwischen den Daten von vornherein festgelegt sein. Vielmehr können durch algorithmenbasierte Verfahren des **Text und Data Mining** auch nachträglich Zusammenhänge hergestellt werden.[131]

d) Grenzen des Datenbankschutzes. aa) Nicht vom Schutz einer Datenbank iSd. Abs. 1 er- **38** fasst werden die in ihr enthaltenen **Werke, Daten und anderen Elemente.**[132] Dies hat zur Konsequenz, dass mit dem Datenbankherstellerrecht **kein Ausschließlichkeitsrecht an einzelnen Daten oder einzelnen Informationen** einhergeht (Erwgr. 45). Deshalb kann der Datenbankhersteller aus eigenem Recht die Entnahme des Inhalts seiner Datenbank nur insoweit untersagen, als sie über die normale Nutzung der Datenbank hinausgeht, dabei das Informationsinteresse der Allgemeinheit übersteigt und seiner Investition Schaden zufügt. Dies verbirgt sich hinter der gesetzgeberischen Entscheidung, die ausschließlichen Verwertungsrechte auf wesentliche Teile der Datenbank zu beschränken.[133]

bb) Keinen Schutz nach §§ 87a ff. genießt ferner die **Individualität der Struktur** einer Daten- **39** bank. Sie ist im Rahmen des Leistungsschutzrechts lediglich insoweit von Bedeutung, als sie für das Ordnungssystem einer Datenbank unverzichtbar ist und für ihre Schaffung Investitionen erbracht worden sind. Die Vervielfältigung und Bearbeitung der Struktur kann der Hersteller, soweit er nicht Datenbankurheber ist, bei ausreichender Schöpfungshöhe nur aus einem abgeleiteten Datenbankurheberrecht nach § 4 Abs. 2 untersagen, nicht dagegen aus seinem Recht sui generis.[134] Ansonsten ist die Struktur nicht monopolisierbar.

cc) Ferner erstreckt sich das Datenbankherstellerrecht – vorgegeben durch Art. 1 Abs. 3 Daten- **40** bank-RL und deren Erwgr. 23 – wegen seines anderen Schutzgegenstandes **nicht auf** die zur Herstellung und zum Betrieb einer elektronischen Datenbank erforderlichen **Computerprogramme als solche.** Bei elektronischen Datenbanken sind Computerprogramme ein unverzichtbarer Bestandteil für die Einzelzugänglichkeit ihrer Elemente. Das bedeutet jedoch nicht, dass die §§ 87a ff. ein eigenständiges subjektives Recht des Urhebers des Computerprogramms begründen (→ Rn. 47 f.). Anderes ist auch Art. 1 Abs. 3 Datenbank-RL nicht zu entnehmen. Der Schutz der eingesetzten Computerprogramme richtet sich allein nach §§ 69a ff.[135] Datenbankrechtlich gehören lediglich die Aufwendungen für die Beschaffung (Ankauf, Lizenzierung) des eingesetzten Computerprogramms zu den maßgeblichen finanziellen Investitionen in eine schutzfähige Datenbank,[136] sofern sie nicht der Datenerzeugung dienen.[137] Die für die Computerprogramme einschlägige Vorschrift des § 4 Abs. 2 S. 2 bezieht sich systematisch zwar nur auf Datenbankwerke, ihrer ratio nach beansprucht sie jedoch auch für das Datenbankherstellerrecht Geltung, denn sie bekräftigt lediglich den Grundsatz, dass zwei Schutzrechte mit unterschiedlichem Rechtsgrund unabhängig voneinander entstehen und einem eigenen Schicksal unterliegen. Deshalb ist beim Verkauf einer Datenbank im Auge zu behalten, dass die Rechte am Computerprogramm gesondert zu lizenzieren sind (sa. → Rn. 36).

dd) Sodann bezieht sich das Herstellerrecht nicht auf die in einer Datenbank inkorporierten **ein-** **41** **zeln unzugänglichen Programm-Interfaces und Benutzeroberflächen,** unabhängig von ihrer Schutzfähigkeit im Einzelnen.[138] **Umstritten** ist die Beurteilung von **im HTML-Code beschriebenen Websites,** denen teils wegen der fehlenden Indexierungs- und Katalogisierungsfunktion da-

---

[128] Vgl. OLG Köln MMR 2007, 443 (444) – DWD-Wetterdaten.

[129] Vgl. → § 4 Rn. 20; *Berger* GRUR 1997, 169 (175).

[130] Einzelheiten dazu unter den jeweiligen Schlagwörtern in Schneider (Hrsg.), Lexikon der Informatik und Datenverarbeitung.

[131] *Möhring/Nicolini/Koch* (3. Aufl.), § 87a UrhG Rn. 14 mit dem Hinweis, dass zu prüfen bleibe, ob ein unzulässiges wiederholtes und systematisches Vervielfältigen von Elementen erfolge.

[132] → Rn. 6 ff., 34 ff.; → Vor §§ 87a ff. Rn. 43 ff.

[133] Ebenso *Benecke* CR 2004, 608 (612); → § 87b Rn. 13 ff.; zum Recht am Datenbankinhalt → Vor §§ 87a ff. Rn. 37.

[134] Ebenso *Rieger* S. 161 f.

[135] BGH GRUR 2011, 724 Rn. 20 – Zweite Zahnarztmeinung II; OLG Köln MMR 2009, 191 – Internet-Bewertungsdatenbank; KG MMR 2001, 171 (172); fraglich ist, ob das auch für in Computerprogrammen integrierte Datenbanken gilt; ausführlich dazu *Westkamp* S. 45 ff.; *Bensinger* S. 137 ff.; *Krekel* WRP 2011, 436 (437 f.); → Vor §§ 87a ff. Rn. 46; → § 4 Rn. 58.

[136] EuGH GRUR 2005, 252 Rn. 28 – Fixtures-Fußballspielpläne I; ebenso Fromm/Nordemann/*Czychowski* § 87a UrhG Rn. 20; Dreier/Schulze/*Dreier* § 87a UrhG Rn. 13.

[137] BGH GRUR 2011, 724 Rn. 20 f. – Zweite Zahnarztmeinung II; sa. DKMH/*Kotthoff* § 87a UrhG Rn. 26; Fromm/Nordemann/*Czychowski* § 87a UrhG Rn. 20, dort auch zu den dazu kontroversen früheren Auffassungen in Rechtsprechung und Literatur.

[138] Ebenso *Leistner* S. 58 ff. gegen *Beutler* ENT.LR 1996, 317 (325), der Art. 1 Abs. 3 der Richtlinie insoweit lediglich als Abgrenzung gegenüber dem europäisch harmonisierten Schutz von Computerprogrammen versteht.

tenbankrechtlicher Schutz abgesprochen,[139] teils wegen der in HTML-Dokumenten enthaltenen Strukturinformationen insoweit eine Sammlung von Daten und anderen unabhängigen Elementen iSd. § 87a zugesprochen wird.[140] Schließlich umfassen die §§ 87a ff. keine **anderen sondergesetzlich geschützten Leistungen** des Teils 2 des UrhG wie diejenigen der Herausgeber, Interpreten, Lichtbildner, Veranstalter, Sendeunternehmen, Tonträger- und Filmhersteller,[141] deren Rechte nicht im Datenbankherstellerrecht aufgehen, sondern wegen ihres unterschiedlichen Schutzgegenstandes unabhängig vom ihm bestehen.

4. Nach Art oder Umfang wesentliche Investition

42   Seinem Sinn und Zweck sowie seiner Rechtsnatur entsprechend gewährt das Datenbankherstellerrecht seinem Inhaber einen zeitlich und sachlich begrenzten Schutz für die mit dem Aufbau einer Datenbank verbundene Investition, einschließlich der Pflege der Datenbank.[142] Die schutzbegründenden Merkmale des Abs. 1 S. 1 setzen dabei voraus, dass die fragliche **Investition von Arbeit, Zeit und Geld bei der Beschaffung, Überprüfung oder Darstellung vorhandener Datenbankelemente** erbracht wird, dh. ua. beim Auffinden der Daten, ihrer Auswahl, ihrer Überprüfung, ihrer systematischen oder methodischen Anordnung und ihrer fortwährenden Aktualisierung. Die Rentabilität der Datenbank spielt für die Schutzfähigkeit ebenso wenig eine Rolle wie die Frage eines mit der Datenbank erreichten wettbewerbsrechtlichen Vorsprungs.[143] Sodann muss die Investition in die Datenbank insgesamt **nach Art oder Umfang wesentlich** sein. Mit dem Wesentlichkeitskriterium normiert das Gesetz einen **Minimum-Standard,** der ohne messbaren wirtschaftlichen Aufwand erstellte Datenbanken vom Schutz ausschließen soll. Die bei Datenbankwerken geltende urheberrechtliche Schutzuntergrenze der kleinen Münze hat damit nichts zu tun.[144] Als de minimis-Kriterium stellt das Merkmal der Wesentlichkeit freilich schon im Hinblick auf die geringeren Schutzstandards des angelsächsischen Rechtskreises und die mit der Richtlinie angestrebte europäische Rechtsangleichung keine Anforderungen mit substantiellem Gewicht an den Umfang der zu tätigenden Investitionen.[145] Denn hohe Anforderungen an die Wesentlichkeit der Investition begünstigten große Datenbanken und damit wirtschaftlich mächtige Datenbankbetreiber gegenüber kleineren Mitbewerbern, denen der Rechtsschutz versagt bliebe, weil die großen Datenbankbetreiber den Inhalt der Datenbanken der kleineren Mitbewerber ungehindert in ihre eigene Datenbank übernehmen könnten.[146] Wie die Wesentlichkeit der Investition zu bemessen ist, hängt von einer Zusammenschau aller wertbildenden Faktoren ab. Anhaltspunkte mögen die weit auseinanderlaufenden, in anderen Kommentaren aufgeführten Zahlen geben.[147]

43   **a) Beachtliche Investitionen.** Abs. 1 S. 1 benennt nur allgemein und in weit auszulegenden Begriffen die schutzbegründenden Aufwendungen und Tätigkeiten beim Aufbau einer Datenbank. Im Lichte des Normzwecks und der Vielfalt von Datenbanken lassen sie sich nicht einzeln und abschließend angeben.[148] Die Beschaffung, Überprüfung und Darstellung bilden jedoch den Rahmen der maßgeblichen Tätigkeiten, die zusammengenommen zum Erfolg einer schutzfähigen Datenbank führen, mag auch die wesentliche Investition nur durch eine einzige dieser Tätigkeiten begründet werden. Deshalb ist es bei Zweifeln bedeutungslos, welcher Kategorie einzelne Tätigkeiten letztlich zuzuordnen sind. Das Gesetz verlangt keine Bewertung der getätigten Investitionen in wirtschaftlicher

---

[139] *Cichon* ZUM 1998, 898.

[140] Vgl. OLG Frankfurt GRUR-RR 2005, 299 (301) – HTML-Umsetzung einer Website unter Hinweis auf *Köhler* ZUM 1999, 548 (551 ff.).

[141] Zu Lizenzzahlungen für die Nutzung von Computerprogrammen als Teil der Investition in eine Datenbank, → Rn. 34; Dreier/Schulze/*Dreier* § 87a UrhG Rn. 13.

[142] EuGH GRUR 2005, 254 Rn. 39 – Fixtures-Fußballspielpläne II.

[143] Ebenso Dreier/Schulze/*Dreier* § 87a UrhG Rn. 12 unter Hinweis auf Möhring/Nicolini/*Decker* (2. Aufl.), § 87a UrhG Rn. 11.

[144] Ebenso *Leistner* S. 155; *Rieger* S. 155.

[145] AA LG Köln ZUM-RD 2000, 304 (306) – Kidnet.de; unter Berufung auf *Kappes* ZEuP 1997, 655 (668) im Hinblick auf die Freiheit der Information Fromm/Nordemann/*Hertin* (9. Aufl.), § 87a UrhG Rn. 9; Dreier/Schulze/*Dreier* § 87a UrhG Rn. 14, obwohl Informationsfreiheit und unentgeltlicher Zugang zu Informationen nicht gleichzusetzen sind; *Schack* Rn. 745; *Schack* MMR 2001, 9 (12); *Wiebe* CR 1996, 198 (203); wohl auch Walter/*v. Lewinski* Art. 7 Datenbank-RL Rn. 9; wie hier BGH GRUR 2011, 724 Rn. 23 – Zweite Zahnarztmeinung II; OLG Köln MMR 2009, 191 – Internet-Bewertungsdatenbank; OLG München ZUM-RD 2019, 464 (466) – Bodenrichtwertsammlung; AG Rostock MMR 2001, 631 f. – Linksammlung als Datenbank; *Leistner* S. 163 ff., 168; *Leistner* GRUR-Int 1999, 819 (830); *Leistner* in Wiebe/Leupold (Hrsg.) Teil II B Rn. 24 ff.; *Haberstumpf* GRUR 2003, 14 (26); *Sendrowski* GRUR 2005, 369 (373); *Hornung* S. 112; *Gaster* § 87a UrhG Rn. 9; Fromm/Nordemann/*Czychowski* § 87a UrhG Rn. 9, 16; Wandtke/Bullinger/*Hermes* § 87a UrhG Rn. 34, 54; DKMH/*Kotthoff* § 87a UrhG Rn. 30; *Derclaye* IIC 2005, 2 (30); *Rieger* S. 156 ff.

[146] OLG Köln MMR 2007, 443 (444) – DWD-Wetterdaten; AG Rostock MMR 2001, 631 f. – Linksammlung als Datenbank; *Leistner* S. 162 ff.; *Leistner* GRUR 1999, 819 (830 f.); *Haberstumpf* GRUR 2003, 14 (26); *Benecke* CR 2004, 608 (611) auch zu im Aufbau begriffenen Datenbanken; *Westkamp* IIC 2003, 772 (782); Wandtke/Bullinger/*Hermes* § 87a UrhG Rn. 55.

[147] Wandtke/Bullinger/*Hermes* § 87a UrhG Rn. 63 ff.; Fromm/Nordemann/*Czychowski* § 87a UrhG Rn. 18.

[148] BGH GRUR 2011, 724 Rn. 18 – Zweite Zahnarztmeinung II; *Leistner* GRUR-Int 1999, 819 (825); *Leistner* in Wiebe/Leupold (Hrsg.) Teil II B Rn. 16; Wandtke/Bullinger/*Hermes* § 87a UrhG Rn. 52; Dreier/Schulze/*Dreier* § 87a UrhG Rn. 12 f.; Roßnagel/*v. Lewinski* § 87a UrhG Rn. 11.

oder inhaltlicher Hinsicht, sondern überlässt es vollständig der unternehmerischen Entscheidung des Datenbankherstellers, über die **Erforderlichkeit** seiner Investitionen iSd. Art. 7 Abs. 1 Datenbank-RL zu befinden.[149] Es kommt allein darauf an, ob die getätigte Investition in den Aufbau einer Datenbank so wesentlich ist, dass sie ein Schutzrecht zu begründen vermag. Wegen der Abtretbarkeit des Rechts sind auch Investitionen des früheren Inhabers des Datenbankherstellerrechts zu berücksichtigen.[150]

aa) Bei der **Beschaffung des Datenbankinhalts** liegen die einschlägigen Investitionen in der **44** Regel in der **von** den rechtlich unbeachtlichen Tätigkeiten **der Datenerzeugung abzugrenzenden sichtenden, beobachtenden und auswertenden Tätigkeit** des Datenbankherstellers.[151] Bei der Beschaffung wird es um die Einbeziehung vorbestehender Elemente und Produkte *(Dreier)* gehen, je nach Fallgestaltung also um die **Auffindung und Sichtung** einschlägiger Daten,[152] um **Kosten des Erwerbs** sonderrechtlich **nicht geschützter Daten** (Kaufpreis, Beschaffungskosten, Lizenzzahlungen ua.) sowie um Kosten des Erwerbs von **Nutzungsrechten** an den in die Datenbank aufgenommenen Werken,[153] nicht jedoch um den Kaufpreis oder um die Lizenz an einer vollständigen Datenbank (→ Rn. 36).[154] Unerheblich ist, ob die in die Datenbank eingestellten vorbestehenden Daten von ihrem Hersteller zunächst für andere Zwecke beschafft worden sind, wenn es sich bei der Datenbank nur um eine eigenständige wirtschaftliche Unternehmung handelt, die nicht notwendig die Haupttätigkeit des Herstellers sein muss.[155]

bb) Berücksichtigungsfähig sind ferner **die Aufwendungen für die Darstellung des Daten-** **45** **bankinhalts,** dh. für diejenigen Mittel, die der systematischen oder methodischen Anordnung sowie der Überprüfung und Aktualisierung der in der Datenbank enthaltenen Elemente und der Organisation ihrer individuellen Zugänglichkeit gewidmet werden.[156] Dabei spielt es für die Investition keine Rolle, ob diese Leistungen mitunter kreativer Natur sind und deshalb im Hinblick darauf auch urheberrechtlich geschützt sein können.[157] Bei der **Organisation** der Datenbank geht es um Investitionen in die Datenbank wie etwa ihre Aufbereitung und Erschließung durch die **Erstellung von Tabellen, Abstracts, Thesauri, Indizes, Abfragesystemen** ua., die erst die für eine Datenbank charakteristische Einzelzugänglichkeit ihrer Elemente ermöglichen, um **Kosten der zur Datenbanknutzung erforderlichen Computerprogramme** (→ Rn. 47f.) sowie um **Kosten der Herstellung eines Datenbankträgers** (CD-ROM ua.) bzw. bei herkömmlichen Datenbanken in Papierform, um aufgewendete Druckkosten ua.[158] Keine Rolle spielt dabei, ob sich die Aufwendungen für die Darstellung des Datenbankinhalts auch auf solche Daten beziehen, die der Datenbankhersteller selbst beschafft oder anderweitig erworben hat.[159] Sodann fallen die Aufwendungen **der erstmaligen Datenaufbereitung,** einschließlich der Optimierung der Abfragesysteme, ins Gewicht, die sich im Wesentlichen in Lohnkosten für ihre systematische oder sonstige methodische Anordnung, in Mietkosten und sonstigen Aufwendungen im Zusammenhang mit dem Aufbau und dem Betrieb niederschlagen.[160] Hinzu kommen schließlich die **Kosten für die Bereitstellung** der Datenbank wie zB laufende Betriebskosten, durch die die Datenbank dem Nutzer erst zugänglich gemacht wird.[161] Dazu rechnen bei Online-Datenbanken insbesondere Hosting-Kosten und Kosten des Webdesigns für die erstmalige Erstellung der Website sowie deren fortlaufende Aktualisierung.[162] Bei der Erstellung analoger Nachschlagewerke entsprechen dem ua. die Kosten des Lektorats.

cc) Zu Buche schlagen neben den Aufwendungen für die Erstellung ferner **die Kosten** **46** **der kontinuierlichen Pflege** einer verlässlichen Datenbank, dh. Kosten der Überprüfung der Richtigkeit und Aktualität ihre Daten sowie der Modernisierung ihres elektronischen Mate-

---

[149] Ausführlich zur Erforderlichkeit einer Investition iSd. Richtlinie *Rieger* S. 149 ff., im Ergebnis wie hier.

[150] Vgl. *v. Ungern-Sternberg* GRUR 2010, 386 (389).

[151] EuGH GRUR 2005, 244 Rn. 42 – BHB-Pferdewetten; EuGH GRUR 2005, 252 Rn. 23 – Fixtures-Fußballspielpläne I; EuGH GRUR 2005, 254 Rn. 40 – Fixtures-Fußballspielpläne II; dem EuGH folgend BGH GRUR 2011, 724 Rn. 19 – Zweite Zahnarztmeinung II; BGH GRUR 2010, 1004 Rn. 18 – Autobahnmaut; BGH GRUR 2009, 857 (858) – HIT BILANZ; BGH GRUR 2009, 852 Rn. 23 – Elektronischer Zolltarif; → Rn. 49, 52 ff.

[152] BGH GRUR 2010, 1004 Rn. 19 – Autobahnmaut.

[153] Ebenso BGH GRUR 2009, 852 Rn. 24 – Elektronischer Zolltarif; *Leistner* S. 150 f.

[154] BGH GRUR 2009, 852 Rn. 24 – Elektronischer Zolltarif; sa. *v. Ungern-Sternberg* GRUR 2010, 386 (389); Dreier/Schulze/*Dreier* § 87a UrhG Rn. 13.

[155] EuGH GRUR 2005, 252 Rn. 29 – Fixtures-Fußballspielpläne I; sa. LG München I ZUM 2001, 1008 (1010) – MainPost.

[156] Vgl. EuGH GRUR 2005, 252 Rn. 27 – Fixtures-Fußballspielpläne I; EuGH GRUR 2005, 254 Rn. 43 – Fixtures-Fußballspielpläne II; BGH GRUR 2011, 724 Rn. 16 – Zweite Zahnarztmeinung II; BGH GRUR 2011, 1018 Rn. 31 – Automobil-Onlinebörse; BGH GRUR 2009, 852 Rn. 27 – Elektronischer Zolltarif.

[157] Vgl. EuGH GRUR 2005, 252 Rn. 27 – Fixtures-Fußballspielpläne I; EuGH GRUR 2005, 254 Rn. 43 – Fixtures-Fußballspielpläne II; BGH GRUR 2011, 1018 Rn. 30 – Automobil-Onlinebörse; BGH GRUR 2009, 852 Rn. 27 – Elektronischer Zolltarif; BGH GRUR 2005, 940 (941) – Marktstudien.

[158] Vgl. OLG Düsseldorf ZUM-RD 2008, 598 (599 f.) – T-Tabletten; ebenso Fromm/Nordemann/*Czychowski* § 87a UrhG Rn. 22.

[159] BGH GRUR 2009, 852 Rn. 28 – Elektronischer Zolltarif.

[160] S. *Gaster* in Hoeren/Sieber (Hrsg.) Teil 7.8. Rn. 86.

[161] KG ZUM 2001, 70 (71 f.) – Ticketverkauf.

[162] Wandtke/Bullinger/*Hermes* § 87a UrhG Rn. 40; Fromm/Nordemann/*Czychowski* § 87a UrhG Rn. 19.

rials.[163] Im Zusammenhang mit der Datenerzeugung vorgenommene Überprüfungen zählen nicht zu den berücksichtigungsfähigen Investitionen,[164] sondern nur solche, die auf die Feststellung der Richtigkeit beschaffter Elemente gerichtet sind.[165] Die Grenzziehung ist mitunter schwierig. Von Kosten der Datenerzeugung kann mit dem BGH nicht ausgegangen werden, wenn notwendige Überprüfungsmaßnahmen und Bearbeitungen an bereits vorhandenen (Roh-)Daten vor deren Einstellung in die Datenbank vorgenommen werden.[166] Zu den rechtlich beachtlichen Ausgaben zählen zudem die laufenden Kosten für die einschlägigen Tätigkeiten des Personals, das mit der Erstellung und Pflege der Datenbank beauftragt ist, für Mieten, für die Unterhaltung des Bürobetriebs ua.[167] Bei einer bestehenden Datenbank stellen Überprüfungen schutzfristverlängernde Änderungen nach Abs. 1 S. 2 dar, wenn sie das dafür erforderliche Ausmaß erreichen.[168]

47   **dd)** Die **Kosten des Erwerbs von Nutzungsrechten** an den für den Aufbau und den Betrieb elektronischer Datenbanken erforderlichen **Computerprogrammen** gehören ebenfalls zu den einschlägigen Investitionsmaßnahmen.[169] Nichts anderes gilt für den Aufwand für die Programmierung, Weiterentwicklung und Betreuung der verwendeten Computerprogramme.[170] Rechtlich unerheblich ist dabei, dass das Recht am Computerprogramm nach §§ 69a ff. einen gegenüber dem Datenbankherstellerrecht nach § 87a ff. anderen Schutzgrund und infolge seines unterschiedlichen Wesens und Schutzumfangs auch ein anderes rechtliches Schicksal hat sowie konventionsrechtlich anderen Regeln unterliegt.[171]

48   Computerprogramme sind für die systematische oder methodische Anordnung sowie für die individuelle Zugänglichkeit der Datenbankelemente und damit **für die Darstellung des Datenbankinhalts ein unerlässliches,** von der elektronischen Datenbank selbst zu unterscheidendes **Hilfsmittel.** Sie dienen nicht der unerheblichen Datenerzeugung (→ Rn. 49)[172] und bleiben rechtlich auch dann ein **aliud gegenüber der Datenbank,** wenn sie für deren Herstellung und Betrieb eine entscheidende Rolle spielen und deshalb einen Teil der erbrachten, im Rahmen des § 87a Abs. 1 zu berücksichtigenden Investitionsaufwandes darstellen.[173] Selbst wenn die wesentliche Investition ausschließlich oder überwiegend in der Entwicklung, Herstellung oder dem Erwerb der für den Aufbau und die Erschließung einer elektronischen Datenbank erforderlichen Computerprogramme liegt, vermag diese Investition wegen der **gebotenen Gesamtbetrachtung** aller erforderlichen Aufwendungen ein Datenbankherstellerrecht zu begründen, das je nach Fallgestaltung neben dem vom wirtschaftlichen Aufwand unabhängigen Urheberrecht an den Computerprogrammen steht.[174]

49   **b) Unbeachtliche Aufwendungen.** Hingegen betreffen die **Investitionen in die Datenerzeugung** lediglich eine der Datenbankherstellung vorgeschaltete Tätigkeit, die bei der Beurteilung der Wesentlichkeit einer Investition in den Aufbau einer Datenbank außer Acht zu bleiben haben. Denn die gesetzgeberische Intention liegt in der Förderung der Errichtung und Pflege von Informationssystemen, indem durch die §§ 87a ff. **ein Investitionsanreiz für die Erstellung von Datenbanken** geboten wird.[175] Die Förderung der Datenerzeugung fällt somit nicht unter den **Schutzzweck** der §§ 87a ff. Dem entsprechend ist in Erwgr. 12 von „Investitionen in moderne Datenspeicher- und Datenverarbeitungs-Systeme" die Rede. Nicht datenbankbezogene Daten, die zB lediglich der Organisation einer Sportveranstaltung dienen, hat der EuGH in Konsequenz dessen als unerheblich für die Wesentlichkeitsprüfung angesehen.[176] **Unbeachtlich** sind **auch während der Datenerzeugung**

---

[163] EuGH GRUR 2005, 252 Rn. 27 – Fixtures-Fußballspielpläne I; EuGH GRUR 2005, 254 Rn. 43 – Fixtures-Fußballspielpläne II; EuGH GRUR 2005, 244 Rn. 34 – BHB-Pferdewetten; BGH GRUR 2011, 724 Rn. 16, 22 – Zweite Zahnarztmeinung II; → Rn. 42 ff.

[164] EuGH GRUR 2005, 244 Rn. 34 – BHB-Pferdewetten; → Rn. 49 ff.

[165] EuGH GRUR 2005, 254 Rn. 43 – Fixtures Fußballspielpläne II; Wandtke/Bullinger/*Hermes* § 87a UrhG Rn. 37; Fromm/Nordemann/*Czychowski* § 87a UrhG Rn. 19.

[166] BGH GRUR 2011, 724 Rn. 16, 22 – Zweite Zahnarztmeinung II unter Hinweis auf EuGH GRUR 2005, 244 Rn. 30 und 40 – BHB-Pferdewetten.

[167] EuGH GRUR 2005, 254 Rn. 43 – Fixtures-Fußballspielpläne II; BGH GRUR 2011, 724 Rn. 21 – Zweite Zahnarztmeinung II; LG München I MMR 2002, 58 f. – Schlagzeilensammlung im Internet; LG München I ZUM 2001, 1008 (1010) – MainPost; LG Köln ZUM-RD 2000, 304 (306) – Linksammlung; → Rn. 59.

[168] Dazu unten Rn. 61 ff.; EuGH GRUR 2005, 254 Rn. 43 – Fixtures-Fußballspielpläne II.

[169] KG ZUM 70 (72) – Ticketverkauf; OLG Dresden ZUM 2001, 595 f. – sächs. Ausschreibungsblatt; *Leistner* S. 150 f.; aA OLG Düsseldorf ZUM-RD 1999, 492 (494) – Frames = MMR 1999, 729; Wandtke/Bullinger/*Hermes* § 87a UrhG Rn. 39; DKMH/*Kotthoff* § 87a UrhG Rn. 26.

[170] BGH GRUR 2011, 724 Rn. 16 – Zweite Zahnarztmeinung II.

[171] → § 4 Rn. 58 mwN sowie → Vor §§ 87a ff. Rn. 46.

[172] So auch BGH GRUR 2011, 724 Rn. 20 – Zweite Zahnarztmeinung II.

[173] *Leistner* S. 153; Fromm/Nordemann/*Czychowski* § 87a UrhG Rn. 20; Fromm/Nordemann/*Hertin* (9. Aufl.), § 87a UrhG Rn. 8; Wandtke/Bullinger/*Hermes* § 87a UrhG Rn. 39; Möhring/Nicolini/*Koch* (3. Aufl.), § 87a UrhG Rn. 26.

[174] → Vor §§ 87a ff. Rn. 46.

[175] EuGH GRUR 2008, 1077 Rn. 33 – Directmedia Publishing; EuGH GRUR 2005, 254 Rn. 40 ff. – Fixtures-Fußballspielpläne II; EuGH GRUR-Int 2005, 244 Rn. 44 ff.- Fixtures-Fußballspielpläne III; EuGH GRUR 2005, 252 Rn. 23 – Fixtures-Fußballspielpläne I unter Hinweis auf Erwgr. 9, 10 und 12 Datenbank-RL; BGH GRUR 2011, 724 Rn. 23 – Zweite Zahnarztmeinung II; BGH GRUR 2009, 852 Rn. 23 – Elektronischer Zolltarif; OLG München ZUM-RD 2019, 464 (466) – Bodenrichtwertsammlung.

[176] EuGH GRUR 2005, 244 Rn. Rn. 41, 42 – BHB-Pferdewetten; EuGH GRUR 2005, 252 Rn. 24 – Fixtures-Fußballspielpläne I; EuGH GRUR 2005, 254 Rn. 43 – Fixtures-Fußballspielpläne II; EuGH GRUR-Int 2005,

vorgenommene Messungen und Überprüfungen der Richtigkeit der aufgenommenen Daten.[177] Denn der Begriff der mit der Darstellung des Inhalts einer Datenbank verbundenen Investition in Art. 7 Abs. 1 Datenbank-RL bezieht sich **allein auf die Mittel der Beschaffung, Überprüfung und/oder Darstellung vorhandener Elemente**, mit deren Hilfe die Datenbank erst ihre Funktion der Informationsverarbeitung erhält, dh. der systematischen oder methodischen Anordnung der eingegebenen Elemente und ihrer individuellen Zugänglichkeit zu dienen.[178] Zu prüfen bleibt deshalb stets die nicht immer leicht zu beantwortende Frage, ob es sich nach der Rechtsprechung bei einer fraglichen Investition nicht primär um eine außerhalb des Schutzbereichs der Norm liegende Investition in die Datenerzeugung handelt.[179] Der Überprüfungsaufwand für beschaffte – anders als für erzeugte – Daten rechnet dagegen in vollem Umfang den rechtserheblichen Investitionen in eine Datenbank. In Anlehnung an die EuGH-Rechtsprechung prüft der BGH, ob es einem Dritten möglich ist, mit ähnlichem Aufwand die fraglichen Daten selbst zu beschaffen. Ist dies der Fall, liegt eine Datenbeschaffung vor, andernfalls ist von einer Datengenerierung auszugehen.[180] Die Tätigkeit des Datenerzeugers und des Datenbeschaffers kann von derselben Person ausgeübt werden. Um den Herstellerschutz nach §§ 87a ff. zu erlangen, hat sie jedoch zu beweisen, dass die Mittel, die sie zur Erstellung einer Datenbank aufgewendet hat, klar getrennt sind von den aufgewendeten Mitteln der Datenerzeugung und zudem eine nach Art oder Umfang wesentliche Investition in die Datenbank darstellen.[181]

Wer demnach als Datenerzeuger die **Kontrolle über seine erzeugten Daten** nach den §§ 87a ff. **50** bewahren möchte, wird diese, wenn er nicht selbst die schutzbegründenden Aufwendungen für die Erstellung einer Datenbank erbringt, unter entsprechenden Bedingungen an einen Dritten verkaufen. Der Dritte kann wiederum als Käufer oder Lizenznehmer die geleisteten Zahlungen als schutzbegründende Investition für sich ins Feld führen, um als Datenbankhersteller im Sinne der Vorschrift anerkannt zu sein. Meist wird es sich in den Fällen erzeugter Daten um **Single-Source Datenbanken** handeln, deren Daten nur dort verfügbar sind. Sie beschwören die Gefahr der Monopolisierung von Informationen herauf, der lediglich kartellrechtlich begegnet werden kann.[182] Sind die Daten allerdings der Öffentlichkeit, sei es auch nur gegen Entgelt, zugänglich gemacht worden, steht der Konsultation solcher Datenbanken nichts im Wege, weil nur die Entnahme wesentlicher Teile dem Verbotsrecht des Datenbankherstellers unterliegen (§ 87b Abs. 1).

c) Beurteilung der Wesentlichkeit. Wie der **unbestimmte,** sich einer generalisierenden Defi- **51** nition entziehende **Rechtsbegriff der Wesentlichkeit** auszufüllen ist, hat – schon angesichts der Zurückhaltung der Gesetzesbegründung[183] – die Rechtsprechung vornehmlich im Lichte der Erwägungsgründe der Richtlinie zu entscheiden. Dabei helfen die Begriffe „Art oder Umfang" als bloße deskriptive Tatbestandsmerkmale ebenso wenig weiter wie ihre Entsprechungen „qualitativ oder quantitativ" in der Richtlinie, weil der Begriff der Wesentlichkeit stets durch qualitative und quantitative Merkmale bestimmt wird. Eine andere Möglichkeit erscheint kaum denkbar. So geht es um eine **Gesamtbetrachtung** und eine **wertende Entscheidung** unter dem Gesichtspunkt des Investitionsschutzes als dem Zweck der Norm.[184]

aa) Demnach sind – wie bereits bei der Frage der rechtserheblichen Investition – dem eigenständig **52** auszulegenden Wortlaut des Art. 7 Abs. 1 Datenbank-RL und dem Schutzgegenstand des Rechts entsprechend bei der **Beurteilung der Wesentlichkeit** dem Grunde nach **sämtliche wirtschaftlichen Aufwendungen für die Beschaffung, Überprüfung oder Darstellung** vorhandener Da-

---

244 Rn. 31 ff. – Fixtures-Fußballspielpläne III; BGH GRUR 2005, 857 f. – HIT BILANZ; BGH GRUR 2005, 940 (941 f.) – Marktstudien; ebenso Dreier/Schulze/*Dreier* § 87a UrhG Rn. 13; Wandtke/Bullinger/*Hermes* § 87a UrhG Rn. 36; *Leistner* JZ 2005, 408; *Sendrowski* GRUR 2005, 369 (371); sa. *Wiebe* CR 2005, 169 (171); *Sendrowski* GRUR 2017, 338 (341): Maschinendaten sind der Datenerzeugung zuzuordnen, Produktionsdaten der Datensammlung.

[177] EuGH GRUR 2005, 244 Rn. 34 – BHB-Pferdewetten; Wandtke/Bullinger/*Hermes* § 87a UrhG Rn. 37, aA wohl Rossnagel/*v. Lewinski* § 87a UrhG Rn. 18; *Davison/Hugenholtz* EIPR 2005, Vol. 3, S. 134; *Leistner* S. 151 f.; dazu auch → Rn. 52.

[178] EuGH GRUR 2005, 254 Rn. 43 ff. – Fixtures-Fußballspielpläne II ebenso EuGH C-46/02 Rn. 34; EuGH GRUR 2005, 244 Rn. 31 ff., 42 – BHB-Pferdewetten; ebenso Möhring/Nicolini/*Decker* (2. Aufl.), § 87a UrhG Rn. 14; *Wiebe* MMR 1999, 474 (475); *Gaster* in Hoeren/Sieber (Hrsg.) Teil 7.8. Rn. 87; → Rn. 52.

[179] EuGH GRUR 2005, 252 Rn. 24 – Fixtures-Fußballspielpläne I; EuGH GRUR 2005, 254 Rn. 41–43 – Fixtures-Fußballspielpläne II; EuGH GRUR 2005, 244 Rn. 31 ff., 42 – BHB-Pferdewetten; BGH GRUR 2005, 857 f. – HIT BILANZ; BGH GRUR 2005, 940 (941) – Marktstudien; ebenso *Leistner* S. 153; *Leistner* JZ 2005, 408 (409); Dreier/Schulze/*Dreier* § 87a UrhG Rn. 12; Wandtke/Bullinger/*Hermes* § 87a UrhG Rn. 36; *Sendrowski* GRUR 2005, 369 (371); insoweit aA Möhring/Nicolini/*Decker* (2. Aufl.), § 87a UrhG Rn. 14; ausführlich zur Schwierigkeit der Abgrenzung von Datenerzeugung und Datensammlung *Rieger* S. 141 ff.; → Rn. 56 ff.

[180] BGH GRUR 2005, 857 (859) – HIT BILANZ; ebenso *Grützmacher* CR 2006, 16; *Rieger* S. 143, der in diesem Zusammenhang an den von *Leistner* in Hoffmann/Leible/Sosnitza (Hrsg.), S. 108 ff. so bezeichneten „BHB vs. Hill-Test" erinnert.

[181] EuGH GRUR 2005, 252 Rn. 29 – Fixtures-Fußballspielpläne I.

[182] Vgl. Wandtke/Bullinger/*Hermes* § 87a UrhG Rn. 47; zum Verhältnis von Kartell- und Datenbankrecht Vor §§ 87a ff. Rn. 50 f.

[183] AmtlBegr. BR-Drs. 966/96, 47.

[184] Sa. BGH GRUR 2011, 724 Rn. 23 – Zweite Zahnarztmeinung II; BGH GRUR 2009, 852 Rn. 23 – Elektronischer Zolltarif.

tenbankelemente zu berücksichtigen,[185] die für den Aufbau und die Bereitstellung einer Datenbank als der Gesamtheit der zusammengestellten, geordneten und einzeln zugänglich gemachten Informationen erbracht werden und die Datenbank als ein selbständig schützenswertes Wirtschaftsgut ausweisen. Dazu zählen alle menschlichen, finanziellen und technischen Leistungen, die sich entweder **quantitativ** (dem Umfang nach) in einer bestimmten Größe des Datenbankinhalts niederschlagen oder **qualitativ** (der Art nach) in geistiger Anstrengung, einem Verbrauch an menschlicher Energie oder einem besonderen finanziellen Aufwand liegen können.[186] Ohne Bedeutung ist dabei, ob die fragliche Investitionsleistung objektiv erforderlich war und ob sie sich rentiert. Einer Auseinandersetzung über die Effizienz oder den Sinn einer Aufwendung bedarf es somit nicht.[187]

53 **bb)** Obwohl das Wesen des Datenbankrechts dem des Wettbewerbsrechts nahesteht, können für die Beurteilung der Wesentlichkeit einer Investition die dort entwickelten **Grundsätze zur wettbewerblichen Eigenart nur bedingt fruchtbar** gemacht werden. Denn die wettbewerbliche Eigenart stellt keine feste Größe bei der Ermittlung unlauteren Verhaltens dar und hängt – zwar nicht notwendig, aber häufig – von der Höhe der getätigten Investition ab.[188] Zudem hebt das Datenbankherstellerrecht nicht darauf ab, ob eine Investition privat oder in einem Wettbewerbsverhältnis getätigt wird, ob ein Vorsprung im Wettbewerb erzielt wird[189] oder ob die Auswertung der Datenbank einen Gewinn erwarten lässt.[190] Vielmehr steht sie in Wechselbeziehung zu den übrigen gegeneinander abzuwägenden Tatbestandselementen und erhält dabei je nach Fallgestaltung andere Konturen.[191]

54 **cc)** Die Wesentlichkeit der Investition iSd. Abs. 1 S. 1 ist vielmehr im Hinblick auf den Schutzzweck, einen Anreiz für die Einrichtung von Datenbanken zu bieten,[192] und den Schutzgegenstand des europäischen Datenbankherstellerrechts selbständig und **nach objektiven, nicht strengen Maßstäben** zu bestimmen.[193] Es reicht aus, wenn bei objektiver Betrachtung keine ganz unbedeutenden, von jedermann ohne große Mühe zu erbringenden Aufwendungen erforderlich sind, um die Datenbank zu erstellen.[194] Eine Orientierung bietet die Faustregel des englischen Rechts: „What is worth copying is prima facie worth protecting". Dem entsprechend spielt beim sonderrechtlichen Schutz von Datenbanken der getätigte Aufwand, für den dem Datenbankhersteller die Darlegungs- und Beweislast obliegt,[195] auch dann eine erhebliche Rolle, wenn er kein wettbewerblich eigenartiges Produkt zum Ergebnis hat.[196] Je höher die Investitionsleistung freilich zu bewerten ist, je mehr Aufwand an Geld, Arbeit und Zeit in den Aufbau einer Datenbank geflossen ist, umso eher ist von einem Leistungsschutz nach §§ 87a ff. auszugehen.[197] Einfache Tonträger (bzw. CDs) erfüllen nach Vorstellung des Richtliniengebers diese Voraussetzung in aller Regel nicht (Erwgr. 19), ohne dass deshalb Tonträger generell vom Datenbankschutz ausgenommen werden können.[198]

---

[185] Dreier/Schulze/*Dreier* § 87a UrhG Rn. 12; Fromm/Nordemann/*Czychowski* § 87a UrhG Rn. 15; Fromm/Nordemann/*Hertin* (9. Aufl.), § 87a UrhG Rn. 8; *Leistner* S. 150; Wandtke/Bullinger/*Hermes* § 87a UrhG Rn. 61.

[186] So EuGH GRUR 2005, 254 Rn. 44 – Fixtures-Fußballspielpläne II unter Bezugnahme auf Erwgr. 7, 39 und 40 der Richtlinie; EuGH GRUR-Int 2005, 244 Rn. 38 – Fixtures – Fußballspielpläne III; sa. KG ZUM 2001, 70 (71 f.) – Ticketverkauf.

[187] Ebenso LG Köln ZUM-RD 2000, 304 (307) – Kidnet.de; *Leistner* in Wiebe/Leupold (Hrsg.) Teil II B Rn. 16 f.; aA Roßnagel/*v. Lewinski* § 87a UrhG Rn. 21: keine Berücksichtigung unnötiger Investitionen.

[188] Zustimmend *Leistner* S. 302 f.; Dreier/Schulze/*Dreier* § 87a UrhG Rn. 12; LG Köln CR 2006, 368; für zumindest eine Indizwirkung wettbewerbsrechtlicher Erwägungen Möhring/Nicolini/*Decker* (2. Aufl.), § 87a UrhG Rn. 11; vgl. auch BGH GRUR 2010, 80 Rn. 21 ff. – LIKEaBIKE; OLG Köln MMR 2009, 191 (192) – Internet-Bewertungsdatenbank.

[189] *Gaster* § 87a UrhG Rn. 465; *Gaster* in Hoeren/Sieber (Hrsg.) Teil 7.8 Rn. 73 ff.; Walter/*v. Lewinski* Art. 7 Datenbank-RL Rn. 11; Möhring/Nicolini/*Koch* (3. Aufl.), § 87a UrhG Rn. 22.

[190] Möhring/Nicolini/*Decker* (2. Aufl.), § 87a UrhG Rn. 11.

[191] Vgl. Einl. Rn. 72; *Schricker* ArchivPT 1996, 5 (15 f.).

[192] BGH GRUR 2011, 724 Rn. 23 – Zweite Zahnarztmeinung II; BGH GRUR 2009, 852 Rn. 23 – Elektronischer Zolltarif.

[193] Die Gegenmeinung verlangt Investitionen mit substantiellem Gewicht: LG Köln ZUM-RD 2000, 304 (306) – Kidnet.de; Fromm/Nordemann/*Hertin* (9. Aufl.), § 87a UrhG Rn. 9; *Schack* Rn. 745; *Schack* MMR 2001, 9 (12); Dreier/Schulze/*Dreier* § 87a UrhG Rn. 14: nicht allzu niedrig, um Folgeentwicklungen im Datenbankbereich nicht über Gebühr zu blockieren; ebenso Möhring/Nicolini/*Koch* (3. Aufl.), § 87a UrhG Rn. 22; wie hier: BGH GRUR 2011, 724 Rn. 23 – Zweite Zahnarztmeinung II; AG Rostock ZUM-RD 2002, 31 f. – Linksammlung als Datenbank; *Haberstumpf* GRUR 1999, 14 (26 f.); *Haberstumpf* in Büscher/Dittmer/Schiwy (Hrsg.) (2. Aufl.), § 87a UrhG Rn. 12, *Leistner* S. 162 ff.; *Leistner* GRUR-Int 1999, 819 (831); *Hornung* S. 122; *Gaster* § 87a UrhG Rn. 476; *Gaster* in Hoeren/Sieber (Hrsg.) Teil 7.8. Rn. 84; *Gaster* Rn. 476; *Derclaye* IIC 2005, 2 (30); *Kindler* K&R 2000, 265 (271); *Köhler* ZUM 1999, 551 (554); *Gleisner* GRUR 1999, 813; *Dittrich* ÖBl 2002, 3 (7); Fromm/Nordemann/*Czychowski* § 87a UrhG Rn. 16; DKMH/*Kotthoff* § 87a UrhG Rn. 30; Wandtke/Bullinger/*Hermes* § 87a UrhG Rn. 56; sa. *Bensinger* S. 164: Wesentlichkeitskriterium als untere Marge dessen, was als schutzwürdige Investition anzusehen ist.

[194] GRUR 2011, 724 Rn. 23 – Zweite Zahnarztmeinung II.

[195] Zu Unrecht für strenge Anforderungen an die Darlegungs- und Beweislast OLG Düsseldorf MMR 1999, 729 (731 f.) – Frames mAnm *Gaster;* ebenfalls insoweit kritisch *Gaster* in Hoeren/Sieber (Hrsg.) Teil 7.8. Rn. 91 f.

[196] Vgl. auch OLG Köln MMR 2009, 191 (192) – Internet-Bewertungsdatenbank.

[197] Vgl. *Bensinger* S. 163 f.; die Höhe der Investition wird allerdings meist auch wettbewerbsrechtlich von Bedeutung sein.

[198] Vgl. → 4. Aufl. 2010, § 4 UrhG Rn. 38 unter Hinweis auf den Kompromisscharakter dieses Erwägungsgrundes.

d) Grenzfragen. Von den während der Datenerzeugung vorgenommenen Überprüfungen sind **55** solche **Überprüfungen** zu unterscheiden, die die Zuverlässigkeit **der Daten einer im Aufbau befindlichen Datenbank** gewährleisten sollen. Sie sind als berücksichtigungsfähige Investitionsmaßnahmen in eine Datenbank zu werten und vermögen deshalb zur Begründung von Herstellerrechten bzw. zur Entstehung einer neuen Datenbank iSd. Abs. 1 S. 2 beizutragen.[199] Zu ihnen rechnet auch wissenschaftlicher Beobachtungs- und Messaufwand für die Richtigkeitsprüfung in der Natur vorhandener Daten, die von jedermann vorgenommen werden kann. Auch er ist als Datenbeschaffung bzw. -überprüfung berücksichtigungsfähig.[200] In diesem Sinne hat der BGH unter Berufung auf den EuGH[201] ausgeführt, dass die Feststellung tatsächlicher Vorgänge und somit der Ermittlung vorhandener Elemente zur Zusammenstellung in einer Datenbank als bereits existierende und nicht erzeugte, weiterhin jedermann zur Verfügung stehende Information eine rechtsbegründende Investition darstellt.[202]

Bei der Grenzziehung zwischen **unbeachtlicher Datengenerierung und beachtlicher Investi-** **56** **tionsmaßnahme** ist mit dem EuGH eine **wertende Betrachtung** vorzunehmen: Richtet sich die Investition primär auf andere Zwecke als den Aufbau einer Datenbank wie zB die Veranstaltung einer Fußballmeisterschaft und die Aufstellung der dafür erforderlichen Spielpläne, ist sie der Datengenerierung zuzuordnen und damit für die Beurteilung der Wesentlichkeit einer Investition unbeachtlich. Das gilt auch für sog. **Spin-Off-Produkte,** bei denen sich aus nicht schutzbegründenden vorherigen Tätigkeiten quasi als Nebenprodukt eine Datenbank oder Teile einer Datenbank ergeben, weil es sich dabei nach der Rechtsprechung des EuGH um erzeugte Elemente handelt, die später in einer Datenbank zusammengestellt werden können.[203] Die gesetzlichen Voraussetzungen einer wesentlichen Investition sind in diesen Fällen erst erfüllt, wenn im Sinne einer „pro-rata-Betrachtung" der Spielplan als Datenbank einen **selbständigen Investitionsüberschuss** für die Beschaffung, Darstellung und Überprüfung der Richtigkeit der Daten erfordert hat. In den vom EuGH entschiedenen Fällen war dies zu verneinen.[204] Fällt die Datengenerierung mit der sammelnden, sichtenden und ordnenden Tätigkeit bei der Erstellung einer Datenbank zusammen, wie es zB bei der Erstellung eines Bibliothekskatalogs der Fall sein kann, sind genaue Zuordnungen der Kosten vorzunehmen.[205]

Die **Abgrenzung von Datenerzeugung und Datenbeschaffung** erweist sich mitunter als **57** schwierig, wenn der Datenbankhersteller auch bei der Datengenerierung tätig war, wie dies bei **elektronisch aufbereiteten Tageszeitungen** begegnet.[206] Nach den obigen Ausführungen ist der käufliche Erwerb von Datenbeständen als Investition in eine Datenbank beachtlich. Ob dasselbe aber auch bei der Erstellung einer elektronisch erschlossenen Tageszeitung als Datenbank zu gelten hat oder ob die Veranlassung der Abfassung von Zeitungsartikeln der Datengenerierung zuzuordnen ist, bedarf noch endgültiger Klärung. Grundsätzlich dürfte anzunehmen sein, dass die einschlägigen Daten „vom Leben" generiert, also vorgefunden werden. Die Abfassung von Zeitungsartikeln stellt sich dann nicht als Datenerzeugung dar. Anders könnte es sich bei Kommentaren verhalten, die weniger über vorgefundene Tatsachen berichten, als Meinungen äußern, so dass sie eher der Datenerzeugung zuzuordnen wären.

---

[199] EuGH GRUR 2005, 244 Rn. 34, 42 – BHB-Pferdewetten; dazu auch die Nachweise unter Rn. 45; Möhring/Nicolini/*Koch* (3. Aufl.), § 87a UrhG Rn. 21.

[200] Ebenso *Leistner* S. 151 f.; *Leistner* JZ 2005, 408 (409) Anm. zur EuGH-Entscheidung „BHB-Pferdewetten"; *Leistner* in Wiebe/Leupold (Hrsg.) Teil II B Rn. 18: nicht jedoch Datengenerierung im eigentlichen Sinne mit neuem Informationsgehalt der gewonnenen Elemente (etwa Zuordnung einer Telefonnummer an den Teilnehmer); ebenso *Leistner* GRUR-Int 1999, 819 (826); für eine Berücksichtigung der Kosten der Datengewinnung: *Haberstumpf* GRUR 2003, 14 (26); *Hornung* S. 111; *Dittrich* ÖBl 2002, 3 (6); Wandtke/Bullinger/*Hermes* § 87a UrhG Rn. 36; *Roßnagel/v. Lewinski* § 87a UrhG Rn. 15, 18; DKMH/*Kotthoff* § 87a UrhG Rn. 24.

[201] EuGH GRUR 2005, 244 Rn. 32 ff. – BHB-Pferdewetten; EuGH GRUR 2005, 254 Rn. 40 ff. – Fixtures-Fußballspielpläne II; EuGH GRUR 2005, 252 Rn. 24 f. – Fixtures-Fußballspielpläne I.

[202] BGH GRUR 2011, 724 Rn. 16, 22 – Zweite Zahnarztmeinung I; BGH GRUR 2009, 852 Rn. 27 – Elektronischer Zolltarif; EuGH GRUR 2005, 857 (859) – HIT BILANZ; BGH GRUR 2005, 940 (941) – Marktstudien; dem folgend auch OLG Köln MMR 2007, 443 – DWD-Wetterdaten; LG München I GRUR 2006, 225 – Topographische Kartenblätter.

[203] EuGH GRUR 2005, 244 Rn. 34 – BHB-Pferdewetten; EuGH GRUR 2005, 254 Rn. 40 – Fixtures-Fußballspielpläne II; EuGH GRUR 2005, 252 Rn. 24 – Fixtures-Fußballspielpläne I; ähnlich Wandtke/Bullinger/*Hermes* § 87a UrhG Rn. 36; Dreier/Schulze/*Dreier* § 87a UrhG Rn. 13; s. ferner zu Spin-off-Datenbanken die kritische Analyse von *Rieger* S. 131 ff.

[204] EuGH GRUR 2005, 254 Rn. 46 ff. – Fixtures-Fußballspielpläne II; EuGH GRUR 2005, 252 Rn. 29, 33 – Fixtures-Fußballspielpläne I (dort jeweils verneint); EuGH GRUR 2005, 244 Rn. 35 – BHB-Pferdewetten; ebenfalls für eine „pro-rata-Betrachtung" *Vogel* FS Schricker (2005), S. 581 (588); Möhring/Nicolini/*Decker* (2. Aufl.), § 87a UrhG Rn. 12; aA dagegen *Wiebe* GRUR 2017, 338 (341); einschränkend auch OLG Düsseldorf MMR 1999, 729 – Frames mit krit. Anm. *Gaster; Gaster* in Hoeren/Sieber (Hrsg.) Teil 7.8 Rn. 87: auch für die Berücksichtigung von „Vorleistungen" auf dem Weg zu einer verwertbaren Datenbank; kritisch zur Abgrenzung des EuGH *Sendrowski* GRUR 2005, 369 (372).

[205] Kritisch dazu und unter Berufung auf die zitierte Rechtsprechung des EuGH für eine klare Trennung beider Arten von Investitionen Wandtke/Bullinger/*Hermes* § 87a UrhG Rn. 43 f.; zur Schwierigkeit der Grenzziehung zwischen der Ermittlung vorhandener Elemente und der Erzeugung von Daten *v. Ungern-Sternberg* GRUR 2010, 386 (389) Fn. 37.

[206] *Vogel* FS Schricker (2005), S. 581 (589); *Wiebe* CR 2005 169 (171); Wandtke/Bullinger/*Hermes* § 87a UrhG Rn. 41; Dreier/Schulze/*Dreier* § 87a UrhG Rn. 13; vgl. auch DKMH/*Kotthoff* § 87a UrhG Rn. 31.

58   **e) Wesentliche Investitionen dem Umfang nach.** Die bezifferbare, ihrem Umfang nach wesentliche Investition[207] in eine Datenbank ist zweifellos die überwiegende Art der nach Abs. 1 schutzbegründenden Investition. Sie braucht lediglich geringen Anforderungen zu genügen und wird meist in der **Aufwendung finanzieller Mittel** liegen, sei es als Kaufpreis-, Lizenz- oder Lohnzahlung an Dritte,[208] sei es als Finanzierungs-, sei es als Sachmittelaufwand.[209] Daneben ist sonstiger, häufig eigener, unter Umständen auch privater Aufwand in Form fiktiver Lohnkosten für aufgewendete **Zeit, Arbeit und Energie** (etwa Lektoratsaufwand) – bei größeren Unternehmen meist pro rata – einzustellen (Erwgr. 40).[210] Die iSd. Vorschrift wesentliche Investition kann sukzessiv durch mehrere zeitlich auseinanderliegende Leistungen erbracht werden. Auch dabei ist stets zu prüfen, ob sie nicht der Datengenerierung zuzuordnen und deshalb unbeachtlich sind.[211] Ist dies der Fall, können gleichwohl die Zusammenstellung, die systematische oder methodische Anordnung der Daten, die Organisation ihrer Zugänglichkeit und die Kontrolle der Richtigkeit im Laufe der Zeit zu einer in quantitativer und qualitativer Hinsicht wesentlichen Investition iSd. Abs. 1 führen.[212] Schutz kommt der Datenbank erst zu, wenn sich sämtliche Investitionsleistungen zusammengenommen als wesentlich erweisen, unabhängig davon, in welcher (Teil-)Leistung ihr Schwerpunkt zu sehen ist.[213] Belastbare Zahlen dazu, wann eine Investition dem Umfang nach wesentlich ist, lassen sich nicht angeben. In der Rechtsprechung gehen die Angaben weit auseinander, weil die Wesentlichkeit nicht zuletzt von der Art der jeweiligen Datenbank abhängt.[214]

59   **f)** Richtlinie und nationales Gesetz schützen neben den bezifferbaren Investitionen auch **wesentliche Investitionen der Art nach,** die in **qualitativen Anstrengungen** liegen.[215] Bisweilen geht es dabei um den Schutz wettbewerblich bedeutsamer Schutzpositionen wie eine besondere innovative Leistung bei der Zusammenstellung und Präsentation des Datenbankinhalts, bei der Gestaltung des Datenzugangs, bei der Beschaffung der Daten, beim Erwerb einer exklusiven Rechtsposition in Bezug auf die Daten, bei der Vermarktung der Datenbank durch eine besondere Geschäftsidee ua.[216] Grundsätzlich richtet sich auch eine der Art nach wesentliche Investition somit nach **den getätigten Investitionen für die Beschaffung, Überprüfung oder Darstellung** des fraglichen Teils der Datenbank.[217] Eine qualitativ wesentliche Investition kann zB in der Anordnung von Datensätzen unter bisher einmaligen wissenschaftlichen Kriterien, in der Gliederungsdichte der Schlagwörter von Thesaurus und Index oder im besonderen Komfort des Abfragesystems liegen. Das schließt nicht aus, dass auch eine der Art nach wesentliche Investition in einer Datenbank verkörpert sein kann, die zwar eine relativ geringe Datenmenge enthält, diese jedoch bisher noch nirgends in der nämlichen Weise aufbereitet oder unter bestimmten Aspekten noch nicht in der nämlichen Vollständigkeit angeboten oder in einer bestimmten Vernetzung mit anderen Publikationen zusammengestellt worden ist.[218] Häufig fallen freilich qualitativ wesentliche mit quantitativ wesentlichen Aufwendungen zusammen, bisweilen begründen erst beide gemeinsam die Wesentlichkeit der Investition. Die mit der Herstellung einer Datenbank verbundenen schöpferischen Leistungen (Schaffung der kreativen Datenbankstruktur) sind nur insofern für die Wesentlichkeit einer Investition von Bedeutung, als sie sich in investitionsrelevanter Arbeit, Energie, Zeit und/oder Geld niederschlagen. Ihre Individualität allein wird mit der Gewährung eines Urheberrechts belohnt. Die für sie aufgewendeten Lohnkosten oder Arbeitszeiten finden dagegen bei den Investitionen in die Datenbank Berücksichtigung, die erst das eigene, seiner Natur nach Urheberrecht zu unterscheidende Datenbankherstellerrecht begründen. Keinesfalls dürfen deshalb qualitativ relevante Investitionen missverstanden werden als „kleine Münze" des urheberrechtlichen Schutzes von Datenbanken, weil es beim Recht sui generis eben nicht um den Schutz schöpferischer, sondern unternehmerischer Leistungen geht.[219]

---

[207] EuGH GRUR 2005, 252 Rn. 28 – Fixtures Fußballspielpläne I.

[208] BGH GRUR 1999, 923 (926) – Tele-Info-CD.

[209] LG München I MMR 2002, 58 f. – Schlagzeilensammlung im Internet; LG Köln ZUM-RD 2000, 304 (306) – Kopieren einer Linksammlung.

[210] EuGH GRUR 2005, 254 Rn. 44 – Fixtures-Fußballspielpläne II unter Bezugnahme auf die Erwgr. 7, 39 und 40 der Datenbank-RL; EuGH GRUR-Int 2005, 244 Rn. 38 – Fixtures-Fußballspielpläne III; ebenso *Leistner* S. 154; vgl. auch Möhring/Nicolini/*Koch* (3. Aufl.), § 87a UrhG Rn. 23 f.

[211] EuGH GRUR 2005, 244 Rn. 34 f. – BHB-Pferdewetten.

[212] EuGH GRUR 2005, 244 Rn. 36 – BHB-Pferdewetten.

[213] Ebenso Dreier/Schulze/*Dreier* § 87a UrhG Rn. 12.

[214] Vgl. zB die Angaben bei Wandtke/Bullinger/*Hermes* § 87a UrhG Rn. 63 ff.; Fromm/Nordemann/*Czychowski* § 87a UrhG Rn. 18; Dreier/Schulze/*Dreier* § 87a UrhG Rn. 15.

[215] EuGH GRUR 2005, 252 Rn. 28 – Fixtures Fußballspielpläne I.

[216] Zur – der Sache nach freilich wenig ergiebigen – Kategorisierung qualitativ wesentlicher Investitionen ausführlich *Leistner* S. 156 ff.

[217] Vgl. EuGH GRUR 2005, 244 Rn. 71 – BHB-Pferdewetten; BGH GRUR 2011, 724 Rn. 28 – Zweite Zahnarztmeinung II.

[218] Ebenso *Leistner* S. 156; *Leistner* GRUR-Int 1999, 819 (828); *Kindler* K&R 2000, 265 (272); *Benecke* CR 2004, 608 (610).

[219] Ebenso *Leistner* S. 155, 162.

III. Neue Datenbank iSd. Abs. 1 S. 2

1. Fiktion der Neuheit

Abs. 1 S. 2 fingiert die Neuheit einer bereits bestehenden, in ihrem Inhalt **wesentlich geän-** 60
derten Datenbank, um für diese den Lauf einer neuen Schutzfrist in Gang zu setzen. Die Vorschrift
führt mit diesem methodischen Kunstgriff zu derselben Rechtsfolge wie der ihr zugrundeliegende
Art. 10 Abs. 3 Datenbank-RL, welcher als Regel über die zeitliche Geltung des Datenbankherstellerrechts bei wesentlichen Änderungen des Inhalts einer bestehenden Datenbank deren Schutzfrist neu
beginnen lässt, um auf diese Weise einen wirtschaftlichen Anreiz zur fortwährenden Pflege bestehender Datenbanken zu geben.

2. Wesentliche Neuinvestition

Eine Schutzfristverlängerung nach Abs. 1 S. 2 setzt voraus, dass **die wesentliche Inhaltsänderung** 61
auf einer wesentlichen Neuinvestition in die Datenbank **beruht.** Der Wortlaut des Art. 10 Abs. 3
Datenbank-RL in seiner deutschsprachigen Fassung („Veränderungen, auf Grund derer angenommen
werden kann, dass eine wesentliche Neuinvestition erfolgt ist") bringt dies nicht unmissverständlich
zum Ausdruck. Er lässt vielmehr daran denken, eine wesentliche Änderung des Datenbankinhalts
begründe die Vermutung einer wesentlichen Neuinvestition. Nach dem Wortlaut des Abs. 1 S. 2
(„sofern die Änderung eine ... wesentliche Investition erfordert") und dem Sinn und Zweck des
Datenbankherstellerrechts folgend ist jedoch davon auszugehen, dass es zur Begründung einer neuen
Schutzfrist einer – vom Hersteller zu beweisenden (Erwgr. 53) – wesentlichen Neuinvestition in die
Datenbank bedarf. Überdies machte eine Vermutungsregel keinen Sinn: eine unwiderlegliche Vermutung erübrigte das Tatbestandsmerkmal der wesentlichen Investition, eine widerlegliche Vermutung
wiederum hätte eine Beweislastumkehr zur Folge, ohne dass der Verletzer wegen seiner Ferne zur
Sache den Beweis führen könnte.[220]

Auch in Abs. 1 S. 2 geht es um den Schutz einer wesentlichen Investition in die Datenbank, nicht 62
um den Schutz ihres Inhalts, so dass eine Inhaltsänderung allein rechtlich ohne Bedeutung ist.[221] Dieser Schutz steht folgerichtig demjenigen nicht zu, der **zwar wesentliche inhaltliche Änderungen**
an seiner Datenbank vornimmt, diese **aber** tatsächlich **auf keiner wesentlichen Investition** beruhen.[222] Dies wäre etwa bei einer elektronischen Datenbank von Flugtarifen der Fall, wenn sämtliche
in ihr enthaltenen Zahlenangaben automatisch um einen Punkt erhöht würden. Eine derartige Maßnahme würde zwar den Inhalt der Datenbank wesentlich verändern, gleichwohl keine wesentliche
Investition darstellen, die nach der ratio legis mit einer neuen Schutzfrist belohnt werden soll.

Wann von einer **wesentlichen** Neuinvestition auszugehen ist, lässt sich nicht generalisierend be- 63
antworten. Ihr Umfang muss nicht notwendig denjenigen Investitionen entsprechen, die für den Aufbau der Datenbank erforderlich sind, ohne dass dies zu einem anderen Wesentlichkeitsmaßstab und zu
anderen Beurteilungskriterien bei der Erstellung einer Datenbank auf der einen und bei der Neuinvestition auf der anderen Seite führt.[223] Vielmehr normiert das Gesetz auch insoweit **lediglich eine**
Mindestanforderung an den schutzbegründenden Investitionsumfang.[224] Es liegt in der Natur der
Änderung begründet, dass sie gegenüber der Erstellung meist weniger Aufwand erfordert.[225]

Der rechtlich bedeutsame Aufwand **für die Erstellung und die Änderung** ist lediglich dann 64
gleich hoch zu bemessen, wenn er bei der ursprünglichen Datenbank gerade die Mindestanforderungen erfüllt. Erst dann kann von einer neuen Datenbank iSd. Abs. 1 S. 2 gesprochen werden. Für die
Beurteilung der wesentlichen Neuinvestition sind ohne Unterschied zur Erstinvestition die Art der
Datenbank, die Kosten der Beschaffung der geänderten Daten, der getätigte Überprüfungsaufwand,
redaktionelle Arbeiten, Druckkosten ua. zu berücksichtigen (→ Rn. 43 ff.). Bei dynamischen Datenbanken bedarf es zunächst der Feststellung, zu welchem Zeitpunkt erstmals eine schutzfähige Datenbank vorgelegen hat. Von diesem Zeitpunkt an tragen alle weiteren Investitionen bereits zu ihrer wesentlichen Änderung iSd. Abs. 1 S. 2 bei.[226]

---

[220] *Leistner* S. 204 mit dem zutreffenden Hinweis, dass es bei der wesentlichen Neuinvestition um eine Rechtsfrage geht, die sich nicht im Wege einer Vermutungsregel beantworten lässt.
[221] Ebenso *Leistner* S. 303; *Hornung* S. 193.
[222] Zustimmend Fromm/Nordemann/*Czychowski* § 87a UrhG Rn. 33; Fromm/Nordemann/*Hertin* (9. Aufl.),
§ 87a UrhG Rn. 10; *Leistner* S. 203; *Gaster* § 87a UrhG Rn. 643; *Gaster* in ÖSGRUM Bd. 19 (1996) S. 15 (29 f.);
Dreier/Schulze/*Dreier* § 87a UrhG Rn. 18; zur umgekehrten Frage einer wesentlichen Investition ohne wesentliche
Inhaltsänderung → Rn. 60.
[223] Ebenso *Haberstumpf* GRUR 2003, 14 (30); *Cornish* Columbia-VLA LA 1996, S. 1 (9 f.); *Leistner* S. 206 ff.; aA
DKMH/*Kotthoff* § 87a UrhG Rn. 37: es reichen mindestens 25 % der ursprünglichen Investition.
[224] Ebenso *Leistner* S. 207 f.
[225] Für einen einheitlichen Wesentlichkeitsmaßstab beim Aufbau und bei der Aktualisierung einer Datenbank
auch *Leistner* in Wiebe/Leupold (Hrsg.) Teil II B Rn. 38; im Ergebnis ebenso Fromm/Nordemann/*Hertin*
(9. Aufl.), § 87a UrhG Rn. 10.
[226] Vgl. *Bensinger* S. 143.

3. Wesentliche Inhaltsänderung

65   Sowohl nach dem Wortlaut des Art. 10 Abs. 3 Datenbank-RL als auch nach dem des Abs. 1 S. 2 wird eine neue Datenbank fingiert und infolgedessen eine **neue Schutzfrist** in Lauf gesetzt, wenn eine **Datenbank in ihrem Inhalt eine nach Art oder Umfang wesentliche Änderung** erfährt, sofern diese Änderung eine der Art oder dem Umfang nach wesentliche Investition erfordert.[227] Nach der Richtlinie kann die Änderung bei einer bestehenden Datenbank etwa durch **Veränderungen, Löschungen oder durch die Anhäufung von Zusätzen** herbeigeführt werden. Meist erfolgt dies im Wege des Updating, dh. die Aktualisierung der Datenbank durch Ersatz, Ergänzung, Streichung veralteter Daten und/oder ihre Erweiterung durch Hinzufügung neuer Datensätze bisher unberücksichtigter Kategorien. Wesentliche Änderungen können auch und gerade durch **sukzessives Updating** bewirkt werden.[228] Eine neue Datenbank iSd. Abs. 1 S. 2 liegt in diesen Fällen vor, wenn alle Änderungen zusammen als wesentlich bezeichnet werden können.[229] Ebenso wie die wesentliche Neuinvestition (→ Rn. 63 ff.) wird die wesentliche Änderung des Datenbankinhalts regelmäßig quantitativ nicht denselben Aufwand erfordern wie seine vollständige neue Zusammenstellung.

66   Abs. 1 S. 2 bezieht sich seinem Wortlaut nach nur auf eine Änderung des Inhalts, jedoch treten seine Rechtsfolgen dem Schutzgegenstand und dem Sinn und Zweck der Norm entsprechend **auch** bei einer **Änderung allein des elektronischen Materials** einer Datenbank ein.[230] Wann bei einer Änderung des Datenbankinhalts von einer neuen Datenbank iSd. Vorschrift gesprochen werden kann, entscheidet sich im Einzelfall unter Berücksichtigung der bereits für die Herstellung maßgeblichen Kriterien.[231] Für quantitativ wesentliche Änderungen spielt das Verhältnis der geänderten Teile zum Gesamtumfang der Datenbank eine beachtenswerte, allerdings nicht allein maßgebliche Rolle. Für eine qualitative Änderung ist die inhaltliche Bedeutung der vorgenommenen Änderungen für den Gesamtinhalt der Datenbank zu berücksichtigen. Bei schnell veraltenden Datenbanken dürfte sie regelmäßig höher einzuschätzen sein als etwa bei langlebigen Konversationslexika.

67   Nach ihrem **Sinn und Zweck,** durch die **Verlängerung des Investitionsschutzes** zur Prüfung und Aktualisierung von Datenbanken zu ermuntern, findet Abs. 1 S. 2 auch dann Anwendung, wenn eine Datenbank lediglich auf ihre Aktualität **überprüft** wird, **ohne** dass dies **wesentliche Änderungen** erfordert.[232] Ratio legis ist der Schutz der Investition, die – im Unterschied zur urheberrechtlichen Bearbeitung – sowohl in einer aufwändigen Überprüfung ohne oder mit geringem Änderungsbedarf als auch in wesentlichen Änderungen des Inhalts liegen kann.[233] Aufwändig ist meist die Prüfung, die aus ihr resultierende tatsächliche Korrektur des Inhalts dagegen nur eine weniger aufwändige Folge. Man sollte deshalb die Überprüfung entgegen dem Wortlaut der Vorschrift als eine qualitative Änderung des Datenbankinhalts verstehen, die der Datenbank das Gütemerkmal der Aktualität verleiht.[234] Ohne sichtbare Veränderungen des Inhalts der Datenbank ist allerdings der Beweis einer wesentlichen Investition in Form der Überprüfung durch den beweispflichtigen Hersteller schwerer zu führen als bei augenfälligen Änderungen des Datenbankinhalts.[235] Es empfiehlt sich deshalb eine genaue Protokollierung der vorgenommenen Überprüfungen und Änderungen, nicht zuletzt, um dem Vorwurf einer Schutzfristerschleichung entgegentreten zu können.

4. Umfang des Herstellerrechts bei neuen Datenbanken nach Abs. 1 S. 2

68   Umstritten ist die Frage nach dem **Schutzumfang des Rechts an der neuen Datenbank** und damit, welchen ihrer Teile eine Schutzfristverlängerung zugutekommt. Die einen beschränken den Umfang der neuen Datenbank auf die aktualisierten Teile und stellen diese selbstständig und mit eige-

---

[227] Beschlussempfehlung und Bericht des Ausschusses ziehen unter Verweis auf den österr. MinE eine Parallele zur selbstständig geschützten Bearbeitung im Urheberrecht s. BT-Drs. 13/7934, 44; dazu reicht die bloße Fortentwicklung eines Nummernsystems nicht aus, vgl. BGH GRUR 2011, 79 Rn. 21 – Markenheftchen; aA DKMH/*Kotthoff* § 87a UrhG Rn. 39: auf die Inhaltsänderung kommt nach es dem Willen des RL-Gebers nicht an, sondern allein auf die wesentliche Neuinvestition, Inhaltsänderung sei nach Art. 10 Abs. 3 der Richtlinie lediglich Indiz; vgl. auch Wandtke/Bullinger/*Hermes* § 87a UrhG Rn. 122 f.

[228] Ebenso Dreier/Schulze/*Dreier* § 87a UrhG Rn. 17; Wandtke/Bullinger/*Hermes* § 87a UrhG Rn. 125.

[229] Ebenso *Bensinger* S. 143; *Leistner* in Wiebe/Leupold (Hrsg.) Teil II B Rn. 37; Dreier/Schulze/*Dreier* § 87a UrhG Rn. 17; aA *Hornung* S. 171 [Fn. 791] unter Hinweis auf *Dreier* GRUR-Int 1992, 739 (749).

[230] Vgl. → Rn. 43; aA Roßnagel/*v. Lewinski* § 87a UrhG Rn. 23.

[231] Einzelheiten dazu → Rn. 42 ff.; wie hier auch Dreier/Schulze/*Dreier* § 87a UrhG Rn. 18.

[232] So zwar nicht der Wortlaut der Richtlinie und auch nicht der des Abs. 1 S. 2, wohl aber Erwgr. 55, in dessen Lichte beide Vorschriften zu lesen sind; LG München I GRUR 2006, 225 – Topografische Kartenblätter; ebenso *Haberstumpf* GRUR 2003, 14 (30); *Vogel* ZUM 1997, 592 (597); *Bensinger* S. 271; *Leistner* S. 205; *Hornung* S. 170 f.; Fromm/Nordemann/*Czychowski* § 87a UrhG Rn. 31; Fromm/Nordemann/*Hertin* (9. Aufl.), § 87a UrhG Rn. 10; Dreier/Schulze/*Dreier* § 87a UrhG Rn. 18; Wandtke/Bullinger/*Hermes* § 87a UrhG Rn. 122; im Ergebnis ebenso Roßnagel/*v. Lewinski* § 87a UrhG Rn. 23: Änderung im weitesten Sinne; Walter/*v. Lewinski* Art. 10 Datenbank-RL Rn. 6; *Gaster* § 87a UrhG Rn. 647 will das Merkmal der wesentlichen Inhaltsänderung als bloß beispielhaft verstanden wissen.

[233] S. *Vogel* ZUM 1997, 592 (597); die in der Beschlussempfehlung und im Bericht des Ausschusses BT-Drs. 13/7934, 44 gezogene Parallele zum urheberrechtlichen Bearbeitungsrecht erscheint deshalb fragwürdig.

[234] *Leistner* S. 205; Roßnagel/*v. Lewinski* § 87a UrhG Rn. 23; Walter/*v. Lewinski* Art. 10 Datenbank-RL Rn. 6.

[235] Ebenso zur Beweisproblematik *Haberstumpf* GRUR 2003, 14 (30 f.); *Bensinger* S. 271; Fromm/Nordemann/*Hertin* (9. Aufl.), § 87a UrhG Rn. 12; Dreier/Schulze/*Dreier* § 87a UrhG Rn. 18.

ner Schutzfrist ausgestattet neben den unverändert gebliebenen Teil der alten Datenbank. Dadurch entstehen zeitlich unterschiedlich geschützte Datenbankteile.[236] Die anderen sehen – richtigerweise – in der geänderten Datenbank eine Einheit aller geänderten und unverändert gebliebenen Datenbankelemente,[237] beschränken aber mit Ausnahme von *Decker* die Wesentlichkeitsprüfung auf solche Teile, die Gegenstand von Neuinvestitionen der letzten 15 Jahre waren. Ersterer Meinung ist zwar zuzugeben, dass die rechtlich relevante Investition im Falle einer Aktualisierung sich unmittelbar nur auf die betroffenen Elemente bezieht und dass der Wortlaut des Art. 10 Abs. 3 Datenbank-RL, sofern er von der Begründung einer **„eigenen Schutzdauer"** für die **„Datenbank, die das Ergebnis dieser Neuinvestition ist"** spricht, ihr zumindest nicht eindeutig entgegensteht. Das gilt auch für den Wortlaut des Abs. 1 S. 2, nach dem die neue Datenbank allein auf der vorgenommenen Änderungen in Form von Korrekturen, Streichungen, Hinzufügungen und Überprüfungen zu reduzieren sei. Für die Richtigkeit dieser Auffassung streitet schließlich auch die Formulierung von der „eigenen Schutzdauer" des Ergebnisses der Neuinvestition in Art. 10 Abs. 3 der Richtlinie.

Die Dogmatik des Datenbankherstellerrechts weist allerdings in die Richtung der hier bevorzugten Auffassung. Denn sein Schutz richtet sich nicht auf die Investition an sich, sondern auf die Datenbank als materielles Substrat[238] des unter wesentlichem Investitionsaufwand gesammelten, geordneten und einzeln zugänglich gemachten Inhalts als immaterielles Gut (→ Rn. 35). Ihr einheitliches Wesen wird von Neuinvestitionen nicht berührt. Dies folgt daraus, dass auch solche Neuinvestitionen wesentlich sein können, die für sich genommen keine gegenüber der alten Datenbank, eigenständige „neue Datenbank" iSd. Vorschrift zum Ergebnis haben müssen. Unter praktischen Gesichtspunkten kommt hinzu, dass bei einer mehrfach aktualisierten Datenbank, namentlich einer dynamischen Datenbank, kaum lösbare Darlegungs- und Beweisschwierigkeiten entstünden, wenn eine Entnahme nach § 87b Abs. 1 gemeinfreie und aktualisierte Elemente gleichermaßen beträfe. Dies gilt insbesondere, wenn bei einer Vielzahl entnommener Elemente in Frage stünde, ob das jeweilige Element zu einem gemeinfreien Teil einer Datenbank zählt, ob es wegen einer zwischenzeitlichen Überprüfung nach Abs. 1 S. 2 erneuten Schutz erlangt hat und – bei mehreren Überprüfungen einer Datenbank und mehreren unterschiedlich endenden Schutzfristen – welcher Schutzfrist die jeweilige Entnahme unterfällt.[239] Diesen Schwierigkeiten vermag die Berücksichtigung der Neuinvestition allein bei der Prüfung der Wesentlichkeit einer Entnahme zwar nur bedingt abzuhelfen.[240] Gleichwohl ist dieser Lösung der Vorzug zu geben, weil sie den Schutzgegenstand des Rechts und seine zeitliche Beschränkung respektiert und außerdem die Interessen der Allgemeinheit an einem möglichst ungehinderten Zugang zu Altdaten wahrt.[241] Zu den Konsequenzen für die zeitliche Geltung des Schutzes der geänderten Datenbank → § 87d Rn. 6.

69

5. Verlängerung der Schutzfrist

Die **Verlängerung der Schutzfrist tritt ein,** wenn die neue Datenbank hergestellt ist, also sämtliche getätigten Neuinvestitionen zusammen die Grenze der Wesentlichkeit überschritten haben (→ § 87d Rn. 3). Dafür trägt der Hersteller die Darlegungs- und Beweislast.[242] Die Anknüpfung und Berechnung der Schutzfrist richtet sich nach § 87d S. 2.[243]

70

IV. Datenbankhersteller iSd. Abs. 2

Originärer Inhaber des Schutzrechts nach §§ 87a ff. ist gemäß Abs. 2 **der Datenbankhersteller,** dh. – wie im Übrigen bei den weiteren **unternehmensbezogenen Leistungsschutzrechten**[244] – in gebotener weiter Auslegung diejenige natürliche oder juristische Person, die die wesentlichen Investi-

71

---

[236] Fromm/Nordemann/*Hertin* (9. Aufl.), § 87d UrhG Rn. 2 f.; *Gaster* § 87a UrhG Rn. 651 f.; Roßnagel/ *v. Lewinski* § 87a UrhG Rn. 26; differenzierend *Hornung* S. 173 f.: für statische Datenbanken, nicht jedoch für dynamische Datenbanken.

[237] Wie hier den Schlussanträge der Generalanwältin *Stix-Hackl* Rn. 139 ff., 149 in der Sache EuGH GRUR 2005, 244 – BHB-Pferdewetten; Möhring/Nicolini/*Decker* (2. Aufl.), § 87d UrhG Rn. 5; *Leistner* S. 209 f.; *Leistner* GRUR-Int 1999, 819 (835 ff.); *Leistner* in Wiebe/Leupold (Hrsg.) Teil II B Rn. 34 ff.; ihm folgend *Haberstumpf* GRUR 2003, 14 (30); Dreier/Schulze/*Dreier* § 87d UrhG Rn. 8; Wandtke/Bullinger/*Thum*/*Hermes* § 87a UrhG Rn. 124 f.

[238] *Leistner* S. 148 f.

[239] Im Ergebnis ebenso die Schlussanträge der Generalanwältin *Stix-Hackl* Rn. 139 ff., 152 f. in der Sache EuGH GRUR 2005, 244 – BHB-Pferdewetten.

[240] So *Leistner* S. 212 f.; *Leistner* GRUR-Int 1999, 819 (837), der dabei nur die in den letzten 15 Jahren veröffentlichten und damit noch unter die Schutzfrist fallenden Datenbankteile berücksichtigen will; ihm folgend *Haberstumpf* GRUR 2003, 14 (30 f.); Dreier/Schulze/*Dreier* § 87d UrhG Rn. 8; Wandtke/Bullinger/*Hermes* § 87a UrhG Rn. 128; Möhring/Nicolini/*Koch* (3. Aufl.), § 87a UrhG Rn. 28.

[241] AA hinsichtlich der Differenzierung im Verletzungsfall Möhring/Nicolini/*Decker* (2. Aufl.), § 87d UrhG Rn. 5.

[242] Erwgr. 53, 54; so auch Möhring/Nicolini/*Koch* (3. Aufl.), § 87a UrhG Rn. 29; → Rn. 67.

[243] → § 87d Rn. 8.

[244] → Vor §§ 87a ff. Rn. 31 f.

tionen (→ Rn. 42 ff.) vornimmt und **das organisatorische und wirtschaftliche Risiko** trägt, welches der Aufbau und der Betrieb einer Datenbank mit sich bringt.[245]

72   **Datenbankhersteller** ist demnach diejenige nicht notwendig gewerblich tätige natürliche oder juristische Person bzw. dasjenige Unternehmen, welches **die einschlägigen Finanzierungs-, Beschaffungs- und Personalverträge im eigenen Namen und für eigene Rechnung schließt,** die Nutzungsrechte an den in die Datenbank aufgenommenen Werken und Leistungen in seiner Hand vereinigt und/oder andere unabhängige Elemente zum Zwecke der Eingabe in eine Datenbank von Datenbasenherstellern, Informationsbrokern oder sonstigen Anbietern von Daten oder anderem Informationsgut erwirbt.[246] Datenbankhersteller ist somit – anders als beim Urheberrecht an Datenbankwerken – nicht die natürliche Person, die im Angestelltenverhältnis die sammelnde, sichtende und prüfende Tätigkeit selbst vornimmt oder der Unternehmer, der im Lohnauftrag tätig wird. Derjenigen natürlichen oder juristischen Person, die die Organisations- und Anordnungsgewalt über den Datenbankaufbau innehat, muss die sich in einer Datenbank manifestierende **Herstellerleistung als Ergebnis seiner wesentlichen Investition** zuzuordnen sein. Zu den Datenbankherstellern zählt auch, wer die Kosten der Wiedergabe einer Datenbank durch Werbung auf seiner kommerziell betriebenen Homepage auf einen Werbekunden abwälzt, solange er selbst das wirtschaftliche Risiko des Unterhalts der Homepage trägt,[247] nicht hingegen, wer die gesammelten Daten lediglich erhoben und an das das wirtschaftliche Risiko tragende Unternehmen übergeben hat.[248] Denn nur diejenigen natürlichen oder juristischen Personen (GmbH, KG ua.) sind Rechtsträger im Sinne der Vorschrift, die in sammelnde, sichtende, ordnende und darstellende Leistungen investieren[249] und das Risiko der Amortisation der Datenbank übernehmen. Unterschiedlich wird die Frage beantwortet, ob auch Datenbankhersteller ist, wer – die Erbringung einer wesentlichen Investition vorausgesetzt – lediglich die Rahmenbedingungen einer Datenbank und deren Ordnungssystem bereitstellt, die Eingabe der Elemente dagegen Dritten überlässt, wie das bei Anzeigenmärkten in Zeitungen[250] oder Bewertungsforen im Internet begegnen kann.[251]

73   Datenbankhersteller können **auch juristische Personen des öffentlichen Rechts** oder Justizverwaltungen sein,[252] die auf Grund gesetzlichen Auftrags amtliche Register aufbauen und unterhalten.[253] Die Generierung der in diesen Registern enthaltenen Daten allein vermögen die Datenbankherstellerschaft nicht zu begründen (→ Rn. 49 f.). Allerdings dürfen einige dieser Register weder in Teilen noch im Ganzen durch die öffentliche Hand wirtschaftlich verwertet werden.[254]

74   Der Datenbankhersteller trägt zwar das **Amortisationsrisiko,** jedoch ist seiner Rechtsstellung nicht wesentlich, dass er die wirtschaftliche Auswertung der Datenbank selbst vornimmt. Dieses Geschäft kann er vertraglich Dritten übertragen, ohne seine Herstellereigenschaft zu verlieren.[255]

75   Beruht eine Datenbank auf der Investitionsleistung **mehrerer Hersteller,** die sämtliche wesentlichen Entscheidungen gemeinsam treffen und das wirtschaftliche Risiko gemeinsam tragen,[256] richtet sich ihr rechtliches Verhältnis im Hinblick auf die von ihnen erstellte Datenbank nach den **getroffenen Vereinbarungen.** Meist werden sie als Gesellschaft bürgerlichen Rechts nach §§ 705 ff. BGB organisiert und damit Datenbankhersteller nach § 87a Abs. 2 in gesamthänderischer Bindung sein; zumindest aber wird eine Bruchteilsgemeinschaft nach § 741 BGB vorliegen.[257] Allein der Umstand,

---

[245] Erwgr. 41; BGH GRUR 2011, 1018 Rn. 32 – Automobil-Onlinebörse; BGH GRUR 2011, 724 Rn. 26 – Zweite Zahnarztmeinung II; BGH GRUR 2010, 1004 Rn. 22 – Autobahnmaut; ebenso *Wiebe* GRUR 2017, 338 (342 f.).

[246] Ebenso KG ZUM 2001, 70 (71 f.) – Ticketverkauf; OLG Düsseldorf MMR 1999, 729 (732) – Frames m. krit. Anm. *Gaster;* OLG München ZUM 2003, 789 (790) – Chart-Listen; vgl. auch die von der Rechtsprechung für den Filmproduzenten aufgestellten Kriterien BGH GRUR 1993, 472 (473) – Filmhersteller; allgM etwa *Leistner* S. 170.

[247] Anders wohl OLG Düsseldorf MMR 1999, 729 (732) – Frames m. krit. Anm. *Gaster.*

[248] Vgl. BGH GRUR 1999, 923 (925) – Tele-Info-CD.

[249] Etwa vom OLG Düsseldorf entschiedenen Fall durch die Bereitstellung einer Homepage.

[250] Bei Zeitungsanzeigen allerdings wegen fehlender systematischer oder methodischer Anordnung verneinend: KG ZUM-RD 2001, 88 – Stellenanzeigen aus der FAZ; OLG München ZUM 2001, 255 – Stellenmarktanzeigen; befürwortend wie hier auch Wandtke/Bullinger/*Hermes* § 87a UrhG Rn. 29; sa. die folgende Fn.

[251] Vgl. BGH GRUR 2011, 724 – Zweite Zahnarztmeinung II; LG Berlin ZUM 2006, 343 – eBay-Angebotsdatenbank; LG Köln AfP 1999, 95 – Immobilienmarkt; Wandtke/Bullinger/*Hermes* § 87a UrhG Rn. 29; Möhring/Nicolini/*Decker* (2. Aufl.), § 87a Rn. 6; *Grützmacher* S. 168; *Gaster* MMR 1999, 729; aA OLG Düsseldorf MMR 1999, 729 – Zulässigkeit von Frames m. abl. Anm. *Gaster.*

[252] EuGH GRUR-Int 2012, 1028 – Compass-Datenbank; OLG Köln CR 2006, 368 (370) – EZT; Möhring/Nicolini/*Koch* (3. Aufl.), § 87a UrhG Rn. 30.

[253] Handelsregister, Grundbuch, Patentrolle ua.; → § 87b Rn. 67.

[254] Vgl. BGH CR 1989, 984 (985) – Handelsregister, m. krit. Anm. *Smid;* zu amtlichen Datenbanken ausführlich § 87b Rn. 67 ff. mwN.

[255] Ebenso Dreier/Schulze/*Dreier* § 87a UrhG Rn. 19; Wandtke/Bullinger/*Hermes* § 87a UrhG Rn. 133; sa. die Ausführungen zum Tonträger- und Filmhersteller als originär Berechtigtem § 85 Rn. 34 ff.; Vor §§ 88 ff. Rn. 31.

[256] Vgl. KG ZUM 2001, 70 (72) – Ticketverkauf.

[257] Ebenso Fromm/Nordemann/*Czychowski* § 87a UrhG Rn. 26; Fromm/Nordemann/*Hertin* (9. Aufl.), § 87a UrhG Rn. 11; Dreier/Schulze/*Dreier* § 87a UrhG Rn. 21; DKMH/*Kotthoff* § 87a UrhG Rn. 42; *Krekel* WRP 2011, 436 (440 f.), der die Wahl einer Bruchteilsgemeinschaft befürwortet, weil sie es einem Beteiligten nach § 747 S. 1 BGB erlaubt, über seinen Anteil ohne Zustimmung der übrigen Beteiligten zu verfügen.

dass mehrere an der Herstellung mitgewirkt haben, begründet noch keine gemeinsame Herstellerstellung.[258] Liegen die Investitionen gemeinschaftlicher Hersteller signifikant weit auseinander, kann sich daraus die Anerkennung desjenigen als Alleinhersteller iSd. Abs. 2 ergeben, der die höhere Investitionsleistung erbracht hat. Fremdenrechtlich ist § 127a zu beachten.[259]

Bei Datenbanken, **die wegen des anderen Schutzgegenstands zusätzlich urheberrechtli-** 76 **chen Schutz** genießen,[260] ist bei mehreren Schöpfern die Vorschrift des § 8 über in Miturheberschaft geschaffener Werke heranzuziehen. Bisweilen fallen bei derartigen Konstellationen die **originären Rechtspositionen nach § 4 und §§ 87a ff. in persönlicher Hinsicht auseinander,** dürften jedoch, soweit die Urheber Angestellte sind, meist durch § 43 oder sonstige Vereinbarungen vertraglich wieder in einer Hand zusammengeführt werden.[261]

§ 87b Rechte des Datenbankherstellers

(1) [1]**Der Datenbankhersteller hat das ausschließliche Recht, die Datenbank insgesamt oder einen nach Art oder Umfang wesentlichen Teil der Datenbank zu vervielfältigen, zu verbreiten und öffentlich wiederzugeben.** [2]**Der Vervielfältigung, Verbreitung oder öffentlichen Wiedergabe eines nach Art oder Umfang wesentlichen Teils der Datenbank steht die wiederholte und systematische Vervielfältigung, Verbreitung oder öffentliche Wiedergabe von nach Art und Umfang unwesentlichen Teilen der Datenbank gleich, sofern diese Handlungen einer normalen Auswertung der Datenbank zuwiderlaufen oder die berechtigten Interessen des Datenbankherstellers unzumutbar beeinträchtigen.**

(2) **§ 17 Abs. 2 und § 27 Abs. 2 und 3 sind entsprechend anzuwenden.**

Schrifttum: Siehe die Schrifttumshinweise Vor §§ 87a ff.

Übersicht

---

[258] BGH GRUR 1999, 923 (925) – Tele-Info-CD: kein Herstellerrecht der Deutschen Telekom durch Verkauf der Telefonanschlussdaten an eines ihrer Tochterunternehmen, welches das Telefonbuch herausgibt; aA *Kindler* K&R 2000, 265 (272); *Wiebe* MMR 1999, 474 (475).

[259] → Vor §§ 87a ff. Rn. 40.

[260] BGH GRUR 2007, 686 Rn. 27 – Gedichttitelliste I.

[261] *Hackemann* CR 1998, 510 (512); *Möhring/Nicolini/Decker* (2. Aufl.), Vor §§ 87a ff. UrhG Rn. 6; *Dreier/ Schulze/Dreier* § 87a UrhG Rn. 22; *Wandtke/Bullinger/Hermes* § 87a UrhG Rn. 135.

I. Allgemeines

1. Inhalt und Regelungsumfang des Datenbankherstellerrechts

1   § 87b legt den **Inhalt und den Umfang** der dem Datenbankhersteller an seiner Datenbank zustehenden ausschließlichen Verwertungsbefugnisse **in abschließender Regelung** fest. Nach Abs. 1 S. 1 sind dies das Vervielfältigungsrecht, das Verbreitungsrecht sowie das Recht der öffentlichen Wiedergabe, sämtliche Rechte jedoch beschränkt auf Nutzungen der **Datenbank insgesamt oder eines wesentlichen Teils** von ihr. In dieser Begrenzung des Schutzes liegt **keine Schrankenregelung,** so dass grundsätzlich auch keine enge Auslegung der Vorschrift geboten ist. Vielmehr entsteht das Recht von vornherein nur in dem von § 87b normierten Umfang, wird also nicht nachträglich in Einzelfällen wieder beschränkt. Dies unterstreicht auch die Systematik der Datenbank-RL,[1] die die Schrankenbestimmungen gesondert und darüber hinaus optional in Art. 9 aufführt.[2]

2   **Nutzungshandlungen,** die einen nach Art oder Umfang lediglich **un**wesentlichen Teil einer Datenbank betreffen, unterliegen im Interesse des freien Zugangs zu Informationen und zur Verhinderung ihrer Monopolisierung nicht dem Verbotsrecht des Datenbankherstellers, sofern der freie Zugang nicht durch das Umgehungsverbot des Abs. 1 S. 2 begrenzt ist (dazu → Rn. 3). Aus denselben Gründen erklärt § 87e Verträge für unwirksam, die nicht dem Ausschließlichkeitsrecht des Datenbankherstellers unterliegende Nutzungen unwesentlicher Teile einer Datenbank einschränken. Sie verfolgt damit als zwingende vertragsrechtliche Mindestregel dasselbe Ziel wie die für Datenbankwerke geltende Bestimmung des § 55a, die dort allerdings als echte Schrankenregelung ausgestaltet ist.[3]

3   Abs. 1 S. 2 enthält eine **Einschränkung der nach Abs. 1 S. 1 freigestellten Nutzungen unwesentlicher Teile** einer Datenbank bei Nutzungshandlungen, die wiederholt und systematisch erfolgen und zudem entweder der normalen Auswertung der Datenbank zuwiderlaufen oder die berechtigten Interessen des Datenbankherstellers unzumutbar beeinträchtigen. Abs. 1 S. 2 hält auf diese Weise den in Abs. 1 S. 1 gefundenen Ausgleich des durch Art. 10 EMRK, Art. 11 EU-GrCh und Art. 5 Abs. 1 S. 1 GG geschützten **Informationsinteresses des Datenbanknutzers** einerseits **und des Amortisationsinteresses des Datenbankherstellers** andererseits in der Balance, wenn die Quantität der Nutzungen unwesentlicher Teile einer Datenbank in eine die wirtschaftlichen Interessen ihres Herstellers beeinträchtigende Qualität umschlägt. Indem er zusätzlich ein systematisches und damit planmäßiges Vorgehen verlangt, beugt er – in der wettbewerbsrechtlichen Tradition des Rechts sui generis stehend, allerdings ohne den Nachweis unlauteren Handelns zu erfordern[4] – einem Missbrauch der erlaubnisfreien Nutzung unwesentlicher Teile vor.

4   Abs. 2 erstreckt in entsprechender Anwendung des § 17 Abs. 2 den Grundsatz der **europaweiten Erschöpfung auf das Verbreitungsrecht** des Datenbankherstellers mit der im Zuge der Umsetzung der Vermiet- und Verleih-RL[5] eingeführten **Ausnahme** hinsichtlich der Weiterverbreitung in Form der **Vermietung,** nicht dagegen des Verleihens. Infolge der nach § 87b Abs. 2 zusätzlichen **entsprechenden Anwendung des § 27 Abs. 2 und 3** erhält der Datenbankhersteller kraft Gesetzes einen Vergütungsanspruch für das Verleihen seiner Datenbank. Die Vereinbarkeit dieser Bestimmung mit der Datenbank-RL wird zu Recht als bedenklich erachtet.[6] Endlich verweist Abs. 2 auf § 10 Abs. 1, der die Vermutung der Rechtsinhaberschaft des Datenbankherstellers statuiert.

2. Umsetzung der Datenbank-RL

5   a) § 87b Abs. 1 S. 1 geht auf Art. 7 Abs. 1 der Datenbank-RL zurück, Abs. 1 S. 2, auf deren Art. 7 Abs. 5. § 87b Abs. 2 wiederum beruht, soweit er § 17 Abs. 2 für entsprechend anwendbar erklärt, auf der Definition des das Verbreitungsrecht umfassenden ausschließlichen Rechts der Weiterverwendung in Art. 7 Abs. 2 lit. b der Richtlinie, welches sich mit der Verbreitung eines Vervielfältigungsstücks in der EU oder des EWR im Wege des Erstverkaufs europaweit erschöpft. Soweit Abs. 2 den gesetzlichen Vergütungsanspruch für das Verleihen in § 27 Abs. 2 und 3 auf das Datenbankher-

---

[1] Richtlinie 96/9/EG des Europäischen Parlaments und des Rates vom 11.3.1996 über den rechtlichen Schutz von Datenbanken, ABl. Nr. L 77 S. 20, abgedr. auch in GRUR-Int 1996, 806.
[2] Ebenso *Leistner* S. 148; *Bensinger* S. 203.
[3] → § 87e Rn. 6 ff.
[4] → Vor §§ 87a ff. Rn. 5 f., 47 f.
[5] Richtlinie 92/100/EWG des Rates vom 19.11.1992 zum Vermietrecht und Verleihrecht sowie zu bestimmten dem Urheberrecht verwandten Schutzrechten im Bereich des geistigen Eigentums, ABl. Nr. L 346 S. 61; kodifizierte Fassung: Richtlinie 2006/115/EG vom 12.12.2006 ABl. v. 27.12.2006 Nr. L 376 S. 28 = GRUR-Int 2007, 219.
[6] → Rn. 5, 72; ebenso Dreier/Schulze/*Dreier* § 87b UrhG Rn. 22; Möhring/Nicolini/*Koch* (3. Aufl.) § 87b UrhG Rn. 19; Wandtke/Bullinger/*Hermes* § 87b UrhG Rn. 50 schließen trotz des eindeutigen Wortlauts des Abs. 2 in richtlinienkonformer Auslegung die entsprechende Anwendung des § 27 Abs. 2 und 3 aus; aA *Lehmann* in Möhring/Schulze/Ulmer/Zweigert (Hrsg.) S. 11 Fn. 60.

stellerrecht erstreckt, ist seine Legitimation durch die Richtlinie zweifelhaft. Denn deren Art. 7 Abs. 2 letzter Satz nimmt den öffentlichen Verleih ausdrücklich von den dem Hersteller vorbehaltenen Rechten aus. Zwar bestimmt Art. 2 lit. b Datenbank-RL, dass die Vorschriften der **Vermiet- und Verleih-RL** (92/100/EWG) und damit auch der dort anstelle eines Verbotsrechts vorgesehene Vergütungsanspruch für das Verleihen (Art. 5 Abs. 1) von der Datenbank-RL unberührt bleiben. Die **Vermiet- und Verleih-RL** sieht aber ebenso wie die Datenbank-RL keinen gesetzlichen Vergütungsanspruch des Datenbankherstellers für den Verleih vor.[7]

b) Anders als noch der RegE[8] übernimmt das Gesetz nicht die **Begriffe der Entnahme und** 6 **Weiterverwendung** der Richtlinie, sondern ersetzt diese – ursprünglich zur Wahrung der dogmatischen Klarheit des Gesetzes gedacht[9] – durch ihre nicht deckungsgleichen Entsprechungen in § 16, gerät damit aber nach der Rechtsprechung des EuGH mit der Zielsetzung der Richtlinienregelung in Konflikt.[10] Die Datenbank-RL definiert zwar die Entnahme als die ständige oder vorübergehende Übertragung des Inhalts einer Datenbank auf einen andern Datenträger, ungeachtet der dafür verwendeten Mittel und ungeachtet der Form der Entnahme. Sie weicht jedoch von dem ab, was nach Art. 5 lit. a Datenbank-RL,[11] nach Art. 2 der InfoSoc-RL[12] und nach den dem europäischen Recht angepassten §§ 16 und 69c UrhG unter Vervielfältigung verstanden wird.[13] Denn, so der EuGH, die Entnahme unterwirft anders als die Vervielfältigung auch die Übernahme wesentlicher Teile einer Datenbank in veränderter Form und – unter bestimmten Voraussetzungen – auch die reine Informationsauswertung dem Verbotsrecht des Berechtigten (→ Rn. 37).

So ergeben sich – wie dies von § 85 Abs. 1 durch die entsprechende Anwendung des § 16 be- 7 kannt ist – **am Rande gewisse Unschärfen** insofern, als im Begriff der Entnahme der Zugriff auf das materielle Substrat der Datenbank enthalten ist, während das bei der Vervielfältigung eines Datenbankwerkes iSd. § 16 auf Grund des anderen Schutzgegenstandes nicht der Fall ist. Die dadurch auftretenden Probleme lösen sich im Rahmen des § 87b Abs. 1 durch eine richtlinienkonforme Auslegung, die den Unterschieden Rechnung zu tragen hat.[14] Entsprechendes gilt für die Umsetzung des Rechts der Weiterverwendung. Dieses Recht umfasst nach der Richtliniendefinition des Art. 7 Abs. 2 „jede Form öffentlicher Verfügbarmachung der Gesamtheit oder eines wesentlichen Teils des Inhalts der Datenbank durch die Verbreitung von Vervielfältigungsstücken, durch Vermietung, durch Online-Übermittlung oder durch andere Formen der Übermittlung". Es deckt sich damit inhaltlich mit den dem Datenbankurheber in Art. 5 lit. c und d der Datenbank-RL und in §§ 17 Abs. 1, 15 Abs. 2 zugewiesenen Rechten der Verbreitung und öffentlichen Wiedergabe.[15]

c) Eine ausdrückliche Regelung des **Rechts der Online-Übermittlung** ist erst im Zuge der An- 8 passung des Unionsrechts an Art. 8 WCT und Art. 10, 14 WPPT durch Art. 3 InfoSoc-RL erfolgt. Seine Umsetzung durch das Gesetz zur Regelung des Urheberrechts in der Informationsgesellschaft vom 10.9.2003[16] hat zur Einführung des Rechts der öffentlichen Zugänglichmachung nach § 19a und damit zu seiner Regelung als Unterfall der öffentlichen Wiedergabe geführt,[17] die nach § 15 Abs. 3 zweifelsfrei neben der gleichzeitigen auch die sukzessive Öffentlichkeit umfasst.[18] Bis dahin war freilich die Online-Übermittlung bereits als Innominatrecht und Unterfall des durch § 15 Abs. 2 (idF vom 9.9.1965) umfassend geregelten Rechts der öffentlichen Wiedergabe dem Urheber eines Datenbankwerkes nach § 4 vorbehalten.[19] Das galt durch die Regelung des § 87b Abs. 1 vor der Normierung des § 19a auch für das Recht des Datenbankherstellers.[20]

---

[7] AA *Lehmann* in Möhring/Schulze/Ulmer/Zweigert (Hrsg.) S. 11 Fn. 60.

[8] Kritisch insoweit noch *Vogel* ZUM 1997, 592 (596 f.); *Vogel*, Blick durch die Wirtschaft vom 20.1.1997, S. 10.

[9] So die Beschlussempfehlung und der Bericht BT-Drs. 13/7934, 44 unter Hinweis auf Art. 189 Abs. 3 EGV; ablehnend gegenüber der terminologischen Abweichung von der Richtlinie *Gaster* CR 1997, 717 (720); Roßnagel/*v. Lewinski* § 87b UrhG Rn. 20 ff.; *Bensinger* S. 186 ff.; wohl auch *Kotthoff* GRUR 1997, 597 (602), der allerdings schon in Widerspruch zum Wortlaut der Richtlinie den Begriff der Weiterverwendung auf den der Weiterverbreitung verengt.

[10] Dazu → Rn. 38 ff. mwN.

[11] Vervielfältigungsrecht des Urhebers eines Datenbankwerkes.

[12] ABl. Nr. L 167 S. 10, ber. ABl. 2002 Nr. L 6 S. 71.

[13] Vgl. BGH GRUR 2011, 724 Rn. 39, 40 – Zweite Zahnarztmeinung II; → Vor §§ 87a ff. Rn. 14 ff.

[14] BGH GRUR 2011, 1018 Rn. 37 – Automobil-Onlinebörse; BGH GRUR 2011, 724 Rn. 39 – Zweite Zahnarztmeinung II; BGH GRUR 2009, 852 Rn. 35 – Elektronischer Zolltarif; kritisch zu dieser Umsetzung Möhring/Nicolini/*Koch* (3. Aufl.), § 87b UrhG Rn. 5 ff.; Fromm/Nordemann/*Czychowski* § 87b UrhG Rn. 2; → Vor §§ 87a ff. Rn. 19.

[15] Kritisch Roßnagel/*v. Lewinski* § 87b UrhG Rn. 24: zu weitgehende Umsetzung, da kein Vorführungsrecht; kritisch auch Möhring/Nicolini/*Koch* (3. Aufl.), § 87a UrhG Rn. 1, § 87b UrhG Rn. 5.

[16] BGBl. I S. 1774.

[17] AmtlBegr. BT-Drs. 15/38, 17; dagegen → § 19a Rn. 70 mwN unter Fn. 179.

[18] Vgl. → § 19a Rn. 42 f.; vorher umstritten; → 2. Aufl. 1999, § 15 Rn. 59 f. jeweils mwN.

[19] BGH GRUR 2003, 958 (961 f.) – Paperboy.

[20] BGH GRUR 2011, 724 Rn. 40 – Zweite Zahnarztmeinung II; BGH GRUR 2010, 1004 Rn. 36 – Autobahnmaut; → § 19a Rn. 18, 42 f.; → Vor §§ 87a ff. Rn. 18 f.; *Westkamp* S. 90; *Dreier* in Schricker (Hrsg.), Informationsgesellschaft, S. 134 ff.

3. Richtlinienkonforme Auslegung

9   Die Übereinstimmung des nationalen Urheberrechts mit den Vorgaben europäischer Richtlinien gewährleistet im Übrigen das **Gebot richtlinienkonformer Auslegung** all derjenigen Vorschriften, die zur Umsetzung der Datenbank-RL erlassen worden sind oder ohne Anpassungsbedarf bereits in den Regelungsumfang der Richtlinie fallen und deshalb insoweit ein Stück europäischen Urheberrechts innerhalb des UrhG verkörpern.[21] Die zunächst unterbliebene Implementierung des Rechts der Online-Übermittlung ist deshalb bei Datenbanken und Datenbankwerken durch die Annahme eines unbenannten Falles der öffentlichen Wiedergabe und hinsichtlich der Abrufübertragung durch Auslegung des Begriffs der Öffentlichkeit in § 15 Abs. 3 im Sinne einer kumulativen und/oder sukzessiven Öffentlichkeit ausgeglichen worden.[22] Heute ist der harmonisierte Begriff der öffentlichen Wiedergabe unionsrechtlich autonom und einheitlich auszulegen.[23]

10   Die dem Datenbankhersteller vorbehaltenen Rechte sind in § 87b ebenso wie in Art. 7 Datenbank-RL **abschließend** geregelt. Eine darüber hinausgehende Zuordnung weiterer Innominatrechte an den Datenbankhersteller im Wege der Auslegung ist nach § 87b wegen der damit verbundenen disharmonisierenden Wirkung innerhalb der EU grundsätzlich unstatthaft. Eine Ausnahme ergibt sich aus dem Auffangtatbestand der „anderen Formen der Übermittlung" iSd. Art. 7 Abs. 2 lit. b Datenbank-RL, der das Recht der Übermittlung im Hinblick auf die rasche technische Entwicklung auf dem Gebiet der Elektronik und deshalb nicht auszuschließender neuer Übermittlungstechniken umfassend ausgestaltet.

11   Bei der Auslegung der Richtlinienbestimmungen ist zu berücksichtigen, dass lediglich das Recht an Datenbankwerken den Mitgliedstaaten zur vollharmonisierten Implementierung in das nationale Recht aufgegeben ist. Das sui generis Recht haben die Mitgliedstaaten zwingend nach den Vorgaben der Richtlinie einzuführen. Bei diesem Recht hat die Datenbank-RL eine weniger dichte Harmonisierung gewählt,[24] insbesondere bei den Rechten der Entnahme und der Weiterverwendung, in deren Lichte die umgesetzten Vorschriften der Datenbank-RL auszulegen sind.

4. Bedeutung der Norm

12   Mit der Zuordnung weitreichender, durch die grundsätzliche Beschränkung auf wesentliche Teile der Datenbank allerdings abgeschwächter absoluter Rechte ist dem Datenbankhersteller ein rechtliches Instrumentarium an die Hand gegeben, wirtschaftlich bedeutsame Nutzungen seiner Datenbank von einer Erlaubnis abhängig machen zu können. Besonderes Gewicht kommt dem Umfang der Verwertungsrechte nach Abs. 1 S. 1 für den Hersteller elektronischer Datenbanken zu, die in hohem Maße der Gefahr ausgesetzt sind, rasch und kostengünstig zum Schaden ihres Herstellers kopiert oder unkörperlich wiedergegeben zu werden. Die ausschließlichen Rechte des § 87b stellen eine wesentliche Voraussetzung für gewinnbringende **Investitionen auf dem Informationsmarkt** dar. Gleichzeitig sorgt Abs. 1 S. 2 mit der Freigabe der Nutzung unwesentlicher Teile der Datenbank für einen Ausgleich der Interessen des Herstellers mit den Interessen der normalen Nutzer, namentlich aus dem Bereich der Wissenschaft, an einem möglichst ungehinderten **Informationszugang,**[25] ohne dass der Hersteller durch wiederholte und planmäßige Nutzungen unwesentlicher Datenbankteile wirtschaftlichen Schaden befürchten muss.

II. Einzelerläuterungen

1. Begrenzung der Ausschließlichkeitsrechte auf wesentliche Datenbankteile nach Abs. 1 S. 1

13   **a) Allgemeines.** Abs. 1 S. 1 begrenzt die ausschließlichen Rechte des Datenbankherstellers auf die Vervielfältigung, Verbreitung und öffentliche Wiedergabe einer **Datenbank insgesamt oder eines der Art oder dem Umfang nach wesentlichen Datenbankteils.** Unwesentliche Teile einer von ihm der Öffentlichkeit entgeltlich oder unentgeltlich zugänglich gemachten Datenbank dürfen erlaubnisfrei genutzt werden (sa. → Rn. 19 ff.), es sei denn, die wiederholte und systematische Nutzung unwesentlicher Teile läuft einer normalen Auswertung der Datenbank zuwider **oder** beeinträchtigt

---

[21] Vgl. AmtlBegr. des 2. UrhGÄndG BT-Drs. 12/4022, 7 f.; zur richtlinienkonformen Auslegung des nationalen Urheberrechts vgl. → § 15 Rn. 107 ff.; → Vor §§ 87a ff. Rn. 14.

[22] Vgl. BGH GRUR 2003, 958 (961) – Paperboy; Einzelheiten → § 19a Rn. 15 ff., 34 ff., 40 f.; *Dreier* in Schricker (Hrsg.), Informationsgesellschaft, S. 134 ff. mwN; *Vogel* ZUM 1997, 592 (597) mwN; im Ergebnis ebenso Beschlussempfehlung und Bericht des Ausschusses BT-Drs. 13/7934, 45, 49.

[23] Einzelheiten dazu *v. Ungern-Sternberg* GRUR 2012, 1198 (1199 ff.); *v. Ungern-Sternberg* GRUR 2015, 205 (207 ff.); *v. Ungern-Sternberg* FS Bornkamm, S. 1007 (1015 f.) sowie seine Kommentierung → § 15 Rn. 107 ff. jeweils mwN; ferner BGH GRUR 2013, 818 Rn. 26 – Die Realität I unter Hinweis auf EuGH GRUR 2007, 225 Rn. 42 – SAGE/Rafael; EuGH GRUR 2012, 156 Rn. 195 – Football Association Premier League u. Murphy; EuGH GRUR 2012, 593 Rn. 82 – SCF/Marco Del Corso.

[24] EuGH GRUR 2012, 1245 Rn. 24–27 – Dataco/Sportradar; ferner *v. Ungern-Sternberg* FS Bornkamm (2014), S. 1007 (1014); → Vor §§ 87a ff. Rn. 14.

[25] Zu Rechtfertigung und Bedeutung des Datenbankherstellerrechts ferner → Vor §§ 87a ff. Rn. 21 ff.

die berechtigten Interessen des Datenbankherstellers in unzumutbarer Weise (Abs. 1 S. 2).[26] Der Datenbankhersteller kann die gesetzlich freien Nutzungen nicht vertraglich einschränken (§ 87e). Mit diesem Umgehungsverbot werden die Wertentscheidungen des Datenbankherstellerrechts gesichert. Die Begriffe der **Entnahme und Weiterverwendung** sind weit zu verstehen, dh. für die Entnahme nach der Definition des Art. 7 Abs. 2 lit. a Datenbank-RL „ungeachtet der dabei verwendeten Mittel und der Form" und für die Weiterverwendung nach Art. 7 Abs. 2 lit. b Datenbank-RL in „jeder Form der öffentlichen Verfügbarmachung".[27] Die Begrifflichkeit des Abs. 1 S. 2 entspricht der der Verwertungsrechte des Urhebers nach § 15 Abs. 1 Nr. 1 und 2, Abs. 2, ohne dass sich in ihrem Regelungsgehalt, sieht man von der Begrenzung der Rechte auf die Nutzung wesentlicher Teile einer Datenbank ab, erhebliche Unterschiede zu den Begriffen der Entnahme und Weiterverwendung in Art. 7 Abs. 2 lit. a) und b) Datenbank-RL ergeben.[28] Abweichungen im Regelungsgehalt sind im Wege richtlinienkonformer Auslegung auszugleichen (→ Rn. 9 f.). Dies gilt insbesondere für den Begriff der öffentlichen Wiedergabe nach harmonisiertem Unionsrecht.[29]

Der EuGH hat **zum Umfang** der Verwertungsrechte des Datenbankherstellers in weiter Auslegung mehrere richtungsweisende Entscheidungen getroffen. Nach ihnen ist es im Hinblick auf die geschützte wesentliche Investition in eine Datenbank **ohne Bedeutung,** **14**
– ob bei einer Verletzung der Rechte nach Abs. 1 S. 1 die Entnahme oder Weiterverwendung der fraglichen Daten **direkt** aus der Ursprungsdatenbank **oder indirekt** aus einer anderen Quelle erfolgt,[30]
– ob auf die Daten in der kommerzieller Absicht des Aufbaus einer neuen Datenbank zugegriffen wird (Erwgr. 42),[31]
– ob der Inhalt der Datenbank als solcher extrahiert oder ob nur deren investitionsintensive Auswahl mit Daten aus anderen Quellen nachgebildet wird,[32]
– ob die entnommenen Daten in wesentlichem Umfang nach Überprüfung verändert oder in veränderter Zusammenstellung in eine neue Datenbank eingestellt werden[33] oder
– ob mit den Daten auch die Datenanordnung übernommen wird (dazu → Rn. 15).

Ferner führt die Zustimmung des Datenbankherstellers zur öffentlichen Zugänglichmachung seiner Datenbank als eine Art der unkörperlichen Nutzung – anders als bei der Verbreitung in körperlicher Form (Abs. 2 iVm. § 17 Abs. 2) – nicht zu einer Erschöpfung des Rechts (Erwgr. 43).[34] Die erlaubnisfreie Nutzung unwesentlicher Datenbankteile ist lediglich Ausdruck des unter Abwägung des Amortisationsinteresses des Herstellers und des Informationsinteresses der Allgemeinheit festgelegten Investitionsschutzes (→ Rn. 3), der den diesem Recht eigenen, beschränkten Schutzumfang rechtfertigt.[35]

b) Konkretisierung des Umfangs der Verwertungsrechte des Datenbankherstellers durch **15**
den EuGH. Nach der Beantwortung der Vorlage des BGH in der Sache „Gedichttitelliste II"[36] durch den EuGH fällt zudem, anders als noch in der 4. Auflage vertreten, **nicht allein die rein mechanische Übertragung des Datenbankinhalts** in seiner Gesamtheit oder in wesentlichen Teilen auf einen anderen Datenträger (CD-Rom, Arbeitsspeicher etc.), die Kopie 1:1 also, unter die Richtliniendefinition der dem Datenbankhersteller vorbehaltenen Entnahme gemäß Art. 7 Abs. 2 lit. a Datenbank-RL.[37]

Zur Auslegung des Begriffs der Entnahme hatte der BGH dem EuGH die Frage vorgelegt, ob eine **16** Übernahme von Daten aus einer iSd. Art. 7 Abs. 1 Datenbank-RL geschützten Datenbank auch dann

---

[26] Ausführlich dazu → Rn. 60 f.

[27] So der EuGH in st. Rspr. im Hinblick auf das Amortisationsinteresse des Datenbankherstellers: EuGH GRUR 2005, 244 Rn. 51 – BHB-Pferdewetten; EuGH GRUR 2008, 1077 Rn. 31 – Directmedia Publishing; EuGH GRUR 2009, 572 Rn. 40 – Apis/Lakorda; EuGH GRUR 2012, 1245 Rn. 20 – Football Dataco/Sportradar; EuGH GRUR 2014, 166 Rn. 31 ff. – Innoweb/Wengener.

[28] → Vor §§ 87a ff. Rn. 19; ebenso Fromm/Nordemann/*Czychowski* § 87b UrhG Rn. 3.

[29] Vgl. *v. Ungern-Sternberg* GRUR 2012, 1198 (1199 ff.); *v. Ungern-Sternberg* GRUR 2015, 205 (207 ff.); *v. Ungern-Sternberg* FS Bornkamm, S. 1007 (1015 f.) sowie seine Kommentierung → § 15 Rn. 52 ff. jeweils mwN; zum Vervielfältigungsrecht → Rn. 38.

[30] EuGH GRUR 2005, 244 Rn. 52 f. – BHB-Pferdewetten; BGH GRUR 2011, 724 Rn. 39 f. – Zweite Zahnarztmeinung II; BGH GRUR 2009, 852 Rn. 56 – Elektronischer Zolltarif; dazu auch *Davison/Hugenholtz* E I PR 2005, 113 (117) kritisch zu der sich abzeichnenden Rechtsprechung *Ehmann* GRUR 2008, 474 (477 f.): es verbietet sich eine Auslegung, die unabhängig von der Quelle der Datenübernahme die Rechtswidrigkeit allein aus der Übereinstimmung mit wesentlichen Teilen begründet.

[31] EuGH GRUR 2005, 244 Rn. 47 – BHB-Pferdewetten; EuGH GRUR 2008, 1077 Rn. 46 f. – Directmedia Publishing; EuGH GRUR 2009, 572 Rn. 45 f. – Apis/Lakorda; OLG Köln MMR 2007, 443 (445) – DWD-Wetterdienst.

[32] EuGH GRUR 2005, 244 Rn. 52 f. – BHB-Pferdewetten; BGH GRUR 2011, 724 Rn. 39 – Zweite Zahnarztmeinung II; BGH GRUR 2009, 852 Rn. 56 – Elektronischer Zolltarif.

[33] EuGH GRUR 2008, 1077 Rn. 39 – Directmedia Publishing; BGH GRUR 2005, 857 (859) – HIT BILANZ.

[34] EuGH GRUR 2005, 244 Rn. 58 – BHB-Pferdewetten.

[35] AllgM, EuGH GRUR 2005, 244 Rn. 45 – BHB-Pferdewetten; BGH GRUR 2005, 857 (859) – HIT BILANZ unter Hinweis auf die nach Art. 5 Abs. 2 GG zulässige Einschränkung der Informationsfreiheit durch einfaches Gesetz; sa. Fromm/Nordemann/*Czychowski* Vor §§ 87a ff. UrhG Rn. 36 ff.; *Haberstumpf* GRUR 2003, 14 (27); *Milbradt* CR 2002, 710 (713).

[36] BGH GRUR 2007, 688 – Gedichttitelliste II.

[37] → Rn. 13 f.; aA auch noch *Bensinger* S. 188 f.

eine Entnahme iSd. Art. 7 Abs. 1, Abs. 2 lit. a der Richtlinie darstellt, wenn sie aufgrund von Abfragen nach einer kritischen Abwägung im Einzelnen vorgenommen wird, oder ob eine Entnahme iSd. Vorschrift einen Vorgang des (physischen) Kopierens eines Datenbestandes voraussetzt.[38] Der **EuGH** hat diese Frage in der Directmedia Publishing-Entscheidung und in der späteren Apis/Lakorda-Entscheidung verneint und im Interesse des Investitionsschutzes des Datenbankherstellers[39] einen **weiten, von den eingesetzten Mitteln und Formen unabhängigen Begriff der Entnahme** befürwortet.[40] Der Entnahmebegriff kann danach nicht auf das technische Kopieren von Daten beschränkt werden, sondern schließt auch das zeitlich begrenzte Speichern der Daten im Arbeitsspeicher eines Computers und selbst das bloße Abschreiben ein.[41] Damit ist die Entnahme von formalen, technischen oder physischen Kriterien ebenso unabhängig[42] wie von ihr zugrundeliegenden Zielsetzungen.[43] Die kritische Prüfung der entnommenen Daten[44] sowie ihre andere Anordnung in einer neuen Datenbank[45] schließen ebenfalls eine Entnahme nicht aus. Der Schutz des Datenbankherstellers nicht allein vor der Entnahme der Gesamtheit oder eines wesentlichen Teils seiner Datenbank, sondern unter bestimmten Voraussetzungen auch unwesentlicher Teile des Datenbankinhalts[46] spricht nach Auffassung des EuGH dafür, auch die Übertragung eines unwesentlichen und unstrukturierten Datenbestandes unter den Entnahmebegriff des Art. 7 der Richtlinie zu subsumieren.[47] Entsprechendes gilt für den gleichfalls weit zu verstehenden Begriff der Weiterverwendung.

17   Die **Directmedia Publishing- und Apis/Lakorda-Entscheidungen** des EuGH sind in ihre Tragweite **nicht unproblematisch.** Bei der Bestimmung, welche Handlungen erlaubnisfrei zulässig und welche dem Hersteller kraft seines Verwertungsrechts vorbehalten sind, ist in teleologischer Auslegung der Richtlinie durch den EuGH neben dem **Informationsinteresse der Öffentlichkeit** unter besonderer Berücksichtigung seines Schutzgegenstandes der **Schutzzweck** des Rechts maßgeblich.[48] Dieser ist nicht lediglich auf die erbrachte Investition an sich reduziert, sondern setzt eine körperliche Erscheinungsform (materielles Substrat) als Buch, CD-ROM, Speicherchips ua. als Ergebnis der bei der Errichtung der Datenbank erbrachten Investitionsleistung als Immaterialgut voraus.[49] Das verdeutlicht die Definition der Entnahme in Art. 7 Abs. 2 lit. a Datenbank-RL als die „ständige oder vorübergehende Übertragung der Gesamtheit oder eines wesentlichen Teils des Inhalts einer Datenbank auf einen anderen Datenträger, ungeachtet der dafür verwendeten Mittel und der Form der Entnahme". Dennoch spielt es nach Auffassung des EuGH und ihm folgend des BGH im Interesse des Investitionsschutzes keine Rolle, ob die Daten unmittelbar von der Ursprungsdatenbank oder indirekt von einer späteren (un-)zulässigen Quelle entnommen werden.[50] Vielmehr liegt selbst dann eine Entnahme vor, wenn ein Dritter ohne einen zumindest mittelbaren Rückgriff auf eine geschützte Datenbank identische Daten erzeugt oder erzeugen lässt, um sie in seine Datenbank einzustellen, obwohl es an der für die Entnahme nach Art. 7 Abs. 2 Datenbank-RL erforderlichen „Übertragung auf einen anderen Datenträger" des Inhalts der Datenbank fehlt.[51]

18   Die **weite Auslegung der Begriffe der Entnahme und Weiterverwendung** durch den EuGH könnte dazu führen, dass die kritische Überprüfung, Bewertung und Übernahme einzelner Daten im Rahmen wissenschaftlicher Arbeit das erlaubnisfrei zulässige Maß entnommener Daten rasch überschreitet. Dadurch kann die Informations- und Wissenschaftsfreiheit mitunter übermäßig beschränkt

---

[38] BGH GRUR 2007, 688 Rn. 23 – Gedichttitelliste II.

[39] EuGH GRUR 2008, 1077 – Direktmedia Publishing = MMR 2008, 807 m. zust. Anm. *Rössel* = JZ 2009, 98 mAnm *Leistner.*

[40] EuGH GRUR 2008, 1077 Rn. 33–35, 37–38, 49 – Direktmedia Publishing; EuGH GRUR 2009, 572 Rn. 40 – Apis/Lakorda; BGH GRUR 2011, 1018 Rn. 38 – Automobil-Onlinebörse; BGH GRUR 2011, 724 Rn. 39, 40 – Zweite Zahnarztmeinung II; zur Auslegung des Begriffs der Vervielfältigung in Abs. 1 im Lichte dieser Rechtsprechung und dem Problemen der Schranken des Vervielfältigungsrechts → Rn. 38, 40.

[41] EuGH GRUR 2008, 1077 Rn. 37 – Directmedia Publishing; EuGH GRUR 2009, 572 Rn. 40, 44 – Apis/Lakorda.

[42] EuGH GRUR 2008, 1077 Rn. 38 – Directmedia Publishing; EuGH GRUR 2009, 572 Rn. 41 – Apis/Lakorda.

[43] EuGH GRUR 2008, 1077 Rn. 47 – Directmedia Publishing; EuGH GRUR 2009, 572 Rn. 46 – Apis/Lakorda.

[44] EuGH GRUR 2009, 572 Rn. 45 – Apis/Lakorda; ebenso BGH GRUR 2011, 724 Rn. 39 – Zweite Zahnarztmeinung II.

[45] EuGH GRUR 2008, 1077 Rn. 39, 41, 46f. – Directmedia Publishing; EuGH GRUR 2009, 572 Rn. 46–48, 55 – Apis/Lakorda; EuGH GRUR 2005, 244 Rn. 47f., 81 – BHB-Pferdewetten; ebenso BGH GRUR 2011, 724 Rn. 31 – Zweite Zahnarztmeinung II; BGH GRUR 2011, 1018 Rn. 38 – Automobil-Onlinebörse.

[46] EuGH GRUR 2009, 572 Rn. 43 – Apis/Lakorda.

[47] EuGH GRUR 2009, 572 Rn. 44 – Apis/Lakorda.

[48] So auch *Leistner* GRUR 2014, 528 (530, 533).

[49] Vgl. BGH GRUR 2007, 688 Rn. 23 – Gedichttitelliste II; *Leistner* in Wiebe/Leupold (Hrsg.) Teil II B Rn. 52; *Leistner* S. 148; *Ehmann* GRUR 2008, 449 (477); → § 87a Rn. 4; aA (keine körperliche Erscheinungsform) *Gaster* Rn. 475ff.; *Gaster* in Hoeren/Sieber (Hrsg.) Teil 7.8. Rn. 68; *Schack* Rn. 774.

[50] BGH GRUR 2009, 852 Rn. 56 – Elektronischer Zolltarif; → Rn. 12; ebenso Dreier/Schulze/*Dreier* § 87b UrhG Rn. 4.

[51] Vgl. BGH GRUR 2011, 1018 Rn. 39 – Automobil-Onlinebörse unter Hinweis auf EuGH GRUR 2005, 244 Rn. 51 – BHB-Pferdewetten; EuGH GRUR 2008, 1077 Rn. 34 – Directmedia Publishing; EuGH GRUR 2009, 572 Rn. 40, 49 – Apis/Lakorda; Wandtke/Bullinger/*Hermes* § 87b UrhG Rn. 28; *v. Ungern-Sternberg* GRUR 2010, 386 (390).

werden und zu rechtlicher Unsicherheit führen.[52] Es bleibt angesichts dessen abzuwarten, ob diese Entscheidungen nicht eine gewisse Korrektur durch den EuGH erfahren werden. Denkbar wäre es, den durch diese Entscheidung sehr weit gezogenen Schutzbereich durch strengere Anforderungen an das **Maß der schutzbegründenden Investition** auszugleichen.[53]

c) Erlaubnisfreie Nutzungen. Bei der Bestimmung, welche Handlungen erlaubnisfrei zulässig 19 sind und welche der Hersteller kraft seines Verwertungsrechts unterbinden kann, sind, wie gesagt, bei der vom EuGH vorgenommenen teleologischen Auslegung der Richtlinie das Informationsinteresse der Öffentlichkeit und der Investitionsschutz gegeneinander abzuwägen.

aa) Ausschließlichkeitsrecht und normale Nutzung. Angesichts dessen heißt es in den Erwä- 20 gungsgründen im Hinblick auf den Inhalt der Datenbank klarstellend, dass in den vorbehaltenen Nutzungshandlungen „**in keinerlei Hinsicht eine Ausdehnung des urheberrechtlichen Schutzes auf reine Daten und Fakten zu sehen**" ist (Erwgr. 45) und die Ausschließlichkeitsrechte des Herstellers nicht „zur Entstehung eines neuen Rechts an diesen Werken, Daten und Elementen selbst" führen (Erwgr. 46). Die Verwendung der Daten ist somit datenbankrechtlich frei. Demnach kann – über das immer schon freie Blättern, Recherchieren oder Lesen in einer Datenbank sowie über ihre nichtöffentliche Wiedergabe hinaus – die normale Nutzung (Abfrage) einer entgeltlich oder unentgeltlich der Öffentlichkeit zur Verfügung gestellten Datenbank nicht behindert werden.[54] In Erwgr. 42 ist in diesem Zusammenhang von den „**begründeten Rechten**" **des Benutzers** die Rede. Zur normalen Nutzung rechnet ua. die erkennbare gedankliche Auseinandersetzung wie das Eintreten in einen Diskurs mit dem Inhalt der Datenbankelemente, bei dem diese auch inhaltliche Veränderungen erfahren und in einen anderen gedanklichen Zusammenhang gestellt werden können, wie es bei dem im Wirtschaftsleben und in der Wissenschaft immer bedeutsameren **Text und Data Mining** begegnet. Dabei werden riesige Datenmengen, wie zB die millionenfach vorhandenen Kassenzettel einer großen Handelskette, durchsucht und unter speziellen Parametern im Hinblick auf besondere Aspekte des Käuferverhaltens ausgewertet, um die Geschäftspolitik eines Unternehmens an den gewonnenen Erkenntnissen auszurichten. Meist entstehen dabei selbst wieder neue iSd. § 87a schutzfähige Datenbanken.[55]

In Konsequenz dessen kann nicht von einer nach Abs. 1 S. 1 vorbehaltenen Handlung ausgegangen 21 werden, wenn es um die Nutzung der **Datenbank als Informationsquelle** geht und die Nutzungen nicht zu gering zu bemessender Datensätze mit der geistigen Verarbeitung ihres Inhalts verbunden sind.[56] Insoweit sind Entnahmen und Weiterverwendungen als erlaubnisfreie normale Nutzungen unwesentlicher Teile zu betrachten, die die Informationsfreiheit dementsprechend nicht berühren.[57] Denn die bestimmungsgemäße normale Nutzung einer Datenbank durch **Kenntnisnahme, Konsultation sowie durch selbstständige geistige Verarbeitung ihres Inhalts** hat der Rechtsinhaber hinzunehmen, wenn er dem Zugang zu seiner Datenbank zugestimmt und verlangte Lizenzzahlungen erhalten hat[58] bzw. die Datenentnahme nicht zu vertragswidrigen Zwecken wie zu einem Datenabgleich mit einer Konkurrenzdatenbank erfolgt.[59]

Bei einer **privaten Datenbank** steht es ihrem Hersteller frei, den **Zugang von Bedingungen** 22 **abhängig** zu machen. Hat er den Zugang zu seiner Datenbank erlaubt, darf er die normale Nutzung unwesentlicher Teile von ihr nicht einschränken (§ 87e). Mitunter benötigt der Nutzer eine über den bloßen Zugang hinausgehende Zustimmung des Datenbankherstellers, wenn sich seine beabsichtigte Nutzung auf mehr erstrecken soll als auf unwesentliche Teile. Dies kann zB der Fall sein bei der Darstellung des Datenbankinhalts auf dem Bildschirm oder dessen dauerhafter oder vorübergehende Vervielfältigung in seiner Gesamtheit oder zu einem wesentlichen Teil auf einem anderen Datenträger (Erwgr. 44).[60] Bei amtlichen Datenbanken hängt der Zugang bisweilen von besonderen gesetzlichen Regelungen oder Verordnungen ab.

bb) Als Investitionsschutzrecht kennen die §§ 87a ff. **kein Bearbeitungsrecht** des Datenbankher- 23 stellers. Es wäre nach der Rechtsprechung des EuGH auch nicht erforderlich und zudem systemwidrig. Der Umfang der ausschließlichen Rechte nach Abs. 1 S. 1 richtet sich nur gegen die Entnahme und Weiterverwendung zumindest wesentlicher Teile der in einer Datenbank enthaltenen Daten

---

[52] So bereits zur Vorlage des BGH mit grundsätzlicher Kritik *Ehmann* GRUR 2008, 474 (477 f.).
[53] Vgl. → § 87a Rn. 42, 45 mwN.
[54] Vgl. EuGH GRUR 2008, 1077 Rn. 51 ff. – Directmedia Publishing; EuGH GRUR 2005, 244 Rn. 54 ff. – BHB-Pferdewetten; BGH GRUR 2009, 852 Rn. 42 – Elektronischer Zolltarif.
[55] Einzelheiten dazu unter § 60d.
[56] Vgl. EuGH GRUR 2005, 244 Rn. 54 ff. – BHB-Pferdewetten.
[57] Vgl. EuGH GRUR 2008, 1077 Rn. 43, 51 ff. – Directmedia Publishing; Fromm/Nordemann/*Czychowski* Vor §§ 87a ff. UrhG Rn. 36 ff., § 87b UrhG Rn. 8; Dreier/Schulze/*Dreier* § 87b UrhG Rn. 5, bei allerdings nicht allzu geringen Anforderungen an die Wesentlichkeit; aA zur Informationsfreiheit Fromm/Nordemann/*Hertin* (9. Aufl.), § 87a UrhG Rn. 9; *Heinrich* WRP 1997, 275; *Gaster* CR 1997, 669 (671); *Wiebe* CR 1996, 198 (202).
[58] EuGH GRUR 2005, 244 Rn. 55 – BHB-Pferdewetten; sa. DKMH/*Kotthoff* § 87b UrhG Rn. 5; Wandtke/Bullinger/*Hermes* § 87b UrhG Rn. 32.
[59] BGH GRUR 2009, 852 Rn. 37 ff. – Elektronischer Zolltarif.
[60] Erwgr. 44; EuGH GRUR 2008, 1077 Rn. 53 – Directmedia Publishing; GRUR 2009, 572 Rn. 41 f. – Apis/Lakorda; EuGH GRUR 2005, 244 Rn. 55 – BHB-Pferdewetten; BGH GRUR 2011, 1018 Rn. 64 – Automobil-Onlinebörse; § 87c Rn. 1; Wandtke/Bullinger/*Hermes* § 87b UrhG Rn. 30 ff.

und/oder ihres Abfragesystems. Der Datenbankhersteller kann sich deshalb gegen die Errichtung einer Datenbank zur Wehr setzen, für deren Inhalt die Gesamtheit oder wesentliche Teile seiner Datenbank, unter Umständen sogar einschließlich der Anordnung der Daten und des Abfragesystems, übernommen worden sind. Das gilt nach dem weiten Entnahme- und Weiterverwendungsbegriff durch den EuGH[61] selbst dann, wenn die Daten im Zusammenhang mit der Entnahme kritisch überprüft werden und in der neuen Datenbank eine andere Anordnung erfahren,[62] um sie von dort auf dem Bildschirm wahrnehmbar zu machen.[63] Überdies greifen die Verwertungsrechte des Abs. 1 selbst dann ein, wenn die Daten der Ursprungsdatenbank aus anderen Quellen beschafft worden sind. Angesichts dieser Änderungsmöglichkeiten bedarf es eines Bearbeitungsrechts des Datenbankherstellers iSd. § 23 nicht.[64]

24 **d) Umfang der vorbehaltenen Nutzungshandlungen.** Abs. 1 S. 1 schützt den Datenbankhersteller nicht vor jeder die Amortisation seiner Datenbank beeinträchtigenden Handlung, sondern nur vor Nutzungen von **der Art oder dem Umfang nach wesentlicher Teile** oder der **Gesamtheit des Datenbankinhalts** sowie nach **Satz 2 gegen die Entnahme unwesentlicher Datenbankteile, die mit einem unlauteren Verhalten verbunden sind.**[65] Darin liegt keine Schranke des Rechts, sondern die Begrenzung seines Regelungsumfangs. Eine allgemein verbindliche Definition des unbestimmten Rechtsbegriffs eines der Art oder dem Umfang nach wesentlichen Teils des Datenbankinhalts findet sich in § 87b Abs. 1 S. 1 ebenso wenig wie in § 87a Abs. 1 S. 1. Seine Ausfüllung obliegt deshalb unter Berücksichtigung der entsprechenden Terminologie des Art. 7 Abs. 1 Datenbank-RL (quantitativ oder qualitativ wesentlich) der Rechtsprechung.[66] Nach ihr rechnet zum Datenbankinhalt alles, was Investitionen bei der Beschaffung, Überprüfung oder Darstellung erfordert hat.[67] Das schließt die einzelnen informationstragenden Elemente ebenso ein wie das auf den Ordnungsprinzipien beruhende Zugangssystem (Index, Thesaurus, Abfragesystem).[68] Die **Ordnungsprinzipien** selbst nehmen dagegen nicht am Schutz teil. Sie sind **nicht monopolisierbar.** Für die Auslegung des Wesentlichkeitsbegriffs gelten die zu § 87a Abs. 1 S. 1 entwickelten Kriterien entsprechend, da es jeweils um das Maß einer getätigten Investition geht.[69] Unter ihrer Berücksichtigung und im Lichte des Schutzzwecks und des Schutzgegenstandes des Rechts orientiert sich die Wesentlichkeit eines entnommenen Datenbankteils daran, ob gerade dieser eine wesentliche Investition in die Datenbank verkörpert und deshalb seine Vervielfältigung, Verbreitung oder öffentliche Wiedergabe **über das begründete Informationsinteresse** des Benutzers der Datenbank hinausgeht und dabei dem Amortisationsinteresse ihres Herstellers einen Schaden zugefügt (vgl. Erwgr. 42).[70] Dem entsprechend haben der EuGH und der BGH **einzelne Datensätze,** die nicht auf die Umgehung der Ausschließlichkeitsrechte nach Abs. 1 S. 1 gerichtet sind, nicht für wesentlich erachtet, es sei denn, ihre Entnahme erwiese sich unter den Voraussetzungen des Abs. 1 S. 2 als unlauter.[71]

25 Die Verwendung der entnommenen Datenbankteile für ein unmittelbares Konkurrenzprodukt stellt eine **erhebliche Beeinträchtigung der normalen Auswertung** der Ursprungsdatenbank dar.[72] Jedoch verlangt Abs. 1 S. 1 nicht zwingend, dass der Eingriff in die ausschließlichen Rechte des Herstellers dem Aufbau eines parasitären Konkurrenzproduktes dient, denn ein Wettbewerbsverhältnis

---

[61] Vgl. EuGH GRUR 2008, 1077 Rn. 31, 49 – Directmedia Publishing; EuGH GRUR 2005, 244 Rn. 51 – BHB-Pferdewetten.

[62] EuGH GRUR 2008, 1077 Rn. 39 – Directmedia Publishing; BGH GRUR 2005, 857 (859) – HIT BILANZ; → Rn. 13 f.

[63] EuGH GRUR 2008, 1077 Rn. 53 – Directmedia Publishing; BGH GRUR 2005, 857 (859) – HIT BILANZ und BGH GRUR-RR 2010, 232 Rn. 17 – Gedichttitelliste III; ebenso Dreier/Schulze/*Dreier* § 87b UrhG Rn. 4.

[64] So aber Fromm/Nordemann/*Czychowski* § 87b UrhG Rn. 20; kritisch zu einem Bearbeitungsrecht des Datenbankherstellers auch Dreier/Schulze/*Dreier* § 87b UrhG Rn. 3; ähnlich auch Wandtke/Bullinger/*Hermes* § 87b UrhG Rn. 9.

[65] BGH GRUR 2011, 724 Rn. 32 – Zweite Zahnarztmeinung II; BGH GRUR 2011, 1018 Rn. 53 ff. – Automobil-Onlinebörse; BGH GRUR 2009, 852 Rn. 47 – Elektronischer Zolltarif.

[66] AllgM, BR-Drs. 966/96, 47; Schlussanträge der Generalanwältin *Stix-Hackl* Rn. 81 zu EuGH GRUR 2005, 244 – BHB-Pferdewetten; *Leistner* S. 171; *Flechsig* ZUM 1997, 577 (588); *Gaster* Rn. 496; Fromm/Nordemann/*Czychowski* § 87b UrhG Rn. 5; Dreier/Schulze/*Dreier* § 87b UrhG Rn. 5; Fromm/Nordemann/*Hertin* (9. Aufl.), § 87b UrhG Rn. 11.

[67] → § 87a Rn. 42 ff.; BGH GRUR 2011, 1018 Rn. 55 – Automobil-Onlinebörse; demgegenüber reduziert *Bensinger* S. 186 ff. in Konsequenz des von ihr angenommenen Schutzgegenstands (→ Rn. 32) den Inhalt der Datenbank auf die bloßen Datenbankelemente.

[68] BGH GRUR 2011, 724 Rn. 31- Zweite Zahnarztmeinung II; OLG Frankfurt MMR 2003, 45 (48) – IMS Health; Dreier/Schulze/*Dreier* § 87b UrhG Rn. 7; Fromm/Nordemann/*Czychowski* § 87b UrhG Rn. 9.

[69] Ebenso *Leistner* S. 172 f.; *Leistner* GRUR-Int 1999, 819 (832); beide Begriffe zwar aufeinander bezogen, jedoch keineswegs deckungsgleich Fromm/Nordemann/*Czychowski* § 87b UrhG Rn. 7; Fromm/Nordemann/*Hertin* (9. Aufl.), § 87b UrhG Rn. 12 f.; ähnlich *Benecke* CR 2004, 608 (610).

[70] Vgl.; BGH GRUR 2011, 724 Rn. 32 – Zweite Zahnarztmeinung II; BGH GRUR 2011, 1018 Rn. 53 ff. – Automobil-Onlinebörse; BGH GRUR 2009, 852 Rn. 47 – Elektronischer Zolltarif.

[71] EuGH GRUR 2005, 244 Rn. 86 – 89 – BHB-Pferdewetten; BGH GRUR 2011, 1018 Rn. 58 – Automobil-Onlinebörse; BGH GRUR 2011, 724 Rn. 35 – Zweite Zahnarztmeinung II; ebenso Dreier/Schulze/*Dreier* § 87b UrhG Rn. 7; Fromm/Nordemann/*Czychowski* § 87b UrhG Rn. 9.

[72] BGH GRUR 2011, 724 Rn. 42 – Zweite Zahnarztmeinung II.

zwischen Hersteller und Nutzer wird nicht vorausgesetzt.[73] Auch bedarf es für die Beurteilung der Wesentlichkeit eines verwendeten Datenbankteils **keines Nachweises einer konkreten wirtschaftlichen Beeinträchtigung** infolge der Verletzung der dem Datenbankhersteller vorbehaltenen Nutzungen.[74] Vielmehr geht das Gesetz bei der unbefugten Nutzung eines wesentlichen Teils unwiderleglich von einer Beeinträchtigung der Herstellerinteressen aus. Allein bei der wiederholten und systematischen Nutzung unwesentlicher Teile des Datenbankinhalts nach Abs. 1 S. 2 hat der Hersteller entweder die Beeinträchtigung der normalen Auswertung der Datenbank oder die unzumutbare Beeinträchtigung seines berechtigten Amortisationsinteresses zu beweisen (dazu → Rn. 58). Das Recht des Datenbankherstellers nach Abs. 1 ist jedoch nicht berührt, wenn ein Dritter sich die fraglichen Datenbankelemente **aus anderen Quellen** besorgt, selbst wenn er unter ihrer Verwendung eine identische Datenbank herstellt.[75]

aa) Bei der Auslegung des Begriffs der **Wesentlichkeit eines Datenbankteils** bei Nutzungen **26** **dem Umfang nach wesentlicher Teile** ist dem EuGH und dem BGH folgend auf die **Proportionalität** der entnommenen Daten zum Gesamtvolumen der Datenbank abstellen.[76] Das genutzte Datenvolumen ist im Verhältnis zu dem der Datenbank insgesamt zu bewerten. Generierte Daten sind dabei unbeachtlich.[77] Ebenso bleiben der Informationswert der Daten und ihr individueller Wert für den Benutzer unberücksichtigt.[78] Welcher Prozentsatz des Datenbankinhalts die Wesentlichkeit in quantitativer Hinsicht begründet, wird von der Rechtsprechung unterschiedlich beantwortet. Meist wird nicht gesagt, welcher Umfang wesentlich ist,[79] sondern nur was nicht wesentlich ist.[80] Die Literatur ist mit genauen Angaben zurückhaltend. 50 % des Inhalts jedenfalls werden für wesentlich erachtet.[81] Mitunter begründen erst die **Quantität und Qualität** der entnommenen Elemente **zusammen** die Wesentlichkeit, zumal ein verlässlicher Prozentsatz der quantitativen Wesentlichkeit nicht angegeben werden kann,[82] weil nicht stets die entnommene Datenmenge auch eine wesentliche Investition repräsentiert. So kann eine große Menge des Datenbankinhalts mit nur geringem Aufwand beschafft worden sein, während eine kleine Datenmenge einen verhältnismäßig hohen Beschaffungsaufwand verursacht hat,[83] der gleichwohl für die Annahme einer qualitativ wesentlichen Investition nicht ausreicht. Dies legt eine **Gesamtbetrachtung der Investitionen** nahe (→ Rn. 34 ff.).

(i) Insbesondere Metasuchmaschinen. Bei Metasuchmaschinen stellt sich die Frage, wie die **27** Wesentlichkeit der Entnahme oder Weiterverwendung nach Abs. 1 S. 1 und S. 2 zu beurteilen ist, wenn ein Dritter diese zur Ermittlung von Daten aus mehreren Datenbanken einsetzt, ohne dass dabei die Website der Originaldatenbank aufgerufen werden muss. Diese von Preisvergleichsportalen geübte Praxis erfreut sich besonderer Beliebtheit im Reisegewerbe, wenn es darum geht, Billigflüge aus den Angeboten verschiedener Fluggesellschaften herauszufiltern, oder auf dem Online-Gebrauchtwagenmarkt. Die rechtliche Beurteilung betrifft überwiegend lauterkeitsrechtliche Fragestellungen im Hinblick auf § 3 Abs. 1 iVm. § 4 Nr. 3 lit. a und b, Nr. 4 UWG und das „virtuelle Hausrecht",[84] betrifft aber ebenso die Frage der Wesentlichkeit der aus fremden Datenbanken abgegriffenen Daten **(Screen-Scraping)**.[85] Sie hat in Entscheidungen des BGH und des EuGH zu unterschiedlichen

---

[73] EuGH GRUR 2005, 244 Rn. 47 f. – BHB-Pferdewetten; ebenso Dreier/Schulze/*Dreier* § 87b UrhG Rn. 4; *Haberstumpf* GRUR 2003, 14 (27); *Leistner* in Wiebe/Leupold (Hrsg.) Teil II B Rn. 57.

[74] Vgl. EuGH GRUR 2005, 244 Rn. 51 – BHB-Pferdewetten; ebenso *Leistner* in Wiebe/Leupold (Hrsg.) Teil II B Rn. 53.

[75] BGH GRUR 2011, 724 Rn. 39 – Zweite Zahnarztmeinung II; BGH GRUR 2005, 857, 859 – HIT BILANZ; vgl. auch DKMH/*Kotthoff* § 87b UrhG Rn. 6.

[76] EuGH GRUR 2009, 572 Rn. 59 – Apis/Lakorda; EuGH GRUR 2005, 244 Rn. 69 f. – BHB-Pferdewetten; BGH GRUR 2011, 1018 Rn. 42 – Automobil-Onlinebörse; BGH GRUR 2011, 724 Rn. 28 – Zweite Zahnarztmeinung II; BGH GRUR 2010, 1004 Rn. 29 – Autobahnmaut; BGH GRUR 2009, 852 Rn. 43 – Elektronischer Zolltarif.

[77] Dazu → § 87a Rn. 49 ff.

[78] Sa. *Wiebe* CR 2005, 169 (173).

[79] Etwa BGH GRUR 2011, 724 Rn. 29 – Zweite Zahnarztmeinung II: Entnahme von 10 % des Gesamtvolumens der streitgegenständlichen Datenbank; s. allerdings auch BGH GRUR-RR 2010, 232 Rn. 18 – Gedichttitelliste III: Entnahme von 75 % aus einer Datenbank mit 1100 Gedichten; wie hier auch Fromm/Nordemann/*Czychowski* § 87b UrhG Rn. 10.

[80] 10 % einer Datenbank jedenfalls nicht: BGH GRUR 2011, 724 Rn. 29 – Zweite Zahnarztmeinung II, ebenso unter Anführung von Beispielen aus der Rechtsprechung Wandtke/Bullinger/*Thum*/*Hermes* § 87b UrhG Rn. 15; Dreier/Schulze/*Dreier* § 87b UrhG Rn. 7; zurückhaltend in der Bewertung Fromm/Nordemann/*Czychowski* § 87b UrhG Rn. 10.

[81] *Raue*/*Bensinger* MMR 1998, 507 (511); *Leistner* GRUR-Int 1999, 819 (832); Herrmann/Dehißelles K&R 2009, 23 (25).

[82] So auch Fromm/Nordemann/*Czychowski* § 87b UrhG Rn. 10.

[83] Vgl. *Rieger* S. 162.

[84] Dazu und zur bis dahin ergangenen obergerichtlichen Rechtsprechung ausführlich *Deutsch* GRUR 2009, 1027 (1029 ff.) mwN.

[85] Zur in der Vergangenheit rechtlich umstrittenen Beurteilung des Screen-Scraping *Deutsch* GRUR 2009, 1027; *Deutsch*/*Friedmann* GRUR-Prax 2013, 174 (175) zu OLG Hamburg Urteil vom 24.10.2012 GRUR-RS 2012, 22946 und der dort bejahten wettbewerbswidrigen Behinderung wegen unlauteren Schleichbezugs nach § 4 Nr. 3 UWG; *Kahler*/*Helbig* WRP 2012, 48; *Jung* K&R 2011, 710; *Czychowski* GRUR-Prax 2011, 455; *Lober*/*Neumüller* EWiR 2010, 229; ausführlicher Überblick auch zur wettbewerbsrechtlichen Beurteilung Wandtke/Bullinger/*Hermes* § 87b UrhG Rn. 81 ff.; sämtliche Lit.-Hinweise noch ohne Berücksichtigung der Entscheidung EuGH GRUR 2014, 166 – Innoweb BV/Wengener ITC Media BV; vgl. auch DKMH/*Kotthoff* § 87b UrhG Rn. 17.

Antworten geführt.[86] In den hierzu ergangenen Entscheidungen war die spezielle Software der Be-
klagten zur Abfrage von Gebrauchtwagen-Datenbanken so ausgelegt, dass mehrere von ihnen unter
Verwendung derselben einschränkenden Suchkriterien (zB Fahrzeugtyp, gewünschtes Modell, Alter,
Kilometerzahl, Preislimit etc.) in Echtzeit durchsucht und dabei die Abfragen in das Format und die
Abfragemaske der Suchmaschine der jeweils abgefragten Datenbank automatisch übersetzt werden
konnten **(Screen Scraping-Software)**.[87]

28   Nach Auffassung des **BGH** betrifft die einzelne Suchanfrage wegen der dabei erfolgten Einschränkung der benutzten Daten lediglich einen im Verhältnis zu der Gesamtdatenmenge unwesentlichen
Teil der durchsuchten Gebrauchtwagen-Datenbanken, zumal für brauchbare Ergebnisse regelmäßig
noch weitere Parameter hinzugenommen werden müssen.[88] Folglich bedarf es in solchen und ähnlich
gelagerten Fällen nur der Vervielfältigung weniger abfragerelevanter Daten im Arbeitsspeicher des
Computers des Nutzers. Deshalb hat der Umfang der tatsächlich genutzten Daten in der BGH-
Entscheidung „**Gebrauchtwagen-Onlinebörse**" die Schwelle zu einem erlaubnispflichtigen wesentlichen Teil der Datenbank nicht überschritten. Angesichts dessen erübrigt sich nach Auffassung
des BGH die Beantwortung der Frage, ob die Bereitstellung der Metasuchmaschine unter dem Gesichtspunkt der Täterschaft oder Teilnahme einer Leistungsschutzrechtsverletzung unterbunden werden kann.[89] Beachtlich sei dabei stets nur der Nutzungsumfang jeder einzelnen Datenbankabfrage,
hingegen nicht der Umfang der Abfragen einer Gemeinschaft von Nutzern der Megasuchmaschine,
sofern diese Mehrheit von Nutzern nicht gemeinschaftlich in bewusstem und gewolltem Zusammenwirken Daten entnehme oder weiterverwende.[90] Daran ändere sich selbst dann nichts, wenn hintereinander mehrere Anfragen getätigt werden.

29   **(ii)** Der **EuGH** ist dieser Auffassung in dem ähnlich gelagerten Fall „**Innoweb BV/Wengener
ITC Media BV**"[91] entgegengetreten. Er ist der Auffassung, dass der dort beklagte Betreiber der
Metasuchmaschine, die die Anfragen der Endnutzer in die Sprache der von ihr angesteuerten Daten-
banken übersetzt, die Gesamtheit oder einen wesentlichen Teil des Inhalts dieser Datenbanken weiter-
verwende.[92] Dabei geht der Gerichtshof – wie vordem schon beim Begriff der Entnahme – unter
Berufung auf die Anreizfunktion der Datenbank-RL und den von ihr verfolgten Zweck des Amorti-
sationsschutzes von einer weiten Auslegung des Begriffes der Weiterverwendung einschließlich seiner
Variante „durch andere Formen der Übermittlung" aus und bezieht ihn ungeachtet des angewandten
Verfahrens auf jede unerlaubte Handlung, die eine geschützte Datenbank vollständig oder einen wesentlichen Teil von ihr in der Öffentlichkeit verbreitet.[93] Der Metasuchmaschinenbetreiber gebe dem
Endnutzer ein Werkzeug an der Hand, mit dem dieser ohne Nachteile die Ursprungsdatenbank unter
Umgehung von deren Zugangssoftware in Echtzeit abfragen könne. Seine Tätigkeit stelle indes keine
erlaubnisfreie Abfrage der Datenbank dar, weil die Abfrage der Endnutzer vornehme. Der Metasuchmaschinenbetreiber eröffne dem Endnutzer lediglich einen anderen Zugang zu der Ursprungsdatenbank, der von demjenigen Zugang abweiche, den der Hersteller vorgesehen habe. In der öffentlichen
Zugänglichmachung der Metasuchmaschine sieht der EuGH eine öffentliche Verfügbarmachung der
Gesamtheit oder wesentlicher Teile des Inhalts fremder Datenbanken iS. einer Weiterverwendung
nach Art. 7 Abs. 2 lit. b der Datenbank-RL. Denn mit dieser spezialisierten Suchmaschine werde der
gesamte Inhalt der Ursprungsdatenbank für die Durchsuchung verfügbar gemacht, ohne dass es darauf
ankomme, ob im Einzelfall der Endnutzer tatsächlich nur einen (unwesentlichen Teil) der Daten abfrage (→ Rn. 53 der Entscheidung).

30   An dieser Beurteilung wird man sich datenbankrechtlich zu orientieren haben, wenngleich trotz allem Verständnis für die vom EuGH im Rahmen einer weiten teleologischen Auslegung von Art. 7
Abs. 2 lit. b Datenbank-RL angeführten wirtschaftlichen Beeinträchtigungen des Herstellers der
Ursprungsdatenbank zu überlegen bleibt, ob nicht durch ihn und nicht durch den Betreiber der Metasuchmaschine die öffentliche Verfügbarmachung seiner in diesen Fällen rechtlich relevanten Datenbank erfolgt.[94] Es steht außer Zweifel, dass auf dem Gebiet des Immaterialgüterrechts der teleologi-

---

[86] BGH GRUR 2011, 1018 – Automobil-Onlinebörse mAnm *Czychowski* GRUR-Prax 2011, 455 (Bestätigung
des Berufungsurteils OLG Hamburg ZUM-RD 2011, 87) und EuGH GRUR 2014, 166 – Innoweb BV/
Wengener ITC Media BV.

[87] Vgl. EuGH GRUR 2014, 166 Rn. 9, 10, 26, 27 – Innoweb BV/Wengener ITC Media BV.

[88] So überzeugend BGH GRUR 2011, 1018 Rn. 43 – Automobil-Onlinebörse.

[89] BGH GRUR 2011, 1018 Rn. 45 – Automobil-Onlinebörse.

[90] BGH GRUR 2011, 1018 Rn. 48 – Automobil-Onlinebörse; ebenso die Vorinstanzen OLG Hamburg GRUR
2011, 728; OLG Frankfurt a. M. ZUM-RD 2009, 644; LG Hamburg ZUM-RD 2011, 108; zust. *Deutsch* GRUR
2009, 1027; *Jung* K&R 2011, 710; *Czychowski* GRUR-Prax 2011, 455; aA *Kahler/Helbig* WRP 2012, 48; *Lo-
ber/Neumüller* EWiR 2010, 229.

[91] EuGH GRUR 2014, 166 – Innoweb BV/Wengener ITC Media BV; zu dieser Entscheidung auch
DKMH/*Kotthoff* § 87b UrhG Rn. 17.

[92] EuGH GRUR 2014, 166 Rn. 23 – Innoweb BV/Wengener ITC Media BV.

[93] EuGH GRUR 2014, 166 Rn. 37 – Innoweb BV/Wengener ITC Media BV unter Hinweis auf EuGH GRUR
2005, 244 Rn. 67 – BHB-Pferdewetten; EuGH GRUR 2009, 572 Rn. 49 – Apis/Lakorda; EuGH GRUR 2012,
1245 Rn. 20 – Dataco/Sportradar.

[94] *v. Ungern-Sternberg* GRUR 2014, 209 (218) hat dem entgegengehalten, dass Art. 7 Abs. 2 lit. b Datenbank-RL
eine öffentliche Verfügbarmachung des Inhalts einer Datenbank nur erfasse, wenn sie im Wege der Übermittlung
erfolge. Das aber sei selbst bei weitester Auslegung im Falle der streitgegenständlichen Metasuchmaschine nicht der

schen Auslegung ein besonderes Gewicht zukommt. Das sollte jedoch nicht dazu führen, am eindeutigen Wortlaut einer Vorschrift vorbei dem Gesetzeszweck eine fragwürdige Dominanz einzuräumen.

bb) Ist eine **Datenbank in mehrere Untergruppen gegliedert,** die für sich allein jeweils die 31 Voraussetzungen einer schutzfähigen Datenbank nach § 87a erfüllen, ist Folgendes zu beachten: gilt eine Entnahmehandlung lediglich Teilen einer einzigen Untergruppe, so entscheidet bei der Wesentlichkeitsprüfung das Verhältnis des Volumens dieser Untergruppe zu dem Volumen der ihr entnommenen Teile. Erfüllt diese Untergruppe nicht alleine, sondern nur mit den anderen Untergruppen die Voraussetzungen einer nach § 87a schutzfähigen Datenbank, richtet sich die quantitative Wesentlichkeitsprüfung nach dem Verhältnis der einer oder mehreren Untergruppen entnommenen Elemente zum Gesamtvolumen der ihnen übergeordneten Datenbank.[95] Auch erhält eine Untergruppe nicht bereits durch ihren selbständigen Vertrieb die Eigenschaft einer als selbständig zu bewertenden Datenbankuntergruppe, weil die Schutzfähigkeit einer Datenbank von geschäftlichen Überlegungen unabhängig ist.[96]

cc) Für **der Art nach, dh. in qualitativer Hinsicht, wesentliche Teile** ist eine besondere Investitionsintensität charakteristisch. Generalisierende Angaben, wann von einem der Art nach wesentlichen Teil einer Datenbank gesprochen werden kann, verbieten sich. Deshalb geben Beispiele aus der Rechtsprechung allenfalls Anhaltspunkte für die qualitative Wesentlichkeit eines Datenbankteils.[97] Der EuGH sieht die Bedeutung dieses Erfordernisses darin, dass die Datenbank unabhängig von ihrem Umfang **erhebliche menschliche, technische oder finanzielle Anstrengungen bei der Beschaffung, Überprüfung und Darstellung** des Datenbankinhalts erfordert hat.[98] Deshalb kann auch ein quantitativ unerheblicher Teil einer Datenbank wegen der für ihn erbrachten hohen Aufwendungen qualitativ wesentlich sein und einen Schaden für die getätigte Investition des Herstellers der älteren Datenbank bedeuten.[99] Dem schöpferischen und dem Informationswert der einzelnen Elemente kommt hingegen keine Bedeutung zu, weil der sui generis-Schutz die Rechte am Inhalt der einzelnen Datenbankelemente und ihrer Struktur unberührt lässt.[100] Auch ihrem subjektiven Wert und ihrem Verwendungszweck, den der Hersteller oder Nutzer den Daten beimisst, kommt keine Bedeutung für die Wesentlichkeit in qualitativer Hinsicht zu.[101] Das heißt freilich nicht, dass diese Daten keinen wesentlichen Investitionsaufwand verkörpern können. Dasselbe gilt für die Bedeutung, die der Nutzer bestimmten Funktionen der bei der Recherche verwendeten Software und den von ihm aufgefundenen und entnommenen Elementen einer Datenbank zuordnet. Maßgeblich für die Wesentlichkeit ist allein die von den übernommenen Datensätzen verkörperte Investition.[102] Bereits eine einmalige Entnahme eines der Art nach wesentlicher Teile kann eine Rechtsverletzung begründen.[103] In dem vom BGH entschiedenen Fall „Elektronischer Zolltarif" lag zB die qualitativ wesentliche Entnahme in der Erstellung einer Abweichliste sowie in der unmittelbaren Übernahme aller in einer aktualisierten Datenbank geänderter Daten.[104] Daraus ergeben sich gewisse Anhaltspunkte für eine weiter differenzierende Auslegung des Begriffs der Wesentlichkeit. Gleichwohl bleiben offene Fragen.

Unbeantwortet bleibt nach den Entscheidungen des EuGH weiterhin die Frage, wie zu entscheiden ist, wenn die genutzten Teile weder der Art noch dem Umfang nach eine schützenswerte Investition verkörpern, wohl aber **Art und Umfang der Investitionen zusammen** als wesentlich anzusehen sind. Die alternative Formulierung des Wortlautes der Vorschrift scheint eine kumulative Betrachtung auszuschließen. Da es sich jeweils um deskriptive Attribute handelt, dürfte jedoch eine Gesamtbetrachtung aller Investitionen bei der Bestimmung der Wesentlichkeit dem Normzweck am ehesten entsprechen. Ferner gerät der Grundsatz, nach dem mit zunehmender Größe der Gesamtinvestition der Umfang der erlaubnisfrei entnehmbaren Teile abnimmt,[105] in Konflikt mit dem **Propor-**

Fall. Denn die Metasuchmaschine sei nur ein Werkzeug zur Durchsuchung der Ursprungsdatenbanken. Der EuGH habe – seine Kompetenzen überschreitend – ein Verwertungsrecht geprüft, dass die Richtlinie nicht vorsehe; vielmehr gehe es nach dem festgestellten Tatbestand um eine wettbewerbsrechtlich bedeutsame unlautere Behinderung; vgl. auch EuGH GRUR 2009, 572 Rn. 63 – Apis/Lakorda.

[95] EuGH GRUR 2009, 572 Rn. 64 – Apis/Lakorda.

[96] EuGH GRUR 2009, 572 Rn. 65 – Apis/Lakorda.

[97] Vgl. dazu die Zahlenangaben in der Rechtsprechung bei Wandtke/Bullinger/*Hermes* § 87b UrhG Rn. 15; Fromm/Nordemann/*Czychowski* § 87b UrhG Rn. 10.

[98] EuGH GRUR 2009, 572 Rn. 66 – Apis/Lakorda; ebenso EuGH GRUR 2005, 244 Rn. 71 – BHB-Pferdewetten; BGH GRUR 2011, 1018 Rn. 42, 53 – Automobil-Onlinebörse.

[99] EuGH GRUR 2009, 572 Rn. 66 – Apis/Lakorda; EuGH GRUR 2005, 244 Rn. 69 f. – BHB-Pferdewetten; BGH GRUR 2011, 1018 Rn. 53 – Automobil-Onlinebörse; Dreier/Schulze/*Dreier* § 87b UrhG Rn. 7.

[100] EuGH GRUR 2005, 244 Rn. 72, 78 – BHB-Pferdewetten; EuGH GRUR 2009, 572 Rn. 67 – Apis/Lakorda; *Benecke* CR 2004, 608 (612).

[101] EuGH GRUR 2005, 244 Rn. 78 – BHB-Pferdewetten; dazu auch *Davison/Hugenholtz* E.I.P.R. 2005, 113 (116 f.).

[102] BGH GRUR 2011, 1018 Rn. 52, 53 – Automobil-Onlinebörse; BGH GRUR 2011, 724 Rn. 28 – Zweite Zahnarztmeinung II; vgl. auch BGH GRUR 2009, 852 Rn. 47 – Elektronischer Zolltarif.

[103] BGH GRUR 2009, 852 Rn. 46 – Elektronischer Zolltarif.

[104] BGH GRUR 2009, 852 Rn. 44 ff. – Elektronischer Zolltarif.

[105] Vgl. *Cornish* Columbia-VTA Journal of Law & The Arts 1996 1 (8 f.); *Leistner* S. 172; *Bensinger* S. 204 ff.; *Raue/Bensinger* MMR 1998, 507 (508); Wandtke/Bullinger/*Hermes* § 87b UrhG Rn. 13 ff.; *Rieger* S. 162 ff.

tionalitätsprinzip des EuGH (→ Rn. 26). Beide Prinzipien sollten jedoch nicht schematisch angewandt und die Entscheidung nicht allein vom Umfang der Investitionsleistung abhängig gemacht werden, die in den entnommenen Teil eingeflossen ist.[106]

34 Deshalb erscheint es angebracht, unter Berücksichtigung des Schutzgegenstands des Rechts[107] stets die **jeweiligen Umstände des Einzelfalles** in Betracht zu ziehen.[108] Neben dem Verhältnis des Umfangs der Datenbank zu dem Umfang der entnommenen Teile ist auch ihr **wirtschaftlicher Wert** zu berücksichtigen.[109] Zu Letzterem rechnet nicht die handwerkliche (nicht notwendig schöpferische) Charakteristik der Datenbank, dh. nicht ihre äußeren Gestaltungsmerkmale[110] oder ihre konkrete Erscheinungsform, denn auf die äußere Darstellung, die Sortierung und die Zusammenfassung der Daten kommt es nicht an.[111] Das ist eine Frage der Individualität der verwendeten Software.

35 Die Beurteilung ist im Lichte **sämtlicher wertbildender Faktoren der vollständigen Datenbank** vorzunehmen, die eine gegenüber der Summe ihre Einzelelemente eigene Qualität aufweisen. So mag der entnommene Teil im Verhältnis zum Gesamtumfang der Datenbank unter quantitativen Gesichtspunkten relativ klein ausfallen, in qualitativer Hinsicht jedoch unter bestimmten Parametern eine solche Bedeutung aufweisen, dass die Amortisation der Datenbank auf dem von ihrem Hersteller betretenen Markt beeinträchtigt wird und deshalb der entnommene Teil als wesentlich iSd. Vorschrift anzusehen ist.[112] Andererseits ist nicht auszuschließen, dass das Amortisationsinteresse von der Entnahme oder Weiterverwendung eines deutlich größeren Teils einer Datenbank unberührt bleibt.[113]

36 **dd) Die Wesentlichkeit** kann nach Erwgr. 20 außer durch den Umfang und/oder die Art der entnommenen Einzelelemente **auch durch den Index, den Thesaurus, das Abfragesystem** begründet werden.[114] Ihrem Wesen nach sind diese Investitionen qualitativer Natur. **Nicht** berücksichtigungsfähig ist dagegen das einer Datenbank zugrundeliegende **Ordnungssystem,** weil ein bestimmter Aufbau einer Datenbank nicht monopolisierbar ist.[115] Ohne Bedeutung für die Wesentlichkeit in qualitativer Hinsicht ist ferner, ob die fraglichen Elemente en bloc oder einzeln und sukzessiv entnommen werden.[116] Die Entnahme einzelner ohne wesentlichen Aufwand beschaffter Elemente beeinträchtigt das geschützte Amortisationsinteresse des Datenbankherstellers in der Regel nicht, so dass sie die Wesentlichkeit nicht zu begründen vermögen.[117] Nichts anderes gilt für ein ansonsten ohne besonderen Aufwand beschafftes, seinem Inhalt nach einmaliges Element einer Datenbank.[118] Denn der inhaltliche Wert einzelner Daten spielt für die Beurteilung der Wesentlichkeit keine Rolle.[119] Nicht anders verhält es sich, wenn ein wesentlicher Teil einer Datenbank in veränderter Anordnung übernommen wird.[120] Im Übrigen ist im Auge zu behalten, dass das Recht nur sui generis im Einklang mit dem Kartellrecht und dem Wettbewerbsrecht ausgeübt werden kann (Erwgr. 47).[121]

37 **ee)** Im Rahmen des § 87b Abs. 1 S. 1 ist ebenso wie nach § 87a Abs. 1 **kein allzu strenger Maßstab** an das Wesentlichkeitserfordernis anzulegen.[122] In jedem Falle wird Wesentlichkeit vorliegen, wenn sich in dem entnommenen Teil der Datenbank auch eine wesentliche Investition des Herstellers niederschlägt, so dass der entnommene Teil selbst die Voraussetzungen einer schutzfähigen Datenbank

---

[106] Vgl. *Haberstumpf* GRUR 2003, 14 (27); ähnlich wie hier auch Wandtke/Bullinger/*Hermes* § 87b UrhG Rn. 21.

[107] → § 87a Rn. 34 ff.

[108] HM, OLG Köln GRUR-RR 2001, 97 (100) – Suchdienst für Zeitungsartikel; *Haberstumpf* GRUR 2003, 14 (27); *Leistner* GRUR-Int 1999, 819 (832); *Leistner* in Wiebe/Leupold (Hrsg.) Teil II B Rn. 54; *Flechsig* ZUM 1997, 577 (588); *Kotthoff* GRUR 1997, 597 (602).

[109] Ebenso *Haberstumpf* GRUR 2003, 14 (27); Dreier/Schulze/*Dreier* § 87b UrhG Rn. 6; DKMH/*Kotthoff* § 87b UrhG Rn. 9.

[110] So OLG München ZUM 2003, 789 (790) – Chart-Listen.

[111] BGH GRUR 2005, 857 (859) – HIT BILANZ im Anschluss an EuGH GRUR 2005, 244 Rn. 81 – BHB-Pferdewetten.

[112] So *Leistner* GRUR-Int 1999, 819 (832); ihm folgend DKMH/*Kotthoff* § 87b UrhG Rn. 10.

[113] Vgl. *Haberstumpf* GRUR 2003, 14 (27); *Leistner* in Wiebe/Leupold (Hrsg.) Teil II B Rn. 55 f.

[114] Ebenso Wandtke/Bullinger/*Hermes* § 87b UrhG Rn. 8.

[115] Dreier/Schulze/*Dreier* § 87b UrhG Rn. 7 unter Hinweis auf BGH GRUR 2011, 724 – Zweite Zahnarztmeinung II und OLG Frankfurt MMR 2003, 45 (48) – IMS Health.

[116] Arg. Erwgr. 38, → Vor §§ 87a ff. Rn. 36; ebenso *Dittrich* ÖBl 2002, 3 (8).

[117] BGH GRUR 2005, 958 (962) – Paperboy; Dreier/Schulze/*Dreier* § 87b UrhG Rn. 7; Fromm/Nordemann/*Hertin* (9 Aufl.), § 87b UrhG Rn. 12, 13; aA *Haberstumpf* GRUR 2003, 14 (27).

[118] AA *Ullmann* FS Brandner (1996), S. 507 (522); ähnlich *Kotthoff* GRUR 1997, 597 (602); wie hier Fromm/Nordemann/*Hertin* (9. Aufl.), § 87b UrhG Rn. 13; *Grützmacher* S. 340.

[119] EuGH GRUR 2005, 244 Rn. 78 – BHB-Pferdewetten.

[120] EuGH GRUR 2005, 244 Rn. 81 – BHB-Pferdewetten.

[121] EuGH GRUR 2008, 1077 Rn. 55 f. – Directmedia Publishing.

[122] Der EuGH (EuGH GRUR 2005, 244 Rn. 71 – BHB-Pferdewetten) spricht im Zusammenhang qualitativer Wesentlichkeit von „ganz erheblichen menschlichen, technischen oder finanziellen Investitionen", die sich in einem quantitativ geringfügigen Teil des Inhalts einer Datenbank verbergen können; wie hier OLG Köln MMR 2009, 191 – Internet-Bewertungsdatenbank; *Leistner* S. 179: keines strengeren Anforderungen; aA OLG Dresden ZUM 2001, 595 (596) – Sächsisches Ausschreibungsblatt; *Gaster* CR 1997, 669 (671); *Wiebe* CR 1996, 198 (202); *Schack* Rn. 745; Dreier/Schulze/*Dreier* § 87b UrhG Rn. 5; Fromm/Nordemann/*Hertin* (9. Aufl.), § 87b UrhG Rn. 13 jeweils substantielle Anforderungen.

nach § 87a Abs. 1 S. 1 erfüllt.[123] Notwendig ist das für die Wesentlichkeit aber nicht.[124] Eine strikte Festlegung der Wesentlichkeitsschwelle auf 50% des Datenbankinhalts führt in die Irre, weil sie sich nicht am möglichen Schaden für die Investition orientiert.[125]

2. Vervielfältigungsrecht

a) Allgemeines zum Vervielfältigungsrecht und seinen Schranken. aa) Vervielfältigung 38 **und Entnahme.** Gegenüber dem Vervielfältigungsbegriff des § 16 beinhaltet die europäische Definition in Art. 2 InfoSoc-RL lediglich eine unionsrechtlich harmonisierende Klarstellung bisher innerhalb der EU kontrovers diskutierter Fragen zu verschiedenen Arten der digitalen Vervielfältigung.[126] Der Regelungsgehalt des Vervielfältigungsbegriffs in § 87b unterscheidet sich allerdings nach der Rechtsprechung des EuGH trotz seiner begrifflichen Übereinstimmung von dem des § 16 in mancherlei Hinsicht. Denn er steht für das, was Art. 7 Abs. 2 lit. a Datenbank-RL unter den Begriff des Entnahmerechts fasst. Bei richtlinienkonformer Auslegung ist das Recht der Vervielfältigung in § 87b deshalb **inhaltlich als das Recht der Entnahme** in der Datenbank-RL zu verstehen, dh. als das Recht der ständigen oder vorübergehenden Übertragung der Gesamtheit oder eines wesentlichen Teils des Inhalts einer Datenbank auf einen anderen elektronischen oder analogen Datenträger, ungeachtet der dafür verwendeten Mittel und ungeachtet der Form und des Zwecks der Entnahme.[127] S. 2 erweitert den Schutzbereich des Herstellerrechts, indem er unter bestimmten dem Wettbewerbsrecht entlehnten Wertentscheidungen auch die Entnahme unwesentlicher Teile einer Datenbank dem Verbotsrecht des Datenbankherstellers unterstellt (vgl. → Rn. 14).[128]

Der **Unterschied zwischen Vervielfältigung und Entnahme** ist erst durch die Rechtsprechung 39 des EuGH offenbar geworden, als der Gerichtshof in den Entscheidungen Directmedia-Publishing und Apis/Lakorda urteilte, dass für eine Entnahme iSd. Datenbank-RL eine körperliche Vervielfältigung der fraglichen Datenbank oder wesentlicher Teile von ihr nicht erforderlich ist (→ Rn. 12 ff.). Dies ist nach § 16 anders. Der Begriff der Vervielfältigung in Abs. 1 deckt sich folglich nicht vollständig mit dem Begriff der Vervielfältigung als Werknutzung in körperlicher Form, wie er in Art. 4 lit. a Computerprogramm-RL,[129] in Art. 7 Vermiet- und Verleih-RL, in Art. 5a Datenbank-RL für Datenbankwerke, in Art. 2 InfoSoc-RL und in ihrer unionsrechtlich harmonisierten Entsprechung in § 16 auch auf Datenbankwerke Anwendung findet. Unter die urheberrechtliche Definition der Vervielfältigung fällt nicht die Übernahme wesentlicher Teile einer Datenbank in veränderter Form und unter bestimmten Voraussetzungen auch nicht die reine Informationsauswertung, die der EuGH – Wesentlichkeit vorausgesetzt – in strikt teleologischer Auslegung als Eingriff in das Entnahmerecht des Datenbankherstellers gewertet hat.[130] Der Begriff der Entnahme verlangt auch nicht die Herstellung eines neuen Vervielfältigungsstücks. Die begrifflichen Unterschiede haben den BGH veranlasst, in gebotener richtlinienkonformer Auslegung des Vervielfältigungsbegriffs in § 87b uneingeschränkt auf den Begriff der Entnahme und seine Auslegung durch den EuGH zu rekurrieren.[131]

bb) Schranken des Vervielfältigungsrechts.[132] Auch die **Schranken der urheberrechtlichen** 40 **Vervielfältigung** von Datenbankwerken **und der Entnahme** nach dem sui generis-Recht **decken sich nicht.** Das gilt insbesondere für die Freistellung vorübergehender Vervielfältigungshandlungen nach § 44a. Diese bedeutsame Schrankenregelung findet auf das Datenbankherstellerrecht als lex specialis keine Anwendung, während sie nach Art. 6 Datenbank-RL für Datenbankwerke zu berücksichtigen ist (für den Zugang zum Datenbankinhalt und dessen normale Benutzung durch den rechtmäßigen Besitzer erforderlich).[133] Eine Ausnahme für vorübergehende Vervielfältigungen ist in der abschließenden Regelung des Art. 9 Datenbank-RL dagegen nicht vorgesehen. Ein Rückgriff auf die Schrankenregelungen nach Art. 5 InfoSoc-RL scheidet aus, weil diese Richtlinie die Datenbank-RL

---

[123] Ebenso OLG Köln MMR 2009, 191 (192) – Internet-Bewertungsdatenbank dort ein Zehntel der Bewertungen und 1,5 % quantitativ nicht wesentlich; Dreier/Schulze/*Dreier* § 87b UrhG Rn. 7.
[124] So auch *Haberstumpf* GRUR 2003, 14 (27).
[125] Gegen *Raue/Bensinger* MMR 1998, 507 (511); wie hier *Leistner* GRUR-Int 1999, 819 (832); Wandtke/Bullinger/*Hermes* § 87b UrhG Rn. 15; ähnlich Walter/*v. Lewinski* Art. 7 Datenbank-RL Rn. 15: auch die Entnahme von 2 % einer Datenbank kann ausreichen, wenn deren Beschaffung besonders kostspielig war; s. ferner Dreier/Schulze/*Dreier* § 87b UrhG Rn. 7.
[126] So gilt § 16 auch im Rahmen der Spezialvorschrift des §§ 69c Nr. 1, → § 69c Rn. 5 ff.; *Haberstumpf* in Lehmann (Hrsg.), Rechtsschutz, 2. Aufl., S. 69 (132 ff.); *Haberstumpf* Rn. 157; sa. *Dreier* in Schricker (Hrsg.) Informationsgesellschaft, S. 110 ff. jeweils mwN.
[127] EuGH GRUR 2009, 572 Rn. 40, 46 – Apis/Lakorda.
[128] EuGH GRUR 2008, 1077 Rn. 43 – Directmedia Publishing; EuGH GRUR 2005, 244 Rn. 50 – BHB-Pferdewetten.
[129] Wörtlich als § 69c Nr. 1 für Computerprogramme in das UrhG übernommen.
[130] Vgl. EuGH GRUR 2014, 166 Rn. 47 ff. – Innoweb BV/Wengener ITC Media BV; sa. den Vorlagebeschluss des BGH GRUR 2007, 688 – Gedichttitelliste II und die darauf folgende Entscheidung EuGH GRUR 2008, 1077 Rn. 38 – Directmedia Publishing; ferner Möhring/Nicolini/*Koch* (3. Aufl.); § 87a UrhG Rn. 1; → Rn. 13.
[131] BGH GRUR 2011, 1018 Rn. 37 – Automobil-Onlinebörse; BGH GRUR 2011, 724 Rn. 39 – Zweite Zahnarztmeinung II; BGH GRUR 2009, 852 Rn. 35 – Elektronischer Zolltarif.
[132] S. zu den Schranken des Datenbankherstellerrechts eingehend die Erläuterungen zu § 87c.
[133] Vgl. → § 44a Rn. 3 f. mwN.

unberührt lässt (Art. 1 Abs. 2 lit. e InfoSoc-RL), so dass für das Datenbankherstellerrecht allein die spezielleren Schrankenregelungen des Art. 9 Datenbank-RL gelten (umgesetzt in Art. 87c).

41   Der Umstand, dass das sui generis Recht keine zweifelsfrei anwendbare Schrankenregelung für die vorübergehende Vervielfältigung eines wesentlichen Teils einer Datenbank kennt,[134] ist im Hinblick auf die Bedürfnisse der Datenbanknutzer unbefriedigend.

   (i) Nach der Legaldefinition des Art. 7 Abs. 2 lit. a Datenbank-RL umfasst der Begriff der Entnahme sowohl die ständige als auch die vorübergehende Entnahme wesentlicher Datenbankteile oder der vollständigen Datenbank. Darunter fällt, wie der EuGH in der Apis/Lakorda-Entscheidung ausgeführt hat, **auch die vorübergehende Ablage im Arbeitsspeicher** des Computers. Folglich ist das erlaubnisfreie Browsing in einem wesentlichen Teil einer Datenbank, mit dem die vorübergehende Vervielfältigung im Arbeitsspeicher des Computers einhergeht, nach der gesetzlichen Regelung der Richtlinie und des UrhG ausgeschlossen. Im Hinblick auf die Bedürfnisse insbesondere der Wissenschaft ist das wenig hilfreich (sa. → Rn. 18). Abhilfe könnte geschaffen werden, indem man das Browsing zu den begründeten Rechten des Nutzers iSd. Erwgr. 42 Datenbank-RL zählt und insoweit keinen Schaden für die Investition sieht, den zu verhindern sich die Richtlinie zum Ziel gesetzt hat. Letzteres überzeugt jedoch insofern nicht, als zB die unentgeltliche Entnahme wesentlicher Teile einer wissenschaftlichen Datenbank in aller Regel der Investition schadet, die sich amortisieren können muss. Dementsprechend hat sich der EuGH ausdrücklich für eine weite Auslegung des Begriffs der Entnahme und der Weiterverwendung ausgesprochen[135] und als Leitlinie für die Auslegung des Entnahmebegriffs entschieden, dass die Entnahme sich dem Sinn und Zweck der Norm entsprechend auf jede Handlung bezieht, die darin besteht, sich ohne die Zustimmung des Datenbankherstellers **die Ergebnisse seiner Investition anzueignen oder sie öffentlich verfügbar zu machen** und ihm damit die Einkünfte zu entziehen, die es ermöglichen sollen, die Kosten dieser Investition einzuspielen.[136] Der Datenbanknutzer wäre demnach auf vertraglich auszuhandelnde Zugangskonditionen angewiesen.

42   **(ii) Frage der entsprechenden Anwendung des § 44a.** Eine weitere Lösung, das Browsing in geschützten Datenbanken erlaubnisfrei zu ermöglichen, läge in einer entsprechenden Anwendung des § 44a, der das Vervielfältigungsrecht des § 16 bei vorübergehender Nutzung eines Datenbankwerkes einschränkt.[137] Dies würde insoweit den grundsätzlich sinnvollen Gleichlauf der Verwertungsrechte des Urhebers und des Herstellers einer Datenbank gewährleisten.[138] Eine entsprechende Anwendung verlangt allerdings eine **planwidrige Lücke** im Gesetz, an der es fehlen dürfte.[139] Bei Rechten, die auf unterschiedlichen Rechtsgründen beruhen, kann asymmetrischen Schrankenbestimmungen nicht von vornherein ein Sinn abgesprochen werden. Es ist nicht die Aufgabe des nationalen Rechts, für eine vermeintlich systematische Widerspruchsfreiheit des Unionsrechts zu sorgen. Der EuGH hat im fehlenden Gleichlauf der Schrankenregelung nach Art. 6 S. 1 Datenbank-RL bzw. § 44a einerseits und der abschließenden Regelung des Art. 9 bzw. § 87c bei der Beschränkung des Vervielfältigungs- bzw. Entnahmerechts andererseits bisher keine im Wege der Analogie zu schließende Lücke gesehen.

43   **(iii)** Demgegenüber ist überzeugend in den Fällen vorübergehender Vervielfältigungen davon auszugehen, dass der Hersteller einer öffentlich zugänglichen Datenbank sein **stillschweigendes Einverständnis** mit der vorübergehenden Vervielfältigung im Arbeitsspeicher des berechtigten Nutzers erklärt hat, sei es **als bloße (konkludente) Einwilligung,** wie sie der BGH in den Fällen „Vorschaubilder" angenommen hat, **oder vertraglich** als stillschweigend vom Vertragszweck umfasster Bestandteil der Erteilung einer Nutzungsbefugnis.[140] Andernfalls würde das von der Richtlinie angestrebte Ziel nicht erreicht, den rechtmäßigen Nutzer einer online gestellten Datenbank diese in der Weise zur Verfügung zu stellen, dass er nicht nur Zugang zu der Datenbank hat, sondern sie auch für die Zwecke und in der Art und Weise benutzen kann, die in dem Lizenzvertrag mit dem Rechtsinhaber festgelegt sind, auch wenn für diesen Zugang und diese Benutzung ansonsten zustimmungsbedürftige Handlungen erforderlich sind (Erwgr. 34). Ohne nähere Erörterung hat der EuGH denn auch die bloße Abfrage von den Rechten des Datenbankherstellers ausgenommen.[141] Andernfalls ließe sich eine elektronische Datenbank nicht bestimmungsgemäß nutzen.[142] Eine ausdrückliche Erlaubnis erfordert hingegen die Anfertigung einer **Sicherungskopie,** weil es auf den Zweck der Entnahme

---

[134] Dazu auch § 87c Rn. 1; Wandtke/Bullinger/*Hermes* § 87c UrhG Rn. 5.

[135] EuGH GRUR 2009, 572 Rn. 40 – Apis/Lakorda.

[136] EuGH GRUR 2014, 166 Rn. 41 – Innoweb/Wengener; EuGH GRUR 2005, 244 Rn. 47, 51 – BHB-Pferdewetten; ebenso BGH GRUR 2005, 940 (942) – Marktstudien sowie die Literatur: *Gaster* Rn. 512; Fromm/Nordemann/*Czychowski* § 87b UrhG Rn. 14; Möhring/Nicolini/*Decker* (2. Aufl.), § 87b UrhG Rn. 3; Roßnagel/*v. Lewinski* § 87b UrhG Rn. 20; *Grützmacher* 334.

[137] → § 44a Rn. 3.

[138] Befürwortend → § 44a Rn. 3 mwN, anders hingegen Wandtke/Bullinger/*v. Welser* § 44a UrhG Rn. 23.

[139] So auch Wandtke/Bullinger/*Hermes* § 87c UrhG Rn. 42; Fromm/Nordemann/*Czychowski* § 87c UrhG Rn. 18; Möhring/Nicolini/*Decker* (2. Aufl.), § 87b UrhG Rn. 3; aA → § 44a Rn. 4.

[140] Wandtke/Bullinger/*Hermes* § 87c UrhG Rn. 42; Möhring/Nicolini/*Decker* (2. Aufl.), § 87b UrhG Rn. 3; *Leupold* CR 1999, 234 (238).

[141] EuGH GRUR 2005, 244 Rn. 54 – BHW-Pferdewetten.

[142] Ähnlich Fromm/Nordemann/*Czychowski* § 87b Rn. 15;

nicht ankommt.[143] Sie ist weder von einer Schrankenregelung gedeckt noch aus anderen Gründen erlaubnisfrei zulässig.[144]

b) Digitale Vervielfältigungsarten. Digitale Vervielfältigungen elektronischer Datenbanken **44** oder wesentlicher Teile von ihnen (Kopien 1:1) fallen angesichts der Übereinstimmung in den technischen Abläufen und den ähnlichen Definitionen der Begriffe der Entnahme in Art. 7 Abs. 2 lit. a und der Vervielfältigung in Art. 5 lit. a Datenbank-RL sowie in Art. 4 Nr. 1 der Computerprogramm-RL unter denselben Begriff der Werkvervielfältigung, wie er unionsrechtlich harmonisiert in § 16 niedergelegt ist.[145] Dem Datenbankhersteller vorbehalten ist damit nach der Rechtsprechung des EuGH auch die **vorübergehende Vervielfältigung** einer Datenbank wie etwa ihre Festlegung **im Arbeits- oder in einem Zwischenspeicher** des Computers (→ Rn. 40ff.).[146] Unstreitig unterliegen – in gebotener weiter Auslegung – die meist dauerhafte Festlegung der Datenbank auf einem **digitalen Datenträger** gleich welcher Art[147] sowie die Überspielung von einem Datenträger, der nicht notwendig das Original sein muss, wohl aber in einer ununterbrochenen Kette von Vervielfältigungen zum Original zurückführt, auf einen anderen Datenträger dem Verbotsrecht nach Abs. 1 S. 1.[148] Entsprechendes gilt für den **Ausdruck wesentlicher Datenbankteile,** für ihre **Digitalisierung**[149] und für ihr **Einscannen,**[150] und zwar auch dann, wenn sie alsbald wieder gelöscht werden.[151] Nicht anders zu beurteilen ist bei Online-Nutzungen einer Datenbank **die Ablage** eines zumindest wesentlichen Teils einer Datenbank in der **Mail-Box** des Benutzers oder – bei **Benutzungshandlungen im Internet** – das **Downloading** von Datenbanken vom Serverrechner in den Arbeitsspeicher des Computers.[152] Die **Rechtswidrigkeit der Entnahme entfällt** bei erlaubten **normalen Nutzungen** der Übertragung einer Datenbank von einer CD-ROM in den Arbeitsspeicher eines Computers, ohne den mit einer elektronischen Datenbank nicht gearbeitet werden kann. Diese Vervielfältigungshandlung genügt dem Erfordernis des **bestimmungsgemäßen Gebrauchs,** in den mit dem Verkauf einer CD-ROM stillschweigend eingewilligt wird.[153] Ein Datenabgleich gehört, wie der BGH in der zitierten Entscheidung ausgeführt hat, dazu nicht. Bei der bloßen **Wiedergabe auf dem Bildschirm** hingegen erfolgt nach einhelliger Meinung keine nachgeordnete, erneute körperliche Festlegung, die gemäß § 44a Nr. 2 erlaubnisfrei zulässig wäre (sa. Erwgr. 44), sondern eine erlaubnisfreie unkörperliche Wiedergabe.[154]

c) Eine differenziertere Betrachtung verlangen die bei Datenbanken nicht unerheblichen **Verwei-** **45** **sungen bzw. Einbeziehungen**[155] **im Internet,** bei denen neben dem Vervielfältigungsrecht auch das Recht der öffentliche Zugänglichmachung berührt sein kann.

aa) Sie begegnen in Form von
– **Hyperlinks,** bei deren Aktivierung die aufgeschlagene Seite verlassen und die verlinkte Seite aufgerufen wird. Hyperlinks berühren kein Nutzungsrecht des Urhebers, sondern stellen – vergleichbar einem traditionellen Querverweis oder einem Fundstellennachweis – lediglich eine **technische Erleichterung des Zugangs** zu einer ohnehin jedermann zum Abruf bereitgestellten Datei dar.[156] Das Einverständnis des Rechtsinhabers dazu wird angenommen;[157]
– **Inline-Links,** die fremde Texte unmittelbar in die eigene Seite einbeziehen, und **Frames,** die im Gegensatz zu Inline-Links die in Bezug genommenen Seiten eines anderen Anbieters unverändert

---

[143] EuGH GRUR 2008, 1077 Rn. 46 – Directmedia Publishing

[144] Ausführlich Wandtke/Bullinger/*Hermes* § 87c UrhG Rn. 43; Fromm/Nordemann/*Czychowski* § 87b UrhG Rn. 16.

[145] Vgl. → § 4 Rn. 49; → § 16 Rn. 16ff.

[146] EuGH GRUR 2009, 572 Rn. 42 – Apis/Lakorda; OLG Köln MMR 2007, 443 (444) – DWD-Wetterdaten → Rn. 39ff.

[147] CD-ROM, DVD, Diskette, Festplatte, Magnetband, MO-Disk, Memory-Stick ua.

[148] Indirekte Vervielfältigung, s. EuGH GRUR 2005, 244 Rn. 52 – BHB-Pferdewetten; BGH GRUR 2009, 852 Rn. 56 – Elektronischer Zolltarif.

[149] OLG Hamburg GRUR-RR 2002, 251 – Handy-Klingeltöne; HG Wien MR 1998, 25 – Radio Melody I; Dreier/Schulze/*Dreier* § 16 UrhG Rn. 13; eingehend → § 16 Rn. 18.

[150] Einzelheiten → § 69c Rn. 6; → § 16 Rn. 17 jeweils mwN; demgegenüber unzutreffend ist die Auffassung, die Digitalisierung stelle eine unbenannte Nutzungsart dar, so aber *Lehmann* in Lehmann (Hrsg.), Multimediarecht, S. 57 (58ff.).

[151] Ausführlich dazu → § 69c Rn. 7f.; → § 16 Rn. 20 jeweils mwN.

[152] Einzelheiten zum Zwischenspeichervorgang sowie zum Routing bei Internet-Benutzungen s. die Erläuterungen → § 16 Rn. 22f. und zum umgekehrten Uploading → § 16 Rn. 21 mwN.

[153] EuGH GRUR 2005, 244 Rn. 54 – BHB-Pferdewetten; EuGH GRUR 2008, 1077 Rn. 51 – Directmedia Publishing; BGH GRUR 2009, 852 Rn. 36 – Elektronischer Zolltarif.

[154] BGH GRUR 1991, 449 (453) – Betriebssystem; ausführlich → § 69c Rn. 9 und → § 16 Rn. 19 jeweils mwN.

[155] Eingehend zum Setzen von Links und Frames → § 19a Rn. 91ff.

[156] BGH GRUR 2003, 958 (961) – Paperboy (zu Hyperlinks) vorher umstritten, unzulässig: OLG Hamburg ZUM 2001, 512 (513f.) – Roche Lexikon Medizin; LG Köln JurPC Web-Dok. 211/2001 Abs. 14 – Frame-Linking (Verletzung des Verbreitungsrechts); zulässig: OLG Köln GRUR-RR 2001, 97 – Suchdienst für Zeitungsartikel; LG Berlin JurPC Web-Dok. 185/2001 Abs. 17 – MainPost (konkludentes Einverständnis mit dem Zugriff über Deep Links); → § 16 Rn. 24 mwN.

[157] Ebenso OLG Düsseldorf MMR 1999, 729 (732) – Frames; *Sosnitza* CR 2001, 693(699L); *Plaß* WRP 2000, 599 (602); zurückhaltend *Leistner* in Bettinger/Leistner (Hrsg.) Rn. 76: die Annahme einer Zustimmung muss im Einklang mit der Zweckübertragung liegen; ablehnend *Schack* MMR 2001, 9 (14).

und häufig mit Werbung verbunden in die Ursprungsseite integrieren, ohne dass die Website des anderen Anbieters aufgerufen werden muss;[158]
– **Deep Links,** die unter Umgehung der Startseite und damit auch der häufig den jeweiligen Internetauftritt finanzierenden Werbung direkt zum gewünschten Dokument führen und so den erlaubnisfreien Abruf eines bereitgestellten Werkes oder einer Leistung lediglich komfortabler gestalten;[159]
– **Thumbnails,** mit denen Bilder fremder Websites in Kleinstformat (Fingernagelgröße) auf einer anderen Homepage erscheinen, um durch ihr Anklicken auf die Ursprungsseite des Bildes zu führen.[160]

46   **bb) Grundsätzlich** stellt sich bei diesen Verweisen die **Frage des Eingriffs in ein Ausschließlichkeitsrecht** (Vervielfältigungsrecht durch Einspeicherung in den Arbeitsspeicher des Computers, Recht der öffentlichen Zugänglichmachung) **des Urhebers** des einbezogenen Werkes und **des Datenbankherstellers** bei der Entnahme wesentlicher Datenbankteile. Dabei geht es ebenfalls um **Rechtsverletzungen des Linksetzenden** unter dem Gesichtspunkt einer unzumutbaren Beeinträchtigung berechtigter Interessen nach Abs. 1 S. 2, wenn durch die Linksetzung Entnahmen oder Weiterverwendungen unwesentlicher Teile systematisch und wiederholt erfolgen. Da eine solche Intensität der Nutzung eher selten begegnet, tragen Links und Frames kaum zur rechtswidrigen Nutzung einbezogener Teile bei. Hinzu kommt, dass Links, die in einem der Presse- und Meinungsfreiheit nach Art. 11 Abs. 1 und 2 EU-Grundrechtecharta und Art. 5 Abs. 1 S. 1, Abs. 2 GG unterliegenden Beitrag zu Belegzwecken oder zur inhaltlichen Ergänzung des Textes gesetzt werden, nicht allein der technischen Erleichterung dienen, sondern in ihrer informationsergänzenden Funktion gleichzeitig selbst von der Presse- und Meinungsfreiheit umfasst werden.[161] Der **Endnutzer** entnimmt der durch die Linksetzung einbezogenen Datenbank ganz überwiegend ebenfalls nur unwesentliche Teile. Bei Datenbankelementen, die durch Framing und Inline-Linking in eine Seite Dritter integriert werden, tut er dies, ohne in der Regel erkennen zu können, wessen Seite er tatsächlich ansteuert und vervielfältigt. Veranlasst hat eine solche Nutzung derjenige, der den Verweis auf seiner Website gesetzt bzw. das fremde Element in seine Website integriert und dadurch den Nutzern den Zugriff eröffnet hat. Folglich scheidet unter datenbankrechtlichen Gesichtspunkten eine Haftung des Endnutzers für die Vervielfältigung des entnommenen Datenbankteils im Arbeitsspeicher, soweit ihm nicht bereits Schrankenregelungen nach § 87c zugutekommen, in aller Regel aus. Das Gleiche gilt für Frame- oder Linksetzer für die Inkorporation fremder Inhalte in die eigene Homepage.[162]

47   **cc)** Zu Einzelheiten der rechtlichen Beurteilung von Links, Hyperlinks, Deeplinks und Thumbnails (Vorschaubilder) durch die Rechtsprechung des EuGH und des BGH siehe die Kommentierungen der §§ 15, 16, 19a.[163]

48   **d)** Bei **analogen Datenbanken,** die meist als Bibliotheken, Artotheken, Bücher, Karteikarten, Microfiches, Filmlochkarten etc. auf traditionellen Trägermaterialien festgelegt sind, ergeben sich ebenfalls keine Besonderheiten des Vervielfältigungsbegriffs des Abs. 1 S. 1 gegenüber dem des § 16. Denn nach seiner gesetzlichen Definition kommt es nicht darauf an, welche analoge oder digitale Vervielfältigungstechnik in Rede steht, ob eine Formatänderung erfolgt, ob ein Wechsel des Trägermediums stattfindet, ob die Datenbank oder zumindest wesentliche Teile von ihr infolge der körperlichen Fixierung unmittelbar oder nur mittelbar wahrnehmbar werden und ob mit der Vervielfältigung ein bestimmter Zweck verfolgt wird.[164] Ein Telefonbuch kann deshalb nur mit Zustimmung seines Herstellers auf Microfiches übertragen werden und auch das Einscannen eines Lexikons in einen digitalen Datenträger stellt eine zustimmungsbedürftige Vervielfältigungshandlung dar.[165]

49   **e) Beweisfragen.** Nach allgemeinen Grundsätzen kommt dem Umstand, dass materielle und technische Merkmale einer Datenbank in der Datenbank eines anderen Herstellers vorkommen, indizielle Wirkung für eine Vervielfältigungshandlung nach Abs. 1 zu, sofern sich eine solche Übereinstimmung nicht durch andere Faktoren als eine Vervielfältigung erklären lässt.[166]

---

[158] Zum Begrifflichen *Sosnitza* CR 2001, 693 (694 f.); *Leistner* in Bettinger/Leistner (Hrsg.) Rn. 64 ff.; *Dieselhorst* Anm. zu OLG Hamburg CR 2001, 704 – Roche Lexikon Medizin, S. 706 ff.; *Decker* in Hoeren/Sieber (Hrsg.) Teil 7.6 Rn. 48 ff.
[159] AA OLG Hamburg ZUM 2001, 512 – Roche Lexikon Medizin; *Wiebe* in Ernst/Vassilaki/Wiebe (Hrsg.) Rn. 68; Dreier/Schulze/*Dreier* § 16 UrhG Rn. 14; *Schack* MMR 2001, 9 (13); *Leistner* in Bettinger/Leistner (Hrsg.) Rn. 77; wie hier *Joppich* CR 2003, 504 (507); Wandtke/Bullinger/*Heerma* § 16 UrhG Rn. 16.
[160] BGH GRUR 2010, 628 Rn. 19 ff. – Vorschaubilder; vgl. auch die Vorinstanz OLG Jena MMR 2008, 408 (410) – Thumbnails, mit im Wesentlichen zustimmender Anm. *Schack;* LG Hamburg ZUM 2009, 315 (318 ff.) – Suchmaschine G.; LG Hamburg GRUR-RR 2004, 313 (315) – Thumbnails; *Ott* ZUM 2009, 345 (346).
[161] BGH GRUR 2011, 513 Rn. 21 ff. – AnyDVD.
[162] LG München I CR 2003, 526 (527) – schwarzaufweiss; *Haberstumpf* GRUR 2003, 14 (29); *Sosnitza* CR 2001, 693 (698); *Schack* MMR 2001, 9 (13 f.); *Plaß* WRP 2000, 599 (602); *Leistner* in Bettinger/Leistner (Hrsg.) Rn. 70 f.
[163] Dazu eingehend → § 15 Rn. 104 ff.; → § 19a Rn. 91 ff. mwN.
[164] Einzelheiten → § 16 Rn. 5 ff.
[165] Zur Vervielfältigung mit Änderungen der Vorlage ausführlich *Schricker* ArchivPT 1996, 5 (12 ff.).
[166] EuGH GRUR 2009, 572 Rn. 51, 55 – Apis/Lakorda.

3. Verbreitungsrecht

Das **Verbreitungsrecht** des Datenbankherstellers nach Abs. 1 S. 1 **ist Teil des** in Art. 7 Abs. 2 **50** lit. b Datenbank-RL definierten **Rechts der Weiterverwendung** als „jede Form der öffentlichen Verfügbarmachung der Gesamtheit oder eines wesentlichen Teils der Datenbank durch die Verbreitung von Vervielfältigungsstücken, durch Vermietung, durch Online-Übermittlung oder durch andere Formen der Übermittlung". Ebenso wie beim Verbreitungsrecht des Urhebers an Datenbankwerken bedarf der Begriff der Verbreitung in Abs. 1 S. 1 einer weiten Auslegung. Er steht damit im Einklang mit dem Verbreitungsbegriff nach § 69c Nr. 3 und dem inhaltlich übereinstimmenden Verbreitungsbegriff nach § 17 Abs. 1, die beide als europäisch harmonisiertes Urheberrecht wiederum den Vorgaben des Art. 4 der Computerprogramm-RL und Art. 4 der InfoSoc-RL entsprechen[167] und sowohl das Angebot von Vervielfältigungsstücken an die Öffentlichkeit zum Eigentumserwerb[168] als auch ihr Inverkehrbringen einschließt.[169] Die Erläuterungen zu § 17 und zu § 69c Nr. 3 gelten deshalb auch für das Verbreitungsrecht nach Abs. 1 S. 1, freilich mit der gesetzlichen Einschränkung der Verwertungsrechte des Datenbankherstellers auf wesentliche Datenbankteile und mit der Ausnahme des Verleihens.

Das **Recht der Weiterverwendung** nach Art. 7 Abs. 2 lit. b Datenbank-RL erschöpft sich, so- **51** weit es die körperliche Verwertungsform der Verbreitung des Originals oder eines Vervielfältigungsstücks einer Datenbank umfasst, europaweit, wenn die Verbreitung des Vervielfältigungsstücks durch den Rechtsinhaber im Wege der Erstveräußerung innerhalb der EU und des EWR erfolgt.[170] Der **Grundsatz der europaweiten Erschöpfung des Verbreitungsrechts** ist durch die Inbezugnahme des § 17 Abs. 2 in § 87b Abs. 2 umgesetzt.[171] Die Erschöpfungswirkung betrifft nur das Verbreitungsrecht an einer geschützten Datenbank, **nicht** hingegen **an ihren Elementen.** Denn die Rechte an einer Datenbank lassen die Rechte an deren Einzelbestandteilen unberührt. Genießen folglich die Elemente als Werke oder Leistungen Sonderschutz, der dem Berechtigten ein Verbreitungsrecht gewährt, erschöpft sich dieses Recht nicht automatisch mit der Verbreitung der Datenbank, sondern nur, wenn der Berechtigte seine Zustimmung zur Verbreitung auch des einzelnen Elements erteilt hat. Besteht an ihnen kein sonderschutzrechtliches Verbreitungsrecht, wie dies bei bloßen Daten oder Fakten der Fall ist, kann eine Erschöpfungswirkung nicht eintreten.[172] Dasselbe gilt für Elemente, die zwar grundsätzlich schutzfähig sind, jedoch nicht oder nicht mehr nach dem UrhG geschützt sind.

Als **Form der körperlichen Verwertung** ist die Verbreitung nach harmonisiertem europäischem **52** Urheberrecht und ihm angepasstem nationalen Recht (§ 15 Abs. 1 Nr. 2) **von den unkörperlichen Verwertungsarten zu unterscheiden.** Dies gilt namentlich im Verhältnis zur öffentlichen Zugänglichmachung (Online-Übermittlung), die nach Art. 3 Abs. 3 InfoSoc-RL und dem ihm im Wesentlichen nachgebildeten § 19a als unkörperliche Verwertung und nicht als eine der Erschöpfung unterliegende körperliche Verwertung in Form der Verbreitung anzusehen ist.[173] Davon geht auch das harmonisierte europäische Recht aus, welches die Online-Übermittlung als Dienstleistung versteht (Erwgr. 43; Art. 7 Abs. 2 lit. b S. 2 Datenbank-RL).[174] Das Recht der Online-Übermittlung ist bereits vor dem Inkrafttreten des § 19a als ein unbenanntes Recht der öffentlichen Wiedergabe iSd. § 15 Abs. 2 angesehen worden.[175]

Das in Art. 7 Abs. 2 lit. b der Richtlinie dem Datenbankhersteller vorbehaltene **Vermietrecht** ist **53** im Einzelnen bereits in der europäischen Vermiet- und Verleih-RL (Richtlinie 92/100/EWG) harmonisiert. Die dort getroffenen Regelungen lässt Art. 2 lit. b Datenbank-RL ausdrücklich unberührt. Gemäß Erwgr. 24 gelten sie entsprechend auch für das Recht an Datenbanken. Nach der Begrifflichkeit des Unionsrechts und des harmonisierten UrhG wird das Vermietrecht als das Recht der zeitlich begrenzten, unmittelbar oder mittelbar Erwerbszwecken dienenden Gebrauchsüberlassung (§ 17 Abs. 3) vom Verbreitungsrecht umfasst, unterliegt jedoch nach § 17 Abs. 2 nicht der Erschöpfung.[176] § 17 Abs. 2 gilt deshalb für das Vermietrecht des Datenbankherstellers entsprechend.[177]

---

[167] → § 69c Rn. 1, 21 ff.; ferner → § 4 Rn. 45.

[168] EuGH GRUR 2008, 604 Rn. 61 – Le Corbusier-Möbel; → § 17 Rn. 11; → § 69c Rn. 23.

[169] → § 17 Rn. 8 ff.; → § 69c Rn. 22 f.

[170] Art. 7 Abs. 2 lit. b S. 2 Datenbank-RL; ebenso Art. 4 Abs. 2 InfoSoc-RL; → Rn. 71.

[171] → Rn. 5 f.; Einzelheiten zur Erschöpfung des Verbreitungsrechts unter → § 17 Rn. 35 ff., → § 15 Rn. 41, 308 ff.

[172] Dies übersieht das OLG München GRUR-RR 2002, 89 (90) – Marktdaten; inzwischen richtig gestellt in der Revisionsentscheidung BGH GRUR 2005, 940 (942) – Marktstudien.

[173] Früher umstritten: wie hier *Gaster* ÖSGRUM 19 [1996] 15 (21 f.); *Gaster* CR 1997, 669 (675); *Flechsig* ZUM 1997, 577 (584); *Vogel* ZUM 1997, 592 (600); aA *Berger* GRUR 1997, 169 (176); *Lehmann* in Möhring/Schulze/Ulmer/Zweigert (Hrsg.) S. 10 f.; *Lehmann* in Lehmann (Hrsg.), Multimediarecht, S. 67 (71) Rn. 16; *Kotthoff* GRUR 1997, 597 (599 f.), der die Nutzung von CD-ROMs in betriebseigenen Netzen als Verbreitung in Form der Vermietung qualifiziert, soweit die Gebrauchsüberlassung nicht im Rahmen von Arbeits- oder Dienstverhältnissen erfolgt; Einzelheiten s. die ausführlichen Erläuterungen → § 15 Rn. 308 ff.; → § 17 Rn. 5; → § 69c Rn. 26 jeweils mwN.

[174] Einzelheiten zur Erschöpfung → § 15 Rn. 40 ff.; → § 17 Rn. 35 ff.

[175] → Vor §§ 87a ff. Rn. 17; ausführlich zu den Innominatrechten mit unionsrechtlicher Sicht der Öffentlichkeit der Wiedergabe → § 15 Rn. 68 ff.

[176] AllgM, etwa Möhring/Nicolini/*Koch* (3. Aufl.), § 87b UrhG Rn. 9; zur Umsetzung des europäischen Vermietrechts in das UrhG → § 17 Rn. 3, 38.

[177] Einzelheiten → § 17 Rn. 38.

54   Das **Verleihrecht** zählt nach Art. 7 Abs. 2 letzter Satz Datenbank-RL nicht zu den ausschließlichen Rechten der Entnahme und Weiterverwendung. Dies hat – im Gegensatz zu § 17 – zur Folge, dass nach §§ 87a ff. geschützte Datenbanken selbst dann verliehen werden dürfen, wenn das Verbreitungsrecht nicht erschöpft ist. Der Wortlaut des § 87b Abs. 1 S. 1 bringt dies allerdings nicht zum Ausdruck. Er ist deshalb im Lichte der Richtlinie einschränkend dahingehend auszulegen, dass das ausschließliche Verbreitungsrecht des Datenbankherstellers nicht das Verleihrecht einschließt.[178] Das hat Konsequenzen für den Vergütungsanspruch für das Verleihen von Datenbanken nach § 87b Abs. 2. Zwar bleiben nach Art. 2 lit. b Datenbank-RL die Vorschriften der Vermiet- und Verleih-RL unberührt, jedoch bezieht sie letztere Richtlinie nicht auf das neuartige Recht sui generis an Datenbanken, für das die Datenbank-RL keinen Vergütungsanspruch für das Verleihen vorsieht. Zur Vermeidung einer disharmonisierenden Wirkung sind die Gesetzgeber der Mitgliedstaaten daran gehindert, dem Datenbankhersteller den mit der Datenbank-RL nicht im Einklang stehenden Vergütungsanspruch für das Verleihen von der Öffentlichkeit zugänglichen Datenbanken zu gewähren.[179] Die durch Abs. 2 angeordnete entsprechende Anwendung des § 27 Abs. 2 und 3 ist deshalb unionsrechtswidrig.

4. Recht der öffentlichen Wiedergabe

55   **a) Öffentliche Zugänglichmachung, insbesondere die Online-Übermittlung.** An den nach §§ 87a ff. geschützten Datenbanken besteht kein Recht der öffentlichen Wiedergabe durch die traditionellen Nutzungsarten der unmittelbaren Wahrnehmbarmachung,[180] weil diese nicht von der Richtlinie erfasst wird.[181] Vielmehr geht es bei den unkörperlichen Arten der Nutzung von Datenbanken im Kern um das nach Art. 7 Abs. 2 lit. b Datenbank-RL umzusetzende Recht der öffentlichen Zugänglichmachung elektronischer Datenbanken, wie es nach der Ratifizierung der WIPO-Verträge durch die EU (WCT und WPPT) übereinstimmend in Art. 3 Abs. 1 InfoSoc-RL und in § 19a seinen Niederschlag gefunden hat. Im UrhG ist es an die Stelle des vordem angenommenen Innominatrechts der öffentlichen Übermittlung als einem Unterfall der öffentlichen Wiedergabe getreten, bei dem unter Verzicht auf das Erfordernis der Gleichzeitigkeit der Wiedergabe die Öffentlichkeit durch wiederholte Wiedergabehandlungen kumulativ und/oder sukzessiv hergestellt wird.[182] Wenngleich Art. 3 Abs. 2 der InfoSoc-RL den Datenbankhersteller nicht als Inhaber dieses Verwertungsrechts aufführt, ist davon auszugehen, dass das Recht der Online-Übermittlung in Art. 7 Abs. 2 lit. b Datenbank-RL inhaltlich dem Recht der öffentlichen Zugänglichmachung in Art. 3 Abs. 1 InfoSoc-RL entspricht.[183] Es wird durch Linking nicht verletzt; bei Deep Linking ist dies zweifelhaft.[184]

56   **b) Zur Umsetzung in das nationale Recht.** Das Recht der öffentlichen Wiedergabe nach Abs. 1 S. 1 findet keine wörtliche Entsprechung in der Datenbank-RL. Dort ist lediglich von dem Recht der „Online-Übermittlung oder anderen Formen der Übermittlung" die Rede (Art. 7 Abs. 2 lit. b Datenbank-RL). Gleichwohl erscheint es aus mehreren Gründen gerechtfertigt, den Begriff der Übermittlung durch die Verwendung des eingeführten Begriffs der öffentlichen Wiedergabe in das nationale Recht zu transformieren. Dafür spricht zunächst die Annahme, dass angesichts der vielfältigen Überschneidungen von Datenbankurheber- und Datenbankherstellerrecht weitreichende Unterschiede in der Bezeichnung übereinstimmender Verwertungshandlungen vermieden werden sollten. Sodann spricht unter dogmatischen Gesichtspunkten für diese Umsetzung, dass die Richtlinie in Kap. II den weiten Oberbegriff der öffentlichen Wiedergabe zur Bezeichnung sämtlicher dem Datenbank**urheber** gewährten ausschließlichen Rechte der Werknutzung in unkörperlicher Form verwendet, die auch ohne gesonderte Erwähnung das Recht der öffentlichen Zugänglichmachung bzw. in der Terminologie in Kap. III Datenbank-RL der „Online-Übermittlung und anderen Formen der Übermittlung" umfassen (vgl. Art. 5 lit. d Datenbank-RL). Entsprechend ist es auch später in Art. 3 Abs. 1 der InfoSoc-RL geregelt worden.[185] Hinzu kommt, dass die Datenbank-RL ua. bei den Verwertungsrechten des Herstellers auf eine Vollharmonisierung verzichtet. Die weniger dichte Regelung des Rechts sui generis erlaubt es, solche Abweichungen im nationalen Recht beizubehalten, die der Ziel-

---

[178] *Gaster* Rn. 518; Möhring/Nicolini/*Koch* (3. Aufl.), § 87b UrhG Rn. 9; ferner DKMH/*Kotthoff* § 87b UrhG Rn. 19.

[179] Für nicht der Öffentlichkeit zugängliche Datenbanken kommt ein Vergütungsanspruch ohnehin nicht in Betracht, vgl. Dreier/Schulze/*Dreier* § 87b Rn. 22; AA *Lehmann* in Möhring/Schulze/Ulmer/Zweigert (Hrsg.), Einführung zur Datenbank-RL, S. 11 Fn. 60.

[180] Einzelheiten → § 19 Rn. 1, sa, *v. Ungern-Sternberg* GRUR 2016, 321 (323) unter Verweis auf BGH GRUR 2016, 171 Rn. 19 – Die Realität II.

[181] Näher → § 19 Rn. 1.

[182] Vgl. → § 15 Rn. 71 mwN; ebenso Beschlussempfehlung und Bericht des Ausschusses BT-Drs. 13/7934, 45; zu den Innominatfällen insbesondere und mit teilweise abweichender Beurteilung der Online-Übermittlung § 15 Rn. 22 ff.; eine Klarstellung hinsichtlich der sukzessiven Öffentlichkeit hielt noch *Dreier* in Schricker (Hrsg.), Informationsgesellschaft, S. 134 für erforderlich.

[183] Vgl. die Erläuterungen → § 19a Rn. 18.

[184] Einzelheiten → § 19a Rn. 91 ff. sowie → Rn. 45 mwN.

[185] Ähnlich *Grützmacher* S. 339: Vortrags- und Senderecht andere Formen der Übermittlung iSd. Richtlinie; aA Roßnagel/*v. Lewinski* § 87b UrhG Rn. 24: zu weitgehend.

setzung der Richtlinie nicht widersprechen.[186] Zu beachten ist zudem, dass das harmonisierte Unionsrecht den Begriff des Verwertungsrechts, speziell den der öffentlichen Wiedergabe, anders auslegt, als dies nach dem nationalen Urheberrecht bisher der Fall war.[187]

c) Von den **benannten Verwertungsrechten der öffentlichen Wiedergabe nach § 15 Abs. 2** 57 werden die auf bestimmte Werkkategorien beschränkten Rechte des Vortrags und der Aufführung (§ 19 Abs. 1 und 2) rechtlich vom Wortlaut der Datenbank-RL nicht umfasst, sie sind aber auch für das Recht an Datenbanken praktisch ohne Bedeutung.[188] Denn Datenbanken können nicht nach § 19 Abs. 4 vorgeführt und auch nicht aufgeführt werden. In Betracht kommt allenfalls die öffentliche Wiedergabe mittels Bild- oder Tonträger (§ 21) bzw. von Funksendungen (§ 22).[189] Andererseits beschränkt sich das Recht der Online-Übermittlung und anderer Formen der Übermittlung nach Art. 7 Abs. 2 lit. b Datenbank-RL nicht auf solche öffentlichen Wiedergaben, die in Übereinstimmung mit Art. 3 Abs. 1 InfoSoc-RL, Art. 8 WCT und Art. 14 WPPT in Form der Übermittlung an eine solche Öffentlichkeit gerichtet sind, die an dem Ort des Ursprungs der Wiedergabe nicht anwesend ist (Erwgr. 23 InfoSoc-RL).[190] Der Begriff der öffentlichen Wiedergabe in Abs. 1 ist insoweit richtlinienkonform nach der Vorgabe des Art. 7 Abs. 2 lit. b Datenbank-RL unter Berücksichtigung der von der überholten Spruchpraxis des BGH abweichenden Rechtsprechung des EuGH zum Recht der öffentlichen Wiedergabe auszulegen.[191] Die dort genannten „anderen Formen der Übermittlung" einer Datenbank können Innominatfälle umfassen, aber auch solche Nutzungen, bei denen die angesprochene Öffentlichkeit nicht am Ort der Übermittlung anwesend ist, wie bei der Sendung (§§ 20, 20a, 20b).[192] Dies wird bei der Sendung von Börsendatenbanken deutlich, die etwa auf Bildschirmen in Wartehallen von Flughäfen wiedergegeben werden (§ 22).[193]

5. Unerlaubte Nutzung unwesentlicher Teile (Abs. 1 S. 2)

Die Nutzung unwesentlicher Teile einer Datenbank ist grundsätzlich erlaubnis- und vergütungsfrei 58 zulässig, gleich, ob der Nutzer Berechtigter ist oder nicht. Auch dem berechtigten Benutzer kann der Hersteller einer Datenbank die Nutzung unwesentlicher Teile nicht vertraglich untersagen (§ 87e). Abs. 1 S. 2 stellt jedoch die Vervielfältigung, Verbreitung oder öffentliche Wiedergabe **unwesentlicher Teile einer Datenbank** der Nutzung wesentlicher Datenbankteile gleich, wenn Nutzungshandlungen **wiederholt und systematisch** vorgenommen werden und – in Anlehnung an den Wortlaut von Art. 9 Abs. 2 RBÜ – **der normalen Auswertung der Datenbank zuwiderlaufen oder die berechtigten Interessen ihres Herstellers unzumutbar beeinträchtigen,** weil sie durch ihre kumulative Wirkung auf die Wiedererstellung der älteren Datenbank zum Schaden der Investition ihres Herstellers ausgerichtet sind.[194] Dies beruht darauf, dass die Datenbank-RL nur vor solchen Entnahmen und Weiterverwendungen schützt, die über eine normale Auswertung einer geschützten Datenbank etwa durch Recherchieren oder durch die Abfrage einzelner Informationen hinausgehen (vgl. Erwgr. 49) und dadurch der für ihren Aufbau getätigten Investition schweren Schaden zufügen (Erwgr. 42). Als Umgehungstatbestand verhindert diese Vorschrift, dass die im Interesse des freien Informationszugangs normierte erlaubnisfreie Nutzung unwesentlicher Datenbankteile in planmäßiger und schädigender Weise erfolgt, so dass sie im Ergebnis der Nutzung wesentlicher Teile gleichzustellen ist und das Verbotsrecht des Datenbankherstellers nach Abs. 1 S. 1 unterläuft.[195] Daneben kann der Datenbankhersteller solche Nutzungen unwesentlicher Teile einer Datenbank, die nicht wiederholt und systematisch erfolgen, gleichwohl aber ihre normale Auswertung stören oder die berechtigten Interessen ihres Herstellers unzumutbar beeinträchtigen, unter den engen Voraussetzungen des § 87e durch vertragliche Vereinbarungen unterbinden (Einzelheiten dort).

---

[186] Vgl. EuGH GRUR 2012, 1245 Rn. 24 – 27 – Dataco/Sportradar; ferner *v. Ungern-Sternberg* FS Bornkamm (2014), S. 1007 (1014); → Vor §§ 87a ff. Rn. 14; in diesem Sinne auch *Walter/v. Lewinski* 9.5.20 ff.; vgl. auch → §§ 87a ff. Rn. 14.

[187] S. Einzelheiten zur Auslegung des harmonisierten Begriffs der öffentlichen Wiedergabe *v. Ungern-Sternberg* GRUR 2012, 1198 (1199 ff.); *v. Ungern-Sternberg* GRUR 2015, 205 (207 ff.); *v. Ungern-Sternberg* GRUR 2019, 1 (2 ff.); *v. Ungern-Sternberg* FS Bornkamm, S. 1007 (1015 f.) sowie seine Kommentierung → § 15 Rn. 52 ff., 107 ff., 124 ff., 329 ff. jeweils mwN.

[188] Vgl. *Walter/v. Lewinski* Rn. 9.7.49, vgl. *v. Ungern-Sternberg* GRUR 2016, 321 (323 f.).

[189] Ebenso *Walter/v. Lewinski* Rn. 9.7.49.

[190] Vgl. die Erläuterungen zu § 15 und § 19a; *Dreier/Schulze/Dreier* § 15 UrhG Rn. 29, jeweils mit mwN.

[191] Zum unionsrechtlich harmonisierten Verständnis des Rechts der öffentlichen Wiedergabe eingehend *v. Ungern-Sternberg* GRUR 2012, 1198 (1199 ff.); *v. Ungern-Sternberg* GRUR 2015, 205 (207 ff.); *v. Ungern-Sternberg* GRUR 2019, 1 (2 ff.) sowie die dort jeweils zitierten Entscheidungen des EuGH; *v. Ungern-Sternberg* FS Bornkamm, S. 1007 (1015 f.) sowie seine Kommentierung → § 15 Rn. 52 jeweils mwN; zum Vervielfältigungsrecht Rn. 38 ff.; vgl. auch BGH GRUR 2013, 818 Rn. 26 – Die Realität I unter Hinweis auf EuGH GRUR 2007, 225 Rn. 42 – SGAE/Rafael; EUGH GRUR 2012, 156 Rn. 195 – Football Association Premier League u. Murphy; EuGH GRUR 2012, 593 Rn. 82 – SCF/Marco Del Corso.

[192] Vgl. *Walter/v. Lewinski* Rn. 9.7.49.

[193] Sa. Roßnagel/*v. Lewinski* § 87b UrhG Rn. 24.

[194] EuGH GRUR 2005, 244 Rn. 86–89 – BHB-Pferdewetten; BGH GRUR 2011, 1018 Rn. 58 – Automobil-Onlinebörse; ferner BGH GRUR 2011, 724 Rn. 35 – Zweite Zahnarztmeinung II.

[195] EuGH GRUR 2005, 244 Rn. 91 – BHB-Pferdewetten; BGH GRUR 2011, 1018 Rn. 58 – Automobil-Onlinebörse; *Haberstumpf* GRUR 2003, 14 (28).

59 Für die Bestimmung **unwesentlicher Teile** einer Datenbank gelten die Kriterien entsprechend, die für die Beurteilung der Wesentlichkeit von Datenbankteilen nach Abs. 1 S. 1 maßgeblich sind.[196] Unwesentlich ist somit auch hier alles, was nicht wesentlich ist.[197]

60 Die **wiederholten Nutzungen unwesentlicher Teile** nach Art. 7 Abs. 1 Datenbank-RL müssen nach Auffassung des EuGH darauf gerichtet sein, in ihrer Summe der Nutzung eines wesentlichen Teils der Datenbank zu entsprechen[198] und zugleich auf einem **systematischen Vorgehen** beruhen.[199] Von einem systematischen, subjektiv motivierten Vorgehen ist auszugehen, wenn ihm sachliche und logische Überlegungen zugrunde liegen.[200] Deshalb liegt eine Verletzungshandlung nach Abs. 1 S. 2 nicht erst dann vor, wenn, wie noch in der vierten Auflage vertreten,[201] die Wesentlichkeitsgrenze überschritten ist, vielmehr reicht es aus, wenn die sukzessiven Entnahmen erkennbar dem Ziel dienen, die Wesentlichkeitsgrenze zu überschreiten.[202] Müsste nach Abs. 1 S. 2 die Summe der systematisch entnommenen unwesentlichen Teile die Wesentlichkeitsschwelle erst erreicht oder gar überschritten haben, verbliebe kein eigenständiger Anwendungsbereich gegenüber Abs. 1 S. 1.[203] Wiederholte Nutzungen ohne systematisches Vorgehen reichen nach Abs. 1 S. 2 nicht aus. Auch dürfte es nach der Einschätzung des BGH ausgeschlossen sein, dass parallele Suchanfragen in ihrer kumulativen Wirkung zur Entnahme eines wesentlichen Teils führen.[204] Die Entnahmehandlungen einer Vielzahl von Nutzern können nur dann als Gesamtheit gewertet werden, wenn sie auf mittäterschaftlichem Handeln beruhen, der Vorsatz der Täter auf die Wiedererstellung der Ursprungsdatenbank gerichtet ist[205] und die Investitionen des Datenbankherstellers dadurch in schwerwiegender Weise beeinträchtigt werden.[206] Nach dem Sinn und Zweck der Vorschrift können die wiederholten Nutzungen ein und demselben, aber auch mehreren Datenbankteilen gelten und in verschiedenen Nutzungsarten erfolgen.[207] Denkbar ist folglich, dass ein Teil der entnommenen Daten vervielfältigt, ein anderer Teil dagegen online abgerufen wird. Begrifflich ist Wiederholung mehr als ein einziges Mal. Eine zweimalige Nutzung lässt allerdings kaum eine Entscheidung darüber zu, ob sie auch systematisch, dh. aus der Perspektive des Nutzers planmäßig und nach sachlogischen Kriterien erfolgt. Für ein planmäßiges und sachlogisches Vorgehen könnte etwa der Umstand sprechen, dass die wiederholten Nutzungen unwesentlicher Teile in einem engen zeitlichen Zusammenhang stehen oder die jeweils entnommenen unwesentlichen Teile sich inhaltlich ergänzen, während ein solches Vorgehen eher fern liegt, wenn sich die Wiederholung der Entnahmen nur zufällig aus einem bestimmten Verwendungszweck ergibt.[208] Letztlich ist **eine Einzelfallentscheidung unter Berücksichtigung aller Umstände des Einzelfalls** gefordert.[209] Dabei ist Abs. 1 S. 2 als Ausnahme von dessen S. 1 im Zweifel eng auszulegen.[210]

61 Die **wiederholten und systematischen Nutzungen** unwesentlicher Teile einer Datenbank müssen **entweder deren normaler Auswertung zuwiderlaufen oder die berechtigten Interessen ihres Herstellers unzumutbar beeinträchtigen.** Diese Erfordernisse entsprechen den beiden Merkmalen, die neben dem Vorliegen eines Sonderfalls die Voraussetzungen des Dreistufentests nach Art. 9 Abs. 2 RBÜ, Art. 13 TRIPS, Art. 10 Abs. 2 WCT, Art. 16 Abs. 2 WTPT sowie Art. 5 Abs. 5 InfoSoc-RL bilden, dort jedoch nicht alternativ wie nach Abs. 1 S. 2, sondern kumulativ wie nach § 69e Abs. 3 anzuwenden sind.[211] Wegen der Gleichstellung der Nutzungen nach Abs. 1 S. 2 mit der Nutzung wesentlicher Teile nach Abs. 1 S. 1 lassen sich die Kriterien für die Bestimmung der Wesentlichkeit nach Abs. 1 S. 1 auch für die Auslegung der Merkmale der beiden Handlungsvarianten des Abs. 1 S. 2 fruchtbar machen.

---

[196] → Rn. 13 ff.; → § 87a Rn. 42.

[197] EuGH GRUR 2005, 244 Rn. 73 – BHB-Pferdewetten.

[198] EuGH GRUR 2005, 244 Rn. 89 – BHB-Pferdewetten, sa. dort Rn. 87: „... darauf hinauslaufen würden, ohne Genehmigung ..."; zustimmend *Leistner* JZ 2005, 408 (410), der darauf hinweist, dass ein Schaden für die Amortisation bereits vor Erreichen der kumulativen Wesentlichkeitsgrenze eintreten könne.

[199] Ebenso OLG Köln ZUM-RD 2003, 421 (422) – EZT.

[200] LG Berlin ZUM 2006, 343 (345) – „Ebay"-Angebotsdatenbank (dort die systematische Durchsuchung einer Datenbank zum Zwecke der Erstellung von Konkurrenzbeobachtungsanalysen) im Anschluss an Dreier/Schulze/*Dreier* § 87b UrhG Rn. 11; ebenso Möhring/Nicolini/*Koch* (3. Aufl.), § 87b UrhG Rn. 15.

[201] → 4. Aufl. 2010, Rn. 54; wie dort *Haberstumpf* GRUR 2003, 14 (28); wohl auch Dreier/Schulze/*Dreier* § 87b UrhG Rn. 11; Fromm/Nordemann/*Czychowski* § 87b UrhG Rn. 23; aA *Leistner* JZ 2005, 408 (410);

[202] So BGH GRUR 2011, 724 Rn. 35 – Zweite Zahnarztmeinung II; BGH GRUR 2011, 1018 Rn. 58 – Automobil-Onlinebörse; vgl. auch *Hoeren* MMR 2005, 35 (36).

[203] BGH GRUR 2011, 724 Rn. 35 – Zweite Zahnarztmeinung II; gegen die dort angeführte ganz überwiegende Meinung in der Literatur.

[204] BGH GRUR 2011, 1018 Rn. 60 – Automobil-Onlinebörse.

[205] BGH GRUR 2011, 1018 Rn. 58, 61 – Automobil-Onlinebörse.

[206] EuGH GRUR 2005, 244 Rn. 86–89 – BHB-Pferdewetten; BGH GRUR 2011, 724 Rn. 35 – Zweite Zahnarztmeinung II.

[207] *Leistner* S. 181; Dreier/Schulze/*Dreier* § 87b UrhG Rn. 11; Wandtke/Bullinger/*Hermes* § 87b UrhG Rn. 13.

[208] *Haberstumpf* GRUR 2003, 14 (28).

[209] Vgl. *Leistner* GRUR-Int 1999, 819 (833); Fromm/Nordemann/*Hertin* (9. Aufl.), § 87b UrhG Rn. 14; Dreier/Schulze/*Dreier* § 87b UrhG Rn. 13; ähnlich Wandtke/Bullinger/*Hermes* § 87b UrhG Rn. 14.

[210] Dreier/Schulze/*Dreier* § 87b UrhG Rn. 13; Walter/*v. Lewinski* Art. 7 Datenbank-RL Rn. 16.

[211] Vgl. auch die Erläuterungen → § 69e Rn. 22.

Der Prüfung der Voraussetzungen des Abs. 1 S. 2 ist ein **objektiver Maßstab** zugrunde zu legen, **62** wie es die Begriffe der „normalen Nutzung" und der „berechtigten" Interessen erkennen lassen.[212] Wegen der alternativen Formulierung des zu der wiederholten und systematischen Nutzung unwesentlicher Teile hinzutretenden weiteren Merkmals ist der Tatbestand bereits erfüllt, wenn die Nutzungen entweder der normalen Nutzung zuwiderlaufen **oder** die berechtigten Interessen des Rechtsinhabers unzumutbar beeinträchtigen. Eine Nutzungshandlung kann somit der normalen Nutzung zuwiderlaufen, ohne die berechtigten Interessen des Rechtsinhabers unzumutbar zu beinträchtigen und umgekehrt. Eine Überschneidung der Alternativen ist denkbar.[213]

Der **normalen Nutzung steht entgegen,** wenn der Nutzer sich beim Aufbau eines Konkur- **63** renzprodukts durch die systematische Entnahme eigene Aufwendungen etwa in Form von Lizenzzahlungen erspart.[214] Eine systematische Entnahme hat das OLG Köln in der alphabetischen Übernahme von Datensätzen gesehen.[215] Abs. 1 S. 2 findet ebenfalls Anwendung, wenn der Nutzer für die wiederholten und systematischen Entnahmen und Weiterverwendungen unwesentlicher Datenbankteile Nutzungsverträge mit dem Rechtsinhaber hätte abschließen müssen.[216] Letzteres ist nicht nur dann der Fall, wenn sein Vorgehen dazu dient, ein parasitäres Konkurrenzprodukt aufzubauen, sondern auch, wenn der Investition des Datenbankherstellers ganz allgemein ein wesentlicher Schaden zugefügt wird (Erwgr. 42). Dafür ist die Verfolgung kommerzieller Interessen des Nutzers zumindest ein Indiz.[217] Die Beschränkung des Begriffes der „Störung der normalen Auswertung" auf solche Nutzungen, die dem Aufbau einer unmittelbaren wirtschaftlichen Konkurrenz dienen, erscheint zu eng. Vielmehr liegt auch dann eine Störung vor, wenn die Entnahmehandlungen zur Ausübung einer anderen Tätigkeit erfolgt.[218] Andererseits begründet die Wiedergabe lediglich kleiner Satzteile der Datenbankelemente keinen Eingriff in die normale Nutzung, weil sie bloß auf den Inhalt der Datenbank aufmerksam macht, seine Nutzung aber nicht ersetzt.[219] Nicht erforderlich ist, dass der Rechtsinhaber die die normale Auswertung störende Nutzung bereits selbst ausübt. Es reicht vielmehr aus, wenn sie seinen wirtschaftlichen Aktionsradius auf dem von ihm betretenen Markt einengt.[220] Eine Beeinträchtigung der normalen Nutzung kann etwa darin gesehen werden, dass sich eine Suchmaschine gezielt an den tatsächlichen oder potentiellen Nutzer einer Datenbank wendet.[221] Bei den vorzunehmenden Abwägungen ist stets der Gesetzeszweck des Investitionsschutzes im Auge zu behalten. Der Wortlaut der Vorschrift verlangt nicht den Nachweis eines konkreten Schadens.[222]

Die zweite Alternative unzulässiger systematischer Nutzungen unwesentlicher Teile betrifft die Art **64** und Weise der Nutzungen, die eine **unzumutbare Beeinträchtigung berechtigter Interessen** des Datenbankherstellers zur Folge haben.[223] Deshalb vermag nicht jede Interessenbeeinträchtigung das Verbotsrecht zu begründen, sondern nur die im Einzelfall unzumutbare. Was der Datenbankhersteller hinzunehmen hat, ist im Lichte des Normzwecks zu entscheiden. Da es auch bei dieser Variante um den Schutz des Amortisationsinteresses des Datenbankherstellers geht,[224] das durch das Informationsinteresse der Allgemeinheit gesetzliche Einschränkungen erfährt, ist das Erfordernis der Unzumutbarkeit an ihm zu messen. Richtschnur ist Erwgr. 42, nach dem die Voraussetzungen einer Nutzungsuntersagung gegeben sind, wenn Nutzungshandlungen in Rede stehen, die über die berechtigten Interessen des Nutzers hinausgehen und somit der Investition Schaden zufügen. Bei Suchmaschinen wird man nicht davon ausgehen können, dass dem Amortisationsinteresse des Datenbankherstellers gegenüber dem Informationsinteresse der Öffentlichkeit ein größeres Gewicht beizumessen ist, zumal die gebietsübergreifende Suchmaschine für die genutzte Datenbank kein Konkurrenzprodukt darstellt.[225] Die Rechtsprechung hat sich in der Vergangenheit wiederholt dazu geäußert, als es um die Zulässigkeit des Linking und die dadurch veranlasste Umgehung von Werbung auf der Ausgangsseite

---

[212] Vgl. Wandtke/Bullinger/*Hermes* § 87b UrhG Rn. 15.

[213] AA Dreier/Schulze/*Dreier* § 87b UrhG Rn. 14 in gebotener enger Auslegung der Vorschrift.

[214] Vgl. BGH GRUR 2011, 1018 Rn. 59 – Automobil-Onlinebörse; OLG Dresden ZUM 2001, 595 (597) – Sächsisches Ausschreibungsblatt; LG Köln ZUM-RD 2000, 304 (308) – Kidnet.de: selbst die Übernahme weniger Links von insgesamt 251 Links zu kommerziellen Zwecken ausreichend; Möhring/Nicolini/*Koch* (3. Aufl.), § 87b UrhG Rn. 17; Wandtke/Bullinger/*Hermes* § 87b UrhG Rn. 73; aA Dreier/Schulze/*Dreier* § 87b UrhG Rn. 14.

[215] OLG Köln ZUM-RD 2014, 233 (236) – Photovoltaik-Datenbank.

[216] Ebenso *Haberstumpf* GRUR 2003, 14 (28); *Leistner* GRUR-Int 1999, 819 (833); einschränkend Dreier/Schulze/*Dreier* § 87b UrhG Rn. 14: nicht schon jede denkbare Auswertung vorbehalten, weil andernfalls dieses Erfordernis seinen Sinn verlöre.

[217] Ähnlich Dreier/Schulze/*Dreier* § 87b UrhG Rn. 14: reicht allein nicht aus.

[218] Vgl. EuGH GRUR 2005, 244 Rn. 87 – BHB-Pferdewetten; wohl auch Möhring/Nicolini/*Koch* (3. Aufl.), § 87b UrhG Rn. 17; aA Dreier/Schulze/*Dreier* § 87b UrhG Rn. 14: unmittelbare Konkurrenz erforderlich.

[219] BGH GRUR 2003, 958 (962) – Paperboy.

[220] Dreier/Schulze/*Dreier* § 87b UrhG Rn. 14; Möhring/Nicolini/*Koch* (3. Aufl.), § 87b UrhG Rn. 17.

[221] LG Köln CR 1999, 593; Dreier/Schulze/*Dreier* § 87b UrhG Rn. 15; Möhring/Nicolini/*Koch* (3. Aufl.), § 87b UrhG Rn. 16.

[222] Ebenso Dreier/Schulze/*Dreier* § 87b UrhG Rn. 14; Wandtke/Bullinger/*Hermes* § 87b UrhG Rn. 15.

[223] *Haberstumpf* GRUR 2003, 14 (28); Fromm/Nordemann/*Hertin* (9. Aufl.), § 87b UrhG Rn. 72 ff.; Dreier/Schulze/*Dreier* § 87b UrhG Rn. 16.

[224] Dreier/Schulze/*Dreier* § 87b UrhG Rn. 16.

[225] So Dreier/Schulze/*Dreier* § 87b Rn. 16 auch unter Hinweis darauf, dass die Ausübung eines Verbotsrechts zu einer rechtsmißbräuchlichen Blockierung eines neuen Marktes führen könnte (EuGH GRUR-Int 1995, 490 (493) – Magill TV Guide).

eines Internetauftritts ging, und insoweit Unzumutbarkeit angenommen.[226] Mit der Paperboy-Entscheidung des BGH[227] ist diese Frage geklärt. Es fehlt insoweit an einer relevanten Nutzung nach Abs. 1 S. 1.[228]

6. Insbesondere amtliche Register

65 Die vom BGH an den EuGH gerichtete, in Rechtsprechung[229] und Literatur[230] umstrittene Frage, ob amtliche Datenbanken in Analogie zu § 5 frei genutzt werden können, bleibt unionsrechtlich weiterhin ungeklärt, da sich die Parteien nach der mündlichen Verhandlung vor dem EuGH verglichen haben.[231] In seiner Vorlage-Entscheidung hat der BGH erkennen lassen, dass er eine analoge Anwendung des § 5 befürwortet.

66 **a)** Auch bei amtlichen Datenbanken, die die Voraussetzungen des sui generis Rechts erfüllen, steht der Schutz einer Investition in Rede. Daran ändert nichts, dass ihr Inhalt amtlicher Natur ist. Denn auf den Inhalt einer Datenbank kommt es im Zusammenhang mit dem Datenbankherstellerrecht lediglich dann an, wenn es um die Bestimmung der Unabhängigkeit der einzelnen in die Datenbank aufgenommenen Elemente geht.[232] Der Schutz einer Datenbank gilt – dem Schutzgegenstand des Rechts entsprechend[233] – allein den Investitionen, die in wesentlichem Umfang für den Aufbau einer Datenbank erbracht worden sind.[234]

67 **b) Amtliche Register**[235] stehen, soweit dies gesetzlich angeordnet ist, der Öffentlichkeit – teils nur gegen den Nachweis eines besonderen Interesses – zur Einsichtnahme und zur Anfertigung von Auszügen zur Verfügung.[236] Das ändert nichts daran, dass ihnen grundsätzlich der Datenbankschutz zugutekommt, wenn sie sämtliche gesetzlichen Voraussetzungen erfüllen. Bei amtlichen Datenbanken ist dabei insbesondere zu prüfen, ob die mit ihr verbundenen Investitionen nicht auf unerheblichen Aufwendungen für die Datenerzeugung beruhen.

68 Die Entnahme und Weiterverwendung von Daten aus amtlichen Datenbanken sind im Regelfall, aber nicht ausnahmslos auf die Information im Einzelfall gerichtet und stellen **meist Nutzungen lediglich unwesentlicher Datenbankteile** dar.[237] Die Ausschließlichkeitsrechte des § 87b Abs. 1 sind dabei nicht berührt. Dies dürfte auch dann gelten, wenn Auszüge, sei es für Rechts- oder Patentanwaltskanzleien, sei es für Versicherungen, sei es für andere Behörden etc., wiederholt hergestellt und versandt werden. Auch der Umgehungstatbestand nach Abs. 1 S. 2 kommt in der ganz überwiegenden Zahl der Nutzungen unwesentlicher Teile einer amtlichen Datenbank nicht in Betracht. Denn meist wird es an der erforderlichen Planmäßigkeit wiederholter Nutzungen von amtlichen Registern fehlen. Zudem laufen solche Nutzungen amtlicher Datenbanken weder der normalen Auswertung des Registers zuwider noch beeinträchtigen sie berechtigte Interessen ihrer Hersteller. Zu bedenken ist ferner, dass öffentlich zugängliche amtliche Register gerade aufgrund gesetzlichen Auftrags zur Anfertigung von Auszügen der Öffentlichkeit zur Verfügung gestellt werden. Dies gilt unabhängig davon, ob die öffentliche Hand die Datenbank selbst erstellt oder sich dabei privater Unternehmen bedient.[238]

---

[226] Vgl. Dreier/Schulze/*Dreier* § 87b UrhG Rn. 17: in der Regel nicht dagegen bei der Erstellung bloßer Linklisten; dort weitere Rspr.-Hinweise auch unter Rn. 16; sa. *Wiebe* CR 2005, 169 (173).

[227] BGH GRUR 2003, 958 – Paperboy.

[228] S. zu Linking und Framing die Erläuterungen → § 19a Rn. 91 ff.

[229] Verneinend öOGH GRUR-Int 2004, 66 (68 f.) – EDV-Firmenbuch I; OLG Dresden ZUM 2001, 595 (597) – Sächsischer Ausschreibungsdienst; OLG Köln MMR 2007, 443; tendenziell befürwortend EuGH GRUR 2009, 501 Rn. 69 – Apis/Lakorda; BGH GRUR 2007, 500 – Sächsischer Ausschreibungsdienst; offen gelassen in BGH GRUR 2009, 852 Rn. 30 – Elektronischer Zolltarif.

[230] *Gaster* Rn. 608; Möhring/Nicolini/*Ahlberg* § 5 UrhG Rn. 22; Möhring/Nicolini/*Decker* (2. Aufl.), Vor §§ 87a ff. Rn. 9; Dreier/Schulze/*Dreier* § 87c UrhG Rn. 1; wohl auch *v. Ungern-Sternberg* GRUR 2008, 291 (293); *Rieger* S. 195 ff., der auch keinen Widerspruch mit der „Unberührtheitsklausel" des Art. 2 InfoSoc-RL sieht; aA *Leistner* S. 317; *v. Gierke* FS Loschelder (2010), S. 87.

[231] S. *Eickemeier* Anm. zu EuGH Urteil v. 9.8.2008 C-304/07 – Directmedia Publishing in GRUR 2009, 578 f.; Beschluss des Präsidenten der 4. Kammer des EuGH vom 25.6.2008, Az. C-215/07.

[232] Vgl. → § 87a Rn. 8 ff.; sa. *v. Gierke* FS Loschelder (2010), S. 87 (91).

[233] → § 87a Rn. 34 ff.

[234] EuGH GRUR-Int 2009, 501 Rn. 71 ff. – Apis/Lakorda; BGH GRUR 2009, 852 Rn. 32 – Elektronischer Zolltarif; BGH GRUR 2007, 137 Rn. 11 ff. – Bodenrichtwertsammlung; *v. Ungern-Sternberg* GRUR 2008, 291 (293 f.).

[235] Vereins-, Handels- oder Schiffsregister, Verkehrsstrafenregister, kommunale Kfz-Register, Grundbuch, Patent- und Urheberrolle, Markenregister, Geschmacksmusterregister, Bundeszentralregister, Fahndungsbuch ua.; nicht dagegen Bodenrichtwertsammlungen, so zutreffend LG München I ZUM 2018, 461 (463) – Bodenrichtwertsammlung: zwar Datenbank, aber nicht gemeinfrei nach § 5 Abs. 2, weil weder regelnder Inhalt noch im amtlichen Interesse zur allgemeinen Kenntnisnahme.

[236] Vgl. etwa § 9 HGB, § 138 Abs. 4 UrhG, § 31 Abs. 1 S. 2 PatG, § 8 Abs. 5 GebrMG, § 62 Abs. 3 MarkenG, §§ 8, 11 GeschmMG; nur bei einem besonderen Interesse hingegen: § 12 Abs. 1 und 2 GBO; § 44 BZRG ua.

[237] Für das Handelsregister *Tountopoulos* CR 1998, 129 (132 f.) mwN; vgl. auch OLG München ZUM-RD 2019, 464; Bodenrichtwertsammlung keine Ausnahme, da sie keinen regelnden Inhalt iSd. § 5 Abs. 1 aufweist (im Anschluss an BGH ZUM 2007, 136 Rn. 15 – Bodenrichtwertsammlung).

[238] Vorlagebeschluss des BGH GRUR 2007, 500 Rn. 19 – Sächsischer Ausschreibungsdienst, zurückgezogen mit Schreiben des BGH vom 20.5.2008 an den EuGH, der das betreffende Aktenzeichen durch Beschluss vom

c) Einer differenzierteren Beurteilung bedarf es, wenn aus öffentlich zugänglichen staatlichen Re- 69
gistern **Daten in wesentlichem Umfang entnommen werden oder gar das gesamte Register**
vervielfältigt wird. Liegen insoweit keine gesetzlichen Beschränkungen der Einsichtnahme in ein Register und der Anfertigung von Auszügen vor, kann gleichwohl ein amtliches Interesse am Investitionsschutz und an der Wahrung des Publizitätsinteresses und der Authentizität des amtlichen Registers vorliegen. Die mitunter bestehende Gebührenpflicht bei der Einsicht in amtliche Datenbanken
mag dafür ein Indiz sein.[239] Ein uneingeschränktes Recht auf Information in Form der Anfertigung
einer unbegrenzten Anzahl von Auszügen ist nicht ersichtlich.[240]

d) Werden wesentliche Teile oder die Gesamtheit eines amtlichen Registers vervielfältigt, um diese 70
etwa bei der Erstellung eines Konkurrenzregisters oder eines Registers mit anderen Parametern wirtschaftlich zu nutzen, geht es nicht mehr um die bestimmungsgemäße Benutzung des Registers in
Form der bloßen Einsichtnahme, sondern um dessen gewerbliche Verwertung. Derart motivierte
Verwertungshandlungen unterliegen nach Abs. 1 S. 1 uneingeschränkt dem Verbot der Entnahme
oder Weiterverwendung wesentlicher Datenbankteile oder der Datenbank in ihrer Gesamtheit. Denn
bei ihnen dient das öffentliche Register nicht mehr als Informationsquelle für jedermann, sondern
wird über seinen gesetzlichen Auftrag hinaus zum Objekt des wirtschaftlichen Interesses Einzelner.
Für das Handelsregister verbietet das ausdrücklich § 9 HGB.[241] Eine **analoge Anwendung der Vorschrift des § 5** über die Aufhebung des Urheberrechtsschutzes amtlicher Werke[242] scheitert in diesen
Fällen nicht allein an dem damit verbundenen Widerspruch zur Richtlinie, die die Grenzen und
Schranken des Rechts sui generis abschließend regelt,[243] und der damit verbundenen disharmonisierenden Wirkung, sondern auch daran, dass derartige Nutzungen der Gesamtheit oder wesentlicher
Teile der Datenbank nicht im amtlichen Interesse im Sinne dieser Vorschrift lägen.[244] Bei Datenbanken mit amtlichem Charakter, die etwa von beliehenen Unternehmen unterhalten werden, verlöre
der Datenbankhersteller außerdem den gesetzlichen Investitionsschutz für seine oft mit erheblichem
wirtschaftlichem Aufwand errichtete Datenbank.[245] Zudem besteht – vom Interesse an der wirtschaftlichen Nutzung derartiger Datenbanken durch Behörden und von datenschutzrechtlichen Einwänden
abgesehen – zumindest bei einigen Registerarten die Notwendigkeit, deren Legitimationswirkung
und Zuverlässigkeit zu erhalten. Deshalb ist kein Anlass erkennbar, den Inhalt dieser Datenbanken in
ihrer Gesamtheit oder zu wesentlichen Teilen jedermann und zudem unentgeltlich zur wirtschaftlichen Nutzung zur Verfügung zu stellen. Aus denselben Gründen würde die wiederholte und systematische Nutzung unwesentlicher Teile staatlicher Register den berechtigten Interessen der jeweiligen
Behörden iSd. Abs. 1 S. 1 zuwiderlaufen und sollte deshalb ihrem Verbotsrecht unterliegen.

7. Erschöpfung des Verbreitungsrechts nach § 17 Abs. 2; Vergütung für das Verleihen nach § 27 Abs. 1 und 2 und Herstellervermutung nach § 10 Abs. 1 (§ 87b Abs. 2)

a) Abs. 2 erklärt die Vorschriften der §§ 10 Abs. 1, 17 Abs. 2 und 27 Abs. 2 und 3 auf das Recht 71
des Datenbankherstellers für entsprechend anwendbar. Dies bedeutet zunächst, dass sich das **Verbreitungsrecht mit Ausnahme des Vermietrechts** analog zu § 17 Abs. 2 im Falle der Erstveräußerung
einer körperlichen Festlegung der Datenbank **europaweit erschöpft,** wenn die Verbreitungshandlung innerhalb der EU oder des EWR erfolgt ist. Die Erschöpfungswirkung tritt nur für die körperli-

---

25.6.2008 gelöscht hat (ABl. EU vom 8.11.2008 C-285/32); zum Vorlagebeschluss des BGH v. *Ungern-Sternberg*
GRUR 2008, 291 (293 f.).

[239] In diesem Sinne wohl auch *Dittrich* ÖBl 2002, 3 (5).

[240] Vgl. BGH CR 1989, 984 (985) im Hinblick auf das Handelsregister; zust. *Tountopoulos* CR 1998, 129 (133);
ebenso bereits im Hinblick auf den Schutzgegenstand des Datenbankherstellerrechts v. *Ungern-Sternberg* GRUR
2008, 291 (293 f.).

[241] BGH CR 1989, 984 (985) – Handelsregister.

[242] So *Lehmann* in Möhring/Schulze/Ulmer/Zweigert (Hrsg.) S. 13 f., unter Berufung auf die Notwendigkeit des
freien Zugangs zu den in Datenbanken enthaltenen amtlichen Werken, die freilich zum ohnehin nicht geschützten
Inhalt einer Datenbank gehören; ähnlich *Tountopoulos* CR 1998, 129 (131); *Westkamp* S. 403.

[243] → § 87c Rn. 3.

[244] Im Ergebnis wie hier *Leistner* S. 317 f.; *Dittrich* ÖBl 2002, 3 (4, 6); wohl auch Wandtke/Bullinger/*Hermes*
§ 87a UrhG Rn. 150; OGH ÖBl 2002, 46 (48 f.) – EDV-Firmenbuch I; OLG Dresden ZUM 2001, 595 (597) –
Sächsisches Ausschreibungsblatt; für eine analoge Anwendung von § 5: v. *Ungern-Sternberg* GRUR 2008, 291 (293)
mit dem Hinweis, dass unter Berücksichtigung der Besonderheiten des Datenbankherstellerrechts das amtliche
Interesse an der allgemeinen Kenntnisnahme iSd. § 5 sich nicht allein auf die Veröffentlichung der eingespeicherten
Informationen, sondern auch darauf beziehen müsse, dass die Datenbankelemente gerade auch in der Form eines
wesentlichen Teils der Datenbank genutzt werden könne; sa. v. *Ungern-Sternberg* GRUR 2008, 193 (195 f.) zu amtlichen Datenbankwerken; für eine analoge Anwendung des § 5 im Rahmen der §§ 87a ff. ferner *Gaster* Rn. 608,
(612 ff.); *Gaster* in Hoeren/Sieber (Hrsg.) Teil 7.8 Rn. 120 f.; DKMH/*Kotthoff* § 87a Rn. 13; Fromm/Norde-
mann/*Hertin* (9. Aufl.), S. 3 f.; Möhring/Nicolini/*Ahlberg* (2. Aufl.), § 5 UrhG Rn. 22; Möh-
ring/Nicolini/*Decker* (2. Aufl.), Vor §§ 87a ff. UrhG Rn. 9: § 5 als allgemeiner Grundsatz, der einen Gleichlauf
mit dem Urheberrecht erfordere; aus denselben Gründen und wegen des teilweisen Verbots der Nutzung unwesentlicher Teile nach § 87b Abs. 1 S. 2 zumindest § 5 Abs. 2 analog: Dreier/Schulze/*Dreier* § 87c UrhG Rn. 1;
→ § 5 Rn. 40; zu einer analogen Anwendung des § 5 Abs. 2 tendierend der BGH in seinem Vorlagebeschluss
GRUR 2007, 500 Rn. 18 ff. – Sächsischer Ausschreibungsdienst; im Hinblick auf Art. 8 Abs. 1 S. 1 1. Alt. Datenbank-RL auch *Fuchs* UFITA 2008/1 S. 27 (44 f.).

[245] So auch v. *Gierke* FS Loschelder (2010), S. 87 (95).

che Nutzung der Verbreitung ein, nicht hingegen für die unkörperlichen Nutzungsarten der öffentlichen Wiedergabe, namentlich der öffentlichen Zugänglichmachung der Datenbank nach § 19a, auch wenn diese unter Verwendung einer Verkörperung der Datenbank etwa in Form einer CD-ROM vorgenommen worden ist.[246]

72   **b)** Die entsprechende Anwendung von **§ 27 Abs. 2 und 3**, die nicht durch die Richtlinie veranlasst worden ist,[247] hat zur Folge, dass dem Datenbankhersteller **im Falle des Verleihens** eines Vervielfältigungsstücks seiner Datenbank durch eine öffentlich zugängliche Institution ein nur durch eine Verwertungsgesellschaft wahrnehmbarer **Vergütungsanspruch** zusteht, sofern sich das Verbreitungsrecht an dem Vervielfältigungsstück erschöpft hat. Die Vereinbarkeit der Regelung mit der Richtlinie begegnet Bedenken, weil das Verleihen in Art. 7 Abs. 2 lit. b Datenbank RL ausdrücklich nicht als eine Unterart der Weiterverwendung aufführt ist (→ Rn. 4). Die Vereinbarkeit von Abs. 2 iVm. § 27 Abs. 2 und 3 mit der Richtlinie hängt davon ab, ob die Richtlinie nicht nur eine Minimal-, sondern auch eine Maximalregelung enthält, die es den Mitgliedstaaten verbietet, über ihren Regelungsinhalt hinauszugehen.[248] Das ist im Interesse der mit der Richtlinie angestrebten Harmonisierungswirkung zu bejahen.[249]

73   **c)** Die Urhebervermutung des **§ 10 Abs. 1** mutiert in entsprechender Anwendung nach Abs. 1 zu einer **Herstellervermutung**, die im Falle der Nennung auf dem Original oder einem Vervielfältigungsstück einer Datenbank den Datenbankhersteller dazu berechtigt, bis zum Beweis des Gegenteils als deren Hersteller benannt zu werden.

III. Sonstige Fragen

74   **Beweislast.** Macht der Hersteller einer Datenbank gegenüber einem anderen Datenbankhersteller geltend, dieser habe einen wesentlichen Teil seiner der Öffentlichkeit zugänglichen Datenbank vervielfältigt und in seine Datenbank integriert, obliegt ihm als Kläger die Beweislast hinsichtlich der Identität der Daten und ihrer Wesentlichkeit iSd. Abs. 1 S. 1, während der Beklagte zu beweisen hat, dass er sich die strittigen Daten anderweitig besorgt hat.[250]

§ 87c Schranken des Rechts des Datenbankherstellers

(1) [1]Die Vervielfältigung eines nach Art oder Umfang wesentlichen Teils einer Datenbank ist zulässig

1. zum privaten Gebrauch; dies gilt nicht für eine Datenbank, deren Elemente einzeln mit Hilfe elektronischer Mittel zugänglich sind,
2. zu Zwecken der wissenschaftlichen Forschung gemäß den §§ 60c und 60d,
3. zu Zwecken der Veranschaulichung des Unterrichts und der Lehre gemäß den §§ 60a und 60b.

[2]In den Fällen der Nummern 2 und 3 ist die Quelle deutlich anzugeben und gilt § 60g Absatz 1 entsprechend.

(2) Die Vervielfältigung, Verbreitung und öffentliche Wiedergabe eines nach Art oder Umfang wesentlichen Teils einer Datenbank ist zulässig zur Verwendung in Verfahren vor Gericht, einem Schiedsgericht oder einer Behörde sowie für Zwecke der öffentlichen Sicherheit.

(3) Die §§ 45d bis 45d gelten entsprechend.

Schrifttum: Siehe die Schrifttumshinweise Vor §§ 87a ff. und zu § 53.

Übersicht

---

[246] S. zur Erschöpfung ferner → Rn. 51; eingehend → § 17 Rn. 35.

[247] Vgl. etwa Dreier/Schulze/*Dreier* § 87b UrhG Rn. 22; Möhring/Nicolini/*Koch* (3. Aufl.), § 87b UrhG Rn. 19; sowie → Rn. 56.

[248] So Dreier/Schulze/*Dreier* § 87b UrhG Rn. 3.

[249] → Rn. 4; Möhring/Nicolini/*Decker* (2. Aufl.), § 87b UrhG Rn. 4; ähnlich Wandtke/Bullinger/*Hermes* § 87b UrhG Rn. 49: bei richtlinienkonformer Auslegung des § 87b Abs. 2 nicht anwendbar; offen gelassen von Dreier/Schulze/*Dreier* § 87b UrhG Rn. 22.

[250] Sa. BGH GRUR 2009, 852 Rn. 40 – Elektronischer Zolltarif.

I. Allgemeines

1. Überblick

§ 87c normiert – Art. 9 der Datenbank-RL entsprechend[1] – **in abschließender Regelung** die **1** dem Recht des Datenbankherstellers gezogenen Schranken.[2] Eine Ausdehnung dieser Schrankenregelungen über die Richtlinienvorgabe hinaus durch entsprechende Anwendung der §§ 44a ff. ist wegen der damit verbundenen disharmonisierenden Wirkung unzulässig. Dasselbe gilt für eine analoge Anwendung des § 5 auf amtliche Datenbanken nach § 87a.[3] Eine gleichlaufende Auslegung übereinstimmender Tatbestandsmerkmale von Datenbankwerken und Datenbanken ist damit nicht ausgeschlossen.[4] Zwingend ist ein derartiger Gleichlauf allerdings auf Grund des unterschiedlichen Wesens beider Rechte nicht.[5] Ebenso wie bei den Schrankenregelungen des Urheberrechts an Datenbankwerken lässt Art. 9 der Richtlinie bei Datenbanken einen Rückgriff auf traditionelle innerstaatliche Schrankenbestimmungen nicht zu.[6]

Gleichwohl wird im Hinblick auf das Gesamtgefüge der datenbankrechtlichen Regelungen ohne gewisse Korrekturen nicht auszukommen sein. So sollte die nach § 44a erlaubnisfreie **vorübergehende Vervielfältigung** ebenso wie bei elektronischen Datenbankwerken im Ergebnis auch bei der vorübergehenden Vervielfältigung zumindest wesentlicher Teile einer Datenbank nach §§ 87a ff. zugelassen werden, allerdings nicht aufgrund einer Schrankenregelung, sondern unter Berücksichtigung der einer solchen Nutzung zugrundeliegenden vertraglichen Beziehungen oder aufgrund einer bloßen Einwilligung.[7] Dabei ist zu berücksichtigen, dass diese Beschränkung des Ausschließlichkeitsrechts auf technisch bedingte Vervielfältigungen ohne wirtschaftliche Bedeutung abstellt.[8] Will man dem nicht folgen, wird jedenfalls davon auszugehen sein, dass vorübergehende Vervielfältigungen bereits nicht vom Begriff der Entnahme nach Art. 7 Abs. 2 lit. a Datenbank-RL umfasst sind.

Zu beachten ist, dass sich die Schranken des **Abs. 1 lediglich** auf das Recht der **Vervielfältigung** **2** **wesentlicher Teile** einer Datenbank beziehen, während in den Fällen des **Abs. 2 auch die Verbreitung und öffentliche Wiedergabe** wesentlicher Teile erlaubnisfrei zulässig sind. Inhaltlich gehören die Tatbestände des Abs. 1 zu den Ausnahmen der Nutzung zum privaten Gebrauch (Abs. 1 S. 1 Nr. 2 und 3) sowie zur Erleichterung des Schulunterrichts und der Wissenschaft und Forschung, während Abs. 2 das Ausschließlichkeitsrecht im Interesse der Rechtspflege, der Verwaltung und der öffentlichen Sicherheit aufhebt.

2. Umsetzung der Datenbank-RL

a) Gesetzgebungsgeschichte. Die Regelung des Art. 7 Nr. 6 IuKDG[9] enthält gegenüber dem **3** RegE drei wesentliche Änderungen. Auf Wunsch des Bundesrates[10] ist die Vervielfältigung von Datenbanken zum Unterrichtsgebrauch in den Kreis gesetzlich zulässiger Nutzungen aufgenommen,[11] die Vervielfältigung zum eigenen wissenschaftlichen Gebrauch dem Gebot von Art. 9 lit. b Datenbank-RL entsprechend auf nichtgewerbliche Zwecke beschränkt und der kritisch kommentierte Vorschlag einer Beteiligung des Datenbankherstellers an den Betreiber-, Geräte- und Ton- bzw. Bildtonträgervergütungen nach den §§ 54, 54a ersatzlos gestrichen worden.[12]

---

[1] Richtlinie 96/9/EG des Europäischen Parlaments und des Rates vom 11.3.1996 über den rechtlichen Schutz von Datenbanken, ABl. Nr. L 77 S. 20, abgedr. auch in GRUR-Int 1996, 806.
[2] EuGH GRUR 2005, 244 Rn. 62 – BHB-Pferdewetten; OLG Köln MMR 2007, 443 (445) – DWD-Wetterdaten; Wandtke/Bullinger/*Hermes* § 87c UrhG Rn. 1; Fromm/Nordemann/*Hertin* (9. Aufl.), § 87c UrhG Rn. 3.
[3] Zu amtlichen Datenbanken ausführlich → § 87b Rn. 65 ff.
[4] Fromm/Nordemann/*Czychowski* § 87c UrhG Rn. 18; Fromm/Nordemann/*Hertin* (9. Aufl.), § 87c UrhG Rn. 3; Dreier/Schulze/*Dreier* § 87c UrhG Rn. 1; Möhring/Nicolini/*Koch* (3. Aufl.), § 87c UrhG Rn. 1; Wandtke/Bullinger/*Hermes* § 87c UrhG Rn. 2; dazu auch → § 87b Rn. 39.
[5] Vgl. → § 87b Rn. 40; ebenso Wandtke/Bullinger/*Hermes* § 87c UrhG Rn. 2 f.
[6] Vgl. Erwgr. 35, der sich ausschließlich auf Art. 6 Datenbank-RL bezieht.
[7] Vgl. → § 87b Rn. 38.
[8] Vgl. → § 87b Rn. 41 ff.; aA Dreier/Schulze/*Dreier* § 87c UrhG Rn. 1; wohl auch Wandtke/Bullinger/*Hermes* § 87c UrhG Rn. 1.
[9] Dazu → Vor §§ 87a ff. Rn. 6, 16 ff.
[10] BR-Drs. 420/1/97 und 420/97 – Beschluss.
[11] Beschlussempfehlung und Bericht des Ausschusses BT-Drs. 13/7934, 45.
[12] Vgl. dazu *Vogel* ZUM 1997, 592 (598).

Auf die **Beschlussempfehlung des Vermittlungsausschusses** zum 4. UrhGÄndG[13] hat Abs. 1 S. 1 Nr. 3 eine neue Fassung erhalten. Einem Vorschlag des Bundesrates folgend wurde der ursprüngliche Wortlaut der Bestimmung, der sich sprachlich eng an § 53 Abs. 3 Nr. 1 anlehnte, durch die nunmehr gültige, dem Wortlaut des Art. 9 lit. b der Richtlinie strenger verpflichtete Formulierung ersetzt, um die Freistellung der Nutzung wesentlicher Teile einer Datenbank nicht nur zu Unterrichts-, sondern auch zu Prüfungszwecken zu erreichen (dazu → Rn. 18).

4   § 87c hat durch das am 1.3.2018 in Kraft getretene **Gesetz zur Angleichung des Urheberrechts an die aktuellen Erfordernisse der Wissensgesellschaft (UrhWissG)** vom 1.9.2017 einige Änderungen erfahren. Abs. 1 Satz 1 Nr. 2 und 3 wurden durch die Bezugnahme auf die neu in das Gesetz aufgenommenen Vorschriften der §§ 60a (Unterricht und Lehre), 60b (Unterrichts- und Lehrmedien), 60c (Wissenschaftliche Forschung) und 60d (Text und Data Mining) eingefügt und sprachlich an Art. 9 Datenbank-RL angepasst. Zudem erklärt Abs. 1 Satz 2 mit einem hinzugekommenen 2. Halbsatz nunmehr § 60g Abs. 1 (Beschränkung gesetzlich erlaubter Nutzungen) für entsprechend anwendbar, nicht hingegen die §§ 60e und 60f, auf die das Gesetz nicht verweist,[14] so dass Bibliotheken, Museen, Bildungseinrichtungen und Archive weiterhin erlaubnisfrei nur zur Benutzung unwesentlicher Teile einer Datenbank berechtigt sind. Mit dem am 1.11.2018 in Kraft getretenen **Gesetz zur Umsetzung der Marrakesch-RL 2017/1564**[15] kam § 87c Abs. 3 hinzu, das die Schrankenregelungen des sui generis Rechts auf Menschen mit einer Seh- oder Lesebehinderung erstreckt.[16]

5   **b) Gesetzestechnik.** Anders als bei den übrigen verwandten Schutzrechten des Teils 2 des UrhG übernimmt das Gesetz bei der Schrankenziehung nicht die Technik, die für das Urheberrecht geltenden Schrankenbestimmungen der §§ 44a ff., soweit es die Richtlinie gestattet, für entsprechend anwendbar zu erklären. Vielmehr formuliert es – unter inhaltlicher Ausschöpfung des durch Art. 9 Datenbank-RL (s. Erwgr. 50) gesetzten Rahmens optionaler Schranken – sämtliche Ausnahmetatbestände neu, gießt jedoch mit Ausnahme von Abs. 1 S. 1 Nr. 3 (dazu → Rn. 2) in zutreffender Weise die Richtlinienbestimmungen in die Begrifflichkeit des Teils 1 Sechster Abschnitt um und gewährleistet so die weitgehende Parallelität der auf Datenbankwerke und leistungsschutzrechtlich geschützte Datenbanken anwendbaren Schrankenregelungen. Diese Art der Umsetzung hätte es freilich zugelassen, kürzer und übersichtlicher einzelne Schrankenbestimmungen der §§ 44a ff. auf das Recht des Datenbankherstellers für entsprechend anwendbar zu erklären. Anders als bei urheberrechtlich geschützten Datenbanken hat der Richtliniengeber die zusätzliche Normierung traditioneller nationaler Schranken beim Recht sui generis nicht gestattet.[17] Eine entsprechende Anwendung von Schrankenbestimmungen des Teils 1 des UrhG, die über § 87c hinausgehen, scheidet deshalb aus.[18] Die Bemühungen um eine Parallelität der nach §§ 45, 53 Abs. 1 Nr. 1, Abs. 3 Nr. 1 und Abs. 5 für Datenbankwerke und der nach § 87c für Datenbanken geltenden Schranken waren allerdings weitgehend erfolgreich: § 87c Abs. 2 entspricht § 45; Abs. 1 S. 1 Nr. 1 deckt sich mit § 53 Abs. 1 und 5 in der Beschränkung auf analoge Datenbanken, lässt aber anders als letztere Vorschrift die Vervielfältigung durch Dritte nicht zu und limitiert auch nicht die Zahl der erlaubten Vervielfältigungsstücke auf „einzelne";[19] ebenfalls ohne Einschränkung auf „einzelne" Vervielfältigungsstücke, ansonsten aber unterschiedslos geht Abs. 1 S. 1 Nr. 2 mit § 53 Abs. 2 Nr. 1 iVm. Abs. 5 S. 2 einher, während Abs. 1 S. 1 Nr. 3 über § 53 Abs. 3 Nr. 1 iVm. Abs. 5 S. 2 insoweit hinausgeht, als er die Privilegierung nicht auf die Nutzung kleiner Teile beschränkt, sondern weitergehend die Nutzung wesentlicher Teile einer Datenbank zulässt.[20]

3. Auslegungsfragen

6   **a) Enge Auslegung.** Für § 87c gilt – wie im Übrigen für alle auf der Sozialbindung der Leistungsschutzrechte als Eigentum iSd. Art. 14 GG[21] beruhenden Schranken – grundsätzlich das Gebot enger Auslegung. Dies schließt jedoch nicht aus, dass ein besonders schützenswertes Interesse des Nutzers es rechtfertigt, bei der Auslegung einer als abschließend zu verstehenden Schrankenregelung

---

[13] BT-Drs. 13/10 200.

[14] AmtlBegr. BT-Drs. 18/12329, 42

[15] Richtlinie (EU) 2017/1564 des Europäischen Parlaments und des Rates vom 13. September 2017 über bestimmte zulässige Formen der Nutzung bestimmter urheberrechtlich oder durch verwandte Schutzrechte geschützter Werke und sonstiger Schutzgegenstände zugunsten blinder, sehbehinderter oder anderweitig lesebehinderter Personen und zur Änderung der Richtlinie 2001/29/EG zur Harmonisierung bestimmter Aspekte des Urheberrechts und der verwandten Schutzrechte in der Informationsgesellschaft, ABl. L 242 vom 20.9.2017, S. 6.

[16] § 87c Abs. 3 idF. des Gesetzes zur Umsetzung der Marrakesch-Richtlinie über einen verbesserten Zugang zu urheberrechtlich geschützten Werken zugunsten von Menschen mit einer Seh- oder Lesebehinderung vom 28.11.2018, BGBl. vom 4. Dezember 2018, S. 2014, in Kraft getreten am 1.1.2019.

[17] Vgl. Art. 6 Abs. 2 lit. d Datenbank-RL gegenüber Art. 9 Datenbank-RL.

[18] Zum Ausschluss der analogen Anwendung des § 5 auf amtliche Datenbanken → § 87b Rn. 65 ff.

[19] BGH GRUR 1978, 474 (476) – Vervielfältigungsstücke: jedenfalls nicht mehr als sieben Exemplare.

[20] Möhring/Nicolini/*Decker* (2. Aufl.), § 87c UrhG Rn. 1 und Wandtke/Bullinger/*Hermes* § 87c UrhG Rn. 21 sehen überhaupt keine Entsprechung des Abs. 1 S. 1 Nr. 1 in § 53.

[21] Dazu → Vor §§ 87a ff. Rn. 52 f.

einen großzügigeren Maßstab anzulegen.[22] Wenngleich damit nicht die Möglichkeit verbunden ist, über den Regelungsgehalt der jeweiligen Schrankenregelung hinauszugehen, wird man nicht umhinkommen, unter Beachtung des Erwgr. 34 der Richtlinie die Frage zu lösen, woraus sich die Berechtigung zur Vornahme solcher vorgelagerter Nutzungshandlungen ergibt, die, wie etwa das Laden in den Arbeitsspeicher, zur Ausübung der zustimmungsfreien Nutzung nach § 87c unverzichtbar sind. Der Wortlaut der Vorschrift gibt dazu nichts her, während ein Rückgriff auf eine stillschweigende Lizenzierung,[23] eine konkludente Einwilligung oder die Anwendung der Übertragungszwecktheorie nach § 31 Abs. 5[24] zu einem befriedigenden Ergebnis führen dürften (→ Rn. 8).[25]

b) Richtlinienkonforme Auslegung. Bei der Auslegung der Schrankenbestimmungen ist darauf **7** zu achten, dass diese im Interesse der einheitlichen Anwendung des Unionsrechtes autonom und einheitlich auszulegen sind, soweit sie nicht ausdrücklich auf das Recht des Mitgliedstaats verweisen.[26] Im Lichte dessen ist in zwei Fällen wegen der gebotenen Harmonisierungswirkung eine **richtlinienkonforme Auslegung** der Vorschrift angezeigt, weil der Wortlaut des § 87c den bindenden Rahmen der Richtlinienvorgabe überschreitet. Art. 9 Datenbank-RL lässt Einschränkungen des Ausschließlichkeitsrechts nur bei **veröffentlichten Datenbanken** zu. Dieses Merkmal fehlt in § 87c. Es sollte wegen der mit ihm verbundenen Disharmonisierung europäischen Rechts nicht außer Acht bleiben. § 87c ist deshalb richtlinienkonform einschränkend auszulegen und nur auf veröffentlichte Datenbanken anzuwenden. Dies entspricht auch der Systematik der Schrankenbestimmungen des Teils 1, erlaubnisfrei nur Nutzungen **veröffentlichter Werke** und – in entsprechender Anwendung – Leistungen zu gestatten.[27] Praktisch dürfte das Problem freilich kaum eine Rolle spielen, weil zu privaten, nicht der Öffentlichkeit angebotenen Datenbanken regelmäßig der Zugang fehlt. Die Vornahme der erlaubnisfrei statthaften Nutzungen nach § 87c wird nach überwiegender Meinung auch dann entsprechend dem nationalen Recht nach § 53 für zulässig erachtet, wenn die Nutzungshandlungen von Dritten vorgenommen werden.[28]

Ferner übernimmt der Wortlaut des § 87c nicht den nach Art. 9 der Datenbank-RL begünstigten **8** **rechtmäßigen Benutzer,** sondern belässt es in Übereinstimmung mit den für Datenbankwerke geltenden Schranken beim bloßen Berechtigten, ohne auf dessen Rechtmäßigkeit abzustellen. Dies verdient Zustimmung, weil es sich bei den Fallgestaltungen des § 87c um gesetzliche Lizenzen handelt, bei denen sich die Berechtigung allein aus den jeweiligen Merkmalen der Ausnahmetatbestände herleitet, ohne dass es etwa der Prüfung einer darüber hinausgehenden (vertraglichen) Berechtigung bedarf.[29] Hinzu kommt, dass nach Erwgr. 34 ohnehin alle für die vertragsgemäße Nutzung erforderlichen Handlungen zustimmungsfrei zulässig sind.[30] Die von der Gegenmeinung geforderte richtlinienkonforme Beschränkung der Vorschrift auf denjenigen Personenkreis, mit dem § 87e den rechtmäßigen Benutzer umschreibt, also den Eigentümer eines mit Zustimmung des Datenbankherstellers durch Veräußerung in Verkehr gebrachten Vervielfältigungsstücks der Datenbank, den in sonstiger Weise zu dessen Gebrauch Berechtigten oder denjenigen, dem eine Datenbank auf Grund eines mit dem Datenbankhersteller oder eines mit seiner Zustimmung mit einem Dritten geschlossenen Vertrages zugänglich gemacht wird, wird dem Wesen der Schrankenregelung nicht gerecht.[31] Das letzte Wort hat freilich, worauf *Hermes* hinweist, der EuGH, der die hM bestätigt, indem er den rechtmäßigen Benut-

---

[22] St. Rechtsprechung, zuletzt BGH GRUR 1994, 800 (802) – Museumskatalog; BGHZ 150, 6 (8) = GRUR 2002, 605 – Verhüllter Reichstag; BGHZ 151, 300 (310) = GRUR 2002, 963 – Elektronischer Pressespiegel; BGH GRUR 2003, 956 (957) – Gies-Adler; BGH GRUR 2003, 1035 (1037) – Hundertwasser-Haus; BGH GRUR 2005, 670 (671) – WirtschaftsWoche; → Vor §§ 44a ff. Rn. 18 ff. sowie → § 50 Rn. 9 ff., → § 59 Rn. 9 ff.

[23] So Fromm/Nordemann/*Hertin* (9. Aufl.), § 87b UrhG Rn. 5.

[24] So *Leistner* S. 297 f.; → § 87b Rn. 41 ff.

[25] Wie hier auch Wandtke/Bullinger/*Hermes* § 87c UrhG Rn. 4; Dreier/Schulze/*Dreier* § 87c UrhG Rn. 4 unter Hinweis auf Erwgr. 34; § 44a analog: *Raue/Bensinger* MMR 1998, 507 (511); aA Möhring/Nicolini/*Decker* (2. Aufl.), § 87b UrhG Rn. 3: keine Analogie, da keine unbewusste Regelungslücke, wohl aber konkludente Lizenz.

[26] EuGH GRUR 2009, 1041 Rn. 27 – Infopaq/DDP.

[27] Ebenso *Leistner* S. 313; Möhring/Nicolini/*Koch* (3. Aufl.), § 87c UrhG Rn. 1: für unveröffentlichte Datenbanken kann der Rechtsinhaber ohnehin die Nutzung kontrollieren; Dreier/Schulze/*Dreier* § 87c UrhG Rn. 4; Roßnagel/*v. Lewinski* § 87c UrhG Rn. 14; Wandtke/Bullinger/*Hermes* § 87c UrhG Rn. 4; DKMH/*Kotthoff* § 87c UrhG Rn. 3; *Haberstumpf* GRUR 2003, 14 (30).

[28] Fromm/Nordemann/*Czychowski* § 87c UrhG Rn. 6; Dreier/Schulze/*Dreier* § 87c UrhG Rn. 5; Möhring/Nicolini/*Decker* (2. Aufl.), § 87c UrhG Rn. 1; trotz eines fehlenden Hinweises in § 87c Abs. 1 S. 1 Nr. 1 im Hinblick auf die Unüberprüfbarkeit, wer die Kopie vorgenommen hat, auch Wandtke/Bullinger/*Hermes* § 87c UrhG Rn. 16.

[29] *Vogel* ZUM 1997, 592 (598); *Raue/Bensinger* MMR 1998, 507 (512); *Hornung* S. 197 f.; *Leistner* S. 312; *Leistner* in Wiebe/Leipold (Hrsg.) Rn. 100; *Haberstumpf* GRUR 2003, 14 (30); systematisch korrekt und im Einklang mit der materiellen Richtlinienvorgabe; Wandtke/Bullinger/*Thum/Hermes* § 87c UrhG Rn. 12; aA DKMH/*Kotthoff* § 87c UrhG Rn. 3; *Gaster* in Hoeren/Sieber (Hrsg.) Teil 7.8 Rn. 166: nur vertraglich Berechtigte; Roßnagel/*v. Lewinski* § 87c UrhG Rn. 13: unkorrigierbarer Verstoß gegen die Datenbank-RL.

[30] So Dreier/Schulze/*Dreier* § 87c UrhG Rn. 4 in richtlinienkonformer Auslegung unter analoger Heranziehung der §§ 55a und 69d; *Raue/Bensinger* MMR 1998, 507 (511); zumindest in Analogie zu § 69d Fromm/Nordemann/*Czychowski* § 87c UrhG Rn. 15; dagegen: Möhring/Nicolini/*Decker* (2. Aufl.), § 87b UrhG Rn. 3.

[31] Anders jedoch Fromm/Nordemann/*Hertin* (9. Aufl.), § 87c UrhG Rn. 1; Roßnagel/*v. Lewinski* § 87c UrhG Rn. 13.

zer einer Datenbank als denjenigen versteht, dessen Zugang zum Inhalt der Datenbank zu Zwecken der Abfrage auf der unmittelbaren oder mittelbaren Zustimmung desjenigen beruht, der die Datenbank errichtet hat.[32] Dabei ist in weitem Verständnis des „rechtmäßigen Benutzers" insbesondere derjenige Dritte mittelbar berechtigt, der eine kostenlos von ihrem Hersteller bereitgestellte Datenbank abfragt.[33]

II. Einzelerläuterungen

1. Gemeinsamkeiten sämtlicher Schranken des § 87c

9   Alle in § 87c statuierten Ausnahmen der Ausschließlichkeitsrechte haben gemeinsam, dass sie sich nur auf Nutzungen **wesentlicher Teile einer veröffentlichten Datenbank** beziehen. In gebotener enger Auslegung der Vorschrift und in Übereinstimmung mit der Richtlinie beziehen sich die Schranken **nicht auf Nutzungen der Datenbank im Ganzen.**[34] § 87c Abs. 1 Nr. 1 (private Vervielfältigung) bezieht sich zudem nur auf **herkömmliche (analoge) Datenbanken.**

10   **Unwesentliche Teile** einer Datenbank dürfen erlaubnisfrei genutzt werden. Insoweit bedarf es keiner Schrankenregelungen. Soweit § 87b Abs. 1 S. 2 die Ausschließlichkeitsrechte des Datenbankherstellers auf die Fälle wiederholter und systematischer Nutzungen unwesentlicher Teile einer Datenbank erstreckt, wenn derartige Nutzungen zu Lasten ihrer normalen Auswertung gehen oder berechtigte Interessen des Datenbankherstellers unzumutbar beeinträchtigen, kommen die Schrankenregelungen nicht zur Anwendung. Denn zum einen dürfen Schrankenregelungen grundsätzlich die normale Auswertung eines Schutzrechts nicht unterlaufen,[35] zum anderen belegt § 87b Abs. 1 S. 2 die wiederholte und systematische Vervielfältigung als Umgehungshandlung wegen der damit indizierten Planmäßigkeit mit einem Unlauterkeitsurteil, zu dessen Aufhebung Schrankenbestimmungen nicht berufen sind.[36]

11   **Keine Vergütungspflicht.** Anders als bei den urheberrechtlichen Schrankenbestimmungen der §§ 53 Abs. 1 bis 3 sowie §§ 60a, b, c und d, für die §§ 54, 54a bzw. 60h eine Vergütungspflicht statuieren, sind sämtliche **Nutzungshandlungen nach § 87c vergütungsfrei.** Eine entsprechende Anwendung der einschlägigen Vorschriften des Teils 1 scheidet ohne Ermächtigung durch die Richtlinie und der folglich abschließenden Regelung des § 87c als lex specialis gegenüber diesen aus.[37] Die Erstreckung der Vergütungspflicht des § 54 in § 87b Abs. 2 RegE auf die private Vervielfältigung einer Datenbank ist deshalb zu Recht fallengelassen worden.[38] Dies bedeutet freilich nicht, dass **für die Vervielfältigung des uU geschützten Inhalts** einer Datenbank **und eines Datenbankwerkes** nach § 4 Abs. 2 ebenfalls keine **Vergütungspflicht** bestünde. Insoweit gelten uneingeschränkt die Bestimmungen der §§ 44a ff.

2. Zum privaten Gebrauch

12   Abs. 1 S. 1 Nr. 1 geht auf Art. 9 lit. a der Datenbank-RL zurück (dort „private Zwecke"), ohne dass sich aus der sprachlich von der Richtlinie abweichenden Fassung inhaltliche Unterschiede ergäben. Mit Ausnahme der fehlenden Begrenzung der zulässigen Vervielfältigungsstücke auf „einzelne" entspricht er inhaltlich § 53 Abs. 1 S. 1 und gestattet die Vervielfältigung wesentlicher Teile einer Datenbank in der Privatsphäre zur Befriedigung eigener persönlicher Bedürfnisse. Mit der überwiegenden Meinung ist es auch ohne ausdrückliche Erwähnung im Gesetz zulässig, ebenso wie nach § 53 Abs. 1 S. 2 in den Fällen des § 87c Abs. 1 S. 1 Nr. 1 die **Vervielfältigungen durch Dritte** herstellen zu lassen.[39] Darüber hinausgehende Nutzungen bleiben vorbehalten. § 87c Abs. 1 S. 1 Nr. 1 gestattet ferner **keine erlaubnisfreie Verbreitung** und Benutzung zur öffentlichen Wiedergabe der zum

---

[32] Wandtke/Bullinger/*Hermes* § 87c UrhG Rn. 13 unter Hinweis auf EuGH GRUR 2005, 244 Rn. 58 – BHW-Pferdewetten.

[33] Vgl. EuGH GRUR 2005, 244 Rn. 55 ff. – BHW-Pferdewetten; Wandtke/Bullinger/*Hermes* § 87c UrhG Rn. 13.

[34] AA Möhring/Nicolini/*Decker* (2. Aufl.), § 87c UrhG Rn. 1; *Raue/Bensinger* MMR 1998, 507 (512); wie hier Dreier/Schulze/*Dreier* § 87c UrhG Rn. 3; Wandtke/Bullinger/*Hermes* § 87c UrhG Rn. 4, 7: nur in Ausnahmefällen (nicht Sicherungskopie, Rn. 14) zulässig; ebenso Möhring/Nicolini/*Koch* (3. Aufl.), § 87c UrhG Rn. 2.

[35] S. etwa Art. 5 Abs. 5 InfoSoc-RL; Art. 9 Abs. 2 RBÜ ua.

[36] Zustimmend *Leistner* S. 314, der darauf hinweist, dass die Gleichstellung der zustimmungspflichtigen Nutzungen nach § 87b Abs. 1 S. 2 mit denen nach Abs. 1 S. 1 nicht automatisch die Ausdehnung der Schrankenregelungen nach sich zieht; Wandtke/Bullinger/*Hermes* § 87c UrhG Rn. 3; aA Roßnagel/*v. Lewinski* § 87c UrhG Rn. 12; wohl auch Möhring/Nicolini/*Decker* (2. Aufl.), § 87c UrhG Rn. 1.

[37] Ebenso Dreier/Schulze/*Dreier* § 87c UrhG Rn. 3; Möhring/Nicolini/*Koch* (3. Aufl.), § 87c UrhG Rn. 2; Fromm/Nordemann/*Czychowski* § 87c UrhG Rn. 15; aA *Raue/Bensinger* MMR 1998, 507 (512).

[38] Ebenso Dreier/Schulze/*Dreier* § 87c UrhG Rn. 3; Fromm/Nordemann/*Czychowski* § 87c UrhG Rn. 15; nicht einschlägig für das Datenbankherstellerrecht sind wegen der abschließenden Schrankenregelung des § 87c die Überlegungen von *Kappes* zur gesetzlichen Vergütung der Nutzung von Informationssammlungen durch Netzwerkeinsatz und Online-Zugriff GRUR 1997, 338 (342 ff.).

[39] Vgl. Dreier/Schulze/*Dreier* § 87c UrhG Rn. 5; Möhring/Nicolini/*Koch* (3. Aufl.), § 87c UrhG Rn. 1; wohl auch Wandtke/Bullinger/*Hermes* § 87c UrhG Rn. 16; Fromm/Nordemann/*Czychowski* § 87c UrhG Rn. 6.

privaten Gebrauch hergestellten Vervielfältigungsstücke. Folglich begründet die fehlende Limitierung der zulässigen Vervielfältigungsstücke auch keine ernsthafte Gefährdung der Interessen des Datenbankherstellers. Eine Limitierung ergibt sich ungeschrieben im Übrigen aus dem Verhältnismäßigkeitsgrundsatz. Der private Gebrauch ist zu unterscheiden vom Gebrauch zu gewerblichen oder öffentlichen Zwecken sowie vom sonstigen eigenen Gebrauch.[40]

Nach Abs. 1 S. 1 Nr. 1 Halbs. 2 gilt die Ausnahme zum privaten Gebrauch **nicht für Datenbanken, deren Elemente einzeln mit Hilfe elektronischer Mittel zugänglich sind, dh.** sie gilt **nur für analoge Datenbanken.**[41] Damit schützt das Gesetz in besonderem Maße die auf digitaler Technik beruhenden elektronischen Online- und Offline-Datenbanken,[42] deren Amortisation durch das einfach durchzuführende digitale Kopieren besonders gefährdet ist.[43] **13**

3. Zu Zwecken der wissenschaftlichen Forschung

Abs. 1 S. 1 Nr. 2 nF übernimmt anstelle der im deutschen UrhG eingeführten Formulierung der Freistellung von Wissenschaft und Forschung in § 53 Abs. 2 Nr. 1 (§ 87c Abs. 1 S. 1 Nr. 2 aF) den Wortlaut von Art. 9 lit. b Datenbank-RL **„zu wissenschaftlichen Zwecken".**[44] Was und in welchem Umfang zu wissenschaftlichen Zwecken (oder gleichbedeutend „zur wissenschaftlichen Forschung") nach dem Datenbankherstellerrecht im Einzelfall erlaubnisfrei zulässig ist, folgt aus den durch das UrhWissG in das UrhG eingefügten **Schrankenregelungen der §§ 60c** (zum Zwecke der nicht kommerziellen wissenschaftlichen Forschung) **und 60d** (Text and Data Mining), die Abs. 1 S. 1 Nr. 2 ausdrücklich in Bezug nimmt.[45] Nur wenn die Voraussetzungen dieser Schrankenbestimmungen vorliegen, greift auch die Wissenschaftsschranke des Datenbankherstellers, allerdings anders als nach § 60h, ohne dass dem von der Schranke betroffenen Datrenbankhersteller einen Vergütungsanspruch zusteht.[46] Zur Wissenschaft rechnet gleichermaßen die Forschung in den Geistes- und den Naturwissenschaften (s. Erwgr. 36). Soweit es um die Lehre an Universitäten und Hochschulen geht, ist im Rahmen des Datenbankherstellerrechts die Schranke des Abs. 1 S. 1 Nr. 3 einschlägig. **14**

§ 87c Abs. 1 S. 1 Nr. 2 bezieht sich – anders als Nr. 1 – **auch auf elektronische Datenbanken.**[47] In richtlinienkonformer Auslegung beschränkt die Vorschrift – im Unterschied zu § 60c – **nur das** ausschließliche **Entnahmerecht** (Vervielfältigungsrecht), **nicht** hingegen **das Recht der Weiterverwendung** (Verbreitungsrecht und das Recht der öffentlichen Wiedergabe, insbesondere der öffentlichen Zugänglichmachung) wesentlicher Teile einer Datenbank. Die Entnahmehandlung muss sich im Rahmen dessen halten, was die §§ 60c bzw. 60d erlaubnisfrei gestatten (Einzelheiten dort). Die Verbreitung und öffentliche Wiedergabe (Weiterverwendung) wesentlicher Teile ebenso wie der Gesamtheit einer Datenbank zu Forschungszwecken erfordern in jedem Falle die Erlaubnis des Inhabers des Datenbankherstellerrechts.[48] **15**

In Übereinstimmung mit der Richtlinie gilt die Schrankenregelung für jede nach wissenschaftlichen Methoden arbeitende **nicht kommerzielle Forschungstätigkeit,** sei es im Rahmen wissenschaftlicher Institutionen, sei es privat, jedoch **nicht für die gewerblichen Zwecken dienende Wissenschaft,** also weder für die Forschung in Wirtschaftsunternehmen noch für die auf Gewinnerzielung ausgerichtete Auftragsforschung. Abzustellen ist jeweils auf die konkrete Tätigkeit, nicht auf den Charakter der Institution, so dass auch in einem Industrieunternehmen nicht kommerzielle, iSd. Vorschrift privilegierte Forschung betrieben werden kann.[49] **16**

Wird erlaubnisfrei vervielfältigt, besteht die **Verpflichtung zur Quellenangabe (Abs. 1 S. 2).** Der Nutzer hat auf dem Vervielfältigungsstück deutlich sichtbar anzugeben, **aus welcher Datenbank** der entnommene wesentliche Teil stammt und wer ihr Hersteller ist.[50] Die Nennung des Herstellers wird nicht einmütig für erforderlich gehalten.[51] Zwar fehlt dem Datenbankherstellerrecht der persönlichkeitsrechtliche Charakter des Urheberrechts an Datenbankwerken, eine Nennung des Datenbankherstellers dient jedoch der erforderlichen Unterscheidungskraft der benutzten Quelleangabe.[52] Unterbleibt die Quellenangabe, ist die ansonsten zulässige Vervielfältigung insgesamt noch nicht unzulässig, jedoch kann gegen die konkrete Form der Benutzung ohne Quellenangabe im Wege der **17**

---

[40] Einzelheiten zum privaten Gebrauch → § 53 Rn. 23 f.

[41] Wie hier Dreier/Schulze/*Dreier* § 87c UrhG Rn. 7; Möhring/Nicolini/*Koch* (3. Aufl.), § 87c UrhG Rn. 3; aA Fromm/Nordemann/*Hertin* (9. Aufl.), § 87c UrhG Rn. 4: auch für elektronische Offline-Datenbanken.

[42] So der Wortlaut der Datenbank-RL.

[43] Vgl. auch § 53 Abs. 4 lit. a (Verbot der Vervielfältigung von Noten) sowie das Recht an Computerprogrammen, das ebenfalls keine Ausnahme für die Fälle des privaten Gebrauchs kennt (§ 69d), es sei denn, die Vervielfältigung dient der Herstellung einer Sicherungskopie, vgl. auch Dreier/Schulze/*Dreier* § 87c UrhG Rn. 7.

[44] S. zur Auslegung im Einzelnen → § 53 Rn. 37 und § 60c.

[45] Vgl. dazu die Erläuterungen zu §§ 60c und 60d.

[46] → Rn. 11; ebenso Dreier/Schulze/*Dreier* § 87c UrhG Rn. 3; Möhring/Nicolini/*Koch* (3. Aufl.), § 87c UrhG Rn. 2; aA *Raue/Bensinger* MMR 1998, 507 (512).

[47] Art. 7 Datenbank-RL; vgl. → Vor §§ 87a ff. Rn. 19.

[48] Ebenso Dreier/Schulze/*Dreier* § 87c UrhG Rn. 9.

[49] S. *Roßnagel/v. Lewinski* § 87c UrhG Rn. 18; Möhring/Nicolini/*Koch* (3. Aufl.), § 87c UrhG Rn. 10 f.

[50] Wie hier Dreier/Schulze/*Dreier* § 87c UrhG Rn. 11; Wandtke/Bullinger/*Hermes* § 87c UrhG Rn. 32.

[51] Fromm/Nordemann/*Hertin* (9. Aufl.), § 87c UrhG Rn. 7: nur Nennung der Datenbank.

[52] Ähnlich die Erl. zu → § 63 Rn. 14a: im Zweifel Angabe auch des Herstellers.

Unterlassungsklage nach § 97 Abs. 1 vorgegangen und unter Umständen auch Schadensersatz gefordert werden.[53]

4. Zu Zwecken der Veranschaulichung des Unterrichts und der Lehre

18   Abs. 1 S. 1 Nr. 3 nF gestattet die Vervielfältigung wesentlicher Teile einer Datenbank zur Veranschaulichung des Unterrichts (vgl. Art. 9 lit. b Datenbank-RL) in den Grenzen der ausdrücklich in Bezug genommenen Vorschriften der §§ 60a (Unterricht und Lehre) und § 60b (Unterrichts- und Lehrmedien). Er tut dies nach seinem Wortlaut, indem er zum einen **Bildungseinrichtungen** und zum anderen die **Hersteller von Unterrichts- und Lehrmedien** zur erlaubnisfreien Nutzung wesentlicher Teile von Datenbanken befugt. Die privilegierten Nutzungshandlungen dürfen **nicht zu gewerblichen Zwecken** erfolgen (§§ 60a Abs. 1, 60b Abs. 3), so dass die kommerziell betriebene Aus- und Fortbildung (etwa in zeitlich begrenzten Kursen entgeltlicher Privatschulen etc.) nicht von der Schranke des Abs. 1 S. 1 Nr. 3 profitiert.[54] Anders als §§ 60a und b, in deren Rahmen auch die Verbreitung und öffentliche Wiedergabe genehmigungsfrei zulässig sind, schränkt **§ 87c** Abs. 1 als lex specialis gegenüber §§ 60a und b ausdrücklich **nur das Vervielfältigungsrecht ein.**

19   Auf die Schranken der §§ 60a und b kann sich nur berufen, wer nicht mehr als 15 % (§ 60a Abs. 1) bzw. 10 % eines Werkes nutzt. Insoweit wirft die Bezugnahme auf diese Vorschriften in § 87c Abs. 1 S. 1 Nr. 3 Probleme auf. Denn das ausschließliche Datenbankherstellerrecht nach § 87b bezieht sich nur auf die Entnahme und Weiterverwendung einer Datenbank im Ganzen oder auf nach Art oder Umfang wesentlicher Teile von ihr. Die Nutzung unwesentlicher Teile kann er nur dann verbieten, wenn sie einer normalen Auswertung der Datenbank entgegensteht oder die berechtigten Interessen des Datenbankherstellers unzumutbar beeinträchtigen (§ 87b Abs. 1 S. 2). Da die §§ 60a und b Nutzungen nur in sehr begrenztem Umfang freistellen (15 % bzw. 10 %), dürften sie bezogen auf das sui generis Recht des Datenbankherstellers quantitativ unwesentliche Teile einer Datenbank betreffen und deshalb in der Regel die Ausschließlichkeit dieses Recht nicht berühren,[55] es sei denn, es ginge um Fälle des § 87b Abs. 1 S. 2. Privilegiert sind:

20   **Bildungsinstitutionen (§ 60a).** Die Datenbank-RL hat es den nationalen Gesetzgebern ausdrücklich freistellt, die Genehmigung auf Gruppen von Lehranstalten zu beschränken (s. Erwgr. 51). Ähnlich dem aufgehobenen § 53 Abs. 3 Nr. 1 aF benennt nunmehr § 60a Abs. 4 in nicht abschließender Aufzählung die Bildungsinstitutionen (frühkindliche Bildungseinrichtungen, Schulen, Hochschulen sowie Einrichtungen der Berufsbildung oder der sonstigen Aus- und Weiterbildung), an denen die privilegierten Nutzungshandlungen zustimmungsfrei vorgenommen werden dürfen. Als persönlich Berechtigte nennt § 60a Abs. 1 Lehrende, Teilnehmer der jeweiligen Veranstaltungen, Lehrende und Prüfer an derselben Bildungseinrichtung sowie Dritte, soweit dies der Präsentation des Unterrichts, von Unterrichts- oder Lernergebnissen an den Bildungseinrichtungen dient.

21   **Hersteller von Unterrichts- und Lehrmedien (§ 60b).** Die Unterrichts- und Lehrmaterialien iSd. Vorschrift müssen der **Veranschaulichung des Unterrichts** dienen, dh die Funktion eines Hilfsmittels erfüllen, welches die Vermittlung des im Unterricht der Bildungsinstitution behandelten Stoffs erleichtert. Die Vervielfältigungen dürfen folglich keinen Selbstzweck haben, sondern müssen strikt in das Unterrichtsprogramm eingebunden sein und in dessen Rahmen eine didaktische Aufgabe übernehmen, wo mündliche Erläuterungen der notwendigen Anschaulichkeit entbehren oder eine Vertiefung des Stoffs geboten ist. Bloße Hilfsmaterialien für den Lehrer sollten deshalb nicht unter die Schrankenregelung fallen.[56] Ferner dürfen nur so viele Exemplare hergestellt werden, wie für sämtliche Schüler und den Lehrer einer Klasse erforderlich sind (→ § 53 Rn. 62). Andere Datenbanknutzungen, insbesondere durch Verbreitung und öffentliche Wiedergabe zu Unterrichtszwecken sind nicht privilegiert.[57]

22   Ebenso wie bei der Vervielfältigung zum eigenen wissenschaftlichen Gebrauch nach § 87c Abs. 1 Nr. 2 ist bei der Vervielfältigung nach Abs. 1 Nr. 3 die **Quelle deutlich anzugeben,** aus der die entnommenen wesentlichen Datenbankteile stammen (Abs. 1 S. 2; → Rn. 17).[58]

23   Zu den Voraussetzungen der in Bezug genommenen Vorschriften im Einzelnen s. die Erläuterungen dort.

5. Rechtspflege und öffentliche Sicherheit

24   Abs. 2 gestattet in inhaltlicher Übereinstimmung mit Art. 9 lit. c der Richtlinie erlaubnisfrei nicht nur die Vervielfältigung, sondern **auch die Verbreitung** iSd. § 17 **und die öffentliche Wiedergabe** einer Datenbank, einschließlich der öffentlichen Zugänglichmachung nach § 19a, zur Verwendung in gerichtlichen oder behördlichen Verfahren sowie zu Zwecken der öffentlichen Sicherheit. Da

---

[53] Einzelheiten str.; ausführlich zu den Rechtsfolgen der Verletzung des Gebots zur Quellenangabe → § 63 Rn. 20 ff. mwN.
[54] Dazu eingehend → § 46 Rn. 10.
[55] Vgl. BGH GRUR 2011, 724 Rn. 29 – Zweite Zahnarztmeinung II.
[56] Ebenso Dreier/Schulze/*Dreier* § 87c UrhG Rn. 14; Wandtke/Bullinger/*Hermes* § 87c UrhG Rn. 32.
[57] Dreier/Schulze/*Dreier* § 87c UrhG Rn. 13.
[58] Zu den Rechtsfolgen der Verletzung des Gebots zur Quellenangabe ausführlich → § 63 Rn. 20 ff.

letztere den Sicherheitsbehörden anvertraut ist, ergibt sich insoweit gegenüber den in einem weiteren Sinne zu verstehenden behördlichen Verfahren keine neue Tatbestandsvariante.[59] Zu beachten ist freilich, dass der Sinn der Privilegierung in enger Auslegung das Vorliegen eines konkreten Sachverhalts erfordert.[60] Abs. 2 lehnt sich weitgehend an den Wortlaut der entsprechenden urheberrechtlichen Schrankenbestimmung des § 45 an. Aus den geringfügigen Abweichungen[61] resultieren keine Unterschiede im Regelungsumfang.[62] Auf die dortigen Erläuterungen kann deshalb verwiesen werden.

§ 87d Dauer der Rechte

[1]**Die Rechte des Datenbankherstellers erlöschen fünfzehn Jahre nach der Veröffentlichung der Datenbank, jedoch bereits fünfzehn Jahre nach der Herstellung, wenn die Datenbank innerhalb dieser Frist nicht veröffentlicht worden ist.** [2]**Die Frist ist nach § 69 zu berechnen.**

Schrifttum: Siehe die Schrifttumshinweise Vor §§ 87a ff.

Übersicht

1. Allgemeines

§ 87d legt die Schutzdauer des Leistungsschutzrechts des Datenbankherstellers auf 15 Jahre fest. Er **1** weicht damit deutlich von den europäisch harmonisierten Schutzfristen anderer unternehmensbezogener Leistungsschutzrechte wie denen der Tonträger- und Filmhersteller sowie der Sendeunternehmen (maximal 70 bzw. 50 Jahre) ab,[1] ohne dass dafür eine sachliche Begründung erkennbar wäre,[2] es sei denn, der Gesetzgeber habe zu ständigen schutzfristverlängernden Neuinvestitionen in die Datenbank Anlass geben wollen (vgl. dazu → Rn. 4 f.). Die Regelung gilt nur für Datenbanken nach §§ 87a ff., nicht hingegen für Datenbankwerke, deren Schutzdauer sich nach §§ 64, 65 Abs. 1 (70 Jahre pma.) richtet, nicht für die in die Datenbank aufgenommenen Elemente und nicht für die Computerprogramme, die zur Herstellung der Datenbank und/oder zur Ermöglichung des Zugangs zu ihren Elementen dienen.[3] Für Datenbanken, die sowohl unter leistungsschutzrechtlichen als auch unter urheberrechtlichen Voraussetzungen geschützt sind, bleibt nach Ablauf der Schutzfrist des § 87d S. 1 zu prüfen, ob eine Entnahme oder Weiterverwendung in das Urheberrecht des Schöpfers des Datenbankwerks eingreift.

2. Beginn der Schutzfrist

Art. 10 Abs. 1 und 2 Datenbank-RL folgend knüpft die Vorschrift den Beginn der Schutzfrist **2** nicht, wie es nach früherem nationalem Recht bei Leistungsschutzrechten der Fall war, an **den Zeitpunkt** des Erscheinens, sondern an den der schwerer zu beweisenden **Veröffentlichung der Datenbank.** Wann dies der Fall ist, richtet sich nach **§ 6 Abs. 1,** also danach, wann die Datenbank mit Zustimmung ihres Herstellers oder eines von ihm Berechtigten der Öffentlichkeit, dh. nicht notwendig der Allgemeinheit, zugänglich gemacht worden ist (vgl. → § 6 Rn. 6 ff.). Dabei ist zwischen Veröffentlichungen in körperlicher Form[4] und – unter Beachtung der Voraussetzungen des im Lichte der Rechtsprechung des EuGH auszulegenden § 15 Abs. 3[5] – in unkörperlicher Form, namentlich der

---

[59] AA Möhring/Nicolini/*Decker* (2. Aufl.), § 87c UrhG Rn. 12, die ebenso wie Fromm/Nordemann/*Hertin* (9. Aufl.), § 87c UrhG Rn. 8 eine andere Zielrichtung mit weiterem Personenkreis dieser Privilegierung annehmen (auch Beliehene, Verwaltungshelfer, privat Inpflichtgenommene oder Beauftragte); an der Richtlinienkonformität von Schiedsgerichten zweifeln Roßnagel/*v. Lewinski* § 87c UrhG Rn. 21.

[60] Möhring/Nicolini/*Koch* (3. Aufl.), § 87c UrhG Rn. 17.

[61] Beschränkung auf die Vervielfältigung von Bildnissen in § 54 Abs. 2.

[62] Ebenso Dreier/Schulze/*Dreier* § 87c UrhG Rn. 18; aA Fromm/Nordemann/*Hertin* (9. Aufl.), § 87c UrhG Rn. 8; Möhring/Nicolini/*Decker* (2. Aufl.), § 87c UrhG Rn. 12: keine Rückschlüsse aus § 45; aA ferner Möhring/Nicolini/*Koch* (3. Aufl.), § 87c Rn. 19.

[1] Art. 3, 4 und 5 der Schutzdauer-RL (Richtlinie 93/98/EWG des Rates vom 29.10.1993 zur Harmonisierung der Schutzdauer des Urheberrechts und bestimmter verwandter Schutzrechte, ABl. Nr. L 290 S. 9).

[2] Ebenso Dreier/Schulze/*Dreier* § 87d UrhG Rn. 1.

[3] § 4 Abs. 2 S. 2 analog; → § 4 Rn. 58; → Vor §§ 87a ff. Rn. 46; → § 87a Rn. 40.

[4] Zugänglichmachung eines analog oder digital festgelegten Nachschlagewerkes etc.

[5] S. die Erläuterungen dort.

öffentlichen Zugänglichmachung nach § 19a, zu unterscheiden. Eine innerbetriebliche Datenbank ist nicht öffentlich,[6] ebenso ihre Übermittlung per E-Mail an einen einzigen Empfänger.[7]

3   Ist eine Datenbank nicht veröffentlicht worden, berechnet sich die fünfzehnjährige Schutzfrist **hilfsweise ab ihrer Herstellung.** Dies ist der Zeitpunkt, an dem die Merkmalsvoraussetzungen einer Datenbank nach § 87a Abs. 1, insbesondere die systematische oder methodische Anordnung ihrer Elemente, erstmals vorliegen und die bei ihrem Aufbau getätigten Investitionen insgesamt **erstmals als wesentlich** iSd. Vorschrift bezeichnet werden können.[8] Spätere Veränderungen, Ergänzungen oder Überprüfungen erlangen Bedeutung als Beitrag zu einer neuen Datenbank nach § 87a Abs. 1 S. 2. Der Zeitpunkt der Herstellung ist vom Datenbankhersteller zu beweisen (Erwgr. 53), so dass sich eine genaue Protokollierung des Datenbankaufbaus empfiehlt.

3. Maximale Schutzdauer

4   Die Schutzdauer einer **kontinuierlich** innerhalb der laufenden Frist **aktualisierten Datenbank** läuft demnach **unbegrenzt,** wenn die vorgenommenen Änderungen die Voraussetzungen des § 87a Abs. 1 S. 2 erfüllen, also nach Art oder Umfang wesentlich sind und damit die Annahme rechtfertigen, auf einer wesentlichen Investition zu beruhen (vgl. → § 87a Rn. 42 ff.). Eine **unveränderte Datenbank** ist maximal dreißig Jahre geschützt, wenn sie erst im fünfzehnten Jahr nach ihrer Herstellung veröffentlicht wird.

4. Schutzdauer einer nach § 87a Abs. 1 S. 2 neuen Datenbank

5   Die fünfzehnjährige Schutzfrist beginnt erneut zu laufen, wenn eine bestehende noch geschützte Datenbank wesentliche Änderungen erfährt, so dass sie nach § 87a Abs. 1 S. 2 als **neue Datenbank** gilt (vgl. → § 87a Rn. 60 ff.). Auch bei neuen Datenbanken ist für den Beginn der Schutzfrist der Zeitpunkt der Veröffentlichung, hilfsweise derjenige der Herstellung maßgeblich. Er ist gekommen, wenn an einer bestehenden Datenbank vorgenommene **Änderungen** erstmals ein solches Ausmaß erlangen, dass sie **nach Art oder Umfang wesentlich** sind. Die Schutzdauer verlängert sich in diesen Fällen um den Zeitraum zwischen der Veröffentlichung bzw. Herstellung der Datenbank und der wesentlichen Neuinvestition. Hat der Datenbankhersteller im Laufe der verlängerten Frist weitere Investitionen vorgenommen, beginnt wiederum ab dem Zeitpunkt, an dem die Neuinvestitionen wesentlich geworden sind, eine erneute fünfzehnjährige Schutzfrist zu laufen, so dass ein „ewiger" Schutz der Datenbank grundsätzlich möglich ist.

6   Damit ist die umstrittene Frage noch nicht beantwortet, **welcher Teil einer veränderten Datenbank als neue Datenbank iSd. § 87a Abs. 1 S. 2** von der Schutzfristverlängerung profitiert.[9] Ist es nur der Teil, der, in welcher Form auch immer (Ergänzung, Überprüfung, Streichung etc.), Aktualisierungen erfahren hat, so dass eine Verlängerung des Schutzes der unverändert oder unkontrolliert gebliebenen Teile der Datenbank ausscheidet und – mit der Folge eines sich ständig verändernden Schutzumfangs – für jede wesentliche Neuinvestition eine eigene Schutzfrist zu laufen beginnt.[10] Oder ist es die Datenbank insgesamt, einschließlich der unverändert oder unkontrolliert gebliebenen Elemente, so dass mit jeder Neuinvestition eine Verlängerung der Schutzdauer der Datenbank in ihrer Gesamtheit eintritt.[11] Oder ist – im Ergebnis zwischen beiden Auffassungen vermittelnd – nach der oder den Neuinvestition(en) zwar weiterhin von einer einheitlichen, alte wie neue Elemente umfassenden Datenbank, jedoch mit unterschiedlich in Lauf gesetzten Schutzfristen auszugehen, und erst **im Verletzungsfall** bei der Frage, ob nach § 87b Abs. 1 ein wesentlicher Teil entnommen oder weiterverwendet worden ist, nur der geänderte bzw. indirekt von der Neuinvestition beeinflusste Teil der neuen Datenbank zu berücksichtigen.[12] Dies kann uU zu einem Neubeginn der Schutzdauer der gesamten Datenbank führen, wenn der Hersteller sie vollständig überprüft hat und dies beweisen kann.[13]

---

[6] Möhring/Nicolini/*Koch* (3. Aufl.), § 87d UrhG Rn. 3.

[7] Dreier/Schulze/*Dreier* § 87d UrhG Rn. 3.

[8] HM, *Leistner* S. 202; Dreier/Schulze/*Dreier* § 87d UrhG Rn. 4; Möhring/Nicolini/*Decker* (2. Aufl.), § 87d UrhG Rn. 3; Fromm/Nordemann/*Czychowski* § 87d UrhG Rn. 2; Möhring/Nicolini/*Koch* (3. Aufl.), § 87d UrhG Rn. 2, 9.

[9] → § 87a Rn. 68 f.

[10] So *Gaster* Rn. 651 f., *Dittrich* ÖBl 2002, 3 (9); *Walter/v. Lewinski* Art. 10 Datenbank-RL Rn. 5; Fromm/Nordemann/*Hertin* (9. Aufl.), § 87d UrhG Rn. 2 spricht von der Möglichkeit mehrerer sich aneinanderreihender oder sich gar überlappender Schutzfristen.

[11] Insbesondere für dynamische Datenbanken s. Schlussanträge der Generalanwältin *Stix-Hackl* Rn. 154 in der Sache EuGH GRUR 2005, 244 – BHB-Pferdewetten; ebenso im Hinblick auf die entstehenden Beweisprobleme und die gesetzliche Fiktion des § 87a Abs. 1 S. 2 Möhring/Nicolini/*Decker* (2. Aufl.), § 87d UrhG Rn. 5; ähnlich Wandtke/Bullinger/*Hermes* § 87a UrhG Rn. 51; Bisges/*Vollrath* Kap. 10 C IV 5 Rn. 274 f.: eine unter einer wesentlichen Neuinvestition geänderte Datenbank ist nach dem eindeutigen Wortlaut der Vorschrift eine neue Datenbank in toto.

[12] So *Leistner* S. 209 ff.; *Haberstumpf* GRUR 2003, 14 (31); *Wiebe* CR 2005, 169 (174); Dreier/Schulze/*Dreier* § 87d UrhG Rn. 8; im Ergebnis ebenso Fromm/Nordemann/*Hertin* (9. Aufl.), § 87d UrhG Rn. 3.

[13] *Wiebe* CR 2005, 169 (174).

Erstere Lösung lässt offen, wie zu entscheiden ist, wenn die schutzbegründende wesentliche In- 7
vestition in der systematischen oder methodischen Anordnung der Elemente liegt, diese jedoch bei
der Neuinvestition unverändert geblieben ist und deshalb bei der Beurteilung der neuen Datenbank
außer Betracht zu bleiben hat. Die **zweite Auffassung** berücksichtigt zutreffend, dass bei sukzessiven
Überarbeitungen stets die Datenbank als Gesamtheit Gegenstand der Aktualisierung ist,[14] und vermeidet darüber hinaus mitunter unüberwindliche Beweisprobleme bei der Frage, welches Element
wann geändert worden ist und welcher neuen Datenbank es jeweils zuzuordnen ist (vgl. → § 87a
Rn. 68 f.), löst andererseits aber nicht das Problem des bei immateriellen Gütern unüblichen Ewig-
keitsschutzes unverändert gebliebener Elemente. Die **dritte Ansicht** teilt zwar zutreffend die Sicht
von der Datenbank als einheitlichem immateriellem Schutzgegenstand und respektiert die Entscheidung einer fünfzehnjährigen Schutzdauer, entgeht aber, indem sie bei der Entnahme wesentlicher
Teile auf alle durch Neuinvestitionen der letzten 15 Jahre noch geschützten Elemente abstellt,[15] nicht
gänzlich den sich stellenden Beweisproblemen, sondern verlagert sie lediglich in die Wesentlichkeitsprüfung.[16] Dennoch verdient sie aus dogmatischen und teleologischen Gründen den Vorzug. Denn
die Schutzfrist und das Erfordernis der Wesentlichkeit kennzeichnen in gleicher Weise den zeitlich
und sachlich beschränkten Investitionsschutz.

5. Fristberechnung

Die Frist berechnet sich nach § 69. Sie beginnt folglich mit Ablauf des Kalenderjahres, in dem das 8
für den Fristbeginn maßgebliche Ereignis (Herstellung, Veröffentlichung oder wesentliche Änderung)
eingetreten ist. Die Schutzfrist einer im Februar 1998 veröffentlichten Datenbank beginnt somit am
1.1.1999 zu laufen und endet, wenn die Datenbank unverändert bleibt, am 31.12.2014.[17]

6. Schutzdauer unter Berücksichtigung des Übergangsrechts

Bei Datenbanken, die vor dem Inkrafttreten der Bestimmungen des Art. 7 IuKDG[18] hergestellt 9
worden sind und auf Grund der Übergangsregel des § 137g Abs. 2 – dh., weil sie in der Zeit zwischen dem 1.1.1983 und dem 31.12.1997 hergestellt worden sind – unter den Schutz der Neuregelung fallen (vgl. → § 137g Rn. 3), richtet sich die Schutzdauer ebenfalls nach § 87d, jedoch mit der
Maßgabe, dass die Schutzfrist am 1.1.1998 zu laufen beginnt.[19] Diese Anknüpfung bedarf der richtlinienkonformen Korrektur iSd. Kritik.[20] Der BGH hat die Problematik in seiner Entscheidung Michel-Nummern[21] nicht erörtert, sondern alle vor dem 1.1.1983 erhobene Daten vom Schutz ausgeschlossen.[22]

§ 87e Verträge über die Benutzung einer Datenbank

**Eine vertragliche Vereinbarung, durch die sich der Eigentümer eines mit Zustimmung des
Datenbankherstellers durch Veräußerung in Verkehr gebrachten Vervielfältigungsstücks der
Datenbank, der in sonstiger Weise zu dessen Gebrauch Berechtigte oder derjenige, dem eine
Datenbank aufgrund eines mit dem Datenbankhersteller oder eines mit dessen Zustimmung
mit einem Dritten geschlossenen Vertrages zugänglich gemacht wird, gegenüber dem Datenbankhersteller verpflichtet, die Vervielfältigung, Verbreitung oder öffentliche Wiedergabe von
nach Art und Umfang unwesentlichen Teilen der Datenbank zu unterlassen, ist insoweit unwirksam, als diese Handlungen weder einer normalen Auswertung der Datenbank zuwiderlaufen noch die berechtigten Interessen des Datenbankherstellers unzumutbar beeinträchtigen.**

Schrifttum: Siehe die Schrifttumshinweise Vor §§ 87a ff.

---

[14] So auch *Leistner* S. 209; zum Schutzgegenstand → § 87a Rn. 34 ff.
[15] *Leistner* S. 212 f.
[16] Dazu die Ausführungen → § 87a Rn. 68 f.
[17] S. im Übrigen die Erl. zu § 69.
[18] Dazu → Vor §§ 87a ff. Rn. 6, 14 ff.
[19] Kritisch zu dieser Umsetzung von Art. 14 Abs. 5 Datenbank-RL die Kommentierung → § 64 Rn. 46; *Flechsig*
ZUM 1997, 577 (589); *Vogel* ZUM 1997, 592 (598), die den Zeitpunkt der Herstellung der Datenbank auch in
diesen Fällen für den richtigen Anknüpfungspunkt halten.
[20] → § 64 Rn. 46; Wandtke/Bullinger/*Hermes* § 87d UrhG Rn. 10; aA Dreier/Schulze/*Dreier* § 87d UrhG
Rn. 10, die eine korrigierende richtlinienkonforme Auslegung angesichts des eindeutigen Wortlauts des § 137g
Abs. 2 für unstatthaft halten und zudem die englische Fassung der Richtlinie für ihre Ansicht ins Feld führen; wie
diese Fromm/Nordemann/*Hertin* (9. Aufl.), § 137g UrhG Rn. 2; Roßnagel/*v. Lewinski* § 137g UrhG, § 87d UrhG
Rn. 15.
[21] BGH GRUR 2006, 493 (495) – Briefmarkenkatalog.
[22] Ebenso BGH GRUR 2005, 857 (860) – HIT BILANZ.

I. Zweck und Bedeutung der Norm

1   § 87e flankiert als **zwingende vertragsrechtliche Vorschrift** die Begrenzung der ausschließlichen Befugnisse des Datenbankherstellers auf wesentliche Teile seiner Datenbank. Er hindert den Datenbankhersteller daran, die ihm nach § 87b Abs. 1 gesetzlich zustehenden ausschließlicher Rechte gegenüber demjenigen, der als „rechtmäßiger Benutzer"[1] das Recht zur Nutzung seiner **veröffentlichten Datenbank** erwirbt, durch inter partes wirkende vertragliche Vereinbarungen auf unwesentliche Teile auszudehnen und damit die Wertung des Gesetzes zu umgehen. § 87e beruht auf den bindenden Vorgaben des Art. 8 Abs. 1 und 2 Datenbank-RL sowie hinsichtlich seiner Rechtsfolge auf denen des Art. 15 Datenbank-RL. Seinem Wesen nach gleicht er der Bestimmung des § 69g Abs. 2 über die vertragliche Einschränkung gesetzlich zulässiger Nutzungen von Computerprogrammen. Da er keine Schrankenregelung beinhaltet, sondern eine zwingende vertragsrechtliche Regel über den Umfang des Verhandelbaren verlangt er **keine enge Auslegung.**

2   Als Vorschrift zur Sicherung vertraglich unabdingbarer Mindestbefugnisse des Datenbanknutzers verfolgt § 87e das Ziel, **einen möglichst ungehinderten Informationszugang des Benutzers** angesichts der häufigen Marktmacht, mitunter gar Monopolstellung des Datenbankherstellers und seiner daraus resultierenden Möglichkeiten der inhaltlichen Gestaltung des Nutzungsvertrags zu gewährleisten. Grundsätzlich sind nur die Gesamtheit oder wesentliche Teile einer Datenbank ihrem Hersteller zur ausschließlichen Nutzung vorbehalten (§ 87b Abs. 1 S. 1) sowie die wiederholte und systematische Nutzung unwesentlicher Teile, sofern sie die berechtigten Interessen des Datenbankherstellers unzumutbar beeinträchtigt oder der normalen Auswertung der Datenbank zuwiderläuft (§ 87b Abs. 1 S. 2). Wo letztere Voraussetzungen nicht vorliegen, die Amortisation der Datenbank also nicht in Frage steht,[2] zieht das Gesetz durch § 87e dem Datenbankherstellerrecht abredefeste Grenzen, so dass mindestens die normale Nutzung unwesentlicher Teile einer Datenbank gewährleistet ist.

3   Nach **dem Wortlaut des § 87e** und dem des Art. 8 Abs. 2 der Richtlinie soll der Datenbankhersteller **auch ohne das Vorliegen wiederholter und systematischer Nutzungen** unwesentlicher Teile Vereinbarungen über die Nutzung unwesentlicher Teile schließen können, die die normale Auswertung der Datenbank stören oder seine berechtigten Interessen unzumutbar beeinträchtigen. Dies führte jedoch zu dem widersprüchlichen Ergebnis, dass der Datenbankhersteller dem vertraglich berechtigten Nutzer mehr verbieten könnte, als das Gesetz jedermann gestattet. § 87e aE und § 87b Abs. 1 S. 2 sind deshalb deckungsgleich im Sinne letzterer Vorschrift auszulegen.[3]

4   Als **unabdingbare Vorschrift** gehört § 87e zum Kernbereich des nationalen Urhebervertragsrechts und findet deshalb als **zwingendes Recht des Schutzlandes** nach Art. 9 Rom I-VO **(früher Art. 34 EGBGB)** im Wege der **Sonderanknüpfung zwingender Normen des deutschen Urheberrechts** auch auf Verträge Anwendung, die sich auf Grund des Vertragsstatuts nach ausländischem Recht richten.[4] Das gilt nach Auffassung des BGH jedoch nicht für Schutzvorschriften, die, wie der vom BGH als Auslegungsregel verstandene § 31 Abs. 5, bereits nach innerstaatlichem Recht als nicht zwingend ausgestaltet sind.[5]

5   Für das Urheberrecht an Datenbankwerken dient **§ 55a demselben Zweck** wie § 87e. Allerdings ist diese Vorschrift nicht als Bestimmung über vertragliche Mindestrechte, sondern wegen des weiten Umfangs des urheberrechtlichen Verbotsrechts als Schrankenregelung ausgebildet. § 55a begrenzt das Vervielfältigungs- und das Bearbeitungsrecht des Datenbankurhebers an der dem Datenbankwerk zugrunde liegenden Auswahl und/oder Anordnung (Struktur), um den Zugang zum Datenbankinhalt und übliche Nutzungen des Datenbankwerkes uneingeschränkt zu gewährleisten.[6]

---

[1] So der Wortlaut von Art. 8 Datenbank-RL.

[2] *Kappes* ZEuP 1997, 654 (669); *Bensinger* S. 231.

[3] Vgl. *Leistner* S. 92 f.; in diesem Sinne auch AmtlBegr. BT-Drs. 13/7934, 45.

[4] Ebenso Dreier/Schulze/*Dreier* § 87e UrhG Rn. 1; Dreier/Schulze/*Dreier* Vor §§ 120 ff. Rn. 55; Fromm/Nordemann/*Czychowski* § 87e UrhG Rn. 2; → 4. Aufl. 2010 Vor §§ 120 ff. Rn. 162 ff. sowie die Kommentierung des § 32b jeweils mwN.

[5] BGH GRUR 2015, 264 Rn. 45 – Hi-Hotel II; ihm folgend → Vor §§ 120 ff. Rn. 160 ff. mwN; Wandtke/Bullinger/*v. Welser* § 32b UrhG Rn. 2; *Hilty/Peukert* GRUR-Int 2002, 643 (649).

[6] Erwgr. 34; Beschlussempfehlung und Bericht des Ausschusses BT-Drs. 13/7934, 45; vgl. → § 55a Rn. 1.

II. Einzelerläuterungen

1. Rechtmäßiger Benutzer

§ 87e beschränkt die vertraglichen Gestaltungsmöglichkeiten des Datenbankherstellers gegenüber 6
dem **rechtmäßigen Benutzer,** dh. demjenigen, dem er den Zugang zu seiner veröffentlichten Datenbank durch einen Online-Dienst oder andere Mittel grundsätzlich gestattet hat (vgl. Erwgr. 34). Das Gesetz umschreibt den rechtmäßigen Benutzer in wenig übersichtlicher Weise als „Eigentümer eines mit Zustimmung des Datenbankherstellers durch Veräußerung in Verkehr gebrachten Vervielfältigungsstücks der Datenbank, den in sonstiger Weise zu dessen Gebrauch Berechtigten oder denjenigen, dem eine Datenbank auf Grund eines mit dem Datenbankhersteller oder eines mit dessen Zustimmung mit einem Dritten geschlossenen Vertrages zugänglich gemacht wird". Ebenso wie bei der Formulierung des § 55a hat der Gesetzgeber nicht den in der Richtlinie verwendeten Begriff des „rechtmäßigen Benutzers" als Lizenznehmer (vgl. Erwgr. 34) in die nationale Vorschrift übernommen, sondern den rechtmäßigen Benutzer als denjenigen spezifiziert, der – so die AmtlBegr. – als Adressat einer rechtmäßig vorgenommenen distributorischen Verwertungshandlung anzusehen ist und als solcher die Benutzungsberechtigung erwirbt.[7] Auf welchem Rechtsgrund die Rechtmäßigkeit des Zugangs beruht, ist unerheblich. Immer handelt es sich bei dem rechtmäßigen Benutzer um eine natürliche oder juristische Person, die ihre Nutzungsberechtigung vom Hersteller der Datenbank oder – über den engen Wortlaut der Vorschrift hinaus – seinem Rechtsnachfolger herleitet (sa. Erwgr. 49). Auf andere, nicht vertraglich berechtigte Datenbankbenutzer kommt § 87e nicht zur Anwendung. Dem unrechtmäßigen Benutzer kann der Datenbankhersteller die Nutzung unwesentlicher Teile wegen seines gesetzlich beschränkten Ausschließlichkeitsrechts ohnehin nicht verbieten.

a) Offline-Datenbanken. Bei Datenbanken auf herkömmlichen Datenträgern oder bei offline 7
zugänglichen elektronischen Datenbanken ist der rechtmäßige Benutzer idR der **„Eigentümer eines mit Zustimmung des Datenbankherstellers durch Veräußerung in Verkehr gebrachten Vervielfältigungsstücks der Datenbank",** dh. etwa der Käufer einer Datenbank in der Verkörperung zB einer CD-ROM, eines Mikrofiches oder eines Buches. Er erwirbt mit dem Kauf einer CD-ROM idR gleichzeitig auch die für die bestimmungsgemäße Nutzung der Datenbank erforderlichen Vervielfältigungsrechte, etwa für das Laden der Datenbank in den Arbeitsspeicher des Computers. Das Lesen eines Buches oder Mikrofiches unterliegt ohnehin weder urheber- noch leistungsschutzrechtlichen Verbotsrechten. Bei dem **„in sonstiger Weise zu dessen Gebrauch Berechtigten"** beruht die Berechtigung meist auf einer vertraglichen Einräumung dinglich wirkender Nutzungsbefugnisse oder auf einer lediglich schuldrechtlichen Gestattung etwa im Rahmen eines Mietvertrags durch den auch insoweit berechtigten Eigentümer der Verkörperung einer Datenbank oder durch einen berechtigten Dritten.[8] Verträge des rechtmäßigen Nutzers einer Offline-Datenbank (CD-ROM etc.), der einem Dritten unter Auferlegung von Beschränkungen, die über das nach § 87e Zulässige hinausgehen, vertraglich die Nutzung gestattet, werden von § 87e nicht erfasst, weil von ihnen keine Gefahr der Monopolisierung von Informationen ausgeht.[9]

b) Online-Datenbanken. Die dritte Form der Berechtigung nach § 87e betrifft denjenigen, 8
„dem eine Datenbank auf Grund eines mit dem Datenbankhersteller oder eines mit dessen Zustimmung mit einem Dritten geschlossenen Vertrages zugänglich gemacht wird". Dies ist nach der AmtlBegr. der Nutzer einer veröffentlichten Online-Datenbank, dem der Datenbankhersteller oder -betreiber in der Regel die für die normale Nutzung erforderlichen Nutzungsbefugnisse für das Downloading und Browsing einräumt.[10] Unabhängig davon, auf welcher rechtlichen Grundlage die Berechtigung beruht und auf welche Arten der Nutzung der Gesamtheit oder wesentlicher Teile der Datenbank sie sich bezieht, ist es dem Hersteller nicht gestattet, die Nutzung unwesentlicher Teile seiner Datenbank vertraglich einzuschränken. Dass gilt nicht, sofern dies zur Sicherung der normalen Auswertung der Datenbank oder zur Verhinderung einer unzumutbaren Beeinträchtigung seiner berechtigten Interessen geschieht. Zur Unterbindung von Umgehungen soll die Vorschrift auch auf Dritte Anwendung finden, denen der Datenbankhersteller sein Herstellerrecht übertragen hat.[11]

2. Vertragliche Vereinbarung

Bei den in § 87e geregelten Vereinbarungen handelt es sich im Wesentlichen um **Verträge über** 9
den Zugang zu einer veröffentlichten, dh. einer iSd. § 6 Abs. 1 der Öffentlichkeit gleich in welcher Form zur Verfügungen gestellten **Datenbank,** in denen der Hersteller die Nutzung unwesentlicher Teile der Datenbank einzuschränken versucht, ohne auf Grund eigener berechtigter Interessen dazu befugt zu sein (§ 87e aE). Erfüllt eine Datenbank nicht die Schutzvorrausetzungen nach § 87a

---

[7] BT-Drs. 13/7934, 45; → § 55a Rn. 5.
[8] → § 55a Rn. 6.
[9] Dreier/Schulze/*Dreier* § 87e UrhG Rn. 4.
[10] Vgl. BT-Drs. 13/7934, 43 zu dem insoweit gleich lautenden § 55a; → § 55a Rn. 6f.
[11] Dreier/Schulze/*Dreier* § 87e UrhG Rn. 4; Möhring/Nicolini/*Koch* (3. Aufl.), § 87e UrhG Rn. 5.

kommt § 87e nicht zur Anwendung.[12] Vielmehr kann der Hersteller der nicht schutzfähigen Datenbank Nutzungsbeschränkungen vereinbaren, sofern dies mit dem anwendbaren Recht im Übrigen nicht in Widerspruch steht.[13] Sind Teile einer Datenbank unveröffentlicht, gilt für sie § 87e nicht, so dass der Datenbankhersteller insoweit einschränkende Zugangsberechtigungen auch hinsichtlich unwesentlicher Teile vereinbaren kann.[14] Praktisch denkbar sind Fälle, in denen der Datenbankhersteller Dritten inhaltlich, zeitlich und/oder räumlich beschränkte Nutzungsbefugnisse an ihm nach § 87b Abs. 1 S. 1 ausschließlich zustehenden zumindest wesentlichen Teilen der Datenbank einräumt und gleichzeitig in einer **schuldrechtlichen Zusatzklausel** seinen Vertragspartner in der **Nutzung** unwesentlicher Datenbankteile **auf eine andere Nutzungsart oder zeitlich** einzuschränken versucht. Derartige Vereinbarungen sind unwirksam. Soweit es sich um Teilunwirksamkeit handelt, ist von der Fortgeltung des anderen Teils des Vertrages nach § 139 BGB auszugehen.[15]

10   **a)** § 87e betrifft nur Vereinbarungen über den Ausschluss der Nutzung nach Art und Umfang unwesentlicher Teile einer Datenbank. Das Wort „und" beruht nicht, wie noch in den Vorauflagen und auch von *Dreier* und *Czychowski*[16] angenommen, nicht auf einem Redaktionsversehen. Es bedarf deshalb auch nicht, entsprechend der Formulierung in § 87b Abs. 1 durch das Wort „oder" ersetzt zu werden. *Thum* hat zutreffend dargelegt, dass dem Datenbankhersteller nach § 87b Abs. 1 entweder qualitativ **oder** quantitativ wesentliche Teile seiner Datenbank zur ausschließlichen Nutzung vorbehalten sind. In § 87c hingegen geht es darum, dass **Datenbankteile** nur dann unwesentlich sind, wenn sie **weder qualitativ noch quantitativ wesentlich** sind. Diese Voraussetzungen sind nur durch das Wort „und" gegeben.[17]

11   Der **Begriff der unwesentlichen Teile** ist derselbe wie in § 87b Abs. 1 S. 2 und deshalb in gleicher Weise auszulegen.[18] Bei Datenbanken, die aus **mehreren selbstständig zugänglichen Teilbereichen** bestehen, findet § 87e nur insoweit Anwendung, als es um die vertragliche Einschränkung der Nutzung derjenigen Teile geht, auf die sich die Erlaubnis bezieht. Für andere Datenbankteile begründet § 87e keine Zugangserlaubnis.[19]

12   **b) Vertragliche Vereinbarungen** über den Ausschluss oder die Einschränkung der Nutzung unwesentlicher Datenbankteile nach § 87e sind **lediglich dann zulässig,** wenn der Datenbankhersteller – wiederum wie in § 87b Abs. 1 S. 2 – geltend machen kann, dass diese **Nutzung unwesentlicher Teile der normalen Auswertung der Datenbank zuwiderläuft oder seine berechtigten Interessen unzumutbar beeinträchtigt.** Auch diese Tatbestandsmerkmale sind inhaltlich dieselben wie in § 87b Abs. 1 S. 2 und deshalb in gleicher Weise auszulegen.[20]

13   **c) Beweislast.** Für die ihm günstigen Umstände trifft den Datenbankhersteller nach allgemeinen Regeln die Beweislast, dh. er muss beweisen, dass die als unwirksam angegriffene Klausel über den vertraglichen Ausschluss der Nutzung unwesentlicher Datenbankteile erforderlich ist, um die normale Auswertung der Datenbank zu gewährleisten oder seine berechtigten Interessen vor unzumutbaren Beeinträchtigungen zu bewahren.[21]

14   **d) Übergangsrecht.** Nach § 137g Abs. 3 findet § 87e nur auf solche Verträge Anwendung, die nach seinem Inkrafttreten am 1.1.1998 geschlossen worden sind. Ältere Verträge unterliegen unter den näheren gesetzlichen Voraussetzungen der Inhaltkontrolle nach dem AGB oder dem allgemeinen Verbot der Sittenwidrigkeit.

Abschnitt 7. Schutz des Presseverlegers

Vorbemerkung vor §§ 87fff.

Schrifttum: *H.-J. Ahrens,* Leistungsschutzrecht für Presseverleger, FS Köhler (2014), S. 13; *Alexander,* Der Schutz des Presseverlegers gemäß § 87f bis § 87h UrhG, WRP 2013, 1122; *von Bernuth,* Leistungsschutz für Verleger von Bildungsmedien, GRUR 2005, 196; *Dewenter/Haucap,* Ökonomische Auswirkungen der Einführung eines Leistungsschutzrechts für Presseinhalte im Internet (Leistungsschutzrecht für Presseverleger), Gutachten im Auftrag des Bundesverbandes der Deutschen Industrie e. V. (BDI), 2013; *Dreier/Leistner,* Urheberrecht im Internet: Die Forschungsherausforderungen, GRUR 2013, 881 = GRUR-Beilage 1/2014, 13; *Ehmann/Szilagyi,* Erforderlichkeit eines Leistungsschutzrechts für Presseverleger, K&R Beihefter 2/2009; *Ensthaler/Blanz,* Leistungsschutzrecht für

---

[12] EuGH GRUR 2015, 253 Rn. 35 ff. – Ryanair/PR Aviation BV; ebenso → § 55a Rn. 1a.
[13] EuGH GRUR 2015, 253 Rn. 43 – Ryanair/PR Aviation BV auch unter Berufung auf Erwgr. 34.
[14] Dreier/Schulze/*Dreier* § 87e UrhG Rn. 6; Wandtke/Bullinger/*Hermes* § 87e UrhG Rn. 16.
[15] Ebenso Wandtke/Bullinger/*Hermes* § 87e UrhG Rn. 19; Dreier/Schulze/*Dreier* § 87e UrhG Rn. 7.
[16] Dreier/Schulze/*Dreier* (2. Aufl.), § 87e UrhG Rn. 5; Fromm/Nordemann/*Czychowski* § 87e UrhG Rn. 5.
[17] Wandtke/Bullinger/*Thum* (3. Aufl.), § 87e UrhG Rn. 11ff.
[18] → § 87a Rn. 42 ff.; → § 87b Rn. 24 ff.
[19] Ebenso unter Hinweis auf Art. 8 Abs. 1 S. 2 der Datenbank-RL Dreier/Schulze/*Dreier* § 87e UrhG Rn. 6; Fromm/Nordemann/*Hertin* (9. Aufl.), § 87e UrhG Rn. 1; Wandtke/Bullinger/*Hermes* § 87e UrhG Rn. 8; sa. *Gaster* Rn. 588.
[20] Einzelheiten dazu → § 87b Rn. 58 ff.
[21] Ebenso Dreier/Schulze/*Dreier* § 87e UrhG Rn. 5; Wandtke/Bullinger/*Hermes* § 87e UrhG Rn. 21.

Presseverleger, GRUR 2012, 1104; *Fahl,* Die Bilder- und Nachrichtensuche im Internet, 2010; *Flechsig,* Gesetzliche Vergütungsansprüche im Lichte geplanter Leistungsschutzrechte für pressemäßige Medienerzeugnisse, AfP 2012, 427; *Frey,* Leistungsschutzrechte für Presseverleger – Überlegungen zur Struktur und zu den Auswirkungen auf die Kommunikation im Internet, MMR 2010, 291; *Härting,* Kommunikationsfreiheit im Netz – „Internet Freedom" im Lichte des Art. 5 GG, K&R 2012, 264; *Hegemann/Heine,* Für ein Leistungsschutzrecht der Presseverleger, AfP 2009, 201; *Heine/Stang,* Das neue Leistungsschutzrecht für Presseverleger, AfP 2013, 177; *Hoeren,* Überlegungen zum geplanten Leistungsschutzrecht für Presseverlage (Rechtsgutachten), 2013, abrufbar unter http://de.scribd. com/doc/122747126/Leistungsschutzrecht-FB-Hoeren; *Höppner,* Technisch-ökonomische Aspekte des Leistungsschutzrechtes für Presseverleger, K&R 2013, 73; *Hossenfelder,* Die Nachrichtendarstellung in Suchmaschinen nach der Einführung des Leistungsschutzrechts für Presseverleger, ZUM 2013, 374; *Kahl,* Wen betrifft das Leistungsschutzrecht für Presseverleger? – „Kleinste Textausschnitte" vor dem Hintergrund der BGH-Rechtsprechung, MMR 2013, 348; *Kauert,* Das Leistungsschutzrecht des Verlegers, 2008; *ders.,* Layoutschutz von Verlagsprodukten – Ernsthafte Gefahr für Digitalisierungsprojekte oder Scheinproblem? in: Hinte/Steinhauer (Hrsg.), Die digitale Bibliothek und ihr Recht – ein Stiefkind der Informationsgesellschaft, 2014, S. 23; *Kersting/Dworschak,* Leistungsschutzrecht für Presseverlage: Müsste Google wirklich zahlen? – eine kartellrechtliche Analyse, NZKart 2013, 46; *dies.,* Win-Win-Situation auf mehrseitigen Märkten: Google muss nicht zahlen, ZUM 2016, 840; *Koroch,* Das Leistungsschutzrecht für Presseverleger auf dem Weg von Berlin nach Brüssel – Ausgewählte Problempunkte und ein möglicher Alternativansatz, GRUR 2017, 127; *Kreutzer,* Das Leistungsschutzrecht für Presseverleger im Lichte der BGH-Rechtsprechung zu Vorschaubildern – Was bleibt am Ende übrig?, MMR 2014, 512; *ders.,* Google, Facebook, Twitter, Wikipedia, Flipboard & Co. – Wer ist Adressat des neuen Leistungsschutzrechts für Presseverleger?, CR 2014, 542; *Kühne,* Das entschärfte Leistungsschutzrecht für Presseverleger, CR 2013, 169; *Ladeur,* Ein „Leistungsschutzrecht" für Presseverlage und die Rechtsverfassung der Internetkommunikation, AfP 2012, 420; *Leistner,* Urheberrecht in der digitalen Welt, JZ 2014, 846; *Mauelshagen,* Online-Inhalte, Internet-Suchmaschinen und Vergütungsansprüche, 2018; *Max-Planck-Institut für Immaterialgüter- und Wettbewerbsrecht,* Stellungnahme zum Gesetzesentwurf für eine Ergänzung des Urheberrechtsgesetzes durch ein Leistungsschutzrecht für Verleger, 2012; *Nolte,* Zur Forderung der Presseverleger nach Einführung eines speziellen Leistungsschutzrechtes, ZGE 2 (2010), 165; *Nordemann/Wolters,* Google, das Leistungsschutzrecht für Presseverleger und das Kartellrecht, ZUM 2016, 846; *Ohly,* Ein Leistungsschutzrecht für Presseverleger?, WRP 2012, 41; *ders.,* Zwölf Thesen zur Einwilligung im Internet, GRUR 2012, 983; *ders.,* Urheberrecht in der digitalen Welt – Brauchen wir neue Regelungen zum Urheberrecht und dessen Durchsetzung? (Gutachten F zum 70. Deutschen Juristentag), 2014; *Ott,* Snippets im Lichte des geplanten Leistungsschutzrechtes für Presseverleger, K&R 2012, 556; *Paal,* Suchmaschinen, Presseverleger und Leistungsschutz, FS Bornkamm (2014), S. 921; *ders.,* Internet-Suchmaschinen im Kartellrecht, GRUR-Int 2015, 997; *Peifer,* Digital und ohne Recht? Zweck, Inhalt und Reichweite eines möglichen Leistungsschutzrechtes für Presseverleger, KSzW 2010, 263; *ders.,* Leistungsschutzrecht für Presseverleger – „Zombie im Paragrafen-Dschungel" oder Retter in der Not?, GRUR-Prax 2013, 149; *ders.,* Kleine Münze oder Snippets? – Der urheberrechtliche Werkbegriff und das Leistungsschutzrecht, AfP 2015, 6; *Rieger,* Ein Leistungsschutzrecht für Presseverleger, 2013; *Schippan,* Der Schutz von kurzen Textwerken im digitalen Zeitalter, ZUM 2013, 358; *Schwarz,* Erster Entwurf eines Leistungsschutzrechts für Presseverleger in der Diskussion, GRUR-Prax 2010, 283; *Spindler,* Das neue Leistungsschutzrecht für Presseverlage, WRP 2013, 967; *Stieper,* Das Leistungsschutzrecht für Presseverleger nach dem Regierungsentwurf zum 7. UrhRÄndG, ZUM 2013, 10; *ders.,* Von Gundling zur GRUR – Halle und das Geistige Eigentum, in: Lück (Hrsg.), Aktuelle Beiträge zur Rechtswissenschaft und zu ihren geistesgeschichtlichen Grundlagen, 2013, S. 261; *ders.,* Ausschließlichkeitsrecht oder Vergütungsanspruch: Vergütungsmodelle bei Aufmerksamkeitsplattformen, ZUM 2017, 132; *ders.,* Die Richtlinie über das Urheberrecht im digitalen Binnenmarkt, ZUM 2019, 211; *v. Ungern-Sternberg,* Die Bindungswirkung des Unionsrechts und die urheberrechtlichen Verwertungsrechte, FS Bornkamm (2014), S. 1007; *Vesterdorf,* The Effect of Failure to Notify the Spanish and German Ancillary Copyright Laws, EIPR 2015, 263; *Wandtke,* Zum Leistungsschutzrecht der Presseverleger und dem Beteiligungsanspruch der Urheber, ZUM 2014, 847; *Wiebe,* UrhG-Novelle 2015 – eine kritische Durchsicht, MR 2015, 239; *Wiebusch,* Leistungsschutzrecht für Presseverleger, 2013; *Wieduwilt,* Das neue Leistungsschutzrecht für Presseverlage – eine Einführung, K&R 2010, 555; *Wimmers,* Leistungsschutzrecht im Leerlauf? – Suchmaschinen als Dienste rein technischer, automatischer und passiver Art, CR 2012, 663.

Übersicht

I. Allgemeines

Die Einführung eines Leistungsschutzrechts für Presseverleger durch das Achte Gesetz zur Ände- **1** rung des UrhG gehört zu den rechtspolitisch umstrittensten Änderungen des UrhG in den letzten Jahrzehnten. Kaum ein anderes urheberrechtliches Thema ist auch in der Medienöffentlichkeit so kontrovers diskutiert worden. Angestoßen wurde die Schaffung eines Leistungsschutzes für Pres;everleger durch eine Initiative des Bundesverbandes Deutscher Zeitungsverleger (BDZV),[1] die in der von zahlreichen deutschen und europäischen Verlegern unterzeichneten „Hamburger Erklärung zum Schutz geistigen Eigentums" vom 26.6.2009 mündete. Nach der Bundestagswahl 2009 haben die Regierungsparteien die Forderungen der Verleger aufgegriffen und sich im **Koalitionsvertrag** vom 26.10.2009 auf die Schaffung eines Leistungsschutzrechts für Presseverlage mit dem Ziel einer „Verbesserung des Schutzes von Presseerzeugnissen im Internet" verständigt.[2] Dem liegt die Erwägung zugrunde, dass sich Presseverlage zunehmend damit konfrontiert sähen, dass „ihre Online-Angebote von anderen gewerblichen Anbietern in einer Weise ausgenutzt werden, die über das bloße Verlinken weit hinausgeht".[3] Gegen den Widerstand aus der Internetwirtschaft[4] sollte mit den §§ 87f–87h ersichtlich der im Koalitionsvertrag verankerte politische Wille umgesetzt werden.[5] Die anhaltende **Kritik** vor allem auch aus den Reihen der Urheberrechtswissenschaft hat im Laufe des Gesetzgebungsverfahrens zwar zu einer erheblichen Entschärfung der gesetzlichen Regelung geführt,[6] konnte aber nicht verhindern, dass auf Ebene des Unionsrechts nunmehr ebenfalls ein Leistungsschutzrecht nach deutschem Vorbild eingeführt worden ist.[7]

II. Rechtspolitischer Hintergrund

1. Geschichtliche Entwicklung

2   Im Gegensatz zu anderen Werkvermittlern, namentlich Tonträgerherstellern (§ 85), Konzertveranstaltern (§ 81), Sendeunternehmen (§ 87), Filmherstellern (§ 94) und Laufbildproduzenten (§ 95), deren organisatorische, wirtschaftliche und technische Leistung jeweils durch ein verwandtes Schutzrecht geschützt wird, stand Verlegern bisher **kein eigenes Leistungsschutzrecht** zu. Die Forderung nach einem absoluten Ausschließlichkeitsrecht am Verlagserzeugnis ist allerdings nicht neu. Bevor sich im ausgehenden 18. Jahrhundert die Idee eines „geistigen Eigentums" der Autoren entwickelte, nahmen die Verleger aufgrund der Honorarzahlung an die Autoren ein „ewiges Verlagsrecht" (in England „copy right") in Anspruch, das sie zu beliebigem Nachdruck der ihnen überlassenen Werke berechtigen sollte.[8] Aus den hohen Kosten sowie der Mühe und Arbeit, die der Verleger aufwenden müsse, wurde auch das Recht abgeleitet, einen ohne Zustimmung des Verlegers erfolgten Nachdruck zu untersagen.[9] Mit der Anerkennung eines geistigen Eigentums der Autoren sollte dieses von den Verlegern angemaßte „Verlagseigentum" jedoch gerade auf ein vom Urheber abgeleitetes und zeitlich beschränktes **Verlagsrecht** zur Vervielfältigung und Verbreitung (vgl. § 8 VerlG) zurückgeführt werden.[10] In den modernen Urheberrechtsgesetzen fanden sich dementsprechend keine Regelungen zum originären Schutz der verlegerischen Leistung.[11]

3   In Deutschland wurde die Leistung des Verlegers in erster Linie durch das **Wettbewerbsrecht** geschützt.[12] Allerdings wurde selbst die unmittelbare Leistungsübernahme durch fotomechanischen Nachdruck für sich genommen nicht als unlauter iSv § 1 UWG aF (jetzt § 3 UWG) angesehen, wenn nicht besondere, die Unlauterkeit begründende Umstände hinzutraten.[13] Dabei waren insbesondere der **zeitliche Abstand** des Nachdrucks zum Erstdruck und die **Aktualität des Wettbewerbs** zu berücksichtigen, da es beim wettbewerbsrechtlichen Leistungsschutz darum geht, dem Verleger die Amortisation seiner Investition zu ermöglichen.[14] So hat es der US-amerikanische Supreme Court

---

[1] S. die Presseerklärungen des BDZV vom 7.5.2009 („Leistungsschutzrecht für die Presse ist überfällig") und vom 9.7.2009 („Zeitungsverleger wollen keine staatlichen Hilfen, aber neue Rahmenbedingungen"), abrufbar unter http://www.bdzv.de/aktuell/pressemitteilungen.

[2] Koalitionsvertrag zwischen CDU, CSU und FDP, 17. Legislaturperiode, S. 104.

[3] So bereits Justizministerin *Leutheusser-Schnarrenberger* in ihrer „Berliner Rede zum Urheberrecht" am 14.6.2010; ebenso die Begründung zum RegE, BT-Drs. 17/11470, 6.

[4] Nachweise bei *Frey* MMR 2010, 291 (292).

[5] Wandtke/Bullinger/*Jani* UrhG vor §§ 87f–87h Rn. 5 bezeichnet die Schaffung des Leistungsschutzrechts daher als „historisches Ereignis".

[6] → Rn. 8.

[7] Dazu → Rn. 14a.

[8] Dazu *Rehbinder/Peukert* Rn. 135; *Schack* UrheberR Rn. 111; *Gieseke*, Vom Privileg zum Urheberrecht, 1995, S. 126; *Hilty* UFITA 116 (1991), 35 (37 ff.).

[9] So deutlich *Gundling*, Rechtliches Und Vernunfft-mäßiges Bedencken eines ICTI, Der unpartheyisch ist, Von dem Schändlichen Nachdruck andern gehöriger Bücher, Halle 1726, S. 13, 25 f.: „Ein von mir mit vielen Kosten verlegtes Buch ist mein besonderes Eigenthum, welches mir niemand, ohne meinen Beyfall nehmen kan[n], er sey entwender offenbahr, oder auch stillschweigend"; dazu *Stieper* in Lück, Aktuelle Beiträge zur Rechtswissenschaft und zu ihren geistesgeschichtlichen Grundlagen, 2013, S. 261, 264.

[10] *Hilty* UFITA 116 (1991), 35 (39 f.); *Stieper* in Lück, Aktuelle Beiträge zur Rechtswissenschaft und zu ihren geistesgeschichtlichen Grundlagen, 2013, S. 261, 265 mwN.

[11] Zum englischen Recht → Rn. 14.

[12] Dazu *Soetenhorst* GRUR-Int 1989, 760 (764); *Kauert* S. 144 ff., jeweils mwN.

[13] BGHZ 51, 41 (45 f.) = GRUR 1969, 186 (188) – Reprint; ebenso zu § 3 UWG nF *Schack* UrheberR Rn. 1142.

[14] BGHZ 51, 41 (48) = GRUR 1969, 186 (188) – Reprint; BGH GRUR 1972, 127 – Formulare; BGH GRUR 1986, 895 (896) – Notenstichbilder (Nachdruck von Notenbildern 50 Jahre nach Herstellung der Druckvorlage); vgl. auch § 79 östUrhG.

bereits 1918 als „unfair competition in business" angesehen, dass der International News Service (INS) den in New York erscheinenden Morgenzeitungen der Associated Press (AP) Nachrichten entnommen und sie telegrafisch den eigenen Zeitungen an der Westküste übermittelt hatte, wo sie dann wegen der Zeitverschiebung rechtzeitig für die Morgenausgabe eintrafen.[15] Dagegen wurde es nicht als unlauter angesehen, wenn ein seit längerem vergriffenes Werk sogleich nach Ablauf der Schutzfrist von einem Konkurrenzverlag nachgedruckt wird.[16]

Angesichts des begrenzten Schutzes von Presseerzeugnissen durch das Wettbewerbsrecht ist bereits **4** in der Vergangenheit wiederholt die **Einführung eines verwandten Schutzrechts** für Verleger diskutiert worden.[17] Entsprechende rechtspolitische Forderungen, die anders als das jetzt in §§ 87f– 87h geregelte Leistungsschutzrecht nicht auf Presseverleger beschränkt waren,[18] konnten sich jedoch nicht durchsetzen. Insbesondere der Börsenverein des Deutschen Buchhandels hat die Einführung eines Leistungsschutzrechts in der Vergangenheit stets abgelehnt, da es der engen, auf vertrauensvolle Zusammenarbeit angewiesenen Verbindung zwischen Verfasser und Verleger schaden und den Zugang zu abgeleiteten Verlagsrechten erschweren könnte.[19] Für elektronische Publikationen wurde zudem auf die Möglichkeit des **Datenbankschutzes** nach §§ 87a ff. verwiesen.[20] Abgelehnt wurde die Notwendigkeit eines Leistungsschutzrechts allerdings vor allem im Hinblick auf die traditionelle (hälftige) **Beteiligung der Verleger an den Einnahmen der VG Wort** aus gesetzlichen Vergütungsansprüchen. Nachdem der BGH in seinem Urteil vom 21.4.2016 die bisherige Praxis als unvereinbar mit der Rechtsprechung des EuGH zu Art. 5 Abs. 2 lit. a und b InfoSoc-RL[21] angesehen und die Zulässigkeit eines Verlegeranteils davon abhängig gemacht hat, dass die Verleger selbst Inhaber originärer oder von den Wortautoren abgeleiteter Rechte oder Ansprüche sind,[22] mehren sich jedoch auf nationaler wie auf Unionsebene die Forderungen nach einem Leistungsschutz für Verleger. Die Einführung eines Leistungsschutzrechts für Presseverleger in §§ 87f ff. war von derlei Bestrebungen noch unbeeinflusst.[23]

2. Forderungen von Verlegerseite

Hintergrund der jüngsten Initiative der Presseverleger war die Krise der Zeitungsverlage, die ange- **5** sichts der zunehmenden Informationsvermittlung über das Internet mit einer stetig sinkenden Nachfrage nach Printmedien zu kämpfen haben.[24] Nachdem bereits in der „Hamburger Erklärung" von 2009 ein stärkerer Schutz von Presseerzeugnissen im Internet gefordert worden war,[25] ist 2010 ein eigener (inoffizieller) **Entwurf der Presseverleger** an die Öffentlichkeit gelangt, dem eine abgeänderte Version der Gewerkschaften DJV und ver.di folgte.[26] Der Entwurf sah ein ausschließliches Recht des Presseverlegers zur Vervielfältigung, Verbreitung und öffentlichen Wiedergabe für die redaktionell gestaltete Festlegung journalistischer Beiträge und anderer Elemente sowie von „Teile[n] daraus" mit einer Schutzdauer von 50 Jahren nach Veröffentlichung des Presseerzeugnisses vor.

Die Notwendigkeit eines originären Leistungsschutzrechts der Presseverleger wurde dabei vor allem **6** mit dem Argument der **Leistungsgerechtigkeit** begründet.[27] Zahlreiche Anbieter würden die Arbeit von Autoren, Verlagen und Sendern verwenden, ohne dafür zu bezahlen. Dieser „Content-Klau"[28] bedrohe auf die Dauer die Erstellung von Qualitäts-Inhalten und von unabhängigem Journalismus. Insbesondere das Geschäftsmodell von **News-Aggregatoren** sei darauf ausgerichtet, durch die Anzeige von Auszügen aus den verlinkten Texten („Snippets") einen Teil der Nachfrage nach journalistischen Beiträgen selbst zu befriedigen und so die Leser vom Aufrufen des vollständigen Artikels abzuhalten.[29] Für die Inanspruchnahme dieser Leistungen müsse es daher einen sachgerechten Ausgleich geben. Ohne ein eigenes umfassendes Leistungsschutzrecht verfügten die Presseverleger aber nur über unzureichende Möglichkeiten, um eine kommerzielle Zweitauswertung der von ihnen mit einem

---

[15] *International News Service v. Associated Press,* 248 U.S. 215, 238 (1918): „[S]ince in speed the telegraph and telephone easily outstrip the rotation of the earth, it is a simple matter for defendant to take complainant's news from bulletins or early editions of complainant's members in the eastern cities and, at the mere cost of telegraphic transmission, cause it to be published in western papers issued at least as early as those served by complainant."

[16] BGHZ 51, 41 (49 f.) = GRUR 1969, 186 (189) – Reprint (seit 12 Jahren vergriffenes Fachbuch).

[17] *Dietz* ZUM 1990, 54 ff.; *Hilty* UFITA 116 (1991), 35 (48 ff.); *v. Bernuth* GRUR 2005, 196 (199 f.), jeweils mwN.

[18] *Soetenhorst* GRUR-Int 1989, 760 (771); s. auch den Formulierungsvorschlag von *Kauert* S. 275.

[19] *Heker* ZUM 1995, 97 (99); ebenso *Sieger* ZUM 1989, 172 (174 f.); *Schack* UrheberR Rn. 1143; vgl. auch *Ulmer-Eilfort/*Obergfell VerlG § 1 Rn. 41; *Melichar* UFITA 117 (1991), 5 (8 f.).

[20] *Schack* Rn. 1143; vgl. dazu *Fahl* S. 138 f. und → Rn. 17.

[21] EuGH GRUR 2016, 55 Rn. 44 ff. – Hewlett Packard/Reprobel.

[22] BGH GRUR 2016, 596 Rn. 33, 42 ff. – Verlegeranteil m. abl. Anm. *Schack* JZ 2016, 685; dazu → § 63a Rn. 16 ff.

[23] Dazu auch → § 87h Rn. 14.

[24] Ausf. *Rieger* S. 65 ff.

[25] → Rn. 1.

[26] Dazu *Schwarz* GRUR-Prax 2010, 283 ff.; *Wieduwilt* K&R 2010, 555 (559 ff.); *Ohly* WRP 2012, 41 (45); *Rieger* S. 331 ff. (Abdruck der Entwürfe auf S. 389 ff.).

[27] Vgl. *Hegemann/Heine* AfP 2009, 201 (205).

[28] So die Pressemitteilung des BDZV vom 9.7.2009.

[29] *Höppner* K&R 2013, 73 (74); *Paal* FS Bornkamm, 2014, 921 (923).

erheblichen journalistisch-redaktionellen Aufwand hergestellten Presseprodukte zu unterbinden; der Nachweis aus abgeleiteten Rechten sei oft schwierig und unverhältnismäßig aufwendig.[30]

3. Argumente gegen ein Leistungsschutzrecht

7 Im urheberrechtlichen Schrifttum sind dagegen überwiegend Zweifel an der Erforderlichkeit eines Leistungsschutzrechts der Presseverleger geäußert worden.[31] Soweit ein solches Leistungsschutzrecht Handlungen erfasse, die schon bisher vom Urheberschutz erfasst sind und den die Verleger auf der Grundlage der von den Autoren der Beiträge eingeräumten Rechte geltend machen können, sei es **überflüssig**.[32] Allein mit den Schwierigkeiten beim Beweis der Prozessführungsbefugnis lasse sich die Einführung eines neuen Leistungsschutzrechts nicht rechtfertigen.[33] Hierfür genüge die Erweiterung des § 10 um eine entsprechende **gesetzliche Vermutung**.[34] Wenn das Leistungsschutzrecht dagegen den ausschließlichen Rechtsschutz in Bezug auf redaktionelle Beiträge und Nachrichten ausweite, die bisher bewusst vom Urheberrechtsschutz ausgenommen waren, drohe das Leistungsschutzrecht zu einem **Schutz der Information** und der Sprache selbst zu werden.[35] Dadurch werde die Kommunikationsfreiheit im Internet bedroht.[36] Insbesondere in Bezug auf die Verwendung von **„Snippets"** durch Nachrichtensuchmaschinen und News-Aggregatoren könne ein solcher Schutz nicht mit dem Argument der Leistungsgerechtigkeit begründet werden. Denn diese Dienste böten selbst eine eigenständige Leistung an, von der aufgrund erhöhter Zugriffszahlen auch die Zeitungsverlage profitieren würden.[37] Presseverleger hätten daher gar kein Interesse an einem Verbotsrecht, vielmehr gehe es allein um die Möglichkeit, durch die Lizenzierung des Presseerzeugnisses eine neue Einnahmequelle zu erschließen.[38] Die mit dem Abschluss individueller Lizenzverträge verbundenen Transaktionskosten würden aber insbesondere kleinere Anbieter übermäßig wirtschaftlich belasten.[39]

III. Gesetzgebungsverfahren

8 Ungeachtet der im Vorfeld geäußerten Kritik hat der Gesetzgeber wesentliche Elemente aus dem Entwurf der Presseverleger übernommen. Im Hinblick auf Dauer und Umfang des Schutzes bleibt die jetzige Regelung aber deutlich hinter den Forderungen der Verleger zurück. Dem vom Bundeskabinett beschlossenen Gesetzesentwurf eines Siebenten Gesetzes zur Änderung des UrhG waren dabei zwei **Referentenentwürfe** des BMJ vorausgegangen, die das Leistungsschutzrecht noch weiter gefasst hatten als die nunmehr Gesetz gewordene Regelung in §§ 87f–87h. So sollte das Leistungsschutzrecht nach dem **ersten Referentenentwurf** vom 13.6.2012 das ausschließliche Recht des Presseverlegers umfassen, „das Presseerzeugnis oder Teile hiervon zu gewerblichen Zwecken öffentlich zugänglich zu machen". Dem lag die Erwägung zugrunde, dass „sich mit dem Internet auch die Möglichkeiten, Rechte von Presseverlegern zu verletzen, vervielfacht haben. Dritte können Presseerzeugnisse ganz oder in Teilen innerhalb von wenigen Sekunden vervielfältigen und selbst im Internet anbieten".[40] Die öffentliche Zugänglichmachung des Presseerzeugnisses für nicht gewerbliche Zwecke sollte dagegen ausdrücklich zulässig bleiben.[41] Der Entwurf rief insbesondere im Hinblick auf die unklare Grenze der „gewerblichen Zwecke" Kritik hervor, da sich das Leistungsschutzrecht nach der Entwurfsbegründung ausdrücklich auch gegen Blogger richten sollte, soweit diese den Blog nicht nur „als Hobby unentgeltlich und ohne Bezug zu [ihrer] beruflichen Tätigkeit" oder „ehrenamtlich für einen gemeinnützigen Verein" betreiben.[42] Der **zweite Referentenentwurf** vom 27.7.2012 hat daher die Schutzrichtung des Leistungsschutzrechts erheblich eingeschränkt. Geboten sei ein Schutz „nur vor systema-

---

[30] *Schwarz* GRUR-Prax 2010, 283 (284 f.).

[31] S. nur die Stellungnahmen des GRUR-Fachausschusses GRUR 2010, 808 und GRUR 2013, 268, sowie die Stellungnahme des MPI.

[32] GRUR-Fachausschuss GRUR 2010, 808 Rn. 4; *Wiebusch* S. 31, 90; aus ökonomischer Sicht *Dewenter/Haucap* S. 22 ff.

[33] *Rieger* S. 327 f.; *Ehmann/Szilagyi* K&R Beihefter 2/2009, 6; *Ohly* WRP 2012, 41 (44); *Spindler* WRP 2013, 967 (974 f.); *Stieper* ZUM 2013, 10 (11 f.) mwN.

[34] Dafür *Peifer* KSzW 2010, 263 (271); ebenso die Empfehlung der Ausschüsse R-K-Wi, BT-Drs. 514/1/12, 2.

[35] GRUR-Fachausschuss GRUR 2010, 808 Rn. 4, 8; *Nolte* ZGE 2 (2010), 165 (174 f., 178 f.).

[36] *Härting* K&R 2012, 264 (266); *Nolte* ZGE 2 (2010), 165 (188).

[37] LG Berlin ZUM 2016, 879 (883): „Win-Win-Situation für alle Beteiligten"; *Nolte* ZGE 2 (2010), 165 (189); *Ott* K&R 2012, 556 (558); *Ohly* WRP 2012, 41 (48); *Stieper* ZUM 2013, 10 (12 f.); MPI, Stellungnahme, S. 3 f.; *Ulmer-Eilfort/Obergfell/Ulmer-Eilfort* 1. Teil Kap. A Rn. 60g; *Wiebe* MR 2015, 239 (246); ebenso für die Mediatheken öffentlich-rechtlicher Rundfunkanstalten BGH GRUR 2018, 1183 Rn. 15 – Wirbel um Bauschutt; dagegen *Ensthaler/Blanz* GRUR 2012, 1104 (1109); *Höppner* K&R 2013, 73 (75 f.).

[38] MPI, Stellungnahme, S. 2; *Härting* K&R 2012, 264 (266).

[39] GRUR-Fachausschuss GRUR 2013, 268; *Dewenter/Haucap* S. 40 f.

[40] Entwurf eines Siebenten Gesetzes zur Änderung des Urheberrechtsgesetzes, RefE des BMJ vom 13.6.2012, S. 7.

[41] § 87g Abs. 4 des RefE. Diese Einschränkung war allerdings überflüssig, da § 87f Abs. 1 in der Fassung des Referentenentwurfs den Schutzumfang ohnehin auf die öffentliche Zugänglichmachung zu gewerblichen Zwecken beschränkt hat, s. *Flechsig* AfP 2012, 427 (429); *Stieper* ZUM 2013, 10 (15).

[42] RefE vom 13.6.2012, S. 11.

tischen Zugriffen auf die verlegerische Leistung durch die Anbieter von Suchmaschinen, da deren Geschäftsmodell in besonderer Weise darauf ausgerichtet [sei], für die eigene Wertschöpfung auf die verlegerische Leistung zuzugreifen".[43] Für „andere Nutzer, wie zB Unternehmen der sonstigen gewerblichen Wirtschaft, Rechtsanwaltskanzleien, Blogger oder private bzw. ehrenamtliche Nutzer" gelte dies nicht.[44]

Dieser als „Lex Google" kritisierte Ansatz wurde auch im wenig später veröffentlichten **Regierungsentwurf** beibehalten. Allerdings wurde der Adressatenkreis erweitert auf „Anbieter von solchen Diensten im Netz, die Inhalte entsprechend einer Suchmaschine aufbereiten", womit auch News-Aggregatoren erfasst werden sollten.[45] Der Gesetzentwurf wurde am 14.11.2012 zur weiteren Beratung an die Fachausschüsse gegeben.[46] Die vom Bundesrat[47] angeregte Verwertungsgesellschaftenpflichtigkeit der durch die Lizenzierung des Leistungsschutzrechts generierten Vergütung wurde dabei nicht übernommen. Nachdem auf Empfehlung des Rechtsausschusses[48] buchstäblich in letzter Minute die Ausnahme für „einzelne Wörter oder kleinste Textausschnitte" in § 87f Abs. 1 S. 1 Hs. 2 eingefügt worden war, hat der **Bundestag** den Gesetzesentwurf am 1.3.2013 angenommen.[49] Dem Antrag des Landes Schleswig-Holstein, den Vermittlungsausschuss einzuberufen, um eine Klarstellung in Bezug auf die Definition und Abgrenzung des Schutzgegenstandes sowie die Begriffe „Suchmaschinenanbieter", „gewerbliche Anbieter von Diensten, die Inhalte entsprechend aufbereiten" und „kleinste Textausschnitte" zu erreichen,[50] kam der **Bundesrat** nicht nach; stattdessen hat er deutliche Kritik am Inhalt des Gesetzes sowie am Gesetzgebungsverfahren geübt und eine rasche Novellierung des vom Bundestag beschlossenen Gesetzes gefordert.[51] Die Regelung ist am 1.8.2013 in Kraft getreten.[52]

Das Gesetzgebungsverfahren ist ebenso wie die gesetzliche Regelung selbst von der Absicht **10** geprägt, den im Koalitionsvertrag verankerten politischen Willen noch in der laufenden Legislaturperiode umzusetzen. Im Eingangssatz der Gesetzesbegründung wird auf die „Vorgaben des Koalitionsvertrages" sogar ausdrücklich Bezug genommen.[53] Zwar wird betont, dass die Einführung des Leistungsschutzrechts nicht „als ein **gesetzgeberischer Schutz von alten, überholten Geschäftsmodellen**" missverstanden werden dürfe. Das Leistungsschutzrecht könne und solle „kein Korrektiv für Strukturveränderungen des Marktes sein, auf die Presseverleger vor allem mit neuen Angeboten reagieren" müssten. Vielmehr solle „dem neu entstandenen Schutzbedürfnis der Presseverleger Rechnung getragen werden".[54] Jedoch findet sich in der Begründung kein Beleg für die Annahme, dass gerade das Geschäftsmodell der Nachrichtensuche im Internet zu **finanziellen Einbußen der Presseverleger** in Bezug auf ihre eigenen Online-Angebote führt.[55] Einen allgemeinen Grundsatz, dass die Nutzung fremder Leistungsergebnisse für das Angebot eigener gewerblicher Leistungen stets rechtlich zu beanstanden wäre, gibt es nicht.[56] Es fehlt daher an einer überzeugenden Begründung des Gesetzgebers für die Einführung eines Leistungsschutzrechts.[57] Auch inhaltlich ist die Regelung in ihrer jetzigen Form unausgegoren. Wie der Bundesrat zutreffend anmerkt, ist das Gesetz **„handwerklich schlecht gemacht,** denn es beinhaltet zahllose unbestimmte Rechtsbegriffe und schafft dadurch rechtliche Grauzonen, die voraussichtlich erst nach langjährigen gerichtlichen Auseinandersetzungen geklärt sein werden".[58] Zudem wurde versäumt, die fremdenrechtlichen Regelungen in §§ 124–128[59] sowie die Strafnorm des § 108 um das Leistungsschutzrecht für Presseverleger zu ergänzen[60] und die Verweisung auf die Vermutung der Rechtsinhaberschaft in § 10 ins Gesetz aufzunehmen.[61] Auch an eine Übergangsregelung für Presseerzeugnisse, die vor dem Inkrafttreten der Neuregelung erschienen sind, wurde nicht gedacht.[62]

---

[43] Entwurf eines Siebenten Gesetzes zur Änderung des Urheberrechtsgesetzes, RefE vom 27.7.2012, S. 1.

[44] RefE vom 27.7.2012, S. 6.

[45] Gesetzesentwurf der Bundesregierung, BR-Drs. 514/12, 3.

[46] BT-Drs. 17/11470.

[47] Stellungnahme des Bundesrates, BR-Drs. 514/12 (B), 2 f.

[48] BT-Drs. 17/12534.

[49] BR-Drs. 162/13.

[50] BR-Drs. 162/1/13.

[51] BR-Drs. 162/13 (B). S. auch den Entwurf eines Gesetzes zur Aufhebung des Achten Gesetzes zur Änderung des Urheberrechtsgesetzes (Leistungsschutzrechtsaufhebungsgesetz – LSR-AufhG) vom 25.11.2014, BT-Drs. 18/3269.

[52] BGBl. I 2013 S. 1161.

[53] BT-Drs. 17/11470, 6.

[54] BT-Drs. 17/11470, 6.

[55] Das Fehlen einer „belastbaren empirischen Grundlage" kritisieren auch *Dewenter/Haucap* S. 35.

[56] BGHZ 187, 255 = GRUR 2011, 436 Rn. 28 – hartplatzhelden.de.

[57] Kritisch von *Ohly* S. F 35 f.; *Dreier/Leistner* GRUR 2013, 881 (884); *Leistner* JZ 2014, 846 (849 f.); *Wimmers* CR 2012, 663 (664 f.); *Stieper* ZUM 2013, 10 (12 f.); *Stieper* ZUM 2017, 132 (134) mwN.

[58] BR-Drs. 162/13 (B), 2.

[59] Dazu → § 87f Rn. 5.

[60] Dazu → § 87f Rn. 49.

[61] Dazu → § 87f Rn. 26.

[62] Dazu → § 87f Rn. 4.

IV. Unionsrechtlicher Rahmen

1. Vorgaben für die Einführung neuer verwandter Schutzrechte

11   Die Vorschriften über das Leistungsschutzrecht für Presseverleger hatten ursprünglich keine unmittelbare Grundlage im Unionsrecht. Presseverleger gehören insbesondere nicht zu dem Personenkreis, der nach Art. 3 Abs. 2 InfoSoc-RL gegen eine unerlaubte öffentliche Zugänglichmachung zu schützen ist. Gemäß ErwG 19 der Schutzdauer-RL steht es den Mitgliedstaaten aber frei, andere als die im Unionsrecht vorgesehenen verwandten Schutzrechte einzuführen.[63] Dabei ist jedoch zu beachten, dass die im nationalen Recht vorgesehenen Rechte des geistigen Eigentums die unionsrechtlich verbürgten **Grundfreiheiten** nicht unverhältnismäßig einschränken dürfen.[64] Im Hinblick auf die damit verbundenen Einschränkungen der **Dienstleistungsfreiheit** werden daher zu Recht Bedenken gegen die Rechtfertigung des Leistungsschutzrechts für Presseverleger erhoben.[65] Die unberechtigte und systematische Verwertung presseverlegerischer Produkte zu unterbinden und Investitionen in die Herstellung und Veröffentlichung journalistischer Information zu schützen, ist zwar ein legitimes Ziel. Soweit das Leistungsschutzrecht lediglich darauf abzielt, die Presseverleger finanziell an den Werbeeinnahmen der Suchmaschinenbetreiber zu beteiligen, geht es jedoch über den gebotenen Schutz der verlegerischen Investition vor einer unberechtigten Ausbeutung durch Trittbrettfahrer hinaus.[66]

12   Daneben sind auch bei der Einführung neuer, nicht im Unionsrecht vorgesehener verwandter Schutzrechte die Wertungen von Art. 12 Abs. 2 InfoSoc-RL und Art. 12 Vermiet- und Verleih-RL zu beachten, wonach der **Schutz der Urheberrechte** nicht beeinträchtigt werden darf.[67] Dies ist vor allem bei der Auslegung des § 87g Abs. 3 zu beachten, wonach das Leistungsschutzrecht nicht zum Nachteil des Urhebers der im Presseerzeugnis enthaltenen Beiträge geltend gemacht werden darf.[68]

13   Schließlich sind die Mitgliedstaaten gemäß Art. 11 Abs. 1 Schutzdauer-RL verpflichtet, jeden Gesetzentwurf zur Einführung neuer verwandter Schutzrechte der Kommission unverzüglich mitzuteilen und die Hauptgründe für ihre Einführung sowie die vorgesehene Schutzdauer anzugeben. Ein etwaiger Verstoß gegen diese **Notifikationspflicht** hat indes nicht die Unanwendbarkeit der §§ 87f–87h zur Folge. Denn ein Verstoß gegen eine Notifikationspflicht führt nur zur Rechtswidrigkeit der erlassenen Regelung, wenn die Notifizierung wie im Fall von Art. 11 Abs. 1 Schutzdauer-RL nur der Unterrichtung der Kommission dient.[69]

13a   Problematischer als die Notifikationspflicht nach Art. 11 Abs. 1 Schutzdauer-RL ist die Nichteinhaltung des **Informationsverfahrens für technische Vorschriften** nach Art. 8 RL 98/48/EG.[70] Ein Verstoß gegen diese Mitteilungspflicht führt nach dem EuGH zur Unanwendbarkeit der betroffenen Vorschriften, da ein Verfahren zur Kontrolle des Gesetzentwurfs vorgesehen ist und das Inkrafttreten der geplanten Regelung vom Einverständnis der Kommission abhängt.[71] Ob es sich bei §§ 87f–87h um „technische Vorschriften" iSv Art. 1 Nr. 11 der Richtlinie handelt, wird in Rechtsprechung und Lehre kontrovers diskutiert.[72] Auf Vorlage des LG Berlin[73] hat der EuGH diese Frage mit Urteil vom 12.9.2019 bejaht, da § 87g Abs. 4 „ausdrücklich und gezielt" auf die Regelung der Dienste von Internet-Suchmaschinen abstelle.[74] Die §§ 87f ff. sind damit **unanwendbar.** Die Unanwendbarkeit kann auch in einem Rechtsstreit zwischen Privaten geltend gemacht werden.[75] Allerdings muss in Umsetzung von Art. 15 DSM-RL ein – inhaltlich allerdings weiter reichendes – Leistungsschutzrecht für Presseverleger (wieder) eingeführt werden (→ Rn. 14a).

2. Andere europäische Rechtsordnungen

14   In anderen europäischen Ländern gab es ebenfalls Forderungen nach einem Schutz der Presseverleger vor einer Verwertung ihrer Presseerzeugnisse durch Internet-Suchmaschinen.[76] Dennoch war die Einführung eines Leistungsschutzrechts für Presseverleger bislang ein **deutscher Alleingang.** In anderen europäischen Rechtsordnungen existierten zuvor keine vergleichbaren Regelungen.[77] Zwar

---

[63] *Flechsig* AfP 2012, 427 (428); *Spindler* WRP 2013, 967 (975).
[64] EuGH GRUR 2012, 156 Rn. 105 f. – FAPL/Murphy mAnm *Stieper* MMR 2011, 825.
[65] So *v. Ungern-Sternberg* FS Bornkamm, 2014, 1007 (1015); aA *Flechsig* AfP 2012, 427 (428).
[66] Vgl. *Peifer* GRUR-Prax 2013, 149 (151).
[67] *v. Ungern-Sternberg* FS Bornkamm, 2014, 1007 (1015).
[68] Dazu → § 87g Rn. 9 f.
[69] EuGH NJW 1990, 3071 Rn. 19 ff. – Enichem Base (zu Art. 3 Abs. 2 RL 75/442/EG).
[70] Vgl. jetzt Art. 5 RL (EU) 2015/1535.
[71] EuGH EuZW 1996, 379 Rn. 48 ff. – CIA Security; EuGH EuZW 2001, 153 Rn. 37 ff. – Unilever Italia/Central Food.
[72] Dafür LG Berlin GRUR-Int 2017, 534 (535) – VG Media/Google; *Hoeren* S. 10 f.; *Vesterdorf* EIPR 2015, 263 (265 f.); dagegen LG München I ZUM 2016, 558 (563); Wandtke/Bullinger/*Jani* UrhG Vor §§ 87f–87h Rn. 8; *Spindler* WRP 2013, 967 (976); *Peifer* GRUR-Prax 2013, 149 (151); offen gelassen von OLG München ZUM 2016, 1057 (1062) – Kein Vollgas.
[73] LG Berlin GRUR-Int 2017, 534 – VG Media/Google.
[74] EuGH GRUR 2019, 1188 Rn. 35 ff. – VG Media/Google; dazu → § 87f Rn. 28 f.
[75] So ausdrücklich EuGH GRUR 2019, 1188 Rn. 39 – VG Media/Google.
[76] *Ladeur* AfP 2012, 420 (421).
[77] Vgl. *Ehmann/Szilagyi* K&R Beihefter 2/2009, 11.

sieht das **englische Recht** seit 1956 ein Leistungsschutzrecht der Verleger („publisher's right") an der typografischen Gestaltung ihrer Verlagsprodukte mit einer Schutzfrist von 25 Jahren vor.[78] Dieser Schutz beschränkt sich aber auf die Herstellung und Verbreitung von „facsimile copies", also auf die unmittelbare, identische **fotomechanische Vervielfältigung** des Schriftträgers unter Einsatz eines Scanners, Fotokopierers oder Telefax.[79] Wenn ein Text eingescannt und mit Hilfe einer Texterkennungssoftware in eine Textdatei umgewandelt wird, wird daher allenfalls der Vorgang des Scannens vom Schutzrecht erfasst, nicht aber die anschließende Verwertung des Textes. Gegenüber einer Verwertung der Texte im Internet ist ein solches Leistungsschutzrecht praktisch wirkungslos, da die typografische Gestaltung hier üblicherweise nicht wiedergegeben wird.[80] Ein ähnlicher, ebenfalls auf Printmedien beschränkter Verlegerschutz existiert auch in Griechenland.[81] Lediglich **Spanien** hat in Anlehnung an die deutsche Regelung eine Novelle des Ley de Propriedad Intelectual verabschiedet, wonach für die öffentliche Zugänglichmachung unwesentlicher Teile von Nachrichten, unterhaltenden oder meinungsbildenden Inhalten durch Aggregatoren zwar keine Genehmigung erforderlich ist, aber eine gerechte Entschädigung an den Verleger zu zahlen ist (sog. „Google-Steuer").[82] Eine öffentliche Zugänglichmachung durch die Anbieter von Suchmaschinen ist danach allerdings nicht entschädigungspflichtig, soweit sie nicht kommerziellen Zwecken dient, sich streng auf das für die Antwort auf die Suchanfrage des Nutzers Erforderliche beschränkt und einen Link auf die Originalseite enthält. Auch in **Österreich** sollte iRd UrhR-Novelle 2015 ein an die deutsche Regelung angelehntes Leistungsschutzrecht eingeführt werden, ist jedoch in der verabschiedeten Fassung wieder herausgenommen worden, um die Regelungen zu überarbeiten. In **Frankreich** und **Belgien** haben die Forderungen der Presseverlage nach einem Leistungsschutzrecht dagegen zu einer Selbstverpflichtung von Google geführt, die Verlage beim Übergang in die digitale Welt durch stärkere Zusammenarbeit etwa im Anzeigenbereich zu unterstützen.

3. Richtlinie über das Urheberrecht im digitalen Binnenmarkt (DSM-RL)

Ungeachtet der Erfahrungen in den Mitgliedstaaten[83] sieht die DSM-RL einen Leistungsschutz für Presseverleger nunmehr auch auf Ebene des Unionsrechts vor. Art. 15 DSM-RL enthält verpflichtende, bis 7.6.2021 umzusetzende Vorgaben für den Schutz von Presseveröffentlichungen im Hinblick auf digitale Nutzungen, die zum Teil über die Regelung in §§ 87f–87h hinausgehen. So ist die **Schutzdauer** mit 2 Jahren (Art. 15 Abs. 4 DSM-RL) zwar kürzer als im ursprünglichen Kommissionsentwurf (20 Jahre), aber immer noch erheblich länger bemessen als in § 87g Abs. 2.[84] Zudem enthält Art. 15 Abs. 1 DSM-RL keine Beschränkung auf Suchmaschinenbetreiber wie in § 87g Abs. 4 S. 1, sondern erfasst alle Anbieter von Diensten der Informationsgesellschaft. Allerdings sollen Presseverlage einen Rechtsschutz nur für die Online-Nutzung ihrer Presseveröffentlichung erhalten, wovon das Setzen von Hyperlinks sowie die Nutzung „einzelner Wörter oder sehr kurzer Auszüge" in Art. 15 Abs. 1 UAbs. 3 und 4 DSM-RL ausdrücklich ausgenommen werden. Anders als das deutsche Recht[85] sieht Art. 15 Abs. 1 DSM-RL dabei neben einem ausschließlichen Recht zur öffentlichen Zugänglichmachung auch ein **ausschließliches Vervielfältigungsrecht** vor. Wer genau Inhaber dieser Rechte sein soll, bleibt mangels Definition der „Presseverlage"[86] allerdings ebenso unklar wie das Verhältnis zu der von Art. 16 des Richtlinienentwurfs vorgesehenen Beteiligung von Verlegern am gerechten Ausgleich im Rahmen gesetzlicher Schrankenbestimmungen. Eine überzeugende Begründung für die Einführung des Leistungsschutzrechts vermag die Richtlinie, die in ErwG 54 auf das Ziel abstellt, „den organisatorischen und finanziellen Beitrag, den Verlage bei der Produktion von Presseveröffentlichungen leisten, zu würdigen und die Verlage auch künftig in dieser Tätigkeit zu bestärken", nicht zu liefern.[87] Vorzugswürdig wäre die Einführung einer Schrankenbestimmung, welche die Vervielfältigung durch Such- und Aggregationsdienste zur Indexierung gestattet, die öffentliche Wiedergabe von mehr als Kleinteilen jedoch von der Zahlung einer angemessenen Vergütung abhängig macht.[88]

14a

---

[78] S. jetzt § 1(1)(c) Copyright, Designs and Patents Act 1988; dazu *Soetenhorst* GRUR-Int 1989, 760 (765 ff.); *Hegemann/Heine* AfP 2009, 201 (207); *Rieger* S. 313 ff.

[79] § 17(5) CDPA 1988.

[80] *Ehmann/Szilagyi* K&R Beihefter 2/2009, 11; vgl. auch *Soetenhorst* GRUR-Int 1989, 760 (767).

[81] Art. 51 f. des Gesetzes Nr. 2121/1993 über Urheberrecht, Verwandte Rechte und Kulturangelegenheiten.

[82] Art. 32 No. 2 LPI. Der Entwurf ist veröffentlicht in BOCG. Senado, X Legislatura, núm. 388, 31 de julio de 2014, pág. 9, abrufbar unter http://estaticos.elmundo.es/documentos/2014/08/29/lpi_senado.PDF. Hierzu *Vesterdorf* EIPR 2015, 263 f.; *Paal* GRUR-Int 2015, 997 (1004).

[83] → Rn. 14 und → § 87f Rn. 3.

[84] → § 87g Rn. 6 ff.

[85] Dazu → § 87f Rn. 35.

[86] S. die gleich mehrfach tautologische Begriffsbestimmung in ErwG 55 UAbs. 2, wonach der Begriff des Verlags für „Dienstleister wie Presseverlage oder -agenturen" gilt, die „Presseveröffentlichungen gemäß der vorliegenden Richtlinie veröffentlichen".

[87] *Stieper* ZUM 2019, 211 (214 f.).

[88] *Stieper* ZUM 2017, 132 (135 f., 139); *Koroch* GRUR 2017, 127 (134).

V. Verhältnis zu anderen Vorschriften

1. Urheberrecht an den Inhalten

15   Wie bei anderen Leistungsschutzrechten muss man auch beim Presseerzeugnis die geschützte Leistung, nämlich die konkrete Festlegung, von den darin enthaltenen geistigen Schöpfungen unterscheiden, die Gegenstand des Urheberrechts der jeweiligen Autoren sind. Das Leistungsschutzrecht schützt nur das Presseerzeugnis in seiner konkreten Festlegung und lässt den Urheberrechts- oder Leistungsschutz der darin enthaltenen **Schriftwerke, Lichtbildwerke oder Bewegtbilder** unberührt.[89] Soweit für sich genommen schutzfähige Teile übernommen werden sollen, bedürfen Dritte daher neben der Lizenzierung durch den Presseverleger einer weiteren Lizenz in Bezug auf die Nutzung des jeweiligen Beitrags.[90] Auch der Presseverleger selbst ist aber für die Verwertung des Presseerzeugnisses nach wie vor auf die Einräumung von **Nutzungsrechten** durch die jeweiligen Urheber angewiesen. Abhängig vom Inhalt des eingeräumten Nutzungsrechts ist der Presseverleger damit auch berechtigt, aus abgeleitetem Recht der jeweiligen Urheber in eigenem Namen gegen eine unberechtigte Verwertung der einzelnen im Presseerzeugnis enthaltenen Beiträge vorzugehen.[91] Dabei ist zu beachten, dass das Leistungsschutzrecht gemäß § 87g Abs. 3 nicht zum Nachteil des Urhebers ausgeübt werden darf.[92]

16   Anders als der Urheberrechtsschutz bietet das Leistungsschutzrecht am Presseerzeugnis auch Schutz gegen eine Verwertung von Teilen des Presseerzeugnisses, die **keine Werkqualität** iSv § 2 Abs. 2 aufweisen. Zudem stellt die öffentliche Zugänglichmachung von Vorschaubildern und Snippets durch den Betreiber einer Internet-Suchmaschine nach der **„Vorschaubilder"-Rechtsprechung** des BGH keine Verletzung des Urheberrechts an den im Rahmen der Trefferliste wiedergegebenen Werken dar.[93] Inwieweit dem Leistungsschutzrecht am Presseerzeugnis neben dem Urheberrechtsschutz eine eigenständige Bedeutung zukommt, hängt daher maßgeblich davon ab, ob diese Rechtsprechung auf das Leistungsschutzrecht für Presseverleger übertragbar ist[94] und wie man die Ausnahme für „einzelne Wörter oder kleinste Textausschnitte" im Vergleich zu der nach § 2 Abs. 2 erforderlichen Schöpfungshöhe interpretiert.[95] Eine Auslegung, welche den Schutz des Urhebers im Hinblick auf die Verwertung seines Werkes durch Internet-Suchmaschinen geringer gewichtet als den Investitionsschutz der Presseverlage, würde erhebliche Zweifel an der Vereinbarkeit mit Art. 14 iVm Art. 3 Abs. 1 GG wecken.[96]

2. Datenbankschutz

17   Aufgrund der Investition in die Bereitstellung eines Online-Portals und die technische Aufbereitung der Artikel kann dem Presseverleger auch der Sui-generis-Schutz als Datenbankhersteller gemäß § 87a zustehen.[97] Beide Leistungsschutzrechte bestehen dann nebeneinander.[98] Wenn aus Zeitungs- und Zeitschriftenartikeln, die in einer Datenbank gespeichert sind, **einzelne kleinere Bestandteile** an Nutzer übermittelt werden, um diesen einen Anhalt dafür zu geben, ob der Abruf des Volltextes für sie sinnvoll wäre, liegt darin nach Auffassung des BGH allerdings keine unter § 87b Abs. 1 S. 2 fallende Nutzungshandlung.[99] Denn die Benutzung der Datenbank werde dadurch „nicht ersetzt, sondern allenfalls angeregt".[100] Zu einer anderen Beurteilung zwingt auch nicht das Urteil im Fall Innoweb/Wegener, in dem der EuGH die Bereitstellung einer spezialisierten **Metasuchmaschine** als Weiterverwendung des wesentlichen Inhalts der durchsuchten Online-Datenbanken iSv Art. 7 Abs. 2 lit. b Datenbank-RL eingeordnet hat.[101] Die Annahme einer Verletzung des Datenbankherstellerrechts beruht hier auf der Erwägung, dass eine solche Metasuchmaschine einer Datenbank ähnele und insoweit einem **„parasitären Konkurrenzprodukt"** nahe komme, da dem Endnutzer ein Suchformular zur Verfügung gestellt werde, das im Wesentlichen dieselben Optionen wie das Suchformular der betroffenen Datenbank bietet, die Suchanfragen der Nutzer in Echtzeit in die Suchmaschine der Datenbank übersetzt und die gefundenen Ergebnisse in vergleichbarer Weise darstellt wie die Datenbank.[102] Das ist bei einer Nachrichtensuchmaschine, welche zur Beschreibung der Suchergebnisse lediglich Snippets aus den gefundenen Artikeln anzeigt, nicht der Fall. Auch insoweit erweist es sich als Wertungswiderspruch, dass der Gesetzgeber gerade in dieser Hinsicht eine besondere Schutzbe-

---

[89] AmtlBegr. BT-Drs. 17/11470, 7, 8.
[90] *Peifer* GRUR-Prax 2013, 149 (152); s. dazu LG München I ZUM 2014, 596 (599).
[91] Dazu *Stieper* ZUM 2013, 10 (11).
[92] Dazu → § 87g Rn. 9 f.
[93] BGHZ 185, 291 = GRUR 2010, 628 Rn. 33 ff. – Vorschaubilder I; bestätigt durch BGH GRUR 2012, 602 Rn. 18 – Vorschaubilder II.
[94] Dazu → § 87f Rn. 45 ff.
[95] Dazu → § 87f Rn. 41 ff.
[96] *Spindler* WRP 2013, 967 (975).
[97] BGHZ 156, 1 (16) = GRUR 2003, 958 (962) – Paperboy; *Fahl* S. 139; *Rieger* S. 93 ff., 110 ff. mwN.
[98] *Spindler* WRP 2013, 967 (973).
[99] BGHZ 156, 1 (16) = GRUR 2003, 958 (962) – Paperboy.
[100] BGHZ 156, 1 (17) = GRUR 2003, 958 (962) – Paperboy.
[101] EuGH GRUR 2014, 166 – Innoweb/Wegener; kritisch hierzu → § 87b Rn. 29.
[102] EuGH GRUR 2014, 166 Rn. 48 f., 54 – Innoweb/Wegener.

dürftigkeit der Presseverleger unterstellt.[103] Eine Beeinträchtigung des Datenbankherstellerrechts kommt vielmehr insoweit in Betracht, als **alle Artikel** der Website durch sog. „**Crawler**" abgerufen werden, um dem Nutzer der Suchmaschine aus den Volltexten Nachrichtenübersichten mit individuell generierten Snippets zur Verfügung zu stellen.[104] Diese Vervielfältigungshandlungen werden vom Leistungsschutzrecht des Presseverlegers bislang nicht erfasst.[105]

3. Wettbewerbsrecht

Nach §§ 3 Abs. 1, 4 Nr. 3 UWG kann das Angebot eines nachahmenden Erzeugnisses wettbewerbswidrig sein, wenn das nachgeahmte Erzeugnis über wettbewerbliche Eigenart verfügt und besondere Umstände hinzutreten, die die Nachahmung unlauter erscheinen lassen. Insoweit gelten die zu § 1 UWG aF entwickelten Grundsätze über den Schutz von Presseverlegern vor einer unmittelbaren Leistungsübernahme weiter.[106] Einzelnen Zeitungsartikeln hat der BGH die **wettbewerbliche Eigenart** jedoch ungeachtet ihrer journalistisch-literarischen Qualität abgesprochen.[101] Gegenüber einer Anzeige von Ausschnitten aus dem Presseerzeugnis durch eine Nachrichtensuchmaschine bietet das Wettbewerbsrecht daher **keinen Schutz**.[102] Ohnehin ist angesichts der Ausgestaltung des Leistungsschutzrechts als reines Verbietungsrecht[103] fraglich, ob daneben noch Raum für einen zusätzlichen wettbewerbsrechtlichen Nachahmungsschutz besteht.[104]

18

§ 87f Presseverleger

(1) [1]Der Hersteller eines Presseerzeugnisses (Presseverleger) hat das ausschließliche Recht, das Presseerzeugnis oder Teile hiervon zu gewerblichen Zwecken öffentlich zugänglich zu machen, es sei denn, es handelt sich um einzelne Wörter oder kleinste Textausschnitte. [2]Ist das Presseerzeugnis in einem Unternehmen hergestellt worden, so gilt der Inhaber des Unternehmens als Hersteller.

(2) [1]Ein Presseerzeugnis ist die redaktionell-technische Festlegung journalistischer Beiträge im Rahmen einer unter einem Titel auf beliebigen Trägern periodisch veröffentlichten Sammlung, die bei Würdigung der Gesamtumstände als überwiegend verlagstypisch anzusehen ist und die nicht überwiegend der Eigenwerbung dient. [2]Journalistische Beiträge sind insbesondere Artikel und Abbildungen, die der Informationsvermittlung, Meinungsbildung oder Unterhaltung dienen.

Schrifttum: Siehe die Schrifttumshinweise Vor §§ 87f ff.

Übersicht

---

[103] Ähnlich *Spindler* WRP 2013, 967 (973).
[104] *Fahl* S. 142 f., 146.
[105] → § 87f Rn. 35; anders jetzt aber Art. 15 DSM-RL.
[106] → Rn. 3.

I. Allgemeines

1. Regelungsgehalt und Zweck der Vorschrift

1   Durch das Achte Gesetz zur Änderung des UrhG ist der Schutz des Presseverlegers als neuer Abschnitt 7 in den zweiten Teil des UrhG eingefügt worden und erweitert damit den Kreis der verwandten Schutzrechte.[1] In **§ 87f Abs. 1** werden der Inhaber[2] und der Schutzumfang des Leistungsschutzrechts bestimmt. Der tatsächliche Umfang des Verbotsrechts des Presseverlegers ergibt sich allerdings erst in Verbindung mit der „Schranke" in § 87g Abs. 4 S. 1.[3] Der für das Urheberrecht neue Begriff des Presseerzeugnisses als Schutzobjekt des Leistungsschutzrechts wird in **§ 87f Abs. 2** legaldefiniert.[4]

2   Ausweislich der Gesetzesbegründung soll mit dem Leistungsschutzrecht gewährleistet werden, dass Presseverlage im Onlinebereich nicht schlechter gestellt sind als andere Werkvermittler, und zugleich der Schutz von Presseerzeugnissen im Internet verbessert werden.[5] Presseverleger sähen sich „zunehmend damit konfrontiert, dass andere Nutzer für die eigene Wertschöpfung **systematisch auf die verlegerische Leistung zugreifen** und diese in einer Weise nutzen, die über das bloße Verlinken hinausgeht". Anders als in früheren Gesetzesentwürfen vorgesehen[6] und künftig durch Art. 15 Abs. 1 DSM-RL geboten,[7] hielt der deutsche Gesetzgeber einen Schutz dabei allerdings nur insoweit für erforderlich, als es gerade um Zugriffe durch die gewerblichen **Anbieter von Suchmaschinen** und von solchen Diensten geht, die Inhalte entsprechend einer Suchmaschine aufbereiten, da deren Geschäftsmodell in besonderer Weise darauf ausgerichtet sei, für die eigene Wertschöpfung auch auf die verlegerische Leistung zuzugreifen. Die Gewährung eines eigenen Schutzrechts versetze die Presseverlage in die Lage, einfacher und umfassender gegen Rechtsverletzungen im Internet vorzugehen, und erspare ihnen bei Verletzungshandlungen den „komplexen Nachweis der Rechtekette".[8]

3   Die vom Gesetzgeber beabsichtigte **Gleichstellung** der Presseverlage **mit anderen Werkvermittlern** wird durch §§ 87f bis §§ 87h jedoch nur unzureichend verwirklicht. Der Schutzumfang bleibt in inhaltlicher wie zeitlicher Hinsicht deutlich hinter den anderen im UrhG geregelten verwandten Schutzrechten zurück. Letztlich geht es beim Leistungsschutzrecht für Presseverleger aber auch nicht um die Schließung einer rechtssystematischen Gesetzeslücke. Im Vordergrund steht vielmehr das Bestreben, die Presseverleger an der „Wertschöpfung" durch Suchmaschinenbetreiber und News-Aggregatoren **zu beteiligen**, um die rückläufigen Auflagenhöhen bei den Printmedien und die damit verbundenen Einbußen im Anzeigengeschäft auszugleichen.[9] Im Hinblick auf die Bedeutung von Suchmaschinen für die Informationsfreiheit ist dieses gesetzgeberische Ziel verfassungsrechtlich bedenklich.[10] Eine von Google auf die Verletzung von Art. 5 Abs. 1 sowie Art. 12 iVm Art. 3 GG gestützte Verfassungsbeschwerde gegen §§ 87f–87h ist jedoch mangels Rechtswegerschöpfung vom BVerfG nicht angenommen worden.[11]

3a   Inwieweit dem Leistungsschutzrecht auf Dauer überhaupt eine **praktische Bedeutung** zukommen wird, ist allerdings fraglich.[12] Denn zumindest marktstarke Suchmaschinenbetreiber können sich einer Lizenzierungspflicht ohne Weiteres dadurch entziehen, dass sie – wie von Google in Bezug auf die Angebote der von der VG Media vertretenen Verlage angekündigt – auf die Anzeige von Vorschaubildern und/oder Snippets in der Nachrichtensuche verzichten oder Verlage, die zu einer kostenlosen Lizenzierung nicht bereit sind, aus ihren Trefferlisten entfernen, wie dies nach einer Klage von Copiepresse, einem Verband belgischer Zeitungsverleger, gegen Google in Belgien geschehen ist.[13] Die deutschen Verlage haben daher gegenüber Google mehrheitlich auf eine entgeltliche Lizenzierung ihrer Presseerzeugnisse **verzichtet**. In Spanien hat Google im Hinblick auf die Einführung einer sog. „Google-Steuer" die Nachrichtensuche im Dezember 2014 sogar ganz eingestellt.[14] **Kartellrechtlich** dürften solche Beschränkungen der Nachrichtensuche grundsätzlich zulässig sein, soweit

---

[1] Zur Entstehungsgeschichte → Vor §§ 87fff. Rn. 5 ff.
[2] → Rn. 24 ff.
[3] Dazu → Rn. 28 f. und → § 87g Rn. 11.
[4] Dazu → Rn. 7.
[5] AmtlBegr. BT-Drs. 17/11470, 6.
[6] Dazu → Vor §§ 87fff. Rn. 4 f.
[7] Dazu → Vor §§ 87fff. Rn. 14a.
[8] BT-Drs. 17/11470, 6.
[9] Ebenso Dreier/Schulze/*Dreier* § 87f Rn. 1; *Peifer* GRUR-Prax 2013, 149 (151); *Schack* UrheberR Rn. 718a; *Paal* FS Bornkamm, 2014, 921 (926); dazu auch → Vor §§ 87fff. Rn. 7, 11.
[10] Vgl. → Vor §§ 87fff. Rn. 7.
[11] BVerfG GRUR 2017, 159 – News-Aggregatoren.
[12] Zu diesem Ergebnis kommt auch eine von der Gemeinsamen Forschungsstelle der EU-Kommission in Auftrag gegebene, aber nicht veröffentlichte Studie, s. dazu *Beuth,* EU-Kommission hält kritische Studie zurück, Zeit Online vom 22.12.2017, abrufbar unter https://www.zeit.de/digital/internet/2017-12/leistungsschutzrecht-presseverleger-eu-kommission-haelt-studie-zurueck. Zur Unanwendbarkeit der Regelungen wegen Verstoßes gegen die Mitteilungspflicht nach der RL 98/34/EG → Vor §§ 87f ff. Rn. 13a.
[13] Dazu *Fahl* S. 128 f.; *Ott* K&R 2012, 556 (560); *Wiebusch* S. 73 f. Mittlerweile haben Copiepresse und Google sich auf einen finanziellen Ausgleich in Form von Anzeigenschaltungen in den Verlagsmedien geeinigt, vgl. → Vor §§ 87fff. Rn. 14.
[14] Zur Regelung in Spanien → Vor §§ 87fff. Rn. 14.

sie diskriminierungsfrei erfolgen. Denn auch Google als marktbeherrschendes Unternehmen kann nicht dazu verpflichtet werden, entgeltlich Leistungsschutzrechte zu erwerben oder die Websites der Presseverleger in einem so großen Umfang darzustellen, dass das Leistungsschutzrecht aus § 87f berührt würde.[15] Wenn für die Wiedergabe von Snippets und Vorschaubildern bei den von der VG Media vertretenen Verlagen eine kostenlose Lizenz verlangt wird, während Google bei anderen Presseverlegern (die sich nicht auf ihr Leistungsschutzrecht berufen) hierzu auch ohne Überlassung einer Lizenz bereit ist, kann hierin zwar eine kartellrechtlich relevante **Ungleichbehandlung** iSv § 19 Abs. 2 Nr. 1 GWB liegen.[16] Das BKartA hat dennoch gemäß § 32c GWB entschieden, wegen des bisherigen Verhaltens von Google **kein Missbrauchsverfahren** einzuleiten.[17] Google halte sich mit den genannten Maßnahmen „mit hoher Wahrscheinlichkeit im Rahmen dessen, was zur Verfolgung seiner berechtigten Interessen erforderlich ist und was dem Unternehmen im Rahmen der Abwägung mit den Interessen der VG Media und der hinter ihr stehenden Verlage nicht zu verwehren ist".[18] Da § 87f **keinen Kontrahierungszwang im Sinne eines Nutzungszwangs** eines entgeltlichen Leistungsschutzrechts statuiere, könne es aus kartellrechtlicher Sicht kein berechtigtes Interesse der Verlage daran geben, dass Google Ihnen nicht die Möglichkeit des unentgeltlichen Opt-Ins zweiter Stufe anbietet, während umgekehrt für Google das Interesse streite, ein legales Geschäftsmodell fortführen zu können.[19] Ebenso hat das LG Berlin in dem Verhalten von Google keinen Verstoß gegen das Diskriminierungsverbot gesehen, weil die Bevorzugung der anderen Presseverleger im Hinblick auf das bewährte Geschäftsmodell, generell für die Darstellung von Webseiten in den Suchergebnissen kein Entgelt an die Webseitenbetreiber zu bezahlen, **sachlich gerechtfertigt** sei.[20]

2. Anwendungsbereich

a) Anwendbarkeit in zeitlicher Hinsicht. Auf das Leistungsschutzrecht können sich Presseverleger **ab dem Inkrafttreten** der §§ 87f–87h **am 1.8.2013** berufen, um gegen eine unberechtigte Nutzung ihrer Presseerzeugnisse vorzugehen. Nutzungshandlungen, die vor diesem Zeitpunkt abgeschlossen waren, können das Leistungsschutzrecht aufgrund des allgemeinen Rückwirkungsverbots nicht verletzen. Eine andere Frage ist, inwieweit auch Presseerzeugnisse geschützt sind, die bereits vor diesem Zeitpunkt veröffentlicht worden sind. Insoweit hat der Gesetzgeber auf eine spezielle Übergangsvorschrift verzichtet. Daher findet § 87f nach dem Rechtsgedanken des § 129 Abs. 1 S. 2 auf solche Presseerzeugnisse, die **vor dem 1.8.2013 verlegt** worden sind, **keine Anwendung**.[21] Denn vor dem Inkrafttreten der Regelung bestand kein urheberrechtlicher Schutz von Presseerzeugnissen. Der von der Rechtsprechung zuvor gewährte wettbewerbsrechtliche Schutz gegen eine unmittelbare Leistungsübernahme[22] ist nicht als Schutz iSv § 129 Abs. 1 S. 1 zu qualifizieren und begründet daher keinen rückwirkenden Schutz der verlegerischen Leistung durch das neu geschaffene Leistungsschutzrecht.[23]

b) Fremdenrecht. Ebenso hat der Gesetzgeber versäumt, den Anwendungsbereich der fremdenrechtlichen Vorschriften in §§ 124–128 um das Leistungsschutzrecht für Presseverleger zu ergänzen. Es ist daher unklar, inwieweit sich auch ausländische Presseverleger auf das Leistungsschutzrecht berufen können sollen.[24] Für Presseverleger mit Sitz in einem anderen **EU- oder EWR-Staat** ergibt sich die Anwendbarkeit der §§ 87f–87h unmittelbar aus dem Diskriminierungsverbot in Art. 18 Abs. 1 AEUV.[25] Mangels einer §§ 120 Abs. 1, 121 Abs. 1 entsprechenden fremdenrechtlichen Schutzschranke muss aber der Schutz aber auch Presseverlegern aus **Drittstaaten** zukommen, und zwar unabhängig davon, wo das Presseerzeugnis erstmals erschienen ist.[26]

c) Kollisionsrecht. Für das Leistungsschutzrecht des Presseverlegers gelten die allgemeinen kollisionsrechtlichen Regeln.[27] Nach dem in Art. 8 Abs. 1 Rom II verankerten Schutzlandprinzip richten

---

[15] Dazu *Paal* FS Bornkamm, 2014, 921 (930); *Kersting/Dworschak* NZKart 2013, 46 ff.; *Mauelshagen* S. 309 f.

[16] LG Berlin ZUM 2016, 879 (883); *Nordemann/Wolters* ZUM 2016, 846 (850), auch zu § 19 Abs. 2 Nr. 2 und 5 GWB.

[17] BKartA BeckRS 2016, 01138 Rn. 168 ff.

[18] BKartA BeckRS 2016, 01138 Rn. 174.

[19] BKartA BeckRS 2016, 01138 Rn. 159 ff.

[20] LG Berlin ZUM 2016, 879 (883 f.); ebenso im Ergebnis *Kersting/Dworschak* ZUM 2016, 840 (843 f.), die bereits eine Ungleichbehandlung ablehnen, weil Google – seinem Geschäftsmodell entsprechend – keiner der Verlage für die Möglichkeit zur Wiedergabe von Inhalten als Suchergebnisse bezahle; kritisch dagegen *Nordemann/Wolters* ZUM 2016, 846 (851 ff.).

[21] *Dreier/Schulze/Dreier* § 87f Rn. 6; aA Wandtke/Bullinger/*Jani* UrhG § 87g Rn. 4: Schutz aller 2013 veröffentlichten Presseerzeugnisse.

[22] Dazu → Vor §§ 87f ff. Rn. 3.

[23] Vgl. → § 129 Rn. 17 mwN; aA offenbar *Flechsig* AfP 2012, 427 (431).

[24] Für eine Ergänzung der gesetzlichen Regelung nach dem Vorbild von § 127a *Flechsig* AfP 2012, 427 (431).

[25] → Vor §§ 120 ff. Rn. 3.

[26] Ebenso *Schack* UrheberR Rn. 718c; *Spindler* WRP 2013, 967 (974); Wandtke/Bullinger/*Jani* UrhG § 87f Rn. 8; jetzt auchFromm/Nordemann/*Czychowski/J. B. Nordemann* UrhG § 87f Rn. 14. Anders Art. 15 Abs. 1 iVm ErwG 55 DSM-RL, wonach der Rechtsschutz für Presseveröffentlichungen nur für in einem Mitgliedstaat ansässige Verlage gilt, die „ihren satzungsmäßigen Sitz, ihre Hauptverwaltung oder ihre Hauptniederlassung in der Union haben".

[27] *Spindler* WRP 2013, 967 (974).

sich Voraussetzungen und Inhalt des Leistungsschutzes nach § 87f, wenn eine **Nutzung des Presse-erzeugnisses im Inland** abgewehrt werden soll.[28] Da sich das Verbotsrecht des Presseverlegers aus-schließlich auf die öffentliche Zugänglichmachung des Presseerzeugnisses durch Anbieter von Such-maschinen und ähnlichen Diensten bezieht, wird man für einen hinreichenden Inlandsbezug deren **bestimmungsgemäße Abrufbarkeit** im Geltungsbereich des UrhG verlangen müssen.[29] Ob das zu schützende Presseerzeugnis auf den deutschen Markt ausgerichtet ist, ist für die Anwendbarkeit der §§ 87f–87h dagegen als solches nicht von Bedeutung.[30]

II. Das Presseerzeugnis als Schutzobjekt (Abs. 2)

7   Das Leistungsschutzrecht aus § 87f schützt nach dem Vorbild des Tonträgerherstellers die zur Fest-legung des Presseerzeugnisses erforderliche **wirtschaftliche, organisatorische und technische Leistung** des Presseverlegers.[31] Ausdruck der Verlegerleistung und damit Schutzobjekt des Leistungs-schutzrechts ist das Presseerzeugnis, das in § 87f Abs. 2 S. 1 legaldefiniert wird. Die Definition enthält eine Vielzahl von **unbestimmten Rechtsbegriffen,** die sich in ihrer Bedeutung zudem häufig über-schneiden. Der Umfang der vom Leistungsschutzrecht geschützten Publikationen lässt sich daher kaum mit der für einen absoluten Rechtsschutz hinreichenden Rechtssicherheit bestimmen.[32] Die Bedeutung, die dem Begriff des Presseerzeugnisses im Zusammenhang mit anderen gesetzlichen Regelungen zukommt, ist für § 87f nicht von Belang.[33] Insbesondere ist der Begriff des Presseerzeug-nisses gemäß § 87f Abs. 2 nicht deckungsgleich mit dem Begriff des „Druckwerkes" im Sinne der Landespressegesetze. Eine mit § 87f Abs. 2 weitgehend übereinstimmende Definition der Presseveröf-fentlichung enthält nun auch Art. 2 Nr. 4 DSM-RL.

1. Journalistische Beiträge

8   § 87f Abs. 2 S. 1 definiert das Presseerzeugnis als Festlegung journalistischer Beiträge. Die **einzel-nen Beiträge** selbst werden nicht vom Leistungsschutzrecht nach § 87f erfasst, ihr Schutz richtet sich vielmehr nach den jeweiligen Bestimmungen des UrhG.[34] In Betracht kommt neben dem Urheber-rechtsschutz als Sprachwerk etwa der Schutz von Abbildungen als Lichtbildwerk oder Lichtbild gemäß § 72. Soweit die Voraussetzungen für einen solchen Schutz vorliegen, besteht der Rechtsschutz unab-hängig **neben dem Leistungsschutz** des Presseerzeugnisses.[35] Der eigenständige Schutz der im Presseerzeugnis enthaltenen Beiträge ist jedoch keine Voraussetzung für das Leistungsschutzrecht.[36]

9   Als **Beispiele** für journalistische Beiträge nennt § 87f Abs. 2 S. 2 Artikel und Abbildungen, die der **Informationsvermittlung, Meinungsbildung oder Unterhaltung** dienen. Diese nicht abschlie-ßende („insbesondere") Aufzählung ist jedoch kaum geeignet, den Kreis der von § 87f erfassten Press-eerzeugnisse näher zu bestimmen. Vor allem lassen sich anhand der genannten inhaltlichen Zweckbe-stimmung journalistische Beiträge nicht von anderen Veröffentlichungen abgrenzen. Denn es ist keine Publikation denkbar, die nicht entweder der Informationsvermittlung, der Meinungsbildung oder der Unterhaltung dient.

10   Ein Abgrenzungskriterium lässt sich der Aufzählung in § 87f Abs. 2 S. 2 daher allenfalls in Bezug auf die **Form der Publikation** entnehmen. So verbindet man mit dem Begriff des **Artikels** typi-scherweise kurze, in sich abgeschlossene Texte innerhalb eines umfassenderen Druckwerkes wie einer Zeitung, einer Zeitschrift oder einem Buch. Da auch **Abbildungen** ausdrücklich zu den journalisti-schen Beiträgen gezählt werden, ist der Begriff aber nicht hierauf beschränkt. Die Gesetzesbegrün-dung nennt als weitere Elemente von Presseerzeugnissen Graphiken, Lichtbilder oder Bewegtbilder.[37] Auch die äußere Form des Mediums spielt keine Rolle, da § 87f Abs. 2 S. 1 ausdrücklich Veröffentli-chungen „auf beliebigen Trägern" einbezieht.[38]

11   Teilweise wird daher eine Eingrenzung der von § 87f Abs. 2 erfassten Beiträge anhand des Begriffs des **Journalismus** vorgeschlagen.[39] Als journalistisch in diesem Sinne werden die auf eigener Recher-chetätigkeit oder Bearbeitung fremder Quellen basierende Vermittlung von Informationen und Mei-nungen[40] oder jede „von Journalisten" erstellte Mitteilung mit dem Ziel der Information oder Unter-

---

[28] Vgl. allgemein → Vor §§ 120 ff. Rn. 121 ff. mwN auch zu abweichenden Ansätzen.
[29] → Vor §§ 120 ff. Rn. 146; vgl. zum Erfolgsort bei Wettbewerbsverletzungen BGH GRUR 2014, 601 Rn. 26, 38 – Englischsprachige Pressemitteilung.
[30] AA Fromm/Nordemann/*Czychowski*/*J. B. Nordemann* UrhG § 87f Rn. 14.
[31] AmtlBegr. BT-Drs. 17/11470, 8.
[32] So auch Dreier/Schulze/*Dreier* § 87f Rn. 5; kritisch auch BKartA BeckRS 2016, 01138 Rn. 74: „in seinem Anwendungsbereich recht unklar".
[33] Wandtke/Bullinger/*Jani* UrhG § 87f Rn. 1.
[34] AmtlBegr. BT-Drs. 17/11470, 8; vgl. → Vor §§ 87fff. Rn. 20.
[35] Zu etwaigen Konflikten → § 87g Rn. 9 f.
[36] Wandtke/Bullinger/*Jani* UrhG § 87f Rn. 3.
[37] AmtlBegr. BT-Drs. 17/11470, 8; ebenso ErwG 56 S. 3 DSM-RL.
[38] → Rn. 17.
[39] Fromm/Nordemann/*Czychowski*/*J. B. Nordemann* UrhG § 87f Rn. 21; ebenso ErwG 56 S. 1 DSM-RL.
[40] So Fromm/Nordemann/*Czychowski*/*J. B. Nordemann* UrhG § 87f Rn. 21 unter Berufung auf die Definition des Deutschen Journalistenverbandes.

haltung[41] angesehen. Reine Fachpublikationen oder wissenschaftliche Zeitschriften sollen demnach grundsätzlich nicht erfasst sein.[42] Abgesehen davon, dass der Begriff des Journalismus zu unscharf ist, um eine solche Grenzziehung zu ermöglichen, spricht die ausdrückliche Einbeziehung von Inhalten, die der bloßen Informationsvermittlung oder Unterhaltung dienen, aber gegen ein solches Verständnis des § 87f Abs. 2 S. 2 als **inhaltlich-qualitatives Kriterium.** Insbesondere ist der Begriff der „journalistischen" Beiträge nicht auf Texte mit meinungsbildendem Charakter oder wie § 49 auf tagesaktuelle Berichterstattung beschränkt. Vielmehr erfasst § 87f Abs. 2 S. 2 mit dem Kriterium der „Informationsvermittlung" praktisch **jede nur denkbare Information,** etwa auch die Zusammenstellung von Aktienkursen.[43] Soweit man journalistische Inhalte auf organisatorischer Ebene anhand ihrer Erscheinungsweise von Medien mit fehlender **Periodizität** unterscheidet,[44] deckt sich die Definition mit dem Merkmal der periodisch veröffentlichten Sammlung und ist daher ebenfalls nicht zur Abgrenzung geeignet.

2. Redaktionell-technische Festlegung

Anders als der Begriff der journalistischen Beiträge enthält das Merkmal der redaktionell-techni- **12** schen Festlegung eine aktive inhaltliche Komponente im Sinne einer **wertenden Auseinandersetzung** mit den gesammelten Beiträgen.[45] Dabei geht es nicht um die Erstellung des Inhaltes selbst, sondern um dessen systematische Einbindung in ein bestimmtes thematisches Umfeld.[46] Vom Leistungsschutz ausgeschlossen sind damit **rein technische,** also insbesondere ungeordnete oder automatisiert mithilfe eines (ggf. auch nach redaktionellen Kriterien definierten)[47] Algorithmus erstellte Zusammenstellungen von Informationen oder Nachrichten. Insoweit deckt sich das Erfordernis der redaktionell-technischen Festlegung weitgehend mit dem der Sammlung.[48]

Zentral für das Verständnis des Leistungsschutzrechts ist das Erfordernis einer **Festlegung** der ge- **13** sammelten Beiträge. Denn gerade in der konkreten Festlegung des Verlagsprodukts kommt nach Auffassung des Gesetzgebers die wirtschaftliche, organisatorische und technische Leistung des Presseverlegers zum Ausdruck.[49] Ein Druckwerk im engeren Sinne ist dabei nicht erforderlich, vielmehr kommt wie beim Leistungsschutzrecht des Tonträgerherstellers auch eine **digitale Festlegung** auf einem Datenträger in Betracht.[50] Allerdings fehlt es in der Gesetzesbegründung an einer klaren Beschreibung dessen, was diese konkrete Festlegung ausmachen soll.[51] Einen Anhaltspunkt kann man nur der vom Gesetzgeber ausdrücklich gezogenen Parallele zum Leistungsschutzrecht des Tonträgerherstellers entnehmen. Der wird dafür geschützt, dass er die Vergänglichkeit dargebotener oder sonstiger Tonfolgen aufhebt, indem er sie **zur beliebigen Wiederholbarkeit** mittels einer Wiedergabevorrichtung fixiert.[52] In gleicher Weise wird man auch den Begriff der Festlegung in § 87f Abs. 2 S. 1 verstehen müssen. Geschützt ist daher in Parallele zur „Erstaufnahme" eines Tonträgers, von der sich wiederum inhaltlich und qualitativ übereinstimmende Kopien herstellen lassen, nur die **erste körperliche Festlegung** der gesammelten Beiträge, nicht aber die bloße Vervielfältigung oder Neuzusammenstellung bereits zuvor festgelegter Beiträge.[53] Andernfalls wäre „im Grunde alles, was unter der Verantwortung eines ‚Herstellers' auf beliebigen Trägern online oder offline angeboten wird, qualifiziert, als Festlegung im Sinne von § 87f Abs. 2 zu dienen".[54] Angesichts des nicht hinreichend definierten Schutzgegenstands ist die Unterscheidung einer bloßen Wiederveröffentlichung (ggf. in technisch veränderter Form) von einer als eigenständiges Presseerzeugnis geschützten Neufestlegung allerdings nicht immer eindeutig zu treffen.[55]

3. Periodisch unter einem Titel veröffentlichte Sammlung

Eine Festlegung journalistischer Beiträge ist jedoch nur geschützt, wenn sie Teil einer **Sammlung** **14** ist, die nicht einmalig, sondern fortlaufend unter einem Titel erscheint. Dies setzt nach der Gesetzesbegründung eine **redaktionelle Auswahl** ebenso voraus wie ein regelmäßiges Erscheinen der jour-

---

[41] So BeckOK UrhR/*Graef* UrhG § 87f Rn. 9.
[42] Fromm/Nordemann/*Czychowski/J. B. Nordemann* UrhG § 87f Rn. 21; ebenso für Periodika, die für wissenschaftliche oder akademische Zwecke verlegt werden, jetzt Art. 2 Nr. 4 DSM-RL.
[43] *Spindler* WRP 2013, 967 (968 f.); *Ahrens* FS Köhler, 2014, 13 (20).
[44] Vgl. § 54 Abs. 2 RStV.
[45] Fromm/Nordemann/*Czychowski/J. B. Nordemann* UrhG § 87f Rn. 25; *Spindler* WRP 2013, 967 (968); *Ahrens* FS Köhler, 2014, 13 (20); *Alexander* WRP 2013, 1122 (1125 f.): „Mindestmaß an inhaltlich-gestalterischer Leistung"; anders offenbar *Peifer* AfP 2015, 6 (10).
[46] *Alexander* WRP 2013, 1122 (1126); vgl. auch *Spindler* WRP 2013, 967 (968), der darüber hinaus aber auch eine blickfangmäßige Hervorhebung einzelner Beiträge genügen lässt.
[47] Offen gelassen von *Alexander* WRP 2013, 1122 (1126).
[48] → Rn. 14.
[49] AmtlBegr. BT-Drs. 17/11470, 8.
[50] Fromm/Nordemann/*Czychowski/J. B. Nordemann* UrhG § 87f Rn. 23.
[51] Das kritisieren auch Fromm/Nordemann/*Czychowski/J. B. Nordemann* UrhG § 87f Rn. 17.
[52] → § 85 Rn. 24 mwN.
[53] Vgl. → § 85 Rn. 27 ff.
[54] So die Schlussfolgerung von Fromm/Nordemann/*Czychowski/J. B. Nordemann* UrhG § 87f Rn. 17.
[55] → Rn. 22; zu den Auswirkungen auf den Beginn der Schutzfrist → § 87g Rn. 7.

nalistischen Beiträge. Eine bloße Nachrichtenzusammenstellung soll daher nicht vom Schutz umfasst sein.[56] Ob sich ersteres tatsächlich aus dem Begriff der Sammlung ableiten lässt, ist zweifelhaft, kann aber offen bleiben, da jedenfalls das Merkmal einer „redaktionell-technischen" Festlegung eine entsprechende Auswahl erfordert.[57] Der in **§ 38 Abs. 1** verwendete Begriff der „periodisch erscheinenden Sammlung" kann angesichts des unterschiedlichen Regelungszwecks der Vorschriften zur Auslegung des § 87f Abs. 2 nicht unmittelbar herangezogen werden.

15   Für die **periodische Veröffentlichung der Sammlung** kommt es entgegen der missverständlichen Formulierung in der Gesetzesbegründung nicht auf das regelmäßige Erscheinen der im konkreten Presseerzeugnis festgelegten Beiträge an. Entscheidend ist vielmehr, dass die Sammlung selbst dazu bestimmt ist, **laufend und unbegrenzt** veröffentlicht zu werden. Daher ist auch schon die erste Ausgabe einer solchen Sammlung als Presseerzeugnis geschützt, wenn sie zukünftig periodisch erscheinen soll.[58] Offen ist allerdings, ob auch die einzelne Ausgabe eine Sammlung journalistischer Beiträge sein muss oder ob es im Sinne einer fortgesetzten Sammlung genügt, dass regelmäßig jeweils ein **einzelner Beitrag** veröffentlicht wird. Im zweiten Fall könnten auch Buch- oder Heftreihen und Mikroblogs unter den Begriff des Presseerzeugnisses fallen. Da § 87f Abs. 1 das einzelne Presseerzeugnis als Festlegung „journalistischer Beiträge" definiert, spricht der Wortlaut jedoch dafür, für **jede Ausgabe** eine Sammlung **mehrerer Beiträge** zu verlangen. Zudem fehlt es bei Serien- und Reihenwerken, die untereinander keine engere Verbindung, sondern nur ein übergeordnetes Thema haben, an dem für eine Sammlung erforderlichen **engeren äußeren Zusammenhang** der darin enthaltenen Beiträge.[59]

16   Eine andere Frage ist, ob auch Sammlungen von journalistischen Beiträgen geschützt sind, die zwar fortlaufend, aber in **unregelmäßigen Abständen** veröffentlicht werden, also insbesondere nicht täglich, monatlich, vierteljährlich usw erscheinen.[60] Bedeutung hat das vor allem für **Internet-Zeitungen** oder andere Online-Publikationen, deren Inhalte fortlaufend aktualisiert werden. Das von der Gesetzesbegründung geforderte „regelmäßige Erscheinen" wird man jedenfalls nicht zwingend mit dem Erscheinen in gleichbleibenden Intervallen gleichsetzen können.[61] Vielmehr ging es dem Gesetzgeber ersichtlich nur darum, einmalige Publikationen vom Leistungsschutz auszunehmen.[62] Der Gesetzgeber wollte ausdrücklich auch reine Online-Publikationen unter den Begriff des Presseerzeugnisses fassen.[63] Da diese typischerweise keinem festen Veröffentlichungsrhythmus folgen, wird man auch deren **fortlaufende Aktualisierung und Erweiterung** als periodische Veröffentlichung ansehen müssen.[64] Für gedruckte Zeitungen, die in unregelmäßigen Abständen, etwa zu bestimmten Anlässen wie Messen oA, erscheinen, kann aber nichts anderes gelten.

4. Veröffentlichung auf beliebigen Trägern

17   Auf welche Art und Weise die Veröffentlichung erfolgt, ist unerheblich, Publikationen in elektronischer Form sind ebenso erfasst wie Presseerzeugnisse, die „kombiniert offline und online" publiziert werden.[65] Das entspricht dem gesetzgeberischen Ziel, gerade die **Online-Auftritte der Presseverlage** vor einem Zugriff durch Suchmaschinen zu schützen. Im Gesetzeswortlaut kommt das darin zum Ausdruck, dass nach § 87f Abs. 2 S. 1 die Veröffentlichung der Sammlung auf „beliebigen Trägern" erfolgen kann. Dieselbe Formulierung wird auch in § 53 Abs. 1 S. 1 verwendet. Dort bezieht sich das Merkmal allerdings auf die Herstellung von Vervielfältigungsstücken. Das wirft die Frage auf, ob man die Verwendung des Begriffs der Veröffentlichung auf „beliebigen Trägern" in § 87f Abs. 2 S. 1 so interpretieren muss, dass das Leistungsschutzrecht ein **Erscheinen** des Presseerzeugnisses im Sinne eines öffentlichen Angebots von körperlichen Vervielfältigungsstücken (§ 6 Abs. 2) voraussetzt. Dagegen spricht allerdings wiederum das gesetzgeberische Ziel, auch reine Online-Publikationen zu erfassen.[66] Es ist daher davon auszugehen, dass das Gesetz in § 87f Abs. 2 S. 1 bewusst nur eine „veröffentlichte" Sammlung voraussetzt und damit auf § 6 Abs. 1 Bezug nimmt. Ebenso stellt § 87g Abs. 2 für den Beginn der Schutzfrist lediglich auf die Veröffentlichung des Presseerzeugnisses ab.

---

[56] AmtlBegr. BT-Drs. 17/11470, 8.
[57] → Rn. 12.
[58] Wandtke/Bullinger/*Jani* UrhG § 87f Rn. 4.
[59] Vgl. → § 38 Rn. 25 f.
[60] Für eine Begrenzung auf mindestens halbjährlich erscheinende Publikationen *Alexander* WRP 2013, 1122 (1126).
[61] So aber *Alexander* WRP 2013, 1122 (1126).
[62] Wandtke/Bullinger/*Jani* UrhG § 87f Rn. 4.
[63] AmtlBegr. BT-Drs. 17/11470, 8.
[64] So auch Wandtke/Bullinger/*Jani* UrhG § 87f Rn. 4; ebenso jetzt Art. 2 Nr. 4 lit. a DSM-RL zum Begriff der Presseveröffentlichung iSv Art. 15 DSM-RL: periodisch erscheinende oder regelmäßig aktualisierte Veröffentlichung.
[65] AmtlBegr. BT-Drs. 17/11470, 8; ähnlich ErwG 56 S. 1 DSM-RL: „unabhängig vom Medium, also auch in Papierform".
[66] Ebenso *Alexander* WRP 2013, 1122 (1125). Zur Frage, ob ein Werk im Internet erscheinen kann, → § 6 Rn. 54 ff.

5. Überwiegend verlagstypisch und keine Eigenwerbung

Zusätzlich zu den übrigen Voraussetzungen muss die Sammlung, in deren Rahmen die schutzbe- **18** gründende Festlegung erfolgt, bei Würdigung der Gesamtumstände als **überwiegend verlagstypisch** anzusehen sein. Vor allem diese Voraussetzung des Leistungsschutzes wird im Hinblick auf ihre tatbestandliche Unschärfe kritisiert.[67] Dasselbe Merkmal findet sich allerdings auch in den Regelungen über die Preisbindung von Verlagserzeugnissen in § 30 Abs. 1 GWB und § 2 Abs. 1 Nr. 3 BuchPrG und dient dort dem Zweck, den Begriff der Zeitungen, Zeitschriften und Bücher über gedruckte Erzeugnisse hinaus für zukünftige technische Entwicklungen und neuartige Produkte zu öffnen.[68] In gleicher Weise wird man auch im Rahmen von § 87f Abs. 2 S. 1 neben traditionellen Verlagsprodukten solche Publikationen als überwiegend verlagstypisch ansehen können, die als **Substitut für herkömmliche Verlagsprodukte** dienen, weil sie im Wesentlichen in vergleichbarer Art und Weise genutzt werden.[69] Eine Beschränkung auf bestimmte Geschäftsmodelle, Vertriebswege oder Medien ist mit dem Merkmal folglich nicht verbunden.[70] Insbesondere lässt sich dem Begriff keine Beschränkung auf das Verlagswesen im presserechtlichen Sinne entnehmen.[71]

Vom Schutz ausgenommen sind ferner solche Sammlungen, die **überwiegend der Eigenwer-** **19** **bung dienen.** Die Gesetzesbegründung nennt als Beispiel „Publikationen zur Kundenbindung bzw. Neukundengewinnung".[72] Soweit damit Werbebroschüren des Einzelhandels oÄ gemeint sind, dürfte es regelmäßig schon an einer überwiegend verlagstypischen Sammlung journalistischer Beiträge fehlen. Praktische Relevanz kommt der Ausnahme allenfalls im Hinblick auf **Kundenzeitschriften** zu, die sich nicht auf bloße Produkt- und Preisübersichten beschränken, sondern weitere informierende oder unterhaltende Beiträge enthalten, die gegenüber dem Werbezweck aber in den Hintergrund treten. Wenn dagegen lediglich die (insbes. kostenlose) Abgabe des Verlagserzeugnisses an den Kunden der Eigenwerbung dient, der Inhalt der Sammlung selbst aber keinen überwiegend eigenwerbenden Charakter hat, kommt ein Leistungsschutz für den Verleger (nicht für den Werbenden) in Betracht. So ist kein Grund ersichtlich, kostenlose Probeexemplare von Zeitungen oder Zeitschriften generell vom Leistungsschutzrecht auszunehmen, zumal diese typischerweise mit den regulär vertriebenen Ausgaben identisch sind. Gleiches gilt für Zeitschriften, die aus Marketinggründen kostenlos über den (die Finanzierung ggf. mittragenden) Einzelhandel abgegeben werden.

6. Beispiele

Als überwiegend verlagstypisch und damit als Presseerzeugnis anzusehen sind danach zunächst her- **20** kömmliche **Printmedien** wie Tages- und Wochenzeitungen, Nachrichtenmagazine und Kulturzeitschriften.[73] Da sich das Leistungsschutzrecht vor allem gegen eine Nutzung des Presseerzeugnisses durch Nachrichtensuchmaschinen und News-Aggregatoren richtet, hatte der Gesetzgeber dabei offenbar in erster Linie solche Publikationen vor Augen, die eine Berichterstattung über das aktuelle Tagesgeschehen bieten. § 87f Abs. 2 S. 2 erfasst aber ausdrücklich auch Beiträge mit unterhaltendem Charakter, so dass **Publikumszeitschriften** wie Illustrierte, Frauen-, Männer- und Jugendzeitschriften, uU sogar Programmzeitschriften, die neben der bloßen Programminformation auch redaktionell bearbeitete Beiträge (Kritiken, Interviews usw) enthalten, sowie **Fachzeitschriften** ebenfalls unter den Begriff des Presseerzeugnisses fallen.[74]

Darüber hinaus sind auch **Internet-Zeitungen** und **Internet-Zeitschriften** (zB JIPITEC, JurPC) **21** als Presseerzeugnisse geschützt.[75] Diese sind im Gegensatz zu Printzeitungen in der Lage, ihre Artikel durch **multimediale Inhalte** zu ergänzen, die ebenfalls zu den journalistischen Beiträgen iSv § 87f Abs. 2 S. 2 zählen.[76] Auch **Sendeunternehmen** und andere **Telemedienanbieter** können sich auf das Leistungsschutzrecht berufen, soweit sie auf ihren Internetseiten redaktionell aufbereitete Nachrichten oder sonstige Meldungen in Form von Text, Bild und Video präsentieren.[77]

Inwieweit die **Online-** oder **ePaper-Ausgaben** von Zeitungen, die auch oder in erster Linie in **22** Printform erscheinen, als Presseerzeugnis den Leistungsschutz nach § 87f genießen, ist dagegen fraglich. Zwar sollen nach der Gesetzesbegründung ausdrücklich auch Presseerzeugnisse geschützt sein,

---

[67] Dreier/Schulze/*Dreier* § 87f Rn. 13; Fromm/Nordemann/*Czychowski/J. B. Nordemann* UrhG § 87f Rn. 27; *Paal* FS Bornkamm, 2014, 921 (933): „seltsam rückwärtsgewandt".

[68] Vgl. BGHZ 135, 74 (78) = GRUR 1997, 677 (679) – NJW auf CD-ROM; Loewenheim/Meessen/Riesenkampff/*J. B. Nordemann*, Kartellrecht (2. Aufl. 2009), § 30 Rn. 14.

[69] So *Alexander* WRP 2013, 1122 (1126 f.).

[70] Wandtke/Bullinger/*Jani* UrhG § 87f Rn. 4.

[71] So aber *Alexander* WRP 2013, 1122 (1127).

[72] AmtlBegr. BT-Drs. 17/11470, 8.

[73] Wandtke/Bullinger/*Jani* UrhG § 87f Rn. 3.

[74] So auch Wandtke/Bullinger/*Jani* UrhG § 87f Rn. 4; anders jetzt aber Art. 2 Nr. 4 DSM-RL, wonach Periodika, die für wissenschaftliche oder akademische Zwecke verlegt werden, vom Begriff der Presseveröffentlichung ausgenommen sind; vgl. → Rn. 11.

[75] → Rn. 16.

[76] Vgl. AmtlBegr. BT-Drs. 17/11470, 8, wo ausdrücklich „Bewegtbilder" als mögliche Elemente eines Presseerzeugnisses genannt werden.

[77] Wandtke/Bullinger/*Jani* UrhG § 87f Rn. 4, 9; Büscher/Dittmer/Schiwy/*Mohme* UrhG § 87f Rn. 34; *Flechsig* AfP 2012, 427 (429); *Spindler* WRP 2013, 967 (969); *Stieper* ZUM 2013, 10 (13).

die „kombiniert offline und online" publiziert werden.[78] Man wird hier jedoch differenzieren müssen: Eine eigenständige verlegerische Leistung verkörpern solche Ausgaben nur insoweit, als darin zusätzliche journalistische Beiträge festgelegt werden, die in ihrer konkreten Form nicht bereits Bestandteil der Printausgabe sind. Soweit die Online-Ausgabe dagegen nur den **Inhalt der Printausgabe wiedergibt,** stellt dies eine öffentliche Zugänglichmachung des Presseerzeugnisses in technisch überarbeiteter Form dar, die keinen selbständigen Schutz genießt.[79] Denn § 87f schützt nur die erstmalige Festlegung, gewährt aber kein „Recht der technischen Bearbeitung des Presseerzeugnisses".[80]

23   Auch ein **Internet-Blog** kann als Presseerzeugnis geschützt sein, wenn er sich als eine redaktionell ausgewählte Sammlung journalistischer Beiträge darstellt, die fortlaufend unter einem Titel erscheint. Die Gesetzesbegründung nennt als Beispiel einen Blogger, der hauptberuflich als freiberuflicher Journalist tätig ist und sich auf seinem Blog mit seinem Schwerpunktthema auseinandersetzt.[81] Bei entsprechender redaktioneller Gestaltung der Blog-Einträge (Einteilung in Rubriken, thematischer Zusammenhang, Einbindung von Gastbeiträgen usw) können aber auch reine Lifestyle-Blogs, die periodisch unter einem einheitlichen Titel veröffentlicht werden, in den Genuss des Leistungsschutzrechts kommen. Dagegen wird man die Gestaltung eines persönlichen Profils im Rahmen **sozialer Netzwerke** (zB Facebook, Myspace) unter Verwendung von Microblogs, Fotos und Videos nicht als verlagstypisch ansehen können, da die Gestaltungsmöglichkeiten hier im Wesentlichen durch den Betreiber des Netzwerks vorgegeben sind. Im Übrigen scheint der Gesetzgeber **Blogger** eher **als Adressaten** denn als Inhaber des Leistungsschutzrechts auffassen zu wollen, wenn darauf abgestellt wird, dass der Blogger zu gewerblichen Zwecken handele, soweit er bei seiner Tätigkeit Presseerzeugnisse von Dritten nutzt.[82] Dass die entsprechende Passage bereits im ersten Referentenentwurf enthalten war und das Leistungsschutzrecht in der jetzigen Fassung nur noch die Nutzung durch gewerbliche Anbieter von Suchmaschinen und ähnlichen Diensten erfasst, spricht jedoch dafür, dass es sich dabei um ein Redaktionsversehen handelt, zumal Blogger an anderer Stelle ausdrücklich vom Anwendungsbereich des Leistungsschutzrechts ausgenommen werden.[83]

III. Inhaber des Leistungsschutzrechts

24   Inhaber des Leistungsschutzrechts ist nach § 87f Abs. 1 der Presseverleger als **Hersteller des Presseerzeugnisses.** Dies begründet der Gesetzgeber damit, dass er derjenige sei, der die wirtschaftlich-organisatorische und technische Leistung erbringt, die für die Publikation eines Presseerzeugnisses erforderlich ist, und deshalb durch die gewerbliche Onlinenutzung des Presseerzeugnisses durch Dritte geschädigt werde.[84] Die Leistung des Presseverlegers besteht dabei ua in der Finanzierung von Redaktionen unter eigenem wirtschaftlichem Risiko, der Entwicklung und Pflege von Marken und Titeln, dem Anzeigenverkauf, dem Drucken und dem Vertrieb der Printprodukte sowie der Unterhaltung von Internetauftritten.[85] Sie muss ihren Ausdruck in einer zur Wiedergabe der journalistischen Beiträge geeigneten Festlegung als Leistungserfolg finden.[86] Hersteller ist daher, wer den **wirtschaftlichen Erfolg** verantwortet und wem dieser zuzurechnen ist.[87] Die Definition des Presseverlegers knüpft ausschließlich an die Herstellung eines Presseerzeugnisses an und ist daher ebenso wie dieser Begriff **unabhängig von der presserechtlichen Einordnung** der geschützten Leistung. Daher können auch natürliche wie juristische Personen, die keine Presseverleger im herkömmlichen Sinne sind, Inhaber des Leistungsschutzrechts sein.[88] Das gilt insbesondere für Sendeunternehmen[89] und Blogger,[90] soweit deren Internetangebote Presseerzeugnisse iSv § 87f Abs. 2 darstellen.

25   Dabei geht der Gesetzgeber wie beim Leistungsschutzrecht des Tonträgerherstellers davon aus, dass die Herstellung von Presseerzeugnissen nicht ausschließlich durch **natürliche Personen** erfolgt. Entsprechend der für Tonträgerhersteller geltenden Regelung in § 85 Abs. 1 S. 2 bestimmt deshalb § 87f Abs. 1 S. 2, dass bei Herstellung des Presseerzeugnisses **in einem Unternehmen** das Unternehmen und nicht die angestellte Person originärer Inhaber des Leistungsschutzrechts ist.[91]

26   Für den Presseverleger verweist das Gesetz anders als für andere Leistungsschutzberechtigte[92] nicht auf die **gesetzliche Vermutung der Rechtsinhaberschaft** in § 10 Abs. 1. Gemäß Art. 2 Abs. 1

---

[78] → Rn. 17; zur Einordnung von Online-Ausgaben als überwiegend verlagstypisch iSv § 30 Abs. 1 S. 2 GWB s. Loewenheim/Meessen/Riesenkampff/*J. B. Nordemann,* Kartellrecht, 2. Aufl. 2009, § 30 Rn. 16.
[79] Ebenso für das Datenbankherstellerrecht aus § 87a *Fahl* S. 139; aA *Paal* FS Bornkamm, 2014, 921 (927 f.).
[80] → Rn. 13; zur parallelen Rechtslage beim Leistungsschutzrecht des Tonträgerherstellers → § 85 Rn. 29.
[81] AmtlBegr. BT-Drs. 17/11470, 8; vgl. jetzt aber Erwgr. 56 S. 5 DSM-RL.
[82] AmtlBegr. BT-Drs. 17/11470, 8.
[83] → Rn. 34.
[84] AmtlBegr. BT-Drs. 17/11470, 7.
[85] BeckOK UrhR/*Graef* UrhG § 87f Rn. 7.
[86] → Rn. 13.
[87] AmtlBegr. BT-Drs. 17/11470, 7.
[88] Wandtke/Bullinger/*Jani* UrhG § 87f Rn. 9.
[89] → Rn. 21.
[90] → Rn. 23.
[91] Zur Regelung in § 85 Abs. 1 S. 2 → § 85 Rn. 34.
[92] § 81 S. 2, § 85 Abs. 4, § 87 Abs. 4, § 87b Abs. 2, § 94 Abs. 4.

iVm Art. 5 lit. b Enforcement-RL sind die Mitgliedstaaten jedoch verpflichtet, zugunsten der Inhaber sämtlicher im innerstaatlichen Recht vorgesehenen verwandten Schutzrechte eine entsprechende Vermutung vorzusehen. Um diese Gesetzeslücke zu schließen, ist § 10 Abs. 1 im Wege der **richtlinienkonformen Auslegung** auf das Leistungsschutzrecht des Presseverlegers entsprechend anzuwenden.[93] Als Presseverleger gilt demnach auch derjenige, der auf dem Presseerzeugnis in der üblichen Weise als Presseverleger angegeben ist.

IV. Umfang des Leistungsschutzes

Der Schutzumfang des Leistungsschutzrechts ist im Laufe des Gesetzgebungsverfahrens **mehrfach** **27** **modifiziert** worden.[94] Das betrifft zunächst den Adressaten des Leistungsschutzrechts, das nur noch Schutz bietet vor Zugriffen durch gewerbliche Anbieter von Suchmaschinen und solchen Diensten, die Inhalte entsprechend aufbereiten.[95] Außerdem wurden „einzelne Wörter" und „kleinste Textausschnitte" explizit vom Anwendungsbereich des Leistungsschutzrechts ausgenommen.[96]

1. Beschränkung auf die Nachrichtensuche im Internet

Nach dem ersten Referentenentwurf des § 87f sollte dem Presseverleger noch das Recht zustehen, **28** jegliche ohne seine Zustimmung erfolgende öffentliche Zugänglichmachung des Presseerzeugnisses oder von Teilen hiervon zu gewerblichen Zwecken zu unterbinden. Dagegen beschränkt die geltende Fassung das Leistungsschutzrecht auf einen Schutz gegenüber gewerblichen Anbietern von Suchmaschinen und Diensten, die Inhalte entsprechend aufbereiten, und wird daher treffend als „**Lex Google**" bezeichnet. In der Definition des Ausschließlichkeitsrechts in § 87f Abs. 1 hat die eingeschränkte Schutzrichtung jedoch keinen Niederschlag gefunden, sondern ist insoweit gegenüber der Fassung des Referentenentwurfs unverändert geblieben. Stattdessen ist **§ 87g Abs. 4 S. 1** dahingehend angepasst worden, dass die öffentliche Zugänglichmachung von Presseerzeugnissen oder Teilen hiervon entgegen § 87f Abs. 1 zulässig ist, soweit sie nicht durch gewerbliche Anbieter von Suchmaschinen oder Diensten erfolgt, die Inhalte entsprechend aufbereiten.

Durch die „Schrankenregelung" in § 87g Abs. 4 S. 1 wird das in § 87f Abs. 1 definierte Aus- **29** schließlichkeitsrecht also zunächst vollumfänglich wieder aufgehoben, indem sämtliche von § 87f Abs. 1 erfassten Nutzungshandlungen für zulässig erklärt werden. Erst aus der Ausnahme zur Ausnahme ergibt sich überhaupt der Inhalt des Verbotsrechts.[97] **§ 87f Abs. 1 S. 1** ist danach zusammen mit § 87g Abs. 4 S. 1 **wie folgt zu lesen:** „Der Hersteller eines Presseerzeugnisses (Presseverleger) hat das ausschließliche Recht, das Presseerzeugnis oder Teile hiervon zu gewerblichen Zwecken öffentlich zugänglich zu machen, soweit dies durch gewerbliche Anbieter von Suchmaschinen oder gewerbliche Anbieter von Diensten erfolgt, die Inhalte entsprechend aufbereiten, es sei denn, es handelt sich um einzelne Wörter oder kleinste Textausschnitte."

a) Fehlen eines positiven Benutzungsrechts. Die im UrhG geregelten Verwertungsrechte **30** (§§ 15 ff.) sind als ausschließliche Rechte konzipiert, in deren Umfang der Rechtsinhaber das alleinige Recht hat, den geschützten Gegenstand zu nutzen (positives Benutzungsrecht) und Dritte von dessen Benutzung auszuschließen (negatives Verbietungsrecht).[98] Ebenso ist auch § 87f Abs. 1 S. 1 formuliert. Die vorstehende Zusammenfassung von § 87f Abs. 1 S. 1 und § 87g Abs. 4 S. 1 macht aber deutlich, dass das Leistungsschutzrecht dem Presseverleger tatsächlich **kein positives Benutzungsrecht** gewährt. Denn der Presseverleger selbst kann das Presseerzeugnis schon begrifflich nicht „durch gewerbliche Anbieter von Suchmaschinen" öffentlich zugänglich machen.[99] Auf andere Nutzungshandlungen erstreckt sich das Leistungsschutzrecht aber nicht. Die Formulierung als ausschließliches Verwertungsrecht ist daher irreführend. Vielmehr gewährt § 87f ausschließlich ein **negatives Verbietungsrecht** gegenüber den in § 87g Abs. 4 S. 1 genannten Diensteanbietern.[100] Seiner Struktur nach ähnelt das Leistungsschutzrecht daher eher dem wettbewerbsrechtlichen Unterlassungsanspruch in § 8 Abs. 1 UWG als den urheberrechtlichen Verwertungsrechten.

b) Suchmaschinen und Dienste, die Inhalte entsprechend aufbereiten. Entscheidend für **31** den Anwendungsbereich von § 87f ist der Begriff der **Suchmaschine**. Der Gesetzgeber setzt diesen Begriff in § 87g Abs. 4 S. 1 voraus, definiert ihn aber nicht. Suchfunktionen innerhalb des eigenen Datenbestandes sollen jedenfalls nicht erfasst sein.[101] Im Hinblick auf den Schutzzweck der §§ 87f–

---

[93] Wandtke/Bullinger/*Jani* UrhG § 87f Rn. 22.
[94] → Vor §§ 87fff. Rn. 8 f.
[95] → Rn. 28 ff.
[96] → Rn. 41 ff.
[97] Kritisch zu dieser Regelungstechnik *Stieper* ZUM 2013, 10 (15 f.); GRUR-Fachausschuss GRUR 2013, 268 (269); Dreier/Schulze/*Dreier* § 87f Rn. 15: „gesetzestechnisch wenig gelungen"; Fromm/Nordemann/*Czychowski/ J. B. Nordemann* UrhG § 87f Rn. 35: „unglückliche Verknüpfung von Schutzgegenstand und Umfang".
[98] → § 15 Rn. 204.
[99] Vgl. *Stieper* ZUM 2013, 10 (16) Fn. 52.
[100] Vgl. LG Berlin GRUR-Int 2017, 534 (535) – VG Media/Google.
[101] AmtlBegr. BT-Drs. 17/11470, 6.

87h sind offensichtlich nur Suchmaschinen gemeint, die Webdokumente im Internet (World Wide Web) erfassen. Man kann eine Suchmaschine somit definieren als einen über das Internet angebotenen Dienst, der auf der Basis eines Schlüsselwort-Index Suchanfragen mit **Schlüsselwörtern** mit einer nach Relevanz geordneten **Trefferliste** beantwortet, die Verweise auf möglicherweise relevante Webdokumente, ggf. ergänzt um den Titel und einen kurzen Auszug des jeweiligen Dokuments, enthält.[102] Der Begriff umfasst sowohl **horizontale** Suchmaschinen, die das gesamte World Wide Web durchsuchen (zB Google, Bing, Yahoo!), als auch **vertikale** Suchmaschinen, die lediglich einen ausgewählten Bereich des World Wide Web betrachten und – wie Bilder- oder Videosuchmaschinen – nur Webdokumente zu einem bestimmten Thema erfassen.[103] Auch **Metasuchmaschinen,** die die Anfrage des Nutzers an mehrere reguläre Suchmaschinen weiterleiten und so ein kombiniertes Ergebnis der Einzelanfragen erzielen, werden von dieser Definition erfasst.[104]

32   Neben gewerblichen Anbietern von Suchmaschinen sollen aber auch Internet-Dienste in den Anwendungsbereich von § 87f fallen, die Inhalte **entsprechend einer Suchmaschine aufbereiten.** Welche Dienste hiervon im Einzelnen umfasst werden, ist unklar.[105] Auf eine entsprechende Kleine Anfrage hat die Bundesregierung darauf verwiesen, dass die Entscheidung von Auslegungsfragen Aufgabe der Gerichte sei.[106] Nach der Gesetzesbegründung sind damit Dienste gemeint, die „nicht das gesamte Internet durchsuchen, sondern lediglich einzelne, ausgewählte Bereiche hiervon, also auch so genannte News-Aggregatoren, soweit sie nach Art einer Suchmaschine ihre Treffer generieren oder ihre Ergebnisse darstellen".[107] Die damit angesprochenen speziellen **Nachrichtensuchmaschinen** wären als vertikale Suchmaschinen allerdings schon von der ersten Variante in § 87g Abs. 4 S. 1 erfasst.[108] Im Unterschied dazu versteht man unter News-Aggregatoren solche Dienste, die nach bestimmten Kriterien zusammengestellte Beiträge aus Presseerzeugnissen ausschnittsweise oder im Volltext bereithalten, ohne dass der Nutzer zuvor einen Suchbegriff eingeben muss.[109] Solche Dienste, die „die verlegerische Leistung auf andere Weise nutzen, zB indem sie dem Internetnutzer **aufgrund eigener Wertung** eine Auswahl von Presseerzeugnissen anzeigen", sollen nach der Gesetzesbegründung jedoch gerade nicht vom Leistungsschutzrecht erfasst sein.[110]

33   Kennzeichnendes Merkmal für eine Aufbereitung der Inhalte „entsprechend einer Suchmaschine" ist demnach die **Erstellung** oder **Darstellung einer Liste von „Treffern"** bzw. „Ergebnissen", die nicht auf einer eigenen Wertung des Diensteanbieters beruht.[111] Reine **News-Aggregatoren,** die dem Internetnutzer aufgrund einer eigenen (ggf. automatisierten) Auswahl einen suchwortunabhängigen Nachrichtenüberblick präsentieren, generieren folglich keine Treffer „nach Art einer Suchmaschine" und fallen daher entgegen der Vorstellung des Gesetzgebers auch **nicht in den Anwendungsbereich des Leistungsschutzrechts.**[112] Das gleiche gilt in Bezug auf Blog-Aggregatoren wie Rivva oder Flipboard, die soziale Netzwerke nach besonders stark diskutierten und weiterempfohlenen Beiträgen filtern und daraus einen Überblick über aktuelle Blog-Artikel in der Rangfolge ihrer Wichtigkeit generieren. Da auch der Anbieter einer Suchmaschine den Algorithmus, nach dem die Trefferliste generiert wird, selbst bestimmt und damit letztlich eine „eigene Wertung" vornimmt, ist dieses Kriterium allerdings kaum geeignet, Nachrichtensuchmaschinen und News-Aggregatoren eindeutig voneinander abzugrenzen. Ohnehin bieten die meisten News-Aggregatoren (zB Google News, Bing News, Yahoo! Nachrichten) neben einer nach Kategorien geordneten eigenen Auswahl an Nachrichten auch die Möglichkeit an, das Angebot nach bestimmten Schlüsselwörtern zu durchsuchen.

34   **Andere Nutzer,** wie zB **Blogger,** Unternehmen der sonstigen gewerblichen Wirtschaft, Verbände, Rechtsanwaltskanzleien oder private bzw. ehrenamtliche Nutzer werden vom Leistungsschutzrecht in seiner jetzigen Form nicht erfasst.[113] Das gilt auch für Medienbeobachtungsunternehmen, die soziale Medien, Internet, Fernsehen und Presse nach bestimmten Kriterien wie Reichweite, Viralität etc auswerten, um ihren Kunden auf dieser Grundlage einen Überblick über bestimmte Themen in Form eines elektronischen Pressespiegels zu geben.[114] Auch die öffentliche Zugänglichmachung von Aus-

---

[102] Vgl. Fromm/Nordemann/*Czychowski/J. B. Nordemann* UrhG § 87f Rn. 36; BeckOK UrhR/*Graef* UrhG § 87g Rn. 7.

[103] Wandtke/Bullinger/*Jani* UrhG § 87g Rn. 8; ebenso mit abweichender Terminologie *Kreutzer* CR 2014, 542 (544 f.); s. den Marktüberblick in BKartA BeckRS 2016, 01138 Rn. 25 ff.

[104] Fromm/Nordemann/*Czychowski/J. B. Nordemann* UrhG § 87f Rn. 36; offen gelassen von *Wimmers* CR 2012, 663 (664).

[105] Zu den ökonomischen Folgen *Dewenter/Haucap* S. 36 f.

[106] Antwort der Bundesregierung auf die Kleine Anfrage der Fraktion DIE LINKE, BT-Drs. 17/11792, 6.

[107] AmtlBegr. BT-Drs. 17/11470, 6.

[108] Ebenso wohl Wandtke/Bullinger/*Jani* UrhG § 87g Rn. 8.

[109] Wandtke/Bullinger/*Jani* UrhG § 87g Rn. 10.

[110] AmtlBegr. BT-Drs. 17/11470, 6.

[111] Ähnlich *Kreutzer* CR 2014, 542 (545 f.).

[112] Zweifelnd im Hinblick auf den Gesetzeswortlaut auch *Peifer* AfP 2015, 6 (10 f.); aA Wandtke/Bullinger/*Jani* UrhG § 87g Rn. 10.

[113] AmtlBegr. BT-Drs. 17/11470, 8; LG Berlin GRUR-Int 2017, 534 (535) – VG Media/Google. Das übersieht LG Berlin ZUM 2015, 520 (521) m. abl. Anm. *Apel* (Fotoagentur).

[114] AA offenbar LG München I ZUM 2016, 558 (563), das auf das Merkmal der Vergleichbarkeit mit einer Suchmaschine allerdings nicht eingeht.

schnitten aus Presseerzeugnissen über **soziale Netzwerke** fällt nicht in den Anwendungsbereich der §§ 87f–87h, soweit die Nutzung durch die Nutzer der Dienste selbst erfolgt.[115] Ebenso stellt die Verwendung von Auszügen aus Buchrezensionen durch eine **Online-Buchhandlung** zu Marketingzwecken keine Verletzung des Leistungsschutzrechts des Presseverlegers, sondern allenfalls – bei Übernahme von durch die Individualität des Journalisten geprägten Stellen – einen Eingriff in das Urheberrecht an der Rezension dar.[116] Auch die Suchfunktion der Online-Kataloge **öffentlicher Bibliotheken** (OPAC) ist keine Suchmaschine iSv § 87g Abs. 4 S. 2, da nur der eigene Bibliotheksbestand erschlossen wird.[117] Gleiches gilt für Content-Plattformen, welche die Durchsuchung des eigenen Angebots ermöglichen.[118] Dagegen erfasst der Schutz von Presseveröffentlichungen nach Art. 15 Abs. 2 DSM-RL allgemein die Nutzung durch Anbieter von Diensten der Informationsgesellschaft iSv Art. 1 Abs. 1 lit. b RL 2015/1535, dh jede in der Regel gegen Entgelt elektronisch im Fernabsatz und auf individuellen Abruf eines Empfängers erbrachte Dienstleistung.

2. Öffentliche Zugänglichmachung des Presseerzeugnisses

Das Leistungsschutzrecht bezieht sich nur auf die **öffentliche Zugänglichmachung** des Presseer-   **35** zeugnisses oder von Teilen hiervon. Maßgeblich ist die Definition in § 19a.[119] Die körperlichen Verwertungsformen der Vervielfältigung und Verbreitung werden vom Leistungsschutzrecht danach ebenso wenig erfasst wie andere (ggf. unbenannte) Formen der öffentlichen Wiedergabe.[120] Insoweit weicht das Leistungsschutzrecht für Presseverleger von allen anderen im UrhG geregelten verwandten Schutzrechten ab. Das ist der engen Zielsetzung des Gesetzes geschuldet, die Presseverlage gerade und nur im Online-Bereich zu schützen. Insbesondere das **Vervielfältigungsrecht** hielt der Gesetzgeber „für den Schutz der Presseverleger im Internet" nicht für notwendig.[121] Die Anbieter von Suchmaschinen und News-Aggregatoren nehmen eine urheberrechtlich relevante Verwertungshandlung jedoch in erster Linie beim **„Crawlen" und Speichern** der aufgefundenen Artikel in der Datenbank der Suchmaschine vor.[122] Die darin liegende Vervielfältigung iSv § 16 fällt von vornherein nicht in den Anwendungsbereich des § 87f Abs. 1. Daher ist fraglich, inwieweit die Tätigkeit von Nachrichtensuchmaschinen als öffentliche Zugänglichmachung des Presseerzeugnisses überhaupt vom Leistungsschutzrecht des Presseverlegers erfasst wird.

a) Verlinkung der Suchergebnisse. Suchmaschinen verbinden die in der Trefferliste präsentier-   **36** ten Suchergebnisse in aller Regel mit einem Hyperlink auf das jeweilige Online-Angebot des Presseverlegers. Das Setzen eines Hyperlinks auf eine vom Berechtigten öffentlich zugänglich gemachte Website ist nach dem „Paperboy"-Urteil des BGH jedoch **keine öffentliche Zugänglichmachung** der dort zugänglich gemachten Werke und damit urheberrechtlich zulässig.[123] Das soll nach der Gesetzesbegründung ausdrücklich auch für das Leistungsschutzrecht des Presseverlegers gelten.[124] An dieser Beurteilung hat sich auch durch die Rechtsprechung des EuGH zum Begriff der öffentlichen Wiedergabe in Art. 3 InfoSoc-RL nichts geändert.[125] Eine Verlinkung des vom Presseverleger online gestellten Presseerzeugnisses greift danach auch bei einem **Deep-Link**, der es dem Nutzer ermöglicht, unmittelbar den Volltext eines bestimmten Artikels abzurufen, nicht in das Leistungsschutzrecht des Presseverlegers ein. Etwas anderes gilt allerdings, wenn der Hyperlink eine Metered Paywall umgeht.[126]

b) Anzeige von Abstracts. Fraglich ist auch, ob es einen Eingriff in das Leistungsschutzrecht dar-   **37** stellt, wenn in der Trefferliste jeweils eine **kurze Zusammenfassung der verlinkten Inhalte** in Form eines Abstracts angezeigt wird. Die urheberrechtliche Zulässigkeit einer Verwertung von Abstracts hängt davon ab, ob diese als abhängige Bearbeitung (§ 23) oder als freie Benutzung (§ 24) des Originaltextes anzusehen sind.[127] Dem Presseverleger steht wie auch anderen Leistungsschutzberechtigten aber von vornherein kein Bearbeitungsrecht zu. Gegenüber einer Verwertung der im Presseerzeugnis enthaltenen Beiträge in Form von Abstracts bietet das Leistungsschutzrecht daher ebenfalls keinen Schutz.[128]

c) Anzeige von Snippets. In erster Linie kommt eine öffentliche Zugänglichmachung von Tei-   **38** len des Presseerzeugnisses in Betracht, wenn im Zusammenhang mit der Verlinkung ein Ausschnitt

---

[115] Wandtke/Bullinger/*Jani* UrhG § 87g Rn. 10; *Spindler* WRP 2013, 967 (974); *Kreutzer* CR 2014, 542 (546).
[116] Vgl. dazu LG München I ZUM 2014, 596 (599).
[117] → Rn. 31; aA *Kauert* in Hinte/Steinhauer, Die digitale Bibliothek und ihr Recht (2014), S. 23, 29 f.
[118] Beispiele bei *Kreutzer* CR 2014, 542 (546 ff.).
[119] Fromm/Nordemann/*Czychowski*/*J. B. Nordemann* UrhG § 87f Rn. 30. Allg. zum Zugänglichmachen durch Suchmaschinen → § 19a Rn. 96 ff.
[120] Dreier/Schulze/*Dreier* § 87f Rn. 15.
[121] AmtlBegr. BT-Drs. 17/11470, 7. Anders jetzt aber Art. 15 Abs. 1 DSM-RL; dazu → Vor §§ 87f ff. Rn. 14a.
[122] *Fahl* S. 140 ff. Auch → Vor §§ 87f ff. Rn. 17.
[123] BGHZ 156, 1 (14) = GRUR 2003, 958 (962) – Paperboy.
[124] AmtlBegr. BT-Drs. 17/11470, 8.
[125] Vgl. EuGH GRUR 2014, 360 Rn. 24 ff. – Svensson/Retriever Sverige und nachfolgend BGH GRUR 2018, 178 Rn. 19 f. – Vorschaubilder III mwN; dazu → § 19a Rn. 91.
[126] OLG München ZUM 2016, 1057 (1061) – Kein Vollgas.
[127] Dazu BGH GRUR 2011, 134 Rn. 20, 25 ff. – Perlentaucher; *Schippan* ZUM 2013, 358 (369).
[128] AA offenbar *Ahrens* FS Köhler, 2014, 13 (21).

(„Snippet") aus der Originalquelle angezeigt wird. Die Anzeige in der Trefferliste einer Suchmaschine stellt eine eigene Nutzungshandlung des öffentlichen Zugänglichmachens dar, wenn der Betreiber der Suchmaschine den betreffenden Schutzgegenstand auf einem eigenen Rechner und damit unabhängig von der ursprünglichen Quelle vorhält und auf diese Weise die Kontrolle über seine Bereithaltung ausübt.[129] Das Urheberrecht der Autoren steht der Wiedergabe solcher Snippets dennoch nicht entgegen, solange der gezeigte Ausschnitt als solcher **keine Werkqualität** aufweist.[130] Das Leistungsschutzrecht soll sich dagegen – vorbehaltlich der Ausnahme für einzelne Wörter und kleinste Textausschnitte[131] – auch auf solche Ausschnitte eines Presseerzeugnisses erstrecken, die mangels Werkqualität urheberrechtlich nicht geschützt sind. Denn auch derjenige, der nur **kleine Teile** nutzt, greife in die vom Presseverleger erbrachte unternehmerische Leistung ein.[132] Dies begründet der Gesetzgeber in Anlehnung an das **Leistungsschutzrecht des Tonträgerherstellers** damit, dass Schutzgegenstand nicht das Presseerzeugnis selbst sei, sondern die zur Festlegung des Presseerzeugnisses erforderliche wirtschaftliche, organisatorische und technische Leistung des Presseverlegers. Diese unternehmerische Leistung umfasse jeden Teil des Presseerzeugnisses, da die erforderlichen Mittel für einen kleinen Teil genauso bereitgestellt werden müssten wie für die gesamte Festlegung einer Ausgabe.[133]

39 Nicht jede Nutzung eines im Presseerzeugnis enthaltenen Textes oder Bildes stellt aber eine **Übernahme der unternehmerischen Leistung** des Presseverlegers dar.[134] Denn bei einer Übernahme lediglich der journalistischen Inhalte wird nicht die konkrete Festlegung als Ergebnis der unternehmerischen Leistung verwertet, mag auch das Presseerzeugnis als Vorlage „genutzt" worden sein.[135] Insofern unterscheidet sich das Leistungsschutzrecht vom Sui-generis-Recht des Datenbankherstellers, dessen Leistung nicht in der Festlegung, sondern in der Investition in die Beschaffung, Überprüfung und Darstellung der Daten besteht.[136] Wer die in einem Presseerzeugnis verwendeten Worte gebraucht, **ohne dabei die Festlegung des Presseerzeugnisses zu nutzen,** greift dagegen nicht in das Leistungsschutzrecht des Presseverlegers ein, der bereits denselben Text verwendet hat.[137] Das entspricht der Rechtslage beim **Leistungsschutzrecht des Tonträgerherstellers,** dessen in der konkreten Aufnahme verkörperte organisatorisch-wirtschaftliche Leistung durch nachschaffende Leistungen wie das eigenhändige Nachspielen der aufgenommenen Musikwerke ebenfalls nicht übernommen wird.[138] Daraus folgt etwa, dass es keine öffentliche Zugänglichmachung von Teilen des Presseerzeugnisses darstellt, wenn beim Setzen eines Hyperlinks die **URL des verlinkten Artikels** angezeigt wird, die typischerweise den Titel oder andere aussagekräftige Schlagworte aus dem Artikel enthält. Denn hierbei wird nicht die Festlegung des Presseerzeugnisses, sondern lediglich ein den Inhalt des Presseerzeugnisses wiedergebender, von der konkreten Festlegung aber unabhängiger Hinweis auf das Presseerzeugnis genutzt.

40 Anders als bei einem Tonträger lässt sich bei der öffentlichen Wiedergabe eines Textes allerdings nicht erkennen, welche Quelle benutzt worden ist, wenn nicht gleichzeitig auch das **Layout** übernommen wird.[139] Andere Rechtsordnungen, die einen Schutz der verlegerischen Leistung vorsehen, schützen daher nur die typografische Gestaltung des Presseerzeugnisses vor einer unmittelbaren Leistungsübernahme durch photomechanische Vervielfältigung.[140] Andernfalls lässt sich die Benutzung der konkreten Festlegung als Ausdruck der Verlegerleistung nicht von der bloß **nachschaffenden oder nachahmenden Benutzung des festgelegten Inhalts** unterscheiden.[141] Das sich dieses Problem bei dem Leistungsschutzrecht nach § 87f in der Praxis nicht stellt, liegt allein daran, dass die Anbieter von Nachrichtensuchmaschinen aufgrund der Natur ihrer Dienste gezwungen sind, die Quelle anzugeben und damit offen zu legen, wessen Festlegung sie verwerten.[142] Zum Schwur kommt es aber, wenn das Leistungsschutzrecht in Umsetzung von Art. 15 DSM-RL über die Nutzung durch Suchmaschinen hinaus jede Vervielfältigung oder öffentliche Wiedergabe des Presseerzeugnisses durch Anbieter von Diensten der Informationsgesellschaft erfassen soll.[143]

---

[129] So zur Anzeige von Lichtbildern BGH GRUR 2018, 178 Rn. 19 – Vorschaubilder III mwN; bestätigt durch EuGH GRUR 2018, 911 Rn. 37 ff. – NRW/Renckhoff auf Vorlage von BGH GRUR 2017, 514 Rn. 34 ff. – Cordoba; aA *Koroch* GRUR 2017, 127 (128).

[130] BGH GRUR 2011, 134 Rn. 54 – Perlentaucher mwN.

[131] → Rn. 41 ff.

[132] AmtlBegr. BT-Drs. 17/11470, 8.

[133] AmtlBegr. BT-Drs. 17/11470, 8.

[134] Ebenso Fromm/Nordemann/*Czychowski*/*J. B. Nordemann* UrhG § 87f Rn. 31; *Rieger* S. 362 f.

[135] Vgl. bereits *Stieper* ZUM 2013, 10 (14).

[136] Vgl. dazu EuGH GRUR 2008, 1077 Rn. 37 – Directmedia/Albert-Ludwigs-Universität Freiburg; eine strukturelle Vergleichbarkeit der Leistungsschutzrechte sieht *Nolte* ZGE 2 (2010), 165 (178).

[137] So ausdrücklich die Antwort der Bundesregierung auf eine Kleine Anfrage der Fraktion DIE LINKE, BT-Drs. 17/11792, 2 f.

[138] → § 85 Rn. 13.

[139] Fromm/Nordemann/*Czychowski*/*J. B. Nordemann* UrhG § 87f Rn. 17, 23; vgl. auch *Frey* MMR 2012, 291 (293 f.).

[140] Zum englischen Recht → Vor §§ 87f ff. Rn. 14; zum chinesischen Recht *Li* GRUR-Int 2014, 332 (336 f.).

[141] Dazu *Stieper* ZUM 2013, 10 (14).

[142] Fromm/Nordemann/*Czychowski*/*J. B. Nordemann* UrhG § 87f Rn. 18.

[143] Dazu → Vor §§ 87f ff. Rn. 14a.

3. Ausnahme für einzelne Wörter oder kleinste Textausschnitte

Entscheidend für die Reichweite des Leistungsschutzrechts ist die auf Empfehlung des Rechtsaus- **41** schusses erst unmittelbar vor der Abstimmung im Bundestag eingefügte Ausnahme in § 87f Abs. 1 S. 1 Hs. 2. Danach sind „einzelne Wörter und kleinste Textausschnitte" vom Schutzumfang des Leistungsschutzrechts ausdrücklich ausgenommen. Einen fast wortgleichen Ausschluss für die Nutzung „einzelner Wörter oder sehr kurzer Auszüge aus einer Presseveröffentlichung" sieht auch Art. 15 Abs. 1 UAbs. 4 DSM–RL vor. Die Einschränkung soll „sicherstellen, dass Suchmaschinen und Aggregatoren ihre Suchergebnisse kurz bezeichnen können, ohne gegen Rechte der Rechteinhaber zu verstoßen. Die Rechtsprechung des Bundesgerichtshofs mit Blick auf das Leistungsschutzrecht für Tonträgerhersteller soll hier gerade keine Anwendung finden. Einzelne Wörter oder kleinste Textausschnitte, wie Schlagzeilen, zum Beispiel ‚Bayern schlägt Schalke', fallen nicht unter das Schutzgut des Leistungsschutzrechtes. Die **freie, knappe aber zweckdienliche Beschreibung des verlinkten Inhalts** ist gewährleistet. Suchmaschinen und Aggregatoren müssen eine Möglichkeit haben, zu bezeichnen, auf welches Suchergebnis sie verlinken. Insofern gilt der Rechtsgedanke der Rechtsprechung des Bundesgerichtshofs zu Vorschaubildern."[144] Im Verlauf der Beratungen im Rechtsausschuss ist kritisiert worden, dass die Änderung, derzufolge das Geschäftsmodell der Suchmaschinenbetreiber gerade nicht mit dem Leistungsschutzrecht kollidieren soll, das eigentlich gegen die Suchmaschinenbetreiber gerichtete Gesetz **ad absurdum** führe.[145] In der Tat kann man sich fragen, welcher Anwendungsbereich dem Leistungsschutzrecht verbleibt, wenn nur noch Suchmaschinenbetreiber erfasst werden, die in ihren Trefferlisten mehr als kleinste Textbausteine oder einzelne Wörter anzeigen. Das hängt aber maßgeblich davon ab, wie weit man den Begriff der „einzelnen Wörter und kleinsten Textausschnitte" fasst.

Teilweise wird eine Beschränkung auf solche Teile befürwortet, die gleichzeitig auch **urheber-** **42** **rechtlichen Schutz** iSd § 2 Abs. 2 genießen; denn Zweck der Einschränkung sei sicherzustellen, dass Alltagsformulierungen auch dann nicht geschützt sind, wenn sie in Presseartikeln auftauchen.[146] Nach anderer Auffassung soll in Anlehnung an das in § 52a Abs. 1 Nr. 1, § 53 Abs. 2 S. 1 Nr. 4 lit. a, Abs. 3 S. 1 und § 53a Abs. 1 S. 1 und 3 aF verwendete Merkmal der „kleinen Teile" eines Werkes das Verhältnis des Textausschnitts zur Gesamtlänge des verlinkten Beitrags maßgeblich sein.[147] Andere fordern aus Gründen der einfachen Handhabung die Festlegung von absoluten **Richtzahlen**.[148] Im Hinblick auf das in der Empfehlung des Rechtsausschusses genannte Beispiel „Bayern schlägt Schalke" wird dabei eine Beschränkung auf Textausschnitte von **ein bis drei Wörtern** für geboten erachtet und nur im Einzelfall die Hinzufügung weiterer kennzeichnender Wörter bis zu einer Obergrenze von **fünf bis acht Wörtern** für zulässig gehalten.[149] Nicht erfasst seien aber „drei für sich stehende Wörter", die keinen Ausschnitt bilden, da der Begriff des Ausschnitts einen größeren Text voraussetze.[150]

Eine Lösung der Auslegungsfrage muss beim Zweck der Ausnahme ansetzen, die **Funktionsfähig-** **43** **keit von Nachrichtensuchmaschinen** zu gewährleisten. Zu beachten ist in diesem Zusammenhang auch die Bedeutung von Suchmaschinen für die Verwirklichung der Informationsfreiheit.[151] Der Empfehlung des Rechtsausschusses liegt die Erwägung zugrunde, dass der Zugang zu Informationen im Internet erheblich erschwert würde, wenn Suchmaschinen den Gegenstand der verlinkten Inhalte nicht wenigstens kurz beschreiben dürften. Dabei ist zu berücksichtigen, dass es mit der automatisierten Funktionsweise von Suchmaschinen unvereinbar wäre, in jedem Einzelfall einen Nachweis der Notwendigkeit der konkret übernommenen Zeichenfolge oder eine Unterscheidung nach deren schöpferischer Gestaltungshöhe zu verlangen.[152] Auf die **Werkqualität** der wiedergegebenen Ausschnitte kommt es daher nicht an.[153] Auch die Wiedergabe von Teilen des Presseerzeugnisses, die nicht die Voraussetzungen von § 2 Abs. 2 erfüllen, kann somit vom Leistungsschutzrecht erfasst sein. Ebenso ist es verfehlt, zur Bestimmung der Reichweite auf den Grundsatz der engen Auslegung von Ausnahmebestimmungen zu rekurrieren.[154] Vielmehr ist entscheidend, ob die Wiedergabe eines Ausschnitts aus dem verlinkten Presseerzeugnis in dem Sinne „zweckdienlich" ist, dass ein Nutzer da-

---

[144] Beschlussempfehlung und Bericht des Rechtsausschusses, BT-Drs. 17/12534, 6; zum Ablauf des Gesetzgebungsverfahrens → Vor §§ 87f ff. Rn. 8 ff.
[145] BT-Drs. 17/12534, 4; zustimmend Fromm/Nordemann/*Czychowski/J. B. Nordemann* UrhG § 87f Rn. 39; vgl. auch *Russ* VerlG § 41 Rn. 72: „Sollbruchstelle".
[146] So *Peifer* GRUR-Prax 2013, 149 (151): Jede weitere Differenzierung bewege sich „nah an der Lächerlichkeit"; *Kahl* MMR 2013, 348 (350 f.).
[147] BeckOK UrhR/*Graef* UrhG § 87f Rn. 17: deutlich unter 10 %.
[148] Dreier/Schulze/*Dreier* § 87f Rn. 17.
[149] *Schippan* ZUM 2013, 358 (372 f.) mit zahlreichen Beispielen; ähnlich Fromm/Nordemann/*Czychowski/J. B. Nordemann* UrhG § 87f Rn. 39.
[150] So Fromm/Nordemann/*Czychowski/J. B. Nordemann* UrhG § 87f Rn. 39 zum Beispiel „Wir sind Papst".
[151] So ausdrücklich BVerfG GRUR 2017, 159 Rn. 14 – News-Aggregatoren.
[152] BVerfG GRUR 2017, 159 Rn. 15 – News-Aggregatoren; Dreier/Schulze/*Dreier* § 87f Rn. 17; BeckOK UrhR/*Graef* UrhG § 87f Rn. 17; vgl. auch BGH GRUR 2018, 178 Rn. 61 f. – Vorschaubilder III; gegen dieses Argument *Schippan* ZUM 2013, 358 (374).
[153] So auch *Spindler* WRP 2013, 967 (970); *Ahrens* FS Köhler, 2014, 13 (21).
[154] So aber *Schippan* ZUM 2013, 358 (373); *Wandtke* ZUM 2014, 847 (851); Wandtke/Bullinger/*Jani* UrhG § 87f Rn. 16; allgemein zu diesem Grundsatz → Vor §§ 44a ff. Rn. 36 ff.

durch in die Lage versetzt wird zu entscheiden, ob er dem Link folgen möchte oder nicht.[155] Die Ausnahme erstreckt sich daher jedenfalls auf die **Überschrift** des Artikels, ggf. einschließlich der Ober- oder Unterzeile.[156]

44   Darüber hinaus können aber auch **Snippets aus dem Fließtext** vom Zweck der Ausnahme erfasst sein, da es durchaus zur Funktion einer Nachrichtensuche gehört, dem Nutzer die Wahl zwischen mehreren Presseerzeugnissen zum gleichen Thema zu ermöglichen.[157] Eine feste Wort- oder Zeichenobergrenze gibt es nicht.[158] Unabhängig von der Gesamtlänge des Beitrags werden „kleinste Textausschnitte" die Länge eines Satzes jedoch regelmäßig nicht überschreiten dürfen.[159] Die Grenze ist jedenfalls dort erreicht, wo es die Textlänge aus Sicht eines objektiven Nutzers entbehrlich macht, die Originalseite des Suchergebnisses aufzurufen.[160] Dass das Informationsbedürfnis einzelner Nutzer bereits durch ein aussagekräftiges Schlag- oder Stichwort befriedigt werden kann, ist unerheblich, da in der Nachricht als solcher nicht die von § 87f geschützte verlegerische Leistung zum Ausdruck kommt. Aufgrund der Beschränkung auf „Textausschnitte" gilt die Ausnahme nicht für **andere Inhalte als Texte** (Bilder, Videos usw).[161] Insbesondere die Anzeige von **Vorschaubildern** (Thumbnails) ist daher nicht ohne Zustimmung des Presseverlegers zulässig.

4. Verhältnis zur „Vorschaubilder"-Rechtsprechung

45   Bei der hier vertretenen Auslegung der „einzelnen Wörter und kleinsten Textausschnitte" lässt sich das Leistungsschutzrecht auch mit der **Rechtsprechung des BGH im Fall „Vorschaubilder"** in Einklang bringen. Danach erklärt sich ein Rechtsinhaber mit der Wiedergabe seiner Werke in Vorschaubildern einer Suchmaschine einverstanden, sobald er Abbildungen der Werke in das Internet einstellt, ohne diese gegen das Auffinden durch Suchmaschinen zu sichern.[162] Denn ein Berechtigter, der Texte oder Bilder im Internet ohne Einschränkungen frei zugänglich macht, müsse mit den **nach den Umständen üblichen Nutzungshandlungen** rechnen, wozu auch die textgestützte Bildersuche mit der Anzeige der gefundenen Abbildungen in Vorschaubildern gehöre. Wenn der Rechtsinhaber den Inhalt seiner Internetseite für den Zugriff durch Suchmaschinen zugänglich mache, ohne von technischen Möglichkeiten Gebrauch zu machen, um die Abbildungen von der Suche und der Anzeige durch Bildersuchmaschinen in Form von Vorschaubildern auszunehmen, könne das aus der Sicht eines Suchmaschinenbetreibers folglich objektiv als **Einverständnis** damit verstanden werden, dass Abbildungen der Werke in dem bei der Bildersuche üblichen Umfang genutzt werden dürfen.[163] Mit der Figur der schlichten Einwilligung hat der BGH hier letztlich eine (nicht auf dem Gesetz beruhende und entschädigungslos hinzunehmende) Schrankenregelung durch Richterrecht eingeführt.[164]

46   Wenn man diese Grundsätze auf das Leistungsschutzrecht für Presseverleger übertragen würde, liefe § 87f **weitgehend leer.** Denn es wäre den Presseverlagen ohne weiteres möglich, die Indexierung ihrer Presseerzeugnisse durch Nachrichtensuchmaschinen technisch zu unterbinden.[165] Viele Presseverleger stellen ihre Texte und Bilder gerade **bewusst frei zugänglich** ins Internet, weil sie von der zusätzlichen Sichtbarkeit über Suchmaschinen profitieren.[166] Wenn man der Einwilligungslösung des BGH folgt, spricht daher vieles dafür, von einem konkludenten Einverständnis des Presseverlegers auszugehen, sobald dieser sein Presseerzeugnis nicht durch **technische Schutzmaßnahmen** gegenüber einer Auswertung durch Suchmaschinen sichert.[167] Der Annahme eines Einverständnisses mit

---

[155] *Alexander* WRP 2013, 1122 (1128); ähnlich LG München I ZUM 2016, 558 (564); *Spindler* WRP 2013, 967 (970).

[156] *Hossenfelder* ZUM 2013, 374 (376); *Heine/Stang* AfP 2013, 177 (179 f.); Wandtke/Bullinger/*Jani* UrhG § 87f Rn. 17a; *Schack* UrheberR Rn. 718d.

[157] Ebenso *Kersting/Dworschak* ZUM 2016, 840 (844); aA Wandtke/Bullinger/*Jani* UrhG § 87f Rn. 17a; *Heine/Stang* AfP 2013, 177 (180); vgl. auch *Hossenfelder* ZUM 2013, 374 (376), wonach die derzeitige Praxis einer Snippet-Anzeige von mehr als 1–2 Zeilen bzw. mehr 10–15 Wörtern nicht mehr gedeckt ist.

[158] *Heine/Stang* AfP 2013, 177 (180); *Wandtke* ZUM 2014, 847 (851); vgl. aber OLG München ZUM 2016, 1057 (1062) – Kein Vollgas: Jedenfalls Textausschnitte mit einem Umfang von mindestens 25 Worten nicht mehr umfasst.

[159] *Spindler* WRP 2013, 967 (970); noch enger *Alexander* WRP 2013, 1122 (1128).

[160] Vgl. Stellungnahme der FDP-Fraktion, BT-Drs. 17/12534, 5; *Kreutzer* MMR 2014, 512 (515); BeckOK UrhR/*Graef* UrhG § 87f Rn. 20. Auch ErwG 58 DSM-RL verlangt eine Interpretation des Ausschlusses für „einzelne Wörter oder sehr kurze Auszüge", welche die Wirksamkeit der in Art. 15 DSM-RL festgelegten Rechte nicht beeinträchtigt.

[161] Fromm/Nordemann/*Czychowski/J. B. Nordemann* UrhG § 87f Rn. 40.

[162] BGHZ 185, 291 = GRUR 2010, 628 Rn. 36 – Vorschaubilder I; bestätigt durch BGH GRUR 2012, 602 Rn. 18 – Vorschaubilder II; zur Kritik in rechtdogmatischer Hinsicht → § 29 Rn. 31; *Ohly* GRUR 2012, 983 (988); *Spindler* WRP 2013, 967 (973), jeweils mwN.

[163] BGHZ 185, 291 = GRUR 2010, 628 Rn. 36 – Vorschaubilder I.

[164] So auch LG Hamburg ZUM 2016, 1071 (1074).

[165] *Fahl* S. 131 f. Suchmaschinenbetreiber Google hat sich nach der Einführung des Leistungsschutzrechts die weitere Verwendung von Verlagsinhalten für Google News ausdrücklich bestätigen lassen.

[166] *Ohly* GRUR 2012, 983 (990); vgl. → Vor §§ 87ff. Rn. 7.

[167] So GRUR-Fachausschuss GRUR 2010, 808 Rn. 9; Dreier/Schulze/*Dreier* § 87f Rn. 18; BeckOK UrhR/*Graef* UrhG § 87f Rn. 21; *Ohly* GRUR 2012, 983 (990); *Kahl* MMR 2013, 348 (351); *Kühne* CR 2013, 169 (175 f.); *Stieper* ZUM 2013, 10 (16 f.); *Kreutzer* MMR 2014, 512 (513); zur geplanten Regelung in Österreich *Wiebe* MR 2015, 239 (247).

der vergütungsfreien Verwertung des Presseerzeugnisses durch Nachrichtensuchmaschinen steht auch nicht das vom Gesetzgeber mit der Einführung des Leistungsschutzrechts verfolgte Ziel entgegen, die Presseverleger an den von den Suchmaschinenbetreibern generierten Einnahmen zu beteiligen.[168] Denn die vorrangig am objektiven Sinn und Zweck des Gesetzes zu orientierende Auslegung kann nicht durch Motive gebunden werden, die **im Gesetzeswortlaut keinen Ausdruck** gefunden haben.[169]

Vielmehr ist zu berücksichtigen, dass mit der vom Rechtsausschuss empfohlenen Einführung einer **47** Ausnahme für **einzelne Wörter und kleinste Textausschnitte** gerade dem Rechtsgedanken der „Vorschaubilder"-Rechtsprechung Rechnung getragen werden sollte.[170] Die Üblichkeit einer Nutzungshandlung kann für sich genommen zwar kaum ein hinreichender Maßstab für die Rechtfertigung eines Eingriffs in ein ausschließliches Verwertungsrecht sein.[171] Das vom BGH unterstellte Einverständnis mit einer Nutzung im „üblichen" Umfang zielt aber letztlich auf eine **Interessenabwägung** zwischen den Interessen von Rechtsinhabern, Internet-Nutzern und Suchmaschinenbetreibern ab.[172] Ein konkludentes Einverständnis des Presseverlegers mit einer Verwertung des Presseerzeugnisses durch Suchmaschinen kann daher auch nach der Rechtsprechung des BGH nur in Bezug auf solche Nutzungshandlungen unterstellt werden, die im Hinblick auf die **Funktionsfähigkeit der Nachrichtensuche** zweckdienlich sind.[173] Für eine Nutzung des Presseerzeugnisses, die über die Wiedergabe von einzelnen Wörtern und kleinsten Textausschnitten hinausgeht, kann sich der Betreiber einer Nachrichtensuchmaschine daher auch nicht auf die „Vorschaubilder"-Rechtsprechung berufen.[174] Das gilt insbesondere auch in Bezug auf die Anzeige von Vorschaubildern, die bei der Nachrichtensuche – anders als bei der Bildersuche – nur schmückendes Beiwerk sind.[175] Aufgrund der gesetzlichen Ausnahme in § 87f Abs. 1 S. 1 Hs. 2 kommt der „Vorschaubilder"-Rechtsprechung daher in Bezug auf das Leistungsschutzrecht für Presseverleger **keine praktische Bedeutung** zu.

5. Zu gewerblichen Zwecken

Das Verbotsrecht des Presseverlegers umfasst nur die öffentliche Zugänglichmachung des Presseer- **48** zeugnisses zu gewerblichen Zwecken. Darunter soll abweichend vom gewerbe- oder steuerrechtlichen Begriff jede Zugänglichmachung fallen, die „mittelbar oder unmittelbar der Erzielung von Einnahmen dient[,] sowie jede Zugänglichmachung, die im Zusammenhang mit einer Erwerbstätigkeit steht".[176] Vom Leistungsschutzrecht wird aber ohnehin nur die öffentliche Zugänglichmachung durch **gewerbliche Anbieter von Suchmaschinen** erfasst.[177] Eine zusätzliche Einschränkung des Schutzumfangs ergibt sich aus diesem Merkmal daher nicht.

6. Kein strafrechtlicher Schutz

Der Gesetzgeber hat es unterlassen, die Strafnorm in § 108 um das Leistungsschutzrecht für Presse- **49** verleger zu ergänzen. Das Leistungsschutzrecht ist damit das einzige verwandte Schutzrecht, dessen Verletzung **nicht strafbewehrt** ist.[178] Auch als Vortat einer strafbaren Geldwäsche gemäß § 261 Abs. 1 S. 2 Nr. 4 lit. b StGB kommt das Leistungsschutzrecht daher nicht in Betracht. Eine **entsprechende Anwendung** von § 108 auf das Leistungsschutzrecht für Presseverleger scheidet wegen des strafrechtlichen Analogieverbots aus.

V. Prozessuales

Die **Beweislast** für das Vorliegen der in § 87f Abs. 1 und 2 genannten Voraussetzungen des Leis- **50** tungsschutzes liegt beim Presseverleger, der sich auf das Leistungsschutzrecht beruft. Gleiches gilt für die Qualifizierung des Anspruchsgegners als gewerblicher Anbieter einer Suchmaschine oder eines vergleichbaren Dienstes, da es sich hierbei entgegen der Formulierung in § 87g Abs. 3 S. 1 nicht um

---

[168] So aber *Spindler* WRP 2013, 967 (974); *Heine/Stang* AfP 2013, 177 (181); Spindler/Schuster/*Fricke* UrhG § 87f Rn. 13; Wandtke/Bullinger/*Jani* UrhG § 87f Rn. 24; *Koroch* GRUR 2017, 127 (129 f.); dagegen Fromm/Nordemann/*Czychowski/J. B. Nordemann* UrhG § 87f Rn. 32; *Kreutzer* MMR 2014, 512 (514).
[169] BGHZ 195, 257 = GRUR 2012, 1026 Rn. 30 – Alles kann besser werden.
[170] Dazu → Rn. 43.
[171] So auch LG Hamburg ZUM 2016, 1071 (1074).
[172] Vgl. *Alexander* WRP 2013, 1122 (1128). Zur Regelung des Interessenkonflikts durch eine gesetzliche Schranke → Vor §§ 44a ff. Rn. 60.
[173] *Stieper* ZUM 2017, 132 (135 f.).
[174] Ebenso im Ergebnis OLG München ZUM 2016, 1057 (1061) – Kein Vollgas; Fromm/Nordemann/*Czychowski/J. B. Nordemann* UrhG § 87f Rn. 32; Wandtke/Bullinger/*Jani* UrhG § 87f Rn. 26; Büscher/Dittmer/Schiwy/*Mohme* UrhG § 87f Rn. 64; *Koroch* GRUR 2017, 127 (130).
[175] *Fahl* S. 152; *Koroch* GRUR 2017, 127 (130); aA *Ahrens* FS Köhler, 2014, 13 (22); *Kreutzer* MMR 2014, 512 (514).
[176] AmtlBegr. BT-Drs. 17/11470, 7.
[177] Das übersieht BeckOK UrhR/*Graef* UrhG § 87f Rn. 14.
[178] Auf die fehlende Straf- und Bußgeldbewehrung weist auch BVerfG GRUR 2017, 159 Rn. 21 – News-Aggregatoren hin.

eine gesetzliche Schranke, sondern um die Definition des Schutzumfangs handelt. Im Hinblick auf die Ausnahme zugunsten **einzelner Wörter und kleinster Textausschnitte** ergibt sich aus der Formulierung des § 87f Abs. 1 S. 1 Hs. 2 zwar eine Beweislastumkehr. Allerdings wird der Umfang der öffentlich wiedergegebenen Teile im Verletzungsprozess kaum jemals streitig sein.

§ 87g Übertragbarkeit, Dauer und Schranken des Rechts

(1) ¹Das Recht des Presseverlegers nach § 87f Absatz 1 Satz 1 ist übertragbar. ²Die §§ 31 und 33 gelten entsprechend.

(2) Das Recht erlischt ein Jahr nach der Veröffentlichung des Presseerzeugnisses.

(3) Das Recht des Presseverlegers kann nicht zum Nachteil des Urhebers oder eines Leistungsschutzberechtigten geltend gemacht werden, dessen Werk oder nach diesem Gesetz geschützter Schutzgegenstand im Presseerzeugnis enthalten ist.

(4) ¹Zulässig ist die öffentliche Zugänglichmachung von Presseerzeugnissen oder Teilen hiervon, soweit sie nicht durch gewerbliche Anbieter von Suchmaschinen oder gewerbliche Anbieter von Diensten erfolgt, die Inhalte entsprechend aufbereiten. ²Im Übrigen gelten die Vorschriften des Teils 1 Abschnitt 6 entsprechend.

Schrifttum: Siehe die Schrifttumshinweise Vor §§ 87f ff.

Übersicht

I. Allgemeines

1 Während § 87f den Inhaber und den Gegenstand des Leistungsschutzrechts bestimmt, regelt § 87g die weiteren Modalitäten seiner Ausübung, namentlich die Übertragbarkeit des Leistungsschutzrechts (Abs. 1), die Schutzdauer (Abs. 2) sowie die Schranken (Abs. 4). Außerdem enthält Abs. 3 eine spezielle Ausübungsschranke zugunsten der Rechtsinhaber der im Presseerzeugnis enthaltenen Werke und sonstigen Schutzgegenstände.

II. Übertragung und Lizenzierung (Abs. 1)

1. Übertragbarkeit des Leistungsschutzrechts

2 Ebenso wie das Leistungsschutzrecht des Tonträgerherstellers aus § 85 und das des Filmherstellers aus § 94 ist das Leistungsschutzrecht des Presseverlegers ein rein vermögensrechtliches Recht ohne persönlichkeitsrechtlichen Gehalt. Als solches ist es **verkehrsfähig** und im Ganzen **translativ übertragbar.**[1] Praktische Bedeutung hat dies vor allem, wenn das Unternehmen, dessen Inhaber gemäß § 87f Abs. 1 S. 2 Inhaber des Leistungsschutzrechts ist, innerhalb der Schutzfrist gemäß Abs. 2 veräußert wird.

2. Einräumung von Nutzungsrechten

3 Neben einer translativen Übertragung ist gemäß § 87g Abs. 1 S. 2 auch die Einräumung von Nutzungsrechten am Presseerzeugnis möglich. Die **Verweisung auf §§ 31 und 33** entspricht den für andere Leistungsschutzrechte geltenden Regelungen.[2] Anders als diese Vorschriften sieht § 87g Abs. 1 allerdings nicht ausdrücklich vor, dass der Presseverleger einem anderen das Recht einräumen kann, das Presseerzeugnis auf einzelne oder alle der ihm vorbehaltenen Nutzungsarten zu nutzen. Dabei handelt es sich jedoch um ein redaktionelles Versehen, die Gesetzesbegründung geht davon aus, dass sich diese Möglichkeit bereits aus der Verweisung auf §§ 31 und 33 ergibt.[3] Auch wenn dem Presse-

---

[1] AmtlBegr. BT-Drs. 17/11470, 8.
[2] § 81 S. 2, § 85 Abs. 2 S. 3, § 87 Abs. 2 S. 3, § 94 Abs. 2 S. 3.
[3] AmtlBegr. BT-Drs. 17/11470, 8.

verleger mangels eines positiven Benutzungsrechts[4] streng genommen keine Nutzungsarten „vorbehalten" sind, kann der Presseverleger dem gewerblichen Anbieter einer Suchmaschine daher sowohl ein einfaches (§ 31 Abs. 2) als auch ein ausschließliches Nutzungsrecht (§ 31 Abs. 3) zur **öffentlichen Zugänglichmachung des Presseerzeugnisses** einräumen. Im Hinblick auf andere Nutzungsarten steht dem Presseverleger von vornherein kein Verbotsrecht zu, das einer Nutzungsrechtseinräumung zugrunde gelegt werden könnte. Die Grundsätze des **Übertragungszweckgedankens** (§ 31 Abs. 5) sowie der Beschränkbarkeit von Nutzungsrechten (§ 31 Abs. 1 S. 2) sind ebenfalls auf das Leistungsschutzrecht anwendbar, desgleichen der Sukzessionsschutz einfacher Nutzungsrechte (§ 33).

Anders als die für andere Leistungsschutzrechte geltenden Regelungen[5] verweist § 87g Abs. 1 S. 2   **4** nicht auf die **Auslegungsregel in § 38**. Die darin geregelte Aufnahme in eine periodisch erscheinende Sammlung ist aber für eine Lizenzierung des Presseerzeugnisses nach § 87f ohnehin nicht von Bedeutung. Denn das von § 87g Abs. 4 allein erfasste Geschäftsmodell von Nachrichtensuchmaschinen und vergleichbaren Diensten erfüllt mangels eines äußeren Zusammenhangs der wiedergegebenen Beiträge nicht die Voraussetzungen einer periodisch oder nichtperiodisch erscheinenden „Sammlung". Die nicht unter § 87f Abs. 1 iVm § 87g Abs. 4 S. 1 fallende Verwertung von Teilen des Presseerzeugnisses im Rahmen einer ihrerseits periodisch erscheinenden Sammlung (etwa einer Zeitungschronik) ist auch ohne Einräumung eines Nutzungsrechts am Presseerzeugnis zulässig.

3. Wahrnehmung durch eine Verwertungsgesellschaft

Entgegen dem Vorschlag des Bundesrates[6] hat der Gesetzgeber davon abgesehen, für das Leistungs-   **5** schutzrecht des Presseverlegers eine **Verwertungsgesellschaftenpflichtigkeit** vorzusehen. Bei den „künftig zahlungspflichtigen Nutzern" handele es sich um Unternehmen, die auch ohne die Einschaltung einer Verwertungsgesellschaft in der Lage sein werden, sich die benötigten Nutzungsrechte von den einzelnen Presseverlegern einräumen zu lassen.[7] Die „freiwillige Übertragung der Ansprüche" des Presseverlegers auf eine Verwertungsgesellschaft soll aber ausdrücklich möglich sein.[8] Da dem Presseverleger **keine gesetzlichen Vergütungsansprüche** zustehen,[9] kommt jedoch lediglich eine Wahrnehmung des Leistungsschutzrechts selbst in Betracht. In Deutschland nimmt die VG Media die Leistungsschutzrechte von derzeit über 200 Presseverlegern (einschließlich Rundfunkunternehmen) wahr, nachdem die VG Wort eine Wahrnehmung angeboten hatte, letztlich aber nicht beauftragt wurde.[10] Die im Streit um die Angemessenheit des Tarifs für Presseverleger zwischen der VG Media und Google von der DPMA-Schiedsstelle im September 2015 unterbreiteten Einigungsvorschläge wurden von den Parteien abgelehnt.[11]

III. Schutzdauer (Abs. 2)

Gemäß § 87g Abs. 2 beträgt die Schutzdauer des Leistungsschutzrechts lediglich **ein Jahr ab Ver-**   **6** **öffentlichung** und ist damit erheblich kürzer als die für andere Leistungsschutzrechte geltenden Schutzfristen.[12] Der Gesetzgeber hielt diese kurze Schutzdauer für „angemessen und ausreichend", ohne dies aber rechtlich oder ökonomisch zu begründen.[13] Dem liegt offenbar die Erwägung zugrunde, dass die Nachrichtensuche im Internet aufgrund der Aktualität der betroffenen Presseerzeugnisse wirtschaftlich vor allem in engem zeitlichem Zusammenhang mit der Erstveröffentlichung von Bedeutung ist.[14] Auch Art. 15 Abs. 4 S. 1 DSM-RL begrenzt den Schutz von Presseveröffentlichungen abweichend vom ursprünglichen Kommissionsentwurf, der noch eine Schutzfrist von 20 Jahren vorsah, auf eine relativ kurze Frist von zwei Jahren. Indes werden vom Leistungsschutzrecht auch Publikationen erfasst, die eine längere Verwertungsdauer haben.[15] Insbesondere gegenüber einer Suche in **Nachrichtenarchiven** bietet das Leistungsschutzrecht regelmäßig keinen Schutz. Wegen der kurzen Schutzfrist werden Unterlassungsansprüche in der Praxis allenfalls im einstweiligen Rechtsschutz gerichtlich durchgesetzt werden können.

Die einjährige Schutzfrist beginnt mit der **Veröffentlichung des Presseerzeugnisses.** Wann das   **7** Presseerzeugnis veröffentlicht ist, ergibt sich aus § 6 Abs. 1, ein Erscheinen iSv § 6 Abs. 2 ist nicht

---

[4] Dazu → § 87f Rn. 30.

[5] S. die Nachweise in → Rn. 3.

[6] Stellungnahme des Bundesrates, BT-Drs. 17/11470, 10.

[7] Gegenäußerung der Bundesregierung, BT-Drs. 17/11470, 12.

[8] Gegenäußerung der Bundesregierung, BT-Drs. 17/11470, 12; vgl. dazu *Wandtke* ZUM 2014, 847 (853).

[9] → Rn. 14.

[10] Vgl. *Peifer* AfP 2015, 6 (9 f.).

[11] Vgl. dazu BVerfG GRUR 2017, 159 Rn. 12 f. – News-Aggregatoren.

[12] Vgl. Stellungnahme des Bundesrates, BT-Drs. 17/11470, 11: Aus urheberrechtlicher Sicht sei die kurze zeitliche Begrenzung „ein Novum".

[13] AmtlBegr. BT-Drs. 17/11470, 8.

[14] Vgl. Dreier/Schulze/*Dreier* § 87g Rn. 3; BeckOK UrhR/*Graef* UrhG § 87g Rn. 3; Büscher/Dittmer/Schiwy/*Mohme* UrhG § 87g Rn. 4; *Ahrens* FS Köhler, 2014, 13 (17).

[15] So auch Wandtke/Bullinger/*Jani* UrhG § 87g Rn. 2.

erforderlich.[16] Maßgeblich ist die erste Veröffentlichung der im Presseerzeugnis festgelegten Beiträge. Wenn das Presseerzeugnis **erneut veröffentlicht** wird, beginnt die Schutzfrist daher nicht neu zu laufen. Das gilt unabhängig davon, ob für die Wiederveröffentlichung dasselbe Medium gewählt wird wie für die Erstveröffentlichung. Denn § 87f schützt nur die erstmalige Festlegung der im Presseerzeugnis enthaltenen Beiträge.[17] Wenn die zunächst nur in Printform veröffentlichten Beiträge erst später in elektronischer Form, etwa in einer Archivdatenbank, öffentlich zugänglich gemacht werden, bestimmt sich die Schutzfrist daher nach der Veröffentlichung der Printausgabe. Angesichts des nicht hinreichend definierten Begriffs der erstmaligen Festlegung besteht hier aber erhebliches Missbrauchspotential.

8   Teilweise wird für den Beginn der Schutzfrist in **entsprechender Anwendung des § 69** auf den **Ablauf des Kalenderjahres** abgestellt, in dem das Presseerzeugnis veröffentlicht worden ist.[18] Dass § 87g Abs. 2 anders als § 85 Abs. 3 S. 4 und § 87 Abs. 3 S. 2 nicht ausdrücklich auf § 69 verweist, soll wie bei § 94 als Redaktionsversehen zu werten sein.[19] Die für eine Analogie erforderliche **Vergleichbarkeit mit den gesetzlich geregelten Fällen** ist im Fall des Leistungsschutzrechts des Presseverlegers aber problematisch. Denn aufgrund der deutlich kürzeren Schutzfrist von nur einem Jahr würde die aus Gründen der Vereinfachung gewählte Festlegung von Jahresfristen in § 69 hier zu erheblichen Unterschieden in der Gesamtschutzdauer führen. Ein Anfang Januar veröffentlichtes Presseerzeugnis wäre fast doppelt so lange geschützt wie eines, das erst Ende Dezember erscheint. Auch die von anderen Leistungsschutzrechten abweichende Schutzrichtung spricht gegen eine entsprechende Anwendung des § 69. Vielmehr ist die in § 87g Abs. 2 bestimmte Frist nach **§§ 187 Abs. 1, 188 Abs. 2 BGB** zu berechnen. Da das Leistungsschutzrecht für Presseverleger von **Art. 8 Schutzdauer-RL** nicht erfasst wird, widerspricht das nicht den bisherigen Vorgaben des Unionsrechts.[20]

IV. Keine Geltendmachung zum Nachteil des Urhebers (Abs. 3)

9   Nach § 87g Abs. 3 darf das Leistungsschutzrecht nicht zum Nachteil der Urheber und Leistungsschutzberechtigten ausgeübt werden, deren Beiträge im Presseerzeugnis enthalten sind. Eine entsprechende Regelung ist zukünftig auch durch Art. 15 Abs. 2 DSM-RL geboten. Welche Nachteile § 87g Abs. 3 im Einzelnen vermeiden soll, ist jedoch unklar. Nach der Gesetzesbegründung soll den Urhebern und Leistungsschutzberechtigten ermöglicht werden, im Internet **Eigenwerbung** für die von ihnen verfassten Beiträge zu betreiben, ohne in das Leistungsschutzrecht einzugreifen.[21] Da sich das Leistungsschutzrecht aber ohnehin nur gegen gewerbliche Anbieter von Suchmaschinen und vergleichbaren Diensten richtet, wird die Verwertung der Beiträge durch die Urheber und Leistungsschutzberechtigten, die selbst keine entsprechenden Dienste betreiben, **von vornherein nicht erfasst.**[22] Auch hier zeigt sich, dass die Gesetzesbegründung nicht hinreichend an die im Gesetzgebungsverfahren vorgenommenen Änderungen angepasst worden ist.[23]

10   Wenn § 87g Abs. 3 überhaupt einen sinnvollen Anwendungsbereich behalten soll, muss man die Vorschrift daher über die unmittelbar zwischen Presseverleger und Urhebern bzw. Leistungsschutzberechtigten bestehenden Ansprüche hinaus auf eine **Geltendmachung des Leistungsschutzrechts gegenüber Dritten** erstrecken.[24] Auch insoweit kann die Ausübung des Verbotsrechts aus § 87f Abs. 1 zu Nachteilen der Urheber und Leistungsschutzberechtigten führen. So ist es dem Urheber eines Zeitungsbeitrags gemäß § 38 Abs. 3 S. 2 auch bei Einräumung eines ausschließlichen Nutzungsrechts im Zweifel gestattet, den Beitrag sogleich nach dessen Erscheinen anderweit zu vervielfältigen und zu verbreiten.[25] Wenn der Zeitungsverleger aus seinem Leistungsschutzrecht gegen die Anzeige von Ausschnitten aus dem Beitrag in einer Suchmaschine vorgehen könnte, um die **Auffindbarkeit** der anderweitigen Publikation **zu behindern,** wäre dies mit der Wertung des § 38 Abs. 3 nicht zu vereinbaren.[26] Soweit man diesen Fall nicht ohnehin mangels Übernahme der konkreten Festlegung vom Schutz des § 87f ausnehmen will,[27] kann sich der Betreiber der Suchmaschine jedenfalls auf § 87g Abs. 3 berufen.[28] Inwieweit das Interesse des Urhebers an einer möglichst hohen **Sichtbarkeit und Reichweite** der von ihm verfassten Beiträge auch darüber hinaus einer Ausübung des Leistungs-

---

[16] Dreier/Schulze/*Dreier* § 87g Rn. 3; Wandtke/Bullinger/*Jani* UrhG § 87g Rn. 3; auch → § 87f Rn. 17.

[17] → § 87f Rn. 13, 22.

[18] Wandtke/Bullinger/*Jani* UrhG § 87g Rn. 3; Dreier/Schulze/*Dreier* § 87g Rn. 3. Ebenso Art. 15 Abs. 4 S. 2 DSM-RL.

[19] Dazu → § 94 Rn. 36 mwN.

[20] Vgl. → Vor §§ 87fff. Rn. 11.

[21] AmtlBegr. BT-Drs. 17/11470, 8.

[22] Wandtke/Bullinger/*Jani* UrhG § 87g Rn. 5.

[23] Dazu bereits → § 87f Rn. 23.

[24] Ebenso wohl Fromm/Nordemann/*Czychowski/Schaefer* UrhG § 87g Rn. 6; vgl. auch Art. 15 Abs. 2 UAbs. 2 DSM-RL.

[25] Ob das auch für die öffentliche Zugänglichmachung gilt, ist umstr., → § 38 Rn. 40.

[26] Vgl. *Ehmann/Szilagyi* K&R Beihefter 2/2009, 11.

[27] So wohl BeckOK UrhR/*Graef* UrhG § 87g Rn. 4; dazu → § 87f Rn. 39 f.

[28] *Spindler* WRP 2013, 967 (972). Für eine Ausgestaltung als Einrede Fromm/Nordemann/*Czychowski/Schaefer* UrhG § 87g Rn. 6.

schutzrechts gemäß § 87g Abs. 3 entgegensteht, ist fraglich.[29] Die in Art. 12 Abs. 2 InfoSoc-RL und Art. 12 Vermiet- und Verleih-RL zum Ausdruck kommenden Wertung, dass die Einführung neuer Leistungsschutzrechte den Schutz der Urheberrechte nicht beeinträchtigen darf, spricht jedoch gegen einen Vorrang des Leistungsschutzrechts vor den Interessen des Urhebers.[30] Ebenso dürfte ein vertraglicher Verzicht des Urhebers bzw. Leistungsschutzberechtigten auf den Schutz durch § 87g Abs. 3 mit dem Zweck der Vorschrift nicht zu vereinbaren sein.[31]

V. Schranken (Abs. 4)

1. Beschränkung auf gewerbliche Anbieter von Suchmaschinen (S. 1)

§ 87g Abs. 4 S. 1 beschränkt den Anwendungsbereich des Leistungsschutzrechts auf gewerbliche [11] Anbieter von Suchmaschinen und Diensten, die Inhalte entsprechend aufbereiten. Entgegen der Formulierung („Zulässig ist …") handelt es sich dabei **nicht um eine gesetzliche Schranke** des Leistungsschutzrechts.[32] Vielmehr bestimmt § 87g Abs. 4 S. 1 überhaupt erst den **Schutzumfang des Verbotsrechts** des Presseverlegers und ist daher im Zusammenhang mit § 87f Abs. 1 S. 1 zu lesen.[33]

2. Geltung der Schranken des Urheberrechts (S. 2)

Gemäß § 87g Abs. 4 S. 2 unterliegt das Leistungsschutzrecht des Presseverlegers den für das Urhe- [12] berrecht geltenden Schrankenregelungen in §§ 44a ff.[34] Damit soll nach der Gesetzesbegründung insbesondere das „im Pressebereich wichtige **Zitatrecht** nach § 51 UrhG erhalten" bleiben, sofern die konkrete Festlegung als Grundlage des Zitats genutzt wird.[35] Auch § 53 soll in diesem Zusammenhang „von besonderer Bedeutung" sein.[36] Die Schranken des **Datenbankherstellerrechts** in § 87c finden dagegen keine Anwendung, auch wenn das Presseerzeugnis zugleich als Datenbank geschützt ist.[37] Der Presseverleger kann daher aus dem Leistungsschutzrecht nach § 87f auch gegen eine von § 87c ausdrücklich erlaubte Nutzung des Presseerzeugnisses vorgehen.[38]

Bislang hat die Verweisung auf §§ 44a ff. indes kaum praktische Bedeutung.[39] Der Anwendungsbe- [13] reich des Leistungsschutzrechts ist nach § 87g Abs. 4 S. 1 auf die öffentliche Zugänglichmachung des Presseerzeugnisses durch gewerbliche Anbieter von Suchmaschinen und vergleichbaren Diensten beschränkt. Deren Dienste werden von den geltenden Schranken des Urheberrechts nicht erfasst.[40] Insbesondere können sich die Anbieter von Suchmaschinen für ihre Tätigkeit nicht auf die **Zitierfreiheit** gemäß § 51 berufen. Denn die von der Suchmaschine generierte Trefferliste als Hilfsmittel zum möglichen Auffinden von Inhalten im Internet genügt nicht für die Annahme eines **Zitatzwecks**.[41] Darüber hinaus fehlt es an der nach § 51 S. 2 erforderlichen Aufnahme in ein selbständiges Werk.[42] Auch das **Pressespiegelprivileg** in § 49 Abs. 1 S. 2 findet auf das Leistungsschutzrecht des Presseverlegers keine Anwendung.[43] Zwar erfasst § 49 nach der Rechtsprechung des BGH auch elektronische Pressespiegel.[44] Eine umfassende Auswertung und Indexierung von Zeitungsartikeln, wie sie Nachrichtensuchmaschinen vornehmen, geht jedoch über die von § 49 Abs. 1 bezweckte Förderung einer schnellen Berichterstattung hinaus.[45]

Dagegen fallen **Vervielfältigungen des Presseerzeugnisses,** insbesondere auch solche zu priva- [14] ten oder sonstigen eigenen Zwecken iSv § 53 nach geltendem Recht von vornherein nicht in den Anwendungsbereich des Leistungsschutzrechts.[46] Folglich hat der Presseverleger auch keinen Anspruch auf Beteiligung an der **gesetzlichen Vergütung** nach §§ 54 ff. Ihm wird vom Gesetz kein

---

[29] Ablehnend Wandtke/Bullinger/*Jani* UrhG § 87g Rn. 6; vgl. aber *Spindler* WRP 2013, 967 (975), der einen Eingriff in die Meinungsfreiheit der Urheber annimmt, wenn ihre Werke nicht mehr leicht auffindbar und zugänglich sind.

[30] → Vor §§ 87f ff. Rn. 12; vgl. auch *Spindler* WRP 2013, 967 (975) unter Hinweis auf die Meinungsfreiheit der Urheber.

[31] *Spindler* WRP 2013, 967 (972).

[32] Ebenso Fromm/Nordemann/*Czychowski/Schaefer* UrhG § 87g Rn. 8.

[33] → § 87f Rn. 28 f.

[34] Vgl. → Vor §§ 44a ff. Rn. 41.

[35] AmtlBegr. BT-Drs. 17/11470, 9; als „hochrelevant" bezeichnet § 51 auch BeckOK UrhR/*Graef* UrhG § 87g Rn. 5.

[36] So BeckOK UrhR/*Graef* UrhG § 87g Rn. 5.

[37] Vgl. dazu → Vor §§ 87f ff. Rn. 22.

[38] *Spindler* WRP 2013, 967 (973).

[39] Ebenso Wandtke/Bullinger/*Jani* UrhG § 87g Rn. 17.

[40] → Vor §§ 44a ff. Rn. 60.

[41] *Stieper* ZUM 2013, 10 (17); *Spindler* WRP 2013, 967 (971); *Ott* K&R 2012, 556 (561); ebenso für die Bildersuche BGHZ 185, 291 = GRUR 2010, 628 Rn. 27 – Vorschaubilder I.

[42] → § 51 Rn. 44.

[43] *Stieper* ZUM 2013, 10 (17); *Spindler* WRP 2013, 967 (972); *Fahl* S. 149; *Rieger* S. 223; Wandtke/Bullinger/*Jani* UrhG § 87g Rn. 17; für eine analoge Anwendung *Kühne* CR 2013, 169 (172 f.).

[44] BGHZ 151, 300 (306 ff.) = GRUR 2002, 963 (964 ff.) – Elektronische Pressespiegel.

[45] Vgl. → § 49 Rn. 21.

[46] → § 87f Rn. 35.

Vervielfältigungsrecht gewährt, für dessen Beschränkung er vergütet werden könnte.[47] Auf die umstrittene und vom BGH in der bisherigen Form mangels eigener Rechte für rechtswidrig erachtete Beteiligung der Verleger an den Ausschüttungen der VG Wort[48] hat das Leistungsschutzrecht aus § 87f daher bisher keinen Einfluss. Auch andere gesetzliche **Vergütungsansprüche** stehen dem Presseverleger nicht zu.[49]

§ 87h Beteiligungsanspruch des Urhebers

Der Urheber ist an einer Vergütung angemessen zu beteiligen.

Schrifttum: Siehe die Schrifttumshinweise Vor §§ 87f ff.

Übersicht

I. Allgemeines

1   Ebenso wie mit § 87g Abs. 3 wollte der Gesetzgeber mit § 87h dem Vorwurf begegnen, dass das neue Leistungsschutzrecht für Presseverleger den Interessen der Urheber der im Presseerzeugnis enthaltenen Beiträge zuwiderlaufe. Die Regelung soll den Interessen der Urheber dadurch Rechnung tragen, dass sie einen **Beteiligungsanspruch des Urhebers** an der Verwertung des Leistungsschutzrechts vorsieht. Die Gesetzesbegründung verweist insoweit ausdrücklich auf die in den §§ 11 und 32 zum Ausdruck kommende verfassungsrechtlich begründete Wertung, wonach der Urheber an jeder wirtschaftlichen Nutzung seines Werkes angemessen zu beteiligen ist.[1] § 87h trägt dem Umstand Rechnung, dass die Attraktivität eines Presseerzeugnisses vor allem von den darin enthaltenen Beiträgen abhängt.[2] Um eine Beteiligung an der **Werknutzung** geht es bei § 87h jedoch nicht. Diese richtet sich auch in Bezug auf die Nutzung durch den Presseverleger nach den allgemeinen Vorschriften, insbesondere nach § 32.[3] Vielmehr begründet die Vorschrift einen Anspruch auf Beteiligung an den Einnahmen aus der Nutzung des neuen Leistungsschutzrechts und schafft damit einen **zusätzlichen Anspruch** eigener Art.[4] Diese Stärkung der wirtschaftlichen Stellung der Urheber ist verfassungsrechtlich nicht geboten.[5] Einen entsprechenden Beteiligungsanspruch sieht jetzt aber auch Art. 15 Abs. 5 DSM-RL vor.

II. Anspruchsinhaber

2   Als Inhaber des Beteiligungsanspruchs nennt § 87h ausdrücklich nur den Urheber. Gemeint sind damit offenbar die **Urheber der im Presseerzeugnis enthaltenen Beiträge.**[6] Anders als § 87g Abs. 3 bezieht die Vorschrift die Inhaber von Leistungsschutzrechten nicht ein. Da der Gesetzgeber zur Begründung ausdrücklich den urheberrechtlichen Beteiligungsanspruch herangezogen hat, kann dies auch nicht als Redaktionsversehen gewertet werden.[7]

III. Anspruchsgegner

3   Der Anspruch ist auf eine Beteiligung an den Einnahmen gerichtet, die mit der Verwertung des Leistungsschutzrechts erzielt werden. Anspruchsgegner ist daher der **Presseverleger** als Inhaber des

---

[47] *Stieper* ZUM 2013, 10 (17).
[48] S. BGH GRUR 2016, 596 Rn. 39 – Verlegeranteil, im Anschluss an EuGH GRUR 2016, 55 Rn. 44 ff. – Hewlett Packard/Reprobel; dazu → § 63a Rn. 16 ff.
[49] Ebenso *Ahrens* FS Köhler, 2014, 13 (19).
[1] AmtlBegr. BT-Drs. 17/11470, 9.
[2] *Alexander* WRP 2013, 1122 (1130).
[3] Fromm/Nordemann/*Czychowski/Schaefer* UrhG § 87h Rn. 2.
[4] Wandtke/Bullinger/*Jani* UrhG § 87h Rn. 3; *Heine/Stang* AfP 2013, 177 (178); *Wandtke* ZUM 2014, 847 (852); vgl. auch BeckOK UrhR/*Graef* UrhG § 87h Rn. 3.
[5] Dreier/Schulze/*Dreier* § 87h Rn. 1; Fromm/Nordemann/*Czychowski/Schaefer* UrhG § 87h Rn. 2.
[6] So auch Fromm/Nordemann/*Czychowski/Schaefer* UrhG § 87h Rn. 2.
[7] Wandtke/Bullinger/*Jani* UrhG § 87h Rn. 1; *Heine/Stang* AfP 2013, 177 (178).

Leistungsschutzrechts. Wenn dieser das Leistungsschutzrecht gemäß § 87g Abs. 1 S. 1 **auf einen Dritten** überträgt, ist dieser verpflichtet, den Urheber an seinen mit der Verwertung erzielten Einnahmen zu beteiligen. In Bezug auf die bis zur Übertragung erzielten Einnahmen bleibt aber der ursprüngliche Inhaber zur Zahlung einer angemessenen Beteiligung verpflichtet.[8] Eine Übernahme der schuldrechtlichen Verpflichtung zur Beteiligung des Urhebers ist gemäß § 415 Abs. 1 BGB nur mit Zustimmung des Urhebers möglich.

Umstritten ist, gegen wen sich der Beteiligungsanspruch richtet, wenn der Presseverleger sein Leis- **4** tungsschutzrecht durch eine **Verwertungsgesellschaft** wahrnehmen lässt.[9] Teilweise wird angenommen, dass die Verwertungsgesellschaft aufgrund des Wahrnehmungsvertrags mit dem Presseverleger auch die Abwicklung des Beteiligungsanspruchs der Urheber übernimmt und daher für eine Beteiligung der Urheber sorgen muss.[10] Der Treuhandcharakter der Wahrnehmung spricht jedoch dafür, dass sich der Beteiligungsanspruch weiterhin **gegen den Presseverleger** richtet.[11]

IV. Inhalt des Anspruchs

Der Anspruch des Urhebers ist auf die Beteiligung an „einer Vergütung" gerichtet. Damit kann nur **5** die Vergütung gemeint sein, die der Presseverleger als **Gegenleistung für die Einräumung von Nutzungsrechten** zur öffentlichen Zugänglichmachung durch die Betreiber von Suchmaschinen erhält.[12] Denn gesetzliche Vergütungsansprüche stehen dem Presseverleger nicht zu.[13] Einen **unmittelbaren Vergütungsanspruch** gegen den Presseverleger gewährt § 87h jedoch nicht.[14] Wenn der Presseverleger Gratislizenzen an seinem Presseerzeugnis einräumt, läuft der Anspruch daher leer.[15] Der Anspruch auf Beteiligung besteht nur dann, wenn der Presseverleger selbst tatsächlich ein Entgelt erzielt.[16] Welche Beteiligung angemessen ist, ist eine Frage des Einzelfalls. Die Kriterien zur Bestimmung der angemessenen Vergütung nach § 32 kommen dabei nicht zur Anwendung.[17] Denn anders als bei § 32 geht es nicht um die Vergütung einer dem Presseverleger eingeräumten Möglichkeit der Werknutzung, sondern um eine Beteiligung an den vom Presseverleger mit der Verwertung des Presseerzeugnisses erzielten Einnahmen.

Soweit ein Suchmaschinenbetreiber eine **urheberrechtlich relevante Verwertung der im Pres-** **6** **seerzeugnis enthaltenen Beiträge** vornimmt, benötigt er dafür allerdings nicht nur die Zustimmung des Presseverlegers, sondern auch diejenige des Urhebers des betreffenden Beitrags. Ist der Presseverleger aufgrund seines vom Urheber abgeleiteten Nutzungsrechts berechtigt, eine entsprechende Unterlizenz einzuräumen, so ist dies bereits bei der angemessenen Vergütung des Urhebers nach § 32 zu berücksichtigen, ggf. besteht ein Anspruch auf weitere Vergütung gemäß § 32a. Insoweit kommt § 87h nur zum Tragen, falls der Presseverleger im Hinblick auf sein eigenes Leistungsschutzrecht eine höhere Vergütung erzielt, als dies allein aufgrund der urheberrechtlichen Erlaubnis möglich wäre. Dies wird sich jedoch kaum nachweisen lassen.[18] Der Beteiligungsanspruch besteht aber gerade auch dann, wenn die aus dem Presseerzeugnis entnommenen Teile für sich genommen **unterhalb der Schutzschwelle** des § 2 Abs. 2 bleiben und dem Urheber somit keine Vergütung nach §§ 32, 32a zusteht.[19] Hierin dürfte die eigentliche Bedeutung des § 87h liegen.

V. Abtretung und Verzicht

Der Beteiligungsanspruch ist für den Urheber praktisch wertlos, wenn der Presseverleger ihn for- **7** mularvertraglich abbedingen kann. Insofern hätte es nahegelegen, § 87h Abs. 4 im Hinblick auf den Schutzzweck der Vorschrift zugunsten des Urhebers ausdrücklich zwingend auszugestalten. Indes enthält das Gesetz keine mit § 32 Abs. 3 oder § 63a vergleichbare Regelung. Mangels eines ausdrücklichen Verbots wird daher überwiegend angenommen, dass der Urheber seinen Anspruch **im Voraus an Dritte abtreten** und auch vertraglich auf den Anspruch **verzichten** kann.[20] Dabei ist jedoch zu beachten, dass § 87h keinen Anspruch auf angemessene Vergütung, sondern lediglich einen Beteili-

---

[8] Anders offenbar Wandtke/Bullinger/*Jani* UrhG § 87h Rn. 2.
[9] Vgl. dazu → § 87g Rn. 5.
[10] So BeckOK UrhR/*Graef* UrhG § 87h Rn. 3.
[11] So auch Wandtke/Bullinger/*Jani* UrhG § 87h Rn. 2.
[12] Büscher/Dittmer/Schiwy/*Mohme* UrhG § 87h Rn. 5.
[13] → § 87g Rn. 14.
[14] *Flechsig* AfP 2012, 427 (431).
[15] *Schack* UrheberR Rn. 718e.
[16] Vgl. *Ahrens* FS Köhler, 2014, 13 (19).
[17] Wandtke/Bullinger/*Jani* UrhG § 87h Rn. 3; Büscher/Dittmer/Schiwy/*Mohme* UrhG § 87h Rn. 6; *Heine/Stang* AfP 2013, 177 (178); aA Dreier/Schulze/*Dreier* § 87h Rn. 5; Fromm/Nordemann/*Czychowski/Schaefer* UrhG § 87h Rn. 5; *Flechsig* AfP 2012, 427 (431); *Wandtke* ZUM 2014, 847 (852).
[18] Zur Beweislast → Rn. 8.
[19] Fromm/Nordemann/*Czychowski/Schaefer* UrhG § 87h Rn. 3 f.; ebenso wohl *Ahrens* FS Köhler, 2014, 13 (19); aA *Heine/Stang* AfP 2013, 177 (178).
[20] Wandtke/Bullinger/*Jani* UrhG § 87h Rn. 5; Fromm/Nordemann/*Czychowski/Schaefer* UrhG § 87h Rn. 7; Dreier/Schulze/*Dreier* § 87h Rn. 4; differenzierend *Flechsig* AfP 2012, 427 (431).

gungsanspruch gewährt. Dieser ist grundsätzlich an die Person des Urhebers gebunden und wird, wenn § 87h nicht völlig leer laufen soll, als **unabdingbar** angesehen werden müssen.[21] Dafür spricht auch die Vorgabe in Art. 15 Abs. 5 DSM-RL, wonach die Mitgliedstaaten im Sinne einer Ergebnispflicht vorsehen müssen, dass die Urheber einen angemessenen Anteil „erhalten". Die Wahrnehmung des Beteiligungsanspruchs durch eine Verwertungsgesellschaft wird allenfalls für Urheber interessant sein, deren Werke durch eine Vielzahl von Presseverlegern verwertet werden, wie zB freiberufliche Fotografen.

VI. Prozessuales

8   Der Urheber muss die Voraussetzungen seines Beteiligungsanspruchs **darlegen und beweisen.** Insbesondere obliegt ihm die Beweislast dafür, dass der Presseverleger überhaupt eine Vergütung mit der Verwertung des Leistungsschutzrechts erzielt hat. Der Presseverleger ist gegenüber dem Urheber nicht verpflichtet, einen etwaigen vertraglichen Vergütungsanspruch gegen seine Lizenznehmer auch durchzusetzen.[22] Ohne entsprechende Auskunft des Presseverlegers wird der Anspruch daher kaum durchsetzbar sein. Soweit es um die **Höhe der Beteiligung** geht, kann das Gericht nach § 287 Abs. 2 ZPO unter Würdigung aller Umstände nach freier Überzeugung entscheiden.

---

[21] Ebenso *Spindler* WRP 2013, 967 (972).
[22] Vgl. Büscher/Dittmer/Schiwy/*Mohme* UrhG § 87h Rn. 8, der dem Urheber aber einen Schadensersatzanspruch zusprechen will, wenn der Presseverleger seinen Vergütungsanspruch nicht wahrnimmt.

Teil 3. Besondere Bestimmungen für Filme

Vorbemerkung

Schrifttum: a) Älteres Schrifttum (Auswahl): *v. Gamm,* Grundfragen des Filmrechts, 1957; *Reimer,* Schranken der Rechtsübertragung im Urheberrecht, GRUR 1962, 619; *Ulmer,* Zur Neuregelung des Filmrechts, GRUR 1952, 5; *ders.,* Kinematographie und Urheberrecht, GRUR-Int 1953, 182.

b) Schrifttum bis 1987: *Bohr,* Die Urheberrechtsbeziehungen der an der Filmherstellung Beteiligten, 1978; *ders.,* Fragen der Abgrenzung und inhaltlichen Bestimmung der Filmurheberschaft, UFITA 78 (1977) 95; *Breloer,* Verfilmung, Verfilmungsrecht und Fernsehfilm, 1973; *Brugger,* Der Begriff der Bearbeitung und Verfilmung im neuen Urheberrechtsgesetz, UFITA 51 (1968) 89; *ders.,* Die neuen audiovisuellen Systeme, 1970; *ders.,* Das Begriffsbild der audiovisuellen Verwertung, FuR 1972, 372; *ders.,* Aktuelle Vertragsfragen für die Produktion von Fernseh- und Kinofilmen, FuR 1974, 757; *Brugger/Wedel,* Das Recht des Filmherstellers zur audiovisuellen Verwertung von Filmen unter Berücksichtigung der Zweckübertragungstheorie, UFITA 65 (1972) 159; *Christ,* Das Urheberrecht der Filmschaffenden, 1982; *Deutsche Vereinigung für gewerblichen Rechtsschutz und Urheberrecht,* Stellungnahme zu dem von Professor Dr. Eugen Ulmer erstatteten Gutachten zum Urhebervertragsrecht, insbesondere zum Recht der Sendeverträge, GRUR 1980, 1060; *Dünnwald,* Spielfilmauswertung und Zweckübertragungstheorie, GRUR 1973, 245; *ders.,* Gibt es ein Verfilmungsrecht und ein Filmherstellungsrecht?, FuR 1974, 76; *Goldman,* Das Hollywood-Geschäft, 1985; *Hertin,* Honorarbedingungen für Freie Mitarbeiter beim Rundfunk, FuR 1983, 151; *Hillig,* Filmauswertung und Zweckübertragungstheorie, FuR 1974, 576; *ders.,* Urhebervertragsrecht des Fernsehens und des Hörfunks, UFITA 73 (1975) 107; *ders.,* Die Urheberrechte des Bühnenbildners, FuR 1983, 298; *Hubmann,* Die geplante Neuregelung der Sendeverträge, GRUR 1978, 468; *Katzenberger,* Urheberrechtsfragen der elektronischen Textkommunikation, GRUR-Int 1983, 895; *ders.,* Urheberrechtsfragen der elektronischen Textkommunikation, in *Bullinger* (Hrsg.), Rechtsfragen der elektronischen Textkommunikation, 1984, S. 99; *Knorr,* Die Schutzfristberechnung bei Filmwerken, Diss. Berlin 1980; *Kreile,* Die Stellung des Fernsehproduzenten im Urheberrecht, FuR 1975, 293; *Kühlberg,* Zum Filmherstellungsrecht, FuR 1981, 359; *Loewenheim,* Urheberrechtlicher Schutz von Videospielen, Fs. für Hubmann, 1985, S. 307; *Mielke,* Vermietung von Videokassetten und Erschöpfung des Verbreitungsrechts, UFITA 101 (1985) 11; *Monaco,* Film verstehen. Kunst-Technik-Sprache. Geschichte und Theorie des Films, 1985; *Paschke,* Urheberrechtliche Grundlagen der Filmauftragsproduktion, FuR 1984, 403; *Platho,* Urheberrechtsprobleme der Weiterverbreitung von Sendungen in Kabelnetzen, 1983; *ders.,* Sind Kabel-, Satelliten- und Pay TV-Sendung eigenständige Nutzungsarten nach § 31 UrhG?, ZUM 1986, 572; *Poll,* (Hrsg.), Videorecht, Videowirtschaft. Ein Handbuch, 1986; *Reimer,* Urheberrechtsfragen der neuen audio-visuellen Medien, GRUR-Int 1973, 315; *Roeber,* Zum Thema: Urhebervertragsrecht, FuR 1974, 784; FuR 1975, 102, 319; *ders.,* Die fachliche Diskussion um ein Urhebervertragsgesetz, FuR 1979, 77; *Scharf,* Aktuelle Fragen des Satellitenrechts unter internationalen Aspekten, FuR 1973, 205; *Schweyer,* Die Zweckübertragungstheorie im Urheberrecht, 1982; *Strahl,* Wirtschaftliche Filmförderung des Bundes und ihre Folgen dargestellt am Beispiel des Filmförderungsgesetzes 1979, UFITA 103 (1986) 169; *Ulmer,* Urhebervertragsrecht, 1977; *v. Ungern-Sternberg,* Das Urheberrecht, der Hörfunk und das Fernsehen, ZHR-Beiheft Nr. 46 (1974) 51; *Wietek,* Der urheberrechtliche Schutz der Film- und Fernsehwerke (œuvres audiovisuelles) in Frankreich und der Bundesrepublik Deutschland, UFITA 49 (1967) 54.

c) Schrifttum seit 1987: *Becker,* Musik im Film – Rechtsprobleme aus der Sicht der GEMA, in *Becker* (Hrsg.), Musik im Film, 1993, S. 53; *ders.,* Aktuelle Probleme der Filmförderung, 1994; *ders.,* Die digitale Verwertung von Musikwerken aus der Sicht der Musikurheber, in *Becker/Dreier* (Hrsg.), Urheberrecht und digitale Technologie, 1994, S. 45; *Bohr,* Die urheberrechtliche Rolle des Drehbuchautors, ZUM 1992, 121; *Breidenstein,* Urheberrecht und Direktsatellit, 1993; *Budde,* Das sog. Filmherstellungsrecht, in *Moser/Scheuermann* (Hrsg.), Handbuch der Musikwirtschaft, 3. Aufl. 1994, S. 637; *Bundesregierung,* Bericht über die Auswirkungen der Urheberrechtsnovelle 1985 und Fragen des Urheber- und Leistungsschutzrechts, BTDrucks. 11/4929 vom 7.7.1989; *Claussen,* Die Vergütung für die Überspielung zum privaten Gebrauch gemäß § 54 Absatz 1 UrhG und ihre Verteilung unter die Berechtigten im Filmbereich, 1993; *Deutscher Bundestag* (Hrsg.), Enquete Kommission Zukunft der Medien in Wirtschaft und Gesellschaft; Deutschlands Weg in die Informationsgesellschaft: Neue Medien und Urheberrecht, 1997; *Deutsches Patentamt,* Richtlinie für die Verteilung des Aufkommens aus der Video-Geräte- und Cassetten-Abgabe, ZUM 1989, 506; *dass.,* Schriftverkehr zwischen dem Deutschen Patentamt und der VFF zur Verteilung des Aufkommens aus der Videogeräte- und Cassettenabgabe, ZUM 1990, 233; *Dreier,* Perspektiven einer Entwicklung des Urheberrechts, in *Becker/Dreier* (Hrsg.), Urheberrecht und digitale Technologie, 1994, S. 123; *ders.,* Urheberrecht auf dem Weg zur Informationsgesellschaft, GRUR 1997, 859; *Eberle,* Medien und Medienrecht im Umbruch, GRUR 1995, 790; *Ehlgen,* Merchandising, ZUM 1994, 1008; *Endter,* Internet – die unbekannte Nutzungsart, Fs. für Engelschall, 1996, S. 199; *Ernst,* Urheberrechtliche Probleme bei der Veranstaltung von On-demand-Diensten, GRUR 1997, 592; *Feyock/Straßer,* Die Abgrenzung der Filmwerke von Laufbildern am Beispiel der Kriegswochenschauen, ZUM 1992, 11; *Flechsig,* Einigungsvertrag und Urhebervertragsrecht, ZUM 1991, 1; *ders.,* Die clausula rebus sic stantibus im Urhebervertragsrecht – Die Lehre vom Wegfall der Geschäftsgrundlage im Urhebervertragsrecht im Lichte des Einigungsvertrages und Sendeauftrag der öffentlich-rechtlichen Rundfunkanstalten, Fs. für Nirk, 1992, S. 263; *Fuhr,* Der Anspruch des Sendeunternehmens nach §§ 94, 54 UrhG bei Auftragsproduktionen, Fs. für Reichardt, 1990, S. 29; *v. Gamm,* Urheber- und urhebervertragsrechtliche Probleme des „digitalen Fernsehens", ZUM 1994, 591; *v. Hartlieb,* Handbuch des Film-, Fernseh- und Videorechts, 3. Aufl., 1991; *Häußer,* Die Verteilung der im Rahmen der Wahrnehmung von Urheberrechten und Leistungsschutzrechten erzielten Einnahmen an Ausländer, Fs. für Kreile, 1994, S. 281; *Haupt,* Das Wiederholungshonorar für Drehbuchautoren, ZUM 1996, 636; *v. Have/Eickmeier,* Der Gesetzliche Rechtsschutz von Fersseh-Show-Formaten, ZUM 1994, 269; *Hegemann,* Nutzungs- und Verwertungsrechte an dem Filmstock der DEFA, 1996; *Heker,* Druckrechte, ZUM 1996, 1015; *Henning-Bodewig,* Urhebervertragsrecht auf dem Gebiet der Filmherstellung und -verwertung, Fs. für Schricker, 1995, S. 389; *Hertin,* Die urheberrechtliche Stellung des Kameramannes, UFITA 118 (1992) 57; *Hoeren,* Urheberrechtliche Probleme des Dokumentarfilms, GRUR 1992, 145; *ders.,* Multimedia als noch nicht bekannte Nutzungsart, CR 1995, 710; *Joch,* Das Filmherstellungsrecht am hergestellten Film. Zur Reichweite des Rechterückfalls in den Berechtigungsverträgen der GEMA, Fs. für Schwarz, 1988, S. 131; *Kanzog,* Die schöpferische Leistung der Filmarchitekten, Szenen- und Kostümbildner, UFITA 126 (1994) 31; *Katzenberger,* Die urheberrechtliche Stellung der Filmarchitekten und Kostümbildner, ZUM 1988, 545; *ders.,* Vom Kinofilm zum Videogramm, GRUR-Fs., 1991, S. 1401; *ders.,* Kein Laufbildschutz für ausländische Videospiele in Deutschland, GRUR-Int 1992, 513; *ders.,* Urhebervertragsrecht, in *Schricker* (Hrsg.), Urheberrecht auf dem Weg zur Informationsgesellschaft, 1997, S. 181; *Koch,* Rechtsschutz für Benutzeroberflächen von Software, GRUR 1991, 180; *Kreile, J.,* Aktuelle Probleme der Vertragsgestaltung bei der Produktion von Filmen und Fernsehfilmen – „Auftragsproduktion", ZUM 1991, 386; *Kreile, J./Westphal,* Multimedia und das Filmbearbeitungsrecht, GRUR 1996, 254; *Kreile, R.,* Einnahme und Verteilung der gesetzlichen Geräte- und Leerkassettenvergütung für private Vervielfältigung in Deutschland. Ein System hat sich bewährt, GRUR-Int 1992, 24; *Krüger,* Das Buch zum Film, Fs. für Schwarz, 1988, S. 153; *ders.,* Zur Wahrnehmung des sog. Filmherstellungsrechts durch die GEMA, Fs. für Reichardt, 1990, S. 79; *Lehmann,* Digitalisierung und Urhebervertragsrecht, in *Lehmann* (Hrsg.), Internet- und Multimediarecht (Cyberlaw), 1997, S. 57; *v. Lewinski,* Die Umsetzung der Richtlinie zum Vermiet- und Verleihrecht, ZUM 1995, 442; *v. Lewinski/Dreier,* Kolorierung von Filmen, Laufzeitänderung und Formatanpassung: Urheberrecht als Bollwerk?, GRUR-Int 1989, 635; *Litten,* Der Schutz von Fernsehshow- und Fernsehserienformaten, 1997; *Loewenheim,* Kurzkommentar zu BGH, Urt. v. 11.10.1990 – „Videozweitauswertung", EWiR 1991, 83; *ders.,* Vergütungsregelungen für das private Kopieren von Ton- und audiovisuellen Trägern in der EG, ZUM 1992, 109; *ders.,* Kurzkommentar zu BGH, Urt. v. 8.7.1993 – „Videozweitauswertung II", EWiR 1993, 1223; *ders.,* Die urheberrechtliche Stellung der Szenenbildner, Filmarchitekten und Kostümbildner, UFITA 126 (1994) 99; *ders.,* Urheberrechtliche Probleme bei Multimedia-Anwendungen, Fs. für Piper, 1996, S. 709; *ders.,* Urheberrechtliche Probleme bei Multimedia-Anwendungen, GRUR 1996, 830; *ders.,* Multimedia and the European Copyright Law, 27 IIC (1996) 41; *Lütje,* Die Rechte der Mitwirkenden am Filmwerk, 1987; *Merker,* Das Urheberrecht des Chefkameramannes am Spielfilmwerk, 1996; *Nordemann,* Die Verteilung der Geräte- und Leerkassettenvergütung nach der deutschen Urheberrechtsnovelle von 1985, Fs. für Voyame, 1989, S. 173; *Poll,* Filmherstellungs- und Filmeinblendungsrecht aus der Sicht der Videoproduzenten, in *Becker* (Hrsg.), Musik im Film, 1993, S. 99; *ders.,* Die Videoauswertung von alten TV-Musiksendungen, in *Moser/Scheuermann* (Hrsg.), Handbuch der Musikwirtschaft, 3. Aufl. 1994, S. 662; *Prümm,* Die schöpferische Rolle des Kameramannes, UFITA 118 (1992) 23; *Reber, N.,* Die Bekanntheit der Nutzungsart im Filmwesen – ein weiterer Mosaikstein in einem undeutlichen Bild, GRUR 1997, 162; *ders.,* Die Beteiligung von Urhebern und ausübenden Künstlern an der Verwertung von Filmwerken in Deutschland und den USA, 1998; *ders.,* Digitale Verwertungstechniken – neue Nutzungsarten: Hält das Urheberrecht der technischen Entwicklung noch stand?, GRUR 1998, 792; *ders.,* Die Substituierbarkeit von Nutzungsformen im Hinblick auf § 31 Abs. 4 und 5 UrhG, ZUM 1998, 481; *Rehbinder,* Zum Urheberrechtsschutz für fiktive Figuren, insbesondere für die Träger von Film- und Fernsehserien, Fs. für Schwarz, 1988, S. 163; *ders.,* Über Ursprung und Rechtsgrund einer Beteiligung der VGF an der Geräteabgabe, ZUM 1990, 234; *Reupert,* Der Film im Urheberrecht, 1995; *Reinbothe/v. Lewinski,* The EC Directive on Rental and Lending Rights and on Piracy, 1993; *Rochlitz,* Die Erst- bzw. Zweitauswertung von Musik-Bildtonträgern, in *Becker* (Hrsg.), Musik im Film, 1993, S. 77; *Rossbach,* Die Vergütungsansprüche im deutschen Urheberrecht: Praktische Wahrnehmung, Rechtsverkehr und Dogmatik, 1990; *Schack,* Der Vergütungsanspruch der in- und ausländischen Filmhersteller aus § 54 I UrhG, ZUM 1989, 267; *Scheuermann,* Urheber- und vertragsrechtliche Probleme der Videoauswertung von Filmen, 1990; *Schlatter,* Der Rechtsschutz von Computerspielen, Benutzeroberflächen und Computerkunst, in *Lehmann* (Hrsg.), Rechtsschutz und Verwertung von Computerprogrammen, 2. Aufl. 1993, S. 169; *Schricker,* Kurzkommentar zu BGH, Urt. v. 22.10.1992 – „Filmhersteller", EWiR 1993, 399; *ders.,* Kurzkommentar zu BGH, Urt. v. 26.1.1995 – „Videozweitauswertung III", EWiR 1995, 393; *ders.,* Kurzkommentar zu BGH, Urt. v. 4.7.1996 – „Klimbim", EWiR 1996, 1139; *ders.* (Hrsg.), Urheberrecht auf dem Weg zur Informationsgesellschaft, 1997; *ders.,* Multiforme Werke – Urheberrecht in einer sich wandelnden Medienwelt, Fs. für Strömholm, 1997, S. 755; *Schulze, G.,* Teil-Werknutzung, Bearbeitung und Werkverbindung bei Musikwerken – Grenzen des Wahrnehmungsumfangs der GEMA, ZUM 1993, 255; *ders.,* Urheber- und Leistungsschutzrechte des Kameramanns, GRUR 1994, 855; *ders.,* Urheber- und leistungsschutzrechtliche Fragen virtueller Figuren, ZUM 1997, 77; *Schwarz, M.,* Schutzmöglichkeiten audiovisueller Werke von der Idee bis zum fertigen Werk – aus der Sicht anwaltlicher Beratung, ZUM 1990, 317; *ders.,* Aktuelle Probleme der Vertragsgestaltung bei der Produktion von Filmen und Fernsehfilmen – „Internationale Co-Produktionen", ZUM 1991, 381; *ders.,* Der urheberrechtliche Schutz audiovisueller Werke im Zeitalter der digitalen Medien, in *Becker/Dreier* (Hrsg.), Urheberrecht und digitale Technologie, 1994, S. 105; *ders.,* Urheberrecht und unkörperliche Verbreitung multimedialer Werke, GRUR 1996, 836; *ders.,* Anmerkung zum Urteil des Bundesgerichtshofs vom 4. Juli 1996 (AZ I ZR 101/94), ZUM 1997, 94; *Schwarz, W./Freys/Schwarz, M.,* Schutz und Lizenzierung von Fernsehshowformaten, Fs. für Reichardt, 1990, S. 203; *Schwarz, W./Schwarz, M.,* Die Bedeutung des Filmherstellungsrechtes für die Auswertung des fertiggestellten Filmes, ZUM 1988, 429; *Siefahrt,* US-amerikanisches Filmurheberrecht, 1991; *Straßer,* Die Abgrenzung der Laufbilder vom Filmwerk, 1995; *Ulmer-Eilfort,* US-Filmproduzenten und deutsche Vergütungsansprüche, 1993; *Urek,* Die Abgrenzung des Filmherstellungsrechts von den Filmauswertungsrechten, ZUM 1993, 168; *Wandtke,* Deutsche Kriegswochenschauen als Filmwerke, UFITA 132 (1996) 31; *Wandtke/Haupt,* Zur Stellung des Fernsehregisseurs und dessen Rechte im Zusammenhang mit dem Einigungsvertrag, GRUR 1992, 21; *Wittig/Terhardt,* Zweckübertragungstheorie und Praxis der Senderechtseinräumung im öffentlich-rechtlichen Rundfunk am Beginn der 90er Jahre, Fs. für Reichardt, 1990, S. 245; *Zabre,* Randnutzung durch Rundfunkanstalten, 1991.

d) Schrifttum seit 1998/1999: *Becker, J.,* Die Schöpfer von Filmmusik und die Verwaltung ihrer Rechte durch die GEMA, ZUM 1999, 16; *Berger,* Das neue Urhebervertragsrecht, 2003; *Bortloff,* Internationale Lizenzierung von Internet-Simulcasts durch die Tonträgerindustrie, GRUR-Int 2003, 669; *Castendyk,* Neue Ansätze zum Problem der unbekannten Nutzungsart in § 31 Abs. 4 UrhG, ZUM 2004, 332; *Castendyk/Schwarzbart,* Die Rechte des Fernsehshow-Regisseurs aus dem Urheberrecht, UFITA 2007, 33; *Degmair,* Die Schutzfähigkeit von Fernsehshowformaten nach dem spanischen Urheberrecht, GRUR-Int 2003, 204; *Duvvuri,* Öffentliche Filmförderung in Deutschland, 2007; *Erdmann,* Urhebervertragsrecht im Meinungsstreit, GRUR 2002, 923; *Fette,* DVD – keine neue unbekannte Nutzungsart, ZUM 2003, 49; *Flatau,* Neue Verbreitungsformen für Fernsehen und ihre rechtliche Einordnung: IPTV aus technischer Sicht, ZUM 2007, 1; *Flechsig,* Formatschutz und Anforderungen an urheberrechtlich geschütztes Werkschaffen, ZUM 2003, 767; *Haas,* Das neue Urhebervertragsrecht, 2002; *v. Hartlieb/Schwarz* (Hrsg.), Handbuch des Film-, Fernseh- und Videorechts[4], 2004; *Haupt* (Hrsg.), Urheberrecht für Filmschaffende, 2008; *Heinkelein/Fey,* Der Schutz von Fernsehformaten im deutschen Urheberrecht, GRUR-Int 2004, 378; *Henning-Bodewig,* Urhebervertragsrecht auf dem Gebiet der Filmherstellung und -verwertung, in Fs. für Schricker, 2005, S. 389; *Hucko* (2002), Das neue Urhebervertragsrecht, 2002; *Jacobs,* Die Urheberrechtsfähigkeit von Sendeformaten, Fs. für Raue, 2006, S. 499; *Jani,* Der Buy-out-Vertrag im Urheberrecht, 2003; *Kasten,* Das kulturwirtschaftliche Ziel bleibt unscharf – Zur Novelle des Filmförderungsgesetzes aus der Sicht der Urheber, ZUM 2008, 751; *Katzenberger,* Die rechtliche Stellung des Filmproduzenten im internationalen Vergleich, ZUM 2003,

712; *ders.,* Filmverwertung auf DVD als unbekannte Nutzungsart im Sinne des § 31 Abs. 4 UrhG, GRUR-Int 2003, 889; *ders.,* Film auf DVD. Neue Fakten und Überlegungen zu § 31 Abs. 4 UrhG, GRUR-Int 2005, 215; *Klages* (Hrsg.), Grundzüge des Filmrechts, 2004; *Kreile, J.,* Die Berechtigten am Film: Produzent/Producer aus der Sicht der Verwertungsgesellschaft, ZUM 1999, 59; *ders.,* Der Zweitverwertungsmarkt – Ein Weg zur Stärkung der Unabhängigkeit der Produzenten, ZUM 2000, 364; *ders.,* Neue Nutzungsarten – Neue Organisation der Rechteverwaltung? ZUM 2007, 682; *Kreile, J./Höfinger,* Der Produzent als Urheber, ZUM 2003, 719; *Lausen,* Der Rechtsschutz von Sendeformaten, 1998; *ders.,* Der Schutz des Showformats, Fs. für W. Schwarz, 1999, S. 169; *Loewenheim,* Rechtswahl bei Filmlizenzverträgen, ZUM 1999, 923; *Lütje,* Deutsche Filmförderung – Quo Vadis?, Fs. für Raue, 2006, S. 541; *Neckermann,* Außergewöhnliches Filmjahr bringt Rekordbesuch, Media Perspektiven 2002, 557; *Nordemann,* Das neue Urhebervertragsrecht, 2002; *Obergfell,* Filmverträge im deutschen materiellen und internationalen Privatrecht, 2001; *dies.,* Kein Harmonisierungsbedarf im europäischen Filmurheberrecht? – Bemerkungen zum Kommissionsbericht über die Frage der Filmurheberschaft in der Gemeinschaft, The European Legal Forum 2003, 200; *v. Olenhusen,* Film- und Fernsehen, Arbeitsrecht – Tarifrecht – Vertragrecht, 2001; *Ory,* Rechtliche Überlegungen aus Anlass des „Handy-TV" nach dem DMB-Standard, ZUM 2007, 7; *Ott,* Der Filmproduzent ist kein Urheber, ZUM 2003, 765; *Pätzold/Röper,* Fernsehproduktionsmarkt Deutschland 2001–2002, Media Perspektiven 2004, 576; *Pense,* Der urheberrechtliche Filmherstellerbegriff des § 94 UrhG, ZUM 1999, 121; *Peters,* Fernseh- und Filmproduktion Rechtshandbuch, 2003; *Poll,* Urheberschaft und Verwertungsrecht am Filmwerk, ZUM 1999, 29; *ders.,* Die Harmonisierung des europäischen Filmurheberrechts aus deutscher Sicht, GRUR-Int 2003, 290; *Poll/Brauneck,* Rechtliche Aspekte des Gaming-Markts, GRUR 2001, 389; *Reber, N.,* Die Beteiligung von Urhebern und ausübenden Künstlern an der Verwertung von Filmwerken in Deutschland und den USA, 1998; *ders.,* Digitale Verwertungstechniken – neue Nutzungsarten: Hält das Urheberrecht der technischen Entwicklung noch stand?, GRUR 1998, 792; *ders.,* Die Redlichkeit der Vergütung (§ 32 UrhG) im Film- und Fernsehbereich, GRUR 2003, 393; *ders.,* „Gemeinsame Vergütungsregelungen" in den Guild Agreements der Film- und Fernsehbranche in den USA – ein Vorbild für Deutschland (§§ 32, 32a, 36 UrhG)?, GRUR-Int 2006, 9; *Schricker,* Anmerkung zu BGH 26.6.2003, LMK 2004, 195; *Schulz,* Filmmusik-Lizenzverträge, in *Moser/Scheuermann* (Hrsg.), Handbuch der Musikwirtschaft⁶, 2003, S. 1380; *Schulze, G.,* Zur Beschränkung des Filmherstellungsrechts bei Musikwerken, Fs. für Hertin, 2000, S. 237 = GRUR 2001, 1084; *ders.,* Nachschlag bei Dinner for One, in Fs. für Nordemann, 2004, S. 251; *Schulze, M.,* Weglassen und Austausch von Filmmusik, Fs. für Hertin, 2000, S. 247; *Schwabe,* Filmlizenzen in der Insolvenz, 2007; *Schwarz,* Der Options- und Verfilmungsvertrag, Fs. für W. Schwarz, 1999, S. 201; *ders.,* Der Entwurf für ein neues Filmförderungsgesetz 2009 – Eine Beurteilung aus Sicht der Produktionswirtschaft, ZUM 2008, 730; *Ulbricht,* Unterhaltungssoftware: Urheberrechtliche Bindungen bei Projekt- und Publishingverträgen, CR 2002, 317; *Weber, P.,* Die Novelle zum Filmförderungsgesetz aus Sicht des öffentlich-rechtlichen Rundfunks, ZUM 2008, 736.

e) Schrifttum seit 2009/2010: *Basse,* Gemeinsame Vergütungsregeln im Urhebervertragsrecht, 2007; *Beisler,* Autorenanteil – Der Begriff des BGH, ZUM 2014, 549; *Berger/Freyer,* Neue individualvertragliche und kollektivrechtliche Instrumente …, ZUM 2016, 569; *Boeser,* Modelle kollektiver Beteiligungsregelungen in der Filmverwertung, ZUM 2013, 737; *Bergau,* Modelle kollektiver Beteiligung an der Filmverwertung, ZUM 2013, 725; *Busch,* Die urheberrechtliche Stellung des Bildgestalters im internationalen Vergleich – eine Synopse, GRUR-Int 2010, 699; *Castendyk,* Alarm für Cobra 11, Alphateam und der Bulle von Tölz – Strukturen der angemessenen Vergütung und der weiteren Beteiligung bei TV-Produktionen, Fs. für M. Schwarz, 2017, S. 245; *Datta,* Collective bargaining agreements in the film industry: U.S. guild agreements for Germany?, 2 Berkeley J. Ent. & Sports L. 2013, 200; *ders.,* Die angemessene Vergütung des Urhebers, 2018; *Diesbach,* Unbekannte Nutzungsarten bei Altfilmen: Der BGH gegen den Rest der Welt, ZUM 2011, 623; *Döring/Schafmeister,* Komplexe Werke und einfache Vergütungsstrukturen – Das Problem der Binnengerechtigkeit, ZUM 2015, 725; *Fette,* Der Sender einer Auftragsproduktion als Werknutzer im Sinne von § 36 UrhG – Eine Bestandsaufnahme zur gesetzlichen Regelung des Urhebervertragsrechts in der UrhG-Novelle 2002 anhand des Urteils des LG München I vom 6.11.2012 – 33 O 1081/12, ZUM 2013, 29; *Flechsig,* Vorausabtretung gesetzlicher Vergütungsansprüche – Unionsrechtliche Auswirkungen der EuGH-Entscheidung Luksan auf Urheber, Verwertung und Intermediäre, MMR 2012, 293; *ders.,* Verkehrsfähigkeit gesetzlicher Vergütungsansprüche des Filmherstellers, ZUM 2012, 855; *Franz,* Ist „Virtual Reality" eine neue Nutzungsart?, ZUM 2017, 207; *Hansen,* Rechtliche Fallstricke trans- bzw. crossmedialer Bewegtbild-Produktionen, ZUM 2014, 175; *Hillig,* Wiederholungshonorare für Drehbuchautoren und Regisseure bei Übernahmesendungen anderer Rundfunkanstalten – Zur Auslegung der Urheberrechtstarifverträge für freie Mitarbeiter des WDR durch das BAG, ZUM 2010, 514; *Kasten,* Reform des Urhebervertragsrechts aus Sicht der Regisseure, ZUM 2015, 479; *ders.,* Strategien der Verweigerung und Risikoanhäufung – Probleme der Anwendung des neuen Urhebervertragsrechts in der Film- und Fernsehwirtschaft, ZUM 2010, 130; *Katzenberger,* in Obergfell (Hrsg.), Zehn Jahre reformiertes Urhebervertragsrecht, 2013; *ders.,* Filmurheber und § 137l UrhG, GRUR-Int 2010, 710; *ders.,* Inländerbehandlung ausübender Künstler nach dem Rom-Abkommen, GRUR 2017, 315; *Kyre,* Angemessene Vergütung nach § 32 UrhG durch Dritte? Zu den Vergütungsansprüchen von Komponisten bei der Eigen- und Auftragsproduktion im Fernsehen, UFITA 2011, 81; *v. Lewinski,* Ein Happy End nach vielen Anläufen: Der Vertrag vom Peking zum Schutz von audiovisuellen Darbietungen, GRUR-Int 2013, 12; *Lucas-Schloetter,* Das neue Urhebervertragsrecht, GRUR 2017, 235; *dies.,* Richtlinienvorschlag über das Urheberrecht im digitalen Binnenmarkt; GRUR-Int 2018, 430; *Metzger,* Der Einfluss des EuGH auf die gegenwärtige Entwicklung des Urheberrechts GRUR 2012, 118; *Neubauer,* Gemeinsame Vergütungsregeln (GVR), ZUM 2013, 716; *ders.,* Komplexe Werke und einfache Vergütungsstrukturen – Die Sicht der „Außenseiter", ZUM 2015, 753; *Ohly,* Verschärfung des Urhebervertragsrechts, AfP 2015, 389; *Ory,* Abweichen von gemeinsamen Vergütungsregeln, ZUM 2017, 457; *Peifer,* Der Referentenentwurf zum Urhebervertragsrecht, GRUR 2016, 6; *ders.,* Urhebervertragsrecht in der Reform, 2016; *ders.* Das neue Urhebervertragsrecht – Herausforderungen für die Vertragsgestaltung, AfP 2018, 109; *Poll,* Zur Bedeutung und Reichweite des „Filmherstellungsrechts" an der Musik bei der Produktion von TV-Shows, ZUM 2014, 877; *Reber, N.,* Der Ertrag als Grundlage der angemessenen Vergütung/Beteiligung des Urhebers (§§ 32, 32a, 32c UrhG) in der Film- und Fernsehbranche, GRUR-Int 2011, 569; *ders.,* Der lange Weg zur ersten gemeinsamen Vergütungsregel über den Kinofilm, GRUR 2013, 1106; *ders.,* Fallstricke des § 32a Abs. 2 UrhG – der Anspruch des Urhebers auf „Fairnessausgleich" (Bestseller) gegenüber dem Drittnutzer, GRUR-Int 2015, 802; *ders.,* Der „Werknutzer"-Begriff im Recht der gemeinsamen Vergütungsregeln (§§ 36, 36a UrhG) – alle Fragen offen?, ZUM 2018, 417; *ders.,* Die urhebervertragsrechtlichen Regelungen zur „angemessenen Vergütung" (Art. 18, 20) in der „Richtlinie über das Urheberrecht im digitalen Binnenmarkt" vor dem Hintergrund der nationalen Rechtslage, GRUR 2019, 891; *Riesenhuber,* Priorität als Verteilungsprinzip, ZUM 2012, 746; *Sascha,* Urheberpersönlichkeitsrecht der dritten Dimension – wie sich ein Filmurheber gegen die 3-D-Konvertierung seines Werkes zur Wehr setzen kann, UFITA 2012, 721; *Schaper/Verweyen,* Die Europäische Urheberrechtsrichtlinie (EU) 2019/790, K&R

2019, 433; *Schulze,* in FS Bornkamm, Kein Pauschalentgelt bei zeitlich unbegrenzter Rechtseinräumung, 2014; *ders.,* Das Urhebervertragsrecht nach Erlass der EU-Richtlinie über das Urheberrecht im digitalen Binnenmarkt, GRUR 2019, 682; *Schwarz,* Reform des Urhebervertragsrechts aus Sicht der Filmproduzenten, ZUM 2015, 466; *ders.,* Erste Gemeinsame Vergütungsregeln für den Filmbereich, IPRB 2013, 91; *ders.,* Das Recht zur „Wiederverfilmung" nach den Urheberrechtsnovellen, Fs. für G. Schulze, 2017, S. 315; *Schwarz/Hansen,* Der Produzent als (Mit-)Filmurheber – Plädoyer für die Anerkennung eines Urheberrechts des Kreativproduzenten, GRUR 2011, 109; *Spindler,* Reformen der Vergütungsregeln im Urhebervertragsrecht, ZUM 2012, 921; *Stieper,* Ein angemessener Interessenausgleich im Verhältnis von Kreativen zu Rechteinhabern und Verwertungsgesellschaften? ZUM 2019, 393; *v. Ungern-Sternberg,* Die Rechtsprechung des EuGH und des BGH zum Urheberrecht und zu den verwandten Schutzrechten in den Jahren 2010 bis 2015, GRUR 2012, 224; GRUR 2012, 321; GRUR 2013, 248; GRUR 2014, 209; GRUR 2016, 321; *ders.,* Das Urteil des BGH „Verlegeranteil" und seine Folgen – zugleich eine Erwiderung auf Riesenhuber, ZUM 2018, 407, JurPC Web-Dok. 105/2018, Abs. 1–86; *Walter,* Zur Reform des österreichischen Filmurheberrechts – Zugleich Anmerkung zum Arbeitspapier des Bundesministeriums für Justiz 2012, Medien und Recht 2013, 73; *Wandtke,* Der Anspruch auf angemessene Vergütung für Filmurheber nach § 32 UrhG, GRUR-Int 2010, 704; *ders./Leidl,* Zur Kündigung gemeinsamer Vergütungsregeln (GVR), ZUM 2017, 609; *Weber,* Rahmenverträge und gemeinsame Vergütungsregeln nach Urhebervertragsrecht – aus der Praxis des ZDF, ZUM 2013, 740.

S. ferner die Schrifttumsnachweise zu §§ 91, 93, 94.

Übersicht

I. Allgemeines

1 Das **Filmrecht** zählt zu den wirtschaftlich bedeutendsten, aber **rechtlich schwierigsten Teilgebieten des Urheberrechts.** Die Gründe für diese Schwierigkeiten sind mannigfaltig. Ein wesentlicher Grund liegt in der **Eigenart des Filmes** und zumal des Spielfilms als Idealtypus des Filmes. Er bildet eine Kunst- und Werkgattung sui generis und erscheint als Einheit,[1] in die schöpferische und andere künstlerische Beiträge unterschiedlicher Art einer häufig größeren Zahl von Personen eingehen und deren professionelle Herstellung idR einen beträchtlichen finanziellen, technischen und organisatorischen Aufwand bedingt. Jedenfalls durch den erstgenannten Umstand unterscheidet sich der Film wesentlich von anderen Gegenständen des Urheberrechts, wie den Werken der Literatur, der Musik und der bildenden Künste. Nach verbreiteter herkömmlicher, aber zB große verlegerische Editionen und Tonträgerproduktionen vernachlässigender Auffassung soll dies auch für den zweiten Umstand gelten. Das Recht sieht sich beim Film durch beide Aspekte auf besondere Weise vor die Aufgabe gestellt, die Interessen der verschiedenen an der Filmherstellung Beteiligten zu einem angemessenen Ausgleich zu bringen.

2 Der Film ist außerdem, verglichen mit jenen anderen, traditionellen Werkarten, eine noch **junge Kunstform.** Er entwickelte sich als Stummfilm erst gegen Ende des 19. Jahrhunderts und als Tonfilm

---

[1] S. AmtlBegr. BT-Drs. IV/270, 37 f. zu § 2 Abs. 1 Nr. 6.

erst in der zweiten Hälfte der zwanziger Jahre des 20. Jahrhunderts.[2] Daraus folgten und folgen Probleme der Anwendung urheberrechtlicher Rechtsinstitute, wie der Urheberschaft, der Miturheberschaft, der Werkverbindung und der Bearbeitung, die zunächst am Modell jener anderen Werkarten entwickelt wurden, auf den Film mit seinen eigengearteten Entstehungsbedingungen und Strukturen.

Ein weiterer Grund für die Schwierigkeiten der urheberrechtlichen Beurteilung des Filmes liegt in **3** der **Systematik des UrhG.** Es hält in seinem Dritten Teil in den §§ 88–95 zwar besondere Bestimmungen für Filme bereit, jedoch enthalten diese keine umfassende Regelung aller urheberrechtlichen Aspekte des Filmes. Normiert sind hier vielmehr nur einige, wenn auch wichtige Fragen. Daraus ergibt sich, dass die Sondervorschriften der §§ 88–95 für Filme die allgemeinen Bestimmungen des UrhG über das Urheberrecht (Erster Teil des Gesetzes, §§ 1–69g) und die verwandten Schutzrechte (Zweiter Teil des Gesetzes, §§ 70–87h) nur partiell verdrängen und ersetzen. Selbst unmittelbare Regelungsgegenstände der besonderen Bestimmungen für Filme, wie der Umfang der vertraglichen Rechtseinräumung an den Filmhersteller nach §§ 88, 89, 92 nF, sind in den Sondervorschriften nur unvollständig geregelt, so dass ergänzend wiederum auf die einschlägigen allgemeinen Regeln zurückgegriffen werden muss. Hinzu kommt, dass bei den einzelnen Vorschriften der §§ 88–95 jeweils geprüft werden muss, ob sie hinsichtlich älterer Filme und Verträge nach den Übergangsbestimmungen des UrhG (§§ 129 ff.) überhaupt angewendet werden dürfen.

II. Der Film in der Geschichte des Urheberrechts

1. Das **LUG von 1901** und das **KUG von 1907** enthielten in ihrer ursprünglichen Fassung keine **4** Bestimmungen speziell über den Film. Bereits im Jahre 1908 aber beschloss die Berliner Konferenz zur Revision der Berner Übereinkunft zum Schutz von Werken der Literatur und Kunst im Hinblick auf den Stummfilm die Einfügung einer eigenen Vorschrift (Art. 14) über die „Kinematographie" in den Konventionstext. Diese berücksichtigte bereits zwei Aspekte der neuen Kunstgattung: den Schutz anderer, insbesondere literarischer Werke gegen die kinematographische Verwertung zum einen und den Schutz schöpferischer Erzeugnisse der Kinematographie ihrerseits zum anderen.[3]

2. In Deutschland wurde die konventionsrechtliche Regelung durch das **Gesetz zur Ausführung** **5** **der revidierten Berner Übereinkunft** vom 22.5.1910 in das LUG und das KUG übergeleitet. In § 12 Abs. 2 Nr. 6 LUG fand der Schutz literarischer Werke gegen die filmische Verwertung als besondere Form der Bearbeitung Anerkennung. Zusätzlich bestimmte § 14 Nr. 5 LUG für den Fall der vertraglichen Übertragung des Urheberrechts an solchen Werken und des Fehlens einer anders lautenden Vereinbarung, dass dem Urheber neben anderen Befugnissen auch die Rechte zur filmischen Verwertung seines Werkes verblieben. Die Bestimmung über den Schutz der Filmwerke selbst wurde als § 15a in das KUG aufgenommen, wobei der Gesetzgeber nur den Stummfilm bedenken konnte und an den Schutz fotografischer Werke durch eben dieses Gesetz anknüpfte.[4]

3. In der Folgezeit, zumal nach Aufkommen des Tonfilms, erwiesen sich insbesondere § 15a KUG **6** und die gesetzliche Verankerung des Filmwerkschutzes in diesem Gesetz insgesamt als unzureichend; die **Schutzlücken** waren nach hM durch Anwendung allgemeiner urheberrechtlicher Grundsätze und der Bestimmungen auch des LUG zu schließen.[5] In der Rechtsprechung erlangte insbesondere die **Tonfilm-Entscheidung** des RG vom 5.4.1933[6] grundlegende und bis heute nachwirkende Bedeutung. Sie anerkannte das selbstständige Verfügungsrecht des Komponisten über die Rechte an der Tonfilmmusik sowie die rechtliche Wirksamkeit und dingliche Wirkung der Übertragung des Aufführungsrechts an solcher Musik erst als künftig zu schaffender Musik auf eine urheberrechtliche Verwertungsgesellschaft. Filmtheater konnten somit das Recht zu der mit der Filmvorführung einhergehenden Aufführung der Tonfilmmusik von Komponisten, die dieses Recht einer Verwertungsgesellschaft übertragen hatten, nicht von Seiten des Filmherstellers bzw. über das Filmverleihunternehmen, sondern nur durch die Verwertungsgesellschaft erlangen. Auch heute noch erwerben Filmtheater die Wiedergaberechte an Tonfilmmusik von Wahrnehmungsberechtigten der Verwertungsgesellschaft GEMA über Pauschalverträge von dieser, nicht vom Filmproduzenten.[7]

4. Wichtigster Streitpunkt des Filmurheberrechts vor Verkündung des UrhG von 1965 war die **7** **Frage der Filmurheberschaft** und dabei insbesondere die Frage des originären Erwerbs des Urheberrechts am Filmwerk durch die an seiner Entstehung schöpferisch beteiligten Personen oder durch den Filmhersteller.[8] Der im Jahre 1954 veröffentlichte **Referentenentwurf** zum UrhG bezog, in der Form einer gesetzlichen Fiktion, die Position des originären Urheberrechts des Filmherstellers am Filmwerk selbst (§ 93 Abs. 1 RefE), unterschied davon aber die Urheberrechte an den zur Herstel-

---

[2] S. zur Geschichte des Filmes *Monaco* S. 214 ff. sowie die Bibliographie auf S. 418 ff.
[3] S. zum Vorstehenden und zum Folgenden näher *Katzenberger* FS GRUR, 1991, 1401 (1409 ff.).
[4] S. *Ulmer*, 2. Aufl., § 26 I 2.
[5] S. *Ulmer*, 2. Aufl., § 26 I, III.
[6] RGZ 140, 231.
[7] Vgl. *Ulmer* § 115 II 2; *Rehbinder/Peukert* § 20 II 2; ausführlich, auch unter dem Aspekt des § 32 UrhG, *Kyre* UFITA 2011, 81 ff.
[8] Zum Streitstand *Ulmer*, 2. Aufl., § 35 I, II.

lung des Filmwerks benutzten Werken, aus deren Kreis er den verfilmten Roman, das Drehbuch und die Filmmusik ausdrücklich und beispielhaft benannte (§ 93 Abs. 2 RefE), sowie die Leistungsschutzrechte der an der Herstellung des Filmwerks mitwirkenden ausübenden Künstler (§§ 73 ff., 99 RefE). Durch das Urheberrecht des Filmherstellers sollte diesem die wirtschaftliche Auswertung des Filmwerks erleichtert und der Schwierigkeit begegnet werden, festzustellen, welche der uU zahlreichen an den Dreharbeiten mitwirkenden Personen im Einzelfall schöpferische Leistungen erbringen; deren Leistungen würden idR nur, unerkennbar von wem sie stammten, auf dem Filmstreifen festgelegt, während die Inhaber der bei der Filmherstellung benutzten Werke idR leicht feststellbar seien.[9] Der RefE enthielt ferner ua Bestimmungen über den Umfang der Rechtseinräumung bei Vergabe des Verfilmungsrechts an den zur Herstellung des Filmes benutzten Werken (§ 92), über den Schutz der Leistung des Regisseurs (§ 96) und des Filmwerks insgesamt (§ 97) gegen Entstellung sowie über die Dauer des Urheberrechts am Filmwerk, das 50 Jahre nach der Veröffentlichung bzw. Herstellung erlöschen sollte (§ 98 Abs. 1). Mit dem Ablauf dieser Frist sollte bezüglich der Verwertung des betreffenden Filmwerks auch das Verwertungsrecht an den zur Herstellung dieses Filmwerks benutzten Werken erlöschen (§ 98 Abs. 2).

8   **5.** Insbesondere das fiktive originäre Urheberrecht des Filmherstellers am Filmwerk, wie es der RefE vorsah, wurde in der Wissenschaft und von den beteiligten Urheberkreisen heftig kritisiert, weil es dem Grundsatz widersprach, dass das Urheberrecht originär nur für den Schöpfer des Werkes entsteht. Die dem RefE folgenden amtlichen Gesetzentwürfe, der **Ministerialentwurf** von 1959 und der **Regierungsentwurf** von 1962, rückten daher vom Urheberrecht des Filmherstellers wieder ab.[10] Sie behielten aber die Unterscheidung zwischen den Rechten an den für die Filmherstellung benutzten Werken und den Rechten am Filmwerk selbst bei, ersetzten die Bestimmung über die Urheberschaft am Filmwerk durch eine gesetzliche Vermutung über den Umfang der vertraglichen Rechtseinräumung an den Filmhersteller auch bezüglich des Filmwerks als solchen, schränkten zugunsten der erleichterten Filmverwertung durch den Hersteller bestimmte Rechte der Urheber und ausübenden Künstler ein, verzichteten auf eine besondere Regelung über die Dauer des Schutzes von Filmwerken und gestanden dem Filmhersteller ein den Rechten der Tonträgerhersteller und der Sendeunternehmen ähnliches, mit dem Urheberrecht verwandtes Schutzrecht zu. Diese Grundkonzeption lag auch den Filmrechtsregelungen des **UrhG in seiner ursprünglichen Fassung** von 1965 zugrunde.

Auch das **geltende Recht** hält an dieser Grundkonzeption fest. Jedoch enthält es aufgrund des **3.** und des **4. UrhGÄndG** von 23.6.1995 (BGBl. I S. 842) und vom 8.5.1998 (BGBl. I S. 902) eine Reihe markanter **Änderungen:** insbes. eine Spezialbestimmung über die Schutzdauer von Filmwerken (§ 65 Abs. 2),[11] eine Verbesserung der Rechtsstellung der an einem Filmwerk mitwirkenden ausübenden Künstler (§ 92 nF)[12] und eine zeitliche und inhaltliche Erweiterung des verwandten Schutzrechts des Filmherstellers (§ 94 Abs. 3 und 4 nF).[13] Diese Änderungsgesetze dienten der Umsetzung von drei europäischen Harmonisierungsrichtlinien in das deutsche Recht, nämlich der Vermiet- und Verleihrechtsrichtlinie, der Schutzdauerrichtlinie und der Satelliten- und Kabelrichtlinie.[14] Unabhängig von Vorgaben des europäischen Rechts wurden die filmrechtlichen Vorschriften der §§ 88, 89 und 90 durch das **Urhebervertragsgesetz** des Jahres 2002[15] erneut geändert und § 91 aufgehoben. Weitere Änderungen der §§ 92, 93 und 94 erfolgten wiederum aus europäischem Anlass durch die **UrhG-Novelle 2003,** das **Gesetz zur Regelung des Urheberrechts in der Informationsgesellschaft** vom 10.9.2003,[16] und der **Referentenentwurf** vom 27.9.2004[17] für ein **Zweites Gesetz zur Regelung des Urheberrechts in der Informationsgesellschaft** sah, ohne europäischen Zwang, bereits wieder tiefgreifende Änderungen der §§ 88, 89 vor: zu Lasten der Urheber und zu Gunsten der Filmproduzenten, bis hin zu einer cessio legis der Rechte der Filmurheber iSd § 89 auf die letzteren. Der **Regierungsentwurf** zu diesem Gesetz[18] und dann auch **die Neufassung des § 89** durch das **Gesetz vom 26.10.2007** selbst[19] sahen von einer so weitgehenden Entrechtung der Filmurheber ab. Jedoch wurde die in **§ 89 Abs. 1 (und § 88 Abs. 1)** schon von Anfang an bestimmte **gesetzliche Vermutung der Rechtseinräumung an den Filmhersteller** nunmehr **auch auf Nutzungsarten** erstreckt, die im Zeitpunkt des Vertragsschlusses noch **unbekannt** waren. Dies geschah im Zusammenhang damit, dass § 31 Abs. 4 aF betr. die Unwirksamkeit der Einräumung von Nutzungsrechten für unbekannte Nutzungsarten und von Verpflichtungen hierzu durch dasselbe Gesetz (Art. 1 Nr. 3) aufgehoben und durch neue §§ 31a, 32c betr. Verträge über unbekannte Nutzungsarten ersetzt wurde. Auch für den Filmbereich beibehalten wurden dabei zwar das grundsätzliche Erfordernis

---

[9] RefE 1954 S. 218 ff.
[10] S. AmtlBegr. BT-Drs. IV/270, 35.
[11] → § 65 Rn. 4 f.
[12] → § 92 Rn. 3.
[13] → § 94 Rn. 22, 32, 35.
[14] Zu diesen → Einl. UrhG Rn. 97.
[15] Dazu → Vor §§ 31 ff. Rn. 9 f.
[16] BGBl. 2003 I S. 1774.
[17] Abrufbar unter www.urheberrecht.org./topic/Korb-2/bmj/760.pdf.
[18] BT-Drs. 16/1828.
[19] BGBl. I S. 2513 (2517), Art. 1 Nr. 20.

der **Schriftform** (§ 31a Abs. 1 S. 1, 2), und der **Vergütungsanspruch** (§ 32c), **nicht** aber die Möglichkeiten des **Widerrufs** (§§ 31a Abs. 1 S. 3 und 4, Abs. 2 und 3, 88 Abs. 1 S. 2, 89 Abs. 1 S. 2) und die **Unverzichtbarkeit** der Rechte des Urhebers aus § 31a gemäß Abs. 4 (§§ 88 Abs. 1 S. 2, 89 Abs. 1 S. 2). Noch weitergehend sieht die **Übergangsvorschrift des § 137l Abs. 1 S. 1** für die Einräumung von Nutzungsrechten im Zeitraum seit Inkrafttreten des ursprünglichen UrhG am 1.1.1966 (§ 143 Abs. 2) und dem 1.1.2008, dem Zeitpunkt des Inkrafttretens des Gesetzes vom 26.10.2007 (Art. 4), unter bestimmten Voraussetzungen sogar eine gesetzliche **Übertragungsfiktion** ua für früher unbekannte Nutzungsarten vor, die allerdings für Rechtseinräumungen an Werken aller Art, also nicht nur von Filmwerken, gilt und lediglich dadurch gemildert wird, dass dem zum einen für inzwischen bekannt gewordene Nutzungsarten **(nur) innerhalb eines Jahres** seit dem 1.1.2008, wiederum für Werke aller Art, **widersprochen** werden konnte, auch dies aber nicht bedingungslos (s. § 137l Abs. 4 S. 2, Abs. 3, 4), und dass zum anderen das Gesetz den Urhebern einen speziellen **Anspruch auf angemessene Vergütung** (§ 137l Abs. 5 S. 1, 2) zugesteht, der allerdings nur durch eine **Verwertungsgesellschaft** geltend gemacht werden kann (§ 137l Abs. 5 S. 3). **Faktisch** bezieht sich diese Regelung vor allem auf die seit Mitte der 1990er Jahre bekannt gewordenen **digitalen Verwertungs- und Nutzungstechniken.** Eine Verfassungsbeschwerde gegen die urheberrechtlichen Neuregelungen von unbekannten Nutzungsarten (§§ 31a, 32c, 88, 89, 137l) wurde vom BVerfG mangels Zulässigkeit nicht angenommen, da der Beschwerdeführer, ein Regisseur, (derzeit) keine unmittelbare Betroffenheit gelten machen konnte und auch der Grundsatz der Subsidiarität nicht gewahrt war.[20]

Zuletzt hat das **Gesetz zur verbesserten Durchsetzung des Anspruchs der Urheber und ausübenden Künstler auf angemessene Vergütung und zur Regelung von Fragen der Verlegerbeteiligung vom 20.12.2016**[21] Änderungen der §§ 88 ff. mit sich gebracht. So wurden im S. 2 des **§ 88 Abs. 2** aF, der die anderweitige filmische Verwertung eines verfilmten, also vorbestehenden Werkes (zB ein Roman, ein Drehbuch, aber auch die Filmmusik) betrifft, die Wörter „im Zweifel" gestrichen sowie ein Satz in § 88 Abs. 2 S. 3 nF 2016 angefügt, wonach von S. 2 nF 2016 zum Nachteil des Urhebers nur durch eine Vereinbarung abgewichen werden kann, die auf einer gemeinsamen Vergütungsregel (§ 36) oder auf einem Tarifvertrag beruht. Ohne eine entsprechend anwendbare kollektivrechtliche Ausnahmeregelung und eine entsprechende Individualvereinbarung gilt aufgrund der Streichung in S. 2 nunmehr – vorbehaltlich S. 3 – unabdingbar, dass der Urheber berechtigt ist, sein Werk **nach Ablauf von 10 Jahren** nach Vertragsabschluss **anderweit filmisch zu verwerten. § 90 Abs. 1 S. 3 nF 2016** erweitert die Möglichkeit der Einschränkung der Rechte der Urheber verfilmter Werke, in dem er den Grundsatz, wonach der Ausschluss der Rechte nach § 90 Abs. 1 S. 1 bis zum Beginn der Dreharbeiten keine Anwendung findet, nun insoweit eingrenzt, als ein Ausschluss der Ausübung des Rückrufrechts wegen Nichtausübung (§ 41) bis zum Beginn der Dreharbeiten mit dem Urheber im Voraus für eine Dauer von bis zu 5 Jahren vereinbart werden kann. Und auch die zu Gunsten des Urhebers eingeführte Neuregelung des § 40a, wonach diesem ein **Recht zur anderweitigen Verwertung seines Werkes nach 10 Jahren** bei pauschaler Vergütung zustehen soll, wurde durch **§ 90 Abs. 2 UrhG nF 2016** für die in §§ 88, 89 Abs. 1 bezeichneten Rechte wieder **ausgeschlossen.** Urheber vorbestehender Werke (§ 88) und Filmurheber (§ 89) können sich folglich auf die Regelung des § 40a nicht berufen.[22] Unberührt bleiben hingegen die mit der Gesetzesnovelle eingeführten Ansprüche der Urheber auf **Auskunft und Rechenschaft** gegenüber dem Vertragspartner (§ 32d) und bestimmte Drittnutzer in der Lizenzkette (§ 32e) vorbehaltlich (nur) abweichender Vereinbarungen, die auf einer gemeinsamen Vergütungsregel oder einem Tarifvertrag beruhen (§ 32d Abs. 3, § 32e Abs. 3). Für ausübende Künstler führte die Novelle einen Vergütungsanspruch für später bekannte Nutzungsarten ein (§ 79b).

III. Sinn und Zweck und Regelungsinhalt der §§ 88–95. Ergänzende Anwendung der allgemeinen Bestimmungen des UrhG

1. Sinn und Zweck der §§ 88–95

Wie sich auch aus ihrer Entstehungsgeschichte (→ Rn. 7, 8) ergibt, steht es als **Zielsetzung** der 9 §§ 88 ff. im Vordergrund, dem Filmhersteller die wirtschaftliche Verwertung seiner Filme zu erleichtern, sie insbes. nicht an ausschließlichen Rechten der Urheber und sonstiger Berechtigter scheitern zu lassen.[23] Daneben sollten durch Regeln über die Vertragsauslegung, wie in §§ 88, 89, auch Streitigkeiten über den Vertragsinhalt vermieden werden (→ § 88 Rn. 2). Im Referentenentwurf des Jahres 2004 (→ Rn. 8) hatten die Tendenzen zur Verbesserung der Rechtsstellung der Filmhersteller ihren bisherigen Höhepunkt seit dem gescheiterten Projekt eines originären Urheberrechts des Filmherstellers am Filmwerk aus dem Jahre 1954 (→ Rn. 7, 8) erreicht.

---

[20] BVerfG ZUM 2010, 235 mAnm *Wille.*
[21] BGBl. 2016 I Nr. 63.
[22] Zu Recht kritisch gegenüber einer Vielzahl der Neuregelungen, die tatsächlich kaum Verbesserungen im Rechtsverhältnis Urheber und Werknutzer mit sich bringen, *Lucas-Schloetter* GRUR 2017, 235.
[23] S. die AmtlBegr. BT-Drs. IV/270, 35 f., 98 ff.; *Ulmer*[3] § 36 III; *Rehbinder/Peukert* § 20 II 1.

2. Beschränkter Regelungsinhalt der §§ 88–95

10   Aus der Zweckbestimmung der §§ 88–95 folgt auch ihr beschränkter Regelungsinhalt.

a) Nach Verzicht des Gesetzgebers auf das originäre Urheberrecht des Filmherstellers am Filmwerk (→ Rn. 8) enthalten die §§ 88 ff. in erster Linie Bestimmungen über den **Umfang der vertraglichen Rechtseinräumung** von Seiten der Urheber an den Filmhersteller, und zwar in der Form von gesetzlichen Auslegungsregeln (§§ 88, 89). Das Gesetz unterscheidet dabei zwischen den Rechten an zur Herstellung eines Filmes benutzten Werken (§§ 88, 89 Abs. 3) und den Rechten am Filmwerk selbst (§ 89 Abs. 1, 2, 4). Die gesetzliche Auslegungsregel ging ursprünglich im zweiten Fall weiter als im ersten. Im Rahmen des Urhebervertragsgesetzes des Jahres 2002 (→ Rn. 8) jedoch wurde einerseits zugunsten des Filmherstellers die gesetzliche Vermutung der Rechtseinräumung an filmisch benutzten Werken (§ 88 Abs. 1) derjenigen am Filmwerk selbst (§ 89 Abs. 1) angeglichen, andererseits aber die **vergütungsrechtliche Stellung der Filmurheber** mit den neu eingeführten bzw. novellierten §§ 11 S. 2, 32, 32a UrhG wesentlich verbessert. In Bezug auf das Filmwerk selbst sichert § 89 Abs. 2 die Möglichkeit eines Rechteerwerbs des Herstellers bei Vorauseinräumung eines Nutzungsrechts durch den Urheber an einen Dritten, insbesondere an eine Verwertungsgesellschaft. Durch das 3. UrhGÄndG (→ Rn. 8) ist § 92 neu gefasst worden, und zwar iS einer Anpassung der Rechtsstellung der an einem Filmwerk mitwirkenden ausübenden Künstler an diejenige der Inhaber von Urheberrechten am Filmwerk iSd § 89. Durch die UrhG-Novelle 2003 (→ Rn. 8) wurde dies in dem neuen § 92 Abs. 3 bekräftigt; zugleich ergaben sich Folgeänderungen in § 92 Abs. 1 und 2 sowie in § 93 aus der Neuregelung der Bestimmungen über den Schutz der ausübenden Künstler (§§ 73 ff.). Darüber hinaus wurde die Bestimmung über das verwandte Schutzrecht des Filmherstellers (§ 94) ergänzt. Durch das Zweite Gesetz zur Regelung des Urheberrechts in der Informationsgesellschaft vom 26.10.2007 schließlich wurden die gesetzlichen Vermutungen zugunsten der Filmhersteller gemäß §§ 88 Abs. 1 und 89 Abs. 1 auch auf unbekannte Nutzungsarten erstreckt (→ Rn. 8). Durch die UrhG-Novelle 2016 wurde die Rechtsstellung von Urhebern verfilmter Werke einerseits dadurch gestärkt, dass in § 88 Abs. 2 S. 2 aF die Wörter „im Zweifel" gestrichen wurden. Ohne eine Ausnahmeregelung in einer anwendbaren gemeinsamen Vergütungsregel oder in einem Tarifvertrag sowie einer entsprechend hierauf Bezug nehmenden Individualvereinbarung (§ 88 Abs. 2 S. 3 nF 2016) gilt aufgrund der Streichung nunmehr **zwingend,** dass (nur) der Urheber eines vorbestehenden Werkes berechtigt ist, sein Werk **nach Ablauf von 10 Jahren** nach Vertragsabschluss **anderweit filmisch zu verwerten.** Ferner können sich am Filmwerk mitwirkende Urheber und ausübenden Künstler (letztere über § 79 Abs. 2) auf die mit der Gesetzesnovelle eingeführten Ansprüche der Urheber auf (teilweise anlasslose) **Auskunft und Rechenschaft** gegenüber dem Vertragspartner (§ 32d) und bestimmten Drittnutzern (§ 32e) berufen. Andererseits wurde jedoch die zu Gunsten der Urheber eingeführte Neuregelung des § 40a, wonach diesen ein Recht zur anderweitigen Verwertung ihrer Werke nach 10 Jahren bei pauschaler Vergütung zustehen soll, durch § 90 Abs. 2 UrhG nF 2016 für die in §§ 88, 89 Abs. 1 bezeichneten Rechte wieder ausgeschlossen.[24]

11   **b)** Dem Zweck einer erleichterten Verfügung des Filmherstellers über die Rechte am Filmwerk dienen zum zweiten Bestimmungen, durch welche bestimmte, sich aus den allgemeinen Regelungen des UrhG ergebende **Rechte der Urheber und ausübenden Künstler** in Bezug auf Filme **ausgeschlossen** oder **eingeschränkt** werden. Dazu zählen §§ 88 Abs. 1 S. 2 und 89 Abs. 1 S. 2 über die Nichtanwendung von die Urheber schützenden Regelungen, die das Zweite Gesetz zur Regelung des Urheberrechts in der Informationsgesellschaft vom 26.10.2007 für die Einräumung von Nutzungsrechten an unbekannten Nutzungsarten vorsieht (→ Rn. 8), § 90 über Rechte der Urheber an zur Filmherstellung benutzten Werken und am Filmwerk selbst und § 93 über den eingeschränkten persönlichkeitsrechtlichen Schutz von Werken und Leistungen gegen Entstellung. § 92 aF, der hinsichtlich der Verwertung des Filmwerks wesentliche Rechte der ausübenden Künstler ausgeschlossen hatte, ist durch das 3. UrhGÄndG (→ Rn. 8, 10) neu gefasst worden. Die damit verbundene Anpassung an die Rechtsstellung der Filmurheber iSd § 89 (→ Rn. 10) hat die Rechte der ausübenden Künstler erheblich gestärkt.

12   **c)** Die Rechte zur filmischen Verwertung der bei der Herstellung eines Filmes entstehenden **einzelnen Lichtbilder** erwarb ursprünglich kraft Gesetzes nicht der Kameramann, sondern der Filmhersteller (§ 91). Durch das Urhebervertragsgesetz des Jahres 2002 (→ Rn. 8) wurde § 91 aufgehoben, und wurden die Rechte an den Filmeinzelbildern in § 89 Abs. 4 denen am Filmwerk selbst (§ 89 Abs. 1, 2) gleichgestellt.

13   **d)** Der **Filmhersteller** erhält mit Rücksicht auf seine organisatorische und wirtschaftliche Leistung ein **eigenes mit dem Urheberrecht verwandtes Schutzrecht** am Bildträger bzw. Bild- und Tonträger, auf dem der Film aufgenommen worden ist (§ 94); dieses Schutzrecht entspricht den verwandten Schutzrechten der Tonträgerhersteller (§§ 85 f.), der Sendeunternehmen (§ 87) und der Datenbankhersteller (§§ 87a ff.).

---

[24] Kritisch zu den neuen Regelungen, da sie für Kreative insbesondere im Filmbereich keine maßgeblichen Verbesserungen bringen, *Lucas-Schloetter* GRUR 2017, 235; aA wohl *Peifer* AfP 2018, 109.

e) Die meisten Bestimmungen der §§ 88 ff., insbes. auch § 94 über das verwandte Schutzrecht des 14
Filmherstellers, werden zu dessen Gunsten auch auf solche Filme für anwendbar erklärt, die mangels
einer persönlichen geistigen Leistung im Rechtssinne keine Filmwerke sind (vgl. § 2 Abs. 1 Nr. 6,
Abs. 2); das Gesetz nennt solche Filme **Laufbilder** (§ 95).

3. Ergänzende Anwendung der allgemeinen Bestimmungen des UrhG

Aus diesem Katalog von Regelungsinhalten der §§ 88–95 ergibt sich zugleich, welche Fragen des 15
urheberrechtlichen Filmrechts nach den allgemeinen Bestimmungen des UrhG zu beurteilen sind:

a) Die Frage nach dem Begriff und den **Schutzvoraussetzungen des Filmwerks** ist nach § 2 16
Abs. 1 Nr. 6, Abs. 2 zu beurteilen.[25] Anwendbar sind auch die §§ 3–6. Anwendbar sind ferner die
Bestimmungen der §§ 7–10 über die **Urheberschaft** (→ Rn. 52 ff.) sowie die §§ 11–27 über den
Inhalt des Urheberrechts, soweit sich nicht aus der Eigenschaft als Filmwerk oder, bezüglich des
Urheberpersönlichkeitsrechts, aus § 93 als Spezialregelung gegenüber § 14 etwas anderes ergibt. Be-
züglich der urheberrechtlichen Verwertungsrechte sind für verfilmte Werke und für Filmwerke insbes.
von Bedeutung die allgemeinen Bestimmungen über das Vervielfältigungs- und Verbreitungsrecht
einschließlich des Vermietrechts (§§ 15 Abs. 1 Nr. 1 u. 2, 16, 17), das Vorführungsrecht (§§ 15 Abs. 2
Nr. 1, 19 Abs. 4), das Recht der öffentlichen Zugänglichmachung (§§ 15 Abs. 2 Nr. 2, 19a), das Senderecht (§§ 15 Abs. 2 Nr. 3, 20–20b) sowie das Recht der Wiedergabe von Funksendungen (§§ 15
Abs. 2 Nr. 5, 22).[26] Auf das Filmrecht anwendbar sind insbes. auch die Bestimmungen über Bearbeitungen (§ 23) und die freie Benutzung (§ 24).

b) Im Bereich des Filmrechts anwendbar sind die Bestimmungen über die **Rechtsnachfolge** in das 17
Urheberrecht (§§ 28–30), jedoch enthalten die §§ 88 ff. bestimmte Sonderregelungen gegenüber
einer Reihe der allgemeinen Bestimmungen über die **Einräumung von Nutzungsrechten**
(§§ 31 ff.).[27] Mit gewissen Ausnahmen anwendbar sind im Filmbereich die Bestimmungen über die
gesetzlichen Schranken des Urheberrechts (§§ 44a–63). Durch die Richtlinie 2012/28/EU vom
25.10.2012 über bestimmte Formen der Nutzung verwaister Werke (ABl. 2012 L 299, S. 5), durch
das Gesetz zur Nutzung **verwaister und vergriffener Werke** und einer weiteren Änderung des
Urheberrechtsgesetzes vom 1.10.2013 (BGBl. I S. 3728), wurden in den §§ 61–61c neue Regelungen
eingeführt, die auch für Filmwerke sowie Bildträger und Bild- und Tonträger, auf denen Filmwerke
aufgenommen sind, Anwendung finden.[28] Öffentlich zugänglichen und im Gemeinwohl errichteten
Institutionen, unter anderem Bibliotheken, Archiven, Einrichtungen im Bereich des Filmerbes (zB
Stiftung Deutsche Kinemathek, Fiedrich-Wilhelm-Murnau-Stiftung) und den öffentlich-rechtlichen
Rundfunkanstalten wird es durch die Vorschriften ermöglicht, ua Filmwerke, deren Rechtsinhaber
auch durch eine sorgfältige Recherche nicht festgestellt oder ausfindig gemacht werden können, zu
digitalisieren und zB über da Internet öffentlich zugänglich zu machen. Bezüglich der **Schutzdauer**
von Filmwerken enthält § 65 Abs. 2, eingeführt durch das 3. UrhGÄndG (→ Rn. 8), eine Spezialregelung.

c) Bezüglich der Regelungen über die **verwandten Schutzrechte** (§§ 70 ff.) sind zu beachten: 18
§ 71 Abs. 1 S. 3 (früher: § 88 Abs. 3 aF) über die entsprechende Anwendung des 88 auf das verwandte Schutzrecht des § 71, die Sonderregelung des § 89 Abs. 4 (früher: § 91 aF) gegenüber dem Schutz
der Lichtbilder nach § 72 sowie die Vorschriften der §§ 92, 93 über die Rechte der ausübenden
Künstler. Zum Verhältnis des verwandten Schutzrechts des Filmherstellers (§ 94) zu demjenigen des
Tonträgerherstellers (§§ 85, 86) bezüglich des Tonteils von Tonfilmen vgl. → § 85 Rn. 30 f. sowie
zum Schutzrecht der Sendeunternehmen (§ 87) vgl. → § 94 Rn. 20, 30.

d) Auf den Film anwendbar sind schließlich auch sämtliche Vorschriften des **Vierten und Fünf-** 19
ten Teils des UrhG mit den gemeinsamen Bestimmungen für Urheberrecht und verwandte Schutzrechte (§§ 95a–119) und über den Anwendungsbereich des UrhG sowie mit den Übergangs- und
Schlussbestimmungen (§§ 120–143).

IV. Begriffe und Rechtsinstitute der §§ 88–95

1. Filme, Filmwerke, Laufbilder

a) Das UrhG verwendet den Begriff des **Filmes** in der Überschrift seines Dritten Teils als Oberbe- 20
griff, der sowohl die urheberrechtlich geschützten **Filmwerke** (§ 2 Abs. 1 Nr. 6 und §§ 88–94) als
auch urheberrechtlich nicht schutzfähige filmische Erzeugnisse umfasst; letztere nennt das Gesetz
Laufbilder.[29] Gemeinsames Merkmal von Filmwerken und Laufbildern und damit von Filmen insge-

---

[25] → § 2 Rn. 214 ff.
[26] Zur Problematik des Verhältnisses von § 19 Abs. 4 zu § 21 vgl. → § 19 Rn. 59 f.
[27] Zu den Einzelheiten vgl. die Kommentierung der §§ 88 ff.
[28] Zu den Einzelheiten vgl. die Kommentierung der §§ 61 ff. sowie die Beiträge von *de la Durante, Staats, Evers*
und *Krogmann* in ZUM 2013, Heft 13 und *Spindler* in ZUM 2013, 349.
[29] Amtliche Überschrift zu § 95.

samt ist eine **Bildfolge** (beim Stummfilm) oder eine **Bild- und Tonfolge** (beim Tonfilm) (§ 95). Dem Wesen des Filmes gemäß sind darunter aber nur solche Folgen von Bildern bzw. Bildern und Tönen zu verstehen, die den **Eindruck des bewegten Bildes** entstehen lassen.[30]

21   **b)** Für den urheberrechtlichen Begriff des Filmes und damit auch des Filmwerks und Laufbildes kommt es weder auf den **Inhalt** (zB Spielfilm, Dokumentarfilm mit oder ohne Handlung, Kulturfilm, Naturfilm, Unterrichtsfilm, Industriefilm, Werbefilm, Zeichentrickfilm), noch auf das **Aufnahmeverfahren** (zB fotografisch auf Zelluloid-Filmstreifen, elektromagnetisch auf Magnetband, mittels Laser und digitaler Zeichen auf Bildplatten, sog. CD-Platten oder Compact Discs, auf DVDs, Blu-ray Discs BDs), noch dementsprechend auf das **Trägermaterial,** noch überhaupt auf eine **dauerhafte Aufzeichnung** an, so dass auch **Live-Sendungen** des Fernsehens Filme im Rechtssinne sind.[31] Filme sind auch die bewegten, ausschließlich am Computer erzeugten Bild- und Tonfolgen virtueller Figuren, Gegenstände, Welten und Ereignisabläufe von **Computeranimationen** in Spiel- und Dokumentationsfilmen sowie von **Videospielen** (→ Rn. 45) und uU selbst die **animierten Effekte** der Menüführung einer **Internet-Homepage,**[32] **nicht** aber zB mangels einer filmartig bewegten Bild- und Tonfolge sog. **Tonbildschauen** (→ Rn. 45). Auch wenn gelegentlich **Fernsehwerke** nur als Werke iSd § 2 Abs. 1 Nr. 6 bezeichnet werden, „die ähnlich wie Filmwerke geschaffen werden",[33] so folgen daraus doch jedenfalls keine Zweifel an der Anwendbarkeit der besonderen Bestimmungen für Filme (§§ 88–95) auf Fernsehwerke und Fernseh-Laufbilder, gleich ob diese aufgezeichnet oder live ausgestrahlt werden.[34] Aus dem Vorstehenden folgt zugleich, dass es für die Begriffe des Filmes, des Filmwerks und des Laufbildes auch nicht auf den **Verwertungszweck** ankommt. Als Filme zu qualifizieren sind nicht nur **Vorführfilme,** die primär zur Vorführung in Filmtheatern und/oder in Bildungseinrichtungen, Kirchen, Verbänden, in Industrieunternehmen usw bestimmt sind, sondern auch **Fernsehfilme** einschließlich uU **Fernsehshows**[35] und Filme, die primär dazu bestimmt sind, in Form von **Videogrammen** (auch audiovisuelle Medien genannt) zur Vorführung im privaten Bereich verkauft oder vermietet zu werden; zu den Videogrammen zu rechnen sind neben den heute nicht mehr anzutreffenden **Schmalfilmen** (**vormals** insbesondere im 8 mm- bzw. Super-8-Format) und **Videokassetten** vor allem die modernen **DVDs und Blu-ray Discs.**[36] Auch zum individuellen Abruf etwa über **Online-Dienste** bzw. das **Internet** zur Verfügung gestellte bewegte Bild- oder Bildtonfolgen sind als Filme zu qualifizieren.

2. Filmträger, Bildträger, Bild- und Tonträger

22   Von den Filmen, Filmwerken und Laufbildern zu unterscheiden sind, soweit es sich um körperlich festgelegte bewegte Bildfolgen oder Bild- und Tonfolgen handelt, die betreffenden **Filmträger.** Das Gesetz (§ 94 Abs. 1, 3) nennt sie **Bildträger** bzw. **Bild- und Tonträger.**[37] Auf die Verwertung solcher Bildträger und Bild- und Tonträger bezieht und beschränkt sich das mit dem Urheberrecht verwandte Schutzrecht des Filmherstellers nach §§ 94, 95 (→ § 94 Rn. 7). Dieses Recht greift daher nicht Platz in Bezug auf Live-Sendungen des Fernsehens, obwohl deren Gegenstände als bewegte Bildfolgen bzw. Bild- und Tonfolgen im Rechtssinne Filmwerke oder Laufbilder und damit Filme sind (→ Rn. 20, 21). An seine Stelle tritt insoweit das verwandte Schutzrecht des Sendeunternehmens nach § 87[38] sowie – auch für inländische Sendeunternehmen – nach dem Europäischen Fernseh-Abkommen.[39]

3. Verfilmung

23   Unter **Verfilmung** ist die Herstellung eines Filmes unter Benutzung eines anderen (des verfilmten) Werkes jeder Art, also nicht nur von Sprachwerken, sondern auch von Werken der Musik, der bildenden Künste, choreographischen Werken usw,[40] zu verstehen (§ 88 Abs. 1 S. 1 nF, § 88 Abs. 1

---

[30] → § 2 Rn. 215 zum Filmwerksbegriff; Fromm/Nordemann/*J. B. Nordemann* Rn. 9; *v. Gamm* § 2 Rn. 23; *Möhring/Nicolini/Ahlberg* § 2 Rn. 37 f.; BGHZ 26, 52 (55) – Sherlock Holmes; sa öOGH ZUM-RD 2005, 11 (13) – Fast Film.

[31] → § 2 Rn. 216; AmtlBegr. BT-Drs. IV/270, 98; Fromm/Nordemann/*J. B. Nordemann* Rn. 9; *v. Gamm* § 2 Rn. 23, § 88 Rn. 2; *Möhring/Nicolini/Ahlberg* § 2 Rn. 38.

[32] S. LG München I ZUM-RD 2005, 81 (83) – Homepage.

[33] So *Rehbinder,* 16. Aufl., § 15 III; *Ulmer* § 27 I 2.

[34] *Rehbinder,* 16. Aufl., § 15 III; *Ulmer* § 27 II 2, III; sa die ausdrückliche Erwähnung des „zur Funksendung bestimmten Filmwerkes" in § 88 Abs. 1 Nr. 4 aF.

[35] S. zu den Letzteren *Castendyk/Schwarzbart* UFITA 2007, 33 (35) mwN; in einem obiter dictum für den Regelfall verneinend mangels Vorliegens einer formgebenden Einheit BGHZ 79, 362 (366 f.) – Quizmaster; s. auch ablehnend BGH GRUR 2003, 876 – Sendeformat.

[36] S. insbes. *Ulmer* § 27 II und Urhebervertragsrecht Rn. 46 f.; auch Fromm/Nordemann/*J. B. Nordemann* Rn. 10; Loewenheim/*A. Nordemann* § 9 Rn. 162; *Rehbinder,* 16. Aufl., § 15 III; OLG München ZUM 1998, 413 (415) – Video-on-Demand.

[37] Vgl. auch § 16 Abs. 2.

[38] AmtlBegr. BT-Drs. IV/270, 98, 102.

[39] → Vor §§ 120 ff. Rn. 86 ff.

[40] Vgl. den Werkekatalog in § 2 Abs. 1.

Nr. 1 aF). Es kommt nicht darauf an, ob ein Filmwerk oder ein bloßes Laufbild entsteht[41] und auch nicht darauf, ob das benutzte (verfilmte) Werk unverändert oder in bearbeiteter oder umgestalteter Form in den Film übernommen wird (§ 88 Abs. 1 nF, § 88 Abs. 1 Nr. 1 aF). Demgegenüber unterscheidet BGH GRUR 2006, 319 (321) – Alpensinfonie, zwischen der ästhetischen Verbindung von unverändert übernommener Konzertmusik mit dem Bildteil eines Filmes zu einem Gesamtkunstwerk einerseits und einer Verfilmung im Rechtssinne andererseits, die eine Bearbeitung des Musikteils voraussetze, an der es der bloßen filmischen Aufzeichnung eines Konzerts aber fehle. Von Letzterem wird auch im Folgenden (→ Rn. 24) ausgegangen, so dass es sich letztlich nur um eine Frage der Terminologie handelt.[42]

Bei **unveränderter** oder **nicht schöpferisch veränderter Übernahme** des verfilmten Werkes **24** und seiner Festlegung auf einem Filmträger, zB bei Übertragung von Schallplattenmusik auf die Tonspur eines Filmstreifens oder auf ein Film-Magnetband,[43] bei der Fernseh- und Videoaufnahme eines Konzerts,[44] bei der Übernahme von geschützten Textpassagen bzw. deren Übersetzungen (s. § 3) in ein Drehbuch und einen Film[45] oder bei filmischer Aufnahme von Werken der bildenden Künste, handelt es sich im Rechtssinne um eine **Vervielfältigung** iSd § 16 Abs. 2[46]

Wird das bei der Filmherstellung benutzte (verfilmte) Werk für den Film **schöpferisch verändert, 25** so handelt es sich um eine Verfilmung in Form einer **Bearbeitung** iSd § 23 S. 2 (→ § 23 Rn. 11, 19) bzw., bei Festlegung des Filmes auf einem Filmträger, wiederum um eine **Vervielfältigung** (in bearbeiteter Form), da das Bearbeitungsrecht richtiger Ansicht nach kein besonderes, eigenständiges Verwertungsrecht ist, sondern nur den Schutzumfang der gesetzlich anerkannten Verwertungsrechte, wie des Vervielfältigungsrechts, kennzeichnet (→ Rn. 27; → § 23 Rn. 1). Daher bedarf zB die Verfilmung eines Romans auf der Grundlage eines Drehbuches, das eine unfreie Bearbeitung des Romans darstellt, der Zustimmung des Romanautors nach § 23 S. 2.[47]

Auch bei einer **Live-Sendung** des Fernsehens entsteht ein Film, und zwar je nach Vorliegen oder **26** Fehlen einer schöpferischen Leistung bei der Aufnahme und Übertragung des Programms ein Filmwerk oder ein bloßes Laufbild (→ Rn. 20, 21). Wird dabei ein anderes Werk unverändert oder verändert benutzt und ausgestrahlt, so handelt es sich auch hier wieder um eine **Verfilmung,** allerdings **nicht** um eine **Vervielfältigung,** da die dafür nach § 16 erforderliche körperliche Festlegung fehlt.[48] Rechtlich kann dieser Vorgang bezüglich des verfilmten Werkes nur als **Sendung** dieses Werkes (in unveränderter oder bearbeiteter Form) iSd Senderechts (§§ 15 Abs. 2 Nr. 2, 20) erfasst werden.

4. Verfilmungsrecht, Filmherstellungsrecht

Der Begriff **Verfilmungsrecht** ist in der Rechts- und Vertragspraxis gebräuchlich. Im UrhG erscheint er in der Formulierung „Recht zur Verfilmung" nur in der (amtlichen) Überschrift zu § 88. Versteht man entsprechend dem Begriff der Verfilmung (→ Rn. 23) und mit der AmtlBegr.[49] unter dem Verfilmungsrecht das Recht, ein Werk zur Herstellung eines Filmwerkes bzw. eines Filmes zu benutzen, so entspricht dem Begriff Verfilmungsrecht als Synonym der ebenfalls gebräuchliche Begriff **Filmherstellungsrecht.**[50] Speziell aus der Sicht der filmischen Nutzung von Musik werden mehr oder weniger gleichbedeutend auch die Begriffe Filmeinblendungsrecht[51] oder Filmverwendungsrecht[52] vorgeschlagen. Von einem weiteren, auch die Filmverwertung einbeziehenden Begriff des Verfilmungsrechts geht aber zB *Ulmer,* 3. Aufl., § 56 IV aus. Jedenfalls ist zur näheren Qualifizierung

---

[41] Vgl. die Verweisung auf § 88 in § 95.
[42] AA offensichtlich Dreier/Schulze/*Schulze* § 23 Rn. 21.
[43] Vgl. BGH GRUR 1962, 370 – Schallplatteneinblendung.
[44] S. BGH GRUR 2006, 319 (321 f.) – Alpensinfonie; OLG München GRUR 2003, 420 (421) – Alpensinfonie.
[45] S. OLG München ZUM 2004, 845 (847) – Vor meiner Zeit.
[46] AmtlBegr. BT-Drs. IV/270, 46; *Brugger* UFITA 51 1968, 89 (101 f.); *v. Ungern-Sternberg* ZHR-Beiheft Nr. 46 1974, 51 (58); aA KG GRUR 1984, 507 (508) – Happening –, das die im Wesentlichen unveränderte Aufzeichnung eines künstlerischen Happenings als Bearbeitung bezeichnet; vom BGH GRUR 1985, 529 – Happening –, wurde offen gelassen, ob eine Vervielfältigung oder eine Bearbeitung vorlag; s. jetzt aber BGH GRUR 2006, 319 (321 f.) – Alpensinfonie, wonach jedenfalls bei unveränderter Übernahme einer Musik in einen Film lediglich eine Vervielfältigung vorliegt; sa LG München I ZUM 2003, 69 (71) – Alpensinfonie – zu einer Konzertaufzeichnung; LG München I ZUM 1993, 289 – Carmina Burana – zur Benutzung des Teils eines Musikwerks bei Vorführung eines Videofilms im Rahmen von Konzertauftritten eines Popsängers; LG München I GRUR 2005, 574 (575) – O Fortuna – Nutzung desselben Musikstücks beim „Walk-in" eines Boxers; aA Dreier/Schulze/*Schulze* § 23 Rn. 21, welche die filmische Aufzeichnung von Konzerten (auch) als Bearbeitung beurteilen.
[47] S. LG Hamburg ZUM 2003, 403 (405 ff.) – Die Päpstin; KG ZUM 2010, 346 (352 f.) – Der Bulle von Tölz; anders bei freier Benutzung iSd § 24 der Kernfabel sowie nicht schutzfähiger Ideen und freier Gestaltungselemente eines Romans in einem Film, s. zB LG Köln ZUM 2004, 853 (857 ff.) – Katastrophenfilm.
[48] Vgl. *v. Ungern-Sternberg* ZHR-Beiheft Nr. 46 1974, 51 (58).
[49] BT-Drs. IV/270, 98.
[50] S. BGH GRUR 2006, 319 (322) – Alpensinfonie, zur Vertragspraxis der GEMA im Hinblick auf das Filmherstellungsrecht (oftmals auch „synchronization right" genannt); *Joch* FS Schwarz, 2017, 131 ff.; *Krüger* FS Reichardt, 1990, 79 ff.; *Poll* in *Becker* (Hrsg.) S. 99 ff.; *Schwarz*/*Schwarz* ZUM 1988, 429 ff.; *Urek* ZUM 1993, 168 ff.
[51] So *Poll* in *Becker* (Hrsg.) S. 99, 103; zur Bedeutung und Reichweite des Filmherstellungsrechts an der Musik bei der Produktion von TV-Shows s. Poll ZUM 2014, 877.
[52] So *Budde* in *Moser/Scheuermann* (Hrsg.) S. 637, 639; *Schulz* in *Moser/Scheuermann* (Hrsg.) S. 1380.

des Verfilmungsrechts zwischen seiner Einordnung unter die urheberrechtlichen Verwertungsrechte (§§ 15 ff.) und die vertraglich einräumbaren Nutzungsrechte (§§ 31 ff., 88 ff.) zu unterscheiden.

28   **a)** Das Verfilmungsrecht ist **kein besonderes, eigenständiges Verwertungsrecht** des Urhebers iSd in den §§ 15 ff. normierten Rechte.[53] Die AmtlBegr.[54] hat es aus systematischen Gründen und als überflüssig zutreffend abgelehnt, das Verfilmungsrecht in den Katalog der gesetzlich anerkannten Verwertungsrechte aufzunehmen. Aus der Sicht der dem Urheber zustehenden Befugnisse kennzeichnet der Begriff Verfilmungsrecht nämlich nur den Umstand, dass sich die gesetzlich anerkannten Verwertungsrechte nicht nur auf die Verwertung eines Werkes in dessen unveränderter Form, sondern auch auf diejenige in verfilmter Form erstrecken; er kennzeichnet somit den **Schutzumfang** dieser Rechte. Soweit eine Verfilmung eine Bearbeitung des verfilmten Werkes einschließt (→ Rn. 25), ist das Verfilmungsrecht nichts anderes als ein spezielles Bearbeitungsrecht.[55] Es erschöpft sich aber nicht in dieser Bedeutung, da es auch den Fall der unveränderten filmischen Verwertung eines Werkes umschließt (→ Rn. 24). In Bezug auf die Filmherstellung und aus verwertungsrechtlicher Sicht ist, abgesehen von Live-Sendungen des Fernsehens (→ Rn. 26), die zutreffende rechtliche Kategorie daher das Vervielfältigungsrecht (§ 16; → Rn. 24, 25), in Bezug auf die Filmverwertung sind betroffen wiederum das Vervielfältigungsrecht sowie das Verbreitungsrecht (Herstellung und Verbreitung von Filmkopien), außerdem das Vorführungsrecht (§§ 15 Abs. 2 Nr. 1, 19 Abs. 4), das Recht der öffentlichen Zugänglichmachung (§§ 15 Abs. 2 Nr. 2, 19a), das Senderecht (§§ 15 Abs. 2 Nr. 3, 20–20b) und die Wiedergaberechte nach §§ 15 Abs. 2 Nr. 4 u. 5, 21, 22.

29   Dem Nichtbestehen eines Verfilmungsrechts als eines selbstständigen Verwertungsrechts entspricht die Nichtexistenz eines selbstständigen, verwertungsrechtlichen **Video-Verfilmungsrechts** oder **Video-Filmherstellungsrechts.** Daher war der Versuch von Musikverlagen vergeblich, die **Videozweitauswertung** von Kinospielfilmen mit Musik ihres Repertoires unter Berufung auf ein solches Recht von ihrer Zustimmung und der Zahlung eines zusätzlichen Entgelts abhängig zu machen, wenn sie bzw. die Musikautoren die Vervielfältigungs- und Verbreitungsrechte zur Videonutzung der betreffenden musikalischen Werke der GEMA zur Wahrnehmung übertragen hatten und diese den Videoproduzenten entsprechende Nutzungsrechte eingeräumt hatte.[56] Entsprechend sind zu beurteilen, und zwar wiederum insbes. auch unter Berücksichtigung der den Verwertungsgesellschaften GEMA und GVL übertragenen Auswertungsrechte, die **Musiknutzung** bei der **Videonutzung von Fernsehproduktionen,**[57] bei der **Fernsehsendung von Kinospielfilmen,**[58] bei der **Einspielung von Tonträgern in ein Filmwerk** in Bezug auf das verwandte Schutzrecht des Tonträgerherstellers[59] und bei der **Zweitauswertung von Musik-Fernsehsendungen durch Musik-Bildtonträger** (Videoclips, Musikvideos).[60]

30   **b)** Als **vertraglich einräumbares Nutzungsrecht** betrifft das Verfilmungsrecht eine wirtschaftlich selbstständige Art der Nutzung geschützter Werke.[61] Es ist daher legitim, der Rechts- und Vertragspraxis sowie der Überschrift und dem Wortlaut des § 88 Abs. 1 entsprechend vom Verfilmungsrecht als einem selbstständigen Nutzungsrecht zu sprechen.[62] Anders als bei Verwendung der Bezeichnung Verfilmungsrecht für einen bestimmten Ausschnitt aus dem Kreis der gesetzlich anerkannten Verwertungsrechte, die zwar ebenfalls zulässig, aber doch mit der Gefahr von Missverständnissen verbunden ist (→ Rn. 28, 29), kann es bei Verwendung dieser Bezeichnung für ein Nutzungsrecht zu solchen Fehldeutungen nicht kommen: Die vertraglich einräumbaren Nutzungsrechte finden ihre äußersten Grenzen stets in den gesetzlich anerkannten Verwertungsrechten; ihre näheren räumlichen, zeitlichen und inhaltlichen Grenzen sind in jedem Einzelfall nach den vertraglichen Vereinba-

---

[53] BGHZ 123, 142 (146 f.). – Videozweitauswertung II – mit zust. Anm. von *Loewenheim* in EWiR 1993, 1223 f. und *Poll* in GRUR 1994, 44 f.; OLG München GRUR 2003, 420 (421) – Alpensinfonie; LG München I ZUM 2003, 69 (71) – Alpensinfonie; früher schon *Ulmer* § 56 III, IV; *v. Gamm* § 15 Rn. 7; *Möhring/Nicolini* § 88 Rn. 2; *Brugger* UFITA 51 1968, 89 (103 f.); *Dünnwald* FuR 1974, 76 (77 f.); *v. Ungern-Sternberg* ZHR-Beiheft Nr. 46 1974, 51 (58); *Joch* FS Schwarz, 2017, 131 (142 ff.); *Krüger* FS Reichardt, 1990, 79 (82); *Scheuermann* S. 104 ff.; *Schwarz/Schwarz* ZUM 1988, 429 (435 f.); *Urek* ZUM 1993, 168 (170); *Wandtke/Bullinger/Manegold/Czernik* Rn. 77; § 88 Rn. 10 aA *Breloer* S. 61 ff.; *Dreier/Schulze/Schulze* § 88 Rn. 13; *Schulze* GRUR 2001, 1084 (1085); *Poll* ZUM 2014, 877 (879).

[54] BT-Drs. IV/270, 46.

[55] Dazu → § 23 Rn. 1, 6 f., 11.

[56] BGHZ 123, 142 (145 ff.). – Videozweitauswertung II – mit zust. Anm. von *Loewenheim* in EWiR 1993, 1223 f. und *Poll* in GRUR 1993, 44 f.; *Wandtke/Bullinger/Manegold/Czernik* § 88 Rn. 10 f.; ebenso früher schon *Poll* in *Becker* Hrsg. S. 99, 103 ff.; *Rochlitz* in *Becker* (Hrsg.) S. 77, 79 f.; *Scheuermann* S. 104 ff.; *Schwarz/Schwarz* ZUM 1988, 429 ff.; allg. *Urek* ZUM 1993, 168 ff.; aA *Becker* in *Becker* (Hrsg.) S. 53, 60 ff.; *Budde* in *Moser/Scheuermann* (Hrsg.) S. 637, 654 ff.; *Krüger* FS Reichardt, 1190, 81 (85 ff.).

[57] S. dazu *Moser* in *Becker* (Hrsg.) S. 29, 40 ff.; OLG Hamburg ZUM 1992, 303 (304 f.) – Piccolo Bolero; LG Hamburg ZUM-RD 1997, 256 f. – The River of Dreams; aA *Schulz* in *Moser/Scheuermann* (Hrsg.) S. 1380, 1381.

[58] S. insbes. *Joch* FS Schwarz, 2017, 131 ff.

[59] S. dazu insbes. *Moser* in *Becker* (Hrsg.) S. 29, 40 ff.

[60] S. dazu insbes. *Becker* in *Becker* (Hrsg.) S. 53, 65 ff.; *Rochlitz* in *Becker* (Hrsg.) S. 77, 79 ff.

[61] Vgl. allg. → Vor §§ 28 ff. Rn. 48, 85 f.

[62] Sa OLG München GRUR 2003, 420 (421) – Alpensinfonie; Dreier/Schulze/*Schulze* § 88 Rn. 14; *Schweyer* S. 80; → Vor §§ 28 ff. Rn. 157.

rungen, durch Vertragsauslegung sowie unter Anwendung der gesetzlichen Bestimmungen der §§ 31 ff., 88 ff. zu bestimmen.

5. Filmhersteller

Der Begriff des **Filmherstellers** wird in den §§ 89 Abs. 1 u. 2, 91 aF, 92 Abs. 1 u. 2, 93 Abs. 1 u. **31** 2 und 94 Abs. 1 verwendet, jedoch weder im Gesetzestext noch in den Materialien näher bestimmt. Hingewiesen wird in der AmtlBegr.[63] jedoch darauf, dass dem Filmhersteller mit Rücksicht auf seinen großen Kostenaufwand und das von ihm getragene Risiko die Filmverwertung erleichtert werden solle und ihm wegen seiner organisatorischen und wirtschaftlichen Leistung ein dem Recht des Tonträgerherstellers (und des Sendeunternehmens) ähnliches verwandtes Schutzrecht gebühre. Aus diesen Motiven ergibt sich, wie der BGH bereits in UFITA 55 (1970), 313 (320) – Triumph des Willens – ausführt, dass als Filmhersteller diejenige natürliche oder juristische Person anzusehen ist, welche das für die Filmherstellung erforderliche Kapital beschafft, die persönlichen und sachlichen Voraussetzungen der Filmproduktion organisiert, die Filmherstellung überwacht und im eigenen Namen und für eigene Rechnung die erforderlichen Verträge schließt; darauf, ob sie auch die Filmauswertung selbst vornimmt oder diese, im Fall des Kinofilms, einer Verleihfirma überlässt und dieser entsprechende Nutzungsrechte einräumt, kommt es nicht an. Unter Berufung auf diese ältere Entscheidung stellt auch BGHZ 120, 67 (70 f.) – Filmhersteller[64] – für den Begriff und die Eigenschaft des Filmherstellers auf die Übernahme der **wirtschaftlichen Verantwortung** und der **organisatorischen Tätigkeit** ab, die erforderlich sind, um den Film als fertiges, zur Auswertung geeignetes Ergebnis der Leistungen aller bei seiner Schaffung Mitwirkenden herzustellen. Filmhersteller ist, wer **tatsächlich** und nicht nur nach den subjektiven Vorstellungen der Parteien[65] in diesem Sinne tätig geworden ist, und zwar im Fall eines Unternehmens der Inhaber und nicht derjenige, der im Einzelfall Hand angelegt hat.[66] Für den Filmhersteller ist im Übrigen kennzeichnend, dass er die notwendigen **Entscheidungen in die Tat umsetzt,** insbes. durch den Abschluss von Verträgen mit Rechteinhabern, Geldgebern, ausübenden Künstlern und sonstigen Mitwirkenden, und dass er die wirtschaftlichen Folgen dieser Entscheidungen verantwortet. Wenn ein weiterer Beteiligter, wie in entscheidenen Fall Rainer Werner Fassbinder, aufgrund seiner überragenden Stellung als Künstler erheblichen **Einfluss auf diese Entscheidungen** ausübt, ohne aber zB die Verträge mit abzuschließen, so macht ihn dies ebensowenig zum Mithersteller des Filmes wie die Einflussnahme auf die Auswahl des Filmstoffes und auf die Ausarbeitung von Exposé und Drehbuch; selbst eine interne Risikobeteiligung würde allein nicht ausreichen, um die Eigenschaft als Mithersteller des Filmes zu begründen. Auch der Veranstalter des gefilmten Ereignisses, wie eines Boxkampfes, ist nicht Mithersteller des Filmes.[67]

Wesentliche **Kriterien** sind danach Finanzierung, Risiko, organisatorische Leitung und Abschluss **32** der Verträge im eigenen Namen und für eigene Rechnung.[68] Ihre Anwendung bereitet keine Schwierigkeiten, wenn sie alle zusammen bei einem einzigen Unternehmen gegeben sind oder in der Hand einer Person liegen. In anderen Fällen ist str., welches Kriterium das **entscheidende** ist. So betonen v. Hartlieb/Schwarz/*U. Reber* 59. Kap. Rn. 9, 12 die zumindest indiziell ausschlaggebende Bedeutung des vertraglichen Erwerbs der für die Herstellung und Auswertung des Filmes erforderlichen Rechte,[69] während Fromm/Nordemann/*J. B. Nordemann* § 94 Rn. 12 im Anschluss an BGHZ 120, 67 (→ Rn. 31) entscheidend auf das finanzielle Risiko iSd wirtschaftlichen Verantwortung abstellen[70] und *v. Gamm* § 94 Rn. 3 die wirtschaftliche Gesamtleistung und Risikoübernahme hervorhebt.[71] Unter den spezifischen Verhältnissen der ehemaligen **DDR** waren die verschiedenen staats- bzw. volkseigenen Filmproduktionsbetriebe (VEB) der **DEFA**[72] Filmhersteller iSd mit der deutschen Wiedervereinigung auf die neuen Bundesländer übergeleiteten Bundesrechts und darunter zB auch des § 94.[73]

---

[63] BT-Drs. IV/270, 98, 100 ff.; → Rn. 9.

[64] S. dazu die Anm. von *Schricker* EWiR 1993, 399 f.

[65] S. OLG Bremen GRUR-RR 2009, 244 Rn. 59 – Dokumentarfilm Die Stimme.

[66] Dazu Näheres unter → Rn. 32–37.

[67] S. OLG München ZUM-RD 1997, 290 (293) – Box-Classics; sa OLG Köln GRUR-RR 2011, 161 – Der Wackersdorf-Film.

[68] Zust. OLG Hamburg ZUM-RD 2011, 220 (223); OLG Köln ZUM 2011, 354 (355); OLG Düsseldorf GRUR-RR 2002, 121 (122) – Das weite Land; OLG Stuttgart ZUM-RD 2003, 586 (589) – Sex-Aufnahmen; OLG Bremen OLGR Bremen 2009, 105 Rn. 5 = GRUR-RR 2009, 244 – Dokumentarfilm Die Stimme; OLG Dresden ZUM-RD 2013, 245 – VFF-Klausel; LG München I ZUM 2008, 161 (162 f.) – Vote Media IV, unter zeitlicher Konkretisierung auf die erste Bildfolgenfixierung. Zum Synchronproduzenten als Filmhersteller s. OLG Rostock ZUM 2016, 665 = GRUR-RS 2016, 03479; LG Hamburg ZUM 2015, 164 (166) sowie Fromm/Nordemann/*J. B. Nordemann* § 94 Rn. 30; → § 94 Rn. 15.

[69] So jetzt auch Möhring/Nicolini/*Diesbach/Vohwinkel* § 94 Rn. 16, entgegen der 1./2. Auflage.

[70] Sa OLG Düsseldorf GRUR-RR 2002, 121 (122) – Das weite Land; LG München I ZUM 2008, 161 (162 f.) – Vote Media IV.

[71] Ähnlich *Paschke* FuR 1984, 403 (406 ff.) unter Hinweis auf § 950 BGB und Betonung der tatsächlichen Verhältnisse gegenüber den allein nicht entscheidenden vertraglichen Vereinbarungen.

[72] S. dazu *Wandtke/Bullinger,* 3. Aufl., EVtr Rn. 80.

[73] S. KG GRUR 1999, 721 – DEFA-Film; KG MMR 2003, 110 – Paul and Paula.

33   Praktische Bedeutung hat die Frage vor allem bei den zahlreichen (voll- und teilfinanzierten) **Auftragsproduktionen** freier Filmproduzenten für das Fernsehen der öffentlich-rechtlichen Rundfunkanstalten und der Privatsender für Werbung treibende Wirtschaftsunternehmen (Werbespots im Fernsehen und Kinowerbung) sowie von Industriefilmen.[74] Der Produzent und **Auftragnehmer** ist hier jedenfalls dann als (alleiniger) Filmhersteller anzusehen, wenn er die organisatorische Gesamtleitung der Produktion innehat, die Verträge im eigenen Namen schließt, die Rechte selbst erwirbt, selbst wenn er diese, auch im Voraus, zum Zwecke der Filmauswertung teilweise oder ganz auf den Auftraggeber weiterüberträgt, und zumindest teilweise das Risiko übernimmt,[75] zB das der Fertigstellung[76] oder Nichtabnahme bei Festpreisproduktionen das der Kostenüberschreitung;[77] der Umstand, dass den Auftraggeber Finanzierung und Risiko zu einem wesentlichen Teil treffen und er Einfluss auf die Besetzung, den Filminhalt und die künstlerische Gestaltung erhält, steht dieser Beurteilung grundsätzlich nicht entgegen.[78]

34   Nicht entscheidend ist, von wem die **Initiative zu der Auftragsproduktion** ausgeht.[79] Zwar gilt nach Art. 2 Abs. 2 der Europäischen Vereinbarung über den Austausch von Programmen mit Fernsehfilmen vom 15.12.1958[80] diejenige Rundfunkorganisation als Herstellerin eines Fernsehfilms, welche dessen Herstellung „in eigener Verantwortung in die Wege geleitet hat", jedoch ist diese Vereinbarung, die das besondere Ziel verfolgt, unter den Mitgliedstaaten des Europarats den Austausch von Fernsehfilmen durch die jeweiligen Rundfunkorganisationen zu erleichtern,[81] nicht geeignet, zur Auslegung des deutschen urheberrechtlichen Begriffs des Filmherstellers entscheidend beizutragen. Eine Übernahme der Definition der Europäischen Vereinbarung als Art. 4 Abs. 6 in die RBÜ war zwar im Programm von deren Stockholmer Revisionskonferenz von 1967 vorgesehen,[82] die Konferenz hat diesen Programmpunkt aber nicht angenommen.[83]

35   Der **Auftraggeber** ist Filmhersteller, wenn der Produzent und Auftragnehmer in jeder Hinsicht seinen Weisungen zu folgen hat, im Namen und auf Rechnung des Auftraggebers Verträge schließt und Rechte erwirbt und diesem die Finanzierung und das Risiko voll überlässt.[84]

36   Bei **Koproduktionen,** bei denen die beteiligten Personen und Unternehmen alle wesentlichen Entscheidungen gemeinsam treffen und in die Tat umsetzen sowie Finanzierung und Risiko gemeinsam tragen und die idR rechtlich als Gesellschaften des bürgerlichen Rechts iSd §§ 705 ff. BGB zu qualifizieren sind, und in anderen Fällen der **Arbeitsteilung,** bei denen zB der Auftraggeber das wirtschaftliche Risiko trägt, der Auftragnehmer aber selbstständig den Hauptteil der organisatorischen Tätigkeit ausübt wie im Fall OLG Bremen GRUR-RR 2009, 244 ff. Rn. 60–62 – Dokumentarfilm Die Stimme, werden die Vertragsparteien jedenfalls im Regelfall Filmhersteller in **Gesamthandbindung;** eine Aufteilung der Filmauswertung unter die Parteien zB durch Fernsehausstrahlung einerseits und Kinovorführung andererseits steht dem wiederum (→ Rn. 31) nicht entgegen.[85]

37   Weitere Merkmale zum Begriff des Filmherstellers folgen aus einer **entsprechenden Anwendung von § 85 Abs. 1 S. 2** und sonstiger zum **Recht und Begriff des Tonträgerherstellers** anerkannter Rechtsgrundsätze. Nach § 85 Abs. 1 S. 2 gilt, wenn der Tonträger in einem Unternehmen hergestellt worden ist, der **Inhaber des Unternehmens,** nicht die dort angestellte Person, die den Tonträger tatsächlich gefertigt hat, als Hersteller. Das verwandte Schutzrecht des Tonträgerherstellers findet seine Rechtfertigung, anders als das Urheberrecht und das verwandte Schutzrecht der ausüben-

---

[74] S. v. Hartlieb/*Schwarz* 84. Kap. Rn. 5; sa die unter → Rn. 40 genannten Umsatzzahlen der deutschen Filmwirtschaft.

[75] OLG Dresden ZUM-RD 2013, 245 (247); KG ZUM-RD 2011, 157.

[76] So OLG Bremen GRUR-RR 2009, 244 Rn. 59 – Dokumentarfilm Die Stimme.

[77] So LG München I ZUM 2008, 161 (163) – Vote Media IV.

[78] So unter Betonung des Aspekts des Rechteerwerbs v. Hartlieb/*Schwarz* 84. Kap. Rn. 2, 3; sa *Pense* ZUM 1999, 121 (123 f.); ähnlich unter zusätzlicher Hervorhebung der organisatorischen Gesamtverantwortung des Produzenten *Dünnwald* UFITA 76 1976, 165 (178 f.); zu den Festpreisproduktionen *Kreile* FuR 1975, 293 (297); im Ergebnis gleich oder ähnlich KG GRUR 1999, 721 – DEFA-Film; bestätigt durch KG MMR 2003, 110 – Paul und Paula; Fromm/Nordemann/*J. B. Nordemann* § 94 Rn. 12 unter Hervorhebung des unternehmerischen Risikos und *v. Gamm* § 94 Rn. 3 unter Betonung der organisatorischen Gesamtleistung; *Paschke* FuR 1984, 403 (407) unter zusätzlicher Forderung des wesentlichen wirtschaftlichen Risikos auf Seiten des Auftragnehmers, das er allerdings bereits durch die üblichen, von den Rundfunkanstalten praktizierten vertraglichen Abnahmeverweigerungsrechte als gegeben ansieht.

[79] Ebenso LG München I ZUM 2008, 161 (163) – Vote Media IV.

[80] DdA 1959, 37; deutsche Übersetzung in UFITA 27 1959, 232.

[81] Vgl. die Präambel der Vereinbarung und *Straschnov* DdA 1959, 40 ff.

[82] S. Records of the Intellectual Property Conference of Stockholm, 1971, I S. 99.

[83] Vgl. Records II S. 1140; entgegen den anderslautenden Hinweisen bei *Paschke* FuR 1984, 403 (405); *Stolz* UFITA 96 1983, 55 (73).

[84] Ebenso OLG München ZUM-RD 1997, 290 (293) – Box-Classics; OLG Bremen GRUR-RR 2009, 244 Rn. 60 – Dokumentarfilm Die Stimme; sa *Paschke* FuR 1984, 403 (407); v. Hartlieb/*Schwarz* 85. Kap. Rn. 1 ff., die hier von unechter Auftragsproduktion sprechen.

[85] V. Hartlieb/*Schwarz* 83. Kap. Rn. 3, 4; dort Rn. 8 auch zu Innengesellschaften und zur Bestimmung eines federführenden Produzenten; zum Ergebnis auch *Gamm* § 94 Rn. 3; *Movsessian* UFITA 79 1977, 213 (235); stärker differenzierend Möhring/Nicolin/*Diesbach/Vohwinkel* § 94 Rn. 21; Fromm/Nordemann/*J. B. Nordemann* § 94 Rn. 23; sa v. Hartlieb/*Schwarz* 83. Kap. Rn. 26; zu einer geographischen Rechteverteilung unter Koproduzenten s. BGH GRUR 2005, 48 (49 ff.) – man spricht deutsch.

den Künstler, nicht in einer schöpferischen oder künstlerischen, sondern in einer organisatorischen, technischen und wirtschaftlichen Leistung, die dem Unternehmen bzw. seinem Inhaber, nicht einem Angestellten zuzurechnen ist.[86] Das gleiche gilt für den Filmhersteller und das diesem durch § 94 gewährte Recht,[87] was die entsprechende Anwendung des § 85 Abs. 1 S. 2 auf das Schutzrecht des § 94 und auf den Begriff des Filmherstellers überhaupt nahelegt und rechtfertigt.[88] Zur entsprechenden Anwendung auch des § 85 Abs. 1 S. 3, der nicht den Begriff des Tonträgerherstellers, sondern die Entstehung seines verwandten Schutzrechts betrifft, auf das Schutzrecht des Filmherstellers → § 94 Rn. 12. Im Übrigen folgt aus der Parallele des Rechts des Tonträgerherstellers, dass Filmhersteller nicht nur eine als Produzent gewerblich tätige Person oder ein Unternehmen, sondern auch eine **Privatperson,** zB ein Amateurfilmer, sein kann.[89]

V. Kritik, Auslegung und Anwendungsbereich der §§ 88–95

1. Kritik

Bereits im Gesetzgebungsverfahren sind die besonderen Bestimmungen des UrhG für Filme von **38** kompetenter Seite nicht als endgültiges Optimum verstanden worden; es wurde von der Möglichkeit einer späteren abschließenden gesetzlichen Regelung und der Notwendigkeit gesprochen, die Ausfüllung der Bestimmungen den Gerichten zu überlassen.[90] Neben Kritik an der Gesetzessystematik und Einzelpunkten der gesetzlichen Regelung[91] wurden schon frühzeitig erhebliche **grundsätzliche Bedenken** gegen die gravierenden Eingriffe des Gesetzgebers in die Rechte der wichtigsten Urheber der Filmwerke und der an der Filmherstellung mitwirkenden ausübenden Künstler durch die Bestimmungen der §§ 89,[92] 90, 92 und 93 aF erhoben und deren Reform vorgeschlagen.[93] Inzwischen wurde durch das 3. UrhGÄndG (→ Rn. 8) einem Teil dieser Bedenken dadurch Rechnung getragen, dass die Rechtsstellung der an einem Filmwerk mitwirkenden ausübenden Künstler durch Neufassung des § 92 verbessert wurde (→ Rn. 10f.). Verbesserungen zugunsten der Filmurheber in der Vergütungsfrage ergaben sich aus dem Urhebervertragsgesetz des Jahres 2002 (→ Rn. 10) und zuletzt der UrhG-Novelle 2016 (→ Rn. 5, 10), auch aufgrund des Fehlens eines allgemeinen Verbandsklagerechts[94] und der Verfahrensdauer (insbes. bei Stufenklagen), aber nach wie vor erheblich erschwert sind.[95] Das mit der UrhG-Novelle 2016 neu eingeführte **Verbandsklagerecht** gemäß § 36b zur Durchsetzung eines Unterlassungsanspruchs, wenn in einem Vertrag mit einem Urheber eine Bestimmung verwendet wird, die zum Nachteil des Urhebers von gemeinsamen Vergütungsregeln abweicht und der Werknutzer die gemeinsamen Vergütungsregeln entweder selbst aufgestellt hat oder aber Mitglieder einer Vereinigung von Werknutzung ist, die die gemeinsame Vergütungsregeln aufgestellt hat, erscheint wenig effektiv.[96] Zum einen lässt sich die Anwendung der Vorschrift dadurch **umgehen,** dass entweder überhaupt keine gemeinsamen Vergütungsregeln abgeschlossen oder aber eine bereits bestehende wieder gekündigt wird.[97] Zum anderen muss im Falle einer gerichtlichen Durchsetzung des Anspruchs offenbart werden, worauf sich der Verstoß begrün-

---

[86] S. AmtlBegr. BT-Drs. IV/270, 95 f.; → § 85 Rn. 33.

[87] → Rn. 13, 31 ff. sowie → § 94 Rn. 19.

[88] Ebenso zu § 94 BGHZ 120, 67 (71) – Filmhersteller; Dreier/Schulze/*Schulze* § 94 Rn. 5; Fromm/Nordemann/*J. B. Nordemann* § 94 Rn. 14; *Dünnwald* UFITA 76 1976, 165 (174 f.) mit berechtigter Kritik an den uneinheitlichen Formulierungen des UrhG; *Stolz* UFITA 96 1983, 55 (73); vgl. auch die Zuweisung der Schutzrechte aus §§ 81, 87 und 87b iVm 87a Abs. 2 an den Unternehmensinhaber, das Unternehmen bzw. denjenigen, der eine Investition vorgenommen hat.

[89] Ebenso Dreier/Schulze/*Schulze* § 94 Rn. 5; *Dünnwald* UFITA 76 1976, 165 (173 f.); *Wandtke*/*Bullinger* § 94 Rn. 36; → § 85 Rn. 30; AmtlBegr. BT-Drs. IV/270, 96 zum Tonträgerhersteller; kritisch Fromm/Nordemann/*J. B. Nordemann* § 94 Rn. 18.

[90] So der Vorsitzende des Unterausschusses Urheberrecht und Berichterstatter des Rechtsausschusses des Deutschen Bundestags *Reischl* bei den abschließenden parlamentarischen Beratungen des RegE zum UrhG, UFITA 46 1966, 201 (226 f.); vgl. auch *Reischl* FuR 1966, 107 (112).

[91] Vgl. zB *Dünnwald* UFITA 76 1976, 165 (174 ff.); *Rehbinder,* 16. Aufl., § 22 I 4; *v. Ungern-Sternberg* ZHR-Beiheft Nr. 46 1974, 51 (62) mwN.

[92] Zur anhaltenden Kritik an § 89 Abs. 2 → § 89 Rn. 22a.

[93] S. bereits *Ulmer* § 115 III zu § 89; §§ 36 III 2, 87 IV zu § 90; § 123 III 2 zu § 92 und §§ 36 III 2, 126 III 2c zu § 93; sowie zusammenfassend *Ulmer* Urhebervertragsrecht Rn. 44 ff.; s. dazu die Stellungnahme der *Deutschen Vereinigung für gewerblichen Rechtsschutz und Urheberrecht* GRUR 1980, 1060 ff.; *Nordemann* GRUR 1978, 88 ff. und die aA von *Hubmann* GRUR 1978, 468 ff.; sa Fromm/*Nordemann,* 9. Aufl., Rn. 11; aus jüngerer Zeit *Peifer,* Urhebervertragsrecht in der Reform, 2016.

[94] S. *Lucas-Schloetter* GRUR 2017, 235 (240).

[95] S. *Reber* GRUR-Int 2015, 802 (804) mit Beispielen zu langjährigen Streitigkeiten gem. § 32a UrhG.

[96] S. *Lucas-Schloetter* GRUR 2017, 235 (240); s. zum Vertragskorrekturanspruch des Urhebers nach § 36c S. 2 (nur) gegen seinen Vertragspartner bei Abweichung von anwendbaren gemeinsamen Vergütungsregeln s. *Ory* ZUM 2017, 457.

[97] Was in der Praxis so sogleich umgesetzt wurde, s. etwa die Pressemitteilung des Verbandes der Zeitungsverleger (BDZV) vom 27.2.2017 zur Kündigung der Vergütungsregeln für freie Journalistinnen und Journalisten an Tageszeitungen durch den BDZV unter https://www.bdzv.de/nachrichten-und-service/presse/pressemitteilungen/artikel/detail/bdzv_kuendigung_der_gemeinsamen_verguetungsregeln_zwingend_geboten/, abgerufen am 24.8.2018; zur Kündigung gemeinsamer Vergütungsregeln s. *Wandtke*/*Leidl* ZUM 2018, 609.

det, was in der Regel zur Bekanntgabe betroffener Urheber führen wird. Die Folge wird wiederum ein „**Blacklisting**" solcher Kreativer sein,[98] was mit dem Verbandsklagerecht eigentlich gerade verhindert werden sollte. Schließlich ist zu berücksichtigen, dass der Anwendungsbereich der Vorschrift nur auf durch eine Vergütungsregel unmittelbar gebundene Werknutzer ausgerichtet ist, so dass gegen „**Außenseiter**" mit der Verbandsklage ohnehin nicht vorgegangen werden kann. Und auch der neue **Vertragskorrekturanspruch** des Urhebers nach § 36c S. 2 (nur) gegen seinen Vertragspartner bei Abweichung von anwendbaren gemeinsamen Vergütungsregeln, behebt die vorstehenden Defizite nicht. Zudem wurde ein entsprechender Anspruch gegen Dritte in der Lizenzkette, die das Werk ebenfalls umfangreich nutzen (s. § 32a Abs. 2 UrhG) und mit denen ebenfalls gemeinsame Vergütungsregeln aufgestellt werden können,[99] nicht normiert. In jüngerer Zeit haben sich mit der Übergangsvorschrift des § 137l Abs. 1 S. 1 zudem auch wieder erhebliche Tendenzen zu Lasten der Urheber gezeigt (→ Rn. 8).[100]

39   **Die vorgenannte Kritik** an den umfassenden Eingriffen des Gesetzgebers in die Rechte der am Filmwerk mitwirkenden Urheber und ausübenden Künstler **ist berechtigt,** und zwar umso mehr, als die **Motive,** die den Gesetzgeber des Jahres 1965 zu jenen einschneidenden Eingriffen bewogen haben, den heutigen **tatsächlichen Verhältnissen der Filmproduktion** in weitestem Umfang nicht mehr entsprechen. Wesentliches Schutzziel des Gesetzgebers war die Förderung des mit hohem finanziellen Aufwand und vollem eigenen Risiko arbeitenden Produzenten von für die Vorführung in Filmtheatern bestimmten Spielfilmen.[101] Dass das Schutzbedürfnis und die Interessenlage in Bezug auf die unter dieselben Bestimmungen fallenden Fernsehfilmwerke und Instruktionsfilmwerke im Schmalfilmformat schon damals andere waren als die Kinospielfilm, wurde vom Gesetzgeber zu Unrecht vernachlässigt; die neuen audiovisuellen Medien (→ Rn. 21 aE) und die bei diesen ebenfalls anders als bei Kinospielfilmen liegenden Bedingungen und Interessen konnten vom Gesetzgeber noch nicht berücksichtigt werden.[102]

40   In den Bereichen **Fernsehen** und **Kinospielfilm** und in ihrem Verhältnis zueinander haben sich die Gegebenheiten seit 1965 weit von den Modellvorstellungen des seinerzeitigen Gesetzgebers entfernt. Neben dem finanzstarken, gebühren- bzw. beitragsfinanzierten[103] öffentlich-rechtlichen **Fernsehen** von ARD und ZDF mit seinen umfangreichen Auftrags-/Eigenproduktionen[104] und Aufwendungen für Leistungen der deutschen und ausländischen Filmwirtschaft über Auftragsproduktionen, Erwerb von Ausstrahlungsrechten und dgl. spielt die deutsche **Kinofilmproduktion** als allenfalls mit dem vom Gesetzgeber unterstellten besonderen Risiko belastete Sparte der deutschen Filmwirtschaft eine eher bescheidene Rolle, erst Recht unter Berücksichtigung der umfangreichen Film- und Fernsehförderungen auf Bundes- und Länderebene.[105] Nach der amtlichen Filmwirtschaftsstatistik 1983[106] erzielten die deutschen Kinofilmproduzenten in diesem Jahr bei Produktion von etwa 100 Spielfilmen einen Umsatz von ca. 115 Mio. DM, die **Fernsehfilmhersteller** als Auftragsproduzenten der Rundfunkanstalten aber fast 470 Mio. DM und selbst die **Werbefilmhersteller** mit ca. 127 Mio. DM noch mehr als die ersteren. Für 1996 wurden Verleihumsätze für deutsche Filme in Höhe von 85,6 Mio. DM und die Erstaufführung von 64 deutschen Spielfilmen mitgeteilt.[107] In neuester Zeit zeichnen sich freilich auch erfreulich positive Tendenzen für den deutschen Film ab. So erreichte im Jahr 2004

---

[98] Gerade dies sollte aber nach den Vorstellungen des Gesetzgebers vermieden werden, s. BT-Drs. 18/8625, 1, 12.

[99] → § 32a Rn. 36 sowie Dreier/Schulze/*Schulze* § 32a Rn. 58; unklar Fromm/Nordemann/*Czychowski* § 32a Rn. 21.

[100] Zu Defiziten der §§ 36, 36a *N. Reber* GRUR-Int 2013, 1106; *N. Reber* ZUM 2018, 417.

[101] → Rn. 7–9 sowie AmtlBegr. BT-Drs. IV/270, 35, 98.

[102] *Ulmer,* Urhebervertragsrecht, Rn. 45 ff.; zu den audiovisuellen Medien auch *Reimer* GRUR-Int 1973, 315 (317 ff.).

[103] S. http://www.rundfunkbeitrag.de/index_ger.html, abgerufen am 23.6.2014. Seit dem 1.1.2013 wird der neue Rundfunkbeitrag erhoben, der bisher als Rundfunkgebühr bezeichnet wurde. Der Beitrag beläuft sich derzeit auf 17,98 EUR je Wohnung, gleichgültig wie viele Personen dort wohnen. Bei Unternehmen orientiert sich die Höhe des Rundfunkbeitrags an der Anzahl der Betriebsstätten und der dort sozialversicherungspflichtig Beschäftigten sowie der beitragspflichtigen Kraftfahrzeuge. ARD, ZDF und Deutschlandradio werden in erster Linie durch die Einnahmen aus Rundfunkbeiträgen, ferner durch Rundfunkwerbung und anderen Erträgen finanziert. Die Gesamterträge für das Jahr 2012 lagen bei 7.492.520.505,97 Euro – 41.003.184,20 Euro unter dem Ergebnis von 2011. Eine detaillierte Aufstellung der Erträge und Verteilung im Geschäftsjahr 2012 auf die öffentlich-rechtlichen Landesrundfunkanstalten findet sich unter http://www.rundfunkbeitrag.de/haeufige_fragen/einnahmen_oeffentlich _rechtlicher_rundfunk/, abgerufen am 23.6.2014.

[104] Im Jahr 2016 beim ZDF 595 Sendungen von Eigenproduktionen gegenüber 3151 Auftragsproduktionen und 1317 Koproduktionen, s. https://www.zdf.de/zdfunternehmen/2016-jahrbuch-dokumentation-programm-zahl-grafik-100.html, abgerufen am 23.8.2018; im Jahre 1984 betrugen die Eigenproduktionen noch 27% des Programms; s. *Berg-Schwarze* Media Perspektiven 1985, 777 (779); der Eigenproduktionsanteil im Ersten Fernsehprogramm der ARD-Anstalten liegt in der Regel bei etwa 30 Prozent. In den Dritten Fernsehprogrammen werden ebenfalls bis zu 30 Prozent erreicht, s. http://www.ard.de/home/die-ard/fakten/abc-der-ard/Eigenproduktion/ 448904/index.html, abgerufen am 23.8.2018.

[105] Hierzu ausführlich v. Hartlieb/*Schwarz/v. Harve* Kap. 105–133; zur europäischen und internationalen Film- und Fernsehförderung v. Hartlieb/*Schwarz/Degner/Kreuzer* Kap. 578–595.

[106] Statistisches Jahrbuch 1986, S. 375.

[107] S. Medienbericht 1998, BT-Drs. 13/10650, 127 f.; Media Perspektiven Basisdaten 1997, 63.

die Zahl der deutschen Spielfilm-Erstaufführungen mit 87 einen Höchststand seit 10 Jahren,[108] und bescherte dem deutschen Film das Jahr 2003 einen Marktanteil von 16,7 % am gesamten Verleihumsatz nach zB nur 6,3 % im Jahr 1995; in denselben Vergleichsjahren sank der entsprechende Anteil des nach wie vor ganz dominierenden US-amerikanischen Films von 87,1 % auf 76,8 %.[109] Für das Jahr 2007 lauten die entsprechenden Zahlen: 122 deutsche Spielfilm-Erstaufführungen, Marktanteil deutscher Filme am Verleihumsatz 15,1 % und Anteil US-amerikanischer Filme 73,2 %.[110] Die Zahl der deutschen Spielfilm-Erstaufführungen im Kino ist im Jahr 2012 mit 154 gegenüber 2011 (123) angestiegen. Gegenüber dem Jahr 2003 gab es in 2012 einen Zuwachs um 59 %.[111] Im Jahr 2017 wurden zuletzt, nur leicht rückläufig, 141 deutsche Spielfilme (2016: 161) erstaufgeführt.[112] Die Anzahl der Sendetermine deutscher Filme lag 2012 bei 11957, das sind 1 % mehr als 2011 (11816). 2012 wurden 398 deutsche Filme im Free-TV erstgesendet (Jahr 2017: 366).[113] Die Premieren von deutschen TV-Movies[114] (ohne Kinofilme) lagen im Jahr 2017 bei 278.[115] Nach Angaben des Bundesministeriums für Wirtschaft und Technologie (Stand: November 2013) wurde im Jahr 2011 in der Filmwirtschaft, zu der neben den selbständigen Bühnenkünstlern die Film-, TV- und Videofilmproduzenten, die Filmverleih- und Videoprogrammanbieter, die freien Filmemacher, die „Zulieferer" für die TV-Sender oder die Werbung und auch das Kinobetreiber gerechnet werden, ein Umsatz von geschätzt rund 9,5 Milliarden Euro generiert.[116] Das entspricht einem Anteil von fast 6 % des gesamten in der Kultur- und Kreativwirtschaft erwirtschafteten Umsatzes. Den größten Anteil daran hat die Film-/TV-/Videoherstellung, die mit rund 4,8 Milliarden die Hälfte des gesamten Umsatzes beisteuerte. Der Umsatzanteil der selbständigen Bühnenkünstler lag weit darunter, nämlich bei rund 800 Millionen Euro.[117] Auch die **Risikolage** der **Kinofilmproduzenten** hat sich unter dem Dach der wirtschaftlichen **Filmförderung** des Bundes und der Länder (sowie europäischer und internationaler Förderung) wesentlich verändert. So konnte zu Zeiten festgestellt werden, dass die Modalitäten der Filmförderung nach dem Filmförderungsgesetz im Zusammenhang mit anderen Förderungssystemen „eine finanziell weitgehend risikofreie Filmproduktion" erlaubten.[118] Wenn dennoch trotz anhaltender umfangreicher Filmförderung[119] des Bundes und der Länder über ein **erhöhtes Insolvenzrisiko** in der deutschen Filmwirtschaft berichtet wird und die Zahl der Veröffentlichungen über Filmrechte in der Insolvenz in den letzten Jahren zugenommen hat, so scheint dies vor allem **strukturelle Ursachen** zu haben: So waren an 130 Filmen, die etwa in Deutschland im Jahr 2002 in Arbeit waren, nicht weniger als 115 Produktionsfirmen beteiligt.[120] Es sind also wohl andere Ursachen für die wirtschaftlichen Schwierigkeiten der deutschen Filmwirtschaft verantwortlich als das deutsche Filmurheberrecht, das angeblich „mit Abstand schlechteste Recht innerhalb der EU",[121] eine Wertung, die rechtsvergleichend auch nicht haltbar ist.[122] Jedenfalls weist die Fernseh- und Kinoproduktionsbranche in Deutschland weiterhin ein erhebliches Produktionsniveau auf, wobei die zehn größten Unternehmen rund 50 % des Produktionsvolumens verantworten.[123]

2. Auslegung der §§ 88–95

Nicht nur bei der künftigen Gesetzgebung, sondern auch bei der Auslegung und Anwendung der 41 §§ 88 ff. muss darauf geachtet werden, dass die berechtigten Interessen der Urheber und ausübenden Künstler nicht über das Unvermeidliche hinaus beeinträchtigt werden.[124] Dies ist auch ein Gebot des verfassungsrechtlichen Schutzes des Urheberrechts durch Art. 1, 2 und 14 GG:[125] Der schon vom

---

[108] S. www.spio.de/index.asp?SeitID=24, abgerufen am 21.7.2005.

[109] S. www.spio.de/index.asp?/Seit ID=25, abgerufen am 21.7.2005, sa *Neckermann* Media Perspektiven 2002, 557 (561).

[110] S. www.spio.de/index.asp?/Seit ID=25, abgerufen, abgefragt am 15.6.2009.

[111] S. http://www.spio.de/index.asp?SeitID=24&TID=9, abgerufen am 20.2.2014.

[112] S. www.spio-fsk.de/?seitid=24&tid=3, abgerufen am 19.9.2018.

[113] S. www.spio-fsk.de/?seitid=377&tid=3, abgerufen am 19.9.2018.

[114] Filmproduktionen, die nicht für das Kino produziert wurden und Fernsehfilmreihen mit Spielfilmcharakter zB „Tatort", „Polizeiruf", „Der Bulle von Tölz".

[115] S. www.spio-fsk.de/?seitid=377&tid=3, abgerufen am 19.9.2018.

[116] S. http://kultur-kreativ-wirtschaft.de/Dateien/KuK/PDF/info-kreativ-filmwirtschaft,property=pdf,bereich= kuk,sprache=de,rwb=true.pdf, abgerufen am 20.7.2014.

[117] S. http://kultur-kreativ-wirtschaft.de/Dateien/KuK/PDF/info-kreativ-filmwirtschaft,property=pdf,bereich= kuk,sprache=de,rwb=true.pdf, abgerufen am 20.7.2014.

[118] So *Strahl* UFITA 103 1986, 169 (183ff., 215); sa die Zitate in der Einführung von *Becker* in dem von ihm 1994 herausgegebenen Band über Aktuelle Probleme der Filmförderung, S. 13 f.

[119] S. die Nachweise im einleitenden Verzeichnis des Schrifttums seit 1998/1999 sowie von Hartlieb/*Schwarz/v. Have/Hansen/Degner/Kreuzer* 105.–143. Kap.

[120] S. *Pätzold/Röper* Media Perspektiven 2004, 576 (582 f.).

[121] So *Poll* GRUR-Int 2003, 290 (301).

[122] S. *Katzenberger* ZUM 2003, 712 ff.

[123] S. *Röper* Media Perspektiven 2018, 270; die Zahl der Produktionsbetriebe ist danach in den Jahren 2015/16 leicht gesunken, gleichwohl steigt die durchschnittliche Jahresproduktion, was für eine zunehmende Konzentration und Abhängigkeit der produzierenden Unternehmen, vor allem in Bezug auf Fernsehsender, spricht.

[124] Für eine zurückhaltende Anwendung der §§ 88 ff. zB auch Dreier/Schulze/*Schulze* Rn. 4; aA Fromm/Nordemann/*J. B. Nordemann* Rn. 7.

[125] → Einl. UrhG Rn. 10, 13, → Vor §§ 44a ff. Rn. 7 ff.

Reichsgericht entwickelte und vom Bundesgerichtshof ausgebaute Grundsatz, den **Urheber** tunlichst **an jeder Nutzung seines Werkes angemessen zu beteiligen**,[126] ist vom **Bundesverfassungsgericht** zunächst in Form des Grundsatzes übernommen worden, das dem Urheber die vermögenswerten Ergebnisse seiner schöpferischen Leistung dauerhaft zuzuordnen sind.[127] In seiner Grundsatzentscheidung vom 23.10.2013 zu § 32 UrhG hat das höchste deutsche Gericht den **urheberrechtlichen Beteiligungsgrundsatz** nun an mehreren Stellen erneut ausdrücklich betont und die angegriffene Vorschrift als verfassungskonform angesehen.[128] Diese Grundregeln des Urheberrechts in vermögens- und beteiligungsrechtlicher Hinsicht gilt auch für das Urhebervertragsrecht, um das es sich bei den besonderen Bestimmungen des UrhG für Filme der Sache nach handelt.[129] Das neue Urhebervertragsgesetz aus dem Jahre 2002 (→ Rn. 8) hat sie als urheberrechtlichen Leitgedanken in § 11 S. 2 ausdrücklich anerkannt.

3. Anwendungsbereich der §§ 88–95

42 **a) Grundsätze des gegenständlichen Anwendungsbereichs.** Gegenständlich wird der Anwendungsbereich der §§ 88–95 in erster Linie durch den Begriff des Filmes bestimmt. Die dem Gesetzgeber bekannte, durch das technische Merkmal der bewegten Bild- bzw. Bild- und Tonfolgen bestimmte umfassende Reichweite dieses Begriffs (→ Rn. 20, 21) schließt es im Grundsatz aus, diese Bestimmungen etwa nur auf solche Filme anzuwenden, die primär für die Vorführung in Filmtheatern bestimmt sind. Nur ausnahmsweise ist an eine Nichtanwendung einzelner dieser Vorschriften zB auf Fernsehfilme[130] oder auf für die Verbreitung an Privatpersonen bestimmte, dem Gesetzgeber ursprünglich noch nicht bekannte Videogramme[131] zu denken.

43 Im Übrigen verlangen die unter → Rn. 41 genannten Auslegungsaspekte aber Zurückhaltung in der Anwendung der §§ 88–95 auf Gegenstände, die nicht eindeutig dem Filmbereich zuzuordnen sind.[132] Fraglich sind insoweit vor allem Videospiele, Tonbildschauen und Multimediawerke.

44 **b) Video-/Computerspiele** (Bildschirmspiele). Bei Video-/Computerspielen als interaktiven Medien ist zwischen den verschiedenen Elementen zu unterscheiden, für die möglicherweise Urheberrechtsschutz beansprucht werden kann. In Betracht kommt neben dem Schutz der einzelnen graphisch gestalteten Figuren als Werke der bildenden Künste (§ 2 Abs. 1 Nr. 4)[133] insbes. der Schutz der bewegten Bild- bzw. Bild- und Tonfolgen als Filmwerke oder Laufbilder (§§ 2 Abs. 1 Nr. 6, 94, 95)[134] und der Schutz der zugrundeliegenden Computerprogramme als Sprachwerke iSd § 2 Abs. 1 Nr. 1, § 69a.[135] Eine Anwendung der §§ 88–95, insbes. zB der weitreichenden Vermutung der Rechtseinräumung an den Filmhersteller von Seiten der Urheber nach §§ 88, 89, kommt hier nur in Bezug auf den Schutz als Filmwerk in Betracht,[136] nicht aber, wenn ausschließlich ein Schutz als

---

[126] MwN → Einl. UrhG Rn. 13.

[127] Vgl. BVerfGE 31, 229 (240) – Kirchen- und Schulgebrauch; BVerfGE 49, 382 (392) – Kirchenmusik; → Vor §§ 44a ff. Rn. 7 ff.

[128] S. BVerfG GRUR 2014, 169 = ZUM 2014, 130 Rn. 72, 76, 87 – Übersetzerhonorare; der urheberrechtliche Beteiligungsgrundsatz wurde erneut hervorgehoben in BVerfG GRUR 2018, 829 (830) – Verlegeranteil; zu den verfassungsrechtlichen Grundlagen des Beteiligungsgrundsatzes s. *N. Reber* GRUR 2003, 393 mit Nachweisen; zum zitierten Beschluss des BVerfG v. 23.10.2013 (GRUR 2014, 169) zu § 32 s. *Beisler* ZUM 2014, 549; zum Beschluss v. 18.4.2018 (GRUR 2018, 829) s. *v. Ungern-Sternberg*, JurPC Web-Dok. 105/2018, Abs. 1–86.

[129] S. BGHZ 13, 115 (118) – Platzzuschüsse; BGH GRUR 1984, 45 (48 f.) – Honorarbedingungen: Sendevertrag; *Katzenberger* GRUR-Int 1983, 410 f.

[130] Vgl. die Hinweise von *Kreile* FuR 1975, 293 (296) zu § 89; → 89 Rn. 10.

[131] Vgl. *Reimer* GRUR-Int 1973, 315 (319) zu § 92 aF; → § 92 Rn. 16.

[132] AA Fromm/Nordemann/*J. B. Nordemann* Rn. 7; wie hier Dreier/Schulze/*Schulze* Rn. 4.

[133] Vgl. OLG Frankfurt a. M. GRUR 1983, 757 – Donkey Kong Junior I; LG Düsseldorf ZUM 2007, 559 (563) – Transportsimulationsspiel, jedoch Werkqualität iSd § 2 Abs. 2 der dreidimensionalen grafischen Gestaltung des Spielraums verneint, ebenso LG Düsseldorf ZUM 2007, 559 (562) mangels schöpferischer Konkretisierung ein Schutz der Spielidee, dazu → § 2 Rn. 50 ff., → § 88 Rn. 16; LG Köln ZUM 2008, 533 (535 f.) – Kölner Dom, zu Texturen des Doms für die Internet-Plattform „Second Life", jedoch Werkqualität iSd § 2 Abs. 2 verneint.

[134] Vgl. OLG Frankfurt a. M. GRUR 1983, 757 f. – Donkey Kong Junior I; sa öOGH ZUM-RD 2005, 11 (13 f.) – Fast Film; Laufbildschutz bejaht von OLG Karlsruhe CR 1986, 723 (725) – „1942"; Filmwerk- und Laufbildschutz grundsätzlich verneint von OLG Frankfurt a. M. GRUR 1984, 509 – Donkey Kong Junior II; vgl. auch OLG Frankfurt a. M. GRUR 1983, 753 (756) – Pengo – und GRUR 1983, 757 f. – Donkey Kong Junior I; LG Köln ZUM 2008, 533 (536) – Kölner Dom, Filmwerk- und Laufbildschutz der Internet-Plattform „Second Life" sinngemäß nur zugunsten der Erstellerin des virtuellen Kölner Doms verneint; sa BezirksG Tokio GRUR-Int 2001, 183 mAnm *v. Ganea*.

[135] Vgl. OLG Frankfurt a. M. wie vor; LG Düsseldorf ZUM 2007, 559 (563) – Transportsimulationsspiel; zur unfreien Bearbeitung der Software eines Computerspiels s. OLG Hamburg ZUM-RD 2013, 124; OLG Düsseldorf GRUR-RR 2009, 217 – 3DTT, nur Leits.; sa öOGH ZUM-RD 2005, 11 (13) – Fast Film. Vgl. zum Vorstehenden insgesamt → § 2 Rn. 188 f. sowie *Loewenheim* FS Hubmann, 1985, 307; *Nordemann* GRUR 1981, 891; *Poll/Brauneck* GRUR 2001, 389 (390); *Schlatter* in Lehmann (Hrsg.) Rechtsschutz S. 169 ff.

[136] Vgl. OLG Hamburg FuR 1983, 432 (433) – Puckman –, insoweit in GRUR 1983, 436 (437) nicht abgedruckt; ebenso Dreier/Schulze/*Schulze* Rn. 4; hingegen für eine analoge Anwendung der §§ 88 ff. auf Computerspiele *Franz* ZUM 2017, 207 (214); Fromm/Nordemann/*J. B. Nordemann* Rn. 12a, unter Bezugnahme auf BGH GRUR 2013, 370 Rn. 14 – Alone in the Dark: Dort wird allerdings über eine (analoge) Anwendbarkeit der §§ 88 ff. keine Aussage getroffen, sondern lediglich ein Urheberrechtsschutz des Computerspiels „als Werk, das ähnlich wie ein Filmwerk geschaffen worden ist" nach § 2 Abs. 6 UrhG bejaht.

Sprachwerk bzw. Computerprogramm (§ 2 Abs. 1 Nr. 1, § 69a) oder graphisches Werk (§ 2 Abs. 1 Nr. 4) zu bejahen ist. Im letzten Fall ist, soweit nicht § 69b anwendbar ist, der Umfang der Rechtseinräumung in Zweifelsfällen nicht nach §§ 88, 89, sondern nach der für den Urheber günstigeren Bestimmung des § 31 Abs. 5 zu beurteilen.[137] Allenfalls kommt in Bezug auf solche Elemente eine Anwendung des § 88 in Betracht.[138]

c) Tonbildschauen. Eine sog. Tonbildschau[139] kann mangels einer nach Art des Filmes bewegten **45** Bild- und Tonfolge (→ Rn. 20) jedenfalls nicht unmittelbar als Filmwerk oder Laufbild beurteilt werden; in Betracht kommt allenfalls eine Qualifikation als Werk, das iSd § 2 Abs. 1 Nr. 6 ähnlich wie ein Filmwerk geschaffen wird.[140] Dies ist zwar abzulehnen, da es bei Tonbildschauen an dem für den Film charakteristischen Eindruck des bewegten Bildes (→ Rn. 20) fehlt; selbst wenn eine solche Beurteilung aber zuträfe, wäre doch mit Rücksicht auf die gebotene restriktive Handhabung der §§ 88– 95 (→ Rn. 41) eine Anwendung dieser Bestimmungen auszuschließen.[141]

d) Multimediawerke. Bei allen Unsicherheiten der begrifflichen Definition von Multimediawer- **46** ken zeichnen sich diese doch namentlich dadurch aus, dass in ihnen Elemente unterschiedlicher Ausdrucksformen (Kommunikationsmittel), wie Sprache, Texte, Musik, Geräusche, unbewegte und bewegte Bilder, zu einer Einheit mit eigener Individualität verschmolzen sein können, dass sie auf einem einheitlichen digitalen Trägermedium, wie einer CD-ROM, DVD/Blu-ray oder einer Festplatte, oder in einer Online-Datenbank (zB zum Abruf), festgehalten sind und mittels eines einheitlichen Wiedergabemediums, nämlich eines Computers und gegebenenfalls über ein Telekommunikationsnetzwerk, genutzt werden können.[142] Den herkömmlichen Werkkategorien lassen sich Multimediawerke im allg. kaum zuordnen, und dies gilt auch für die Kategorie der Filmwerke, obwohl sie mit diesen die Verschmelzung unterschiedlicher Ausdrucksformen zu einem „Gesamtkunstwerk"[143] gemeinsam haben.[144] Aufgrund der gebotenen restriktiven Auslegung und Anwendung der §§ 88 ff. (→ Rn. 41) scheidet demnach eine Anwendung dieser Bestimmungen auf Multimediawerke im allg. aus.[145] Keinesfalls dürfen die §§ 88 ff. auf Multimediawerke generell analog angewendet werden.[146] Eine Anwendung dieser Bestimmung ist vielmehr nur insoweit zulässig, als es sich bei Multimediawerken insgesamt oder bei einzelnen ihrer Elemente um das für den Film charakteristische bewegte Bild (→ Rn. 20) handelt,[147] wie etwa bei Computerspielen.[148]

e) Zeitlicher Anwendungsbereich. Die Bestimmungen über den zeitlichen Anwendungsbereich **47** des UrhG sind enthalten in den §§ 129–137l. Für das Filmrecht von Bedeutung ist vor allem § 129 Abs. 1, der den Grundsatz enthält, dass die Vorschriften des UrhG auch auf die vor seinem Inkrafttreten am 1.1.1966[149] geschaffenen Werke anzuwenden sind, es sei denn, dass diese zu diesem Zeitpunkt nicht geschützt sind oder dass das UrhG sonst etwas anderes bestimmt. Aus § 129 Abs. 1 S. 2, der die entsprechende Geltung dieser Regel für verwandte Schutzrechte bestimmt, und aus dem Umstand, dass das **verwandte Schutzrecht des Filmherstellers** nach § 94 vor Inkrafttreten des UrhG nicht anerkannt war,[150] folgt, dass dieses Recht erst durch eine Filmherstellung ab dem 1.1.1966 begründet werden konnte.[151]

Da der Filmhersteller als solcher nach hM auch nach altem Recht grundsätzlich nicht als Filmurheber anzusehen war (→ Rn. 7, 53), ergeben sich seine Befugnisse an älteren, dh vor dem 1.1.1966 geschaffenen Filmwerken auch nicht aus § 134 S. 1, der vorschreibt, dass weiterhin, dh auch unter Geltung des UrhG, als Urheber gilt, wer nach früherem Recht, nicht aber nach dem UrhG als Urhe-

---

[137] Ebenso Dreier/Schulze/*Schulze* Rn. 4; für eine analoge Anwendung der §§ 88 ff. auf Computerspiele *Franz* ZUM 2017, 207 (214).

[138] S. *Ulbricht* CR 2002, 317 (320).

[139] S. die Beschreibung bei *Schulze* FuR 1983, 374 (376 f.).

[140] Dem neigt das OLG Frankfurt a.M. UFITA 90 1981, 192 (196) zu; zust. *Schulze* FuR 1983, 374 (377); Fromm/*Nordemann,* 9. Aufl., § 2 Rn. 78.

[141] Im Ergebnis ebenso Dreier/Schulze/*Schulze* Rn. 4; Fromm/Nordemann/*J. B. Nordemann*[1] Rn. 13; aA noch *Schulze* FuR 1983, 374 (377 f.).

[142] → § 2 Rn. 96; *Schricker* in *Schricker* (Hrsg.) Informationsgesellschaft S. 20 f., 32, 41 ff.; *Schricker* FS Strömholm, 1997, 755 (756 f.); jeweils mwN.

[143] → Rn. 65; → § 2 Rn. 219.

[144] → § 2 Rn. 96; *Schricker* in *Schricker* (Hrsg.) Informationsgesellschaft S. 42 f.; *Schricker* FS Strömholm, 1997, 755 (764); *Hoeren* CR 1994, 390(392) qualifiziert Multimediawerke als filmähnliche Werke iSd § 2 Abs. 1 Nr. 6; für einen zurückhaltenden Rückgriff auf die Kategorie des Multimediawerks LG Köln ZUM 2008, 533 (535) – Kölner Dom.

[145] S. hierzu ebenso Dreier/Schulze/*Schulze* Rn. 4 mit Zugeständnissen aufgrund Geltung der Vergütungsregelungen der §§ 32 und 32a auch im Filmbereich; *Katzenberger* in *Schricker* (Hrsg.) Informationsgesellschaft S. 181, 215 f.

[146] Zu weitgehend für eine umfassende Anwendung der §§ 88 ff. auch auf Multimediawerke Fromm/Nordemann/*J. B. Nordemann* Rn. 7, 12.

[147] S. *Katzenberger* in *Schricker* (Hrsg.) Informationsgesellschaft S. 181, 216.

[148] → Rn. 44; dazu auch *Dreier* in *Becker/Dreier* (Hrsg.) S. 123, 148.

[149] Nach § 143 Abs. 2.

[150] → Rn. 7, 8 sowie → § 94 Rn. 2, 4.

[151] Ebenso Dreier/Schulze/*Schulze* § 129 Rn. 15; Fromm/Nordemann/*J. B. Nordemann* § 129 Rn. 6; *v. Gamm* § 129 Rn. 1; *Möhring/Nicolini* § 129 Rn. 18, 20.

ber eines Werkes anzusehen ist.[152] Auch bei vor dem 1.1.1966 geschaffenen Filmwerken kommt daher nur eine auf von den Urhebern vertraglich erworbene Rechte gestützte Rechtsstellung des Filmherstellers in Betracht.

48 Für die heutige Rechtsstellung der **ausübenden Künstler,** die vor dem 1.1.1966 an der Entstehung eines Filmwerks mitgewirkt haben, und in Bezug auf die bei der Herstellung eines vor diesem Datum geschaffenen Filmes entstandenen einzelnen **Lichtbilder** und uU auch Lichtbildwerke sind die §§ 135, 135a zu beachten.[153]

49 Für **Urheberrechtsübertragungen,** die **vertragliche Einräumung von Verfilmungsrechten** und **Verträge der Filmhersteller mit Filmurhebern** und ausübenden Künstlern aus der Zeit **vor dem 1.1.1966** gilt nach § 132 Abs. 2, dass die darin enthaltenen Verfügungen über urheberrechtliche Befugnisse auch unter der Geltung des UrhG wirksam bleiben, dass jedoch auf solche Verträge grundsätzlich nicht die Bestimmungen des UrhG und damit auch nicht die §§ 88 ff. Anwendung finden, sondern das früher geltende Recht anzuwenden ist.[154] Nach § 137 Abs. 1 S. 1 stehen im Falle der (nach § 8 LUG, § 10 KUG zulässigen) Übertragung des Urheberrechts vor dem 1.1.1966 dem Erwerber nunmehr die entsprechenden Nutzungsrechte zu. Wichtig ist dabei auch für ältere Verträge im Filmbereich, dass sich die Übertragung im Zweifel nicht auf Befugnisse erstreckt, die erst durch das UrhG geschaffen wurden (§ 137 Abs. 1 S. 2).[155] Zu beachten sind darüber hinaus § 137 Abs. 2–5 über die Auswirkungen der durch das UrhG gegenüber dem früheren Recht im Rahmen der §§ 64–66 bewirkten Verlängerungen der Schutzdauer des Urheberrechts auf vertragliche Verfügungen über die Rechte an verfilmten Werken und Filmwerken selbst sowie § 137a Abs. 2 über die Auswirkungen der durch die Urheberrechtsnovelle vom 24.6.1985 (BGBl. I S. 1137) Gesetz gewordenen Verlängerung der Schutzdauer des Urheberrechts an Lichtbildwerken auf die Einräumung von Nutzungsrechten an solchen Werken.

50 Im Hinblick auf die seit Erscheinen dieses Kommentars in der ersten Auflage im Jahre 1987 eingetretenen Gesetzesänderungen mit Auswirkungen auch auf den Filmbereich sind die folgenden **neuen Übergangsregelungen** zu beachten: **§§ 137b** und **137c** im Hinblick auf die Urheberrechtsnovelle von 1990 durch das Produktpirateriegesetz,[156] **§§ 137e** und **137f** im Hinblick auf die Umsetzung der europäischen Richtlinien zum Vermiet- und Verleihrecht sowie zur Schutzdauer (→ Einl. UrhG Rn. 78) durch Gesetz vom 23.6.1995 (BGBl. I S. 842), **§ 137h** im Hinblick auf die Umsetzung der europäischen Satelliten- und Kabelrichtlinie durch Gesetz vom 8.5.1998 (BGBl. I S. 902), **§ 132 Abs. 3 und 4** mit Bezug auf das neue Urhebervertragsgesetz aus dem Jahr 2002 (→ Rn. 8) und **§ 137l** im Hinblick auf die Aufhebung des § 31 Abs. 4 betr. die Unwirksamkeit der Einräumung von Nutzungsrechten für unbekannte Nutzungsarten und von Verpflichtungen hierzu durch das Zweite Gesetz zur Regelung des Urheberrechts in der Informationsgesellschaft vom 26.10.2007 (BGBl. I S. 2513) mit einer weitreichenden, nur durch kurzfristige Widerspruchsrechte und einen speziellen gesetzlichen Vergütungsanspruch des Urhebers gemilderten Fiktion der Rechtseinräumung auch für unbekannte Nutzungsarten in der Vergangenheit, nämlich durch Verträge im Zeitraum zwischen dem 1.1.1966 und dem 1.1.2008 (→ Rn. 8), sowie **§ 137n** im Hinblick auf die Umsetzung der Richtlinie über bestimmte Formen der Nutzung verwaister Werke. In dem mit der UrhG-Novelle 2016 neu eingefügten **§ 132 Abs. 3a** wird bestimmt, dass auf Verträge oder sonstige Sachverhalte, die vor dem 1.3.2017 geschlossen worden oder entstanden sind, die Vorschriften des Gesetzes in der bis zum 1.3.2017 geltenden Fassung weiter anzuwenden sind. Dies betrifft für den Filmbereich vor allem die Neufassung des § 88 Abs. 2 S. 2, 3 (Wiederverfilmungsrecht des Urhebers nach Ablauf von 10 Jahren nach Vertragsabschluss) und §§ 32d, 32e (Auskunftsansprüche gegen Vertragspartner und weitere Lizenznehmer). § 41 (Rückrufsrecht wegen Nichtausübung) in der am 1.3.2017 geltenden Fassung findet wiederum (nur) auf Sachverhalte Anwendung, die seit dem 1.3.2018 entstanden sind. Für den Filmbereich ist dies vor dem Hintergrund des § 90 Abs. 1 nur von eingeschränkter Bedeutung.

51 **f) Internationaler Anwendungsbereich der §§ 88–95.** Die Frage nach dem internationalen Anwendungsbereich der §§ 88–95 berührt das Internationale Privatrecht, die internationalen urheberrechtlichen Verträge und die Bestimmungen der §§ 120–128. Vgl. dazu die Kommentierung dieser Vorschriften.

VI. Urheberschaft bei Filmwerken

1. Filmhersteller und ausübende Künstler als solche keine Filmurheber

52 **a)** Nachdem bereits im Rahmen der amtlichen Vorarbeiten zum UrhG der im RefE von 1954 enthaltene Gesetzesvorschlag einer fiktiven Urheberschaft des Filmherstellers am Filmwerk abgelehnt

---

[152] Vgl. zu den Urheberschaftsverhältnissen am Filmwerk → Rn. 52 ff.
[153] Vgl. die Kommentierung dieser Bestimmungen; s. hierzu auch BGH GRUR 2011, 714 = ZUM 2011, 560 – Der Frosch mit der Maske; BGH ZUM 2011, 498 – Polizeirevier Davidswache.
[154] § 132 Abs. 1 mit Anführung derjenigen Bestimmungen des UrhG, die ausnahmsweise anwendbar sind; vgl. Näheres in der Kommentierung zu § 132.
[155] Näheres in der Kommentierung zu § 137.
[156] PrPG vom 7.3.1990, BGBl. I S. 422.

wurde (→ Rn. 7, 8), gibt es unter der Geltung des UrhG keine Zweifel mehr, dass Urheber des Filmwerks nur diejenigen natürlichen Personen sein können, die an seiner Entstehung schöpferisch mitwirken, nicht aber der Filmhersteller in seiner eigentlichen, dh kaufmännischen und organisatorischen Funktion; es gilt auch für das Filmwerk das **Schöpferprinzip** des § 7.[157]

Im Hinblick auf § 134 (→ Rn. 47) ist nach wie vor von Bedeutung, dass der Filmhersteller als solcher auch **unter Geltung des LUG von 1901 und des KUG von 1907,** also bis zum 31.12.1965 (s. § 143 Abs. 2), nach ganz hM nicht als Urheber eines Filmwerks anzusehen war.[158] Wenn einige Entscheidungen[159] vom Filmhersteller als Träger des Urheberrechts sprachen und das Kammergericht[160] ihn sogar als Urheber bezeichnete, so konnte das im ersten Fall auch iS eines vertraglich abgeleiteten Rechts verstanden werden oder entsprach jedenfalls nicht der hM. **53**

b) Das UrhG unterscheidet zwischen dem Urheberschutz **schöpferischer Leistungen** (Erster Teil des Gesetzes, §§ 1–69g) und dem Schutz ua der **Wiedergabeleistungen** (bzw. Darbietungen), die ausübende Künstler wie Schauspieler, Sänger, Sprecher, Musiker und Tänzer beim Vortrag oder bei der Aufführung eines Werkes oder bei der künstlerischen Mitwirkung bei einem Vortrag oder einer Aufführung erbringen; für solche Wiedergabeleistungen gewährt das UrhG das verwandte Schutzrecht der §§ 73 ff.[161] Aus dieser Unterscheidung folgt, dass auch die Wiedergabeleistungen solcher Künstler im Rahmen der Produktion eines Filmwerks keine Urheberrechte am Filmwerk begründen können.[162] **54**

Auch nach dem **vor Inkrafttreten des UrhG** geltenden Recht war bereits zwischen den dem Urheberrechtsschutz zugänglichen schöpferischen Leistungen und den Wiedergabeleistungen der ausübenden Künstler zu unterscheiden, deren Schutz sich mangels einer den nunmehr geltenden §§ 73 ff. entsprechenden gesetzlichen Regelung aus dem allgemeinen bürgerlichen Recht sowie aus persönlichkeits- und wettbewerbsrechtlichen Grundsätzen ergab.[163] Daraus folgt für § 134 (→ Rn. 47), dass an der Herstellung älterer Filmwerke beteiligte ausübende Künstler auch unter dem jetzt geltenden Gesetz aus ihren Wiedergabeleistungen keine Urheberstellung ableiten können. Das fiktive Bearbeiterurheberrecht der ausübenden Künstler bei Übertragung ihrer persönlichen Vorträge auf Tonträger nach § 2 Abs. 2 LUG von 1901[164] erstreckte sich nicht auf die optische Festlegung der Leistungen der Filmdarsteller und war richtiger Ansicht nach auch auf akustische Aufnahmen auf die Tonstreifen des Tonfilms nicht anzuwenden.[165] Auf dieses Recht wäre im Übrigen auch nicht § 134, sondern § 135 anwendbar; danach stünde auch den ausübenden Künstlern, die an älteren Filmen mitgewirkt haben, mit der Übergangsregelung des § 135a für die Schutzfrist nur das verwandte Schutzrecht der §§ 73 ff., jedoch kein Urheberrecht zu. **55**

c) Die genannten Grundsätze schließen es nicht aus, dass auch Filmhersteller und führende Filmschauspieler bei der Filmherstellung **in Einzelfällen** auch schöpferische, ein Urheberrecht begründende Leistungen erbringen können, zB durch die Einbringung und Umsetzung eines schöpferischen Einfalls bezüglich der Filmhandlung, durch Mitgestaltung der Szenenfolge oder der Ausgestaltung einer Szene; die dadurch begründete Urheberstellung ist dann aber keine Folge ihrer eigentlichen kaufmännischen, organisatorischen oder darstellerischen Tätigkeit, sondern einer darüber hinausgehenden Leistung.[166] **56**

---

[157] Nahezu allgM; vgl. AmtlBegr. BT-Drs. IV/270, 35, 100; *Ulmer* § 36 II; *Rehbinder/Peukert* § 8 VII 1; v. Hartlieb/*Schwarz/Dobberstein/Hansen* 36. Kap. Rn. 24; Dreier/Schulze/*Schulze* § 89 Rn. 19; Fromm/Nordemann/*J. B. Nordemann* Rn. 22, § 89 Rn. 14; *v. Gamm* § 89 Rn. 3; Loewenheim/*Schwarz/U. Reber* § 12 Rn. 17; Wandtke/Bullinger/*Manegold/Czernik* Rn. 70, 76; *Obergfell* S. 29; *Ott* ZUM 2003, 765; aA neuerdings nur *Kreile J./Höfinger* ZUM 2003, 719 ff.; zu weitgehend hinsichtlich einer möglichen Urheberschaft des Produzenten *Schwarz/Hansen* GRUR 2011, 109 sowie Wandtke/Bullinger/*Manegold/Czernik* Rn. 76.

[158] So BGH GRUR 1960, 199 (200) – Tofifa – und allg. BGHZ 15, 338 (346) – Indeta; *Ulmer*, 2. Aufl., § 35 II; *v. Gamm* Grundfragen S. 5, 16 ff.; *Sprenkmann* S. 32 ff. jeweils mwN auch aA.

[159] Wie RGZ 106, 362 (365) – Tausend und eine Frau – und OLG Frankfurt a. M. GRUR 1952, 434 (435 f.).

[160] KG MuW 1923/24, 13 (14).

[161] Dazu Näheres → Vor §§ 73 ff. Rn. 1, 3 ff.

[162] AllgM; vgl. AmtlBegr. BT-Drs. IV/270, 98 f.; *Ulmer* § 36 II 1; *Rehbinder*, 16. Aufl., § 22 I 2b; v. Hartlieb/*Schwarz/Dobberstein/Hansen* 36. Kap. Rn. 22, 23; Fromm/Nordemann/*J. B. Nordemann* Rn. 21, § 89 Rn. 17; Loewenheim/*Schwarz/U. Reber* § 12 Rn. 24; *v. Gamm* § 89 Rn. 3; Dreier/Schulze/*Schulze* § 89 Rn. 18; DKMH/*Meckel* § 89 Rn. 5; *Obergfell* S. 45; LAG Köln NZA-RR 2001, 266 – Lindenstraße.

[163] S. dazu insbes. die vier sog. Leistungsschutzurteile des BGHZ 33, 1 (11 ff.) – Künstlerlizenz Schallplatten; BGHZ 33, 20 (25 ff.) – Figaros Hochzeit; BGHZ 33, 38 (43 ff.) – Künstlerlizenz Rundfunk; BGHZ 33, 48 (50 ff.) – Orchester Graunke; *Ulmer*, 2. Aufl., §§ 26 IV, 27 III, 35 V, 96 II, VI.

[164] → Einl. UrhG Rn. 133 f., → Vor §§ 73 ff. Rn. 3.

[165] S. *Ulmer*, 2. Aufl., §§ 97 I 2, 98 III 2 im zuletzt genannten Punkt gegen ein obiter dictum in RGZ 140, 231 (241) – Tonfilm.

[166] S. dazu AmtlBegr. BT-Drs. IV/270, 99 f.; *Ulmer* § 36 II 1; *Rehbinder*, *16. Aufl.,* § 20 I; v. Hartlieb/*Schwarz/Dobberstein/Hansen* 36. Kap. Rn. 22, 24; Dreier/Schulze/*Schulze* § 89 Rn. 18, 19; *Fromm/Nordemann* § 89 Rn. 17, 19; *v. Gamm* § 89 Rn. 3; BGH GRUR 1957, 614 (616) – Ferien vom Ich – zum Miturheberrecht des Produzenten am Filmwerk wegen schöpferischer Mitwirkung am Drehbuch und bei der Herstellung des Filmes; OLG Köln ZUM 2005, 235 – Standbilder im Internet, zum Produzenten zweier Fernsehfilme, der offensichtlich zugleich als Drehbuchautor und Kameramann fungierte.

2. Filmurheber und Urheber von zur Filmherstellung benutzten Werken – Beurteilung durch die hM

57 **a) Gesetzliche Grundlage** für die Beurteilung der Urheberschaftsverhältnisse bei Filmwerken sind primär die **§§ 7 und 8** über die Person des Urhebers und die Miturheberschaft (→ Rn. 16; zur Werkverbindung iSd § 9 → Rn. 64; § 10 regelt Erleichterungen für den Nachweis der Urheberschaft etc). Dies ist auch durch die AmtlBegr. zum 3. UrhGÄndG[167] bestätigt worden (→ Rn. 71). An dieser Rechtslage hat sich auch dadurch nichts geändert, dass dieses Gesetz in **§ 65 Abs. 2** eine Spezialregelung über die **Schutzdauer von Filmwerken** eingeführt hat, die eine **Hervorhebung von vier Personen** beinhaltet, die regelmäßig an Spielfilmen schöpferisch mitwirken. Es sind dies der Hauptregisseur, der Urheber des Drehbuchs, der Urheber der Dialoge und der Komponist der Filmmusik. Für die Beurteilung der Schutzdauer eines Filmwerks bestimmt der Tod des Längstlebenden von diesen Personen den Zeitpunkt, von dem an die 70-jährige Schutzfrist zu berechnen ist (→ § 65 Rn. 4). Die Neuregelung dient der Umsetzung von Art. 2 Abs. 2 der europäischen Schutzdauerrichtlinie.[168] Sie bezieht sich jedoch nur auf die Schutzdauer von Filmwerken, sie bezweckt und bewirkt **keine Festlegung in der Urheberschaftsfrage.**[169] Darüber hinaus hat die Europäische Kommission in einem Bericht aus dem Jahre 2002[170] über die Frage der Urheberschaft von Filmwerken oder audiovisuellen Werken in der Gemeinschaft keinen aktuellen Anlass gesehen, die Filmurheberschaft über das bereits Erreichte, nämlich die Urheberschaft des Hauptregisseurs,[171] hinaus weiter zu harmonisieren.[172] Ob die in § 65 Abs. 2 genannten Personen oder weitere Mitwirkende an der Filmproduktion Urheber bzw. Miturheber des Filmwerks sind, ist daher weiterhin nach den schon bisher geltenden Kriterien des deutschen Rechts zu beurteilen.[173] Als Argument gegen die im deutschen Recht hM, die unter den genannten vier Personen nur den Hauptregisseur als Urheber des Filmwerks (Filmurheber) anerkennt (→ Rn. 60 f.), sind § 65 Abs. 2 und Art. 2 Abs. 2 der Schutzdauerrichtlinie aber dennoch von Bedeutung (→ Rn. 72). Den §§ 88, 89 liegt die Unterscheidung zwischen **Urhebern des Filmwerks** als solchen und **Urhebern anderer Werke** zugrunde, **die zur Herstellung des Filmwerks benutzt werden.** Für die ersteren gelten die gesetzliche Vermutung umfassender Rechtseinräumung an den Filmhersteller nach § 89 Abs. 1 sowie § 89 Abs. 2 über die Erhaltung ihrer Verfügungsbefugnis gegenüber dem Filmhersteller auch nach Einräumung ihrer Rechte an Dritte. Für Urheber filmisch benutzter Werke enthielt hingegen § 88 aF weniger weitreichende gesetzliche Vermutungen über den Umfang der Rechtseinräumung an den Filmhersteller; durch das Urhebervertragsgesetz des Jahres 2002 (→ Rn. 8) wurde die Vermutungsregelung des § 88 Abs. 1 jedoch an diejenige des § 89 Abs. 1 angeglichen (→ Rn. 10). In § 89 Abs. 3 heißt es, dass die Urheberrechte an den zur Herstellung des Filmwerks benutzten Werken, wie Roman, Drehbuch und Filmmusik, von den Bestimmungen der Abs. 1 u. 2 des § 89 unberührt bleiben.

58 **b)** Aus dieser Unterscheidung und Regelung sowie entsprechenden Äußerungen über die Filmurheberschaft in der AmtlBegr.[174] entnimmt die traditionell wohl **hM** eine **gesetzliche Festlegung über die Urheberschaft bei Filmwerken.**

59 **aa) Nicht Filmurheber,** sondern Urheber von zur Filmherstellung benutzten Werken sind danach zum ersten die Schöpfer der sog. **vorbestehenden Werke,** die nicht unmittelbar für Filmzwecke geschaffen worden sind, wie Romane, Novellen, Opern, Operetten, Dramen und andere Bühnenwerke, Lieder/Songs und andere filmunabhängig geschaffene musikalische Kompositionen, unabhängige choreographische Werke, filmisch abgebildete vorbestehende Werke der Baukunst und andere Werke der bildenden Künste (zB grafische Figuren); in § 89 Abs. 3 werden diese Werke durch den dort beispielhaft genannten Roman repräsentiert.[175]

60 **bb) Nicht Filmurheber** sind nach hM auch Urheber von Werken, die unmittelbar mit der **Zweckbestimmung für ein Filmwerk geschaffen** worden sind, die sich aber vom Filmwerk selbst **unterscheiden lassen** und gesondert, **selbstständig verwertet** werden können. Dazu zählen insbes. das **Filmexposé,** das **Filmtreatment,** das **Drehbuch** und die **Filmmusik** als speziell für einen bestimmten Film, uU auch erst nach Abschluss der Dreharbeiten komponierte Musik. Als entscheidende Kriterien gelten die Unterscheidbarkeit vom Filmwerk als solchem und die selbstständige Verwertbarkeit, letztere zB bei den literarischen Vorstufen eines Filmwerks in Form gedruckter Ausgaben oder durch Verwendung auch für andere Filme, bei der Filmmusik durch Verwertung auf Ton-

---

[167] → Rn. 8; BT-Drs. 13/781, 9; sa BT-Drs. 13/115, 10 zu 5.
[168] Dazu → § 64 Rn. 25.
[169] S. die AmtlBegr. BT-Drs. 13/781, 9, 13; zur Richtlinie → § 64 Rn. 25.
[170] KOM 2002, 691 endgültig.
[171] So auch ausdrücklich EuGH GRUR-Int 2012, 341 (346) – Luksan.
[172] S. dazu kritisch *Obergfell,* The European Legal Forum 2003, 200 (205 f.).
[173] S. BT-Drs. 13/781, 13.
[174] BT-Drs. IV/270, 98, 99 f.
[175] Zum Ergebnis AmtlBegr. BT-Drs. IV/270, 98, 99 f.; *Ulmer* § 36 II 1; *Rehbinder, 16. Aufl.,* § 20 I; *v. Hartlieb/Schwarz/Dobberstein/Hansen* 36. Kap. Rn. 3, 37. Kap. Rn. 1 ff.; *Dreier/Schulze/Schulze* Rn. 8; *Fromm/Nordemann/J. B. Nordemann* Rn. 15, 16; *v. Gamm* § 89 Rn. 3; *Obergfell* S. 37 f.

trägern. Drehbuch und Filmmusik sind in § 89 Abs. 3 ausdrücklich und beispielhaft für solche Werke genannt.[176]

cc) Als **Filmurheber** kommen daher nach hM nur diejenigen schöpferisch Mitwirkenden einer **61** Filmproduktion in Betracht, deren Leistungen im Filmwerk selbst ununterscheidbar aufgehen und am Filmwerk als solchem im Laufe der und im Anschluss an die Dreharbeiten erbracht werden. Als Filmurheber genannt werden daher an erster Stelle der **Filmregisseur,**[177] daneben entsprechend der amtlichen Gesetzesbegründung als typische und regelmäßige[178] Filmurheber auch der **Kameramann**[179] und **Schnittmeister (Cutter), und** als mögliche Filmurheber **Beleuchter** und **Tonmeister.**[180]

dd) Nicht einheitlich beurteilt hinsichtlich ihrer Eigenschaft als mögliche Filmurheber oder Ur- **62** heber filmisch benutzter Werke werden Filmschaffende wie **Filmarchitekten, Filmdekorateure** und **Filmausstatter, Filmmaler, Filmgraphiker** und **Zeichner** von Zeichentrickfilmen, **Kostümbildner, Maskenbildner** und **Filmchoreographen.** Teilweise werden sie als Filmurheber aufgeführt.[181] Andere betonen die gesonderte Verwertbarkeit ihrer Leistungsergebnisse zB auch für andere Filme oder die Notwendigkeit der Umsetzung dieser Ergebnisse in die filmische Bildfolge und beurteilen sie daher lediglich als mögliche Urheber filmisch benutzter Werke.[182] Nach Auffassung *Lütjes,* S. 68 ff., soll danach unterschieden werden, ob der jeweilige, vom Filmwerk unterscheidbare und trennbare Gegenstand, wie Trick, Maske, Kostüm, Ausstattung, Dekor, Requisit und Architektur, auch losgelöst vom Filmwerk noch Werkqualität besitzt. Wenn ja, handle es sich bei dessen Urheber um den Urheber eines benutzten Werkes, wenn nein, sei er den Filmurhebern zuzurechnen.

c) Aus der Unterscheidung zwischen Filmwerken und Filmurhebern einerseits und filmisch be- **63** nutzten Werken und deren Urhebern andererseits iSd hM ergeben sich auch **Folgerungen für das Verhältnis zwischen den verschiedenen Werken, Werkstufen** und **Urhebern.**

Das Filmwerk erscheint danach als **Bearbeitung** nicht nur des verfilmten Romans und anderer in **64** das filmische Medium umgesetzter vorbestehender literarischer Werke, sondern auch des Drehbuchs; dieses wiederum als Bearbeitung des Treatments usw; insbes. wird demzufolge der **Drehbuchautor nicht als Miturheber des Filmwerks** beurteilt.[183] Uneinheitlich auch innerhalb der hM ist die Bestimmung des Verhältnisses von Filmwerk zu **Filmmusik. Abgelehnt** wird zwar generell **Miturheberschaft** auch des **Komponisten** der speziell für einen bestimmten Film geschaffenen Musik am Filmwerk, entsprechend dem unter → Rn. 60 Gesagten. Des Näheren wird aber teilweise **Werkverbindung** iSd § 9 angenommen,[184] während *Ulmer*[3] § 35 II zu Recht darauf hinweist, dass sich die Urheber der für den Film benutzten Werke nicht iSd § 9 zu gemeinsamer Verwertung ihrer Werke

[176] Zum Ergebnis AmtlBegr. BT-Drs. IV/270, 98, 99; *Ulmer* § 36 II 1, 2 kritisch Fromm/Nordemann/*J. B. Nordemann* Rn. 17, § 89 Rn. 28; *Rehbinder/Peukert* § 14 I; v. Hartlieb/*Schwarz/Dobberstein/Hansen* 36. Kap. Rn. 3, 37; *v. Gamm* § 89 Rn. 3; DKMH/*Meckel* § 89 Rn. 5; Wandtke/Bullinger/*Manegold/Czernik* Rn. 67 f.; wohl auch Dreier/Schulze/*Schulze* Rn. 9 ff.

[177] BGH GRUR 1991, 133 (135) – Videozweitauswertung; BGHZ 147, 244 (249) – Barfuß ins Bett; BGH GRUR 2011, 714 Rn. 57 – Der Frosch mit der Maske; OLG Köln GRUR-RR 2009, 208 – Frosch mit der Maske; Dr. Mabuse u. Winnetou; LAG Köln NZA-RR 2001, 266 – Lindenstraße; zu EuGH GRUR 2012, 489 (490) – Luksan/van der Let, unter Bezugnahme auf Art. 2 Abs. 2 der eur. Vermiet- und Verleihrechtsrichtlinie 2006/115 sowie Art. 1 Abs. 5 der eur. Satelliten- und Kabelrichtlinie 93/83, wonach der Hauptregisseur eines Filmwerks oder audiovisuellen Werkes als Urheber oder einer der Urheber gilt; → § 89 Rn. 7.

[178] S. AmtlBegr. BT-Drs. IV/270, 100; BT-Drs. 14/7564, abgedruckt in Schulze, Materialien zum Urheberrechtsgesetz, Bd. 3, 2. Aufl., S. 1458; *Rehbinder/Peukert* § 14 I.

[179] BGH GRUR 2012, 496 – Das Boot; OLG München GRUR-RR 2013, 276 – Das Boot II; OLG Köln GRUR-RR 2005, 337 (338) = ZUM 2016, 146 – Dokumentarfilm Massaker; zur Urheberschaft eines Kameramanns bei der Übertragung oder Aufzeichnung von Sportereignissen s. OGH 17.12.2013 – 4 Ob 184/13g – Fußballübertragungen; zur urheberrechtlichen Stellung des Kameramanns im internationalen Vergleich s. *Busch* GRUR-Int 2010, 699.

[180] S. AmtlBegr. BT-Drs. IV/270, 100; BT-Drs. 14/7564, abgedruckt in Schulze, Materialien zum Urheberrechtsgesetz, Bd. 3, 2. Aufl., S. 1458; *Ulmer* § 36 II 1; *Rehbinder/Peukert* § 14 I; v. Hartlieb/*Schwarz/Dobberstein/Hansen* 36. Kap. Rn. 4 ff.; Fromm/Nordemann/*J. B. Nordemann* Rn. 19–23; *v. Gamm* § 89 Rn. 3; DKMH/*Meckel* § 89 Rn. 5; *Wandtke/Bullinger* § 89 Rn. 12, 13; s. auch zur typischen Filmmiturheberschaft Dritter neben dem Regisseur, der regelmäßig nicht Alleinfilmurheber ist, BGH GRUR 2011, 714 Rn. 58 – Der Frosch mit der Maske, sowie den Zurückweisungsbeschluss zur Anhörungsrüge des Klägers im gleichen Verfahren, ZUM 2012, 141 Rn. 3–6; zur Miturheberschaft des Filmtonmeisters s. BGH GRUR 2002, 961 – Mischtonmeister.

[181] So *Rehbinder/Peukert* § 14 I zu Filmarchitekten, Filmmalern und Zeichnern, Kostüm- und Maskenbildnern; *Samson* S. 207, 216 zu Filmarchitekten, Requisiteuren, Choreographen, Kostümbildnern; *v. Gamm* § 89 Rn. 3 zu Bühnenbildnern; *Möhring/Nicolini* § 89 Rn. 11 zu Kostümbildnern, Bühnenbildnern, Architekten, Lichtdesignern und Special Effects-Verantwortlichen.

[182] So zu Filmarchitekten, Dekorateuren und Kostümbildnern *v. Ungern-Sternberg* ZHR-Beiheft Nr. 46 1974, 51 (57) u. Fn. 28 zu allen Genannten mit Ausnahme der Bildregie beim Zeichentrickfilm.

[183] So *Rehbinder/Peukert* § 14 I; § 18 I; v. Hartlieb/*Schwarz/Dobberstein/Hansen* 36. Kap. Rn. 3; *v. Gamm* § 2 Rn. 18, 23, § 8 Rn. 4, § 23 Rn. 10, § 88 Rn. 5, § 89 Rn. 3; *Ulmer* § 36 II 2, 3 unter Annahme von Bearbeitung im Verhältnis von Drehbuch zu Roman, dagegen Werkvollendung im Verhältnis vom Filmwerk zu Drehbuch; BGH UFITA 24 1957, 399 (401) – Lied der Wildbahn III – und BGHZ 27, 90 (96) – Die Privatsekretärin: Filmwerk als Bearbeitung des Drehbuchs; BGH GRUR 1963, 441 (443) – Mit Dir allein: Drehbuch als Bearbeitung eines Treatments; zur Verwertung eines von mehreren Autoren gemeinschaftlich erstellten Drehbuchs LG München I ZUM-RD 2019, 401.

[184] So insbes. *v. Gamm* § 9 Rn. 3, § 89 Rn. 3; aus der Rechtsprechung zB KG Schulze KGZ 57, 6 – Brennender Sand.

verbinden, sondern dem Filmhersteller Nutzungsrechte für die Filmverwertung einräumen, so dass der Komponist der Filmmusik **Alleinurheber** derselben ohne die Bindungen aus § 9 ist.[185] Diese Beurteilung gilt entsprechend, soweit **Filmarchitekten** und die anderen unter → Rn. 62 genannten Filmschaffenden als Urheber filmisch benutzter Werke und nicht als Filmmiturheber beurteilt werden.[186]

3. Eigene Beurteilung

65 **a)** Die Beurteilung der Filmurheberschaft durch die hM ist insofern unbefriedigend, als sie die Schöpfer wesentlicher, unmittelbar für einen Film bestimmter und diesen mitprägender Beiträge, wie des Drehbuchs, der Filmmusik, der Filmbauten und -ausstattung, der Kostüme und Masken usw, von der Miturheberschaft am Filmwerk ausschließt und sie auf das Urheberrecht an den von ihnen geschaffenen unterscheidbaren Gegenständen verweist und beschränkt.[187] Die hM vernachlässigt den Umstand, dass es sich bei Filmwerken um „synchronistische Werkeinheiten",[188] um **„Gesamtkunstwerke"**[189] handelt, in denen auch die Beiträge der hier genannten Urheber mit den Leistungen der anerkannten Filmurheber zu einer **Einheit** verschmelzen.[190] In der Praxis internationaler und nationaler Filmpreisverleihungen nicht nur für Regie, Kameraführung und Filmschnitt, sondern auch für Drehbücher, Filmmusik, Filmarchitektur (Art Direction) und Kostümdesign wird diese Einheit deutlich.[191]

66 Für die betroffenen Urheber bedeutet der Ausschluss von der Filmurheberschaft als solcher bei aller Anerkennung der spezifischen Regieleistung eine **Herabwürdigung** ihrer eigenen und eigengearteten künstlerischen Leistungen.[192] Unter dem Gesichtspunkt der Beurteilung der urheberrechtlichen Werkqualität und der relativen Gewichtung der verschiedenen künstlerischen Beiträge zu Filmwerken begründet die Sicht der hM zudem die **Gefahr einer verkürzten Betrachtungsweise**, die nur das einzelne vom Film losgelöste Werk oder Objekt betrachtet und seine für den konkreten Film spezifische dramaturgische, atmosphärische, inhaltliche und visuell-ästhetische Wirkung vernachlässigt.

67 **b)** Aus der Sicht dieser Beeinträchtigungen ergeben sich sogar **verfassungsrechtliche Bedenken** gegen die hM. Wenn bereits Eingriffe des Gesetzgebers in einzelne Verwertungsbefugnisse des Urhebers unvereinbar mit der Verfassung waren,[193] so begegnet es erst recht Bedenken, und zwar nicht nur aus Art. 14, sondern auch aus Art. 1 und 2 GG, wenn ganzen Kategorien von Urhebern die Urheberschaft an Werken abgesprochen wird, an denen sie wesentlich schöpferisch mitgewirkt haben.[194]

68 Daneben zeigt die uneinheitliche Beurteilung der unter → Rn. 62 behandelten Beiträge die **Ungeeignetheit der Abgrenzungskriterien der hM**.[195] Auch folgt aus § 134 das **fragwürdige Ergebnis**, die Urheberschaft an vor dem 1.1.1966 geschaffenen Filmwerken uU anders beurteilen zu müssen als diejenige an neueren Filmwerken.[196]

69 **c)** Der hM vorzuziehen ist daher die insbes. von *Bohr* S. 44 ff., UFITA 78 (1977), 95 (129 ff.) und ZUM 1992, 121 (123 ff.) – speziell zum Drehbuch – unter eingehender Würdigung der verschiedenen filmspezifischen schöpferischen Leistungen entwickelte **Lehre vom Doppelcharakter** derjenigen filmspezifisch bestimmt geschaffenen schöpferischen Beiträge, die sowohl das Filmwerk mitgestalten als auch selbstständig verwertet werden können. Die Urheber solcher Beiträge sind sowohl Filmmiturheber als auch Alleinurheber ihrer Beiträge als solcher.[197] Die Lehre wird den Interessen der Filmschaffenden gerecht, trägt zur Einheitlichkeit der Beurteilung bei und vermeidet die unter → Rn. 67, 68 genannten Probleme.

---

[185] → § 9 Rn. 6 sowie *Ulmer* § 36 II 3; zust. *Schwarz/Schwarz* ZUM 1988, 429 (433 Fn. 19); im Ergebnis ebenso Fromm/Nordemann/*Wirtz* § 8 Rn. 13.

[186] → Rn. 62 sowie Fromm/Nordemann/*Wirtz* § 8 Rn. 13 einerseits und *v. Gamm* § 89 Rn. 3 andererseits.

[187] Vgl. auch die Kritik bei *Ulmer* § 36 II 4 sowie zu der von der jetzt hM abw. Beurteilung nach dem Recht vor Inkrafttreten des UrhG *Ulmer*, 2. Aufl., § 35 III 2.

[188] So *Hubmann* § 16 II 3a.

[189] So Fromm/Nordemann/*A. Nordemann* § 2 Rn. 201; *v. Gamm* § 2 Rn. 23; KG Schulze KGZ 57, 6 – Brennender Sand.

[190] Zu letzterem AmtlBegr. BT-Drs. IV/270, 38 zu § 2; BGH GRUR 1957, 611 (612 f.) – Bel ami – zur Verschmelzung von Bild und Ton zu einer Einheit beim Tonfilm.

[191] S. zB § 7 Abs. 1 Nr. 3 der Filmförderungsrichtlinien des BMI vom 27.2.1984, GMBl. S. 71.

[192] So aus amerikanischer Sicht zur Theorie des Autorenfilms *Goldman* S. 130.

[193] → Vor §§ 44a ff. Rn. 8 ff.

[194] S. dazu auch *Obergfell* S. 48; *Knorr* S. 97 ff.; *Götting* ZUM 1999, 3 (6); zum Recht auf Anerkennung der Urheberschaft s. § 13.

[195] S. dazu auch *v. Ungern-Sternberg* ZHR-Beiheft Nr. 46 1974, 51 (57).

[196] Zur Beurteilung nach früherem Recht *Ulmer*, 2. Aufl., § 35 III 2.

[197] Im Ergebnis ähnlich aus der Sicht des schweizerischen Rechts *Christ* S. 22 f., 50 ff. sowie zur Filmmusik und zum Drehbuch *Kühlberg* FuR 1981, 359 (360); sa *Katzenberger* FS GRUR, 1991, 1401 (1425 ff.); neuerdings wie hier *Götting* ZUM 1999, 3 (6 ff.); *Henning-Bodewig* FS Schricker, 1995, 389 (407 f.); *Obergfell* S. 50 ff. *Reupert* S. 98 ff., 107; *Datta* S. 45 f.; ablehnend Fromm/Nordemann/*J. B. Nordemann* Rn. 17, § 89 Rn. 19, sowie v. Hartlieb/*Schwarz/Dobberstein/Hansen* 36. Kap. Rn. 3, 30; *Rehbinder/Peukert* § 14 I; *Loewenheim/Schwarz/U. Reber* § 12 Rn. 28 ff.; *Möhring/Nicolini/Diesbach/Vohwinkel* § 89 Rn. 11; offengelassen von Wandtke/Bullinger/*Manegold/Czernik* Rn. 67 ff.

Soweit sie an Filmproduktionen überhaupt mitarbeiten, sind daher, vorbehaltlich abweichender **70** Beurteilung im Einzelfall, idR neben dem Regisseur, Kameramann, Cutter und Tonmeister auch alle unter → Rn. 60 und 62 genannten Filmschaffenden Miturheber des Filmwerks. *Bohr* S. 62 und UFITA 78 (1977), 95 (146) nennt entsprechend als **regelmäßige Filmurheber: Drehbuchautor, Regisseur** (→ Rn. 61), **Kameramann,**[198] **Szenenbildner/Filmarchitekt,**[199] **Kostümbildner, Filmkomponist, Tonmeister**[200] und **Cutter.**[201] Der Ausschluss der Autoren von **Filmexposé** und **Treatment** aus dieser Beurteilung[202] vermag allerdings nicht zu überzeugen.[203]

d) Mit **§§ 88, 89** ist dieses Ergebnis ohne weiteres **vereinbar.** Diese Bestimmungen regeln nicht **71** die Urheberschaft an Filmwerken, sondern sind urhebervertragsrechtlicher Natur. Soweit Filmmiturheber in dem hier befürworteten Sinne selbstständig verwertbare Werke schaffen, ist der Umfang, in dem sie dem Filmhersteller Nutzungsrechte einräumen, nach § 88 aF, nicht nach § 89 Abs. 1 zu bestimmen; auch § 89 Abs. 2 findet auf sie nicht Anwendung. Dies folgt auch bei der hier vertretenen Lösung aus § 89 Abs. 3, wo Drehbuch und Filmmusik nur beispielhaft für solche Beiträge genannt sind. Geht ein Beitrag im Filmwerk ununterscheidbar auf, wie die Regieleistung oder diejenige des Kameramanns[204] oder auch uU die szenische Gestaltung durch den Filmarchitekten, so bestimmt sich der Umfang der Rechtseinräumung nach § 89 Abs. 1, und § 89 Abs. 2 ist anwendbar. Unberührt bleibt auch die Möglichkeit der Vorausräumung von Rechten an der Tonfilmmusik und anderen filmbestimmt geschaffenen Werken an Verwertungsgesellschaften.[205] Bei der Bewertung der in der AmtlBegr. enthaltenen Äußerungen über die Filmurheberschaft (→ Rn. 58) darf im Übrigen nicht übersehen werden, dass sie noch geprägt sind von Formulierungen im RefE von 1954, der noch eine Regelung über die Filmurheberschaft iS eines fiktiven originären Urheberrechts des Filmherstellers vorsah (→ Rn. 7, 8). Der BGH hat mit seiner Anwendung des § 89 Abs. 1 (und nicht § 88 aF) auf die filmische Auswertung[206] der Leistungen des regelmäßig vorbestehende Werke schaffenden Filmarchitekten und Szenenbildners der Kinoproduktion „Der Zauberberg" – wie auch in der Vorinstanz das OLG München[207] – durchaus eine Tendenz zur Lehre vom Doppelcharakter erkennen lassen.[208]

e) Auch aus der Sicht der Filmrechtsbestimmungen der **Art. 14, 14**[bis] **RBÜ**[209] bestehen keine Be- **72** denken gegen diese Beurteilung. Diese Bestimmungen enthalten keine für die Verbandsländer bindende Regelung über die Urheberschaft an Filmwerken. Art. 14bis enthält lediglich für Länder wie die Bundesrepublik Deutschland, die als Inhaber des Urheberrechts an Filmwerken die schöpferisch mitwirkenden Personen anerkennen, eine Vermutung, dass diese sich mangels anderweitiger vertraglicher Vereinbarung der Verwertung des Filmwerks durch den Hersteller nicht widersetzen können. Diese Bestimmung ist aber mangels anderslautender innerstaatlicher Regelung nicht anwendbar auf die Urheber der Drehbücher, der Dialoge, der Filmmusik und auf den Hauptregisseur. Daraus folgt für die Urheber selbstständig verwertbarer Werke ein Gleichklang mit den Regelungen der §§ 88, 89 Abs. 3; hinsichtlich des Hauptregisseurs, für den die Vermutung der Rechtseinräumung nach § 89 Abs. 1 gilt, schöpft das deutsche Recht die von der Konvention gewährte Möglichkeit nicht aus. Aus der Sicht der Berner Konvention hat die hier vertretene Beurteilung der Frage der Filmurheberschaft sogar den Vorzug, dass sie, mit dem Vorbehalt der Doppelfunktion, der dort nach französischem und italienischem Vorbild getroffenen Art der Unterscheidung zwischen vorbestehenden Werken und filmbestimmt geschaffenen Beiträgen entspricht.[210] Dasselbe gilt für die Schutzdauerregelung des **§ 65 Abs. 2,** die durch das 3. UrhGÄndG (→ Rn. 8) in Umsetzung des Art. 2 Abs. 2 der europäischen Schutzdauerrichtlinie neu eingeführt worden ist und, wenn auch begrenzt auf die Schutzdauerfrage, denselben Personenkreis hervorhebt (→ Rn. 57).

---

[198] S. BGH GRUR 2012, 496 (497) – Das Boot; OLG Köln GRUR-RR 2005, 337 (338) – Dokumentarfilm Massaker; LG München I ZUM 2009, 794 (799f.) – Das Boot; insoweit unbeanstandet von OLG München GRUR-RR 2010, 416 – Das Boot.

[199] Mit positiver Tendenz dahingestellt gelassen von OLG München GRUR 2003, 50 (51f.) – Der Zauberberg; sa die Anwendung des § 89 Abs. 1 über Filmurheber auf die Leistungen der Filmarchitekten und Szenenbildner durch BGH GRUR 2005, 937 (939) – Der Zauberberg.

[200] S. BGHZ 151, 92 (97) – Mischtonmeister.

[201] Zu deren schöpferischen Leistungen → § 2 Rn. 224.

[202] *Bohr* S. 44 und UFITA 78 1977, 95 (128f.).

[203] Wie hier im Ergebnis auch *Christ* S. 52ff.; *Götting* ZUM 1999, 3 (7); *Henning-Bodewig* FS Schricker, 1995, 389 (407f.); *Obergfell* S. 51, 53.

[204] Bei letzterem abgesehen vom einzelnen Lichtbild, für das früher § 91 galt.

[205] → Rn. 6 sowie → § 88 Rn. 46.

[206] Für die außerfilmische Verwertung, also beispielsweise die Nutzung vorbestehender Kulissen für andere Filmwerke oder für die Produktion von Merchandising-Produkten wäre hingegen § 88 UrhG aF unter Berücksichtigung des Übertragungszweckgedankens zur Anwendung zu bringen gewesen.

[207] OLG München GRUR 2003, 50 (51f.) – Der Zauberberg.

[208] BGH GRUR 2005, 937 (939) – Der Zauberberg.

[209] Stockholmer und Pariser Fassung.

[210] S. dazu *Ulmer*, Urhebervertragsrecht, Rn. 48.

4. Bedeutung des Ergebnisses

73   Der Art der Beantwortung der Frage nach den Urheberschaftsverhältnissen an Filmwerken kommt Bedeutung vor allem in Bezug auf die **ideellen Interessen der Filmschaffenden** zu. So kann auch die Art der Namensnennung davon abhängen, ob ein Urheber (auch) Filmmiturheber oder nur Urheber eines filmisch benutzten Werkes ist.[211] Daneben erfordert die nunmehr schon etablierte Wahrnehmung bestimmter Rechte der Filmurheber durch urheberrechtliche **Verwertungsgesellschaften** eine **typisierende Betrachtungsweise** der regelmäßigen Urheberschaftsverhältnisse bei Filmwerken. Die übermäßige Heraushebung einzelner Filmurheber, wie der Filmregisseure, und die Verweisung anderer Film(mit)urheber zB auf das Urheberrecht an Werken der Baukunst (beim Filmarchitekten) oder an Modeerzeugnissen als Werken der angewandten Kunst (bei Kostümbildnern) entgegen den typischerweise gegebenen tatsächlichen Verhältnissen begründet die ernsthafte Gefahr einer ungerechtfertigten Hintanstellung von deren Rechten und Interessen. Im Übrigen ändert die Beurteilung eines Urheberrechts als Urheberrecht am Filmwerk selbst oder an einem filmisch benutzten Werk nichts daran, dass der Filmhersteller für die Filmverwertung Nutzungsrechte in jedem Fall erwerben muss.[212] Auch für die Anwendung der §§ 88, 89 ergeben sich zwischen der hM und der hier vertretenen Auffassung keine Unterschiede (→ Rn. 71), zumal diese Bestimmungen inzwischen einander weitgehend angeglichen worden sind (→ Rn. 8, 10).

VII. Gemeinsame Vergütungsregeln für Filmurheber und Urheber verfilmter Werke

74   Bereits kurze Zeit nach Inkrafttreten der Urheberrechtsnovelle aus dem Jahr 2002 mit den urhebervertragsrechtlichen Regelungen der §§ 11 S. 2, 32, 32a, 36, 36a bemühten sich diverse Verbände der Filmurheber und -künstler, die durch das Gesetz eröffnete Möglichkeit, **gemeinsame Vergütungsregeln nach § 36** mit Vereinigungen von Werknutzung oder einzelnen Werknutzern aufzustellen, wahrzunehmen. Dieses Unterfangen, an dem auf Seiten der Kreativen auch die Gewerkschaft ver.di maßgeblich beteiligt war, scheiterte nach nahezu 5 Jahren erfolgloser Verhandlungen.[213] Anschließend verfolgten einzelne Filmurheberverbände den individuellen Abschluss von gemeinsamen Vergütungsregeln mit Vereinigungen von Werknutzern und/oder einzelnen Werknutzern weiter. Als Ergebnis kann inzwischen festgestellt werden, dass gemeinsame Vergütungsregeln nicht nur mit Filmproduzenten, sondern auch mit öffentlich-rechtlichen und privaten Sendeunternehmen[214] zustande gekommen sind.[215] Dies allerdings oftmals erst nach langwierigen Bestellungsverfahren vor den Oberlandesgerichten (§ 36a Abs. 3) sowie konterkarierenden negativen Feststellungsklagen der Werknutzer,[216] jeweils mit dem Ziel, das gerichtliche Bestellungsverfahren (und ein sich anschließendes Schlichtungsverfahren) durch Aussetzung wegen Vorgreiflichkeit des Feststellungsverfahrens (§ 148 ZPO) zu verzögern und eine Unzulässigkeit der Durchführung eines Schlichtungsverfahrens gerichtlich feststellen zu lassen.[217] Entsprechende (negative) Feststellungsklagen werden aufgrund der **Neufassung des § 36a Abs. 3** durch die **UrhG-Novelle 2016** zukünftig kaum mehr Bedeutung haben. Die neue Vorschrift bestimmt, dass das schon bislang für die Bestellung des unparteiischen Vorsitzenden (§ 36a Abs. 3 Nr. 1) sowie für die Bestimmung der Anzahl der Beisitzer der Schlichtungsstelle (§ 36a Abs. 3 Nr. 2) zuständige Oberlandesgericht nunmehr auch unmittelbar über die Voraussetzungen des Schlichtungsverfahrens in Bezug auf die Fähigkeit der Werknutzer sowie Vereinigungen von Werknutzer und Urhebern, Partei des Schlichtungsverfahrens zu sein (§ 36a Abs. 3 Nr. 3a), sowie in Bezug auf ein Verfahren vor der Schlich-

---

[211] Vgl. BGH GRUR 1963, 40 (42) – Straßen – gestern und morgen – zur Frage der Nennung des Verfassers eines Filmexposés im Filmvorspann.

[212] Vgl. *Ulmer* § 36 II 2.

[213] Zu den Gründen s. *Kasten* ZUM 2010, 130; *N. Reber* GRUR 2013, 1106; *N. Reber* GRUR-Int 2006, 9 (11, 16 f.).

[214] Zur „Werknutzer"-Eigenschaft von Sendeanstalten nach § 36 Abs. 1 s. LG München I ZUM 2012, 1000 – ZDF/BVR; LG München I ZUM 2015, 823, OLG München ZUM 2017, 73 – BR/BVK; *N. Reber* GRUR-Prax 2012, 530; *Fette* ZUM 2013, 29; *Krause* ZUM 2015, 737; *N. Reber* ZUM 2018, 417; s. auch sowie OLG München ZUM 2016, 451 – Bestellungsverfahren BVK/BR.

[215] Eine Kurzübersicht der für die Film- und Fernsehbereich bislang abgeschlossenen gemeinsamen Vergütungsregeln findet sich bei *Schwarz* ZUM 2015, 466 und *Katzenberger* in Obergfell S. 59 ff., sowie aktuell bei *Castendyk* FS M. Schwarz, 2017, 252 ff. (Stand März 2017).

[216] Zur negativen Feststellungsklage einer Sendeanstalt gegen eine Urhebervereinigung s. LG München I ZUM 2015, 823 und OLG München ZUM 2016, 938, sowie OLG München ZUM 2016, 451 – Bestellungsverfahren. Der BGH hat in seiner nachfolgenden „Verhandlungspflicht"-Entscheidung (ZUM 2017, 929 = GRUR 2017, 894 mAnm *Thum* GRUR-Prax 2017, 403) im vorgenannten Feststellungsklageverfahren den Klageantrag bzw. Streitgegenstand anders ausgelegt als alle Vorinstanzen (Partei des Schlichtungsverfahrens selbst) und der Klage deshalb stattgegeben, s. kritisch hierzu *N. Reber* ZUM 2018, 417; nicht thematisiert von *Grünberger* ZUM 2018, 321 (337).

[217] S. zur Frage der Verfahrensaussetzung OLG München GRUR-RR 2011, 441 – Schlichtungsstellenbesetzung (keine Aussetzung) mit LG München I ZUM-RD 2013, 84 einerseits und OLG München GRUR-RR 2010, 494 mit BGH GRUR 2011, 808 – Aussetzung eines Schlichtungsverfahrens – sowie LG München I ZUM 2012, 1000 andererseits; zu negativen Feststellungsklagen von öffentlich-rechtlichen Sendeanstalten gegen Urhebervereinigungen s. LG München I ZUM 2012, 1000 – ZDF/BVR; LG München I ZUM 2015, 823 und OLG München ZUM 2017, 938 – BR/BVK; hierzu *N. Reber* ZUM 2018, 417 sowie GRUR 2013, 1106 (1108 f.).

tungsstelle, das auf Verlangen einer Partei stattfindet (§ 36a Abs. 3 Nr. 3b), entscheidet. Eine nach einer anwendbaren gemeinsamen Vergütungsregel (§ 36) ermittelte Vergütung ist – unwiderleglich – angemessen (§ 32 Abs. 2 S. 1), nach einer starken Meinung auch für „Außenseiter".[218]

1. Die erste **gemeinsame Vergütungsregel** für den **Kinofilm** erreichte der **BVK – Berufsver-** **75** **band Kinematografie eV** für **Kameraleute** in einem formellen Schlichtungsverfahren mit dem national und international tätigen Produktionsunternehmen **Constantin Film Produktion GmbH** im Jahr 2013.[219] Wesentlicher Inhalt dieser Vergütungsregel **zu § 32**, die von beiden Parteien **angenommen** wurde (s. § 36 Abs. 4 S. 2), ist zum einen die Feststellung, dass die jeweils aktuell geltende **Tarifgage** des Kameramanns, die regelmäßig durch die Gewerkschaft ver.di mit der Produzentenvereinigung ausgehandelt wird, eine **Mindestvergütung** im Sinne des § 32 darstellt. Die Tarifgage gilt dann so lange als „angemessene Vergütung", bis in die Filmherstellung eingesetztes Eigenkapital, echte Fremdkredite sowie eventuelle Rückstellungen des Produzenten für das Kinofilmprojekt aus den Einnahmen zurückgedeckt sind oder hätten zurückgedeckt werden können. Der Produzent darf sodann weitere 5 % der im Budget ausgewiesenen und von der Filmförderung anerkannten Herstellungskosten zurückdecken (Korridor).[220] Anschließend erhält der Kameramann zusätzliche finanzielle **Erlösbeteiligungen** an allen Erträgen des Produzenten aus der Verwertung des Filmwerks und eventueller Nebenrechte.[221] Die Beteiligung des Kameramanns beläuft sich zunächst auf 0,85 %, nach Rückzahlung der Filmförderung auf **1,6 %**. Als beteiligungspflichtige Erträge gelten dabei sämtliche Bruttoerlöse des Produzenten (ohne Steuern) oder sonstige geldwerte Vorteile (zB Tausch- oder Bartergeschäfte) aus der Verwertung. Die Vergütungsregel gilt für alle Filmproduktionen, deren erster Drehtag nach dem 3.3.2013 liegt, dem Inkrafttreten der Vergütungsregeln durch einvernehmliche Annahme beider Parteien. Eine Regelung zu **§ 32a** (Fairnessausgleich) wurde in die Vergütungsregel **nicht** aufgenommen. Der BVK geht davon aus, dass als „weitere angemessene Beteiligung" iSd § 32a Abs. 1 **höhere Beteiligungssätze** zu veranschlagen sind.[222]

2. In einem weiteren Schlichtungsverfahren des **BVK – Berufsverbands Kinematografie eV** **76** mit der Produktionsfirma **Constantin Television GmbH** hat die Schlichtungsstelle am 19.3.2014 mit Stimmenmehrheit einen begründeten Einigungsvorschlag für eine **gemeinsame Vergütungsregel für TV-Produktionen** beschlossen.[223] Dieser Vorschlag sieht sowohl für die voll- und teilfinanzierte TV-Auftragsproduktion wie auch für die TV-Eigenproduktion angemessene Vergütungen und Beteiligungen nach § 32 im Verhältnis zwischen Kameramann und Produzent vor. Festgestellt wurde auch hier, dass die Honorare entsprechend dem Gagentarifvertrag die Mindestvergütung darstellen und den Kameraleuten darüber hinausgehende Beteiligungsansprüche zustehen. Entsprechend sollen Kameraleute bei von Sendern oder sonstigen Dritten vollfinanzierten TV-Auftragsproduktionen neben der vorgenannten Mindestvergütung eine **Erlösbeteiligung** in Höhe von **1,75 %** an allen Produzenteneinnahmen, die über das vom Sender vollfinanzierte Produktionsbudget hinausgehen, erhalten. Die Höhe des Beteiligungssatzes ist im Einigungsvorschlag unter Berücksichtigung weiterer Film-Gewerke begründet. Bei teilfinanzierten TV-Produktionen wird in der Vergütungsregel differenziert: An Erträgen aus Zahlungen des Senders (oder beauftragter Dritter) oder an ihm übertragenen oder an den Produzenten rückübertragenen Rechten erhält der Kameramann eine Beteiligung iHv 1,75 %. An Erträgen aus der Verwertung der dem Produzenten verbliebenen eigenen Rechte erhält der Kameramann eine Beteiligung entsprechend der oben vorgestellten gemeinsamen Vergütungsregel für Kinofilme. Letztgenannte Beteiligung gilt auch für kaum vorkommende TV-Eigenproduktionen des Produzenten. Damit es nicht zu Doppelvergütungen an den Urheber kommt, muss sich der Ka-

---

[218] Eine „Außenseiterwirkung" von gemeinsamen Vergütungsregeln bejahen etwa *Basse* S. 50 ff., 143 f.; *N. Reber* GRUR 2013, 1106 (1111 f.) sowie → § 36 Rn. 18, 45; *Dreier/Schulze/Schulze* § 32 Rn. 36 (eingeschränkte Widerlegbarkeit); aA *Erdmann* GRUR 2002, 923 (925 f.); *Thüsing* GRUR 2002, 203 (204 ff.).
[219] Hierzu ausführich *Schwarz* IPRB 2013, 91; *N. Reber* GRUR 2013, 1106; *Neubauer* ZUM 2013, 716; *Bergau* ZUM 2013, 725; *Datta* S. 215 ff.; die Vergütungsregel ist mit Begründung abrufbar unter http://www.bvkamera. org/kontakt/anhang/2013-03-12_13–35_Einigungsvorschlag.pdf, abgerufen am 2.7.2014.
[220] Zu diesem in der Schlichtung umstrittenen „Korridor" s. *N. Reber* GRUR 2013, 1106 (1109 Fn. 40); *Schwarz* IPRB 2013, 91 (92); der von der Schlichtungsstelle beschlossene Vorschlag für gemeinsame Vergütungsregeln im Bereich TV-Produktion sieht einen solchen Korridor nicht vor, s. http://www.kinematografie.org/kontakt/ anhang/2014-04-25_12–25_GVR_BVK_CTV_2014001.pdf, abgerufen am 2.7.2014; ebenso wenig gibt es einen solchen Korridor in dem Ergänzungstarifvertrag Erlösbeteiligung Kinofilm zwischen ver.di, BFFS einerseits und der Produzentenallianz andererseits, abrufbar unter http://www.produzentenallianz.de/index.php?eID=tx_naws ecuredl&u=0&file=fileadmin/data/dokumente/Offizielle_Dokumente/Ergaenzungstarifvertrag_Erloesbeteiligung_ Kinofilm.pdf&t=1404387400&hash=ab6f08aa010696814f2643c9e3ae99deb63397ff, abgerufen am 2.7.2014.
[221] S. im einzelnen *Schwarz* IPRB 2013, 91 (92); *N. Reber* GRUR 2013, 1106 (1109 f.).
[222] *N. Reber* GRUR 2013, 1106 (1110); s. auch den Ergänzungstarifvertrag Erlösbeteiligung Kinofilm zwischen ver.di, BFFS und der Produzentenallianz, der § 32a mit abdecken soll und der hierfür wohl eine weitere Beteiligungsstufe vorsieht, abrufbar unter http://www.produzentenallianz.de/index.php?eID=tx_nawsecuredl&u= 0&file=fileadmin/data/dokumente/Offizielle_Dokumente/Ergaenzungstarifvertrag_Erloesbeteiligung_Kinofilm. pdf&t=1404387400&hash=ab6f08aa010696814f2643c9e3ae99deb63397ff, abgerufen am 2.7.2014; s. zum Ergänzungstarifvertrag von *Döring/Schafmeister* ZUM 2015, 725 einerseits und *Neubauer* ZUM 2015, 753; *Kasten* ZUM 2015, 479 (485 ff.) andererseits; ausführlich auch *Datta* S. 198 ff.
[223] Mit Begründung abrufbar unter http://www.kinematografie.org/kontakt/anhang/2014-04-25_12–25_GVR_ BVK_CTV_2014001.pdf, abgerufen am 2.7.2014.

meramann anrechnen lassen, was auf der Basis einer gemeinsamen Vergütungsregel des BVK seitens eines Sendeunternehmens für konkret bestimmte Nutzungsarten bezahlt wird. Wiederum wurde keine Regelung bezüglich des Fairnessausgleichs gemäß § 32a UrhG in den Einigungsvorschlag aufgenommen. Dem Einigungsvorschlag der Schlichtungsstelle hat die Produktionsfirma am 24.3.2014 **widersprochen.** Der Einigungsvorschlag gilt daher – anders als im Schlichtungsverfahren zwischen dem BVK und der Constantin Film Produktion GmbH – nicht als von beiden Parteien angenommen (§ 36 Abs. 4 S. 2). Ihm kommt damit auch nicht die unwiderlegbare Vermutung einer angemessenen Vergütung zu (§ 32 Abs. 2 S. 1). Auf seiner Grundlage können jedoch von Kameraleuten gleichwohl angemessene Vergütungen gegenüber Produzenten beansprucht und ggf. mittels Gerichtsverfahren durchgesetzt werden. Denn einem entsprechenden Einigungsvorschlag kann jedenfalls eine **Indiz-wirkung** für die Angemessenheit der Vergütung zukommen.[224]

77   Eine entsprechende Indizwirkung wird auch dem am 21.6.2016 im Rahmen eines (erzwunge-nen[225]) Schlichtungsverfahrens erreichten Einigungsvorschlag für **gemeinsame Vergütungsregeln** für Kameraleute zwischen dem **BVK – Berufsverband Kinematografie eV** und der gebüh-renfinanzierten öffentlich-rechtlichen Sendeanstalt **Bayerischer Rundfunk (BR)** über dessen **TV-Eigenproduktionen** zukommen.[226] Dieser Vergütungsvorschlag, der mit Stimmenmehrheit der Schlichtungsstelle unter dem Vorsitz eines früheren Vorsitzenden Richters eines Urheberrechtssenats des OLG München zustande kam, sieht **Wiederholungsvergütungen** und **Erlösbeteiligungen** für Kameraleute auf Basis diverser einheitlich formulierter Tarifverträge öffentlich-rechtlicher Sendean-stalten (zB des WDR,[227] NDR) vor. Dem Einigungsvorschlag der Schlichtungsstelle hat der BR **wi-dersprochen.**

78   **3.** Auch der **Bundesverband der Film- und Fernsehregisseuer eV (BVR)** konnte inzwischen mehrere gemeinsame Vergütungsregeln mit Werknutzern abschließen.

Mit dem öffentlich-rechtlichem **Zweiten Deutschen Fernsehen (ZDF)** wurde nach Entschei-dungen des BGH[228] und des LG München I[229] unter Einbeziehung der **Produzentenallianz** ein Ergebnis für **Regisseure** erzielt. Hier gab es nach Mitteilung des BVR zunächst ein formelles Schlichtungsverfahren nach §§ 36, 36a,[230] an dessen Ende dann aber ohne Mitwirkung des Vorsitzen-den der Schlichtungsstelle eine einvernehmlich erzielte „**Vergütungsregel Auftragsproduktion Fiction ZDF**"[231] für 90-minütige fiktionale Auftragsproduktionen stand.[232]

Die Vergütungsregel beinhaltet neben Mindest(erst)vergütungen ein Folgevergütungsmodell in Form von **Wiederholungsvergütungen** und Erlösbeteiligungen zu Gunsten der Regisseure. Damit, so jedenfalls die Hoffnung des BVR, soll die Praxis des ZDF, Teil-Buyout-Verträge mit Regisseurin abzuschließen, durchbrochen werden.[233] Zudem werde der Wiederholungs-Honorarsatz in der Pri-metime von 40 auf 50 Prozent erhöht. Die **Erlösbeteiligung** beträgt **4 %** der Bruttoeinnahmen des Vertriebs. Ebenfalls als Erfolg wertet der BVR die Erhöhung des wiederholungshonorarfähigen Ho-norars.[234] Die Pauschalvergütung für eine Einspeisung in die ZDF-Mediathek in Höhe von 4,5 Pro-zent ist zeitlich befristet, allerdings für einen relativ langen Nutzungszeitraum von 10 Jahren. Danach fällt eine weitere bzw. erneute Vergütung von 1 Prozent pro Jahr an.

79   Mittlerweile hat der BVR mit dem ZDF für den Bereich fiktionale **Reihen und Serien** (Auftrags-produktionen) eine **Ergänzungsvereinbarung** im Jahr 2015 abgeschlossen. Diese sieht als Erstvergü-tung für 45 Minuten-Formate ein Basishonorar von 12500,– EUR vor, über das Ersthonorar hinaus werden auf Basis der bereits bestehenden gemeinsamen Vergütungsregeln aus dem Jahr 2014 dann Wiederholungsvergütungen und Erlösbeteiligungen gezahlt. Bezugsgröße für die Wiederholungsver-gütungen ist das „wiederholungsfähige Honorar", das für entsprechende Formate mit 11000,– EUR festgelegt wurde.

80   Schließlich hat der BVR mit dem ZDF für **Dokumentationen** im Februar 2016 eine weitere ge-meinsame Vergütungsregel abgeschlossen. Diese Vergütungsregel bzw. die darin vereinbarten Gagen

---

[224] BT-Drs. 14/8058, 20; BGH GRUR 2011, 808 (809) – Aussetzung eines Schlichtungsverfahrens; OLG Mün-chen ZUM 2009, 300 (307); Dreier/Schulze/*Schulze* § 36a Rn. 36 mwN; wie hier auch → § 36 Rn. 92.

[225] Zum Bestellungsverfahren des BVK nach § 36a Abs. 3 UrhG s. OLG München ZUM 2016, 451.

[226] Der Einigungsvorschlag ist abrufbar unter http://bvkamera.org/tools/counter/getfile.php?id=114, abgerufen am 20.10.2016.

[227] Tarifvertrag für Produktionsdauer Beschäftigte des WDR, abgedruckt in Beck-Texte im dtv, UrhR, 17. Aufl., Ziff. 10d; zu Wiederholungsvergütungen bei Eigen- und Auftragsproduktionen der Sender s. Loewen-heim/*Castendyk* § 75 Rn. 142 ff., 236 ff.

[228] BGH GRUR 2011, 808 – Aussetzung des Schlichtungsverfahrens.

[229] ZUM 2012, 1000.

[230] S. die Meldung des BVR unter http://www.regieverband.de/de_DE/magazine/196200/index, abgerufen am 2.7.2014.

[231] Abrufbar unter http://cb-tm.de/notiz/download.php?id=96347, abgerufen am 2.7.2015.

[232] S. Mitteilung unter http://urheber.info/aktuelles/2015-02-25_bvr-und-zdf-vereinbaren-verguetungsregeln, abgerufen am 14.6.2015; zu den problematischen Auswirkungen des § 36 Abs. 1 S. 3 und § 32 Abs. 4 auf die Auf-stellung gemeinsamer Vergütungsregeln s. *Kasten* ZUM 2015, 479 (485 ff.).

[233] S. die Meldung des BVR unter http://www.regieverband.de/de_DE/magazine/206353/index, abgerufen am 2.7.2015.

[234] Durch Ergänzungsvereinbarung aus dem Jahr 2018 wurden die wiederholungsfähigen Honorare angeho-ben.

soll nach der Erklärung des ZDF-Produktionschefs auch auf 3Sat-Produktionen angewendet werden. In dieser Vergütungsregel ist ein sog. **„Korb-Modell"** vorgesehen. Danach erhalten die Regisseure von Dokumentarfilmen von ZDF „Korbvergütungen", mit denen jeweils bestimmte Nutzungszeiträume abgegolten werden sollen. Dabei umfasst der vereinbarte 1. Korb einen Nutzungszeitraum von 7 Jahren, der 2. Korb von weiteren 7 Jahren und der 3. Korb den Zeitraum ab dem 15. Jahr bis zum Ende der gesetzlichen Schutzfrist. Die Vergütungen für die einzelnen Körbe differenzieren jeweils nach dem Produktionsbudget (3 Kategorien). In den Korbvergütungen enthalten ist ein Aufschlag für die öffentliche Zugänglichmachung (Online-Nutzung) im hoheitlichen Bereich der Sendeanstalt. Für sonstige Nutzungen ist eine **Erlösbeteiligung** (4 % der Bruttoerlöse des Vertriebs) vorgesehen.

Weiter hat sich der **BVR** ohne formelles Schlichtungsverfahren mit der Privatsendergruppe **Pro-** **81** **SiebenSat.1 TV Deutschland GmbH** im Jahr 2013 auf gemeinsame Vergütungsregeln für den Bereich der TV-Produktion geeinigt (ebenso der **Bundesverband der Film- und Fernsehschauspieler (BFFS)** für **Schauspieler** sowie nachfolgend im Jahr 2016 der **BVK – Berufsverband Kinematografie eV** für **Kameraleute** und im Jahr 2018 der **Bundesverband Filmschnitt Editor eV (BFS)** für **Cutter**).[235] Festgelegt wurden dabei erstmals Mindesthonorare für Regisseure für fiktionale **TV-Movies und -Serien** sowie für **Kino-Koproduktionen** der Senderkette ProSiebenSat.1.[236] Das Mindesthonorar als Untergrenze für die Bestimmung einer angemessenen Vergütung nach § 32 UrhG, der aber regelmäßig nicht im Rechtsverhältnis zum Sender als Drittnutzer gilt,[237] soll sich für ein 90 min. TV-Movie sowie für Kino-Koproduktionen mit einem Budget von 1,5–2,5 Mio. EUR für den Regisseur auf 61 000 EUR (zzgl. USt.) belaufen. Für eine Serienepisode im Umfang von 45 min. ist die Hälfte dieses Betrags als Mindesthonorar in Ansatz zu bringen. Diese Mindestvergütung bezieht sich auf einen Buyout-Vertrag, der erfolgsbedingt weitere Beteiligungen ermöglicht. Vereinbart wurde ferner, dass Regisseure im Erfolgsfall bei entsprechender **Zuschauerreichweite** pauschale **Folgevergütungen** erhalten. Außerdem ist eine Beteiligung an den Auslandsverkäufen vorgesehen, wenn sich eine Produktion auch insoweit als Erfolg herausstellt. Der Erfolgsfall knüpft an eine Refinanzierungsschwelle an, die sich aus dem Durchschnitt der Zuschauerakzeptanz (Quote) von drei Prime Time-Ausstrahlungen auf den Sendern Pro7 und/oder Sat.1 als Durchschnittswert der letzten zehn Jahre ergibt. Einbezogen in die Reichweitenermittlung werden die Quoten aller Ausstrahlungen, sämtliche digitalen Online- und On-Demand-Nutzungen sowie Pay-TV und DVD/Blu-ray-Verkäufe, die mit einem höheren Faktor bewertet werden. Außerdem ist eine Beteiligung für **Auslandsverkäufe** vereinbart worden, wenn diese eine bestimmte Umsatzschwelle überschreiten (der Beteiligungssatz des Regisseurs betrug zunächst 5,5 % und ab dem 1.1.2014 **4 %** der Erlöse bei Erreichen bestimmter Programmvertriebs-Beteiligungsschwellen). In dem Vergütungsmodell werden auch **Altfälle** seit 2002 berücksichtigt, dem Jahr des Inkrafttretens des novellierten Urhebervertragsrechts.

Aufgrund einer entsprechenden Regelung in der vorgenannten Vergütungsregel (dort Abschnitt **82** C. V.) haben der BVR und die ProSiebenSat.1 Deutschland GmbH im Jahr 2016 eine erste **Evaluierung und Anpassung** der bestehenden Vergütungsregeln vorgenommen. Dabei wurden sowohl die Mindesthonorare für Regisseure nach oben angepasst (TV-Movies/Reihenepisoden 90 Minuten: mindestens 63 500,– EUR; 120 Minuten: mindestens 84 655 EUR; Episoden von TV-Serien 45 Minuten: mindestens 31 750,– EUR). Die Referenz- und Beteiligungsreichweite wurde beibehalten. Auch die Erlösbeteiligung bei einem Auslandsvertrieb ist im Wesentlichen gleichgeblieben, es wurde lediglich die Programmvertriebs-Beteiligungsschwelle etwas herabgesetzt.

Soweit in einem Teil der mit ProSiebenSat.1 abgeschlossenen Vergütungsregeln vorgesehen ist, dass **83** mit einer Zahlung auch „andere Verwerter" entlastet werden sollen, sofern deren Nutzungen bei der Ermittlung der Beteiligungsreichweite/Erlösbeteiligung eingerechnet wurden, wird dies einen **Verstoß gegen § 32a Abs. 3 UrhG** begründen. Denn es kann in einer Vergütungsregeln mit einem bestimmten Werknutzer/Sender nicht ausgeschlossen werden, dass der Kreative nicht auch einen An-

---

[235] Die gemeinsame Vergütungsregel des BVR ist abrufbar unter http://cb-tm.de/notiz/download.php?id= 88118, abgerufen am 2.7.2014; ausführlich hierzu *Datta* S. 221 ff.

Eine in weiten Teilen identische Vergütungsregelung hat auch der Bundesverband der Film- und Fernsehschauspieler (BFFS) mit ProSiebenSat.1 abgeschlossen, abrufbar unter http://www.prosiebensat1.de/media/4838838/ 20130630_gemeinsame%20vergütungsregeln%20bffs%20und%20p7s1.pdf, abgerufen am 2.7.2015. Diese Vergütungsregel wurde im Jahr 2016 evaluiert und die Einstiegsgage der Schauspieler pro Tag von 880,- EUR auf 920,- EUR erhöht, s. https://www.bffs.de/2016/12/31/unsere-prosiebensat-1-einstiegsgage-steigt/, abgerufen am 25.8. 2018.

Am 17.8.2016 hat der BVK – Berufsverband Kinematografie eV gemeinsame Vergütungsregeln für den Bereich der TV-Produktion mit der ProSiebenSat.1 abgeschlossen, abrufbar unter http://bvkamera.org/tools/counter/ getfile.php?id=117, abgerufen am 10.10.2016. Diese bewegen sich auf einem Niveau von rund 40–50 % der bereits zuvor mit Autoren und Regisseuren durch das Senderkonsortium vereinbarten Folgevergütungen/-beteiligungen, s. http://www.kinematografie.org/aktuelles/index.php?aid=2213, abgerufen am 20.10.2016.

Zuletzt hat am 24.9.2018 der Bundesverband Filmschnitt Editor eV (BFS) eine entsprechende Vergütungsregel abgeschlossen, s. https://www.presseportal.de/pm/73135/4081703, abgerufen am 12.10.2018.

[236] Für Regisseure und Schauspieler gibt es anders als für sonstige Filmschaffende wie zB tarifgebundene Kameraleute oder Cutter auch keine tarifvertraglich festgelegten Honorare.

[237] Ausführlich *N. Reber* ZUM 2018, 417; *N. Reber* GRUR 2019, 891 (892, 895) unter Bezugnahme auf die obergerichtliche Rechtsprechung; sa. zu Ausnahmen BGH GRUR 2012, 1022 – Kommunikationsdesigner.

spruch aus § 32a Abs. 2 UrhG gegen einen (dritten) Lizenznehmer wegen dessen eigener Nutzungen geltend macht. Ausgeschlossen sein kann allenfalls ein Anspruch gegen den Sender selbst wegen dessen eigener Werknutzungen und der von ihm selbst erzielten Erträge und Vorteile einschließlich der Nutzung durch Lizenzierung an einen Dritten. Der Anspruch gegen den Lizenznehmer/Dritten auf einer nachfolgenden Stufe bleibt daher wegen § 32a Abs. 3 UrhG unberührt.[238]

84   Weiter hat der **BVR** mit der **Allianz Deutscher Produzenten – Film & Fernsehen eV** für den Bereich fiktionaler **Kinofilm** im Jahr 2016 gemeinsame Vergütungsregeln abgeschlossen. Diese sehen jeweils orientiert am Produktionsbudget bestimmte Grundvergütungen vor, sodann „**Escalator**"-**Zahlungen** bei Überschreiten bestimmter **Zuschauerzahlen** im Kino in der Bundesrepublik Deutschland. Was Erlösbeteiligungen der Regisseure an der Auswertung von Kinofilmen anbelangt, ergibt sich aus der Vergütungsregeln, dass die Parteien hier unterschiedliche Vorstellungen haben. Die Produzentenallianz hat insoweit Bezug genommen auf Ergebnisse des rechtlich fragwürdigen „Ergänzungstarifvertrages Erlösbeteiligung Kinofilm" und einer von einem Schauspielerverband (BFFS) erarbeiteten „Binnenverteilung".[239] Der BVR hat verdeutlicht, dass dort die Bedeutung und das Gewicht der urheberrechtlichen Leistungen des Regisseurs keine ausreichende Berücksichtigung gefunden haben.[240] Gleichwohl hat sich der BVR (vorläufig) einverstanden erklärt, die Ergebnisse des Ergänzungstarifvertrags „zu tolerieren"; dies anders als andere Berufsverbände der am Filmwerk mitwirkenden Urheber, etwa der BVK, der VSK (Szenen-/Kostümbild) oder der Schauspielerverband IDS. Obgleich sich dies aus dem Ergänzungstarifvertrag selbst nicht ergibt (dort sind willkürliche[241] pauschale Beteiligungssätze „für alle", auch nicht kreativ am Filmwerk Beteiligte, festgelegt), soll auf die Regie in der 1. Stufe zunächst eine Beteiligung von 1,84% entfallen, in der 2. und 3. Beteiligungsstufe 3,066% bzw. 3,68%. Weder aus dem Ergänzungstarifvertrag noch aus der Binnenverteilung sind jedoch solche Beteiligungen konkret ersichtlich, die freilich beim Film auch viel zu niedrig wären.[242] Der Regisseur soll nach der Vergütungsregel berechtigt sein, entsprechende Beteiligungen direkt vom Filmhersteller zu fordern. Geleistete Escalator-Zahlungen sollen auf den (anteiligen) Erlösbeteiligungsanspruch des Regisseurs anrechenbar sein.

85   Mit den Sendeanstalten der **ARD** und der **Produzentenallianz** wurden seitens des **BVR** in Bezug auf Regisseure ebenfalls Verhandlungen über TV-Auftragsproduktionen (ca. 90 Minuten) geführt. Die Verhandlungen haben Ende 2018 in einen **Einigungsvorschlag** eines Schlichters[243] gemündet, der in seinem Vorschlag eines Punktemodells von den Wiederholungshonoraren in den Haustarifverträgen der ARD-Sendeanstalten (zB WDR,[244] SWR und NDR) erheblich nach unten abwich. So sollte danach mit der Grundvergütung bereits das Äquivalent von vier Ausstrahlungen in der ARD zur – noch dazu stark verkürzten – „Primetime" sowie eine zeitlich befristete Einstellung in die Mediathek abgegolten sein. Wiederholungssendungen sowie zusätzliche Nutzungen in der Mediathek sollten zwar ermittelt und gewertet werden, dies jedoch entgegen herkömmlicher (tariflicher) Wiederholungsvergütungsregelungen der ARD-Sender mit sehr geringen Punktwerten. Der Einigungsvorschlag wurde vom BVR im Oktober 2018 **abgelehnt.** Mitte des Jahres 2019 hat jedoch auf Betreiben der ARD[245] der Verband Deutscher Drehbuchautoren (VDD) eine bezüglich der Folgevergütungen weitgehend inhaltsgleiche Vergütungsregel abgeschlossen (hierzu sogleich).

---

[238] Ebenso für die Frage einer – zu verneinenden – anteiligen Anrechenbarkeit von Lizenzerlösen des Lizenzgebers, an denen der Urheber bereits beteiligt wird, beim nach § 32a Abs. 2 UrhG in Anspruch genommenen Lizenznehmer/Dritten unter dem Aspekt einer vorgeblichen „Doppelvergütung", OLG Stuttgart ZUM-RD 2019, 20 (40) – Das Boot IV; aA OLG München ZUM-RD 2018, 208 (232) – Das Boot III. Letztlich wird der BGH diese Frage entscheiden. § 32a UrhG beteiligt den Urheber jeweils nur an den eigenen Erträgen und Vorteilen des in Anspruch genommenen Nutzers für dessen eigene (unterschiedlichen) Nutzungen und erzielten (unterschiedlichen) Erträgen und Vorteilen auf (unterschiedlichen) Verwertungsstufen.

[239] Hierzu wurde im Jahr 2018 auch noch ein „Verteilungstarifvertrag zum Ergänzungstarifvertrag Erlösbeteiligung" abgeschlossen, der jedoch den gleichen rechtlichen Bedenken wie der Ergänzungstarifvertrag unterliegt, s. zum Ergänzungstarifvertrag und dessen rechtlich problematischen Regelungen *Datta* S. 198–209, insbes. S. 205 f., 208; *Neubauer* ZUM 2013, 716 (719 f.), *N. Reber* GRUR 2019, 891 (893).

[240] Dies gilt auch für andere Urheber am Filmwerk, die von dem Tarifvertrag erfasst sein sollen, etwa Kameraleute. Verschiedene Filmverbände erachten diesen Tarifvertrag ua deshalb als unwirksam, da ver.di im Bereich der Filmproduktionswirtschaft keine „soziale Mächtigkeit" besitzt, s. hierzu BAG 26.6.2018 – 1 ABR 37/16; zur Kritik an dem Tarifvertrag sa *Datta* S. 203–207; *Neubauer* ZUM 2015, 753 (755 ff.); *Kasten* ZUM 2015, 479 (485 ff.). Unabhängig davon kann der Tarifvertrag unmittelbar nur für tarifgebundene Personen Anwendung finden (§§ 3, 4 TVG), s. OLG Hamm ZUM 2018, 788 (791), in Bezug auf § 32 Abs. 4 UrhG; LG München I ZUM-RD 2013, 84 (86), in Bezug auf § 36 Abs. 1 S. 3; ebenso bereits OLG München GRUR-RR 2011, 441 (442) – Schlichtungsstellenbesetzung.

[241] S. zur angemessenen Verteilung der Erträge zwischen Kreativen und Verwerter bei Filmwerken, LG Stuttgart ZUM-RD 2018, 245 (260) m. zust. Anm. *v. Becker* GRUR-Prax 2018, 103; *N. Reber* GRUR 2019, 891 (893) mwN; sa OLG München ZUM-RD 2018, 208 (219 f.) – Das Boot III; OLG Stuttgart ZUM-RD 2019, 20 – Das Boot IV.

[242] LG Stuttgart ZUM-RD 2018, 245 (260) m. zust. Anm. *v. Becker* GRUR-Prax 2018, 103; sa. *N. Reber* GRUR 2019, 891 (893) mwN; *Datta* S. 198–209, insbes. S. 205 f., 208.

[243] Der kein vom OLG bestellter und unabhängiger Richter war.

[244] Abgedruck in Beck-Texte im dtv, UrhR, 17. Aufl., Nr. 10d; zu Wiederholungsvergütungen bei Eigen- und Auftragsproduktionen der Sender s. Loewenheim/*Castendyk* § 75 Rn. 142 ff., 236 ff.

[245] Die auf diese Weise auch den für die ARD-Anstalten negativen Folgen der „Das Boot"-Entscheidungen in München und Stuttgart vorbeugen wollte, s. OLG München ZUM 2018, 208 – Das Boot III mAnm *v. Becker*

4. Und auch der **Verband Deutscher Drehbuchautoren eV (VDD)** und die **ProSiebenSat.1** 86
TV Deutschland GmbH haben sich auf gemeinsame Vergütungsregeln für den Bereich TV-
Produktion geeinigt.[246] In dieser Regel werden – wie beim BVR Fn. → Rn. 81 – ebenfalls Mindest-
honorare für Drehbuchautoren festgelegt, wodurch eine deutliche Anhebung für fiktionale **TV-
Movies und -serien** sowie für **Kino-Koproduktionen** der Senderfamilie erreicht wird. Darüber
hinaus werden die Drehbuchautoren ab einer bestimmten Zuschauerreichweite ähnlich wie in der
Regelung des BVR am Erfolg beteiligt. Eine Beteiligung an den Auslandsverkäufen gehört ebenso zu
den Regelungen. Die gemeinsamen Vergütungsregeln traten am 3.7.2014 in Kraft.

Bereits zuvor hatte der **VDD** mit dem **Zweiten Deutschen Fernsehen (ZDF)** im Jahr 2012 87
eine „Vereinbarung über die Eckpunkte für Verträge zwischen Auftragsproduzenten und Autoren" für
ZDF-Produktionen mit Verhandlungsabschluss im Mai/Juli 2012, abgeschlossen,[247] die mittlerweile
vom VDD aber wieder **gekündigt** wurde.[248] An der Vereinbarung war auch die Allianz Deutscher
Produzenten – Film & Fernsehen eV **(Produzentenallianz)** beteiligt gewesen. Die trilaterale Vereinbarung vermeidet den Begriff der „Gemeinsamen Vergütungsregel" iSd § 36. Gleichwohl wird die
Vereinbarung als eine solche zu qualifizieren sein,[249] auch zur Vermeidung von kartellrechtlichen
Bedenken nach § 1 GWB. Die Vereinbarung des VDD legt drei alternative Vergütungsmodelle fest,
zum einen ein **„Wiederholungsvergütungsmodell"**, zum anderen ein **„Einkorbmodell"** und
zuletzt ein **„Dreikorbmodell"**. Welches der drei Vergütungsmodelle zur Anwendung gelangt, bedarf
nach der Regelung einer übereinstimmenden Entscheidung zwischen Autor und Vertragspartner
(ZDF/Produzent). Faktisch würde dies aufgrund der gegebenen Machtverhältnisse allerdings regelmäßig bedeuten, dass die Vertragspartner des Urhebers die Entscheidung treffen. Das Wiederholungsvergütungsmodell sieht neben der Festlegung des wiederholungsfähigen Grundhonorars für 90 und 45
minütige TV-Produktionen vor, dass die Drehbuchautoren an der Folgeauswertungen der Filmproduktion mittels **Wiederholungshonorare** und **Folgevergütungen** beteiligt werden. Die Wiederholungsvergütungen reichen dabei von 50 % (Hauptprogramm) bis 5 % (Digitalkanäle) des wiederholungsfähigen Grundhonorars, ferner sind für Wiederholungen bei bestimmten Sendern (zB dem
österreichische ORF oder dem Gemeinschaftssender Arte) Festbeträge vorgesehen. Ferner erhalten die
Drehbuchautoren für die kommerzielle Auswertung bzw. den Vertrieb der Filmproduktion eine Beteiligung iHv **4 %** des Bruttoerlöses der Sendertochter ZDF Enterprises oder des Filmproduzenten,
sofern dieser selbst den Vertrieb übernimmt. Die weiteren in der Vereinbarung alternativ enthaltenen
„Korbmodelle" sehen im Wesentlichen zu Gunsten der Drehbuchautoren etwas höhere Grundvergütungen vor, wobei dann von dieser Grundvergütung eine praktisch beliebige Wiederholung der Produktion im Fernsehen innerhalb eines Zeitraums von 7 Jahren (beim „Dreikorbmodell" nochmals um
weitere 7 Jahre gegen Zahlung einer weiteren geringeren Pauschalvergütung nach Ablauf der ersten
7 Jahre) abgedeckt sein soll. Danach gilt das Wiederholungsvergütungsmodell. Für kommerzielle
Auswertung/Vertrieb der Produktion verbleibt es auch bei den Korbmodellen bei der Beteiligung des
Drehbuchautors iHv 4 %.[250]

Der **VDD** hat Mitte des Jahres 2019 mit dem **ZDF** und der **Produzentenallianz** neue gemein- 88
same Vergütungsregeln für **fiktionale Auftragsproduktionen** von 45, 60 und 90 Minuten Länge
abgeschlossen. Diese sind den zuvor vom VDD gekündigten Regelungen durchaus ähnlich.[251] Die
Vergütungsregeln sehen (alternativ) ein **„Wiederholungshonorarmodell"** und ein (einziges) **„Paketmodell"** vor. Im Rahmen des „Wiederholungshonorarmodells" werden für die von der Vereinbarung erfassten Formate zunächst Erstvergütungen/Grundhonorare festgelegt, ferner die Bemessungsgrundlage für die Folgevergütungen (sog. wiederholungsfähiges Honorar). Wohingegen für Wiederholungen im ZDF-Hauptprogramm bis zu 50 % des wiederholungsfähigen Grundhonorars bezahlt
werden, verringern sich diese Wiederholungshonorarsätze für Ausstrahlungen in Digitalkanälen und
Partnerprogrammen. Auch Online-Nutzungen, Aus-strahlungen auf Arte, im ORF oder im SRF sind
vergütungspflichtig, ebenso die kommerzielle Auswertung bzw. der Vertrieb der von der Vergütungsregel erfassten Formate bzw. Produktionen. Die Beteiligung des Drehbuchautors liegt hier wiederum
bei 4 % des Brutto-Erlöses des ZDF-Vermarkters ZDF Enterprises (oder des Produzenten, sofern es

---

GRUR-Prax 2018, 263 (Vorinstanz: LG München I ZUM 2016, 776 – mAnm *Flechsig*) und OLG Stuttgart ZUM-
RD 2019, 20 – Das Boot IV mAnm *v. Becker* GRUR-Prax 2019, 45 (Vorinstanz: LG Stuttgart ZUM-RD 2018,
245 mAnm *v. Becker* GRUR-Prax 2018, 103).

[246] Abrufbar unter http://www.drehbuchautoren.de/sites/drehbuchautoren.de/files/20140610_Vertrag_Pro7
Sat1.pdf, abgerufen am 2.7.2014.

[247] Abrufbar unter http://www.drehbuchautoren.de/sites/drehbuchautoren.de/files/20120725_Vereinb_VDD_
ZDF_PA_us_0.PDF, abgerufen am 2.7.2014; hierzu *Boeser* ZUM 2013, 737, sowie *Datta* S. 211 ff.

[248] S. die Pressemitteilung des VDD v. 10.2.2015, abrufbar unter http://www.drehbuchautoren.de/nachrichten/
2015/02/pressemitteilung-verband-deutscher-drehbuchautoren-kuendigt-vereinbarung-mit-dem, abgerufen am
2.7.2015; zu den Gründen Kasten ZUM 2015, 479 (484).

[249] Näher *Katzenberger* in *Obergfell,* S. 59 ff., 64; ansonsten kritisch aus kartellrechtlichen Gründen *Datta* S. 212,
unter Verweis auf *Spindler* ZUM 2012, 921 (925 f.); *Tolkmitt* GRUR 2016, 564.

[250] Zur Kritik an der Regelung durch die Initiative Norau, einer Gruppe nicht organisierter Drehbuchautoren,
Boeser ZUM 2013, 737.

[251] Abrufbar unter https://www.drehbuchautoren.de/sites/default/files/20190711_gvr_vereinbarung.pdf, abgerufen am 30.7.2019.

sich um eine vollfinanzierte Auftragsproduktion handelt und diese im Einzelfall vom Produzenten vertrieben werden kann). Ein Vorabzug ist nur bezüglich Synchronkosten des Vertriebs gestattet. Die Vertriebsbeteiligung soll nur bei Überschreiten bestimmter Einnahmen erfolgen. Eine Rechtfertigung hierfür ist nicht ersichtlich, insbesondere ist nicht einzusehen, dass entsprechende Erlöse nicht auch in Folgejahren beteiligungsrechtlich berücksichtigt werden könnten. Im Rahmen des „Paketmodells" werden für die Erstellung des Werkes und die Einräumung der Nutzungsrechte höhere Erstvergütungen als beim Wiederholungshonorarmodell (sog. „Paketvergütung") bezahlt. Hiervon sind auch Wiederholungen im ZDF-Hauptprogramm oder den vorgenannten Programmen sowie die Online-Nutzung entsprechend ihrer prozentualen Einordnung im Wiederholungshonorarmodell umfasst, bis max. 180 % erreicht sind. Bei Nutzungsüberschreitung sollen dann die Regelungen zur Wiederholungsvergütung einschließlich Bemessungsgrundlage gelten (mit gewissen Modifikationen). Spätestens nach Ablauf von 7 Jahren, beginnend mit der Erstausstrahlung der Produktion, wird dann für die weitere Nutzung nach dem „Wiederholungshonorarmodell" vergütet. Für die kommerzielle Auswertung der Produktionen gibt es beim Paketmodell keinen Unterschied zum Wiederholungshonorarmodell. Die Vergütungsregel enthält darüber hinaus eine detaillierte Regelung zum Auskunftsanspruch gem. § 32d.

89   Der **VDD** und der **Verband Deutscher Bühnen- und Medienverlage e.V.** haben ferner Mitte des Jahres 2019 weitgehend identische gemeinsame Vergütungsregeln für **Drehbuchautoren** nach § 36 UrhG mit den Sendeanstalten der **ARD,** der ARD-eigenen Firma **Degeto** Film GmbH und der **Produzentenallianz** abgeschlossen.[252] Wie bereits unter → Rn. 85 ausgeführt, lehnen sich diese Vergütungsregeln an einen Einigungsvorschlag eines Schlichters/Mediators im Verfahren zwischen BVR und der Produzentenallianz an. Erfasst von der Vergütungsregel werden **vollfinanzierte fiktionale Auftragsproduktionen** der ARD-Anstalten und der Degeto mit einer Länge von ca. 90 Minuten. In einer Protokollnotiz ist allerdings festgehalten, dass die Vergütungsregeln auch für teilfinanzierte fiktionale Auftragsproduktionen von ca. 90 Minuten Anwendung finden sollen, obgleich hierzu noch gesonderte Verhandlungen stattfinden. Im Rahmen der Vergütungsregel soll mit dem Erwerb bestimmter „Pakete" (**„Reguläres Paket", „Kleines Paket"**) und der Zahlung festgelegter Erstvergütungen die Nutzung des Werkes im Umfang eines bestimmten **Punktwertes** abgegolten sein. Ausstrahlungen im ARD-Hauptprogramm mit Beginn zur Sendezeit 20:00 Uhr bis 20:59 Uhr werden dabei am höchsten bewertet. Ausstrahlungen zu anderen Sendezeiten im Hauptprogramm der ARD, in den Dritten Programmen oder in den Sparten- bzw. Digitalkanälen erhalten geringere Punktwerte. Auch Nutzungen in den Mediatheken der ARD-Anstalten werden mit bestimmten Punktwerten berücksichtigt. Für die kommerzielle Auswertung einer Produktion erhält der Drehbuchautor eine **Erlösbeteiligung** i.H.v. 4 % der Bruttoeinnahmen, die die ARD-Anstalten bzw. die Degeto aus der Verwertung erzielen. Im Falle von kommerziellen Verwertungen unmittelbar durch die Degeto (Direktvertrieb) sind die bei der ARD bzw. der Degeto eingehenden Bruttoeinnahmen die Bemessungsgrundlage für die Erlösbeteiligung. In diesem Fall können etwaige Synchronisationskosten von den Bruttoeinnahmen abgezogen werden. Ein Anspruch auf Erlösbeteiligung soll nur dann entstehen, wenn die Summe der Bruttoeinnahmen im Kalenderjahr eine bestimmte Grenze (€ 2.500) übersteigt. Eine Rechtfertigung hierfür ist nicht ersichtlich, insbesondere ist nicht einzusehen, dass entsprechende Erlöse nicht auch in Folgejahren beteiligungsrechtlich berücksichtigt werden könnten. Festzustellen ist ferner, dass die mittels der Vergütungsregel festgelegten Wiederholungsvergütungen auch erheblich hinter dem zurückstehen, was in den **Tarifverträgen für auf Produktionsdauer Beschäftigte und arbeitnehmerähnliche Personen** (§ 12a TVG)[253] bezüglich der Leistung von **Wiederholungshonoraren** durch ARD-Anstalten geregelt ist. Diese Tarifregelungen werden von den Gerichten im Rahmen des § 32a UrhG auch indiziell herangezogen.[254]

90   **6.** Eine weitere gemeinsame Vergütungsregel und Durchführungsvereinbarung **„Primetime Fiction"** hat der **BVK – Berufsverband Kinematografie eV** Ende des Jahres 2017 mit der Mediengruppe RTL Deutschland, konkret den kommerziellen Privatsendern **RTL Television GmbH** und der **VOX Television GmbH,** über **Auftragsproduktionen** sowie näher definierte **Koproduktionen** mit fiktionalen Inhalten (aufgegliedert in Movie, Serie und Sitcom) für Kameraleute abgeschlossen.[255] Die Vergütungsregeln legen Zusatzvergütungen und Erlösbeteiligungen für Kameraleute solcher fiktionaler Programme der Sender RTL und VOX fest, die für die Primetime hergestellt und mit gutem Publikumserfolg ausgestrahlt werden bzw. höhere Lizenzerlöse für den Sender erbringen. Auch Nutzungen durch die Sender über das Internet (zB video-on-demand) werden berücksichtigt und

---

[252] Abrufbar unter https://www.drehbuchautoren.de/sites/default/files/2019-05-20_unterschriebene_verguetungsregeln_vdd.pdf, abgerufen am 30.7.2019.
[253] Vgl. Beck-Texte im dtv, UrhR, 18. Aufl., Ziff. 10d und e.
[254] So etwa OLG München ZUM 2018, 208 – Das Boot III (Vorinstanz: LG München I ZUM 2016, 776) und OLG Stuttgart ZUM-RD 2019, 20 – Das Boot IV (Vorinstanz: LG Stuttgart ZUM-RD 2018, 245); LG Berlin ZUM-RD 2012, 281 – Alphateam (zu § 32 s. AG München ZUM 2010, 525).
[255] Kritisch haben sich zu dieser Vergütungsregel der Bundesverband Regie (BVR), der Verband Deutscher Drehbuchautoren (VDD) sowie der Bundesverband Schauspiel (BFFS) geäußert, s. Pressemitteilung des BFFS vom 17.1.2018, abrufbar unter https://www.bffs.de/2018/01/17/vdd-bvr-bffs-pressemeldung-muster-ohne-wert/, abgerufen am 25.8.2018.

tragen zum Erreichen der Schwellenwerte für Zusatzzahlungen an die Bildgestalter bei. Auch hier bestimmen sich die **Folgevergütungen** der Kameraleute ähnlich wie in den gemeinsamen Vergütungsregeln von ProSiebenSat.1 anhand von **Zuschauerreichweiten**, wobei dem Kameramann bei Erreichen einer jeden Beteiligungsstufe ein gesonderter Anspruch auf Folgevergütung zusteht. Die festgelegten Referenzreichweiten, die jeweils um 40% überschritten werden müssen, um Beteiligungsansprüche des Kameramanns auszulösen, sind im Vergleich etwas höher als in den GVR von ProSiebenSat.1, was dem Umstand Rechnung trägt, dass RTL zwar durchaus vergleichbare und zum Teil auch höhere Reichweiten erreicht, damit aber nach Aussage der Sender keine höheren Werbeerlöse generiert werden. Darüber hinaus sieht die Vergütungsregel **Vertriebserlösbeteiligungen** zu Gunsten der Kameraleute vor, wobei der Beteiligungssatz des Kameramanns wie auch in der gemeinsamen Vergütungsregel mit der ProSiebenSat.1 Deutschland GmbH **2,5%**[256] der Vertriebserlöse des Senders beträgt, sofern bestimmte Vertriebsbeteiligungs-Schwellen für die Bereiche Movie, Serie und Sitcom überschritten werden. Die Vergütungsregel hat (wie die Vergütungsregeln mit ProSiebenSat.1) **Rückwirkung** bis zum 28.3.2002, dem Tag des Inkrafttretens des novellierten Urhebervertragsrechts.

Hervorzuheben an der gemeinsamen Vergütungsregel mit RTL ist, dass diese Kollektivregelung erstmals den vom Anwendungsbereich erfassten Kameraleuten **unmittelbare Auskunfts- und Abrechnungs-/Zahlungsansprüche** gegen die Sendeunternehmen zubilligt. Es handelt sich insoweit nach dem Verständnis der Vertragsparteien um einen **Vertrag zugunsten Dritter** (§ 328 BGB). Grundsätzlich füllen gemeinsame Vergütungsregeln nur den Begriff der „angemessenen Vergütung" (§ 32 Abs. 2 S. 1) oder der „weiteren angemessenen Beteiligung" (§ 32a Abs. 4) aus und vermitteln den Urhebern noch keine selbstständigen Ansprüche.[257] Dies könnte dazu führen, dass der Urheber trotz grundsätzlicher Anspruchsberechtigung nach § 32 oder 32a seinen auf eine Vergütungsregel gestützten gesetzlichen Anspruch deshalb nicht durchsetzen kann, da dieser etwa bereits verjährt ist oder die strengen Anspruchsvoraussetzungen des § 32a unter Berücksichtigung der Vergütungsregel nicht erfüllt sind (so etwa gegenüber einem Sender als Drittnutzer iSd § 32a Abs. 2, wenn die konkrete Nachvergütung nach der Vergütungsregel einen Betrag ausmacht, der unter der – nicht starren – Regelgrenze des BGH für die Feststellung eines „auffälligen Missverhältnisses" liegt).[258] Um diesen in bisher abgeschlossenen Vergütungsregeln übergangenen Umstand abzuhelfen, haben sich der BVK und RTL/VOX darauf geeinigt, den Kameraleuten auch dann (vertragliche) Folgevergütungsansprüche gegen die Sender zuzubilligen, wenn die strengen Voraussetzungen des § 32a Abs. 2 nicht gegeben sein sollten.

Weiter ist hervorzuheben, dass in dieser Vergütungsregel, soweit ersichtlich, erstmals auf den mit der UrhG-Novelle 2016 eingeführten **anlasslosen Auskunftsanspruch** des Urhebers in der Lizenzkette gemäß § 32e Abs. 1 Nr. 1 iVm § 32d Abs. 1 eingegangen und den Sendern die vom Gesetz in § 32e Abs. 3 nur innerhalb von gemeinsamen Vergütungsregeln oder Tarifverträgen vorgesehene Möglichkeit eröffnet wurde, in Individualverträgen mit Kameraleuten diesen Anspruch auszuschließen.

7. Als vorläufiges **Zwischenergebnis** lässt sich damit feststellen, dass die Regelungen der §§ 36, **91** 36a für Filmurheber und Urheber filmbestimmter vorbestehender Werke inzwischen zumindest formell erheblich an Relevanz gewonnen haben. In der Praxis weist die Umsetzung der gemeinsamen Vergütungsregeln allerdings nach wie vor erhebliche Defizite auf.[259] Deshalb wird auch genau zu beobachten sein, ob sich die **individual- und kollektivvertraglichen Instrumente** zur Durchsetzung angemessener Urhebervergütungen bzw. -beteiligungen, auch durch die UrhG-Novelle 2016[260] bewähren. Es bleibt abzuwarten, ob den bisher bestehenden Regelungen solche weiterer am Filmwerk beteiligter Urheber und ausübender Künstler hinzutreten werden und wie sich die bestehenden Regelungen in der Praxis bewähren.[261] Zu weiteren gemeinsamen Vergütungsregeln sowie Tarifver-

---

[256] Gegenüber jeweils 4% der Drehbuchautoren und der Regisseure in deren Gemeinsamen Vergütungsregeln mit der ProSiebenSat.1 Deutschland GmbH.

[257] Gegenüber dem Vertragspartner des Urhebers kann nun § 36c S. 2 einen Vertragsanpassungsanspruch bei Abweichungen von einer anwendbaren gemeinsamen Vergütungsregel gewähren. Gegenüber einem Drittnutzer in der Lizenzkette (§ 32a Abs. 2) ist ein entsprechender Anspruch nicht gegeben.

[258] S. AG München, 3.11.2017 u. 15.5.2019 – 142 C 4377/17, beide n.rkr. (Berufung zugelassen und eingelegt); die betragsmäßig nicht berufungsfähige, gegen eine Privatsendergruppe gerichtete Klage eines Schauspielers, der sich insoweit auf § 32a und die Ausschüttung der Sendergruppe gemäß deren eigener Vergütungsregel (mit einem Schauspielerverband) an eine zwischengeschaltete Inkassogesellschaft berufen hatte, wurde abgewiesen. Hintergrund der Klage ist, dass der Kläger es nicht hinnehmen wollte, dass die Inkassogesellschaft vom errechneten Ausschüttungsbetrag einen erheblichen Anteil (13,75% zzgl. 19% USt.) für ihren angeblichen Verwaltungsaufwand in Abzug bringen wollte. Dem Künstler wurde daraufhin eine Ausschüttung in toto verweigert. Das Verfahren ist noch nicht abgeschlossen.

[259] Ausführlich *N. Reber* GRUR 2019, 891 (893 ff.).

[260] Der RefE eines Gesetzes zur verbesserten Durchsetzung des Anspruchs der Urheber und ausübenden Künstler auf angemessene Vergütung vom 5.10.2015 ist abrufbar unter https://www.bmjv.de/SharedDocs/Gesetzgebungsverfahren/Dokumente/RefE_Urhebervertragsrecht.html?nn=6712350, der Regierungsentwurf vom 16.3.2016 (BT-Drs. 18/8625) unter https://www.bmjv.de/SharedDocs/Gesetzgebungsverfahren/Dokumente/RegE_Urhebervertragsrecht.pdf?__blob=publicationFile&v=2, beide Entwürfe abgerufen am 20.10.2016; s. zu diesen Entwürfen *Berger/Peifer* GRUR 2016, 6; ZUM 2016, 569; *Kasten* ZUM 2015, 479; *Ory* AfP 2015, 389.

[261] *N. Reber* GRUR 2013, 1106 (1113). Der BVR hat in einer Pressemeldung bekannt gegeben, dass aufgrund der gemeinsamen Vergütungsregel, die der BVR im Juli 2013 mit der ProSiebenSat.1 Holding abgeschlossen hatte,

trägen, die allerdings nur für tarifgebundene (§§ 3, 4 TVG) Arbeitnehmerurheber bzw. arbeitnehmerähnliche Personen (§ 12a TVG) sowie bei Regelung einer Vergütung für die konkrete Werknutzung Vorrang vor gemeinsamen Vergütungsregeln beanspruchen können (§ 36 Abs. 1 S. 3),[262] s. die Kommentierung zu § 36.

92   **8.** Die vorgestellten gemeinsamen Vergütungsregeln, insbesondere solche mit Sendeanstalten als wirtschaftlich bedeutende Drittnutzer (im Sinne des § 32a Abs. 2 UrhG) unterliegen allerdings auch der **Kritik.**

Diese Vergütungsregeln sehen nämlich bei hohem Verwertungsumfang (der nach Auffassung der Urhebervereinigungen bereits den „Bestsellerfall" des § 32a UrhG erfassen sollte, was aber nicht der Rechtsprechung des BGH entspricht) nur mehr oder weniger geringe Nachvergütungen vor. Nimmt man etwa das Beispiel eines Regisseurs, der nach einer mit ProSiebenSat.1 abgeschlossenen Vergütungsregeln für ein TV Movie als Erstvergütung rund 60 000 EUR erhalten soll und dann bei Erreichen der so genannten 1. Beteiligungsschwelle – was bereits einen ganz außergewöhnlichen Sendeerfolg bzw. eine sehr hohe Reichweite bedingt – nochmals 8000 EUR, so erfüllt dies die Tatbestandsvoraussetzungen des § 32a Abs. 2 UrhG, der einzigen Anspruchsgrundlage des Urhebers gegen den wirtschaftlich auswertenden Drittnutzer, nicht. Um die **strengen Voraussetzungen des § 32a Abs. 2 UrhG** nach der Rechtsprechung des BGH[263] zu erfüllen, müsste der Urheber als „angemessene Vergütung" unter ex post-Berücksichtigung der Erträge und Vorteile des Werknutzers vielmehr regelmäßig nochmals weitere 60 000 EUR als Nachvergütung beanspruchen können. Bis allerdings eine solche Zahlung durch die entsprechenden Vergütungsregeln gewährleistet würde, müsste die Produktion tatsächlich über Jahre oder gar Jahrzehnte unzählige Male ausgestrahlt worden sein. Konkret bedeutet dies: Durch geringe Folgezahlungen bei bereits außergewöhnlich großem Sendeerfolg wird ein „auffälliges Missverhältnis" auch stetig nach hinten verschoben, also letztlich unmöglich gemacht. Und der „Bestsellerfall", der mit der Vergütungsregel eigentlich bereits in der ersten Beteiligungsstufe geregelt werden sollte, kann tatsächlich gegenüber dem Sender nicht eintreten. Gerichtsverfahren zu § 32a UrhG werden unter Bezugnahme auch solche Regelungen ad absurdum geführt, zumal entsprechende Vergütungsregeln von den Gerichten auch indiziell herangezogen werden.[264]

Problematisch sind auch Fälle, in denen zwar die formellen Voraussetzungen der Vergütungsregel zur Auszahlung an einen Urheber erfüllt sind, dieser jedoch gegen den Sender keinen Anspruch geltend machen kann, da die Vergütungsregel als solches **keine selbständige Rechtsgrundlage** vermittelt. Also konkret: Nach der Vergütungsregel wäre der Urheber zwar zahlungs(empfangs)berechtigt aufgrund der erreichten Beteiligungsreichweite des Films. Die Auszahlung wird aber verweigert, zB weil der Urheber die hohen Verwaltungskosten eines vom Sender eingeschalteten Inkassounternehmens, die unmittelbar von der errechneten Zahlung abgezogen werden sollen, nicht hinnehmen möchte.[265] Es besteht dann für den Urheber kein Anspruch gegen den nutzenden Sender nach § 32a Abs. 2 UrhG, da dessen Voraussetzungen nicht erfüllt sind (s. o.), und auch sonstige Anspruchsgrundlagen gegen den Sender, der nicht Vertragspartner des Urhebers ist (das ist vielmehr der vom Sender zwischengeschaltete Auftragsproduzent), dürften regelmäßig ausscheiden. Deshalb verhandeln derzeit einzelne Kreativverbände Vergütungsregeln als **Verträge zugunsten Dritter** (§ 328 BGB), die den Urhebern dann auch unmittelbar Zahlungsansprüche gegen die Sender/Drittnutzer vermitteln sollen.[266]

Weiter ist zu kritisieren, dass **§ 36 Abs. 1 S. 1** zur Aufstellung von gemeinsamen Vergütungsregeln zwischen Vereinigungen von Urhebern mit Vereinigungen von Werknutzung oder einzelnen Werknutzung nach seinem Wortlaut derzeit **nur** auf die **Bestimmung der Angemessenheit von Vergütungen nach § 32** abstellt. § 32 gilt aber regelmäßig nur im Verhältnis zum **Vertragspartner** des Urhebers, der im Filmbereich regelmäßig der Filmhersteller, nicht aber der tatsächliche Werknutzer wie beispielsweise ein Sendeunternehmen, ein Videovertrieb, eine Internetplattform usw. ist. Ein Verweis auf § 32a, insbesondere dessen Abs. 2 (Beteiligungsanspruch gegen den **Drittnutzer** in der Lizenzkette) fehlt, was wiederum Gerichte dazu bewogen hat, die Möglichkeit einer gesetzlichen Schlichtung nach §§ 36 Abs. 3, 36a mit solchen Drittnutzern, die nicht Vertragspartner

---

mittlerweile eine erste Tranche von ca. 3,25 Mio. EUR als weitere Beteiligung für erfolgsdefinierte Film- und Fernsehwerke aus den Jahren 2002–2012 von dem Privatsender ausgekehrt wurde, s. http://www.regieverband.de/de_DE/magazine/196200/index, abgerufen am 2.7.2014.

[262] Dreier/Schulze/*Schulze* § 36 Rn. 14; Wandtke/Bullinger/*Wandtke/Grunert/Hollenders* § 36 Rn. 9; sa OLG Hamm ZUM 2018, 788 (791); OLG München ZUM 2017, 938 (940); OLG München GRUR-RR 2011, 441 (442); LG München I ZUM-RD 2013, 84 (86).

[263] BGH GRUR 2012, 496 (498) – Das Boot; BGH GRUR 2012, 1248 (1252) – Fluch der Karibik; sa BT-Drs. 14/8058, 19; das Abweichen der vereinbarten Vergütung des Urhebers von der angemessenen Beteiligung (§ 32 UrhG) um 100 % ist allerdings keine starre Grenze.

[264] → Rn. 76; zur indiziellen Anwendbarkeit von gemeinsamen Vergütungsregeln, deren Anwendungsvoraussetzungen nicht (vollständig) erfüllt sind und denen deshalb keine unwiderlegliche Vermutungswirkung iSv § 32 Abs. 2 S. 1 UrhG zukommt, s. BGH GRUR 2016, 1296 (1299f.) – GVR Tageszeitungen III mwN.

[265] So im Fall AG München 3.11.2017 u. 15.5.2019 – 142 C 4377/17, n. rkr. Das Verfahren ist noch nicht abgeschlossen.

[266] So in der oben vorgestellten Vergütungsregel zwischen dem BVK und den Sendern RTL/VOX.

der Urheber sind, abzulehnen.[267] Es liegt nahe, dass der Verweis (nur) auf § 32 in § 36 Abs. 1 S. 1 aufgrund eines **Redaktionsversehens** erfolgt ist, da ursprünglich im Professoren- und Referentenentwurf des Urhebervertragsgesetzes in § 32 Ref-E ein allgemeiner Anspruch auf angemessene Vergütung gegen jeden Werknutzer in der Lizenzkette normiert werden sollte (einen § 32a gab es nicht). Deshalb konnte es in § 36 Abs. 1 S. 1 Ref-E auch nur einen Verweis auf § 32 Ref-E geben. § 32 Ref-E wurde dann aber im Gesetzgebungsverfahren in die Regelungen der §§ 32, 32a aufgespalten, ohne dass aber zugleich (auch) § 32a in § 36 Abs. 1 S. 1 aufgenommen wurde. Gemeinsame Vergütungsregeln können aber auch über § 32a aufgestellt werden (s. § 32a Abs. 4) und es ist nicht nachvollziehbar, weshalb es insoweit kein gesetzliches Schlichtungsverfahren nach §§ 36 Abs. 3, 36a geben sollte.

Schließlich ist zu berücksichtigen, dass in der Rechtsprechung mittlerweile **Beteiligungssätze** zugunsten der am Filmwerk mitwirkenden Kreativen festgestellt wurden, die über die in den vorgestellten Vergütungsregeln geregelten Beteiligungen zT erheblich hinausgehen.[268] So wird unter Bezugnahme auf die Rechtsprechung des BGH etwa davon ausgegangen, dass die Erträge und Vorteile der Werknutzer grundsätzlich **hälftig** zwischen Werkverwertern und Kreativen aufzuteilen sind.[269] Weiter ist dann davon auszugehen, dass üblicherweise Erlöse zu **40 %** auf die **Filmurheber** (wozu Regie, Kamera, Schnitt und im Einzelfall auch Szenen-/Kostümbild zählen), zu **30 %** auf die **Urheber vorbestehender Werke** (wie Drehbuch, Romanvorlage) sowie zu weiteren **30 %** auf die **ausübenden Künstler** (etwa Schauspielern) zu verteilen sind.[270] Innerhalb des Anteils der Filmurheber soll der Regisseur die Hälfte, der Kameramann wiederum die Hälfte des Anteils des Regisseurs erhalten. Unter Berücksichtigung dieser Maßstäbe ist etwa das LG Stuttgart in seinem Urteil vom 28.11.2017[271] davon ausgegangen, dass, bezogen auf die Gesamtvorteile/-erträge die Filmurheber insgesamt mit einem Beteiligungssatz von 20 % (50 % von 40 %) zu beteiligen sind, wovon wiederum der Kameramann die Hälfte der Hälfte, dh ein Viertel, mithin 5 %, erhalten soll. Für die Regie würde sich dann eine Beteiligung von 10 % ergeben. Solche Beteiligungen liegen erheblich über den Sätzen, die die Verbände der Regisseure, der Drehbuchautoren, der Kameraleute und der Schauspieler bislang mit Verwertern in gemeinsamen Vergütungsregeln festgelegt haben.

Zu kritisieren ist schließlich, dass sich Werknutzer vielfach der Aufstellung gemeinsamer Vergütungsregeln gänzlich **entziehen** (können). So wurde etwa das Zweite Deutsche Fernsehen (ZDF) durch die UrheberAllianz Film & Fernsehen, diese bestehend aus den Verbänden der Kameraleute (BVK), der Filmeditoren (BFS) und der Szenen-/Kostümbilder (VSK) aufgefordert, gemeinsame Vergütungsregeln für Werknutzungen durch das ZDF zu verhandeln und aufzustellen. Das ZDF hat sich daran unter Einbeziehung der Produzentenallianz lediglich zu unverbindlichen Gesprächen bereitgefunden, lehnt aber unter Hinweis auf die eingangs dargestellte Rechtsprechung zur (Nicht-)Anwendbarkeit von §§ 36, 36a auf Drittnutzer formelle Verhandlungen und eine Schlichtungsvereinbarung mit der UrheberAllianz ab. Der Gesetzgeber hat für diesen Fall bislang keine wirksamen Mechanismen gegen Sender oder sonstige Drittnutzer vorgesehen, um die Aufstellung gemeinsamer Vergütungsregeln sachgerecht zu befördern. Auch insoweit besteht erheblicher **Reformbedarf**.

Abschnitt 1. Filmwerke

§ 88 Recht zur Verfilmung

(1) **Gestattet der Urheber einem anderen, sein Werk zu verfilmen, so liegt darin im Zweifel die Einräumung des ausschließlichen Rechts, das Werk unverändert oder unter Bearbeitung oder Umgestaltung zur Herstellung eines Filmwerkes zu benutzen und das Filmwerk sowie Übersetzungen und andere filmische Bearbeitungen auf alle Nutzungsarten zu nutzen. § 31a Abs. 1 Satz 3 und 4 und Abs. 2 bis 4 findet keine Anwendung.**

---

[267] LG München I ZUM 2015, 823; OLG München ZUM 2017, 938; s. zur Problematik auch *N. Reber* ZUM 2018, 417; *N. Reber* GRUR 2019, 891.

[268] LG Stuttgart ZUM-RD 2018, 245 (260) m. zustimmender Anm. *v. Becker* GRUR-Prax 2018, 103; die Entscheidung des OLG Stuttgart in der Berufungsinstanz vom 26.9.2018 (ZUM-RD 2019, 20 – Das Boot IV), ist für die Berechnung der „angemessenen Beteiligung" des Kameramanns von den Wiederholungsvergütungsregelungen des Tarifvertrags des WDR für auf Produktionsdauer Beschäftigte ausgegangen und musste folglich keinen konkreten Beteiligungssatz feststellen; sa OLG München ZUM-RD 2018, 208 – Das Boot III.

[269] So BGH GRUR 2009, 1148 (1153) – Talking to Addison (für Nebenrechte); ebenso → § 32 Rn. 34 sowie *N. Reber* GRUR 2003, 393 (398); *Schricker* GRUR-Int 2002, 797 (807); ablehnend Möhring/Nicolini/*Soppe* § 32 Rn. 85.

[270] LG Stuttgart ZUM-RD 2018, 245 (260); zustimmend *v. Becker* GRUR-Prax 2018, 103; die Instanzgerichte in München haben dem Kameramann von „Das Boot" jedenfalls einen Beteiligungssatz von 2,25 % an den Einnahmen der Verwerter auf unterschiedlichen Lizenzstufen zugesprochen, s. OLG München ZUM-RD 2018, 208 – Das Boot III mAnm *v. Becker* GRUR-Prax 2018, 263; ebenso Vorinstanz: LG München I ZUM 2016, 776.

[271] LG Stuttgart ZUM-RD 2018, 245 (260), wobei dann im konkreten Fall aufgrund einer vom Gericht nur unterstellten und nicht festgestellten Annahme einer Miturheberschaft weiterer Kameraleute ein Beteiligungssatz zugunsten des klagenden Kameramanns in Höhe von 3,5 % als angemessen angenommen wurde.

(2) [1]Die in Absatz 1 bezeichneten Befugnisse berechtigen im Zweifel nicht zu einer Wieder-verfilmung des Werkes. [2]Der Urheber ist berechtigt, sein Werk nach Ablauf von zehn Jahren nach Vertragsabschluß anderweit filmisch zu verwerten. [3]Von Satz 2 kann zum Nachteil der Urheber nur durch eine Vereinbarung abgewichen werden, die auf einer gemeinsamen Vergü-tungsregel (§ 36) oder einem Tarifvertrag beruht.

(3) *(weggefallen)*

Schrifttum: S. die Schrifttumsnachweise Vor §§ 88 ff.

Übersicht

I. Zweck, Entstehungsgeschichte, Bedeutung und Tragweite des § 88

1   Die AmtlBegr. zu § 88 aF[1] verweist auf die **Vertragspraxis** der Filmhersteller, vom Urheber eines zu verfilmenden Werkes nicht nur das Verfilmungsrecht – als das Recht zur Herstellung eines Film-werks unter Benutzung des zu verfilmenden Werkes[2] –, sondern auch das Recht zu erwerben, das Filmwerk auf eine Art und Weise zu verwerten, wie es seiner Zweckbestimmung entspricht, es also durch (durch Herstellung von Filmkopien) zu vervielfältigen, die Filmkopien zu verbreiten, das Filmwerk öffentlich vorzuführen oder durch Funk zu senden sowie es für die entsprechende internationale Ver-wertung in fremde Sprachen zu übersetzen oder sonst den ausländischen Verhältnissen anzupassen. Der vertragliche Erwerb der Rechte an dem zu verfilmenden Werk ist für die Filmherstellung und für die Filmverwertung erforderlich, weil und soweit das Filmwerk geschützte Elemente des verfilmten Werkes enthält.[3]

2   1. § 88 verfolgt den **Zweck,** in Zweifelsfällen durch **gesetzliche Auslegungsregeln** Streitigkei-ten über den Inhalt von Verfilmungsverträgen zu vermeiden[4] und dem Filmhersteller eine sinnvolle, durch den Urhebern verfilmter Werke zu erwerbende ausschließliche Nutzungsrechte gesicherte Verwertung von Filmen zu gewährleisten.[5] Der Gesetzgeber hatte dabei ursprünglich zwei Hauptarten der Filme und der Filmverwertung im Auge: den für die öffentliche Vorführung in Filmtheatern be-stimmten Kinofilm und den für die Sendung bestimmten Fernsehfilm. Dem Hersteller eines Kino-films sollte dementsprechend (nur) das idR erforderliche Recht zur öffentlichen Vorführung (§ 88 Abs. 1 Nr. 3 aF), dem Hersteller eines Fernsehfilms das Senderecht (§ 88 Abs. 1 Nr. 4 aF) gesichert werden.[6] Mit zu regeln waren, in der Reihenfolge der tatsächlichen Vorgänge bei der Produktion und Verwertung von Filmen, die Vorstufen der Filmherstellung durch Vervielfältigung oder Bearbeitung

---

[1] BT-Drs. IV/270, 98.
[2] → Vor §§ 88 ff. Rn. 27–30.
[3] → Vor §§ 88 ff. Rn. 27–30.
[4] AmtlBegr. BT-Drs. IV/270, 98 zu § 98, jetzt § 88.
[5] → Vor §§ 88 ff. Rn. 9 zur generellen Zielsetzung der §§ 88 ff.
[6] Zur Sicherung nur dieser jeweils idR erforderlichen Rechte deutlicher als der RegE der MinE von 1959, Ent-würfe des BMJ zur Urheberrechtsreform, 1959, S. 76.

des verfilmten Werkes (§ 88 Abs. 1 Nr. 1 aF) und der Herstellung und Verbreitung der jeweils benötigten Filmkopien (§ 88 Abs. 1 Nr. 2 aF) sowie der Verwertung des übersetzten oder sonst filmisch bearbeiteten Filmwerks im Ausland (§ 88 Abs. 1 Nr. 5 aF). Ferner sollten Auslegungsregeln für die Wiederverfilmung des verfilmten Werkes geschaffen werden (§ 88 Abs. 2).

Im Rahmen des neuen **Urhebervertragsgesetzes** des Jahres 2002[7] wurde **§ 88 Abs. 1 wesentlich umgestaltet** und dabei § 89 Abs. 1 über die Vermutung umfassender Rechtseinräumung an den Filmhersteller durch Filmurheber **für alle bekannten Nutzungsarten** einer filmischen Auswertung angeglichen. Der Regierungsentwurf zu diesem Gesetz[8] hatte lediglich vorgesehen, den in § 88 Abs. 1 aF allein berücksichtigten Kino- und Fernsehfilmen Videofilme als dritte Filmkategorie zur Seite zu stellen. Auf der Grundlage einer entsprechenden Formulierungshilfe vom 14.1.2002[9] führten dann aber die Beratungen im Rechtsausschuss des Deutschen Bundestags[10] zur Angleichung des § 88 Abs. 1 an § 89 Abs. 1. Im Anschluss an Überlegungen aus dem Bereich der Filmwirtschaft[11] erschien es plausibel, „im Zweifel sämtliche **filmischen Verwertungsbefugnisse** in der Hand des Produzenten zu sammeln, um bei voller Berücksichtigung der Interessen der Urheber gleichzeitig auch den heutigen Verwertungsbedingungen von Filmwerken Rechnung zu tragen". **§ 88 Abs. 2 aF** wurde zunächst in der ursprünglichen Fassung beibehalten und erst mit der Gesetzesnovellierung 2016 geändert (hierzu sogleich), **§ 88 Abs. 3 aF** aufgehoben, weil die Anwendung des § 88 auf das verwandte Schutzrecht an nachgelassenen Werken (§ 71) nunmehr in § 71 Abs. 1 S. 3 geregelt wurde und eine Verfilmung wissenschaftlicher Ausgaben iSd § 70 nicht in Betracht komme.[12] Vergleicht man § 88 Abs. 1 nF 2002 (und 2007) mit § 88 Abs. 1 aF, so beinhaltet die Neuregelung den Regelungsgehalt des § 88 Abs. 1 Nr. 1 und 5 der früheren Fassung. Jedoch verzichtet sie auf die Differenzierung des § 88 Abs. 1 Nr. 2–4 aF. An die Stelle entsprechend eingeschränkter Vermutungen der Rechtseinräumung je nach Filmart tritt in § 88 Abs. 1 nF 2002 (und 2007) die Vermutung einer umfassenden Rechtseinräumung an den Filmhersteller für Filme jeder Art. Urheber verfilmter Werke sind damit im Hinblick auf die gesetzliche Vermutung der Rechtseinräumung an den Filmhersteller den Filmurhebern iSd § 89 Abs. 1 gleichgestellt.[13] Mit der „vollen Berücksichtigung der Interessen der Urheber" iSd BT-Drs. 14/8058, 11, 21 ist der Anspruch der Urheber auf **angemessene Vergütung** iSd **§ 32 nF** und gegebenenfalls auf eine **weitere angemessene Beteiligung** iSd **§ 32a** angesprochen[14] mit der Folge, dass sich die vermutete umfassende Rechtseinräumung auf das Maß der angemessenen Vergütung iSd § 32 nF auswirken muss[15] bzw. eine zu niedrige vereinbarte Vergütung die Annahme einer nur beschränkten Rechtseinräumung rechtfertigen kann.[16] Nach der **Übergangsregelung** des **§ 132 Abs. 3 S. 1** findet **§ 88 nF 2002** nur auf Verfilmungsverträge Anwendung, die **seit dem 1.7.2002**, dem Zeitpunkt des Inkrafttretens des Urhebervertragsgesetzes, geschlossen worden sind. Auf ältere Verfilmungsverträge ist daher nach wie vor § 88 aF anwendbar.

Durch das **Zweite Gesetz zur Regelung des Urheberrechts in der Informationsgesellschaft** vom **26.10.2007**[17] wurden die gesetzlichen Vermutungen zugunsten der Rechtseinräumung an den Filmhersteller in § 88 Abs. 1 und § 89 Abs. 1 auch auf im Zeitpunkt des Vertragsabschlusses noch **unbekannte Nutzungsarten** erstreckt. Dies geschah durch Streichung des Wortes „bekannten" in diesen Bestimmungen und stand in Zusammenhang damit, dass durch dasselbe Gesetz (Art. 1 Nr. 3, 4 und 6) die seit dem 1.1.1966 geltende **allgemeine Bestimmung des § 31 Abs. 4** betr. die Unwirksamkeit der Einräumung von Nutzungsrechten für unbekannte Nutzungsarten sowie von Verpflichtungen hierzu **aufgehoben** und durch eine **Neuregelung** solcher Rechtsgeschäfte in den **§§ 31a und 32c ersetzt** wurde. Letztere besteht darin, dass dem Urheber einerseits entsprechende vertragliche Verfügungen und Verpflichtungen hierzu ermöglicht werden, er aber andererseits durch mehrere Maßnahmen auch geschützt wird: durch das regelmäßige Erfordernis schriftlicher Vereinbarungen (§ 31a Abs. 1 S. 1), durch ein grundsätzliches, im Voraus unverzichtbares, wenn auch zeitlich befristetes Recht des Urhebers zum Widerruf vor Aufnahme der neuen Art der Werknutzung durch den Werkverwerter (§ 31a Abs. 1 S. 3 und 4, Abs. 2–4) und durch einen ebenfalls im Voraus unverzichtbaren Anspruch des Urhebers auf eine gesonderte angemessene Vergütung bei Aufnahme der neuen Art der Werknutzung durch den Verwerter (§ 32c). Nach der

---

[7] → Vor §§ 88 ff. Rn. 8.
[8] BT-Drs. 14/7564, 5 iVm BT-Drs. 14/6433, 5, 19.
[9] Abgedruckt bei *Hucko* 2002 S. 149, 167.
[10] S. BT-Drs. 14/8058, 11, 21.
[11] Stellungnahme vom 21.8.2001, zugänglich über www.urheberrecht.org.
[12] S. BT-Drs. 14/6433, 19.
[13] S. Dreier/Schulze/*Schulze* Rn. 2, 48; Loewenheim/*Schwarz/U. Reber* § 74 Rn. 19; DKMH/*Meckel* Rn. 13; Wandtke/Bullinger/*Manegold/Czernik* Rn. 1; *Berger* S. 114; *Haas* S. 101 unter Hinweis auf einen redaktionellen Fehler in § 88 Abs. 1 nF.
[14] Ebenso Dreier/Schulze/*Schulze* Rn. 50.
[15] So Haas S. 102.
[16] So Dreier/Schulze/*Schulze* Rn. 50 für den Fall des Fehlens einer vertraglichen Vergütungsregelung; s. jetzt aber BGH GRUR 2012, 1031 (1036 f.) – Honorarbedingungen Freie Journalisten und BGH GRUR 2014, 556 – Rechtseinräumung Synchronsprecher; kritisch hierzu *Wandtke* ZUM 2014, 585; sa *J.B. Nordemann* NJW 2012, 3121 (3123).
[17] BGBl. I S. 2513, Art. 1 Nr. 19 und 20.

AmtlBegr.[18] sollte durch die Neuregelung der Rechtseinräumung für unbekannte Nutzungsarten einerseits in Zeiten rasanter technischer Entwicklung den Werkverwertern die umfassende, unverzügliche, blockadefreie und rechtssichere Nutzung der jeweils neuesten Nutzungstechniken erleichtert und damit auch den Interessen der Allgemeinheit und der Urheber selbst gedient werden: der Allgemeinheit an der Verfügbarkeit auch der Kultur früherer Zeiten mittels der jeweils neuesten technischen Mittel und der Urheber zB daran, die Nutzung ihrer Werke auf solche Weise auch für die Zeit nach ihrem Tod sichern zu können. Andererseits sollte der Urheber als regelmäßig schwächere Vertragspartei vor allem durch sein Widerrufsrecht später in Fällen reagieren können, in denen er Nutzungsrechte für unbekannte Nutzungsarten „aus gegebenen Konstellationen heraus einräumen ‚musste'„.[19] Im Vergleich mit dieser allgemeinen Rechtslage ist diejenige der **Urheber im Filmbereich deutlich geschwächt** geregelt worden. Die allgemeine bloße Möglichkeit der Rechtseinräumung für unbekannte Nutzungsarten wurde durch die Einbeziehung in die gesetzliche Vermutung für Zweifelsfälle **in § 88 Abs. 1 nF 2007** (und § 89 Abs. 1 nF 2007) zum **Regelfall** erklärt,[20] und die Möglichkeit des **Widerrufs** wurde in ihnen durch § 88 Abs. 1 S. 2 nF 2007 (und § 89 Abs. 1 S. 2 nF 2007) **verwehrt**, weil sie einer möglichst ungehinderten Filmverwertung auch in neuen Nutzungsarten widerspräche.[21] Zum Schutz der Urheber im Filmbereich hat es somit mit dem Schriftformerfordernis nach § 31a Abs. 1 S. 1 und dem gesetzlichen Vergütungsanspruch nach § 32c sein Bewenden. Aus der **Übergangsregelung** des § 137l Abs. 1 S. 1 folgt, dass die Neufassung des § 88 Abs. 1 (und des § 89 Abs. 1) nur für **seit dem 1.1.2008 abgeschlossene Verträge** gilt.[22] Für „Altverträge" aus der Zeit **zwischen dem 1.1.1966 und dem 1.1.2008**, dh den Zeitpunkten des Inkrafttretens des UrhG (s. § 143 Abs. 2) und des Inkrafttretens der Neuregelung,[23] gilt § 88 in seinen früheren Fassungen, und zwar, wie eingangs dieser Rn. gezeigt, in seiner ursprünglichen Fassung (§ 88 aF) für Verträge aus dem **Zeitraum 1.1.1966 bis 30.6.2002** und in seiner auf bekannte Nutzungsarten beschränkten Neufassung durch das Urhebervertragsrecht des Jahres 2002 (§ 88 nF 2002) für Verträge aus der Zeit **zwischen dem 1.7.2002 und dem 1.1.2008**. Auf „Altverträge" aus der **Zeit vor 1966** ist, wie unter → Vor §§ 88ff. Rn. 49, 50 dargestellt, § 88 in keiner seiner Fassungen anwendbar; es bewendet insoweit bei der Anwendung des vor dem 1.1.1966 geltenden Gesetzes- und Richterrechts.

Auf **Verträge**, die **seit dem 1.3.2017** abgeschlossen wurden, sieht nunmehr der mit dem **Gesetz zur verbesserten Durchsetzung des Anspruchs der Urheber und ausübenden Künstler auf angemessene Vergütung und zur Regelung von Fragen der Verlegerbeteiligung vom 20.12.2016** eingeführte § 132 Abs. 3a vor, dass § 88 in seiner aktuellen Fassung anzuwenden ist. Dies schließt die Neufassung des § 88 Abs. 2 S. 2 ein, wonach der Urheber nunmehr **zwingend nach Ablauf von 10 Jahren** seit Vertragsschluss über die filmische Verwertung seines Werks auch **anderweit verfügen** kann, es sei denn eine abweichende Vereinbarung beruht auf einer anwendbaren gemeinsamen Vergütungsregel (§ 36) oder auf einem ebensolchem Tarifvertrag. § 90 Abs. 1 S. 3 nF 2016 erweitert nach dem neuen Gesetz die Möglichkeit der Einschränkung der Rechte der Urheber verfilmter Werke, in dem er den Grundsatz, wonach der Ausschluss der Rechte nach § 90 Abs. 1 S. 1 bis zum Beginn der Dreharbeiten keine Anwendung findet, insoweit eingrenzt, als ein Ausschluss der Ausübung des **Rückrufrechts wegen Nichtausübung (§ 41)** bis zum Beginn der Dreharbeiten mit dem Urheber im Voraus für eine Dauer von bis zu 5 Jahren vereinbart werden kann. Und auch die zu Gunsten des Urhebers eingeführte Neuregelung des § 40a, wonach diesem ein Recht zur anderweitigen Verwertung seines Werkes nach 10 Jahren bei pauschaler Vergütung zustehen soll, wurde durch § 90 Abs. 2 UrhG nF 2016 für die in §§ 88, 89 Abs. 1 bezeichneten Rechte sogleich wieder ausgeschlossen. Urheber vorbestehender Werke (§ 88) und Filmurheber (§ 89) können sich folglich auf die Regelung des § 40a nicht berufen. Unberührt bleiben hingegen die mit der Gesetzesnovelle eingeführten Ansprüche der Urheber auf Auskunft und Rechenschaft gegenüber dem Vertragspartner (§ 32d) und bestimmten Drittnutzern in der Lizenzkette (§ 32e) nur vorbehaltlich abweichender Vereinbarungen, die auf einer gemeinsamen Vergütungsregel oder einem Tarifvertrag beruhen (§ 32d Abs. 3, § 32e Abs. 3).

Soweit § 88 in Betracht zu ziehen oder anzuwenden ist, sind demnach derzeit in der Summe **fünf Vertragsepochen** zu **unterscheiden**:
– Verträge vor 1966: Recht vor 1966,
– Verträge vom 1.1.1966 bis zum 30.6.2002: § 88 aF,
– Verträge vom 1.7.2002 bis zum 31.12.2007: § 88 nF 2002,
– Verträge seit dem 1.1.2008: § 88 nF 2007, und
– Verträge seit dem 1.3.2017: § 88 Abs. 2 S. 2 nF 2016

In der folgenden Kommentierung sind demzufolge alle bisherigen Fassungen des § 88 zu berücksichtigen. Dies erklärt auch den Mitabdruck der ursprünglichen Fassung des § 88 (§ 88 aF).

---

[18] BT-Drs. 16/1828, 14, 21 f., 24 f.
[19] BT-Drs. 16/1828, 24.
[20] S. die AmtlBegr. BT-Drs. 16/1828, 32.
[21] BT-Drs. 16/1828, 33.
[22] Zum zeitlichen Anwendungsbereich der Fiktion des Rechtserwerbs s. LG Hamburg GRUR-RR 2016, 68 (71) – Hallo Spencer, mwN.
[23] S. Art. 4 des Gesetzes vom 26.10.2007.

2. § 88 aF enthielt mit seinem Katalog von dem Filmhersteller im Zweifel eingeräumten Nut- **3** zungsrechten nichts anderes als eine ausdrückliche Anerkennung und **Konkretisierung des urheberrechtlichen Übertragungszweckprinzips.**[24] Dieses besagt nämlich nicht nur, dass die zur Erreichung des Zwecks eines Vertrags nicht erforderlichen Befugnisse im Zweifel beim Urheber verbleiben, sondern auch, dass die zur Erreichung des Vertragszwecks erforderlichen Befugnisse im Zweifel von der Einräumung eines Nutzungsrechts mit erfasst werden.[25] Dem entspricht es, dass die Gerichte auch schon zum **früher geltenden Recht** aus der Zeit vor 1966 in Befolgung des Übertragungszweckgedankens den Grundsatz entwickelt haben, dass der Urheber eines zu verfilmenden Werkes dem Filmhersteller mit der Einräumung des Verfilmungsrechts im Zweifel auch das Recht zur üblichen Verwertung des Filmwerks überträgt, soweit er daran nicht durch Vorausübertragungen an eine Verwertungsgesellschaft gehindert ist.[26]

3. Als bloße gesetzliche Auslegungsregeln treten die Bestimmungen des § 88 aF hinter **vertragli- 4 chen Vereinbarungen** über den Inhalt und Umfang der dem Filmhersteller eingeräumten Nutzungsrechte zurück. Dies gilt nicht nur für eindeutige **ausdrückliche Abreden,** sondern auch für solche Vereinbarungen, deren Bedeutung sich erst durch **Vertragsauslegung** nach allgemeinen Grundsätzen, jedenfalls im Hinblick auf § 88 aF einschließlich des Übertragungszweckprinzips in seiner in § 31 Abs. 5 normierten Form,[27] ergibt.[28]

Führt daher unter der Geltung des **§ 88 aF** die Vertragsauslegung unter **Berücksichtigung des 5 § 31 Abs. 5** zu dem Schluss, dass eine bestimmte Art der Nutzung eines Filmwerks vom Zweck des Verfilmungsvertrags und damit auch von der in ihm enthaltenen Rechteeinräumung nicht umfasst wird, so ist für eine Anwendung der Auslegungsregeln des § 88 kein Raum. Umfasste zB die von einem Gastprofessor einer Universität erteilte Einwilligung, ein von ihm zu Lehrzwecken veranstaltetes Happening auf Videoband aufzunehmen, nach § 31 Abs. 5 im Zweifel nicht die Verwertung dieser Aufzeichnung durch Herstellung und deren Verbreitung an eine außeruniversitäre Einrichtung, so konnte die Universität sich auch nicht auf § 88 Abs. 1 Nr. 2 aF berufen, wonach mit der Einräumung des Verfilmungsrechts im Zweifel dem Filmhersteller auch das Recht eingeräumt wird, das Filmwerk oder iVm § 95 das Laufbild zu vervielfältigen oder zu verbreiten.[29] Das gleiche gilt, wenn nach § 31 Abs. 5 die Einräumung der Rechte an einem Manuskript zur Herstellung und sendemäßigen Verwertung eines Fernsehfilms an den Auftragsproduzenten einer öffentlich-rechtlichen Rundfunkanstalt oder diejenige zur Herstellung und Verwertung eines Vorführfilms an einen Filmhersteller nicht auch die Einräumung des Rechts in sich schließt, das jeweilige Filmwerk auch im Schmalfilmformat durch Herstellung und Verbreitung von Schmalfilmkopien zum Zwecke der Vorführung im privaten Bereich auszuwerten, dh entsprechend zu vervielfältigen und zu verbreiten;[30] der BGH ging in beiden Entscheidungen auf § 88 Abs. 1 Nr. 2 aF zu Recht gar nicht ein.[31]

Entsprechend bedarf es eines Rückgriffs auf § 88 aF (und nF) auch dann nicht, wenn eine Rech- **6** teeinräumung unter dem Gesichtspunkt des § 31 Abs. 5 eine bestimmte Nutzungsart bereits **eindeutig umfasst,** wie im Fall der Schmalfilmrechte-Entscheidung des BGH[32] die Herstellung und Verbreitung von Schmalfilmkopien mit dem Zwecke der öffentlichen Vorführung in anderen Einrichtungen als Filmtheatern als wirtschaftlich nicht selbstständige, unumgängliche Vorbereitungs-

---

[24] Der BGH spricht in seinen jüngeren Entscheidungen nicht mehr von der Zweckübertragungstheorie, sondern sprachlich richtiger vom Übertragungszweckgedanken, s. etwa BGH GRUR 2010, 62 – Nutzung von Musik für Werbezwecke; z. Frage, ob § 31 Abs. 5 zu den zwingenden Bestimmungen im Sinne von Art. 34 EGBGB zählt, BGH GRUR-Int 2015, 375 – Hi Hotel II, m. kritischer Anmerkung *Katzenberger* GRUR-Int 2015, 381.

[25] → § 31 Rn. 52 ff.; Schweyer S. 93.

[26] So RGZ 140, 231 (244 f.) – Tonfilm – zur Übertragung des Aufführungsrechts an der Tonfilmmusik; BGHZ 5, 116 (121) – Parkstraße 13 – zur Übertragung des Verfilmungsrechts und der üblichen Filmauswertungsrechte an einem Bühnenwerk; BGH GRUR 1955, 596 (597) – Lied der Wildbahn II – und UFITA 24 1957, 399 (402) – Lied der Wildbahn III – zur Übertragung des Verfilmungsrechts und der Filmverwertungsrechte an einem Drehbuch; KG GRUR 1933, 510 (511) – Der Schrecken der Garnison – zur stillschweigenden Einräumung des „Weltverfilmungsrechts" an einem Drehbuch einschließlich des Rechts zur Herstellung und Verwertung einer fremdsprachigen Version des Filmwerks.

[27] Dazu → § 31 Rn. 52 ff.

[28] BGH GRUR 1985, 529 (530) – Happening; KG GRUR 1984, 507 (508) – Happening – als Vorinstanz; sa BGH GRUR 1984, 45 (48) – Honorarbedingungen: Sendevertrag; zur dinglichen Wirkung eines vertraglich vereinbarten Zustimmungsvorbehalts bezüglich Wiederholungssendungen einer Fernsehserie s. LG Frankfurt a. M. ZUM 2003, 791 (792 f.) – Bodo Bach; sa Dreier/Schulze/*Schulze* Rn. 3; *v. Gamm* Rn. 6; Möhring/Nicolini/*Diesbach/Vohwinkel* Rn. 26, 32.

[29] So BGH GRUR 1985, 529 (530) – Happening.

[30] BGH GRUR 1974, 786 (787 f.) – Kassettenfilm; BGHZ 67, 56 (66 f.) – Schmalfilmrechte.

[31] Vgl. ferner zur Anwendung des § 31 Abs. 5 bei der Einräumung von Verfilmungsrechten BGH GRUR 1986, 62 (66) – GEMA-Vermutung I insoweit nicht in BGHZ 95, 274; OLG Köln GRUR 1983, 568 (570) – Video-Kopieranstalt; OLG Hamburg ZUM 1986, 151 (155); im Ergebnis von § 31 Abs. 5 ebenso bereits *v. Gamm* Rn. 6; *Reimer* GRUR-Int 1973, 315 (323); *Movsessian* GRUR 1974, 371 (376) und UFITA 79 1977, 213 (221 ff.); wohl auch *Schweyer* S. 97; aA *Brugger* S. 50 ff., UFITA 56 1970, 1 (7) und FuR 1974, 757 (764).

[32] BGHZ 67, 56 (58 ff.).

handlungen für die vertraglich vorgesehenen Vorführungen auch dieser Art, obwohl sich hier das gleiche Ergebnis auch aus § 88 Abs. 1 Nr. 2 aF ergäbe.[33]

7   **4.** Auch **§ 31 Abs. 4 aF,** der im Hinblick auf **Verträge aus dem Zeitraum 1.1.1966 bis 31.12.2007**[34] die Einräumung von Nutzungsrechten für noch nicht bekannte Nutzungsarten für unwirksam erklärt, kommt der **Vorrang vor § 88 aF und nF 2002** zu. Aus § 88 kann daher kein Rechteerwerb des Filmherstellers hergeleitet werden, wenn die betreffende Rechteeinräumung nach § 31 Abs. 4 aF unwirksam ist; dies ist vor allem für die **Video-Auswertung von Filmen** und Verträge aus der Zeit zwischen 1966[35] und ca. 1978 je nach Entscheidung der Frage des Bekanntwerdens dieser Verwertungsart[36] von praktischer Bedeutung.[37] Unabhängig davon, ob die **DVD-** und/oder **Blu-ray-Auswertung** von Filmen im Vergleich mit der Video-Auswertung eine selbstständige Nutzungsart darstellt oder nicht, nimmt sie jedenfalls an deren Selbstständigkeit gegenüber Kino-, Fernseh- und Schmalfilmauswertung und **Unbekanntheit bis längstens 1978** teil.[38] Richtiger Ansicht nach handelt es sich beim Film auf DVD aber ohnehin um eine selbstständige, **bis Ende der 1990er Jahre unbekannte Nutzungsart.**[39] In Bezug auf **seit dem 1.1.2008 geschlossene Verträge** bzw. getätigte Rechtseinräumungen und **§ 88 Abs. 1 nF 2007** ist zu beachten, dass **§ 31 Abs. 4 aF** mit Wirkung von diesem Datum an durch das Zweite Gesetz zur Regelung des Urheberrechts in der Informationsgesellschaft vom 26.10.2007 (BGBl. I S. 2513) **aufgehoben** worden ist (Art. 1 Nr. 3 und Art. 4 dieses Gesetzes). Darüber hinaus kann aus der durch dieses Gesetz (Art. 1 Nr. 21) eingeführten Übergangsregelung des § 137l auch in Bezug auf „Altverträge" aus dem Zeitraum 1.1.1966 bis 31.12.2007 auch eine **Korrektur** des aus § 31 Abs. 4 aF folgenden Ergebnisse resultieren.[40]

8   **5.** Zu beachten sind hinsichtlich der Frage der **Anwendung der übrigen allgemeinen urhebervertragsrechtlichen Bestimmungen** des UrhG (§§ 31 ff.) die Sonderregelung des § 88 Abs. 1 nF 2002 und 2007, § 88 Abs. 1 Nr. 5 aF bezüglich der filmischen Bearbeitung des Filmwerks gegenüber § 37 Abs. 1, der sinngemäße, aus dem Wesen der Festlegung von Filmwerken auf Bild- und Tonträgern folgende Ausschluss der Auslegungsregel des § 37 Abs. 2 durch § 88 Abs. 1 nF 2002 und 2007, § 88 Abs. 1 Nr. 1, 2 aF sowie § 90, der in Bezug auf die in § 88 Abs. 1 nF 2002 und 2007, § 88 Abs. 1 Nr. 2–5 aF genannten Rechte die Anwendung der §§ 34, 35, 41 und 42 (teilweise aF) ausschließt oder einschränkt. Im Hinblick auf § 31 Abs. 1 S. 2 nF, § 32 aF (räumlich, zeitlich oder inhaltlich beschränkte Einräumung eines Nutzungsrechts) kann etwa in einem Filmlizenzvertrag das **Fernsehsenderecht** an Spielfilmen mit dinglicher Wirkung **räumlich beschränkt** zB auf die deutschsprachigen Länder als Sendegebiet eingeräumt werden.[41] Einer **personellen Beschränkung** der Weiterübertragbarkeit dieses Senderechts nur an **Dritte mit Sitz im Sendegebiet** kommt jedoch keine dingliche, sondern nur schuldrechtliche Wirkung zu, weil § 32 aF (§ 31 Abs. 1 S. 2 nF) eine solche Beschränkung nicht vorsieht.[42] Zu Fragen im Zusammenhang mit den nach § 31 Abs. 1 S. 2 nF, § 32 aF möglichen **zeitlichen Beschränkungen** der als Nutzungsrechte eingeräumten **Filmauswertungsrechte** an einem verfilmten Werk (der sog. Stoffrechte) und mit Wiederverfilmungen s. § 88 Abs. 2 S. 2 aF/nF und dazu → Rn. 58; zu Fragen bei Einräumung eines **Optionsrechts zur zeitlichen Verlängerung** der Filmauswertungsrechte s. OLG München ZUM-RD 1998, 130 (137 ff.) – Stoffrechte. Im Hinblick auf die Möglichkeit **inhaltlicher Beschränkungen** eines vertraglich eingeräumten Nutzungsrechts nach § 32 aF (§ 31 Abs. 1 S. 2 nF) kann in einem **Videolizenzvertrag** die **Weiterübertragung des Vermietungsrechts** in Form der Vergabe von Unterlizenzen mit dinglicher Wirkung ausgeschlossen werden.[43] Das in einem englischsprachigen Videolizenzvertrag über einen fremdsprachigen Film eingeräumte **Recht zur Untertitelung** („right to sub-titling".) in jeder Sprache und das ebenfalls eingeräumte **„mechanical synchronization right"** umfasst **nicht** ohne weiteres auch das Recht zur Videoverwendung des Filmes in einer deutschen **Synchron-** oder

---

[33] Vgl. zur Anwendung des § 31 Abs. 5 in solchen Fällen auch BGH GRUR 1984, 45 (48 f., 51) – Honorarbedingungen: Sendevertrag; KG GRUR 1984, 509 (513 f.) – Honorarbedingungen Urheber/Fernsehen.

[34] → Rn. 2.

[35] Vgl. §§ 132, 143 Abs. 2 und → Vor §§ 88 ff. Rn. 49.

[36] → § 31a Rn. 30.

[37] Im Ergebnis zum Vorstehenden insgesamt ebenso BGHZ 95, 274 (282 ff.) – GEMA-Vermutung I – und BGH GRUR 1988, 296 (297 ff.) – GEMA-Vermutung IV – zur Beurteilung der Frage nach § 31 Abs. 4, ob die GEMA bereits durch deren Berechtigungsvertrag von 1968 die Video-Auswertungsrechte an Spielfilmmusik zur Wahrnehmung eingeräumt werden konnte; s. Dreier/Schulze/*Schulze* Rn. 4; Fromm/Nordemann/*J. B. Nordemann* Rn. 2; im Ergebnis wie hier wohl auch *Movsessian* GRUR 1974, 371 (374 mit 376); *Reimer* GRUR-Int 1973, 315 (322 mit 323); *Schweyer* S. 97.

[38] S. *Katzenberger* GRUR-Int 2003, 889 (890, 892, 897).

[39] S. *Katzenberger* GRUR-Int 2003, 889 (895 ff.); *Katzenberger* GRUR-Int 2005, 215 ff. mwN pro und contra; *N. Reber* GRUR 1998, 792 (797); LG München ZUM 2002, 71 (73) – Der Zauberberg; LG Köln 25.5.2002 – 28 O 31/02, unveröffentlicht, aufgehoben durch OLG Köln ZUM 2003, 317 – Freigabedokumente – wegen Bekanntheit der Nutzungsart 1998; → § 31a Rn. 47; aA BGHZ 163, 109 (114 ff.) – Der Zauberberg; BGH GRUR 2006, 319 (321) – Alpensinfonie; schon früher OLG München GRUR 2003, 50 (53 f.) – Der Zauberberg; LG München I ZUM 2003, 147 – Die Macht der Bilder – Leni Riefenstahl.

[40] → Rn. 2, → Vor §§ 88 ff. Rn. 8 und die Kommentierung des § 137l.

[41] S. aber auch BGH GRUR 2005, 48 (49) – man spricht deutsh.

[42] S. OLG München GRUR 1996, 972 (973 f.) – Accatone.

[43] S. BGH GRUR 1987, 37 (39) – Videolizenzvertrag.

Voice-over-Fassung; dabei wird Synchronisierung iSd Herstellung einer anderssprachigen Filmfassung im Englischen nicht als „synchronization", sondern als **„dubbing"** bezeichnet und ist unter „Voice-over" die Überlagerung des Originaltons durch eine „außerhalb der Szene" gesprochene Übersetzung (oder Kommentierung) zu verstehen.[44]

6. Von der das allgemeine gesetzliche Urhebervertragsrecht modifizierenden Funktion des § 88 ab- **9** gesehen, kommt insbes. dessen Abs. 1 aF weithin nur eine **klarstellende Funktion** zu, da § 88 die Anwendung des § 31 Abs. 5 unberührt lässt (→ Rn. 4–6) und auch diese Bestimmung eine Auslegungsregel für Fälle der nicht eindeutigen vertraglichen Einräumung von Nutzungsrechten enthält. Die mit den Regeln des § 88 Abs. 1 aF grundsätzlich übereinstimmenden, unter dem Übertragungszweckgedanken gewonnenen Ergebnisse zum Umfang der Rechtseinräumung bei der Übertragung des Verfilmungsrechts (→ Rn. 3) bestätigen diese Beurteilung.

Hinzu kommt, dass die Regeln des § 88 Abs. 1 aF ihrerseits **nach Maßgabe des Übertragungs-** **10** **zweckprinzips auszufüllen** sind. So ist insbes. das Vervielfältigungs- und Verbreitungsrecht des Filmherstellers nach § 88 Abs. 1 Nr. 2 aF als auf diejenige Art und Anzahl von Filmkopien beschränkt anzusehen, die dem konkreten Verwendungszweck des Filmwerks entsprechen.[45]

7. § 88 aF und nF 2002 und 2007 enthält auch im Übrigen nur eine **unvollständige Rege-** **11** **lung.** So stellt er insbes. keine Auslegungsregeln für die Beantwortung der Frage zur Verfügung, ob eine vertragliche Rechteeinräumung zB in pauschaler Form überhaupt das **Verfilmungsrecht** umfasst; seine Auslegungsregeln setzen vielmehr die Einräumung dieses Rechts voraus. In gleicher Weise ist in Bezug auf **§ 88 aF** nicht geregelt, unter welchen Umständen mangels eindeutiger vertraglicher Vereinbarungen ein Filmwerk als zur **Vorführung** iSd Abs. 1 Nr. 3 aF bzw. zur **Funksendung** iSd Abs. 1 Nr. 4 aF bestimmt anzusehen ist. Für die im Jahre 1965 bei Erlass des UrhG noch unbekannten besondere Nutzungsform von Filmwerken durch Herstellung und Verbreitung von zur Vorführung im privaten Bereich bestimmten **Videogrammen** (wie Videokassette, DVD, Blu-ray) enthält § 88 aF überhaupt keine Regelung (→ Rn. 7). In allen diesen Fällen muss auf die allgemeinen Regeln der Auslegung von Urheberrechtsverträgen, insbes. auf **§ 31 Abs. 5** und das allgemeine Übertragungszweckprinzip, zurückgegriffen werden. In **§ 88 Abs. 1 nF 2002 und 2007** kommt es in den zuletzt genannten Fällen auf **§ 31 Abs. 5** grundsätzlich **nicht mehr** an, weil nunmehr bei Einräumung des Verfilmungsrechts in Zweifelsfällen vermutet wird, dass damit die Einräumung umfassender Nutzungsrechte verbunden ist.[46] Die Vorfeldbedeutung des § 31 Abs. 5 bleibt davon unberührt.

Das vorstehend zu § 88 aF Gesagte gilt gleichermaßen für **gesetzliche Vergütungsansprüche** und **Zweitwiedergaberechte,** für deren Übertragung an den Filmhersteller **§ 88 aF** keine Regelung vorsieht.[47] Entsprechend der Rechtslage bei § 89 (→ § 89 Rn. 19) werden diese Ansprüche und Rechte aber auch von der vermuteten umfassenden Rechtseinräumung nach **§ 88 Abs. 1 nF 2002 und 2007 nicht erfasst.**[48]

II. Voraussetzungen der Anwendung des § 88: geschützte, zur Verfilmung benutzte Werke; Einräumung des Verfilmungsrechts (alle Verträge seit 1.1.1966)

Die Anwendung der Auslegungsregeln und sonstigen Bestimmungen des § 88 aF und nF setzt vor- **12** aus, dass an einem urheberrechtlich geschützten Werk oder, bei § 88 aF, an einer durch Abs. 3 gleichgestellten geschützten Ausgabe iSd §§ 70, 71 vertraglich ein Verfilmungsrecht eingeräumt wird bzw. eingeräumt worden ist.

1. Geschützte, zur Verfilmung benutzte Werke (und Ausgaben)

Unter den von § 88 erfassten, zur Filmherstellung benutzten Werken können die sog. vorbestehen- **13** den, nicht für das bestimmte in Frage stehende Filmwerk oder überhaupt nicht unmittelbar für Filmzwecke geschaffenen Werke einerseits und die unmittelbar für ein bestimmtes Filmvorhaben geschaffenen, aber vom Filmwerk selbst unterscheidbaren und auch selbstständig verwertbaren Werke andererseits unterschieden werden.[49] Dieser Unterscheidung kommt nach der hier vertretenen, aber von der hM abweichenden Auffassung Bedeutung für die Beurteilung der Urheberschaft an Filmwer-

---

[44] S. dazu OLG Köln ZUM 2007, 401 (402 f.). – Videozweitverwertung.

[45] S. Dreier/Schulze/*Schulze* Rn. 57; *v. Gamm* Rn. 17; *Movsessian* GRUR 1974, 371 (376) und UFITA 79 1977, 213 (224); *Reimer* GRUR-Int 1973, 315 (323).

[46] → Rn. 2, 41 sowie → § 89 Rn. 3.

[47] Vgl. zum Motiv AmtlBegr. BT-Drs. IV/270, 98 f.

[48] Ganz hM, so auch Dreier/Schulze/*Schulze* Rn. 48; § 89 Rn. 34; Wandtke/Bullinger/*Manegold/Czernik* § 89 Rn. 28; zu den Vergütungsansprüchen auch von Loewenheim/*Schwarz/U. Reber* § 74 Rn. 39, anders aber Loewenheim/*Schwarz/U. Reber* § 74 Rn. 49 zum Zweitwiedergaberecht des § 22; aA zu den Vergütungsansprüchen *Schack* Rn. 479, jedenfalls bis zum Inkrafttreten des § 63a zum 1.7.2002; eine solche vom Wortlaut der Vorschrift nicht umfasste Auslegung würde auch zu einem automatischen Verzicht des Urhebers auf seinen gesetzlichen Vergütungsanspruch führen und wäre zudem nach EuGH GRUR 2012, 489 (493 f.). – Luksan/van der Let, wegen Verstoßes gegen Unionsrecht unwirksam; bestätigend EuGH GRUR 2013, 1025 (1028 f.) – Amazon/Austro-Mechana. Zum Vergütungsaufkommen aus § 54 und zu dessen Verteilung im Filmbereich → § 94 Rn. 29.

[49] → Vor §§ 88 ff. Rn. 59, 60.

ken zu.[50] Für § 88 ist diese Unterscheidung nicht wesentlich, da diese Bestimmung auf beide Werkkategorien anzuwenden ist. Dies folgt insbes. auch aus § 89 Abs. 3, der für Beispiele beider Werkkategorien, nämlich den Roman zum einen und das Drehbuch und die Filmmusik zum anderen, die Anwendung des § 89 Abs. 1 und 2 ausschließt.[51]

14   **a) Vorbestehende Werke.** Vorbestehende, zur Filmherstellung benutzte Werke können Werke aller Art sein. In Betracht kommt der gesamte Beispielkatalog urheberrechtlich schutzfähiger Werke des § 2 Abs. 1. Darauf, ob ein Werk durch den Akt der Verfilmung notwendigerweise umgestaltet oder bearbeitet wird oder aber auch in unveränderter Form in ein Filmwerk Eingang finden kann, kommt es nicht an.[52] § 89 Abs. 3 nennt als Beispiel eines vorbestehenden Werkes den Roman. Weitere **Beispiele** solcher Werke sind Novellen, Opern, Operetten, Dramen und andere Bühnenwerke, Lieder/Songs und andere filmunabhängig geschaffene musikalische Kompositionen, filmunabhängige choreographische Werke, Werke der Baukunst und andere Werke der bildenden Künste.[53] Auch ein schon vorhandenes Filmwerk kann als Vorlage für eine Neuverfilmung benutzt werden und in diesem Sinne ein vorbestehendes Werk sein.[54] Werden Werke einer Jugendbuchreihe verfilmt und dabei auch Szenen übernommen, für die ein Buchillustrator **Illustrationen** geschaffen hat, so sind diese keine vorbestehenden Werke zu den Filmwerken, wenn diesen lediglich die **literarisch beschriebenen Handlungen,** nicht aber die Illustrationen zugrunde liegen. Dasselbe gilt, wenn die beim **Casting ausgewählten Filmschauspieler** gewisse Ähnlichkeiten mit den Personen aufweisen, die in den Illustrationen dargestellt sind.[55] **Anders** liegt es, und um vorbestehende, zur Filmherstellung benutzte Werke handelt es sich, wenn **Buchillustrationen** wie die bekannte grafische Gestalt des „Pumuckl" aus der gleichnamigen Kinderbuch- und Tonträgerreihe **als solche** filmisch genutzt werden.[56] Für die Beurteilung der urheberrechtlichen Schutzfähigkeit aller vorbestehenden Werke gelten die zu §§ 2–5 genannten Grundsätze, insbes. ist die Schutzvoraussetzung einer persönlichen geistigen Schöpfung iSd § 2 Abs. 2 zu beachten.

15   Von besonderer Bedeutung für die häufigen Fälle der Verfilmung von belletristischen Sprachwerken und Bühnenwerken ist, dass auch **inhaltliche Elemente** solcher Werke urheberrechtlich geschützt sein können; werden solche geschützten Elemente in ein Filmwerk übernommen, ohne dass die strengen Voraussetzungen einer freien Benutzung iSd § 24 erfüllt sind, so handelt es sich um den Tatbestand einer Verfilmung, der der Zustimmung des Urhebers des verfilmten Werkes bedarf. Schutzfähig in diesem Sinne können bei einem Bühnenwerk zB sein der Gang der Handlung mit seinen dramatischen Konflikten und Höhepunkten, die Einfügung eines bestimmten Einfalls in einen Handlungsablauf, die Akt- und Szenenführung sowie die Rollenverteilung und Charakteristik der handelnden Personen.[57] Für Romane, Novellen etc gilt Entsprechendes.[58]

16   **b) Filmbestimmt geschaffene, zur Filmherstellung benutzte Werke. aa)** Unter den für ein Filmwerk geschaffenen und für die Filmherstellung benutzten, jedoch vom Filmwerk selbst unterscheidbaren und selbstständig, zB auch für ein anderes Filmwerk verwertbaren Gegenständen kann uU bereits einer **Filmidee** der urheberrechtliche Schutz gebühren; es gelten die allgemeinen Grundsätze für den Urheberrechtsschutz von Ideen.[59] Schutzvoraussetzung ist ein Mindestmaß an Originalität

---

[50] → Vor §§ 88 ff. Rn. 59 ff., 65 ff.

[51] Vgl. zum Ergebnis auch die AmtlBegr. BT-Drs. IV/270, 98; *Ulmer* § 115 I, II und allgM; → Vor §§ 88 ff. Rn. 57, 71.

[52] → Vor §§ 88 ff. Rn. 23–26 zum Begriff der Verfilmung.

[53] S. die Nachw. → Vor §§ 88 ff. Rn. 59.

[54] S. zu den hierbei auftretenden Rechtsfragen BGH GRUR 1957, 614 (615 f.) – Ferien vom Ich; zum Sonderfall der Fortsetzung erfolgreicher Werke allg. → § 24 Rn. 21 f.

[55] S. LG München I ZUM-RD 2009, 134 (158) – Die wilden Kerle; s. auch BGH GRUR 2014, 258 – Pippi-Langstrumpf-Kostüm – wo anerkannt wird, dass mit den Mitteln der Sprache die prägenden Charaktereigenschaften einer fiktiven Person sogar differenzierter als mit den Mitteln der bildenden Kunst dargestellt werden und deshalb – neben der Fabel, dem Handlungs- und Beziehungsgeflecht – selbstständig Urheberrechtsschutz nach § 2 Abs. 1 Nr. 1 UrhG genießen können. Ob die bildliche und damit allein auf das Äußere beschränkte Darstellung der Figur eine urheberrechtswidrige Bearbeitung der Romanfigur im Sinne des § 23 UrhG oder aber eine freie Benutzung nach § 24 Abs. 1 UrhG darstellt, ist anhand der Umstände des Einzelfalls zu entscheiden. Für eine nach § 23 UrhG verbotene Übernahme eines Charakters ist es nicht ausreichend, dass eine Abbildung (hier: Abbildung von Personen in Karnevalskostümen) lediglich einzelne äußere Merkmale der literarischen Figur übernimmt; aA noch die Vorinstanzen OLG Köln ZUM-RD 2012, 256 u. LG Köln ZUM 2011, 871; ebenso OLG München 10.8.2011 – 6 W 1403/11 u. LG Berlin ZUM 2010, 69; zur unfreien Bearbeitung der grafischen Figur des „Pumuckl", die ebenfalls auf einer literarischen Vorlage beruht, s. OLG München ZUM-RD 2008, 131; ZUM 2003, 964.

[56] S. dazu die auch eine solche Nutzung betreffenden Entscheidungen des LG München I ZUM 2003, 64 (66 f.) – Pumuckl I; OLG München ZUM 2003, 964 (969) – Pumuckl II; jeweils zum Benennungsrecht der Urheberin der Pumuckl-Grafik; zum urheber- und wettbewerbsrechtlichen Schutz von Figuren s. *Stieper* GRUR 2017, 649 u. GRUR 2017, 765.

[57] So BGH GRUR 1959, 379 (381) – Gasparone.

[58] Zur freien Benutzung bekannter Romanfiguren für ein Filmwerk BGHZ 26, 52 (57) – Sherlock Holmes; aus der neuen Rspr. s. einerseits LG Hamburg ZUM 2003, 403 (405 ff.) – Die Päpstin, Verletzung des Urheberrechts an einem Roman durch Verfilmung bejaht; andererseits LG Köln ZUM 2004, 853 (857 ff.) – Katastrophenfilm, Rechtsverletzung verneint; → § 24 Rn. 21 f.

[59] → § 2 Rn. 73–75.

und konkreter Ausformung, die zB darin liegen können, dass aufgrund eines schöpferischen Einfalls die Hauptfigur eines in der Urfassung nicht mehr geschützten Bühnenwerks und deren Rolle in spannungssteigernder Weise abgewandelt wird und diese Abwandlung in das Originalwerk eingearbeitet wird.[60] Nicht schutzfähig waren die ungestaltete allgemeine Idee, in einem Film die Grausamkeit des Filmbetriebs darzustellen, und die einem tatsächlichen Erlebnis entnommene bloße Anregung für die Gestaltung einer Filmszene[61] sowie die historischen Vorgängen entlehnte Idee, den Kampf um einen Berggipfel filmisch zu verwerten,[62] und das Szenario einer neuen, sich rasch ausbreitenden Eiszeit mit ihren weitgehend vorhersehbaren Auswirkungen auf die moderne Zivilisation der USA in einem Katastrophenfilm bzw. -roman.[63] Einem an sich schutzfähigen Einfall für einen Film kann der Schutz mangeln, wenn er nicht eine ausreichende konkrete Ausformung erfahren hat.[64] Zur Frage des Urheberrechtsschutzes und der freien Benutzung (§ 24) eines **Konzepts** zu einer Fernsehserie s. OLG München GRUR 1990, 674 (675 f.) – Forsthaus Falkenau sowie zum Schutz der **Fabel** einer Fernsehserie einschließlich der Handlungselemente, Charakterisierung der Hauptpersonen, ihres Beziehungsgeflechts und der Einbettung in ihr soziales und wirkliches Umfeld s. LG Berlin ZUM 2009, 781 (784 f.) u. KG ZUM 2010, 346 (347 f.) – Der Bulle von Tölz.[65] Zum nahe verwandten Fragenkreis des sog. **Formatschutzes** insbes. für Fernsehshows und -serien s. ablehnend BGH GRUR 2003, 876 (878) – Sendeformat.[66]

bb) Filmexposé, Filmtreatment und **Drehbuch** sind literarische Vorstufen des Filmwerks, von 17 denen jede üblicherweise auf der vorhergehenden aufbaut, wobei die Autoren wechseln können. Übernimmt der Autor eines dieser Werke geschützte Elemente aus der jeweiligen, von einem anderen geschaffenen Vorstufe, so ist der Schutz seines Werkes als Bearbeitung nach § 3, die Frage der Zulässigkeit der Übernahme nach § 23 S. 1 zu beurteilen. Entgegen dem Wortlaut, aber entspr. dem Sinn dieser Bestimmung kann bereits die Herstellung einer solchen Bearbeitung der Zustimmung des Urhebers der Vorstufe bedürfen, nämlich wenn sie nicht durch den Bearbeiter privat, sondern bereits im Auftrag eines Filmherstellers vorgenommen wird.[67] Das **Exposé** enthält gewöhnlich in knapper Form auf wenigen Seiten eine Schilderung der Filmhandlung und des Filmaufbaus.[68] Das **Treatment** enthält eine ausführliche Darstellung des Filminhalts sowie bereits eine Aufgliederung nach Schauplätzen und Bildern, Teile des Dialogs und eine Charakterisierung der Personen;[69] es ist regelmäßig umfangreicher und inhaltlich detaillierter als ein Exposé.[70] Das **Drehbuch,** bei dem man je nach Ausarbeitungsgrad noch zwischen Rohdrehbuch und kurbelfertigem Drehbuch unterscheiden kann,[71] enthält ins Einzelne gehende Anweisungen für die Dreharbeiten mit einer exakten Wiedergabe des Handlungsablaufs, sämtlichen Bildeinstellungen, allen Texten und Dialogen sowie Beschreibungen und Anweisungen für die szenische Gestaltung, die Regie, Kameraeinstellungen, Kostüme, Masken und Geräusche.[72]

Exposé, Treatment und Drehbuch sind im urheberrechtlichen Sinne zum einen **Sprachwerke** iSd 18 § 2 Abs. 1 Nr. 1, zum anderen aber auch **Entwürfe für Filmwerke** iSd § 2 Abs. 1 Nr. 6, deren Struktur sie wesentlich mitbestimmen;[73] diesem Doppelcharakter entsprechend sind ihre Urheber

---

[60] BGH GRUR 1959, 379 (381) – Gasparone – zur Bearbeitung einer Operette.
[61] OLG München GRUR 1956, 432 (434) – Solange Du da bist.
[62] KG GRUR 1931, 287 (288 ff.) – Berge in Flammen.
[63] S. LG Köln ZUM 2004, 853 (857 f.) – Katastrophenfilm.
[64] KG UFITA 17 1944, 62 (69 f.) – Wer küßt Madeleine?; dort auch zum ergänzenden Schutz der Filmidee nach § 826 BGB, § 1 UWG; vgl. ferner BGH GRUR 1963, 40 (41 f.) – Straßen – gestern und morgen – zu einer in einem Drehbuchentwurf konkretisierten Filmidee; BGH GRUR 1962, 531 (533) – Bad auf der Tenne II – zur Miturheberschaft an einem von einem Autor mündlich entwickelten und mit einem weiteren Autor gemeinsam erstmals schriftlich niedergelegten Filmstoff; BGH UFITA 24 1957, 399 (401) – Lied der Wildbahn III – zum Schutz der Idee, den Kreislauf des Jahres als Grundlage für den Aufbau eines Naturfilms zu benutzen.
[65] S. zur Verfilmung historischer Umstände und tatsächliche Begebenheiten OLG München ZUM-RD 2010, 37 – Tannöd, sowie LG München I ZUM-RD 2019, 270 – Der Untergang.
[66] Kritisch dazu Heinkelein/Fey GRUR-Int 2004, 378 (384 ff.); Jacobs FS Raue, 2006, 499 ff.; Schricker GRUR-Int 2004, 923 (925 ff.); Schricker LMK 2004, 195; sa Degmair GRUR-Int 2003, 204 (206 ff.); Flechsig ZUM 2003, 767; v. Hartlieb/Schwarz/U. Reber 38. Kap.; v. Have/Eickmeier ZUM 1994, 269; Henkelein S. 216 ff.; Klein ZUM 1995, 194; Lausen S. 24 ff.; Lausen. FS W. Schwarz, 1999, 169 ff.; Litten S. 11 ff.; Schwarz/Freys/Schwarz FS Reichardt, 1990, 203 (205 ff.); Wandtke/Bullinger/Manegold/Czernik Rn. 30 f.; zum Schutz virtueller Figuren ua im Film- und Fernsehbereich s. Rehbinder FS Schwarz, 163; Schulze ZUM 1997, 77 (80 ff.); ferner im Zusammenhang mit Computerspielen → Vor §§ 88 ff. Rn. 44.
[67] Vgl. Ulmer § 56 IV 2; BGH GRUR 1963, 441 (443) – Mit Dir allein – zur Verletzung des Urheberrechts an einem Treatment bereits durch Herstellung eines Rohdrehbuchs im Auftrag eines Filmherstellers, jedoch zum früheren Recht; zum geltenden Recht aA OLG München UFITA 60 1971, 317 (319) zur auftragsgemäßen Herstellung eines weiteren Exposés unter Bearbeitung eines bereits vorliegenden Exposés eines anderen Autors; vgl. allg. → § 23 Rn. 21 f.
[68] S. OLG München UFITA 60 1971, 317 (318); BGH GRUR 1963, 40 (42) – Straßen – gestern und morgen – zu einem Exposé für einen Lehrfilm im Umfang von einer Schreibmaschinenseite; Loewenheim/Schwarz/U. Reber § 12 Rn. 10 geben als Regel einen Umfang von 10 bis 20 Seiten an; vgl. auch Bohr S. 5 mwN.
[69] OLG München UFITA 60 1971, 317 (318); Bohr S. 5 mwN.
[70] Loewenheim/Schwarz/U. Reber § 12 Rn. 10 nennen bis zu 100 Seiten.
[71] Vgl. zB BGH GRUR 1963, 441 (443) – Mit Dir allein; OLG München Schulze OLGZ 31.
[72] S. Bohr S. 5 mwN; v. Hartlieb, 3. Aufl. Kap. 61 Rn. 5: meist 100 bis 200 Seiten.
[73] S. Ulmer § 27 V 1.

entgegen der hM zugleich (Allein-)Urheber von Sprachwerken und Miturheber von Filmwerken.[74] Für die Beurteilung ihrer urheberrechtlichen Schutzfähigkeit gelten demgemäß grundsätzlich die für Sprachwerke allgemein geltenden Regeln.[75] Ihr Schutz kann daher sowohl auf der individuellen Sprachform, bei Drehbüchern zB auch auf den Dialogen, als auch auf originellen inhaltlichen Elementen beruhen (→ Rn. 15). Dem möglichen Schutz der Fabel eines literarischen Werkes[76] entspricht der mögliche Schutz der Fabel eines Filmwerks bzw. ihrer Entwicklung in seinen literarischen Vorstufen.[77] Darüber hinaus können aber auch **filmspezifische Gestaltungselemente** den Urheberrechtsschutz eines Filmexposés, eines Filmtreatments oder eines Drehbuchs begründen,[78] so bei einem nur eine Seite langen **Exposé** für einen Lehrfilm die dessen Bilderkomposition bestimmende Disposition für die Filmarbeiten mit ins Einzelne gehenden Angaben über den Aufbau des Filmes, die Aufnahmeobjekte und ihre technische Erfassung durch Trickaufnahmen,[79] Inhalt und Aufbau eines **Treatments** zu einem Spielfilm,[80] bei einem **Drehbuch** Gang der Handlung, Gliederung und Anordnung des Filmstoffs durch Akt- und Szenenfolge, Rollenverteilung und Charakteristik der Personen, aber unter Ausschluss filmdramaturgisch bedingter und naheliegender Elemente.[81] Urheberrechtlich geschützt ist in aller Regel auch die deutsche **Dialog- und Synchronfassung** eines ausländischen Filmes; es handelt sich dann aber um ein filmbestimmt geschaffenes, auch selbstständig, zB literarisch verwertbares Werk, auf das § 88 aF, nicht § 89 Abs. 1, 2 anzuwenden ist.[82]

19   **cc) Doppelcharakter** als selbstständig verwertbare, vom Filmwerk unterscheidbare Werke und als das Filmwerk selbst mitprägende Elemente kann auch zahlreichen **anderen filmbestimmt geschaffenen Schöpfungen** zukommen, so der Filmmusik, der Filmchoreographie, Filmbauten, Bühnenbildern und Dekorationen, Kostümen, Masken, Puppen und anderen Figuren in Kinder- und Science Fiction-Filmen,[83] Zeichnungen in Zeichentrickfilm usw. Auch bei diesen Werken ist daher bei Erfüllung der urheberrechtlichen Schutzvoraussetzungen zugunsten von deren Schöpfern entgegen der hM (Allein)-Urheberschaft an den vom Filmwerk unterscheidbaren Gegenständen und Miturheberschaft am Filmwerk selbst anzunehmen.[84] Für die Beurteilung der urheberrechtlichen Schutzfähigkeit des Einzelgegenstands ist wiederum von den Grundsätzen auszugehen, welche für die Werkkategorie iSd § 2 Abs. 1 gelten, der er zuzuordnen ist. Zusätzlich zu berücksichtigen ist aber stets, dass auch filmspezifische Gestaltungselemente den Schutz begründen können.[85]

20   Für die **Filmmusik** gelten die allg. anerkannten geringen Anforderungen an die Gestaltungshöhe musikalischer Werke iSd § 2 Abs. 1 Nr. 2. Nach § 3 S. 2 wird allerdings die nur unwesentliche Bearbeitung eines nicht geschützten Werkes der Musik nicht als selbstständiges Werk geschützt.[86] Bei der

---

[74] → Vor §§ 88 ff. Rn. 59 ff., 65 ff.

[75] → § 2 Rn. 71 ff.

[76] → § 2 Rn. 102 f.

[77] S. OLG München GRUR 1956, 432 (434) – Solange Du da bist – und Schulze OLGZ 4, 3.

[78] S. *v. Hartlieb*, 3. Aufl., Kap. 61 Rn. 6.

[79] BGH GRUR 1963, 40 (42) – Straßen – gestern und morgen; zum Schutz eines Exposés zu einer Fernsehserie s. OLG München GRUR 1990, 674 (675) – Forsthaus Falkenau.

[80] BGH GRUR 1962, 531 (533) – Bad auf der Tenne II; BGH GRUR 1963, 441 (443) – Mit Dir allein; dort auch zur Frage der Verletzung des Urheberrechts an einem Treatment bereits durch Herstellung eines Rohdrehbuchs; zur Frage des Miturheberrechts des Regisseurs an einem Spielfilm-Treatment aufgrund von filmspezifischen Anregungen KG GRUR 1935, 1002 (1004); s. ferner KG GRUR 1931, 287 (289) – Berge in Flammen – zur Ausgestaltung der Gesamthandlung, auf Filmwirkung abgestellte Einzelhandlungen und Beschreibung filmisch wirksamer Bild- und Klangeffekte als für das Urheberrecht wesentliche Elemente eines Treatments oder Filmmanuskripts.

[81] BGH GRUR 1978, 302 (304) – Wolfsblut; s. weiter zum Schutz von Drehbüchern und zur Rechtseinräumung durch den Drehbuchautor an den Filmhersteller BGH UFITA 24 1957, 399 (401 ff.) – Lied der Wildbahn III; OLG München Schulze OLGZ 4 zum Schutz von Idee und Fabel, Szenenaufbau und Fassung der Dialoge; LG München I GRUR 1957, 617 (618) – Dunja – zum Schutz eines Drehbuchs aufgrund der Bearbeitung einer Erzählung von Puschkin in dramatischer Form und Einfügung eines neuen Handlungselements, neuer Figuren und dramatischer Effekte; KG Schulze KGZ 16 – Der Sänger mit der Maske – zur Frage des Rechts des Erwerbers des Verfilmungsrechts an einem nach einem Roman hergestellten Drehbuch nach Verzicht auf das Verfilmungsrecht an dem Roman gegenüber der anderweitigen filmischen Verwertung des Romans; OLG Karlsruhe UFITA 45 1965, 347 (351 f.) – Unfälle – zur Einräumung der Filmverwertungsrechte durch den Drehbuchautor (Regisseur) an den Filmhersteller; KG GRUR 1933, 510 (511) – Der Schrecken der Garnison – zum Umfang der dem Filmhersteller eingeräumten Filmverwertungsrechte an einem Drehbuch; zu sonstigen vertraglichen Fragen bei Drehbuchaufträgen OLG München Schulze OLGZ 31 und UFITA 60 1971, 320; OLG Hamburg UFITA 25 1958, 463; zur stillschweigenden Rechtseinräumung an „Story Line" und Drehbuch durch einen Regievertrag s. OLG München ZUM 2000, 767 (772) – Down Under; zum Schutz der Fabel von Drehbüchern bei Fernsehserien, auch bezüglich solcher Folgen, die dann nicht mehr von dem ursprünglichen Drehbuchautor verfasst werden, s. LG Berlin ZUM 2009, 781 (784 f.) und KG ZUM 2010, 346 (347 f.) – Der Bulle von Tölz; sa LG Köln ZUM 2013, 976 sowie OLG Köln ZUM 2014, 411 = GRUR-RR 2014, 323 – Alarm für Cobra 11.

[82] Ebenso Fromm/Nordemann/*J. B. Nordemann* § 89 Rn. 20 gegen LG München I FuR 1984, 534 – All about Eve; zum Anspruch auf Vergütung für Drehbucharbeiten trotz fehlender schriftlicher Vereinbarung s. KG 2011-RD 2014, 684.

[83] S. zB zur Plastik für die Figur einer Androidin in dem Film „Metropolis" aus dem Jahre 1926 OLG Hamburg GRUR-RR 2003, 33 f. – Maschinenmensch.

[84] → Vor §§ 88 ff. Rn. 57 ff., 65 ff.

[85] Dazu auch → Rn. 18.

[86] Zur Bedeutung dieser Einschränkung allg. → § 3 Rn. 30 ff.

Zusammenstellung von Filmmusik werden häufig fremde, auch nicht mehr geschützte Kompositionen verwendet, in vielen Fällen ist dies zur Charakterisierung einer bestimmten Epoche sogar künstlerisch notwendig.[87] Bei der Beurteilung solcher **Gesamtkompositionen** zu Filmzwecken, aber auch der originär geschaffenen Musik unter dem Gesichtspunkt der Schutzfähigkeit, dürfen ihre **filmspezifischen Elemente,** insbes. ihre Funktion für Atmosphäre und Dramaturgie des Filmwerks nicht vernachlässigt werden.[88]

Bei der Beurteilung der urheberrechtlichen Schutzfähigkeit von **Filmbauten** ist von den für Werke der Baukunst iSd § 2 Abs. 1 Nr. 4 geltenden Grundsätzen auszugehen.[89] In Bezug auf die bei der Filmproduktion häufig verwendeten **Attrappen** und **Kulissen** ist von Bedeutung, dass auch individuell gestaltete Teile von Bauten, wie Fassaden, urheberrechtlich geschützt sein können.[90] Zu berücksichtigen ist die Ausrichtung der Filmbauten auf ihre filmische Wirkung, so dass der Schutz selbst solchen Filmbauten zukommen kann, die einem historischen oder sonstigen Vorbild nachgebildet, jedoch mit Details oder Variationen in Gestaltung oder Farbe versehen sind, die, ohne zB aufnahmetechnisch notwendig zu sein, spezifische filmkünstlerische Zwecke verfolgen.[91] Den Schutz begründen kann auch eine individuelle kompositorische Zueinanderordnung von Baukörpern.[92] Daher kann auch **Filmdekorationen** von Innenräumen der Schutz nicht nur in Bezug auf einzelne in sie einbezogene Gegenstände, wie künstlerische Plastiken, Gemälde oder Gebrauchsgegenstände, sondern auch in Bezug auf die kompositorische Anordnung der Einrichtungsgegenstände und die Gesamtgestaltung zuzusprechen sein,[93] wobei wiederum filmspezifische Gestaltungselemente besonders zu berücksichtigen sind.[94] Für die Beurteilung der Schutzfähigkeit von Filmdekorationen und Filmkulissen sind die zum Schutz von **Bühnenbildern** entwickelten Grundsätze verwertbar. Soweit sie über die bloße zweckmäßige Zusammenstellung von Requisiten hinausgehen, können Bühnenbilder geschützt sein ua in Bezug auf die Gesamtgestaltung des Bühnenraums, in der Zuordnung der einzelnen Bildelemente und in einem formerischen Gestaltungswillen geprägten einheitlichen Stilwirkung; auch naturalistische Gestaltungen, wie ein aus Gebäuden und Torbögen gestalteter Hintergrund oder ein streifiger Himmel, können in den Schutz einbezogen sein.[95]

Für den Urheberrechtsschutz von **Kostümen** und **Masken** der Filmdarsteller sowie von für den Film geschaffenen **Puppen** und **Figuren** ist Ausgangspunkt der Beurteilung der Schutz von Werken der bildenden Künste iSd § 2 Abs. 1 Nr. 4;[96] filmspezifische Gestaltungselemente sind aber wieder stets in Rechnung zu stellen. Nach Aufgabe der unterschiedlichen Schutzanforderungen (Gestaltungshöhe) an Werke der angewandten Kunst (§ 2 Abs. 1 Nr. 4 UrhG) und Werke der bildenden Kunst oder des literarischen und musikalischen Schaffens durch den BGH[97] wird es nicht mehr darauf an-

21

22

---

[87] S. KG GRUR 1967, 111 (113) – Das Riesenrad.

[88] S. mwN *Bohr* S. 26, 53 ff.; zur Anpassung der Filmmusik an die Filmhandlung mit der Folge einer künstlerischen Einheit von Musik und Bilderfolge BGH GRUR 1957, 611 (613) – Bel ami; zur Art der Namensnennung des Komponisten der Filmmusik und musikalischen Leiters einer Filmproduktion im Filmvorspann sowie in Filmvorankündigungen KG GRUR 1967, 111 – Das Riesenrad; zum Schutz auch schon verkürzter Melodien und weniger Takte von Lieder/Songs gegen die Verwertung als Begleit- und Hintergrundmusik in Filmen OLG Karlsruhe Schulze OLGZ 202, 4; LG Frankfurt a. M. UFITA 57 1970, 342 (344 f.).

[89] Dazu → § 2 Rn. 174–180.

[90] → § 2 Rn. 176.

[91] S. v. Hartlieb/*Schwarz/Dobberstein* 37. Kap. Rn. 9 zum Schutz von auf die optischen Werte des Filmes ausgerichteten Gebäudenachbildungen; *Bohr* S. 19, 57 f. insbes. auch zur Mitgestaltung des Filmwerks als solchen durch den Filmarchitekten; s. idS auch LG München I ZUM 2002, 71 (72) – Der Zauberberg; OLG München GRUR 2003, 50 (51 f.) – Der Zauberberg – mit der Tendenz, Miturheberschaft des betr. Filmarchitekten und Szenenbildners zu bejahen; auch BGH GRUR 2005, 937 (939) – Der Zauberberg, wendet auf die Leistungen von Filmarchitekten und Szenenbildnern § 89 betr. Filmurheber an.

[92] BGHZ 24, 55 (65) – Ledigenheim; zust. v. *Gamm* § 2 Rn. 21 Stichwort „Bauwerke“.

[93] Zum Schutz von Werken der Innenarchitektur → § 2 Rn. 152 sowie RGZ 110, 393 (395 ff.) – Riviera – zur Innenausstattung von Gaststätten; BGH GRUR 1982, 107 (109) – Kirchen-Innenraumgestaltung; BGH GRUR 2008, 984 (985 f.) – St. Gottfried, ebenfalls zu einem Kircheninnenraum; Schutz eines Hotelfestsaals mangels Verletzung dahingestellt gelassen bei LG Göttingen Schulze LGZ 86; gegen die Schutzfähigkeit der Anordnung von Dekorationsgegenständen v. *Gamm* § 2 Rn. 21 Stichwort „Dekorationen“.

[94] Zur Bedeutung der Filmdekoration für die Filmgestaltung *Bohr* S. 20 f., 58.

[95] So BGH GRUR 1986, 458 f. – Oberammergauer Passionsspiele – der dort alternativ zugrundegelegten Qualifizierung als Werk der angewandten Kunst ist aber nicht zu folgen, vgl. → § 26 Rn. 24; vgl. ferner BOSchG UFITA 16 1943, 148 (151) – Elisabeth von England – zur Schutzfähigkeit des Bühnenbildes zu einer Oper aufgrund Abstimmung in Raum, Farbe, Maßen, Licht und Schatten auf Stil und Stimmung des dramatischen und musikalischen Geschehens s. BOSchG Schulze SchG 3, 16 – Rosenkavalier – zur künstlerischen, auf das Bühnenbild bezogenen Mitwirkung des technischen Direktors eines Theaters bei der Fernsehübertragung einer Aufführung; LG Köln GRUR 1949, 54 (304 f.) – Urfaust – zum Schutz der Gesamtheit eines auf einer besonderen konstruktiven Idee beruhenden Bühnenbildes und zur grundsätzlich gegebenen Gestaltungsfreiheit des Bühnenbildners gegenüber dem Regisseur; LAG Berlin GRUR 1952, 100 (101 f.) – Der Tod des Handelsreisenden – zum Schutz eines im Arbeitsverhältnis geschaffenen Bühnenbildes gegen wesentliche Änderungen auf Veranlassung des Arbeitgebers; LG Düsseldorf UFITA 77 1976, 282 (284) – Die Zimmerschlacht – zum Schutz eines Bühnenbildes aufgrund eigentümlicher Anordnung und Zusammensetzung der Details des Bildes und zur Gestaltungsfreiheit des Bühnenbildners; vgl. zum Schutz von Bühnenbildern auch *Heker*, Der urheberrechtliche Schutz von Bühnenbild und Kulisse, 1990; *Hodik* FuR 1983, 298 ff.; *Sack* JZ 1986, 1015 ff.

[96] → § 2 Rn. 156 ff.

[97] BGH GRUR 2014, 175 – Geburtstagszug.

kommen, welcher Werkkategorien entsprechende schöpferische Leistungen zuzuordnen sind.[98] Unter Beachtung dieser Besonderheiten kann bei der Beurteilung der Schutzfähigkeit von **Filmkostümen** von den für Modeerzeugnisse anerkannten Grundsätzen ausgegangen werden.[99] Für das Berufsbild des 1. Maskenbildners bei den Bühnen der Stadt Köln und dessen Leistungen sowohl für Theateraufführungen als auch für deren Anpassung an Fernsehaufzeichnungen hat der BGH in GRUR 1974, 672 (673 f.) – Celestina – mit Rücksicht auf dessen Unterordnung unter die künstlerische Bestimmungsbefugnis von Regisseur, Kostüm- und Bühnenbildner das Vorliegen einer regelmäßigen, also nicht nur in Einzelfällen gegebenen künstlerischen Leistung iSd § 73 verneint. Künstlerische Gestaltungshöhe vorausgesetzt können aber **Masken** in Film, Fernsehen und Theater im Einzelfall durchaus sogar dem Urheberrechtsschutz zugänglich sein.[100] Bei lediglich handwerklich nachvollziehender Tätigkeit des Maskenbildners ist stets das Alleinurheberrecht des Künstlers in Betracht zu ziehen, der die Maske entworfen hat. Erfüllt eine von einem Filmmaskenbildner geschaffene Maske sowohl die Schutzvoraussetzungen eines Werkes der bildenden Künste iSd § 2 Abs. 1 Nr. 4 als auch des Leistungsschutzes nach § 73, so kann der Urheberrechtsschutz den letzteren verdrängen.[101] Für den Urheberrechtsschutz von für den Film geschaffenen **Puppen** und **Figuren** kann von den unter → § 2 Rn. 172 genannten zahlreichen Entscheidungen ausgegangen werden. In Grenzfällen wird insbes. bei fehlender selbstständiger Vermarktung solcher Puppen und Figuren und unter Berücksichtigung filmspezifischer Gestaltungselemente der Schutz großzügig zu bejahen sein.[102]

23 **c) Wissenschaftliche Ausgaben und Ausgaben nachgelassener Werke.** Die Auslegungsregeln des § 88 Abs. 1, 2 aF sind nach Abs. 3 aF entsprechend anzuwenden auf die nach §§ 70, 71 durch mit dem Urheberrecht verwandte Schutzrechte geschützten wissenschaftlichen Ausgaben urheberrechtlich nicht (mehr) geschützter Werke und Texte sowie Ausgaben nachgelassener Werke, deren Urheberrechtsschutz erloschen ist.[103] § 88 Abs. 3 aF trägt dem Umstand Rechnung, dass auch solche Ausgaben zur Herstellung eines Filmes benutzt, dh verfilmt werden können. Er ist inzwischen aufgehoben und sein Regelungsinhalt in § 71 Abs. 1 S. 3 übernommen worden, nicht aber in § 70 (→ Rn. 2).

2. Einräumung des Verfilmungsrechts

24 **a) Rechtsnatur der in § 88 vorausgesetzten Einräumung des Verfilmungsrechts.** Voraussetzung der Anwendung der Auslegungsregeln des § 88 ist, dass der Urheber es einem anderen „gestattet", sein Werk zu verfilmen. Grundlage für eine solche „Gestattung" ist das ausschließliche Verfilmungsrecht des Urhebers in dem an anderer Stelle beschriebenen Sinne.[104] Die „Gestattung" iSd § 88 Abs. 1 scheint der „Einwilligung" iSd § 23 zu entsprechen, die sich zwar in aller Regel als vertragliche Einräumung eines gegenständlichen Nutzungsrechts darstellt, aber auch bloße einseitige, die Rechtswidrigkeit einer Verwertungshandlung ausschließende Einwilligung oder schuldrechtliche vertragliche Nutzungsgestattung sein kann.[105] § 88 ist jedoch eindeutig als Spezialnorm für Verfilmungsverträge konzipiert[106] und setzt die vertragliche Einräumung eines Nutzungsrechts iSd §§ 31 ff. zur Verfilmung voraus.[107] Mit jenen anderen möglichen Deutungen der in § 88 Abs. 1 genannten „Gestattung" wären die in § 88 angeordneten Rechtsfolgen ausschließlicher Nutzungsrechte des Filmherstellers unvereinbar, jedenfalls wären sie in Bezug auf sie übermäßig. Da § 88 bezüglich der Verfilmung das Übertragungszweckprinzip zugrundeliegt (→ Rn. 3) und dieses Prinzip auch auf Einwilligungsrechte iSd UrhG anzuwenden ist,[108] ist aber eine vorsichtige, ausschließliche Rechte des Filmherstellers ausschließende entsprechende Anwendung des § 88 Abs. 1 in inhaltlicher Hinsicht auf

---

[98] Anders noch → 4. Aufl. 2010, Rn. 22, aufgrund der früheren Rechtsprechung des BGH. Dort wurde noch davon ausgegangen, dass jedenfalls Gegenstände, die nicht von vornherein auch zur Verwertung als Muster für Modeerzeugnisse oder im Wege des sog. Merchandising, dh der Vermarktung als Einzelgegenstände, bestimmt sind, der reinen (freien, bildenden) Kunst zuzuordnen seien) schloss unter diesen Voraussetzungen jedenfalls früher ein Geschmacksmusterschutz aus, s. OLG Frankfurt a. M. GRUR 1955, 210 (211); v. Gamm GeschmMG Einf. Rn. 8, § 1 Rn. 13. Dies hatte Bedeutung nicht nur für eventuelle Ansprüche aus dem Folgerecht (vgl. § 26 Abs. 8), sondern auch für die Anforderungen an die Gestaltungshöhe als Voraussetzung des urheberrechtlichen Schutzes → § 2 Rn. 182 ff.

[99] → § 2 Rn. 168 mwN; zur regelmäßig schöpferischen Leistung des Kostümbildners beim Film *Bohr* S. 23 f., 58 f. mwN; *Christ* S. 60; aA für den Regelfall v. Gamm § 2 Rn. 21 Stichwort „Kostüme".

[100] S. *Bohr* S. 22 f. mwN; Fromm/Nordemann/*J. B. Nordemann* § 89 Rn. 27; v. Gamm § 2 Rn. 21; *Reimer* GRUR 1974, 674.

[101] Entspr. BGH GRUR 1984, 730 (732) – Filmregisseur – mit krit. Anm. *Schricker*.

[102] S. die unter → § 2 Rn. 172 genannten Entscheidungen betr. Mecki-Igel, Bambi und Schlümpfe. Bei denen der Urheberrechtsschutz ungeachtet ihrer industriellen Vermarktung und Schutzfähigkeit auch als Geschmacksmuster bejaht wurde; s. auch OLG Karlsruhe ZUM 2000, 327 (329) – Happy Hippos.

[103] Zu den Einzelheiten dieser Schutzrechte vgl. die Kommentierung der §§ 70, 71.

[104] → Vor §§ 88 ff. Rn. 28.

[105] → § 23 Rn. 24 mwN.

[106] S. die AmtlBegr. BT-Drs. IV/270, 98 zu § 98 jetzt § 88 sowie → Rn. 1, 2.

[107] So im Ergebnis auch v. Gamm Rn. 1, 4.

[108] Vgl. BGH GRUR 1979, 637 (638 f.) – White Christmas – zu § 75 aF; BGH GRUR 1984, 119 (121) – Synchronisationssprecher – zu §§ 75, 78, jeweils aF.

bloße einseitige Einwilligungen und rein schuldrechtliche Nutzungsgestattungen durchaus in Betracht zu ziehen.

b) Einräumung des Verfilmungsrechts in Zweifelsfällen. Art der Verfilmung. § 88 enthält 25 selbst **keine Regelung** für die Entscheidung der Frage, ob eine vertragliche **Nutzungsrechtseinräumung** insbes. pauschaler Art das **Verfilmungsrecht mit einschließt,** so dass insoweit auf die allgemeinen Regeln zurückgegriffen werden muss (→ Rn. 11). Anwendbar ist insbes. § 31 Abs. 5, soweit es sich um Verträge aus der Zeit seit Inkrafttreten des UrhG am 1.1.1966 handelt.[109] Bei älteren Verträgen ist auf das auch schon vor diesem Zeitpunkt jahrzehntelang anerkannte allgemeine **Übertragungszweckprinzip** zurückzugreifen (→ § 31 Rn. 52 ff.). Entscheidungen zu solchen Verträgen sind für die Anwendung des § 88 insoweit von Interesse, als sie Maßstäbe auch für die Beurteilung neuerer, an § 31 Abs. 5 zu messender Verträge setzen, da auch diese Bestimmung nur eine gesetzliche Anerkennung des Übertragungszweckgrundsatzes beinhaltet.[110] Nach allgemeinen urheberrechtsrechtlichen Grundsätzen, nicht nach § 88 ist auch zu beurteilen, auf welche Art der Verfilmung sich die Einräumung eines Verfilmungsrechts bezieht.

aa) Aus der vom BGH in der Entscheidung „Maske in Blau"[111] zu einem **Aufführungsvertrag** 26 zwischen einem Bühnenverlag und einem Theater aus den Jahren 1966/67 sinngemäß angewendeten, wenn auch nicht ausdrücklich zitierten Bestimmung des § 31 Abs. 5 folgt, dass die Einräumung des Aufführungsrechts an einer Operette bei Fehlen einer entsprechenden unzweideutigen Vereinbarung nicht das Recht umfasst, urheberrechtlich geschützte Teile des Bühnenwerks zum Zwecke der Einblendung im Rahmen der bühnenmäßigen Aufführung zu filmen. Eine solche Befugnis des Theaters folgt auch nicht aus dem Zweck des Aufführungsvertrags und dem Umstand, dass Filmeinblendungen in Bühnenaufführungen seit längerem ein gebräuchliches Mittel moderner Inszenierung sind. **Pauschale Rechtseinräumungen** haben die Gerichte vor allem in älterer Zeit beschäftigt. So ist bereits im Jahre 1922 entschieden worden, dass unter den Bedingungen des Jahres 1915, als die Verfilmung von Romanen noch selten war, auch die Übertragung des „unbeschränkten Urheber- und Verlagsrechts mit allen Verfügungsrechten ohne Ausnahme" durch einen Romanautor an einen Verlag ohne eigene Filmproduktion das Verfilmungsrecht nicht umfasste.[112] Dementsprechend erwarb auch ein Verlag im Jahre 1910, als es nur den Stummfilm gab, die Verfilmung von Musikwerken daher noch nicht in Betracht kam und die Verwertung von Opern- und Operettentexten für Filme noch nicht üblich war, an solchen Texten nicht das Verfilmungsrecht, obwohl ihm daran für alle Zeiten „alle gegenwärtigen und künftig fließenden Rechte" übertragen worden waren.[113] Enthielt ein Verlagsvertrag aus dem Jahre 1955 über einen Roman neben der Übertragung des Verlagsrechts in Buchform und buchnaher Nebenrechte auch eine Vereinbarung über die **Ertragnisverteilung** bei Abschlüssen über die Wiedergabe in **Tonfilm und Rundfunk** mit vollständigem Verbleib der Einnahmen beim Autor im Falle eines Abschlusses durch ihn, so wurden dadurch weder das Verfilmungsrecht, noch das seinerzeit[114] gesondert verstandene Recht zur Fernsehnutzung, noch das Recht zur Nutzung in elektronischen Medien einschließlich der digitalen Nutzung, noch die Merchandisingrechte übertragen.[115] Dagegen umfasste die Übertragung des Urheberrechts an einem Werbevers an ein werbendes Unternehmen aus dem Jahre 1923 wegen des geringen Wertes des Werkes, des Zuschnitts des Verses auf das Unternehmen und dessen umfassenden Werbeinteresses auch das Recht, den Vers im Tonfilm zu verwerten.[116]

bb) Das Übertragungszweckprinzip und die ihm zugrundeliegende Idee, dem Urheber eine mög- 27 lichst weitgehende wirtschaftliche Beteiligung an der Nutzung seiner Werke zu sichern (→ § 31 Rn. 65), aber auch der Schutz der ideellen Interessen, die den Urheber mit seinem Werk verbinden, entscheiden auch über die **Art der Verfilmung,** zu der der Erwerber eines Verfilmungsrechts befugt ist. So ist vom BGH in der „Kaviar"-Entscheidung[117] zu einem Vertrag aus dem Jahre 1959 entschieden worden, dass die Einräumung des Verfilmungsrechts an einem Roman für einen Kino-Spielfilm im Zweifel nicht auch das Recht umfasst, den Roman auch speziell für das Fernsehen zu verfilmen. Wurden einem Filmhersteller durch Verträge aus den Jahren 1949 und 1952 an Bühnenstücken die „uneingeschränkten deutschen Verfilmungsrechte" eingeräumt und von ihm daraufhin entsprechende Filme zur Vorführung in Kinos hergestellt, so umfasste diese Rechtseinräumung nicht auch die spätere Fernsehauswertung dieser Filme.[118] Ein Verlag, dem im Rahmen eines Verlagsvertrags als Nebenrecht unspezifiziert auch das Verfilmungsrecht übertragen wurde, erwarb dadurch nur das Recht, nach dem Werk einen Spielfilm herzustellen, nicht aber das Recht zur Fernsehverfilmung.[119] Das OLG Mün-

---

[109] S. §§ 132, 143 Abs. 2.
[110] → Rn. 3.
[111] GRUR 1971, 35 (39 f.).
[112] KG GRUR 1923, 140 (141 f.) – Ein fataler Brief.
[113] RGZ 118, 282 (284 ff.) – Musikantenmädel.
[114] S. dann auch § 88 Abs. 1 Nr. 3 und 4 aF.
[115] So KG ZUM 2000, 595 (596) – Sturm am Tegernsee.
[116] OLG Köln GRUR 1934, 758 (759).
[117] GRUR 1976, 382 (383).
[118] So BGH GRUR 1969, 143 (144 f.) – Curt Goetz-Filme II.
[119] LG Köln UFITA 42 1964, 209 (211 ff.) – Peterchens Mondfahrt.

chen[120] hat unter Anwendung der Übertragungszwecktheorie (§ 31 Abs. 5 UrhG) die lizenzierten Rechte für eine Fernsehnutzung als einem Filmproduzenten **zeitlich beschränkt** übertragen angesehen, da in dem Vertrag trotz weiter Pauschalrechtsübertragung eine bestimmte Anzahl von Fernsehnutzungen innerhalb eines bestimmten Zeitraums vorgesehen war und die Parteien für weitere Fernsehnutzungen eine gesonderte Vergütungen vereinbaren wollten. Dagegen umfasste nach Auffassung des OLG Frankfurt a. M.[121] die Übertragung von „all motion picture rights" an einer Kurzgeschichte nach den Gesamtumständen des Vertrags auch das Recht der speziellen Fernsehverfilmung. Trotz Anerkennung der Tonfilmverwertung eines Werkes als einer gegenüber dem Stummfilm selbstständigen Verwertungsart[122] entschied das RG, dass die Übertragung der gesamten Urheberrechte einschließlich des Verfilmungsrechts an einer Operette (Musik und Textbuch) bereits in den Jahren 1923/24 auch die Tonfilmverwertung umfasste, obwohl der Tonfilm zu dieser Zeit zwar als technische Erfindung schon vorlag, sich aber noch nicht bis zur praktisch durchführbaren Verwertungsart entwickelt hatte; tragender Gesichtspunkt für dieses Ergebnis war, dass die Parteien für alle Werkverwertungen eine **prozentuale Beteiligung der Urheber an den Erträgnissen** vereinbart hatten, wodurch das Ziel des Übertragungszweckprinzips erreicht wurde.[123] Fehlt es an einer solchen Beteiligung, so ist es mit der vor 1966 geltenden Rechtslage nicht vereinbar, anzunehmen, dass eine pauschale, aber auch zukünftige Nutzungsarten umfassende Übertragung der Rechte an einem Filmdrehbuch aus dem Jahre 1956 auch die spätere Videonutzung des Filmes umfasste.[124] Eine inhaltliche Begrenzung der Verfilmungsbefugnis eines Filmherstellers folgerte der BGH in der Entscheidung „Bel ami"[125] aus dem Übertragungszweckprinzip. Werden Werke, wie Filmmusik und Liedertexte, speziell für Filme mit bestimmtem Inhalt geschaffen, so erlaubt es auch die Übertragung der „unbeschränkten Urheberrechte" einschließlich des Rechts „zur Wiederverfilmung und mehrmaligen Ausübung" dem Produzenten nicht, diese Werke auch für **Filme mit ganz anderem Inhalt** zu verwerten. Der BGH betont dabei ua das aus der künstlerischen Einheit von Musik und Bilderfolge resultierende spezifische künstlerische Interesse des Filmkomponisten, zu wissen, in welchem filmischen Rahmen seine Musik der Öffentlichkeit dargeboten wird. Die Übertragung aller Urheberrechte durch einen Vertrag, der die Verwendung von Musik als Hintergrundmusik für Fernsehfilme bezweckte, umfasste weder das Verlagsrecht noch das Bühnenaufführungsrecht.[126]

28   **c) Vertragsparteien und Vertragsarten. aa)** Entscheidendes Kriterium für die Anwendung der Auslegungsregeln des § 88 ist die vertragliche Einräumung des Verfilmungsrechts (→ Rn. 24) durch den **Urheber** an einen **anderen** (Abs. 1). In der Regel ist dieser andere ein **Filmhersteller,** doch macht § 88 dies nicht zur Bedingung. Er ist daher auch dann anzuwenden, wenn der Urheber das Verfilmungsrecht zB im Rahmen eines Verlagsvertrags als Nebenrecht einem **Verlag** einräumt.[127] Da der Verlag bei einer Weiterübertragung des Verfilmungsrechts oder Einräumung eines entsprechenden Nutzungsrechts zweiter Stufe[128] an einen Filmhersteller nicht mehr Rechte übertragen kann, als er selbst erworben hat, kann nur so dem Gesetzeszweck, dem Filmhersteller eine angemessene Verwertung des Filmes zu sichern (→ Rn. 2), Genüge getan werden.[129] Dementsprechend müssen die Auslegungsregeln des § 88 trotz Erwähnung nur des Urhebers als Verfügenden im Wortlaut der Bestimmung auch auf die genannten **Verfügungen des Verlags gegenüber dem Filmhersteller** Anwendung finden.[130] Aus den gleichen Gründen ist § 88 auch anwendbar auf die Übertragung des Verfilmungsrechts seitens des Urhebers an eine **Verwertungsgesellschaft** zur Wahrnehmung und auf die Vergabe des Verfilmungsrechts durch eine solche Gesellschaft an einen Filmhersteller.[131] Anzuwenden sind die Auslegungsregeln des § 88 auch auf die Einräumung des Verfilmungsrechts an in **Arbeitsverhältnissen** geschaffenen Werken durch den Arbeitnehmer an den Arbeitgeber;[132] § 43

---

[120] OLG München ZUM-RD 2010, 327 – Marlene Dietrich-Film (rkr. durch Zurückweisungsbeschluss des BGH 5.5.2011 – I ZR 56/10).
[121] Schulze OLGZ 183, 12 ff. – Das Millionenspiel.
[122] S. RGZ 140, 231 (242 f.) – Tonfilm.
[123] RGZ 140, 255 (257 f.) – Der Hampelmann.
[124] Gegen LG Hamburg ZUM-RD 1999, 134 (135 f.) – Heinz Erhard; wie hier nun auch BGH GRUR 2011, 714 = ZUM 2011, 560 – Der Frosch mit der Maske; BGH ZUM 2011, 498 – Polizeirevier Davidswache; sa OLG München ZUM-RD 2010, 327 – Marlene Dietrich-Film; aA *Diesbach* ZUM 2011, 623 ohne sachgerechte Begründung; → § 89 Rn. 3.
[125] GRUR 1957, 611 (612 f.).
[126] So BGH GRUR 1971, 481 (482) – Schwarzwaldfahrt.
[127] Ebenso Dreier/Schulze/*Schulze* Rn. 26; Fromm/Nordemann/*J. B. Nordemann* Rn. 26.
[128] → Vor §§ 28 ff. Rn. 51.
[129] Zur Verfügungsbefugnis des Verlags nur im eigenen Namen, nicht im Namen des Urhebers bei treuhänderischer Wahrnehmung des Verfilmungsrechts BGH GRUR 1962, 595 (597 f.) – Kleine Leute – große Reise.
[130] Im Ergebnis ebenso Dreier/Schulze/*Schulze* Rn. 26; Fromm/Nordemann/*J. B. Nordemann* Rn. 25; Loewenheim/*Schwarz*/*U. Reber* § 74 Rn. 21; Wandtke/Bullinger/*Manegold*/*Czernik* Rn. 14.
[131] BGH GRUR 1977, 42 (43) – Schmalfilmrechte –, insoweit in BGHZ 67, 56 nicht abgedruckt, wendet auf den GEMA-Berechtigungsvertrag von 1968 sinngemäß, wenn auch nicht ausdrücklich, § 88 Abs. 1 Nr. 2 aF an, wenn er aus dem Erwerb des Verfilmungsrechts durch die GEMA darauf schließt, dass dieser damit „in gewissem Umfang auch Vervielfältigungs- und Verbreitungsrechte übertragen" wurden; sa OLG Köln GRUR 1983, 568 (569) – Video-Kopieranstalt.
[132] Ebenso Loewenheim/*Schwarz*/*U. Reber* § 74 Rn. 21.

steht dem nicht entgegen, jedoch kann sich aus dieser Bestimmung bzw. dem dort angesprochenen Inhalt oder Wesen des Arbeitsverhältnisses oder aus Tarifverträgen oder Einzelarbeitsverträgen die Einräumung weitergehender Rechte ergeben, als § 88 aF es vorsieht.[133] Anwendbar ist § 88 aF auf Verträge der Filmhersteller mit **Inhabern der Rechte aus §§ 70, 71,**[134] nicht aber auf Verträge mit **ausübenden Künstlern;**[135] für letztere gilt § 92 nF.

bb) Hauptanwendungsfälle des § 88 sind **Verfilmungsverträge** mit Filmherstellern und **Sende-** **29** **verträge** auf der Grundlage von sog. **Honorarbedingungen (Sendeverträge) für Urheber/Fernsehen bzw. Allgemeinen Bedingungen** mit Rundfunkanstalten über vorbestehende Werke.[136] Zum Teil verwenden die Rundfunkanstalten auch für Urheber filmbestimmt geschaffener, aber auch selbstständig verwertbarer Werke, auf die § 88, nicht § 89 Abs. 1, 2 anzuwenden ist (→ Rn. 13, 19 ff.), nämlich für Filmarchitekten, Filmdekorateure, Kostüm- und Maskenbildner und Choreographen, ihre **Honorarbedingungen** bzw. **Allgemeinen Bedingungen für Urheber/Fernsehen (Mitwirkendenverträge).**[137] Spezielle Verträge werden üblicherweise auch über die literarischen Vorstufen des Filmwerks sowie über die Filmmusik geschlossen; auch auf diese Verträge sind die Auslegungsregeln des § 88 anwendbar. Im Einzelnen handelt es sich hierbei um sog. **Filmmanuskriptverträge** über alle Vorstufen des Rohdrehbuchs, also insbes. Filmexposé und Filmtreatment (→ Rn. 17),[138] **Filmdrehbuchverträge**[139] und **Filmmusikverträge.**[140] In den letzten Jahren ist dabei allerdings eine zunehmende Abkehr der öffentlich-rechtlichen Rundfunkanstalten von den eigenen Honorarbedingungen und Tarifverträgen festzustellen, da sich diese von den darin geregelten **Wiederholungshonorar- und Folgevergütungsregelungen**[141] lösen und wie private Sender mit Pauschalvergütungen (Buy-out) arbeiten wollen; vor allem auch durch Auslagerung von Produktionen auf private, oftmals aber „hauseigene" Unternehmen (zB Degeto Film/ARD; Studio Hamburg/NDR). Dies stößt im Hinblick auf §§ 11 S. 2, 32, 32a UrhG und den urheberrechtlichen **Beteiligungsgrundsatz,** der eine Partizipation des Urhebers an jeder Werknutzung gebietet, auf erhebliche Bedenken.[142]

Nach dem **Berechtigungsvertrag der GEMA** übertragen Komponisten und Textdichter bzw. **30** Musikverlage als deren Treuhänder der GEMA zur Wahrnehmung ua das Filmherstellungsrecht (= Verfilmungsrecht, § 1 lit. i),[143] dies allerdings nur unter auflösender Bedingung: Diese tritt ein, wenn der Urheber oder Verlag das Verfilmungsrecht selbst einem Filmhersteller zum Zweck der Herstellung eines **Filmes** einräumt, der zur **öffentlichen Vorführung in Filmtheatern** und gleichzustellenden Vorführungsräumen bestimmt ist, und dies der GEMA schriftlich mitteilt.[144] Macht der Urheber eines musikalischen Werkes oder sein Rechtsnachfolger von der Möglichkeit des Rückerwerbs des Verfilmungsrechts von Seiten der GEMA Gebrauch, so kann er nach § 96 gegen die öffentliche Wiedergabe dieses Werkes in Verbindung mit einem darauf abgestimmten Videofilm vorgehen, wenn eine vertragliche Einigung über diese Nutzung nicht zustande gekommen ist; dies gilt auch dann, wenn das Musikstück parallel zur Filmvorführung von einem Tonträger abgespielt wird.[145] Gleiches gilt, wenn

---

[133] → § 43 Rn. 48 ff. sowie → Rn. 115 ff., 122 ff. zu den Tarifverträgen mit Urheberrechtsklauseln in den Bereichen Fernsehen und Film.

[134] → Rn. 23 sowie § 88 Abs. 3 aF.

[135] Fromm/Nordemann/*J. B. Nordemann* Rn. 41.

[136] Vgl. die Vertragsmuster und Honorarbedingungen bei MVHdB III WirtschaftsR II/*Erhardt* Form. IX.37A f. und MVHdB III WirtschaftsR II/*Hertin/S. Wagner* Form. IX.39; Verfilmungsvertrag auch bei *Schulze* Urhebervertragsrecht S. 787 ff. und in UFITA 63 1972, 181 ff.; zur Terminologie und zu den Rechten und Pflichten der Vertragsparteien von Verfilmungsverträgen → Vor §§ 31 ff. Rn. 138 ff., zu Sendeverträgen → Rn. 131 ff.

[137] S. MVHdB III WirtschaftsR II/*Hertin/S. Wagner* Form. IX.39 sowie Anm. 1.

[138] Muster bzw. Vertragsbedingungen bei *Schulze* Urhebervertragsrecht S. 776 ff. und in UFITA 63 1972, 186 ff.; MVHdB III WirtschaftsR II/*Hertin* Form. IX.29A f.

[139] *Schulze* Urhebervertragsrecht S. 781 ff.

[140] MVHdB III WirtschaftsR II/*Hertin* Form. IX.30; *Schulze* Urhebervertragsrecht S. 793 ff.

[141] Zur (indiziellen) Anwendung von tarifvertraglichen Wiederholungsvergütungsmodellen der ARD-Sender im Rahmen von § 32a UrhG, OLG München ZUM-RD 2018, 208 – Das Boot III mAnm *v. Becker* GRUR-Prax 2018, 263 (Vorinstanz: LG München I ZUM 2016, 776); OLG Stuttgart ZUM-RD 2019, 20 – Das Boot IV (Vorinstanz: LG Stuttgart ZUM-RD 2018, 245 mAnm *v. Becker* GRUR-Prax 2018, 103); KG ZUM 2010, 346 (351) – Der Bulle von Tölz, KG ZUM 2010, 532 (535) – Alphateam; LG Berlin ZUM-RD 2012, 281 – Alphateam (ebenso zu § 32 s. AG München ZUM 2010, 545); s. auch die Folgevergütungsregelungen in MVHdB III WirtschaftsR II/*Erhardt* Form. IX.37 A f. und MVHdB III WirtschaftsR II/*Hertin/S. Wagner* Form. IX.39 sowie zu Wiederholungsvergütungen bei Eigen- und Auftragsproduktionen Loewenheim/*Castendyk* § 75 Rn. 142 ff., 236 ff.

[142] Zum Nachvergütungsanspruch eines Drehbuchautors gegen einen privaten Fernsehsender gemäß § 32a Abs. 2 UrhG unter (indizieller) Berücksichtigung der Wiederholungsvergütungsmodelle öffentlich-rechtlicher Sendeanstalten vgl. LG Berlin ZUM-RD 2012, 281 – Alphateam (zu § 32 s. AG München ZUM 2010, 545); zum der Nachvergütung vorgelagerten Auskunftsanspruch eines Drehbuchautors ebenfalls unter Zugrundelegung von (indiziellen) Wiederholungsvergütungen sa OLG Köln ZUM 2014, 411 (414) – Alarm für Cobra 11, sowie KG ZUM 2010, 346 (351) – Der Bulle von Tölz u. KG ZUM 2010, 532 (535) – Alphateam; sa BAG ZUM 2009, 883 mAnm *v. Olenhusen; N. Reber* GRUR-Int 2010, 708; *N. Reber* GRUR-Int 2011, 569; *Hillig* ZUM 2010, 514.

[143] → Vor §§ 88 ff. Rn. 27.

[144] S. zu dieser Regelung und zu weiteren Einzelheiten *Becker* ZUM 1999, 16 (19 ff.); Dreier/Schulze/*Schulze* Rn. 19 ff.; Loewenheim/*Schwarz/U. Reber* § 74 Rn. 11.

[145] So LG München I ZUM 1993, 289 (291 ff.) – Carmina Burana – rechtskräftig, zu einem Videofilm im Rahmen einer Auftrittsshow des Popsängers Michael Jackson.

bei Fernsehproduktionen unter Beteiligung Dritter, wie bei **Fernseh-Koproduktionen,** das Filmherstellungsrecht nach § 1 lit. i Abs. 3 S. 2 des GEMA-Berechtigungsvertrags bei den Urhebern bzw. Musikverlagen verbleibt, nicht aber für das Recht zur weiteren Vervielfältigung und Verbreitung selbst der ohne Einwilligung dieser Rechtsinhaber und damit rechtwidrig hergestellten Filme auf Bild- und Tonträgern, das nach § 1 lit. h. S. 1 des Berechtigungsvertrags wiederum von der GEMA wahrgenommen wird.[146] Aus der generellen ausschließlichen Wahrnehmungsbefugnis der GEMA im Hinblick auf **Fernseh-Eigen- und Auftragsproduktionen** für Sendezwecke nach § 1 lit. i Abs. 3 S. 1 des GEMA-Berechtigungsvertrags[147] folgt eine dingliche Beschränkung des allgemeinen, der GEMA nur unter der genannten auflösenden Bedingung eingeräumten Filmherstellungsrechts nach § 1 lit. i Abs. 1 des GEMA-Berechtigungsvertrags. Daraus folgt, dass der Hersteller eines Kinofilms, der von einem der GEMA angehörenden Komponisten das ausschließliche Filmherstellungsrecht an der Filmmusik erworben hat, den Komponisten nicht auf Schadensersatz in Anspruch nehmen kann, wenn mit dessen Zustimmung und von der GEMA genehmigt die Filmmusik später als **Titelmelodie einer Fernsehserie** Verwendung findet.[148] Hat die GEMA das Vervielfältigungs- und Verbreitungsrecht an der Musik für einen **Kinofilm** wirksam vergeben, so können die Komponisten bzw. Musikverlage für die Videoauswertung eines solchen Filmes **nicht** noch einmal ein spezielles **Video-Verfilmungsrecht** oder Video-Filmherstellungsrecht geltend machen.[149]

Frühere Fassungen des GEMA-Berechtigungsvertrags sahen eine Verpflichtung der GEMA zur Rückübertragung des Verfilmungsrechts vor.[150]

31   **cc) Auf Filmverwertungsverträge,** insbes. auf die Verträge der Filmhersteller mit Sendeunternehmen, Filmverleihunternehmen und die Verträge der letzteren mit Filmtheatern,[151] ist § 88 nicht anzuwenden,[152] jedoch sind die Verwertungsbefugnisse der genannten Unternehmen davon abhängig, dass der Filmhersteller als ihr Vertragspartner seinerseits, uU nach § 88, die erforderlichen Rechte erworben hat.

III. Umfang der Rechtseinräumung nach § 88 Abs. 1 nF 2002, 2007 und aF: Herstellung und Verwertung des Filmwerks (zT diff. Verträge seit 1.1.1966, 1.7.2002 und 1.1.2008)

32   Die Auslegungsregeln des § 88 betreffen die Befugnisse des Erwerbers des Verfilmungsrechts an einem geschützten Werk und unterscheiden zwischen Herstellung und Verwertung eines ersten Filmes (Abs. 1) sowie der Wiederverfilmung desselben Werkes durch den Erwerber des Verfilmungsrechts bzw. einen Rechtsnachfolger und der anderweitigen filmischen Verwertung dieses Werkes durch den Urheber bzw. einen von diesem bestimmten anderen Filmsteller (Abs. 2). Innerhalb des Abs. 1 aF ist zu unterscheiden zwischen der Herstellung und Verwertung des Filmwerks in unveränderter Form (Nr. 1–4) und der (Herstellung und) Verwertung einer Bearbeitung oder sonstigen Umgestaltung des Filmwerks, insbes. einer Übersetzung (Nr. 5). Implizit liegt diese Unterscheidung auch § 88 Abs. 1 nF 2002 und 2007 zugrunde.

1. Benutzung des Werkes zur Filmherstellung (§ 88 Abs. 1 nF 2002, 2007 und § 88 Abs. 1 Nr. 1 aF)

33   **a)** Da die Anwendung der Auslegungsregeln des § 88 die Einräumung des Verfilmungsrechts voraussetzt (→ Rn. 24) und Verfilmung eines Werkes nichts anderes ist als die Herstellung eines Filmes unter Benutzung des Werkes, wobei dieses unverändert oder verändert in den Film eingehen kann,[153] enthalten § 88 Abs. 1 nF 2002 und 2007 und § 88 Abs. 1 Nr. 1 aF, indem sie somit das Recht des Erwerbers des Verfilmungsrechts zur Verfilmung feststellen, nur eine Selbstverständlichkeit; die Bestimmungen haben insoweit nur klarstellende Funktion. Die in ihnen enthaltene Einschränkung, dass der Erwerber des Verfilmungsrechts zur Herstellung eines (urheberrechtlich geschützten) Filmwerks befugt ist, ist praktisch ohne Bedeutung, da § 88 nach § 95 auch auf die Herstellung und Verwertung urheberrechtlich nicht geschützter Filme, sog. Laufbilder,[154] anzuwenden ist. Über eine bloße Klarstellung geht die in § 88 Abs. 1 nF und § 88 Abs. 1 Nr. 1 aF iVm dem einleitenden Satz des § 88

---

[146] So BGH GRUR 2006, 319 (320, 322) – Alpensinfonie.
[147] Das sog. Senderprivileg; s. dazu *Staudt,* in *Kreile/Becker/Riesenhuber,* Recht und Praxis der GEMA, 2. Aufl. 2008, Kap. 10 Rn. 263 ff.
[148] So LG München I ZUM 2006, 580 (582 f.) – Zum Beispiel Otto Spalt.
[149] So BGHZ 123, 142 (145 ff.) – Videozweitauswertung II, und dazu → Vor §§ 88 ff. Rn. 29.
[150] S. zu den dabei entstandenen Rechtsfragen LG München I FuR 1984, 266 ff. – GEMA/Filmrechte; vgl. ferner zur Anwendung des § 31 Abs. 4, 5 auf den GEMA-Berechtigungsvertrag von 1968 BGHZ 95, 274 (282 ff.) – GEMA-Vermutung I – und BGH GRUR 1988, 296 (297 ff.) – GEMA-Vermutung IV –; zur Rechtsinhaberschaft bei der Videozweitverwertung von Kinofilmen uÄ → Vor §§ 88 ff. Rn. 29.
[151] Dazu → Vor §§ 31 ff. Rn. 145 ff.
[152] Ebenso Fromm/Nordemann/*J. B. Nordemann* Rn. 25.
[153] → Vor §§ 88 ff. Rn. 23 ff.
[154] → Vor §§ 88 ff. Rn. 20.

Abs. 1 aF enthaltene Regelung hinaus, dass der Erwerber des Verfilmungsrechts (auch) für die Filmherstellung ein **ausschließliches** Nutzungsrecht erwirbt.

b) Auf **dieses Recht** ist **§ 31 Abs. 3** über die Befugnisse des Inhabers eines ausschließlichen Nut- **34**
zungsrechts anzuwenden. Speziell für das Nutzungsrecht nach § 88 Abs. 1 Nr. 1 aF gelten auch
§§ 34, 35 über das Erfordernis der Zustimmung des Urhebers zur Übertragung des Nutzungsrechts
und zur Einräumung weiterer, nach § 35 aF einfacher Nutzungsrechte durch den Inhaber eines ausschließlichen Nutzungsrechts; § 90 aF ordnet die Nichtanwendung dieser Bestimmungen nur für die
in § 88 Abs. 1 Nr. 2–5 aF bezeichneten Rechte an.[155] § 90 Abs. 1 S. 2 nF 2016 (bisher: § 90 S. 2)
stellt entsprechend klar, dass sich die Urheber ua auf die §§ 34 und 35 erst ab Beginn der Dreharbeiten nicht mehr berufen können.[156] Nach den ebenfalls anwendbaren **§§ 31 Abs. 1 S. 2 nF, 32 aF**
kann auch das Verfilmungsrecht als Nutzungsrecht räumlich, zeitlich und inhaltlich beschränkt eingeräumt werden. Ob solche Beschränkungen vorliegen, ist in erster Linie den vertraglichen Vereinbarungen zu entnehmen. Um eine räumliche Beschränkung des Nutzungsrechts geht es dabei streng
genommen nicht bei der Frage nach der **internationalen Reichweite** der Rechtseinräumung. Ist
eine Rechtseinräumung insoweit unbeschränkt, so bedeutet dies nach dem das internationale Urheberrecht beherrschenden Territorialitätsprinzip,[157] dass der Erwerber des deutschen Nutzungsrechts
auch die diesem entsprechenden ausländischen Befugnisse erworben hat, was ua die dem betreffenden
ausländischen Recht zu entnehmende Verfügungsbefugnis des Urhebers voraussetzt. Unter Berücksichtigung dieses Vorbehalts ist § 88 aF und nF für Zweifelsfälle das **Prinzip der international
räumlich unbegrenzten Einräumung des Verfilmungsrechts,** des sog. **Weltverfilmungsrechts,**
zu entnehmen, das auch die Filmvertragspraxis beherrscht.[158] Für die Filmverwertung folgt dies bereits aus § 88 Abs. 1 nF 2002 und 2007, § 88 Abs. 1 Nr. 5 aF, über das Recht zur Verwertung des
Filmwerks in einer den ausländischen Bedürfnissen angepassten, insbes. übersetzten, Form
(→ Rn. 50 ff.). Aber auch für das Filmherstellungsrecht nach § 88 Abs. 1 Nr. 1 aF kann nichts anderes
gelten.[159] Im Hinblick auf **vertragliche Vereinbarungen über eine zeitliche Beschränkung** ist
zwischen dem Recht zur Filmherstellung und dem zur Filmverwertung zu unterscheiden und durch
Vertragsauslegung festzustellen, ob nur das erstere oder auch das letztere beschränkt werden sollte.[160]
Str. ist, ob der BGH-Entscheidung „Parkstraße 13"[161] als generelle Regel für Zweifelsfälle entnommen werden kann, dass bei einer vertraglich vereinbarten zeitlichen Beschränkung des Filmherstellungsrechts auch die Rechte zur Filmauswertung zeitlich beschränkt sind[162] oder zeitlich unbeschränkt eingeräumt wurden.[163] Es empfiehlt sich daher, die Frage vertraglich ausdrücklich zu regeln.
In Bezug auf mögliche **inhaltliche Beschränkungen** des Filmherstellungsrechts ist auf die in →Rn. 27
genannten Filmarten (Vorführfilm, Fernsehfilm, Tonfilm, Stummfilm) hinzuweisen, denen noch der
Videofilm beizufügen ist. Eine dinglich wirkende inhaltliche Beschränkung des Filmherstellungsrechts
ist auch in der Form möglich, dass der Filmhersteller nur ein Filmwerk mit einem bestimmten Inhalt
herstellen darf.[164]

c) Die Frage, zu welchen **Änderungen des verfilmten Werkes** der Filmhersteller befugt ist, ist **35**
in erster Linie nach den getroffenen Vereinbarungen (s. § 39 Abs. 1), im Übrigen aufgrund einer
Gesamtwertung der §§ 14, 29 Abs. 2, 39, 93 zu entscheiden, wobei § 14 mit dem Gebot der Interessenabwägung und § 93 mit dem Merkmal des Verbots nur der gröblichen Entstellung oder anderen
gröblichen Beeinträchtigung auch gegenüber dem Merkmal von Treu und Glauben in § 39 Abs. 2
den entscheidenden Maßstab setzen.[165] Zur Frage der **Verpflichtung des Erwerbers des Verfilmungsrechts, dieses auszuüben,** vgl. → Vor §§ 28 ff. Rn. 162. Bei Nichtausübung kann der Urheber das Verfilmungsrecht **nach § 41 zurückrufen,** soweit dies nicht in vertraglicher Weise unter
Beachtung von §§ 90 Abs. 1 S. 3, 41 Abs. 4 zulässig beschränkt wurde; bezüglich des in § 88 Abs. 1
Nr. 1 aF geregelten Filmherstellungsrechts schließt § 90 aF die Anwendung des § 41 nicht aus; nach
§ 90 Abs. 1 S. 2 nF 2016 iVm § 88 Abs. 1 nF 2002 und 2007 entfällt das Recht des Urhebers eines
vorbestehenden Werkes nach § 41 erst ab Beginn der Dreharbeiten.[166]

---

[155] Dazu → § 90 Rn. 8, 9.
[156] S. BT-Drs. 14/8058, 22.
[157] → Vor §§ 120 ff. Rn. 108 ff.
[158] Ebenso Dreier/Schulze/*Schulze* Rn. 38; Loewenheim/*Schwarz*/*U. Reber* § 74 Rn. 28; aA Fromm/Norde-
mann/*J. B. Nordemann* Rn. 24; wie hier jetzt Fromm/Nordemann/*J. B. Nordemann* Rn. 49.
[159] Im Ergebnis ebenso Dreier/Schulze/*Schulze* Rn. 38.
[160] BGHZ 5, 116 (122 f.) – Parkstraße 13 – zur Verfilmung eines Bühnenwerks mit dem Ergebnis einer zeitlichen
Beschränkung beider Rechte und dinglicher Wirkung dieser Beschränkung auch gegenüber dem, dem der Filmhersteller ein zeitlich unbeschränktes Vorführungsrecht eingeräumt hat; zust. *Schwarz*/*Schwarz* ZUM 1988, 429
(434) Fn. 25; ebenso *Joch* FS Schwarz, 2017, 131 (145).
[161] BGHZ 5, 116 (122 ff.).
[162] So Dreier/Schulze/*Schulze* Rn. 39.
[163] So Fromm/Nordemann/*J. B. Nordemann* Rn. 48; v. Hartlieb/*Schwarz*/*U. Reber* 93. Kap. Rn. 15.
[164] BGH GRUR 1957, 611 (612 f.) – Bel ami – zur Filmmusik und Wirkung solcher Beschränkung auch gegenüber dem Rechtsnachfolger des Filmherstellers; s. zum Ganzen auch → Rn. 27 sowie → Vor §§ 28 ff. Rn. 87 ff.,
92 ff.
[165] S. dazu im Einzelnen die Kommentierung des § 93.
[166] Dazu → § 90 Rn. 8, 9; dort auch zum Rückrufsrecht wegen gewandelter Überzeugung iSd § 42.

2. Nutzung des Filmwerks auf alle (bzw. alle bekannten) Nutzungsarten (§ 88 Abs. 1 nF 2002 und 2007)

36   Räumt der Urheber eines vorbestehenden Werkes einem Filmhersteller oder anderen Werkverwerter (→ Rn. 28) das Verfilmungsrecht **ausdrücklich** auch für im Zeitpunkt des Vertragsabschlusses noch **unbekannte Nutzungsarten** ein, so scheitert die Wirksamkeit einer solchen Rechtseinräumung seit Inkrafttreten des Zweiten Gesetzes zur Regelung des Urheberrechts in der Informationsgesellschaft vom 26.10.2007 (BGBl. I S. 2513) am 1.1.2008 nicht mehr an § 31 Abs. 4aF, der durch dieses Gesetz aufgehoben wurde (→ Rn. 2). Sie scheitert auch nicht daran, dass eine solche Nutzungsart bei Vertragsabschluss noch nicht im Einzelnen bezeichnet, sondern nur durch eine **pauschale Formulierung,** wie diejenige einer Rechtseinräumung auch für erst künftig entstehende Technologien, erfasst werden konnte.[167] Bestehen insoweit **Zweifel,** weil zB die Rechtseinräumung ohne nähere Spezifizierung auf **alle Nutzungsarten** lautet, so greift **§ 88 Abs. 1 S. 1 nF 2007** Platz: Die Rechtseinräumung bezieht sich auch auf bei Vertragsabschluss noch unbekannte, erst zukünftig bekannt werdende filmische Nutzungsarten.[168] Voraussetzung dieser den Filmhersteller oder sonstigen Erwerber des Verfilmungsrechts begünstigenden gesetzlichen Vermutung ist allerdings im Regelfall, dass der betreffende Vertrag **schriftlich** abgefasst ist.[169] Dies folgt daraus, dass § 88 Abs. 1 S. 2 nF 2007 ausdrücklich nur § 31a Abs. 1 S. 3 und 4, nicht aber S. 1 und 2 für nicht anwendbar erklärt. Lediglich die unentgeltliche Einräumung eines einfachen, dh nicht ausschließlichen Verfilmungsrechts für jedermann durch den Urheber bedarf nicht der Schriftform (§ 31a Abs. 1 S. 2). Gedacht ist hierbei an sog. **Open Access-** und **Open Source-Verwertungsmodelle,**[170] für die es im Filmbereich vor allem bei interaktiven Computerspielen[171] Anwendungsfälle geben dürfte. Die Vermutung des § 88 Abs. 1 nF 2007 ist im Übrigen nur auf **Verträge** aus der **Zeit ab 1.1.2008** anwendbar (→ Rn. 2). **Mangelt** es solchen Verträgen an der erforderlichen **Schriftform** (§ 31a Abs. 1, 2), so ist auf sie **§ 88 Abs. 1 nF 2007** dahingehend auszulegen, dass die dort bestimmte Vermutung sich nur auf **bekannte** Nutzungsarten erstreckt. Dies bedeutet, dass diese Bestimmung auf solche Verträge ebenso anwendbar ist wie **§ 88 Abs. 1 nF 2002** auf Verträge aus der **Zeit ab 1.7.2002 bis 31.12. 2007.**[172] Durch das Schriftformerfordernis nur in Bezug auf die Rechtseinräumung für unbekannte Nutzungsarten zwingt auch § 88 nF 2007 ebenso wie § 88 nF 2002 zur **Unterscheidung** zwischen **bekannten und unbekannten Nutzungsarten.** Ist, wie im Filmbereich jedenfalls bei Verträgen über vorbestehende Werke üblich, die Schriftform aber gewahrt, so reduziert sich die Bedeutung dieser Unterscheidung allerdings auf den **Vergütungsaspekt** gemäß der Sonderregelung des **§ 32c** für die Einräumung von Nutzungsrechten für unbekannte Nutzungsarten und auf die **Übergangsregelung** des **§ 137l.**

§ 88 Abs. 1 nF 2002 sieht als gesetzliche Auslegungsregel für Zweifelsfälle der Einräumung filmischer Nutzungsrechte an vorbestehenden Werken vor, dass eine solche Rechtseinräumung das ausschließliche Recht beinhaltet, das **Filmwerk** sowie Übersetzungen und andere filmische Bearbeitungen auf **alle bekannten Nutzungsarten** zu nutzen. Diese Vermutung unbekannte Nutzungen noch aussparender, aber sonst umfassender Rechtseinräumung an den Erwerber des Verfilmungsrechts ist erst durch das neue Urhebervertragsgesetz aus dem Jahre 2002 eingeführt worden (→ Rn. 2). Sie gilt gemäß § 132 Abs. 3 S. 1 nur für **Rechtseinräumungen,** die **seit dem 1.7.2002** vorgenommen werden oder wurden (→ Rn. 2). Wie den Vermutungen beschränkter Rechtseinräumung insbesondere nach § 88 Abs. 1 Nr. 2–4 aF liegt der im Jahre 2002 und dann auch im Jahre 2007 eingeführten bzw. noch einmal erweiterten, auf die Verwertung des Filmwerks bezogenen Vermutung die berechtigte Vorstellung zugrunde, dass mit der Verwertung eines **Filmwerkes** auch die darin enthaltenen filmisch benutzten, **vorbestehenden Werke** verwertet werden (→ Rn. 1, 37), die der Regelungsgegenstand des § 88 aF und nF 2002 und 2007 sind. Mit der Neuregelung des § 88 Abs. 1 im Jahre 2002 sollte die Rechtslage hinsichtlich der Einräumung von Nutzungsrechten an filmisch benutzten Werken derjenigen der Rechtseinräumung durch Filmurheber nach § 89 Abs. 1 in der seinerzeitigen aF angeglichen werden (→ Rn. 2). Von den unterschiedlichen Anknüpfungspunkten[173] der beiden Auslegungsregeln abgesehen, sind diese nahezu identisch formuliert. Der einzige Unterschied liegt darin, dass § 89 Abs. 1 aF und nF neben Übersetzungen und anderen filmischen Bearbeitungen auch „Umgestaltungen" des Filmwerkes in die Auslegungsregel einbezieht, was in § 88 Abs. 1 nF 2002 und 2007 fehlt. Es kann aber davon ausgegangen werden, dass es sich insoweit lediglich um ein **Redaktionsversehen** bei der Formulierung der letzteren Vorschrift handelt.[174] Die Angleichung des § 88

---

[167] So die AmtlBegr. BT-Drs. 16/1828, 24.
[168] Zum Sinn und Zweck dieser Neuerung bereits → Rn. 2.
[169] S. die AmtlBegr. BT-Drs. 16/1828, 33; Dreier/Schulze/*Schulze* Rn. 51a; Fromm/Nordemann/*J. B. Nordemann* Rn. 72; Wandtke/Bullinger/*Manegold/Czernik* Rn. 17.
[170] S. die Stellungnahme des Bundesrats zum RegE des Gesetzes vom 26.10.2007, BT-Drs. 16/1828, 37; BR-Drs. 257/06, 3, Bericht des Rechtsausschusses des Deutschen Bundestags BT-Drs. 16/5939, 44.
[171] Zu diesen → Vor §§ 88 ff. Rn. 44.
[172] → Rn. 2 zu den verschiedenen bei § 88 zu beachtenden Vertragsepochen.
[173] Insbes. Gestattung der Verfilmung bei § 88 Abs. 1 und Verpflichtung zur Mitwirkung bei der Herstellung eines Filmes bei § 89 Abs. 1.
[174] Ebenso *Haas* S. 101 Rn. 377.

Abs. 1 nF 2002 und 2007 an die zunächst, 2002, bereits seit Jahrzehnten geltende und gehandhabte Fassung des § 89 Abs. 1 aF und dann, 2007, parallel um unbekannte Nutzungsarten erweiterte Fassung des § 89 Abs. 1 nF legt es nahe, im Folgenden für § 88 Abs. 1 nF 2002 und 2007 auf die **Kommentierung des § 89 Abs. 1 aF und nF** zu verweisen. Die wichtigsten dort wiedergegebenen Ergebnisse seien daher hier nur **stichwortartig zusammengefasst;** sie betreffen teils Rechtseinräumungen nur nach § 88 Abs. 1 nF 2002, teils auch solche nach § 88 Abs. 1 nF 2007:

– Entgegen dem formal umfassenden Wortlaut des **§ 88 Abs. 1 nF 2002, 2007** („alle bekannten Nutzungsarten" bzw. „alle Nutzungsarten") gebietet der Schutz der Urheber gegen eine unnötige und damit zu weitreichende Entäußerung ihrer Rechte eine Beschränkung der vermuteten Rechtseinräumung auf die je nach Filmart **übliche filmische Nutzung**.[175] Dabei kann weiterhin etwa zwischen **Vorführfilmen, Fernsehfilmen** und **Videoproduktionen** unterschieden werden.[176]

– Wie § 89 Abs. 1 aF[177] hatte auch **§ 88 Abs. 1 nF 2002** noch eine Rechtseinräumung für im Zeitpunkt des Vertragsschlusses noch **unbekannte Nutzungsarten** zur Folge. Dasselbe kann sich im Hinblick auf Verträge aus der Zeit ab dem 1.1.1966 bis zum 31.12.2007 auch bereits aus dem Vorrang des § 31 Abs. 4 ergeben (→ Rn. 7). Nähere Erläuterungen dazu, was bis zu welchem Zeitpunkt als unbekannte Nutzungsart speziell im Filmbereich zu beurteilen ist, finden sich unter → Rn. 7, 48 sowie zusammenfassend unter → § 89 Rn. 11. Speziell zu § 88 Abs. 1 nF 2002 ist zu beachten, dass diese Bestimmung erst auf **Rechtseinräumungen ab 1.7.2002** anwendbar ist (→ Rn. 2). Die meisten Nutzungsarten, die bisher zur Diskussion standen, dürften zu diesem Zeitpunkt jedenfalls bereits bekannt gewesen sein.[178]

– Wie nach § 89 Abs. 1 aF und nF (dort → § 89 Rn. 19) erstreckt sich auch nach **§ 88 Abs. 1 nF 2002 und 2007** die Vermutung der Rechtseinräumung für alle bekannten bzw. für alle Nutzungsarten **nicht auf gesetzliche Vergütungsansprüche** und das sog. **Zweitwiedergaberecht.** Dasselbe gilt auch für die Auslegungsregeln des § 88 Abs. 1 aF (→ Rn. 49).

– Und schließlich gilt auch für **§ 88 Abs. 1 nF 2002 und 2007,** dass die vermutete Rechtseinräumung nur die **filmische Verwertung** des Filmwerks und der darin enthaltenen benutzten Werke betrifft, nicht aber die außerfilmische Nutzung, wie diejenige als bloßer Soundtrack, als Buch, zur Illustration eines Zeitschriftenartikels,[179] als Merchandisingartikel[180] oder die Einstellung von Einzelbildern eines Films in ein Online-Archiv im Internet.[181] Dasselbe gilt in gleicher Weise auch für die Rechtslage nach § 88 Abs. 1 aF (→ Rn. 42).

– Ein wesentlicher **Unterschied** zur Rechtslage nach § 89 besteht darin, dass **§ 88 Abs. 1 nF 2002 und 2007** nur an § 89 Abs. 1 aF und nF angeglichen worden ist, dass in § 88 aber nach wie vor eine Regelung nach dem Vorbild des **§ 89 Abs. 2 fehlt.** Nach dieser Bestimmung behalten Filmurheber iSd § 89 ihre Verfügungsbefugnis gegenüber dem Filmhersteller auch für solche Nutzungsrechte, die sie vorher bereits anderweitig vergeben haben.[182] Für Urheber filmisch benutzter Werke iSd § 88 aF und nF 2002, 2007 gilt diese Rechtslage nicht.[183] Auch nach neuem Recht kann Urhebern filmisch benutzter Werke, wie insbesondere der Filmmusik, aufgrund **Vorwegeinräumung** von Rechten insbesondere an urheberrechtliche Verwertungsgesellschaften, wie die GEMA, gegenüber Filmherstellern die Verfügungsbefugnis fehlen.[184]

3. Vervielfältigung und Verbreitung des Filmwerks (§ 88 Abs. 1 nF 2002, 2007 und § 88 Abs. 1 Nr. 2 aF)

a) Das Recht zu derjenigen Vervielfältigung des verfilmten Werkes, die bereits in der Herstellung des Filmwerks liegt,[185] erwirbt der Filmhersteller in Zweifelsfällen bereits qua Filmherstellungsrecht iSd § 88 Abs. 1 nF 2002 und 2007 bzw. nach § 88 Abs. 1 Nr. 1 aF.[186] Der Filmhersteller benötigt darüber hinaus die Befugnis, **das Filmwerk** (und mit ihm die darin enthaltenen verfilmten Werke) durch Herstellung von **Filmkopien zu vervielfältigen** (§ 16 Abs. 2) und die Filmkopien **zu verbreiten** (§ 17 Abs. 1), um es so seiner eigentlichen Bestimmung und wirtschaftlichen Verwertung

37

---

[175] → § 89 Rn. 10.
[176] → Rn. 41 sowie → § 89 Rn. 13–18.
[177] → § 89 Rn. 11–12.
[178] So auch Dreier/Schulze/*Schulze* Rn. 49.
[179] S. OLG Hamburg GRUR-RR 2003, 33 (35 f.) – Maschinenmensch – zu einem Film aus dem Jahr 1926 und damit zur Vertragsrechtslage vor 1966.
[180] → § 89 Rn. 20.
[181] So BGH GRUR 2010, 620 – Film-Einzelbilder sowie Vorinstanz OLG München GRUR-RR 2008, 228 (229) – filmische Verwertung, zu dem inzwischen aufgehobenen § 91 im Hinblick auf Vereinbarungen bis zum 30.6.2002; vgl. a. BGH GRUR 2014, 556 Rn. 13 – Rechtseinräumung Synchronsprecher; → Vor §§ 88 ff. Rn. 12.
[182] → § 89 Rn. 21, 22.
[183] S. ebenso Dreier/Schulze/*Schulze* Rn. 52.
[184] Zur Rechtslage nach § 88 aF → Rn. 30, 46; s. im Übrigen auch Dreier/Schulze/*Schulze* Rn. 53; Loewenheim/*Schwarz/U. Reber* § 74 Rn. 11.
[185] → Vor §§ 88 ff. Rn. 24, 25.
[186] Ebenso Dreier/Schulze/*Schulze* Rn. 57; *v. Gamm* Rn. 8.

zuführen zu können; letztere liegen im Rahmen der Vorstellungen des Gesetzgebers zu **§ 88 aF** in der öffentlichen Vorführung und/oder in der Fernsehsendung des Filmwerks (→ Rn. 11). Die Nutzungsrechte zu dieser Vervielfältigung und Verbreitung erhält der Filmhersteller im Zweifel nach der Auslegungsregel des **§ 88 Abs. 1 Nr. 2 aF.** Mit Rücksicht auf die dergestalt dienende Funktion des Nutzungsrechtserwerbs nach § 88 Abs. 1 Nr. 2 aF sind **Anzahl und Art der Filmkopien,** zu deren Herstellung der Filmhersteller befugt ist, und die **Art ihrer Verbreitung** nach dem konkreten **Verwertungszweck eines Filmwerks** zu bestimmen[187] Für die Bestimmung dieses Verwertungszwecks enthält § 88 keine Regelung; es gelten die allgemeinen Regeln (→ Rn. 11). Dasselbe gilt für die **Vermietung** im Hinblick auf das ausschließliche **Vermietrecht** des Urhebers, das durch das 3. UrhGÄndG (→ Rn. 8) in Umsetzung der europäischen Vermiet- und Verleihrechtsrichtlinie eingeführt worden ist,[188] und sich ua auf die Vermietung von Bild- und Tonträgern iSd Gesetzes, zB CD-ROMs, DVDs, Blu-ray Discs etc[189] erstreckt. Lediglich übergangsrechtlich ist zu beachten, dass nach § 137e Abs. 4 S. 1 die Einräumung des ausschließlichen Verbreitungsrechts auch als Einräumung des Vermietrechts gilt, wenn der Urheber sie vor dem 30.6.1995, dem Zeitpunkt des Inkrafttretens der Neuregelung (Art. 3 Abs. 1 des 3. UrhGÄndG), vorgenommen hat. Was dabei die Einräumung des Verbreitungsrechts betrifft, so wird diese nach § 88 Abs. 1 Nr. 2 aF aber auch in diesem Zusammenhang nur im Rahmen des konkreten Verwertungszwecks eines Vorführ- oder eines Fernsehfilms vermutet. Soweit die Vermutung reicht oder der Urheber das Vermietrecht dem Filmhersteller ausdrücklich eingeräumt hat, ist sein unverzichtbarer und im Voraus nur an eine Verwertungsgesellschaft abtretbarer **Vergütungsanspruch** gegen den Vermieter nach § 27 Abs. 1 nF zu beachten, der nach § 27 Abs. 3 nF auch nur durch eine Verwertungsgesellschaft geltend gemacht werden kann.[190]

38   **b)** Praktische Bedeutung hatten und haben diese Grundsätze vor allem für die **herkömmliche, heute nicht mehr relevante Schmalfilmverwertung** von Filmwerken im 8- und 16-mm-Format sowie für die **audiovisuelle Filmverwertung** durch Herstellung und Verbreitung von für die private Filmvorführung bestimmten Super-8-Filmkassetten, Videokassetten, DVDs und Blu-ray Discs (→ Vor §§ 88 ff. Rn. 21). Was die **Schmalfilmverwertung** betrifft, so folgte, wenn eine diesbezügliche eindeutige Vereinbarung fehlte, aus § 31 Abs. 5 und dem Übertragungszweckprinzip, dass der Hersteller eines **Fernsehfilms** von dem Urheber eines verfilmten Werkes auch dann nicht das Recht zur Vorführung von Schmalfilmkopien im gewerblichen oder nichtgewerblichen Bereich und damit auch nicht die entsprechenden Vervielfältigungs- und Verbreitungsrechte erworben hat, wenn im Vertrag von der Rechtseinräumung „**für alle Rundfunk- und Filmzwecke**" die Rede war.[191] Eine Vervielfältigungs- und Verbreitungsbefugnis des Filmherstellers für das Schmalfilmformat konnte hier auch nicht aus § 88 Abs. 1 Nr. 2 aF hergeleitet werden (→ Rn. 5, 11). Dagegen umfassten die einem Hersteller von **Vorführfilmen** im Rahmen eines üblichen Filmmusikvertrags eingeräumten Nutzungsrechte unter Berücksichtigung der Praxis der GEMA bei der Wahrnehmung der Rechte an der Filmmusik und der bei Kinofilmen seit Jahrzehnten üblichen sog. **Zweit- oder Restauswertung** durch öffentliche Vorführung der Filme im Schmalfilmformat außerhalb von Filmtheatern trotz Undeutlichkeit des Filmmusikvertrags auch die dazu erforderliche Herstellung und Verbreitung von Schmalfilmkopien.[192] Eines Rückgriffs auf § 88 Abs. 1 Nr. 2 aF bedurfte es hier nicht (→ Rn. 5, 6).

39   Hinsichtlich der **audiovisuellen Verwertung** von **Vorführfilmen** gehen dagegen Unklarheiten in den vertraglichen Vereinbarungen nach § 31 Abs. 5 zu Lasten des Filmherstellers.[193] Das gleiche gilt für die audiovisuelle Verwertung von **Fernsehfilmen.**[194] Eine pauschale Rechtseinräumung an einer filmischen Auftragsproduktion für einen privaten Fernsehsender umfasst nach § 31 Abs. 5 im Zweifel nur das Recht zur Sendung, nicht aber das Recht zur Videozweitauswertung des Filmes.[195] In

---

[187] Fromm/Nordemann/*J. B. Nordemann* Rn. 10–15; *v. Gamm* Rn. 9; *Movsessian* GRUR 1974, 371 (376) und UFITA 79 1977, 213 (224); *Reimer* GRUR-Int 1973, 315 (323).

[188] Infolge EuGH GRUR 2008, 604 – Peek & Cloppenburg/Cassina, mit Folgeentscheidungen BGH GRUR 2009, 840 – Le-Corbusier-Möbel II und BVerfG GRUR 2012, 53 – Le-Corbusier-Möbel, wird man das Vermietrecht nicht mehr als Unterform des Verbreitungsrechts ansehen können (so noch → 4. Aufl. 2010, § 88 Rn. 37), sondern vielmehr als eigenständiges Verwertungsrecht. Die Vermietung geht nicht mit einer Eigentumsübertragung einher, die nach EuGH eine Voraussetzung einer jeden Verbreitung ist. Zur Frage, ob bereits das öffentliche Anbieten bzw. die Werbung unter das voll harmonisierte Verbreitungsrecht fällt s. den Vorlagebeschluss BGH GRUR 2013, 1137 – Marcel-Breuer-Möbel sowie – bereits bejahend – EuGH GRUR 2014, 283 – Blomquist/Rolex; ebenso jetzt EuGH GRUR 2015, 665 – Dimensione ua/Knoll.

[189] → Vor §§ 88 ff. Rn. 22.

[190] S. zum Vorstehenden *v. Lewinski* ZUM 1995, 442 (445 ff., 449 f.); → § 27 Rn. 5 ff.

[191] So BGH GRUR 1974, 786 (787 f.) – Kassettenfilm; zur rechtlichen Bewertung der ausdrücklichen Einräumung der Rechte zur Kino- und Schmalfilmverwertung von Fernsehproduktionen an eine Rundfunkanstalt aufgrund deren Honorarbedingungen s. BGH GRUR 1984, 45 (48 f.) – Honorarbedingungen: Sendevertrag; KG GRUR 1984, 509 (513) – Honorarbedingungen Urheber/Fernsehen.

[192] BGHZ 67, 56 (58 ff.) – Schmalfilmrechte.

[193] BGHZ 67, 56 (66 f.) – Schmalfilmrechte; OLG München GRUR 1983, 571 (572) – Spielfilm-Videogramme; sa OLG Hamburg ZUM 1986, 151 (155) und OLG Köln GRUR 1983, 568 (570) – Video-Kopieranstalt.

[194] BGH GRUR 1974, 786 (788) – Kassettenfilm; zur ausdrücklichen Einräumung dieser Rechte an die Rundfunkanstalten s. BGH GRUR 1984, 45 (48) – Honorarbedingungen: Sendevertrag; KG GRUR 1984, 509 (513) – Honorarbedingungen Urheber/Fernsehen.

[195] S. OLG München ZUM-RD 1998, 101 – Auf und davon.

beiden Fällen kann die entsprechende Vervielfältigungs- und Verbreitungsbefugnis des Filmherstellers auch nicht mit § 88 Abs. 1 Nr. 2 aF begründet werden (→ Rn. 5, dort auch zum Fall „Happening", der die beschränkte Vervielfältigungs- und Verbreitungsbefugnis bei einer **Original-Videoproduktion** betrifft). Bei solchen Produktionen, zB im Bereich des Lehr- oder Pornofilms, richten sich Art und Umfang der audiovisuellen Vervielfältigungs- und Verbreitungsbefugnis des Produzenten nach den vertraglichen Vereinbarungen und § 31 Abs. 4 aF und Abs. 5.[196] Zu der für die Entscheidung über die **Aktivlegitimation der GEMA** bedeutsamen Frage, ob diese aufgrund ihres Berechtigungsvertrags Vervielfältigungs- und Verbreitungsrechte betreffend die audiovisuelle Verwertung von Filmmusik erwirbt s. einerseits Rn. 28 zu BGHZ 67, 56 – Schmalfilmrechte –, andererseits Rn. 30 zu BGHZ 95, 274 (282 ff.) – GEMA-Vermutung I – und BGH GRUR 1988, 296 (297 ff.) – GEMA-Vermutung IV. Zur sonstigen Beurteilung der **Videozweitauswertung von Filmen** unter dem Gesichtspunkt des **§ 31 Abs. 4 aF** („unbekannte Nutzungsart" → Rn. 7 sowie im Einzelnen § 31a).[197]

c) Auch nach dem **vor Inkrafttreten des UrhG geltenden Recht** war bereits anerkannt, dass **40** der Urheber eines verfilmten Werkes dem Filmhersteller mit der Einräumung des Verfilmungsrechts im Zweifel auch das Recht zur üblichen Filmverwertung einräumte (→ Rn. 3), wobei das Recht zur öffentlichen Vorführung oder Sendung gegenüber dem zur Vervielfältigung und Verbreitung zT betont wurde,[198] ohne dass es aber auf besondere Beschränkungen des Letzteren entscheidungserheblich ankam.[198] Entschieden wurde ferner ohne besondere Berücksichtigung des Vervielfältigungs- und Verbreitungsrechts, dass die Übertragung des Rechts zur Auswertung eines Filmwerks im Schmalfilmformat nicht auch diejenige zur Auswertung im Normalformat umfasste und umgekehrt.[199]

d) Was das Vervielfältigungs- und Verbreitungsrecht an vorbestehenden, filmisch benutzten Werken **41** nach **§ 88 Abs. 1 nF 2002 und 2007** betrifft, so gilt Folgendes: Betroffen sind nur Verträge bzw. Rechtseinräumungen an den Filmhersteller oder andere Werkverwerter (→ Rn. 28) **seit dem 1.7.2002** bzw. **dem 1.1.2008** (→ Rn. 2). In Bezug auf diesen Zeitraum sind viele **früher umstrittene Verwertungstechniken** als inzwischen **bekannt und üblich** zu beurteilen, so dass sich die gesetzliche Vermutung zugunsten der Rechtseinräumung für alle bekannten (§ 88 Abs. 1 nF 2002) bzw. für alle unbekannten (§ 88 Abs. 1 nF 2007) Nutzungsarten in Zweifelsfällen und im Grundsatz auf sie erstreckt.[200] Jedenfalls insofern trifft die Aussage zu, dass es nicht weiterführend sei, auch zu § 88 Abs. 1 nF 2002 und 2007 sich zugunsten eines Vorrangs des § 31 Abs. 5 von diesen Bestimmungen auf Rechtsprechung zu § 88 Abs. 1 aF zu berufen.[201] Darüber hinaus kann **§ 31 Abs. 5** in gleicher Weise **nicht** mehr **generell den Vorrang vor § 88 Abs. 1 nF 2002 und 2007** beanspruchen, wie dies auch für § 89 Abs. 1 aF und nF gilt.[202] Daraus folgt zB im Ergebnis, dass Rechtseinräumungen an den Hersteller von **Vorführfilmen** aus der Zeit seit dem 1.7.2002 im Zweifel nicht mehr nur die Herstellung und die Verbreitung der Verleihkopien, sondern auch diejenige des analogen oder digitalen Trägermaterials für die Fernsehausstrahlung, der Bild- und Tonträger für die private Wiedergabe (zB Videokassette, DVD, Blu-ray etc) sowie die Einspeicherung für die Online-Nutzung umfassen.[203] § 88 Abs. 1 nF 2002 und 2007 gestattet es jedoch **nicht,** die für die jeweilige **Filmkategorie** jeweils **übliche Nutzung** völlig zu **vernachlässigen** und nur einzelne Ausnahmen zuzulassen[204] oder von einem umfassenden Buy-Out zugunsten des Filmherstellers auszugehen.[205] Vielmehr ist beispielsweise anzunehmen, dass nach wie vor, also auch unter Anwendung des § 88 Abs. 1 nF 2002 und 2007, die Einräumung des Rechts zur filmischen Nutzung von Drehbüchern oder anderen geschützten Vorlagen für **Fernsehserien** nicht auch das Recht zur völlig unüblichen Vorführung der betreffenden Fortsetzungsfilme in Kinos und damit auch nicht das Recht zur Herstellung und zum Verleih von **Kopien für die Kinovorführung** beinhaltet.[206] Gestattet es der Autor eines für eine **Videoproduktion** verfilmten wissenschaftlichen oder dokumentarischen Werkes dem Hersteller, den Film aus einem besonderen Anlass, wie während eines Kongresses, auch **einmalig im Fernsehen**

---

[196] S. Fromm/Nordemann/*J. B. Nordemann* Rn. 15.

[197] Unter dem Aspekt des Verfilmungs- bzw. Filmherstellungsrechts an der Filmmusik → Vor §§ 88 ff. Rn. 29.

[198] Vgl. BGHZ 5, 116 (122) – Parkstraße 13: Recht „zur Vervielfältigung und Verbreitung, insb. zur öffentlichen Vorführung"; OLG Karlsruhe UFITA 45 1965, 347 (351) – Unfälle – sah dagegen in der Vervielfältigung und Verbreitung von Fernsehfilmen deren eigentliche wirtschaftliche Nutzung; ohne Betonung eines Vorrangs BGH GRUR 1955, 596 (597) – Lied der Wildbahn II; BGH UFITA 24 1957, 399 (402 f.) – Lied der Wildbahn III.

[199] BGH UFITA 32 1960, 183 (185) – München 1945 – einerseits, LG Hamburg UFITA 25 1958, 480 (482 f.) andererseits.

[200] S. dazu auch Dreier/Schulze/*Schulze* Rn. 49; Fromm/Nordemann/*J. B. Nordemann* Rn. 66.

[201] So Fromm/Nordemann/*J. B. Nordemann* Rn. 99 gegen Dreier/Schulze/*Schulze* Rn. 3; DKMH/*Meckel* Rn. 2; Loewenheim/*Schwarz/U. Reber* § 74 Rn. 20; Wandtke/Bullinger/*Manegold/Czernik* Rn. 4, § 89 Rn. 18; so jetzt auch für die filmische Nutzung ausdrücklich BGH GRUR 2014, 556 Rn. 13 – Rechteeinräumung Synchronsprecher; für die außerfilmische Nutzung bleibt es auch nach BGH bei der uneingeschränkten Anwendbarkeit des § 31 Abs. 5.

[202] → § 89 Rn. 3 und bereits → Rn. 11.

[203] So auch Dreier/Schulze/*Schulze* Rn. 49 im Hinblick auf die gesamten Nutzungsvorgänge.

[204] Gegen Fromm/Nordemann/*J. B. Nordemann* Rn. 67.

[205] Gegen Wandtke/Bullinger/*Manegold/Czernik* Rn. 68, § 89 Rn. 21.

[206] Dazu auch → § 89 Rn. 10, 17.

ausstrahlen zu lassen, so wird er unter den heute gegebenen Verhältnissen und mangels anderweitiger Vereinbarung nach § 88 Abs. 1 nF 2002 bzw. 2007 damit rechnen müssen, dass der Film parallel zur Fernsehausstrahlung der Öffentlichkeit auch durch **Live-Streaming im WEB-TV** oder ausschnittsweise zur **Programmankündigung im Internet**[207] zugänglich gemacht wird, **nicht** aber damit, dass die vollständige Nutzung im Internet durch Speicherung und Zugänglichmachung in einem **Internet-Langzeitarchiv** des Senders geschieht.

Die Beispiele zeigen, dass mit einer **Einschränkung** der **Vermutung umfassender Rechtseinräumung** durch § 88 Abs. 1 nF 2002 und 2007 und daher mit Ausnahmen vom grundsätzlichen Vorrang dieser Bestimmung vom Übertragungszweckprinzip des § 31 Abs. 5 kaum im Bereich des Vorführfilms, namentlich des klassischen Spielfilms, wohl aber im Hinblick auf Fernseh- und Videoproduktionen zu rechnen ist.[208] Dies aber rechtfertigt es, auch bei Anwendbarkeit des § 88 Abs. 1 nF 2002 und 2007 zwischen Vorführfilmen, Fernsehfilmen und Videofilmen zu unterscheiden (→ § 89 Rn. 10). Bestehen im Einzelfall Zweifel, um welche Art Film es sich handelt, so ist diese Frage auch im Hinblick auf Verträge seit dem 1.7.2002 ebenso durch Vertragsauslegung unter Berücksichtigung des Übertragungszweckprinzips iSd § 31 Abs. 5 zu beantworten wie die Frage, ob überhaupt ein Verfilmungsrecht eingeräumt worden ist (→ Rn. 11).

42   **e)** Das Vervielfältigungs- und Verbreitungsrecht des Filmherstellers nach § 88 Abs. 1 Nr. 2 aF sowie § 88 Abs. 1 nF 2002 und 2007 erstreckt sich nur auf das **Filmwerk** und dessen **filmische Nutzung.** Der Filmhersteller ist daher aufgrund dieser Bestimmung nicht befugt, ein dem Filmwerk zugrundeliegendes Drehbuch oder gar eine Romanvorlage literarisch durch Publikation als **Buch** bzw. Hörbuch oder die Filmmusik auf Tonträger **(Soundtrack)** zu verwerten.[209] Dasselbe gilt für **Merchandisingartikel,**[210] die **publizistische Nutzung** von **Filmfiguren**[211] oder eine **Klammerteilauswertung**[212] ausserhalb der konkreten Filmproduktion.

4. Öffentliche Vorführung des zur Vorführung und Funksendung des zur Funksendung bestimmten Filmwerks (§ 88 Abs. 1 Nr. 3 und 4 aF)

43   **a) § 88 Abs. 1 Nr. 3 und 4 aF** enthalten Auslegungsregeln für die nach den Vorstellungen des Gesetzgebers des Jahres 1965 primären Verwertungsarten für Filmwerke, nämlich die öffentliche Vorführung und die Fernsehsendung. Sie gehen von der Unterscheidung zwischen **Vorführfilmen** und **Fernsehfilmen** aus und ordnen dem Erwerber des Verfilmungsrechts, idR also dem Filmhersteller, in Zweifelsfällen jeweils **nur die Verwertungsart** zu, die er entsprechend der Art des Filmwerks und dessen primärem Verwertungszweck **regelmäßig benötigt,** dh bei Vorführfilmen nur das Recht zur öffentlichen Vorführung (§ 19 Abs. 4) und bei Fernsehfilmen nur das Senderecht (§ 20). Diese Einschränkung entspricht der Praxis bei der Verwertung von Fernsehfilmen, die kaum etwa auch in Filmtheatern vorgeführt werden, erscheint aber aus der Sicht der heute regelmäßigen Verwertung von Kinospielfilmen auch im Fernsehen und der Film-Fernseh-Koproduktion auf den ersten Blick wenig plausibel. Sie beruht aber auf einer bewussten legislativen Entscheidung[213] und dient dem Schutz des Urhebers vor zu weitreichenden Auswirkungen der von ihm nicht mit eindeutigen Abreden getroffenen Verfügungen über sein Werk und gegen Werkverwertungen, die bei Vertragsschluss nicht vorgesehen waren und für die er kein angemessenes Entgelt erhalten hat. Die gesetzliche Regelung steht auch im Einklang mit dem Übertragungszweckprinzip und § 31 Abs. 5[214] sowie einer Tradition der Rechtsprechung schon vor Inkrafttreten des UrhG (→ Rn. 45).

44   **b) § 88 aF** enthält **keine Regelung** darüber, **unter welchen Voraussetzungen ein Filmwerk als zur öffentlichen Vorführung oder/und zur Funksendung bestimmt** anzusehen ist (→ Rn. 11). Bei Beurteilung der Frage, welche Nutzungsbefugnisse der in § 88 Abs. 1 Nr. 3, 4 aF genannten Art einem Filmhersteller oder sonstigen Erwerber des Verfilmungsrechts zustehen, sind somit in erster Linie die vertraglichen Vereinbarungen heranzuziehen. Sind in ihnen die Nutzungsbe-

---

[207] S. zur Absatzwerbung in Form von Hörproben im Internet KG GRUR 2003, 1038 – Klaus Kinski-Rezitationen.
[208] S. in Bezug auf die Letzteren auch Fromm/Nordemann/*J. B. Nordemann* Rn. 67, 99, der hierzu zu Recht auch den Fall Happening, → Rn. 5, rechnet.
[209] KG GRUR 1984, 509 (513) – Honorarbedingungen Urheber/Fernsehen; OLG München ZUM 1990, 192 – Nachtgedanken, ebenso zum Buch, aber je nach Filmart und Üblichkeit der Zusatzauswertung in der Praxis; sa Wandtke/Bullinger/*Manegold/Czernik* Rn. 72; s. zu den urheber-, wettbewerbs- und medienrechtlichen Fragen des Themas „Buch zum Film" auch BGHZ 110, 278; Heker ZUM 1996, 1015; Krüger FS Schwarz, 153 sowie die Beiträge von Becker, Bork, Eberle, Niewiarra, Schardt und Schöfer ZUM 1991, 47 ff.
[210] S. Dreier/Schulze/*Schulze* Rn. 54; Fromm/Nordemann/*J. B. Nordemann* Rn. 63, 69; Wandtke/Bullinger/ *Manegold/Czernik* Rn. 72, § 89 Rn. 27.
[211] S. OLG Hamburg GRUR-RR 2003, 33 (35 f.) – Maschinenmensch – zu dem Film „Metropolis" aus dem Jahre 1926; s. weiter auch → Rn. 53.
[212] S. Wandtke/Bullinger/*Manegold/Czernik* Rn. 71, § 89 Rn. 23; BGH GRUR 1957, 611 (612) – Bel Ami; OLG München GRUR-RR 2003, 27 (42).
[213] S. MinE, Entwürfe des BMJ zur Urheberrechtsreform, 1959, S. 76 deutlicher als die in der Sache unveränderte, aber verkürzte Aussage des RegE BT-Drs. IV/270, 98 zu § 98, jetzt § 88.
[214] → Rn. 3.

fugnisse zur öffentlichen Vorführung und zur Funksendung iSd § 31 Abs. 5 „einzeln bezeichnet",[215] so bleibt es bei dieser beide Verwertungsformen umfassenden Nutzungsrechtseinräumung. Fehlt dagegen für eine der beiden Verwertungsformen eine solche Bezeichnung oder ist die Rechtseinräumung generell nur pauschal formuliert, so entscheidet der **Zweck der Nutzungsrechtseinräumung** über deren Umfang. Dieser Vertragszweck ist aus den gesamten Umständen des konkreten Einzelfalls zu erschließen; verbleibende Unsicherheiten gehen zu Lasten des Erwerbers des Verfilmungsrechts.[216] **Umstände,** die für die eine oder andere Art der Filmverwertung sprechen, sind insbes. der auch dem Urheber bekannte Aufgaben- und Tätigkeitsbereich des Erwerbers des Verfilmungsrechts, also zB als Kinofilmproduzent, Rundfunkanstalt oder Auftragsproduzent für das Fernsehen, die Bezeichnung der Produktion als Spielfilm oder Fernsehfilm, das gewählte Filmaufzeichnungsverfahren, die Länge des Films bei Werbefilmen, der aus besonderen Umständen zB für das Fernsehen nicht in Betracht kommende Filminhalt uÄ spezielle Instruktionsfilme, Pornofilme etc.[217] Die gleichen Grundsätze gelten aufgrund der Anerkennung des Übertragungszweckprinzips auch schon unter dem früheren Recht auch für Verträge aus der Zeit vor Inkrafttreten des UrhG, auf die §§ 31 Abs. 5, 88 nicht anwendbar sind.[218]

Aus diesen Grundsätzen ergibt sich hinsichtlich des **Rechts zur öffentlichen Vorführung** eines **45** Filmwerks, dass der Auftragsproduzent eines Fernsehfilms trotz Einräumung der Rechte „für alle Rundfunk- und Filmzwecke" mangels „einzelner Bezeichnung" des Vorführungsrechts iSd **§ 31 Abs. 5** im Vertrag vom Verfasser eines zur Filmherstellung benutzten Werkes, wie eines Drehbuchs, nicht das Recht zur öffentlichen Vorführung des Filmwerks in Filmtheatern oder auch nur im Schmalfilmformat in anderen Einrichtungen erwarb.[219] Die Einräumung des Rechts zur audiovisuellen Verwertung eines Filmwerks, dh zur Herstellung und Verbreitung von zu privaten Vorführungen bestimmten Videogrammen, erstreckt sich mangels Berücksichtigung dieser neuen Form der Filmverwertung durch § 88 aF (→ Rn. 11) im Zweifel nicht auf das Recht zur öffentlichen Vorführung des Filmwerks mittels solcher Videogramme.[220] Wird dagegen einem „Institut für Film und Bild in Wissenschaft und Unterricht" das Verfilmungsrecht an einem Drehbuch eingeräumt, so liegt darin stillschweigend auch die Einräumung des Vorführungsrechts.[221] Das gleiche gilt für die Einräumung des Verfilmungsrechts an einem Bühnenstück für eine Spielfilmproduktion.[222]

Was das **Recht zur Fernsehsendung** eines Filmwerks betrifft, so hat der BGH in GRUR 1960, 197 (198 f.) – Keine Ferien für den lieben Gott – bereits im Jahr 1959 in Bezug auf einen Filmverwertungsvertrag entschieden, dass die Übertragung der „alleinigen Schmalfilmauswertungsrechte in ihrer Gesamtheit" an einem Filmwerk zu einer Zeit, als die Verwendung von Spielfilmen im Schmalfilmformat zur Fernsehausstrahlung noch nicht allgemein üblich war, nicht das Senderecht mit umfasste. Später wurde zu einem Vertrag aus dem Jahr 1949 entschieden, dass die vom Urheber einem Filmproduzenten für eine Kinofilmproduktion übertragenen „zeitlich und örtlich uneingeschränkten deutschen Verfilmungsrechte" an einem Bühnenstück mangels eindeutiger Bezeichnung im Vertrag nicht das Recht zur Fernsehsendung des Filmwerks umfassten.[223] Für eine solche einschränkende Auslegung ist kein Raum, wenn in einem Verfilmungsvertrag für eine Spielfilmproduktion das **Senderecht eindeutig bezeichnet** ist. Dazu genügte in Formularverträgen aus den Jahren 1939–1944 die Erstreckung der Rechtsübertragung auf den **„gefunkten Film".**[224] Jedoch war in den dreißiger Jahren die Unterzeichnung solcher Klauseln nicht so allgemein üblich, dass ein Produzent eines im Jahr 1934 gedrehten Films allein durch Hinweis auf eine solche Vertragspraxis beweisen könnte, auch das Senderecht erworben zu haben.[225] Dasselbe gilt nach der BGH-Entscheidung „Der Frosch mit der Maske" für Rechtseinräumungen im Filmbereich für Produktionen in den Jahren 1957 bis 1969 im Hinblick auf die spätere (2004) DVD-Auswertung als seinerzeit noch völlig unbekannte Nutzungsart.[226] Speziell im Hinblick auf das Recht zur Fernsehsendung älterer Spielfilme aus der Nachkriegs-

---

[215] Dazu → § 31 Rn. 56.
[216] Allg. → § 31 Rn. 56 f., dort auch zur Frage umfassender vertraglicher Vertragszweckdefinitionen.
[217] S. dazu Fromm/Nordemann/*J. B. Nordemann* Rn. 12.
[218] → Rn. 2, 3, → Vor §§ 88 ff. Rn. 49.
[219] BGH GRUR 1974, 786 (787) – Kassettenfilm; → Rn. 39.
[220] *Ulmer* § 115 II 2; → Rn. 39; zur Nichteinräumung des Vorführungsrechts an Pornofilmen seitens des Herstellers an Groß- und Einzelhändler solcher Filme OLG Düsseldorf GRUR 1979, 53 f. – Laufbilder.
[221] BGH GRUR 1955, 596 (597) – Lied der Wildbahn II; BGH UFITA 24 1957, 399 (401 ff.) – Lied der Wildbahn III.
[222] BGHZ 5, 116 (122) – Parkstraße 13.
[223] BGH GRUR 1969, 143 (145) – Curt-Goetz-Filme II; vgl. im gleichen Sinn BGH GRUR 1969, 364 (366) – Fernsehauswertung; dort S. 366 f. auch zur Frage der Beeinträchtigung des Vorführungsrechts an dem nach einem Bühnenstück produzierten Spielfilm durch Fernsehübertragung des Bühnenstücks selbst.
[224] BGH GRUR 1982, 727 (729 ff.) – Altverträge; s. dazu auch die Instanzentscheidungen LG München I FuR 1979, 610; OLG München FuR 1980, 213; nach OLG München ZUM 1995, 484 (485) – Ufa-Film – gilt dies auch bereits für Verträge und Filmproduktionen aus dem Jahre 1938; mwN → § 31a Rn. 38.
[225] OLG München UFITA 65 1972, 268 (269 f.) – Karl Valentin.
[226] S. BGH GRUR 2011, 714 = ZUM 2011, 560 – Der Frosch mit der Maske; BGH ZUM 2011, 498; ebenso bereits OLG Köln GRUR-RR 2009, 208 (209) – Der Frosch mit der Maske, Dr. Mabuse u. Winnetou; dort jeweils auch zur Untauglichkeit der Verweisung auf Verträge anderer Urheber und pauschaler Bezugnahmen auf Tarifverträge oder Tarifordnungen zum Nachweis der Rechtseinräumung für unbekannte Nutzungsarten.

zeit vor 1966 erscheint es demgegenüber fragwürdig und mit der Rechtsprechung des BGH kaum konform, einem Filmhändler den Nachweis seiner Aktivlegitimation durch eine bloße Vorlage der Tarifordnung für Filmschaffende vom 19.8.1943[227] zu ermöglichen, auch wenn diese in § 2 Abs. 2 eine Rechtsübertragung ua für „Television" vorsieht.[228] Die Großzügigkeit gegenüber dem Filmhändler beraubt die Filmurheber und die Urheber der verfilmten vorbestehenden Werke potentieller Rechte, die sie dem jeweiligen Filmproduzenten möglicherweise gar nicht übertragen haben, zB weil die Tarifordnung auf ihre Verträge, vor allem diejenigen der Urheber der verfilmten Werke, nicht anwendbar war oder weil sie anderweitige Individualvereinbarungen getroffen haben. Auch die Begründung des Gerichts, dass die betreffenden Filme „ansonsten nicht mehr verkehrsfähig wären", ist nicht überzeugend. Der betreffende Händler machte wegen Verletzungen angeblicher Senderechts an zehn solcher Filme im Zeitraum von nur sieben Jahren (1995–2001) Ansprüche in Höhe von mehr als 1,6 Mio. Euro geltend. Angesichts eines solchen Betrages und der Perspektive weiterer Sendungen uU noch über Jahrzehnte hinweg wäre es ihm ohne weiteres zumutbar gewesen, sich um eine Nachlizenzierung zumindest von Seiten der betroffenen regelmäßigen Urheber oder ihrer Erben zu bemühen und sie an seinen Einnahmen zu beteiligen. Überträgt ein Filmhersteller einem Verleihunternehmen für einen bestimmten Zeitraum gegen einen Festpreis „die uneingeschränkten Auswertungsrechte incl. ... Fernsehen", so erhält das Verleihunternehmen nicht nur ein entsprechendes Verbotsrecht zum Schutz des ungestörten Verleihgeschäfts, sondern auch das Recht zur eigenen Auswertung des Films durch Fernsehausstrahlung.[229]

Von der Fernsehauswertung eines Filmwerks zu unterscheiden sind im Übrigen die **spezielle Fernsehverfilmung** eines Werkes und die entsprechende Verwertung des so geschaffenen Fernsehfilmwerks.[230]

46   **c)** Die Auslegungsregeln des **§ 88 Abs. 1 Nr. 3, 4 aF** greifen nur Platz, soweit der Urheber nicht vorab über das Vorführungs- und das Senderecht verfügt, sie insbesondere nicht einer Verwertungsgesellschaft zur Wahrnehmung eingeräumt hat. Solche **Vorausübertragungen** sind bei musikalischen Werken und Textdichtungen zu solchen Werken gegenüber der GEMA seit Jahrzehnten üblich.[231] Der im Rahmen des Gesetzgebungsverfahrens im Hinblick auf die GEMA-Praxis erörterte Ausschluss der Auslegungsregeln des § 88 Abs. 1 Nr. 3, 4 aF für musikalische Werke ist damals nicht Gesetz geworden.[232]

47   **d)** Sind dem Filmhersteller **Vorführungs- und/oder Sendebefugnisse** eingeräumt worden, so ist der **Umfang dieser Befugnisse** nach § 31 Abs. 4 aF[233] (Unwirksamkeit der Einräumung eines Nutzungsrechts für noch nicht bekannte Nutzungsarten) sowie bei Fehlen eindeutiger vertraglicher Vereinbarungen nach **§ 31 Abs. 5** (Übertragungszweckprinzip) und danach zu beurteilen, was zum Zeitpunkt des Vertragsschlusses in dem betreffenden Bereich üblich war. Das bedeutet, dass der Hersteller von **Vorführfilmen** grundsätzlich zu beliebig häufigen öffentlichen Vorführungen befugt ist,[234] wobei aber eventuelle vertragliche Vereinbarungen über eine begrenzte Auswertungszeit zu beachten sind (→ Rn. 34). Bei Vorführfilmen umfasst der üblicherweise verwendete Filmmusikvertrag im Zusammenhang mit der Wahrnehmungspraxis der GEMA auch die Rechtseinräumung zur öffentlichen Filmvorführung im Schmalfilmformat in anderen Einrichtungen als Filmtheatern.[235] Bei **Fernsehfilmen** sind, was den Rechteerwerb von nichtangestellten Urhebern betrifft, beliebige Wiederholungssendungen und Weitersendungen durch andere Sendeunternehmen nicht in gleicher Weise selbstverständlich wie wiederholte Vorführungen von Vorführfilmen, so dass sich aus den Umständen eine Befugnis nur zur einmaligen Ausstrahlung ergeben kann.[236] Die Rechtseinräumung von Seiten der GEMA zur Nutzung musikalischer Werke in Hörfunk- und Fernsehsendungen an eine Sendeanstalt umfasst nach § 31 Abs. 5 nicht die Nutzung zur **Eigen- oder Fremdwerbung** als selbstständiger Nutzungsart.[237]

---

[227] Auszugsweise abgedruckt bei *Schulze,* Urhebervertragsrecht, 1960, S. 391 ff.

[228] Gegen LG München I ZUM-RD 2007, 302 (306) – Ännchen von Tharau.

[229] BGH GRUR 1966, 629 (630 ff.) – Curt-Goetz-Filme.

[230] Dazu → Rn. 27 mwN sowie BGH UFITA 70 1974, 273 (277 f.) – Der Transport – zum Verhältnis des vertraglichen Vorbehalts der Rechte zur Fernsehauswertung eines Romans zur Einräumung des Verfilmungsrechts an diesem Roman einschließlich des Rechts zur Filmverwertung ua durch Television; s. ferner zur Erlösbeteiligung des Buchautors bei Veräußerung der Fernsehsenderechte an einem Film an die Filmförderungsanstalt OLG München FuR 1979, 614 f. und zur Frage der Aufklärungspflicht über das Vorliegen konkreter Verwertungsangebote bei der Ablösung einer Erlösbeteiligung an Fernsehfilmverwertungsrechten durch eine Pauschalabfindung BGH GRUR 1979, 429 f. – Daktari.

[231] → Vor §§ 88 ff. Rn. 6; RGZ 140, 231 – Tonfilm; KG UFITA 11 1938, 55; KG Schulze KGZ 32 – Serenade einer großen Liebe; LG Berlin Schulze LGZ 67 – Martin Luther; *Ulmer* § 115 II 2; zur Praxis der VG Wort hinsichtlich der Vorführungsrechte insbes. der Drehbuchautoren *Melichar* S. 111.

[232] Zur Begründung RegE BT-Drs. IV/270, 99 zu § 98, jetzt § 88.

[233] Vgl. jetzt aber die Übergangsregelung für unbekannte Nutzungsarten in § 137l.

[234] *Ulmer* § 115 II 2.

[235] BGHZ 67, 56 (58 ff.) – Schmalfilmrechte.

[236] *Ulmer* § 115 II 2; zur Bedeutung der vertraglichen Begrenzung der Befugnis einer Rundfunkanstalt zur Ausstrahlung der Aufzeichnung einer Opernaufführung KG GRUR 1986, 536 – Kinderoper.

[237] S. OLG Hamburg GRUR 1991, 599 (600 f.) – Rundfunkwerbung.

Für **beide Filmarten** sind im Blick auf die sog. **neuen Medien** die Schranken zu beachten, die **48** für den Erwerb eines Nutzungsrechts und damit auch für den Inhalt und Umfang einer vertraglich erworbenen Sendebefugnis aus **§ 31 Abs. 4 aF, 5** folgen. So ist anzunehmen, dass aufgrund des jahrzehntelang gültigen Monopols der öffentlich-rechtlichen Rundfunkanstalten in der Bundesrepublik Deutschland mit ihrem spezifischen Programmauftrag das eigene, anders gewichtete Programme ausstrahlende und anders finanzierte **primäre Kabelfernsehen in privater Trägerschaft** ebenso wie **private drahtlose Fernsehsendungen** insbes. aus wirtschaftlicher Sicht und wegen der andersgearteten Nutzungsintensität bestimmter Produktionen, wie von Spielfilmen und sog. Musikvideos, eine jedenfalls selbstständige Nutzungsart iSd § 31 Abs. 5 aF, darstellen.[238] Daraus folgt insbes., dass die öffentlich-rechtlichen Rundfunkanstalten, ihre Auftragsproduzenten und die Hersteller von Vorfilmen im Zweifel, dh mangels ausdrücklicher Vereinbarung des Erwerbs des Rechts zur Sendung über private Sender, weder über § 88 Abs. 1 Nr. 4 aF noch durch den ausdrücklichen vertraglichen Erwerb des Senderechts allgemein oder auch des Senderechts „zu allen Rundfunkzwecken" das – nach §§ 90, 34, 35 weiterübertragbare und lizenzierbare – positive Nutzungsrecht erworben haben, die für sie geschaffenen Filmwerke auch über private Sendeunternehmen auszustrahlen; durch seit 1966 bis zu deren Zulassung geschlossene Verträge konnten sie dieses Recht nach § 31 Abs. 4 aF nicht erwerben. Bezüglich des privaten primären Kabelfernsehens ändert sich an diesem Ergebnis auch nichts, wenn allgemein das Recht zur Sendung durch Drahtfunk (s. § 20) oder Kabelfunk von Rundfunkanstalten oder Vorführfilmproduzenten vertraglich erworben wurde. Wurde das allgemeine Senderecht für beliebig häufige Wiederholungssendungen erworben, so kann allerdings das Verbietungsrecht einer Rundfunkanstalt zum Schutz ihrer eigenen Sendebefugnisse weiter reichen als ihr positives Nutzungsrecht.

Eine weitere selbstständige Nutzungsart ist die (urheberrechtlich relevante) zeitgleiche, vollständige und unveränderte Weiterübertragung von Rundfunksendungen über Gemeinschaftsantennenanlagen und das sog. **sekundäre Kabelfernsehen;** auch für diese Nutzungsart galt § 31 Abs. 4 aF und war nach § 31 Abs. 5 ein Rechtserwerb des Filmherstellers nur bei ausdrücklicher Bezeichnung dieser Nutzungsart im Vertrag anzunehmen.[239] Aus dem Wirkungsbereich des § 88 Abs. 1 Nr. 4 aF fällt diese Nutzungsart aber in Form der Zweitverwertung ohnehin heraus (→ Rn. 49). Eine weitere, bisher in der Bundesrepublik Deutschland immer noch nur in Ansätzen verwirklichte selbstständige Nutzungsart iSd § 31 Abs. 4 aF, 5 ist das sog. **Pay-Television (Pay-TV).**[240] Dasselbe Ergebnis gilt für das **Satellitenfernsehen,** das allerdings nach hM nur als sog. **direktes** (dh direkt empfangbares) Satellitenfernsehen den urheberrechtlichen Verwertungsvorgang der Sendung iSd § 20 unmittelbar selbst realisiert.[241] Der Grund für diese Beurteilung liegt vor allem in der räumlichen Intensivierung der Sendung mittels direkt empfangbarer Satelliten.

Die **Digitalisierung** von Werken als solche stellt allein noch keine selbstständige Nutzungsart dar.[242] Dem entspricht es, dass auch das **Digitalfernsehen** (Digital Video Broadcasting, DVB-T) im Vergleich mit dem herkömmlichen analogen Fernsehen nicht ohne weiteres als eigenständige Nut-

---

[238] Zum privaten Kabelfernsehen ebenso *Fromm/Nordemann,* 3. Aufl. §§ 31/32 Rn. 16; s. jetzt Fromm/Nordemann/*J. B. Nordemann* § 31 Rn. 77; jedenfalls keine unbekannte Nutzungsart haben angenommen BGH GRUR 1997, 215 – Klimbim; LG München I ZUM 1986, 484 (486) mit zust. Anm. von *Prymusala* AfP 1986, 254; *Möhring/Nicolini* Rn. 50; *Platho* ZUM 1986, 572 (577); *N. Reber* S. 31; *Schwarz* in *Becker/Dreier* (Hrsg.) S. 105, 117; Miteinräumung des Kabelfernsehsenderechts bei Einräumung des Senderechts allgemein nehmen v. Hartlieb/*Schwarz/U. Reber* 93. Kap. Rn. 22 an; ebenso Wandtke/Bullinger/*Manegold/Czernik* Rn. 97; vgl. zur Parallele der elektronischen Textkommunikation *Katzenberger* GRUR-Int 1983, 895 (918 f.).

[239] Für Selbstständigkeit dieser Nutzungsart schon *Reimer* GRUR 1962, 619 (633); wie hier Fromm/Nordemann/*J. B. Nordemann* § 31 Rn. 77, 80; *Mielke* UFITA 101 1985, 11 (13); *N. Reber* S. 28 ff.; *N. Reber* ZUM 1998, 792 (794 f.); Wandtke/Bullinger/*Wandtke/Grunert,* 3. Aufl., § 31a Rn. 25; wohl auch Dreier/Schulze/*Schulze* § 31 Rn. 45; aA BGHZ 133, 281 (289) – Klimbim – mit krit. Anm. von *Loewenheim* GRUR 1997, 220 und *Schricker* EWiR 1996, 1139 f.; BGHZ 147, 244 (254) – Barfuß ins Bett; dem BGH zustimmend *Schwarz* ZUM 1997, 94 f.; so jetzt auch Wandtke/Bullinger/*Manegold/Czernik* Rn. 97; wie der BGH früher schon OLG Hamburg GRUR 1989, 590 – Kabelfernsehen; LG München I ZUM 1986, 484 (486) mit zust. Anm. von *Prymusala* AfP 1986, 254; *Flechsig* ZUM 1991, 1 (12 f.); *Platho* S. 78 ff.; *Platho* ZUM 1986, 572 (577); *Schwarz* GRUR 1996, 836 (837); *Schwarz* in *Becker/Dreier* (Hrsg.) S. 105, 114; *Wittig-Terhardt* FS Reichardt, 1990, 245 (255 f.).

[240] Wie hier auch LG Hamburg ZUM 2016, 673 = GRUR-RR 2016, 68 (69 f.). – Hallo Spencer mwN; Dreier/Schulze/*Schulze* Rn. 62; Wandtke/Bullinger/*Wandtke/Grunert* § 31a Rn. 26; *Ernst* GRUR 1997, 592 (596); aA KG ZUM-RR 2000, 384 (386); Fromm/Nordemann/*J. B. Nordemann* § 31a Rn. 37; *Platho* ZUM 1986, 572 (578); *N. Reber* S. 31; *Schwarz* in *Becker/Dreier* (Hrsg.) S. 105, 116; Wandtke/Bullinger/*Manegold,* 3. Aufl., § 89 Rn. 79; zweifelnd *v. Gamm* ZUM 1994, 591 (594); Miteinräumung des Pay-TV-Nutzungsrechts bei Einräumung des Senderechts nehmen v. Hartlieb/*Schwarz* 92. Kap. Rn. 22 an; ebenso jetzt Wandtke/Bullinger/*Manegold/Czernik* Rn. 96 (auch für Pay-per-View); zu den verschiedenen Formen des Pay-TV *Fuhr/Krone* FuR 1983, 513 ff.

[241] *Prymusala* AfP 1986, 254; *Breidenstein* S. 121 ff.; *Flechsig* ZUM 1991, 1 (13); *Platho* ZUM 1986, 572 (577 f.); *Scharf* FuR 1973, 205 (210); Miteinräumung des Satellitensenderechts bei Einräumung des Senderechts allgemein nehmen v. Hartlieb/*Schwarz/U. Reber* 93. Kap. Rn. 22 an.

[242] BGHZ 148, 221 (231) – SPIEGEL-CD-ROM; Fromm/Nordemann/*J. B. Nordemann* § 31a Rn. 35; *Dreier* in *Becker/Dreier* Hrsg. S. 123, 145; *Katzenberger* in *Schricker* (Hrsg.) Informationsgesellschaft S. 181, 210; aA *Lehmann* in *Lehmann* (Hrsg.) Multimediarecht S. 57, 61; wohl auch Dreier/Schulze/*Schulze* § 31 Rn. 46, § 31a Rn. 48, 49 bejahend für das Sound-Sampling in der Musik und das Picture-Sampling (Digitale Bildverarbeitung).

zungsart zu beurteilen ist,[243] auch wenn es sich technisch vom herkömmlichen Fernsehen eindeutig unterscheidet. Jedoch können zusätzliche Umstände dem digitalen Fernsehen auch die wirtschaftliche Selbstständigkeit verleihen, die für eine eigenständige Nutzungsart erforderlich ist.[244] Als ein solcher Umstand ist es bereits anzusehen, wenn mittels der digitalen Technik **zusätzliche Sendekapazitäten** zB für **Spartenprogramme** für jeweils spezielle Zuschauerkreise genutzt werden.[245] Dasselbe muss auch für das sog. **Near-Video-on-Demand** gelten,[246] bei dem Filme zeitversetzt in festen Intervallen (zB viertelstündlich) sendemäßig ausgestrahlt und von den Zuschauern nicht zu beliebigen Zeitpunkten, aber doch in kurzen zeitlichen Abständen, auch wiederholt, angewählt werden können und bei dem es sich demgemäß nicht um einen Abruf-, sondern um einen **Zugriffdienst** wie beim herkömmlichen Fernsehen handelt. Für das Ergebnis spricht auch die Verwandtschaft mit dem Pay-per-View (s. zu diesem sogleich) als qualifizierter Variante des Pay-TV.[247] Erst recht begründen Sende- und Übertragungsformen zum Zugriff und auf Abruf des Benutzers mit neuartigen Möglichkeiten der individuellen Programmgestaltung und Bezahlung je selbstständige, neue Nutzungsarten: so etwa die Fernsehvariante **Pay-per-View** und das internetbasierte **Video-on-Demand.**[248]

Dasselbe gilt für das **Internet-TV** (**Web-TV, Webcast,** Internet Protocol Television – **IPTV**).[249] Dabei können im Hinblick auf die Rechtfertigung des Ergebnisses insbes. die folgenden Varianten unterschieden werden: Beim **Live-Streaming**, dem Zugänglichmachen von Fernsehsendungen in Echtzeit durch Sendeunternehmen über das Internet und den PC, Laptop oder Handy werden vor allem im beruflichen und mobilen Bereich zusätzliche Zuschauer für das Programm und Werbung erreicht. Beim zeitversetzten **On-Demand-Streaming** gilt dasselbe für eine weitere, während der Sendezeiten nicht erreichbare oder an einer wiederholten Betrachtung interessierte Zuschauer, wobei **Internet-Langzeitarchive** der Sender, wie die Mediathek des Zweiten Deutschen Fernsehen (ZDF), diesen Effekt noch einmal zu steigern vermögen.[250] Das vorstehend Gesagte gilt auch für das sog. **Handy-TV** (auch **Mobile TV** genannt) als Sonderform des IPTV.[251] Zugunsten des Ergebnisses fällt dabei auch ins Gewicht, dass **Telefonnetzbetreiber** wie die Deutsche Telekom seit einigen Jahren, Handy-TV veranstalten und dabei auf der Grundlage entsprechender Lizenzverträge auch Fernsehprogramme von Sendeunternehmen übertragen,[252] was auch die Realisierung neuer Geschäftsmodelle ermöglicht.[253] Die vorstehend dargestellten Grundsätze gelten auch für das **Interaktivfernsehen** mit Möglichkeiten der Zuschauer zum Eingriff in den Programmverlauf,[254] für das **fernsehunabhängige Video-on-Demand,** also für das allgemeine Zugänglichmachen von Filmen zum Abruf aus dem Internet[255] (gleichgültig, ob der Abruf beispielsweise mittels Streaming oder Download erfolgt)[256] und für die Filmverwertung in **Multimediawerken.**[257] Selbst wenn es bei einzelnen neuen Sendeformen nicht zu einer Intensivierung des Fernsehkonsums (Zahl der Zuschauer,

---

[243] S. idS auch *Dreier* in *Becker/Dreier* (Hrsg.) S. 123, 145; Fromm/Nordemann/*J. B. Nordemann* § 31a Rn. 36; *v. Gamm* ZUM 1994, 591 (593); *N. Reber* S. 31; *N. Reber* GRUR 1998, 792 (795); *Schwarz* in *Becker/Dreier* (Hrsg.) S. 105, 113; *Schwarz* ZUM 1997, 94 (95).

[244] Zum Letzteren → § 31 Rn. 85, → § 31a Rn. 28.

[245] Wie hier *N. Reber* S. 31; *N. Reber* GRUR 1998, 792 (796 f.); aA wohl *Schwarz* in *Becker/Dreier* (Hrsg.) S. 105, 115.

[246] Ebenso *N. Reber* S. 31; *N. Reber* GRUR 1998, 792 (796 f.), *Schack* Rn. 624.

[247] Zu dieser Verwandtschaft s. Loewenheim/*Castendyk* § 75 Rn. 37; *N. Reber* GRUR 1998, 792 (796 f.).

[248] Ebenso Dreier/Schulze/*Schulze* Rn. 62; grundsätzlich auch Möhring/Nicolini/*Diesbach/Vohwinkel* Rn. 31; *N. Reber* S. 31 f.; *N. Reber* GRUR 1998, 792 (796 f.); *Schack* Rn. 624; Wandtke/Bullinger/*Manegold/Czernik* vor §§ 88 ff. Rn., 46; nur zu Video-on-Demand Wandtke/Bullinger/*Manegold/Czernik* vor § 88 Rn., 95; *v. Gamm* ZUM 1994, 591 (593 f.); *Schwarz* ZUM 1997, 94 (95); *Schwarz* in *Becker/Dreier* (Hrsg.) S. 111/119, auf S. 117: Pay-per-View zweifelhaft; nach Ansicht des OLG München ZUM 1998, 413 (414 ff.) – Video-on-Demand – soll die Übertragung des Filmauswertungsrechts in allen audiovisuellen Verfahren in einem Filmlizenzvertrag aus dem Jahre 1995 auch die Video-on-Demand-Rechte umfassen, aA zu beiden Nutzungsformen Fromm/Nordemann/*J. B. Nordemann* § 31a Rn. 37, 41; als selbständige Nutzungsart hat das OLG München ZUM 2011, 167 (168) den „Betrieb von Online-Videorekordern" anerkannt.

[249] S. Möhring/Nicolini/*Diesbach/Vohwinkel* Rn. 31; Dreier/Schulze/*Schulze* § 31 Rn. 46, § 31a Rn. 53; *Schack* Rn. 624; *Bortloff* GRUR-Int 2003, 669 (675); aA *Fromm/Nordemann/J. B. Nordemann* § 31a Rn. 36, 41; so wohl auch Wandtke/Bullinger/*Manegold/Czernik*³ vor §§ 88 ff. Rn. 98.

[250] Für deren Qualifikation als selbständige Nutzungsart auch Fromm/Nordemann/*J. B. Nordemann* § 31a Rn. 41; sa generell zum „streaming webcast" LG München I ZUM 2000, 206 (264).

[251] So auch Dreier/Schulze/*Schulze* § 31 Rn. 46; aA Fromm/Nordemann/*J. B. Nordemann* § 31a Rn. 36; *Ory* ZUM 2007, 7 (8); so wohl auch Wandtke/Bullinger/*Manegold/Czernik* vor § 88 ff. Rn. 98.

[252] S. dazu *Flatau* ZUM 2007, 1 f. (3 f.); *Pfennig* ZUM 2008, 363 (370).

[253] S. *Ory* ZUM 2007, 7 (12).

[254] So im Prinzip auch *Schwarz* in *Becker/Dreier* (Hrsg.) S. 105, 119.

[255] Das öffentliche Zugänglichmachen im Internet zum Download wird „Electronic Sell Through" (EST) oder „Download To Own" (DTO) genannt. Weiter differenziert wird nach Abrechnungsform, zB Zahlung je Abruf („TVoD" – Transactional VoD) oder Abruf in einem Abonnement („SVoD" – Subscription VoD).

[256] So auch Dreier/Schulze/*Schulze* § 31 Rn. 46, § 88 Rn. 62; *Wandtke/Bullinger* § 88 Rn. 95; aA Fromm/Nordemann/*J. B. Nordemann* § 31a Rn. 41.

[257] S. dazu *Hoeren* CR 1995, 710 (712 f.); *Katzenberger* in *Schricker* (Hrsg.) Informationsgesellschaft S. 181, 210; *N. Reber* S. 32; *N. Reber.* GRUR 1998, 792 (796); zur Frage, ob Virtual Reality-Systeme bei Computerspielen als neue Nutzungsart (§ 31a) anzusehen sind *Franz* ZUM 2017, 207.

Zeitdauer des Fernsehens je Zuschauer) kommen sollte,[258] so ist doch auf Seiten der Veranstalter mit einer **Intensivierung der Werknutzung** und **zusätzlichen Gewinnen** aus Nutzungsentgelten und Werbeeinnahmen zu rechnen, ohne die diese Sendeformen nicht entwickelt und genutzt würden. An diesen Gewinnen sind die Urheber auch über den Mechanismus der §§ 31 Abs. 4 aF und Abs. 5, 32c, 88 und 89 zu beteiligen. Die wirtschaftlichen Zusammenhänge werden uns dadurch anschaulich illustriert, dass im **Fernsehbereich** bereits heute bestimmte **Auswertungsabfolgen** gelten, wie vom Pay-per-View über Pay-TV zum Free-TV,[259] dazwischen noch die DVD/Blu-ray-Auswertung, im **Kinofilmbereich** von der Kinovorführung über Verkauf und Verleih von DVDs/Blu-rays, Pay-TV, Pay-per-View, On-Demand-Dienste bis zuletzt hin zum Free-TV.[260] Dabei ist festzustellen, dass vor allem die **Online-Videonutzung** und Nutzungsfrequenz in den letzten Jahren rasant an Bedeutung gewonnen hat. So nutzen mittlerweile drei Viertel der Bevölkerung bewegte Bilder zumindest gelegentlich im Netz.[261]

Die **Praxis** wird sich für den Zeitraum der Verbindlichkeit des **§ 88 Abs. 1 aF** (→ Rn. 2) an der sehr restriktiven Rechtsprechung des BGH zum Begriff der technisch und wirtschaftlich eigenständigen Nutzungsart in **§ 31 Abs. 4 aF**[262] und an der Aushebelung des Übertragungszweckprinzips iSd § 31 Abs. 5 durch eine pauschal-umfassende Vertragszweckfiktion im Bereich neuer Verwertungstechniken[263] orientieren müssen. Diese Rechtsprechung gibt dem nicht näher hinterfragten, auch **Windfallprofite** einschließenden Interesse der Werkverwerter am **Schutz ihrer Investitionen** den **Vorzug vor** den Interessen der Urheber an einer **fairen Beteiligung** am wirtschaftlichen Erfolg ihrer Werke, ganz so als hätten diese nicht auch investiert, wenn auch „nur" kreatives Talent, Lebenszeit und Lebenskraft und als wären sie gerade auf dem Gebiet des Films mit seiner verbreiteten Buy-out-Praxis wirklich in der Lage, für eine zukünftige Intensivierung der Nutzung ihrer Werke – wirklichkeitsfremd – „bereits im Rahmen der ursprünglichen Rechtseinräumung eine angemessene Regelung zu treffen", wie BGHZ 163, 109 (116) – Der Zauberberg meint. Das dabei bemühte, kaum vernünftig handhabbare[264] **Substitutionsargument**[265] wird im Schrifttum derart auf die Spitze ge- und übertrieben, dass sogar Video-on-Demand, Web-TV und Handy-TV die wirtschaftliche Eigenständigkeit tendenziell abgesprochen wird, weil sie die DVD oder herkömmliche Fernsehsendungen substituierten.[266] Von einer vergleichbaren Substitution von gedruckten Jahrgangsbänden und Mikrofiche-Ausgaben einer Zeitschrift durch eine CD-ROM-Ausgabe ist früher noch nicht einmal der BGH ausgegangen.[267] Dennoch hat das verfehlte Substitutionsargument des BGH dazu geführt, dass der vertragsrechtliche Schutz der Urheber im Bereich der **Film-DVD** (und inzwischen auch **Blu-ray**[268] oder **Video-on-Demand**) in Deutschland weit **hinter den Standard des Rechts der USA zurückgefallen** ist,[269] ohne dass dieser Standard und weitere Folgevergütungen der Filmurheber in den USA[270] die dortige Filmindustrie ruiniert hätten. Damit kann es jedenfalls **nach Aufhebung** des **§ 31 Abs. 4 aF** und Erstreckung der Vermutung des **§ 88 Abs. 1 nF 2007**[271] auch auf unbekannte Nutzungsarten im Hinblick auf **Rechtseinräumungen seit dem 1.1.2008** durch das Gesetz vom 26.10.2007 (→ Rn. 2) nicht mehr sein Bewenden haben. Eine **großzügige Anerkennung der Eigenständigkeit von Nutzungsarten** steht nunmehr dem Investitionsschutz der Filmverwerter nicht mehr im Wege und ist daher **unausweichlich**[272] durch den gesetzlich (§ 11 S. 2, § 32c) und verfassungsrechtlich[273] verankerten Grundsatz geboten, den Urheber tunlichst an jeder Nutzung seines Werkes wirtschaftlich zu beteiligen. Die daraus folgenden **umfassenden Vergütungsansprüche**

---

[258] S. aber zum gegenläufigen Trend auch in den vergangenen Jahren *Zubayr/Gerhard* Media Perspektiven 2018, 102, wonach jeder Bundesbürger 2017 durchschnittlich 221 Minuten mit Fernsehen verbrachte, sowie *Kupferschmitt* Media Perspektiven 2018, 428, wonach mittlerweile drei Viertel der Bevölkerung bewegte Bilder im Netz nutzen.

[259] S. *Schwarz* GRUR 1996, 836 (837).

[260] Verkürzt nach Wandtke/Bullinger/*Manegold/Czernik* vor §§ 88 ff. Rn. 86.

[261] ARD/ZDF-Onlinestudien 2008–2018, abgedruckt bei *Kupferschmitt* Media Perspektiven 2018, 428.

[262] S. vor allem BGHZ 133, 281 (287 ff., 289) – Klimbim; BGHZ 163, 109 (115 ff.) – Der Zauberberg.

[263] S. BGH GRUR 2003, 234 (.) – EROC III.

[264] S. hierzu *N. Reber* ZUM 1998, 481.

[265] Dazu kritisch → § 31a Rn. 34.

[266] So Fromm/Nordemann/*J. B. Nordemann* § 31a Rn. 36, 41; sa Wandtke/Bullinger/*Manegold/Czernik* vor §§ 88 ff. Rn. 98.

[267] S. BGHZ 148, 221 (230 f.) – SPIEGEL-CD-ROM.

[268] Eine neue Nutzungsart iSd § 31 Abs. 4 aF gegenüber der Video- und DVD-Nutzung haben für die Blu-Ray das LG München I ZUM 2011, 269 sowie das OLG München ZUM 2011, 868 = GRUR-RR 2011, 303 (304) – Blu-ray Disc verneint, auch wenn in der der Entscheidung zugrunde liegenden Vereinbarung ausdrücklich nur von „DVD-Auswertung" gesprochen wurde.

[269] S. dazu *N. Reber* GRUR-Int 2008, 798 ff.

[270] S. *N. Reber* GRUR-Int 2006, 9 (11 ff.); *Datta* 2 Berkeley J. Ent. & Sports L. 2013, 200 (212).

[271] Und des § 89 Abs. 1 nF 2007.

[272] In diese Richtung auch BVerfG GRUR 2010, 332 (333) = ZUM 2010, 235 – Filmurheberrecht, wo darauf hingewiesen wird, dass nunmehr offen ist, ob die bisherige Rechtsprechung zur Abgrenzung bekannter von unbekannten Nutzungsarten fortgeführt werden kann, nachdem das gesetzliche Verbot des § 31 Abs. 4 aF entfallen ist; sa *Kitz* GRUR 2006, 548 (549 ff.) sowie Wandtke/Bullinger/*Wandtke/Grunert* § 31a Rn. 50, § 31a Rn. 34; Wandtke/Bullinger/*Manegold/Czernik* Vor §§ 88 ff. Rn. 106.

[273] → Vor §§ 88 ff. Rn. 41 sowie jüngst BVerfG 2014, 169 (171 f.) – Übersetzerhonorare.

der Urheber auch im Filmbereich ergeben sich im Hinblick auf bekannte Nutzungsarten jeder Art aus der entsprechend weitreichenden Vermutung des § 88 Abs. 1 nF 2002 iVm § 11 S. 2 sowie §§ 32 und 32a auch im Hinblick auf **Rechtseinräumungen seit 1.7.2002** (→ Rn. 2) und im Hinblick auf Rechtseinräumungen im Zeitraum ab dem **1.1.1966** bis zum **31.12.2007** jedenfalls auch in Fällen, in denen in diesem Zeitraum zunächst unbekannte Nutzungsarten, wie die Video- und die DVD/Blu-ray-Nutzung bis ca. 1978, auch aus der Sicht der BGH-Rechtsprechung zunächst unbekannt waren und dann bekannt wurden und in denen eine nach § 31 Abs. 4 aF entsprechend unwirksame Rechtseinräumung nach **§ 137l Abs. 1, 4** nachträglich korrigiert wurde. Das Ergebnis folgt hier aus **§ 137l Abs. 5**.

49   **e)** Die Auslegungsregel des § 88 Abs. 1 Nr. 3 aF bezieht sich **nicht** auf die **öffentliche Wiedergabe von Filmwerken mittels Fernsehempfangsgeräten** in Gaststätten und ähnlichen Einrichtungen. Das hierdurch berührte, auch als sog. **Zweitwiedergaberecht** bezeichnete ausschließliche Recht der Wiedergabe von Funksendungen iSd § 15 Abs. 2 Nr. 4, 22 wird im Zweifel nicht dem Erwerber des Verfilmungsrechts eingeräumt, sondern von den Verwertungsgesellschaften wahrgenommen; der Filmhersteller benötigt dieses Recht nicht zur bestimmungsgemäßen Auswertung des Filmwerks.[274] Ebenso verhält es sich in Bezug auf die **öffentliche Wiedergabe einer Fernsehsendung** mittels einer **Videoaufzeichnung** (§ 22)[275] zu anderen Zwecken als dem der werbemäßigen Präsentation der sendenden Rundfunkanstalt, wenn dieser Anstalt an dem betreffenden, in ihrem Auftrag produzierten Fernsehfilm Nutzungsrechte nur für Sendezwecke eingeräumt worden sind.[276] Dasselbe gilt für die **gesetzlichen Vergütungsansprüche** des § 27 Abs. 2 betreffend das Verleihen von Videogrammen[277] und des § 54 (§§ 53 Abs. 5, 54 Abs. 1 aF). Aus § 88 Abs. 1 Nr. 2 aF folgt nichts anderes. Zum unverzichtbaren und im Voraus nur an eine Verwertungsgesellschaft abtretbaren Vergütungsanspruch des Urhebers gegen den Vermieter nach Einräumung seines ausschließlichen Vermietrechts an den Filmhersteller nach § 27 Abs. 1 bereits → Rn. 38. Im Übrigen auch → § 89 Rn. 19 und neuerdings → § 63a.

5. Verwertung von Übersetzungen und anderen filmischen Bearbeitungen und Umgestaltungen des Filmwerks (§ 88 Abs. 1 nF 2002 und 2007 und § 88 Abs. 1 Nr. 5 aF)

50   **a)** Die Auslegungsregel des **§ 88 Abs. 1 Nr. 5 aF** und die entsprechende Formulierung in **§ 88 Abs. 1 nF 2002 und 2007** verfolgen das Ziel, es dem Filmhersteller bzw. dem Erwerber des Verfilmungsrechts zu ermöglichen, **das Filmwerk auch im Ausland sinnvoll auszuwerten.**[278] Vorbild war und ist die allgemeine Praxis, dem Hersteller jedenfalls von Vorführfilmen in Verfilmungsverträgen das sog. **„Weltverfilmungsrecht"** einzuräumen.[279]

51   **b)** Nach § 88 Abs. 1 nF 2002 und 2007 und § 88 Abs. 1 Nr. 5 aF sind die **Auswertungsbefugnisse des Filmherstellers** bzw. des Erwerbers des Verfilmungsrechts **im Ausland** grundsätzlich die gleichen, wie sie sich als umfassende Nutzungsbefugnisse aus § 88 Abs. 1 nF 2002 und 2007 ergeben und wie sie in § 88 Abs. 1 Nr. 2–4 aF differenziert umschrieben sind (→ Rn. 37–49; zur rechtlichen Qualifizierung der international unbeschränkten Rechtseinräumung → Rn. 34). Zusätzlich ist der Filmhersteller nach Nr. 5 aF bzw. § 88 Abs. 1 nF 2002 und 2007 berechtigt, der ausländischen Filmverwertung eine übersetzte und auch sonst an die ausländischen Verhältnisse angepasste Fassung des Filmwerks zugrunde zu legen. Ein Vertrag, wie ein Videolizenzvertrag, über einen fremdsprachigen Film kann aber auch dahingehend auszulegen sein, dass er nur zu einer **Untertitelung**, nicht aber zur **Synchronisation** (englisch: dubbing) und zur Nutzung einer sog. **Voice-over-Fassung** berechtigt.[280] Nicht genannt ist in den vorgenannten Bestimmungen das **Recht zur Herstellung** einer

---

[274] AmtlBegr. BT-Drs. IV/270, 98 f. zu § 98, jetzt § 88; *Melichar* S. 105; zum Verbleib dieses Rechts im Zweifel beim Urheber unter Auslegung der Honorarbedingungen einer Rundfunkanstalt LG München I UFITA 46 1966, 369 – Deutschlandfahrt mit Ypsilon.

[275] AA in beiderlei Hinsicht zu § 88 Abs. 1 nF 2002 und 2007 Wandtke/Bullinger/*Manegold*/*Czernik* Rn. 71; wie hier aber Wandtke/Bullinger/*Manegold*/*Czernik* Rn. 28.

[276] S. OLG Frankfurt a. M. GRUR 1989, 203 (204 f.) – Wüstenflug.

[277] Zum Ausschluss solcher Ansprüche der Musikurheber bei der Verbreitung von Schmalfilmen zum Zweck der öffentlichen Wiedergabe der Tonfilmmusik sowie bei der das Vervielfältigungs- und Verbreitungsrecht solcher Urheber verletzenden Herstellung und Verbreitung von Schmalfilmkopien zum Zweck der privaten Wiedergabe BGHZ 67, 56 (64 f., 67) – Schmalfilmrechte.

[278] Vgl. AmtlBegr. BT-Drs. IV/270, 98 zu § 98, jetzt § 88.

[279] Zur aus dem Zweck eines Drehbuchvertrags folgenden Übertragung der weltweiten Auswertungsrechte an den Hersteller eines Vorführfilms bereits KG GRUR 1933, 510 (511) – Der Schrecken der Garnison; zur Einräumung des Rechts zum internationalen Programmaustausch und Programmverkauf an Rundfunkanstalten durch deren angestellte Autoren OLG Hamburg GRUR 1977, 556 (558 f.) – Zwischen Marx und Rothschild; LG Saarbrücken UFITA 38 1962, 224 (228 ff.); aA LG Hamburg FuR 1975, 358 (360 f.); jeweils zu einer Tarifvertragsklausel, welche die Rechtseinräumung ohne nähere Spezifizierung für die „Auswertung auf dem Gebiete des Rundfunks" vorsah; zur Vereinbarkeit von Klauseln über den internationalen Programmaustausch in den Honorarbedingungen der Rundfunkanstalten mit dem AGBG BGH GRUR 1984, 45 (50) – Honorarbedingungen: Sendevertrag; KG GRUR 1984, 509 (513 ff.) – Honorarbedingungen Urheber/Fernsehen.

[280] S. OLG Köln ZUM 2007, 401 (402 f.) – Videozweitauswertung; dazu näher auch bereits → Rn. 8.

solchen Filmfassung. Darin liegt aber keine Lücke in der Reihe der Nutzungsbefugnisse des Erwerbers des Verfilmungsrechts. Der Gesetzgeber ging vielmehr davon aus, dass es eines entsprechenden Nutzungsrechtserwerbs nach § 23 gar nicht bedürfe.[281] Es erscheint naheliegend, dass der vom Gesetzgeber zu § 23 grundsätzlich vorausgesetzte private Zweck der Herstellung einer Bearbeitung oder Umgestaltung eines Werkes bei der Herstellung von fremdsprachigen Filmversionen generell zu verneinen ist,[282] jedenfalls umfassen dann aber § 88 Abs. 1 nF 2002 und 2007 und § 88 Abs. 1 Nr. 5 aF sinngemäß auch das Recht zur Herstellung solcher Versionen von Filmwerken.

c) Zu den Begriffen der **Übersetzung, Bearbeitung** und **Umgestaltung** → § 3 Rn. 1, 5 ff. und   **52** → § 23 Rn. 3 ff., § 88 Abs. 1 nF 2002 und 2007 bzw. § 88 Abs. 1 Nr. 5 aF erlaubt die Verwertung von Übersetzungen, dh von Synchronisationen der sprachlichen Filmelemente,[283] dies allerdings nur als Teil des Filmwerks, nicht etwa in Buchform (→ Rn. 42). Entsprechend heißt es in § 88 Abs. 1 Nr. 5 aF auch, dass dem Erwerber des Verfilmungsrechts (nur) die Verwertung **filmischer** Bearbeitungen oder Umgestaltungen des Filmwerks zusteht. Er ist daher aufgrund dieser Bestimmung nicht befugt, das Filmwerk zB in einer Bühnenfassung zu verwerten.[284] Auf das **Redaktionsversehen** bei § 88 Abs. 1 nF 2002 und 2007, der die Umgestaltungen des Filmwerkes nicht erwähnt, ist bereits an anderer Stelle (→ Rn. 36) hingewiesen worden.

d) Die **Grenzen der Bearbeitungs- und Umgestaltungsbefugnisse** des Erwerbers des Verfil-   **53** mungsrechts ergeben sich zum einen aus eventuellen vertraglichen Abreden sowie aus §§ 14, 39, 93, zum anderen daraus, dass nur Anpassungen des Filmwerks an die ausländischen Verhältnisse zulässig sind, die Identität des Filmwerks damit nicht grundsätzlich verändert werden darf; zulässig sind zB Entfernungen oder Änderungen einzelner Szenen etwa aus Zensur- oder Verständnisgründen des ausländischen Publikums, Veränderungen der Filmlänge in Anpassung an die im Ausland übliche Vorführdauer, nicht aber wesentliche inhaltliche Änderungen.[285] Durch § 88 Abs. 1 Nr. 5 aF bzw. § 88 Abs. 1 nF 2002 und 2007 keinesfalls gedeckt ist auch die **Verwertung von Ausschnitten des Filmwerks,** das sog. **Abklammern** bzw. die Auswertung von **Klammerteilen** in anderen Filmwerken,[286] die Auswertung des Tonteils von Filmen auf **Tonträgern**[287] und die **Merchandising**- und **Themenpark**-Nutzung.[288] Jedenfalls im Hinblick auf § 88 Abs. 1 nF 2002 und 2007, wohl aber auch bereits zu § 88 Abs. 1 aF wird man jedoch annehmen können, dass die Verwertung von Filmausschnitten zur **Werbung** für den jeweiligen Film selbst, sog. **Trailern,** in allen bekannten (§ 88 Abs. 1 nF 2002) bzw. in allen (§ 88 Abs. 1 nF 2007) Medien, also zB einschließlich der Werbung im Internet für Produktionen, von der gesetzlichen Vermutung der Rechtseinräumung ebenso umfasst wird wie die **dokumentarischen** sog. **Making-ofs** des jeweiligen Films, wie sie vor allem als filmbegleitendes Material auf DVDs/Blu-rays und im Internet zu finden sind.[289] Dies gilt auch nach der BGH-Entscheidung „Zauberberg" aber nur für eine derartige Verwertung von Filmausschnitten (einschließlich des beim Filmschnitt ausgesonderten Filmmaterials), **nicht** aber für **außerhalb der Dreharbeiten fotografierte Ausstattungsstücke;**[290] und im Fall der Werbung oder Dokumentation mit einzelnen Bildern zwar für die Verwendung von **Filmeinzelbildern** aus dem gedrehten Filmmaterial, **nicht** aber für die Nutzung von speziell aufgenommenen **Standbildern.**[291] Im Fall der mit dem Vorstehenden übereinstimmenden Entscheidung des OLG Köln ZUM 2005, 235 (236) – Standbilder im Internet, handelte es sich entgegen dem irreführenden Entscheidungsstichwort um Filmeinzelbilder, nicht um Standbilder. Von der gesetzlichen Vermutung des § 88 Abs. 1 nF 2002 und 2007 und des § 88 Abs. 1 Nr. 5 aF erfasst sind auch **neue Schnittfassungen** eines Filmes im vereinbarten oder im Zweifel als unbefristet zu vermutenden Auswertungszeitraum,[292] die wie zB der Director's Cut des bekannten deutschen Filmes „Das Boot" noch Jahre oder Jahrzehnte (im konkreten Fall über 15 Jahre) nach der ursprünglichen Filmherstellung zu einem erheblichen wirtschaftlichen Erfolg in einer Vielzahl von Medien führen können. An diesem Erfolg sind die Urheber vorbestehender Werke

---

[281] S. AmtlBegr. BT-Drs. IV/270, 98 zu § 98, jetzt § 88; → § 23 Rn. 22.

[282] Dazu → § 23 Rn. 22 und insbes. *Ulmer* § 56 IV 2.

[283] Zum Begriff der Synchronisation und zur Praxis v. Hartlieb/*Schwarz*/*Dobberstein* 35. Kap. Rn. 6, 100. Kap. Rn. 1 ff., sowie LG München I FuR 1984, 534 – All about Eve – zum Urheberrecht des Synchronautors; → Rn. 18 sowie zur Untertitelung und gegebenenfalls Voice-over-Technik → Rn. 8, 51.

[284] AmtlBegr. BT-Drs. IV/270, 98 zu § 98, jetzt § 88; → Rn. 42.

[285] Vgl. KG GRUR 1933, 510 (511) – Der Schrecken der Garnison; zur besonderen Bindung der Filmmusik an einen bestimmten Filminhalt BGH GRUR 1957, 611 (612 f.) – Bel ami; *v. Gamm* Rn. 11.

[286] S. dazu BGHZ 9, 262 – Lied der Wildbahn I; BGH UFITA 55 1970, 313 – Triumph des Willens; LG Berlin GRUR 1962, 207 – Maifeiern sowie aus jüngerer Zeit LG München I ZUM-RD 2007, 137 (147 f.) und OLG München ZUM-RD 2008, 131 (147), beide zu geklammerten Filmausschnitten aus der „Pumuckl"-Fernsehserie; Dreier/Schulze/*Schulze* Rn. 33; aA Fromm/Nordemann/*J. B. Nordemann* Rn. 62.

[287] BGH GRUR 1984, 119 – Synchronisationssprecher; sa Wandtke/Bullinger/*Manegold*/*Czernik* Rn. 72.

[288] S. Dreier/Schulze/*Schulze* Vor § 31 Rn. 189; Fromm/Nordemann/*J. B. Nordemann* Rn. 63, 69; Möhring/Nicolini/*Diesbach*/*Vohwinkel* Rn. 32; Wandtke/Bullinger/*Manegold*/*Czernik* Rn. 72; → Rn. 42; v. Hartlieb/*Schwarz* 267. Kap. Rn. 3. Zum Schutz der Einzelnen Lichtbilder des Filmwerks s. §§ 89 Abs. 4 nF 2002 und 2007, § 91.

[289] So auch Fromm/Nordemann/*J. B. Nordemann* Rn. 61; wohl auch *Wandtke/Bullinger* Rn. 54.

[290] Zu Letzterem s. BGHZ 163, 109 (118 f.) – Der Zauberberg.

[291] Zu dieser Unterscheidung → § 91 Rn. 10.

[292] Dazu → Rn. 34, 57.

unter der Geltung des § 88 aF (→ Rn. 2) nach § 36 aF[293] und im Anwendungszeitraum des § 88 nF 2002 und 2007[294] nach **§ 32a** auch Filmurheber iSd § 89 gemäß § 90 nF zu beteiligen.[295] **Neu- bzw. Wiederverfilmungen** sind nicht nach § 88 Abs. 1 Nr. 5 aF, § 88 Abs. 1 nF 2002 und 2007, sondern nach § 88 Abs. 2 zu beurteilen (→ Rn. 54 ff.).

Besondere Bedeutung haben diese Grundsätze für die **Filmmusik.** Wesentliche **Kürzungen der Original-Filmmusik** zu einer ausländischen Fernsehserie, die als musikalisches Gesamtwerk zu qualifizieren ist, und der **Teilersatz** dieser Musik durch die Musik eines Dritten in der deutschen Fassung dieser Serie stellen eine unzulässige Beeinträchtigung der Original-Filmmusik iSd § 14 dar[296] und verpflichten zu immateriellem Schadensersatz nach § 97 Abs. 2.[297] Dagegen soll bei der Übernahme von Spielfilmausschnitten in eine Comedy-Fernsehserie unter gänzlicher **Weglassung der Original-Filmmusik** eine Verletzung des Urheberrechts des Komponisten dieser Musik nicht vorliegen.[298] Zur Beurteilung von **Werbeunterbrechungen** bei der Fernsehausstrahlung von Spielfilmen → § 93 Rn. 13, zur nachträglichen **Kolorierung** von Schwarz-Weiß-Filmen → § 93 Rn. 13 f. und zu **Laufzeitänderungen** und **Formatanpassungen** → § 93 Rn. 14 f.

IV. Umfang der Rechtseinräumung nach § 88 Abs. 2 aF und nF 2016: Wiederverfilmung und anderweitige filmische Verwertung des verfilmten Werkes

54   1. § 88 Abs. 2 unterscheidet zwischen der **Wiederverfilmung** des verfilmten Werkes durch den Erwerber des Verfilmungsrechts (S. 1) und der **anderweitigen filmischen Verwertung** des verfilmten Werkes durch dessen Urheber (S. 2). In beiden Fällen enthält die Bestimmung wie Abs. 1 lediglich Auslegungsregeln für Zweifelsfälle, lässt also anderslautende eindeutige vertragliche Vereinbarungen unberührt (→ Rn. 4). Von der Wiederverfilmung zu unterscheiden ist die **Herstellung und Verwertung einer fremdsprachigen Version** eines (ersten) Filmwerks, die nicht nach § 88 Abs. 2, sondern nach § 88 Abs. 1 nF 2002 und 2007 bzw. § 88 Abs. 1 Nr. 5 aF zu beurteilen ist (→ Rn. 50 ff.). **Sequels, Prequels, Spin-offs** oder andere Fortentwicklungen eines Werkes fallen nicht unter S. 2, weil sie keine Wiederverfilmung sind. Die Reformen des § 88 in den Jahren 2002 und 2007 haben dessen Abs. 2 zunächst noch unberührt gelassen (→ Rn. 2).

Mit dem **Gesetz zur verbesserten Durchsetzung des Anspruchs der Urheber und ausübenden Künstler auf angemessene Vergütung und zur Regelung von Fragen der Verlegerbeteiligung vom 20.12.2016** wurden im S. 2 des § 88 Abs. 2 nF 2016 die Wörter „im Zweifel" gestrichen sowie ein Satz angefügt, wonach von S. 2 zum Nachteil des Urhebers nur durch eine Vereinbarung abgewichen werden kann, die auf einer anwendbaren gemeinsamen Vergütungsregel (§ 36) oder auf einem entsprechendem Tarifvertrag beruht. Ohne eine anwendbare kollektivrechtliche Ausnahmeregelung und eine entsprechende Individualvereinbarung gilt aufgrund der Streichung in S. 2 nunmehr für Verträge ab dem 1.3.2017 (§ 132 Abs. 3a S. 1) **unabdingbar** bzw. **zwingend,** dass der Urheber berechtigt ist, sein Werk **nach Ablauf von 10 Jahren** nach Vertragsabschluss **anderweit filmisch zu verwerten,** insbesondere erneut verfilmen zu lassen (→ Vor §§ 88 ff. Rn. 38).

55   2. 88 Abs. 2 S. 1 geht vom **Grundsatz der einmaligen Verfilmung** eines Werkes aus, weil der Urheber eines verfilmten Werkes das Verfilmungsrecht idR für ein bestimmtes Filmvorhaben vergibt.[299] Im Zweifel, dh wenn nichts anderes vereinbart ist, ist der Erwerber des Verfilmungsrechts daher nicht zu einer Wiederverfilmung des Werkes befugt. Dies war auch bereits vor Inkrafttreten des UrhG in der Rechtsprechung anerkannt.[300]

---

[293] Noch unter Ausschluss der Filmurheber iSd § 89 durch § 90 S. 2 aF.

[294] Ebenfalls → Rn. 2.

[295] S. zum den Fairnessausgleich (§ 32a) vorbereitenden Auskunftsanspruch des Chef-Kameramanns/Director of Photography des Filmes „Das Boot", also eines typischen Filmhebers, s. BGH GRUR 2012, 496 – Das Boot, nebst Folgeentscheidung OLG München ZUM 2013, 499 = GRUR-RR 2013, 276 – Das Boot II (rkr. aufgrund Zurückweisungsbeschluß des BGH 19.3.2014 – I ZR 74/13); ebenso bereits LG München I ZUM 2009, 794 (800 ff.); s. jetzt auch die Bezifferungsverfahren nach § 32a Abs. 1 und 2: OLG München ZUM 2018, 208 – Das Boot III mAnm *v. Becker* GRUR-Prax 2018, 263 (Vorinstanz: LG München I ZUM 2016, 776 mAnm *Flechsig* ZUM 2016, 786) und OLG Stuttgart ZUM-RD 2019, 20 – Das Boot IV mAnm *v. Becker* GRUR-Prax 2019, 45 (Vorinstanz: LG Stuttgart ZUM-RD 2018, 245 mAnm *v. Becker* GRUR-Prax 2018, 103); KG ZUM-RD 2016, 510 = GRUR-Int 2016, 1072 – Fluch der Karibik, mAnm *N. Reber* GRUR-Int 2016, 1078 (Vorinstanz LG Berlin ZUM-RD 2016, 522 – Fluch der Karibik II).

[296] S. OLG München ZUM 1992, 307 (309 ff.) – Christoph Columbus I; s. zu diesem Fall auch → § 93 Rn. 11; *Moser* in *Becker* (Hrsg.) S. 29, 38.

[297] S. OLG München ZUM-RD 1997, 350 (352 f.) – Christoph Columbus II; im konkreten Fall wurden DM 40.000 zugesprochen, während der Kläger mindestens DM 200.000 verlangt hatte.

[298] So OLG Hamburg GRUR 1997, 822 (824 ff.) – Edgar-Wallace-Filme; das Gericht neigt dabei im Hinblick auf § 89 der Auffassung der hM → Vor §§ 88 ff. Rn. 60 zu, dass der Komponist der Filmmusik nicht Miturheber des Filmwerks ist.

[299] So AmtlBegr. BT-Drs. IV/270, 99 zu § 98, jetzt § 88.

[300] BGH UFITA 24 1957, 399 (405 f.) – Lied der Wildbahn III; BGH GRUR 1957, 614 (615) – Ferien vom Ich.

Bei **vertraglicher Einräumung des Wiederverfilmungsrechts** können Bindungen des Erwer- 56
bers hinsichtlich der **Art der Verfilmung,** zB Herstellung eines (weiteren) Vorführfilms oder spezielle Fernsehverfilmung (→ Rn. 27), oder hinsichtlich des Inhalts des weiteren Filmwerks bestehen.[301]
Ist dem Erwerber des Verfilmungsrechts das Wiederverfilmungsrecht vertraglich eingeräumt worden,
so bedarf es zu dessen **Weiterübertragung oder Lizenzierung** der Zustimmung des Urhebers nach
§§ 34, 35, deren Anwendung insoweit wie bezüglich des Erst-Verfilmungsrechts nach § 88 Abs. 1
Nr. 1 aF (→ Rn. 34) nicht durch § 90 aF ausgeschlossen ist,[302] bzw. nach § 90 Abs. 2 S. 1 nF (bisher:
§ 90 S. 2) erst ab Beginn der Dreharbeiten greift (→ Rn. 34). Ist das Wiederverfilmungsrecht rechtswirksam weiterübertragen worden, so wird dieses Recht des Erwerbers in seinem Bestand nicht dadurch berührt, dass der Inhaber des Urheberrechts von dem schuldrechtlichen Vertrag mit dem Ersterwerber des Wiederverfilmungsrechts wegen Nichterfüllung seines Vergütungsanspruchs zurücktritt;
das gilt wegen der andersartigen Interessenlage der Beteiligten beim Wiederverfilmungsvertrag im
Vergleich mit derjenigen der Parteien eines Verlagsvertrags selbst dann, wenn sämtliche Erwerber der
Wiederverfilmungsrechte wie ein Verlag eine Auswertungspflicht übernommen haben; eine entsprechende Anwendung von §§ 9, 28 Abs. 2 VerlG auf Wiederverfilmungsverträge kommt nicht in Betracht.[303]

3. Erwirbt der Erwerber des (Erst-)Verfilmungsrechts und Filmhersteller das Wiederverfilmungs- 57
recht nicht, so stehen ihm doch – in Zweifelsfällen entsprechend §§ 88, 89 – die **ausschließlichen
Nutzungsrechte an dem ersten Filmwerk** zu, und zwar, wenn nichts anderes vereinbart wurde,
grundsätzlich **unbefristet.**[304] Nach dem Grundsatz, dass die (negativen) Verbietungsrechte des Inhabers ausschließlicher Nutzungsrechte weiter reichen können als seine (positiven) Rechte zur Benutzung des geschützten Werkes, und zwar auch gegenüber Dritten,[305] oder unter dem Gesichtspunkt
eines Anspruchs aus dem Verfilmungsvertrag kann der Hersteller des ersten Filmwerks, soweit seine
eigenen Verwertungsbefugnisse daran beeinträchtigt werden, einer erneuten, vom Urheber des verfilmten Werkes gestatteten Verfilmung bzw. der Verwertung des zweiten Filmwerks entgegentreten,[306]
Dies allerdings auch nach der gesetzlichen Neuregelung des § 88 Abs. 2 S. 2 nF 2016 nur für einen
Zeitraum von maximal **10 Jahren ab Vertragsschluss.**[307] Denn danach soll der Urheber nach dem
gesetzgeberischen Willen berechtigt sein, sein Werk neu verfilmen zu lassen; und zwar auf Grundlage
einer (neuen) Vereinbarung mit einer angemessenen Vergütung (§ 32) entweder mit dem Erwerber
des Erstverfilmungsrechts oder aber mit einem Dritten. Nach der Gesetzeslage ist daher nicht davon
auszugehen, dass der Verwerter des Erstverfilmungsrechts das Recht haben soll, gegen eine vom Gesetz dem Urheber ausdrücklich zugebilligte weitere Verfilmung seines Werkes durch einen Dritten
nach Ablauf von 10 Jahren rechtlich vorzugehen.[308] Der Schutz des ersten Filmherstellers dient der
ungestörten Auswertung des Rechts des Filmherstellers zur öffentlichen Vorführung seines Filmwerks
in Filmtheatern, dem Filmhersteller steht aber selbst dann kein Anspruch gegen den Urheber des
Bühnenstücks zu, dessen Fernsehauswertung für alle Zukunft zu unterlassen, wenn er selbst ein zeitlich unbeschränktes Filmauswertungsrecht erworben hat.[309]

§ 88 Abs. 2 S. 2 nF 2016 bestimmt jetzt, dass der **Urheber** des verfilmten Werkes **nach Ablauf** 58
von zehn Jahren nach Abschluss des Verfilmungsvertrags berechtigt ist, sein Werk auch **anderweit**

---

[301] S. BGH GRUR 1957, 611 (612 f.) – Bel ami – betreffend Wiederverfilmung von Filmmusik, dazu → Rn. 34.
[302] Ebenso Dreier/Schulze/*Schulze* Rn. 67; Wandtke/Bullinger/*Manegold/Czernik* Rn. 78.
[303] BGHZ 27, 90 (93 f.) – Privatsekretärin; aA Dreier/Schulze/*Schulze* Rn. 67; Fromm/Nordemann/*J. B. Nordemann* Rn. 87.
[304] So auch Fromm/Nordemann/*J. B. Nordemann* Rn. 48; unklar Wandtke/Bullinger/*Manegold/Czernik* Rn. 79;
aA Dreier/Schulze/*Schulze* Rn. 39; → Rn. 34.
[305] S. Dreier/Schulze/*Schulze* Rn. 68; *Fromm/Nordemann/J. B. Nordemann* Rn. 84; Wandtke/Bullinger/*Manegold/
Czernik* Rn. 79.
[306] S. dazu im Film-/Fernsehbereich BGH GRUR 1969, 364 (366 f.) – Fernsehauswertung – zum Schutz des
Herstellers eines nach einem Bühnenstück gedrehten Vorführfilms gegen Fernseh-Live-Sendungen von Aufführungen des Bühnenstücks, Fernsehsendungen nach Aufzeichnung solcher Aufführungen und spezielle Fernsehverfilmung des Bühnenstücks.
[307] Ebenso Fromm/Nordemann/*J. B. Nordemann* Rn. 80, 88b aE.
[308] Zur Frage der Wirksamkeit von Optionsverträgen durch den Ersterwerber des Verfilmungsrechts oder der
Vereinbarung eines first negotiation/last refusal-Rechts, *Schwarz* FS *G. Schulze,* 2017, 317 ff.; Fromm/Norde-
mann/*J. B. Nordemann* Rn. 88a; es erscheint auch höchst zweifelhaft, ob die Umdeutung eines über 10 Jahre ab
Vertragsschluss hinausgehenden ausschließlichen Wiederverfilmungsrechts (entgegen § 88 Abs. 2 S. 3, 4) in ein
einfaches Wiederverfilmungsrecht zulässig ist, so aber *Schwarz* FS *G. Schulze,* 2017, 317 ff. u. Fromm/Norde-
mann/*J. B. Nordemann* Rn. 88a. Denn auch ein einfaches Wiederverfilmungsrechts wird es dem Urheber entgegen
Sinn und Zweck der Neuregelung praktisch unmöglich machen, sein Wiederverfilmungsrecht durch einen Dritten
verwerten zu lassen und hierfür eine angemessene Vergütung zu erlangen. Niemand wird ein Wiederverfilmungsrecht erwerben, wenn er damit rechnen muss, dass auch der Ersterwerber jederzeit eine Wiederverfilmung vornehmen kann.
[309] BGH GRUR 1957, 614 (615 f.)– Ferien vom Ich – zur Frage des Schutzes des Erwerbers des ausschließlichen
Vorführungs- und Verleihrechts an einem Filmwerk gegenüber der vom Inhaber des Filmurheberrechts gestatteten
unfreien Benutzung des Filmwerks bei der Wiederverfilmung des gleichen Romans; BGHZ 9, 262 (265) – Lied der
Wildbahn I – verneinend zum Schutz des Inhabers des Vorführungs- und Verleihrechts an einem Filmwerk gegen
die öffentliche Vorführung von Ausschnitten aus dem Filmwerk; LG Köln UFITA 42 1964, 209 – Peterchens
Mondfahrt.

filmisch zu verwerten (zuvor: „im Zweifel"). Bereits die AmtlBegr.[310] zur bisher[311] geltenden Regelung des § 88 Abs. 2 S. 2 aF wies darauf hin, dass die Auswertung eines Filmes idR innerhalb verhältnismäßig kurzer Zeit abgeschlossen sei, es in der Praxis mehr und mehr üblich werde, die ausschließlichen Rechte des Filmherstellers zeitlich zu begrenzen[312] und daher ein zeitlich unbegrenzter Schutz des Filmherstellers gegen eine Zweitverfilmung nicht erforderlich sei. Die Gesetzesbegründung zur Urheberrechtsnovelle 2016[313] hebt nunmehr hervor, dass die Stellung der Urheber von Werken, die bereits verfilmt wurden, weiter gestärkt werden soll. Aus diesem Grund wurde dem Urheber die – grundsätzlich **zwingende** – gesetzliche Erlaubnis erteilt, sein Werk nach 10 Jahren wiederverfilmen zu lassen. In § 88 Abs. 2 S. 3 nF 2016 wurde zugleich neu geregelt, dass hiervon nur abgewichen werden darf, soweit gemeinsame Vergütungsregeln (§ 36) oder ein Tarifvertrag dies für (Individual-)Vereinbarungen vorsehen. Durch die Verweisung in § 95 gilt die genannte Änderung auch für Bildfolgen und Bild- und Tonfolgen, die nicht als Filmwerke geschützt sind (Laufbilder). Die eigenen Nutzungsbefugnisse des Herstellers des ersten Filmwerks wurden und werden durch § 88 Abs. 2 S. 2 aF und nF nicht beeinträchtigt.[314] Auch seine ausschließlichen Rechte werden nur relativ, dh gegenüber der Neuverfilmung des verfilmten Werkes und Verwertung des zweiten Filmwerks, nicht aber darüber hinaus beseitigt; insbes. kann der Hersteller des ersten Filmwerks einer unberechtigten Verwertung dieses Filmwerks selbst begegnen.[315] Kommt es nach Ablauf der in § 88 Abs. 2 S. 2 genannten Zehnjahresfrist zu gegenseitigen Behinderungen bei der Auswertung des ersten und des zweiten Filmwerks, so müssen diese letztlich durch **Abstimmung der Werkverwertung** unter den beiden Betroffenen vermieden werden,[316] wobei nach der Neufassung des § 88 Abs. 2 S. 2 davon auszugehen ist, dass nach Ablauf der grundsätzlich zwingenden gesetzlichen 10-Jahres-Frist nicht von einer Behinderung des Inhabers des Erstverfilmungsrechts durch den Erwerb des Wiederverfilmungsrechts und dessen Wiederverfilmung ausgegangen werden kann.[317] Die Bestimmung des § 88 Abs. 2 S. 2 aF war nur bis zum 1.3.2017 (§ 132 Abs. 3a S. 1) vertraglich, auch im Rahmen von Allgemeinen Geschäftsbedingungen, frei abdingbar.[318] Nunmehr gilt insoweit aber zwingend § 88 Abs. 2 S. 3 nF 2016. Das bedeutet wiederum, dass für die Wirksamkeit einer von § 88 Abs. 2 S. 2 abweichenden Vereinbarung, also etwa der Vereinbarung eines Wiederverfilmungsrechts über einen Zeitraum von mehr als 10 Jahren ab Vertragsschluss, ab dem 1.3.2017 grundsätzlich **zwei Voraussetzungen** erfüllt sein müssen: Zum einen muss es eine entsprechende ausdrückliche **Öffnungsklausel** entweder in einer anwendbaren gemeinsamen Vergütungsregel (§ 36) oder in einem entsprechenden Tarifvertrag geben. Und zum anderen muss in der **Individualvereinbarung** mit dem Urheber, mit der das Wiederverfilmungsrecht zugunsten des Filmherstellers und zum Nachteil des Urhebers abweichend von § 88 Abs. 2 S. 3 geregelt werden soll, auf eine entsprechende Kollektivvereinbarung Bezug genommen werden. Die **Beweislast,** dass diese Voraussetzungen erfüllt sind, trägt derjenige, der sich auf die Ausnahmeregelung beruft, also regelmäßig der (erste) Filmhersteller.

V. Beweisfragen

59 Fehlen eindeutige ausdrückliche vertragliche Vereinbarungen über den Umfang einer Rechtseinräumung, so hat zunächst derjenige, der behauptet, ein Verfilmungsrecht erworben zu haben, dieses entsprechend der Beweislastverteilung bei § 31 Abs. 5 zu beweisen, da § 88 insoweit keine Regelung enthält.[319] Steht die Einräumung des Verfilmungsrechts fest, so hat der Urheber erforderlichenfalls eine weniger weit reichende Rechtseinräumung zu beweisen, als die Auslegungsregeln des § 88 sie vorsehen.[321] Für einen darüber hinausgehenden Rechteerwerb, also zB unter der Geltung des § 88 Abs. 1 aF hinsichtlich der audiovisuellen Verwertung eines Filmwerks (→ Rn. 39, 40) und der Verwertung eines Filmwerks in den sog. neuen Medien (→ Rn. 48), der nach § 31 Abs. 5 zu bestimmen ist, trägt wiederum der Erwerber des Verfilmungsrechts die Beweislast.[322] Das gleiche gilt, wiederum im Hinblick auf § 88 Abs. 1 aF, wenn der Erwerber des Verfilmungsrechts geltend macht, nicht nur das Recht zur Herstellung eines Vorführfilms, sondern auch dasjenige zur speziellen Fernsehverfil-

---

[310] BT-Drs. IV/270, 99 zu § 98, jetzt § 88.
[311] Also für Verträge, die bis zum 1.3.2017 abgeschlossen wurden, s. § 132 Abs. 3a S. 1.
[312] S. BGHZ 5, 116 (121 ff.) – Parkstraße 13 und dazu → Rn. 34.
[313] BT-Drs. 18/8625, 31.
[314] S. AmtlBegr. BT-Drs. IV/270, 99 zu § 98, jetzt § 88; Fromm/Nordemann/*J. B. Nordemann* Rn. 83; *v. Gamm* Rn. 12.
[315] *v. Gamm* Rn. 12.
[316] S. BGH GRUR 1969, 364 (367) – Fernsehauswertung – und Näheres dazu in → Rn. 57; BGH GRUR 1976, 382 (384) – Kaviar; zur Auslegung von Vereinbarungen über eine Sendesperre zu Lasten einer Rundfunkanstalt und zum Schutz einer Neuverfilmung KG UFITA 64 1972, 298 – Die Feuerzangenbowle.
[317] → Rn. 57 mwN.
[318] So zur alten Rechtslage BGH GRUR 1984, 45 (48) – Honorarbedingungen: Sendevertrag.
[319] Vgl. → Rn. 11, 25 f.; ebenso Fromm/Nordemann/*J. B. Nordemann* Rn. 96.
[321] Ebenso Fromm/Nordemann/*J. B. Nordemann* Rn. 96; *Möhring/Nicolini* Rn. 68.
[322] Ebenso generell zur außerfilmischen Verwertung Fromm/Nordemann/*J. B. Nordemann* Rn. 96; dort auch im selben Sinne zum Erwerb des Wiederverfilmungsrechts entgegen der Regel des § 88 Abs. 2.

mung eines Werkes (→ Rn. 27) oder die in § 88 Abs. 1 Nr. 3 und 4 aF genannten Nutzungsrechte zur öffentlichen Vorführung und zur Sendung eines Filmwerks kumulativ erworben zu haben.[323] Zur Beweislast in Fällen des § 88 Abs. 2 S. 3 → Rn. 58.

§ 89 Rechte am Filmwerk

(1) **Wer sich zur Mitwirkung bei der Herstellung eines Filmes verpflichtet, räumt damit für den Fall, daß er ein Urheberrecht am Filmwerk erwirbt, dem Filmhersteller im Zweifel das ausschließliche Recht ein, das Filmwerk sowie Übersetzungen und andere filmische Bearbeitungen oder Umgestaltungen des Filmwerkes auf alle Nutzungsarten zu nutzen. § 31a Abs. 1 Satz 3 und 4 und Abs. 2 bis 4 findet keine Anwendung.**

(2) **Hat der Urheber des Filmwerkes das in Absatz 1 bezeichnete Nutzungsrecht im voraus einem Dritten eingeräumt, so behält er gleichwohl stets die Befugnis, dieses Recht beschränkt oder unbeschränkt dem Filmhersteller einzuräumen.**

(3) **Die Urheberrechte an den zur Herstellung des Filmwerkes benutzten Werken, wie Roman, Drehbuch und Filmmusik, bleiben unberührt.**

(4) **Für die Rechte zur filmischen Verwertung der bei der Herstellung eines Filmwerkes entstehenden Lichtbilder und Lichtbildwerke gelten die Absätze 1 und 2 entsprechend.**

Schrifttum: S. die Schrifttumsnachweise Vor §§ 88 ff.

Übersicht

I. Zweck, Entstehungsgeschichte und Bedeutung des § 89. Verhältnis zu § 88

1. Wie § 88 verfolgt **auch § 89 den Zweck,** dem Filmhersteller durch gesetzliche Regeln über **1** die Auslegung der mit den Urhebern geschlossenen Verträge die **ungestörte Auswertung** der von ihm hergestellten Filme zu ermöglichen.[1] Während § 88 die vertraglichen Beziehungen zu Urhebern zum Gegenstand hat, welche vom Filmwerk als solchem unterscheidbare, (auch) selbstständig verwertbare, zur Filmherstellung benutzte Werke – seien sie vorbestehende oder filmbestimmt geschaffene Werke – schaffen (→ § 88 Rn. 13 ff.), betrifft § 89 die vertraglichen Beziehungen zu allen übrigen an der Filmproduktion schöpferisch Beteiligten, deren Beiträge idR ausschließlich im Filmwerk selbst aufgehen. Nach der AmtlBegr.[2] sind dies die **bei und nach den Dreharbeiten** an der Filmherstellung **schöpferisch Mitwirkenden,** also typischerweise der **Regisseur,** der **Kameramann,** der **Cutter** und, je nach Lage des Einzelfalls, andere Mitwirkende, uU auch der Filmhersteller selbst, wenn er über seine eigentliche kaufmännische und organisatorische Funktion hinaus die Gestaltung des Filmwerks schöpferisch mitbestimmt.[3] Bei diesem Personenkreis besteht nach Auffassung der AmtlBegr.[4] im Vergleich zu demjenigen des § 88 ein **besonderes Bedürfnis,** dem Filmhersteller durch gesetzliche Auslegungsregeln einen **lückenlosen Erwerb** der für die Auswertung erforderlichen Nutzungsrechte zu gewährleisten, weil es häufig schwierig, uU sogar unmöglich sei, festzustel-

---

[323] → Rn. 44; ebenso *Möhring/Nicolini* Rn. 68; OLG München UFITA 65 1972, 268 (269 ff.) – Karl Valentin zur Frage des Erwerbs des Senderechts an einem Vorführfilm.

[1] → Vor §§ 88 ff. Rn. 9, 10; → § 88 Rn. 2.

[2] BT-Drs. IV/270, 99 f. zu § 99, jetzt § 89.

[3] → Vor §§ 88 ff. Rn. 52 ff.; zu weitgehend hinsichtlich einer möglichen Urheberschaft des Produzenten *Schwarz/Hansen* GRUR 2011, 109; *Weltersbach* ZUM 1999, 55.

[4] BT-Drs. IV/270, 100 zu § 99, jetzt § 89.

len, welche von ihnen im Einzelfall einen schöpferischen Beitrag geleistet haben. Der Gesetzgeber des **Urhebervertragsgesetzes von 2002** (→ Vor §§ 88 ff. Rn. 8) hat **§ 88 Abs. 1 an § 89 Abs. 1 angeglichen,** weil er auch in Bezug auf filmisch benutzte Werke ein Bedürfnis des Filmherstellers an einem umfassenden Rechterwerb anerkannte (→ § 88 Rn. 2). § 89 Abs. 2 wurde allerdings nicht mit übernommen (→ § 88 Rn. 36). **§ 89** wurde durch das Urhebervertragsgesetz nur dahingehend geändert, dass ihm ein **neuer Abs. 4** hinzugefügt wurde. Er bezieht sich auf die Rechte an den Filmeinzelbildern und ersetzt die mit demselben Gesetz aufgehobene diesbezügliche Bestimmung des § 91 (→ Rn. 24 ff.).

2   **2.** Ein zweiter, ursprünglicher Unterschied der Regelung des **§ 89** gegenüber **§ 88 aF** betrifft den **Umfang der Nutzungsrechtseinräumung** an den Filmhersteller, von der im Zweifel auszugehen ist. Während der Filmhersteller von den unter **§ 88 aF** fallenden Urhebern einen zwar weitreichenden, aber letztlich doch je nach **primärem Nutzungszweck** eines Filmwerks **beschränkten Katalog** von ausschließlichen Nutzungsrechten erwarb,[5] ordnete ihm bereits **§ 89 Abs. 1 aF und nF** bezüglich der von dieser Bestimmung betroffenen Urheber im Zweifel das umfassende ausschließliche Recht zu, das Filmwerk sowie entsprechend § 88 Abs. 1 Nr. 5 aF Übersetzungen und andere filmische Bearbeitungen oder Umgestaltungen des Filmwerks auf **alle bekannten Nutzungsarten** zu nutzen. Zur Begründung wurde lediglich darauf hingewiesen, dass „eine solche umfassende Rechtseinräumung die Regel bilden dürfte".[6] Durch das **Zweite Gesetz zur Regelung des Urheberrechts in der Informationsgesellschaft** vom 26.10.2007[7] wurde die gesetzliche Vermutung zugunsten des Filmherstellers in **§ 89 Abs. 1 nF 2007 parallel** zu der gleichen Änderung in **§ 88 Abs. 1 nF 2007**[8] durch Streichung des Wortes „bekannten" auf **alle** und damit auch auf bei Vertragsabschluss **unbekannte Nutzungsarten erweitert.** Die Maßnahme steht in Zusammenhang damit, dass durch dasselbe Gesetz[9] § 31 Abs. 4 aF betr. die Unwirksamkeit der Einräumung von Nutzungsrechten für unbekannte Nutzungsarten **aufgehoben** und durch eine Neuregelung solcher Rechtsgeschäfte in **§§ 31a und 32c** ersetzt wurde. Unter den darin enthaltenen **Schutzvorkehrungen zugunsten der Urheber,** nämlich Schriftform des Vertrages, besonderer gesetzlicher Vergütungsanspruch und Widerrufsrecht, wird das Letztere den Filmurhebern im Interesse einer ungehinderten Filmverwertung in neuen Nutzungsarten durch § 89 Abs. 1 S. 2 nF 2007 vorenthalten.[10] Aus der **Übergangsregelung** des § 137l ergibt sich, dass die Neuregelung des § 89 Abs. 1 nF 2007 nur für **seit dem 1.1.2008 abgeschlossene Verträge** gilt und dass mangels bekannter einer Nutzungsart **unwirksame Rechtseinräumungen** aus dem Zeitraum **1.1.1966 bis 31.12.2007 korrigiert** sein können.[11]

Ein dritter Unterschied liegt darin, dass **§ 88 nF und aF vertragliche Vorauseinräumungen von Rechten an Dritte,** insbes. an Verwertungsgesellschaften, unberührt lässt,[12] während **§ 89 Abs. 2** die § 78 Hs. 2 aF (1965) nachgebildete Regelung enthält, dass der Urheber auch bei Vorauseinräumung eines Nutzungsrechts an einen Dritten gleichwohl stets die Befugnis behält, dieses Recht dem Filmhersteller einzuräumen. Diese Bestimmung soll dem Filmhersteller Rechtssicherheit geben und dem Filmschaffenden die persönliche Handlungsfreiheit bewahren.[13] **§ 89 Abs. 3** verdeutlicht durch die beispielhafte ausdrückliche Benennung von Drehbuch und Filmmusik die wichtige Regel, dass Rechtseinräumungen an den Filmhersteller auch von Seiten solcher Urheber, die selbstständig verwertbare Werke mit der Bestimmung für ein bestimmtes Filmvorhaben schaffen, nach § 88 und nicht nach § 89 Abs. 1, 2 zu beurteilen sind (→ Rn. 1), und dient im Übrigen der Klarstellung, dass dies auch dann gilt, wenn solcher Urheber, zB wie ein Regisseur, zugleich auch an den Dreharbeiten mitwirkt.[14] Zu **§ 88 Abs. 4 nF 2002** bereits unter → Rn. 1.

3   **3.** Wie **§ 88** (→ § 88 Rn. 4) lässt **auch § 89** als gesetzliche Auslegungsregel für Zweifelsfälle jedenfalls **ausdrückliche vertragliche Vereinbarungen** über einen eingeschränkten Rechtserwerb des Filmherstellers **unberührt.**[15] Mit dem inzwischen aufgehobenen (→ Rn. 2) **§ 31 Abs. 4 aF,** der die Einräumung von Nutzungsrechten für noch nicht bekannte Nutzungsarten für unwirksam erklärte, stimmt überein, dass auch nach **§ 89 Abs. 1 aF und nF 2002** gesetzlich vermutete Rechtseinräumungen nur **bekannte** Nutzungsarten umfassen.[16] **Anders** als bei **§ 88 aF**[17] ist für **§ 89 aF und**

---

[5] → § 88 Rn. 32 ff., insbes. 43 ff.
[6] AmtlBegr. BT-Drs. IV/270, 100 zu § 99, jetzt § 89.
[7] BGBl. I S. 2513, Art. 1 Nr. 20.
[8] Dazu → § 88 Rn. 2.
[9] Art. 1 Nr. 3, 4 und 6.
[10] Näheres bei → § 88 Rn. 2 zu der gleichen Rechtslage zu Lasten der Urheber vorbestehender, verfilmter Werke.
[11] Näheres → Vor §§ 88 ff. Rn. 8, → § 88 Rn. 2 sowie in der Kommentierung des § 137l.
[12] → § 88 Rn. 36, 46.
[13] AmtlBegr. BT-Drs. IV/270, 100; kritisch hierzu → Rn. 22.
[14] AmtlBegr. BT-Drs. IV/270, 100.
[15] Fromm/Nordemann/*J. B. Nordemann* Rn. 9; *v. Gamm* Rn. 4; Möhring/Nicolini/*Diesbach/Vohwinkel* Rn. 20; v. Hartlieb/Schwarz/*N. Reber* Kap. 51 Rn. 9; zur Wirksamkeit und dinglichen Wirkung einer vertraglichen Änderungsverbotsklausel zugunsten eines Filmregisseurs OLG München UFITA 48 1966, 287 (290 ff.) – Das Wunder des Malachias.
[16] S. zu § 88 → § 88 Rn. 7.
[17] → § 88 Rn. 4 ff.

nF 2002 sowie nF 2007 das **Verhältnis** zu § 31 Abs. 5 zu bestimmen. Käme dieser Vorschrift gegenüber § 89 der Vorrang zu oder könnte unter Anwendung der Regel des § 31 Abs. 5 der Zweck und damit der Umfang der Rechtseinräumung im Zweifel zugunsten des Urhebers generell eng bestimmt und damit zugleich der für die Anwendung des § 89 Abs. 1 erforderliche Zweifel ausgeräumt werden, so käme die hier zugunsten des Filmherstellers angeordnete umfassende Rechtseinräumung praktisch kaum zum Zuge.[18] Dies schließt es aber nicht aus, die Anwendung dieser Rechtsfolge auf das vom Gesetzgeber vorgestellte **Maß des Üblichen** zu beschränken.[19] Ebenso kann sich eine Einschränkung der Rechtseinräumung daraus ergeben, dass „Zweifel" im Sinne des § 89 Abs. 1 bereits dann ausgeräumt sind, wenn sich eine eindeutige (Verwendungs-)**Zweckbestimmung** des Filmwerks unmittelbar aus dem Vertrag selbst oder sonstigen Umständen ergibt.[20] Wie bei § 88[21] bezieht sich die Rechtseinräumung nach § 89 Abs. 1 aF und nF 2002 sowie nF 2007 des Weiteren nur auf die **filmische Verwertung** des Filmwerks[22] und nur auf die für die Filmauswertung **erforderlichen ausschließlichen Rechte,** nicht auf die (ebenfalls ausschließlichen) sog. Zweitwiedergaberechte und auf die gesetzlichen Vergütungsansprüche.[23] Stets zu beachten sind im Übrigen auch zu § 89 in allen Fassungen die Einschränkungen bestimmter urhebervertragsrechtlicher und urheberpersönlichkeitsrechtlicher Befugnisse durch §§ 90 und 93 hinsichtlich der bei der Filmherstellung entstehenden einzelnen Lichtbilder durch § 89 Abs. 4 nF 2002 und 2007 bzw. durch den inzwischen aufgehobenen § 91. Ganz allgemein gelten nach BGH auch für eine **außerfilmische Verwertung** bzw. „filmferne Rechte" (zB Merchandising, Bühnenaufführung) die allgemeinen Grundsätze des § 31 Abs. 5 UrhG.[24]

Auf **vor 1966 eingegangene Vertragsverhältnisse** ist § 89 **nicht anwendbar.**[25] Dasselbe gilt für den inzwischen aufgehobenen § 31 Abs. 4 aF.[26] Daher konnte angenommen werden, dass die **Rechte zur audiovisuellen Nutzung** von **anonymen NS-Propagandafilmen** und von ebenfalls **anonymen Kriegswochenschauen** als **Filmwerken aus der Zeit zwischen 1940 und 1942** von den Urhebern auf den jeweiligen Filmhersteller übertragen wurden, obwohl diese Nutzung seinerzeit noch eine gänzlich unbekannte Nutzungsart war.[27] In bezug auf **nicht-anonyme** Filmwerke aus etwa dieser Zeit ist eine so weitreichende Rechtseinräumung den tatsächlichen Umständen nach allerdings nicht ohne weiteres anzunehmen.[28] **Nicht überzeugend** ist die Annahme, dass durch einen **Regie- und Drehbuchvertrag** aus dem Jahr **1949** dem Filmhersteller auch die **Videorechte** eingeräumt wurden, weil der Vertrag ausdrücklich die Rechteübertragung auch für seinerzeit noch unbekannte Nutzungsarten vorsah.[29] Nach der seinerzeitigen, vom Reichsgericht begründeten Rechtsprechung zum Zweckübertragungsprinzip hätte es für ein solches Ergebnis der Vereinbarung eines **Beteiligungshonorars** bedurft.[30] Daher ist auch durch den BGH zu Recht entschieden worden, dass es zum **Nachweis des Erwerbs der DVD-Rechte** durch den **Filmhersteller** vom **Regisseur** einer Reihe von Filmen aus den Jahren **1957 bis 1969** nicht ausreicht, auf Verträge anderer Urheber sowie auf Tarifverträge und Tarifordnungen zu verweisen.[31] Trotz Bekanntheit des **Fernsehens** in den **Nachkriegsjahren bis 1966** und Berücksichtigung der „Television" im Katalog der Rechte, die dem Filmhersteller durch die Tarifordnung für Filmschaffende vom 19.8.1943 übertragen wurden, war es demgemäß nicht vertretbar, für den **Nachweis der Aktivlegitimation** eines **Filmhändlers** im Hinblick auf die Geltendmachung des **Fernsehsenderechts** an älteren Filmen aus jener Zeit gegenüber Dritten die **Vorlage dieser Tarifordnung** genügen zu

---

[18] So ausdrücklich BGH GRUR 2014, 556 (558) – Rechteeinräumung Synchronsprecher; BGHZ 163, 109 (114) – Der Zauberberg; sa *Schweyer* S. 97; Fromm/Nordemann/*J. B. Nordemann* § 89 Rn. 40; Dreier/Schulze/*Schulze* Rn. 2; Möhring/Nicolini/*Diesbach/Vohwinkel* Rn. 21; Wandtke/Bullinger/*Manegold/Czernik* Rn. 18; sa den Diskussionsbericht von *Roeber* FuR 1975, 102 (104 f.); im Ergebnis aA *Movsessian* UFITA 79 1977, 213 (227).
[19] Näheres unter → Rn. 10.
[20] V. Hartlieb/Schwarz/*N. Reber* Kap. 51 Rn. 9; so wohl auch Dreier/Schulze/*Schulze* Rn. 26; sa für Beschränkungen der Rechtseinräumung durch Vertragsauslegung Wandtke/Bullinger/*Manegold/Czernik* § 88 Rn. 4.
[21] → § 88 Rn. 36, 42, 52.
[22] Näheres unter → Rn. 20.
[23] Näheres unter → Rn. 19 sowie zu § 88 → § 88 Rn. 36, 48, 49.
[24] BGH GRUR 2014, 556 Rn. 13 – Rechteeinräumung Synchronsprecher.
[25] → Vor §§ 88 ff. Rn. 49.
[26] S. § 132 Abs. 1 und → Vor §§ 88 ff. Rn. 49.
[27] So LG München I ZUM 1993, 370 (374 f.) – NS-Propagandafilme; LG München I ZUM-RD 1998, 89 (92) – Deutsche Wochenschauen.
[28] S. OLG München ZUM 1985, 514 (515) – Olympiafilm; LG München I GRUR 1991, 377 (379 f.) – Veit Harlan-Videorechte; LG München I ZUM 1993, 370 (374) – NS-Propagandafilme – zum Film „Triumph des Willens" von Leni Riefenstahl.
[29] Gegen OLG München ZUM 2000, 61 (65 f.) – Das kalte Herz; wie hier BGH GRUR 2011, 560 – Der Frosch mit der Maske.
[30] → § 88 Rn. 27 zu RGZ 140, 255 (257 f.) – Der Hampelmann; → Rn. 11 sowie → § 88 Rn. 26; dort auch zu der gleichermaßen nicht haltbaren Annahme der Übertragung der Videorechte an den Filmhersteller durch einen Drehbuchvertrag aus dem Jahre 1956 durch LG Hamburg ZUM-RD 1999, 134 (135 f.) – Heinz Erhard.
[31] BGH GRUR 2011, 714 = ZUM 2011, 560 – Der Frosch mit der Maske; BGH ZUM 2011, 498 – Polizeirevier Davidswache; so auch schon OLG Köln GRUR-RR 2009, 208 (209) – Der Frosch mit der Maske, Dr. Mabuse und Winnetou; aA *Diesbach* ZUM 2011, 623.

lassen, weil die Filme „ansonsten nicht mehr verkehrsfähig wären".[32] Diese Großzügigkeit gegenüber dem Händler beeinträchtigte zu Unrecht potentielle Rechte sowohl der betroffenen Filmurheber als auch der Urheber der verfilmten Werke.[33]

Vergleichbar, aber in den Einzelheiten nicht ganz übereinstimmend mit der Rechtslage bei § 88[34] sind auch im Hinblick auf die Anwendung oder Nichtanwendung des § 89 in seinen verschiedenen Fassungen gemäß den jeweiligen zeitlichen Übergangsregelungen **vier Vertragsepochen** zu unterscheiden:

– Verträge vor 1966: Recht vor 1966,
– Verträge vom 1.1.1966 bis 31.12.2007 im Allgemeinen: § 89 aF, § 89 nF 2002,
– Verträge vom 1.7.2002 bis 31.12.2007 speziell der Kameraleute: § 89 Abs. 4 nF 2002 und
– Verträge ab 1.1.2008: § 89 nF 2007.

4 **4.** Den §§ 88, 89 entnimmt die hM eine gesetzliche Entscheidung der Frage nach der **Urheberschaft an Filmwerken;** als Filmurheber kommen danach nur diejenigen Filmschaffenden in Betracht, deren Rechtsbeziehungen zum Filmhersteller nach § 89 zu beurteilen sind.[35] Für die Anwendung der urhebervertragsrechtlichen Bestimmungen der §§ 88, 89 ist die Beurteilung der Filmurheberschaft ohne Bedeutung.[36] Zum **Begriff des Filmherstellers** → Vor §§ 88 ff. Rn. 31 ff.

II. Voraussetzungen der Anwendung des § 89

1. Entstehung eines urheberrechtlich geschützten Filmwerks

5 **§ 88,** der den Umfang der Rechtseinräumung an zur Filmherstellung benutzten Werken regelt, ist auch anwendbar, wenn nur ein urheberrechtlich nicht geschützter Film, ein sog. **Laufbild**[37] entsteht (§ 95). Dies ist dadurch gerechtfertigt, dass die Verfilmung urheberrechtlich geschützter Werke nicht notwendig bedingt, dass auch in der Verfilmung selbst ein schöpferischer Akt liegt.[38] Dagegen setzt § 89 voraus, dass bei der Herstellung eines Filmes **schöpferische Leistungen** erbracht werden, die zum Entstehen eines urheberrechtlich geschützten **Filmwerks** führen, da es anderenfalls an den schutzbegründenden Beiträgen fehlt, zu deren Verwertung der Filmhersteller über § 88 hinaus Nutzungsrechte erwerben muss.[39] Daher ist § 89 auf Laufbilder auch nicht entsprechend anwendbar (sa die Nichterwähnung des § 89 in § 95). Zu den an ein Filmwerk zu stellenden **Schutzanforderungen** → § 2 Rn. 214 ff.

2. Erwerb eines Urheberrechts am Filmwerk

6 Die Anwendung der Auslegungsregel des **§ 89 Abs. 1** und des Rechtssatzes des **§ 89 Abs. 2** hat zur **Voraussetzung,** dass der betreffende Filmschaffende und Vertragspartner des Filmherstellers ein **Urheberrecht am Filmwerk** erwirbt, da er nur dann dem Filmhersteller ein urheberrechtliches Nutzungsrecht einräumen und Rechte am Filmwerk geltend machen kann. Gefordert ist damit ein schöpferischer, das Filmwerk zumindest mitgestaltender Beitrag.[40] Charakteristischerweise werden solche **Beiträge während der Dreharbeiten und im Anschluss** daran beim Filmschnitt erbracht (→ Rn. 1). Für die Anwendung des § 89 ist dies aber **weder unabdingbar noch ausreichend.** Nach der Gesamtkonzeption der §§ 88, 89[41] ist vielmehr entscheidend, ob ein **schöpferischer Beitrag** zu einem vom Filmwerk selbst unterscheidbaren, (auch) selbstständig verwertbaren Werk führt (dann Anwendung des § 88) oder **im Filmwerk selbst aufgeht** (dann Anwendung des § 89). Ein Beitrag der letzteren Art kann auch vor Beginn der eigentlichen Dreharbeiten erbracht werden, so zB eine Filmszenengestaltung, die sich nicht in einem selbstständig verwertbaren Gegenstand niederschlägt. Würde man § 89 auf solche Beiträge nicht anwenden, so könnte dies eine vom Gesetzgeber nicht gewollte Lücke im Kreis der vom Filmhersteller erworbenen Nutzungsrechte zur Folge haben. Andererseits ist nicht § 89, sondern § 88 anwendbar, wenn während oder nach Abschluss der Dreharbeiten schöpferische Filmbeiträge wie die Filmmusik geschaffen werden, die auch selbstständig verwertet werden können.[42] Desgleichen wird die Anwendung der urhebervertragsrechtlichen Norm des § 89 anstelle derjenigen des § 88 nicht dadurch begründet, dass nach der hier vertretenen, von der hM abweichenden Auffassung auch die Urheber filmbestimmt geschaffener, aber auch selbstständig

---

[32] Gegen LG München I ZUM-RD 2007, 302 (306) – Ännchen von Tharau.
[33] Dazu weiter → § 88 Rn. 45.
[34] → § 88 Rn. 2 und → Vor §§ 88 ff. Rn. 49, 50.
[35] → Vor §§ 88 ff. Rn. 52 ff., 61; → § 89 Rn. 65 ff. auch zur abweichenden eigenen Beurteilung.
[36] → Vor §§ 88 ff. Rn. 71.
[37] Zum Begriff → Vor §§ 88 ff. Rn. 20.
[38] → Vor §§ 88 ff. Rn. 23, 24.
[39] Zum Ergebnis ebenso Dreier/Schulze/*Schulze* Rn. 5; Fromm/Nordemann/*J. B. Nordemann* Rn. 10, 13; v. *Gamm* Rn. 2; Möhring/Nicolini/*Diesbach/Vohwinkel* Rn. 14; Wandtke/Bullinger/*Manegold/Czernik* Rn. 3.
[40] → § 7 Rn. 1, 6 ff.
[41] → Rn. 1 sowie → Vor §§ 88 ff. Rn. 10, 57.
[42] → § 88 Rn. 13, 20.

verwertbarer Werke zugleich Miturheber des Filmwerks sind.[43] Von Ausnahmefällen abgesehen, in denen sie schöpferische Beiträge zu einem Filmwerk liefern,[44] ist die Rechtsstellung der **Filmschauspieler** und sonstigen **ausübenden Künstler** nach **§ 92,** nicht nach § 89 zu beurteilen.

Zum Kreis der danach regelmäßig oder in Ausnahmefällen als **Urheber iSd § 89** in Betracht 7 kommenden Filmschaffenden → Rn. 1 sowie → Vor §§ 88 ff. Rn. 56, 61. In der Rechtsprechung war bisher zumeist über Rechtseinräumungen an den Filmhersteller durch **Filmregisseure** und den **Kameramann** zu entscheiden.[45]

Gelegentlich sind bei Filmproduktionen **Drehbuchautor und Regisseur identisch.**[46] Auch 8 **Drehbuchautor und Kameramann** können zB bei Dokumentarfilmen ein und dieselbe Person sein.[47] In solchen und anderen Fällen der **Doppel- und Mehrfachfunktion** ein und desselben Filmschaffenden bleibt nach § 89 Abs. 3 die Anwendung des für den Urheber günstigeren § 88 aF auf die Rechtseinräumung am Drehbuch und an anderen selbstständig verwertbaren Werken unberührt (→ Rn. 2). Entsprechend bleibt das Urheberrecht des Regisseurs am Filmwerk und die Anwendung des gegenüber § 92 aF bzw. § 92 nF iVm § 137e Abs. 4 S. 2 günstigeren § 89 unberührt, wenn dieser zugleich als Schauspieler und damit als ausübender Künstler an einem Filmwerk mitwirkt; lediglich eine Doppelqualifikation als Urheber und künstlerisch Mitwirkender für ein und dieselbe Art der Mitwirkung scheidet aus.[48]

3. Verpflichtung zur Mitwirkung bei der Herstellung eines Filmes

Der Rechtsgrund für die Nutzungsrechtseinräumung an den Filmhersteller durch einen Filmschaf- 9 fenden nach § 89 liegt in seiner **Verpflichtung zur Mitwirkung bei der Herstellung eines Filmes** (§ 89 Abs. 1). Sie kann in Form von Werk-, Dienst-, Arbeits- oder Gesellschaftsverträgen eingegangen werden.[49] Wird in einem Filmwerk ein anderes zB durch Übernahme von Ausschnitten, die sog. **Klammerteilauswertung** (→ § 88 Rn. 53), verwertet, so richten sich die Rechtsbeziehungen des Herstellers des neuen Filmwerks zu den Urhebern des älteren mangels Verpflichtung dieser Urheber zur Mitwirkung an der Herstellung des neuen Filmwerks nicht unmittelbar nach § 89, sondern nach den Vereinbarungen zwischen den Herstellern der beiden Filmwerke. Der Umfang der Verfügungsbefugnis des Herstellers des ersten Filmwerks gegenüber dessen Urhebern ist aber nach §§ 88, 89 zu beurteilen.[50]

III. Umfang der Rechtseinräumung an den Filmhersteller (§ 89 Abs. 1)

1. Notwendigkeit und Möglichkeiten der einschränkenden Anwendung des § 89 Abs. 1

Die in **§ 89 Abs. 1 aF** (und später § 89 Abs. 1 nF 2002) vorgesehene, nur unbekannte Nutzungs- 10 arten ausnehmende umfassende Rechtseinräumung an den Filmhersteller ist insbes. im Hinblick auf den Filmregisseur als Hauptbetroffenen auf **Kritik** gestoßen.[51] Die Kritik bezog sich insbes. auch

---

[43] → Vor §§ 88 ff. Rn. 58 ff., 65 ff., 71; s. aber BGH GRUR 2005, 937 (939) – Der Zauberberg mit Anwendung des § 89 UrhG auf die schöpferische Leistung des Filmszenenbildners/-architekten für die filmische Auswertung (DVD-Auswertung). Die Rechtseinräumung an den Hersteller der deutschen Synchronfassung eines ausländischen Filmes durch den Synchronautor ist entgegen LG München I FuR 1984, 534 – All about Eve – nach § 88, nicht nach § 89 zu beurteilen; wie hier Fromm/Nordemann/*J. B. Nordemann* Rn. 20.

[44] → Vor §§ 88 ff. Rn. 54, 56.

[45] Zum Regisseur EuGH GRUR 2012, 489 – Luksan/Van der Let; BGH GRUR 2011, 714 – Der Frosch mit der Maske; BGHZ 147, 244 (249) – Barfuß ins Bett; BGH GRUR 1991, 133 (135) – Videozweitauswertung; BGH UFITA 55 1970, 313 (316 ff.) – Triumph des Willens – betreffend den künstlerischen Leiter und Gestalter eines NS-Propagandafilms; BGH GRUR 1960, 199 (200) – Tofifa: Regisseur und zugleich Kameramann und Gesellschafter des Filmproduktionsunternehmens; LAG Berlin UFITA 67 1973, 286; LAG Köln NZA-RR 2001, 266 – Lindenstraße; OLG München ZUM 1985, 514 – Olympiafilm; LG München I FuR 1984, 664 – NEGRESCO – und Schulze LGZ 180 – Landung in Salerno; OLG Köln GRUR-RR 2009, 208 – Der Frosch mit der Maske, Dr. Mabuse und Winnetou; zum Kameramann BGH GRUR 2012, 496 – Das Boot; BGH GRUR 2014, 363 – Peter Fechter; BGHZ 37, 1 – AKI; OLG Köln GRUR-RR 2005, 337 (338) – Dokumentarfilm Massaker; LG München I ZUM 1993, 370; LG Berlin GRUR 1962, 207 – Maifeiern; LG München I ZUM 2009, 794 (799 f.) – Das Boot.

[46] S. OLG München UFITA 48 1966, 287; ZUM 2000, 61 – Das kalte Herz; OLG Karlsruhe UFITA 45 1965, 347 – Unfälle; LG München I UFITA 46 1966, 369 – Deutschlandfahrt mit Ypsilon.

[47] S. OLG Köln ZUM 2005, 235 – Standbilder im Internet.

[48] S. dazu BGHZ 90, 219 (224 f.) – Filmregisseur – mit krit. Anm. im letzten Punkt von *Schricker* GRUR 1984, 733 f.; zum Ergebnis übereinstimmend Dreier/Schulze/*Schulze* vor §§ 88 ff. Rn. 13, § 89 Rn. 6; Fromm/Nordemann/*J. B. Nordemann* Rn. 18.

[49] Vgl. Dreier/Schulze/*Schulze* Rn. 23; Fromm/Nordemann/*J. B. Nordemann* Rn. 11; *v. Gamm* Rn. 2; Möhring/Nicolini/*Diesbach/Vohwinkel* Rn. 15; zur Vertragspraxis der Rundfunkanstalten *Hillig* UFITA 73 1975, 107 ff.; zu den Tarifverträgen in den Bereichen Fernsehen und Film → § 43 Rn. 115 ff., 122 ff.; zur Rechtseinräumung im Rahmen eines Gesellschaftsverhältnisses BGH GRUR 1960, 199 (200) – Tofifa.

[50] S. zu Letzterem und zu Urhebern iSd § 89 BGH UFITA 55 1970, 313 (316 ff.) – Triumph des Willens; LG Berlin GRUR 1962, 207 (208) – Maifeiern; zu § 88 → § 88 Rn. 53; vgl. ferner § 89 Abs. 4 und den inzwischen aufgehobenen § 91 zum Schutz der einzelnen Lichtbilder eines Filmwerks oder Laufbildes.

[51] Vgl. *Ulmer* § 115 III und Urhebervertragsrecht Rn. 45, 48 f. mit Reformvorschlägen; zust. Stellungnahme der *GRUR* GRUR 1980, 1060 (1061 f.); aA *Hubmann* GRUR 1978, 468 (470); *Möhring/Nicolini*, 2. Aufl., Rn. 21.

darauf, dass sich bereits aus § 89 Abs. 1 aF bei **Fernsehfilmwerken** im Zweifel die Rechtseinräumung auch auf deren Verwertung durch öffentliche Vorführung und durch den Vertrieb von Videogrammen zum Zwecke der Vorführung im privaten Bereich erstrecke. Es ist daher auch vor Einführung des privaten Fernsehens gefragt worden, ob § 89 auf Fernsehfilmwerke überhaupt anzuwenden sei.[52] In der Tat hatte der Gesetzgeber bei der Formulierung der §§ 88 ff. vor allem den Schutz des (seinerzeit) mit vollem eigenen Risiko arbeitenden Produzenten von **Kino-Spielfilmen** im Auge, insbes. aber nicht die öffentlich-rechtlichen Rundfunkanstalten als Fernsehveranstalter und deren Auftragsproduzenten.[53] Unter anderem das jetzt in der Bundesrepublik Deutschland voll etablierte private Fernsehen sowie die umfangreiche Filmförderung des Bundes und der Länder spricht gegen eine solche rigorose Lösung. Auch aus verfassungsrechtlichen Gründen notwendig[54] erscheint aber eine **einschränkende Auslegung und Anwendung des § 89 Abs. 1** in allen Fassungen iS eines auf das je **übliche Maß der tatsächlichen Filmverwertung** in den Bereichen Vorführfilm, Fernsehfilm und Videoproduktion[55] beschränkten Rechteübergangs; nicht entscheidend sind etwa die auf dem Papier stehenden umfassenden Kataloge übertragener Rechte in den Honorarbedingungen der Rundfunkanstalten,[56] soweit sie nicht im Einzelfall Vertragsbestandteil werden. Gesetzlicher Ansatzpunkt für dieses Ergebnis ist nicht § 31 Abs. 5 (→ Rn. 3), wohl aber die Geltung der Auslegungsregel des § 89 Abs. 1 nur „im Zweifel" und eine an der **Verkehrssitte** der tatsächlichen Filmverwertung orientierte Vertragsauslegung, die solche Zweifel ausschließt (§ 157 BGB).[57]

Diese Einschränkung der gesetzlichen Vermutung zugunsten des Filmherstellers ist insbes. im Hinblick auf **§ 89 Abs. 1 aF,** also in Bezug auf Verträge und Rechtseinräumungen in der Zeit zwischen dem 1.1.1966 und dem 30.6.2002, **unverzichtbar,** weil es insoweit besonders offenkundig an einer ausreichenden **Kompensation** zugunsten der Urheber iS eines gesetzlich gesicherten **Vergütungsanspruchs** fehlt: Filmurhebern iSd § 89 war und ist bezüglich dieses Zeitraums die Berufung auf § 36 aF, den sog. Bestsellerparagraphen, durch **§ 90 S. 2 aF** verwehrt worden (→ § 90 Rn. 2). Der an die Stelle des § 36 aF getretene, durch das Urhebervertragsgesetz von 2002 neu geschaffene, verbesserte **§ 32a** gilt nach hM zwar auch für „**Altverträge",** auch solche aus der Zeit vor 1966 (→ § 132 Rn. 14), findet nach **§ 132 Abs. 3 S. 2** aber nur auf **Sachverhalte**[58] Anwendung, die **nach dem 28.3.2002** entstanden sind. Im Hinblick auf bis zu diesem Datum eingetretene Missverhältnisse zwischen den Erträgen aus der Werkverwertung und der Vergütung der Urheber vermögen auch die Grundsätze über den **Wegfall** bzw. die **Störung der Geschäftsgrundlage** (§ 242 BGB aF, § 313 BGB nF) keinen angemessenen Ausgleich zu schaffen: Zwar sind sie trotz § 90 S. 2 aF uneingeschränkt anwendbar (→ § 90 Rn. 15), aber die Anforderungen der Rechtsprechung an ihre Anwendung sind äußerst streng.[59] Sie gehen noch über diejenigen des § 36 aF hinaus, indem sie untragbare, mit Recht und Gerechtigkeit schlechthin nicht vereinbare Folgen für die benachteiligte Vertragspartei voraussetzen.[60] Aber auch generell, dh auch im Hinblick auf **§ 89 Abs. 1 nF 2002 und 2007,** können die gesetzlichen Vergütungsansprüche der §§ 32, 32a und 32c den **Verlust ausschließlicher Rechte** und der mit diesen verbundenen Verhandlungsposition **nicht ausgleichen,** der sich zu Lasten der Urheber aus einer übermäßigen Reichweite der gesetzlichen Vermutung zugunsten der Filmhersteller ergibt.[61] Ferner ermangelt es **de lege ferenda** an einer **Streichung des § 89 Abs. 2.**[62]

2. Rechtseinräumung für alle (§ 89 Abs. 1 nF 2007) bzw. für alle bekannten (§ 89 Abs. 1 aF und nF 2002) Nutzungsarten

11   Räumt ein Filmurheber iSd § 89 dem Filmhersteller **ausdrücklich** das Recht zur Nutzung des Filmwerks auf **alle bekannten und unbekannten Nutzungsarten** ein, so scheitert die umfassende Wirksamkeit einer solchen Rechtseinräumung seit Inkrafttreten des Zweiten Gesetzes zur Regelung des Urheberrechts in der Informationsgesellschaft vom 26.10.2007 (BGBl. I S. 2513) am 1.1.2008 nicht mehr an **§ 31 Abs. 4 aF,** der durch dieses Gesetz **aufgehoben** wurde (→ Rn. 2). Sie scheitert auch nicht daran, dass eine Nutzungsart bei Vertragsabschluss nicht als als technisch möglich oder als wirtschaftlich bedeutsam bekannt ist und noch nicht im Einzelnen bezeichnet, sondern nur durch eine pauschale Formulierung umschrieben werden kann.[63] Bestehen insoweit Zweifel, zB weil die

---

[52] S. die Hinweise bei *Kreile* FuR 1975, 293 (296); *Roeber* FuR 1974, 784 (797) und FuR 1975, 102 (105).
[53] → Vor §§ 88 ff. Rn. 39.
[54] → Vor §§ 88 ff. Rn. 41.
[55] Neuerdings wird man noch die Kategorie des Internet-/On Demand-Films hinzuziehen können (zB Produktionen für Amazon oder Netflix), → Rn. 18.
[56] S. das Beispiel in MVHdB III WirtschaftsR II/*Hertin/S. Wagner* Form. IX.39.
[57] Zu einer solchen Auslegung von Urheberrechtsverträgen allg. → § 31 Rn. 64 ff., 73; ablehnend gegenüber einer Beschränkung der Rechtseinräumung auf das „übliche" Maß der Verwertung v. Hartlieb/*Schwarz/U. Reber* Kap. 94 Rn. 13; ähnlich wie hier aber v. Hartlieb/Schwarz/*N. Reber* Kap. 51 Rn. 9.
[58] Im Sinne von „Verwertungshandlung" s. BGH GRUR 2012, 496 (501) – Das Boot; auch → § 91 Rn. 1.
[59] S. für den Filmbereich etwa BGH GRUR 2012, 496 (500 f.) – Das Boot; BGH GRUR-Int 2001, 873 (878) – Barfuß ins Bett.
[60] So BGH GRUR 1990, 1005 (1007) – Salome I.
[61] Vgl. in diesem Sinne in einem anderen Zusammenhang BGHZ 148, 221 (231 f.) – SPIEGEL-CD-ROM.
[62] Hierzu → Rn. 22a
[63] S. die AmtlBegr. BT-Drs. 16/1828, 24; → § 88 Rn. 33.

Rechtseinräumung sich unspezifisch auf **alle Nutzungsarten** bezieht, so greift **§ 89 Abs. 1 S. 1 nF 2007** Platz: Die Rechtseinräumung umfasst iS einer Auslegungsregel bzw. Vermutung zugunsten des Filmherstellers **alle** bei Vertragsschluss **bekannten und unbekannten Nutzungsarten.**[64] Wie sich aus § 89 Abs. 1 S. 2 nF 2007 iVm § 31a Abs. 1 S. 1 ergibt, ist allerdings grundsätzlich Voraussetzung für dieses Ergebnis im Hinblick auf unbekannte Nutzungsarten, dass der betreffende Vertrag **schriftlich** abgefasst ist.[65]

Demgegenüber hat die Auslegungsregel des **§ 89 Abs. 1 aF und nF 2002 keine** Rechtseinräumung an den Filmhersteller für im Zeitpunkt des Vertragsschlusses noch **unbekannte Nutzungsarten** zur Folge. Die Wirksamkeit darauf gerichteter ausdrücklicher Vertragsvereinbarungen scheitert im Hinblick auf Verträge bzw. Rechtseinräumungen aus dem maßgeblichen Zeitraum 1.1.1966 bis 31.12.2007 (→ Rn. 3) an **§ 31 Abs. 4** (→ Rn. 3). Auf **vor 1966** eingegangene Vertragsverhältnisse zwischen Filmurhebern und -herstellern sind beide Bestimmungen nicht anwendbar,[66] jedoch war schon vor Inkrafttreten des UrhG am 1.1.1966 (§ 143 Abs. 2) das sog. **allgemeine Zweckübertragungsprinzip** anerkannt, wonach pauschal umfassend oder allgemein formulierte Rechtsübertragungen **ohne** Vereinbarung eines **Beteiligungshonorars** sich nicht auf im Zeitpunkt des Vertragsschlusses noch unbekannte Nutzungsarten erstreckten.[67]

Zum **Begriff der unbekannten Nutzungsart** → § 31a Rn. 28 ff. Praktische Bedeutung haben **12** die unter → Rn. 11 genannten Grundsätze im Hinblick auf **die Rechtslage vor 1966** und die **Unbekanntheit bis etwa 1978** (→ § 88 Rn. 7) sowie unter Geltung des § 89 aF vor allem für die **audiovisuelle Verwertung älterer Kino- und Fernsehfilmwerke.** Die Hersteller solcher Filmwerke haben im Zweifel die Rechte für eine solche Verwertung weder von den Urhebern verfilmter Werke iSd § 88 aF[68] noch von den Filmurhebern iSd § 89 aF erworben.[69] Das gleiche gilt jedenfalls für Filmwerke generell aus der Zeit bis vor einer Reihe von Jahren hinsichtlich ihrer Verwertung durch das **private Fernsehen,** das sog. **Pay-TV** und das **direkte Satellitenfernsehen, Kabelfernsehen,**[70] neuerdings für das **Internet-TV** und digitale **Fernseh-Spartenprogramme,** die Fernsehvarianten **Pay-per-View, Near-Video-on-Demand** und **Video-on-Demand** sowie **Internet-Langzeitarchive** der Fernsehsender, **Handy-TV,** das **fernsehunabhängige Video-on-Demand** sowie für das **interaktive Fernsehen** und die Filmverwertung in digitalen **Multimediawerken**[71] sowie für die Filmverwertung auf **DVD und Blu-ray.**[72]

3. Umfang der Rechtseinräumung an Vorführfilmen

Zweifellos umfasst die Rechtseinräumung an den Filmhersteller nach § 89 Abs. 1 in allen Fassun- **13** gen bei Vorführfilmen die **öffentliche Vorführung in Filmtheatern** und die ihr dienende Vervielfältigung und Verbreitung von Filmkopien.[73] Da über den Umfang der Rechtseinräumung in Zweifelsfällen nach § 89 Abs. 1 anders als nach § 88 aF (→ § 88 Rn. 5 f.) nicht § 31 Abs. 5, sondern die Üblichkeit einer Filmverwertungsart in der Praxis entscheidet (→ Rn. 3, 10) und **§ 89 Abs. 1 aF und nF 2002 sowie nF 2007** die alternative Rechtzuweisung nach § 88 Abs. 1 Nr. 3 und 4 aF (dort → § 88 Rn. 44) nicht übernommen hat, umfasst die Rechtseinräumung an den Hersteller von Vorführfilmen nach § 89 Abs. 1 in allen Fassungen auch die seit Jahrzehnten übliche **Fernsehausstrahlung** solcher Filme. S. im Ergebnis wie hier LG München I FuR 1984, 534 (535) – All about Eve – zur Fernsehauswertung der aus dem Jahre 1951 stammenden deutschen Synchronfassung eines amerikanischen Spielfilms; zur irrtümlichen Anwendung des § 89 in dieser Entscheidung im Hinblick auf § 88 → Rn. 7; LG München I Schulze LGZ 180, 4 f. – Landung in Salerno – zur Fernsehauswertung eines 1946 hergestellten Spielfilms; im erstgenannten Fall war allerdings die Anwendung des § 89 Abs. 1 aF auch unabhängig von dem gerügten Mangel betr. § 88 unrichtig, weil es sich zum einen um einen Vertrag aus der Zeit vor 1966 handelte[74] und zum anderen, weil inhaltlich unbestimmte Rechtseinräumungen aus dieser Zeit auch sonst nicht nach den Prinzipien des herstel-

---

[64] Zum Sinn und Zweck dieser Regelung → § 88 Rn. 2.

[65] dazu näher → § 88 Rn. 36; dort auch zur Entbehrlichkeit der Schriftform bei Open-Access- und Open-Source-Verwertungsmodellen.

[66] → Rn. 3, → Vor §§ 88 ff. Rn. 49.

[67] S. *Schweyer* S. 1 f., 71; aus der Rspr. zur Werkverwertung durch den Film RGZ 118, 282 (285 ff.) – Musikantenmädel – und RGZ 140, 255 (257 f.) – Der Hampelmann; sa die Hinweise unter → Rn. 3.

[68] → § 88 Rn. 7, 45.

[69] Zu Letzterem → Rn. 3 und dort insbes. zu BGH GRUR 2011, 714 = ZUM 2011, 560 – Der Frosch mit der Maske (Vorinstanz: OLG Köln GRUR-RR 2009, 208 (209)), zu Filmen aus den Jahren 1957 bis 1969; BGH ZUM 2011, 498 – Polizeirevier Davidswache; OLG München ZUM 1985, 514 (515) – Olympiafilm – zu einem Film aus dem Jahre 1936; LG München I FuR 1984, 664 (665) – NEGRESCO – zu einem Spielfilm aus dem Jahre 1967; s. dazu zust. *Moser* MR 5/1984, 15 ff.; krit. *Poll* ZUM 1985, 248 f.; aA OLG München ZUM 2000, 61 (65 f.) – Das kalte Herz; dazu kritisch → Rn. 3.

[70] Näheres → § 88 Rn. 48.

[71] → § 88 Rn. 48.

[72] → § 88 Rn. 7; unter → § 88 Rn. 48 auch eine sowohl kritische als auch pragmatische Auseinandersetzung mit der abweichenden Rechtsprechung des BGH und einer Zukunftsperspektive.

[73] Vgl. auch → § 88 Rn. 37 f., 43 ff.

[74] → Rn. 3 und → Vor §§ 88 ff. Rn. 49.

lerfreundlichen § 89 Abs. 1 in allen Fassungen, sondern nach dem urheberfreundlichen Übertragungszweckprinzip zu beurteilen sind;[75] im zweitgenannten Fall einer US-amerikanischen Filmproduktion wäre der Rechteerwerb des Produzenten grundsätzlich nach US-amerikanischem Recht, aber im Hinblick auf die streitige Fernsehauswertung in Deutschland ebenfalls nach dem hier anerkannten Übertragungszweckprinzip, jedoch nicht nach der für den Urheber nachteiligen Vermutungsregel des § 89 Abs. 1 aF zu beurteilen gewesen. Das gleiche wie für die Fernsehausstrahlung gilt für die seit Jahrzehnten übliche[76] **herkömmliche Schmalfilmauswertung** von Spielfilmen durch öffentliche Vorführung in anderen Einrichtungen als Filmtheatern und die dementsprechende Vervielfältigung und Verbreitung von Schmalfilmkopien.[77] Dasselbe ist seit Bekanntheit der **Videoauswertung von Spielfilmen**[78] für diese Nutzungsform **(einschließlich DVD oder Blu-ray)** anzunehmen; dies ist auch der Ausgangspunkt der Rechtsprechung zu dieser Frage.[79] Danach ist zu Lasten der Filmurheber iSd § 89 insoweit auch die Einräumung des entsprechenden ausschließlichen Vervielfältigungs- und Verbreitungsrechts zu vermuten. Umfasst ist auch das durch das 3. UrhG-ÄndG[80] eingeführte ausschließliche **Vermietrecht.**[81] Auch den Filmurhebern iSd § 89 verbleibt dabei aber der unverzichtbare und im Voraus nur an eine Verwertungsgesellschaft abtretbare Vergütungsanspruch gegen den Vermieter nach § 27 Abs. 1 nF.[82] **Übergangsrechtlich** ist dabei zu beachten, dass eine vor dem 30.6.1995 ausdrücklich vereinbarte oder nach § 89 Abs. 1 zu vermutende Einräumung des ausschließlichen Verbreitungsrechts an den Filmhersteller auch als Einräumung des Vermietrechts gilt (s. § 137e Abs. 4 S. 1). Wie im Hinblick auf die Rechtseinräumung an den Hersteller von Vorführfilmen von Seiten der Urheber vorbestehender, verfilmter Werke iSd § 88 Abs. 1 S. 1 nF 2002 und 2007 seit dem 1.7.2002 (→ § 88 Rn. 41) ist zu Lasten der Filmurheber iSd § 89 ferner anzunehmen, dass der Filmhersteller von solchen Urhebern im Zweifel auch die Rechte zur **digitalen Onlinenutzung** erwirbt und erworben hat, und zwar nicht erst aufgrund von Verträgen seit dem 1.7.2002, sondern aufgrund der weiten Vermutungsregelung in § 89 Abs. 1 aF schon **seit Bekanntheit** dieser Nutzungstechnik im Filmbereich seit **frühestens ca. 1995.**[83] Zur Videoauswertung **alter NS-Propagandafilme** und **Kriegswochenschauen** und anderer Filme aus der **NS-Zeit** bereits → Rn. 3.

14   Die genannten Rechte stehen dem Filmhersteller in Bezug auf die Filmurheber iSd § 89 Abs. 1 entsprechend dem zu § 88 (→ Rn. 50 ff.) Gesagten und vorbehaltlich der auslandsrechtlichen Beurteilung[84] **weltweit** zu; dies ergibt sich ua auch aus der § 88 Abs. 1 Nr. 5 aF entsprechenden Erwähnung der Übersetzungen von Filmwerken in § 89 Abs. 1.[85]

15   Nur unter **besonderen Umständen,** wie bei Filmurhebern im Arbeitsverhältnis oder Propaganda- und Werbefilmen, kann die Rechtseinräumung im Zweifel auch die Verwertung von **Filmausschnitten** (sog. **Klammerteilauswertung**) umfassen (→ Rn. 20).[86]

4. Umfang der Rechtseinräumung an Fernsehfilmen

16   Es versteht sich wiederum von selbst, dass eine Rechtseinräumung nach § 89 Abs. 1 in allen Fassungen an den Hersteller eines Fernsehfilms das **Senderecht** umfasst.[87] Weil auch faktisch seit langem üblich, umfasst diese Rechtseinräumung jedenfalls bei **angestellten Filmurhebern** der Rundfunkanstalten im Zweifel auch die **weltweite Verwertung** durch **internationalen Programmaustausch und Programmverkauf.**[88]

---

[75] → Rn. 3 und → § 88 Rn. 26, 27.

[76] S. BGHZ 67, 56 (61) – Schmalfilmrechte; BGH GRUR 1960, 197 (198 f.) – Keine Ferien für den lieben Gott.

[77] Zur Beurteilung nach § 88 → § 88 Rn. 38.

[78] Dazu → § 31a Rn. 39, 47.

[79] S. BGHZ 128, 336 (345) – Videozweitauswertung III; OLG München GRUR 1987, 908 (909) – Videozweitverwertung; OLG München GRUR 1994, 115 f. – Audiovisuelle Verfahren; OLG München ZUM-RD 1997, 354 (355) – Lass jucken Kumpel.

[80] → Vor §§ 88 ff. Rn. 8.

[81] S. zur Parallele bei § 88 → § 88 Rn. 37.

[82] Dazu auch → Rn. 19.

[83] → § 31a Rn. 49 f.

[84] → § 88 Rn. 34.

[85] Zum Ergebnis LG München I Schulze LGZ 180, 4 f. – Landung in Salerno; → Rn. 16 zur Einräumung der Weltrechte an Fernsehproduktionen; s. ferner Fromm/Nordemann/*J. B. Nordemann*[9] Rn. 10; *Möhring/Nicolini* 2. Aufl. 2000, Rn. 21; Wandtke/Bullinger/*Manegold/Czernik* Rn. 28.

[86] S. LG Berlin GRUR 1962, 207 (208) – Maifeiern – zur Fernsehauswertung von Ausschnitten aus einer 1957 von angestellten Kameramännern geschaffenen Wochenschau; BGH UFITA 55 1970, 313 (316 ff.) – Triumph des Willens – zur Verwertung von Ausschnitten aus einem NS-Propagandafilm in einem Dokumentarfilm; zur entsprechenden Rechteerwerb von den Filmurhebern voraussetzenden und ua die Verwertung von Filmausschnitten, Einzelbildern und Änderungen umfassenden Rechtseinräumung durch den Hersteller eines Werbefilms an den Auftraggeber BGH GRUR 1960, 609 (611 ff.) – Wägen und Wagen.

[87] OLG Karlsruhe UFITA 45 1965, 347 (351 f.) – Unfälle; sa § 88 Abs. 1 Nr. 4 aF und → § 88 Rn. 43 ff.

[88] Zum Ergebnis OLG Hamburg GRUR 1977, 556 (558 f.) – Zwischen Marx und Rothschild; LG Saarbrücken UFITA 38 1962, 224 (228 ff.); aA LG Hamburg FuR 1975, 358 (360 f.) jeweils zu einer Tarifvertragsklausel, welche die Rechtseinräumung ohne nähere Spezifizierung für die „Auswertung auf dem Gebiete des Rundfunks" vorsah; zur Vereinbarkeit von Klauseln über den internationalen Programmaustausch in den Honorarbedingungen der

Nicht üblich ist dagegen jedenfalls bei den Produktionen der **öffentlich-rechtlichen Rund-** 17
funkanstalten, von bestimmten Ausnahmen wie Prüf-, Lehr- und Forschungszwecken und der eigenen werbemäßigen Präsentation abgesehen,[89] die **öffentliche Vorführung** solcher Produktionen in
Filmtheatern und ähnlichen Einrichtungen. Jedoch ist im Hinblick auf die ebenfalls kritische[90] **au-**
diovisuelle Auswertung von Produktionen speziell der deutschen **öffentlich-rechtlichen, gebüh-**
renfinanzierten Rundfunkanstalten und damit ua auch der durch und für sie hergestellten Fernsehfilme von einem **Wandel der Rechtslage** im Lauf der Jahre anzugehen. Mindestens **bis Mitte/**
Ende der 1970er-Jahre bestanden gegen sie als erwerbswirtschaftliche Betätigung so gewichtige
verfassungsrechtliche Bedenken, dass zB der Verfasser des Drehbuchs für einen solchen Film unter
dem Gesichtspunkt des § 31 Abs. 5 und mangels anderweitiger ausdrücklicher vertraglicher Vereinbarung mit einer solchen Auswertung in Form des seinerzeit üblichen Super-8-Schmalfilms nicht rechnen musste und die betreffenden Nutzungsrechte dem Hersteller nicht einräumte.[91] Dies spricht zumindest indiziell auch **gegen die Üblichkeit** der audiovisuellen Verwertung der Fernsehfilme der
Rundfunkanstalten und damit auch **gegen eine Erstreckung der Vermutung des § 89 Abs. 1 aF**
auf sie zu jener Zeit, auch wenn dieser Bestimmung gegenüber § 31 Abs. 5 Vorrang zukommt.[92]
Spätestens seit dem sog. **NRW-Urteil** des **BVerfG** vom **5.2.1991**[93] steht jedoch fest, dass jene verfassungsrechtlichen Bedenken nicht greifen: Die Rundfunkfreiheit des Art. 5 Abs. 1 S. 2 GG schließt die
audiovisuelle Verwertung der Produktionen der Rundfunkanstalten als Teil ihrer legitimen Finanzierung ein.[94] Heute sind **Video- und DVD/Blu-Ray-Angebote** von Fernsehserien und Einzelpro-
duktionen der Rundfunkanstalten gang und gäbe und damit **üblich.** Die Vermutung des § 89 Abs. 1
aF und nF 2002 sowie nF 2007 erstreckt sich im Hinblick auf Rechtseinräumungen an sie aus den
vergangenen etwa drei Jahrzehnten und in der Zukunft in Zweifelsfällen auch auf sie.[95] Das für die
neuere Zeit dargestellte Ergebnis gilt erst recht und ohne die zeitliche Begrenzung für **Film-**
Fernseh-Koproduktionen und für Produktionen **privater Sendeunternehmen.** Es trägt aber für
den Bereich der öffentlich-rechtlichen Rundfunkanstalten im Hinblick auf ältere Produktionen den
gewichtigsten Bedenken gegen § 89 Abs. 1 aF (→ Rn. 10) Rechnung.

Im Hinblick auf die in jüngerer Zeit gebräuchlich gewordene **digitale Online-Nutzung** von
Fernsehfilmwerken wird man nach der vorstehend dargestellten Verfassungsrechtslage selbst in Bezug
auf die **öffentlich-rechtlichen Rundfunkanstalten** von ihrer **Üblichkeit** und damit jedenfalls
unter der Geltung des **§ 89 Abs. 1 nF 2007,** also **seit dem 1.1.2008** (→ Rn. 2), auch von dessen
Anwendbarkeit auszugehen haben.[96] Im Hinblick auf **Fernsehfilme älteren Datums,** aber mit Datum der Rechtseinräumung von Seiten der Urheber seit dem 1.1.1966 (→ Rn. 3) bildet nach **§ 89**
Abs. 1 aF und nF 2002 der **Zeitpunkt der Bekanntheit** dieser Nutzungsform **seit frühestens**
1995 (→ Rn. 13) die äußerste Grenze für die Anwendung der gesetzlichen Vermutung auf Fernsehproduktionen aus der betreffenden Vergangenheit. Noch weiter zurückreichend kann sich eine Online-
Nutzungsbefugnis der Filmhersteller bzw. Sendeunternehmen nur aus **§ 137l** ergeben,[97] im Hinblick
auf Produktionen aus der **Zeit vor 1966** aber nur daraus, dass die seinerzeitige Rechteübertragung
auch noch unbekannte Nutzung zum Gegenstand hatte und zugleich eine **Beteiligungsvergütung**
zugunsten der Urheber vorsah (→ Rn. 3).

5. Umfang der Rechtseinräumung an Video- und Online-Produktionen

Im Hinblick auf den Umfang der Rechtseinräumung an den Hersteller nach § 89 Abs. 1 in allen 18
Fassungen bei **originären Videoproduktionen** ist nach der **üblichen Form der Verwertung** im
jeweiligen Bereich zu entscheiden. So wird bezüglich **Werbefilmen** von einer umfassenden Verwertung durch Vorführung und durch Fernsehsendung, seit frühestens 1995 (→ Rn. 13) auch im
Internet, auch von Ausschnitten, auszugehen sein (→ Rn. 15). Bei (deutschen) sog. **Hardcore-**
Pornofilmproduktionen wird unter den gegebenen Verhältnissen in der Bundesrepublik Deutschland eine Einräumung des Senderechts bis in die jüngere Zeit („Premiere"-„Blue Movie"-Voll-
erotikkanal seit 2004) ausscheiden, jedoch die öffentliche Vorführung und die audiovisuelle Verwertung von der Rechtseinräumung umfasst sein. Keine mediale Beschränkung dürfte für **Unterrichts-,**
Lehr- und Instruktionsproduktionen gelten.[98] Zur Einräumung auch des ausschließlichen **Ver-**
mietrechts in diesen Fällen und zu den damit zusammenhängenden Fragen → Rn. 13. Erst in jüngst-

Rundfunkanstalten mit dem AGBG BGH GRUR 1984, 45 (50) – Honorarbedingungen: Sendevertrag; KG
GRUR 1984, 509 (513 ff.) – Honorarbedingungen Urheber/Fernsehen; vgl. dagegen → § 88 Rn. 47, 50.
   [89] S. BGH GRUR 1974, 786 (787) – Kassettenfilm; → § 88 Rn. 49.
   [90] S. Dreier/Schulze/*Schulze* 3. Aufl. 2008, Rn. 30.
   [91] So BGH GRUR 1974, 786 (787) – Kassettenfilm.
   [92] S. zu letzterem → Rn. 3.
   [93] S. BVerfGE 83, 238 (303); sa BVerfG ZUM 1999, 71 (74) – Guldenburg.
   [94] S. dazu auch *Hahn/Vesting,* Beck'scher Kommentar zum Rundfunkrecht 2008, RStV § 13 Rn. 89, 90 mwN.
   [95] Sa Dreier/Schulze/*Schulze* Rn. 30; generell weiter *Fromm/Nordemann/J. B. Nordemann* Rn. 40.
   [96] Ebenso *Fromm/Nordemann/J. B. Nordemann* Rn. 39, 40.
   [97] → Rn. 2 und die Kommentierung dieser Bestimmung.
   [98] Umfassende Rechtseinräumung nehmen auch v. Hartlieb/*Schwarz/U. Reber* 94. Kap. Rn. 13; Loewenheim/
Schwarz/U. Reber § 74 Rn. 137 an.

ter Zeit aus den USA bekannt geworden sind Filmproduktionen, die für eine originäre **Primäraus-
wertung** im Online-Markt bzw. im **Internet** bestimmt sind. Private TV-Vermarkter wie etwa der
US-Kabelsender HBO, aber auch Handelskonzerne wie Amazon oder die Internetplattform Netflix
produzieren mittlerweile ganze Spielserien für eine Erstauswertung über Online-Bezahlkanäle.[99] Die
sich daran anschließende Verwertungskette kann wiederum die herkömmlichen Verwertungsformen
wie etwa Free TV, Pay-TV, DVD/Blu-ray erfassen, so dass sich eine die Rechtseinräumung nach § 89
UrhG begrenzende „Üblichkeit" der Auswertung hier kaum noch zuverlässig bestimmen lässt.[100] In
entsprechenden Fällen wird man unter Geltung deutschen Urheberrechts davon ausgehen müssen,
dass im Zweifel alle bekannten und unbekannten filmischen Nutzungen von § 89 Abs. 1 UrhG nF
2007 – mit Ausnahme der Kinoauswertung – als üblich erfasst sind.

6. Zweitwiedergaberechte und gesetzliche Vergütungsansprüche

19   **Sinn und Zweck auch des § 89** in allen Fassungen ist es, dem Filmhersteller nur die **für die
Filmauswertung erforderlichen** Nutzungsrechte einzuräumen.[101] Sinngemäß und entsprechend
den auch für § 89 geltenden Auslegungsgrundsätzen[102] ist daher davon auszugehen, dass die
Rechtseinräumung an den Filmhersteller nach § 89 Abs. 1 **nicht** die sog. **Zweitwiedergaberechte**
(öffentliche Wiedergabe von Fernsehsendungen beim Empfang, § 22, und sekundäres Kabelfernsehen)[103] und auch **nicht die gesetzlichen Vergütungsansprüche** nach §§ 27, 46 Abs. 4, 47 Abs. 2
S. 2 und 54 umfasst.[104] Will der Filmhersteller von den Filmurhebern über seine eigenen Rechte aus
§ 94 hinaus auch diese Rechte erwerben, so muss er sie sich ausdrücklich übertragen lassen, was aber
erst nach deren Entstehen möglich ist (also nicht im Wege der Vorausabtretung).[105] In Bezug auf die
gesetzlichen Vergütungsansprüche der Urheber wird dies aber nicht an § **63a**, sondern auch am
Unionsrecht scheitern. So hat der EuGH bereits in seinem „Luksan"-Urteil vom 9.2.2012[106] festgestellt, dass das Unionsrecht dahin auszulegen ist, dass der oder die **Urheber** des Filmwerks kraft Gesetzes unmittelbar und originär **Berechtigte** des in Art. 5 Abs. 2 lit. b der Richtlinie 2001/29/EG im
Rahmen der so genannten Privatkopieausnahme vorgesehenen **Anspruchs auf gerechten Ausgleich** sein **müssen** und dass den Mitgliedstaaten nicht die Möglichkeit belassen wird, eine Vermutung der Abtretung des Anspruchs auf gerechten Ausgleich an den Produzenten des Filmwerkes aufzustellen, wobei es nicht darauf ankommt, ob diese Vermutung unwiderlegbar oder abdingbar ist.
Ferner hat der EuGH unter Bezugnahme auf die Richtlinie 2006/115 klargestellt, dass der Unionge-
setzgeber weder für den gesetzlichen Anspruch auf angemessene Vergütung für die Vermietung noch
für den Anspruch auf gerechten Ausgleich, der den Urhebern im Rahmen der Privatkopieausnahme
geschuldet wird, die Möglichkeit eines Verzichts zugelassen hat.[107] Vielmehr müssen entsprechende
gesetzliche Vergütungsansprüche den originär berechtigten Urhebern zustehen.[108] Dies hat der EuGH
auch nachfolgend bekräftigt.[109] In dem „Reprobel"-Urteil vom 12.11.2015[110] hat der EuGH festgestellt, dass Art. 5 Abs. 2 lit. a und Art. 5 Abs. 2 lit. b der Richtlinie 2001/29 nationalen Rechtsvorschriften entgegenstehen, die es dem Mitgliedstaat gestatten, einen Teil des den Urhebern zustehenden gerechten Ausgleichs Verlegern der von den Urhebern geschaffenen Werke zu gewähren, ohne
dass die Verleger verpflichtet sind, die Urheber auch nur indirekt in den Genuss des ihnen vorenthal-
tenen Teils des Ausgleichs kommen zu lassen. Der BGH hat dies mit rechtskräftigem Urteil vom
21.4.2016[111] zur – **unzulässigen** – **Verlegerbeteiligung** ebenfalls bekräftigt. Das BVerfG hat die
hiergegen gerichtete Verfassungsbeschwerde nicht zur Entscheidung angenommen.[112] Diese unions-

---

[99]   S.   http://www.heise.de/newsticker/meldung/Amazon-produziert-Fernsehserien-fuers-Netz-1825110.html
sowie   http://www.theverge.com/2013/9/22/4759754/netflix-challenges-the-tv-establishment-with-emmy-wins-
for-house-of, zuletzt abgerufen am 24.3.2014.
[100] So allgemein für §§ 88, 89 UrhG *Hansen* ZUM 2014, 175 (178); vgl. a. *Fromm/Nordemann/J. B. Nordemann*
Vor §§ 88 ff. Rn. 7, 12.
[101] S. AmtlBegr. BT-Drs. IV/270, 100 rSp. oben; zu § 88 → § 88 Rn. 49.
[102] → Vor §§ 88 ff. Rn. 41.
[103] Dazu → § 88 Rn. 48, 49.
[104] *Hertin* UFITA 118 1992, 57 (79 f.); *Merker* S. 153 ff.; *N. Reber* S. 104 ff., 196 ff.; *Rossbach* S. 185 ff.; *Ulmer-
Eilfort* S. 102 f.; zu den gesetzlichen Vergütungsansprüchen OLG Köln ZUM 2000, 320 (325) – Mischtonmeister;
v. Hartlieb/*Schwarz/U. Reber* 94. Kap. Rn. 12; aA *Schack* Rn. 479 (jedenfalls für § 89 und bis zum Inkrafttreten des
§ 63a); *Schack* ZUM 1989, 267 (271); im Übrigen auch → § 88 Rn. 49.
[105] BGH GRUR 2016, 596 (603) – Verlegeranteil; kritisch zur freien Übertragbarkeit gesetzlicher Vergütungsansprüche *N. Reber* S. 106 ff., 196 ff.; *Fromm/Nordemann*, 8. Aufl., § 27 Rn. 6, § 46 Rn. 12; gegen eine Abtretbarkeit
Schulze GRUR 1994, 855 (866); ähnlich *Hertin* UFITA 118 1992, 57 (76); *v. Lewinski* ZUM 1995, 442 (446).
[106] EuGH GRUR 2012, 489 – Luksan/van der Let.
[107] EuGH GRUR 2012, 489 (493 f.) – Luksan/van der Let.
[108] So auch *v. Ungern-Sternberg* GRUR 2014, 209 (222 f.).
[109] EuGH GRUR 2013, 1025 (1028 f.) – Amazon/Austro-Mechana; *v. Ungern-Sternberg* GRUR 2014, 209 (223);
aA wohl Dreier/Schulze/*Schulze* § 63a Rn. 12.
[110] EuGH GRUR 2016, 55 – Hewlett-Packerad/Reprobel.
[111] BGH GRUR 2016, 596 – Verlegeranteil; bestätigt durch BVerfG GRUR 2018, 829 – Verlegeranteil.
[112] Gegen die Entscheidung des BGH wurde vom Verlag C. H.BECK oHG als Streithelfer der VG Wort Verfassungsbeschwerde zum BVerfG eingelegt, s. die Meldung des Börsenvereins des Deutschen Buchhandels vom
28.6.2016, abrufbar unter https://www.boersenblatt.net/artikel-reaktion_auf_das_vg-wort-urteil.1174198.html,

rechtlich gebotene Auslegung gilt freilich nicht nur im Verhältnis zwischen Urheber und Verleger, sondern auch im Verhältnis zwischen Urheber und Filmproduzent oder sonstigen Verwertern. Die gesetzlichen Vergütungsansprüche werden den **Urhebern** als Ausgleich für die Beschränkung ihrer Verwertungsrechte zugebilligt, so dass ihnen ein entsprechender **Ausgleich vollständig zustehen** muss. Diese Grundsätze lassen sich, so der EuGH, auch nicht durch abweichende gesetzliche Regelungen aushebeln. Erst recht muss dies dann für abweichende vertragliche Regelungen in Verträgen zwischen Urhebern und Verwertern oder abweichende Aufteilungen in den Verteilungsplänen der Verwertungsgesellschaften gelten.[113] Aus vorstehendenGründen bestehen auch **Zweifel an der Rechtmäßigkeit** der Einführung eines Beteiligungsrechts der – anders als Filmhersteller oder Tonträgerproduzenten – nach wie vor nicht leistungsschutzberechtigten Verleger an gesetzlichen Vergütungsansprüchen der Urheber gemäß der **Richtlinie (EU) 2019/790 des europäischen Parlaments und des Rates vom 17. April 2019 über das Urheberrecht und die verwandten Schutzrechte im digitalen Binnenmarkt** und zur Änderung der Richtlinien 96/9/EG und 2001/29/EG **(DSM-RL),** dort **Art. 16.**[114] Danach sollen nunmehr die Mitgliedstaaten autonom festlegen können, dass für den Fall, dass ein Urheber einem Verleger ein Recht übertragen oder ihm eine Lizenz erteilt hat, diese Übertragung oder Lizenzierung eine hinreichende Rechtsgrundlage für den Anspruch des Verlegers auf einen Anteil am Ausgleich für die jeweilige Nutzung des Werkes im Rahmen einer Ausnahme oder Beschränkung für das übertragene oder lizenzierte Recht darstellt.

§ 92 Abs. 1 nF, eingeführt durch das 3. UrhGÄndG,[115] **hat auch** die Rechtsstellung der **an einem Filmwerk mitwirkenden ausübenden Künstler** derjenigen der Filmurheber iSd § 89 angeglichen[116] und dabei sogar ausdrücklich bestimmt, dass **nur die Abtretung von Einwilligungsrechten bzw. ausschließlichen Rechten** der ausübenden Künstler an den Filmhersteller **vermutet** wird. Es sind dies die Rechte nach § 77 Abs. 1 und 2 S. 1 nF, dh die Rechte zur Aufnahme der Darbietung auf Bild- oder Tonträger sowie zu deren Vervielfältigung und Verbreitung, und nach § 78 Abs. 1 Nr. 1 und 2 nF, dh das Recht zur öffentlichen Zugänglichmachung und zur Sendung der Darbietung. Nicht vermutet wird dagegen die Abtretung der Vergütungsansprüche der ausübenden Künstler für das Vermieten und Verleihen der Bild- oder Tonträger (§ 77 Abs. 2 S. 2 nF iVm § 27 nF), für die Funksendung ihrer erlaubterweise auf Bild- oder Tonträger aufgenommenen Darbietungen (§ 78 Abs. 2 S. 1 nF iVm Abs. 1 Nr. 2 nF), für die öffentliche Wiedergabe ihrer Darbietung mittels Bild- oder Tonträgern oder Funksendungen (§ 78 Abs. 2 Nr. 2 nF) und für die Vervielfältigung zum privaten oder sonstigen eigenen Gebrauch im Wege der Bild- und Tonaufzeichnung (§ 83 nF iVm § 54). Die Rechtsstellung der **Filmurheber** iSd § 89 kann **nicht** hinter derjenigen der ausübenden Künstler **zurückbleiben.** Zum **Vergütungsaufkommen** aus § 54 in beträchtlicher Höhe und zu dessen **Verteilung** → § 94 Rn. 29.

In jedem Fall verbleibt den Filmurhebern iSd § 89 im Übrigen bei der nach § 89 Abs. 1 zu vermutenden Einräumung des ausschließlichen **Vermietrechts** iSd § 17 nF (dazu → Rn. 13) der unverzichtbare und im Voraus nur an eine Verwertungsgesellschaft abtretbare **Vergütungsanspruch** gegen den Vermieter nach § 27 Abs. 1, 3. Nach dem durch das Urhebervertragsgesetz aus dem Jahre 2002[117] neu eingeführten **§ 63a** können mit Wirkung vom 1.7.2002 (§ 132 Abs. 3 S. 1) gesetzliche Vergütungsansprüche im Zusammenhang mit gesetzlichen Schranken des Urheberrechts, insbes. auch diejenigen nach § 54, im Voraus nur an eine Verwertungsgesellschaft abgetreten werden. Lediglich für Verlage sieht **§ 63a S. 2** in unionsrechtlich konformer Auslegung die Möglichkeit der Abtretung von gesetzlichen Vergütungsansprüchen an einen Verlag, allerdings nur zur **treuhänderischen Wahrnehmung** für den Urheber vor. Hierzu und zur Willkürlichkeit von Verteilungsplänen einer Verwertungsgesellschaft nach § 7 S. 1 UrhWG aF, jetzt § 27 VGG, ua aufgrund **Verstoßes gegen Unionrecht, das Prioritätsprinzip und die Grundsätze des § 63a** s. BGH GRUR 2016, 596 – Verlegeranteil, bestätigt durch BVerfG GRUR 2018, 829 – Verlegeranteil.[118]

---

abgerufen am 20.10.2016. Die Verfassungsbeschwerde des Verlags wurde vom BVerfG nicht zur Entscheidung angenommen, weil sie unzulässig ist, BVerfG GRUR 2018, 829 – Verlegeranteil mAnm *Flechsig* GRUR-Prax 2018, 310.

[113] Ebenso für den (Film-)Musikbereich und die von der GEMA vorgenommene, ebenfalls als willkürlich beurteilten Verteilungsquoten zugunsten der (Musik-)Verleger, KG ZUM 2017, 160 m. kritischer Anm. *Ventroni* ZUM 2017, 187; das Urteil ist aufgrund Nichtannahme der Nichtzulassungsbeschwerde der GEMA gemäß Beschluss des BGH 18.10.2017 – I ZR 267/16, rechtskräftig.

[114] Ebenso *Schaper/Verweyen* K&R 2019, 433 (438); *Flechsig* GRUR-Prax 2018, 310; *v. Ungern-Sternberg,* JurPC Web-Dok. 105/2018, Abs. 59, abrufbar unter http://www.jurpc.de/jurpc/show?id=20180105, abgerufen am 3.10.2018; kritisch zu den urhebervertragsrechtlichen Bestimmungen dieser Richtline *N. Reber* GRUR 2019, 891; *Stieper* ZUM 2019, 393 (396); *Lucas-Schloetter* GRUR-Int 2018, 430; s. zum Richtlinienentwurf auch *Peifer* AfP 2018, 109 (113).

[115] Zu diesem → Vor §§ 88 ff. Rn. 8.

[116] S. die AmtlBegr. BT-Drs. 13/115, 16 zu Art. 1 Nr. 7.

[117] → Vor §§ 88 ff. Rn. 8.

[118] Ebenso OLG München ZUM 2014, 52 mit Vorinstanz LG München I ZUM-RD 2012, 410, AG München ZUM-RD 2014, 248, (alle zur Verlegerbeteiligung), OLG Dresden ZUM-RD 2013, 245 – VFF-Klausel – mit Vorinstanz LG Leipzig ZUM-RD 2012, 550 (zur Senderbeteiligung); KG ZUM 2017, 160 mAnm *Felchsig* GRUR-Prax 2018, 47 (zur Musikverlegerbeteiligung); zu den zwingenden unionsrechtlichen Vorgaben EuGH GRUR 2016, 55 (57) – Hewlett-Packard/Reprobel; ebenso *v. Ungern-Sternberg* GRUR 2013, 248 (255 f.); 2014,

7. Verwertung des konkreten Filmwerks, Bearbeitung und nicht-filmische Verwertung

20   Aus der Formulierung des § 89 Abs. 1 in allen Fassungen, dass der Filmschaffende dem Filmhersteller im Zweifel das ausschließliche Recht einräumt, **das Filmwerk** zu nutzen, folgt, dass der Urheber im Zweifel das Recht behält, seinen Beitrag außerhalb dieses Filmwerks zu verwerten. Die AmtlBegr.[119] nennt hierzu als Beispiel, dass der Filmhersteller einen schöpferischen Einfall des Regisseurs ohne dessen Zustimmung nicht für einen anderen Film verwerten darf. Auch muss der Filmhersteller wie bei § 88 (→ § 88 Rn. 53) bestimmte **Grenzen seiner Bearbeitungs- und Umgestaltungsbefugnisse** beachten, berechtigen diese insbes. grundsätzlich **nicht** zu einer **Neuverfilmung** unter Verwendung geschützter Beiträge des ersten Filmwerks.[120] Es müssen daher auch besondere Umstände vorliegen, die es dem Filmhersteller ohne ausdrückliche Zustimmung des Filmurhebers iSd § 89 Abs. 1 gestatten, **Ausschnitte** des ersten Filmwerks, die schöpferische Beiträge des Urhebers enthalten, für ein anderes Filmvorhaben zu verwerten **(Klammerteilauswertung).**[121] Aus der gleichen Einschränkung auf die Nutzung des konkreten Filmwerks sowie aus der Beschränkung des Filmherstellers auf **filmische** Bearbeitungen und Umgestaltungen des Filmwerks ergibt sich wie zu § 88,[122] dass ein Filmurheber iSd § 89 Abs. 1 trotz umfassender Rechtseinräumung an den Filmhersteller im Zweifel stets das Recht behält, seinen schutzfähigen Beitrag, wie den genannten Einfall des Regisseurs, zB in einem **Buch** oder einem **Bühnenstück** zu verwerten.[123]

IV. Verfügungsmacht des Urhebers bei Vorauseinräumung von Rechten an Dritte (§ 89 Abs. 2)

21   § 89 Abs. 2 ist § 78 Hs. 2 aF (1965) nachgebildet und dient der Rechtssicherheit des Filmherstellers sowie der Bewahrung der persönlichen Handlungsfreiheit der unter § 89 fallenden Filmurheber; in § 88 aF und nF findet er keine Entsprechung.[124] Da § 89 Abs. 2 seine Funktion, dem Filmhersteller den Erwerb der von diesem für die Filmauswertung benötigten Nutzungsrechte zu gewährleisten, nur insoweit erfüllen kann und muss, wie dieser auch nach § 89 Abs. 1 im Zweifel Rechte erwirbt, und weil zu diesen Rechten **Zweitwiedergaberechte** und **gesetzliche Vergütungsansprüche** des Filmurhebers nicht gehören (→ Rn. 19), ist auch die Regel des § 89 Abs. 2 auf diese Rechte **nicht** anzuwenden.[125] Im Übrigen ist auch bei solchen Vergütungsansprüchen § 63a zu berücksichtigen.[126]

22   Räumt ein Filmurheber iSd § 89 einem Dritten nach Maßgabe des § 40 wirksam im Voraus ausschließliche Nutzungsrechte ein, so entsteht nach § 89 Abs. 2 eine **doppelte Verfügungsbefugnis.**[127] Übt der Filmurheber seine Verfügungsbefugnis gegenüber dem Filmhersteller aus, was angesichts der von § 89 Abs. 1 angeordneten Rechtsfolge bereits mit Abschluss des Vertrages geschieht, durch den er sich zur Mitwirkung bei der Herstellung eines Filmes verpflichtet, so liegt darin eine wirksame Einräumung der betreffenden ausschließlichen Nutzungsrechte an den Filmhersteller, der Dritte ist auf eventuelle Schadensersatzansprüche gegen den Filmurheber und unter den Voraussetzungen des § 826 BGB, §§ 3, 9 UWG (§ 1 UWG aF) uU auch gegen den Filmhersteller verwiesen.[128]

22a   Die **Ausnahmeregelung** des § 89 Abs. 2 für Filmurheber[129] erscheint **kritikwürdig.** So ist nicht einzusehen, weshalb ein Urheber eines vorbestehenden Werkes, etwa der Filmmusikkomponist, seine Erstverwertungsrechte an der Filmmusik (zB das Vervielfältigungs- oder Verbreitungsrecht) einer Verwertungsgesellschaft (GEMA) vorab wirksam einräumen kann, dem Filmurheber diese Möglichkeit

---

209 (223); 2015, 205 (218 ff.); *Flechsig* MMR 2012, 293 (298); *Flechsig* GRUR 2016, 1103; gegen Willkürlichkeit bei Verlegerbeteiligung: Dreier/Schulze/*Schulze* § 63a Rn. 12; *Riesenhuber* ZUM 2012, 746; *Riesenhuber* ZUM 2018, 407; sa die Kommentierung zu § 63a UrhG, insbes. → Rn. 19 ff. sowie § 72, insbes. → Rn. 69 ff. mwN.

[119] BT-Drs. IV/270, 100 zu § 99, jetzt § 89.

[120] S. dazu Dreier/Schulze/*Schulze* Rn. 29; Fromm/Nordemann/*J. B. Nordemann* Rn. 35, 37; *v. Gamm* Rn. 4; Möhring/Nicolini/*Diesbach/Vohwinkel* Rn. 24 sowie → § 88 Rn. 53, 55 ff.

[121] Dazu → Rn. 15; zu den Rechten an den einzelnen Lichtbildern des Filmwerks → Rn. 24–27 sowie die Kommentierung des inzwischen aufgehobenen § 91.

[122] → § 88 Rn. 36, 42, 52.

[123] Sa Dreier/Schulze/*Schulze* Rn. 28; Fromm/Nordemann/*J. B. Nordemann* Rn. 41; Möhring/Nicolini/*Diesbach/Vohwinkel* Rn. 24; *Wandtke/Bullinger* Rn. 27.

[124] → Rn. 2 sowie → § 88 Rn. 36.

[125] S. dazu auch Dreier/Schulze/*Schulze* Rn. 37; Fromm/Nordemann/*J. B. Nordemann* Rn. 51; Wandtke/Bullinger/*Manegold/Czernik* Rn. 31.

[126] S. hierzu die Rechtsprechung und Literatur in der Fußnote zu → Rn. 19 aE.

[127] S. Dreier/Schulze/*Schulze* Rn. 36; *Möhring/Nicolini* 2. Aufl. Rn. 30; anders jetzt Möhring/Nicolini/*Diesbach/Vohwinkel* Rn. 32, der eine gesetzliche auflösende Bedingung für die vorausgegangene Rechtseinräumung annimmt, sa Fromm/Nordemann/*J. B. Nordemann* Rn. 52.

[128] Zu Letzterem s. Dreier/Schulze/*Schulze*³ Rn. 36; *Möhring/Nicolini* 2. Aufl. Rn. 30; gegen jede Schadensersatzpflicht des Filmherstellers Dreier/Schulze/*Schulze* Rn. 36; nach Auffassung von Dreier/Schulze/*Schulze* Rn. 36; Fromm/Nordemann/*J. B. Nordemann* Rn. 52 erlischt insoweit die Rechtseinräumung an den Dritten nach § 158 Abs. 2 BGB.

[129] Für am Filmwerk mitwirkende ausübende Künstler s. § 92 Abs. 2.

Katzenberger/N. Reber

wegen der einschneidenden Rechtsfolgen in § 89 Abs. 2 aber im Ergebnis nicht offensteht. Einer Verwertungsgesellschaft, der die Rechte vom Urheber eines vorbestehenden Werkes dauerhaft wirksam eingeräumt werden können, ist es möglich, Tarife für die Werknutzung der Verwerter aufzustellen bzw. Nutzungsvergütungen zu vereinbaren. Die entsprechenden Vergütungen setzen dann wie bei der GEMA nicht an den Erträgen des Filmherstellers als regelmäßiger Vertragspartner des Urhebers an, sondern es werden entsprechend dem urheberrechtlichen Beteiligungsgrundsatz (sa § 11 S. 2 UrhG) die tatsächlichen Werknutzer, also etwa Sendeanstalten, Videovertriebe, Internetplattformen usw unmittelbar als Haftungsschuldner in Anspruch genommen. Den Bedenken, dass mit einer **Streichung** der Vorschrift des § 89 Abs. 2 UrhG angesichts einer möglichen Vielzahl von Filmurhebern die Rechtssicherheit beeinträchtigt wird, könnte **de lege ferenda** dadurch Rechnung getragen werden, dass die Regelung jedenfalls dann nicht zur Anwendung gelangen soll, wenn die Rechte des Urhebers nach § 89 Abs. 1 bereits durch eine Verwertungsgesellschaft, die auch einem gesetzlichen Abschlusszwang unterliegt, wahrgenommen werden. Die entsprechenden Informationen könnten die Filmhersteller ohne größeren Aufwand unmittelbar bei den mitwirkenden Urhebern oder aber bei den einschlägigen Verwertungsgesellschaften einholen.

V. Bedeutung des § 89 Abs. 3

Zur Bedeutung des **§ 89 Abs. 3,** der für die dort genannten und vergleichbare, zur Filmherstel- **23** lung benutzte Werke die Anwendung des § 89 Abs. 1, 2 ausschließt, im Einzelnen → Rn. 2, 8 sowie → Vor §§ 88 ff. Rn. 10, 57 ff., 71 f.; → § 88 Rn. 13 ff.

VI. Rechte an Filmeinzelbildern (§ 89 Abs. 4 nF, § 91 aF)

Im Rahmen der **Reform des Urhebervertragsrechts** durch das Gesetz vom 22.3.2002 (BGBl. I **24** S. 1155)[130] ist auch die Rechtslage bezüglich der einzelnen Bilder neu gestaltet worden, aus denen ein Film besteht. Gesetzliche Grundlage ist nunmehr **§ 89 Abs. 4** nF 2002 und 2007. **§ 91** als die früher einschlägige Bestimmung wurde **aufgehoben.** Allerdings gilt diese Bestimmung gemäß § 132 Abs. 3 S. 1 für alle Verträge über die Mitwirkung an der Herstellung eines Filmes, die bis zum 30.6.2002 geschlossen wurden, weiter. Erst auf seit Inkrafttreten des Urhebervertragsgesetzes am 1.7.2002 geschlossene Verträge ist § 89 Abs. 4 anzuwenden.

Nach der Rechtslage unter Geltung des **§ 91 aF** erwarb der Filmhersteller von Gesetzes wegen **25** bzw. nach der vorzugswürdigen Deutung im Wege einer cessio legis (→ § 91 Rn. 6) die Rechte zur filmischen Verwertung der Lichtbilder, die bei der Herstellung eines Filmwerkes (§ 91 S. 1 aF) bzw. Laufbildes (§ 95 iVm § 91 aF) entstehen. Dem Lichtbildner, dh in der Praxis dem **Kameramann** (→ § 91 Rn. 1), sollten insoweit keine Rechte zustehen (§ 91 S. 2 aF). Nach der Neuregelung in **§ 89 Abs. 4** gelten für die notwendige Rechtseinräumung an den Filmhersteller dieselben Regelungen, nämlich § 89 Abs. 1 und 2, wie für die Rechtseinräumung durch die Filmurheber. Da es sich dabei nur um Auslegungsregeln, wenn auch zugunsten der Filmhersteller, handelt (→ Rn. 2), wurde mit § 89 Abs. 4 und der Aufhebung des § 91 aF zumindest formal eine **Diskriminierung der Kameraleute beseitigt.**[131] In der Sache ist jedenfalls insoweit mit einer Verbesserung der Rechtsstellung der Kameraleute zu rechnen, als die nunmehr implizierte vertragliche Rechtseinräumung an den Filmhersteller geeignet sein sollte, sich positiv auf ihre vertraglichen Vergütungsansprüche nach den §§ 32/32a auszuwirken. In diesem Sinne hat auch der BGH GRUR 2012, 496 – Das Boot – dem Chefkameramann/Director of Photography des bekannten und äußerst erfolgreichen Spielfilms „Das Boot" im Hinblick auf § 32a umfassende vorbereitende Auskunfts- und Rechnungslegungsansprüche gegen drei Werknutzer (Filmhersteller, Sender und Videounternhemen) zuerkannt. Einer Bindung an die anderen Miturheber gemäß § 8 unterlag er dabei nicht. Die die Beklagten nach Feststellung „klarer Anhaltspunkte" für das Vorliegen eines „auffälligen Missverhältnisses" zwischen „vereinbarter Gegenleistung" und den „Erträgen und Vorteilen aus der Nutzung des Werkes" iSd § 32a zur Auskunft und Rechnungslegung verurteilende Folgeentscheidung des OLG München[132] ist durch Nichtannahmebeschluss des BGH[133] rechtskräftig geworden. Dem klagenden Kameramann haben mittlerweile sowohl das OLG München (2017) als auch das OLG Stuttgart (2018) erhebliche Nachvergütungsansprüche für die Vergangenheit und weitere Beteiligungen für die Zukunft nach § 32a Abs. 1 und 2 zugesprochen. Beide Bezifferungsverfahren sind derzeit beim BGH anhängig.[134]

---

[130] → Vor §§ 88 ff. Rn. 8.

[131] So auch die AmtlBegr. BT-Drs. 14/7564, 5 iVm BT-Drs. 14/6433, 5, 19.

[132] OLG München GRUR-RR 2013, 276 – Das Boot II.

[133] BGH 19.3.2014 – I ZR 74/13.

[134] Das OLG München hat mit Urteil vom 27.12.2017 (ZUM-RD 2018, 208 – Das Boot III) dem Kameramann gegen die Produktionsfirma, den WDR sowie den Videovertrieb einen Zahlungsanspruch iHv rund 438.000,- EUR sowie Prozesszinsen von mittlerweile rund 160.000,- EUR, ferner in die Zukunft gerichtete Beteiligungsansprüche gegen alle drei beklagten Werknutzer zugesprochen (Vorinstanz: LG München I ZUM 2016, 776); in dem weiteren Bezifferungsverfahren gegen die Sendeanstalten der ARD (ohne WDR, der in München verklagt ist) hat

26   Die vom Kameramann bei den Dreharbeiten aufgenommenen Filmeinzelbilder können einfache, nicht-schöpferische **Lichtbilder** isd. mit dem Urheberrecht verwandten Schutzrechts nach § 72 oder auch schöpferische **Lichtbildwerke** iSd § 2 Abs. 1 Nr. 5, Abs. 2 sein.[135] Zu § 91 aF, der sich nach seinem Wortlaut nur auf Lichtbilder bezog, war str., wie Filmeinzelbilder als Lichtbildwerke zu beurteilen sind, nämlich ebenfalls nach § 91 aF oder bereits unter dessen Geltung nach § 89 Abs. 1 aF (→ § 91 Rn. 12). § 89 Abs. 4 stellt nun klar, dass die entsprechende Anwendung des § 89 Abs. 1 und 2 für Lichtbilder und Lichtbildwerke gleichermaßen gilt.[136]

27   Erwirbt der Kameramann, wie in der Regel, ein **Miturheberrecht am Filmwerk,**[137] so ist dieses von den Rechten an den Filmeinzelbildern zu unterscheiden (→ § 91 Rn. 2). Hinsichtlich beider Arten von Rechten gilt nun die Auslegungsregel des § 89 Abs. 1 von der Einräumung der Nutzungsrechte für alle (nF 2007) bzw. alle bekannten (nF 2002) Nutzungsrechte an den Filmhersteller; darüber hinaus auch § 89 Abs. 2 betreffend die fortdauernde Verfügungsmacht des Urhebers bzw. Kameramanns bei Vorauseinräumung von Rechten an Dritte. Bezüglich der Einzelheiten kann auf die **Kommentierung** des **§ 89 Abs. 1 und 2**[138] und des **§ 91 aF verwiesen** werden. Zu diesen Einzelheiten zählt insbes. die **Beschränkung** der nach § 89 Abs. 1 vermuteten Rechtseinräumung an den Filmhersteller auf die filmische Nutzung der Filmeinzelbilder, so dass mangels anderweitiger vertraglicher Vereinbarung dem Kameramann zB das Recht verbleibt, seine Filmeinzelbilder in einem Buch oder im Rahmen des Merchandising zu verwenden.[139] Das Gleiche gilt für die Verwertung in einem anderen Film[140] sowie für gesetzliche Vergütungsansprüche und Zweitwiedergaberechte.[141] Räumt der Kameramann einem Dritten im Hinblick auf die nichtfilmische Nutzung von Filmeinzelbildern ein ausschließliches Nutzungsrecht ein, so kann sich daraus für ihn ein Verlust seiner Aktivlegitimation zum Vorgehen gegen mögliche Rechtsverletzungen durch Außenstehende ergeben.[142]

§ 90 Einschränkung der Rechte

(1) [1]**Für die in § 88 Absatz 1 und § 89 Absatz 1 bezeichneten Rechte gelten nicht die Bestimmungen**

1. über die Übertragung von Nutzungsrechten (§ 34),

2. über die Einräumung weiterer Nutzungsrechte (§ 35) und

3. über die Rückrufsrechte (§§ 41 und 42).

[2]**Satz 1 findet bis zum Beginn der Dreharbeiten für das Recht zur Verfilmung keine Anwendung.** [3]**Ein Ausschluss der Ausübung des Rückrufsrechts wegen Nichtausübung (§ 41) bis zum Beginn der Dreharbeiten kann mit dem Urheber im Voraus für eine Dauer von bis zu fünf Jahren vereinbart werden.**

(2) **Für die in § 88 und § 89 Absatz 1 bezeichneten Rechte gilt nicht die Bestimmung über das Recht zur anderweitigen Verwertung nach zehn Jahren bei pauschaler Vergütung (§ 40a).**

Schrifttum: S. die Schrifttumsnachweise Vor §§ 88 ff.

Übersicht

---

das OLG Stuttgart mit Urteil v. 26.9.2018 (ZUM-RD 2019, 20 – Das Boot IV) dem Kameramann weitere 315 000,– EUR sowie zukünftige Beteiligungsansprüche zugesprochen, jedoch anders als das OLG München und das LG Stuttgart einen Zinsanspruch verneint (Vorinstanz: LG Stuttgart ZUM-RD 2018, 245). S. zum Rechtsstreit *N. Reber* GRUR-Int 2011, 569; v. Hartlieb/*Schwarz/Hansen*, 54. Kap. Rn. 30 (zum Stand noch vor dem Urteil des BGH GRUR 2012, 496 (501) – Das Boot und den Folgeentscheidungen); sa *Poll* ZUM 2009, 2006.

[135] BGH GRUR 2014, 363 (365) – Peter Fechter; zu den unionsrechtlichen geringen Anforderungen an ein Lichtbildwerk s. EuGH GRUR 2012, 166 (168) – Painer/Standard.

[136] S. BT-Drs. 14/8058, 22.

[137] → Rn. 7 sowie → Vor §§ 88 ff. Rn. 61, 70.

[138] → § 89 Rn. 1 ff., 21 f.

[139] → Rn. 20, → § 91 Rn. 7, 8; Dreier/Schulze/*Schulze* Rn. 41; Fromm/Nordemann/*J. B. Nordemann* Rn. 60.

[140] → Rn. 20, → § 91 Rn. 7.

[141] → Rn. 19, → § 91 Rn. 9.

[142] So OLG Köln GRUR-RR 2005, 179 f. – Standbilder im Internet.

I. Zweck, Regelungsgegenstand und Kritik des § 90

Die **Zweckbestimmung** des § 90 aF und nF ist die gleiche wie die der §§ 88 ff. insgesamt: Die **1** Vorschrift soll mit Rücksicht auf die hohen Herstellungskosten von Filmen dem Filmhersteller im Verhältnis zu den Urhebern, deren Werke er nutzt, die wirtschaftliche Auswertung seiner Filme erleichtern.[1] Während §§ 88, 89 und 92 Abs. 1 nF dieses Ziel dadurch anstreben, dass sie gesetzliche Auslegungsregeln zugunsten der Einräumung ausreichender ausschließlicher Nutzungsrechte an den Filmhersteller aufstellen und ihm dadurch den Rechteerwerb sichern, setzt § 90 bei den **Rechten der Urheber** an, welche ihnen die Bestimmungen des **allgemeinen gesetzlichen Urhebervertragsrechts** für den Fall gewähren, dass sie einem anderen an ihren Werken ein Nutzungsrecht eingeräumt haben. Es sind dies zum einen die Rechte, der Weiterübertragung oder Unterlizenzierung der eingeräumten Nutzungsrechte zuzustimmen (§§ 34, 35). Zum anderen sollen bezüglich der dem Filmhersteller eingeräumten Nutzungsrechte grundsätzlich auch die Rückrufsrechte der Urheber wegen Nichtausübung oder gewandelter Überzeugung (§§ 41, 42) sowie das mit der Urheberrechtsnovelle 2016 neu eingeführte Recht zur anderweitigen Verwertung nach 10 Jahren bei pauschaler Vergütung (§ 40a)[2] nicht gelten. Solche Rechte könnten die freie Verfügung des Filmherstellers über die ihm eingeräumten Nutzungsrechte stören; § 90 will demgemäß diese freie Verfügung zu Lasten der Urheber gewährleisten.[3] Wenn das Gesetz dabei in der amtlichen Überschrift des § 90 von einer **Einschränkung** der betreffenden Rechte der Urheber spricht, so ist dies nichts anderes als eine beschönigende Umschreibung für einen gänzlichen **Ausschluss** dieser Rechte, den § 90 nF und aF dadurch bewirkt, dass er die Nichtanwendung der sie begründenden Gesetzesbestimmungen vorschreibt.[4]

Die generelle **Kritik** an den §§ 88 ff.[5] richtete sich ursprünglich speziell auch gegen § 90. Als un- **2** befriedigend wurde neben der Ausrichtung dieser Bestimmung ausschließlich an den an den heutigen Verhältnissen nicht mehr entsprechenden Bedürfnissen der Kinofilmproduzenten insbes. die Benachteiligung der Filmurheber iSd § 89, allen voran des Filmregisseurs, empfunden, die darin liegt, dass § 90 S. 2 aF ihnen im Gegensatz zu den Urhebern iSd § 88 die Ansprüche aus § 36 aF auf eine angemessene Beteiligung an den Erträgnissen bei einem unerwarteten Erfolg des Filmwerks versagte.[6]

§ 90 aF ist durch das **Urhebervertragsgesetz** aus dem Jahr 2002[7] nicht unwesentlich **geändert** worden. Ein Teil dieser Änderungen ist nur **formaler Natur**. Er beruht darauf, dass auch der in § 90 in Bezug genommene § 88 Abs. 1 geändert wurde (→ § 88 Rn. 2): An die Stelle der differenzierenden Auslegungsregeln in § 88 Abs. 1 Nr. 1–5 aF trat die Vermutung umfassender Rechtseinräumung durch die Urheber filmisch benutzter Werke an den Filmhersteller in Anlehnung an § 89 Abs. 1 aF (→ § 88 Rn. 2). Der Ausschluss der Zustimmungs- und Rückrufsrechte der Urheber durch § 90 S. 1 aF galt nur für die Nutzungsrechte des Filmherstellers zur Verwertung eines hergestellten Filmwerks (§ 88 Abs. 1 Nr. 2–5 aF) aufgrund der vom Gesetzgeber angenommenen besonderen Schutzbedürftigkeit des Filmherstellers insoweit (→ Rn. 9), nicht aber für das ihm eingeräumte, noch nicht realisierte Filmherstellungsrecht (Verfilmungsrecht, § 88 Abs. 1 Nr. 1 aF). An dieser Rechtslage sollte durch das Urhebervertragsgesetz nichts verändert werden, jedoch musste § 90 nF 2002 dem Umstand Rechnung tragen, dass § 88 Abs. 1 nF auf jene frühere Differenzierung verzichtet.[8] Er tut dies, indem er in § 90 S. 2 nF 2002 bestimmt, dass der Rechteausschluss nach S. 1 bis zum Beginn der Dreharbeiten für das Recht zur Verfilmung keine Anwendung findet. Der Beginn der Dreharbeiten und nicht der Zeitpunkt der Fertigstellung eines Filmwerks war auch unter der Geltung des § 90 aF richtiger

[1] AmtlBegr. BT-Drs. IV/270, 100 zu § 100, jetzt § 90; zur teilweisen Neufassung 2016 des § 90 s. BT-Drs. 18/10637, 25 sowie BT-Drs. 18/8625, 31; → Vor §§ 88 ff. Rn. 9.
[2] S. aber § 88 Abs. 2 S. 2 für das Wiederverfilmungsrecht des Urhebers eines vorbestehenden Werkes.
[3] AmtlBegr. BT-Drs. IV/270, 100.
[4] Sa v. *Gamm* Rn. 3.
[5] → Vor §§ 88 ff. Rn. 38 ff.
[6] S. *Ulmer* §§ 36 III 2, 87 IV und Urhebervertragsrecht Rn. 52; *Movsessian* UFITA 79 1977, 213 (231).
[7] → Vor §§ 88 ff. Rn. 8.
[8] BT-Drs. 14/8058, 12, 22.

Ansicht nach der entscheidende Zeitpunkt für den Verlust der Zustimmungs- und Rückrufsrechte der Urheber (→ Rn. 10).

Eine **wesentliche Änderung** des § 90 aF durch das **Urhebervertragsgesetz** des Jahres **2002** betrifft den früher besonders kritisierten Ausschluss der Filmurheber iSd § 89 Abs. 1, darunter auch des Regisseurs, von Ansprüchen nach **§ 36 aF,** dem sog. Bestsellerparagraphen, durch § 90 S. 2 aF (→ Rn. 2). An die Stelle des § 36 aF ist nach dem Urhebervertragsgesetz von 2002 der Anspruch der Urheber auf weitere Beteiligung gemäß **§ 32a (Fairnessausgleich)** unter erleichterten Voraussetzungen getreten, der sich sowohl gegen den Vertragspartner (§ 32a Abs. 1) als auch gegen den Drittnutzer in der Lizenzkette richtet (§ 32a Abs. 2).[9] Diese Bestimmung war ebenso wie § 36 aF in der ursprünglichen AmtlBegr.[10] noch nicht bzw. nicht mehr vorgesehen, so dass diese den Verweis auf § 36 aF in § 90 S. 2 aF als gegenstandslos streichen konnte.[11] Die spätere Aufnahme des § 32a in das Reformgesetz führte dann aber erfreulicherweise nicht dazu, dass der frühere Rechtsausschluss in § 90 nF 2002 wieder aufgenommen worden wäre, was auch die Intention des Gesetzgebers war.[12] Regisseuren und anderen Filmurhebern iSd § 89 Abs. 1 stehen damit ebenso wie Urhebern filmisch benutzter Werke iSd § 88 Abs. 1 die Vergütungsansprüche nach § 32 und § 32a uneingeschränkt zu.[13] Dies gilt trotz § 8 Abs. 2 auch für **Filmmiturheber** wie Regisseur, Kameramann, Cutter usw, da § 8 nur Ansprüche aus der Verletzung des gemeinsamen Urheberrechts erfasst, nicht aber etwa Ansprüche nach §§ 32, 32a.[14] § 90 nF 2002 findet freilich gemäß § 132 Abs. 3 S. 1 nur auf solche **Verträge** bzw. Rechtseinräumungen von Urhebern an Filmhersteller Anwendung, die **seit dem 1.7.2002,** dem Zeitpunkt des Inkrafttretens des Urhebervertragsgesetzes, geschlossen bzw. vorgenommen worden sind. § 90 nF 2002 und § 90 aF sind daher bis auf weiteres nebeneinander anwendbar, § 90 nF 2002 auf neue und § 90 aF auf ältere Filme.[15] Im Hinblick auf § 32a hindert nach BGH[16] die Regelung in § 132 Abs. 3 S. 2, wonach die Vorschrift auf „Sachverhalte" Anwendung findet, die nach dem 28.3.2002 entstanden sind, nicht, dass die in den Anwendungsbereich gemäß § 90 nF 2002 eingeschlossenen Filmurheber auch aus **Altverträgen** einen Fairnessausgleich nach § 32a geltend machen können. Erforderlich ist insoweit nur, dass **Verwertungshandlungen** auch **nach dem 28.3.2002** vorgenommen wurden. Gleichgültig ist auch, ob das auffällige Missverhältnis im Sinne des § 32a erst nach dem 28.3.2002 entstanden ist oder ob es bereits vor dem 28.3.2002 bestand und nach dem 28.3.2002 fortbestanden hat. Ferner sind im Rahmen der Prüfung, ob ein auffälliges Missverhältnis besteht, nach § 132 Abs. 3 S. 2 nicht nur nach dem 28.3.2002 erzielte Erträge und Vorteile, sondern **auch alle vor dem 28.3.2002 angefallenen Erträge und Vorteile zu berücksichtigen,**[17] so dass auch die „vereinbarte Gegenleistung (Vergütung)" des Urhebers zum Stichtag bereits vollständig erschöpft und daher im Rahmen der Prüfung des „auffälligen Missverhältnisses" mit „0" anzusetzen sein kann.[18] Dies hat auch Auswirkungen auf den vorgelagerten Auskunfts- und Rechnungslegungsanspruch des Filmurhebers, der bei Vorliegen „klarer Anhaltspunkte" für das Bestehen eines auffälligen Missverhältnisses auch Auskunft über solche Erträge – im Sinne der Bruttoerlöse, nicht nur eines Gewinns[19] – und Vorteile des jeweiligen Nutzers verlangen kann, die dieser vor dem 28.3.2002 erzielt hat.[20] Eine „weitere angemessene Beteiligung" an den Erträgen und Vorteilen aus der Nutzung im Sinne des § 32a Abs. 1, 2 kann der Filmurheber aufgrund des früheren Rechtsausschlusses – und vorbehaltlich Verjährung[21] oder Verwirkung – dann allerdings erst für den Zeitraum ab dem 29.3.2002 beanspruchen.[22] Für den Zeitraum kommen für den Filmurheber Ansprüche aufgrund Wegfalls der Geschäftsgrundlage in Betracht → 15, für Urheber vorbestehender Werke § 36 aF → 11.

---

[9] BT-Drs. 14/8058, 6, 19 f.

[10] BT-Drs. 14/7564, 5 iVm BT-Drs. 14/6433, 3.

[11] BT-Drs. 14/6433, 19.

[12] BT-Drs. 14/8058, 12, 22.

[13] Ebenso BGH GRUR 2012, 496 (497) – Das Boot; Dreier/Schulze/*Schulze* Rn. 3; Fromm/Nordemann/*J. B. Nordemann* § 32a Rn. 3.

[14] BGH GRUR 2012, 496 (497) – Das Boot.

[15] Ebenso Dreier/Schulze/*Schulze* Rn. 4; Fromm/Nordemann/*J. B. Nordemann* Rn. 4.

[16] BGH GRUR 2012, 496 (501) – Das Boot; → § 90 Rn. 25.

[17] BGH GRUR 2012, 496 (501) – Das Boot.

[18] So zutreffend OLG Stuttgart ZUM-RD 2019, 20 – Das Boot IV, sowie LG Stuttgart ZUM-RD 2018, 245 und LG München I ZUM 2016, 776 (783), alle zu „Das Boot"; ebenso gehen von einem Verbrauch der Vergütung des Urhebers durch fortlaufende Werknutzung aus KG GRUR-Int 2016, 1072 – Fluch der Karibik II; Dreier/Schulze/*Schulze*, § 32a Rn. 11, 38, 52, 67 mwN; aA OLG München ZUM-RD 2018, 208 (214 f.) – Das Boot III. Die Rechtsfrage ist beim BGH anhängig.

[19] BGH GRUR 2012, 496 (499) – Das Boot; OLG München ZUM 2011, 665 (673) – Verwertung Pumuckl-Figur; sa *N. Reber* GRUR-Int 2011, 569; *N. Reber* GRUR 2003, 393 (396 f.). Der BGH wird (auch) diese Frage in Kürze entscheiden.

[20] BGH GRUR 2012, 496 (501) – Das Boot; OLG Nürnberg ZUM 2015, 515 (518); s. zum Umfang der Auskunft bei (teilweise) verjährten Ansprüchen nach § 32a Dreier/Schulze/*Schulze*, § 32a Rn. 67.

[21] S. zur Verjährung BGH GRUR 2012, 1248 (1250 f.) – Fluch der Karibik; BGH GRUR 2016, 1291 (1295 f.) – Geburtstagskarawane; BGH GRUR-RR 2017, 185 – Derrick mAnm *Datta* (auch zum Wahlrecht des Urhebers bei einem Anspruch nach § 32a Abs. 2 UrhG); OLG Dresden ZUM 2018, 443 (444 f.); LG Stuttgart ZUM 2018, 245 (261 f.).

[22] S. hierzu die Bezifferungsverfahren nach § 32a OLG München ZUM 2018, 208 – Das Boot III (Vorinstanz: LG München I ZUM 2016, 776); OLG Stuttgart ZUM-RD 2019, 20 – Das Boot IV (Vorinstanz: LG Stuttgart

Ausgangspunkt für die Anwendung des § 90 sind **vertragliche Rechtseinräumungen** von Seiten derjenigen Urheber, von denen letztlich der Filmhersteller seine Rechte zur Herstellung und Auswertung seines Filmes herleitet und auf die sich auch die §§ 88, 89 beziehen (→ Rn. 1). Daran hat grundsätzlich auch das **Zweite Gesetz zur Regelung des Urheberrechts in der Informationsgesellschaft** vom **26.10.2007**[23] nichts geändert, indem es die gesetzlichen Auslegungsregeln der §§ 88 Abs. 1 und 89 Abs. 1 auf bei Vertragsschluss unbekannte Nutzungsarten erstreckt,[24] § 90 aber unberührt gelassen hat. Über den neuen § 137l hat dieses Gesetz jedoch daneben die Möglichkeit einer **Rechteübertragung von Gesetzes wegen** geschaffen, die zwar nicht speziell auf den Filmbereich abzielt, sich aber doch auch hier auswirkt. Sie bezieht sich als Übergangsregelung im Zusammenhang mit der Aufhebung des **§ 31 Abs. 4 aF** durch dasselbe Gesetz auf diejenigen Fälle, in denen während der Geltung dieser Bestimmung vom 1.1.1966 bis zum 31.12.2007 eine vertragliche Rechtseinräumung wegen Unbekanntheit einer Nutzungsart unwirksam war. Nach § 137l sollen nunmehr Rechtseinräumungen aus diesem Zeitraum in Form einer gesetzlichen Übertragungsfiktion auch unbekannte Nutzungsarten umfassen.[25] Speziell im Filmbereich betroffen sind davon insbes. die audiovisuelle Filmverwertung, der Film auf DVD/Blu-Ray und die digitale Onlinenutzung.[26] Der Gesetzgeber verfolgte mit dieser Regelung das Ziel, „die in zahllosen Archiven ruhenden Schätze … neuen Nutzungsarten problemlos zugänglich" zu machen.[27] Dies legt trotz allen Bedenken gegen § 137l[28] eine Anwendung des **§ 90** auf die Ergebnisse der gesetzlichen Übertragungsfiktion im Filmbereich nahe.[29] Andernfalls könnte zB die Ausübung der Rückrufsrechte durch die Urheber nach §§ 41, 42 die zeitliche Begrenzung ihrer Widerspruchsrechte nach § 137l Abs. 1 S. 1–3 und die generelle Zielsetzung des § 90 (→ Rn. 1) konterkarieren. Im Hinblick auf das Verfilmungsrecht nach § 88 Abs. 1 Nr. 1 aF, § 88 Abs. 1 nF 2002, für welches bis zum Beginn der Dreharbeiten der Rechteausschluss durch § 90 nicht Platz greift (→ Rn. 8–10), scheidet eine problematische Situation unter dem Aspekt des § 137l schon deshalb aus, weil die Verfilmung von Werken als Nutzungsart bereits vor 1966 bekannt war. Dem Ergebnis zu § 137l folgend muss § 90 erst recht dann Anwendung finden, wenn im fraglichen Zeitraum nach Bekanntwerden einer Nutzungsart die betreffenden Nutzungsrechte **nachträglich vertraglich eingeräumt** wurden.[30]

Das **Gesetz zur verbesserten Durchsetzung des Anspruchs der Urheber und ausübenden Künstler auf angemessene Vergütung und zur Regelung von Fragen der Verlegerbeteiligung vom 20.12.2016**[31] hat in § 40a erstmals ein **Recht des Urhebers zur anderweitigen Verwertung** seines Werkes nach 10 Jahren bei Einräumung ausschließlicher Nutzungsrechte gegen eine (nur) pauschale Vergütung normiert. Sinn und Zweck der Regelung ist es, dem Urheber nach Ablauf von 10 Jahren die Möglichkeit zu eröffnen, sein Werk erneut gewinnbringend zu verwerten, sei es gegenüber seinem ursprünglichen Vertragspartner oder einem Dritten. Die Neuregelung in § 90 Abs. 2 sieht allerdings vor, dass für die in § 88 und § 89 Abs. 1 bezeichneten Rechte die Bestimmung über das Recht zur anderweitigen Verwertung nach 10 Jahren bei pauschaler Vergütung (§ 40a) **nicht gilt.** Urheber vorbestehender, für einen Film benutzter Werke (§ 88) und Filmurheber (§ 89) können sich folglich auf die Rechte aus § 40a nicht berufen. Für Urheber vorbestehender Werke gilt aber die spezielle Regelung des § 88 Abs. 2 S. 2 (Recht zur Wiederverfilmung nach Ablauf von 10 Jahren nach Vertragsabschluss).[32]

§ 90 ist **vertraglich abdingbar.**[33] § 90 S. 1 nF und aF ordnet im Übrigen den Ausschluss bestimmter Rechte des Urhebers für die in § 88 Abs. 1 nF bzw. § 88 Abs. 1 Nr. 2–5 aF und § 89 Abs. 1 „bezeichneten Rechte" an, nicht nur für Rechtseinräumungen aufgrund der Auslegungsregeln der genannten Bestimmungen. Der Rechteausschluss greift daher auch dann Platz, wenn die fraglichen Nutzungsrechte dem Filmhersteller ausdrücklich vertraglich eingeräumt worden sind, es einer Anwendung der Auslegungsregeln in §§ 88, 89 daher nicht bedarf.[34]

3

ZUM-RD 2018, 245); KG ZUM-RD 2016, 510 = GRUR-Int 2016, 1072 – Fluch der Karibik II, mAnm *N. Reber* GRUR-Int 2016, 1078 (Vorinstanz LG Berlin ZUM-RD 2016, 522).

[23] BGBl. I S. 2513.
[24] → Vor §§ 88 ff. Rn. 8.
[25] → Vor §§ 88 ff. Rn. 8 und die Kommentierung des § 137l.
[26] → § 88 Rn. 7, 48 mit weiteren Beispielen; *Schmid* in *Haupt* 2008, S. 269, 270 f.
[27] AmtlBegr. BT-Drs. 16/1828, 22.
[28] → § 137l Rn. 8 ff.
[29] So im Ergebnis auch Fromm/Nordemann/*J. B. Nordemann* Rn. 10, § 137l Rn. 42.
[30] Ebenso im Ergebnis Dreier/Schulze/*Schulze* Rn. 6; *Fromm/Nordemann/J. B. Nordemann* Rn. 10.
[31] BGBl. I S. 3037.
[32] S. hierzu die Kommentierung von § 88 Abs. 2.
[33] Dreier/Schulze/*Schulze*[3] Rn. 8; Fromm/Nordemann/*J. B. Nordemann* Rn. 7; Möhring/Nicolini/*Diesbach/Vohwinkel* Rn. 4; Wandtke/Bullinger/*Manegold/Czernik* Rn. 3.
[34] Ebenso Fromm/Nordemann/*J. B. Nordemann* Rn. 10, Wandtke/Bullinger/*Manegold/Czernik* Rn. 2; aA Dreier/Schulze/*Schulze* Rn. 6 im Hinblick auf Rechtseinräumungen bzw. Verträge bis 30.6.2002, dh für die Zeit vor Anpassung des § 88 Abs. 1 aF an § 89 Abs. 1, → Rn. 2.

II. Die den Urhebern durch § 90 entzogenen Rechte

1. Zustimmung des Urhebers zur Weiterübertragung eines Nutzungsrechts (§§ 34, 35)

4   **a)** Die in § 90 S. 1 nF und aF an erster Stelle genannten und von der Anwendung ausgeschlossenen §§ 34, 35 enthalten den Grundsatz, dass der Erwerber eines Nutzungsrechts zu dessen **Weiterüber-tragung** im vollen Umfang (§ 34) und zur Einräumung von weiteren Nutzungsrechten (§ 35) an einen anderen der **Zustimmung des Urhebers** bedarf. Die Bestimmungen tragen dem ideellen und wirtschaftlichen Interesse des Urhebers Rechnung, zu wissen und erforderlichenfalls bestimmen zu können, wer befugt ist, über sein Werk zu verfügen bzw. dieses zu nutzen.[35] Beide Bestimmungen (§ 35 Abs. 2 verweist insoweit auf § 34) sehen gewisse Ausnahmen vom Erfordernis der Zustimmung des Urhebers vor, jedoch sind diese bedeutungslos, soweit § 90 S. 1 nF 2002/§ 90 Abs. 1 S. 1 nF 2016 das Zustimmungserfordernis generell beseitigt.

5   **b) § 34 Abs. 4 nF, § 34 Abs. 5 aF** sehen für die Fälle zustimmungsfreier Weiterübertragung eines Nutzungsrechts als Ausgleich dafür, dass der Urheber in diesen Fällen seine Zustimmung nicht davon abhängig machen kann, dass der Erwerber die Verpflichtungen des Veräußerers gegenüber dem Urheber übernimmt, zwingend vor, dass der **Erwerber gesamtschuldnerisch** für die Erfüllung dieser Verpflichtungen **haftet.**[36] Nach dem Wortlaut des § 90 S. 1 nF 2002/§ 90 Abs. 1 S. 1 nF 2016 und § 90 aF ist die Anwendung des § 34 generell, dh einschließlich seines Abs. 4 bzw. Abs. 5, ausgeschlossen. Da der Gesetzeszweck aber lediglich darauf gerichtet ist, das Erfordernis der Zustimmung des Urhebers zur Weiterübertragung zu beseitigen (→ Rn. 1), ist auch nach der Rechtsprechung des BGH anzunehmen, dass bei den nach § 90 S. 1 aF 2002/§ 90 Abs. 1 S. 1 nF 2016 zustimmungsfreien Weiterübertragungen die gesamtschuldnerische Haftung des Erwerbers des Nutzungsrechts nach § 34 Abs. 4 bzw. Abs. 5 unberührt bleibt; die Verfügungsfreiheit des Inhabers des Nutzungsrechts wird dadurch nicht beeinträchtigt.[37] Es ist kein Grund ersichtlich, warum für § 34 Abs. 4 etwas anderes als für § 34 Abs. 5 aF gelten sollte.[38]

2. Rückrufsrechte wegen Nichtausübung und gewandelter Überzeugung (§§ 41, 42)

6   §§ 41, 42 geben dem Urheber, der einem anderen ein Nutzungsrecht an seinem Werk eingeräumt hat, unter bestimmten, insgesamt strengen Voraussetzungen das Recht, dieses Nutzungsrecht wegen Nichtausübung durch den Inhaber oder wegen gewandelter Überzeugung des Urhebers zurückzurufen und damit das Vertragsverhältnis zu beenden. Das Rückrufsrecht wegen Nichtausübung (§ 41) schützt persönlichkeits- und vermögensrechtliche Interessen des Urhebers (→ § 41 Rn. 4). Beim Rückrufsrecht wegen gewandelter Überzeugung (§ 42) stehen die persönlichen und geistigen Interessen des Urhebers im Vordergrund. § 90 schließt für die meisten der in § 88 Abs. 1 aF, für das Verfilmungsrecht nach § 88 Abs. 1 nF ab Beginn der Dreharbeiten und für alle der in § 89 Abs. 1 bezeichneten Nutzungsrechte die Anwendung der §§ 41, 42 und damit die Möglichkeit des Rückrufs dieser Rechte durch den Urheber aus, weil ein solcher Rückruf die weitere Auswertung des Filmes beenden würde.

3. Recht zur anderweitigen Verwertung nach zehn Jahren (§ 40a)

6a   Mit der UrhG-Novelle 2016 wurde erstmals ein allgemeines Recht des Urhebers zur anderweitigen Verwertung seines Werkes nach 10 Jahren bei Einräumung ausschließlicher Nutzungsrechte gegen eine pauschale Vergütung normiert (§ 40a). Sinn und Zweck der Regelung ist es, dem Urheber nach Ablauf von 10 Jahren die Möglichkeit zu eröffnen, sein Werk erneut gewinnbringend zu verwerten. Der Gesetzgeber hegt die Hoffnung, dass die Neuregelung der Kreativwirtschaft Anlass geben wird, bei Leistungen, die pauschal vergütet und typischerweise nur über wenige Tage, Wochen oder Monate genutzt werden, nicht mehr wie bisher standardmäßig eine ausschließliche Rechtseinräumung über die gesamte Schutzdauer zu vereinbaren, bei Urhebern also oft über mehr als 100 Jahre.[39] Im Rahmen der Neuregelung werden die Interessen des (ersten) Vertragspartners des Urhebers dadurch gewahrt, dass diesem auch bei exklusiven Vereinbarungen über mehr als 10 Jahre nach Ablauf der Frist ein einfaches Nutzungsrecht verbleibt (§ 40a Abs. 1 S. 2). Der Vertragspartner kann also eine bereits aufgenommene Nutzung fortsetzen.[40]

---

[35] → § 34 Rn. 1 f., → § 35 Rn. 1.

[36] Dazu → § 34 Rn. 48 ff.

[37] Zu § 34 Abs. 5 aF BGHZ 147, 244 (260) = GRUR-Int 2001, 873 (877) – Barfuß ins Bett; zu § 34 Abs. 5 nF LG München I 14.5.2009 – 7 O 23940/07, S. 22, bestätigt von OLG München ZUM-RD 2010, 327 – Marlene Dietrich-Film; ebenso Dreier/Schulze/*Schulze* Rn. 14; Fromm/Nordemann/*J. B. Nordemann* Rn. 8; Wandtke/Bullinger/*Manegold/Czernik* Rn. 15.

[38] Gegen die noch in der 4. Auflage bei v. Hartlieb/*Schwarz* 42. Kap. Rn. 21 anklingenden Zweifel; jetzt wie hier v. Hartlieb/Schwarz/*N. Reber* 51. Kap. Rn. 24.

[39] BT-Drs. 18/8625, 18.

[40] Zu weiteren Einzelheiten s. die Kommentierung zu § 40a.

Die Neuregelung in § 90 Abs. 2 sieht vor, dass für die in § 88 und § 89 Abs. 1 bezeichneten Rechte die Bestimmung über das Recht zur anderweitigen Verwertung nach 10 Jahren bei pauschaler Vergütung (§ 40a) nicht gilt. Urheber verfilmter Werke (§ 88) und Filmurheber (§ 89) können sich folglich auf die Rechte aus § 40a nicht berufen. Für Urheber vorbestehender Werke gilt aber die spezielle Regelung des § 88 Abs. 2 S. 2 (Recht zur Wiederverfilmung nach Ablauf von 10 Jahren nach Vertragsabschluss).[41]

4. Beteiligungsanspruch nach § 36 aF

Eine weitere Befugnis, die § 90 S. 2 aF speziell den Filmurhebern iSd § 89 entzogen hatte, ist der **7** in § 36 aF als Sonderfall der Lehre vom Wegfall der Geschäftsgrundlage konzipierte Anspruch des Urhebers auf eine Vertragsänderung und angemessene Beteiligung an den Erträgnissen in den Fällen einer unerwartet erfolgreichen Werkverwertung und eines daraus resultierenden groben Missverhältnisses zwischen diesen Erträgnissen und der vereinbarten Gegenleistung zugunsten des Urhebers. Zum Erhalt der allg. Rechte wegen Wegfalls der Geschäftsgrundlage → Rn. 15. § 90 nF sieht im Hinblick auf § 32a, der an die Stelle des § 36 aF getreten ist, eine § 90 S. 2 aF entsprechende Regelung nicht mehr vor (→ Rn. 2).

III. Rechteausschluss für Urheber iSd § 88

1. Unterscheidung zwischen Nutzungsrechten zur Filmherstellung und zur Filmverwertung

a) § 88 hat die Rechtseinräumung an Werken zum Gegenstand, die als vorbestehende oder filmbe- **8** stimmt geschaffene Werke zur Filmherstellung benutzt werden.[42] Deren Urheber räumt, wenn er einem anderen die Verfilmung gestattet, diesem nach der Auslegungsregel des § 88 Abs. 1 nF 2002 und 2007 im Zweifel das ausschließliche Recht zur **Herstellung des Filmwerks** (das Verfilmungsrecht) und das ausschließliche Recht zur umfassenden **Verwertung des Filmwerks** ein,[43] nach § 88 Abs. 1 aF im Zweifel einen Katalog von ausschließlichen Nutzungsrechten, der in den Nr. 1–5 aufgeführt ist. Nr. 1 betrifft wiederum die **Herstellung des Filmwerks** unter Vervielfältigung, Bearbeitung oder Umgestaltung des verfilmten Werkes, Nr. 2–5 betreffen die **weitere Verwertung des hergestellten Filmwerks**.[44] An diese Unterscheidung knüpft § 90 S. 1 aF an: Der Ausschluss der unter → Rn. 4, 6 genannten Rechte des Urhebers betrifft nur die Nutzungsrechte des Filmherstellers zur Verwertung des hergestellten Filmwerks (Nr. 2–5), nicht das Recht zur Herstellung des Filmwerks, das eigentliche Verfilmungsrecht (Nr. 1). § 90 nF 2002 und 2016 hält der Sache nach an dieser Unterscheidung fest, indem er den Rechtsverlust für Urheber auf die §§ 34, 35, 41 und 42 für das Recht zur Verfilmung erst mit Beginn der Dreharbeiten einsetzen lässt.

b) Der Grund für die unterschiedliche Behandlung liegt im **unterschiedlichen Schutzbedürfnis 9 des Filmherstellers.** Ist der Film hergestellt und damit das Verfilmungsrecht iSd § 88 Abs. 1 nF 2002 und 2007 bzw. § 88 Abs. 1 Nr. 1 aF ausgeübt, so hat der Filmhersteller dafür Kosten aufgewendet. Er soll nun nicht mehr durch den Urheber an der Verwertung des Filmwerks gehindert werden können: durch das Zustimmungserfordernis bei Weiterübertragung oder Einräumung von Nutzungsrechten weiterer Stufe nach §§ 34, 35 (→ Rn. 4) oder durch Ausübung der Rückrufsrechte des Urhebers nach §§ 41, 42 (→ Rn. 6). Das ausgeübte Verfilmungsrecht kann nicht mehr gegen Weiterübertragung gesperrt und zurückgerufen werden. Hat der Filmhersteller dagegen das Verfilmungsrecht noch nicht ausgeübt und daher noch keine wesentlichen Kosten aufgewendet, so besteht nach Ansicht des Gesetzgebers kein Grund, dem Urheber die genannten Rechte vorzuenthalten.[45] Der Urheber eines zu verfilmenden Werkes kann demnach bis zur Ausübung des Verfilmungsrechts durch den Filmhersteller eine Weiterübertragung dieses Rechts grundsätzlich von seiner Zustimmung abhängig machen (§§ 34, 35) und es unter den Voraussetzungen der §§ 41, 42 zurückrufen.

c) Die AmtlBegr.[46] lässt das Schutzbedürfnis des Filmherstellers mit der **abgeschlossenen Her- 10 stellung des Filmwerks** beginnen und sieht erst darin die Ausübung des Verfilmungsrechts iSd § 88 Abs. 1 Nr. 1 aF.[47] Darin liegt offensichtlich eine Fehlbeurteilung, da idR auch schon vor der Fertigstellung des Filmwerks wesentliche Kosten angefallen sind. Gemeint sein kann schon unter der Geltung des **§ 90 aF** richtigerweise **spätestens der Beginn der Dreharbeiten,**[48] da sogar zu diesem

---

[41] BT-Drs. 18/8625, 31, sowie die Kommentierungen zu § 88 Abs. 2 und § 90 Rn. 2.
[42] → § 88 Rn. 13 ff.
[43] → § 88 Rn. 2, 33, 36.
[44] Dazu → § 88 Rn. 32 ff.
[45] AmtlBegr. BT-Drs. IV/270, 101 zu § 100, jetzt § 90.
[46] BT-Drs. IV/270, 101 zu § 100, jetzt § 90.
[47] AmtlBegr. BT-Drs. IV/270 zu § 100, jetzt § 90: „Solange der Film nicht hergestellt, das Verfilmungsrecht also nicht ausgeübt ist, bedarf der Filmhersteller keines besonderen Schutzes, da er noch keine wesentlichen Aufwendungen gemacht hat".
[48] Sa die AmtlBegr. BT-Drs. IV/270, 99 zu § 99 jetzt § 89 zur Gleichsetzung der Herstellung des Filmwerks mit den Dreharbeiten.

Zeitpunkt gewöhnlich schon erhebliche Kosten aufgewendet worden sind.[49] Dies hat zur Folge, dass es bereits ab diesem Zeitpunkt dem Urheber sinngemäß untersagt sein muss, durch Geltendmachung seiner Rechte aus §§ 34, 35 oder 41, 42 die weiteren Verfilmungsarbeiten zu behindern; er kann sich insoweit auch nicht darauf berufen, dass es sich noch um die Ausübung, die Zustimmung zur Weiterübertragung und den Rückruf des Verfilmungsrechts iSd § 88 Abs. 1 Nr. 1 aF und noch nicht um die Nutzungsrechte iSd § 88 Abs. 1 Nr. 2–5 aF handle.[50] **§ 90 S. 2 nF** 2002/§ 90 Abs. 1 S. 2 nF 2016 bestimmt von Gesetzes wegen den Beginn der Dreharbeiten als den entscheidenden Zeitpunkt für den Rechteverlust der Urheber hinsichtlich des Verfilmungsrechts (→ Rn. 2).

Im Hinblick auf einen nach § 90 zulässigen **Rückruf des Verfilmungsrechts** zB an einem Roman wegen Nichtausübung sind bestimmte **Fristen** zu beachten: im Regelfall der Ablauf von **zwei Jahren** seit Einräumung des Verfilmungsrechts (§ 41 Abs. 2 S. 1); diese Frist konnte auch schon vor UrhG-Novelle 2016 vertraglich im Voraus auf **maximal fünf Jahre** verlängert werden (§ 41 Abs. 4 S. 2 aF). Nunmehr gilt die gleiche Regelung für den vertraglichen Ausschluss der Ausübung des Rückrufsrechts wegen Nichtausübung (§ 41) bis zum Beginn der Dreharbeiten nach **§ 90 Abs. 1 S. 3. nF 2016**. An der materiellen Rechtslage hat sich folglich nichts geändert. Die Klarstellung wurde deshalb erforderlich, da der Ausschluss des Rückrufsrechts in § 41 Abs. 2 nF auf eine maximale Dauer von 2 Jahren verkürzt wurde und hiervon nur noch durch eine Individualvereinbarung abgewichen werden darf, die auf einer (anwendbaren) gemeinsamen Vergütungsregel (§ 36) oder einem Tarifvertrag beruht (§ 41 Abs. 4 nF). Für den Filmbereich sollte hingegen die alte Gesetzeslage mit dem individualvertraglich möglichen Ausschluss von bis zu 5 Jahren beibehalten werden. Als Grund wurde in der Gesetzesbegründung angegeben, dass die Filmwirtschaft darauf hingewiesen habe, dass Vorbereitungen bis zum Beginn der Dreharbeiten teilweise einen längeren Zeitraum als 2 Jahre erfordern.[51] Deshalb solle nicht nur kollektivrechtlich, sondern auch individualvertraglich ein Ausschluss des Rückrufs für eine Dauer von maximal 5 Jahren möglich sein. Verlängerungen der Ausübung des Rückrufsrechts wegen Nichtausübung über 5 Jahres hinaus sind allerdings nur noch gemäß § 41 Abs. 4 nF möglich. Zu Gunsten des Urhebers kann individualvertraglich oder in AGB eine kürzere Frist für die Ausübung des Rückrufsrechts vorgesehen werden. Wiederum im Regelfall muss der Urheber nach § 41 Abs. 3 S. 1 vor Erklärung des Rückrufs dem Inhaber des Verfilmungsrechts unter Ankündigung des Rückrufs eine angemessene Nachfrist setzen. Hierfür können zB im Fall einer nicht erfolgten Romanverfilmung unter Berücksichtigung aller Umstände nach der obergerichtlichen Rechtsprechung etwas mehr als sechs Monate ausreichen.[52] Es wird auch angenommen, dass es für eine **Verlängerung** der Rückrufsfrist auf fünf Jahre durch Vereinbarung zwischen dem Verlag des Romans als Zwischenerwerber des Verfilmungsrechts und dem Filmhersteller nicht ausreicht, wenn der Verlag vom Urheber ohne eine weitergehende Vollmacht lediglich das Verfilmungsrecht „zur Verwertung und Vermittlung" erworben hat.[53]

2. Kein Ausschluss des Beteiligungsanspruchs nach § 36 aF und § 32a

11 **§ 90 S. 2 aF** versagte den Beteiligungsanspruch nach **§ 36 aF** nur den Filmurhebern iSd § 89 Abs. 1, 2, nicht aber den Urhebern von zur Filmherstellung benutzten Werken iSd § 88, wie dem Autor eines verfilmten Romans, dem Drehbuchautor oder Filmkomponisten.[54] Forderungen der Filmwirtschaft, § 36 aF auch für solche Urheber auszuschließen, wurde vom Gesetzgeber nicht entsprochen, weil die Ungewissheit über die Person des Filmurhebers iSd § 89 Abs. 1, 2, die insoweit den Ausschluss des § 36 aF rechtfertigen sollte, hier nicht gegeben sei und es dem Rechtsempfinden widerspräche, zB den noch unbekannten, gering entgoltenen Autor eines verfilmten Romans nicht an den Millionengewinnen aus einem unerwarteten Welterfolg des Filmes zu beteiligen.[55] **§ 90 nF** 2002 hat darauf verzichtet, den Filmurhebern iSd § 89 den nunmehr in **§ 32a nF** geregelten Beteiligungsanspruch weiterhin vorzuenthalten (→ Rn. 2, 7). § 32a nF ist daher **auf Filmurheber** ebenfalls **uneingeschränkt anwendbar.**[56]

3. Nutzungsrecht zur Wiederverfilmung (§ 88 Abs. 2 S. 1)

12 § 90 nF und aF schließt die Anwendung der §§ 34, 35 und 41, 42 nicht für das in § 88 Abs. 2 S. 1 aF und nF bezeichnete Wiederverfilmungsrecht aus. Anders als die in § 88 Abs. 1 nF, § 88 Abs. 1

---

[49] Ebenso *Möhring/Nicolini* 2. Aufl. Rn. 7.

[50] Im Ergebnis ebenso Fromm/Nordemann/*J. B. Nordemann* Rn. 12; *v. Gamm* Rn. 2; *Möhring/Nicolini* 2. Aufl. Rn. 7; aA Dreier/Schulze/*Schulze* Rn. 10; Fromm/Nordemann/*J. B. Nordemann* Rn. 12 und *Möhring/Nicolini* 2. Aufl. Rn. 8 bejahen zu Recht ein Wiederaufleben der Rechte des Urhebers bei endgültiger Aufgabe oder längerer Unterbrechung des Filmvorhabens während der Dreharbeiten; s. jetzt auch Möhring/Nicolini/*Diesbach/Vohwinkel* Rn. 6, 18.

[51] BT-Drs. 18/10637, 25.

[52] So OLG München ZUM 2008, 758 (761) – Rückruf von Verfilmungsrechten II, gegen LG München I ZUM 2007, 758 (761) – Rückruf von Verfilmungsrechten I.

[53] OLG München ZUM 2008, 758 (761) – Rückruf von Verfilmungsrechten II.

[54] → § 88 Rn. 13 ff.

[55] AmtlBegr. BT-Drs. IV/270, 101 zu § 100, jetzt § 90.

[56] BGH GRUR 2012, 496 (497) – Das Boot.

Nr. 1–5 aF bezeichneten Rechte steht dieses Recht dem Filmhersteller bzw. Erwerber des Verfilmungsrechts regelmäßig auch nicht zu (→ § 88 Rn. 55). Gleichwohl ist angesichts der identischen Interessenlage anzunehmen, dass bei einer vertraglichen Einräumung auch des Wiederverfilmungsrechts der Rechteausschluss nach § 90 sich im gleichen Umfang wie beim Nutzungsrecht zur Erstverfilmung und Erstfilmverwertung auch auf die Wiederverfilmung erstreckt.[57]

4. Nutzungsrechte zur nichtfilmischen Verwertung

Die in § 88 Abs. 1 nF 2002 und 2007, § 88 Abs. 1 Nr. 2–5 aF bezeichneten Nutzungsrechte betreffen nur die filmische Verwertung des Filmwerks und mit diesem der darin enthaltenen verfilmten Werke.[58] Hat der Urheber dem Filmhersteller darüber hinaus Nutzungsrechte zur nichtfilmischen Verwertung seines Werkes, zB zur Veröffentlichung des Drehbuchs in Buchform oder der Filmmusik auf Tonträgern, eingeräumt, so bleiben insoweit seine Rechte aus §§ 34, 35 und 41, 42 von § 90 nF und aF unberührt.[59] **13**

5. Recht zur anderweitigen Verwertung nach zehn Jahren (§ 40a)

Die Neuregelung in § 90 Abs. 2 sieht vor, dass für die in § 88 und § 89 Abs. 1 bezeichneten Rechte die Bestimmung über das Recht zur anderweitigen Verwertung nach 10 Jahren bei pauschaler Vergütung (§ 40a) nicht gilt. Urheber verfilmter Werke (§ 88) können sich folglich auf die Rechte aus § 40a nicht berufen. Für Urheber vorbestehender Werke gilt aber die spezielle Regelung des § 88 Abs. 2 S. 2 (Recht zur Wiederverfilmung nach Ablauf von 10 Jahren nach Vertragsabschluss) → Rn. 2, 6. **13a**

6. Kein Ausschluss des Anspruchs auf Auskunft und Rechenschaft gegenüber dem Vertragspartner (§ 32d) und in der Lizenzkette (§ 32e)

Die mit der UrhG-Novelle 2016 neu eingeführten Auskunfts- und Rechenschaftsansprüche gemäß §§ 32d, 32e gelten auch für Urheber verfilmter Werke (§ 88) und Filmurheber (§ 89) uneingeschränkt und werden durch § 90 nicht berührt. **13b**

IV. Rechteausschluss für Urheber iSd § 89

1. Ausschluss der Zustimmungsrechte (§§ 34, 35) und Rückrufsrechte (§§ 41, 42) für alle filmischen Nutzungsrechte

Den Filmurhebern iSd § 89, also insbes. dem Filmregisseur, Kameramann und Cutter,[60] versagt § 90 nF und aF die Rechte aus §§ 34, 35 (→ Rn. 4) und 41, 42 (→ Rn. 6) in Bezug auf alle Nutzungsrechte, von denen es in § 89 Abs. 1 heißt, dass sie im Zweifel auf den Filmhersteller übergehen. Räumt ein Filmurheber einem Filmhersteller vertraglich ausdrücklich Nutzungsrechte ein, die nach der betreffenden Filmart an sich ausnahmsweise von der Auslegungsregel des § 89 Abs. 1 nicht umfasst werden,[61] so erstreckt sich der Rechteausschluss durch § 90 Abs. 1 S. 1 gleichwohl auch auf diese Nutzungsrechte (entsprechend dem zu → Rn. 3 Gesagten). Ausgenommen sind aber auch hier Nutzungsrechte zur nichtfilmischen Verwertung.[62] **14**

2. Ausschluss des Beteiligungsanspruchs nach § 36 aF

Zur Kritik am Ausschluss dieses Anspruchs durch **§ 90 S. 2 aF** → Rn. 2. Die AmtlBegr.[63] verwies zur Rechtfertigung auf die zumeist bestehende Unklarheit über die Person des Filmurhebers iSd § 89[64] und die daraus resultierende Rechtsunsicherheit, wenn § 36 aF anwendbar wäre. Gegen § 90 S. 2 aF bestanden auch verfassungsrechtliche Bedenken,[65] da er uU sogar einem Regisseur als Haupturheber eines Filmwerks selbst in den Ausnahmefällen, die § 36 aF im Auge hat (→ Rn. 7), ein angemessenes Entgelt versagt. Um diesen Bedenken zu begegnen, ist mit dem BGH anzunehmen, dass **15**

---

[57] Wie hier Dreier/Schulze/*Schulze* Rn. 11 mit der zutreffenden Bemerkung, dass mit Bezug auf die Wiederverfilmung der Rechteausschluss für das Verfilmungsrecht gemäß § 90 Abs. 1 S. 2 nF wieder erst mit Beginn der Dreharbeiten an der Wiederverfilmung eintritt; im Ergebnis ebenso Wandtke/Bullinger/*Manegold/Czernik* Rn. 5; s. jetzt auch Fromm/Nordemann/*J. B. Nordemann* Rn. 10.
[58] → § 88 Rn. 36, 42, 52.
[59] Ebenso Dreier/Schulze/*Schulze* Rn. 7; *v. Gamm* Rn. 2; Fromm/Nordemann/*J. B. Nordemann* Rn. 10; Wandtke/Bullinger/*Manegold/Czernik* Rn. 12.
[60] → § 89 Rn. 1, 7.
[61] → § 89 Rn. 10 ff.
[62] → Rn. 13 sowie → § 89 Rn. 20.
[63] BT-Drs. IV/270, 101 zu § 100, jetzt § 90.
[64] Dazu auch → § 89 Rn. 1.
[65] → Vor §§ 88 ff. Rn. 41.

jedenfalls die allgemeinen Regeln über den Wegfall oder die Änderung der Geschäftsgrundlage anwendbar bleiben;[66] sie sind auf vor 1966 eingegangene Vertragsverhältnisse ohnehin anzuwenden, weil § 90 diese nicht berührt.[67]

16 Vertragliche Vereinbarungen zB über ein Beteiligungshonorar des Filmregisseurs oder anderer Filmurheber iSd § 89 sind ebenso wirksam wie eine vertragliche Abbedingung des § 90.[68]

3. Kein Ausschluss des Beteiligungsanspruchs nach § 32a

17 An die Stelle des Beteiligungsanspruchs nach § 36 aF ist mit Inkrafttreten des Urhebervertragsgesetzes von 2002 am 1.7.2002 (→ Rn. 2) derjenige nach **§ 32a** getreten. Der zum selben Zeitpunkt in Kraft getretene § 90 nF sieht den Ausschluss dieses Beteiligungsanspruchs nicht mehr vor (→ Rn. 2). Auch Urhebern von Filmwerken iSd § 89 steht der Anspruch nach § 32a (und nach § 32 nF) daher jetzt ebenso zu wie früher schon derjenige nach § 36 aF den Urhebern iSd § 88 (→ Rn. 7). Da § 90 nF gemäß § 132 Abs. 3 S. 1 auf **vor dem 1.7.2002 geschlossene Verträge** zugunsten des § 90 aF nicht anzuwenden ist (→ Rn. 2), könnte man meinen, dass es bezüglich solcher Verträge und damit älterer Filme mit dem Ausschluss des Beteiligungsanspruchs des § 36 aF sein Bewenden hat. Dem ist aber nicht so, weil **§ 132 Abs. 3 S. 2** bestimmt, dass § 32a auf Sachverhalte Anwendung findet, die nach dem 28.3.2002 entstanden sind. Dies gilt zeitlich unbegrenzt auch für alle Altverträge,[69] wobei für die Bestimmung des Missverhältnisses grds. auch sämtliche vor dem 28.3.2002 angefallenen Erträge und Vorteile des Verwerters zu berücksichtigen sind.[70]

5. Recht zur anderweitigen Verwertung nach zehn Jahren (§ 40a)

18 Wie Urheber verfilmter Werke (§ 88) können sich auch Filmurheber (§ 89) nach § 90 Abs. 2 nicht auf die Rechte aus § 40a berufen. Für Filmurheber ist auch keine dem § 88 Abs. 2 S. 2 (Recht zur Wiederverfilmung nach Ablauf von 10 Jahren nach Vertragsabschluss) vergleichbare Regelung vorgesehen.

6. Kein Ausschluss des Anspruchs auf Auskunft und Rechenschaft gegenüber dem Vertragspartner (§ 32d) und in der Lizenzkette (§ 32e)

19 Die mit der UrhG-Novelle 2016 neu eingeführten Auskunfts- und Rechenschaftsansprüche gemäß §§ 32d, 32e gelten auch für Filmurheber uneingeschränkt und werden durch § 90 nicht berührt.

§ 91 Rechte an Lichtbildern (weggefallen)

[1] *Die Rechte zur filmischen Verwertung der bei der Herstellung eines Filmwerkes entstehenden Lichtbilder erwirbt der Filmhersteller.* [2] *Dem Lichtbildner stehen insoweit keine Rechte zu.*

Schrifttum: *Ekrutt,* Urheberrechtliche Probleme beim Zitat von Filmen und Fernsehsendungen, Diss. Hamburg 1973, S. 87 ff.; *ders.,* Rechtsschutz der Filmeinzelbilder, GRUR 1973, 512; *Hertin,* Die urheberrechtliche Stellung des Kameramannes, UFITA 118 (1992) 57; *Merker,* Das Urheberrecht des Chefkameramannes am Spielfilmwerk, 1996; *Nordemann, A.,* Die künstlerische Fotografie als urheberrechtlich geschütztes Werk, 1992; *Prümm,* Die schöpferische Rolle des Kameramanns, UFITA 118 (1992) 23; *Reber, N./Vacano, J.,* Kameramann/Director of Photography, in *Haupt* (Hrsg.), Urheberrecht für Filmschaffende, 2008, S. 85 ff.; *Schulze, G.,* Urheber- und Leistungsschutzrechte des Kameramanns, GRUR 1994, 855; *Staehle,* Stellungnahme zu Ekrutt, Der Rechtsschutz der Filmeinzelbilder (GRUR 1973, 512), GRUR 1974, 205.
S. im übrigen die Schrifttumsnachweise Vor §§ 88 ff.

---

[66] So BGH GRUR 2012, 496 (500) – Das Boot; BGHZ 147, 244 (261) – Barfuß ins Bett; BGHZ 128, 336 (342) – Videozweitauswertung III; Dreier/Schulze/*Schulze* Rn. 17; Fromm/Nordemann/*J. B. Nordemann* Rn. 7; *Möhring/Nicolini* 2. Aufl. Rn. 14; so wohl auch Wandtke/Bullinger/*Manegold/Czernik* Rn. 22.

[67] → Vor §§ 88 ff. Rn. 50.

[68] → Rn. 3 sowie Dreier/Schulze/*Schulze* Rn. 8; Fromm/Nordemann/*J. B. Nordemann* Rn. 7; Möhring/Nicolini/*Diesbach/Vohwinkel* Rn. 4.

[69] S. die AmtlBegr. BT-Drs. 14/8058, 22; Dreier/Schulze/*Schulze* Rn. 18; für einen Vertrag aus dem Jahr 1980 s. BGH GRUR 2012, 496 (501) – Das Boot; § 90 Rn. 25 aE.

[70] BGH GRUR 2012, 496 (501) – Das Boot; LG Nürnberg-Fürth ZUM 2014, 907 (910), bestätigt durch OLG Nürnberg ZUM 2015, 515 (518).

I. Zweck und Bedeutung des § 91. Einordnung in die Systematik der §§ 88 ff.

1. § 91 ist durch Art. 1 Nr. 19 des **Urhebervertragsgesetzes** aus dem Jahre 2002[1] **aufgehoben** 1
worden. An seine Stelle ist mit Wirkung vom 1.7.2002 **§ 89 Abs. 4 nF** 2002 (und 2007) getreten
(→ § 89 Rn. 24). Gemäß § 132 Abs. 3 S. 1 gilt § 91 aF allerdings weiterhin für alle Verträge, die bis
zum 30.6.2002 geschlossen wurden.[2] Demgemäß ist nunmehr je nach Datum des Vertragsschlusses des
Kameramanns als des Herstellers oder Schöpfers der Filmeinzelbilder (→ § 89 Rn. 25) mit dem Filmhersteller § 89 Abs. 4 nF 2002 und 2007 oder nach wie vor § 91 aF zu beachten. Zu den Unterschieden der beiden Regelungen → § 89 Rn. 25.

Filme bestehen als Bildfolgen[3] aus **zahlreichen einzelnen Bildern,** deren Wiedergabe im Rahmen der Filmvorführung, des Filmabrufs oder der Fernsehsendung den Eindruck eines bewegten
Geschehens vermittelt. Urheberrechtlich betrachtet sind die Filmeinzelbilder nicht nur Bestandteile
von Filmen, sondern zugleich − von Ausnahmefällen bestimmter Zeichentrickfilme, in denen sie
sogar Kunstwerke iSd § 2 Abs. 1 Nr. 4 sein können, abgesehen − entweder **Lichtbildwerke** iSd § 2
Abs. 1 Nr. 5 oder bloße **Lichtbilder** iSd § 72. Als Lichtbildwerke sind sie urheberrechtlich geschützt,[4] als Lichtbilder durch ein verwandtes Schutzrecht (§ 72), wobei es in beiden Fällen auf das
Aufnahmeverfahren nicht ankommt und auch Einzelbilder einer Fernseh-Live-Sendung am Schutz
teilnehmen.[5] Inhaber von beiden Rechten ist grundsätzlich derjenige, der die Lichtbildwerke bzw.
Lichtbilder geschaffen hat (§§ 7, 72 Abs. 2). Bei den Einzelbildern eines Filmes ist dies der **Kameramann.** Da in jeder Verwertung eines Filmes stets zugleich eine Verwertung der Filmeinzelbilder liegt,
muss der Filmhersteller, um die Verwertung vornehmen zu können, auch an den Filmeinzelbildern
wie am Filmwerk selbst (§ 89 Abs. 1, 2) und an den zur Filmherstellung benutzten Werken (§§ 88, 89
Abs. 3) die erforderlichen Rechte erwerben. Diesen **Rechteerwerb des Filmherstellers** in gegenüber §§ 88, 89 qualifizierter Form (→ Rn. 6) stellte bis zu seiner Ablösung durch § 89 Abs. 4 nF
§ 91 aF sicher, soweit es sich bei den Filmeinzelbildern um bloße Lichtbilder iSd § 72 handelte. Der
Gesetzgeber ging dabei davon aus, dass Letzteres in aller Regel der Fall sei, weil Filmeinzelbilder „gewissermaßen als Zufallsprodukte" der auf die Filmherstellung gerichteten Tätigkeit des Kameramannes
entstünden.[6] Der Lichtbildschutz einzelner Filmbilder aus § 72 UrhG erstreckt sich dabei nicht nur
auf die Verwertung der Bilder in Form von Fotos, sondern auch auch auf die Verwertung der Bilder
in Form des Films.[7] Dies ergibt sich zum einen daraus, dass jede urheberrechtliche Nutzung der Bildfolge stets auch eine urheberrechtliche Nutzung der einzelnen Bilder umfasst, und zum anderen daraus, dass der Filmhersteller zur filmischen Verwertung der bei der Herstellung eines Filmwerks entstehenden Bilder die Rechte des Lichtbildners benötigt (§ 89 Abs. 4/§ 91 aF).[8]

2. Der **Kameramann** wird zumeist neben den Rechten an den Filmeinzelbildern zugleich ein 2
Miturheberrecht am Filmwerk erwerben.[9] Die Einräumung von Nutzungsrechten an den Filmhersteller folgt insoweit der Regelung in § 89 Abs. 1, 2 (→ § 89 Rn. 1). An sich hätte es von vorneherein und nicht erst im Rahmen des Urhebervertragsgesetzes von 2002 (→ Rn. 1) nahegelegen, die
Rechtseinräumung an den Filmeinzelbildern in diese Bestimmung miteinzubeziehen. Da § 89 Abs. 1,
2 aber die Einräumung von Nutzungsrechten an Filmwerken als urheberrechtlich geschützten Werken
zum Gegenstand hat, es sich bei den Filmeinzelbildern aber nach Auffassung des Gesetzgebers
(→ Rn. 1) idR nicht um urheberrechtlich geschützte Werke, sondern nur um leistungsschutzrechtlich
geschützte Lichtbilder handelt, wurde einer Sonderregelung (§ 91 aF) mit einer gegenüber §§ 88, 89
verstärkten Rechtsposition des Filmherstellers der Vorzug gegeben.[10]

Der mögliche zweifache Schutz der Leistungen des Kameramanns weist Ähnlichkeiten mit dem 3
durch ein und denselben Beitrag begründeten **doppelten Schutz** bestimmter Filmschaffender sowohl als Miturheber des Filmwerks als auch als (Allein-)Urheber filmbestimmt geschaffener, auch

---

[1] → Vor §§ 88 ff. Rn. 8.
[2] S. BGH GRUR 2010, 620 – Film-Einzelbild; ebenso OLG München GRUR-RR 2008, 228 – filmische Verwertung sowie OGH 17.12.2013 – 4 Ob 184/13g – Fußballübertragungen.
[3] → Vor §§ 88 ff. Rn. 20.
[4] Zu den Schutzvoraussetzungen → § 2 Rn. 206 ff. sowie aus jüngerer Zeit EuGH GRUR 2012, 166 (168) –
Painer/Standard.
[5] → § 2 Rn. 209, → § 72 Rn. 21.
[6] AmtlBegr. BT-Drs. IV/270, 101 zu § 101, dann § 91; zur Kritik dieses Ausgangspunkts Dreier/Schulze/*Schulze*
Rn. 4 mwN; *Riedel* Anm. A.
[7] BGH GRUR 2014, 363 (365) – Peter Fechter; offengelassen von der Vorinstanz KG ZUM 2012, 321 (325 f.);
zur Schutzfähigkeit einer Sportübertragung (Fußballspiel) als Filmwerk s. OGH 17.12.2013 – 4 Ob 184/13g –
Fußballübertragungen.
[8] Hierzu auch *Schulze* GRUR 1994, 855 (860).
[9] → Vor §§ 88 ff. Rn. 61, 70.
[10] Sa AmtlBegr. BT-Drs. IV/270, 98 vor § 98.

selbstständig verwertbarer Werke auf, wie er hier entgegen der hM vertreten wird (→ Vor §§ 88 ff. Rn. 65 ff., 69).

4   3. § 91 aF ist nicht nur auf Filmwerke, sondern auch auf **Laufbilder** iSd § 95 anwendbar,[11] da auch solche Laufbilder Filme sind[12] und aus Einzelbildern bestehen, zu deren Verwertung der Filmhersteller entsprechende Rechte erwerben muss.

5   4. Der Rechteerwerb des Filmherstellers auch an den Filmeinzelbildern besitzt nach geltendem Recht in Bezug auf den Schutz gegen unberechtigte Filmverwertungen durch Dritte nicht mehr die gleiche **Bedeutung,** wie er ihm nach früherem Recht zukam. Gegen die Verwertung seines Filmes im Ganzen oder von Ausschnitten aus seinem Film durch Dritte kann der Filmhersteller sich nach geltendem Recht auch auf sein eigenes, originäres Schutzrecht des Filmherstellers nach § 94 bzw. bei Fernsehsendungen auf das Schutzrecht des Sendeunternehmens nach § 87 berufen. Beide Schutzrechte bestehen auch dann, wenn der aufgezeichnete Film oder die ausgestrahlte Fernsehsendung nicht als urheberrechtlich geschütztes Filmwerk, sondern nur als Laufbild qualifiziert werden kann.[13] Sie waren dem früheren Recht als gesetzlich anerkannte ausschließliche Rechte unbekannt, in Betracht kam nur ein wettbewerbsrechtlicher Schutz.[14] Unter Berufung auf das Urheberrecht am Filmwerk konnte (und kann) solchen Verwertungen nur begegnet werden, wenn der verwertete Film überhaupt urheberrechtlich geschützt war, was zB bei Fernseh-Sportreportagen zweifelhaft war,[15] und wenn bei der Verwertung von Filmausschnitten die Bilderfolge des Ausschnitts als solche den Schutzanforderungen genügte, was zB bei einem Ausschnitt aus einem Naturfilm verneint wurde.[16] Umso größere Bedeutung kam dem Erwerb urheberrechtlicher Befugnisse an den einzelnen Filmbildern als Werken der Fotografie zu, deren urheberrechtlicher Schutz unter dem KUG eine schöpferische Leistung nicht voraussetzte.[17]

II. Rechteerwerb durch den Filmhersteller

1. Qualifikation des Rechteerwerbs

6   Umstritten ist, wie der in § 91 S. 1 aF bestimmte Rechteerwerb durch den Filmhersteller mit der Folge, dass dem Kameramann als Lichtbildner nach S. 2 insoweit keine Rechte zustehen, rechtlich zu qualifizieren ist. In dem Bestreben, einen Konflikt mit dem in § 72 Abs. 2 anerkannten Grundsatz zu vermeiden, dass der Lichtbildner Inhaber des verwandten Schutzrechts am Lichtbild ist, sieht eine verbreitet vertretene Auffassung in § 91 aF wie in §§ 88, 89 der Sache nach nur eine **gesetzliche Auslegungsregel,** nach der der Kameramann dem Filmhersteller im Zweifel das ausschließliche Nutzungsrecht zur filmischen Verwertung der Filmeinzelbilder einräumt.[18] Andere sprechen von einem **originären Rechteerwerb des Filmherstellers,**[19] von einem **Erwerb kraft Gesetzes**[20] oder von einer **cessio legis.**[21] Der zuletzt genannten Meinung ist beizutreten. Sie lässt einerseits das Prinzip des § 72 Abs. 2 und die Einheit des Leistungsschutzrechts am Filmeinzelbild unangetastet und wird andererseits dem ursprünglichen Bestreben des Gesetzgebers gerecht, die Rechtsstellung des Filmherstellers in Bezug auf die als bloße Bestandteile des Filmes erscheinenden Filmeinzelbilder im Vergleich mit §§ 88, 89 aF zu verstärken. Ganz iSd hier vertretenen Auffassung spricht die Amtl-Begr.[22] von einem Entstehen der Rechte nach § 82 aF (jetzt § 72) in der Person des Kameramannes und dem „unmittelbaren Übergang dieser Rechte auf den Filmhersteller". Aus diesem Grunde ist anzunehmen, dass der Filmhersteller auch aufgrund § 91 aF keine Rechte in Bezug auf **Nutzungsarten** erwerben konnte, die im Zeitpunkt des Vertragsschlusses mit dem Kameramann noch **unbekannt** waren (§ 31 Abs. 4 aF).[23] Im Hinblick auf den Ersatz des § 91 aF durch § 89 Abs. 4 aufgrund des Urhebervertragsgesetzes von 2002 (→ Rn. 1) ergibt sich dasselbe aus der Verweisung des § 89 Abs. 4

---

[11] Vgl. die Verweisung in dieser Bestimmung.

[12] → Vor §§ 88 ff. Rn. 20.

[13] → § 94 Rn. 4, → § 95 Rn. 3, 19.

[14] S. BGHZ 37, 1 (15 ff.) – AKI.

[15] BGHZ 37, 1 (4 ff.) – AKI – prüfte hier sogar nur den Einzelbildschutz; s. nun aber auch OGH 17.12.2013 – 4 Ob 184/13g – Fußballübertragungen, wo davon ausgegangen wird, dass bei Übertragungen von Sportereignissen etwa die Kameraführung, die Bildregie und ggf. auch der Kommentar schützbar sind und deshalb auch ein geschütztes Filmwerk vorliegen kann. Als Urheber kommen in diesem Fall Kameramann, Regisseur und Kommentator in Betracht.

[16] BGHZ 9, 262 (266 ff.) – Lied der Wildbahn I.

[17] → § 2 Rn. 178; zur Anwendung dieser Grundsätze BGHZ 9, 262 (264 ff.) – Lied der Wildbahn I; BGHZ 37, 1 (4 ff.) – AKI; BGH GRUR 1960, 609 (612) – Wägen und Wagen; BGH GRUR 1963, 40 (41) – Straßen – gestern und morgen; LG Berlin GRUR 1962, 207 (208) – Maifeiern.

[18] So Dreier/Schulze/*Schulze* Rn. 7; *v. Gamm* Rn. 1, 4; *Merker* S. 186 f.; *Movsessian* UFITA 79 1977, 213 (237 ff.).

[19] So *Ulmer* § 36 IV; *Samson* S. 216.

[20] *Möhring/Nicolini* 2. Aufl. Anm. 1b.

[21] *Möhring/Nicolini* 2. Aufl. Anm. 1b; *Schack* Rn. 717a; so auch Fromm/Nordemann/*J. B. Nordemann* Rn. 9; in diesem Sinne wohl auch *Riedel* Anm. B 2.

[22] BT-Drs. IV/270, 101 zu § 101, dann § 91.

[23] Ebenso Dreier/Schulze/*Schulze* Rn. 12; Fromm/Nordemann/*J. B. Nordemann* Rn. 15.

nF 2002 auf § 89 Abs. 1 in der bis zum 31.12.2007 geltenden Fassung, weil diese, durch das Urhebervertragsgesetz noch unverändert (→ § 89 Rn. 1), eine gesetzliche Vermutung der Rechtseinräumung an den Filmhersteller nur für **bekannte Nutzungsarten** vorsieht. Erst durch das Zweite Gesetz zur Regelung des Urheberrechts in der Informationsgesellschaft vom 26.10.2007 (BGBl. I S. 2513) wurde die Vermutung des § 89 Abs. 1 nF 2007 auch auf im Zeitpunkt des Vertragsabschlusses noch **unbekannte Nutzungsarten** erstreckt (→ § 89 Rn. 2). Über § 89 Abs. 4 gilt diese Neuregelung auch für Filmeinzelbilder, wie § 89 Abs. 1 nF 2007 jedoch erst für **seit dem 1.1.2008 abgeschlossene Verträge.**[24] Gleichwohl kann sich ein **nachträglicher Erwerb** der Rechte an Filmeinzelbildern durch den Filmhersteller in Bezug auf **unbekannte Nutzungsarten** und Verträge mit Kameraleuten aus dem Zeitraum **1.1.1966 bis 31.12.2007** aus § 137l ergeben.[25] Es gibt insoweit nichts anderes als in Bezug auf den Rechteerwerb von Filmurhebern iSd § 89 Abs. 1 aF und nF 2002.[26] Obwohl § 137l nur den Rechteerwerb von Urhebern und damit an urheberrechtlich geschützten **Werken** zum Gegenstand hat, kann es dabei keinen Unterschied machen, ob es sich bei einem Filmeinzelbild um ein Lichtbildwerk oder um ein einfaches Lichtbild handelt, um für die Rechte an Filmeinzelbildern einen nachträglichen **gesetzlichen Rechteerwerb für unbekannte Nutzungsarten** und den fraglichen Zeitraum zugunsten des Filmherstellers über § 137l[27] zu begründen. Nach dem Zweck dieser Bestimmung, die Archive aller Medien[28] und namentlich auch der Rundfunkanstalten[29] und damit auch der betr. Fernsehsender für neue Nutzungsarten zu öffnen,[30] kommt man aber kaum umhin, einen entsprechenden Rechteerwerb anzunehmen.[31] Es geht dabei nicht nur um die Frage einer analogen Anwendung des § 137l auf Filmeinzelbilder als einfache Fotografien und damit auf Gegenstände des verwandten Schutzrechts nach § 72, sondern auch auf die cessio legis (so., diese Rn.) des § 91. Unmittelbar nämlich hat § 137l nur vertragliche Rechtseinräumungen an den Filmhersteller durch Urheber urheberrechtlich geschützter Werke zum Gegenstand.[32] Die Analogie liegt jedoch in beiderlei Hinsicht nahe,[33] wenn man neben der Zielsetzung des § 137l in Rechnung stellt, dass es sich bei Filmeinzelbildern auch um Lichtbild- oder Kunstwerke handeln kann (→ Rn. 1), bei denen sich der Rechteerwerb durch den Filmhersteller nicht über § 91 aF, sondern über vertragliche Rechtseinräumungen vollzieht (→ Rn. 12). Unterschiedliche Ergebnisse im Hinblick auf § 137l wären nicht plausibel.

2. Umfang des Rechteerwerbs

§ 91 aF weist dem Filmhersteller[34] an den Filmeinzelbildern die **Rechte zur filmischen Verwertung** zu (S. 1) und bestimmt, dass dem Lichtbildner insoweit keine Rechte zustehen (S. 2). Diese Rechte umfassen jede Form der Verwertung im Rahmen des **konkreten Filmwerks,** für das sie hergestellt worden sind, durch Vervielfältigung und Verbreitung von Filmkopien, öffentliche Vorführung jeder Art und in jedem Format, öffentliche Zugänglichmachung und Funksendung, nicht aber zB die entsprechende Verwertung für einen anderen Film.[35] Mit umfasst wird auch die Verwertung in einer filmischen Programmankündigung des Filmwerks, **nicht** aber in Form von Einzelbildern, wie sog. **Thumbnails,** in einem Online-Archiv im Internet[36] oder in der nicht-filmischen Werbung für das Filmwerk in anderen Medien, wie auf **Plakaten** oder in **Presseerzeugnissen.**[37] Ein auf das Notwendige beschränkter Rechteerwerb des Filmherstellers im zuletzt genannten Punkt kann sich aber aus § 31 Abs. 5 (Übertragungszweckprinzip) und aus dem Vertragsverhältnis ergeben, auf dessen Grundlage der Kameramann für den Filmhersteller tätig wird.[38] Räumt der Filmhersteller in einem solchen Fall einem Dritten, wie einem Sendeunternehmen, ein ausschließliches Nutzungsrecht ein, so kann sich daraus ein Verlust seiner Aktivlegitimation zur Verfolgung möglicher Rechtsverletzungen durch Außenstehende ergeben.[39] Auch kann die Übernahme einzelner Bilder aus einer Fernsehsen-

7

---

[24] Ebenfalls → § 89 Rn. 2.

[25] S. die Kommentierung dieser Bestimmung.

[26] Dazu → § 89 Rn. 2.

[27] → Vor §§ 88 ff. Rn. 8.

[28] S. die AmtlBegr. BT-Drs. 16/1828, 22.

[29] S. *Schmid* in *Haupt* 2008 S. 269, 272.

[30] → § 90 Rn. 2; → § 137l Rn. 7.

[31] S. zum Ergebnis auch Dreier/Schulze/*Schulze* Rn. 12; Fromm/Nordemann/*J. B. Nordemann* Rn. 15, § 137l Rn. 6; → § 137l Rn. 14.

[32] → § 137l Rn. 15 f.

[33] So in ersterer Hinsicht zutreffend auch Fromm/Nordemann/*J. B. Nordemann* Rn. 15, § 137l Rn. 6.

[34] Zu diesem → Vor § 88 ff. Rn. 31 ff.

[35] So auch Dreier/Schulze/*Schulze* Rn. 9, 10; *v. Gamm* Rn. 4; *Möhring/Nicolini* 2. Aufl. Rn. 9; *Movsessian* UFITA 79 1977, 213 (229); Wandtke/Bullinger/*Manegold/Czernik* Rn. 9, aA Fromm/Nordemann/*J. B. Nordemann* Rn. 11.

[36] So BGH GRUR 2010, 620 – Film-Einzelbilder; OLG München GRUR-RR 2008, 228 (229) – filmische Verwertung.

[37] So auch *Möhring/Nicolini* 2. Aufl. Rn. 9; zust. Riedel Anm. B 4; ebenso zur Klammerteilauswertung und zum Picturesampling Dreier/Schulze/*Schulze* Rn. 10, jeweils aA Fromm/Nordemann/*J. B. Nordemann* Rn. 11, 12.

[38] *v. Gamm* Rn. 4; *Möhring/Nicolini* 2. Aufl. Rn. 9 zu § 242 BGB.

[39] So OLG Köln GRUR-RR 2005, 179 f. – Standbilder im Internet.

dung zB aufgrund § 50 (Berichterstattung über Tagesereignisse)[40] oder § 51 (Zitatrecht) gesetzlich zulässig sein.[41]

8   Dem **Kameramann** verbleibt mangels einer anders lautenden vertraglichen Vereinbarung insbes. das Recht, jedes der von ihm hergestellten Filmeinzelbilder zB zur **Illustration eines Romans** zu verwerten, nach dem der Film gedreht worden ist;[42] dasselbe gilt für **Merchandisingartikel** (zB T-Shirts, Spielzeug, Poster)[43] oder **Tonträger** zum Film (zB Soundtrack, Hörbuch), für die Bilder aus dem Film verwendet werden.

9   Auch § 91 aF verfolgt nur das Ziel, dem Filmhersteller die zur Filmauswertung **benötigten** Rechte zu garantieren. Daraus folgt wie zu §§ 88 und 89, dass die Rechte zur filmischen Verwertung iSv § 91 S. 1 aF sich **weder auf Zweitwiedergaberechte, noch auf gesetzliche Vergütungsansprüche** erstrecken.[44] Mangels ausdrücklicher Übertragung auf den Filmhersteller stehen diese Rechte daher im Hinblick auf die Filmeinzelbilder dem Kameramann zu. S. zu den gesetzlichen, aus den Schranken des Urheberrechts resultierenden Vergütungsansprüchen auch **§ 63a UrhG** sowie EuGH GRUR 2012, 489 (490) – Luksan/van der Let → § 89 Rn. 19.

III. Gegenstände des Rechteerwerbs durch den Filmhersteller

1. Lichtbilder als Filmbestandteile

10   Nach § 91 S. 1 aF erwirbt der Filmhersteller die Rechte zur filmischen Verwertung der **bei der Herstellung eines Filmwerks entstehenden Lichtbilder.** Dazu zählen alle vom Kameramann während der Dreharbeiten mit der Film- oder Fernsehkamera aufgenommenen Lichtbilder, soweit sie für das entstehende Filmwerk bestimmt sind; darauf, ob die Lichtbilder später auch in die endgültige, zur öffentlichen Vorführung, Verbreitung, Zugänglichmachung oder Funksendung bestimmte Filmfassung eingehen oder beim Filmschnitt ausgesondert werden, kommt es nicht an.[45] Von § 91 aF **nicht erfasst** werden dagegen fotografische Aufnahmen **anlässlich** einer Filmproduktion zu anderen Zwecken, wie zu Dokumentations- oder Werbezwecken, insbes. auch nicht die bei solchen Gelegenheiten üblicherweise hergestellten sog. **Standfotos.**[46]

11   Waren Filmeinzelbilder **Dokumente der Zeitgeschichte** iSd § 72 Abs. 3 S. 1 aF, so waren sie zwar zeitlich länger geschützt als Lichtbilder ohne diese Qualifikation, aber das an ihnen bestehende Schutzrecht blieb ein mit dem Urheberrecht nur verwandtes Schutzrecht, auf das § 91 aF sich bezog. Das zeitlich entsprechende Recht kam für die filmische Verwertung dem Filmhersteller, sonst dem Kameramann zugute.[47] Anlässlich der Umsetzung der europäischen Schutzdauerrichtlinie[48] durch das 3. UrhGÄndG[49] ist die Privilegierung von einfachen Lichtbildern als Dokumenten der Zeitgeschichte beseitigt und die Schutzdauer aller einfachen Lichtbilder auf 50 Jahre festgesetzt worden.[50]

2. Lichtbildwerke?

12   Auf Filmeinzelbilder, die wegen ihrer künstlerischen Prägung als urheberrechtlich geschützte **Lichtbildwerke** iSd § 2 Abs. 1 Nr. 5, Abs. 2 zu qualifizieren sind[51] ist **§ 91 aF nicht anwendbar.**[52] Die Qualität einzelner vom Kameramann geschaffener Filmeinzelbilder als Lichtbildwerke macht ihn auch noch nicht notwendig zum Miturheber des Filmwerks.[53] Wegen der Nähe zu den Filmurhebern

---

[40] S. OLG Köln GRUR-RR 2005, 105 f. – Elektronischer Fernsehprogrammführer; OLG Köln GRUR-RR 2018, 326 (330) – TV Pannenshow.

[41] → § 95 Rn. 9 zur Übernahme von Bildsequenzen aus Fernsehsendungen.

[42] AmtlBegr. BT-Drs. IV/270, 101 zu § 101, dann § 91; Dreier/Schulze/*Schulze* Rn. 11; Fromm/Nordemann/ *J. B. Nordemann* Rn., 13; *v. Gamm* Rn. 4; *Möhring/Nicolini* 2. Aufl. Rn. 10.

[43] So auch Dreier/Schulze/*Schulze* Rn. 11; Fromm/Nordemann/*J. B. Nordemann* Rn. 13; Wandtke/Bullinger/ *Manegold/Czernik* Rn. 10.

[44] → § 88 Rn. 48 f., → § 89 Rn. 19; ebenso Dreier/Schulze/*Schulze* Rn. 11; Fromm/Nordemann/*J. B. Nordemann* Rn. 14, nur zu den Vergütungsansprüchen; *Hertin* UFITA 118 1992, 57 (85); *Merker* S. 188 f.; *Möhring/ Nicolini* 2. Aufl. Rn. 10; *Rossbach* S. 77 ff.; *Schulze* GRUR 1994, 855 (867); Wandtke/Bullinger/*Manegold/Czernik* Rn. 11; aA *Schack* ZUM 1989, 267 (283 f.).

[45] Ebenso Fromm/Nordemann/*J. B. Nordemann*[10] Rn. 8; Wandtke/Bullinger/*Manegold/Czernik*[3] Rn. 8; *Möhring/ Nicolini* 2. Aufl. Rn. 5.

[46] Ebenso Fromm/Nordemann/*J. B. Nordemann*[10] Rn. 8; *Möhring/Nicolini* 2. Aufl. Rn. 6; *Riedel* Anm. A; Wandtke/Bullinger/*Manegold/Czernik*[3] Rn. 8; → Rn. 7.

[47] S. hierzu jetzt auch BGH GRUR 2014, 363 (366) – Peter Fechter.

[48] → § 64 Rn. 13 ff.

[49] → Vor §§ 88 ff. Rn. 8.

[50] Im Einzelnen → § 72 Rn. 5, 49 ff.

[51] Vgl. zu den Schutzvoraussetzungen → § 2 Rn. 206 ff.

[52] Ebenso Dreier/Schulze/*Schulze*[3] Rn. 10; Fromm/Nordemann/*J. B. Nordemann*[10] Rn. 7; *Möhring/Nicolini* 2. Aufl. Rn. 8; *Ulmer*[3] § 36 IV 1; aA *v. Gamm* Rn. 2 und *Movsessian* UFITA 79 (1977), 213 (228).

[53] S. *v. Gamm* Rn. 2; *Ulmer*[3] § 36 IV 1; aA *Möhring/Nicolini* 2. Aufl. Rn. 8, allerdings jeweils unter Betonung ihres Ausgangspunkts, dass § 91 nur eine Auslegungsregel statuiere, → Rn. 6.

iSd § 89 ist gleichwohl anzunehmen, dass der Kameramann in solchen Fällen dem Filmhersteller ausschließliche Nutzungsrechte nach Maßgabe des § 89 Abs. 1 einräumt.[54]

IV. Abweichende vertragliche Vereinbarungen

Von § 91 aF abweichende vertragliche Vereinbarungen sind sowohl zu Lasten (→ Rn. 8) als auch **13** zugunsten des Kameramannes ebenso möglich wie eine vertragliche Abbedingung.[55]

§ 92 Ausübende Künstler

(1) **Schließt ein ausübender Künstler mit dem Filmhersteller einen Vertrag über seine Mitwirkung bei der Herstellung eines Filmwerks, so liegt darin im Zweifel hinsichtlich der Verwertung des Filmwerks die Einräumung des Rechts, die Darbietung auf eine der dem ausübenden Künstler nach § 77 Abs. 1 und 2 Satz 1 und § 78 Abs. 1 Nr. 1 und 2 vorbehaltenen Nutzungsarten zu nutzen.**

(2) **Hat der ausübende Künstler im Voraus ein in Absatz 1 genanntes Recht übertragen oder einem Dritten hieran ein Nutzungsrecht eingeräumt, so behält er gleichwohl die Befugnis, dem Filmhersteller dieses Recht hinsichtlich der Verwertung des Filmwerkes zu übertragen oder einzuräumen.**

(3) **§ 90 gilt entsprechend.**

§ 92 aF (1995) Ausübende Künstler

(1) Schließt ein ausübender Künstler mit dem Filmhersteller einen Vertrag über seine Mitwirkung bei der Herstellung eines Filmwerks, so liegt darin im Zweifel hinsichtlich der Verwertung des Filmwerks die Abtretung der Rechte nach § 75 Abs. 1 und 2 und § 76 Abs. 1.

(2) Hat der ausübende Künstler ein in Absatz 1 erwähntes Recht an einen Dritten abgetreten, so behält er gleichwohl die Befugnis, dieses Recht hinsichtlich der Verwertung des Filmwerks an den Filmhersteller abzutreten.

§ 92 aF (1965) Ausübende Künstler

Ausübenden Künstlern, die bei der Herstellung eines Filmwerkes mitwirken oder deren Darbietungen erlaubterweise zur Herstellung eines Filmwerkes benutzt werden, stehen hinsichtlich der Verwertung des Filmwerkes Rechte nach § 75 Satz 2, §§ 76 und 77 nicht zu.

Schrifttum: *Dreier/Kalscheuer,* Übertragung von Nutzungsrechten, in *Klages* (Hrsg.), Grundzüge des Filmrechts, 2004, S. 212; *Dünnwald,* Die Neufassung des künstlerischen Leistungsschutzes, ZUM 2004, 161; *Dünnwald/Gerlach,* Die Berechtigten am Filmwerk. Ausübende Künstler aus der Sicht der GVL, ZUM 1999, 52; *Fette,* Schauspieler, in *Haupt* (Hrsg.), Urheberrecht für Filmschaffende, 2008, S. 127; *Flechsig,* Darbietungsschutz in der Informationsgesellschaft, NJW 2004, 575; *Flechsig/Kuhn,* Das Leistungsschutzrecht des ausübenden Künstlers in der Informationsgesellschaft, ZUM 2004, 14; *Katzenberger,* Inländerbehandlung und Mindestrechte ausübender Künstler nach dem Rom-Abkommen, GRUR-Int 2014, 443; *Krüger,* Kritische Bemerkungen zum Regierungsentwurf für ein Gesetz zur Regelung des Urheberrechts in der Informationsgesellschaft aus der Sicht eines Praktikers, ZUM 2003, 122; *Lewenton,* Der Schutz der ausübenden Künstler in Film und Fernsehen, Diss. München 1966; *v. Lewinski,* Die Umsetzung der Richtlinie zum Vermiet- und Verleihrecht, ZUM 1995, 442; *dies.,* Ein Happy End nach vielen Anläufen: Der Vertrag von Peking zum Schutz von audiovisuellen Darbietungen, GRUR-Int 2013, 12; *Lütje,* Die Rechte der Mitwirkenden am Filmwerk, 1987; *Reber, N.,* Leistungsschutzrechte der ausübenden Künstler beim Filmwerk, in *v. Hartlieb/Schwarz*[4] (Hrsg.), Handbuch des Film-, Fernseh- und Videorechts, 2011, S. 299; *Reinbothe/v. Lewinski,* The EC Directive on Rental and Lending Rights and on Piracy, 1993; *v. Rom,* Die Leistungsschutzrechte im Regierungsentwurf für eine Gesetz zur Regelung des Urheberrechts in der Informationsgesellschaft, ZUM 2003, 128; *Schippan,* Urheberrecht goes digital – Das Gesetz zur Regelung des Urheberrechts in der Informationsgesellschaft, ZUM 2003, 378; *Schwarz,* Die ausübenden Künstler, ZUM 1999, 40; *Vogel,* Zur Neuregelung des Rechts des ausübenden Künstlers, FS Nordemann, 2004, S. 349; s. im Übrigen die Schrifttumsnachweise bei Vor §§ 73 ff. und Vor §§ 88 ff.

Übersicht

---

[54] Ebenso im Ergebnis Dreier/Schulze/*Schulze*[3] Rn. 8; Fromm/Nordemann/*J. B. Nordemann*[10] Rn. 7; aA *v. Gamm* Rn. 2; weitergehend nimmt *Ulmer*[3] § 36 IV 1 eine Rechtseinräumung im Umfang des § 91 an.
[55] Ebenso Fromm/Nordemann/*J. B. Nordemann*[10] Rn. 17; *Möhring/Nicolini* 2. Aufl. Rn. 11; Wandtke/Bullinger/ *Manegold/Czernik*[3] Rn. 3.

I. Zweck, Bedeutung und Kritik des § 92 aF (1965)

1   **1. Wie** die §§ 88 ff. insgesamt dient auch **§ 92 aF und nF** dem **Zweck,** dem Filmhersteller die Verwertung des von ihm hergestellten Filmwerks zu erleichtern.[1] Während §§ 88–90 die Urheberrechte an den zur Filmherstellung benutzten Werken und am Filmwerk selbst betreffen und § 91 aF sowie § 89 Abs. 4 UrhG das verwandte Schutzrecht des Kameramannes an den Filmeinzelbildern zum Gegenstand hat, waren es bei § 92 aF (1965) und (1995) und sind es bei § 92 nF die **Rechte der ausübenden Künstler** iSd §§ 73 ff., die eine Einschränkung erfahren. Diese bestand bei § 92 aF (1965) nicht wie bei §§ 88, 89 und 91 in gesetzlichen Regeln über den Übergang von Rechten auf den Filmhersteller, sondern ähnlich wie bei § 90 (→ § 90 Rn. 1) darin, dass bestimmte Rechte der ausübenden Künstler im Bereich der Filmwerke **ausgeschlossen** wurden. Anders als bei § 90 handelte es sich dabei aber nicht um vertragsrechtliche Befugnisse, sondern um Verwertungsbefugnisse, deren Übertragung auf den Filmhersteller durchaus in Betracht gekommen wäre. Sie war aber mit der Begründung abgelehnt worden, dass der Filmhersteller ihrer neben seinem eigenen, originären Leistungsschutzrecht nach § 94 und den von ihm Urhebern erworbenen Rechten nicht bedürfe.[2]

§ 92 aF (1965) berührte nicht das Recht des ausübenden Künstlers, die **Aufnahme seiner Darbietung in ein Filmwerk** von seiner Einwilligung abhängig zu machen (§ 75 S. 1 aF 1965), beseitigte aber hinsichtlich der **Verwertung des Filmwerks,** das seinen Beitrag enthielt, mit der Ausnahme der über den inzwischen aufgehobenen § 84 (jetzt § 83) auch den ausübenden Künstlern zukommenden gesetzlichen Vergütungsansprüche sämtliche in Betracht kommenden Rechte, die nach §§ 73 ff. aF (1965) den ausübenden Künstlern überhaupt zustanden, nämlich die Rechte aus §§ 75 S. 2, 76, 77 aF (1965).[3] Schon von Hause aus besaßen – und besitzen – die ausübenden Künstler kein von dem Zweitwiedergaberecht des § 77 aF (1965) zu unterscheidendes, § 19 Abs. 4 entsprechendes Vorführungsrecht.[4] Unter den durch § 92 aF (1965) ausgeschlossenen Rechten waren die aus §§ 76 Abs. 2 Hs. 2, 77 aF (1965) bloße gesetzliche Vergütungsansprüche, keine Einwilligungsrechte wie die aus § 75 S. 2 aF (1965) zur Vervielfältigung und § 76 Abs. 1 aF (1965) zur Funksendung, welche die Verwertung des Filmwerks hätten behindern können. Die AmtlBegr. rechtfertigte daher den Eingriff in jene Rechte der ausübenden Künstler zusätzlich damit, dass diese idR bereits für ihre Mitwirkung an der Herstellung des Filmwerks eine angemessene Vergütung erhielten, durch die alle etwaigen Rechte am Filmwerk abgegolten würden, und dass die Verwertung des Filmwerks für die persönlichen Darbietungen des ausübenden Künstlers keine Konkurrenz darstelle und ihn in seinem weiteren Schaffen nicht behindere.[5] Auf die Rechte des **Veranstalters** (§ 81) und des **Tonträgerherstellers** (§§ 85, 86) war § 92 aF (1965) und (1995) und ist § 92 nF nicht anwendbar. Dasselbe gilt für die Rechte des Sendeunternehmens (§ 87) und des Filmherstellers (§ 94).

2   **2. Die Kritik** der wiederum[6] einseitig am herkömmlichen Kino-Vorführfilm orientierten Bestimmung des § 92 aF (1965) war praktisch umfassend.[7] Mit dem **Rom-Abkommen**[8] war § 92 aF (1965) allerdings vereinbar, da Art. 19 dieses Abkommens Art. 7 über den Schutz der ausübenden Künstler für nicht mehr anwendbar erklärt, sobald ein solcher Künstler seine Zustimmung dazu erteilt hat, seine Darbietung einem Bildträger oder Bild- und Tonträger einzufügen.[9] Art. 19 des Rom-Abkommens schließt Art. 7 allerdings nur „unbeschadet aller anderen Bestimmungen dieses Abkom-

---

[1] → Vor §§ 88 ff. Rn. 9; AmtlBegr. BT-Drs. IV/270, 101 zu § 102, jetzt § 92.
[2] AmtlBegr. BT-Drs. IV/270, 101 zu § 102, jetzt § 92.
[3] Jetzt §§ 77 Abs. 2 S. 1, 78 Abs. 1 Nr. 2 und Abs. 2 Nr. 1–3.
[4] S. AmtlBegr. BT-Drs. IV/270, 101 zu § 102, jetzt § 92.
[5] AmtlBegr. BT-Drs. IV/270, 101 zu § 102, jetzt § 92.
[6] → Vor §§ 88 ff. Rn. 39.
[7] S. *Ulmer*[5] § 123 III 2 und Urhebervertragsrecht Rn. 46, 53 mit Vorschlägen de lege ferenda; aA *Hubmann* GRUR 1978, 468 (470); sa die auf ein abschließendes Urteil verzichtende Stellungnahme der GRUR GRUR 1980, 1060 (1062).
[8] → Vor §§ 120 ff. Rn. 61 ff.
[9] Sa Fromm/Nordemann/*J. B. Nordemann*[10] Vor §§ 88 ff. Rn. 26.

mens" aus, so dass für sämtliche von dem Abkommen erfasste Personen (einschließlich US-amerikanischer ausübender Künstler) die **uneingeschränkte Inländerbehandlung** zur Anwendung gelangt.[10]

II. Anlass, Zweck und Inhalt des § 92 aF (1995) und des § 92 nF Einordnung in die Systematik der §§ 88 ff.

1. § 92 ist aus Anlass der Umsetzung der europäischen **Vermiet- und Verleihrechtsrichtlinie**[11] **3** durch das **3. UrhGÄndG** vom 23.6.1995[12] neu gefasst worden. Der deutsche Gesetzgeber war zu dieser Maßnahme insoweit gezwungen, als die Richtlinie in ihrem Art. 3 Abs. 1 (hier und im Folgenden in der kodifizierten Fassung) auch zugunsten der **ausübenden Künstler** die Einführung eines **ausschließlichen Vermietrechts** in Bezug auf Aufzeichnungen ihrer Darbietungen vorsieht und in ihrem Art. 3 Abs. 4 für dieses Recht eine widerlegbare **Übertragungsvermutung zugunsten des Filmherstellers** statuiert. Das unverzichtbare Recht des ausübenden Künstlers auf **angemessene Vergütung** bei Übertragung seines Vermietrechts auf den Filmhersteller nach Art. 5 der Richtlinie bleibt ihm dabei erhalten.[13] Mit Rücksicht auf diese Regelungen in der Richtlinie war es dem deutschen Gesetzgeber jedenfalls im Hinblick auf das ausschließliche Vermietrecht nicht mehr möglich, das Regelungsmodell des § 92 aF (1965) (→ Rn. 1) aufrecht zu erhalten und demgemäß für den Fall der Mitwirkung ausübender Künstler an der Herstellung eines Filmwerks ihr Vermietrecht auszuschließen.[14] Ganz zu Recht hat der deutsche Gesetzgeber im Übrigen davon abgesehen, die in Art. 3 Abs. 4 der Richtlinie vorbehaltene Alternativlösung des Art. 3 Abs. 6 zu übernehmen:[15] Diese sieht vor, bei Vereinbarung einer angemessenen Vergütung iSv Art. 5 den Filmhersteller als von den ausübenden Künstlern zur Vermietung ermächtigt zu erklären, trägt damit speziell dem französischen Recht Rechnung und wurde den anderen EU-Mitgliedstaaten nicht zur Übernahme empfohlen.[16]

2. Im Hinblick auf die **sonstigen Rechte der ausübenden Künstler,** welche die Vermiet- und Verleihrechtsrichtlinie vorsieht, sind die Mitgliedstaaten zwar berechtigt, aber nicht verpflichtet, eine **Übertragungsvermutung zugunsten des Filmherstellers** vorzusehen; machen sie von dieser Befugnis aber Gebrauch, so müssen sie sich an die Vorgaben des Art. 3 Abs. 4 der Richtlinie halten, dh sie dürfen sie insbes. **nur auf die ausschließlichen Rechte** der ausübenden Künstler beziehen, und die Vermutung muss **widerlegbar** sein.[17] Bei diesen sonstigen ausschließlichen Rechten der ausübenden Künstler handelt es sich um das Aufzeichnungs- bzw. Aufnahmerecht (Art. 7 Abs. 1 der Richtlinie, § 75 Abs. 1 aF 1995, § 75 S. 1 aF (1965)), das Vervielfältigungsrecht (§ 75 Abs. 2 aF (1995), § 75 S. 2 aF (1965)), die Rechte zur Sendung und öffentlichen Wiedergabe, soweit diesen Vorgängen nicht eine bereits gesendete Darbietung oder eine Aufzeichnung zugrunde liegt (Art. 8 Abs. 1 der Richtlinie, §§ 74 und 76 Abs. 1 aF (1965) und (1995)) und das Verbreitungsrecht (Art. 9 der Richtlinie, § 75 Abs. 2 aF 1995; die alte Fassung (1965) dieses Gesetzes hatte dieses letztgenannte Recht als Recht der ausübenden Künstler noch nicht vorgesehen).

Der deutsche Gesetzgeber entschied sich dafür, von dieser ihm durch die Richtlinie verliehenen Befugnis Gebrauch zu machen, um dadurch zugleich der verbreiteten Kritik an § 92 aF (1965) (→ Rn. 2) Rechnung zu tragen:[18] An die Stelle des Rechteausschlusses nach § 92 aF (1965) (→ Rn. 1) ist daher in **§ 92 aF (1995)** eine **widerlegbare Übertragungsvermutung** zugunsten des Filmherstellers getreten. Nach den Vorgaben der Vermiet- und Verleihrechtsrichtlinie erstreckte (und erstreckt) sich diese Vermutung auch **nur** auf die **ausschließlichen Rechte** der ausübenden Künstler nach § 75 Abs. 1 und 2 aF (1995) (Aufzeichnungs- bzw. Aufnahmerecht, Vervielfältigungsrecht und Verbreitungsrecht einschließlich des Vermietrechts) und nach § 76 Abs. 1 (Senderecht), **nicht** aber auf die gesetzlichen **Vergütungsansprüche** der ausübenden Künstler gemäß den unverändert gebliebenen §§ 76 Abs. 2 und 77 aF (1965) und (1995), die den ausübenden Künstlern durch § 92 aF (1965) entzogen waren (→ Rn. 1). Erst recht bezog (und bezieht) sich die Übertragungsvermutung des § 92 Abs. 1 aF (1995) (und des § 92 nF) nicht auf die schon von § 92 aF (1965) verschont gebliebenen Vergütungsansprüche nach § 84 (jetzt § 83) (→ Rn. 1). Auch die durch das 3. UrhGÄndG im Anschluss an Art. 4 und 5 der Vermiet- und Verleihrechtslinie zugunsten der ausübenden Künstler neu eingeführten Vergütungsansprüche für das Vermieten und Verleihen von Bild- oder Tonträgern nach § 75 Abs. 3 aF (1995) iVm § 27 nF wurden und wer-

---

[10] So jetzt BGH GRUR 2016, 1048 – An Evening with Marlene Dietrich; OLG München ZUM-RD 2017, 481 (484); ausführlich *Katzenberger* GRUR-Int 2014, 443, ua unter Bezugnahme auf BGH GRUR 1993, 550 (552) – The Doors; aA noch OLG München BeckRS 2016, 13482.

[11] Zu dieser Richtlinie → Einl. UrhG Rn. 78.

[12] Zu diesem Gesetz → Vor §§ 88 ff. Rn. 8.

[13] S. den Vorbehalt des Art. 5 in Art. 3 Abs. 4 der Richtlinie.

[14] S. zum Ergebnis die AmtlBegr. BT-Drs. 13/115, 16 zu Nr. 7; *v. Lewinski* ZUM 1995, 442 (445), die § 92 aF 1965 allerdings zu Unrecht nur iS einer unwiderlegbaren Übertragungsvermutung deutet.

[15] S. die AmtlBegr. BT-Drs. 13/115, 16 zu Nr. 7.

[16] S. *v. Lewinski* ZUM 1995, 442 (445) Fn. 19; *Reinbothe/v. Lewinski* S. 60 f.

[17] S. Erwgr. 15 und Art. 3 Abs. 4 der Richtlinie; zum Ergebnis s. die AmtlBegr. BT-Drs. 13/115, 16 zu Nr. 7; *v. Lewinski* ZUM 1995, 442 (449); *Reinbothe/v. Lewinski* S. 109 f.

[18] S. die AmtlBegr. BT-Drs. 13/115, 16 zu Nr. 7.

den von der Übertragungsvermutung nicht erfasst. Dies ergibt sich unmittelbar daraus, dass § 75 Abs. 3 aF (1995) in § 92 Abs. 1 aF (1995) nicht angesprochen ist. Auch war (und ist) jedenfalls der Vergütungsanspruch für das Vermieten bei Übertragung des Vermietrechts an den Filmhersteller nach § 27 Abs. 1 nF unverzichtbar und im Voraus nur an eine Verwertungsgesellschaft abtretbar. Vorstehende Grundsätze gelten erst recht seit Inkrafttreten des § 63a UrhG im Jahr 2002, der über § 83 auch auf ausübende Künstler Anwendung findet. Danach kann auf gesetzliche Vergütungsansprüche im Voraus generell nicht mehr verzichtet werden, im Übrigen sind diese im Voraus stets nur an eine Verwertungsgesellschaft abtretbar (→ § 89 Rn. 19).

Im Hinblick auf die **ausschließlichen Rechte** der ausübenden Künstler reichte (und reicht) die Übertragungsvermutung nach § 92 Abs. 1 aF (1995) (und des § 92 nF) insofern weiter als der Rechteausschluss durch § 92 aF (1965), als sie sich auch auf das Aufzeichnungs- bzw. Aufnahmerecht iSd § 75 Abs. 1 aF (1995) erstreckte (und noch erstreckt), während § 92 aF (1965) dieses in § 75 S. 1 aF (1965) geregelte Recht nicht entfallen ließ. Generell aber beinhaltete die Neuregelung im Vergleich mit § 92 aF (1965) eine wesentliche **Verbesserung der Rechtsstellung der ausübenden Künstler bei Filmwerken,** indem sie ihre Verhandlungsposition stärkte und, da die Übertragungsvermutung nach § 92 Abs. 1 aF (1995) widerlegbar war (und ist), auch abweichende Vereinbarungen mit dem Filmhersteller zweifellos ermöglichte;[19] die ausübenden Künstler wurden (und werden) nunmehr im Wesentlichen **wie die Filmurheber iSd § 89** behandelt.[20] Letzteres gilt im Übrigen auch im Hinblick auf **§ 92 Abs. 2 aF (1995) und nF,** der § 89 Abs. 2 nachgebildet ist und die Verfügungsbefugnis des ausübenden Künstlers gegenüber dem Filmhersteller aufrecht erhält, auch wenn er eines seiner ausschließlichen Rechte im Voraus an einen Dritten abgetreten hat.[21] Der deutsche Gesetzgeber war zu dieser Maßnahme nicht durch die Vermiet- und Verleihrechtsrichtlinie verpflichtet.[22] Jedoch sollte verhindert werden, dass ausübende Künstler die Übertragungsvermutung des § 92 Abs. 1 aF (1995) und jetzt des § 92 Abs. 1 nF zugunsten der Filmhersteller durch Vorausabtretungen an Dritte unterlaufen, und sollte die Verhandlungsposition des Filmherstellers im Verhältnis zu mitwirkenden ausübenden Künstlern nicht ungünstiger gestaltet werden als im Verhältnis zu Urhebern iSd § 89[23] bzw. sollte den ausübenden Künstlern keine bessere Position als den Urhebern eingeräumt werden.[24]

4   **3.** Aus dem vorstehend dargestellten wesentlichen Inhalt des § 92 aF (1995) ergibt sich, dass dessen Stellung in der **Systematik der §§ 88 ff.** seitdem derjenigen des § 89 entspricht.[25] Auf **Laufbilder,** die nicht durch ein Urheberrecht, sondern nur durch das verwandte Schutzrecht des Filmherstellers gemäß § 94 iVm § 95 geschützt sind, ist § 92 aF (1995) und nF ebensowenig anwendbar, wie § 92 aF (1965) es war (näheres unter → Rn. 9). Das **Übergangsrecht** zu § 92 aF (1995) ist in **§ 137e** geregelt. Dabei bestimmt ua § 137e Abs. 1 die Anwendung der neuen Vorschriften auch auf ältere Darbietungen. § 137e Abs. 4 S. 2 fingiert die Übertragung der ausschließlichen Rechte an solchen Darbietungen (nur) bei Filmwerken auf den Filmhersteller, nicht hingegen bei Laufbildern iSd § 95.[26]

4. § 92 wurde durch das **Gesetz zur Regelung des Urheberrechts in der Informationsgesellschaft** aus dem Jahr **2003**[27] **erneut geändert.** Er erhielt dadurch seine jetzt geltende Fassung. Die Änderungen tragen der wesentlichen Umgestaltung der Rechte der ausübenden Künstler und ihrer weitgehenden Annäherung an diejenigen der Urheber durch dasselbe Gesetz[28] Rechnung. Im Wesentlichen formaler Natur ist zunächst der Ersatz der in § 92 Abs. 1 aF (1995) in Bezug genommenen Bestimmungen (§§ 75 Abs. 1 und 2, 76 Abs. 1) durch die §§ 77 Abs. 1 und 2 S. 1 sowie 78 Abs. 1 Nr. 1 und 2 nF in **§ 92 Abs. 1 nF.** Beide Normenkomplexe haben die Rechte der ausübenden Künstler zur Aufnahme, Vervielfältigung und Verbreitung sowie zur Sendung ihrer Darbietungen zum Gegenstand; hinzugekommen ist durch das eingangs dieses Absatzes genannte Gesetz das Recht der öffentlichen Zugänglichmachung (§ 78 Abs. 1 Nr. 1 nF iVm § 19a). Hinsichtlich dieser Rechte, die nach der Neuregelung wie die Verwertungsrechte der Urheber als ausschließliche Verwertungsrechte und nicht mehr wie früher als Einwilligungsrechte ausgestattet sind[29] beinhaltet § 92 Abs. 1 nF ähnlich wie §§ 88 Abs. 1 nF und 89 Abs. 1 die Auslegungsregel, dass der ausübende Künstler dem Filmhersteller entsprechende Nutzungsrechte einräumt. Dagegen wurde nach § 92 Abs. 1 aF (1995) die Abtretung dieser Rechte an den Filmhersteller vermutet. Die Änderung steht im Zusammenhang damit, dass § 79 nF hinsichtlich der Rechte der ausübenden Künstler nicht mehr nur die (translative)

---

[19] Dagegen → Rn. 14 zu § 92 aF 1965.
[20] S. zum Vorstehenden die AmtlBegr. BT-Drs. 13/115, 16 zu Nr. 7; *v. Lewinski* ZUM 1995, 442 (445, 448).
[21] Zu § 89 Abs. 2 → § 89 Rn. 21.
[22] S. *v. Lewinski* ZUM 1995, 442 (445).
[23] S. die AmtlBegr. BT-Drs. 13/115, 16 zu Nr. 7.
[24] So *v. Lewinski* ZUM 1995, 442 (445).
[25] Zu dessen Stellung → § 89 Rn. 1–3.
[26] S. im Übrigen im Einzelnen die Kommentierung dort sowie BGH GRUR 2016, 1048 (1056 f.) – An Evening with Marlene Dietrich; OLG München ZUM-RD 2017, 481 (485); KG ZUM 2003, 863 – Beat Club und LG München I ZUM-RD 2012, 560 – Playback-Aufnahmen.
[27] → Vor §§ 88 ff. Rn. 8.
[28] Zu den Motiven s. die AmtlBegr. BT-Drs. 15/38, 22 f.
[29] S. BT-Drs. 15/38, 22.

Übertragung (§ 79 Abs. 1 S. 1 nF) bzw. Abtretung (§ 78 aF (1965) und (1995)) zulässt, sondern auch die (konstitutive) Einräumung von Nutzungsrechten (§ 79 Abs. 2 nF).[30] Dem trägt auch die Neuformulierung des **§ 92 Abs. 2 nF** Rechnung. Neu ist, dass **§ 92 Abs. 3 nF § 90** für **entsprechend anwendbar** erklärt. Den Hintergrund bildet der Umstand, dass die zu Lasten der Urheber beim Film weitgehend ausgeschlossene Zustimmungs- und Rückrufsrechte (§§ 34, 35, 41 und 42) nunmehr auch den ausübenden Künstlern zustehen (§ 79 Abs. 2 S. 2 nF) und im Filmbereich der Rechtslage bei den Urhebern entsprechend ausgeschlossen werden sollen.[31]

Was das **zeitliche Übergangsrecht** des **§ 92 nF** betrifft, so enthält das Gesetz in **§§ 137j** und **137k** Bestimmungen, die sich auf einzelne Regelungen des eingangs der → Rn. 4 genannten Gesetzes beziehen, welches auch § 92 nF normiert. Zu diesen Regelungen gehören aber weder § 92 nF noch die §§ 73 ff. nF mit ihrer Neugestaltung des Rechts der ausübenden Künstler als einem weiteren Bestandteil desselben Gesetzes. Auch eine Beurteilung der Frage ausschließlich nach **§ 137e Abs. 1**[32] ist nicht ausreichend, weil diese Bestimmung § 92 aF (1995) (→ Rn. 4), nicht aber § 92 nF aus dem Jahre 2003 zum Gegenstand hat. Es muss daher auf die allgemeinen Grundsätze des zeitlichen Übergangsrechts im UrhG sowie auf spezielle Übergangsvorschriften zurückgegriffen werden, die mit § 92 nF in Zusammenhang stehen. Im Einzelnen handelt es sich dabei um §§ 129 Abs. 1, 132, 137 Abs. 1 und 5 sowie § 137e.

§ 129 Abs. 1 bestimmt mit direktem Bezug zum Inkrafttreten des UrhG am 1.1.1966 (§ 143 Abs. 2), dass die Vorschriften des neuen Gesetzes auch auf die vor seinem Inkrafttreten geschaffenen Werke anzuwenden sind, die zu diesem Zeitpunkt noch geschützt sind (§ 129 Abs. 1 S. 1); dabei ist dieser Schutz aber nach dem früheren Recht zu beurteilen (→ § 129 Rn. 17). Eine analoge Anwendung des § 129 Abs. 1 könnte zur undifferenzierten Anwendbarkeit des § 92 nF auch auf Darbietungen ausübender Künstler und Verträge darüber mit Filmherstellern aus der Zeit vor Inkrafttreten dieser Bestimmung am 13.9.2003[33] führen.[34] Eine solche Beurteilung griffe aber zu kurz, weil § 129 Abs. 1 ausdrücklich einen Vorbehalt zugunsten abweichender Vorschriften des UrhG erklärt (s. § 129 Abs. 1 S. 1).

Zu solchen Vorschriften zählen ua die **§§ 132** und **137** über Verträge und die Übertragung von Rechten, wie sie gerade auch Gegenstände des § 92 nF (und § 92 aF (1995) sind[35] auf Altverträge aus der Zeit vor 1966 (su. nächster Abs. aE). § 132 besagt, dass die vertragsrechtlichen Vorschriften des UrhG von einzelnen Ausnahmen (§§ 40–43) abgesehen auf Verträge aus der Zeit vor dem 1.1.1966 nicht anzuwenden sind **(§ 132 Abs. 1),** dass Verfügungen aus dieser Zeit aber wirksam bleiben **(§ 132 Abs. 2).** § 132 Abs. 3 und 4 enthalten Übergangsbestimmungen aus Anlass des neuen Urhebervertragsrechts aus dem Jahr 2002 (→ Vor §§ 88 ff. Rn. 8), die das Prinzip des § 132 Abs. 1 bestätigen. Darüber hinaus gilt nach **§ 137 Abs. 1 S. 1,** dass bei einer Übertragung des Urheberrechts vor dem 1.1.1966 dem Erwerber nunmehr die entsprechenden Nutzungsrechte iSd § 31 zustehen, und nach **§ 137 Abs. 1 S. 2,** dass sich eine solche Übertragung im Zweifel nicht auf Befugnisse erstreckt, die erst durch das neue Gesetz begründet werden. Diese Regeln gelten nach **§ 137 Abs. 5** für verwandte Schutzrechte entsprechend. Eine Beachtung auch des **§ 137e** bietet sich deshalb an, weil er durch dasselbe Gesetz, das 3. UrhGAndG vom 23.6.1995 (→ Rn. 3), eingeführt wurde wie die Vorgängerbestimmung § 92 aF (1995) der § 92 nF und dieser die Grundstruktur seines Vorgängers übernommen hat (so.). Wie bereits angesprochen (→ Rn. 3 unter 3. aE), bestimmt **§ 137e Abs. 1** die Anwendbarkeit der Vorschriften dieses Gesetzes und damit auch des § 92 aF (1995) ua auch auf die vor seinem Inkrafttreten am 30.6.1995 geschaffenen Darbietungen, soweit sie zu diesem Zeitpunkt noch geschützt sind. Ferner fingiert **§ 137e Abs. 4 S. 2** die Übertragung der ausschließlichen Rechte des ausübenden Künstlers auf den Filmhersteller, wenn er vor diesem Zeitpunkt bei der Herstellung eines Filmwerkes mitgewirkt oder in die Benutzung seiner Darbietung zur Herstellung eines Filmwerkes (und nicht bloßer Laufbilder iSd § 95)[36] eingewilligt hat.[37] Letzteres greift als

---

[30] S. die AmtlBegr. BT-Drs. 15/38 S. 22 f.
[31] S. die AmtlBegr. BT-Drs. 15/38, 24, 25.
[32] So aber Dreier/Schulze/*Schulze*[3] Rn. 5.
[33] S. Art. 6 Abs. 1 des eingangs der → Rn. 4 genannten Gesetzes.
[34] So aber offensichtlich Wandtke/Bullinger/*Jani*[3] § 137j Rn. 2.
[35] Zutreffend daher die Erwähnung dieser Vorschriften bei Dreier/Schulze/*Schulze*[3] Rn. 5, dort freilich nur im Zusammenhang mit einer im Ergebnis abzulehnenden entsprechenden Anwendung des § 92 aF 1995.
[36] Nach BGH GRUR 2016, 1048 (1057) – An Evening with Marlene Dietrich, gilt die unwiderlegliche Übertragungsvermutung des § 137e Abs. 4 S. 2 in diesem Fall, also für Laufbilder, nicht. Das OLG München ist in der Folgeentscheidung vom 13.4.2017, ZUM-RD 2017, 481, davon ausgegangen, dass es sich bei den Konzertaufnahmen von Marlene Dietrich um Filmwerke nach § 2 Abs. 1 Nr. 6 und um bloße Laufbilder nach § 95 handelt, und hat deshalb im Hinblick auf § 137e Abs. 4 S. 2 die Aktivlegitimation der Klägerin verneint. Kritisch zu dieser Auslegung *Katzenberger* GRUR 2017, 315, unter Hinweis darauf, dass das erst nachträglich normierte ausschließliche Recht des ausübenden Künstlers zur öffentlichen Zugänglichmachung seiner Darbietung von § 137e Abs. 4 S. 2 nicht erfasst wird und es bei den allgemeinen Regeln des § 137 Abs. 1 S. 2 und Abs. 5, wonach sich eine Rechtsübertragung im Zweifel nicht auf neue Rechte erstreckt, bleiben muss.
[37] Zur Anwendung dieser Bestimmung auf die DVD-Auswertung von Musikvideos als Filmwerken aus den Jahren 1967 bis 1970 s. KG ZUM 2003, 863 (864 ff.) – Beat Club. Die Vorschrift ist nach LG München I ZUM 2012, 560 – Playback-Aufnahmen – nicht, auch nicht analog auf die Rechte des Herstellers von Tonträgern anwendbar. Dies gilt erst recht, wenn keine Live-Darbietungen vorliegen, sondern Tonträgeraufnahmen im Rahmen eines Voll-Playbacks; sa die vorhergehende Fußnote.

Grundlage für die Fiktion die Kriterien des bis dahin geltenden § 92 aF (1965) auf (→ Rn. 6, 7). Aus einer Zusammenschau der vorstehend dargestellten Vorschriften lassen sich für das **zeitliche Übergangsrecht** des **§ 92 nF** die folgenden **Ergebnisse** abteilen:

§ 92 Abs. 1 nF mit seiner Auslegungsregel über die dem Filmhersteller eingeräumten Nutzungsrechte ist auch auf **ältere Darbietungen** und **Verträge** aus der Zeit **vor dem 13.9.2003,** dem Tag seines Inkrafttretens, **anwendbar.** Dies entspricht mit Vorrang vor der Regel des § 132 Abs. 1 dem unmittelbaren Vorbild des § 137e Abs. 1 mit dessen Bezug ua auf § 92 Abs. 1 aF (1995) sowie der allgemeinen Grundregel des § 129 Abs. 1. **Notwendige Grundlage** für das Ergebnis ist, dass die Darbietungen zu diesem Zeitpunkt noch geschützt sind, sowie ein Vertrag iSd § 92 aF (1995) bzw. in Bezug auf Darbietungen aus der Zeit vor dem 30.6.1995 die Mitwirkung oder Einwilligung des Künstlers iSd § 92 aF (1965) vorliegt. Dies entspricht der Beurteilung der Existenz des Schutzes nach früherem Recht bei § 129 Abs. 1 sowie § 132 Abs. 2 über die fortdauernde Wirksamkeit früherer Verfügungen. Geltung des § 92 Abs. 1 nF für ältere Darbietungen etc bedeutet, dass aus den übertragenen Rechten iSd § 92 Abs. 1 aF (1995) **Nutzungsrechte** des Filmherstellers geworden sind (entsprechend § 137 Abs. 1 S. 1) und zwar **ausschließliche** Nutzungsrechte, weil auch die Vermutung der Rechtsübertragung nach § 92 aF (1995) nur ausschließliche Rechte betrifft.[38] Im Hinblick auf Darbietungen etc aus der Zeit **vor dem 30.6.1995,** als die Rechte der Künstler beim Film ausgeschlossen waren (→ Rn. 1), ist davon auszugehen, dass einer entsprechenden Anwendung der speziellen **Fiktion der Übertragung** der ausschließlichen Rechte des Künstlers auf den Filmhersteller entsprechend § 137e Abs. 4 S. 2 vor der allgemeinen Regel des § 137 Abs. 1 S. 2 gebührt. Aufgrund derselben Fiktion und ihres Vorrangs vor § 137 Abs. 1 S. 2 ist wohl auch anzunehmen, dass die nach § 92 Abs. 1 nF zu vermutende Nutzungsrechtseinräumung bei Filmwerken[39] sich auch bezüglich älterer Darbietungen und Verträge etc auch auf das 2003 neu eingeführte **Recht der öffentlichen Zugänglichmachung** (§ 78 Abs. 1 Nr. 1 nF) erstreckt.[40] Da diese Fiktion nach der Amtl.-Begr.[41] gewissermaßen als Fortwirkung des § 92 aF (1965) zu verstehen ist, besteht kein Anlass und gibt es auch **keine Rechtfertigung,** sie und damit auch § 92 Abs. 1 nF auch noch auf **Darbietungen** etc aus der Zeit **vor 1966** anzuwenden.[42] Insoweit greifen vielmehr die allgemeinen Grundsätze des § 132 Abs. 1 und bei Rechtsübertragungen aus dieser Zeit des § 137 Abs. 1 S. 2, Abs. 5 Platz. Dabei ist die Annahme abzulehnen, dass ein ausübender Künstler allein durch die pauschale Übertragung aller Rechte auch bezüglich zukünftiger Nutzungsarten in einem Vertrag aus dem Jahr 1956 mit einem Filmproduzenten auch bereits die Videorechte übertragen hat.[43]

Auf **gesetzliche Vergütungsansprüche** der ausübenden Künstler nach § 77 Abs. 2 S. 2 iVm § 27, nach § 78 Abs. 2, § 78 Abs. 4 iVm § 20b Abs. 2 oder nach § 83 iVm zB § 54 ist § 92 Abs. 1 nF nicht anwendbar (→ Rn. 13). Dasselbe galt bereits unter § 92 aF (1995) (→ Rn. 3). Dagegen hatte § 92 aF (1965) den Künstlern auch die gesetzlichen Vergütungsansprüche nach §§ 76 Abs. 2 Hs. 2, 77 aF (1965) entzogen (→ Rn. 1), so dass sie allenfalls nach Entstehen ausdrücklich individualvertraglich,[44] nicht aber aufgrund einer gesetzlichen Auslegungsregel zB auf den Filmhersteller übertragen werden konnten. Es gibt deshalb keinen Raum für die Annahme, dass § 92 aF (1965) diese Ansprüche dem Filmhersteller zugeordnet habe und diese Rechtslage für vor 1995 hergestellte Filmwerke fortgelte.[45] Diese Vergütungsansprüche sind vielmehr durch die Neuregelung des § 92 im Jahre 1995 (→ Rn. 3) den ausübenden Künstlern zugewachsen. Frühere vertragliche Verfügungen beziehen sich auf sie im Zweifel nicht (§ 137 Abs. 1 S. 2); § 137e bestimmt nichts Abweichendes.

Nicht anwendbar ist § 92 Abs. 1 nF auch auf die durch das Urhebervertragsgesetz von 2002[46] eingeführten **vertragsrechtlichen Vergütungsbestimmungen** nach den §§ 32, 32a, 32b, 36 und 36a.[47] Für diese enthält § 132 Abs. 3 und 4 eigenständige Übergangsregelungen.[48] Sie bleiben auch

---

[38] → Rn. 3.

[39] So auch BGH GRUR 2016, 1048 (1056) – An Evening with Marlene Dietrich.

[40] So OLG München ZUM-RD 2017, 481 (484 ff.); kritisch hierzu mit beachtlichen Argumenten *Katzenberger* GRUR 2017, 315, unter Hinweis darauf, dass das erst im Jahr 2003 nachträglich normierte ausschließliche Recht des ausübenden Künstlers zur öffentlichen Zugänglichmachung von § 137e Abs. 4 S. 2 nicht erfasst wird und es bei den allgemeinen Regeln des § 137 Abs. 1 S. 2 und Abs. 5, wonach sich eine Rechtsübertragung im Zweifel nicht auf neue Rechte erstreckt, bleiben muss.

[41] BT-Drs. 13/115, 18.

[42] AA mit and. Begründung Dreier/Schulze/*Schulze*[3] Rn. 5; wie hier Fromm/Nordemann/*J. B. Nordemann*[10] Rn. 4.

[43] Gegen LG Hamburg ZUM-RD 1999, 134 (135 f.) – Heinz Erhard; → § 88 Rn. 27 bezüglich der Übertragung von Rechten am Drehbuch.

[44] Kritisch zur freien Übertragbarkeit von gesetzlichen Vergütungsansprüchen Fromm/Nordemann/*J. B. Nordemann,* 8. Aufl., § 27 Rn. 6, § 46 Rn. 12; *N. Reber* S. 106 ff., 140 (zu § 92 aF/nF), 196 ff.; generell gegen eine Abtretbarkeit *Schulze* GRUR 1994, 855 (866); ähnlich *Hertin* UFITA 118 (1992), 57 (76); *v. Lewinski* ZUM 1995, 442 (446); s. jetzt auch EuGH GRUR 2016, 55 – Hewlett-Packard/Reprobel und EuGH GRUR 2012, 489 – Luksan/van der Let sowie BGH GRUR 2016, 596 (603) – Verlegeranteil, und BVerfG GRUR 2018, 829 – Verlegeranteil mAnm *Flechsig* GRUR-Prax 2018, 310; → § 79 Rn. 21–23.

[45] Gegen Loewenheim/*Schwarz*/U. *Reber* § 74 Rn. 186.

[46] → Vor §§ 88 ff. Rn. 8.

[47] Ebenso Fromm/Nordemann/*J. B. Nordemann*[10] Rn. 33.

[48] S. die Kommentierung dort.

von dem in **§ 92 Abs. 3 nF** iVm § 90 nF vorgesehenen Rechteausschluss beim Film unberührt (→ § 90 Rn. 2).

Dagegen ist **§ 92 Abs. 2 nF** analog § 137e Abs. 1 ohne weiteres auch auf Altverträge seit 1966 anwendbar, zumal auch § 92 aF (1995) die gleiche Bestimmung in geringfügiger Abwandlung enthält und diese wiederum an die Stelle des § 78 S. 2 aF (1965) getreten ist.

III. Voraussetzungen der Anwendung des § 92

1. Ausübende Künstler und Filmhersteller

§ 92 ist nur auf **ausübende Künstler** anzuwenden. Wer zu diesem Personenkreis im allgemeinen 5 und beim Film im besonderen gehört, ist nach § 73 zu entscheiden, der eine Legaldefinition enthält (→ § 73 Rn. 1). Es ist daher auf die Kommentierung dieser Bestimmung zu verweisen. Nicht zu den ausübenden Künstlern zählen die Urheber eines Filmwerks sowie die Urheber von zur Filmherstellung benutzten Werken,[49] deren Rechtsstellung im Bereich des Filmes nach §§ 88–90 zu beurteilen ist. Wirkt ein Filmurheber an einem Filmwerk auch noch als ausübender Künstler mit, zB ein Filmregisseur als Schauspieler, so bleibt hinsichtlich des Urheberrechts, das der Filmurheber erwirbt, die Bestimmung des § 89 anwendbar (→ § 89 Rn. 8). Zur Frage der Doppelqualifizierung ein und derselben Art der Mitwirkung als ein Urheberrecht und zugleich das verwandte Schutzrecht des ausübenden Künstlers begründend → § 89 Rn. 8. Zum Begriff des **Filmherstellers** als Vertragsbeteiligten iSd § 92 Abs. 1 → Vor §§ 88 ff. Rn. 31 ff.

2. Abschluss eines Vertrages durch einen ausübenden Künstler mit einem Filmhersteller über seine Mitwirkung bei der Herstellung eines Filmwerks

Die Rechtsfolgen des § 92 aF (1965) traten ein, wenn der ausübende Künstler **bei der Herstel-** 6 **lung des Filmwerks mitwirkte** oder die **Benutzung seiner Darbietung erlaubt** war. Diese Voraussetzungen entsprachen den beiden Möglichkeiten, wie die Leistungen des ausübenden Künstlers in ein Filmwerk aufgenommen werden können: durch persönliche Mitwirkung bei der Herstellung des Filmwerks oder dadurch, dass eine Darbietung, die der Künstler bei einer anderen Gelegenheit erbracht hat und die auf einem Tonträger bzw. Bild- oder Bild- und Tonträger (Filmträger)[50] festgehalten worden ist, in ein Filmwerk eingeblendet wird.[51] Denkbar ist auch eine Einblendung aufgrund einer Funksendung der Darbietung. In allen diesen Fällen bedurfte es grundsätzlich einer zumindest stillschweigenden **Einwilligung** des ausübenden Künstlers in die Nutzung seiner Darbietung für die Herstellung eines Filmwerks, und zwar bei persönlicher Mitwirkung oder Einblendung von Live-Sendungen aufgrund des durch § 92 aF (1965) nicht ausgeschlossenen Aufnahmerechts nach § 75 S. 1 aF (1965), bei Einblendungen von Aufzeichnungen aufgrund des Vervielfältigungsrechts nach § 75 S. 2 aF (1965) oder bei solchen Einblendungen in eine als Filmwerk zu qualifizierende Live-Sendung[52] aufgrund des Senderechts nach dem unveränderten § 76 Abs. 1 aF (1965) und (1995); in diesen Zusammenhängen galten die Rechte der ausübenden Künstler nach § 75 S. 2 aF und § 76 Abs. 1 aF (1965) sinngemäß als durch § 92 aF nicht ausgeschlossen.[53] Lediglich im Falle einer Vorausabtretung der Einwilligungsrechte des ausübenden Künstlers an einen Dritten, wie einen Tonträgerhersteller oder einen anderen Filmhersteller gemäß § 78 aF (1965), genügte es, wenn diese die Einwilligung erklärten.

An die Stelle der Einwilligung des ausübenden Künstlers in die Nutzung seiner Darbietung für ein 7 Filmwerk nach § 92 aF (1965) (→ Rn. 6) ist in § 92 Abs. 1 aF (1995) und nF das Erfordernis eines entsprechenden **Vertragsschlusses** zwischen einem **ausübenden Künstler** und einem **Filmhersteller** über die Mitwirkung des Künstlers bei der Herstellung eines Filmwerks getreten. Dies trug und trägt dem Wortlaut des Art. 2 Abs. 5 der Vermiet- und der Verleihrechtsrichtlinie (→ Rn. 3) Rechnung. Wie nach früherem Recht (s. § 92 aF (1965)) musste und muss der Vertrag sich auf ein **Filmwerk** beziehen, ein Vertrag eines ausübenden Künstlers etwa mit einem Tonträgerhersteller oder einem Sendeunternehmen über die Mitwirkung an der Produktion eines Tonträgers würde zB für die Anwendung der Übertragungsvermutung nicht ausreichen.[54] Im Übrigen enthielten und enthalten aber § 92 Abs. 1 aF (1995) sowie § 92 Abs. 1 nF und Art. 2 Abs. 5 der Richtlinie keine qualifizierten Anforderungen an die **Form des Vertragsschlusses:** Der Vertrag kann schriftlich oder mündlich geschlossen werden,[55] auch ein stillschweigender Vertragsschluss ist möglich.[56] Der Vertrag kann im

---

[49] → Vor §§ 88 ff. Rn. 52 ff., 57 ff.

[50] Vgl. zu den Begriffen → Vor §§ 88 ff. Rn. 22.

[51] Zur Beurteilung der Einblendung von Schallplattenmusik in ein Filmwerk nach früherem Recht BGH GRUR 1962, 370 (373) – Schallplatteneinblendung.

[52] Zu dieser Möglichkeit → Vor §§ 88 ff. Rn. 21.

[53] S. zum Vorstehenden im Einzelnen → 1. Aufl. 1999, Rn. 7.

[54] S. *Reinbothe/v. Lewinski* S. 58; im Ergebnis ebenso Dreier/Schulze/*Schulze*[3] Rn. 9; *Fromm/Nordemann*[10] Rn. 19; aA *Möhring/Nicolini*[2] Rn. 9.

[55] S. *Reinbothe/v. Lewinski* S. 57.

[56] S. *Reinbothe/v. Lewinski* S. 58 im Zusammenhang mit einer die Vermutung des Art. 2 Abs. 5 der Richtlinie widerlegenden Vereinbarung.

Übrigen **individuell** zwischen einem Künstler und einem Filmhersteller, aber auch **kollektiv** von entsprechenden Tarifvertragsparteien geschlossen werden.[57] Auch dies entspricht der Rechtslage unter § 92 aF (1965) iVm § 79 aF (1965), in dessen Rahmen auch Tarifverträge Klauseln über die Rechte der Arbeitgeber an den Darbietungen ihrer angestellten ausübenden Künstler enthalten können.[58]

Im Hinblick auf die **Voraussetzungen für die Anwendung der Rechtsfolgen des § 92 Abs. 1 aF (1995)** und **nF** ist somit im Vergleich mit § 92 aF (1965) in der Sache im Allg. **mit keinen wesentlichen Änderungen der Rechtslage** zu rechnen. Von diesem Ergebnis gibt es allerdings eine nicht unwesentliche **Ausnahme:** Unter der Geltung des § 92 aF (1965) genügte für dessen Anwendung ua eine erlaubte Benutzung von Darbietungen ausübender Künstler zur Herstellung eines Filmwerks (→ Rn. 6). Dabei konnte sich diese Benutzungserlaubnis im Fall der nach § 78 S. 1 aF (1965) zulässigen Vorausabtretung der Einwilligungsrechte der ausübenden Künstler an einen Dritten, wie zB an einen Tonträgerhersteller oder an einen anderen Filmhersteller, auch aus einer Einwilligung von Seiten dieses Dritten ergeben;[59] allerdings behielt der Künstler nach § 78 S. 2 aF (1965) stets die Befugnis, seine Einwilligungsrechte auch selbst wahrzunehmen. Letzteres sehen § 78 aF (1995) und § 79 nF nicht mehr vor. Abgesehen davon reicht nach dem klaren Wortlaut des § 92 Abs. 1 aF (1995) und nF, der einen Vertrag zwischen einem ausübenden Künstler und einem Filmhersteller voraussetzt, eine Einwilligung von Seiten eines Dritten oder ein Vertrag in dessen eigenem Namen nicht mehr aus, um die Rechtsfolgen dieser Bestimmung herbeizuführen.

In Bezug auf Einblendungen in Filmwerke von anderen als Live-Darbietungen ausübender Künstler sind im Übrigen je nach Fallgestaltung stets auch die **eigenen verwandten Schutzrechte** des **Tonträgerherstellers** (§ 85), des **Sendeunternehmens** (§ 87) und des **Filmherstellers** (§ 94) zu beachten. Dasselbe gilt bei Einblendungen von Live-Darbietungen gegebenenfalls für das verwandte Schutzrecht des **Veranstalters** (§ 81). Diese verwandten Schutzrechte sind nicht Regelungsgegenstand des § 92 nF und des § 92 aF.[60]

8 **Fernsehsendungen von Darbietungen** ausübender Künstler, die **auf erschienenen Bild- und Tonträgern** aufgenommen worden sind, mittels solcher Träger waren allerdings nach § 76 Abs. 2 Hs. 1 aF (1965) auch ohne Einwilligung der Künstler zulässig und waren daher auch iSd § 92 aF (1965) erlaubt. Waren solche Darbietungen Bestandteil eines Filmwerks und nicht nur eines sog. Laufbildes (→ Rn. 9), so entfiel nach § 92 aF (1965) auch der Vergütungsanspruch der ausübenden Künstler nach § 76 Abs. 2 Hs. 2. Dies ist nunmehr nach § 92 Abs. 1 aF (1995) und nF nicht mehr der Fall; insoweit greift noch nicht einmal die Vermutung der Rechtsübertragung bzw. -einräumung zugunsten des Filmherstellers Platz (→ Rn. 3, 13). **Unberührt** blieb (und bleibt) aber wie stets der Schutz des ausübenden Künstlers nach **§§ 83 aF** bzw. **75 nF, 93** gegen gröbliche Entstellungen oder andere gröbliche Beeinträchtigungen seiner Leistung bei solchen Sendungen[61] sowie aufgrund des allgemeinen Persönlichkeitsrechts, zB gegen die nicht genehmigte Benutzung seiner Darbietung in der Fernsehwerbung oder in politischen Propagandasendungen des Fernsehens.

3. Herstellung eines Filmwerks

9 Die Vermutung der Rechtseinräumung bzw. -übertragung zugunsten des Filmherstellers in Bezug auf die Rechte der ausübenden Künstler nach §§ 77 Abs. 1 und 2 S. 1 und 78 Abs. 1 Nr. 1 und 2 nF sowie §§ 75 Abs. 1 und 2 und 76 Abs. 1 aF (1995) als Rechtsfolge der Anwendung des § 92 Abs. 1 nF und aF (1995) tritt nur ein, wenn ein **urheberrechtlich geschütztes Filmwerk** entstanden ist. Dies folgt daraus, dass § 95, der die urheberrechtlich nicht geschützten Filme, die sog. **Laufbilder,**[62] zum Gegenstand hat, § 92 **nicht** für **anwendbar** erklärt.[63] Darin liegt eine bewusste Entscheidung des Gesetzgebers:[64] Typische Formen von Laufbildern sind filmische Aufzeichnungen oder Live-Sendungen von Darbietungen ausübender Künstler, wie von Opernaufführungen, Aufführungen von Bühnenstücken oder Solodarbietungen einzelner Sänger, Tänzer oder Musiker, bei denen die Leistungen der ausübenden Künstler im Vordergrund stehen und nicht wie bei einem Filmwerk mit anderen, schöpferischen Beiträgen verschmelzen. Solche Aufzeichnungen und Sendungen erweitern letztlich nur den Kreis der unmittelbaren Teilnehmer der Darbietung und sind im Gegensatz zu Filmwerken geeignet, die persönliche Darbietung zu ersetzen und entbehrlich zu machen.[65] Es erschien dem Gesetzgeber daher zu Recht nicht zulässig, die ausübenden Künstler in solchen Fällen anders zu behan-

---

[57] S. *Reinbothe/v. Lewinski* S. 58.
[58] Dazu → § 79 Rn. 132 ff., speziell zu Tarifverträgen in den Bereichen Film, Funk und Fernsehen → § 79 Rn. 132 ff., jeweils in der 3. Aufl.
[59] → 1. Aufl. 1999, Rn. 7.
[60] Bereits → Rn. 1 sowie Fromm/Nordemann/*J. B. Nordemann*[10] Rn. 46.
[61] *Möhring/Nicolini* 2. Aufl. Anm. 4a nannten als Beispiel den Fall, dass bei der Sendung eine auf einer Schallplatte festgelegte Darbietung eines Künstlers dem Bild eines anderen unterlegt wird; zum Ergebnis sa Dreier/Schulze/*Schulze*[3] Rn. 13; Fromm/Nordemann/*J. B. Nordemann*[10] Rn. 45.
[62] Vgl. → Vor §§ 88 ff. Rn. 20.
[63] So iE nun ebenfalls BGH GRUR 2016, 1048 (1056) – An Evening with Marlene Dietrich.
[64] Vgl. AmtlBegr. BT-Drs. IV/270, 102 f. zu § 105, jetzt § 95; zum Ergebnis wie hier Dreier/Schulze/*Schulze*[3] Rn. 10, Fromm/Nordemann/*J. B. Nordemann*[10] Rn. 16; Wandtke/Bullinger/*Manegold/Czernik*[3] Rn. 10.
[65] S. zu diesem Aspekt als Motiv für → § 92 Rn. 1 aE.

deln als bei Aufzeichnungen ihrer Darbietungen auf Tonträgern oder ihrer Übertragung im Hörrundfunk, auf die § 92 nicht anzuwenden ist.

Sinngemäß ist anzunehmen, dass § 92 auch auf solche Filmproduktionen wie **Videoclips** (zB Musikvideos, Konzert-Bildtonträger) im Fernsehen **nicht anzuwenden** ist, bei denen die Darbietung **10** eines oder mehrerer ausübender Künstler ähnlich im Vordergrund steht wie bei den genannten Übertragungen von Aufführungen. Der Bildbestandteil ist hier bloße Zutat ohne Verschmelzung mit der Darbietung wie in herkömmlichen Spielfilmen, an die der Gesetzgeber bei § 92 gedacht hat. Darauf, ob der Bildteil als Filmwerk oder bloßes Laufbild zu beurteilen ist, kommt es daher insoweit nicht an.[66] Entsprechend nahm auch die Verwertungsgesellschaft GVL unter der Geltung des § 92 aF (1965), der Ansprüche der ausübenden Künstler nach §§ 76 Abs. 2 und 77 in Bezug auf die Verwertung von Filmwerken ausschloss (→ Rn. 1), diese Rechte an Videoclips ohne solche Unterscheidung wahr.[67] Anders wird man entscheiden müssen, wenn in solchen Produktionen Bild und Ton wie bei herkömmlichen Filmwerken zu einer Einheit verschmelzen.[68]

IV. Reichweite der Einräumung von Nutzungsrechten

1. Ausschließliche Rechte

a) Unter den in den → Rn. 5 ff. genannten Voraussetzungen gilt nach **§ 92 Abs. 1 nF** die dort **11** vorgesehene Vermutung der Einräumung von Nutzungsrechten zugunsten des Filmherstellers nur für das **ausschließliche Recht** des ausübenden Künstlers in Bezug auf die Aufnahme seiner Darbietung auf Bild- und Tonträger (§ 77 Abs. 1 nF), für sein ausschließliches Vervielfältigungs- und Verbreitungsrecht (§ 77 Abs. 2 S. 1), wobei das Verbreitungsrecht auch das Vermietrecht umfasst (→ Rn. 22), und für seine ausschließlichen Rechte in Bezug auf die öffentliche Zugänglichmachung und die Funksendung seiner Darbietung (§ 78 Abs. 1 Nr. 1 und 2). Im Hinblick auf das erstgenannte Aufnahmerecht geht § 92 Abs. 1 nF weiter als § 92 aF (1965), der dieses, seinerzeit in § 75 S. 1 aF (1965) geregelte Recht nicht entfallen ließ (bereits → Rn. 3). Zu den Einzelheiten der betreffenden Rechte s. die Kommentierung der §§ 77 und 78. § 92 Abs. 1 nF sagt nicht, ob die Einräumung eines einfachen oder ausschließlichen Nutzungsrechts (§§ 79 Abs. 2 S. 2 iVm 31 Abs. 1 S. 2) an den Filmhersteller vermutet wird. Da § 91 Abs. 1 nF lediglich als Folgeanpassung an die Neuregelung des Rechts der ausübenden Künstler durch die §§ 73 ff. nF konzipiert ist[69] und § 92 Abs. aF (1995) die Übertragung bzw. Abtretung der Rechte der Künstler bestimmte (→ Rn. 4), ist von der Einräumung **ausschließlicher Nutzungsrechte** auszugehen. Dem entspricht auch das Vorbild des §§ 88 Abs. 1 nF und 89 Abs. 1. Es ist nicht anzunehmen, dass die ausübenden Künstler besser als die Urheber gestellt werden sollten.[70] Bei der Unterlassung der näheren Qualifikation der vermutlich eingeräumten Nutzungsrechte als ausschließlicher Rechte dürfte es sich um ein **Redaktionsversehen** handeln, ebenso bei der Formulierung in § 92 Abs. 1 nF, die Darbietung „auf eine der" statt „auf die" dem ausübenden Künstler vorbehaltenen Nutzungsarten zu nutzen.

b) § 92 aF (1965) ließ die entsprechenden Rechte der ausübenden Künstler, soweit sie seinerzeit **12** überhaupt schon gesetzlich anerkannt waren, mit Ausnahme des Aufnahmerechts (→ Rn. 11), im Hinblick auf die Verwertung des Filmwerks gänzlich entfallen (→ Rn. 1). Nach der **Rechtslage vor Inkrafttreten des UrhG** am 1.1.1966 (§ 143 Abs. 2) wurde auf der Grundlage der üblicherweise abgeschlossenen Anstellungsverträge und der einschlägigen Tarifverträge entschieden, dass der Filmschaffende alle ihm etwa zustehenden Ausschließlichkeitsrechte[71] auf den Filmhersteller überträgt, so dass dieser zB grundsätzlich auch befugt war, ein unter Mitwirkung des Filmschaffenden hergestelltes Filmwerk zu schneiden, zu ändern oder in zwei Teilen auszuwerten.[72] Auch durfte er, wenn die Dreharbeiten aufgrund eines von ihm nicht zu vertretenden Umstands eingestellt werden mussten und das Vertragsverhältnis deshalb erlosch, die unter Mitwirkung eines Darstellers schon hergestellten Bild- und Tonaufnahmen weiter auswerten).[73]

---

[66] Ebenso Dreier/Schulze/*Schulze*[3] Rn. 10; aA Fromm/Nordemann/*J. B. Nordemann*[10] Rn. 17; Wandtke/Bullinger/*Manegold/Czernik*[3] Rn. 12; nur referierend *Möhring/Nicolini*[2] Rn. 14.

[67] → 1. Aufl. 1999, Vor §§ 73 ff. Rn. 29.

[68] Ebenso Fromm/Nordemann/*J. B. Nordemann*[10] Rn. 17 mit Hinweisen auf die Art solcher Produktionen; danach sowie nach *N. Reber* in v. Hartlieb/Schwarz[4] Kap. 63 Rn. 5 soll dies sogar idR der Fall sein; ähnlich Wandtke/Bullinger/*Manegold/Czernik*[3] Rn. 12; zu drei Beispielen solcher Videoclips s. KG ZUM 2003, 863 (864 ff.). – Beat Club; s. jetzt auch BGH GRUR 2016, 1048 (1056) – An Evening with Marlene Dietrich sowie die Folgeentscheidung OLG München ZUM-RD, 2017, 481 (485).

[69] → Rn. 1 sowie die AmtlBegr. BT-Drs. 15/38, 25.

[70] Im Ergebnis ebenso Fromm/Nordemann/*J. B. Nordemann*[10] Rn. 27; Dreier/Schulze/*Schulze*[3] Rn. 11, jedenfalls bei persönlicher Mitwirkung des Künstlers, uU anders bei filmischer Nutzung einer aufgezeichneten Darbietung.

[71] → Vor §§ 73 ff. Rn. 3 ff.

[72] BAG UFITA 38 (1962), 95 (99 f.).

[73] LAG Bayern UFITA 50 (1967), 298 (301 ff.) – Die schwedische Jungfrau.

2. Keine Übertragungsvermutung für gesetzliche Vergütungsansprüche

13   In Bezug auf die gesetzlichen Vergütungsansprüche der ausübenden Künstler statuierten § 92 Abs. 1 nF und § 92 aF (1995) **keine Übertragungsvermutung.**[74] Im Filmbereich handelt es sich dabei um die Vergütungsansprüche nach § 27, nach §§ 83 nF bzw. 84 (1995) iVm zB § 54 sowie um die Ansprüche § 78 Abs. 3 und 4 iVm § 20b Abs. 2.[75] Demgegenüber hatte § 92 aF (1965) die Vergütungsansprüche der ausübenden Künstler nach §§ 76 Abs. 2, 77 aF (1965) im Hinblick auf die Verwertung eines Filmwerks ausgeschlossen (→ Rn. 1). Zur Praxis und zu den Einnahmen der diese Ansprüche der ausübenden Künstler wahrnehmenden Verwertungsgesellschaft GVL → Vor §§ 73 ff. Rn. 23 ff., insbes. 25.

3. Abweichende vertragliche Vereinbarungen

14   Unter der Geltung des **§ 92 aF** (1965) war str., ob diese Bestimmung vertraglich abbedungen werden konnte[76] oder nicht.[77] Dagegen besteht die Vermutung des **§ 92 Abs. 1 nF** und des § 92 aF (1995) nur im Zweifel, so dass abweichende vertragliche Vereinbarungen ohne weiteres getroffen werden können bzw. die Vermutung widerlegt werden kann.[78] In der AmtlBegr.[79] zu § 92 aF (1995) heißt es in diesem Sinne, dass „die Rechtsübertragung nunmehr der vertraglichen Regelung der Parteien anvertraut und nicht mehr von vornherein zu Lasten des Künstlers entschieden wird". Und weiter: „Die den Filmhersteller begünstigende Auslegungsregel hat für Vertragspartner, die ihre Rechte kennen und daher die Frage des Rechtsübergangs explizit ansprechen und regeln, keine Bedeutung." Auch nach Art. 3 Abs. 4 der Vermiet- und Verleihrechtsrichtlinie (Kodifizierte Fassung) greift die Übertragungsvermutung nur Platz, „sofern in den Vertragsbestimmungen nicht anderes vorgesehen ist". Darüber hinaus kann die Übertragungsvermutung des § 92 Abs. 1 aF (1995) und nF auch stillschweigend abgedungen bzw. durch einen Rechtevorbehalt zugunsten des Künstlers ersetzt werden.[80]

V. Vermutung der Rechtseinräumung nur für das konkrete Filmwerk

15   Unter der Geltung des § 92 aF (1965) entsprach es der allgM, dass der dort angeordnete Rechteausschluss sich nur auf die **Verwertung des konkreten Filmwerks** als solchen bezog, an dessen Herstellung der ausübende Künstler mitgewirkt oder für das er die Benutzung seiner Darbietung erlaubt hatte.[81] Der RegE (§ 102) enthielt insoweit noch die klarere Formulierung, dass den ausübenden Künstlern Rechte „in Ansehung des Filmwerks" nicht zustehen sollten. Daher galt der Rechteausschluss durch § 92 aF nicht für den Fall, dass die in einem Filmwerk enthaltene Darbietung eines ausübenden Künstlers aus dem Filmwerk herausgelöst und zB auf **Schallplatten** oder im **Hörrundfunk** verwertet wurde.[82] Von § 92 aF nicht erfasst war auch die Verwertung von **Ausschnitten** eines Filmwerks, welche die Darbietung eines ausübenden Künstlers enthielten, **in einem anderen Film**, die sog. **Klammerteilauswertung,**[83] oder in einer Form, die **nicht mehr das Filmwerk als solches** zur Geltung brachte, sondern nach der Art der Aufzeichnung einer Darbietung diese ganz in den Vordergrund treten ließ.[84] An dieser Rechtslage hat sich auch unter der Geltung des **§ 92 Abs. 1 nF** und aF (1995) nichts geändert;[85] auch deren Übertragungsvermutung gilt nur „hinsichtlich der Verwertung des Filmwerks".

---

[74] Dazu auch bereits → Rn. 3 sowie → § 89 Rn. 19; wie hier auch Dreier/Schulze/*Schulze*[3] Rn. 19; Fromm/Nordemann/*J. B. Nordemann*[10] Rn. 33, Wandtke/Bullinger/*Manegold/Czernik*[3] Rn. 17, 20.

[75] § 76 Abs. 2, 3 iVm § 20b Abs. 2, § 77 aF 1995.

[76] So Fromm/Nordemann/*J. B. Nordemann/Hertin*[8] Rn. 1; *Möhring/Nicolini* 2. Aufl. Anm. 5; *Schricker* GRUR 1984, 733 (734) Fn. 18.

[77] So *v. Hartlieb,* 3. Aufl., Kap. 77 Rn. 7, 16.

[78] S. Dreier/Schulze/*Schulze*[3] Rn. 3; Fromm/Nordemann/*J. B. Nordemann*[10] Rn. 35, 36; *v. Lewinski* ZUM 1995, 442 (449).

[79] BT-Drs. 13/115, 16 zu Nr. 7.

[80] S. *Reinbothe/v. Lewinski* S. 58 f.; zur dinglichen Wirkung eines vertraglich vereinbarten Zustimmungsvorbehalts zugunsten eines ausübenden Künstlers in einem Vertrag mit einem Sendeunternehmen bezüglich Wiederholungssendungen einer Fernsehserie s. LG Frankfurt a. M. ZUM 2003, 791 (792 f.). – Bodo Bach.

[81] AmtlBegr. BT-Drs. IV/270, 101 zu § 102, jetzt § 92; Fromm/Nordemann[8] Rn. 3; Wandtke/Bullinger/*Manegold/Czernik* Rn. 13; v. Hartlieb/Schwarz/*N. Reber* Kap. 63 Rn. 4; *v. Gamm* Rn. 3; *Möhring/Nicolini* 2. Aufl. Anm. 5a; *Lewenton* S. 88.

[82] AmtlBegr. BT-Drs. IV/270, 101 zu § 102, jetzt § 92; zur Vereinbarkeit der formularmäßigen vertraglichen Übertragung des Rechts, die Leistungen eines Film-Synchronisationssprechers auf Tonträgern auszuwerten, durch den Sprecher auf das Synchronisationsunternehmen mit dem AGBG und § 138 BGB s. BGH GRUR 1984, 119 (120 ff.) – Synchronisationssprecher.

[83] Fromm/Nordemann/*J. B. Nordemann*[8] Rn. 3; *v. Gamm* Rn. 3; v. Hartlieb/Schwarz/*N. Reber* Kap. 63 Rn. 5.

[84] → Rn. 9; in diesem Sinne wohl auch *Möhring/Nicolini* 2. Aufl. Anm. 5a.

[85] Ebenso Dreier/Schulze/*Schulze*[3] Rn. 18; Möhring/Nicolini/*Diesbach/Vohwinkel* Rn. 18; Wandtke/Bullinger/*Manegold/Czernik*[3] Rn. 16; v. Hartlieb/Schwarz/*N. Reber* Kap. 63 Rn. 5 aA im Hinblick auf die Klammerteilauswertung Fromm/Nordemann/*J. B. Nordemann*[10] Rn. 31.

**VI. Vermutung der Rechtseinräumung für die audiovisuelle Verwertung
von Filmwerken und andere neue Nutzungsarten**

In der 1. Auflage wurde unter derselben Rn. wie hier im Anschluss an *Reimer* GRUR-Int 1973, 315 **16**
(319) und entgegen der hM im Schrifttum[86] die Auffassung vertreten, dass § 92 aF nicht für die **audiovi-**
suelle Verwertung von Filmwerken gelte, die dem Gesetzgeber des Jahres 1965 noch unbekannt
war.[87] In Bezug auf § 92 Abs. 1 aF (1995) und § 92 Abs. 1 nF kann diese Auffassung keinesfalls aufrecht
erhalten werden. Nicht nur ist dem Gesetzgeber des Jahres 1995 bei der Neufassung der Bestimmung
diese Filmverwertungsform bekannt gewesen. Vielmehr steht diese Neuregelung in unmittelbarem Zusammenhang mit der europäischen Vermiet- und Verleihrechtsrichtlinie, zu deren wichtigsten Regelungsgegenständen gerade die audiovisuelle Verwertung von Filmwerken durch Vermietung und Verleih
ua von Videofilmen gehört.[88] Die den Mitgliedstaaten zwingend auferlegte Übertragungsvermutung des
Art. 3 Abs. 4 (Kodifizierte Fassung) beinhaltet speziell das Vermietrecht in Bezug auf Filmproduktionen
(→ Rn. 3), und auch die AmtlBegr. zur Umsetzung dieser Bestimmung in das deutsche Recht[89] erwähnt an erster Stelle die Lösung des Interessenkonflikts zwischen ausübendem Künstler und Filmhersteller durch eine Übertragungsvermutung in Bezug auf das Vermietrecht.
Inzwischen sprechen verschiedene Umstände dafür, die in § 92 Abs. 1 nF vermutete Einräumung
von Nutzungsrechten an den Filmhersteller generell auch auf **unbekannte Nutzungsarten** zu
erstrecken: die in § 92 Abs. 1 nF im Gegensatz zu § 88 Abs. 1 nF 2002, § 89 Abs. 1 aF und nF 2002
fehlende ausdrückliche Beschränkung der Vermutung auf bekannte Nutzungsarten, die Herausnahme
des § 31 Abs. 4 aF aus der Verweisung in § 79 Abs. 2 S. 2 nF[90] und vorher schon in § 75 Abs. 4 aF
(2002)[91] sowie die Ablehnung einer entsprechenden Anwendung des § 31 Abs. 4 aF auf Vertragsverhältnisse der ausübenden Künstler durch BGH GRUR 2003, 234 (235 f.) – EROC III.[92] Das Ergebnis
erscheint um so mehr naheliegend, seit der Gesetzgeber des Zweiten Gesetzes zur Regelung des Urheberrechts in der Informationsgesellschaft vom 26.10.2007[93] § 31 Abs. 4 aF aufgehoben und durch
spezielle Regelungen über die Einräumung von Nutzungsrechten für unbekannte Nutzungsarten
(§§ 31a, 31c) ersetzt und die gesetzlichen Vermutungen zugunsten der Filmhersteller und zu Lasten
der an Filmen beteiligten Urheber in § 88 Abs. 1 nF 2007 und § 89 Abs. 1 nF (2007) ebenfalls auf
unbekannte Nutzungsarten erstreckt,[94] zugleich aber den ausübenden Künstlern in § 79 Abs. 2 S. 2
nF 2007 die Anwendung der §§ 31a und 31c verweigert hat. Durch das Gesetz zur Stärkung der vertraglichen Stellung von Urhebern und ausübenden Künstlern vom 20.12.2016 wurde nun auch ein
Vergütungsanspruch des Künstlers für im Zeitpunkt des Vertragsschlusses noch unbekannte Nutzungsarten normiert (§ 79b). Des Weiteren ist auch § 137l auf ausübende Künstler nicht anwendbar
(→ § 137l Rn. 17), so dass die dort vorgesehene Möglichkeit eines nachträglichen Erwerbs der Nutzungsrechte an früher unbekannten Nutzungsarten durch den Filmhersteller insoweit ausscheidet.
Ausgehend von den in § 92 Abs. 1 nF bezeichneten, für eine Rechtseinräumung an den Filmhersteller in Betracht kommenden Rechten der ausübenden Künstler und dem maßgeblichen zeitlichen
Übergangsrecht (→ Rn. 4) führt diese Bestimmung somit im Zweifel dazu, dass im Hinblick auf
Filmproduktionen seit 1966 die Filmhersteller von den mitwirkenden ausübenden Künstlern insbes.
die Rechte zur filmischen audiovisuellen Auswertung (zB DVD, Blu-ray) (§ 77 Abs. 2 nF) sowie zur
Online-Zugänglichmachung (§ 78 Abs. 1 Nr. 1 nF) ihrer Darbietungen erworben haben. Dafür stehen den Künstlern vertragliche Vergütungsansprüche nach Maßgabe der §§ 32, 32a und 32b iVm
§ 79 Abs. 2 S. 2 nF zu (→ Rn. 18).

**VII. Verfügungsmacht des ausübenden Künstlers bei Vorausverfügung
gegenüber einem Dritten**

Die durch das 3. UrhGÄndG vom 23.6.1995 (→ Rn. 3) neu eingeführte und durch das Gesetz **17**
vom 10.9.2003 (→ Rn. 4) beibehaltene Vorschrift des § 92 Abs. 2 ist § 89 Abs. 2 nachgebildet und
bezweckt auch in dieser Hinsicht eine Angleichung der Rechtsstellung der an der Herstellung eines
Filmwerks mitwirkenden ausübenden Künstler an diejenige der Urheber eines solchen Werkes iSd
§ 89 (bereits → Rn. 3). Nach der AmtlBegr.[95] soll durch § 92 Abs. 2 aF (1995) und § 92 Abs. 2 nF

[86] S. zB in neuerer Zeit Fromm/Nordemann/*J. B. Nordemann*[8] Rn. 3; weitere Nachw. in der 1. Aufl. 1999.
[87] → § 88 Rn. 7, 11.
[88] S. dazu *v. Lewinski* GRUR-Int 1991, 104 (105 f., 108); *v. Lewinski* ZUM 1995, 442 f.; *Reinbothe/v. Lewinski*
S. 4 f.
[89] BT-Drs. 13/115, 16 zu Nr. 7.
[90] S. die AmtlBegr. BT-Drs. 15/38, 9, 24.
[91] Mit ausführlicher AmtlBegr. BT-Drs. 14/8058, 11, 21.
[92] Im Ergebnis ebenso Dreier/Schulze/*Schulze*[3] Rn. 16 mit Hinweis auf den diesbezüglichen gesonderten Vergütungsanspruch der Künstler nach § 32 nF; Fromm/Nordemann/*J. B. Nordemann*[10] Rn. 30; v. Hartlieb/Schwarz/*N.
Reber*[4] Kap. 63 Rn. 4.
[93] BGBl. I S. 2513.
[94] → Vor §§ 88 ff. Rn. 8.
[95] BT-Drs. 13/115, 16 zu Nr. 7.

gewährleistet werden, dass die Verhandlungspostion des Filmherstellers im Verhältnis zum mitwirkenden ausübenden Künstler nicht ungünstiger ist als im Verhältnis zum mitwirkenden Urheber. § 92 Abs. 2 aF (1995) und nF dient daher wie § 89 Abs. 2 dazu, sicherzustellen, dass der Filmhersteller Rechte von Seiten der originären Rechtsinhaber auch dann erwerben kann, wenn diese ihre Rechte im Voraus an einen Dritten, wie zB an eine Verwertungsgesellschaft oder an einen Tonträgerhersteller oder an einen anderen Filmhersteller, abgetreten haben; zugleich wird dadurch die persönliche Handlungsfreiheit der originären Rechtsinhaber gewahrt.[96] Wie § 89 Abs. 2 (→ § 89 Rn. 21) bezieht sich dabei § 92 Abs. 2 aF (1995) und nF sogar ausdrücklich nur auf diejenigen Rechte, für die § 92 Abs. 1 aF (1995) und nF eine Übertragungs- bzw. Rechtseinräumungsvermutung zugunsten des Filmherstellers statuiert, dh auf die ausschließlichen Rechte der ausübenden Künstler (→ Rn. 11), **nicht** aber auf deren **gesetzliche Vergütungsansprüche** (→ Rn. 13). Hat ein ausübender Künstler über solche Ansprüche zB durch Abtretung an die Verwertungsgesellschaft GVL verfügt, so kann er sie trotz § 92 Abs. 2 nF nicht noch einmal auf den Filmhersteller übertragen. Dies folgt inzwischen hinreichend deutlich auch aus § 63a. Im Hinblick auf weitere Fragen im Zusammenhang mit § 92 Abs. 2 nF sowie zur **Kritik** an dieser die Verfügungsmacht des am Filmwerk mitwirkenden Künstlers beschränkenden Regelung kann auf → § 89 Rn. 22a verwiesen werden.

VIII. Entsprechende Anwendung des § 90 UrhG

18 § 92 Abs. 3 sieht die entsprechende Anwendung des § 90 für die Rechte der ausübenden Künstler, die bei der Herstellung eines Filmwerks mitgewirkt haben, vor (→ Rn. 4). Damit gelten die Beschränkungen zur Übertragung und weiteren Einräumung von Nutzungsrechten (§§ 34, 35), zum Rückrufsrecht wegen Nichtausübung (§ 41) und wegen gewandelter Überzeugung (§ 42) auch für diese Künstler. Ziel ist auch insoweit die ungestörte Verwertung des Filmwerks durch den Filmhersteller.[97] Bezüglich der Einschränkungen kann auf die Kommentierung zu § 90 verwiesen werden. Andererseits sieht § 79 Abs. 2a aber auch die entsprechende Anwendung der urhebervertragsrechtlichen Bestimmungen vor, insbesondere des § 31 Abs. 5 (Übertragungszweckgedanke) sowie der Vergütungsbestimmungen der §§ 32, 32a, 32b, 36, 36a, die zu einer Anpassung der Vergütung des Künstlers für die Werknutzung unter Berücksichtigung des urheberrechtlichen Beteiligungsgrundsatzes sowie zum Abschluss von gemeinsamen Vergütungsregeln führen können.[98]

IX. Vertrag von Peking zum Schutz von audiovisuellen Darbietungen

19 Der am 24.6.2012 von den WIPO-Mitgliedstaaten angenommene Vertrag von Peking zum Schutz von audiovisuellen Darbietungen[99] regelt nun erstmals im internationalen Recht einen umfassenden Schutz zugunsten der ausübenden Künstler beim Film. In dem Vertrag werden nicht nur ausschließliche Verwertungsrechte zu Gunsten der Künstler festgelegter („fixed") Darbietungen geregelt, wie etwa das Vervielfältigungsrecht (Art. 7), das Verbreitungsrecht (Art. 8), das Recht zur Vermietung (Art. 9) oder das Recht der öffentlichen Zugänglichmachung (Art. 10) und das Senderecht sowie das Recht der öffentlichen Widergabe (Art. 11), sondern es finden sich darin auch persönlichkeitsrechtliche Bestimmungen zu Gunsten der ausübenden Künstler (Art. 5). Dazu gehört etwa das Recht, als Künstler der Darbietung identifiziert, also regelmäßig genannt zu werden (sa § 74), oder aber rufschädigende Veränderungen der Darbietung zu verhindern (sa § 75). Entsprechende Regelungen für ausübende Künstler von *audiovisuellen Produktionen* waren, abgesehen von einem begrenzten Mindestschutz in Bezug auf nicht festgelegte Darbietungen innerhalb des TRIPS-Übereinkommens und des WPPT,[100] auf internationaler Ebene *bislang* immer wieder *ausgeklammert* worden. Bis zuletzt umstritten war auch Art. 12 (1) des Pekinger Vertrags zum Rechtsübergang auf den Filmhersteller.[101] Die jetzt verabschiedete Regelung sieht vor, dass die Vertragsstaaten in ihrem nationalen Recht den *Rechtsübergang* vom ausübenden Künstler auf den Filmhersteller auf unterschiedliche Weise regeln können. So dürfen die Vertragsparteien für den Fall, dass der ausübende Künstler seine Zustimmung zur Festlegung der Darbietung auf einem Bild- und Tonträger gegeben hat, vorsehen, dass die ausschließlichen Rechte gemäß Art. 7–11 entweder unmittelbar dem Filmhersteller zustehen oder aber von ihm ausgeübt werden können. Ferner wurde in Art. 12 (1) klargestellt, dass entsprechende gesetzliche Rechtsübertragungen bzw. Vermutungsregelung kraft nationalen Rechtes der Vertragsstaaten auf jeden Fall *widerlegbar* sein müssen, also etwa dann, wenn sich

---

[96] Auch → § 89 Rn. 2, 21 f.

[97] AmtlBegr. BT-Drs. 15/38, 25.

[98] S. zur Anwendung des § 32a auf einen ausübenden Künstler (Synchronsprecher) beim Film BGH GRUR 2012, 1248 = ZUM 2013, 39 – Fluch der Karibik (Vorinstanz KG ZUM 2011, 741 mAnm *Wandtke/Leinemann*) sowie das Bezifferungsverfahren KG GRUR-Int 2016, 1072 – Fluch der Karibik II mAnm *N. Reber* GRUR-Int 2016, 1078; ebenso LG München I ZUM-RD 2019, 224 – Twilight.

[99] Der Vertragstext ist unter http://www.wipo.int/meetings/en/doc_details.jsp?doc_id=208966 auffindbar, zuletzt abgerufen am 6.6.2014.

[100] *N. Reber* S. 258 ff.

[101] Hierzu ausführlich v. *Lewinski* GRUR-Int 2013, 12 (14 f.); zu den Vorarbeiten *v. Lewinski* GRUR 2001, 529.

aus einem Vertrag zwischen dem Künstler und dem Filmhersteller Abweichendes zur Rechtsübertragung ergibt. Neben einem Schriftformerfordernis, dass der nationale Gesetzgeber gemäß Art. 12 (2) des Pekinger Vertrags vorsehen kann, erscheint auch die Regelung in Art. 12 (3) von Bedeutung, die allerdings ebenfalls als fakultative Vorschrift ausgestaltet ist. Sie betrifft das Recht des ausübenden Künstlers unabhängig von der Übertragung von Ausschließlichkeitsrechten, nach dem nationalen Recht oder aber individuellen, kollektiven oder sonstigen Vereinbarungen eine *angemessene Vergütung oder Beteiligung für jede Nutzung seiner Darbietung* zu erhalten. Diese Vorschrift geht auf die Initiative der EU und ihrer Mitgliedstaaten zurück und berücksichtigt wie auch bereits diverse EU-Richtlinien sowie die nationalen Regelungen der §§ 11 S. 2, 32, 32a, 32c, 36, 36a, 79 Abs. 2 § 79b, dass ausübende Künstler (wie auch Urheber) die regelmäßig schwächere Verhandlung Parteien sind und keine ausreichend starke Verhandlungsposition gegenüber ihrem Vertragspartner haben, um eine angemessene Vergütung/Beteiligung an jeder Nutzung der Darbietung durchzusetzen. Dies gilt erst recht im Verhältnis zu Drittnutzern, die aufgrund abgeleiteter Rechte des ausübenden Künstlers ein audiovisuelles Werk mit den darin enthaltenen Darbietungen nutzen und auf diese Weise hohe Einnahmen generieren können, an denen der Künstler aber nicht vom Nutzer beteiligt wird. Der Vertrag von Peking wird in Deutschland bei einem Beitritt zu keinen Änderungen des Urheberrechtsgesetzes führen. Allerdings wird bei der Ratifizierung eine Erklärung nach Art. 18 (2) iVm Art. 11 (2) des Vertrages erforderlich sein, soweit Deutschland das bisher geltende Recht auf angemessene Vergütung anstelle eines ausschließlichen Rechts für die Sendung und öffentliche Wiedergabe beibehalten wird (vgl. § 78 Abs. 2).

§ 93 Schutz gegen Entstellung; Namensnennung

(1) [1]**Die Urheber des Filmwerkes und der zu seiner Herstellung benutzten Werke sowie die Inhaber verwandter Schutzrechte, die bei der Herstellung des Filmwerkes mitwirken oder deren Leistungen zur Herstellung des Filmwerkes benutzt werden, können nach den §§ 14 und 75 hinsichtlich der Herstellung und Verwertung des Filmwerkes nur gröbliche Entstellungen oder andere gröbliche Beeinträchtigungen ihrer Werke oder Leistungen verbieten. [2]Sie haben hierbei aufeinander und auf den Filmhersteller angemessene Rücksicht zu nehmen.**

(2) **Die Nennung jedes einzelnen an einem Film mitwirkenden ausübenden Künstlers ist nicht erforderlich, wenn sie einen unverhältnismäßigen Aufwand bedeutet.**

Schrifttum: (s. auch die Schrifttumsnachweise Vor §§ 12 ff. sowie zu § 14 und § 75) *Hansen,* Rechtliche Fallstricke trans- bzw. crossmedialer Bewegtbild-Produktionen, ZUM 2014, 175; *Kreile/Wallner,* Schutz der Urheberpersönlichkeitsrechte im Multimediazeitalter, ZUM 1997, 625; *v. Lewinski/Dreier,* Kolorierung von Filmen, Laufzeitänderung und Formatanpassung: Urheberrecht als Bollwerk?, GRUR-Int 1989, 635; *Lütje,* Die Rechte der Mitwirkenden am Filmwerk, 1987; *Merker,* Das Urheberrecht des Chefkameramannes am Spielfilmwerk, 1996; *Pollert,* Entstellung von Filmwerken und ihren vorbestehenden Werken, Diss. München 2001; *Reupert,* Der Film im Urheberrecht, 1995; *Rosén,* Werbeunterbrechungen von Spielfilmen nach schwedischem Recht – (immer noch) ein Testfall für das droit moral?, GRUR-Int 2004, 1002; *G. Schulze,* Urheber- und Leistungsschutzrecht des Kameramanns, GRUR 1994, 855; *Wandtke,* Die Rechtsfigur „gröbliche Entstellung" und die Macht der Gerichte, FS für Schricker 2005, S. 609; *Zlanabitnig,* Zum Entstellungsschutz von Filmwerken, AfP 2005, 35.

Übersicht

I. Zweck, Entstehungsgeschichte und Internationales

Die Herstellung eines Filmes ist für den Produzenten typischerweise mit **drei besonderen Risi-** **1** **ken** bzw. Problemlagen verbunden.[1] Erstens sind an einem Film viele Urheber, ausübende Künstler und ggf. weitere Leistungsschutzberechtigte wie zB Lichtbildner beteiligt, deren Zustimmung der Filmhersteller für eine Verwertung des Filmes erlangen muss. Zweitens ist die Herstellung eines Filmwerks auch in Zeiten der Digitalisierung (Animationsfilme, Kosten der Post-Production) mit hohen Investitionen verbunden, deren Amortisation eine umfassende und sichere Rechtsposition des Filmherstellers erfordert. Drittens ergibt sich bei Filmwerken häufig die Notwendigkeit nachträglicher Änderungen, insbesondere mit Rücksicht auf die Verwertung im Ausland (Synchronisation, Zensur).

---

[1] Vgl. RegE UrhG 1965, BT-Drs. IV/270, S. 98, 102; kritisch *Wandtke* FS Schricker, 2005, 609 ff.

Um dem Filmhersteller in dieser Situation gleichwohl eine möglichst ungehinderte Verwertung des Filmes zu ermöglichen, erwirbt er gem. §§ 88, 89 und 92 im Zweifel umfassende Verwertungsrechte der beteiligten Urheber und Leistungsschutzberechtigten, die überdies gem. § 90 lediglich einen stark reduzierten vertragsrechtlichen Schutz im Verhältnis zum Filmhersteller genießen. § 93 verfolgt dieses Ziel durch eine **Einschränkung des Integritätsschutzes** der beteiligten Urheber und Interpreten (§ 93 Abs. 1 iVm §§ 14, 75) **und des Rechts auf Anerkennung der Interpretenschaft** (§ 93 Abs. 2 iVm § 74).[2] § 93 setzt zwar voraus, dass die Urheber und ausübenden Künstler dem Filmhersteller die Nutzung ihrer Werke bzw. Leistungen ggf. konkludent gestattet haben.[3] Gleichwohl stellt § 93 in dogmatischer Hinsicht eine materiellrechtliche Einschränkung der Tatbestände der §§ 14, 74 f. im Interesse des Filmherstellers dar.[4]

2   **§ 93 Abs. 1** hatte im **früheren Recht** zwar kein ausdrückliches Vorbild,[5] in der Rspr.[6] war aber bereits vor Inkrafttreten des UrhG anerkannt, dass nach Übergang der Urheberrechte bei Filmwerken das Persönlichkeitsrecht des Urhebers nur Schutz gegen Verunstaltung und Verstümmelung des Werkes gewährt. Die Regelung des Integritätsschutzes der an Filmwerken beteiligten Urheber und Interpreten erfuhr im Laufe des **Gesetzgebungsverfahrens** des UrhG 1965 erhebliche Änderungen. Obwohl nach der ursprünglichen Konzeption des RefE 1954 (§ 93) als Urheber eines Filmwerkes der Filmhersteller gelten sollte, war wenigstens für den Filmregisseur persönlich zu seinen Lebzeiten ein – gewissermaßen isolierter und noch nicht auf gröbliche Entstellungen oder Beeinträchtigungen verkürzter – Persönlichkeitsschutz vorgesehen (§ 96 RefE), eingeschränkt nur durch das für alle Betroffenen geltende Gebot zur Rücksichtnahme nach § 97 RefE. Nach der Umstellung des Systems auf das Schöpfer- bzw. Filmurheberprinzip durch § 94 MinE 1959 erfolgte die nunmehr parallele persönlichkeitsrechtliche Regelung in § 97 MinE, und zwar für die Urheber des Filmwerks und die Urheber der zu seiner Herstellung benutzten Werke sowie für die ausübenden Künstler gleichermaßen. Der Persönlichkeitsschutz wurde dabei jedoch für alle Betroffenen auf Schutz gegen erhebliche Gefährdungen reduziert. Paradoxerweise bedeutete dies im Vergleich zum RefE für den Filmregisseur trotz Aufwertung seiner allgemeinen urheberrechtlichen Stellung im MinE gleichzeitig eine Verschlechterung seiner persönlichkeitsrechtlichen Position. Der RegE 1962 übernahm ebenso wie die spätere gesetzliche Regelung die grundsätzliche Konzeption des MinE bzgl. der Filmurheberschaft (§ 89 RegE) wie die Einschränkung des Entstellungsschutzes (§ 103 RegE). Unterschiede gegenüber dem MinE ergaben sich einerseits durch die ausdrückliche Bezugnahme auf die §§ 14 und 93 (jetzt § 75) RegE und durch die Anwendung der Regelung auf alle betroffenen Inhaber verwandter Schutzrechte. Außerdem wurde im RegE ähnlich wie in der späteren gesetzlichen Regelung die erhebliche Gefährdung durch den Maßstab der gröblichen Entstellung oder anderen gröblichen Beeinträchtigung ersetzt. Die Unterschiede zwischen dem RegE und dem endgültigen Gesetzeswortlaut waren eher redaktioneller Natur.

3   Während § 93 Abs. 1 den Integritätsschutz betrifft, schränkt **§ 93 Abs. 2** das Recht der ausübenden Künstler auf Anerkennung ihrer Interpretenschaft gem. § 74 ein.[7] Die Vorschrift wurde im Zuge der Neuregelung des Gesamtkomplexes der Vorschriften über die Leistungsschutzrechte des ausübenden Künstlers (§§ 73 ff.) durch das Gesetz zur Regelung des Urheberrechts in der Informationsgesellschaft vom 10.9.2003 eingefügt, das neben der Umsetzung der InfoSoc-RL ua auch der Umsetzung der beiden WIPO-Verträge (WCT und WPPT) von 1996 diente. Der in Art. 5 WPPT für Tonkünstler (insbes. Sänger und Instrumentalisten) vorgesehene Persönlichkeitsschutz wurde gem. §§ 74 f. allen ausübenden Künstlern, also insbesondere auch Schauspielern, zuerkannt. Zugleich sieht § 74 Abs. 2 vor, dass, wenn mehrere ausübende Künstler gemeinsam eine Darbietung erbracht haben und die Nennung jedes einzelnen von ihnen einen unverhältnismäßigen Aufwand erfordert, sie nur verlangen können, als Künstlergruppe (zB als Orchester) genannt zu werden. Da die ausübenden Künstler (insbesondere Schauspieler) im Filmbereich ihre Darbietungen jedoch oftmals unabhängig voneinander erbringen und aufgrund ihrer hohen Zahl die Nennung eines jeden von ihnen ebenfalls unverhältnismäßig sein kann, wurde eine weitere Einschränkung des Rechts auf Anerkennung der Interpretenschaft im Filmbereich für notwendig erachtet.[8]

4   Die Harmonisierung des Urheberrechts durch **EU-Richtlinien** erstreckt sich bisher weder auf Urheber- noch auf Künstlerpersönlichkeitsrechte und damit auch nicht auf deren Einschränkung im Filmbereich durch § 93. Mit den einschlägigen **völkerrechtlichen Mindestrechten der Urheber und ausübenden Künstler** steht § 93 weitgehend, aber nicht ausnahmslos, im Einklang. Art. 6bis RBÜ impliziert wie die §§ 14, 93 Abs. 1 eine Interessenabwägung zwischen den persönlichen Interessen des Urhebers und den Interessen des vertraglich Nutzungsberechtigten. Zudem kommt in Art. 14bis RBÜ eine gewisse allgemeine Tendenz zur Bevorzugung der Verwertungsinteressen des

---

[2] *Reupert* S. 135; *Heidmeier* S. 111; *Huber* S. 39 f.; *Wallner* S. 106 ff.; Dreier/Schulze/*Schulze* UrhG § 93 Rn. 1; *Kreile/Wallner* ZUM 1997, 625 (631 f.).
[3] → Rn. 9.
[4] AA Fromm/Nordemann/*J. B. Nordemann* UrhG § 93 Rn. 4, 8.
[5] Vgl. *Huber* S. 34 ff.
[6] So BGH Schulze BGHZ 160, 15 f. – Triumph des Willens.
[7] Zur geringen praktischen Relevanz s. *Homann* S. 157 u. 263.
[8] Vgl. Bericht des Rechtsausschusses, BT-Drs. 15/837, S. 35; kritisch zuvor *Rehbinder* ZUM 1991, 220 (224 f.).

Filmherstellers zum Ausdruck.[9] Im Hinblick auf die Einschränkung der Künstlerpersönlichkeitsrechte ist hingegen zu unterscheiden. Art. 5 WPPT und Art. 5 BTAP erlauben wie § 93 Abs. 2 die Unterlassung der Namensnennung mit Rücksicht auf die Art der Nutzung der Darbietung, hier im Rahmen eines Filmwerkes. Nicht uneingeschränkt völkerrechtskonform ist hingegen der gem. § 93 Abs. 1 auf gröbliche Beeinträchtigungen reduzierte Integritätsschutz der ausübenden Künstler. Jener schützt schon gem. § 75 nur vor Entstellungen, die geeignet sind, das Ansehen oder den Ruf als ausübender Künstler zu gefährden. Eine weitergehende Einschränkung sieht Art. 5 WPPT nicht vor. Dies bestätigt ein Vergleich mit Art. 5 Abs. 1 (ii) BTAP. Demnach können Schauspieler, Tänzer usw gegen jede Entstellung, Verstümmelung oder sonstige Änderung ihrer Darbietung, die ihrem Ruf abträglich wäre, nur unter dem weiteren Vorbehalt der Berücksichtigung der Art der audiovisuellen Festlegung ihrer Darbietung Einspruch erheben. Damit sind insbesondere die Besonderheiten im Filmbereich angesprochen, auf denen auch § 93 Abs. 1 beruht. Da die parallele Vorschrift für Tonkünstler gem. Art. 5 WPPT keinen vergleichbaren Vorbehalt umfasst, ist der Tatbestand des § 93 Abs. 1 völkerrechtskonform dahingehend zu reduzieren, dass die Vorschrift auf Interpreten, die eine nur hörbare Darbietung einbringen (Sänger, Synchronsprecher), nicht anzuwenden ist.

II. Einschränkungen des Integritätsschutzes gem. § 93 Abs. 1

1. Anwendungsbereich

§ 93 Abs. 1 gilt für **Filmwerke** und (iVm § 95) **Laufbilder**. Hierzu zählen neben Fernsehfilmen[10] **5** schon nach § 2 Abs. 1 Nr. 6 auch **Werke, die ähnlich wie Filmwerke geschaffen werden,** namentlich Computeranimationsfilme, aber auch Computerspiele und Apps, sofern diese Produktionen durch ihren audiovisuellen Bewegtbildcharakter geprägt sind.[11] Eine **analoge Anwendung des § 93** auf sonstige Werke, an denen ebenfalls viele Urheber und/oder ausübende Künstler beteiligt sind und die hohe Investitionskosten erfordern (zB Bühnenaufführungen) scheidet hingegen aufgrund des Ausnahmecharakters der Einschränkung der Urheber- und Künstlerpersönlichkeitsrechte aus.[12]

§ 93 Abs. 1 schränkt den Persönlichkeitsschutz **im Hinblick auf die Herstellung und Verwer- 6 tung** des Filmwerkes bzw. Laufbildes ein. Folglich können Urheber und Interpreten schon während des Herstellungsprozesses nur gröbliche Beeinträchtigungen verhindern, wenngleich zu diesem Zeitpunkt im Rahmen der Interessenabwägung zu berücksichtigen ist, ob der Filmhersteller den berechtigten Interessen der Kreativen noch ohne größeren Aufwand Rechnung tragen kann.[13] Nach der Fertigstellung des Filmes ist hingegen eine umfassende Verwertung sicherzustellen. Eine Beschränkung bzw. eine „teleologische Reduktion" der Anwendung von § 93 Abs. 1 auf die Erstverwertung von Filmen erscheint daher nicht gerechtfertigt.[14] Nicht von § 93 Abs. 1 betroffen ist aber die außerfilmische Verwertung von Charakteren, Bildern, Slogans in Form des Merchandising; für letzteren Bereich verbleibt es daher bei der uneingeschränkten Anwendung der §§ 14 und 75.[15]

Von der Einschränkung des § 93 Abs. 1 betroffen sind die **Urheber der zur Herstellung des 7 Filmwerkes benutzten Werke** (§§ 88, 89 Abs. 3) sowie die bei der Herstellung des Filmwerkes mitwirkenden **Filmurheber** (§ 89 Abs. 1).[16] Da bei Laufbildern definitionsgemäß keine Filmurheber iSd § 89 Abs. 1 vorhanden sind, kommt die Anwendung des § 93 Abs. 1 insoweit nur für Urheber vorbestehender Werke oder Inhaber verwandter Schutzrechte, insbesondere ausübende Künstler, in Betracht, deren Werke, Darbietungen oder Leistungen in das Laufbild durch einfaches Abfilmen übernommen werden.[17] Aus dem Umstand, dass § 93 Abs. 2 nur das Namensnennungsrecht der ausübenden Künstler betrifft, folgt im Umkehrschluss, dass das **Recht auf Anerkennung der Urheberschaft** gem. § 13 im Filmbereich uneingeschränkt gilt.[18] Als Ausnahmevorschrift zum allgemeinen Entstellungsschutz nach §§ 14 und 75 kann § 93 Abs. 1 auch nicht dahin ausgelegt werden, dass

[9] Wandtke/Bullinger/*Manegold/Czernik* UrhG § 93 Rn. 3; zurückhaltend Dreier/Schulze/*Schulze* UrhG § 93 Rn. 2.

[10] Vgl. *Ulmer* § 27 II 2 und III; Dreier/Schulze/*Schulze* UrhG § 92 Rn. 6; Wandtke/Bullinger/*Manegold/Czernik* UrhG § 93 Rn. 2; verkannt von LG und OLG Saarbrücken UFITA 79 (1977), 358 und 364; kritisch dazu *Pollert* S. 136.

[11] *Hansen* ZUM 2014, 175 (179).

[12] Vgl. auch *Schack* Rn. 1231; *Ulmer* § 36 III 2; *Wandtke* FS Schricker, 2005, 609 (610, 614f.); aA Fromm/Nordemann/*J. B. Nordemann* UrhG § 93 Rn. 2.

[13] Fromm/Nordemann/*J. B. Nordemann* UrhG § 93 Rn. 9; BeckOK/*Diesbach/Vohwinkel* UrhG § 93 Rn. 13.

[14] Wandtke/Bullinger/*Manegold/Czernik* UrhG § 93 Rn. 9; Fromm/Nordemann/*J. B. Nordemann* UrhG § 93 Rn. 9; BeckOK/*Diesbach/Vohwinkel* UrhG § 93 Rn. 13; aA *Wallner* S. 112ff.; *Wandtke* FS Schricker, 2005, 609 (613f.); *Zlanabitnik* AfP 2005, 35 (36f.).

[15] Wandtke/Bullinger/*Manegold/Czernik* UrhG § 93 Rn. 9; Dreyer/Kotthoff/*Meckel* UrhG § 93 Rn. 3; *Homann* S. 28 u. 103.

[16] Speziell wegen der Rechte des Kameramanns s. *G. Schulze* GRUR 1994, 860ff. sowie *Merker* S. 126ff.; ferner *Heidmeier* S. 122ff.

[17] Vgl. *Ulmer* § 115 I u. § 126 III c; kritisch zur Anwendung auf Letztere wegen des oft höheren Stellenwerts der filmisch aufgezeichneten Werke oder Darbietungen Dreier/Schulze/*Schulze* UrhG § 93 Rn. 7.

[18] Dreier/Schulze/*Schulze* UrhG § 93 Rn. 3; *Pollert* S. 46; Wandtke/Bullinger/*Manegold/Czernik* UrhG § 93 Rn. 10; *Schack* Rn. 404.

er im Bereich der Filmwerke eine Einschränkung des **Veröffentlichungsrechts nach § 12** mit sich bringt.[19]

8   § 93 Abs. 1 gilt ferner für den Integritätsschutz **ausübender Künstler** (§ 75), die gem. § 92 Abs. 1 bei der Herstellung eines Filmwerks mitwirken oder deren Darbietungen zur Herstellung des Filmwerks (zB Animationsfilm) benutzt werden. Auf reine Tonkünstler wie zB Synchronsprecher ist § 93 aufgrund einer völkerrechtskonformen Reduktion des Tatbestands mit Rücksicht auf die Mindestvorgaben des Art. 5 WPPT allerdings nicht anwendbar (→ Rn. 4). Über den Verweis des § 72 Abs. 1 auf § 14 kommt § 93 Abs. 1 ferner für **Lichtbildner** zum Tragen; theoretisch haben ferner Verfasser wissenschaftlicher Ausgaben eine entsprechende Einschränkung ihres Integritätsschutzes gem. § 70 Abs. 1 iVm § 14 hinzunehmen.[20]

9   Aus Wortlaut und Systematik der §§ 88 f. und 93 ergibt sich, dass die von der Einschränkung ihrer Persönlichkeitsrechte betroffenen Urheber und Leistungsschutzberechtigten die Nutzung ihrer Werke und Leistungen durch den Filmhersteller ggf. konkludent gestattet haben müssen. § 93 gilt **nur zugunsten des vertraglich nutzungsberechtigten Filmproduzenten,** nicht für denjenigen, der sich fremde Werke unerlaubt aneignet.[21] Für Rechtsverletzer bleibt es bei der Geltung des § 14.[22]

2. Gröbliche Entstellungen und andere gröbliche Beeinträchtigungen

10   Die Begriffe der **Entstellung und Beeinträchtigung** bedeuten dasselbe wie in §§ 14, 75.[23] Obwohl demnach die Entstellung bereits einen qualifizierten Fall der Beeinträchtigung darstellt, ist im Kontext des § 93 nicht nochmals zwischen einer gröblichen Entstellung einerseits und einer weniger schwerwiegenden gröblichen Beeinträchtigung andererseits zu unterscheiden. Vielmehr handelt es sich auch dem Wortlaut nach („andere Beeinträchtigung") um gleich schwerwiegende Varianten von Eingriffen in die Integrität von Werken und Leistungen. Maßgeblich ist eine objektive Beurteilung aus Sicht eines für Filmwerke und Laufbilder empfänglichen und damit einigermaßen vertrauten Durchschnittsbetrachters.

11   **Gröblich** ist eine Entstellung oder Beeinträchtigung, wenn sie in besonders starker Weise die in §§ 14 und 75 genannten Interessen des Urhebers oder Leistungsschutzberechtigten verletzt oder wenn eine völlige Verkehrung des ursprünglichen Sinngehalts des Filmwerks bzw. des ihm zugrundeliegenden Werkes oder eine völlige Verunstaltung von urheberrechtlich wesentlichen Teilen des Films oder Werkes entgegen den Intentionen der Berechtigten stattfindet.[24] Gefährdet eine Änderung des Werkes nicht nur die geistigen oder persönlichen Interessen des Urhebers am konkreten Werk (Maßstab des § 14), sondern weitergehend Ehre und Ruf des Urhebers im Allgemeinen (Maßstab des Art. 6bis RBÜ), so gebietet eine völkerrechtskonforme Auslegung, von einer gröblichen Entstellung des Werkes auszugehen.[25] Anders verhält es sich bei Filmschauspielern und anderen audiovisuell agierenden Künstlern, deren Integritätsschutz gem. § 75 von vornherein auf diesen allgemein-persönlichkeitsrechtlichen Maßstab reduziert ist. Bei ihnen muss die Beeinträchtigung der Darbietung geeignet sein, ihr Ansehen oder ihren Ruf als ausübender Künstler in besonders schwerwiegender Weise zu beschädigen.

12   Ob eine solch qualifizierte Verletzung des Integritätsschutzes gegeben ist, hängt wie im Rahmen der §§ 14, 75 von einer **Interessenabwägung** ab.[26] Dabei ist maßgeblich der Zweck des § 93 S. 1 zu berücksichtigen, wonach die Verwertungsinteressen des Filmherstellers den Vorzug erhalten sollen, wenn die konkrete Entstellung bzw. Beeinträchtigung keine schwerwiegende Interessengefährdung des Betroffenen zur Folge hat.[27] Hinzunehmen haben Urheber und Leistungsschutzberechtigte Änderungen, die zur Gewährleistung einer umfassenden Auswertung erforderlich sind, zB mit Rücksicht auf Vorgaben der Freiwilligen Selbstkontrolle der Filmwirtschaft (FSK) oder zur Anpassung an ausländische Verhältnisse.[28] Auch die wirtschaftlichen Folgen eines Verbreitungsverbots sind in die Betrach-

---

[19] OLG München ZUM 2000, 767 (771) – Regievertrag; Dreier/Schulze/*Schulze* UrhG § 93 Rn. 3; zu treuwidrigen Verweigerung der Einwilligung zur Veröffentlichung durch die Miturheberin (hier: Kamerafrau) eines Films s. OLG Köln GRUR-RR 2005, 337 (338) – Dokumentarfilm Massaker.

[20] *Heidmeier* S. 102; Fromm/Nordemann/*J. B. Nordemann* UrhG § 93 Rn. 7; Wandtke/Bullinger/*Manegold/Czernik* UrhG § 93 Rn. 2.

[21] *Wallner* S. 112; insoweit zutreffend Fromm/Nordemann/*J. B. Nordemann* UrhG § 93 Rn. 8; aA BeckOK/*Diesbach/Vohwinkel* UrhG § 93 Rn. 9 f.

[22] OLG Frankfurt a. M. GRUR 1989, 203 – Wüstenflug; Dreier/Schulze/*Schulze* UrhG § 93 Rn. 5; *Heidmeier* S. 147 ff.; zur letzteren Gruppe von Urhebern vgl. *Wallner* S. 147 ff.; ausführlich zur Entstellung literarischer Werke durch Verfilmung, auch aus filmhistorischer Sicht *Pollert* S. 51 ff.

[23] → § 14 Rn. 14, 18; → § 75 Rn. 24.

[24] LG München I MR 4/1985 Archiv 4/5 – Die unendliche Geschichte, insoweit bestätigt von OLG München GRUR 1986, 460 (461) – Die unendliche Geschichte, vgl. auch die ausführliche Schilderung und Kommentierung des Falles bei *Pollert* S. 119 ff.; kritisch *Homann* S. 27; ferner *Hansen* ZUM 2014, 175 (179).

[25] Dreier/Schulze/*Schulze* UrhG § 93 Rn. 2.

[26] Fromm/Nordemann/*J. B. Nordemann* UrhG § 93 Rn. 14; *Huber* S. 41 ff. sowie mit Beispielen *Wallner* S. 150 ff.; *Pollner* S. 152 ff.

[27] OLG München GRUR 1986, 460 (463) – Die unendliche Geschichte; KG GRUR 2004, 497 (498) – Schlacht um Berlin; kritisch dazu *Wandtke* FS Schricker, 2005, 609 (611 ff.); vgl. auch Wandtke/Bullinger/*Manegold/Czernik* UrhG § 93 Rn. 3 u. 18.

[28] RegE UrhG 1965, BT-Drs. IV/270, S. 102; vgl. auch *Ulmer* § 36 III 2.

tung einzubeziehen.[29] Nicht in diesem Sinne filmtypische und notwendige, sondern allein ästhetisch motivierte Eingriffe in den fertigen Film sind hingegen weniger schutzwürdig.[30]

Im Übrigen kommt es auf die Umstände des Einzelfalls, insbesondere auf **Art und Ausmaß der** **13** **Beeinträchtigung** und den **geistig-ästhetischen Gehalt und künstlerischen Anspruch des betroffenen Werkes bzw. der Leistung** an.[31] Gefährdungen der Persönlichkeitsinteressen der Filmurheber können zB durch entstellende Trailer und nicht autorisierte Zusatzszenen und Schnittfassungen beim Vertrieb durch DVDs und Blu-rays ausgelöst werden.[32] Bei sog. Transmedia-Produktionen kommt es darauf an, ob trotz der Aufteilung des Drehbuchs auf verschiedene Medien (Film, Computerspiel usw) ein Zusammenhang bestehen bleibt, der den Sinngehalt des Drehbuchs nicht verstümmelt.[33] Besonders schwerwiegend sind Eingriffe, die den Sinngehalt des gesamten Films verändern, wie zB die Ersetzung des Todes des Protagonisten durch ein Happy-End.[34] Bei der nachträglichen **Kolorierung** von Schwarz-Weiß-Filmen liegt eine gröbliche Entstellung nicht nur vor, wenn der Film bewusst in Schwarz-Weiß gedreht wurde,[35] sondern auch bei den auf einer entsprechenden Dramaturgie beruhenden Filmen aus der Frühzeit des Films.[36] Ein Gegenbeispiel zulässiger, da jedenfalls nicht gröblicher Entstellung bzw. Änderung ist etwa die nachträgliche Kolorierung eines rein wissenschaftlichen Films zur Erzielung einer höheren Kontrastwirkung.[37] **Werbeunterbrechungen** im Fernsehen können jedenfalls bei ambitionierten künstlerischen Filmen eine gröbliche Entstellung darstellen, wenn sie auf mögliche „Sollbruchstellen" keine Rücksicht nehmen und den geistig-ästhetischen Gesamteindruck zerstören.[38] Eine gröbliche Entstellung ist ferner gegeben, wenn Werbebanner oder Werbespots so in einen laufenden Film integriert werden, dass sie einen Teil der sonst wahrnehmbaren Bildfolge überdecken. Neben dem Urheberrecht sind schließlich medienrechtliche Grenzen der Werbung zu beachten.

Bejaht wurde das Vorliegen einer gröblichen Entstellung trotz einer Vereinbarung, den betref- **14** fenden Film „unter Wahrung seiner geistigen Eigenart für Sendezwecke" zu bearbeiten und umzugestalten, bei Einfügung zahlreicher Zitate und Änderung einer Hauptrolle,[39] ferner bei Kürzung der einzelnen Folgen einer Fernsehserie um jeweils etwa 10 Minuten,[40] bei Änderungen der Schlussszene eines Films, die dem Sinngehalt und der Tendenz des verfilmten Romans zuwiderlief.[41] Ohne Rücksicht auf § 93 wurde es als unzulässige Werkbeeinträchtigung gem. § 14 betrachtet, die für eine einheitlich konzipierte Fernsehserie erstellte Musik zu kürzen und überdies zu zwei Dritteln durch ein anderes Musikwerk zu ersetzen[42] und einen Fernsehfilm über den Segelflugsport um etwa ein Drittel zu kürzen.[43]

Keine gröbliche Entstellung liegt vor, wenn die nachträgliche Änderung notwendig ist, um An- **15** forderungen der Freiwilligen Selbstkontrolle der deutschen Filmwirtschaft (FSK) nachzukommen oder das Filmwerk an ausländische Verhältnisse anzupassen, und hiermit keine Beeinträchtigung des geistig-ästhetischen Gesamteindrucks bzw. Sinngehalts des Werkes einhergeht.[44] Ebenso verhält es sich in der Regel bei der Einblendung des Logos eines Fernsehunternehmens, da das Logo für jeden Zuschauer erkennbar keinerlei gestalterische Beziehung zum Film aufweist.[45] Allein daraus, dass die Fer-

---

[29] OLG Frankfurt a. M. GRUR 1976, 199 (202) – Götterdämmerung; OLG München GRUR 1986, 460 (464) – Die unendliche Geschichte.

[30] Fromm/Nordemann/*J. B. Nordemann* UrhG § 93 Rn. 1; Dreier/Schulze/*Schulze* UrhG § 93 Rn. 8 f.

[31] Vgl. zu Formatanpassungen *v. Lewinski/Dreier* GRUR-Int 1989, 635 ff.; *Pollert* S. 76 ff.; *Reupert* S. 153; *Wallner* S. 184 ff., 188 ff.; *de Werra* S. 69 ff.; *Huber* S. 51 ff.; speziell zum sog. „cutting" vgl. *Heidmeier* S. 178 ff.; *Zlanabitnig* AfP 2005, 35 (37 f.); vgl. auch LG Kopenhagen GRUR-Int 1998, 336 – Panscanning.

[32] Vgl. *Katzenberger* GRUR-Int 2003, 889 (900).

[33] *Hansen* ZUM 2014, 175 (179).

[34] *Hansen* ZUM 2014, 175 (179).

[35] So im Fall „Asphalt Jungle" von John Huston; dazu Cour d'appel Paris GRUR-Int 1989, 937; Cour de cassation GRUR-Int 1992, 937; Cour d'appel Versailles RIDA 164 (1995), 389; *Pollert* S. 78 f.; *Reupert* S. 145 f. Vgl. allgemein *Huber* S. 110 ff.; *v. Lewinski/Dreier* GRUR-Int 1989, 641 ff.; *Edelmann* GRUR-Int 1992, 260.

[36] Zur Dramaturgie von Schwarz-Weiß-Filmen vgl. *Platho* GRUR 1987, 424 (425); *Reupert* S. 142 f.; aA, aber nur bzgl. der Urheber vorbestehender Werke *Wallner* S. 159.

[37] Zustimmend zu einer Differenzierung nach dem Grad der schöpferischen Eigenart des Films *v. Lewinski/Dreier* GRUR-Int 1989, 645; ähnlich *Huber* S. 86; *Lütje* S. 270; einschränkend Dreier/Schulze/*Schulze* UrhG § 93 Rn. 9; *Schack* Rn. 402; *Schilcher* S. 116, 122; *Platho* GRUR 1987, 426; *Heidmeier* S. 139 ff.

[38] *Peifer* S. 218 ff.; *Peifer* GRUR-Int 1995, 25 ff.; vgl. auch *Heidmeier* S. 163 ff.; *Huber* S. 88 ff.; *Reupert* S. 149 ff.; *Zlanabitnig* AfP 2005, 38 f.; *Wallner* S. 168 ff.; rechtsvergleichend *Rosén* GRUR-Int 2004, 1002 ff.; Oberster Gerichtshof Schweden GRUR-Int 2008, 772 – TV4; zurückhaltender Fromm/Nordemann/*J. B. Nordemann* UrhG § 93 Rn. 22.

[39] KG UFITA 59 (1971), 279 (282 f.) – Kriminalspiel; dazu *Pollert* S. 127 ff.

[40] LG Berlin ZUM 1997, 758.

[41] OLG München GRUR 1986, 460 (461) – Die unendliche Geschichte (Klage im Ergebnis aber mit Rücksicht auch auf die wirtschaftlichen Konsequenzen eines Filmstopps abgelehnt); kritisch dazu *Homann* S. 132; *Schack* Rn. 404.

[42] OLG München GRUR-Int 1993, 332 – Christoph Columbus; anders OLG Hamburg GRUR 1997, 822 – Edgar-Wallace-Filme, wo gröbliche Entstellung bei Verwendung von Filmausschnitten ohne die ursprüngliche Musik bezüglich ihres Komponisten verneint wurde; kritisch Dreyer/Kotthoff/*Meckel* UrhG § 14 Rn. 71.

[43] OLG Frankfurt a. M. GRUR 1989, 203 (205) – Wüstenflug.

[44] RegE UrhG 1965, BT-Drs. IV/270, S. 102.

[45] Ebenso *Heidmeier* S. 190; *Wallner* S. 176; Wandtke/Bullinger/*Manegold/Czernik* UrhG § 93 Rn. 33; anders nach dem insoweit wesentlich strengeren französischen Recht Tribunal de grande instance Paris GRUR-Int 1989, 936 – „Logo La Cinq"; aA auch *Huber* S. 97; *Reupert* S. 159; *Schack* Rn. 403; *G. Schulze* GRUR-Int 1994, 861.

tigstellung eines Films ohne Mitwirkung des ursprünglich beteiligten Regisseurs erfolgt, kann keine Gefahr einer Entstellung abgeleitet werden, wenn er das Recht zur Bearbeitung seiner erstellten Beiträge eingeräumt hat; nicht jede Bearbeitung kann als (gröbliche) Entstellung angesehen werden.[46] Verneint wurde das Vorliegen einer gröblichen Entstellung ferner, wenn ein Dokumentarfilm über das Alltagsleben der Berliner Bevölkerung vor und nach Beendigung des Zweiten Weltkriegs und über die damit verbundenen widersprüchlichen Lebenszusammenhänge bei der Sendung des Films im Fernsehen auf die nahezu unveränderte erste Hälfte des Films gekürzt wird;[47] wenn Musik in einen Spielfilm als sog. Originalton eingefügt wird, der im Sinne der Spielhandlung unmittelbar während der Filmaufnahme mitgeschnitten wurde, und zwar anstelle des vom Komponisten gewünschten sog. Playback;[48] wenn Filmteile statt mit der ursprünglichen Filmmusik mit neuem Ton in eine Comedy-Serie von gänzlich neuem und andersartigem Charakter übernommen werden.[49] Schon kein Eingriff in das Urheberpersönlichkeitsrecht liegt vor, wenn ein Manuskript als nicht „sendefertig" abgelehnt wird, auch wenn die Ablehnung mit der Nichtberücksichtigung der vom Urheber des Sendemanuskripts als Entstellung betrachteten Änderungswünsche der Rundfunkanstalt begründet wird.[50]

3. Rücksichtnahmegebot gem. Abs. 1 S. 2

16   § 93 Abs. 1 S. 1 reduziert den Integritätsschutz der Urheber, ausübenden Künstler und Lichtbildner auf gröbliche Entstellungen. Nach S. 2 haben sie hierbei **zudem aufeinander und auf den Filmhersteller angemessene Rücksicht zu nehmen.** Nach der AmtlBegr. entspricht diese zusätzliche Einschränkung der für gemeinsam erbrachte Darbietungen geltenden Vorschrift des § 75 S. 2.[51] Mit Rücksicht auf den Umstand, dass bei Filmen eine Vielzahl von Mitwirkenden über jeweils eigenständige Rechte verfügt, soll § 93 Abs. 1 S. 2 eine „gerechte Interessenabwägung" gewährleisten, falls einer der Mitwirkenden die Verwertung des Films wegen Entstellung untersagen will, andere dagegen an dieser Verwertung gerade interessiert sind, um aus ihr zusätzliche Einnahmen zu erzielen.[52]

17   Die **eigenständige Bedeutung des § 93 Abs. 1 S. 2** besteht darin, dass sich die bereits nach Abs. 1 S. 1 gebotene Interessenabwägung nicht auf die Belange des einzelnen Urhebers/Leistungsschutzberechtigten einerseits und des Filmherstellers andererseits beschränken darf, sondern die Interessen der übrigen, am Film, aber nicht am Prozess beteiligten Urheber und Leistungsschutzberechtigten mit einbeziehen muss.[53] Zu diesen Beteiligten zählen die Urheber vorbestehender Werke (§§ 88 Abs. 1, 89 Abs. 3), die Filmurheber iSd § 89 Abs. 1, die ausübenden Künstler, die am Film mitwirken (§ 92) oder deren Darbietungen erlaubterweise für den Film benutzt werden, sowie schließlich die in dieser Weise beteiligten Lichtbildner (§§ 72 Abs. 1, 14).[54] Im Übrigen kann jeder Beteiligte nur gegen die Beeinträchtigung seines eigenen Beitrags vorgehen, gegen diejenige eines Dritten oder des Gesamtwerks nur, wenn gleichzeitig sein eigener Beitrag beeinträchtigt wird.[55]

4. Vereinbarungen über zulässige Beeinträchtigungen

18   Wie alle Urheber- und Künstlerpersönlichkeitsrechte kann auch der eingeschränkte Integritätsschutz im Filmbereich Gegenstand wirksamer Rechtsgeschäfte sein.[56] So können Kreative vertraglich vereinbaren, dass Änderungen unterhalb der Schwelle der gröblichen Entstellung zu unterbleiben haben. Umgekehrt können aber auch eigentlich **objektiv gröbliche Beeinträchtigungen** des Werkes oder der Leistung **gestattet** werden, wenn die betreffenden Änderungen konkret genug bestimmt waren, um vom Betroffenen überblickt und damit im Detail gebilligt werden zu können.[57] Allein die Gestattung der Verfilmung eines vorbestehenden Werkes (§ 88 Abs. 1) und die Mitwirkung bei der Herstellung eines Films (§§ 89 Abs. 1, 92 Abs. 1) bedeuten jedoch nicht, dass der Urheber, Interpret oder Lichtbildner auch gröbliche Beeinträchtigung seines Werkes bzw. seiner Leistung gestattet. Vielmehr bedarf es für eine so weitgehende Eingriffsbefugnis des Filmherstellers einer ausdrücklichen vertraglichen Vereinbarung in diesem Sinne.

---

[46] So OLG München ZUM 2000, 767 (772) – Regievertrag; dazu Nichtannahmebeschluss BVerfG NJW 2001, 600.

[47] KG GRUR 2004, 497 (498 f.) – Schlacht um Berlin; kritisch wegen der Zerstörung der Gesamtdramaturgie des Dokumentarfilms *Zlanabitnik* AfP 2005, 35 (36 ff.); *Wandtke* FS Schricker, 2005, 609 (612).

[48] LG München I UFITA 56 (1970), 354 (358).

[49] OLG Hamburg GRUR 1997, 822 – Edgar-Wallace-Filme; sa *Homann* S. 273.

[50] BGH GRUR 1971, 269 (271) – Das zweite Mal; allgemein *Reupert* S. 134 ff.

[51] RegE UrhG 1965, BT-Drs. IV/270, S. 102.

[52] RegE UrhG 1965, BT-Drs. IV/270, S. 95.

[53] Anders Schricker/*Dietz* (3. Aufl.) Rn. 10; *Heidmeier* S. 112; Wandtke/Bullinger/*Manegold/Czernik* UrhG § 93 Rn. 33 (Klarstellung). Zu Miturhebern *Reupert* S. 112 ff., 120.

[54] → Rn. 9.

[55] OLG Hamburg GRUR 1997, 822 – Edgar-Wallace-Filme.

[56] Allgemein → Vor §§ 12 ff. Rn. 12 ff. Vgl. KG Schulze KGZ 60, 10 ff.; LG München I MR 4/1985 Archiv 4/5 – Die unendliche Geschichte.

[57] Dreier/Schulze/*Schulze* UrhG § 93 Rn. 11; *Heidmeier* S. 114; *Homann* S. 132; aA *Reupert* S. 133; einschränkender auch *Zlanabitnig* AfP 2005, 35 (39).

In **allgemeinen Geschäftsbedingungen** soll zwar ein Änderungsvorbehalt „unter Wahrung der 19
geistigen Eigenart des Werkes" wirksam vereinbart werden können.[58] Eine AGB-Klausel, die dem
Filmhersteller jedwede, bei gebotener verwenderfeindlicher Auslegung auch gröbliche oder sonst
schwerwiegende Beeinträchtigungen gestattet, wäre jedoch mit dem wesentlichen Grundgedanken
des § 93 Abs. 1, wonach Urhebern, ausübenden Künstlern und Lichtbildnern auch im Filmbereich
ein Restbestand an Integritätsschutz zukommen soll, nicht vereinbar und daher gem. § 307 Abs. 2
Nr. 1 BGB unwirksam.[59] Salvatorische Klauseln, die Einschränkungen des Integritätsschutzes im
Filmbereich dadurch zu retten versuchen, indem sie jene auf das reduzieren, was gesetzlich oder
rechtlich zulässig ist, sind so inhaltlich unbestimmt, dass sie gegen das Transparenzgebot des § 307
Abs. 1 S. 2 verstoßen und deshalb unwirksam sind.[60]

III. Namensnennung ausübender Künstler (§ 93 Abs. 2)

Während das Recht der an einem Filmwerk beteiligten Urheber auf Anerkennung ihrer Urheber- 20
schaft gem. § 13 im Filmbereich ohne weitere Einschränkungen gilt, reduziert § 93 Abs. 2 das entsprechende **Recht ausübender Künstler auf Anerkennung ihrer Interpretenschaft gem. § 74
Abs. 1.** Demnach ist die Nennung jedes einzelnen an einem Film mitwirkenden ausübenden Künstlers nicht erforderlich, wenn sie einen unverhältnismäßigen Aufwand bedeutet. Auf beteiligte Lichtbildner (§§ 72 Abs. 1, 13) ist die Regelung entsprechend anwendbar, da auch sie keine persönliche
geistige Schöpfung, sondern nur eine Leistung einbringen.

Ob der **Aufwand zur Nennung unverhältnismäßig** ist, ist unter Berücksichtigung aller Um- 21
stände des Einzelfalls zu beurteilen. Dabei sind die persönlichen und kommerziellen Interessen der
Interpreten und Lichtbildner an einer Nennung den Interessen des Filmherstellers gegenüberzustellen.
Auf Seiten der Leistungsschutzberechtigten sind Art, Umfang, relative Bedeutung und künstlerischer
Rang der Mitwirkungsleistung zu berücksichtigen.[61] Im Hinblick auf die Auswertungsinteressen des
Produzenten sind die konkrete Art der Auswertung und die dafür jeweils geltenden Erforderlichkeiten
und Konsumentenerwartungen von Bedeutung. So ist ein minutenlanger Abspann bei Fernsehfilmen
unter Nennung aller Schauspieler unverhältnismäßig; bei gesondert verwerteten Kinofilmen kann eine
andere Beurteilung am Platze sein.[62] Die Nennung von Hauptdarstellern ist in der Regel nicht unzumutbar (arg. § 74 Abs. 2 S. 4),[63] wobei je nach Genre (zB tägliche Telenovela) auch eine kurze
Einblendung genügen kann; bei Werbefilmen hingegen kann auch die Nennung der Hauptdarsteller
(und der Filmurheber) unterbleiben.[64]

Eine Einschränkung des Rechts auf Anerkennung der Interpretenschaft gem. § 74 Abs. 1 findet 22
sich auch in § 74 Abs. 2. Demnach können einzelne ausübende Künstler, die gemeinsam eine Darbietung erbracht haben, nur verlangen, als Künstlergruppe genannt zu werden, wenn die Nennung jedes
einzelnen von ihnen einen unverhältnismäßigen Aufwand erfordert (zB Orchestermusiker). § 93
Abs. 2 betrifft einen anderen Tatbestand, nämlich die Mitwirkung mehrerer ausübender Künstler mit
je eigenständigen Darbietungen an einem Film (zB Schauspieler). Eine analoge Anwendung des § 93
Abs. 2 auf **Künstlergruppen, die in gemeinsamer Darbietung an einem Film mitwirken** (zB
Chöre, Orchester, Ballette), ist aufgrund des Ausnahmecharakters der Vorschrift abzulehnen. Ihre
Nennung darf daher nur unterbleiben, wenn unter Berücksichtigung der Verkehrssitte ggf. still-
schweigend etwas anderes vereinbart ist.[65]

IV. Rechtsfolgen bei Verstößen gegen § 93

Im Falle des Vorliegens einer gröblichen Entstellung oder sonstigen gröblichen Beeinträchtigung 23
nach § 93 Abs. 1 (iVm §§ 14 und 75) regeln sich die **Rechtsfolgen nach den §§ 97 ff.**[66] Unter
Berücksichtigung aller Umstände des Einzelfalls kann eine gröbliche Beeinträchtigung ggf. dadurch
beseitigt werden, dass dem Filmhersteller die Nennung des betroffenen Urhebers, Interpreten oder
Lichtbildners untersagt wird.[67] Unter Beachtung der Grundsätze der Verhältnismäßigkeit kann ggf.
auch der Unterlassungsanspruch aus § 97 Abs. 1 auf einen Anspruch auf Unterlassung der Namensnennung reduziert sein.[68] Gröbliche Entstellung bedeutet nicht notwendigerweise eine höhere Geldentschädigung iSd § 97 Abs. 2 S. 4. So kann der Filmhersteller durch eine Erklärung im Vorspann

---

[58] BGH GRUR 1984, 45 (51) – Honorarbedingungen Sendevertrag; ferner *Grün* ZUM 2004, 733 (737).
[59] Im Ergebnis auch Fromm/Nordemann/*J. B. Nordemann* UrhG § 93 Rn. 25.
[60] KG GRUR-RR 2012, 362 (366) – Synchronsprecher (zu § 93 Abs. 2).
[61] Fromm/Nordemann/*J. B. Nordemann* UrhG § 93 Rn. 28.
[62] BeckOK/*Diesbach/Vohwinkel* UrhG § 93 Rn. 27 ff.
[63] Ähnlich Dreier/Schulze/*Schulze* UrhG § 93 Rn. 19.
[64] Dreier/Schulze/*Schulze* UrhG § 93 Rn. 19; Fromm/Nordemann/*J. B. Nordemann* UrhG § 93 Rn. 28.
[65] AA Fromm/Nordemann/*J. B. Nordemann* UrhG § 93 Rn. 27.
[66] → § 14 Rn. 43; s. auch die Hinweise bei Dreier/Schulze/*Schulze* § 93 Rn. 15.
[67] OLG Saarbrücken UFITA 79 (1977), 364; Wandtke/Bullinger/*Manegold/Czernik* UrhG § 93 Rn. 11.
[68] Vgl. Dreier/Schulze/*Schulze* UrhG § 93 Rn. 16.

(„Kriminalspiel in freier Bearbeitung eines Buches von . . .") der Gefahr der Rufschädigung des Autors der Vorlage weitgehend vorbeugen.[69]

§ 94 Schutz des Filmherstellers

(1) [1]Der Filmhersteller hat das ausschließliche Recht, den Bildträger oder Bild- und Tonträger, auf den das Filmwerk aufgenommen ist, zu vervielfältigen, zu verbreiten und zur öffentlichen Vorführung, Funksendung oder öffentlichen Zugänglichmachung zu benutzen. [2]Der Filmhersteller hat ferner das Recht, jede Entstellung oder Kürzung des Bildträgers oder Bild- und Tonträgers zu verbieten, die geeignet ist, seine berechtigten Interessen an diesem zu gefährden.

(2) [1]Das Recht ist übertragbar. [2]Der Filmhersteller kann einem anderen das Recht einräumen, den Bildträger oder Bild- und Tonträger auf einzelne oder alle der ihm vorbehaltenen Nutzungsarten zu nutzen. [3]§ 31 und die §§ 33 und 38 gelten entsprechend.

(3) Das Recht erlischt fünfzig Jahre nach dem Erscheinen des Bildträgers oder Bild- und Tonträgers oder, wenn seine erste erlaubte Benutzung zur öffentlichen Wiedergabe früher erfolgt ist, nach dieser, jedoch bereits fünfzig Jahre nach der Herstellung, wenn der Bildträger oder Bild- und Tonträger innerhalb dieser Frist nicht erschienen oder erlaubterweise zur öffentlichen Wiedergabe benutzt worden ist.

(4) §§ 20b, 27 Abs. 2 und 3 sowie die Vorschriften des Abschnitts 6 des Teils 1 sind entsprechend anzuwenden.

Schrifttum: *Dünnwald,* Zum Leistungsschutz an Tonträgern und Bildtonträgern, UFITA 76 (1976) 165; *Fuhr,* Der Anspruch des Sendeunternehmens nach §§ 94, 54 bei Auftragsproduktionen, Fs. für Reichardt, 1990, S. 29; *Hertin,* Wo bleibt der internationale Leistungsschutz für Filme?, ZUM 1990, 442; *Katzenberger,* Vom Kinofilm zum Videogramm, GRUR-FS., 1991, S. 1401; *ders.,* Kein Laufbildschutz für ausländische Videospiele in Deutschland, GRUR-Int 1992, 513; *ders.,* Die rechtliche Stellung des Filmproduzenten im internationalen Vergleich, ZUM 2003, 712; *Klatt,* Zur Reichweite des Laufbildschutzes bei der Frage der freien Benutzung iS des § 24 UrhG, AfP 2008, 350; *Kreile, J.,* Das Leistungsschutzrecht des § 94 UrhG als Besonderheit im Europäischen Binnenmarkt (?) – Zur Stellung des Produzenten, Fs. für Kreile, 1990, S. 119; *Kreile J./Höfinger,* Der Produzent als Urheber, ZUM 2003, 719; *Krüger-Nieland,* Beteiligung der Sendeanstalten an den Erlösen aus den Geräte- bzw. Leerkassettenvergütungen, GRUR 1983, 345; *Loewenheim,* Die Beteiligung der Sendeunternehmen an den gesetzlichen Vergütungsansprüchen im Urheberrecht, GRUR 1998, 513; *Lütje,* Die Rechte der Mitwirkenden am Filmwerk, 1987; *Movsessian,* Urheberrechte und Leistungsschutzrechte an Filmwerken, UFITA 79 (1977) 213; *Pense,* Der urheberrechtliche Filmherstellerbegriff des § 94, ZUM 1999, 121; *Reupert,* Der Film im Urheberrecht, 1995; *Rossbach,* Die Vergütungsansprüche im deutschen Urheberrecht, 1990; *Schack,* Ansprüche der Sendeanstalten bei Videonutzung ihrer Sendungen, GRUR 1985, 197; *ders.,* Der Vergütungsanspruch der in- und ausländischen Filmhersteller aus § 54 I UrhG, ZUM 1989, 267; *Schorn,* Zur Frage der Änderung von § 87 Absatz 3 und anderer Vorschriften des Urheberrechtsgesetzes im Rahmen der Urheberrechtsreform, GRUR 1982, 644; *Stolz,* Der Begriff der Herstellung von Ton- und Bildtonträgern und seine Abgrenzung zum Senderecht, UFITA 96 (1983) 55; *ders.,* Die Rechte der Sendeunternehmen über den Schutz der ausübenden Künstler, das Wahrnehmung, 1987; *Ulmer,* Zur Neuregelung des Filmrechts, GRUR 1952, 5; *ders.,* Kinematographie und Urheberrecht, GRUR-Int 1953, 182; *ders.,* Der Rechtsschutz der ausübenden Künstler, der Hersteller von Tonträgern und der Sendegesellschaften, 1957 (zit. Rechtsschutz); *ders.,* Das Rom-Abkommen über den Schutz der ausübenden Künstler, der Hersteller von Tonträgern und der Sendeunternehmen, GRUR-Int 1961, 569; *ders.,* Urhebervertragsrecht, 1977; *Vogel,* Überlegungen zum Schutzumfang der Leistungsschutzrechte des Filmherstellers, Fs. für Loewenheim, S. 367; *Weber,* Die urheberrechtliche Stellung des unabhängigen Film- und Fernsehproduzenten, 2007.

Übersicht

---

[69] Vgl. KG UFITA 59 (1971), 279 (284) – Kriminalspiel; Wandtke/Bullinger/*Manegold/Czernik* UrhG § 93 Rn. 38; Dreier/Schulze/*Schulze* UrhG § 93 Rn. 15.

I. Zweck, Entstehung und Bedeutung des § 94. Einordnung in die Systematik der §§ 88 ff.

1. Zweck des § 94 ist wie derjenige der §§ 88 ff. insgesamt die Stärkung der Rechtsstellung des 1
Filmherstellers.[1] Die vom Gesetzgeber hierzu eingesetzten Mittel sind bei den §§ 88–93 Bestimmungen über den Übergang von Rechten der Urheber und ausübenden Künstler (§§ 88, 89, 92) und von
Rechten an den Filmeinzelbildern (§ 89 Abs. 4 nF, früher § 91) auf den Filmhersteller, der Ausschluss
bestimmter vertragsrechtlicher Befugnisse der Urheber (§ 90) und ausübenden Künstler (§ 92 Abs. 3)
sowie die Einschränkung persönlichkeitsrechtlicher Befugnisse aller Beteiligten (§ 93). Gemeinsames
Merkmal der §§ 88–93 ist somit eine Schwächung der Rechtspositionen der Urheber und Inhaber
verwandter Schutzrechte als Partnern des Filmherstellers. Demgegenüber normiert § 94 ein **eigenes,
mit dem Urheberrecht verwandtes Schutzrecht des Filmherstellers,** das diesem originär, also
nicht wie in den Fällen der §§ 88, 89 und 92 als vertraglich abgeleitetes Recht, zusteht und die organisatorische und wirtschaftliche Leistung des Filmherstellers honorieren soll.[2] Es tritt neben das Urheberrecht der Filmurheber am Filmwerk.

2. Das Schutzrecht des Filmherstellers nach § 94 ist im Zusammenhang mit den ähnlich motivierten 2
verwandten Schutzrechten der **Hersteller von Tonträgern** (§§ 85, 86), der **Sendeunternehmen**
(§ 87) und der **Datenbankhersteller** (§§ 87a ff.) zu sehen; insbes. ist § 94 dem Schutzrecht des Tonträgerherstellers nachgebildet. Die **historische Entwicklung** beider Rechte aber verlief verschieden.
Während der Gesetzgeber zugunsten der Hersteller von Schallplatten bereits im Jahre 1910 aktiv wurde
und ein fiktives Bearbeiterurheberrecht der ausübenden Künstler schuf, das diese dem Hersteller übertrugen (→ § 85 Rn. 2), wurde im Bereich des Filmes lange Zeit darum gerungen, ob dem Filmhersteller nicht sogar das Urheberrecht am Filmwerk zustehen sollte. Im RefE von 1954 war ein solches Urheberrecht des Filmherstellers in Form einer gesetzlichen Fiktion vorgesehen. Als sich dieses aber nicht
durchsetzen ließ, beließen es die folgenden amtlichen Gesetzentwürfe hinsichtlich der Frage der Urheberschaft am Filmwerk bei den allgemeinen Regeln und räumten dem Filmhersteller, der danach nur
in Einzelfällen, nämlich bei eigener schöpferischer Mitarbeit am Filmwerk, ein (Mit-)Urheberrecht
erwerben konnte, ein eigenes verwandtes Schutzrecht ein.[3] Sie folgten damit Anregungen aus der Wissenschaft.[4] Auch der Schutz der Sendeunternehmen durch ein verwandtes Schutzrecht ging dem des
Filmherstellers voraus; es war bereits in § 84 des RefE von 1954 vorgesehen.

Die historische Entwicklung in Deutschland und die Diskussion um die Filmurheberschaft hier 3
spiegeln sich auch im größeren **internationalen Rahmen** wider. Während der internationale Schutz
der Hersteller von Tonträgern und der Sendeunternehmen in speziellen, nichturheberrechtlichen
internationalen Abkommen geregelt ist, fehlt für das verwandte Schutzrecht des Filmherstellers bislang
ein solches besonderes Schutzinstrument.[5] Dagegen überlässt Art. 14bis RBÜ (Stockholmer und Pariser Fassung), ausgehend von unterschiedlichen nationalen Vorstellungen über die Filmurheberschaft,
die Regelung der Frage, wer Urheber des Filmwerks ist, den Verbandsländern, sieht aber für diejenigen Länder, welche als Inhaber des Urheberrechts am Filmwerk Personen anerkennen, die Beiträge
bei der Herstellung des Filmwerks geleistet haben, ähnlich wie §§ 88, 89 Vermutungen über einen
Übergang von Rechten auf den Filmhersteller vor.[6]

3. Nach **früherem Recht** war der Filmhersteller auf den vertraglichen Erwerb abgeleiteter 4
Rechte von den Filmurhebern und Urhebern von zur Filmherstellung benutzten Werken sowie von
den Urhebern der Filmeinzelbilder und auf den wettbewerbsrechtlichen Schutz nach § 1 UWG aF
angewiesen;[7] beim Tonfilm konnte er das bezüglich der Tonspur des Filmes nicht zum Zuge kommende fiktive Bearbeiterurheberrecht des ausübenden Künstlers nicht erwerben.[8] Demgegenüber
garantiert § 94 dem Filmhersteller einen von abgeleiteten Rechten unabhängigen, eigenständigen
Schutz durch ein ausschließliches und einheitliches Schutzrecht, das sowohl den Bild- als auch den
Tonteil eines Filmes umfasst. Die besondere Bedeutung dieses Schutzrechts liegt darin, dass es unabhängig davon ist, ob auf dem vom Filmhersteller hergestellten Filmträger ein urheberrechtlich geschütztes Filmwerk oder nur Laufbilder iSd § 95 aufgezeichnet sind (→ Rn. 10) und dass es den
Filmhersteller auch dann schützt, wenn er von den Urhebern nur beschränkte ausschließliche Nutzungsrechte erworben hat (→ Rn. 23). Daneben gewährleistet § 94 dem Filmhersteller die Teilnahme an gesetzlichen Vergütungsansprüchen im Rahmen der gesetzlichen Schranken des Urheberrechts, auf die § 94 Abs. 4 verweist, kraft eigenen Rechts, mit deren vertraglichem Erwerb von den
Filmurhebern und am Film mitwirkenden ausübenden Künstlern er nach §§ 88, 89 und 92 nicht

---

[1] → Vor §§ 88 ff. Rn. 9.
[2] S. AmtlBegr. BT-Drs. IV/270, 36 vor 9., S. 102 zu § 104, jetzt § 94.
[3] → Vor §§ 88 ff. Rn. 7, 52 ff.
[4] Insbes. von *Ulmer* GRUR 1952, 5 (7 ff.) und GRUR-Int 1953, 182 (189).
[5] S. dazu Dreier/Schulze/*Schulze* Rn. 2; Fromm/Nordemann/*J. B. Nordemann* Rn. 7; *Hertin* ZUM 1990, 442
(444 f.); *Katzenberger* FS GRUR, 1991, 1401 (1414, 1440 f.); *Katzenberger* GRUR-Int 1992, 513 (515 ff.); *Reimer*
GRUR-Int 1973, 315 (319); *Ulmer* Rechtsschutz S. 70 ff., GRUR-Int 1961, 569 (592) und GRUR-Int 1972, 68 (70).
[6] S. dazu *Ulmer* § 36 I; → Vor §§ 88 ff. Rn. 72.
[7] S. *Ulmer,* 2. Aufl. 1960, § 35 IV; → § 91 Rn. 5.
[8] S. *Ulmer,* 2. Aufl. 1960, §§ 35 IV 2, 97 I 2.

rechnen kann[9] und dem seit dem Jahr 2002 auch § 63a zwingend entgegensteht. In anderer Hinsicht, insbes. im Hinblick auf die Schutzdauer (→ Rn. 38), kann dagegen der Schutz des Filmherstellers kraft vertraglich (§§ 88, 89, 92) oder, bis zur Aufhebung der Vorschrift im Jahre 2003, gesetzlich (§ 91) erworbener ausschließlicher Nutzungsrechte uU weiter reichen als derjenige aufgrund des Schutzrechts nach § 94. Besondere Bedeutung in der Praxis kommt § 94 auf dem Gebiet der Bekämpfung der **Videopiraterie** und dem illegalen **Filesharing** zu.

II. Rechtsnatur, Inhalt und Umfang des verwandten Schutzrechts des Filmherstellers

5   **1.** Seiner **Rechtsnatur** nach gehört das Schutzrecht des Filmherstellers in gleicher Weise wie die Schutzrechte des Veranstalters (§ 81), des Herstellers von Tonträgern (§§ 85, 86), des Sendeunternehmens (§ 87) und des Datenbankherstellers (§ 87a ff.) zu den mit dem Urheberrecht verwandten Schutzrechten, die einen **besonderen unternehmerischen Aufwand** sichern.[10] Ihr gemeinsames Kennzeichen liegt im Schutz von organisatorischen, technischen und wirtschaftlichen Leistungen, die im Zusammenhang mit der Vermittlung der Werke der Urheber und der Leistungen der ausübenden Künstler gegenüber der Allgemeinheit erbracht werden.[11] In der Nähe dieser Leistungen zu denen der ausübenden Künstler, die eine Abstimmung der Schutzrechte erforderlich machen, liegt die besondere Rechtfertigung für die gemeinsame Regelung in ein und demselben Gesetz.[12] Wie die genannten anderen Unternehmensschutzrechte weist auch das Schutzrecht des Filmherstellers einen starken **wettbewerbsrechtlichen Bezug** auf, es erscheint als Konkretisierung und Sondertatbestand des wettbewerbsrechtlichen Verbots der unmittelbaren Leistungsübernahme,[13] **erschöpft sich aber darin nicht,** wie sich insbes. daraus ergibt, dass § 94 Abs. 4 dem Filmhersteller auch die gesetzlichen Vergütungsansprüche nach § 27 Abs. 2 und 3 und im Rahmen der gesetzlichen Schranken des Urheberrechts gewährt.[14]

6   Das Schutzrecht des Filmherstellers umfasst nach **§ 94 Abs. 1 S. 2** das Recht, „jede Entstellung oder Kürzung des Bildträgers oder Bild- und Tonträgers zu verbieten, die geeignet sind, seine berechtigten Interessen an diesem zu gefährden". Es handelt sich dabei aber nur um einen dem **Urheberpersönlichkeitsrecht** und dem persönlichkeitsrechtlichen Schutz der ausübenden Künstler **nachgebildeten Schutz** des Filmherstellers ausschließlich zum Schutz seiner **wirtschaftlichen Interessen.**[15] Das Schutzrecht des § 94 kann daher auch einer juristischen Person zustehen[16] und ist insgesamt, dh einschließlich des Rechts nach § 94 Abs. 1 S. 2, übertragbar (§ 94 Abs. 2 S. 1).[17]

7   **2.** Das Schutzrecht des Filmherstellers bezieht sich auf den vom Filmhersteller geschaffenen **Bildträger** oder **Bild- und Tonträger (Filmträger)**[18] und dessen Verwertung, nicht auf das auf ihm aufgezeichnete Filmwerk oder Laufbild. Wie bei den verwandten Schutzrechten der ausübenden Künstler, der Hersteller von Tonträgern und der Sendeunternehmen ist auch der Schutz, den § 94 gewährt, **inhaltlich auf die technische Übernahme** der Leistung des Filmherstellers **beschränkt,** er erstreckt sich insbes. nicht auf nachschaffende Leistungen bzw. nachahmende Verwertungen,[19] zB in der Form einer Neuverfilmung desselben Stoffes oder der Produktion eines Fortsetzungsfilms (zB Sequel, Prequel, Spin off). Insoweit kann Schutzgrundlage nur das Urheberrecht am Filmwerk und an den zur Filmherstellung benutzten Werken oder das Wettbewerbsrecht sein. Aus der Anknüpfung des Schutzrechts des § 94 an einen Filmträger folgt, dass dieses Schutzrecht an **Live-Sendungen des Fernsehens nicht** entstehen kann,[20] obwohl auch solche Sendungen im Rechtssinne Filme sind.[21]

8   Wie alle verwandten Schutzrechte unterscheidet sich auch dasjenige des Filmherstellers vom Urheberrecht dadurch, dass es keinen umfassenden Schutz gewährt, sondern nur die in **abschließender Regelung gesetzlich ausdrücklich vorgesehenen Befugnisse.**[22] In diesen Grenzen aber gewährt

---

[9] → Rn. 29 sowie → § 88 Rn. 49, → § 89 Rn. 19, → § 92 Rn. 3, 13.

[10] → Einl. UrhG Rn. 37 ff.; allerdings erfordert das Schutzrecht keinen bestimmten „Mindestaufwand", s. OLG Hamburg ZUM 2011, 220 (224); Dreier/Schulze/*Schulze* Rn. 24.

[11] Für den Filmherstellerschutz: BGH GRUR 2018, 400 (401) – Konferenz der Tiere; BGH GRUR 2010, 620 (622 f.) – Film-Einzelbilder; BGH GRUR 2008, 693 (694) – TV-Total; für den Tonträgerherstellerschutz: BGH GRUR 2009, 403 Rn. 13 – Metall auf Metall; BGH GRUR 2013, 614 (615) – Metall auf Metall II; s. aber zur ggf. kunstspezifischen Einschränkung des Leistungsschutzes BVerfG ZUM 2016, 626 – Sampling, sowie den Vorlagebeschluss des BGH GRUR 2017, 895 – Metall auf Metall III, hierzu auch *Ohly* GRUR 2017, 964; s. jetzt auch EuGH GRUR 2019, 929 – Pelkam/Hutter ua [Metall auf Metall].

[12] S. *Ulmer* §§ 3 II, 120 II 2.

[13] S. *v. Gamm* Einf. Rn. 37.

[14] Zur Parallele des Schutzrechts des Tonträgerherstellers → § 85 Rn. 13 mwN.

[15] S. *Ulmer* § 126 I 2; *v. Gamm* Rn. 1, 6 sowie Einf. Rn. 37; *Möhring/Nicolini,* 2. Aufl. 2000, Rn. 25 ff., 28; Fromm/Nordemann/*J. B. Nordemann* Rn. 45; *Rehbinder/Peukert* § 35 III; vom Schutz auch ideeller Interessen des Filmherstellers sprechen Dreier/*Schulze* Rn. 43.

[16] Möhring/Nicolini/*Diesbach/Vohwinkel* Rn. 10.

[17] AmtlBegr. BT-Drs. IV/270, 102 zu § 104 jetzt § 94 u. allgM.

[18] Vgl. → Vor §§ 88 ff. Rn. 22.

[19] S. allg. *Ulmer* § 120 II 3; sa OLG München ZUM 1992, 307 (312) – Christoph Columbus I.

[20] S. AmtlBegr. BT-Drs. IV/270, 102 zu § 104, jetzt § 94, u. fast allgM; s. zB Dreier/Schulze/*Schulze* Rn. 21; Fromm/Nordemann/*J. B. Nordemann* Rn. 35.

[21] → Vor §§ 88 ff. Rn. 21, 22.

[22] S. *v. Gamm* Rn. 1, 6.

das Schutzrecht des Filmherstellers mehr Rechte als dasjenige des Tonträgerherstellers, nämlich nicht nur das ausschließliche Recht zur Vervielfältigung, Verbreitung und öffentlichen Zugänglichmachung des Filmträgers, sondern auch das, den Filmträger zur öffentlichen Vorführung und zur Funksendung zu benutzen (§ 94 Abs. 1 S. 1).[23] Dagegen entfallen für den Filmhersteller im Vergleich mit dem Tonträgerhersteller (s. § 86) Rechte auf eine Beteiligung an den Ansprüchen der ausübenden Künstler auf eine Vergütung für die Zweitverwertung eines erschienenen Filmträgers: Zum einen schloss jedenfalls § 92 aF (1965) bei Filmwerken solche Ansprüche der ausübenden Künstler aus, so dass diese unter Geltung dieser Bestimmung überhaupt nur bei der Funksendung oder öffentlichen Wiedergabe von Laufbildern bestehen konnten,[24] zum anderen sind die Hersteller von Filmen anders als die Hersteller von Tonträgern insoweit bereits durch ihr ausschließliches Recht zur öffentlichen Vorführung und zur Funksendung ausreichend geschützt.[25] Gegenüber den Rechten des Urhebers kann das Filmherstellerrecht sogar weitergehen, da für den Filmhersteller auch **kleinste Teile**[26] eines Filmwerks oder Laufbildes, also beispielsweise eine nur eine Sekunde dauernde Sequenz, geschützt sind. Stehen einem Urheber Ansprüche wegen Verletzung seines Urheberrechts nur dann zu, wenn seine schöpferische Leistung auch in der Übernahme aufscheint, ist dies für eine Verletzung des verwandten Schutzrechts des Filmherstellers gerade nicht erforderlich.[27]

III. Einzelfragen des verwandten Schutzrechts des Filmherstellers

1. Schutzgegenstand

a) **Voraussetzung der Entstehung des Schutzrechts** des § 94 ist die Herstellung eines Bildträ- 9 gers oder Bild- und Tonträgers, auf dem ein Film, dh eine den Eindruck des bewegten Bildes vermittelnde Bildfolge (beim Stummfilm) oder Bild- und Tonfolge (beim Tonfilm), aufgenommen ist und der iSd § 16 Abs. 2 zur wiederholten Wiedergabe des Filmes geeignet ist; zusammenfassend kann man vom Filmträger sprechen.[28] Im Filmträger als materiellem Gut ist die organisatorische und wirtschaftliche **Leistung des Filmherstellers als Schutzgegenstand** des Schutzrechts des § 94 verkörpert.[29] Schutzgegenstand ist damit nicht der Filmträger,[30] sondern ein **immaterielles Gut;**[31] das Schutzrecht des § 94 ist ein Immaterialgüterrecht.[32] Es ist deshalb missverständlich, wenn vom Schutzrecht des Filmherstellers am Filmträger als materiellem Gut gesprochen wird.[33] Nur ein immaterieller Schutzgegenstand erklärt, warum das Schutzrecht des § 94 sich zB auch auf Vervielfältigungshandlungen erstreckt, die zwar den Film betreffen, aber als Aufzeichnungen von Fernsehsendungen von einem Filmträger nicht unmittelbar Gebrauch machen (→ Rn. 21).

b) Vom spezifischen Schutzgegenstand des § 94 zu unterscheiden ist das **Filmwerk** als Gegenstand 10 des Urheberrechtsschutzes (§ 2 Abs. 1 Nr. 6), und zwar auch dann, wenn der Filmhersteller aufgrund schöpferischer Mitwirkung an der Gestaltung des Filmwerks zusätzlich ein (Mit-)Urheberrecht neben dem Recht aus § 94 erwirbt.[34] Vom Schutzgegenstand des § 94 zu unterscheiden sind auch die Leistungen des Kameramannes als Hersteller der **Filmeinzelbilder** sowie der **ausübenden Künstler,** die selbstständige verwandte Schutzrechte nach §§ 72, 73 ff. begründen. Entsprechend der Selbstständigkeit des verwandten Schutzrechts des Filmherstellers gegenüber dem Urheberrecht am Filmwerk setzt es auch nicht die Aufnahme eines urheberrechtlich geschützten Filmwerks voraus, sondern entsteht auch dann, wenn auf einem Filmträger urheberrechtlich nicht geschützte **Laufbilder** iSd § 95 aufgezeichnet werden.[35]

c) § 94 wertet bei Tonfilmen **Bild- und Tonaufnahme** als **Einheit,** so dass der Filmhersteller das 11 verwandte Schutzrecht iS dieser Bestimmung nicht nur für den Bild-, sondern auch für den Tonteil eines solchen Filmes erwirbt;[36] er ist daher für den Tonteil eines Filmes nicht auf das schwächer ausge-

---

[23] Demgegenüber → § 85 Rn. 14.
[24] → § 92 Rn. 1, 9, 13.
[25] S. *Ulmer* § 126 I 1.
[26] → 25.
[27] BGH GRUR 2008, 693 Rn. 20 ff. – TV-Total.
[28] Zu diesen Begriffen → Vor §§ 88 ff. Rn. 20–22; *Ulmer* § 126 I.
[29] So auch BGH GRUR 2010, 620 (622) – Film-Einzelbilder; BGHZ 120, 67 (70) – Filmhersteller; BGH GRUR 2008, 693 (694) – TV-Total; ebenso die Vorinstanz OLG Frankfurt a. M. ZUM 2005, 477 (478) – TV-total; Dreier/Schulze/*Schulze* Rn. 20; *v. Gamm* Rn. 5; ähnlich *Schorn* GRUR 1982, 644.
[30] So aber Fromm/Nordemann/*J. B. Nordemann* Rn. 32.
[31] So auch OLG Frankfurt a. M. ZUM 2005, 477 (479) – TV-total.
[32] Im letzteren Punkt aA *v. Gamm* Rn. 1 sowie Einf. Rn. 33 aufgrund der Prämisse, dass ein Immaterialgüterrecht umfassenden Schutz seines Gegenstands voraussetze; ihm folgend *Movessian* UFITA 79 (1977), 213 (235); wie hier *Schack* Rn. 713.
[33] Vgl. zB *Dünnwald* UFITA 76 (1976), 165 (167); auch *Stolz* UFITA 96 (1983), 55 (72); wie hier BGH GRUR 2008, 693 (694) – TV-Total; OLG Frankfurt a. M. ZUM 2005, 477 (479) – TV-total.
[34] → Vor §§ 88 ff. Rn. 52 ff.
[35] S. die Verweisung auf § 94 in § 95; zum Ergebnis BGH GRUR 2008, 693 (694) – TV-Total; OLG Frankfurt a. M. ZUM 2005, 477 (479) – TV-total; LG Hamburg ZUM-RD 2007, 96 (97) – DVD-Konzertaufnahme; *Ulmer* § 126 III 1; Dreier/Schulze/*Schulze* Rn. 23; Fromm/Nordemann Rn. 33; *v. Gamm* Rn. 5; *Schack* Rn. 714.
[36] Vgl. AmtlBegr. BT-Drs. IV/270, 102 zu § 104, jetzt § 94; Dreier/Schulze/*Schulze* Rn. 30; Fromm/Nordemann/*J. B. Nordemann* Rn. 39; Möhring/Nicolini/*Diesbach/Vohwinkel* Rn. 25.

staltete Schutzrecht des Tonträgerherstellers (§§ 85, 86) verwiesen und kann aufgrund § 94 Abs. 1 S. 1 zB die Funksendung nur dieses Tonteils im Hörrundfunk untersagen, ein Recht, das ihm nach §§ 85, 86 nicht zustünde (→ Rn. 25). Das Schutzrecht des § 94 greift dabei auch dann Platz, wenn, wie in der Praxis häufig, Bildfolgen und Tonfolgen eines Filmes aus technischen Gründen auf verschiedenen, getrennten Trägern festgehalten werden.[37]

12   **d) Filmträger,** dh (→ Rn. 9) Bildträger oder Bild- und Tonträger iSd § 94, ist entsprechend dem in → § 85 Rn. 18 ff. Gesagten das **erste Festlegungsexemplar** eines Filmes, auch wenn es sich dabei um ein Filmnegativ handelt.[38] Der Schutz gegen Vervielfältigung und sonstige Verwertung durch Dritte aufgrund von Kopien und Aufzeichnungen nach Fernsehsendungen folgt aus dem immateriellen Schutzgegenstand des § 94.[39] Daraus und aus einer entsprechenden Anwendung des § 85 Abs. 1 S. 3 folgt auch, dass das Schutzrecht des § 94 durch bloße **Kopien** und **Aufzeichnungen** nach einem schon aufgenommenen Film **nicht** erneut begründet wird.[40] Daher erwirbt auch der Hersteller von **Schmalfilmen, Videokassetten,** einschließlich der **Video-Masterbänder,** oder **DVDs/Blu-rays** durch die bloße Übertragung von Spielfilmen auf eines dieser Medien kein eigenes Schutzrecht aus § 94.[41] Die Beschränkung des Schutzrechts des § 94 auf die **Erstfixierung** eines Filmes ergibt sich nunmehr auch aus Art. 1 Abs. 1 lit. d und 9 Abs. 1 lit. d der europäischen **Vermiet- und Verleihrechtlinie,**[42] welche die dort vorgesehenen Rechte ausdrücklich nur dem Hersteller „der erstmaligen Aufzeichnung eines Films" gewähren. Der deutsche Gesetzgeber hat anlässlich der Umsetzung dieser Richtlinie dieses Kriterium gleichwohl nicht in den Wortlaut des § 94 übernommen. In der AmtlBegr.[43] heißt es zur Begründung dieses Verzichts, dass die hM diese Vorschrift auch bisher schon in diesem Sinne verstehe. Nur bei dieser Auslegung sei sie richtlinienkonform. Von dieser Auslegung ist demzufolge nunmehr zwingend auszugehen.

13   **e)** Da Schutzgrund des § 94 der besondere unternehmerische Aufwand des Filmproduzenten ist,[44] kann für bloße **Einblendungen** von Ton- oder Bildfolgen eines schon bestehenden Tonträgers oder Filmes in einen weiteren Film nichts anderes gelten: Im Hinblick auf die eingeblendeten Teile entsteht das Schutzrecht des § 94 nicht erneut.[45] Entsprechend kann das Schutzrecht des § 94 auch nicht dadurch begründet werden, dass **Ausschnitte** (sog. **Klammerteile**) aus existierenden Filmen ohne relevanten unternehmerischen Aufwand **zu einem neuen Film zusammengefügt** werden.[46]

14   **f)** Das Schutzrecht des § 94 entsteht auch nicht, wenn **Live-Sendungen des Fernsehens beim Empfang erstmals aufgezeichnet** werden, da es auch hier an der von § 94 vorausgesetzten besonderen Herstellerleistung fehlt: andernfalls müssten sich uU Millionen von Videorecorder- und DVD-Brenner-/Festplattenbesitzern um das Schutzrecht streiten.[47] Geht man wie hier (→ Rn. 16, 20) davon aus, dass auch Sendeunternehmen an den von ihnen nur zu Sendezwecken hergestellten Filmen das Schutzrecht des § 94 erwerben, so ist ebenfalls kein Raum für das Entstehen eines neuen gleichen Schutzrechts, wenn das Sendeunternehmen einem Filmhersteller eine **Lizenz für eine Videoproduktion** auf der Grundlage des **Fernsehfilms** erteilt.[48]

15   **g)** Das Schutzrecht des § 94 wird nicht begründet durch bloße **technische Verbesserung** und **Restaurierung** alter Filme.[49] Anderes gilt aber für die **Nachkolorierung** alter Schwarzweißfilme. Das hierbei angewendete aufwendige computergestützte Verfahren ist der Neuproduktion von Filmen mittels entsprechender Computerprogramme und von Zeichentrickfilmen gleichzuachten; der weite

---

[37] Dreier/Schulze/*Schulze* Rn. 30; *Möhring/Nicolini,* 2. Aufl. 2000, Rn. 19; *Stolz* UFITA 96 (1983), 55 (81).
[38] Dreier/Schulze/*Schulze* Rn. 26; Fromm/Nordemann/*J. B. Nordemann* Rn. 34; Möhring/Nicolini/*Diesbach/ Vohwinkel* Rn. 26; OLG Düsseldorf GRUR 1979, 53 (54) – Laufbilder.
[39] → Rn. 9; im Ergebnis ebenso unter Hinweis auf den Sinn und Zweck des § 94 OLG Düsseldorf GRUR 1979, 53 (54) – Laufbilder.
[40] Ebenso OLG Stuttgart ZUM-RD 2003, 586 (589) – Sex-Aufnahmen; Dreier/Schulze/*Schulze* Rn. 21, 26; *Dünnwald* UFITA 76 (1976), 165 (171, 176); Fromm/Nordemann/*J. B. Nordemann* Rn. 28, 34; zur Filmherstellereigenschaft des Synchronproduzenten s. OLG Rostock ZUM 2016, 665 = GRUR-RS 2016, 03479; LG Köln ZUM 2015, 164 (166) mwN sowie LG Hamburg ZUM 2015, 164.
[41] Ebenso Dreier/Schulze/*Schulze* Rn. 26; *Dünnwald* UFITA 76 (1976), 165 (176); Fromm/Nordemann/*J. B. Nordemann* Rn. 28; *Schack* Rn. 714; *Rehbinder* in Poll (Hrsg.) S. 99 ff., der aber meint, dass bei Herstellung einer „neuen Fassung" ein Schutzrecht entstehen könne.
[42] Hier zitiert in der kodifizierten Fassung.
[43] BT-Drs. 13/115, 16 zu Nr. 7.
[44] → Rn. 5 sowie → Vor §§ 88 ff. Rn. 1, 39.
[45] AA *Dünnwald* UFITA 76 (1976), 165 (169, 176) mit dem Argument, dass für die Entstehung des Schutzrechts eine neue Programmentscheidung genüge; wie hier wohl *Schorn* GRUR 1982, 644 (647).
[46] So auch Fromm/Nordemann/*J. B. Nordemann* Rn. 29; sa OLG Stuttgart ZUM-RD 2003, 586 (589) – Sex-Aufnahmen.
[47] Ebenso grundsätzlich für das Recht des Tonträgerherstellers → § 85 Rn. 25; aA *Dünnwald* UFITA 76 (1976), 165 (171, 179 f.); wie hier Dreier/Schulze/*Schulze* Rn. 26; *Schack* Rn. 714.
[48] AA ausgehend davon, dass das Sendeunternehmen in solchen Fällen das Schutzrecht des § 94 nicht erwirbt, *Dünnwald* UFITA 76 (1976), 165 (171 f.); *Schorn* GRUR 1982, 644 (645 f.).
[49] Ebenso Dreier/Schulze/*Schulze* Rn. 16; Fromm/Nordemann/*J. B. Nordemann* Rn. 31; *Schack* Rn. 714; zur Parallele des Schutzrechts des Tonträgerherstellers → § 85 Rn. 27 mwN.

Filmbegriff des UrhG[50] lässt an der Entstehung des Schutzrechts des § 94 bei solchen Filmen keinen Zweifel zu.[51] Gleiches wird auch für die Herstellung von **3D-Versionen** von Filmen (zB Avatar) bzw. die Konvertierung von älteren Filmen in 3D-Fassungen (zB Star Wars, Titanic) gelten. Wird der Tonteil eines Filmes durch **Synchronisation** ganz oder teilweise neu geschaffen, so hat dies die Entstehung des Schutzrechts des § 94 daran zur Folge.[52]

h) Auf die **Zweckbestimmung einer Filmproduktion** kommt es für die Entstehung des **16** Schutzrechts des § 94 nicht an.[53] Demzufolge entsteht das Schutzrecht des Filmherstellers nicht nur an **Kinofilmen,** sondern auch an **Fernsehfilmen,** die von den Sendeunternehmen lediglich zu Zwecken der Sendung aufgezeichnet werden.[54] Eine andere Frage ist, inwieweit sich der besondere Rechtsausschluss des Sendeunternehmens nach § 87 Abs. 3 auch auf die Rechte dieses Unternehmens aus § 94 (und § 85) auswirkt (dazu → Rn. 30, 31). Das Schutzrecht des § 94 kommt im Übrigen auch originären, dh primär für die Videoauswertung bestimmten **Videofilmen** zugute.[55] Dasselbe gilt bei Filmen, die für eine Erstverwertung auf **Internetplattformen** (zB Netflix, Amazon) hergestellt werden. Da es auf die Zweckbestimmung eines Filmes nicht ankommt, sind auch **Amateurfilme,** die nicht zur Vervielfältigung und Verbreitung bestimmt sind, dem Schutzrecht des § 94 zugänglich.[56] An diesem Ergebnis ändert auch der grundsätzliche Charakter des Schutzrechts des Filmherstellers als Unternehmensschutzrecht (→ Rn. 5) nichts. Das Schutzrecht des § 94 ist dem des Tonträgerherstellers nach §§ 85, 86 nachgebildet (→ Rn. 2), und zu diesem sagt schon die Amtl-Begr.,[57] dass eine unterschiedliche Behandlung gewerblicher und nichtgewerblicher Leistungen auf diesem Gebiet nicht gerechtfertigt sei.[58] Darauf, ob der Filmamateur zugleich ein urheberrechtlich geschütztes Filmwerk hervorbringt, kommt es für das Recht aus § 94 nicht an; tut er es, so erwirbt er neben dem Schutzrecht nach § 94 auch ein Urheberrecht (→ Rn. 10). Für § 94 reicht im Übrigen eine **Leistung** aus, die über derjenigen einer bloßen Übertragung oder Aufzeichnung liegt (→ Rn. 12) und einen zum Vertrieb geeigneten Filmträger hervorbringt.

i) Die **Erstaufnahme** eines Filmes auf einen Filmträger als Voraussetzung für das Entstehen des **17** Schutzrechts des Filmherstellers darf nicht mit der **Erstmaligkeit** oder **Exklusivität** der filmischen Aufnahme eines bestimmten Gegenstandes oder Geschehens verwechselt werden. Beide sind nicht Voraussetzung des Schutzes nach § 94. Filmen mehrere Filmhersteller zB für Dokumentar-, Natur-, Kultur- oder Instruktionsfilme gleichzeitig oder nacheinander ein und denselben Gegenstand, wie eine Straßenszene, eine Landschaft, eine Theateraufführung oder eine Industrieanlage, so erwerben sie alle je ein selbstständiges Schutzrecht als Filmhersteller.[59]

k) Die Entstehung des Schutzrechts des Filmherstellers nach § 94 wird nicht dadurch gehindert, **18** dass bei der Filmherstellung **Urheberrechte oder verwandte Schutzrechte verletzt** werden.[60]

2. Der Filmhersteller als Berechtigter

a) Inhaber des Schutzrechts nach § 94 ist der **Filmhersteller.** S. zu diesem auch noch in anderen **19** Bestimmungen der §§ 88 ff. verwendeten Begriff → Vor §§ 88 ff. Rn. 31–37. Dort auch zur Bestimmung des Filmherstellers bei der **Auftragsproduktion** (→ Vor §§ 88 ff. Rn. 33–35), der **Koproduktion** (→ Vor §§ 88 ff. Rn. 36) und der **Rechtsinhaberschaft** bei der Filmherstellung in **Unternehmen** (→ Vor §§ 88 ff. Rn. 37).

b) Stellt ein **Sendeunternehmen** einen Fernsehfilm mit der ausschließlichen Bestimmung zur **20** Sendung her, den es aufzeichnet und später auch sendet, so erwirbt es für seine Herstellerleistung das **Schutzrecht nach § 94 sowie** für seine Leistung bei der Sendung das **Schutzrecht nach § 87.** Beide Schutzrechte stehen ihm nebeneinander zu.[61] Zur Bedeutung des **§ 87 Abs. 4** in diesem Fall → Rn. 30 f.

---

[50] → Vor §§ 88 ff. Rn. 20 f., 44.

[51] Im Ergebnis wie hier Dreier/Schulze/*Schulze* Rn. 17; Fromm/Nordemann/*J. B. Nordemann* Rn. 31; *Schack* Rn. 714.

[52] Ebenso OLG Rostock ZUM 2016, 665; LG Hamburg ZUM 2016, 164; Dreier/Schulze/*Schulze* Rn. 15; Fromm/Nordemann/*J. B. Nordemann* Rn. 30 und wohl auch *Schorn* GRUR 1982, 644 (647); → Rn. 11.

[53] Ebenso grundsätzlich *Dünnwald* UFITA 76 (1976), 165 (169); → § 85 Rn. 30.

[54] Ebenso Dreier/Schulze/*Schulze* Rn. 12 Fromm/Nordemann/*J. B. Nordemann* Rn. 63; *Krüger-Nieland* GRUR 1983, 345 f. (348); *Stolz* UFITA 96 (1983), 55 (72 f.); aA *Dünnwald* UFITA 76 (1976), 165 (170); *Schorn* GRUR 1982, 644 (646 f.).

[55] S. BGH GRUR 1986, 742 (743) – Videofilmvorführung; Dreier/Schulze/*Schulze* Rn. 14; dagegen zur Abgrenzung → Rn. 12.

[56] Ebenso Dreier/Schulze/*Schulze* Rn. 24; *Dünnwald* UFITA 76 (1976), 165 (173 f.); *Schack* Rn. 714; kritisch Fromm/Nordemann/*J. B. Nordemann* Rn. 18; aA wohl *Schorn* GRUR 1983, 718 (721).

[57] BT-Drs. IV/270, 96, vor § 95.

[58] → § 85 Rn. 18, 29.

[59] Ebenso Dreier/Schulze/*Schulze* Rn. 17, 27.

[60] Sa Dreier/Schulze/*Schulze* Rn. 25; Fromm/Nordemann/*J. B. Nordemann* Rn. 33.

[61] Ebenso Dreier/Schulze/*Schulze* Rn. 12; Fromm/Nordemann/*J. B. Nordemann* Rn. 63; *v. Gamm* Rn. 2; *Krüger-Nieland* GRUR 1983, 345 f. (348); *Stolz* UFITA 96 (1983), 55 (73 f., 83 f.); aA *Dünnwald* UFITA 76 (1976), 165 (170) und *Schorn* GRUR 1982, 644 (646 f.), die bei solchen Filmen bereits die Entstehung des Schutzrechts nach § 94 verneinen, → Rn. 16.

3. Die Rechte des Filmherstellers

21   **a) Ausschließliche Rechte zur Vervielfältigung, Verbreitung, öffentlichen Vorführung, Funksendung und öffentlichen Zugänglichmachung (§ 94 Abs. 1 S. 1). aa)** Die dem Filmhersteller nach § 94 Abs. 1 S. 1 gewährten ausschließlichen Rechte entsprechen den Verwertungsrechten der Urheber nach §§ 16, 17, 19 Abs. 4, 19a, 20, 20a und **20b Abs. 1.**[62] Diese Vorschriften sind zur näheren inhaltlichen Bestimmung der Rechte der Filmhersteller heranzuziehen.[63] Daraus ergibt sich hinsichtlich des **Vervielfältigungsrechts** des Filmherstellers, dass dieses entsprechend § 16 Abs. 2 auch die Aufzeichnung von im Fernsehen gesendeten Filmen erfasst.[64]

22   **bb)** Auf das **Verbreitungsrecht** des Filmherstellers ist im Einzelnen § 17 (Verbreitungsrecht des Urhebers) anzuwenden, wobei speziell im Hinblick auf § 94 Abs. 1 zB auch ein Angebot von DVDs mit Filmaufnahmen eines Rock-Sängers im Internet zum Kauf das Verbreitungsrecht des Filmherstellers verletzen kann.[65] Die urheberrechtlichen Grundsätze gelten auch für die **Erschöpfung** des Verbreitungsrechts des Filmherstellers, auch wenn § 94 Abs. 4 insoweit keine ausdrückliche Verweisung enthält.[66] Aus der Anwendbarkeit des § 17 folgt auch die **Erschöpfung des Verbreitungsrechts** des Filmherstellers entsprechend § 17 Abs. 2 in Bezug auf Filmträger (Videokassetten, DVDs etc), die mit Zustimmung des Filmherstellers in der **Europäischen Union** oder im Europäischen Wirtschaftsraum im Wege der Veräußerung in Verkehr gebracht worden sind.[67] § 17 Abs. 2 nimmt die **Vermietung** vom Erschöpfungsgrundsatz aus und begründet damit das von Art. 3 Abs. 1 der europäischen Vermiet- und Verleihrechtsrichtlinie[68] ua auch zugunsten des Filmherstellers geforderte allgemeine **ausschließliche Vermietrecht.**[69]

23   **cc)** Die ausschließlichen **Rechte zur öffentlichen Vorführung, Funksendung und öffentlichen Zugänglichmachung**[70] stehen dem Filmhersteller in jedem Fall **kumulativ** zu, gleichgültig, ob es sich im Einzelfall um einen zur Vorführung in Filmtheatern bestimmten Film, um einen Fernsehfilm, um eine originäre Videoproduktion oder um einen für einen Abrufdienst (z.B. Video-on-Demand VoD, Streaming) hergestellten Film handelt.[71] Daraus folgt auch die **praktische Bedeutung des Schutzrechts des § 94** in Fällen, in denen der Filmhersteller zwar von den Filmurhebern und den Urhebern von zur Filmherstellung benutzten Werken ausschließliche Nutzungsrechte erworben hat, diese sich aber nur auf die eine **oder** die andere Art der Nutzung erstrecken.[72] Er ist in diesen Fällen zwar selbst nicht befugt, den Film auf die Art zu verwerten, für die er das Nutzungsrecht nicht erworben hat, kann aber aufgrund seines insoweit umfassenderen Schutzrechts nach § 94 seinerseits den Urhebern und Dritten untersagen, den Film auf diese Art auszuwerten.[73]

24   Das Schutzrecht des Filmherstellers nach § 94 geht hinsichtlich des Vorführungs- und Senderechts über dasjenige des **Tonträgerherstellers** hinaus.[74] Für **originäre Videoproduktionen,** an denen das Schutzrecht des § 94 entstehen kann (→ Rn. 12, 16) und bei denen die Videogramme als Filmträger[75] in ihrer Funktion den Tonträgern gleichen, empfiehlt *Ulmer*[76] **de lege ferenda** eine Änderung des § 94, nach der das ausschließliche Recht des Herstellers zur öffentlichen Wiedergabe nur durch eine Verwertungsgesellschaft geltend gemacht werden kann, was praktisch auf einen Vergütungsanspruch hinausläuft und das Recht des Filmherstellers insoweit dem des Tonträgerherstellers annähert. In Bezug auf das **Senderecht** des Filmherstellers ist im Übrigen die Verweisung auf **§ 20b Abs. 1** in § 94 Abs. 4 nF zu beachten. Sie wurde durch das 4. UrhGÄndG

---

[62] S. speziell zu § 20a über die europäische Satellitensendung BGH GRUR 2005, 48 (49) – man spricht deutsh.

[63] Vgl. *v. Gamm* Rn. 6; Dreier/Schulze/*Schulze* Rn. 32.

[64] So auch BGH GRUR 2008, 693 (694) – TV-Total; OLG Frankfurt a. M. ZUM 2005, 477 (479) – TV-total; Dreier/Schulze/*Schulze* Rn. 33; Fromm/Nordemann/*J. B. Nordemann* Rn. 38; *Ulmer* § 126 I 1 und deutlicher zur Parallelfrage der Aufzeichnung von Schallplattensendungen § 125 II.

[65] S. zB LG Hamburg ZUM 2007, 757 (758) – Rock-Sänger.

[66] S. zur Parallele des Verbreitungsrechts des Tonträgerherstellers BGH GRUR 1986, 736 (737) – Schallplattenvermietung – mAnm *Hubmann* und OLG Hamburg GRUR 1990, 127 (128) – Super Mario III – zu § 17 Abs. 2 aF; zum Verbreitungsrecht aller Leistungsschutzberechtigten, soweit nicht im Einzelfall etwas anderes bestimmt ist, ausdrücklich die AmtlBegr. zum 3. UrhGÄndG vom 23.6.1995, BT-Drs. 13/115, 15 zu Nr. 3 im Zusammenhang mit dem Verbreitungsrecht der ausübenden Künstler nach § 75 Abs. 2 aF 1995, jetzt § 77 Abs. 1 S. 1.

[67] Dazu im Einzelnen → § 17 Rn. 42 ff. sowie zur Parallele bei den übrigen Leistungsschutzrechten insbes. → Vor §§ 73 ff. Rn. 19, → § 77 Rn. 13, → § 85 Rn. 44 und → § 87 Rn. 38.

[68] Hier zitiert in der kodifizierten Fassung.

[69] Den Sendeunternehmen ist dieses Recht durch § 87 Abs. 1 Nr. 2 vorenthalten; dazu → § 87 Rn. 89; s. zur Regelungstechnik des § 17 Abs. 2 nF in Bezug auf das Vermietrecht die AmtlBegr. BT-Drs. 13/115, 7.

[70] Letzteres Recht eingeführt durch das Gesetz vom 10.9.2003, → Vor §§ 88 ff. Rn. 8.

[71] Ebenso Dreier/Schulze/*Schulze* Rn. 37; *Dünnwald* UFITA 76 (1976), 165 (184 f.); Fromm/Nordemann/*J. B. Nordemann* Rn. 43; *Ulmer* § 126 II und Urhebervertragsrecht Rn. 54; zum Schutz des Filmherstellers gegen die Online-Verwertung seines Filmes auch schon vor Inkrafttreten des Gesetzes vom 10.9.2003 s. KG MMR 2003, 110 (111) – Paul und Paula.

[72] Vgl. dazu → § 89 Rn. 17 und → § 88 Rn. 43.

[73] S. dazu *Ulmer* § 126 II; Dreier/Schulze/*Schulze* Rn. 37; Fromm/Nordemann/*J. B. Nordemann* Rn. 43; sa BGH GRUR 1986, 742 (743) – Videofilmvorführung – zur Verletzung des Vorführungsrechts des Filmherstellers an einem Videofilm.

[74] → Rn. 8; zur Erklärung *Dünnwald* UFITA 76 (1976), 165 (185 f.).

[75] → Vor §§ 88 ff. Rn. 21.

[76] *Ulmer*, Urhebervertragsrecht, Rn. 54.

vom 8.5.1998 (BGBl. I S. 902) in die Bestimmung aufgenommen. Aus dieser Verweisung ergibt sich, dass auch das Senderecht des Filmherstellers wie dasjenige des Urhebers und des ausübenden Künstlers[77] in Bezug auf eine zeitgleiche, unveränderte und vollständige **Kabelweitersendung** nur durch eine Verwertungsgesellschaft geltend gemacht werden kann.[78] Dies entspricht Art. 9 Abs. 1 der Satelliten- und Kabelrichtlinie.[79] In Bezug auf **europäische Satellitensendungen** iSd **§ 20a** bedurfte es keiner Verweisung in § 94 Abs. 4, da § 20a auch für das Senderecht des Filmherstellers unmittelbar gilt.[80]

dd) Sämtliche Verwertungsrechte des Filmherstellers erstrecken sich auf den auf dem Filmträger 25 aufgenommenen **Film im Ganzen** und **in (kleinsten) Ausschnitten;** sie erfassen auch die gesonderte Verwertung nur des **Bildteils** oder der **Tonspur.**[81] Daher kann der Filmhersteller, der vom Komponisten der Filmmusik das Recht zu deren außerfilmischer Verwertung nicht erworben hat (→ § 88 Rn. 42), es diesem untersagen, für eine solche Verwertung die Tonspur des Filmes zu benutzen.[82] Vom Schutzrecht des Filmherstellers umfasst sind auch **kleinste Filmausschnitte;** es gibt keinen Teil des Filmes, auf den nicht ein Teil des geschützten unternehmerischen Aufwandes entfiele.[83] Dies entspricht auch der Rechtslage beim Schutzrecht des Tonträgerherstellers.[84] Zu den geschützten kleinsten Filmausschnitten zählen auch **„stehende Filmeinzelbilder"** als Filmteile, die mangels Bewegtbildcharakter[85] selbst keine Filme mehr sind. Die andernorts[86] als Beleg für dieses Ergebnis zitierte Entscheidung des OLG Köln ZUM 2005, 235 (236) – Standbilder im Internet, lässt offen, ob der im Urteil als Urheber und Produzent bezeichnete und offensichtlich auch als Kameramann beteiligte Dokumentarfilmer seine mangels Aktivlegitimation erfolglose Klage gegen die Onlinenutzung von Einzelbildern aus seinem Filmen auf seine Rechte als Urheber von Lichtbildwerken[87] bzw. als Lichtbildner (§ 72) oder auf § 94 gestützt hatte. Der BGH hat in seinem „Peter Fechter"-Urteil[88] entschieden, dass sich der Lichtbildschutz aus § 72 (bzw. der Lichtbildwerkschutz nach § 2 Abs. 1 Nr. 5) nicht nur auf die Verwertung der Einzelbilder eines Films in Form von Fotos, sondern auch auf die Verwertung der Einzelbilder in Form des Films selbst erstreckt. Dies folge zum einen daraus, dass jede urheberrechtliche Nutzung der Bildfolge zwangsläufig eine urheberrechtliche Nutzung der einzelnen Bilder umfasst. Zum anderen ergebe sich dies auch daraus, dass der Filmhersteller zur filmischen Verwertung der bei Herstellung eines Filmwerks entstehenden Lichtbilder und Lichtbildwerke die Rechte des Lichtbildners benötigt (§ 89 Abs. 4 nF, § 91 aF). Der Lichtbildschutz gilt auch für Filmeinzelbilder, die vor Inkrafttreten des UrhG geschaffen worden sind.[89] Mit dem BGH[90] nicht zu folgen ist aber dem OLG München,[91] wonach der Schutz des Filmhersteller nach § 94 den Fall nicht erfassen soll, dass ein Filmhersteller Einzelbilder aus seinen Filmen in ein digitales Archiv einstellt, die daraus dann von einem Dritten per Download kopiert werden. Diese Auffassung berücksichtigt nicht, dass es aufgrund des immateriellen Schutzgegenstandes des § 94 für eine Rechtsverletzung nicht darauf ankommt, ob von dem betreffenden Filmträger unmittelbar oder nur mittelbar Gebrauch gemacht wird (→ Rn. 9). Unzutreffend ist andererseits die in dem zitierten Schrifttum vertretene Meinung, dass das Schutzrecht der Filmhersteller nach § 94 sich auf Film-**Standbilder** erstrecke. Unter solchen Bildern werden allg. außerhalb der Film-Dreharbeiten einzeln geschaffene Fotografien verstanden, die nicht Teil eines Filmes und daher auch nicht Gegenstand des Schutzrechts des Filmherstellers iSd § 94 sind. Die abweichende, im Zusammenhang mit dem Urteil des OLG Köln ZUM 2005, 235 (236) – Standbilder im Internet, geäußerte Ansicht dürfte darauf zurückzuführen sein, dass dieses Urteilsstichwort unzutreffend und irreführend gewählt wurde, weil das Urteil in

---

[77] S. zu Letzterem § 78 Abs. 4 nF.

[78] S. die AmtlBegr. BT-Drs. 13/4796, 15 zu Nr. 5.

[79] Zu dieser → Einl. UrhG Rn. 78.

[80] S. die AmtlBegr. BT-Drs. 13/4796, 15 zu Nr. 5.

[81] Dreier/Schulze/*Schulze* Rn. 42; Fromm/Nordemann/*J. B. Nordemann* Rn. 39; Möhring/Nicolini/*Diesbach/Vohwinkel* Rn. 25.

[82] *Ulmer* § 126 II.

[83] So BGH GRUR 2018, 400 (401) – Konferenz der Tiere; BGH GRUR 2010, 620 (622) – Film-Einzelbilder; BGH GRUR 2008, 693 (694) – TV-Total; OLG Frankfurt a.M. ZUM 2005, 477 (479 f.) – TV-total; Dreier/Schulze/*Schulze* Rn. 29; Fromm/Nordemann/*J. B. Nordemann* Rn. 39; Wandtke/Bullinger/*Manegold/Czernik* Rn. 5; kritisch *v. Ungern-Sternberg* GRUR 2012, 321 (322 f.), der die vom Gesetzeswortlaut abweichende Auslegung sowie eine Missachtung des europäischen Richtlinienrechts beanstandet; s. jetzt auch EuGH GRUR 2019, 929 – Pelham/Hütter ua [Metall auf Metall] → Rn. 24.

[84] S. BGH GRUR 2009, 403 ff. – Metall auf Metall mAnm *Lindhorst* und zahlreichen Nachw.; BGH GRUR 2013, 614 (615) – Metall auf Metall II, und BGH GRUR 2017, 895 (897 f.) – Metall auf Metall III, mit weitergehenden Ausführungen zur analogen Anwendung des § 24 UrhG bei der Benutzung fremder Tonaufnahmen; s. jetzt EuGH GRUR 2019, 929 – Pelham/Hütter ua [Metall auf Metall III], der ebenfalls den Schutz kleinster Audiofragmente bestätigt, jedoch ein Verbotsrecht dann versagen möchte, wenn dieses Fragment in Ausübung der Kunstfreiheit in geänderter und beim Hören nicht wiedererkennbarer Form eingefügt wird.

[85] → Vor §§ 88 ff. Rn. 20.

[86] S. Dreier/Schulze/*Schulze* Rn. 29; Fromm/Nordemann/*J. B. Nordemann* Rn. 39.

[87] § 2 Abs. 1 Nr. 5, Abs. 2.

[88] BGH GRUR 2014, 363 (365) – Peter Fechter.

[89] BGH GRUR 2014, 363 (365) – Peter Fechter.

[90] BGH GRUR 2010, 620 – Film-Einzelbilder.

[91] OLG München GRUR-RR 2008, 228 (230) – filmische Verwertung.

Wahrheit keine Standbilder, sondern Filmeinzelbilder zum Gegenstand hatte.[92] Eine Verwertung von **Filmausschnitten** kann zu Lasten des Schutzrechts des Filmherstellers unter dem entsprechend anwendbaren Aspekt der **freien Benutzung** (§ 24) zB in Form von Parodie oder Satire[93] oder nach §§ 94 Abs. 4, 51 Nr. 2 **(Zitatrecht)**[94] zulässig sein.[95]

Aufgrund der „**Metall auf Metall**"-Entscheidung des **BVerfG vom 31.5.2016,**[96] die zwar zum Tonträgerherstellerrecht (§ 85 Abs. 1 S. 1) ergangen ist, jedoch auf das Filmherstellerrecht in gleicher Weise anzuwenden sein wird,[97] ist zu beachten, dass Art. 5 Abs. 3 S. 1 GG grundsätzlich eine **kunstspezifische Betrachtung** verlangt, wonach die Übernahme von Ausschnitten urheberrechtlich geschützter Gegenstände als Mittel künstlerischen Ausdrucks und künstlerischer Gestaltung stärker anzuerkennen ist. Steht dieser Entfaltungsfreiheit ein Eingriff in Urheber- oder Leistungsschutzrechte gegenüber, der die Verwertungsmöglichkeiten nur geringfügig beschränkt, so können die Verwertungsinteressen der Rechteinhaber zugunsten der Kunstfreiheit zurückzutreten haben. Der Schutz des Eigentums, wozu auch die Leistungsschutzrechte gehören, soll nach dem BVerfG nicht dazu führen dürfen, die Verwendung von gleichwertig nachspielbaren Samples eines Tonträgers generell von der Erlaubnis des Tonträgerherstellers abhängig zu machen, da dies dem künstlerischen Schaffensprozess nicht hinreichend Rechnung trägt. Übertragen auf den Bereich des Filmherstellerrechts kann dies bedeuten, dass etwa auch das **Sampling** von Filmausschnitten oder ein **Mashup,** also die Erstellung neuer Medieninhalte durch die nahtlose (Re-)Kombination bereits bestehender Inhalte, bei kunstspezifischer Betrachtungsweise vor allem im Rahmen des § 24 im Einzelfall zulässig sein kann, wobei dabei insbesondere Intensität und Ausmaß der Außenwirkung der verschiedenen Auslegungs- und Anwendungsvarianten auf die betroffenen Rechtsgüter zu ermitteln und bei der Entscheidung zu berücksichtigen sein wird.[98] Für den Bereich des **Filesharing** bzw. der Teilnahme an **Internet-Tauschbörsen** kommt eine Berufung auf das Grundrecht der Kunstfreiheit hingegen nicht in Betracht.[99] Der **BGH** hat nach Zurückverweisung der Angelegenheit durch das BVerfG das Verfahren ausgesetzt und dem EuGH diverse Fragen zu Bestimmung des Schutzumfangs des ausschließlichen Rechts des Tonträgerherstellers, insbesondere von „kleinsten Tonfetzen", sowie zum Recht der freien Benutzung und des Zitatrechts vorgelegt.[100] Anders als das BVerfG in seiner Entscheidung geht der BGH davon aus, dass die den Urhebern und anderen Schutzrechtsinhabern etwa durch die Richtlinien 2001/29/EG und 2006/115/EG eingeräumten Ausschließlichkeitsrechte und die in Bezug auf diese Rechte vorgesehenen Ausnahmen oder Beschränkungen bereits das Ergebnis einer vom Richtliniengeber vorgenommenen Abwägung zwischen dem Interesse der Rechtsinhaber an einer möglichst umfassenden und uneingeschränkten Ausschließlichkeitsbefugnis und den Interessen der Allgemeinheit an einer möglichst umfassenden und uneingeschränkten Nutzung der urheberrechtlich geschützten Werke oder andere Schutzgegenstände sind. Dagegen komme eine außerhalb der urheberrechtlichen Verwertungsbefugnisse und Schrankenbestimmungen angesiedelte allgemeine Interessenabwägung nicht (mehr) in Betracht.

Der **EuGH** hat in seinem **Folgeurteil vom 29.7.2019**[101] zunächst darauf hingewiesen, dass Tonträgerhersteller das ausschließliche Recht haben, die Vervielfältigung ihrer Tonträger ganz oder teilweise zu erlauben oder zu verbieten. Folglich ist die Vervielfältigung eines – auch nur sehr kurzen – Audiofragments, das einem Tonträger entnommen wurde, durch einen Nutzer grundsätzlich eine teilweise Vervielfältigung dieses Tonträgers, sodass eine solche Vervielfältigung unter das ausschließliche Recht des Tonträgerherstellers fällt. Keine „**Vervielfältigung**" soll jedoch vorliegen, wenn ein Nutzer in Ausübung seiner **Kunstfreiheit** einem Tonträger ein **Audiofragment** entnimmt, um es **in geänderter und beim Hören nicht wiedererkennbarer Form in ein neues Werk einzufügen.** Die Annahme, dass eine solche Nutzung eines Audiofragments eine Vervielfältigung darstellt, die der Zustimmung des Tonträgerherstellers bedarf, widerspräche u.a. dem Erfordernis, einen angemessenen Ausgleich zu sichern zwischen auf der einen Seite den Interessen der Inhaber von Urheber- und verwandten Schutzrechten am Schutz ihres in der Charta verankerten Rechts am geistigen Eigentum und auf der anderen Seite dem Schutz der Interessen und Grundrechte der Nutzer von Schutzgegenständen, darunter der ebenfalls durch die Charta gewährleisteten Kunstfreiheit, sowie

---

[92] Zur rechtlichen Beurteilung von Standbildern beim Film → § 91 Rn. 10.

[93] So BGH GRUR 2008, 693 (694 ff.) – TV-Total, mit negativem Ergebnis im konkreten Fall, ebenfalls zu §§ 50 und 51 Nr. 2; BGH GRUR 2000, 703 (704 ff.) – Mattscheibe; aA der Vorinstanz OLG München ZUM-RD 1998, 124 (125 f.) – Kalkofes Mattscheibe; sa OLG Köln GRUR-RR 2018, 326 (328 f.) – TV Pannenshow.

[94] So AG Köln ZUM 2003, 77 (78) – TV-total; sa BGH ZUM-RD 2016, 214 (217) – Exklusivinterview zur Verwendung von im Fernsehen ausgestrahlten Interviewausschnitten durch ein anderes Senderunternehmen, sowie OLG Köln GRUR-RR 2018, 326 (329) – TV Pannenshow.

[95] S. aber auch OLG Frankfurt a. M. ZUM 2004, 394 (396 f.) – TV Total mAnm *Hillig;* LG Frankfurt a. M. ZUM 2005, 477 (479 ff.) – TV-total, auch zu § 50, mAnm v. *Hillig;* KG MMR 2003, 110 (111) – Paul und Paula; LG Stuttgart AfP 2003, 462 (463) – NPD-Spitzel; s. aus dem Schrifttum zu § 24 *Klatt* AfP 2008, 350.

[96] BVerfG GRUR 2016, 690 – Metall auf Metall = ZUM 2016, 626 mAnm *Stieper;* sa die Besprechung v. *Leistner* GRUR 2016, 772 (Vorinstanz: BGH GRUR 2013, 614 – Metall auf Metall II).

[97] So dem Grunde nach auch BGH GRUR 2018, 400 (401 f.) – Konferenz der Tiere.

[98] BVerfG ZUM 2016, 626 (633 ff.) – Sampling.

[99] BGH GRUR 2018, 400 (402) – Konferenz der Tiere.

[100] BGH GRUR 2017, 895 – Metall auf Metall III, s. zu dieser Entscheidung auch *Ohly* GRUR 2017, 964.

[101] EuGH GRUR 2019, 929 – Pelham/Hütter ua [Metall auf Metall III].

dem Allgemeininteresse. Der Gerichtshof stellt sodann fest, dass ein Gegenstand, der alle oder einen wesentlichen Teil der in einem Tonträger festgelegten Töne übernimmt, eine Kopie dieses Tonträgers ist, für die der Tonträgerhersteller über ein ausschließliches Verbreitungsrecht verfügt. Keine solche Kopie ist jedoch ein Gegenstand, der – wie der im Ausgangsverfahren fragliche –, nur Musikfragmente, gegebenenfalls in geänderter Form, übernimmt, die von diesem Tonträger übertragen werden, um ein neues und davon unabhängiges Werk zu schaffen. Außerdem spiegeln die im Unionsrecht vorgesehenen Ausnahmen und Beschränkungen für die Rechte der Rechtsinhaber bereits wider, dass der Unionsgesetzgeber die Interessen der Hersteller und der Nutzer von geschützten Gegenständen sowie das Allgemeininteresse berücksichtigt hat. Diese **Ausnahmen und Beschränkungen** sind auch **erschöpfend geregelt,** um das Funktionieren des Binnenmarkts im Bereich des Urheberrechts und der verwandten Schutzrechte zu sichern. Daher sind die deutschen Rechtsvorschriften, die trotz des abschließenden Charakters der Ausnahmen und Beschränkungen eine nicht im Unionsrecht geregelte Ausnahme oder Beschränkung vorsehen, nach der ein selbständiges Werk, das in freier Benutzung des Werks eines anderen geschaffen wurde, grundsätzlich ohne Zustimmung des Urhebers des benutzten Werks veröffentlicht und verwertet werden darf, nicht mit dem Unionsrecht vereinbar. Hinsichtlich der Ausnahmen und Beschränkungen für die ausschließlichen Rechte zur Vervielfältigung und Wiedergabe, die von den Mitgliedstaaten nach dem Unionsrecht für Zitate aus einem geschützten Werk vorgesehen werden können, stellt der Gerichtshof fest, dass die Nutzung eines Audiofragments, das einem Tonträger entnommen wurde und das Werk, dem es entnommen ist, erkennen lässt, unter bestimmten Voraussetzungen ein Zitat sein kann, insbesondere wenn die Nutzung zum Ziel hat, mit diesem Werk zu interagieren. Ist das Werk nicht zu erkennen, stellt die Nutzung des Fragments hingegen kein Zitat dar. Schließlich führt der Gerichtshof aus, dass die Mitgliedstaaten, wenn ihr Handeln nicht vollständig durch das Unionsrecht bestimmt wird, bei der Durchführung des Unionsrechts nationale Schutzstandards für die Grundrechte anwenden dürfen, sofern dadurch nicht das Schutzniveau der Charta beeinträchtigt wird. Der materielle Gehalt des ausschließlichen Vervielfältigungsrechts des Tonträgerherstellers ist jedoch Gegenstand einer Maßnahme zur vollständigen Harmonisierung, sodass eine solche Nutzung insofern auszuschließen ist.

b) Schutz gegen Entstellungen und Kürzungen (§ 94 Abs. 1 S. 2). Dem Urheberpersön- **26** lichkeitsrecht (§§ 14, 39) und dem persönlichkeitsrechtlichen Schutz der ausübenden Künstler (§ 75 nF) **nachgebildet** ist das Recht des Filmherstellers nach § 94 Abs. 1 S. 2. Es schützt jedoch nicht ideelle, sondern wirtschaftliche Interessen des Filmherstellers (→ Rn. 6 mwN). Entstellung und Kürzungen können eine die wirtschaftliche Auswertung des konkreten Filmes beeinträchtigen oder die Leistungen des Filmherstellers generell in Misskredit bringen. Wenn das Gesetz von einer Entstellung oder Kürzung „des Bildträgers oder Bild- und Tonträgers" spricht, so ist damit keine Sachbeschädigung, sondern eine **Entstellung oder Kürzung des Filmes** als solchen und der in ihm enthaltenen Herstellerleistung gemeint;[102] auch dies bestätigt die Auffassung, dass Schutzgegenstand des § 94 ein im Filmträger verkörpertes immaterielles Gut, nicht der Filmträger als Sache ist (→ Rn. 9).

Der Filmhersteller kann Entstellungen und Kürzungen bei unberechtigten Verwertungen seines **27** Filmes auch bereits aufgrund seiner ausschließlichen Verwertungsrechte nach § 94 Abs. 1 S. 1 begegnen. Wo diese Rechte Lücken aufweisen, wie bei der öffentlichen Wiedergabe von Film-Fernsehsendungen (§ 22, → Rn. 32), sind solche Beeinträchtigungen praktisch nicht zu befürchten. Daneben stehen dem Filmhersteller die von den Urhebern und ausübenden Künstlern erworbenen ausschließlichen Nutzungsrechte iSd §§ 88, 89 und 92 zur Verfügung. Auch eine Ermächtigung des Filmherstellers zur Geltendmachung der persönlichkeitsrechtlichen Befugnisse der Urheber und ausübenden Künstler nach §§ 14, 75 im eigenen Namen kommt in Betracht. Gleichwohl ist der Schutz des Filmherstellers durch das Verbotsrecht des § 94 Abs. 1 S. 2 **nicht überflüssig.**[103] Der Filmhersteller kann nach § 94 Abs. 1 S. 2 gegen Entstellungen und Kürzungen immer aus eigenem Recht vorgehen, selbst dann, wenn Urheber und ausübende Künstler in sie eingewilligt haben.[104]

Darüber hinaus greift sein Schutz nach § 94 Abs. 1 S. 2 auch dort Platz, wo er einem Filmverwerter, wie einem Filmtheater oder einem Fernsehsendeunternehmen, Nutzungsrechte zur öffentlichen Vorführung oder Sendung eingeräumt hat. § 94 Abs. 1 S. 2 kommt insoweit die gleiche Funktion zu wie § 39 bei der Einräumung von Nutzungsrechten an urheberrechtlich geschützten Werken.

Maßstab für das Eingreifen des Rechts des Herstellers aus § 94 Abs. 1 S. 2 ist die **Eignung** der **28** Entstellungen oder Kürzungen zu einer **Gefährdung seiner berechtigten Interessen.** Dabei reicht eine abstrakte Gefährdung aus, es bedarf nicht des Nachweises einer konkreten Gefährdung oder gar eines schon eingetretenen Schadens.[105] Das Merkmal der berechtigten Interessen impliziert eine Abwägung der Interessen des Filmherstellers mit denen des Verwerters,[106] wobei die wirtschaft-

---

[102] Möhring/Nicolini/*Diesbach*/*Vohwinkel* Rn. 34; *Dünnwald* UFITA 76 (1976), 165 (188).
[103] So auch Fromm/Nordemann/*J. B. Nordemann* Rn. 44; sa Dreier/Schulze/*Schulze* Rn. 44; *Dünnwald* UFITA 76 (1976), 165 (188).
[104] Möhring/Nicolini/*Diesbach*/*Vohwinkel* Rn. 34.
[105] Dreier/Schulze/*Schulze* Rn. 44; Fromm/Nordemann/*J. B. Nordemann* Rn. 47; Möhring/Nicolini/*Diesbach*/ *Vohwinkel* Rn. 35.
[106] Dreier/Schulze/*Schulze* Rn. 44; Fromm/Nordemann/*J. B. Nordemann* Rn. 47; *v. Gamm* Rn. 6.

lichen Interessen des Filmherstellers im Vordergrund stehen, künstlerische Interessen aber in ihren möglichen Auswirkungen auf die wirtschaftlichen Interessen mit berücksichtigt werden können.[107] Maßstab für das Verbotsrecht des Filmherstellers nach § 94 Abs. 1 S. 2 ist **nicht § 93** mit seinem Verbot nur gröblicher Entstellungen und anderer gröblicher Beeinträchtigungen.[108] § 93 enthält eine Schwächung der Rechte der an einem Filmwerk beteiligten Urheber und ausübenden Künstler gegenüber deren allgemeinen Rechten nach §§ 14, 75 nF zugunsten des Filmherstellers mit dem Ziel, diesem eine möglichst umfassende Auswertung des Filmes zu ermöglichen (→ § 93 Rn. 1). Es besteht kein Anlass, die Rechte des Filmherstellers selbst gegenüber Dritten ähnlich einzuschränken, vielmehr spricht das generelle Schutzziel der §§ 88 ff.[109] eher für eine Stärkung seiner Befugnisse.

29   **c) Gesetzliche Vergütungsansprüche nach §§ 47 Abs. 2 S. 2, 54.** Nach § 94 Abs. 4 sind auf das Schutzrecht des Filmherstellers die Vorschriften über die gesetzlichen Schranken des Urheberrechts (Abschnitt 6 des Teils 1 des UrhG, §§ 44a–63a) sinngemäß anzuwenden. Daraus folgt, dass ua das ausschließliche Vervielfältigungsrecht des Filmherstellers iSd § 94 Abs. 1 S. 1 durch die gesetzlichen Vervielfältigungsbefugnisse bezüglich Schulfunksendungen (§ 47) und zum eigenen Gebrauch (§ 53) eingeschränkt ist. Dem Filmhersteller stehen damit aber auch die entsprechenden **gesetzlichen Vergütungsansprüche nach §§ 47 Abs. 2 S. 2** und **54 (§ 53 Abs. 5 aF, § 54 aF)** zu. Von erheblicher praktischer Bedeutung ist dabei insbes. der Anspruch aus § 54 Abs. 1.[110] Das **Vergütungsaufkommen** aus § 54 (§ 53 Abs. 5 aF, § 54 Abs. 1 aF) erreicht insbes. seit Einführung der sog. Leerkassettenvergütung mit Wirkung zum 1.7.1985 zusätzlich zu der schon seit 1966 in § 53 Abs. 5 aF anerkannten Gerätevergütung eine beträchtliche Höhe. Nach dem Bericht der Bundesregierung über die Auswirkungen der Urheberrechtsnovelle 1985 und Fragen des Urheber- und Leistungsschutzrechts vom 7.7.1989[111] erzielten die Verwertungsgesellschaften aus § 54 Abs. 1 aF in den zweieinhalb Jahren zwischen dem 1.7.1985 und Jahresende 1987 insgesamt 202, 1 Mio. DM (1976 bis 30.6.1985: 264,6 Mio. DM), davon 68 % im Videobereich. 1990 wurden allein im Videobereich 95,6 Mio. DM erzielt.[112] Nach dem sog. 2. Vergütungsbericht der Bundesregierung aus dem Jahr 2000[113] waren es 1998 über 96 Mio. DM. Dem Geschäftsbericht der Zentralstelle für private Überspielungsrechte (ZPÜ) für das Jahr 2013 ist zu entnehmen, dass sich die Erträge aus den Vergütungsansprüchen gemäß § 54 im Jahr 2012 auf rund 74,1 Mio. EUR und im Jahr 2013 auf rund 102,5 Mio. EUR beliefen.[114] Erfasst sind hiervon Speichergeräte und -medien wie etwa USB-Sticks, Speicherkarten, Video-Speichermedien, Festplatten oder Unterhaltungselektronik.

Weniger eindrucksvoll sind die positiven Mitteilungen über die **Verteilung der Einnahmen.** Der Bericht der Bundesregierung[115] geht auf diesen Aspekt erstaunlicherweise nur dadurch ein, dass er die diesbezüglich zurückhaltende gesetzliche Regelung (§ 54 Abs. 6 S. 2 aF, jetzt § 54h Abs. 2 S. 1) rechtfertigt. Im Schrifttum wird zwar vereinzelt angenommen, dass sich gesetzliche Regelung und Praxis auch in der Frage der Verteilung der Einnahmen an die verschiedenen Berechtigten bzw. Berechtigtengruppen bewährt hätten.[116] Jedoch reicht es für ein solches Gesamturteil nicht aus, auf die Aussage im Bericht der Bundesregierung (dort S. 12) zu verweisen, dass die Verteilung der Zahlungen auf Geräte und Leerkassetten breite Zustimmung gefunden habe;[117] diese Aussage bezieht sich auf die Einnahmen auf der Grundlage des § 54, über die Verteilung dieser Einnahmen besagt sie nichts. Ebensowenig kann es für ein positives Gesamturteil genügen, die Beteiligungsquoten der involvierten Verwertungsgesellschaften anzuführen und in Bezug auf die Verteilung innerhalb dieser Gesellschaften nur auf das Beispiel der GEMA zu verweisen.[118]

Es verwundert daher nicht, dass die **Kritik an der Verteilungspraxis** überwiegt. Eine Benachteiligung der Filmproduzenten wird dabei nur vereinzelt beklagt.[119] Zumeist geht die Einschätzung dahin, dass vor allem die Filmverwertungsgesellschaften mit Beteiligungsquoten der Filmurheber von nur zwischen 20 und 35 %[120] zu deren Lasten den Filmproduzenten einen unangemessenen hohen

---

[107] Sa *v. Gamm* Rn. 6 zur Mitberücksichtigung der Interessen der Urheber und ausübenden Künstler; Möhring/Nicolini/*Diesbach/Vohwinkel* Rn. 35.
[108] Wie hier Dreier/Schulze/*Schulze* Rn. 44; Fromm/Nordemann/*J. B. Nordemann* Rn. 48; aA *Dünnwald* UFITA 76 (1976), 165 (189).
[109] → Vor §§ 88 ff. Rn. 9.
[110] Vgl. die Zahlenangaben bei *Schorn* GRUR 1983, 718 (719).
[111] BT-Drs. 11/4929, 9.
[112] S. *Kreile* GRUR-Int 1992, 24 (30).
[113] BT-Drs. 14/3972, 8.
[114] S. https://www.zpue.de/fileadmin/user_upload/pdf/ZPUE_Geschaeftsbericht_2013.pdf, abgerufen am 11.8. 2014.
[115] BT-Drs. 11/4929, 19 f.
[116] So *J. Kreile* FS R. Kreile, 1991, 119 (127 ff.); *R. Kreile* GRUR-Int 1992, 24 (34 ff., 36); *Loewenheim* ZUM 1992, 109 (111 f.); wohl auch *Nordemann* FS Voyame, 173 (179 ff.); zum Verhältnis von öffentlich-rechtlichen Rundfunkanstalten und Auftragsproduzenten von Fernsehfilmen *Fuhr* FS Reichardt, 1990, 29 (37 f.).
[117] Gegen *Loewenheim* ZUM 1992, 109 (111 f.).
[118] Gegen *R. Kreile* GRUR-Int 1992, 24 (34 ff., 36); sa *J. Kreile* FS R. Kreile, 1991, 119 (127 ff.).
[119] So von *Schack* ZUM 1989, 267 (284 f.); sa *Schack.* Rn. 1369.
[120] S. *N. Reber* S. 131 ff.

Anteil einräumen,[121] und dies mit Billigung durch das Deutsche Patent- und Markenamt (DPMA) als Aufsichtsbehörde.[122] Diese **Verteilungspraxis missachtet** insbes., dass die gesetzlichen **Übertragungsvermutungen** zugunsten der Filmhersteller nach §§ 88, 89 und 92 sich **nicht** auf **gesetzliche Vergütungsansprüche** beziehen,[123] dass an **Filmen aus der Zeit vor 1966** kein Produzentenschutzrecht iSd § 94 besteht, dass die Hersteller der auf dem deutschen Markt dominierenden **amerikanischen Filme** sich in Bezug auf die Nutzung ihrer Filme in Deutschland nicht darauf berufen können, nach dem sog. „work made for hire"-Prinzip des amerikanischen Rechts Urheber dieser Filme zu sein und dass amerikanische Filmhersteller auch das Schutzrecht des § 94 nicht beanspruchen können. Im **2. Vergütungsbericht** der **Bundesregierung** aus dem Jahre 2000[124] werden der Verteilungsproblematik zwei kurze Absätze gewidmet. Im ersten (S. 23) wird über Kritik an der undurchsichtigen internen Verteilung und über die Probleme des DPMA als Aufsichtsbehörde über die Verwertungsgesellschaften mit der Verteilung („das größte Problem") berichtet. Im zweiten Absatz (s. 27 f.) heißt es, dass sich vier Filmverwertungsgesellschaften unter Beteiligung des DPMA im Jahr 1999 auf einen – der Öffentlichkeit allerdings nicht bekannten – Verteilungsschlüssel geeinigt hätten, so dass gesetzgeberische Maßnahmen nicht angezeigt erschienen: aber kein Wort zur Angemessenheit der Verteilung innerhalb der einzelnen Verwertungsgesellschaften und der Beteiligungsquoten der Urheber und Künstler! Ein weiterer Vergütungsbericht der Bundesregierung lässt seit dem Jahr 2000 auf sich warten. Für die Vergütungshöhe soll nach Vorstellung des Gesetzgebers seit der Novellierung des Urheberrechtsgesetzes im Jahr 2008 uamaßgebend sein, in welchem Maße die Geräte und Speichermedien zu vergütungspflichtigen Vervielfältigungen genutzt werden (§ 54a Abs. 1). Daran anknüpfend hat das DPMA der ZPÜ nach deren Darstellung im Verteilungsplan für Einnahmen für PCs mit und ohne eingebauten Brenner für die Jahre 2008 bis 2010 aufgegeben, ihre bisherigen Verteilungsregeln nunmehr auf der Grundlage empirischer Untersuchungen neu zu fassen, um dadurch bei den Ausschüttungen das tatsächliche Kopierverhalten gemäß den Vorstellungen des Gesetzgebers besser abzubilden. Die Gesellschafter der ZPÜ sowie die Verwertungsgesellschaften VG Wort und VG Bild-Kunst haben sich auf der Grundlage empirischer Untersuchungen in Verhandlungen auf einen neuen Verteilungsplan für PCs geeinigt.[125] Der auf die ZPÜ entfallende Anteil der Einnahmen der Vergütungen für PC (2008 bis 2010) für Audiowerke und audiovisuelle Werke wurde im Ergebnis wie folgt auf die beteiligten Gesellschaften aufgeteilt,[126] ohne dass aber die der Verteilung zugrunde liegenden Grundsätze nachvollziehbar mitgeteilt werden:

GVL 30,12 % Ausübende Künstler, Tonträgerhersteller
GEMA 22,52 % Komponisten, Textdichter, Musikverleger
GWFF 17,93 % Produzenten, US-Filmurheber
VG Wort 10,73 % Drehbuchautoren, Hörspielautoren, Journalisten
VG Bild-Kunst 8,15 % Filmurheber, Dokumentarfilmproduzenten
VFF 5,06 % TV Eigen- und Auftragsproduzenten
VGF 2,61 % Filmproduzenten
GÜFA 2,04 % Berechtigte am pornografischen Film
TWF 0,86 % Werbefilmproduzenten

Strittig ist, ob die gesetzlichen Vergütungsansprüche auch **Sendeunternehmen** als eigene, dh **30** nicht vertraglich von den Urhebern abgeleitete Rechte zustehen (wobei letzteres jedenfalls seit dem Jahr 2002 regelmäßig an § 63a UrhG nebst Umgehungsverbot scheitern wird).[127] Bezüglich des verwandten Schutzrechts der Sendeunternehmen nach § 87 schließt dessen Abs. 4 diese Ansprüche ausdrücklich aus.[128] Im Rahmen des Zweiten Gesetzes zur Regelung des Urheberrechts in der Informationsgesellschaft vom 26.10.2007 (BGBl. I S. 2513) ist daran nichts geändert worden.[129] Diese Bestimmung ist jedenfalls insoweit **verfassungsgemäß**, als sie öffentlich-rechtliche Rundfunkanstalten betrifft, da diese sich nicht auf die Eigentumsgarantie durch Art. 14 GG berufen können und Art. 5 GG sie zwar generell, nicht aber in Bezug auf die von § 87 Abs. 4 betroffenen Zweitverwer-

---

[121] S. dazu *Claussen* S. 173 ff., 185, 185 ff., 197 f.; *Katzenberger* FS GRUR, 1991, 1401 (1440 f.); *N. Reber* S. 131 ff.; *Rossbach* S. 250 ff.; *Schulze* GRUR 1994, 855 (866 f.); *Ulmer-Eilfort* S. 64 ff., 93 ff., 145 f.; *Vogel* GRUR 1993, 513 (522 f.).

[122] S. *Vogel* GRUR 1993, 513 (523); zur Vorgeschichte s. die Korrespondenz des Deutschen Patentamts mit der Filmverwertungsgesellschaft VFF in ZUM 1989, 506 und ZUM 1990, 233; s. dazu auch *Häußer* FS Kreile, 1991, 281 ff.; *Nordemann* FS Voyame, 173 ff.

[123] → § 88 Rn. 49; → § 89 Rn. 19; → § 92 Rn. 3, 13.

[124] BT-Drs. 14/3972, 23, 27 f.

[125] Der Verteilungsplan ist abrufbar unter https://www.zpue.de/fileadmin/user_upload/pdf/140213_ZPUE_Verteilungsplan.pdf, abgerufen am 14.6.2014.

[126] Verteilungsplan Einnahmen PCs mit und ohne eingebauten Brenner Jahre 2008 bis 2010, S. 5, abrufbar unter https://www.zpue.de/fileadmin/user_upload/pdf/140213_ZPUE_Verteilungsplan.pdf.

[127] S. OLG Dresden ZUM-RD 2013, 245 – VFF-Klausel – mit Vorinstanz LG Leipzig ZUM-RD 2012, 550, wonach eine von Sendeanstalten (hier: MDR) für Produzenten klauselmäßig vorgesehene Vorausabtretung von gesetzlichen urheberrechtlichen Vergütungsansprüchen (bzw. entsprechenden Ausschüttungsansprüchen), die durch eine Verwertungsgesellschaft (hier: VFF) vereinnahmt werden, unwirksam ist.

[128] → § 87 Rn. 102 ff., dort auch zum Stand der Meinungen bezüglich einer Änderung dieser Bestimmung de lege ferenda.

[129] Zur AmtlBegr. s. BT-Drs. 16/1828, 16 ff.

tungsrechte schützt.[130] In Frage stehen damit im Filmbereich nur Ansprüche der Sendeunternehmen als Filmhersteller der von ihnen für Sendezwecke produzierten und aufgezeichneten Filmwerke und Laufbilder an §§ 94 Abs. 4, 95.[131] Mit dem Argument, dass die Sendeunternehmen hinsichtlich ihrer nur zu Sendezwecken bestimmten Filmproduktionen das Schutzrecht des § 94 generell nicht erwerben könnten, werden die Ansprüche verneint[132] mit der Begründung, dass § 87 Abs. 4 oder dieser Bestimmung insgesamt der Vorrang vor § 94 zukomme.[133]

31   Der zweitgenannten Auffassung ist zuzustimmen, soweit es sich um **nur zu Sendezwecken produzierte Filme** handelt, und zwar auch dann, wenn die Filme zu **wiederholten Sendungen** bestimmt und geeignet sind.[134] Den Sendeunternehmen für alle ihre aufgezeichneten Fernsehfilme oder sogar Fernsehsendungen als Filme[135] den Schutz nach § 94 Abs. 4 iVm §§ 47 Abs. 2 S. 2 und 54 zuzugestehen, hieße § 87 Abs. 4 weitgehend zu unterlaufen. Soweit jedoch von den Sendeunternehmen Filme produziert werden, die nicht nur zur Sendung, sondern **auch als Vorführ- und/oder Videofilme genutzt** werden, ist ihnen dieser Schutz nicht abzusprechen.[136]

Jedenfalls aus der Sicht des Schutzrechts des Filmherstellers, wohl aber auch aus derjenigen des Tonträgerschutzrechts besteht **kein hinreichender Anlass,** der seit der 2. Auflage (→ 2. Aufl. 1999, § 85 Rn. 84 ff.) vertretenen **geänderten Auffassung zu folgen,** die den Sendeunternehmen Vergütungsansprüche nach § 54 generell verweigern will (dies seit der seit der 4. Auflage auch nicht mehr unter dem Vorbehalt, dass sich aus der europäischen **InfoSoc-RL** etwas anderes ergeben könne).[137] In Bezug auf Auftragsproduktionen sind die Sendeunternehmen über die Filmverwertungsgesellschaft VFF am Vergütungsaufkommen aus §§ 54, 94 Abs. 4 auch heute faktisch schon beteiligt.[138] Wirtschaftlich betrachtet, kommt eine Beteiligung auch der Sendeunternehmen an diesem Aufkommen von beträchtlicher Höhe (→ Rn. 29) auch Neuproduktionen und damit zumindest mittelbar auch den aktiven Urhebern und ausübenden Künstlern zugute. Dies mag sie dafür entschädigen, dass das Gesamtaufkommen unter mehr Berechtigten aufgeteilt werden muss. Speziell im Filmbereich enthalten darüber hinaus die unangemessen niedrigen Beteiligungsquoten vor allem der Filmurheber (→ Rn. 29) ein beträchtliches Kompensationspotential.

32   **d) Gesetzlicher Vergütungsanspruch nach § 27 Abs. 2 und 3.** Durch das 3. UrhGÄndG vom 23.6.1995[139] ist § 94 Abs. 4 um die Verweisung auf § 27 Abs. 2 und 3 ergänzt worden. Den Filmherstellern steht daher neben den Urhebern (§ 27 unmittelbar), den Verfassern wissenschaftlicher Ausgaben (§ 70 Abs. 1), den Herausgebern nachgelassener Werke (§ 71 Abs. 1 S. 3), den ausübenden Künstlern (§ 77 Abs. 2 S. 2 nF) und den Tonträgerherstellern (§ 85 Abs. 4) nunmehr ein gesetzlicher Vergütungsanspruch für das **Verleihen** von Vervielfältigungsstücken, dh im Filmbereich von Videokassetten, DVDs, Blu-rays etc, durch Einrichtungen zu, die der Öffentlichkeit zugänglich sind (§ 27 Abs. 2). Der Vergütungsanspruch kann nach § 27 Abs. 3 nur durch eine Verwertungsgesellschaft geltend gemacht werden. Das 3. UrhGÄndG diente ua der Umsetzung der europäischen Vermiet- und Verleihrechtsrichtlinie (→ Einl. UrhG Rn. 78), die den Vergütungsanspruch aus dem Verleihen allerdings nur für Urheber zwingend vorsieht (Art. 6 Abs. 1 S. 1 der Richtlinie). Dem Wunsch der Urheberverbände, auf die Einführung des Vergütungsanspruchs zugunsten der Tonträgerhersteller zu verzichten, um eine Schmälerung der Urhebervergütung zu verhindern, ist der Gesetzgeber nicht gefolgt.[140] Den Sendeunternehmen steht der Vergütungsanspruch für das Verleihen ebensowenig zu, wie das ausschließliche Vermietrecht (→ Rn. 22). Beide sind für sie auch in der Richtlinie nicht vor-

---

[130] BVerfGE 71, 101 (102 f.).

[131] Im Schrifttum werden diese Ansprüche der Sendeunternehmen bejaht von *Brugger* UFITA 56 (1970), 1 (13); *Krüger-Nieland* GRUR 1983, 345 f. (348); *Möhring/Nicolini*, 2. Aufl. 2000, § 87 Rn. 48; *N. Reber* S. 18 f., 127 (differenzierend nach Art der Produktion), und *Stolz* S. 124 ff.; *Stolz* UFITA 96 (1983), 55 (84 ff.). S. dazu und zur Gegenauffassung mwN auch → § 85 Rn. 84 ff. zur parallelen Frage in Bezug auf das verwandte Schutzrecht des Tonträgerherstellers; zu demselben Ergebnis gelangt *Schack* GRUR 1985, 197 (200).

[132] *Dünnwald* UFITA 76 (1976), 165 (170, 190) und *Schorn* GRUR 1982, 644 (645 f.) (→ Rn. 16, 20).

[133] Sa *Loewenheim* GRUR 1998, 513 (520 f.) zur Parallele des § 85.

[134] Wie hier Dreier/Schulze/*Schulze* Rn. 59; Fromm/Nordemann/*J. B. Nordemann* Rn. 58; Wandtke/Bullinger/*Manegold/Czernik* Rn. 84–86.

[135] → Rn. 10, 16 und Vor §§ 88 ff. Rn. 21.

[136] So auch OLG Hamburg ZUM 1997, 43 (44 ff.). – Wahrnehmungsvertrag GVL II – bestätigt durch BGHZ 140, 94 (98 ff.) – Sendeunternehmen als Tonträgerhersteller, in Bezug auf das Schutzrecht des Tonträgerherstellers nach § 85 Abs. 3 aF; aA LG Hamburg ZUM 1996, 818 (819) – Wahrnehmungsvertrag GVL I; *Loewenheim* GRUR 1998, 513 (520 f., 522) zu § 85; wie hier auch Dreier/Schulze/*Schulze* Rn. 59; Fromm/Nordemann/*J. B. Nordemann* Rn. 58; ebenso Wandtke/Bullinger/*Manegold/Czernik* Rn. 85.

[137] → § 85 Rn. 67 seit der 2. Auflage; dagegen allerdings die AmtlBegr. zum Zweiten Gesetz zur Regelung des Urheberrechts in der Informationsgesellschaft vom 26.10.2007 BT-Drs. 16/1828, 17; s. zur Frage der Offensichtlichkeit eines Unionsrechtsverstoßes aufgrund der fehlenden Beteiligung der Sendeunternehmen an der Vergütung für die private Überspielung nach der Informations-Richtlinie 2001/29/EG BVerfG ZUM 2011, 236 mit Vorinstanzen BGH GRUR 2010, 924 – gerechter Ausgleich – und KG GRUR 2010, 64 – gerechter Ausgleich; kritisch zur fehlenden Beteiligung der Sendeunternehmen aufgrund Unionsrecht Dreier/Schulze/*Dreier* 3. Aufl., § 87 Rn. 24 mwN.

[138] *Fuhr* FS Reichardt, 1990, 29 (37 f.).

[139] → Vor §§ 88 ff. Rn. 8.

[140] S. die AmtlBegr. BT-Drs. 13/115, 8 zu 3. UrhGÄndG unter Hinweis auf den Bericht der Bundesregierung vom 7.7.1989 BT-Drs. 11/4929, 30 f.; zu diesem Bericht auch → Rn. 29.

gesehen.[141] Im Übrigen gilt für **Sendeunternehmen als Filmhersteller** auch in Bezug auf den Anspruch nach § 27 Abs. 2 und 3 das unter → Rn. 30 f. Gesagte. Zur früheren Rechtslage → Rn. 33 der 1. Auflage. Ein Vergütungsanspruch für das **Vermieten (§ 27 Abs. 1)** steht dem Filmhersteller mangels Verweisung in § 94 Abs. 4 nicht zu.

e) Kein Recht des Filmherstellers entsprechend § 22. Das Recht des Filmherstellers zur öf- **33** fentlichen Vorführung gemäß § 94 Abs. 1 S. 1 bezieht sich nicht nur auf Vorführungen in Filmtheatern, sondern zB auch auf Vorführungen des von ihm hergestellten Filmes mittels Bild- und Tonträger in Gaststätten und ähnlichen Einrichtungen;[142] es umfasst insoweit den Schutzgehalt des besonderen Wiedergaberechts des § 21. Anders liegt es dagegen bei **öffentlichen Wiedergaben beim Empfang von Fernsehsendungen,** in denen ein Film ausgestrahlt wird. Das hier berührte besondere Wiedergaberecht des § 22 wird vom Vorführungsrecht nicht umfasst, es steht dem Filmhersteller auch nicht in entsprechender Anwendung des § 22 zu.[143] Von der europäischen Vermiet- und Verleihrechtsrichtlinie, die in ihrem Kapitel II (Art. 7–10 in der kodifizierten Fassung) auch die verwandten Schutzrechte harmonisiert, wird dieser Schutz nicht gefordert (s. den beschränkten Rechtekatalog in Art. 8 der Richtlinie).

4. Gesetzliche Schranken der Rechte des Filmherstellers (§ 94 Abs. 4)

Zur Verweisung des § 94 Abs. 4 auf die gesetzlichen Schranken des Urheberrechts und deren sinn- **34** gemäße Anwendung auf das Schutzrecht des Filmherstellers im Grundsatz und zu den daraus folgenden gesetzlichen Vergütungsansprüchen des Filmherstellers nach §§ 47 Abs. 2 S. 2, 54 bereits → Rn. 29–31. Von der sinngemäßen Anwendung **ausgeschlossen** war der inzwischen aufgehobene § 61 über die **Zwangslizenz an musikalischen Werken** und dazugehörigen Texten zugunsten der Hersteller von Tonträgern. Der Ausschluss fand sich auch in den Bestimmungen über die verwandten Schutzrechte der ausübenden Künstler (§ 84 aF), der Hersteller von Tonträgern (§ 83 Abs. 3 aF) und der Sendeunternehmen (§ 87 Abs. 3 aF). Der Ausschluss ergibt sich nunmehr daraus, dass die Zwangslizenz jetzt in **§ 42a** und damit außerhalb der verwiesenen gesetzlichen Schranken des Urheberrechts geregelt ist.[144] Er bedeutet, dass ein Filmhersteller unter dem Aspekt seines Schutzrechts aus § 94 auch bei Vorliegen der Voraussetzungen des § 42a nicht gezwungen werden kann, einem Tonträgerhersteller an der filmischen Aufzeichnung der Tonfilmmusik ein Nutzungsrecht einzuräumen. Die Möglichkeit einer solchen Zwangslizenz würde deren Ziel, der Allgemeinheit musikalische Werke in möglichst vielfältiger Form zugänglich zu machen, geradezu entgegenwirken.[145] Eine Zwangslizenz zugunsten des Filmherstellers scheitert bereits an § 42a Abs. 1 letzter Satz unmittelbar.

5. Schutzdauer (§ 94 Abs. 3)

Die Schutzdauerregelung des § 94 Abs. 3 für das verwandte Schutzrecht des Filmherstellers ent- **35** spricht den Regelungen für die verwandten Schutzrechte der ausübenden Künstler (§ 82) und der Tonträgerhersteller (§ 85 Abs. 3 nF). Alle diese Bestimmungen sind durch das **3. UrhGÄndG** vom 23.6.1995[146] mit Wirkung zum 1.7.1995 (Art. 3 Abs. 2 des Gesetzes) neu gefasst worden. Das Gesetz hat insoweit Art. 3 der europäischen **Schutzdauerrichtlinie** in der ursprünglichen und in der kodifizierten Fassung umgesetzt.[147] Die Dauer des Schutzrechts des Filmherstellers an einem bestimmten Film ergibt sich aus der in § 94 Abs. 3 festgelegten **Schutzfrist von 50 Jahren** und den dort genannten **Anknüpfungspunkten für die Berechnung** dieser Frist, nämlich primär das **erste Erscheinen** iSd § 6 Abs. 2[148] des Filmträgers[149] oder seine erste erlaubte Benutzung zu einer **öffentlichen Wiedergabe,** und zwar je nachdem, was sich früher ereignet. Sekundär entscheidet der Zeitpunkt der Herstellung iSd Erstfixierung (→ Rn. 12) des Filmträgers, wenn er nicht innerhalb von 50 Jahren, gerechnet ab diesem Zeitpunkt, erscheint oder erlaubterweise zu einer öffentlichen Wiedergabe benutzt wird. Daraus ergibt sich eine **Mindestschutzdauer** von 50 Jahren ab Erstfixierung, wenn der Filmträger innerhalb dieser Frist nicht erscheint oder erlaubterweise zu einer öffentlichen Wiedergabe benutzt wird. Dasselbe gilt, wenn sich einer dieser beiden Vorgänge im Jahr der Erstfixierung ereignet. Ereignen sich diese Vorgänge später, aber während dieser Frist, so beträgt die Schutzdauer 50 Jahre, gerechnet ab dem frühesten dieser Ereignisse. Die **maximale Schutzdauer** beträgt somit 100 Jahre, wenn der Filmträger im 50. Jahr nach der Herstellung erstmals erscheint oder erlaubterweise zu einer öffentlichen Wiedergabe benutzt wird.

---

[141] S. den Katalog der Rechtsinhaber in Art. 3 Abs. 1 der Richtlinie und die AmtlBegr. BT-Drs. 13/115, 15 zu Nr. 6.

[142] Ebenso *Dünnwald* UFITA 76 (1976), 165 (186).

[143] → Rn. 8 sowie *Dünnwald* UFITA 76 (1976), 165 (186) mit verfassungsrechtlichen Bedenken aus Art. 3 GG in Fn. 67 und unter Hinweis auf den insoweit bestehenden Vergütungsanspruch des Tonträgerherstellers gemäß §§ 86, 77 aF; Dreier/Schulze/*Schulze* Rn. 39; *v. Gamm* Rn. 6.

[144] Änderung aufgrund des Gesetzes vom 10.9.2003, → Vor §§ 88 ff. Rn. 8.

[145] S. AmtlBegr. BT-Drs. IV/270, 95 zu § 94, jetzt § 84.

[146] → Vor §§ 88 ff. Rn. 8.

[147] Zu Einzelheiten dieser Richtlinie in Bezug auf die Schutzdauer des Urheberrechts → § 64 Rn. 13 ff.

[148] → § 6 Rn. 29 ff.

[149] Zu diesem Begriff → Vor §§ 88 ff. Rn. 22.

36   Anders als in § 85 Abs. 3 (und auch in §§ 82, 87 Abs. 3) ist in § 94 Abs. 3 nichts über die Anwendung des **§ 69** über die **Berechnung der Schutzfristen** des UrhG gesagt. Dies kann nur als Redaktionsversehen gewertet werden, so dass § 69 gleichwohl anzuwenden ist.[150] Zu den Einzelheiten s. die Kommentierung des § 69.

37   Als durch das UrhG neu eingeführtes Recht (→ Rn. 2) konnte das Schutzrecht des Filmherstellers an **vor dem 1.1.1966 geschaffenen Filmen** nicht entstehen.[151] Auch ein Erwerb von Rechten der ausübenden Künstler nach § 2 Abs. 2 LUG[152] hinsichtlich der Tonspur des Tonfilms kam für den Filmhersteller nicht in Betracht (→ Rn. 4). Eine Anwendung der §§ 135, 135a scheidet daher aus. Die Dauer des Schutzrechts des Filmherstellers betrug nach § 94 Abs. 3 aF bis zum 30.6.1995 nur 25 Jahre, gerechnet nach dem Erscheinen des Filmträgers, jedoch bereits 25 Jahre nach der (ersten, → Rn. 12) Herstellung, wenn der Filmträger innerhalb dieser Frist nicht erschienen ist.[153] Die **Übergangsregelung** bezüglich der Verlängerung der Schutzdauer durch das 3. UrhGÄndG (→ Rn. 35) findet sich in § 137 f.

38   **Nach Ablauf der Schutzfrist** gemäß § 94 Abs. 3 steht aber nur auf die Verwertung des Filmträgers grundsätzlich jedermann frei. Dies bezieht sich aber nur auf die Verwertung des Filmträgers und das Schutzrecht aus § 94. Unberührt bleiben die **ausschließlichen Nutzungsrechte** des Filmherstellers, die dieser vertraglich ausdrücklich oder entsprechend §§ 88, 89 von den Urhebern von zur Filmherstellung benutzten Werken und von den Filmurhebern erworben hat.[154] Zur Dauer der Nutzungsrechtseinräumung nach § 88 → § 88 Rn. 34, 57 f. Hinsichtlich des Erwerbs ausschließlicher Nutzungsrechte von den Filmurhebern kann sich eine zeitliche Beschränkung nur aus vertraglichen Vereinbarungen ergeben (→ § 89 Rn. 3); grundsätzlich stehen dem Filmhersteller diese Nutzungsrechte zeitlich unbeschränkt, dh bis zum Ablauf der urheberrechtlichen Schutzfrist am Filmwerk zu. Die Dauer des ausschließlichen Rechts des Filmherstellers zur filmischen Verwertung der Filmeinzelbilder nach § 89 Abs. 4 bestimmt sich nach § 72 Abs. 3,[155] soweit es sich um einfache Lichtbilder iSd § 72 und nicht um länger geschützte Lichtbildwerke iSd § 2 Abs. 1 Nr. 5, Abs. 2 handelt. Die Dauer des Schutzes der vom Filmhersteller nach § 92 erworbenen Rechte der ausübenden Künstler (§ 82) entspricht derjenigen des § 94 Abs. 3.

39   Ein **ergänzender wettbewerbsrechtlicher Schutz** des Filmherstellers nach Ablauf der Schutzfrist gem. § 94 Abs. 3 scheidet wegen des Vorrangs dieser Bestimmung als lex specialis aus.[156] Zu einer möglichen Neubewertung des wettbewerbsrechtlichen Schutzes aufgrund der europäischen Richtlinie 2005/29/EG über unlautere Geschäftspraktiken s. die Parallele bei § 5 (→ § 5 Rn. 93).

6. Übertragbarkeit und Vererblichkeit, Einräumung von Nutzungsrechten (§ 94 Abs. 2)

40   Das verwandte Schutzrecht des Filmherstellers nach § 94 ist als rein vermögensrechtliche Befugnis (→ Rn. 5, 6) als Ganzes übertragbar (§ 94 Abs. 2 S. 1). Anzuwenden sind insoweit §§ 398 ff., 413 BGB. Durch das Gesetz vom 10.9.2003[157] ist es in § 94 Abs. 2 S. 2 ausdrücklich ermöglicht worden, über das verwandte Schutzrecht des Filmherstellers durch die Einräumung von Nutzungsrechten iSd § 31 zu verfügen. Mangels Verweisung auch auf § 31 Abs. 4 aF in § 94 Abs. 2 S. 3 aF galt das auch für unbekannte Nutzungsarten. Nachdem durch das Zweite Gesetz zur Regelung des Urheberrechts in der Informationsgesellschaft vom 26.10.2007 (BGBl. I S. 2513) § 31 Abs. 4 aF aufgehoben worden ist, konnte in § 94 Abs. 2 S. 3 auf die differenzierende Verweisung auf die einzelnen Absätze des § 31 verzichtet werden. Unter analoger Anwendung der §§ 31 ff. aF war die Einräumung von Nutzungsrechten am Recht des Filmherstellers auch früher schon möglich.[158] Das Schutzrecht des § 94 ist auch vererblich.[159] Bei einer Lizenzierung des verwandten Schutzrechts des Filmherstellers zB für die Videoauswertung eines fremdsprachigen Filmes kann zwischen einer Fassung mit **Untertitelung** einerseits und einer **Synchron**- oder sog. **Voice-over-Fassung** (Überlagerung des Originaltons durch eine „außerhalb der Szene" gesprochene Übersetzung bzw. eines Kommentars) mit dinglicher Wirkung unterschieden werden. Durch die bloße Vorausübertragung der Rechte für eine untertitelte Fassung war eine Filmproduzentin daher nicht gehindert, gegen die Vervielfältigung und den Vertrieb von Videokassetten und DVDs in den anderen vorgenannten Fassungen vorzugehen.[160]

---

[150] So auch Dreier/Schulze/*Schulze* Rn. 52; Fromm/Nordemann/*J. B. Nordemann* Rn. 54; *v. Gamm* Rn. 6; Möhring/Nicolini/*Driesbach* Rn. 38.
[151] → Vor §§ 88 ff. Rn. 47.
[152] → Vor §§ 73 ff. Rn. 14 f.
[153] Zu den Einzelheiten → 1. Aufl. 1987, Rn. 35.
[154] S. dazu auch Dreier/Schulze/*Schulze* Rn. 53; Möhring/Nicolini/*Diesbach* Rn. 46.
[155] → § 91 Rn. 11 f.
[156] So auch Dreier/Schulze/*Schulze* Rn. 54; Fromm/Nordemann/*J. B. Nordemann* Rn. 65 unter Hinweis auf mögliche besondere Umstände bzgl. der Art und Weise der Leistungsübernahme.
[157] → Vor §§ 88 ff. Rn. 8.
[158] → 2. Aufl. 1999, Vor §§ 28 ff. Rn. 36; *v. Gamm* Rn. 4.
[159] Ebenso *v. Gamm* Rn. 4.
[160] So OLG Köln ZUM 2007, 401 (402 f.) – Video-Zweitverwertung.

7. Rechtsfolgen der Verletzung

Bei Verletzung des Schutzrechts des Filmherstellers stehen dem Verletzten die Ansprüche aus § 97 **41** auf Beseitigung, Unterlassung und Schadensersatz, aus § 98 auf Vernichtung, Rückruf oder Überlassung der rechtswidrig hergestellten Vervielfältigungsstücke sowie auf Vernichtung der Vervielfältigungsvorrichtungen und nach §§ 101, 101a (§§ 242, 259 f. BGB) auf Auskunft, Rechnungslegung, Vorlage und Besichtigung zu. Rechtswidrig hergestellte Vervielfältigungsstücke dürfen nach § 96 weder verbreitet noch zu öffentlichen Wiedergaben benutzt werden. Vorsätzliche Verletzungen des Schutzrechts aus § 94 sind strafbar nach § 108 Nr. 7; die vorsätzliche Verletzung durch gewerbsmäßige Vervielfältigung und Verbreitung ist mit höherer Strafe bedroht (§ 108a). Zu den Einzelheiten vgl. die Kommentierung dieser Bestimmungen.

8. Persönlicher Anwendungsbereich und Konkurrenzen

a) Zum persönlichen Anwendungsbereich des § 94 s. § 128. **42**

b) Zu den Konkurrenzen mit anderen Schutzrechten und urheberrechtlichen Nutzungsrechten → Rn. 11(Schutzrecht des Tonträgerherstellers nach §§ 85, 86), → Rn. 20, 30 f. (Schutzrecht des Sendeunternehmens nach § 87), → Rn. 4, 38 (urheberrechtliche Nutzungsrechte) und → Rn. 39 (ergänzender wettbewerbsrechtlicher Schutz).

Abschnitt 2. Laufbilder

§ 95 Laufbilder

Die §§ 88, 89 Abs. 4, 90, 93 und 94 sind auf Bildfolgen und Bild- und Tonfolgen, die nicht als Filmwerke geschützt sind, entsprechend anzuwenden.

Schrifttum: *Etter*, Softwareschutz durch Strafanzeige?, CR 1989, 115; *Feyock/Straßer*, Die Abgrenzung der Filmwerke von Laufbildern am Beispiel der Kriegswochenschauen, ZUM 1992, 11; *v. Have/Eickmeier*, Der Gesetzliche Rechtsschutz von Fernseh-Show-Formaten, ZUM 1994, 269; *Hertin*, Wo bleibt der internationale Leistungsschutz für Filme?, ZUM 1990, 442; *Hillig*, Anmerkung zu OLG Frankfurt am Main, Urteil vom 25.1.2005 – 11 U 25/04 – TV-total, ZUM 2005, 482; *ders.*, Anmerkung zu OLG Frankfurt am Main, Urteil vom 26.11.2003 – TV Total, ZUM 2004, 397; *Hoeren*, Urheberrechtliche Probleme des Dokumentarfilms, GRUR 1992, 145; *Hofstetter*, Anmerkung zu dem Beschluß des OLG Hamm vom 14.5.1991, Az.: 4 U 281/90, ZUM 1992, 88; *ders.*, Anmerkung zum Urteil des Bayerischen Obersten Landesgerichts vom 12.5.1992, Az.: 4 St RR 64/92, ZUM 1992, 541; *Katzenberger*, Vom Kinofilm zum Videogramm, GRUR-Fs., S. 1401; *ders.*, Kein Laufbildschutz für ausländische Videospiele in Deutschland, GRUR-Int 1992, 513; *Klatt*, Zur Reichweite des Laufbildschutzes bei der Frage der freien Benutzung iS des § 24 UrhG, AfP 2008, 350; *Koch*, Rechtsschutz für Benutzeroberflächen von Software, GRUR 1991, 180; *Kuhlmann*, Kein Rechtsschutz für den Kopierschutz?, CR 1989, 177; *Schlatter*, Der Rechtsschutz von Computerspielen, Benutzeroberflächen und Computerkunst, in *Lehmann* (Hrsg.), Rechtsschutz und Verwertung von Computerprogrammen, 2. Aufl. 1993, S. 169; *Schulze*, Urheber- und leistungsschutzrechtliche Fragen virtueller Figuren, ZUM 1997, 77; *Straßer*, Die Abgrenzung der Laufbilder vom Filmwerk, 1995; *Syndikus*, Computerspiele. Eine Rechtsprechungsübersicht, CR 1991, 529; *Vogel*, Überlegungen zum Schutzumfang der Leistungsschutzrechte des Filmherstellers, S. 367; *Wiebe*, „User Interfaces" und Immaterialgüterrecht. Der Schutz von Benutzeroberflächen in den U.S.A. und in der Bundesrepublik Deutschland, GRUR-Int 1990, 21; s. ferner die Schrifttumsnachweise zu Vor §§ 88 ff. und zu § 94.

Übersicht

I. Zweck, Bedeutung und Entstehung des § 95. Einordnung in die Systematik der §§ 88 ff.

1. § 95 fügt sich in die generelle **Zweckbestimmung** der §§ 88 ff. ein, die Rechtsstellung des **1** Filmherstellers mit Rücksicht auf die vom Gesetzgeber angenommenen Besonderheiten des Filmes zu stärken.[1] Die vom Gesetzgeber vorgesehenen Mittel zur Erreichung dieses Zieles bestehen zum einen in einer Schwächung der Rechtspositionen der Urheber, der ausübenden Künstler und Inhaber sonstiger Leistungsschutzrechte als Partnern des Filmherstellers (§§ 88–93), zum anderen in der Anerkennung eines eigenen, originären, mit dem Urheberrecht verwandten Schutzrechts des Filmherstellers

---

[1] → Vor §§ 88 ff. Rn. 1, 9.

(§ 94 UrhG).[2] Nicht im Rahmen der §§ 88 ff. geregelt, weil unabhängig von deren Zielsetzung, sind ua die Voraussetzungen des urheberrechtlichen Schutzes von Filmwerken; sie sind Gegenstand des § 2 Abs. 1 Nr. 6, Abs. 2.

2   § 95 geht von dem Umstand aus, dass es Filme gibt, die den urheberrechtlichen Schutzvoraussetzungen nicht genügen, bei denen aber die sonstigen Bedingungen ihrer Herstellung und Verwertung im Grunde die gleichen sind wie bei urheberrechtlich geschützten Filmwerken und bei denen daher auch das **Schutzbedürfnis des Filmherstellers** das gleiche ist, wie es den Bestimmungen der §§ 88–94 als Motiv zugrundeliegt. § 95 erklärt daher die meisten Bestimmungen der §§ 88 ff. für auf solche Filme entsprechend anwendbar. Da bei der Herstellung eines Filmes nicht immer klar vorauszusehen ist, ob ein urheberrechtlich geschütztes Filmwerk entstehen wird, soll dadurch auch der Rechtssicherheit gedient werden.[3] Da § 95 voraussetzt, dass ein Film die urheberrechtliche Werkqualität nicht erreicht, scheidet allerdings eine auch nur entsprechende Anwendung des § 89 Abs. 1–3 aus, da diese Bestimmung nur für Filmurheber gilt und die Filmurheberschaft ihrerseits ein urheberrechtlich geschütztes Filmwerk zur Voraussetzung hat. Die Nichtanwendung des § 92 dient einem spezifischen rechtspolitischen Ziel (→ Rn. 17).

3   Aus der genannten spezifischen Zweckbestimmung des § 95 folgt auch, dass es **nicht** dessen Ziel ist, an Filmen, die den Voraussetzungen eines Filmwerks nicht genügen, ein abgeschwächtes, das **filmisch-gestalterische Schaffen** der an der Filmherstellung mitwirkenden Personen betreffendes Leistungsschutzrecht zu begründen. Vielmehr soll der Filmhersteller auch bei solchen Filmen für seine **organisatorische und wirtschaftliche Leistung** durch das verwandte Schutzrecht des § 94 geschützt sein.[4] Der Rechtsschutz der Laufbilder nach §§ 94, 95 verhält sich zur Urheberrechtsschutz von Filmwerken daher nicht ebenso wie das Schutzrecht aus § 72 an urheberrechtlich nicht schutzfähigen Lichtbildern zum Urheberrecht an Lichtbildwerken iSd § 2 Abs. 1 Nr. 5. Das Verhältnis gleicht vielmehr dem des Schutzrechts des Tonträgerherstellers an Tonträgern mit urheberrechtlich geschützter Musik einerseits und mit nicht geschütztem Inhalt andererseits.

4   **2.** Die **Bedeutung** des § 95 liegt zum einen darin, dass der Filmhersteller in den Genuss der Vorteile der entsprechend für anwendbar erklärten §§ 88, 89 Abs. 4 (früher § 91), 90, 93 und 94 unabhängig davon kommt, ob ein urheberrechtlich geschütztes Filmwerk entstanden ist oder nicht, und zum anderen darin, dass er bei einer Rechtsverletzung durch technische Ausbeutung seiner Leistung, wie im Falle der Videopiraterie oder des illegalen Filesharing, nicht das Bestehen und die Verletzung eines Urheberrechts und eines entsprechenden, ihm zustehenden ausschließlichen Nutzungsrechts beweisen muss, sondern sich stets auf sein an nur geringe Voraussetzungen geknüpftes Leistungsschutzrecht nach § 94 berufen kann.

5   **3.** Wie die §§ 88 ff. insgesamt enthält auch § 95 eine im Vergleich zur früheren Rechtslage **neue gesetzliche Bestimmung.**[5] Dies gilt insbes. auch für ihr Zusammenwirken mit § 94 über das verwandte Schutzrecht des Filmherstellers. Auch hinsichtlich des Schutzes des Filmherstellers bezüglich urheberrechtlich nicht geschützter Filme war dieser nach früherem Recht auf den vertraglichen Erwerb abgeleiteter Rechte von zur Filmherstellung benutzten Werken (dazu → Rn. 13) sowie an den Filmeinzelbildern und auf den ergänzenden wettbewerbsrechtlichen Schutz angewiesen (→ § 94 Rn. 4).

II. Begriff der Laufbilder. Abgrenzung zu Filmwerken. Beispiele von Laufbildern

1. Begriff der Laufbilder

6   Unter Laufbildern versteht das Gesetz urheberrechtlich nicht geschützte Bildfolgen bzw. Bild- und Tonfolgen, die bei der Vorführung, der Sendung oder dem Abruf den Eindruck des bewegten Bildes entstehen lassen und damit Filme sind, wobei es weder auf das verwendete Aufnahmeverfahren, noch auf den Inhalt, noch auf den Verwendungszweck, noch darauf ankommt, ob eine körperliche Aufzeichnung stattfindet oder nicht, so dass ua auch Live-Sendungen des Fernsehens Laufbilder sein können.[6]

7   Auch **Videospiele** (Bildschirmspiele, Computerspiele), nicht aber sog. **Tonbildschauen** können Filme und damit Laufbilder sein.[7] **Multimediawerke**[8] und als solche qualifizierte **Internet-Homepages**[9] sind als urheberrechtlich schutzfähige Werke schon definitionsgemäß keine bloßen Laufbilder, sie können aber Laufbilder als Elemente enthalten. Multimediaerzeugnisse ohne Werkeigenschaft können aber ihrerseits Laufbilder sein, wenn und soweit sie den Eindruck des bewegten Bildes vermitteln und daher Filme sind.[10]

---

[2] Vgl. zum Ganzen den Überblick → Vor §§ 88 ff. Rn. 10–14 sowie → § 94 Rn. 1.
[3] Vgl. AmtlBegr. 91 BTDrucks. IV/270 S. 102 zu § 105, jetzt § 95.
[4] S. die Verweisung auf § 94 in § 95; ferner → Rn. 19 sowie BGH GRUR 2014, 363 (365) – Peter Fechter.
[5] → Vor §§ 88 ff. Rn. 4 ff.
[6] Dazu Näheres → Vor §§ 88 ff. Rn. 20, 21.
[7] Näheres → Vor §§ 88 ff. Rn. 44, 45.
[8] → Vor §§ 88 ff. Rn. 46.
[9] S. LG München I ZUM-RD 2005, 81 (83) – Homepage.
[10] → Vor §§ 88 ff. Rn. 20, auch → Rn. 46.

2. Abgrenzung zu Filmwerken. Beispiele von Laufbildern

a) Das Gesetz erklärt die §§ 88–95 für auf **Filme** anwendbar und verwendet diesen Begriff als **8** Oberbegriff für Filmwerke und Laufbilder.[11] Daraus folgt, dass **Laufbilder sich von Filmwerken nur dadurch unterscheiden,** dass sie nicht auf einer schöpferischen Gestaltung iSd § 2 Abs. 2 beruhen und ihnen daher die **Qualität als urheberrechtlich geschütztes Werk mangelt.**[12] Laufbilder sind daher alle Filme, auf welche die in → § 2 Rn. 220 ff. genannten urheberrechtlichen Schutzvoraussetzungen nicht zutreffen. Dies ist gleichermaßen für **ganze Filme** und für **Ausschnitte** aus Filmen von Bedeutung, da bei der Verwertung nur eines Filmausschnitts eine Verletzung des Urheberrechts am Filmwerk nur dann vorliegt, wenn der verwertete Ausschnitt seinerseits den urheberrechtlichen Schutzanforderungen genügt.[13] Ist die Frage der urheberrechtlichen Schutzfähigkeit als Filmwerk im Einzelfall zu verneinen – wie im Fall des BGH in BGHZ 9, 262 (269) bezüglich eines das typische Flugbild von Schwänen zeigenden Ausschnitts aus einem Naturfilm –, so ist nach geltendem Recht der Filmausschnitt, wenn er nicht nur aus einem Filmeinzelbild besteht, ein Laufbild, das zugunsten des Herstellers das Schutzrecht des § 94 begründet. Dabei hat aber selbst ein bloßes „stehendes" Filmeinzelbild als Bestandteil des Filmes teil am Schutzrecht des Filmherstellers (→ Rn. 9). Daneben erwirbt der Filmhersteller bei aufgezeichneten vorbestehenden Werken ausschließliche Nutzungsrechte nach Maßgabe des § 88 (→ Rn. 13) sowie die Rechte zur filmischen Verwertung der Filmeinzelbilder nach § 89 Abs. 4 (früher § 91) (→ Rn. 16).

b) Bei Beurteilung der Frage, ob im Einzelfall ein Laufbild oder ein Filmwerk vorliegt, ist daher **9** von den Schutzvoraussetzungen des Letzteren auszugehen. Hierzu wird auf → § 2 Rn. 191 ff. verwiesen. Typische, aber unter dem Vorbehalt abweichender Beurteilung im Einzelfall stehende **Beispiele für Laufbilder** sind einfache **Aufzeichnungen und Fernseh-Live-Übertragungen von Darbietungen ausübender Künstler,** wie von Opernaufführungen, Aufführungen von Bühnenstücken und Solodarbietungen einzelner Sänger, Tänzer und Musiker,[14] und zwar auch dann, wenn es sich um im Wesentlichen unverändert gespielte Studioinszenierungen für das Fernsehen handelt;[15] davon zu unterscheiden ist aber die mit spezifischen filmischen Mitteln gestaltete **Verfilmung von Bühnenstücken** sowie der mit Mitteln der Tricktechnik oder auf sonstige Weise künstlerisch gestaltete sog. **Videoclip** zu populären musikalischen Darbietungen im Fernsehen (→ § 92 Rn. 10). Vom Schutz filmischer Aufzeichnungen und Live-Übertragungen von Veranstaltungen zu unterscheiden ist der urheberrechtliche Schutz der aufgeführten Werke (→ Rn. 13), der Schutz der ausübenden Künstler (→ Rn. 17) und der Schutz des Veranstalters (s. dazu § 81). Für **Fernsehspielshows** (Game-Shows) wird ein Urheberrechtsschutz regelmäßig zu verneinen sein, was aber nicht ausschließt, einzelnen Elementen (zB Musik/Jingle, Kulissen) solcher Shows Urheberrechtsschutz zuzubilligen.[16] Jedenfalls kommt auch hier Laufbildschutz in Betracht,. Aktuelle Beispiele für Laufbilder sind ferner **Ausschnitte** aus **Fernsehsendungen,** die andere Sender zu Zwecken der Parodie oder Satire[17] oder aus publizistischen Gründen[18] nutzen.[19] Vom Laufbildschutz des Filmherstellers **nicht** erfasst sind allerdings außerhalb der Dreharbeiten gefertigte sog. **Standbilder** (→ § 94 Rn. 25).

Weitere Beispiele für bloße Laufbilder sind **Film- und Fernsehberichte über aktuelle Ereig- 10 nisse,** wie Wochen- und Tagesschauen, aktuelle Reportagen über Sportveranstaltungen, politische Veranstaltungen, Demonstrationen udgl.[20] Der österreichische Gerichtshof (OGH) geht in einem

---

[11] → Vor §§ 88 ff. Rn. 20.

[12] *Ulmer* §§ 27 III, 126 III; Dreier/Schulze/*Schulze* Rn. 6; Möhring/Nicolini/*Diesbach/Vohwinkel* Rn. 3; sa KG ZUM 2003, 863 (864) – Beat Club – sowie LG München I ZUM-RD 2012, 560 – Playback-Aufnahmen.

[13] BGHZ 9, 262 (268) – Lied der Wildbahn I.

[14] AmtlBegr. BT-Drs. IV/270, 103 zu § 105, jetzt § 95; s. zB LG Hamburg ZUM-RD 2007, 96 (97 f.) – DVD-Konzertaufnahme; zur Abgrenzung zum Schutz als Filmwerk, der konkret in drei Fällen bejaht wurde, s. KG ZUM 2003, 863 (864) – Beat Club mAnm *Poll;* sa LG München I ZUM-RD 2012, 560 – Playback-Aufnahmen.

[15] OLG Koblenz UFITA 70 (1974), 331 (335) – Liebeshändel in Chioggia; kritisch Fromm/Nordemann/*J. B. Nordemann* Rn. 7; Dreier/Schulze/*Schulze* Rn. 10.

[16] Urheberrechtsschutz für Game-Shows bejaht *Straßer* S. 120 f.; sa *v. Have/Eickmeier* ZUM 1994, 269 (271 ff.); Möhring/Nicolini/*Diesbach/Vohwinkel* Rn. 4; *Castendyk/Schwarzbart* UFITA 2007, 33 (35); → Vor §§ 88 ff. Rn. 21.

[17] S. BGH GRUR 2008, 693 (694) – TV-Total: selbst „kleinste Teile" geschützt; OLG Frankfurt a. M. ZUM 2005, 477 (479 f.) – TV-total; OLG Köln ZUM 2005, 235/236, BGH GRUR 2000, 703 (704) – Mattscheibe; OLG München ZUM-RD 1998, 124 (125 f.) – Kalkofes Mattscheibe; LG Frankfurt a. M. ZUM 2004, 394 (396) – TV Total mAnm *Hillig;* OLG Frankfurt a. M. ZUM 2005, 477 (479 f.) – TV-total mAnm *Hillig;* OLG Köln GRUR-RR 2018, 326 – TV Pannenshow; weitere Nachw. bei → § 94 Rn. 25.

[18] S. LG Stuttgart AfP 2003, 462 (463) – NPD-Spitzel.

[19] Zur Übernahme einzelner Bilder aus Fernsehsendungen und Filmen → § 91 Rn. 7 und → § 94 Rn. 25 gegen OLG München GRUR-RR 2008, 228 (230) – filmische Verwertung; s. jetzt aber BGH GRUR 2010, 620 – Film-Einzelbilder; zur Nutzung von Filmausschnitten im Internet s. KG MMR 2003, 110 f. – Paul und Paula.

[20] S. LG Berlin GRUR 1962, 207 (208) – Maifeiern – zu einem dokumentarischen Ausschnitt aus einer Nachkriegswochenschau der ehemaligen DDR; KG UFITA 86 (1980), 249 (252) – Boxweltmeisterschaft – zu einem Amateurfilm über eine solche Veranstaltung; ebenso OLG München ZUM-RD 1997, 290 (293) – Box-Classics – zu Videoaufzeichnungen von Boxveranstaltungen; sa BGHZ 37, 1 (6 ff.) – AKI, wo zum Schutz von Fernsehreportagen über eine Fußballweltmeisterschaft gegen Vorführung in Filmtheatern nur der Schutz der einzelnen Fernsehbilder geprüft wurde; dazu auch → Rn. 5.

jüngeren Urteil v. 17.12.2013[21] ebenfalls davon aus, dass Sportereignisse als solche regelmäßig keine Werkqualität besitzen. Allerdings kann die konkrete Übertragung oder Aufzeichnung von Sportereignissen, etwa von Fußballspielen, unter der Voraussetzung der Eigentümlichkeit (Originalität) urheberrechtlich schutzfähig sein. So sei bei Übertragungen von Sportereignissen etwa die Kameraführung, die Bildregie und ggf. auch der Kommentar schützbar und könne deshalb auch ein Werk der Filmkunst vorliegen.[22] Entsprechendes gilt auch für **besonders gestaltete Reportagen**[23] und **Wochenschauen.**[24] Urheberrechtsschutz von **NS-Propagandafilmen** („Triumph des Willens", „Sieg im Westen" und „Der Marsch zum Führer") wurde vom LG München I[25] bejaht. Auch **Fernsehinterviews** und eine **Live-Berichterstattung** im Fernsehen können Urheberrechtsschutz erlangen, werden oftmals aber auch nur einfache Laufbilder sein.[26]

11   Ein anderes Beispiel bloßer Laufbilder sind **filmische Darstellungen von Naturereignissen,** soweit sie sich ohne gestalterische Zutat auf die Wiedergabe von in der Wirklichkeit vorgegebenen Gegenständen und Naturereignissen beschränken.[27] Das Gleiche gilt für **wissenschaftliche Dokumentations- und Forschungsfilme,** soweit sie durch schematisch ablaufendes Abfilmen eines vorgegebenen Geschehens zustandekommen;[28] technische Schwierigkeiten und deren Überwindung allein vermögen den Urheberrechtsschutz nicht zu begründen. Sobald aber individuelle gestalterische Elemente zB bei der Auswahl, Anordnung und Sammlung des Stoffes und der Zusammenstellung der einzelnen Bildfolgen hinzukommen, handelt es sich um ein urheberrechtlich geschütztes Filmwerk.[29] Erst recht gilt dies für mit einer Spielhandlung dramaturgisch verbundene **Dokumentarfilme.**[30]

12   Weitere Beispiele für bloße Laufbilder sind einfache **Videospiele** (Computerspiele, Bildschirmspiele) sowie **Sex- und Pornofilme,**[31] wobei der möglicherweise sittenwidrige Inhalt solcher Filme einem Schutz nach §§ 94, 95 nicht entgegensteht.[32] Auch die üblichen **Amateurfilme** über Urlaubsreisen und familiäre Ereignisse sind idR nur Laufbilder.

Was **Videospiele** betrifft, so haben die Gerichte in der Vergangenheit besonders bereitwillig auf deren (vermeintlichen) Laufbildschutz nach §§ 94, 95 zurückgegriffen, um sich eine Auseinandersetzung mit der Frage des Urheberrechtsschutzes der zugrundeliegenden Computerprogramme oder des Filmwerkschutzes zu ersparen.[33] Im Hinblick auf die Abgrenzung zwischen Filmwerk und Laufbild bestehen gegen ein solches rationelles Vorgehen zumindest im Rahmen von zivilrechtlichen, vom Hersteller eingeleiteten Rechtsstreitigkeiten an sich auch keine Bedenken.[34] Angesichts des Umstands, dass Videospiele ganz überwiegend amerikanischen oder japanischen Ursprungs sind, liegt ein gravierender Mangel dieser Rechtsprechung aber darin, dass sie die **fremdenrechtliche Rechtslage**

---

[21] OGH 17.12.2013 – 4 Ob 184/13g – Fußballübertragungen.

[22] Rechte zur Fernsehübertragung von Sportveranstaltungen beruhen regelmäßig nicht auf dem Urheberrecht, sondern auf dem Hausrecht des Veranstalters, sa BGH GRUR 2011, 436 – hartplatzhelden. Allerdings erkennen etwa Wandtke/Bullinger/*Mangold*/*Cernik* Rn. 7 an, dass der Einsatz filmische Gestaltungsmittel im Einzelfall zur Annahme eines Filmwerks führen kann; sa. Dreier/Schulze/*Schulze* Rn. 10; Möhring/Nicolini/*Lütje*, 2. Aufl. 2000, Rn. 5.

[23] LG Berlin GRUR 1962, 207 (208) – Maifeiern.

[24] So auch zu nur kurzen Ausschnitten aus propagandistisch gestalteten Kriegswochenschauen aus den Jahren 1940 bis 1942 LG München I ZUM-RD 1998, 89 (92) – Deutsche Wochenschauen – unter Abgrenzung zu LG Berlin GRUR 1962, 207 – Maifeiern; s. speziell zu Kriegswochenschauen auch *Feyock*/*Straßer* ZUM 1992, 11 (13 ff.); Möhring/Nicolini/*Diesbach*/*Vohwinkel* Rn. 4; *Straßer* S. 109 ff.; *Wandtke* UFITA 132 (1996), 31 (35 ff.).

[25] LG München I ZUM 1993, 370 (373) – NS-Propagandafilme; zum Film „Triumph des Willens" sa BGH UFITA 55 (1970), 313 (316).

[26] S. *v. Have*/*Eickmeier* ZUM 1994, 269 (272); Möhring/Nicolini/*Diesbach*/*Vohwinkel* Rn. 4; *Straßer* S. 117 ff. sowie LG Berlin ZUM 2014, 251 (253), LG Hamburg ZUM 2013, 227; ZUM-RD 2012, 620 und 625; 2011, 625; LG Berlin ZUM-RD 2012, 37 (alle Urteile zum urheberrechtlichen Schutz von Interviews).

[27] BGHZ 9, 262 (268 f.) – Lied der Wildbahn I – zu einer Szene mit fliegenden Schwänen aus einem Naturfilm.

[28] BGHZ 90, 219 (222 ff.) – Filmregisseur – mit Anm. von *Schricker* GRUR 1984, 733.

[29] BGHZ 9, 262 (268) – Lied der Wildbahn I; BGHZ 90, 219 (222 ff.) – Filmregisseur – zu einem Fernsehfeature über eine Herzoperation.

[30] BGHZ 90, 219 (226) – Filmregisseur; dazu auch → § 2 Rn. 191; zu Dokumentarfilmen und Fernsehfeatures sa *Hoeren* GRUR 1992, 145 ff.; *Straßer* S. 132 ff.

[31] OLG Düsseldorf GRUR 1979, 53 – Laufbilder; OLG Hamburg UFITA 87 (1980), 322 (324) – Tiffany und GRUR 1984, 663 – Video Intim; das LG München I ZUM-RD 2013, 558 – Flexible Beauty – hat für US-amerikanische Pornofilme mangels persönlicher geistiger Schöpfung sowohl einen Schutz als Filmwerk verneint, ferner unter Hinweis auf §§ 128 Abs. 2, 126 Abs. 2 Laufbildschutz nach §§ 94, 95; sa Wandtke/Bullinger/*Mangold*/*Cernik* Rn. 9.

[32] OLG Hamburg UFITA 87 (1980), 322 (324) – Tiffany – und GRUR 1984, 663 – Video Intim – sowie LG München I ZUM-RD 2013, 558 – Flexible Beauty; s. hierzu und zur Qualifizierung solcher Filme als Filmwerke oder Laufbilder auch *Straßer* S. 129 ff.

[33] S. in diesem Sinne zB BayObLG GRUR 1992, 508 – Verwertung von Computerspielen; OLG Hamburg GRUR 1990, 127 (128) – Super Mario III – und ZUM 1996, 688 (688) – Mitstörer; OLG Hamm ZUM 1992, 99 (100) – Computerspiele; OLG Karlsruhe CR 1986, 723 (725–1942); OLG Köln GRUR 1992, 312 (313); aus jüngerer Zeit zu Computerspielprogrammen OLG Hamburg ZUM-RD 2013, 124; LG Berlin ZUM-RD 2014, 438 (439); LG Köln ZUM-RD 2012, 99; sa den Rechtsprechungsbericht von *Syndikus* CR 1991, 529 (530 f.); sowie → § 2 Rn. 188 mwN; aus dem Schrifttum zB *Etter* CR 1989, 115 (117); *Hofstetter* ZUM 1992, 88 f.; *Hofstetter* ZUM 1992, 541; *Koch* GRUR 1991, 180 (190); *Kuhlmann* CR 1989, 177 (181); sa *Wiebe* GRUR-Int 1990, 21 (30).

[34] AA aus strafrechtlicher Sicht *Weber* in Anm. zu BayObLG JZ 1993, 106 (107).

(§ 128) völlig übergeht oder unter Anwendung der auf den Schutz von Urheberrechten beschränkten Revidierten Berner Übereinkunft auf das verwandte Schutzrecht des Filmherstellers nach § 94 iVm § 95 falsch entscheidet.[35] Bedauerlicherweise sind offensichtlich auch zahlreiche **strafrechtliche Verfolgungsmaßnahmen,** auch solche gegen Jugendliche, auf jene nicht existente gesetzliche Grundlage gestützt worden.[36]

III. Entsprechende Anwendung der §§ 88, 89 Abs. 4, 90, 93

1. Die von § 95 angeordnete entsprechende Anwendung des **§ 88** trägt dem Umstand Rechnung, **13** dass auch in einen Film, der selbst kein schöpferisch gestaltetes Filmwerk ist, geschützte Werke aufgenommen werden können.[37] Beispiele sind die Übernahme von Tonträgermusik auf die Tonspur eines Filmes, die filmische Aufnahme von Werken der bildenden Künste und insbes. in den unter → Rn. 9 bezeichneten Fällen die Aufzeichnung oder Live-Sendung von Aufführungen urheberrechtlich geschützter Bühnen- und Musikwerke. Zur filmischen Aufnahme und deren Verwertung bzw. zur Übertragung durch Live-Sendung bedarf der Filmhersteller bzw. das Sendeunternehmen der Einräumung entsprechender Nutzungsrechte durch die Inhaber des Urheberrechts an den verfilmten Werken. Werden dem Filmhersteller solche Rechte eingeräumt, so bestimmt sich deren Umfang im Zweifel nach § 88. Allerdings ist der **in § 88 vorgesehene Umfang der Rechtseinräumung** in Form eines ausschließlichen (§ 88 Abs. 1), den Urheber nach § 88 Abs. 2 S. 2 an einer anderweitigen Verwertung gleicher Art zehn Jahre lang hindernden Nutzungsrechts **bei einfachen Aufzeichnungen und Übertragungen von Aufführungen in aller Regel unangemessen.**[38] Hier erlaubt der Vorrang auch stillschweigender, aus den Umständen zu entnehmender vertraglicher Vereinbarungen sowie des § 31 Abs. 5 eine sachgerechte, auf ein einfaches oder zeitlich eng begrenztes ausschließliches Nutzungsrecht lautende Entscheidung. Eine entsprechende ausdrückliche vertragliche Regelung ist aber zu empfehlen.[39]

2. Eine entsprechende Anwendung des **§ 89** scheidet bei Laufbildern aus den unter → Rn. 2 ge- **14** nannten Gründen aus. Der Umfang der Einräumung von Nutzungsrechten an den Filmhersteller an Werken iSd § 89 Abs. 3 ist bereits nach den allgemeinen Regeln nach § 88 zu bestimmen (→ § 88 Rn. 13). Der Ausschluss auch des § 89 Abs. 3 durch § 95 für Laufbilder ändert daran nichts. Allerdings führen Romanverfilmungen in aller Regel zu urheberrechtlich geschützten Filmwerken, nicht zu bloßen Laufbildern. Nach der hier vertretenen Auffassung vom Miturheberrecht der Urheber filmbestimmt geschaffener Werke, wie Drehbuch, Filmmusik und Filmarchitektur und -szenengestaltung am Filmwerk selbst[40] wird idR auch durch solche Werke der urheberrechtliche Schutz des Filmwerks begründet, so dass es sich um keinen Fall der Laufbilder iSd § 95 handelt.

3. Die Anwendung des **§ 90,** der bestimmte vertragsrechtliche Befugnisse der Urheber gegenüber **15** dem Filmhersteller bzw. Erwerber des Verfilmungsrechts ausschließt, betrifft bei Laufbildern die Nutzungsrechte, die dem Filmhersteller nach § 88 (→ Rn. 13) eingeräumt worden sind. Die Verweisung des § 90 auf § 89 ist für Laufbilder aus den unter → Rn. 2 genannten Gründen ohne Bedeutung.

4. Aufgrund der Verweisung des § 95 auf **§ 89 Abs. 4 (früher § 91)** erwirbt auch der Hersteller **16** von bloßen Laufbildern die Rechte zur filmischen Verwertung der Filmeinzelbilder aufgrund entsprechender Anwendung der Vermutung des § 89 Abs. 1[41] bzw. früher im Wege einer cessio legis (→ § 91 Rn. 6).

5. Die **Nichtanwendung** des § 92 auf bloße Laufbilder diente vor allem nach der **ursprünglichen Fassung** des § 92, die Rechte der ausübenden Künstler beim Film ausschloss (→ § 92 Rn. 1), **17** dem berechtigten Interesse der ausübenden Künstler an ihrem uneingeschränkten Schutz nach den allgemeinen Regeln der §§ 73 ff. in Fällen, in denen ihre Darbietungen nicht in Filmwerken mit anderen filmischen Beiträgen verschmelzen, sondern im Vordergrund der filmischen Aufzeichnung und Wiedergabe stehen. Charakteristische Fälle der letzteren Art sind einfache filmische Aufzeichnungen und Live-Sendungen von Darbietungen ausübender Künstler, die idR als bloße Laufbilder zu qualifizieren sind (→ Rn. 9). Der Ausschluss des § 92 musste aber auch bei Filmwerken wie sog. Videoclips

---

[35] So geschehen im Fall OLG Hamburg GRUR 1990, 127 (128) – Super Mario III; demgegenüber haben unter diesem Aspekt richtig entschieden OLG Frankfurt a. M. GRUR-Int 1993, 171 (172) – Parodius – und der österreichische OGH MR 1992, 67 (69 f.) – Game Boy; sa LG München I ZUM-RD 2013, 558 – Flexible Beauty (Schutzversagung für US-Pornofilm sowohl als Filmwerk als auch – unter Hinweis auf §§ 128 Abs. 2, 126 Abs. 2 – als Laufbild nach §§ 94, 95); s. zum Ergebnis und zur Begründung wie hier Fromm/Nordemann/*J. B. Nordemann* Rn. 14; *Günther* in Anm. zu EuGH CR 1994, 339 f. – Collins/Imtrat; *Katzenberger* FS GRUR, 1991, 1401 (1436 f.); *Katzenberger.* GRUR-Int 1992, 513 ff.; *Schlatter* in Lehmann (Hrsg.) S. 169, 190 f.; → § 128 Rn. 5.
[36] S. dazu *Katzenberger* FS GRUR, 1991, 1401 (1436 f.); *Katzenberger* GRUR-Int 1992, 513 mwN.
[37] Dazu → Vor § 88 ff. Rn. 23, 24.
[38] S. *Ulmer* § 126 III 2a.
[39] S. *Ulmer* § 126 III 2a; zur Auslegung eines Vertrages über die einmalige Ausstrahlung der Aufzeichnung einer Oper im Fernsehen KG GRUR 1986, 536 – Kinderoper.
[40] → Vor §§ 88 ff. Rn. 65 ff.
[41] → § 89 Rn. 24 ff.

gelten, bei denen die Darbietungen der ausübenden Künstler ebenfalls im Vordergrund stehen und die filmisch-bildliche Gestaltung als bloße Zutat erscheint.[42] Die **Neufassung** des § 92 durch das 3. UrhGÄndG vom 23.6.1995 und dann durch das Gesetz vom 10.9.2003[43] ersetzt den in § 92 aF (1965) vorgesehenen Rechtsausschluss durch eine widerlegbare gesetzliche Vermutung der Rechtsübertragung bzw. Nutzungsrechtseinräumung der ausübenden Künstler auf den Filmhersteller.[44] Die Rechtsstellung der ausübenden Künstler ist dadurch derjenigen der Filmurheber iSd § 89 angeglichen und somit wesentlich verbessert worden. Es wäre deshalb uU vertretbar gewesen, in § 95 nunmehr auch auf § 92 als entsprechend anwendbar zu verweisen. Der Gesetzgeber hat davon aber abgesehen, so dass § 92 auch in der Neufassung in Bezug auf die an der Herstellung von Laufbildern beteiligten ausübenden Künstler ausgeschlossen bleibt. Welche Rechte die ausübenden Künstler in solchen Fällen auf den Film- bzw. Laufbildhersteller übertragen, ergibt sich damit aus den vertraglichen Vereinbarungen, gegebenenfalls unter Anwendung des Übertragungszweckprinzips.[45] Eine unerwünschte Besserstellung der ausübenden Künstler gegenüber Urhebern iSd § 89 ist damit schon deshalb nicht verbunden, weil solche Urheber an bloßen Laufbildern nicht beteiligt sein können und § 95 daher auch § 89 Abs. 1–3 nicht für entsprechend anwendbar erklärt (→ Rn. 14). Es bleibt immerhin eine gewisse Vorzugsstellung der ausübenden Künstler im Vergleich mit Urhebern iSd § 88.

18   **6. Erhebliche Bedenken** bestehen gegen die durch § 95 angeordnete entsprechende Anwendung auch des **§ 93** über die Einschränkung der persönlichkeitsrechtlichen Befugnisse der Urheber und ausübenden Künstler auf bloße Laufbilder, insbes. auf Aufzeichnungen und Live-Sendungen von Darbietungen solcher Künstler im Rahmen der Aufführung von Bühnenwerken und musikalischen Werken.[46] Diesen Bedenken ist auch aus verfassungsrechtlichen Gründen[47] im Rahmen der bei der Anwendung des § 93 gebotenen Interessenabwägung[48] Rechnung zu tragen.

IV. Entsprechende Anwendung des § 94. Schutz des Herstellers von Laufbildern

19   Ergebnis der Verweisung des § 95 auf § 94 ist, dass der Filmhersteller das mit dem Urheberrecht verwandte Schutzrecht aus § 94 unabhängig davon erwirbt, ob der von ihm hergestellte Filmträger ein urheberrechtlich geschütztes Filmwerk oder nur Laufbilder enthält (→ § 94 Rn. 4). Schutzvoraussetzungen, Rechtsinhaberschaft, Inhalt und Umfang des Schutzes, die Schutzdauer sowie die Regeln für die Übertragung, Vererbung und Einräumung von Nutzungsrechten sind in beiden Fällen die gleichen, so dass insoweit vollinhaltlich auf die Kommentierung des § 94 verwiesen werden kann.

20   Neben dem Schutzrecht des Filmherstellers aus §§ 94, 95 und dem Lichtbildschutz der Filmeinzelbilder nach §§ 72, 89 Abs. 4 (früher § 91), 95 (→ Rn. 16) **scheidet ein weiterer mit dem Urheberrecht verwandter Schutz** der auch bei Laufbildern möglichen gestalterischen, aber die Schwelle der urheberrechtlichen Schöpfung iSd § 2 Abs. 2 nicht erreichenden Leistung **aus;** insbes. gibt es beim Film kein Schutzrecht unterhalb des urheberrechtlichen Schutzes des Filmwerks nach § 2 Abs. 1 Nr. 6, der dem Schutz einfacher Lichtbilder nach § 72 im Verhältnis zum urheberrechtlichen Schutz von Lichtbildwerken nach § 2 Abs. 1 Nr. 5 entspräche.[49] **Nachahmungen von Laufbildern** durch filmische Neuaufnahme des gleichen Gegenstandes oder Geschehens verletzen daher schon deshalb kein durch das UrhG geschütztes ausschließliches Recht, da auch das Schutzrecht des § 94 nur gegen die unmittelbare Übernahme der im Filmträger verkörperten Leistung des Filmherstellers schützt (→ § 94 Rn. 7). In Betracht kommt insoweit allenfalls ein ergänzender Schutz insbes. auf wettbewerbsrechtlicher Grundlage (→ § 94 Rn. 42, 39). Für **Live-Sendungen des Fernsehens** gilt bei Laufbildern wie bei Filmwerken, dass mangels Aufzeichnung auf einem Filmträger ein Schutz aus § 94 ausscheidet (→ § 94 Rn. 7). Der Schutz des Sendeunternehmens ist hier auf das Schutzrecht des § 87 beschränkt.

---

[42] Zum Ganzen → § 92 Rn. 9, 10.

[43] → Vor §§ 88 ff. Rn. 8.

[44] → § 92 Rn. 3, 4, 11.

[45] Zu dessen allgemeiner Gültigkeit auch in Bezug auf vertragliche Verfügungen über verwandte Schutzrechte → § 31 Rn. 74.

[46] So auch Fromm/Nordemann/*J. B. Nordemann* Rn. 23; *Ulmer* § 126 III 2c; → § 93 Rn. 2.

[47] → Vor §§ 88 ff. Rn. 41.

[48] → § 93 Rn. 2, 4.

[49] → Rn. 3 sowie Dreier/Schulze/*Schulze* Rn. 2 *v. Gamm* Rn. 3; *Ulmer* § 126 I, III 1.

Teil 4. Gemeinsame Bestimmungen für Urheberrecht und verwandte Schutzrechte

Abschnitt 1. Ergänzende Schutzbestimmungen

Vorbemerkung

Schrifttum: *Apel,* Keine Anwendbarkeit der UsedSoft-Rechtsprechung des EuGH jenseits von Computerprogrammen, ZUM 2015, 640; *Arlt,* Digital Rights Management Systeme, 2006; *ders.,* Marktabschottend wirkender Einsatz von DRM-Technik – Eine Untersuchung aus wettbewerbsrechtlichem Blickwinkel, GRUR 2005, 1003; *ders,* Ansprüche des Rechtsinhabers bei Umgehung seiner technischen Schutzmaßnahmen, MMR 2005, 148; *ders.,* Digital Rights Management-Systeme – Begriff, Funktion und rechtliche Rahmenbedingungen nach den jüngsten Änderungen des UrhG, GRUR 2004, 548; *ders.,* Die Undurchsetzbarkeit digitaler Privatkopien gegenüber technischen Schutzmaßnahmen im Lichte der Verfassung, CR 2005, 646; *Arnold,* Das Verbot von Umgehungsmitteln – § 95a UrhG erstmals auf dem Prüfstand beim BGH, NJW 2008, 3545; *ders.,* Rechtmäßige Anwendungsmöglichkeiten zur Umgehung von technischen Kopierschutzmaßnahmen?, MMR 2008, 144; *ders.,* Die Gefahr von Urheberrechtsverletzungen durch Umgehungsmittel nach Wettbewerbsrecht und Urheberrecht – zum rechtlichen Schutz technischer Maßnahmen zum Schutz vor Urheberrechtsverletzungen, 2006; *ders./Timmann,* Ist die Umgehung des § 95a Abs. 3 UrhG durch den Vertrieb von Umgehungsmitteln keine Urheberrechtsverletzung?, MMR 2008, 286; *Bechtold,* Immaterialgüterrechte und die technische Kontrolle von Sekundärmärkten, in Bechtold ua Wettbewerb und geistiges Eigentum, 2007; *ders.,* Trusted Computing – Rechtliche Probleme einer entstehenden Technologie, CR 2005, 393; *ders.,* Vom Urheber- zum Informationsrecht: Implikationen des Digital Rights Management, 2002; *Becker/Buhse, ua.,* Digital Rights Management – technological, legal and political aspects, 2003; *Cornelius,* Zur Strafbarkeit des Anbietens von Hackertools, CR 2007, 682; *Czychowski,* Der BGH und Computerspiele: Es verbleiben noch offene Fragen, GRUR 2017, 362; *Dammers,* Die Wirksamkeit einer technischen Maßnahme und ihre Umgehung, 2011; *Diesbach,* Kennzeichnungspflichten bei Verwendung technischer Schutzmechanismen nach § 95d UrhG, K&R 2004, 8; *Dörr,* Geoblocking und öffentlich-rechtlicher Rundfunk – Die DSM-Strategie oder wie können europäische Inhalte grenzüberschreitend zugänglich gemacht werden?, ZUM 2015, 954; *Dressel/Scheffler,* Rechtsschutz gegen Dienstepiraterie – Das ZKDSG in Recht und Praxis, 2003; *Dreyer,* Urheberrechtliche Problembereiche des Digital Rights Managements, in Pahlow/Eisfeld, Grundlagen und Grundfragen des Geistigen Eigentums, 2008, 221; *dies.,* DRM 2.0 Renaissance technischer Schutzmaßnahmen nach UsedSoft? in Kollision von Urheberrecht und Nutzerverhalten, 131; *Ehrhardt,* Die Kennzeichnungspflichten von § 95d UrhG, 2011; *Entelmann,* Das Verbot von Vorbereitungshandlungen zur Umgehung technischer Schutzmaßnahmen, 2009; *Federrath,* Geoblocking und die Möglichkeit der Technik, ZUM 2015, 929; *Fitzner,* Von Digital-Rights-Management zu Content Identification, 2011; *Flechsig,* Entstehung und Abtretung gesetzlicher Vergütungsansprüche. Zugleich ein Beitrag zur Frage einer Verlegerbeteiligung, GRUR 2016, 1103; *Fränkl/Karpf,* Digital Rights Management Systeme – Einführung, Technologien, Recht, Ökonomie und Marktanalyse, 2004; *Gaertner,* Zur Zulässigkeit der Berichterstattung über die Umgehung von Schutzmaßnahmen, in Weberling ua, Im Zweifel für die Pressefreiheit, 2008, 167; *Girsberger,* Schutz von technischen Maßnahmen im Urheberrecht, 2007; *Gossmann,* Digital Rights Management Systeme, 2007; *Graber/Govoni/Girsberger/Nenova,* Digital Rights Management – The End of Collecting Societies?, 2005; *Gottschalk,* Das Ende von „fair use"? – Technische Schutzmaßnahmen im Urheberrecht der USA, MMR 2003, 148; *Handig,* Was erfordert „die Einheit und die Kohärenz des Urheberrechts"? – das urheberrechtliche Nachspiel der EuGH-Entscheidung *Football Association Premier League,* GRUR-Int 2012, 9; *Heinemeyer/Kreitlow,* Umgehung technischer Schutzmaßnahmen von Medienangeboten – Rechtmäßige Nutzung von Streaming-Technologie und Wirksamkeit des RTMPE gem. § 95a UrhG, MMR 2013, 623; *Hempel,* Digitales Rechtemanagement und Datenschutz bei digitalen Inhalten, 2012; *Hoeren,* AnyDVD und Linkhaftung – Zugleich Besprechung von BGH – *AnyDVD,* GRUR 2011, 503; *Hohagen,* Überlegungen zur Rechtsnatur der Kopierfreiheit, FS Schricker, 2005, 351; *Holznagel/Brüggemann,* Verfassungsrechtliche Probleme des „Digital Rights Management" am Beispiel der Einführung neuer Kopierschutzregelungen in das deutsche Urheberrecht, FS Kilian, 2004, 423; *Jütte,* Technische Schutzmechanismen an der Schnittstelle der Interessen von Rechtsinhabern und Nutzern, in Taeger, Big Data &Co, 2014, 237; *Kirmse,* Die zivilrechtlichen Rechtsfolgen der Umgehung technischer Schutzmechanismen nach § 95a UrhG, 2009; *Kreile/Becker,* Digital Rights Management und private Vervielfältigung aus Sicht der GEMA, FS Schricker, 2005, 387; *Kreutzer,* Computerspiele im System des deutschen Urheberrechts – Eine Untersuchung des geltenden Rechts für Sicherungskopien und Schutz technischer Maßnahmen bei Computerspielen, CR 2007, 1; *Kreutzer,* Schutz technischer Maßnahmen und Durchsetzung von Schrankenbestimmungen bei Computerprogrammen, CR 2006, 804; *ders./Molavi,* Urheberrechtlicher Schutz von Computerspielen und Rechtsschutzstrategien im Nachgang zur EuGH-Entscheidung im Nintendo-Fall, in Metzger/Wimmers, DGRI-Jahrbuch 2014, 2015, 101; *Kummermehr/Peter,* Zum Weiterverkauf selbstgebrannter Computer-CDs, ZUM 2017, 54; *Lahmann,* Rechtlicher und technischer Schutz von Werken im Urheberrechtsgesetz, 2005; *Lehmann,* The Answer to the Machine is not in the machine, FS Pagenberg, 2006, 413; *Lucas,* Zur „Wirksamkeit" technischer Maßnahmen gemäß § 95a UrhG nach Maßgabe der Richtlinie 2001/29/EG – zugleich eine Darstellung deutscher und finnischer Rechtsprechung, GRUR-Int 2017, 114; *Mackenrodt,* Technologie statt Vertrag, 2015; *Martiny,* Geoblocking – eine wirksame technische Schutzmaßnahme? Voraussetzungen des § 95a UrhG und die Konsequenzen für Nutzer und Rechteinhaber, MMR 2016, 579; *Metzger/Kreutzer,* Richtlinie zum Urheberrecht in der „Informationsgesellschaft" – Privatkopie trotz technischer Schutzmaßnahmen?, MMR 2002, 139; *Mitsdörffer/Gutfleisch,* „Geo-Sperren" – wenn Videoportale ausländische Nutzer aussperren – Eine urheberrechtliche Betrachtung, MMR 2009, 731; *Mittenzwei,* Informationen zur Rechtewahrnehmung im Urheberrecht, 2006; *Obergfell,* Beschränkung der Verkehrsfähigkeit digitaler Güter durch vertragliche Abreden, ZGE 2013, 1; *Ohly,* Geoblocking zwischen Wirtschafts-, Kultur-, Verbraucher- und Europapolitik, ZUM 2015, 942; *Pech,* Geoblocking und Portability aus urheber- und europarechtlicher Sicht – Diskussionsbericht zum gleichnamigen Medienrechtssymposion des Instituts für Urheber- und Medienrecht, München, am 9. Oktober 2015, ZUM 2015, 959; *Peukert,* Technische Schutzmaßnahmen, in Loewenheim, Handbuch des Urheberrechts, §§ 33–36 und 82; *ders.,* Digital Rights Management und Urheberrecht, UFITA 2002/III, 689; *Pfitzmann/Sieber,* Gutachten – Anforderungen an die gesetzliche Regulierung zum Schutz digitaler Inhalte unter Berücksichtigung der Effektivität von technischen Schutzmechanismen, 2002; *Riesenhuber,* Technische Schutzmaßnahmen und „Zugangsrechte", in Leible/Ohly/Zech, Wissen – Märkte – Geistiges Eigentum, 2010, 141; *Rigamonti,* Umgehung technischer Maßnahmen im Urheberrecht aus internationaler und rechtsvergleichender Perspektive, GRUR-Int 2005, 1; *Rohleder,* DRM – Herausforderung und Chance in der digitalen Welt, ZUM 2004, 203; *Roßnagel,* Digitale Rechteverwaltung: Eine gelungene Allianz von Recht und Technik?, 2008; *Rubli,* Das Verbot der Umgehung technischer Maßnahmen zum Schutz digitaler Datenangebote, 2009 (UFITA 2011/I); *Schippan,* Rechtsfragen bei der Implementierung von Digital Rights Management-Systemen, ZUM 2004, 188; *Schoor,* Der Normkonflikt der Vorschriften des Urheberrechtsgesetzes zum Schutz technischer Maßnahmen, 2015; *Schröder,* Rechtmäßigkeit von Modchips, MMR 2013, 80; *Schulz,* Der Bedeutungswandel des Urheberrechts durch Digital Rights Management – Paradigmenwechsel im deutschen Urheberrecht?, GRUR 2006, 470; *Schwarz,* Geoblocking und Portability aus urheber- und europarechtlicher Sicht – Geoblocking und Portability aus der Sicht der Filmwirtschaft, ZUM 2015, 950; *Specht,* Beschränkung der Verkehrsfähigkeit digitaler Güter durch technische Schutzmaßnahmen, ZGE 2016, 289; *Strömer/Gaspers,* „Umgehen" des Kopierschutzes nach neuem Recht, K&R 2004, 14; *Trayer,* Technische Schutzmaßnahmen und elektronische Rechtewahrnehmungssysteme: die Umsetzung von Art. 6 und 7 der EU-Urheberrechtsrichtlinie in deutsches Recht und der Schutz des Nutzers urheberrechtlicher Werke, 2003; *Ulbricht,* Tücken im Schutz für Kopierschutz – Gibt es einen Wertungswiderspruch zwischen § 95a und dem materiellen Urheberrecht, CR 2004, 674; *Viegener,* Die unterschiedliche Bewertung der Umgehung von Kopierschutzmaßnahmen in ausgesuchten nationalen Rechtsordnungen, UFITA 2006, 479; *Vinje,* A Brave New World of Technical Protection Systems: Will There Still Be Room For Copyright?, E.I.P.R. 1996, 431; *Volkmann/Gaßmann,* Urheberrechtsverletzung durch Umgehung technischer Schutzmaßnahmen – „Session-ID", K&R 2011, 30; *Wand,* Technische Schutzmaßnahmen und Urheberrecht: Vergleich des internationalen, deutschen und US-amerikanischen Rechts, 2001; *ders.,* So the Knot Be Unknotted – Germany and the Legal Protection of Technological Measures, IIC 2002, 305; *Westkamp,* Towards Access Control in UK Copyright Law?, CRi 2003, 11; *Wiesemann,* Die urheberrechtliche Pauschal- und Individualvergütung für Privatkopien im Lichte technischer Schutzmaßnahmen unter besonderer Berücksichtigung der Verwertungsgesellschaften, 2007; *Wiebe,* Geoblocking im Lichte von europäischem Recht und europäischer Rechtsprechung, ZUM 2015, 932; *Wiesemann,* Die urheberrechtliche Pauschal- und Individualvergütung für Privatkopien im Lichte technischer Schutzmaßnahmen unter besonderer Berücksichtigung der Verwertungsgesellschaften, 2007; *Wittgenstein,* Die digitale Agenda der neuen WIFO-Verträge. Umsetzung in den USA und der EU unter besonderer Berücksichtigung der Musikindustrie, 2000.

Übersicht

I. Allgemeines

1. Tatsächlicher Hintergrund

1   Aufgrund ihrer Immaterialität sind die vom Urheberrecht geschützten persönlichen geistigen Schöpfungen seit jeher einem hohen **Risiko der unbefugten Nutzung** ausgesetzt. Die das Urheberrecht prägende technische Entwicklung ist durch eine stetige Ausdehnung und Ausdifferenzierung der Vervielfältigungs- und Verbreitungsmöglichkeiten urheberrechtlich geschützter Werke gekennzeichnet. Damit ist ein zunehmender Kontrollverlust des Urhebers einhergegangen. Tendenziell vermindert sich die Verfügungsmacht des Urhebers über die Verwertung seines Werkes umso stärker, je mehr sich die Verwertungsform von einer gegenständlichen Verkörperung in der Gestalt von „Werkstücken" löst und zu einer unkörperlichen Nutzungsmöglichkeit „dematerialisiert". Bereits die Unterscheidung zwischen den Verwertungsrechten in körperlicher Form (§ 15 Abs. 1) und in unkörperlicher Form (Recht der öffentlichen Wiedergabe) in § 15 Abs. 2 spiegelt diese, durch die technische Entwicklung bedingte, **Einbuße der „Werkherrschaft"** wider.

2   Schon seit einiger Zeit bedient man sich technischer Maßnahmen, die dazu dienen, die Nutzung urheberrechtlich geschützter Inhalte zu regulieren. Ursprünglich betraf dies insbes. den Kopierschutz von Videokassetten und die Verschlüsselung von Pay-TV-Programmen.[1] Mit dem Einsatz technischer Schutzmaßnahmen reagierten die Rechtsinhaber darauf, dass sich die rechtlichen Schutzmaßnahmen wegen der Schwierigkeiten bei der Verfolgung von Rechtsverstößen zunehmend als ineffizient erwiesen. Im analogen Umfeld spielte der **„Schutz vor Technik durch Technik"** zunächst nur eine geringe Rolle, weil die Kopie kein gleichwertiges Substitut des Originals darstellte.[2] Dies änderte sich grund-

---

[1] Loewenheim/*Peukert* Hb. des UrhR § 33 Rn. 1; sa *Bechtold,* Vom Urheber- zum Informationsrecht, S. 100; BGH NJW 1981, 2684f. zu Programmsperren.
[2] Loewenheim/*Peukert* Hb. des UrhR § 33 Rn. 1.

legend mit der Digitalisierung, die zu einer Aufhebung der für das Urheberrecht klassischen Unterscheidung zwischen Original und Kopie führte. Die **digitale Technik** eröffnete die Möglichkeit, **mit dem Original identische Kopien** herzustellen, die auf Grund der globalen Vernetzung durch das Internet an jedem Ort und zu jeder Zeit in einer unkontrollierbaren Vielzahl verfügbar gemacht werden können.[3] Da die Rechtsverfolgung schon mangels der Identifizierbarkeit der Rechtsverletzer und nicht zuletzt auch wegen der grenzüberschreitenden Natur des Internets keine wirksame Abhilfe gegen Rechtsverletzungen bietet, sind die Rechteinhaber zunehmend dazu übergegangen, den Zugang oder die Art und Weise der Nutzung ihrer Werke und Leistungen durch technische Schutzmaßnahmen zu kontrollieren.[4]

Die **Funktionsweise der technischen Schutzmaßnahmen** ist vielfältig und befindet sich in 3 Abstimmung auf die jeweiligen Medien und Schutzgegenstände in einem ständigen Entwicklungsprozess.[5] Die Funktionsweise technischer Schutzmaßnahmen beruht im Wesentlichen auf dem Einsatz von Zugangskontrollen, Verschlüsselungsverfahren, digitalen Wasserzeichen und digitalen Signaturen.[6] Technische Schutzmaßnahmen sind nicht nur ein Mittel im Kampf gegen Piraterie, sondern sie eröffnen gleichzeitig die **Möglichkeit einer Produktdiversifikation** und schaffen damit die Grundlage für das sog. „Digital Rights Management". Die Regelungen der §§ 95a ff. setzen hierfür die rechtlichen Rahmenbedingungen, indem sie einerseits den Schutz technischer Maßnahmen vor Umgehung und andererseits die Begrenzung dieses Schutzes festlegen.

2. Entstehungsgeschichte

Die wesentlichen Impulse für die Entwicklung des Rechtsschutzes technischer Schutzmaßnahmen 4 gingen von **internationalen und europäischen Initiativen** aus, die schließlich ihren Niederschlag in den Bestimmungen der §§ 95a ff. fanden.[7] Nachdem bereits im Grünbuch von 1988 technische Schutzmaßnahmen mit Blick auf audiovisuelle Werke, zB Fernsehprogramme, problematisiert wurden,[8] wurde mit der **Richtlinie über Computerprogramme**[9] in Art. 7 Abs. 1 lit. c eine Regelung bezüglich technischer Programmschutzmechanismen geschaffen. Diese wurde durch § 69f Abs. 2 in deutsches Recht umgesetzt; sie beschränkt sich darauf, dem Rechtsinhaber lediglich einen Vernichtungs- und Überlassungsanspruch zu gewähren.[10] Ein darüber hinausgehender gesetzlicher Schutz technischer Schutzmaßnahmen wurde bereits im sog. Bangemann-Bericht aus dem Jahre 1993/94 gefordert.[11] Im Anschluss an das Grünbuch von 1995, in dem die Frage der technischen Schutzmaßnahmen allgemein und übergreifend thematisiert wurde,[12] wurden die technischen Identifikations- und Schutzsysteme als ein vorrangiges Thema gesetzgeberischer Maßnahmen auf Gemeinschaftsebene bezeichnet.[13]

Die nicht nur in Europa, sondern weltweit geführte Diskussion über den Rechtsschutz technischer 5 Schutzmaßnahmen[14] führte schließlich zum **Abschluss der WIPO-Verträge vom 20.12.1996.** Diese sehen in den Art. 11, 12 WCT für das Urheberrecht und in Art. 18, 19 WPPT für die Leistungsschutzrechte der ausübenden Künstler und Tonträgerhersteller einen Umgehungsschutz vor.[15]

In Anknüpfung an die Vorgabe der WIPO-Verträge wurde in Art. 6 und 7 der **Richtlinie zur 6 Harmonisierung bestimmter Aspekte des Urheberrechts und der verwandten Schutzrechte in der Informationsgesellschaft**[16] ein gemeinschaftsrechtlicher Rahmen für die Regelung der technischen Schutzrechte geschaffen.[17] Gegenüber den WIPO-Verträgen sind die Bestimmungen der Richtlinie wesentlich umfassender und gehen inhaltlich über sie hinaus. Im Unterschied zu den Vorgaben der WIPO-Verträge erstreckt sich der Rechtsschutz auch auf solche technischen Schutzmaß-

---

[3] Loewenheim/*Peukert* Hb. des UrhR § 33 Rn. 1.

[4] Dreier/Schulze/*Specht* UrhG § 95a Rn. 1 unter Hinweis auf *Clark* in Hugenholtz, Future of Copyright in a digital environment, S. 139; *Lehmann* FS Pagenberg, 2006, 413.

[5] Loewenheim/*Peukert* Hb. des UrhR § 33 Rn. 2; s. dazu eingehend *Bechtold*, Vom Urheber- zum Informationsrecht, S. 19–145; *Bechtold* GRUR 1988, 18 ff.; *Bechtold* in Hoeren/Sieber Handbuch zum Multimediarecht Kap. 7.11 Rn. 3 ff.; *Wand*, Technische Schutzmaßnahmen und Urheberrecht, S. 10 ff.; *Wand* GRUR-Int 1996, 897 ff.; *Lindhorst*, Schutz von und vor technischen Maßnahmen, S. 33 ff.

[6] S. den Überblick bei Wandtke/Bullinger/*Wandtke*/*Ohst* UrhG § 95a Rn. 18 ff.

[7] S. zur historischen Entwicklung Loewenheim/*Peukert* Hb. des UrhR § 33 Rn. 12 ff.; Wandtke/Bullinger/ *Wandtke*/*Ohst* UrhG § 95a Rn. 1.

[8] KOM [88] 372 endg., 118 f. und 139 ff.

[9] Computerprogramm-RL, ABl. 1991 L 122, S. 42.

[10] Dazu → § 69f Rn. 2.

[11] Bulletin der Europäischen Union, Beil. 2/1994 S. 23 f.; Mitteilung der Kommission vom 20.11.1996, KOM [96] 568 endg., 15 ff.

[12] KOM [95] 382 endg., 79 ff.

[13] KOM [96] 568 endg., 15 f.; s. zur europäischen Entwicklung *Wittgenstein* WIPO-Verträge S. 47 ff.; *Wand* GRUR-Int 1996, 897 (900 f.); *Gaster* ZUM 1995, 740 (751 f.); *Marly* K&R 1999, 106 ff.

[14] S. dazu die Nachweise Loewenheim/*Peukert* Hb. des UrhR § 33 Rn. 13 f. Fn. 38.

[15] S. zur Entstehungsgeschichte *v. Lewinski* GRUR-Int 1997, 667 ff.; *v. Lewinski* IIC 1997, 203 ff.; *v. Lewinski*/ *Gaster* ZUM 1997, 607 ff.; *Wittgenstein* WIPO-Verträge S. 106 ff.; *Rigamonti* GRUR-Int 2005, 1 (3 ff.).

[16] InfoSoc-RL, ABl. 2001 L 167, S. 10, ber. ABl. 2002 L 6, S. 71.

[17] S. zur Entstehungsgeschichte *Reinbothe* GRUR-Int 2001, 733 (734 f.); *Linnenborn* K&R 2001, 394; *Kröger* CR 2001, 316 f.

nahmen, die nach Schrankenbestimmungen eigentlich erlaubte Handlungen betreffen. Außerdem werden auch Vorbereitungshandlungen erfasst und das sui-generis-Recht an Datenbanken[18] einbezogen.

7   In **Deutschland** stand am Anfang der legislatorischen Initiativen ein Diskussionsentwurf v. 7.7. 1998,[19] der einen von den Schrankenbestimmungen vollständig gelösten, umfassenden Schutz technischer Maßnahmen vorsah.[20] Dieser Vorschlag wurde nicht weiter verfolgt, nachdem sich eine gemeinschaftsrechtliche Regelung abzuzeichnen begann. Dementsprechend vollzog sich die weitere Diskussion parallel zu den Vorarbeiten an der InfoSoc-RL. **Mit den §§ 95a und 95b wurde Art. 6 der Richtlinie umgesetzt,** der den Schutz wirksamer technischer Maßnahmen regelt; **mit § 95c wurde Art. 7 der Richtlinie umgesetzt,** der Pflichten in Bezug auf Informationen für die Rechtewahrnehmung bestimmt. Zugleich wurde damit den weniger weitgehenden Vorgaben aus Art. 11 und 12 WCT sowie Art. 18 und 19 WPPT entsprochen.[21] Die Anwendung der §§ 95a ff. unterliegt, soweit sie auf europäischem Recht beruhen, dem **Gebot der richtlinienkonformen Auslegung.**

8   Rechtsvergleichend betrachtet gehören die USA zu den Wegbereitern einer rechtlichen Regelung des Umgehungsschutzes. Sie zählten zu den ersten Ländern, die den WCT und WPPT ins nationale Recht umgesetzt haben, indem sie 1998 den Digital Millennium Copyright Act (DMCA) verabschiedeten.[22] Kennzeichnend für das US-amerikanische Recht ist zunächst, dass die Vorschriften zum Umgehungsschutz (17 US C §§ 1201 ff.) einen von den allgemeinen Copyright-Vorschriften getrennten Regelungskomplex bilden. Entscheidende Voraussetzung für den Schutz technischer Maßnahmen („technological measures"), die anders als im Unionsrecht und dementsprechend im deutschen Recht nicht legal definiert werden, ist, dass sie wirksam sind. Die Kontrolle des Zugangs zu einem Werk ist dann wirksam, wenn die Maßnahme im normalen Betrieb die Anwendung einer Information, ein Verfahren oder eine Behandlung verlangt, um mit der Erlaubnis des Rechtsinhabers den Zugang zu erlangen (17 US C § 1201 [a] [3] [B]). Eine Nutzungskontrolle ist wirksam, wenn die Maßnahme im normalen Betrieb die Rechtsausübung verhindert, beschränkt oder anderweitig begrenzt (17 US C § 2101 [b] [2] [B]). Im Unterschied zur InfoSoc-RL wird im US-amerikanischen Recht streng zwischen Zugangskontrollen („access control") und Nutzungskontrollen („rights control") unterschieden.[23] Beide Kategorien werden zwar gegen Vorbereitungshandlungen geschützt, nur die Zugangskontrollen jedoch auch gegen den Umgehungsakt selbst (17 US C § 2101 [a] [1]). Demgegenüber ist die Umgehung von Nutzungskontrollen in den USA nicht ausdrücklich verboten, sondern es soll den Nutzern ermöglicht werden, das Werk oder den Schutzgegenstand in urheberrechtlich erlaubter Weise, insbes. im Sinne des fair use zu nutzen. Entsprechend einer strikten Trennung des Umgehungsschutzes von den Vorschriften über die Urheberrechtsverletzung gilt der Grundsatz, dass Rechte, Rechtsbehelfe und Einwendungen gegenüber Urheberrechtsverletzungen, insbes. der fair-use-defence, unberührt bleiben (17 US C § 2101 [c] [1]) und die Haftung für Urheberrechtsverletzungen (vicarious and contributory copyright infringement) weder eingeschränkt noch erweitert wird (17 US C § 2101 [c] [2]).[24]

3. Inkrafttreten

9   Die Bestimmungen der §§ 95a ff. über den Rechtsschutz technischer Schutzmaßnahmen sind als **Teil des Gesetzes zur Regelung des Urheberrechts in der Informationsgesellschaft** am 13.9.2003 in Kraft getreten.[25] §§ 95b Abs. 2, 95d Abs. 2, 111a Abs. 1 Nr. 2 und 3 und die Änderungen des UKlaG gelten seit dem 1.9.2004 (Art. 6 des Gesetzes zur Regelung des Urheberrechts in der Informationsgesellschaft); § 95d Abs. 1 findet auf alle seit dem 1.12.2003 neu in den Verkehr gebrachten Werke und anderen Schutzgegenstände Anwendung (§ 137j Abs. 1). Während **Übergangsfristen** oder ein gestaffeltes Inkrafttreten für die Bereitstellung der für bestimmte Schrankennutzungen erforderlichen technischen Mittel (§ 95b Abs. 2), für die Kennzeichnungspflicht (§ 95d) und für die diesbezüglichen Bußgeldbestimmungen vorgesehen sind, fehlt es beim Schutz wirksamer technischer Maßnahmen (§§ 95a, 111a Abs. 1 Nr. 1) an derartigen Differenzierungen. Für Altfälle gelten die §§ 95a ff. nicht.[26]

10   Technischen Schutzmaßnahmen wurde durch die **Rechtsprechung ein begrenzter Schutz gegen Umgehungen** gewährt, der sich auf verschiedene Rechtsgrundlagen stützte. So wurde der Vertrieb eines Computerprogramms zur Umgehung der Sicherung eines anderen Computerprogramms unter dem Gesichtspunkt des **ergänzenden wettbewerbsrechtlichen Leistungsschutzes wegen**

---

[18] Art. 7 ff. der Datenbank-RL, ABl. 1996 L 77, S. 20; §§ 87a ff.

[19] 1. Diskussionsentwurf eines 5. Gesetzes zur Änderung des UrhG v. 7.7.1998, K&R 1999, 157 ff.; s. dazu *Wand* Technische Schutzmaßnahmen S. 163 ff.; *Bechtold* in Hoeren/Sieber Handbuch zum Multimediarecht Kap. 7.11. Rn. 59 ff.

[20] Loewenheim/*Peukert* Hb. des UrhR § 33 Rn. 16.

[21] BT-Drs. 15/38, 26.

[22] S. dazu und zum Folgenden den Überblick bei *Hänel* S. 333 ff.

[23] *Hänel* S. 335.

[24] *Hänel* S. 335.

[25] BGBl. I S. 1774.

[26] DKMH/*Dreyer* Vor §§ 95a ff. Rn. 2.

Behinderung als Wettbewerbsverstoß (§ 1 UWG aF) angesehen.[27] Mit demselben Unlauterkeitstatbestand wurde auch die Wettbewerbswidrigkeit eines Zusatzprogramms begründet, das es ermöglicht, den als Kopierschutz eingesetzten Hardware-Zusatz („dongle") des von einem Mitbewerber vertriebenen Computerprogramms zu überwinden.[28] Aus urheberrechtlicher Perspektive wurde die „Dongle-Umgehung" („Entdonglierung") als ein von § 69d Abs. 1 und 2 nicht gedeckter Eingriff in das Vervielfältigungs- und Umgestaltungsrecht des Urhebers beurteilt.[29] Nach der ausdrücklichen Regelung in § 69a Abs. 5 finden die Vorschriften der §§ 95a–95c keine Anwendung auf Computerprogramme, da der europäische Gesetzgeber bei der Schaffung der InfoSoc-RL davon ausging, dass die Richtlinie 93/250/EWG über Computerprogramme abschließenden Charakter hat. Da diese keine den §§ 95a–95c entsprechenden Regelungen enthält, bleiben für Praktiken, die sich gegen den Kopierschutz eines Computerprogramms richten, die genannten wettbewerbsrechtlichen Rechtsbehelfe relevant. Auch im Zusammenhang mit Verstößen gegen §§ 95a ff. sind die früher herangezogenen wettbewerbsrechtlichen Tatbestände[30] auch zukünftig neben den Bestimmungen des § 95a anwendbar, da die InfoSoc-RL gemäß Art. 9 und Erwägungsgrund 49 andere Vorschriften, wie insbes. auch das Wettbewerbsrecht, unberührt lässt.[31]

II. Zweck und Konzeption der Regelung

1. Zweck

Der Umgehungsschutz nach §§ 95a ff. stellt **kein neues Leistungsschutzrecht** dar,[32] sondern es **11** handelt sich um einen das Urheberrecht **flankierenden Rechtsschutz**.[33] Die Regelungen begründen nicht unmittelbar einen urheberrechtlichen Schutz von Werken oder Leistungen, sondern schützen die zu deren Schutz eingesetzten technischen Maßnahmen. Es wird somit eine **„Metaschutzebene"** etabliert.[34] Mit anderen Worten: Die technischen Schutzmaßnahmen, die das tatsächliche Schutzdefizit kompensieren sollen, werden ihrerseits durch rechtliche Schutzmaßnahmen vor Umgehungen geschützt. Damit wird der Erkenntnis Rechnung getragen, dass keine von Menschen geschaffene Technik existiert, die nicht auch von Menschen überwunden werden könnte.[35]

2. Konzeption

Die Regelungen der §§ 95a ff. sind der Versuch, einen **Ausweg aus dem sog. „digitalen Di-** **12** **lemma"**[36] zu finden. Dieses resultiert daraus, dass die Digitalisierung und Vernetzung einerseits einen bisher nicht gekannten Austausch von Informationen und Wissen ermöglicht, andererseits aber der Zugang hierzu durch technische Schutzmaßnahmen blockiert oder zumindest reguliert wird. Diese, im Verhältnis zu den Chancen einer Intensivierung der Kommunikation, kontraproduktiven Wirkungen durch die Errichtung technischer Barrieren werden zum Teil als eine Gefahr für den Fortschritt von Kunst und Wissenschaft betrachtet.[37]

Theoretisch lassen sich **folgende Optionen des rechtlichen Umgangs mit technischen** **13** **Schutzmaßnahmen** unterscheiden: Denkbar wären zunächst die beiden Extreme, nämlich technische Schutzmaßnahmen entweder generell gegen Umgehung zu schützen[38] oder ihnen generell einen solchen Schutz zu verweigern. Eine vermittelnde Lösung bestünde darin, den Schutz in Abhängigkeit von den urheberrechtlichen Schrankenbestimmungen (§§ 44a ff.) zu gewähren, dh die Umgehung dann für zulässig zu erklären, wenn sich der Handelnde auf eine urheberrechtliche Schrankenregelung berufen kann. Der deutsche Gesetzgeber orientiert sich zwar grob an diesem Mittelweg, variiert ihn

---

[27] S. BGH GRUR 1996, 78 – Umgehungsprogramm; vgl. auch LG Frankfurt a. M. ZUM 2006, 881 zu dem Vertrieb von Software, die die sog. analoge Schutzlücke ausnutzt.

[28] OLG Düsseldorf GRUR 1990, 535 – Hardware-Zusatz; sa OLG Stuttgart CR 1989, 685 – Hardlock-Entferner.

[29] S. OLG Düsseldorf CR 1997, 337 – Dongle-Umgehung; sa OLG Karlsruhe CR 1996, 341 – Dongle; LG Düsseldorf CR 1996, 737 – Dongle-Umgehung; für eine Zulässigkeit der Beseitigung oder Umgehung einer Dongle-Abfrage, wenn das Programm infolge der Abfrage nicht störungsfrei läuft LG Mannheim CR 1995, 542 – Dongle.

[30] S. dazu auch *Wand* GRUR-Int 1996, 897 (902).

[31] *Wandtke/Bullinger/Wandtke/Ohst* UrhG § 95a Rn. 6.

[32] *Dreier* ZUM 2002, 28 (38); *Reinbothe* GRUR-Int 2001, 733 (742).

[33] *Wandtke/Bullinger/Wandtke/Ohst* UrhG § 95a Rn. 4; ebenso OLG München ZUM 2005, 896 (898); LG München ZUM-RD 2008, 97 (100) – Heise online; LG München MMR 2007, 128.

[34] *Loewenheim/Peukert* Hb. des UrhR § 33 Rn. 1; sa *Dusollier* EIPR 1999, 285 ff.; KG GRUR 2018, 1055 Rn. 20.

[35] *Loewenheim/Peukert* Hb. des UrhR § 33 Rn. 1; *Bechtold*, Vom Urheber- zum Informationsrecht, S. 144 f.; *Federrath* ZUM 2000, 804 (807).

[36] *Loewenheim/Peukert* Hb. des UrhR § 33 Rn. 4 in Anlehnung an die Untersuchung des Committee on Intellectual Property Rights and the Emerging Information Infrastructure of the National Academy of Sciences der USA mit dem Titel „The digital dilemma", 2000; sa *Dreier* in *Rossnagel* Medienrecht S. 113, 123; *Dreier* ZUM 2002, 28 (38); *Spindler* GRUR 2002, 105 (115).

[37] S. *Wittgenstein* WIPO-Verträge S. 160 ff.; *Hoeren* GRUR 1997, 866 (867 ff.).

[38] So der erste Diskussionsentwurf eines 5. Gesetzes zur Änderung des UrhG vom 7.7.1998, K&R 1999, 157 ff.

aber ganz erheblich. Dies zeigt sich vor allem mit Blick auf die Privatkopierfreiheit (§ 53 Abs. 1), die nur in sehr beschränktem Umfang vom Umgehungsschutz freigestellt wird (§ 95b Abs. 1), da Personen, die das Werk zum privaten (insbes. nicht wissenschaftlichen, § 95b Abs. 1 Nr. 6b) Gebrauch digital vervielfältigen wollen, nicht in den Genuss der Schrankenregelung des § 95b Abs. 1 Nr. 6a kommen.

14   Außerdem besteht **kein Recht auf Selbsthilfe** bei der Durchsetzung von Schrankenbestimmungen (kein „right to hack"), sondern dem Rechtsinhaber technischer Maßnahmen wird (lediglich) die Verpflichtung auferlegt, den Begünstigten die notwendigen Mittel zur Verfügung zu stellen, damit sie von den ihnen eingeräumten Nutzungsrechten in dem erforderlichen Maße Gebrauch machen können (§ 95b Abs. 1 S. 1). Entsprechend der internationalen und europäischen Vorgaben[39] versucht der deutsche Gesetzgeber auf diese Weise, die kollidierenden Interessen, nämlich die als geistiges Eigentum von Art. 14 GG geschützten Verwertungsrechte der Rechtinhaber und das von Art. 5 Abs. 1 geschützte Recht auf Information der Nutzer, zu einem gerechten Ausgleich zu bringen.

15   Diese Bemühungen um einen angemessenen Interessenausgleich spiegeln sich in der **Systematik der Regelungen** darin wider, dass § 95a grundsätzlich einen Schutz wirksamer technischer Maßnahmen vor Umgehung statuiert; dieser wird durch § 95b begrenzt, indem dem Rechtsinhaber die Verpflichtung auferlegt wird, den Begünstigten die zur Durchsetzung von Schrankenbestimmungen notwendigen Mittel zur Verfügung zu stellen. Den in § 95a Abs. 2 definierten technischen Maßnahmen sind gemäß § 95b Abs. 4 diejenigen technischen Maßnahmen gleichgestellt, die der Rechteinhaber, ob freiwillig oder in Erfüllung einer Verpflichtung gemäß § 95b Abs. 1, den durch eine Schrankenregelung Begünstigten zur Verfügung stellt, um ihnen die Nutzung eines durch wirksame technische Maßnahmen geschützten Werkes oder sonstigen Schutzgegenstandes zu ermöglichen.[40] § 95a Abs. 3 dehnt den Schutz auf bestimmte Vorbereitungshandlungen aus und gewährt einen Vorfeldschutz (insbes. gegen die Herstellung sowie den Vertrieb von Vorrichtungen oder Erzeugnissen oder Dienstleistungen, die der Umgehung technischer Schutzmaßnahmen dienen). § 95c untersagt die unberechtigte Entfernung oder Veränderung von Informationen, die der Rechtewahrnehmung dienen. § 95d statuiert zum Schutz der Verbraucher und des lauteren Wettbewerbs Kennzeichnungspflichten in Bezug auf Werke und andere Schutzgegenstände, die mit technischen Maßnahmen geschützt werden.

3. Kritik

16   Die Richtlinie und in deren Gefolge auch die deutsche Gesetzgebung zu den technischen Schutzmaßnahmen ist zum Teil scharfer Kritik ausgesetzt.[41] Sie entzündet sich vor allem an der **„verwirrenden und umständlichen Regelungstechnik"** und der **mangelnden Praktikabilität der Durchsetzung der Ausnahmen vom Umgehungsschutz.** In der Tat ist die Regelung kryptisch. Sie ist für Juristen schwer und für die Nutzer, an die sie sich richtet, kaum durchschaubar. Schon allein die Rechtsunsicherheit dürfte dazu führen, dass die Bestimmungen faktisch wirkungslos bleiben. Abgesehen davon wird zu Recht moniert, dass sich § 95b Abs. 1 als „stumpfes Schwert" erweist,[42] da die dort verankerte Verpflichtung lediglich durch eine Bußgeldvorschrift (§ 111a Abs. 1 Nr. 2, Abs. 2) sanktioniert wird. Der Aufwand einer individuellen Unterlassungsklage des Begünstigten dürfte regelmäßig unverhältnismäßig und ein Schaden kaum nachweisbar sein, so dass eine Rechtsverfolgung allenfalls durch eine Verbandsklage (gemäß §§ 2a, 3a UKlaG) bei der Verfolgung massenhafter oder besonders hartnäckiger Verstöße in Betracht kommt.[43] Insgesamt gesehen gewinnt man den Eindruck, dass die §§ 95a ff. zu der wachsenden Zahl von Normen gehört, die, ähnlich der aus dem Umweltrecht bekannten symbolischen Gesetzgebung, zwar auf dem Papier stehen, aber den Normadressaten nicht erreichen und praktisch keine Wirksamkeit entfalten.

4. Die Diskussion über die Privatkopie

17   Nicht nur in Fachkreisen, sondern auch in der Öffentlichkeit hat die Diskussion über die Durchsetzung der Privatkopie gegen technische Schutzmaßnahmen erhebliche Aufmerksamkeit erregt. Es geht um die Frage, ob de lege ferenda entsprechend der urheberrechtlichen Schranke des § 53 Abs. 1 die **digitale Privatkopie in den Kreis der Privilegierungen des § 95b Abs. 1 aufgenommen werden soll.** Die Thematik besitzt auch erhebliche wirtschaftliche Brisanz. Unternehmen, die Programme zur Umgehung technischer Schutzmaßnahmen herstellen und anbieten, berufen sich darauf, dass dies aus verfassungsrechtlichen Gründen, insbes. mit Blick auf Art. 5 Abs. 1 GG, jedenfalls insoweit zulässig sei, als damit dem Nutzer die Anfertigung einer Privatkopie nach Maßgabe des § 53 Abs. 1 ermöglicht werde.[44]

18   Die im Rahmen der **Beratungen des „Zweiten Korbes" unterbreiteten Vorschläge** zur Behandlung der Privatkopie reichten von der Maximalposition „gar keine Durchsetzung", die vor allem

---

[39] S. Präambel des WCT und des WPPT sowie die Erwgr. 3, 14 (31, 51) der InfoSoc-RL.
[40] DKMH/*Dreyer* Vor § 95a Rn. 5.
[41] Wandtke/Bullinger/*Wandtke/Ohst* UrhG §§ 95a ff. Rn. 3; *Hugenholtz* EIPR 2000, 499.
[42] DKMH/*Dreyer* Vor §§ 95a ff. Rn. 7.
[43] DKMH/*Dreyer* Vor §§ 95a ff. Rn. 7.
[44] Vgl. dazu *Holznagel/Brüggemann* MMR 2003, 767 (772).

von den Rechteinhabern vertreten wurde, bis hin zur „vollständigen Durchsetzung", wofür insbes. die Verbraucherschützer eintraten. Auch Ansätze für vermittelnde Lösungen wurden vorgeschlagen, wie etwa die Privatkopie zwar einerseits für einen bestimmten Zeitraum – möglicherweise auf bestimmte Werkbereiche, zB Film, beschränkt – ganz zu verbieten, dafür aber andererseits nach diesem Zeitraum die Durchsetzbarkeit zu gewährleisten oder technische Schutzmaßnahmen sogar zu untersagen oder nur Privatkopien vom eigenen Werkstück zu erlauben, diese dann aber gegen technische Maßnahmen durchsetzbar zu gestalten oder Privatkopien nur für bestimmte Zwecke – etwa künstlerische, schöpferische oder publizistische Nutzungen – durchsetzungsstark zu gestalten.[45] Erörtert wurde ferner, ob dem Problem nicht durch die Beteiligten selbst abgeholfen werden könnte, indem sich die Rechteinhaber beispielsweise freiwillig Selbstbeschränkungen bei der Anwendung technischer Maßnahmen auferlegten. Unter der Prämisse einer unbeschränkten und durchsetzbaren Privatkopie im Online-Bereich wurde schließlich die Idee einer pauschal zu vergütenden Online-Lizenz („Internet-Maut", „Monatskarte") diskutiert.[46] Der Zweite Korb[47] hat keinen dieser Vorschläge aufgegriffen, sondern sich dazu entschieden, es bei der bisherigen Regelung zu belassen.

Bei der Frage, ob die Privatkopie gegen technische Schutzmaßnahmen durchsetzbar gestaltet wer-   **19** den soll, handelt es sich um eine bedeutsame rechtspolitische Problematik, über die man trefflich streiten kann. Verfehlt ist es allerdings, aus der Existenz der Schrankenregelung in § 53 Abs. 1 kurzerhand die Konsequenz zu ziehen, dass es ein „Recht auf Privatkopie" gibt, das der Gesetzgeber gegenwärtig den Nutzern vorenthält. Eine solche Argumentation greift logisch und inhaltlich zu kurz. Die traditionelle Regelung der Privatkopie ist nach Maßgabe des § 53 Abs. 1 kein „urheberrechtliches Naturgesetz" und entspringt auch nicht einem „Menschenrecht", sondern ist das Ergebnis einer Interessenabwägung, in die nicht unerheblichem Maße auch Praktikabilitätserwägungen eingeflossen sind. Gerade diese haben in der „analogen Welt", auf die die Regelung des § 53 Abs. 1 zugeschnitten war, einen anderen Stellenwert gehabt, als in der heutigen „digitalen Welt". Die großzügige Gestattung der Privatkopie hatte ihren wesentlichen Grund darin, dass es dem Gesetzgeber nicht sinnvoll erschien, ein ohnehin nicht zu kontrollierendes privates Verhalten zu verbieten.[48] Verfassungsrechtliche Bedenken erscheinen nicht gerechtfertigt und die Berufung darauf, dass die Anerkennung der Privatkopie nach Maßgabe der Regelung des § 53 Abs. 1 gegenüber technischen Schutzmaßnahmen einem Verfassungsgebot entspreche, hat kaum Aussicht auf Erfolg. Erstens wird dem Gesetzgeber ein weiter Ermessensspielraum zugebilligt, wenn es darum geht, die kollidierenden Grundrechtspositionen der Rechteinhaber (insbes. nach Art. 14 GG) und der Nutzer (insbes. Art. 5 Abs. 1 GG) auszubalancieren, und zweitens gibt es triftige Differenzierungsgründe, die es rechtfertigen, die Durchsetzbarkeit der **Privatkopie im digitalen Umfeld gegenüber technischen Schutzmaßnahmen nicht zuzulassen.** Es ist in der Tat nicht zu erkennen, was dagegen spricht, dass der Verbraucher so viele Werkstücke erwerben muss, wie er benötigt, wenn er zwei Exemplare einer Musik-CD benötigt, um sie im Wohnzimmer und im Auto zur Verfügung zu haben.[49] Aus Art. 5 Abs. 1 GG lässt sich nicht das Recht herleiten, dass er die CD nur einmal kaufen muss und das zweite Exemplar kostengünstig selbst herstellen darf.[50] Das BVerfG hat die Frage, ob es ein Recht auf eine digitale Privatkopie gibt, zwar offen gelassen, sich jedoch tendenziell dafür ausgesprochen, dass die Nichteinbeziehung der digitalen Privatkopie in den Durchsetzungsmechanismus des § 95b lediglich eine wirksame Inhalts- und Schrankenbestimmung iSd Art. 14 Abs. 1 S. 2 GG darstellt.[51]

III. Keine Anwendung auf Computerprogramme

Gemäß **§ 69a Abs. 5** finden die Vorschriften der §§ 95a–95d keine Anwendung auf Computer-   **20** programme. Nach Auffassung des Europäischen Gesetzgebers haben die speziellen Schutzbestimmungen der Richtlinie über den Schutz von Computerprogrammen[52] **abschließenden Charakter** und bleiben von der InfoSoc-RL unberührt. Dies ergibt sich ausdrücklich aus Erwägungsgrund 50 der InfoSoc-RL. Unter Hinweis hierauf hat die Bundesregierung in ihrer Gegenäußerung einen Vorschlag des Bundesrates zurückgewiesen, eine Ausweitung des Schutzes auf Computerprogramme unter Berücksichtigung der Regelungen des § 69d Abs. 2 und § 69e Abs. 1 vorzunehmen.[53] Inhaltlich bleiben die Vorschriften über den Schutz vor Umgehung von Programmschutzmechanismen[54] deutlich hinter den §§ 95–95c zurück. In der Vergangenheit ist die Umgehung von Programmschutzme-

---

[45] Urheberrechtsreform (2. Korb) – Zusammenfassung der Ergebnisse der Arbeitsgruppensitzungen S. 5; Regierungsentwurf für ein Zweites Gesetzes zur Regelung des Urheberrechts in der Informationsgesellschaft v. 15.6. 2006, BT-Drs. 16/1828, 18 f.

[46] Urheberrechtsreform (2. Korb) – Zusammenfassung der Ergebnisse der Arbeitsgruppensitzungen S. 5).

[47] Zweites Gesetz zur Regelung des Urheberrechts in der Informationsgesellschaft vom 26.10.2007.

[48] So *Bornkamm* ZUM 2003, 1010 (1012); *Lauber-Rönsberg* UrhR und Privatgebrauch S. 166 f.

[49] *Bornkamm* ZUM 2003, 1010 (1012).

[50] *Bornkamm* ZUM 2003, 1010 (1012); *Riesenhuber* in Leible/Ohly/Zech S. 141, 175 f.

[51] BVerfG GRUR 2005, 1032 (1033) – Digitale Privatkopie.

[52] Computerprogramm-RL, 91/250/EWG, ABl. 1991 L 122, S. 42.

[53] BR-Drs. 684/1/02, 8 f.

[54] → §§ 69 f. Rn. 2 f.

chanismus von Computerprogrammen als Eingriff in das Vervielfältigungs- und Umgestaltungsrecht sowie als Wettbewerbsverstoß beurteilt worden.[55]

21   Maßgeblich hierfür dürfte insbes. auch die Erwägung gewesen sein, dass die Abgrenzung zur zulässigen Dekompilierung (§ 69e) bzw. Erstellung einer Sicherungskopie (§ 69d Abs. 2) auf erhebliche Schwierigkeiten gestoßen wäre.[56] Es ist damit zu rechnen, dass sich die **Abgrenzungsprobleme zwischen Computerprogrammen und anderen Werken, insbes. Datenbanken,** zukünftig weiter verschärfen werden.[57] Der BGH geht von einer parallelen Anwendbarkeit der §§ 95a–d und § 69f Abs. 2 aus.[58]

IV. Verhältnis zum ZKDSG

22   Das Gesetz über den Schutz von zugangskontrollierten Diensten und von Zugangskontrolldiensten (ZKDSG), das am 23.3.2003 in Kraft getreten ist,[59] beruht auf der Richtlinie 98/84/EG.[60] Das **ZKDSG schützt technische Verfahren oder Vorrichtungen, die die erlaubte Nutzung eines zugangskontrollierten Dienstes ermöglichen,** gegen unerlaubte Eingriffe (§§ 1, 2 Nr. 2 ZKDSG). Zugangskontrollierte Dienste sind Rundfunkdarbietungen (§ 2 Rundfunkstaatsvertrag) sowie Telemedien (§ 1 TMG), die unter der Voraussetzung eines Entgelts erbracht werden und nur unter Verwendung eines Zugangskontrolldienstes genutzt werden können (§ 2 Nr. 1 ZKDSG).[61] Die Regelung verfolgt das Ziel, die gewerbsmäßige Verbreitung von Vorrichtungen zu verhindern, mit denen sich der Zugangsschutz von Fernseh- und Radiosendungen sowie von Diensten der Informationsgesellschaft unbefugt überwinden lässt.[62]

23   Das ZKDSG und die Regelungen der §§ 95a ff. **unterscheiden sich in ihrem Schutzzweck und ihrem sachlichen Anwendungsbereich.** Während §§ 95a ff. dem Schutz des jeweiligen Inhalts dient, geht es beim ZKDSG um den Schutz der kommerziellen Interessen an den Diensten als solchen.[63] Dementsprechend kommt es für die Anwendbarkeit des ZKDSG nicht auf den Werkcharakter oder das Vorliegen eines Schutzgegenstandes iSv § 95a Abs. 1 an; der Schutz nach dem ZKDSG gilt vielmehr unabhängig hiervon, auch wenn häufig die Darbietungen, die den Gegenstand der Rundfunkdarbietung oder des Telemediendienstes bilden, urheberrechtlich geschützt sind. Hieraus ergeben sich auch **Unterschiede hinsichtlich des geschützten Personenkreises:** Während dies beim ZKDSG die Unternehmen sind, die Rundfunkdarbietungen oder Telemediendienste erbringen, sind es nach dem UrhG die Urheber, Inhaber von Leistungsschutzrechten bzw. Lizenznehmer.[64] Anders als die §§ 95a ff. richtet sich das ZKDSG nur gegen gewerbsmäßige Eingriffe.[65]

24   Beide Regelungen **können unabhängig voneinander zur Anwendung gelangen,** da keiner von beiden Vorrang eingeräumt wird.[66] Im Einzelfall kann es deshalb dazu kommen, dass Zugangskontrollen Rechtsschutz sowohl als wirksame technische Maßnahmen gemäß § 95a UrhG als auch nach § 3 ZKDSG als Zugangskontrolldienst genießen.[67] Der Rechteinhaber bzw. Diensteinhaber ist dann in zweierlei Hinsicht aktivlegitimiert und hat die **Option,** ob er auf der Grundlage der §§ 95a ff. oder aber der des ZKDSG gegen die Rechtverletzungen vorgeht.[68] In Betracht zu ziehen ist beim Vertrieb von „Piratenkarten" auch nach dem Inkrafttreten des ZKDSG ein Verstoß gegen das UWG.[69]

---

[55] Dazu → Rn. 10.

[56] DKMH/*Dreyer* Vor §§ 95a ff. Rn. 18.

[57] Wandtke/Bullinger/*Wandtke*/*Ohst* UrhG § 95a Rn. 8; s. *Ohst*, Computerprogramm- und Datenbank, S. 254; Zur Anwendbarkeit der §§ 95a ff. auf hybride Werke, zB Videospiele, s. das Vorabentscheidungsersuchen des BGH GRUR 2013, 1035 Rn. 21 ff. – Videokonsolen I; BGH GRUR 2015, 672 – Video-Spielkonsolen II; vgl. auch EuGH GRUR 2014, 255 – Nintendo/PC-Box.

[58] BGH GRUR 2015, 672 Rn. 40 ff., 44 – Videospiel-Konsolen II; BGH MMR 2017, 534 Rn. 19 – Videospiel-Konsolen III.

[59] BGBl. 2002 I S. 1090 f.

[60] Vom 20.11.1998 über den rechtlichen Schutz von zugangskontrollierten Diensten und von Zugangskontrolldiensten, ABl. 1998 L 320, S. 54 ff. Zugangskontroll-RL.

[61] S. dazu *Linnenborn* K&R 2002, 571 ff.; *Bär*/*Hoffmann* MMR 2002, 654 ff.

[62] AmtlBegr. BT-Drs. 14/7229, 6; Wandtke/Bullinger/*Wandtke*/*Ohst* UrhG § 95a Rn. 7.

[63] AmtlBegr. BT-Drs. 14/7229, 7; Loewenheim/*Peukert* Hb. des UrhR § 33 Rn. 27; DKMH/*Dreyer* § 95a Rn. 13 f.

[64] DKMH/*Dreyer* Vor §§ 95a ff. Rn. 14.

[65] DKMH/*Dreyer* Vor §§ 95a Rn. 15; Loewenheim/*Peukert* Hb. des UrhR § 33 Rn. 27, insbes. Fn. 84 mwN.

[66] S. Art. 9 InfoSoc-RL, Erwägungsgrund 59; Zugangskontroll-RL, Erwägungsgrund 21; AmtlBegr. (ZKDSG) BT-Drs. 14/7229, 7; Loewenheim/*Peukert* Hb. des UrhR § 33 Rn. 28; DKMH/*Dreyer* Vor §§ 95a ff. Rn. 14; Wandtke/Bullinger/*Wandtke*/*Ohst* UrhG § 95a Rn. 7; *Linnenborn* K&R 2001, 394 (398); *Marly* K&R 1999, 106 (108).

[67] Art. 9 InfoSoc-RL, Erwägungsgrund 60; AmtlBegr. BT-Drs. 15/38, 28; Loewenheim/*Peukert* Hb. des UrhR § 33 Rn. 27.

[68] Loewenheim/*Peukert* Hb. des UrhR § 33 Rn. 28.

[69] S. dazu OLG Frankfurt a. M. NJW 1996, 264; OLG Frankfurt a. M. GRUR-RR 2003, 287; DKMH/*Dreyer* Vor §§ 95a ff. Rn. 14.

§ 95a Schutz technischer Maßnahmen

(1) **Wirksame technische Maßnahmen zum Schutz eines nach diesem Gesetz geschützten Werkes oder eines anderen nach diesem Gesetz geschützten Schutzgegenstandes dürfen ohne Zustimmung des Rechtsinhabers nicht umgangen werden, soweit dem Handelnden bekannt ist oder den Umständen nach bekannt sein muss, dass die Umgehung erfolgt, um den Zugang zu einem solchen Werk oder Schutzgegenstand oder deren Nutzung zu ermöglichen.**

(2) ¹Technische Maßnahmen im Sinne dieses Gesetzes sind Technologien, Vorrichtungen und Bestandteile, die im normalen Betrieb dazu bestimmt sind, geschützte Werke oder andere nach diesem Gesetz geschützte Schutzgegenstände betreffende Handlungen, die vom Rechtsinhaber nicht genehmigt sind, zu verhindern oder einzuschränken. ²Technische Maßnahmen sind wirksam, soweit durch sie die Nutzung eines geschützten Werkes oder eines anderen nach diesem Gesetz geschützten Schutzgegenstandes von dem Rechtsinhaber durch eine Zugangskontrolle, einen Schutzmechanismus wie Verschlüsselung, Verzerrung oder sonstige Umwandlung oder einen Mechanismus zur Kontrolle der Vervielfältigung, die die Erreichung des Schutzziels sicherstellen, unter Kontrolle gehalten wird.

(3) **Verboten sind die Herstellung, die Einfuhr, die Verbreitung, der Verkauf, die Vermietung, die Werbung im Hinblick auf Verkauf oder Vermietung und der gewerblichen Zwecken dienende Besitz von Vorrichtungen, Erzeugnissen oder Bestandteilen sowie die Erbringung von Dienstleistungen, die**

1. **Gegenstand einer Verkaufsförderung, Werbung oder Vermarktung mit dem Ziel der Umgehung wirksamer technischer Maßnahmen sind oder**
2. **abgesehen von der Umgehung wirksamer technischer Maßnahmen nur einen begrenzten wirtschaftlichen Zweck oder Nutzen haben oder**
3. **hauptsächlich entworfen, hergestellt, angepasst oder erbracht werden, um die Umgehung wirksamer technischer Maßnahmen zu ermöglichen oder zu erleichtern.**

(4) **Von den Verboten der Absätze 1 und 3 unberührt bleiben Aufgaben und Befugnisse öffentlicher Stellen zum Zwecke des Schutzes der öffentlichen Sicherheit oder der Strafrechtspflege.**

Übersicht

I. Allgemeines

§ 95a statuiert ein Umgehungsverbot zum Schutz technischer Maßnahmen, das durch das am **1** 13.9.2003 in Kraft getretene Gesetz zur Regelung des Urheberrechts in der Informationsgesellschaft eingeführt wurde. Damit wird die **Vorgabe des Art. 6 der InfoSoc-RL umgesetzt.** Bei der Formulierung der Vorschrift wurde bewusst darauf verzichtet, sie „sprachlich zu verdichten" oder zusätzliche Elemente aufzunehmen. Die möglichst präzise Übernahme der Richtlinie wurde als „optimaler Ausgangspunkt für eine in diesem Bereich besonders wichtige einheitliche Anwendung und Auslegung in allen Mitgliedstaaten" angesehen.[1] Nach § 95a Abs. 1 dürfen wirksame technische Maßnah-

---

[1] BT-Drs. 15/38, 26.

men, die dem Schutz eines geschützten Werkes oder eines anderen Schutzgegenstandes dienen, ohne Zustimmung des Rechtsinhabers nicht umgangen werden, soweit dem Handelnden bekannt ist oder den Umständen nach bekannt sein muss, dass die Umgehung erfolgt, um den Zugang zu einem solchen Werk oder Schutzgegenstand oder deren Nutzung zu ermöglichen. Dieses Verbot wird nach § 95a Abs. 3 auf Handlungen ausgedehnt, die wie die Herstellung, Verbreitung und Bewerbung von Umgehungsmitteln zur Vorbereitung der eigentlichen Umgehung eingesetzt werden.

2   § 95a Abs. 2 S. 1 enthält eine Legaldefinition der technischen Maßnahmen. § 95a Abs. 2 S. 2 bestimmt, unter welchen Voraussetzungen technische Maßnahmen als wirksam anzusehen sind. Nach der Ausnahmeregelung des § 95a Abs. 4 bleiben von dem Verbot der Abs. 1 und 3 Aufgaben und Befugnisse öffentlicher Stellen zum Zwecke des Schutzes der öffentlichen Sicherheit oder der Strafrechtspflege unberührt.

II. Das Umgehungsverbot (Abs. 1)

1. Geschützte Werke oder andere Schutzgegenstände

3   Das Umgehungsverbot richtet sich gegen wirksame technische Maßnahmen **„zum Schutz eines nach diesem Gesetz geschützten Werkes oder eines anderen nach diesem Gesetz geschützten Schutzgegenstandes".** Konstitutiv für das Eingreifen des Umgehungsverbots ist also, dass es sich um Werke oder Leistungen handelt, die urheberrechtlichen Schutz genießen. Ausgenommen ist daher zB die Anwendung von Schutzmechanismen auf nicht durch das UrhG geschützte Schutzgegenstände wie etwa gemeinfreie Werke.[2] Ebenso wenig wird die Einrichtung von Schutzmechanismen allein zum Zwecke der Marktzugangsbeschränkung geschützt.[3] Außerdem werden nur solche Maßnahmen erfasst, die auf der **„Metaebene" des technischen Schutzes urheberrechtliche Befugnisse betreffen,** da nur darauf ausgerichtete Handlungen überhaupt einer Zustimmung des Rechtsinhabers bedürfen. Fehlt es an einem Bezug zu einer tatbestandsmäßigen urheberrechtlichen Nutzung, so greift das Umgehungsverbot des § 95a nicht ein.[4] Insoweit besteht eine Kongruenz zwischen dem Urheberrecht und dem Rechtsschutz der technischen Maßnahmen. Dies gilt aber nur für die Ebene der Schutzfähigkeit, nicht für Nutzungen, die durch Schranken für zulässig erklärt werden. Aus § 95a Abs. 2 folgt nämlich, dass auch solche technischen Schutzmaßnahmen nicht umgangen werden dürfen, die gemäß §§ 44a ff. UrhG gesetzlich zulässiges Verhalten verhindern. Technischen Maßnahmen wird somit ein **relativer Vorrang vor den Schranken des Urheberrechts** eingeräumt.[5]

4   Entsprechend einer Vorgabe der InfoSoc-RL[6] ist gemäß § 69a Abs. 5 UrhG der **Rechtsschutz technischer Maßnahmen zum Schutz von Computerprogrammen von der Regelung des § 95a UrhG ausgenommen.**[7] § 69f Abs. 2 bildet eine für Computerprogramme abschließende Regelung, die allerdings nur einen beschränkten Rechtsschutz gegen Mittel zur unerlaubten Beseitigung und Umgehung technischer Programmschutzmechanismen vorsieht.[8] Bei hybriden Werken wie Videospielen, die in der Regel aus Sprach-, Musik-, Lichtbild- und Filmwerken sowie Langbildern einerseits und Computerprogrammen andererseits bestehen, werden die erstgenannten Werkarten nach dem Urteil des EuGH „Nintendo/PC Box" durch die Richtlinie 2001/29 geschützt, so dass sich der Schutz gegen die Umgehung technischer Maßnahmen nach Art. 6 RL 2001/29 richtet.[9] Der Schutz von technischen Maßnahmen in Bezug auf Videospiele ist daher auch nach §§ 95a ff. zu beurteilen.[10]

5   Für den Fall, dass sich die **technische Maßnahme nur teilweise auf urheberrechtsrelevante Nutzungen bezieht** und gleichzeitig urheberrechtlich nicht geschützte Gegenstände, wie insbes. gemeinfreie Werke, kontrolliert werden, ist im Hinblick auf das gesetzgeberische Ziel, einen möglichst umfassenden Schutz zu gewährleisten, das **Umgehungsverbot gleichwohl anwendbar,** sofern nicht ganz ausnahmsweise ein rechtsmissbräuchliches Verhalten des Rechtsinhabers anzunehmen ist.[11] Ein Missbrauch kann nach der Amtlichen Begründung insbes. dann vorliegen, wenn die Einrichtung von Schutzmechanismen allein zum Zwecke der Marktzugangsbeschränkung erfolgt.[12] Denkbar ist in diesem Zusammenhang, dass ein geschütztes Werk oder eine Leistung nur pro forma oder zum Schein

---

[2] Sa Fromm/Nordemann/Nordemann/*Czychowski* UrhG § 95a Rn. 33.

[3] AmtlBegr. BT-Drs. 15/38, 26; Loewenheim/*Peukert* Hb. des UrhR § 34 Rn. 2; *Dreier* ZUM 2002, 28 (38); *Spindler* GRUR 2002, 105 (115); *Lindhorst,* Schutz von und vor technischen Maßnahmen, S. 118.

[4] Loewenheim/*Peukert* Hb. des UrhR § 34 Rn. 3; *Lauber-Rönsberg* UrhR und Privatgebrauch S. 256 ff.

[5] Loewenheim/*Peukert* Hb. des UrhR § 34 Rn. 4.

[6] S. Art. 1 Abs. 2 InfoSoc-RL sowie Erwägungsgrund 20 und Erwägungsgrund 50; dazu AmtlBegr. BT-Drs. 15/38, 22, 42; *Dreier* ZUM 2002, 28 (29, 36); *Spindler* GRUR 2002, 105 (115); *Reinbothe* GRUR-Int 2002, 733 (735, 741); sa *Flechsig* ZUM 2002, 1 (14); → Vor §§ 95a ff. Rn. 20 f.

[7] Loewenheim/*Peukert* Hb. des UrhR § 34 Rn. 7.

[8] Loewenheim/*Peukert* Hb. des UrhR § 34 Rn. 7; s. die Kommentierung zu → § 69f Rn. 8 ff.

[9] EuGH GRUR 2014, 255 Rn. 23 f. – Nintendo/PC Box.

[10] BGH GRUR 2015, 672 – Video-Spielkonsolen II; BGH GRUR 2013, 1035 Rn. 21 ff. – Videospielkonsolen I.

[11] Loewenheim/*Peukert* Hb. des UrhR § 34 Rn. 6; *Peukert* UFITA 2002/III, 689 (709), Fn. 45; vgl. auch *Dreyer* in Pahlow/Eisfeld, Grundlagen und Grundfragen des Geistigen Eigentums, S. 221, 225 f.

[12] BT-Drs. 15/38, 26; LG Hamburg ZUM 2016, 892 (895).

zu einem nicht geschützten Gegenstand hinzugefügt wird, um den Rechtsschutz nach § 95a zu erlangen.

2. Zustimmung des Rechtsinhabers

Seine deutlichste Ausprägung erfährt der Umgehungsschutz darin, dass technische Schutzmaßnah- 6
men nicht ohne Zustimmung des Rechtsinhabers umgangen werden dürfen. Hierin liegt der Kern des Umgehungsverbots. Dies gilt auch für Nutzer, die durch § 95b begünstigt werden, da **kein Recht zur Selbsthilfe** (kein „right to hack") besteht, dh auch der rechtmäßige Nutzer darf die technischen Schutzmaßnahmen nicht zum Zwecke der rechtmäßigen Nutzung in Eigenregie überwinden.[13] Der zentrale Anknüpfungspunkt für den Verstoß gegen das Umgehungsverbot nach § 95a Abs. 1 ist die **Überwindung der technischen Schutzmaßnahme gegen den Willen des Rechtsinhabers.** Dies bedeutet umgekehrt, dass sowohl für den nicht begünstigten als auch für den begünstigten Nutzer der Zugang oder die Nutzung des Schutzgegenstandes nur im Falle einer Einwilligung des Rechtsinhabers iSd § 183 S. 1 BGB zulässig ist. Mit Blick auf die Diversifikation, die durch Digitalisierung und Vernetzung eröffnet wird, hängen Inhalt und Umfang der Zustimmung ggf. von den vertraglichen Vereinbarungen ab. Möglich ist auch eine nachträgliche Zustimmung, also eine Genehmigung iSd § 184 Abs. 1 BGB, nach erfolgter Umgehung.[14]

Bezugspunkt der erforderlichen Zustimmung ist der **Rechtsinhaber,** der die „zentrale Figur im 7
System des § 95a" bildet.[15] In Art. 6 Abs. 3 S. 1 der InfoSoc-RL ist im Zusammenhang mit der Definition der „technischen Maßnahmen" vom „Inhaber der Urheberrechte oder der dem Urheberrecht verwandten gesetzlich geschützten Schutzrechte oder des in Kap. III der Richtlinie 96/9/EG verankerten Sui-generis-Rechts" die Rede. Dementsprechend zählen zu den Rechtsinhabern zunächst diejenigen **Personen, denen unmittelbar Rechte an den Schutzgegenständen zustehen,** die durch die technischen Maßnahmen geschützt werden. Darüber hinaus können dazu auch solche Personen gehören, denen auf Grund von Verträgen oder kraft Gesetzes **derivative Rechte** eingeräumt wurden.[16]

Handelt es sich auf Grund der Komplexität oder Kompilation um eine Kombination verschiedener 8
Beiträge, so können **mehrere Rechtsinhaber** nebeneinander vorhanden sein, wie bei einer kopiergeschützten Musik-CD der Urheber, der ausübende Künstler und der Tonträgerhersteller. Unter diesen Umständen bedarf es der Zustimmung aller Rechtsinhaber,[17] sofern die Verwertung und Koordination des Einsatzes von technischen Schutzmaßnahmen nicht in der Hand eines Berechtigten gebündelt werden.[18] Bei Miturhebern ist § 8 Abs. 2 S. 1 analog anzuwenden.[19]

Da durch die Zustimmung des Rechtsinhabers kein neues Verwertungsrecht begründet wird, son- 9
dern die technischen Schutzmaßnahmen nur flankierend der Durchsetzung der urheberrechtlichen Ansprüche dienen bzw. die Verletzung des Urheberrechts verhindern sollen, kann Rechtsinhaber nicht derjenige sein, der die Zustimmung gemäß § 95a erhalten hat und die Zustimmung einer weiteren Person erteilen möchte.[20]

3. Umgehung

Der Tatbestand der Umgehung setzt in **objektiver Hinsicht** eine Umgehungshandlung und in 10
subjektiver Hinsicht eine Umgehungsabsicht bzw. eine Bösgläubigkeit im Zeitpunkt der Umgehung voraus. Unter einer **Umgehungshandlung** ist jedes Verhalten zu verstehen, das objektiv darauf gerichtet ist, eine wirksame technische Maßnahme außer Kraft zu setzen oder abzuschwächen.[21] Kurz gesagt bedeutet Umgehung im weitesten Sinne **jede Ausschaltung bzw. Manipulation von technischen Schutzmaßnahmen.**[22] Auf welche Weise dies geschieht, wie zB durch den Einsatz von Software, um ein Passwort zu identifizieren oder einen verschlüsselten Inhalt zu dekodieren, ist dabei unerheblich.[23] Als Umgehungshandlung ist beispielsweise ein deep-link auf interaktive Onlineangebote, die durch eine Schutzmaßnahme gesichert sind, anzusehen.[24] Eine Software, die die Vervielfältigung kopiergeschützten Materials mittels eines gängigen Kopierprogramms ermöglicht, stellt ebenfalls eine den Kopierschutz umgehende Maßnahme iSv § 95a Abs. 1 dar.[25]

---

[13] Wandtke/Bullinger/*Wandtke/Ohst* UrhG § 95a Rn. 56; § 95b Rn. 10.
[14] Wandtke/Bullinger/*Wandtke/Ohst* UrhG § 95a Rn. 57.
[15] Loewenheim/*Peukert* Hb. des UrhR § 34 Rn. 13.
[16] Wandtke/Bullinger/*Wandtke/Ohst* UrhG § 95a Rn. 59; Loewenheim/*Peukert* Hb. des UrhR § 34 Rn. 14.
[17] *Wand,* Technische Schutzmaßnahmen und Urheberrecht, S. 105.
[18] Loewenheim/*Peukert* Hb. des UrhR § 34 Rn. 14.
[19] *Wand,* Technische Schutzmaßnahmen und Urheberrecht, S. 169.
[20] Wandtke/Bullinger/*Wandtke/Ohst* UrhG Rn. 61.
[21] DKH/*Dreyer* § 95a Rn. 28; Loewenheim/*Peukert* Hb. des UrhR § 34 Rn. 15.
[22] *Wand,* Technische Schutzmaßnahmen und Urheberrecht, S. 105.
[23] Loewenheim/*Peukert* Hb. des UrhR § 34 Rn. 15.
[24] *De Werra* ALAI 2001, 198 (214 f.); Loewenheim/*Peukert* Hb. des UrhR § 34 Rn. 15. Unabhängig von der Wirksamkeit der Schutzmaßnahme verletzt ein solcher Deeplink auch das Recht auf öffentliche Zugänglichmachung aus § 19a, s. BGH GRUR 2011, 56 Rn. 25 ff. – Session-ID.
[25] LG München MMR 2007, 128 (129).

11   Ein Außerkraftsetzen der technischen Schutzmaßnahmen und damit eine Umgehung liegt auch bei der sog. **Fehlerkorrektur** von Audio-CDs vor.[26] Das Argument von Copy-Programmherstellern, dass durch ihre Programme die Daten nicht verändert, sondern nur wiederhergestellt und der Sachmangel der CD beseitigt würden,[27] ändert nichts daran, dass der objektive Tatbestand einer Umgehungshandlung erfüllt ist.[28] Eine andere Frage ist, ob die Umgehung von der Zustimmung des Rechtsinhabers für den Käufer der CD gedeckt ist. Ob dies der Fall ist, hängt von den Umständen des Einzelfalls ab.[29]

12   Der **subjektive Umgehungstatbestand** setzt nach § 95a Abs. 1 Hs. 2 voraus, dass dem Handelnden bekannt ist oder den Umständen nach bekannt sein muss, dass die Umgehung erfolgt, um den Zugang zu einem durch technische Maßnahmen geschützten Werk oder Schutzgegenstand oder deren Nutzung zu ermöglichen. Nach der AmtlBegr. wird damit das Erfordernis einer auf „Werkzugang oder Werkverwertung (Nutzung im urheberrechtlichen Sinne) gerichteten Umgehungsabsicht" umschrieben.[30] Die Kenntnis bezieht sich nicht auf das Unerlaubtsein, sondern allein auf die Umgehungshandlung als solche.[31] Mit der von der AmtlBegr. für maßgeblich gehaltenen Umgehungsabsicht ist aber kaum vereinbar, dass nach dem klaren Wortlaut der Regelung in Übereinstimmung mit der bindenden Vorgabe der InfoSoc-RL auch eine Bösgläubigkeit im Sinne eines Kennenmüssens genügt. Demnach wird darauf abgestellt, ob die Umgehungshandlung fahrlässig vorgenommen wurde. **Ausreichend ist einfache Fahrlässigkeit.**[32] Für eine Beschränkung auf grobe Fahrlässigkeit[33] bietet die Regelung keinerlei Anhaltspunkte. In der Gesetzesbegründung wird ausdrücklich hervorgehoben, dass die im Zusammenhang mit der Umgehungsabsicht von der Richtlinie vorgegebene Tatbestandsvoraussetzung der Bösgläubigkeit (also des „Kennenmüssens") auch für jene zivilrechtlichen Ansprüche gilt, bei denen – wie beim Unterlassungsanspruch – regelmäßig die objektive Störereigenschaft ausreicht.

13   Eine **Ausnahme** soll nach dem ausdrücklichen Willen des europäischen und dementsprechend auch des deutschen Gesetzgebers für Umgehungshandlungen gelten, die **ausschließlich wissenschaftlichen Zwecken** dienen. In Erwägungsgrund 48 der InfoSoc-RL wird hervorgehoben, dass der Rechtsschutz für technische Maßnahmen auch das Verhältnismäßigkeitsprinzip berücksichtigen müsse. Es sollten nicht jene Vorrichtungen und Handlungen untersagt werden, deren wirtschaftlicher Zweck und Nutzen nicht in der Umgehung technischer Schutzvorkehrungen besteht. Insbes. dürften **die Forschungsarbeiten im Bereich der Verschlüsselungstechniken nicht behindert werden.** In Anknüpfung hieran wird in der AmtlBegr. zu § 95a Abs. 1 ausdrücklich darauf hingewiesen, dass zB die Kryptografie nicht zu den Umgehungshandlungen zählt, die vom Verbot erfasst werden.[34] Vor diesem Hintergrund erscheint es nicht ausgeschlossen, dass unter Berücksichtigung verfassungsrechtlicher Wertungen im Einzelfall auch andere Sachverhalte vom Umgehungsverbot ausgenommen werden, wenn es um die Verfolgung rein wissenschaftlicher oder künstlerischer Zwecke geht.[35]

III. Wirksame technische Maßnahmen (Abs. 2)

1. Regelungsgehalt und Systematik

14   § 95a Abs. 2 enthält eine **Legaldefinition** der wirksamen technischen Maßnahmen, auf die sich das Umgehungsverbot des § 95a Abs. 1 bezieht und die damit das zentrale Aufgreifkriterium für dessen Anwendbarkeit bildet. Liegen keine wirksamen technischen Schutzmaßnahmen vor, so greift das Umgehungsverbot nicht ein. Die Frage, ob es sich um wirksame technische Schutzmaßnahmen handelt, ist deshalb die Ausgangsfrage, die allen anderen Tatbestandsmerkmalen vorgelagert ist.

15   In **systematischer Hinsicht** folgt § 95a Abs. 2 einer **Zweiteilung:** In Abs. 2 S. 1 werden zunächst die technischen Maßnahmen definiert; hieran schließt sich in Abs. 2 S. 2 eine Definition der Wirksamkeit technischer Maßnahmen an. Mit Blick auf das Harmonisierungsziel der Richtlinie hat der deutsche Gesetzgeber eine enge Anlehnung an den Wortlaut des Art. 6 Abs. 3 der InfoSoc-RL für notwendig gehalten.[36]

---

[26] S. Wandtke/Bullinger/*Wandtke/Ohst* UrhG § 95a Rn. 54; Fromm/Nordemann/Nordemann/*Czychowski* UrhG § 95a Rn. 38.

[27] *Mayer* CR 2003, 274 (279).

[28] So im Ergebnis auch *Spindler* GRUR 2002, 105 (116).

[29] Wandtke/Bullinger/*Wandtke/Ohst* UrhG § 95a Rn. 54.

[30] BT-Drs. 15/38, 26.

[31] Wandtke/Bullinger/*Wandtke/Ohst* UrhG § 95a Rn. 62; *Marly* K&R 1999, 106 (111).

[32] Loewenheim/*Peukert* Hb. des UrhR § 34 Rn. 16 Fn. 51; *Wand,* Technische Schutzmaßnahmen und Urheberrecht, S. 116; *Flechsig* ZUM 2002, 1 (16).

[33] So *Spindler* GRUR 2002, 105 (116); *Spindler* MMR 2000 Beil. Nr. 7, 4 (17 f.); Wandtke/Bullinger/*Wandtke/Ohst* UrhG § 95a Rn. 63.

[34] BT-Drs. 15/38, 26.

[35] So Loewenheim/*Peukert* Hb. des UrhR § 34 Rn. 17.

[36] BT-Drs. 15/38, 26.

2. Technische Maßnahmen (Abs. 2 S. 1)

Als technische Maßnahmen definiert Abs. 2 S. 1 Technologien, Vorrichtungen und Bestandteile, **16** die im normalen Betrieb dazu bestimmt sind, geschützte Werke oder andere nach diesem Gesetz geschützte Schutzgegenstände betreffende Handlungen, die vom Rechtsinhaber nicht genehmigt sind, zu verhindern oder einzuschränken. Damit sollen auch im Hinblick auf künftige technische Entwicklungen **im weitesten Sinne** alle Maßnahmen erfasst werden, die bei der Umsetzung des von der InfoSoc-RL und dementsprechend des Umgehungsverbots nach § 95a angestrebten Schutzzwecks zur Anwendung kommen.[37] Unter den Begriff der technischen Maßnahmen fallen nicht nur Mittel zur Verhinderung der Piraterie, sondern auch **sämtliche technische Maßnahmen, die im normalen Betrieb dazu bestimmt sind, Nutzungsmöglichkeiten einzuschränken.**

Hierzu gehören Zugangskontrollen ebenso wie Mechanismen zur Beschränkung der Nutzungs- **17** möglichkeit, wobei die Art und Weise der technischen Lösung nicht entscheidend ist.[38] Es kann sich ebenso um eine Hard- wie auch um eine Software-Lösung handeln.[39] Zu den Verfahren, die als technische Schutzmaßnahmen eingesetzt werden können, zählen insbes. **Zugangskontrollen,** durch die eine effektive Kontrolle des Zugangs zur Nutzung erreicht werden kann,[40] **Nutzungskontrollen** und **Integritätskontrollen.**[41]

Unter Berücksichtigung des Zwecks des Umgehungsverbots, den Schutz von urheberrechtlich ge- **18** schützten Werken oder anderen Schutzgegenständen zu gewährleisten, werden von der Definition des § 95a Abs. 2 S. 1 **solche Mechanismen nicht erfasst,** die sich auf **nicht durch das UrhG geschützte Schutzgegenstände,** wie etwa gemeinfreie Werke, beziehen, oder allein zum Zwecke der Marktzugangsbeschränkung[42] eingerichtet werden.[43]

In der Gesetzesformulierung kommt diese aus dem Regelungszweck abzuleitende **funktionale In- 19 terpretation des Begriffs der technischen Maßnahme** darin zum Ausdruck, dass sie im normalen Betrieb so bestimmt sein müssen, nicht genehmigte Handlungen zu unterbinden, die geschützte Werke oder andere Schutzgegenstände betreffen. Maßgebend ist die **objektive Zweckbestimmung,** die sich nach dem aktuellen, konkreten Gebrauch der Schutzmaßnahme richtet.[44] Da die erforderliche Ausrichtung der technischen Maßnahme auf den Schutzzweck des Umgehungsverbots bereits in dem Merkmal der „Bestimmung" seinen Niederschlag findet, kommt dem **Kriterium des „norma- len Betriebes"** keine besondere normative Bedeutung zu.[45] Nach *Spindler*[46] wurde das aus dem US-amerikanischen DMCA (17 U.S.C. § 1201) stammende Kriterium[47] in die Regelung aufgenommen, um sicherzustellen, dass keine künstlichen Marktzutrittsschranken, zB für Produzenten von elektronischen Geräten, errichtet werden.[48] Nach der Rechtsprechung des EuGH[49] ist der Begriff der technischen Maßnahmen weit auszulegen. Im Sinne des Art. 6 Abs. 3 InfoSoc-RL kann er auch technische Maßnahmen umfassen, die hauptsächlich darin bestehen, nicht nur den Träger, der das geschützte Werk, wie das Videospiel, enthält, mit einer Kennungsvorrichtung zu versehen, um das Werk gegen Handlungen zu schützen, die vom Inhaber des Urheberrechts nicht genehmigt worden sind, sondern auch die tragbaren Geräte oder die Konsolen, die den Zugang zu diesen Spielen und deren Benutzung sicherstellen und ein Abspielen unbefugt vervielfältigter Videospiele verhindern sollen („Schlüsselschloss-Prinzip").[50] Sofern technische Schutzmaßnahmen auch rechtmäßige Nutzungen unterbinden, wird ein rechtlicher Schutz im Hinblick auf den Verhältnismäßigkeitsgrundsatz jedoch nur für solche technischen Maßnahmen gewährt, die einerseits dazu geeignet sind, rechtswidrige Nutzungen zu verhindern, andererseits aber auch nicht über das Erforderliche hinausgehen und legale Nutzungsmöglichkeiten in übermäßiger Weise beschränken. Daher ist in diesen Fällen nach den Vorgaben des EuGH in seinem Urteil „Nintendo/PC Box" zu prüfen, ob andere Vorkehrungen zu geringeren Beeinträchtigungen oder Beschränkungen der Handlungen Dritter führen könnten, dabei aber einen

---

[37] S. Erwägungsgrund 51 der InfoSoc-RL; sa AmtlBegr. BT-Drs. 15/38, 26; Loewenheim/*Peukert* Hb. des UrhR § 34 Rn. 9; *Wand,* Technische Schutzmaßnahmen und Urheberrecht, S. 107.
[38] Dreier/Schulze/*Specht* UrhG § 95a Rn. 14.
[39] AmtlBegr. BT-Drs. 15/38, 26; Dreier/Schulze/*Specht* UrhG § 95a Rn. 14.
[40] S. *Dreier* ZUM 2002, 28 (36); *Kröger* CR 2001, 316 (321); *Lindhorst,* Schutz von und vor technischen Maßnahmen, S. 146 f.; *Linnenborn* K&R 2001, 394 (398); *Mayer* EuZW 2002, 325 (328); *Reinbothe* GRUR-Int 2001, 733 (741); *Wächtkamp* CRi 2003, 11 (16); aA *Spindler* GRUR 2002, 105 (116); s. zur Abgrenzung gegenüber der Zugangskontroll-RL und dem ZKDSG → Vor §§ 95a ff. Rn. 22 ff.
[41] S. dazu eingehend Wandtke/Bullinger/*Wandtke*/*Ohst* UrhG § 95a Rn. 12 ff., mwN.
[42] Sog. Geosperren; zustimmend *Mitsdörffer*/*Gutfleisch* MMR 2009, 731 (734 f.); aA *Arlt* GRUR 2005, 1003 (1004 f.).
[43] S. AmtlBegr. BT-Drs. 15/38, 26; → Rn. 3.
[44] BGH GRUR 2015, 672 Rn. 52 – Videospiel-Konsolen II; EuGH GRUR-Int 2014, 285 Rn. 36 – Nintendo/PC Box; Wandtke/Bullinger/*Wandtke*/*Ohst* UrhG § 95a Rn. 43; Fromm/Nordemann/Nordemann/*Czychowski* UrhG § 95a Rn. 13; *Koelman* EIPR 2000, 272 (273).
[45] Wandtke/Bullinger/*Wandtke*/*Ohst* UrhG § 95a Rn. 44.
[46] GRUR 2002, 105 (116).
[47] S. *Wand,* Technische Schutzmaßnahmen und Urheberrecht, S. 109.
[48] Wandtke/Bullinger/*Wandtke*/*Ohst* UrhG § 95a Rn. 45.
[49] EuGH GRUR-Int 2014, 285 – Nintendo/PC Box.
[50] EuGH GRUR-Int 2014, 285 1. Abs. des Leitsatzes Rn. 25 ff.; BGH GRUR 2015, 672 2. Ls. Rn. 48 f. – Videospiel-Konsolen II.

vergleichbaren Schutz für die Rechte des Betroffenen bieten könnten.[51] Bei der Beurteilung der Frage, ob ein Verstoß gegen § 95a Abs. 3 vorliegt, sind Feststellungen darüber zu treffen, ob der Einsatz der technischen Schutzmaßnahmen den Grundsatz der Verhältnismäßigkeit wahrt und legale Nutzungsmöglichkeiten nicht in übermäßiger weise beschränkt.[52] Derjenige der für eine wirksame technische Maßnahme Schutz beansprucht, trägt grundsätzlich die Darlegungs- und Beweislast für das Vorliegen der Voraussetzungen. Dies umfass grundsätzlich auch die Darlegungs- und Beweislast dafür, dass es keine andere Maßnahme gibt, die zu einer geringeren Beeinträchtigung oder Beschränkung zulässiger Handlungen Dritter führt und einen vergleichbaren Schutz für die Rechte des Betroffenen bietet. Da es sich bei dem Umstand, dass es keine andere Maßnahme gibt, um eine negative Tatsache handelt, trägt die Gegenseite allerdings eine sekundäre Darlegungslast. Es ist zunächst ihre Sache substanziiert darzulegen, dass es eine andere Maßnahme gibt. Der Anspruchssteller genügt seiner Darlegungs- und Beweislast, wenn er anschließend darlegt und beweist, dass diese Maßnahme zu einer größeren Beeinträchtigung oder Beschränkung zulässiger Handlungen Dritter führt oder keinen ausreichenden Schutz für die Rechte des Betroffenen bietet.[53]

3. Wirksamkeit

20   Das Umgehungsverbot nach § 95a Abs. 1 setzt voraus, dass es sich um wirksame technische Maßnahmen handelt. Hieraus folgt im Umkehrschluss, dass **unwirksame technische Maßnahmen keinen Schutz genießen.** In Umsetzung von Art. 6 Abs. 3 S. 2 InfoSoc-RL enthält § 95 Abs. 2 S. 2 eine Definition der Wirksamkeit technischer Schutzmaßnahmen. Danach sind diese wirksam, soweit durch sie die Nutzung eines urheberrechtlich geschützten Werkes oder einer geschützten Leistung von dem Rechtsinhaber durch eine Zugangskontrolle, einen Schutzmechanismus wie Verschlüsselung, Verzerrung oder sonstige Umwandlung oder einen Mechanismus zur Kontrolle der Vervielfältigung, **die die Erreichung des Schutzziels sicherstellen,** unter Kontrolle gehalten wird. Völlig berechtigt ist die (kritische) Feststellung, dass die Definition letztlich tautologisch ist, weil sie den Begriff „Wirksamkeit" durch denjenigen der „Kontrolle" und der „Sicherstellung der Erreichung des Schutzziels" ersetzt.[54]

21   Wie in der AmtlBegr.[55] hervorgehoben wird, ist der Regelung „immanent, dass technische Maßnahmen grundsätzlich **auch dann wirksam sein können, wenn ihre Umgehung möglich ist.** Andernfalls würde das Umgehungsverbot jeweils mit der Umgehung technischer Maßnahmen in Folge der dadurch erwiesenen Unwirksamkeit obsolet".[56] Diese **Relativierung der Wirksamkeit** gründet sich auf die Erfahrung, dass es letztlich nur eine Frage der Zeit ist, bis es einem Menschen gelingt, die von einem anderen geschaffenen technischen Sicherheitsvorkehrungen zu überwinden. Jede Technologie ist zeitgebunden und wird im Laufe der weiteren Entwicklung durch andere Technologien überholt und aufgehoben.[57] Ein absoluter Schutz kann deshalb nicht gewährleistet und somit auch nicht verlangt werden.[58]

22   Bei der Frage, wie vor diesem Hintergrund der rechtlich relevante Begriff der „Wirksamkeit" zu definieren ist, sind zwei Aspekte auseinander zu halten: Zum einen geht es um den **relevanten Personenkreis der Nutzer** und zum anderen um den **relevanten Zeitpunkt der Nutzung.** Im Hinblick auf den relevanten Personenkreis, gegenüber dem der technische Schutz wirken soll, ist auf den **durchschnittlichen Benutzer**[59] abzustellen und nicht auf den Hacker[59] oder den die Schutzmaßnahme im konkreten Einzelfall umgehenden Nutzer. Maßgeblich ist also, ob die Schutzmaßnahme für den durchschnittlichen Nutzer ein Hindernis darstellt. Nach diesen Maßstäben soll der Umstand, dass YouTube und andere Streaming-Plattformen standardmäßig nur das Streamen, nicht dagegen das Herunterladen von Videos ermöglichen, nicht als wirksame Schutzmaßnahme im Sinne des § 95a Abs. 2 einzuordnen sein, da auch Nutzer ohne besondere Kenntnisse durch einfaches Kopieren der Dateien aus dem Cache oder einem temporären Ordner eine dauerhafte Vervielfältigung erstellen können. Eine Anwendung des § 95a auf rechtswidrig angefertigte Stream-Downloads scheidet daher

---

[51] EuGH GRUR-Int 2014, 285 2. Abs. des Leitsatzes Rn. 30 ff.; BGH GRUR 2015, 672 3. Ls. Rn. 57 f. – Videospiel-Konsolen II.; BGH MMR 2017, 534 2. Ls. Rn. 46 – Videospiel-Konsolen III; sa den Vorlagebeschluss BGH GRUR 2013, 1053.

[52] BGH MMR 2017, 534 Rn. 23, 46 – Videospiel-Konsolen III.

[53] BGH MMR 2017, 534 Rn. 46 – Videospiel-Konsolen III; BGH GRUR 2015, 672 Rn. 107 – Videospiel-Konsolen II.

[54] So Dreier/Schulze/*Specht* UrhG § 95a Rn. 15.

[55] BT-Drs. 15/38, 26.

[56] Sa Dreier/Schulze/*Specht* UrhG § 95a Rn. 15; Loewenheim/*Peukert* Hb. des UrhR § 34 Rn. 12; *Hoeren* MMR 2000, 515 (520); *Sirinelli* ALAI 2001, 384 (394 f.).

[57] BGH GRUR 2011, 56 1. Ls. Rn. 30 – Session-ID.

[58] LG Hamburg BeckRS 2017, 146120 Rn. 38.

[59] BGH GRUR 2011, 56 1. Ls. Rn. 33 – Session-ID; OLG München ZUM 2013, 806 (812) – Nintendo DS; OLG München ZUM-RD 2009, 80 2. Ls., Rn. 84 – Heise online; LG München ZUM-RD 2008, 97 (101) – Heise online; LG Hamburg BeckRS 2017, 146120 Rn. 38, siehe auch *Lucas* GRUR-Int 2017, 114 (118); *Hoeren* MMR 2000, 515 (520); *Kröger* CR 2001, 316 (322); *Linnenborn* K&R 2001, 394 (397); *Spindler* GRUR 2002, 105 (115 f.); Wandtke/Bullinger/*Wandtke/Ohst* UrhG § 95a Rn. 50; OLG Hamburg GRUR-RR 2010, 153 (154) – FTA-Receiver.

aus.[60] **Hinsichtlich des maßgeblichen Zeitpunkts ist eine ex-ante-Betrachtung vorzuneh-men,** da ex-post alle technischen Maßnahmen unwirksam sind.[61] Welche konkreten Anforderungen hieraus abzuleiten sind, muss mit Blick auf das Schutzziel und im Lichte der technischen Entwicklungen nach den Umständen des Einzelfalls entschieden werden. Streitig ist, ob Maßnahmen, die durch Ausnutzung der **„analogen Lücke"** umgangen werden können, als wirksam anzusehen sind. Eine Software, die nur vor digitalen Vervielfältigungen schützt, aber nicht darauf abzielt, analoge Vervielfältigungen zu verhindern, ist in Bezug auf letztere nicht als wirksame Maßnahme einzuordnen. Dies gilt selbst dann, wenn die mithilfe des Programms erstellte analoge Kopie nur einen Zwischenschritt zur Anfertigung einer digitalen Vervielfältigung darstellt.[62] Der Vertrieb des Programms kann allerdings gegen §§ 3, 4 Nr. 4, 8 UWG verstoßen.[63] Eine geschützte technische Maßnahme ist auch das Geoblocking, durch das eine territorial beschränkte Rechtevergabe abgesichert wird.[64]

IV. Verbot von Vorbereitungshandlungen (§ 95a Abs. 3)

1. Allgemeines

§ 95a Abs. 3 erstreckt sich in enger Anlehnung an Art. 6 Abs. 2 InfoSoc-RL als Umgehungsverbot **23** des § 95a Abs. 1 auf Vorbereitungshandlungen, die im Vorfeld von Umgehungsmaßnahmen stattfinden. Die Regelung geht damit über die WIPO-Verträge hinaus, die eine ausdrückliche Einbeziehung von Vorbereitungshandlungen nicht verlangen.[65] Der **„Vorfeldschutz"** beruht auf der Erkenntnis, dass die hauptsächliche Gefahr der Verletzung des Umgehungsverbots von den vorbereitenden Handlungen ausgeht, die von kommerziellen Unternehmen vorgenommen werden, und nicht von den Umgehungshandlungen Privater. Diese verfügen nämlich meist nicht über die Möglichkeiten und Fähigkeiten, technische Schutzmaßnahmen selbst zu überwinden, und bedienen sich deshalb der „Umgehungsmittel", die kommerziell hergestellt und vertrieben werden.[66] Allerdings ist der Anwendungsbereich abgesehen von dem gewerblichen Zwecken dienenden Besitz ausdrücklich **nicht auf kommerzielle Handlungen beschränkt,** so dass im Grundsatz auch nicht entgeltliche, einmalige Handlungen im Privatbereich erfasst werden.[67]

Eine gewisse Unklarheit herrscht über die Frage, ob § 95a Abs. 3 auch solche Vorbereitungshand- **24** lungen erfasst, die der Umgehung von technischen Schutzmaßnahmen dienen, die sich auf nicht geschützte Werke und Leistungen beziehen.[68] Da sich das Umgehungsverbot nach § 95a Abs. 1 auf technische Maßnahmen zur Sicherung geschützter Inhalte beschränkt, wäre es eigentlich konsequent, wenn dies auch für Vorbereitungshandlungen gelten würde. **Für eine Ausdehnung auf ungeschützte Inhalte** spricht allerdings, dass durch die Regelung eine weitreichende und effektive Kontrolle des Rechtsinhabers angestrebt wird.[69] Eine Differenzierung zwischen geschützten und ungeschützten Inhalten lässt sich praktisch kaum durchführen, da die Mittel zur Umgehung in beiderlei Richtung eingesetzt werden können. Dem Ziel eines wirksamen Schutzes wird man deshalb nur dann gerecht, wenn man auch solche Vorbereitungshandlungen in den Tatbestand des § 95a Abs. 3 einbezieht, die zur Überwindung technischer Schutzmaßnahmen bestimmt und geeignet sind, auch wenn der Nutzer sich darauf beruft, dass er sich nur Zugang zu ungeschützten Inhalten verschafft, was praktisch nicht kontrollierbar ist.

2. Umgehungsmittel

Nach der weit gefassten Aufzählung der zur Vorbereitung der Umgehung eingesetzten Mittel, **25** nämlich Vorrichtungen, Erzeugnisse oder Bestandteile, dürften **alle in Betracht kommenden Hard- oder Softwareprodukte** erfasst werden, die zur Vorbereitung einer Umgehung technischer Schutzmaßnahmen eingesetzt werden können.[70]

---

[60] *Härting/Thiess* WRP 2012, 1068; aA *Heinemeyer/Kreitlow* MMR 2013, 623 in Bezug auf RTMPE, eine wirksame technische Maßnahme zum Schutz von Videospielen kann darin bestehen, dass Karten, auf denen Videospiele gespeichert sind, und die Konsole, auf der die Spiele gespielt werden, in ihrer Abmessung so aufeinander abgestimmt werden, dass ausschließlich die auf den Karten gespeicherten Spiele auf der Konsole gespielt werden können, sog. „Schlüssel-Schloss-Prinzip", vgl. BGH GRUR 2015, 672 – Videospielkonsolen II.

[61] *Hoeren* MMR 2000, 515 (520); Wandtke/Bullinger/*Wandtke*/*Ohst* UrhG § 95a Rn. 51; aA Loewenheim/*Peukert* Hb. des UrhR § 34 Rn. 12.

[62] LG Frankfurt a.M. MMR 2006, 766 (767); Wandtke/Bullinger/*Wandtke*/*Ohst* UrhG § 95a Rn. 51; aA DKMH/*Dreyer* § 95a Rn. 24; Fromm/Nordemann/*Nordemann*/*Czychowski* UrhG § 95a Rn. 38.

[63] Dazu → Vor §§ 95a ff. Rn. 10.

[64] *Martiny* MMR 2016, 579 ff.; *Ohly* ZUM 2015, 942 ff.; *Wiebe* ZUM 2015, 932 ff.; aA *Mitsdörffer/Gutfleisch* MMR 2009, 731 (735).

[65] Dazu → Vor §§ 95a ff. Rn. 6.

[66] Wandtke/Bullinger/*Wandtke*/*Ohst* UrhG § 95a Rn. 67; Loewenheim/*Peukert* Hb. des UrhR § 34 Rn. 18.

[67] Vgl. AmtlBegr. BT-Drs. 15/38, 28 f.; Mitteilung der Kommission v. 20.11.1996, KOM [1996] 568 endg.; sa Loewenheim/*Peukert* Hb. des UrhR § 34 Rn. 18; *Spindler* GRUR 2002, 105 (116); LG Köln ZUM-RD 2006, 187 (193).

[68] So Wandtke/Bullinger/*Wandtke*/*Ohst* UrhG § 95a Rn. 68; *Auer* FS Dittrich, 2000, 3 (18); zweifelnd Loewenheim/*Peukert* Hb. des UrhR § 34 Rn. 28.

[69] *Dreier* ZUM 2002, 28 (38); *Reinbothe* GRUR-Int 2001, 733 (741).

[70] Wandtke/Bullinger/*Wandtke*/*Ohst* UrhG § 95a Rn. 71; Loewenheim/*Peukert* Hb. des UrhR § 34 Rn. 20.

3. Verbotene Handlungen

26 Verbotene Handlungen sind die **Herstellung, Einfuhr, Verbreitung, Verkauf und Vermietung, die Werbung** im Hinblick auf Verkauf oder Vermietung und der **gewerblichen Zwecken dienende Besitz** von Vorrichtungen, Erzeugnissen oder Bestandteilen sowie die **Erbringung von Dienstleistungen.**

27 Der **Begriff der Herstellung** umfasst im weitesten Sinne jede Bearbeitung oder Erzeugung von Waren.

28 Unter **Einfuhr** ist das Verbringen in den Geltungsbereich des UrhG zu verstehen (AmtlBegr. BT-Drs. 15/38, 26).

Der **Begriff der Verbreitung** ist von dem auf körperliche Werkstücke beschränkten Verbreitungsrecht des § 17 zu unterscheiden.[71] Hierunter ist nach Sinn und Zweck der InfoSoc-RL und des § 95a Abs. 3 „jede vorübergehende oder dauernde Weitergabe von Umgehungsmitteln" zu verstehen.[72]

29 Die **Begriffe Verkauf und Vermietung sind im zivilrechtlichen Sinne** nach Maßgabe der §§ 433 ff. BGB bzw. §§ 535 ff. BGB aufzufassen. Insbesondere stellt ein reines Anbieten ohne den Abschluss eines schuldrechtlichen Vertrags zwar keinen Verkauf im Sinne des § 95a Abs. 3 UrhG dar, ist uU jedoch eine ebenfalls untersagte Werbung. Verboten ist die **Werbung** in Bezug auf den Verkauf und die Vermietung, worunter jede diesbezügliche Ankündigung und Anpreisung fällt, auch das einmalige Angebot zum Verkauf durch Private zum Verkauf.[73] Keine Werbung stellt dagegen die redaktionelle Berichterstattung dar, es sei denn, das Ziel der Absatzförderung steht im Vordergrund.[74]

30 Der **Besitz,** der iSv §§ 854 ff. BGB zu verstehen ist,[75] von Vorrichtungen, Erzeugnissen oder Bestandteilen wird vom Verbot nur insoweit erfasst, als er **gewerblichen Zwecken** dient. Gewerblich ist jede nachhaltige Tätigkeit zur Erzielung von Einnahmen, auch wenn die Absicht, Gewinn zu erzielen, fehlt.[76] Mit dieser Einschränkung hat der Gesetzgeber nicht von der durch die InfoSoc-RL eingeräumten Möglichkeit Gebrauch gemacht, das Verbot auf den Besitz zu privaten Zwecken auszudehnen.[77]

31 Der **Begriff der Dienstleistung,** deren Erbringung der Gesetzgeber in den Kreis der verbotenen Vorbereitungshandlungen aufgenommen hat, soweit sie der Umgehung technischer Schutzmaßnahmen dienen, kann nach dem maßgeblichen Schutzzweck **auch Anleitungen zur Umgehung** mit einschließen.[78] Erfasst wird damit insbes. auch die Veröffentlichung von Passwörtern oder Entschlüsselungscodes in Computerzeitschriften, ganz gleich ob es sich um Print-, Online- oder Fernsehausgaben handelt.[79] Da dem Begriff der Dienstleistung ein kommerzielles Element immanent ist, erfüllt die Weitergabe von Informationen zwischen Privaten den Verbotstatbestand nicht.[80]

32 Dagegen stellt ein redaktioneller Bericht über Erzeugnisse zur Umgehung wirksamer technischer Maßnahmen mit Blick auf Art. 5 GG weder eine Werbung noch die Erbringung einer Dienstleistung im Sinne des § 95a Abs. 3 dar.[81] Dies gilt auch für in dem Beitrag enthaltene Links, zB auf die Internetseite der Anbieter solcher Erzeugnisse, soweit diese einzelne Angaben des Beitrages belegen oder diese durch zusätzliche Informationen ergänzen sollen und daher ebenfalls von der Presse- und Meinungsfreiheit umfasst werden.[82]

4. Zwecke

33 In § 95a Abs. 3 Nr. 1–3 werden **alternativ drei Zwecke** genannt, auf die sich die Vorbereitungshandlungen und die zu ihrer Begehung eingesetzten Umgehungsmittel beziehen müssen. Dies dient einer Konkretisierung des Normzwecks und der Einschränkung des Tatbestandes, um eine Behinderung des normalen Betriebs elektronischer Geräte und der technischen Entwicklung zu vermeiden.[83]

34 **a) Verkaufsförderung, Werbung oder Vermarktung mit dem Ziel der Umgehung (Nr. 1).** Die verbotenen Handlungen müssen Gegenstand einer Verkaufsförderung, Werbung oder Vermarktung mit dem Ziel der Umgehung wirksamer technischer Maßnahmen sein. Hieraus folgt,

---

[71] AmtlBegr. BT-Drs. 15/38, 26.
[72] LG Köln ZUM-RD 2006, 187 (193).
[73] LG Köln ZUM-RD 2006, 187 (193 f.); BGH GRUR 2008, 996 (997 f.) – Clone-CD.
[74] OLG München ZUM 2005, 896 – Heise online.
[75] Wandtke/Bullinger/*Wandtke/Ohst* UrhG § 95a Rn. 78.
[76] Vgl. zum ZKDSG BT-Drs. 14/7229, 8.
[77] Erwägungsgrund 49 der InfoSoc-RL.
[78] AmtlBegr. BT-Drs. 15/38, 26.
[79] Wandtke/Bullinger/*Wandtke/Ohst* UrhG § 95a Rn. 79; Loewenheim/*Peukert* Hb. des UrhR § 34 Rn. 22.
[80] So auch Wandtke/Bullinger/*Wandtke/Ohst* UrhG § 95a Rn. 80.
[81] S. in der Hauptsache OLG München MMR 2009, 118 – Heise online; LG München I ZUM-RD 2008, 97 – Heise online; sowie zum vorläufigen Rechtsschutz LG München I ZUM 2005, 494; OLG München ZUM 2005, 896 – Heise online; BVerfG ZUM 2007, 378 – Heise online (unzulässig mangels Rechtswegerschöpfung); vgl. auch LG München MMR 2007, 128.
[82] BGH GRUR 2011, 513 Rn. 19 ff. – AnyDVD; anders dagegen die in der vorherigen Fußnote angegebenen Vorinstanzen. Die gegen die Entscheidung des BGH eingelegte Verfassungsbeschwerde hat das BVerfG nicht zur Entscheidung angenommen, BVerfG GRUR 2012, 390 – AnyDVD.
[83] Loewenheim/*Peukert* Hb. des UrhR § 34 Rn. 23; *Wand* Technische Schutzmaßnahmen und Urheberrecht, S. 111.

dass die Umgehung finaler Zweck, also beabsichtigt sein muss, wobei es nicht erforderlich ist, dass die Umgehung das alleinige Absatzziel darstellt.[84] Ausreichend ist vielmehr, dass die **Werbung auch auf die Umgehung wirksamer technischer Maßnahmen abzielt.** Hierfür spricht insbes. der Vergleich mit Nr. 3, wo verlangt wird, dass das Mittel „hauptsächlich", etc, worden ist, um die Umgehung zu ermöglichen oder zu erleichtern.[85] Entscheidend ist, ob die Absatzförderung nach ihrem objektiven Erscheinungsbild auf die Vermarktung mit dem Ziel der Umgehung technischer Schutzmaßnahmen ausgerichtet ist. Dementsprechend wird allein die Verkaufsförderung von neutralen Gegenständen, wie zB Computern, nicht erfasst.[86] Allerdings soll irrelevant sein, ob das Erzeugnis tatsächlich geeignet ist, technische Schutzmaßnahmen zu umgehen.[87]

b) Begrenzter wirtschaftlicher Zweck oder Nutzen (Nr. 2). Nach Nr. 2 greift das Verbot 35 dann ein, wenn es sich um Umgehungsmittel oder Dienstleistungen handelt, die abgesehen von der Umgehung wirksamer technischer Maßnahmen nur einen begrenzten wirtschaftlichen Zweck oder Nutzen haben. Das **Ziel der Regelung** besteht darin, zu verhindern, dass durch den Rechtsschutz technischer Maßnahmen auch Allzweckgeräte deshalb verboten werden können, weil mit ihrer Hilfe auch technische Schutzmaßnahmen umgangen werden können.[88] Maßgeblich ist demnach, dass der Umgehungszweck bei objektiver Betrachtung im Vordergrund steht.

c) Hauptsächlich zur Umgehung entworfen, hergestellt, angepasst oder erbracht 36 (Nr. 3). Nach Nr. 3 sind Mittel verboten, die hauptsächlich entworfen, hergestellt, angepasst oder erbracht werden, um die Umgehung wirksamer technischer Maßnahmen zu ermöglichen oder zu erleichtern. Im Hinblick darauf, dass auch hier darauf abgestellt wird, ob **„hauptsächlich" ein Umgehungszweck** verfolgt wird, lassen sich kaum wesentliche Unterschiede zu Nr. 2 erkennen.

Für die Auffassung, dass die Nr. 3 gegenüber Nr. 2 insoweit eine selbstständige Bedeutung hat, als 37 der Hauptzweck in Nr. 2 objektiv anhand der Wirkungsweise und des verbleibenden Nutzens und Zwecks zu ermitteln ist, während Nr. 3 ein subjektives Element enthält, nämlich die Absicht, die Umgehung zu fördern,[89] findet sich keine Stütze im Wortlaut der Regelung. An dieser Beurteilung vermag auch der Hinweis auf die englische und französische Fassung der InfoSoc-RL („for the purpose", „dans le but") nichts zu ändern.[90] Hieraus lässt sich nicht mehr als das **Erfordernis einer objektiven Zwecksetzung** entnehmen, die auch den Tatbeständen der Nr. 1 und 2 immanent ist. Im Umkehrschluss zu dem in § 95a Abs. 1 enthaltenen subjektiven Merkmal ist vielmehr davon auszugehen, dass es sich bei § 95a Abs. 3 um einen Tatbestand der Gefährdungshaftung handelt, der keinen Nachweis von Vorsatz und Fahrlässigkeit verlangt.[91]

V. Ausnahme (Abs. 4)

Nach § 95a Abs. 4 gelten das Umgehungsverbot nach Abs. 1 sowie auch die Verbote nach Abs. 3 38 nicht, soweit Aufgaben und Befugnisse öffentlicher Stellen zum Zwecke des Schutzes der öffentlichen Sicherheit und der Strafrechtspflege betroffen sind. Damit wird klargestellt, dass es trotz der getroffenen urheberrechtlichen Regelung im **Interesse der öffentlichen Sicherheit oder der Strafrechtspflege** erforderlich sein kann, dass die Abs. 1 und 3 für bestimmte öffentliche Stellen keine Anwendung finden. Die bestehenden Aufgaben und Befugnisse der Strafverfolgungs- und Sicherheitsbehörden werden in den Fällen, in denen sie zum Zwecke und zum Schutz der öffentlichen Sicherheit tätig werden, durch die urheberrechtlichen Bestimmungen weder eingeschränkt noch anderweitig tangiert.[92] Das gilt insbes. im Hinblick auf die Befugnisse, die sich aus den ordnungsbehördlichen und strafprozessualen Eingriffsnormen ergeben.[93]

---

[84] *Hänel* S. 163.
[85] *Hänel* S. 163.
[86] Wandtke/Bullinger/*Wandtke*/*Ohst* UrhG § 95a Rn. 83; *Wand,* Technische Schutzmaßnahmen und Urheberrecht, S. 111.
[87] LG München ZUM-RD 2008, 97 (102) – Heise online; aA Wandtke/Bullinger/*Wandtke*/*Ohst* UrhG § 95a Rn. 83.
[88] Vorschlag InfoSoc-RL, KOM [1997] 628 endg. 44; Erwägungsgrund 48 InfoSoc-RL; *v. Lewinski* MMR 1998, 115 (118); *v. Lewinski* GRUR-Int 1998, 637 (641); kritisch *Wand,* Technische Schutzmaßnahmen und Urheberrecht, S. 111 f.; *Dietz* ZUM 1998, 438 (449); *Marly* K&R 1999, 106 (110 f.); *Spindler* GRUR 2002, 105 (116); Loewenheim/*Peukert* Hb. des UrhR § 34 Rn. 25, mwN; Wandtke/Bullinger/*Wandtke*/*Ohst* UrhG § 95a Rn. 84.
[89] So *Hänel* S. 165, unter Hinweis auf *Bayreuther* EWS 2001, 422 (429).
[90] So aber *Hänel* S. 165.
[91] BGH GRUR 2008, 996 (998) – Clone-CD; BGH GRUR 2015, 672 3. Ls. Rn. 52 – Videospiel-Konsolen II; Loewenheim/*Peukert* Hb. des UrhR § 34 Rn. 29.
[92] AmtlBegr. BT-Drs. 15/38, 26.
[93] Dreier/Schulze/*Specht* UrhG § 95a Rn. 19.

VI. Rechtsfolgen

1. Strafbarkeit und Ordnungswidrigkeit

39   Eine **strafrechtliche Sanktionierung** von Verstößen gegen § 95a Abs. 1 bzw. § 95a Abs. 3 ergibt sich aus § 108b Abs. 1 Nr. 1, Abs. 2 und 3, die Ahndung als Ordnungswidrigkeit aus § 111a Abs. 1 Nr. 1. Schwerwiegende Verstöße gegen Abs. 3 können nach § 108b Abs. 2 iVm Abs. 1 und 3 mit Freiheitsstrafe bis zu einem Jahr bzw. bei **gewerbsmäßigem Handeln des Täters** mit bis zu 3 Jahren und mit Geldstrafe bestraft werden. Wer entgegen § 95a Abs. 3 eine Vorrichtung, ein Erzeugnis oder einen Bestandteil verkauft, vermietet oder über den Kreis der mit dem Täter persönlich verbundenen Personen hinaus verbreitet oder zu gewerblichen Zwecken eine Vorrichtung, ein Erzeugnis oder einen Bestandteil besitzt, für deren Verkauf oder Vermietung wirbt oder eine Dienstleistung erbringt, begeht gemäß § 111a Abs. 1 Nr. 1 eine **Ordnungswidrigkeit,** die mit einer Geldbuße bis zu 50 000,00 EUR geahndet werden kann (§ 111a Abs. 2).

2. Zivilrechtliche Ansprüche

40   § 95a ist ein **Schutzgesetz iSd § 823 Abs. 2 BGB,** da der geschützte Personenkreis, nämlich die Rechtsinhaber, und der Schutzgegenstand, nämlich die technischen Schutzmaßnahmen, hinreichend klar abgegrenzt sind. Unterlassungs- und Beseitigungsansprüche können auf der Grundlage von § 1004 BGB geltend gemacht werden.[94] Schadensersatzansprüche sind zwar grundsätzlich denkbar, dürften in der Praxis aber mit Ausnahme des Ersatzes der Rechtsverfolgungskosten, der nunmehr zT in § 97a geregelt ist, keine wesentliche Rolle spielen, da der Nachweis eines Schadens auf erhebliche Schwierigkeiten stoßen dürfte.[95] Dies gilt wegen der **Probleme bei der Schadensberechnung** selbst dann, wenn man die im Immaterialgüterrecht allgemein anerkannte Methode der Lizenzanalogie (neben dem Ersatz des konkreten Schadens bzw. der Gewinnherausgabe) für möglich hält. Nach Auffassung des BGH handelt es sich bei der Bestimmung des § 95a Abs. 3 UrhG zwar um ein Schutzgesetz im Sinne des § 823 Abs. 2 S. 1 BGB, die Regelung begründet jedoch weder ein Urheberrecht noch ein anderes nach dem UrhG geschütztes Recht.[96] Zu diesen zählen nur absolute Rechte. Die Bestimmung des § 95a schafft jedoch kein absolutes Recht, sondern regelt lediglich Verhaltenspflichten, die unmittelbar dem Schutz technischer Maßnahmen und mittelbar dem Schutz der durch diese technischen Maßnahmen urheberrechtlich geschützten Werke und Leistungen dienen. Ein Verstoß gegen § 95a Abs. 3 verletzt daher weder das Urheberrecht noch ein anderes nach dem UrhG geschütztes Recht im Sinne von §§ 97 Abs. 1 S. 1, 98 Abs. 1 S. 1 UrhG.[97]

41   **Aktivlegitimiert sind die Urheber und die Inhaber von Leistungsschutzrechten,** die sich zum Schutz ihrer urheberrechtlich geschützten Werke oder anderer Schutzgegenstände technischer Schutzmaßnahmen bedienen.[98] Nicht geklärt ist bisher die Frage, ob daneben auch eine **Aktivlegitimation der Hersteller oder Betreiber der Schutzmaßnahmen** anzuerkennen ist, wofür zwar die Effektivität der Rechtsdurchsetzung spricht, was sich aber schwerlich damit vereinbaren lässt, dass die technischen Schutzmaßnahmen dem Schutz der Urheber- und Leistungsschutzberechtigten dienen.[99]

§ 95b Durchsetzung von Schrankenbestimmungen

(1) [1]Soweit ein Rechtsinhaber technische Maßnahmen nach Maßgabe dieses Gesetzes anwendet, ist er verpflichtet, den durch eine der nachfolgend genannten Bestimmungen Begünstigten, soweit sie rechtmäßig Zugang zu dem Werk oder Schutzgegenstand haben, die notwendigen Mittel zur Verfügung zu stellen, um von diesen Bestimmungen in dem erforderlichen Maße Gebrauch machen zu können:

1. § 45 (Rechtspflege und öffentliche Sicherheit),
2. § 45a (Menschen mit Behinderungen),

---

[94] BGH GRUR 2008, 996 (997) – Clone-CD; OLG München ZUM 2005, 896 (900); LG München ZUM-RD 2008, 97 (100) – Heise online und ZUM-RD 2008, 267 (268); LG Köln ZUM-RD 2006, 187 (195); LG München MMR 2007, 128; ZUM-RD 2008, 262 (265).
[95] S. dazu DKMH/*Dreyer* § 95a Rn. 45.
[96] BGH GRUR 2015, 672 5. Ls. Rn. 68 – Videospiel-Konsolen II; BGH MMR 2017, 534 Rn. 18 – Videospiel-Konsolen III; LG Hamburg ZUM 2016, 892 (895); ebenso DKMH/*Dreyer* § 95a Rn. 24, 43; Fromm/Nordemann/Nordemann/*Czychowski* UrhG § 95a Rn. 52; Möhring/Nicolini/*Lindhorst* UrhG § 95a Rn. 23.1; Büscher/Dittmer/Schiwy/*Schmidel/Lickleder,* Gewerblicher Rechtsschutz, Urheberrecht, Medienrecht, § 95a Rn. 34; *v. Ungern-Sternberg* GRUR 2012, 321 (323); aA Wandtke/Bullinger/*Wandtke/Ohst* UrhG § 95 Rn. 88 und 90; Schricker/Loewenheim/*Götting* UrhR § 95a Rn. 40 (Vorauflage; hieran wird nicht mehr festgehalten); Dreier/Schulze/*Specht* UrhG § 97 Rn. 5; Loewenheim/*Peukert* Hb. des UrhR § 82 Rn. 6; *Arnold/Timmann* MMR 2008, 286 (288 f.); offen gelassen von BGH GRUR 2008, 996 Rn. 12 – Clone-CD.
[97] BGH GRUR 2015, 672 Rn. 68 – Videospiel-Konsolen II.
[98] OLG München ZUM 2005, 896 (898) – AnyDVD; LG Köln ZUM-RD 2006, 187 (192).
[99] S. Wandtke/Bullinger/*Wandtke/Ohst* UrhG § 95a Rn. 92; gegen eine Aktivlegitimation für Hersteller und Betreiber wegen einer Ausdehnung des Umgehungsschutzes zu einem „para copyright" *Lindhorst,* Schutz von und vor technischen Maßnahmen, S. 120.

3. § 45b (Menschen mit einer Seh- oder Lesebehinderung),
4. § 45c (Befugte Stellen; Vergütung; Verordnungsermächtigung),
5. § 47 (Schulfunksendungen),
6. § 53 (Vervielfältigungen zum privaten und sonstigen eigenen Gebrauch)
   a) Absatz 1, soweit es sich um Vervielfältigungen auf Papier oder einen ähnlichen Träger mittels beliebiger photomechanischer Verfahren oder anderer Verfahren mit ähnlicher Wirkung handelt,
   b) (weggefallen)
   c) Absatz 2 Satz 1 Nr. 2 in Verbindung mit Satz 2 Nr. 1,
   d) Absatz 2 Satz 1 Nr. 3 und 4 jeweils in Verbindung mit Satz 2 Nr. 1,
7. § 55 (Vervielfältigung durch Sendeunternehmen),
8. § 60a (Unterricht und Lehre),
9. § 60b (Unterrichts- und Lehrmedien),
10. § 60c (Wissenschaftliche Forschung),
11. § 60d (Text und Data Mining),
12. § 60e (Bibliotheken)
    a) Absatz 1,
    b) Absatz 2,
    c) Absatz 3,
    d) Absatz 5,
13. § 60f (Archive, Museen und Bildungseinrichtungen).
[2] Vereinbarungen zum Ausschluss der Verpflichtungen nach Satz 1 sind unwirksam.

(2) [1] Wer gegen das Gebot nach Absatz 1 verstößt, kann von dem Begünstigen einer der genannten Bestimmungen darauf in Anspruch genommen werden, die zur Verwirklichung der jeweiligen Befugnis benötigten Mittel zur Verfügung zu stellen. [2] Entspricht das angebotene Mittel einer Vereinbarung zwischen Vereinigungen der Rechtsinhaber und der durch die Schrankenregelung Begünstigten, so wird vermutet, dass das Mittel ausreicht.

(3) Mit Ausnahme des Absatzes 1 Satz 1 Nummer 3 und 4 gelten die Absätze 1 und 2 nicht, soweit Werke und sonstige Schutzgegenstände der Öffentlichkeit auf Grund einer vertraglichen Vereinbarung in einer Weise zugänglich gemacht werden, dass sie Mitgliedern der Öffentlichkeit von Orten und zu Zeiten ihrer Wahl zugänglich sind.

(4) Zur Erfüllung der Verpflichtungen aus Absatz 1 angewandte technische Maßnahmen, einschließlich der zur Umsetzung freiwilliger Vereinbarungen angewandten Maßnahmen, genießen Rechtsschutz nach § 95a.

Übersicht

I. Allgemeines

1. Inhalt und Zweck der Regelung

Mit § 95b wird der **Verpflichtung aus Art. 6 Abs. 4 UAbs. 1 der InfoSoc-RL** Rechnung getragen, die Nutzung bestimmter Schranken für die Begünstigten sicherzustellen.[1] Nach Auffassung des Gesetzgebers stellt das bestehende System urheberrechtlicher Schranken für den analogen Bereich ein **1**

---

[1] AmtlBegr. BT-Drs. 15/38, 26.

ausgewogenes Verhältnis zwischen den berechtigten Ansprüchen der Urheber und denjenigen der Allgemeinheit sicher. Diese Ausgewogenheit geriete nach Auffassung des Gesetzgebers für das digitale Umfeld aber in Gefahr, wenn im Anwendungsbereich technischer Maßnahmen gemäß § 95a ein umfassender und weit in das Vorfeld verlagerter Schutz gewährt würde, ohne zugleich als Äquivalent ein hinreichendes Instrumentarium zur wirksamen Durchsetzung der Nutzungsmöglichkeiten für die Begünstigten von Schranken zu garantieren.[2] Durch § 95b soll somit eine **Balance zwischen dem Rechtsschutz technischer Maßnahmen durch das Umgehungsverbot nach § 95a Abs. 1 und den urheberrechtlichen Schrankenregelungen,** wonach bestimmte Nutzungen für einen begünstigten Personenkreis zulässig sind, hergestellt werden.

2   Für den Gesetzgeber stehen im Ausgangspunkt zwei extreme Lösungsmöglichkeiten zur Wahl: Entweder er verzichtet gänzlich auf den Schutz technischer Maßnahmen und überlässt es damit technisch versierten Personen, sich Zugang zu den durch die Schrankenregelungen erlaubten Nutzungen zu verschaffen, oder aber er stellt technische Maßnahmen generell unter Schutz und versperrt damit den Zugang zu den nach den Schrankenregelungen zulässigen Nutzungen. § 95b sieht in Umsetzung der Vorgaben der InfoSoc-RL (Art. 6 Abs. 4) eine **differenzierte Lösung** vor, dessen Konzeption sich als **„relativer Vorrang technischer Maßnahmen"**[3] charakterisieren lässt. Das von § 95a Abs. 1 für technische Maßnahmen generell statuierte Umgehungsverbot wird durch § 95b relativiert, indem dem Verwender technischer Maßnahmen die Verpflichtung auferlegt wird, den durch die Schranken Begünstigten die Mittel zur Nutzung der entsprechenden Schranke in dem erforderlichen Maße zur Verfügung zu stellen. Allerdings bezieht sich diese Verpflichtung auf Grund der Vorgaben in Art. 6 Abs. 4 UAbs. 1 und 2 der Richtlinie nicht auf alle, sondern nur auf solche Schrankenbestimmungen, bei denen nach Auffassung des europäischen Gesetzgebers das Zugangsinteresse der privilegierten Nutzer ein besonderes Gewicht besitzt.[4] Dementsprechend sind in Abs. 1 S. 1 Nr. 1–7 die privilegierten Schranken aufgeführt. Damit werden aber nicht alle vom UrhG generell getroffenen Schrankenregelungen erfasst, sondern wesentliche Zugangsinteressen, etwa hinsichtlich der Berichterstattung oder der Zitierfreiheit, werden gerade nicht berücksichtigt.[5] Insofern weicht die Regelung konzeptionell von den Bestimmungen der WIPO-Verträge ab, die einen Rechtsschutz technischer Maßnahmen nur insoweit vorsehen, als es sich um Nutzungen handelt, die von den betroffenen Rechtsinhabern gestattet oder gesetzlich erlaubt sind.[6] Zu beachten ist, dass **kein Recht zur Selbsthilfe** („right to hack") besteht, dh der Begünstigte ist nicht berechtigt, selbst Mittel einzusetzen, um den technischen Schutzmechanismus zu überwinden, auch wenn der Rechtsinhaber die erforderlichen Mittel nicht zur Verfügung stellt.[7]

3   Nach Art. 6 Abs. 4 bleibt es dem Ermessen der Mitgliedsstaaten überlassen, die Privatkopierschranke (§ 53 Abs. 1) sicherzustellen, soweit es sich um andere als Vervielfältigungen auf Papier mittels reprographischer Verfahren handelt. Im Rahmen der Umsetzung des 2. Korbes wurde eine heftige Diskussion darüber geführt, ob die **Privatkopie gegenüber technischen Schutzmaßnahmen durchsetzungsstark** gestaltet werden sollte; dies ist letztlich nicht geschehen.[8] Begründet wurde dies mit Hinweis auf die Rechtsprechung des Bundesverfassungsgerichts,[9] wonach die Nutzung urheberrechtlicher Werke nur ausnahmsweise ohne die Zustimmung des Urhebers oder Rechtsinhabers gestattet werden darf, wenn diese Nutzungsfreiheit durch überragende Allgemeininteressen gerechtfertigt ist. Der Gesetzgeber des Jahres 1965 habe die Privatkopie gestattet, weil ein Verbot mangels Durchsetzbarkeit für den Urheber ohne Nutzen gewesen wäre und der Gesetzgeber dem Urheber über die Gerätevergütung wenigstens einen finanziellen Ausgleich für die unkontrollierbare Nutzung seiner Werke sichern wollte. Den Verbrauchern sei aus der Befugnis zur Privatkopie, die 1965 aus der Not der geistigen Eigentümer geboren wurde, kein Recht erwachsen, das sich heute gegen das geistige Eigentum ins Feld führen ließe. Auch aus dem Grundrecht der Informationsfreiheit (Art. 5 GG) ließe sich nichts anderes herleiten, da die Informationsfreiheit keinen kostenlosen Zugang zu allen gewünschten Informationen garantiere.

4   Es ist zu **bezweifeln, dass die Regelung in der Praxis eine größere Rolle spielen wird,** soweit es darum geht, dem Einzelnen eine Durchsetzung der aus den privilegierten Schranken folgenden Nutzungsrechte zu ermöglichen. Die Bestimmungen sind für Juristen schwer und für den juristischen Laien kaum durchschaubar; sie entfernen sich weit von dem in der Aufklärung verwurzelten und aus dem Rechtsstaatsprinzip erwachsenden Anspruch, dass der Bürger, oder hier der Begünstigte, in die Lage versetzt werden muss, die ihm zustehenden Rechte zu verstehen und praktisch durchzusetzen. Wegen der **Unverhältnismäßigkeit des für die Rechtsdurchsetzung erforderlichen**

---

[2] AmtlBegr. BT-Drs. 15/38, 26 f.

[3] So Loewenheim/*Peukert* Hb. des UrhR § 36 Rn. 2.

[4] S. *Reinbothe* ZUM 2002, 43 (47); kritisch dazu *Dreier* ZUM 2002, 28 (37); Dreier/Schulze/*Specht* UrhG § 95b Rn. 11.

[5] Dreier/Schulze/*Specht* UrhG § 95b Rn. 11.

[6] Loewenheim/*Peukert* Hb. des UrhR § 36 Rn. 2, mwN.

[7] *BVerfG* GRUR 2005, 1032 (1033) – Digitale Privatkopie; Wandtke/Bullinger/*Wandtke*/*Ohst* UrhG § 95b Rn. 16; *Reinbothe* GRUR 2001, 742; *Spindler* GRUR 2002, 105 (117).

[8] S. zum Meinungsstand Urheberrechtsreform (2. Korb), Zusammenfassung der Ergebnisse der Arbeitsgruppensitzungen S. 5; *Hänel* S. 301 ff.

[9] BVerfGE 31, 229 (240 f.).

Aufwands erscheint es gerechtfertigt, von einem „zahnlosen Tiger" zu sprechen.[10] Das Bestreben des europäischen Gesetzgebers, die Beteiligten vorrangig zu vertraglichen Vereinbarungen zu veranlassen, um einen gerechten Ausgleich zwischen den Rechtsinhabern und den berechtigten Nutzern herbeizuführen,[11] vermag an der Berechtigung dieser Kritik nichts zu ändern. Die Regelung ist ein weiterer Beweis dafür, dass die Gesetzgebung auf dem Gebiet des Urheberrechts zunehmend durch „symbolische" Kompromisse mächtiger Interessengruppen geprägt wird, die auf praktische Bedürfnisse des Einzelnen bisweilen wenig Rücksicht nehmen.

2. Systematik der Regelung

Abs. 1 S. 1 formuliert die in Art. 6 Abs. 4 UAbs. 1 der InfoSoc-RL enthaltene **Verpflichtung der** 5 **Verwender technischer Maßnahmen,** den Begünstigten die Mittel zur Nutzung der nach Nr. 1–7 privilegierten Schranken in dem erforderlichen Maße zur Verfügung zu stellen. Abs. 1 S. 2 schützt diese Verpflichtung vor Versuchen, sie durch vertragliche Vereinbarungen auszuschließen, indem sie sie für unwirksam erklärt.[12] **Abs. 2 begründet einen individuellen zivilrechtlichen Anspruch** des einzelnen Begünstigten gegen den Rechtsinhaber, die Mittel zur Inanspruchnahme der jeweiligen Schrankenvorschrift in dem zu ihrer Nutzung erforderlichen Maße zu erhalten.[13] **Abs. 3** setzt Art. 6 Abs. 4 UAbs. 4 der Richtlinie um und nimmt wirksame technische Maßnahmen, die im Rahmen des interaktiven Zur-Verfügung-Stellens auf der Grundlage **vertraglicher Vereinbarungen** angewandt werden, **von der Durchsetzung der Schrankenregelungen aus.**[14] Unabhängig von der Einschränkung des Abs. 3 gewährt **Abs. 4** in Umsetzung von Art. 6 Abs. 4 UAbs. 3 der Richtlinie ausdrücklich den Rechtsschutz nach § 95a **auch für zur Umsetzung freiwilliger Vereinbarungen oder auf Grund einer Inanspruchnahme nach Abs. 1 angewandte technische Maßnahmen.**[15]

3. Inkrafttreten

§ 95b Abs. 2 trat nach Art. 6 Abs. 2 des Gesetzes zur Regelung des Urheberrechts in der Informa- 6 tionsgesellschaft vom 10.9.2003 zusammen mit der Bußgeldvorschrift des § 111a Abs. 1 Nr. 2 einschließlich der Änderung des UKlaG **erst ein Jahr nach den übrigen Regelungen** des Gesetzes, also zum 1.9.2004 in Kraft. Damit sollte den Rechtsinhabern Zeit für die Vereinbarung freiwilliger Maßnahmen gegeben werden, die auch nach Vorstellung der Richtlinie Vorrang haben sollen, wie beispielsweise in Form von vertraglichen Vereinbarungen mit Vereinigungen der jeweiligen Schrankenbegünstigten (Behindertenverbände, Bibliothekenzusammenschlüsse uÄ).[16]

II. Verpflichtung des Rechtsinhabers (Abs. 1)

1. Inhalt der Pflicht

In Umsetzung von Art. 6 Abs. 4 UAbs. 1 der InfoSoc-RL verpflichtet § 95b Abs. 1 S. 1 den 7 Rechtsinhaber, der technische Maßnahmen iSv § 95 Abs. 2 zum Schutz seiner urheberrechtlich geschützten Werke anwendet, denjenigen, die durch eine der in Nr. 1–7 genannten Schranken begünstigt werden, die notwendigen Mittel zur Verfügung zu stellen, um von den betreffenden Schrankenbestimmungen im erforderlichen Maße Gebrauch machen zu können. Was im Einzelfall notwendig ist, richtet sich nach dem von der jeweiligen Schrankenbestimmung zugelassenen **Umfang der Nutzung.** Diese bestimmt auch das erforderliche Maß, in dem der von einer Schrankenbestimmung Begünstigte von dieser Gebrauch machen können muss.[17] Nach der Amtlichen Begründung hält die eng am Richtlinientext orientierte abstrakte Beschreibung des Umfanges der zu gewährenden Mittel deren Bestimmung vor dem Hintergrund eines sich wandelnden (technischen) Umfelds **bewusst flexibel.** Damit soll zugleich ausgeschlossen werden, dass die Nutzungsmöglichkeit im Rahmen einer Schrankenbegünstigung auf ein Verfahren beschränkt wird, das nicht mehr oder noch nicht allgemein üblich ist; außerdem schließe die gewählte Formulierung aus, dass die Nutzungsmöglichkeit von Voraussetzungen abhängig gemacht wird, die nur mit mehr als unerheblichem zusätzlichen Aufwand verfügbar sind – wie etwa der Einsatz eines speziellen Betriebssystems.[18]

§ 95b Abs. 1, der das Umgehungsverbot nach § 95a Abs. 1 relativiert, ist in Übereinstimmung mit 8 Art. 6 der InfoSoc-RL[19] **nicht auf Vorbereitungshandlungen nach § 95a Abs. 3 anwendbar.**[20]

[10] *Bechtold*, Vom Urheber- zum Informationsrecht, S. 428; zu Alternativlösungen *Peukert* UFITA 2002/III, 689 (708 f.); skeptisch auch DKMH/*Dreyer* § 95b Rn. 3; Loewenheim/*Peukert* Hb. des UrhR § 36 Rn. 3.

[11] Art. 6 Abs. 4 UAbs. 1 InfoSoc-RL, Erwgr. 51 InfoSoc-RL; Loewenheim/*Peukert* Hb. des UrhR § 36 Rn. 3; Wandtke/Bullinger/*Wandtke*/*Ohst* UrhG § 95b Rn. 8; *Reinbothe* GRUR-Int 2001, 733 (741).

[12] AmtlBegr. BT-Drs. 15/38, 27.

[13] AmtlBegr. BT-Drs. 15/38, 27.

[14] AmtlBegr. BT-Drs. 15/38, 27.

[15] AmtlBegr. BT-Drs. 15/38, 27.

[16] AmtlBegr. BT-Drs. 15/38, 27 f.

[17] Dreier/Schulze/*Specht* UrhG § 95b Rn. 9.

[18] AmtlBegr. BT-Drs. 15/38, 27.

[19] S. *Reinbothe* GRUR 2002, 733 (741); *Reinbothe* ZUM 2002, 43 (50); *Spindler* GRUR 2002, 105 (117).

[20] Wandtke/Bullinger/*Wandtke*/*Ohst* UrhG § 95b Rn. 10; kritisch *Hugenholtz* EIPR 2000, 499 (500).

2. Art der Mittel

9   Die Regelung enthält keine Vorgaben zu Art und Weise oder Form, in der der Verwender technischer Schutzmaßnahmen die Nutzung der jeweiligen Schranken zu gewähren hat. Nach der Amtlichen Begründung soll auf diese Weise ein **weiter Gestaltungsspielraum** eröffnet werden, der unterschiedlichste Lösungen zulässt. Als denkbare Möglichkeit nennt die Amtliche Begründung, den Schrankenbegünstigten Schlüsselinformationen zum ein- oder mehrmaligen Überwinden der technischen Maßnahmen zu überlassen. Ferner könnten Verbänden von Schrankenbegünstigten Vervielfältigungsstücke zur eigenständigen Verteilung an einzelne Berechtigte überlassen werden. Berechtigten könnte aber auch die Möglichkeit geboten werden, auf völlig unabhängigem Wege – etwa über einen Internetabruf – weitere Vervielfältigungsstücke in der jeweils benötigten Form zu erhalten.[21]

3. Begünstigter

10   Wer der **Begünstigte ist, gegenüber dem die Pflicht des Rechtsinhabers besteht,** richtet sich nach den jeweiligen Schrankenregelungen, um deren Geltendmachung es geht. Begünstigter ist somit derjenige, der gemäß der Aufzählung in Nr. 1–7 das Recht hat, das Werk oder einen anderen Schutzgegenstand nach Maßgabe der Schrankenbestimmungen, auf die verwiesen wird, zu benutzen. Hieraus resultiert bei einem Verstoß gegen die Verpflichtung nach Abs. 1 lediglich ein **individueller Anspruch** nach Abs. 2, aber kein Recht zur Selbsthilfe (kein „right to hack").[22]

4. Rechtmäßiger Zugang zum Werk oder Schutzgegenstand

11   § 95b Abs. 1 macht das Eingreifen der Verpflichtung vom Vorliegen der einschränkenden Voraussetzung abhängig, dass die Begünstigten rechtmäßig Zugang zu dem Werk oder Schutzgegenstand haben. Dies bedeutet insbes., dass nur einem Nutzer, der rechtmäßig im Besitz eines Werkexemplars ist, zur Überwindung etwaiger technischer Schutzmechanismen der Anspruch nach § 95b Abs. 2 zusteht.[23] Dagegen kann der Begünstigte aus § 95b Abs. 1 und 2 **kein Recht ableiten, dass ihm ein Vervielfältigungsstück zur Verfügung gestellt wird,** damit er die durch die Schrankenregelung privilegierte Nutzung vornehmen kann.[24]

12   Während im Offline-Bereich der Erwerb des Gegenstandes regelmäßig mit dem Erwerb des Zugangsrechts zusammenfallen dürfte, wird im Online-Bereich die Zugangskontrolle dem Erwerb oft zeitlich vorausgehen. Deshalb wird die Auffassung vertreten, dass auch der Zugang als solcher und nicht nur der Zugang zwecks Nutzung gefordert werden kann, obwohl dieser dem Berechtigten nach § 95b Abs. 1 eigentlich nicht zusteht.[25] Unklar bleiben die praktischen Konsequenzen. Bei Internetangeboten dürfte in der Regel die Ausnahme des § 95b Abs. 3 eingreifen, sodass die praktische Relevanz des Problems äußerst gering sein dürfte.

5. Privilegierte Schranken

13   Entsprechend Art. 6 Abs. 4 InfoSoc-RL enthält § 95b Abs. 1 S. 1 **sieben Schranken,** die nach Art. 5 InfoSoc-RL von den Mitgliedsstaaten zwingend durchgesetzt werden müssen, soweit diese im nationalen Recht vorgesehen sind. Damit wird nur eine **Auswahl von Schrankenregelungen** erfasst, bei denen das Zugangsinteresse nach Auffassung des europäischen Gesetzgebers besonderes Gewicht besitzt.[26] Wichtige andere Schranken, wie diejenigen, die die Berichterstattung oder die Zitierfreiheit betreffen, werden aber nicht berücksichtigt.[27]

14   **Uneingeschränkt durchsetzbar** sind die Schranken für **Rechtspflege und öffentliche Sicherheit** (§ 45 UrhG), **behinderte Menschen** (§ 45a UrhG), **Schulfunksendungen** (§ 47 UrhG), die **öffentliche Zugänglichmachung für Unterricht und Forschung** (§ 52a) sowie für **Sendeunternehmen** (§ 55). Im Hinblick auf § 46 gilt die Privilegierung nur für Sammlungen für den Schul- oder Unterrichtsgebrauch, nicht aber für den Kirchengebrauch.

15   Auch die **Schranke des § 53 findet nur zum Teil Berücksichtigung.**[28] Von der Privilegierung erfasst werden insbes. folgende Tatbestände:

16   Die Durchsetzbarkeit der **Privatkopie** beschränkt sich auf den Bereich der Reprografie;[29] dagegen kommt der technischen Maßnahme Vorrang vor der digitalen Privatkopie und der privaten Vervielfältigung von (analogen) Tonträgern zu (dies ist zulässig gemäß Art. 6 Abs. 4 UAbs. 2 InfoSoc-RL);

---

[21] AmtlBegr. BT-Drs. 15/38, 27.
[22] → Rn. 2.
[23] Dreier/Schulze/*Specht* UrhG § 95b Rn. 9.
[24] Loewenheim/*Peukert* Hb. des UrhR § 36 Rn. 9.
[25] Wandtke/Bullinger/*Wandtke/Ohst* UrhG § 95b Rn. 14; sa *Linnenborn* K&R 1999, 394 (400); *Knies* ZUM 2002, 793 (796); *Dreier* ZUM 2002, 28 (38); *Hilty* MMR 2002, 577 f.; *Peukert* UFITA 2002/III, 698 (707 f.); *Spindler* GRUR 2002, 105 (117); sa Loewenheim/*Peukert* Hb. des UrhR § 36 Rn. 9, mwN.
[26] S. *Reinbothe* ZUM 2002, 43 (47).
[27] Kritisch dazu *Dreier* ZUM 2002, 28 (37); *Dreyer* in Pahlow/Eisfeld, Grundlagen und Grundfragen des Geistigen Eigentums, S. 221, 243 f.
[28] S. die Aufzählung bei Loewenheim/*Peukert* Hb. des UrhR § 36 Rn. 11.
[29] § 95b Abs. 1 S. 1 Nr. 6a; Art. 5 Abs. 2a InfoSoc-RL.

Vervielfältigungen zum eigenen wissenschaftlichen Gebrauch auch bei digitalen Werkstücken;[30] **Vervielfältigungen zur Aufnahme in ein eigenes Archiv vom eigenen Werkstück,** wobei die Vervielfältigung entweder im Wege der Reprografie erfolgen muss oder bei sonstigen Vervielfältigungstechniken weder mittelbar noch unmittelbar Erwerbszwecken dienen darf;[31] **Vervielfältigungen zur eigenen Unterrichtung über Tagesfragen aus Funksendungen und zum sonstigen eigenen Gebrauch,** allerdings nur im Wege der Reprografie oder im Wege analoger Nutzung;[32] **Vervielfältigungen zum Unterrichts- und Prüfungsgebrauch;**[33] zur Einschränkung für Datenbankwerke (s. § 53 Abs. 5).

Die Durchsetzbarkeit dieser Schranken gilt nicht nur für technische Schutzmaßnahmen für Urhe- **17** berrechte, sondern **auch für die von verwandten Schutzrechten.** Dies ergibt sich aus den Verweisungen für ausübende Künstler und Veranstalter in § 83, für die Hersteller von Tonträgern in § 85 Abs. 4, für Sendeunternehmen in § 87 Abs. 4 auf die Schrankenregelungen nach §§ 44a ff. Darüber hinaus folgt aus Art. 6 Abs. 4 UAbs. 5, dass Art. 6 und insbes. Abs. 4 auch auf die Vermiet- und Verleih-RL (92/100/EWG) sowie die Datenbank-RL (96/9/EG) anwendbar ist. Dies bedeutet, dass die in Art. 6 Abs. 4 UAbs. 1 InfoSoc-RL genannten Schranken **auch gegen den technischen Schutz von Datenbanken durchsetzbar sein** müssen, obwohl dies im UrhG keine ausdrückliche Regelung gefunden hat. Die in § 87c enthaltenen Schranken, die den §§ 53 Abs. 1 S. 1, Abs. 2 Nr. 1, Abs. 3, 45 entsprechen, werden nämlich in § 95b Abs. 1 nicht genannt. Im Sinne einer europarechtskonformen Auslegung ist aber davon auszugehen, dass der Datenbankhersteller wegen Art. 6 Abs. 4 UAbs. 5 InfoSoc-RL analog § 95b Abs. 1 S. 1 Nr. 1, 6a, b, e dazu verpflichtet ist, die in § 87c UrhG niedergelegten Schranken gegenüber technischen Schutzmaßnahmen zur Geltung zu bringen.[34]

Nicht zum Kreis der privilegierten Schrankenbestimmungen gehören die folgenden, bei **18** denen keine Verpflichtung besteht, Mittel zur Umgehung technischer Schutzmaßnahmen zur Verfügung zu stellen:[35]

§ 44a Vorübergehende Vervielfältigungshandlungen; § 46, soweit Sammlungen für den Kirchengebrauch betroffen sind; § 48 Öffentliche Reden; § 49 Zeitungsartikel und Rundfunkkommentare; § 50 Bild- und Tonberichterstattung; § 51 Zitate; § 52 Öffentliche Wiedergabe; § 53 Abs. 1 mit Ausnahme von Vervielfältigungen auf Papier oder einem ähnlichen Träger mittels beliebiger fotomechanischer Verfahren oder anderer Verfahren mit ähnlicher Wirkung; § 53 Abs. 2 S. 1 Nr. 1 iVm S. 2 Nr. 2 bezüglich rein analoger Archive; § 53 Abs. 2 S. 1 Nr. 3 und 4 jeweils iVm S. 2 Nr. 2 bezüglich rein analoger Nutzung; § 53 Abs. 4 bezüglich Vervielfältigung grafischer Aufzeichnungen von Werken der Musik sowie im Wesentlichen vollständiger Vervielfältigung eines Buches oder einer Zeitschrift; § 55a Benutzung eines Datenbankwerks; § 56 Vervielfältigung und öffentliche Wiedergabe in Geschäftsbetrieben; § 57 Unwesentliches Beiwerk; § 58 Werke in Ausstellungen, öffentlichem Verkauf und öffentlich zugänglichen Einrichtungen; § 59 Werke an öffentlichen Plätzen sowie § 60 Bildnisse.

Insoweit besteht ein **absoluter, uneingeschränkter Vorrang technischer Schutzmaßnahmen** **19** gegenüber den gesetzlichen Schrankenbestimmungen, der sich zum Teil zwingend aus der InfoSoc-RL 2001/29/EG aus einem Umkehrschluss aus Art. 6 Abs. 4 UAbs. 1 ergibt; außerdem hat der deutsche Gesetzgeber von einer Umsetzung auch des Art. 6 Abs. 4 UAbs. 2 der Richtlinie, wonach er die Möglichkeit gehabt hätte, die Durchsetzbarkeit digitaler Privatkopien anzuordnen, bewusst abgesehen.[36]

6. Unwirksamkeit entgegenstehender Vereinbarungen (Abs. 1 S. 2)

§ 95b Abs. 1 S. 2 stellt klar, dass die Verpflichtung der Rechtsinhaber nach § 95b Abs. 1 S. 1 **nicht** **20** **durch vertragliche Vereinbarungen,** die nicht dem Abs. 3 unterfallen, **abbedungen werden** kann.[37] Nach *Wandtke/Ohst* können derartige Verträge keine Wirkung entfalten, sondern sind nichtig, da „die Schrankenregelungen gesetzliche Erlaubnistatbestände für den Nutzer darstellen".[38] Diese Begründung vermag nicht vollends zu überzeugen, denn sie unterstellt, dass die gesetzlichen Schrankenbestimmungen im Allgemeinen nicht abbedungen werden können. Im Widerspruch hierzu steht der Umstand, dass bestimmte Schrankenbestimmungen auf Grund des „absoluten Vorrangs" technischer Maßnahmen faktisch außer Kraft gesetzt werden können.[39] Die Abdingbarkeit dürfte letztlich von der (hier nicht zu klärenden) Frage abhängen, welche Grundrechtsrelevanz den jeweiligen

---

[30] §§ 95b Abs. 1 S. 1 Nr. 6b, 53 Abs. 2 S. 1 Nr. 1; Art. 5 Abs. 3a InfoSoc-RL; AmtlBegr. BT-Drs. 15/38, 21.

[31] §§ 95b Abs. 1 S. 1 Nr. 6c; 53 Abs. 2 S. 1 Nr. 3 iVm S. 2 Nr. 1 oder 3; Art. 5 Abs. 2a InfoSoc-RL für Reprografie, ansonsten unter Rückgriff auf Art. 5 Abs. 2c InfoSoc-RL und Art. 5 Abs. 2b InfoSoc-RL [für Privatgebrauch]; s. AmtlBegr. BT-Drs. 15/38, 21.

[32] §§ 95b Abs. 1 S. 1 Nr. 6d, 53 Abs. 2 S. 1 Nr. 3, 4 iVm S. 2 Nr. 1 S. 3; sa AmtlBegr. BT-Drs. 15/38, 21; zu den Ungereimtheiten, insbes. in Bezug auf Funksendungen Loewenheim/*Peukert* Hb. des UrhR § 36 Rn. 11 Fn. 48.

[33] §§ 95b Abs. 1 S. 1 Nr. 6e, 53 Abs. 3; Art. 5 Abs. 3a InfoSoc-RL.

[34] Loewenheim/*Peukert* Hb. des UrhR § 36 Rn. 11.

[35] S. zum Folgenden den Überblick bei Dreier/Schulze/*Specht* UrhG § 95b Rn. 12.

[36] AmtlBegr. BT-Drs. 15/38, 27; AmtlBegr. BT-Drs. 16/1828, 18.

[37] Dreier/Schulze/*Specht* UrhG § 95b Rn. 13; *Spindler* GRUR 2002, 105 (118).

[38] Wandtke/Bullinger/*Wandtke/Ohst* 4. Aufl. UrhG § 95b Rn. 42.

[39] → Rn. 19; vgl. auch *Lauber-Rönsberg* UrhR und Privatgebrauch S. 211 ff.; *Stieper* Rechtfertigung S. 235 ff.

Schrankenbestimmungen zukommt und ob sie ggf. der gerichtlichen Kontrolle gemäß §§ 138, 307 BGB unterliegt. Demzufolge dürfte sich die Regelung des § 95b Abs. 1 S. 2 nicht zwingend aus den Schrankenbestimmungen der §§ 44a ff. ergeben, sondern auf einer bewussten Entscheidung des (europäischen) Gesetzgebers beruhen. Zu bedenken ist in diesem Zusammenhang auch, dass § 95b Abs. 1 S. 2 gemäß Abs. 3 nicht für interaktive Online-Dienste gilt, so dass sich seine Bedeutung praktisch auf den Offline-Bereich beschränken dürfte.

III. Anspruch auf Mittel zur Umgehung (Abs. 2)

21   Für den Fall, dass der Rechtsinhaber seiner Verpflichtung nach § 95b Abs. 1 nicht nachkommt, begründet § 95b Abs. 2 einen individuellen zivilrechtlichen Anspruch des einzelnen Begünstigten gegen den Rechtsinhaber, die **Mittel zur Inanspruchnahme der jeweiligen Schrankenvorschrift** in dem zu ihrer Nutzung erforderlichen Maße zu erhalten.[40] In der Amtlichen Begründung wird in diesem Zusammenhang nochmals ausdrücklich darauf hingewiesen, dass dem Schrankenbegünstigten aus Gründen der Sicherung der Schutzsysteme **kein Selbsthilferecht zur Umgehung der technischen Maßnahmen** gewährt werden kann. Gleichzeitig wird aber (völlig zu Recht) festgestellt, dass die Gewährung eines Individualanspruchs zugunsten des einzelnen Schrankenbegünstigten nicht genügt, um eine effektive Durchsetzung der Schranken zu gewährleisten. Es wird zutreffend erkannt, dass die individuelle Durchsetzung für den einzelnen Begünstigten, abgesehen vom allgemeinen Prozessrisiko, stets mit erheblichem Aufwand verbunden ist und vielfach erst mit deutlicher Verzögerung zu einer Entscheidung führt, die überdies den Nachteil hat, dass sie nur für den jeweiligen Einzelfall eine Bindungswirkung entfaltet.[41] In Anbetracht dessen hält es der Gesetzgeber für geboten, die Anwendung der im UKlaG enthaltenen Regelungen in einer **Verbandsklage** auch für die Durchsetzung der Verpflichtungen aus § 95b zu ermöglichen. Nach seiner Einschätzung entfallen bei einer Verbandsklage die genannten Belastungen einzelner Begünstigter. Es wird eine einheitliche Rechtspraxis gefördert und eine **über den Einzelfall hinausgehende Verbindlichkeit von Entscheidungen** erreicht. Die teilweise geforderte Vorschaltung eines Schlichtungsverfahrens wird mit der Begründung abgelehnt, dass sie der Effizienz der Schrankendurchsetzung abträglich wäre.[42] Es erscheint äußerst zweifelhaft, ob sich die Hoffnungen, dass die Verbandsklage geeignet ist, eine effektive Durchsetzung der aus § 95 Abs. 2 resultierenden Ansprüche zu gewährleisten, erfüllen. Vor allem dann, wenn dem Begünstigten an einer sofortigen oder zumindest sehr schnellen Inanspruchnahme der privilegierten Nutzungen gelegen ist, erweisen sich die Erwägungen des Gesetzgebers als geradezu lebensfremd.

22   Einen größeren, psychologischen Druck vermag allenfalls die als Ordnungswidrigkeit ausgestaltete **Pönalisierung** in § 111a Abs. 1 Nr. 2, Abs. 2 zu erzeugen, in der der Gesetzgeber eine Vervollständigung des Instrumentariums zur wirksamen Durchsetzung des Anspruchs aus § 95b Abs. 2 sieht.[43] Nach der Amtlichen Begründung wirkt die Verfolgung als Ordnungswidrigkeit als hoheitliche Maßnahme deutlich intensiver als zivilrechtliche Verfahren auf die öffentliche Meinungsbildung ein. Der Bußgeldrahmen lasse die Verhängung empfindlicher Bußgelder zu. Nach § 111a Abs. 2 kann die Ordnungswidrigkeit mit einer Geldbuße bis zu 50 000 Euro geahndet werden. In der AmtlBegr. wird hierzu ausgeführt, dass für die Festlegung des Bußgeldrahmens in erster Linie die Bedeutung der durch einen Verstoß verletzten Rechtsgüter maßgeblich gewesen sei. Berücksichtigt wurde darüber hinaus auch die wirtschaftliche Leistungsfähigkeit potentieller Täter, zu deren Kreis insbes. auch juristische Personen zählen. Ziel sei es, eine Abschreckungswirkung zu erzeugen, die geeignet ist, nachdrücklich zur Befolgung der Rechtsordnung anzuhalten.[44]

23   Entspricht das angebotene Mittel einer **Vereinbarung zwischen Vereinigungen der Rechtsinhaber und der durch die Schrankenregelung Begünstigten,** so wird gemäß § 95b Abs. 2 S. 2 vermutet, dass das vom Rechtsinhaber dem Begünstigten zur Nutzung einer Schranke angebotene Mittel ausreicht. Es ist nicht erforderlich, dass der Rechtsinhaber bzw. der klagende Nutzer als Verbandsmitglieder an der Verbandsregelung beteiligt sein müssen. Das **Eingreifen der gesetzlichen Vermutung** setzt aber voraus, dass der sachliche Anwendungsbereich der Verbandsregelung gerade die vom Begünstigten beanspruchte Schrankenbestimmung abdeckt.[45] Die Bestimmung des § 95b Abs. 2 S. 2 läuft auf eine **Beweislastumkehr** hinaus, dh der Schrankenbegünstigte muss im Streitfall darlegen und beweisen, warum die ihm angebotenen Mittel zur Durchsetzung seines Anspruchs nicht ausreichend sind.[46]

24   Hinzuweisen ist im vorliegenden Zusammenhang auf die Vereinbarung der Deutschen Bibliothek mit dem Bundesverband der Phonografischen Wirtschaft und dem Börsenverein des Deutschen

---

[40] AmtlBegr. BT-Drs. 15/38, 27.
[41] AmtlBegr. BT-Drs. 15/38, 27.
[42] AmtlBegr. BT-Drs. 15/38, 27.
[43] AmtlBegr. BT-Drs. 15/38, 27.
[44] AmtlBegr. BT-Drs. 15/38, 27.
[45] Loewenheim/*Peukert* Hb. des UrhR § 36 Rn. 17a.
[46] Wandtke/Bullinger/*Wandtke*/*Ohst* UrhG § 95b Rn. 48; Loewenheim/*Peukert* Hb. des UrhR § 36 Rn. 17a.

Buchhandels. Danach darf die Deutsche Bibliothek technische Schutzmaßnahmen entgegen § 95a umgehen und zB für den wissenschaftlichen Gebrauch ihrer Nutzer Vervielfältigungsstücke herstellen. Eine solche Vereinbarung stellt eine bemerkenswerte Alternative zu einer eventuell notwendigen gerichtlichen Durchsetzung des Anspruchs aus § 95b Abs. 2 dar und entspricht der Absicht des europäischen Gesetzgebers, auf den Abschluss freiwilliger Vereinbarungen hinzuwirken.

IV. Ausnahme für online zugänglich gemachte Werke und sonstige Schutzgegenstände (Abs. 3)

§ 95b Abs. 3 setzt Art. 6 Abs. 4 UAbs. 4 der InfoSoc-RL um und nimmt wirksame technische **25** Maßnahmen, die im Rahmen des **interaktiven Zur-Verfügung-Stellens auf der Grundlage vertraglicher Vereinbarungen** angewandt werden, von der Durchsetzung der Schrankenregelungen aus.[47] Die Verpflichtung nach § 95b Abs. 1 gilt somit nur für offline, nicht hingegen für online zugänglich gemachte Werke und Leistungen. Hierzu wird kritisch vermerkt, dass im Ergebnis die von Privaten eingesetzten technischen Schutzmaßnahmen den vom Gesetzgeber immerhin in Abwägung von Eigentumsinteressen mit Interessen der Allgemeinheit festgelegten Schrankenbestimmungen selbst dort vorgehen, wo die Schranken nicht lediglich ein Marktversagen korrigieren, sondern öffentliche Zugangsinteressen schützen, die ihrerseits unter dem Schutz verfassungsrechtlich geschützter Grundrechte stehen.[48] Allerdings hatte der deutsche Gesetzgeber insoweit nach Art. 6 Abs. 4 UAbs. 4 wegen der darin enthaltenen zwingenden Vorgaben keinerlei Spielraum bei der Umsetzung.[49]

Durch die Formulierung „soweit" wird allerdings klargestellt, dass sich diese Sonderregelung allein **26** auf die technischen Maßnahmen erstreckt, die **konkret im Rahmen des interaktiven Zur-Verfügung-Stellens auf der Grundlage vertraglicher Vereinbarungen** angewandt werden. Die Tatsache, dass ein Werk neben anderen Vertriebsformen zusätzlich auch in Form eines interaktiven Angebots auf vertraglicher Basis angeboten wird, bedeutet hingegen nicht, dass die Durchsetzungsmöglichkeiten nach Abs. 2 und dem UKlaG auch im Bereich der anderen Vertriebsformen eingeschränkt werden.[50] Außerhalb des Anwendungsbereichs technischer Schutzmaßnahmen bleibt es hinsichtlich der Werke und Schutzgegenstände, die auf vertraglicher Grundlage öffentlich zugänglich gemacht werden, grundsätzlich bei der allgemeinen Schrankenregelung. Vervielfältigungen im Rahmen der jeweiligen Schranken sowie in dem Rahmen, der durch die Schutzmaßnahmen eröffnet wird, sind zulässig. Die Begünstigten erhalten aber hinsichtlich der Werke und Schutzgegenstände, die auf vertraglicher Grundlage öffentlich zugänglich gemacht werden (nach den insoweit zwingenden Vorgaben der Richtlinie) gegenüber technischen Maßnahmen keine Durchsetzungsmöglichkeit für ihre Nutzung, so dass die Zulassung der Schrankennutzung in diesem Bereich im Belieben der jeweiligen Rechtsinhaber steht.[51] Unklar ist allerdings, ob § 95b Abs. 3 nur für den Vorgang der öffentlichen Zugänglichmachung oder auch für Nutzungen im Anschluss an die Online-Übermittlung gilt.[52]

§ 95b Abs. 3 findet angesichts der eindeutigen Position der Richtlinie und des deutschen Gesetzge- **27** bers **keine Anwendung auf Computerprogramme.**[53]

Nach einer in der Literatur vertretenen Ansicht[54] können Schrankenregelungen wegen ihrer zwin- **28** genden Natur durch vertragliche Vereinbarungen, die im Rahmen entsprechender Lizenzbedingungen regelmäßig geschlossen werden, nicht abbedungen werden. Gegen die Annahme, dass Schranken generell zwingend sind, spricht jedoch der Umstand, dass jedenfalls bestimmte Schranken auf Grund eines absoluten Vorrangs technischer Schutzmaßnahmen faktisch außer Kraft gesetzt werden.[55] Es muss jedoch zumindest eine Inhaltskontrolle nach § 307 Abs. 2 BGB stattfinden, wobei die **Schranken als gesetzliches Leitbild** fungieren.[56] Bei Regelungen, die den Verbraucher zu sehr einschränken, ist auch eine Sittenwidrigkeit in Erwägung zu ziehen.[57] Ob Schrankenregelungen zwingend sind, dürfte nach der grundrechtlichen Relevanz der einzelnen Schranke zu beantworten sein.

---

[47] AmtlBegr. BT-Drs. 15/38, 27.
[48] So Dreier/Schulze/*Specht* UrhG § 95b Rn. 17.
[49] AmtlBegr. BT-Drs. 15/38, 27.
[50] AmtlBegr. BT-Drs. 15/38, 27.
[51] AmtlBegr. BT-Drs. 15/38, 27.
[52] So Loewenheim/*Peukert* Hb. des UrhR § 36 Rn. 7; *Spindler* GRUR 2002, 105 (118); *Hänel* Umsetzung des Art. 6 InfoSoc-RL ins deutsche Recht S. 283 ff.; aA Wandtke/Bullinger/*Wandtke/Ohst* UrhG § 95b Rn. 43; Dreier/Schulze/*Specht* UrhG § 95b Rn. 18; Fromm/Nordemann/Nordemann/*Czychowski* UrhG § 95b Rn. 26 f.; *Dreyer* in Pahlow/Eisfeld, Grundlagen und Grundfragen des Geistigen Eigentums, S. 221, 242; *Lauber-Rönsberg* UrhR und Privatgebrauch S. 272 f.
[53] Wandtke/Bullinger/*Wandtke/Ohst* UrhG § 95b Rn. 52; dazu schon → § 95a Rn. 4.
[54] Wandtke/Bullinger/*Wandtke/Ohst* UrhG § 95b Rn. 53.
[55] Vgl. → Rn. 20.
[56] Vgl. aber BGH GRUR 1984, 45 – Honorarbedingungen; dazu *Spindler* GRUR 2002, 105 (118).
[57] S. *Dreier* ZUM 2002, 28 (38), Fn. 75.

V. Schutz für Mittel der Umgehung (Abs. 4)

29   Unabhängig von der Einschränkung des Abs. 3 gewährt Abs. 4 in Umsetzung von Art. 6 Abs. 4 UAbs. 3 der Richtlinie ausdrücklich einen Rechtsschutz nach § 95a auch für zur Umsetzung freiwilliger Vereinbarungen oder auf Grund einer Inanspruchnahme nach § 95b Abs. 1 und 2 angewandte technische Maßnahmen.

VI. Rechtsfolgen beim Verstoß gegen die Verpflichtung

1. Zivilrechtliche Ansprüche

30   **a) Ansprüche des Begünstigten.** Bei der gerichtlichen Geltendmachung eines dem Begünstigten nach § 95b Abs. 2 UrhG individuell zustehenden Anspruchs handelt es sich um eine Urheberstreitsache iSd §§ 104 f.; dieser Anspruch kann nach allgemeinen Voraussetzungen auch als **eine auf Erfüllung gerichtete einstweilige Verfügung (sog. Leistungsverfügung)** gem. §§ 935, 940 ZPO durchgesetzt werden.[58] Nach allgemeinen Grundsätzen ist dies zulässig, wenn der Gläubiger auf die sofortige Erfüllung so dringend angewiesen ist, dass die Erwirkung eines Titels im ordentlichen Verfahren nicht ausreicht.[59]

31   Ebenso wie § 95a Abs. 1 ist auch **§ 95b Abs. 1 ein Schutzgesetz iSv § 823 Abs. 2 BGB,** da die Norm dem Individualschutz des jeweils Begünstigten dient und an die Verletzung der den Rechtsinhaber treffenden Pflicht eine **deliktische Einstandspflicht** geknüpft werden kann.[60] Bei Vorliegen eines ersatzfähigen Schadens kann dem Begünstigten somit ein Schadensersatzanspruch zustehen. Außerdem kommt ein quasi-negatorischer Unterlassungsanspruch gem. § 1004 BGB analog iVm § 823 Abs. 2 BGB in Betracht.[61]

32   **b) Verbandsklage.** Eine Verbandsklage kann nach § 2 UKlaG im Falle eines Verstoßes gegen § 95b Abs. 1 von rechtsfähigen Verbänden zur nicht gewerbsmäßigen und nicht nur vorübergehenden Förderung der Interessen der durch die jeweilige Schrankenvorschrift Begünstigten (§ 3a UKlaG) erhoben werden. Die örtliche Zuständigkeit richtet sich nach § 6 UKlaG. Zweifel werden bezüglich des **Inhalts des Unterlassungsanspruchs** geäußert. Nach *Peukert* liefe eine Übertragung der allgemein für das UKlaG geltenden Grundsätze auf § 2a UKlaG auf einen Anspruch auf Unterlassung des Einsatzes solcher technischer Maßnahmen hinaus, welche die Wahrnehmung der in § 95b Abs. 1 UrhG genannten Schranken unterbinden.[62] Nach *Peukert* wäre ein solches Verbot aber europarechtswidrig, da es gegen den von Art. 6 Abs. 1, 4 InfoSoc-RL eindeutig angeordneten Vorrang technischer Maßnahmen auch gegen solche Schranken verstößt, die umfassend Rechtsschutz genießen und die nur ex post begrenzt werden.[63] Um zu gewährleisten, dass der Schutzzweck des § 95b Abs. 2 erfüllt wird, ist **ausnahmsweise ein Anspruch auf ein positives Tun** anzuerkennen, auch wenn dies mit dem Wortlaut von § 2 Abs. 1 UKlaG schwerlich vereinbar ist.[64]

33   **c) Verstoß gegen § 3a (§ 4 Nr. 11 aF) UWG.** In Anwendung der Grundsätze der Rechtsprechung des BGH und der hM, wonach von § 3a (§ 4 Nr. 11 aF) UWG auch Vorschriften erfasst sind, die dem Schutz der Rechte und Rechtsgüter der Marktteilnehmer dienen,[65] ist davon auszugehen, dass das Gebot des § 95b Abs. 1 eine Regelung des Marktverhaltens im Interesse der Marktteilnehmer darstellt, weil es um den Schutz besonders wichtiger Gemeinschaftsgüter,[66] wie insbes. die Informationsfreiheit geht. Dementsprechend können die Verstöße gegen die Verpflichtung des § 95b Abs. 1 unter dem Gesichtspunkt des Rechtsbruchtatbestandes nach §§ 3a (§ 4 Nr. 11 aF), 3 Abs. 1 UWG sowohl von klagebefugten Verbänden als auch von Mitbewerbern (§ 8 Abs. 3 UWG), gegenüber denen sich die Rechtsverletzer einen Vorsprung verschaffen, verfolgt werden. Der auf Unterlassung der Pflichtverletzung gerichtete Anspruch begründet einen Anspruch auf positives Tun, also auf Erfüllung der Verpflichtung aus § 95b Abs. 1 S. 1.

2. Ordnungswidrigkeit

34   Abgesehen von den zivilrechtlichen Ansprüchen kann gemäß dem Ordnungswidrigkeittatbestand des § 111a Abs. 1 Nr. 2, Abs. 2 eine **Geldbuße bis zu 50 000 Euro** verhängt werden, wenn gegen § 95b Abs. 1 S. 1 verstoßen wird.

---

[58] Loewenheim/*Peukert* Hb. des UrhR § 36 Rn. 20.
[59] Thomas/Putzo/*Reichhold* ZPO § 940 Rn. 15.
[60] Loewenheim/*Peukert* Hb. des UrhR § 36 Rn. 21; DKMH/*Dreyer* § 95b Rn. 74.
[61] Loewenheim/*Peukert* Hb. des UrhR § 36 Rn. 21.
[62] IdS *Metzger/Kreutzer* MMR 2002, 139 (140).
[63] Loewenheim/*Peukert* Hb. des UrhR § 36 Rn. 23.
[64] Loewenheim/*Peukert* Hb. des UrhR § 36 Rn. 23.
[65] BGH GRUR 2010, 754 Rn. 21 – Golly Telly; Köhler/Bornkamm/Feddersen/*Köhler* UWG § 4 Rn. 11.35d; zu Recht krit. Ohly/Sosnitza/*Ohly* UWG § 3a Rn. 25; *Hetmank* JZ 2014, 120 (123 ff.).
[66] Vgl. BGH GRUR 2000, 1076 (1078 f.) – Abgasemissionen; GRUR 2002, 825 (826) – Elektroarbeiten; GRUR 2007, 245 (246) – Schulden Hulp; GRUR 2009, 881 (883) – Überregionaler Krankentransport; sa die amtlBefr. zur UWG-Reform BT-Drs. 15/1487, 19, zu Nr. 11.

§ 95c Schutz der zur Rechtewahrnehmung erforderlichen Informationen

(1) **Von Rechtsinhabern stammende Informationen für die Rechtewahrnehmung dürfen nicht entfernt oder verändert werden, wenn irgendeine der betreffenden Informationen an einem Vervielfältigungsstück eines Werkes oder eines sonstigen Schutzgegenstandes angebracht ist oder im Zusammenhang mit der öffentlichen Wiedergabe eines solchen Werkes oder Schutzgegenstandes erscheint und wenn die Entfernung oder Veränderung wissentlich unbefugt erfolgt und dem Handelnden bekannt ist oder den Umständen nach bekannt sein muss, dass er dadurch die Verletzung von Urheberrechten oder verwandter Schutzrechte veranlasst, ermöglicht, erleichtert oder verschleiert.**

(2) **Informationen für die Rechtewahrnehmung im Sinne dieses Gesetzes sind elektronische Informationen, die Werke oder andere Schutzgegenstände, den Urheber oder jeden anderen Rechtsinhaber identifizieren, Informationen über die Modalitäten und Bedingungen für die Nutzung der Werke oder Schutzgegenstände sowie die Zahlen und Codes, durch die derartige Informationen ausgedrückt werden.**

(3) **Werke oder sonstige Schutzgegenstände, bei denen Informationen für die Rechtewahrnehmung unbefugt entfernt oder geändert wurden, dürfen nicht wissentlich unbefugt verbreitet, zur Verbreitung eingeführt, gesendet, öffentlich wiedergegeben oder öffentlich zugänglich gemacht werden, wenn dem Handelnden bekannt ist oder den Umständen nach bekannt sein muss, dass er dadurch die Verletzung von Urheberrechten oder verwandter Schutzrechte veranlasst, ermöglicht, erleichtert oder verschleiert.**

Übersicht

I. Allgemeines

1. Inhalt und Zweck der Regelung

§ 95c regelt in enger Anlehnung an den Wortlaut des Art. 7 der InfoSoc-RL, der seinerseits den **1** WIPO-Verträgen[1] Rechnung trägt, den **Rechtsschutz der zur Rechtewahrnehmung erforderlichen Informationen.** Diese werden gegen ihre Veränderung und Entfernung geschützt. Informationen für die Rechtewahrnehmung sind elektronische Informationen, die Werke oder andere Schutzgegenstände, den Urheber oder jeden anderen Rechtsinhaber identifizieren, Informationen über die Modalitäten und Bedingungen für die Nutzung der Werke oder Schutzgegenstände sowie die Zahlen und Codes, durch die derartige Informationen ausgedrückt werden (§ 95c Abs. 2). Diese Informationen werden prägnant mit dem Begriff **„Metadaten"** bezeichnet, „denn sie sind Daten über die transportierten Inhalte, die ihrerseits Daten sind".[2]

Eines Schutzes bedarf es deshalb, weil die Informationen zur Rechtewahrnehmung **(Rights Ma- 2 nagement Information)** die Basis für die Vermarktung von geschützten Werken oder anderen Schutzgegenständen darstellen[3] und ihnen sowohl in der Pirateriebekämpfung als auch im elektronischen Geschäftsverkehr große Bedeutung zukommt.[4] Durch die technische Entwicklung wird die Verbreitung von Werken, insbes. die Verbreitung über Netze, erleichtert. Deshalb ist es erforderlich, dass Rechtsinhaber das Werk oder den sonstigen Schutzgegenstand, den Urheber und jeden sonstigen Leistungsschutzberechtigten genauer identifizieren und Informationen über die entsprechenden Nutzungsbedingungen mitteilen, um die Wahrnehmung der mit dem Werk bzw. dem Schutzgegenstand verbundenen Rechte zu erleichtern. Rechtsinhaber sollen deshalb darin bestärkt werden, Kennzeichnungen zu verwenden, aus denen bei der Eingabe von Werken oder sonstigen Schutzgegenständen in Netze zusätzlich zu den genannten Informationen ua hervorgeht, dass sie ihre Erlaubnis erteilt haben.[5]

---

[1] Art. 12 WCT, 19 WPPT.
[2] Loewenheim/*Peukert* Hb. des UrhR § 35 Rn. 1 im Anschluss an *Bechtold,* Vom Urheber- zum Informationsrecht, S. 34f.; *Bechtold* in Hoeren/Sieber, Handbuch Multimediarecht, Kap. 7.11 Rn. 13 ff.
[3] Dreier/Schulze/*Specht* UrhG § 95c Rn. 1.
[4] Wandtke/Bullinger/*Wandtke/Ohst* UrhG § 95c Rn. 3.
[5] Erwägungsgrund 55 InfoSoc-RL.

3   Entsprechend dem Zweck der Vorgaben der InfoSoc-RL soll die Regelung der **Gefahr begegnen, dass rechtswidrige Handlungen vorgenommen werden,** um die Informationen für die elektronische Wahrnehmung der Urheberrechte zu entfernen oder zu verändern oder Werke oder sonstige Schutzgegenstände, aus denen diese Informationen ohne Erlaubnis entfernt wurden, in sonstiger Weise zu verbreiten, zu Verbreitungszwecken einzuführen, zu senden, öffentlich wiederzugeben oder der Öffentlichkeit zugänglich zu machen.[6]

2. Systematik der Regelung

4   Abs. 1 enthält das Verbot der Entfernung oder Veränderung elektronischer Informationen zur Rechtewahrnehmung gemäß Art. 7 Abs. 1a) der InfoSoc-RL. Abs. 2 gibt die Definition aus Art. 7 Abs. 2 der Richtlinie wieder. Das in Art. 7 Abs. 1b) der Richtlinie enthaltene Verbot von Nutzungen von Werken oder Schutzgegenständen, bei denen elektronische Informationen zur Rechtewahrnehmung unbefugt entfernt oder geändert worden sind, ist in Abs. 3 geregelt.[7]

II. Entfernungs- und Veränderungsverbot (Abs. 1)

1. Objektiver Tatbestand

5   In Umsetzung von Art. 7 Abs. 1a) der InfoSoc-RL ist nach § 95c Abs. 1 die Entfernung oder Veränderung der von Rechtsinhabern stammenden Informationen für die Rechtewahrnehmung (iSv § 95c Abs. 2) unzulässig. Das Verbot gilt für solche Metadaten, die entweder in einem Vervielfältigungsstück eines Werkes oder sonstigen Schutzgegenstandes angebracht sind oder im Zusammenhang mit der öffentlichen Wiedergabe eines solchen Werkes oder Schutzgegenstandes erscheinen. Da auch die öffentliche Zugänglichmachung (§ 19a) unter die öffentliche Wiedergabe (§ 15 Abs. 2 Nr. 2) fällt, ist die Veränderung und **Entfernung von Informationen zur Rechtewahrnehmung sowohl im digitalen Offline- wie im Online-Bereich unzulässig.**[8]

6   Aus dem Erfordernis, dass die Informationen zur Rechtewahrnehmung an einem Vervielfältigungsstück eines Werkes oder eines sonstigen Schutzgegenstandes **angebracht** oder im Zusammenhang mit der öffentlichen Wiedergabe eines solchen Werkes oder Schutzgegenstandes **erscheinen** müssen, folgt, dass die Veränderung von Informationen, die etwa in der zum System gehörigen Datenbank gespeichert werden, vom Verbot des Abs. 1 nicht erfasst werden. In Betracht kommt diesbezüglich nur eine Eigentumsverletzung nach § 823 Abs. 1 BGB sowie eine Strafbarkeit nach § 303a StGB (Datenveränderung).[9] Aus der Formulierung „erscheinen" ist nicht abzuleiten, dass die eingesetzten Metadaten für den Nutzer wahrnehmbar sein müssen, und zwar weder bei Vervielfältigungsstücken noch bei der öffentlichen Wiedergabe, da der Zweck der Norm nicht darin besteht, dem Nutzer bestimmte Informationen zukommen zu lassen, sondern ein sicheres Umfeld für den Geschäftsverkehr mit digitalen Inhalten zu gewährleisten.[10]

7   Ebenso ist für die Auslegung der Verbotshandlungen des **Entfernens oder Veränderns** in diesem funktionalen Sinne darauf abzustellen, ob die **mit den Metadaten verfolgte Zweckrichtung,** insbes. eine Identifikation des geschützten Inhalts, beeinträchtigt wird.[11]

8   Die Entfernung oder Veränderung muss **objektiv unbefugt** sein. Ist dies nicht der Fall, weil eine Rechtsnorm das Verhalten rechtfertigt oder eine Zustimmung des Rechtsinhabers vorliegt, so ist bereits die objektive Tatbestand nicht erfüllt.

Entsprechendes gilt auch mit Blick auf das Erfordernis, dass die verbotenen Handlungen darauf ausgerichtet sein müssen, die Verletzung von Urheberrechten oder verwandten Schutzrechten **zu veranlassen, ermöglichen, erleichtern oder zu verschleiern.**[12] Dies deckt sich im Wesentlichen mit den Anforderungen, die an die allgemeine Störerhaftung für Urheberrechtsverletzungen gestellt werden.[13]

2. Subjektiver Tatbestand

9   Bezüglich des subjektiven Tatbestands des § 95c Abs. 1 sind **zwei verschiedene Merkmale auseinander zu halten.**[14] Erstens muss die Entfernung oder Veränderung wissentlich unbefugt erfolgen, dh es muss hinsichtlich der fehlenden Berechtigung **Vorsatz** vorliegen, der Handelnde muss also wissen oder als sicher voraussehen, dass er Informationen entfernt oder verändert und dass er hierzu nicht

---

[6] Erwägungsgrund 56 InfoSoc-RL.
[7] AmtlBegr. BT-Drs. 15/38, 28.
[8] Dreier/Schulze/*Specht* UrhG § 95c Rn. 4.
[9] Dreier/Schulze/*Specht* UrhG § 95c Rn. 4.
[10] So zutreffend Loewenheim/*Peukert* Hb. des UrhR § 35 Rn. 11.
[11] So zutreffend Loewenheim/*Peukert* Hb. des UrhR § 35 Rn. 11.
[12] Ebenso Loewenheim/*Peukert* Hb. des UrhR § 35 Rn. 13; aA *Bechtold,* Vom Urheber- zum Informationsrecht,
S. 234, der hierin ein Merkmal des subjektiven Tatbestands sieht.
[13] *Dreier* ZUM 2002, 28 (39).
[14] Loewenheim/*Peukert* Hb. des UrhR § 35 Rn. 14; *v. Lewinski* GRUR-Int 1997, 667 (677).

berechtigt ist.[15] Bloß bedingter Vorsatz genügt nicht.[16] Zweitens muss der Handelnde **vorsätzlich oder fahrlässig die Verletzung von Urheberrechten oder verwandten Schutzrechten** veranlassen, ermöglichen, erleichtern oder verschleiern.

Obwohl der Wortlaut der Regelung in Anknüpfung an die Legaldefinition des § 122 BGB nahe   10
legt, hinsichtlich des Grades der Fahrlässigkeit jede auch einfache Fahrlässigkeit für ausreichend zu halten, wird unter Hinweis auf die Formulierung von Art. 45 TRIPS, an der sich die englische und französische Fassung der InfoSoc-RL orientieren („with reasonable grounds to know"/„en ayant des raisons valables de penser"), überzeugend für eine **Beschränkung auf grobe Fahrlässigkeit** eingetreten.[17] Insoweit dürfte in der Tat ein Übersetzungsfehler vorliegen. Dies ändert freilich nichts daran, dass angesichts des allgemein vorauszusetzenden Kenntnisstandes eine Berufung auf fehlende Kenntnis, die geeignet ist, den Vorwurf der groben Fahrlässigkeit zu entkräften, nur ausnahmsweise in Betracht kommen dürfte. Regelmäßig wird sich dem Handelnden die Einsicht, dass er durch die Manipulation von Metadaten zu der Verletzung von Urheberrechten oder anderen Schutzgegenständen beiträgt, geradezu aufdrängen.

III. Informationen für die Rechtewahrnehmung (Abs. 2)

Der **Informationsbegriff,** der in § 95c Abs. 2 definiert wird, entspricht dem in Art. 7 Abs. 2 der   11
InfoSoc-RL, der seinerseits an die Vorgaben der WIPO-Verträge anknüpft.[18] Danach sind Informationen für die Rechtewahrnehmung iSv § 95c alle elektronischen Informationen, die Werke oder andere Schutzgegenstände identifizieren, den Urheber oder jeden anderen Rechtsinhaber benennen, sowie Informationen über die Modalitäten und Bedingungen für die Nutzung der Werke oder Schutzgegenstände einschließlich der Zahlen und Codes, durch die derartige Informationen ausgedrückt werden. Es ist nicht erforderlich, dass die digitalen Angaben die Informationen über Werke, Schutzgegenstände und Rechtsinhaber selbst enthalten, sondern es genügt, wenn sie beispielsweise im Wege eines bloßen Verweises auf eine Datenbank eine eindeutige Identifizierung ermöglichen; auch eine Vollautomatisierung der Identifizierung ist nicht erforderlich.[19]

Unter die Definition fallen Metadaten, die beim Offline- und Online-Vertrieb verwendet werden   12
nur, wenn die Informationen in elektronischer Form ausgedrückt werden, so dass herkömmliche ISBN-Aufdrucke auf Büchern oder sonstige körperliche Authentifizierungszeichen auf Vervielfältigungsstücken oder Verpackungen nicht erfasst werden.[20]

Zu den von Abs. 2 erfassten Informationen gehören neben einfachen Angaben über den Urheber,   13
wie sie in Datensätzen enthalten sind, **auch digitale Wasserzeichen,** sofern sie nicht nur eine unbefugte Nutzung verhindern sollen, sondern zugleich die Identifizierung des Urhebers oder Rechtsinhabers ermöglichen.[21] Beispiele für die von der Industrie entwickelten Standards für Informationen zur Rechtewahrnehmung sind der International Standard Recording Code (ISRC) und der International Standard Work Code (ISWC) der Musikindustrie oder der Digital Object Identifier (DOI), der im Verlagsbereich umfassende Möglichkeiten der Informationsbeigabe eröffnet.[22]

IV. Nutzungsverbot (Abs. 3)

Das Entfernungs- und Veränderungsverbot des § 95c Abs. 1 erfährt durch § 95c Abs. 3 eine Ausdehnung. In Umsetzung von Art. 7 Abs. 1b) der InfoSoc-RL erstreckt sich das Verbot auch auf die   14
Nutzung von Werken oder Schutzgegenständen, bei denen elektronische Informationen zur Rechtewahrnehmung unbefugt entfernt oder geändert worden sind.[23] Werke oder sonstige Schutzgegenstände, bei denen Informationen für die Rechtewahrnehmung **unbefugt entfernt oder geändert wurden, dürfen nicht wissentlich unbefugt verbreitet (§ 17), gesendet (§ 20), öffentlich wiedergegeben (§ 15 Abs. 2) oder öffentlich zugänglich gemacht werden (§ 19a),** wenn dem Handelnden bekannt ist oder den Umständen nach bekannt sein muss, dass dadurch die Verletzung von Urheberrechten oder verwandter Schutzrechte veranlasst, ermöglicht, erleichtert oder verschleiert wird. Zweck dieses Verbotes ist es, die mangels autorisierter Metadaten unkontrollierbare Verwertung digitaler Inhalte zu unterbinden.[24]

---

[15] Dreier/Schulze/*Specht* UrhG § 95c Rn. 5; Loewenheim/*Peukert* Hb. des UrhR § 35 Rn. 14.
[16] Dreier/Schulze/*Specht* UrhG § 95c Rn. 5.
[17] Wandtke/Bullinger/*Wandtke/Ohst* UrhG § 95c Rn. 17.
[18] Wandtke/Bullinger/*Wandtke/Ohst* UrhG § 95c Rn. 7; *Flechsig* ZUM 2002, 1 (17).
[19] Dreier/Schulze/*Specht* UrhG § 95c Rn. 6.
[20] Loewenheim/*Peukert* Hb. des UrhR § 35 Rn. 6; *Wand,* Technische Schutzmaßnahmen und Urheberrecht, S. 46 ff.
[21] Dreier/Schulze/*Specht* UrhG § 95c Rn. 7.
[22] Dreier/Schulze/*Specht* UrhG § 95c Rn. 7; weitere Hinweise bei Wandtke/Bullinger/*Wandtke/Ohst* UrhG § 95c Rn. 9.
[23] Dreier/Schulze/*Specht* UrhG § 95c Rn. 8.
[24] Loewenheim/*Peukert* Hb. des UrhR § 35 Rn. 15.

15   Mit Blick auf das **zweite „unbefugt"** ist zu beachten, dass sich dies nicht auf die Verwertungs-handlungen an sich, sondern auf die Nutzung trotz fehlender Zustimmung zur Manipulation der Metadaten bezieht; hieraus folgt für das **Merkmal „wissentlich"**, „dass der Handelnde von der zuvor erfolgten, ebenfalls unbefugten Manipulation der Metadaten und der mangelnden Zustimmung des Rechtsinhabers zu dieser Entfernung oder Veränderung **positive Kenntnis** haben muss".[25] Be-züglich der Voraussetzung, dass „dem Handelnden bekannt ist oder den Umständen nach bekannt sein muss", dass er die Verletzung von Urheberrechten oder verwandter Schutzrechte veranlasst, er-möglicht, erleichtert, oder verschleiert, kann auf die Kommentierung zu § 95c Abs. 1 verwiesen wer-den. Dies gilt insbes. auch für die Beschränkung auf grobe Fahrlässigkeit.[26]

V. Rechtsfolgen

1. Zivilrechtliche Ansprüche

16   § 95c ist ein **Schutzgesetz iSd § 823 Abs. 2 BGB**, da es sowohl beim Entfernungs- und Verän-derungsverbot nach § 95c Abs. 1 als auch beim Nutzungsverbot nach § 95c Abs. 3 nach der ratio legis um den Schutz des einzelnen Rechtsinhabers und nicht nur der Allgemeinheit geht.[27] Dementspre-chend kann neben einem eventuellen Schadensersatzanspruch gemäß § 1004 BGB analog iVm § 823 Abs. 2 BGB ein **Unterlassungs- bzw. Beseitigungsanspruch** geltend gemacht werden. Unter Umständen kann auch ein Unterlassungs- und Schadensersatzanspruch nach § 97 in Betracht kom-men.[28]

2. Strafbarkeit

17   Die Verbote des § 95c sind nach § 108b Abs. 1 Nr. 2a) und b) strafbewehrt. Demnach macht sich strafbar, wer entgegen § 95c Abs. 1 eine Information für die Rechtewahrnehmung entfernt oder ver-ändert sowie wer entgegen § 95c Abs. 3 ein Werk oder einen Schutzgegenstand zur Verbreitung ein-führt, sendet, öffentlich wiedergibt oder öffentlich zugänglich macht und dadurch wenigstens leicht-fertig die Verletzung von Urheberrechten oder verwandten Schutzrechten veranlasst, ermöglicht, erleichtert oder verschleiert, wenn die Tat **nicht ausschließlich zum eigenen privaten Gebrauch** des Täters oder mit dem Täter persönlich verbundener Personen erfolgt oder sich auf einen derartigen Gebrauch bezieht. Die Strafandrohung lautet auf **Freiheitsstrafe bis zu einem Jahr oder Geld-strafe** und erhöht sich bei gewerbsmäßigem Handeln des Täters auf bis zu drei Jahre Gefängnis (§ 108b Abs. 3). Im Unterschied zu Verstößen gegen die §§ 95a Abs. 3, 95b Abs. 1 S. 1 und 95d Abs. 2 S. 1 fallen **Verstöße gegen § 95c nicht unter die Bußgeldvorschriften des § 111a** und stellen demzufolge keine Ordnungswidrigkeiten dar, die mit einem Bußgeld belegt werden kön-nen.[29]

§ 95d Kennzeichnungspflichten

(1) **Werke und andere Schutzgegenstände, die mit technischen Maßnahmen geschützt wer-den, sind deutlich sichtbar mit Angaben über die Eigenschaften der technischen Maßnahmen zu kennzeichnen.**

(2) [1] **Wer Werke und andere Schutzgegenstände mit technischen Maßnahmen schützt, hat die-se zur Ermöglichung der Geltendmachung von Ansprüchen nach § 95b Abs. 2 mit seinem Namen oder seiner Firma und der zustellungsfähigen Anschrift zu kennzeichnen.** [2] **Satz 1 findet in den Fällen des § 95b Abs. 3 keine Anwendung.**

Übersicht

---

[25] Loewenheim/*Peukert* Hb. des UrhR § 35 Rn. 16.
[26] Sa Wandtke/Bullinger/*Wandtke*/*Ohst* UrhG § 95c Rn. 32.
[27] DKMH/*Dreyer* § 95c Rn. 25; sa *Wandtke*/Bullinger/*Ohst* UrhG § 95c Rn. 33.
[28] *Dreier* ZUM 2002, 28 (38).
[29] Dreier/Schulze/*Specht* UrhG § 95c Rn. 3.

I. Allgemeines

1. Inhalt und Zweck der Regelung

Gemessen an der derzeit **herrschenden Erwartung der Verbraucher** sind Schutzgegenstände, **1** die mit technischen Maßnahmen versehen werden, im Vergleich zu den bislang üblichen digitalen Off- und Online-Angeboten in ihrer **Brauchbarkeit eingeschränkt**, weil der Verbraucher nicht damit rechnet, dass die Abspielbarkeit auf bestimmten Gerätetypen nicht gewährleistet ist oder der Werkzugang bzw. Werkgenuss deutlich begrenzt ist. Dem hieraus resultierenden **Aufklärungsbedürfnis** trägt die Regelung des **§ 95d Abs. 1** dadurch Rechnung, dass sie eine Kennzeichnungspflicht statuiert, wonach Werke und andere Schutzgegenstände, die mit technischen Maßnahmen geschützt werden, deutlich sichtbar mit Angaben über die Eigenschaften der technischen Maßnahmen zu kennzeichnen sind. Nach der AmtlBegr. dient das Kennzeichnungsgebot dem **Verbraucherschutz und der Lauterkeit des Wettbewerbs**. Die Kennzeichnung mit **Angaben über die Eigenschaften der technischen Schutzmaßnahmen** soll den Verbraucher über Umfang und Wirkungen der Schutzmaßnahmen in Kenntnis setzen, damit dieser seine Erwerbsentscheidung hiernach ausrichten kann. Eine solche Kennzeichnungspflicht ist nach Auffassung des Gesetzgebers notwendig, weil das Publikum hinsichtlich dieser für den Erwerb maßgeblichen Umstände Aufklärung erwarten darf. Nach seiner Einschätzung wird dies besonders deutlich, wenn man sich die derzeit herrschende Konsumentenerwartung vor Augen hält, nach der der Verkehr regelmäßig davon ausgeht, dass Bild- und Tonträger kopierfähig und auf allen marktüblichen Gerätetypen zeitlich unbegrenzt abspielbar sind.[1]

Mit Blick auf den **Zweck der Kennzeichnungspflicht** heißt es in der AmtlBegr. weiter: „Der **2** Verbraucher sieht in diesen beispielhaften Eigenschaften des Trägermediums einerseits preisbildende Faktoren mit der Folge, dass er bei hiervon negativ abweichenden Eigenschaften einen günstigen Preis erwarten wird. Andererseits wird er vom Erwerb ganz absehen, wenn die Abspielbarkeit auf bestimmten Gerätetypen nicht gewährleistet oder der Werkzugang bzw. Werkgenuss zeitlich begrenzt ist. Damit ist auch die wettbewerbliche Relevanz der Kennzeichnung offenbar. Die Kennzeichnungspflicht aus Abs. 1 ist dem Verwender technischer Maßnahmen – auch unter Berücksichtigung seiner Absatzinteressen – zumutbar und wird teilweise bereits praktiziert".[2] Eine entsprechende Aufklärungspflicht dürfte sich im Übrigen bereits aus dem Verbot irreführender Werbung nach dem UWG ergeben.[3]

Die nach **§ 95d Abs. 2** gebotene Kennzeichnung gewährleistet die **prozessuale Durchsetzung 3 der Pflichten und Ansprüche aus § 95b.** Nach Art. 6 Abs. 4 der InfoSoc-RL sind die Mitgliedstaaten verpflichtet, durch geeignete Maßnahmen sicherzustellen, dass die Rechtsinhaber den Begünstigten einer der in § 95b Abs. 1 genannten Schranken die Mittel zur Nutzung der betreffenden Schranke zur Verfügung stellen. Abs. 2 ist somit eine flankierende Maßnahme zu § 95b Abs. 2 iSv Art. 6 Abs. 4 der InfoSoc-RL. § 95b würde nämlich ohne eine entsprechende Kennzeichnung wirkungslos bleiben, da einem Begünstigten die Durchsetzung der genannten Pflichten durch das Verschleiern oder Unterdrücken der Passivlegitimation faktisch verwehrt werden könnte.[4]

Zusammenfassend ist demnach festzuhalten, dass **§ 95d Abs. 1 dem Verbraucherschutz und 4 der Lauterkeit des Wettbewerbs dient und § 95d Abs. 2 der prozessualen Durchsetzung der Pflichten und Ansprüche** der Personen, die durch die privilegierten Schranken nach § 95b Abs. 2 begünstigt werden.[5]

2. Inkrafttreten

Entsprechend einer Anregung des Rechtsausschusses des Bundestages gilt die Kennzeichnungs- **5** pflicht des § 95d Abs. 1 gem. § 137j Abs. 1 nur für alle erst drei Monate nach dem Inkrafttreten des Gesetzes zur Regelung des Urheberrechts in der Informationsgesellschaft, also ab dem 1.12.2003, neu in Verkehr gebrachten Werke und Schutzgegenstände. § 95d Abs. 2 trat gem. Art. 6 Abs. 2 des Gesetzes zur Regelung des Urheberrechts in der Informationsgesellschaft **zum 1.9.2004 in Kraft.** Damit sollte den Beteiligten ausreichend Zeit gegeben werden, um sich im Rahmen freiwilliger Vereinbarungen mit den von Schrankenregelungen Begünstigten über die Schrankendurchsetzung zu einigen.[6]

II. Angaben über die Eigenschaften technischer Maßnahmen (Abs. 1)

Da § 95d Abs. 1 eine Kennzeichnung von Werken und anderen Schutzgegenständen gebietet, die **6** mit technischen Maßnahmen (iSd § 95a Abs. 2) geschützt werden, ergibt sich der **Anwendungsbe-**

---

[1] AmtlBegr. BT-Drs. 15/38, 28.
[2] AmtlBegr. BT-Drs. 15/38, 28.
[3] S. OLG München ZUM-RD 2001, 244 (246 f.) zu § 3 UWG aF (jetzt § 5 UWG nF); sa Wandtke/Bullinger/*Wandtke/Ohst* UrhG § 95d Rn. 3; DKMH/*Dreyer* § 95d Rn. 11.
[4] AmtlBegr. BT-Drs. 15/38, 28.
[5] S. dazu im Einzelnen *Erhardt,* Kennzeichnungspflichten von § 95d UrhG, 2011.
[6] Vgl. auch für § 95b BT-Drs. 15/837, 24 und 36 f.; s. dazu auch Dreier/Schulze/*Specht* UrhG § 95d Rn. 3.

reich der Kennzeichnungspflicht aus dem Schutzbereich von § 95a.[7] Hieraus folgt umgekehrt, dass die Kennzeichnungspflicht sich **nicht auf freie Inhalte oder Computerprogramme (§ 69a Abs. 5)** erstreckt, was aber diesbezüglich Ansprüche aus dem Wettbewerbsrecht oder dem Mängelgewährleistungsrecht nicht ausschließt.

7   In Anknüpfung an die gewährleistungsrechtliche Definition sind **Eigenschaften von technischen Schutzmaßnahmen** „neben den auf ihrer Beschaffenheit beruhenden Merkmalen auch tatsächliche oder rechtliche Verhältnisse und Beziehungen zur Umwelt, soweit sie nach der Verkehrsanschauung für die Wertschätzung und Verwendbarkeit von Bedeutung sind".[8] Als Eigenschaften anzugeben sind zwar nicht alle technischen Details, da diese für die Verwendbarkeit durch den Verbraucher nicht von entscheidender Bedeutung sind; der Kennzeichnungspflicht unterliegen aber grundsätzlich alle Auswirkungen technischer Maßnahmen, die den Werkgenuss geschützter Inhalte im Vergleich zur üblichen analogen Nutzung wesentlich verändern.[9]

8   Nach der AmtlBegr. gilt dies insbes. im Hinblick auf die **herrschende Konsumentenerwartung,** nach der der Verkehr regelmäßig davon ausgeht, dass Bild- und Tonträger kopierfähig und auf allen marktüblichen Gerätetypen zeitlich unbegrenzt abspielbar sind. Als aufklärungsbedürftiger Umstand wird ferner die Beschränkung der Abspielbarkeit auf bestimmte Gerätetypen oder die zeitliche Begrenzung des Werkzugangs bzw. Werkgenusses gesehen.[10]

9   In formaler Hinsicht ist mit Blick auf den Zweck des Verbraucherschutzes eine **deutlich sichtbare Kennzeichnung** zu verlangen, wie ein Aufdruck auf der Verpackung oder beim Online-Vertrieb ein Hinweis im unmittelbaren Zusammenhang mit der für den Vertragsschluss erforderlichen Willenserklärung.[11]

III. Angaben über den Verwender technischer Maßnahmen (Abs. 2)

10   Durch die Kennzeichnungspflichten des § 95d Abs. 2 soll flankierend zu § 95b Abs. 1 gewährleistet werden, dass der durch die privilegierten Schrankenbestimmungen Begünstigte auch tatsächlich in der Lage ist, seine Ansprüche, die ihm gem. § 95b Abs. 2 zustehen, **effektiv durchzusetzen.** Durch das Gebot, Werke und andere Schutzgegenstände, die mit technischen Maßnahmen geschützt werden, mit seinem Namen oder seiner Firma und der zustellungsfähigen Anschrift zu kennzeichnen, soll eine **zuverlässige Identifizierbarkeit** des nach § 95b Abs. 2 verpflichteten Rechtsinhabers gewährleistet werden.

11   Gemäß § 95d Abs. 2 S. 2 findet die Kennzeichnungspflicht nach § 95d Abs. 2 S. 1 in Fällen des § 95b Abs. 3 keine Anwendung. Dies bedeutet, dass eine Kennzeichnungspflicht seitens der Rechtsinhaber **nicht besteht,** soweit Werke oder sonstige Schutzgegenstände der Öffentlichkeit auf Grund einer **vertraglichen Vereinbarung** in einer Weise zugänglich gemacht werden, dass sie Mitgliedern der Öffentlichkeit von Orten und zu Zeiten ihrer Wahl zugänglich sind (§ 95b Abs. 3). Der **Grund für diese Ausnahme von der Kennzeichnungspflicht** wird darin gesehen, dass unter diesen Umständen regelmäßig kein Schutzbedürfnis besteht, da auf Grund des Vertragsschlusses die Vertragspartner bekannt sind, zumal es sich um ausschließlich interaktive Online-Dienste handelt, die ohnehin zur Angabe eines Impressums verpflichtet sind bzw. über allgemeine Whois-Abfragen identifiziert werden können.[12] Im Übrigen ergibt sich die Regelung des § 95d Abs. 2 daraus, dass in den Fällen des § 95b Abs. 3 ein Anspruch nach § 95b Abs. 2 ausgeschlossen ist. Damit wird auch die Kennzeichnungspflicht nach § 95d Abs. 2 S. 1, die § 95b Abs. 2 flankiert, obsolet.

IV. Rechtsfolgen

1. Zivilrechtliche Ansprüche

12   Sowohl § 95d Abs. 1 als auch § 95d Abs. 2 sind **Schutzgesetze iSd § 823 Abs. 2 BGB,** deren Verletzung Schadensersatzansprüche auslösen kann. Beide Normen grenzen den begünstigten Personenkreis, den Verpflichteten sowie den Inhalt der Pflichten hinreichend deutlich ab, sodass sie nicht nur dem Schutz der Allgemeinheit, sondern dem Schutz eines konkreten Interesses dienen.[13]

13   In Betracht kommt bei beiden Kennzeichnungspflichten auch ein **Verstoß gegen das UWG** unter dem Gesichtspunkt des Rechtsbruchtatbestands nach § 3a (§ 4 Nr. 11 aF), da beide Normen eine wettbewerbsbezogene, dh auf die Lauterkeit des Wettbewerbs bezogene Schutzfunktion und einen

---

[7] Loewenheim/*Peukert* Hb. des UrhR § 36 Rn. 27.
[8] Wandtke/Bullinger/*Wandtke/Ohst* UrhG § 95d Rn. 4.
[9] Loewenheim/*Peukert* Hb. des UrhR § 36 Rn. 28.
[10] AmtlBegr. BT-Drs. 15/38, 28.
[11] Wandtke/Bullinger/*Wandtke/Ohst* UrhG § 95d Rn. 10; Loewenheim/*Peukert* Hb. des UrhR § 36 Rn. 28.
[12] Wandtke/Bullinger/*Wandtke/Ohst* UrhG § 95d Rn. 16.
[13] Ebenso Loewenheim/*Peukert* Hb. des UrhR § 36 Rn. 30 (31); ablehnend hinsichtlich eines Deliktschutzes aus §§ 823 Abs. 2 iVm § 95d Abs. 1 DKMH/*Dreyer* § 95d Rn. 11.

Marktverhaltensbezug aufweisen.[14] Bei einem Verstoß gegen die Kennzeichnungspflicht nach § 95d Abs. 1 kann ferner eine irreführende Werbung iSv § 5 UWG gegeben sein. Außerdem können zugunsten des einzelnen Verbrauchers Gewährleistungsansprüche (§§ 433 ff. BGB) wegen Vorliegens eines Sachmangels (§ 434 BGB) bestehen.

2. Ordnungswidrigkeit

Während eine Verletzung der Kennzeichnungspflicht nach § 95d Abs. 2 S. 1 gemäß § 111a Abs. 1 Nr. 3 eine Ordnungswidrigkeit darstellt, ist die Verletzung der Kennzeichnungspflicht nach § 95d Abs. 1 weder nach § 108a strafbar, noch wird sie nach § 111a als Ordnungswidrigkeit geahndet.[15]   **14**

§ 96 Verwertungsverbot

(1) **Rechtswidrig hergestellte Vervielfältigungsstücke dürfen weder verbreitet noch zu öffentlichen Wiedergaben benutzt werden.**

(2) **Rechtswidrig veranstaltete Funksendungen dürfen nicht auf Bild- oder Tonträger aufgenommen oder öffentlich wiedergegeben werden.**

Schrifttum: *Bortloff,* Der Tonträgerpiraterieschutz im Immaterialgüterrecht, 1995; *Braun,* Schutzlücken-Piraterie: Der Schutz ausländischer ausübender Künstler in Deutschland vor einem Vertrieb von bootlegs, 1995; *Braun,* Die Schutzlücken-Piraterie nach dem Urheberrechtsänderungsgesetz vom 23. Juni 1995, GRUR-Int 1996, 790; *Braun,* Der Schutz ausübender Künstler durch TRIPS, GRUR-Int 1997, 427; *Braun,* „Filesharing"-Netze und deutsches Urheberrecht, GRUR 2001, 1106; *Bungeroth,* Der Schutz der ausübenden Künstler gegen die Verbreitung im Ausland hergestellter Vervielfältigungsstücke ihrer Darbietungen, GRUR 1976, 454; *Flechsig,* Schutz der Rundfunkanstalt gegen Einfuhr und Verbreitung unautorisierter Sendekopien, UFITA 81 (1978), 97; *Flechsig/Klett,* Europäische Union und europäische Urheberschutz, ZUM 1994, 685; *Hertin,* Die Vermarktung nicht lizenzierter Mitschnitte von Darbietungen ausländischer Künstler nach den höchstrichterlichen Entscheidungen „Bob Dylan" und „Die Zauberflöte", GRUR 1991, 722; *Hesse,* Flankenschutz für das Leistungsschutzrecht, ZUM 1985, 365; *Katzenberger,* Inlandsschutz ausübender Künstler gegen die Verbreitung ausländischer Mitschnitte ihrer Darbietungen – Deutsches Recht als Maßstab für die Rechtswidrigkeit der Vervielfältigung im Sinne des § 96 Abs. 1 UrhG, GRUR-Int 1993, 640; *Krüger,* Zum Leistungsschutzrecht ausländischer ausübender Künstler in der Bundesrepublik Deutschland im Falle des sog. bootlegging, GRUR-Int 1986, 381; *Krüger,* Der Tonträgerpiraterieschutz im Immaterialgüterrecht, GRUR-Int 1997, 78; *Kreutzer,* Napster, Gnutella & Co. – Rechtsfragen zu Filesharing-Netzen aus der Sicht des deutschen Urheberrechts „de lege lata" und „de lege ferenda", GRUR 2001, 193 und 307; *Schack,* Leistungsschutz für Tonträgeraufnahmen mit ausübenden Künstlern aus den USA, ZUM 1986, 69; *Schack,* Anm. zu BGH GRUR-Int 1986, 414 – Bob Dylan, GRUR 1986, 734; *Schack,* Anm. zu BGH GRUR 1993, 550 – The Doors, JZ 1994, 43; *Schack,* Schutz digitaler Werke vor privater Vervielfältigung – zu den Auswirkungen der Digitalisierung auf § 53 UrhG, ZUM 2002, 497; *Schack,* Private Vervielfältigung von einer rechtswidrigen Vorlage?, FS Erdmann, 2002, 165; *Schaefer,* Welche Rolle spielt das Vervielfältigungsrecht auf der Bühne der Informationsgesellschaft?, FS Nordemann, 1999, 191; *Schlatter,* Die BGH-Entscheidung „The Doors": Zur Prozeßführungsbefugnis bei Gruppenleistungen nach § 80 UrhG – Zum Leistungsschutz ausübender Künstler bei Sachverhalten mit Auslandsberührung, ZUM 1993, 522; *Schorn,* Zum Schutz ausländischer Künstler in der Bundesrepublik Deutschland, GRUR 1983, 492; *Stieper,* Rezeptiver Werkgenuss als rechtmäßige Nutzung – Urheberrechtliche Bewertung des Streaming vor dem Hintergrund des EuGH-Urteils in Sachen FAPL/Murphy, MMR 2012, 12; *Straus,* Der Schutz der ausübenden Künstler und das Rom-Abkommen von 1961 – Eine retrospektive Betrachtung, GRUR-Int 1985, 19; *Ubertazzi,* Bootleggers und Tonträgerhersteller, FS Hertin, 2000, 269; *Ulmer,* Die Verbreitung körperlich festgelegter Darbietungen ausländischer ausübender Künstler, IPRax 1987, 13; *Unger/v. Olenhusen,* Historische Live-Aufnahmen ausübender Künstler im Bereich klassischer Musik, ZUM 1987, 154; *Waldhausen,* Schutzmöglichkeiten gegen Bootlegs in der Bundesrepublik Deutschland und den USA unter besonderer Berücksichtigung des TRIPS-Abkommens, 2002; *Zimmermann,* Recording-Software für Internetradios, MMR 2007, 553.

Übersicht

---

[14] S. BGH GRUR 2000, 1076 (1078 f.) – Abgasemission; GRUR 2002, 825 (826) – Elektroarbeiten; dazu Fezer/*Götting/Hetmann* UWG § 3a Rn. 59 ff.; ablehnend hinsichtlich des § 95d Abs. 2 unter Hinweis auf die Rechtsprechung zur presserechtlichen Impressumspflicht (BGH GRUR 1989, 830 (831 f.) – Impressumspflicht; Loewenheim/*Peukert* Hb. des UrhR § 36 Rn. 31.

[15] Dreier/Schulze/*Specht* UrhG § 95d Rn. 4, 8.

I. Grundlagen

1. Normzweck und Rechtsnatur

1   § 96 soll **verhindern,** dass eine bereits eingetretene **Urheberrechtsverletzung perpetuiert** wird und „andere die Früchte des verbotenen Baums ernten".[1] Die Norm differenziert dabei zwischen rechtswidrig hergestellten Vervielfältigungsstücken (§ 96 Abs. 1) und rechtswidrig veranstalteten Funksendungen (§ 96 Abs. 2). Schutzobjekt ist das Werk (§ 2) oder ein sonstiger von einem Leistungsschutzrecht erfasster Gegenstand. In beiden Fällen **flankiert** § 96 die an der Verwertung bestehenden **Ausschließlichkeitsrechte.** Erfasst werden nur die Fälle, in denen eine vorausgegangene unzulässige Benutzungshandlung (Vortat) eines anderen (rechtswidrige Herstellung von Vervielfältigungsstücken bzw. rechtswidrig veranstaltete Funksendung) von einem Dritten zur Ausübung einer an sich zugelassenen eigenen Benutzungshandlung (Verbreitung oder öffentliche Wiedergabe der Vervielfältigungsstücke bzw. Aufnahme und öffentliche Wiedergabe der Funksendung) ausgenutzt wird.[2] Das Gesetz ordnet diese (zweite) Benutzungshandlung als zusätzlichen verbotenen Eingriff ein. Unstritten ist, ob es sich dabei in der Sache noch um einen Eingriff in das von der vorangehenden (ersten) Benutzungshandlung verletzte Ausschließlichkeitsrecht an der Vervielfältigung,[3] um eine Verletzung des von der nachfolgenden (zweiten) Handlung betroffenen Aufnahme- und Verbreitungsrechts bzw. Rechts der öffentlichen Wiedergabe[4] oder um einen Verstoß sowohl gegen das Vervielfältigungs- als auch gegen das Verbreitungsrecht[5] handelt. Die Entscheidung darüber wirkt sich auf die Aktivlegitimation aus (→ Rn. 24).

2   § 96 Abs. 1 enthält also ein **eigenständiges Verbotsrecht** hinsichtlich andersartiger Werknutzungen (Verbreitung und öffentliche Wiedergabe), die mit Hilfe des rechtswidrig hergestellten Vervielfältigungsstücks vorgenommen werden.[6] Vervielfältigungsstücke, die nach § 98 Abs. 1 dem Vernichtungsanspruch unterliegen, sollen nicht zu Benutzungshandlungen verwendet werden dürfen, die der Urheber oder das Gesetz (§§ 44a ff.) erlaubt haben.[7] Dasselbe trifft *mutatis mutandis* auf § 96 Abs. 2 zu.[8]

3   § 96 Abs. 1 und 2 sind **keine Anspruchsgrundlagen.**[9] Sie enthalten auch keine zusätzliche Rechtsfolge bei einem Verstoß gegen ein Ausschließlichkeitsrecht.[10] Wird gegen die in § 96 vorgesehenen Verbotsrechte verstoßen, kann der aktivlegitimierte Rechtsinhaber die Ansprüche aus den §§ 97 ff. geltend machen.[11] Dadurch wird auch derjenige zum Täter einer Urheberrechtsverletzung, der nicht Täter oder Teilnehmer der vorgelagerten rechtswidrigen Vervielfältigung oder Funksendung ist.[12] Insoweit weist § 96 eine strukturelle Ähnlichkeit mit § 95a auf. Während dort die Täterschaft der eigentlichen Urheberrechtsverletzung vorgelagert wird, setzt die Erweiterung des Täterkreises in § 96 eine bereits eingetretene Verletzung des Urheberrechts voraus.

2. Bedeutung

4   Im Urheberrecht gilt der Grundsatz der **Selbstständigkeit der Verwertungsrechte:** Die Zulässigkeit oder Unzulässigkeit einer Verwertungshandlung sagt nichts über die Rechtmäßigkeit oder Rechtswidrigkeit einer anderen, davon unabhängigen Nutzungshandlung aus.[13] Davon macht § 96 zwei **punktuell begrenzte Ausnahmen.**[14] Eine weitere Ausnahme ist § 53 Abs. 1 („nicht zur Vervielfältigung eine offensichtlich rechtswidrig hergestellte oder öffentlich zugänglich gemachte Vorlage"). Daher kann der Versuch nicht überzeugen, darin einen allgemeinen Rechtsgedanken zu veran-

---

[1] *Schack,* UrheberR (vgl. allg. Lit.VZ), Rn. 759.
[2] BGH NJW 1986, 1249 (1251) – GEMA-Vermutung III; *v. Gamm* UrhG § 96 Rn. 1.
[3] BGH GRUR 2006, 319 Rn. 35 – Alpensinfonie; *Bungeroth* GRUR 1976, 454 (456 f.); *Braun* GRUR-Int 1997, 427 (431); *Schack* UrheberR Rn. 759; DKMH/*Meckel* UrhG § 96 Rn. 3; Fromm/Nordemann/*J. B. Nordemann* UrhG § 96 Rn. 11; Dreier/Schulze/*Dreier/Specht* UrhG § 96 Rn. 2.
[4] Wandtke/Bullinger/*Bullinger* UrhG § 96 Rn. 10 f.
[5] BeckOK UrhR/*Reber* UrhG § 96 Rn. 3.
[6] BGH GRUR 2006, 319 Rn. 32 – Alpensinfonie.
[7] BT-Drs. IV/270, 103.
[8] BT-Drs. IV/270, 103.
[9] Dreier/Schulze/*Dreier/Specht* UrhG § 96 Rn. 1; Wandtke/Bullinger/*Bullinger* UrhG § 96 Rn. 3.
[10] AA *Bungeroth* GRUR 1976, 454 (456); *Katzenberger* GRUR-Int 1993, 640 (652); *Braun* GRUR-Int 1997, 427 (431).
[11] S. BGH GRUR 2006, 319 Rn. 32 – Alpensinfonie; BGH GRUR-Int 1995, 503 (504) – Cliff Richard II; BGH GRUR 1993, 550 (553) – The Doors [insoweit in BGHZ 121, 319 nicht abgedruckt]; BGH GRUR 1986, 454 (455) – Bob Dylan.
[12] *v. Gamm,* UrhG, 1968, UrhG § 96 Rn. 1; Dreier/Schulze/*Dreier/Specht* UrhG § 96 Rn. 1.
[13] *v. Gamm,* UrhG, 1968, UrhG § 96 Rn. 1.
[14] *Schack* FS Erdmann, 2002, 165 (169 f.).

kern, wonach jede Nutzungshandlung, die als Ausgangsmaterial ein urheberrechtswidrig erstelltes Werkstück verwendet, unzulässig sei.[15]

Der Schwerpunkt der Anwendung des § 96 Abs. 1 lag in der Vergangenheit in Fällen mit Aus- 5 landsbezug (→ Rn. 11). Für reine **Inlandssachverhalte** hat § 96 Abs. 1 im Wesentlichen nur **subsidiäre** Bedeutung.[16] Gegen eine rechtswidrige Vervielfältigung rechtswidrig hergestellter Vervielfältigungsstücke kann der Rechtsinhaber aus § 97 iVm § 16 (bzw. dem leistungsschutzrechtlichen Äquivalent) vorgehen.[17] Wer ein Vervielfältigungsstück – gleichgültig, ob rechtmäßig oder rechtswidrig hergestellt[18] – verbreitet oder öffentlich wiedergibt, ohne dazu vom Urheber oder Inhaber des Leistungsschutzrechts berechtigt worden zu sein, verstößt unmittelbar gegen § 97 iVm dem jeweiligen Ausschließlichkeitsrecht.[19] § 96 Abs. 1 kommt daher nur in den Fällen praktische Bedeutung zu, in denen ein zur Verbreitung oder öffentlichen Wiedergabe an sich Berechtigter rechtswidrig hergestellte Vervielfältigungsstücke benutzt.[20] Nach seiner Entstehungsgeschichte und Zwecksetzung ist § 96 daher **kein allgemeines Verbotsrecht** für alle Handlungen, zu deren Vornahme der Anspruchsgegner nicht oder nicht in dieser Form berechtigt ist.[21] Beispiel: Der Urheber hat das Vervielfältigungs- und Verbreitungsrecht an unterschiedliche Personen vergeben und der Inhaber des Verbreitungsrechts bringt ein Vervielfältigungsstück (Lithografie) in den Verkehr, das nicht mehr von der erlaubten Anzahl an Drucken gedeckt ist.[20] Der praktisch wichtigste Anwendungsfall des § 96 Abs. 1 bei Fällen mit **Auslandsbezug** hat sich mit der im Jahr 1995 erfolgten Einführung eines ausschließlichen Verbreitungsrechts des Interpreten[22] für Inlandssachverhalte erledigt (→ Rn. 11 f.). Die praktische Bedeutung des § 96 Abs. 2 ist noch geringer.[23]

3. Entstehungsgeschichte

§ 96 hatte kein Vorbild im LUG und im KUG.[24] Seine Einführung wurde vom Gesetzgeber als 6 Konsequenz des Grundsatzes der Selbstständigkeit der Verwertungs- und Nutzungsrechte an geschützten Gegenständen (→ Rn. 4) aufgefasst. Zugleich sollte das in der Neukonzeption des Interpretenrechts im UrhG v. 1965[25] (wieder) fehlende Verbreitungsrecht des ausübenden Künstlers[26] teilweise kompensiert werden, indem dieser die Verwertung eines ohne seine Einwilligung aufgenommenen Tonträgers verbieten konnte.[27] Obwohl der Wortlaut der Norm seit Inkrafttreten des UrhG nicht verändert worden ist, hat sich der **Anwendungsbereich** der Regelung aufgrund von Änderungen anderer Normen erheblich **verändert**. § 96 Abs. 1 war bis zur Einführung des – unionsrechtlich vorgesehenen – Verbreitungsrechts für Interpreten im Jahr 1995 die einzige Möglichkeit, die Verbreitung rechtswidrig hergestellter und vervielfältigter Aufnahmen einer Darbietung im Inland zu untersagen. Entsprechend umstritten war, ob und inwieweit sich ausländische ausübende Künstler für im Ausland erfolgte Festlegungen darauf berufen konnten.[28]

4. Vereinbarkeit mit dem Unionsrecht?

§ 96 beruht nicht auf unionsrechtlichen Vorgaben. Daher stellt sich die Frage, ob der darin liegende 7 Eingriff in die Warenverkehrsfreiheit (Art. 34 AEUV) zum Schutz des „spezifischen Gegenstandes"[29] des Urheberrechts und der Leistungsschutzrechte gerechtfertigt ist (Art. 36 AEUV). Rechtsprechung und Literatur bejahen das.[30]

Dabei wird aber die **Reichweite der Harmonisierung** grundlegend verkannt. Die in der Info- 8 Soc-RL vorgesehenen drei „Ausschließlichkeitsrechte, nämlich das Vervielfältigungsrecht, das Recht der öffentlichen Wiedergabe in Fällen, in denen sich das Publikum nicht am Ort der Wiedergabe befindet, sowie das Verbreitungsrecht", sind abschließend.[31] Dasselbe gilt für das Vervielfältigungs-

---

[15] *Braun* GRUR 2001, 1106 (1107).

[16] BGH NJW 1986, 1249 (1251) – GEMA-Vermutung III; *v. Gamm* UrhG § 96 Rn. 1; Wandtke/Bullinger/*Bullinger* UrhG § 96 Rn. 15; aA Schricker/Loewenheim/*Wild* (4. Aufl.) UrhG § 96 Rn. 3.

[17] BGH GRUR 2006, 319 Rn. 35 – Alpensinfonie.

[18] Dreier/Schulze/*Dreier/Specht* UrhG § 96 Rn. 2.

[19] Vgl. BGH NJW 1986, 1249 (1251) – GEMA-Vermutung III.

[20] BGH NJW 1986, 1249 (1251) – GEMA-Vermutung III; Wandtke/Bullinger/*Bullinger* UrhG § 96 Rn. 13 ff.

[21] AA BeckOK UrhR/*Reber* UrhG § 96 Rn. 15.

[22] → § 77 Rn. 5.

[23] Dreier/Schulze/*Dreier/Specht* UrhG § 96 Rn. 10; Wandtke/Bullinger/*Bullinger* UrhG § 96 Rn. 24.

[24] BT-Drs. IV/270, 103.

[25] *Grünberger,* Das Interpretenrecht, 2006, 21 ff.; *Apel,* Der ausübende Musiker im Recht Deutschlands und der USA, 2011, 171 ff.

[26] → Vor §§ 73 ff. Rn. 19 f.

[27] BT-Drs. IV/270, 103.

[28] Vertiefend dazu *Bungeroth* GRUR 1976, 454 (458 ff.); *Katzenberger* GRUR-Int 1993, 640; *Krüger* GRUR-Int 1986, 381; *Schack* ZUM 1986, 69; *Schorn* GRUR 1983, 492; *Ulmer* IPRax 1987, 13.

[29] Dazu statt aller Grabitz/Hilf/Nettesheim/*Leible/T. Streinz* AEUV Art. 36 Rn. 35 ff.

[30] BGH GRUR 1993, 550 (553) – The Doors; BeckOK UrhR/*Reber* UrhG § 96 Rn. 8; DKMH/*Meckel* UrhG § 96 Rn. 5; Fromm/Nordemann/*J. B. Nordemann* UrhG § 96 Rn. 3; Wandtke/Bullinger/*Bullinger* UrhG § 96 Rn. 7.

[31] GA *Jääskinnen,* Schlussanträge Rs. C-5/11, BeckRS 2012, 81397 Rn. 46 – Titus Donner; *Grünberger* ZUM 2015, 273.

und Verbreitungsrecht in der Vermiet- und Verleih-RL für verwandte Schutzrechte.[32] Davon ausgenommen sind das Senderecht und die sonstigen Formen der öffentlichen Wiedergabe,[33] sofern sie nicht das vollharmonisierte Recht der öffentlichen Zugänglichmachung (Art. 3 Abs. 2 InfoSoc-RL) betreffen.[34] Daraus folgt, dass die Harmonisierung des Urheberrechts auf einem hohen Schutzniveau „nur in dem vom Gemeinschaftsgesetzgeber geschaffenen Rahmen verwirklicht werden" kann.[35] Den Mitgliedstaaten steht es deshalb nicht mehr frei, „im nationalen Recht von diesen Bestimmungen durch eine Ausweitung oder Einschränkung ihres Anwendungsbereichs abzuweichen."[36] Sie können **keinen weitergehenden Schutz der Rechtsinhaber** vorsehen, indem das nationale Recht Handlungen umfasst, die über die in den Richtlinien vorgesehenen Bestimmungen hinausgehen.[37]

9 Das wirft die Frage auf, ob § 96 Abs. 1 von der **Sperrwirkung** erfasst wird und daher richtlinienwidrig ist. Das ist zu bejahen, wenn die davon erfassten Fälle in den persönlichen und sachlichen Anwendungsbereich der harmonisierten Verbotsrechte fallen.[38] Die Vorschrift schützt nach Auffassung des BGH „das Vervielfältigungsrecht des Berechtigten durch ein Verwertungsverbot, das sich gegen andersartige Werknutzungen (öffentliche Wiedergabe und Verbreitung) richtet, für die ein rechtswidrig hergestelltes Vervielfältigungsstück benutzt wird."[39] Damit wird in der Sache der Schutz des Vervielfältigungsrechts auf nachfolgende Verbreitungs- und Wiedergabehandlungen ausgedehnt. Darin liegt eine **Erweiterung des Schutzinhalts** des Ausschließlichkeitsrechts. Aus den Richtlinien folgt aber, dass dem Nutzer diese Handlungen nur dann verboten werden können, wenn sie entweder das (harmonisierte) Vervielfältigungsrecht oder die harmonisierten Verbreitungs- und Wiedergaberechte verletzen. Das Vervielfältigungsrecht bietet den Rechtsinhabern die Möglichkeit, jede Vervielfältigung auf der Grundlage einer unrechtmäßigen Quelle zu verbieten.[40] Wer das Vervielfältigungsrecht nicht stört oder als Täter oder Teilnehmer verletzt, kann nach den Richtlinien nur haften, soweit er unerlaubt verbreitet bzw. öffentlich wiedergibt. Weil § 96 Abs. 1 darüber hinausgeht und ein Verbot der Verbreitung bzw. öffentlichen Wiedergabe auch dann anordnet, wenn der Nutzer grundsätzlich dazu berechtigt ist, ist die Regelung **nicht richtlinienkonform.** Differenzierter ist § 96 Abs. 2 zu betrachten. Für die Urheberrechte gilt aufgrund der erfolgten Harmonisierung des Senderechts im Recht der öffentlichen Wiedergabe das zu Abs. 1 Gesagte. Wegen der Mindestharmonisierung dieses Rechts ist bei den Inhabern verwandter Schutzrechte anders zu entscheiden. Dort kann der Mitgliedstaat strengere Regeln zum Schutz des Senderechts vorsehen.[41] Das gilt allerdings wegen der in Art. 3 Abs. 2 InfoSoc-RL erfolgten Vollharmonisierung nicht für das Recht auf öffentliche Zugänglichmachung.[42] Das erteilt allen Bestrebungen, § 96 Abs. 2 auf solche Konstellationen analog anzuwenden (→ Rn. 20), eine Absage. Insgesamt ist die Frage der Richtlinienkonformität dem EuGH gem. Art. 267 AEUV zur Entscheidung vorzulegen.

II. Anwendungsbereich

1. Sachlicher Anwendungsbereich

10 § 96 gilt sowohl für die Verletzung von Urheber- als auch von Leistungsschutzrechten.[43]

2. Persönlicher Anwendungsbereich (Fremdenrecht)

11 § 96 kann nur zugunsten der Urheber und Inhaber von Leistungsschutzrechten angewendet werden, die in den persönlichen Anwendungsbereich des UrhG fallen. Dafür sind die **fremdenrechtlichen** Regelungen in den §§ 120 ff. maßgeblich. Das führt zu Problemen bei **Nicht-EU- und Nicht-EWR-Ausländern.** Dabei handelt es sich um ein Phänomen, das als „**Schutzlückenpiraterie**" bezeichnet wurde: die Verbreitung von im Ausland aufgenommenen und vervielfältigten Darbietungen ausländischer ausübender Künstler im Inland.[44] Diese Terminologie ist irreführend, weil ein rechtswidriges Handeln suggeriert wird, das es erst noch zu begründen gilt.[45] Hintergrund der Dis-

---

[32] Zutreffend bereits BT-Drs. 13/115, 15 zum jetzigen § 77 Abs. 2 S. 1 Alt. 2 UrhG; → Vor §§ 73 ff. Rn. 33 ff., 40.

[33] Erwägungsgrund (16) der Vermiet- und Verleih-RL.

[34] → § 78 Rn. 10 ff.

[35] EuGH GRUR 2008, 604 Rn. 38 – Peek & Cloppenburg KG/Cassina SpA, Le-Corbusier-Möbel.

[36] GA *Jääskinnen,* Schlussanträge Rs. C-5/11, BeckRS 2012, 81397 Rn. 46 – Titus Donner.

[37] Vgl. EuGH GRUR 2014, 360 Rn. 37 – Nils Svensson.

[38] *Metzger* GRUR 2012, 118 (123).

[39] BGH GRUR 2006, 319 Rn. 35 – Alpensinfonie. Nach aA bezieht sich der Schutz auf das Verbreitungsrecht bzw. Recht der öffentlichen Wiedergabe (Wandtke/Bullinger/*Bullinger* UrhG § 96 Rn. 10 f.; BeckOK UrhR/*Reber* UrhG § 96 Rn. 2), was aber für die unionsrechtliche Prüfung keinen Unterschied macht.

[40] EuGH GRUR 2014, 546 Rn. 31 – ACI Adam BV ua Stichting de Thuiskopie ua.

[41] EuGH GRUR 2015, 477 Rn. 28 ff. – C More Entertainment AB/Sandberg; dazu → § 78 Rn. 14.

[42] EuGH GRUR 2015, 477 Rn. 26 f. – C More Entertainment AB/Sandberg.

[43] BGH GRUR 1993, 550 – The Doors; BT-Drs. IV/270, 103.

[44] *Braun,* Schutzlücken-Piraterie, 1995, 23 ff.; *Bortloff,* Der Tonträgerpiraterieschutz im Immaterialgüterrecht, 1995, 125 ff.

[45] Vgl. *Firsching* UFITA 133 (1997), 131 (145 f.).

kussion sind die – von manchen als problematisch empfundenen – Beschränkungen des persönlichen und sachlichen Anwendungsbereichs des Rom-Abkommens und des TRIPS-Abkommens auf dem Gebiet des Interpretenrechts (→ Rn. 12 und → Vor §§ 73 ff. Rn. 52 ff.). Sie ermöglichen es, dass eine im Ausland stattgefundene und ohne Einwilligung des ausländischen Interpreten aufgenommene Darbietung *(bootleg)*[46] in Deutschland verbreitet wurde. Um das zu unterbinden, wollten vielen einen Schutz vor der Verbreitung und Wiedergabe über § 125 Abs. 6 S. 1 iVm § 96 Abs. 1 gewähren.[47] Der BGH teilte diese Auffassung in verfassungskonformer[48] Rechtsprechung aus überzeugenden Gründen nicht: § 96 zählt **nicht zu den Mindestrechten** des ausübenden Künstlers (§ 125 Abs. 6).[49] Darbietungen, die in eine „Schutzlücke" fallen, sind daher in Deutschland gemeinfrei.[50] Wer sie verwertet, handelt rechtmäßig und ist kein „Pirat".[51]

Das Problem ist konventionsrechtlicher Natur und daher auch dort zu lösen. Entscheidende Bedeu- 12 tung kommt daher dem Schutz der **Staatsverträge** (§ 125 Abs. 5 S. 1) zu. Ist der Anwendungsbereich des Rom-Abkommens eröffnet,[52] kann der Interpret wegen des unbeschränkten Inländerbehandlungsgrundsatzes (Art. 4 Rom-Abkommen)[53] nicht nur die Verwertungsverbote in § 96,[54] sondern (seit 1995) auch das Verbreitungsrecht aus § 77 Abs. 2 S. 1 Var. 2 geltend machen. Im Anwendungsbereich des TRIPS-Abkommens[55] gilt dagegen nur ein beschränkter Inländerbehandlungsgrundsatz. Die Inländerbehandlung ist auf die Rechte beschränkt, die dem Interpreten in Art. 14 Abs. 1 TRIPS-Abkommen gewährt werden (Art. 3 Abs. 1 S. 2 TRIPS-Abkommen).[56] Dazu zählen weder das Verbreitungsrecht noch ein § 96 entsprechender Schutz.[57] Das hat sich mit dem Inkrafttreten des WPPT geändert. Im Anwendungsbereich des WPPT[58] gilt zwar ebenfalls ein beschränkter Inländerbehandlungsgrundsatz,[59] allerdings steht ausländischen Interpreten ein ausschließliches Verbreitungsrecht zu (Art. 8 WPPT).[60] Deshalb können sie sich auf § 77 Abs. 2 S. 1 Var. 2 berufen. Damit wird der „Schutzlückenpiraterie" vorgebeugt. Nicht vom Inländerbehandlungsgrundsatz umfasst sind die weitergehenden Befugnisse inländischer Interpreten im nationalen Recht.[61] Daher bleibt ihnen die Berufung auf § 96 weiterhin versagt. Für audiovisuelle Darbietungen bleibt dagegen das Inkrafttreten von Art. 8 Beijing Treaty on Audiovisual Performances v. 24.6.2012 abzuwarten.[62] Alternativ zum Schutz über § 96 kann über das allgemeine Persönlichkeitsrecht gegen die Verbreitung eines Bildes des Interpreten zusammen mit dem Bild- oder Tonträger vorgegangen werden.[63]

Ähnlich ist die Rechtslage beim **Urheber.** Dort wurde die Problematik nicht praxisrelevant, was 13 letztlich daran liegen dürfte, dass die Rechte von der GEMA lizenziert wurden. § 96 gehört aus denselben Erwägungen wie beim Interpretenrecht nicht zum urheberrechtlichen Fremdenmindestschutz nach § 121 Abs. 6. Ist der Anwendungsbereich der RBÜ, des WUA, des TRIPS-Abkommens oder des Abkommens zwischen dem Deutschen Reich und den Vereinigten Staaten von Amerika über den gegenseitigen Schutz der Urheberrechte v. 15.1.1892[64] eröffnet, müssen § 17 und § 96 Abs. 1 wegen des dort jeweils geltenden unbeschränkten Inländerbehandlungsgrundsatzes (Art. 5 Abs. 1 RBÜ, Art. II WUA, Art. 9 Abs. 1 TRIPS-Abkommen, Art. 1 dt.-U.S. Abkommen)[65] angewendet werden. Seit dem Inkrafttreten des WCT folgt diese Pflicht sowohl aus dem Inländerbehandlungsgrundsatz

---

[46] Zum Begriff *Waldhausen,* Schutzmöglichkeiten gegen Bootlegs, 2002, 4 ff.; *Braun,* Schutzlücken-Piraterie, 1995, 16 ff.; *Bortloff,* Der Tonträgerpiraterieschutz im Immaterialgüterrecht, 1995, 29 ff.

[47] *Krüger* GRUR-Int 1986, 381 (384 f.); *Schack* GRUR 1986, 734 f.; *Schack* GRUR 1987, 817 f.; *Schack* UrheberR Rn. 935 f.; *Braun,* Schutzlücken-Piraterie, 1995, 106 ff.; *Braun* GRUR-Int 1996, 790 (794 ff.); *Dünnwald/Gerlach* UrhG § 77 Rn. 21; Wandtke/Bullinger/*Bullinger* UrhG § 96 Rn. 21; → 4. Aufl. 2010, Rn. 10.

[48] BVerfGE 81, 208 = GRUR 1990, 438 (439 f.) – Bob Dylan.

[49] BGH GRUR 1999, 49 (51) – Bruce Springsteen and his Band; BGH GRUR 1987, 814 (815 f.) – Die Zauberflöte; BGH GRUR 1986, 454 (455) – Bob Dylan; OLG Hamburg ZUM 2004, 133 (136); OLG Frankfurt a. M. GRUR-Int 1993, 872 – Beatles; OLG Köln GRUR 1992, 388 – Prince; OLG Hamburg GRUR-Int 1992, 390 – Tonträgersampling; zustimmend DKMH/*Meckel* UrhG § 96 Rn. 6.

[50] *Hertin* GRUR 1991, 722.

[51] Vgl. *Firsching* UFITA 133 (1997), 131 (145 f.); vertiefend *Waldhausen,* Schutzmöglichkeiten gegen Bootlegs, 2002, 94 ff.

[52] → Vor §§ 73 ff. Rn. 52 ff.

[53] → Vor §§ 73 ff. Rn. 54.

[54] BGH GRUR 1993, 550 (552) – The Doors; ausführlich *Ficsor,* The Law of Copyright and the Internet, 2002, Rn. PP4.04 ff.; *Waldhausen,* Schutzmöglichkeiten vor Bootlegs, 2002, 76 ff.

[55] → Vor §§ 73 ff. Rn. 57 ff.

[56] → Vor §§ 73 ff. Rn. 60.

[57] OLG Hamburg ZUM 2004, 133 (136); ZUM-RD 1997, 343 (344); LG Berlin ZUM 2006, 761 (762).

[58] → Vor §§ 73 ff. Rn. 64 ff.

[59] *Reinbothe/v. Lewinski,* The WIPO Treaties 1996, 2002, WPPT Art. 4 Rn. 15; *v. Lewinski* GRUR-Int 1997, 667 (671); *Kloth,* Der Schutz der ausübenden Künstler nach TRIPS und WPPT, 2000, 199 f.

[60] → § 77 Rn. 21 ff.

[61] Denkschrift zum WPPT, BT-Drs. 15/15, 54; *Ricketson/Ginsburg,* International Copyright, Bd. II, 2006, Rn. 19.50.

[62] → Vor §§ 73 ff. Rn. 67.

[63] Siehe BGH GRUR 1997, 125 (126) – Künstlerabbildung im CD-Einlegeblatt; LG Berlin ZUM 2006, 761 (762).

[64] Dazu → § 121 Rn. 20.

[65] *Vaver* GRUR-Int 1988, 191 (206 f.); *Goldstein,* International Copyright, 2001, 81 f.; *Ricketson/Ginsburg,* International Copyright, Bd. I, 2006, Rn. 6.94; *Katzenberger* GRUR-Int 1995, 447 (460).

(Art. 3 WCT) als auch aus dem dort **erstmals verankerten allgemeinen Verbreitungsrecht** auf internationaler Ebene.[66]

III. Rechtswidrig hergestellte Vervielfältigungsstücke (§ 96 Abs. 1)

1. Vortat

14   § 96 Abs. 1 setzt als Vortat voraus, dass ein Dritter Vervielfältigungsstücke rechtswidrig hergestellt hat. Vervielfältigungsstücke[67] sind alle körperlichen Festlegungen eines Werkes, die geeignet sind, das Werk den menschlichen Sinnen auf irgendeine Weise unmittelbar oder mittelbar wahrnehmbar zu machen.[68] Erfasst sind alle **körperlichen Fixierungen** eines geschützten Gegenstandes. Die erste Fixierung, also das Original eines Werkes oder die Festlegung einer Darbietung, ist ebenso erfasst wie nachfolgende Vervielfältigungen.[69] Das gilt trotz der Aufspaltung in ein Aufnahme- und Vervielfältigungsrecht auch für den ausübenden Künstler.

15   Die Vervielfältigungsstücke sind **rechtswidrig hergestellt,** wenn die Herstellung weder von einer vertraglichen Erlaubnis des Inhabers des Vervielfältigungsrechts noch von einer gesetzlichen **Nutzungserlaubnis** (§§ 44a ff.) gedeckt ist.[70] Erfolgt die Rechtseinräumung oder –übertragung unter einer Bedingung, muss diese vor der Herstellung eingetreten sein. Beispiel: Überträgt der Veranstalter das Vervielfältigungsrecht an einen Dritten unter Vereinbarung eines Zustimmungsvorbehalts des Interpreten zur Aufnahme (§ 77 Abs. 1), muss jener vor Festlegung der Darbietung zugestimmt haben.[71] Eine Vervielfältigung, die aufgrund der §§ 44a ff. erlaubt ist, berechtigt nur den jeweils von der Schranke Begünstigten.[72] Auf die Verbreitung von Vervielfältigungsstücken, die als **Privatkopie** nach § 53 ursprünglich rechtmäßig hergestellt wurden, ist § 96 Abs. 1 nicht unmittelbar anwendbar, weil es sich dabei nicht um rechtswidrig hergestellte Exemplare handelt.[73] Eine analoge Anwendung scheidet aus, weil es wegen des wortgleichen Verbots in § 53 Abs. 6 S. 1 an einer Regelungslücke fehlt.[74] Sie scheitert auch an den Vorgaben der harmonisierenden Richtlinien (→ Rn. 9). § 96 Abs. 1 stellt „kein Verbot auf, Vervielfältigungsstücke gerade mit Hilfe eines rechtswidrig hergestellten Vervielfältigungsstücks zu fertigen."[75] Er regelt **nur den Fall der rechtswidrig vorgenommenen Vervielfältigungshandlung.** Nicht erfasst werden daher Vervielfältigungen zum privaten oder sonstigen eigenen Gebrauch, die von einer rechtswidrigen Vorlage stammen. Insoweit trifft § 53 Abs. 1 eine abschließende Regelung.[76] Obwohl man an der Unionsrechtskonformität der Einschränkung „offensichtlich rechtswidrig" nach der jüngsten Rechtsprechung des EuGH[77] zweifeln kann,[78] steht einer analogen Anwendung des § 96 Abs. 1 auf nicht offensichtlich rechtswidrige Vorlagen die eindeutige gesetzgeberische Anordnung entgegen. Werden bei der Vervielfältigung auch Persönlichkeitsrechte des Urhebers oder des Interpreten verletzt (Beispiel: Beeinträchtigung der Darbietung aufgrund technisch mangelhafter Vervielfältigungen), ist das ebenfalls kein Anwendungsfall der Norm.[79] Der Urheber/Interpret kann gegen die Verwertungshandlungen direkt aus seinen Persönlichkeitsrechten (§§ 14, 75 S. 1) vorgehen.[80] Dieser Schutz ist in fremdenrechtlicher Hinsicht wegen der Anwendbarkeit der Urheber- und Interpretenpersönlichkeitsrechte (§§ 121 Abs. 6 S. 1, 125 Abs. 6) vorzugswürdig.

2. Rechtswidrigkeit

16   Die Herstellung der Vervielfältigungsstücke muss rechtswidrig erfolgt sein. Bei reinen Inlandssachverhalten bestimmt sich die Rechtswidrigkeit nach den Maßstäben des UrhG. Problematisch sind Sachverhalte mit **Auslandsbezug.** Bei diesen ist vorrangig zu klären, **welches Recht** auf die behauptete Rechtsverletzung anzuwenden ist. Das bestimmt sich nach Art. 8 Abs. 1 Rom II-VO. Beansprucht der Rechtsinhaber Rechtsschutz im Inland, führt die Anknüpfung an das Schutzland zur Anwendung des deutschen Rechts.[81] Für die Anwendung des § 96 muss dann im zweiten Schritt geklärt

---

[66] *Reinbothe/v. Lewinski,* The WIPO Treaties 1996, 2002, WCT Art. 6 Rn. 8.
[67] → § 16 Rn. 22.
[68] BGH GRUR 1991, 449 (453) – Betriebssystem.
[69] Vgl. Dreier/Schulze/*Dreier/Specht* UrhG § 96 Rn. 6.
[70] Allgemeine Auffassung, vgl. Dreier/Schulze/*Dreier/Specht* UrhG § 96 Rn. 7.
[71] OLG München GRUR-Int 1993, 88 (90) – Betty Carter and her Trio; OLG München GRUR-Int 1993, 90 (92) – Yosuke Yamashita Quartett.
[72] *v. Gamm,* UrhG, 1968, UrhG § 96 Rn. 2.
[73] BGH GRUR 1972, 141 – Konzertveranstalter.
[74] Dreier/Schulze/*Dreier/Specht* UrhG § 96 Rn. 7.
[75] BGH GRUR 2006, 319 Rn. 35 – Alpensinfonie.
[76] Dreier/Schulze/*Dreier/Specht* UrhG § 96 Rn. 9.
[77] EuGH GRUR 2014, 546 Rn. 41 ff. – ACI Adam BV ua/Stichting de Thuiskopie ua.
[78] *Lauber-Rönsberg* ZUM 2014, 578 (580); anders *Rauer* GRUR-Prax 2014, 205 (206); *Grünberger* ZUM 2015, 273 (281).
[79] AA *Schack* GRUR 1986, 734 (735); Dreier/Schulze/*Dreier/Specht* UrhG § 96 Rn. 7; Fromm/Nordemann/*J. B. Nordemann* UrhG § 96 Rn. 4; → 4. Aufl. 2010, UrhG § 96 Rn. 6.
[80] BGH GRUR 2006, 319 Rn. 35 – Alpensinfonie.
[81] Ausführlich NomosKommentarBGB/*Grünberger* Rom II-VO Art. 8 Rn. 31, 44; Fromm/Nordemann/*J. B. Nordemann* UrhG § 96 Rn. 3.

werden, ob das Tatbestandsmerkmal **„rechtswidrig" gesondert** an das Recht des Herstellungsortes **angeknüpft** werden soll[82] oder ob es sich ausschließlich nach den Maßstäben des deutschen Rechts richtet.[83] Für die erste Lösung spricht, dass ansonsten „aus einer legalen ausländischen Vervielfältigung eine illegale inländische Verbreitung würde".[84] Das hatte für ausübende Künstler bis 1995[85] zur Folge, dass sie im Inland mangels eigenen Verbreitungsrechts nicht gegen die Verbreitung von im Ausland rechtmäßig hergestellten und importierten Vervielfältigungsstücken vorgehen konnten. Der BGH hat diese „Schutzlücke" zugunsten des Interpreten geschlossen, indem er das Tatbestandsmerkmal auf alle **nicht nach deutschem Recht autorisierten** Vervielfältigungen bezogen hat.[86] Weil sich dieses Problem beim Urheber nicht stellte, blieb offen, ob diese Interpretation auch für das Urheberrecht gilt.[87] Mit dem ausschließlichen Verbreitungsrecht zugunsten des Interpreten hat sich dieses Differenzierungsproblem erledigt. Zugleich sind aber auch die damals tragenden Gründe für die Anwendung deutschen Rechts weggefallen.

Die **Anwendung deutschen Rechts** bleibt in solchen Konstellationen **richtig.** Das folgt aus dem **17** kollisionsrechtlichen Schutzlandprinzip.[88] Aus diesem ergibt sich zunächst, dass § 96 auf auslandsbezogene Sachverhalte überhaupt anwendbar ist, weil die verbotene Verwertungshandlung im Inland erfolgt. Bei der Frage der rechtswidrigen Herstellung handelt es sich kollisionsrechtlich gesehen um eine Vorfrage.[89] Diese ist nicht gesondert am Recht des Herstellungsorts anzuknüpfen.[90] Kollisionsrechtlich führen hier sowohl die *lex causae* wie die *lex fori* zur Anwendbarkeit des deutschen Prüfungsmaßstabs.[91] Dieses kollisionsrechtliche Ergebnis lässt sich alternativ auch sachrechtlich über eine konventionsfreundliche Auslegung des § 96 erreichen.[92] Art. 16 RBÜ sieht eine Beschlagnahme unbefugt hergestellter Vervielfältigungsstücke vor. Ob es sich um ein unbefugt hergestelltes Vervielfältigungsstück handelt, entscheidet das Recht des Einfuhrlandes.[93] Diese Wertung ist auf § 98 Abs. 1 und – dem Normzweck (→ Rn. 1) entsprechend – auch auf § 96 zu übertragen.[94] Das Territorialitätsprinzip[95] steht dem nicht entgegen.[96] Es geht hier nicht um eine problematische Expansion des nationalen Rechts auf Sachverhalte im Ausland, sondern um die **Berücksichtigung von ausländischen Sachverhalten** bei der Anwendung des nationalen Rechts auf inländische Sachverhalte.[97] Das ist auch mit dem unionsrechtlichen Verständnis des Territorialitätsprinzips vereinbar.[98] Wäre die Vervielfältigung nach deutschem Recht verboten und war sie nach ausländischem Recht erlaubt, ist sie rechtswidrig erfolgt. War dagegen die Vervielfältigung im Ausland verboten und wäre sie nach deutschem Recht erlaubt gewesen, liegt keine rechtswidrige Handlung vor. § 96 Abs. 1 scheidet dann aus. Beruft sich der Beklagte auf eine **vertragliche Erlaubnis** zur Herstellung der Vervielfältigungsstücke, erfolgt eine **Unteranknüpfung** der Rechtmäßigkeit anhand des Vertragsstatuts.[99]

3. Verbotene Verwertungshandlungen

§ 96 Abs. 1 verbietet die Verbreitung und öffentliche Wiedergabe der rechtswidrig hergestellten **18** Tonträger. Die erfolgte Harmonisierung des Verbreitungsbegriffs[100] und des Begriffs der öffentlichen Wiedergabe[101] wirft die – grundsätzlich vom nationalen Recht zu beantwortende – Frage auf, ob diese Begriffe in § 96 einheitlich oder gespalten auszulegen sind.[102] Die überzeugenderen Gründe

---

[82] *Schack* JZ 1994, 43 (45); *Braun,* Schutzlücken-Piraterie, 1995, 47 ff.; *Unger/Götz v. Olenhusen* ZUM 1987, 154 (160 ff.); ähnlich auch BGH GRUR 1972, 141 – Konzertveranstalter, wobei diese Entscheidung eine andere Fallkonstellation betraf (vgl. *Katzenberger* GRUR-Int 1993, 640 (644)).

[83] Vertiefend *Katzenberger* GRUR-Int 1993, 640 (642 ff.).

[84] *Schack* UrheberR Rn. 938.

[85] → § 77 Rn. 5.

[86] BGH GRUR 1993, 550 (552) – The Doors; BGH GRUR-Int 1995, 503 (505) – Cliff Richards II; vorher schon OLG Hamburg GRUR-Int 1986, 416 (419) – Karajan („analoge Anwendung"); AG Hamburg GRUR 1990, 267 (268) – Bayreuther Orchester; *Bungeroth* GRUR 1976, 454 (457 ff.); *Katzenberger* GRUR-Int 1993, 640 (646 ff.).

[87] BGH GRUR 1993, 500 (553) – The Doors; bejaht von *Bungeroth* GRUR 1976, 454 (458 f.).

[88] Dazu NomosKommentarBGB/*Grünberger* Rom II-VO Art. 8 Rn. 32 ff.; → Vor §§ 120 ff. Rn. 113 ff.

[89] *Schack* JZ 1994, 43 (45).

[90] AA *Schack* JZ 1994, 43 (45); *Braun,* Schutzlücken-Piraterie, 1995, 47 ff.

[91] *Katzenberger* GRUR-Int 1993, 640 (651 f.).

[92] *Katzenberger* GRUR-Int 1993, 640 (652).

[93] *Katzenberger* GRUR-Int 1993, 640 (650).

[94] *Katzenberger* GRUR-Int 1993, 640 (650 f.).

[95] Dazu NomosKommentarBGB/*Grünberger* Rom II-VO Art. 8 Rn. 5; → Vor §§ 120 ff. Rn. 108 ff.

[96] BGH GRUR 1993, 550 (552 f.) – The Doors; *Bungeroth* GRUR 1976, 454 (457 f.).

[97] BGH GRUR 1993, 550 (552 f.) – The Doors; BGH GRUR 1994, 798 (799) – Folgerecht bei Auslandsbezug.

[98] Vgl. EuGH GRUR 2012, 817 – Titus Donner (zur Berücksichtigung von grenzüberschreitenden Handlungen beim Verbreitungsrecht).

[99] Fromm/Nordemann/*J. B. Nordemann* UrhG § 96 Rn. 3; ähnlich auch BeckOK UrhR/*Reber* UrhG § 96 Rn. 11.

[100] Grundlegend EuGH GRUR 2008, 604 – Peek & Cloppenburg KG/Cassina SpA, Le-Corbusier-Möbel; → 17 Rn. 8 ff.

[101] Grundlegend EuGH GRUR 2007, 225 Rn. 30 f. – SGAE/Rafael Hoteles; EuGH GRUR 2014, 360 Rn. 33 ff. – Nils Svensson; → § 15 Rn. 57 ff., 338 ff.

[102] Weiterführend *Habersack/Mayer* in Riesenhuber, Europäische Methodenlehre, 3. Aufl. 2014, S. 295, 307 ff.

sprechen für eine **einheitliche (richtlinienorientierte) Auslegung.**[103] Dies führt für die Vermietung zu Auslegungsschwierigkeiten.[104] Unionsrechtlich zählt sie nicht zum Verbreitungsbegriff, sondern ist ein eigenständiges Verwertungsrecht.[105] Nach deutschem Verständnis ist sie ein Unterfall des Verbreitungsrechts. Das hat Auswirkungen für die Interpretation des Verbreitungsbegriffs in § 96 Abs. 1. Aus systematischen Gründen versteht das Gesetz darunter in § 96 Abs. 1 nicht nur die Verbreitung iSv § 17 Abs. 1, sondern auch die Vermietung iSv § 17 Abs. 3 S. 1. Der Begriff der öffentlichen Wiedergabe stimmt mit dem Verständnis in § 15 Abs. 2 überein und erfasst alle dort genannten Verwertungsarten. Soweit es sich um Fälle handelt, in denen sich das Publikum nicht am Ort der (Live-)Wiedergabe befindet, sind die Begriffe richtlinienkonform auszulegen.

19 Eine **analoge Anwendung** des § 96 Abs. 1 auf andere Nutzungshandlungen wirft aus unionsrechtlicher Sicht erhebliche Probleme auf (→ Rn. 9). Insbesondere kann die Norm nicht auf **vorübergehende Überlassungsvorgänge** – mit Ausnahme der Vermietung (→ Rn. 18) – angewendet werden.[106] Damit würde man die unionsrechtliche Harmonisierung des Verbreitungsrechts unterlaufen.[107] Nach allgemeiner Auffassung ist § 96 Abs. 1 auf die **Ausstellung** (§ 18) rechtswidriger Vervielfältigungsstücke analog anzuwenden.[108] Das ist unionsrechtlich unproblematisch, weil dieses Verwertungsrecht nicht harmonisiert wurde. Dagegen scheidet eine analoge Anwendung auf **Vervielfältigungen** von rechtswidrig hergestellten Vorlagen aus.[109] Insoweit ist § 53 Abs. 1 die speziellere Norm, der Sperrwirkung zukommt.[110]

IV. Rechtswidrig veranstaltete Funksendungen (§ 96 Abs. 2)

20 § 96 Abs. 2 setzt als Vortat eine rechtswidrig veranstaltete Funksendung voraus. Der Begriff der **Funksendung** ist übereinstimmend mit § 20 zu verstehen.[111] Dagegen scheidet eine öffentliche Zugänglichmachung (§ 19a) als Vortat aus.[112] Die Abgrenzung ist besonders bei „Internetradiostationen" wegen der technisch unterschiedlich ausgestalteten Streamingvorgänge mit Schwierigkeiten verbunden.[113] Die Beschränkung des § 96 Abs. 2 auf das Senderecht wurde in der Vergangenheit häufig als unbefriedigend wahrgenommen. Man wollte die (rechtspolitische) Lücke mit einer analogen Anwendung des § 96 Abs. 2 schließen: Das Herunterladen einer rechtswidrig angebotenen Musikaufnahme sei mit der Aufnahme einer rechtswidrig veranstalteten Funksendung ohne weiteres vergleichbar.[114] Genau genommen handelt es sich dabei um eine **zweifache Analogie:** An die Stelle der Funksendung tritt der **rechtswidrig öffentlich zugänglich gemachte** Schutzgegenstand und an die Stelle der Aufnahme tritt die **Vervielfältigung.** Diese Analogie konnte schon zum alten Recht nicht überzeugen.[115] Sie beruht auf dem Postulat, § 96 sei eine ausdrückliche Regelung des allgemeinen Grundsatzes, wonach für rechtmäßige Nutzungshandlungen keine illegalen Vervielfältigungsstücke benutzt werden dürften.[116] Dieser Grundsatz existiert als solcher nicht (→ Rn. 4). Nach der Novellierung des § 53 Abs. 1 und der dort abschließend getroffenen Spezialregelung fehlt es zudem an der notwendigen planwidrigen Gesetzeslücke.[117] Ist die Vorlage nicht offensichtlich rechtswidrig zugänglich gemacht worden, erlaubt § 53 Abs. 1 die Vervielfältigung. Diese Wertung darf nicht mit einer ohnehin methodisch problematischen Anwendung des § 96 Abs. 2 unterlaufen werden. Sollte § 53 Abs. 1 mit seiner Beschränkung auf offensichtlich rechtswidrige Inhalte nicht richtlinienkonform sein,[118] scheidet aus diesen Gründen eine Analogie als Instrument einer richtlinienkonformen Rechtsfortbildung aus (→ Rn. 19).

---

[103] BGH GRUR 2009, 840 Rn. 23 – Le-Corbusier-Möbel II; Dreier/Schulze/*Dreier/Specht* UrhG § 96 Rn. 4; Fromm/Nordemann/*J. B. Nordemann* UrhG § 96 Rn. 3, 4a; Wandtke/Bullinger/*Bullinger* UrhG § 96 Rn. 9; BeckOK UrhR/*Reber* UrhG § 96 Rn. 14; ohne Diskussion auch DKMH/*Meckel* UrhG § 96 Rn. 7; aA *Schulze* GRUR 2009, 812 (815 f.).

[104] *Schulze* GRUR 2009, 812 (815 f.).

[105] → § 77 Rn. 48; → § 17 Rn. 58.

[106] BGH GRUR 2009, 840 Rn. 23 – Le-Corbusier-Möbel II.

[107] Dreier/Schulze/*Dreier/Specht* UrhG § 96 Rn. 9; aA *Schulze* GRUR 2009, 812 (815 f.); Schricker/Loewenheim/*Wild* (4. Aufl.) UrhG § 96 Rn. 6.

[108] Schiedsstelle beim DPMA ZUM 2005, 85 (88); Wandtke/Bullinger/*Bullinger* UrhG § 96 Rn. 22; Dreier/Schulze/*Dreier/Specht* UrhG § 96 Rn. 9; DKMH/*Meckel* UrhG § 96 Rn. 8; Fromm/Nordemann/*J. B. Nordemann* UrhG § 96 Rn. 7; *Maaßen* AfP 2011, 10 (14).

[109] So bereits zu § 53 UrhG aF *Schack* FS Erdmann, 2002, 165 (169 f.); aA *Schaefer* FS Nordemann, 1999, 191 (196).

[110] Dreier/Schulze/*Dreier/Specht* UrhG § 96 Rn. 9; *Spindler*/Schuster UrhG § 96 Rn. 4, 12.

[111] → § 20 Rn. 6 ff.; → § 78 Rn. 39.

[112] Näher *Bäcker/Höfinger* ZUM 2013, 623 (633).

[113] → § 78 Rn. 32 ff.

[114] *Braun* GRUR 2001, 1106 (1107 f.).

[115] *Schack* FS Erdmann, 2002, 165 (170 f.); aA → 4. Aufl. 2010, Rn. 4.

[116] *Braun* GRUR 2001, 1106 (1107).

[117] *Zimmermann* MMR 2007, 553 (555); *Stieper* MMR 2012, 12 (17); Dreier/Schulze/*Dreier/Specht* UrhG § 96 Rn. 11; *Spindler*/Schuster UrhG § 96 Rn. 4, 15; BeckOK UrhR/*Reber* UrhG § 96 Rn. 5; so auch Schricker/Loewenheim/*Wild*, 4. Aufl. 2010, UrhG § 96 Rn. 4.

[118] Vgl. EuGH GRUR 2014, 546 Rn. 31 – ACI Adam BV ua/Stichting de Thuiskopie ua; → § 53 Rn. 14 ff.

Die Funksendung ist **rechtswidrig veranstaltet,** wenn die Handlung weder von einer Erlaubnis 21 des Inhabers des Senderechts (§ 20) noch nach den §§ 44a ff. gedeckt ist.[119] Ob die Funksendung rechtswidrig veranstaltet wurde, bestimmt sich nach deutschem Recht (→ Rn. 17).

Rechtswidrig veranstaltete Funksendungen dürfen nicht auf Bild- oder Tonträger **aufgenommen** 22 werden, § 96 Abs. 2. Das Gesetz nimmt damit Bezug auf die Legaldefinition in § 16 Abs. 2.[120] Der maßgebliche Grund für das Verbot dieser Nutzungshandlung ist der interpretenpersönlichkeitsrechtliche Kern des Aufnahmerechts in § 77 Abs. 1.[121] Die Funksendung darf auch nicht **öffentlich wiedergegeben** (→ Rn. 18) werden.

V. Rechtsfolgen

Ein Verstoß gegen § 96 löst **Ansprüche nach den §§ 97 ff.** aus.[122] Neben dem Beseitigungs- und 23 Unterlassungsanspruch (§ 97 Abs. 1) sowie – bei Verschulden – dem Schadensersatzanspruch (§ 97 Abs. 2) ist insbesondere der Vernichtungsanspruch relevant. In den Fällen des § 96 Abs. 1 kann der Rechtsinhaber die Vernichtung der rechtswidrig verbreiteten Vervielfältigungsstücke verlangen und in den Fällen des § 96 Abs. 2 hat der Rechtsinhaber einen Vernichtungsanspruch bezüglich der rechtswidrig vervielfältigten Sendung (§ 98 Abs. 1 S. 1). Gegen den gewerblich handelnden Verletzer besteht zudem ein Auskunftsanspruch (§ 101 Abs. 1).

1. Aktivlegitimation

Aktivlegitimiert ist der Urheber. Hat er ausschließliche Nutzungsrechte an einer Nutzungsart ein- 24 geräumt und dabei zwischen dem **Inhaber des ausschließlichen Vervielfältigungsrechts** und des Verbreitungsrechts bzw. der Rechte der öffentlichen Wiedergabe differenziert, stellt sich die Frage, wer zur Geltendmachung der Rechte aus § 96 Abs. 1 aktivlegitimiert ist: der Inhaber des Vervielfältigungsrechts[123] oder der Inhaber des Verbreitungsrechts oder eines Rechts der öffentlichen Wiedergabe.[124] Da es sich um ein reines Verbotsrecht handelt, wäre es auch denkbar, dass beide zu seiner Geltendmachung aktivlegitimiert sind.[125] Der Wortlaut entscheidet diese Frage nicht, weil er offenlässt, wem die Befugnis zusteht, die Verbreitung und öffentliche Wiedergabe zu untersagen. Sieht man den Normzweck darin zu verhindern, dass die eingetretene Verletzung des Vervielfältigungsrechts perpetuiert wird (→ Rn. 1), ist die erste Auffassung vorzugswürdig. § 96 Abs. 1 gibt dem Inhaber des Vervielfältigungsrechts ein Verbotsrecht hinsichtlich andersartiger Werknutzungen (öffentliche Wiedergabe und Verbreitung), die mit Hilfe des rechtswidrig hergestellten Vervielfältigungsstücks vorgenommen werden.[126] Da sich die Vortat gegen seine Rechtsposition richtete, soll er konsequenterweise entscheiden können, ob er die Rechte aus § 96 geltend machen will. Damit schränkt das Gesetz nicht nur eine möglicherweise bestehende Gemeinfreiheit an der Verbreitung bzw. öffentlichen Wiedergabe ein, sondern beschränkt zugleich die Befugnisse der Inhaber dieser Rechte. In dieser **Expansion des Vervielfältigungsrechts** liegt gerade die Pointe der Norm. Steht also beispielsweise das Vervielfältigungsrecht dem Musikverlag, das (konzertante) Aufführungsrecht aber der GEMA zu, ist der Musikverleger aktivlegitimiert.[127] Aus den genannten Gründen kann der Inhaber des Verbreitungsrechts die Ausübung eines anderen Verbreitungsrechts in einer anderen Nutzungsart bzw. die öffentliche Wiedergabe durch einen Dritten nicht über § 96 Abs. 1 verhindern.[128] Bei § 96 Abs. 2 ist folglich nur der **Inhaber des Senderechts** (§ 20) aktivlegitimiert.[129]

Bei den **Leistungsschutzrechten** sind Besonderheiten zu beachten. Grundsätzlich ist der originäre 25 Inhaber der einzelnen Leistungsschutzrechte aktivlegitimiert. Soweit eine translative Übertragung möglich ist – was im Interpretenrecht trotz § 79 Abs. 1 S. 1 zweifelhaft ist → § 79 Rn. 17 – geht die Aktivlegitimation auf den Zessionar über. Die Reichweite der Aktivlegitimation ist in § 96 Abs. 1 und Abs. 2 aber **unterschiedlich ausgestaltet:** § 96 Abs. 1 expandiert das Vervielfältigungsrecht. Daher kann der Inhaber des Leistungsschutzrechts die öffentliche Wiedergabe auch dann verbieten, wenn das UrhG ihm kein umfassendes ausschließliches Recht der öffentlichen Wiedergabe zugewiesen hat. Das gilt etwa für den Interpreten und Tonträgerhersteller bezüglich des Senderechts (vgl. §§ 78 Abs. 1, 86). Das ist Konsequenz davon, dass § 96 Abs. 1 das Vervielfältigungsrecht flankiert und

---

[119] Dreier/Schulze/*Dreier/Specht* UrhG § 96 Rn. 12.

[120] → § 16 Rn. 25 ff.

[121] Vgl. BT-Drs. IV/270, 103; → § 77 Rn. 25 f.

[122] Vgl. BGH GRUR 2006, 319 Rn. 32 – Alpensinfonie; BGH GRUR-Int 1995, 503 (504) – Cliff Richard II; BGH GRUR 1993, 550 (553) – The Doors; BGH GRUR 1986, 454 (455) – Bob Dylan.

[123] BGH GRUR 2006, 319 Rn. 32 – Alpensinfonie; BGH GRUR 1993, 550 – The Doors; *Bungeroth* GRUR 1976, 454 (456 f.); *Braun* GRUR-Int 1997, 427 (431); Dreier/Schulze/*Dreier/Specht* UrhG § 96 Rn. 2; Dreyer/Kotthoff/*Meckel* UrhG § 96 Rn. 3; Fromm/Nordemann/*J. B. Nordemann* UrhG § 96 Rn. 11.

[124] Wandtke/Bullinger/*Bullinger* UrhG § 96 Rn. 10 ff.; *Spindler*/Schuster UrhG § 96 Rn. 10.

[125] BeckOK UrhR/*Reber* UrhG § 96 Rn. 3.

[126] BGH GRUR 2006, 319 Rn. 32 – Alpensinfonie.

[127] *Bungeroth* GRUR 1976, 454 (457); vgl. auch BGH GRUR 1972, 141 – Konzertveranstalter.

[128] AA BeckOK UrhR/*Reber* UrhG § 96 Rn. 6.

[129] DKMH/*Meckel* UrhG § 96 Rn. 3.

einer Perpetuierung seiner Verletzung entgegenwirken soll. Anders ist bei § 96 Abs. 2 zu entscheiden. Aktivlegitimiert ist nur der Inhaber eines Leistungsschutzrechts, das ihm ein ausschließliches Recht an der Sendung verleiht. Das ist für den ausübenden Künstler – oder dessen Rechtsnachfolger – der Fall, in dem sich die Funksendung auf eine von § 78 Abs. 1 Nr. 2 erfasste Darbietung bezieht. Dagegen ist der Tonträgerhersteller in den Fällen des § 96 Abs. 2 nicht aktivlegitimiert. Das Gesetz weist ihm das Senderecht nicht als Ausschließlichkeitsrecht zu (→ § 86 Rn. 1).

2. Passivlegitimation

26   Passivlegitimiert ist, wer in den Fällen des § 96 Abs. 1 das Vervielfältigungsstück verbreitet oder öffentlich wiedergibt bzw. daran als Teilnehmer oder Störer mitwirkt. In den Fällen des § 96 Abs. 2 haftet, wer die Funksendung auf Bild- und Tonträger aufnimmt oder öffentlich wiedergibt bzw. daran als Teilnehmer oder Störer[130] mitwirkt. Um eine doppelte Inanspruchnahme zu vermeiden, beschränkt sich der Anwendungsbereich (→ Rn. 1, 5) und damit auch die Passivlegitimation bei § 96 Abs. 1 auf die Fälle, in denen ein zur Verbreitung oder öffentlichen Wiedergabe **an sich Berechtigter** rechtswidrig hergestellte Vervielfältigungsstücke[131] bzw. ein zur Vervielfältigung auf Tonträger oder öffentlichen Wiedergabe an sich Berechtigter rechtswidrig veranstaltete Funksendungen **benutzt** (§ 96 Abs. 2).[132] In den übrigen Fällen ergibt sich der Rechtsschutz unmittelbar aus § 97 iVm dem jeweils einschlägigen Verwertungsrecht.[133] Man kann § 96 aufgrund seiner Zwecksetzung (→ Rn. 1, 5) insbesondere nicht als allgemeines Verbotsrecht gegenüber allen Handlungen verstehen, zu denen der Anspruchsgegner nicht in dieser Form berechtigt war.[134]

Abschnitt 2. Rechtsverletzungen

Unterabschnitt 1. Bürgerlich-rechtliche Vorschriften; Rechtsweg

Vorbemerkung

Schrifttum: *Ahrens/McGuire,* Modellgesetz für Geistiges Eigentum, Normtext und Begründung, 2012; *Amschewitz,* Die Durchsetzungsrichtlinie und ihre Umsetzung in deutsches Recht, 2008; *Bornkamm,* E-Commerce Directive vs. IP Rights Enforcement – Legal Balance Achieved?, GRUR-Int 2007, 642; *ders.,* Der Schutz vertraulicher Informationen im Gesetz zur Durchsetzung von Rechten des geistigen Eigentums – In-camera-Verfahren im Zivilprozessrecht?, FS Ullmann (2006), S. 893; *Czychowski/J. B. Nordemann,* Grenzenloses Internet – entgrenzte Haftung? Leitlinien für ein Haftungsmodell der Vermittler, GRUR 2013, 986; *Dreier,* Grundrechte und die Schranken des Urheberrechts – Anmerkung zu EuGH Rs. C-469/17 – Funke Medien NRW und C-516/17 – Spiegel Online, GRUR 2019, 1003; *ders.,* Ausgleich, Abschreckung und andere Rechtsfolgen von Urheberrechtsverletzungen – Erste Gedanken zur EU-Richtlinie über die Maßnahmen und Verfahren zum Schutz der Rechte am geistigen Eigentum, GRUR-Int 2004, 706; *ders.,* TRIPS und die Durchsetzung von Rechten des geistigen Eigentums, GRUR-Int 1996, 205; *Dreier/Leistner,* Urheberrecht im Internet: die Forschungsherausforderungen, GRUR 2013, 881; *Frank/Wiegand,* Der Besichtigungsanspruch im Urheberrecht de lege ferenda, CR 2007, 481; *Franz,* TRIPS, »TRIPS plus« und der von den Zwangsmaßnahmen Betroffene – Vorschläge für ein faires Verfahren, ZUM 2005, 802; *Gesmann-Nuissl/Wünsche,* Neue Ansätze zur Bekämpfung der Internetpiraterie – ein Blick über die Grenzen, GRUR-Int 2012, 225; *Grisse,* The Graduated Response System in the Digital Economy Act 2010 – Compatibility with fundamental rights, ZGE 2014, 48; *GRUR,* Stellungnahme zu COM(2010) 779 endg. vom 22.12.2010 zur Anwendung der Richtlinie 2004/48/EG des Europäischen Parlaments und des Rates vom 29.4.2004 zur Durchsetzung der Rechte des geistigen Eigentums, GRUR 2011, 604; *GRUR,* Stellungnahme zur Umsetzung der Richtlinie zur Durchsetzung des Geistigen Eigentums, GRUR, 2007, 765; *Haedicke,* Informationsbefugnisse des Schutzrechtsinhabers im Spiegel der EG-Richtlinie zur Durchsetzung der Rechte des geistigen Eigentums, FS Schricker (2005), S. 19; *Heinze,* Die Durchsetzung geistigen Eigentums in Europa – zur Umsetzung der Richtlinie 2004/48/EG in Deutschland, England und Frankreich, ZEuP 2009, 282; *Hennemann,* Urheberrechtsdurchsetzung und Internet, 2011; *Hilty/Kur/Peukert,* Stellungnahme des Max-Planck-Instituts für Geistiges Eigentum, Wettbewerbs- und Steuerrecht zum Vorschlag für eine Richtlinie des Europäischen Parlaments und des Rates über strafrechtliche Maßnahmen zur Durchsetzung der Rechte des geistigen Eigentums, KOM(2006) 168 endgültig, GRUR-Int 2006, 722; *Höbel et al,* Kulturflatrate, Kulturwertmarke oder Three strikes and you are out: Wie soll mit Kreativität im Internet umgegangen werden?, 2013; *Hofmann,* Die Plattformverantwortlichkeit nach dem neuen europäischen Urheberrecht – „Much Ado About Nothing"?, ZUM 2019, 617; *ders.,* Kontrolle oder nachlaufender Rechtsschutz – wohin bewegt sich das Urheberrecht? Rechtsdurchsetzung in der EU zwischen Kompensation und Bestrafung, GRUR 2018, 21; *ders.,* Die Systematisierung des Interessenausgleichs im Urheberrecht am Beispiel des Rechts der öffentlichen Wiedergabe. Zugleich Anmerkung zu EuGH, Urteil vom 7.8.2018 – C-161/17 (ZUM 2018, 674 – Renckhoff), ZUM 2018, 641; *ders.,* Der Unterlassungsanspruch als Rechtsbehelf, 2017; *Holznagel/Schumacher,* Netzpolitik Reloaded – Pflichten und Grenzen staatlicher Internetpolitik, ZRP 2011, 74; *Ibbeken,* Das TRIPS-Übereinkommen und die vorgerichtliche Beweishilfe im gewerblichen Rechtsschutz, 2004; *Keplinger,* Enforcement of IP Rights in the Digital Environment: the Role of the World Intellectual Property Organization, GRUR-Int 2007, 648; *Knaak,* Die EG-Richtlinie zur Durchsetzung der Rechte des geistigen Eigentums und ihr

---

[130] S. dazu *Bäcker/Höfinger* ZUM 2013, 623 (633).
[131] BGH NJW 1986, 1249 (1251) – GEMA-Vermutung III.
[132] DKMH/*Meckel* UrhG § 96 Rn. 2.
[133] Wandtke/Bullinger/*Bullinger* UrhG § 96 Rn. 2.
[134] AA BeckOK UrhR/*Reber* UrhG § 96 Rn. 15.

Umsetzungsbedarf im deutschen Recht, GRUR-Int 2004, 745; *Kur/Peukert,* Stellungnahme des Max-Planck-Instituts für Geistiges Eigentum, Wettbewerbs- und Steuerrecht zur Umsetzung der Richtlinie 2004/48/EG zur Durchsetzung der Rechte des geistigen Eigentums ins deutsche Recht, GRUR-Int 2006, 292; *Lange,* Die Durchsetzung gewerblicher Schutzrechte in Deutschland und Italien, 2012; *Leistner,* Intermediary Liability in a Global World, in Synodinou (Hg.), Pluralism or Universalism in International Copyright Law (im Erscheinen), abrufbar unter https://papers.ssrn.com/sol3/cf_dev/AbsByAuth.cfm?per_id=2742264; *ders.,* „Ende gut, alles gut" ... oder „Vorhang zu und alle Fragen offen"? Das salomonische Urteil des EuGH in Sachen Pelham/Hütter (Metall auf Metall), GRUR 2019, 1008; *ders.,* Anforderungen an ein umweltsensibles Urheberrecht, in: Grünberger/Leible (Hg.), Die Kollision von Urheberrecht und Nutzerverhalten, 2014, S. 211; *ders.,* Die Haftung von Kauf- und Buchungsportalen mit Bewertungsfunktion, FS Köhler (2014), S. 415; *ders.,* Urheberrecht in der digitalen Welt, JZ 2014, 846; *ders.* Grundlagen und Perspektiven der Haftung für Urheberrechtsverletzungen im Internet, ZUM 2012, 722; *ders.,* Der Beitrag ökonomischer Forschung zum Urheberrecht – Bestandsaufnahme und interdisziplinäre Ideenskizze, ZGE 2009, 403; *Leistner/Ohly,* Direct and indirect copyright infringement: proposal for an amendment of Directive 2001/29/EC (InfoSoc Directive), JIPLP 14 (2009), 182; *Loschelder,* Die Enforcement-Richtlinie und das Urheberrecht, FS Raue (2006), S. 529; *Mahlmann,* Schaden und Bereicherung durch die Verletzung „geistigen Eigentums" – die Anspruchshöhe bei Verletzungen gewerblicher Schutzrechte, bei Urheber-, Persönlichkeits- und Wettbewerbsrechtsverletzungen. Eine vergleichende Untersuchung des deutschen, französischen und englischen Rechts unter Berücksichtigung der Richtlinie 2004/48/EG, 2005; *McGuire,* Beweismittelvorlage und Auskunftsanspruch nach der Richtlinie 2004/48/EG zur Durchsetzung der Rechte des Geistigen Eigentums, GRUR-Int 2005, 15; *Meier-Beck,* Schadenskompensation bei der Verletzung gewerblicher Schutzrechte nach dem Durchsetzungsgesetz, WRP 2012, 503; *Metzger,* Schadensersatz wegen Verletzung des geistigen Eigentums gemäß Art. 13 Durchsetzungs-RL 2004/48, in: Remien (Hg.), Schadensersatz im europäischen Privat- und Wirtschaftsrecht, 2012, S. 209; *Nägele/Nitsche,* Gesetzentwurf der Bundesregierung zur Verbesserung der Durchsetzung von Rechten des geistigen Eigentums, WRP 2007, 1047; *Nietsch,* Anonymität und die Durchsetzung urheberrechtlicher Ansprüche im Internet: Grundrechtliche Positionen im Spannungsfeld, 2014; *Nolte/Wimmers,* Wer stört? Gedanken zur Haftung von Intermediären im Internet – von praktischer Konkordanz, richtigen Anreizen und offenen Fragen, GRUR 2014, 16; *J. B. Nordemann,* Haftung von Providern im Urheberrecht – Der aktuelle Stand nach dem EuGH-Urteil v. 12.7.2011 – C-324/09 – L'Oréal/eBay, GRUR 2011, 977; *Ohly,* Gutachten F zum 70. Deutschen Juristentag, 2014; *Paal/Hennemann,* Internetauktionshäuser und Störerhaftung – Zugleich eine Besprechung von BGH, Urt. v. 17.8.2011, I ZR 57/09 – „Stiftparfüm", MMR 2012, 288; *Pahlow,* Anspruchskonkurrenzen bei Verletzung lizenzierter Schutzrechte unter Berücksichtigung der Richtlinie 2004/48/EG, GRUR 2007, 1001; *Peifer,* Selbstbestimmung im digitalen Netz – Privatkopie, Flatrate und Fair Use, ZUM 2014, 86; *Peukert,* Das Urheberrecht und die zwei Kulturen der Online-Kommunikation, GRUR-Beil. 2014, 77; *Peukert/Kur,* Stellungnahme des Max-Planck-Instituts für Geistiges Eigentum, Wettbewerbs- und Steuerrecht zur Umsetzung der Richtlinie 2004/48/EG zur Durchsetzung der Rechte des geistigen Eigentums in deutsches Recht, GRUR-Int 2006, 292; *Quintais,* Copyright in the Age of Online Access. Alternative Compensation Systems in EU Law, 2017; *Rehbinder,* Tauschbörsen, Sharehoster und UGC-Streamingdienste, ZUM 2013, 241; *Roßnagel/Jandt/Schnabel,* Kulturflatrate – Ein verfassungsrechtlich zulässiges alternatives Modell zur Künstlervergütung?, MMR 2010, 8; *Schapiro,* Anhaltende Rechtsunsicherheit für die Betreiber von Internetmeinungsportalen? – Das Urteil des EGMR »Delfi AS v. Estonia« und seine Auswirkungen auf die deutsche Rechtslage, ZUM 2014, 201; *Schwartmann,* Vergleichende Studie über Modelle zur Versendung von Warnhinweisen durch Internet-Zugangsanbieter an Nutzer bei Urheberrechtsverletzungen, 2012; *Schwartmann/Hentsch,* Die verfassungsrechtlichen Grenzen der Urheberrechtsdebatte, ZUM 2012, 759; *Schwarz/Brauneck,* Verbesserung des Rechtsschutzes gegen Raubkopierer auf der Grundlage der EU-Enforcement-Richtlinie und deren Umsetzung in deutsches Recht, ZUM 2006, 701; *Seichter,* Die Umsetzung der Richtlinie zur Durchsetzung der Rechte des geistigen Eigentums, WRP 2006, 391; *ders.,* Der Auskunftsanspruch nach Art. 8 der Richtlinie zur Durchsetzung der Rechte des geistigen Eigentums, FS Ullmann (2006), S. 983; *Spindler,* Internetplattformen und die Finanzierung der privaten Nutzung, ZUM 2014, 91; *ders.,* Datenschutz- und Persönlichkeitsrechte im Internet – der Rahmen für Forschungsaufgaben und Reformbedarf, GRUR 2013, 996; *ders.,* Rechtliche und Ökonomische Machbarkeit einer Kulturflatrate, Gutachten erstellt im Auftrag der Bundestagsfraktion „Bündnis 90/DIE GRÜNEN", 2013; *Spindler/Weber,* Die Umsetzung der Enforcement-Richtlinie nach dem Regierungsentwurf für ein Gesetz zur Verbesserung der Durchsetzung von Rechten des geistigen Eigentums, ZUM 2007, 257; *Stieper,* Dreifache Schadensberechnung nach der Durchsetzungsrichtlinie 2004/48/EG im Immaterialgüter- und im Wettbewerbsrecht (2004/48/EG), WRP 2010, 624; *Tetzner,* Der Verletzerzuschlag bei der Lizenzanalogie, GRUR 2009, 6; *Tilmann,* Beweissicherung nach Art. 7 der Richtlinie zur Durchsetzung der Rechte des geistigen Eigentums, GRUR 2005, 737; *v. Ungern-Sternberg,* Einwirkung der Durchsetzungsrichtlinie auf das deutsche Schadensersatzrecht, GRUR 2009, 460; *Walter,* Die Rechtsdurchsetzung, in: Riesenhuber (Hg.), Systembildung im internationalen Urheberrecht, Schriften zum Europäischen Urheberrecht Bd. 5, 2007, S. 243; *Weber,* Die Umsetzung der Enforcement-Richtlinie ins deutsche Recht, 2010; *Wiebe,* Datenschutz in Zeit von Web 2.0 und BIG DATA – dem Untergang geweiht oder auf dem Weg zum Immaterialgüterrecht, ZIR 2014, 35; *ders.,* Enforcement-RL, in: Dittrich (Hg.), Beiträge zum Urheberrecht VIII, 2005, S. 167; *Wirtz,* Verletzungsansprüche im Recht des geistigen Eigentums – das Sanktionensystem nach Umsetzung der Richtlinie 2004/48/EG, 2011.

Übersicht

I. Allgemeines

1   Das UrhG gewährt **Schutz vor Rechtsverletzungen** im Zweiten Abschnitt des vierten Teils des Gesetzes.[1] Im Unterabschnitt 1 sind die **zivilrechtlichen Folgen** einschließlich des Rechtswegs normiert, §§ 97–105. Der Unterabschnitt 2 enthält **Straf- und Bußgeldvorschriften**, §§ 106–111a, der Unterabschnitt 3 Vorschriften über **Maßnahmen der Zollbehörden**, §§ 111b–111c.

Das **Verwertungsverbot des § 96** ergänzt den Abschnitt: Rechtswidrig hergestellte Vervielfältigungsstücke dürfen weder verbreitet noch zu öffentlicher Wiedergabe benutzt werden (Abs. 1). Entsprechendes gilt für rechtswidrig veranstaltete Funksendungen (Abs. 2).

Auch die Vorschriften über den **Schutz technischer Maßnahmen** (§ 95a) und den **Schutz der zur Rechtewahrnehmung erforderlichen Informationen** (§ 95c) stehen im Zusammenhang mit den §§ 97 ff. Zum einen stellen sie nach (umstrittener) Auffassung in Teilen der Literatur eigenständige iSd §§ 97 ff. geschützte Rechte dar.[2] Zum anderen wird aus rechtspolitischer Perspektive das Verhältnis der durch den eigenständigen Schutz technischer Maßnahmen potentiell ermöglichten „privaten" Rechtsdurchsetzung zu den in §§ 97 ff. geregelten gesetzlichen Rechtsfolgen zu Recht als problematisch angesehen.[3]

In gewissem praktischen Zusammenhang zu den §§ 97 ff. stehen schließlich auch die im dritten Abschnitt des vierten Teils vorgesehenen einzelnen **Sonderregeln für die Zwangsvollstreckung** (§§ 112–119).

2   Die **effektive Durchsetzung** des Urheberrechts ist integraler Bestandteil der Ausgestaltung der ausschließlichen Verfügungsrechte.[4] Deren Realwirkung wird durch die Ausgestaltung der Sanktionen entscheidend mit beeinflusst.[5] Im Grundsatz gilt es, die **Balance** zu wahren zwischen **wirksamen, abschreckenden Sanktionen** und dem Interesse von Wettbewerbern und Konsumenten, urheberrechtlich geschütztes Material im Rahmen des materiell-rechtlich Zulässigen zu nutzen. Hier kann eine **Übersanktionierung** auch negative Effekte haben. Zum einen kann sie im Hinblick auf noch legale Nutzungen im Grenzbereich übertriebene Abschreckungseffekte entfalten und aufgrund solcher *chilling effects* die Wirkung des materiell-rechtlichen Urheberrechts gegenüber der gesetzgeberischen Intention faktisch überdehnen.[6] Zum anderen können insbesondere strafrechtliche Sanktionen, aber beispielsweise auch Massenabmahnungen, wenn sie sich hinsichtlich der etablierten **sozialen Normen** in bestimmten Bereichen zu weit von der Erwartungshaltung der Nutzer entfernen, kontraintentional wirken. Sie bewirken dann unter Umständen eine Gegenreaktion *(backlash)* bei den Nutzern, die das Ausmaß der Rechtsverletzungen möglicherweise noch vergrößert. Dabei geht es an dieser Stelle keinesfalls darum, den Rahmen des materiellen Rechts oder der Sanktionen an unrealistische Nutzererwartungen hinsichtlich eines möglichst freien Zugangs anzupassen. Vielmehr ist spezifisch danach zu fragen, wie die Aus- und Umgestaltung urheberrechtlicher Sanktionen zeitlich und sachlich zu strukturieren ist, um eine möglichst effektive Abschreckungswirkung mit möglichst geringen *backlash*-Effekten zu erzielen.[7]

3   Praktisch virulent sind diese Probleme aufgrund der Entwicklung des **Internets** und der **digitalen Technologie** geworden, die in zuvor ungekanntem Ausmaß **massenhafte Rechtsverletzungen** durch zum Großteil **anonyme** Einzelnutzer ermöglicht.[8] Zugleich hat das Internet die Entwicklung zahlreicher **neuer Geschäftsmodelle** befördert,[9] die in der Regel mehr oder weniger weitreichende Möglichkeiten für eine **multipolare Kommunikation** zwischen konsumierenden und zugleich produzierenden Nutzern, Vermittlern (Providern) und Rechteinhabern ermöglichen, wobei die Grenzlinien zur Rechtsverletzung und insbesondere zwischen privaten und gewerblichen Nutzungshandlungen nicht immer einfach zu ziehen sind.[10] Hinzu kommen die unterschiedlichen Formen neuer **Informationsaggregatoren** im Netz, die urheberrechtlich geschützte Inhalte für den strukturierten Zugriff automatisch suchen, zusammenfassen und bündeln.

Der Bereich der Rechtsdurchsetzung ist durch diese Entwicklungen in ganz besonderem Maße betroffen.[11] Spezifische Probleme wirft die Rechtsdurchsetzung vermittels **massenhafter kostenpflich-**

---

[1] Die vorliegende Kommentierung beruht auf der Kommentierung von *Wild* in der 4. Aufl., die grundlegend überarbeitet und aktualisiert wurde.

[2] → § 97 Rn. 18.

[3] *Dreier/Leistner* GRUR 2013, 894 mwN zu dieser seit langem geführten Diskussion.

[4] Dreier/Schulze/*Specht* UrhG vor § 97 Rn. 1.

[5] Vgl. zu dieser Rückwirkung der eingeschränkten faktischen Durchsetzungskraft des Urheberrechts insbes. im Internet auf die ökonomische Analyse der Ausschließlichkeitsrechte *Leistner* ZGE 2009, 403 (418 f.) mwN; zuletzt grundlegend *Hofmann* passim; bündig *Hofmann* GRUR 2018, 21 ff.; am Beispiel des Rechts der öffentlichen Wiedergabe und seiner Durchsetzung auch *Hofmann* ZUM 2018, 641 ff.

[6] *Leistner* ZGE 2009, 403 (419, 433 f.); Dreier/Schulze/*Specht* UrhG vor § 97 Rn. 1.

[7] Das diesbezügliche Potential der verhaltensökonomischen und psychologischen Forschung ist bisher nicht ausgeschöpft, s. näher *Leistner* ZGE 2009, 403 (415 f.) mwN; vgl. auch *Leistner* in: Grünberger/Leible, Die Kollision von Urheberrecht und Nutzerverhalten, 2014, S. 211 ff.

[8] *Czychowski/J. B. Nordemann* GRUR 2013, 986; *Rehbinder* ZUM 2013, 241, jeweils mwN. Siehe zum Verhältnis von „Exklusivitätskultur" und „Zugangskultur" im Internet *Peukert* GRUR-Beil. 2014, 77.

[9] *Nolte/Wimmers* GRUR 2014, 16.

[10] *Dreier/Leistner* GRUR 2013, 881 (892 f.) mwN.

[11] S. umfassend *Hennemann* passim; *Hofmann* passim; *Lange* S. 21 f.; *Weber* passim; *Wirtz* passim.

tiger Abmahnungen[12] von Einzelnutzern auf, wobei hier hinsichtlich des notwendigen Auskunftsanspruchs und der Speicherpflichten bezüglich der Identität der betroffenen Personen zugleich eine wesentliche Schnittstelle zum **Datenschutzrecht** besteht.[13] Hinzu kommt die besondere Problematik der haftungsrechtlichen Einordnung der unterschiedlichen **Intermediäre (insbesondere Provider).**[14]

Auch unter rechtsvergleichender Perspektive[15] wird folgerichtig über **Alternativmodelle der** 4 **Rechtsdurchsetzung** nachgedacht. Dies betrifft einerseits denkbare Intensivierungen der Rechtsdurchsetzung, wie die unterschiedlichen diskutierten **Warnhinweismodelle**[16] oder auch die Möglichkeit, **Sperrverfügungen**[17] bezüglich bestimmter Internetseiten gegen Zugangsprovider zu erlassen;[18] eine wesentliche Rolle muss hier insbesondere auch die Frage nach den Folgen entsprechender Warnhinweise für mögliche **Speicherpflichten** der und Auskunftsansprüche gegen die Provider spielen.[19] Andererseits werden radikal neue Vergütungsmodelle für den Internetbereich diskutiert, wie etwa die unterschiedlichen Vorschläge für eine **Internetflatrate,** eine Kulturwertmark[20] oder ähnliche Ansätze zur pragmatischen Lösung der Rechtsdurchsetzungsproblematik.[21]

II. Unionsrechtlicher Rahmen

1. Die Richtlinie 2004/48/EG (Enforcement-RL)

Die **Richtlinie 2004/48/EG** des Europäischen Parlaments und des EU-Ministerrats vom 29.4. 5 2004 **zur Durchsetzung der Rechte des geistigen Eigentums**[22] verpflichtete die Mitgliedstaaten erstmals zur **Regelung bestimmter materiellrechtlicher Sanktionen und verfahrensrechtlicher Instrumente,** um die Rechte des geistigen Eigentums durchzusetzen: Urheber-/Inhabervermutung für Urheber und Inhaber verwandter Schutzrechte (Art. 5), Beweisvorlagepflichten bei Gericht (Art. 6), Beweissicherungsverfahren (Art. 7), Auskunftsrechte (Art. 8), einstweilige Maßnahmen und Sicherungsmaßnahmen (Art. 9), Abhilfemaßnahmen (Art. 10), Unterlassungsanordnungen (Art. 11), Ersatzmaßnahmen (Art. 12), Regeln zum Schadensersatz (Art. 13), Prozesskosten (Art. 14), Veröffentlichung von Gerichtsentscheidungen (Art. 15). Art. 16–19 enthalten Regeln zu Sanktionen, Verhaltenskodizes und zur Verwaltungsarbeit. Nach Art. 3 Abs. 2 Enforcement-RL müssen die Maßnahmen, Verfahren und Rechtsbehelfe „**wirksam, verhältnismäßig und abschreckend** sein und so angewendet werden, dass die Einrichtung von **Schranken für den rechtmäßigen Handel vermieden** wird und die **Gewähr gegen Missbrauch gegeben ist**".

Dabei folgt die Richtlinie mit dem Gebot effektiven Rechtsschutzes dem Grundkonzept eines **ho-** 6 **hen Schutzniveaus** im Unionsrecht.[23] Entsprechend handelt es sich bei den Vorgaben in Art. 2 Abs. 1, 8 Abs. 3 und 16 Enforcement-RL auch um **Mindestbestimmungen;** die Mitgliedstaaten können also in ihrem nationalen Recht ein höheres Schutzniveau hinsichtlich der Durchsetzung des

---

[12] → Rn. 18 zur legislativen Entwicklung in diesem Bereich.

[13] *Spindler* GRUR 2013, 996; *Wiebe* ZIR 2014, 35; im Überbl. auch *Dreier/Leistner* GRUR 2013, 881 (892f.), jeweils mwN.

[14] Dazu im Einzelnen → § 97 Rn. 138ff.

[15] *Gesmann-Nuissl/Wünsche* GRUR-Int 2012, 225.

[16] *Schwartmann* passim, abrufbar unter: https://www.bmwi.de/Redaktion/DE/Publikationen/Technologie/ warnhinweise.pdf?__blob=publicationFile&v=3 (zul. abgerufen am 15.7.2019); dazu aus europarechtlicher Sicht *Paal/Hennemann* MMR 2012, 288.

[17] S. zul. EuGH GRUR 2014, 468 – UPC Telekabel; BGH GRUR 2016, 268 – Störerhaftung des Access-Providers; grdl. *Grisse* passim; *Leistner/Grisse* GRUR 2015, 19ff.; *Leistner/Grisse* GRUR 2015, 105ff.; vgl. näher → § 97 Rn. 139.

[18] Sehr ausgewogen die zurückhaltenden Vorschläge von *Ohly* F 120ff.; vgl. dazu *Leistner* JZ 2014, 846 (856).

[19] Das englische Modell des Digital Economy Acts verpflichtet Internet-Access-Provider dazu, ihnen gemeldete Rechtsverletzungen ihren Nutzern zuzuordnen, in Listen zu vermerken und die Nutzer entsprechend abzumahnen, Digital Economy Act 2010, abrufbar unter http://www.legislation.gov.uk/ukpga/2010/24/pdfs/ukpga_20100024_ en.pdf (zul. abgerufen am 15.7.2019); sa *Grisse* ZGE 2014, 48; mit einem Vorschlag zur Einbindung der Bundesnetzagentur de lege ferenda *Czychowski/J. B. Nordemann* GRUR 2013, 986 (991f.). Umfassend zul. *Nietsch* passim. Vgl. für eine Diskussion am Beispiel des sog. „value gap" *Hofmann* GRUR 2018, 21.

[20] S. dazu *Spindler*, Rechtliche und Ökonomische Machbarkeit einer Kulturflatrate, Gutachten erstellt im Auftrag der Bundestagsfraktion „Bündnis 90/DIE GRÜNEN", 2013, abrufbar unter https://www.gruene-bundestag.de/ fileadmin/media/gruenebundestag_de/themen_az/medien/Gutachten-Flatrate-GrueneBundestagsfraktion__CC_ BY-NC-ND_.pdf (zul. abgerufen am 15.7.2019); *Höbel et al* passim; aus verfassungsrechtlicher Sicht *Roßnagel/Jandt/Schnabel* MMR 2010, 8.

[21] S. im kurzen Überbl. *Dreier/Leistner* GRUR 2013, 881 (893); *Peifer* ZUM 2014, 86; *Spindler* ZUM 2014, 91; *Leistner* ZUM 2016, 580, jeweils mwN; vgl. auch *Holznagel/Schumacher* ZRP 2011, 74 (76) aus Sicht der objektiven Werteordnung der Grundrechte. Mit einem Regelungsvorschlag im Zusammenhang des Vorschlags für eine Richtlinie über das Urheberrecht im digitalen Binnenmarkt *Leistner/Metzger*, Eine neue Lösung für das Urheberrecht, Frankfurter Allgemeine Zeitung v. 3.1.2017; grdl. für einen Ausbau kollektiver Vergütungsmodelle im eur. Urheberrecht *Quintais* passim.

[22] In revidierter Fassung ABl. 2004 L 195, S. 16.

[23] EuGH GRUR 2008, 241 Rn. 43, 57 – Promusicae/Telefónica; Fromm/Nordemann/*J. B. Nordemann* UrhG § 97 Rn. 5; zur Kritik an möglichem Überschutz durch zu stark ausgestaltete Rechtsfolgen Dreier/Schulze/*Specht* UrhG vor § 97 Rn. 4 mwN.

Urheberrechts vorsehen.[24] Zu beachten sind aber auch die primärrechtlichen **Grundfreiheiten,** zumal die Richtlinie der Verwirklichung des Binnenmarkts dienen soll.[25]

7 Die Enforcement-RL berührt nach Art. 2 Abs. 2 und 3 lit. a nicht die in den zuvor erlassenen Richtlinien enthaltenen Bestimmungen: Computerprogramm-RL, insbesondere Art. 7; InfoSoc-RL, insbesondere Art. 2–6 und 8; Richtlinie 2000/31/EG zum elektronischen Geschäftsverkehr, insbesondere die dortigen **Haftungsprivilegien für Provider** in Art. 12–15, national normiert im TMG.[26] Die strafrechtlichen Rechtsfolgen richten sich nach Art. 2 Abs. 3 lit. b und c Enforcement-RL nach internationalen Übereinkommen, insbesondere dem TRIPS-Übereinkommen[27] und den innerstaatlichen Vorschriften der Mitgliedstaaten. Ob und inwieweit auch zum Strafrecht eine Harmonisierung stattfinden sollte,[28] wird kritisch hinterfragt.[29]

8 Gefordert wurden in der Folge des ersten **Kommissionsberichts zur Anwendung der Enforcement-RL**[30] ua eine Ausdehnung des Anwendungsbereichs auf Geschäftsgeheimnisse, Klarstellungen bezüglich des Verhältnisses zur E-Commerce-RL bei der Providerhaftung sowie bezüglich Einzelheiten des Schadensersatzanspruchs und eine gemeinschaftsrechtliche Präzisierung der Geheimnisschutzanforderungen bei Beweisermittlungen.[31]

2. Die Umsetzung in deutsches Recht

9 Die Umsetzung der Enforcement-RL in nationales Recht, vorgeschrieben zum 29.4.2006, hat die Bundesrepublik mit gut zweijähriger Verspätung 2008 erreicht.[32] **Umsetzungsbedarf** bestand in Deutschland prozessual wie materiellrechtlich, auch wenn das bisherige deutsche Recht den europäischen Vorschriften schon weitgehend entsprach.[33] Spezifisch betraf dies im Wesentlichen die Urhebervermutung für Inhaber verwandter Schutzrechte,[34] den Umfang der Vorlage von Beweisen durch die gegnerische Partei,[35] Maßnahmen zur Beweissicherung,[36] den Auskunftsanspruch,[37] einstweilige Maßnahmen und Sicherungsmaßnahmen[38] sowie Abhilfemaßnahmen.[39]

Eher unterschätzt sind die Auswirkungen der Richtlinienumsetzung beim **Schadensersatzanspruch** in § 97 Abs. 2, wo es zwar beim Grundsatz der dreifachen Schadensberechnung bleibt, dabei aber aufgrund der Richtlinienvorgaben dennoch Änderungen der Rechtsprechung erforderlich werden könnten;[40] der Gesetzgeber hat dies nicht hinreichend gesehen, eine Berücksichtigung der Richtlinienvorgaben ist hier gegebenenfalls im Wege der richtlinienkonformen Auslegung geboten.[41]

Nicht ausdrücklich umgesetzt wurden die Richtlinienvorgaben zur **Vermittlerhaftung** (Art. 11 S. 3 Enforcement-RL) betreffend gerichtliche Anordnungen (auch im einstweiligen Rechtsschutz, s. Art. 9 Abs. 1 lit. a Enforcement-RL) gegen Mittelspersonen, deren Dienste von einem Dritten zwecks Verletzung eines gewerblichen Schutzrechts (für das Urheberrecht nur hinsichtlich des Hauptsacheverfahrens inhaltsgleich geregelt in Art. 8 Abs. 3 InfoSoc-RL) in Anspruch genommen werden. Diese grundsätzlich von den Mitgliedstaaten zwingend vorzusehende Vermittlerhaftung auf Unterlassung wird hinsichtlich ihrer genauen Voraussetzungen und Rechtsfolgen in den RL allerdings nicht

---

[24] Dreier/Schulze/*Specht* UrhG Vor § 97 Rn. 5.

[25] Vgl. allg. EuGH GRUR 2012, 817 Rn. 31 ff. – Donner; Fromm/Nordemann/*J. B. Nordemann* UrhG § 97 Rn. 5. S. insg. zur Rechtsdurchsetzung als einem der Instrumente für den im Urheberrecht notwendigen Interessenausgleich *Hofmann* GRUR 2018, 21 ff.

[26] Dazu und zum Verhältnis der Richtlinien iE → § 97 Rn. 92 ff.

[27] → Rn. 13.

[28] Vgl. den Vorschlag für eine Richtlinie über strafrechtliche Maßnahmen zur Durchsetzung der Rechte des geistigen Eigentums, KOM(2006) 168 endg., ABl. 2006 C 303, S. 92.

[29] *Hilty/Kur/Peukert* GRUR-Int 2006, 722.

[30] KOM(2010) 779 endg.

[31] GRUR Stellungnahme zu KOM(2010) 779 endg., GRUR 2011, 604 zur Anwendung der Enforcement-RL.

[32] BGBl. 2008 I S. 1191. Vgl. mit einem Überbl. zur Umsetzung der RL in Deutschland, England und Frankreich *Heinze* ZEuP 2009, 282; zum möglichen Modellcharakter der RL für andere Bereiche des europäischen Privatrechts wegen der immaterialgüterrechtlichen Besonderheiten zurückhaltend *Metzger* in Remien, Schadensersatz im europäischen Privat- und Wirtschaftsrecht, 2012, S. 209, 230.

[33] Vgl. iE AmtlBegr. BT-Drs. 16/5048, 25 ff.; *Peukert/Kur* GRUR-Int 2006, 292.

[34] Art. 5 lit. b Enforcement-RL; s. §§ 71, 74, 85, 87, 87b, 94. Zur Situation beim Leistungsschutzrecht der Presseverleger → § 87f Rn. 26.

[35] Art. 6 Abs. 1 S. 1, Abs. 2 Enforcement-RL hinsichtlich Urkundenvorlage, Vorlage von Geschäftsunterlagen, Besichtigung.

[36] Art. 7 Abs. 4 Enforcement-RL hinsichtlich Schadensersatzes bei einer ungerechtfertigten einstweiligen Verfügung in Erweiterung des § 945 ZPO.

[37] Art. 8 Abs. 1 lit. a–d, Abs. 2 lit. b Enforcement-RL hinsichtlich des Umfangs der Auskunftserteilung und der Passivlegitimation. Vgl. dazu auch EuGH GRUR 2018, 1234 Rn. 50 ff. – Bastei Lübbe.

[38] Art. 9 Abs. 2 S. 2 Enforcement-RL hins. behördlicher dh gerichtlicher Anordnung der Übermittlung/Zugänglichmachung von Bank-, Finanz- oder Handelsunterlagen.

[39] Art. 10 Abs. 1 lit. a, b Enforcement-RL hins. des Rückrufs und des endg. Entfernens aus den Vertriebswegen.

[40] Vgl. EuGH GRUR 2017, 264 – OTK/SFP zur Möglichkeit eines Schadensersatzanspruchs in Höhe der dreifachen üblichen und angemessenen Lizenzgebühr im poln. Recht.

[41] *v. Ungern-Sternberg* GRUR 2009, 460; Wandtke/Bullinger/*v. Wolff* UrhG § 97 Rn. 3, 82 ff., der davon ausgeht, der Gesetzgeber habe das Problem erkannt und bewusst der Rechtsprechung überlassen; s. aA → Rn. 243, 261; vgl. zum Parallelproblem im Patentrecht *Meier-Beck* WRP 2012, 503.

näher konturiert.[42] Wohl aber hat der EuGH in seinen Urteilen zur Providerhaftung im Internet die entsprechenden Vorgaben konkretisiert und mit den Providerprivilegien der E-Commerce-RL in gewissem Umfang abgestimmt.[43] In der Folge hat der EuGH die Rechtsprechung zur Vermittlerhaftung auch auf Offline-Sachverhalte übertragen.[44] Der Anwendungsbereich der Enforcement-RL ist nicht auf den Online-Bereich beschränkt. Im deutschen Recht entspricht dieser grundsätzlich vorgegebenen Vermittlerhaftung die Figur der Störerhaftung, wobei – insbesondere für die Internet-Fälle – nicht ganz unumstritten ist, ob die Störerhaftung der europäischen Vorgabe bezüglich der Vermittlerhaftung tatsächlich vollumfänglich genügt.[45]

Allgemein und insbesondere auch für die umsetzungsfreie Zeit besteht für die nationalen Gerichte **10** die **Verpflichtung, das nationale Recht richtlinienkonform auszulegen.**[46]

Die Umsetzung der Enforcement-RL erfolgte schließlich durch das **Gesetz zur Verbesserung** **11** **der Durchsetzung von Rechten des geistigen Eigentums v. 7.7.2008;**[47] in Kraft seit 1.9. 2008.[48] Der Gesetzgeber nahm davon Abstand, entsprechend dem Ansatz der Richtlinie auch im deutschen Recht einen für alle geistigen Eigentumsrechte geltenden allgemeinen Teil[49] zu schaffen. Zur unmissverständlichen Regelung wählte er vielmehr die Wiederholung von zum Teil **inhaltsgleichen Vorschriften in den einzelnen Spezialgesetzen.** Artikel 6 enthält die Änderungen des Urheberrechtsgesetzes.[50] Darüber hinaus diente das Gesetz der Anpassung des innerstaatlichen deutschen Rechts sowohl an die Verordnung (EG) Nr. 1383/2003 des Rates vom 22.7.2003 über das Vorgehen der Zollbehörden gegen Waren (ersetzt durch die Verordnung (EU) Nr. 608/2013 zur Durchsetzung der Rechte geistigen Eigentums durch die Zollbehörden und zur Aufhebung der Verordnung (EG) Nr. 1383/2003 des Rates, die am 1.1.2014 in Kraft trat, → § 111c Rn. 2),[51] die in Verdacht stehen, bestimmte Rechte geistigen Eigentums zu verletzen, und die Maßnahmen gegenüber Waren, die erkanntermaßen derartige Rechte verletzen[52] als auch an die Verordnung (EG) Nr. 510/2006 des Rates vom 20.3.2006 zum Schutz von geografischen Angaben und Ursprungsbezeichnungen für Agrarerzeugnisse und Lebensmittel.[53] Insgesamt sollte durch die Verbesserung der Stellung der Rechtsinhaber beim Kampf gegen Produktpiraterie ein Beitrag zur Stärkung des geistigen Eigentums geleistet werden.[54]

Das Gesetz **sieht keine eigenständige Übergangsvorschrift vor.** Damit richtet sich die An- **12** knüpfung der **intertemporalen Anwendbarkeit** der umfangreichen Änderungen der §§ 97 ff. zum 1.9.2008 nach Art. 170 EGBGB. Insbesondere für die aktuelle Fassung des § 97 kommt es also darauf an, wann das durch die Norm begründete gesetzliche Schuldverhältnis entstanden ist.[55] Bei **Schadensersatzansprüchen** ist das der Zeitpunkt der Verletzungshandlung.[56] Bei **Unterlassungsansprüchen,** die die Abwehr künftiger Rechtsverstöße betreffen, gilt demgegenüber stets die neue Fassung des § 97; die Handlung muss zudem zum Zeitpunkt der Begehung rechtswidrig gewesen sein, um die Wiederholungsgefahr zu begründen.[57] Für **Beseitigungsansprüche,** die die Beseitigung eines andauernden Störungszustands betreffen, gilt ebenfalls stets die neue Fassung.[58]

---

[42] Erwgr. 59 InfoSoc-RL und Erwgr. 23 Enforcement-RL: Regelung der Voraussetzungen und Verfahren für derartige Anordnungen Sache der Mitgliedstaaten. Vgl. *Leistner* ZUM 2012, 722 (723) mwN auch zur *cheapest cost avoider* Überlegung, die hinter diesen Regelungen zu stehen scheint (unter Hinweis auf Erwgr. 59 InfoSoc-RL).

[43] Näher → § 97 Rn. 96 ff.

[44] EuGH GRUR 2016, 1062 Rn. 29, 37 – Tommy Hilfiger (für den Betreiber eines physischen Markplatzes).

[45] Zweifelnd und (auf Grundlage der Entscheidung EuGH GRUR 2011, 1025 – L'Oréal/eBay) für eine richtlinienkonforme Auslegung dahingehend, dass Unterlassungsansprüche auch unabhängig von der Verletzung eigener Prüfungspflichten des Vermittlers in verhältnismäßigem Umfang gegeben sein müssen, *Czychowski/J. B. Nordemann* GRUR 2013, 986 (988 ff.); *J. B. Nordemann* GRUR 2011, 977 (979); keinen Umsetzungsbedarf, allerdings die Notwendigkeit der Prüfung des deutschen Rechtsanwendung im Lichte des europäischen Rechts, sieht Wandtke/Bullinger/*v. Wolff* UrhG § 97 Rn. 14. Insbes. zu Sperrverfügungen gegen Access-Provider → § 97 Rn. 139.

[46] S. spezifisch zur Enforcement-RL vor Umsetzung in das dt. Recht BGH GRUR 2007, 708 Rn. 38 – Internet-Versteigerung II; näher Dreier/Schulze/*Specht* UrhG vor § 97 Rn. 7.

[47] BGBl. 2008 I S. 1191.

[48] Näher zur zeitlichen Anwendbarkeit Fromm/Nordemann/*J. B. Nordemann* UrhG § 97 Rn. 4a mwN.

[49] Dazu grundlegend *Ahrens/McGuire* passim.

[50] BGBl. 2008 I S. 1201 ff. S. zu den Änderungen im Einzelnen bei den jeweiligen Vorschriften.

[51] Verordnung (EU) Nr. 608/2013 des Europäischen Parlaments und des Rates vom 12.6.2013 zur Durchsetzung der Rechte geistigen Eigentums durch die Zollbehörden und zur Aufhebung der Verordnung (EG) Nr. 1383/2003 des Rates, ABl. 2013 L 181, S. 15.

[52] Verordnung (EG) Nr. 1383/2003 des Rates vom 22.7.2003 über das Vorgehen der Zollbehörden gegen Waren, die im Verdacht stehen, bestimmte Rechte geistigen Eigentums zu verletzen, und die Maßnahmen gegenüber Waren, die erkanntermaßen derartige Rechte verletzen, ABl. 2003 L 196, S. 7.

[53] Verordnung (EG) Nr. 510/2006 des Rates vom 20.3.2006 zum Schutz von geografischen Angaben und Ursprungsbezeichnungen für Agrarerzeugnisse und Lebensmittel, ABl. 2006 L 93, S. 12.

[54] AmtlBegr. BT-Drs. 16/5048, 25.

[55] Fromm/Nordemann/*J. B. Nordemann* UrhG § 97 Rn. 4a.

[56] BGH GRUR 2009, 856 Rn. 20 – Tripp-Trapp-Stuhl; Fromm/Nordemann/*J. B. Nordemann* UrhG § 97 Rn. 4a mwN.

[57] Vgl. BGH GRUR 2007, 708 Rn. 39 – Internet-Versteigerung II (zum Markenrecht für die Enforcement-RL); Fromm/Nordemann/*J. B. Nordemann* UrhG § 97 Rn. 4a mwN.

[58] Fromm/Nordemann/*J. B. Nordemann* UrhG § 97 Rn. 4a mwN.

3. Die Richtlinie (EU) 2019/790 (DSM-Richtlinie)

12a   Ein **neues Haftungsregime für „Diensteanbieter für das Teilen von Online-Inhalten"** (legaldefiniert in Art. 2 Nr. 6 DSM-RL) bringt **Art. 17 DSM-RL** vom 17.4.2019.[59] Für Diensteanbieter, die der Legaldefinition des Art. 2 Nr. 6 DSM-RL unterfallen (also insbesondere Plattformen wie YouTube ua), bewirkt die Richtlinie eine **Vollharmonisierung der Haftung,** wobei sich Art. 17 DSM-RL dadurch auszeichnet, dass er einerseits in Abs. 1 eine unmittelbare **Täterhaftung** (Verletzerhaftung) annimmt, diese dann aber andererseits insbesondere in Abs. 4 letztlich nach Art einer mittelbaren **Haftungslösung auf die Verletzung von Verkehrspflichten stützt.**[60] Man kann insoweit von einer **verkehrspflichtbasierten Täterhaftung** sprechen, sodass sich die Norm generell durchaus nachvollziehbar in die jüngere Entwicklung der EuGH-Rechtsprechung im Bereich des Rechts der öffentlichen Wiedergabe einfügt.[61]

12b   Die DSM-RL ist **zum 7.6.2021 in deutsches Recht umzusetzen (Art. 29 Abs. 1 DSM-RL).**

III. Internationales Recht

13   Im **internationalen Recht** finden sich Bestimmungen über die Durchsetzung der Rechte des geistigen Eigentums in Teil III (Art. 41–61) des **TRIPS-Abkommens** von 1994. Zum **internationalen Privatrecht** s. vor §§ 120 ff.

IV. Verfassungsrecht

14   Zunehmende Bedeutung für die Auslegung der Durchsetzungsvorschriften gewinnen in letzter Zeit sowohl in der europäischen als auch in der deutschen Rechtsprechung die **Grundrechte** der betroffenen Rechteinhaber, Vermittler und Nutzer. Dies betrifft insbesondere den Bereich der **Haftung der Provider** und sonstiger Vermittler im Netz.[62] Für den besonderen Bereich der **Diensteanbieter für das Teilen von Online-Inhalten** wird dies durch Erwgr. 70 der DSM-RL ausdrücklich bestätigt.

15   Auf Seiten der Rechteinhaber steht das Grundrecht auf **Eigentumsschutz** nach Art. 14 GG[63] und Art. 17 Abs. 2 Grundrechte-Charta im Mittelpunkt, das das Recht auf einen wirksamen Rechtsbehelf einschließt.[64]

Auf Seiten der Vermittler und Nutzer stehen dem insbesondere das Grundrecht der **Berufs- und Unternehmerfreiheit** (Art. 12 GG, Art. 16 Grundrechte-Charta)[65] und die Grundrechte der **Informationsfreiheit** (Art. 5 Abs. 1 GG, Art. 11 Grundrechte-Charta),[66] auf **Achtung des Privat- und Familienlebens** (Art. 6 GG, Art. 7 Grundrechte-Charta),[67] und auf den **Schutz persönlicher Daten** (Art. 1 Abs. 1, 2 Abs. 1 GG; Art. 8 Grundrechte-Charta),[68] insbesondere auch spezifisch des **Fernmeldegeheimnisses** (Art. 10 Abs. 1 GG)[69] gegenüber.[70] Besondere Maßstäbe gelten im Bereich der **Presse- und Meinungsfreiheit,** die die täterschaftliche[71] oder die Teilnehmerhaftung der Presse zB bei

---

[59] Richtlinie 2019/790/EU des Europäischen Parlaments und des Rates vom 17.4.2019 über das Urheberrecht und die verwandten Schutzrechte im digitalen Binnenmarkt und zur Änderung der Richtlinien 96/9/EG und 2001/29/EG, ABl. EU 2019 L 130, S. 92. Nach derzeitigem Stand (Juli 2019) ist eine Klage Polens gegen die DSM-RL vor dem EuGH anhängig, vgl. „Polen zieht gegen EU-Richtlinie zum Urheberrecht vor EuGH", abrufbar unter https://www.heise.de/newsticker/meldung/Polen-zieht-gegen-EU-Richtlinie-zum-Urheberrecht-vor-EuGH-4432027.html (zul. abgerufen am 5.9.2019).

[60] S. (noch teilw. krit. im unmittelbaren Vorfeld der Verabschiedung) *Leistner/Ohly* JIPLP 14 (2019), 182; zur verabschiedeten DSM-RL *Hofmann* ZUM 2019, 617. Näher → § 97 Rn. 56e ff.

[61] *Spindler* CR 2019, 277 Rn. 48; *A. Nordemann* IIC 2019, 275 f.; *Hofmann* ZUM 2019, 617; aA *Wandtke* NJW 2019, 1841 (1845) im Hinblick auf die E-Commerce-RL; wohl auch *Volkmann* CR 2019, 376. Näher → § 97 Rn. 56a ff.

[62] → § 97 Rn. 94 f.

[63] BVerfG NJW 2003, 1655 (1656): Verfassungsrechtliche Garantie des geistigen Eigentums erfasst auch Anwendung und Auslegung der Durchsetzungsvorschriften (konkret § 97 UrhG); näher *Schwartmann/Hentsch* ZUM 2012, 759 (760 ff.); Fromm/Nordemann/*J. B. Nordemann* UrhG § 97 Rn. 4b.

[64] EuGH GRUR 2018, 1234 Rn. 43 – Bastei Lübbe; EuGH GRUR 2017, 514 Rn. 41 – Córdoba; EuGH GRUR 2016, 1152 Rn. 31 – GS Media; EuGH GRUR 2008, 241 Rn. 61 f. – Promusicae/Telefónica mwN; Fromm/Nordemann/*J. B. Nordemann* UrhG § 97 Rn. 4b. Zum Verhältnis zur Kunstfreiheit GA *Szpunar*, SchlA v. 12.12.2018 in Pelham/Hütter (Rs. C 476/17), ZUM 2019, 237 Rn. 91 ff.

[65] EuGH GRUR 2012, 265 Rn. 46 – Scarlet/SABAM (für einen Zugangsprovider); EuGH GRUR 2012, 382 Rn. 44 – SABAM/Netlog (für den Betreiber eines sozialen Netzwerks).

[66] EuGH GRUR 2016, 1152 Rn. 31 und Rn. 45 ff. – GS Media.

[67] EuGH GRUR 2018, 1234 Rn. 48 ff. – Bastei Lübbe. Zu Belangen des Familienschutzes bei der sekundären Darlegungslast bei Urheberrechtsverletzungen durch Filesharing BVerfG GRUR 2019, 606 Rn. 15 ff. – Loud.

[68] EuGH GRUR 2012, 265 – Scarlet/SABAM; EuGH GRUR 2012, 382 – SABAM/Netlog; EuGH GRUR 2008, 241 Rn. 64 f. – Promusicae/Telefónica.

[69] BGH GRUR 2012, 1026 Rn. 43 ff. – Alles kann besser werden mwN.

[70] Zurückhaltend bzgl. der Berücksichtigung sonstiger Grundrechtspositionen, soweit diese bereits iRd Schranken Berücksichtigung finden, EuGH GRUR 2017, 514 Rn. 42 f. – Córdoba (Recht auf Bildung im Rahmen der Ausnahmen berücksichtigungsfähig).

[71] BGH ZUM 2013, 406 Rn. 36: Abwägung zwischen der Pressefreiheit und dem Anspruch auf effektive Rechtsverfolgung (die konkret betreffend den Auskunftsanspruch zur Vorbereitung der Geltendmachung von Schadensersatz wegen widerrechtlicher Verwendung von Bildaufnahmen zugunsten des Klägers ausfiel).

redaktioneller Berichterstattung über urheberrechtsverletzende Angebote[72] einschränken kann.[73] Dabei kann zu dem von Art. 5 Abs. 1 GG geschützten Kommunikationsprozess die Mitteilung einer fremden Information auch dann zählen, wenn der Verbreiter sich diese weder zu eigen macht noch in ein eigenes redaktionelles Angebot unmittelbar einbindet (also beispielsweise die im Rahmen des Angebots von Online-Archiven, Online-Buch- und Medienhandlungen oder Informationsportalen);[74] auch anonymes Nutzerhandeln kann im Übrigen dem Schutz des Art. 5 Abs. 1 GG unterfallen.[75]

Die widerstreitenden Grundrechte sind zu einem **angemessenen Ausgleich** zu bringen: auf europäischer Ebene durch eine Abwägung unter Beachtung der allgemeinen Grundsätze des Gemeinschaftsrechts,[76] insbesondere des Verhältnismäßigkeits- und des Gleichbehandlungsgrundsatzes, wobei keines der Grundrechte im Sinne einer qualifizierten Beeinträchtigung seines Wesensgehalts gänzlich verdrängt werden darf;[77] auf deutscher Ebene im Wege der Herstellung praktischer Konkordanz unter besonderer Berücksichtigung des Verhältnismäßigkeitsgrundsatzes.[78]   **16**

Im Bereich der urheberrechtlichen **Providerhaftung** spielen hier im Gefolge der jüngeren EuGH-Rechtsprechung insbesondere die Grundrechte der Nutzer auf Informationsfreiheit und den Schutz persönlicher Daten eine die Haftung potentiell beschränkende Rolle.[79] Überaus wesentlich sind zudem die Auswirkungen der jüngeren Rechtsprechung des EuGH und des Bundesverfassungsgerichts zum **Datenschutz** für den urheberrechtlichen Auskunftsanspruch und die Grenzen der Datenspeicherung durch die Provider.[80]

Umgekehrt darf die Berücksichtigung entgegenstehender Grundrechte aber auch nicht dazu führen, dass die Rechteinhaber im Ergebnis jeglicher Möglichkeit effektiven Rechtsschutzes beraubt werden, weil dann eine nicht hinnehmbare **qualifizierte Beeinträchtigung des Wesensgehalts** ihres Rechts auf Schutz geistigen Eigentums entstünde.[81]

Im Bereich der **EMRK** verfolgt der EGMR im Grundsatz ein ähnliches Konzept, das die widerstreitenden Grundrechte unter Berücksichtigung des Schutzes der Urheberrechte zu schonendem Ausgleich zu bringen sucht und den Konventionsstaaten jedenfalls bei mehr kommerziell geprägten Handlungen einen eher weiten Ermessensspielraum bei der Beschränkung der Meinungsfreiheit einräumt, der lediglich enger ist, wenn es um die Beteiligung an einer Diskussion über Fragen allgemeinen Interesses geht.[82] Auf dieser Grundlage wurde etwa im Bereich des Persönlichkeitsschutzes die Content-Haftung eines Forenbetreibers für anonyme Nutzerkommentare unter bestimmten Voraussetzungen (insbesondere Vorhersehbarkeit, Verfolgung wirtschaftlicher Interessen durch den Forenbe-   **17**

---

[72] Sehr weitgehender Schutz der redaktionellen Pressefreiheit zB für Links auf urheberrechtsverletzende Angebote im Rahmen redaktioneller Berichterstattung BGH GRUR 2011, 513 Rn. 21 ff. – AnyDVD; Verfassungsbeschwerde gegen das Urteil abgewiesen von BVerfG GRUR 2012, 390 Rn. 26 ff. – AnyDVD II.

[73] Fromm/Nordemann/*J. B. Nordemann* UrhG § 97 Rn. 4b. Zur Frage der Einschränkung des Urheberrechts durch die Meinungs- oder Medienfreiheit GA *Szpunar*, SchlA v. 10.1.2019 in Spiegel Online/Volker Beck (Rs. C-516/17), BeckRS 2019, 19 Rn. 62 ff.

[74] BVerfG NJW 2012, 754 – Online-Berichterstattung: auch das Führen eines Online-Archivs mit illustrierten Zeitungsartikeln unterfällt dem Schutz der Pressefreiheit (dann in der Folge Grundrechtsabwägung im Rahmen der Auslegung und Anwendung von § 50 UrhG, wobei der Grundsatz der engen Schrankenauslegung für diese Grundrechtsabwägung nicht gilt); OLG München GRUR-RR 2014, 13 – Buchbinder Wanninger: Vertriebstätigkeit von Online-Buchhändlern unterfällt dem Schutzbereich der Pressefreiheit; ebenso LG Hamburg GRUR-RR 2011, 249; kritisch LG Hamburg ZUM-RD 2013, 651 im Rahmen der täterschaftlichen Haftung; näher zur Haftung von Online-Buch- und Medienhändlern → § 97 Rn. 83. Vgl. BGH GRUR 2012, 751 Rn. 18 – RSS-Feeds mwN (zum Schutz des Persönlichkeitsrechts gegen die Verbreitung von persönlichkeitsrechtsverletzenden Mitteilungen Dritter durch ein reines Informationsportal).

[75] Vgl. BGH NJW 2009, 2888 Rn. 38 – spickmich.de (zum Persönlichkeitsschutz betreffend eine anonyme Bewertungsplattform für Lehrer).

[76] EuGH GRUR 2008, 241 Rn. 65 ff. – Promusicae/Telefónica (betr. Auskunftsanspruch gegen Zugangsprovider); EuGH GRUR 2011, 1025 Rn. 143 – L'Oréal/eBay (betr. Handelsplattformen); EuGH GRUR 2012, 265 Rn. 44 ff. – Scarlet/SABAM (betr. die Haftung eines Zugangsproviders); EuGH GRUR 2012, 382 Rn. 43 ff. – SABAM/Netlog (betr. die Haftung des Betreibers eines sozialen Netzwerks); EuGH GRUR 2016, 1152 Rn. 31 und Rn. 45 ff. – GS Media (betr. Hyperlinks auf illegale Quellen); EuGH GRUR 2017, 514 Rn. 41 ff. – Córdoba (betr. öffentliche Zurverfügungstellung nach Upload); EuGH GRUR 2018, 1234 Rn. 44 ff. – Bastei Lübbe (betr. die Behandlung von WLAN-Nutzung durch Familienmitglieder nach dt. Recht); Fromm/Nordemann/*J. B. Nordemann* UrhG § 97 Rn. 4b.

[77] EuGH GRUR 2018, 1234 Rn. 44 ff. – Bastei Lübbe mwN. Vgl. allgemein EuGH GRUR 2019, 934 Rn. 67 ff. – Funke Medien/Deutschland und dazu *Dreier* GRUR 2019, 1003; *Leistner* GRUR 2019, 1008.

[78] BVerfG GRUR 2012, 390 Rn. 22 – AnyDVD II (dort auch zum diesbzgl. limitierten verfassungsrechtlichen Kontrollmaßstab bzgl. Entscheidungen der Zivilgerichte in Zivilrechtsstreitigkeiten).

[79] EuGH GRUR 2012, 265 Rn. 50 ff. – Scarlet/SABAM; EuGH GRUR 2012, 382 Rn. 48 ff. – SABAM/Netlog; vgl. auch EuGH GRUR 2016, 1152 Rn. 45 ff.; vgl. aber auch EuGH GRUR 2011, 1025 Rn. 142 – L'Oréal/eBay: Pflicht einer Handelsplattform zur Identifizierung potentieller Rechtsverletzer möglich, wenn der Verletzer im geschäftlichen Verkehr und nicht als Privatmann tätig wird (arg. ex Art. 6 E-Commerce-RL). Näher → § 97 Rn. 94 f.

[80] → § 101 Rn. 101 ff., 111 ff.

[81] EuGH GRUR 2018, 1234 Rn. 45 ff., 51 ff. – Bastei Lübbe; vgl. schon zuvor EuGH GRUR 2016, 1146 Rn. 98 – McFadden.

[82] EGMR GRUR 2013, 859 Rn. 34 ff. – Ashby Donald ua/Frankreich; EGMR GRUR-Int 2015, 507 – DELFI AD/Estland; bestätigt durch EGMR (Große Kammer) GRUR-Int 2016, 81 – DELFI AS/Estland II; zum Strafrecht EGMR GRUR-Int 2013, 473; Fromm/Nordemann/*J. B. Nordemann* UrhG § 97 Rn. 4b.

treiber) für mit Art. 10 EMRK vereinbar gehalten;[83] andererseits verstößt jedenfalls die generelle Sperrung des Zugangs zu einem Host-Provider wegen beleidigender Inhalte auf einer einzelnen der gehosteten Sites gegen Art. 10 EMRK.[84]

V. Jüngere Entwicklung

18   Seit den umfänglichen Neuregelungen durch die Umsetzung der Enforcement-RL ist 2013 eine gesetzgeberische Neuregelung der **Abmahnkosten in § 97a** sowie die damit verbundene **Abschaffung des fliegenden Gerichtsstands** für urheberrechtliche Ansprüche gegen natürliche Personen, die nicht zu gewerblichen oder selbständigen beruflichen Zwecken handeln, in **§ 104a** erfolgt.[85] Das Gesetz hat das Ziel, mit einer weiter reichenden Begrenzung der Abmahnkosten aufgrund klarerer Kriterien als im alten § 97a Abs. 2 und der Einschränkung des fliegenden Gerichtsstandes das Phänomen der **Massenabmahnungen als Geschäftsmodell** einzudämmen. Die jetzige Regelung der Abmahnkosten ist durch den Verzicht auf die Voraussetzungen des einfachen Falls mit nur unerheblicher Rechtsverletzung deutlich klarer. Ob damit die Probleme tatsächlich gelöst werden, ist allerdings abzuwarten, zumal die Einschränkung des fliegenden Gerichtsstandes mit Blick auf die mit zu berücksichtigende Zielsetzung einer insgesamt möglichst hohen Qualität urheberrechtlicher Rechtsprechung zum Teil auch kritisch gesehen wird.[86]

Eine weitere Gesetzesänderung mit Bedeutung für die urheberrechtliche Haftung wurde mit dem **Zweiten Gesetz zur Änderung des Telemediengesetzes** (BGBl. 2016 I S. 1766) vorgenommen. Hier hatte der Gesetzgeber mit einem neuen § 8 Abs. 3 TMG versucht klarzustellen, dass die Haftungsprivilegierung des § 8 TMG auch für WLAN-Anbieter gilt. Die EuGH-Entscheidung in Sachen McFadden[87] machte es dann notwendig, diese Klarstellung umgehend erneut zu überarbeiten; dies ist mit dem – allerdings handwerklich mangelhaften und daher von vornherein der richtlinienkonformen Rechtsfortbildung bedürftigen – **Dritten Gesetz zur Änderung des Telemediengesetzes** (BGBl. 2017 I S. 3530) erfolgt. Dazu → § 97 Rn. 104 ff., 110, 139a ff. und 182a.

VI. Systematische Gesamtübersicht zu §§ 97 ff.

19   Die **zivilrechtlichen Vorschriften der §§ 97 ff.** und die Vorschriften über die **Maßnahmen der Zollbehörden** sind durch das Gesetz zur Verbesserung der Durchsetzung von Rechten des geistigen Eigentums von 2008[88] teils neu gefasst, teils durch neue Vorschriften ergänzt und insgesamt neu gegliedert worden. Unter Berücksichtigung der kleineren Änderungen durch das Gesetz gegen unseriöse Geschäftspraktiken von 2013 sowie der im unmittelbaren Zusammenhang zu §§ 97 ff. stehenden Normen betreffen im Einzelnen:

§ 96   Verwertungsverbot für rechtswidrig hergestellte Vervielfältigungsstücke und rechtswidrig veranstaltete Funksendungen;

§ 97   Abs. 1 Anspruch auf Unterlassung und Beseitigung, einschließlich des vorbeugenden Unterlassungsanspruchs;

§ 97   Abs. 2 bei Verschulden Ersatz materiellen/immateriellen Schadens;

§ 97a   Abmahnung, 2013 neu geregelt;

§ 98   Vernichtung, Rückruf/Entfernen aus den Vertriebswegen; Überlassung von Vervielfältigungsstücken und Vorrichtungen;

§ 99   Haftung des Inhabers eines Unternehmens;

§ 100   Abwendung der Ansprüche aus §§ 97 und 98 ohne Verschulden durch Entschädigung;

§ 101   Anspruch auf Auskunft/Drittauskunft;

§ 101a   Vorlage und Besichtigung;

§ 101b   Sicherung von Schadensersatzansprüchen;

§ 102   Verjährungsregelung;

§ 102a   Ansprüche aus anderen gesetzlichen Vorschriften;

---

[83] EGMR GRUR-Int 2015, 507 – DELFI AD/Estland; bestätigt durch EGMR (Große Kammer) GRUR-Int 2016, 81 – DELFI AS/Estland II; kritisch und zur Unvereinbarkeit der Rechtsprechung des EGMR mit nationalem Recht *Schapiro* ZUM 2014, 201 (209).

[84] EGMR Yildirim v. Türkei App. No 3111/10 (der Gerichtshof stellte klar, dass die Beschränkung einer Informationsquelle, wie dem Internet, nur dann mit den Konventionsrechten vereinbar ist, wenn klare Rechtsvorschriften existieren, die die Reichweite für solche Beschränkungen regeln und gerichtliche Kontrollen vorsehen, um Missbrauch zu verhindern).

[85] Durch Art. 8 Gesetz gegen unseriöse Geschäftspraktiken v. 1.10.2013, BGBl. 2013 I S. 3714, das mit Wirkung vom 9.10.2013 in Kraft getreten ist.

[86] *Dreier/Leistner* GRUR 2013, 881 (893 f.); vgl. auch *Ohly* F 117 ff., mit Reformvorschlägen de lege ferenda zur Begrenzung der Abmahnpraxis, die „erheblich zum Akzeptanzverlust des Urheberrechts in der Gesellschaft beigetragen habe", auf Basis einer Kombination mit einem behutsamen Warnhinweismodell; dazu *Leistner* JZ 2014, 846 (856).

[87] EuGH GRUR 2016, 1146 – McFadden.

[88] BGBl. 2008 I S. 1191.

§ 103   Urteilsbekanntmachung;
§ 104   Rechtsweg;
§ 104a   Gerichtsstand bei Klagen gegen natürliche Personen, 2013 neu eingefügt;
§ 105   Gerichte für Urheberstreitigkeiten;
§ 111b   Maßnahmen der Zollbehörden;
§ 111c   Verfahren nach der Verordnung (EG) Nr. 1383/2003.

(Konkordanzliste frühere Bestimmungen/gegenwärtige Bestimmungen bei Dreier/Schulze/*Dreier* UrhG Vor §§ 97 ff. Rn. 12.)

Im praktischen Zusammenhang dazu finden sich gewisse **Sonderregeln für die Zwangsvollstreckung** in §§ 112–119.

Straf- und Bußgeldvorschriften finden sich in §§ 106 ff.:

§ 106   unerlaubte Verwertung urheberrechtlich geschützter Werke;
§ 107   unzulässiges Anbringen der Urheberbezeichnung;
§ 108   unerlaubte Eingriffe in verwandte Schutzrechte;
§ 108a   gewerbsmäßige unerlaubte Verwertung;
§ 108b   unerlaubte Eingriffe in technische Schutzmaßnahmen und zur Rechtewahrnehmung erforderliche Informationen;
§ 109   Strafantrag;
§ 110   Einziehung;
§ 111   Bekanntgabe der Verurteilung;
§ 111a   Bußgeldvorschriften.

§ 97 Anspruch auf Unterlassung und Schadenersatz

(1) [1] Wer das Urheberrecht oder ein anderes nach diesem Gesetz geschütztes Recht widerrechtlich verletzt, kann von dem Verletzten auf Beseitigung der Beeinträchtigung, bei Wiederholungsgefahr auf Unterlassung in Anspruch genommen werden. [2] Der Anspruch auf Unterlassung besteht auch dann, wenn eine Zuwiderhandlung erstmals droht.

(2) [1] Wer die Handlung vorsätzlich oder fahrlässig vornimmt, ist dem Verletzten zum Ersatz des daraus entstehenden Schadens verpflichtet. [2] Bei der Bemessung des Schadensersatzes kann auch der Gewinn, den der Verletzer durch die Verletzung des Rechts erzielt hat, berücksichtigt werden. [3] Der Schadensersatzanspruch kann auch auf der Grundlage des Betrages berechnet werden, den der Verletzer als angemessene Vergütung hätte entrichten müssen, wenn er die Erlaubnis zur Nutzung des verletzten Rechts eingeholt hätte. [4] Urheber, Verfasser wissenschaftlicher Ausgaben (§ 70), Lichtbildner (§ 72) und ausübende Künstler (§ 73) können auch wegen des Schadens, der nicht Vermögensschaden ist, eine Entschädigung in Geld verlangen, wenn und soweit dies der Billigkeit entspricht.

Schrifttum: *Ahrens,* 21 Thesen zur Störerhaftung im UWG und im Recht des Geistigen Eigentums, WRP 2007, 1281; *ders.,* Störerhaftung als Beteiligungsform im Deliktsrecht, FS Canaris (2007), S. 3; *ders.,* Die Ausschließlichkeitsbefugnisse des Lizenznehmers im Spannungsfeld mit den Urheberinteressen, UFITA 2001/III, 649; *Angelopoulos,* European Intermediary Liability in Copyright. A Tort-Based Analysis, 2017; *dies.,* Are Blocking Injunctions against ISPs Allowed in Europe? Copyright Enforcement in the Post-Telekabel Legal Landscape, GRUR-Int 2014, 1089; *Arnold,* Die Gefahr von Urheberrechtsverletzungen durch Umgehungsmittel nach Wettbewerbsrecht und Urheberrecht, 2006; *Apel/Stolz,* Letzter Halt vor einer Zeitenwende im WLAN-Störerhaftungsregime – Anmerkung zu BGH ZUM 2017, 672 – WLAN-Schlüssel, ZUM 2017, 674; *Bäcker,* Anmerkung zu EuGH, Urteil vom 16. Februar 2012 – C-360/10 – Netlog, ZUM 2012, 311; *v. Bar,* Schadensberechnung im gewerblichen Rechtsschutz und Urheberrecht und allgemeine Schadenstheorie, UFITA 81 (1978), 57; *Bartels,* Haftungsgrenzen bei unerlaubtem Eingriff in fremde Immaterialgüterrechte, UFITA 2004/II, 357; *Bauer,* User Generated Content. Urheberrechtliche Zulässigkeit nutzergenerierter Medieninhalte, 2011; *Benz,* Der Teilschutz im Urheberrecht, 2018; *Berberich,* Zwischenstand zur Haftung von Plattformbetreibern als Intermediäre bei der Werkverwertung, GRUR-Prax 2017, 269; *Berger,* Zur „Aktivlegitimation" des Urhebers und des Inhabers eines ausschließlichen Nutzungsrechts bei Urheberrechtsverletzungen, FS Schulze (2017), S. 353; *Berneke,* Der enge Streitgegenstand von Unterlassungsklagen des gewerblichen Rechtsschutzes und des Urheberrechts in der Praxis, WRP 2007, 579; *Beyerlein/Nicola,* Keine zeitliche Begrenzung von Schadensersatz- und Auskunftsanspruch durch die vom Gläubiger nachgewiesene erste Verletzungshandlung, WRP 2007, 1310; *Bodewig/Wandtke,* Die doppelte Lizenzgebühr als Berechnungsmethode im Lichte der Durchsetzungsrichtlinie, GRUR 2008, 220; *Bölke,* Zulässiges Setzen eines Links im Rahmen einer Berichterstattung – AnyDVD, NJW 2011, 2436; *Bölling,* Unterlassungsantrag und Streitgegenstand im Falle der Störerhaftung, GRUR 2013, 1092; *Borges,* Die Haftung des Internetanschlussinhabers für Urheberrechtsverletzungen durch Dritte, NJW 2014, 2305; *Breuer,* Vorformulierte strafbewehrte Unterlassungserklärung kann AGB-rechtlich unwirksam sein, GRUR-Prax 2012, 246; *Breyer,* Verkehrssicherungspflichten von Internetdiensten im Lichte der Grundrechte, MMR 2009, 14; *Brinkel,* Filesharing – Verantwortlichkeit von Peer-to-Peer-Tauschplattformen, 2006; *Brinkel/Osthaus,* Netzsperren – rote Linie der Verantwortlichkeit von Internet-Zugangsvermittlern, CR 2014, 642; *Cepl,* Die mittelbare Urheberrechtsverletzung, 2005; *Conrad/Schubert,* How to Do Things with Code: Zur Erklärung urheberrechtlicher Einwilligungen durch robots.txt, GRUR 2018, 350; *dies.,* Vom Paperboy zum Thumbnail und wieder zurück – Anmerkung zu BGH, Urteil vom 21.9.2017 – I ZR 11/16 – Vorschaubilder III, ZUM 2018, 132; *Czychowski/J. B. Nordemann,* Grenzenloses Internet – entgrenzte Haftung? Leitlinien für ein Haftungsmodell der Vermittler, GRUR 2013, 986; *Danckwerts,* Neues vom Störer: Was ist ein

„von der Rechtsordnung gebilligtes Geschäftsmodell"?, GRUR-Prax 2011, 260; *Degen,* Freiwillige Selbstkontrolle der Access-Provider, 2007; *Dilly,* „Nicola" siegt über „Gaby" – zum Umfang des akzessorischen Auskunftsanspruchs nach § 242 BGB, WRP 2007, 1313; *Döring,* Die zivilrechtliche Inanspruchnahme des Access-Providers auf Unterlassung bei Rechtsverletzungen auf fremden Webseiten, WRP 2008, 1155; *ders.,* Die Haftung für eine Mitwirkung an fremden Wettbewerbsverstößen, Urheberrechts-, Marken-, Patent-, Gebrauchsmuster- und Geschmacksmusterverletzungen – Eine kritische Untersuchung zu der Notwendigkeit einer Störerhaftung, 2007; *Dreier,* Grundrechte und die Schranken des Urheberrechts – Anmerkung zu EuGH Rs. C-469/17 – Funke Medien NRW und C-516/17 – Spiegel Online, GRUR 2019, 1003; *ders.,* Thumbnails als Zitate? – Zur Reichweite von § 51 UrhG in der Informationsgesellschaft, FS Krämer (2009), S. 225; *ders.,* „De fine": vom Ende des Definierens? – Zur Abgrenzung von Münzkopieren, Personal Video Recordern und Serverdiensten, FS Ullmann (2006), S. 37; *ders.,* Kompensation und Prävention, 2002; *Eichelberger,* Hyperlinks, die Urheberrechtsrichtlinie und der EuGH, FS Ahrens (2016), S. 181; *Elster,* Hyperlinks, die Urheberrechtsrichtlinie und der EuGH: Gedanken zu den Entscheidungen Nils Svensson/Retriever Sverige und BestWater International, FS Ahrens (2016), S. 181; *ders.,* Ungerechtfertigte Bereicherung im Urheberrecht, UFITA 14 (1941) 217; *Emanuel,* Die Störerhaftung des Registrars, FS Büscher (2018), S. 459; *Emmert/Baumann,* Haftungsfalle Internet – Verantwortlichkeit des Arbeitgebers für Urheberrechtsverstöße seiner Mitarbeiter?, DB 2008, 526; *Engelbertz,* Raubkopien bei DVDs und CDs – Ein Nutzen-Kosten-Vergleich institutioneller Durchsetzungsmechanismen, 2007; *Engelhardt,* Die rechtliche Behandlung von Urheberrechtsverletzungen in P2P-Netzwerken nach US-amerikanischem und deutschem Recht, 2007; *Ensthaler/Heinemann,* Die Fortentwicklung der Providerhaftung durch die Rechtsprechung, GRUR 2012, 433; *Ernst,* Die Störerhaftung des Inhabers eines Internetzugangs, ZUM 2007, 513; *Fahl,* Die Bilder- und Nachrichtensuche im Internet, 2010; *Freytag,* Haftung im Netz, 1999; *Fürst,* Störerhaftung – Fragen der haftungsbegründenden Zumutbarkeit und Konsequenzen – Das Ende von ebay?, WRP 2009, 378; *Galetzka/Stamer,* Haftung für über WLAN begangene Rechtsverletzungen, K&R Beih. 2 2012, 1; *v. Gierke,* Zur Haftung von Eltern für Urheberrechtsverletzungen ihrer Kinder, FS Bornkamm (2014), S. 773; *Glückstein,* Haftung des Buch- und Medienhandels für Urheberrechtsverletzungen, ZUM 2014, 165; *Götting,* Die bereicherungsrechtliche Lizenzanalogie bei Persönlichkeitsverletzungen, FS Ullmann (2006), S. 65; *ders.,* Die persönliche Haftung des GmbH-Geschäftsführers für Schutzrechtsverletzungen und Wettbewerbsverstöße, GRUR 1994, 6; *Gräbig,* Aktuelle Entwicklungen bei Haftung für mittelbare Rechtsverletzungen, Vom Störer zum Täter – ein neues einheitliches Haftungskonzept?, MMR 2011, 504; *Greening/Weigl,* Überwachung der Internetnutzung von Arbeitnehmern – Von Webtracking- und Webfiltering-Tools, CR 2012, 787; *Grisse,* Internetangebotssperren. Zivilrechtliche Vermittlerhaftung von Internetzugangsanbietern, 2018; *dies.,* Internetangebotssperren nach der Änderung des TMG, MMR 2018, 649; *dies.,* Was bleibt von der Störerhaftung? Bedeutung der 3. Änderung des TMG für die zivilrechtliche Systematik und Umsetzung der Vermittlerhaftung in Deutschland, GRUR 2017, 1073; *Groß,* Aktuelle Lizenzgebühren in Patentlizenz-, Know-how- und Computerprogrammlizenz-Verträgen: 2011/2012, GRUR 2013, 92; *ders.,* Aktuelle Lizenzgebühren in Patentlizenz-, Know-How- und Computerlizenz-Verträgen, K&R 2008, 228; *Grüger,* „Catwalk" – Synonym für eine höhere Schadensliquidation?, GRUR 2006, 536; *Grünberger,* Die Entwicklung des Urheberrechts im Jahr 2017 – Teil 1, ZUM 2018, 271; *ders.,* Die Entwicklung des Urheberrechts im Jahr 2017 – Teil II, ZUM 2018, 321; *ders.,* Zugangsregeln bei Verlinkungen auf rechtswidrig zugänglich gemachte Werke, ZUM 2016, 905; *ders.,* Bedarf es einer Harmonisierung der Verwertungsrechte und Schranken?, ZUM 2015, 273; *Haberstumpf,* Perspektivenwechsel im harmonisierten Urheberrecht – Anmerkung zu EUGH, Urteil vom 7.8.2018 – C-161/17 (ZUM 2018, 674 – Renckhoff), ZUM 2018, 678; *Haedicke,* Gemeinsame Grundlagen der Verantwortlichkeit für die mittelbare Verursachung von Schutzrechtsverletzungen im Gesamtsystem des Geistigen Eigentums, in Leistner (Hg.), Europäische Perspektiven des Geistigen Eigentums, 2010, S. 229; *ders.,* Die Gewinnhaftung des Patentverletzers, GRUR 2005, 529; *ders.,* Die Haftung für mittelbare Urheber- und Wettbewerbsrechtsverletzungen – Zugleich eine Besprechung von BGH v. 15.10.1998 – Möbelklassiker, GRUR 1999, 397; *Haft/Donle/Ehlers/Nack,* Strafschadensersatz als strittige Frage des geistigen Eigentums, GRUR-Int 2005, 403; *Haft/Reimann,* Zur Berechnung des Verletzergewinns nach der „Gemeinkostenanteil"-Entscheidung des BGH vom 2.11.2000, Mitt. 2003, 437; *Hahn,* Haftung eines Sharehosting-Dienstes für Urheberrechtsverletzung, Anmerkung zu LG Hamburg, Urt. v. 30. Juli 2010 – 310 O 46/10, ZUM 2011, 81; *Hansen,* Der Staatsanwalt, Dein Freund und Helfer: Durchsetzung von Schadensersatzansprüchen wegen Marken- und Produktpiraterie, GRUR-Prax 2014, 295; *Hansen/Wolff-Rojczyk,* Schadenswiedergutmachung für geschädigte Unternehmen der Marken- und Produktpiraterie – das Adhäsionsverfahren, GRUR 2009, 644; *Härting,* Internetrecht, 5. Aufl. 2014; *Hartmann,* Unterlassungsansprüche im Internet, 2009; *Hecht,* Verantwortlichkeit für Benutzerinhalte im Internet – Zugleich Kommentar zu BGH, Urteil vom 11.3.2009 – I ZR 114/06, K&R 2009, 462; *Hecker/Steegmann,* Zur Mithaftung von Kreditinstituten und sonstigen Teilnehmern am illegalen Glücksspiel (gem. §§ 284, 287 StGB), WRP 2006, 1293; *Heid,* Die Haftung bei Urheberrechtsverletzungen im Netz, 2013; *Hendel,* Die urheberrechtliche Relevanz von Hyperlinks, ZUM 2014, 102; *Hennemann,* Die Inanspruchnahme von Zugangsvermittlern: Von der Störerhaftung zum Sperranspruch, ZUM 2018, 754; *Hentsch,* Die Umsetzung der Urheberrechts-Richtlinie aus Sicht der Games-Branche, MMR 2019, 351; *Hoeren,* AnyDVD und die Linkhaftung. Zugleich Besprechung von BGH, Urt. v. 14.10.2010 – I ZR 191/08 – AnyDVD, GRUR 2011, 503; *ders.,* Unterlassungsansprüche gegen Host-Provider – Die Rechtslage nach dem Ricardo-/Rolex-Urteil des BGH, FS Eisenhardt (2007), S. 243; *Hoeren/Altemark,* Musikverwertungsgesellschaften und das Urheberrechtswahrnehmungsgesetz am Beispiel der CELAS, GRUR 2010, 16; *Hoeren/Gräbig,* Wer haftet wann? – Verantwortung im Domainrecht, Mitt. 2010, 501; *Hoeren/Jakopp,* WLAN-Haftung – A never ending story?, ZRP 2014, 72; *Hoeren/Sieber (Hg.),* Handbuch Multimedia-Recht, 2005; *Höfinger,* Access-Provider haften weiterhin als Störer auf Sperrung von Informationen – Anmerkung zu LG München I, Urteil vom 1.2.2018 – 7 O 17752/17, ZUM 2018, 382; *Hofmann,* Die Plattformverantwortlichkeit nach dem neuen europäischen Urheberrecht – „Much Ado About Nothing"?, ZUM 2019, 617; *ders.,* Die Systematisierung des Interessenausgleichs im Urheberrecht am Beispiel des Rechts der öffentlichen Wiedergabe. Zugleich Anmerkung zu EuGH, Urteil vom 7.8.2018 – C-161/17, ZUM 2018, 641; *ders.,* Kontrolle oder nachlaufender Rechtsschutz – wohin bewegt sich das Urheberrecht? Rechtsdurchsetzung in der EU zwischen Kompensation und Bestrafung, GRUR 2018, 21; *ders.,* Die Ausweitung der öffentlichen Wiedergabe als Ersatz für die Harmonisierung der Haftung von Beteiligten – Anmerkung zu EuGH ZUM 2017, 746 – Stichting Brein/Ziggo BV u. a., ZUM 2017, 750; *ders.,* Der Linksetzer als urheberrechtswidrige Inhalte als Urheberrechtsverletzer – oder doch besser als Störer? Zugleich Kommentar zu EuGH, Urteil vom 8.9.2016 – C-160/15, K&R 2016, 661 ff. – GS Media BV/Sanoma u. a., K&R 2016, 706; *ders.,* Markenrechtliche Sperranordnungen gegen nicht verantwortliche Intermediäre, GRUR 2015, 123; *ders.,* Die Haftung des Inhabers eines privaten Internetanschlusses für Urheberrechtsverletzungen Dritter, ZUM 2014, 654; *Hohlweck,* Eckpfeiler der mittelbaren Verantwortlichkeit von Plattformbetreibern in der Rechtsprechung, ZUM 2017, 109; *ders.,* „Even Heaven Cries" – Eine rechtliche Zwischenbilanz von Filesharing-Verfahren, GRUR 2014, 940; *Hollenders,* Mittelbare Verantwortlichkeit von Intermediären im Netz, 2012; *Holznagel,* Schadensersatzhaftung gefahrgeneigter Host-provider wegen nicht verhinderter „gleichartiger" Inhalte, CR 2017, 463; *Hügel,* Haftung von Inhabern privater Internetanschlüsse für fremde Urheberrechtsverletzungen, 2014; *Husovec,* Injunctions Against Intermediaries in the European Union. Accountable but not liable?, 2017; *Ingendaay,* Zur Verbreiterhaftung des Buchhandels, AfP 2011, 126; *Jaworski/J. B. Nordemann,* Gehilfenhaftung von Intermediären bei Rechtsverletzungen im Internet: BGH-Rechtsprechung und neuste Entwicklung in den Instanzen, GRUR 2017, 567; *Jestaedt,* Der Lizenzerteilungsanspruch nach der BGH-Entscheidung „Orange-Book-Standard", GRUR 2009, 801; *Kaesling,* Die EU-Urheberrechtsnovelle – der Untergang des Internets?, JZ 2019, 586; *Kastl,* Algorithmen – Fluch oder Segen?, GRUR 2015, 136; *Klass,* Neue Internettechnologien und das Urheberrecht: Die schlichte Einwilligung als Rettungsanker? – Zugleich Besprechung der Vorschaubilder I und II-Entscheidungen des BGH, ZUM 2013, 1; *Klatt,* Die Kerngleichheit als Grenze der Prüfungspflichten und der Haftung des Hostproviders, ZUM 2009, 265; *Klawitter,* Zur Frage der Abschöpfung des Verletzergewinns in mehrstufigen Vertriebsketten, CR 2009, 705; *Klein,* Haftung von Social-Sharing-Plattformen, 2012; *Kleinemenke,* Reichweite des Unterlassungsgebots, GRUR-Prax 2014, 238; *T. Koch,* Bearshare: Eltern haften (auch) nicht für ihre volljährigen Kinder!, jurisPR-ITR 16/2014 Anm. 4; *Kochendörfer,* Verletzerzuschlag auf Grundlage der Enforcement-Richtlinie, ZUM 2009, 389; *H. Köhler,* „Täter" und „Störer" im Wettbewerbs- und Markenrecht – Zur BGH-Entscheidung „Jugendgefährdende Medien bei eBay", GRUR 2008, 1; *S. Köhler,* Entgrenzung des Vortrags zur sekundären Darlegungslast des Anschlussinhabers im Lichte des Unionsrechts? – Anmerkung zu EuGH, Urteil vom 18.10.2018 – C-149/17 – Bastei Lübbe/Michael Strotzer (ZUM 2018, 856), ZUM 2018, 861; *ders.,* Der Schutz von Ehe und Familie innerhalb der sekundären Darlegungslast des privaten Internetanschlussinhabers – Anmerkung zu BGH ZUM 2017, 503 – Afterlife, ZUM 2017, 507; *Koreng,* Zensur im Internet, 2010; *Kraßer,* Schadensersatz für Verletzungen von gewerblichen Schutzrechten und Urheberrechten nach deutschem Recht, GRUR-Int 1980, 259; *Kropp,* Die Haftung Von Host- und Access-Providern bei Urheberrechtsverletzungen, 2012; *Kulk,* Internet Intermediaries and Copyright Law. Towards a Future-proof EU Legal Framework, 2018; *Lehmann,* Präventive Schadensersatzansprüche bei Verletzungen des geistigen und gewerblichen Eigentums, GRUR-Int 2004, 762; *ders.,* Juristisch-ökonomische Kriterien zur Berechnung des Verletzergewinns bzw des entgangenen Gewinns, BB 1988, 1680; *Lehment,* Neuordnung der Täter- und Störerhaftung, WRP 2012, 149; *Leistner* in Synodinou, Pluralism or Universalism in International Copyright Law (im Erscheinen), abrufbar unter https://papers.ssrn.com/sol3/papers.cfm?abstract_id=3345570; *ders.,* „Ende gut, alles gut" ... oder „Vorhang zu auf alle Fragen offen"? Das salomonische Urteil des EuGH in Sachen Pelham/Hütter (Metall auf Metall), GRUR 2019, 1008; *ders.,* Das Urteil des EuGH in Sachen Funke Medien/Deutschland – gute Nachrichten über ein urheberrechtliches Tagesereignis, ZUM 2019, 720; *ders.,* „In jedem Ende liegt ein neuer Anfang" – das BGH-Urteil „Vorschaubilder III", seine Bedeutung für die Bildersuche und für die weitere Entwicklung des Haftungssystems im Urheberrecht, ZUM 2018, 286; *ders.,* Die „The Pirate Bay"-Entscheidung des EuGH: ein Gerichtshof als Ersatzgesetzgeber, GRUR 2017, 755; *ders.,* Handlungsbedarf bei Hyperlinks: Ein Reformvorschlag, FS Schulze (2017), S. 75; *ders.,* Weiterübertragungsfälle zwei Jahre nach Ramses – Eine kritische Bestandsaufnahme vor dem Hintergrund der EuGH-Rechtsprechung zum Recht der öffentlichen Wiedergabe, CR 2017, 818; *ders.,* Closing the book of the hyperlinks: brief outline of the CJEU's case law and proposal for European legislative reform, European Intellectual Property Review (E. I. P. R.) 2017, 327; *ders.,* Is the CJEU Outperforming the Commission?, 2017, abrufbar unter https://ssrn.com/abstract=3077615; *ders.,* Reformbedarf im materiellen Urheberrecht: Online-Plattformen und Aggregatoren, ZUM 2016, 580; *ders.,* Urheberrecht an der Schnittstelle zwischen Unionsrecht und nationalem Recht der öffentlichen Wiedergabe, GRUR 2014, 1145; *ders.,* Structual aspects of secondary (provider) Liability in Europe, JIPLP 9 (2014), 75; *ders.,* Grundlagen und Perspektiven der Haftung für Urheberrechtsverletzungen im Internet, ZUM 2012, 722; *ders.,* The German Federal Supreme Court's Judgment on Google's Image Search – A Topical Example of the „Limitations" of the European Approach to Exceptions and Limitations, IIC 2011, 417; *ders.,* Störerhaftung und mittelbare Schutzrechtsverletzung, GRUR-Beil. 1/2010, 1; *ders.,* Von „Grundig-Reporter(n) zu Paperboy(s)". Entwicklungsperspektiven der Verantwortlichkeit im Urheberrecht, GRUR 2006, 801; *Leistner/Grisse,* Sperrverfügungen gegen Access-Provider im Rahmen der Störerhaftung (Teil 1), GRUR 2015, 19; *dies.,* Sperrverfügungen gegen Access-Provider im Rahmen der Störerhaftung (Teil 2), GRUR 2015, 105; *Leistner/Ohly,* Direct and indirect copyright infringement: proposal for an amendment of Directive 2001/29/EC (InfoSoc Directive), JIPLP 14 (2019), 182; *Leistner/Stang,* Die Neuerung der wettbewerbsrechtlichen Verkehrspflichten – Ein Siegeszug der Prüfungspflichten?, WRP 2008, 533; *dies.,* Die Bildersuche im Internet aus urheberrechtlicher Sicht, CR 2008, 499; *Libertus,* Determinanten der Störerhaftung für Inhalte in Onlinearchiven, MMR 2007, 143; *Lober/Karg,* Unterlassungsansprüche wegen User-Generated Content gegen Betreiber virtueller Welten und Online-Spiele, CR 2007, 647; *Löffler,* Störerhaftung und Beihilfe durch Unterlassen? – Allgemeine strafrechtliche Haftungskategorien als Grundlage für die Konkretisierung der Schuldnerstellung im gewerblichen Rechtsschutz und im Lauterkeitsrecht, FS Bornkamm (2014), S. 37; *Loschelder/Dörre,* Wettbewerbsrechtliche Verkehrspflichten des Betreibers eines realen Marktplatzes, WRP 2010, 822; *Ludwig/Schwalb,* Peter Fechter – Das Ende der Verwirkung im Immaterialgüterrecht?, WRP 2014, 669; *Ludyga,* YouTube als Täter bei Urheberrechtsverletzungen durch Nutzer. Zugleich Anmerkung zu OLG München ZUM 2016, 447, ZUM 2016, 1013; *Maaßen,* Unbestimmte Sperrungsverfügung gegen Internetprovider verstößt nicht gegen EU-Recht, GRUR-Prax 2014, 157; *ders.,* Pflicht zur präventiven Filterung des gesamten Datenverkehrs zur Bekämpfung von Urheberrechtsverletzungen nicht mit europäischem Recht vereinbar – „Scarlet Extended", GRUR-Prax 2011, 535; *Mantz/Sassenberg,* Die Neuregelung der Störerhaftung für öffentliche WLANs – Eine Analyse des TMG-RefE v. 11.3.2015, CR 2015, 298; *dies.,* Verantwortlichkeit des Access-Providers auf dem europäischen Prüfstand, MMR 2015, 85; *dies.,* Rechtsfragen beim Betrieb von öffentlichen WLAN-Hotspots, NJW 2014, 3537; *Marosi,* Störerhaftung des Domain-Registrars bei Urheberrechtsverletzungen durch Torrentanbieter, jurisPR-ITR 10/2014 Anm. 5; *Meier-Beck,* Herausgabe des Verletzergewinns – Strafschadensersatz nach deutschem Recht, GRUR 2005, 617; *Metzger,* Keine Pflicht für Betreiber sozialer Netzwerke zu umfassenden Überwachungs- und Filtersystemen, GRUR 2012, 382; *van Mil,* German Federal Court of Justice asks CJEU if YouTube is directly liable for user-uploaded content, JIPLP 14 (2019), 355; *Nazari-Khanachayi,* Access-Provider als urheberrechtliche Schnittstelle im Internet, GRUR 2015, 115; *ders.,* Zulässigkeit von Zugangserschwerungsverfügungen gegen Access-Provider bei (drohenden) Urheberrechtsverletzungen, 2015; *Neuhaus,* Sekundäre Haftung im Lauterkeits- und Immaterialgüterrecht. Dogmatische Grundlagen und Leitlinien zur Ermittlung von Prüfungspflichten, 2011; *Nicolai,* Rechtssicherheit für WLAN-Anbieter: Neuer Versuch im 3. TMGÄndG, ZUM 2018, 33; *Nietsch,* Anonymität und die Durchsetzung urheberrechtlicher Ansprüche im Internet. Grundrechtliche Positionen im Spannungsfeld, 2014; *Nolte,* Informationsmehrwertdienste und Urheberrecht, 2009; *Nolte/Wimmers,* Wer stört? Gedanken zur Haftung von Intermediären im Internet – von praktischer Konkordanz, richtigen Anreizen und offenen Fragen, GRUR 2014, 16; *A. Nordemann,* Upload Filters and the EU Copyright Reform, IIC 2019, 275; *J. B. Nordemann,* Die Haftung allgemeiner Zugangsprovider auf Website-Sperren – Der aktuelle Stand nach BGH „Dead Island", GRUR 2018, 1016; *ders.,* EuGH-Urteile GS Media, Filmspieler und ThePirateBay: ein neues europäisches Haftungskonzept im Urheberrecht für die öffentliche Wiedergabe, GRUR-Int 2018, 526; *ders.*, Nach TMG-Reform und EuGH „McFadden": Das aktuelle Haftungssystem für WLAN- und andere Zugangsprovider, GRUR 2016, 1097; *ders.*, Haftung von Providern im Urheberrecht – Der aktuelle Stand nach dem EuGH-Urteil v. 12.7.2011 – C-324/09 – L'Oréal/eBay, GRUR 2011, 977; *ders.*, Störerhaftung für Urheberrechtsverletzungen – Welche konkreten Prüfpflichten haben Hostprovider (Contentprovider)?, CR 2010, 653; *ders.*, Verkehrspflichten im Urheberrecht – oder: jugendgefährdende Medien für das Urheberrecht!, FS Loewenheim (2009), S. 215; *J. B. Nordemann/Waiblinger*, Gesetzgebung und höchstrichterliche Rechtsprechng im Urheberrecht 2017, NJW 2018, 756; *J. B. Nordemann/Wüstmann*, To Peer Or Not To Peer, Urheberrechtliche und datenschutzrechtliche Fragen der Bekämpfung der Internet-Piraterie, CR 2004, 380; *W. Nordemann*, Ersatz des immateriellen Schadens bei Urheberrechtsverletzungen, GRUR 1980, 434; *Obergfell*, Internettauschbörsen als Haftungsfalle für private WLAN-Anschlussinhaber, NJW 2016, 910; *dies.*, Expansion der Vorbeugemaßnahmen und zumutbare Prüfpflichten von File-Hosting-Diensten, NJW 2013, 1995; *Oechsler*, Der Tatbestand der öffentlichen Wiedergabe in der Rechtsprechung des EuGH, GRUR-Int 2019, 231; *Oelschläger*, Noch einmal: Haftung des Betreibers eines kombinierten Buchungs- und Bewertungsportals für negative unrichtige Tatsachenbehauptungen Dritter, GRUR-Prax 2012, 274; *Ohly*, The broad concept of „communication to the public" in recent CJEU judgments and the liability of intermediaries: primary, secondary or unitary liability?, GRUR-Int 2018, 517; *ders.*, Unmittelbare und mittelbare Verletzung des Rechts der öffentlichen Wiedergabe nach dem „Córdoba"-Urteil des EuGH, GRUR 2018, 996; *ders.*, Der weite Täterbegriff des EuGH in den Urteilen »GS Media«, »Filmspeler« und »The Pirate Bay«: Abenddämmerung für die Störerhaftung?, ZUM 2017, 793; *ders.*, Von GS Media zu einer unionsrechtlichen Haftung für die Verletzung urheberrechtlicher Verkehrspflichten, FS Schulze (2017), S. 387; *ders.*, Die Haftung von Internet-Dienstleistern für die Verletzung lauterkeitsrechtlicher Verkehrspflichten, GRUR 2017, 441; *ders.*, Die Verantwortlichkeit von Intermediären, ZUM 2015, 308; *ders.*, Gutachten F zum 70. Deutschen Juristentag, 2014; *ders.*, Zwölf Thesen zur Einwilligung im Internet. Zugleich Besprechung zu BGH, Urt. v. 19.10.2011 – I ZR 140/10 – Vorschaubilder II, GRUR 2012, 983; *ders.*, Volenti non fit iniuria, 2002; *Oppermann*, Der Auskunftsanspruch im gewerblichen Rechtsschutz und Urheberrecht, 1997; *O'Sullivan*, Copyright and Internet Service Provider „Liability": The Emerging Realpolitik of Intermediary Obligations, IIC 2019, 527; *Paschold*, Unionsrechtskonformität der Rechtsprechung des BGH zur sekundären Darlegungslast des Anschlussinhabers im Rahmen von Filesharing-Fällen mit Familienbezug nach der Entscheidung Afterlife, GRUR-Int 2018, 621; *Pravemann*, Art. 17 der Richtlinie zum Urheberrecht im digitalen Binnenmarkt, GRUR 2019, 783; *Peifer*, Konvergenz in der Störer- und Verbreiterhaftung – Vom Störer zum Verbreiter, AfP 2014, 18; *Peter*, Störer im Internet – Haften Eltern für ihre Kinder?, K&R 2007, 371; *ders.*, Urheberrechtliche Zulässigkeit der Weiterverwertung von im Internet abrufbaren Fotos. Einmal im Netz – für immer frei?, NJW 2018, 3490; *Peukert*, Der digitale Urheber, FS Wandtke (2013), S. 459; *Pietzcker*, Schadensersatz durch Lizenzberechnung, GRUR 1975, 55; *Rathsack*, Zur sekundären Darlegungslast des Anschlussinhabers bei Filesharing-Sachverhalten, jurisPR-ITR 18/2014 Anm. 4; *Rau/Behrens*, Catch me if you can ... Anonymisierungsdienste und die Haftung für mittelbare Rechtsverletzungen, K&R 2009, 766; *Raue*, Das subjektive Vervielfältigungsrecht – eine Lösung für den digitalen Werkgenuss?, ZGE 2017, 514; *Rauer*, Ausweitung des Begriffs der „öffentlichen Wiedergabe", GRUR-Prax 2017, 213; *ders.*, Hyperlinks im Digitalen Binnenmarkt, FS Schulze (2017), S. 85; *Rauer/Ettig*, Keine erneute öffentliche Wiedergabe durch Verlinkung auf andere Internetseiten – Kommentar zum EuGH Urteil vom 13.2.2014 C-466/12 – Svensson, K&R 2014, 259; *dies.*, Anmerkung zur Entscheidung des EuGH vom 16.2.2012 (C-360/10; EuZW 2012, 261) – Zur Frage der Filterpflicht für soziale Netzwerke zum Schutz geistigen Eigentums, K&R 2012, 269; *Rössel*, Filterpflichten in der Cloud – Vom Wortfilter der Sharehoster zum Crawler für Linkportale, CR 2013, 229; *ders.*, Anmerkung zu BGH: Haftung für ein eBay-Mitgliedskonto – Halzband, CR 2009, 433; *Rössel/Kruse*, Schadensersatzhaftung bei Verletzung von Filterpflichten, CR 2008, 35; *Rojahn*, Praktische Probleme bei der Abwicklung der Rechtsfolgen einer Patentverletzung, GRUR 2005, 623; *Rosenkranz*, Grenzen der urheberrechtlichen Störerhaftung des ausländischen Betreibers einer Online-Handelsplattform, IPrax 2007, 524; *Sack*, Die Lizenzanalogie im System des Immaterialgüterrechts, FS Hubmann (1985), S. 373; *v. Samson-Himmelstjerna*, Haftung von Internetauktionshäusern, 2008; *Savola*, Proportionality of Website Blocking: Internet Connectivity Providers as Copyright Enforcers, JIPITEC 5 (2014), 116; *Schack*, Zur Qualifikation des Anspruchs auf Rechnungslegung im internationalen Urheberrecht, IPRax 1991, 347; *ders.*, Geistiges Eigentum contra Sacheigentum, GRUR 1983, 56; *Schapiro*, Unterlassungsansprüche gegen die Betreiber von Internet-Auktionshäusern und Internet-Meinungsforen, 2011; *Schaub*, Sperranspruch statt Störerhaftung beim Filesharing, Europarechtskonforme Auslegung des TMG und neue Fragen, NJW 2018, 3754; *dies.*, Sekundäre Darlegungslast und Interessenabwägung beim Filesharing über den Familienanschluss, NJW 2018, 17; *Schimmel*, Der „doppelte Schadenersatz" bei Urheberrechtsverletzungen, ZUM 2008, 384; *Schippan*, Klare Worte des BGH zur Wirksamkeit von Honorarbedingungen für freie Journalisten, ZUM 2012, 771; *Schmidt*, Unbestimmter Sperrzwang für Access-Provider bezüglich rechtswidriger Internetseiten („UPC Telekabel Wien"), jurisPR-WettbR 7/2014 Anm. 1; *Schnabel*, Böse Zensur, gute Filter? – Urheberrechtliche Filterpflichten für Access-Provider, MMR 2008, 281; *A. Schneider*, Vom Störer zum Täter?, 2012; *Schoene*, Youtube muss nach Beanstandung erneuten Upload von Videos mit derselben Musik verhindern, GRUR-Prax 2012, 217; *Schricker (Hg.)*, Urheberrecht auf dem Weg zur Informationsgesellschaft, 1997; *A. Schulz*, Die Rechte des Hinterlegers einer Schutzschrift, WRP 2009, 1472; *Schwippert*, Täter oder Störer – alles längst geklärt?, WRP 2018, 1027; *Senftleben*, Filterverpflichtungen nach der Reform des europäischen Urheberrechts – Das Ende der freien Netzkultur?, ZUM 2019, 369; *Sesing*, Anmerkung zu BGH MMR 2014, 547 – BearShare, MMR 2014, 550; *Specht*, Ausgestaltung der Verantwortlichkeit von Plattformbetreibern zwischen Vollharmonisierung und nationalem Recht, ZUM 2017, 114; *dies.*, Die Haftung bei Teilnahme an Internettauschbörsen: Besprechung der BGH-Urteile vom 12.5.2016, GRUR 2017, 42; *Spindler*, Die neue Urheberrechts-Richtlinie der EU, insbesondere „Upload-Filter" – Bittersweet?, CR 2019, 277; *ders.*, Störerhaftung für Access-Provider reloaded, GRUR 2018, 1012; *ders.*, Das neue TMG auf dem Prüfstand – Anmerkung zu OLG München, Urteil vom 15.3.2018 – 6 U 1741/17 (ZUM 2018, 448), ZUM 2018, 454; *ders.*, Der RegE zur Störerhaftung der Provider, insbesondere WLANs – Verschlimmbesserung und Europarechtswidrigkeit: Kritische Anmerkung zum TMG-RegE v. 5.4.2017, CR 2017, 333; *ders.*, Das neue Telemediengesetz – WLAN-Störerhaftung endgültig adé?, NJW 2017, 2305; *ders.*, Das Ende der Links: Framing und Hyperlinks auf rechtswidrige Inhalte als eigenständige Veröffentlichung?, GRUR 2016, 157; *ders.*, Die neue Providerhaftung für WLANs – Deutsche Störerhaftung adé?, NJW 2016, 2449; *ders.*, Die Reform des Urheberrechts, NJW 2014, 2550; *ders.*, Zivilrechtliche Sperrverfügungen gegen Access Provider nach dem EuGH-Urteil „UPC Telekabel", GRUR 2014, 826; *ders.*, Störerhaftung des Host-Providers bei Persönlichkeitsrechtsverletzungen – Impulse aus dem VI. Zivilsenat des BGH – zugleich Anmerkung zu BGH, Urt. v. 25.10.2011 – VI ZR 93/10 – Blogger, CR 2012, 176; *ders.*, Anmerkung zum Urteil des EuGH vom 24.11.2011 (C-70/10; JZ 2012, 308) – Zur Frage der generellen Filterpflicht für Internet-Access-Provider, JZ 2012, 311; *ders.*, Europarechtliche Rahmenbedingungen der Störerhaftung im Internet – Rechtsfortbildung durch den EuGH in Sachen L'Oréal/eBay, MMR 2011, 703; *ders.*, Präzisierungen der Störerhaftung im Internet – Besprechung des BGH-Urteils „Kinderhochstühle im Internet", GRUR 2011, 101; *ders.,* Bildersuchmaschinen, Schranken und konkludente Einwilligung im Urheberrecht Besprechung der BGH-Entscheidung „Vorschaubilder", GRUR 2010, 785; *ders.,* Reformperspektiven der Providerhaftung im deutschen und europäischen Recht, in Leistner (Hg.), Europäische Perspektiven des Geistigen Eigentums, 2010, S. 212; *Spindler/Leistner,* Die Verantwortlichkeit für Urheberrechtsverletzungen im Internet – Neue Entwicklungen in Deutschland und in den USA, GRUR-Int 2005, 773; *Spindler/Volkmann,* Die zivilrechtliche Störerhaftung der Internet-Provider, WRP 2003, 1; *Stieper,* Die Richtlinie über das Urheberrecht im digitalen Binnenmarkt, ZUM 2019, 211; *Teplitzky,* Grenzen des Verbots der Verquickung unterschiedlicher Schadensberechnungsmethoden, FS Traub (1994), S. 401; *Tilmann,* Konstruktionsfragen zum Schadensersatz nach der Durchsetzungs-Richtlinie, FS Schilling (2007), S. 367; *Tinnefeld,* Die Einwilligung in urheberrechtliche Nutzungen, 2012; *Tolkmitt,* Urheberrechtliche Verantwortlichkeit für Verlinkung – Grundstein für ein autonomes europäisches Haftungsrecht?, FS Büscher (2018), S. 249; *Ufer,* Die Haftung der Internetprovider nach dem Telemediengesetz, 2007; *v. Ungern-Sternberg,* Die Rechtsprechung des EuGH und des BGH zum Urheberrecht und zu den verwandten Schutzrechten im Jahre 2014, GRUR 2015, 205; *ders.,* Die Rechtsprechung des Bundesgerichtshofs zum Urheberrecht und zu den verwandten Schutzrechten in den Jahren 2010 und 2011 (Teil II), GRUR 2012, 321; *ders.,* Urheberrechtlicher Werknutzer, Täter und Störer im Lichte des Unionsrechts – Zugleich Besprechung zu EuGH, Urt. v. 15.3.2012 – C-162/10 – Phonographic Performance (Ireland), und Urt. v. 15.3.2012 – C-135/10 – SCF, GRUR 2012, 576; *ders.,* Die Rechtsprechung des Bundesgerichtshofs zum Urheberrecht und zu den verwandten Schutzrechten in den Jahren 2008 und 2009 (Teil II), GRUR 2010, 386; *ders.,* Einwirkung der Durchsetzungsrichtlinie auf das deutsche Schadensrecht, GRUR 2009, 460; *ders.,* Schadensersatz in Höhe des sog. Verletzergewinns nach Umsetzung der Durchsetzungsrichtlinie, FS Loewenheim, 2009, 351; *ders.,* Schlichte einseitige Einwilligung und treuwidrig widersprüchliches Verhalten des Urheberberechtigten bei Internetnutzungen, GRUR 2009, 369; *ders.,* Die Rechtsprechung des Bundesgerichtshofs zum Urheberrecht und zu den verwandten Schutzrechten in den Jahren 2006 und 2007 (Teil II), GRUR 2008, 291; *Verweyen/Puhlmann/Zimmer,* Urheberrechtliche Haftungsprivilegierung für „Medienhändler"?, GRUR 2013, 372; *Car. Volkmann,* Verkehrspflichten für Internet-Provider, CR 2019, 376; *Chr. Volkmann,* Freies WLAN für eine Cappuccino, K&R 2015, 289; *ders.,* Verkehrspflichten für Internet-Provider, CR 2008, 232; *ders.,* Der Störer im Internet, 2005; *Wagner,* Die Voraussetzungen negatorischen Rechtsschutzes – Versuch einer Neubegründung, FS Medicus (2009), S. 589; *v. Walter,* Medienspezifische Haftungsregime für Content-Plattformen, FS Wandtke (2013), S. 545; *Wandtke,* Doppelte Lizenzgebühr als Bemessungsgrundlage im Urheberrecht, FS Dittrich (2000), S. 389; *ders.,* Doppelte Lizenzgebühr im Urheberrecht als Modell für den Vermögensschaden von Persönlichkeitsrechtsverletzungen im Internet?, GRUR 2000, 942; *Wenzl,* Musiktauschbörsen im Internet, 2005; *Wiebe,* Providerhaftung in Europa: Neue Denkanstöße durch den EuGH (Teil 1), WRP 2012, 1182; *ders.,* Vertrauensschutz und geistiges Eigentum am Beispiel der Suchmaschinen, GRUR 2011, 888; *Wielsch,* Verantwortung von digitalen Intermediären für Rechtsverletzungen Dritter, ZGE 2018, 1; *Wilkat,* Bewertungsportale im Internet, 2013; *Wille,* Wiederholungsgefahr trotz Verletzung verschiedener Schutzrechte, GRUR-Prax 2013, 518; *Wimmers/Schulz,* Wer nutzt? – Zur Abgrenzung zwischen Werknutzer und technischem Vermittler im Urheberrecht, CR 2008, 170; *dies.,* Stört der Admin-C?, CR 2006, 754; *Wimmers/Barudi/Rendle,* The CJEU's Communication to the Public: Better Check Before Placing a Hyperlink?, CRi 2016, 129; *Zander,* Die Problematik der Störerhaftung bei Unternehmen und Arbeitgebern, ZUM 2011, 305; *v. Zimmermann,* Die Einwilligung im Internet, 2014; *Zimmermann,* Tatsächliche Vermutung und sekundäre Darlegungslast in Filesharing-Prozessen – Maßstäbe für die Entlastung des Anschlussinhabers, MMR 2014, 368; *Zurth,* Bereicherungsrechtliche Implikationen im Immaterialgüterrecht, GRUR 2019, 143; *ders.,* Anmerkung zu EuGH, Urteil vom 26. April 2017 – C-527/15 – Filmspeler, NJW 2017, 1937.

Übersicht

A. Allgemeines *(Leistner)*

Zur Entwicklung und Bedeutung. § 97 ist die **zentrale Norm zum zivilrechtlichen** 1
Schutz, den das Gesetz bei rechtswidrigen Eingriffen in Urheber- und verwandte Schutzrechte gewährt.[1] Der heute umfassende Schutz geht auf die Entwicklung der Rechtsprechung zurück. Während die Urheberrechtsgesetze von 1901 (LUG) und 1907 (KUG) nur Schadensersatzansprüche vorsahen,[2] schloss die Rechtsprechung die Gesetzeslücke und erkannte außerdem an:
- den negatorischen Unterlassungs- und Beseitigungsanspruch analog dem für das Eigentum geltenden § 1004 BGB und den daraus abgeleiteten vorbeugenden Unterlassungsanspruch bei drohender
  Erstverletzungsgefahr;
- den Anspruch auf Ersatz eines Nichtvermögensschadens wegen Verletzung des Urheberpersönlichkeitsrechts gemäß § 823 Abs. 1 BGB iVm Art. 1, 2 GG und entsprechend vormals § 847 BGB –
  Schmerzensgeld, jetzt § 253 Abs. 2 BGB.
Die Berechnung des Schadensersatzes (§§ 249 ff. BGB) wurde ergänzt:
- um die Berechnung von Schadensersatz im Wege angemessener Lizenz;

---

[1] Insg. auch → Vor §§ 97 ff. Rn. 1 und 19.
[2] §§ 36, 37 LUG; § 31 KUG.

– um den Anspruch auf Herausgabe des Verletzergewinns bei Vorsatz direkt nach §§ 687 Abs. 2, 681, 667 BGB und

– um den Auskunfts- und Rechnungslegungsanspruch unter dem Gesichtspunkt des § 242 BGB, beim Rechnungslegungsanspruch iVm den vorgenannten Bestimmungen.

Das **Urheberrechtsgesetz von 1965** übernahm die Ergebnisse dieser Rechtsprechung und kodifizierte in § 97 die Unterlassungs- und Beseitigungsansprüche, Schadensersatzansprüche einschließlich Anspruch auf Herausgabe des Verletzergewinns sowie den Anspruch auf Geldersatz für immaterielle Schäden.

Im Rahmen der Umsetzung der Enforcement-RL hat der deutsche Gesetzgeber den Text des § 97 wesentlich umgestaltet:[3]

– **§ 97 Abs. 1** kodifiziert nunmehr den **Unterlassungs- und Beseitigungsanspruch** und nimmt den **vorbeugenden Unterlassungsanspruch** in den Text auf;

– **§ 97 Abs. 2 S. 1** normiert **bei Vorsatz und Fahrlässigkeit** den **Schadensersatzanspruch.** Zur Bemessung kann auch der Verletzergewinn berücksichtigt werden (S. 2), ebenso eine angemessene Lizenzvergütung (S. 3);

– **§ 97 Abs. 2 S. 4** gewährt Urhebern, Verfassern wissenschaftlicher Ausgaben, Lichtbildnern und ausübenden Künstlern eine **Entschädigung in Geld wegen Schadens, der nicht Vermögensschaden ist,** wenn und soweit dies der Billigkeit entspricht.[4]

2   § 97 als Zentralnorm zu den zivilrechtlichen Rechtsfolgen wird durch **verschiedene Vorschriften im UrhG** ergänzt (s. den systematischen Überblick → Vor §§ 97 ff. Rn. 19).

3   Nach § 102a bleiben **Ansprüche aus anderen gesetzlichen Vorschriften** (außerhalb des UrhG) unberührt. Dies betrifft insbesondere die wichtigen, weil ohne Verschulden greifenden **Ansprüche aus ungerechtfertigter Bereicherung** nach §§ 812 ff. BGB (spezifisch: die Eingriffskondiktion gem. § 812 Abs. 1 S. 1 Alt. 2 BGB, in deren Rahmen dann allerdings nicht der Verletzergewinn, sondern gem. § 818 Abs. 2 BGB nur der objektive Verkehrswert der erlangten Nutzung in Höhe einer marktüblichen Lizenz herausverlangt werden kann),[5] den **Anspruch aus unechter Geschäftsführung ohne Auftrag** gem. § 687 Abs. 2 BGB und **wettbewerbsrechtliche Ansprüche.**

Der früher aus dem allgemeinen Zivilrecht abgeleitete Anspruch auf Urkundenvorlage und Besichtigung (§ 809 BGB) ist im Rahmen der Umsetzung der Enforcement-RL erweitert und materiellrechtlich ausgestaltet als **§ 101a** in das UrhG eingefügt worden.

Die Aufzählung der Ansprüche aus anderen gesetzlichen Vorschriften ist bewusst nicht erschöpfend. Urheberrechtsverletzungen sind **unerlaubte Handlungen.** Deshalb ist auf die für diese geltenden Vorschriften des allgemeinen bürgerlichen Rechts zurückzugreifen, wenn das UrhG keine besonderen Vorschriften enthält: §§ 830, 840, 421 ff. BGB; §§ 831, 31, 89 BGB. Zu Art und Umfang des Schadensersatzes: §§ 249 ff. BGB mit erheblichen immaterialgüterrechtlichen Besonderheiten.[6]

4   Nicht ausdrücklich kodifiziert ist nach wie vor **der klassische Auskunftsanspruch.** Dieser Anspruch ist selbstverständlich.[7] Für die Bemessung des Schadensersatzanspruchs auf der Grundlage des Verletzergewinns ist die Rechnungslegung sine qua non.[8]

5   Auf die **Verjährung** der Ansprüche wegen Verletzung des Urheberrechts oder eines anderen nach diesem Gesetz geschützten Rechts finden die Vorschriften des Fünften Abschnitts des Buches I des BGB Anwendung (§ 102). Hat der Verpflichtete durch die Verletzung auf Kosten des Berechtigten etwas erlangt, gilt die Regelung des § 852 BGB.

6   Das Gesetz zur Verbesserung der Durchsetzung geistigen Eigentums, das zum 1.9.2008 in Kraft getreten ist und zur Umsetzung der Enforcement-RL wesentliche Änderungen des Textes des § 97 gebracht hat, enthält keine Übergangsvorschrift, so dass sich die **intertemporale Anwendbarkeit** der aktuellen Fassung nach Art. 170 EGBGB bestimmt (näher zur zeitlichen Anwendbarkeit → Vor §§ 97 ff. Rn. 12).

7   Zur internationalprivatrechtlichen Anknüpfung nach dem **Schutzlandprinzip** → Vor §§ 120 ff. Rn. 109 ff.

B. Schutzgegenstand *(Leistner)*

8   Nach §§ 97 ff. sind geschützt „**das Urheberrecht** oder ein **anderes nach diesem Gesetz geschütztes Recht**" (§ 97 Abs. 1 S. 1). Das Gesetz meint damit **nur absolute** (ausschließliche) **Rech-**

---

[3] Zum unionsrechtlichen Rahmen näher → Vor §§ 97 ff. Rn. 5 ff.; spezifisch zum Unionsrecht der Vermittlerhaftung und der Providerprivilegien im Netz → Rn. 92 ff.

[4] S. zu der Frage, ob mit diesen Textänderungen nur das bisher geltende Recht fortgeschrieben wurde (so die tendenzielle Haltung des dt. Gesetzgebers) oder ob nicht insbes. im Bereich des Schadensersatzanspruchs auch Anpassungen der bisherigen Rspr. geboten sind → Vor §§ 97 ff. Rn. 9.

[5] BGH GRUR 1982, 301 (303 f.) – Kunststoffhohlprofil II; OLG Frankfurt a. M. ZUM 2004, 924 (925 f.); ggf. kommt eine Schätzung gem. § 287 ZPO in Betracht, sehr frei anhand des „Marktwerts" OLG Hamburg NJW-RR 1999, 1204 (1205 f.); *Schack* Rn. 808 f. mwN. Ausführlicher zul. *Zurth* GRUR 2019, 143.

[6] → Rn. 259 ff.

[7] AmtlBegr. BT-Drs. IV/270, 103 rSp.

[8] Näher → Rn. 307 ff.

te aus dem Urheberrechtsgesetz, dh Rechte, die gegen jeden nicht berechtigten Dritten wirken. Sie sind „sonstige Rechte" iSd § 823 Abs. 1 BGB. Nur relativ wirkende **schuldrechtliche Ansprüche** gehören nicht in diesen Bereich.[9]

I. Urheberrecht

Grundlage der Ansprüche ist das **absolute Urheberrecht** als einheitliches, umfassendes, territorial **9** beschränktes Recht eigener Art, in dem sich immaterialgüterrechtliche und persönlichkeitsrechtliche Elemente untrennbar verbinden.[10]

Dazu gehören die einzelnen Berechtigungen aus dem **Urheberpersönlichkeitsrecht: §§ 12–14** **10** (Veröffentlichungsrecht, Anerkennung der Urheberschaft, Entstellungsverbot), §§ 39, 46 Abs. 5 und § 62 (Änderungsverbote) sowie § 63 (Recht auf Quellenangabe). Zum Urheberpersönlichkeitsrecht im weiteren Sinne können auch § 25 (Zugang zu Werkstücken), § 34 Abs. 1 und § 35 Abs. 1 (Übertragung von Nutzungsrechten und diesbezügliche Zustimmung) und die Berechtigung nach § 41 sowie § 42 (Rückrufrechte wg. Nichtausübung bzw. gewandelter Überzeugung) gerechnet werden. Es handelt sich bei diesen Bestimmungen jedoch um Sonderregelungen, die ihrem Wesen nach unmittelbare Ansprüche aus §§ 97 ff. ausschließen.[11]

Dazu gehören außerdem: die **einzelnen Berechtigungen** aus dem **umfassenden Verwertungs-** **11** **recht des Urhebers** (§§ 16–22: Vervielfältigungsrecht, Verbreitungsrecht, Vermietrecht, Ausstellungsrecht, Vortrags-, Aufführungs- und Vorführungsrecht, Recht der öffentlichen Zugänglichmachung, Senderecht, Recht der Wiedergabe durch Bild- und Tonträger, Recht der Wiedergabe von Rundfunksendungen; für Computerprogramme: § 69c), wobei dem Urheber auch die Veröffentlichung oder Verwertung des Werkes in bearbeiteter oder sonst umgestalteter Form nach Maßgabe des § 23 vorbehalten ist (bei Werken der Baukunst und Datenbankwerken auch schon die Bearbeitung als solche).

Bei Überschreiten eines eingeräumten **Verlagsrechts** handelt es sich regelmäßig nicht nur um eine **12** Verletzung des zugrundeliegenden Verlagsvertrages, sondern gleichzeitig um eine Urheberrechtsverletzung, soweit im Übrigen das Recht beim Kläger geblieben ist.[12]

Es können auch **mehrere Rechte** gleichzeitig verletzt sein. Die sich daraus ergebenden, mögli- **13** cherweise unterschiedlichen, Ansprüche stehen **selbstständig** nebeneinander und sind ggf. von ein und demselben oder verschiedenen Berechtigten mit **unterschiedlichen Rechtsfolgen** geltend zu machen.[13]

Keine absoluten Rechte und daher nicht durch §§ 97 ff. geschützt sind die **gesetzlichen Vergü-** **14** **tungsansprüche** oder **sonstige Ansprüche,** die sich jeweils **nur gegen einen einzelnen Werknutzer** richten. In den Fällen eines gesetzlichen Vergütungsanspruchs hat der Urheber den jeweiligen Erfüllungsanspruch und bei Nichterfüllung einen Schadensersatzanspruch nach allgemeinen zivilrechtlichen Grundsätzen,[14] im Falle des Verzuges Anspruch auf Verzugszinsen.[15]

Bei den **urheberrechtlichen Sonderregelungen** kommt es für die Folgen jeweils auf die kon- **15** krete Bestimmung an. Zu den Sonderregelungen gehören: §§ 5 Abs. 3, 42a (Einräumung von Rechten), § 8 Abs. 2 S. 2 und § 9 (Anspruch auf Zustimmung der anderen Miturheber bzw. Urheber verbundener Werke zu bestimmten Maßnahmen), § 25 (Zugang zu Werkstücken), § 26 Abs. 3 und 4 (Auskunftsrecht im Rahmen des Folgerechts), § 34 Abs. 1 (Zustimmung zur Übertragung von Nutzungsrechten), § 35 (Einräumung einfacher Nutzungsrechte), § 32 (angemessene Vergütung), § 32a (weitere Beteiligung des Urhebers), § 32c (Vergütung für später bekannte Nutzungsarten), § 41 (Rückrufrecht wegen Nichtausübung), § 42 (Rückrufrecht wegen gewandelter Überzeugung).

Bei **§ 34 Abs. 1 S. 1, § 35 Abs. 1 S. 1** ist die Weiterübertragung des Nutzungsrechts ohne Zustimmung des Urhebers schwebend unwirksam. Wird nicht zugestimmt, ist die Übertragung unwirksam; die **Nutzung** durch den Zedenten bildet eine Urheberrechtsverletzung iSd § 97; der Zessionar kann wegen Beteiligung daran sowie wegen Vertragsverletzung haften.[16] Demgegenüber zählt § 34 trotz der dinglichen Wirkung des Zustimmungsvorbehalts als solcher nicht zu den von § 97 geschützten absoluten Rechten; für § 97 relevant wird erst die unbefugte Nutzungshandlung des Zedenten aufgrund der unwirksamen Verfügung.[17]

---

[9] AmtlBegr. BT-Drs. IV/270, 103 rSp. Vgl. aber auch → Rn. 16 zu absolut wirkenden Nutzungsrechten insbes. aufgrund ausschließlicher Rechteeinräumungen.

[10] Monistische Theorie, → Einl. UrhG Rn. 28, 130; → § 11 Rn. 3.

[11] So auch Dreier/Schulze/*Specht* UrhG § 97 Rn. 4.

[12] BGH GRUR 1959, 200 (202) – Der Heiligenhof; BGH GRUR 1980, 227 (230) – Monumenta Germaniae Historica; KG ZUM-RD 1997, 138 (142 f.) – Plusauflagen.

[13] Fromm/Nordemann/*J. B. Nordemann* UrhG § 97 Rn. 10; Dreier/Schulze/*Specht* UrhG § 97 Rn. 5, jeweils mit Beispielen; Wandtke/Bullinger/*v. Wolff* UrhG § 97 Rn. 5.

[14] §§ 280, 281, 286 BGB.

[15] § 288 BGB.

[16] BGH GRUR 1987, 37 (39) – Videolizenzvertrag: Erstlizenznehmer habe die unbefugte Nutzung des Zweitlizenznehmers veranlasst; → § 34 Rn. 48 ff., 56.

[17] *Schack* Rn. 761; Dreier/Schulze/*Specht* UrhG § 97 Rn. 4 u. 7. Wohl aA oder zumindest missverständlich BGH GRUR 1987, 37 (39) – Videolizenzvertrag: inhaltliche Beschränkung des Nutzungsrechts, die ggü. jeder-

Insgesamt sind die **Einwilligungs- und Zustimmungsrechte** des Urhebers **keine** selbstständigen **absoluten Rechte,** sondern haben ihre Grundlage in den absoluten Verwertungsrechten des Urhebers, deren Verletzung Ansprüche nach §§ 97 ff. auslöst.[18] Die Verfügung eines Nichtberechtigten verschafft keine dingliche Rechtsposition und stellt keine Verletzung fremden Urheberrechts dar,[19] aber ggf. die Teilnahme eines nicht berechtigt Verfügenden an einer dadurch veranlassten unberechtigten Nutzungshandlung,[20] oder mögliche Störerhaftung.[21]

16   Auch Inhaber eines vom Urheber eingeräumten dinglichen **Nutzungsrechts** sind ggf. in ihrem absoluten Recht verletzt,[22] wobei dann aber grundsätzlich nur Inhaber ausschließlicher Nutzungsrechte aktivlegitimiert sind. Dabei kann die Auslegung der Lizenzverträge nach dem Vertragszweck gem. § 31 Abs. 5 auch ergeben,[23] dass das Verbotsrecht des Lizenznehmers über das ihm positiv eingeräumte Nutzungsrecht hinausreicht, wenn dies notwendig ist, um gegen illegale Nutzungen vorzugehen, die sein positives Nutzungsrecht wirtschaftlich beeinträchtigen (sog. **„überschießendes Verbotsrecht").**[24]

II. Verwandte Schutzrechte

17   Für die **verwandten Schutzrechte** sind die gleichen Grundsätze maßgebend. Anspruchsgrundlage ist das jeweils einheitliche, sachlich aber nicht umfassende, territorial beschränkte Schutzrecht mit seinen absolut ausgestalteten Berechtigungen. Die unter dem Oberbegriff „die verwandten Schutzrechte" zusammengefassten Rechte sind allerdings nach Voraussetzungen, Gegenstand, Schutzumfang und Rechtsnatur sehr verschieden.[25] Urheberpersönlichkeitsrechtliche Befugnisse existieren nur bei den verwandten Schutzrechten für wissenschaftliche Ausgaben (§ 70), nachgelassene Werke (§ 71), Lichtbilder und ähnlich hergestellte Erzeugnisse (§ 72) und ausübende Künstler (vgl. insgesamt §§ 73–83). Die übrigen verwandten Schutzrechte haben einen investitionsschützenden Charakter und begründen entsprechende ökonomische Verwertungsrechte für Veranstalter (§ 81), Tonträgerhersteller (§ 85 Abs. 1), Sendeunternehmen (§ 87 Abs. 1), Datenbankhersteller (§ 87b), Presseverleger (§ 87f), Filmhersteller (§§ 93, 94 Abs. 1) und Hersteller von Laufbildern (§ 95).

III. Das Verwertungsverbot des § 96 und der Schutz von technischen Maßnahmen und Informationen für die Rechtewahrnehmung (§§ 95a, 95c)

18   Außerdem gehört das **Verwertungsverbot des § 96** zu den nach §§ 97 ff. geschützten Rechten.[26] Ob das Verbot der **Umgehung technischer Schutzmaßnahmen** und der **Schutz der zur Rechtewahrnehmung erforderlichen Informationen** in §§ 95a, 95c zu den nach § 97 geschützten Rechten zählen, ist streitig;[27] nach der ablehnenden Auffassung sind §§ 823 Abs. 2, 1004 Abs. 1 BGB anwendbar.[28] Für die Verletzung der ohnedies anders ausgerichteten, verbraucherschützenden Kennzeichnungspflichten des § 95d kommt jedenfalls unstreitig nur die Anwendung der §§ 823 Abs. 2, 1004 Abs. 1 BGB in Betracht.[29]

---

mann wirke; wobei sich das praktische Ergebnis (Haftung des Erstlizenznehmers als Veranlasser für die wegen der unwirksamen Zweitlizenz unbefugte Nutzung des Zweitlizenznehmers) nicht unterscheidet; dem BGH folgend Fromm/Nordemann/*J. B. Nordemann* UrhG § 97 Rn. 9.

[18] Wie hier Dreier/Schulze/*Specht* UrhG § 97 Rn. 4; aA Fromm/Nordemann/*J. B. Nordemann* UrhG § 97 Rn. 12; deutlicher noch die Voraufl. Fromm/Nordemann/*J. B. Nordemann* (11. Aufl.) UrhG § 97 Rn. 9.

[19] BGH GRUR 2002, 963 (964) – Elektronischer Pressespiegel; BGH GRUR 2000, 699 (702) – Kabelweitersendung; BGH GRUR 1999, 579 (580) – Hunger und Durst; BGH GRUR 1999, 152 (154) – Spielbankaffäre; OLG Frankfurt a. M. ZUM 2014, 803; Dreier/Schulze/*Specht* UrhG § 97 Rn. 7; *Zurth* GRUR 2019, 143 (148); wohl aA oder zumindest missverständlich nur BGH GRUR 1987, 37 (39) – Videolizenzvertrag.

[20] Dreier/Schulze/*Specht* UrhG § 97 Rn. 7; *Schack* Rn. 761.

[21] Fromm/Nordemann/*J. B. Nordemann* UrhG § 97 Rn. 16.

[22] Dreier/Schulze/*Specht* UrhG § 97 Rn. 5.

[23] → § 31 Rn. 64.

[24] → Rn. 21.

[25] → Einl. UrhG Rn. 39.

[26] BGH GRUR 1993, 550 (553) – The Doors; *Schack* Rn. 759; Dreier/Schulze/*Specht* UrhG § 97 Rn. 3; BGH ZUM 1986, 199 (202) – GEMA-Vermutung III. Dazu auch → § 96 Rn. 3.

[27] Wohl für zusätzliche Anwendung des § 97 (aber in sich widersprüchlich) Dreier/Schulze/*Specht* UrhG § 95a Rn. 5 mwN.

[28] So BGH GRUR 2015, 672 – Videospiel-Konsolen II; Fortführung von BGH GRUR 2008, 996 – Clone-CD; OLG München GRUR-RR 2009, 85 (87) – AnyDVD II (jeweils für § 95a); *Schack* Rn. 839 mwN. Vgl. → § 95a Rn. 40; → § 95c Rn. 16.

[29] *Arnold/Timman* MMR 2008, 286. → § 95d Rn. 12.

C. Schutzumfang *(Leistner)*

I. Gegenständlich

Für Verletzungen der Rechte des **Urhebers** gilt, dass die sachliche Grundlage des Urheberpersön- **19** lichkeitsrechts sowie der positiven Benutzungs- und negativen Verbietungsrechte des Urhebers das immaterielle geistige **Werk** in seiner konkreten Ausgestaltung ist. Dh insbesondere im **Teilwerkschutz,** dass von der gegenständlichen Nutzungshandlung zumindest eigenständig schutzfähige Teile betroffen sein müssen, wobei sich die besondere Eigenart des Gesamtwerks nicht in dem betroffenen Teil zu offenbaren braucht.[30]

Bei den **verwandten Schutzrechten** ist der Schutzumfang sehr unterschiedlich und richtet sich nach dem jeweiligen Schutzgegenstand.[31]

Das Urheberrecht hat **keine Ausschlusswirkung,** sondern schützt nur vor der tatsächlichen Be- **20** nutzung eines bestehenden Werks.[32] Dies unterscheidet das Urheberrecht von den technischen Schutzrechten und den Kennzeichnungsrechten, bei denen ohne Rücksicht auf Kenntnis und Nachbildung eine Benutzungshandlung in den Schutzbereich des fremden Rechts eingreift.[33] Der (äußerst seltene) Fall der unabhängigen **Doppelschöpfung** verletzt daher das Urheberrecht nicht.[34] Zur Beschränkung der Ausschließlichkeitswirkung auf eine subjektiv und objektiv vorliegende Benutzung des Werkes als Vorlage → § 2 Rn. 42 (subjektive Neuheit) und → § 23 Rn. 32 ff., → § 24 Rn. 10 ff.

Wesentlich für den gegenständlichen Schutzumfang bei abgeleiteten Rechten ist die Unterschei- **21** dung von **positivem Nutzungsrecht** und **negativem Verbotsrecht:** Das aus den ausschließlichen Nutzungsrechten fließende Verbietungsrecht kann, je nach dem zugrunde liegenden Vertragszweck, über das Benutzungsrecht hinausgehen (sog. **„überschießendes Verbotsrecht"**).[35]

II. Zeitlich

Der **zeitliche Schutzumfang** beginnt mit der Entstehung des Urheberrechts, dh mit der **Entste- 22 hung des** schutzfähigen **Werkes,** und endet mit dem **Ablauf der Schutzfrist;** Laufzeit des Schutzrechts und Dauer der Schutzwirkungen decken sich mithin. Der Urheberrechtsschutz endet 70 Jahre nach dem Tod des Urhebers – bei Miturhebern des längst überlebenden Urhebers. Die Schutzfristen der verwandten Schutzrechte variieren. Die Berechnung der Fristen erfolgt nach §§ 64 ff. Bei den verwandten Schutzrechten sind die Schutzlaufzeiten unterschiedlich lang. Die Vorschriften sind im konkreten Fall genau zu prüfen.

Begann eine ungenehmigte Verwertung vor Ablauf der Schutzfrist, ist sie bis zum Ablauf rechtswidrig.[36] Wird die Schutzfrist verlängert, sind zumeist **Übergangsregelungen** vorgesehen (§§ 129 ff.), zum Teil Fortsetzung und Aufbrauch gegen angemessene Vergütung (§§ 137e und 137f).

Da das Urheberrecht – anders als die technischen Schutzrechte – keine echte Ausschlusswirkung **23** hat, ist die **Priorität** im Urheberrecht nur insofern von Bedeutung, als sich damit eine Nachbildung begründen oder widerlegen lässt.[37]

III. Territorial

Beachtlich ist der im gesamten Immaterialgüterrecht und somit **auch im Urheberrecht** herr- **24** schende **Territorialitätsgrundsatz** (dazu → Vor §§ 120 ff. Rn. 109 ff.) sowie die Kommentierungen zur genauen **Reichweite der einzelnen Verwertungsrechte** hinsichtlich der Frage, ob die jeweils streitgegenständlichen Handlungen eine Rechtsverletzung in Deutschland darstellen (was auch in Betracht kommt bei Teilakten im Ausland, die aber den inländischen Markt betreffen).[38]

---

[30] → § 2 Rn. 87; vgl. iÜ zum gegenständlichen Schutzbereich bei den einzelnen absoluten Rechten (insbes. Persönlichkeitsrechten und Verwertungsrechten) des Urhebers.

[31] S. in den jeweiligen Einzelkommentierungen. Zum Ganzen ausführlicher → 4. Aufl. 2010, Rn. 13 ff. Vgl. mit dem Versuch einer übergreifenden Systematisierung *Benz* passim.

[32] → Rn. 28 zur diesbzgl. Darlegungs- und Beweislast.

[33] Vgl. zu weiteren Unterschieden → Einl. UrhG Rn. 46.

[34] Die unabhängige Doppelschöpfung dürfte aber praktisch nie vorkommen, da sich insbes. im Musik- oder auch im Bildbereich bei allg. Zugang zum Erstwerk in aller Regel zumindest die unbewusste Übernahme charakteristischer Züge des ersten Werks belegen lässt, vgl. BGH GRUR 1988, 812 – Ein bisschen Frieden; BGH GRUR 1988, 810 – Fantasy; OLG Köln GRUR 2000, 43 – Klammerpose; *Dreier/Schulze/Specht* UrhG § 97 Rn. 11.

[35] BGH GRUR 1953, 299 (301) – Lied der Wildbahn I; BGH GRUR 1957, 614 (616) – Ferien von Ich; BGH GRUR 1960, 636 (638 f.) – Kommentar; BGH ZUM-RD 2013, 514 Rn. 23; LG Hamburg ZUM 2011, 81 (82) mit diesbzgl. Anm. *Hahn* ZUM 2011, 82; zul. ausf. AG Hamburg BeckRS 2015, 12311.

[36] Zur Verwertung ursprünglich rechtswidrig hergestellter Vervielfältigungsstücke nach Ablauf der Schutzfrist → Rn. 26 (und → § 96).

[37] → Rn. 20 zum damit zwar erlaubten, in der Praxis aber äußerst seltenen Fall der unabhängigen Doppelschöpfung; → Rn. 28 zur Darlegungs- und Beweislast im Hinblick auf Verletzungstatbestand und Rechtswidrigkeit.

[38] Ausführlicher → 4. Aufl. 2010, Rn. 27.

D. Widerrechtliche Verletzungen *(Leistner)*

I. Verletzungstatbestand

25   Voraussetzung für den Anwendungsbereich der §§ 97 ff. ist eine Verletzung der absoluten Berechtigungen des Urhebers. Eine **tatbestandsmäßige Verletzung** setzt ein bestehendes Recht voraus. Ein Eingriff fehlt zB, wenn der Urheber ein entsprechendes Nutzungsrecht mit gegenständlicher Wirkung eingeräumt hat. Der rechtmäßige Inhaber dieser quasidinglichen Nutzungsrechte begeht, wenn er die Rechte nutzt, keine Verletzung. Ein Eingriff fehlt ebenfalls in den Fällen, in denen das Gesetz das Urheberrecht beschränkt hat.[39]

26   Die Tatbestandsmäßigkeit der Verletzung **indiziert** die **Widerrechtlichkeit.** Sie entfällt nur bei Vorliegen von **Rechtfertigungsgründen.**[40] Besteht die Rechtsverletzung in einem **Unterlassen,** ist sie nur widerrechtlich, wenn eine **Pflicht zum Handeln** besteht.

     Ohne Einfluss auf die Widerrechtlichkeit ist der **nachträgliche Ablauf der Schutzfrist.** Noch innerhalb der Schutzfrist widerrechtlich hergestellte Vervielfältigungsstücke dürfen weder verbreitet noch zur öffentlichen Wiedergabe benutzt werden (§ 96).

27   Für den Anspruch auf Unterlassung und Beseitigung genügt Widerrechtlichkeit. Ein **Bewusstsein der Rechtswidrigkeit** gehört **nicht** zum Verletzungstatbestand.[41] Der widerrechtliche Eingriff ist ein Faktum. Ob der potentielle Verletzer wusste oder wissen musste, dass er rechtswidrig in Rechte nach dem UrhG eingreift, ist für den **Unterlassungs- und Beseitigungsanspruch** unerheblich. **Gutgläubigkeit schützt** also **nicht.** Lediglich der **Schadensersatzanspruch** setzt zusätzlich **Verschulden** voraus (§ 97 Abs. 2).

28   Hinsichtlich der **Darlegungs- und Beweislast** gelten die allgemeinen Regeln. Der Verletzte hat die **Verletzungshandlung** darzulegen und zu beweisen. Umstände, die nach der Lebenserfahrung auf eine Rechtsverletzung schließen lassen, begründen einen Beweis des ersten Anscheins, den der Verletzer durch die Wahrscheinlichkeit eines abweichenden Geschehensablaufs im konkreten Fall entkräften muss, zB die Nachahmung bei weitgehender Übereinstimmung zweier Werke,[42] die Zahl der Plattenhüllen für die Anzahl der widerrechtlich hergestellten Platten.[43]

     Wer sich auf Nutzungsrechte, eine Schrankenbestimmung, auf freie Benutzung iSd § 24 oder einen **Rechtfertigungsgrund** beruft, muss die tatsächlichen Voraussetzungen dafür darlegen und beweisen. Rechtswidrigkeit kann auch durch **nachträglichen Fortfall** eines Rechtfertigungsgrundes eintreten.[44] Den Wegfall des Rechtfertigungsgrundes hat der Verletzte zu beweisen.[45]

II. Rechtfertigungsgründe

1. Rechtfertigende Einwilligung oder Genehmigung

29   Keine Widerrechtlichkeit besteht, wenn die **Zustimmung** (§ 182 BGB), also vorherige **Einwilligung** (§ 183 BGB) oder nachträgliche **Genehmigung** (§ 184 BGB), des Rechtsinhabers vorliegt. Die Einwilligung kann **ausdrücklich** oder **konkludent** durch schlüssiges Verhalten erfolgen.[46] Sie ist **abzugrenzen** von der ausdrücklichen oder konkludenten Einräumung eines Nutzungsrechts, die den strengeren Voraussetzungen der bindenden Einräumung einer spezifischen und dinglich abspaltbaren Nutzungsbefugnis nach der allgemeinen Rechtsgeschäftslehre unter Berücksichtigung des urheberrechtlichen Übertragungszweckgedankens genügen muss und schon den Tatbestand der Rechtsverletzung ausschließt,[47] sowie von rein **schuldrechtlichen Gestattungen,** die ebenfalls einen Rechtfertigungsgrund bilden können[48] (**„Stufenleiter der Gestattungen").**[49]

---

[39] Siehe die Schranken der §§ 44a ff.

[40] → Rn. 29 ff.; zur Behauptungs- und Beweislast → Rn. 28.

[41] Vgl. BGH GRUR 1991, 769 (770) – Honorarfrage (zum UWG); OLG Hamburg ZUM-RD 2007, 344 (345); Dreier/Schulze/*Specht* UrhG § 97 Rn. 14; Fromm/Nordemann/*J. B. Nordemann* UrhG § 97 Rn. 148; Wandtke/Bullinger/*v. Wolff* UrhG § 97 Rn. 31.

[42] BGH GRUR 1988, 812 (814) – Ein bisschen Frieden; BGH GRUR 1981, 267 (269) – Dirlada. Vgl. auch → Rn. 20 zum äußerst seltenen Fall der unabhängigen Doppelschöpfung.

[43] BGH GRUR 1987, 630 (631) – Raubpressungen.

[44] BGH GRUR 1958, 448 (449) – Blanko-Verordnungen; BGH GRUR 1960, 500 (502) – Plagiatsvorwurf.

[45] BGH GRUR 1960, 500 (502) – Plagiatsvorwurf.

[46] EuGH GRUR 2017, 62 Rn. 35 ff. – Soulier und Doke: implizite Zustimmung unter engen Voraussetzungen, damit der Grundsatz der vorherigen Zustimmung nicht ausgehöhlt wird; weitergehend BGH GRUR 2010, 628 Rn. 33 – Vorschaubilder I: rechtswidrigkeitsausschließende (schlichte) Einwilligung durch schlüssiges Verhalten. Zuletzt ist teilw. auch die Rspr. des EuGH zum „neuen Publikum" bei Links auf legale Quellen als Unterfall einer konkludenten Einwilligung eingeordnet worden, s. *Ohly* GRUR 2018, 996 (999) mwN mit Hinweis auf Soulier und Doke.

[47] Zu den Voraussetzungen der unzweideutigen konkludenten rechtsgeschäftlichen Einräumung eines bestimmten Nutzungsrechts und zur Abgrenzung BGH GRUR 2010, 628 Rn. 29 ff. – Vorschaubilder I; BGH GRUR 1971, 362 (363) – Kandinsky II; *v. Ungern-Sternberg* GRUR 2009, 369.

[48] Dreier/Schulze/*Specht* UrhG § 97 Rn. 15; vgl. BGH GRUR 1959, 147 (149) – Bad auf der Tenne.

[49] *Ohly* GRUR 2012, 983 (986 f.); *Ohly,* Volenti non fit iniuria, passim der jeweils noch zwischen der schlichten rechtswidrigkeitsausschließenden Einwilligung und einer Einwilligung durch rechtsgeschäftliche Erklärung differenziert (*Ohly* GRUR 2012, 983 (985 f.)).

Die **schlichte rechtswidrigkeitsausschließende Einwilligung** als wesentlichster Fall unterliegt   30
(entweder als bloß rechtsgeschäftsähnliche Handlung[50] oder als rechtsgeschäftliche Erklärung mit Besonderheiten)[51] jedenfalls im Ergebnis im Wesentlichen den für Willenserklärungen geltenden Regeln.[52] Allgemein sind die **Voraussetzungen** des Vorliegens einer Einwilligung oder Genehmigung
sorgfältig zu prüfen.[53] Abzustellen ist bei konkludenten Einwilligungen auf den **objektiven Erklärungsinhalt aus der Sicht des Erklärungsempfängers.**[54] Mindestens ist jedenfalls vorauszusetzen,
dass der Rechteinhaber vor seiner konkludenten Einwilligung über die künftig (drohenden) Nutzungen hinreichend tatsächlich **informiert** ist.[55]

Praktisch ist die Figur der rechtswidrigkeitsausschließenden konkludenten Einwilligung in der deut-   31
schen Rechtsprechung bei verschiedenen **Internet-Nutzungen** relevant geworden. Dies betrifft
insbesondere die **ältere Rechtsprechung des BGH zur Bildersuchfunktion** der einschlägigen
Suchmaschinen.[56]

Nach dieser Rechtsprechung liegt in der **technisch unbeschränkten Zugänglichmachung** des
Inhalts einer Internetseite für den Zugriff von Suchmaschinen eine konkludente Erklärung an die
Allgemeinheit, der Rechtsinhaber sei mit der Nutzung für die Bildersuche im üblichen Umfang ein-
verstanden.[57]

Weiter soll ein **Widerruf** dieser Erklärung nicht durch individuelle rechtsgeschäftliche Erklärung
gegenüber einzelnen Suchmaschinenbetreibern möglich sein. Da die Einwilligung aufgrund der
Nichteinrichtung der üblichen, zur Verfügung stehenden technischen Sicherungen gegen die Bildersuche eine Erklärung an einen unbestimmten Personenkreis darstelle, könne diese nicht durch Einzel-
erklärung gegenüber bloß einzelnen Personen widerrufen werden. Die gegenteilige Verwahrung gegenüber einer einzelnen Suchmaschine sei, da die Erklärung an die Allgemeinheit aufgrund der
Nichteinrichtung technischer Sicherungen fortbestehe, unter dem Gesichtspunkt der protestatio facta
contraria unbeachtlich.[58]

Auch die **Entfernung von Bildern von der eigenen Website,** die aber bei der Bildersuche weiter gefunden werden, weil sie am Speicherort im Hintergrund noch vorhanden sind, schließt die konkludente Einwilligung nicht aus, wenn die üblichen Mechanismen der Bildersuche auch auf solches,
nicht endgültig gelöschtes Material zugreifen.[59]

Grundsätzlich setzt die genannte Rechtsprechung voraus, dass der Rechtsinhaber sein urheber-   32
rechtlich geschütztes Material auf einer Internetseite zugänglich gemacht hat bzw. eine entsprechende
Zugänglichmachung gestattet hat, ohne die verfügbaren technischen Sicherungen gegen die Bildersuche zu installieren und dass die Suchmaschine im üblichen Rahmen der Bildersuche auf diese Seite
zugreift. Der BGH hat die genannte Rechtsprechung in einer Folgeentscheidung auch auf den Fall
ausgedehnt, dass das Material auf **einer Website** mit Zustimmung des Rechtsinhabers frei zugänglich gemacht wurde, die Suchmaschine aber im Rahmen der Bildersuche auch Treffer von einer **anderen Seite** präsentiert, auf der das Material **rechtswidrig eingestellt** war, weil der Berechtigte
hierfür keine Zustimmung erteilt hatte.[60] Da allgemein bekannt sei, dass die Bildersuchfunktion das
Netz flächendeckend und ohne Differenzierung durchsuche, sei es **selbstwidersprüchlich,** einerseits
für autorisiert eingestelltes Material die Einwilligung zu erteilen und diese andererseits bezüglich solcher Abbildungen zu beschränken, die an anderer Stelle ohne Berechtigung eingestellt wurden.[61]

Offen blieb auf der Basis der Einwilligungslösung der Fall, in dem Material im Rahmen der Bilder-   33
suche präsentiert wird, für dessen Einstellung durch Dritte in das Netz der Rechtsinhaber **überhaupt
keine Zustimmung** erteilt hatte, so dass die Zurverfügungstellung im Netz von vornherein unberechtigt ist. Der BGH hatte für diesen Fall im **Vorschaubilder I-Urteil obiter dictum** eine Lösung

---

[50] So statt vieler *v. Ungern-Sternberg* GRUR 2009, 369 (370).

[51] So *Ohly* GRUR 2012, 983 (985); *Ohly,* Volenti non fit iniuria, S. 201 ff. mwN.

[52] BGH GRUR 2010, 628 Rn. 35 – Vorschaubilder I; *Ohly* GRUR 2012, 983 (985).

[53] Vgl. für Einzelfälle außerhalb des letzthin vieldiskutierten Online-Bereichs KG GRUR 1997, 129 – Verhüllter
Reichstag II (keine Genehmigung); OLG München ZUM 2009, 429 (zu Filmaufnahmen): konkludente Einwilligung des Aufgenommenen setzt zumindest voraus, dass diesem seine diesbzgl. Rechte bekannt sind; LG Mannheim
GRUR 1997, 364 (keine Genehmigung bei dekoriertem Freiburger „Holbein-Pferd"); diff. bezüglich Teilnehmern
eines öffentlichen Karnevalsumzuges *Hoeren* NJW 1997, 376.

[54] BGH GRUR 2010, 628 Rn. 36 – Vorschaubilder I; *v. Ungern-Sternberg* GRUR 2009, 369 (370); mit konkre-
ten Kriterien für den Bereich der konkludenten Einwilligung in die Bildersuche im Vorfeld der BGH-Rspr.
Leistner/Stang CR 2008, 499 (504 ff.) mwN (dabei aber zT noch strenger, als die letztendlich weniger diff. BGH-
Rspr.).

[55] EuGH GRUR 2017, 62 Rn. 35 ff. – Soulier und Doke.

[56] BGH GRUR 2010, 628 – Vorschaubilder I; BGH GRUR 2012, 602 – Vorschaubilder II; vgl. zul. darüber
hinaus mit dem Ansatz einer Lösung auf der Basis einer einschränkenden Auslegung des Rechts der öffentlichen
Wiedergabe (jedenfalls für Links auf die Bildersuchfunktion) BGH GRUR 2018, 178 – Vorschaubilder III mAnm
Ohly GRUR 2018, 187; dazu *Leistner* ZUM 2018, 286 mwN (beide jeweils insbes. auch zu Beweislastfragen); vgl.
auch *Conrad/Schubert* ZUM 2018, 132. Näher → Rn. 199a ff.

[57] BGH GRUR 2010, 628 Rn. 36 – Vorschaubilder I.

[58] BGH GRUR 2010, 628 Rn. 37 – Vorschaubilder I; zur Kritik → Rn. 36.

[59] BGH GRUR 2010, 628 Rn. 38 – Vorschaubilder I.

[60] BGH GRUR 2012, 602 – Vorschaubilder II; zur Kritik → Rn. 36.

[61] BGH GRUR 2012, 602 Rn. 27 – Vorschaubilder II.

über die Haftungsprivilegien für Provider angedeutet, die auf die übliche Begrenzung auf eine Haftung nach Hinweis auf konkrete, klare Rechtsverstöße hinausliefe.[62] Dieser Lösungsansatz wurde in der **Literatur** zu Recht kritisiert.[63]

Zuerst hatte dann der VI. Zivilsenat in seinem Urteil zu Persönlichkeitsrechtsverletzungen durch die **Autocomplete-Funktion** eine entsprechende Haftungsbegrenzung sogar für Informationen angenommen, die sich die Suchmaschine nach Auffassung des Senats zu eigen gemacht hatte.[64] Hier wurde der (umstrittene)[65] Ansatz erkennbar, eine Art allgemeines Prinzip des Ausschlusses allgemeiner Überwachungspflichten und einer Haftung nur nach Hinweis auf konkrete, klare Rechtsverstöße zu entwickeln.[66]

Das gleiche Ergebnis – Haftung erst nach Inkenntnissetzung – hat der BGH nunmehr auch für **Links auf die Bildersuche bezüglich nicht autorisierter (illegaler) Quellen** in seinem **Vorschaubilder III-Urteil**[67] auf der Basis einer einschränkenden Auslegung des Rechts der öffentlichen Wiedergabe erzielt, wobei er sich hierfür auf die Rechtsprechung des EuGH insbesondere in GS Media stützt (insoweit aber die Vermutung der Kenntnis für kommerzielle Linksetzer aus „GS Media" nicht auf (Bilder-)Suchmaschinen anwenden will).[68]

34   Weiter soll schon nach dem ersten BGH-Urteil in Sachen „Drucker und Plotter" in dem **ungeschützten Einstellen von Material ins Internet** eine **konkludente Einwilligung in die üblichen Nutzungshandlungen,** insbesondere nachfolgendes „herunter[...]laden und aus(...)druck (en)", durch die Nutzer liegen können.[69] Seine weitergehende Annahme, hierin liege zugleich ein Verzicht auf die ggf. anfallende **Privatkopiervergütung,** hat der BGH in der Folge auf entsprechende Bedenken des BVerfG[70] explizit aufgegeben und im Übrigen dem EuGH diesbezügliche und andere Fragen zur Vereinbarkeit der konkludenten Einwilligung mit der Verpflichtung zum gerechten Ausgleich nach Art. 5 Abs. 2 lit. a und b InfoSoc-RL vorgelegt.[71] Der EuGH hat daraufhin zutreffend entschieden, dass eine solche konkludente Einwilligung in die Nutzung im Internet zur Verfügung gestellten Materials den **Anspruch auf gerechten Ausgleich unberührt** lässt.[72]

35   Insgesamt ist abzuwarten, inwieweit die Rechtsfigur der konkludenten Einwilligung in übliche Internetnutzungen auch außerhalb der Tätigkeit der an die Allgemeinheit gerichteten, automatisiert arbeitenden Infrastrukturdienstleister im Netz zur **Verallgemeinerung** taugt, um freie Netzstrukturen zu bewahren.[73] Teilweise wird auch die Rechtsprechung des EuGH zu Links auf legale Quellen (kein „neues Publikum") als Unterfall einer konkludenten Einwilligungslösung gelesen.[74] Die **Grenze** der konkludenten Einwilligung in übliche Internetnutzungen ist nach der bisherigen Rechtsprechung jedenfalls dann erreicht, wenn der Berechtigte für den betreffenden Inhalt **technische Schutzvorkehrungen** gegen die in Rede stehende Nutzung eingerichtet hat.[75] Fraglich ist, ob auch

---

[62] BGH GRUR 2010, 628 Rn. 39 – Vorschaubilder I mit Hinweis auf die entspr. Leiturteile seit BGH GRUR 2004, 860 – Internet-Versteigerung I (dazu insges. näher → Rn. 121 ff.); zur Kritik → Rn. 36.

[63] Krit. *Spindler* GRUR 2010, 785 (791 f.); *Leistner* IIC 2011, 417 (433 f.); *Ohly* GRUR 2012, 983 (989). Vgl. umfassend zur Bildersuche schon unter Einbeziehung des Vorschaubilder I-Urteils *Fahl* passim.

[64] BGH GRUR 2013, 751 → Rn. 21 ff. – Autocomplete-Funktion; dazu ua *Kastl* GRUR 2015, 136 (140 ff.). → Rn. 200.

[65] Vgl. krit. zB *Peifer/Becker* GRUR 2013, 754 (755).

[66] Vgl. näher zum Pflichtenmaßstab nach Kenntniserlangung die Folgeentsch. OLG Köln ZUM-RD 2014, 361.

[67] BGH GRUR 2018, 178 – Vorschaubilder III.

[68] BGH GRUR 2018, 178 Rn. 58 ff. – Vorschaubilder III; insoweit krit. (Vorlage wäre geboten gewesen) iErg aber zust. *Conrad/Schubert* ZUM 2018, 132 (134); *Ohly* GRUR 2018, 187 (188); *Leistner* ZUM 2018, 286 (288 f.); dort auch mit dem vorzugswürdigen Verständnis der Vermutung des EuGH im Sinne eines Maßstabs streng proportional auszugestaltender bereichsspezifischer Verkehrspflichten.

[69] BGH GRUR 2008, 245 Rn. 27 – Drucker und Plotter. Für eine enge Begrenzung auf Ausnahmefälle Fromm/Nordemann/*J. B. Nordemann* UrhG § 97 Rn. 25b mwN.

[70] BVerfG GRUR 2010, 999 Rn. 66 – Drucker und Plotter.

[71] BGH GRUR 2011, 1007 Rn. 49 – Drucker und Plotter II.

[72] EuGH GRUR 2013, 812 Rn. 30 ff. – VG Wort/Kyocera; siehe nun auch BGH GRUR 2014, 979 – Drucker und Plotter.

[73] Für Ausdehnung auf andere Verweis- und Suchfunktionen im Internet *Spindler* GRUR 2010, 785 (786); ausgewogen auch *Ohly* GRUR 2012, 983 (991); *Ohly* GRUR 2018, 996 (999 ff.); eher zurückhaltend *v. Ungern-Sternberg* GRUR 2009, 369 (371 f.): jedenfalls Geltung der begrenzenden Zweckübertragungslehre, Begrenzung auf dem Internet wesensmäßig verbundene Nutzungen, ohne die das Internet nicht funktionieren kann; zurückhaltend Fromm/Nordemann/*J. B. Nordemann* UrhG § 97 Rn. 25b: Beschränkung auf eng begrenzte Ausnahmefälle; offen Dreier/Schulze/*Specht* UrhG § 97 Rn. 15. Eher enge Grenzen setzt nach der hier vertretenen Auffassung iÜ auch EuGH GRUR 2017, 62 Rn. 35 ff. – Soulier und Doke. Vgl. insges. zu den zur Verfügung stehenden Möglichkeiten für einen Interessenausgleich und für eine diesbezüglich saubere systematische Trennung *Hofmann* ZUM 2018, 641.

[74] *Ohly* GRUR 2018, 996 (999); zu diesem gewissen Zwiespalt der EuGH-Rspr. (aber demgegenüber für eine objektiv normative Lesart) *Leistner* CR 2017, 819 (823); für eine strikte Trennung von objektiver Abgrenzung der Verwertungsrechte und urhebervertragsrechtlicher Einwilligung auch *Hofmann* ZUM 2018, 641 (647); vgl. auch *Raue* ZGE 2017, 514 (524 ff.).

[75] BGH GRUR 2011, 56 Rn. 27 – Session-ID (betreffend Deep Links trotz entgegenstehender technischer Schutzvorkehrung). Unzutr. (im etwas anderen Zusammenhang der Prüfung eines „neuen Publikums" beim Framing) KG GRUR 2018, 1055 Rn. 15 ff. – Framingschutz (nicht rechtskräftig): technische Schutzvorkehrung nur gegen Framing und Embedding ändere nichts an der allg. Zugänglichkeit des Materials und damit dem Fehlen eines

ein Vorbehalt der Rechte bezüglich einer bestimmten Nutzungsart in Textform auf der Zielwebsite genügen kann;[76] doch wird dies von der herrschenden Meinung verneint.[77]

Bisher übertragen wurde die BGH-Rechtsprechung auf das **Recht am eigenen Bild**[78] sowie auf **Meta-Suchmaschinen.**[79] Für normale **Hyperlinks** auf Material, das mit Zustimmung des Rechtsinhabers ohne technische Schutzvorkehrungen im Internet zur Verfügung gestellt wurde, ist nach der Rechtsprechung des BGH[80] und des EuGH[81] schon tatbestandlich keine Haftung des Linksetzers nach § 19a als Täter oder Störer gegeben;[82] hier wird das Problem also schon auf der (objektiven) Ebene der Definition des Eingriffs in das Verwertungsrecht adressiert.[83] Nach der (insoweit unzutreffenden)[84] EuGH-Rechtsprechung soll dies sogar für den Sonderfall der verdeckten Frame-Links gelten.[85] Für Links auf illegale Quellen im Internet hat der EuGH in **GS Media** entschieden, dass es für die Definition eines Eingriffs in das Recht der öffentlichen Wiedergabe entscheidend auf die Kenntnis bzw. das Kennenmüssen des Linksetzers von der Rechtswidrigkeit der Quelle ankommt, die wiederum bei gewerblichen Linksetzern widerleglich zu vermuten sein soll.[86] Der BGH hat diese Vermutung begrenzt, indem er sie in **Vorschaubilder III** nicht auf die Verlinkung der Bildersuchfunktion angewendet hat, sondern wegen des diesbezüglichen Massenaggregationscharakters und der besonderen Sozialnützlichkeit von Suchmaschinen vielmehr insoweit von einer täterschaftlichen Haftung in der Regel erst nach Inkenntnissetzung ausgegangen ist.[87]

Eine Begrenzung schon auf der objektiven Ebene der Definition der öffentlichen Wiedergabe (aufgrund Verneinung des neuen Publikums) kommt aber nach dem **Córdoba-Urteil** des EuGH jedenfalls dann nicht in Betracht, wenn eine im Internet frei zur Verfügung stehende Datei gespeichert, erneut hochgeladen und vom eigenen Server eigenständig öffentlich zugänglich gemacht wird.[88] Diese Lösung ist für Fälle einzelner Uploads, die der Nutzer objektiv beherrscht, zweifellos zutreffend. Sie könnte allerdings in der Zukunft für **Situationen massenhafter, objektiv unselbständiger Aggregation,** die lediglich aus Gründen technischer Effizienz auf dem Wege über automatisierte Uploads aus den aggregierten Quellen abgewickelt wird (Beispiele sind die Bildersuche oder aber Online-Marktplätze mit aggregierten Angeboten uÄ), wiederum zu Problemen führen; hier könnte dann möglicherweise ein **neues Anwendungsfeld für die vermutete Einwilligung** liegen, sofern man nicht doch schon zu einer objektiven Begrenzung gelangt.[89]

Die Rechtsprechung des BGH in den **Vorschaubilder-Fällen** ist einerseits als praktische Lösung **36** zur Sicherung der Funktionsfähigkeit der massenhaft-automatischen Infrastrukturdienstleister im Netz begrüßt worden.[90]

---

neuen Publikums; zu Recht krit. *Schulze* GRUR 2018, 1058 (1058 f.) und anders im Vorlagefragebeschluss von BGH GRUR 2019, 725 – Deutsche Digitale Bibliothek.

[76] Offengelassen von BGH GRUR 2016, 171 Rn. 35 – Die Realität II (für Frame-Links).

[77] *Conrad/Schubert* GRUR 2018, 350 (354); *Grünberger* ZUM 2016, 905 (910); *Leistner* ZUM 2018, 286 (291); *Raue* ZGE 2017, 514 (525); *Spindler* GRUR 2016, 157 (159 f.); *Ohly* GRUR 2018, 996 (1002 f.) unter Hinweis auf die Wertung im BGH-Urteil Vorschaubilder I. Vgl. demgegenüber zur Möglichkeit eines individuellen Widerrufs unmittelbar ggü. dem Nutzer, insbes. dem Suchmaschinenbetreiber → Rn. 36.

[78] OLG Köln ZUM 2010, 706 (707).

[79] LG Hamburg CR 2011, 685.

[80] BGH GRUR 2003, 958 – Paperboy.

[81] EuGH GRUR 2014, 360 Rn. 25 ff. – Svensson.

[82] EuGH GRUR 2017, 62 Rn. 36 – Soulier und Doke scheint wiederum diese Rspr. als ein Bsp. für eine konkludente Einwilligung einordnen zu wollen; vgl. *Ohly* GRUR 2018, 996 (999); demgegenüber mit einem objektiv normativen Verständnis *Leistner* CR 2017, 819 (823). Zu weitgehend allerdings KG GRUR 2018, 1055 – Framingschutz mit zu Recht krit. Anm. *Schulze* GRUR 2018, 1058. Die Revisionsinstanz BGH GRUR 2019, 725 – Deutsche Digitale Bibliothek vertritt zu Recht eine aA und legt die Frage dem EuGH zur Klärung vor.

[83] Für eine diesbezüglich weiter strenge Trennung dieser beiden Ebenen zu Recht *Hofmann* ZUM 2018, 641.

[84] Vgl. ausf. *Leistner* ZUM 2016, 580 (581 ff.) mwN; *Eichelberger* FS Ahrens, 2016, S. 181; demgegenüber dem EuGH mit bedenkenswerten Überlegungen zustimmend *Grünberger* ZUM 2016, 905 (910 f.) (und schon zuvor *Grünberger* ZUM 2015, 273 (281)); daraufhin differenzierter auch im Lichte des zwischenzeitlich ergangenen GS Media-Urteils *Leistner* ZUM 2016, 980 (982). Mit einem Lösungsvorschlag de lege ferenda *Leistner* E. I. P. R. 2017, 327; *Leistner* FS Schulze, 2017, S. 75.

[85] EuGH GRUR 2014, 360 Rn. 29 ff. – Svensson; EuGH GRUR 2014, 1196 Rn. 14 – BestWater; BGH GRUR 2016, 171 – Die Realität II; zu Recht aA noch die BGH-Vorlageentsch. GRUR 2013, 818 – Die Realität; OLG Düsseldorf ZUM 2012, 327; demgegenüber iErg wie der EuGH die Berufungsentsch. im schlussendlichen EuGH-Vorlageverfahren OLG München ZUM-RD 2013, 398. Zu Hyperlinks auf im Internet ohne Zustimmung des Rechteinhabers zur Verfügung stehendes Material diff. EuGH GRUR 2016, 1152 – GS Media. Näher zum Ganzen § 19a → Rn. 91 ff.; zu weitgehend jedenfalls KG GRUR 2018, 1055 – Framingschutz (nicht rechtskräftig) mit zu Recht krit. Anm. *Schulze* GRUR 2018, 1058; diese Revision gab dem BGH Gelegenheit, die Problematik des Framing noch einmal zur Klarstellung dem EuGH vorzulegen (BGH GRUR 2019, 725 – Deutsche Digitale Bibliothek), zumal insoweit die Rspr. in „Córdoba" Anlass zu neuer Differenzierung bietet, vgl. zu Recht *Ohly* GRUR 2018, 996 (1002 f.) mwN.

[86] EuGH GRUR 2016, 1152 – GS Media; s. näher bei → § 19a.

[87] BGH GRUR 2018, 178 Rn. 57 ff. – Vorschaubilder III; s. näher bei → § 19a.

[88] EuGH GRUR 2018, 911 – Córdoba; im Anschlus daran BGH BeckRS 2019, 11775; s. näher bei → § 19a.

[89] Vgl. auch *Ohly* GRUR 2018, 996 (1001 f.). Näher zur hier vorgeschlagenen Lösung über eine objektiv wertende Begrenzung der Täterhaftung → Rn. 199b.

[90] Jedenfalls iErg zust. statt vieler *Spindler* GRUR 2010, 785 (792); *Leistner* IIC 2011, 417 (440 f.); *Klass* ZUM 2013, 1 (2 f.); uneingeschränkt zust. *Peukert* FS Wandtke, 2013, S. 459 (465 ff.).

Andererseits ist sie unter verschiedenen Aspekten Gegenstand von **Kritik in der Literatur.**[91] So wurde kritisiert, dass hiermit letztlich im Widerspruch zum geschlossenen Schrankenkatalog der Info-Soc-RL im Ergebnis eine Art objektive Schrankenregelung für das Urheberrecht geschaffen würde.[92] Daran ist zutreffend, dass die Rechtsprechung hinsichtlich der konkludenten Einwilligung sicherlich eine Art „Notlösung" darstellt, die mit bestimmten Nachteilen behaftet ist.[93] Ein **Europarechtsverstoß liegt hierin nicht;** allerdings ist zu beachten, dass der EuGH grundsätzlich von engen Voraussetzungen im Hinblick auf eine mögliche implizite Einwilligung ausgeht.[94]

Auch die nicht unproblematische Frage der Vereinbarkeit mit **Vergütungsansprüchen** ist zumindest für den Bereich der Privatkopie zwischenzeitlich durch den EuGH zutreffend dahingehend entschieden worden, dass eine konkludente Einwilligung jedenfalls bestehende Vergütungsansprüche im Rahmen von Schrankenregelungen unberührt lässt.[95] Immerhin bleibt es dabei, dass bei den meisten internetüblichen gewerblichen Nutzungen (wenn keine Schranken greifen) die Ersatzlösung über die konkludente Einwilligung – anders als die typischen urheberrechtlichen Schrankenregelungen – gerade nicht mit einer entsprechend ausgleichenden Vergütung kombiniert ist, sondern vielmehr die Nutzung insgesamt frei stellt.[96]

Problematisch erscheint die vom BGH entwickelte Lösung insbesondere hinsichtlich des individuellen rechtsgeschäftlichen **Widerrufs der Einwilligung** bzw. der **Verlinkung von an anderer Stelle legal im Internet zur Verfügung stehenden Materials aus illegalen Drittquellen** im Rahmen der Bildersuche.[97] Der Ansatz, einen individuellen Widerruf oder die Beschränkung der Einwilligung auf legale Internetquellen auf Grundlage der Annahme eines vermeintlich widersprüchlichen Verhaltens bzw. unter dem Gesichtspunkt einer protestatio facto contraria von vornherein für unbeachtlich zu erklären,[98] ist dogmatisch zweifelhaft und bedürfte hinsichtlich der zugrundeliegenden Wertungen noch näherer Begründung.[99] Denn im Ergebnis läuft das darauf hinaus, die Widerrufsmöglichkeit durch ausdrückliche rechtsgeschäftliche Erklärung gegenüber einem individuellen Teilnehmer am Rechtsverkehr in dessen Interesse von der Verwendung **bestimmter technologischer Vorkehrungen** abhängig zu machen und damit insbesondere eine diesbezügliche individuelle Differenzierung praktisch ganz zu verunmöglichen. Ebenso kann im Falle von Material aus illegalen Drittquellen die Einwilligung inhaltlich seitens des Rechtsinhabers nicht mehr differenziert werden, sondern wird im Interesse der Sicherung der bestehenden Netzinfrastruktur auf eine Ja/Nein-Entscheidung für die Gesamtnutzung im Internet durch Einsatz der entsprechenden Technologie verengt.[100] Für eine derartige technologisch vorbestimmte **Kanalisierung der Möglichkeit, rechtsgeschäftliche Willenserklärungen überhaupt abzugeben** und ihres **möglichen Inhalts,** finden sich aber in der allgemeinen Rechtsgeschäftslehre oder spezifisch in der E-Commerce-RL keine konkreten Grundlagen.[101] Die Verallge-

---

[91] Grds. krit. zum Lösungsweg über konkludente Einwilligung oder die Annahme selbstwidersprüchlichen Verhaltens *Schack* MMR 2008, 414 (in Auseinandersetzung mit dem vorgängigen Berufungsurteil des OLG Jena GRUR-RR 2008, 223); *Fahl* S. 92 ff., der eine Einwilligung nur in einer Suchmaschinenoptimierung sieht; wN bei Fromm/Nordemann/*J. B. Nordemann* UrhG § 97 Rn. 25a; Wandtke/Bullinger/*v. Wolff* UrhG § 97 Rn. 32 sowie die folgenden Nachw. für spezifische Kritik an der dogmatischen Herleitung iE; ausf. *Tinnefeld* passim; *v. Zimmermann* S. 76 ff.

[92] S. *Spindler* GRUR 2010, 785 (789 f.).

[93] *Leistner* IIC 2011, 417 (430 ff.).

[94] EuGH GRUR 2017, 62 Rn. 37 ff. – Soulier und Doke; vgl. zu den Voraussetzungen einer konkludenten Einwilligung nach dt. Recht *Ohly* GRUR 2012, 983 (987).

[95] EuGH GRUR 2013, 812 Rn. 30 ff. – VG Wort/Kyocera.

[96] *Leistner* IIC 2011, 417 (435). De lege lata ließe sich, wenn man in einzelnen, nicht von Schranken erfassten Fallgestaltungen eine Vergütung für angemessen hielte, wohl allenfalls an die Figur der bedingten Einwilligung denken, um hier zu einer kollektiven Vergütungspflicht zu gelangen, vgl. mit diesem Gedanken (vor Schaffung des schlagkräftigen und umfassenden Systems der Privatkopievergütung) BGH GRUR 1965, 104 (108) – Personalausweise.

[97] *Tinnefeld* S. 218.

[98] BGH GRUR 2010, 628 Rn. 39 – Vorschaubilder I; BGH GRUR 2012, 602 Rn. 28 – Vorschaubilder II.

[99] Vgl. *Spindler* GRUR 2010, 785 (790): Widersprüchliches Verhalten als Quasi-Fair-Use-Regelung, wobei zwischen der eigentlichen, an einer Interessenabwägung mit besonderem Blick auf die Funktionsfähigkeit der Suchmaschinen orientierten Wertung und dem dogmatischen Instrument der auf die Dogmatik der Willenserklärung aufbauenden Einwilligung eine problematische Spannung entsteht; ähnlich *Leistner* IIC 2011, 417 (430); *Conrad* ZUM 2012, 480 (mit Überlegungen zu alternativen Begründungsansätzen auf der Basis der Berücksichtigung von Vertrauensgesichtspunkten im Hinblick auf die Funktionsfähigkeit des Massenverkehrs); ähnlich *Wiebe* GRUR 2011, 888; mit dogmatischer Kritik aufgrund des Widerspruchs bei allg. zivilrechtlichen Wertungen *Ohly* GRUR 2012, 983 (990 f.) bzgl. des Widerrufs und (988 f.) bzgl. unbefugter Drittquellen; ähnlich *Tinnefeld* S. 152 ff.

[100] Mit genau dieser überaus problematischen Tendenz (im anderen Zusammenhang der Frame-Links und dem Tatbestandselement des neuen Publikums bei der öffentlichen Wiedergabe) KG GRUR 2018, 1055 – Framingschutz (nicht rechtskräftig) (dort auch zu den Folgen für den verwertungsgesellschaftsrechtlichen Abschlusszwang nach § 34 Abs. 1 VGG) und dagegen zu Recht krit. *Schulze* GRUR 2018, 1058 und zu Recht auch die Vorlagefrage von BGH GRUR 2019, 725 – Deutsche Digitale Bibliothek.

[101] *Spindler* GRUR 2010, 785 (790 f.); vgl. aber demgegenüber auch den Versuch, die Lösung beim Widerruf damit zu begründen, dass die an die Allgemeinheit gerichtete Erklärung nur durch Verwendung der allgemein zugrunde gelegten technologischen Mittel widerrufen werden könne, in BGH GRUR 2010, 628 Rn. 37 – Vorschaubilder I; dagegen *Ohly* GRUR 2012, 983 (990 f.).

meinerungsfähigkeit jenseits rein automatisch tätiger Infrastrukturdienstleister, wie der Bildersuchmaschinen,[102] bleibt offen.[103]

An dieser Stelle wird der gewisse **Notlösungscharakter** des Wegs über die Annahme einer konkludenten Einwilligung deutlich,[104] der in Teilen der Literatur die ohnedies bestehende Diskussion um eine Reform und behutsame Öffnung des starren europäischen Systems der Urheberrechtsschranken zusätzlich befeuert hat.[105]

Bei Bestehen einer Verpflichtung des Urhebers zur Einräumung von Nutzungsrechten ist es theoretisch denkbar, dass die **Einrede des § 242 BGB** greift. Doch darf das Zustimmungsrecht mit Blick auf die monistische Natur des Urheberrechts hierdurch keinesfalls untergraben werden. Daher kann eine Einrede gem. § 242 BGB wohl allenfalls in ganz begrenzten Ausnahmefällen potentiell in Betracht kommen,[106] wenn es völlig unmöglich war, den Urheber ausfindig zu machen und wenn auch die mittlerweile für das Problem der verwaisten Werke vorgesehenen Sonderregelungen sowie die Neuregelung der unbekannten Nutzungsarten nicht weiterhelfen. **37**

2. Weitere Rechtfertigungsgründe

Als Rechtfertigungsgründe kommen weiter in Betracht: das **Schikaneverbot** (§ 226 BGB), **Notwehr** (§ 227 BGB), **Notstand** (§ 228 BGB), **erlaubte Selbsthilfe** (§§ 229 ff. BGB) und **übergesetzlicher Notstand.** Diese Rechtfertigungsgründe sind allerdings eher theoretischer Natur. **38**

Der **übergesetzliche Notstand** war lange Zeit eine Hilfskonstruktion beim Aufeinandertreffen von Urheberrechten mit dem Grundrecht der Meinungs- und Informationsfreiheit. Diese Konstruktion ist inzwischen überholt und von den früheren Vertretern praktisch aufgegeben worden.[107] Zu lösen ist der Konflikt im konkreten Fall über eine grundrechtsadäquate Güter- und Interessenabwägung[108] im Rahmen der **verfassungsrechtskonformen Auslegung des einfachen Rechts,** wobei naturgemäß einerseits die reduzierende Auslegung der urheberrechtlichen Verwertungsbefugnisse und andererseits insbesondere die erweiternde Auslegung der Schrankenbestimmungen im Mittelpunkt stehen.[109] **39**

S. zur Berücksichtigung der Grundrechte der EU-Grundrechte-Charta im Rahmen der Auslegung der ausschließlichen Verwertungsrechte und der Schranken des Urheberrechts aufgrund der InfoSoc-RL die Urteile des EuGH in Sachen Pelham/Hütter (Metall auf Metall),[110] Funke Medien/Deutschland[111] sowie Spiegel Online/Volker Beck.[112] Den Nutzern von Online-Inhalteanbietern, wie z.B. YouTube, wird künftig im Übrigen durch Art. 17 Abs. 7 DSM-RL eine Berufung auf die Schranken für Zitate, Kritik und Rezensionen, Karikaturen, Parodien oder Pastiches (vertragsfest) garantiert,[113]

---

[102] Für die der BGH nunmehr in BGH GRUR 2018, 178 – Vorschaubilder III ohnehin einen objektiv-normativen Lösungsweg über eine einschränkende Auslegung des Rechts der öffentlichen Wiedergabe vorgespurt hat.

[103] → Rn. 35.

[104] *Spindler* GRUR 2010, 785 (792): „Krücke"; *Leistner* IIC 2011, 417 (440): makeshift „emergency" solution; demgegenüber uneingeschränkt zustimmend *Peukert* FS Wandtke, 2013, S. 459 (465 ff.).

[105] *Spindler* GRUR 2010, 785 (792); näher *Leistner* IIC 2011, 417 (435 ff.); *Wiebe* GRUR 2011, 888 (893 f.); *Tinnefeld* passim; *Ohly* GRUR 2012, 983 (992); *Fahl* passim. Vgl. iÜ de lege lata auch die unterschiedlichen Versuche, im Vorfeld der BGH-Entsch. eine Lösung für das Problem der Bildersuche und andere typische Suchmaschinennutzungen über eine Anwendung von Schrankenbestimmungen zu finden, etwa insbes. des Zitatrechts (so zB *Dreier* FS Krämer, 2009, S. 225 (232 f.)) oder des nach umstrittener Auffassung als Ausnahmebestimmung auszulegenden § 12 Abs. 2 (so zB *Leistner/Stang* CR 2008, 499 (502 f.)) neben dem letztlich bevorzugten Weg über die konkludente Einwilligung; iErg sämtlich abgelehnt in BGH GRUR 2010, 628 Rn. 23 ff. – Vorschaubilder I mwN.

[106] So schon OLG Hamburg ZUM 1999, 78 (82) – Spiegel CD-ROM.

[107] Nachweise → 4. Aufl. 2010, Rn. 34 ff. und → 3. Aufl. 2006, Rn. 20 ff.

[108] Vgl. zu den spezifisch haftungsrelevanten Grundrechtspositionen im dt. und eur. Recht allgemein schon → Vor §§ 97 ff. Rn. 14 ff.; spezifisch zum Bereich der (Provider)haftung im Netz auch → Rn. 94 f. Zur Bedeutung der Grundrechte bei der Auslegung von Schrankenbestimmungen als „allgemeine Gesetze" iSd Art. 5 Abs. 2 GG sowie zur Bedeutung der eur. Grundrechte in diesem Bereich → Vor §§ 44a ff. Rn. 14 ff., 32 sowie die Kommentierungen zu den Einzelbestimmungen.

[109] Grundlegend BGH GRUR 2003, 956 (957) – Gies-Adler; BVerfG GRUR 2016, 690 Rn. 81 ff. – Metall auf Metall; sa. BGH GRUR 2017, 895 Rn. 46 ff. – Metall auf Metall III; BGH GRUR 2017, 901 Rn. 42 – Afghanistan Papiere; ebenso GA *Szpunar,* SchlA v. 12.12.18 in Pelham/Hütter ua, ZUM 2019, 237 Rn. 80 ff.; zust. die allgA in der Lit. s. *Fromm/Nordemann/J. B. Nordemann* UrhG § 97 Rn. 23 mwN; *Wandtke/Bullinger/v. Wolff* UrhG § 97 Rn. 34. Weitere umfassende Nachw. → 4. Aufl. 2010, Rn. 37 ff. Offen KG ZUM 2008, 329 (331) – Grass-Briefe in der FAZ mwN (dort aber nach ausgiebiger Wiedergabe der BGH-Rspr. nunmehr lediglich noch offengelassen, weil auch auf Grdl. der Figur eines übergesetzlichen Notstandes mit Blick auf Art. 5 Abs. 1 S. 2 GG und einer verfassungsunmittelbaren Abwägung kein anderes Erg.).

[110] EuGH GRUR 2019, 929 Rn. 32 ff., 59 ff., 75 ff. – Pelham/Hütter ua [Metall auf Metall]; dazu *Leistner* GRUR 2019, 1008 ff.

[111] EuGH GRUR 2019, 934 Rn. 30 ff., 55 ff. – Funke Medien/Deutschland [Afghanistan Papiere]; dazu *Dreier* GRUR 2019, 1003 ff.; *Leistner* ZUM 2019, 720 ff.

[112] EuGH GRUR 2019, 940 Rn. 16 ff., 40 ff., 52 ff. – Spiegel Online/Volker Beck [Reformistischer Aufbruch].

[113] S. aber auch *Spindler* CR 2019, 277 Rn. 76 f., der darauf hinweist, dass dies allerdings insofern dennoch nur einen begrenzten „Nutzerschutz" ermöglicht, als der sichergestellten *Möglichkeit,* sich auf die Schrankenbestimmungen zu berufen, nach derzeitigem Stand des dt. Rechts kein gesicherter (vertraglicher) *Anspruch* der Nutzer ggü. den Diensteanbietern auf den Upload ihrer Inhalte entspricht. Demgegenüber optimistischer wegen des derzeitigen Trends der dt. Rspr., die Nutzerverträge (insbes. bei den Social-Media-Anbietern) unter Berücksichtigung des

wobei die entsprechenden Schrankenbestimmungen wiederum im Einklang mit den zugrunde liegenden Grundrechtspositionen auszulegen sind (vgl. Erwägungsgrund 70 DSM-RL).

40   Einen Sonderfall bilden **Testkäufe** des Rechtsinhabers zum Nachweis urheberrechtswidriger Nutzungen (zB der Download eines urheberrechtswidrig öffentlich zugänglich gemachten Musikstücks).[114] Sie beinhalten keine (ausdrückliche oder konkludente) Zustimmung und können daher die
Verletzungshandlung nicht rechtfertigen.[115]

E. Aktiv- und Passivlegitimation *(Leistner)*

I. Aktivlegitimation

1. Urheberpersönlichkeitsrechte

41   Ansprüche nach § 97 kann geltend machen, wer verletzt ist. **Bei Urheberpersönlichkeitsrechts-
verletzungen** ist der Urheber bzw. Inhaber des verwandten Schutzrechts aktivlegitimiert, solange er
lebt. Dies gilt auch dann, wenn der Urheber oder Schutzrechtsinhaber einem Dritten die Nutzungsrechte übertragen hat.[116]

42   **Nach dem Tod** des Urhebers bzw. des Inhabers des verwandten Schutzrechts sind grundsätzlich
die Erben ggf. einer der Miterben oder ein eingesetzter Vermächtnisnehmer aktivlegitimiert – § 28 –,
anders als beim allgemeinen Persönlichkeitsrecht, das hinsichtlich des Schutzes seiner nicht vermögenswerten Bestandteile die Angehörigen wahrnehmen.[117] Nach dem Tod ausübender Künstler stehen das Nennungsrecht und der Entstellungsschutz nach § 76 S. 4, wie beim allgemeinen Persönlichkeitsrecht, den Angehörigen (§ 60 Abs. 2) zu. Haben mehrere Künstler zusammengewirkt, sind § 74
Abs. 2 S. 2 und 3 zu beachten. Der Entstellungsschutz des Filmherstellers nach § 94 Abs. 1 S. 2 ist
frei übertragbar und gehört richtigerweise zu den Verwertungsrechten.

     Der **Anspruch auf Entschädigung für immaterielle Schäden (Schmerzensgeld)** nach § 97
Abs. 2 S. 4 steht grundsätzlich allein den Urhebern bzw. sonstigen berechtigten Schutzrechtsinhabern
zu. Der Anspruch geht nach der herrschenden Meinung in der Rechtsprechung **nicht auf den Erben**;[118] dies ist in der Literatur **umstritten.**[119] Die Rechtsnachfolger können einen Anspruch auf
immateriellen Schadensersatz nach der herrschenden Meinung also grundsätzlich nur dann geltend
machen, wenn er schon zu Lebzeiten des Urhebers entstanden war oder wenn ihre eigenen Persönlichkeitsrechte mittelbar betroffen sind.[120] Im Übrigen kommt für die Erben allenfalls Anspruch auf
Schadensersatz wegen Verletzung der **vermögenswerten Bestandteile des Persönlichkeitsrechts**
nach den Grundsätzen der Marlene Dietrich-Rechtsprechung in Betracht.[121]

     Ist nach § 28 Abs. 2 ein Testamentsvollstrecker eingesetzt, verdrängt dieser den Erben in der Aktiv-
legitimation (§ 2212 BGB), auch wenn der Erbe Inhaber des Rechts geworden ist.[122] Das kann jedoch nur für Ansprüche gelten, die den kommerzialisierten Bereich des Urheberpersönlichkeitsrechts
auf der Basis der Rechtsprechung des BGH zu Marlene Dietrich[123] betreffen. Eigene ideelle Rechte
kann auch der Erbe wahrnehmen, wenn er mittelbar betroffen ist.

2. Nutzungsrechte

43   **a) Bei den ausschließlichen Nutzungsrechten** ist aktivlegitimiert, wer Inhaber der Urheber-
bzw. Leistungsschutzrechte ist, also auch **der ausschließliche Lizenznehmer** als Inhaber der Ver-

---

Grundrechts auf Meinungsfreiheit dahingehend auszulegen, dass ein Anspruch auf Wiederherstellung von Posts im
Einzelfall zu bejahen sein kann, *Volkmann* CR 2019, 376 Rn. 50.

[114] Fromm/Nordemann/*J. B. Nordemann* UrhG § 97 Rn. 25c.

[115] OGH MuR 2003, 111; OGH MuR 1993, 229 – Testbestellung; BGH GRUR 1992, 612 – Nicola: Testkäufe
zulässig, soweit nicht ausschließlich, um einen Mitbewerber „hereinzulegen" oder unter Einsatz verwerflicher Mittel, um ein unzulässiges Geschäft herbeizuführen (zum Sortenschutzrecht mwN zum UWG); Fromm/Nordemann/
J. B. Nordemann UrhG § 97 Rn. 25c.

[116] Vgl. LG Köln ZUM 2010, 369 (371).

[117] BGH GRUR 1984, 907 (908) – Frischzellenkosmetik; BGH GRUR 1968, 552 (554) – Mephisto entspr. § 22
S. 3 und 4 KUG.

[118] OLG Düsseldorf ZUM 2013, 678 (680); OLG Hamburg NJW-RR 1995, 562 – Ile de France; ebenso in der
Lit. Wandtke/Bullinger/*v. Wolff* UrhG § 97 Rn. 85; Dreier/Schulze/*Specht* UrhG § 97 Rn. 17. Vgl. aA in der
Rspr. LG Mannheim ZUM-RD 1997, 405 (409) – Freiburger Holbein-Pferd.

[119] Für eine Berechtigung des Rechtsnachfolgers auch hins. immaterieller Schadensersatzansprüche → § 30
Rn. 8; Dreier/Schulze/*Schulze* UrhG § 30 Rn. 5; Fromm/Nordemann/*J. B. Nordemann* UrhG § 97 Rn. 127;
Fromm/Nordemann/*J. B. Nordemann* UrhG § 30 Rn. 10.

[120] Dreier/Schulze/*Specht* UrhG § 97 Rn. 17.

[121] BGH GRUR 2000, 709 – Marlene Dietrich; Dreier/Schulze/*Specht* UrhG § 97 Rn. 17; vgl. auch Wandtke/
Bullinger/*v. Wolff* UrhG § 97 Rn. 85.

[122] Sa. *Müller*, Postmortaler Rechtsschutz, 1996, passim.

[123] BGH GRUR 2000, 709 – Marlene Dietrich.

wertungsrechte.[124] § 10 gibt eine Vermutung der Urheberschaft.[125] Sind mehrere Urheber beteiligt, können sie nur gemeinsam vorgehen, ihre Rechte abtreten oder einen Miturheber entsprechend ermächtigen.

Mit der Übertragung erlischt die Berechtigung des ursprünglichen Rechtsinhabers weitgehend. Dann kann der ausschließliche Lizenznehmer auch gegen den Urheber vorgehen, wenn dieser trotzdem weiter nutzt (§ 31 Abs. 3). **Beim Urheberrecht** und entsprechend beim **Verfasser wissenschaftlicher Ausgaben** und **Lichtbildner kommt es** auf den **Inhalt der Rechtseinräumung** an.[126] Bei **Rechteketten** muss für die Aktivlegitimation die ungebrochene Kette nachgewiesen werden.[127]

Soweit die ausschließlichen Nutzungsrechte beim Urheber (Schutzrechtsinhaber) verblieben sind, ist die Aktivlegitimation gewahrt.[128] Ist eine ausschließliche Lizenz nur bezüglich einzelner gegenständlich beschränkter Befugnisse oder räumlich und/oder zeitlich begrenzt erteilt, hat der Lizenznehmer insoweit eigene Rechtsansprüche. Daneben bleibt aber auch der Urheber (Schutzrechtsinhaber) anspruchsberechtigt.[129]

Fraglich ist, wie weit der Urheber (Schutzrechtsinhaber) neben dem ausschließlichen Lizenznehmer **44** zur Erhebung der Klage befugt bleibt, wenn die betreffende Verletzung in den Bereich der Lizenz fällt. Dies betrifft insbesondere den Fall, dass der Urheber (Schutzrechtsinhaber) eine **ausschließliche Lizenz an allen Verwertungsrechten** vergeben hat.

Nach allgemeiner Auffassung – auch der hinsichtlich Vermögensrechten restriktiveren älteren Rechtsprechung – bleibt dem Urheber hier jedenfalls die Geltendmachung **persönlichkeitsrechtlicher Ansprüche** auf Unterlassung und Beseitigung im Grundsatz erhalten.[130] Im Übrigen ist der Urheber neben dem ausschließlichen Lizenznehmer aktivlegitimiert, wenn er ein **schutzwürdiges eigenes Interesse** an der Geltendmachung der Ansprüche hat.[131] Nach der **neueren Rechtsprechung** und herrschenden Meinung in der **Literatur** ist dies jedenfalls für Unterlassungs- und Beseitigungsansprüche des Urhebers oder Leistungsschutzberechtigten bei bloßen Rechteeinräumungen in der Regel zu bejahen.[132] Das gilt auch für den Testamentsvollstrecker des Urhebers.[133]

Hinsichtlich **Schadensersatzansprüchen** ist zu differenzieren. Hier bleibt der Urheber (Schutzrechtsinhaber) insoweit befugt, als er am wirtschaftlichen Ertrag aus der Verwertung seines Rechts weiterhin fortlaufend beteiligt ist (also praktisch insbesondere im Falle laufender Umsatz- oder Gewinnbeteiligungen).[134] Die Tatsache, dass die wirtschaftliche Beteiligung nur mittelbar über einen

---

[124] BGH GRUR 1995, 338 (341) – Kleiderbügel; vgl. auch AG Hamburg 10.10.2014 – 36a C 4/14, zur (verneinten) Aktivlegitimation bezüglich der spezifischen Sprachfassung eines Films, wenn die Rechte nur bezüglich einer anderen Sprachfassung eingeräumt wurden. Vgl. zum Ganzen *Berger* FS Schulze, 2017, S. 353 (auch im Vergleich zur neuren Rspr. des X. Zivilsenats zu den technischen Schutzrechten).

[125] Vgl. OLG Frankfurt a. M. ZUM-RD 2017, 651 (652 f.) – Anspruch auf Drittauskunft: Nennung der originären Rechteinhaber auf DVDs, Blu-rays oder den Vertriebsseiten im Internet (nicht aber bei bloßer Benennung als Inhaberin ausschließlicher Nutzungsrechte, wenn es auch um Schadensersatzansprüche geht); zu Grenzen beim bloßen ©-Vermerk ohne weitere Erläuterung OLG Hamburg WRP 2017, 1267 Rn. 90 ff. – DIN-Normen; zur Vermutung bei Publisher- und Copyright-Vermerk auf Verpackung und Datenträger eines Computerspiels LG Stuttgart ZUM 2018, 730 (731); AG Düsseldorf ZUM 2018, 739 (740); zur Vermutung bei Listung eines Herstellers bei allen großen Händlern als Hersteller AG München ZUM 2018, 742 (743). Vgl. iÜ die Kommentierung zu → § 10.

[126] Zu den Anforderungen an den Nachw. der Aktivlegitimation aus der Einräumung ausschließlicher Nutzungsrechte vgl. OLG Frankfurt a. M. GRUR 1994, 49 (50 f.) – Mackintosh-Möbel.

[127] KG GRUR 2003, 1039 – Sojusmultfilm, bestätigt durch OLG München ZUM 2009, 245; LG München I ZUM-RD 2007, 302. Vgl. zur Darlegungs- und Beweislast OLG Frankfurt a. M. ZUM-RD 2017, 471 (473): bei Vorlage der einschlägigen Verträge und substantiiertem Vortrag iÜ genügt pauschales Bestreiten der Aktivlegitimation nicht; KG ZUM-RD 2010, 125; LG Hamburg ZUM-RD 2010, 419; zur Eintragung eines Musiktitels in der Datenbank Phononet als erhebliches Indiz für die Rechtsinhaberschaft, welches die Obliegenheit auslöst, konkrete Zweifel an der Aktivlegitimation der dort ausgewiesenen Berechtigten anzuführen (ohne dass der Kläger die Rechtekette auf lediglich pauschales Bestreiten darlegen müsste) OLG Köln MMR 2012, 387; ebenso OLG Köln ZUM 2012, 583; vgl. auch OLG Köln CR 2013, 735 (zum sog. „Q2"-Medienkatalog; OLG Köln MMR 2012, 184 (zu sog. ID-3 Tags in Musikdateien).

[128] Nach LG Berlin GRUR 1990, 270 – Satellitenfoto kann eine juristische Person (European Space Agency, ESA) nicht Urheber oder Lichtbildner sein, sondern bedarf der Nutzungsrechtseinräumung seitens der natürlichen Person, die das Werk bzw. Foto erstellt hat.

[129] BGH GRUR 1957, 291 (292) – Europapost; BGH GRUR 1960, 251 (252) – Mecki-Igel II.

[130] BGH GRUR 1957, 614 (615) – Ferien vom Ich.

[131] BGH GRUR 1992, 697 (698 f.) – ALF mwN; bestätigt und übertragen auf Leistungsschutzrechtsinhaber in BGH ZUM-RD 2013, 314 Rn. 49 ff. Schutzrechtsinhaber und ausschließlicher Lizenznehmer sind dann notwendige Streitgenossen, vgl. BGH GRUR 2012, 430 – Tintenpatrone II (zum Patentrecht); dazu krit. *Berger* FS Schulze, 2017, S. 353 (356 ff.): keine Übertragung auf das Urheberrecht.

[132] OLG München GRUR 2005, 1038 f. – Hundertwasserhaus II; OLG Hamburg GRUR 2002, 335 – Kinderfernseh-Sendereihe; OLG Düsseldorf GRUR 1993, 903 (907) – Bauhaus-Leuchte; Fromm/Nordemann/*J. B. Nordemann* UrhG § 97 Rn. 128 mwN; Wandtke/Bullinger/*v. Wolff* UrhG § 97 Rn. 9. Vgl. für Leistungsschutzrechtsinhaber BGH ZUM-RD 2013, 314 Rn. 40 ff. Ohnedies krit. hins. der Voraussetzung eines „schutzwürdigen Interesses" *Berger* FS Schulze, 2017, S. 353 (357 f.).

[133] BGH GRUR 2016, 487 Rn. 25 ff. – Wagenfeld-Leuchte II; → Rn. 48.

[134] BGH GRUR 1992, 697 (698 f.) – ALF; bestätigt und auf Leistungsschutzrechtsinhaber übertragen in BGH ZUM-RD 2013, 314 Rn. 49 ff.; OLG Köln MMR 2010, 487 – Culcha Candela. Vgl. auch schon BGH GRUR 1957, 291 (292) – Europapost; BGH GRUR 1960, 251 (252) – Mecki-Igel II. Kritisch zur Voraussetzung eines

komplexen Verteilungsschlüssel (wie insbesondere bei Verwertungsgesellschaften) erfolgt, steht dem eigenen schutzwürdigen Interesse nicht entgegen, solange nur aus der Einräumung der Nutzungsrechte dem Urheber (Schutzrechtsinhaber) fortdauernde materielle Vorteile erwachsen, die durch die Verletzungen der Rechte beeinträchtigt werden.[135] Dabei ist der Schadensersatzanspruch auf den Schaden beschränkt, der gerade dem Urheber (Schutzrechtsinhaber) durch die Rechtsverletzungen entsteht.[136] Von vornherein nicht genügen soll ein lediglich mittelbares wirtschaftliches Interesse, wenn etwa der Urheber (Schutzrechtsinhaber) als Aktionär oder Gesellschafter an der ausschließlichen Lizenznehmerin beteiligt ist und ihm insofern Gewinne entgehen (nicht aber laufende Lizenzgebühren).[137] Es fehlt dann auch das eigene rechtsschutzwürdige Interesse, Schadensersatzansprüche im Weg der Prozessstandschaft geltend zu machen.

Bei Verletzung urheberpersönlichkeitsrechtlicher Befugnisse wird ebenfalls ein schutzwürdiges Interesse verlangt. Es ist nicht gegeben, wenn der Urheber diese Befugnisse zB die Veröffentlichungsbefugnis des § 12, die Namensnennung des § 13, das Änderungsrecht der §§ 14, 39 einem Dritten zur ausschließlichen Nutzung eingeräumt hat. Dann kann dem Urheber möglicherweise ein Beteiligungshonorar zustehen, ein Schmerzensgeld freilich nur, wenn sein Urheberpersönlichkeitsrecht durch die Verletzung unmittelbar betroffen ist, wie beispielsweise bei einer Entstellung seines Werks.[138]

45   Bei den **Leistungsschutzrechten** aus §§ 85, 87, 87b, 87f und 94 besteht kein Problem; sie sind frei übertragbar.[139] Sind die Leistungsschutzrechte **übertragen,** ist allein der Erwerber als Inhaber des Leistungsschutzrechts aktivlegitimiert; nur für die Vergangenheit bleibt dann ggf. die Aktivlegitimation des früheren Inhabers bestehen.[140]

Sind Leistungsschutzrechte lediglich **zur ausschließlichen Nutzung eingeräumt** und nicht translativ übertragen, muss der frühere Inhaber für eine Geltendmachung eigener Ansprüche wiederum grundsätzlich sein schutzwürdiges Interesse darstellen. Insoweit gelten **ähnliche Grundsätze wie für das Urheberrecht.**[141] Lediglich soweit es um rein ideelle Interessen geht, die den Leistungsschutzberechtigten von vornherein nicht zustehen, kann daraus kein naturgemäß schutzwürdiges Interesse des ursprünglichen Berechtigten abgeleitet werden.[142]

46   **b) Der nicht ausschließlich Nutzungsberechtigte (einfache Lizenznehmer)** kann grundsätzlich nicht aus eigenem Recht klagen.[143] Der Urheber bzw. ausschließlich Nutzungsberechtigte ist zur Rechtsverfolgung berechtigt und häufig auch vertraglich verpflichtet.[144] IdR wird für den Lizenznehmer hinsichtlich Unterlassungs- und Beseitigungsansprüchen gewillkürte Prozessstandschaft möglich sein.[145] Der inländische Alleinvertriebshändler kann aktivlegitimiert sein, allerdings nicht ohne weiteres für einen Anspruch auf Drittauskunft.[146] Ein einfacher Lizenznehmer, der der Verletzungsklage des Lizenzgebers beitritt, erlangt die Stellung eines einfachen Streitgenossen.

Er hat keinen eigenen Anspruch auf Schadensersatz;[147] hier kommt allenfalls eine Geltendmachung abgetretener Schadensersatzansprüche in Betracht.

3. Miturheber

47   Bei **Miturhebern** gilt die Sonderregelung des § 8 Abs. 2 S. 3. In diesen Fällen entsteht ein einheitliches Urheberrecht bzw. verwandtes Schutzrecht. Es ist gemeinschaftlich geltend zu machen oder

---

schutzwürdigen Interesses in diesen Fällen und für eine Koordinierung der jeweiligen Schadensersatzansprüche über eine je anteilige Berechnung (wie im Patentrecht, vgl. BGH GRUR 2008, 896 – Tintenpatrone I) *Berger* FS Schulze, 2017, S. 353 (358 f.).

[135] BGH ZUM-RD 2013, 314 Rn. 49 ff.

[136] BGH GRUR 1999, 984 (988) – Laras Tochter; vgl. auch BGH ZUM-RD 2013, 314 Rn. 52; Fromm/Nordemann/*J. B. Nordemann* UrhG § 97 Rn. 128. Für Unabhängigkeit der Ansprüche *Berger* FS Schulze, 2017, S. 353 (358 f.); klagen Urheber und ausschließlicher Lizenznehmer gemeinschaftlich, liegt nach dieser Auff. subjektive Klagehäufung vor, §§ 59, 60, 260 ZPO, s. *Berger* FS Schulze, 2017, S. 353 (358 f.) (dort auch zur sinnvollen Verletzerstrategie, um sich bei unabhängigen Klagen vor teilw. doppelter Inanspruchnahme zu schützen).

[137] OLG München GRUR 2005, 1038 (1040) – Hundertwasser-Haus II.

[138] S. auch Fromm/Nordemann/*J. B. Nordemann* UrhG § 97 Rn. 128.

[139] Jeweils Abs. 2 S. 1. Vgl. zu den dem Urheberrecht gleichgestellten Leistungsschutzrechten des Lichtbildners und der Verf. wissenschaftlicher Ausgaben schon → Rn. 43. Näher zu den persönlichkeitsrechtlichen Kernbefugnissen der ausübenden Künstler Fromm/Nordemann/*J. B. Nordemann* UrhG § 97 Rn. 130.

[140] OLG München GRUR 1984, 524 (525) – Nachtblende; Fromm/Nordemann/*J. B. Nordemann* UrhG § 97 Rn. 130.

[141] BGH ZUM-RD 2013, 314 Rn. 49 ff.

[142] BGH ZUM-RD 2013, 314 Rn. 49.

[143] Vgl. LG Köln ZUM 2014, 976: bei der Einräumung eines nicht näher spezifizierten Rechts, das nicht weiter übertragen werden darf, handelt es sich iZw. nicht um ein exklusives Recht, welches die Aktivlegitimation begründet.

[144] BGH GRUR 1965, 591 – Wellplatten; OLG Celle ZUM-RD 2012, 534; Dreier/Schulze/*Specht* UrhG § 97 Rn. 20; Wandtke/Bullinger/*v. Wolff* UrhG § 97 Rn. 11.

[145] BGH GRUR 1999, 984 (985) – Laras Tochter; OLG Hamburg ZUM-RD 2002, 181 (187) – Tripp-Trapp-Stuhl; sa. *Rehbinder/Peukert* Rn. 1019.

[146] BGH GRUR 1994, 633 (635) – Cartier-Armreif.

[147] Für das Markenrecht BGH GRUR 2007, 877 – Windsor Estate.

durch einen Miturheber auf Leistung an alle Miturheber. Das gesetzliche Schuldverhältnis ist in bestimmten vermögensrechtlichen Beziehungen nach § 8 Abs. 2 zwingend den Regeln der Gesamthandsgemeinschaft unterstellt.[148] Untereinander kommen auch vertragliche Ansprüche in Betracht. Für **Künstlergruppen** ist eine weitere Sonderregelung in § 80 Abs. 2 vorgesehen.[149]

4. Testamentsvollstrecker

Ist zur Ausübung des Urheberrechts ein **Testamentsvollstrecker** eingesetzt (§ 28 Abs. 2), ist nur **48** er zur Geltendmachung der Ansprüche legitimiert (§ 2212 BGB), auch wenn der Erbe Inhaber des Rechts und damit Verletzter ist. Für ideelle Ansprüche müssen auch die Erben aktivlegitimiert sein.[150] Das gilt auch für persönlichkeitsrechtliche Ansprüche.[151]

5. Wahrnehmung fremder Rechte in eigenem Namen

Während Schadensersatzansprüche gemäß § 398 BGB selbstständig abgetreten werden können,[152] **49** ist das bei Unterlassungs- und Beseitigungsansprüchen nicht möglich, da es sich um höchstpersönliche Ansprüche handelt, deren Inhalt sich mit der Abtretung verändern würde.[153] Sie sind nur im Wege **gewillkürter Prozessstandschaft** geltend zu machen. Die **Wahrnehmung fremder Rechte im eigenen Namen** wird von der Rechtsprechung zugelassen, wenn der Rechtsinhaber **zustimmt**[154] und der Dritte ein eigenes **berechtigtes Interesse**[155] an der Geltendmachung hat.[156]

Im Urheberrecht ist gewillkürte Prozessstandschaft bei entsprechender Zustimmung anzuerkennen **50** für den **einfachen Lizenznehmer**, soweit die Rechtsverletzung die ihm eingeräumten Nutzungsbefugnisse berührt,[157] sowie für den **Einzugsermächtigten**.[158]

Bei **Ansprüchen aus Urheberpersönlichkeitsrecht** kommt eine Prozessstandschaft nur in Betracht, wenn diese Ansprüche übertragbar sind.[159] Die gewillkürte Prozessstandschaft ist unzulässig, wenn das einzuklagende Recht höchstpersönlichen Charakter hat und mit dem Rechtsinhaber so eng verknüpft ist, dass die Möglichkeit, seine Geltendmachung einem Dritten im eigenen Namen zu überlassen, dazu in Widerspruch stünde.[160] Der Anspruch muss ggf. bereits zu Lebzeiten des verstorbenen Trägers des Urheberpersönlichkeitsrechts entstanden sein.

Die Zustimmung des Urhebers (Schutzrechtsinhabers) zur Wahrnehmung von Ansprüchen, die sich aus konkreter Urheberpersönlichkeitsrechtsverletzung ergeben, ist in der Regel konkludent mit dem Verwertungsvertrag erteilt, wenn dieser die umfassende Wahrnehmung der Rechte des Urhebers (Schutzrechtsinhabers) vorsieht.[161] Ein eigenes berechtigtes Interesse des Nutzungsberechtigten liegt jedenfalls vor, wenn es sich um Verletzungen des Urheberpersönlichkeitsrechts handelt, die sich auf

---

[148] BGH GRUR 2006, 578 – Erstverwertungsrechte; iE → § 8 Rn. 20 ff.

[149] Vgl. BGH GRUR 1993, 550 (551) – The Doors zur Prozessführungsbefugnis eines einzelnen Mitglieds einer Künstlergruppe; dazu auch BGH GRUR 2005, 502 – Götterdämmerung: Wahrnehmung der Rechte durch gewählten Vertreter einer Gruppe ausübender Künstler für vor seiner Amtszeit entstandene Leistungsschutzrechte früherer Mitglieder, hier Bayreuther Festspielorchester.

[150] Vgl. → Rn. 42.

[151] → § 28 Rn. 15.

[152] Dennoch kommt auch insoweit neben der zulässigen Abtretung ggf. eine Geltendmachung im Wege der gewillkürten Prozessstandschaft in Betracht, vgl. OLG München GRUR 2005, 1038 (1040) – Hundertwasser-Haus II; Fromm/Nordemann/*J. B. Nordemann* UrhG § 97 Rn. 138: dann Anspruch auf Zahlung an den Rechtsinhaber. Die Abtretung erfasst ggf. auch vorbereitende unselbstständige Auskunftsansprüche nach § 101, vgl. Fromm/Nordemann/*J. B. Nordemann* UrhG § 97 Rn. 137. Eine konkludente Abtretung von Schadensersatzansprüchen wegen künftiger Rechtsverletzungen ergibt sich nicht bereits aus einer umfassenden Einräumung von Nutzungsrechten in einem Musikverlagsvertrag an einen Dritten, wenn die verletzten Rechte schon zuvor der GEMA zur Wahrnehmung eingeräumt waren, vgl. BGH GRUR 2009, 939 Rn. 31 – Mambo No. 5.

[153] Zur Umdeutung einer unzulässigen Abtretung urheberrechtlicher Unterlassungsansprüche in eine gewillkürte Prozessstandschaft vgl. BGH GRUR 2002, 248 (250) – Spiegel-CD-ROM; strenger OLG München GRUR 2005, 1038 (1040) – Hundertwasser-Haus II; Fromm/Nordemann/*J. B. Nordemann* UrhG § 97 Rn. 139; Dreier/Schulze/*Specht* UrhG § 97 Rn. 21; Wandtke/Bullinger/*v. Wolff* UrhG § 97 Rn. 12, 97.

[154] Vgl. für weitere Einzelheiten bzgl. der Ermächtigung Fromm/Nordemann/*J. B. Nordemann* UrhG § 97 Rn. 139 mwN.

[155] Vgl. für weitere Einzelheiten bzgl. des berechtigten Interesses Fromm/Nordemann/*J. B. Nordemann* UrhG § 97 Rn. 140 mwN.

[156] BGH GRUR 1993, 34 (35) – Bedienungsanleitung; BGH GRUR 1993, 550 (551) – The Doors; BGH GRUR 1998, 376 – Coverversion. Zur Offenlegung der Prozessführungsermächtigung in der Tatsacheninstanz BGH GRUR 1994, 800 (801) – Museumskatalog; zur sog. gewillkürten Prozessstandschaft grds. Stein/Jonas/*Bork* ZPO vor § 50 Rn. 51 ff.

[157] BGH GRUR 1959, 200 (201) – Der Heiligenhof; BGH GRUR 1981, 652 – Stühle und Tische (auch für einfache schuldrechtliche Befugnisse).

[158] BGH NJW 1956, 58; GRUR 1960, 630 (631) – Orchester Graunke. Vgl. zur zulässigen Prozessstandschaft der CELAS für die Rechte der EMI Music Publishing Europe Ltd. aufgrund des Auftrags, Lizenzen am Repertoire der EMI in Deutschland zu vergeben (und zu deren Grenzen), OLG München ZUM 2010, 709. Vgl. allg. zu CELAS ua *Hoeren/Altmark* GRUR 2010, 16 mwN.

[159] Sa. BGH Schulze BGHZ 162, 10 (23 f.) – Detektei; Dreier/Schulze/*Specht* UrhG § 97 Rn. 21; Wandtke/Bullinger/*v. Wolff* UrhG § 97 Rn. 12.

[160] BGH GRUR 1983, 379 (382) – Geldmafiosi mwN.

[161] BGH GRUR 1955, 201– Cosima Wagner; BGH GRUR 1995, 668 (669 f.) – Emil Nolde.

das eingeräumte Recht beziehen. Ein berechtigtes Interesse und damit eine gewillkürte Prozessstandschaft kommt auch in Betracht, wenn einer Verwertungsgesellschaft näher bezeichnete Nutzungsrechte eingeräumt sind und das diesbezügliche Verwertungsinteresse durch eine Persönlichkeitsrechtsverletzung (zB durch eine unberechtigte Erstveröffentlichung oder Ausstellung) beeinträchtigt werden könnte, sofern der Rechtsinhaber die betreffende Verwertungsgesellschaft entsprechend ermächtigt.[162] **Materieller Schadensersatz** und **Zahlung einer marktüblichen Lizenz** nach § 812 BGB wegen Urheberpersönlichkeitsrechtsverletzung ist im Wege der Prozessstandschaft nur an den Urheber (Schutzrechtsinhaber) zu verlangen, da dessen Urheberpersönlichkeitsrecht verletzt und die Vorausabtretung im Vertrag unwirksam ist.

Wer sich auf Prozessstandschaft beruft, hat die Voraussetzungen dafür darzutun und zu **beweisen**. § 10 gibt gesetzliche Vermutungsregeln. Hat ein Recht einmal bestanden, ist zu vermuten, dass es fortbesteht.

51   Neben der gewillkürten kommt nach § 8 Abs. 2 S. 3 (für Miturheber) und § 80 Abs. 1 S. 3 (für ausübende Künstler) auch **gesetzliche Prozessstandschaft** in Betracht.[163]

6. Verwertungsgesellschaften

52   **Zur Aktivlegitimation von Verwertungsgesellschaften** wird die Sachbefugnis hinsichtlich Auskunfts- und Vergütungsansprüchen vermutet, soweit sie nur durch Verwertungsgesellschaften wahrzunehmen sind (§§ 48 ff. VGG).[164] Der Urheber behält die Aktivlegitimation zur Geltendmachung von Ansprüchen neben der Wahrnehmungsgesellschaft, wenn er diese ermächtigt hat und die Wahrnehmungsgesellschaft die Ansprüche treuhänderisch wahrnimmt.[165] Die Aktivlegitimation einer Verwertungsgesellschaft, Ansprüche ihrer Mitglieder, die ihr lediglich zum Inkasso übertragen waren, im eigenen Namen geltend zu machen, wurde verneint.[166] Für die GEMA hat die Rechtsprechung aufgrund des umfassenden In- und Auslandsrepertoires dieser Verwertungsgesellschaft eine tatsächliche Vermutung der Wahrnehmungsbefugnis für die Aufführungsrechte an in- und ausländischer Tanz- und Unterhaltungsmusik sowie für die mechanischen Rechte anerkannt.[167] Keine andere Verwertungsgesellschaft hat bisher eine so weitreichende Vermutung zur Rechtewahrnehmung/Aktivlegitimation erreicht.[168] Im Übrigen gelten aufgrund der Rechteeinräumungen und entsprechender Inhaberbezeichnungen die Vermutungen des § 10 Abs. 3.[169] Zur prozessstandschaftlichen Wahrnehmung von Urheberpersönlichkeitsrechten durch Verwertungsgesellschaften → Rn. 50.

7. Verbände zur Durchsetzung von Schrankenbestimmungen

53   Zur **Aktivlegitimation von Verbänden zur Durchsetzung von Schrankenbestimmungen** nach §§ 95a ff. → § 95b Rn. 32.

II. Passivlegitimation

1. Überblick

54   Die Passivlegitimation ist im UrhG **nicht ausdrücklich geregelt;** Ansprüche richten sich nach § 97 gegen denjenigen, der ein fremdes Urheberrecht oder verwandtes Schutzrecht **verletzt.**[170] Damit bestimmt sich die Passivlegitimation nach den allgemeinen Regeln.[171] Vorrangig sind **Täterschaft** und **Teilnahme** zu prüfen,[172] wobei sich die diesbezügliche zivilrechtliche Haftung nach der bisherigen deutschen[173] Rechtsprechung anhand der im Strafrecht entwickelten Grundsätze sowie § 830 BGB beurteilt.[174]

---

[162] BGH GRUR 2014, 65 Rn. 23 ff. – Beuys-Aktion.

[163] Vgl. Fromm/Nordemann/*J. B. Nordemann* UrhG § 97 Rn. 142 mwN.

[164] S. zu allen weiteren Einzelheiten sowie zum Einfluss des Europarechts die Kommentierung zu §§ 48 ff. VGG.

[165] Möhring/Nicolini/*Lütje* (2. Aufl.) UrhG § 97 Rn. 87 mwN.

[166] BGH GRUR 1994, 800 (801) – Museumskatalog.

[167] BGH GRUR 1986, 62 – GEMA-Vermutung I; BGH GRUR 1986, 66 – GEMA-Vermutung II; BGH ZUM 1986, 199 – GEMA-Vermutung III; BGH GRUR 1988, 296 – GEMA-Vermutung IV.

[168] Siehe zu allen weiteren Einzelheiten bei §§ 48 ff. VGG.

[169] Fromm/Nordemann/*J. B. Nordemann* UrhG § 97 Rn. 135.

[170] Dreier/Schulze/*Specht* UrhG § 97 Rn. 23; Fromm/Nordemann/*J. B. Nordemann* UrhG § 97 Rn. 144 ff.

[171] Vgl. zur Entwicklung statt vieler *Ahrens* WRP 2007, 1281; *Leistner* GRUR 2006, 801; *Leistner* GRUR-Beil. 1/2010, 1; *Leistner* ZUM 2012, 722; *J. B. Nordemann* FS Loewenheim, 2009, S. 215; *Nolte/Wimmers* GRUR 2014, 16; *Spindler/Volkmann* WRP 2003, 1; *Spindler* GRUR 2011, 101. Vgl. aus der monographischen Lit. *Heid* passim; *Schapiro* passim; *A. Schneider* S. 33 ff.; *Volkmann* S. 53 ff.

[172] → Rn. 59 ff. und 67 ff.

[173] Noch sogleich → Rn. 56a ff. zu den europarechtlichen Vorgaben im Überblick.

[174] BGH GRUR 2011, 152 Rn. 30 – Kinderhochstühle im Internet; BGH GRUR 2011, 1018 Rn. 17 ff. – Automobil-Onlinebörse; Fromm/Nordemann/*J. B. Nordemann* UrhG § 97 Rn. 144; Wandtke/Bullinger/*v. Wolff* UrhG § 97 Rn. 14; *Rehbinder/Peukert* Rn. 1064. Aber noch → Rn. 56a ff. zum neuen unionsrechtlichen Rahmen.

Nachrangig[175] zu Täterschaft und Teilnahme kommt für mittelbare Verursacher einer Rechtsverletzung im Urheber- und Markenrecht nach bisheriger deutscher Rechtsprechung[176] im Wesentlichen lediglich die **Störerhaftung** in Betracht,[177] die allerdings nach der bisher herrschenden Meinung insbesondere in der Rechtsprechung[178] auf Unterlassungsansprüche begrenzt ist.[179] Damit unterscheidet sich das bisherige urheber- und markenrechtliche Haftungssystem vom Patentrecht, wo eine mittelbare täterschaftliche Haftung als Verletzer auch aufgrund von Verkehrspflichtverletzungen anerkannt ist,[180] sowie insbesondere vom Wettbewerbsrecht, wo wegen des verhaltensbezogenen Charakters der UWG-Normen nach der neueren **Rechtsprechung** lediglich Täterschaft und Teilnahme (dann freilich über die Figur der wettbewerbsrechtlichen Verhaltenspflichten wiederum ausgedehnt auch auf mittelbare Verursacher) in Betracht kommen sollen.[181]

Demgegenüber wurden in der **Literatur** auch schon auf Grundlage ausschließlich der Dogmatik des deutschen Rechts zuletzt vermehrt Versuche unternommen, die Haftung mittelbarer Verursacher im Urheber- und Markenrecht auf einheitliche Grundmodelle zurückzuführen und damit unter grundsätzlichem Einschluss von Schadensersatzansprüchen auch wieder mehr dem System **mittelbarer Rechtsgutsverletzungen** im Rahmen der §§ 823 ff. BGB anzunähern.[182] Für bestimmte Teilbereiche ist dies aufgrund der Entwicklung der **europäischen Rechtsprechung insbesondere zu Art. 3 InfoSoc-RL sowie künftig auch aufgrund der Umsetzung von Art. 17 DSM-RL** nunmehr ohnehin zwingend vorgegeben.[183]

Neben den genannten Kategorien kann im Urheberrecht als besondere Haftungsfigur die **Account-Haftung** für den fahrlässigen Umgang mit identifizierenden Account-Daten eine Rolle spielen, der nach der Rechtsprechung als Sonderform täterschaftlicher Haftung einzuordnen ist.[184]

Wesentlichen Einfluss auf die Haftung für Rechtsverletzungen hat das **europäische Recht**, wobei 55 neben der Konturierung der Verletzungstatbestände im Rahmen der **täterschaftlichen Haftung nach der InfoSoc-RL**[185] und der grundsätzlich in der Infosoc- und der Enforcement-RL vorgesehenen **Vermittlerhaftung**[186] insbesondere die **Haftungsprivilegien für Provider** nach der E-Commerce-RL im Mittelpunkt stehen, die in Deutschland in den **Sonderregeln des TMG** für die

---

[175] Häufig wurde allerdings hier schon in der bisherigen Rspr. nicht sauber abgegrenzt, vgl. *Leistner* GRUR 2006, 801 (808 f.).

[176] Vgl. aber weitergehend nunmehr schon BGH GRUR 2018, 178 Rn. 25 ff. – Vorschaubilder III aufgrund der Rspr. des EuGH zum Recht der öffentlichen Wiedergabe nach Art. 3 InfoSoc-RL; noch sogleich → Rn. 56a ff. zu den europarechtlichen Vorgaben und den Folgen für das dt. Recht im Überblick.

[177] → Rn. 72 ff. und → Rn. 121 ff. (für den Online-Bereich).

[178] Im Urheberrecht noch für eine Differenzierung zwischen Tätern und Teilnehmern einerseits und bloßen Störern, die lediglich auf Unterlassung haften, andererseits BGH GRUR 2010, 633 Rn. 13 ff. – Sommer unseres Lebens; vgl. auch BGH GRUR 2011, 152 Rn. 48 – Kinderhochstühle im Internet (keine Störerhaftung mehr bzgl. als Verhaltensunrecht einzuordnender UWG-Verstöße). Demgegenüber mit einer Konzeption mittelbarer Täterschaft im Recht der öffentlichen Wiedergabe nunmehr schon BGH GRUR 2018, 178 Rn. 25 ff. – Vorschaubilder III.

[179] So *Ahrens* WRP 2007, 1281; weiterhin gegen ein allg. auf Verkehrspflichtverletzungen basierendes täterschaftliches Haftungsmodell wohl auch *v. Ungern-Sternberg* GRUR 2014, 209 (219); *Hollenders* passim; *Neuhaus* hält die Ausweitung der Haftung für Verkehrspflichtverletzungen ins Immaterialgüterrecht mangels Rechtsgrundlage für unzulässig (S. 175), befürwortet aber eine zivilrechtsautonome Täterschafts- und Teilnahmehaftung mit Rechtsfolgeneinschränkung (S. 176 ff.); für die Beibehaltung der bisherigen Differenzierung auch *Hartmann*, S. 53 ff., der aber Prüf- und Verkehrspflichten als Unterkategorien „allgemeiner Gefahrvermeidungspflichten" begreift (S. 71).

[180] S. BGH GRUR 2009, 1142 Rn. 34 ff. – MP3-Player-Import mwN und dem Versuch, ein einheitliches Haftungssystem auf der Basis deliktsrechtlicher Verkehrspflichten vorzuspuren.

[181] Grundl. BGH GRUR 2007, 890 Rn. 36 ff. – Jugendgefährdende Medien bei ebay; bestätigt in BGH GRUR 2011, 152 Rn. 48 – Kinderhochstühle im Internet mwN.

[182] Kritisch und mit Ansätzen für die Entwicklung eines einheitlichen Haftungssystems im gewerblichen Rechtsschutz und Urheberrecht, dass in Fällen mittelbarer Verursachung aufgrund einer Verkehrspflichtverletzung auch im Urheberrecht (wie im Patentrecht, im Bereich der UWG-Haftung und im allg. Deliktsrecht) zu Schadensersatzansprüchen führen würde *Leistner* GRUR-Beil. 1/2010, 1; vgl. schon *Haedicke* GRUR 1999, 397; *Leistner* GRUR 2006, 801 (806 ff.); *J. B. Nordemann* FS Loewenheim, 2009, S. 215; für eine einheitliche Haftung wegen Verkehrspflichtverletzung losgelöst von einer konkreten Anknüpfung an die §§ 823, 1004 BGB und gegen eine Differenzierung nach Handlungs- und Erfolgsunrecht auch *A. Schneider* S. 206, 212, 235 ff.; *Heid* S. 149; *Schapiro* passim; *J. B. Nordemann* GRUR 2011, 977 (979) vor dem Hintergrund der Vorgaben des eur. Rechts; *Stang/Hühner* GRUR 2010, 636 (637); *Klatt* ZUM 2009, 265 (267 f.); *Löffler* FS Bornkamm, 2014, S. 37; *Spindler* GRUR 2011, 101 (102 f.); *Gräbig* MMR 2011, 504; *Hohlweck* ZUM 2007, 109 (113 f.); *Schwippert* WRP 2018, 1027; vgl. in ähnliche Richtung für das Markenrecht auch *H. Köhler* GRUR 2008, 1 (6); zul. für Schadensersatzansprüche jedenfalls bei grober Fahrlässigkeit *Ohly*, Gutachten F zum 70. Deutschen Juristentag, 2014, F 107 f.; für eine Angleichung der Störerhaftung an die äußerungsrechtliche Verbreiterhaftung *Peifer* AfP 2014, 18 (19 ff.). Aus der Kommentarliteratur wie hier Fromm/Nordemann/*J. B. Nordemann* UrhG § 97 Rn. 150b; jetzt wohl auch Wandtke/Bullinger/*v. Wolff* UrhG § 97 Rn. 15, 19; offen Dreier/Schulze/*Specht* UrhG § 97 Rn. 28.

[183] Näher → Rn. 56a ff.

[184] BGH GRUR 2009, 597 – Halzband (zum Markenrecht); vgl. zu dieser zutr. dogmatischen Einordnung, die sich allerdings nicht mit Rechtsscheingrundsätzen, sondern vielmehr allein auf Basis eines Konzepts deliktsrechtlicher Verkehrspflichten erklären lässt, *Leistner* GRUR-Beil. 1/2010, 1 (6 ff.). Näher → Rn. 66.

[185] Ausf. bei den Einzelkommentierungen der Verwertungsrechte sowie im Überblick sogleich → Rn. 56a ff. und (für den insoweit besonders betroffenen Online-Bereich) auch → Rn. 96 ff.

[186] Grds. → Vor §§ 97 ff. Rn. 9; näher für den im Mittelpunkt der diesbzgl. Rspr. stehenden Online-Bereich → Rn. 92 ff.

unterschiedlichen Internetprovider umgesetzt sind.[187] Für den **Sonderbereich der Online-Inhalte-anbieter** bringt zudem Art. 17 DSM-RL eine **neue Haftungslösung** auf europäischer Ebene, die auf dem Grundgedanken **verkehrspflichtbasierter mittelbarer Nebentäterschaft** beruht und insoweit ihrerseits das Host-Providerprivileg aus E-Commerce-RL und TMG verdrängt (s. Art. 17 Abs. 3 DSM-RL).[188]

56   Eine wichtige Rolle, insbesondere bei der näheren Konturierung der Störerhaftung, spielen auch die deutschen und europäischen **Grundrechte,** die im Rahmen der an dieser Stelle notwendigen Abwägungsvorgänge zur praktischen Konkordanz zu bringen sind.[189]

2. Unionsrechtlicher Rahmen: insbesondere Rechtsprechung zum Recht der öffentlichen Wiedergabe und Art. 17 DSM-RL

56a   Obwohl die Rechtsprechung zur Definition des Tatbestands der **vollharmonisierten** urheberrechtlichen Verwertungsrechte der Vervielfältigung (Art. 2 InfoSoc-RL), öffentlichen Wiedergabe (Art. 3 InfoSoc-RL) und Verbreitung (Art. 4 InfoSoc-RL) hier nicht Gegenstand näherer Darstellung sein kann,[190] ist es für den Verletzerbegriff des § 97 wesentlich, dass in der jüngeren **EuGH-Rechtsprechung zum Recht der öffentlichen Wiedergabe** die Haftung für mittelbare Verursachungsbeiträge zu Urheberrechtsverletzungen unmittelbar handelnder Dritter konsequent **täterschaftlich** ausgestaltet wurde.[191]

Wer als Verletzer in einer **zentralen Rolle** agiert und demnach nicht lediglich physische Infrastrukturen bereitstellt, sondern sich vielmehr seines unerlässlichen Beitrags zu einer Urheberrechtsverletzung eines Dritten in voller Kenntnis bewusst ist,[192] haftet dementsprechend in der Regel[193] als **mittelbarer Verletzer** täterschaftlich, wenn er **erforderliche und zumutbare Verkehrspflichten** verletzt.[194]

56b   In der Sache handelt es sich (auch wenn dies nicht auf den ersten Blick erkennbar war) um eine **täterschaftliche Haftung** wegen **Kenntnis** oder **Verkehrspflichtverletzung,**[195] die also in der

---

[187] Näher → Rn. 104 ff.

[188] Näher → Rn. 56e ff.

[189] Grds. → Vor §§ 97 ff. Rn. 14 ff.; für die Haftung im Online-Bereich → Rn. 94 f. sowie im jeweiligen Zusammenhang der betroffenen Einzelkonstellationen. Vgl. grundlegend *Wielsch* ZGE 2018, 1.

[190] S. in den Einzelkommentierungen zu §§ 15 ff.

[191] EuGH GRUR 2016, 1152 Rn. 33 ff. – GS Media; EuGH GRUR 2017, 610 Rn. 30 ff. – Filmspeler; EuGH GRUR 2017, 790 Rn. 25 ff. – The Pirate Bay; vgl. aber auch schon zuvor im offline-Bereich ähnlich weitgehend EuGH GRUR 2012, 597 Rn. 29 ff. – Phonographic Performance [Ireland] sowie EuGH GRUR 2012, 593 Rn. 76 ff. – SCF; allg. in ähnliche Richtung auch schon EuGH GRUR-Int 2011, 1058 Rn. 74 ff. – Airfield und Canal Digitaal; näher → Rn. 96 ff. Für das dt. Recht grds. bereits zutr. rezipiert für Hyperlinks in BGH GRUR 2018, 178 Rn. 22 ff., insbes. Rn. 54 ff. – Vorschaubilder III (vgl. zur diesbzgl. Einordnung *Leistner* ZUM 2018, 286 (289 ff.)); LG Hamburg GRUR-RR 2017, 216 Rn. 9 ff. – Architekturfotos (aufgrund des spezifischen Sachverhalts noch sehr streng); LG Hamburg GRUR-RR 2018, 97 Rn. 19 ff., insbes. Rn. 31 ff. – Loulou; LG Hamburg ZUM-RD 2018, 153 Rn. 39 ff., insbes. Rn. 65 ff., beide dann schon mit den notwendigen Differenzierungen. Aus der Lit. s. ua *Leistner* GRUR 2017, 755 (756 ff.); *Hofmann* ZUM 2017, 750 ff.; *Ohly* ZUM 2017, 793 (796 ff.); *Ohly* FS Schulze, 2017, S. 387; *J. B. Nordemann/Waiblinger* NJW 2018, 756 (761); *Grünberger* ZUM 2018, 321 (329 ff.); *J. B. Nordemann* GRUR-Int 2018, 526; *Wielsch* ZGE 2018, 1 (10 f.); Fromm/Nordemann/*J. B. Nordemann* UrhG § 97 Rn. 150 ff.; krit. *Berberich* GRUR-Prax 2017, 269 (271); *Tolkmitt* FS Büscher, 2018, S. 249 (262 ff.); *Rauer* FS Schulze, 2017, S. 85 (90 ff.); eher skeptisch auch *Specht* ZUM 2017, 114 (118 ff.). Zur Ausweitung der Haftung von Intermediären unter Berücksichtigung der unternehmerischen Freiheit nach Art. 16 der EU-Grundrechte-Charta *O'Sullivan* IIC 2019, 527 (535 ff.).

[192] Vgl. zum weiten Verständnis dieses Begriffs der „vollen Kenntnis der Folgen seines Verhaltens", der im Grundsatz auch die fahrlässige und pflichtwidrige Unkenntnis von den Folgen des eigenen Handelns umfasst, *Tolkmitt* FS Büscher, 2018, S. 249 (260 f.); Fromm/Nordemann/*J. B. Nordemann* UrhG § 97 Rn. 150a, 150c will im Anschluss an den Begriff der „deliberaten Intervention" insoweit eine aktive Rolle voraussetzen, was zugleich eine nahtlose Schnittstelle zu den spezifischen Haftungsprivilegierungen der E-Commerce-RL gewährleisten würde; ähnlich wohl *Ohly* GRUR-Int 2018, 517 (523); → Rn. 96b ff. Demgegenüber scheint der BGH in einem Entsch. BGH GRUR 2018, 1132 Rn. 53 ff. – YouTube und BGH GRUR 2018, 1239 Rn. 47 ff. – uploaded davon auszugehen, dass es im eur. Recht voll haftende „Verletzer" (dann nach Art. 11 und 13 Enforcement-RL) geben kann, die einerseits eine aktive Rolle spielen und daher den spezifischen Haftungsprivilegierungen der E-Commerce-RL nicht unterfallen, die aber andererseits trotzdem keine zentrale Rolle iSd Art. 3 InfoSoc-RL einnehmen; insoweit zu Recht krit. *Ohly* GRUR 2018, 1139 (1141). Zum letztgenannten Problemkreis auch → Rn. 92a, 170.

[193] Der EuGH prüft insoweit bei mittelbaren Verursachungsbeiträgen in einer typisierten Betrachtung nach Art eines beweglichen Systems eine Reihe weiterer Kriterien, die unselbständig und miteinander verflochten sind, um das Vorliegen einer öffentlichen Wiedergabe zu beurteilen. Zu diesen Kriterien zählen das Vorhandensein eines Erwerbszwecks (als Indiz, nicht als notwendige Voraussetzung) sowie weitere Einzelheiten, wobei insbes. auch eine Grundrechtabwägung eine Rolle spielen kann. Jedoch hat sich in diesem Rahmen das Kriterium der zentralen Rolle des Nutzers in der jüngeren Rspr. als das entscheidende Element herauskristallisiert, vgl. EuGH GRUR 2016, 1152 Rn. 35 – GS Media; EuGH GRUR 2017, 610 Rn. 31 – Filmspeler; EuGH GRUR 2017, 790 Rn. 26 – The Pirate Bay; *Leistner* GRUR 2017, 755 (757); näher → § 15 Rn. 59, 78 ff. Näher zur Beurteilung der unterschiedlichen Geschäftsmodelle der Vermittler nach europäischem Recht auch → Rn. 96b ff.

[194] Vgl. die Nachweise → Fn. 187.

[195] Tatsächlich hat der EuGH in der insoweit grundlegenden GS Media-Entsch. zwischen privaten Tätern, die in der Regel erst ab Kenntnis (also typischerweise nach entspr. Inkenntnissetzung durch den Rechteinhaber) haften und kommerziellen Tätern, von denen erwartet werden kann, dass sie die notwendigen Prüfungen vornehmen und für die eine entspr. Kenntnis daher widerleglich zu vermuten ist, differenziert, vgl. EuGH GRUR 2016, 1152

Regel (wie die Störerhaftung) die Verletzung **erforderlicher und zumutbarer Prüfpflichten** voraussetzt, dabei aber (anders als die Störerhaftung) nicht lediglich Unterlassung und Beseitigungsansprüche, sondern vielmehr (bei Vorliegen von Verschulden) **auch Schadensersatzansprüche** nach sich zieht.

Zuletzt deutet sich dabei in der Rechtsprechung des EuGH eine Differenzierung in **drei Stufen** an.[196] Wer **unmittelbar** – also mit direkter Tatherrschaft über den konkreten Verletzungsvorgang – eine Handlung der öffentlichen Wiedergabe vornimmt, agiert ohne Weiteres **in zentraler Rolle,** erreicht wegen der Eigenständigkeit seiner Handlung in der Regel ein **neues Publikum** und haftet daher grundsätzlich als Verletzer, ohne dass es auf eine nähere Prüfung ankommt, ob und inwieweit er erforderliche und angemessene Prüf- oder sonstige Verkehrspflichten verletzt hat **(unmittelbare Täterhaftung).**[197]

Wer **mittelbar** zu einer von einem Dritten unmittelbar beherrschten Urheberrechtsverletzung in **zentraler Rolle** beiträgt und dabei entweder **Kenntnis von der konkreten Urheberrechtsverletzung** hat oder (insbesondere bei kommerziellem Handeln) **erforderliche und zumutbare Prüfpflichten** verletzt hat, haftet als mittelbarer Verletzer ebenfalls täterschaftlich **(mittelbare Täterhaftung).**[198]

Wer schließlich im Rahmen seines mittelbaren Verursachungsbeitrags nicht in zentraler Rolle agiert, sondern **lediglich (technische oder sonstige) Dienstleistungen** erbringt, die die Einrichtungen bereitstellen, mit denen die Wiedergabe bewirkt wird, haftet lediglich als **Vermittler iSd Art. 8 Abs. 3 InfoSoc-RL (bzw. aufgrund von Art. 11 S. 3 Enforcement-RL)** und insoweit in der Tat nur auf Unterlassung, Beseitigung und ggf. auch Sperrung oder sonstige Sicherungsmaßnahmen für die Zukunft.[199]

Für das deutsche Recht stellt die EuGH-Rechtsprechung eine zwingende Vorgabe dar, da der Bereich der Verwertungsrechte in der InfoSoc-RL **vollharmonisiert** ist.[200] Im Ergebnis kann daher jedenfalls im Bereich des Rechts der öffentlichen Wiedergabe für die Handlungen von Vermittlern, die **in zentraler Rolle** agieren (die sich also ihres verletzungsbezogenen Tatbeitrags bewusst sind und nicht lediglich eine allgemeine technische Infrastrukturdienstleistung erbringen) in der Regel nicht länger auf die Störerhaftung zurückgegriffen werden. Vielmehr ist bei Vorliegen einer **zentralen Rolle** des Vermittlers stattdessen eine **verkehrspflichtbasierte Täterhaftung für mittelbare Verursachungsbeiträge in zentraler Rolle (verkehrspflichtbasierte Nebentäterschaft)** vorrangig zu prüfen.[201]

Für den wirtschaftlich wesentlichen **Bereich der Online-Inhalteanbieter** (s. die Definition in Art. 2 Nr. 6 DSM-RL),[202] wie YouTube, bringt **Art. 17 DSM-RL**[203] künftig eine eigenständige Haftungskonzeption, die sich aus der Sicht des deutschen Rechts ebenfalls auf diesen Grundgedanken

56c

56d

56e

Rn. 51 – GS Media. Doch ist dies zutr. schlicht als eine Haftung wegen Verkehrspflichtverletzung zu lesen, wobei die notwendigen und zumutbaren Verkehrspflichten bei privaten Tätern eben in der Regel nur in einer entspr. Reaktion nach erfolgter Inkenntnissetzung bestehen, während Personen, die zu Erwerbszwecken agieren, insoweit auch ex ante entsprechend proportional ausgestaltete Prüfpflichten zuzumuten sind, vgl. *Leistner* ZUM 2016, 980 (983); *Grünberger* ZUM 2016, 905 (916 f.); *Tolkmitt* FS Büscher, 2018, S. 249 (261); ggü. dieser verkehrspflichtbasierten Lesart noch die fehlende Realitätsnähe der Vermutung kritisierend *Hofmann* K&R 2017, 766; *Ohly* GRUR 2016, 1155 (1157); *Rauer* FS Schulze, 2017, S. 85 (91 ff.); anders und wie hier dann aber *Ohly* ZUM 2017, 793 (801). So ist insbes. auch das iErg zutr. Urteil des BGH GRUR 2018, 178 Rn. 22 ff., insbes. Rn. 54 ff. – Vorschaubilder III, richtig zu verstehen, vgl. *Leistner* ZUM 2018, 286 (288 f.); ebenso in der Rspr. nunmehr zutr. schon LG Hamburg GRUR-RR 2018, 97 Rn. 19 ff., insbes. Rn. 31 ff. – Loulou; LG Hamburg ZUM-RD 2018, 153 Rn. 39 ff., insbes. Rn. 65 ff.

[196] Insoweit ähnlich *Ohly* GRUR 2018, 996 (1003 f.); vgl. auch *Leistner* GRUR 2017, 755 (759 f.); mit Folgerungen de lege ferenda auf europäischer Ebene *Leistner/Ohly* JIPLP 14 (2019), 182.

[197] EuGH GRUR 2018, 911 – Córdoba.

[198] EuGH GRUR 2016, 1152 – GS Media; EuGH GRUR 2017, 610 – Filmspeler; EuGH GRUR 2017, 790 – The Pirate Bay; *Leistner* GRUR 2017, 755 (759 f.); näher → Rn. 96 ff.

[199] EuGH GRUR 2014, 468 – UPC Telekabel; EuGH GRUR 2016, 1146 – McFadden; EuGH GRUR 2016, 1062 Rn. 26 ff. – Tommy Hilfiger.

[200] EuGH GRUR 2014, 360 Rn. 33 ff. – Svensson.

[201] *Leistner* GRUR 2017, 755 (756 ff.); *Leistner* ZUM 2018, 286 (287 ff., insbes. 291 f.); *Grünberger* ZUM 2018, 321 (329 ff.); *J. B. Nordemann* GRUR-Int 2018, 526; *J. B. Nordemann/Waiblinger* NJW 2018, 756 (761); Fromm/Nordemann/*J. B. Nordemann* UrhG § 97 Rn. 144a, 150 ff. In der dt. Rspr. findet sich dieses Konzept samt einer differenzierten Anwendung des Maßstabs der zumutbaren Prüfpflichten mittlerweile ausdr. angewendet für Hyperlinks in BGH GRUR 2018, 178 Rn. 22 ff., insbes. Rn. 54 ff. – Vorschaubilder III; LG Hamburg GRUR-RR 2017, 216 Rn. 9 ff. – Architekturfotos (streng für einen individuell gesetzten Link mit Gewinnerzielungsabsicht und ausdrücklicher Einladung des Beklagten hin. seiner (vorwerfbaren) Überzeugung keinerlei Prüfungen vornehmen zu müssen); demgegenüber dann differenziert und eine Haftung wegen Verletzung zumutbarer Prüfpflichten iErg für massenhaft aggregierende Link-Sammlungen (einer Preissuchmaschine und einer Seite mit massenhaft automatisiertem Framing) verneinend LG Hamburg GRUR-RR 2018, 97 Rn. 19 ff., insbes. Rn. 31 ff. – Loulou; LG Hamburg ZUM-RD 2018, 153 Rn. 39 ff., insbes. Rn. 65 ff. In der Sache läuft nämlich insbes. auch der Ansatz des BGH in Vorschaubilder III auf eine verkehrspflichtbasierte täterschaftliche Haftung für Hyperlinks hinaus (s. zur diesbzgl. Einordnung *Leistner* ZUM 2018, 286 (289 ff.)).

[202] S. näher zur Definition und den zugehörigen Bereichsausnahmen → Rn. 148a ff.

[203] Nach derzeitigem Stand (Juli 2019) ist eine Klage Polens gegen die DSM-RL vor dem EuGH anhängig, vgl. „Polen zieht gegen EU-Richtlinie zum Urheberrecht vor EuGH", abrufbar unter https://www.heise.de/newsticker/meldung/Polen-zieht-gegen-EU-Richtlinie-zum-Urheberrecht-vor-EuGH-4432027.html.

verkehrspflichtbasierter Nebentäterschaft** zurückführen lässt.[204] Entsprechend begehen Online-Inhalteanbieter (neben den Nutzern, die den Upload unmittelbar vornehmen) eine **eigene Handlung der öffentlichen Wiedergabe bzw. öffentlichen Zugänglichmachung** und bedürfen folgerichtig der Erlaubnis der Rechteinhaber insbesondere in Form von **Lizenzen** (Art. 17 Abs. 1 DSM-RL). Derartige Lizenzen müssen gegebenenfalls auch das unmittelbare Handeln der Nutzer mit abdecken, wenn Letztere nicht gewerblich handeln oder mit ihrer Tätigkeit keine erheblichen Einnahmen erzielen (Art. 17 Abs. 2 DSM-RL).[205]

56f   Konsequenterweise findet auf diese nebentäterschaftliche Haftung das Host-Providerprivileg nach Art. 14 Abs. 1 E-Commerce-RL keine Anwendung (Art. 17 Abs. 3 DSM-RL). Stattdessen bringt Art. 17 Abs. 4 DSM-Richtlinie eine **bereichsspezifische Haftungserleichterung**, wobei für das Vorliegen der entsprechenden Voraussetzungen der Diensteanbieter die **Beweislast** trägt. Art. 17 Abs. 4 DSM-RL läuft in der Sache darauf hinaus, die **mittelbare nebentäterschaftliche Haftung** schlussendlich auf die Verletzung bestimmter kumulativ zu erfüllender **Verkehrspflichten** zu gründen.

Entsprechend muss der Diensteanbieter den Nachweis erbringen, dass er **alle Anstrengungen unternommen hat, um die Erlaubnis einzuholen (lit. a)**, auf Basis von den Rechteinhabern bereitgestellter einschlägiger und notwendiger Informationen nach Maßgabe **hoher branchenüblicher Standards für die berufliche Sorgfalt** alle Anstrengungen unternommen hat, um urheberrechtliche Schutzgegenstände nicht unerlaubt verfügbar zu machen **(lit. b)**, und schließlich in jedem Falle für ein unverzügliches **notice & takedown gesorgt und insoweit auch alle Anstrengungen für ein stay down unternommen hat (lit. c)**.

56g   Sämtliche der Pflichten stehen unter einem **Verhältnismäßigkeitsvorbehalt (Art. 17 Abs. 5 DSM-RL)** und dürfen jedenfalls **nicht auf eine allgemeine Überwachungspflicht** hinauslaufen (Art. 17 Abs. 8 DSM-RL).[206] Zugunsten von Rechteinhabern ist auf Verlangen eine Pflicht zur Erteilung von **angemessenen Informationen über die Funktionsweise der Verfahren** nach Art. 17 Abs. 4 DSM-RL vorgesehen (Art. 17 Abs. 8 DSM-RL), wobei trotz der Vollharmonisierung der bereichsspezifischen Haftungsvoraussetzungen nichts dagegen spricht, dass Mitgliedstaaten ähnliche Informationsrechte auch für Nutzer oder jedenfalls Nutzerorganisationen vorsehen sollten.[207] Für bestimmte **neue und kleine Unternehmen (Startups)** sind abgestufte Ausnahmen vorgesehen (Art. 17 Abs. 6 DSM-RL).

56h   Schließlich wird den Nutzern die **Berufung auf bestimmte Schranken garantiert** (Art. 17 Abs. 7 DSM-RL),[208] wobei dies nach derzeitigem Stand dann wohl in erster Linie im Rahmen der in Art. 17 Abs. 9 DSM-RL vorgesehenen **counter-notice-procedure** zu gewährleisten wäre. Allerdings sind auch alternative Lösungsansätze erwägenswert, etwa ein ex ante Kennzeichnungssystem für bestimmte prima facie aufgrund spezifischer urheberrechtlicher Schranken möglicherweise gerechtfertigte Nutzungen.[209] Insbesondere auch weil in diesem Zusammenhang vorgesehene gesetzliche Vergütungsansprüche unmittelbar den Kreativen zugute kommen, wird in diesem Zusammenhang im Zuge der Richtlinienumsetzung auch über **neue (vergütete) Schrankenvorschriften** diskutiert werden,[210] wobei sich die diesbezüglich zwingenden Obergrenzen weiterhin aus den abschließenden Schrankenvorschriften der **InfoSoc-RL** ergeben und zu respektieren sind.

56i   Es obliegt nunmehr den Mitgliedstaaten, diese Differenzierungen und Einschränkungen, insbesondere hinsichtlich der **Verhältnismäßigkeit allfällig resultierender Verkehrspflichten der Diensteanbieter, des Verbots allgemeiner Überwachungspflichten** sowie der **effektiven Garantie bestimmter Schranken zugunsten der unmittelbar handelnden Nutzer** in einer Weise umzusetzen, die im Ergebnis ein angemessenes Gleichgewicht der betroffenen Grundrechtspositionen unter Berücksichtigung der allgemeinen Grundsätze des Unionsrechts wahrt.[211] Dabei werden neben vor-

---

[204] Vgl. wie hier insbes. *Hofmann* ZUM 2019, 617 (620 ff.); angedeutet auch bei *Spindler* CR 2019, 277 Rn. 48.

[205] Zu den hier in der Zukunft drohenden Abgrenzungsproblemen *Spindler* CR 2019, 277 Rn. 49: Darlegungs- und Beweislast auf Seiten des profitierenden Nutzers; *Pravemann* GRUR 2019, 783 (785): hauptberufliche YouTuber jedenfalls nicht erfasst.

[206] Vgl. zum Verhältnis „hoher branchenüblicher Standards" einerseits und der Einschränkung aufgrund des Verhältnismäßigkeitsgrundsatzes und des Verbots allg. Überwachungspflichten andererseits der ersten Überlegungen bei *Spindler* CR 2019, 277 Rn. 57 ff.; *Kaesling* JZ 2019, 586 (587).

[207] Vgl. auch *Spindler* CR 2019, 277 Rn. 78 ff.

[208] Vgl. zur Reichweite dieser Bestimmung die Überlegungen von *Hofmann,* ZUM 2019, 617 (622) zu Nutzerrechten.

[209] Erklärung der Bundesrepublik Deutschland zur Richtlinie über das Urheberrecht und Verwandte Schutzrechte im Digitalen Binnenmarkt; insbesondere zu Artikel 17 der Richtlinie, Nr. 8.

[210] S. bereits vor der endg. Verabschiedung der DSM-RL *Senftleben* ZUM 2019, 369 (373 f.). Vgl. im Grundsatz auch Erklärung der Bundesrepublik Deutschland zur Richtlinie über das Urheberrecht und Verwandte Schutzrechte im Digitalen Binnenmarkt; insbesondere zu Artikel 17 der Richtlinie, Nr. 9, wobei hier hins. der in der DSM-RL vorgesehenen Schranken eher an eine unvergütete Lösung gedacht wird, um dann hins. darüber hinausgehender Nutzungen eher eine zwingende faire Beteiligung der Kreativen an diesbzgl. Lizenzeinnahmen zu erwägen. Vgl. aber auch Nr. 11 zur Bedeutung vergüteter Schranken und anderer Mechanismen in diesem Zusammenhang.

[211] Vgl. *Spindler* CR 2019, 277 Rn. 60: „Quadratur des Kreises". Sa. die Erklärung der Bundesrepublik Deutschland zur Richtlinie über das Urheberrecht und Verwandte Schutzrechte im Digitalen Binnenmarkt; insbesondere zu Artikel 17 der Richtlinie (dort auch zu weiteren Einzelheiten, wie etwa der Vereinbarkeit mit datenschutzrechtlichen Vorschriften, s. unter Nr. 5; vgl. dazu iÜ auch Erwgr. 70 DSM-RL).

handenen bzw. (etwa im Rahmen des Art. 12 DSM-RL) neu geschaffenen Lizenzierungsmöglichkeiten[212] insbesondere die technischen Einzelheiten der Vorabkontrolle sowie der notice, takedown und stay down-Verfahren eine wichtige Rolle spielen.[213] Insoweit sieht Art. 17 Abs. 10 DSM-RL vor, dass die Kommission zusammen mit den Mitgliedstaaten Stakeholder-Dialoge (unter Beteiligung auch von Nutzerorganisationen) durchführt, um die diesbezüglichen Einzelheiten bewährter Verfahren in Leitlinien festzulegen. Um eine weitere Fragmentierung des digitalen Binnenmarkts zu verhindern, sollte insoweit – wo irgend möglich – eine **unionsweit einheitliche Umsetzung** angestrebt werden.[214]

Eine wichtige **Scharnierfunktion** bei der Umsetzung wird insbesondere Art. 17 Abs. 4 lit. a) **56j** DSM-RL zukommen, demzufolge der Diensteanbieter als Voraussetzung der Haftungsfreistellung **alle Anstrengungen unternommen** haben muss, **um die Erlaubnis einzuholen.**[215] Diese Voraussetzung der Haftungsprivilegierung stellt letztlich die entscheidende Weiche zwischen echter erlaubnispflichtiger täterschaftlicher Haftung und bloßer verkehrspflichtbasierter mittelbarer Nebentäterschaft in deren Rahmen die **Anstregungen, eine Erlaubnis einzuholen,** gleichsam zur bloßen **Verkehrspflicht** ausgedünnt werden. Für eine angemessene Umsetzung und Anwendung der neuen Haftungskonzeption wird es daher nach der hier vertretenen Auffassung besonders wesentlich sein, das **Maß „aller Anstregungen"** zur Erlaubniserlangung im Hinblick auf die (gegebenenfalls hinsichtlich der betroffenen Inhalte bereichsspezifisch zu bestimmende) Risikoeignung und sonstigen Charakteristika des Dienstes, die Verfügbarkeit entsprechender Informationen und insbesondere Lizenzangebote im Markt[216] und den Grad mehr oder weniger konkreter Risikokenntnis des Diensteanbieters hinsichtlich bestimmter potentiell verletzender Inhalte angemessen zu konkretisieren.[217]

Überspannt man hier den Bogen im Sinne einer umfassenden Vorabrecherchpflicht der Diensteanbieter, drohen im Hinblick auf die dadurch verursachten Informations- und sonstigen Transaktionskosten Ineffizienzen.[218] Setzte man demgegenüber stets konkrete Kenntnis des individuellen verletzenden Inhalts als Voraussetzung der Erlaubniseinholung voraus,[219] bliebe für Deutschland mit der im Ergebnis lediglich verbleibenden notice, takedown & staydown-Verpflichtung, die nach der hier vertretener Auffassung ohnedies schon de lege lata täterschaftlich eingekleidet werden sollte, im Wesentlichen vieles beim Alten[220] und Art. 17 Abs. 4 lit. a) DSM-RL wäre in seiner praktischen Wirksamkeit limitiert. Immerhin wäre dann zumindest noch der durch Art. 17 DSM-RL gesetzte Anreiz für die großen Dienste, „echte" Lizenzen (insbesondere statt des derzeit in Deutschland bestehenden YouTube-Settlements) abzuschließen, zu begrüßen.[221]

Teilweise ist (noch zur EuGH-Rechtsprechung) vertreten worden, die Haftung für mittelbare Verursachungsbeiträge auf der zweiten Stufe durch eine **Erweiterung der Beihilfe** auf fahrlässige Handlungen umzusetzen.[222] Auf der Basis der lex lata und insbesondere im Hinblick auf den neuen Art. 17 DSM-RL erscheint demgegenüber nach der hier vertretenen Auffassung eine Umsetzung über die Figur **verkehrspflichtbasierter Täterhaftung für mittelbare Verursachungsbeiträge (ver-**

---

[212] Vgl. insbes. zur möglichen Bedeutung erweiterter kollektiver Lizenzen schon *Stieper* ZUM 2019, 211 (217), der iÜ über eine Verwertungsgesellschaftenpflichtigkeit nachdenkt; *Kaesling* JZ 2019, 586 (589 f.). Diese unterschiedlichen Ansätze werden nunmehr in den Grenzen des Art. 12 DSM-RL zu erwägen und ggf. umzusetzen sein, vgl. auch Erklärung der Bundesrepublik Deutschland zur Richtlinie über das Urheberrecht und Verwandte Schutzrechte im Digitalen Binnenmarkt; insbesondere zu Artikel 17 der Richtlinie, Nr. 11.

[213] Etwa hins. der Frage, wie im Rahmen der notices ein hinreichender Beleg der Rechtsinhaberschaft erfolgen kann, vgl. Erklärung der Bundesrepublik Deutschland zur Richtlinie über das Urheberrecht und Verwandte Schutzrechte im Digitalen Binnenmarkt; insbesondere zu Artikel 17 der Richtlinie, Nr. 8: Vorschlag einer Differenzierung zwischen bestimmten „trusted flaggers" und sonstigen Rechteinhabern.

[214] Vgl. auch Erklärung der Bundesrepublik Deutschland zur Richtlinie über das Urheberrecht und Verwandte Schutzrechte im Digitalen Binnenmarkt; insbesondere zu Artikel 17 der Richtlinie, Nr. 4.

[215] Vgl. ebenso Erklärung der Bundesrepublik Deutschland zur Richtlinie über das Urheberrecht und Verwandte Schutzrechte im Digitalen Binnenmarkt; insbesondere zu Artikel 17 der Richtlinie, Nr. 10.

[216] Vgl. zutr. zur besonderen Bedeutung dieses Aspekts Erklärung der Bundesrepublik Deutschland zur Richtlinie über das Urheberrecht und Verwandte Schutzrechte im Digitalen Binnenmarkt; insbesondere zu Artikel 17 der Richtlinie, Nrn. 10 ff.

[217] Erste Ansätze bei *Spindler* CR 2019, 277 Rn. 51 f.

[218] Vgl. *Volkmann* CR 2019, 376 Rn. 21 ff.; etwas differenzierter *Pravemann* GRUR 2019 783 (786 f.).

[219] Vgl. in diese Richtung *Pravemann* GRUR 2019, 783 (786 f.); *Volkmann* CR 2019, 376 Rn. 21 ff.

[220] Vgl. auch allg. *A. Nordemann* IIC 2019, 275 (275 f.); noch vor Verabschiedung des DSM-RL auch *Stieper* ZUM 2019, 211 (216 f.). Eine gewichtige Änderung, die etwa auch für die Anreizsituation im Hinblick auf allfällige Lizenzverhandlungen durchaus eine Rolle spielen kann, ergibt sich aber zumindest aus der nunmehr auf Rechtsfolgenseite ggf. bestehenden Schadensersatzpflicht.

[221] Den Anreizgedanken für Lizenzierung insoweit zu Recht in den Mittelpunkt der Überlegungen rückend *Volkmann* CR 2019, 376 Rn. 5 und öfter.

[222] *Ohly* GRUR 2017, 441 (445 f.): fahrlässige Beihilfe (dort primär im Zusammenhang lauterkeitsrechtlicher Verkehrspflichten); vgl. auch *Tölkmitt* FS Büscher, 2018, S. 249 (262); zu dieser Möglichkeit als Alternative auch Fromm/Nordemann/*J. B. Nordemann* UrhG § 97 Rn. 150g; demgegenüber für das Urheberrecht iErg wie hier *Ohly* ZUM 2017, 793 (800 ff.): punktuelle Lösung über eine geringfügige Auslegung der Teilnehmerhaftung werde dem weiten Wiedergabebegriff des EuGH nicht gerecht. Für einen Teilbereich der Vermittlerhaftung, nämlich für Fälle, in denen der Vermittler nicht in zentraler Rolle handelt, aber dennoch einen „aktiven" Provider iSd E-Commerce-RL darstellt, wird eine fahrlässige Beihilfehaftung (auf der Grdl. des Verletzerbegriffs der Enforcement-RL) nunmehr auch erwogen in BGH GRUR 2018, 1132 Rn. 57 ff. – YouTube; BGH GRUR 2018, 1239 Rn. 48 ff. – uploaded.

kehrspflichtbasierte Nebentäterschaft) klarer (im Sonderbereich des Art. 17 DSM-RL in der Zukunft ohnehin alternativlos)[223] und auch im Hinblick auf den systematischen Vergleich zum UWG[224] und zum Patentrecht systematisch konsistent.[225]

561   De lege ferenda ist allerdings – insoweit auf europäischer Ebene – sicherlich weiterhin die Frage aufgeworfen,[226] ob eine **Differenzierung zwischen unmittelbarer Täterschaft und lediglich mittelbaren Verursachungsbeiträgen** künftig wieder klarer erfolgen sollte als im Rahmen des weiten Einheitstäterbegriffs des EuGH und der DSM-RL, die ihren Hintergrund sicherlich auch im Wunsch nach effektiver Harmonisierung auf Grundlage einer möglichst weit reichenden Anwendung des vollharmonisierenden Art. 3 InfoSoc-RL haben.[227] Einen Unterschied im Ergebnis macht die Einordnung für das deutsche Recht ohnedies nicht, da jedenfalls im Rahmen sowohl der verkehrpflichtbasierten Nebentäterschaft als auch der Beihilfe nach § 830 BGB **sowohl Unterlassungs- und Beseitigungs- als auch (bei Verschulden) Schadensersatzansprüche in Betracht kommen.**[228]

56m   Praktisch wesentlicher dürfte daher für die Zukunft die Frage sein, wie der **Verschuldensmaßstab** im Rahmen der neuen nebentäterschaftlichen Haftung (insbesondere der Inhalteanbieter) angemessen zu justieren ist. Hier werden in der Literatur erste Ansätze erkennbar, im Vergleich zum vormals überaus strengen Verschuldensmaßstab des deutschen Rechts eine Anpassung vorzunehmen, um dadurch den Anwendungsbereich drohender Schadensersatzansprüche für die Zukunft zu limitieren.[229] Im Hinblick auf allfällig zu berücksichtigende Bereicherungsansprüche aus Eingriffskondiktion auf der Basis von §§ 812 Abs. 1, 818 Abs. 2 BGB helfen diese Ansätze freilich wenig weiter.

56n   Schließlich stellt sich die Frage, ob die neue dreistufige Haftungskonzeption aus **unmittelbarer Täterhaftung, verkehrpflichtbasierter Täterhaftung für mittelbare Verursachungsbeiträge in zentraler Rolle (verkehrpflichtbasierte Nebentäterschaft)** und bloßer **Störerhaftung (Vermittlerhaftung) für (technische) Infrastrukturdienstleister** auch über den Bereich des Rechts der öffentlichen Wiedergabe (und insbesondere der unterschiedlichen Internetprovider) hinaus, für den sie aufgrund der europarechtlichen Vorgaben zwingend ist, verallgemeinert werden und demnach auch auf das Vervielfältigungs- und Verbreitungsrecht übertragen werden sollte. Hierfür sprechen gute Gründe;[230] doch ist insoweit – anders als im Bereich der öffentlichen Wiedergabe, wo die entsprechende Entwicklung schon heute nach der hier vertretenen Auffassung zwingend ist – die weitere Entwicklung in der europäischen und deutschen Rechtsprechung abzuwarten.

3. Verletzer (Täter und Teilnehmer)

57   Passivlegitimiert sind als Verletzer der **Täter,** der die Urheberrechtsverletzung unmittelbar oder als mittelbarer Täter im strafrechtlichen Sinne selbst begeht (§ 25 StGB), sowie Teilnehmer, dh **Anstifter** oder **Gehilfen** (§ 830 Abs. 2 BGB; §§ 26, 27 StGB).[231] Eine genaue Abgrenzung bezüglich der unterschiedlichen Täterschafts- und Teilnahmeformen ist – anders als im Verhältnis zur an sich lediglich nachrangig zu prüfenden Störerhaftung[232] – nicht notwendig, da jede Art der Täterschaft oder Teilnahme die Inanspruchnahme begründet (§ 830 BGB). Häufig wird dementsprechend, wenn es nur

---

[223] Vgl. zu möglichen Vorwirkungen der DSM-RL auch auf die anstehenden Entsch. des EuGH in den genannten Vorlageverfahren unter Geltung der lex lata → Rn. 170a. Zum Verhältnis von EuGH-Rspr., dem ausstehenden Vorlageverfahren und dem der DSM-RL zugrunde liegenden regulatorischen Ansatz auch *Stieper* ZUM 2019, 211 (216 f.).

[224] Vgl. aber auch *Ohly* GRUR 2017, 441 (445 f.).

[225] Insbes. vermeidet der hier vertretene Ansatz der hM auch die Unwucht hins. § 830 Abs. 1 S. 2 BGB, der auf fahrlässig Beteiligte nicht angewendet werden könnte (vgl. *Ohly* GRUR 2017, 441 (445 f.), da bei fahrlässiger Nebentäterschaft die Anwendung des § 830 BGB mangels gemeinschaftlicher Tatbegehung von vornherein ausscheidet. Vgl. für die hier vertretene Auffassung iÜ die Nachweise → Fn. 197.

[226] *Leistner/Ohly* JIPLP 14 (2019), 182.

[227] Vgl. in diese Richtung auch GA *Szpunar,* SchlA v. 8.2.2017 in The Pirate Bay, BeckRS 2017, 101407 Rn. 3.

[228] Um hier eine insges. zu undifferenzierten und iErg überspannten Haftungskonzeption (vgl. nur krit. *Tölkmitt* FS Büscher, 2018, S. 249 (262 f.)), wird es notwendig sein, insbes. hins. der vom Maßstab der objektiven Verkehrspflichten richtigerweise unabhängigen subjektiven Verschuldensvoraussetzung, in diesem Bereich restriktive Maßstäbe anzulegen, näher → Rn. 96 f. mwN. Im Übrigen können die Haftungsprivilegien der §§ 8–10 TMG nach zutr. Lesart der EuGH-Rspr. auch auf die Täterhaftung anwendbar sein (aA anscheinend BGH GRUR 2018, 1132 Rn. 40 ff. – YouTube; BGH GRUR 2018, 1239 Rn. 31 ff. – uploaded; wohl auch *Ohly* GRUR-Int 2018, 517 (523)) und insoweit Schadensersatzansprüche ausschließen, vgl. GA *Szpunar,* SchlA v. 16.3.2016 in McFadden, BeckRS 2016, 80483 Rn. 73; *Leistner,* Is the CJEU Outperforming the Commission?, 2017, abrufbar unter https://ssrn.com/abstract=3077615; *Grünberger* ZUM 2018, 321 (330).

[229] *Leistner* ZUM 2016, 580 (582 f.): Berücksichtigung durch angemessen realistische Weiterentwicklung des Fahrlässigkeitsmaßstabs; weitergehend (de lege ferenda) *Ohly,* Gutachten F zum 70. Deutschen Juristentag, 2014, F 108; dem zust. (für den Bereich der Online-Inhalteanbieter) *Völkmann* CR 2019, 376 Rn. 57, der dabei übersieht, dass für den Bereich der Online-Inhalteanbieter nunmehr aufgrund von Art. 17 DSM-RL von einer eigenen nebentäterschaftlichen Haftung zwingend auszugehen ist, die wegen Art. 13 Abs. 1 Enforcement-RL *zwingend* schon bei einfacher Fahrlässigkeit („vernünftigerweise hätte wissen müssen") Schadensersatzansprüche nach sich zieht.

[230] Fromm/Nordemann/*J. B. Nordemann* UrhG § 97 Rn. 150 mwN; vgl. auch *Leistner/Ohly* JIPLP 14 (2019), 182 (mit verallgemeinertem Vorschlag bezüglich der Haftung für mittelbare Verursachungsbeiträge auch auf europäischer Ebene de lege ferenda); *Grünberger* ZUM 2018, 321 (331): Störerhaftung insges. auf dem Rückzug befindlich, nicht nur im Bereich der öffentlichen Wiedergabe. Grundlegend *Leistner* GRUR-Beil. 1/2010, 1 mwN.

[231] Zur Geltung der strafrechtlichen Grundsätze → Rn. 54.

[232] → Rn. 54.

um Unterlassungsansprüche geht, in der Praxis eine Inanspruchnahme auch unmittelbar auf die Störerhaftung gestützt, und die Frage nach Täterschaft oder Teilnahme offengelassen.[233]

Im Übrigen gelten grundsätzlich die Regeln des allgemeinen Deliktsrechts, insbesondere hinsichtlich der Verantwortlichkeit **Minderjähriger** (§ 828 BGB).[234] Eine Haftung der **Eltern** kommt ggf. als täterschaftliche Haftung aufgrund der Verletzung eigener Aufsichtspflichten nach § 832 Abs. 1 S. 1 Alt. 1 BGB (für die mangels Anhaltspunkten für illegale Aktivitäten idR aber eine altersgerechte Belehrung nebst entsprechenden Verboten genügt)[235] oder als Störer in Betracht.[236] **58**

a) Täter. Unmittelbare Täterschaft setzt voraus, dass der Verletzer die Tatbestandsmerkmale der urheberrechtlichen Verletzungstatbestände **selbst** erfüllt.[237] Dafür reicht eine bloße Vermittlerposition grundsätzlich selbst dann nicht aus, wenn sie (zB wegen der Schaltung von Anzeigen, über die auch urheberrechtsverletzende Angebote Dritter abrufbar sind) nicht vollkommen neutral ist;[238] vielmehr müssen gegebenenfalls schon die Voraussetzungen einer mittelbaren Täterschaft[239] oder eines Zueigenmachens[240] erfüllt sein. Verletzer ist auch derjenige, der ein ihm vertraglich eingeräumtes **Nutzungsrecht überschreitet.**[241] **59**

Täter ist die unmittelbar handelnde **natürliche Person,** eine Zurechnung bei **juristischen Personen** erfolgt nach den einschlägigen Sondernormen des allgemeinen Zivilrechts und des Urheberrechts.[242] **60**

Eigene Täterschaft kommt auch in Betracht, wenn die Rechtsverletzung zB durch einen **Auftrag**[243] oder als **Veranstalter** mit organisatorischer und finanzieller Verantwortung[244] veranlasst wird. Beim Vertrieb urheberrechtsverletzender Materialien haften neben dem eigentlichen Urheberrechtsverletzer auch der **Verleger,** gegebenenfalls der **Herausgeber** sowie grundsätzlich auch **Drucker bzw. Hersteller**[245] und die weiteren **Glieder der Vertriebskette.**[246] Der **Bauherr** haftet neben dem **Architekten,** wenn er die urheberrechtsverletzenden Pläne kennt, genehmigt und danach bauen lässt.[247] Bei reinen **Hilfsdiensten,** insbesondere ganz allgemeinen Infrastrukturdienstleistungen, ist eine Haftung aber jedenfalls ausgeschlossen.[248] **61**

Die **Haftung des unmittelbar handelnden Täters** bleibt in den vorgenannten Fällen idR unberührt, er haftet bei Vorliegen der Voraussetzungen als **Mittäter** oder **Nebentäter;** der unmittelbar handelnde Verletzer haftet deshalb grundsätzlich auch dann, wenn er einen entsprechenden Auftrag oder den Beschluss eines anderen Organs lediglich ausgeführt hat.[249]

---

[233] Vgl. BGH GRUR 2009, 841 Rn. 18 – Cybersky; Dreier/Schulze/*Specht* UrhG § 97 Rn. 25.

[234] BGH ZUM 2011, 493 Rn. 5 – Zulassungsgründe; vgl. eing. OLG Hamburg ZUM-RD 2007, 344 (345); Fromm/Nordemann/*J. B. Nordemann* UrhG § 97 Rn. 145.

[235] BGH GRUR 2013, 511 Rn. 13 – Morpheus.

[236] Zum Ganzen → Rn. 177 ff.

[237] BGH GRUR 2013, 1229 Rn. 29 – Kinderhochstühle im Internet II; BGH GRUR 2010, 633 Rn. 13 – Sommer unseres Lebens; einen Fall unmittelbarer Täterschaft betrifft auch EuGH GRUR 2018, 911 – Córdoba. Die Abgrenzung zwischen eigener Nutzungshandlung und bloßer Vermittlung kann mitunter schwierig sein (Dreier/Schulze/*Specht* UrhG § 97 Rn. 23); zu den diesbzgl. Vorgaben des eur. Rechts aufgrund der Harmonisierung der wesentlichen ökonomischen Verwertungsrechte *v. Ungern-Sternberg* GRUR 2012, 576. S. iÜ bei der Kommentierung der jeweiligen ausschließlichen Verwertungsrechte.

[238] BGH GRUR 2013, 1229 Rn. 29 – Kinderhochstühle im Internet II. Vgl. aber auch → Rn. 56a ff. und → Rn. 62a zur Haftungskonzeption im eur. Recht, die für das deutsche Recht im Hinblick auf die harmonisierten Verwertungsrechte (insbes. das Recht der öffentlichen Wiedergabe) zwingend ist.

[239] → Rn. 63.

[240] → Rn. 65.

[241] Dreier/Schulze/*Specht* UrhG § 97 Rn. 5, 24.

[242] Fromm/Nordemann/*J. B. Nordemann* UrhG § 97 Rn. 145a; → Rn. 85 f.

[243] BGH GRUR 1994, 363 (365) – Holzhandelsprogramm: Mittäterschaft oder jedenfalls Teilnahme.

[244] RGZ 78, 83 (86) – Gastwirt; BGH GRUR 1956, 515 (516) – Tanzkurse; BGH GRUR 1960, 606 (607) – Eisrevue (beide zum Veranstalterbegriff nach dem LUG); abgelehnt in BGH GRUR 1972, 141 (142) – Konzertveranstalter bezüglich urheberrechtsverletzender Notenvervielfältigungen, die das ausländische Orchester selbst mitgebracht hatte; aus der aktuellen Rspr. s. BGH GRUR 2015, 987 – Trassenfieber, Haftung des Theaterbetreibers als Mitveranstalter aufgrund gewichtiger organisatorischer Beiträge aber ohne Programmverantwortlichkeit; OLG Hamburg GRUR 2001, 832 – Tourneeveranstalter für einen Fall weitgehend eigenständiger Gestaltung des organisatorischen und technischen Ablaufs einer Tournee; LG Düsseldorf ZUM-RD 2011, 105 (106); Wandtke/Bullinger/*v. Wolff* UrhG § 97 Rn. 18; ausf. → 4. Aufl. 2010, Rn. 64 mwN.

[245] Hier ist zu differenzieren, inwieweit Tatherrschaft und subjektiver Tatbestand vorliegen: so sollen Drucker und Kopierwerke, die im reinen Lohnauftrag arbeiten, eher unselbständige Helfer der Auftraggeber sein, s. BGH GRUR 1982, 102 – Masterbänder.

[246] Dreier/Schulze/*Specht* UrhG § 97 Rn. 26; Fromm/Nordemann/*J. B. Nordemann* UrhG § 97 Rn. 146; Wandtke/Bullinger/*v. Wolff* UrhG § 97 Rn. 20, 53. Für Buch- und Medienhändler (insbes. Online-Buch- und Medienhändler) lehnt allerdings die jüngere Rspr. eine Haftung als Täter oder Teilnehmer für Urheberrechtsverletzungen in den vertriebenen Büchern oder Medien überwiegend ab und nimmt lediglich Störerhaftung an, → Rn. 83.

[247] So → 4. Aufl. 2010, Rn. 65; Fromm/Nordemann/*J. B. Nordemann* UrhG § 97 Rn. 145a; vgl. auch LG Oldenburg BeckRS 2013, 19507: jedenfalls verschuldensunabhängiger Bereicherungsanspruch gegen den Bauherrn; dazu *Rieken* GRUR-Prax 2013, 545.

[248] → Rn. 70 f.

[249] OLG Hamburg GRUR-RR 2006, 182 (zum Markenrecht); Fromm/Nordemann/*J. B. Nordemann* UrhG § 97 Rn. 145a mwN.

62   Die Grenze für eine Haftung als Täter bildet allerdings nach der bisherigen deutschen Rechtsprechung stets das Vorhandensein echter **Tatherrschaft** und das Vorliegen des **subjektiven Tatbestands.**[250] Dieser setzt für Mittäterschaft ein bewusstes und gewolltes Zusammenwirken und damit insbesondere **Kenntnis** von **konkret** drohenden oder bestehenden Rechtsverletzungen Dritter voraus, die jedenfalls bei einer automatisierten Infrastrukturdienstleistung ohne vorherige konkrete Kenntnisnahme nach bisherigem deutschen Recht ausscheidet.[251] Eine entscheidende Rolle spielt der subjektive Tatbestand im Übrigen auch bei der Begrenzung der Haftung als **Anstifter oder Gehilfe,** wenn der Inanspruchgenommene nicht selbst gehandelt hat, da eine Haftung als Teilnehmer in diesen Fällen ebenfalls Kenntnis vom Vorhandensein des fremden Geistesgutes und ein Bewusstsein der Rechtswidrigkeit voraussetzt.[252]

62a   Soweit diesbezüglich im deutschen Recht bisher konkrete Kenntnis vorausgesetzt wurde, kann daran allerdings zumindest für den Bereich des Rechts der öffentlichen Wiedergabe nicht mehr festgehalten werden, da insoweit aufgrund zwingender europäischer Vorgaben bei **zentraler Rolle des Nutzers** eine **verkehrspflichtbasierte Nebentäterschaft** zu prüfen ist.[253]

63   **Mittelbare Täterschaft** kommt im Übrigen in Betracht, wenn die Urheberrechtsverletzung durch einen (nicht als Täter qualifizierten) Dritten als eine Art bloßes Werkzeug begangen wird. Dies setzt ebenfalls Tatherrschaft beim Hintermann voraus, an der es jedenfalls fehlt, wenn der Dritte eigenverantwortlich und in voller Kenntnis der tatsächlichen Lage handelt.[254] Insgesamt kommt mittelbare Täterschaft praktisch im Wesentlichen nur in Betracht, wenn der unmittelbar handelnde Dritte (zB durch **Irreführung** über die Sachlage) so benutzt wird, dass er die Urheberrechtsverletzung unbewusst begeht.[255]

64   Nach den allgemeinen Regeln kann auch **Täterschaft durch Unterlassen** vorliegen, wenn eine **Rechtspflicht zum Handeln** – zB zur Prüfung, Aufsicht, Recherche oder Vorsorge – bestand. Hier ist zu unterscheiden: die Verletzung bestimmter **ganz grundlegender, minimalster Verkehrspflichten,** die sich aus der Eröffnung einer Gefahrenquelle für Urheberrechtsverletzungen ergeben, konnte bei vorhandener Tatherrschaft schon nach vereinzelten älteren höchstrichterlichen Entscheidungen eine Täterhaftung begründen.[256] Doch waren diese Fälle selten, zumal keinesfalls eine generelle diesbezügliche Kontrollpflicht angenommen wurde. Im Mittelpunkt standen in der bisherigen Rechtsprechung[257] vielmehr die Verkehrspflichten im Rahmen der lediglich auf Unterlassung und Beseitigung gerichteten[258] **Störerhaftung,**[259] die in der Regel (und insbesondere im Online-Bereich)[260] erst nach Inkenntnissetzung von konkreten, klaren Rechtsverletzungen greifen. Ein Folgeproblem entsteht dann gegebenenfalls hinsichtlich der Frage, ob und unter welchen Voraussetzungen die persistente Nichtberücksichtigung derlei anlassabhängiger Prüf- und Kontrollpflichten eine Teilnehmerhaftung nebst Schadensersatzansprüchen (vgl. § 830 BGB) begründen kann.[261]

Soweit die neue europäische Haftungskonzeption reicht, ist nunmehr bei **zentraler Rolle** des Verletzers nach zutreffender Auffassung ohnedies eine **Verkehrspflichtverletzung** zentrales Element einer Haftungsbegründung als Nebentäter.[262]

---

[250] Vgl. *Leistner* GRUR-Beil. 1/2010, 1 (24 f.); *Spindler* GRUR 2011, 101 (103 f.); *Tolkmitt* FS Büscher, 2018, S. 249 (258 f.).

[251] BGH GRUR 2011, 152 Rn. 30 ff. – Kinderhochstühle im Internet; vgl. schon BGH GRUR 2004, 860 (864) – Internetversteigerung I; BGH GRUR 2007, 708 (711) – Internetversteigerung II; zust. *Spindler* GRUR 2011, 101 (103). S. aber auch BGH GRUR 2018, 400 Rn. 25 ff. – Konferenz der Tiere für das bewusste und gewollte Zusammenwirken der Teilnehmer eines Peer-to-Peer Netzwerks (Internettauschbörse), innerhalb dessen lediglich nicht schutzfähige Dateifragmente ausgetauscht werden, die dann auf dem Computer des Nutzers wiederum zusammengefügt weden, wenn den Teilnehmern die entspr. koordinierte Funktionsweise der Tauschbörse zumindest iErg geläufig ist.

[252] BGH GRUR 2013, 1229 Rn. 32 – Kinderhochstühle im Internet II; BGH GRUR 2011, 152 Rn. 30 ff. – Kinderhochstühle im Internet; BGH GRUR 2004, 860 (864) – Internetversteigerung I; BGH GRUR 2007, 708 (711) – Internetversteigerung II; zust. *Spindler* GRUR 2011, 101 (103 f.).

[253] So für das dt. Recht schon zutr. für Hyperlinks unterschiedlicher Couleur BGH GRUR 2018, 178 Rn. 22 ff., insbes. Rn. 24; Vorschaubilder III (vgl. zur diesbzgl. Einordnung *Ohly* GRUR 2018, 187; *Leistner* ZUM 2018, 286 (289 ff.); LG Hamburg GRUR-RR 2017, 216 Rn. 9 ff. – Architekturfotos (aufgrund des spezifischen Sachverhalts noch sehr streng); LG Hamburg GRUR-RR 2018, 97 Rn. 19 ff., insbes. Rn. 31 ff. – Loulou; LG Hamburg ZUM-RD 2018, 153 Rn. 39 ff., insbes. Rn. 65 ff., beide dann schon mit den notwendigen Differenzierungen. Näher → Rn. 56a ff. und (für den Online-Bereich) → Rn. 96 ff.

[254] BGH GRUR 2011, 1018 Rn. 21 – Automobil-Onlinebörse; Fromm/Nordemann/*J. B. Nordemann* UrhG § 97 Rn. 147.

[255] Fromm/Nordemann/*J. B. Nordemann* UrhG § 97 Rn. 147 mit dem Bsp. der unzutr. Behauptung von Notenlieferanten, die gelieferten Noten enthielten „tantiemefreie Tanzmusik", so dass es auf dieser Basis unbewusst zur urheberrechtsverletzenden Aufführung eines Musikwerks kam, s. BGH GRUR 1955, 351 (354) – GEMA. Vgl. auch LG Hamburg ZUM 2004, 675 (679).

[256] BGH GRUR 1984, 54 (55 ff.) – Kopierläden zur Warn- und Hinweispflicht der Betreiber von Kopierläden im Hinblick auf Urheberrechtsverletzungen als absolutes Minimum gefahrabwendender Vorkehrungen; dazu auch *Leistner* GRUR-Beil. 1/2010, 1 (20 f.); ausführlicher noch → 4. Aufl. 2010, Rn. 62.

[257] Vgl. zur abw. Figur der verkehrspflichtbasierten Nebentäterschaft für mittelbare Verursachungsbeiträge hins. des Rechts der öffentlichen Wiedergabe im eur. Recht → Rn. 56a ff., 62a.

[258] Zur Kritik → Rn. 54.

[259] → Rn. 72 ff.

[260] → Rn. 121 ff.

[261] → Rn. 68.

[262] Näher → Rn. 56a ff., → Rn. 62a, → Rn. 96 ff.

Selbst **Werknutzer** und damit nach den allgemeinen Vorschriften verantwortlich ist nach bisheriger **65** deutscher Rechtsprechung[263] auch, wer sich fremde urheberrechtsverletzende Inhalte aufgrund konkreter Kontrolle, vergleichsweise weiter Nutzungsrechtseinräumungen und der Gesamtgestaltung seines Angebots aus der Sicht verständiger Nutzer **zu eigen gemacht** hat.[264] Dies spielt eine besondere Rolle für die Anwendbarkeit der **TMG-Haftungsprivilegien** für Provider (vgl. § 7 Abs. 1 TMG) sowie allgemein für die Abgrenzung eigener täterschaftlicher Verantwortlichkeit und bloßer Störerhaftung für Werknutzungen Dritter im Online-Bereich.[265] Aber auch außerhalb des Online-Bereichs, insbesondere im Presserecht, wird als Täter angesehen, wer einen fremden Inhalt nicht nur zur Kenntnis gibt, sondern sich diesen Inhalt zu eigen macht.[266]

Die Rechtsprechung zur sog. **Account-Haftung**[267] für die pflichtwidrige Überlassung identifizie- **66** render Account-Daten, wie insbesondere für einen ebay-Account, betraf einen **Sonderfall,** der seither in der Rechtsprechung eher einhegend behandelt worden ist. Hiernach soll die Verletzung der Pflicht, seine identifizierenden Account-Daten so unter Verschluss zu halten, dass von ihnen niemand Kenntnis erlangt, als fahrlässige Verletzung von Sicherungspflichten, die im Interesse Dritter oder der Allgemeinheit bestehen, einen **eigenständigen Zurechnungsgrund** im Hinblick auf die dadurch erhöhte Gefahr von Rechtsverstößen Dritter bilden.[268] Dabei folgt die täterschaftliche Haftung aus einer kompletten, streng akzessorischen Zurechnung der Rechtsverletzung des Dritten auf den Account-Inhaber. Obwohl die Haftungsfigur auf der Sicherung des Verkehrs vor Identitätsverwirrung beruhen soll, kommt es in der Person des betroffenen Rechtsinhabers auch nicht auf dessen Gutgläubigkeit an. Die Haftung greift demnach gegebenenfalls selbst bei Kenntnis des Account-Missbrauchs auf Seiten des betroffenen Rechtsinhabers. Die Account-Haftung als eigenständiger Zurechnungsgrund ist sowohl hinsichtlich ihrer dogmatischen Verankerung als auch hinsichtlich der im konkreten Fall angenommenen Verpflichtung, die Account-Daten im engsten Familienkreis vor der eigenen Ehefrau zu sichern, Gegenstand von berechtigter **Kritik in der Literatur.**[269]

Sie ist auch von der Rechtsprechung seither **nicht ausgedehnt** worden. So sollen die Grundsätze der Haftung für identifizierende Account-Zugangsdaten nicht auf die pflichtwidrige Unterlassung der hinreichenden Sicherung von WLANs und anderen Internetanschlüssen übertragbar sein, da diesen eine dem ebay-Account vergleichbare Identifizierungsfunktion mit der Folge eines Rechtsscheins eigenen Handelns fehlt. Daher kommt insbesondere bezüglich der unautorisierten **Nutzung fremder Internetzugänge** eine Account-Haftung nicht in Betracht.[270] Vielmehr begründet die Nutzung fremder Internetzugänge lediglich eine sekundäre **Darlegungslast** des Anschlussinhabers, dass er für die Verletzung nicht verantwortlich ist.[271] Schließlich sind die Grundsätze der Rechtsprechung zur Haftung für die pflichtwidrige Überlassung von Account-Daten in der Folge auch ausdrücklich nicht auf den Bereich der Zurechnung **rechtsgeschäftlicher Erklärungen** übertragen worden.[272]

b) Teilnehmer (Anstifter und Gehilfen). Teilnehmer an der von einem Dritten begangenen **67** Urheberrechtsverletzung (Anstifter, Gehilfen) haften nach § 830 Abs. 2 BGB wie Täter.

Als **Anstifter** haftet, wer vorsätzlich einen anderen zu dessen vorsätzlich begangener rechtswidriger **68** Tat bestimmt hat; als **Gehilfe** haftet, wer vorsätzlich einem anderen zu dessen vorsätzlich begangener rechtswidriger Tat Hilfe geleistet hat,[273] wofür grundsätzlich jede Unterstützung der Haupttat ge-

---

[263] Die neue Figur verkehrspflichtbasierter Nebentäterschaft aufgrund mittelbarer Verursachungsbeiträge könnte die Haftungsbegründung aufgrund Zueigenmachens im dt. Recht allerdings zukünftig obsolet machen, s. *Specht* ZUM 2017, 114 (119); *Ohly* ZUM 2017, 793 (800 f.); *Grünberger* ZUM 2018, 321 (330). Näher → Rn. 114.

[264] Grundlegend BGH GRUR 2010, 616 Rn. 22 ff. – marions-kochbuch.de; sa. BGH GRUR 2016, 493 Rn. 17 – Al Di Meola. → Rn. 154 zur Frage des Zueigenmachens bei der Verwendung von Produktfotos auf Internetmarktplätzen oder Internetverkaufsplattformen. Zur Verantwortlichkeit einer aus den USA operierenden Internet-Plattform für die Verletzung deutscher Urheberrechte OLG Frankfurt a.M. BeckRS 2019, 11210.

[265] → Rn. 113 (dort auch zur Kritik an dieser Haftungsfigur, die im Rahmen der eur. Haftungsfigur verkehrspflichtbasierter Nebentäterschaft obsolet werden könnte).

[266] → 4. Aufl. 2010, Rn. 64.

[267] BGH GRUR 2009, 597 – Halzband; Fromm/Nordemann/*J. B. Nordemann* UrhG § 97 Rn. 149a.

[268] BGH GRUR 2009, 597 Rn. 16 – Halzband.

[269] Für eine dogmatisch konsequente Einordnung als Haftung aufgrund Verletzung eigener Verkehrspflichten *Leistner* GRUR-Beil. 1/2010, 1 (6 ff.): dort auch krit. zu der im Hinblick auf Art. 6 GG bedenklichen Pflicht, eigene Account-Daten selbst im engsten Familienkreis gegen Missbrauch zu sichern; ebenso *Hecht* K&R 2009, 462 (463); *Peifer* jurisPR-WettbR 5/2009 Anm. 1; zust. hins. der dogmatischen Einordnung Fromm/Nordemann/*J. B. Nordemann* UrhG § 97 Rn. 149a. Demgegenüber mit dem BGH für Einordnung als deliktische Rechtsscheinshaftung (unter gleichzeitiger Anerkennung der einer solchen Konzeption innewohnenden Widersprüche) *Rössel* CR 2009, 433 (434).

[270] BGH GRUR 2010, 633 Rn. 14 ff. – Sommer unseres Lebens; BGH GRUR 2013, 511 Rn. 33 – Morpheus.

[271] → Rn. 174 ff. Auch im Halzband-Fall wäre der zutr., der Revisionsinstanz freilich verschlossene, Lösungsweg wohl eher die Anwendung entspr. beweisrechtlicher Grundsätze gewesen, s. *Leistner* GRUR-Beil. 1/2010, 1 (8).

[272] Vgl. BGH NJW 2011, 2421 Rn. 14 ff.: für eine Zurechnung nach den Grundsätzen der Anscheins- oder Duldungsvollmacht reicht es nicht aus, dass der Account-Inhaber die Zugangsdaten nicht hinreichend vor dem Zugriff des Handelnden geschützt hat.

[273] §§ 26, 27 StGB; BGH GRUR 2015, 485 Rn. 42 – Kinderhochstühle im Internet III; BGH GRUR 2011, 1018 Rn. 24 – Automobil-Onlinebörse; BGH GRUR 2011, 152 Rn. 30 – Kinderhochstühle im Internet; Fromm/Nordemann/*J. B. Nordemann* UrhG § 97 Rn. 153a; Wandtke/Bullinger/*v. Wolff* UrhG § 97 Rn. 14.

nügt.[274] Auch eine Beihilfe durch **Unterlassen** kommt in Betracht, wenn den Gehilfen eine **Rechts-pflicht** trifft, den Erfolg abzuwenden.[275] Ob und unter welchen Voraussetzungen sich eine solche Erfolgsabwendungspflicht aufgrund der im Rahmen der Störerhaftung auferlegten möglichen und zumutbaren **Prüfungspflichten** ergeben kann, wenn diese von einem **Internetprovider** nicht hinreichend erfüllt werden, hat der BGH in seiner jüngeren Rechtsprechung (betreffend das Markenrecht) offengelassen.[276] Eine Haftung als Gehilfe wurde von der instanz- und obergerichtlichen Rechtsprechung nunmehr jedenfalls dann angenommen, wenn der Provider **spezifisch** hinsichtlich eines mehrfach **konkret angezeigten Rechtsverstoßes untätig** bleibt, so dass der urheberrechtsverletzende Inhalt unter der identisch benannten URL weiterhin abrufbar ist;[277] hinsichtlich der Frage, ab welchem Grad der **Verzögerung bei der Sperrung** die Störerhaftung demzufolge in Gehilfenhaftung übergehe, lasse sich dabei keine starre Regel aufstellen.[278]

69   Die entscheidende Begrenzung der Haftung als Teilnehmer erfolgt in der bisherigen deutschen Rechtsprechung durch den **subjektiven Tatbestand,** der auf Seiten des Teilnehmers Vorsatz in Bezug auf die Haupttat und diesbezügliches Bewusstsein der Rechtswidrigkeit voraussetzt.[279] Notwendig ist **konkrete Kenntnis** künftiger Rechtsverstöße;[280] hierfür reicht – jedenfalls bei neutralen Internetplattformen und Providern – eine nur **allgemein-abstrakte Kenntnis der Möglichkeit und Existenz** von Rechtsverletzungen und ein diesbezüglich bewusstes Die-Augen-Verschließen nach zutreffender Auffassung nicht aus.[281] Daher kann eine nur allgemein unzureichende Berücksichtigung von Prüfungspflichten im Rahmen der Störerhaftung, anders als die Verzögerung der Sperrung konkret bezeichneter Inhalte, schon aus diesem Grund nach der bisherigen Rechtsprechung idR keine Beihilfehaftung auslösen.[282] Strengere Maßstäbe können gelten, wenn die Provider oder sonstigen Vermittler ihre neutrale Rolle (etwa durch gezielt auf Rechtsverletzungen gerichtete Werbung) verlassen und Rechtsverletzungen **tendenziös begünstigen**.[283] Hierher gehört etwa auch der Fall eines Internet-Auktionsportals, das aufgrund der spezifischen Zeitdauer, für die werbende Abbildungen der betroffenen Werke ins Netz eingestellt wurden, Urheberrechtsverletzungen der Nutzer notwendig begünstig-

---

[274] BGH NJW 2005, 556 (557); GRUR 2011, 152 Rn. 34 – Kinderhochstühle im Internet.

[275] BGH GRUR 2011, 152 Rn. 34 – Kinderhochstühle im Internet mwN.

[276] BGH GRUR 2011, 152 Rn. 36 – Kinderhochstühle im Internet: iErg jedenfalls Teilnahme schon mangels Verletzung möglicher und der Internetplattform zumutbarer Prüfungspflichten abgelehnt, da keine Pflicht zu umfassender manueller Nachkontrolle; strenger noch die vorgängige Entsch. des OLG Hamburg WRP 2008, 1569; vgl. zum zwischenzeitlich (jedenfalls im Bereich der öffentlichen Wiedergabe) ohnedies zu beachtenden eur. Haftungskonzept der verkehrspflichtbasierten Nebentäterschaft für mittelbare Verursachungsbeiträge → Rn. 56a ff., → Rn. 62a ff.

[277] Zur hier aufgrund eur. Rechts gebotenen Erweiterung (und gegen ein derartiges Stufenmodell, in dem die Beihilfe durch Unterlassen der Störerhaftung erst nach bestimmter Zeit sozusagen „folgt") *Jaworski/J. B. Nordemann* GRUR 2017, 567 (570 f.) (dort auch näher zum diesbzgl. Einfluß von § 10 TMG); iU näher zur eur. Haftungskonzeption → Rn. 56a ff., → Rn. 62a.

[278] OLG Hamburg MMR 2013, 533; OLG Frankfurt a. M. ZUM-RD 2014, 87; LG München ZUM-RD 2015, 118 (obwohl die Klägerin die genauen Fundstellen der streitgegenständlichen Filme nicht mitgeteilt hatte, da die Beklagte diese bei pflichtgemäßem Prüfen von Linksammlungen erfahren hätte). Vgl. aber auch OLG Saarbrücken ZUM-RD 2008, 234: keine Störereigenschaft eines Internetportals, da unverzüglich gehandelt, wenn unmittelbar nach Hinweis auf Rechtsverletzung die entspr. unmittelbaren Verletzer zur Entfernung aufgefordert werden, diese Aufforderung nach acht Tagen wiederholt wird und schließlich weitere 14 Tage später der Inhalt seitens des Portals entfernt wird.

[279] BGH GRUR 2011, 152 Rn. 34 – Kinderhochstühle im Internet; BGH GRUR 2004, 860 (864) – Internetversteigerung I; BGH GRUR 2007, 708 (711) – Internetversteigerung II; *Spindler* GRUR 2011, 101 (103 f.); *Wiebe* WRP 2012, 1182 (1183); Wandtke/Bullinger/*v. Wolff* UrhG § 97 Rn. 14.

[280] BGH GRUR 2004, 860 (864) – Internetversteigerung I; BGH GRUR 2007, 708 (710 f.) – Internetversteigerung II; BGH GRUR 2011, 152 Rn. 30 – Kinderhochstühle im Internet; BGH GRUR 2013, 1229 Rn. 32 – Kinderhochstühle im Internet II; eindeutig hins. der Notwendigkeit der Kenntnis der *konkret* als rechtsverletzend beanstandeten Angebote BGH MMR 2012, 815 Rn. 5 – Stiftparfum II; BGH GRUR 2013, 370 Rn. 17 – Alone in the Dark; BGH GRUR 2013, 1030 Rn. 28 – File-Hosting-Dienst; *Leistner* GRUR-Beil. 1/2010, 1 (25 f.) mwN; konkrete Kenntnis fehlt zB auch, wenn ein Verleger nicht weiß, dass er eine urheberrechtswidrige Anzeige abdruckt (BGH GRUR 1999, 418 (419) – Möbelklassiker, näher zur privilegierten Haftung der Presse im Anzeigengeschäft, →Rn. 79); zusammenfassend zur Lage der Dinge im dt. Recht auch *Tolkemitt* FS Büscher, 2018, S. 249 (258 f.); zur eur. Haftungskonzeption verkehrspflichtbasierter Nebentäterschaft für mittelbare Verursachungsbeiträge → Rn. 56a ff., → Rn. 62a.

[281] BGH GRUR 2013, 370 Rn. 17 – Alone in the Dark; BGH GRUR 2013, 1030 Rn. 28 – File-Hosting-Dienst; BGH GRUR 2013, 1229 Rn. 32 – Kinderhochstühle im Internet II; vgl. deutlich hins. BGH MMR 2012, 815 Rn. 5 – Stiftparfum II; OLG München GRUR 2016, 612 Rn. 54 – Allegro barbaro; OLG München GRUR 2017, 619 (621) – uploaded; *Leistner* GRUR-Beil. 1/2010, 1 (25 f.) mwN; zust. *Spindler* GRUR 2011, 101 (103 f.); *Wiebe* WRP 2012, 1182 (1184 f.); BeckOK/*Reber* UrhG § 97 Rn. 37; Wandtke/Bullinger/*v. Wolff* UrhG § 97 Rn. 54 f. Demgegenüber aA noch OLG Hamburg WRP 2008, 1569 (1591); *Fürst* WRP 2009, 378; wohl auch Fromm/Nordemann/*J. B. Nordemann* UrhG § 97 Rn. 153b. Vgl. mit einer Zusammenfassung der durchaus nicht einheitlichen Rspr., die insbes. bei tendenziös verletzungsgeneigten Geschäftsmodellen ggf. auch allg. Vorsatz genügen lässt, *Jaworski/J. B. Nordemann* GRUR 2017, 567 (569) mwN; zust. *Holznagel* CR 2017, 463 (466 ff.).

[282] → Rn. 68.

[283] BGH GRUR 2009, 841 Rn. 13 – Cybersky; *Leistner* GRUR 2006, 801 (809 ff.); näher *Jaworski/J. B. Nordemann* GRUR 2017, 567 (569) mwN; zust. *Holznagel* CR 2017, 463 (466 ff.) (am Bsp. der unterschiedlichen Sharehoster-Geschäftsmodelle); Fromm/Nordemann/*J. B. Nordemann* UrhG § 97 Rn. 153b. Näher → Rn. 129; zur eur. Haftungskonzeption, die dann idR ohnedies zu einer verkehrspflichtbasierten Nebentäterschaft führen wird, → Rn. 56a ff.; → Rn. 96d f.

---

te.[284] Dies gilt auch, wenn ein angebotenes technisches Gerät regelrecht dazu bestimmt ist, Urheberrechtsverletzungen zu begehen.[285]

Soweit demnach im bisherigen deutschen Recht eine **fahrlässige Beihilfe** von der höchstrichterlichen Rechtsprechung konsequent abgelehnt wurde, kann daran im Ergebnis aufgrund der zwingenden europäischen Vorgaben für den Bereich der Haftung im Hinblick auf Verletzungen des Rechts der öffentlichen Wiedergabe nicht festgehalten werden. Soweit in diesem Bereich ein mittelbarer Verursacher in **zentraler Rolle** agiert, kommt vielmehr eine **verkehrspflichtbasierte Nebentäterschaft** in Betracht.[286] Das läuft im Ergebnis – angesichts der hinsichtlich der Rechtsfolgen gleichgerichteten Haftung von Tätern und Teilnehmern – auf die Anerkennung einer Art fahrlässigen Beihilfe hinaus.[287] **69a**

c) Hilfspersonen. Hilfspersonen oder **allgemeine technische Infrastrukturdienstleister** sollen im Anschluss an die ältere diesbezügliche Rechtsprechung[288] nicht für eine Haftung als Täter oder Teilnehmer in Betracht kommen.[289] Ausnahmsweise soll dann aber Störerhaftung auch für solche Hilfsdienste oder ganz allgemeine Infrastrukturdienstleistungen möglich sein.[290] Für die Einordnung als bloßer Hilfsdienst soll es neben der Frage nach der eigenen Entscheidungsbefugnis des Dienstleisters darauf ankommen, ob die verletzende Handlung bei sozialtypischer Betrachtung dem Dienstleister zugerechnet werden kann.[291] So sollen etwa auch ganz untergeordnete Hilfspersonen, wie Kartenverkäufer, Platzanweiser, Kabelleger, Setzer, Zeitungsausträger oder Briefträger nach diesen Grundsätzen nicht haften, wohl aber beispielsweise **Online-Händler** und sonstige **Verkaufsplattformen,** die autonom die Entscheidung treffen, die Produkte bestimmter Drittunternehmen auf ihrer Plattform anzubieten,[292] oder auch ein **Theaterbetreiber,** der den Saal für die Aufführung zur Verfügung stellt, die Bewirtung übernimmt und für die Aufführung in seinem Veranstaltungskalender wirbt.[293] **70**

Richtigerweise hat die Kategorie der Hilfspersonen geringe Trennschärfe, wenig eigenständige Bedeutung und sollte als solche aufgegeben werden. Vielmehr sind schlicht die **allgemeinen Voraussetzungen von Täterschaft und Teilnahme** bzw. der adäquat kausalen Verursachung im Rahmen der **Störerhaftung** zu prüfen, ohne dass es einer zusätzlichen Eingrenzung aufgrund unscharfer Kriterien wie einer sozialtypischen Betrachtung bedürfte.[294] **71**

Täterschaft und Teilnahme dürften für reine Hilfsdienste und auch ganz allgemeine Infrastrukturdienstleister – wie zB Energielieferanten, Transportunternehmen, für Finanzdienstleister → Rn. 71, 83 – schon an entsprechender Tatherrschaft bzw. am Vorsatzerfordernis bezüglich der konkreten Rechtsverletzung scheitern,[295] zumal auch eine erweiterte europäische Täterhaftung aufgrund von Verkehrspflichtverletzung insoweit wegen Fehlens einer zentralen Rolle nicht in Betracht kommt.

Bei der **Störerhaftung** wurde erwogen, im Rahmen des Erfordernisses adäquat kausaler Verursachung eine Begrenzung auf **relevante Verursachungsbeiträge** in dem Sinne vorzunehmen, dass die Tätigkeit des Hilfsdienstes tatsächlich in relevanter Weise die Gefahr für die resultierende Rechtsverletzung spezifisch erhöht hat, so dass Letztere nach dem Schutzzweck der urheberrechtlichen Verbotsnormen auch tatsächlich auf eine Gefahrerhöhung durch den Hilfsdienst zugerechnet werden kann.[296] In diesem Zusammenhang spricht nunmehr allerdings die **Entwicklung auf der europäischen Ebene** eher dafür, solche unspezifischen Beiträge, bei denen es an einer zentralen Rolle des Mitverursachers fehlt, auf Grundlage des Art. 8 Abs. 3 InfoSoc-RL (bzw. außerhalb des Urheberrechts ggf. Art. 11 S. 3 Enforcement-RL) im Rahmen einer reinen auf Unterlassung und Beseitigung gerichteten

---

[284] OLG Köln GRUR-RR 2009, 4 – Auktionsportal für Kunstwerke: Beihilfe.

[285] LG München MMR 2008, 839: Anbieter eines sog. Modchips, der dazu bestimmt ist, eine Sperre in Spielekonsolen zu überwinden, haftet wegen Beihilfe zu den damit begangenen Urheberrechtsverletzung der Inhaber der Spielekonsolen. Zu differenzieren ist allerdings, wenn derlei technische Geräte oder Vorrichtungen auch für zulässige Handlungen geeignet sind, vgl. (vor Inkrafttreten der §§ 95a ff.) OLG Düsseldorf CR 1990, 394 (395). Vgl. nunmehr auch EuGH GRUR 2017, 610 – Filmspeler, näher → Rn. 96d f.

[286] Näher → Rn. 56a ff., → Rn. 62a, → Rn. 96 ff.

[287] *Tölkmitt* FS Büscher, 2018, S. 249 (262 f.). Näher → Rn. 56a ff., → Rn. 62a; vgl. auch BGH GRUR 2018, 1132 (Vorlagefrage 6) – YouTube und dazu *Ohly* GRUR 2018, 1139 (1141).

[288] Vgl. BGH GRUR 1982, 102 – Masterbänder: Hersteller als reiner Lohnauftragnehmer; KG GRUR 1959, 150 – Musikbox-Aufsteller: Lieferung von Strom durch ein Kraftwerk für eine Musikaufführung; BGH GRUR 1990, 353 (354): keine „spiegelbildliche" Haftung des reinen Endverbrauchers bei bloßer Verwendung von Raubkopien.

[289] Dreier/Schulze/*Specht* UrhG § 97 Rn. 27; Wandtke/Bullinger/*v. Wolff* UrhG § 97 Rn. 15; näher Fromm/Nordemann/*J. B. Nordemann* UrhG § 97 Rn. 148a ff.; → 4. Aufl. 2010, Rn. 76 mwN.

[290] Dreier/Schulze/*Specht* UrhG § 97 Rn. 27.

[291] BGH GRUR 2016, 493 Rn. 20 – Al Di Meola; Dreier/Schulze/*Specht* UrhG § 97 Rn. 27; aA Fromm/Nordemann/*J. B. Nordemann* UrhG § 97 Rn. 148a: normative Bewertung.

[292] BGH GRUR 2016, 493 Rn. 20 – Al Di Meola. Näher → Rn. 154 ff.

[293] Vgl. BGH GRUR 2015, 987 – Trassenfieber zur Veranstalterhaftung nach dem damaligen § 13b WahrnG.

[294] Ähnlich Fromm/Nordemann/*J. B. Nordemann* UrhG § 97 Rn. 148a.

[295] → Rn. 62 und → Rn. 71.

[296] In diese Richtung in der Tat BGH GRUR 2003, 958 – Paperboy für Linksetzer auf Material, das im Internet ohnehin frei zugänglich ist, so dass, so der BGH, der Link die Gefahr eines Zugriffs auf das Material nicht spezifisch erhöhe; vgl. mit einer krit. Einordnung des konkreten Falls *Leistner* GRUR 2006, 801 (805 ff.). Für eine entspr. Einschränkung auch noch → 5. Aufl. 2017, Rn. 71 mwN.

Vermittlerhaftung flexibel zu erfassen,[297] was im deutschen Recht dann doch wiederum einer **Anwendung der Störerhaftung** für diese Fälle entspricht.[298]

4. Störer

72   **a) Allgemeines.** Die mittelbare Verursachung von Urheberrechtsverletzungen wird – nachrangig zu den in der bisherigen gerichtlichen Praxis[299] hierdurch weitgehend in den Hintergrund gedrängten Kategorien von Täterschaft und Teilnahme[300] – von der deutschen Rechtsprechung insbesondere im Rahmen der sog. **Störerhaftung** erfasst. Diese ursprünglich im Marken-, Urheber- und Wettbewerbsrecht einheitlich herangezogene Haftungsfigur wurde zwischenzeitlich vom BGH **auf die Verletzung absoluter Rechte** begrenzt und wird im Wettbewerbsrecht nicht mehr herangezogen.[301] Die Störerhaftung wird in der jüngeren Rechtsprechung mit einem (in der Literatur nicht unumstrittenen)[302] **Analogieschluss zu § 1004 BGB** begründet.[303]

73   Hiernach haften für Rechtsverletzungen Dritter auch sogenannte Störer, wenn sie für die fremde Rechtsverletzung **willentlich** eine **adäquat kausale Ursache** gesetzt haben und ihnen die **Verhinderung** des Rechtsverstoßes rechtlich und tatsächlich **möglich** und **zumutbar** war. Um die solcherart ausufernde Haftung einzuschränken, ist nach der Rechtsprechung die Verletzung zumutbarer **Prüfungspflichten** Voraussetzung der Störerhaftung,[304] die idR Kenntnis von einem **konkreten und klaren Rechtsverstoß** voraussetzen.[305] Demgegenüber ist **Verschulden** nach der Rechtsprechung und herrschenden Meinung nicht Voraussetzung einer Haftung als Störer.[306] Die Störerhaftung führt aber auch nur zu **Beseitigungs- und Unterlassungsansprüchen,** ein Schadensersatzanspruch kommt auf dieser Grundlage nicht in Betracht.[307]

74   Beginnend mit der **BGH-Rechtsprechung** zu Markenverstößen im Internet **(Internet-Versteigerung I-III),**[308] die in der Folge auch auf den Bereich von Urheberrechts-[309] (und Persönlichkeitsrechts-)[310]verletzungen übertragen wurde, hat die deutsche Rechtsprechung insbesondere die Kriterien für zumutbare Prüfungspflichten in den letzten Jahren in einer überbordenden Zahl von Urteilen für den Online-Bereich in zuvor ungekanntem Umfang konkretisiert.[311] Dogmatisch sind diese Prüfungspflichten – unabhängig von der Einordnung der Störerhaftung als solcher[312] – als **Verkehrspflichten** einzuordnen, die den allgemein deliktsrechtlichen Verkehrspflichten nahe stehen.[313]

---

[297] Aus der eur. Rspr. gehören an diese Stelle die einschlägigen Entsch. EuGH GRUR 2014, 468 – UPC Telekabel; EuGH GRUR 2016, 1146 – McFadden; EuGH GRUR 2016, 1062 Rn. 26 ff. – Tommy Hilfiger; vgl. grundl. zur Haftungskonzeption im eur. Recht → Rn. 56a ff.

[298] Vgl. die entsprechende Überlegung bei *Leistner* GRUR 2017, 755 (759); ähnlich wohl *Grünberger* ZUM 2018, 321 (330); sa. *Leistner/Ohly* JIPLP 14 (2019), 182; vgl. grundlegend *Husovec* passim. Zu Einzelfällen bloßer Infrastrukturdienstleister → Rn. 77 und → Rn. 83.

[299] Vgl. demgegenüber für das Recht der öffentlichen Wiedergabe nunmehr die neue Haftungskonzeption im eur. Recht, die jedenfalls für diesen Bereich künftig dazu zwingt, entspr. Mitverursachungsbeiträge über eine verkehrspflichtbasierte Nebentäterschaft zu erfassen, die dann bei Vorliegen von Verschulden auch Schadensersatzansprüche nach sich zieht, → Rn. 56a ff., → Rn. 62a, → Rn. 75, → Rn. 96 ff.

[300] → Rn. 54.

[301] → Rn. 54 (dort auch zur Kritik).

[302] Vgl. grundl. zur Entwicklung ua *Ahrens* FS Canaris, 2007, S. 3 (5); *Ahrens* WRP 2007, 1281; *Leistner* GRUR 2006, 801; *Leistner* GRUR-Beil. 1/2010, 1; *J. B. Nordemann* FS Loewenheim, 2009, S. 215; *Spindler/Volkmann* WRP 2003, 1. Vgl. für wN auch → Rn. 54.

[303] Vgl. zuerst BGH GRUR 2002, 618 (619) – Meißner Dekor; seither deutlich zB BGH GRUR 2003, 624 (646) – Kleidersack.

[304] Das Konzept der Prüfungspflichten wurde über den Bereich der Pressehaftung hinaus – soweit ersichtlich – erstmals verallgemeinert in BGH GRUR 1997, 313 (315 f.) – Architektenwettbewerb; BGH GRUR 1999, 418 – Möbelklassiker. Vgl. weitere Nachweise bei *Leistner* GRUR 2006, 801 (804 ff.).

[305] Ständige Rspr. seit BGH GRUR 2004, 860 – Internet-Versteigerung I; BGH GRUR 2010, 628 Rn. 39 – Vorschaubilder mwN; Dreier/Schulze/*Specht* UrhG § 97 Rn. 29.

[306] Vgl. statt aller Dreier/Schulze/*Specht* § 97 Rn. 28.

[307] BGH GRUR 2010, 633 Rn. 17 – Sommer unseres Lebens; zur Kritik → Rn. 54 mwN.

[308] BGH GRUR 2004, 860 – Internet-Versteigerung I; BGH GRUR 2007, 708 – Internet-Versteigerung II; BGH GRUR 2008, 702 – Internet-Versteigerung III. Näher zur Haftung im Online-Bereich → Rn. 90 ff., 121 ff.

[309] S. zB BGH GRUR 2009, 841 Rn. 18 ff. – Cybersky; BGH GRUR 2010, 633 Rn. 19 ff. – Sommer unseres Lebens.

[310] S. BGH GRUR 2009, 1093 – focus.de; für Persönlichkeitsrechtsverletzungen hat der BGH die Prüfungspflichten zu einem regelfest formalisierten Stellungnahmeverfahren mit Kenntnisverschaffungspflicht des Providers hins. der Klärung substantiierter Beanstandungen ausgebaut, s. BGH GRUR 2012, 311 – Blog-Eintrag; krit. *Nolte/Wimmers* GRUR 2014, 16 (24 f.); diff. *Hoeren* MMR 2012, 127: sehr mutiger Schritt in Richtung der Entwicklung eines Notice & Takedown-Verfahrens de lege lata, dabei aber viele Fragen offen und Übertragbarkeit auf andere Immaterialgüterrechtsverletzungen verneint.

[311] → Rn. 125 ff.

[312] → Rn. 54.

[313] Vgl. *Freytag* S. 73 ff.; *Haedicke* GRUR 1999, 397 (401); *Spindler/Volkmann* WRP 2003, 1 (7); *Volkmann* S. 136 ff.; *Leistner* GRUR 2006, 801 (808 ff.); *Ahrens* WRP 2007, 1281 (1286); *Leistner* GRUR-Beil. 1/2010, 1 (2); *Leistner/Stang* WRP 2008, 533 (541). Zwar wurden die Verkehrspflichten im allg. Deliktsrecht primär im Hinblick auf die Verletzung absoluter Rechtsgüter in § 823 Abs. 1 BGB entwickelt; doch ist das Konzept der Verkehrspflichten darüber hinaus für sämtliche Deliktstatbestände von Relevanz und dementspr. zwischenzeitlich auch schon von einzelnen Stimmen in der Lit. zur Begrenzung der *actio negatoria* nach § 1004 BGB vorgeschlagen worden, vgl. ausdrücklich nach dem Vorbild der immaterialgüterrechtlichen Rspr. *Wagner* FS Medicus, 2009, S. 589 ff.

Auf **europäischer Ebene** hat der EuGH jedenfalls für das Recht der öffentlichen Wiedergabe 75
nach Art. 3 InfoSoc-RL zuletzt ein täterschaftliches Haftungskonzept entwickelt, das mittelbare Verursachungsbeiträge, die im deutschen Recht traditionell über die Störerhaftung erfasst wurden, nunmehr über die **Figur verkehrspflichtbasierter Nebentäterschaft** erfasst, die bei Verschulden auch zu Schadensersatzansprüchen führt, und insoweit eine entsprechende Anpassung des deutschen Rechts erfordert.[314] Bedeutung hat dies insbesondere für den **Online-Bereich** und die Haftung diesbezüglicher Dienstleister unterschiedlicher Couleur.[315] Nach zutreffender Auffassung sollte diese Haftungskonzeption für Mitverursacher, die in zentraler Rolle agieren, künftig verallgemeinert werden,[316] so dass die Bedeutung der auf Unterlassungs- und Beseitigungsansprüche beschränkten Störerhaftung deutscher Prägung künftig abnehmen dürfte.[317]

Zwischenzeitlich behalten allerdings – außerhalb des spezifischen Bereichs öffentlicher Wiedergabe und für sonstige, allgemein infrastrukturelle Mitverursachungsbeiträge, bei denen es an einer zentralen Rolle fehlt – auch die Vorschriften der InfoSoc- und Enforcement-RL zur **Vermittlerhaftung** ihre Bedeutung,[318] welche insoweit weiter über die traditionelle deutsche **Störerhaftung** umgesetzt werden können.

Beide Haftungsfiguren – also sowohl die verkehrspflichtbasierte Täterhaftung als auch die europäische Vermittlerhaftung – sind zudem für den besonders wesentlichen Online-Bereich mit den **Providerhaftungsprivilegien der E-Commerce-RL** abzustimmen.[319] Im Übrigen haben die deutschen und europäischen **Grundrechte** erheblichen Einfluss auf die Konkretisierung zumutbarer Prüfungspflichten sowohl im Rahmen der europäischen Täter- als auch der bisherigen deutschen Störerhaftung.[320]

b) Voraussetzungen und Rechtsfolgen. Als Störer haftet, wer – ohne Täter oder Teilnehmer 76
zu sein – in irgendeiner Weise **willentlich** und **adäquat kausal** zu einer rechtswidrigen Urheberrechtsverletzung beiträgt, wenn ihm die Verhinderung des Rechtsverstoßes tatsächlich und rechtlich **möglich** und **zumutbar** war.[321] Dabei wird aber nicht vorausgesetzt, dass fremde Rechtsverletzungen vollumfänglich verhindert werden müssen; vielmehr genügt eine mögliche und (unter Berücksichtigung ihrer Wirkung) zumutbare **Minderung des Risikos** für Rechtsverstöße Dritter.[322]

Die erste Voraussetzung, das Vorliegen eines willentlich gesetzten, **adäquat kausalen Verursachungsbeitrags,** wird in der Praxis in aller Regel unproblematisch bejaht.[323] In der Literatur und 77
vereinzelt auch in der Rechtsprechung wurde demgegenüber erwogen, an dieser Stelle eine deutlich strengere **Relevanzprüfung** vorzunehmen und auf diese Weise zumindest ganz allgemeine, für Urheberrechtsverletzungen vollkommen unspezifische Verursachungsbeiträge von vornherein auszuscheiden.[324]

Die europäische Konzeption der **Vermittlerhaftung** nach Art. 8 Abs. 3 InfoSoc-RL (und ggf. Art. 11 S. 3 Enforcement-RL) spricht allerdings inzwischen tendenziell für eine insoweit eher umfassende Störerhaftung,[325] zumal andernfalls neben der im europäischen Recht erheblich ausgedehnten Täterhaftung[326] praktisch kaum überhaupt ein Anwendungsfeld für die Störerhaftung deutscher Prägung bliebe.[327]

Eine Anpassung lässt sich dann für **kritische Grenzfälle,** wie ganz allgemeine Infrastrukturdienstleister (zB Energielieferanten), vollkommen untergeordnete Hilfsdienste (zB Briefträger, Plakatkleber etc), **Finanzdienstleister,**[328] **Werbetreibende auf Verletzerseiten,**[329] **Vermieter** oder **Verpäch-**

---

[314] → Rn. 56 a ff., → Rn. 62a, → Rn. 96 ff.

[315] → Rn. 96 ff.

[316] → Rn. 56g.

[317] S. *Leistner* ZUM 2018, 286 (289 f.); *Ohly* GRUR 2018, 187 (188) mwN.

[318] → Rn. 56c, → Rn. 71 und → Rn. 77.

[319] Vgl. zu diesem gesamten Problemkreis die beiden Vorlageentsch. des BGH in Sachen „YouTube", s. BGH GRUR 2018, 1132 – YouTube, und in Sachen „uploaded", s. BGH GRUR 2018, 1239 – uploaded. Näher → Rn. 92 ff. sowie grds. schon → Vor §§ 97 ff. Rn. 9 und → § 97 Rn. 56a ff.

[320] → Vor §§ 97 ff. Rn. 14 ff.; → Rn. 94 f. sowie bei den jeweils betroffenen Einzelkonstellationen.

[321] S. für das Urheberrecht zB BGH GRUR 2009, 841 Rn. 18 ff. – Cybersky; BGH GRUR 2010, 633 Rn. 19 ff. – Sommer unseres Lebens.

[322] S. schon BGH GRUR 1984, 54 (55) – Kopierläden; *Leistner/Stang* WRP 2008, 533 (548 f.); näher *Leistner* GRUR-Beil. 1/2010, 1 (32); *Dreier/Schulze/Specht* UrhG § 97 Rn. 28.

[323] S. zB BGH GRUR 2016, 268 Rn. 21 – Störerhaftung des Access-Providers; *Fromm/Nordemann/J. B. Nordemann* UrhG § 97 Rn. 156 mwN.

[324] Vgl. → 5. Aufl. 2017, Rn. 77 mwN.

[325] EuGH GRUR 2014, 468 Rn. 26 ff. – UPC Telekabel; ebenso BGH GRUR 2016, 268 Rn. 25 – Störerhaftung des Access-Providers; sa. EuGH GRUR 2016, 1146 – McFadden; EuGH GRUR 2016, 1062 Rn. 26 ff. – Tommy Hilfiger; → Rn. 70.

[326] → Rn. 56a ff., → Rn. 96 ff.

[327] Vgl. zu dieser Problematik *Ohly* GRUR 2018, 187 (188); *Leistner* ZUM 2018, 286 (290).

[328] Für eine Haftung nach Kenntniserlangung von klaren Rechtsverletzungen, für die die Vergütung von Finanzdienstleister abgewickelt wird, OLG Jena GRUR-RR 2006, 134 (136) – sportwetten.de; LG Berlin ZUM-RD 2005, 148; *Hecker/Steegmann* WRP 2006, 1293; *Fromm/Nordemann/J. B. Nordemann* UrhG § 97 Rn. 174a (mit weiteren rechtsvergleichenden Nachweisen); krit. *Ahrens* WRP 2007, 1281 (1288).

[329] → Rn. 83.

ter von Geschäftsräumen[330] etc., ggf. immer noch über einen entsprechend begrenzten Pflichtenumfang im Rahmen der Störerhaftung vornehmen.

77a   Die **Willentlichkeit** der Verursachung bezieht sich bei der Störerhaftung nicht auf die resultierenden Urheberrechtsverletzungen oder gar auf ein diesbezügliches Verschulden, sondern setzt lediglich die willentliche Eröffnung einer Gefahrenquelle voraus.[331]

78   Die zweite Voraussetzung der rechtlichen und tatsächlichen **Möglichkeit** der Unterbindung drohender Rechtsverletzungen ist auch bei eigenverantwortlichem Handeln Dritter zu bejahen, sofern nur der Störer die rechtliche Möglichkeit hat, die Handlungen zu unterbinden.[332]

Soweit der Störer in untergeordneter, dienstleistender Funktion vertraglich mit dem Handelnden verbunden ist, kann sich die rechtliche Möglichkeit zur Unterbindung ggf. aus der Möglichkeit der außerordentlichen Kündigung des Vertrags ergeben.[333] Nicht unbestritten ist dies in Situationen, in denen die **Hilfsperson** mit ihrer Vertragskündigung eine sozusagen überschießende Folge auslösen würde; dies betrifft insbesondere einzelne Entscheidungen zu den administrativen Ansprechpartnern (Admin-Cs) für Domains, die zwar durch Aufgabe ihrer Position gegenüber der DENIC die Abrufbarkeit der betroffenen Seite unterbinden können, dabei aber dennoch typischerweise keinerlei Einfluss auf die inhaltliche Ausgestaltung der Seite haben. Geht es um Verstöße im Inhalt der Seite, besteht demnach zwar an sich eine rechtliche Möglichkeit der Verhinderung der Rechtsverletzung, die jedoch notwendig zur Sperrung der gesamten Domain führt und hinsichtlich der Rechtsverletzungen insoweit unspezifisch und überschießend ist (anders für Rechtsverletzungen aufgrund der Domainbezeichnung als solcher).[334] Daher wurde für solche Fälle mit Blick auf die untergeordnete Rolle des Admin-C eine Haftung für Verstöße im Inhalt der betroffenen Websites in einzelnen Entscheidungen (etwa betreffend einen Angestellten als Admin-C)[335] verneint bzw. trotz der rechtlichen Verhinderungsmöglichkeit eine gegenüber dem Versuch der Inanspruchnahme des Domaininhabers ausnahmsweise nur subsidiär ausgestaltete Haftung angenommen.[336]

Auch in anderen Situationen wurden begrenzte Handlungsmöglichkeiten des Störers berücksichtigt; so etwa der **Verpächter** oder **Vermieter** von Unternehmensräumen idR keinen Einfluss auf die Kennzeichengestaltung, unter der der Pächter sein Gewerbe betreibt.[337]

79   Die eigentliche Kernvoraussetzung der Störerhaftung ist die Verletzung **zumutbarer Prüfungspflichten (Verkehrspflichten)** durch den Störer. Soweit die **europäische Haftungskonzeption verkehrspflichtbasierter Nebentäterschaft** reicht,[338] sollten im Übrigen auch die diesbezüglichen Verkehrspflichten in ihrem Maßstab an den bisherigen Prüfpflichten der Störerhaftung orientiert werden.[339]

Klassischer Ausgangspunkt ist die privilegierte Haftung der **Presse** im Anzeigengeschäft. Der BGH verneint in diesen Fällen eine umfassende Prüfungspflicht des Presseunternehmens und verlangt nur im Fall grober, unschwer zu erkennender Verstöße eine Ablehnung des Anzeigenauftrags.[340]

Ausgehend von dieser Sondersituation wird die Störerhaftung mittlerweile **allgemein** durch das Erfordernis der Verletzung zumutbarer Verkehrspflichten, insbesondere Prüfungspflichten, begrenzt.[341] Prüfungspflichten setzen demnach in der Regel voraus, dass der Störer zuvor auf eine **konkrete, klare Rechtsverletzung hingewiesen** wurde.[342]

80   Nach Hinweis auf konkrete, klare Rechtsverstöße[343] ist der Störer nicht nur verpflichtet, diese **konkreten Rechtsverletzungen** abzustellen, sondern kann gegebenenfalls auch verpflichtet sein,

---

[330] → Rn. 78 und → Rn. 83.

[331] Dreier/Schulze/*Specht* UrhG § 97 Rn. 28.

[332] BGH GRUR 1999, 418 (419) – Möbelklassiker: eigenverantwortliches Handeln Dritter genügt, wenn rechtliche Möglichkeit der Unterbindung; *Rehbinder/Peukert* Rn. 1066.

[333] Fromm/Nordemann/*J. B. Nordemann* UrhG § 97 Rn. 156.

[334] Näher zur Haftung des Admin-C → Rn. 141 ff.

[335] OLG Hamburg ZUM 2007, 658 (659).

[336] KG MMR 2006, 392. Rechtliche Möglichkeit der Verhinderung war allerdings in beiden Sachverhalten gegeben, eher ging es um die Frage relevanter Kausalität bzw. der Zumutbarkeit der Aufkündigung der Funktion, vgl. *Leistner/Stang* WRP 2008, 533 (543 f.). Näher → Rn. 141 ff.

[337] Näher *Ahrens* WRP 2007, 1281 (1289); anders kann es bei einem Messeveranstalter liegen. → Rn. 83.

[338] Näher → Rn. 56a ff., → Rn. 62a, → Rn. 96 ff.

[339] So in der Tat tendenziell schon BGH GRUR 2018, 178 Rn. 74 ff. – Vorschaubilder III und dazu *Leistner* ZUM 2018, 286 (289 f.); Fromm/Nordemann/*J. B. Nordemann* UrhG § 97 Rn. 150d mwN; → Rn. 96 f.

[340] BGH GRUR 1999, 418 – Möbelklassiker; zur Haftung nach Kenntniserlangung und den Voraussetzungen der Unterrichtung vgl. GRUR-RR 2005, 250 – Haschischraucher; zur Entwicklung BGH GRUR 1990, 1012 (1014) – Pressehaftung I; BGH GRUR 1992, 618 (619) – Pressehaftung II; fortgeführt durch BGH GRUR 1994, 841 (842 f.) – Suchwort und BGH GRUR 1997, 909 – Branchenbuch-Nomenklatur; zu Grenzen bei reinen Anzeigenblättern OLG Hamburg GRUR-RR 2001, 260 (262) – Loriot-Motive; Fromm/Nordemann/*J. B. Nordemann* UrhG § 97 Rn. 183; Wandtke/Bullinger/*v. Wolff* UrhG § 97 Rn. 17; zur Reichweite der Privilegierung der Presse im Online-Bereich (insbes. mit Blick auf Links in redaktionellen Artikeln) → Rn. 127, → Rn. 189.

[341] Diese Fortentwicklung fand aufgrund entspr. schon existierender Anstöße insbes. umfassend im Online-Bereich statt, s. grundl. BGH GRUR 2004, 860 – Internetversteigerung I; BGH GRUR 2007, 708 – Internetversteigerung II; BGH GRUR 2008, 702 – Internetversteigerung III; näher → Rn. 122 ff.

[342] Zu den Anforderungen an entspr. kenntnisbringende Mitteilungen → Rn. 99, → Rn. 120.

[343] Da das inkenntnissetzende Schreiben demnach idR erst Voraussetzung des Eintritts der Störerhaftung ist, kann für dieses erste Schreiben keine Kostenerstattung verlangt werden, s. OLG Hamburg ZUM-RD 2009, 317 (325) – Mettenden; OLG Hamburg ZUM-RD 2000, 173 (179); LG Berlin MMR 2004, 195 (197); Fromm/Nordemann/ *J. B. Nordemann* UrhG § 97 Rn. 157a.

im Rahmen des Möglichen und Zumutbaren bestimmte **gleichartige zukünftige Rechtsverletzungen** durch entsprechende **spezifische Vorabprüfungen** zu unterbinden.[344] Derartige Kontrollmaßnahmen dürfen allerdings nicht dazu führen, dass ein **legales Geschäftsmodell** in seinem ökonomischen Bestand gefährdet wird.[345] Insbesondere kommen keine **allgemeinen Überwachungspflichten** in Betracht.[346] Im Übrigen wird anhand einer Vielzahl von **Kriterien,** etwa Rolle und Funktion des Störers, Eigenverantwortung des Verletzers, Erkennbarkeit der Verletzung und eigene Rechtsschutzmöglichkeiten des Betroffenen, der Maßstab des Möglichen und Zumutbaren konkretisiert. Die diesbezügliche Rechtsprechung hat in diesem Zusammenhang sehr differenzierte Maßstäbe insbesondere im **Online-Bereich** entwickelt (daher näher → Rn. 121 ff.; zu Tenorierung und nachprozessualen Folgen der Nichtberücksichtigung der Prüfungspflichten im Vollstreckungsverfahren bzw. hinsichtlich einer daraus abzuleitenden Täterschaft oder Teilnahme → Rn. 64 und 68).

Auch **vorbeugende Unterlassungsansprüche** gegen den Störer können gegeben sein, wenn **81** Verletzungshandlungen aufgrund ernsthafter tatsächlicher Anhaltspunkte konkret drohen und die diesbezügliche Erstbegehungsgefahr fortbesteht.[347] Im Übrigen kommen **Beseitigungsansprüche** in Betracht.[348]

Nach der **herrschenden Meinung** in der Rechtsprechung haftet der Störer **nicht** lediglich **sub- 82 sidiär.** Die Haftung des Störers besteht also grundsätzlich auch dann, wenn ein Vorgehen gegen Täter oder Teilnehmer ebenfalls möglich wäre.[349] Demgegenüber ist in der Literatur verschiedentlich gefordert worden, den Gedanken der Subsidiarität in Fällen, in denen ein Vorgehen gegen den unmittelbaren Verletzer ohne Weiteres möglich und erfolgversprechend ist, mindestens bei der Konkretisierung des Maßstabs der Prüfungspflichten in höherem Umfang zu berücksichtigen als bisher.[350] Einzelne Urteile sind insbesondere für **ganz untergeordnete Verursachungsbeiträge** ohne inhaltliche Einflussmöglichkeit (wie zB des Admin-C für Verstöße auf der von ihm administrativ vertretenen Seite)[351] bereits in diese Richtung gegangen.[352] Zusätzlich hat nunmehr auch der BGH eine Störerhaftung von Access-Providern auf Sperrmaßnahmen für ganz überwiegend urheberrechtsverletzende Seiten von der Bedingung des vorrangigen ernstlichen Versuchs einer Inanspruchnahme des Seitenbetreiber oder Host-Provider abhängig gemacht; der Gesetzgeber hat das für diesen Bereich in § 7 Abs. 4 TMG aufgegriffen.[353] Über diese Sonderbereiche hinaus besteht ein übergreifendes Subsidiaritätskriterium bisher im Rahmen der Störerhaftung nicht. Unumstritten ist demgegenüber, dass **bestehende eigene Rechtsschutzmöglichkeiten** des Verletzten, insbesondere wenn entsprechende Verfahren vom Störer angeboten werden, zu **entsprechend weniger weitreichenden Prüfungspflichten** auf Seiten des Störers führen können.[354]

c) Einzelfälle im Offline-Bereich. Im **Offline-Bereich** kommen als Störer **Importeure**[355] **83** sowie insbesondere **Spediteure** und sonstige **Transportunternehmen** in Betracht.[356] Zur Haftung der Anbieter und Betreiber **technischer Geräte** außerhalb des Online-Bereichs existiert eine – zuerst gegenüber der heutigen Konzeption der Störerhaftung noch abweichende, die Haftung lediglich

---

[344] Bes. deutlich BGH GRUR 2007, 890 – Jugendgefährdende Medien bei ebay; näher → Rn. 133 f. Krit. zB *Schapiro* S. 292 f., der weniger strenge Überwachungspflichten für künftige Verletzungen für Handelsplattformen und Meinungsforen fordert.

[345] BGH GRUR 2004, 860 (864) – Internet-Versteigerung I; BGH GRUR 2007, 708 Rn. 47 – Internet-Versteigerung II; BGH GRUR 2007, 890 Rn. 39 – Jugendgefährdende Medien bei ebay; BGH GRUR 2011, 152 Rn. 38 – Kinderhochstühle im Internet. → Rn. 125, → Rn. 129 (auch zu diesbzgl. wesentlichen Differenzierungen und Intensivierungen der Verkehrspflichten bei zwar gerade noch legalen, dabei aber schon bes. gefahrgeneigten Geschäftsmodellen).

[346] Allg. Grundsatz, s. BGH GRUR 2007, 890 Rn. 39 – Jugendgefährdende Medien bei ebay. → Rn. 125, → Rn. 133 f.

[347] BGH GRUR 2009, 841 Rn. 23 ff. – Cybersky; BGH GRUR 2007, 708 – Internet-Versteigerung II; BGH GRUR 2008, 702 – Internet-Versteigerung III; BGH GRUR 2011, 1038 Rn. 44 – Stiftparfum; Dreier/Schulze/ *Specht* UrhG § 97 Rn. 29; Wandtke/Bullinger/*v. Wolff* UrhG § 97 Rn. 15, 41.

[348] BGH GRUR 2002, 618 (619) – Meißner Dekor; Fromm/Nordemann/*J. B. Nordemann* UrhG § 97 Rn. 155.

[349] BGH GRUR 2007, 724 Rn. 13 – Meinungsforum; BGH GRUR 2007, 890 Rn. 40 Jugendgefährdende Medien bei ebay; Fromm/Nordemann/*J. B. Nordemann* UrhG § 97 Rn. 158 mwN.

[350] *Ahrens* WRP 2007, 1281 (1288 f. und 1290); *Leistner/Stang* WRP 2008, 533 (545); *Leistner* GRUR-Beil. 1/2010, 1 (32) (dort mit umfassenden wN); *Spindler/Volkmann* WRP 2003, 1 (7); *Spindler* CR 2012, 176 (178); *Spindler* in: Leistner, Europäische Perspektiven des Geistigen Eigentums, 2010, S. 212 (227). Vgl. auch OLG Köln GRUR-RR 2013, 49 – Kirschkerne: Inanspruchnahme des Störers nach Abgabe einer Unterlassungserklärung des Täters rechtsmissbräuchlich; Dreier/Schulze/*Specht* UrhG § 97 Rn. 34.

[351] Zur Haftung des Admin-C → Rn. 141 f.

[352] KG MMR 2006, 392; OLG Hamburg ZUM 2007, 658 (659); → Rn. 141 f.

[353] BGH GRUR 2016, 268 Rn. 81 ff. – Störerhaftung des Access-Providers; BGH ZUM-RD 2016, 156 Rn. 68 ff. – 3dl.am; ausf. auch *Leistner/Grisse* GRUR 2015, 105 (107 ff.). Vgl. näher zur Haftung von Access-Providern noch → Rn. 138 ff.

[354] BGH GRUR 2011, 152 Rn. 43 – Kinderhochstühle im Internet; → Rn. 132.

[355] BGH GRUR 1977, 114 – VUS.

[356] BGH GRUR 1957, 352 (353) – Taeeschner/Pertussin II; vgl. ausf. zul. BGH GRUR 2009, 1142 – MP3-Player-Import (zum Patentrecht): Pflicht zur Erkundigung und ggf. eigenen Prüfung, wenn konkrete Anhaltspunkte für eine Schutzrechtsverletzung vorliegen. Dazu *Haedicke* JZ 2010, 146 (150); *Leistner/Stang* LMK 2010, 297473; Dreier/Schulze/*Specht* UrhG § 97 Rn. 37.

auf Rechtsfolgenseite (idR auf **Warnhinweise**) begrenzende zT aber auch weitergehende – höchst-richterliche Rechtsprechung schon seit den fünfziger Jahren des vergangenen Jahrhunderts.[357] Auch **Werbetreibende**[358] und **Finanzdienstleister**[359] können unter bestimmten Voraussetzungen als Stö-rer in Betracht kommen. Bezüglich einer Haftung der **Vermieter** oder **Verpächter** von Geschäfts-räumen oder anderen Räumlichkeiten, in denen Schutzrechtsverletzungen begangen werden, die diesbezüglich aber keinerlei Einflussmöglichkeit haben, ist Zurückhaltung geboten.[360] Etwas anderes kann bei **Messeveranstaltern** und vergleichbaren Betreibern **realer Marktplätze** gelten, die zugleich eine gewisse Verantwortung für das präsentierte Gesamtangebot haben.[361]

Händler als nachgeordnete Glieder der Vertriebskette sollten nach der älteren Rechtsprechung und Teilen der Literatur grundsätzlich als Täter oder Teilnehmer haften.[362] Der BGH hat dies nunmehr für **Eigenhändler im Internet,** die fremde Medien im eigenen Namen und auf eigene Rechnung ver-äußern, bestätigt (Täterhaftung).[363] Insoweit dürfte die vorherige instanzgerichtliche Rechtsprechung, die für **Buch-** und **Medienhändler** im Internet (zum Teil unter unmittelbarem Verweis auf die Me-dienfreiheit) teilweise lediglich eine auf Prüfungspflichten nach Inkenntnissetzung begrenzte Störer-haftung angenommen hatte, überholt sein.[364]

84   Im Bereich der **Presse** gelten spezielle, privilegierende Maßstäbe insbesondere im Anzei-gengeschäft;[365] zu bestimmten Privilegien bezüglich des redaktionellen Teils im Online-Bereich → Rn. 127, 189. Die **Verantwortlichkeit iSd Presserechts** indiziert die Störereigenschaft, ist aber hierfür nicht notwendige Voraussetzung.[366]

5. Besondere Zurechnungsnormen

85   Neben den persönlich agierenden natürlichen Personen haften die gesetzlichen Vertreter (zB Ge-schäftsführer einer GmbH uÄ) jedenfalls dann, wenn sie an diesem Verstoß **durch positives Tun beteiligt** waren oder wenn sie diesen Verstoß aufgrund einer nach allgemeinen Grundsätzen des De-liktsrechts begründeten **Garantenstellung** hätten verhindern müssen.[367] Hierfür kann die **Kenntnis der Ausgestaltung eines Geschäftsmodells,** das Urheberrechtsverletzungen mit sich bringt, auf Geschäftsführungsebene genügen, wenn in Kenntnis dieser konkreten Gefahr Werke ohne Prüfung von Urheberschaft und Nutzungsrechten verwendet werden.[368] Ebenso kommt eine Haftung der Geschäftsführer in Betracht, wenn die Rechtsverletzung auf eine Maßnahme zurückgeht, die nach ihrem **äußeren Erscheinungsbild** typischerweise auf einer Entscheidung auf Geschäftsführungsebene beruht, so dass mangels abweichender Feststellungen davon ausgangen werden kann, dass sie von der

---

[357] BGH GRUR 1955, 492 – Grundig-Reporter; BGH GRUR 1960, 340 – Werbung für Tonbandgeräte; BGH GRUR 1964, 91 – Tonbänder-Werbung; BGH GRUR 1965, 104 – Personalausweise; BGH GRUR 1984, 54 – Kopierläden (dort als täterschaftliche Haftung bei Verletzung eines Kernbereichs minimalster Warn- und Hin-weispflichten zur Gefahrreduzierung); vgl. ausf. zur Entwicklung der älteren Rspr. *Leistner* GRUR 2006, 801 mwN.

[358] Zurückhaltend LG München I ZUM 2009, 592; weitergehend *J. B. Nordemann/Waiblinger* MMR 2017, 211 (212 ff.); Fromm/Nordemann/*J. B. Nordemann* UrhG § 97 Rn. 174 mwN.

[359] → Rn. 77; näher (und tendenziell haftungsfreundlich) Fromm/Nordemann/*J. B. Nordemann* UrhG § 97 Rn. 174a.

[360] → Rn. 78; *Ahrens* WRP 2007, 1281 (1289); weitergehend Fromm/Nordemann/*J. B. Nordemann* UrhG § 97 Rn. 174c: Haftung nach ähnlichen Grundsätzen wie Spediteur; vgl. LG Düsseldorf NJOZ 2012, 1939 (1940) mwN: jedenfalls keine Haftung als Verletzer.

[361] Vgl. *Loschelder/Dörre* WRP 2010, 822; Fromm/Nordemann/*J. B. Nordemann* UrhG § 97 Rn. 174c. Vgl. aus der aktuelleren Rspr. EuGH GRUR 2016, 1062 Rn. 26 ff. – Tommy Hilfiger; OLG Hamburg GRUR 2001, 832 – Tourneeveranstalter: in einem Fall weitgehend eigenständiger Gestaltung des organisatorischen und technischen Ablaufs einer Tournee. Zur klassischen Veranstalterhaftung → Rn. 61.

[362] Fromm/Nordemann/*J. B. Nordemann* UrhG § 97 Rn. 145c mwN; → Rn. 61.

[363] BGH GRUR 2016, 493 Rn. 15 ff. – Al Di Meola; Fromm/Nordemann/*J. B. Nordemann* UrhG § 97 Rn. 145c; sa. OLG Hamburg ZUM 2017, 517.

[364] Lediglich für Störerhaftung ursprünglich: OLG München GRUR-RR 2014, 13 – Buchbinder Wanninger; LG Berlin GRUR-RR 2008, 216 – Medienhändlerhaftung; LG Hamburg GRUR-RR 2011, 249 – Online Buch-händler; AG Hamburg NJOZ 2015, 55; *Rehbinder/Peukert* Rn. 1068; *v. Walter* K&R 2012, 82; *v. Walter* FS Wandt-ke, 2013, S. 555; demgegenüber schon zuvor aA LG Hamburg ZUM-RD 2013, 651 (654); ZUM 2014, 153 (154); Fromm/Nordemann/*J. B. Nordemann* UrhG § 97 Rn. 145c; *Glückstein* ZUM 2014, 165. Vgl. näher *Ingendaay* AfP 2011, 126; *Reinke* K&R 2012, 459; *Verweyen/Puhlmann/Zimmer* GRUR-RR 2013, 372.

[365] Für das Anzeigengeschäft → Rn. 79. Näher Fromm/Nordemann/*J. B. Nordemann* UrhG § 97 Rn. 183; Wandtke/Bullinger/*v. Wolff* UrhG § 97 Rn. 17.

[366] Fromm/Nordemann/*J. B. Nordemann* UrhG § 97 Rn. 174c.

[367] BGH GRUR 2017, 541 (543) – Videospiel-Konsolen III; BGH GRUR 2016, 490 Rn. 36 – Marcel-Breuer-Möbel II; BGH GRUR 2016, 487 Rn. 34 – Wagenfeld-Leuchte II; ebenso schon BGH GRUR 2015, 672 Rn. 78 ff. – Videospiel-Konsolen II (für einen Verstoß gegen § 95 Abs. 3); vgl. auch BGH GRUR 2014, 883 Rn. 12 ff. – Geschäftsführerhaftung (zum Wettbewerbsrecht; dazu *Hühner* GRUR-Prax 2013, 459) und BGH GRUR 2015, 909 Rn. 45 – Exzenterzähne (zum Wettbewerbsrecht); Fromm/Nordemann/*J. B. Nordemann* UrhG § 97 Rn. 180 mwN; vgl. aus der älteren Rspr. zT etwas strenger BGH GRUR 2009, 845 Rn. 47 – Internet-Videorecorder; BGH GRUR 1986, 248 (251) – Sporthosen; OLG Dresden ZUM 2015, 336 (339); LG Hamburg ZUM-RD 2013, 651 (654 f.). Weiterhin deutlich strenger auch BGH GRUR 2016, 257 Rn. 105 ff. – Glasfasern II zum Patentrecht.

[368] BGH GRUR 2010, 616 Rn. 34 – marions-kochbuch.de.

Geschäftsführung veranlasst wurde.[369] Nach Teilen der älteren instanzgerichtlichen Rechtsprechung sollten Geschäftsführer darüber hinaus auch haften, wenn ihnen ein **Organisationsverschulden** vorzuwerfen ist.[370] Aufgrund der neueren höchstrichterlichen Rechtsprechung, die auf positives Tun oder zumindest konkrete Kenntnis und Garantenstellung zur Verhinderung abstellt, dürfte dies so nicht mehr haltbar sein.[371]

Für juristische Personen und parteifähige Handelsgesellschaften kommt die **Organhaftung** zur Anwendung (§§ 30, 31, 89 BGB).[372] Das Gleiche gilt für GbR[373] und nicht rechtsfähige Vereine (§ 54 BGB). Die Haftung des Unternehmens tritt neben die des Angestellten: bei einer juristischen Person für ihre Organe nach § 31 BGB[374] bzw. für das Fehlen eines verfassungsmäßig bestellten Vertreters.[375] Hinzu kommt die **Haftung für Verrichtungsgehilfen** nach § 831 BGB mit der Möglichkeit des Entlastungsbeweises.[376] Bei Verwaltungshandeln haftet anstelle des Amtswalters der Staat (Bund, Land, Körperschaft), Art. 34 GG, § 839 BGB,[377] wobei der Amtshaftungsanspruch einen Unterlassungsanspruch nach § 97 gegenüber dem Handelnden nicht ausschließt.[378] Ein ausländischer Subverleger ist nicht ohne weiteres Verrichtungsgehilfe des inländischen Verlegers iSd § 831 BGB.[379] Bei Verletzung musikalischer Verwertungsrechte durch Militärsender der Stationierungstruppen bestehen keine Ansprüche gegen einzelne Angehörige dieser Truppen; sie sind über ein Vorverfahren gegen die Bundesrepublik Deutschland zu richten.[380]

Unbedingte Haftung des Betriebsinhabers für Arbeitnehmer und **Beauftragte** besteht kraft **86** gesetzlicher Sonderbestimmung (§ 99) bei Unterlassungs- und Beseitigungsansprüchen und den Ansprüchen nach § 98 (s. bei § 99). § 278 BGB findet keine Anwendung bei Begründung des Schuldverhältnisses durch Rechtsverletzung, vielmehr erst im Rahmen eines bestehenden Schuldverhältnisses.[381]

6. Mehrheit von Verletzern

Mehrere Verletzer (unabhängig ob Mittäter oder Teilnehmer und unabhängig von der jeweiligen **87** Verschuldensform)[382] haften nach §§ 830, 840 Abs. 1 iVm §§ 421 ff. BGB als **Gesamtschuldner**.[383] Der Berechtigte kann sich aussuchen, wen er in Anspruch nehmen will, alle Verletzer oder nur den kapitalkräftigsten oder nur einen oder mehrere von ihnen. Die Inanspruchnahme des Herstellers oder Vorlieferanten führt nicht zur Entlastung des Händlers.[384] Zur Inanspruchnahme in Verletzerketten und dem diesbezüglichen Streit um den jeweiligen Umfang der Herausgabe des Verletzergewinns (bzw. der angemessenen Lizenzgebühr) als Schadensersatz von den einzelnen Beteiligten, → Rn. 293 f.

Voraussetzung für die Gesamthaftung ist jedoch die **Verletzung ein und desselben Rechts**. **88** Steht für jeden Verletzer eine **andere Kausalitätskette** zwischen schädigendem Ereignis und Schadensfolge, ist **keine gesamtschuldnerische Haftung** gegeben, denn dann fehlt die **Identität des**

---

[369] BGH GRUR 2016, 490 Rn. 36 – Marcel-Breuer-Möbel II; BGH GRUR 2016, 487 Rn. 34 – Wagenfeld-Leuchte II; vgl. auch BGH GRUR 2016, 803 Rn. 61 f. – Armbanduhr (zum Designrecht); Fromm/Nordemann/ *J. B. Nordemann* UrhG § 97 Rn. 180 mwN.

[370] Streng OLG Hamburg GRUR-RR 2006, 182 (184) – Miss 17; OLG Hamburg GRUR-RR 2002, 423; LG Hamburg GRUR-RR 2014, 241 (243) – JDownloader2; diff. OLG Frankfurt a. M. GRUR-RR 2001, 198 (199) – Verantwortlichkeit. Für gehobene Angestellte kommt eine Verantwortlichkeit unter dem Gesichtspunkt des Organisationsverschuldens nach Teilen der Lit. grds. desto eher in Betracht, je größer die Entscheidungsbefugnis ist, weil es dann ggf. in der Kompetenz des Angestellten lag, organisatorische Vorkehrungen gegen die Gefahr entspr. Rechtsverletzungen zu treffen, → 4. Aufl. 2010, Rn. 76; tendenziell krit. zu diesen Ausweitungen der Haftung schon *Werner* GRUR 2009, 820 (Haftung des GmbH-Geschäftsführers nur bei Kenntnis).

[371] Krit. Fromm/Nordemann/*J. B. Nordemann* UrhG § 97 Rn. 180 mwN.

[372] Betroffen sind nicht nur die in der Satzung oder im Gesellschaftsvertrag mit entspr. organschaftlichen Befugnissen versehenen Personen, sondern jeder, dem aufgrund unternehmerischer Handhabung „Führungsaufgaben" mit entspr. Kompetenz zugewiesen sind, näher Fromm/Nordemann/*J. B. Nordemann* UrhG § 97 Rn. 178 mwN.

[373] BGH GRUR 2006, 493 (494) – Michel-Katalog.

[374] BGH GRUR 1955, 549 (550) – Betriebsfeiern.

[375] BGH GRUR 1957, 494 (498) – Spätheimkehrer; BGH GRUR 1963, 490 (492) – Fernsehansagerin; BGH NJW 1968, 391 – Teilzahlungsverkäufer; BGH NJW 1980, 2810 (2811).

[376] BGH GRUR 1957, 494 (498) – Spätheimkehrer; vgl. BGH GRUR 1998, 167 – Restaurantführer (zum UWG); zul. LG Bremen 30.5.2013 – 7 O 1648/12 Rn. 30 f. Vgl. *Klaka* GRUR 1988, 729; *Emmert/Baumann* DB 2008, 526 (527); BeckOK/*Reber* UrhG § 97 Rn. 50; Fromm/Nordemann/*J. B. Nordemann* UrhG § 97 Rn. 179.

[377] BGH GRUR 2009, 864 Rn. 10 ff., 32 ff. – CAD-Software (dort auch mit weiteren Einzelheiten zu den Voraussetzungen einer Amtspflichtverletzung durch Urheberrechtsverletzung in diesem Bereich, der Passivlegitimation sowie den Einzelheiten des Haftungsumfangs nach § 839 BGB bei bloßer Fahrlässigkeit); BGH GRUR 1993, 37 (38 f.) – Seminarkopien; OLG Düsseldorf GRUR 1987, 909 (910) – Stadtarchiv; näher Fromm/Nordemann/*J. B. Nordemann* UrhG § 97 Rn. 182.

[378] BGH GRUR 1993, 37 (38 f.) – Seminarkopien.

[379] BGH GRUR 1962, 256 (258) – Im weißen Rößl.

[380] OLG Frankfurt a. M. GRUR 1962, 205 – AFN.

[381] MüKoBGB/*Grundmann* BGB § 278 Rn. 15 mwN.

[382] Vgl. BGH GRUR 2009, 660 Rn. 43 – Resellervertrag; Dreier/Schulze/*Specht* UrhG § 97 Rn. 24.

[383] S. statt aller zB OLG Köln GRUR-RR 2005, 247 (249) – Loseblattsammlung; Wandtke/Bullinger/*v. Wolff* UrhG § 97 Rn. 21.

[384] BGH GRUR 2009, 856 Rn. 61 ff. – Tripp-Trapp-Stuhl; Wandtke/Bullinger/*v. Wolff* UrhG § 97 Rn. 21.

Leistungsgegenstandes und damit Täterschaft oder Teilnahme hinsichtlich der gleichen Verletzung.[385] Jeder Verletzer ist dann gesondert für seine Verletzung haftbar zu machen.[386]

89   Auch für den **Beseitigungsanspruch** kommt Gesamtschuld in Betracht, wenn die Beteiligten die Beseitigung jeweils allein bewirken können (wie zB beim Vernichtungsanspruch), § 421 S. 1 BGB.[387] Demgegenüber ist das Unterlassen als persönlicher Anspruch stets allein vom jeweiligen Verletzer bzw. Störer geschuldet.[388] Auch **Bereicherungsansprüche** richten sich stets individuell gegen den Bereicherten.[389] Haften einerseits Täter und Beteiligte und andererseits bloße Störer für ein und dieselbe Verletzung auf Unterlassung, müssen die Unterlassungsanträge getrennt formuliert werden.[390]

III. Haftung im Online-Bereich

1. Überblick

90   Für die Haftung der Provider und sonstiger Beteiligter im Online-Bereich war bisher im deutschen Recht die Rechtsprechung des BGH zur **Störerhaftung** prägend, die zuerst im Markenrecht für Host-Provider entwickelt und ansatzweise ausdifferenziert, seither aber auch auf Urheberrechtsverletzungen und andere Bereiche übertragen wurde.[391]

Mittlerweile dürfte demgegenüber für alle wesentlichen Anwendungsfälle im Online-Bereich, jedenfalls soweit sie das Recht der öffentlichen Wiedergabe berühren, die **europäische Haftungskonzeption einer verkehrspflichtbasierten Nebentäterschaft für mittelbare Verursachungsbeiträge** einschlägig sein.[392] Insoweit kann für die konkrete Ausgestaltung der **Verkehrspflichten** im Wesentlichen an die vormaligen Prüfpflichten im Rahmen der Störerhaftung angeschlossen werden;[393] nur zieht die Haftung – anders als die bisherige Störerhaftung – nicht nur Unterlassungs- und Beseitigungsansprüche, sondern auch verschuldensunabhängige Ansprüche aus **Eingriffskondiktion** (§ 812 Abs. 1 S. 1 Alt. 2 BGB) und – bei Verschulden – gegebenenfalls **Schadensersatzansprüche** nach sich.

91   Spezifische **Haftungserleichterungen** für Anbieter elektronischer Informations- und Kommunikationsdienste, insbesondere **Host Provider, Caching-Provider** und **Access-Provider,** sind in den **§§ 7–10 TMG** vorgesehen. Das Verhältnis dieser Haftungserleichterungen, die bei Vorliegen der jeweiligen Voraussetzungen jedenfalls jegliche Schadensersatzansprüche unstreitig präkludieren, insbesondere zu Unterlassungs- und Beseitigungsansprüchen im Rahmen der Störerhaftung ist in den Einzelheiten umstritten, wobei der BGH die spezifischen Haftungserleichterungen für die einzelnen Providerkategorien bisher noch nicht auf die Störerhaftung angewendet hatte.[394] Mittlerweile hat dieser Streit teilweise an Bedeutung verloren, da nunmehr für Access-Provider und Caching-Provider bei Vorliegen der jeweiligen spezifischen Privilegierungsvoraussetzungen ausdrücklich auch Beseitigungs- und Unterlassungsansprüche ausgeschlossen sind, s. § 8 Abs. 1 S. 2, § 9 S. 2 TMG.[395] Zudem nimmt Art. 17 Abs. 3 DSM-RL den wesentlichen Bereich der Online-Inhalteanbieter vom Host-Providerprivileg (in Deutschland § 10 TMG) aus und unterwirft diesen Bereich einer gesonderten, täterschaftlichen Haftungsregulierung.[396]

2. Unionsrechtlicher Rahmen

92   **a) Richtlinien und Unionsgrundrechte.** In Art. 2–4 **InfoSoc-RL** sind die **Verwertungsrechte der Vervielfältigung, öffentlichen Wiedergabe und Verbreitung vollharmonisiert.**[397] Der EuGH hat die Vollharmonisierung der Verletzungstatbestände insbesondere im Bereich des Rechts der öffentlichen Wiedergabe durch eine expansive Interpretation dazu genutzt, zu einer **weitgehenden Harmonisierung auch der Haftungsfragen** im Wege einer Haftungskonzeption **verkehrspflichtbasierter mittelbarer Nebentäterschaft** für Mitverursacher in zentraler Rolle zu gelangen.[398]

---

[385] BGH GRUR 1959, 379 (382 f.) – Gasparone I; BGH GRUR 1985, 398 (400) – Nacktfotos. Vgl. dort auch zu den Voraussetzungen einer gesamtschuldnerischen Haftung bei einer Mehrheit von ohne Auftrag handelnden Geschäftsführern, deren Pflicht zur Herausgabe des Erlangten aus der entspr. Anwendung des § 667 BGB folgt; BGH GRUR 2009, 856 Rn. 68 f. – Tripp-Trapp-Stuhl; Wandtke/Bullinger/*v. Wolff* UrhG § 97 Rn. 21.
[386] Vgl. jedoch zur gemeinsamen Verantwortlichkeit von Hotelier und Innenarchitekt für den Einsatz von Möbelnachbildungen KG GRUR 1996, 968 (971) – Möbel-Nachbildungen.
[387] Fromm/Nordemann/*J. B. Nordemann* UrhG § 97 Rn. 151.
[388] Dreier/Schulze/*Specht* UrhG § 97 Rn. 24.
[389] BGH GRUR 1979, 732 (734) – Fußballtor; Dreier/Schulze/*Specht* UrhG § 97 Rn. 24.
[390] → Rn. 213.
[391] S. im Grundsatz → Rn. 54, → Rn. 72 ff.
[392] → Rn. 56a ff.; → Rn. 62a; → Rn. 96 ff.
[393] → Rn. 96 f.
[394] Näher → Rn. 106 ff.
[395] → Rn. 118 f.
[396] → Rn. 56e ff.
[397] EuGH GRUR 2014, 360 Rn. 33 ff. – Svensson.
[398] → Rn. 56a ff., → Rn. 62a, → Rn. 96 ff.

Darüber hinaus enthält das europäische Recht nämlich nur sehr allgemeine Vorgaben zur Haftung **92a** des **Verletzers** nach Art. 11 S. 1 und 13 Enforcement-RL[399] sowie insbesondere zur **Vermittlerhaftung** in Art. 11 S. 3 Enforcement-RL betreffend gerichtliche Anordnungen (auch im einstweiligen Rechtsschutz, s. Art. 9 Abs. 1 lit. a Enforcement-RL).[400] Demzufolge müssen solche gerichtlichen Anordnungen gegen Mittelspersonen möglich sein, deren Dienste von einem Dritten zwecks Verletzung eines gewerblichen Schutzrechts in Anspruch genommen werden. Für das **Urheberrecht** findet sich eine entsprechende Regelung (allerdings nur für das Hauptsacheverfahren) in Art. 8 Abs. 3 Info-Soc-RL. Auch diese in dem RL nicht näher konturierte grundsätzliche Vermittlerhaftung hat der EuGH in seinen Urteilen zur Providerhaftung im Internet in gewissem Umfang konkretisiert und dabei insbesondere mit den Providerprivilegien der E-Commerce-RL abgestimmt.[401]

Eine spezifische **Regelung der Providerhaftung** ist im europäischen Recht in **Art. 12–15 E-** **93** **Commerce-RL** erfolgt, deren Ziel es ist – mit Einzelabstufungen bezüglich der Access-, Caching- und Host-Provider – eine grundsätzliche **Haftungsprivilegierung** vorzusehen; die Vorschriften sind in §§ 7–10 TMG umgesetzt. Das Kernelement dieser Regelung liegt darin, dass für Provider **keine allgemeine Überwachungs- oder Filterpflicht** bezüglich der von ihnen technisch vermittelten oder zur Verfügung gehaltenen Inhalte besteht (Art. 15 E-Commerce-RL). Vielmehr kommt eine zivilrechtliche Haftung nur bei Kenntnis von Rechtsverstößen oder von Tatsachen in Betracht, aus denen der Rechtsverstoß offensichtlich wird, wenn der Provider nach Erlangung dieser Kenntnis nicht unverzüglich tätig wird, um die Information zu entfernen oder den Zugang zu ihr zu sperren (Art. 14 E-Commerce-Richtlinie für Hosting; graduell noch enger für Caching und reine Durchleitung). Der **persönliche und sachliche Umfang der Haftungsprivilegien** nach der E-Commerce-RL war und ist im Einzelnen umstritten. Die **EuGH-Rechtsprechung** der letzten Jahre hat an dieser Stelle aber gewisse Klärung gebracht.[402] Vor diesem Hintergrund ist zu beurteilen, ob die bestehende Rechtsprechung des BGH mit den europäischen Vorgaben im Einklang steht.[403]

Für **Diensteanbieter für das Teilen von Online-Inhalten**, wie YouTube und ähnliche Platt- **93a** formen, gilt künftig auf Grundlage von Art. 2 Nr. 6, Art. 17 DSM-RL ein neues Haftungsregime. Für solche Online-Inhalteanbieter ist jedenfalls künftig von einem **eigenständigen Eingriff in das Recht der öffentlichen Wiedergabe** auszugehen (Art. 17 Abs. 1 DSM-RL); dieser ist auch **nicht durch § 10 TMG privilegiert** (vgl. Art. 17 Abs. 3 DSM-RL). Vielmehr ist grundsätzlich eine **Erlaubnis der Rechteinhaber** einzuholen (Art. 17 Abs. 1 DSM-RL), die insbesondere auch nichtgewerbliches Handeln der einstellenden Nutzer zwingend mit abdecken muss (Art. 17 Abs. 2 DSM-RL). Eine **Haftungsfreistellung** kommt nurmehr unter den kumulativen Voraussetzungen des Art. 17 Abs. 4 DSM-RL in Betracht. Die DSM-RL ist bis zum 7.6.2021 in das deutsche Recht umzusetzen.[404] Näher → Rn. 56e ff., 148a ff.

Im Zusammenhang mit der Täter- gleichermaßen wie der Providerhaftung können darüber hinaus **94** auch Vorgaben der **Datenschutz-Grundverordnung**[405] und der **EK-DatenschutzRL**[406] relevant werden. Dabei sind die Datenschutzvorschriften im Zusammenspiel mit den vorgenannten Instrumenten in nationales Recht nach der **Promusicae-Entscheidung** des EuGH insgesamt in der Weise umzusetzen, dass ein angemessenes Gleichgewicht zwischen den verschiedenen durch die Gemeinschaftsrechtsordnung geschützten **Grundrechten** sichergestellt wird, welches die **allgemeinen Grundsätze des Gemeinschaftsrechts,** insbesondere den **Grundsatz der Verhältnismäßigkeit,** wahrt.[407]

---

[399] Daran anschließend nunmehr BGH GRUR 2018, 1132 (Vorlagefrage 5) – YouTube und BGH GRUR 2018, 1239 (Vorlagefrage 5) – uploaded, wobei nach der hier vertretenen Auffassung für eine derartige „Verletzerhaftung" iSd genannten Normen neben der vom EuGH weit gezeichneten verkehrspflichtbasierten Täterhaftung nach Art. 3 InfoSoc-RL eigentlich kein Raum bleiben dürfte; so auch *Ohly* GRUR 2018, 1139 (1141).

[400] Vgl. zum eur. Durchsetzungsinstrumentarium als einem der Instrumente, um im eur. Urheberrecht zu einem angemessenen Interessenausgleich zu gelangen, *Hofmann* GRUR 2018, 21; grundl. aus europarechtlicher und rechtsvergleichender Perspektive *Angelopoulos* passim; *Husovec* passim; *Kulk* passim (dort auch mit einem instruktiven Vergleich zum US-Recht); *Leistner* JIPLP 9 (2014), 75.

[401] → Rn. 96 ff.

[402] → Rn. 96 ff.

[403] → Rn. 106 ff.

[404] Nach derzeitigem Stand (Juli 2019) ist eine Klage Polens gegen die DSM-RL vor dem EuGH anhängig, vgl. „Polen zieht gegen EU-Richtlinie zum Urheberrecht vor EuGH", abrufbar unter https://www.heise.de/newsticker/meldung/Polen-zieht-gegen-EU-Richtlinie-zum-Urheberrecht-vor-EuGH-4432027.html.

[405] Verordnung (EU) 2016/679 des Europäischen Parlaments und des Rates vom 27.4.2016 zum Schutz natürlicher Personen bei der Verarbeitung personenbezogener Daten, zum freien Datenverkehr und zur Aufhebung der Richtlinie 95/46/EG (Datenschutz-Grundverordnung), ABl. 2016 L 119, S. 1 ff.

[406] Richtlinie 2002/58/EG des Europäischen Parlaments und des Rates vom 12.7.2002 über die Verarbeitung personenbezogener Daten und den Schutz der Privatsphäre in der elektronischen Kommunikation (Datenschutzrichtlinie für elektronische Kommunikation), ABl. 2002 L 201, S. 37. Diese gilt auch nach Inkrafttreten der Datenschutz-Grundverordnung weiter, s. Art. 95 DS-GVO, und soll künftig durch die sog. ePrivacy-Verordnung ersetzt werden (s. Vorschlag für eine Verordnung über die Achtung des Privatlebens und den Schutz personenbezogener Daten in der elektronischen Kommunikation und zur Aufhebung der Richtlinie 2002/58/EG (Verordnung über Privatsphäre und elektronische Kommunikation), Dok. COM (2017) 10 final, 2017/0003 (COD) v. 10.1.2017).

[407] EuGH GRUR 2008, 241 Rn. 68 – Promusicae.

95   Hinsichtlich der Berücksichtigung der **europäischen Grundrechte** in der jüngeren Rechtsprechung des EuGH lässt sich diese Herangehensweise verallgemeinern.[408] Sie läuft – ähnlich wie im deutschen Recht – auf eine Herstellung praktischer Konkordanz zwischen den beteiligten Grundrechtspositionen bei der Auslegung des einfachen Richtlinienrechts hinaus.[409] Der EuGH hat diese Konzeption in seinen **SABAM-Urteilen** zwischenzeitlich im Grundsatz auch auf die Konkretisierung der **Prüfungspflichten** im Rahmen der durch die E-Commerce-RL begrenzten Vermittlerhaftung des europäischen Rechts angewendet.[410] Dort wird in diesem Zusammenhang einerseits (hinsichtlich des Rechteinhaber) auf den Schutz der Rechte des geistigen Eigentums nach Art. 17 Abs. 2 Charta der Grundrechte der Europäischen Union, andererseits (hinsichtlich der Provider) auf die unternehmerische Freiheit nach Art. 16 Grundrechte-Charta und schließlich (hinsichtlich der Nutzer) auf den Schutz personenbezogener Daten nach Art. 8 Grundrechte-Charta und die Informationsfreiheit nach Art. 11 Grundrechte-Charta abgestellt. Im Zusammenhang der neuen nebentäterschaftlichen Haftung findet sich eine entsprechende Berücksichtigung der Meinungsäußerungs- und Informationsfreiheit nach Art. 11 Grundrechte-Charta insbesondere im **GS Media-Urteil**[411] und eine **umfassendere Grundrechteabwägung,** die auch das Grundrecht auf Schutz der Rechte des geistigen Eigentums deutlicher mit einbezieht, im **Urteil Córdoba.**[412] Zuletzt wurde im Zusammenhang der Enforcement-RL auch zusätzlich der Gedanke praktischer Konkordanz betont, der es jedenfalls nicht zulässt, dass die Durchsetzung der durch Art. 17 Abs. 2 Charta der Grundrechte geschützten Rechte des geistigen Eigentums in bestimmten Konstellationen praktisch ganz verunmöglicht wird.[413] Ein entsprechend ausgewogenes Gleichgewicht der involvierten Grundrechtspositionen wird nunmehr insbesondere auch bei der Umsetzung des Art. 17 DSM-RL in das deutsche Recht anzustreben sein (vgl. auch Erwägungsgrund 70 DSM-RL).

96   **b) Rechtsprechung des EuGH.** Im Bereich des vollharmonisierten Rechts der öffentlichen Wiedergabe (Art. 3 InfoSoc-RL) geht der EuGH mittlerweile in ständiger Rechtsprechung von einem **europäischen Haftungskonzept verkehrspflichtbasierter Nebentäterschaft für mittelbare Verursachungsbeiträge** zu unmittelbaren Handlungen der öffentlichen Wiedergabe Dritter aus, das insoweit weite Teile der **deutschen Störerhaftung durch eine Täterhaftung ersetzt.**[414]

96a   Voraussetzung eines täterschaftlichen Eingriffs ins Recht der öffentlichen Wiedergabe durch mittelbare Verursachung ist demnach eine **zentrale Rolle** des Mitverursachers und im Übrigen entweder die **positive Kenntnis des unmittelbaren Rechtsverstoßes** oder jedenfalls eine **Verletzung erforderlicher und zumutbarer Prüfpflichten.**[415]

96b   Dabei setzt die **zentrale Rolle** des Providers voraus, dass dieser **in voller Kenntnis der Folgen seines Verhaltens** tätig wird, um seinen Kunden Zugang zu den geschützten Werken oder sonstigen Schutzgegenständen zu verschaffen.[416] Damit scheiden an dieser Stelle jedenfalls **ganz untergeordnete Beiträge** und lediglich **allgemeine Infrastrukturdienstleistungen** ohne jeglichen Bezug zu den Schutzgegenständen (wie beispielsweise die Leistungen von Energielieferanten, oder in der Regel auch von Access-Providern, Finanzdienstleistern uÄ) aus; diese sind vielmehr im Rahmen der **europäischen Vermittlerhaftung** (und in Deutschland nach den bisherigen Regeln über die Störerhaftung) zu behandeln.[417]

96c   Fraglich ist, ob darüber hinaus für eine **zentrale Rolle** in diesem Sinne zugleich eine **aktive Rolle des Providers erforderlich ist**[418] oder ob auch **neutrale Provider** insoweit in Betracht kommen können, wenn ihnen nur voll bewußt ist, dass mit Hilfe ihrer Dienste auch in nennenswertem Umfang Urheberrechtsverletzungen begangen werden. Nach derzeitigem Stand der EuGH-Rechtsprechung erscheint die Antwort auf diese Frage noch unklar; letztlich wird es hierfür auch auf die weitere Differenzierung hinsichtlich des **Kenntniserfordernisses**[419] und im Übrigen – im Einklang mit der Rechtsprechung des EuGH – auf eine **typisierte Betrachtung des jeweiligen Einzelfalls auf**

---

[408] Vgl. zul. grdl. EuGH GRUR 2019, 929 – Pelham/Hütter ua [Metall auf Metall III] und dazu *Leistner* GRUR 2019, 1008 ff.; EuGH GRUR 2019, 934 – Funke Medien/Deutschland [Afghanistan Papiere] und dazu *Dreier* GRUR 2019, 1003 ff.; *Leistner* ZUM 2019, 720 ff.; EuGH GRUR 2019, 940 – Spiegel Online/Volker Beck [Reformistischer Aufbruch].

[409] → Vor §§ 97 ff. Rn. 16.

[410] EuGH GRUR 2012, 265 – Scarlet/SABAM; EuGH GRUR 2012, 382 – SABAM/Netlog.

[411] GRUR 2016, 1152 Rn. 45 – GS Media; sa. EuGH GRUR 2017, 514 Rn. 41 – Córdoba.

[412] EuGH GRUR 2017, 514 Rn. 41 – Córdoba.

[413] EuGH GRUR 2018, 1234 Rn. 44 ff. – Bastei Lübbe: qualifizierte Beeinträchtigung des Rechts auf Schutz geistigen Eigentums, die dem Erfordernis, ein angemessenes Gleichgewicht zwischen den verschiedenen Grundrechten zu gewährleisten, nicht genügt.

[414] Grds. → Rn. 56 a ff., → Rn. 62 a.

[415] → Rn. 56 a ff.

[416] EuGH GRUR 2017, 790 Rn. 26 – The Pirate Bay; EuGH GRUR 2017, 610 Rn. 31 – Filmspieler mwN.

[417] → Rn. 70 f., → Rn. 77, → Rn. 83.

[418] So Fromm/Nordemann/*J. B. Nordemann* UrhG § 97 Rn. 150 c und 150 e, da dann auch die Täterhaftung für mittelbare Verursachungsbeiträge und die spezifische Providerprivilegierung für Host-Provider nach Art. 14 E-Commerce-RL (die auf aktive Provider nicht anwendbar ist, → Rn. 98) sozusagen „lückenlos" ineinandergreifen würden; sa. *Ohly* GRUR-Int 2018, 517 (523); offen *Grünberger* ZUM 2018, 321 (330). Zur Differenzierung zwischen neutralen und aktiven Providern → Rn. 126.

[419] Vgl. schon *Leistner* GRUR 2017, 755 (757).

Grundlage eines beweglichen Systems sonstiger Faktoren (Erwerbsabsicht, Ansprache eines empfangsbereiten Publikums im Rahmen einer eigenen Dienstleistung ua)[420] ankommen.[421]

Hinsichtlich der Ausgestaltung sowohl der **Kenntnisvoraussetzung** als auch der damit – aufgrund **96d** der Vermutung aus GS Media – letztlich in Zusammenhang stehenden **Prüfpflichten**[422] herrscht dabei teilweise noch gewisse Unsicherheit.[423] Während im EuGH-Urteil GS Media für einzelne Hyperlinks auf rechtswidriges Material offenbar **konkrete Kenntnis der Rechtswidrigkeit des spezifisch betroffenen Materials** vorausgesetzt (und dann für kommerzielle[424] Linksetzer widerleglich vermutet wurde, sofern diese nicht die Beachtung der erforderlichen Prüfpflichten vortragen und beweisen),[425] hat der EuGH in den Folgeurteilen Filmspeler[426] und The Pirate Bay[427] für **verletzungsgeneigte Geschäftsmodelle** jeweils **allgemeine Kenntnis von Urheberrechtsverletzungen** genügen lassen, wenn der Mitverursacher die Möglichkeit von Urheberrechtsverletzungen zB regelrecht beworben hatte oder er jedenfalls nicht verkennen konnte, dass die Plattform oder der Service zu einem sehr großen Teil urheberrechtsverletzendes Material betrifft.

Man wird daraus eine erste gewisse Differenzierung dahingehend ableiten können, dass mit Blick **96e** auf Urheberrechtsverletzungen Provider mit **neutralen, insbesondere sozialnützlichen Geschäftsmodellen,** wie beispielsweise unterschiedliche Formen von Suchmaschinen, jedenfalls nur dann haften, wenn sie von konkret urheberrechtsverletzenden Inhalten **positive Kenntnis** haben oder ihnen **zumutbare, erforderliche Prüfungspflichten verletzt** haben.[428] Ob an diese Stelle auch **Inhalteplattformen** gehören, könnte auf der Basis der lex lata die EuGH-Vorlage des BGH in Sachen **YouTube** beispielhaft klären.[429] Künftig gilt insoweit ohnedies Art. 17 DSM-RL, der zum 7.6.2021 in das deutsche Recht umzusetzen ist.[430] Insofern ist abzuwarten, ob der EuGH in seinem Urteil in Sachen YouTube die DSM-RL möglicherweise bereits im Sinne einer Art indirekten Vorwirkung bei der Auslegung des Art. 3 InfoSoc-RL berücksichtigt. Näher → Rn. 56e ff., 148a ff., 170a.

Demgegenüber haften Provider mit **verletzungsgeneigten Geschäftsmodellen,** die aufgrund ihrer **Werbung oder auch nur der objektiven Ausgestaltung des Geschäftsmodells Urheberrechtsverletzungen regelrecht inzentivieren** oder aber Geschäftsmodelle, die jedenfalls zu einem derart **großen Teil urheberrechtsverletzendes Material** betreffen, dass der Betreiber die diesbezügliche Verletzungsgeneigtheit **nicht verkennen kann** (hiervor also bewusst die Augen verschließt), nach der vorstehenden Rechtsprechung des EuGH bereits aufgrund der dadurch begründeten **allgemeinen Kenntnis** von mithilfe der Plattform oder des Service bewirkten Urheberrechtsverletzungen täterschaftlich für die unmittelbar rechtsverletzenden Handlungen ihrer Nutzer.[431] Ob an diese Stelle beispielsweise bestimmte **Sharehoster** gehören, wird die EuGH-Vorlage des BGH in Sachen **uploaded** klären.[432]

Im Übrigen wird man für die **Ausgestaltung und Differenzierung der erforderlichen und 96f zumutbaren Prüfungspflichten (Verkehrspflichten)** in der europäischen Haftungskonzeption verkehrspflichtbasierter Nebentäterschaft im praktischen Ergebnis an die bisherigen **Prüfungspflichten im Rahmen der Störerhaftung anknüpfen können.**[433] Lediglich ist dann im Übrigen, soweit

---

[420] → § 15 Rn. 75 ff.

[421] Gelegenheit zu weiterer Klärung werden insoweit die Vorlageentsch. des BGH in Sachen BGH GRUR 2018, 1132 – YouTube und BGH GRUR 2018, 1239 – uploaded geben.

[422] S. zutr. *Ohly* GRUR 2018, 1139 (1140) unter Hinweis auf *Leistner* FS Schulze, 2017, S. 75 (76 ff.).

[423] Vgl. *Leistner* GRUR 2017, 755 ff.; *Grünberger* ZUM 2018, 271 (281 f.) zu den Verlinkungsfällen; Fromm/Nordemann/*J. B. Nordemann* UrhG § 97 Rn. 150c mwN.

[424] Für die entspr. Voraussetzung des Handelns mit Gewinnerzielungsabsicht genügt jedenfalls die Generierung beträchtlicher Werbeeinnahmen, s. EuGH GRUR 2017, 790 Rn. 46 – The Pirate Bay.

[425] EuGH GRUR 2016, 1152 Rn. 51 – GS Media; ähnlich dann BGH GRUR 2018, 178 Rn. 53 ff. – Vorschaubilder III, wobei insoweit allerdings – in wesentlichem Unterschied zum EuGH-Ansatz in GS Media – der Fall unterschieden und die Ausschmückung der Vermutung auf die Linksetzung bzgl. Suchmaschinen abgelehnt wurde. Mit einem Versuch, den Ansatz des BGH auf Grdl. einer verkehrspflichtbasierten Lesart des EuGH-Urteil mit der Vorgabe des EuGH in Einklang zu bringen *Leistner* ZUM 2018, 286 (288 f.); sa. *Conrad/Schubert* ZUM 2018, 132 (vgl. jew. auch zu differenzierten Folgerungen hins. Vortrags- und Beweislast).

[426] EuGH GRUR 2017, 610 Rn. 50 – Filmspeler: wegen der diesbzgl. Werbung.

[427] EuGH GRUR 2017, 790 Rn. 45 – The Pirate Bay: wegen der Kenntnis, dass ein „sehr großer Teil" der auf der Plattform befindlichen Torrent-Dateien auf illegale Werke verweist.

[428] BGH GRUR 2018, 178 – Vorschaubilder III.

[429] BGH GRUR 2018, 1132 – YouTube. Vgl. ausf. zur bisherigen Lage im eur. Recht *Leistner,* Is the CJEU Outperforming the Commission?, 2017, abrufbar unter https://ssrn.com/abstract=3077615 mwN. Sa. → Rn. 170 f.

[430] → Rn. 56e ff.

[431] EuGH GRUR 2017, 610 – Filmspeler; EuGH GRUR 2017, 790 – The Pirate Bay; näher *Leistner* GRUR 2017, 755 (757); *Grünberger* ZUM 2018, 271 (279 und 281 f.).

[432] In diese Richtung jedenfalls die Vorlageentsch. des BGH selbst, s. BGH GRUR 2018, 1239 Rn. 13 ff., insbes. Rn. 18 ff. – uploaded für ein nach seiner objektiven Ausgestaltung Urheberrechtsverletzungen bes. honorierendes Geschäftsmodell eines Share-Hosters.

[433] Vgl. in diese Richtung schon BGH GRUR 2018, 178 Rn. 69 ff. – Vorschaubilder III; Fromm/Nordemann/*J. B. Nordemann* UrhG § 97 Rn. 150d; vgl. iErg auch *Leistner* ZUM 2018, 286 (289 f.) vor dem Hintergrund des eur. Rechts: Genaugenommen etwas andere Anknüpfung der eur. und der dt. Verkehrspflichten, da der EuGH in GS Media Prüfpflichten zur Feststellung der Rechtswidrigkeit in den Mittelpunkt rückt, während es im Rahmen

wie möglich, durch eine im Vergleich zu den bisherigen Maßstäben **strengere Ausgestaltung des Verschuldenserfordernisses** und durch eine konsequente **Anwendung der Providerprivilegien der §§ 7–10 TMG** (hinsichtlich Schadensersatz- und Bereicherungsansprüchen)[434] einer zu weitreichenden Ausdehnung der hiermit ggf. verbundenen Schadensersatz- oder Bereicherungsansprüche vorzubeugen.[435]

97   Zugleich hat der EuGH in seiner Rechtsprechung auch die Voraussetzungen und den Umfang der **Providerprivilegien nach Art. 12–15 E-Commerce-RL** in den Grundstrukturen festgelegt. Der Begriff **Dienste der Informationsgesellschaft** als Grundvoraussetzung der Anwendung der Providerprivilegien wird hinsichtlich des **sachlichen Anwendungsbereichs weit** ausgelegt. Grundsätzlich fallen beispielsweise der Google-Adwords-Referenzierungsdienst,[436] aber auch insbesondere sämtliche typischen Internet-Handelsplattformen,[437] soziale Netzwerke[438] oder Access-Provider[439] unter diesen Begriff. Online-Inhalteanbieter sind aufgrund von Art. 17 Abs. 3 DSM-RL allerdings zukünftig vom Host-Providerprivileg nach Art. 14 Abs. 1 E-Commerce-RL ausgeschlossen.

98   Zugleich erfolgt eine entscheidende Eingrenzung dadurch, dass die Providerprivilegien nach ihrem Telos nur dann greifen sollen, wenn es sich um **neutrale Vermittler** handelt, die iSd Erwgr. 42 E-Commerce-RL einen Dienst „**rein technischer, automatischer und passiver Art**" erbringen, so dass sie „**weder Kenntnis noch Kontrolle über die weitergeleitete oder gespeicherte Information**" besitzen.[440] Dabei machen aber weder die bloße Entgeltlichkeit eines Dienstes noch eine automatisierte Referenzierung und Verarbeitung der Daten den Provider schon zu einem „aktiven" Vermittler, auf den die Providerprivilegien von vornherein nicht anzuwenden sind. Ebenso wenig sollen allein die Tatsachen, dass ein Betreiber Nutzungsmodalitäten für seinen Dienst festlegt, die Daten entsprechend verarbeitet und seinen Kunden allgemeine Auskünfte erteilt, wie der Service zu nutzen ist, zur Annahme einer aktiven Rolle führen.

Die Grenze ist nach der bisherigen Rechtsprechung des EuGH erst da erreicht, wo der Betreiber **Hilfestellung** leistet, um **die betreffenden Informationen selbst** (in den zugrunde liegenden Sachverhalten die Präsentation bestimmter Verkaufsangebote bei eBay oder die Formulierung der Werbebotschaften im Adwords-Dienst von Google nebst der Zuordnung möglichst genau passender Schlüsselwörter) **zu optimieren oder zu bewerben,** da dann davon auszugehen ist, „dass er zwischen dem fraglichen als Verkäufer auftretenden Kunden und den potenziellen Käufern keine neutrale Stellung eingenommen, sondern eine **aktive Rolle gespielt hat, die ihm eine Kenntnis der diese Angebote betreffenden Daten oder eine Kontrolle über sie verschaffen konnte**".[441] Entscheidend ist also nach dieser Rechtsprechung, dass der Betreiber am Inhalt der verarbeiteten Information selbst Einfluss nimmt oder an diesen spezifisch und konkret anknüpft, so dass er zwischen den diese Informationen präsentierenden Kunden und den diese Information konsumierenden Nutzern nicht länger eine rein technisch neutrale, automatisch die Daten verarbeitende Rolle spielt.[442] Dies setzt eine aktive Rolle gerade hinsichtlich **konkret** beanstandeter Angebote voraus.[443] Der BGH hat auf dieser Basis zuletzt in seinen **Vorlageentscheidungen** in Sachen **YouTube**[444] und **uploaded**[445] jeweils die Frage zur Vorabentscheidung vorgelegt, ob es sich bei einer struktu-

---

der bisherigen Störerhaftung allg. darum ging, das Risiko für Rechtsverletzungen Dritter zu minimieren. Laufe aber für die Praxis weitestgehend identisch auf mögliche, geeignete und zumutbare Prüfpflichten hinaus; ähnlich aufgrund der eur. Vorgabe iErg (wenn auch insoweit krit.) *Tölkmitt* FS Büscher, 2018, S. 249 (264). Vgl. iÜ zum grds. gleichen Maßstab bei Störerhaftung und täterschaftlichen Verkehrspflichten auch BGH GRUR 2007, 890 Rn. 38 – Jugendgefährdende Medien bei eBay (wobei auch zu bedenken ist, dass die wettbewerbsrechtlichen Verkehrspflichten seither mit vergleichsweise deutlicher Zurückhaltung gehandhabt wurden).

[434] Insoweit scheint allerdings der BGH GRUR 2018, 1132 Rn. 40 ff. – YouTube und BGH GRUR 2018, 1239 Rn. 31 ff. – uploaded nach hier vertretener Auff. unzutr. (s. *Leistner,* Is the CJEU Outperforming the Commission?, 2017, abrufbar unter https://ssrn.com/abstract=3077615; vgl. auch GA *Szpunar,* SchlA v. 16.3.2016 in McFadden, BeckRS 2016, 80483 Rn. 73) davon auszugehen, dass die spezifischen Providerprivilegien nicht auf die Täterhaftung anwendbar sind.

[435] S. *Leistner* ZUM 2016, 580 (582 f.); *Leistner* GRUR 2017, 755 (760); *Ohly* ZUM 2017, 793 (801 f.); *Grünberger* ZUM 2018, 321 (330); Fromm/Nordemann/*J. B. Nordemann* UrhG § 97 Rn. 150d; *Ohly* FS Schulze, 2017, S. 387 (394) und *Ohly* GRUR 2015, 308 (316) erwägt zudem Modifikation der dreifachen Schadensberechnung und eine diesbzgl. Begrenzung auf den Gewinn des mittelbaren Verletzers; insoweit zust. *Grünberger* ZUM 2018, 321 (330); krit. Fromm/Nordemann/*J. B. Nordemann* UrhG § 97 Rn. 150d. AA hins. der Möglichkeit eines strengeren Maßstabs beim Verschulden *Tölkmitt* FS Büscher, 2018, S. 249 (264).

[436] EuGH GRUR 2010, 445 Rn. 111 ff. – Google France.

[437] EuGH GRUR 2011, 1025 – L'Oréal/eBay.

[438] EuGH GRUR 2012, 382 – SABAM/Netlog.

[439] EuGH GRUR 2012, 265 – Scarlet/SABAM.

[440] EuGH GRUR 2010, 445 Rn. 114, 120 – Google France; EuGH GRUR 2011, 1025 Rn. 113 – L'Oréal/eBay.

[441] EuGH GRUR 2011, 1025 Rn. 113 ff. – L'Oréal/eBay.

[442] Vgl. bes. ausf. *Wiebe* WRP 2012, 1182 (1185 ff.); sa. *Spindler* MMR 2011, 703 (705): Konnex zwischen aktiver Rolle und Kenntniserlangung.

[443] BGH MMR 2012, 815 Rn. 6 – Stiftparfum II; diese kann gegeben sein, wenn der Plattformbetreiber vermittels Adwords-Anzeigen direkt und unmittelbar auf konkret rechtsverletzende Angebote auf seiner Plattform verlinkt, BGH GRUR 2013, 1229 Rn. 37, 48 ff. und 55 – Kinderhochstühle im Internet II.

[444] BGH GRUR 2018, 1132 (Vorlagefrage 2) – YouTube.

[445] BGH GRUR 2018, 1239 (Vorlagefrage 2) – uploaded.

rierten Inhalteplattform oder bei einem **Sharehoster** mit einem Geschäftsmodell, das Urheberrechtsverletzungen tendenziell befördert, um in diesem Sinne „aktive" Provider handelt, auf die die Privilegierung nach Art. 14 E-Commerce-RL demzufolge nicht anwendbar wäre.[446] Für die Zukunft ist diese Frage durch Art. 17 Abs. 3 DSM-RL ohnedies entschieden: Demzufolge findet Art. 14 Abs. 1 E-Commerce-RL auf Online-Inhalteanbieter i.S.d. Art. 2 Nr. 6 DSM-RL ausdrücklich keine Anwendung.

Hinsichtlich der für die Anwendung der Haftungsprivilegien der E-Commerce-RL auf Host- **99** Provider wesentlichen Frage, wann ein Provider sich etwaiger Tatsachen oder Umstände bewusst ist, aus denen die rechtswidrige Tätigkeit oder Information offensichtlich wird, kommt es nach der Rechtsprechung des EuGH auf die Perspektive eines **sorgfältigen Wirtschaftsteilnehmers** an.[447] Das heißt insbesondere für **kenntnisbringende Anzeigen** bezüglich konkreter, klarer Rechtsverstöße, dass diese so konkret und substantiiert sein müssen, dass ein sorgfältiger Wirtschaftsteilnehmer angesichts der übermittelten Informationen die Rechtswidrigkeit festgestellt hätte.[448]

Ist eine diesen Voraussetzungen entsprechende Anzeige eines konkreten, klaren Rechtsverstoßes **100** erfolgt, müssen die mitgliedstaatlichen Gerichte nach der Rechtsprechung des EuGH in der Rechtssache **L'Oréal/eBay** wegen der Zielsetzung des Art. 11 S. 3 Enforcement-RL (vgl. für das Urheberrecht Art. 8 Abs. 3 InfoSoc-RL) die Möglichkeit haben, Anbietern von Onlinediensten **Maßnahmen** aufzugeben, die nicht nur die **Beendigung** der unmittelbar und konkret zur Kenntnis gebrachten Verletzungen betreffen, sondern auch **wirksam zur Vorbeugung gegen erneute Rechtsverletzungen** beitragen.[449] Dabei müssen die im mitgliedstaatlichen Recht vorgesehenen Regeln bezüglich der Modalitäten solcher Maßnahmen einerseits zur Erreichung des Ziels effektiver Rechtsdurchsetzung geeignet, also wirksam und abschreckend sein.[450] Andererseits ist den Beschränkungen der **E-Commerce-RL** dergestalt Rechnung zu tragen, dass jedenfalls die Auferlegung einer **allgemeinen aktiven Überwachungspflicht** bezüglich eines jeden Kunden im Hinblick auf jede künftige Rechtsverletzung **nicht** in Betracht kommt.[451] Auch dürfen solche vorbeugenden Maßnahmen **keine Schranken für den rechtmäßigen Handel** errichten, so dass für eine grundsätzlich legale Handelsplattform kein allgemeines und dauerhaftes Verbot des Handels mit bestimmten Markenwaren in Betracht kommt.[452] Dennoch sind **wirksame und zugleich verhältnismäßige** Maßnahmen im Rahmen einer **umfassenden Interessenabwägung** möglich, um erneute vergleichbare Verletzungen identischer Schutzrechte zu vermeiden. Insoweit greift der EuGH aus den zahlreichen vom vorlegenden englischen High Court erwogenen Maßnahmen **nicht abschließend** insbesondere die Möglichkeit einer erleichterten **Identifizierung im geschäftlichen Verkehr handelnder Rechtsverletzer** sowie des letztendlichen **Ausschlusses solcher Rechtsverletzer vom Dienst** beispielartig heraus.[453]

Die Rechtsprechung zu **vorbeugenden Maßnahmen** wurde in den **SABAM-Urteilen,** die einen **101** Access-Provider und ein soziales Netzwerk betrafen, auf den Bereich von Urheberrechtsverletzungen der Nutzer derartiger Provider ausgedehnt und dabei zugleich hinsichtlich ihrer Reichweite tendenziell begrenzt.[454] Auf Grundlage eines angemessenen Ausgleichs der betroffenen Grundrechtspositionen unter besonderer Berücksichtigung des Verhältnismäßigkeitsprinzips[455] gelangt der EuGH zu dem Ergebnis, dass dem Provider jedenfalls nicht aufgegeben werden darf, **präventiv auf eigene Kosten zeitlich unbegrenzt** ein **Filtersystem** für **alle** seine Dienste durchlaufenden elektronischen **Kommunikationen** einzurichten, das unterschiedslos auf **alle Kunden anwendbar** und in der Lage wäre, verletzende Dateien mit audiovisuellen Inhalten zu identifizieren.[456] Denn ein solches

---

[446] Vgl. ausf. zur Lage im eur. Recht auch *Leistner,* Is the CJEU Outperforming the Commission?, 2017, abrufbar unter https://ssrn.com/abstract=3077615 mwN. Zum Vergleich der Plattformen YouTube und ThePirateBay *van Mil* JIPLP 14 (2019), 355.

[447] EuGH GRUR 2011, 1025 Rn. 120 – L'Oréal/eBay.

[448] EuGH GRUR 2011, 1025 Rn. 120 – L'Oréal/eBay; dies entspricht mit der flexiblen Herangehensweise im Grundsatz der Perspektive des BGH, der bzgl. kenntnisbringender Anzeigen auf vergleichbarer Grdl. recht differenzierte Maßstäbe entwickelt hat, s. *Leistner* ZUM 2012, 722 (726); *J. B. Nordemann* GRUR 2011, 977 (978); *Spindler* MMR 2011, 703 (705). Näher → Rn. 131.

[449] EuGH GRUR 2011, 1025 Rn. 131 ff. – L'Oréal/eBay; vgl. auch EuGH GRUR 2016, 1062 Rn. 28 ff. – Tommy Hilfiger: vergleichbare gerichtliche Anordnungen auch gegen Betreiber physischer Marktplätze, wie Markthallen uA. Vgl. zu L'Oréal/eBay uA *Lehment* WRP 2012, 149; *Leistner* ZUM 2012, 722 (726 f.); *J. B. Nordemann* GRUR 2011, 977; *Spindler* MMR 2011, 703; *Wiebe* WRP 2012, 1182; zu Tommy Hilfiger *Hofmann* GRUR 2016, 1064.

[450] EuGH GRUR 2011, 1025 Rn. 136 – L'Oréal/eBay.

[451] EuGH GRUR 2011, 1025 Rn. 139 – L'Oréal/eBay.

[452] EuGH GRUR 2011, 1025 Rn. 140 – L'Oréal/eBay.

[453] EuGH GRUR 2011, 1025 Rn. 141 ff. – L'Oréal/eBay.

[454] EuGH GRUR 2012, 265 – Scarlet/SABAM; EuGH GRUR 2012, 382 – SABAM/Netlog. Vgl. dazu *Hoeren* LMK 331719; *Leistner* ZUM 2012, 722 (728 ff.) dort auch zu gewissen unterschiedlichen Nuancierungen in der genauen Formulierung beider Urteile; *Metzger* GRUR 2012, 384 f.; *Nolte/Wimmers* GRUR 2014, 16 (18 f.); *Spindler* JZ 2012, 308 (311); *Bäcker* ZUM 2012, 311; *Dam/Solmecke* MMR 2012, 334 (337 f.); *Maaßen* GRUR-Prax 2011, 535; *Rauer/Ettig* K&R 2012, 269; *Schröder* K&R 2012, 35 (38).

[455] Zu dieser im Promusicae-Urteil entwickelten Herangehensweise → Vor §§ 97 ff. Rn. 16 und → Rn. 94.

[456] EuGH GRUR 2012, 265 Rn. 29 ff. – Scarlet/SABAM; EuGH GRUR 2012, 382 Rn. 26 ff. – SABAM/Netlog.

System betreffe neben den Rechten des Providers insbesondere auch das Recht der Kunden auf **Informationsfreiheit** (mit Blick auf die Gefahr falsch-positiver Treffer und der Sperrung auch legaler Inhalte) und den **Schutz persönlicher Daten** (mit Blick auf die Identifizierung betroffener Nutzer, deren Rechte somit bei diesen Privatnutzern im Vergleich zu den in der L'Oréal/eBay-Entscheidung betroffenen gewerblichen Anbietern höher gewichtet werden).[457] Zugleich verletze die Auferlegung einer solchen allgemeinen auf sämtliche gegenwärtig und künftig potentiell rechtsverletzenden Inhalte gerichteten Filter- und Sperrungsverpflichtung das **Verbot der Auferlegung allgemeiner Überwachungspflichten** nach Art. 15 E-Commerce-RL.[458]

102   Schließlich hat der EuGH in der **UPC Telekabel-Entscheidung**[459] geurteilt, dass es sich auch bei **Access-Providern** um Vermittler handelt, die Urheberrechtsverletzungen Dritter (Anbieter von Websites mit urheberrechtsverletzenden Inhalten) ermöglichen, obwohl sie mit diesen nicht in einem Vertragsverhältnis stehen, sondern lediglich mit ihren Kunden, denen sie Internetzugang vermitteln. Deshalb sei aufgrund einer teleologischen Auslegung unter besonderer Berücksichtigung des 59. Erwgr. der InfoSoc-RL die **Vermittlerhaftung** des Art. 8 Abs. 3 InfoSoc-RL grundsätzlich für Access-Provider einschlägig.[460] In der Folge stehen die Unionsgrundrechte einer gerichtlichen Anordnung, die einem Access-Provider aufgibt, den Zugang zu bestimmten Websites mit urheberrechtsverletzenden Inhalten für seine Kunden zu sperren **(Sperrverfügung)**, nicht grundsätzlich entgegen.[461] Dabei ist eine diesbezüglich allgemeine Anordnung zulässig, die der Provider erfüllen kann, indem er nach seiner Wahl alle konkret zumutbaren Maßnahmen für eine solche Sperre ergreift.[462] Das setzt voraus, dass die ergriffenen Maßnahmen den rechtmäßigen Zugang der Internetnutzer zu verfügbaren Informationen nicht unnötig unterbinden und zugleich unerlaubte Zugriffe auf die betroffenen Schutzgegenstände verhindern oder zumindest erschweren, so dass die Internetnutzer des Access-Providers zuverlässig davon abgehalten werden, auf die urheberrechtsverletzenden Inhalte zuzugreifen. Die Maßnahmen müssen also **streng zielorientiert** sein.[463] Zugleich müssen **Internetnutzer** gegebenenfalls die Möglichkeit haben, ihre Rechte vor Gericht geltend zu machen, wenn sie von solchen Maßnahmen betroffen sind, um die Verhältnismäßigkeit der gewählten Maßnahmen im Hinblick auch auf ihre **Informationsfreiheit** überprüfen zu lassen.[464]

Im **McFadden-Urteil** hat der EuGH die Notwendigkeit und Möglichkeit derartiger **sichernder Anordnungen** betont, zusätzlich ausgebaut und für Betreiber eines zugangsoffenen WLANs hinsichtlich der Kontrolle der diesbezüglichen Nutzung konkretisiert.[465]

103   In der älteren **Literatur** ist die einschlägige EuGH-Rechtsprechung vornehmlich unter dem Blickwinkel der Frage diskutiert worden, ob das damals bestehende System der durch Prüfungspflichten begrenzten Störerhaftung – und ob aber die spezifischen Begrenzungen der §§ 7–10 TMG nicht anwendbar sein sollten, mit den europäischen Vorgaben vereinbar war.[466] Die wohl überwiegende Auffassung (im Übrigen auch des **BGH**)[467] hielt jedenfalls die Störerhaftung auch hinsichtlich der vorbeugenden Pflichten (stay down) – ungeachtet bestimmter systematischer Abstimmungsschwierigkeiten im Einzelnen – zu Recht im Großen und Ganzen für mit den europäischen Vorgaben vereinbar und sah insbesondere keinen Verstoß gegen Art. 12–15 E-Commerce-RL.[468] Diese Auffassung wurde durch das McFadden-Urteil des EuGH[469] zusätzlich gestärkt.[470]

---

[457] Vgl. zur Kritik und zum Hintergrund der Entsch. mit Blick auf die Vorlagefrage des belgischen Gerichts, das eine ganz bes. weitreichende, umfassende vorbeugende Verpflichtung zur Prüfung vorgelegt hatte, *Leistner* ZUM 2012, 722 (728 ff.); insoweit im Ansatz zust. *Nolte/Wimmers* GRUR 2014, 16 (21). Letztlich ist an dieser Stelle zwischen bloßen Eingriffen in die Informationsfreiheit, die sich aus einer „Überfilterung" zweifellos ergeben können und deren Rechtfertigung aufgrund zielgerichteter, verhältnismäßiger Maßnahmen zum Schutz vor Urheberrechtsverletzungen zu unterscheiden; demgegenüber für eine strengere Lesart der Entsch., die in weitergehendem Umf. die Auferlegung von Filterpflichten ausschließen würde, *Nolte/Wimmers* GRUR 2014, 16 (21).

[458] EuGH GRUR 2012, 265 Rn. 40 – Scarlet/SABAM; EuGH GRUR 2012, 382 Rn. 38 – SABAM/Netlog.

[459] EuGH GRUR 2014, 468 – UPC Telekabel mit krit. Anm. *Marly* GRUR 2014, 472. S. näher zum Ganzen und mit den Reaktionen der dt. Lit. auf die Entsch. → Rn. 122 und → Rn. 138 f.

[460] EuGH GRUR 2014, 468 Rn. 23 ff. – UPC Telekabel.

[461] EuGH GRUR 2014, 468 Rn. 42 ff. – UPC Telekabel.

[462] EuGH GRUR 2014, 468 Rn. 52 ff. – UPC Telekabel.

[463] EuGH GRUR 2014, 468 Rn. 56 ff. – UPC Telekabel.

[464] EuGH GRUR 2014, 468 Rn. 56 f. – UPC Telekabel. → Rn. 138 ff. zum heutigen Haftungsregime für Access-Provider in Deutschland nach dem neuen TMG.

[465] EuGH GRUR 2016, 1146 Rn. 80 ff. – McFadden. Näher zum heutigen Haftungsregime für WLAN-Betreiber in Deutschland, das auf einer durch das Urteil veranlassten zwischenzeitlichen Änderung des TMG beruht, → Rn. 182 f.

[466] IE → Rn. 107 ff.

[467] BGH GRUR 2011, 1038 Rn. 22 ff. – Stiftparfum I; vgl. ausf. auch im Verhältnis zu Täterschaft und Teilnahme BGH GRUR 2013, 1229 Rn. 30 ff. – Kinderhochstühle im Internet II; Dreier/Schulze/*Specht* UrhG § 97 Rn. 40. → Rn. 107 ff.

[468] *Leistner* ZUM 2012, 722; *Peifer* AfP 2014, 18 (20); *Spindler* MMR 2011, 703 (706 f.); *Wiebe* WRP 2012, 1182; aA *Hollenders* S. 450 ff. (458); krit. auch mit Blick auf zu weitgehende Filterpflichten *Nolte/Wimmers* GRUR 2014, 16 (21 f.); ähnlich *Wiebe* WRP 2012, 1336. Zur Sonderfrage der Sperrverfügungen gegen Access-Provider → Rn. 122 und → Rn. 138 f. Vgl. umgekehrt zur notwendigen Ablösung der Störerhaftung durch eine verkehrspflichtbasierte Nebentäterschaft für weite Teile der Online-Rechtsverletzungen → Rn. 56a ff., → Rn. 62 und → Rn. 96 ff.

[469] EuGH GRUR 2016, 1146 – McFadden.

[470] *Leistner* ZUM 2016, 980 (982).

Praktische Bedeutung hat sie heute nur noch für das **Host-Providerprivileg** nach § 10 TMG, da im Übrigen gemäß § 8 Abs. 1 S. 2 TMG und § 9 S. 2 TMG nunmehr für jegliche Zugangs- und Caching-Provider auch Beseitigungs- und Unterlassungsansprüche ausdrücklich ausgeschlossen sind, sofern die spezifischen Providerprivilegien vorliegen; es bleibt dann lediglich bei der Möglichkeit von Sperr- und Sicherungsanordnungen nach § 7 Abs. 4 TMG.[471]

3. Haftungsprivilegien nach dem TMG

a) Überblick und Anwendungsbereich. Ursprünglich war die Verantwortlichkeit der Provider **104** im deutschen Recht im **Teledienstegesetz (TDG)** sowie im **Mediendienste-Staatsvertrag (MDStV)** von 1997 geregelt, die 2001 bzw. 2002 **novelliert** wurden, um die E-Commerce-RL umzusetzen.[472] Mit Wirkung vom 1.3.2007 löste das **Telemediengesetz** (TMG)[473] das Teledienstegesetz und weitestgehend auch den Mediendienste-Staatsvertrag ab. Die bis dahin geltenden Vorschriften bezüglich der Providerverantwortlichkeit blieben inhaltlich unverändert und finden sich nunmehr in **§§ 7–10 TMG**. Mit dem **Zweiten Gesetz zur Änderung des Telemediengesetzes** (BGBl. 2016 I S. 1766) wurde durch Ergänzung eines § 8 Abs. 3 TMG klargestellt, dass § 8 TMG auch auf **Anbieter lokaler drahtloser Netzwerke (WLANs)** anwendbar ist.[474] Nachdem der EuGH insoweit im **McFadden-Urteil**[475] dennoch auch auf der Basis einer Anwendbarkeit des Access-Providerprivilegs Sicherungsanordnungen gegen die Anbieter offener WLANs für geboten (und eine entsprechende Kostenerstattung für möglich) erklärt hatte,[476] hat nunmehr der Gesetzgeber im **Dritten Gesetz zur Änderung des Telemediengesetzes** (BGBl. 2017 I S. 3530)[477] erneut versucht, den Haftungsumfang der **WLAN-Provider** nochmals ausdrücklich in § 8 Abs. 4 TMG einzuschränken;[478] außerdem enthält § 7 Abs. 4 TMG eine neue spezialgesetzliche Anspruchsgrundlage für **Sperransprüche gegen WLAN-Provider** und verdrängt insoweit die Störerhaftung.[479]

Die Haftungsregelungen im TMG haben **Querschnittscharakter** im Sinne einer **„Filterfunk-** **105** **tion“.** Sind die Voraussetzungen einer Beschränkung der Verantwortlichkeit nach dem TMG erfüllt, scheidet eine Verantwortung für den Inhalt nach den in Bezug genommenen ordnungs-, straf- oder zivilrechtlichen Normen aus.

Der **BGH** hat die **spezifischen Providerprivilegien** der §§ 8–10 TMG für Durchleitung, Ca- **106** ching und Hosting allerdings in seiner bisherigen Rechtsprechung **nicht auf Beseitigungs- und Unterlassungsansprüche** im Rahmen der Störerhaftung angewendet, sondern lediglich auf Schadensersatzansprüche.[480] Begründet wurde dies damit, dass nach dem Wortlaut und der Systematik der E-Commerce-RL Verpflichtungen zur Verhinderung der Rechtsverletzung bzw. Sperrung des Zugangs zum rechtsverletzenden Inhalt unberührt blieben. Dies umfasse nach Hinweis auf konkrete, klare Rechtsverstöße nicht nur die Unterbindung der konkreten Rechtsverletzung, sondern auch die Verpflichtung zu **zumutbaren Maßnahmen (spezifischen Prüfungspflichten),** um künftigen **im Kern vergleichbaren Rechtsverletzungen** vorzubeugen. Das **Verbot allgemeiner Überwachungspflichten** nach § 7 Abs. 2 TMG sei allerdings ein **allgemeiner Grundsatz,** der auch im Rahmen solcher Beseitigungs- und Unterlassungsansprüche aufgrund von Störerhaftung zu berücksichtigen sei.[481]

Aufgrund des Dritten Gesetzes zur Änderung des Telemediengesetzes lässt sich diese Rechtsprechung hinsichtlich **Access-Providern und Caching-Providern** allerdings insgesamt nicht mehr

---

[471] → Rn. 139a ff.

[472] Näher → 4. Aufl. 2010, Rn. 79 f. mwN.

[473] Verkündet als Art. 1 Elektronischer-Geschäftsverkehr-Vereinheitlichungsgesetz vom 26.2.2007 BGBl. I S. 179 – ElGVG.

[474] Vgl. *J. B. Nordemann* GRUR 2016, 1097 (dort auch schon zum im unmittelbaren Anschluss ergangenen McFadden-Urteil des EuGH).

[475] EuGH GRUR 2016, 1146 – McFadden.

[476] Näher → Rn. 182.

[477] In Kraft getreten zum 13.10.2017. Vgl. dazu *Spindler* NJW 2017, 2305 (der zu Recht Zweifel an der Europarechts- und Verfassungskonformität von Teilen des Gesetzes äußert); krit. auch *Grisse* GRUR 2017, 1073: Nachbesserungsbedarf und ebenfalls unionsrechtliche Zweifel; ebenso *Nicolai* ZUM 2018, 33; *Höfinger* ZUM 2018, 382 (383 f.). S. nunmehr BGH GRUR 2018, 1044 Rn. 40 ff. – Dead Island mit einer richtlinienkonformen Rechtsfortbildung des neuen Gesetzes um Websperren im Bereich drahtgebundener Zugangsprovider zu ermöglichen. Näher → Rn. 139a ff.

[478] Näher → Rn. 182a.

[479] BGH GRUR 2018, 1044 Rn. 40 ff. – Dead Island hat diese Anspruchsgrundlage für Sperransprüche unionsrechtskonform dahingehend fortgebildet, dass auf dieser Grdl. auch Sperranordnungen und sonstige Sicherungsanordnungen gegen drahtgebundene Access-Provider möglich sind; näher → Rn. 139a ff. Unerheblich ist, ob die rechtsverletzenden Werke gerade von Kunden des Internetzugangsproviders hochgeladen wurden, da ein Telemediendienst bereits dadurch für die Rechtsverletzung iSd § 7 Abs. 4 TMG „in Anspruch genommen“ wird, dass er seinen Kunden den Zugang zu von Dritten öffentlich zugänglich gemachten rechtsverletzenden Inhalten im Internet ermöglicht (LG München I GRUR-RR 2019, 345 Rn. 35 ff. – Albumveröffentlichung).

[480] BGH GRUR 2004, 860 (862) – Internet-Versteigerung I; BGH GRUR 2007, 708 Rn. 17 – Internet-Versteigerung II; BGH GRUR 2011, 152 Rn. 26 – Kinderhochstühle im Internet. Die Haftungsprivilegien gelten auch im Strafrecht, s. KG MMR 2015, 345 Rn. 14 ff. mwN (in der Entsch. konkret § 10 TMG).

[481] Vgl. BGH GRUR 2007, 890 Rn. 39 – Jugendgefährdende Medien bei ebay; BGH GRUR 2015, 485 Rn. 51 mwN.

aufrechterhalten, da insoweit bei Vorliegen der Privilegierungsvoraussetzungen nunmehr in § 8 Abs. 1 S. 2 TMG (ggf. iVm § 9 S. 2 TMG) ausdrücklich auch der Ausschluss jeglicher Unterlassungs- oder Beseitigungsansprüche angeordnet ist.[482]

107   Die Rechtsprechung des BGH zum Verhältnis von Unterlassungsansprüchen und Providerprivilegien war im Hinblick auf ihre Vereinbarkeit mit den Vorgaben der E-Commerce-RL in der **älteren Literatur** umstritten.[483] Allerdings hat der EuGH seit dem Urteil in Sachen L'Oréal/eBay eine zumindest im Grundsatz vergleichbare Konzeption der **Vermittlerhaftung** im europäischen Recht entwickelt, die Host-Provider gerade unabhängig von ihrer eigenen Verantwortlichkeit jedenfalls verpflichtet sieht, gegebenenfalls auch zumutbare Maßnahmen zur **Vorbeugung** gegen erneute Rechtsverletzungen zu treffen.[484] Damit befindet sich die Rechtsprechung zur deutschen Störerhaftung – soweit sie für Unterlassungsansprüche bezüglich **Host-Providern** weiterhin Geltung beanspruchen kann – im grundsätzlichen Einklang mit den europäischen Vorgaben.[485] Der BGH (I. Zivilsenat) hat dies selbst (zuerst in seinem **Stiftparfum-Urteil**) zutreffend bestätigt.[486] In der *McFadden*-Entscheidung hat der EuGH die Rechtsprechung des BGH im Ergebnis gebilligt[487] und klargestellt, dass es Art. 12 Abs. 1 E-Commerce-RL nicht zuwiderläuft, wenn ein Access-Provider auf Unterlassung in Anspruch genommen und auch zur Kostentragung bezüglich der hierfür notwendigen Abmahnung sowie der Gerichtskosten verurteilt wird.[488]

108   Mit der *McFadden*-Entscheidung dürfte der Streit in der deutschen Literatur – soweit er für den Bereich der Host-Provider noch Bedeutung hat – nunmehr jedenfalls hinsichtlich der Vereinbarkeit mit europarechtlichen Vorgaben geklärt sein.

Teile der **neueren Literatur** haben den Urteilen des BGH, die zuletzt jeweils die bisherige Rechtsprechung auch zur Störerhaftung an den Vorgaben des EuGH bezüglich des Verbots allgemeiner Überwachungspflichten (Art. 15 Abs. 1 E-Commerce-RL, umgesetzt in § 7 Abs. 2 TMG) und der Nichtverantwortlichkeit der Host-Provider unter den Voraussetzungen des Art. 14 Abs. 1 E-Commerce-RL (umgesetzt in § 10 TMG) messen,[489] eine Tendenz dahingehend entnommen, nunmehr auch Beseitigungs- und Unterlassungsansprüche im Rahmen der Störerhaftung insgesamt den Haftungsbeschränkungen der §§ 7 ff. TMG (also auch den spezifischen Haftungsbegrenzungen in §§ 8–10 TMG) zu unterwerfen.[490]

Jedenfalls aber hat der **VI. Zivilsenat für Persönlichkeitsrechtsverletzungen** eindeutig daran festgehalten, dass die Haftungsbeschränkung nach § 10 TMG nicht für Unterlassungsansprüche gilt.[491] Auch der Rechtsprechung des I. Zivilsenats lässt sich genau genommen bisher kein Abschied von der „Immunität" der Störerhaftung bezüglich der spezifischen Haftungsprivilegierungen der §§ 8–10 TMG entnehmen. Denn der Blickwinkel lediglich auf die Ausführungen zu §§ 7 ff. TMG ist insofern verkürzt, als das Stiftparfum-Urteil im unmittelbaren Anschluss die vom EuGH entwickelten Grundsätze zur **Vermittlerhaftung** nach Enforcement-RL und InfoSoc-RL betont, die gerade auch **un-**

---

[482] Vgl. zu Sperranordnungen auf Grdl. von § 7 Abs. 4 TMG näher → Rn. 139a ff. (für Access-Provider) und → Rn. 182 f. (für WLAN-Anbieter). Angesichts dieser Neuregelung in § 7 Abs. 4 TMG bestehen gegen § 8 Abs. 1 S. 2 TMG nach Auffassung des BGH auf der Grdl. unionsrechtskonformer Rechtsfortbildung keine durchgreifenden unionsrechtlichen Bedenken, s. BGH GRUR 2018, 1044 Rn. 42 f. – Dead Island.

[483] Krit. mit Blick auf die nicht erfolgte Vorlage zum EuGH zB *Spindler* GRUR 2011, 101 (102); unter dem Blickwinkel des Verbots allg. Überwachungspflichten, zu denen sich die vorbeugenden Prüfungspflichten aufgrund der Summierung einer Vielzahl von Einzelfällen auswachsen könnten, auch *Volkmann* CR 2008, 232 (234 f.); *Nolte/Wimmers* GRUR 2014, 16 (22); vgl. iÜ schon die Nachweise für beide Auffassungen bei *Leistner* GRUR 2006, 801 (805) in Fn. 42.

[484] EuGH GRUR 2011, 1025 Rn. 127 ff. – L'Oréal/eBay; in der Entsch. „UPC Telekabel" (EuGH GRUR 2014, 468) wurde dies iErg auch für Access-Provider ausdrücklich bestätigt (→ Rn. 139).

[485] *J. B. Nordemann* GRUR 2011, 977 (978): Störerhaftung aufgrund der Prüfungspflichten sogar zu begrenzt; *Spindler* MMR 2011, 703 (706); *Leistner* ZUM 2012, 722 (726 ff.). Dagegen krit. ggü. der Ausdehnung der Filterpflichten nach der dt. Störerhaftung im Vergleich zu den in den SABAM-Urteilen entwickelten Maßstäben *Nolte/Wimmers* GRUR 2014, 16 (21 f.). Zum Sonderproblem der Sperrverfügungen gegen Access-Provider → Rn. 122 und → Rn. 138 f.

[486] BGH GRUR 2011, 1038 Rn. 22 ff., insbes. Rn. 25 – Stiftparfum; BGH GRUR 2013, 370 Rn. 19 – Alone in the Dark; übergreifend auch im Hinblick auf die grds. vorgelagert nach nationalem Recht zu beurteilenden Kategorien von Täterschaft und Teilnahme BGH GRUR 2013, 1229 Rn. 30 ff. – Kinderhochstühle im Internet II; siehe auch BGH GRUR 2015, 485 Rn. 52 – Kinderhochstühle im Internet III.

[487] EuGH GRUR 2016, 1146 Rn. 76 ff. – McFadden; *Leistner* ZUM 2016, 980 (982).

[488] Vgl. zur diesbezüglich abw. Neuregelungen im dt. TMG näher → Rn. 139c, → Rn. 176, → Rn. 182.

[489] S. zuerst BGH GRUR 2011, 1038 Rn. 22 ff. – Stiftparfum; für das Urheberrecht BGH GRUR 2013, 370 Rn. 19 ff. – Alone in the Dark.

[490] *Büscher/Dittmer/Schiwy/Niebel* UrhG § 97 Rn. 22; *Köhler/Bornkamm/Feddersen/Köhler/Feddersen* UWG § 8 Rn. 2.28; *Spindler* NJW 2014, 2550 (2553); *Ohly* ZUM 2015, 308 (310, 312); *v. Ungern-Sternberg* GRUR 2012, 312 (327); *Wandtke/Bullinger/v. Wolff* UrhG § 97 Rn. 25; so nunmehr auch → Rn. 230; vgl. dies weiter diff. *Nolte/Wimmers* GRUR 2014, 16 (20): einerseits Anwendung der Haftungsprivilegierung auch auf Unterlassungsansprüche, andererseits Grundsätze der Störerhaftung unverändert bekräftigt; vgl. auch KG MMR 2014, 46 (50) (auch der BGH (GRUR 2015, 1129 Rn. 33 f. – Hotelbewertungsportal) hat im Anschluss zwar die Diensteanbietereigenschaft eines Portals geprüft, dann aber daraus nur auf das Verbot allgemeiner Überwachungspflichten, nicht aber auf eine Anwendbarkeit der spezifischen Providerprivilegien geschlossen); s. zul. wiederum *Ohly* GRUR 2018, 1139 (1140 f.).

[491] BGH GRUR 2012, 311 Rn. 19 – Blog-Eintrag; BGH GRUR 2012, 751 Rn. 9 – RSS-Feeds; ebenso zB OLG Dresden ZUM-RD 2015, 452 Rn. 48.

abhängig von der Verantwortlichkeit des Providers zumindest zumutbare spezifische Prüfungs-pflichten zur Verhinderung künftiger Rechtsverletzungen fordern. Auch geht der BGH bei seiner Beurteilung der Unterlassungsansprüche nach dem europäischen Maßstab schon im Stiftparfum-Urteil und ebenso im späteren Alone in the Dark-Urteil[492] schwerpunktmäßig auf das Verbot allgemeiner Überwachungspflichten nach Art. 15 Abs. 1 E-Commerce-RL (§ 7 Abs. 2 TMG) ein. Dabei handelte es sich aber schon nach der angestammten Rechtsprechung des BGH um einen **allgemeinen Grundsatz,** der auch im Rahmen der Prüfungspflichten aufgrund der Störerhaftung zu berücksichti-gen ist. Die Prüfung, ob es sich bei den jeweiligen Störern in diesen Fällen um neutrale Diensteanbie-ter iSd §§ 8 ff. TMG handelt, lässt sich hier also durchaus auch als Vorfrage für die Anwendbarkeit des § 7 Abs. 2 TMG auffassen.

Nach alldem ist jedenfalls eine eindeutige Anwendung der spezifischen Providerprivilegien der §§ 8–10 TMG auf Beseitigungs- und Unterlassungsansprüche im Rahmen der Störerhaftung des Host-Providers der jüngeren BGH-Rechtsprechung nicht zu entnehmen. Vielmehr lässt sich diese Rechtsprechung auch so verstehen, dass der BGH die von ihm entwickelte richterrechtliche Konzep-tion spezifischer reaktiver Prüfungspflichten im Rahmen der Störerhaftung insgesamt an den übergrei-fenden Vorgaben des EuGH nicht nur zur Interpretation der E-Commerce-RL einerseits, sondern auch zur näheren Konturierung der Vermittlerhaftung nach der Enforcement- und der InfoSoc-RL andererseits misst und insoweit zu dem Ergebnis kommt, dass unter angestammter Anwendung des § 7 Abs. 2 TMG im Übrigen an den **Grundsätzen der Störerhaftung im Einklang mit dieser europäischen Gesamtvorgabe im Ergebnis festgehalten** werden kann.[493] Nachdem der EuGH in *McFadden* im Ergebnis aufgrund der eingeschränkten Verantwortlichkeit eines Access-Providers ausdrücklich nur Schadensersatzansprüche abgeschnitten sieht, während im Übrigen gerichtliche An-ordnungen auf Unterlassung nebst vorbereitenden Abmahnungen und Anträgen (auch hinsichtlich der möglichen Tragung der Abmahn- und Gerichtskosten durch den Diensteanbieter) unberührt blei-ben,[494] ist nach der hier vertretenen Auffassung klargestellt, dass es für Host-Provider zweifellos bei Beseitigungs- und Unterlassungsansprüchen nebst der entsprechenden Kostentragung im bisherigen Umfang bleiben kann, wobei das Verbot allgemeiner Überwachungspflichten als allgemeiner Grund-satz natürlich dennoch zu beachten ist.[495]

(unbesetzt) 109

Im Übrigen hatten einzelne Stimmen in der Literatur – sozusagen genau umgekehrt – angemahnt, 110 dass die Grundsätze der Störerhaftung mit ihrer Begrenzung durch spezifische Prüfungspflichten im Vergleich zur **europäischen Vermittlerhaftung** im Lichte der jüngeren EuGH-Urteile nicht weit genug reichen und daher in **richtlinienkonformer Auslegung** gegebenenfalls zu erweitern sind.[496] Auch insgesamt wurde schon über eine **gesetzgeberische Festschreibung** und Klarstellung der wesentlichen Grundsätze der Störerhaftung im Einklang mit der europäischen Vorgabe nachge-dacht.[497] Der Gesetzgeber hat im Dritten Gesetz zur Änderung des Telemediengesetzes insoweit nur eine kupierte, systematisch irreführende und ihrem Wortlaut nach sogar europarechtswidrige[498] Spezi-alvorschrift zu Ansprüchen auf Sperrmaßnahmen nur gegen WLAN-Betreiber erlassen (s. § 7 Abs. 4 TMG mit § 8 Abs. 1 S. 2 TMG);[499] der BGH hat diese Vorschrift nun in richtlinienkonformer Rechtsfortbildung zur allgemeinen Grundlage für Ansprüche auf Sperrmaßnahmen gegen Access-Provider genommen, was allerdings wiederum zu bestimmten Defiziten und offenen Fragen führt.[500]

b) Allgemeine Grundsätze (§ 7 TMG). Aus § 7 Abs. 1 TMG ergibt sich, dass Provider für **ei-** 111 **gene Informationen,** die sie zur Nutzung bereithalten nach den allgemeinen Gesetzen verantwort-lich sind. Für unmittelbar **eigene Informationen** und auch soweit sich der Provider die von ihm

---

[492] Bes. deutlich BGH GRUR 2011, 1038 Rn. 22 – Stiftparfum; BGH GRUR 2013, 370 Rn. 19, 28 – Alone in the Dark.

[493] Vgl. eindeutig in diese Richtung nunmehr auch BGH GRUR 2013, 1229 Rn. 34 ff. – Kinderhochstühle im Internet II, mit normaler Prüfung der Störerhaftung unter Berücksichtigung des Verbots allg. Überwachungspflich-ten und der Vorgaben des EuGH zur Reichweite der eur. Vermittlerhaftung; ebenso vgl. nach hier vertretener Auff. genau in diese Richtung auch BGH GRUR 2015, 485 Rn. 51 ff. – Kinderhochstühle im Internet III: Ein-ordnung als Diensteanbieter iSd §§ 8–10 TMG lediglich als Vorfrage des Verbots allg. Überwachungspflichten angesprochen.

[494] EuGH GRUR 2016, 1146 Rn. 72 ff. – McFadden.

[495] Wie hier *J. B. Nordemann* GRUR 2016, 1097 (1100); aA *Ohly* GRUR 2018, 1139 (1140 f.) hins. der An-wendbarkeit des § 10 TMG, wobei der Unterschied iErg nicht so groß sein dürfte, da auch im Rahmen des § 10 TMG die wesentlichen Pflichten auf Sperrung und Prüfung für die Zukunft jedenfalls möglich sind.

[496] *J. B. Nordemann* GRUR 2011, 977; *J. B. Nordemann* ZUM 2014, 499; Fromm/Nordemann/*J. B. Nordemann* UrhG § 97 Rn. 159c mwN.

[497] In diese Richtung *Kropp* S. 175, 181; *Ohly*, Gutachten F zum 70. Deutschen Juristentag, 2014, F 105 ff.: für eine eigenständige Regelung der Vermittlerhaftung nach dem Vorbild der Störerhaftung nebst einer demgegenüber eigenständigen Regelung von Sperrverfügungen gegen Access-Provider; im Grundsatz zust. *Leistner* JZ 2014, 846 (856); *Spindler* NJW 2014, 2550 (2553); iE → Rn. 102 f., → Rn. 138 f.

[498] S. beispielsartig für die berechtigte Kritik in der Lit.: *Spindler* CR 2017, 333 (334): eher dunkle Äußerungen in der Gesetzesbegründung; *Höfinger* ZUM 2018, 382 (384): dies sei noch äußerst milde formuliert. Zur Europa-rechtswidrigkeit der Vorschrift nach ihrem Wortlaut → Rn. 139a.

[499] Näher → Rn. 182 f.

[500] Näher → Rn. 138 ff.

vermittelten Informationen **zu eigen macht** haftet er daher nach den allgemeinen Vorschriften (dann idR täterschaftlich als Werknutzer).[501] Die Haftungsprivilegierungen greifen also nur für **fremde Informationen.**

112   Schon keine **fremden Informationen,** sondern von vornherein **eigene Informationen** liegen bei gebotener richtlinienkonformer Auslegung vor, wenn ein Website-Anbieter von Dritten zugelieferte Informationen durch seine Mitarbeiter individuell empfängt, zur Kenntnis nimmt und auf der eigenen Seite (zB durch Speicherung auf dem eigenen Server und Erstellung eines Kalendereintrags in einem informierenden Terminkalender auf der eigenen Website mit Link auf diese eigene Serveradresse) einstellt.[502] Denn dann haben die Mitarbeiter des Anbieters **Kenntnis** von dem **konkret** bereit gestellten Inhalt und spezifische **Kontrolle** über den Speichervorgang, so dass es sich um **eigene Inhalte** handelt. Dies ergibt sich auch zwingend aus der Rechtsprechung des EuGH zur E-Commerce-RL,[503] der zufolge die Providerprivilegien nur auf neutrale, technische, automatische, passive Dienste anwendbar sind und nicht in Betracht kommen, wenn der Provider eine aktive Rolle spielt, die ihm konkrete Kenntnis oder Kontrolle bezüglich einzelner Inhalte verschaffen konnte.[504]

113   Ob sich der Provider im Übrigen fremde Inhalte **zu eigen gemacht** hat, beurteilt sich nach der Grundsatzentscheidung des **BGH** in **marions-kochbuch.de**[505] anhand einer objektiven Gesamtbetrachtung sämtlicher Umstände des Einzelfalls aus der **Sicht eines verständigen Nutzers.** Die Entscheidung betraf eine Plattform mit Kochrezepten, die sich durch eine **redaktionelle inhaltliche Kontrolle** und **Strukturierung** der Inhalte, vergleichsweise **weitreichende Nutzungsrechtseinräumungen** (die letztlich für eine wirtschaftliche Zuordnung der Inhalte zu der Plattform selbst einschließlich der seitens der Plattform angebotenen kommerziellen Nutzung durch Dritte sorgten) und insbesondere eine **Präsentation der Inhalte** auf der Plattform als eigene (nebst entsprechend groß ausgestaltetem Logo des Betreibers auch in den von den Nutzern zugelieferten Fotos, Ausdrucken etc) auszeichnete. Dies führte aus Sicht verständiger Nutzer dazu, dass die Fremdinhalte als der eigentliche, redaktionelle Kerngehalt des eigenen Angebots des Betreibers angesehen wurden, für den dieser **tatsächlich und nach außen sichtbar die Verantwortung übernehmen** wollte. Für diese Konstellation wurde vom BGH ein Zueigenmachen bejaht.[506]

In der Folge ist ein Zueigenmachen auch für weitere Hosting-Plattformen, insbesondere Videoplattformen (wie YouTube[507]), in vereinzelten Gerichtsentscheidungen angenommen worden.[508] Die **herrschende Meinung** ist dieser Entwicklung allerdings nicht gefolgt.[509] Insbesondere das Kriterium der Kontrolle und Überprüfung der Inhalte ist allein für sich genommen nicht unproblematisch und als Indiz für ein Zueigenmachen in jedem Falle eher **zurückhaltend** zu handhaben.[510] Denn ersichtlich würde ein solches Kriterium in zu extensiver Handhabung kontraintentionale Effekte dahingehend entfalten, dass die Plattformbetreiber – um sich die Haftungsprivilegien sicher zu erhalten – keinerlei über rein automatisierte Mindestkontrollen hinausreichende Kontrollmaßnahmen mehr vornehmen könnten.[511] Nur wo es um echte inhaltliche Kontrolle, Einflussnahme oder spezifische Optimierung oder Bewerbung der konkreten Inhalte im Interesse des Angebots einer eigenen inhaltebezogenen Dienstleistung geht, kann daher ein Zueigenmachen in Betracht kommen. Wo lediglich eine Vorabüberprüfung vorgenommen wird, um eindeutig illegale oder unzulässige Inhalte vorbeugend

---

[501] → Rn. 59 ff.; näher zum Verhältnis der eur. und dt. Verletzungstatbestände im Rahmen der täterschaftlichen Haftung zum Kriterium des Zueigenmachens als negative Voraussetzung im Rahmen der Providerprivilegien, das insges. stimmig ist, *Leistner* ZUM 2012, 722 (731 f., 736 ff.).

[502] BGH GRUR 2014, 180 – Terminhinweis mit Kartenausschnitt. Sa. EuGH GRUR 2018, 911 – Córdoba.

[503] → Rn. 96 ff.

[504] BGH GRUR 2014, 180 Rn. 18 ff. – Terminhinweis mit Kartenausschnitt; dort iÜ für einen solchen Fall eigene täterschaftliche Verletzung des Rechts auf öffentliche Zugänglichmachung bejaht.

[505] BGH GRUR 2010, 616 – marions-kochbuch.de.

[506] BGH GRUR 2010, 616 Rn. 22 ff. – marions-kochbuch.de; bestätigt in BGH GRUR 2013, 1229 Rn. 31 – Kinderhochstühle im Internet II.

[507] S. in Sachen YouTube nun ohnedies die Vorlageentsch. BGH GRUR 2018, 1132 – YouTube sowie die anstehende Neuregelung für Online-Inhalteanbieter aufgrund von Art. 17 DSM-RL (näher → Rn. 56e ff., 148a ff., 170a).

[508] LG Hamburg MMR 2010, 833 – YouTube; sa. OLG Hamburg ZUM 2009, 642 – Gitarrist im Nebel; LG Berlin ZUM 2012, 64 (66); OLG Köln NJW-RR 2002, 1700 (1701). S. zur Praxis von Verkaufsplattformen (insbes. Amazon), bestimmten Angeboten automatisiert eine bestimmte Präsentation zuzuordnen, → Rn. 65 und → Rn. 154. S. mit weiteren Argumenten *Ludyga* ZUM 2016, 1013 (1016).

[509] S. OLG Düsseldorf ZUM 2012, 327 (328); eindeutig klarstellend dann schon OLG Hamburg ZUM 2011, 500 (502 f.) – Sevenload; in der Folge auch LG Hamburg ZUM 2012, 596 (600 f.) – GEMA v. YouTube; OLG Hamburg MMR 2016, 269 – Störerhaftung von YouTube; OLG München GRUR 2016, 612 – Allegro barbaro. Vgl. dazu ua *Leupold* MMR 2012, 404 (408); *Schoene* GRUR-Prax 2012, 217; vorsichtig zust. auch *Leistner* ZUM 2012, 722 (731 f.) mwN; vgl. ausf. vor dem Hintergrund der zwischenzeitlichen Entwicklung in der EuGH-Rspr. *Leistner*, Is the CJEU Outperforming the Commission?, 2017, abrufbar unter https://ssrn.com/abstract=3077615 mwN; vgl. Fromm/Nordemann/*J. B. Nordemann* UrhG § 97 Rn. 149 mwN.

[510] *Leistner* ZUM 2012, 722 (724); *Nolte/Wimmers* GRUR 2014, 16 (21); vgl. auch BGH GRUR 2009, 1093 Rn. 19 – Focus Online; Köhler/Bornkamm/Feddersen/*Köhler/Feddersen* UWG § 8 Rn. 2.27.

[511] *Leistner* ZUM 2012, 722 (724); *Nolte/Wimmers* GRUR 2014, 16 (21) mit einem entspr. problematischen Bsp. aus der Rspr. Vgl. (für das UWG) zutr. LG Berlin BeckRS 2014, 18466; KG MMR 2014, 46; bestätigt durch BGH GRUR 2015, 1129 – Hotelbewertungsportal; *Oelschläger* GRUR-Prax 2012, 274 (275).

auszuscheiden, ist dies grundsätzlich wünschenswert und sollte daher nicht zur Annahme eines Zueigenmachens führen. In dem automatisierten Versenden von E-Mails mit Suchergebnissen an kaufinteressierte Mitglieder einer Plattform, der elektronischen Unterstützung zur Angebotserstellung oder der Zurverfügungstellung von Kaufabwicklungssystemen sah der BGH kein Zueigenmachen eventueller rechtsverletzender Angebote.[512] Auf die tatsächliche Kenntnis oder Kontrolle soll es dagegen nicht ankommen, wenn schutzrechtsverletzende Angebote auf einer Verkaufsplattform zwar von Dritten eingestellt werden, aber im Namen und auf Rechnung des Plattformbetreibers erfolgen. Dann stellt sich das Angebot aus Nutzersicht als eines des Betreibers dar. Zudem hat dieser die Möglichkeit, jederzeit Kontrolle auszuüben.[513]

Diese Grundsätze der deutschen Rechtsprechung ähneln hinsichtlich der Haftungsprivilegierungen **114** bei gebotener zurückhaltender Handhabung im Ergebnis im Wesentlichen den Vorgaben des **europäischen Rechts,**[514] denen zufolge die Haftungsprivilegierungen der E-Commerce-RL grundsätzlich nur **neutralen Providern** zugute kommen, die nicht aufgrund eigener Einflussnahme auf die vermittelten Inhalte selbst eine aktive Rolle spielen, die ihnen Kenntnis oder Kontrolle bezüglich dieser Inhalte verschaffen konnte.[515] Bei genauer systematischer Betrachtung bildet die vorgelagerte Frage nach einer Täterschaft aufgrund eigener Werknutzung oder aufgrund eines Zueigenmachens fremder Inhalte einen Teilausschnitt aus der weiteren Kategorie **aktiver Provider** iSd europäischen Rechts ab. Eine aktive, nicht neutrale Rolle iSd europäischen Rechts ist demnach notwendige, aber nicht hinreichende Bedingung für eine Täterschaft aufgrund Zueigenmachens nach deutschem Recht.[516] Daher kann ein inhaltlicher Widerspruch zwischen der Annahme einer täterschaftlichen Haftung nach deutschem Recht einerseits und nachfolgender Anwendung der europäisch überformten Haftungsprivilegien andererseits an dieser Stelle praktisch nicht entstehen. Vielmehr liegen bei eigener Werknutzung oder Zueigenmachen als Grundlage einer Haftung als Täter (Verletzer) nach deutschem Recht in der Folge idR[517] auch eigene Informationen iSd § 7 Abs. 1 TMG und deshalb eine „aktive Rolle" des Providers nach europäischer Rechtsprechung vor, so dass dann auch die Anwendung der Haftungsprivilegien nicht in Betracht kommt.[518]

Fraglich ist allerdings aufgrund der neueren europäischen Entwicklung mit der weiten **täterschaftlichen Haftung** beim Recht der öffentlichen Wiedergabe, die in Deutschland im Wege einer **verkehrspflichtbasierten Nebentäterschaft** für Mitverursacher in **zentraler Rolle** umzusetzen ist,[519] ob es neben einer derartigen täterschaftlichen Haftung für Verkehrspflichtverletzung, die nach hier vertretener Auffassung jedenfalls zumindest jeden aktiven Provider erfassen muss,[520] überhaupt noch Raum für ein Kriterium des „Zueigenmachens" geben kann oder ob dies nicht vielmehr in der Prüfung der genuin europäischen Kriterien der zentralen Rolle und ggf. des neuen Publikums auflöst. In der Literatur sind daher mit bedenkenswerten Gründen **Zweifel am Kriterium des „Zueigenmachens"** geäußert worden.[521]

Liegen nach alldem fremde Informationen vor, sind die Diensteanbieter nach § 7 Abs. 2 TMG **115** „nicht verpflichtet, die von ihnen übermittelten oder gespeicherten Informationen zu überwachen oder nach Umständen zu forschen, die auf eine rechtswidrige Tätigkeit hinweisen". Dieses **Verbot allgemeiner Überwachungspflichten,** mit dem der Art. 15 Abs. 1 E-Commerce-RL umgesetzt wird,

---

[512] BGH GRUR 2015, 485 Rn. 43 ff. – Kinderhochstühle im Internet III.

[513] BGH GRUR 2016, 493 Rn. 15 ff. – Al Di Meola; → Rn. 154.

[514] → Rn. 98. Vgl. auch Fromm/Nordemann/*J. B. Nordemann* UrhG § 97 Rn. 187 mwN.

[515] Vgl. BGH GRUR 2013, 1229 Rn. 30 ff. – Kinderhochstühle im Internet II (dort auch mit Abgrenzung von der vorgelagerten Frage nach den Voraussetzungen von Täterschaft und Teilnahme); BGH GRUR 2014, 180 Rn. 13 ff. – Terminhinweis mit Kartenausschnitt, wo zuerst eine eigene täterschaftliche Werknutzung bejaht, dann in der Folge eine Anwendung der Haftungsprivilegien aufgrund des Eigencharakters der Inhalte (bzw. der aktiven Rolle des Providers iSd eur. Rechts) verneint wird; *Nolte/Wimmers* GRUR 2014, 16 (20 f.); unter systematischer Einordnung hins. der Abgrenzung von Täterschaft und Teilnahme, der Neutralitätsvoraussetzung der Haftungsprivilegierung und schließlich der Differenzierung zwischen vollkommen neutralen und zumindest ein gefahrgeneigten Geschäftsmodellen (im Rahmen der Störerhaftung) iErg ebenso *Leistner* ZUM 2012, 722 (731 f. und 736 ff.); *Ludyga* ZUM 2016, 1013 (1016 f.).

[516] Vgl. genau in diesem Sinne BGH GRUR 2013, 1229 Rn. 30 ff. – Kinderhochstühle im Internet II: zuerst Täterschaft durch Zueigenmachen aufgrund ausschließlicher Anwendung des dt. Rechts abgelehnt, in der Folge aber eine aktive Rolle des Providers aufgrund der Schaltung von Adwords-Anzeigen mit direkten Links auf verletzende Inhalte bejaht.

[517] Für eine ausnahmsweise erwogene täterschaftliche Verbreiterhaftung (im UWG) nur → Rn. 173.

[518] BGH GRUR 2014, 180 Rn. 13 ff. – Terminhinweis mit Kartenausschnitt; in diese Richtung ausführlicher schon *Leistner* ZUM 2012, 722 (736 ff.), dort auch unter Berücksichtigung der schon erfolgten Harmonisierung der wesentlichen ökonomischen Verwertungsrechte im eur. Urheberrecht, die insofern auch die Grenze zur Täterschaft (Verletzung) europäisch überformt. Vgl. näher dazu *v. Ungern-Sternberg* GRUR 2012, 576; aA *v. Samson-Himmelstjerna* S. 71 ff., 100, 219, der die Gleichstellung von zu eigen gemachten Inhalten mit eigenen Inhalten im Rahmen des § 7 TMG schon für nicht mit der E-Commerce-RL vereinbar hält und das Konstrukt des Zueigenmachens insges. ablehnt.

[519] → Rn. 56 a ff., → Rn. 62 a, → Rn. 96 ff.

[520] S. insoweit etwa *Grünberger* ZUM 2018, 321 (330); *Hofmann* ZUM 2017, 750; *Leistner* GRUR 2017, 755; *Ohly* ZUM 2017, 793 (796); Fromm/Nordemann/*J. B. Nordemann* UrhG § 97 Rn. 150c mwN.

[521] *Specht* ZUM 2017, 114 (119); *Ohly* ZUM 2017, 793 (800 f.); am deutlichsten zul. *Grünberger* ZUM 2018, 271 (282).

gilt als **allgemeiner Grundsatz** für sämtliche spezifischen Provider und ist nach der BGH-Rechtsprechung **auch auf die Störerhaftung anwendbar.**[522]

116   Liegt allerdings eine **eigene Werknutzung** (insbesondere in der Form täterschaftlicher Haftung aufgrund **Zueigenmachens** nach der bisherigen Rechtsprechung[523]) – und damit kein fremder Inhalt – vor, ist **§ 7 Abs. 2 TMG** nach seinem Wortlaut **nicht anwendbar.** Entsprechend geht der I. Zivilsenat des BGH auch in seiner bisherigen Rechtsprechung zu Marken- und Urheberrechtsverletzungen im Einklang mit den Vorgaben des europäischen Rechts davon aus, dass **§ 7 Abs. 2 TMG nicht anwendbar** ist, wenn der Provider eine **aktive Rolle** gespielt hat, die ihm **Kenntnis oder Kontrolle** bezüglich bestimmter Daten verschaffen konnte.[524]

Allerdings hat der VI. Zivilsenat in einem Urteil zu Persönlichkeitsrechtsverletzungen durch die Autocomplete-Funktion einer Suchmaschine einerseits mit Blick auf die angebotenen Suchwortkombinationen einen eigenen Inhalt angenommen, dann andererseits für das allgemeine Persönlichkeitsrecht als Rahmenrecht iSd § 823 Abs. 1 BGB aufgrund einer umfassenden Abwägung der beteiligten Grundrechtspositionen dennoch den Suchmaschinenanbieter im Ergebnis nicht zu einer allgemeinen Überwachung, sondern nur zu Prüfungspflichten nach Hinweis auf Rechtsverstöße verpflichtet gesehen.[525] Mit Blick auf die einfachgesetzliche Wertung des § 7 TMG, die ein e contrario-Argument im Falle eigener Informationen nahe legt,[526] scheint diese Rechtsprechung, die sich bei Persönlichkeitsrechtsverletzungen aufgrund des Rahmencharakters und der notwendigen offenen Interessenabwägung gut begründen lässt, allerdings nicht ohne Weiteres auf Urheberrechtsverletzungen übertragbar. Vielmehr stellt sich für das Urheberrecht die – anders gelagerte – Frage, ob an dem Kriterium des Zueigenmachens angesichts der neuen täterschaftlichen europäischen Haftungskonzeption überhaupt festgehalten werden sollte.[527]

117   **c) Spezifische Haftungsprivilegien (§§ 8–10 TMG).** Angesichts der bisher überragenden Bedeutung der Störerhaftung im Online-Bereich haben die **spezifischen Haftungsprivilegien** für **Zugangs- und Durchleitungsvermittlung (also auch Access-Provider, § 8 TMG), Zwischenspeicherung (Caching, § 9 TMG)** und **Speicherung von Informationen (Host-Provider, § 10 TMG)** bisher in der Praxis eine eher untergeordnete Rolle gespielt, da sie nach der bisherigen Rechtsprechung des BGH auf Beseitigungs- und Unterlassungshaftung im Rahmen der Störerhaftung nicht anwendbar waren, sondern vielmehr im praktischen Ergebnis nur die strafrechtliche Haftung sowie die zivilrechtliche Schadensersatzhaftung erfassten (vgl. auch § 7 Abs. 2 S. 2 TMG).[528]

Angesichts des künftig zu erwartenden **Rückzugs der Störerhaftung**[529] dürfte allerdings die Bedeutung der §§ 8 ff. TMG in der Zukunft deutlich ansteigen. Für **Zugangs- und Cacheprovider** kommen aufgrund von § 8 Abs. 1 S. 2 TMG (ggf. iVm § 9 S. 2 TMG), wenn die Voraussetzungen der Privilegierung vorliegen, künftig ohnedies keine Unterlassungs- und Beseitigungsansprüche aufgrund der Störerhaftung mehr in Betracht; vielmehr können insoweit nur noch **Sperr- und Sicherungspflichten auf Grundlage von § 7 Abs. 4 TMG** entstehen.[530]

118   Am weitesten reicht demzufolge die Haftungsprivilegierung der **Zugangs- und Durchleitungsdiensteanbieter** nach § 8 TMG, die gemäß § 8 Abs. 2 TMG auch die automatische kurzzeitige Zwischenspeicherung umfasst, soweit dies nur zur Übermittlung im hierfür üblicherweise erforderlichen Umfang erfolgt.[531] Zugangs- und Durchleitungsdiensteanbieter sind grundsätzlich nicht verantwortlich, wenn sie die Übermittlung nicht veranlasst, den Adressaten der übermittelten Information nicht ausgewählt und die übermittelten Informationen nicht ausgewählt oder verändert haben, sofern sie nicht kollusiv mit Nutzern ihres Dienstes zusammenarbeiten, um rechtswidrige Handlungen zu begehen (§ 8 Abs. 1 TMG).[532] Der Haftungsausschluss erfasst nach der Neufassung des TMG **auch Beseitigungs- und Unterlassungsansprüche (§ 8 Abs. 1 S. 2 TMG),** sofern nicht ein kollusives Zusammenwirken vorliegt (§ 8 Abs. 1 S. 3 TMG). Eine mögliche Vermittlerhaftung hinsichtlich spezifisch zielführender, zumutbarer Maßnahmen zur Verhinderung von Rechtsverletzungen nach Hinweis auf konkrete, klare Rechtsverstöße muss davon aber nach der Rechtsprechung des

---

[522] S. zuerst BGH GRUR 2007, 890 Rn. 39 – Jugendgefährdende Medien bei eBay (mit Anwendung des Verbots allg. Überwachungspflichten auch auf die Störerhaftung); s. seitdem zB BGH GRUR 2013, 370 Rn. 28 – Alone in the Dark; BGH GRUR 2013, 1229 Rn. 35 – Kinderhochstühle im Internet II.

[523] Aber auch zur bedenkenswerten Kritik an diesem Kriterium → Rn. 114.

[524] BGH GRUR 2011, 1038 Rn. 23 – Stiftparfum; BGH GRUR 2013, 1229 Rn. 37 – Kinderhochstühle im Internet II.

[525] BGH GRUR 2013, 751 Rn. 17 ff. – Autocomplete-Funktion.

[526] S. zB Peifer/Becker GRUR 2013, 754 (754 f.).

[527] → Rn. 114.

[528] Zur Vereinbarkeit dieser Rspr. mit dem eur. Recht → Rn. 107.

[529] Vgl. zusammenfassend Grünberger ZUM 2018, 321 (331 f.).

[530] S. dazu BGH GRUR 2018, 1044 Rn. 36 ff. – Dead Island; näher → Rn. 139a ff. (dort auch zur Kritik für den Bereich allg., drahtgebundener und sonstiger Zugangsprovider) → Rn. 182a (für WLANs).

[531] Vgl. für ein Bsp. OLG München ZUM-RD 2000, 237: Zugang zu gespiegelten Softwarearchiven unterschiedlicher Provider über den FTP-Server einer Universität; Dreier/Schulze/Specht UrhG § 97 Rn. 43.

[532] Hierzu und zum Folgenden bündig Dreier/Schulze/Specht UrhG § 97 Rn. 38; BeckOK/Reber UrhG § 97 Rn. 54.

EuGH[533] nach europäischem Recht unberührt bleiben.[534] Dies ist für das deutsche Recht nunmehr in **§ 7 Abs. 4 TMG** umgesetzt, der entsprechender unionsrechtskonformer Rechtsfortbildung bedarf.[535]

Die entsprechende Haftungsfreistellung für **Zwischenspeicherung zur beschleunigten Über-** 119 **mittlung von Information (Caching)** in § 9 TMG setzt voraus, dass die fremden Informationen nicht verändert werden, die Bedingungen für den Zugang zu den Informationen beachtet werden, anerkannte Industriestandards für die Aktualisierung der Information beachtet werden, die erlaubte Anwendung von Technologien zur Sammlung von Daten nicht beeinträchtigt wird und dass der Provider **unverzüglich handelt,** um gespeicherte Informationen zu **entfernen** oder den Zugang zu ihnen zu **sperren,** sobald er Kenntnis davon erhält, dass die Informationen an ihrem Ursprungsort entfernt oder gesperrt wurden oder ein Gericht oder eine Verwaltungsbehörde die Entfernung oder Sperrung angeordnet hat. Wiederum erfasst die Haftungsprivilegierung aufgrund der Neufassung des TMG nunmehr **auch Unterlassungs- und Beseitigungsansprüche** (§ 9 S. 2 TMG iVm § 8 Abs. 1 S. 2 TMG), wobei Fälle kollusiven Zusammenwirkens von der Privilegierung ausgeschlossen sind (§ 9 S. 2 TMG iVm § 8 Abs. 1 S. 3 TMG).

In der Praxis die vergleichsweise größte Bedeutung hat die Providerprivilegierung für die **Speiche-** 120 **rung von Informationen (Host-Provider) nach § 10 TMG** erlangt. Hier ist Voraussetzung der Haftungsfreistellung, dass der Provider keine Kenntnis von der rechtswidrigen Handlung oder Information hat und ihm im Falle von Schadensersatzansprüchen auch keine Tatsachen oder Umstände bekannt sind, aus denen die rechtswidrige Handlung oder die Information offensichtlich wird. Der Provider ist dann nicht verantwortlich, wenn er nach **Kenntniserlangung** im vorstehenden Sinne **unverzüglich** tätig geworden ist, um die Information zu **entfernen** oder den Zugang zu ihr zu **sperren.**

Der Maßstab für die **Kenntnis des Host-Providers** bestimmt sich nach der Rechtsprechung des EuGH nach dem Leitbild eines **sorgfältigen Wirtschaftsteilnehmers.**[536] Der **BGH** hat in seiner Rechtsprechung insbesondere zur Störerhaftung nähere Maßstäbe für entsprechende **kenntnisbringende Anzeigen** entwickelt.[537] Die **Darlegungs- und Beweislast** für die Kenntnis des Diensteanbieters von den fremden Informationen trägt nach allgemeinen Grundsätzen der Anspruchsteller.[538]

Für **Diensteanbieter für das Teilen von Online-Inhalten** (z.B. YouTube), bei denen es sich in 120a der Regel um Host-Provider i.S.d. § 10 TMG handelt, wird § 10 TMG künftig nach Art. 17 DSM-RL nicht mehr anwendbar sein. Die Richtlinie etabliert insoweit ein auf eine **verkehrspflichtbasierte nebentäterschaftliche Haftung** gegründetes Sonderregime und schließt folgerichtig die Anwendbarkeit des Providerprivilegs in Art. 17 Abs. 3 DSM-RL ausdrücklich aus. Die DSM-RL ist bis zum 7.6.2021 in deutsches Recht umzusetzen. Näher → Rn. 56e ff.

4. Täter- und Vermittlerhaftung im Online-Bereich (insbesondere Störerhaftung)

Beginnend mit den Urteilen in den Fällen **Internet-Versteigerung I–III** (jeweils zum Marken- 121 recht) hat der **BGH** das Institut der Störerhaftung zum zentralen Instrument der Vermittlerhaftung im Online-Bereich ausgebaut.[539] Entscheidend für diese Konzeption sind die **Verkehrspflichten (insbesondere Prüfungspflichten).** Diese begrenzen die Haftung des Störers einerseits insofern, als für neutrale Provider grundsätzlich **keine pro-aktive allgemeine Prüfungspflicht** vor Hinweis auf konkrete, klare Rechtsverletzungen besteht. Andererseits wird die Unterlassungshaftung des Störers dahingehend ausgedehnt, dass **nach Kenntnis** von konkreten, klaren Rechtsverletzungen nicht nur der konkrete Inhalt zu sperren bzw. zu beseitigen ist, sondern dass im Rahmen möglicher und zumutbarer Prüfungspflichten möglichst **weitere gleichartige Rechtsverletzungen** für die Zukunft **verhindert** werden müssen. Insoweit gilt aber grundsätzlich das **Verbot allgemeiner Überwachungspflichten** nach § 7 Abs. 2 TMG.[540]

Für Vermittler, die **in zentraler Rolle** zu einer Verletzung des Rechts der öffentlichen Wiederga- 121a be beitragen (und damit für die große Mehrzahl aller praktisch relevanten Fälle im Online-Bereich) ist allerdings aufgrund zwingender europarechtlicher Vorgaben auf Grundlage der Rechtsprechung des EuGH die rechtliche Haftungsgrundlage nach zutreffender Auffassung nicht mehr die Störerhaftung, sondern eine **verkehrspflichtbasierte Nebentäterschaft,** also eine täterschaftliche Haftung aufgrund von positiver Kenntnis oder **Verkehrspflichtverletzungen** mit Blick auf **erforderliche und zumutbare Prüfungspflichten.** Diese Haftung schließt folgerichtig **Bereicherungsansprüche**

---

[533] EuGH GRUR 2014, 468 – UPC Telekabel; EuGH GRUR 2016, 1146 – McFadden.
[534] → Rn. 107 und spezifisch bzgl. der Haftung von Access-Providern → Rn. 139 ff.; zur Haftung von Internetanschlussinhabern und Betreibern öffentlicher WLANs → Rn. 182 f.
[535] Näher → Rn. 139 ff. (allg. für Zugangsprovider) und → Rn. 182a (für WLANs).
[536] → Rn. 99.
[537] → Rn. 131.
[538] BGH GRUR 2004, 74 – Rassistische Hetze; Dreier/Schulze/*Specht* UrhG § 97 Rn. 38; sa. Wandtke/Bullinger/*v. Wolff* UrhG § 97 Rn. 22.
[539] BGH GRUR 2004, 860 – Internet-Versteigerung I; BGH GRUR 2007, 708 – Internet-Versteigerung II; BGH GRUR 2008, 702 – Internet-Versteigerung III.
[540] → Rn. 106.

wegen **Eingriffskondiktion** und (bei Verschulden) auch **Schadensersatzansprüche** mit ein.[541] Gute Gründe sprechen dafür, diese europäische Haftungskonzeption auch außerhalb des unmittelbar zwingenden Bereichs der öffentlichen Wiedergabe für sämtliche mittelbare Verursachungshandlungen bezüglich Urheberrechtsverletzungen zu verallgemeinern.[542]

Insoweit ist nach zutreffender Auffassung zur Bestimmung des **Umfangs der Verkehrspflichten (insbesondere Prüfungspflichten)** an die sehr differenzierte Rechtsprechung zu den bisherigen Verkehrspflichten (insbesondere Prüfungspflichten) im Rahmen der bisherigen Störerhaftung anzuknüpfen. Allerdings gelten bei der Prüfung des Verschuldens im Rahmen etwaiger Schadensersatzansprüche dann strengere Maßstäbe.[543]

122   **a) Voraussetzungen der Haftung im Online-Bereich.** Die **Voraussetzungen** der Störerhaftung bzw. nebentäterschaftlichen Haftung im Online-Bereich entsprechen den allgemeinen Voraussetzungen der bisherigen Störerhaftung.[544] Der Störer muss also in irgendeiner Weise **willentlich einen adäquat-kausalen Beitrag** zu den rechtsverletzenden Handlungen Dritter geleistet haben.[545] Dies ist für die typischen Internet-Provider, aber auch für private Betreiber von W-LANs, Internet-Cafés uÄ in der Regel **unproblematisch zu bejahen.**[546]

123   Liegt ein willentlicher, adäquat kausaler Verursachungsbeitrag vor, kommt es zuerst auf die **rechtliche und tatsächliche Möglichkeit** des Störers bzw. Nebentäters an, die Rechtsverletzungen zu verhindern bzw. zumindest das Risiko für entsprechende Rechtsverletzungen zu reduzieren.[547]

124   Entscheidend ist dann im Online-Bereich die Verletzung von erforderlichen und zumutbaren **Verkehrspflichten (insbesondere Prüfungspflichten).**[548] Diese Verhaltenspflichten hat die Rechtsprechung im Online-Bereich in zahlreichen Urteilen unter Berücksichtigung der Umstände der jeweiligen Einzelfälle in vergleichsweise hohem Maße ausdifferenziert.[549]

125   **b) Wesentliche Kriterien für die Zumutbarkeit von Prüfungspflichten.** Grundsätzlich dürfen Störern (oder Nebentätern) im Internet-Bereich schon wegen § 7 Abs. 2 TMG **keine allgemeinen (pro-aktiven)** Prüfungspflichten auferlegt werden.[550] Insbesondere sind von der Rechtsordnung gebilligte **legale Geschäftsmodelle**[551] schutzwürdig und dürfen nicht durch Auferlegung ökonomisch unzumutbarer Maßnahmen in ihrem ökonomischen Bestand gefährdet werden.[552] Daher kommen Prüfungspflichten idR nur als **spezifische Prüfungspflichten** zur Verhinderung gleichartiger Rechtsverletzungen nach **Kenntnis** von konkreten, klaren Urheberrechtsverletzungen in Betracht.[553]

126   Etwas anderes kann aber nach der **Rechtsprechung des EuGH**[554] und des BGH gelten, wenn der Provider mit Blick auf den konkreten Inhalt nicht lediglich eine rein automatisch, neutral, passive Dienstleistung erbringt, sondern vielmehr durch spezifische Optimierung oder Bewerbung des konkreten Inhalts eine **aktive Rolle** spielt, die ihm Kenntnis oder Kontrolle bezüglich des Inhalts verschaffen kann.[555] Hierher gehören nach deutschem Recht die Fälle des Zueigenmachens, in denen dann idR schon nach bisherigem deutschen Recht eine täterschaftliche Haftung greift.[556] Auch in Fällen, in denen mit der Möglichkeit von Schutzrechtsverletzungen aktiv geworben wird, ist eine entsprechend aktive Rolle anzunehmen, die dann schon zur Annahme einer Gehilfenhaftung, jedenfalls aber zu umfassenden Prüfungspflichten bis hin zur vollkommenen Neutralisierung des angebotenen Dienstes führen kann.[557] Nach dem europäischen Recht ist in diesen Fällen in der Zukunft mit

---

[541] Näher zum Ganzen → Rn. 56a ff., insbes. → Rn. 56 f., → Rn. 62a, → Rn. 96 ff.

[542] Näher → Rn. 56g.

[543] Zu beidem → Rn. 96 f. mwN.

[544] → Rn. 72 ff.

[545] BGH GRUR 2013, 1229 Rn. 34 – Kinderhochstühle im Internet II mwN.

[546] → Rn. 77.

[547] Dazu allgemein auch → Rn. 78 ff.

[548] BGH GRUR 2013, 1229 Rn. 34 – Kinderhochstühle im Internet II; vgl. (im Rahmen der verkehrspflichtbasierten Täterhaftung) auch EuGH GRUR 2016, 1152 Rn. 51 – GS Media und BGH GRUR 2018, 178 Rn. 67 ff. – Vorschaubilder III.

[549] Vgl. dazu monographisch *Hollenders* S. 230 ff.; *Klein* S. 140 ff.; *Neuhaus* S. 223 ff. für Internetplattformen; mit entspr. Übersichten aus der Kommentarliteratur BeckOK/*Reber* UrhG § 97 Rn. 56 ff.; Dreier/*Schulze*/*Specht* UrhG § 97 Rn. 30 ff.; Fromm/Nordermann/*J. B. Nordemann* UrhG § 97 Rn. 157 ff., 163 ff.; Wandtke/Bullinger/*v. Wolff* UrhG § 97 Rn. 16; in Aufsätzen zul. uA *Czychowski*/*J. B. Nordemann* GRUR 2013, 986 (991 ff.); *Obergfell* NJW 2013, 1995 (1997 f.).

[550] → Rn. 115.

[551] S. zu den Anforderungen *Danckwerts* GRUR-Prax 2011, 260.

[552] BGH GRUR 2004, 860 (864) – Internetversteigerung I; BGH GRUR 2007, 708 Rn. 47 – Internetversteigerung II; BGH GRUR 2007, 890 Rn. 39 – Jugendgefährdende Medien bei eBay; BGH GRUR 2011, 152 Rn. 43 – Kinderhochstühle im Internet I; sa. *Danckwerts* GRUR-Prax 2011, 260.

[553] Zul. schon im Rahmen der verkehrspflichtbasierten Haftung als Nebentäter BGH GRUR 2018, 178 Rn. 61 ff. – Vorschaubilder III.

[554] Vgl. EuGH GRUR 2017, 610 Rn. 49 ff. – Filmspeler; EuGH GRUR 2017, 790 Rn. 30 ff. – The Pirate Bay; auch EuGH GRUR 2016, 1152 Rn. 51 – GS Media (jew. im praktischen Erg. täterschaftliche Verletzung des Rechts der öffentlichen Wiedergabe bejaht).

[555] → Rn. 69 und → Rn. 129.

[556] → Rn. 65 und → Rn. 113 f.

[557] BGH GRUR 2009, 841 – Cybersky.

Blick auf das Recht der öffentlichen Wiedergabe ohnedies zwingend eine Täterschaft anzunehmen.[558] Für eine aktive Rolle kann es nach der **Rechtsprechung des BGH** aber wohl auch genügen, wenn ein Host-Provider (eine Internethandelsplattform) seine neutrale Stellung verlässt, indem er Anzeigen schaltet, die über Links unmittelbar zu den schutzrechtsverletzenden Angeboten führen.[559] In diesen Fällen kommt hinsichtlich der aktiv beworbenen Angebote eine weitergehende Prüfungspflicht in Betracht und der Provider muss sich jedenfalls die Möglichkeit verschaffen, die von ihm aktiv beworbenen Verkaufsangebote hinsichtlich der ihm zur Kenntnis gebrachten bestimmten schutzrechtsverletzenden Produkte zu kontrollieren. Nach dem neuen europäischen Ansatz wäre wohl auch in solchen Fällen nunmehr eine täterschaftliche Haftung anzunehmen.

Auch unterhalb dieser Grenze regelrecht aktiver Provider, für die die Haftungsprivilegien der E-Commerce-RL (und ihre Umsetzungsvorschriften im TMG) von vornherein nicht gelten, sind **Rolle** **127** **und Funktion** des Störers unter Berücksichtigung der **Eigenverantwortung der Dritten,**[560] die die Rechtsverletzung unmittelbar begehen, wesentlich für die weitere Differenzierung zumutbarer spezifischer Prüfungspflichten nach Kenntnis.[561]

So sind dem Störer nur eingeschränkte Prüfungspflichten hinsichtlich offensichtlich erkennbarer Rechtsverletzungen zuzumuten, wenn er eine im öffentlichen Interesse liegende Tätigkeit ohne eigene Gewinnerzielungsabsicht verfolgt.[562] Für bestimmte Kategorien von Vermittlern, wie insbesondere **Presseangebote, neutrale Meinungs- und Bewertungsplattformen** uÄ, greifen gegebenenfalls auch aufgrund von Art. 5 GG Privilegierungen dahingehend, dass lediglich eine Prüfung hinsichtlich offensichtlicher Rechtsverletzungen erfolgen muss;[563] eine vergleichbare Privilegierung wegen gesteigerter Sozialnützlichkeit ist vom BGH nunmehr auch schon im Rahmen der **verkehrspflichtbasierten Nebentäterschaft** für Links auf Suchmaschinen angenommen worden.[564] Vergleichbare Maßstäbe sollten für **Links in redaktionellen Beiträgen** gelten, die den Zugang zu urheberrechtsverletzenden Materialien oder Werkzeugen vermitteln. Diese sollten schon nach der bisherigen Rechtsprechung im Schutzbereich der Pressefreiheit nicht zur Haftung führen, wenn im zugehörigen Beitrag vor der Rechtswidrigkeit gewarnt wurde.[565]

Nur eine eingeschränkte Prüfungspflicht nach Hinweis auf konkrete, klare Rechtsverstöße galt schließlich nach der bisher wohl herrschenden Meinung in der Rechtsprechung auch für **Online Buch- und Medienhändler;** dies war in der **Literatur** umstritten.[566] Der BGH hat mittlerweile klargestellt, dass Online-Händler jedenfalls dann **täterschaftlich** haften, wenn sie urheberrechtsverletzende **Angebote im eigenen Namen und auf eigene Rechnung** machen.[567]

Demgegenüber sind normale Prüfungspflichten zumutbar, wenn der Störer (oder Nebentäter) eigene **erwerbswirtschaftliche Zwecke** verfolgt und – wie zB die Betreiber von Internethandelsplattformen aufgrund der von ihnen erhobenen Provision – allgemein am Verkauf schutzrechtsverletzender oder aber auch legaler Erzeugnisse mit finanziellem Interesse beteiligt ist.[568] **128**

Schließlich kann eine insgesamt **tendenziöse Rolle des Providers,** insbesondere eine spezifische **129** **Gefahrgeneigtheit des Geschäftsmodells,** auch unterhalb der Grenze regelrecht aktiver Provider zumindest zu verschärften spezifischen Prüfungspflichten nach Kenntnis führen.[569] Eine besondere

---

[558] EuGH GRUR 2017, 610 Rn. 50 – Filmspieler.

[559] BGH GRUR 2013, 1229 Rn. 48 ff., 55 – Kinderhochstühle im Internet II. Die Entsch. ist in der Frage allerdings nicht ganz eindeutig. Denn letztlich wird nur eine spezifische Überwachungspflicht hins. bestimmter Produkte, die zudem in Anzeigen aktiv beworben wurden, angenommen, sodass unklar bleibt, ob in solchen Fällen dann schon das Verbot allg. Überwachungspflichten insges. nicht mehr greifen soll. Jedenfalls die spezifischen Haftungsprivilegien der E-Commerce-RL sind auf einen Provider, der schutzrechtsverletzende Angebote durch Anzeigen mit direkten Links unmittelbar bewirbt, nicht anwendbar und es kommt zu einer erheblichen Verschärfung der Prüfungspflichten bezüglich solcher Angebote, s. BGH GRUR 2013, 1229 Rn. 55 – Kinderhochstühle im Internet II.

[560] Vgl. BGH GRUR 2004, 693 – Schöner Wetten: dies insbes., wenn die Rechtsverletzung seitens der Dritten erst nach eingehender rechtlicher Prüfung festgestellt werden kann.

[561] BGH GRUR 2013, 1229 Rn. 34 – Kinderhochstühle im Internet II mwN.

[562] BGH GRUR 2001, 1038 – ambiente.de; bestätigt in BGH GRUR 2004, 619 (621) – kurt-biedenkopf.de (jew. zur in diesem Sinne privilegierten Störerhaftung der dt. Domainvergabestelle DENIC). So den Grundgedanken nunmehr auch aufrechterhaltend im Rahmen der verkehrspflichtbasierten Nebentäterschaft, vgl. BGH GRUR 2018, 178 Rn. 60 ff. – Vorschaubilder III.

[563] Vgl. für Persönlichkeitsrechtsverletzungen BGH NJW 2009, 2888 – spickmich.de; BGH GRUR 2012, 751 – RSS-Feeds. Die hierfür typische Eröffnung eines (gegebenenfalls auch anonymen) Meinungsforums dürfte allerdings bzgl. Urheberrechtsverletzungen typischerweise weniger im Mittelpunkt stehen.

[564] Vgl. BGH GRUR 2018, 178 Rn. 60 ff. – Vorschaubilder III.

[565] Sehr weitgehend BGH GRUR 2011, 513 Rn. 21 ff. – AnyDVD; aufrechterhalten von BVerfG GRUR 2012, 390 Rn. 26 ff. – AnyDVD II. Zust. *Bölke* NJW 2011, 2436 (2440); wohl auch *Hoeren* GRUR 2011, 503 (504); *Hollenders* S. 309 ff.; krit. Fromm/Nordemann/*J. B. Nordemann* UrhG § 97 Rn. 183.

[566] → Rn. 83. Vgl. insges. zum Einfluss der Grundrechte auf die Verkehrspflichten der Internetprovider *Breyer* MMR 2009, 14.

[567] BGH GRUR 2016, 493 Rn. 15 ff. – Al Di Meola; Fromm/Nordemann/*J. B. Nordemann* UrhG § 97 Rn. 145c; sa. OLG Hamburg ZUM 2017, 517.

[568] BGH GRUR 2004, 860 – Internet-Versteigerung I; BGH GRUR 2013, 1229 Rn. 34 – Kinderhochstühle im Internet II.

[569] S. BGH GRUR 2009, 625 – Cybersky; BGH GRUR 2013, 370 – Alone in the Dark; BGH GRUR 2013, 1030 – File-Hosting-Dienst; aus der Lit. zuerst *Leistner* GRUR 2006, 801 (809 f.).

Tendenz zu Schutzrechtsverstößen oder Gefahrgeneigtheit des Geschäftsmodells kann sich aufgrund vorangegangener **Werbemaßnahmen**,[570] der **Strukturierung und Präsentation des Angebots**,[571] der Einzelheiten der **Refinanzierungsstruktur**,[572] der **Anonymität der Nutzer**[573] und ähnlicher Kriterien ergeben.[574]

Im Rahmen der neuen europäischen Haftungskonzeption dürfte dies dann folgerichtig in der Regel zu einer **zentralen Rolle** und damit zu einer täterschaftlichen Haftung aufgrund von Verkehrspflichtverletzungen führen, soweit auch das Recht der öffentlichen Wiedergabe betroffen ist. So hat der BGH in seiner **Vorlageentscheidung uploaded** für einen **Sharehoster** mit einem Geschäftsmodell, das urheberrechtsverletzende Nutzungen tendenziell begünstigte, angenommen, dass eine zentrale Rolle in Betracht komme und dementsprechend von einem täterschaftlichen Eingriff ins Recht der öffentlichen Wiedergabe auszugehen sei.[575]

In diesem Sinne gefahrgeneigten Geschäftsmodellen können im Übrigen jedenfalls **weiterreichende Prüfungspflichten** nach Kenntnis aufgegeben werden, die – etwa im Falle der bisherigen Rechtsprechung zu Sharehostern – bis hin zu einer umfassenden, regelmäßigen Kontrolle nicht nur der gehosteten Inhalte, sondern auch **externer Linksammlungen** hinsichtlich **bestimmter** gemeldeter **urheberrechtsverletzender Inhalte** im Sinne einer allgemeinen Marktbeobachtungspflicht bezüglich gleichartiger Rechtsverletzungen reichen können.[576] In einem solchen Falle ändert eine besonders große Zahl von gemeldeten klaren Urheberrechtsverletzungen nichts an der Zumutbarkeit der konkreten Prüfungspflichten; vielmehr bestehen die Prüfungspflichten dann in Bezug auf jedes der gemeldeten Werke.[577] Auch eine Verpflichtung zu nicht lediglich automatischen Filtermaßnahmen, sondern spezifischer manueller Nachkontrolle kann dann für diejenigen Inhalte, hinsichtlich derer der Provider nicht neutral agiert, in Betracht kommen.[578]

Selbst bei Dritten, die in ganz beschränkter Rolle agieren, und daher, wenn überhaupt, über eine Offensichtlichkeitsprüfung hinaus im Normalfall keinen weiteren Prüfungspflichten unterliegen, wurde eine weitergehende Prüfungspflicht dann als zumutbar erachtet, wenn durch einen **rein automatisierten Vorgang** eine **besondere konkrete Gefahrenlage für Rechtsverletzungen** geschaffen wird. Dies hat der BGH insbesondere in einem Fall angenommen, in dem ein Admin-C (im Rahmen seiner grundsätzlich beschränkten Rolle) für ein Geschäftsmodell zur Verfügung stand, in dessen Rahmen durch einen rein automatisierten Vorgang massenweise Domains durch den eigentlichen Anmelder ohne jegliche Kontrolle registriert wurden.[579] Die bestehende besondere Gefahrenlage wird

---

[570] BGH GRUR 2009, 842 Rn. 13 – Cybersky; *Leistner* GRUR 2006, 801 (809 ff.); *Leistner* GRUR-Beil. 1/2010, 1 (32); *Leistner* ZUM 2012, 722 (738 f.).

[571] BGH GRUR 2013, 1229 Rn. 48 ff. – Kinderhochstühle im Internet II: aktive Rolle durch Schalten von Anzeigen mit unmittelbaren Links direkt auf schutzrechtsverletzende Angebote.

[572] BGH GRUR 2013, 1030 Rn. 37 ff. – File-Hosting-Dienst: entscheidend, dass die allein kostenpflichtigen Premium-Konten praktisch schwerpunktmäßig nur im Fall urheberrechtsverletzender Inhalte mit entspr. hohen Downloadzahlen lohnen, so dass das Geschäftsmodell gerade von rechtsverletzenden Nutzungen überdurchschnittlich (also im jeweiligen Einzelfall mehr als von einer legalen Nutzung) profitiert. In diese Richtung schon *Leistner* ZUM 2012, 722 (738 f.).

[573] BGH GRUR 2013, 1030 Rn. 40 – File-Hosting-Dienst (für einen Sharehoster); vgl. auch OLG Hamburg ZUM-RD 2008, 527 – Rapidshare I (auch als Bsp. für die Erwägung einer Vielzahl von Prüfungs- und ggf. Identifizierungspflichten, insoweit aber durch die nachfolgende Rspr. des BGH zT überholt); OLG Hamburg MMR 2012, 393 (399) – Rapidshare II; Fromm/Nordemann/*J. B. Nordemann* UrhG § 97 Rn. 163a. Zu möglichen Identifizierungspflichten (jedenfalls für gewerbliche Anbieter) EuGH GRUR 2011, 1025 Rn. 142 – L'Oréal/eBay; demgegenüber strenger bzgl. der Identifizierung individueller Nutzer im privaten Bereich im Rahmen einer umfassenden Überwachungspflicht EuGH GRUR 2012, 265 Rn. 50 f. – Scarlet/SABAM; EuGH GRUR 2012, 382 Rn. 48 f. – SABAM/Netlog. Dennoch für spezifische Identifizierungspflichten bei Rechtsverletzern im Rahmen anonymer Sharehosting-Dienste und gegebenenfalls Maßnahmen gegen Wiederholungstäter noch OLG Hamburg MMR 2012, 393 (399) – Rapidshare II; insoweit nicht aufgegriffen in BGH GRUR 2013, 1030 Rn. 44 ff. – File-Hosting-Dienst. Vgl. zum typischerweise anonymen Handeln der Nutzer als faktisches, rechtspolitisches und rechtsdogmatisches Hintergrundproblem der Haftung im Online-Bereich *Nietsch* passim; zur Haftung von Anonymisierungsdienstprovidern *Rau/Behrens* K&R 2009, 26.

[574] S. instruktiv zul. BGH GRUR 2013, 370 Rn. 24 ff. – Alone in the Dark mit insoweit krit. Anm. *Hühner* GRUR 2013, 373 (Gefahrgeneigtheit verneint für einen Sharehoster); BGH GRUR 2013, 1030 Rn. 36 ff. – File-Hosting-Dienst (Gefahrgeneigtheit für denselben Sharehoster aufgrund abw. tatrichterlicher Feststellungen bejaht); BGH GRUR 2013, 1229 Rn. 48 ff. – Kinderhochstühle im Internet II. Vgl. *Leistner* ZUM 2012, 722 (738 ff.) auch im Vergleich zum eur. Recht.

[575] S. BGH GRUR 2018, 1239 Rn. 15 ff., insbes. Rn. 21 ff. – uploaded; anders noch OLG München GRUR 2017, 619 – uploaded.

[576] BGH GRUR 2013, 1030 Rn. 44 ff. – File-Hosting-Dienst.

[577] BGH GRUR 2013, 1030 Rn. 59 – File-Hosting-Dienst. Insg. krit. mit Blick auf eine drohende Entwicklung der spezifischen zu faktisch allgemeinen Prüfungspflichten *Nolte/Wimmers* GRUR 2014, 16 (22); vgl. auch *Leistner* GRUR-Beil. 1/2010, 1 (27 f.) mwN. Vgl. zu gewissen ausnahmsweise zu gewährenden Erleichterungen im Rahmen des Verschuldens im Vollstreckungsverfahren → Rn. 136.

[578] BGH GRUR 2013, 1229 Rn. 48 ff. – Kinderhochstühle im Internet II; dies unter Umständen iÜ nach der neueren Rspr. unter bestimmten Voraussetzungen auch bei grds. neutralen Geschäftsmodellen, → Rn. 133, → Rn. 156.

[579] BGH GRUR 2012, 304 Rn. 63 – Basler Haar-Kosmetik mit insoweit zust. Anm. *Spindler* GRUR 2012, 309. Seitdem tendenziell einschränkend mit Blick auf das Vorliegen einer besonderen konkreten Gefahrenlage, für die der allein eine abstrakte Gefahr aufgrund des Massencharakters der Aktivität nicht ausreicht, BGH GRUR 2013, 294 – dlg.de. → Rn. 142.

dadurch in gewisser Weise ausgeglichen, indem der einzig überhaupt fassbare individuelle Beteiligte einer intensivierten Prüfungspflicht unterworfen wird. Diese weitere Differenzierung sollte durchaus über den entschiedenen Einzelfall hinaus verallgemeinert werden, wenn besondere gefahrerhöhende Umstände konkret bestehen.[580]

Hinsichtlich der für das Einsetzen von Prüfungspflichten entscheidenden **Kenntnis von konkre-** 130 **ten, klaren Rechtsverstößen** ist es grundsätzlich irrelevant, ob sie auf Grund **eigener Recherchen** erlangt wurde oder durch Anzeigen Dritter.[581] Für die Praxis steht die Kenntnis aufgrund entsprechender **Anzeigen (Hinweise) von Schutzrechtsinhabern** im Mittelpunkt, die als solche noch nicht kostenerstattungsfähig sind, da sie idR erst für den (sicheren) Haftungseintritt sorgen.[582]

Der EuGH hat zudem im Rahmen der europäischen Haftungskonzeption verkehrspflichtbasierter Nebentäterschaft in **GS Media** eine **Kenntnisvermutung für kommerzielle Linksetzer** aufgestellt, die aber bei Beachtung der erforderlichen Nachprüfungspflichten (die insoweit aber auch proaktive Pflichten umfassen können, sofern diese zumutbar sind) widerlegt werden kann.[583] Der BGH hat diese Vermutung allerdings **nicht auf Suchmaschinen** bzw. **Links auf Suchmaschinen** übertragen.[584] Für **verletzungsgeneigte Geschäftsmodelle** lässt der EuGH ohnehin die **allgemeine Kenntnis,** dass mithilfe des Dienstes auch in großem Umfang Urheberrechtsverletzungen begangen werden, genügen; dies kann dann ggf. die Täterhaftung auslösen.[585]

Die Anforderungen an die **Inkenntnissetzung** im Übrigen sind einerseits im europäischen Recht 131 für neutrale Provider ansatzweise konkretisiert worden,[586] andererseits hat die deutsche Rechtsprechung hier bestimmte Maßstäbe entwickelt. Grundsätzlich muss der Hinweis so **konkret** gefasst sein, dass der Adressat den Rechtsverstoß unschwer – also ohne eingehende rechtliche und tatsächliche Überprüfung – feststellen kann. Das Ausmaß des insoweit vom Betreiber zu verlangenden Prüfungsaufwands hängt von den Umständen des Einzelfalls, insbesondere vom Gewicht der angezeigten Rechtsverletzungen auf der einen und den bestehenden Erkenntnismöglichkeiten des Betreibers auf der anderen Seite, ab.[587] Ein **Beleg** der Rechtsverletzung ist nur dann erforderlich, wenn schutzwürdige Interessen des Providers dies rechtfertigen, zB wenn berechtigte Zweifel am Bestand eines Schutzrechts, der diesbezüglichen Berechtigung oder am Wahrheitsgehalt der Angaben des Hinweisenden bestehen und der Betreiber deshalb aufwendige eigene Recherchen anstellen müsste. Bestehen derlei Zweifel, ist der Provider gehalten, vom Hinweisenden entsprechende Belege zu verlangen.[588]

Für komplexer zu beurteilende **Persönlichkeitsrechtsverletzungen** hat im Übrigen der VI. Zivilsenat des BGH ein regelrecht formalisiertes Notice & Takedown-Verfahren mit Rückfrageobliegenheiten des Providers entwickelt, das aber auf Urheberrechtsverletzungen nicht ohne Weiteres übertragbar sein dürfte.[589]

Grundsätzlich dürfte nach diesen Grundsätzen eine zwingende Kanalisierung der allgemeinen Hin- 132 weismöglichkeit auf bestimmte vorbezeichnete Beschwerdemailadressen oder vorinstallierte **Rechte-schutzprogramme** (wie zB das VeRI-Programm von eBay) allenfalls dann zulässig sein, wenn sie deutlich sichtbar und leicht auffindbar sind.[590] Jedenfalls bei schwerwiegenden Verletzungen soll dann ein einfacher Hinweis in einem solchen System für die Inkenntnissetzung sogar dann genügen, wenn

---

[580] *Leistner* ZUM 2012, 722 (730 f.); ebenso (wenn auch eine Nuance zurückhaltender) *Spindler* GRUR 2012, 311: Wer bewusst einen automatisierten Ablauf schaffe, um durch den Wegfall jeglicher Kenntnis- oder Kontrollmöglichkeit die besondere Gefahr von Rechtsverletzungen bei gleichzeitiger Haftungsfreistellung zu ermöglichen, müsse sich künftig darauf einstellen, dass zumindest an einem „Glied der Kette" mit einer Intensivierung der Verkehrspflichten angesetzt wird, um eine minimale Prüfung der Inhalte nach Hinweis auf konkrete, klare Rechtsverstöße zu erreichen; Wandtke/Bullinger/*v. Wolff* UrhG § 97 Rn. 19.

[581] EuGH GRUR 2011, 1025 Rn. 122 – L'Oréal/eBay; *Spindler* MMR 2011, 703 (705). S. zu dem an dieser Stelle drohenden Anreizproblem und daher zu Recht für ein good samaritan Privileg *Spindler* MMR 2011, 703 (705).

[582] OLG Hamburg ZUM-RD 2009, 317 (325) – Kochbuch-Mettenden; Fromm/Nordemann/*J. B. Nordemann* UrhG § 97 Rn. 157a mwN.

[583] EuGH GRUR 2016, 1152 Rn. 51 – GS Media. Vgl. seitdem im dt. Recht LG Hamburg GRUR-RR 2017, 216 Rn. 9 ff. – Architekturfotos (aufgrund des spezifischen Sachverhalts noch sehr streng); LG Hamburg GRUR-RR 2018, 97 Rn. 19 ff., insbes. Rn. 31 ff. – Loulou; LG Hamburg ZUM-RD 2018, 153 Rn. 39 ff., insbes. Rn. 65 ff., beide dann schon mit den notwendigen Differenzierungen hins. der Widerlegbarkeit der Vermutung.

[584] BGH GRUR 2018, 178 Rn. 57 ff. – Vorschaubilder III.

[585] BGH GRUR 2017, 790 Rn. 45 – The Pirate Bay; vgl. auch EuGH GRUR 2017, 610 Rn. 50 – Filmspeler; *Leistner* GRUR 2017, 755 (757); zust. Fromm/Nordemann/*J. B. Nordemann* UrhG § 97 Rn. 150c. → Rn. 96d f.

[586] → Rn. 99.

[587] BGH GRUR 2011, 1038 Rn. 27 ff. – Stiftparfum.

[588] BGH GRUR 2011, 1038 Rn. 31 ff. – Stiftparfum.

[589] Vgl. am Rande in → Rn. 74. S. für das Urheberrecht LG Leipzig GRUR-RR 2018, 140 Rn. 25 ff. – Leben außer Kontrolle zur ggf. bestehenden Pflicht eines Videoportals, bei einer vollkommen unsubstantiierten Reaktion des einstellenden Nutzers den betreffenden Inhalt unmittelbar zu sperren und nicht nochmals an den Urheberrechtsprätendenten weiterzuleiten; die grds. Berechtigung ein nach dem Vorbild der Behandlung von Persönlichkeitsrechtsverletzungen formalisiertes Notice & Takedown-Verfahren dem Umgang mit Beschwerden im Urheberrecht zugrundezulegen, wird vom LG Leipzig offengelassen.

[590] Vgl. *Spindler* MMR 2011, 703 (705).

er nicht unmittelbar vom Verletzten selbst stammt; dies ist unter gebotener Berücksichtigung der Interessen der einstellenden Nutzer nicht unproblematisch.[591]

Die Einrichtung entsprechender Rechteschutzprogramme empfiehlt sich in jedem Falle, weil diese wegen der dadurch verbesserten Möglichkeit der Rechteinhaber, Rechtsverletzungen auf einfachem Wege selbst zu identifizieren, unter bestimmten Voraussetzungen auch einen **Wertungsaspekt für eine Privilegierung** dahingehend bilden können, dass Providern mit entsprechendem Rechteschutzprogramm (gegebenenfalls erst recht) nur eine Kontrolle mit automatischen Filtersystemen (ohne zwingende manuelle Kontrolle) zumutbar ist.[592] Auch in der Vorlageentscheidung in Sachen **YouTube** führt der BGH die Tatsache, dass der Betreiber „Hilfsmittel zur Verfügung stellt, mit deren Hilfe Rechtsinhaber auf die Sperrung rechtsverletzender Videos hinwirken können", ausdrücklich als einen Beurteilungsfaktor an, der bezüglich der Annahme einer zentralen Rolle (insoweit für die Frage nach einer verkehrspflichtbasierten Nebentäterschaft) oder für die Qualifikation unter Art. 14 Abs. 1 E-Commerce-RL (entsprechend § 10 TMG) eine Rolle spielen kann.[593]

133   Im Grundsatz können sich auch bei den genuin **neutralen Providern** die spezifischen Prüfungspflichten darauf richten, nach Inkenntnissetzung von konkreten, klaren Rechtsverstößen im Kern gleichartige Rechtsverstöße für die Zukunft zu verhindern bzw. zumindest zu erschweren. Der Unterschied zu den gefahrgeneigten Geschäftsmodellen liegt im zumutbaren **Umfang** dieser Prüfungspflichten. Bei neutralen Providern soll, zumal bei Bestehen effektiver Rechtsverfolgungsmöglichkeiten für die Rechtsinhaber aufgrund der Einrichtung von Rechteschutzprogrammen, grundsätzlich lediglich eine Verpflichtung zu automatischen, daher mit zumutbarem ökonomischen Aufwand durchführbaren **Filtermaßnahmen** bestehen.[594] Letzthin ist in der Rechtsprechung in diesem Zusammenhang eine Tendenz erkennbar, das Ausmaß derart zumutbarer Filtermaßnahmen im Hinblick auf gleichartige Rechtsverletzungen, zumal für aktive Provider oder gefahrgeneigte Geschäftsmodelle,[595] deutlich **auszudehnen**.[596] Selbst bei neutralen Providern soll hier neben dem Einsatz von **Wortfiltern** für die eigenen Inhalte gegebenenfalls zB auch die Kontrolle einer überschaubaren (einstelligen) Anzahl externer Linksammlungen in Betracht kommen.[597] Auch die Notwendigkeit einer **manuellen Nachkontrolle** kommt insoweit jedenfalls für Sharehoster in Betracht.[598] In der Literatur wird dies teilweise begrüßt,[599] teilweise aber auch mit Blick auf die erhebliche quantitative Ausdehnung der Filtermaßnahmen, die Effektivität einzelner der erwogenen Filtermaßnahmen, bestehende Alternativen und insbesondere die Rechte der von Filtermaßnahmen unberechtigt betroffenen Nutzer – auch unter dem Blickwinkel der SABAM-Urteile[600] – kritisiert.[601]

134   Mitentscheidend für den Umfang der Prüfungspflichten ist dabei auch die Frage, wie weit der Bereich im Kern **gleichartiger Rechtsverletzungen** reicht.[602] Dies soll nicht nur die Kontrolle im Hinblick auf Angebote des **gleichen urheberrechtsverletzenden Inhalts** (auch von anderen Nut-

---

[591] LG Hamburg MMR 2010, 433 (434) – Flagging bei YouTube; Dreier/Schulze/*Specht* UrhG § 97 Rn. 29; krit. und bedenkenswert unter Anreizgesichtspunkten *Nolte/Wimmers* GRUR 2014, 16 (21); vgl. auch *Leistner* ZUM 2012, 722 (729 f.) zu der Frage, inwieweit die Möglichkeit für die Nutzer, einmal gesperrte Einträge in einem Dispute-Verfahren wieder frei zu schalten, tatsächlich in allen Fällen zur Wahrung deren berechtigter Interessen genügt.

[592] BGH GRUR 2011, 152 Rn. 42 f. – Kinderhochstühle im Internet I (für das VeRI-Programm von eBay); zust. *Spindler* GRUR 2011, 101 (104 f.); *Leistner* ZUM 2012, 722 (730); demgegenüber nicht ausreichend das Lösch-Interface eines Sharehosters, das es nicht gestattete, eigenständig nach Rechtsverletzungen zu suchen und das zudem die Anonymität der rechtsverletzenden Nutzer wahrte, s. BGH GRUR 2013, 1030 Rn. 54 – File-Hosting-Dienst.

[593] BGH GRUR 2018, 1132 (Vorlagefrage 3) – YouTube.

[594] BGH GRUR 2011, 152 Rn. 39 ff. – Kinderhochstühle im Internet I; mit diff. Lesart *J. B. Nordemann* GRUR 2011, 977 (981): dies gelte möglicherweise nur unter den dort gegebenen Umständen einer iErg nach dem Beklagtenvortrag extrem niedrigen Aufdeckungsquote von Verletzungen durch Filterung mit manueller Nachkontrolle. Bei höherer Erfolgsquote könnten Filtermaßnahmen mit einer verhältnismäßigen manuellen Nachkontrolle eine geeignete und zumutbare Vorsorgemaßnahme sein. Vgl. näher auch *J. B. Nordemann* CR 2010, 653 mwN.

[595] BGH GRUR 2013, 1030 – File-Hosting-Dienst; BGH GRUR 2013, 1229 – Kinderhochstühle im Internet II.

[596] BGH GRUR 2013, 370 Rn. 31 ff. – Alone in the Dark.

[597] BGH GRUR 2013, 370 Rn. 38 f. – Alone in the Dark. Zur umfassenden Kontrollverpflichtung bezüglich externer Linksammlungen für Provider mit gefahrgeneigtem Geschäftsmodell → Rn. 129.

[598] BGH GRUR 2013, 370 Rn. 35, 39 – Alone in the Dark, mit insoweit zust. Anm. *Hühner* GRUR 2013, 373; zurückhaltender noch BGH GRUR 2011, 152 Rn. 42 f. – Kinderhochstühle im Internet I.

[599] Fromm/Nordemann/*J. B. Nordemann* UrhG § 97 Rn. 162 und 163 f. zu den konkret möglichen (Filter-)Maßnahmen; *Obergfell* NJW 2013, 1995; *Rössel* CR 2013, 229; mit grds. Zustimmung, lediglich diff. iE insbes. mit Blick auf die Wahrung der Nutzerrechte auch *Leistner* ZUM 2012, 722 (732 ff.).

[600] Die insoweit aber keine letztgültige Aussage treffen dürften, s. *Leistner* ZUM 2012, 722 (729 f.): dort iÜ aber diff. im Hinblick auf die Beurteilung der unterschiedlichen Filtermaßnahmen und Dispute-Systeme hins. der Rechte der betroffenen Nutzer.

[601] Hinsichtlich der im dt. Recht zul. ausgedehnten Filterverpflichtungen im Lichte der eur. Vorgabe krit. *Nolte/Wimmers* GRUR 2014, 16 (21 f.), zumal der BGH sich mit dieser Vorgabe nicht einmal auseinandersetze.

[602] Vgl. BGH GRUR 2007, 890 Rn. 53 f. – Jugendgefährdende Medien bei eBay; seitdem für das Urheberrecht mit einer näheren Definition der Reichweite gleichartiger Rechtsverletzungen zB BGH GRUR 2013, 370 Rn. 32 – Alone in the Dark. Sa. OLG Hamburg MMR 2016, 269 – Störerhaftung von YouTube und OLG Hamburg BeckRS 2015, 14371 (Berichtigungsbeschluss BeckRS 2015, 16401).

zern),[603] sondern jedenfalls bei schweren Rechtsverletzungen gegebenenfalls auch eine Kontrolle eines einmal wegen Rechtsverstößen **bekannt gewordenen Nutzers** in der gleichen Kategorie von Angeboten und Rechtsverletzungen erfassen.[604] Teilweise wurde angenommen, dass auch die Verletzung eines anderen Werkes der gleichen Kategorie mit der streitgegenständlichen Rechtsverletzung im Kern gleichartig sein kann.[605] Zuletzt hat der BGH die Kerngleichheit aber jedenfalls hinsichtlich der Reichweite des Unterlassungsanspruchs im Vollstreckungsverfahren wieder zurückhaltender beurteilt: Nur solche Verletzungen sind kerngleich, die sich auf Werke beziehen, die Gegenstand des Erkenntnisverfahrens oder zu dessen Zeitpunkt zumindest schon entstanden waren, da **jedes Werk ein eigener Schutzgegenstand** samt eigenständigem Schutzrecht sei.[606]

Zu **Identifizierungspflichten** bezüglich Rechtsverletzern und ggf. Maßnahmen gegenüber **Wie- 135 derholungstätern** (trotz § 13 Abs. 6 TMG) uA → Rn. 129 (im Zusammenhang der anonymen Nutzungsmöglichkeit als gefahrbegründendes Kriterium).

c) **Folgen der Nichtbeachtung von Prüfungspflichten.** Da sich die zumutbaren Prüfungs- 136 pflichten im Voraus nicht immer abschließend bestimmen lassen, kann sich die Frage, ob der Störer sämtliche zumutbaren Prüfungspflichten erfüllt hat, auch vom Erkenntnis- in das **Vollstreckungsver- fahren** verlagern, wenn ein Titel vorliegt.[607] In der Folge kann die Nichtbeachtung von Prüfungs- pflichten im Vollstreckungsverfahren die **Ordnungsmittelhaftung (insbesondere Ordnungsgel- der)** nach § 890 ZPO auslösen, wenn den Störer ein Verschulden trifft.[608] Wird eine große oder sehr große Werkzahl abgemahnt, kann das, wenn der Störer trotz angemessener Ausstattung seines Ge- schäftsbetriebs nicht sämtliche resultierenden Prüfungspflichten gleichzeitig erfüllen konnte, dazu führen, dass im Vollstreckungsverfahren sein Verschulden entfällt; doch ist die Annahme mangelnden Verschuldens zurückhaltend zu handhaben[609] und dürfte im Übrigen auch eine geeignete und ange- messene **Priorisierung** hinsichtlich der von Hinweisen betroffenen Inhalte und eine möglichst effek- tive Organisation der Durchführung der Prüfungspflichten voraussetzen.[610]

Außerdem ist in der Rechtsprechung erwogen worden, ob und unter welchen Voraussetzungen die 137 Nichtbeachtung zumutbarer Prüfungspflichten eine **Täter- oder Teilnehmerhaftung** auslösen kann.[611] Unabhängig von der Frage, wann hier eine entsprechende **Garantenpflicht** entsteht, schei- terte dies aber bisher, wenn in der Folge der Nichtbeachtung der Prüfungspflichten nicht konkrete Kenntnis von bestimmten Rechtsverletzungen vorlag, regelmäßig **am subjektiven Tatbestand.**[612]

Etwas anderes konnte schon nach der bisherigen Rechtsprechung gelten, wenn der Provider **spezi- fisch** hinsichtlich eines mehrfach **konkret angezeigten Rechtsverstoßes untätig** bleibt, so dass der urheberrechtsverletzende Inhalt unter der konkret benannten URL weiterhin abrufbar ist; dann kommt Gehilfenhaftung in Betracht, wobei sich eine starre Regel, ab welchem Grad der Verzögerung bei der Sperrung die Störer- und Gehilfenhaftung übergeht, nicht aufstellen lässt.[613]

5. Weitere Einzelheiten und Einzelfälle

Access-Provider

Der **Access-Provider (Zugangsprovider)** vermittelt automatisch den Zugang Einzelner zum 138 Netz, ohne Inhalte anzubieten. Er ist Vermittler iSd InfoSoc-RL[614] und haftungsprivilegiert nach §§ 7 Abs. 2, 8 Abs. 1 TMG.[615]

---

[603] BGH GRUR 2013, 370 Rn. 32 – Alone in the Dark; BGH GRUR 2013, 1030 Rn. 49 – File-Hosting-Dienst; zust. *Obergfell* NJW 2013, 1995; sa. *Czychowski/J. B. Nordemann* GRUR 2013, 986 (992); tendenziell krit. *Nolte/Wimmers* GRUR 2014, 16 (21 f.).

[604] BGH GRUR 2007, 890 Rn. 53 f. – Jugendgefährdende Medien bei eBay (zum Wettbewerbsrecht, im Zu- sammenhang der Wiederholungs- bzw. Erstbegehungsgefahr auch im Hinblick auf vorbeugende Unterlassungsan- sprüche).

[605] BGH GRUR 2013, 1235 Rn. 19 ff. – Restwertbörse II (zur Reichweite der Vermutung der Wiederholungs- gefahr); OLG Köln ZUM-RD 2014, 377 (383); Fromm/Nordemann/*J. B. Nordemann* UrhG § 97 Rn. 42; krit. *Wille* GRUR-Prax 2013, 297.

[606] BGH GRUR 2014, 706 mwN; krit. *Kleinemenke* GRUR-Prax 2014, 238; ähnlich aber auch BGH GRUR 2013, 370 Rn. 32 – Alone in the Dark.

[607] BGH GRUR 2013, 1030 Rn. 21 – File-Hosting-Dienst; BGH GRUR 2007, 708 Rn. 48 – Internet-Ver- steigerung II; dies ist in komplexen Fällen nicht unproblematisch, vgl. OLG Düsseldorf ZUM 2008, 332 (334) betr. einen Usenet-Zugangsprovider; Dreier/Schulze/*Specht* UrhG § 97 Rn. 33.

[608] BGH GRUR 2013, 1030 Rn. 59 – File-Hosting-Dienst; BGH GRUR 2007, 708 Rn. 47 – Internet-Ver- steigerung II; Dreier/Schulze/*Specht* UrhG § 97 Rn. 33. Vgl. zur Darlegungs- und Beweislast → Rn. 212.

[609] BGH GRUR 2013, 1030 Rn. 59 – File-Hosting-Dienst.

[610] Vgl. instruktiv BGH GRUR 2013, 1030 Rn. 50 ff. – File-Hosting-Dienst zu den Anforderungen an entspr. Tatsachenvortrag.

[611] OLG Hamburg WRP 2008, 1569.

[612] → Rn. 69.

[613] OLG Hamburg MMR 2013, 533; großzügig für den zeitlichen Rahmen selbst bei Störerhaftung OLG Saar- brücken ZUM-RD 2008, 234. → Rn. 69.

[614] EuGH GRUR 2014, 468 Rn. 29 ff. – UPC Telekabel mit krit. Anm. *Marly* GRUR 2014, 472; EuGH GRUR 2009, 579 – LSG/Tele2.

[615] Aber noch → Rn. 139 a ff. zur Möglichkeit von Sperrverfügungen gegen Access-Provider auf Grdl. einer uni- onsrechtskonformen Rechtsfortbildung von § 7 Abs. 4 TMG.

139   Der **EuGH** hat in seiner UPC Telekabel-Entscheidung **Sperrverfügungen gegen Access-Provider** bezüglich bestimmter eindeutig urheberrechtsverletzender Internetangebote für mit europäischen Grundrechten vereinbar gehalten, wenn dem Provider die Auswahl der effektiven Sperrmaßnahme[616] überlassen bleibt; die Ausgestaltung der Einzelheiten ist unter Berücksichtigung bestimmter Vorgaben hinsichtlich des Schutzes der Provider und Nutzer den Mitgliedstaaten überlassen, die die widerstreitenden Interessen im Rahmen einer Verhältnismäßigkeitsprüfung zum Ausgleich bringen müssen.[617] Im Rahmen der Störerhaftung wurde nach vormals herrschender Meinung in der **deutschen Rechtsprechung** und **Literatur** eine Haftung der Access-Provider (entweder wegen fernmeldegeheimnisbezogener bzw. datenschutzrechtlicher Unzulässigkeit, wegen mangelnder Geeignetheit der Maßnahme) abgelehnt.[618] Demgegenüber hat der BGH in seinem grundlegenden **Urteil Störerhaftung des Access-Providers** klargestellt, dass eine **richtlinienkonforme Auslegung** der Störerhaftung zu einer grundsätzlichen Inanspruchnahme der Access-Provider für **Sperrmaßnahmen** führen kann, wenn es sich um Seiten mit ganz überwiegend illegalen Inhalten handelt; diese Haftung ist nach dem Urteil aber **subsidiär** gegenüber dem ernstlichen Versuch einer Inanspruchnahme der Seitenbetreiber oder Host-Provider.[619] Die europäische Vorgabe nach der UPC Telekabel-Entscheidung des EuGH hat zudem in der Literatur zu Forderungen nach einer **gesetzgeberischen Regelung** von Sperrverfügungen gegen Access-Provider in Deutschland geführt.[620]

139a   Der deutsche Gesetzgeber hat in der Folge allerdings mit dem Dritten Gesetz zur Änderung des Telemediengesetzes eher zusätzliche Unklarheit geschaffen, da insoweit zwar eine spezifische Anspruchsgrundlage für **Sperrverfügungen gegen WLAN-Provider** vorgesehen wurde (§ 7 Abs. 4 TMG); im Zusammenspiel mit dem weiter vorgesehenen generellen Haftungsausschluss im Übrigen in § 8 Abs. 1 S. 2 TMG führte das aber zu der Frage, auf welcher Grundlage Sperrverfügungen gegen sonstige Access-Provider überhaupt ergehen könnten und folglich zu **berechtigtem Zweifel an der Europarechtskonformität der Neuregelung.**[621]

139b   Die **höchstrichterliche Rechtsprechung** hat diese unionsrechtswidrige Regelung in der Folge rasch und effektiv korrigiert. Der BGH hat im **Dead Island-Urteil** klargestellt, dass eine unionsrechtskonforme Rechtsfortbildung der neuen Fassung des TMG dahingehend geboten ist, dass **§ 7 Abs. 4 TMG als Anspruchsgrundlage für positive Sperranordnungen** nicht nur gegen WLAN-Anbieter, sondern vielmehr **gegen sämtliche** – auch drahtgebundene – **Access-Provider** heranzuziehen ist.[622] Dabei steht § 8 Abs. 4 TMG insoweit selbst weitergehenden **gerichtlichen**

---

[616] S. instruktiv zu möglichen Sperrmaßnahmen GA *Cruz Villalón*, SchlA v. 26.11.2013 in UPC Telekabel, BeckRS 2013, 82229 Rn. 75 ff. und Rn. 91 ff. (zur vierten, vom EuGH nicht beantworteten Vorlagefrage); vgl. auch ausf. *Leistner* JZ 2014, 846 (856); *Leistner/Grisse* GRUR 2015, 19, und *Leistner/Grisse* GRUR 2015, 105; *Durner* ZUM 2010, 833 (zu den nach seiner Auffassung vergleichsweise großzügigen verfassungsrechtlichen Rahmenbedingungen mit Blick auf Fernmeldegeheimnis und informationelle Selbstbestimmung der Nutzer, die lediglich als Schutzpflichten in das allg. Zivilrecht ausstrahlen); *J. B. Nordemann* ZUM 2014, 499 (500 f.).

[617] EuGH GRUR 2014, 468 Rn. 42 ff. – UPC Telekabel mit krit. Anm. *Marly* GRUR 2014, 472; dazu *Angelopoulos* GRUR-Int 2014, 1089; *Assion* K&R 2014, 333; *Brinkel/Osthaus* CR 2014, 642; *Karl* EuZW 2014, 391; *Maaßen* GRUR-Prax 2014, 157; *J. B. Nordemann* ZUM 2014, 499; *Roth* MMR 2014, 399; *Savola* JIPITEC 5 (2014), 116; *Schmidt* jurisPR-WettbR 7/2014 Anm. 1; *Spindler* GRUR 2014, 826. S. ausf. *Leistner/Grisse* GRUR 2015, 105. Vgl. zur Abwägung der widerstreitenden Grundrechte auch EuGH GRUR 2012, 265 Rn. 41 ff. – Scarlet/SABAM; EuGH GRUR 2008, 241 Rn. 68 – Promusicae; → Rn. 14 f., → Vor §§ 97 ff. Rn. 16.

[618] OLG Hamburg GRUR-RR 2014, 140 – 3dl.am; OLG Hamburg CR 2011, 735; LG Hamburg MMR 2010, 488; LG Köln ZUM-RD 2011, 701; für das Wettbewerbsrecht ähnlich LG München I CR 2009, 816; LG Kiel ZUM 2008, 246; vgl. auch VG Düsseldorf ZUM-RD 2012, 362: keine Haftung trotz Kenntnis von der Rechtswidrigkeit eines Glücksspielangebots; *Beckmann* K&R 2011, 677; *Brinkel/Osthaus* CR 2014, 642; *Döring* WRP 2008, 1155 (für das Wettbewerbsrecht); *Maaßen/Schoene* GRUR-Prax 2011, 39; auch nach dem UPC Telekabel-Urteil weiterhin krit. *Marly* GRUR 2014, 472: Löschen statt Sperren. AA und für eine richtlinienkonforme Ausdehnung der Störerhaftung aufgrund von Art. 8 Abs. 3 InfoSoc-RL *Leistner/Grisse* GRUR 2015, 19 (dort auch mit einer ausf. Auseinandersetzung mit den datenschutzrechtlichen Bedenken); ebenso *J. B. Nordemann* ZUM 2014, 499 (499 f.); Fromm/Nordemann/*J. B. Nordemann* UrhG § 97 Rn. 170; krit. bzgl. der Begründung der Ablehnung von Sperrmaßnahmen mit Eingriffen in das Fernmeldegeheimnis auch *Durner* ZUM 2010, 833. Zu Auskunftsansprüchen gegen Access-Provider auch → § 101 Rn. 95, 105 ff.

[619] BGH GRUR 2016, 268 – Störerhaftung des Access-Providers und BGH ZUM-RD 2016, 156 – 3dl.am (Verfassungsbeschwerde gegen das Urteil wurde nicht zur Entsch. angenommen, vgl. BVerfG NJW 2019, 755); seither umgesetzt in OLG München GRUR 2018, 1050 – kinox.to; vgl. auch LG Berlin GRUR-RR 2017, 299 Rn. 18 ff.: Verpflichtung eines TOR-Exit-Node Providers zu Portsperren und/oder anderen Sicherungsmaßnahmen; zuvor *Leistner/Grisse* GRUR 2015, 19 (20), und *Leistner/Grisse* GRUR 2015, 105 (114 f.); *J. B. Nordemann* ZUM 2014, 499; zuvor im Grundsatz ähnlich OLG Köln GRUR 2014, 1081 (1084 ff.) – Störerhaftung des Access-Providers (aber im konkreten Sachverhalt noch mangels konkret bewiesener möglicher, geeigneter und zumutbarer Umsetzungsmaßnahmen abgelehnt); vgl. auch skeptisch *Spindler* GRUR 2014, 826; *Ohly* ZUM 2015, 308 (318); ebenso krit. ggü. der richtlinienkonformen Fortentwicklung der Störerhaftung und für ein eigenes Haftungskonzept für Sperrverfügungen *Hofmann* GRUR 2015, 123 (128) (beide auf Grdl. des Aufopferungsgedankens).

[620] Vgl. *Kropp* S. 175, 181; *Ohly*, Gutachten F zum 70. Deutschen Juristentag, 2014, F 120 ff.; zust. *Leistner* JZ 2014, 846 (856); *Spindler* NJW 2014, 2550 (2553); *Leistner/Grisse* GRUR 2015, 105 (115); *Nazari-Khanachayi* GRUR 2015, 115 (120 ff.); *Nazari-Khanachayi* S. 121 ff., mit entspr. Vorschlägen. Vgl. umfassend zum Ganzen *Grisse* passim.

[621] S. *Spindler* NJW 2017, 2305; *Grisse* GRUR 2017, 1073; *Höfinger* ZUM 2018, 382 (384 f.); *Nicolai* ZUM 2018, 33.

[622] BGH GRUR 2018, 1044 Rn. 40 ff. (insbes. Rn. 46 ff.) – Dead Island. Vorzugswürdig wäre es allerdings demgegenüber gewesen, den missglückten § 8 Abs. 1 S. 2 TMG in europarechtskonformer Rechtsfortbildung teleolo-

Anordnungen (beispielsweise bei Wahrung eines angemessenen Grundrechtegleichgewichts auch hinsichtlich möglicher **Passwortsicherung** oder gar **vollständiger Sperrung** des Zugangs) nicht grundsätzlich entgegen, weil die in der Norm vorgesehenen Einschränkungen sich allein auf behördliche Anordnungen beziehen.[623]

Die entsprechenden Klarstellungen durch den BGH verdienen im grundsätzlichen Ergebnis (wenn **139c** auch nicht uneingeschränkt hinsichtlich des beschrittenen Wegs zur Rechtsfortbildung) entschiedene Zustimmung.[624] Auf dieser Basis sind **Sperranordnungen gegen Access-Provider im deutschen Recht** nunmehr **auf Grundlage des § 7 Abs. 4 TMG** als **Anspruch auf aktives Tun** ausgestaltet,[625] der die bisherigen Unterlassungsansprüche auf Basis der Störerhaftung ersetzt.[626]

Accounthaftung

Zur **eigenständigen Haftung** für Schutzrechtsverletzungen, die von passwortgeschützten Accounts (wie insbesondere eBay-Accounts) ausgehen, → Rn. 66. Zur Haftung des Inhabers eines Facebook-Accounts, → Rn. 195. **140**

Admin-C, Tech-C, Zone-C

Der Admin-C war bis zum Inkrafttreten der DS-GVO und der entsprechenden Reaktion der DE- **141** NIC der inländische administrative Ansprechpartner für die DENIC im Rahmen von Domainmensregistrierung für .de-Domains. Eine Haftung des **Admin-C** als **Täter oder Teilnehmer** schied idR aus.[627] Demgegenüber kam eine **Störerhaftung** grundsätzlich in Betracht.[628] Im Hinblick auf den Haftungsmaßstab war zu unterscheiden zwischen Fällen, in denen der Domainname selbst Rechte eines Dritten verletzt und Fällen, in denen der Inhalt der unter der Domain registrierten Website Rechte verletzt.[629]

Für Rechtsverletzungen durch den **angemeldeten Domainnamen** selbst haftete der Admin-C **142** als Störer nicht schon alleine aufgrund seiner Stellung.[630] Grundsätzlich konnte eine **Prüfungspflicht** oder eine **Pflicht zur Aufgabe der Tätigkeit als Admin-C** allenfalls nach Kenntnis von konkreten Rechtsverletzungen entstehen,[631] wobei zum Teil das Bestehen entsprechender Prüfungspflichten beim Admin-C gänzlich abgelehnt,[632] zum Teil lediglich eine subsidiäre Haftung[633] angenommen wurde. Vor Kenntnis – also insbesondere zum Zeitpunkt der Registrierung – konnten allenfalls dann Prüfungspflichten zur Vorabkontrolle bestehen, wenn **besondere gefahrerhöhende Umstände** vorliegen, wie es insbesondere beim automatisierten „Domaingrabbing" (mit Blankovollmacht des Admin-C) der Fall ist;[634] dafür genügte aber nicht eine lediglich abstrakte Gefahr, die sich möglicherweise aus der Registrierung einer Vielzahl von Domainnamen ergibt.[635] Ob im Übrigen eine

---

gisch zu reduzieren und auf diese Weise für sonstige Access-Provider weiterhin flexible Sperrpflichten im Rahmen der Unterlassungsansprüche auf Grdl. der Störerhaftung zu gewähren, s. *J. B. Nordemann* GRUR 2018, 1016 (1018); *Grisse* MMR 2018, 649; so in der Tat noch unmittelbar zuvor überzeugend OLG München GRUR 2018, 1050 Rn. 27 ff. – Kinox.to; ebenso schon zuvor LG München ZUM 2018, 375; aA *Spindler* GRUR 2018, 1012 (1015); *Hennemann* ZUM 2018, 754 (758); *Ohly* JZ 2019, 251 (252 f.); vgl. auch *Spindler* ZUM 2018, 454.

[623] BGH GRUR 2018, 1044 Rn. 54 ff. – Dead Island.

[624] Vgl. *Spindler* GRUR 2018, 1012 der allerdings auch bestimmte Zweifel im Detail äußert; *J. B. Nordemann* GRUR 2018, 1016 der am demnach allg. geltenden Erfordernis der Subsidiarität (s. § 7 Abs. 4 S. 1 Hs. 2 TMG) zweifelt, und zudem zu Recht darauf hinweist, dass der Weg über eine teleologische Reduktion des § 8 Abs. 1 S. 2 TMG vorzugswürdig gewesen wäre (vgl. insoweit → Rn. 139b).

[625] Unerheblich ist, ob die rechtsverletzenden Werke gerade von Kunden des Internetzugangsproviders hochgeladen wurden, da ein Telemediendienst bereits dadurch für eine Rechtsverletzung iSd § 7 Abs. 4 TMG „in Anspruch genommen" wird, dass er seinen Kunden den Zugang zu von Dritten öffentlich zugänglich gemachten rechtsverletzenden Inhalten im Internet ermöglicht (LG München I GRUR-RR 2019, 345 Rn. 35 ff. – Albumveröffentlichung). Vgl. zur Frage der Kostentragung der Maßnahmen sowie für vor- und außergerichtliche Kosten und Gerichtskosten § 7 Abs. 4 S. 3 TMG, § 8 Abs. 1 S. 2 Hs. 2 TMG sowie näher *Spindler* NJW 2017, 2305 (2308); *J. B. Nordemann* GRUR 2018, 1016 (1019 f.) mwN.

[626] BGH GRUR 2018, 1044 Rn. 43 und 57 – Dead Island zum Vorgehen bei Übergangsfällen: angepasste Antragsfassung möglich.

[627] Vgl. BGH GRUR 2012, 304 Rn. 44 ff. – Basler Haar-Kosmetik; OLG Köln GRUR-RR 2009, 27 (28), (jeweils für das Markenrecht).

[628] BGH GRUR 2012, 304 Rn. 50 – Basler Haar-Kosmetik; OLG Koblenz MMR 2009, 549 – Störerhaftung des Admin-C; OLG Köln GRUR-RR 2009, 27 (29) – Admin-C; KG MMR 2006, 392; OLG Stuttgart MMR 2004, 38 (39); anders noch OLG Koblenz MMR 2002, 466 – vallendar.de, das die Störerhaftung des Admin-C gar nicht erst in Betracht zog.

[629] Sa. *Dreier/Schulze/Specht* UrhG § 97 Rn. 55 mwN.

[630] BGH GRUR 2012, 304 Rn. 52 ff. – Basler Haar-Kosmetik; BGH GRUR 2013, 294 Rn. 20 – dlg.de; OLG Köln GRUR-RR 2009, 27 (28 f.); anders noch OLG Stuttgart MMR 2004, 38 (39).

[631] OLG Hamburg GRUR-RR 2004, 175 (178) – Löwenkopf; indirekt wohl auch BGH GRUR 2012, 304 Rn. 57 – Basler Haar-Kosmetik.

[632] OLG Düsseldorf GRUR-RR 2009, 337 (338) – Prüfungspflicht des Admin-C; OLG München GRUR-RR 2010, 203, denen zufolge sich der Pflichtenkreis des Admin-C allein auf das Innenverhältnis zwischen Domaininhaber und DENIC bezieht.

[633] KG MMR 2006, 392 (393) für einen Verstoß, der sich erst aus dem Inhalt der Website ergab.

[634] BGH GRUR 2012, 304 Rn. 59 ff. – Basler Haar-Kosmetik; ähnlich schon OLG Koblenz MMR 2009, 549 (550 f.) – Störerhaftung des Admin-C.

[635] BGH GRUR 2013, 294 Rn. 21 ff. – dlg.de.

Prüfungspflicht und eine Pflicht zur Störungsbeseitigung jedenfalls dann bestanden, wenn sich ein eindeutiger Rechtsverstoß geradezu aufdrängte, hat der BGH in der Entscheidung Basler Haar-Kosmetik offen gelassen.[636]

143   Tendenziell noch enger gezeichnet war die mögliche Störerhaftung des Admin-C (auch diese Funktion existiert seit Umsetzung der DS-GVO-Vorgaben durch die DENIC in dieser Form nicht mehr) für **rechtsverletzende Inhalte** auf der unter der Domain betriebenen Website. Da der Admin-C auf die inhaltliche Gestaltung der Websites keinerlei Einfluss nahm, sondern vielmehr nur durch Einstellung seiner Tätigkeit deren kurzfristige gänzliche Löschung erreichen konnte, hielt eine Auffassung Prüfungspflichten oder Pflichten zur Verhinderung des Rechtsverstoßes für grundsätzlich nicht zumutbar[637] oder ging von einer allenfalls subsidiären Haftung des Admin-C aus.[638] Teilweise wurde eine Haftung wegen Verletzung von Verkehrspflichten allerdings auch bejaht,[639] dies nach zT differenzierender Auffassung zumindest in Fällen, in denen die Website besonders gefahrgeneigt ist.[640] Die Zustellung einer **einstweiligen Verfügung** bzgl. Rechtsverletzungen an den Admin-C begründete keine Kenntnis des Domaininhabers.[641]

144   Der **Tech-C** war der technische Ansprechpartner der DENIC. Der **Zone-C** war der Betreuer des oder der Namensserver der Domain; für ihn galten die Regeln über den Tech-C. Grundsätzlich sollten insoweit hinsichtlich der tendenziell begrenzten Haftung die gleichen Grundsätze wie beim Admin-C gelten, da auch der Tech-C und der Zone-C jeweils nur ihre Funktion aufgeben konnten, um die Abrufbarkeit von Seiten mit rechtsverletzenden Inhalten komplett zu verhindern; auch war zu bedenken, dass ihre Funktion gegebenenfalls ohne weiteres von einer anderen Person übernommen werden konnte, so dass uU nur eine kurzfristige Nichtabrufbarkeit des Inhalts erreicht wurde.[642]

Caching

145   **Caching** ist die automatische, zeitlich begrenzte Zwischenspeicherung von Daten zur beschleunigten Übermittlung von Informationen. Das Caching ist nach **§ 9 Abs. 1 TMG** unter den dort genannten Voraussetzungen haftungsprivilegiert. Die Privilegierung erfasst in der neuen Fassung des TMG[643] nunmehr auch ausdrücklich Unterlassungs- und Beseitigungsansprüche (im Rahmen der bisherigen Störerhaftung),[644] so dass für privilegierte Caching-Provider allenfalls noch Verpflichtungen auf Grundlage von § 7 Abs. 4 TMG in Betracht kommen.[645] Im Zusammenhang mit Urheberrechtsverletzungen ist in der Rechtsprechung bisher in erster Linie die Frage problematisiert worden, ob **Usenet-Provider**, die Nachrichten fremder Nutzer (die nicht ihre eigenen Kunden sind) zwischenspeichern, um sie im Usenet weiterzuverbreiten, als Cache-Provider einzuordnen sind.[646]

DENIC

146   Die DENIC ist die **zentrale Registrierungsstelle** für .de Top Level Domains. Sie verfolgt keine eigenen Zwecke, handelt ohne Gewinnerzielungsabsicht und erfüllt eine Funktion, die im öffentlichen Interesse aller Internetnutzer und der Allgemeinheit liegt.[647]

Dies führt zu einer **Privilegierung** im Rahmen der Störerhaftung dahingehend, dass im Registrierungsverfahren grundsätzlich keine Pflicht besteht, **Domainbezeichnungen** im Hinblick auf ihre

---

[636] BGH GRUR 2012, 304 Rn. 57 – Basler Haar-Kosmetik.

[637] OLG Köln GRUR-RR 2009, 27 (29); OLG Hamburg MMR 2007, 601 (602 f.); LG Dresden MMR 2007, 394; vgl. auch KG NJW 2012, 3044: jedenfalls keine Haftung für Wettbewerbsverstöße durch E-Mails, die von der Website aus versandt wurden, da insoweit eigenständige Handlung, die schon nicht durch den Admin-C adäquat kausal mitverursacht.

[638] KG MMR 2006, 392: Kündigung des Domainvertrags als nur subsidiäre Pflicht, wenn eine Persönlichkeitsrechtsverletzung nicht anders beendet werden kann.

[639] OLG Frankfurt a. M. MMR 2014, 134; LG Bonn CR 2005, 527: Verhinderungsmöglichkeit durch Nichtausüben bzw. Beenden der Funktion als Admin-C, da dies zur Nichtabrufbarkeit der Seite im Netz führt (für einen Wettbewerbsrechtsverstoß); LG München I MMR 2007, 608 (609); LG Potsdam MMR 2013, 662 (Persönlichkeitsrecht).

[640] Fromm/Nordemann/*J. B. Nordemann* UrhG § 97 Rn. 169; vgl. auch BGH GRUR 2012, 304 Rn. 59 ff. – Basler Haar-Kosmetik, für einen Rechtsverstoß durch die Domainbezeichnung der Seite selbst. Vgl. zur Kritik auch → Rn. 78 und → Rn. 122.

[641] OLG Köln ZUM-RD 2014, 361.

[642] OLG Hamburg GRUR-RR 2003, 332; LG Bielefeld MMR 2004, 551: Prüfungspflichten lediglich bei ohne Weiteres offenkundigen Rechtsverstößen wie bei der DENIC (insoweit auch → Rn. 146); OLG Schleswig MMR 2014, 750: Die Grundsätze der eingeschränkten Haftung des Admin-C gelten erst recht für den Tech-C (Prüfpflichten nur, wenn Anhaltspunkte bei Übernahme der Tätigkeit); sehr zurückhaltend auch *Hoeren/Gräbig* Mitt. 2010, 501 (506); *Stadler* CR 2004, 521 (524). Strenger demgegenüber noch OLG Hamburg MMR 2000, 92 (96).

[643] In Kraft seit 13.10.2017; → Rn. 104.

[644] S. § 9 S. 2 TMG iVm § 8 Abs. 1 S. 2 TMG.

[645] Vgl. im Ganzen und zur analogen Anwendbarkeit des § 7 Abs. 4 TMG für jegliche Zugangs-, Durchleitungs- und Caching-Provider BGH GRUR 2018, 1044 Rn. 36 ff. – Dead Island; näher → Rn. 139b f.

[646] So OLG Düsseldorf MMR 2008, 254 (255); dagegen für Einordnung als Zugangsvermittler OLG Hamburg MMR 2009, 631 – Spring (Usenet I) und OLG Hamburg MMR 2009, 405 – Alphaload (Usenet II); zum Ganzen im Gesamtzusammenhang → Rn. 207 ff.

[647] BGH GRUR 2001, 1038 (1040) – ambiente.de; BGH GRUR 2012, 651 Rn. 24 – regierung-oberfranken.de.

Rechtmäßigkeit zu überprüfen, so dass diesbezügliche Ansprüche grundsätzlich gegen den Inhaber des Domainnamens zu richten sind.[648] Eine Haftung als Störer und eine sich daraus ergebende Pflicht zur Aufhebung der Registrierung kommt nur in Betracht, wenn ohne weitere Nachforschungen zweifelsfrei festgestellt werden kann, dass ein registrierter Domainname Rechte Dritter verletzt. Ein solcher offenkundiger, unschwer zu erkennender Rechtsverstoß soll sich nur aus der Vorlage eines rechtskräftigen gerichtlichen Titels (auch unstreitig wirksamer Unterlassungsvertrag)[649] ergeben oder dann, wenn die Rechtsverletzung so eindeutig ist, dass sie sich regelrecht aufdrängt.[650]

Auch für rechtswidrige **Inhalte** haftet die DENIC jedenfalls nicht ohne Kenntnis.[651] In Anbetracht der Rechtsprechung des BGH zur Haftung der DENIC für rechtsverletzende Domainnamen scheint eine Störerhaftung für rechtswidrige Inhalte auf .de-Seiten auch im Übrigen kaum möglich. Wenn überhaupt, könnte nach positiver Inkenntnissetzung allenfalls eine Haftung für die Abrufbarhaltung vollkommen offensichtlich rechtsverletzender Angebote im Netz denkbar sein;[652] wollte man dem folgen, wäre aber mindestens weiter vorauszusetzen, dass sich der Einsatz für urheberrechtsverletzende Nutzungen schon vollkommen eindeutig und offensichtlich aufgrund der bloßen Domainbezeichnung aufdrängt.

WhoIs-Data

Domainregistrare bzw. Domainvergabestellen werden durch die ICANN (Internet Corporation for **146a** Assigned Names and Numbers) verpflichtet, sog. **WhoIs-Daten,** die bei der Domainregistrierung erhoben werden, unter bestimmten Voraussetzungen an Dritte herauszugeben. Diese Daten ermöglichen die Identifizierung des Domaininhabers (bzw. früher ggf. des Admin-C/Tech-C) als mögliche Adressaten von Verfügungen und Ansprüchen. Während die entsprechenden Datensätze früher in Gesamtheit öffentlich zugänglich waren, erfolgt seit in Kraft Treten der DS-GVO keine Veröffentlichung mehr.[653] Die nicht öffentlichen WhoIs-Data werden aber an Dritte herausgegeben, wenn diese ein legitimes Interesse iSd Art. 6 (1) (f) DS-GVO haben.[654] Die ICANN bemüht sich derzeit, ein einheitliches Verfahren einzuführen, in dessen Rahmen bestimmte authentifizierte Nutzer wieder einzelfallunabhängig Zugang zu non-public WhoIs-Data erhalten sollen.[655]

Domainregistrar

Weitergehend kann uU der **Domainregistrar** haften.[656] Der Domainregistrar ist eine Person bzw. **147** ein Unternehmen, das Internet-Domains für Kunden registriert und hierfür ggf. bei der jeweiligen Domainvergabestelle (Registry) akkreditiert ist. Eine allgemeine Vorabüberprüfung der angemeldeten und registrierten Domains dahingehend, ob diese zur Verletzung von Urheberrechten benutzt werden, kommt naturgemäß nicht in Betracht.[657] Nach Hinweis auf konkrete, klare Rechtsverletzungen ist das konkrete Angebot unverzüglich zu prüfen und gegebenenfalls zu dekonnektieren,[658] wobei dies im Lichte der Haftungsprivilegierungen für die DENIC (als Registry) und die Rechtsprechung zu anderen, eher untergeordneten Verursachungsbeiträgen aber nur gelten sollte, wenn die Website von vornherein klar auf Rechtsverletzungen angelegt und beispielsweise der Registrant eine Briefkastenfirma auf den Seychellen ist, die auf Hinweise nicht reagiert.[659]

Wenn ein Internetserviceprovider seinen Kunden verschiedenste **Tools zur Verwaltung von Domains** samt Um- und Weiterleitungsmöglichkeiten anbietet, handelt es sich nicht lediglich um einen Registrar, so dass die besonderen Haftungsprivilegien für die DENIC in diesem Falle nicht

---

[648] BGH GRUR 2012, 651 Rn. 24 ff. – regierung-oberfranken.de; BGH GRUR 2004, 619 (620 f.) – kurtbiedenkopf.de; BGH GRUR 2001, 1038 (1040) – ambiente.de.

[649] BGH GRUR 2001, 1038 (1041) – ambiente.de; sa. OLG Frankfurt a. M. MMR 2015, 141: auch bei ungenauem Tenor, wenn kein Zweifel, dass bloße Ungenauigkeit.

[650] BGH GRUR 2012, 651 Rn. 26 – regierung-oberfranken.de; BGH GRUR 2001, 1038 (1040 f.) – ambiente.de.

[651] OLG Hamburg ZUM 2005, 392 (393): damit keinesfalls Haftung im Zeitpunkt der Erstregistrierung bezüglich einer später für Urheberrechtsverletzungen eingesetzten Domain.

[652] So Fromm/Nordemann/*J. B. Nordemann* UrhG § 97 Rn. 169: Haftung für Geschäftsmodelle, die auf Rechtsverletzungen ausgelegt sind.

[653] Vgl. zu weitgehend LG Bonn CR 2018, 789 (bestätigt in OLG Köln, Urt. v. 1.8.2018 – 19 W 32/18 und OLG Köln BeckRS 2018, 30349; beide in der entscheidenden Frage bisher nur obiter, da im einstweiligen Rechtsschutz noch kein hinreichender Vortrag zum berechtigten Interesse), die sogar davon ausgehen, dass schon die Erhebung von Daten zu Admin-C und Tech-C durch Registrierungsstellen/Registrare (und die diesbzgl. vertragliche Verpflichtung seitens der ICANN) nicht mit der DS-GVO vereinbar sein könnte.

[654] ICANN Temporary Specification for gTLD Registration Data, abrufbar unter: https://www.icann.org/resources/pages/gtld-registration-data-specs-en.

[655] Sog. Possible Unified Access Model for Continued Access to Full WHOIS Data, Entwurf vom 20.8.2018, abrufbar unter: https://www.icann.org/en/system/files/files/draft-unified-access-model-summary-elements-18jun18-en.pdf.

[656] S. Fromm/Nordemann/*J. B. Nordemann* UrhG § 97 Rn. 169 mwN; vgl. ausführlicher *Emanuel* FS Büscher, 2008, S. 459.

[657] LG Saarbrücken MMR 2014, 407; krit. *Marosi* jurisPR-ITR 10/2014 Anm. 5.

[658] OLG Köln GRUR-RR 2019, 1 – Registrar.

[659] LG Saarbrücken MMR 2014, 407; bestätigt durch OLG Saarbrücken MMR 2015, 120; weitergehend LG Köln MMR 2015, 523.

gelten.[660] Das Geschäftsmodell des **Domainparking** ist praktisch ausschließlich im Zusammenhang mit Kennzeichen- und Wettbewerbsrechtsverstößen relevant geworden und wird daher hier nicht näher behandelt.[661]

Domainverpächter

148   Bei der **Domainverpachtung** überlässt der Domaininhaber seine Domain vertraglich einem anderen. Der Domainverpächter macht sich im Regelfall nach der Verpachtung unter der Domain erstellte Inhalte mangels eigener Identifizierung nicht zu eigen.[662] Der **Umfang seiner Prüfungspflichten** bei Inanspruchnahme als Störer ist nach den Umständen zu bestimmen.[663] Ihm ist nicht zuzumuten, die Website des Pächters auf Rechtsverletzungen Dritter zu überprüfen, so dass diesbezüglich eine Haftung ausscheidet, soweit für die Annahme solcher Verletzungen keine konkreten Anhaltspunkte bestanden.[664] Kennt der Pächter die Rechtsverletzung, muss sich die verpachtende Gesellschaft dieses Wissen zurechnen lassen, wenn der Pächter ihr alleiniger Geschäftsführer ist.[665]

Diensteanbieter für das Teilen von Online-Inhalten (Online-Inhalteanbieter)

148a   Für **Online-Inhalteanbieter** sieht Art. 17 DSM-RL auf europäischer Ebene eine neue, **bereichsspezifische Haftungsregulierung** vor. Die Vorschrift ist zum 7.6.2021 in das deutsche Recht umzusetzen. Der Begriff des Diensteanbieters für das Teilen von Online-Inhalten wird in **Art. 2 Nr. 6 DSM-RL** positiv definiert als ein Dienst, bei dem der Hauptzweck bzw. einer der Hauptzwecke darin besteht, **eine große Menge an von seinen Nutzern hochgeladenen urheberrechtlichen Schutzgegenständen zu speichern und der Öffentlichkeit Zugang hierzu zu verschaffen**, wobei dieser Anbieter diese Inhalte **organisiert** und zum Zwecke der Gewinnerzielung **bewirbt**.

148b   Was damit gemeint ist, verdeutlicht insbesondere **Erwägungsgrund 62 DSM-RL,** demzufolge sich die Vorschrift nur auf Online-Dienste beziehen soll, die auf dem Markt für Online-Inhalte eine wichtige Rolle spielen, indem sie mit anderen Online-Inhaltediensten, wie Audio- und Video-Streamingdiensten um dieselben Zielgruppen konkurrieren. Die Vorschrift soll demnach **inhaltsnahe Dienste** betreffen, bei denen es mindestens einer der Hauptzwecke ist, den Nutzern gerade Zugang zu entsprechendem Konsum urheberrechtlicher Schutzgegenstände zu verschaffen, wobei es für die spezifisch **inhaltsbezogene Strukturierung** genügt, wenn etwa Inhalte Kategorien zugeordnet werden und gezielte Werbung in die Inhalte eingefügt wird. Letztlich zielt die Vorschrift damit zentral auf Dienste wie YouTube, Instagram und ähnliche Plattformen.[666]

148c   Dies wird zusätzlich durch die **Ausnahmen in Art. 2 Nr. 6 DSM-RL** verdeutlicht. Demnach sind etwa nicht gewinnorientierte Online-Enzyklopädien sowie bildungsbezogene und wissenschaftliche Repositorien, Plattformen für quelloffene Software, Anbieter elektronischer Kommunikationsdienste (einschließlich OTT-Dienste), Online-Marktplätze, zwischen Unternehmen erbrachte Cloud-Dienste sowie Cloud-Dienste, die ihren Nutzern das Hochladen von Inhalten für den Eigengebrauch ermöglichen, von den neuen Vorschriften ausgenommen.

     Dennoch ergeben sich insoweit je nach konkreter Ausgestaltung problematische Grenzfälle, etwa im Bereich sozialer Netzwerke, Diskussionsforen, der Partnerschaftsvermittlung bzw. ähnlicher Dienstleistungen oder bestimmter Cloud-Services und Blogs. Insoweit wird es nunmehr in erster Linie auf eine angemessene Umsetzung ankommen, die dem Grundgedanken Rechnung trägt, dass es in erster Linie um eine Erfassung **inhaltsnaher Dienste** gehen muss, die tatsächlich im Kern ihrer Dienstleistung ausweislich der Strukturierung und Bewerbung ihrer Inhalte (mindestens auch) auf die Vermittlung urheberrechtlich geschützter Inhalte an ein diesbezüglich spezifisch empfangsbereites Publikum zielen.[667]

     Gehen Dienste darüber sogar hinaus und richten sich nach ihrem Hauptzweck darauf, sich an Urheberrechtsverletzungen zu beteiligen oder sie zu erleichtern (**tendenziöse oder nach ihrer objektiven Ausgestaltung besonders gefahrgeneigte Dienste**), so tritt ohnedies eine strenge Täterhaftung ein, die insbesondere nicht durch die Haftungserleichterungen nach Art. 17 Abs. 4 DSM-RL begrenzt wird (vgl. Erwägungsgrund 62 DSM-RL).

---

[660] OLG Hamburg MMR 2010, 470 m. krit. Anm. *Stadler* MMR 2010, 472.
[661] BGH GRUR 2011, 617 – Sedo m. krit. Anm. *Hühner* GRUR 2011, 621.
[662] BGH MMR 2009, 752 Rn. 18 ff. – Focus Online (für eine Persönlichkeitsrechtsverletzung).
[663] BGH MMR 2009, 752 Rn. 18 – Focus Online (für eine Persönlichkeitsrechtsverletzung).
[664] BGH MMR 2009, 752 Rn. 18 ff. – Focus Online mAnm *Spieker* MMR 2009, 754 der bei Näheverhältnis zwischen Pächter und Verpächter eine andere Beurteilung der Prüfungspflichten erwägt.
[665] OLG Köln GRUR-RR 2010, 274 – Stadtplanausschnitte Online; sa. *Spieker* MMR 2009, 754 (756).
[666] Ähnlich die Erklärung der Bundesrepublik Deutschland zur Richtlinie über das Urheberrecht und Verwandte Schutzrechte im Digitalen Binnenmarkt; insbesondere zu Artikel 17 der Richtlinie, Nr. 6.
[667] Vgl. zu diesen und weiteren Grenzfällen der Definition etwa *Spindler* CR 2019, 277 Rn. 41 ff.; *Pravemann* GRUR 2019, 783 (784 f.); s. zu Sonderproblemen im Bereich der Games-Branche instruktiv *Hentsch* MMR 2019, 351 (353 ff.). S. im Grundsatz ähnlich wie hier auch die Erklärung der Bundesrepublik Deutschland zur Richtlinie über das Urheberrecht und Verwandte Schutzrechte im Digitalen Binnenmarkt; insbesondere zu Artikel 17 der Richtlinie, Nr. 6.

Für **neue und kleine Diensteanbieter** sieht Art. 17 Abs. 6 DSM-RL ein abgestuftes System von **148d** **Ausnahmen vom neuen Haftungsregime** und bestimmten **Haftungserleichterungen** vor. Dabei bleibt es für diese Dienste aber ggf. bei der allgemeinen Haftung nach Art. 3 InfoSoc-RL, da die diesbezügliche Rechtslage und Rechtsprechung außerhalb der neuen Sondernormen insoweit ausdrücklich „unberührt" bleiben soll (vgl. Art. 1 Abs. 2 DSM-RL). Dies kann insbesondere auch deshalb zu praktisch wesentlichen Abgrenzungsproblemen führen, weil der EuGH in den Vorlageverfahren in Sachen YouTube und uploaded nunmehr über die Rechtslage unter Art. 3 InfoSoc-RL für bestimmte Inhalteanbieter noch entscheiden wird.

Hier könnten im ungünstigsten Falle Friktionen drohen, wenn die Haftung nach den allgemeinen Grundsätzen womöglich gar nicht limitierter ist als die neue Haftungsregulierung nach Art. 17 DSM-RL, sodass kleinere Plattformen durch ihre Freistellung von dieser Neuregulierung im ungünstigsten Falle gar nicht profitieren würden, sondern rein theoretisch sogar schlechter gestellt werden könnten. Sollte dieser – unwahrscheinliche – Fall eintreten, wäre es wohl zumindest geboten, soweit es um die Ausnahmeregelungen des Art. 17 Abs. 6 DSM-RL geht, über eine Art „Günstigkeitsprinzip" nachzudenken.

Soweit es allerdings um **sonstige ausgenommene Dienste** geht (also etwa Verkaufsplattformen, bestimmte Cloud-Dienste, Kommunikationsdienste, Foren und Blogs etc.), muss es naturgemäß bei den allgemeinen Haftungsregeln bleiben. Das könnte in der Zukunft möglicherweise sogar Anreize für die Entwicklung neuer Technologien schaffen, um durch spezifische technische Ausgestaltung den Sonderbereich der Haftungsregulierung für Online-Inhalteanbieter zu meiden. In dieser Hinsicht wird im Rahmen der Umsetzung auf eine entsprechend sorgsame und gegebenenfalls hinreichend **offene und flexible, sozusagen „technikneutrale" Definition des Anwendungsbereichs** zu achten sein.

Die **allgemeinen Grundsätze der mittelbaren nebentäterschaftlichen Haftung** der Online- **148e** Inhalteanbieter nach Art. 17 DSM-RL werden in → Rn. 56e ff. näher dargestellt. Die besondere Herausforderung wird insoweit im Rahmen der Umsetzung daran liegen, durch die konsequente Schaffung von Lizenzierungsinstrumenten den Bereich lizenzierter Nutzungen möglichst breit zu halten (**Lizenzierungsinstrumente und -anreize**),[668] um den vergleichsweise problematischen Bereich der nach Art. 17 Abs. 4 DSM-RL vorgesehenen Sperrung sowie des notice, takedown & staydown prospektiv möglichst zu reduzieren.

Hinsichtlich der in diesem letztgenannten Bereich unerlässlichen, aber intrikaten[669] **Entwicklung** **148f** **bewährter Verfahren für die Zusammenarbeit zwischen Rechteinhabern und Diensteanbietern** (vgl. Art. 17 Abs. 10 DSM-RL), insbesondere betreffend hohe branchenübliche und zugleich verhältnismäßige und gezielte Standards für die mehr oder weniger automatische **Filterung und Sperrung** bestimmter Inhalte unter Meidung allgemeiner Filterpflichten und Wahrung der durch Art. 17 Abs. 7 DSM-RL für die Nutzer garantierten Schranken, wird es nun in erster Linie auf eine nähere Betrachtung, ggf. allgemeine Zugänglichmachung und zusätzlich auch rasche Fortentwicklung der hierfür verfügbaren Schnittstellen und Technologien ankommen.[670] Dabei sind hinsichtlich der Ausgestaltung der entsprechenden Sperrprozeduren und insbesondere auch des counter-notice-Verfahrens bereits in der Protokollerklärung der Bundesregierung zur DSM-RL einzelne weiterführende Ansätze enthalten;[671] über weitere innovative Ansätze, wie etwa ein notice & delayed takedown/staydown Verfahren, ist zumindest nachzudenken.[672]

Filesharing

Die ursprünglich sehr große Bedeutung von **Internet-Tauschbörsen (Filesharing-Systemen)** **149** mit Blick auf Urheberrechtsverletzungen im Netz[673] hat im Vergleich zu Sharehostern und Strea-

---

[668] Vgl. auch *Stieper* ZUM 2019, 211 (217).
[669] Vgl. *Spindler* CR 2019, 277 Rn. 60: „Quadratur des Kreises".
[670] Vgl. zu den verfügbaren Technologien im ersten Überblick z.B. *Spindler* CR 2019, 277 Rn. 56; *Kaesling* JZ 2019, 586 (588). Dabei leidet die bisherige Diskussion und Regulierung an dem zugrundeliegenden verkürzten Fokus auf Musikwerke. Für andere Werke – etwa bestimmte audiovisuelle Werke oder auch Computer-Games – dürfte sich die Lage mit Blick auf verfügbare Filtertechnologie deutlich komplexer darstellen, vgl. für die Games-Branche *Hentsch* MMR 2019, 351 (354 f.). Letztlich können hier Lösungen derzeit nur auf Grdl. einer möglichst breiten Beteiligung sämtlicher betroffenen Kreise an den Dialogen zur Entwicklung entspr. Standards für bewährte Verfahren (vgl. Art. 17 Abs. 10 DSM-RL, Erwgr. 71 DSM-RL) gesucht bzw. entwickelt werden. Wichtig wird es in diesem Zusammenhang sein, möglichst europaweit einheitliche Lösungen zu finden, die zugleich garantieren, dass hins. der notwendigen Schnittstellen für die Informationsübertragung möglichst offene, interoperable, standardisierte Systeme entwickelt werden, die einer Monopolisierung der entspr. Schnittstellen und Filtertechnologien durch bestimmte marktmächtige Plattformen effektiv vorbeugen, vgl. Erklärung der Bundesrepublik Deutschland zur Richtlinie über das Urheberrecht und Verwandte Schutzrechte im Digitalen Binnenmarkt; insbesondere zu Artikel 17 der Richtlinie, Nr. 4 und 5.
[671] Erklärung der Bundesrepublik Deutschland zur Richtlinie über das Urheberrecht und Verwandte Schutzrechte im Digitalen Binnenmarkt; insbesondere zu Artikel 17 der Richtlinie, Nr. 4–9.
[672] Vgl. insoweit *Leistner* in Synodinou, Pluralism or Universalism in International Copyright Law (im Erscheinen), abrufbar unter https://papers.ssrn.com/sol3/papers.cfm?abstract_id=3345570.
[673] So auch noch Fromm/Nordemann/*J. B. Nordemann* UrhG § 97 Rn. 229; zur Haftung insbes. der Plattformbetreiber und Softwareanbieter mit Blick auf die unterschiedlichen, ursprünglich für Urheberrechtsverletzungen

ming-Diensten in letzter Zeit abgenommen.[674] Soweit die einzelnen Nutzer durch den **Upload** der Dateien, der typischerweise nach § 19a eine Rechtsverletzung darstellt, oder durch den Download (hier gegebenenfalls Rechtsverletzung nach § 16, falls nicht durch § 53 gerechtfertigt) Urheberrechtsverletzungen begehen, stellen sich die Fragen nach der Rechtsdurchsetzung gegenüber den einzelnen Nutzern und der mittelbaren Störerhaftung der Anschlussinhaber, Plattformbetreiber oder Softwareanbieter.[675]

150   Für die einzelnen **Nutzer (Teilnehmer)** von Internettauschbörsen hat der BGH zuletzt – selbst wenn insoweit technisch jeweils lediglich Fragmente ausgetauscht werden, die dann beim Herunterladenden aus unterschiedlicher Quelle zusammengesetzt werden – eine **Mittäterschaft** im Hinblick auf eine Verletzung des Rechts zur öffentlichen Zugänglichmachung bejaht.[676]

Praktisch wird im Verhältnis zu den **einzelnen Nutzern** im Regelfall zuerst die **IP-Adresse** ermittelt, die nach Auskunft des Zugangsproviders (aufgrund von § 101)[677] gegebenenfalls die Identifizierung des Anschlussinhabers ermöglicht. Dieser wird daraufhin **abgemahnt,** wobei sich die **Kostenerstattung** nach § 97a bestimmt, sofern der Anschlussinhaber als **Täter** oder als **Teilnehmer** haftet; anders als nach bisheriger Rechtslage kommt demgegenüber eine Kostenerstattung auf Basis bloßer Störerhaftung insoweit nicht mehr in Betracht (s. § 8 Abs. 1 S. 2 TMG).[678] Ist die Abmahnung unberechtigt, hat der Abgemahnte unter den Voraussetzungen des § 97a Abs. 4 Aufwendungsersatzansprüche gegen den Abmahnenden. Nach der neueren BGH-Rechtsprechung besteht eine tatsächliche **Vermutung,** dass der **Anschlussinhaber** der Täter war.[679] Kann sich der Anschlussinhaber diesbezüglich entlasten, kam nach bisherigem Recht ggf. eine **Störerhaftung** in Betracht; heute ist dies praktisch weitestgehend durch **§ 8 Abs. 1 S. 2, Abs. 3 und 4 TMG ausgeschlossen,** möglich bleiben unter engen Voraussetzungen allenfalls Sperr- und Sicherungsanordnungen auf Basis von § 7 Abs. 4 TMG.[680] Benennt der abgemahnte nicht verantwortliche Anschlußinhaber den Rechtsverletzer, so umfasst der vom Rechtsverletzer zu leistende **Schadensersatz** auch die Kosten der ursprünglichen Abmahnung.[681]

Für gerichtliche Streitigkeiten, ist nach § 104a grundsätzlich das **Wohnsitzgericht** des potentiellen Verletzers zuständig, wenn sich die Klage gegen eine natürliche Person wegen einer privaten Urheberrechtsverletzung richtet.[682]

151   Die Anbieter von **Filesharing-Software**[683] und entsprechenden **Plattformen** und **Servern** haften als Störer – bei entsprechend tendenziöser Werbung bzw. Kenntnis von Rechtsverletzungen großen Umfangs auf ihren werbefinanzierten Seiten ggf. auch als **Täter** bzw. Teilnehmer – für die Rechtsverletzungen ihrer Nutzer auf Unterlassung bzw. gegebenenfalls auch Wertersatz oder Schadensersatz.[684]

152   Die Betreiber sog. **eDonkey**- oder **eMule-Server,** die Informationen über das Vorhandensein einzelner tauschfähiger Inhalte bei den einzelnen Nutzern vorhalten, haften grundsätzlich als Störer für das öffentliche Zugänglichmachen von Musikwerken seitens der Nutzer.[685] Nach Hinweis auf konkrete, klare Rechtsverstöße besteht jedenfalls eine Prüfungspflicht dahingehend, Informationen bezüglich des konkret betroffenen und bezeichneten Inhalts mit Hilfe eines Wortfilters aufzufinden und zu löschen. Ob eine weitergehende Pflicht anzunehmen ist, nach Abmahnung auch Informationen bezüglich des gleichen Inhalts unter anderer Bezeichnung (zB Albumtitel oder andere naheliegende alternative Suchwörter) auszufiltern und zu löschen, wird in der Rechtsprechung nicht einheitlich beurteilt.[686] Nach der EuGH-Rechtsprechung in Sachen **The Pirate**

---

weltweit sehr bedeutsamen Systeme s. *Spindler/Leistner* GRUR-Int 2005, 773; *Spindler/Leistner* IIC 2006, 788, jeweils mit umfassenden Nachweisen; zur aktuellen Praxis der Rechtsverfolgung mit Blick auf Filesharing s. *Forch* GRUR-Prax 2014, 193.

[674] *Dreier/Leistner* GRUR 2013, 881 (894); hins. der Haftung für Filesharing von Peer-to-Peer-Anbietern und sog. One-Click-Hostern diff. *Büscher/Dittmer/Schiwy/Niebel* UrhG § 97 Rn. 22.

[675] S. zum Ganzen etwa *Specht* GRUR 2017, 42; *Obergfell* NJW 2016, 910 (primär im Zusammenhang der Haftung privater WLAN-Anschlussinhaber); *Fromm/Nordemann/J. B. Nordemann* UrhG § 97 Rn. 229 ff.; BeckOK/*Reber* UrhG § 97 Rn. 80 ff. Zur Haftung der WLAN-Anschlussinhaber → Rn. 96 f.

[676] BGH GRUR 2018, 400 Rn. 24 ff. – Konferenz der Tiere; dadurch überholt LG Frankenthal ZUM-RD 2016, 648 (649 f.) (nicht rechtskräftig) sowie LG Frankenthal MMR 2016, 694. Vgl. zur Bestimmung des Gegenstandswerts in derlei Fällen BGH ZUM 2018, 143; BGH ZUM-RD 2017, 390; BGH ZUM-RD 2018, 68; BGH ZUM-RD 2018, 5.

[677] S. die Kommentierung zu § 101.

[678] *Fromm/Nordemann/J. B. Nordemann* UrhG § 97 Rn. 233.

[679] → Rn. 175 ff.

[680] → Rn. 176.

[681] BGH GRUR 2018, 914 Rn. 12 ff. – Riptide.

[682] *Fromm/Nordemann/J. B. Nordemann* UrhG § 97 Rn. 237.

[683] → Rn. 193 f.

[684] EuGH GRUR 2017, 790 Rn. 18 ff. – The Pirate Bay; ebenso zur strafrechtlichen Haftung OLG Köln GRUR 2017, 1039: Mittäterschaft möglich.

[685] OLG Düsseldorf MMR 2008, 675; vgl. auch LG Düsseldorf MMR 2008, 759; LG Frankfurt a. M. BeckRS 2008, 23684/MMR 2009, 70 (nur Ls.).

[686] OLG Düsseldorf MMR 2008, 675 (676 f.); LG Düsseldorf MMR 2008, 759 (760 f.): keine weitergehende Prüfungspflicht, insbes. wenn dazu zusätzlich händische Kontrolle erforderlich; aA LG Frankfurt a. M. BeckRS 2008, 23684/MMR 2009, 70 (nur Ls.): weitergehende Prüfungspflicht jedenfalls dann, wenn der Betreiber ein

Bay[687] dürfte in derlei Fällen häufig auch eine täterschaftliche Haftung bezüglich des Rechts der öffentlichen Zugänglichmachung in Betracht kommen.

Hardware-Lieferanten

Hardware-Lieferanten haften als **Gehilfe** auf Schadensersatz für die auf einer illegalen Streaming-Plattform begangenen Urheberrechtsverletzungen, wenn ihnen bekannt ist, dass die Hardware für den Betrieb einer solchen Live-Streaming-Plattform bestimmt ist.[688] Als **Täter** wegen einer Verletzung des Rechts der öffentlichen Wiedergabe schon kann den vorgelagerten Vertrieb der Hardware haftet der Anbieter einer physischen **Streaming-Box** zum Anschluss an den Fernseher, wenn auf dieser Box von Drittanbietern in ihrem Auslieferungszustand Add-ons Dritter mit Hyperlinks installiert sind, die spezifisch zu Seiten mit urheberrechtsverletzenden Streaming-Angeboten führen, und wenn der Anbieter die Möglichkeit, auf diese Weise einfach und kostenlos auf einem Fernsehbildschirm urheberrechtsgeschütztes Material abzuspielen, zuvor selbst beworben hat.[689]

152a

Host-Provider

Host-Provider stellen ihren Nutzern Speicherplatz zur Verfügung, um Inhalte ins Internet hochzuladen oder zu „posten". Für sie gilt grundsätzlich die **Haftungsprivilegierung** des § 10 TMG; für wesentliche Bereiche – insbesondere soweit es sich um spezifisch bezüglich des urheberrechtsgeschützten Inhalts strukturierte und für die Präsentation an die Nutzer optimierte **Inhalteplattformen** handelt – ist allerdings umstritten, ob die Voraussetzung eines rein technisch, automatisch, passiven Dienstes, der weder Kenntnis noch Kontrolle über die weitergeleitete oder gespeicherte Information besitzt, erfüllt ist.[690] Eine **Täterhaftung** kommt im Rahmen des neuen europäischen Haftungsmodells der **verkehrspflichtbasierten Nebentäterschaft** schon nach geltendem Recht in Betracht, wenn eine zentrale Rolle und Kenntnis der Rechtsverletzungen[691] oder eine Verletzung erforderlicher und zumutbarer Verkehrspflichten vorliegen.[692]

153

Auktionsportale, Internet-Handelsplattformen, Online-Händler

Wer als Betreiber einer Verkaufsplattform im eigenen Namen und auf eigene Rechnung schutzrechtsverletzende DVDs anbietet, haftet als **Täter,** auch wenn das Angebot von einem Drittunternehmen erstellt wurde, denn er vermittelt dem Internetnutzer den Eindruck, die inhaltliche Verantwortung für das Angebot übernehmen zu wollen.[693] Der Plattformbetreiber verwirklicht daher selbst den Tatbestand des Verbreitens,[694] auch wenn er selbst tatsächlich keine Kenntnis von den Angeboten nimmt und diese nicht kontrolliert.[695] Eine Täterhaftung kommt weiter in Betracht, wenn nach der neuen **europäischen Haftungskonzeption** eine **zentrale Rolle** und **Kenntnis** von Rechtsverstößen (bzw. ein verletzungsgeneigtes Geschäftsmodell) oder diesbezügliche Verletzung erforderlicher und zumutbarer **Verkehrspflichten** vorliegen.[696] Im Übrigen begründet das Zurverfügungstellen von Internetplattformen für das Angebot von Waren oder Dienstleistungen[697] grundsätzlich lediglich eine **Störerhaftung** für etwaige Rechtsverlet-

154

Lösch-Interface für Rechteinhaber anbietet, welches belegt, dass eine kostengünstige weitergehende Suche nach Rechtsverletzungen möglich ist; vgl. Dreier/Schulze/*Specht* UrhG § 97 Rn. 48d.

[687] EuGH GRUR 2017, 610 – Filmspeler; → Rn. 96d f.

[688] LG Hamburg ZUM 2017, 873 Rn. 19.

[689] EuGH GRUR 2017, 610 Rn. 23 ff. – Filmspeler; vgl. auch *Rauer* GRUR-Prax 2017, 213; *Leistner* GRUR 2017, 755; *Zurth* NJW 2017, 1937.

[690] Ausführlich zur insoweit maßgeblichen Rechtslage im eur. Recht *Leistner,* Is the CJEU Outperforming the Commission?, 2017, abrufbar unter https://ssrn.com/abstract=3077615 mit umfassenden Nachweisen pro und contra; → Rn. 98 mwN; vgl. ausf. auch Fromm/Nordemann/*J. B. Nordemann* UrhG § 97 Rn. 187 mwN; im Überb. BeckOK/*Reber* UrhG § 97 Rn. 59 ff. Klärung kann hier nunmehr die BGH-Vorlage zum EuGH in Sachen YouTube bringen, s. BGH GRUR 2018, 1132 (Vorlagefrage 2) – YouTube. → Rn. 98, → Rn. 169 f.

[691] Fraglich wäre hins. dieser Voraussetzung weiter, ob und inwieweit im Falle von kommerziellen Inhalteplattformen die Vermutung der Kenntnis, wie im EuGH-Urteil „GS Media" (EuGH GRUR 2016, 1152 – GS Media), greift, → Rn. 96d.

[692] Vgl. zur diesbzgl. Einordnung von YouTube im Rahmen des eur. Haftungssystems die umfassende Vorlageentsch. des *BGH* GRUR 2018, 1132 – YouTube; zuvor zur Lage im bisherigen dt. Recht OLG Hamburg ZUM-RD 2016, 83; OLG München GRUR 2016, 612 – Allegro barbaro; ausf. zur Lage in dt., eur. Recht und zu rechtsvergleichenden Aspekten auch *Leistner,* Is the CJEU Outperforming the Commission?, 2017, abrufbar unter https://ssrn.com/abstract=3077615 mit umfassenden Nachw. pro und contra; näher → Rn. 96a ff., → Rn. 113, → Rn. 169 f.

[693] BGH GRUR 2016, 493 Rn. 15 ff. – Al Di Meola; vgl. auch OLG Hamburg ZUM 2017, 517.

[694] Vgl. die Rspr. des EuGH zum Verbreiten durch Angebote, EuGH GRUR 2015, 665 – Marcel-Breuer Möbel; BGH NJW 2016, 2335 – Marcel-Breuer-Möbel II.

[695] BGH GRUR 2016, 493 Rn. 18, 21 – Al Di Meola.

[696] Näher → Rn. 56a ff., → Rn. 62a, → Rn. 96 ff.

[697] S. umfassend zul. ua *Schapiro* passim; *v. Samson-Himmelstjerna* passim; mit einem Überblick für die Praxis *Lerach* GRUR-Prax 2013, 531.

zungen der Nutzer.[698] Eine Pflicht zur Vorabkontrolle sämtlicher automatisiert eingestellter Angebote besteht jedenfalls bei **neutralen Plattformen** nicht,[699] insbesondere dann nicht, wenn der Rechteinhaber mit einer von der Plattform zur Verfügung gestellten Suchfunktion die Rechtsverletzungen problemlos selbst herausfiltern kann.[700] Allein das automatisierte Versenden von Werbe-E-Mails mit automatisch erstellten Suchergebnissen an kaufinteressierte Mitglieder einer Plattform, die elektronische Unterstützung zur Angebotserstellung oder die Zurverfügungstellung von Kaufabwicklungssystemen begründen für sich noch keine Störerhaftung.[701] Nach Kenntnis von einem konkreten, klaren Rechtsverstoß[702] muss der Plattformbetreiber nicht lediglich den Zugang zu dem konkret betroffenen Inhalt sperren, sondern darüber hinaus im Rahmen des ihm technisch Möglichen und Zumutbaren Maßnahmen treffen, um weitere vergleichbare Rechtsverletzungen zu verhindern.[703] Insbesondere ist dann der Einsatz einer Filtersoftware und eine Pflicht zur begrenzten händischen Nachkontrolle der aufgetauchten Verdachtsfälle auf erkennbare Rechtsverstöße zumutbar.[704] Voraussetzung ist jedoch, dass Merkmale gegeben sind, die in das Suchsystem eingespeist werden können.[705] Auch wenn ein lückenloses Aufspüren aller Rechtsverletzungen nicht möglich ist, hindert dies eine Verurteilung auf Unterlassen nicht, da eine Haftung in der Folge nur dann eintritt, wenn den Plattformbetreiber ein Verschulden trifft.[706] Es genügt also eine gewisse Verminderung des Risikos für Rechtsverstöße; bei der Beurteilung der Zumutbarkeit bestimmter Filter- und Kontrollmaßnahmen im Einzelnen kann insoweit allerdings dann auch eine Abwägung zwischen dem Aufwand für die konkrete Filtermaßnahme und ihren Aussichten, Rechtsverletzungen aufzudecken, eine Rolle spielen.[707]

Wer sich mit einem eigenen Angebot auf entsprechend strukturierten Plattformen – wie insbesondere Amazon – der vereinheitlichten und in gewissem Umfang standardisierten Erstdarstellung des angebotenen Produkts anschließt bzw. anschließen muss, haftet mangels Verletzung zumutbarer Prüfungspflichten auch nach Erhalt einer Abmahnung nicht als Störer für die Verwendung eines **Produktbilds,** das zuvor durch den anderen, erstdarstellenden Händler rechtswidrig eingestellt worden ist.[708] Eine Plattform, die dergestalt die Angebote unterschiedlicher Händler durch einen Algorithmus mit lediglich einem Produktbild verknüpft und die Angebote insofern nicht nur in neutral technischer Rolle passiv übernimmt, sondern vielmehr die Präsentation der Angebote insofern mitgestaltet, als sie allen Angeboten ein **einheitliches Lichtbild** zuordnet und dadurch das unmittelbare Band zwischen dem einstellenden Händler und seiner eigenständigen Gestaltung des eigenen Angebotes gleichsam zerschneidet, haftet täterschaftlich. Sie agiert dann auch nicht länger neutral und lediglich technisch passiv und kann sich daher auch nicht auf die Privilegierung des § 10 TMG berufen.[709] Das kann aber nicht in gleicher Weise gelten, wenn die Plattform ihre neutrale Rolle nicht verlässt und tatsächlich lediglich die unveränderten Angebote der einstellenden Händler aggregiert.

155   Weiter kann den Betreibern von Online-Marktplätzen nach der Rechtsprechung des EuGH aufgegeben werden, Maßnahmen zu ergreifen, die die **Identifizierung** der Verkäufer ermöglichen, die Rechte des geistigen Eigentums verletzt haben, wenn sie im geschäftlichen Verkehr tätig wurden.[710]

156   Weist der Plattformbetreiber durch das **Schalten von Werbeanzeigen** (Adword-Anzeigen) selbst auf verlinkte schutzrechtsverletzende Angebote hin, treffen ihn erhöhte Prüfungspflichten.[711] Ist er in diesem Zusammenhang auf Rechtsverletzungen hingewiesen worden, muss er die verlinkten Angebote auch bei dynamischen Ergebnislisten und wenn nötig auch manuell mit hohem Aufwand auf ein-

---

[698] Grundlegend BGH GRUR 2004, 860 (863) – Internetversteigerung I; BGH GRUR 2007, 708 Rn. 27 ff. – Internetversteigerung II; BGH GRUR 2008, 702 – Internetversteigerung III; BGH GRUR 2011, 152 (154) – Kinderhochstühle im Internet I.

[699] → Rn. 125.

[700] BGH GRUR 2011, 152 Rn. 42 f. – Kinderhochstühle im Internet I.

[701] BGH GRUR 2015, 485 Rn. 69 ff. – Kinderhochstühle im Internet III.

[702] Zu den Anforderungen an die Konkretisierung und Substantiierung des Hinweises auf konkrete, klare Rechtsverletzungen → Rn. 130 f.

[703] BGH GRUR 2004, 860 (864) – Internetversteigerung I; BGH GRUR 2007, 708 Rn. 45 – Internetversteigerung II; BGH GRUR 2008, 702 Rn. 51 – Internetversteigerung III; BGH GRUR 2007, 890 Rn. 36 f. – Jugendgefährdende Medien bei eBay; BGH GRUR 2011, 1038 Rn. 21 – Stiftparfum. Sa. → Rn. 133 f.

[704] BGH GRUR 2007, 708 Rn. 48 – Internetversteigerung II.

[705] BGH GRUR 2007, 708 Rn. 48 – Internetversteigerung II; sa. BGH GRUR 2011, 152 Rn. 38 ff. – Kinderhochstühle im Internet I.

[706] BGH GRUR 2007, 708 Rn. 48 – Internetversteigerung II, vgl. auch BGH GRUR 2008, 702 Rn. 53 – Internetversteigerung III.

[707] Vgl. BGH GRUR 2011, 152 Rn. 41 – Kinderhochstühle im Internet I; vgl. illustrativ zu den Möglichkeiten und Grenzen der Filtertechnologie in diesem Fall OLG Hamburg GRUR-RR 2013, 94 (99 f.) – Kinderhochstühle II.

[708] OLG München MMR 2014, 694: vor Hinweis auf klare Rechtsverletzung weder Täter noch Störer; ebenso LG Köln GRUR-RR 2014, 244; aA LG Köln ZUM 2014, 436 aufgrund „wertender Betrachtung"; LG Stuttgart ZUM 2014, 736: Täter, da Veröffentlichung durch nachfolgenden Verkäufer wissentlich und willentlich veranlasst.

[709] KG GRUR-RR 2016, 265 Rn. 12 – Davidoff-Parfum; so schon vorgehend LG Berlin ZUM-RD 2015, 314; 2015, 741. Sa. LG München I BeckRS 2019, 6941 Rn. 48 ff. – Sportrucksäcke.

[710] EuGH GRUR 2011, 1025 Rn. 142 – L'Oréal/eBay.

[711] BGH GRUR 2013, 1229 Rn. 48, 58 – Kinderhochstühle im Internet II; BGH GRUR 2015, 485 Rn. 56 – Kinderhochstühle im Internet III.

deutig erkennbare Rechtsverletzungen überprüfen.[712] Die Prüfungspflichten beschränken sich nicht nur auf Angebote von Plattformnutzern, die bereits durch Rechtsverletzungen aufgefallen sind.[713] Nach Ansicht des BGH verlässt der Plattformbetreiber durch das Schalten solcher Anzeigen jedoch nicht gänzlich seine neutrale Vermittlerposition hinsichtlich der konkreten Angebote und haftet daher nicht schon als Täter.[714]

Ein Internetauktionsportalbetreiber kann als Störer auch **vorbeugend** auf Unterlassung in Anspruch genommen werden, wenn eine Rechtsverletzung noch nicht erfolgt, aber aufgrund der Umstände konkret zu befürchten ist.[715] 157

Markthallen

Markthallen und dementsprechend wohl ggf. auch Messeflächenanbieter uÄm[716] können Mittelspersonen iSd Art. 11 S. 3 Enforcement-RL sein, wenn die Flächen von den Händlern (zum Teil) dazu genutzt werden, um Rechtsverletzungen zu begehen.[717] Nach deutschem Recht ist dies idR im Wege der Störerhaftung umzusetzen, soweit keine zentrale Rolle der entsprechenden Anbieter vorliegt. 157a

Ob für **Online-Medienhändler,** insbesondere **Buchhändler,** für Rechtsverstöße in den von ihnen verbreiteten Büchern oder Medien aufgrund von Art. 5 GG besonders privilegierende Maßstäbe gelten, ist in der Instanzrechtsprechung und Literatur umstritten. Jedenfalls ist zwischenzeitlich höchstrichterlich geklärt, dass die Händler täterschaftlich haften, wenn sie als Eigenhändler – also im eigenen Namen und auf eigene Rechnung – Fremdangebote auf ihren Plattformen anbieten.[718] 158

Hinsichtlich Urheberrechtsverstößen in den **Bewertungsportalen** solcher Händler sollten die allgemeinen Grundsätze für die Haftung von Bewertungsportalen und -plattformen zur Anwendung kommen.[719] 159

Online-Enzyklopädien

Der Betreiber einer **Internet-Enzyklopädie,** der Dritten die Plattform zur Verfügung stellt, um dort enzyklopädische Beiträge zu verfassen, ohne diese vor Veröffentlichung redaktionell zu kontrollieren, haftet nach den allgemeinen Grundsätzen der Störerhaftung für Host-Provider ab Kenntnis von einer konkreten Rechtsverletzung.[720] 160

Ähnliche Grundsätze dürften allgemein für **Wikis** gelten, also Websites oder Sammlungen von Websites, die von verschiedenen Nutzern verfasst, ergänzt und bearbeitet werden.[721] 161

Sharehoster, Filehoster

Share- und Filehoster stellen ihren Nutzern Speicherplatz auf ihren Servern zur Verfügung, in den die Nutzer beliebige Dateien hochladen können. Die Nutzer erhalten dann idR einen elektronischen Verweis (Download-Link), über den sie mit ihrem Browser auf die auf dem Hostserver gespeicherte Datei zugreifen und diese herunterladen können.[722] Die Anbieter stellen selbst idR keine Suchmöglichkeiten oder Indizes zu den auf ihren Servern gespeicherten Dateien zur Verfügung. Allerdings können die Nutzer den erhaltenen Download-Link weitergeben oder in externe (idR öffentliche) Linksammlungen einstellen und so anderen den Zugriff auf die Dateien ermöglichen.[723] 162

Da Filehoster die hochgeladenen Dateien nicht konkret zur Kenntnis nehmen und sie sich nicht im Sinne der BGH-Rechtsprechung zu eigen machen, schieden **Täter- oder Gehilfenhaftung** nach 163

---

[712] BGH GRUR 2013, 1229 Rn. 48 f. – Kinderhochstühle im Internet II; BGH GRUR 2015, 485 Rn. 61 f. – Kinderhochstühle im Internet III: dies auch bei einer geringen Anzahl von aufgedeckten Verletzungsfällen; insges. enger bzgl. der zumutbaren Prüfungspflichten in Reaktion auf das erste BGH-Urteil noch OLG Hamburg GRUR-RR 2013, 94 (99 f.) – Kinderhochstühle II.

[713] BGH GRUR 2007, 890 Rn. 43 – Jugendgefährdende Medien bei eBay; BGH GRUR 2013, 1229 Rn. 54 – Kinderhochstühle im Internet II; BGH GRUR 2015, 485 Rn. 56, 59 – Kinderhochstühle im Internet III: die (produktbezogenen) Prüfpflichten werden dadurch ausgelöst, dass der Plattformbetreiber „Anzeigen zu einem mit einer der Klagemarken übereinstimmenden Suchbegriff bucht, die einen elektronischen Verweis enthalten, der unmittelbar zu einer von der Bekl. erzeugten Ergebnisliste führt, die schutzrechtsverletzende Angebote enthält"; dabei werden die Interessen der Plattform auch dadurch geschützt, dass ein (über die konkrete Verletzungsform hinausgehender) Klageantrag ggf. so formuliert sein muss, dass seine Befolgung problemlos und zweifelsfrei möglich ist, s. BGH GRUR 2015, 485 Rn. 55, 61 – Kinderhochstühle im Internet III.

[714] BGH GRUR 2013, 1229 Rn. 29 f. – Kinderhochstühle im Internet II; sa. BGH MMR 2012, 815 Rn. 6 f. – Stiftparfüm II.

[715] BGH GRUR 2007, 708 Rn. 34 – Internetversteigerung II.

[716] Vgl. *Loschelder/Dörre* WRP 2010, 822.

[717] EuGH GRUR 2016, 1062 – Tommy Hilfiger (betreffend Markenrechtsverletzungen).

[718] → Rn. 83 und → Rn. 127 mwN.

[719] → Rn. 173.

[720] OLG Stuttgart NJW-RR 2014, 423 (430); LG Berlin ZUM-RD 2012, 399 (402) (jew. für Wikipedia).

[721] Vgl. auch *Lent* ZUM 2013, 914 (919).

[722] BGH GRUR 2013, 1030 – File-Hosting-Dienst. Vgl. zum Ganzen Fromm/Nordemann/*J. B. Nordemann* UrhG § 97 Rn. 163; BeckOK/*Reber* UrhG § 97 Rn. 63 ff.; auch *Becker/Becker* WRP 2013, 41 zu virtuellen Festplatten als Sharehoster.

[723] Vgl. BGH GRUR 2013, 1030 – File-Hosting-Dienst.

der bisherigen deutschen Rechtsprechung mangels Vorsatzes idR aus.[724] Bei hartnäckiger und dauerhafter Weigerung, eine gemeldete und andauernde Rechtsverletzung zu beenden, kam jedoch die Annahme eines Gehilfenvorsatzes in Betracht.[725] Nach dem **neuen europäischen Haftungsmodell verkehrspflichtbasierter Nebentäterschaft** dürften jedenfalls diejenigen Provider, bei denen das Geschäftsmodell nach seiner objektiven Ausgestaltung urheberrechtsverletzende Nutzungen begünstigt, in der Regel in **zentraler Rolle** agieren und insofern künftig **täterschaftlich** haften.[726] Letztlich kommt es immer auf die genaue Ausgestaltung des jeweiligen Geschäftsmodells an.[727]

164   Ab **Kenntnis** ist der Hoster jedenfalls verpflichtet, die Rechtsverletzung zu **beseitigen** und nicht lediglich mit **MD-5-Filtern** oÄ, sondern auch mit **Wortfiltern** gleichartige Rechtsverletzungen auch für die Zukunft herauszufiltern.[728] Dabei ist ihm zuzumuten, externe Linksammlungen gegebenenfalls automatisiert zu durchsuchen und jedenfalls eine kleine (einstellige) Zahl einschlägiger externer **Linksammlungen** auch manuell auf Links zu überprüfen, die auf geschütztes Material verweisen.[729] Dass sich damit nicht alle Rechtsverletzungen ausfiltern lassen, sondern die Gefahr von Rechtsverletzungen allenfalls reduzieren lässt und auch eine gewisse Gefahr falsch-positiver Treffer (zB mit Blick auf zulässige Sicherungskopien) besteht,[730] steht der Zumutbarkeit des Einsatzes von Wortfiltern dabei nicht entgegen.[731]

165   Ist das Geschäftsmodell des Share-Hosters (etwa auch aufgrund vorausgehender Werbemaßnahmen) von vorneherein auf Rechtsverletzungen angelegt oder jedenfalls so ausgestaltet, dass gerade die illegale Nutzung besonders attraktiv oder geeignet ist, bestimmte Vorteile der Nutzer zu begründen, besteht eine besondere **Gefahrgeneigtheit,** die nach der alten Rechtsprechung **weitergehende Prüfungspflichten** begründete[732] und nach dem neuen europäischen Haftungsmodell in der Regel zu einer **täterschaftlichen Haftung** führen muss.[733] Ob das Geschäftsmodell des Sharehosters besonders gefahrgeneigt ist, ist Tatfrage[734] und wurde von den Tatsacheninstanzen zum Teil unterschiedlich beurteilt.[735] Ist eine besondere Gefahrgeneigtheit gegeben, ist es dem Sharehoster nach der alten Rechtsprechung im Rahmen der Störerhaftung zumutbar, einschlägige Linksammlungen regelmäßig und umfangreich (ggf. auch unter Einsatz sogenannter Web-Crawler) auf Links zu urheberrechtlich geschütztem Material auf seinem Server zu überprüfen (allgemeine „Marktbeobachtungspflicht").[736] Diese Prüfungspflichten beziehen sich auf alle Werke, bezüglich derer der Hoster auf Rechtsverletzungen hingewiesen wurde. Auch ein **Lösch-Interface,** vermittels dessen Rechteinhaber konkrete rechtsverletzende Inhalte selbst löschen können, ändert an dieser Verpflichtung jedenfalls dann nichts, wenn es keine Suchfunktion bezüglich weiterer potenzieller Rechtsverletzungen bietet und wenn die potenziellen Verletzer auch bei Einsatz des Lösch-Interfaces anonym bleiben.[737]

166   Eine **große Anzahl** abgemahnter Einzeltitel führt nicht zu einer Verringerung der Prüfungspflichten.[738] Das Problem besteht an dieser Stelle natürlich in erster Linie auch darin, wie Sharehoster ihre gegebenenfalls im zumutbaren Umfang vorgehaltenen **Prüfungsressourcen** (Mitarbeiter, technische Infrastruktur) priorisieren sollen, wenn es ihnen angesichts einer großen Vielzahl abgemahnter Einzelinhalte nicht möglich ist, unmittelbar zeitnah für sämtliche abgemahnten Fälle gleichermaßen eine entsprechende Überprüfung externer Linksammlungen vorzunehmen. Der BGH hat hier eine Lösung nur angedeutet: Allenfalls ausnahmsweise könne im Vollstreckungsverfahren das Verschulden zu

---

[724] BGH GRUR 2013, 370 Rn. 15 f. – Alone in the Dark; so auch noch OLG München GRUR 2017, 619 – uploaded als Vorinstanz zur grundl. Vorlageentsch. BGH GRUR 2018, 1239 – uploaded.
[725] OLG Hamburg GRUR-RR 2013, 382 (383 f.) – Hörspiel; sa. LG München I ZUM-RD 2016, 652.
[726] So in der Tendenz auch die Vorlageentsch. BGH GRUR 2018, 1239 Rn. 13 ff., insbes. Rn. 21 ff. – uploaded.
[727] *Rauer* GRUR-Prax 2018, 528. Noch sogleich → Rn. 165 zu den unterschiedlichen Gestaltungsformen.
[728] BGH GRUR 2013, 370 Rn. 29 f. – Alone in the Dark.
[729] BGH GRUR 2013, 370 Rn. 28 f. – Alone in the Dark mit zust. Anm. *Hühner* GRUR 2013, 373; zust. auch *Finger/Apel* ZUM 2013, 879; *Obergfell* NJW 2013, 1995; demgegenüber zweifelnd bzgl. der Praktikabilität und Effektivität der im Grundsatz vorgeschlagenen Filtertechniken *Hoeren* MMR 2013, 188 (189); *Nolte/Wimmers* GRUR 2014, 16 (21 f.). Vgl. auch ausführlicher zum Filterumfang *Rössel* CR 2013, 229 (233 ff.).
[730] Jedenfalls die Tatsache, dass die Prüfungspflichten im Einzelfall auch zu einer Löschung nach § 69d Abs. 2 UrhG rechtmäßiger Sicherungskopien führen können, macht ihre Erfüllung nicht unzumutbar, s. BGH GRUR 2013, 370 Rn. 45 – Alone in the Dark; BGH GRUR 2013, 1030 Rn. 62 – File-Hosting-Dienst; vgl. dazu auch *Marly* LMK 2013, 344517.
[731] BGH GRUR 2013, 370 Rn. 34 – Alone in the Dark; sa. *Bäcker* ZUM 2013, 292 (294) sowie allg. → Rn. 133.
[732] BGH GRUR 2013, 370 Rn. 22 – Alone in the Dark; BGH GRUR 2013, 1030 Rn. 31, 44 – File-Hosting-Dienst (bes. attraktive Ausgestaltung für illegale Nutzung). Allg. → Rn. 129.
[733] → Rn. 163.
[734] BGH GRUR 2013, 1030 – File-Hosting-Dienst.
[735] Vgl. BGH GRUR 2013, 1030 Rn. 34 – File-Hosting-Dienst (Gefahrgeneigtheit vom Berufungsgericht bejaht); BGH GRUR 2013, 370 (371) – Alone in the Dark (Gefahrgeneigtheit vom Berufungsgericht verneint). → Rn. 129.
[736] BGH GRUR 2013, 1030 – File-Hosting-Dienst. Vgl. auch BGH ZUM-RD 2013, 565 Rn. 56: Einsatz von Wortfiltern mit der EuGH-Rspr. in den SABAM-Fällen vereinbar; für weitergehende Filtermaßnahmen hins. des Inhalts der Dateien ggf. dem Sharehoster unbenommen, entspr. Einwilligungen seiner Nutzer einzuholen; zust. Fromm/Nordemann/*J. B. Nordemann* UrhG § 97 Rn. 163a; krit. demgegenüber *Nolte/Wimmers* GRUR 2014, 16 (21 f.); diff. *Leistner* ZUM 2012, 722 (732 f.).
[737] BGH GRUR 2013, 1030 Rn. 54 – File-Hosting-Dienst, in Abgrenzung zu BGH GRUR 2011, 152 Rn. 43 – Kinderhochstühle im Internet.
[738] BGH GRUR 2013, 1030 Rn. 44 ff. – File-Hosting-Dienst (hier 4.800 Musikwerke).

verneinen sein, wenn auch im Rahmen angemessener Ausstattung nicht sämtliche resultierenden Prüfungspflichten gleichzeitig erfüllt werden könnten.[739] Im Rahmen der künftig deutlich weitergehend in Betracht kommenden **Täterhaftung** wären derlei Aspekte ggf. in ähnlicher Weise im Bereich des **Verschuldens** zu berücksichtigen, wobei im Vergleich zur bisher äußerst streng gehandhabten Fahrlässigkeitshaftung insoweit künftig deutlich höhere Anforderungen gestellt werden sollten, um insbesondere den Anwendungsbereich der resultierenden Schadensersatzpflicht nicht zu inflationieren.[740]

Eine **strafrechtliche Haftung** auch für die bloße Zurverfügungstellung von Download-Links **167** wurde vom LG Leipzig angenommen.[741]

Soziale Netzwerke
→ Rn. 195 f. **168**

Videoportale
Videoportale ermöglichen ihren Nutzern das Einstellen und Abrufen von Videoclips. Der Abruf **169** findet in Form des Streamings statt.[742] Eine Möglichkeit zum Download der Clips ist demgegenüber idR nicht vorgesehen.[743]

Soweit keine redaktionelle Vorfeldkontrolle der Nutzervideos stattfindet (wozu keine Pflicht besteht), wird von der herrschenden Meinung in der instanzgerichtlichen Rechtsprechung bisher **kein Zueigenmachen** der Videos durch den Portalbetreiber und somit keine täterschaftliche Haftung angenommen.[744] Dies gilt selbst dann, wenn eine grobe inhaltliche Strukturierung der Nutzer-Videobeiträge durch den Videoportalbetreiber erfolgt.[745] Der BGH neigt in seiner **Vorlageentscheidung in Sachen YouTube** nunmehr auch weiterhin dazu, eine **zentrale Rolle** der Plattform YouTube jedenfalls vor konkreter Kenntnis urheberrechtsverletzender Inhalte abzulehnen, so dass nach Auffassung des BGH eine **verkehrspflichtbasierte Nebentäterschaft** auf Basis der neuen europäischen Haftungskonzeption insoweit offenbar nicht in Betracht kommen soll;[746] vor dem Hintergrund der europäischen Rechtslage ist die Frage de lege lata als offen anzusehen und die Klärung durch den EuGH abzuwarten.[747] **170**

Hinsichtlich des **Sorgfaltspflichtmaßstabs** tendiert die bisherige Rechtsprechung dazu, Videoportale den Forenbetreibern[748] bei Persönlichkeitsrechtsverletzungen oder Plattformen für Fremdversteigerungen zu behandeln.[749] Demnach besteht ohne konkrete Anhaltspunkte keine Verpflichtung, die Uploads der Nutzer proaktiv auf Rechtsverletzungen hin zu untersuchen.[750] Wird der Betreiber jedoch auf rechtsverletzende Inhalte hingewiesen und sperrt er diese in der Folge nicht unverzüglich, so haftet er als Störer.[751] Dies gilt auch dann, wenn er die Möglichkeit zur Meldung durch ein Flagging-System erst selbst geschaffen hat.[752] Insbesondere ist es den Portalen dann auch zuzumuten, durch den Einsatz einer Filtersoftware (wie beispielsweise der Content-ID-Software von YouTube, die nicht lediglich für die Rechteinhaber angeboten, sondern auch eigenständig eingesetzt werden muss) sowie von Wortfiltern künftige Uploads zu verhindern, die eine mit der gemeldeten Musikaufnahme übereinstimmende Aufnahme enthalten.[753]

---

[739] BGH GRUR 2013, 1030 Rn. 50 ff.; → Rn. 136.

[740] → Rn. 56 f. und → Rn. 96 f.

[741] LG Leipzig ZUM 2013, 338: für bloße Abrufbarkeit zum Streaming und das Bereitstellen entspr. Links auf der Plattform kino.to und anderen.

[742] Zur urheberrechtlichen Behandlung von Streaming → § 44a Rn. 12, 18; Dreier/Schulze/*Specht* UrhG § 97 Rn. 46.

[743] Vgl. umfassend zul. *Bauer* passim; *Klein* passim.

[744] OLG Hamburg MMR 2011, 49 – Sevenload; OLG Hamburg MMR 2016, 269 – Störerhaftung von YouTube; OLG München GRUR 2016, 612; LG Hamburg ZUM 2012, 596 (601 f.) – GEMA v. YouTube; *Leupold* MMR 2012, 408; *Schoene* GRUR-Prax 2012, 217; aA noch LG Hamburg MMR 2010, 833 – YouTube; → Rn. 113 und → Rn. 113.

[745] OLG Hamburg MMR 2011, 49 (50) – Sevenload; OLG Hamburg MMR 2016, 269 – Störerhaftung von YouTube; OLG München GRUR 2016, 612; LG Hamburg ZUM 2012, 596 – GEMA v. YouTube; aA auch vor dem Hintergrund der Maßstäbe in der bisherigen dt. Rspr. *Ludyga* ZUM 2016, 1013 (1016 ff.); diff. vor dem Hintergrund der neuen EuGH-Rspr. zur verkehrspflichtbasierten Nebentäterschaft *Leistner*, Is the CJEU Outperforming the Commission?, 2017, abrufbar unter https://ssrn.com/abstract=3077615 mwN.

[746] BGH GRUR 2018, 1132 Rn. 22 ff., insbes. Rn. 34 – YouTube.

[747] Vgl. *Leistner*, Is the CJEU Outperforming the Commission?, 2017, abrufbar unter https://ssrn.com/abstract=3077615; s. zu den durch die BGH-Entsch. insoweit aufgeworfenen offenen Fragen auch *Ohly* GRUR 2018, 1139 (1140). S. zur Rechtslage nach der DSM-RL → Rn. 56e ff., 148a ff. und 170a.

[748] LG Hamburg MMR 2010, 433.

[749] LG Hamburg MMR 2011, 49 (51) – Sevenload.

[750] OLG Hamburg MMR 2011, 49 (51) – Sevenload; EuGH GRUR 2012, 382 Rn. 34 ff. – SABAM/Netlog. Dieser Logik der bisherigen Störerhaftung folgt auch der BGH in seiner Vorlageentsch. BGH GRUR 2018, 1132 – YouTube; sa. *Ohly* GRUR 2018, 1139 (1140).

[751] LG Hamburg MMR 2010, 433; LG Hamburg ZUM 2012, 596 (602 f.) – GEMA v. YouTube.

[752] LG Hamburg MMR 2010, 433 (434).

[753] OLG Hamburg MMR 2016, 269 – Störerhaftung von YouTube und OLG Hamburg BeckRS 2015, 14371 (Berichtigungsbeschluss BeckRS 2015, 16401) (Veröffentlichung aller Fassungen eines Werkes muss verhindert werden); LG Hamburg ZUM 2012, 594 (603 ff.) – GEMA v. YouTube; LG Hamburg ZUM-RD 2011, 187 (190). Hinsichtlich der Möglichkeiten und Grenzen von Wortfiltern krit. *Nolte/Wimmers* GRUR 2014, 16 (21 f.); *Schulz*

S. zur Frage der **Anwendungsvoraussetzungen des § 10 TMG** (auf Grundlage von Art. 14 E-Commerce-RL) sowie zu einer möglichen „**Verletzerhaftung"** nach Art. 11 S. 1, Art. 13 Enforcement-RL im Wege der fahrlässigen Beihilfe (für Plattformbetreiber ohne zentrale Rolle, die aber iSd Art. 14-ECommerceRL/§ 10 TMG nicht privilegierungsfähige „aktive" Provider sind[754]) BGH GRUR 2018, 1132 – **YouTube.** Zur Haftung von Lieferanten der **Hardware** für den Betrieb einer Streaming-Plattform → Rn. 152a.

170a   Die wesentlichen Videoportale, wie insbesondere YouTube, werden künftig von der **Neuregelung für Diensteanbieter für das Teilen von Online-Inhalten in Art. 17 DSM-RL** erfasst, der zum 7.6.2021 in das deutsche Recht umzusetzen ist. Insbesondere im Hinblick auf die BGH-Vorlageentscheidung in Sachen YouTube ist mit Blick auf die gängigen Videoportale nunmehr in erster Linie abzuwarten, inwieweit der EuGH in seinem diesbezüglichen Urteil gegebenenfalls Wertungen der DSM-RL bereits indirekt im Sinne einer Art „Vorfeldwirkung" berücksichtigt. Sollte dies der Fall sein, ist für Videplattformen nunmehr von einem **eigenständigen Eingriff in das Recht der öffentlichen Wiedergabe** auszugehen (Art. 17 Abs. 1 DSM-RL); dieser ist auch **nicht durch § 10 TMG privilegiert** (vgl. Art. 17 Abs. 3 DSM-RL). Vielmehr ist grundsätzlich eine **Erlaubnis der Rechteinhaber** einzuholen (Art. 17 Abs. 1 DSM-RL), die insbesondere auch nichtgewerbliches (oder lediglich zu kleinen Einnahmen führendes) Handeln der einstellenden Nutzer zwingend mit abdecken muss (Art. 17 Abs. 2 DSM-RL). Eine **Haftungsfreistellung** kommt nunmehr unter den kumulativen Voraussetzungen des Art. 17 Abs. 4 DSM-RL in Betracht. Näher → Rn. 56e ff., 148a ff.

Webforen und -portale, Blogs

171   Haben sich die Anbieter von Webforen, -portalen oder Blogs die Inhalte ihrer Nutzer nicht **zu eigen gemacht,**[755] haften sie für Urheberrechtsverletzungen in Einträgen oder Beiträgen der Nutzer nach den allgemeinen Grundsätzen der **Störerhaftung,** also grundsätzlich erst nach Hinweis auf konkrete, klare Rechtsverstöße. Danach besteht eine Pflicht zur unverzüglichen Löschung des betroffenen Eintrags sowie zur Ergreifung wirksamer und zumutbarer Maßnahmen, um künftige vergleichbare Rechtsverletzungen zu verhindern.[756]

172   Im Zusammenhang mit Webforen und -portalen steht im Übrigen die umfangreiche **Rechtsprechung zu Persönlichkeitsrechtsverletzungen,** insbesondere in Meinungsportalen, mehr im Mittelpunkt[757] als allfällige Urheberrechtsverletzungen.

173   Bezüglich **Bewertungsportalen und -funktionen** sollten ähnliche Grundsätze gelten.[758] Umstritten war hier aber in der bisherigen Rechtsprechung, ob in Fällen, in denen die Plattform selbst auch Waren verkauft oder Dienstleistungen vermittelt, neben die Störerhaftung eine eigene Verbreiterhaftung nach §§ 4 Nr. 1 (§ 4 Nr. 7, 8 aF), 8 UWG für Herabsetzungen oder Anschwärzungen von Mitbewerbern tritt bzw. ob wegen der Verarbeitung von Nutzerbewertungen zu Durchschnittswerten uÄ ein **Zueigenmachen** anzunehmen ist; richtigerweise ist Beides abzulehnen.[759] Eine täterschaftliche Haftung bei Zueigenmachen kommt nach der deutschen Rechtsprechung insbesondere in Betracht, wenn der Portalbetreiber die Einträge überprüft und – insbesondere auf eine Rüge hin – in dem Sinne auf sie Einfluss nimmt, dass er Äußerungen selbständig durch Änderungen und Entfernungen von Teilen bearbeitet;[760] ähnliche Maßstäbe dürften auf Grundlage der neuen europäischen Haftungskonzeption gelten, da in einem solchen Falle eine zentrale Rolle und Kenntnis gegeben sind und zudem für einen derart aktiven Provider das spezifische Host-Privileg nicht in Betracht kommt.[761]

CR 2012, 395 (396); demgegenüber positiver Fromm/Nordemann/*J. B. Nordemann* UrhG § 97 Rn. 163a, 186; mit grds. positiver Tendenz, aber diff. *Leistner* ZUM 2012, 722 (732 f.).

[754] An dieser Kategorie zu Recht zweifelnd, da insoweit neben der eur. Täterhaftung kein Raum für eine eigenständige „Verletzerhaftung" nach der Enforcement-RL bleiben dürfte, *Ohly* GRUR 2018, 1139 (1141) mwN.

[755] Zu den Voraussetzungen nach der Leitentsch. BGH GRUR 2010, 616 – marions-kochbuch.de, → Rn. 113.

[756] OLG Hamburg ZUM-RD 2009, 317 – Mettenden („Gemeinschaftsbereich" mit Chat-Struktur eines Themenportals für Kochrezepte); OLG Hamburg ZUM 2009, 417 – Long Island Ice Tea (Internetforum); OLG Stuttgart MMR 2014, 132 (Social Network-Portal in Form eines Blogs). Vgl. zum Ganzen umfassend *Schapiro* S. 215; Dreier/Schulze/*Specht* UrhG § 97 Rn. 46 mwN; Dreier/Schulze/*Specht* KUG § 33 Rn. 5d.

[757] Grundl. BGH GRUR 2012, 311 – Blog-Eintrag; BGH GRUR 2007, 724 – Meinungsforum; KG MMR 2013, 659; vgl. auch EGMR MMR 2014, 35 – Delfi; bestätigt durch EGMR (Große Kammer) GRUR-Int 2016, 81 – DELFI AS/Estland II; OLG Dresden ZUM-RD 2015, 452 (zur Störerhaftung der Betreiber von Mikroblogging-Diensten); OLG Düsseldorf ZUM-RD 2007, 234; MMR 2006, 618; OLG Koblenz ZUM-RD 2007, 522; LG Düsseldorf ZUM-RD 2007, 529; LG Berlin ZUM-RD 2007, 527 – meinprof.de; LG Hamburg ZUM-RD 2008, 430; AG Frankfurt a. M. CR 2009, 60; OLG Hamburg ZUM 2006, 754; zum Ganzen Dreier/Schulze/*Specht* UrhG § 97 Rn. 46 mwN. Vgl. aus der Lit. *Lauber-Rönsberg* MMR 2014, 10; *Volkmann* K&R 2013, 762 zur Verantwortlichkeit von Plattformbetreibern für rechtsverletzende Nutzerkommentare.

[758] S. umfassend *Leistner* FS Köhler, 2014, S. 415 mwN; *Wilkat* passim.

[759] Zutr. KG ZUM 2013, 886; aA LG Hamburg ZUM 2011, 936 (jew. spezifisch zum UWG); vgl. umfassend *Leistner* FS Köhler, 2014, S. 415 mwN; so nun auch BGH GRUR 2016, 1129 – Hotelbewertungsportal. Ein Zueigenmachen soll demgegenüber in Betracht kommen, wenn der Betreiber nicht den nach mathematischen Gesetzmäßigkeiten aus allen Einzelbewertungen errechneten Durchschnitt veröffentlicht, sondern unter den abgegebenen Bewertungen vermittels intensiver Aussonderung diejenigen auswählt, die er für vertrauenswürdig und nützlich hält, und den Durchschnitt nur aus diesen errechnet, vgl. OLG München AfP 2019, 61.

[760] Vgl. BGH GRUR 2017, 844 – klinikbewertungen.de (zum allg. Persönlichkeitsrecht).

[761] Vgl. → Rn. 56a ff., → Rn. 62a, → Rn. 96d f.

Internetanschlussinhaber

Hat der Inhaber eines **Internetanschlusses** die Urheberrechtsverletzung begangen, haftet er als **174** Täter.[762]

Im Übrigen greift nach der BGH-Rechtsprechung eine tatsächliche **Vermutung,** dass der Inhaber **175** eines Anschlusses, dem zum Zeitpunkt der Urheberrechtsverletzung die IP-Adresse zugeordnet war, über die die Verletzung begangen wurde,[763] auch selbst Täter der Rechtsverletzung war.[764] Dies gilt allerdings dann nicht, wenn zum Zeitpunkt der Rechtsverletzung auch andere Personen den Anschluss benutzen konnten, weil zB keine hinreichende Sicherung vorhanden war, insbesondere wenn Dritten die Nutzung bewusst überlassen wurde.[765] Den Anschlussinhaber trifft aber auch in diesen Fällen die **sekundäre Darlegungslast.**[766] Grundsätzlich genügt es, wenn der Anschlussinhaber die tatsächliche Vermutung durch konkreten Vortrag dahingehend erschüttert, dass er die Urheberrechtsverletzung (aufgrund der tatsächlichen Umstände der Anschlussnutzung) nicht begangen haben kann[767] bzw. dass die ernstliche Möglichkeit besteht, dass Dritte und nicht auch der Anschlussinhaber den Anschluss für die behaupteten Rechtsverletzungen genutzt haben.[768] Der Beleg der ernstlichen Möglichkeit genügt für die Erschütterung der Vermutung, wobei aber lediglich ganz vage Darlegungen außer Betracht bleiben.[769] Insoweit war im Einzelnen umstritten, inwieweit der Anschlussinhaber ggf. auch eigene Nachforschungen anstellen muss, um einen konkreten alternativen Verletzer zu benennen,[770] wobei die hM zuletzt eher gegen eine solche Nachforschungspflicht tendierte.[771]An dieser Stelle hat allerdings der BGH die Maßstäbe in seiner **jüngeren Rechtsprechung** tendenziell wieder verschärft: für die sekundäre Darlegungslast des Anschlussinhabers soll konkreter Vortrag dazu, „ob andere Personen und gegebenenfalls welche anderen Personen selbstständigen Zugang zu seinem Internetanschluss hatten und als Täter der Rechtsverletzung in Betracht kommen", notwendig sein, wobei der Anschlussinhaber im Rahmen des Zumutbaren auch zu diesbezüglichen Nachforschungen verpflichtet sein soll.[772]

---

[762] Fromm/Nordemann/*J. B. Nordemann* UrhG § 97 Rn. 172.

[763] Vgl. zu diesbzgl. Einzelheiten der Beweislast BGH GRUR 2016, 191 Rn. 38 ff. – Tauschbörse III; OLG Köln MMR 2010, 780 (781); OLG Köln MMR 2012, 549 (550); OLG Köln GRUR 2013, 67 – Ermittlungssoftware (zum Nachweis und zur Beurteilung der Zuverlässigkeit der hierfür eingesetzten Ermittlungssoftwareprogramme); LG Köln ZUM-RD 2018, 422 (zu einer Vermutung fehlerfreier Ermittlung bei Mehrfacherfassung in zeitlichem Abstand); LG Hamburg BeckRS 2013, 2529 (zum Bestreiten der IP-Adressen-Ermittlung mit Nichtwissen); LG Hamburg MMR 2008, 418 (zur mangelnden Beweiskraft selbst gefertigter Ausdrucke von IP-Adressen, die vorgeblich für Urheberrechtsverletzungen genutzt worden seien). Vgl. auch OLG Hamburg MMR 2011, 281: Hashwert-Filter genügt zur eindeutigen Identifizierung einer urheberrechtsverletzend ins Internet gestellten Datei; kein Beweisverwertungsverbot nach dt. Recht, wenn Privatunternehmen in der Schweiz die urheberrechtsverletzenden Dateidownloads, Uploads und die zugehörigen IP-Adressen im Rahmen eines P2P-Netzwerks (Filesharing) identifiziert, bzgl. der von diesem gesammelten Informationen; vgl. zum Ganzen auch Dreier/Schulze/*Specht* UrhG § 97 Rn. 48d; Fromm/Nordemann/*J. B. Nordemann* UrhG § 97 Rn. 152a, jeweils mwN.

[764] BGH GRUR 2010, 633 Rn. 12 – Sommer unseres Lebens; krit. *Zimmermann* MMR 2014, 368 (370). Vgl. umfassend zum Ganzen *Hügel* passim; *Galetzka/Stamer* K&R Beih. 2/2012, 1.

[765] BGH GRUR 2014, 657 Rn. 15 – BearShare; vgl. auch LG München I BeckRS 2014, 100006; AG Karlsruhe, Urt. v. 1.8.2014 – 1 C 23/14; AG Bielefeld BeckRS 2016, 1629.

[766] BGH GRUR 2010, 633 Rn. 12 – Sommer unseres Lebens; BGH GRUR 2013, 511 Rn. 33 ff. – Morpheus; BGH GRUR 2014, 657 Rn. 16 ff. – BearShare. Vgl. iE zum Ganzen *Solmecke/Rüther/Herkens* MMR 2013, 217; *Brüggemann* CR 2014, 475 (476); *Zimmermann* MMR 2014, 368 (370); *Hohlweck* GRUR 2014, 940 (942 f.); *Schaub* NJW 2018, 17; vgl. auch AG Düsseldorf CR 2014, 818 zur Rechtfertigung der sekundären Darlegungslast in Fällen, in denen die tatsächliche Vermutung der Täterschaft nicht greift.

[767] So BGH GRUR 2010, 633 Rn. 12 – Sommer unseres Lebens; vgl. OLG Frankfurt a. M. GRUR-RR 2008, 73 (74) – Filesharing durch Familienangehörige; vgl. auch LG Berlin MMR 2011, 401; LG Düsseldorf MMR 2011, 111; LG Köln ZUM-RD 2012, 99; LG Düsseldorf ZUM-RD 2012, 406; Dreier/Schulze/*Specht* UrhG § 97 Rn. 48d.

[768] So BGH GRUR 2013, 511 Rn. 34 f. – Morpheus (wobei es dann für den Beweis einer Mittäterschaft auch nicht genügen soll, dass der in Betracht kommende Dritte [Sohn] zugleich auf dem Rechner einen Ordner mit der Bezeichnung „Papas Music" abgelegt hatte, in dem sich für ihn aber altersuntypische Musik fand). Nicht ausreichend zur Entkräftung der Vermutung soll es nach bisher vereinzelter Rspr. sein, wenn die Darlegung der Bekl. ergibt, dass niemand als Täter der begangenen Urheberrechtsverletzungen in Betracht kommt, LG Köln BeckRS 2015, 8353; ebenso AG Düsseldorf BeckRS 2015, 2395 (aufgehoben hins. Höhe des Schadensersatzes durch LG Düsseldorf ZUM 2016, 460); ebenfalls nicht als ausreichend erachtet wurde, wenn der Anschlussinhaber eine weitere Person benennt (Lebensgefährte), hins. derer er dann aber zugleich eine mögliche Täterschaft selbst ausschließt, s. LG Leipzig MMR 2017, 426 (427); LG Köln ZUM 2018, 199 (201 f.): bloße Ortsabwesenheit und Mitbenutzung ein und desselben Computers durch Lebensgefährten genüge nicht.

[769] Vgl. OLG Köln ZUM-RD 2014, 292 – Walk this Way; OLG Köln BeckRS 2013, 15942; OLG Köln ZUM-RD 2014, 377; LG Köln ZUM-RD 2017, 679; sa. Dreier/Schulze/*Specht* UrhG § 97 Rn. 48a.

[770] Ursprünglich bes. streng noch LG Köln BeckRS 2011, 14814.

[771] Vgl. auch iE OLG Köln ZUM-RD 2014, 292 – Walk this Way (dort auch zu den Voraussetzungen einer Mittäterschaft oder Teilnahme, falls der Tatrichter die Überzeugung gewinnt, dass der Anschlussinhaber von den Urheberrechtsverletzungen wusste und sie billigend in Kauf genommen hat); OLG Köln MMR 2012, 549 (550 f.); OLG Hamm MMR 2012, 40; LG München I ZUM 2013, 583; vgl. auch LG Frankfurt a.M. BeckRS 2017, 147612 Rn. 9 f.; *Zimmermann* MMR 2014, 368 (371); Dreier/Schulze/*Dreier* (4. Aufl.) UrhG § 97 Rn. 48a; Fromm/Nordemann/*J. B. Nordemann* UrhG § 97 Rn. 152a jew. mwN.

[772] BGH GRUR 2014, 657 Rn. 18 – BearShare, mwN zur instanzgerichtlichen Rspr.; vgl. seitdem iE zu den Anforderungen und Grenzen ähnlich streng BGH GRUR 2016, 191 Rn. 39 ff. – Tauschbörse III; BGH GRUR 2016, 1280 Rn. 33 f. – Everytime we touch; wieder zurückhaltender (bzgl. ins Einzelne gehender Nachforschungs-

Benennt der abgemahnte nicht verantwortliche Anschlußinhaber den Rechtsverletzer, so umfasst der vom Rechtsverletzer zu leistende **Schadensersatz** auch die Kosten der ursprünglichen Abmahnung.[773]

175a   Auf Vorlage des LG München[774] hat der EuGH im Fall „Bastei Lübbe" entschieden, dass Art. 8 Abs. 1, 2 InfoSoc-RL iVm Art. 3 Abs. 2 Enforcement-RL (im Rahmen eines angemessenen Grundrechteausgleichs, der auch das Recht auf einen wirksamen Rechtsbehelf und das Recht des geistigen Eigentums vor qualifizierten Beinträchtigungen aufgrund eines im Ergebnis vollkommenen Rechtsschutzverlusts bewahrt) einer Situation im nationalen Recht entgegensteht, in der der Anschlussinhaber nicht haftbar gemacht werden kann, wenn er mindestens ein Familienmitglied benennt, dem der Zugriff möglich war, ohne nähere Einzelheiten zu Zeitpunkt und Art der Nutzung des Anschlusses durch dieses Familienmitglied mitzuteilen.[775] Aufgrund dieser Rechtsprechung stehen nunmehr mindestens die zurückhaltenderen BGH-Urteile Afterlife und Ego-Shooter auf dem Prüfstand; sie dürfen – je nach den Umständen des Einzelfalls – jedenfalls nicht im Ergebnis zu einem vollständigen Durchsetzungsverlust auf Seiten der Rechteinhaber führen.[776]

176   Kann der Anschlussinhaber nach den vorstehenden Grundsätzen die tatsächliche Vermutung seiner Täterschaft erschüttern, kam nach bisheriger Rechtslage eine **Störerhaftung** in Betracht.[777] Zwischenzeitlich hat der Gesetzgeber allerdings in **neuen § 8 Abs. 1 S. 2, Abs. 3 und 4 TMG**[778] ausdrücklich auch die Störerhaftung auf Unterlassung und Beseitigung für nicht verantwortliche Diensteanbieter ausgeschlossen. Die Regelung ist auch **auf private Internetanschlussinhaber anwendbar.**[779]

Insoweit kommen – sofern die Voraussetzungen der Haftungsprivilegierung vorliegen – nurmehr Ansprüche auf **Sperrung der Nutzung von Informationen über den WLAN-Zugang nach § 7 Abs. 4, § 8 Abs. 3 TMG** in Betracht.[780] Dies kann neben der dort ausdrücklich genannten Sperrung der Nutzung von Informationen auch **jegliche** sonstigen **zumutbaren und verhältnismäßigen Sicherungsmaßnahmen** erfassen, da der Anspruch nicht auf bestimmte Sperrmaßnahmen beschränkt ist; so kommen zB auf dieser rechtlichen Grundlage ggf. auch die Verpflichtung zu Passwortsicherungen oder gar vollständige Sperrungen des Zugangs in Betracht.[781] Insofern dürften die Mehrzahl der Pflichten im Rahmen der bisherigen Störerhaftung unter den Voraussetzungen des § 7 Abs. 4 TMG auch auf der hier vertretenen Auffassung auf die neue Anspruchsgrundlage übertragbar sein; § 7 Abs. 4 TMG greift dabei aber erst **nach erfolgter Rechtsverletzung,** um etwaige Wiederholungen zu verhindern, ist grundsätzlich **subsidiär** gegenüber anderen Durchsetzungsmöglichkeiten[782]

und Dokumentationspflichten Pflichten in Bezug auf Ehegatten (und dementspr. wohl auch anderer Familienmitglieder)) BGH GRUR 2017, 386 Rn. 25 ff. – Afterlife; BGH GRUR-RR 2017, 484 – Ego-Shooter; dann wiederum für einen anders gelagerten Fall strenger BGH GRUR 2017, 1233 – Loud (ggf. Eltern zur Angabe des Namens des volljährigen Kindes verpflichtet, das die Rechtsverletzung zugegeben hat (durch BVerfG GRUR 2019, 606 – Loud). Vgl. in der Folge auch die instanzgerichtliche Rspr., vgl. LG München I BeckRS 2014, 100006; LG Köln ZUM-RD 2017, 679 Rn. 52 ff.; LG Köln ZUM 2018, 456 (459); LG Berlin GRUR-RR 2018, 507; LG Frankfurt a. M. BeckRS 2017, 147612; AG Düsseldorf ZUM 2018, 739 (741); AG München ZUM 2018, 742. So auch *Brüggemann* CR 2014, 475 (476 f.); *Weber* ZUM 2014, 710; *Hohlweck* GRUR 2014, 940 (942 f.); Dreier/Schulze/*Specht* UrhG § 97 Rn. 48a; diff. zur Reichweite *Koch* jursPR–ITR 16/2014 Anm. 4; *Sesing* MMR 2014, 550; AG Bochum BeckRS 2014, 18184; AG Bielefeld BeckRS 2016, 1629; AG Bielefeld BeckRS 2015, 5358: Nachforschungspflicht nur hins. der Nutzungsmöglichkeiten, nicht bis hin zur Ermittlung des tatsächlichen Täters; zum Ganzen sa. *Hofmann* ZUM 2014, 654; *S. Köhler* ZUM 2017, 507; *Apel/Stolz* ZUM 2017, 674; *Schaub* NJW 2018, 17; *Obergfell* NJW 2016, 910; *Paschold* GRUR-Int 2018, 621; *Paschold* GRUR-Int 2018, 783; *Specht* GRUR 2017, 42. Die sekundäre Darlegungslast führt jedenfalls nicht zu einer echten Beweislastumkehr BGH GRUR 2014, 657 Rn. 18 – BearShare; LG Rostock MMR 2014, 341; *Rathsack* jurisPR-ITR 18/2014 Anm. 4; LG Potsdam BeckRS 2015, 01545.

[773] BGH GRUR 2008, 914 Rn. 12 ff. – Riptide.

[774] LG München I ZUM-RD 2017, 344. Vgl. dazu teilw. krit. *S. Köhler* ZUM 2018, 861 (862 f.).

[775] EuGH GRUR 2018, 1234 Rn. 29 ff. – Bastei Lübbe. Dazu und zu den Auswirkungen auf die mittlerweile bestehende Rechtslage *S. Köhler* ZUM 2018, 861.

[776] Dennoch zurückhaltend hins. der Folgen für das dt. Recht, da die genannte BGH-Rspr. nur äußerste Grenzen der Anforderungen an den Anschlussinhaber im Rahmen der sekundären Darlegungslast setze, während es iÜ bei den eher strengen Anforderungen an die Konkretisierung seines Vortrags bleibe *S. Köhler* ZUM 2018, 861. Das LG München I neigte in seinem Vorlagebeschluss jedenfalls dazu, im Falle von Unionsrechtsverletzung aufgrund im praktischen Ergebnis vollkommen Rechtsdurchsetzungsversagens, den Anschlussinhaber unter derartigen Umständen als Täter der Urheberrechtsverletzung zu verurteilen, s. LG München I ZUM-RD 2017, 344 (346).

[777] Vgl. grundl. EuGH GRUR 2016, 1146 – McFadden.

[778] Aufgrund des Dritten Gesetzes zur Änderung des Telemediengesetzes in Kraft seit 13.10.2017, → Rn. 104, → Rn. 139a ff.

[779] S. *Apel/Stolz* ZUM 2017, 674 ff.; *S. Köhler* ZUM 2018, 861.

[780] Vgl. zur diesbzgl. Anwendbarkeit auch spezifisch über WLANs hinaus und im Ergebnis für sämtliche Access-Provider nach der BGH-Rspr. → Rn. 139a ff.

[781] BGH GRUR 2018, 1044 Rn. 53 ff. – Dead Island (§ 8 Abs. 4 TMG steht insoweit jedenfalls nicht entgegen, da sich diese Norm nach dem BGH (GRUR 2018, 1044 Rn. 54 ff.) nur auf behördliche Anordnungen bezieht (zumal jegliche andere Interpretation der Norm wiederum europarechtswidrig wäre)); → Rn. 139b.

[782] Vgl. zu den an dieser Stelle offenen Fragen zu Recht *Spindler* GRUR 2018, 1012 (1015 f.); nach der hier vertretenen Auff. sollte die Subsidiaritätsvoraussetzung in unionsrechtskonformer Interpretation der Norm jedenfalls nur für Sperrmaßnahmen ieS, nicht aber für die hier nunmehr mit zu erfassenden sonstigen Sicherungsmaßnahmen gelten.

und es besteht auch grundsätzlich **kein Anspruch auf Ersatz vor- und außergerichtlicher Kosten** für die Geltendmachung des Anspruchs (§ 7 Abs. 3 S. 3 TMG). Damit dürfte die praktische Bedeutung der Norm im Verhältnis zu privaten WLAN-Anschlussinhabern äußerst überschaubar bleiben.

Nach der bisherigen Rechtslage konnte sich eine Störerhaftung zunächst aus der **unzureichenden Sicherung** des eigenen WLAN-Anschlusses ergeben, wenn Dritte aufgrund der unterlassenen hinreichenden Sicherung den Anschluss für Urheberrechtsverletzungen missbrauchen konnten.[783] Der Anschlussinhaber genügte insoweit nach der BGH-Rechtsprechung seinen Pflichten, wenn er ab Inbetriebnahme des Anschlusses zumindest die zum Kaufzeitpunkt marktüblichen Sicherungen anwendet und ggf. ein werkseitig eingestelltes Passwort durch ein persönliches, hinreichend sicheres Passwort ersetzt;[784] eine fortlaufende Anpassung des Sicherungsstandards an die sich verbessernden Sicherungsmöglichkeiten im Markt ist also nicht zu fordern.[785]

Im Bereich der Nutzung von WLAN-Anschlüssen durch Berechtigte war im Übrigen eine breite **177** Rechtsprechung noch zur Störerhaftung für Urheberrechtsverletzungen durch **Familienangehörige** ergangen. An dieser Stelle wurde der Pflichtenmaßstab sowohl hinsichtlich minderjähriger Familienangehöriger als auch hinsichtlich volljähriger Familienangehöriger in der Instanzgerichtsrechtsprechung zum Teil recht unterschiedlich beurteilt.[786] Für beide Konstellationen hatte der **BGH Leiturteile** erlassen und es war weitere konkretisierende Rechtsprechung ergangen.[787]

Hinsichtlich **minderjähriger Familienangehöriger** galt demnach, dass eine allgemeine, altersge- **178** rechte Aufklärung über das Verbot urheberrechtsverletzenden Filesharings oder ähnlicher Aktivitäten grundsätzlich genügt, sofern nicht konkrete Anhaltspunkte dafür bestehen, dass das Kind dem Verbot zuwiderhandelt.[788] Eine Pflicht zur Überwachung der Internetnutzung des Kindes war demnach nicht anzunehmen, solange keine konkreten Verdachtsmomente im Hinblick auf mögliche Rechtsverletzungen vorlagen.[789]

Im Rahmen der **elterlichen Aufsichtspflicht nach § 832 BGB** richtet sich der Umfang der **179** Aufsichtspflicht nach dem Umfang der Belehrungs- und Prüfungspflichten, die Eltern als Inhabern eines Internetanschlusses im Verhältnis zu ihren Kindern obliegen.[790] Bei Vorliegen von Verschulden kommt auf Grundlage von § 832 BGB (anders als im Rahmen der Störerhaftung) auch eine Schadensersatzhaftung in Betracht.[791] Dies bleibt durch den neuen § 8 TMG nach der hier vertretenen Auffassung unberührt, weil es insoweit nicht um die Haftung als Diensteanbieter, sondern um die Haftung wegen Verletzung der elterlichen Aufsichtspflicht geht.

Gegenüber **volljährigen Familienangehörigen** (Ehepartner, Kinder- und Stiefkinder, 17-Jährige **180** sollen nach einer Einzelentscheidung Volljährigen gleichzustellen sein)[792] bestand nach der BGH-Rechtsprechung zur Störerhaftung ohnedies keine besondere Prüfungs- oder Hinweispflicht bezüglich Urheberrechtsverletzungen.[793] Eine Pflicht zur Überwachung entstand nur, wenn es konkrete An-

---

[783] BGH GRUR 2010, 633 Rn. 20 ff. – Sommer unseres Lebens.

[784] BGH GRUR 2017, 617 – WLAN-Schlüssel; zust. *Apel/Stolz* ZUM 2017, 674; vgl. hierzu zutr. auch AG Frankfurt MMR 2013, 605: Bereits ab Werk individuell pro Gerät vergebene Authentifizierungsschlüssel von WLAN-Routern gewährleisten ein hinreichend hohes Schutzniveau, so dass eine weitergehende Personalisierung in diesem Falle auch vor dem Hintergrund des Sommer unseres Lebens-Urteils nicht erforderlich ist; ebenso AG Hamburg BeckRS 2015, 8939: Eine individuelle Änderung des vergebenen WPA2-Schlüssels ist nicht erforderlich. Für eine ihm nicht bekannte Sicherheitslücke aufgrund einer nicht hinreichend sicheren werkseitig vorgegebenen WPA2-Verschlüsselung eines WLAN-Routers hat der Anschlussinhaber nicht einzustehen.

[785] BGH GRUR 2017, 617 – WLAN-Schlüssel; BGH GRUR 2010, 633 Rn. 20 ff. – Sommer unseres Lebens; *Büscher/Dittmer/Schiwy/Niebel* UrhG § 97 Rn. 22, nimmt aber eine Anpassungspflicht für Unternehmen an; sa. AG Koblenz BeckRS 2014, 15122, das zumindest für Hotelbetreiber eine Pflicht zur regelmäßigen Passwortänderung anzunehmen scheint; vgl. im Detail *Borges* NJW 2010, 2624 (zu den Schutzpflichten iRd Anschlusssicherung); *Borges* NJW 2014, 2305; krit. hins. der Störerhaftung des Anschlussinhabers insges. *Hoeren/Jakopp* ZRP 2014, 72.

[786] Vgl. die Nachw. bei Dreier/Schulze/*Specht* UrhG § 97 Rn. 48a.

[787] BGH GRUR 2013, 511 – Morpheus (Kinder); BGH GRUR 2014, 657 – BearShare (volljährige Familienangehörige), jew. auch mwN zu den insoweit zuvor vertretenen Auff. Vgl. auch zur Reichweite der sekundären Darlegungslast und der hiermit verbundenen Pflichten bezüglich Ehegatten und sonstigen Familienangehörigen die umfassenden Nachweise in → Rn. 175.

[788] BGH GRUR 2013, 511 Rn. 21 f. – Morpheus; BGH GRUR 2016, 184 – Tauschbörse II; vgl. seitdem zur Belehrungspflicht OLG Köln MMR 2013, 319; LG Berlin MMR 2013, 344 (Darlegung des genauen Inhalts der Belehrungen und der aufgestellten Verhaltensregeln notwendig); LG Köln GRUR-RR 2018, 505; LG Stuttgart ZUM 2018, 730 (732); AG Bielefeld ZUM 2018, 736 (738 f.).

[789] BGH GRUR 2013, 511 Rn. 24 – Morpheus; zust. *Borges* NJW 2014, 2305 (2307). Sa. AG Nürnberg ZUM 2018, 206 bezüglich Pflichten der Eltern nach Abmahnung.

[790] BGH GRUR 2013, 511 Rn. 42 – Morpheus; BGH GRUR 2016, 184 Rn. 30 ff. – Tauschbörse II; LG Köln GRUR-RR 2018, 505; LG Stuttgart ZUM 2018, 730 (735 f.); insoweit zu Recht zust. *Borges* NJW 2014, 2305 (2308 f.) (auch zum Verhältnis von § 832 BGB zu § 97 UrhG); *Brüggemann* CR 2013, 327 (329); *Gooren* ZUM 2013, 479 (481 f.); *Hohlweck* GRUR 2014, 940 (944); demgegenüber krit. und für Differenzierung *Schaub* GRUR 2013, 515 (516). Ausf. zur elterlichen Aufsichtspflicht *v. Gierke* FS Bornkamm, 2014, S. 774. Sa. AG Nürnberg ZUM 2018, 206 bzgl. Pflichten der Eltern nach Abmahnung.

[791] BGH GRUR 2016, 184 Rn. 30 ff. – Tauschbörse II wegen fehlender Belehrung der minderjährigen Tochter; so vorgehend auch OLG Köln BeckRS 2014, 12307; OLG Köln MMR 2013, 319 (320); *Gooren* ZUM 2013, 479 (482); Fromm/Nordemann/*J. B. Nordemann* UrhG § 97 Rn. 172b.

[792] OLG Düsseldorf BeckRS 2013, 1139.

[793] BGH GRUR 2016, 1289 – Silver Linings Playbook; BGH GRUR 2014, 657 Rn. 27 f. – BearShare; OLG Düsseldorf BeckRS 2013, 1139; OLG Düsseldorf ZUM 2014, 406; OLG Frankfurt a. M. GRUR-RR 2013, 246;

haltspunkte dafür gab, dass der Anschluss für rechtswidrige Zwecke genutzt wird.[794] Der BGH hat mittlerweile klargestellt, dass diese Grundsätze entsprechend auch für andere nahestehende volljährige Personen, wie Mitbewohner oder Gäste, gelten sollen.[795]

181   Außerhalb des privaten Bereichs ist insbesondere die Haftung von **Hotelbetreibern** und **Vermietern** für über ihre Anschlüsse begangene Urheberrechtsverletzungen in der Rechtsprechung relevant geworden. Grundsätzlich sollte es nach der bisherigen Rechtsprechung jedenfalls genügen, wenn die Nutzung des Anschlusses von vornherein auf berufliche Zwecke beschränkt wurde (dann auch keine spezifische Belehrungspflicht hinsichtlich illegaler Internetaktivitäten)[796] oder wenn eine Belehrung hinsichtlich der Einhaltung der gesetzlichen Vorgaben erfolgte.[797] Für Vermieter (insbesondere Untervermieter) sollten keine anlasslosen Prüfungs- und Belehrungspflichten greifen, wenn die Wohnung samt Telefonanschluss überlassen wird.[798]

Für diesen gesamten Bereich richtet sich die Haftung nunmehr aufgrund des neuen TMG nach **§ 8 Abs. 1, Abs. 3, Abs. 4, § 7 Abs. 4 TMG,** die allerdings teilweise unionsrechtskonform fortzubilden sind.[799]

182   Für **Internet-Cafés** und **öffentliche WLAN-Netze** (zB an Flughäfen, in Ladengeschäften, an öffentlichen Plätzen in Kommunen etc) wurde die Haftungsfrage in der bisherigen deutschen Rechtsprechung uneinheitlich beurteilt. Teils wurde eine Haftung ganz verneint, teils wurden bestimmte Sperrverpflichtungen auf Basis der Unterlassungsansprüche im Rahmen der Störerhaftung angenommen.[800] Im **McFadden-Urteil** stellte der EuGH daraufhin klar, dass trotz der dementsprechend für Schadensersatzansprüche ausgeschlossenen Verantwortlichkeit auch der Betreiber eines öffentlichen WLANs als Vermittler verpflichtet werden kann, Maßnahmen zu ergreifen, um der Wiederholung von Urheberrechtsverletzungen über seinen Anschluss vorzubeugen.[801] Es ist ihm dabei nach europäischem Recht ggf. auch zumutbar, dass er seinen Anschluss mit einem Passwort sichert.[802] Da die Nutzer dann grundsätzlich ihre Identität offenbaren müssen, um das Passwort zu erhalten, sieht der EuGH darin eine Maßnahme, die von der Begehung weiterer Urheberrechtsverletzungen abschreckt.[803]

182a   Nach einem ersten missglückten Versuch, der Problematik im Vorfeld des EuGH-Urteils Herr zu werden,[804] ist durch das Dritte Gesetz zur Änderung des Telemediengesetzes,[805] das zum 13.10.2017

OLG Frankfurt a. M. MMR 2008, 169; OLG Köln MMR 2012, 549 (551) jedenfalls nicht ggü. Ehepartnern, wohl aber ggü. anderen volljährigen Mitbewohnern; LG Hamburg BeckRS 2012, 15689; LG Frankenthal ZUM-RD 2015, 277.

[794] BGH GRUR 2014, 657 Rn. 26 – BearShare; OLG Düsseldorf ZUM 2014, 406; OLG Frankfurt a. M. GRUR-RR 2013, 246. Seitdem zu Prüfungs-, Kontroll- und Hinweispflichten nach Auftreten von Verdachtsmomenten aufgrund vorhergehender Abmahnungen bzgl. angeblicher Rechtsverletzungen über den Anschluss LG Rostock MMR 2014, 341; dazu *Rathsack* jurisPR-ITR 18/2014 Anm. 4.

[795] BGH GRUR 2016, 1289 – Silver Linings Playbook; noch offen gelassen in BGH GRUR 2014, 657 Rn. 28 – BearShare; dafür schon zuvor OLG Frankfurt a. M. GRUR-RR 2008, 73 (74); OLG Düsseldorf ZUM 2014, 406 (408); AG Karlsruhe 1.8.2014 – 1 C 23/14; *Borges* NJW 2014, 2305 (2307); *Härting,* Internetrecht, Rn. 2256; *Koch* jurisPR-ITR 16/2014 Anm. 4, soweit die betroffenen Personen persönlich verbunden sind in Analogie zu § 15 Abs. 3 S. 2 UrhG; *v. Ungern-Sternberg* GRUR 2015, 205 (217); zweifelnd *Brüggemann* CR 2014, 475 (477); dagegen OLG Köln GRUR-RR 2012, 329 (331); LG Düsseldorf ZUM-RD 2010, 396 (398); LG Hamburg GRUR-RR 2014, 381 (anlasslose Hinweispflicht ggü. nichtehelichem Lebensgefährten); LG Hamburg ZUM-RD 2015, 556 (anlasslose Hinweispflicht ggü. volljähriger Nichte und deren Lebensgefährten); *Rehbinder/Peukert* Rn. 1073.

[796] LG Frankfurt a. M. ZUM-RD 2014, 36 (39).

[797] LG Frankfurt a. M. MMR 2011, 401 (402) (dort auch zur Nachlässigkeit des Abmahnenden, wenn der Hotelbetreiber ohne nähere Kenntnis der Sachlage einer Urheberrechtsverletzung bezichtigt wird, nach heutiger Rechtslage uU relevant für Aufwendungsersatzansprüche des Abgemahnten nach § 97a Abs. 4 UrhG). Vgl. iÜ auch AG Hamburg CR 2014, 536; AG Hamburg BeckRS 2014, 13884 (Hotelbetreiber bzw. Vermieter einer Ferienwohnung als Zugangsanbieter iSd § 8 TMG); AG Koblenz BeckRS 2014, 15122; dagegen lehnt *Borges* NJW 2014, 2305 (2308) bereits eine Belehrungspflicht ab.

[798] LG Köln GRUR-RR 2013, 286; vgl. auch AG München CR 2014, 340: jedenfalls ohne Verdachtsmomente keine Haftung als Störer, wenn vertragliche Zusicherung, dass der Mieter den Zugang nicht für rechtswidrige Zwecke nutzen wird.

[799] → Rn. 182a.

[800] Zur alten Rechtslage ausführlich → 5. Aufl. 2017, Rn. 182 mwN; sa. *Sassenberg/Manz,* WLAN und Recht, 2014.

[801] EuGH GRUR 2016, 1146 Rn. 80 ff. – McFadden, wobei vom EuGH auf dem damaligen Stand zugleich klargestellt wurde, dass der WLAN-Betreiber in diesem Rahmen von den Mitgliedstaaten auch zur Kostentragung für eine ggf. im Vorfeld notwendige Abmahnung und den Gerichtsprozess verpflichtet werden kann. S. für die Vorlageentsch. LG München GRUR-Int 2014, 1166; für die Entsch., mit der das LG München das EuGH-Urteil für das dt. Recht rezipierte, LG München MMR 2017, 639 Rn. 33 ff.: Passwortschutz erforderlich; dann nach der Gesetzesänderung (dazu → Rn. 182a) folgerichtig aufgehoben von OLG München GRUR 2018, 721 – Freies W-LAN, wobei die Richtigkeit des Urteils nach alter Rechtslage (und damit auch der Anspruch auf Ersatz von Abmahnkosten nach alter Rechtslage) ausdrücklich bestätigt wurden.

[802] EuGH GRUR 2016, 1146 Rn. 90 ff., 99 – McFadden.

[803] EuGH GRUR 2016, 1146 Rn. 96 – McFadden.

[804] Zum Zweiten Gesetz zur Änderung des Telemediengesetzes → Rn. 104 ff.; vgl. dazu im Zusammenhang mit dem EuGH-Urteil *Spindler* NJW 2017, 2305: Gesetzgeber verließ sich recht blauäugig auf die SchlA des Generalanwalts und war dann nach der Entsch. des EuGH „verlassen".

[805] Näher → Rn. 104, → Rn. 110, → Rn. 139a (dort auch zur Kritik an dem nach seinem Wortlaut in wesentlichen Teilen europarechtswidrigen und verfassungsrechtlich bedenklichen Gesetz).

in Kraft getreten ist, nunmehr in § 7 Abs. 4 TMG und § 8 Abs. 3 und 4 TMG eine **bereichsspezifische Regelung für WLANs** erfolgt. Spezielle Rechtsgrundlage für **Sperranordnungen** gegenüber WLAN-Anbietern ist jetzt **§ 7 Abs. 4 TMG,** wobei es sich dabei – anders als bei den bisherigen Unterlassungsansprüchen im Rahmen der Störerhaftung – nunmehr um einen **positiven Anspruch auf Durchführung entsprechender Nutzungssperren** handelt.[806]

Insoweit wird zusätzlich vorgesehen, dass WLAN-Anbieter nicht von einer **Behörde** verpflichtet werden dürfen, vor Zugangsgewährung persönliche Daten von Nutzern zu erheben oder zu speichern, die Eingabe eines Passworts zu verlangen oder ihren Dienst dauerhaft einzustellen (§ 8 Abs. 4 TMG). Der BGH hat aber bereits umgehend klargestellt, dass diese gesetzgeberischen Limitierungen, die aus europarechtlicher Sicht ohnehin in mehrfacher Hinsicht hochfragwürdig sind, jedenfalls **nicht für gerichtliche Anordnungen** gelten, die demnach – sofern dies im Lichte der gebotenen Grundrechteabwägung zum Schutz der Rechteinhaber notwendig und dem Diensteanbieter zumutbar erscheint – auf Grundlage von § 7 Abs. 4 TMG auch derartige Maßnahmen umfassen können.[807] Jedenfalls müssen **vor- und außergerichtliche Kosten** für die Geltendmachung derartiger Sperrmaßnahmen nicht mehr erstattet werden.[808] Außerhalb der speziellen Regelung der Sperranordnung in § 7 Abs. 4 TMG sind zudem nunmehr Ansprüche auf Schadensersatz und auch auf Beseitigung oder Unterlassung grundsätzlich (und anders als im Rahmen der bisherigen Störerhaftung für Unterlassungsansprüche) für nach § 8 Abs. 1 TMG nicht verantwortliche WLAN-Anbieter ganz ausgeschlossen.[809]

Schließlich ist in der Rechtsprechung teilweise eine Störerhaftung von **Arbeitgebern** erwogen worden für Urheberrechtsverletzungen von Internetanschlüssen, die den Mitarbeitern zur Verfügung gestellt wurden, wenn es konkrete Anhaltspunkte für drohende Rechtsverletzungen gab.[810]   **183**

Die sekundäre **Darlegungslast** hinsichtlich der Vornahme geeigneter Maßnahmen gegen Urheberrechtsverletzungen traf im Rahmen der Störerhaftung nach den allgemeinen Grundsätzen den Anschlussinhaber.[811] Das Gleiche gilt für notwendige und hinreichende Maßnahmen im Rahmen der elterlichen Aufsichtspflicht nach § 832 BGB.[812]   **184**

Links

Links stellen elektronische Verweise bzw. automatische Verbindungen zu anderen Informationen im Internet dar. Ein **einfacher Link** verweist auf die Eingangsseite einer anderen Website, während ein **Deep-Link** zu einer bestimmten untergeordneten Seite einer Internetpräsenz führt. Beim **Framing** wird der verlinkte Inhalt in ein Frame-Set der verlinkenden Seite eingefügt.[813]   **185**

Die Frage, wann Linksetzer in diesen unterschiedlichen Konstellationen als **Täter** haften, bedarf im Hinblick auf die unterschiedlichen Arten von Links einer differenzierenden Betrachtung, wobei die Rechtsprechung dazu tendiert, **Links auf im Internet frei zugängliches Material** grundsätzlich als zulässig anzusehen.[814]   **186**

Zu Unrecht hat dies der EuGH auch auf die Fallgruppe **aneignender Frame-Links (Einbettung)** ausgedehnt.[815] Zwischenzeitlich ist zur neuen EuGH-Rechtsprechung in „**Córdoba**", die allerdings unmittelbar gerade keine Hyperlinks, sondern lediglich die unabhängige Zweitzurverfügungstellung von im Internet zugänglichen Material vom eigenen Server aus betrifft,[816] aufgrund der insoweit zugrunde liegenden Wertungen die berechtigte Frage aufgeworfen worden, ob nicht nunmehr auch die Fallgruppe der aneignenden Frame-Links aus der Sicht des EuGH neu zu bewerten ist.[817]

---

[806] Vgl. BGH GRUR 2018, 1044 Rn. 43 und 57 – Dead Island (dort auch zu Übergangsfällen, die noch auf dem (in der Sache gleichermaßen auf positives Handeln der Provider gerichteten) Unterlassungsanspruch im Rahmen der Störerhaftung beruhten); s. zur vom BGH in dem Urt. bejahten analogen Anwendung auf sonstige Access-Provider, für die das nach seinem Wortlaut europarechtswidrige Gesetz erhebliche Rechtsunsicherheit geschaffen hatte, → Rn. 139b f. Vgl. zum Ganzen und zu den noch dem BGH-Urteil noch offenen Fragen und europarechtlichen Zweifeln *Grisse* MMR 2018, 649; *Spindler* GRUR 2018, 1012; *J. B. Nordemann* GRUR 2018, 1016; *Hennemann* ZUM 2018, 754, jeweils mwN.

[807] Vgl. BGH GRUR 2018, 1044 Rn. 54 ff. – Dead Island; sa. *Spindler* GRUR 2018, 1012 (1015 f.).

[808] § 7 Abs. 4 S. 3 TMG. Zu Recht erachtet *J. B. Nordemann* GRUR 2018, 1016 (1021) diese Regelung – jedenfalls in ihrer vom BGH nunmehr bejahten analogen Anwendung auf sonstige Zugangsprovider – insoweit für europarechtswidrig.

[809] S. § 8 Abs. 1 S. 2 TMG, außer bei kollusivem Zusammenwirken mit den Nutzern, s. § 8 Abs. 1 S. 3 TMG. Dies gilt jedoch nicht für die eigenständige Haftung der Eltern minderjähriger Kinder nach § 832 BGB, → Rn. 179.

[810] LG München I ZUM 2008, 157 (iErg abgelehnt); weitergehend Fromm/Nordemann/*J. B. Nordemann* UrhG § 97 Rn. 172b: Sicherungsmaßnahmen gegen naheliegende Verletzungen auch ohne konkrete Anhaltspunkte möglich und zumutbar. Vgl. näher *Zander* ZUM 2011, 305; zu den datenschutzrechtlichen Rahmenbedingungen der Überwachung der Internetnutzung von Arbeitnehmern *Greening/Weigl* CR 2012, 787.

[811] LG Düsseldorf GRUR-RR 2008, 290 (291); Dreier/Schulze/*Specht* UrhG § 97 Rn. 48d.

[812] OLG Hamburg MMR 2014, 127.

[813] Zum Ganzen *Hendel* ZUM 2014, 102.

[814] Zum Ganzen → § 15 Rn. 81, 83, 86 f., 104 ff.

[815] S. zum Ganzen hier nur für einen Überbl. *Leistner* ZUM 2016, 580 (581 ff.); *Eichelberger* FS Ahrens, 2016, S. 181 einerseits und aA *Grünberger* ZUM 2016, 905 (910 f.) andererseits; vgl. mit einem Reformvorschlag de lege ferenda *Leistner* FS Schulze, 2017, S. 75. → Rn. 35.

[816] → Rn. 35.

[817] *Ohly* GRUR 2018, 996 (1002); *Haberstumpf* ZUM 2018, 678 (679).

Hinsichtlich geschützter Inhalte, die **ohne Zustimmung des Rechtsinhabers** ins Internet gestellt wurden, hat der EuGH im **GS Media-Urteil** differenziert. Handelt der Linksetzer ohne Gewinnerzielungsabsicht, ist er nicht als **Täter** einer öffentlichen Zugänglichmachung anzusehen, es sei denn, es steht fest, dass er **wusste oder hätte wissen müssen,** dass der gesetzte Link Zugang zu einem unbefugt im Internet veröffentlichten Schutzgegenstand verschafft.[818] Wer Links dagegen mit Gewinnerzielungsabsicht (also im Rahmen seiner wirtschaftlichen Tätigkeit) setzt, dem ist zuzumuten, dass er nachprüft, ob der verlinkte Inhalt ohne Zustimmung des Rechtsinhabers im Internet veröffentlicht wurde. Bei ihm kann deshalb die Kenntnis widerleglich vermutet werden.[819]

In der Sache handelt es sich bei dieser neuen europäischen Haftungsfigur für Links um eine **verkehrspflichtbasierte Haftung,** die bei einer zentralen Rolle des Nutzers (Linksetzers) und entsprechender Kenntnis oder Verletzung erforderlicher und zumutbarer Prüfungspflichten zu einer **nebentäterschaftlichen Haftung** führt.[820] Informiert der Rechteinhaber den Linksetzer darüber, dass der verlinkte Schutzgegenstand ohne seinen Willen im Internet veröffentlicht wurde und entfernt der Linksetzer den Link daraufhin nicht, kann der Rechteinhaber ihn, neben der Person, die den Schutzgegenstand im Internet gegen seinen Willen veröffentlicht hat, auf dieser Basis in jedem Falle als Täter einer öffentlichen Zugänglichmachung in Anspruch nehmen.[821] (Im Einzelnen → § 19a Rn. 91 ff.).

187   Hinsichtlich eines **Zueigenmachens** rechtswidriger Inhalte der verlinkten Website durch das Setzen eines elektronischen Verweises ist die bisherige deutsche Rechtsprechung vor „GS Media" sehr zurückhaltend geblieben.[822] Im Falle der allgemeinen **Verlinkung auf Seiten mit rechtswidrigen Inhalten** kann der Websitebetreiber bei Verletzung zumutbarer Prüfungspflichten nach Abmahnung oder ab Kenntnis des gerichtlichen Vorgehens gegen die verlinkten Inhalte vielmehr ggf. als **Störer** in Anspruch genommen werden.[823] Beim Framing ist eine Störerhaftung möglich, wenn dem potentiellen Störer angesichts rechtsverletzender Inhalte ein Einwirken auf die jeweiligen Betreiber oder eine Herausnahme des betreffenden Links zumutbar ist.[824]

188   Ein Ausschluss der Haftung mit Hilfe eines **„Disclaimers"** ist bei der Verlinkung auf eindeutig rechtsverletzende Websites nicht möglich.[825]

189   Eine Haftung ist jedoch grundsätzlich zu verneinen, wenn die Verlinkung erfolgt, um die in einem Artikel getätigten Aussagen zu belegen bzw. um zusätzliche Informationen beizufügen, da eine solche Vorgehensweise von der **Presse- und Meinungsfreiheit** gedeckt sein soll.[826]

---

[818] EuGH GRUR 2016, 1152 Rn. 47 ff. – GS Media; dazu ua *Grünberger* ZUM 2016, 905; *Leistner* ZUM 2016, 980; *Ohly* GRUR 2016, 1155; *Tolkmitt* FS Büscher, 2018, S. 249. → Rn. 35.

[819] EuGH GRUR 2016, 1152 Rn. 51 – GS Media. Für das dt. Recht rezipiert in BGH GRUR 2018, 178 Rn. 22 ff., insbes. Rn. 54 ff. – Vorschaubilder III (wobei die entspr. Vermutung insoweit gerade nicht auf Situationen massenhafter Link-Aggregation durch Suchmaschinen ausgedehnt wurde, vgl. zur diesbzgl. Einordnung *Leistner* ZUM 2018, 286 (289 ff.)); LG Hamburg GRUR-RR 2017, 216 Rn. 9 ff. – Architekturfotos (aufgrund des spezifischen Sachverhalts noch sehr streng); LG Hamburg GRUR-RR 2018, 97 Rn. 19 ff., insbes. Rn. 31 ff. – Loulou; LG Hamburg ZUM-RD 2018, 153 Rn. 39 ff., insbes. Rn. 65 ff., beide dann schon mit den notwendigen Differenzierungen hins. der den Linksetzern zumutbaren Verkehrspflichten.

[820] Näher → Rn. 56a ff., → Rn. 62a, → Rn. 96 ff. Vgl. näher zur Ausgestaltung möglicher Pflichten, die jedenfalls bei massenhaften Aggregatoren in der Regel auf ein bloßes Notice & Takedown hinauslaufen dürften, ggf. – insbes. bei Verweis auf ihrerseits mehr oder weniger offensichtlich verletzungsgeneigte Seiten – aber auch pro-aktiv weiterreichend sein können, das für die Praxis bedenkenswerte Ampelmodell bei Fromm/Nordemann/*J. B. Nordemann* UrhG § 97 Rn. 165 f.

[821] EuGH GRUR 2016, 1152 Rn. 53 – GS Media.

[822] OLG Köln GRUR-RR 2014, 259; vgl. auch LG Hamburg GRUR-RR 2018, 97 Rn. 39 ff. – Loulou; s. aber auch bejahend für einen bes. gelagerten Fall bei Verlinkung zwischen zwei Konzerngesellschaften mit demselben Namen und Geschäftszweck zu gemeinsamen Werbezwecken OLG Frankfurt a. M. ZUM-RD 2017, 471. Vgl. zu den mittlerweile aufgrund der eur. Haftungskonzeption verkehrspflichtbasierter Nebentäterschaft bestehenden grds. Zweifeln an der Fallgruppe des Zueigenmachens näher → Rn. 114.

[823] BGH GRUR 2004, 693 (695) – Schöner Wetten (zum Wettbewerbsrecht); LG Hamburg MMR 2012, 554 (557) (Haftung ab Kenntnis des gerichtlichen Vorgehens gegen den verlinkten Inhalt); OLG Köln GRUR-RR 2013, 49 (50) – Kirschkerne. Vgl. zum Ganzen Fromm/Nordemann/*J. B. Nordemann* UrhG § 97 Rn. 165 f.; Dreier/Schulze/*Specht* UrhG § 97 Rn. 51; Wandtke/Bullinger/*v. Wolff* UrhG § 97 Rn. 20; BeckOK/*Reber* UrhG § 97 Rn. 74 ff. Büscher/Dittmer/Schiwy/*Niebel* UrhG § 97 Rn. 22.

[824] OLG Köln GRUR-RR 2013, 49 (50) – Kirschkerne. Vgl. zu möglichen täterschaftlichen Haftung bei Frames nunmehr die (unzutr.) Entsch. EuGH GRUR 2014, 1196 – BestWater, die die öffentliche Wiedergabe (im Anschluss an EuGH GRUR 2014, 360 – Svensson) grds. verneint, wenn das Material mit Zustimmung des Rechteinhabers unbeschränkt ins Netz gestellt wurde; demgegenüber zutr. noch die eine öffentliche Wiedergabe in bestimmten Fällen des Zugänglichmachens durch Frames befürwortende zugehörige BGH-Vorlageentsch. BGH GRUR 2013, 818 – Die Realität. Nunmehr BGH GRUR 2016, 171 – Die Realität II: keine Urheberrechtsverletzung durch Framing von geschützten Inhalten, die auf irgendeiner anderen Internetseite mit Zustimmung des Rechteinhabers für alle Internetnutzer zugänglich sind. Weiterhin unzulässig soll nach zutr. Auffassung BGH BGH GRUR 2016, 171 – Die Realität II jedenfalls die Verlinkung von Material sein, das von vornherein ganz ohne Zustimmung des Rechtsinhabers in das Internet gestellt wurde; s. demgegenüber diff. nun EuGH GRUR 2016, 1152 Rn. 46 – GS Media; im Anschluss daran mit strengeren Maßstäben LG Hamburg ZUM 2017, 356. S. nunmehr auch die Vorlagefrage von BGH GRUR 2019, 725 – Deutsche Digitale Bibliothek für den Fall, dass eine Umgehung von Schutzmaßnahmen gegen Framing erfolgt. Vgl. zum Ganzen → § 19a Rn. 91 ff.

[825] LG Berlin MMR 2005, 718 (719); Büscher/Dittmer/Schiwy/*Niebel* UrhG § 97 Rn. 22.

[826] Sehr weitgehend BGH GRUR 2011, 513 Rn. 17 f. – AnyDVD; aufrechterhalten von BVerfG GRUR 2012, 390 (391) – AnyDVD II; dazu *Hoeren* GRUR 2011, 503; vgl. auch BGH GRUR 2004, 693 (696) – Schöner Wetten.

Die Inanspruchnahme des Linksetzers kann als rechtsmissbräuchlich ausscheiden, wenn der Verletz- **190** te den **unmittelbaren Rechtsverletzer** bereits erfolgreich in Anspruch genommen hat.[827] Ob sich dies im Lichte der EuGH-Entscheidung in Sachen „GS Media"[828] aufrechterhalten lässt, erscheint fraglich.

RSS-Feeds

RSS-Feeds werden insbesondere im Rahmen von Newstickern verwendet und informieren über **191** Aktualisierungen auf einer Website.[829]

Wer erkennbar fremde Nachrichten in Form von RSS-Feeds ins Internet stellt, muss diese Beiträge vor Veröffentlichung nicht auf Rechtsverletzungen überprüfen.[830] Die Haftung des Verbreiters fremder Nachrichten als **Störer** kommt nach der bisherigen Rechtsprechung erst in Betracht, wenn er nach Kenntnis von einer konkreten, klaren Rechtsverletzung Prüfungspflichten verletzt.[831] Nach Hinweis auf eine Rechtsverletzung ist der Portalbetreiber verpflichtet, zukünftige gleichartige Rechtsverletzungen zu verhindern.[832] Im Rahmen der europäischen Haftungskonzeption müssten derartige Konstellationen künftig vergleichbar beurteilt werden, wie der Sachverhalt in Sachen „GS Media" zu Hyperlinks auf illegale Quellen, so dass nunmehr auch eine verkehrspflichtbasierte Nebentäterschaft in Betracht kommt.[833]

Software-, Technologieanbieter

Allein das Anbieten, Bewerben und Inverkehrbringen einer Software, mit der Nutzer rechtsverlet- **192** zende Vervielfältigungen vornehmen könnten, begründet nach bisheriger deutscher Rechtsprechung mangels bewussten und gewollten Zusammenwirkens mit den Rechtsverletzern noch keine Haftung als Täter oder Teilnehmer.[834] Ein **Zueigenmachen** und aufgrund dessen eine täterschaftliche Haftung für Verletzungen nach § 95a wurde allerdings angenommen in einem Fall, in dem ein im Open-Source-Verfahren spezifisch für die Umgehung von technischen Schutzmaßnahmen entwickeltes/angepasstes Programm auf einer eigenen Website bereitgehalten, mit einer eigenen Bezeichnung als Herausgeber der Software und einem eigenen Copyright-Vermerk versehen worden war.[835]

Anbieter von Software mit sowohl legalen als auch illegalen Nutzungsmöglichkeiten haften nach **193** dem neuen europäischen Haftungskonzept als Täter (bzw. nach bisheriger deutscher Rechtsprechung als Teilnehmer oder „aktive" Störer)[836] **verschärft** und praktisch umfassend bis hin zu einem Vertriebsverbot, wenn sie die Software mit Hinweis auf die illegale Nutzungsmöglichkeit **tendenziös bewerben.**[837] Die einmal begründete Gefahr entfällt nicht schon dadurch, dass der Anbieter den Hinweis auf die illegale Nutzungsmöglichkeit nachfolgend aus der Werbung streicht; ebenso wenig genügt ein Disclaimer, der auf die mögliche Notwendigkeit der Einholung von Rechten für bestimmte Nutzungen hinweist; ggf. können aber effektive Filtermaßnahmen zur Verhinderung der rechtswidrigen Nutzung genügen, wenn sie die Einsatzmöglichkeiten der Software praktisch neutralisieren.[838]

Wer eine (Filesharing-)Software anbietet, die vom Nutzer heruntergeladene Dateien automatisch **194** Dritten zum Download zur Verfügung stellt, muss den Nutzer bei Erwerb der Software darauf hinweisen, anderenfalls ist er **regresspflichtig,** wenn der Nutzer vom Rechteinhaber in Anspruch genommen wird.[839]

Soziale Netzwerke

Der **Inhaber eines Facebook-Accounts** haftet als Täter, soweit er Inhalte auf seiner URL selbst **195** einstellt oder sich zu eigen macht. Für **Fremdinhalte,** beispielsweise im Rahmen von Nutzerbeiträgen auf einer Unternehmensseite in Facebook, haftet der Account-Inhaber nach den jeweiligen Grundsätzen über die **Störerhaftung,** so dass eine Pflicht zur Entfernung des konkreten Inhalts und zugehörige Prüfungspflichten idR erst nach Inkenntnissetzung von einer konkreten, klaren Rechtsverletzung in Betracht kommen.[840] Im Rahmen der europäischen Haftungskonzeption dürfte insoweit

---

[827] OLG Köln GRUR-RR 2013, 49 (50) – Kirschkerne; Dreier/Schulze/*Specht* UrhG § 97 Rn. 34.

[828] EuGH GRUR 2016, 1152 – GS Media.

[829] S. zum Ganzen auch Dreier/Schulze/*Specht* UrhG § 97 Rn. 52.

[830] BGH GRUR 2012, 751 Rn. 19 – RSS-Feeds (zum allg. Persönlichkeitsrecht und Recht am eigenen Bild).

[831] BGH GRUR 2012, 751 Rn. 19 – RSS-Feeds.

[832] BGH GRUR 2012, 751 Rn. 19 – RSS-Feeds.

[833] EuGH GRUR 2016, 1152 – GS Media.

[834] Vgl. BGH GRUR 2011, 1018 Rn. 21 ff. – Automobil-Onlinebörse (Haftung iErg mangels rechtswidriger Haupttat abgelehnt).

[835] LG Hamburg GRUR-RR 2014, 241 (242 f.) – JDownloader2.

[836] Letztlich offen gelassen in BGH GRUR 2009, 841 Rn. 18 – Cybersky, da die Bekl. jedenfalls als Störerin hafte.

[837] BGH GRUR 2017, 610 Rn. 52 – Filmspieler; BGH GRUR 2009, 841 Rn. 10, 13 f. – Cybersky. → Rn. 69, → Rn. 129.

[838] BGH GRUR 2009, 841 Rn. 24 ff. – Cybersky.

[839] OLG Frankfurt a. M. MMR 2012, 668.

[840] Vgl. hins. der Reichweite nicht ganz klar die im konkreten Sachverhalt haftungsbejahende Entsch. des LG Stuttgart 20.7.2012 – 17 O 303/12 (da lediglich Versäumnisurteil zumal offenbar nach vorausgehender Abmahnung). Vgl. auch → Rn. 66 zur eigenständigen Haftungsfigur der Account-Haftung.

in Zukunft auch eine täterschaftliche Haftung in der Form verkehrspflichtbasierter Nebentäterschaft in Betracht kommen.[841]

196   Die Haftung des **Netzwerkanbieters** dürfte sich richtigerweise nach den allgemeinen Grundsätzen über die Haftung der Host-Provider richten, insbesondere dürfen keine allgemeinen Vorabüberwachungspflichten auferlegt werden.[842]

196a   Im Einzelfall kann es sich bei Anbietern sozialer Netzwerke um **Diensteanbieter für das Teilen von Online-Inhalten** handeln, wenn einer der Hauptzwecke des Dienstes darin besteht, eine große Menge urheberrechtlicher Schutzgegenstände zu speichern und der Öffentlichkeit Zugang hierzu zu verschaffen und wenn der Anbieter die Inhalte organisiert und zum Zwecke der Gewinnerzielung bewirbt (vgl. Art. 2 Nr. 6 DSM-RL).[843] Mit einer vorschnellen Annahme dieser Voraussetzungen ist allerdings nach zutreffender Auffassung Vorsicht geboten, da es nach Erwägungsgrund 62 DSM-RL nur um Dienste gehen soll, die aus dem Angebot der urheberrechtlich geschützten Inhalte in direkter oder indirekter Weise Gewinne ziehen, indem die Inhalte mit dem Ziel, ein größeres Publikum anzuziehen, strukturiert und beworben werden (Kategorienbildung bezüglich der Inhalte; gezieltes Einfügen von Werbung in die Inhalte), um mit anderen Online-Inhaltediensten, wie Audio- und Video-Streamingdiensten, um dieselben Zielgruppen zu konkurrieren. Sind diese Voraussetzungen im Einzelfall erfüllt, greift das neue Haftungsregime des Art. 17 DSM-RL, das zum 7.6.2021 in das deutsche Recht umzusetzen ist. Liegt demgegenüber ausschließlich ein anderer Hauptzweck vor, greift Art. 17 DSM-RL in der Regel nicht (Erwägungsgrund 62 DSM-RL). Näher → Rn. 148a.

Sperrverfügungen

197   → Rn. 139 ff.

Suchmaschinen

198   Nach der bisherigen deutschen Rechtsprechung hafteten Suchmaschinen für Persönlichkeitsverletzungen (oder Urheberrechtsverletzungen) im Rahmen des Angebots der von ihnen generierten Suchergebnisse grundsätzlich nicht als **Täter** oder **Teilnehmer**.[844] Nach der neuen europäischen Haftungskonzeption verkehrspflichtbasierter Nebentäterschaft,[845] die zuerst für Links entwickelt wurde[846] und folgerichtig auf die Trefferlisten von Suchmaschinen anwendbar ist,[847] ist nunmehr im Urheberrecht **vorrangig eine Täterhaftung** zu prüfen.[848]

199   Täterschaftliche Haftung kam schon nach der bisherigen deutschen Rechtsprechung in Betracht, wenn es sich hinsichtlich der in Rede stehenden Nutzung um eine **eigene Nutzung** der Suchmaschine handelte.[849] Das betraf nach der bisherigen deutschen Rechtsprechung insbesondere die **Bildersuche**,[850] da hinsichtlich der Zugänglichmachung von Grafikdateien im Rahmen der **Bildersuchfunktion** nach bisheriger deutscher Rechtsprechung grundsätzlich eine eigene Nutzung der Suchmaschine nach § 19a vorliegen sollte.[851] Diese sollte aber nach der BGH-Rechtsprechung für vom Rechteinhaber an irgendeiner Stelle des Netzes ohne technische Schutzvorkehrungen zur Verfügung gestelltes **(legales) Material** hinsichtlich sämtlicher Suchtreffer (also auch für Treffer auf andere

---

[841] Näher → Rn. 56a ff., → Rn. 96 ff.

[842] Vgl. auch EuGH GRUR 2012, 382 – SABAM/Netlog.

[843] In diese Richtung insbes. auch die Erklärung der Bundesrepublik Deutschland zur Richtlinie über das Urheberrecht und Verwandte Schutzrechte im Digitalen Binnenmarkt; insbesondere zu Artikel 17 der Richtlinie, Nr. 6 unter ausdrücklicher Nennung von Facebook.

[844] OLG Hamburg MMR 2012, 62 (63 f.) (von vornherein nur mögliche Störerhaftung geprüft und abgelehnt); BeckOK/*Reber* UrhG § 97 Rn. 78. Vgl. zul. auch (zu Verletzung des allg. Persönlichkeitsrechts) BGH GRUR 2018, 642 – Internetforum (keine unmittelbare Haftung, nur geringe Anforderungen an Prüfpflichten der Suchmaschine).

[845] Näher → Rn. 56a ff., → Rn. 62a, → Rn. 96 ff.

[846] EuGH GRUR 2016, 1152 – GS Media. Näher → Rn. 35, → Rn. 186.

[847] Das unmittelbar einschlägige BGH-Urteil GRUR 2018, 178 Rn. 54 ff. – Vorschaubilder III, betrifft insoweit genau genommen nur Links auf die Bildersuche nicht aber die Bildersuche selbst; die Erwägungen des BGH sind aber nach ihrem Grdl. und auch nach den vom BGH gewählten Formulierungen, die sich vornehmlich auf die Funktion der Bildersuche als solche beziehen, ersichtlich auf die Bildersuche übertragbar, s. *Leistner* ZUM 2018, 286 (287); *Ohly* GRUR 2018, 187 (188); ebenso iErg Fromm/Nordemann/*J. B. Nordemann* UrhG § 96 Rn. 167. → Rn. 33, → Rn. 35.

[848] Fromm/Nordemann/*J. B. Nordemann* UrhG § 96 Rn. 167.

[849] Vgl. dazu auch *Czychowski/J. B. Nordemann* GRUR 2013, 986 (992) mwN.

[850] Im Übrigen gehört auch die denkbare Haftung für eigene „Snippets" der Suchmaschine, also zB kurze Texte als „Link-Anker" in den Suchergebnissen selbst, in diesen Zusammenhang; dies wird aber vornehmlich nicht im Zusammenhang mit Urheberrechtsverletzungen, sondern allenfalls für im Einzelfall uU mögliche Persönlichkeitsrechtsverletzungen relevant. Vgl. daher nur *Nolte/Wimmers* GRUR 2014, 16 (25); Dreier/Schulze/*Specht* UrhG § 97 Rn. 47: deutliche Tendenz der instanzgerichtlichen Rspr., Persönlichkeitsrechtsverletzungen aufgrund des ganz begrenzten Aussagehalts dieser rein technisch generierten Textfragmente zu verneinen; dies insbes. dann, wenn sich der Anbieter von einer möglichen Aussage hinreichend deutlich distanziert hatte.

[851] Aufgrund des Svensson-Urt. des EuGH (GRUR 2014, 360) kann dies, je nach Ausgestaltung der Bildersuchfunktion iE, möglicherweise künftig abweichend zu beurteilen sein. Insg. → § 19a Rn. 96 ff. Vgl. zur Störerhaftung des Betreibers einer Suchmaschine für persönlichkeitsrechtsverletzende Bilder im Rahmen der Bildersuche und den diesbzgl. Filterpflichten des Betreibers nach entspr. Hinweis LG Hamburg ZUM-RD 2014, 511.

Seiten Dritter, auf denen das Material uU ohne Einwilligung des Rechteinhabers ebenfalls abrufbar ist), von einer konkludenten, schlichten, rechtswidrigkeitsausschließenden **Einwilligung** gedeckt sein.[852]

Demgegenüber ist für Material, das im Netz nicht mit Zustimmung des Rechtsinhabers zur Verfügung stand **(illegales Material)** aufgrund der neuen europäischen Konzeption **verkehrspflichtbasierter Nebentäterschaft** nunmehr von vornherein eine täterschaftliche Haftung zu prüfen, wobei es hierfür entscheidend auf die **Kenntnis oder fahrlässige Nichtkenntnis** der Rechtswidrigkeit des Inhalts ankommt.[853] Dabei hat der BGH in seinem **Vorschaubilder III-Urteil** die **widerlegliche Vermutung der Kenntnis** für kommerzielle Linksetzer aus dem **GS Media-Urteil** wegen des zugrunde liegenden massenhaften Aggregationscharakters und der Sozialnützlichkeit der erbrachten Dienstleistung nicht auf Suchmaschinen angewendet.[854]   199a

In zutreffender Lesart läuft dies darauf hinaus, den Suchmaschinen im Rahmen der verkehrspflichtbasierten Nebentäterschaft praktisch keine pro-aktiven Pflichten aufzulegen (sofern eine Rechtsverletzung nicht ex ante mit technischen Mitteln erkennbar und ganz offensichtlich ist),[855] so dass im Ergebnis nur eine **täterschaftliche Haftung bei Untätigbleiben nach Inkenntnissetzung von konkreten, klaren Rechtsverstößen (Verkehrspflichtverletzung)** in Betracht kommt.[856] Eine daneben etwa noch in Betracht kommende Störerhaftung beruht auf dem gleichen Pflichtenmaßstab[857] und ist daher neben der täterschaftlichen Haftung insoweit praktisch bedeutungslos.[858]

Eine zusätzliche Schwierigkeit für die Beurteilung von **Suchmaschinen** und ähnlichen **Aggregatoren** (wie zB Internet-Marktplätzen, Preisvergleichsseiten uÄm) bringt nunmehr die Berücksichtigung der Grundsätze aus dem **Córdoba-Urteil** des EuGH.[859] Hiernach soll, wenn ein Inhalt eigenständig und unabhängig **vom eigenen Server** aus ins Netz gestellt wird, stets eine **(unmittelbare) Rechtsverletzung** vorliegen.[860] Aus rein technischer Perspektive wird aber beispielsweise bei der Bildersuche (und auch bei ähnlichen Funktionen im Rahmen von Internet-Marktplätzen und anderen Aggregatoren) das durchsuchte oder zugelieferte Material zuerst automatisiert auf eigene Server geladen, um es dann für die Nutzer auf Abruf effektiver und schneller zugänglich zu machen.   199b

Bei **wertender Betrachtung** handelt es sich allerdings um eine rein automatisierte, unselbständige Vorgehensweise, die von der Ausgestaltung der durchsuchten Seiten oder des zugelieferten Materials abhängig ist und diese nicht beeinflußt; die technische Speicherung auf dem eigenen Server erfolgt vor diesem Hintergrund lediglich aus Effizienzgründen und bewirkt jedenfalls bei objektiv wertender Betrachtung keinerlei zusätzliche Kontrolle.[861] Sind daher derartige Suchmaschinenfunktionen und sonstige Services vergleichbar sozialnützlich, wie die Bildersuche in der Vorschaubilder III-Entscheidung beurteilt wurde, sollte insoweit bei wertender Beurteilung anhand des vom EuGH entwickelten beweglichen Systems für das Recht der öffentlichen Wiedergabe eine unmittelbare Rechtsverletzung ebenfalls ausscheiden. Es sollte also – trotz derartiger rein technisch bedingter und automatisch passiv abgewickelter Uploads auf den eigenen Server – aus der Sicht des Rechts der öffentlichen Wiedergabe bei den unter → Rn. 199a geschilderten Grundsätzen bleiben, sofern bei wertender, typologischer Betrachtung ein unselbständiger Service vorliegt, der vorhandenes oder zugeliefertes Material lediglich durchsucht und automatisiert wiedergibt. Das läuft demnach nach der hier vertretenen Auffassung auch für solche Fälle grundsätzlich weiterhin auf eine **täterschaftliche Haftung** erst **nach Inkenntnissetzung von konkreten, klaren Rechtsverstößen** hinaus.[862]

Vor einem entfernt vergleichbaren Problem stand im Übrigen der VI. Zivilsenat des BGH mit Blick auf Persönlichkeitsrechtsverletzungen durch die **Autocomplete-Funktion.** Der Senat ging insoweit nämlich – der vorstehenden Problematik genau vergleichbar – von einem eigenen (zu eigen gemachten) Inhalt aus, für den dann aber dennoch aufgrund einer grundrechtsunmittelbaren Abwägung ähnliche Grundsätze gelten sollen, wie für einen **Host-Provider:** also persönlichkeitsrechtsverletzende Suchergänzungsvorschläge erst nach konkreter Inkenntnissetzung zu löschen und ggf. gleichartige Ergänzungsvorschläge für die Zukunft zu verhindern.[863] In der Literatur ist vorgeschlagen worden, diese Rechtsprechung auf Suchergänzungsvorschläge zu übertragen, die zu Suchergebnissen   200

---

[852] → Rn. 31 ff. (dort auch zur Kritik).
[853] EuGH GRUR 2016, 1152 Rn. 49 ff. – GS Media; BGH GRUR 2018, 178 Rn. 54 ff. – Vorschaubilder III; Fromm/Nordemann/*J. B. Nordemann* UrhG § 96 Rn. 167.
[854] BGH GRUR 2018, 178 Rn. 58 ff. – Vorschaubilder III; näher → Rn. 33, → Rn. 130.
[855] Vgl. näher und für die Praxis bedenkenswert das diesbezügliche „Ampelmodell" bei Fromm/Nordemann/ *J. B. Nordemann* UrhG § 96 Rn. 167a.
[856] Vgl. *Leistner* ZUM 2018, 286 (289 f.); näher → Rn. 56a ff.
[857] Vgl. BGH GRUR 2018, 178 Rn. 72 ff. – Vorschaubilder III.
[858] *Leistner* ZUM 2018, 286 (289 f.); *Ohly* GRUR 2018, 187 (188).
[859] EuGH GRUR 2018, 911 – Córdoba. Näher → Rn. 35, → Rn. 56c.
[860] → Rn. 35, → Rn. 56c. Näher → § 15 Rn. 84 f.
[861] Vgl. den möglicherweise entstehenden Widerspruch zwischen einer rein technischen Betrachtung und einer objektiv wertenden Betrachtung am Maßstab der betroffenen Grundrechte schon vorhersagend *Leistner* ZUM 2018, 286 (287).
[862] Wie hier iErg auch *Ohly* GRUR 2018, 996 (1001 f.).
[863] BGH GRUR 2013, 751 Rn. 30 – Autocomplete-Funktion; s. dazu *Kastl* GRUR 2015, 136 (140 ff.); krit. zB *Peifer/Becker* GRUR 2013, 754 f.; → Rn. 33.

führen, die ihrerseits auf offensichtlich urheberrechtsverletzende Inhalte verweisen (also zB „Kinofilm XY gratis downloaden").[864]

201   Schließlich kann sich eine täterschaftliche Haftung aus den Eigenheiten des verletzten Schutzrechts ergeben. So hat der EuGH in seinem Innoweb/Wegener-Urteil die täterschaftliche Haftung einer **Meta-Suchmaschine** für eine **Weiterverwendung iSd Art. 7 Datenbank-RL** (entsprechend § 87b Abs. 1) bejaht, wenn die Meta-Suchmaschine dem Endnutzer ein Suchformular mit im Wesentlichen denselben Suchfunktionen und einer ähnlichen Reihenfolge der Suchergebnisse wie die durchsuchten Websites bietet und wenn sie die Anfragen der Nutzer „in Echtzeit" in die unterliegenden Suchmaschinen der durchsuchten Datenbanken „übersetzt", um auf diese Weise den Inhalt dieser unterliegenden Datenbanken jeweils komplett abzuprüfen.[865]

202   Umstritten ist die **Anwendbarkeit der spezifischen Haftungsprivilegien** des TMG auf Suchmaschinen, da die E-Commerce-RL diese in Art. 21 Abs. 2 tendenziell eher auszuschließen schien.[866] Jedenfalls das **Verbot allgemeiner Kontroll- und Überwachungspflichten** ist auf neutrale, technisch-passive Suchmaschinenfunktionen, die keine Kenntnis oder Kontrolle bezüglich des schutzrechtsverletzenden Inhalts verschaffen können, anwendbar.[867]

203   Eine Haftung bezüglich der Sperrung konkreter Suchergebnisse kommt jedenfalls nach Inkenntnissetzung[868] von konkreten, klaren Rechtsverstößen nach der herrschenden Meinung dann in Betracht, wenn die Rechtsverletzung **offensichtlich** ist.[869] Sind insoweit trotz entsprechender Inkenntnissetzung verletzende Ergebnisse weiter abrufbar, dürfte nach dem heutigen Stand auch eine Täterhaftung in Betracht kommen, die dann grundsätzlich auch Schadensersatz- oder Wertersatzansprüche aufgrund Eingriffskondiktion auslösen könnte. Allerdings ist eine solche Haftung – auch hinsichtlich des Verschuldensmaßstabs[870] – ersichtlich mit Zurückhaltung zu handhaben. Im Rahmen der bisherigen Störerhaftung wurde zT darauf abgestellt, inwieweit eine **automatisierte Filterung** möglich ist.[871] Eine Erstreckung der Prüfungspflichten auf **kerngleiche bzw. gleichartige Verletzungsformen** dürfte vor diesem Hintergrund jedenfalls nicht möglich sein.[872]

204   Zum Teil wurde insoweit in der älteren Literatur auch differenziert und sollte eine (schärfere) Haftung für bezahlte Links nach den Grundsätzen der Haftung des **Host-Providers** erfolgen;[873] nach heutigem Stand der Dinge wäre dies durch entsprechend verschärfte Verkehrspflichten bei unmittelbar bezahlten Links abzubilden.[874] Unmittelbar in diese Richtung entschieden hat der EuGH jedoch lediglich für den **Adwords-Dienst.**[875]

---

[864] Fromm/Nordemann/*J. B. Nordemann* UrhG § 97 Rn. 167d.

[865] EuGH GRUR 2014, 166 – Innoweb/Wegener; zust. *Dietrich* GRUR-Int 2014, 284; krit. *Berberich* MMR 2014, 188.

[866] OLG Hamburg MMR 2011, 685, neigt einer Anwendbarkeit der Haftungsprivilegien nach dem TMG zu, hält sie aber für Unterlassungsansprüche im Einklang mit der damals insoweit eindeutigen BGH-Rspr. für irrelevant; ebenso *Leible/Jahn* K&R 2011, 603; für eine Anwendung der Haftungsprivilegien der E-Commerce-RL und damit des TMG auch *Nolte/Wimmers* GRUR 2014, 16 (25 f.): Anwendung des § 8 TMG für reine Durchleitung; für eine Anwendung der Regeln über den Host-Provider hins. bezahlter Links (iÜ bzgl. neutraler Links Begrenzung der Haftung auf offensichtliche Fälle) *Czychowski/J. B. Nordemann* GRUR 2013, 986 (992); eine Anwendung der spezifischen Haftungsprivilegien des TMG abl. zB Spindler/Schuster/*Hoffmann,* Recht der elektronischen Medien, TMG vor § 7 Rn. 35 ff., TMG § 8 Rn. 24, TMG § 9 Rn. 11; *Spindler* GRUR 2010, 785 (792); offen BeckOK/*Reber* UrhG § 97 Rn. 78. Für eine spezifische Haftungsregelung und Schranke für Suchmaschinennutzungen *Ohly,* Gutachten F zum 70. Deutschen Juristentag, 2014, F 113 ff.; dazu *Leistner* JZ 2014, 846 (855); *Spindler* MMR 2012, 386.

[867] EuGH GRUR 2010, 445 Rn. 106 ff. – Google Adwords (Suchmaschine als Dienst der Informationsgesellschaft iSd Art. 2 lit. a E-Commerce-RL und damit wohl insges. Tendenz zur Anwendung der Haftungsprivilegien der E-Commerce-RL auf Suchmaschinen, wenn auch unmittelbar entschieden lediglich für mögliche Markenrechtsverletzungen durch die *Adwords-Funktion,* nicht mit Blick auf schlichte Suchergebnisse). Sa. OLG Hamburg ZUM-RD 2010, 74 (keine allg. Überwachungspflicht).

[868] OLG Nürnberg ZUM 2009, 249.

[869] OLG München MMR 2012, 108; OLG Nürnberg MMR 2009, 131; *Czychowski/J. B. Nordemann* GRUR 2013, 986 (992); aA *Nolte/Wimmers* GRUR 2014, 16 (25 f.) mwN.

[870] → Rn. 96 f.

[871] OLG Hamburg MMR 2012, 62: konkrete, formal erfassbare Verletzungsform; KG MMR 2006, 817; LG Frankfurt a. M. GRUR-RR 2002, 83 (85) – Wobenzym N II; vgl. strenger und zT damit wohl insges. „Ampelmodell" für die Praxis Fromm/Nordemann/*J. B. Nordemann* UrhG § 97 Rn. 167a mwN aus der Lit.; ähnlich *Czychowski/J. B. Nordemann* GRUR 2013, 986 (992): ggf. vollständige De-Indexierung mit Blick auf klar auf Rechtsverletzungen angelegte Seiten, bei denen es durch anonymisierte Nutzer systematisch und regelmäßig zu Urheberrechtsverletzungen kommt. Demgegenüber jegliche Haftung für rechtsverletzende Inhalte Dritter in Fällen des bloßen Generierens und Bereitstellens von Suchergebnissen ohne eigene inhaltliche Bewertung abl. LG Mönchengladbach ZUM-RD 2014, 46; ebenso iErg *Nolte/Wimmers* GRUR 2014, 16 (25) unter Rückgriff auf die Haftungsprivilegien nach § 8 TMG oder § 9 TMG.

[872] Vgl. LG Berlin MMR 2005, 785; zurückhaltend auch OLG Hamburg ZUM-RD 2010, 74 (nur wenn schon anhand der Domainbezeichnung oder des generierten Kurztextes erkennbar, dass das Internetangebot den gleichen konkreten persönlichkeitsrechtsverletzenden Inhalt hat; weitergehend für rechtsverletzende Bilder als Fremdinhalte LG Hamburg K&R 2014, 288; Dreier/Schulze/*Specht* UrhG § 97 Rn. 47.

[873] *Czychowski/J. B. Nordemann* GRUR 2013, 986 (992).

[874] Vgl. zu den möglichen und notwendigen Differenzierungen auch das Ampelmodell für die Praxis bei Fromm/Nordemann/*J. B. Nordemann* UrhG § 97 Rn. 165a und 167a.

[875] Vgl. EuGH GRUR 2010, 445 Rn. 106 ff. – Google Adwords, wo der EuGH die Internetreferenzierungsfunktion Google Adwords als Dienst iSd Art. 14 E-Commerce-RL einordnet.

Bindet der Betreiber eines Online-Presseportals die Google-Suchfunktion in sein eigenes Suchan- **205** gebot ein, so kommt eine Haftung in Betracht, wenn er zwar den zugrunde liegenden persönlich- keitsrechtsverletzenden Inhalt selbst gelöscht hat, aufgrund der zeitlichen Verzögerung bei der Lö- schung auch in der Suchfunktion aber der betreffende Inhalt in der Trefferliste der **eingebundenen Suchfunktion** mehrere Tage weiter angezeigt wird.[876]

Ausländische (internationale) Suchmaschinen erfüllen ihre Unterlassungsverpflichtung im **206** Hinblick auf Persönlichkeitsrechtsverletzungen dadurch, dass sie die Abrufbarkeit des betroffenen Inhalts in Deutschland unterbinden; dies betrifft ggf. nicht nur die .de-Seite, sondern zB auch die .com-Seite, da diese sich auch an das deutsche Publikum richtet, zumal wenn der Link auch auf der .com-Seite abrufbar ist.[877]

Usenet

Das **Usenet** ist ein weltweites elektronisches Netzwerk, das Diskussionsforen (Newsgroups) aller **207** Art bereitstellt, an dem grundsätzlich jeder teilnehmen kann. Das ursprünglich nur zum Austausch von Nachrichten und Meinungen vorgesehene Usenet wird mittlerweile auch wesentlich zum Aus- tausch von Dateien mit urheberrechtlich geschützten Inhalten verwendet.[878]

Ein Usenet-Provider nimmt unterschiedliche Funktionen als **Access- bzw. Cache- oder Host- 208 Provider** wahr, indem er seinen Nutzern den Upload von Nachrichten und Dateien auf seinen Ser- ver erlaubt und Zugang zu anderen Usenet-Server-Inhalten vermittelt. Er haftet entsprechend seiner konkreten Funktion im konkreten Fall.[879]

Für Inhalte, die eigene Nutzer auf dem Server des Anbieters speichern, haftet der Usenet-Provider ab Kenntnis wie ein Host-Provider,[880] für Inhalte fremder Nutzer, die er zwischenspeichert und zu denen er seinen Nutzern nur den Zugang ermöglicht, haftet er als Cache- bzw. Access-Provider und damit nur sehr begrenzt.[881]

Wirbt der Usenet-Zugangsprovider indes damit, dass sein Dienst besonders gut für die Begehung **209** von Rechtsverletzungen geeignet sei, treffen ihn auch in seiner Funktion als Zugangsprovider **gestei- gerte Prüfungspflichten,** die in diesem Fall schon nach der bisherigen deutschen Rechtsprechung auch ohne konkrete Kenntnis bis zu einer umfassenden Überwachungspflicht für die Inhalte, zu de- nen der Betreiber Zugang vermittelt, führen können.[882] Nach der neuen europäischen Haftungskon- zeption kommt in so einem Fall auch eine unmittelbare **täterschaftliche Haftung** in Betracht.[883]

6. Prozessuales

Nach allgemeinen Grundsätzen muss der **Rechtsinhaber** als Anspruchsteller alle anspruchsbegrün- **210** denden Tatsachen **darlegen** und **beweisen.**

Allerdings kommt eine **sekundäre Darlegungslast** in Betracht, wo es um Tatsachen geht, die in **211** der Sphäre des Schuldners liegen. Das betrifft insbesondere die Rechtsprechung zur sekundären Dar- legungslast der Inhaber von **Internetanschlüssen,**[884] von denen aus Schutzrechtsverletzungen began- gen wurden.[885]

Die gleichen Grundsätze gelten hinsichtlich der **Zumutbarkeit von Prüfungspflichten.** Die **212** **Darlegungs- und Beweislast** liegt grundsätzlich beim Gläubiger.[886] Allerdings greift, wenn prinzi- piell mögliche und zumutbare Maßnahmen vorgetragen wurden, gegebenenfalls eine **sekundäre Darlegungslast** für den Schuldner, weil der Gläubiger idR nicht über detaillierte Kenntnisse hin- sichtlich der konkreten Umsetzbarkeit in der Sphäre des Schuldners verfügt; dann muss der Schuldner im Einzelnen vortragen, welche Schutzmaßnahmen er mit welchem Ergebnis konkret ergriffen hat

---

[876] KG ZUM-RD 2010, 461: von der Unterlassungserklärung erfasster Inhalt in der technisch generierten For- mulierung der Trefferliste weiter abrufbar, obwohl zugrunde liegender Link gelöscht.

[877] OLG Hamburg MMR 2010, 432; Fromm/Nordemann/*J. B. Nordemann* UrhG § 97 Rn. 167e. Vgl. iÜ zur Suchmaschinenhaftung nach Schweizer Recht zul. grundlegend *Hürlimann* passim.

[878] Vgl. OLG Düsseldorf MMR 2008, 254.

[879] Vgl. OLG Düsseldorf MMR 2008, 254; OLG Hamburg MMR 2009, 631 – Spring nicht (Usenet I); Drei- er/Schulze/*Specht* § 97 Rn. 53.

[880] OLG Hamburg MMR 2009, 631 – Spring nicht (Usenet I); LG Düsseldorf ZUM 2007, 553 (555).

[881] OLG Düsseldorf MMR 2008, 254 (255); OLG Hamburg MMR 2009, 631 – Spring nicht (Usenet I); OLG Hamburg MMR 2009, 405 – Alphaload (Usenet II); aA Fromm/Nordemann/*J. B. Nordemann* UrhG § 97 Rn. 164 (kontinuierliche Filterpflicht hins. des eigenen Speichers).

[882] OLG Hamburg MMR 2009, 405 – Alphaload (Usenet II); OLG Hamburg BeckRS 2014, 02166.

[883] EuGH GRUR 2017, 610 Rn. 52 – Filmspeler; → Rn. 96d, → Rn. 96f.

[884] S. zur diesbzgl. Beweislast mit Blick auf die *Anschlussidentifizierung* OLG Köln MMR 2012, 549 (550); OLG Köln MMR 2012, 780 (781); bzgl. der Zuverlässigkeit der Ermittlungssoftware für Tauschbörsen OLG Köln GRUR 2013, 67 – Ermittlungssoftware; LG Köln ZUM-RD 2018, 422 (424 f.); LG Frankenthal ZUM-RD 2015, 277: Zweifel an der Richtigkeit der Datenerfassung wegen veralteter Programmversion. Vgl. näher Fromm/Norde- mann/*J. B. Nordemann* UrhG § 97 Rn. 152 mwN; sa. *Hohlweck* GRUR 2014, 940 (941 f.).

[885] → Rn. 175 mwN.

[886] So nunmehr auch schon im Rahmen der verkehrspflichtbasierten Nebentäterschaft BGH GRUR 2018, 178 Rn. 70 – Vorschaubilder III (zust. *Leistner* ZUM 2018, 286 (290 f.); iErg auch *Ohly* GRUR 2018, 187 (189)); BGH GRUR 2016, 268 Rn. 40 – Störerhaftung des Access-Providers.

und weshalb ihm – falls diese Maßnahmen keinen hinreichenden Schutz gewährleisten – weitergehende, prinzipiell mögliche Maßnahmen nicht zuzumuten sind.[887]

213   Ein **Unterlassungsanspruch** gegen Täter einerseits und Störer andererseits muss in **getrennten Unterlassungsanträgen** formuliert werden.[888] Demgegenüber muss zwischen Täter- und Teilnehmerhaftung wegen § 830 Abs. 2 BGB nicht unterschieden werden.[889]

214   Bei der Störerhaftung muss im **Klageantrag** und in der **Urteilsformel** nicht schon zum Ausdruck kommen, dass das Verbot auf die Verletzung von Prüfungspflichten gestützt ist; vielmehr genügt es, wenn sich dies hinreichend deutlich aus der Klagebegründung bzw. den Entscheidungsgründen ergibt.[890] Geht der Klageantrag über die konkrete Verletzungsform hinaus, so müssen die abstrakten Kriterien gegebenenfalls so formuliert sein, dass auf dieser Grundlage für den Störer die Befolgung im Rahmen der Überprüfung problemlos und zweifelsfrei möglich ist.[891]

F. Zivilrechtliche Ansprüche *(Wimmers)*

I. Der Unterlassungsanspruch

1. Entwicklung und Bedeutung

215   Die Rechtsprechung hat den **Unterlassungsanspruch in entsprechender Anwendung des § 1004 BGB** entwickelt.[892] Er ist in § 97 Abs. 1 normiert und gilt sowohl für **vermögens- wie persönlichkeitsrechtliche Beeinträchtigungen**. **Voraussetzung** ist eine tatsächlich begangene **widerrechtliche Rechtsverletzung und Wiederholungsgefahr;** in § 97 Abs. 1 wird nunmehr klargestellt, dass der Anspruch auch bei einer Erstbegehungsgefahr besteht.[893] Der Unterlassungsanspruch ist das **Fundament der Schadensbeseitigung und Verhinderung künftiger Rechtsverletzungen im Kernbereich**. § 97 Abs. 1 entspricht der **Richtlinie 2004/48/EG** zur Durchsetzung der Rechte des geistigen Eigentums. Auch in Bezug auf die Inanspruchnahme von Mittelspersonen sah der Gesetzgeber im Hinblick auf die Grundsätze der **Störerhaftung** keinen Umsetzungsbedarf.[894]

2. Widerrechtliche Rechtsverletzung

215a   **a) Allgemeines.** Als Anspruch, der sich gegen drohende künftige Rechtsverletzungen richtet, setzt der Unterlassungsanspruch eine rechtswidrige Rechtsverletzung (**Verletzungsunterlassung**[895]**),** als **vorbeugender Unterlassungsanspruch** greifbare tatsächliche Anhaltspunkte einer in naher Zukunft drohenden konkreten Verletzungshandlung voraus.[896] Als **Täter einer Urheberrechtsverletzung** haftet auf Unterlassung, wer die Merkmale eines Verletzungstatbestands selbst, in mittelbarer Täterschaft oder in Mittäterschaft erfüllt.[897] Es genügt die **Verwirklichung des objektiven Tatbestands;** ein Unterlassungsanspruch gegen den Täter ist immer gegeben, wenn er den Verletzungstatbestand in eigener Person erfüllt. Ein **Verschulden** ist nicht Voraussetzung.[898] Nach der Rechtsprechung des BGH kann bei der Verletzung absoluter Rechte auch der **Störer,** wer nicht Täter oder Teilnehmer ist, aber in irgendeiner Weise **willentlich und adäquat kausal** zur Verletzung des geschützten Rechtsguts beiträgt, auf Unterlassung in Anspruch genommen werden.[899] Da die Störerhaftung nicht über Gebühr auf Dritte, die nicht Täter oder Teilnehmer sind, erstreckt werden darf, setzt sie die **Verletzung von Verhaltenspflichten** seitens des (mittelbaren) Störers voraus. Diese Haftung des (mittelbaren) Störers hat in der Vergangenheit in der nationalen Rechtsprechung insbesondere bei Dienstanbietern im Internet eine entscheidende Rolle gespielt.[900]

---

[887] BGH GRUR 2008, 1097 Rn. 19 f. – Namensklau im Internet; vgl. instruktiv zu den Anforderungen an entspr. Vortrag, der sich nicht lediglich darauf beschränken darf, allg. organisatorische Maßnahmen zu benennen, BGH GRUR 2013, 1030 Rn. 50 ff. – File-Hosting-Dienst; Fromm/Nordemann/*J. B. Nordemann* UrhG § 97 Rn. 176.

[888] BGH GRUR 2010, 370 Rn. 43 – Alone in the Dark; BGH GRUR 2010, 633 Rn. 35 f. – Sommer unseres Lebens; näher *Bölling* GRUR 2013, 1092; Fromm/Nordemann/*J. B. Nordemann* UrhG § 97 Rn. 175.

[889] OLG Stuttgart BeckRS 2014, 8584; Fromm/Nordemann/*J. B. Nordemann* UrhG § 97 Rn. 175.

[890] BGH GRUR 2013, 1229 – Kinderhochstühle im Internet II. Vgl. zur Antragsformulierung und -begrenzung auch BGH GRUR 2007, 890 Rn. 61 – Jugendgefährdende Medien bei eBay; BGH GRUR 2010, 633 Rn. 35 f. – Sommer unseres Lebens; OLG Köln GRUR-RR 2013, 49 (50) – Kirschkerne; OLG Hamm GRUR-RR 2012, 277; Fromm/Nordemann/*J. B. Nordemann* UrhG § 97 Rn. 43 mwN.

[891] Vgl. BGH GRUR 2015, 485 Rn. 55, 61 – Kinderhochstühle im Internet III: spezifisch bzgl. der Voraussetzung des Handelns im geschäftlichen Verkehr im Markenrecht.

[892] RGZ 84, 146; RGZ 153, 1 (27); BGHZ 17, 266 (291) = GRUR 1955, 492 – Grundig-Reporter.

[893] ABl. EU L 195 S. 16; BT-Drs. 16/5048, 48.

[894] BT-Drs. 16/5048, 32; vgl. zur Störerhaftung ausführlich oben → Rn. 72 ff.

[895] Zum Begriff vgl. Teplitzky/*Schaub,* Kap. 2 Rn. 12.

[896] BGH GRUR 2017, 793 Rn. 33 – Mart-Stam-Stuhl; eingehend dazu unten → Rn. 224 ff.

[897] BGH GRUR 2016, 493 Rn. 16 – Al Di Meola; BGH GRUR 2013, 1229 Rn. 29 – Kinderhochstühle im Internet II.

[898] BGH GRUR 2016, 493 Rn. 16 – Al Di Meola; BGHZ 180, 134 Rn. 16–20 = GRUR 2009, 597 – Halzband.

[899] Zuletzt BGH GRUR 2018, 1132 Rn. 48 ff. – YouTube mAnm *Ohly* mwN.

[900] Vgl. dazu eingehend → Rn. 72 ff.; BGH GRUR 2004, 860 – Internetversteigerung; BGH GRUR 2013, 370 Rn. 28 – Alone in the Dark; BGH GRUR 2016, 862 – Störerhaftung des Access-Providers; BGH GRUR 2018,

b) Erweiterter Täterbegriff bei öffentlicher Wiedergabe im Internet. Die Haftungsvoraus- **215b**
setzungen auch für den Unterlassungsanspruch im Urheberrecht sind aufgrund der neuen Rechtsprechung des EuGH zur **öffentlichen Wiedergabe** im Umfeld des Internet in Bewegung geraten; neben einem **erweiterten Täterbegriff,** der nach der Rechtsprechung des BGH bisher nicht als
Urheberrechtsverletzungen behandelte **mittelbare Verletzungen**[901] umfasst, steht in Frage, ob und
mit welchen Voraussetzungen die Störerhaftung weiter auf die Verantwortlichkeit von Vermittlern im
Internet zur Anwendung kommt. Diese Fragen sind Gegenstand zweier **Vorabentscheidungsersuchen des BGH.**[902] Auch die mäandernden Beratungen zu Art. 13 der geplanten **Urheberrechts-
richtlinie,**[903] aber auch die seit dem 15.4.2019 vorliegende Regelung in **Art. 17 der DSM-
Richtlinie**[904] lassen trotz der grundlegenden Weichenstellung zugunsten einer eigenen Verwertungshandlung (auch) des Diensteanbieters im Internet weiter Grundlagen und Umfang von dessen Verantwortlichkeit in der Schwebe.[905] Ob und welcher **Umsetzungsspielraum für Mitgliedstaaten**
besteht,[906] wird einen Teil der Diskussion bestimmen; dass die Regelungen in Art. 17 DSM-RL einen politischen Kompromiss darstellen, der dem Versuch einer **Quadratur des Kreises**[907] entspricht,
lässt sich an der **Komplexität** und der an vielen Stellen zu beklagenden **Unbestimmtheit der Regelung** ablesen. Rechtssicherheit hat diese Regelung für keine der betroffenen Seiten – Rechteinhaber, Nutzer, Plattformbetreiber – gebracht.

c) Verletzungshandlung von Hostingdiensten nach Art. 17 DSM-RL.[908] Für **Diensteanbie- 215c
ter für das Teilen von Online-Inhalten**[909] – wie etwa YouTube – sieht die bis zum 6.7.2021 in nationales Recht umzusetzende Regelung in Art. 17 DSM-RL ein eigenes, neues Haftungskonzept vor, das
nun im Wege einer gesetzlichen Fiktion[910] eine (neben[911]-)täterschaftliche Verantwortlichkeit des
Diensteanbieters regelt. Denn diese Dienste nehmen unter den Voraussetzungen des Art. 17 Abs. 1
DSM-RL nun selbst eine **Handlung der öffentlichen Wiedergabe** oder eine **Handlung der öffentlichen Zugänglichmachung** vor, wenn sie der Öffentlichkeit Zugang zu von ihren Nutzern hochgeladenen urheberrechtlich geschützten Werken oder sonstigen Schutzgegenständen verschaffen. Damit
setzt der europäische Gesetzgeber nicht nur eine Linie fort, die der EuGH mit seinen Entscheidungen in
den Fällen *GS Media,*[912] *Filmspeler*[913] und *Pirate Bay*[914] begründet hat.[915] Denn der EuGH, der für bestimmte Dienste eigene urheberrechtliche Tathandlungen annahm, die nach dem herkömmlichen deutschen Verständnis in den **Bereich der Beihilfe oder der Vorbereitungshandlungen**[916] fielen, kam
zu diesem Ergebnis nach Prüfung einer Reihe von Kriterien, die unselbständig und miteinander verflochten, und deshalb einzeln und in ihrem Zusammenwirken mit den anderen Kriterien anzuwenden
sind, und im jeweiligen Einzelfall in sehr unterschiedlichem Maß vorliegen können.[917] Unter diesen
Kriterien hat der EuGH besonders die **zentrale Rolle des Nutzers und die Vorsätzlichkeit seines
Handelns – absichtlich und gezielt** in der Auslegung des BGH[918] – hervorgehoben. Auch wenn die
urheberrechtliche Haftung damit entgegen den bisher **handlungsbezogenen Verletzungstatbeständen** des deutschen Urheberrechts[919] weit ausgedehnt und um **wertende Kriterien** erweitert wurde,[920]
ist doch das Bemühen um eine Einzelfallregelung zu erkennen, die die auf Rechtsverletzungen gezielt

---

178 – Vorschaubilder III; BGH GRUR 2018, 642 – Dead Island; zur Klärung der Europarechtskonformität der
Störerhaftung vgl. die Vorabentscheidungsverfahren in den Rechtssachen C-682/18 und C-683/18, sowie BGH
GRUR 2018, 1132 – YouTube mAnm *Ohly* und BGH GRUR 2018, 1239 – uploaded.

[901] *Ohly* ZUM 2017, 793, 796 ff.; *Grünberger* ZUM 2018, 321, 329 f.

[902] BGH GRUR 2018, 1132 Rn. 48 ff. – YouTube mAnm *Ohly;* BGH GRUR 2018, 1239 – uploaded; kritisch
zur Störerhaftung „nach" der Rechtsprechung des EuGH *Ohly,* ZUM 2017, 793, 801 f.; *Ohly* Anm. zu BGH
GRUR 2018, 1132 – YouTube; für ein Festhalten an der Störerhaftung *v. Ungern-Sternberg,* GRUR 2019, 1, 9;
v. Ungern-Sternberg GRUR 2018, 225, 239 f. mwN.

[903] Vgl. Vorschlag für eine Richtlinie des Europäischen Parlaments und des Rates über das Urheberrecht im digitalen Binnenmarkt, Brüssel, den 14.9.2016 COM(2016) 593 final; zuletzt Council of the European Union, General
Secretariat, Working Paper, Brüssel, den 13. Januar 2019, WK421/2019 INIT.

[904] Richtlinie (EU) 2019/790 des Europäischen Parlaments und des Rates vom 17. April 2019 über das Urheberrecht und die verwandten Schutzrechte im digitalen Binnenmarkt und zur Änderung der Richtlinien 96/9/EG und
2001/29/EG; ABl. v. 15. Mai 2019, L 132/92.

[905] Vgl. dazu *Kaesling* JZ 2019, 586 ff.; *Spindler* CR 2019, 277 (283 ff.); *Volkmann* CR 2019, 376 ff.

[906] Vgl. dazu *Volkmann* CR 2019, 376 (379, 383) mit konkreten Ansätzen für die Bereiche Unterlassung und
Schadensersatz.

[907] *Spindler* CR 2019, 277 (283).

[908] Vgl. dazu auch → Rn. 56e ff.

[909] Zur Definition vgl. § 2 Nr. 6 DSM-RL und deren Erwägungsgrund 62; zur Ungenauigkeit der Definition
der unter die Regelung fallenden Dienste vgl. *Spindler* CR 2019, 277 (283 f.).

[910] Vgl. dazu die Formulierung in Art. 17 „für die Zwecke dieser Richtlinie".

[911] Vgl. dazu → Rn. 56e.

[912] EuGH GRUR 2016, 1152 – GS Media mAnm *Ohly.*

[913] EuGH GRUR 2017, 610 – Stiching Brein/Wullems [Filmspeler] mAnm *Neubauer/Soppe.*

[914] EuGH GRUR 2017, 790 – Stiching Brein/Ziggo [The Pirate Bay] mAnm *Leistner.*

[915] *Spindler* CR 2019, 277 (285).

[916] EuGH GRUR 2017, 610 – Stiching Brein/Wullems [Filmspeler] mAnm *Neubauer/Soppe.*

[917] Vgl. EuGH GRUR 2017, 790 Rn. 24 ff. – Stiching Brein/Ziggo mAnm *Leistner.*

[918] BGH GRUR 2018, 1132 Rn. 28 – YouTube mAnm *Ohly.*

[919] BGH GRUR 2013, 511 Rn. 38 – Morpheus, mwN; OLG München GRUR 2016, 612 Rn. 25.

[920] *Wimmers/Barudi/Rendle* CRi 2016, 129 ff.

ausgerichteten Geschäftsmodelle erfassen will.[921] Dies ist bei Art. 17 DSM-RL jedenfalls im Grundsatz nicht vorgesehen.[922] Dabei etabliert die Vorschrift nicht nur einen neuen urheberrechtlichen Verletzungstatbestand für (bestimmte) Hostingdienste, sondern durchbricht zugleich die Regelungen über die für diese Dienste eigentlich eingreifende Haftungsprivilegierung in § 10 TMG (vgl. Art. 17 Abs. 3 DSM-RL), die gemäß Art. 17 Abs. 3 DSM-RL auf diese Dienste keine Anwendung findet.

215d   Man darf diese Regelung aber nicht isoliert betrachten. Art. 17 DSM-RL regelt ein „spezielles Haftungsverfahren",[923] in dem alle Regelungen aufeinander bezogen sind: Das an § 10 TMG angelehnte Konzept des BGH, das für eine Haftung des Störers eine **Kenntnis von der Rechtsverletzung und eine nachfolgende Pflichtverletzung** voraussetzte, besteht in Art. 17 DSM-RL nach dessen Wortlaut nicht. Der Diensteanbieter nimmt selbst eine Verletzungshandlung vor und haftet, sofern dies ohne **„Erlaubnis"**[924] der Rechteinhaber erfolgt, unmittelbar auf Unterlassung. Art. 17 Abs. 4 DSM-RL sieht für den Diensteanbieter einen **Haftungsausschluss bei dem kumulativen Vorliegen der folgenden Voraussetzungen** vor, für die der Diensteanbieter **beweispflichtig**[925] sein soll: Er hat **alle Anstrengungen** unternommen, um die **Erlaubnis einzuholen** (lit. **a**)); er hat (lit. **b**)) nach Maßgabe **hoher branchenüblicher Standards** für die berufliche Sorgfalt **alle Anstrengungen** unternommen, um sicherzustellen, dass bestimmte Werke, zu denen die Rechteinhaber die notwendigen Informationen bereitgestellt haben, nicht verfügbar sind, sowie (lit. **c**)) nach Erhalt eines **hinreichend begründeten Hinweises** von dem Rechteinhaber unverzüglich den Zugang zu diesen Werken sperrt oder diesen entfernt und alle Anstrengungen gemäß (lit. **b**)) unternommen hat, um das **künftige Hochladen dieser Werke zu verhindern.**[926] Dabei ist gemäß Art. 17 Abs. 5 der **Grundsatz der Verhältnismäßigkeit** unter Berücksichtigung von **Art, Publikum und Umfang des Dienstes, Art der hochgeladenen Werke,** sowie der **Verfügbarkeit und Kosten geeigneter und wirksamer Mittel** zu beachten. Dazu sieht Art. 17 Abs. 7 DSM-RL vor, dass die Mitgliedstaaten **Schranken** zugunsten der Nutzer in Bezug auf **Zitate, Kritik und Rezensionen** sowie **Karikaturen, Parodien oder Pastiches** vorsehen. Art. 17 Abs. 8 DSM-RL betont das **Verbot allgemeiner Überwachungspflichten** aus Art. 15 E-Commerce-RL und begründet **Informationspflichten des Diensteanbieters** zur Funktionsweise ihrer Verfahren; Art. 17 Abs. 9 DSM-RL sieht schließlich vor, dass Diensteanbieter ihren Nutzern wirksame und zügige Beschwerde- und Rechtsbehelfsverfahren zur Verfügung stellen. Gemäß Art. 17 Abs. 10 DSM-RL soll die Kommission **„Dialoge"** zwischen den Interessenträgern zur Erörterung bewährter Verfahren für die Zusammenarbeit zwischen den Diensteanbietern und Rechteinhabern veranstalten.

215e   Die Komplexität, ja Unübersichtlichkeit dieser Brüsseler „Kompromiss"-Regelung springt ins Auge. Sie wird die nationalen Gesetzgeber vor erhebliche Herausforderungen stellen und – wenn man die unterschiedlichen öffentlichen Äußerungen etwa aus Frankreich und Deutschland betrachtet – könnte einen Flickenteppich ganz unterschiedlicher Umsetzungsregelungen begründen. Art. 17 DSM-RL führt gleich einen mehrfachen Spagat aus: Sie will die Diensteanbieter anhalten, „echte"[927] Lizenzen einzuholen, diesen aber auch gewisse Haftungserleichterungen insbesondere durch technische Maßnahmen verschaffen; gleichzeitig sollen die Diensteanbieter keinen allgemeinen Überwachungspflichten ausgesetzt werden und insbesondere die Rechte der Nutzer vor einem Overblocking unter dem Gesichtspunkt der Meinungs- und der Kunstfreiheit geschützt werden. Nach Wortlaut und Struktur der Vorschrift bestehen Zweifel, ob dem europäischen Gesetzgeber mit diesem Regelungskonvolut gelungen ist, ein **angemessenes Gleichgewicht zwischen den verschiedenen durch die Gemeinschaftsrechtsordnung geschützten Grundrechten sicherzustellen.**[928] Die von allen Seiten mit großer Schärfe und inhaltlicher Verkürzung geführte rechtspolitische Debatte ist der Vorschrift anzumerken. Die relevanten Pole unmittelbare Haftung des Diensteanbieters und die erforderliche Berücksichtigung, dass der Diensteanbieter wegen fehlender Kenntnis der von seinen Nutzern ausgeführten Rechtsverletzungen einer Haftungsbefreiung bedarf, erscheinen ebenso wenig in einen angemessenen Ausgleich gebracht wie das Verhältnis der Verwendung von sog. Upload-Filtern zu dem Verbot allgemeiner Überwachungspflichten und einem grundrechtsrelevanten Overblocking. Blickt man nun nach vorne auf die Möglichkeiten, den erforderlichen Ausgleich der verschiedenen betroffenen Rechte bei der Umsetzung zu gewährleisten, stimmt die **Erklärung Deutschlands zu Art. 17 DSM-RL** zu seiner Zustimmung zur DSM-RL für die Bemühungen zur nationalen Umsetzung in Deutschland jedenfalls von der Grundausrichtung vorsichtig optimistisch.[929]

---

[921] Auch der BGH sieht in seinem Vorlagebeschluss in der Rechtssache C-682/18 eine eigene Tathandlung durch Plattformen wie YouTube nicht als gegeben; vgl. BGH GRUR 2018, 1132 Rn. 34 – YouTube mAnm *Ohly*.
[922] Vgl. aber Erwägungsgrund 62 DSM-RL aE für eine Einbeziehung solcher kollusiven Dienste unter Art. 17 DSM-RL.
[923] Vgl. Erwägungsgrund 66 S. 1.
[924] Vgl. Art. 17 Abs. 1 S. 2 DSM-RL.
[925] Vgl. Art. 17 Abs. 4 DSM-RL: „… es sei denn, der Anbieter dieser Dienste erbringt den Nachweis …".
[926] „Startups" sollen unter den in Art. 17 Abs. 6 DSM-RL genannten Voraussetzungen von den Pflichten in Art. 17 Abs. 4 lit. b) DSM-RL und den sog. stay-down-Pflichten in Art. 17 Abs. 4 lit. c) DSM-RL entbunden werden.
[927] So betont es *Leistner* (→ Rn. 56j).
[928] Vgl. zu diesen Anforderungen bei der Umsetzung von Richtlinien EuGH GRUR 2008, 241 – Promusicae.
[929] Interinstitutionelles Dossier v. 15. April 2019, 2016/0280(COD), 7986/19 ADD 1 REV 2.

Die Probleme mit der Vorschrift liegen auf der Hand: Es wird für den Diensteanbieter nicht mög- 215f
lich sein, für jeden Inhalt, der möglicherweise von einem Nutzer seiner Plattform dort eingestellt
werden wird, eine Lizenz zu erwerben. Dies gilt wegen der **fragmentierten Verwertungsgesell-
schaftenlandschaft**[930] schon für den Bereich der kollektiven Rechtewahrnehmung; dazu kommt,
dass nicht alle Rechte für alle Inhalte (denkbar sind Musik-, Kunst-, Film- und Sprachwerke, Lichtbildwerke bzw. Lichtbilder) und alle Rechteinhaber von Verwertungsgesellschaften wahrgenommen
werden. Versteht man die Vorschrift in Art. 17 Abs. 1 DSM-RL als die Verpflichtung der Plattformbetreiber zur Einholung von Nutzungsrechten *ex ante,* dürfte es sich zudem um einen Fall der **faktischen Unmöglichkeit** handeln.[931] Es bleiben viele Fragen offen: Bezieht sich die Pflicht in Art. 17
Abs. 1 DSM-RL und Art. 17 Abs. 4 lit. a) DSM-RL auf bekannte, große Rechteinhaber und Verwertungsgesellschaften oder andere erst ab Kenntnis?[932] Fraglich ist auch, ob alle Plattformen über
den einen „Kamm" der Erlaubniseinholung geschoren werden können und sollen. Hierbei könnte
eine enge Auslegung der Voraussetzungen in Art. 2 Nr. 6 DSM-RL eine Rolle spielen. Ein solches
Verständnis der Norm stünde aber auch in Konflikt mit dem **Verbot allgemeiner Überwachungspflichten** in Art. 15 E-Commerce-RL. Denn eine *ex-ante*-Überprüfung der von Nutzern eingestellten Inhalte lässt sich nur mit den im Gesetzgebungsverfahren so lautstark kritisierten **Upload-Filtern**
bewerkstelligen, wobei solche Filter Inhalte nur aufspüren können, wenn in den Datenbanken der
Systeme bereits die erforderlichen Informationen (Hash-Werte) vorhanden sind. Der Einsatz solcher
Filter ist aber der klassische Fall einer Maßnahme eines Hosting-Anbieters, von ihm gespeicherte
Informationen **generell zu überwachen.**[933] Der EuGH hat den Einsatz solcher Filtersysteme aber
nicht nur unter sekundärrechtlichen Aspekten für unzulässig erachtet, sondern darin zugleich einen
Verstoß gegen das Erfordernis erkannt, ein **angemessenes Gleichgewicht der betroffenen
Grundrechte zu gewährleisten.**[934] Diese Feststellungen des EuGH gelten uneingeschränkt auch für
Art. 17 DSM-RL. Es ist verblüffend dabei, dass die DSM-RL sowohl das sekundärrechtliche als auch
das verfassungsrechtliche Verbot ausdrücklich ansprechen: Nach Art. 17 Abs. 8 DSM-RL darf die
Anwendung der Vorschrift nicht zu einer Pflicht zur allgemeinen Überwachung führen. Aber auch
das Gleichgewicht zwischen den in der Charta der Grundrechte der Europäischen Union verankerten
Grundrechten, insbesondere dem Recht auf freie Meinungsäußerung und der Freiheit der Kunst, und
dem Eigentumsrecht, will die DSM-RL schaffen.[935]

Die nach Art. 17 Abs. 7 DSM-RL nunmehr verpflichtend[936] vorzusehenden Schranken zugunsten 215g
von Zitaten, Kritik und Rezensionen sowie Karikaturen, Parodien oder Pastiches wirken nach dem
Wortlaut der Vorschrift zugunsten der Nutzer; ob und wie eine Berufung auf die **Schranke auch
dem Diensteanbieter** zugerechnet wird, folgt daraus nicht.[937] Der Diensteanbieter gerät damit zwischen die Rechteinhaber und die einstellenden Nutzer, wobei man wohl konstatieren kann, dass die
bestehenden Inhaltserkennungstechnologien nicht (jedenfalls nicht verlässlich) die Feststellung
möglich sein wird, ob Inhalte unter die vorzusehenden Schranken fallen. Das aber wird bedeuten, dass
Nutzer ihre aus den Schranken folgenden Rechte gegenüber den Plattformbetreibern durchsetzen
müssen. Das greift die Regelung in Art. 17 Abs. 9 DSM-RL auf, wonach die Diensteanbieter **wirksame und zügige Rechtsbehelfsmechanismen** für den Fall der Sperrung von Inhalten zur Verfügung stellen müssen.[938] Auch zu diesem komplexen Problembereich bleibt die Regelung unbestimmt
und überlässt die Ausgestaltung den Mitgliedstaaten und begründet damit die Gefahr, dass Mitgliedstaaten den grenzüberschreitend zugänglichen Plattformen unterschiedliche Verfahren auferlegen.[939]
Senftleben weist auf die Besonderheiten im Zusammenhang mit nutzergenerierten Inhalten hin und
plädiert für eine **Ausweitung der Schranken zugunsten nutzergenerierter Inhalte,** die den in
Art. 17 Abs. 7 lit. b) DSM-RL verwendeten Begriff „**Pastiche**" zum Ausgangspunkt nehmen könnte.[940]

Die differenzierte und auf den **Ausgleich der unterschiedlichen Interessen** gerichtete Sichtwei- 215h
se, wie sie sich noch im sog. **Impact Assessment der Kommission** widerspiegelte,[941] scheint der

---

[930] Vgl. *Senftleben* ZUM 2019, 369 (370 f.).

[931] Vgl. zum Begriff BGH NJW 1983, 2873 (2874).

[932] Dafür könnte der Begriff der „Genehmigung" in Erwgr. 66 sprechen, der nach deutschem Verständnis die
nachträgliche Zustimmung meint (§ 184 Abs. 1 BGB).

[933] EuGH GRUR 2012, 382 Rn. 33 – SABAM/Netlog mAnm *Metzger.*

[934] EuGH GRUR 2012, 382 Rn. 51 – SABAM/Netlog mAnm *Metzger; Spindler* CR 2019, 277 (287); *Senftleben*
ZUM 2019, 369 (371 f.) zum sog. Trilogtext. Polen hat gegen die DSM-RL Nichtigkeitsklage erhoben, weil sie
Zensur fördere und unverhältnismäßig sei; vgl. https://www.zeit.de/digital/2019-05/eu-urheberrecht-polen-eugh-
klage-zensur-mateusz-morawiecki.

[935] Vgl. die Regelung in Art. 17 DSM-RL und Erwägungsgrund 70 DSM-RL.

[936] Bisher optional nach Art. 5 Abs. 3 lit. d) und k) InfoSoc-RL.

[937] Kritisch daher *Spindler* CR 2019, 277 (288 f.); mit Lösungsansätzen *Volkmann* CR 2019, 376 (380 f.).

[938] Vgl. zum Erfordernis nationaler Verfahrensvorschriften im Falle von Sperrmaßnahmen von Access-Providern
EuGH GRUR 2014, 468 Rn. 57 – UPC Telekabel.

[939] Vgl. aber auch Art. 17 Abs. 10 DSM-RL und Erwägungsgrund 71 DSM-RL.

[940] *Senftleben* ZUM 2019, 369 (373 f.).

[941] Commission Staff Working Document, Impact Assessment on the modernisation of EU copyright rules ac-
companying the document „Proposal for a Directive of the European Parliament and of the Council on copyright
in the Digital Single Market" and „Proposal for a Regulation of the European Parliament and of the Council laying

nun verabschiedeten DSM-RL abhandengekommen. Während dort der gemeinsame **Einsatz von Inhaltserkennungstechnologien** zwischen Rechteinhabern und Plattformbetreibern als Treiber des erforderlichen Ausgleichs angesehen wurde,[942] sind sie in der DSM-RL zu einem nachrangigen Exkulpationsinstrument mit zahlreichen weiteren Einschränkungen und Folgepflichten in Art. 17 Abs. 7–9 DSM-RL reduziert. Denn nach Art. 17 Abs. 4 DSM-RL kann sich der Diensteanbieter nur dann auf seine **(alle) Anstrengungen nach Maßgabe hoher branchenüblicher Standards für die berufliche Sorgfalt zur Sicherstellung, dass bestimmte Werke und sonstige Schutzgegenstände auf der Plattform nicht verfügbar sind,** berufen, wenn er zunächst nachweist, dass er **alle Anstrengungen unternommen hat, um die erforderliche Erlaubnis einzuholen.** Dies könnte bei einer Lesart von Art. 17 Abs. 1 DSM-RL für den Diensteanbieter nicht durchführbar sein (vgl. zur Frage der **faktischen Unmöglichkeit** → Rn. 215d).

215i   Die aufgezeigten Konflikte der Regelungen in Art. 17 DSM-RL mit anderen Regelungen des Sekundärrechts und vor allem die grundrechtlichen Fragestellungen sind **vom nationalen Gesetzgeber bei der Umsetzung zu berücksichtigen;** bei der Umsetzung von Richtlinien ist der nationale Gesetzgeber nach Gemeinschaftsrecht verpflichtet, sich auf eine **Auslegung** derselben zu stützen, die es ihnen erlaubt, ein **angemessenes Gleichgewicht zwischen den verschiedenen durch die Gemeinschaftsrechtsordnung geschützten Grundrechten sicherzustellen.**[943] Aufschlussreich ist in diesem Zusammenhang die schon erwähnte **Erklärung Deutschlands zu Art. 17 DSM-RL,**[944] die betont, dass *„Upload-Plattformen […] auch künftig als freie, unzensierte Kommunikationskanäle für die Zivilgesellschaft zur Verfügung stehen [sollen]. In Artikel 17 Absatz 7 und 8 ist in diesem Zusammenhang bestimmt, dass Schutzmaßnahmen von Upload-Plattformen erlaubte Nutzungen geschützter Inhalte nicht behindern dürfen. Hierfür setzen wir uns insbesondere auch deshalb ein, weil Upload-Plattformen zugleich ein Sprungbrett für Kreative sind, die so die Chance haben, auch ohne Verlag oder Label ein weltweites Publikum zu erreichen.“* Diese Interpretation der **Bedeutung von Upload-Plattformen** jenseits der durch Nutzer begangenen Urheberrechtsverletzungen scheint bei der verabschiedeten Fassung der DSM-RL zu kurz gekommen zu sein; andernfalls wäre diese deutliche Erklärung der Bundesregierung nicht notwendig. Der bekanntgewordene Ansatz der CDU, Upload-Filter zu vermeiden,[945] dürfte hingegen in den Bereich der politischen Apologetik gehören.[946] Es gibt jedoch bedenkenswerte Ansätze, die aufgezeigten Konflikte aufzulösen, wie etwa den Vorschlag, unter den Begriff der Erlaubnis in Art. 17 Abs. 1 S. 2 DSM-RL auch die **nachträgliche Genehmigung** zu fassen.[947] Ob das bei der Umsetzung gelingt, bleibt abzuwarten; jedenfalls darf als gesichert gelten, dass mit der nun verabschiedeten DSM-RL der Rechtssicherheit insgesamt ein Bärendienst erwiesen worden ist und dass dieser wichtige Bereich erst nach einer Reihe weiterer Vorlageverfahren geklärt sein wird.[948]

3. Wiederholungsgefahr

216   **a) Bestehen. Grundsätzlich indiziert eine Rechtsverletzung die Wiederholungsgefahr;**[949] durch einen bereits begangenen Verstoß wird die tatsächliche Vermutung für das Vorliegen einer Wiederholungsgefahr einer Rechtsverletzung begründet.[950] Eine auf Wiederholungsgefahr gestützte Klage erfordert, dass das beanstandete Verhalten sowohl zum Zeitpunkt seiner Vornahme rechtswidrig war als auch zum Zeitpunkt einer Entscheidung in der Revisionsinstanz rechtswidrig ist.[951] Im Bereich der **Störerhaftung** begründet nicht die Verletzungshandlung, die Gegenstand einer Abmahnung oder sonstigen Mitteilung ist, mit der zB der Betreiber eines Online-Marktplatzes erstmalig Kenntnis von der Rechtsverletzung (eines Dritten) erlangt, die Wiederholungsgefahr.[952] Vielmehr bedarf es einer **vollendeten Verletzung nach Begründung der Pflicht zur Verhinderung weiterer derartiger**

---

down rules on the exercise of copyright and related rights applicable to certain online transmissions of broadcasting organisations and retransmissions of television and radio programmes" vom 14. September 2016, SWD (2016 301 final („Impact Assessment").

[942] Impact Assessment, S. 146 ff.

[943] EuGH GRUR 2008, 241 – Promusicae.

[944] Interinstitutionelles Dossier v. 15. April 2019, 2016/0280(COD), 7986/19 ADD 1 REV 2.

[945]   https://www.cdu.de/artikel/cdu-vorschlag-zur-umsetzung-der-eu-urheberrechtsreform-die-wichtigsten-fragen-und-antworten.

[946] Vgl. zu europarechtlichen Problemen *Spindler* CR 2019, 277 (290).

[947] Vgl. *Volkmann* CR 2019, 376 (379).

[948] *Spindler* CR 2019, 277 (287).

[949] Zur Rechtsnatur der Wiederholungsgefahr (materiell-rechtlich) und des Rechtsschutzbedürfnisses (prozessual) vgl. BGH GRUR 1973, 208 (209) – Neues aus der Medizin; BGH GRUR 1980, 241 (242) – Rechtsschutzbedürfnis; zur Wiederholungsgefahr im deliktischen Bereich: BGH WM 1994, 641 (644).

[950] StRspr.: BGH GRUR 2015, 672 Rn. 39 – Videospiel-Konsolen II; BGH GRUR 2008, 996 Rn. 33 – Clone-CD; aus der älteren Rspr vgl. BGHZ 14, 163 = GRUR 155, 97 (167) = GRUR 1955, 17 – Constanze II mwN; BGH GRUR 1961, 138 (140) – Familie Schölermann; BGH GRUR 1997, 379 (380) – Wegfall der Wiederholungsgefahr II; BGH GRUR 1997, 929 (930) – Herstellergarantie; BGH GRUR 2002, 717 (719) – Vertretung der Anwalts GmbH.

[951] BGH GRUR 2018, 1044 Rn. 37 – Dead Island mwN.

[952] Vgl. aber nun Art. 17 DSM-Richtlinie der für bestimmte Plattformen eine eigene Verwertungshandlung vorsieht sowie Vorlagefrage 4 in dem Verfahren C-682/18, BGH GRUR 2018, 1132 – YouTube mAnm *Ohly.*

Rechtsverletzungen,[953] bzw. des Nachweises einer Erstbegehungsgefahr.[954] Die Wiederholungsgefahr beschränkt sich nicht auf identische Verletzungsformen, sondern **umfasst auch im Kern gleichartige Verletzungen.**[955] Wiederholungsgefahr kann gegeben sein, wenn der Verletzer sein Verhalten als rechtmäßig verteidigt,[956] aber nicht, wenn es nur im **Prozess zur Rechtsverteidigung** geschieht, um sich die bloße Möglichkeit eines entsprechenden Verhaltens für die Zukunft offenzuhalten; es muss sich den Erklärungen des Verletzers bei Würdigung der Einzelumstände des Falls auch die Bereitschaft entnehmen lassen, sich unmittelbar oder in naher Zukunft in dieser Weise zu verhalten.[957]

b) Entfallen durch Unterlassungserklärung. aa) Allgemeines. Die Wiederholungsgefahr 217 wird durch eine **ernsthafte, unbefristete und vorbehaltlos gegebene, hinreichend strafbewehrte Unterlassungserklärung beseitigt.** Die Rechtsprechung setzt strenge Maßstäbe. Allein durch die Aufgabe des rechtsverletzenden Verhaltens wird die Wiederholungsgefahr nicht ausgeräumt, solange damit nicht jede Wahrscheinlichkeit dafür beseitigt ist, dass der Verletzer erneut ähnliche Rechtsverletzungen begeht.[958] Selbst die Betriebseinstellung, -liquidation oder Umstellung auf eine andere Ware genügen nicht.[959] Es reicht ebenfalls nicht, den handelnden Mitarbeiter zu entlassen.[960] Die Wiederholungsgefahr wird grundsätzlich auch nicht ausgeräumt, wenn sich der Verletzer zwar verpflichtet, künftige Zuwiderhandlungen zu unterlassen, **diese Verpflichtung aber nicht durch das Versprechen absichert, für jeden Fall der Zuwiderhandlung eine angemessen hohe Vertragsstrafe zu bezahlen.**[961] Die Unterlassungserklärung kann ohne Präjudiz für die Sach- und Rechtslage abgegeben werden und ohne Anerkennung einer Rechtspflicht; sie muss aber **rechtsverbindlich** sein. Zum Wegfall der Wiederholungsgefahr reicht es nicht, wenn der Verletzer nur eine auf die konkrete Verletzungsform bezogene Erklärung abgibt, eine Verallgemeinerung wegen im Kern gleichartiger Verletzungen jedoch ablehnt.[962] Eine (nicht strafbewehrte) notarielle Unterlassungserklärung ersetzt die strafbewehrte Unterwerfungserklärung nicht.[963] Durch eine **Änderung der tatsächlichen Verhältnisse** wird die Wiederholungsgefahr jedenfalls grundsätzlich nicht berührt, so lange nicht jede Wahrscheinlichkeit für eine Aufnahme des unzulässigen Verhaltens beseitigt ist.[964] Anders bei **Änderung eines Verbotsgesetzes** oder **Änderung der höchstrichterlichen Rechtsprechung.** So kann die Wiederholungsgefahr ohne Abgabe einer Unterlassungserklärung wegfallen, wenn der Verstoß unter der Geltung einer **zweifelhaften Rechtslage** erfolgt ist, diese Zweifel aber durch eine Gesetzesänderung beseitigt sind und außer Frage steht, dass das beanstandete Verhalten verboten ist, sofern der Unterlassungsschuldner sich auf den Wegfall der Wiederholungsgefahr beruft und zu erkennen gibt, dass er im Hinblick auf die geänderten tatsächlichen oder rechtlichen Verhältnisse die Verletzungshandlung nicht erneut begehen wird.[965] Eine aufgrund persönlichen Verhaltens begründete Wiederholungsgefahr geht als tatsächlicher Umstand nicht auf den **Rechtsnachfolger** über.[966] Zur Ausräumung der Wiederholungsgefahr genügt grundsätzlich auch die **Abgabe per Telefax;** sie muss auf Verlangen allerdings schriftlich nachgeholt werden.[967] Eine **auflösend befristete Unterlassungsverpflichtungserklärung** beseitigt nicht die Wiederholungsgefahr, eine **aufschiebend befristete** nur, wenn die Bedingung noch nicht eingetreten ist.[968] Die auflösende Bedingung unter Änderung der Gesetzeslage oder der Änderung der höchstrichterlichen Rechtsprechung ist

---

[953] BGHZ 173, 188 Rn. 53 = GRUR 2007, 890 – Jugendgefährdende Medien bei eBay; BGH GRUR 2011, 1038 Rn. 39 – Stiftparfüm; BGH GRUR 2013, 370 Rn. 28 – Alone in the Dark; BGH GRUR 2013, 1033 Rn. 45 – File-Hosting-Dienst; vgl. Vorlagefrage 4 in BGH GRUR 2018, 1132 Rn. 49 – YouTube mAnm *Ohly.*

[954] Vgl. dazu → Rn. 224 ff.; BGH GRUR 2011, 1038 Rn. 42 ff. – Stiftparfüm; *v. Ungern-Sternberg* GRUR 2012, 321 (328).

[955] Vgl. dazu → Rn. 227; BGH GRUR 1996, 290 (291) – Wiederholungsgefahr I; BGH GRUR 1999, 1017 (1018) – Kontrollnummernbeseitigung I.

[956] BGHZ 14, 163 (167) = GRUR 155, 97 – Constanze II; BGH GRUR 1961, 138 (140) – Familie Schölermann; BGH GRUR 1965, 198 (202) – Küchenmaschine; BGH GRUR 1972, 550 – Spezialsalz II.

[957] BGH GRUR 2011, 1038 (1042) – Stiftparfüm; OLG Köln ZUM-RD 2014, 361 (373); BGH, WRP 2001, 1076 (1079) – Berühmungsaufgabe.

[958] BGH GRUR 2008, 996 Rn. 32 – Clone-CD.

[959] BGH GRUR 1957, 342 (347) – Underberg; BGH GRUR 1965, 198 (202) – Küchenmaschine; BGH GRUR 1995, 1045 (1046) – Brennwertkessel.

[960] BGH GRUR 1964, 263 (266) – Unterkunde; BGH GRUR 1965, 155 – Werbefahrer; BGH GRUR 1973, 208 (209) – Neues aus der Medizin.

[961] BGH GRUR 1961, 138 (140) – Familie Schölermann – mwN; zur Angemessenheit einer verwirkten Vertragsstrafe BGH GRUR 1994, 146 (147 f.) – Vertragsstrafebemessung; BGH GRUR 1992, 61 (63 f.) – Preisvergleichsliste.

[962] BGH WRP 1996, 199 (201) – Wegfall der Wiederholungsgefahr.

[963] BGH GRUR 2016, 1316 – Notarielle Unterlassungserklärung.

[964] Vgl. zur Frage der Widerlegung der Wiederholungsgefahr betreffend einen Suchmaschinenbetreiber, wenn der Inhalt auf der verlinkten Seite entfernt wurde LG Köln BeckRS 2015, 18201 unter Verweis auf LG Berlin, 27 O 709/13 [unveröffentlicht].

[965] BGH NJOZ 2014, 1524 Rn. 14 f. – Bonussystem einer Versandapotheke; zum Fall der Änderung der Sachlage durch eine rechtskräftige Entscheidung vgl. OLG Frankfurt, GRUR-RR 2015, 149 Rn. 14 f.

[966] BGH GRUR 2006, 879 Rn. 17 – Flüssiggastank (zum Wettbewerbsrecht).

[967] BGH GRUR 1990, 530 (532) – Unterwerfung durch Fernschreiben; zur Beweislast für den Zugang vgl. BGH WM 1995, 341 (342f).

[968] BGH GRUR 2002, 180 (181) – Weit-vor-Winter-Schluss-Verkauf.

möglich, nicht jedoch der günstige Ausgang des konkreten Prozesses.[969] Die Unterlassungserklärung verpflichtet nicht zum Rückruf der ausgelieferten Ware, wenn diese bereits in die Verfügungsgewalt des Empfängers übergegangen ist.[970] Anspruch auf Rückruf gibt § 98 (siehe dort).

218   Maßgebend für die **Reichweite einer Unterlassungsverpflichtung** zur Ausräumung der Wiederholungsgefahr ist der **Parteiwille** (§§ 133, 157 BGB), zu dessen Auslegung neben den Erklärungen auch die beiderseits **bekannten Umstände,** insbesondere **Art und Weise des Zustandekommens der Vereinbarung,** ihr Zweck, die **Beziehung der Vertragsparteien** und ihre **Interessenlage** heranzuziehen sind;[971] eine Heranziehung der restriktiven Grundsätze, wie sie für die Auslegung eines in gleicher Weise formulierten Unterlassungstitels im Hinblick auf dessen Vollstreckbarkeit entwickelt worden sind, scheidet aus.[972] Bei der **Auslegung vertraglicher Unterlassungspflichten** ist davon auszugehen, dass es regelmäßig dem Parteiwillen entspricht, der Schuldner wolle vertraglich keine weitergehenden Unterlassungspflichten übernehmen, als diejenigen, die zum Ausschluss des gesetzlichen Unterlassungsanspruchs erforderlich sind.[973] Handlungen durch **selbständig handelnde, fremde Dritte** sind nicht umfasst.[974] Auch die Frage, ob **mehrere Verstöße zu einer rechtlichen Einheit** zusammenzufassen sind, beurteilt sich nicht nach dem Rechtsbegriff der Fortsetzungstat, sondern nur einer Vertragsauslegung im Einzelfall zu entscheiden.[975] Ein vom objektiven Erklärungsinhalt einer Formulierung übereinstimmend abweichendes Verständnis der Vertragsparteien geht nach §§ 133, 157 BGB dem objektiven Erklärungsinhalt vor **("falsa demonstratio non nocet").**[976] Bei einer **vorformulierten Unterlassungserklärung** sind die **Vorschriften über allgemeine Geschäftsbedingungen** zu beachten; der uneingeschränkte Verzicht auf die Einrede des Fortsetzungszusammenhangs stellt im Regelfall eine unangemessene Benachteiligung nach § 307 Abs. 2 BGB dar;[977] auch eine vorformulierte Unterlassungserklärung, die auf das gesamte, nicht durch eine beigefügte Liste konkretisierte Musikrepertoire gerichtet ist, ist nach § 307 BGB unwirksam.[978]

219   **Zur Wirksamkeit der Unterlassungserklärung muss sie vom Gläubiger angenommen worden sein.** Das wird unterstellt, wenn sie nicht objektiv begründet als unzureichend zurückgewiesen wurde.[979] Wird eine ordentliche Unterlassungserklärung zurückgewiesen, fehlt für ein Gerichtsverfahren das Rechtsschutzbedürfnis. Unter besonderen Umständen kann auch eine vom Empfänger nicht angenommene bedingte Unterlassungserklärung ausreichend sein.[980]

220   **bb) Vertragsstrafe. Die Vertragsstrafe (§ 339 BGB) ist** – neben der Schadenspauschalierung – **so zu bemessen, dass weitere Verletzungen ausgeschlossen werden.** Dabei sind die Schwere der Verletzung, der Grad des Verschuldens[981] und die weitere Gefährlichkeit zu berücksichtigen.[982] Eine unter Berücksichtigung der maßgeblichen Faktoren ohne Differenzierung außergewöhnlich hohe Vertragsstrafe ist unangemessene Benachteiligung iSv § 307 I BGB.[983] Das Fehlen einer Obergrenze schadet nicht.[984] Möglich ist es, die Bestimmung der Höhe nach § 315 Abs. 1 BGB bis zu einer Höchstgrenze dem Gläubiger zu überlassen[985] oder ohne Höchstgrenze vorbehaltlich der Überprüfung der Angemessenheit gem. § 315 Abs. 3 BGB durch das Gericht (sog. **"neuer" Hamburger Brauch**).[986] Durch einen solchen Bestimmungsrahmen wird das Risiko für beide Parteien überschaubar und ein sachgerechter Interessenausgleich erreicht. Die Bestimmung der Höhe unmittelbar in das Ermessen des Gerichts zu stellen, hat der BGH angesichts des Wortlauts des § 315 Abs. 3 BGB abgelehnt, die Erklärung

---

[969] BGH GRUR 1993, 677 (678) – Bedingte Unterwerfung.
[970] BGH GRUR 2003, 545 (546) – Hotelfoto.
[971] BGH GRUR 2015, 258 Rn. 57 – CT-Paradies, auch mit Ausführungen zum Umfang der Nachprüfbarkeit in der Revisionsinstanz; BGH GRUR 2015, 190 Rn. 9 – Ex-RAF-Terroristin, zu §§ 22, 23 KUG; BGH GRUR 2009, 181 Rn. 32 = NJW 2009, 1882 – Kinderwärmekissen, mwN; BGH GRUR 2013, 531 Rn. 32 = NJW 2013, 2683 – Einwilligung in Werbeanrufe II; BGH GRUR 2001, 758 (759) – Mehrfachverstoß gegen Unterlassungsverpflichtung; OLG Köln ZUM-RD 2011, 686 (687).
[972] BGH GRUR 1992, 61 (62) – Preisvergleichsliste.
[973] BGH GRUR 2019, 292 Rn. 41 – Foto eines Sportwagens; BGH GRUR 2003, 889 – Internet-Reservierungssystem.
[974] BGH GRUR 2019, 292 Rn. 41 – Foto eines Sportwagens; zu der Erstreckung der Verpflichtungen zur Beseitigung auch auf eine Einwirkung auf Dritte vgl. → Rn. 229a.
[975] Vgl. BGH GRUR 2015, 258 Rn. 76 – CT-Paradies; BGH GRUR 2001, 758 (759) – Mehrfachverstoß gegen Unterlassungsverpflichtung, unter Aufhebung von BGHZ 121, 13 (15 ff.) = NJW 1993, 721 – Fortsetzungszusammenhang.
[976] BGH GRUR 2015, 258 Rn. 58 – CT-Paradies, wonach sich aus dem Zweck einer Vereinbarung und der Interessenlage der Parteien ergeben kann, dass der Begriff des Verbreitens nicht nur das Inverkehrbringen von Vervielfältigungsstücken, sondern auch das mit dem Einstellen in das Internet verbundene öffentliche Zugänglichmachen umfasst.
[977] BGHZ 121, 13 = NJW 1993, 721 – Fortsetzungszusammenhang; vgl. auch OLG Jena WRP 2012, 1011.
[978] OLG Düsseldorf ZUM-RD 2012, 135, 136.
[979] BGH GRUR 1993, 34/37 – Bedienungsanweisung.
[980] OLG München ZUM 2003, 870 – Esra.
[981] BGH GRUR 2015, 258 Rn. 76 – CT-Paradies.
[982] BGH GRUR 1994, 146 (147 f.) – Vertragsstrafebemessung.
[983] OLG Jena, WRP 2012, 1011; dazu *Breuer* GRUR-Prax 2012, 246.
[984] BGH GRUR 1990, 1051 – Vertragsstrafe ohne Obergrenze.
[985] BGH GRUR 1985, 155 – Vertragsstrafe bis zu …
[986] BGH GRUR 1994, 146 (147) – Vertragsstrafebemessung.

aber umgedeutet („alter" Hamburger Brauch).[987] **Für Kaufleute gilt § 348 HGB,** wonach eine Vertragsstrafe, die ein Kaufmann im Betrieb seines Handelsgeschäfts versprochen hat, nicht nach § 343 BGB herabgesetzt werden kann. Diese Bestimmung kann jedoch abbedungen werden. Ausnahmsweise ist eine exorbitant hohe Vertragsstrafe nach Treu und Glauben vom Gericht herabzusetzen.[988]

cc) Zeitpunkt. Bereits die **Abgabe,** nicht erst die Annahme einer Unterlassungserklärung **lässt** 221 **die Wiederholungsgefahr** und damit den Anspruch **entfallen.**[989]

dd) Drittunterwerfung. Im Bereich des UWG wurde von der Rechtsprechung die Auffassung 222 vertreten, die Wiederholungsgefahr sei ausgeschlossen, wenn eine ernsthafte, ordnungsgemäß mit Strafe bewehrte Unterlassungserklärung gegenüber einem Dritten abgegeben worden ist.[990] Die Rechtsprechung zur Drittunterwerfung ist prozessökonomisch zu verstehen. Die Drittunterwerfung eignet sich für das Wettbewerbsrecht mit mehreren möglichen Gläubigern. Für das Urheberrecht kommt sie allenfalls im Rahmen einer Nutzerkette in Betracht, keinesfalls aber für den Urheber, der sein „Mutterrecht" ausübt.[991]

c) Wiederaufleben. Ist trotz strafbewehrter Unterlassungserklärung eine erneute Verletzung er- 223 folgt, wird neben der Geltendmachung der Vertragsstrafe – **bei welcher Verschulden erforderlich ist** – das Rechtsschutzbedürfnis für eine Unterlassungsklage begründet.[992] Begeht der Schuldner nach Abgabe einer strafbewehrten Unterlassungserklärung, mit der die Wiederholungsgefahr beseitigt wurde, einen **identischen Wettbewerbsverstoß,** entsteht ein **neuer Unterlassungsanspruch;**[993] die durch den erneuten Verstoß begründete Wiederholungsgefahr kann grundsätzlich allenfalls durch eine weitere Unterlassungserklärung mit einer gegenüber der ersten erheblich höheren Strafbewehrung ausgeräumt werden.[994]

4. Vorbeugender Unterlassungsanspruch – Erstbegehungsgefahr

a) Allgemeines. Der **vorbeugende Unterlassungsanspruch** war ursprünglich nicht gesetzlich 224 geregelt, entsprach aber **gefestigter Rechtsprechung. Bei der Umsetzung der DurchsetzungsRL**[995] **ist er in § 97 Abs. 1 S. 2 ausdrücklich aufgenommen worden.** Damit hat sich materiell-rechtlich nichts geändert. Auch der Teilnehmer einer drohenden Rechtsverletzung und der Störer können vorbeugend auf Unterlassung in Anspruch genommen werden.[996]

b) Erstbegehungsgefahr. Die Wiederholungsgefahr wird ersetzt durch die **konkret drohende** 225 **Erstbegehungsgefahr**[997] für eine Verletzung des **inländischen Urheberrechts.**[998] Ein auf Erstbegehungsgefahr gestützter vorbeugender Unterlassungsanspruch besteht nur, soweit **ernsthafte und greifbare tatsächliche Anhaltspunkte** dafür vorhanden sind, der Anspruchsgegner werde sich in naher Zukunft in der fraglichen Weise rechtswidrig verhalten.[999] Die Erstbegehungsgefahr muss sich auf eine **konkrete Verletzungshandlung** beziehen; die sie begründenden Umstände müssen die drohende Verletzungshandlung so konkret abzeichnen, dass sich für alle Tatbestandsmerkmale zuverlässig beurteilen lässt, ob sie verwirklicht sind. Die **Darlegungs- und Beweislast** für diese anspruchsbegründende Tatsache liegt beim Anspruchsteller.[1000] Allein die **Präsentation eines Erzeugnisses auf einer Messe** reicht nicht für die Annahme der Erstbegehungsgefahr aus.[1001] Sie erstreckt sich auch auf die eine künftige Rechtsverletzung **vorbereitenden Maßnahmen,** die einen künftigen Eingriff nahe legen, sei es auch nur in Form von mittelbarer Täterschaft oder Beihil-

---

[987] BGH GRUR 1978, 192 – „Hamburger Brauch".

[988] BGH NJW 1971, 1126; BGH GRUR 1984, 72 (74) – Vertragsstrafe für versuchte Vertreterabwerbung.

[989] Teplitzky/*Kessen* Kap. 8 Rn. 36.; Ahrens/*Achilles* Kap. 8 Rn. 12; aA Wegfall des Rechtsschutzbedürfnisses: OLG Frankfurt a. M. GRUR 1985, 82 – Einseitige Unterlassungserklärung – mwN.

[990] BGH GRUR 1983, 186 (187) – Wiederholte Unterwerfung; BGH GRUR 1989, 758 – Gruppenprofil.

[991] Sa. Loewenheim/*Vinck* § 81 Rn. 25; Möhring/Nicolini/*Reber* § 97 UrhG Rn. 96; weiter offenbar Fromm/Nordemann/*J. B. Nordemann* § 97 UrhG Rn. 38.

[992] BGH GRUR 1980, 241 – Rechtsschutzbedürfnis; OLG Köln ZUM 2015, 404 (406); OLG Frankfurt GRUR-RR 2009, 412 – Abreißschunterlage; zum wettbewerbsrechtlichen Verhältnis zwischen Vertragsstrafe und gerichtlichem Ordnungsmittel bei Durchsetzung einer in einem gerichtlichen Vergleich vereinbarten Unterlassungsverpflichtung BGH GRUR 1998, 1053 – Vertragsstrafe/Ordnungsgeld; sa. *Kaiser,* Die Vertragsstrafe im Wettbewerbsrecht, 1999.

[993] OLG Köln ZUM 2015, 404 (406).

[994] BGH GRUR 1990, 534 – Abruf-Coupon; OLG Köln ZUM 2015, 4040 (406).

[995] Richtlinie 2004/48/EG durch das Gesetz zur Verbesserung der Durchsetzung von Rechten des geistigen Eigentums vom 7.7.2008 (BGBl. I S. 1191).

[996] BGH GRUR 2009, 841 Rn. 14 ff. – Cybersky; BGH GRUR 2007, 708 Rn. 30, 41 – Internet-Versteigerung II; zu Recht kritisch *Leible/Sosnitza* NJW 2007, 3324 (3326); *Leible/Sosnitza* NJW 2004, 3225 (3226); in diese Richtung geht auch die Verpflichtung zu Notice-and-Take-Down bei Urheberrechtsverletzungen aus Sec. 512 des US-amerikanischen Digital Millennium Copyright Acts.

[997] BGHZ 14, 163 (170) = GRUR 155, 97 – Constanze II; BGH GRUR 2004, 860 – Internetversteigerung I; BGH GRUR 2007, 708 – Internetversteigerung II; BGH GRUR 2008, 702 – Internetversteigerung III; BGH GRUR 2007, 890 – Jugendgefährdende Schriften bei eBay.

[998] BGH GRUR 2017, 797 Rn. 46 – Mart-Stam-Stuhl: die Verletzung polnischen Urheberrechts begründet keine Erstbegehungsgefahr für eine Verletzung des deutschen Urheberrechts.

[999] BGH GRUR 2017, 793 Rn. 33 – Mart-Stam-Stuhl; BGH GRUR 2015, 603 Rn. 17 – Keksstangen; BGH GRUR 2011, 1038 Rn. 44 – Stiftparfüm; BGH GRUR 2009, 841 Rn. 8 – Cybersky.

[1000] BGH GRUR 2017, 797 Rn. 33 – Mart-Stam-Stuhl; BGH GRUR 2015, 603 Rn. 17 – Keksstangen.

[1001] BGH GRUR 2017, 797 Rn. 34 – Mart-Stam-Stuhl.

fe.[1002] Eine Erstbegehungsgefahr droht beispielsweise, wenn in einem Unternehmen Maßnahmen erfolgen, die noch als intern gelten, weil sie noch nicht über die Absatzhelfer herausgekommen sind, aber auf Weitergabe zielen,[1003] ebenso, wenn bereits hinsichtlich eines Werks eine Verletzungshandlung begangen war und die Plagiierung einer Serie droht.[1004] Jedoch nicht, wenn die Gefahr lediglich aus vorangegangenen, verjährten Verletzungshandlungen hergeleitet werden kann.[1005] Das OLG Frankfurt a. M. hält bei rechtswidriger Nutzung eines Bildwerkes neben der Wiederholungsgefahr auch eine Erstbegehungsgefahr für die Nutzung anderer Werke für gegeben, wenn sich der Verletzer auf den Standpunkt stellt, es handele sich bei der Nutzung um eine zulässige Parodie.[1006] Das ist, zumal bei Parodien, höchst zweifelhaft. Eine Erstbegehungsgefahr kann auch begründen, wer sich des Rechts **berühmt,** bestimmte Handlungen vornehmen zu dürfen, ggf. auch im Rahmen der Rechtsverteidigung in einem gerichtlichen Verfahren. Hierfür reicht aber nicht, dass der eigene Rechtsstandpunkt vertreten wird; es muss den Erklärungen bei Würdigung der Einzelumstände des Falls auch die Bereitschaft zu entnehmen sein, sich unmittelbar oder in naher Zukunft in dieser Weise zu verhalten.[1007] Im **Online-Bereich** bereitet der vorbeugende Unterlassungsanspruch angesichts der Privilegierung durch die §§ 8–10 TMG Schwierigkeiten.[1008]

226 An die **Beseitigung der Erstbegehungsgefahr** stellt der BGH weniger strenge Anforderungen als an den Fortfall der Wiederholungsgefahr.[1009] Anders als für die durch eine Verletzungshandlung begründete Wiederholungsgefahr besteht für den Fortbestand der Erstbegehungsgefahr keine Vermutung. Für deren Beseitigung genügt daher grundsätzlich ein **„actus contrarius",** also ein der Begründungshandlung entgegengesetztes Verhalten, das allerdings unmissverständlich und ernst gemeint sein muss.[1010]

5. Umfang des Unterlassungsanspruchs, insbesondere Kerntheorie

227 Der Unterlassungsanspruch richtet sich gegen die konkrete Verletzung, erstreckt sich über die mit der verbotenen Form identischen Handlungen hinaus aber auch auf **im Kern gleichartige** Abwandlungen, in denen **das Charakteristische der konkreten Verletzungsform** zum Ausdruck kommt – **sog. „Kerntheorie".**[1011] Dabei muss der Verbotstitel den maßgeblichen „Kern" bzw. das für seinen Gehalt Charakteristische zweifelsfrei erkennen lassen, da nur dann der Umfang der Rechtskraft und eine Grundlage der Vollstreckung gegeben ist, die den Bestimmtheitsanforderungen genügt.[1012] Grundsätzlich kann auch die **Verletzung anderer Schutzrechte** erfasst sein, soweit die Verletzungshandlungen trotz Verschiedenheit der Schutzrechte im Kern gleichartig sind,[1013] dies allerdings nur, sofern diese weiteren Schutzrechte **schon Gegenstand des vorhergehenden Erkenntnisverfahrens** waren. Dies gilt auch dann, wenn es sich um gleichartige Schutzrechte desselben Rechtsinhabers handelt.[1014]

228 Mit der Kerntheorie soll verhindert werden, dass der Verletzer durch kleine Abweichungen aus dem Verbot herauskommt. In **der Praxis bereitet die Kerntheorie Schwierigkeiten,** weil nicht immer sicher zu bestimmen ist, was zum „Kern" gehört, ob die Änderung noch unter das Verbot/die Unterlassung fällt oder eine neue Verletzung vorliegt. Zu trennen sind auch die verschiedenen Nutzungsarten der §§ 15–22; jedenfalls grundsätzlich wird das Charakteristische der Verletzungshandlung[1015] **nur in der verletzenden urheberrechtlichen Nutzungshandlung** zum Ausdruck kommen.[1016] Eine Ver-

---

[1002] BGH GRUR 2009, 841 Rn. 35 – Cybersky; BGHZ 42, 118 (122) = GRUR 1965, 104 – Personalausweise; BGH GRUR 1960, 340 (343) – Werbung für Tonbandgeräte; BGH GRUR 1964, 91 (92) – Tonbänder-Werbung; BGH GRUR 1964, 94 (95) – Tondbandgeräte-Händler.

[1003] BGH GRUR 1971, 119 – Branchenverzeichnis.

[1004] OLG Zweibrücken GRUR 1997, 827 – Pharaon-Schmucklinie; OLG Hamburg ZUM 1997, 97 – Magritte; BGH GRUR 2004, 860 – Internetversteigerung I, keine Haftungsprivilegierung.

[1005] BGH GRUR 1994, 57 (58 f.) – Geld-zurück-Garantie.

[1006] OLG Frankfurt ZUM 1996, 97 (99 f.).

[1007] BGH GRUR 2011, 1038 Rn. 44 – Stiftparfüm; BGH GRUR 2001, 1174 (1175) = WRP 2001, 1076 – Berühmungsaufgabe, mwN.

[1008] Vgl. → Rn. 230 ff.; zum Verhältnis der Haftungsprivilegierungen zum Unterlassungsanspruch vgl. auch BGH GRUR 2018, 1132 – YouTube mAnm *Ohly;* BGH GRUR 2018, 1239 – uploaded.

[1009] BGH ZUM-RD 2002, 59 – Berühmungsaufgabe; BGH GRUR 1993, 33 (55) – Ausländischer Inserent.

[1010] BGH GRUR 2009, 841 (843) Rn. 23 – Cybersky; BGH GRUR 2001, 1174 (1176) = NJW-RR 2001, 1483 = WRP 2001, 1076 – Berühmungsaufgabe.

[1011] BGH, GRUR 2014, 706 (707) Rn. 11 – Verwendung fremder Fotografien für Rezeptsammlung im Internet; GRUR 2013, 1235 Rn. 18 – Restwertbörse II; BGHZ 166, 233 Rn. 36 = GRUR 2006, 504 – Parfümtestkäufe; BGH GRUR 2002, 248, (250) SPIEGEL – CD-ROM; zu verfassungsrechtlichen Unbedenklichkeit der Kerntheorie BVerfG, GRUR 2007, 618.

[1012] BGH GRUR 2014, 706 (707) Rn. 13 – Verwendung fremder Fotografien für Rezeptsammlung im Internet; BGH WRP 1989, 572 (574) – Bioäquivalenz-Werbung (zum Wettbewerbsrecht).

[1013] BGH, GRUR 2013, 1235 Rn. 18 – Restwertbörse II; krit. *Wille* GRUR-Prax 2013, 518.

[1014] BGH GRUR 2014, 706 (707) Rn. 13 – Verwendung fremder Fotografien für Rezeptsammlung im Internet unter Abgrenzung zu den anders gelagerten Fällen BGH GRUR 2013, 1235 Rn. 18 – Restwertbörse II; BGH GRUR 2002, 248 (250) SPIEGEL – CD-ROM. Zum Wettbewerbsrecht und mwN Teplitzky/*Feddersen* Kap. 57 Rn. 12.

[1015] BGH GRUR 2013, 1235 Rn. 18 – Restwertbörse II; BGH GRUR 2010, 454 Rn. 12 – Klassenlotterie.

[1016] Fromm/Nordemann/*J. B. Nordemann* § 97 Rn. 42, der einen großzügigen Maßstab bei der „Kategorisierung des Verletzungskerns nach Nutzungsarten" anregt.

letzung des Vervielfältigungsrechts verletzt daher nicht das Recht der Verbreitung, könnte aber eine Begehungsgefahr für die Verbreitung begründen.

Besondere Schwierigkeiten bereitet die **Anwendung der Kerntheorie,** die nicht ohne **Kritik** 229 blieb,[1017] im Rahmen der **Haftung im Online-Bereich.**[1018] Denn der Begründungsaspekt, dass die damit einhergehende – begrenzte – Unsicherheit hinnehmbar sei, weil der Verletzer selbst durch die begangene Verletzungshandlung den Ausgangspunkt der Risikolage geschaffen habe,[1019] lässt sich **nur schwer auf den (mittelbaren) Störer übertragen.** Zwar dient dieser der Kerntheorie zugrundeliegende Umgehungsschutz[1020] zugleich dem **effektiven Rechtsschutz des Verletzten**[1021] und damit einem Grundsatz, der auch wesentliches Leitbild sowohl der InfoSoc-RL,[1022] der Durchsetzungsrichtlinie[1023] als auch der E-Commerce-Richtlinie[1024] ist. Aber einen Online-Dienst über seine konkrete Verletzungshandlung hinaus (die in der Regel darin besteht, das von einem Dritten erstellte Datum an einem definierten Ort im Netz technisch bereitzustellen) zu verpflichten, auch abweichende Handlungen zu unterlassen, **wirft andere Fragen auf als beim unmittelbaren Verletzer.** Ein Dienst, dessen Tätigkeit rein technischer, automatischer und passiver Art ist, und der weder Kenntnis noch Kontrolle über die weitergeleitete oder gespeicherte Information besitzt,[1025] umgeht Verletzungsverbote nicht und hat – jedenfalls nicht ohne besondere Maßnahmen – keine Kenntnis solcher Umgehungen oder weiterer Verletzungen durch Dritte. Daher ist das **Verbot allgemeiner Überwachungspflichten** nach § 7 Abs. 2 TMG auch im Rahmen der Störerhaftung zu berücksichtigen.[1026] Die unterdessen ausdifferenzierte Rechtsprechung des BGH zu Hosting-Diensten grenzt davon als spezifische Prüfungspflichten **zumutbare Maßnahmen zur Aufdeckung bzw. Verhinderung bestimmter Arten rechtwidriger Tätigkeiten** ab. Danach muss der Störer, nachdem er auf eine klare Rechtsverletzung hingewiesen wurde, auch Vorsorge treffen, dass es möglichst nicht zu weiteren derartigen bzw. gleichartigen Schutzrechtsverletzungen kommt.[1027] Dabei sind Überwachungspflichten, die jedes Angebot auf einer Plattform betreffen, nach dem EuGH grundsätzlich ausgeschlossen;[1028] wirksam und verhältnismäßig können aber spezifische Prüfungspflichten sein, die „auf bestimmte Produkte beschränkt" sind sowie auf Ergebnislisten, die nur einen spezifischen Ausschnitt der Angebote auf einer Plattform enthalten.[1029] Zwar hat der EuGH insbesondere in L'Oréal/eBay eine durchaus vergleichbare Konzeption entwickelt, wonach Online-Diensten **Maßnahmen** auferlegt werden können, **die wirksam zur Vorbeugung gegen erneute Verletzungen** beitragen;[1030] er grenzt diese Maßnahmen jedoch ausdrücklich von Unterlassungsansprüchen gegen den Verletzer ab.[1031] Sowohl der Begriff der zumutbaren Maßnahmen des BGH als auch die **Abwägung der Grundrechte** der von einer Maßnahme betroffenen Personen durch den EuGH lassen sich nur schwer unter die am „Kern der Verletzungshandlung" orientierte Kerntheorie fassen.[1032] Hier wirken andere Grundsätze im **multipolaren Interessenausgleich** unter Berücksichtigung rechtlicher und ökonomischer Implikationen dem **schonenden Ausgleich nach dem Grundsatz praktischer Konkordanz** näherkommen[1033] als einer am „Kern der Verletzungshandlung" orientierten Verantwortungszuweisung. So formuliert der Erwägungsgrund 59 der InfoSoc-RL[1034] treffend den Hintergrund für die zu ermöglichenden Anordnungen gegen Vermittler: „Insbesondere in der digitalen Technik können die Dienste von Vermittlern immer stärker von Dritten für Rechtsverstöße ge-

---

[1017] Vgl. *Borck* GRUR 1996, 522; vgl. die Auseinandersetzung bei Teplitzky/*Feddersen* Kap. 57 Rn. 13 f. mit Nachweisen zur hM und zur Kritik.

[1018] Vgl. dazu schon → Rn. 106, 134, 203 jeweils mwN.

[1019] Teplitzky/*Feddersen* Kap. 57 Rn. 14.

[1020] Vgl. BVerfG, Beschl. v. 9.7.1997 – 1 BvR 730/97, BeckRS 1997, 09994.

[1021] Vgl. BGH, NJW-RR 2006, 1118 (1121) – Markenparfümkäufe.

[1022] Vgl. Erwägungsgrund 59 der Richtlinie 2001/29/EG.

[1023] Vgl. Erwägungsgrund 3 der Richtlinie 2004/48/EG.

[1024] Vgl. Erwägungsgründe 40, 45–48 der Richtlinie 2000/31/EG.

[1025] Vgl. insoweit Erwägungsgrund 42 der Richtlinie 2000/31.

[1026] Vgl. → Rn. 106; BGH GRUR 2018, 1132 Rn. 50 f. – YouTube; zu den Beschränkungen aus dem Verbot allgemeiner Überwachungspflichten für konkrete Prüfungspflichten vgl. BGH GRUR 2015, 485 Rn. 56 – Kinderhochstühle im Internet III; BGH GRUR 2007, 890 (894) Rn. 39 – Jugendgefährdende Medien bei eBay. *Spindler,* GRUR 2011, 101 (106) sieht in der Anwendung der Kerntheorie die Gefahr einer allgemeinen Überwachungspflicht entgegen Art. 15 der Richtlinie 2000/31; vgl. auch *Holznagel* ZUM 2018, 350.

[1027] Vgl. → Rn. 106. StRspr.: BGH GRUR 2013, 1229 Rn. 35 f. – Kinderhochstühle im Internet II mwN; mit weiteren einschränkenden Konkretisierungen zu Überwachungspflichten nun BGH GRUR 2015, 485 – Kinderhochstühle im Internet III.

[1028] Vgl. BGH GRUR 2015, 485 Rn. 51, 56 – Kinderhochstühle im Internet III; EuGH GRUR 2012, 265 Rn. 35 – Scarlet/SABAM; EuGH GRUR 2012, 382 Rn. 33 – Netlog/SABAM.

[1029] Vgl. BGH GRUR 2015, 485 Rn. 56 – Kinderhochstühle im Internet III.

[1030] EuGH GRUR 2011, 1025 Rn. 131 – L'Oréal/eBay; GRUR 2012, 265 Rn. 31 – Scarlet Extended/SABAM; GRUR 2012, 382 Rn. 29 – SABAM/Netlog. Vgl. auch → Rn. 107.

[1031] EuGH GRUR 2011, 1025 Rn. 128 ff. – L'Oréal/eBay; vgl. aber jetzt EuGH Urt. v. 19.9.2016 – C-484/14 – McFadden, dazu näher unter → Rn. 232.

[1032] Vgl. auch *Ensthaler/Heinemann* GRUR 2012, 433 (435).

[1033] BVerfGE 81, 278 (292) = NJW 1990, 1982; BVerfGE 93, 1 (21) = NJW 1995, 2477; grundl. zum Prinzip praktischer Konkordanz: Hesse, Grundzüge des Verfassungsrechts, 20. Aufl. (1995), Rn. 72 ff., 317 ff.

[1034] Richtlinie 2001/29/EG zur Harmonisierung bestimmter Aspekte des Urheberrechts und der verwandten Schutzrechte in der Informationsgesellschaft.

nutzt werden. Oftmals sind diese Vermittler selbst am besten in der Lage, diesen Verstößen ein Ende zu setzen." Darin steckt eine **cheapest-cost-avoider-Argumentation,**[1035] die eine **erforderliche Gesamtabwägung,** die sicherstellt, dass alle betroffenen Rechte und Interessen in ein angemessenes Gleichgewicht gebracht werden, bekräftigt. Die Ausdifferenzierung und europaweite Vereinheitlichung dieser Fragen ist noch längst nicht abgeschlossen,[1036] wie die beiden **Vorabentscheidungsersuchen** des BGH zu *YouTube* und *uploaded* belegen.[1037] Instruktiv sind in diesem Zusammenhang die Ausführungen des britischen Supreme Court in dem Rechtsstreit *Cartier International AG gegen British Telecommunications Plc,* der dem Rechtsinhaber die Kosten der dort streitgegenständlichen Sperrmaßnahme aufbürdet.[1038]

229a   Die in **Art. 17 Abs. 4 lit. c) DSM-RL** nun aufgenommene Verpflichtung von **Diensteanbietern für das Teilen von Online-Inhalten,**[1039] die unter den Voraussetzungen von Art. 17 DSM-RL selbst eine Handlung der öffentlichen Wiedergabe oder eine Handlung der öffentlichen Zugänglichmachung vornehmen, nach Erhalt eines hinreichend begründeten Hinweises von den Rechteinhabern alle Anstrengungen zu unternehmen, um das künftige Hochladen dieser Werke oder sonstigen Schutzgegenstände zu verhindern, wirft **diese Fragen nun auch im Kontext einer täterschaftlichen Urheberrechtsverletzung** auf. Die Besonderheiten bei **Plattformen zum Einstellen nutzergenerierter Inhalte** liegen darin, dass **Werke in unterschiedlichster Fassung und Form** sowie (auch akustischer und visueller) Qualität eingestellt werden. Die **technischen Möglichkeiten,** das Einstellen auch abweichender Werkfassungen zu verhindern, sind nach wie vor äußerst **beschränkt.** Im **Bereich der Musik** gibt es zwar unterdessen auch Filtersysteme, die jedenfalls teilweise abweichende Werkfassungen anhand von **Melodie- und Harmoniefolge** erkennen können. Allerdings arbeiten diese Systeme nicht fehlerfrei mit einem noch **hohen Prozentsatz sog. false positives,** also Dateien, die das gesuchte Werk beinhalten, aber vom Filtersystem nicht gefunden werden. Die Festlegung, was „alle Anstrengungen" und insbesondere was **„hohe branchenübliche Standards"** sind, wird noch eine Vielzahl gerichtlicher Verfahren und vermutlich **Sachverständigenbeweise** benötigen. Ob die in **Art. 17 Abs. 10** DSM-RL und **Erwägungsgrund 71** DSM-RL vorgesehenen Dialoge der Kommission mit den Interessenträgern Ergebnisse bringen, bleibt abzuwarten.

229b   Bei einer Handlung, die einen **fortdauernden Störungszustand** geschaffen hat, erstreckt sich ein Unterlassungstitel ggf. auch auf die **Pflicht zur Vornahme von Handlungen zur Beseitigung eines zuvor geschaffenen Störungszustands.** Zu den danach geschuldeten Maßnahmen kann die **Einwirkung auf Dritte** zählen. Zwar hat der Unterlassungsschuldner nicht für das selbständige Handeln Dritter einzustehen. Sofern ihm deren Handeln jedoch **wirtschaftlich zugutekommt** und er mit weiteren Verstößen dieser Dritten **ernstlich rechnen** muss, ist er im Rahmen des **Möglichen und Zumutbaren** verpflichtet, auf solche Personen einzuwirken.[1040] Daraus kann sich eine Pflicht ergeben, auf **Suchmaschinen** einzuwirken, dass rechtsverletzende Inhalte nicht weiter aus deren **Cache** abgerufen werden können; eine Pflicht zur Einwirkung auf andere Plattformen, auf denen der rechtsverletzende Inhalt eingestellt wurde, folgt daraus jedoch nicht.[1041]

6. Der Unterlassungsanspruch gegen Diensteanbieter im Internet und die Haftungsprivilegierungen des TMG

230   **a) Verhältnis des Unterlassungsanspruchs zum TMG. aa) Allgemeines.** Das Verhältnis des Unterlassungsanspruchs gegen den (mittelbaren) Störer zu den Haftungsprivilegierungen des TMG bzw. der E-Commerce-Richtlinie ist seit der Entscheidung *Internetversteigerung*[1042] ein „Dauerbrenner". Zwar hat der I. Zivilsenat insbesondere im Lichte von *L'Oréal/eBay*[1043] seine **bisherige Rechtsprechung aufgegeben,** wonach die **Haftungsprivilegierungen des TMG** keine **Anwendung auf Unterlassungsansprüche** finden und galt seit „Stiftparfüm" nunmehr davon aus, dass sich Diensteanbieter auch gegen Unterlassungsansprüche auf die Haftungsprivilegierungen des TMG berufen können.[1044] Gleichzeitig hat er aber seine **Grundsätze zur Störerhaftung** unverändert be-

---

[1035] *Leistner* ZUM 2012, 722, (723); *Nolte/Wimmers* GRUR 2014, 16 (17 f.); *Dreier/Leistner* GRUR 2013, 881 (895); *Wimmers/Barudi* GRUR 2017, 327, 332 f.

[1036] Vgl. eingehend zum Ganzen *Wimmers/Barudi* GRUR 2017, 327 ff.; *Nolte/Wimmers* GRUR 2014, 16 ff.; *Czychowski/J. B. Nordemann* GRUR 2013, 986 ff.; *Leistner* ZUM 2012, 722 ff.; *Dreier/Leistner* GRUR 2013, 881 ff.

[1037] BGH GRUR 2018, 1132 – YouTube mAnm *Ohly.*

[1038] The Supreme Court, Urt. v. 13.6.2018, Cartier International AG ua./British Telecommunications Plc ua., [2018] UKSC 28, abrufbar unter https://www.supremecourt.uk/cases/docs/uksc-2016-0159-judgment.pdf; zuletzt abgerufen am 21.1.2019; vgl. dazu auch *Hoffmann* GRUR 2015, 123.

[1039] Zum Begriff vgl. Art. 2 Nr. 6 DSM-RL und Erwägungsgrund 62 DSM-RL; kritisch dazu *Spindler* CR 2019, 277 (283 f.).

[1040] BGH GRUR 2018, 1183 Rn. 9–11 – Wirbel um Bauschutt; BGH GRUR 2017, 823 Rn. 29 – Luftentfeuchter; BGH GRUR 2017, 208 Rn. 20 – Rückruf von RESCUE-Produkten; BGH GRUR 2015, 258 Rn. 67, 70 – CT-Paradies.

[1041] Vgl. BGH GRUR 2018, 1183 Rn. 13 ff., 16 ff. – Wirbel um Bauschutt; BGH GRUR 2019, 292 Rn. 41.

[1042] BGH GRUR 2004, 860 – Internetversteigerung.

[1043] EuGH GRUR 2011, 1025 – L'Oréal/eBay.

[1044] BGH GRUR 2011, 1038 Rn. 22 – Stiftparfüm; so auch in den nachfolgenden Entscheidungen BGH GRUR 2013, 370 – Alone in the Dark; GRUR 2012, 1030 – File-Hosting-Dienst; OLG Köln, Urt. v. 18.7.2014

kräftigt, obwohl – für den Fall des Hosting-Dienstes – konsequenterweise die Prüfung nunmehr zunächst an den Voraussetzungen des § 10 TMG zu erfolgen hätte.[1045] Mit den **Vorabentscheidungsersuchen in den Rechtssachen C-682/18 und C-683/18** legt der BGH nun zentrale Fragen der Störerhaftung dem EuGH vor, wobei Kernelemente zur Frage der Verantwortlichkeit von Hosting-Diensten wie insbesondere der Umfang möglicher Maßnahmen zur Vorbeugung gegen zukünftige Rechtsverletzungen nicht Gegenstand der Vorlagefragen sind. Vor dem Hintergrund des Bedeutungsgewinns inhaltsbasierter Technologien zur Auffindung von Urheberrechtsverletzungen und deren Einsatzmöglichkeiten und -bedingungen auf offenen Hosting-Plattformen ist das bedauerlich.[1046] Auch die stark interessengetriebenen Beratungen zu einem Art. 13 einer europäischen Urheberrechtsrichtlinie verstellen eher den Blick auf die zu lösenden Rechtsfragen.[1047]

bb) Art. 17 DSM-RL.[1048] Die noch **in nationales Recht umzusetzende DSM-RL**[1049] bringt **230a** für bestimmte sog. **„Diensteanbieter für das Teilen von Online-Inhalten"**[1050] in zweierlei Hinsicht eine Änderung: Zum Einen bestimmt Art. 17 Abs. 1 DSM-RL, dass „Diensteanbieter für das Teilen von Online-Inhalten" (selbst) eine Handlung der öffentlichen Wiedergabe oder eine Handlung der öffentlichen Zugänglichmachung vornehmen, wenn sie der Öffentlichkeit Zugang zu von ihren Nutzern hochgeladenen urheberrechtlich geschützten Werken oder sonstigen Schutzgegenständen verschaffen. In Bezug auf diese Diensteanbieter[1051] käme dann **nicht mehr die Störerhaftung** zur Anwendung, sondern es stellt sich die Frage einer **täterschaftlichen Urheberrechtsverletzung.** Zudem erklärt Art. 17 Abs. 3 DSM-RL die Beschränkung der Verantwortlichkeit nach Art. 14 Abs. 1 E-Commerce-RL und damit § 10 TMG für nicht anwendbar und **durchbricht damit die eigentlich eingreifende Haftungsprivilegierung von § 10 TMG.**[1052]

cc) Kein Unterlassungsanspruch gegen Zugangsanbieter. Während beim **Hosting-Provider** **231** die Störerhaftung jedenfalls in Teilen § 10 TMG und den Vorschriften der E-Commerce-Richtlinie[1053] vergleichbare Pflichten vorsieht, ist dies beim **Access-Provider** und beim **Caching** anders. Denn für diese Tätigkeiten ist der Anbieter **selbst bei Kenntnis einer (konkreten) Rechtsverletzung von der Haftung freigestellt.** Sind aber Unterlassungsansprüche von den Privilegierungen erfasst, dann führen die §§ 8, 9 TMG dazu, dass eine § 10 TMG entsprechende Entfernungs- oder Sperrungspflicht gerade nicht besteht.[1054] Entgegen dieser Auffassung ging der BGH zunächst davon aus, dass die Störerhaftung mit den Haftungsprivilegierungen auch in Bezug auf Access-Provider in Einklang zu bringen sei und sah dessen – **subsidiäre** – Inanspruchnahme auf Unterlassung jedenfalls grundsätzlich als möglich an, wenn Sperrmaßnahmen Seiten mit ganz überwiegend rechtswidrigen Inhalten betreffen.[1055]

Diese Rechtsprechung ist durch das **3. TMGÄndG**[1056] überholt. Nach der neuen Vorschrift des **231a** § 8 Abs. 1 S. 2 TMG unterfallen nunmehr auch **Unterlassungsansprüche** ausdrücklich dem Haftungsausschluss. Das hat der BGH unterdessen bestätigt, und erkennt nun im Fall des Anbieters von WLANs nach § 7 Abs. 4 TMG, der ebenfalls neu eingefügt wurde, auf einen Anspruch auf Sperrung.[1057]

Auch mit der *Dead Island*-Entscheidung des BGH dürfte die Diskussion um **Sperrverfügungen** **231b** **gegen Access-Provider** allerdings nicht beendet sein. Zwar hatte der BGH wegen einer „planwidri-

– 6 U 192/11, BeckRS 2014, 15246; KG, MMR 2014, 46 (48); vgl. auch den Vorlagebeschluss des LG München GRUR 2015, 70 – Bring mich nach Hause; Köhler/Bornkamm/*Köhler/Feddersen* § 8 UWG Rn. 2.28; *v. Ungern-Sternberg* GRUR 2015, 205 (215 f.); *v. Ungern-Sternberg* GRUR 2012, 321 (327); *Wimmers* AfP 2015, 202 (205 f.); *Nolte/Wimmers* GRUR 2014, 16 (20). Anders (noch) der VI. Zivilsenat: BGH, GRUR 2012, 751 – RSS-Feeds; GRUR 2012, 311 Rn. 9 – Blog-Eintrag; *Leistner/Grisse* GRUR 2015, 19 (21); anders offenbar auch Dreier/Schulze/*Specht* § 97 UrhG Rn. 40; sowie *Leistner*, vgl. → Rn. 108.

[1045] Zuletzt BGH GRUR 2018, 1132 Rn. 48 f. – YouTube mAnm *Ohly;* BGH GRUR 2018, 1239 Rn. 39 f. – uploaded; BGH GRUR 2018, 178 Rn. 74 – Vorschaubilder III mAnm Ohly; zustimmend *v. Ungern-Sternberg* GRUR 2019, 1, 9; kritisch *Ohly* ZUM 2017, 793, 801 f.

[1046] BGH GRUR 2018, 1132 – YouTube; BGH GRUR 2018, 1239 – Uploaded.

[1047] Zur sog. Value-Gap-Diskussion vgl. *Wimmers/Barudi* GRUR 2017, 327 mwN.

[1048] Eingehender zu den Vorschriften der DSM-RL → Rn. 215c ff.

[1049] Bis zum 7.6.2021, vgl. Art. 29 Abs. 1 DSM-RL.

[1050] Zur Definition vgl. § 2 Nr. 6 DSM-RL und Erwgr. 62 DSM-RL; kritisch dazu *Spindler* CR 2019, 277 (283 f.).

[1051] Zur Problematik der Abgrenzung der einzelnen Dienste, die unter Art. 17 DSM-RL fallen vgl. *Spindler* CR 2019, 277 (283 f.).

[1052] *Spindler* CR 2019, 277 (283); zu den haftungsrechtlichen Konsequenzen vgl. → Rn. 215c ff. und → Rn. 56e ff.

[1053] Vgl. insoweit den auf den Hosting-Provider bezogenen Erwägungsgrund 48 der Richtlinie 2000/31, wonach Mitgliedstaaten von Hosting-Providern verlangen können, die nach vernünftigem Ermessen von ihnen zu erwartende und in innerstaatlichen Rechtsvorschriften niedergelegte Sorgfaltspflicht anzuwenden, um bestimmte Arten rechtswidriger Tätigkeiten aufzudecken und zu verhindern.

[1054] Vgl. OLG Hamburg, Urt. v. 22.12.2010 – 5 U 36/09, BeckRS 2011, 22463, wonach die Grundsätze zur Störerhaftung auf einen Access Provider nicht uneingeschränkt anzuwenden sind.

[1055] BGH GRUR 2016, 268 Rn. 51 ff., 83 ff. – Störerhaftung eines Access-Providers; vgl. weiter Vorinstanz OLG Köln, Urt. v. 18.7.2014 – 6 U 192/11, BeckRS 2014, 15246; OLG Hamburg, GRUR-RR 2014, 140 – 3 dl. am.

[1056] Drittes Gesetz zur Änderung des Telemediengesetzes v. 28.9.2017, BGBl 2017 I 3530.

[1057] Überholt insoweit LG München GRUR-RS 2018, 2857; OLG München GRUR 2018, 1050 Rn. 36; vgl. zuletzt LG München I BeckRS 2019, 11911.

gen Regelungslücke" dort eine analoge Anwendung der nach ihrem Wortlaut auf WLANs beschränkten Regelung in § 7 Abs. 4 TMG mittels **„richtlinienkonformer Rechtsfortbildung"** auch „gegenüber den anderen Internetzugangsvermittlern" vorgesehen.[1058] Denn andernfalls käme es entgegen Art. 8 Abs. 3 RL 2001/29/EG bzw. Art. 11 S. 3 RL 2004/48/EG zu einem „völlige[n] Entfallen von Rechtsbehelfen des Rechtsinhabers gegen Mittelspersonen".[1059] In dem vom BGH entschiedenen Fall unterhielt der Beklagte neben fünf WLAN-Hotspots auch zwei drahtgebundene Kanäle aus dem TORNetzwerk („Tor-Exit-Nodes"), die nicht unter den Wortlaut von § 7 Abs. 4 TMG fallen. Hinsichtlich solcher TOR-Exit-Nodes mag eine **planwidrige Lücke** vorliegen. Hinsichtlich klassischer Access-Provider, die meist Millionen Kunden Zugang zum Internet verschaffen, kann davon allerdings nicht ausgegangen werden.[1060] Den **Unterlagen zum Gesetzgebungsverfahren** lässt sich entnehmen, dass zum einen die neue Regelung in § 8 Abs. 1 S. 2 TMG gerade auch den Access-Provider umfassen, zum anderen aber die Regelung in § 7 Abs. 4 TMG zwar den Anbieter eines WLAN, nicht aber den Access-Provider treffen sollte.[1061]

231c   Zudem sind bei Sperrverfügungen gegen Access-Provider bei der **Abwägung der betroffenen Grundrechte** und im Rahmen der **Verhältnismäßigkeitsprüfung** andere Rechte und Interessen zu berücksichtigen als bei einem privaten Nutzer, der ein WLAN oder einen vergleichbaren Zugang zum Internet unterhält. Bei einem Access-Provider wären zur Umsetzung von Sperrverfügungen **Eingriffe in dessen Infrastruktur (zB das DNS-System)** erforderlich, die zudem sodann sämtliche seiner Kunden betreffen würden. Auch trifft die weitere Erwägung des BGH, dass andernfalls dem Rechtsinhaber kein Rechtsbehelf gegen den Vermittler möglich wäre, nicht zu. Schon in seiner *Promusicae*-Entscheidung hatte der EuGH festgehalten, dass die Verpflichtung der Mitgliedstaaten insbesondere aus der Richtlinie 2004/48/EG diesen nicht gebieten, einen effektiven Schutz des Urheberrechts im Rahmen eines zivilrechtlichen Verfahrens vorzusehen.[1062] Ein öffentlich-rechtlicher Anspruch könnte sich etwa aus § 59 Abs. 4 RStV ergeben bzw. nach den Ordnungsbehördengesetzen der Länder. Danach können sie den Erlass eines entsprechenden **Verwaltungsakts** bei der zuständigen Behörde beantragen und im Falle der Ablehnung eine Verpflichtungsklage gem. § 42 Abs. 1 Var. 2 VwGO erheben.[1063] Ein solcher Weg über die zuständigen Behörden erscheint im Falle klassischer Access-Provider auch sachgerecht, da dem Access-Provider mit einem Verwaltungsakt eine belastbare Grundlage für den einschneidenden Eingriff vorliegt, der in der Sperre des **Zugangs zu einer ganzen Webseite** liegt. Dass dem Access-Provider das volle Risiko im Zusammenhang mit der Sperrung ganzer Webseiten auferlegt wird, erscheint vor dem Hintergrund ihrer Privilegierung im Rahmen der Richtlinie 2000/31/EG nicht richtig.

232   Dieser Rechtsauffassung steht die Entscheidung des **EuGH** in der Sache *UPC Telekabel* nicht entgegen.[1064] Soweit der EuGH darin eine nach österreichischem Recht mögliche Anordnung, mit der einem Access-Provider verboten wird, seinen Kunden Zugang zu urheberrechtsverletzenden Inhalten zu ermöglichen, als mit dem Unionsrecht vereinbar sah, stellte der Gerichtshof diesen Grundsatz unter teilweise schwer zu lesende Einschränkungen:[1065] Verfahrensvorschriften müssten Internetnutzern ermöglichen, ihre Rechte geltend zu machen, sobald die vom Access-Provider durchgeführte Maßnahme bekannt ist (→ Rn. 57). Zudem müsse ein **Overblocking** verhindert werden und die getroffene Maßnahme Nutzer effektiv vom Zugriff auf rechtsverletzende Inhalte abhalten (→ Rn. 64).[1066] Auch diese Maßgaben werden die Auseinandersetzung um Sperrverfügungen weiter beschäftigen.

233   **b) Umfang der Prüfpflichten (nach der Störerhaftung):** Im Rahmen der vom BGH angenommenen Verpflichtung des Hosting-Providers, **zumutbare Maßnahmen zur Vorsorge gegen gleichartige Rechtsverletzungen** zu treffen, hat früh der **Einsatz technischer Filter** (bisher allerdings ausschließlich in Form von Wortfiltern) eine zentrale Rolle in der Rechtsprechung gespielt.[1067] Der EuGH hat zu dieser Frage eine zurückhaltende Position eingenommen: In „L'Oréal/eBay" be-

---

[1058] BGH GRUR 2018, 1044 Rn. 49 – Dead Island; vgl. auch EuGH, Urt. v. 15.9.2016 – C-484/14 – McFadden.
[1059] BGH GRUR 2018, 1044 Rn. 46 – Dead Island.
[1060] Anders aber LG München I BeckRS 2019, 11911.
[1061] Vgl. Deutscher Bundestag, Wortprotokoll 18/118; Begründung zum Gestezentwurf der Bundesregierung, BT-Drs. 18/12202, S. 10, 13; aA *J. B. Nordemann* GRUR 2018, 1016, allerdings ohne sich mit dem Inhalt des Gesetzgebungsverfahrens auseinanderzusetzen; für eine Anwendung von § 7 Abs. 4 auch auf Access-Provider *Spindler* GRUR 2018, 1012; vgl. auch BVerfG, Beschluss vom 20.11.2018 – 1 BvR 1502/16 – Rn. 12, BeckRS 2018, 34215.
[1062] EuGH GRUR 2008, 241 Rn. 71 – *Promusicae*, dort in Bezug auf den Auskunftsanspruch aus Art. 8 RL 2004/48/EG.
[1063] Vgl. VG Düsseldorf MMR 2015, 352; so im Ergebnis auch *Mantz* GRUR 2017, 969 (977), der auf die Möglichkeit von gegen den Access-Provider durchsetzbare Auskunftsansprüche nach § 101 UrhG verweist.
[1064] EuGH GRUR 2014, 468 – UPC Telekabel/Constantin Film; vgl. dazu → Rn. 139.
[1065] Vgl. *Marly*, GRUR 2014, 472 (473).
[1066] Vgl. aber nun BGH GRUR 2016, 268 Rn. 57; aA *Ohly* ZUM 2015, 308 (317 f.), *Spindler* GRUR 2014, 826 (833 f.), *Marly* GRUR 2014, 472 (473).
[1067] Vgl. BGH GRUR 2004, 860 – Internet-Versteigerung; GRUR 2007, 708 – Internet-Versteigerung II; GRUR 2013, 370 – Alone in the Dark.

jahte er das Ob **vorbeugender Maßnahmen,** identifizierte aber aus den vom vorlegenden Gericht aufgeführten insgesamt zehn möglichen Maßnahmen, unter denen sich prominent Filtermethoden und -verfahren befanden,[1068] lediglich zwei als zumutbar, nämlich (i) die Verhinderung von zukünftigen Rechtsverletzungen nach einem „doppelten Identitätserfordernis", dh einer Verletzung derselben Marke durch denselben Verletzer (umzusetzen durch eine Kontensperrung), sowie (ii) Maßnahmen, die die Identifizierung des Urhebers der Verletzung ermöglichen, sofern dieser im geschäftlichen Verkehr und nicht als Privatmann tätig wird.[1069] Die Lösung des BGH für eBay, den **Einsatz von Wortfiltern** gar mit **händischer Nachkontrolle,** erwähnte der EuGH nicht. In seinen beiden **SABAM-Entscheidungen** verneinte er Filterpflichten einmal für einen Access-Provider und einmal für einen Hosting-Dienst. Es mag zutreffen, dass das belgische Gericht die Vorlagefrage(n) in den „SABAM"-Entscheidungen unglücklich formuliert hat, indem es die präventive Kontrolle (fast) aller Daten sowie zeitlich unbegrenzt zum Gegenstand der Vorabentscheidung machte.[1070] Das dort zu beurteilende Filtersystem unterscheidet sich in den vom EuGH angelegten Kriterien aber nicht von denjenigen, die der BGH in Bezug auf eBay oder Rapidshare behandelte: Denn auch eBay muss diesen Filter auf alle Angebote und damit unterschiedslos auf alle seine Nutzer anwenden; der Filter wirkt **„präventiv",** weil er wie im Fall des EuGH sämtliche auf eBay eingestellten Angebote auf eine Übereinstimmung mit den eingegebenen Suchbegriffen prüfen muss, dies in die Zukunft gerichtet und „auf Kosten" des Anbieters. Es wäre zudem ein absurdes Ergebnis, wenn ein Filtersystem, das der EuGH für das nicht begrenzte Rechteportfolio einer Verwertungsgesellschaft wegen eines qualitativen Eingriffs in das Recht der unternehmerischen Freiheit des Providers für unzumutbar hält, zumutbar sein soll, wenn dasselbe System für den Fall einer einzelnen konkreten Rechtsverletzung eines einzelnen Rechtsinhabers eingesetzt werden muss. In seiner Entscheidung *Kinderhochstühle im Internet III* hat der BGH sich nunmehr mit der Rechtsprechung des EuGH aus den SABAM-Entscheidungen auseinandergesetzt und erkennt die daraus folgenden Begrenzungen für Filterpflichten.[1071] Ganz allgemein erscheint die Verankerung „der Anordnungen zu vorbeugenden Maßnahmen" in einem zivilrechtlichen Anspruch (der Störerhaftung) nicht geeignet, die Gemengelage vielfältiger Interessen in einem multipolaren Verhältnis abzubilden.[1072] Dies schon deswegen, weil es so kaum je zu der in den Richtlinien vorgesehenen **gerichtlichen Anordnung** kommen wird. Ein wirtschaftlich vernünftig operierendes Unternehmen wird rechtliche Auseinandersetzungen über Inhalte, zu denen es keine Beziehung hat, vermeiden, da es nicht beurteilen kann, ob ein betreffender Inhalt rechtmäßig oder rechtswidrig ist.

Für **Diensteanbieter für das Teilen von Online-Inhalten**[1073] sieht – allerdings **im Rahmen** **233a** **einer täterschaftlichen Urheberrechtsverletzung** durch den Diensteanbieter selbst – Art. 17 Abs. 4 lit. c) DSM-RL im Falle eines **„hinreichend begründeten Hinweises von den Rechteinhabern"** neben der Entfernung des konkreten Inhalts die weitere Pflicht vor, „das künftige Hochladen dieser Werke oder sonstige Schutzgegenstände zu verhindern". Zum Inhalt dieser Pflicht verweist die Vorschrift auf Art. 17 Abs. 4 lit. b) DSM-RL, wonach der Diensteanbieter **„nach Maßgabe hoher branchenüblicher Standards für die berufliche Sorgfalt"** alle Anstrengungen unternommen hat, dass die Nichtverfügbarkeit der Inhalte sichergestellt ist.[1074] Siehe zu diesen Pflichten schon oben → Rn. 215c ff. und → Rn. 229a.

c) Gerichtsstand, anwendbares Recht. Ein weiteres Problem, das sich häufig im Zusammen- **234** hang mit **Urheberrechtsverletzungen bei Online-Diensten** stellt, ist die Frage des Gerichtsstands (insbesondere Art. 7 Nr. 2 der Verordnung[1075] (EU) Nr. 1215/2012 und § 32 ZPO) und des anwendbaren Rechts (Art. 40 EGBGB), da eine Vielzahl von Diensten nicht aus Deutschland und nicht aus der Europäischen Union angeboten wird. Anders als im Bereich der Persönlichkeitsrechtsverletzungen,[1076] des Wettbewerbs-[1077] und Markenrechts[1078] fehlt für das Urheberrecht eine höchstrichter-

---

[1068] High Court of Justice (Chancery Division), Urt. v. 22.5.2009 [2009] EWHC 1094 (Ch), Rn. 277: „… For example, it would appear to be possible for eBay Europe to take some or all of the following steps, although some would be more technically challenging and costly than others: (i) filter listings before they are posted on the Site; (ii) use additional filters, including filters to detect listings of testers and other not-for-sale products and unboxed products; (iii) filter descriptions as well as titles; (iv) […]".

[1069] EuGH, GRUR 2011, 1025 Rn. 141 f. – L'Oréal/eBay.

[1070] Kritisch *Leistner* ZUM 2012, 722 (728).

[1071] Vgl. BGH GRUR 2015, 485 Rn. 51, 59 – Kinderhochstühle im Internet III.

[1072] Vgl. insoweit nur die Ausführungen → Rn. 232 zu EuGH GRUR 2014, 468 – UPC Telekabel/Constantin Film.

[1073] Zum Begriff vgl. Art. 2 Nr. 6 DSM-RL und Erwgr. 62 DSM-RL; kritisch dazu *Spindler* CR 2019, 277 (283 f.).

[1074] Vgl. dazu *Spindler* CR 2019, 277 (286 f.).

[1075] Verordnung (EU) Nr. 1215/2012 des Europäischen Parlaments und des Rates v. 12.12.2012 über die gerichtliche Zuständigkeit und die Anerkennung und Vollstreckung von Entscheidungen in Zivil- und Handelssachen.

[1076] Vgl. BGH GRUR 2011, 558 Rn. 10 – Klassentreffen in Moskau; BGH GRUR 2010, 461, Rn. 17 – New York Times.

[1077] BGH GRUR 2014, 601 Rn. 26 – englischsprachige Pressemitteilung; BGH GRUR 2006, 513 (515) – Arzneimittelwerbung im Internet.

[1078] BGH GRUR 2005, 431 (432) – Hotel Maritime.

liche Klärung.[1079] Zur Begründung der internationalen Zuständigkeit reicht nach dem BGH die schlüssige Behauptung von Tatsachen aus, auf deren Grundlage sich eine im Gerichtsbezirk begangene unerlaubte Handlung ergibt.[1080] In seiner Entscheidung Pez Hejduk[1081] hat der EuGH für Art. 5 Nr. 3 der Verordnung (EG) Nr. 44/2001[1082] festgestellt, dass diese Vorschrift für die Feststellung der **internationalen Zuständigkeit** nicht verlangt, dass die fragliche Website auf den Mitgliedstaat des angerufenen Gerichts „ausgerichtet" ist. Ob eine **Verletzung inländischen Urheberrechts** vorliegt, kann allerdings nach einem anderen Maßstab zu beurteilen sein. So folgt aus der Entscheidung *Football Dataco* des EuGH, dass eine Verletzung des dort gegenständlichen Datenbankrechts vom Vorliegen von Anhaltspunkten abhängt, „die den Schluss zulassen, dass diese Handlung die Absicht der sie vornehmenden Person erkennen lässt, die Personen, die sich in diesem Gebiet befinden, **gezielt** anzusprechen".[1083] Damit trägt der EuGH dem Umstand Rechnung, dass sich die öffentliche Zugänglichmachung über das Internet den traditionellen Arten der Verbreitung grundsätzlich durch die Ubiquität des Inhalts einer Website unterscheidet, die nämlich von einer unbestimmten Zahl von Internetnutzern überall auf der Welt unmittelbar aufgerufen werden kann, unabhängig davon, ob es in der Absicht des Betreibers dieser Website lag, dass sie außerhalb seines Sitzmitgliedstaats aufgerufen wird, und ohne dass er Einfluss darauf hätte.[1084]

II. Der Beseitigungsanspruch

1. Allgemeines

235   **Der Beseitigungsanspruch** ist in § 97 Abs. 1 S. 1 geregelt. Wer durch einen **rechtswidrigen Eingriff** einen **fortdauernden störenden Zustand** geschaffen hat, muss diesen beseitigen.[1085] Grundsätzlich besteht bei einer Rechtsverletzung die Vermutung weiterer Störungen.[1086] Der Anspruch kann sich überschneiden mit dem Vernichtungs-, Rückruf-, Überlassungsanspruch aus § 98, der ebenfalls auf die Beseitigung eines fortdauernden Störungszustands gerichtet ist.[1087]

236   **Unterlassungs- und Beseitigungsansprüche gehören als sog. negatorischer Rechtsschutz eng zusammen.** Man kann den Unterlassungsanspruch als Unterfall des Beseitigungsanspruchs verstehen,[1088] oder den Beseitigungsanspruch als Fortführung und Ergänzung des Unterlassungsanspruchs.[1089] Allerdings handelt es sich bei Unterlassungs- und Beseitigungsanspruch um **selbständige Ansprüche mit grundsätzlich unterschiedlicher Zielrichtung.** Auch wenn der Erfolg der Beseitigung durch den Unterlassungsanspruch mit erreicht werden kann, weil die Beseitigung von der Erfüllung der Unterlassungspflicht umfasst ist, liegt es in der Hand des Gläubigers, ob er den einen oder den anderen oder beide Ansprüche geltend macht. Häufig laufen Beseitigungs- und Unterlassungsanspruch gleich, nämlich dann, wenn die Nichtbeseitigung gleichbedeutend mit der Fortsetzung der Verletzungshandlung ist.[1090] Die Abgrenzung zwischen Beseitigung und Unterlassung über ein positives Handeln (Beseitigung) und das Abstandnehmen von einem Tun (Unterlassung) greift insbesondere im Rahmen der Störerhaftung für Urheberrechtsverletzungen im Internet nicht mehr, wo dem Dienstanbieter nicht nur Prüf- sondern eben auch Beseitigungspflichten auferlegt werden.[1091] Der verschuldensabhängige Anspruch auf Schadensersatz nach § 249 BGB geht auf Wiederherstellung des früheren Zustandes, der Beseitigungsanspruch auf die Vermeidung künftiger Schäden.[1092] Auch diese Abgrenzung ist nicht immer trennscharf möglich, da auch der negatorische Beseitigungsan-

---

[1079] Nur beiläufig in BGH GRUR 2016, 1048 – An Evening with Marlene Dietrich.

[1080] BGH GRUR 2016, 1048 Rn. 17 – An Evening with Marlene Dietrich; so auch schon LG Hamburg, BeckRS 2015, 18942.

[1081] EuGH GRUR 2015, 296 Rn. 32 f. – Pez Hejduk.

[1082] Seit dem 10.1.2015 ersetzt durch Art. 7 Nr. 2 der Verordnung (EU) Nr. 1215/2012.

[1083] EuGH GRUR 2012, 1245 Rn. 39 – Football Dataco; für eine Anwendung dieser Grundsätze auch auf das Recht aus § 19a UrhG LG Hamburg ZUM 2016, 887 (890).

[1084] EuGH GRUR 2012, 1245 Rn. 35 – Football Dataco.

[1085] BGH GRUR 2015, 258 Rn. 64 – CT-Paradies; BGHZ 14, 163 (173) = GRUR 1955, 97 – Constanze II; BGHZ 34, 99 (102) = NJW 1961, 658 – Sportanlagenbau; BGHZ 37, 187 (189, 191) = GRUR 1962, 652 – Auslandsschule; BGH GRUR 1954, 333 (337) – Molkereizeitung; BGH GRUR 1954, 337 (342) – Radschutz; BGH GRUR 1958, 448 (449) – Blanko-Verordnungen; BGH GRUR 1960, 500 (502) – Plagiatsvorwurf; BGH GRUR 1962, 315 (318) – Deutsche Miederwoche; BGH GRUR 1966, 272 – Arztschreiber; KG GRUR 1996, 968 (970) – Möbel-Nachbildungen.

[1086] Zur Rufschädigung durch Druckschriften siehe BGH NJW 1968, 644 (645) – Mein Mann John.

[1087] BGH GRUR 1993, 899 (900) – Dia-Duplikate; zur Verpflichtung zur Vornahme von Handlungen zur Beseitigung bei einer fortdauernden Störung im Rahmen des Unterlassungsanspruchs vgl. BGH GRUR 2018, 1183 – Wirbel um Bauschutt sowie oben → Rn. 229b.

[1088] Fromm/Nordemann/*J. B. Nordemann* § 97 UrhG Rn. 55: In der Gefährdung eines Rechtsguts liege eine Beeinträchtigung, die durch das Unterlassen der gefährdenden Handlung beseitigt werde.

[1089] *v. Gamm* § 97 UrhG Rn. 28; Möhring/Nicolini/*Reber* § 97 UrhG Rn. 86; auch BGH GRUR 1955, 487 (488) – Alpha.

[1090] BGH GRUR 2015, 258 Rn. 64 – CT-Paradies; BGH GRUR 1977, 614 (616) – Gebäudefassade.

[1091] Vgl. nur BGH GRUR 2013, 1229 – Kinderhochstühle im Internet II; BGH GRUR 2013, 370 – Alone in the Dark.

[1092] Wandtke/Bullinger/*v. Wolff* § 97 UrhG Rn. 43; Fromm/Nordemann/*J. B. Nordemann* § 97 UrhG Rn. 60.

spruch in vielen Fällen zumindest ein Stück weit dieselbe wiederherstellende Wirkung wie der Schadensersatzanspruch hat.[1093]

Als verschuldensunabhängiger Abwehranspruch erfordert der Beseitigungsanspruch nicht nur die 237
Eignung der Maßnahme sondern auch deren **Zumutbarkeit** im Rahmen einer **sorgfältigen Interessenabwägung**.[1094] Ausnahmsweise kann ein drohender Störungszustand durch eine **vorbeugende Beseitigungsklage** anstelle der regelmäßigen vorbeugenden Unterlassungsklage abgewendet werden, wenn die Durchsetzung des Anspruchs mit Handlungsvollstreckung aus einem Beseitigungstitel sinnvoller ist.[1095] Im Rahmen der Beseitigung kommt auch ein Rückruf in Betracht. Insoweit können sich Ansprüche aus § 97 Abs. 1 und § 98 Abs. 2 decken.[1096] Ein Rückruf ist jedoch nur durchzusetzen, solange der Verletzer/Störer die Verfügungsbefugnis besitzt. Er ist dennoch nützlich, um den Abnehmer bösgläubig zu machen. Danach kann der Verletzte sich an den Abnehmer halten, wenn er über die Auskunft nach § 101 dessen Namen und Adresse erfahren hat; dazu siehe die dortige Kommentierung.

Der **reine Störungsbeseitigungsanspruch** besteht **unabhängig von Verschulden** und ist nicht 238
zu verwechseln mit dem deliktischen Schadensersatzanspruch (§ 249 BGB),[1097] der Verschulden voraussetzt. Im konkreten Einzelfall kann die Beseitigung der Störung auch die Beseitigung der Schadensfolgen bewirken und umgekehrt.[1098] Der Wegfall eines gegenwärtigen Störungszustandes lässt den Beseitigungsanspruch entfallen.[1099]

2. Umfang

Der Anspruch richtet sich auf **Beseitigung der konkreten Störung.** Eine bestimmte Maßnahme 239
kann nur verlangt werden, wenn keine andere in Frage kommt.[1100] Bei Verletzungen des Rechts der öffentlichen Zugänglichmachung nach § 19a UrhG kann die Verpflichtung zur Beseitigung des Verletzungszustands nach der Rechtsprechung auch die Verpflichtung umfassen, im Rahmen des Möglichen und Zumutbaren bei dem Betreiber einer Internet-Plattform einzuwirken, um diesen zur Entfernung des zum Abruf bereitgehaltenen Werkes zu veranlassen.[1101] **Die Beseitigungsmaßnahme** wirkt vor allem bei Entstellungen. Sie **muss notwendig,** zur Störungsbeseitigung **geeignet und** dem Verletzer **zumutbar sein.** Das ist im Wege einer Interessenabwägung zu entscheiden.[1102] Im Rahmen der Interessenabwägung befürwortet *Köhler* bei Unverhältnismäßigkeit der Beseitigung nach Wettbewerbsverstößen die analoge Anwendung von § 251 Abs. 2 S. 1 BGB.[1103] Der BGH fordert bei Bauwerken sorgsame Abwägung der Urheber- und der Eigentümerbelange, wobei das Interesse des Eigentümers des Bauwerks an der Erhaltung des neuen Werkes mit zu berücksichtigen ist.[1104]

3. Sonstiges

Die **Kosten der Beseitigung** hat der **Verletzer zu tragen,** ohne dass es eines besonderen Aus- 240
spruchs bedarf.[1105] **Bei eigener Störungsbeseitigung** sind bei Verschulden die **Kosten als Schadensersatz** nach §§ 249 ff. BGB geltend zu machen. Abgerechnet werden kann auch über einen Bereicherungsanspruch[1106] oder generell über Geschäftsführung ohne Auftrag (GoA) nach § 677 BGB.[1107] Ergänzt werden die Vorschriften bei Computerprogrammen durch § 69f betr. rechtswidrige

---

[1093] BGH NJW 1996, 845 (846) zu § 1004 BGB mit dem Hinweis, dass der Gefahr begegnet werden müsse, dass das auf dem Verschuldensgrundsatz aufbauende Schadensersatzrecht durch eine verschuldensunabhängige Haftung auf Beseitigung unterlaufen wird.

[1094] BGH GRUR 2008, 984 (985 ff.) – St. Gottfried mwN; BGH GRUR 1999, 230 – Treppenhausgestaltung; sowie → Rn. 239; Möhring/Nicolini/*Reber* § 97 UrhG Rn. 87; Teplitzky/*Löffler* Kap. 22 Rn. 16.

[1095] BGH WRP 1993, 399 (401 f.) – TRIANGLE – für Markenverletzung.

[1096] AA Wandtke/Bullinger/*v. Wolff* § 97 UrhG Rn. 43.

[1097] Zu den Problemen der Abgrenzung vgl. BGH NJW 1996, 845 zu § 1004 BGB.

[1098] BGHZ 10, 104 (105 f.) = NJW 1953, 1386; BGHZ 14, 163 (173) = GRUR 1955, 97 – Constanze II; BGHZ 34, 99 (102) = NJW 1961, 658 – Sportanlagenbau; BGH GRUR 1954, 337 (342) – Radschutz; BGH GRUR 1960, 500 (502) – Plagiatsvorwurf; BGH NJW 1968, 644 (645) – Mein Mann John.

[1099] BGH WRP 1993, 396 (398) – Maschinenbeseitigung.

[1100] BGHZ 29, 314 (317) = NJW 1959, 936 – Autobahnschäden; BGH GRUR 1954, 337 (342) – Radschutz; BGH GRUR 1964, 82 (87) – Lesering.

[1101] BGH GRUR 2015, 258 Rn. 70 – CT-Paradies, dort im Rahmen des Unterlassungsanspruchs; vgl. dazu auch oben → Rn. 229b; *v. Ungern-Sternberg* GRUR 2015, 205 (210).

[1102] BGH GRUR 1960, 500 (503) – Plagiatsvorwurf; BGH GRUR 1962, 315 (318) – Deutsche Miederwoche; BGH GRUR 1960, 340 (344) – Werbung für Tonbandgeräte; BGH GRUR 1964, 91 (93) – Tonbänder-Werbung; BGH GRUR 1964, 94 (97) – Tonbandgeräte-Händler; BGH GRUR 1965, 104 (107 f.) – Personalausweise –, in BGHZ 42, 118 insoweit verkürzt abgedruckt; BGH NJW 1968, 644 (645 f.) – Mein Mann John; BGH GRUR 1984, 54 – Kopierläden; BGH GRUR 2008, 984 (985 ff.) – St. Gottfried; OLG München ZUM 1996, 165 zur Interessenabwägung beim Verbietungsrecht aus § 14; keine nachträgliche Veränderung von Dachgauben trotz Entstellung; siehe auch bei § 98.

[1103] *Köhler* GRUR 1996, 82 (86 f.).

[1104] BGH GRUR 1999, 230 – Treppenhausgestaltung; zur Beseitigung bei Änderungen von Bauwerken ausführlich *Wedemeyer* FS. für Piper, 1996, S. 787; vgl. auch *Goldmann* GRUR 2005, 639.

[1105] BGHZ 29, 314 (319) = NJW 1959, 963 – Autobahnschäden; BGH GRUR 1962, 261 – Öl regiert die Welt.

[1106] BGHZ 29, 314 (319) = NJW 1959, 963 – Autobahnschäden; BGH GRUR 1962, 261 – Öl regiert die Welt.

[1107] Dreier/Schulze/*Specht* § 97 UrhG Rn. 74; Möhring/Nicolini/*Reber* § 97 UrhG Rn. 88.

Vervielfältigungsstücke und Mittel zur bestimmungsgemäßen unlauteren Umgehung von Programm-schutzmechanismen und durch § 95a bei Mitteln zur Umgehung wirksamer technischer Schutzme-chanismen. Zum Ablösungsanspruch des schuldlosen Verletzers siehe § 100, vorm. § 101. Wenn er-forderlich, kann zum Beseitigungsanspruch Auskunft verlangt werden.[1108]

4. Beispiele negatorischer Beseitigungsansprüche

241   Bedeutung erhielten **Beseitigungsansprüche** insbesondere im **Bereich der Architektur:** Das LG Berlin hat im Fall des Hauptbahnhofs Berlin nach Abwägung der konträren Interessen dem Archi-tekten wegen Verletzung seines Urheberpersönlichkeitsrechts eine Beseitigung der Entstellung zuge-sprochen.[1109] Zur Beseitigung der Umgestaltung eines Treppenhauses vgl. BGH GRUR 1999, 230 – Treppenhausgestaltung; zur Abwägung zwischen den Interessen des Urhebers und dem kirchlichen Selbstbestimmungsrecht und liturgischen Gründen zur Umgestaltung vgl. BGH GRUR 2008, 984 – St. Gottfried; zur Ablehnung der Entfernung einer Orgelanlage im Kirchen-Innenraum vgl. BGH GRUR 1982, 107 – Kirchen-Innenraumgestaltung; vgl. auch LG München I FuR 1982, 510 (512) – ADAC-Hauptverwaltung I: Beseitigung der Entstellung eines Kunstwerks nach Zerstörung von Teilen durch den Eigentümer mittels Herstellung des früheren Zustandes oder Entfernung aller Fragmente, aber keine Vernichtung eines Bauwerks in seiner Substanz; zur Beseitigung von Möbelnachbildungen in Hotelräumen neben dem Unterlassungsanspruch vgl. KG, GRUR 1996, 968 (970 f.) – Möbel-Nachbildungen.

242   Weitere Einzelfälle: Zur **Beseitigung einer gefälschten Signatur,** aber kein Anspruch auf Zer-störung eines in Stil und Motiv unterschobenen Bildes, sowie keine Kennzeichnung als Fälschung vgl. BGH GRUR 1995, 668 – Emil Nolde; zur **Beseitigung der Entstellung eines Werkes** (§ 14) vgl. den berühmten Fall RGZ 79, 397 – Felseneiland mit Sirenen: Der Eigentümer eines Freskengemäldes wurde zur **Entfernung einer eigenmächtigen Übermalung** verurteilt. Nachholen der Anerken-nung der Urheberschaft (§ 13) – LG München I UFITA 87 (1980) 338/342; zur **Veröffentlichung einer vertraglichen Unterlassungsverpflichtung** unter dem Gesichtspunkt des Beseitigungsan-spruchs vgl. BGH GRUR 1967, 362 (366) – Spezialsalz I – insoweit in BGHZ 46, 305 nicht abge-druckt. Hinweis im Ladenlokal bzw. in der Werbung auf die Verpflichtung des Kunden zur Beach-tung fremder Urheberrechte (ua. GEMA-Hinweis), aber **keine Verpflichtung zum Verkauf unter Vorlage von Personalausweisen.**[1110] Bei den letztgenannten Fällen wird deutlich, wie Unterlas-sungs- und Beseitigungsansprüche ineinander übergehen können.

III. Schadensersatz-, Auskunfts- und Rechnungslegungsanspruch

1. Allgemeines

243   Auch im Urheberrecht gilt der Grundsatz, dass der **schuldhafte Eingriff** in ausschließliche (abso-lute) Rechte zum **Schadensersatz** verpflichtet.[1111] § 97 Abs. 2 S. 1 und 4 stimmen mit der Rege-lung des § 823 Abs. 1 BGB im Wesentlichen überein. Der Frage, ob § 97 Abs. 2 S. 1 und 4 als Spezi-alvorschrift § 823 Abs. 1 BGB vorgeht, was zu bejahen ist, kommt keine praktische Bedeutung zu; anders, wenn es nicht um die Verletzung von Urheber- und verwandten Schutzrechten geht, sondern um die Verletzung anderer ausschließlicher oder deliktisch geschützter Rechtsgüter wie bei Eingriffen in das allgemeine Persönlichkeitsrecht, das Recht am eigenen Bild ua. Diese Ansprüche können un-abhängig von Ansprüchen wegen Verletzung von Urheber- oder verwandten Schutzrechten geltend gemacht werden.[1112] Die Anforderungen des Art. 13 der Enforcement-RL[1113] wurden nach Auffas-sung des Gesetzgebers schon von § 97 aF und dem dazu entwickelten Gewohnheitsrecht erfasst. Die Änderungen im Gesetzestext haben keine materiell-rechtliche Bedeutung.[1114]

[1108] BGH GRUR 1995, 427 (428) – Schwarze Liste.

[1109] LG Berlin GRUR 2007, 964; unbekannt verglichen; vgl. aber auch die gründliche Abwägung mit anderem Ergebnis hinsichtlich des vorgesehenen Teilabrisses des Stuttgarter Hauptbahnhofs in LG Stuttgart ZUM-RD 2010, 491 (497 ff.).

[1110] BGHZ 42, 118 = GRUR 1965,104 – Personalausweise – keine generelle Kontrollpflicht mit Einsichtnahme in ggf. vertrauliche Unterlagen; BGH GRUR 1984, 54 (55) – Kopierläden.

[1111] Daher bestehen im Rahmen der Störerhaftung keine Ansprüche auf Schadensersatz und akzessorische Aus-kunft; BGH GRUR 2010, 633 Rn. 17 – Sommer unseres Lebens; BGH GRUR 2002, 618 (619) – Meißner De-kor; BGH GRUR 2004, 860 (864) – Internet-Versteigerung; KG GRUR-RR 2013, 204 – Foto-Nutzung; vgl. → Rn. 73.

[1112] So auch *Ulmer* § 131 I.

[1113] Richtlinie 2004/48/EG zur Durchsetzung der Rechte des geistigen Eigentums vom 29.4.2004, ABl. EU L 195 S. 16; vgl. auch die Vorlagefragen 5 und 6 in BGH GRUR 2018, 1132 Rn. 53 ff. – YouTube zu Anwendung und Voraussetzungen der Teilnahmehaftung im Rahmen von Art. 13 Enforcement-RL.

[1114] AmtlBegr. BT-Drs. 16/5048, 33, 48; Fromm/Nordemann/*J. B. Nordemann* § 97 UrhG Rn. 5; Wandtke/Bullinger/*v. Wolff* § 97 Rn. 60; kritisch *v. Ungern-Sternberg* GRUR 2009, 460.

2. Verschulden

a) Vorsatz. Vorsätzlich handelt, wer eine Rechtsverletzung entweder bewusst und gewollt be- **244** geht **(direkter Vorsatz)** oder mit **dolus eventualis,** wenn die mögliche Rechtsverletzung erkannt und bewusst in Kauf genommen wird.[1115] **Tatsachen- und Rechtsirrtum** schließen den Vorsatz, nicht aber die Fahrlässigkeit aus.[1116] Soweit Recherche-, Kontroll- und Prüfungspflichten bestehen, beispielsweise beim Verleger, sind diese in die Prüfung des Verschuldens einzubeziehen. Die Rechtsfolgen sind bei Vorsatz und Fahrlässigkeit gleich. Das ist vielfach und teilweise heftig in Frage gestellt worden. In jüngster Zeit schafft die höchstrichterliche Rechtsprechung über die Schadensbemessung des herauszugebenden Verletzergewinns Flexibilität bei der Berücksichtigung des Verschuldens.[1117] Bisher war der **Grundsatz der Verhältnismäßigkeit** nur in § 98 Abs. 3 eingesetzt (jetzt Absatz 4). Die **Gehilfenhaftung** setzt zusätzlich zumindest einen **bedingten Vorsatz in Bezug auf die Haupttat** voraus, der das **Bewusstsein der Rechtswidrigkeit** einschließen muss.[1118] Dabei müssen sich der Vorsatz und das Bewusstsein der Rechtswidrigkeit **auf eine konkrete Haupttat** beziehen. Für eine **Schadensersatzhaftung des Betreibers einer Internetplattform als Teilnehmer** genügt es deshalb nicht, dass der Betreiber wusste, dass Nutzer die Plattform zur Verletzung von Rechten des geistigen Eigentums nutzen, wenn sich dieses Wissen nicht auf **konkrete Rechtsverletzungen** bezieht.[1119] Beihilfe kann auch durch **Unterlassen** begangen werden.[1120]

b) Fahrlässigkeit. aa) Allgemeines. Fahrlässig handelt, wer die **im Verkehr erforderliche** **245** **Sorgfalt** außer Acht lässt,[1121] dh. wer hätte wissen können und müssen, dass er eine Rechtsverletzung begeht. Die Rechtsprechung stellt **strenge Anforderungen.**[1122] Wer ein fremdes Werk nutzen will, muss sich sorgfältig Gewissheit über seine Befugnis dazu verschaffen.[1123] Anregungen, bei leichter Fahrlässigkeit die Haftung in Anlehnung an den Rechtsgedanken des § 47 Abs. 2 S. 2 PatG, § 15 Abs. 2 S. GebrMG, § 42 Abs. 2 S. 3 GeschmG und über § 287 ZPO zu beschränken,[1124] sind vom Gesetzgeber nicht aufgenommen worden.[1125] Die Rechtsprechung differenziert im Einzelfall anhand der **Anforderungen an die verkehrsübliche Sorgfalt** und über den **Grad der Zumutbarkeit.**[1126] **Fachkreise** unterliegen **erhöhten Anforderungen.**[1127] Besondere Kenntnisse bzw. bestehende Auskunftsansprüche verpflichten zu weitergehenden Maßnahmen;[1128] es genügt nicht, sich auf die Zusicherung eines Vorlieferanten zu verlassen.[1129] Der **Sorgfaltsmaßstab** ist zwar ohne Rücksicht auf individuelle Kenntnisse und Fähigkeiten des Betroffenen **objektiviert,** aber nach **Verkehrskreisen,** deren speziellen Anschauungen und Bedürfnis Rechnung zu tragen ist, **typisiert zu bestimmen.**[1130] Ob und inwieweit Vertragspartner intern haften, zB wegen Zusicherung der Rechtsinhaberschaft, ist eine Frage außerhalb des Urheberrechts.[1131]

Eingerissene Nachlässigkeiten oder Unsitten zählen nicht.[1132] Grundsätzlich muss sich, wer **246** ein fremdes Geistesgut nutzt oder von einer ihm erteilten Einwilligung Gebrauch machen will,

---

[1115] BGH GRUR 2004, 421 (426) – Tonträgerpiraterie durch CD-Export; BGH GRUR 2000, 249 (250) – Programmsperre.

[1116] BGH GRUR 1982, 102 (104) – Masterbänder; BGH ZUM 1988, 247 – Vorentwurf II; sa. *Schulze* GRUR 1994, 702 ff.

[1117] *v. Ungern-Sternberg* GRUR 2008, 291 (298).

[1118] BGH GRUR 2015, 485 Rn. 35 – Kinderhochstühle im Internet III; BGH GRUR 2013, 1229 Rn. 32 – Kinderhochstühle im Internet II; BGHZ 158, 236 (250) = GRUR 2004, 860 – Internet-Versteigerung I, mwN; BGHZ 172, 119 Rn. 31 = GRUR 2007, 708 – Internet-Versteigerung II; vgl. aber jetzt Vorlagefragen 5 und 6 in BGH GRUR 2018, 1132 Rn. 53 ff. – YouTube mAnm *Ohly,* mit denen der I. Senat die Frage einer fahrlässigen Beihilfe für Dienstanbieter, die keine neutrale, sondern eine aktive Rolle spielen, aufwirft.

[1119] BGH GRUR 2013, 370 Rn. 17 – Alone in the Dark mwN; BGH, GRUR 2013, 1030 Rn. 28 – File-Hosting-Dienst; BGH GRUR 2015, 485 Rn. 37 – Kinderhochstühle im Internet III; vgl. aber jetzt Vorlagefragen 5 und 6 in BGH GRUR 2018, 1132 Rn. 53 ff. – YouTube mAnm *Ohly.*

[1120] BGH GRUR 2011, 152 Rn. 32 f. – Kinderhochstühle im Internet.

[1121] § 276 Abs. 1 S. 2 BGB.

[1122] BGH GRUR 2010, 616 Rn. 40 f. – marions-kochbuch.de; BGH GRUR 2009, 864 Rn. 22 – CAD-Software.

[1123] BGH GRUR 2010, 616 Rn. 40 – marions-kochbuch.de; BGH GRUR 1993, 34 (36) – Bedienungsanweisung; GRUR 2009, 864 Rn. 22 – CAD-Software; *v. Ungern-Sternberg* GRUR 2010, 386 (393).

[1124] *Leisse / Traub* GRUR 1980, 1 (5).

[1125] Sa. Möhring/Nicolini/*Lütje* (2. Aufl.) UrhG § 97 Rn. 138.

[1126] BGH GRUR 1999, 418 – Möbelklassiker.

[1127] *v. Ungern-Sternberg* GRUR 2010, 386 (393).

[1128] BGH GRUR 1960, 253 – Auto-Skooter; BGH GRUR 1960, 256 (260) – Chérie; BGH GRUR 1960, 606 (609) – Eisrevue II; BGH GRUR 1963, 640 (642) – Plastikkorb; BGH GRUR 1965, 198 (202) – Küchenmaschine; BGH GRUR 1988, 373 (375) – Schallplattenimport III; BGH GRUR 1991, 332 (333) – Lizenzmangel: zur Haftung wegen besonderer Erfahrungen im Filmgeschäft.

[1129] BGH GRUR 1988, 373 (375) – Schallplattenimport III.

[1130] *v. Ungern-Sternberg* GRUR 2010, 386 (393) mwN; zum Sorgfaltsmaßstab einer Verwertungsgesellschaft bei Aufstellung bzw. Änderung eines Verteilungsplans vgl. BGH GRUR 2014, 479 – Verrechnung von Musik in Werbefilmen.

[1131] BGH GRUR 1992, 605 (606 f.) – Schadensbegrenzungsvergleich; sa. Möhring/Nicolini/*Lütje* (2. Aufl.) UrhG § 97 Rn. 140.

[1132] BGHZ 8, 138 (140) = NJW 1953, 257.

über deren Bestand und die Verfügungsbefugnis des Übertragenden Gewissheit verschaffen.[1133] Auch ein fehlender Hinweis ist kein Indiz dafür, dass ein Werk oder eine Leistung gemeinfrei ist. Vielmehr obliegt es jedem Nutzer in eigener Verantwortung, sich Kenntnis davon zu verschaffen, ob und gegebenenfalls zu welchen Bedingungen ihm der Urheber eine Nutzung seines Werkes gestatten will.[1134] So kann ein Anbieter im Internet, der von Dritten eingestellte Inhalte als eigene übernimmt, verpflichtet sein, eine Erklärung des Nutzers zu verlangen, wer Urheber des einzustellenden Lichtbildes ist und wem die Nutzungsrechte zustehen.[1135] Zur Problematik der Einholung einer „Erlaubnis" vom Rechteinhaber durch den Diensteanbieter (für das Teilen von Online-Inhalten) im Rahmen von Art. 17 DSM-RL vgl. oben → Rn. 215f sowie nachfolgend → Rn. 248a. Der BGH hat sogar – allerdings im Rahmen des § 1 UWG aF – eine **Erkundigungspflicht** nach nur obligatorischen Rechten für nicht ausreichend gehalten, sondern „Vergewisserung" verlangt.[1136] Fahrlässig handelt, wer sich erkennbar in einem **Grenzbereich des rechtlich Zulässigen** bewegt, in dem er eine von der eigenen Einschätzung abweichende Beurteilung der rechtlichen Zulässigkeit des fraglichen Verhaltens in Betracht ziehen muss.[1137] Es gibt im Urheberrecht keinen gutgläubigen Erwerb vom Nichtberechtigten.[1138]

247   **Bei bestehenden Streitfragen** darf der Werknutzer **nicht ohne weiteres die ihm günstigere Meinung** unterstellen,[1139] auch wenn namhafte Fachjuristen sie vertreten. Erst Recht darf sich der Werknutzer nicht über den **Inhalt höchstrichterlicher Rechtsprechung** hinwegsetzen in der Erwartung, sie zu ändern.[1140] Anders, wenn **rechtliches Neuland** betreten wird und **noch keine höchstrichterliche Entscheidung vorliegt**[1141] oder wenn **bisher nur eine dem Verletzer günstige Rechtspraxis,** insbesondere des RG vorliegt, die noch nicht durch eine andere BGH-Entscheidung ersetzt ist.[1142] Aber **kein Schutz des Vertrauens** darauf, dass **bei widersprechender Instanzrechtsprechung** der BGH die eigene Auffassung teilen werde.[1143] **Der Nutzer trägt das Risiko des Rechtsirrtums.**[1144] Ein Rechtsirrtum ist **nur dann entschuldigt,** wenn der Irrende bei Anwendung der im Verkehr erforderlichen Sorgfalt mit einer anderen Beurteilung durch die Gerichte nicht zu rechnen brauchte.[1145] Bei zweifelhafter Rechtsfrage kann das Risiko nicht dem Rechteinhaber zugeschoben werden. Fahrlässig handelt daher, wer sich erkennbar in einem Grenzbereich des rechtlich Zulässigen bewegt, indem er eine von der eigenen Einschätzung abweichende Beurteilung der rechtlichen Zulässigkeit des fraglichen Verhaltens in Betracht ziehen muss.[1146] Dies gilt insbesondere, wenn das Bestehen einer Schutzrechtslücke in Fachkreisen streitig ist und zur Klärung ein Vorabentscheidungsersuchen an den EuGH gerichtet wurde.[1147]

248   **Der ursprünglich schuldlose Verletzer verliert mit einer berechtigten Abmahnung den guten Glauben** an die Rechtmäßigkeit seines Handelns; die Geltendmachung der Ansprüche gibt dem Verletzer Veranlassung zu besonderer Sorgfalt bei der Prüfung der Rechtslage.[1148] Nicht zu verwechseln ist diese Erkundigungspflicht des Verletzers aufgrund einer Abmahnung mit dem Hinweis

---

[1133] BGH GRUR 2010, 616 Rn. 40 – marions-kochbuch.de; BGH GRUR 1993, 34 (36) – Bedienungsanweisung; GRUR 2009, 864 Rn. 22 – CAD-Software; BGH GRUR 1960, 606 (608) – Eisrevue II; KG GRUR 1959, 150 (151) – Musikbox-Aufsteller; BGH GRUR 1959, 331 (334) – Dreigroschenroman II zur Legitimation; OLG Stuttgart UFITA 41 [1964] 218/222 – Druckerei; KG Schulze KGZ 50 – Aktfotos; OLG München GRUR 1974, 484/485 f. – Betonstrukturplatten; OLG Frankfurt a. M. Schulze OLGZ 183 – Das Millionenspiel: Erkundigungspflicht der Fernsehanstalt über Rechtslage vor Ausstrahlung eines Films.

[1134] BGH GRUR 2010, 616 Rn. 43 – marions-kochbuch.de.

[1135] BGH GRUR 2010, 616 Rn. 41 – marions-kochbuch.de.

[1136] BGH GRUR 1974, 97 – Spielautomaten II; zur Prüfungs- und Erkundigungspflicht bei Veröffentlichung fremder Lichtbilder auf einer Webseite vgl. LG Köln ZUM-RD 2018, 24 Rn. 49 ff.

[1137] BGH GRUR 1998, 568, 569 – Beatles-Doppel-CD; BGH GRUR 2010, 623 Rn. 32 – Restwertbörse; BGH GRUR 2014, 479 Rn. 19 – Verrechnung von Musik in Werbefilmen.

[1138] Vgl. → § 31 Rn. 10, 25 ff.

[1139] BGH GRUR 2000, 699 (702) – Kabelweitersendung; vgl. auch BGH GRUR 1998, 568, 569 f. – Beatles-Doppel-CD.

[1140] BGH GRUR 1960, 340 (344) – Werbung für Tonbandgeräte; BGH GRUR 1961, 138 (140) – Familie Schölermann.

[1141] BGHZ 17, 266 (295) = GRUR 1955, 492 – Grundig-Reporter; BGHZ 18, 44 (57 f.) = GRUR 1955, 544 – Fotokopie; BGH GRUR 1964, 94 – Tonbandgeräte-Händler; BGHZ 58, 262 = GRUR 1972, 614 – Landesversicherungsanstalt.

[1142] BGH GRUR 1961, 97 (99) – Sportheim; BGHZ 38, 356 (368) = GRUR 1963, 213 – Fernsehwiedergabe von Sprachwerken; BGH GRUR 1974, 669 (672) – Tierfiguren.

[1143] BGHZ 8, 88 (97) = GRUR 1953, 140 – Magnettonbänder I; BGH GRUR 1955, 549 – Betriebsfeiern – in BGHZ 17, 376 insoweit nicht mitabgedruckt.

[1144] BGHZ 64, 183 = GRUR Int 1975, 361 – August Vierzehn; BGH GRUR 1975, 667 (669) – Reichswehrprozeß; BGH GRUR 1982, 102 (104) – Masterbänder; GRUR 2000, 699 (702) – Kabelweitersendung; BGH GRUR 1999, 984 – Laras Tochter; BGH GRUR 1999, 923 (928) – Tele-Info-CD.

[1145] BGH GRUR 2014, 479 Rn. 18 f. – Verrechnung von Musik mit Werbefilmen; BGH GRUR 2002, 248 (252) – Spiegel-CD-ROM mwN.

[1146] Vgl. BGH GRUR 2014, 479 Rn. 19 – Verrechnung von Musik mit Werbefilmen; BGH GRUR 2009, 845 Rn. 60 – Internet-Videorecorder; GRUR 2010, 57 Rn. 42 – Scannertarif; GRUR 2010, 623 Rn. 32 – Restwertbörse; v. Ungern-Sternberg GRUR 2010, 386 (393).

[1147] BGH GRUR 2002, 248 (252) – Spiegel-CD-ROM; BGH GRUR 1999, 49 (52) – „Bruce Springsteen and his Band" in Ergänzung zu BGH GRUR 1998, 568 (569) – Beatles-Doppel-CD.

[1148] BGH GRUR 2000, 699 (702) – Kabelweitersendung.

auf konkrete, klare Rechtsverletzungen, der bei einem Dienstanbieter im Internet Verpflichtungen nach § 10 TMG bzw. Prüfpflichten nach der Störerhaftung auslöst.[1149]

bb) Schadensersatz im Rahmen von Art. 17 DSM-RL. Im Rahmen des Schadensersatzan- **248a** spruchs stellt sich die oben unter → Rn. 215d aufgeworfene Frage zu Art. 17 Abs. 1 DSM-RL in verschärftem Maße. Liest man das Erlaubniserfordernis in Art. 17 Abs. 1 S. 2 DSM-RL als eine Pflicht des Diensteanbieters (für das Teilen von Online-Inhalten[1150]), für die von den Nutzern seiner Platt-form dort eingestellten Inhalte *ex ante* die erforderlichen Nutzungsrechte einzuholen (die dann gemäß Art. 17 Abs. 2 DSM-RL auch für die Handlungen der nicht gewerbsmäßig handelnden Nutzer[1151] gelten), wäre der Diensteanbieter jedenfalls zu einem relevanten Teil möglicher Rechtsverletzungen einer **faktischen Unmöglichkeit** und damit **kaum zu kalkulierenden Risiken** ausgesetzt. Denn er kann schlicht nicht wissen, welcher Nutzer zu welchem Zeitpunkt und zu welchem Zweck wel-ches Werk auf der Plattform einstellen wird.[1152] Der strenge Fahrlässigkeitsmaßstab des Immaterialgü-terrechts führt letztlich in die Nähe einer allgemeinen Gefährdungshaftung.[1153] Das mag bei dem herkömmlichen unmittelbaren Täter sachgerecht sein; beim Diensteanbieter für das Teilen von Onli-ne-Inhalten, bei dem Art. 17 Abs. 1 DSM-RL eine Verletzungs**handlung** letztlich fingiert, führte dies zu nicht übersehbaren Haftungsrisiken, weil auch für redliche Diensteanbieter die genaue Pflich-tenlage nicht mit Sicherheit bestimmbar ist und die Schadensberechnung zu erheblichen Summen führen könnte.[1154] Diese Risiken wären jedenfalls **für Marktneueintritte prohibitiv** und müssen letztlich zu einer **Nivellierung der Plattformangebote**[1155] und einer **Konzentrierung auf weni-ge Marktteilnehmer** führen. Dieses Ergebnis stünde diametral den Zielen der Bundesregierung entgegen, wie sie in der Stellungnahme zu ihrer Zustimmung zur DSM-RL formuliert wurden, näm-lich Upload-Plattformen *„als freie, unzensierte Kommunikationskanäle für die Zivilgesellschaft"* zu erhalten.[1156] Auch diese möglichen Auswirkungen sind bei der Umsetzung der Richtlinie zu berück-sichtigen. Auch hier könnte der Vorschlag von *Volkmann,* eine **Haftung erst nach Kenntnis vom Rechtsverstoß**[1157] eintreten zu lassen, einen Weg aufzeigen; zur Lösung ist andererseits eine **Scha-densersatzhaftung erst bei grober Fahrlässigkeit**[1158] vorgeschlagen. Auch eine **Konkretisierung des Sorgfaltsmaßstabes** für die einfache Fahrlässigkeit gegebenenfalls nach Maßgabe der Kriterien der Vorhersehbarkeit und Vermeidbarkeit[1159] ist erwägenswert. Denn soweit Verletzungen durch den Plattformbetreiber nicht vermeidbar sind,[1160] kommt eine Verletzung der verkehrsüblichen Sorg-falt nicht in Betracht. Alle diese Lösungsansätze verdeutlichen aber zugleich das grundsätzliche, durch die Struktur von Art. 17 DSM-RL hervorgerufene Problem.

c) Einzelfälle.[1161] **aa) Verleger, Herausgeber, Drucker, etc.** Den **Verleger** nicht periodischer **249** Druckschriften trifft grundsätzlich die Pflicht, den Inhalt der verlegten Werke zu prüfen; bei periodi-schen Druckschriften trifft diese **Prüfungspflicht** in erster Linie den Herausgeber, den Verleger dann, wenn er den Umständen nach mit der Möglichkeit rechnen muss, dass durch seinen Betrieb Rechtsverletzungen erfolgen – **Organisationsverschulden.**[1162] **Keine Entlastung** des Verlegers eines Sachbuches bzgl. des Inhalts **durch Einschaltung eines Rechtsanwalts.**[1163] Der Verleger darf sich nicht auf die Aussagen des Autors verlassen, die Verlagsrechte des ursprünglichen Verlegers seien erloschen.[1164] Für **Presseartikel** kann der **verantwortliche Redakteur** auch dann haften, wenn er keine Kenntnis von dem Artikel hatte, aber die ihm vom Verleger übertragene Inhaltskontrolle pflichtwidrig unterlassen hat.[1165] Diese Haftung ist sehr streng, zu streng angesichts der begründeten Großzügigkeit bei Werbeanzeigen und den Anforderungen des Wettbewerbsrechts.[1166] Für den **Ab-**

[1149] Vgl. dazu → Rn. 125 ff.

[1150] Zum Begriff vgl. Art. 2 Nr. 6 DSM-RL und Erwägungsgrund 62 DSM-RL; kritisch dazu *Spindler* CR 2019, 277 (283 f.).

[1151] Die Frage, ob der Rechteinhaber damit zwei Ansprüche auf Zahlung (Schadensersatz oder Vergütung) gegen den Diensteanbieter und den gewerbsmäßig handelnden Nutzer hat, wird, soweit ersichtlich, noch nicht diskutiert.

[1152] *Volkmann* CR 2019, 376 (378 f.); vgl. auch *Senftleben* ZUM 2019, 369 (370).

[1153] *Ohly* ZUM 2015, 308 (315); *Volkmann* CR 2019, 376 (383).

[1154] Vgl. dazu *Ohly* ZUM 2015, 308 (315).

[1155] *Leistner* (→ Rn. 56j) begrüßt den Anreizeffekt, den Art. 17 DSM-RL für große Plattformen schafft, „echte Lizenzen" zu erwerben, statt „Settlements" zu vereinbaren. Man könnte umgekehrt annehmen, dass der Abschluss individueller Vereinbarungen den ggf. ganz unterschiedlichen Geschäftsmodellen und Nutzungen eher gerecht wird. Zurecht betont *Volkmann* CR 2019, 376 (377), dass die bisherige Rechtslage „positive Anreize" gesetzt hat, die zu Vereinbarungen geführt haben.

[1156] → Rn. 215 f.; Interinstitutionelles Dossier v. 15. April 2019, 2016/0280(COD), 7986/19 ADD 1 REV 2.

[1157] *Volkmann* CR 2019, 376 (383 f.).

[1158] *Ohly* ZUM 2015, 308 (315).

[1159] MüKoBGB/*Grundmann,* BGB § 276 Rn. 77 mwN.

[1160] Vgl. dazu → Rn. 215d.

[1161] Vgl. zu weiteren Einzelfällen → Rn. 83 f.

[1162] BGHZ 14, 163 (178) = GRUR 1955, 97 – Constanze II – mwN; *Neumann-Duesberg* NJW 1966, 624; Wen-zel/*Burkhardt,* Das Recht der Wort- und Bildberichterstattung, Kap. 14 Rn. 60.

[1163] BGH GRUR 1980, 1099 – Das Medizinsyndikat II.

[1164] BGH GRUR 1959, 331 (334) – Dreigroschenroman.

[1165] BGH *Schulze* BGHZ 239 mAnm *Neumann-Duesberg* zur Haftung des verantwortlichen Redakteurs; zum Verschulden beim Abdruck urheberrechtsverletzender Werbeanzeigen *Schulze* GRUR 1994, 702.

[1166] Vgl. Löffler/*Steffen* § 6 LPG Rn. 167 mwN.

druck urheberrechtsverletzender Anzeigen** haftet ein Presseunternehmen **nur in Fällen grober, unschwer zu erkennender Verstöße;**[1167] bei der Berichterstattung kann selbst bei unzweifelhaft rechtswidrigen Äußerungen das Informationsinteresse überwiegen.[1168] Das im **Lohnauftrag**
Vervielfältigungsstücke herstellende **Kopierwerk**[1169] oder die **Druckerei**[1170] treffen keine Prüfungspflichten; anders, wenn das Kopierwerk oder die Druckerei selbst herstellt und verwertet.[1171] Auch
die **öffentlich-rechtlichen Rundfunkanstalten** dürfen sich im Programmaustausch nicht aufeinander verlassen.[1172]

250   **bb) Händler, Importeure, Online-Buchhändler, Bibliothekare, etc.** An den **Hersteller**
werden strengere Anforderungen gestellt als an den **Einzelhändler,** der sich eher auf die rechtmäßige
Herstellung durch den Lieferanten verlassen kann.[1173] Auf der **letzten Handelsstufe** ist in der Regel
ein **geringerer Prüfmaßstab** zu fordern. Nach neuerer Rechtsprechung der Instanzgerichte kann
dem **Buchhändler** eine im Buch enthaltene Urheberrechtsverletzung nicht zugerechnet werden.[1174]
Nach dem OLG München haftet auch ein **Online-Buchhändler** wegen Urheberrechtsverletzung
für **E-Book-Inhalte,** die Verlage über die Plattform anbieten, weder als Täter noch als Teilnehmer.[1175] Gegen ein solches „Buchhändlerprivileg" das OLG Hamburg[1176] unter Verweis auf die Entscheidung *Al Di Meola* des BGH,[1177] der für einen Ton- und Bildtonträgerhandel im Internet, bei
dem verschiedene Zulieferer Artikel einstellen, eine täterschaftliche Verantwortlichkeit des Betreibers
annimmt. Der **Zeitungskioskhändler** wäre überfordert, wenn er alle Zeitungen und Zeitschriften
auf den Inhalt prüfen müsste, ebenso der **Importeur einer ausländischen Zeitschrift,** der Buchhändler und der **Bibliothekar.**[1178] Grundsätzlich hat der **Importeur** von im Ausland hergestellten
Produkten die Prüfungspflicht zur Rechtmäßigkeit des Vertriebs der Produkte im Inland, auch wenn
die Produkte im Ausland rechtmäßig hergestellt worden sind.[1179] Ebenso hat der **ausländische Hersteller,** der zum Import in Deutschland liefert, eine eigene Erkundigungspflicht.[1180] Der **Besteller**
von **Nachdrucken oder Sonderdrucken** einer Veröffentlichung bei einem Verlag kann sich in der
Regel darauf verlassen, dass der Verlag die Rechte hat, wenn er den Auftrag bestätigt.[1181]

251   **cc) Haftung im Online-Bereich.** Im **Online-Bereich** ist die Haftung von Dienstanbietern für
Schadensersatz nach §§ 7 ff. TMG begrenzt.[1182] Vergleiche jetzt aber für Diensteanbieter für das Teilen von Online-Inhalten Art. 17 Abs. 3 DSM-RL.

252   **(1) Allgemeines.** Keine Besonderheiten gelten, soweit **Nutzer, Ersteller und Content-
Provider** eigene Inhalte anbieten. Wer eigene Inhalte ins Netz stellt, haftet für deren Inhalt gemäß
§ 7 Abs. 1 TMG nach den allgemeinen Regeln. Ob zu den eigenen Inhalten ISv § 7 Abs. 1 TMG
auch solche gehören, die sich der Diensteanbieter **zu eigen gemacht** hat, wie dies die Rechtsprechung in der Vergangenheit angenommen hat,[1183] ist mit der Entscheidung *Terminhinweis mit Kartenausschnitt* des BGH in Frage gestellt. Denn darin betont der BGH für das Begriffspaar „eigene/fremde
Inhalte" in § 7 TMG – d.h. auf der Ebene der **Haftungsprivilegierung, die horizontal für alle
Rechtsbereiche gilt**[1184] –, dass durch die **E-CommerceRL** eine **Vollharmonisierung** erfolgt ist.
Die Mitgliedstaaten dürfen weder weitere noch engere Regelungen im nationalen Recht vorsehen.[1185] Entsprechend sei der Begriff **„fremde Informationen" richtlinienkonform als „durch
einen Nutzer eingegebene Informationen" auszulegen.**[1186]

[1167] BGH GRUR 1999, 418 (420) – Möbelklassiker.
[1168] BGH GRUR 2011, 516 Rn. 26 – AnyDVD; BVerfG GRUR 2007, 1064; vgl. auch BGH GRUR 2004, 693 – Schöner Wetten; zur publizistischen Sorgfalt: *Peters* NJW 1997, 1334.
[1169] LG Berlin UFITA 90 [1981] 222 (224); OLG Köln GRUR 1983, 568 – Video-Kopieranstalt; BGH GRUR 1988, 604 – Kopierwerk.
[1170] Je kleiner und handwerklicher, desto geringere Anforderungen sind zu stellen.
[1171] BGH GRUR 1982. 102 (103, 104) – Masterbänder.
[1172] KG UFITA 86 [1980] 249 (252 ff.). – Boxweltmeisterschaft.
[1173] BGH GRUR 1957, 342 (346 f.) – Underberg.
[1174] LG Berlin GRUR-RR 2009, 216.
[1175] OLG München, GRUR-RR 2014, 13, 15 mAnm *Verweyen,* nicht rechtskräftig; LG Hamburg GRUR-RR 2011, 249: „Keine Verbreiterhaftung des Buchhändlers für urheberrechtswidrige Inhalte"; für eine urheberrechtliche Haftungsprivilegierung für „Medienhändler" *Verweyen/Puhlmann/Zimmer* GRUR-RR 2013, 372; krit. *Glück-
stein* ZUM 2014, 165.
[1176] OLG Hamburg MMR 2017, 249 Rn. 36.
[1177] Zum verschuldensunabhängigen Unterlassungsanspruch: BGH GRUR 2016, 493 Rn. 15 ff. – Al Di Meola.
[1178] *Wenzel* NJW 1973, 603; Wenzel/*Burckhardt/Peifer,* Das Recht der Wort- und Bildberichterstattung, Kap. 10 Rn. 221 ff., 225 ff. mwN zur Rechtsprechung.
[1179] BGH GRUR 1977, 114 – VUS.
[1180] OLG Köln OLG-Rspr. 1993, 214 ff.; Möhring/Nicolini/*Reber* § 97 UrhG Rn. 147.
[1181] Möhring/Nicolini/*Lütje* (2. Aufl.) § 97 UrhG Rn. 145.
[1182] Vgl. dazu → Rn. 104 ff.
[1183] BGH GRUR 2010, 616 Rn. 23 ff. – marions-kochbuch.de.
[1184] Vgl. insoweit auch die doppelte Prüfung des Zueigenmachens im Rahmen von § 10 TMG und im Rahmen
der Prüfung des Tatbestands von § 19a UrhG bei BGH GRUR 2010, 616 Rn. 23 ff., 32 – marions-kochbuch.de.
Zu den systematischen und begrifflichen Unterschieden bei der Differenzierung zwischen eigenen und fremden
Inhalten einerseits und dem „aktiven" und „neutralen" Diensteanbieter andererseits vgl. *Nolte/Wimmers* GRUR 2014, 16 (20).
[1185] BGH GRUR 2014, 180 Rn. 19 – Terminhinweis mit Kartenausschnitt.
[1186] BGH GRUR 2014, 180 Rn. 19 – Terminhinweis mit Kartenausschnitt.

(2) Zueigenmachen. Die Haftungsprivilegierungen der E-Commerce-RL beschränken die Fälle, **253** in denen nach dem einschlägigen **nationalen Recht** die Vermittler von Diensten der Informationsgesellschaft zur Verantwortung gezogen werden. Die Voraussetzungen für die **Feststellung einer solchen Verantwortlichkeit** sind daher dem **nationalen Recht** zu entnehmen.[1187] Nach der bisherigen Rechtsprechung haftet nach Urheberrecht auch derjenige Dienstanbieter, der **für fremde Inhalte tatsächlich und nach außen sichtbar die inhaltliche Verantwortung** für die auf seiner Internetseite veröffentlichten Inhalte übernimmt (sog. **Zueigenmachen**).[1188] So hat der BGH angenommen, dass der Betreiber einer Verkaufsplattform für Ton- und Bildtonträger im Internet, der die von verschiedenen Zulieferern auf der Plattform eingestellten Artikel **im eigenen Namen und auf eigene Rechnung** anbietet, den Verletzungstatbestand als Täter selbst verfüllt, weil er dem Internetnutzer den Eindruck vermittelt, er übernehme die inhaltliche Verantwortung für die von ihr im eigenen Namen eingestellten Verkaufsangebote.[1189] Der aus dem **Äußerungsrecht** entlehnte Begriff des Zueigenmachens,[1190] der eine eigene **Haftung des Verbreiters** auch dann annimmt, wenn Fremdäußerungen aufgrund ihrer Darstellung auf den Durchschnittsempfänger so wirken bzw. von ihm so verstanden werden, als mache sich der Verbreiter diese Äußerung zu eigen, lässt sich **nur schwer mit den Verletzungstatbeständen des Urheberrechts**[1191] **in Einklang bringen,** wonach als Täter derjenige haftet, der die Zuwiderhandlung selbst vornimmt.[1192] In *marions-kochbuch.de* ist der BGH von diesen Grundsätzen nicht abgewichen, sondern knüpfte die Werknutzereigenschaft an die dortige Besonderheit, dass der Plattformbetreiber die Kochrezepte nebst Fotos erst auf seiner Internetseite freigeschaltet hat, nachdem er die Inhalte auf Richtigkeit und Vollständigkeit und auf eine professionelle Anfertigung überprüft hatte. Wer von Internetnutzern hochgeladene Inhalte erst nach einer **Kontrolle freischaltet** und dann zum Abruf bereithält, handelt selbst und haftet danach als Täter.[1193]

(3) Rechtsprechung des EuGH zum Recht der öffentlichen Wiedergabe. Das gesamte Gefüge **254** täterschaftlicher Haftung im Bereich der **öffentlichen Wiedergabe** ist durch eine Reihe von **Entscheidungen des EuGH**[1194] in Bewegung geraten,[1195] deren Auswirkungen auf das nationale Recht noch nicht geklärt sind.[1196] Nach dem EuGH erfordert der Begriff „öffentliche Wiedergabe" eine **individuelle Beurteilung.** Dabei zerfällt der Begriff in **zwei kumulative Tatbestandsmerkmale,** nämlich eine **„Handlung der Wiedergabe"** eines Werkes und dessen **„öffentliche" Wiedergabe.** Ob ein Nutzer eine Handlung der öffentlichen Wiedergabe vornimmt, ist anhand eine Reihe **weiterer Kriterien** zu beurteilen, die **unselbstständig und miteinander verflochten** sind. Sie sind deshalb einzeln und in ihrem Zusammenwirken mit den anderen Kriterien anzuwenden, da sie im jeweiligen Einzelfall in sehr unterschiedlichem Maß vorliegen können. Unter diesen Kriterien kommt der **zentralen Rolle des Nutzers** und die **Vorsätzlichkeit seines Handelns** besondere Bedeutung zu. Dieser Nutzer nimmt nämlich eine Wiedergabe vor, wenn er **in voller Kenntnis der Folgen seines Verhaltens** tätig wird, um seinen Kunden Zugang zu einem geschützten Werk zu verschaffen. Eine öffentliche Wiedergabe erfordert – quantitativ – eine **große, unbestimmte Zahl potenzieller Empfänger,** sowie – qualitativ – ein **neues technisches Verfahren** oder das Erreichen eines **neuen Publikums.**[1197]

Dieser **weite Täterbegriff,**[1198] mit dem der EuGH auch „Handlungen", die der BGH bisher als **255** Vorbereitungshandlungen ein- oder als kausale Beiträge zur Rechtsverletzung eines Dritten[1199] zugeordnet hat,[1200] als öffentliche Wiedergabe erkennt, führt **Wertungskriterien** in die Feststellung

---

[1187] EuGH GRUR 2011, 1025 Rn. 107 – L'Oréal/eBay; BGH GRUR 2013, 1229 Rn. 30 – Kinderhochstühle im Internet II.

[1188] BGH GRUR 2016, 493 Rn. 15 ff. – Al Di Meola; BGH GRUR 2013, 1229 Rn. 31 – Kinderhochstühle im Internet II; BGH GRUR 2010, 616 Rn. 32 – marions-kochbuch.de; in der Vorinstanz ausführlich zu den Kriterien OLG Hamburg GRUR-RR 2008, 230 – Chefkoch; vgl. weiter OLG Hamburg ZUM 2011, 500 – Sevenload; LG Hamburg ZUM 2012, 596 – YouTube. Vgl. dazu eingehend → Rn. 111 ff.; umfangreiche Nachweise zur Rechtsprechung bei Fromm/Nordemann/*J. B. Nordemann* § 97 UrhG Rn. 149.

[1189] BGH GRUR 2016, 493 Rn. 15 ff. – Al Di Meola; BGH GRUR 2013, 1229 Rn. 31 – Kinderhochstühle im Internet II.

[1190] Vgl. BGH NJW 1995, 861 (864) – Caroline von Monaco I; eingehend Wenzel/*Burkhardt,* Das Recht der Wort- und Bildberichterstattung, Kap. 4 Rn. 102 ff.

[1191] BGH, GRUR 2010, 633, Tz. 13 – Sommer unseres Lebens; GRUR 2011, 152, Rn. 30 – Kinderhochstühle im Internet; GRUR 2011, 1018 Rn. 18 – Automobil-Onlinebörse.

[1192] BGH GRUR 2018, 1132 Rn. 59 – YouTube mAnm Ohly.

[1193] BGH GRUR 2010, 616 Rn. 31 f. – marions-kochbuch.de; *Wimmers/Barudi* GRUR 2017, 327, 331 f.

[1194] EuGH GRUR 2014, 360 – Svensson ua/Retriever Sverige AB.; EuGH GRUR 2014, 1196 – BestWater; EuGH NJW 2016, 3149 – GS Media; EuGH GRUR 2017, 610 – Stichting Brein/Wullems; EuGH GRUR 2017, 790 – Stichting Brein/Ziggo ua. (The Pirate Bay).

[1195] Eingehend *Ohly* ZUM 2017, 793; *Ohly* GRUR 2018, 996; *Grünberger* ZUM 2018, 321, 328 ff.; *Leistner* GRUR 2017, 755.

[1196] Vgl. dazu eingehend → Rn. 56a ff.; *Ohly* ZUM 2017, 793; *Ohly* GRUR 2018, 996; *Leistner* GRUR 2017, 755.

[1197] EuGH GRUR 2017, 790 Rn. 23 ff. – Stichting Brein/Ziggo ua. (The Pirate Bay) mwN zur Rechtsprechung des EuGH.

[1198] Vgl. *Ohly* ZUM 2017, 793.

[1199] Vgl. BGH GRUR 2013, 1030 Rn. 28 ff. – File-Hosting-Dienst.

[1200] BGH GRUR 2009, 841, Rn. 23 – Cybersky.

täterschaftlicher Urheberrechtsverletzung ein, deren Umsetzung im Detail nun der nationalen Recht-sprechung obliegt.[1201] Nach dem EuGH ist das **Setzen von Hyperlinks** – auch im Wege des **Fra-ming**[1202] – auf eine Website zu Werken, die auf einer anderen Website mit Zustimmung des Rechte-inhabers frei zugänglich sind, keine „öffentliche Wiedergabe";[1203] sind die geschützten Werke auf der verlinkten Seite **ohne Erlaubnis des Urheberrechtsinhabers frei zugänglich,** ist zu unterschei-den: Erfolgte die Linksetzung ohne **Gewinnerzielungsabsicht** kommt es darauf an, ob der den Link Setzende die Rechtswidrigkeit der Veröffentlichung der Werke auf der anderen Website **kannte oder vernünftigerweise kennen konnte,** während im Fall der Gewinnerzielungsabsicht **diese Kenntnis widerleglich vermutet** wird.[1204] **Keine Vermutung** greift im Fall von **Suchmaschinen,** deren Aufgabe und Funktionsweise einer Pflicht des Anbieters, Nachforschungen zur Rechtmäßigkeit der Veröffentlichung der von Suchmaschinen aufgefundenen Abbildungen anzustellen, entgegenste-hen.[1205] Der **Verkauf eines multimedialen Medienabspielers,** auf dem im Internet verfügbare Add-ons vorinstalliert wurden, die Hyperlinks zu für die Öffentlichkeit frei zugänglichen Websites enthalten, auf denen urheberrechtlich geschützte Werke **ohne Erlaubnis der Rechtsinhaber** öf-fentlich zugänglich gemacht wurden, ist eine öffentliche Wiedergabe, denn der Verkäufer handelte **in voller Kenntnis des Umstands,** dass der Medienabspieler ermöglichte, Bild- und Tonmaterial anzu-sehen, das ohne Erlaubnis der Urheberrechtsinhaber im Internet zugänglich ist.[1206] Auch die **Bereit-stellung und das Betreiben einer Filesharing-Plattform** im Internet, die durch die Indexierung von Metadaten zu geschützten Werken und durch das Anbieten einer Suchmaschine den Nutzern dieser Plattform ermöglicht, diese Werke aufzufinden und sie im Rahmen eines „Peer-to-peer"-Netzes zu teilen, ist vom Begriff der öffentlichen Wiedergabe erfasst. Denn auch hier hatten die Be-treiber nicht nur Kenntnis, dass sie den Nutzern ihres Dienstes Zugang zu Werken gewähr, die ohne Zustimmung der Rechtsinhaber veröffentlicht wurden; sie bezeichneten dies als das Ziel ihres Diens-tes.[1207] *Hard cases make bad law.* Es ist diese auf Rechtsverletzungen abzielende, dem Urheberrecht feindlich gesonnene Willensrichtung – insoweit ist die vom BGH angenommene Lesart als **„absicht-lich und gezielt"** zutreffend[1208] –, die alle drei vom EuGH entschiedenen Fälle auszeichnet. Die dortigen Beklagten bzw. Betreiber missachteten jeweils bewusst und gezielt das Urheberrecht und **unternahmen damit mehr, als lediglich Einrichtungen bereitzustellen.** Stellt man diesen Ent-scheidungen das Urteil im Verfahren *Renckhoff/NRW*[1209] gegenüber, scheint sich eine **Unterschei-dung zwischen unmittelbaren und mittelbaren Wiedergabehandlungen** abzuzeichnen.[1210] Beim Upload von geschützten Werken auf eine Webseite geht der EuGH ohne Weiteres von einer öffentlichen Zugänglichmachung aus und grenzt diesen Fall, in dem der Nutzer die „entscheidende Rolle" spielt, insbesondere von den Linking-Fällen ab.

256   **(4) Zur nationalen Rechtsprechung.** Allgemein ist zu beachten, dass die Rechtsprechung bis-her eine **Haftung von Diensteanbietern** grundsätzlich nur **nach der Störerhaftung** annimmt, die nach gefestigter Rechtsprechung des BGH **Ansprüche auf Unterlassung, nicht aber auf Aus-kunft und Schadensersatz** gewähren.[1211] Selbst eine **Teilnahmehaftung** hat die Rechtsprechung bisher meist abgelehnt,[1212] da die Gehilfenhaftung neben einer **objektiven Beihilfehandlung** zu-mindest einen **bedingten Vorsatz in Bezug auf die Haupttat** voraussetzt, der das Bewusstsein **der Rechtswidrigkeit** einschließen muss.[1213] Dafür reicht nicht, dass der Diensteanbieter mit Rechts-verletzungen seiner Nutzer in mehr oder weniger großem Umfang rechnet, da der **Gehilfenvorsatz** sich **auf konkret drohende Haupttaten** beziehen muss.[1214] In einer **hartnäckigen Weigerung,** eine andauernde Rechtsverletzung zu beenden, kann ein bedingter Gehilfenvorsatz liegen (im kon-kreten Fall blieb die Datei mit dem rechtsverletzenden Inhalt trotz mehrfacher Hinweise unter dersel-

---

[1201] Vgl. aber die Vorlagebeschlüsse BGH GRUR 2018, 1132 – YouTube mAnm *Ohly;* BGH GRUR 2018m 1239 – Uploaded.

[1202] EuGH GRUR 2014, 1196 – BestWater.

[1203] EuGH GRUR 2014, 360 Rn. 25 – Nils Svensson/Sverige Retriever ua.

[1204] EuGH GRUR 2016, 1152 Rn. 55 – GS Media/Sanoma ua. mAnm *Ohly.*

[1205] BGH GRUR 2018, 178 Rn. 61 – Vorschaubilder III mAnm *Ohly.*

[1206] EuGH GRUR 2017, 610 Rn. 50 – Stichting Brein/Wullems.

[1207] EuGH GRUR 2017, 790 Rn. 45 – Stichting Brein/Ziggo ua. (The Pirate Bay).

[1208] BGH GRUR 2018, 1132 Rn. 28 – YouTube mAnm *Ohly;* BGH GRUR 2018, 1239 Rn. 19 – Uploaded; BGH GRUR 2018, 178 Rn. 30 – Vorschaubilder III mAnm *Ohly.*

[1209] EuGH GRUR 2018, 911 – NRW/Renckhoff, in der der EuGH den Upload eines geschützten Werks auf eine Webseite als öffentliche Wiedergabe (öffentliche Zugänglichmachung) einordnete und hinsichtlich der Merk-male eines neuen Publikums ausdrücklich insbesondere vomn der Entscheidung GS Media abgrenzt.

[1210] *Ohly* GRUR 2018, 996; *Grünberger* ZUM 2018, 321, 329 f.

[1211] BGH GRUR 2011, 1038 Rn. 47 – Stiftparfüm; BGHZ 158, 236 (253) = GRUR 2004, 860 – Internetver-steigerung I, mwN; vgl. aber nun die Vorlagefragen in BGH GRUR 2018, 1132 – YouTube und BGH GRUR 2018, 1239 – Uploaded.

[1212] BGH GRUR 2013, 1030 Rn. 28 – File-Hosting-Dienst; BGH GRUR 2011, 152 Rn. 33 f. – Kinderhoch-stühle im Internet; BGH GRUR 2013, 1229 Rn. 32 – Kinderhochstühle im Internet II; vgl. auch BGH GRUR 2009, 841 Rn. 18 – Cybersky; OLG Hamburg GRUR-RR 2013, 94 (96); OLG Hamburg ZUM-RD 2012, 465 (470); OLG Hamburg ZUM 2010, 440 (444).

[1213] StdRspr., vgl. BGH GRUR 2004, 860 – Internet-Versteigerung; BGH GRUR 2013, 301 Rn. 47 – Solarini-tiative.

[1214] BGH GRUR 2007 860 – Internet-Versteigerung II; OLG Hamburg ZUM 2010, 440 (444).

ben URL unverändert abrufbar).[1215] Diese Entscheidungen betrafen sämtlich **Hosting-Provider,** bei denen der Verstoß gegen die Verpflichtungen aus § 10 TMG den Weg für eine Schadensersatzhaftung freimacht. Bei **Access-Providern** gemäß § 8 TMG ist die Kenntnis des Dienstanbieters vom (rechtswidrigen) Inhalt anders als beim Hosting-Provider kein die Haftungsprivilegierung ausschließendes Tatbestandsmerkmal.[1216] Die Kenntnisnahme von Rechtsverletzungen führt deshalb nicht zu Schadensersatzansprüchen und damit auch nicht zu diesen vorgelagerten Auskunftsansprüchen.[1217] Ähnlich gilt dies auch im Fall des sog. **Caching** nach § 9 TMG, dass eine Entfernungs- bzw. Sperrungspflicht an die enge Kenntnis davon knüpft, dass die Information am ursprünglichen Speicherort entfernt oder gesperrt ist oder ein Gericht oder eine Verwaltungsbehörde die Entfernung oder Sperrung angeordnet hat.[1218]

dd) Haftung von Diensteanbietern für das Teilen von Online-Inhalten nach Art. 17 **256a** **DSM-RL.** Art. 17 DSM-RL geht für sog. Diensteanbieter für das Teilen von Online-Inhalten[1219] noch über die Rechtsprechung des EuGH zum Recht der öffentlichen Wiedergabe[1220] hinaus und regelt nun, dass diese Diensteanbieter unter den Voraussetzungen des Art. 17 DSM-RL selbst eine Handlung der öffentlichen Wiedergabe oder Handlung der öffentlichen Zugänglichmachung vornehmen.[1221]

ee) Haftung des Geschäftsführers. Der **Geschäftsführer** haftet bei der Verletzung absoluter **257** Rechte durch die von ihm vertretene Gesellschaft als Täter oder Teilnehmer, wenn er daran **durch positives Tun beteiligt** war oder wenn er die **Rechtsverletzung aufgrund einer Garantenstellung hätte verhindern** müssen.[1222] Die schlichte Kenntnis von Rechtsverstößen des gesetzlichen Vertreters reicht nicht zur Haftungsbegründung; **erforderlich ist, dass der Rechtsverstoß auf einem Verhalten beruht, das nach seinem Erscheinungsbild dem Geschäftsführer anzulasten ist.** Allein die Organstellung und die allgemeine Verantwortlichkeit für den Geschäftsbetrieb begründen keine Verpflichtung des Geschäftsführers gegen Dritten, Rechtsverstöße der Gesellschaft zu verhindern.[1223] Zur Haftung des gesetzlichen Vertreters und leitender Angestellter vgl. → Rn. 85 f. Eine Beteiligung durch positives Tun liegt vor, wenn der Geschäftsführer ein auf Rechtsverletzungen angelegtes **Geschäftsmodell selbst ins Werk gesetzt** hat.[1224] Bei Maßnahmen der Gesellschaft, über die **typischerweise auf Geschäftsführungsebene entschieden** wird, kann nach dem äußeren Erscheinungsbild davon ausgegangen werden, dass sie von den Geschäftsführern veranlasst worden sind.[1225]

d) Mitverschulden. Mitverschulden des Verletzten kann den Schaden mindern oder aus- **258** **schließen.** Beispiel: Der Verletzer fordert den Rechtsinhaber auf Abmahnung hin auf, eine Liste mit Werken zu übersenden, um Rechtsverletzungen auszuschließen, und der Rechtsinhaber kommt dem nicht nach.[1226] Ein Mitverschulden ergibt sich nicht daraus, dass der Urheber das **Werk nicht gekennzeichnet** hat.[1227]

3. Materieller Schaden

a) Allgemeines. Auch im Urheberrecht bestimmen sich Inhalt und Umfang des zu ersetzenden **259** Schadens nach den allgemeinen Vorschriften: Prinzipiell ist der Zustand wiederherzustellen, der ohne die Rechtsverletzung bestehen würde. Da die Verletzung eines Rechts nicht ungeschehen gemacht werden kann, ist neben der Schadensbeseitigung, die bei Verschulden nach § 249 BGB gefordert werden kann, eine **Entschädigung in Geld** zu leisten (§ 251 BGB). Freie Schadensschätzung des Gerichts nach § 287 ZPO und ein bestehender Ermessensspielraum[1228] gewähren dem Verletzten Beweiserleichterungen. Die Basis dafür muss freilich der Verletzte geben und darlegen, dass ohne die

[1215] OLG Hamburg MMR 2013, 533, 534.
[1216] Vgl. jetzt ausdrücklich § 8 Abs. 1 S. 2 TMG; Roßnagel/*Jandt* § 8 TMG Rn. 2; Spindler/Schuster/*Hoffmann* § 8 TMG Rn. 29; ausgenommen ist kollusives Zusammenwirken im Sinne von § 8 Abs. 1 S. 2 TMG.
[1217] LG Flensburg MMR 2006, 181 (182).
[1218] Vgl. zum Ganzen *Nolte/Wimmers* GRUR 2014, 16 (20).
[1219] Zum Begriff vgl. Art. 2 Nr. 6 DSM-RL und Erwägungsgrund 62 DSM-RL; kritisch dazu *Spindler* CR 2019 277 (283 f.).
[1220] Vgl. → Rn. 254.
[1221] Vgl. dazu im Einzelnen → Rn. 215c ff.; zu spezifischen Problemen im Zusammenhang mit dem Schadensersatzanspruch vgl. auch → Rn. 248a.
[1222] BGH GRUR 2017, 397 Rn. 110 – World of Warcraft II; BGHZ 201, 344 Rn. 17 = GRUR 2014, 883 – Geschäftsführerhaftung; BGH GRUR 2015 672 Rn. 80 – Videospiel-Konsolen II; BGH GRUR 2015, 909 Rn. 45 – Exzenterzähne; BGH GRUR 2016, 803 Rn. 61 – Armbanduhr.
[1223] Vgl. in Abgrenzung zur bisherigen Rechtsprechung BGH GRUR 2014, 883 – Geschäftsführerhaftung mwN; KG GRUR-RR 2013, 204 – Foto-Nutzung.
[1224] BGHZ 201, 344 Rn. 31 = GRUR 2014, 883 – Geschäftsführerhaftung.
[1225] BGH GRUR 2017, 397 Rn. 110 – World of Warcraft II; BGH GRUR 2015, 672 Rn. 83 – Videospiel-Konsolen II; BGH GRUR 2015, 909 Rn. 45 – Exzenterzähne; BGH GRUR 2016, 803 Rn. 61 – Armbanduhr.
[1226] OLG Düsseldorf GRUR-RR 2002, 121 – Das weite Land.
[1227] BGH GRUR 2010, 616 Rn. 42 – marions-kochbuch.de.
[1228] BGHZ 119, 20 (30 f.) = GRUR 1993, 55 – Tchibo/Rolex II; OLG Hamburg GRUR-RR 2009, 136 (137 f.).

Rechtsverletzung eine entsprechende Nutzung durch ihn oder einen Dritten erfolgt wäre.[1229] Das Revisionsgericht darf nur prüfen, ob die Schadensermittlung auf falschen oder offenbar unsachlichen Erwägungen beruht, ob wesentliche Umstände außer Acht gelassen wurden oder die zugrunde gelegten Tarife zutreffend sind.[1230] Auch der Schadensersatzanspruch im Urheberrecht ist durch die – **Mindestanforderungen**[1231] – der Durchsetzungsrichtlinie überformt; die Rechtsprechung des EuGH hat weitere Festlegungen vorgenommen.[1232]

260   Es **stehen drei Berechnungsarten** zur Verfügung: **Ersatz der erlittenen Vermögenseinbuße einschließlich des entgangenen Gewinnes** (§§ 249 ff. BGB), **Zahlung einer angemessenen Lizenz, Herausgabe des Verletzergewinns.**[1233] Die Entwicklung dieser Berechnungsarten geht auf das Reichsoberhandelsgericht zurück und nahm den Ausgang von Urheberrechtsverletzungen durch Nachdrucke, bei denen entweder bei Verschulden voller Schadensersatz zu leisten oder mangels Verschuldens die Bereicherung herauszugeben war. Das **Reichsgericht** stellte die drei Berechnungsarten im Urteil vom 31.12.1895 dar[1234] und führte sie auch nach Inkrafttreten des BGB konsequent fort.[1235] Der **BGH übernahm die ständige Rechtsprechung des RG** und erkannte ihr schließlich **gewohnheitsrechtlichen Rang** zu.[1236] Rechtspolitisch werden die Ansprüche mit der leichten Verletzbarkeit von Immaterialgüterrechten begründet, die einen besonders wirksamen Schutz verlangen. § 97 Abs. 1 S. 2 aF hat dem mit der Normierung der Herausgabe des Verletzergewinns Rechnung getragen, jetzt § 97 Abs. 2 S. 2. Bei Verletzungen schuldrechtlicher Vertragspflichten gilt die dreifache Schadensberechnung nicht.[1237] Die dreifache Schadensberechnung hat **für alle Verletzungen von Immaterialgütern** und selbst **geschützten Wettbewerbspositionen Geltung erlangt,** vgl. insoweit die Rechtsprechung zum **Urheberrecht,**[1238] zum **Patentrecht,**[1239] zum **Geschmacksmusterrecht,**[1240] zum **Markenrecht,**[1241] zur **wettbewerbswidrigen Nachahmung,**[1242] zur **Verletzung von Betriebsgeheimnissen,**[1243] zur **Verletzung von Namens- und Firmenrechten**[1244] sowie zur **Verletzung des Rechts am eigenen Bild.**[1245]

261   An dieser Rechtslage hat **Art. 13 der Enforcement-RL**[1246] nach **Auffassung des Gesetzgebers und der Rechtsprechung nichts geändert.**[1247] Nach *v. Ungern-Sternberg* ist die Begrenzung

---

[1229] BGH GRUR 1995, 349 (351) – Objektive Schadensberechnung.

[1230] BGHZ 77, 16 (26 f.) = GRUR 1980, 841 – Tolbutamid; BGHZ 97, 37 (41) = GRUR 1986, 376 – Filmmusik; zur Schätzung einer Schadenshöhe für eine unzulässige Bildveröffentlichung ohne Berücksichtigung von Beweisantritten BVerfG ZUM 2009, 479 nur wenn keine Anhaltspunkte vorliegen, ist die Zurückweisung eines Beweisangebots unzulässig BGHZ 91, 243 (256) = NJW 1984, 2216.

[1231] EuGH GRUR 2017, 264 Rn. 23 – OTK/SFP; EuGH GRUR 2016, 1043 Rn. 36, 40 – Hansson/Jungpflanzen.

[1232] EuGH GRUR 2016, 485 – Liffers/Mandarina ua. – neben dem Ersatz des materiellen Schadens kann der Verletzte zum vollständigen Ausgleich zusätzlich den Ersatz des ihm möglicherweise entstandenen immateriellen Schadens fordern; EuGH GRUR 2016, 104 – Hansson/Jungpflanzen – zum Verletzerzuschlag; EuGH GRUR 2017, 264 – OTK/SFP – Verletzerzuschlag in Höhe des Doppelten der angemessenen Lizenzgebühr ist zulässig.

[1233] BGH GRUR 2009, 660 Rn. 13 – Resellervertrag; BGH GRUR 2000, 226 (227) – Planungsmappe; zu den immer wieder geäußerten dogmatischen Bedenken vgl. *Stieper* WRP 2010, 624 (626) mwN.

[1234] RGZ 35, 63 ff. – Ariston; darauf RGZ 43, 56 ff.

[1235] Siehe dazu RGZ 70, 249 (250) mwN.

[1236] BGHZ 20, 345 (353) = GRUR 1956, 427 – Paul Dahlke mwN; BGH GRUR 1962, 509 (511 f.) – Dia-Rähmchen II, unter Darstellung der Rechtsprechung des RG.

[1237] BGH GRUR 2002, 795 (797) – Titelexklusivität.

[1238] BGH GRUR 1959, 379 (382) – Gasparone I; GRUR 1960, 606 – Eisrevue II; BGHZ 59, 286 (291) – Doppelte Tarifgebühr; BGH GRUR 1973, 663 (665) – Wählamt; BGH GRUR 1974, 53 – Nebelscheinwerfer; BGH GRUR 1980, 227 (232) – Monumenta Germaniae Historica; BGH GRUR 1990, 353 – Raubkopien; BGH GRUR 1990, 1008 (1009) – Lizenzanalogie; BGH GRUR 2000, 226/227 – Planungsmappe.

[1239] BGH GRUR 1962, 401 (402) – Kreuzbodenventilsäcke III; BGH GRUR 1962, 509 (511) – Dia-Rähmchen II; BGH GRUR 1963, 255 (257) – Kindernähmaschinen; BGHZ 77, 16 – Tolbutamid; BGHZ 82, 310 – Fersenabstützvorrichtung; BGH GRUR 1992, 599 (600) – Teleskopzylinder; BGH GRUR 1993, 897 (898) – Mogul-Anlage; vgl. auch *Karnell* GRUR-Int 1996, 335.

[1240] BGH GRUR 2001, 329 – Gemeinkostenanteil; BGH GRUR 1963, 640/641 – Plastikkorb; BGH GRUR 1975, 85 – Clarissa.

[1241] BGHZ 44, 372 (376) – Messmer Tee II – zur Lizenzberechnung, zuvor BGHZ 34, 320 – Vitasulfal – zum Verletzergewinn; weitere Hinweise in GRUR 60, 168/173 – Modeneuheit; BGH GRUR 1991, 914 (915 f.) – Kastanienmuster; BGHZ 60, 206 (208 f.) – Miss Petite.

[1242] BGH GRUR 2007, 431 – Steckverbindergehäuse; BGHZ 57, 116 (119) – Wandsteckdose II; BGHZ 60, 168 (172 f.) – Modeneuheit.

[1243] BGH GRUR 1977, 539 (541 f.) – Prozessrechner.

[1244] BGHZ 30, 7 (9 f.) – Caterina Valente; BGHZ 60, 206 (208 f.) – Miss Petite; BGHZ 81, 75 (78 ff.) – Carrera.

[1245] BGHZ 20, 345 (353) – Paul Dahlke; BGH GRUR 1979, 425 (427) – Fußballspieler; BGH GRUR 1979, 732 (734) – Fußballtor. Weitere Hinweise bei *Sack* FS Hubmann (1985) S. 373 ff. und bei *Rogge* FS Nirk (1992) S. 929; *Bodewig/Wandtke* GRUR 2008, 220 (223).

[1246] Richtlinie 2004/48/EG des Europäischen Parlaments und des Rates zur Durchsetzung der Rechte des geistigen Eigentums, ABl. EU L 195 S. 16.

[1247] BT-Drs. 16/5048, 33, 48; BGH GRUR 2010, 1090 Rn. 18 – Werbung eines Nachrichtensenders; zur Enforcement-RL und deren Umsetzung zum Schadensersatz, zur Trias der Berechnungsweisen und zum Verquickungsverbot auch unter Nachweis der Gesetzgebungsmaterialien vgl. Wandtke/Bullinger/*v. Wolff* § 97 UrhG Rn. 60 f.; ausführlich zu den Vorgaben der Richtlinie und deren Umsetzung in Deutschland *Raue*, Die dreifache Schadensberechnung, 85 ff.

des Schadensersatzes auf den objektiven Wert der Benutzungsberechtigung nach der Durchsetzungs-richtlinie nicht mehr haltbar.[1248] Bei der Umsetzung durch das Gesetz zur Verbesserung der Enforce-ment der Rechte geistigen Eigentums vom 7.7.2008 (BGBl. I S. 1191) verschob der Gesetzgeber den Anspruch auf Schadensersatz bei Verschulden in Absatz 2 und nahm zugleich alle drei Arten der Schadensberechnung ausdrücklich in die Fassung des § 97 Abs. 2 S. 1–3 auf. Da die Gewinnherausga-be dogmatisch kein Schadensersatz, sondern eine Möglichkeit der Schadensberechnung ist, lautet die Formulierung in Satz 2 nun: „Bei der Bemessung des Schadensersatzes kann auch der Gewinn, den der Verletzer erzielt hat, berücksichtigt werden". Ebenso ist die Lizenz in Satz 3 als Bemessungs-grundlage definiert: „... kann auch auf der Grundlage des Betrages berechnet werden, den der Verlet-zer als angemessene Vergütung hätte entrichten müssen". Eine **Änderung der Rechtsprechung** war **damit ausdrücklich nicht gewollt,** auch nicht die zum 100%igen Tarif-Zuschlag, der der GEMA seit Jahrzehnten zugesprochen wird.[1249] Im Einzelfall könne es zum sachgerechten Schadensausgleich notwendig sein, den Schadensersatz höher als die Lizenzgebühr zu berechnen.[1250] Es heißt in der amtlichen Begründung:[1251] „Die Möglichkeit, einen solchen pauschalen Kontrollaufschlag zu gewäh-ren, wird durch die Neufassung nicht berührt". Art. 13 Abs. 1 Buchstabe b der Richtlinie 2004/ 48/EG lässt Schadensersatz als Pauschalbetrag zu „auf der Grundlage von Faktoren wie mindes-tens dem Betrag der Vergütung, die der Verletzer hätte entrichten müssen, wenn er die Erlaubnis zur Nutzung des betreffenden Rechts des geistigen Eigentums eingeholt hätte". In Bezug auf die Vorgaben der Richtlinie hat der EuGH nunmehr ausdrücklich die Zulässigkeit eines Schadens-ausgleichs in Höhe des Doppelten der angemessenen Nutzungsvergütung anerkannt.[1252] In einer solchen Regelung läge keine Verpflichtung zur Zahlung eines Strafschadensersatzes, zumal die bloße Zahlung der hypothetischen Vergütung nicht geeignet ist, eine Entschädigung des gesam-ten tatsächlich erlittenen Schadens zu garantieren. Die Zulässigkeit einer generellen Verdoppelung der Lizenzgebühr folgt allerdings weder aus den Erwägungen des nationalen Gesetzgebers noch aus der Entscheidung OTK/SFP des EuGH.[1253] Entfallen ist im Wortlaut der neuen Fassung der Anspruch auf Rechnungslegung zum Gewinn; eine **inhaltliche Änderung ist damit nicht be-zweckt,** da ein solcher Anspruch ganz allgemein für die Berechnung des Schadensersatzanspruchs im Urheberrecht und im gewerblichen Rechtsschutz **gewohnheitsrechtlich anerkannt** ist.[1254] Be-merkenswert: Zum einen wird ein Anspruch aus dem Gesetz genommen, weil Gewohnheitsrecht, zum anderen wird ein Recht festgeschrieben (§ 97 Abs. 2 S. 3), obwohl gewohnheitsrechtlich aner-kannt.

Der **Verletzte** hat die **freie Wahl, welche Berechnungsart** er anwenden will, kann sie allerdings **262** nicht in das Ermessen des Gerichts stellen.[1255] Er kann von dem **Wahlrecht beliebig Gebrauch** machen und **auch noch während des Prozesses,**[1256] ja selbst nach Rechtskraft des Verletzungs-prozesses wechseln; er muss nicht zuvor die Rechnungslegung durch Vollstreckung erzwingen, sondern kann den Zahlungsanspruch im Weg der Lizenzanalogie weiterverfolgen[1257] und dazu ergän-zende Auskünfte verlangen.[1258] Dem Gläubiger soll ermöglicht werden, gegebenenfalls auf Ände-rungen der Sach- und Beweislage zu reagieren, die sich oft überhaupt erst im Laufe eines Verfahrens, dort besonders aus dem Prozessvorbringen des Schuldners, ergeben.[1259] Möglich ist auch der Über-gang zum Bereicherungsanspruch.[1260] Das **Wahlrecht** wird allerdings **ausgeschlossen,** wenn die Verletzungshandlung auch zu einem Vermögenszuwachs des Verletzten geführt hat[1261] oder wenn schon **beim Antrag** auf Feststellung der Schadensersatzpflicht **auf die Zahlung einer angemesse-nen Lizenzgebühr** abgestellt wird.[1262] Ansonsten erlischt es erst, wenn der Verletzer den Anspruch nach einer der drei Berechnungsarten erfüllt[1263] oder der Anspruch rechtskräftig zuerkannt worden

[1248] *v. Ungern-Sternberg* GRUR 2009, 460 (463 f.); vgl. auch *Tetzner* GRUR 2009, 6.
[1249] BT-Drs. 16/5048, 48.
[1250] Vgl. dazu EuGH GRUR 2017, 264 Rn. 30 – OTK/SFP.
[1251] BT-Drs. 16/5048, 48.
[1252] EuGH GRUR 2017, 264 – OTK/SFP.
[1253] Vgl. zu Verletzerzuschlägen eingehend → Rn. 282 ff.; gegen die Möglichkeit einer pauschalen Verdoppelung der Lizenzgebühr Dreier/Schulze/*Specht* § 97 Rn. 80; dDer EuGH stellte zwar heraus, dass die bloße Zahlung einer hypothetischen Vergütung nicht geeignet sei, eine Entschädigung für den gesamten erlittenen Schaden zu garantieren, begrenzte aber andererseits die Zulässigkeit einer doppelten Lizenzgebühr; vgl. EuGH GRUR 2017, 264 Rn. 30, 31 – OTK/SFP.
[1254] Vgl. BT-Drs. 16/5048, 48.
[1255] BGH GRUR 2000, 226, 227 – Planungsmappe mwN; OLG Düsseldorf GRUR-RR 2006, 393 (394) – In-formationsbroschüre; *v. Ungern-Sternberg* GRUR 2008, 291 (300); dagegen Fromm/Nordemann/*J. B. Nordemann* § 97 UrhG Rn. 69.
[1256] BGH GRUR 2000, 226, 227 – Planungsmappe.
[1257] BGH GRUR 1966, 570 (571) – Eisrevue III.
[1258] BGH GRUR 1974, 53 (54) – Nebelscheinwerfer.
[1259] BGH GRUR 2008, 93 Rn. 8 – Zerkleinerungsvorrichtung; BGHZ 119, 20 (24 f.) = GRUR 1993, 55 = NJW 1992, 2753 – Tchibo/Rolex II.
[1260] BGHZ 82, 299 (305) = GRUR 1982, 301 – Kunststoffhohlprofil II.
[1261] BGH GRUR 1987, 364 (365) – Vierstreifenschuh; BGH GRUR 1995, 349 (352) – Objektive Schadensbe-rechnung.
[1262] BGH GRUR 1977, 539 (543) – Prozessrechner.
[1263] BGH GRUR 1974, 53 (54) – Nebelscheinwerfer.

ist.[1264] Das gilt auch, wenn die Rechtskraft durch die Rücknahme der Berufung des Verletzers in Fällen eintritt, in denen der Verletzte nur unselbstständige Anschlussberufung eingelegt hatte.[1265]

263   Bei den **drei Berechnungsarten** handelt es sich um **Variationen bei der Ermittlung des gleichen einheitlichen Schadens** und nicht um verschiedene Ansprüche mit unterschiedlichen Rechtsgrundlagen, so dass **kein Wahlschuldverhältnis nach § 262 BGB** vorliegt.[1266] Prozessual ist der Gegenstand des Begehrens immer **derselbe Anspruch, der lediglich unterschiedlich berechnet wird.**[1267] Im Prozess kann der Kläger daher von einer Berechnungsart zur anderen übergehen, ohne dass es sich um eine Klageänderung gemäß § 263 ZPO handelte, da kein neuer Streitgegenstand eingeführt wird.[1268] Das gilt auch, sofern mit dem Wechsel der Berechnungsart eine Erhöhung der Schadensersatzforderung verbunden ist.

264   Die Berechnungsarten sind nach der Rechtsprechung klar auseinander zu halten (sog. **Vermengungs-/Verquickungsverbot**),[1269] was aber nicht ausschließt, den Schaden nach jeder der drei Methoden zu begründen und im **Eventualverhältnis** zu fordern.[1270] Eine Verquickung/Vermengung der einzelnen Berechnungsmethoden ist nicht gestattet.[1271] Es spricht viel dafür, dass dieses Verbot auch unter der Geltung der Richtlinie 2004/48 zur Durchsetzung der Rechte des geistigen Eigentums weitergilt.[1272] Es greift, soweit es sich um die Berechnung ein und desselben Schadens handelt; es spricht jedoch nichts dagegen, die Berechnungsmethoden dann nebeneinander anzuwenden, wenn neben dem Ausgleich für die Rechtsverletzung zusätzlich Ersatz für Begleitschäden verlangt wird.[1273]

264a   Ob der Verletzte im Urheberrecht neben der Berechnung seines Schadens nach den drei Rechnungsarten im sog. **Marktverwirrungs- oder Diskreditierungsschaden zusätzlich zur Lizenzgebühr** liquidieren kann,[1274] ist umstritten. Der BGH hatte diese Schäden als nicht vom Schutzzweck des Urheberrechts umfasst abgelehnt.[1275] Dagegen plädiert *v. Ungern-Sternberg* dafür, dass „nach dem neuen Recht" auch im Urheberrecht ein **Marktverwirrungsschaden** berücksichtigt werden kann.[1276] Marktverwirrung kann eintreten, wenn durch die Rechtsverletzung fremde Ware in den Handel gelangt, die mit der eigenen Ware verwechslungsfähig ist; bei minderwertiger Produktfälschung kann auch die Qualität der Originalware und der guten Rufs in Misskredit kommen.[1277] **Geltend gemacht werden können nur Aufwendungen zur unmittelbaren Beseitigung der konkreten Verletzung, nicht – auch nicht anteilig – allgemeiner Werbeaufwand.**[1278] In der Praxis hat die unmittelbare Störungsbeseitigung den Vorrang.[1279]

264b   Nach dem geltenden zivilrechtlichen System ist **Schadensersatz Kompensation/Ausgleich einer erlittenen Rechtsverletzung und grundsätzlich nicht Bestrafung.**[1280] Sanktion und Prävention sind lange Zeit nur sehr vorsichtig im Rahmen der konkreten Schadensersatzbemessung anerkannt worden. Die „objektive Schadensberechnung" schließt eine Bestrafung durch Zuerkennung

---

[1264] BGH GRUR 2008, 93 Rn. 8 – Zerkleinerungsvorrichtung; BGH, GRUR 1974, 53 (54) = NJW 1973, 1837 – Nebelscheinwerfer; BGHZ 82, 299 (305) = GRUR 1982, 301 = NJW 1982, 1154 – Kunststoffhohlprofil II; BGHZ 119, 20 (23 f.) = GRUR 1993, 55 = NJW 1992, 2753 – Tchibo/Rolex II; BGH GRUR 2000, 226 f. = NJW-RR 2000, 185 – Planungsmappe.

[1265] BGH GRUR 2008, 93 Rn. 8, 11 – Zerkleinerungsvorrichtung; zustimmend *Loschelder* NJW 2008, 375; anders noch die Vorinstanz OLG Düsseldorf, GRUR-RR 2006, 383; dazu zustimmend *Stjerna* GRUR-RR 2006, 353.

[1266] BGH GRUR 2008, 93 Rn. 7 – Zerkleinerungsvorrichtung; BGHZ 44, 372 (378) = GRUR 1966, 375 – Meßmer-Tee II; BGHZ 119, 19 (23) = GRUR 1993, 55 – Tchibo/Rolex II; Teplitzky/*Schaub* Kap. 34 Rn. 25; aA *Raue,* Die dreifache Schadensberechnung, 549: es handelt sich um verschiedene, eigenständige Schadenspositionen und Abschöpfungsansprüche, die sich als separate Streitgegenstände materiell-rechtlich beeinflussen.

[1267] BGH GRUR 2008, 93 – Zerkleinerungsvorrichtungen.

[1268] *Heil/Roos* GRUR 1994, 26 (28); BGH GRUR 1993, 55 (57) – Tchibo/Rolex II; vgl. auch BGH GRUR 1993, 757 (758) – Kollektion Holiday.

[1269] BGH GRUR 1962, 509 (512) – Dia-Rähmchen II; BGH GRUR 1962, 580 (582) – Laux-Kupplung II; BGHZ 77, 16 (25) – Tolbutamid; BGHZ 82, 310 (321) = GRUR 1982, 286 – Fersenabstützvorrichtung.

[1270] *Preu* GRUR 1979, 753.

[1271] BGH GRUR 2010, 237 Rn. 12 – Zoladex; BGHZ 119, 20 (25) = GRUR 1993, 55 = NJW 1992, 2753 – Tchibo/Rolex II; BGHZ 122, 262 (265) = GRUR 1993, 757 = NJW 1993, 1989 – Kollektion-Holiday, jew. mwN; Ströbele/*Hacker,* § 14 MarkenG Rn. 462.

[1272] BGH GRUR 2010, 237 Rn. 12 – Zoladex; *v. Ungern-Sternberg* GRUR 2010, 386 (394).

[1273] *v. Ungern-Sternberg* GRUR 2009, 460 (461); Teplitzky/*Schaub* Kap. 34, Rn. 23; vgl. auch *Raue,* Die dreifache Schadensberechnung, 351 ff.

[1274] BGH GRUR 1959, 331 (334) – Dreigroschenroman II; BGHZ 44, 372, 373, (382) = GRUR 1966, 375 – Messmer Tee II; BGH GRUR 1975, 85 (87) – Clarissa; BGHZ 60, 206 = GRUR 1973, 375 – Miss Petite; BGHZ 77, 16 = GRUR 1980, 841 – Tolbutamid; BGHZ 119, 20 (30 f.) GRUR 1993, 55 – Tchibo/Rolex II; siehe dazu *Teplitzky* FS Traub (1994), S. 401 ff.

[1275] BGH GRUR 2000, 226 (227) – Planungsmappe; dem folgend Fromm/Nordemann/*J. B. Nordemann* § 97 UrhG Rn. 73 (11. Aufl.); anders jetzt offenbar Fromm/Nordemann/*J. B. Nordemann* § 97 Rn. 73.

[1276] *v. Ungern-Sternberg* GRUR 2009, 460 (464); Wandtke/Bullinger/*v. Wolff* § 97 UrhG Rn. 83.

[1277] BGH GRUR 1995, 608 – Beschädigte Verpackung II; BGH GRUR 1987, 364 – Vier-Streifen-Schuh.

[1278] BGH GRUR 1978, 187 – Alkoholtest; BGH GRUR 1979, 804 (806) – Korrekturflüssigkeit.

[1279] BGH GRUR 1991, 921 (923) – Sahnesiphon.

[1280] Unter Hinweis auf den Verhältnismäßigkeitsgrundsatz gegen die Möglichkeit eines Strafschadensersatzes Generalanwältin Sharpston, Schlussanträge v. 24.11.2016, Rs. C-367/15, OKT/SFP, Rn. 46; offengelassen im Urteil: EuGH GRUR 2016, 264 Rn. 27 f. – OTK/SFP.

von „punitive damages", wie in den USA, oder Verletzerstrafzuschlag aus.[1281] Der EuGH hat in seiner Entscheidung OKT/SFP ausdrücklich offengelassen, ob die Durchsetzungsrichtlinie der Einführung eines Strafschadensersatzes entgegensteht, einer nationalen Regelung zur Zahlung des Doppelten einer angemessenen Lizenzgebühr aber nicht die Verpflichtung zur Zahlung eines Strafschadensersatzes entnommen.[1282]

b) Konkreter Schaden – entgangener Gewinn. Die Berechnung des entgangenen Gewinns **265** nach § 252 BGB ist **vom Verletzergewinn zu unterscheiden,**[1283] aber auch von den fingierten Lizenzen. Die Erstattung der erlittenen Vermögenseinbuße (§§ 251 ff. BGB) einschließlich des entgangenen Gewinns ist am leichtesten dort durchzuführen, wo nach **festen Tarifen** gearbeitet wird. **Als entgangen gilt der Gewinn, welcher nach dem gewöhnlichen Lauf der Dinge oder nach den besonderen Umständen,** insbesondere nach den getroffenen Anstalten und Vorkehrungen **mit Wahrscheinlichkeit erwartet werden konnte** (§ 252 S. 2 BGB). Der Betrag kann gemäß **§ 287 ZPO** geschätzt werden. Es sind **nicht zu strenge Anforderungen** zu stellen. § 252 S. 2 BGB und § 287 ZPO sollen dem Geschädigten den Schadensnachweis erleichtern: Statt der sonst für die Überzeugungsbildung des Gerichts erforderlichen Gewissheit vom Vorhandensein bestimmter Tatumstände zur Begründung des Ursachenzusammenhangs zwischen schädigender Handlung und Schadenseintritt **genügt die bloße Wahrscheinlichkeit eines bestimmten Geschehensablaufs.**[1284] Diese vom Gesetz geschaffene **Beweiserleichterung** mindert, behebt aber nicht die bestehenden Schwierigkeiten im Nachweis der Kausalität zwischen Verletzungshandlung und entgangenen Aufträgen sowie in der Definition des Gewinns und dem Nachteil, dass er dem Verletzten gerade durch die Verletzung und nicht durch andere Umstände entgangen ist.[1285] Entgangener Gewinn ist bei pauschalierter Tarifvergütung mindestens dieser Tarifbetrag. Sind die Vorlaufkosten einer Produktion bereits amortisiert, lässt sich ein konkreter entgangener Gewinn leichter begründen. Zuzuerkennen ist der sog. Deckungsbeitrag. Das sind anteilige Fixkosten, wenn aufgrund der entgangenen Marktchancen nicht nur konkrete Einbußen auf der Leistungs- sondern auch auf der Bereitschaftsebene erlitten wurden.[1286]

Beispiele für die Berechnung eines konkret entstandenen Schadens: Zu ersatzpflichtigen **266** **Aufwendungen** des Geschädigten gehören auch die durch das Schadensereignis **adäquat kausal verursachten Rechtsverfolgungskosten,** allerdings nur solche, als aus der Sicht des Geschädigten zur Wahrnehmung seiner Rechte **erforderlich und zweckmäßig** waren.[1287] Für Abmahnungen gilt hinsichtlich der Höhe des Anspruchs **§ 97a Abs. 3** jedenfalls entsprechend.[1288] BGH GRUR 1993, 757 (758) – Kollektion Holiday: Auftragsstornierungen und verringerte bis keine Nachbestellungen; BGH WRP 1982, 85/86 – Architektenwerbung: Ausgleich nachteiliger Folgen für Anschlussaufträge bei unterlassener Namensnennung; OLG Hamburg UFITA 65 (1972) 284: Auswechslung einer betexteten und eingespiegelten Illustriertenseite; OLG Hamburg Schulze OLGZ 148: Marktverwirrungsschaden; OLG Hamburg GRUR-Int 1978, 140 – membran: Berechnung von Differenz-Lizenzen beim Reimport von Tonträgern; OLG Köln BauR 1991, 647: Zur Vergütung des Architekten nach HOAI; vgl. auch LG Düsseldorf GRUR 1993, 664: Zur Berechnung eines entgangenen Bildhonorars entsprechend den Empfehlungen der „Mittelstandsgemeinschaft Foto-Marketing" – MFM – im Wege der Schadensschätzung. Eine konkrete Vermögenseinbuße ist auch der Aufwand des Verletzten zur Ermittlung der Rechtsverletzung und zur **Rechtsverfolgung.**[1289]

c) Lizenzanalogie. aa) Allgemeines. Die Schadensberechnung im Wege einer angemessenen **267** Lizenz (§ 97 Abs. 2 S. 3), sog. Entschädigungslizenz, ist die **einfachste und gebräuchlichste Berechnungsart.**[1290] Sie deckt sich nach der bisherigen Rechtsprechung wertmäßig mit der Lizenz im Bereicherungsrecht[1291] und ist **überall dort zulässig, wo die Überlassung von Ausschließlichkeitsrechten zur Benutzung durch Dritte gegen Entgelt rechtlich möglich und verkehrsüb-**

[1281] Vgl. auch Erwägungsgrund 26 der Richtlinie 2004/48: „Bezweckt wird dabei nicht die Einführung einer Verpflichtung zu einem als Strafe angelegten Schadensersatz, …".

[1282] EuGH GRUR 2017, 264 Rn. 27 ff. – OTK/SFP; vgl. dazu *Raue* ZUM 2017, 353.

[1283] BGH GRUR 1993, 757 (759) – Kollektion Holiday.

[1284] BGH GRUR 1993, 757 (758) – Kollektion Holiday.

[1285] BGHZ 57, 116 (119) = GRUR 1972, 189 – Wandsteckdose II; BGHZ 60, 206 (209) = GRUR 1973, 375 – Miss Petite; zu den Schwierigkeiten siehe *Dreier,* Kompensation und Prävention, S. 327 ff.; *Preu* GRUR 1979, 753 (756 f.); *Kraßer* GRUR-Int 1980, 259 (261 f.); beispielhaft BGHZ 77, 16 (19 ff.) – Tolbutamid; mangelnde Substituierbarkeit: OLG Hamburg GRUR-RR 2001, 260 (263) – Loriot-Motive; *Leisse/Traub* GRUR 1980, 1 bemühen sich um eine Schätzungsformel; bemerkenswert ist der Versuch, über die Rechtsprechung zu nutzlos aufgewandter Urlaubszeit zu einer weiteren Revision der Rechtsprechung hinsichtlich des Ersatzes von Verwaltungs- und Vorsorgekosten zu kommen, → Rn. 161.

[1286] *Lehmann* BB 1988, 1680 (1687) mit betriebswirtschaftlicher Begründung; sa. Möhring/Nicolini/*Lütje* (2. Aufl.) § 97 UrhG Rn. 166; Wandtke/Bullinger/*v. Wolff* § 97 UrhG Rn. 65.

[1287] Vgl. zu den Abmahnkosten gegenüber einem nicht verantwortlichem Anschlussinhaber BGH MMR 2018, 822 Rn. 16 – Riptide; BGHZ 127, 348 Rn. 7.

[1288] BGH MMR 2018, 822 Rn. 29 – Riptide; Teplitzky/*Bacher* Kap. 412 Rn. 82b.

[1289] BGH GRUR 2007, 431 Rn. 43 – Steckverbindergehäuse; zu den Abmahnkosten seit 1.9.2008 § 97a.

[1290] Kritisch *Sack* FS Hubmann (1985), S. 373 (388 ff.); ebenfalls kritisch *Körner* FS Steindorff (1990), S. 877 und *Beuthien/Wasmann* GRUR 1997, 255; *Rogge* FS Nirk (1992), S. 929 ff.

[1291] BGH GRUR 2006, 143 (145) – Catwalk; BGHZ 77, 16 (25) = GRUR 1980, 841 – Tolbutamid.

lich ist.[1292] Diese von der Rechtsprechung entwickelte und **zum Gewohnheitsrecht gewordene Berechnungsart** beruht auf dem Gedanken, dass der **schuldhaft handelnde Verletzer weder schlechter noch besser gestellt werden soll als ein vertraglicher Lizenznehmer,**[1293] sah sich aber auch **aus diesem Grund Kritik ausgesetzt,** da nicht hinnehmbar sei, dass damit der Verletzer sanktionslos wie der rechtmäßige Nutzer gestellt würde.[1294] Es sind die gesamten relevanten Umstände des Einzelfalls in Betracht zu ziehen und umfassend zu würdigen.[1295] **Kausalitätsprobleme** gibt es bei dieser **Lizenzanalogie** nicht. Der Lizenzbetrag ist **pauschalierter Mindestschaden.** Es ist unerheblich, ob der Verletzte oder der Verletzer bereit gewesen wäre, einen Lizenzvertrag abzuschließen und für seine Nutzungshandlungen eine Vergütung in dieser Höhe zu zahlen,[1296] ob der Verletzte in der Lage gewesen wäre, eine angemessene Lizenzgebühr zu erzielen, oder ob und ggf. welchen Gewinn oder gar Verlust der Verletzer bei der rechtswidrigen Benutzung gemacht hat.[1297] Selbst die Tatsache, dass – wie bei File-Sharing-Fällen überlicherweise – die Erteilung einer Lizenz nicht in Betracht kommt, steht der Bemessung nach der Lizenzanalogie nicht entgegen.[1298] Ein geringerer tatsächlicher Umsatz des Verletzers führt nicht zu einer Verringerung der Lizenzgebühr, denn damit würde letztlich der Verletzer über den Wert des Urheberrechts entscheiden.[1299] Entscheidend ist allein, dass der Verletzte die Nutzung nicht ohne Genehmigung gestattet hätte.[1300]

268   Der **Abschluss eines Lizenzvertrages zu angemessenen Bedingungen** wird **fingiert.**[1301] Bei der Lizenzanalogie handelt es sich um eine Form des Schadensersatzes. Sie führt nicht zum nachträglichen Abschluss eines Lizenzvertrages und daher auch **nicht zur Einräumung eines Nutzungsrechtes** und **lässt einen Unterlassungsanspruch gegen weitere rechtsverletzende Handlungen des Ersatzpflichtigen unberührt.**[1302] Der tatsächliche Schaden kommt in dem **Eingriff in die vermögenswerte Dispositionsbefugnis des Rechtsinhabers** zum Ausdruck.[1303] Die Verletzung ist nicht rückgängig zu machen, der Gebrauch des immateriellen Schutzgegenstands ist erlangt.[1304] Nach dem Grundsatz der Güterzuweisung soll der Verletzer herausgeben, was er durch rechtswidrigen Einbruch in eine geschützte Rechtssphäre erzielt hat. Das ist der **objektive Verkehrswert der Rechtsbenutzung.**[1305]

269   Die **Fiktion eines Lizenzvertrages** kommt auch dann in Betracht, wenn Lizenzverträge in der Branche nicht üblich sind, das verletzte Recht seiner Art nach aber vermögensmäßig genutzt werden kann und genutzt wird.[1306] Als Grundlage ist neben einem positiven Benutzungsrecht bereits ein Zustimmungsrecht ausreichend.[1307] Die Rechtsprechung, wonach ursprünglich der Gedanke an eine Lizenzerteilung aus besonderen Gründen[1308] ausschied,[1309] ist vom BGH in der Entscheidung *Rücktritt des Finanzministers*[1310] mit eingehender Begründung aufgegeben worden. Es ist danach unerheblich, ob dem Verletzten eine Auswertung möglich gewesen wäre. Wer das Werk/die Person eines Dritten unberechtigt für kommerzielle Zwecke ausnutzt, zeigt, dass der Nutzung ein wirtschaftlicher Wert zukommt. An der damit geschaffenen vermögensrechtlichen Zuordnung muss sich der Verletzer

---

[1292] BGH GRUR 2006, 143 (145) – Catwalk; BGH GRUR 1990, 1008 (1009) – Lizenzanalogie.

[1293] BGH GRUR 2006, 143 (145) – Catwalk; BGHZ 119, 20 (27) = GRUR 1993, 55 – Tchibo/Rolex II; BGH, GRUR 2000, 685 (688) – Formunwirksamer Lizenzvertrag; vgl. aber nun EuGH GRUR 2017, 264 Rn. 26 – OTK/SFP.

[1294] *Pietzcker* GRUR 1975, 55; *Preu* GRUR 1979, 753; *Pagenberg* GRUR-Int 1980, 286; *Heermann* GRUR 1999, 625 (628 ff.); *Bodewig/Wandtke* GRUR 2008, 220 (225); *Tetzner* GRUR 2009, 6.

[1295] BGH ZUM 2013, 406 Rn. 30; BGH GRUR 2009, 407 Rn. 25 – Whistling for a train.

[1296] BGH GRUR 2010, 239 Rn. 36 – BTK; BGH GRUR 2009, 407 Rn. 22 – Whistling for a train.

[1297] BGH GRUR 1966, 823 – Meßmer-Tee II; BGH GRUR 1993, 55 – Tchibo/Rolex II mwN; BGH GRUR 2006, 143 (145) – Catwalk.

[1298] BGH GRUR 2016, 1280 Rn. 97 – Everytime we touch; BGH GRUR 2016, 184 Rn. 48 ff. – Tauschbörse II.

[1299] BVerfG, NJW 2003, 1655 (1656).

[1300] BGH GRUR 1993, 899 – Dia-Duplikate; BGH GRUR 1995, 349 (351) – Objektive Schadensberechnung.

[1301] BGH GRUR 1996, 1008 (1009) – Lizenzanalogie; BGH GRUR 1993, 55 (58) – Tchibo/Rolex II; kritisch zu diesem Ausgangspunkt *Raue,* Die dreifache Schadensberechnung, 287, nach dem es nicht darum gehe, einen entgangenen Lizenzvertrag zu konstruieren, sondern den Schaden anhand des objektiven wirtschaftlichen Werts der angemaßten Benutzungsbefugnis festzustellen.

[1302] BGH GRUR 2002, 248 (252) – SPIEGEL-CD-ROM; Teplitzky/*Schaub* Kap. 34 Rn. 27.

[1303] *Bodewig/Wandtke* GRUR 2008, 220 (25); *v. Ungern-Sternberg* GRUR 2009, 460 (462); BGH GRUR 2006, 421 Rn. 45 – Markenparfümverkäufe; BVerfG, NJW 2003, 1655 (1656).

[1304] BGHZ 82, 299 (307) = GRUR 1982, 301 – Kunststoffhohlprofil II.

[1305] BGH GRUR 1980, 841 (844) – Tolbutamid; BGH GRUR 1995, 578 (580) – Steuereinrichtung II; BGH GRUR 2009, 660 Rn. 32 – Resellervertrag; OLG Karlsruhe GRUR-RR 2014, 55 (56).

[1306] BGHZ 60, 206 = GRUR 1973, 375 – Miss Petite; BGHZ 81, 75 (82) = GRUR 1981, 846 – Carrera; BGH GRUR 2006, 143 – Catwalk: Lizenzanalogie selbst für das Anbieten eines rechtsverletzenden Gegenstands; BGH GRUR 2007, 139 Rn. 12 – Rücktritt des Finanzministers. Abweichend der Fall ungenehmigter Wiedergabe faksimilierter Autogrammpostkarten der Mitglieder einer Rockgruppe in einer Jugendzeitschrift: OLG Hamburg Schulze OLGZ 268 mAnm *Ladeur.*

[1307] BGH GRUR 1987, 37 (38 f.) – Videolizenzvertrag.

[1308] Rufschädigung, Kränkung, unwürdige Lage bei Annahme einer Lizenzgebühr.

[1309] BGHZ 26, 349 (352) = GRUR 1958, 408 – Herrenreiter; BGHZ 30, 7 (16 f.) = GRUR 1959, 430 – Caterina Valente; OLG Hamburg Schulze OLGZ 268 – Ungenehmigte Veröffentlichung von faksimilierten Autogrammpostkarten.

[1310] BGH GRUR 2007, 139 (141) – Rücktritt des Finanzministers.

festhalten lassen.[1311] *Schack* versagt den Fernsehanstalten bei Videonutzungen ihrer Sendungen Ansprüche auf Schadensersatz, weil Betätigung auf dem Videomarkt nicht vom gesetzlichen Auftrag der Anstalten gedeckt sei.[1312]

Verschiedene Stimmen verweisen darauf, dass die **Begrenzung des Schadensersatzes auf den** 270 **objektiven Wert** der Benutzungsberechtigung **nach der Enforcement-RL nicht mehr haltbar** sei, da Art. 13 S. 2 lit b) die Untergrenze des Schadensersatzes als „mindestens" den „Betrag der Vergütung oder Gebühr, den der Verletzer hätte entrichten müssen, wenn er die Erlaubnis zur Nutzung des betreffenden Rechts des Geistigen Eigentums eingeholt hätte", festlegt.[1313] Der EuGH weist darauf hin, dass die „*bloße Zahlung der hypothetischen Vergütung nicht geeignet ist, eine Entschädigung für den gesamten erlittenen Schaden zu garantieren.*"[1314] Teilweise wird dieses **auf den Wortlaut der Richtlinie** gestützte Argument verknüpft mit der seit längerem geführten **Diskussion um eine Präventionswirkung des Schadensersatzes** auch im Rahmen der Berechnung nach der Lizenzanalogie[1315] und daraus eine **Erhöhung der Lizenzgebühr** auf der Grundlage des geltenden Rechts begründet (sog. **Verletzerzuschlag).**[1316] Der deutsche Gesetzgeber hat einem **Strafschadensersatz** eine ausdrückliche **Absage erteilt** und auf die Ausgleichsfunktion des Schadensersatzes für konkret entstandene Schäden hingewiesen; ob dies – wie diesseits in der Vorauflage vermutet – auch für den europäischen Gesetzgeber gilt, ist mit der Entscheidung *OTK/SFP* des EuGH in Frage gestellt. Denn dort hat der Gerichtshof offengelassen, ob ein Strafschadensersatz gegen Art. 13 der Durchsetzungsrichtlinie verstoßen würde.[1317] Einer pauschalen Festsetzung etwa einer doppelten Lizenzgebühr oder der Zumessung eines pauschalen Verletzerzuschlags steht dieses Gebot des Gesetzgebers entgegen. Andererseits hat der Gesetzgeber selbst erkannt, dass es im Einzelfall zum sachgerechten Schadensausgleich erforderlich sein kann, den **Schadensersatz höher als die Lizenzgebühr zu bemessen.**[1318] **Zuschlägen mit konkreter Begründung**[1319] zB für entstandene Kosten insbesondere im Zusammenhang mit der Feststellung der Rechtsverletzung und ihrer Verursachung stehen daher im Einklang mit der durch die Enforcement-RL geschaffenen Rechtslage.[1320]

bb) Angemessene Lizenzgebühr. *(1) Grundsätze:* Als **angemessen gilt die Lizenzgebühr,** 271 **die verständige Vertragspartner vereinbart hätten;** das ist der objektive, sachlich angemessene Wert der Rechtsbenutzung,[1321] wobei der objektive Nutzungswert von Umständen beeinflusst werden kann, die sich aus den Besonderheiten des jeweiligen Verletzungsfalls ergeben.[1322] Dabei ist unerheblich, ob und inwieweit der Verletzer selbst bereit gewesen wäre, für seine Nutzungshandlungen eine Vergütung zu zahlen.[1323] Bei der Ermittlung des objektiven Werts der Benutzungsberechtigung sind die gesamten relevanten Umstände des Einzelfalls in Betracht zu ziehen und umfassend zu würdigen.[1324] Zugrundezulegen ist der **Zeitpunkt des Eingriffs.** Über die Perspektive auf den Zeitpunkt gibt es unterschiedliche Ansätze: Der X. Senat geht von einer *ex post* Betrachtung aus, wonach es darauf ankommt, was bei vertraglicher Einigung über eine Lizenz vernünftige Partner **in Kenntnis der tatsächlichen Entwicklung** während des Verletzungszeitraums vereinbart haben würden.[1325] Das Lizenzverhältnis wird mit der Maßgabe unterstellt, beide Partner hätten es in Kenntnis aller am Tag der Entscheidung bekannten Umstände geschlossen. Der Verletzte soll nicht das wirtschaftliche Risiko der Verletzung tragen müssen.[1326] Dies ist vielfach kritisiert worden, denn beim Abschluss eines Lizenzvertrages übernehmen Lizenzgeber und/oder -nehmer in Unkenntnis der tatsächlichen Entwicklung Risiken, die durch eine ex-post-Betrachtung (zu Lasten des fiktiven Lizenz-

---

[1311] BGH GRUR 2007, 139 (140) – Rücktritt des Finanzministers.

[1312] *Schack* GRUR 1985, 197 (198 f.) mwN; kritisch *Krüger-Nieland* GRUR 1982, 253 ff.

[1313] *v. Ungern-Sternberg* GRUR 2009, 460 (463); *Tetzner* GRUR 2009, 6; *Teplitzky/Schaub* Kap. 34 Rn. 30a jeweils mwN.

[1314] EuGH GRUR 2017, 264 Rn. 30 – OTK/SFP.

[1315] *v. Ungern-Sternberg* GRUR 2009, 460 (463 f.); *Tetzner* GRUR 2009, 6 (8 f.) unter Hinweis auf den Wortlaut der Richtlinie, wonach deren Maßnahmen, Verfahren und Rechtsbehelfe wirksam, verhältnismäßig und *abschreckend* sein müssen.

[1316] *Bodewig/Wandtke* GRUR 2008, 220 (226); *Tetzner* GRUR 2009, 6.

[1317] Vgl. EuGH GRUR 2017, 264 Rn. 27 ff. – OTK/SFP; *Raue* ZUM 2017, 353; Erwägungsgrund (26) der Enforcement-RL 2004/48; vgl. BT-Drs. 16/5048, 37.

[1318] BT.Drs. 16/5048; vgl. auch EuGH GRUR 2017, 264 Rn. 30 – OTK/SFP; *v. Ungern-Sternberg* GRUR 2017, 217, 231.

[1319] *v. Ungern-Sternberg* GRUR 2009, 460 (465).

[1320] *v. Ungern-Sternberg* GRUR 2009, 460 (465 f.); *Stieper* WRP 2010, 624 (628); vgl. zu solchen „Erhöhungsfaktoren" unter Verweis auf die Rechtsprechung Wandtke/Bullinger/*v. Wolff* § 97 UrhG Rn. 82 f.

[1321] BGH GRUR 2019, 292 Rn. 18; BGH GRUR 2006, 136 Rn. 23 – Pressefotos; BGH ZUM 2013, 406 Rn. 30 – Einzelbild; vgl. zur Kritik an der Begrenzung auf den objektiven Verkehrswert → Rn. 270.

[1322] BGHZ 77, 16 (26) = GRUR 1980, 841– Tolbutamid.

[1323] BGH GRUR 2019, 292 Rn. 18; BGH GRUR 2006, 136 Rn. 23 – Pressefotos; BGH ZUM 2013, 406 Rn. 30 – Einzelbild.

[1324] BGH GRUR 2019, 292 Rn. 18; BGH GRUR 2009, 407 Rn. 25 – Whistling for a train; BGH ZUM 2013, 406 Rn. 30 – Einzelbild.

[1325] BGH GRUR 2000, 685 (687) – Formunwirksamer Lizenzvertrag; BGH GRUR 1962, 401 (404) – Kreuzbodenventilsäcke III; BGH GRUR 1962, 509 (513) – Dia-Rähmchen II; ähnlich auch der I. Senat in BGHZ 60, 209 (2139) = GRUR 1973, 375 – Miss Petite.

[1326] BGH GRUR 1990, 1008 (1009) – Lizenzanalogie; BGH GRUR 1993, 55 (58) – Tchibo/Rolex II.

gebers) nivelliert würden, wenn die tatsächliche Entwicklung gegenüber der Prognose im Zeitpunkt des Vertragsschlusses zurückbleibt;[1327] eine **Besserstellung des Verletzers gegenüber einem vertraglichen Lizenznehmer soll nach der Rechtsprechung aber verhindert werden.** Vielfach ist daher ein **Wahlrecht des Verletzten** hinsichtlich des Stichtages für den fiktiven Lizenzvertrag gefordert worden.[1328] Der I. Zivilsenat hat durchaus im Einklang mit dieser Kritik für das Urheberrecht darauf hingewiesen, dass eine entgegen der Prognose eintretende tatsächliche Entwicklung zu Lasten des fiktiven Lizenznehmers bei der Schadensberechnung nach der Lizenzanalogie nicht schadensmindernd zu Lasten des fiktiven Lizenzgebers berücksichtigt werden kann.[1329]

272 **Weitere Einzelheiten:** Bei der **Bemessung einer angemessenen Lizenz** als Entschädigungslizenz soll der **Verletzer grundsätzlich nicht besser, aber auch nicht schlechter** gestellt werden **als ein vertraglicher Lizenznehmer.**[1330] Auch bei nur geminderter wirtschaftlicher Nutzung hat der Verletzer im Nachhinein die reguläre Lizenzgebühr zu zahlen.[1331] Die Gebühr ist bei Abhängigkeit des rechtswidrig benutzten Schutzrechts von einem anderen Schutzrecht nicht auf den „überschießenden Teil" beschränkt.[1332] Gibt es **übliche Lizenzen,** sind sie auch dann zu Grunde zu legen, wenn sich bei späterer Betrachtung ergibt, dass die Nutzung nur kurze Zeit erfolgte, weil zB die rechtswidrig hergestellten Video-Raubkopien vor ihrem Vertrieb beschlagnahmt wurden.[1333] Bei der Vergabe von Lizenzen werden üblicherweise längere Zeiträume vorgesehen, beispielsweise zehn Jahre. Wird der Verletzer frühzeitig entdeckt, bleibt es nach der Grundformel des BGH bei der Lizenz, die vor Beginn der Verletzung vereinbart worden wäre.[1334] Bei der Berechnung ist nicht zu berücksichtigen, dass dem Verletzer bei durchgreifendem Vernichtungsanspruch keine Nutzungsmöglichkeit mehr verbleibt.[1335] Benutzt der Verletzer eigene oder Drittrechte mit, kann dies lizenzmindernd auswirken, wenn dadurch eine Wertsteigerung eingetreten ist oder die Parteien sich aus anderen Gründen gleichwohl auf eine Herabsetzung des Lizenzsatzes geeinigt hätten.[1336]

273 *(2) Angemessen ist die übliche Vergütung:* Ausgangspunkt für die übliche Vergütung ist die **eigene Verwertung durch den Verletzten.**[1337] Hat er **eigene Preislisten,** sind diese Grundlage der Bemessung. Gibt es eine repräsentative Vertragspraxis, ist diese zugrunde zu legen.[1338] Sofern eine **ausreichende Zahl von Lizenzverträgen** nach einem von dem Verletzten angebotenen Vergütungsmodell abgeschlossen worden sind, kommen deren Konditionen bei der Berechnung zur Anwendung, **ohne dass es darauf ankommt, ob diese Konditionen allgemein üblich und angemessen sind;** in diesem Fall ist ein **Rückgriff auf bestehende Vergütungsrichtlinien**[1339] **nicht möglich.**[1340] Die Tatsache, dass der Verletzte die Lizenzgebühren verlangt und erhält, rechtfertigt die Feststellung, dass vernünftige Vertragsparteien bei vertraglicher Lizenzeinräumung eine entsprechende Vergütung vereinbart hätten.[1341] Bei der Bemessung des Schadens kann im Rahmen der Lizenzanalogie auf eine **frühere Vereinbarung der Parteien** zurückgegriffen werden unter der Voraussetzung, dass die damals vereinbarte Lizenzgebühr dem objektiven Wert der Nutzungsberechtigung entsprach.[1342]

274 *(3) Tarife/Vergütungsempfehlungen:* **Fehlen eigene Preislisten,** ist bei der Berechnung einer angemessenen Lizenzgebühr regelmäßig die **Tarifvergütung zugrunde zu legen,** die die fiktive Lizenzgeberin bei Einholung ihrer Erlaubnis für derartige Nutzungen berechnet.[1343] Es ist daher stets zu prüfen, ob es für die einschlägige Nutzungsart **Tarifwerke von Verwertungsgesellschaften oder Vergütungssätze anderer Organisationen** gibt, die als **allgemein übliche Vergütungssätze** anzusehen sind, weil sich **in dem entsprechenden Zeitraum eine solche Übung herausgebildet**

[1327] *Rogge* FS Nirk (1992), S. 944 ff.; *Preu* GRUR 1979, 753 (759 f.); zuvor schon *Pietzcker* GRUR 1975, 55 (57); *Heermann* GRUR 1999, 625 (629).
[1328] *Preu* GRUR 1979, 753 (759 f.); *Pietzcker* GRUR 1975, 55 (57).
[1329] BGHZ 119, 20 (27) = GRUR 1993, 55 – Tchibo/Rolex II; ähnlich schon BGH GRUR 1990, 1009 (1009) – Lizenzanalogie.
[1330] BGH GRUR 1990, 353 – Raubkopien; vgl. aber jetzt EuGH GRUR 2017, 264 Rn. 30 – OTK/SFP.
[1331] BGH GRUR 1990, 353 – Raubkopien.
[1332] BGH GRUR 1990, 353 – Raubkopien.
[1333] BGH GRUR 1990, 353 – Raubkopien.
[1334] BGH GRUR 1990, 1008 (1009) – Lizenzanalogie; BGH GRUR 1993, 55 (58) – Tchibo/Rolex II; BGH GRUR 2006, 143 – Catwalk; LG München I GRUR-RR 2007, 145 f. – Kartografien: voller Lizenzsatz für dauerhafte Internetbenutzung von Stadtplänen, obwohl nur kurzfristig gering benutzt; Möhring/Nicolini/*Reber* § 97 UrhG Rn. 119 ff.; *Grüger* zur BGH-Entscheidung Catwalk GRUR 2006, 536: Bemessungserweiterung nach Lizenzanalogie.
[1335] BGH GRUR 993, 899 (901) – Dia-Duplikate.
[1336] BGH GRUR 1995, 578 – Steuereinrichtung II; zum Patentrecht.
[1337] *Raue,* Die dreifache Schadensberechnung, 305 ff.
[1338] OLG Braunschweig GRUR 2012, 920 (923) und Ls. 2.
[1339] Dazu → Rn. 274 ff.
[1340] LG Köln ZUM-RD 2017, 419 Rn. 105.
[1341] BGH GRUR 2009, 660 Rn. 32 – Resellervertrag; BGH GRUR 1987, 36 (37) – Liedtextwiedergabe II; OLG Karlsruhe GRUR-RR 2014, 55 (56).
[1342] BGH GRUR 2009, 407 Rn. 26 – Whistling for a train.
[1343] StdRspr. BGH GRUR 2013, 717 Rn. 20 – Covermount; BGH GRUR 2011, 720 Rn. 20 – Multimediashow; BGH GRUR 2012, 715 Rn. 15 – Bochumer Weihnachtsmarkt; BGH GRUR 1988, 373 (376) – Schallplattenimport III; BGHZ 97, 37 (41) = GRUR 1986, 376 – Filmmusik.

hat.[1344] Tarife/Vergütungsregeln sind heute in vielen Branchen üblich,[1345] umso mehr, seit die Urheberrechtsreform 2002 mit der Festschreibung des Prinzips der angemessenen Vergütung (§ 11) – zur Bestimmung der angemessenen Vergütung (§ 32) – die Schaffung gemeinsamer Vergütungsregeln durch Vereinigungen von Urhebern und Vereinigungen von Werknutzern vorsieht (§§ 36, 36a). Die aktuellen Tarife/Vergütungsregeln sind bei den Verwertungsgesellschaften und Verbänden zu erfahren. In manchen Branchen besteht ein breit gefächertes System je nach Art und Ort der Verwendung, Auflagenhöhe etc.[1346]

Rechtlich bindend sind **Tarifwerke nicht.** Sie sind jedoch eine **Richtlinie zur Ermittlung** **275** **der angemessenen Lizenzgebühr,**[1347] wenn sich in dem entsprechenden Zeitraum eine solche Übung herausgebildet hat.[1348] Auch wenn es Tarife gibt, sind jedoch die Umstände des konkreten Falles zu berücksichtigen, insbesondere wenn es sich dabei um **einseitige Empfehlungen eines Interessenverbands** handelt.[1349] Ob der festgesetzte **Tarif angemessen** ist, ist **in vollem Umfang durch die Gerichte zu überprüfen,**[1350] jedoch nicht, wenn sich die Verwertungsgesellschaft und der Verwerter vertraglich über die Tarifgebühr geeinigt hatten.[1351] Stellt sich bei der gerichtlichen Überprüfung heraus, dass die Höhe der vorgesehenen Vergütung unangemessen ist, ist sie **auf das angemessene Maß zurückzuführen.** Auf einen anderen, eine **ähnliche Nutzung betreffenden Tarif ist nur zurückzugreifen,** wenn eine solche Reduktion auf das angemessene Maß nicht in Betracht kommt.[1352] Falls sich der Tarif im Einzelfall als unpassend erweist, kann das Gericht eine gesonderte Vergütung festsetzen.[1353] **Gibt es keinen unmittelbar passenden Tarif,** so ist von dem Tarif auszugehen, der **nach Merkmalen und Vergütungssätzen der in Rede stehenden Nutzung am nächsten liegt.**[1354]

Einige **aktuelle Beispiele:** Bei Verletzung eines **Architektenurheberrechts** könnten die **Hono-** **276** **rarsätze der HOAI** zur Ermittlung der Lizenzgebühr **nicht unmittelbar** übernommen werden, weil diese für die Einräumung eines Nutzungsrechts am Urheberrecht des Architekten keine Honoraranteile enthielten; sie können aber als verlässliche Maßstäbe herangezogen werden.[1355] Vgl. weiter die Beispiele aus der Rechtsprechung zur Anwendung des GEMA Tarifs VR-BT-H 4 auf die **Vervielfältigung und Verbreitung von Musikwerken in Film-DVDs als Zeitschriftenbeilagen;**[1356] zur Anwendung des GEMA Tarifs Tarif VR-AV DT-H 3 auf **Begleitmusik zu Computerspielen;**[1357] zur Würdigung der **Empfehlung des Deutschen Musikverlegerverbands** für die **Verwendung einer Tonaufnahme in einem Fernsehwerbespot;**[1358] zur Anwendung der GEMA Tarife für **Unterhaltungs- und Tanzmusik auf Straßenfesten;**[1359] zur Frage der **Verkehrsgeltung von Tarifen** und deren Bedeutung für die Angemessenheitsprüfung;[1360] zur **Frage des Zeitraums,** der erforderlich ist, um eine **Verkehrsdurchsetzung** feststellen zu können;[1361] zur Anwendung des Tarifs der VG Bild-Kunst für **Reproduktionen von Werken bildender Kunst** zu Werbe-/Dekorationszwecken[1362] bzw. zum **Abdruck auf Textilien oder Kosmetikartikel.**[1363] Das

[1344] BGH ZUM-RD 2013, 243 Rn. 18 – Begleitmusik zu Computerspiel; BGH GRUR 2009, 407 Rn. 29 – Whistling for a train.

[1345] Zu Lizenzgebühren in Patentlizenz-, Know-how- und Computerprogrammlizenzverträgen siehe *Groß* K&R 2013, 92.

[1346] Zur Inhaltskontrolle von Honorarbedingungen vgl. BGH GRUR 2012, 1031 – Honorarbedingungen für frei Journalisten mAnm *Soppe* GRUR 2012, 1039; *Schippan* ZUM 2012, 771.

[1347] BGH GRUR 1976, 35 (36) – Bar-Filmmusik; BGH GRUR 1973, 379 (381) – Doppelte Tarifgebühr mAnm *Reimer* GRUR 1973, 381.

[1348] BGH ZUM-RD 2013, 243 Rn. 18 – Begleitmusik zu Computerspiel; BGH GRUR 2006, 136 Rn. 36 – Pressefotos.

[1349] BGH GRUR 2006, 136 – Pressefotos; OLG Hamburg, MMR 2010, 196 (197); kritisch zu solchen Empfehlungen *Raue,* Die dreifache Schadensberechnung, 309.

[1350] BGH GRUR 1974, 35 (37 ff.) – Musikautomat; BGH GRUR 1983, 565 (566) – Tarifüberprüfung II; BGHZ 97, 37 (41) = GRUR 1986, 376 – Filmmusik.

[1351] BGH GRUR 1984, 52 – Tarifüberprüfung I.

[1352] BGH ZUM 2004, 669 – Musikmehrkanaldienst.

[1353] Für eine „Mindestvergütung" bei Verramschung BGH GRUR 1988, 373 (376) – Schallplattenimport III.

[1354] BGH GRUR 2012, 715 Rn. 17 – Bochumer Weihnachtsmarkt; BGH GRUR 1976, 35 (36) – Bar-Filmmusik; BGH GRUR 1983, 565 (567) – Tarifüberprüfung II; OLG München GRUR 1983, 578 (581) – Musiknutzung bei Video-Kassetten: Tarif für Musikminute einer Single-Schallplatte und Berücksichtigung der Unterschiede rein akustischer Werknutzung und solche in Verbindung mit Bildern; anders BGHZ 97, 37 (45 ff.) = GRUR 1986, 376 – Filmmusik, der die Entscheidung unter verschiedenen Aspekten revidiert hat, die Berechnungsgrundlage nach durchschnittlichem Preis für Musikminute – Langspielplatte, nicht Single – zwar nicht ablehnt, aber grundsätzlich dem Beteiligungsprinzip x Prozent vom Detailverkaufspreis zuneigt; vgl. auch *Schricker* in *Poll,* S. 76 ff.

[1355] LG Oldenburg, Urteil vom 5.6.2013 – 5 O 3989/11, BeckRS 2013, 19507; dazu *Rieken* GRUR-Prax 2013, 545.

[1356] BGH GRUR 2013, 717 – Covermount.

[1357] BGH ZUM-RD 2013, 243.

[1358] BGH GRUR 2009, 407 Rn. 29 – Whistling for a train.

[1359] Vgl. BGH GRUR 2012, 711 – Barmen Live; BGH GRUR 2012, 715 – Bochumer Weihnachtsmarkt.

[1360] BGHZ 97, 37 (42) = GRUR 1986, 376 (378) – Filmmusik.

[1361] Eine Verkehrsdurchsetzung ist bei einer drei- bis vierjährigen Laufzeit nicht festzustellen; Schiedsstelle ZUM 2010, 546 (550).

[1362] Schiedsstelle ZUM 2005, 85 (88).

[1363] Schiedsstelle ZUM 2005, 90 (91), 157.

Tarifgefüge der GEMA ist weder geeignet noch dazu bestimmt, Rechtsverletzungen Privater in **File-Sharing Netzwerken** zu erfassen; sie können jedoch im Rahmen der Schadensschätzung herangezogen werden.[1364] Der GVL-Tarif für private Hörfunkprogramme ist wegen des Anteils von Wortbeiträgen auf **Musikmehrkanaldienste** nicht anwendbar.[1365] Bei der **Werbung im Internet** handelt es sich um eine im Verhältnis zur **TV-Werbung** geringfügiger zu lizenzierende Annexnutzung, da der Verbreitungsgrad der Internetwerbung auf den streitgegenständlichen Websites im Verhältnis zur TV-Werbung geringer ist, die regelmäßig durch eine Aufschlag abgegolten und lizenziert werden.[1366] Beim **Streaming ist eine Verringerung des Lizenzsatzes** gegenüber dem Download um ein Drittel vorzunehmen.[1367]

277　　Großen Raum in der gerichtlichen Praxis nimmt die unberechtigte Fotonutzung im Internet und die Schadensberechnung nach der Lizenzanalogie ein.[1368] Die **Mittelstandsgemeinschaft Foto-Marketing (MFM)** stellt die Vergütungen im Fotobereich für Deutschland in einer Broschüre zusammen.[1369] Hierzu hat sich eine umfangreiche Rechtsprechung herausgebildet. Nach dem BGH ist bereits fraglich, ob die einseitig erstellten MFM-Empfehlungen branchenübliche Vergütungssätze enthalten; jedenfalls für eine Anwendung zur Bestimmung der Vergütung für nicht von professionellen Personen erstellte Fotografien ist nichts ersichtlich.[1370] In der Entscheidung Pressefotos[1371] stellte der BGH heraus, dass das Berufungsgericht sich nicht ohne Erhebung der angebotenen Gegenbeweise (ua. betreffend MFM als Interessenvertretung der Anbieterseite) auf die MFM-Empfehlungen hätte stützen dürfen; eine Anwendung der Empfehlungen kommt nur in Betracht, wenn sie für die in Rede stehende Nutzung Regelungen enthalten.[1372] Das OLG Hamburg hat grds. Bedenken ggüb. den MFM-Empfehlungen als einseitige Vergütungsvorstellungen eines Interessenverbands von Fotografen,[1373] zieht sie jedoch im Rahmen der Schadensschätzung nach § 287 ZPO nicht für den absoluten Wert, aber als brauchbaren Überblick über das Verhältnis der verschiedenen Nutzungsarten und -intensitäten heran.[1374] Das OLG Köln will die Tabellen „ausnahmsweise" als Ansatzpunkt für die Schadensschätzung heranziehen, wenn es sich um Lichtbilder eines professionellen Fotografen handelt, die nicht mehr reproduzierbar sind und wenn durch Rechnungen belegt ist, dass Lizenzen in ähnlicher Höhe erzielt wurden.[1375] Anders das OLG Düsseldorf, das die MFM-Empfehlungen ohne weiteres seinen Entscheidungen zugrunde legt.[1376] Ein Rückgriff auf diese Empfehlungen verbietet sich jedoch dort, wo nachweislich die Schadensersatz begehrende Partei nach einem von ihr angebotenen Vergütungsmodell Lizenzverträge im fraglichen Zeitraum tatsächlich abgeschlossen hat. In einem solchen Fall ist dieses Vergütungsmodell für die Bemessung des Lizenzschadensersatzes maßgeblich.[1377] Die MFM-Empfehlungen geben nicht die gegenüber privaten Nutzern üblichen Vergütungen wieder; auch bei der Verwendung im Rahmen eines privaten eBay Verkaufs können sie nicht herangezogen werden.[1378] Bei einfachen, nicht mit professionell angefertigten Lichtbildern vergleichbaren Fotografien können die Honorarempfehlungen im Rahmen von § 287 ZPO als Ausgangspunkt verwendet werden; in einem zweiten Schritt ist aber zu prüfen, ob ein Abschlag vorzunehmen ist.[1379] Bei der rechtswidrigen Verwendung einfacher Produktfotos Dritter können die MFM-Tabellen nur unter Abzug von 1/3 zugrunde gelegt werden.[1380] Auch das LG Stuttgart[1381] hält die Vergütungssätze der MFM für Durchschnitts-, die keine angemessene Vergütung gem. § 32 Abs. 2 widerspiegeln, insoweit seien die Vergütungssätze des Tarifvertrags für arbeitnehmerähnliche freie Journalisten an Tageszeitungen heranzuziehen. Die **„Gemeinsamen Vergütungsregeln für Autoren belletristischer Werke in deutscher Sprache"** können als Orientierungshilfe für die Bestimmung der ange-

---

[1364] Vgl. jedoch OLG Köln ZUM 2012, 697 (700 f.).

[1365] OLG Hamburg MMR 2014, 127 (128 f.) mAnm *Petersen* MMR 2014, 131; OLG Köln ZUM 2012, 697; LG Düsseldorf MMR 2011, 111; LG Hamburg MMR 2011, 53.

[1366] LG Köln BeckRS 2013, 13450.

[1367] Vgl. Schiedsstelle ZUM 2010, 916 (923 f.).

[1368] Vgl. *Forch* GRUR-Prax 2016, 142.

[1369] Zuletzt MFM Mittelstandsgemeinschaft Foto-Marketing – Bildhonorare 2018; Bestellhinweise unter www.mfmonline.de; kritisch zur Instanzrechtsprechung, die diese Empfehlungen für die Berechnung des Schadensersatzes zugrundelegen Raue, Die dreifache Schadensberechnung, 309.

[1370] BGH GRUR 2019, 292 Rn. 22 – Foto eines Sportwagens; OLG Braunschweig GRUR 2012, 920; OLG München ZUM-RD 2014, 165; *Forch*, GRUR-Prax 2016, 142, 1453.

[1371] BGH GRUR 2006, 136 Rn. 27, 30 – Pressefotos; vgl. auch BGH GRUR 2010, 623 Rn. 36 – Restwertbörse.

[1372] BGH GRUR 2010, 623 Rn. 37 – Restwertbörse; vgl. auch BGH GRUR 2015, 258 Rn. 75 – CT-Paradies.

[1373] OLG Hamburg MMR 2010, 196 (197).

[1374] OLG Hamburg MMR 2010, 196 (197); OLG Hamburg ZUM-RD 2009, 382 – Yacht II; so auch OLG Hamm ZUM 2014, 408 (410).

[1375] OLG Köln GRUR 2019, 393 – Palast der Republik.

[1376] OLG Düsseldorf GRUR-RR 2006, 393 (394) – Informationsbroschüre; OLG Düsseldorf NJW-RR 1999, 194.

[1377] LG Köln ZUM-RD 2017, 419 Rn. 105.

[1378] OLG München ZUM-RD 2014, 165 f.; OLG Braunschweig GRUR 2012, 920 (923); LG Düsseldorf ZUM-RD 2013, 206.

[1379] OLG Hamm Urt. v. 13.2.2014 – 22 U 98/13, BeckRS 2014, 04652.

[1380] LG Düsseldorf GRUR-RR 2017, 496 (Ls.)

[1381] LG Stuttgart ZUM 2009, 77.

messenen Vergütung für Übersetzungen herangezogen werden.[1382] Die **Gemeinsamen Vergütungsregeln für freie hauptberufliche Journalistinnen und Journalisten an Tageszeitungen** (GVR) stellen mangels Repräsentativität keine angemessene Vergütung iSv § 32 Abs. 2 UrhG für ostdeutsche Zeitungsverlegerverbände dar, die an der Aufstellung der GVR nicht beteiligt waren.[1383]

(4) Schätzung nach § 287 ZPO: Lassen sich keine üblichen Honorare ermitteln, ist die angemessene **278** Lizenzgebühr gem. § 287 ZPO unter Berücksichtigung aller Umstände in freier Beweiswürdigung zu schätzen.[1384] Dabei sind an Art und Umfang der vom Geschädigten beizubringenden Schätzgrundlagen nur geringe Anforderungen zu stellen; dem Tatrichter kommt zudem in den Grenzen eines freien Ermessens ein großer Spielraum zu.[1385] Die tatrichterliche Schadensschätzung unterliegt nur einer beschränkten Nachprüfung durch das Revisionsgericht; überprüfbar ist lediglich, ob der Tatrichter Rechtsgrundsätze der Schadensbemessung verkannt, wesentliche Bemessungsfaktoren außer Acht gelassen oder seiner Schätzung unrichtige Maßstäbe zu Grunde gelegt hat.[1386] Zu berücksichtigen ist der **Umfang der Verletzungshandlungen** (Zeitdauer, Art, Ort, Intensität), außerdem der **Wert des verletzten Ausschlussrechts,** die **Nähe der Nachbildung,** die Frage, **ob ausschließliche Benutzung oder Mitbenutzung,** die **ganze oder teilweise Übernahme des Werks,** der **Ruf des Autors** und/oder des Werks, **Imageschäden des Verletzten** oder des Werks;[1387] es sind **alle Umstände zu berücksichtigen,** die auch bei freien Lizenzverhandlungen auf die Höhe der Vergütung Einfluss gehabt hätten.[1388] § 287 Abs. 1 S. 2 ZPO stellt in das **Ermessen des Gerichts,** ob und inwieweit eine **Beweisaufnahme durch Einholung eines Sachverständigengutachtens** erfolgt. Dies rechtfertigt aber nicht, in einer für die Streitentscheidung zentralen Frage auf nach Sachlage unerlässliche Erkenntnisse zu verzichten.[1389] Eine **Schätzung** ist insbesondere **unzulässig,** wenn sie **mangels greifbarer Anhaltspunkte völlig in der Luft** hinge.[1390]

Einzelfälle: Im Zusammenhang mit der unberechtigten Nutzung einer **Fotografie** kommt unter **279** anderem auf die **Intensität der Nutzung,** insbesondere ihre Dauer, und die **Qualität des Lichtbilds** an; auch der für die Erstellung des Lichtbilds erforderliche Aufwand ist zu berücksichtigen.[1391] In **File-Sharing-Fällen** beschränkt sich der Eingriff nicht auf die Erlangung einer Einzelkopie durch den in Anspruch genommenen Nutzer; es ist bei der Bemessung des Wertersatzes im Wege der fiktiven Lizenz[1392] dem **Umstand Rechnung zu tragen, dass eine Vielzahl von Nutzern Zugriff auf das Werk erhält.** Die Rechtsprechung nimmt einen Betrag von **EUR 200,00 je Musiktitel**[1393] sowie EUR 600,00 für jeden über eine Tauschbörse angebotenen Spielfilm an.[1394] Dem **Risiko der Minderung des Prestigewerts** eines nachgeahmten Produkts ist durch eine **angemessene Erhöhung** der normalerweise üblichen Lizenz Rechnung zu tragen.[1395] Für eine solche Schadensschätzung können **Tarifwerke von Verwertungsgesellschaften oder Vergütungssätze anderer Organisationen als Anhaltspunkt** dienen, selbst wenn sie nicht als allgemein übliche Vergütungssätze anzusehen sind;[1396] auch wenn ein Tarif auf eine Nutzung nicht anwendbar ist, kann dessen Sachnähe eine **Heranziehung zu Vergleichszwecken** im Rahmen der Schätzung begründen.[1397] Eine pauschalisierende Mindestvergütung in einem Tarif darf nicht so weit gehen, dass der Grundsatz der angemessenen Beteiligung des Urhebers an dem wirtschaftlichen Nutzen seines Werkes zu Lasten des Verwer-

---

[1382] BGH GRUR 2011, 328 Rn. 17 f. – Destructive Emotions; BGH GRUR 2009, 1148 Rn. 32 ff. – Talking to Addison; beide in Bezug auf § 32 UrhG.

[1383] OLG Brandenburg ZUM 2015, 253 (255 ff.); vgl. auch OLG Köln ZUM-RD 2014, 373.

[1384] BGH GRUR 2016, 176 Rn. 57 – Tauschbörse I; BGH GRUR 2016, 184 Rn. 44 – Tauschbörse II; BGH GRUR 2016, 191 Rn. 51 – Tauschbörse III; BGH ZUM-RD 2013, 243 Rn. 18 – Begleitmusik für Computerspiele; BGH ZUM 2013, 406 Rn. 30 – Jürgen Möllemann; BGH GRUR 2009, 407 Rn. 29 – Whistling for a train; BGH GRUR 2000, 685 (687) – Formunwirksamer Lizenzvertrag; BGH GRUR 1962, 509 (513) – Dia-Rähmchen II.

[1385] BGH GRUR 2016, 176 Rn. 57 – Tauschbörse I; BGHZ 119, 20 = GRUR 1993, 55 – Tchibo/ROLEX II

[1386] BGH GRUR 2016, 176 Rn. 57 – Tauschbörse I; BGH NJW-RR 1993, 795.

[1387] BGH GRUR 2009, 407 Rn. 29 – Whistling for a train; BGH GRUR 1966, 570 – Eisrevue III; BGHZ 44, 372 (381) = GRUR 1966, 375 – Messmer Tee II; BGHZ 56, 317 = GRUR 1971, 522 – Gasparone II; BGH GRUR 1972, 189 (191) – Wandsteckdose II – insoweit in BGHZ 57, 116 nicht abgedruckt; BGH GRUR 1975, 85 (87) – Clarissa.

[1388] BGH GRUR 2006, 143 (146) – Catwalk.

[1389] BGH GRUR 2009, 660 Rn. 16 – Resellervertrag; BGH GRUR 2006, 136 Rn. 28 – Pressefotos; BGH GRUR 1995, 578 (579) – Steuereinrichtung II.

[1390] BVerfG ZUM 2009, 479 Rn. 22 – Foto eines Sportwagens.

[1391] BGH GRUR 2019, 292 Rn. 18; BGH GRUR 2010, 623 Rn. 39 f. – Restwertbörse; + GRUR-Prax 2016, 142, 144.

[1392] BGH GRUR 2016, 1280 Rn. 97 – Everytime we touch.

[1393] BGH GRUR 2016, 1280 Rn. 56 – Everytime we touch; BGH GRUR 2016, 176 Rn. 12 – Tauschbörse I; BGH GRUR 2016, 184 Rn. 13 – Tauschbörse II; BGH GRUR 2016, 191 Rn. 11 – Tauschbörse III.

[1394] *Schulte-Nölke/Henning-Bodewig/Podszun,* Evaluierung der verbraucherschützenden Regelungen im Gestz gegen unseriöse Geschäftspraktiken, Schlussbericht, 3. Februar 2017, S. 233.

[1395] BGH GRUR 2006, 143 (146) – Catwalk; BGHZ 119, 20 (26 f.) = GRUR 1993, 55 – Tchibo/Rolex II.

[1396] BGH ZUM-RD 2013, 243 Rn. 18 – Begleitmusik für Computerspiele; BGH GRUR 2009, 407 Rn. 29 – Whistling for a train; OLG Köln, ZUM 2012, 697 (700 f.); BGH GRUR 2011, 328 Rn. 17 f. – Destructive Emotions; BGH GRUR 2009, 1148 Rn. 32 ff. – Talking to Addison.

[1397] BGH GRUR 2011, 720 Rn. 28 – Multimediashow.

ters in einem unangemessenen Verhältnis überschritten wird.[1398] Der zu schätzende Betrag ist um einen **verzugsunabhängigen Zinsschaden** zu erhöhen, wenn bei freien Lizenzverhandlungen üblicherweise eine Fälligkeitsabrede getroffen worden wäre.[1399] Auch **Verletzervorteile** wie das **Minderrisiko des Verletzers** können als **lizenzerhöhender Umstand** berücksichtigt werden.[1400] Weitere Einzelfälle: Das OLG Köln legt die Struktur der GEMA Tarife VR–W 1 und VR–OD 5 für die **Nutzung von illegalen File-Sharing Börsen** zugrunde;[1401] bei Tauschbörsen können für die Schadensschätzung verkehrsübliche Entgeltsätze für legale Downloadangebote im Internet herangezogen werden;[1402] zur Schätzung einer **Lizenzgebühr für Fotos** eines berühmten Fotografen.[1403] Bei Verletzung des Architektururheberrechts können die **Honorarsätze der HOAI,** die für die Einräumung von Nutzungsrechten keine Honoraranteile enthalten, nicht unmittelbar aber als „Richtschnur" herangezogen werden; es können jedoch nur diejenigen Anteile geltend gemacht werden, die den urheberrechtlichen Schutz genießenden Teilleistungen betreffen.[1404] Vgl. OLG Hamburg zur Heranziehung der **DJU-Empfehlungen bei unberechtigter Nutzung von Fachaufsätzen im Online-Portal** eines Verlages[1405] BGH zur Schätzung unter Bezugnahme auf übliche Tarife und Vergütungssätze ist;[1406] nach dem OLG Düsseldorf ist beim **Vertrieb unautorisierter Kopien von OEM-Versionen** einer Software maßgebend nicht der Listenpreis sondern der OEM–Preis;[1407] nach LG Bielefeld bei **Nutzung von Thumbnails** keine Lizenz, da Verkehrsüblichkeit nicht dargelegt.[1408]

280   Umstritten ist die sog. **Materialmietgebühr** bei musikalischen und dramatischen Werken. In der Regel wird **bei vertraglicher Einräumung von Bühnenaufführungsrechten** eine Vereinbarung auch hinsichtlich der **Überlassung von Text- und/oder Notenmaterial** geschlossen und dafür ein Entgelt gezahlt, das im Rechtsverkehr die Bedeutung eines Teils des normalen Entgelts für die Erlaubnis der Aufführung hat. Das geschieht in der Praxis unabhängig davon, ob das Material für die Aufführung benötigt wird oder nicht.[1409] **Der Anspruch ist mithin nicht urheberrechtlicher, sondern vertraglicher Natur.** Durch eine ungenehmigte Aufführung wird das Vervielfältigungs- und Verbreitungsrecht der Urheber bzw. Nutzungsrechtsinhaber nicht verletzt. *Lütje*[1410] rechnet die **Materialmietgebühr zum entgangenen Gewinn,** wenn es im Einzelfall auch zum Abschluss eines Materialmietvertrages gekommen wäre. Die Einbeziehung in den Schadensersatz macht keine Schwierigkeiten, wenn über die **Lizenzanalogie** abgerechnet wird, da die Materialmietgebühren üblicherweise zum Aufführungsentgelt gehören.

281   Eine **ähnliche Argumentation** wird bei der Berechnung des Schadensersatzanspruchs zugrundegelegt, der dem **Architekten** gegen denjenigen zusteht, der ohne seine Erlaubnis nach dem Entwurf des Architekten ein Werk der Baukunst im Sinne des § 2 Abs. 1 Nr. 4 fertig stellt. Der Anspruch des Architekten auf die Vergütung für seine Tätigkeit bei der Errichtung eines Bauwerks nach seinem Entwurf, insbesondere für die technische und geschäftliche Oberleitung, ist kein urheberrechtlicher Anspruch, sondern ein Anspruch, der den Abschluss eines Vertrages voraussetzt. Da ein Architekt aber mit der Errichtung eines Bauwerks nach seinem Entwurf regelmäßig nur einverstanden ist, wenn ihm auch die mit den Bauausführungen verbundenen Leistungen übertragen werden, ist Grundlage für die Berechnung des Schadensersatzes nach Lizenzanalogie die volle Architektengebühr, vermindert um einen Abschlag für ersparte Aufwendungen.[1411]

282   *(5) Verletzerzuschläge.*[1412] Seit langem wird das Thema „**Verletzerzuschlag**" kontrovers diskutiert. Unter Hinweis auf die **Ausgleichsfunktion des Schadensersatzrechts** hat die **Rechtsprechung**

[1398] BGH GRUR 2012, 717 Rn. 26 – Barmen Live; BGH GRUR 2011, 720 Rn. 31 – Multimediashow; BGH GRUR 1988, 373 (376) – Schallplattenimport III.

[1399] BGH GRUR 2010, 239 Rn. 55 – BTK; BGHZ 82, 299 (309) = GRUR 1982, 301 – Kunststoffhohlprofil II.

[1400] BGHZ 82, 310 (319) = GRUR 1982, 286 – Fersenabstützvorrichtung.

[1401] OLG Köln ZUM 2012, 697 (701); kritisch dazu, allerdings zustimmend im Ergebnis OLG Hamburg MMR 2014, 127 (128 f.); OLG Frankfurt a. M. MMR 2014, 687 (688); LG Düsseldorf MMR 2011, 111.

[1402] BGH GRUR 2016, 176 Rn. 57 – Tauschbörse I; BGH GRUR 2016, 184 Rn. 44 – Tauschbörse II; BGH GRUR 2016, 191 Rn. 51 – Tauschbörse III.

[1403] BGH GRUR 2006, 143 (146) – Catwalk; OLG Hamburg NJW-RR 2000, 271: Fiktive Lizenz von 15 000 DM bei Veröffentlichung eines Buches in Posterform bei Auflage von 800 000 Exemplaren; LG Hagen NJW-RR 1996, 812, das trotz Verwendung eines Plakats zur Werbung eine Bemessung nach den in der Werbebranche üblichen Beträgen nicht für angemessen hält; weiter OLG Hamburg GRUR 1990, 36 (37) – Foto-Entnahme; LG München I GRUR 1988, 36 – Hubschrauber mit Damen, das die vorangegangene – genehmigte – Veröffentlichung eines Fotos bei anschließender Veröffentlichung schadensmindernd berücksichtigt.

[1404] LG Oldenburg, Urt. v. 5.6.2013 – 5 O 3989/11, BeckRS 2013, 19507.

[1405] OLG Hamburg ZUM-RD 2013, 390.

[1406] BGH GRUR 2006, 136 – Pressefotos; Foto-Entnahme: OLG Hamburg GRUR 1990, 36 (37); LG München I ZUM 2006, 666 – Architekturfotografien.

[1407] OLG Düsseldorf GRUR-RR 2005, 213 – OEM-Versionen.

[1408] LG Bielefeld ZUM 2006, 652.

[1409] Vgl. Schneider UFITA 95 [1983] 191 ff.

[1410] Möhring/Nicolini/*Lütje* (2. Aufl.) § 97 UrhG Rn. 165.

[1411] BGH GRUR 1973, 663 (665) – Wählamt; vgl. auch OLG München ZUM 1989, 89 (92) zur Berechnung bei Verletzung urheberrechtlich geschützter Architektenpläne. Grundlegend zur Berechnung einer üblichen und angemessenen Vergütung des Arbeitnehmererfinders nach § 612 Abs. 2 BGB: BGH GRUR 1990, 193 (194 f.) – Autokindersitz.

[1412] Allgemein zur Erhöhung des Schadensersatzes aus Präventionserwägungen vgl. → Rn. 264.

pauschale Verletzerzuschläge verneint.[1413] Allerdings gewährt der BGH der **GEMA für den Bereich der ungenehmigten öffentlichen Musikwiedergabe** einen 100%-igen Schadenszuschlag,[1414] hat aber gleichzeitig den **Ausnahmecharakter dieser Regelung,** die auf andere Rechtsverletzungen grundsätzlich nicht anwendbar sei, betont.[1415] Dieser pauschale Zuschlag beruht maßgebend auf der Erwägung, dass diese **sog. kleinen Musikaufführungsrechte** in solcher Vielzahl gleichzeitig und oft an den entlegensten Orten in Hotels, Gaststätten, Barbetrieben und dergleichen genutzt würden, dass deren Aufdeckung nur durch die Einrichtung einer besonderen Überwachungsorganisation und unter entsprechend hohem finanziellem Aufwand kann möglich ist. Es entspreche dem Gebot der Billigkeit, mit diesen Kosten so weit wie möglich den Rechtsverletzer, nicht aber den einzelnen Urheber oder – durch eine Tariferhöhung – die gesetzestreuen Lizenznehmer zu belasten,[1416] denn die geringere Tarifgebühr für den rechtstreuen Musikveranstalter soll einen Anreiz für die Einholung der Erlaubnis bieten.[1417]

Diese **Beschränkung des Verletzerzuschlags ist vielfach kritisiert worden,** weil damit selbst **283** der vorsätzliche Verletzer im Ergebnis sanktionslos bleibe und so Anreize gesetzt würden, die erforderlichen Rechte nicht einzuholen und auf Nichtentdeckung zu hoffen.[1418] Im Verfahren zur Fassung der **Enforcement-RL** hatte die Kommission[1419] einen Anspruch auf pauschale Schadensersatzzahlungen in doppelter Höhe vorgeschlagen, die keinen Eingang in die Regelung in Art. 13 der Enforcement-RL fand. Auch der Bundesrat hatte im nationalen Gesetzgebungsverfahren eine widerlegliche Gewinnvermutung in Höhe der doppelten Lizenzgebühr angeregt,[1420] die die Bundesregierung in ihrer Gegenäußerung ablehnte.[1421] D**er deutsche Gesetzgeber hat einem Strafschadensersatz eine ausdrückliche Absage erteilt** und auf die Ausgleichsfunktion des Schadensersatzes für konkret entstandene Schäden hingewiesen; ob dies – wie diesseits in der Vorauflage vermutet – auch für den europäischen Gesetzgeber gilt, ist mit der Entscheidung *OTK/SFP* des EuGH in Frage gestellt. Denn dort hat der Gerichtshof offengelassen, ob ein Strafschadensersatz gegen Art. 13 der Durchsetzungsrichtlinie verstoßen würde.[1422] Der EuGH erkannte eine nationale Regelung zur Zahlung einer doppelten Lizenzgebühr nicht als Regelung eines Strafschadensersatzes. Eine solche Verpflichtung sei zudem zulässig unter Art. 13 der Durchsetzungsrichtlinie.[1423] Der Bundesgesetzgeber hatte herausgestellt, dass die Neuregelung die Möglichkeit des „pauschalen Kontrollzuschlags" zu Gunsten der GEMA unberührt lasse.[1424] Einer **pauschalen Festsetzung einer doppelten Lizenzgebühr oder der Zumessung eines pauschalen Verletzerzuschlags steht daher das Gebot des Gesetzgebers entgegen.**[1425] Andererseits hat der Gesetzgeber selbst erkannt, dass es im Einzelfall zum sachgerechten Schadensausgleich erforderlich sein kann, den **Schadensersatz höher als die Lizenzgebühr** zu bemessen.[1426] **Zuschlägen mit konkreter Begründung**[1427] zB für entstandene Kosten insbesondere im Zusammenhang mit der Feststellung der Rechtsverletzung und ihrer Verursachung stehen daher im Einklang mit der durch die Durchsetzungsrichtlinie geschaffenen Rechtslage.[1428] Eine Übertragung des der GEMA für den Bereich der ungenehmigten öffentlichen Musikwiedergabe gewährten 100%-igen Schadenszuschlags, den der BGH zwar nicht grund-

---

[1413] BGHZ 77, 16 (27) = GRUR 1980, 841 – Tolbutamid; OLG Braunschweig, GRUR 2012, 920 Rn. 55.

[1414] Grundlegend: BGH GRUR 1973, 379 – Doppelte Tarifgebühr; BGHZ 97, 37 (49 ff.) = GRUR 1986, 376 – Filmmusik; BGH GRUR 1988, 296 (299) – GEMA-Vermutung IV; BGH GRUR 1990, 353 (355) – Raubkopien; BGH GRUR 2015, 987 Rn. 23 – Trassenfieber; OLG Köln ZUM 2010, 906 (910).

[1415] Kein 100% Verletzeraufschlag bei Rechtsverletzung betr. Musiknutzung bei Video-Kassetten: BGHZ 97, 37 (50 f.) = GRUR 1986, 376 – Filmmusik; BGH ZUM 1986, 199 (201) – GEMA-Vermutung III; BGH GRUR 1988, 296 (299) – GEMA-Vermutung IV; BGH GRUR 1990, 353 (355) – Raubkopien; BGH GRUR 1966, 570 (572) – Eisrevue III; zur Wirksamkeit eines Verletzerzuschlags aufgrund einer AGB-Klausel vgl. LG Köln ZUM 2015, 77.

[1416] BGH GRUR 1986, 376 (380) – Filmmusik.

[1417] BGHZ 59, 286 (292) = GRUR 1973, 379 – Doppelte Tarifgebühr – unter Berufung auf *Th. Fischer,* Schadensberechnung im gewerblichen Rechtsschutz, Urheberrecht und unlauteren Wettbewerb, 1961, S. 88 ff.; dazu auch *Gotthardt* UFITA 71 [1974] 77; *Kraßer* GRUR-Int 1980, 259 (270 ff.); *Maaß,* Der Kontrollzuschlag der GEMA bei unberechtigter Musikwiedergabe und seine Erweiterungsfähigkeit, Diss. Gießen 1986.

[1418] Fromm/Nordemann/*J. B. Nordemann* § 97 Rn. 99; *v. Ungern-Sternberg* GRUR 2009, 460 (464 f.); *Wandtke* GRUR 2000, 942 (946); *Bodewig/Wandtke* GRUR 2008, 220.

[1419] KOM (2003) 46 endg., Art. 17 Abs. 1 lit. a) und S. 25.

[1420] BT-Drs. 16/5058, 53 f.

[1421] BT-Drs. 16/5048, 61 f.

[1422] Vgl. EuGH GRUR 2017, 264 Rn. 31 – OTK/SFP; Erwägungsgrund (26) der Richtlinie 2004/48; vgl. BT-Drs. 16/5048, 37.

[1423] EuGH GRUR 2017, 264 Rn. 30 – OTK/SFP.

[1424] BT-Drs. 16/5048, 48.

[1425] OLG Hamburg, MMR 2010, 196 (197) mAnm *Möller; v. Ungern-Sternberg* GRUR 2009, 460 (464); *Kochendörfer* ZUM 2009, 389 (392); ebenso Dreier/Schulze/*Specht* § 97 Rn. 81.

[1426] BT-Drs. 16/5048.

[1427] *v. Ungern-Sternberg* GRUR 2009, 460 (465); vgl. auch die Vorschläge der GRUR im Gesetzgebungsverfahren, die allerdings nicht Eingang in den Wortlaut fanden; GRUR 2006, 483 (484).

[1428] *v. Ungern-Sternberg* GRUR 2009, 460 (465 f.); *Stieper* WRP 2010, 624 (628); vgl. zu solchen „Erhöhungsfaktoren" unter Verweis auf die Rechtsprechung Wandtke/Bullinger/*v. Wolff* § 97 UrhG Rn. 82 f.

sätzlich ausschließt,[1429] steht jedoch unter den strengen Vorgaben der besonderen Umstände in jenem Fall.[1430]

284   Ein **pauschaler Verletzerzuschlag**[1431] im Wege einer doppelten Lizenzgebühr wird häufig für die **unterlassene Benennung des Urhebers,** insbesondere bei der **Verwendung von Lichtbildern/Lichtbildwerken** angenommen.[1432] Der Begründung dieses pauschalen Zuschlags als Vertragsstrafe, die „auf den anderen Teil Druck ausüben soll, sich vertragsgerecht zu verhalten",[1433] **ist mit den vorstehenden Grundsätzen nicht in Einklang zu bringen.**[1434] Die Verletzung des Rechts aus § 13 UrhG kann dann zu einem zusätzlichen Anspruch führen, wenn entweder gemäß § 97 Abs. 2 S. 3 UrhG dieses bei einer angemessenen Vergütungspraxis zu einem entsprechenden Aufschlag führen würde oder gemäß § 97 Abs. 2 S. 4 UrhG wegen der Verletzung des Urheberpersönlichkeitsrechtes dieses der Billigkeit entspräche.[1435]

285   **d) Verletzergewinn. aa) Allgemeines.** Der Anspruch auf Berücksichtigung des Verletzergewinns im Rahmen des Schadensersatzes ist seit langem ebenso in der Rechtsprechung **gewohnheitsrechtlich anerkannt** wie seine dogmatische Verankerung in der Literatur umstritten ist.[1436] Zunächst als „kein Bereicherungsanspruch" und „wenn schon kein echter Schadensersatzanspruch", dann jedenfalls als Anspruch auf „Entschädigung" wegen widerrechtlicher Benutzung bezeichnet,[1437] stellte die Rechtsprechung in der Folge heraus, dass es sich bei der in § 97 Abs. 1 S. 2 aF ausdrücklich festgeschriebenen Herausgabe des Verletzergewinns um eine **Schadensberechnung nach dem Verletzergewinn,** und **nicht um einen selbständigen Schadensgrund,** der die Feststellung eines tatsächlichen Schadens ohne weiteres ersetzen kann,[1438] handelt.[1439] Während die Neufassung der Vorschrift in § 97 Abs. 2 S. 2 nunmehr die Schadensberechnung im Gesetzeswortlaut nachvollzieht, bleiben Ungenauigkeiten in der Formulierung.[1440] Die Neufassung orientiert sich am Wortlaut der Enforcement-RL; eine Änderung der „bisherigen Rechtsprechung" war damit nicht beabsichtigt. Nach Auffassung der Bundesregierung steht diese redaktionelle Anlehnung an den Wortlaut der Richtlinie einer Beibehaltung der bestehenden Grundsätze nicht entgegen.[1441] Eine Berechnungsmethode des Verletzergewinns gibt der Gesetzgeber ausdrücklich nicht vor werden; unter Verweis auf die Entscheidung *Gemeinkostenanteil*[1442] soll dies vielmehr weiterhin der Rechtsprechung überlassen bleiben.[1443]

286   **bb) Grundsätze.** In der Begründung zur Berechnung des Verletzergewinns durch die Rechtsprechung greifen Ausgleichs-, Sanktions- und Präventionserwägungen ineinander.[1444] Danach ist der Anspruch auf Herausgabe des Verletzergewinns **kein Anspruch auf Ersatz des konkret entstandenen Schadens,** sondern **zielt in anderer Weise auf einen billigen Ausgleich** des Vermögensnachteils, den der verletzte Rechtsinhaber erlitten hat.[1445] Bei Verletzungen von Immaterialgüterrech-

---

[1429] BGH GRUR 1973, 379 (381) für den Fall eines eigens zu dem Zwecke der Abwicklung von Fremdschäden eingerichteten abgesonderten Verwaltungszweigs und eindeutig abgrenzbarer Kosten; BGH GRUR 1990, 353 (355) – Raubkopien: Zurückverweisung, allerdings unter dem gleichzeitigen Hinweis, dass der Zuschlag grundsätzlich auf andere Rechtsverletzungen nicht anwendbar sei; zur Kritik am GEMA-Zuschlag vgl. Dreier/Schulze/*Specht* § 97 Rn. 81.

[1430] BGHZ 77, 16 (27) = GRUR 1980, 841 – Tolbutamid; *v. Ungern-Sternberg* GRUR 2009, 460 (465); für eine Übertragung auf andere Rechteinhaber, insbesondere Fotojournalisten, *Schimmel* ZUM 2008, 384 (389).

[1431] Vgl. dazu *Raue,* Die dreifache Schadensberechnung, 312 ff.

[1432] Vgl. BGH GRUR 2015, 780 Rn. 36 ff. – Gesonderte Verjährungsfrist für Urheberrechtsverletzung im Internet; OLG Düsseldorf GRUR-RR 2006, 393 (394); OLG Düsseldorf NJW-RR 1999, 194; kritisch dazu OLG Hamburg MMR 2010, 196 (197) mAnm *Möller* MMR 2010, 198; OLG Braunschweig GRUR 2012, 920 Rn. 55; für die fehlende Autorennennung eines Fachaufsatzes im Online-Portal eines Verlages nahm das OLG Hamburg dagegen einen 100 % Aufschlag auf die zu zahlende Lizenz an; OLG Hamburg ZUM-RD 2013, 390 (397 f.); vgl. auch BGH GRUR 2015, 258 Rn. 75 – CT-Paradies.

[1433] OLG Düsseldorf GRUR-RR 2006, 393 (394).

[1434] In diese Richtung wohl OLG Hamburg MMR 2010, 196 (197) mAnm *Möller;* zur konkreten Schätzung eines Zuschlages vgl. KG MMR 2013, 52 (55).

[1435] OLG Braunschweig GRUR 2012, 920 Rn. 57.

[1436] Vgl. *Ulmer* S. 559; *Tilmann* FS Schilling (2007), S. 367 (368 ff.): „komplexe teilanaloge Anwendung von schadensersatzrechtlichen, bereicherungsrechtlichen und geschäftsführungsrechtlichen Normen und Wertungen"; *Tilmann* GRUR 2003, 647 (649) zur Rechtsfortbildung kraft Gewohnheitsrecht; *Heermann* GRUR 1999, 625 (627); *Beuthien/Wasmann* GRUR 1997, 257 (259 f.); nach Dreier/Schulze/*Specht* § 97 UrhG Rn. 88 ist der angefallene Gewinn aus der Nutzung des fremden Gutes dem Rechteinhaber zuzuordnen; *Klawitter* CR 2009, 705 (707) stellt infrage, ob die Herausgabe des Verletzergewinns anstelle des konkreten Schadens von der Richtlinie 2004/48 gedeckt ist; vgl. auch *v. Ungern-Sternberg* GRUR 2009, 460 (462 ff.); *Raue,* Die dreifache Schadensberechnung, 398 ff.

[1437] BGH GRUR 1962, 509 (512) – Dia-Rähmchen II.

[1438] BGH GRUR 1995, 349 (351) – Objektive Schadensberechnung.

[1439] StdRspr.; vgl. BGH GRUR 1973, 478 (480) – Modeneuheit; BGHZ 119, 20 (23) = GRUR 1993, 55 – Tchibo/Rolex II; BGH GRUR 1995, 349 (351) – Objektive Schadensberechnung.

[1440] Vgl. *Tilmann* FS Schilling (2007), S. 367 (370 f.); *v. Ungern-Sternberg* GRUR 2009, 460 (463).

[1441] Vgl. Gegenäußerung der Bundesregierung, BT-Drs. 16/5048, 61.

[1442] BGH GRUR 2001, 329 – Gemeinkostenanteil.

[1443] BT-Drs. 16/5048, 37.

[1444] Zur Problematik von Sanktions- und Präventionswirkungen allgemein vgl. → Rn. 264; Erwägungsgrund 26 der Richtlinie 2004/48; BT-Drs. 16/5048, 37.

[1445] BGH GRUR 1995, 349 (355) – Objektive Schadensberechnung; BGH GRUR 2001, 329 (331) – Gemeinkostenanteil; BGH GRUR 2010, 1090 Rn. 26 – Werbung eines Nachrichtensenders.

ten ist wegen des hypothetischen Ablaufs kaum feststellbar, welcher Gewinn dem Rechtsinhaber durch den Eingriff entgangen ist.[1446] Andererseits wäre es jedoch unbillig, dem Verletzer einen Gewinn, der auf der unbefugten Nutzung des Ausschließlichkeitsrechts beruht, zu belassen.[1447] Wegen der **besonderen Verletzlichkeit und Schutzwürdigkeit von Immaterialgüterrechten** wird der Verletzte auch schon bei fahrlässigem Verhalten so gestellt wie der Geschäftsherr bei der sog. angemaßten Geschäftsführung nach § 687 Ans. 2 BGB.[1448] Um dem Ausgleichsgedanken Rechnung zu tragen wird dabei fingiert, dass der Verletzte ohne die Rechtsverletzung unter Ausnutzung der ihm ausschließlich zugewiesenen Rechtsposition in gleicher Weise Gewinn erzielt hätte wie der Verletzer.[1449] Die Abschöpfung des Verletzergewinns **dient aber auch der Sanktionierung des schädigenden Verhaltens und der Prävention gegen eine Verletzung** der besonders schutzbedürftigen Immaterialgüterrechte.[1450] Gegen den Gewinnherausgabeanspruch kann nicht eingewandt werden, er übersteige die ansonsten geltende Lizenzvergütung beträchtlich.[1451]

Ob der **Grad des Verschuldens** bei der Bemessung des herauszugebenden Verletzergewinns zu **287** berücksichtigen ist, ist umstritten. Der BGH ließ diese Frage in der Entscheidung *Tripp-Trapp-Stuhl* offen.[1452] Der Bundesgesetzgeber hat die Regelungen des GeschmMG, PatG, GebrMG und SortG,[1453] die **bei leichter Fahrlässigkeit** die Festsetzung einer geringeren Entschädigung ermöglichen, aufgehoben, „da Artikel 13 die Möglichkeit der Festsetzung einer – niedrigeren – Entschädigung in Absatz 2 nur für Fälle vorsieht, in denen kein Verschulden vorliegt".[1454] *v. Ungern-Sternberg* hält die uneingeschränkte Haftung auf Schadensersatz nach dem Verletzergewinn bei geringer Schuld für unangemessen.[1455] Eine Schadensberechnung nach dem Verletzergewinn kommt ausnahmsweise dann nicht in Betracht, wenn durch die Verletzungshandlung beim Verletzten keinerlei Schadenswachstum, sondern ein Anstieg des Gewinns verursacht wurde.[1456]

cc) **Bemessung: Zu berücksichtigen ist der Gewinn, den der Verletzer gezogen hat,** un- **288** abhängig davon, ob ihn der Verletzte hätte erzielen können.[1457] Der Verletzergewinn ist allerdings nur insoweit herauszugeben, als er auf der Rechtsverletzung beruht **(Kausalität);**[1458] der Verletzte kann die Herausgabe nur des Gewinns verlangen, die durch die Verletzung seines Rechts erzielt worden ist, nicht dagegen denjenigen, der auf anderen Umständen – wie etwa der Verletzung der Rechte anderer – beruht.[1459] Maßgeblich ist, inwieweit beim Vertrieb das Erkennen des benutzten Werkes für die Kaufentschlüsse ursächlich war oder ob andere Umstände eine wesentliche Rolle gespielt haben.[1460] Dabei geht es nicht um die Feststellung einer äquivalenten oder adäquaten Kausalität im strengen Sinne, sondern um eine **wertende Zurechnung,** vergleichbar der Bemessung der Mitverschuldensanteile bei § 254 BGB.[1461] Es ist Sache des Tatrichters, die **Höhe des Anteils,** zu dem der erzielte Gewinn auf der Verletzung beruht, **gem. § 287 ZPO zu schätzen.**[1462] Der **Kausalitätsabschlag** ist auf den Verletzergewinn zu beschränken, d. h. es sind zunächst die Kosten abzuziehen (vgl. dazu sogleich) und sodann der Verletzergewinn um den Kausalitätsabschlag zu vermindern.[1463] Die Darle-

---

[1446] BGH GRUR 2001, 329 (331) – Gemeinkostenanteil; *Tilmann* GRUR 2003, 647 (649).

[1447] BGHZ 119, 20 (30) = GRUR 1993, 20 – Tchibo/Rolex II; BGH GRUR 2001, 329 (331) – Gemeinkostenanteil.

[1448] BGH GRUR 2001, 329 (331) – Gemeinkostenanteil; BGH GRUR 2007, 431 (433) – Steckverbindergehäuse; *Tilmann* GRUR 2003, 647 (649); so schon *Ulmer,* S. 559.

[1449] BGH GRUR 2007, 431 (433) – Steckverbindergehäuse unter Verweis auf die etwas abweichende Formulierung in vorausgegangen Entscheidungen; BGHZ 57, 116 (118) = GRUR 1972, 189 – Wandsteckdose II; BGH GRUR 1995, 349 (351) – Objektive Schadensberechung; BGH GRUR 2001, 329 (331) – Gemeinkostenanteil.

[1450] BGH ZUM 2013, 406 (409) – Jürgen Möllemann; BGHZ 68, 90 (94) = GRUR 1977, 250 – Kunststoffhohlprofil; BGHZ 57, 116 (118) = GRUR 1972, 189 – Wandsteckdose II.

[1451] OLG Düsseldorf GRUR 2004, 53 (54) – Gewinnherausgabeanspruch; vgl. jedoch kritisch *Rojahn* GRUR 2005, 623 (631).

[1452] BGH GRUR 2009, 856 Rn. 54 – Tripp-Trapp-Stuhl.

[1453] Das UrhG sah eine entsprechende Regelung nicht vor.

[1454] BT-Drs. 16/5048, 33.

[1455] *v. Ungern-Sternberg* GRUR 2008, 291 (299); *v. Ungern-Sternberg* GRUR 2009, 460 (465).

[1456] BGH GRUR 1995, 349 (351) – Objektive Schadensberechnung.

[1457] BGH GRUR 1973, 478 (480) – Modeneuheit; BGH GRUR 2001, 329 (331) – Gemeinkostenanteil; BGH GRUR 2007, 431 Rn. 40 – Steckverbindergehäuse; OLG Köln GRUR-RR 2005, 247 (249) – Loseblattwerk.

[1458] BGH GRUR 1959, 379 (380) – Gasparone; BGHZ 34, 320 (323) = GRUR 1961, 354 – Vitasulfat; BGHZ 119, 20 (30 f.) = GRUR 1993, 55 – Tchibo/Rolex II; BGH GRUR 1987, 37 (39 f.) – Videolizenzvertrag; BGHZ 150, 32 (42) = GRUR 2002, 532 – Unikatrahmen; BGH GRUR 2009, 856 Rn. 40 – Tripp-Trapp-Stuhl; BGH ZUM 2013, 406 Rn. 21 – Jürgen Möllemann.

[1459] BGH GRUR 2015, 269 Rn. 21 – K-Theory; BGHZ 181, 98 Rn. 41 = GRUR 2009, 856 – Tripp-Trapp-Stuhl; BGH GRUR 2010, 1090 Rn. 20 – Werbung eines Nachrichtensenders.

[1460] BGH GRUR 2009, 856 Rn. 40 – Tripp-Trapp-Stuhl; BGH GRUR 2007, 431 Rn. 37 – Steckverbindergehäuse; OLG Frankfurt a. M. GRUR-RR 2003, 274 (278) – Vier-Streifen-Kennzeichnung; OLG Köln GRUR-RR 2013, 398 (400) – Bigfoot II.

[1461] BGH GRUR 2015, 269 Rn. 25 – K-Theory; BGH GRUR 2009, 856 Rn. 40 – Tripp-Trapp-Stuhl; BGH GRUR 2007, 431 Rn. 37 – Steckverbindergehäuse; OLG Frankfurt a. M. GRUR-RR 2003, 274 (278) – Vier-Streifen-Kennzeichnung.

[1462] BGH GRUR 2015, 269 Rn. 27 – K-Theory; BGH GRUR 2009, 856 Rn. 42 – Tripp-Trapp-Stuhl; BGH GRUR 2007, 431 Rn. 38 – Steckverbindergehäuse; OLG Hamburg GRUR-RR 2009, 136 – Gipüresspitze II.

[1463] BGH GRUR 2009, 856 Rn. 58 – Tripp-Trapp-Stuhl.

gungs- und Beweislast dafür, dass der Verletzergewinn auf der Urheberrechtsverletzung beruht, trägt nach den allgemeinen Grundsätzen der Verletzte.[1464]

289   **Verfügt der Verletzte nicht über das volle Recht,** kann nur ein der Bedeutung des verletzten Rechts entsprechender Bruchteil herausverlangt werden.[1465] Wird nur ein Teil des Werks genutzt, ist auch nur ein Teil des Reingewinns zu berücksichtigen.[1466] Auch wenn das unbefugt benutzte Werk nur eine abhängige Bearbeitung darstellt, steht dem Verletzten in der Regel nur ein Teil des Verletzergewinns zu; für die Schätzung kommt es nicht nur auf den quantitativen Umfang des Entnommenen, sondern mehr auf dessen qualitativen Wert an.[1467] Bei **Werken der angewandten Kunst** ist zu berücksichtigen, dass sie einem Gebrauchszweck dienen und dass für die Kaufentscheidung ggf. nicht nur die ästhetische Gestaltung, sondern auch die **technische Funktionalität** oder der Preis von Bedeutung ist:[1468] Im konkreten Fall wurde ein **Kausalitätsabschlag von 10 %** für ausreichend angesehen; bei **technischen Gegenständen,** bei denen weniger die Gestaltung als vielmehr die technische Funktionalität entscheidend ist (im konkreten Fall: Steckverbindergehäuse) wurde ein **Abschlag von 40 %** nicht beanstandet.[1469] Es muss sich nicht notwendig um einen „unmittelbar" durch die Rechtsverletzung erlangten Gewinn handeln; so kann die **Werbewirkung eines Produkts für den Gewinn in einem anderen Geschäftszweig kausal sein,** wenn sie gerade auf den von der Rechtsverletzung betroffenen Eigenschaften beruht.[1470] Die **Steigerung der Auflagenhöhe** einer Zeitung durch eine verletzende Berichterstattung kann den herauszugebenden Anteils des Verletzergewinns erhöhen.[1471] Für einen **ursächlichen Zusammenhang zwischen Anzeigeneinnahmen einer Zeitung und einer rechtsverletzenden Bildberichterstattung** reicht es, dass Anzeigenkunden ihre Werbung im Umfeld einer redaktionellen Berichterstattung platzieren, ohne dass den redaktionellen Inhalt vorhersehen konnten.[1472] Das gleiche gilt nach der Rechtsprechung für werbefinanzierte Fernsehsender[1473] und Internetportale;[1474] in beiden Fällen platzieren Kunden ihre Werbung im Umfeld der Nachrichteninhalte. Die Ausstrahlung eines rechtsverletzenden Videofilms ist damit ursächlich für die Werbeeinnahmen. Im Wettbewerbsrecht kommt eine Gewinnberücksichtigung wegen Unvereinbarkeit mit dem Ausgleichsgedanken im Schadensersatzrecht dann nicht in Betracht, wenn die Verletzungshandlung beim Verletzten keinerlei Schaden, sondern einen Anstieg des Gewinns verursacht.[1475] Da das Urheberrecht den Anspruch auf Berücksichtigung des Verletzergewinns jedoch unabhängig vom Schaden des Verletzten in § 97 Abs. 1 S. 2 aF, § 97 Abs. 2 S. 2 nF ausdrücklich kodifiziert, ist diese Betrachtungsweise für Ansprüche aus Urheberrechtsverletzungen nicht übertragbar.[1476]

290   Herauszugeben ist **der Reingewinn nach Abzug der Kosten.** Waren ursprünglich zur Ermittlung des Gewinns den Erlösen alle auf das Werk entfallenden Selbstkosten des Verletzers einschließlich anteiliger Gemeinkosten gegenüberzustellen,[1477] sind seit der Entscheidung des BGH[1478] **Gemeinkosten nur abzuziehen,** wenn und soweit sie **ausnahmsweise** den schutzrechtsverletzenden Gegenständen **unmittelbar zugerechnet** werden können **(Teilkostenmethode).**[1479] Von den erzielten Erlösen sind grundsätzlich nur die **variablen Kosten** für die Herstellung und den Vertrieb der schutzrechtsverletzenden Gegenstände abzuziehen, **nicht aber Fixkosten,** d.h. solche Kosten, die von der jeweiligen Beschäftigung unabhängig sind (zB Mieten, zeitabhängige Abschreibungen für Anlagevermögen).[1480] Würde dem Verletzer uneingeschränkt gestattet, von seinen Erlösen einen Gemeinkostenanteil abzusetzen, würde der aus der Rechtsverletzung stammende Gewinn nicht vollständig abgeschöpft. Dem Verletzer verbliebe vielmehr ein Deckungsbeitrag zu seinen Fixkosten,[1481] den auch der Verletzte bei einem Einsatz seines eigenen Unternehmens als Deckungsbeitrag für seine

---

[1464] BGH GRUR 2015, 269 Rn. 24 – K-Theory; BGH GRUR 2009, 856 Rn. 45 – Tripp-Trapp-Stuhl.

[1465] BGH GRUR 1987, 37 (39) – Videolizenzvertrag (Zustimmungsvorbehalt zur Weiterveräußerung).

[1466] BGH GRUR 1959, 379 (382 ff.) – Gasparone I.

[1467] BGH GRUR 1959, 379 (382) – Gasparone I.

[1468] BGH GRUR 2009, 856 Rn. 45 – Tripp-Trapp-Stuhl, Kausalitätsabschlag iHv. 10 %; dazu auch OLG Hamburg, ZUM-RD 2007, 13 (19 ff.); OLG Hamburg ZUM-RD 2007, 29 (32 ff.); bei technischen Gegenständen, bei denen es weniger auf die Gestaltung als vielmehr die technische Funktionalität ankommt, ist ein Abschlag von 40 % möglich; BGH GRUR 2007, 431 Rn. 36, 40 – Steckverbindergehäuse.

[1469] BGH GRUR 2007, 431 Rn. 39 – Steckverbindergehäuse; zum wettbewerbsrechtlichen Nachahmungsschutz.

[1470] BGH GRUR 1962, 509 (512) – Dia-Rähmchen II (zum Patentrecht: Werbewirkung der technischen Eigenschaften von Dia-Rähmchen für das wirtschaftlich bedeutsame Kamerageschäft).

[1471] BGH ZUM 2013, 406 Rn. 28 – Jürgen Möllemann.

[1472] BGH ZUM 2013, 4076 Rn. 24 – Jürgen Möllemann; BGH ZUM 2010, 969 Rn. 23 – Werbung eines Nachrichtensenders.

[1473] BGH GRUR 2010, 1090 Rn. 23 f. – Werbung eines Nachrichtensenders.

[1474] BGH MMR 2011, 45 Rn. 26 f.

[1475] BGH GRUR 1995, 349 (351) – Objektive Schadensberechnung – mAnm *Paefgen* EWiR 1995, 379 ff.

[1476] Offengelassen von OLG Düsseldorf GRUR 2004, 53 (54) – Gewinnherausgabeanspruch.

[1477] Vgl. BGH GRUR 1962, 509 (511) – Dia-Rähmchen II.

[1478] BGH GRUR 2001, 329 – Gemeinkostenanteil.

[1479] In Teilen dem grundlegenden Aufsatz von *Lehmann* BB 1988, 1680 ff. folgend; vgl. BGH GRUR 2001, 329 (331) – Gemeinkostenanteil.

[1480] BGH GRUR 2001, 329 (331) – Gemeinkostenanteil.

[1481] BGH GRUR 2001, 329 (331) – Gemeinkostenanteil unter Verweis auf *Lehmann* BB 1988, 1680 (1688 f.).

Gemeinkosten hätte erwirtschaften können.[1482] Dem Verletzer obliegt die **Darlegungs- und Beweislast** für die unmittelbare Zurechenbarkeit von Kosten.[1483] Ein pauschaler, anteiliger Abzug von Gemeinkosten auf die hergestellten Verletzerprodukte kommt nicht in Betracht.[1484] Bei der **Einordnung der Kosten ist eine gewisse Typisierung** unerlässlich, um den Geboten der Praktikabilität und den Wertungen des Schadensersatzrechts ebenso Rechnung zu tragen wie dem Ziel, einen billigen Ausgleich der Vermögensnachteile des Verletzten zu bewirken.[1485]

Die Grundsätze der *Gemeinkostenanteil*-Entscheidung zur Berechnung des Verletzergewinns hat der BGH unterdessen auch auf das **Urheberrecht**,[1486] auf **Kennzeichenverletzungen**[1487] und auf **Verletzungen wettbewerbsrechtlichen Leistungsschutzes**[1488] erstreckt. Auch der Gesetzgeber hat unter Hinweis auf die Gemeinkostenanteil-Entscheidung die Berechnung des Verletzergewinns der Rechtsprechung überlassen.[1489] Diese von der Literatur[1490] lange geforderte **„Kehrtwende" der Rechtsprechung** blieb ihrerseits **nicht ohne Kritik** in der Literatur.[1491] Teilweise werden die **mangelhafte Klarheit** der von der betriebswirtschaftlichen Begrifflichkeit abweichenden Betrachtung von Kosten und Gewinn und insbesondere deren **unterschiedliche Interpretation** in Literatur und Rechtsprechung kritisiert. *Rojahn*[1492] zeigt die finanziellen Auswirkungen dieser unterschiedlichen Interpretationen anhand konkreter Beispiele auf. Wegen des hohen Haftungsrisikos aufgrund der durch die Nichtabzugsfähigkeit der Gemeinkosten verschärften Gewinnhaftung wird eine **Beschränkung auf Fälle von Vorsatz und grober Fahrlässigkeit** vorgeschlagen; in Fällen **leichter Fahrlässigkeit** sei sie unverhältnismäßig und kann auch nicht mit dem Präventionsgedanken gerechtfertigt werden.[1493] Der BGH hat in *Tripp-Trapp-Stuhl*[1494] die Frage, ob der **Verschuldensgrad** für die Haftung auf Herausgabe des Verletzergewinns von Bedeutung ist, offengelassen.

Die Kritik zeigt die **Komplexität der mit der Berechnung nach dem Verletzergewinn zu lösenden Probleme.** Ob die vom BGH mit der Entscheidung Gemeinkostenanteil gefundene Lösung für alle denkbaren Fallgestaltungen bei den verschiedenen Schutzrechten zu einer gerechten Entscheidung führt, bedarf der weiteren Prüfung. Verwerfungen zeigten sich etwa in einer Entscheidung des LG München I, das ausnahmsweise eine Abzugsfähigkeit der Gemeinkosten annahm, weil in jenem Fall der gesamte Betrieb praktisch nur das Verletzungsprodukt herstellte.[1495] Deutlicher werden solche nicht gewollten Ergebnisse in der Fallgestaltung, dass der vorsätzliche Verletzer die Produktion der verletzenden Produkte in ein eigenes Unternehmen ausgliedert.[1496] Es wäre nicht hinnehmbar, wenn dieser Verletzer sämtliche Gemeinkosten absetzen könnte, während demjenigen, der im Rahmen seiner breiten Produktion und unter Ausnutzung vorhandener Kapazitäten eine fahrlässige Rechtsverletzung begeht, der Abzug verwehrt wird. Bei der Beurteilung weiterer Fallgestaltungen wird zu beachten sein, dass das Pendel zwischen den Polen „billiger Ausgleich des Vermögensnachteils" und „Sanktionierung des schädigenden Verhalten" bzw. „Prävention gegen eine Verletzung der besonders schutzbedürftigen Immaterialgüterrechte" richtig austariert wird. Dafür kann die Berücksichtigung des Verschuldensgrades ein Mittel sein.

dd) Einzelfälle: Anrechenbar bzw. abzugsfähig bei der Ermittlung des Verletzergewinns sind die **Kosten des Materials** sowie der **Energie für die Produktion** und die **Kosten der Sachmittel für Verpackung und Vertrieb**[1497] (zB **Fracht- und Transportkosten;**[1498] dies aber nicht,

291

292

[1482] Präzisierend zu den Kostenbegriffen und kritisch zur unterschiedlichen Interpretation der Gemeinkosten-Entscheidung in der Literatur *Rojahn,* GRUR 2005, 623 (627).

[1483] BGH GRUR 2001, 329 (331); BGH GRUR 2007, 431 Rn. 24 – Steckverbindergehäuse; *Lehmann* BB 1988, 1680 (1685); *Haedicke* GRUR 2005, 529 (534); auch zur Frage der Darlegungserleichterungen OLG Hamburg GRUR-RR 2009, 136 (137) – Gipürespitze II.

[1484] OLG Köln GRUR-RR 2005, 247 (249) – Loseblattwerk.

[1485] BGH GRUR 2007, 431 Rn. 30 – Steckverbindergehäuse.

[1486] BGH GRUR 2009, 856 Rn. 36 – Tripp-Trapp-Stuhl unter Verweis auf OLG Düsseldorf GRUR 204, 53 – Gewinnherausgabeanspruch; OLG Köln GRUR-RR 2005, 247 – Loseblattwerk.

[1487] Einschränkend: BGH GRUR 2006, 419 – Noblesse.

[1488] Sorgsam begründet: BGH GRUR 2007, 431 – Steckverbindergehäuse; OLG Hamburg GRUR-RR 2009, 136 – Gipürespitze II zum Schutz von Modeneuheiten.

[1489] BT-Drs. 16/5048, 37.

[1490] *Lehmann* BB 1988, 1680; *von der Osten* GRUR 1998, 284 (286); Möhring/Nicolini/*Lütje* (2. Aufl.) § 97 UrhG Rn. 171; *Teplitzky* Kap. 34 Rn. 33.

[1491] *Tilmann* GRUR 2003, 647; *Haedicke* GRUR 2005, 529; *Meier-Beck* GRUR 2005, 617; *Rojahn* GRUR 2005, 623; mit einigen Argumenten setzt sich der BGH GRUR 2007, 431 Rn. 30 ff. ausdrücklich auseinander.

[1492] *Rojahn* GRUR 2005, 623 (627 ff.).

[1493] *Haedicke* GRUR 2005, 529 (535); so auch *v. Ungern-Sternberg* GRUR 2009, 291 (299); auch *Rojahn* GRUR 2005, 623 (631) wendet ein, dass nicht jedes Unternehmen als „Fälscherwerkstatt" bezeichnet werden kann; *Tilmann* GRUR 2003, 647 (652) regt eine gründliche Prüfung des Verschuldens an; bei einer „formelhaften Feststellung des Verschuldens [wird man es] nicht bewenden lassen können."

[1494] BGH GRUR 2009, 856 Rn. 54 – Tripp-Trapp-Stuhl.

[1495] LG München I, InstGE 3, 48 – Rasenwabe; ablehnend *Tilmann* GRUR 2003, 647 (651); vgl. auch OLG Köln GRUR-RR 2005, 247 (249) – Loseblattwerk.

[1496] *Rojahn* GRUR 2005, 623 (631).

[1497] BGH GRUR 2007, 431 Rn. 31 – Steckverbindergehäuse; OLG Köln GRUR-RR 2013, 398 (399) – Bigfoot II.

[1498] BGH GRUR 2009, 856 Rn. 37 – Tripp-Trapp-Stuhl.

wenn die Nachahmungsprodukte nur einen Bestandteil der Fracht ausgemacht haben);[1499] **Provisionen als produktbezogene Vertriebskosten.**[1500] Auch die auf die fragliche Produktion entfallenden **Lohnkosten** sind abzuziehen; dabei kommt es nicht darauf an, ob der Verletzer diese Lohnkosten ohne die Nachahmung eingespart hätte.[1501] Im Bereich des **Anlagevermögens** können **Kosten für Maschinen und Räumlichkeiten** (anteilig bezogen auf ihre Lebensdauer) abgesetzt werden, soweit sie ausschließlich für Produktion und Vertrieb der Nachahmungsprodukte verwendet worden sind.[1502] **Nicht abzugsfähig** sind: **Allgemeine Marketingkosten; Geschäftsführergehälter; Verwaltungskosten; Kosten für Anlagevermögen,** das nicht konkret der rechtsverletzenden Fertigung zugerechnet werden kann; **Anlauf- und Entwicklungskosten; Kosten für die nicht mehr veräußerbaren Produkte,** so etwa auch **Schadensersatzzahlungen an die Abnehmer des Verletzers,** denen die Weiterveräußerung der Produkte untersagt wurde;[1503] abzugsfähig sind hingegen Ersatzzahlungen, die der Hersteller an seine Abnehmer zahlt, weil diese vom Rechteinhaber auf Schadensersatz in Anspruch genommen worden sind.[1504] Nicht abzugsfähig sind **Skonti.**[1505]

293   **ee) Verletzerkette.** Ist der **Verletzergewinn iSd. § 97 Abs. 2 S. 2 nur ein zur Berechnung des Schadensersatzes zu berücksichtigender Posten** und nicht, wie es bisher in § 97 Abs. 1 S. 2 hieß, ein Anspruch auf Herausgabe des Verletzergewinns „statt Schadensersatz" mit der Folge des § 251 BGB, löst sich auch die Streitfrage um die Gesamtschuldnerschaft nach § 830 BGB (vgl. → Rn. 87 ff.). Im Rahmen des Schadensersatzes § 97 Abs. 2 S 1 ist der **Verletzergewinn keine Haftungsgrundlage sondern Rechnungsposten.** Dementsprechend folgt die Bemessung des Schadensersatzes **nicht betriebswirtschaftlichen sondern schadensersatzrechtlichen Kriterien** als Ausgleich für die rechtswidrige Nutzung zur Gewinnerzielung.[1506] Dann ist er auch im Rahmen der Zuordnung flexibel einzusetzen und es bedarf nicht mehr der Billigkeitserwägungen in Einzelfällen.[1507] *Ulmer*[1508] hat schon früh gesehen, dass § 830 BGB für die Gewinnherausgabe nicht passt und dass die Herausgabe des Gewinns nur von dem verlangt werden kann, der ihn erzielt hat. Haben **mehrere Verletzer** in einer **Verletzerkette** Rechtsverletzungen vorgenommen, ist der Verletzte grundsätzlich berechtigt, **von jedem Verletzer den gesamten von ihm erzielten Gewinn** als Schadensersatz zu verlangen.[1509] Denn jeder Verletzer greift durch das unbefugte Inverkehrbringen des Schutzgegenstands erneut in das Ausschließlichkeitsrecht des Rechtsinhabers ein.[1510] Eine Abzugsfähigkeit folgt auch nicht daraus, dass die Verletzungshandlungen auf allen Vertriebsstufen inhaltsgleich sind, denn eine gesamtschuldnerische Haftung mehrerer Verletzer bestimmt sich nicht danach, ob die Verletzungshandlungen gleichartig sind, sondern allein danach, ob sie denselben Schaden verursachen.[1511]

294   Eine **Erschöpfung des Verbreitungsrechts** ist durch die Lizenzzahlung des Lieferanten und/oder Herausgabe seines Verletzergewinns nicht eingetreten, da zur Verbreitung keine Genehmigung erteilt worden ist und auch nicht nachträglich gegeben wird. Es wird kein Lizenzvertrag geschlossen; der Anspruch auf Unterlassung bleibt bestehen. Durch die Zahlung ist auch **keine Erfüllung einer Gesamtschuld** erfolgt. Die Beteiligten der Absatzkette sind nicht Beteiligte iSd. § 830 Abs. 1 S. 2 BGB und keine Nebentäter iSd. § 840 Abs. 1 BGB, sondern getrennte Schädiger, die jeder für sich verantwortlich sind. Für die gesamtschuldnerische Haftung mehrerer Verletzer in einer Verletzerkette Hersteller/Großhändler/Einzelhändler kommt es nicht darauf an, ob die Verletzungshandlungen gleichartig oder gleichgerichtet sind, sondern allein darauf, ob sie denselben Schaden verursachten. Hier fehlt ein für eine Gesamtschuld einheitlicher Schaden, der die Täter zu einer Tilgungsgemeinschaft im Rahmen des Leistungsinteresses des Geschädigten zusammenfasst. **Jeder Verletzer innerhalb der Verletzerkette greift durch das unbefugte Inverkehrbringen des Schutzgegenstandes erneut in das ausschließlich dem Rechtsinhaber zugewiesene Verbreitungsrecht ein.**[1512] Der vom Hersteller/Lieferanten herauszugebende Gewinn wird aber durch Ersatzzahlungen gemindert, die der Hersteller/Lieferant seinen Abnehmern wegen deren Inanspruchnahme durch den Verletzten erbringt. Das erscheint als Widerspruch zu dem Grundsatz, wonach Schadensersatzzahlungen an die Abnehmer wegen Verhinderung des Weitervertriebs beim Verletzergewinn des Herstellers nicht be-

---

[1499] OLG Köln GRUR-RR 2013, 398 (400) – Bigfoot II.
[1500] OLG Köln GRUR-RR 2013, 398 (400) – Bigfoot II.
[1501] OLG Köln GRUR-RR 2013, 398 (400) –Bigfoot II.
[1502] BGH GRUR 2007, 431 Rn. 31 – Steckverbindergehäuse; OLG Köln GRUR-RR 2005, 247 (249) – Loseblattwerk.
[1503] BGHZ 150, 32 (44) = GRUR 2002, 532 – Unikatrahmen; *v. Ungern-Sternberg* GRUR 2010, 386 (394).
[1504] BGH GRUR 2009, 856 Rn. 78 f. – Tripp-Trapp-Stuhl; *v. Ungern-Sternberg* GRUR 2010, 386 (394).
[1505] OLG Köln GRUR-RR 2013, 398 (400) – Bigfoot II.
[1506] *v. Ungern-Sternberg* GRUR 2009, 460 (463).
[1507] BGH GRUR 1959, 379 (383) – Gasparone I mAnm *Ulmer* GRUR 1959, 384.
[1508] *Ulmer* § 131 II 3 (S. 559).
[1509] BGH GRUR 2009, 856 Rn. 66 ff. – Tripp-Trapp-Stuhl.
[1510] BGH GRUR 2009, 856 Rn. 69 – Tripp-Trapp-Stuhl; *Tilmann* GRUR 2003, 647 (653); *v. Ungern-Sternberg* GRUR 2010, 386 (395).
[1511] BGH GRUR 2009, 856 Rn. 64 – Tripp-Trapp-Stuhl; anders die Vorinstanz: OLG Hamburg ZUM-RD 2007, 13 (24 ff.).
[1512] *Tilmann* GRUR 2003, 647 (462).

rücksichtigt werden, weil fingiert wird, der Rechtsinhaber hätte ohne die Rechtsverletzung den gleichen Gewinn wie der Verletzte erzielt,[1513] erklärt sich aber durch einen anderen Sachverhalt. Wenn der Verletzte nur den Hersteller in Anspruch nimmt, ist ein Abzug nicht gerechtfertigt. **Schöpft der Verletzte dagegen bei allen Abnehmern den Gewinn voll ab, hat er durch die Rechtsverletzung nicht nur den gleichen, sondern einen höheren Gewinn als der Hersteller.** Der Gewinn des Herstellers ist durch den Regress der Abnehmer aufgezehrt. In einem solchen Fall ist der Abzug begründet.[1514] Die weitere Entscheidung **Restsellervertrag,**[1515] nach der bei der Bemessung des Schadensersatzanspruchs nach den Grundsätzen der Lizenzanalogie Ersatzzahlungen des Verletzers, die er seinen Vertragspartnern wegen deren Inanspruchnahme durch den Verletzten geleistet hat, nicht abzuziehen sind, ist am konkreten komplizierten Sachverhalt einigermaßen nachzuvollziehen. Er gibt keine Richtschnur.

Die ebenfalls strittige Frage, ob über die Herausgabe des Verletzergewinns auch eine Verlustersparnis herausverlangt werden kann,[1516] hat sich durch die Entscheidung des BGH zu den Gemeinkosten erledigt. **295**

ff) Geschäftsführung ohne Auftrag. Verletzergewinn kann auch **über § 687 Abs. 2 BGB 296** liquidiert werden. So ist es ausdrücklich bestimmt durch § 102a, vorm. § 97 Abs. 3. Die Vorschrift der angemaßten Geschäftsführung setzt jedoch unbedingten Vorsatz voraus. „Wissentlich" muss der Geschäftsherr das fremde Geschäft geführt haben, um ihm den vollen Gewinn abzunehmen. Zu § 687 Abs. 2 BGB siehe bei § 102a.

4. Immaterieller Schaden

a) Allgemeines. Bei schuldhafter Verletzung des Urheberpersönlichkeitsrechts besteht neben den **297** Ansprüchen auf Unterlassung und Beseitigung (§ 97 Abs. 1) ein **Anspruch auf Entschädigung für immateriellen Schaden** nach § 97 Abs. 2 S. 4. Der Anspruch besteht zusätzlich zu dem Ausgleich des materiellen Schadens nach der Lizenzanalogie.[1517] Dies entspricht Unionsrecht.[1518] Für Verletzungen des **Urheberpersönlichkeitsrechts,**[1519] das ein Ausschnitt und eine besondere Erscheinungsform des allgemeinen Persönlichkeitsrechts ist,[1520] erkannte der Gesetzgeber schon durch § 97 Abs. 2 aF den Persönlichkeitsrechtsschutz durch Geldersatz an.[1521] Auch ein Schaden, der nur rein ideeller Natur ist, muss geheilt werden, wenn und soweit das nach den Umständen des Falles der Billigkeit entspricht. Der in Art. 13 Abs. 1 lit. a) der Enforcement-RL vorgesehene Anspruch blieb in der Neufassung unverändert bestehen.[1522] Er ist **auf Verletzungen des Urheberpersönlichkeitsrechts beschränkt;** auf Verletzungen der Verwertungsrechte findet er keine Anwendung.[1523] Anspruchsberechtigt sind der **Urheber,** der **Verfasser wissenschaftlicher Ausgaben,** der **Lichtbildner** und der **ausübende** Künstler, nicht aber der Lizenznehmer.[1524] Juristische Personen und sonstige Personenverbindungen als solche können kein Urheberpersönlichkeitsrecht erwerben; es steht immer der natürlichen Person als dem Werkschöpfer (§ 7) zu; zur Miturheberschaft → § 8 Rn. 8 f.

Der Anspruch in § 97 Abs. 2 S. 4 erfasst **nur emotionale, seelische Beeinträchtigungen** und **298** nur den Schaden, der **nicht Vermögensschaden** ist; verursacht die Verletzung des Urheberpersönlichkeitsrechts einen Vermögensschaden, ist dieser nach § 97 Abs. 2 S. 1 zu ersetzen.[1525] Oftmals löst eine Handlung beide Folgen aus und wird im Urteilsspruch materieller und immaterieller Schadensausgleich in einem Betrag zusammengefasst.[1526] Wird keine Klage auf Feststellung der gesamten Schadensersatzpflicht erhoben, ist der immaterielle Schaden nur dann Gegenstand des Prozesses, wenn er selbstständig und ausdrücklich neben dem Anspruch auf Ersatz des Vermögensschadens geltend gemacht wird.[1527] Für das Urheberpersönlichkeitsrecht und das „urheberrechtliche Schmerzensgeld" hat § 11 zentrale Bedeutung. Die Vorschrift schützt den Urheber in seinen geistigen und persönlichen Beziehungen und in der Nutzung des Werks.[1528] Die einzelnen persönlichkeitsrechtlichen Berechti-

---

[1513] BGH GRUR 2002, 532 – Unikatrahmen.
[1514] BGH GRUR 2009, 856 (864).
[1515] BGH GRUR 2009, 660 – Restsellervertrag.
[1516] Verneint durch RGZ 130, 108 (110) unter andauerndem Widerspruch in der Literatur.
[1517] BGH GRUR 2016, 1157 Rn. 47 – Auf fett getrimmt.
[1518] EuGH GRUR 2017, 264 Rn. 30 – OTK/SFP; EuGH GRUR 2016, 485 Rn. 13 ff. – Liffers/Mandarina ua.
[1519] BGH GRUR 1971, 525 (526) – Petite Jacqueline; zum Verhältnis zum allgemeinen Persönlichkeitsrecht → Vor §§ 12 ff. Rn. 14 ff.
[1520] BGH GRUR 1971, 525 (526) – Petite Jacqueline; OLG Düsseldorf GRUR-RR 2013, 278 (279).
[1521] Ggf. iVm. §§ 70, 72, 73, 75.
[1522] Vgl. auch BT-Drs. 16/5048, 48.
[1523] OLG Hamburg NJW-RR 1995, 562 (563).
[1524] OLG Hamburg UFITA 65 [1972] 284 (287); Wandtke/Bullinger/*v. Wolff* § 97 UrhG Rn. 85; Möhring/Nicolini/*Lütje* (2. Aufl.) § 97 UrhG Rn. 242.
[1525] BGH GRUR 2002, 532 – Unikatrahmen: der Vertrieb von Kunstdrucken in Rahmen, die von Dritten bemalt wurden, verletzen das Urheberpersönlichkeitsrecht, wenn das Bild als Gesamtkunstwerk des Urhebers des Originalwerks erscheint – hier Hundertwasser; LG Hamburg ZUM 2004, 675 (679).
[1526] Vgl. etwa LG München I GRUR-RR 2009, 92 (94).
[1527] BGHZ 20, 345 = GRUR 1956, 427 – Paul Dahlke.
[1528] Dazu *Krüger-Nieland* FS Hauß (1978), S. 215 (221).

gungen der §§ 6, 12–14, 23 S. 1, 34 Abs. 1 S. 1, 35 Abs. 1 S. 1, 39, 42, 46 Abs. 5, 62 und 63[1529] konkretisieren die geistig-persönlichen Beziehungen des Urhebers zu seinem Werk.[1530] Bei Schutzrechtsinhabern, denen das Gesetz „entsprechende" urheberpersönlichkeitsrechtliche Berechtigungen zuordnet,[1531] ist die unterschiedliche Intensität der urheberpersönlichkeitsrechtlichen Interessen und Bindungen an das Werk zu beachten, wobei sich gewisse Einschränkungen ergeben.[1532]

299   Ob das **allgemeine Persönlichkeitsrecht des Künstlers** oder sein besonderes **Urheberpersönlichkeitsrecht** betroffen ist,[1533] wird u. a. im **Todesfall** relevant, denn der Anspruch aus § 97 Abs. 2 S. 4 aus dem Urheberpersönlichkeitsrecht wird vererbt (§ 28 Abs. 1). Allerdings steht der Anspruch dem Rechtsnachfolger des Urhebers nur wegen solcher Verletzungshandlungen zu, die schon vor dem Tod des Urhebers begangen wurden.[1534] Der Streit um die Geldentschädigung für ideelle, postmortale Beeinträchtigungen wird maßgeblich zum allgemeinen Persönlichkeitsrecht ausgetragen.[1535] Wegen Eingriffen in das ideelle allgemeine Persönlichkeitsrecht eines Verstorbenen können die Angehörigen von Verletzten keine Geldentschädigung fordern, ggf. aber Ansprüche auf Unterlassung, Beseitigung und Widerruf, sowie eigene Ansprüche wegen Verletzung des (allgemeinen) Persönlichkeitsrechts durchsetzen.[1536] Bei der Zubilligung einer Geldentschädigung im Fall einer schweren Persönlichkeitsrechtsverletzung steht der **Gesichtspunkt der Genugtuung für das Opfer** im Vordergrund; eine an Angehörige fließende Entschädigung wegen eines verletzenden Angriffs auf das Ansehen eines Verstorbenen kann die Genugtuungsfunktion nicht erfüllen.[1537] Das OLG Düsseldorf hat diese Grundsätze auch auf das Urheberpersönlichkeitsrecht angewandt.[1538]

300   Der in der 4. Auflage[1539] von Wild betonte **Aspekt der Prävention durch drohende Geldentschädigung** vermag die Gewährung einer Geldentschädigung nach dem Tod einer Person nicht zu tragen, weil es einem Rechtsträger fehlt.[1540] Dass der BGH in der Entscheidung *Postmortaler Persönlichkeitsschutz* an gleicher Stelle die Prävention als Bemessungsfaktor bei der Zubilligung von Geldentschädigungen nennt, könnte eine Schwäche im Argument aufzeigen. Denn die Prävention[1541] richtet sich „gegen" den Verletzer; der mit der Prävention verbundene Hemmungseffekt hätte daher auch bei einem „postmortalen Schmerzensgeld" eine Funktion.[1542] Das BVerfG[1543] ließ die Frage, ob der Präventionsgedanke es rechtfertigen könnte, einen Anspruch auf Geldentschädigung zu gewähren, offen, da der hinsichtlich des postmortalen Persönlichkeitsrechts Wahrnehmungsberechtigte jedenfalls nicht schutzlos sei. Gleichwohl ist dem BGH zuzustimmen, dass der Präventionsgedanke „allein" nicht in der Lage ist, den Grundsatz zu überwinden, dass die Rechtsfähigkeit des Menschen mit dem Tode erlischt und es demzufolge an einer Grundlage für die Zubilligung eines immateriellen Schadenersatzes fehlt.[1544]

301   **b) Billigkeit.** Das „**Schmerzensgeld**" muss der **Billigkeit** entsprechen. Daher soll der Anspruch **nur bei schwerwiegenden und nachhaltigen Verletzungen des Urheberpersönlichkeitsrechts** in Betracht kommen, in **Ausnahmefällen,** in denen Abwehrrechte den Schaden nicht wiedergutmachen können oder zu spät kommen.[1545] Insoweit besteht ein nicht unerheblicher **Unter-**

[1529] Auch → Vor §§ 12 ff. Rn. 3 ff.

[1530] Zum Schutz der Urheberpersönlichkeitsrechte bei Multimedia s. *J. Kreile/Wallner* ZUM 1997, 625.

[1531] Verfasser wissenschaftlicher Werke (§ 70), Lichtbildner (§ 72), ausübender Künstler – (§§ 73, 74, 7); vgl. § 97 Abs. 2 S. 4.

[1532] Siehe bei den jeweiligen Schutzrechten.

[1533] Vgl. dazu BGH GRUR 1995, 668 – Emil Nolde; OLG Hamburg NJW-RR 1995, 562; *Neumann-Duesberg* NJW 1971, 1640 (1641); *W.Nordemann* GRUR 1980, 434 (435).

[1534] BGH GRUR 1974, 797 (800) – Fiete Schulze; zur postmortalen Verletzung des Urheberpersönlichkeitsrecht OLG Hamburg NJW-RR 1995, 562 (563).

[1535] Vgl. dazu mit umfangreichen Nachweisen → 4. Aufl. 2010, Rn. 178, 179; BGH GRUR 1995, 668 – Emil Nolde; BGHZ 143, 214 = GRUR 2000, 709 – Marlene Dietrich; BGH GRUR 2006, 252 – BVerfG GRUR 2006, 1049 – Werbekampagne mit blauem Engel; BVerfG ZUM 2007, 380. Zum Urheberpersönlichkeitsrecht vgl. *Bodewig/Wandtke* GRUR 2008, 220 (229); OLG Düsseldorf GRUR-RR 2013, 278 – Ganztagsrealschule, mit umfassender Begründung; OLG Hamburg NJW-RR 1995, 562.

[1536] BVerfG ZUM 2007, 380 (382); BGHZ 107, 384 (393) = GRUR 1995, 668 – Emil Nolde; BGH GRUR 1974, 797 (800) – Fiete Schulze – in Ergänzung zu BGHZ 50, 133 = NJW 1968, 1773 – Mephisto; BGH GRUR 2006, 252 – Postmortaler Persönlichkeitsschutz, bestätigt durch BVerfG ZUM 2007, 380. Anders OLG München ZUM 2002, 744; vgl. dazu aber ausdrücklich BGH GRUR 2006, 252 (253).

[1537] BGH GRUR 2006, 252 (253 f.) – Postmortaler Persönlichkeitsschutz, bestätigt durch BVerfG ZUM 2007, 380; BGHZ 160, 298 (302) = GRUR 2005, 179 – Tochter von Caroline von Hannover; BGH GRUR 1974, 797 – Fiete Schulze.

[1538] OLG Düsseldorf GRUR-RR 2013, 278 (279) – Ganztagsrealschule.

[1539] Schricker/Loewenheim/*Wild* (4. Aufl.) § 97 UrhG Rn. 179.

[1540] BGH GRUR 2006, 252 (254) – Postmortaler Persönlichkeitsschutz; *Götting* GRUR 2004, 801 (802).

[1541] Dazu vgl. BGH GRUR 1995, 224 (229) – Caroline von Monaco.

[1542] Schricker/Loewenheim/*Wild* (4. Aufl.) § 97 Rn. 179.

[1543] BVerfG ZUM 2007, 380 (382).

[1544] Für Verletzungen des Urheberpersönlichkeitsrechts: OLG Düsseldorf GRUR-RR 2013, 278 – Ganztagsrealschule; *Götting* GRUR 2004, 801 (802); *Götting* FS Ullmann (2006), S. 65 (74 f.); Mestmäcker/Schulze/*Backhaus* § 97 UrhG Rn. 96; Wandtke/Bullinger/*v. Wolff* § 97 UrhG Rn. 83; aA Möhring/Nicolini/*Reber* § 97 UrhG Rn. 129; Schricker/Loewenheim/*Wild* (4. Aufl.) § 97 UrhG Rn. 179.

[1545] BGH GRUR 1971, 525 – Petite Jacqueline; BGH UFITA 76 [1976] 313 (315); OLG Hamburg Schulze OLGZ 268; OLG Hamburg NJW-RR 1995, 562 (563); OLG München ZUM-RD 2014, 165 (166).

schied zur Verletzung des allgemeinen Persönlichkeitsrechts, bei der nach § 253 Abs. 2 BGB nur die Höhe der Entschädigung an der Billigkeit ausgerichtet wird.

Ob eine **schwerwiegende Beeinträchtigung** vorliegt, beurteilt sich anhand aller Umstände des **302** Einzelfalles: Dazu gehören **Bedeutung und Tragweite des Eingriffs,** dessen **nachteilige Folgen für die Interessen und den Ruf des Urhebers,**[1546] **Anlass und Beweggrund des Handelnden, Ausmaß der Verletzung, Verschuldensgrad,**[1547] **künstlerischer Rang des Verletzten, Bedeutung der Missachtung seiner Entschließungsfreiheit und die Möglichkeit anderweitigen Ausgleichs;**[1548] es muss sich um einen **deutlich von dem Normalfall einer ungenehmigten Leistungsübernahme unterscheidenden Einzelfall** handeln.[1549] *Specht* hingegen hält im Hinblick auf einen wirksamen Rechtsschutz dafür, in jedem Fall der Verletzung Ersatz des immateriellen Schadens zu gewähren.[1550]

Am häufigsten sind die Fälle, in denen die **Namensangabe unterlassen** wird (§ 13), sei es aus **303** Nachlässigkeit oder bewusst. In diesen Fällen wird von der Rechtsprechung oftmals – dies allerdings meist als **Verletzerzuschlag** im Rahmen der Berechnung des materiellen Schadens im Wege der Lizenzanalogie[1551] – ein **pauschaler 100%iger Aufschlag zum üblichen Nutzungsentgelt** gewährt.[1552] Tatsächlich kann die unterlassene Nennung des Urhebers nicht nur seine urheberpersönlichkeitsrechtlichen sondern auch materielle Belange berühren, etwa weil die mit der Nennung seines Namens verbundene Werbewirkung nicht eingreifen kann und dem Urheber dadurch Folgeaufträge entgehen können.[1553] Dies wäre dann bei der Berechnung des materiellen Schadens zu berücksichtigen und setzt im Rahmen des § 97 Abs. 2 S. 3 voraus, dass der unterbliebene Quellennachweis bei einer angemessenen Vergütungspraxis zu einem entsprechenden Aufschlag führen würde.[1554] Gegen einen pauschalen Verletzerzuschlag im Rahmen der Berechnung nach der Lizenzanalogie vgl. → Rn. 282 ff. Die im Anschluss an das OLG Düsseldorf häufige Qualifizierung eines 100%-igen Aufschlages bei Unterlassung der Namensnennung als **„Vertragsstrafe"** kaschiert die Pauschalisierung dieses – im Bereich der Fotografie allerdings überwiegend gewährten – Verletzerzuschlages.[1555] Nur vereinzelt wird wegen unterlassener Urhebernennung ein Anspruch auf Entschädigung nach § 97 Abs. 2 S. 4 gewährt,[1556] wobei teilweise nicht die unterlassene, sondern die **„falsche" Autorenbezeichnung** anspruchsbegründend wirkte.[1557] Überwiegend wird die unterbliebene Nennung des

---

[1546] EuGH GRUR 2016, 485 Rn. 17 – Liffers/Mandarina ua.

[1547] Zielt die Verletzung auf eine Schädigung des Rufs des Verletzten ab, rechtfertigt dies ein höheres Schmerzensgeld: OLG München NJW 1996, 135 (136); OLG Celle ZUM 1994, 437 (438).

[1548] BGH NJW 2012, 1728 Rn. 15; BGH GRUR 2010, 171 Rn. 5 – Esra; BGH NJW 1995, 861 (864) – Caroline von Monaco, zum allgemeinen Persönlichkeitsrecht. Zum Urheberpersönlichkeitsrecht: OLG Hamburg ZUM 1998, 324 (325); OLG Hamburg NJW-RR 1995, 562 (563) mwN zur Rechtsprechung; OLG Hamburg GRUR 1990, 36 – Schmerzensgeld; OLG Hamburg NJW-RR 1995, 556 (557); OLG München ZUM 1986, 424 (425) zum Anspruch auf Schadensersatz auch bei nur geringer Auflage eines Druckwerks; LG Berlin ZUM-RD 2006, 443 zur Erhöhung des Entschädigungsanspruchs durch das Ausmaß der Verbreitung (Millionenauflage); OLG Hamm NJW-RR 2000, 1147: Bildwiedergabe rechtfertigt kein Schmerzensgeld, wenn die Genugtuungsfunktion auf andere Weise erlangt wird.

[1549] OLG Hamburg GRUR 1990, 36 – Schmerzensgeld; OLG Hamburg MMR 2010, 196 (198).

[1550] Dreier/Schulze/*Specht* § 97 Rn. 97 unter Berufung auf *W.Nordemann* GRUR 1980, 434 (435) und *v. Bar* UFITA 81 (1978), 57 (64).

[1551] Vgl. dazu → Rn. 284, sowie → § 13 Rn. 20.

[1552] Vgl. BGH GRUR 2015, 780 Rn. 36 ff. – Motorradteile; OLG München ZUM-RD 2014, 165 (166) zur öffentlichen Zugänglichmachung von Fotos im Internet; OLG Hamburg ZUM-RD 2013, 390 (397 f.) für unterlassene Namensnennung bei der Veröffentlichung eines Fachaufsatzes in Online-Portal eines Verlages; OLG Brandenburg GRUR-RR 2009, 413 (414); OLG Düsseldorf GRUR-RR 2006, 393 (394) – Informationsbroschüre („Vertragsstrafe"); OLG Düsseldorf MMR 1998, 147; LG Düsseldorf GRUR 1993, 664 – Urheberangabe bei Foto; LG München I GRUR-RR 2009, 92 (94); LG München I ZUM 1995, 57; OLG Düsseldorf GRUR-RR 2006, 393 – Informationsbroschüre mwN; LG Köln AfP 2009, 166; dagegen OLG Hamburg ZUM 1998, 324 (325); OLG Hamburg MMR 2010, 196 (198); LG Kiel ZUM 2005, 81 (85); kritisch auch OLG Braunschweig ZUM 2012, 482 (488).

[1553] BGH GRUR 2015, 780 Rn. 39 – Motorradteile; zu den im Rahmen der Billigkeitsprüfung zu berücksichtigenden Umständen siehe: BGH GRUR 1966, 570 – Eisrevue III; BGH GRUR 1970, 370 (372) – Nachtigall; BGH GRUR 1971, 525 – Petite Jacqueline; BGH GRUR 1972, 97 – Liebestropfen; BGHZ 128, 1 (13 f.) = GRUR 1995, 224 – Caroline v. Monaco; OLG München NJW-RR 1997, 493; OLG Koblenz GRUR 1995, 771 (772) – Werbefotos; OLG München GRUR 1992, 512 (513); LG München GRUR-RR 2009, 92 (94); OLG München GRUR 1969, 146 (147); BGH GRUR 1963, 40 (42) – Straßen – gestern und morgen; LG Leipzig NJW-RR 2002, 619 – Hirschgewand, zur Bedeutung der Namensnennung einer Modedesignerin in einer Werbebroschüre einer Modemesse; OLG München NJW-RR 2000, 1574 (1576) zur Bedeutung der Namensnennung eines auf dem Gebiet der Literatur tätigen Wissenschaftlers; OLG Hamm NJW-RR 2000, 1147 zur Erreichung anderweitigen.

[1554] OLG Braunschweig ZUM 2012, 482 (488); nach LG Kiel ZUM 2005, 81 (85).

[1555] So auch *Schack* Rn. 693a.

[1556] BGH GRUR 2015, 780 Rn. 37 – Motorradteile; dort wurde allerdings im Ergebnis die Geltendmachung eines materiellen Schadens angenommen; offenbar für eine pauschale Abgeltung sowohl des materiellen wie des immateriellen Schadens durch einen Aufschlag von 100% auf die angemessene Lizenzgebühr offenbar LG München I GRUR-RR 2009, 92 (94); für einen Aufschlag von 100% als Schmerzensgeld: LG Berlin ZUM 1998, 673 (674); LG Berlin ZUM-RD 2006, 443: Abdruck eines Kurzkrimis in Zeitschrift mit Millionenauflage; so offenbar auch *Bodewig/Wandtke* GRUR 2008, 220 (229) unter dem Stichwort „Doppelte Lizenzgebühr und immaterieller Schaden".

[1557] LG Berlin ZUM-RD 2006, 443; dazu *Spieker* GRUR 2006, 118.

Urhebers oder Leistungsschutzberechtigten nicht als so schwerwiegender Eingriff in das Urheberpersönlichkeitsrecht angesehen, dass eine finanzielle Kompensation eines immateriellen Schadens geboten wäre.[1558] Ob bei jeder Werknutzung nach § 13 S. 1 der Name des Urhebers genannt werden muss, ist nicht abschließend entschieden; grundsätzlich bejaht im Fall des Films „Im Rhythmus der Jahrhunderte" zugunsten des Drehbuchautors;[1559] zweifelhaft bei kleinen Veranstaltungen oder unbedeutenden Gelegenheitsveröffentlichungen. Im Fall des Festaktes zur Übergabe eines unsignierten Mauerbildes, das das Land Berlin dem Deutschen Bundestag und dieser an die UNO weitergeschenkt hatte, war der Name des Künstlers nicht genannt worden; der BGH sah darin keine Verletzung des Urheberrechts.[1560]

304   Die **Höhe der Entschädigung** nach § 97 Abs. 2 S. 4 ist zu **schätzen** (§ 287 ZPO). Die Gerichte zeigen sich bei der Bemessung überwiegend zurückhaltend.

305   **c) Einzelfälle.** In Einzelfällen sind die Gerichte zu Recht zurückhaltend: **Kein Schmerzensgeld** für Balletttänzer, die in einem vom NDR-Fernsehen aufgezeichneten und ausgestrahlten Bühnenstück nackt auftraten;[1561] kein Schmerzensgeld für die (unbefugt) unterbliebene Nennung als Lichtbildner/Fotograf;[1562] kein Schmerzensgeld bei unzulässiger Veröffentlichung von Fotografien;[1563] kein Schmerzensgeld für unbefugte Veröffentlichung einer Fotografie in grenzwissenschaftlichem Magazin;[1564] kein Schmerzensgeld für Architekten wegen Verwendung seiner Vorentwürfe;[1565] kein Schmerzensgeld eines Miterfinders, der in einem Buch seine Rolle bei der Erfindung nicht richtig dargestellt sieht;[1566] kein Schmerzensgeld bei rechtmäßiger Wiedergabe eines Werkes ohne Namensnennung.[1567] Keine Zahlung für Hochzeitsbild der eines Prominenten in abgegrenztem Bereich.[1568] **Aber Schmerzensgeld:** bei entstellender Veränderung einer Fotografie des Bundeskanzlers € 25000,00;[1569] bei unterbliebener Autorennennung eines Wirtschaftsjournalisten bei Buchveröffentlichung;[1570] Verletzerzuschlag von 100% für materielle und immaterielle Schäden durch die unterbliebene Nennung als Fotograf;[1571] Entschädigung in Höhe von 100% des vereinbarten Honorars (€ 410,00) wegen falscher Autorenbenennung;[1572] Schmerzensgeld in Höhe von 100% der fiktiven Lizenzgebühr (€ 1000,00) wegen Nichtnennung von Modedesignerin in Werbebroschüre einer Modemesse;[1573] Entschädigung in Höhe von € 10000,00 für verstümmelte, entstellte Verwertung von Teilen einer wissenschaftlichen Abhandlung in Herrenmagazin;[1574] bei verstümmelter Verwertung eines Lichtbildwerks zur Ausgestaltung eines Buchumschlages und dadurch bedingte schwere Beeinträchtigung des künstlerischen Rufes des Urhebers als anerkannter Vertreter der subjektiven Fotografie;[1575] verkürzte und damit entstellende Vorführung eines Fernsehfilms;[1576] aber keine gröbliche Entstellung bei Verkürzung eines Dokumentarfilms um die Hälfte der Laufzeit, wenn keine Änderung des Sinngehalts oder Verunstaltung vorliegt – Abgrenzung zu Wüstenflug.[1577] **Schmerzensgeld ist anerkannt worden** wegen Verletzung des Erstveröffentlichungsrechts nach § 12 Abs. 1, der dem Urheber vorbehält, darüber zu entscheiden, ob sein Werk in bisher nicht erfolgter Art oder Form veröffentlicht wird;[1578] „Schmerzensgeld" wegen rechtwidrig übernommener juristischer Beiträge auf Homepage.[1579] Ein Urheber kann auch die Verfilmung seines Werkes untersagen, weil er die Verfilmung nicht für eine angemessene Form der Wiedergabe seines Werkes hält. Obwohl sein Verbotsrecht aus dem ihm zustehenden Bearbeitungsrecht folgt, werden bei Missachtung seiner Entscheidung ideelle Interessen verletzt, für die Schadensersatz nach § 97 Abs. 2 S. 4 zu leisten sein kann. *Traub* sieht in einer schuldhaften, insbesondere wiederholten Verletzung fremder Urheberrechte einen Angriff auf die Dispositionsbefugnis des Schutzrechtsinhabers und zieht einen zusätzlichen Schadensersatzanspruch nach § 97 Abs. 2 aF in Betracht;[1580] jetzt § 97 Abs. 2 S. 4.

[1558] BGH GRUR 2015, 780 Rn. 40 – Motorradteile; OLG München ZUM-RD 2014, 165 (166); OLG Hamburg MMR 2010, 196 (198).
[1559] BGH GRUR 1972, 713 (714).
[1560] BGH GRUR 2007, 691 – Staatsgeschenk.
[1561] OLG Hamburg Schulze OLGZ 149.
[1562] OLG München ZUM-RD 2014, 165 (166); OLG Hamburg MMR 2010, 196 (198); OLG Braunschweig ZUM 2012, 482 (488).
[1563] OLG Hamburg ZUM 1998, 324 – Schmerzensgeld;
[1564] OLG München NJW-RR 1997, 493.
[1565] OLG Hamburg Schulze OLGZ 172.
[1566] OLG Frankfurt a. M. GRUR 1964, 561 (562) – Plexiglas.
[1567] OLG Hamburg GRUR 1974, 205 (167) – Gartentor.
[1568] OLG Hamburg ZUM 2009, 65; anders OLG Köln ZUM 2009, 486.
[1569] LG Hamburg ZUM-RD 2008, 30 (33).
[1570] LG Köln ZUM-RD 2008, 21.
[1571] LG München I GRUR-RR 2009, 92 (94).
[1572] LG Berlin ZUM-RD 2006, 443 f.
[1573] LG Leipzig NJW-RR 2002, 619 (620).
[1574] OLG München NJW 1996, 135 (136).
[1575] BGH GRUR 1971, 525 – Petite Jacqueline.
[1576] OLG Frankfurt a. M. GRUR 1989, 203 (205) – Wüstenflug.
[1577] KG GRUR 2004, 497 – Schlacht um Berlin.
[1578] LG Berlin GRUR 1983, 761 – Portraitbild, das das Recht auf öffentliche Zugänglichmachung § 19a einbezieht.
[1579] OLG Frankfurt ZUM 2004, 924 (926 f.).
[1580] *Traub* FS Roeber (1982), S. 401 (409).

d) Zerstörung des Werkes. Im **Spannungsverhältnis von Urheberrecht/Urheberpersön-** 306
lichkeitsrecht einerseits und Eigentum andererseits steht die Frage, ob der Eigentümer eines
urheberrechtlich geschützten Werkes dieses zerstören darf. Zerstörung ist kein urheberrechtliches
Verwertungsrecht. Mit der Übertragung des Eigentums an einem Werk überlässt der Urheber dem
Erwerber die körperliche Nutzung. Für den Urheber ist das Werk körperlich nicht mehr vorhanden.
Das Reichsgericht hat in der Entscheidung Felseneiland mit Sirenen[1581] 1912 in einem *obiter dictum*
ein generelles Recht des Eigentümers zur Zerstörung des ihm gehörenden Werkes angenommen. In
jüngerer Zeit mehren sich die Stimmen, die dem Urheber **für den Fall einer geplanten Zerstö-**
rung einen Anspruch auf Rückerwerb geben und, um diesen wahrnehmen zu können, **einen**
Anspruch auf Information.[1582] Diese Rechte werden unterschiedlich begründet, teils über § 14,
der eine Entstellung oder sonstige Beeinträchtigung des Werkes verbietet, teils über § 11, der das
Urheberpersönlichkeitsrecht schützt, teils über § 823 Abs. 2 BGB iVm. §§ 11, 14 UrhG; der Anspruch auf Information entsprechend dem klassischen Auskunftsanspruch gemäß § 242 BGB.[1583] Bei
der Beurteilung wird es im Einzelfall auf das konkrete Werk ankommen. **Die Lösung kann nur**
über eine Güter- und Interessenabwägung im Einzelfall erreicht werden.[1584] Nach dem
BGH stellt die Vernichtung eines urheberrechtlich geschützten Werkes eine „andere Beeinträchtigung" iSd § 14 UrhG dar. Bei der Prüfung, ob die Vernichtung geeignet ist, die berechtigten persönlichen und geistigen Interessen des Urhebers am Werk zu gefährden, ist eine umfassende Abwägung
der Interessen des Urhebers und des Eigentümers des Werkes vorzunehmen, wobei aufseiten des Urhebers zu berücksichtigen ist, ob es sich bei dem vernichteten Werk um das einzige Vervielfältigungsstück des Werkes handelte,[1585] welche Gestaltungshöhe das Werk aufweist und ob es ein Gegenstand
der zweckfreien Kunst ist oder als angewandte Kunst einem Gebrauchszweck dient. Aufseiten des
Eigentümers können, wenn ein Bauwerk oder Kunst in oder an einem solchen betroffen ist, bautech-
nische Gründe oder das Interesse an einer Nutzungsänderung von Bedeutung sein. Bei Werken der
Baukunst oder mit Bauwerken unlösbar verbundenen Kunstwerken werden die Interessen des Eigentümers an einer anderweitigen Nutzung oder Bebauung des Grundstücks oder Gebäudes den Interessen des Urhebers am Erhalt des Werkes in der Regel vorgehen.[1586] Wird ein Originalwerk durch
einen Dritten zerstört, der nicht Eigentümer ist, ist das Eigentum des Erwerbers verletzt, das Urheberrecht, wenn dem Urheber durch die Zerstörung des Originals Verwertungsmöglichkeiten verloren
gehen. „**Aufgedrängte Kunst**" (Graffiti) darf beseitigt, nicht verwertet werden,[1587] es sei denn zur
Aufrechnung gegen Schadensersatz. Unter dem Gesichtspunkt einer aufgedrängten, aber angenommenen Schenkung ist auch eine freie Verwertung zu begründen. Kein immaterieller Schadensersatzanspruch besteht wegen der Werkvernichtung eines Bildes auf der Berliner Mauer.[1588]

5. Auskunft und Rechnungslegung

a) Allgemeines. Der Verletzte kann **zur Vorbereitung eines bezifferten Schadensersatz-** 307
oder Bereicherungsanspruchs vom Verletzer Auskunft und Rechnungslegung verlangen.[1589] Für
den **Gewinnherausgabeanspruch** nach § 97 Abs. 1 S. 2 aF war der Rechnungslegungsanspruch im
Gesetz kodifiziert. Bei der Neufassung des § 97 im Zuge der Umsetzung der Enforcement-RL ist der
Satz entfallen. Eine Änderung der Rechtslage ist mit dieser Streichung nicht verbunden.[1590] Das ProduktpiraterieG[1591] hatte mit § 101a aF einen weiteren Anspruch auf Auskunft zu Herkunft, Vertriebsweg und Drittauskunft geschaffen. Seit der Umsetzung der Enforcement-RL durch das Gesetz
zur Verbesserung der Durchsetzung der Rechte des geistigen Eigentums[1592] ist nun ein **selbständiger**
Anspruch auf Drittauskunft in § 101 geregelt,[1593] der nach seiner Zielrichtung und Ausgestaltung
vom klassischen Auskunftsanspruch klar zu unterscheiden ist. Ergänzend sind Ansprüche auf Vorlage
und Besichtigung in Bezug auf die Urheberrechtsverletzung (§ 101a), Ansprüche auf Vorlage von
Bank-, Finanz- und Handelsunterlagen zur Sicherung von Schadensersatzansprüchen (§ 101b) sowie
die Möglichkeit der Zollbeschlagnahme rechtsverletzender Waren §§ 111b und 111c aufgenommen

---

[1581] RGZ 79, 397 (401): „Ja man wird ihm für den Regelfall auch das Recht nicht versagen können, es völlig zu
vernichten."
[1582] Zum Problem der Werkvernichtung und Streitstand vgl. → § 14 Rn. 37 f.
[1583] S. *Schmelz* GRUR 2007, 565 mwN; *Honscheck* GRUR 2007, 944 mwN; Dreier/Schulze/*Specht* § 97 Rn. 6.
[1584] Vgl. BGH GRUR 2012, 172 Rn. 6 – Stuttgart 21; OLG Dresden GRUR-RR 2013, 51 (52 f.) – Kulturpalast Dresden.
[1585] BGH GRUR 2019, 609 – HHole (for Mannheim); BGH GRUR 2019, 619 – Minigolfanlage.
[1586] BGH GRUR 2019, 609 – HHole (for Mannheim).
[1587] BGH GRUR 1995, 673 – Mauerbilder; Möhring/Nicolini/*Lütje* (2. Aufl.) § 97 UrhG Rn. 70; Wandtke/
Bullinger/*v. Wolff* § 97 UrhG Rn. 34, einschränkend *Schack* GRUR 1983, 56 (60).
[1588] LG Berlin ZUM 2012, 507.
[1589] BGH GRUR 1955, 492 – Grundig Reporter.
[1590] AmtlBegr. BT-Drs. 16/5048, 48.
[1591] Gesetz zur Stärkung des Schutzes des geistigen Eigentums und zur Bekämpfung der Produktpiraterie (PrPG)
vom 7.3.1990, BGBl. I S. 422.
[1592] BGBl. 2008 I S. 1191.
[1593] Vgl. zur Rechtsentwicklung und Abgrenzung der Auskunftsansprüche im Urheberrecht → § 101 Rn. 1 ff.,
6 ff.

worden; siehe die Kommentierungen dort. **Spezielle Auskunftsansprüche** bestehen für **Verwertungsgesellschaften** zur erleichterten Geltendmachung der von ihnen wahrzunehmenden Vergütungsansprüche.[1594]

308   Der Anspruch auf Auskunftserteilung und der Rechnungslegungsanspruch über alle zur Schadensberechnung erforderlichen Angaben sind als **Hilfsansprüche** zum Schadensersatzanspruch **gewohnheitsrechtlich anerkannt.**[1595] Diese zunächst aus §§ 687 Abs. 2, 667 BGB hergeleiteten Ansprüche[1596] sind vom BVerfG als verfassungsgemäß bestätigt worden.[1597] Die Ansprüche finden ihre Grundlage in einer erweiterten Anwendung der §§ 259, 260 BGB und in der Bestimmung des § 242 BGB.

309   **b) Voraussetzungen.** Der **unselbständige, akzessorische Anspruch auf Auskunftserteilung** zur Vorbereitung der Berechnung eines Ersatzanspruchs gilt für alle Bereiche des geistigen Eigentums[1598] und setzt voraus, dass widerrechtlich und schuldhaft ein dem Auskunftsberechtigten nach dem Urheberrechtsgesetz zustehendes Recht verletzt wurde und dem Kläger aufgrund dieser Rechtsverletzung ein Ersatzanspruch als Hauptanspruch zusteht;[1599] aus der **Akzessorietät des Auskunftsanspruchs** folgt, dass der Hauptanspruch jedenfalls dem Grunde nach bestehen muss; nur der Umfang darf noch offen sein.[1600] Der Hauptanspruch kann ein Schadensersatzanspruch oder ein Bereicherungsanspruch sein;[1601] da auch der **Anspruch nach § 97 Abs. 2 S. 4** wesentlich nach dem Ausmaß der Verletzung zu beurteilen ist, erscheint auch hier ein vorbereitender Auskunftsanspruch denkbar,[1602] wird vermutlich aber wegen der zum einen im Vordergrund stehenden Genugtuungs- und Präventionsfunktion sowie der regelmäßig gleichzeitig erteilten Auskunft zum materiellen Schaden keine praktische Rolle spielen. Der Auskunftsanspruch wird **in allen Fällen gewährt, in denen der Verletzte in entschuldbarer Weise über das Bestehen oder den Umfang seines Ersatzanspruchs im Ungewissen ist und sich die zur Durchsetzung seines Anspruchs notwendigen Auskünfte nicht auf zumutbare Weise selbst beschaffen kann, während der Verletzer sie unschwer, dh ohne unbillig belastet zu sein, erteilen kann.**[1603] Steht eine Rechtsverletzung fest, reicht bezüglich weiterer gleichartiger Verletzungen die Darlegung ihrer Wahrscheinlichkeit.[1604] Ein Anspruch nach § 242 BGB besteht nicht, wenn die Auskunft nur dazu dienen soll, Ansprüche des Berechtigten gegen Dritte zu klären.[1605] Der Anspruch auf Auskunft zum Vorgehen gegen Dritte (Drittauskunft) ist aber seit Geltung des Produktpiraterriegesetzes 1990 über § 101 (§ 101a aF) durchzusetzen.[1606]

310   **c) Umfang. aa) Grundsätze.** Die Auskunftserteilung und Rechnungslegung erstreckt sich auf **alle Angaben, die notwendig sind, um dem Verletzten zu ermöglichen, eine Berechnung seines Schadens nach jeder der drei Berechnungsarten vorzunehmen und darüber hinaus die Richtigkeit der Rechnungslegung nachzuprüfen.**[1607] Der Umfang ist abhängig von den Erfordernissen der möglichen Schadensberechnung.[1608] Entfällt im konkreten Fall etwa die Möglichkeit einer Berechnung des Schadens nach dem Verletzergewinn, so fehlt es insoweit an einer rechtlichen Grundlage für eine Pflicht zur Erteilung der für diese Berechnung erforderlichen Auskünfte.[1609]

[1594] §§ 26 Abs. 4, 5 und 7, § 54 f.

[1595] Seit RGZ 60, 5; BGH GRUR 1962, 398 (400) – Kreuzbodenventilsäcke II; BGH GRUR 1974, 53 (54) – Nebelscheinwerfer; BGH GRUR 1980, 227 (232) – Monumenta Germaniae Historica; zum klassischen Auskunfts- und Rechnungslegungsanspruch anschaulich *Tilmann* GRUR 1987, 251; *Banzhaf,* Der Auskunftsanspruch im gewerblichen Rechtsschutz und Urheberrecht, Diss. 1989; *Oppermann,* Der Auskunftsanspruch im gewerblichen Rechtsschutz und Urheberrecht, 1997; *Weichs/Foerstl* ZUM 2000, 897 ff.; *Schulz* FS Klaka (1987), S. 27; *v. Ungern-Sternberg* WRP 1984, 55.

[1596] RGZ 84, 146 (150) – Plättmuster; RGZ 130, 196 (209) – Codex aureus; RGZ 153, 1 (28) – Rundfunksendung von Schallplatten.

[1597] BVerfG GRUR 1997, 124 – Kopierladen II.

[1598] *Köhler*/Bornkamm § 9 UWG Rn. 4.4 ff.

[1599] BGH ZUM 2013, 406 Rn. 15 – Verletzung des Schutzrechts an einer Filmaufnahme.

[1600] BGH, GRUR 1998, 1043 (1044) – GS-Zeichen; *Steinbeck* GRUR 2008, 110.

[1601] BGH GRUR 1995, 673 (676) – Mauer-Bilder; BGH GRUR 1955, 492 (501) – Grundig-Reporter.

[1602] Vgl. 4. Aufl. 2010 Rn. 188.

[1603] StdRspr.; vgl. BGH GRUR 2018, 642 Rn. 55 – Internetforum (zum Persönlichkeitsrecht); BGH ZUM 2013, 406 Rn. 15 – Verletzung des Schutzrechts an einer Filmaufnahme; BGH ZUM 2010, 969 Rn. 14 – Werbung eines Nachrichtensenders; BGH GRUR 2010, 623 Rn. 43 – Restwertbörse; BGH GRUR 2007, 532 – Meistbegünstigungsvereinbarung; BGHZ 95, 274 (278 f.) = GRUR 1986, 62 – GEMA-Vermutung I; BGHZ 10, 385 (387) = NJW 1954, 70; BGH GRUR 1974, 53 – Nebelscheinwerfer; BGH GRUR 1980, 227 (233) – Monumenta Germaniae Historica.

[1604] OLG Karlsruhe GRUR 1987, 818 (821) – Referendarkurs.

[1605] BGH GRUR 1987, 647 (648) – Briefentwürfe; OLG München ZUM 2003, 969.

[1606] BGH GRUR 1994, 630 – Cartier-Armreif; BGH GRUR 1994, 635 – Pulloverbeschriftung; vgl. zum Persönlichkeitsrecht BGH GRUR 2018, 642 Rn. 55 – Internetforum.

[1607] BGH GRUR 1957, 336 – Rechnungslegung; BGH GRUR 1980, 227/232 – Monumenta Germaniae Historica; BGH GRUR 1987, 364 (365 f.) – Vier-Streifen-Schuh – zum Umfang der zur Schätzung eines Marktverwirrungsschadens wegen Warenzeichenverletzung erforderlichen Auskunft; BGH GRUR 1991, 153 (155) – Pizza & Pasta: einschränkend; BGH GRUR 2007, 532 – Meistbegünstigungsvereinbarung.

[1608] BGH GRUR 1995, 349 (352) – Objektive Schadensberechnung; BGH GRUR 1973, 375 (377 f.) – Miss Petite; BGH GRUR 1977, 491 (494) – ALLSTAR.

[1609] BGH GRUR 1995, 349 (352) – Objektive Schadensberechnung.

Der Anspruch besteht weiter nur in dem Umfang, in dem eine Verpflichtung zum Schadensersatz festgestellt werden kann; soweit es an der erforderlichen **Kausalität** für den Schadensersatzanspruch fehlt,[1610] kommt auch eine Auskunftspflicht nicht in Betracht.[1611] Die Auskunft soll sich auch auf Tatsachen erstrecken dürfen, die zur Überprüfung der Haupttatsachen dienen,[1612] nicht zur Erläuterung einer Rechnungslegung.[1613]

bb) Reichweite. Entgegen der insoweit **restriktiveren Auffassung** des für das **Patent- und** 311 **Sortenschutzrecht** zuständigen X. Zivilsenats, der die Auskunft auf Handlungen, für welche die eine Verletzung nachgewiesen ist,[1614] beschränkt, ist nach Auffassung des für das **Urheberrecht** zuständigen I. Zivilsenats über alle anderen vergangenen und künftigen Handlungen Auskunft zu erteilen, die in gleicher Weise durch den sich aus der konkreten Verletzungshandlung und die angegriffene Ausführungsform ergebenden Verletzungstatbestand gekennzeichnet sind, d. h. **einschließlich solcher Handlungen, die der Verletzungshandlung im Kern gleichartig sind.**[1615] Auch die von einem verallgemeinernd gefassten Auskunftsanspruch umschriebenen Verletzungshandlungen müssen schuldhaft begangen sein;[1616] Ähnlichkeit der Verletzungshandlung genügt nicht, **nur kerngleiche Handlungen** können Gegenstände des Auskunftsanspruchs sein.[1617] Die Grenze definiert der BGH dort, wo die Gewährung eines Auskunftsanspruches darauf hinausliefe, einen rechtlich nicht bestehenden allgemeinen Auskunftsanspruch anzuerkennen und der **Ausforschung** unter Vernachlässigung allgemein gültiger Beweislastregeln Tür und Tor zu öffnen.[1618] Hierbei ist zwischen der beschränkten Reichweite von Auskunftsansprüchen und Unterlassungsansprüchen zu unterscheiden.[1619]

Mit der Entscheidung *Restwertbörse II* hat der BGH auch den Auskunftsanspruch, bei Beibehaltung 312 der vorstehenden Maßstäbe, über die konkrete Verletzung hinaus **auch auf andere Schutzrechte oder Schutzgegenstände** erstreckt, sofern auch insoweit eine rechtliche Beziehung zwischen den Beteiligten bestehe und der begehrten Auskunft kein anerkennenswertes Interesse des Pflichtigen entgegenstehe.[1620] Mit seinem Beschluss *Reichweite des Unterlassungsgebots* hat der BGH klargestellt, dass Voraussetzung für eine solche Erstreckung des Unterlassungsgebots über die titulierten Schutzgegenstände hinaus ist, dass die **kerngleichen Verletzungshandlungen in das Erkenntnisverfahren und die Verurteilung einbezogen** sind. Da jedes Schutzrecht einen eigenen Streitgegenstand darstellt, kann sich das rechtlich Charakteristische der konkreten Verletzungsform nicht über die konkreten Schutzrechte hinaus erstrecken, die Gegenstand des Erkenntnisverfahrens waren; das gilt auch, wenn es sich um gleichartige Schutzrechte desselben Rechtsinhabers handelt. Nur so ist der Umfang der Rechtskraft sicher feststellbar und eine Grundlage der Vollstreckung gegeben, die den Bestimmtheitsanforderungen genügt.[1621] Dies gilt jedenfalls auch für einen verallgemeinernd gefassten Auskunftsanspruch.

Uneinheitlich behandelte die Rechtsprechung ursprünglich auch **die Frage des Zeitraums, auf** 313 **den sich der Auskunftsanspruch erstreckt.** Während nach dem X. Zivilsenat der Beginn der Verletzungshandlung nicht nachzuweisen war, weil der **Auskunftsanspruch ohne zeitliche Beschränkung den gesamten Zeitraum während der Schutzdauer des Rechts** erfasse,[1622] bestand nach dem I. Zivilsenat eine Pflicht zur Auskunftserteilung nur für solche Verletzungshandlungen, die der ersten nachgewiesenen Verletzungshandlung nachfolgten.[1623] Zur **Rechtsvereinheitlichung** hat sich der I Zivilsenat der Meinung des X. Senats angeschlossen[1624] und sieht nun den der Bezifferung des Ersatzanspruchs dienenden Auskunftsanspruch nicht mehr auf den Zeitraum seit der vom Gläubiger nachgewiesenen ersten Verletzungshandlung beschränkt. Dies trage dem Interesse des Gläubigers an einer effektiven Rechtsdurchsetzung nach vorausgegangener Rechtsverletzung Rech-

---

[1610] Vgl. dazu → Rn. 288 ff.

[1611] BGH GRUR 2010, 1090 Rn. 19 – Werbung eines Nachrichtensenders; BGH MMR 2011, 45 Rn. 23; BGH ZUM 2013, 406 Rn. 20.

[1612] BGH GRUR 1980, 227 (244) – Monumenta Germaniae Historica; BGH GRUR 1978, 52 (53) – Fernschreibverzeichnis.

[1613] BGH GRUR 1985, 472 – Thermotransformator.

[1614] BGH GRUR 1992, 612 (616) – Nicola, ihm folgend OLG München GRUR-RR 2003, 361 – Carola-Saatgut und der VI. Zivilsenat BGH GRUR 1980, 1105 (1111) – Medizinsyndikat III.

[1615] BGH GRUR 2006, 504 Rn. 34 – Parfümtestkäufe; BGH GRUR 2002, 709 (711 f.) – Entfernung der Herstellungsnummer III; BGH GRUR 2005, 668 (669) – Aufbereiter; zur Anwendung der Kerntheorie auf den Auskunftsanspruch vgl. Teplitzky/*Buch,* Kap. 38 Rn. 7b; zur Kerntheorie allgemein vgl. → Rn. 227 ff.

[1616] BGH GRUR 2010, 623 Rn. 55 – Restwertbörse II; BGH GRUR 2006, 504 Rn. 45 – Parfümtestkäufe.

[1617] Vgl. Teplitzky/*Löffler* Kap. 38 n. 7b.

[1618] BGHZ 148, 26 (35) = GRUR 2001, 841 – Entfernung der Herstellungsnummer II; BGH GRUR 2006, 421 Rn. 41 – Markenparfümverkäufe; BGH GRUR 2010, 623 Rn. 51 – Restwertbörse II.

[1619] Vgl. BGH GRUR 2006, 421 Rn. 41 – Markenparfümverkäufe.

[1620] BGH GRUR 2013, 1235 Rn. 21 – Restwertbörse II; BGH GRUR 2010, 623 Rn. 51 – Restwertbörse II unter Verweis auf BGH GRUR 1988, 604 (605) – Kopierwerk.

[1621] BGH GRUR 2014, 706 Rn. 13 – Reichweite des Unterlassungsgebots unter Verweis auf BGH NJW 1989, 2327 = WRP 1989, 572 (574) – Bioäquivalenz-Werbung.

[1622] BGH GRUR 1992, 612 – Nicola.

[1623] BGH GRUR 1988, 307 – Gaby; BGH GRUR 1992, 523 (525) – Betonsteinelemente.

[1624] GRUR 2007, 877 (879) – Windsor Estate, zum Markenrecht; BGH GRUR 2010, 623 Rn. 54 – Restwertbörse II, zum Urheberrecht.

nung; dieses Interesse überwiege dasjenige des Schuldners, keine dem Gläubiger unbekannten Verletzungshandlungen zu offenbaren.[1625]

314   Zum Umfang und Inhalt der Auskunftspflicht vgl. weiter die Kommentierung zu → § 101 Rn. 72 ff.

315   **cc) Zumutbarkeit.** Gewahrt werden muss bei diesem auf § 242 BGB gegründeten Hilfsanspruch die Zumutbarkeit[1626] und die Verhältnismäßigkeit;[1627] die Auskunft wird nur insoweit geschuldet, als der Pflichtige dadurch „nicht unbillig belastet" wird.[1628] Der auf Auskunft in Anspruch genommene Verletzer ist grundsätzlich verpflichtet, **in zumutbarem Umfang alle ihm zur Verfügung stehenden Möglichkeiten der Information auszuschöpfen.**[1629] Eine Verpflichtung zu **Nachforschungen bei Dritten** besteht grundsätzlich nicht;[1630] einer solchen Ermittlungspflicht steht die **Rechtsnatur der Auskunft als Wissenserklärung** und das **Unverzüglichkeitserfordernis** bei der Auskunftserteilung entgegen.[1631] Ist die **Mitwirkung eines Dritten** erforderlich, muss der Schuldner das Zumutbare tun, um sie zu erreichen; unzumutbar bei unbekanntem Aufenthalt des Dritten.[1632] Verfügt nicht die zur Auskunftserteilung verurteilte **Konzerngesellschaft** über die erforderlichen Kenntnisse sondern ein anderes Konzernunternehmen, muss die verurteilte Konzerngesellschaft alles ihr Zumutbare unternehmen um die Kenntnisse zu erlangen, notfalls über den Rechtsweg.[1633]

316   Ein **Anspruch auf Vorlage von Geschäftsunterlagen** besteht grundsätzlich nicht.[1634] Der BGH hatte aber in Entfernung der Herstellungsnummer III eine Verpflichtung zur Vorlage von Belegen im Rahmen des Anspruchs auf Drittauskunft jedenfalls dann als gegeben erachtet, **wenn schutzwürdige Geheimhaltungsinteressen des Schuldners nicht entgegenstehen.**[1635] In Betracht kommt auch eine **„Grundauskunft"**, ob und in welchem Umfang wahrgenommene Nutzungsrechte verletzt worden sind.[1636]

317   Der **Anspruch auf Rechnungslegung** dient **allein** dazu, die **zur Bezifferung des Schadensersatzanspruchs** erforderlichen Grundlagen zu gewinnen und darf **nicht zur Ausforschung der Kundenbeziehungen** des Mitbewerbers führen **oder zur Abnahme der Beweislast für die haftungsbegründenden Voraussetzungen** in Betracht kommender weiterer unerlaubter Handlungen gleicher Art.[1637] Es besteht **kein zusätzlicher Auskunftsanspruch** zwecks Erläuterung der erfolgten Rechnungslegung.[1638]

318   **dd) Einzelfälle. Der Umfang** ist stets **nach § 242 BGB unter billiger Abwägung der Interessen beider Parteien bei Berücksichtigung der besonderen Umstände des Einzelfalles** abzugrenzen. Auch in einer negativen Erklärung kann die Erfüllung des Auskunftsbegehrens zu sehen sein.[1639] In der Regel ist bei **schuldhaften und intensiven Rechtsverstößen** ein Verzeichnis vorzulegen, aus welchem zeitlich gegliedert **Lieferorte, Liefermengen, Lieferpreise** zu ersehen sind, und, um eine Prüfung zu ermöglichen, **Namen und Adressen der Abnehmer,**[1640] oder bei einem Tagespressedienst Vorlage von je einem Tagesexemplar seit bestimmtem Datum und Angabe der verbreiteten Auflage;[1641] grundsätzlich **keine Aufschlüsselung sog. Materialgemeinkosten;**[1642] dies

---

[1625] BGH GRUR 2010, 623 Rn. 54 – Restwertbörse II; kritisch dazu mit Nachweisen Teplitzky/*Löffler* Kap. 38 Rn. 7 ff.; *Steinbeck,* GRUR 2008, 110; vgl. weiter *Beyerlein* WRP 2007, 1310; *Dilly* WRP 2007, 1313.

[1626] BGH GRUR 2010, 623 Rn. 44 ff. – Restwertbörse II, mit Ausführungen zur Zumutbarkeit von Recherchen nach Lichtbildern im Internet; BGH GRUR 2007, 532 – Meistbegünstigungsvereinbarung; BGH GRUR 1986, 66 (68 f.) – GEMA-Vermutung II, zur Zumutbarkeit einer Grundauskunft.

[1627] BGH GRUR 2001, 841 (843) – Entfernung der Herstellungsnummer II.

[1628] BGH GRUR 2010, 623 Rn. 45 – Restwertbörse II.

[1629] BGHZ 128, 220 (227) = GRUR 1995, 338 = NJW 1995, 1905 – Kleiderbügel; BGH GRUR 2006, 504 (507) – Parfümtestkäufe.

[1630] BGHZ 125, 322 (326) = GRUR 1994, 630 = NJW 1994, 1958 – Cartier-Armreif; BGH GRUR 2003, 433 (434) – Cartier-Ring.

[1631] Vgl. BGH GRUR 2003, 433 (434) – Cartier-Ring.

[1632] OLG Köln GRUR-RR 2006, 31.

[1633] BGH GRUR 2009, 794 – Auskunft über Tintenpatronen.

[1634] OLG Köln GRUR 1995, 676 (679) – Vorlage von Geschäftsunterlagen.

[1635] BGH GRUR 2002, 709 (712) – Entfernung der Herstellungsnummer III; BGH GRUR 2003, 433 (434) – Cartier-Ring.

[1636] BGHZ 95, 274 = GRUR 1986, 62 – GEMA-Vermutung I – und BGHZ 95, 285 = GRUR 1986, 66 – GEMA-Vermutung II; BGH GRUR 1988, 604 – Kopierwerk; zum Auskunftsanspruch auch *A.Schulz* FS Klaka (1987), S. 27 ff.

[1637] BGH GRUR 1980, 1090 (1098) – Das Medizin-Syndikat I; jedoch Verpflichtung zur Nennung der Bezugsquelle bei Verletzung wettbewerblicher Leistungsschutzrechte durch Vertrieb einer Ware BGH GRUR 1994, 633 (635) – Cartier-Armreif.

[1638] BGH GRUR 1985, 472 – Thermotransformator.

[1639] BGH GRUR 2001, 841 (844) – Entfernung der Herstellungsnummer II unter Verweis auf BGH GRUR 1958, 149, (150) – Bleicherde.

[1640] BGH GRUR 1958, 346 (348 f.) – Stickmuster; BGH GRUR 1963, 640 (642) – Plastikkorb; BGH GRUR 1980, 227 (233) – Monumenta Germaniae Historica.

[1641] OLG München GRUR 1980, 234 – Tagespressedienst; OLG Düsseldorf GRUR 1991, 908 (909), lässt bei Urheberrechtsverletzungen durch die Verbreitung von Pressespiegeln nicht die Übersendung von Belegexemplaren zur Auskunft genügen, sondern verlangt konkrete Angaben.

[1642] Beschaffungs-, Fracht-, Verpackungs-, Buchhaltungskosten – BGH GRUR 1974, 53 (54) – Nebelscheinwerfer; BGH GRUR 1980, 227 (233) – Monumenta Germaniae Historica.

ist vor dem Hintergrund der Änderungen durch die Entscheidung *Gemeinkostenanteil* kritisiert worden.[1643] Das gilt in entsprechender Anwendung für alle Verletzungsarten. Im Einzelfall kann die Auskunftserteilung über Angebote, Angebotspreise und Angebotsempfänger sowie Angaben zu den Vertriebskosten unter Aufschlüsselung nach einzelnen Kostenfaktoren nicht notwendig sein, dann nämlich, wenn sich ergibt, dass durch die Abgabe von Angeboten kein Schaden entstanden sein kann[1644] oder Art und Umfang der Auskunft in keinem sinnvollen Verhältnis zu dem Wert steht, der ermittelt werden soll.[1645]

Weitere Einzelfälle: Zur **Auskunftspflicht eines Zeitungsverlages** über die **Anzahl verkaufter 319 Exemplare,** über die **Gewinnermittlung** anhand einer Gegenüberstellung der Einnahmen und Ausgaben;[1646] zur **Ermittlung der Werbeerlöse** anhand einer Gegenüberstellung der Einnahmen und Ausgaben eines Nachrichtensenders;[1647] zum Umfang des Auskunftsanspruchs wegen **irreführender Werbung;**[1648] zum Umfang des Auskunftsanspruchs gegen eine **Video-Kopieranstalt,** die im Auftrag gewerblicher Besteller Filmkopien in Videoformat herstellt;[1649] zur **„Grundauskunft"** zwecks Prüfung, ob und in welchem Umfang wahrgenommene Nutzungsrechte verletzt worden sind.[1650]

d) Art und Form der Auskunft. aa) Auskünfte sind **Wissenserklärungen,** die grundsätzlich in 320 schriftlicher Form zu erteilen sind.[1651] Die Auskunft muss **vom Auskunftspflichtigen selbst** stammen; dies ist schon deswegen erforderlich, um zu vermeiden, dass der Auskunftspflichtige sich im Rahmen der Abgabe der Versicherung an Eides statt auf seine fehlende Urheberschaft berufen kann.[1652] Zu weiteren Einzelheiten vgl. die Kommentierung zu → § 101 Rn. 80 ff.

bb) Kann der Auskunftspflichtige mit Rücksicht auf die Wettbewerbslage nach Treu und Glauben 321 verlangen, dass er die für die Berechnung der Schadenshöhe und der die Nachprüfbarkeit seiner Angaben maßgebenden Umstände **statt dem Verletzten einer Vertrauensperson** machen darf, so kann er beantragen, ihn nur zu verurteilen, einem vom Verletzten zu beauftragenden und diesem gegenüber **zur Verschwiegenheit verpflichteten beeideten Wirtschaftsprüfer** gegenüber Angaben zur Überprüfung der Richtigkeit zu machen – **Wirtschaftsprüfervorbehalt.**[1653] Die Möglichkeit, seiner Verpflichtung in dieser Form nachzukommen, ist ihm auch dann vorzuhalten, wenn kein derartiger Hilfsantrag gestellt worden ist.[1654] § 308 ZPO steht nicht entgegen. Keiner der Parteien wird mehr gegeben als beantragt. Die **Kosten** einer solchen **Inanspruchnahme einer Vertrauensperson** gehen zu **Lasten des Verletzers.**[1655] Es obliegt im Prozess dem Auskunftspflichtigen, **Umstände vorzutragen,** die es bei der gebotenen Abwägung der beiderseitigen Interessen rechtfertigen können, einen Wirtschaftsprüfervorbehalt aufzunehmen, da ein **Geheimhaltungsinteresse des Auskunftspflichtigen nicht grundsätzlich Vorrang** vor dem berechtigten Interessen des Verletzten, die erteilten Auskünfte selbst überprüfen zu können, hat.[1656] Der Wirtschaftsprüfervorbehalt greift nach OLG Frankfurt a. M. auch, wenn das auskunftspflichtige Unternehmen befürchten muss, dass seine Mitglieder die Preisgabe ihrer Namen als Verletzung ihrer Intimsphäre verstehen und darüber ihre Mitgliedschaft kündigen.[1657] Da der Vorbehalt von Amts wegen zu gewähren ist, ist die Einschränkung auch im Versäumnisurteil möglich. Vgl. weiter die Kommentierung zu → § 101 Rn. 81 f., sowie eingehend zum Wirtschaftsprüfervorbehalt, zur sog. „Düsseldorfer Praxis" und In-Camera-Verfahren die Kommentierung zu → § 101a Rn. 31 ff.

cc) Ein Auskunftsanspruch ist **nicht erfüllt,** wenn die Auskunft **nicht ernst gemeint, unvoll-** 322 **ständig oder von vornherein unglaubwürdig** ist.[1658] **Besteht Grund für die Annahme,** dass

---

[1643] Vgl. *Rojahn* GRUR 2005, 623 (624 f.) mwN; dazu eingehend → Rn. 290 ff.

[1644] BGH GRUR 1980, 227 (233) – Monumenta Germaniae Historica.

[1645] BGH GRUR 1973, 375 (378) – Miss Petite – in BGHZ 60, 206 insoweit nicht mitabgedruckt; Möhring/ Nicolini/*Reber* § 97 UrhG Rn. 140.

[1646] BGH ZUM 2013, 406 Rn. 20 ff.

[1647] BGH GRUR 2010, 1090 Rn. 19 ff. – Werbung eines Nachrichtensenders.

[1648] BGH GRUR 1978, 52 (53) – Fernschreibverzeichnisse.

[1649] OLG Köln GRUR 1983, 568/570 – Video-Kopieranstalt.

[1650] BGHZ 95, 274 – GEMA-Vermutung I; BGHZ 95, 285 – GEMA-Vermutung II; BGH GRUR 1988, 604 – Kopierwerk.

[1651] Vgl. *Eichmann* GRUR 1990, 575 (576); Teplitzky/*Löffler* Kap. 38 Rn. 36; so im Grundsatz auch, aber im Einzelfall differenzierend, BGH NJW 2008, 917 in einer Entscheidung nicht zum gewerblichen Rechtsschutz.

[1652] BGH NJW 2008, 917 (918).

[1653] BGH GRUR 1980, 227 (233) – Monumenta Germaniae Historica; BGH GRUR 1962, 354 (357) – Furniergitter; BGH GRUR 1963, 640 (642) – Plastikkorb; zur Angabe von Gewinnspannen siehe BGH GRUR 1966, 97 (100) – Zündaufsatz; zur Angabe von Ein- und Verkaufspreisen RG GRUR 1935, 488 (498); BGH ZUM 2013, 406 Rn. 38: abgelehnt mangels geheimhaltungsbedürftiger Informationen, die die Aufnahme eines Wirtschaftsprüfervorbehalts rechtfertigen könnten.

[1654] BGH GRUR 1980, 227 (233) – Monumenta Germaniae Historica.

[1655] BGH GRUR 1963, 640 (642) – Plastikkorb; BGH GRUR 1980, 227/233 – Monumenta Germaniae Historica; BGH GRUR 1981, 535 – Wirtschaftsprüfervorbehalt; BGH GRUR 1992, 117 (120) – ICE-Publikation.

[1656] BGH GRUR 2012, 496 Rn. 83 – Das Boot; GRUR 1981, 535 – Wirtschaftsprüfervorbehalt; NJWE-WettbR 1999, 238 (239).

[1657] OLG Frankfurt a. M. UFITA 93 C/982/197 für den Fall eines Vereins, der Pornofilme vermietet.

[1658] BGH GRUR 2001, 841 (844) – Entfernung der Herstellungsnummer II; BGHZ 125, 322 (326) = GRUR 1994, 630 = NJW 1994, 1958 – Cartier-Armreif; OLG Köln ZUM 2015, 404 (406); OLG Köln GRUR 2006, 31 – Mitwirkung eines Dritten.

der Rechnungslegungspflichtige die Angaben nicht mit der erforderlichen Sorgfalt (un-glaubhaft, unvollständig) gemacht hat, ist auf Verlangen des Verletzten eine **eidesstattliche Versicherung** nach §§ 259 Abs. 2, 260 Abs. 2 BGB abzugeben.[1659] Die Pflicht zur Abgabe einer eidesstattlichen Versicherung gemäß § 259 Abs. 2 BGB bezieht sich nur auf die Einnahmen, nicht jedoch auf die Ausgaben.[1660]

IV. Ansprüche aus anderen gesetzlichen Vorschriften

323   Der bisherige § 97 Abs. 3, wonach Ansprüche aus anderen gesetzlichen Vorschriften unberührt bleiben, wurde im Zuge der Umsetzung der Enforcement-RL und der Neufassung der §§ 97–101b durch das Gesetz zur Verbesserung der Durchsetzung von Rechten des geistigen Eigentums vom 7.7.2008 (BGBl. I 1191) mit dem nahezu identischen § 100 S. 2 zusammengefasst und als neuer § 102a platziert. Das hat keine Auswirkungen auf die bestehende Rechtslage. Die Kommentierung zu den früheren Bestimmungen ist weiterhin gültig und nur durch neuere Entwicklungen zu ergänzen. Siehe dazu die Kommentierung bei § 102a.

V. Übertragbarkeit der Ansprüche

324   **Das Urheberrecht, auch das Urheberpersönlichkeitsrecht ist als Ganzes nicht übertragbar,** aber vererblich (vgl. §§ 28, 29). **Frei übertragbar** sind dagegen die **durch § 97 gewährten Ansprüche.** Auch der Anspruch aus § 97 Abs. 2 S. 4 ist – nachdem schon 1995 der damalige § 97 Abs. 2 S. 2 mit der entsprechenden Regelung in § 847 Abs. 1 BGB aufgehoben wurde[1661] – übertragbar. Die Ansprüche sind auch – **auch für die Zukunft – verzichtbar.**[1662] Wegen der **Vererblichkeit des zugrundeliegenden Urheberpersönlichkeitsrechts** geht der Anspruch auf die Erben über.[1663] Eine Ausnahme gilt hinsichtlich des **Unterlassungsanspruchs,** da eine (isolierte) Abtretung solcher Ansprüche im Hinblick auf die damit verbundene **Veränderung des Leistungsinhalts** ausgeschlossen ist.[1664] Der Rechtsinhaber kann aber einen Dritten zur Geltendmachung ermächtigen, wenn dieser ein eigenes schutzwürdiges Interesse besitzt, wobei sich dieses Interesse aus den besonderen Beziehungen des Ermächtigten zum Rechtsinhaber ergeben[1665] und auch wirtschaftlicher Natur sein kann.[1666] Der BGH hat eine unwirksame Abtretung der Unterlassungsansprüche in eine zulässige Ermächtigung und gewillkürte Prozessstandschaft umgedeutet.[1667]

325   Gegenüber Ansprüchen aus § 97 ist die **Aufrechnung** zulässig (§ 387 BGB), ausgenommen die Aufrechnung gegen eine Forderung aus einer vorsätzlichen unerlaubten Handlung (§ 393 BGB). Ist der Gläubiger jedoch Treuhänder, kommt es bei einer Aufrechnung auf die Art und Gestaltung des **Treuhandverhältnisses** an.[1668] Grundsätzlich kann **gegen Schadensersatzansprüche einer Verwertungsgesellschaft nicht** mit Ansprüchen aufgerechnet werden, die in Rechtsbeziehungen des Schuldners zum ursprünglichen Inhaber der verletzten Urheberrechte liegen.[1669] Anders in Fällen, in denen die Verwertungsgesellschaft nicht für die Verwertergemeinschaft zwecks Verteilung nach Punktsystem handelt, sondern individuell für ein bestimmtes Mitglied unter Inanspruchnahme einer Verwaltungsgebühr das Inkasso ausübt. In diesen Fällen sind Einwände gegen den Urheberanspruch zuzulassen, mithin auch die Aufrechnung.

326   Die freie Übertragbarkeit ermöglicht die **Verpfändung und Pfändung** (§ 851 ZPO). § 113 findet keine Anwendung, weil kein originärer Anspruch vorliegt, nur ein das Recht nicht beeinträchtigender Folgeanspruch.[1670]

[1659] BGH GRUR 1962, 398 (399) – Kreuzbodenventilsäcke II; BGHZ 125, 323 (333) = GRUR 1994, 630 (633 f.) – Cartier-Armreif.
[1660] OLG Köln GRUR 1983, 752 (753) – Gewinnherausgabe.
[1661] 3. UrhGÄndG vom 23.6.1995 (BGBl. I S. 842) in Angleichung an die Änderung von § 847 Abs. 1 BGB (BGBl. I S. 478).
[1662] Vgl. → § 29 Rn. 16.
[1663] Vgl. → Rn. 299; AmtlBegr. BT-Drs. IV/270, 104; Möhring/Nicolini/*Reber* § 97 UrhG Rn. 21; zur Vererbung des immateriellen Schadensersatzanspruchs des ausübenden Künstlers: *Flechsig* FuR 1976, 74; aA *v.Gamm* § 78 UrhG Rn. 4 und 8, § 83 UrhG Rn. 2.
[1664] BGH GRUR 2016, 1048 Rn. 20 f. – An Evening with Marlene Dietrich; BGH GRUR 2002, 248 (250) – SPIEGEL-CD-ROM.
[1665] BGH GRUR 2017, 266 Rn. 20 – World of Warcraft I.
[1666] BGH GRUR 2016, 1048 Rn. 20 f. – An Evening with Marlene Dietrich; BGH GRUR 2014, 65 Rn. 24 – Beuys-Aktion; BGH GRUR 2015, 672 Rn. 87 – Videospielkonsolen II; BGH, GRUR 2016, 490 Rn. 20 – Marcel-Breuer-Möbel II).
[1667] BGH GRUR 2002, 248 (250) – SPIEGEL-CD-ROM.
[1668] BGHZ 25, 360 (367) = NJW1958, 18.
[1669] BGH GRUR 1968, 321 (327) – Haselnuß.
[1670] Möhring/Nicolini/*Lütje* (2. Aufl.) § 97 UrhG Rn. 250; siehe auch bei § 113.

VI. Einwendungen/Verteidigung

1. Übersicht

Folgende **Einwendungen** kommen in Betracht: Fehlen der materiellrechtlichen Voraussetzun- 327
gen der Urheberrechtsschutzfähigkeit bzw. des Leistungsschutzes, dh. Fehlen der Schutzfähigkeit des
Werkes/der Leistung;[1671] Bestreiten der Urheberschaft §§ 7, 8 (siehe dort) und Widerlegung der
Vermutungen des § 10 (siehe dort); bzw. bei den Leistungsschutzrechten der Stellung als Berechtigtem; **fehlende** Rechtsinhaberschaft, Übertragung von Nutzungsrechten; Bestreiten der Anspruchsgrundlagen und/oder des Verletzungstatbestandes; gesetzliche Nutzungsberechtigungen nach
§§ 44a ff.; Rechtfertigungsgründe; Ablauf der Schutzfrist (§ 64, siehe dort); urheberrechtlicher Verbrauch;[1672] Verjährung: § 102 (siehe dort); Verwirkung;[1673] Zwangslizenzeinwand;[1674] Abwendungsbefugnis § 100 (siehe dort); Aufbrauchsfrist.[1675] Verwirkung, Rechtsmissbrauch, Zwangslizenzeinwand und Aufbrauchsfrist werden im Folgenden etwas eingehender dargestellt.

2. Verwirkung

a) Allgemeines. Die Ansprüche aus §§ 97 ff. – auch aus § 96 – können verwirkt werden. Dogma- 328
tisch liegt der Gedanke zugrunde, dass die Rechtsausübung wegen **widersprüchlichen Verhaltens**
unzulässig ist, wobei der **Verstoß gegen Treu und Glauben** in der Illoyalität der **verspäteten
Rechtsausübung** liegt.[1676] Die Verwirkung ist eine **rechtsvernichtende Einwendung** und damit
von Amts wegen zu berücksichtigen.[1677]

Die Geltung der Verwirkungsgrundsätze ist auch **im Urheberrecht anerkannt.**[1678] Dabei sind im 329
Urheberrecht jedoch **strenge Anforderungen** an die Annahme einer Verwirkung zu stellen, da
urheberrechtliche Ansprüche Ausfluss eines Rechts sind, das seinen Wert aus der ihm zugrundeliegenden schöpferischen, geistigen Leistung erhält und **das persönlichkeits- und vermögensrechtlichen Schutz** aus den Verfassungssätzen der Kunstfreiheitsgarantie und des Eigentums genießt. Dies
schließt eine Verwirkung von aus dem Urheberrecht hergeleiteten Ansprüchen zwar nicht grundsätzlich aus, doch muss bei der Abwägung der beiderseitigen Interessen die Wertigkeit des Urheberrechts
hoch angesetzt werden.[1679]

Die Verwirkung ergreift nicht das Urheberrecht oder davon abgespaltene Nutzungsrechte selbst, 330
sondern nur die Geltendmachung der daraus fließenden Ansprüche.[1680] Jeder Anspruch ist gesondert
zu betrachten. Besonders strenge Anforderungen gelten für **Unterlassungsansprüche,** die aber grundsätzlich auch der Verwirkung unterliegen können.[1681] Für Gestaltungsrechte – Rücktritt bei einem
Lizenzvertrag – gilt kein Grundsatz, dass eine Verwirkung schon nach kurzem Zeitablauf eintritt; jedoch ist nach Treu und Glauben mit Fristsetzung anzufragen, ob das Gestaltungsrecht ausgeübt wird.[1682]

b) Voraussetzungen. Es gelten die allgemeinen Regeln, wobei Besonderheiten zu den einzelnen 331
Ansprüchen zu berücksichtigen sind: Nach der ständigen Rechtsprechung ist ein Recht verwirkt,
wenn der Berechtigte es längere Zeit hindurch nicht geltend gemacht hat **(Zeitmoment)** und der
Verpflichtete sich darauf eingerichtet hat und sich nach dem gesamten Verhalten des Berechtigten
darauf einrichten durfte, dass dieser das Recht nicht mehr geltend machen werde **(Umstandsmoment).**[1683] Der Verletzer muss dabei aufgrund des Verhaltens des Berechtigten während des fraglichen

---

[1671] Siehe dazu bei den einzelnen Rechten.

[1672] Siehe → § 17 Rn. 35 ff.

[1673] Siehe → Rn. 328 ff.

[1674] Zur Anwendung des Zwangslizenzeinwands nach dem sog. Orange-Book-Standard auf das Urheberrecht vgl.
BGH GRUR 2013, 618 Rn. 45 ff., 49 ff. – Internet-Videorecorder II.

[1675] Siehe → Rn. 335 ff.

[1676] BGH GRUR 2014, 363 Rn. 15 – Peter Fechter unter Verweis auf die Grundsätze in BGH GRUR 2012,
928 Rn. 22 – Honda-Grauimport; BGHZ 25, 47 (51 f.) = NJW 1957, 1358; BGH, NJW 1984, 1684.

[1677] BGH WRP 2008, 1192 (1195) – HEITEC; *Ludwig/Schwab* WRP 2014, 669 (670).

[1678] BGH GRUR 2014, 363 Rn. 10 ff. – Peter Fechter; RGZ 129, 252 (258 f.) – Operettenführer; RGZ 144,
106 (110) – Wilhelm-Busch-Album; RGZ 153, 1 (26) – Rundfunksendung von Schallplatten; BGHZ 11, 135
(141) = GRUR 1954, 216 – Lautsprecherübertragung; BGHZ 67, 56 (58) = GRUR 1977, 42 – Schmalfilmrechte;
BGH GRUR 1981, 652 (653) – Stühle und Tische; OLG Hamburg ZUM-RD 2002, 181 (194 f.); KG ZUM-RD
1997, 168 (171); OLG Düsseldorf ZUM-RD 2002, 419 (431) – Breuer-Hocker; LG Stuttgart ZUM 1996,
426/427; *v. Gamm* NJW 1956, 1780; *Klaka* GRUR 1970, 265 (273).

[1679] BGH GRUR 1981, 652 (653) – Stühle und Tische; OLG Hamburg ZUM-RD 2002, 181 (195); OLG Köln
ZUM 2011, 924 (926) – Briefe aus St. Petersburg.

[1680] BGHZ 67, 56 (67 f.) = GRUR 12977, 42 – Schmalfilmrechte; KG ZUM-RD 1997, 168 (171); Dreier/
Schulze/*Schulze* Vor § 31 Rn. 113; schon *v. Gamm* NJW 1956, 1780.

[1681] BGH GRUR 2014, 363 Rn. 10 – Peter Fechter; BGH GRUR 1981, 652 (653) – Stühle und Tische; OLG
Hamburg ZUM-RD 2002, 181 (195); OLG Düsseldorf ZUM-RD 2002, 419 (431) – Breuer-Hocker; „allenfalls in
Ausnahmefällen“: Dreier/Schulze/*Schulze* Vor § 31 UrhG Rn. 113.

[1682] BGH ZUM 2002, 289 (290 f.).

[1683] Vgl. zuletzt BGH GRUR 2015, 780 Rn. 42 – Gesonderte Verjährungsfrist für Urheberrechtsverletzung im
Internet; BGH GRUR 2014, 363 Rn. 38 – Peter Fechter; BGHZ 67, 56 (67) = GRUR 1977, 42 – Schmalfilmrechte; BGH, GRUR 1981, 652 (653) – Stühle und Tische.

Zeitraums darauf vertraut haben, dass der Rechtsinhaber sein Recht nicht mehr geltend machen wird, und durfte bei **objektiver Beurteilung des Verhaltens** hierauf auch vertrauen.[1684] Die **spätere Rechtsverfolgung** muss sich sodann als **widersprüchlich zu dem früheren eigenen Verhalten** darstellen.[1685]

332   Dabei reicht nicht, dass der Verletzte Urheberrechtsverletzungen seitens Dritter nicht verfolgt hat;[1686] ebenso wenig reicht reiner **Zeitablauf**.[1687] Neben dem Zeit- und Umstandsmoment[1688] fordert die Rechtsprechung – abgeleitet aus dem Wert des Urheberrechts –, dass der Verletzer einen so **wertvollen Besitzstand** geschaffen hat, dass die Annahme einer Verwirkung gerechtfertigt ist. Zudem muss dem Verletzten angesichts des Besitzstandes die Rechtsverletzung so deutlich geworden sein, dass sein **Schweigen vom Verletzer als Billigung gedeutet** werden kann oder jedenfalls als sicherer Hinweis, der Rechtsinhaber werde von der Verfolgung seiner Rechte absehen.[1689] **Positive Kenntnis** des Rechtsinhabers ist nicht erforderlich; **Kennenmüssen genügt.** Bei unverschuldeter Unkenntnis scheidet eine Verwirkung in der Regel aus.[1690] Eine **Marktbeobachtungspflicht** des Rechteinhabers in Bezug auf mögliche Verletzungen besteht aber nicht.[1691] Der Verletzer ist minder schutzwürdig, wenn ihm **Verschulden** zur Last fällt, wobei eine spätere **redliche Benutzung durch anfängliche Bösgläubigkeit nicht ausgeschlossen** ist.[1692] Dabei wird es sich um **Ausnahmen** handeln; bei der gebotenen Abwägung der beiderseitigen Interessen wird schon wegen der Wertigkeit des Urheberrechts bei Verschulden des Verletzers idR eine Verwirkung ausgeschlossen sein.[1693]

333   Die jüngere Rechtsprechung des I. Zivilsenats hat weitere Beschränkungen einer Verwirkung von **Unterlassungsansprüchen** im Immaterialgüterrecht vorgenommen: Danach lässt bei wiederholten, gleichartigen Verletzungen **jede Verletzungshandlung einen neuen Unterlassungsanspruch entstehen.** Denn auch wenn ein Rechteinhaber gegenüber bestimmten Verletzungshandlungen längere Zeit untätig blieb, kann dies beim Verletzer kein Vertrauen begründen, dass der Rechteinhaber auch künftig sein Verhalten dulde und nicht gegen solche – jeweils neuen – Rechtsverletzungen vorgehe. Der Verwirkungseinwand darf nicht dazu führen, dass dem Verletzer eine zusätzliche Rechtsposition eingeräumt wird. Die Annahme einer Verwirkung des in die Zukunft wirkenden Unterlassungsanspruchs führte letztlich dazu, dass der Verletzer ein dauerhaftes Nutzungsrecht eingeräumt wird und würde so im Ergebnis das urheberrechtliche Nutzungsrecht selbst ergreifen, obwohl sie regelmäßig nur die aus der Verletzung entstandenen Ansprüche ergreifen kann.[1694] **Rechtsfolge der allgemeinen Verwirkung** ist daher im Immaterialgüterrecht allein, dass ein Rechteinhaber **seine Rechte im Hinblick auf bestimmte konkrete, bereits begangene oder noch andauernde Rechtsverletzungen nicht mehr durchzusetzen vermag.** Ausdrücklich heißt es weiter: Ein Freibrief für künftige Schutzrechtsverletzungen ist damit nicht verbunden.[1695] Diese Grundsätze hat der BGH in der Entscheidung *Peter Fechter* ausdrücklich auch auf das Urheberrecht zur Anwendung gebracht.[1696]

334   Der Grundsatz, dass mit jeder wiederholten gleichartigen Urheberrechtsverletzung die für die Beurteilung des Zeitmoments bei der Verwirkung maßgebliche Frist jeweils neu zu laufen beginnt, gilt nur für den Unterlassungsanspruch. Aufgrund längerer Untätigkeit darf der Verletzer grundsätzlich nicht darauf vertrauen, der Rechteinhaber werde auch künftig gleichartige Verletzungshandlungen dulden; **sie kann aber ein berechtigtes Vertrauen begründen,** der Rechtsinhaber werde wegen bereits eingetretener und von ihm geduldeter Rechtsverletzungen im Nachhinein keine **Ansprüche auf Schadensersatz oder Bereicherungsausgleich** mehr geltend machen.[1697]

3. Rechtsmissbrauch

334a   Eine **§ 8 Abs. 4 UWG** entsprechende Regelung sieht das UrhG nicht vor. Mangels planwidriger Regelungslücke kommt auch eine **analoge Anwendung nicht in Betracht.** Allerdings gilt auch für urheberrechtliche Ansprüche das allgemeine Verbot unzulässiger Rechtsausübung nach § 242 BGB;

[1684] OLG Hamburg ZUM-RD 2002, 181 (195) mit ausführlicher Prüfung zu Zeit- und Umstandsmoment; vgl. Ludwig/Schwab, WRP 2014, 669 (670). Zum Meinungsstand in der Literatur zur Frage des Besitzstandes vgl. Schricker/Loewenheim/*Wild* (4. Aufl.) § 97 UrhG Rn. 198; *v. Gamm,* NJW 1956, 1780 (1781); *Ludwig/Schwalb* WRP 2014, 669 (671).

[1685] RGZ 129, 252 (259) – Operettenführer.

[1686] OLG Köln GRUR 1990, 356 (357) – Freischwinger.

[1687] BGH ZUM 2002, 289 (291); BGHZ 146, 217 (220) = GRUR 2001, 323 – Temperaturwächter.

[1688] Oder als besondere Ausprägung des Umstandsmoments; vgl. *Ludwig/Schwalb* WRP 2014, 669 (670 f.).

[1689] BGH GRUR 1981, 652 (653) – Stühle und Tische; OLG Hamburg ZUM-RD 2002, 181 (195).

[1690] OLG Hamburg ZUM-RD 2002, 181 (196); BGH GRUR 1989, 449 (452) – Maritim, zum Markenrecht.

[1691] LG München I, Urt. v. 12.2.2014 – 21 O 7543/12, BeckRS 2014, 03517; offengelassen in OLG Hamburg ZUM-RD 2002, 181 (196).

[1692] BGH GRUR 1993, 913 (914) – KOWOG, zum Markenrecht; OLG Hamburg ZUM-RD 2002, 181 (195).

[1693] OLG Hamburg ZUM-RD 2002, 181 (195).

[1694] BGHZ 67, 56 (67) = GRUR 1977, 42 – Schmalfilmrechte; BGH GRUR 2014, 363 Rn. 16 – Peter Fechter.

[1695] BGH GRUR 2012, 928 Rn. 23 – Honda-Grauimport, zum Markenrecht; BGH GRUR 2013, 1161 Rn. 21 – Hard Rock Café, zum Marken- und Lauterkeitsrecht; BGH GRUR 2014, 363 Rn. 15 – Peter Fechter, zum Urheberrecht.

[1696] BGH GRUR 2014, 363 Rn. 15 – Peter Fechter.

[1697] BGH GRUR 2014, 363 Rn. 42 – Peter Fechter.

die im Wettbewerbsrecht ebenfalls auf dem Gedanken der unzulässigen Rechtsausübung entwickelten Rechtsgrundsätze können daher auch für das Urheberrecht fruchtbar gemacht werden.[1698] Die Annahme eines Rechtsmissbrauchs erfordert eine sorgfältige Prüfung und Abwägung der maßgeblichen Einzelumstände.[1699] Ein Anhaltspunkt für eine rechtsmissbräuchliche Rechtsverfolgung kann sich daraus ergeben, dass der Anspruchsteller **mehrere gleichartige oder in einem inneren Zusammenhang stehende Rechtsverstöße** gegen eine Person oder mehrere Personen ohne sachlichen Grund in getrennten Verfahren verfolgt und dadurch die Kostenlast erheblich erhöht.[1700] So ist eine **urheberrechtliche Abmahnung** insbesondere dann missbräuchlich, wenn sie vorwiegend dazu dient, gegen den Verletzer einen Anspruch auf Ersatz von Aufwendungen oder Kosten der Rechtsverfolgung entstehen zu lassen. **Gesonderte Abmahnungen wegen mehrerer eigenständiger Rechtsverstöße** sind im Regelfall nicht rechtsmissbräuchlich.[1701] Von einem Rechtsmissbrauch ist auszugehen, wenn das beherrschende Motiv des Anspruchstellers sachfremde Ziele sind.[1702]

4. Zwangslizenzeinwand

Der BGH geht davon aus, dass die vom Kartellsenat für das Patentrecht aufgestellten Grundsätze **335** des sog. **Orange-Book-Standards**[1703] in entsprechender Anwendung auch im Urheberrecht gelten. Unterlassungsansprüchen von nach § 11 Abs. 1 UrhWG auf Verlangen zur Einräumung von Nutzungsrechten zu angemessenen Bedingungen verpflichteten Verwertungsgesellschaften kann danach der **Zwangslizenzeinwand** entgegengehalten werden, sofern der Nutzer ein unbedingtes Angebot auf Abschluss eines Lizenzvertrages gemacht hat, dass der Rechteinhaber nicht ablehnen darf. Zum anderen muss der Nutzer die aus dem abzuschließenden Lizenzvertrag folgenden Verpflichtungen einhalten, also insbesondere die Lizenzgebühren zahlen oder deren Zahlung sicherstellen.[1704]

5. Aufbrauchfrist

Wie das Institut der Verwirkung ist auch die Zubilligung einer Aufbrauchfrist **von der Recht-** **336** **sprechung aus § 242 BGB entwickelt** worden, insbesondere im Wettbewerbsrecht.[1705] Im Wettbewerbsrecht hat die Aufbrauch- und Umstellungsfrist ihre Berechtigung, denn in diesem Bereich wird bei Verstößen in der Regel nicht in absolute Rechte eingegriffen wie im Sonderschutz des geistigen und gewerblichen Eigentums. Im Urheberrecht wird zudem das Urheberpersönlichkeitsrecht tangiert. Ausnahmsweise kann eine Aufbrauchfrist zu Gunsten des Verletzers in Betracht kommen, wenn ein sofortiges Verbot eine **unverhältnismäßige und unnötige Härte** bedeuten würde **und das Aufbrauchen dem Verletzten zumutbar** ist.[1706] Das LG Hamburg nahm einen solchen Ausnahmefall bei der Verwendung von Fotos auf 12 Seiten eines insgesamt 358 Seiten umfassenden Buches an; die Vernichtung des kompletten Bestandes sei nach Abwägung aller Umstände unverhältnismäßig.[1707]

Die Aufbrauch,- Umstellungs-, Beseitigungsfrist wird zumeist hilfsweise geltend gemacht, kann **337** aber in der **Revisionsinstanz** auch **ohne Antrag** gewährt werden, wenn das tatsächliche Vorbringen das dringende Interesse des Beklagten an einer solchen Frist erkennen lässt.[1708] Über die Aufbrauchsfrist wird **von Amts wegen** entschieden.[1709] **Schadensersatzansprüche** sind durch eine Aufbrauchfrist nicht ausgeschlossen.

Der Rechtsgrund der Aufbrauchsfrist wird unterschiedlich gesehen, überwiegend **materiell-recht-** **338** **lich** als Einschränkung des Unterlassungsanspruchs aus Treu und Glauben gemäß § 242 BGB[1710] (oder § 275 Abs. 2 BGB);[1711] vereinzelt als **Maßnahme** des **Vollstreckungsschutzes** gestützt auf

---

[1698] BGH GRUR 2013, 176 Rn. 15 – Ferienluxuswohnung; Fromm/Nordemann/*J. B. Nordemann* § 97 Rn. 189.
[1699] BGH GRUR 2017, 266 Rn. 23 – World of Warcraft I.
[1700] BGH GRUR 2017, 266 Rn. 23 – World of Warcraft I mwN zur Rechtsprechung insbesondere zum Wettbewerbsrecht.
[1701] BGH GRUR 2013, 176 Rn. 23 – Ferienluxuswohnung.
[1702] BGH GRUR 2017, 266 Rn. 23 – World of Warcraft I; BGH GRUR 2006, 243 Rn. 16 – MEGA SALE (zum Wettbewerbsrecht); BGZH GRUR 2016, 961 Rn. 15 – Herstellerpreisempfehlung bei Amazon (zum Wettbewerbsrecht).
[1703] Vgl. BGH GRUR 2009, 694 Rn. 29 ff. – Orange-Book-Standard; EuGH GRUR 2015, 764 – Huawei/ZTE.
[1704] Vgl. BGH GRUR 2013, 618 Rn. 45 ff. – Internet-Videorecorder II; nach EuGH GRUR 2015, 764 Rn. 69 – Huawei/ZTE ist dem Nutzer damit nicht die Möglichkeit genommen, den Bestand des lizensierten Rechts anzugreifen.
[1705] Dazu: Köhler/*Bornkamm* § 8 UWG Rn. 1.88 ff.; Harte/Henning/*Brüning* vor § 12 UWG Rn. 234 ff.; Fezer/*Büscher* § 8 UWG Rn. 122 ff.; Ahrens/*Bähr* Kap. 38; Teplitzky/*Feddersen* Kap. 57 Rn. 17 ff.; *Melullis* Rn. 391 ff.
[1706] LG Hamburg ZUM 2012, 345 (347); OLG Düsseldorf GRUR 1993, 903 (907) – Bauhaus-Leuchte.
[1707] LG Hamburg ZUM 2012, 345 (347).
[1708] BGH GRUR 1982, 425 (431) – Brillenselbstabgabestellen, sowie *Teplitzky* Kap. 57 Rn. 19 mwN zur Rechtsprechung.
[1709] Zum Wettbewerbsrecht: BGH GRUR 1985, 930 (932) – JUS-Steuerberatungsgesellschaft.
[1710] Münchener Kommentar Lauterkeitsrecht/*Fritzsche* § 8 UWG Rn. 121; Ahrens/*Bähr* Kap. 38 Rn. 2; jeweils mwN; *llrich* GRUR 1991, 26; BGH GRUR 1974, 474 (476) – Großhandelshaus; OLG Düsseldorf ZUM-RD 2002, 419 (431) – Breuer-Hocker.
[1711] Piper/*Ohly*/Sosnitza § 8 UWG Rn. 39 ff.

§ 765a ZPO.[1712] Teilweise wird in Abweichung zum Marken- und Wettbewerbsrecht eine Aufbrauchsfrist für das Urheberrecht grundsätzlich abgelehnt, weil § 100 bereits eine enge Ausnahmevorschrift vorsieht, über die hinaus keine weiteren Ausnahmetatbestände geschaffen werden sollten.[1713] Nach der hier vertretenen Auffassung muss der Unterlassungsanspruch in einem gerechten Verhältnis zu Tat und Verschulden stehen (**Verhältnismäßigkeit**).[1714] Im Urheberrecht werden die Voraussetzungen für eine Aufbrauchsfrist nicht häufig vorliegen; sie kann jedoch ausnahmsweise dann zum Zuge kommen, wenn – geringes – Verschulden des Verletzers vorliegt und die Folgen eines sofortigen Verbots in keiner Relation zur Verletzung stehen. Bei **offensichtlichen oder böswilligen Verletzungen** ist sie ausgeschlossen.[1715] Die ablehnende Auffassung übergeht, dass eine Maßnahme in einem gerechten Verhältnis zur Tat und dem Verschulden stehen muss. Die Ahndung eines Verstoßes gegen Urheberrechte aus leichter Fahrlässigkeit muss nicht so weit gehen, dass das Unternehmen oder die Existenz des Verletzers vernichtet wird.[1716]

G. Durchsetzung der Ansprüche *(Wimmers)*

I. Zu den einzelnen Ansprüchen:

1. Unterlassungsanspruch

339   **a) Außergerichtliche Durchsetzung.** Vor dem Beschreiten des Rechtswegs sollte der Verletzte den Verletzer durch eine **Abmahnung** darauf hinweisen, dass und inwiefern dessen Verhalten sein Urheberrecht verletzt, und ihm Gelegenheit geben, den Rechtsstreit durch **Abgabe einer strafbewehrten Unterlassungserklärung** abzuwenden (§ 97a Abs. 1 S. 1).[1717] Dies beugt zugleich einer möglichen Anwendung des § 93 ZPO im Prozess vor. Meist wird zugleich die Abgabe einer Verpflichtungserklärung hinsichtlich der Erstattung der Kosten für die Inanspruchnahme anwaltlicher Hilfe gefordert. Verspricht der Verletzer Unterlassung und sichert dieses Versprechen durch eine angemessene Vertragsstrafe für jeden Fall Zuwiderhandlung ab, lässt dies die **Wiederholungsgefahr entfallen** (→ Rn. 217 ff.). Nimmt der Rechtsinhaber dieses Versprechen an, besteht für jeden Fall der Zuwiderhandlung ein vertraglicher Zahlungsanspruch gegen den Verletzer. Nimmt er das (ausreichende) Unterlassungsversprechen demgegenüber nicht an, besteht ein solcher Anspruch nicht; auch ist der ursprünglich bestehende Unterlassungsanspruch regelmäßig nicht mehr durchsetzbar (es sei denn, es wird nachfolgend eine weitere Verletzung begangen).[1718] Wird jemand nicht als Täter, sondern als **Störer** in Anspruch genommen, bedarf es zur **Begründung eines Unterlassungsanspruchs** zunächst einer **vollendeten Verletzung nach Begründung der Pflicht zum Tätigwerden;** denn in derjenigen Verletzungshandlung, die Gegenstand einer Abmahnung oder sonstigen Mitteilung ist, kann keine eine Wiederholungsgefahr begründende Verletzungshandlung gesehen werden.[1719] Entsprechendes müsste auch für den hinreichend begründeten Hinweis gemäß Art. 17 Abs. 4 lit. b) DSM-RL gelten. Zu weiteren Einzelfragen der Abmahnung s. Kommentierung zu § 97a.

340   **b) Bestimmtheit.** Antrag und Verbot müssen dem **Bestimmtheitsgrundsatz des § 253 Abs. 2 Nr. 2 ZPO** genügen. Sie dürfen daher nicht derart undeutlich gefasst sein, dass Gegenstand und Umfang der Entscheidungsbefugnis des Gerichts (§ 308 Abs. 1 ZPO) nicht erkennbar abgegrenzt sind, sich der Beklagte deshalb nicht erschöpfend verteidigen kann und letztlich die Entscheidung darüber, was dem Beklagten verboten ist, dem Vollstreckungsgericht überlassen bleibt.[1720] Unbeschadet dessen kann ein Unterlassungsantrag auch dann noch hinreichend bestimmt sein, wenn er auslegungsbedürftig, aber auch auslegungsfähig ist.[1721] Bei bereits erfolgter Verletzung muss sich der Antrag auf die **konkrete Verletzungshandlung bzw. Verletzungsform** beziehen.[1722] Nicht immer muss

---

[1712] Harte/Henning/*Brüning* vor § 12 UWG Rn. 236; sowie *Tetzner* NJW 1966, 1545 (1547) und WRP 1967, 109, mit unterschiedlicher Begründung.

[1713] Wandtke/Bullinger/*Bohne* § 81 UrhG Rn. 4; Loewenheim/*Vinck* § 81 Rn. 96.

[1714] LG Hamburg ZUM 2012, 345 (347f.) und Fromm/Nordemann/*J. B. Nordemann* § 97 Rn. 53 schließen sich dieser Auffassung ausdrücklich an; vgl. auch Dreier/Schulze/*Dreier* § 100 UrhG Rn. 10.

[1715] Vgl. OLG Düsseldorf GRUR 1993, 905 (907) – Bauhaus-Leuchte; LG Hamburg ZUM 2012, 345 (347).

[1716] Abwägend Fromm/Nordemann/*J. B. Nordemann* § 97 Rn. 54.

[1717] Zu den Einzelheiten vgl. die Kommentierung dort.

[1718] OLG München ZUM 2003, 870 – Esra; *Teplitzky* GRUR 1983, 609 (610), jeweils abstellend auf den Wegfall der Wiederholungsgefahr; OLG Frankfurt a. M. GRUR 1985, 82 (83), abstellend auf das Fehlen eines Rechtsschutzbedürfnisses, jeweils mwN.

[1719] BGH GRUR 2011, 1038 – Stiftparfüm; s. auch → Rn. 123; vgl. BGH GRUR 2018, 1132 Rn. 46 ff. – YouTube mAnm *Ohly*.

[1720] StdRspr.; BGH GRUR 2003, 958 (960) – Paperboy; BGH GRUR 2011, 152 (153) – Kinderhochstühle im Internet; BGH GRUR 2013, 1229 (1231) – Kinderhochstühle im Internet II; BGH GRUR 2013, 1235 f. – Restwertbörse II, jeweils mwN.

[1721] BGH GRUR 2010, 616 (618) – marions-kochbuch.de; GRUR 2011, 152 (153) – Kinderhochstühle im Internet; BGH GRUR 2013, 1229 (1231 – Kinderhochstühle im Internet II.

[1722] StdRspr.; BGH GRUR 2003, 958 (960) – Paperboy; BGH GRUR 2010, 616 (618) – marions-kochbuch.de.

der Eintritt einer Verletzung abgewartet werden, ein **(vorbeugender) Unterlassungsanspruch** kann sich bereits bei Vorliegen einer Erstbegehungsgefahr ergeben, § 97 Abs. 1 S. 2 (dazu im Einzelnen → Rn. 225 f.). Die Anforderungen an die Konkretisierung des Streitgegenstands in einem Unterlassungsantrag sind auch abhängig von den Besonderheiten des jeweiligen Sachgebiets.[1723] Zur Beschreibung der **Verletzungsform** kommt eine Wiedergabe des kopierten Originals nur in Fällen einer identischen Übernahme in Betracht; im Übrigen ist nicht das Original, sondern etwa die Kopie als konkrete Verletzungsform zu beschreiben.[1724] Bezieht sich die begehrte Unterlassung auf die öffentliche Zugänglichmachung von Fotografien, kann diese entweder im Klagantrag wiedergegeben werden, oder der Klagantrag muss insoweit auf eine entsprechende Anlage Bezug nehmen; in jedem Fall müssen die Fotografien erkennbar sein.[1725] Allerdings kann eine wörtliche Beschreibung des Gegenstands, auf den sich die Verurteilung zur Unterlassung beziehen soll, ausreichen, sofern sich die Eigenschaften des Gegenstands, auf die es ankommt, mit Worten beschreiben lassen.[1726] Bei der Stellung des Unterlassungsantrags ist eine gewisse Verallgemeinerung zulässig, wenn in der allgemeinen Fassung das Charakteristische der festgestellten konkreten Verletzungsform zum Ausdruck kommt, da eine Verletzungshandlung die Vermutung der Wiederholungsgefahr nicht nur für die identische Verletzungsform begründet, sondern auch für alle im Kern gleichartigen Verletzungshandlungen (Kernbereich).[1727] Die Verwendung auslegungsbedürftiger Begriffe kann zweckmäßig oder sogar geboten sein, wenn über deren Sinngehalt kein Zweifel besteht, so dass die Reichweite von Antrag und Urteil feststeht.[1728] Steht bei einem Computerprogramm aufgrund der Bezeichnung nicht fest, welches Programm gemeint ist, ist der Antrag nur dann hinreichend bestimmt, wenn der **Inhalt des Computerprogramms** in einer Weise beschrieben ist, dass Verwechslungen mit anderen Programmen soweit wie möglich ausgeschlossen sind. Dabei kann die gebotene Individualisierung des Computerprogramms auch durch Bezugnahme auf Programmausdrucke oder Programmträger erfolgen.[1729] **Die notwendige konkrete Fassung des Tenors bedingt, dass er in der Zwangsvollstreckung entsprechend auszulegen ist.** Aus dem Urteil kann daher auch wegen solcher Verstöße gegen das Unterlassungsgebot vollstreckt werden, die den Kern der Verbotsform unberührt lassen **(Kerntheorie).**[1730] Zur Kerntheorie im Rahmen von § 97 allgemein vgl. → Rn. 227 ff. Anderenfalls könnte sich der Verletzer durch geringfügige, vom Inhalt her unbedeutende Änderungen dem Verbot entziehen. Änderungen, die den sachlichen Kern der Verletzungsform unberührt lassen, werden somit vom Verbot, der Rechtskraft und den Vollstreckungswirkungen mitumfasst.[1731] Die Verletzung eines bestimmten Schutzrechts kann die Vermutung der Wiederholungsgefahr auch für **Verletzungen anderer Schutzrechte** begründen, soweit die Verletzungshandlungen trotz Verschiedenheit der Schutzrechte im Kern gleichartig sind.[1732] Voraussetzung dafür ist jedoch, dass die kerngleichen Verletzungshandlungen in das Erkenntnisverfahren und die Verurteilung einbezogen sind.[1733] Demgegenüber erlaubt die Kerntheorie nicht, die Vollstreckung aus einem Unterlassungstitel auf Schutzrechte zu erstrecken, die nicht Gegenstand des vorhergehenden Erkenntnisverfahrens gewesen sind; insbesondere kommt keine Vollstreckung von Ordnungsmitteln wegen der Verletzung solcher Schutzrechte in Betracht, die zur Zeit des Erkenntnisverfahrens noch nicht einmal entstanden waren.[1734]

c) Einstweiliger Rechtsschutz. Der Unterlassungsanspruch kann gem. §§ 935, 940 ZPO im **341** Wege des einstweiligen Rechtsschutzes geltend gemacht werden.[1735] Um einer möglichen Anwendung des § 93 ZPO vorzubeugen, sollte zuvor dem Verletzer im Rahmen einer vorgerichtlichen Abmahnung Gelegenheit gegeben werden, den Rechtsstreit durch Abgabe einer strafbewehrten Unterlassungserklärung abzuwenden (→ Rn. 217 ff.). Das Bundesverfassungsgericht hat in zwei Entscheidungen zum Presse- und Äußerungsrecht die Bedeutung des **Grundsatzes der prozessualen Waffengleichheit** und dessen Anwendung auf den einstweiligen Rechtsschutz hervorgehoben. Für

---

[1723] BGH GRUR 2005, 443 (445) – Ansprechen in der Öffentlichkeit II.

[1724] BGH GRUR 2003, 786 – Innungsprogramm.

[1725] Vgl. BGH GRUR 2010, 616 (618) – marions-kochbuch.de; BGH GRUR 2013, 1235 f. – Restwertbörse II.

[1726] BGH GRUR 2007, 871 Rn. 19 – Wagenfeld-Leuchte mwN.

[1727] BGH NJW 1963, 651 (654) – Fernsehwiedergabe von Sprachwerken, insoweit in BGHZ 38, 356 nicht abgedruckt; BGH GRUR 1994, 844 (846) – Rotes Kreuz; BGH GRUR 2006, 421 (422) – Markenparfümverkäufe; BGH GRUR 2005, 443 (446) – Ansprechen in der Öffentlichkeit II; *Borck* WRP 1965, 49; *v. Gamm* NJW 1969, 85; *Pagenberg* GRUR 1976, 78; *Nirk/Kurtze* GRUR 1980, 645; *Schwanhäusser* WRP 1982, 132.

[1728] BGH GRUR 2008, 357 Rn. 22 – Planfreigabesystem; BGH GRUR 1998, 489, 491 – Unbestimmter Unterlassungsantrag III.

[1729] BGH GRUR 2008, 357 Rn. 24 – Planfreigabesystem; OLG Frankfurt GRUR 2015, 784 Rn. 27 – Objektcode.

[1730] Zur Kerntheorie s. im Einzelnen → Rn. 227 ff.

[1731] BGHZ 5, 189 (193 f.) = GRUR 1952, 577 – Zwilling; BGH GRUR 1954, 70 (72) – Rohrbogen; BGH GRUR 1958, 346 (350) – Stickmuster; BGH GRUR 1963, 378 (381) – Deutsche Zeitung; OLG Frankfurt a. M. GRUR 1979, 75 – Lila Umkarton; OLG Frankfurt a. M. WRP 1972, 451; OLG München WRP 1971, 332 (333); OLG Koblenz WRP 1981, 332.

[1732] BGH GRUR 2014, 706 Rn. 12 – Reichweite des Unterlassungsgebots; BGH GRUR 2013, 1235 Rn. 18 – Restwertbörse II.

[1733] BGH GRUR 2014, 706 Rn. 12 – Reichweite des Unterlassungsgebots.

[1734] BGH GRUR 2014, 706 Rn. 13.

[1735] Zu den Einzelheiten siehe etwa Dreyer/Kotthoff/*Meckel* § 97 Rn. 83 ff.; Fromm/Nordemann/*J. B. Nordemann* § 97 Rn. 198 ff.

das Presse- und Äußerungsrecht geht das BVerfG davon aus, dass der Gegenpartei im Regelfall vor einer stattgebenden Entscheidung über den Antrag **Recht auf Gehör** gewährt werden muss und trennt hiervon die Frage, dass die Eilbedürftigkeit im Einzelfall häufig eine Entscheidung ohne mündliche Verhandlung erfordert.[1736] Gehör ist auch zu gewähren, wenn das Gericht dem Antragsteller **Hinweise nach § 139 ZPO** erteilt (also etwa in Bezug auf die Antragsfassung); insbesondere **mündliche Hinweise** – etwa im Fall von Telefonaten – sind **vollständig zu dokumentieren** und vor Erlass einer Verfügung **dem Gegner mitzuteilen.**[1737] Die Übertragung dieser Grundsätze auf die einstweilige Verfügung im Urheberrecht steht aus; die Ausführungen des BVerfG stellen aber klar, dass eine Überprüfung der auch im Urheberrecht häufig eingeschliffenen Verfahren im einstweiligen Rechtsschutz notwendig ist.

341a   Im Urheberrecht besteht eine gesetzliche **Vermutung der Eilbedürftigkeit analog § 12 Abs. 2 UWG nicht;** die tatsächlichen Voraussetzungen einer besonderen Eilbedürftigkeit sind daher glaubhaft zu machen.[1738] Die Eilbedürftigkeit folgt nicht bereits aus dem Vorliegen einer Erstbegehungs- oder Wiederholungsgefahr. Die einstweilige Verfügung muss vielmehr **notwendig** sein, um **wesentliche Nachteile** in Bezug auf das Rechtsverhältnis abzuwenden oder um die Vereitelung bzw. wesentliche Erschwerung der Rechtsverwirklichung zu verhindern; die ohne den Erlass der einstweiligen Verfügung zu befürchtenden Nachteile müssen so schwer wiegen, dass ihre Abwehr den Verzicht auf die Erkenntnismöglichkeiten des ordentlichen Verfahren rechtfertigt.[1739] Das setzt nicht nur eine **Dringlichkeit im zeitlichen Sinne,** sondern auch eine **Interessenabwägung zwischen den schutzwürdigen Belangen des Antragstellers und den schutzwürdigen Interessen des Antragsgegners** voraus.[1740] Die **Darlegungslast** dafür, dass die Voraussetzungen der §§ 935, 940 ZPO vorliegen, liegt beim verletzten Antragsteller.[1741] Bei der Beurteilung der Frage, ob eine Partei das Verfahren mit dem nötigen Nachdruck verfolgt, ist eine **Gesamtbetrachtung ihres vorprozessualen und prozessualen Verhaltens** geboten, bei der bestimmte Zeiträume allenfalls eine absolute Obergrenze für dringliches Verhalten bilden, aber nicht dazu führen, dass sich ein Handeln im Rahmen dieser Fristen stets oder im Regelfall als nicht dringlichkeitsschädlich darstellt.[1742] Ausgangspunkt für ein zu langes Zuwarten des Antragstellers ist der Zeitpunkt der **positiven Kenntnis von Rechtsverletzung und Verletzer.** Ob **grob fahrlässige Unkenntnis** oder ein **bewusstes Verschließen der Augen** hinreicht, ist umstritten.[1743] Gerichte legen – durchaus unterschiedliche[1744] – **Regelfristen an das „dringlichkeitsschädliche Zuwarten"** an. Eine Orientierung – aber nicht mehr – kann die von einigen Gerichten angenommene Monatsfrist geben.[1745] Auch das weitere prozessuale (und außerprozessuale) Verhalten des Antragstellers ist bei der Frage der Dringlichkeit zu berücksichtigen.[1746] Die einstweilige Verfügung muss vollzogen werden, um Wirksamkeit zu erlangen (§ 929 Abs. 2 ZPO). Wer befürchtet, im Wege des einstweiligen Rechtsschutzes in Anspruch genommen zu werden, ohne gehört zu werden (§ 937 Abs. 2 ZPO),[1747] kann vorsorglich eine Schutzschrift hinterlegen;[1748] Nach § 945a ZPO i.V.m. § 49c BRAO ist für Rechtsanwälte die elektronische **Hinterlegung einer Schutzschrift** beim Schutzschriftenregister verpflichtend.[1749] Erwägt der Unterlassungsgläubiger nach Erwirkung einer einstweiligen Verfügung die Erhebung einer Hauptsacheklage, sollte er dem Verletzer vor Klageerhebung zur Vermeidung von Kostennachteilen aus § 93 ZPO ein Abschlussschreiben zusenden.[1750]

342   **d) Streitwert.** Bei Unterlassungs- und Beseitigungsansprüchen schätzt das Gericht den Streitwert nach freiem Ermessen (§ 3 ZPO). Maßgeblich ist das Interesse des Anspruchsstellers an der Unterbindung weiterer gleichartiger Verstöße, das **pauschalierend unter Berücksichtigung der Umstände**

[1736] BVerfG GRUR 2018, 1288 Rn. 16 ff. – Die F-Tonbänder; BVerfG GRUR 2018, 1291 Rn. 29 ff. – Steuersparmodell eines Fernsehmoderators.

[1737] BVerfG GRUR 2018, 1288 Rn. 24 – Die F-Tonbänder; BVerfG GRUR 2018, 1291 Rn. 36 – Steuersparmodell eines Fernsehmoderators.

[1738] OLG Naumburg GRUR-RR 2013, 135 – Dringlichkeit; OLG München ZUM-RD 2012, 479 (485) – Das unlesbare Buch mwN; OLG Hamburg ZUM-RD 2009, 72, 74.

[1739] Cepl/Voß/*Voß*, Prozesskommentar zum Gewerblichen Rechtsschutz, § 940 ZPO Rn. 62; *Berneke/Schüttpelz,* Die einstweilige Verfügung in Wettbewerbssachen, Rn. 103.

[1740] Vgl. *Retzer* GRUR 2009, 329; Fromm/Nordemann/*J. B. Nordemann* § 97 Rn. 200 mwN; Cepl/Voß/ *Voß* § 940 ZPO Rn. 99 ff.

[1741] OLG Hamburg ZUM 2007, 917.

[1742] OLG Hamburg GRUR-RR 2008, 385; LG Hamburg, Urt. v. 8.1.2019 – 310 O 23/18 (unveröffentlicht).

[1743] Vgl. dazu die Rechtsprechungsnachweise bei Cepl/Voß/*Voß* § 940 ZPO Rn. 78; Fromm/Nordemann/ *J. B. Nordemann* § 97 Rn. 205; dagegen: Fezer/*Büscher,* UWG, § 12 Rn. 80.

[1744] Vgl. Nachweise bei Cepl/Voß/*Voß* § 940 ZPO Rn. 82; Fromm/Nordemann/*J. B. Nordemann* § 97 Rn. 203.

[1745] OLG München BeckRS 2016, 16414 Rn. 80 (stRspr des Senats); OLG Hamm MMR 2009, 628.

[1746] Vgl. die Nachweise bei Cepl/Voß/*Voß* § 940 ZPO Rn. 87 ff. 92 ff.

[1747] Vgl. aber nun zum Erfordernis der Gehörsgewährung auch in Fällen, in denen die Eilbedürftigkeit eine Entscheidung ohne mündliche Verhandlung rechtfertigt BVerfG GRUR 2018, 1288 Rn. 16 ff. – Die F-Tonbänder; BVerfG GRUR 2018, 1291 Rn. 29 ff. – Steuersparmodell eines Fernsehmoderators (jeweils zum Presse- und Äußerungsrecht).

[1748] Zu den Einzelheiten *Schulz* WRP 2009, 1472.

[1749] Cepl/Voß/*Voß* § 945a ZPO Rn. 5.

[1750] Vgl. OLG Hamburg GRUR-RR 2014, 229.

des Einzelfalls zu bewerten ist.[1751] Er wird maßgeblich durch die **Art des Verstoßes,** insbesondere seine **Gefährlichkeit und Schädlichkeit** für den Inhaber des verletzten Schutzrechts bestimmt.[1752] Dabei ist das **Gefährdungspotenzial mit Blick auf das konkrete Streitverhältnis** zu bestimmen; **für generalpräventive Erwägungen besteht kein Raum;** es ist nicht Aufgabe der Streitwertfestsetzung, den Verletzer im Rahmen eines nur gegen diesen geführten Rechtsstreits wegen einer Urheberrechtsverletzung quasi als „Repräsentant" weiterer Urheberrechtsverletzer „abzustrafen".[1753] Anhaltspunkte sind sowohl der **wirtschaftliche Wert des verletzten Rechts** als auch die **Intensität und der Umfang der Rechtsverletzung** (sog. **Angriffsfaktor**).[1754] Der Angriffsfaktor wird insbesondere durch die **Stellung von Verletzer und Verletztem,** die **Qualität der Urheberrechtsverletzung,** wobei etwa auch **Aktualität und Popularität** eines Werkes und der Umfang der bereits vom Rechtsinhaber vorgenommenen Auswertung zu berücksichtigen ist,[1755] den **drohenden Verletzungsumfang,** die **Art der Begehung** des Rechtsverstoßes und eine hierdurch begründete **Gefahr der Nachahmung** durch Dritte sowie **subjektive Umstände auf Seiten des Verletzers** wie den **Verschuldensgrad** bestimmt.[1756] Hierbei wird auch eine Rolle spielen, ob der Anspruchsschuldner als **Täter oder Teilnehmer** oder lediglich als **Störer** in Anspruch genommen wird. Insbesondere im Bereich der Bereitstellung urheberrechtlich geschützter Werke in sog. **Tauschbörsen** hat sich hier eine gefestigte Rechtsprechung des BGH gebildet. Dabei stellt der BGH die **besondere Gefährlichkeit solcher Eingriffe** heraus, die einer unbegrenzten Vielzahl von Tauschbörsenteilnehmern die Möglichkeit eröffnet, das Werk kostenlos herunterzuladen, und damit die kommerzielle Auswertung des Werks insgesamt in Frage stellt.[1757] Die hier getroffenen Wertungen lassen sich daher nicht ohne Weiteres auf andere Fälle übertragen.[1758] Die in der obergerichtlichen Rechtsprechung angenommene Berechnung des Wertes des Unterlassungsanspruchs auf der Grundlage einer **(doppelten) Lizenzgebühr**[1759] bzw. eine schematische Bestimmung des Gegenstandswertes auf der Grundlage eines Mehrfachen einer fiktiven Lizenzgebühr trägt weder der unterschiedlichen Funktion von Schadensersatz- und Unterlassungsansprüchen Rechnung noch entspricht sie dem Gebot der Abwägung der Umstände des Einzelfalls bei der Ausübung pflichtgemäßen Ermessens.[1760] Die Wertfestsetzung gilt auch in Verfahren des einstweiligen Rechtsschutzes, wobei der Verfahrenswert regelmäßig niedriger als beim Hauptsacheverfahren anzusetzen ist, weil das Verfügungsverfahren nur auf eine vorläufige Sicherung, nicht aber auf eine Verwirklichung des Anspruchs gerichtet ist.[1761]

e) Sonstiges. Zur effizienten **Beweissicherung** vgl. die Kommentierungen zu § 101a und **342a** § 101b. Soweit eine **Abtretung des Unterlassungsanspruchs** wegen Höchstpersönlichkeit **unwirksam** ist, lässt sie sich nach BGH in eine Ermächtigung zur Wahrnehmung und **gewillkürte Prozessstandschaft** umdeuten.[1762] Die **Vollstreckung des Unterlassungstitels** erfolgt nach § 890 ZPO. Eine Bestrafung setzt Verschulden voraus.[1763] Nach Verurteilung des Schuldners zur Unterlassung kann eine negative **Feststellungsklage** mit dem Antrag erheben, dass ein beabsichtigtes abgewandeltes Verhalten nicht von dem titulierten Unterlassungsgebot erfasst ist.[1764] Bei Vertragsstrafeversprechen haftet der Verpflichtete auch für **Verschulden der Erfüllungsgehilfen** (§ 278 BGB), sofern dies nicht ausdrücklich ausgenommen ist.[1765] Siehe auch bei → § 112 Rn. 21 ff. Zum Rechtsschutzbedürfnis und zur Wiederholungsgefahr siehe → Rn. 216 ff.

2. Beseitigungsanspruch

Ein Anspruch auf Beseitigung[1766] kann bestehen, wenn ein nach Unterlassen der verletzenden **343** Handlung ein Störungszustand fortbesteht. Der Anspruch setzt kein Verschulden voraus, sondern nur

[1751] BGH ZUM-RD 2018, 68, 69; BGH GRUR 2016, 1275 Rn. 33 – Tannöd.
[1752] BGH ZUM-RD 2018, 68, 69; BGH GRUR 2016, 1275 Rn. 33 – Tannöd; BGH GRUR 2013, 301 Rn. 56 – Solarinitiative.
[1753] BGH ZUM-RD 2018, 68 Rn. 31; BGH GRUR GRUR 2016, 1275 Rn. 42 – Tannöd; OLG Schleswig GRUR-RR 2010, 126 – Nutzung von Kartografien.
[1754] BGH ZUM-RD 2018, 68, 69; BGH GRUR 2016, 1275 Rn. 34 – Tannöd mwN zu Rechtsprechung und Literatur; BGH GRUR 2014, 206 Rn. 16 – Einkaufskühltasche; zum Angriffsfaktor ausführlich *Backes*, S. 90 ff.
[1755] BGH ZUM-RD 2018, 143 Rn. 37, wonach bei einem durchschnittlich erfolgreichen Spielfilm, der nicht lange nach seinem Erscheinungstermin öffentlich zugänglich gemacht wird, regelmäßig ein Gegenstandswert von nicht unter EUR 10 000,00 angemessen ist; BGH ZUM-RD 2018, 68 Rn. 37: bei einem Computerspielspiel unter vergleichbaren Voraussetzungen sei ein Gegenstandswert von nicht unter EUR 15 000,00 angemessen.
[1756] BGH ZUM-RD 2018, 68.
[1757] BGH ZUM-RD 2018, 68, Rn. 30; BGH GRUR 216, 1275 Rn. 41 – Tannöd.
[1758] Zur Festsetzung des Streitwertes bei Lichtbildwerken vgl. *Lütke* GRUR-RR 2017, 129 ff.
[1759] Vgl. etwa OLG Braunschweig GRUR-RR 2012, 93, 94 – eBay-Produktfoto; OLG Hamm GRUR-RR 2013, 39 – Produktfoto.
[1760] BGH ZUM-RD 2018, 68 Rn. 29; BGH GRUR 2016, 1275 Rn. 38 – Tannöd.
[1761] KG ZUM-RD 2011, 543; Lütke GRUR-RR 2017, 129, zu Einzelheiten der Ermittlung des Streitwerts siehe etwa die Darstellung bei Fromm/Nordemann/*J. B. Nordemann* § 97 Rn. 223.
[1762] BGH GRUR 2002, 248 (250) – SPIEGEL-CD-ROM; vgl. dazu → Rn. 324.
[1763] BVerfG NJW 1967, 195.
[1764] BGH NJW 2008, 1001 – Euro und Schwarzgeld mwN.
[1765] BGH GRUR 1985, 1065 (1066) – Erfüllungsgehilfe.
[1766] Vgl. dazu → Rn. 235 ff.

das Vorliegen einer konkreten Störung, wobei die geforderte Beseitigung verhältnismäßig, also notwendig, geeignet und dem Störer zumutbar sein muss.[1767] Die Haftungsprivilegierungen des TMG können dem Anspruch entgegenstehen.[1768]

Vollstreckung nach §§ 887, 888 ZPO. Ggf. Auslegung des Unterlassungstitels auf gleichzeitige Beseitigung, sofern Maßnahmen zur Beseitigung im Einflussbereich des Schuldners liegen, zB Rückruf von Kommissionsware. Kostenbeitreibung auf Grund des Titels oder gesonderte Festsetzung nach § 103 ZPO.[1769] Beseitigt der Verletzte im Weg der Ersatzvornahme selbst, sind sie als Schadensersatz oder nach den Vorschriften über Geschäftsführung ohne Auftrag gem. §§ 677 ff. geltend zu machen.[1770]

3. Schadensersatz/Bereicherungsanspruch

344   **a) Leistungsklage.** Der Schadensersatzantrag, evtl. Teilklage, muss grundsätzlich beziffert sein. Beim Schmerzensgeldanspruch nach § 97 Abs. 2 S. 4 ist dabei eine ungefähre Angabe des erwarteten Betrags ausreichend. Soll die Höhe der Leistung in das Ermessen des Gerichts gestellt werden, sind dazu die zum Umfang notwendigen Angaben zu machen.[1771] Das Gericht muss eine Grundlage haben, den Schaden nach § 287 ZPO schätzen zu können.[1772] Dabei ist die erwartete Größenordnung anzugeben mit der Folge, dass die Klage teilweise abgewiesen wird mit entsprechender Kostenfolge, wenn das Gericht hinter den Vorstellungen des Verletzten zurückbleibt.[1773] Die Berechnung des Schadensersatzes ist konkret darzulegen, vorsorglich sollte Beweis angeboten werden. Bedarf der Verletzte zur Bezifferung seines Anspruchs einer Auskunft seitens des Verletzers, kann er eine **Stufenklage nach § 254 ZPO** erheben. Die erste Stufe richtet sich dann auf Auskunft, die zweiten ggf. auf Abgabe einer eidesstattlichen Versicherung und die dritte auf Zahlung des sich aus der Auskunft ergebenden Schadensersatzbetrages. Der Zahlungsantrag kann unter Umständen aber auch schon verfolgt werden, wenn der Rechnungslegungsantrag noch nicht erfüllt ist.[1774]

345   **b) Feststellungsklage.** Eine Feststellungsklage – in der Regel verbunden mit der Auskunftsklage oder Rechnungslegung – ist zulässig: Das Interesse an der Klärung der Rechtslage und die drohende Verjährung rechtfertigen das notwendige Feststellungsinteresse des § 256 ZPO.[1775] Für die Feststellung der Schadensersatzpflicht ist die Wahrscheinlichkeit eines Schadenseintritts darzulegen, wobei eine hohe Wahrscheinlichkeit nicht erforderlich ist.[1776] Im gewerblichen Rechtsschutz und Urheberrecht ist die Feststellungsklage schon im Hinblick auf die Verjährungsfrist die gebräuchlichste Art der ersten klagweisen Geltendmachung der Ansprüche. Das zum 1.1.2002 neu geregelte Verjährungsrecht beeinträchtigt nicht das Feststellungsinteresse.[1777] Der Streitwert einer negativen Feststellungsklage richtet sich nach dem wirtschaftlichen Interesse des Beklagten an der Unterbindung weiterer Verstöße durch die Unterlassungsansprüche, derer er sich berühmt hat und die Anlass der negativen Feststellungsklage sind.[1778]

346   **c) Klage auf Auskunft und Rechnungslegung.** Der Verletzte kann zur Vorbereitung eines bezifferten Schadensersatz- oder Bereicherungsanspruchs vom Verletzer im Rahmen eines gewohnheitsrechtlich anerkannten akzessorischen Hilfsanspruchs Auskunft und Rechnungslegung verlangen, siehe im Einzelnen → Rn. 307 ff. Ist eine Verurteilung zu Auskunft ergangen, kann diese nach § 888 Abs. 1 ZPO vollstreckt werden,[1779] bevor über die Revision entschieden ist, auch wenn die Folgen der Zwangsvollstreckung bei Verurteilung zu Auskunft nicht wieder gut zu machen sind. Es entsteht kein unersetzlicher Nachteil im Sinn des § 719 Abs. 2 ZPO.[1780] Danach ggf. Abgabe einer eidesstattlichen Versicherung nach §§ 259 Abs. 2, 260 Abs. 2 BGB, wenn Grund zu der Annahme besteht, dass die Aufstellung nicht mit der erforderlichen Sorgfalt gemacht worden ist, dazu → Rn. 322.

347   **d) Sonstiges.** Der Klagantrag muss bestimmt sein (§ 253 ZPO). Für die Ansprüche auf Auskunftserteilung und Rechnungslegung sowie auf Feststellung der Schadensersatzpflicht gelten insoweit

---

[1767] Dreier/Schulze/*Specht* § 97 Rn. 70 mwN.

[1768] → Rn. 104 ff.; Dreier/Schulze/*Specht* § 97 Rn. 38; für Diensteanbieter für das Teilen von Online-Inhalten vgl. nun Art. 17 Abs. 3 DSM-RL.

[1769] Dreier/Schulze/*Specht* § 97 Rn. 74.

[1770] Dreier/Schulze/*Specht* § 97 Rn. 74; s. auch Möhring/Nicolini/*Reber* § 97 UrhG Rn. 88.

[1771] BGH GRUR 1959, 331 (334) – Dreigroschenroman II.

[1772] Dreier/Schulze/*Specht* § 97 Rn. 109.

[1773] BGHZ 45, 91 (94) = NJW 1966, 780; vgl. auch *W. Nordemann* GRUR 1980, 434 (436) mit Bezug auf KG UFITA 58 [1970] 285 – Jeder von uns.

[1774] BGH GRUR 1966, 570 – Eisrevue III.

[1775] BGH GRUR 1958, 613 (614) – Tonmöbel; BGH GRUR 1960, 256 (260) – Chérie; BGH GRUR 1965, 198 (202) – Küchenmaschine.

[1776] BGH GRUR 1960, 144 (147) – Bambi; BGH GRUR 1965, 198 (202) – Küchenmaschine; BGH GRUR 1980, 227 (232) – Monumenta Germaniae Historica; Dreier/Schulze/Dreier/*Specht* § 97 Rn. 88.

[1777] BGH GRUR 2003, 900 – Feststellungsinteresse III; Dreier/Schulze/Dreier/*Specht* § 97 UrhG Rn. 88.

[1778] KG ZUM–RD 2009, 379.

[1779] BGH GRUR 1980, 227 (232) – Monumenta Germaniae Historica; OLG Düsseldorf GRUR 1979, 275 (286) – Zwangsgeld.

[1780] BGH GRUR 1996, 78 – Umgehungsprogramm; BGH GRUR 1991, 159 – Zwangsvollstreckungseinstellung.

die zur Bestimmtheit des Unterlassungsantrags erarbeiteten Grundsätze entsprechend;[1781] zu diesen Grundsätzen → Rn. 339.

Zur Durchsetzung der Ansprüche ist ergänzend auf die **strafprozessuale Zurückgewinnungshil-** **348** **fe** hinzuweisen, die durch das am 1.1.2007 in Kraft getretene Gesetz zur Stärkung der Rückgewinnungshilfe und der Vermögensabschöpfung vom 24.10.2006 (BGBl. I S. 2350) verbesserte strafprozessuale Möglichkeit der Schadenswiedergutmachung für geschädigte Unternehmen der Marken- und Produktpiraterie vorsieht.[1782]

II. Beweislast

Im Einklang mit den Grundsätzen des Zivilprozesses trägt auch in urheberrechtlichen Auseinander- **349** setzungen derjenige, der einen Anspruch geltend macht, die **Darlegungs- und Beweislast** für alle Tatsachen, aus denen sich sein Anspruch herleitet (**anspruchsbegründende Tatsachen),** während der Anspruchsgegner die rechtsvernichtenden, rechtshindernden und rechtshemmenden Tatsachen darlegen und beweisen muss; **für Einwendungen** hiergegen trägt wiederum der Anspruchsteller die Darlegungs- und Beweislast.[1783] Entsprechend trägt der Verletzte die Beweislast für das Vorliegen der tatsächlichen Voraussetzung der Rechtsverletzung;[1784] zu gesetzlichen Vermutungen vgl. § 10 UrhG. Der BGH geht bei WLANs von einer tatsächlichen Vermutung der Täterschaft des Anschlussinhabers aus.[1785] Im Rahmen des Unterlassungsanspruchs trifft den Anspruchsteller auch für die **Begehungs-** **gefahr** als anspruchsbegründender Tatsache die Darlegungs- und Beweislast.[1786] Der Verletzte hat auch insoweit die Darlegungs- und Beweislast, als er sich auf Beschränkungen der von ihm Dritten eingeräumten Nutzungsrechte beruft.[1787] Zu beachten sind weiter die von der Rechtsprechung begründeten Grundsätze zur **sog. sekundären Darlegungslast,** die den Prozessgegner der primär darlegungsbelasteten Partei in der Regel dann trifft, wenn die primär darlegungsbelastete Partei keine nähere Kenntnis der maßgeblichen Umstände und auch keine Möglichkeit zur weiteren Sachverhaltsaufklärung hat, während dem Prozessgegner nähere Angaben dazu ohne Weiteres möglich und zumutbar sind.[1788] Insbesondere zu den sog. **Filesharing-Fällen** hat sich hierzu eine umfangreiche Rechtsprechung gebildet,[1789] wobei in Zukunft aber im Bereich der WLAN-Nutzung der neu eingefügte § 8 Abs. 3 TMG und dessen Zweck zu beachten sind.[1790]

Der **Auskunftsanspruch** dient nur der Schadensberechnung, **nicht aber der Ausforschung** der **350** Verletzung selbst. Dem Verletzten obliegt auch der Nachweis, dass er Inhaber des verletzten Rechts ist.[1791] Bei demjenigen, der das Recht einmal innehatte, wird zu seinen Gunsten vermutet, dass es fortbesteht.[1792] Nach § 10 wird die Urheberschaft dessen **vermutet,** der auf den Vervielfältigungsstücken eines erschienenen Werkes oder auf dem Original eines Werkes der bildenden Künste als Urheber bezeichnet ist. Wenn nicht der Urheber, sondern der Herausgeber bzw. Verleger angegeben ist, gilt dieser als ermächtigt (s. bei § 10). Mit Inkrafttreten des Gesetzes zur besseren Durchsetzung der Rechte des geistigen Eigentums[1793] in Umsetzung der Enforcement-RL gilt die Vermutung nun auch für die **Inhaber ausschließlicher Nutzungsrechte** (§ 10 Abs. 3). Ein **P-Vermerk** auf einem Tonträger oder seiner Umhüllung begründet keine Vermutung, dass der in dem Vermerk Genannte Hersteller des Tonträgers ist.[1794] Wenn Indizien den hinreichend sicheren Schluss auf ein bestimmtes Ereignis (etwa die Rechteübertragung) zulassen, kann ein Gericht diesen Schluss gegebenenfalls auch

---

[1781] BGH GRUR 2008, 357 Rn. 21 – Planfreigabesystem mwN.

[1782] Zur Durchsetzung von Ansprüchen in einem solchen Adhäsionsverfahren gem. §§ 403 ff. StPO s. *Hansen/ Wolff-Rojczyk* NJW 2007, 468; *Hansen/Wolff-Rojczyk* GRUR 2009, 644, jeweils mwN; *Hansen* GRUR-Prax 2014, 295.

[1783] BGH GRUR 2017, 386 Rn. 14 – Afterlife; BGH GRUR 2016, 191 Rn. 37 – Tauschbörse III; BGH GRUR 2013, 511 Rn. 32 – Morpheus; KG ZUM-RD 2010, 125 (128 f.) unter Verweis auf BGH NJW 1999, 352; vgl. auch BGH, GRUR 1960, 500 (502 ff.) – Plagiatsvorwurf mAnm *Fischötter* GRUR 1960, 504.

[1784] Zu Einzelfragen *Flechsig* GRUR 1993, 532.

[1785] BGH GRUR 2017, 386 Rn. 14 – Afterlife; BGH GRUR 2016, 1280 Rn. 32 – Everytime we touch; BGH GRUR 2016, 191 Rn. 37 – Tauschbörse III; BGH GRUR 2013, 511 Rn. 32 – Morpheus; vgl. zur sekundären Darlegungslast zur Entkräftung der Vermutung, BVerfG GRUR 2019, 606 – Loud unter Verweis auf EuGH GRUR 2018, 1234 – Bastei Lübbe.

[1786] BGH GRUR 2017, 793 Rn. 33 – Mart-Stam-Stuhl; BGH GRUR 2015, 603 Rn. 17 – Keksstangen.

[1787] BGH GRUR 2012, 602 Rn. 27 – Vorschaubilder II.

[1788] BGH GRUR 2014, 857 Rn. 18 – BearShare; BGH GRUR 2012, 602 Rn. 23 – Vorschaubilder II.

[1789] Vgl. BGH GRUR 2017, 386 Rn. 15 ff. – Afterlife; BGH GRUR 2014, 857 Rn. 18 – BearShare, mAnm *Neurauter* GRUR 2014, 660; OLG Köln NJW-RR 2014, 1004 – Walk This Way; nach dem BGH genügt der Anschlussinhaber seiner sekundären Darlegungslast dadurch, dass er vorträgt, ob andere Personen und gegebenenfalls welche anderen Personen selbstständigen Zugang zu seinem Internetanschluss hatten und als Täter der Rechtsverletzung in Betracht kommen; vgl. zuletzt BGH GRUR 2016, 191 Rn. 37 – Tauschbörse III. Siehe auch → Rn. 174 ff.

[1790] Vgl. dazu → Rn. 232.

[1791] Zur Aktivlegitimation vgl. → Rn. 41 ff.

[1792] BGH GRUR 1988, 373 (375) – Schallplattenimport III; OLG München GRUR 1953, 302 (305) – Dreigroschenroman I; Fromm/Nordemann/*J. B. Nordemann* § 97 UrhG Rn. 143.

[1793] BGBl 2008 I S. 1191.

[1794] BGH GRUR 2003, 228 – P-Vermerk.

dann ziehen, wenn sich das betreffende Ereignis nicht unmittelbar aus einer unstreitigen oder im Rahmen der Beweiswürdigung festgestellten Tatsache ergibt.[1795] Legt der Verletzte seine Urheberschaft substantiiert dar, reicht ein Bestreiten mit Nichtwissen gem. § 138 Abs. 4 ZPO regelmäßig nicht aus, um diesen Vortrag zu erschüttern.[1796] Ob einem Werk die Kunstwerkeigenschaft zukommt (§ 2 Abs. 2) oder ob es unter unfreier Benutzung eines anderen geschaffen wird (§ 24), ist Rechtsfrage, die vom BGH nachprüfbar ist.[1797] Behauptet der Verletzer, der Urheber habe auf bekanntes Formengut zurückgegriffen, hat er die älteren gemeinfreien Werke konkret nachzuweisen.[1798] Wird ein **Provider als Störer** in Anspruch genommen, trifft den Anspruchsteller grundsätzlich auch die Darlegungs- und Beweislast für die **besonderen Voraussetzungen der Verantwortlichkeit des Providers nach §§ 8, 9 oder 10 TMG**[1799] sowie dafür, dass es dem Betreiber technisch möglich und zumutbar war, nach dem ersten Hinweis auf eine Schutzrechtsverletzung weitere von Nutzern der Plattform begangene gleichartige Verletzungen zu verhindern.[1800] Auch die Frage der Zumutbarkeit einer Sperranordnung gegen einen Access-Provider ist anspruchsbegründende Voraussetzung, deren tatsächliche Grundlage der Anspruchsteller darzulegen hat; allerdings trifft den Access-Provider eine sekundäre Darlegungslast, wenn der Antragsteller keinen Einblick in die technischen Möglichkeiten hat.[1801]

III. Rechtsweg/Zuständigkeit

351   S. dazu die Kommentierungen der §§ 104, 104a, 105.

IV. Zwangsvollstreckung

352   S. dazu die Übersicht mit Verweisen bei → § 112 Rn. 9 ff.

§ 97a Abmahnung

(1) **Der Verletzte soll den Verletzer vor Einleitung eines gerichtlichen Verfahrens auf Unterlassung abmahnen und ihm Gelegenheit geben, den Streit durch Abgabe einer mit einer angemessenen Vertragsstrafe bewehrten Unterlassungsverpflichtung beizulegen.**

(2) **[1]Die Abmahnung hat in klarer und verständlicher Weise**

1. **Name oder Firma des Verletzten anzugeben, wenn der Verletzte nicht selbst, sondern ein Vertreter abmahnt,**
2. **die Rechtsverletzung genau zu bezeichnen,**
3. **geltend gemachte Zahlungsansprüche als Schadensersatz- und Aufwendungsersatzansprüche aufzuschlüsseln und**
4. **wenn darin eine Aufforderung zur Abgabe einer Unterlassungsverpflichtung enthalten ist anzugeben, inwieweit die vorgeschlagene Unterlassungsverpflichtung über die abgemahnte Rechtsverletzung hinausgeht.**

[2]Eine Abmahnung, die nicht Satz 1 entspricht, ist unwirksam.

(3) **[1]Soweit die Abmahnung berechtigt ist und Absatz 2 Satz 1 Nummer 1 bis 4 entspricht, kann der Ersatz der erforderlichen Aufwendungen verlangt werden. [2]Für die Inanspruchnahme anwaltlicher Dienstleistungen beschränkt sich der Ersatz der erforderlichen Aufwendungen hinsichtlich der gesetzlichen Gebühren auf Gebühren nach einem Gegenstandswert für den Unterlassungs- und Beseitigungsanspruch von 1000 Euro, wenn der Abgemahnte**

1. **eine natürliche Person ist, die nach diesem Gesetz geschützte Werke oder andere nach diesem Gesetz geschützte Schutzgegenstände nicht für ihre gewerbliche oder selbstständige berufliche Tätigkeit verwendet, und**
2. **nicht bereits wegen eines Anspruchs des Abmahnenden durch Vertrag, auf Grund einer rechtskräftigen gerichtlichen Entscheidung oder einer einstweiligen Verfügung zur Unterlassung verpflichtet ist.**

[1795] KG ZUM-RD 2010, 125 (129.) unter Verweis auf OLG Hamburg ZUM 2001, 325 und OLG Karlsruhe ZUM 1994, 434.

[1796] OLG Hamm ZUM 2009, 159 (161), insoweit nicht gerügt durch die Revision, s. Urteil des BGH vom 25.3.2010 – I ZR 130/08 Rn. 16 = BeckRS 2010, 26762. Zu einem zulässigen Bestreiten nicht hinreichend substantiiert dargelegter Nutzungsrechte nach § 138 Abs. 4 ZPO s. etwa LG Hamburg ZUM-RD 2010, 419 (420).

[1797] BGH GRUR 1961, 635 (637) – Stahlrohrstuhl I mwN; BGH GRUR 1960, 636 (638) – Kommentar; RGZ 169, 109 (111).

[1798] BGH GRUR 1981, 820 (822) – Stahlrohrstuhl II mwN; zum Anscheinsbeweis bei Urheberrechtsverletzung BGHZ 100, 31 (32 f.) = GRUR 1987, 630 (631) – Raubpressungen mAnm *v. Gravenreuth* GRUR 1987, 632.

[1799] BGH GRUR 2004, 74 (75) – rassistische Hetze, noch zu § 5 Abs. 2 TDG aF; Wandtke/Bullinger/*v. Wolff* § 97 UrhG Rn. 22.

[1800] BGH GRUR 2008, 1097 (1099) – Namensklau im Internet mwN, für den Hosting-Provider; OLG Köln GRUR 2014, 1081 (1090) – Goldesel mwN, für den Access-Provider.

[1801] BGH GRUR 2016, 268 Rn. 40 – Störerhaftung des Access-Providers; vgl. auch BGH, GRUR 2008, 1097 Rn. 19 f. – Namensklau im Internet; Vgl. → Rn. 349, sowie zu weiteren Einzelfällen → Rn. 175, 184, 211 f.

[3]Der in Satz 2 genannte Wert ist auch maßgeblich, wenn ein Unterlassungs- und ein Beseitigungsanspruch nebeneinander geltend gemacht werden. [4]Satz 2 gilt nicht, wenn der genannte Wert nach den besonderen Umständen des Einzelfalles unbillig ist.

(4) [1]Soweit die Abmahnung unberechtigt oder unwirksam ist, kann der Abgemahnte Ersatz der für die Rechtsverteidigung erforderlich Aufwendungen verlangen, es sei denn, es war für den Abmahnenden zum Zeitpunkt der Abmahnung nicht erkennbar, dass die Abmahnung unberechtigt war. [2]Weiter gehende Ersatzansprüche bleiben unberührt.

Schrifttum: *Adolphsen/Mayer/Möller,* Massenabmahnungen im Urheberrecht – Ein Geschäftsmodell auf dem Prüfstand, NJOZ 2010, 2394; *Ahrens,* Zum Ersatz der Verteidigungsaufwendungen bei unberechtigter Abmahnung, NJW 1982, 2477; *Aigner,* Die Beseitigung der Wiederholungsgefahr bei Abbedingung des § 348 HGB in der strafbewehrten Unterlassungserklärung? GRUR 2007, 950; *Bernreuther,* Zusammentreffen von Unterlassungserklärung und Antrag auf Erlass einer einstweiligen Verfügung, GRUR 2001, 400; *Borck,* Gegenzüge oder: Wie man zweckmäßig auf Unterlassungsansprüche reagiert, WRP 1980, 375; *Burchart,* Der Zugang der Abmahnung, WRP 1985, 478; *Busch,* Zurückweisung einer Abmahnung bei Nichtvorlage der Originalvollmacht nach § 174 S. 1 BGB, GRUR 2006, 477; *Deutsch,* Der BGH-Beschluss zur unberechtigten Schutzrechtsverwarnung und seine Folgen für die Praxis, GRUR 2006, 374; *Dreier/Leistner,* Urheberrecht im Internet: die Forschungsheraus-forderungen, GRUR 2013, 881; *Eichmann,* Die Rechtsnatur der Abmahnung und der Verwarnung, FS Helm (2002), S. 287; *Ewert/v. Hartz,* Die Abmahnung im Urheberrecht auf dem Weg in die Bedeutungslosigkeit? ZUM 2007, 450; *Franzen,* Zugang und Zugangshindernisse bei eingeschriebenen Briefsendungen, JUS 1999, 429; *Gaede/Meister,* Geschäftsführung ohne Auftrag – Kostenerstattung ohne Grenzen? WRP 1984, 246; *v. Gravenreuth,* Mehrfachabmahnungen auch bei Sonderschutzrechten? WRP 1986, 181; *Günther/Beyerlein,* Abmahnen nach dem RVG – Ein Gebühren-Eldorado? WRP 2004, 1222; *Hartmann,* Neue Regeln gegen Abmahnungsmissbrauch im UrhG, GRUR-RR 2014, 97; *Heidenreich,* Zum Kostenanspruch für eine wettbewerbsrechtliche Gegenabmahnung, WRP 2004, 660; *Heinz/Stillner,* Abmahnung ohne schriftliche Vollmacht, WRP 1993, 379; *Hennemann,* Urheberrechtsdurchsetzung und Internet, Baden-Baden 2011; *Hennemann,* Die Inanspruchnahme von Zugangsvermittlern von der Störerhaftung zum Sperranspruch, ZUM 2018, 754; *Hewicker/Marquardt/Neurauter,* Der Abmahnkosten-Ersatzanspruch im Urheberrecht, NJW 2014, 2753; *Hirsch/Traub,* Rechtsanwaltsvergütung nach Inkrafttreten des RVG, WRP 2004, 1226; *Hoeren,* 100 € und Musikdownloads – die Begrenzung der Abmahngebühren nach § 97a UrhG, CR 2009, 378; *Hoffmann,* Die Entwicklung des Internetrechts bis Ende 2013, NJW 2014, 518; *Hopt,* Schadensersatz aus unberechtigter Verfahrenseinleitung, 1968; *Jennewein,* Zur Erstattung von Abmahnkosten bei Verbänden, WRP 2000; *Keller,* Negative Feststellungsklage, gegenläufige Leistungsklage und Verzicht auf deren Rücknahme, WRP 2000, 908; *Klein,* Keine Vertragsstrafe für die Schwebezeit, GRUR 2007, 664; *Köhler,* Die wettbewerbsrechtliche Abmahnung, WiB 1994, 130; *Köhler,* „Abmahnverhältnis" und „Unterwerfung", FS Piper (1996), S. 309; *Köhler,* Zur Erstattungsfähigkeit von Abmahnkosten, FS Erdmann (2002), S. 845; *Köhler,* Muster einer Abmahnung und strafbewehrten Unterlassungserklärung, WiB 1994, 1130; *Kues,* Mehrfachabmahnung und Aufklärungspflicht, WRP 1985, 196; *Kunath,* Kostenerstattung bei ungerechtfertigter Verwarnung – neuer Lösungsansatz, WRP 2000, 1074; *Kunath,* Zur Nachfragepflicht des Abmahnenden – Kostenbegünstigung des Verletzers durch neuere Entscheidungen, WRP, 2001, 238; *Lindacher,* Die Haftung wegen unberechtigter Schutzrechtsverwarnung oder Schutzrechtsklage, ZHR 144 (1980) 350; *Lindacher,* Der „Gegenschlag" des Abgemahnten, FS v. Gamm (1990), S. 83; *Malkus,* Harry Potter und die Abmahnung des Schreckens, MMR 2010, 382; *Mantz,* Die Risikoverteilung bei urheberrechtlichen Abmahnungen – Neue Wege mit § 97a UrhG? CR 2014, 189; *Meier-Beck,* Die Verwarnung aus Schutzrechten – mehr als eine Meinungsäußerung! GRUR 2005, 535; *Meier-Beck,* Die unberechtigte Schutzrechtsverwarnung als Eingriff in das Recht am Gewerbebetrieb, WRP 2006, 790; *Mellulis,* Zum Unkostenerstattungsanspruch als Eingriff in das Recht bei der Verwarnung durch Verbände, WRP 1982, 1; *Müller/Rößner,* Die Gebührendeckelung im neuen § 97a UrhG: Alles wird besser, K&R 2013, 695; *J. B. Nordemann,* Die Erstattungsfähigkeit anwaltlicher Abmahnkosten bei Urheberrechtsverletzungen, WRP 2003, 184; *J. B. Nordemann/Wolters,* Schwerwiegende Regeländerungen bei urheberrechtlichen Abmahnung, ZUM 2014, 25; *Ohrt,* „Procura necesse est" oder: Vollmachtsnachweis bei Abmahnschreiben und Kostenerstattung, WRP 2002, 1035; *Omsels,* Zur Unlauterkeit der gezielten Behinderung von Mitbewerbern (§ 4 Nr. 10 UWG), WRP 2004, 136; *Pabst,* Zur Frage der Erstattung von Abmahnkosten im Buchhandel, AfP 1998, 162; *Pfister,* Erfordernis des Vollmachtsnachweises bei Abmahnschreiben, WRP 2002, 799; *Quiring,* Zur Haftung wegen unbegründeter Verwarnungen, WRP 1983, 317; *van Raden,* Außergerichtliche Konfliktregelung im gewerblichen Rechtsschutz, BB 1999, Beilage 9, S. 17; *van Raden/Sack,* Unbegründete Schutzrechtsverwarnungen, 2006; *Rauh,* Unbegründete Schutzrechtsverwarnungen, GRUR-Int 2007, 269; *Rauer/Ettig,* Anforderungen an Abmahnschreiben gem. § 97a UrhG, GRUR-Prax 2015, 73; *Rödding,* Die Rechtsprechung zur Drittunterwerfung, WRP 1988, 514; *Sack,* Die Haftung für unbegründete Schutzrechtsverwarnungen, WRP 2005, 253; *Sack,* Unbegründete Schutzrechtsverwarnungen, 2006; *Schmittmann,* Zur Problematik der wettbewerbsrechtlichen Abmahnung mittels Telefax, WRP 1994, 225; *Schotthöfer,* Rechtliche Probleme im Verhältnis zwischen Feststellungsklage und Unterlassungsklage im Wettbewerbsrecht, WRP 1986, 14; *Schulte,* Anforderungen an die Beantwortung einer Verwarnung, GRUR 1980, 470; *A. Schulz,* Kostenerstattung bei erfolgloser Abmahnung, WRP 1990, 658; *A. Schulz,* Schubladenverfügung und die Kosten der nachgeschobenen Abmahnung, WRP 2007, 589; *Selke,* Erstattung von Rechtsanwaltskosten bei unberechtigter Abmahnung aus culpa in contrahendo, WRP 1999, 286; *Sessinghaus,* Abschied von der unberechtigten Schutzrechtsverwarnung – auf Wiedersehen im UWG? WRP 2005, 823; *Solmecke/Dierking,* Die Rechtsmissbräuchlichkeit von Abmahnungen, MMR 2009, 727; *Steiniger,* Abmahnung – auch bei notorischen Wettbewerbsverletzern? WRP 1999, 1197; *Teplitzky,* Unterwerfung oder Unterlassungsurteil? Zur Frage des aus der Verletzerperspektive „richtigen" Streiterledigungsmittels, WRP 1996, 171; *Teplitzky,* Zur Frage der Rechtmäßigkeit unbegründeter Schutzrechtsverwarnungen, – zugleich eine Besprechung von BGH GRUR 2004, 958 – Verwarnung aus Kennzeichenrecht, GRUR 2005, 9; *Teplitzky,* Aktuelle Probleme der Abmahnung und Unterwerfung sowie des Verfahrens der einstweiligen Verfügung im Wettbewerbs- und Markenrecht, WRP 2005, 654; *Teplitzky,* Die prozessualen Folgen der Entscheidung des Großen Senats für Zivilsachen zur unberechtigten Schutzrechtsverwarnung, WRP 2005, 1433; *Teplitzky,* Die Regelung der Abmahnung in § 12 Abs. 1 UWG, ihre Reichweite und einige ihrer Folgen, FS Ullmann (2006), S. 555; *Ullmann,* Die Verwarnung aus Schutzrechten – mehr als eine Meinungsäußerung? GRUR 2001, 1027; *Ulrich,* Die vorprozessualen Informationspflichten des Anspruchsgegners in Wettbewerbssachen, ZIP 1990, 1377; *Ulrich,* Zur Auskunftspflicht des Abgemahnten – Zur sinngemäßen Anwendung des § 93 ZPO zugunsten des Klägers/Antragstellers, WRP 1985, 117; *Ulrich,* Die Vollstreckungsabwehrklage in Wettbewerbssachen, FS Traub (1994), S. 423; *Ulrich,* Die Kosten der Abmahnung und die Aufklärungspflicht des Abgemahnten, WRP 1995, 282;

Ulrich, Die Abmahnung und der Vollmachtsnachweis, WRP 1998, 258; *Ulrich,* Der Zugang der Abmahnung, WRP 1998, 124; *Ulrich,* Aktuelle Probleme der Abmahnung und Unterwerfung sowie des Verfahrens der einstweiligen Verfügung im Wettbewerbs- und Markenrecht, WRP 2005, 654; *Ultsch,* Zugangsprobleme bei elektronischen Willenserklärungen, dargestellt am Beispiel der Electronic Mail, NJW 1997, 3007; *Vossler,* Das sofortige Anerkenntnis im Zivilprozess nach In-Kraft-Treten des ersten Justizmodernisierungsgesetzes, NJW 2006, 1034; *G. Wagner,* Abschied von der unberechtigten Schutzrechtsverwarnung? ZIP 2005, 49; *G. Wagner/Thole,* Kein Abschied von der unberechtigten Schutzrechtsverwarnung, NJW 2005, 3470; *Weber/Bockslaff,* Änderungen des Urheberrechtsgesetzes durch das „Gesetz gegen unseriöse Geschäftspraktiken", IPRB 2014, 20; *Weede,* Die Anwendung des geänderten § 97a UrhG auf Altfälle, MMR-Aktuell 2013, 351839; *Weisert,* Rechtsprobleme der Schubladenverfügung, WRP 2007, 504; *Wilke,* Abmahnung und Schutzschrift im gewerblichen Rechtsschutz, 1991; *Wilke/Jungbluth,* Abmahnung, Schutzschrift und Unterlassungserklärung, 2. Aufl. 1995.

Übersicht

I. Entwicklung und Bedeutung

1. Allgemeines

1   Die **Abmahnung, im Recht der gewerblichen Schutzrechte auch Verwarnung** genannt, ist von der Rechtsprechung im Wettbewerbsrecht entwickelt und – trotz der von einzelnen dogmatisch widersprochenen Anwendung der GoA-Grundsätze zur Kostenerstattung – als vorprozessuales Befriedungsmittel für das gesamte Unterlassungsrecht zum richterlichen Gewohnheitsrecht geworden.

2   Mit der geltenden Vorschrift sollte insbesondere ein besserer Schutz vor missbräuchlichen und hinsichtlich der Kosten überzogenen Abmahnungen erreicht werden.[1] Berichte über ernstzunehmende Missstände, „Beschwerden über anwaltliche, komplett auf Textbausteinen basierende und ohne individuelle Überprüfung ausgesprochene ‚Massenabmahnungen' mit Forderungen von durchschnittlich 700 Euro", die „das grundsätzlich auch in anderen Bereichen bewährte und effektive zivilrechtliche Institut der Abmahnung in Misskredit gebracht" hätten[2] waren Anlass für eine abermalige Änderung

---

[1] BT-Drs. 16/5048, 48.

[2] Begründung zum Regierungsentwurf, Entwurf eines Gesetzes gegen unseriöse Geschäftspraktiken, BT-Drs. 17/13057, 10 f.

des § 97a durch das **„Gesetz gegen unseriöse Geschäftspraktiken"**,[3] die zur derzeit geltenden Fassung führte.

Die **aktuelle Fassung** trat am 9.10.2013 in Kraft. Die frühere Bestimmung des § 97a Abs. 1 S. 1 **3** aF ist nunmehr in § 97a Abs. 1 aufgegangen. Der Aufwendungsersatzanspruch aus Abs. 2 S. 1 aF findet sich nun in Abs. 3 S. 1. Gänzlich neu ist die ausdrückliche Regelung zur Wirksamkeit der Abmahnung in Abs. 2 S. 1. Auch die Begrenzung der Abmahnkosten (Abs. 2 aF) hat eine deutliche Veränderung erfahren und findet sich nun in Abs. 3 S. 2. Unterdessen liegt der **Evaluierungsbericht** zum Gesetz gegen unseriöse Geschäftspraktiken vor, der zwar einen deutlichen **Rückgang der Zahl der Abmahnungen** benennt, zugleich aber herausstellt, dass die der Evaluation zugrundeliegende **Datenlage dünn und jedenfalls nicht reräsentativ** sei.[4] Weiterer Handlungsbedarf wird bei der Ausnahme von der Deckelung der Rechtsanwaltskosten und den im Berichtszeitraum in der Höhe nicht zurückgegangenen Vergleichsangeboten, die den Abgemahnten unterbreitet werden, identifiziert.[5] Weitere, geringfügige Ergänzungen sieht ein **Entwurf eines Gesetzes zur Stärkung des fairen Wetbewerbs** vor, der sich etwas unkritisch auf die Ergebnisse des Evaluierungsberichts stützt.[6]

Besonderheiten gelten im Bereich des **Telemedienrechts.** Bei einer **Inanspruchnahme des 3a Vermittlers** (Access-Provider und andere Zugangsanbieter und insbesondere Hostingdienste) gilt zunächst, dass nach der von der Rechtsprechung entwickelten **Störerhaftung** ein Anspruch nicht schon durch die erstmalige Inkenntnissetzung von einer Rechtsverletzung entsteht.[7] Eine Abmahnung nach diesen Grundsätzen erfordert vielmehr, dass der Dienstanbieter auf einen ersten Hinweis auf eine klare Rechtsverletzung nicht unverzüglich tätig wird, um den rechtsverletzenden Inhalt zu sperren oder den Zugang zu ihm zu sperren, oder es nach einem solchen Tätigwerden erneut zu einer derartigen Rechtsverletzung gekommen ist.[8] Diese richterrechtlichen Regelungen, die einen Dritten wegen dessen Beitrags, der *„in irgendeiner Weise willentlich und adäquat-kausal"* für die Rechtsverletzung eines anderen war, lassen sich mit dem **Begriff des Verletzers** in § 97a nicht unmittelbar in Einklang bringen. Die Rechtsprechung greift zu einer an den Voraussetzungen von § 10 TMG vergleichbaren Konstruktion, die eine Haftung des Hostingdienstes vor **tatsächlicher Kenntnis von einer konkreten Rechtsverletzung** ausschließt und an diese Kenntnis Verhaltenspflichten knüpft, deren Verletzung Unterlassungsansprüche begründen kann. Ob dies im Einklang mit **Art. 8 Abs. 3 der Info-Soc-RL** steht, wird derzeit in zwei **Vorabentscheidungsverfahren** geklärt.[9] Jedenfalls im Bereich der Zugangsanbieter stellen nunmehr die Regelungen in **§ 8 Abs. 1 S. 2, 3 und § 7 Abs. 4 TMG** *leges speciales* **zu** § 97a dar, die dessen Regelungen überspielen.[10]

Mangels Übergangsvorschrift kommt es auf den **Zeitpunkt der Abmahnung** an.[11] Auf Abmah- **4** nungen, die zeitlich vor dem Tag des Inkrafttretens der jetzt geltenden Fassung am 9.10.2013 liegen, findet die Vorschrift keine Anwendung.[12]

2. Zweck der Regelung

Der ursprüngliche und hauptsächliche Grund für die Entwicklung des Rechtsinstituts der Abmah- **5** nung **im Wettbewerbsrecht** war die **Vermeidung von unnötigen Gerichtsverfahren.** Die Gerichte wehrten sich gegen die zunehmende Überlastung durch Verfahren, die schon im Vorfeld durch Abgabe einer strafbewerten Unterlassungserklärung und dem damit erreichten Wegfall der Wiederholungsgefahr erledigt werden konnten. Wird die Abmahnung gefordert, muss auch geregelt sein, wer die Kosten trägt. So hat die **Rechtsprechung** zur Abmahnung die **Erstattung des Aufwendungsersatzes über die Geschäftsführung ohne Auftrag** (§§ 683 S. 1, 677, 670 BGB) geschaffen. Sie

---

[3] Gesetz gegen unseriöse Geschäftspraktiken vom 1.10.2013, BGBl. 2013 I S. 3714; *Dreier/Leistner* GRUR 2013, 881 (893).

[4] *Schulte-Nölke/Henning-Bodewig/Podszun,* Evaluierung der verbraucherschützenden Regelungen im Gesetz gegen unseriöse Geschäftspraktiken, Schlussbericht, 3.2.2017, S. 197 f.

[5] *Schulte-Nölke/Henning-Bodewig/Podszun,* Evaluierung der verbraucherschützenden Regelungen im Gesetz gegen unseriöse Geschäftspraktiken, Schlussbericht, 3.2.2017, S. 13, 15.

[6] Referentenentwurf v. 11.9.2018, Entwurf eines Gesetzes zur Stärkung des fairen Wettbewerbs, abrufbar auf der Webseite des BMJV.

[7] Zu beachten ist für Diensteanbieter für das Teilen von Online-Inhalten nun Art. 17 DSM-RL bzw. deren Umsetzung in nationales Recht; vgl. dazu → § 97 Rn. 215c ff. sowie § 97 Rn. 56e ff.

[8] Vgl. BGH GRUR 2011, 1038 Rn. 39 – Stiftparfüm; BGH GRUR 2018, 1132 Rn. 49 f. – YouTube mAnm *Ohly.*

[9] EuGH Gerichtsmitteilung v. 6.11.2018 – C-682/18, BeckEuRS 2018, 603041 – YouTube; EuGH Gerichtsmitteilung v. 6.11.2018 – C-683/18 – Elsevier; vgl. BGH GRUR 2018, 1132 ff. – YouTube mAnm *Ohly;* BGH GRUR 2018, 1239 ff. – uploaded.

[10] *Spindler* NJW 2017, 2305 (2308); *Grünberger* GRUR 2018, 321 (335).

[11] BGH ZUM-RD 2018, 68 (69); GRUR 2016, 1275 Rn. 19 – Tannöd; Fromm/Nordemann/*J. B. Nordemann* UrhG § 97a Rn. 3; BeckOK/*Reber* UrhG § 97a Rn. 1; *Hoffmann* NJW 2014, 518; *Weede* MMR-Aktuell 2013, 351839; s. zum gleichgelagerten Streit bei Einführung des § 97a Abs. 2 UrhG aF: *Malkus* MMR 2010, 382 (383) mwN.

[12] BGH ZUM-RD 2018, 68 (69); GRUR 2016, 1275 Rn. 19 – Tannöd; BGH GRUR 2014, 657 Rn. 11 – BearShare; BGH ZUM 2012, 34 Rn. 8; GRUR 2010, 1120 Rn. 17 – Vollmachtsnachweis, zu § 12 UWG; OLG Frankfurt a. M. MMR 2014, 687 (688 f.); LG Köln MMR 2014, 194 (195) mAnm *Mantz;* aA AG Hamburg BeckRS 2013, 14331; eingehend *Backes* S. 204 f.

setzt voraus, dass die Abmahnung dem abgemahnten Verletzer nützlich war und seinem wirklichen oder mutmaßlichen Willen entsprach. Letzteres ist anzunehmen, gibt die Abmahnung dem Verletzer doch Gelegenheit, den Streitfall durch Abgabe einer strafbewehrten Unterlassungserklärung beizulegen und ein teureres Gerichtsverfahren zu vermeiden. Hierfür kommt es auf die objektive Sicht an, nicht auf die des abmahnenden Verletzten.

6   Nachdem das Rechtsinstitut der Abmahnung mit Erstattung des Aufwendungsersatzes bei berechtigter Abmahnung zur Rechtswahrung allgemeine Anerkennung und Eingang in das Gesetz gefunden hat, steht die **Streitvermeidung und Interessenwahrung inter partes** im Vordergrund.[13] Für das Wettbewerbsrecht wird auf Schätzungen verwiesen, wonach 90 bis 95 Prozent aller gerügten Wettbewerbsverstöße über Abmahnungen erledigt werden.[14] Ob diese Schätzungen auf die Verletzung von absoluten Rechten und insbesondere das Urheberrecht übertragen werden können, ist fraglich. Der Sonderfall der massenhaften Abmahnungen im Urheberrecht vornehmlich im Zusammenhang mit Musiktauschbörsen etc war zudem gerade Ausgangspunkt für die neuerliche Gesetzesänderung. Ausdrücklich wies der Gesetzentwurf darauf hin, dass das bewährte Institut der Abmahnung in **Misskredit** geraten sei. Von dieser Sonderproblematik abgesehen, bleibt es aber bei der anerkannten Bedeutung der Abmahnung. Insbesondere im Wettbewerbsrecht haben sich **feste Regeln zur Abmahnung** herausgebildet,[15] die – bei Beachtung der Unterschiede bei der Verletzung absoluter Rechte – auch als **maßstabgebend für Abmahnungen im Urheberrecht** berücksichtigt werden können.[16]

7   Laut der Amtlichen Begründung des § 97a aF sollten die bestehenden Regelungen zu Abmahnungen für urheberrechtliche Rechtsverletzungen „noch verbessert werden, um einen angemessenen Ausgleich der Interessen aller Beteiligten zu gewährleisten". Schon die **Einführung des § 97a aF mit dem von § 12 Abs. 1 UWG übernommenen Wortlaut** hatte aber – wie die Reform zu § 12 Abs. 1 UWG – vornehmlich den **Sinn, Schuldner vor unberechtigten Abmahnungen und vor zu hohen anwaltlichen Kostenforderungen** zu schützen,[17] denn die Urheber und Leistungsschutzberechtigten genossen schon bisher hinreichenden Rechtsschutz.[18] Diesen Zweck erreichte die Reform aufgrund der Unsicherheiten bei der Auslegung der verwandten unbestimmten Rechtsbegriffe („einfach gelagerter Fall"; „unerhebliche Rechtsverletzung") nicht,[19] denn die Abmahnungen richten sich meist gegen Bürger, die nicht im geschäftlichen Verkehr handeln und den Gang zu den Gerichten scheuen. Klarer richtet sich die Neufassung nach der Begründung zum Regierungsentwurf nun gegen die „**Beseitigung von Missständen bei urheberrechtlichen Abmahnungen**".[20] Und tatsächlich tut die Rechtsordnung gut daran, den entstandenen anwaltlichen Geschäftsmodellen mit ihren **Massenabmahnungen Einhalt zu gebieten.** Schon der Gesetzgeber weist zu Recht darauf hin, dass dies letztlich den Rechtsinhabern und der Legitimität der Durchsetzung ihrer Rechte abträglich ist.

II. Soll-Bestimmung mit Doppelnatur

1. Keine Prozessvoraussetzung

8   Die Abmahnung ist **keine Prozessvoraussetzung**; ohne Abmahnung fehlt es auch nicht am Rechtsschutzbedürfnis. Einige Gerichte bestehen gleichwohl vor Tätigwerden auf dem Nachweis der Abmahnung. Der Gesetzgeber erklärt die **Abmahnung zur Soll-Bestimmung** und stellt damit klar, dass **keine echte Rechtspflicht zur Abmahnung** besteht.[21] **Mit der Unterlassung der Abmahnung riskiert der Gläubiger nur die für ihn ungünstige Kostenfolge des § 93 ZPO,**[22] wenn der Schuldner den Anspruch im Prozess sofort anerkennt. Die Literatur spricht von „Obliegenheit".

---

[13] BGH GRUR 2016, 184 Rn. 57 – Tauschbörse II; Teplitzky/*Bacher* Kap. 41 Rn. 3; Ahrens/*Achilles* Kap. 2 spricht von 80–95 %.

[14] Teplitzky/*Bacher* Kap. 41 Rn. 3; Fezer/*Büscher* UWG § 12 Rn. 2.

[15] Referentenentwurf v. 11.9.2018, Entwurf eines Gesetzes zur Stärkung des fairen Wettbewerbs sieht nun in einem § 13 UWG-E eine § 97a UrhG entsprechende Regelung vor; abrufbar auf der Webseite des BMJV.

[16] Fromm/Nordemann/*J. B. Nordemann* UrhG § 97a Rn. 2; zum Wettbewerbsrecht vgl. Teplitzky/*Bacher* Kap. 41; Ahrens/*Achilles* Kap. 2 Rn. 9; *Gloy/Loschelder* § 84; Köhler/Bornkamm/Feddersen/*Bornkamm* UWG § 12 Kap. 1; Harte/Henning/*Brüning* UWG § 12 Rn. 2 ff.; Fezer/*Büscher* § 12 Rn. 1 ff.; MüKo/*Ottofülling* UWG § 12 Rn. 1 ff.

[17] BT-Drs. 16/5048, 48.

[18] Vgl. dazu Vorauflage, Schricker/Loewenheim/*Wild* (4. Aufl.) UrhG § 97a Rn. 4; zur Missbräuchlichkeit von Abmahnungen vgl. *Solmecke/Dierking* MMR 2009, 727.

[19] BT-Drs. 17/13057, 10 f.; *Dreier/Leistner* GRUR 2013, 881 (893).

[20] Etwas euphemistisch daher die Kommentierung bei Fromm/Nordemann/*J. B. Nordemann* UrhG § 97a Rn. 2.

[21] BT-Drs. 16/5048, 48.

[22] Zur Erforderlichkeit einer urheberrechtlichen Abmahnung: OLG Hamburg GRUR 2006, 616 – Anerkenntnis nach Berechtigungsanfrage; zur Reichweite einer Abmahnung OLG Hamburg GRUR-RR 2007, 175 – Währungsangabe.

2. Doppelnatur

Die Amtliche Begründung[23] zu § 97a aF definierte die Abmahnung als „die **Mitteilung** eines Ver- **9** letzten an einen Verletzer, dass er durch **eine im Einzelnen bezeichnete Handlung einen Urheberrechtsverstoß** begangen habe, **verbunden mit der Aufforderung, dieses Verhalten in Zukunft zu unterlassen** und **binnen einer bestimmten Frist eine strafbewehrte Unterwerfungserklärung abzugeben**". Diese „Mitteilung" hat mit ihrer Doppelfunktion einen zweifachen Charakter: Sie ist **einerseits geschäftsähnliche Rechtshandlung mit eigenen Regeln,**[24] zugleich **aber mit dem Angebot zum Abschluss eines Unterlassungsvertrags auch Willenserklärung.** Daraus ergeben sich Fragen zur Wirksamkeit der Abmahnung ohne Vorlage einer Vollmachtsurkunde durch den abmahnenden Vertreter/Anwalt sowie zum Nachweis des Zugangs der Abmahnung (dazu sogleich). Zur Frage der Erforderlichkeit einer Aufforderung zur Abgabe einer Unterlassungserklärung → Rn. 20 f.

III. Form, Zugang, Vertretungsnachweis

1. Form der Abmahnung

Eine **Form** der Abmahnung ist **nicht vorgeschrieben.** In der Regel wird sie schon aus Beweis- **10** gründen **schriftlich** erfolgen. Zulässig und ausreichend sind aber auch Abmahnungen per Telefon, Telefax, E-Mail, Boten oder persönliche Ansprache zB am Stand auf einer Messe.

2. Zugangserfordernis

Unter dem Blickwinkel der **Warnfunktion** und des Zwecks der **Vermeidung eines Unterlas- 11 sungsprozesses** ist auch das Zugangserfordernis bei der Abmahnung zu beurteilen: Eine Abmahnung kann ihren streitvermeidenden Zweck nur erfüllen, wenn der Schuldner von ihr Kenntnis erhält. **Materiell-rechtlich** ist die Frage unproblematisch und im Einklang mit dem Zweck der Abmahnung: Auch für geschäftsähnliche Handlungen wie die Abmahnung gelten die **Regeln über Willenserklärungen**, insbesondere diejenigen zum **Zugang**, entsprechend;[25] sie wird daher erst mit Zugang wirksam. Unterschiedliche Auffassungen gab es auch weniger zu dieser Frage, als dazu, **welche Partei den streitigen Zugang bzw. Nichtzugang der Abmahnung zu beweisen hat.**[26] Ob sich, wie einige meinen, mit der Entscheidung des BGH *Zugang des Abmahnschreibens*[27] dieser Streit erledigt hat,[28] ist noch nicht ersichtlich. Die Begründung des BGH ist überzeugend: Sie verweist aber zugleich auf den **prozessrechtlichen Kontext**, in dem sich in jenem Fall die Frage stellte: Dort hatte der Verletzer die erhobenen Ansprüche innerhalb der ihm gesetzten Frist unter Verwahrung gegen die Kostenlast anerkannt. Im Rahmen der Kostenentscheidung nach § 93 ZPO hat der BGH in Anwendung der **allgemeinen Beweislastregeln** dem Verletzer, der sich auf den zu seinen Gunsten wirkenden Ausnahmetatbestand des § 93 ZPO berief, die Darlegungs- und Beweislast auferlegt. Da es sich bei dem Nichtzugang um eine negative Tatsache handele, kann sich der Verletzer zunächst auf die schlichte Behauptung der negativen Tatsache beschränken. Sodann sei der Gläubiger ausnahmsweise verpflichtet, dem mit eigenem qualifizierten Vortrag entgegenzutreten (sekundäre Darlegungslast); im Anschluss daran muss sodann der Verletzer seinen Vortrag konkretisieren und unter Beweis stellen.[29]

Damit hat der BGH aber nicht, wie teilweise angenommen wird,[30] die Darlegungs- und Beweislast **12** für den Zugang des Abmahnschreibens dem Abgemahnten auferlegt. Richtig weist vielmehr *Teplitzky* darauf hin, dass – ausgenommen lediglich die Beweislage für die Kostentragung nach § 93 ZPO – **der abmahnende Gläubiger die Beweislast für den Zugang trägt** und keine Kostentragung verlangen kann, wenn ihm nicht der Nachweis gelingt, dass der Adressat die Abmahnung auch erhalten hat.[31] Der Abmahnende erscheint mit dieser Risikoverteilung[32] auch **nicht unangemessen** be-

---

[23] BT-Drs. 16/1548, 48.

[24] So die hM, siehe dazu Teplitzky/*Bacher* Kap. 41 Rn. 5 mwN; Köhler/Bornkamm/Feddersen/*Bornkamm* UWG § 12 Rn. 1.10.

[25] Vgl. Palandt/*Ellenberger* BGB Überbl. vor § 104 Rn. 6 und BGB § 130 Rn. 3; Köhler/Bornkamm/ Feddersen/*Bornkamm* UWG § 12 Rn. 1.37.

[26] Vgl. die Nachweise zu den unterschiedlichen Auffassungen in Rechtsprechung und Literatur: BGH GRUR 2007, 629 Rn. 11 – Zugang des Abmahnschreibens; OLG Frankfurt a. M. BeckRS 2015, 01669 Rn. 17; Wandtke/ Bullinger/*Kefferpütz* UrhG § 97a Rn. 24; Köhler/*Bornkamm* UWG § 12 Rn. 1.31 f.

[27] BGH GRUR 2007, 629 – Zugang des Abmahnschreibens.

[28] So Köhler/Bornkamm/Feddersen/*Bornkamm* UWG § 12 Rn. 1.36, 1.42 f.; Wandtke/Bullinger/*Kefferpütz* UrhG § 97a Rn. 25.

[29] BGH GRUR 2007, 629 Rn. 12 – Zugang des Abmahnschreibens; OLG Hamburg NJW-RR 2012, 1210 (1211).

[30] Fromm/Nordemann/*J. B. Nordemann* UrhG § 97a Rn. 75; Wandtke/Bullinger/*Kefferpütz* UrhG § 97a Rn. 26.

[31] *Teplitzky* 10. Aufl. (2011) Kap. 41 Rn. 88a; Ahrens/*Scharen* Kap. 11 Rn. 6; so auch *Hewicker/Marquardt/ Neurauter* NJW 2014, 2753 (2754 f.).

[32] Auch nach BGH GRUR 2007, 629 Rn. 13 – Zugang des Abmahnschreibens trägt der Abmahnende das Risiko, dass ein abgesandtes Abmahnschreiben auf dem Postweg verlorengeht.

lastet, denn er hat es in der Hand; für seine Abmahnung eine nachweissichere Versandmethode zu wählen.[33]

3. Vollmachtsvorlage

13   Umstritten war auch die Frage, ob eine **anwaltliche Abmahnung** gemäß § 174 S. 1 BGB zurückgewiesen werden kann, wenn **keine Vollmachtsurkunde** vorgelegt wird.[34] Auch diese Frage hat der BGH in *Vollmachtsnachweis* überzeugend dahingehend entschieden, dass **§ 174 S. 1 BGB** auf die mit einer Unterwerfungserklärung verbundene Abmahnung **nicht anwendbar** ist. Denn bereits in der Abmahnung liege ein **Vertragsangebot zum Abschluss eines Unterwerfungsvertrages,** wenn es von einem Rechtsbindungswillen getragen und hinreichend bestimmt ist. Es besteht auch keine Veranlassung, die einheitliche Erklärung des Gläubigers in eine geschäftsähnliche Handlung (Abmahnung) und ein Vertragsangebot (Angebot auf Abschluss eines Unterwerfungsvertrages) aufzuspalten und auf erstere § 174 S. 1 BGB (entsprechend) anzuwenden.[35] Einer **entsprechenden Anwendung** der Bestimmung in § 174 S. 1 BGB auf die Abmahnung steht auch entgegen, dass der ursprüngliche Entwurf der Vorschrift in § 97a Abs. 1 S. 2 UrhG-E ausdrücklich eine entsprechende Anwendung des § 174 BGB vorsah, diese Bestimmung im weiteren Gesetzgebungsverfahren jedoch wieder gestrichen wurde.[36] Es fehlt damit schon an einer für eine entsprechende Anwendung erforderlichen planwidrigen Regelungslücke.

IV. Wirksamkeit der Abmahnung, Abs. 2 S. 1

1. Allgemeines

14   Neben den bisher anerkannten Erfordernissen gelten nach Abs. 2 S. 1 nunmehr ausdrücklich **kumulative („und") Mindestanforderungen** für die Abmahnung. Diese Anforderungen sind großenteils nicht neu; ob der Versuch, die von der Rechtsprechung entwickelten Regeln vor dem Hintergrund des Sonderfalles unseriöser Massenabmahnungen ausdrücklich zu regeln, im Ansatz glücklich und in der Umsetzung gelungen ist, wird die Anwendung der Normen durch die Rechtsprechung zeigen müssen.

15   Die Aufführung der **Informationspflichten** in § 97a ist eine Reaktion auf das **Problem der Massenabmahnungen;** sie „sind für seriös arbeitende Marktteilnehmer bereits heute selbstverständlich".[37] Eine Abmahnung, die diesen Anforderungen nicht entspricht, ist unwirksam. Gibt der Verletzer aufgrund einer solchen **unwirksamen Abmahnung** eine Unterlassungserklärung ab, **ist diese gleichfalls unwirksam.**[38] Der Abmahnende kann in diesem Fall **nicht Ersatz der Abmahnkosten** verlangen (vgl. § 97 Abs. 3 S. 1) und ist ggf. **Gegenansprüchen nach Abs. 4** ausgesetzt. Auch das **Kostenrisiko** eines der unwirksamen Abmahnung nachfolgenden Prozesses verlagert sich auf den Rechtsinhaber, da der Verletzer mit einem **sofortigen Anerkenntnis die Kostenfolge des § 93 ZPO** auslösen kann. Faktisch kann sich damit zumindest teilweise das Risiko auf die mit der Abmahnung betrauten Rechtsanwälte verlagern.[39]

16   Die Informationen nach Abs. 2 sind in **klarer und verständlicher Weise** anzugeben. Die Wirksamkeitsvoraussetzungen sollen den Abgemahnten in die Lage versetzen, selbst beurteilen zu können, ob die Abmahnung und die gegen ihn geltend gemachten Forderungen zu recht erfolgen.[40] Der Gesetzeswortlaut verwendet eine dem **AGB-rechtlichen Transparenzgebot** entsprechende Formulierung, weswegen *J. B. Nordemann* – „mit gewisser Zurückhaltung" – einen Rückgriff auf die zu § 307 Abs. 1 S. 2 BGB entwickelten Maßstäbe anregt. Die Formulierung legt nahe, dass – wie beim ABG-rechtlichen Transparenzgebot – eine Unwirksamkeit der Abmahnung allein aus einer unverständlichen Ausformulierung ihres Inhalts folgen kann, selbst wenn die Informationspflichten formal eingehalten sind. Ob dem ein eigener Regelungsgehalt zukommt, wird man abwarten müssen. Bei den im Fokus der Gesetzesänderung stehenden Massenabmahnungen gegenüber Privaten erscheint dies aber nicht ausgeschlossen.

2. Erfordernisse nach Abs. 2 S. 1 Nr. 1–4

17   **a)** In **Nr. 1** ist nunmehr ausdrücklich bestimmt, dass **Name oder Firma des Verletzten** anzugeben ist, wenn der Verletzte nicht selbst, sondern ein Vertreter – also insbesondere ein Rechtsanwalt –

---

[33] Vgl. auch BGH GRUR 2007, 629 Rn. 13 – Zugang des Abmahnschreibens; *Hewicker/Marquardt/Neurauter* NJW 2014, 2753 (2755).

[34] Vgl. zum Meinungsstand BGH GRUR 2010, 1120 Rn. 13 – Vollmachtsnachweis; Wandtke/Bullinger/*Kefferpütz* UrhG § 97a Rn. 20.

[35] BGH GRUR 2010, 1120 Rn. 15 – Vollmachtsnachweis.

[36] BT-Drs. 17/14192, 14.

[37] Begründung zum RegE, Entwurf eines Gesetzes gegen unseriöse Geschäftspraktiken, BT-Drs. 17/13057, 13.

[38] Begründung zum RegE, Entwurf eines Gesetzes gegen unseriöse Geschäftspraktiken, BT-Drs. 17/13057, 13.

[39] *Mantz* CR 2014, 189 (191).

[40] *Schulte-Nölke/Henning-Bodewig/Podszun,* Evaluierung der verbraucherschützenden Regelungen im Gesetz gegen unseriöse Geschäftspraktiken, Schlussbericht, 3.2.2017, S. 221.

abmahnt. Dies erscheint eine Selbstverständlichkeit und auch bisher gehörte zu den Anforderungen an eine Abmahnung, dass der Abmahnende in einer Weise bezeichnet ist, die Verwechslungen normalerweise ausschließt.[41] Dazu könnte jedenfalls in bestimmten Fällen aber auch die **Adresse,** die Vertretungsbefugnis gehören, die die Regelung aber nicht nennt.[42] Ein Zurückbleiben hinter den bisherigen Anforderungen würde aber dem Zweck der Neuregelung nicht gerecht.

Auch zur **Darlegung der Aktivlegitimation,** die schon bisher und weiterhin in der Abmahnung darzulegen ist, macht die Vorschrift weder in Nr. 1 noch in Nr. 2 präzisierende Angaben. Aus der Abmahnung muss erkennbar sein, wer welches Recht an welchem Gegenstand beansprucht;[43] so sind etwa **Ausführungen einer Gesellschaft bürgerlichen Rechts zu deren Rechtsinhaberschaft** schon deswegen erforderlich, weil Urheber nur eine natürliche Person sein kann.[44] Die Frage, ob – ggf. auf Nachfrage – zum Nachweis der Rechtsinhaberschaft oder Rechtekette **Belege** vorzulegen sind, wird überwiegend unter Verweis auf eine Entscheidung des Kammergerichts[45] verneint.[46] Dies wird man im Einzelfall zu beurteilen haben. Der BGH hat in einem den markenrechtlichen Störer betreffenden Fall zum dort anspruchsbegründenden Hinweis auf eine Rechtsverletzung ausgeführt, dass ein Beleg zum Nachweis der Rechtsinhaberschaft dann erforderlich sein kann, wenn es **berechtigte Zweifel am Bestehen eines Schutzrechts** oder der **Befugnis zur Geltendmachung dieses Schutzrechts** durch den Hinweisenden gibt.[47] Zwar ist das Vorgehen gegen einen Verletzer etwas anderes als die Inanspruchnahme eines Dritten als Störer; gleichwohl erschienen die Erwägungen des BGH vor dem Hintergrund des gegenüber dem Hinweis weitergehenden Zwecks der Abmahnung übertragbar.

b) Nach **Nr. 2** ist die **Rechtsverletzung genau zu bezeichnen;** für den Verletzer muss ersichtlich sein, was ihm in tatsächlicher und rechtlicher Hinsicht vorgeworfen wird.[48] Auch die Verletzungshandlung musste **schon nach bisherigem Verständnis so konkret** vorgetragen sein, dass der Abgemahnte erkennen kann, was ihm in tatsächlicher und rechtlicher Hinsicht vorgeworfen wird (**Darlegung des Rechts, ggf. der Rechtekette, der Verletzungshandlung an sich, Ort und Zeit**). In einer Abmahnung sind deshalb der Sachverhalt und der daraus abgeleitete Vorwurf eines rechtswidrigen Verhaltens so genau anzugeben, **dass der Abgemahnte den Vorwurf tatsächlich und rechtlich überprüfen** und die gebotenen Folgerungen daraus ziehen kann.[49] Bleiben für den Schuldner gewisse Zweifel am Vorliegen einer Rechtsverletzung oder an der Aktivlegitimation des Abmahnenden, ist er nach Treu und Glauben gehalten, den Abmahnenden auf diese Zweifel hinzuweisen und gegebenenfalls nach den Umständen angemessene Belege für die behaupteten Rechtsverletzungen und die Legitimation zur Rechtsverfolgung zu verlangen.[50] Mit dem gesetzgeberischen Zweck, dem Empfänger des Abmahnschreibens deutlich zu machen, wessen Rechte er wodurch verletzt haben soll,[51] werden insbesondere **gegenüber Privaten zukünftig tendenziell höhere Anforderungen** zu stellen sein.[52] Schon bisher waren in einer Abmahnung der Sachverhalt und der daraus abgeleitete Vorwurf eines Rechtsverstoßes so genau anzugeben, dass der Abgemahnte den Vorwurf tatsächlich und rechtlich überprüfen und die gebotenen Folgerungen daraus ziehen kann. Insbesondere muss die Abmahnung erkennen lassen, auf welches Schutzrecht der geltend gemachte Anspruch gestützt wird.[53] So kann der Schuldner bei einer **Abmahnung wegen des Herunterladens von Audiodateien** ohne Angabe der Titel, auf die sich die geltend gemachte Rechtsverletzung bezieht, nicht erkennen, welches Verhalten er in Zukunft unterlassen soll.[54] Unter der Geltung von § 97a aF genügte nach dem BGH im Falle einer umfangreichen Anzahl von Dateien (beim FileSharing) die Beifügung einer Titelliste; dass in der Abmahnung nicht aufgeführt wurde, an welchen aufgelisteten Titeln welche Rechte geltend gemacht würden, sei unschädlich und eine konkrete Zuordnung in der Abmahnung nicht geboten, um den Abgemahnten in den Stand zu versetzen, den

18

---

[41] Vgl. zum Wettbewerbsrecht: Ahrens/*Achilles* Kap. 2 Rn. 20; Harte/Henning/*Brüning* UWG § 12 Rn. 36.

[42] Gegen eine Auslegung über den Wortlaut hinaus Fromm/Nordemann/*J. B. Nordemann* UrhG § 97a Rn. 22; *Rauer/Ettig* GRUR-Prax 2015, 73 (74).

[43] Vgl. Möhring/Nicolini/*Reber* UrhG § 97a Rn. 4; OLG Düsseldorf ZUM-RD 2012, 135 f.

[44] OLG München GRUR 2007, 419 (421) – Lateinlehrbuch.

[45] KG GRUR 1983, 673 – Falscher Inserent, wo dies allerdings für den Regelfall verneint wird.

[46] Fromm/Nordemann/*J. B. Nordemann* UrhG § 97a Rn. 23, der weitergehend sogar keine Pflicht zur Substantiierung sieht; Teplitzky/*Bacher* Kap. 41 Rn. 14d; Möhring/Nicolini/*Reber* UrhG § 97a Rn. 4.

[47] BGH GRUR 2011, 1038 Rn. 31 – Stiftparfüm.

[48] OLG Frankfurt a. M. BeckRS 2015, 01669.

[49] BGH GRUR 2016, 184 Rn. 57 – Tauschbörse II; BGH GRUR 2009, 502 Rn. 13 – pcb; LG Berlin ZUM-RD 2016, 608, wonach der Abgemahnte wissen muss, dass anwaltliche Abmahnungen nie sachlich objektiv, sondern einseitig zugunsten und aus Sicht des Abmahnenden formuliert sind.

[50] BGH GRUR 2016, 184 Rn. 57 – Tauschbörse II unter Verweis auf GRUR 2011, 1038 Rn. 32 – Stiftparfüm.

[51] Begründung zum RegE, Entwurf eines Gesetzes gegen unseriöse Geschäftspraktiken, BT-Drs. 17/13057, 13.

[52] Wandtke/Bullinger/*Kefferpütz* UrhG § 97a Rn. 10; *Rauer/Ettig* GRUR-Prax 2015, 73 (74).

[53] BGH GRUR 2009, 502 Rn. 13 – PCB, zum Markenrecht; vgl. auch OLG Düsseldorf ZUM-RD 2012, 135.

[54] OLG Düsseldorf ZUM-RD 2012, 135 f.; aA Fromm/Nordemann/*J. B. Nordemann* UrhG § 97a Rn. 23 sowie *J. B. Nordemann/Wolters* ZUM 2014, 25 (26) jeweils unter Verweis auf OLG Köln MMR 2012, 616, dessen Bezugnahme auf die Kerntheorie aber nun BGH GRUR 2014, 706 Rn. 11 ff. – Reichweite des Unterlassungsgebots entgegensteht.

Vorwurf tatsächlich und rechtlich zu überprüfen und aus ihm die gebotenen Folgerungen zu ziehen.[55] Bei einem Lateinlehrbuch, das gegebenenfalls auch antike bzw. mittelalterliche Originaltexte enthält, sind nähere **Darlegungen zur Urheberrechtschutzfähigkeit** der übersetzten Lehrbuchtexte erforderlich, die sich nicht von selbst versteht.[56] Eine **erschöpfende rechtliche Begründung ist bei der Abmahnung in der Regel nicht erforderlich, ebenso wenig die Angabe von Beweismitteln.**[57] Da das **Risiko der Unbestimmtheit** der Abmahnung wegen der Unwirksamkeitsfolge beim Abmahnenden liegt, ist es im Interesse des Abmahnenden, die Abmahnung sorgfältig und klar zu fassen.

19   **c)** Sofern mit der Abmahnung bereits Zahlungsansprüche geltend gemacht werden, müssen diese nach **Nr. 3** in **Schadensersatz- und Aufwendungsersatzansprüche** aufgeschlüsselt werden; der Empfänger des Abmahnschreibens soll erkennen können, wie sich die geltend gemachten Beträge errechnen.[58] Dies zielt insbesondere auf Transparenz hinsichtlich der geltend gemachten Rechtsanwaltskosten.[59]

20   **d)** Nach **Nr. 4** ist anzugeben, inwieweit eine vorgeschlagene **Unterlassungsverpflichtung über die abgemahnte Rechtsverletzung hinausgeht,** sofern in der Abmahnung eine Aufforderung zur Abgabe einer solchen enthalten ist. Diese Regelung hat zu Recht **ein nahezu ausschließlich kritisches Echo** in der Literatur gefunden.[60] Es lässt sich dem Wortlaut schon schwer entnehmen, welchen Regelungsgehalt die Norm hat. Notwendiger Inhalt der Abmahnung ist nach herrschender Meinung die Aufforderung an den Schuldner, eine strafbewehrte Unterlassungserklärung abzugeben;[61] daran wird der Gesetzgeber, der mit seinen neuen Regelungen zur Abmahnung dem Abgemahnten gerade deutlich machen will, was von ihm verlangt wird, nicht abweichen wollen. Die Hinweispflicht nach Nr. 4 dient richtiger Weise dazu, den Abgemahnten **vor der übereilten Abgabe einer Unterlassungserklärung zu schützen**[62] und betrifft daher die in der Praxis häufig vorkommenden Fälle **vorformulierter Unterlassungserklärungen** (daher „vorgeschlagene Unterlassungsverpflichtung" in § 97a Abs. 2 Nr. 4). Im Übrigen gelten **die bisherigen Grundsätze fort.**[63]

21   Dabei gilt, dass der Gläubiger den Wortlaut einer Unterlassungserklärung vorformulieren kann, es aber nicht muss, denn es obliegt dem Schuldner zu entscheiden, ob und ggf. in welchem Umfang er sich dem geltend gemachten Unterlassungsanspruch unterwirft. Die **Formulierung der Unterlassungserklärung** bzw. im Prozess des **Unterlassungsantrags** ist eine anerkannt anspruchsvolle Aufgabe. Vor diesem Hintergrund leuchtet nicht ein, warum dem Gläubiger, von dem vor der gerichtlichen Geltendmachung seines Anspruchs verlangt wird, den Schuldner zunächst abzumahnen, auch noch das Risiko auferlegt werden soll, dass die von ihm vorgeschlagene Unterlassungserklärung über die Rechtsverletzung hinausgeht.[64] Die Regelung ist mit Blick auf die **regelmäßig zu weitreichenden vorformulierten Unterlassungserklärungen in Filesharing-Fällen** gestaltet. Das darin liegende Transparenzerfordernis mag gegen solche Abmahnungen gegenüber Privaten grundsätzlich sinnvoll sein;[65] die Erstreckung der Vorschrift und ihrer Folgen auf die überwiegend redlichen Abmahnenden ist jedoch nicht hinnehmbar. Das gilt auch für die weitere Rechtsfolge der unwirksamen Abmahnung, dass nämlich auch eine ggf. **abgegebene Unterwerfungserklärung unwirksam** ist.[66] Es kann durchaus in dem Interesse des Abgemahnten liegen, eine entsprechend enger gefasste strafbewehrte Unterlassungserklärung **auf eine unwirksame, aber im begrenzten Umfang zu recht erfolgte Abmahnung** abzugeben; eine Möglichkeit, die ihm jedenfalls teilweise durch die Neuregelung genommen wird. Als Vermeidungsstrategien kommen in Betracht, vorformulierte Unterlassungserklärungen möglichst eng auf die konkrete Verletzungsform zu beschränken oder ganz auf eine

---

[55] BGH GRUR 2016, 1280 Rn. 62 – Everytime we touch.

[56] OLG München GRUR 2007, 419 (421) – Lateinlehrbuch.

[57] KG GRUR 1983, 673 (674) – Falscher Inserent; vgl. aber zum markenrechtlichen Störer BGH GRUR 2011, 1038 Rn. 31 – Stiftparfüm, wonach Belege dann erforderlich sein können, wenn schutzwürdige Interessen des des Schuldners dies rechtfertigen; Teplitzky/*Bacher* Kap. 41 Rn. 14c.

[58] Begründung zum RegE, Entwurf eines Gesetzes gegen unseriöse Geschäftspraktiken, BT-Drs. 17/13057, 13; kritisch zu dieser neuen Regelung *Weber/Bockslaff* IPRB 2014, 20 (21).

[59] Nach dem Referentenentwurf für ein Gesetz zur Stärkung des fairen Wettbewerbs (abrufbar über die Webseite des BMJV) soll Nr. 3 ergänzt werden um eine Berechnungsangabe, die den Abgemahnten in die Lage versetzen soll, schon vorgerichtlich zu überprüfen, ob die geltend gemachten Ansprüche der Höhe nach berechtigt sind.

[60] *J. B. Nordemann/Wolters* ZUM 2014, 25 (27); *Weber/Bockslaff* IPRB 2014, 20 (21); Wandtke/Bullinger/*Kefferpütz* UrhG § 97a Rn. 12 ff.; Möhring/Nicolini/*Reber* UrhG § 97a Rn. 9; Stellungnahme der Bundesrechtsanwaltskammer, Nr. 5/2013 zum Referentenentwurf, abrufbar unter: http://www.brak.de/zur-rechtspolitik/stellungnahmen-pdf/stellungnahmen-deutschland/2013/februar/stellungnahme-der-brak-2013-05.pdf.

[61] Vorauflage Schricker/Loewenheim/*Wild* (4. Aufl.) UrhG § 97a Rn. 13; Mestmäcker/Schulze/*Backhaus* UrhG § 97a Rn. 25; Köhler/Bornkamm/Feddersen/*Bornkamm* UWG § 12 Rn. 1.16; *Teplitzky* Kap. 41 Rn. 14; Ahrens/*Achilles* Kap. 2 Rn. 29 ff.; Harte/Henning/*Brüning* UWG § 12 Rn. 43.

[62] BT-Drs. 17/13057, 13; vgl. Wandtke/Bullinger/*Kefferpütz* UrhG § 97a Rn. 12, der von einem „Verbraucherschutzelement" spricht; für eine einschränkende Auslegung OLG Frankfurt a.M. BeckRS 2015, 01669 Rn. 23 ff.

[63] So wohl auch Fromm/Nordemann/*J. B. Nordemann* UrhG § 97a Rn. 13; offengelassen in OLG Frankfurt a.M. BeckRS 2015, 01669 Rn. 16; aA Möhring/Nicolini/*Reber* UrhG § 97a Rn. 8.

[64] Vgl. OLG Frankfurt a.M. BeckRS 2015, 01669 Rn. 25.

[65] *Mantz* CR 2014, 189 (191).

[66] Begründung zum RegE, Entwurf eines Gesetzes gegen unseriöse Geschäftspraktiken, BT-Drs. 17/13057, 13.

Vorformulierung zu verzichten.[67] Ob damit dem bewährten Institut der Abmahnung ein (Bären-) Dienst erwiesen wurde, wird ebenfalls die Anwendung durch die Rechtsprechung zeigen müssen. Erste Urteile zur Unwirksamkeit einer Abmahnung wegen einer zu weitreichenden Formulierung der Unterlassungsverpflichtung liegen vor.[68]

3. Sonstige Erfordernisse

a) Fristsetzung. Sie ist **keine Wirksamkeitsvoraussetzung,** aber sinnvoller Bestandteil einer 22 Abmahnung. Die gesetzte Frist muss **angemessen** sein. Fehlt sie oder ist sie zu kurz bemessen, gilt die angemessene Frist.[69] Angemessen ist eine Frist, wenn sie nach den Umständen des Falles und der Gefahr weiterer Verletzungen bei Abwägung der Interessen des Gläubigers wie des Schuldners als zumutbar erscheint. Die Fallgestaltungen sind so vielfältig, das eine Kategorisierung nicht möglich ist. Die Grundsätze, die die Rechtsprechung im **Wettbewerbsrecht** herausgebildet hat, sind auf die meist komplexeren urheberrechtlichen Fallgestaltungen **nur bedingt übertragbar,** wenngleich es auch im Urheberrecht Fallgestaltungen gibt, die eine **sehr kurze Frist** rechtfertigen oder in Einzelfällen sogar eine Abmahnung entbehrlich machen.[70]

b) Die ausdrückliche **Androhung gerichtlicher** Maßnahmen ist auch nach dem Wortlaut des 23 § 97a nicht erforderlich; es reicht, dass der Adressat diese Konsequenz erkennt oder mit ihr rechnet.[71]

c) Welche **Vertragsstrafe angemessen** ist, richtet sich nach dem **Zweck, den Schuldner von** 24 **künftigen Verstößen abzuhalten,** und dementsprechend nach **Art, Schwere und Ausmaß der Verletzung, Verschulden, finanzielle Leistungsfähigkeit, wirtschaftliche Größe, Gefährlichkeit für den Verletzten.** Die Vertragsstrafe soll so bemessen sein, dass sich ihre Missachtung für den Schuldner nicht auszahlt. Nach dem **„Hamburger Brauch"** wird die Unterlassungserklärung mit dem Versprechen einer Vertragsstrafe abgegeben, „die vom Gläubiger angemessen festzusetzen, im Streitfall vom zuständigen Gericht zu überprüfen ist".[72] Damit wird im Fall eines Verstoßes ein größerer Spielraum zur konkreten Bemessung ermöglicht. Sofern die vorgeschlagene Unterlassungserklärung sich auf das Repertoire des Verletzten bezieht, ist der Unterlassungserklärung eine **Repertoireliste** hinzuzufügen.[73]

Für eine Vielzahl gleicher oder ähnlicher Fälle vorformulierte Unterlassungserklärungen gelten die 25 den Bestimmungen der **§§ 305 ff. BGB.**[74] Dies gilt auch für die Beurteilung der Angemessenheit einer Vertragsstrafe.[75]

V. Entbehrlichkeit der Abmahnung

Eine Abmahnung kann ausnahmsweise entbehrlich sein, wenn aus der Sicht des Gläubigers die 26 **Abmahnung voraussichtlich erfolglos oder dem Gläubiger nicht zumutbar** ist. Dies gilt auch nach der aktuellen Fassung von § 97a.[76]

Die **Anforderungen sind hoch,** da Fälle, in denen eine Abmahnung ihre Funktion der außerge- 27 richtlichen Streitbeilegung nicht mehr erfüllen kann, selten sind. Es müssen schon **konkrete und recht massive Anhaltspunkte** dafür sprechen, dass eine Abmahnung erfolglos bleiben wird.[77] Dabei ist auf die **objektivierte Sicht des Gläubigers** abzustellen; objektiviert, da dieser in der Regel keinen Einblick in Motive und Handlungsabsichten des Schuldners hat.[78] Voraussichtlich **erfolglos/ nutzlos** ist eine Abmahnung, wenn es sich um einen unnachgiebigen Schuldner handelt, der durch sein Verhalten deutlich macht, dass er auf seiner Position besteht, zB bei erneutem Verstoß nach bereits erfolgter strafbewehrter Unterlassungserklärung oder bei erneutem Verstoß gegen eine gerichtliche Verurteilung, die ein Dritter erwirkt hat, oder bei Verweigerung einer Unterlassungsverpflichtung gegenüber einem Konzernmitglied.[79] Eine Abmahnung ist **nicht schon deshalb** entbehrlich, weil

---

[67] So wohl tatsächlich eine in der Praxis beobachtete Änderung: vgl. *Schulte-Nölke/Henning-Bodewig/Podszun,* Evaluierung der verbraucherschützenden Regelungen im Gesetz gegen unseriöse Geschäftspraktiken, Schlussbericht, 3.2.2017, S. 227 f.; Referentenentwurf für ein Gesetz zur Stärkung des fairen Wettbewerbs (abrufbar über die Webseite des BMJV), S. 32 f.
[68] Vgl. AG Hannover BeckRS 2014, 11946.
[69] BGH GRUR 1990, 381 (382) – Antwortpflicht des Abgemahnten; BGH GRUR 2010, 355 Rn. 18 – Testfundstelle; *Ahrens/Achilles* Kap. 2 Rn. 39; Köhler/Bornkamm/Feddersen/*Bornkamm* UWG § 12 Rn. 1.22 mwN.
[70] Vgl. dazu → Rn. 26 ff.; zu Einzelfällen im Wettbewerbsrecht vgl. Nachweise zu einzelnen Fällen bei Köhler/Bornkamm/Feddersen/*Bornkamm* UWG § 12 Rn. 1.19 f.; Teplitzky/*Bacher* Kap. 41 Rn. 17 ff. mwN.
[71] OLG Frankfurt a. M. BeckRS 2015, 01669 Rn. 19.
[72] Zulässig nach BGH GRUR 1994, 146 f. – Vertragsstrafenbemessung.
[73] OLG Düsseldorf ZUM-RD 2012, 135 (136).
[74] BGH NJW 1993, 721 (722) – Fortsetzungszusammenhang; OLG Düsseldorf ZUM-RD 2012, 135.
[75] BGH NJW 1993, 721 (722) – Fortsetzungszusammenhang.
[76] *Mantz* CR 2014, 189 (190).
[77] Teplitzky/*Bacher* Kap. 41 Rn. 24.
[78] BayVerfGH GRUR 2013, 299 (300); Harte/Henning/*Brüning* UWG § 12 Rn. 6.
[79] Köhler/Bornkamm/Feddersen/*Bornkamm* UWG § 12 Rn. 1.56 ff.; Fromm/Nordemann/*J. B. Nordemann* UrhG § 97a Rn. 17 f.

ein **schwerer Verstoß** vorliegt oder eine Verletzung **vorsätzlich** erfolgte.[80] Es müssen dann besondere Umstände hinzukommen, die für die Erfolglosigkeit der Abmahnung sprechen.[81] Im Zweifel geht das Risiko einer unterlassenen Abmahnung zulasten des Gläubigers, zumal er in Eilfällen auch kurze und kürzeste Fristen setzen kann.

28   **Eine Abmahnung ist auch dann entbehrlich, wenn sie dem Gläubiger nach dem vom Schuldner gezeigten Verhalten nicht zugemutet werden kann.** Das kann beispielsweise bei **besonders schweren und hartnäckigen Verstößen** der Fall sein. Dafür ist aber nicht ein einzelner Verstoß, sondern eine Serie von Verstößen erforderlich, die zeigen, dass der Schuldner nicht gewillt ist, von den Verletzungen abzusehen.[82] Diskutiert werden unter dem Aspekt der Entbehrlichkeit der Abmahnung auch Fälle der **Berühmung.**[83] Für die Annahme der Erstbegehungsgefahr[84] reicht dafür nicht hin, dass der eigene Rechtsstandpunkt vertreten wird; es muss den Erklärungen bei Würdigung der Einzelumstände des Falls auch die Bereitschaft zu entnehmen sein, sich unmittelbar oder in naher Zukunft in dieser Weise zu verhalten.[85] Hinsichtlich der **Abmahnung** erscheint ein **noch strengerer Maßstab** angemessen, denn selbst in dem eben geschilderten Fall erscheint nicht ausgeschlossen, dass sich der Schuldner nach einer Abmahnung unterwirft. Anders dann, wenn der Schuldner durch Formulierungen klar zum Ausdruck bringt, dass er es in jedem Fall auf eine gerichtliche Klärung ankommen lassen will, sodass nicht mehr damit zu rechnen ist, dass eine förmliche Abmahnung Erfolg haben wird.[86] Eine Abmahnung wird dann **unzumutbar sein, wenn sie den Unterlassungsanspruch des Gläubigers gefährden oder vereiteln** würde, weil der Abgemahnte die gesetzte Frist dazu nutzt, die rechtsverletzenden Gegenstände beiseite zu schaffen oder dem Verletzten den Zugriff auf den Gegenstand der Verletzung zu entziehen,[87] **also immer dann, wenn durch die Abmahnung die Gefahr besteht, dass durch die damit verbundene Warnung der Rechtsschutz vereitelt würde.**[88]

29   Nur in den seltensten Fällen wird **Eilbedürftigkeit** einen Verzicht auf die Abmahnung begründen. Mit den modernen Kommunikationsmitteln sind wenige Stunden oder gar Minuten zu überbrücken. Ausnahmsweise kann die Dringlichkeit eine vorherige Abmahnung entbehrlich machen, wenn ohne sofortiges Erwirken einer einstweiligen Verfügung ohne Vorwarnung der Rechtsverstoß nicht verhindert werden kann. Im Einzelfall richtet sich das nach der konkreten Zumutbarkeit.

VI. Anspruch auf Aufwendungsersatz bei berechtigter und wirksamer Abmahnung nach Abs. 3

1. Allgemeines

30   **§ 97a Abs. 3 S. 1** gibt dem Verletzten, der **berechtigterweise** und nach Abs. 2 Nr. 1–4 **wirksam** abmahnt, einen Anspruch auf **Ersatz der erforderlichen Kosten. Verschulden** ist nicht Voraussetzung.[89] Die Bestimmung ist **lex specialis** für die Kostenerstattung von Abmahnungen bei urheberrechtlichen Verletzungstatbeständen.[90]

2. Voraussetzungen

31   Voraussetzung des Anspruchs auf Erstattung der Aufwendungen ist eine **berechtigte** und nach Abs. 2 S. 1 Nr. 1–4 **wirksame Abmahnung** (Abs. 3 S. 1). Die **Wirksamkeit** nach Abs. 2 ist **neue Voraussetzung** des Anspruchs; im Übrigen entspricht Abs. 3 S. 1 der bisherigen Regelung in § 97a As. 1 S. 2 aF, sodass insoweit die **bisherigen Grundsätze** weiter Anwendung finden. Dazu können auch die von Rechtsprechung und Lehre entwickelten Grundsätze zu § 12 UWG herangezogen werden, dem § 97a Abs. 1 S. 2 entsprach.[91] **Maßgeblicher Zeitpunkt** ist der **Zugang der Abmahnung,** für die als geschäftsähnliche Handlung die Regeln über Willenserklärungen entsprechend zur Anwendung kommen.[92]

---

[80] KG WRP 2003, 101 – Entbehrliche Abmahnung; Harte/Henning/*Brüning* UWG § 12 Rn. 9; Köhler/Bornkamm/Feddersen/*Bornkamm* UWG § 12 Rn. 1.66. mit Nachweisen zur Rechtsprechung.

[81] KG WRP 2003, 101 – Entbehrliche Abmahnung.

[82] Köhler/Bornkamm/Feddersen/*Bornkamm* UWG § 12 Rn. 1.67.

[83] Teplitzky/*Bacher* Kap. 41 Rn. 24; Köhler/Bornkamm/Feddersen/*Bornkamm* UWG § 12 Rn. 1.65.

[84] Vgl. → § 97 Rn. 225 f.

[85] BGH GRUR 2011, 1038 Rn. 44 – Stiftparfüm; BGH GRUR 2001, 1174 (1175) = WRP 2001, 1076 – Berühmungsaufgabe, mwN.

[86] OLG Frankfurt a. M. BeckRS 2014, 17242, Rn. 10.

[87] Vgl. KG GRUR-RR 2008, 372 – Abmahnkosten; für Fälle der Sequestration; OLG Hamburg GRUR-RR 2007, 29 – Cerebro-Card.

[88] Teplitzky/*Bacher* Kap. 41 Rn. 30 ff.; Köhler/Bornkamm/Feddersen/*Bornkamm* UWG § 12 Rn. 1.61.

[89] Zum Schadensersatz bei Verschulden vgl. → Rn. 46.

[90] *LG* Stuttgart ZUM 2018, 730 wirft unter Verweis auf Art. 14 RL 2004/48/EG und EuGH GRUR-Int 2016, 963 Rn. 39 – United Video Properties die Frage der Europarechtswidrigkeit von § 97a Abs. 3 auf; vgl. dazu eingehend *Kiersch* ZUM 2018, 667 ff.

[91] Vgl. BT-Drs. 16/5048, 48 f.

[92] Köhler/Bornkamm/Feddersen/*Bornkamm* UWG § 12 Rn. 1.10; anders noch → 4. Aufl. 2010, Rn. 20.

Zur **wirksamen Abmahnung** gemäß Abs. 2 S. 1 vgl. → Rn. 14 ff. Die Voraussetzungen in Abs. 2 S. 1 Nr. 1–4 sind **kumulativ.** Liegt eine der Voraussetzungen nicht vor, entfällt der Erstattungsanspruch vollständig. Das „soweit" in Abs. 3 S. 1 bezieht sich nur auf die Berechtigung der Abmahnung.[93]

„Berechtigt" ist **nicht gleichbedeutend mit „begründet".** Einer **begründeten Abmah-** **32** **nung** muss objektiv ein materieller Unterlassungsanspruch zu Grunde liegen; berechtigt iSv Abs. 3 S. 1 ist die Abmahnung darüber hinaus nur dann, wenn sie ihre Funktion, dem Schuldner den Weg zu weisen, wie er den Gläubiger klaglos stellen kann, ohne dass die Kosten eines Gerichtsverfahrens anfallen, (noch) erfüllen kann.[94] Im Wettbewerbsrecht hat sich hierzu eine umfangreiche Rechtsprechung zu unterschiedlichen Fallgruppen entwickelt, die nicht stets im Urheberrecht eine vergleichbare Rolle spielen: Nicht berechtigt ist danach eine **Zweitabmahnung durch Rechtsanwälte,** nachdem eine erste Abmahnung eines Wettbewerbsverbands erfolglos blieb; denn wenn der Gläubiger den Schuldner bereits abgemahnt hatte, kann eine zweite Abmahnung deren Funktion nicht mehr erfüllen.[95] Unberechtigt ist auch eine Abmahnung in Fällen der **Drittabmahnung und -unterwerfung,** dh dort, wo nach der Unterwerfung des Schuldners eine nachfolgende Zweitabmahnung durch einen anderen Gläubiger erfolgt; hier wird allerdings schon der Anspruch erloschen sein und der Erstattungsanspruch deswegen entfallen. Ob in den Fällen einer Drittabmahnung, in denen der Schuldner sich nicht unterwirft, ein Erstattungsanspruch besteht, wird in der wettbewerbsrechtlichen Literatur überwiegend verneint,[96] obwohl auch in diesem Fall die Abmahnung ihre Funktion nicht mehr erfüllen kann. *Bornkamm* plädiert dafür, auf die **Kenntnis des Gläubigers** abzustellen; weiß er nicht von der erfolglosen Erstabmahnung, ist seine Zweitabmahnung erforderlich.[97] Es ist letztlich eine Frage der Risikoverteilung. Im **Urheberrecht** spielt allerdings die **Drittabmahnung,** wenn überhaupt, nur eine **geringe Rolle.** Während Wettbewerbshandlungen geeignet sind, mehrere Wettbewerber zu treffen, zielen Verletzungen im Urheberrecht in der Regel auf einen Einzelnen oder auf einen mit dem Urheber oder eventuellen Miturhebern durch Lizenzen verbundenen Kreis.[98] Bei **verjährten Ansprüchen** trägt der Gläubiger wie im Prozess bei Erhebung der Verjährungseinrede das Kostenrisiko; die auf den einredebehafteten Anspruch gestützte Abmahnung gilt als von Anfang an unberechtigt.[99] Auch eine Abmahnung nach sog. **Schubladenverfügungen** ist unberechtigt; dies folgt schon aus dem Wortlaut von § 97a Abs. 1, weil eine solche Abmahnung nicht „vor Einleitung eines gerichtlichen Verfahrens" erfolgt. Mit einer Abmahnung nach Erwirkung einer – wenn auch nicht vollzogenen – einstweiligen Verfügung lässt sich der Zweck der Abmahnung, einen kostspieligen Rechtsstreit zu vermeiden, nicht mehr erreichen.[100]

Nicht berechtigt kann eine Abmahnung auch dann sein, **wenn der Abgemahnte die Abgabe** **33** **einer Unterlassungserklärung verweigert** und der Abmahnende isoliert die Abmahnkosten einklagt ohne den Unterlassungsanspruch weiter zu verfolgen. In diesem Fall muss der Abmahnende nachvollziehbare Gründe dafür vortragen, dass er von einer Verfolgung abgesehen hat.[101]

Nicht berechtigt sind insbesondere **missbräuchliche Abmahnungen.** Die Amtliche Begrün- **34** dung zu § 97a aF nahm auf die „Reform von 2004" Bezug. Danach wurde durch verschiedene Regelungen ein **weitgehender Schutz gegen missbräuchliche Abmahnungen** vorgesehen.[102] Wenngleich die Regelung in § 97a aF sich an § 12 UWG anlehnt,[103] kommt eine **entsprechende Anwendung von § 8 Abs. 4 UWG nicht in Betracht;**[104] allerdings gilt auch für urheberrechtliche Ansprüche das **allgemeine Verbot unzulässiger Rechtsausübung** nach § 242 BGB. Da auch die im Wettbewerbsrecht zur missbräuchlichen Geltendmachung von Ansprüchen entwickelten Rechtsgrundsätze auf dem Gedanken der unzulässigen Rechtsausübung beruhen, können sie – bei Beachtung der Unterschiede der beiden Rechtsgebiete – auch für das Urheberrecht fruchtbar gemacht werden.[105] Danach ist von einem **Missbrauch** auszugehen, wenn sich der Gläubiger von **sachfremden Motiven,** die nicht das alleinige Motiv, aber überwiegend sein müssen, leiten lässt.[106] Anhaltspunkte für ein missbräuchliches Verhalten können sich aus dem Umstand ergeben, dass ein Schuldner **gleichzeitig von mehreren zum selben Konzern gehörenden und von demselben**

---

[93] Vgl. auch Fromm/Nordemann/*J. B. Nordemann* UrhG § 97a Rn. 32.
[94] BGH GRUR 2010, 354 Rn. 8 – Kräutertee; BGH GRUR 2010, 257 Rn. 7 ff. – Schubladenverfügung.
[95] BGH GRUR 2010, 354 Rn. 8 – Kräutertee.
[96] Teplitzky/*Bacher* Kap. 41 Rn. 84c; Köhler/Bornkamm/Feddersen/*Bornkamm* UWG § 12 Rn. 1.69; Harte/Henning/*Brüning* UWG § 12 Rn. 83.
[97] Köhler/Bornkamm/Feddersen/*Bornkamm* UWG § 12 Rn. 1.70.
[98] So auch Möhring/Nicolini/*Reber* UrhG § 97a Rn. 19.
[99] Köhler/Bornkamm/Feddersen/*Bornkamm* UWG § 12 Rn. 1.103.
[100] BGH GRUR 2010, 257 Rn. 7 ff. – Schubladenverfügung.
[101] *Hewicker/Marquardt/Neurauter* NJW 2014, 2753 (275 f.) unter Verweis auf LG Düsseldorf MMR 2011, 326 (329), letzteres allerdings zur GoA; zu § 97a Abs. 1 S. 2 UrhG aF: AG Hamburg BeckRS 2014, 02176.
[102] *Solmecke/Dierking* MMR 2009, 727.
[103] Vgl. BT-Drs. 16/5048, 48.
[104] So jetzt ausdrücklich unter Verweis auf das Gesetzgebungsverfahren BGH GRUR 2013, 176 Rn. 14 – Ferienluxuswohnung.
[105] BGH GRUR 2013, 176 Rn. 15 – Ferienluxuswohnung.
[106] BGH MMR 2009, 836 Rn. 20 – 0,00 Grundgebühr.

Rechtsanwalt vertretenen Unternehmen** abgemahnt worden ist; das deutet darauf hin, dass bei der Abmahnung sachfremde Ziele – etwa das Interesse, den Gegner mit möglichst hohen Kosten zu belasten – maßgeblich waren.[107] Allerdings kann im Urheberrecht eine Missbräuchlichkeit nicht bereits aus einer bloßen Vielzahl versandter Abmahnungen gefolgert werden.[108]

3. Höhe des Aufwendungsersatzes

35   Der Verletzte kann **für die berechtigte Abmahnung Aufwendungsersatz verlangen,** jedoch nur, **soweit die Aufwendungen erforderlich** waren **und tatsächlich angefallen** sind.[109] **Fiktive Kosten** werden nicht erstattet.[110] Da es sich bei Abs. 3 um einen Aufwendungsersatzanspruch handelt, gilt **§ 257 BGB.** Danach kann der Verletzte einen Zahlungsanspruch gegenüber dem Verletzer geltend machen, wenn er die Kosten bereits beglichen hat. Andernfalls ist er auf einen **Freistellungsanspruch** beschränkt.[111]

36   Der Verletzte darf **zur Rechtsverfolgung grundsätzlich einen Anwalt einschalten.** Der BGH hat bei der Geltendmachung von wettbewerbsrechtlichen Unterlassungsansprüchen die Kosten der Einschaltung eines Rechtsanwaltes für die Abmahnung **auch dann** für ersatzfähig angesehen, wenn der Gläubiger über eine **eigene Rechtsabteilung** verfügt, aber ausdrücklich offengelassen, ob etwas anderes dann zu gelten hat, wenn es im Einzelfall, etwa in Routinesachen, für das Unternehmen weniger Aufwand erfordert, die Abmahnung abzufassen und die Unterwerfungserklärung vorzubereiten, als einen Rechtsanwalt zu informieren und zu instruieren.[112] Nach Ansicht des OLG Braunschweig entfällt die Erforderlichkeit im Urheberrecht jedoch dann, wenn der Verletzte **in einer großen Zahl gleichgelagerter Urheberrechtsverstöße Abmahnungen über einen längeren Zeitraum selbst versendet hat.**[113] Bei **Verbänden,** die Urheberrechte wahrnehmen, wird der **Ersatz der Bearbeitungskosten** grundsätzlich anerkannt; er wird von den Wahrnehmungsgesellschaften in der Regel über Pauschalen bemessen.[114] Nicht erforderlich ist die anwaltliche Wiederholung derselben Aufforderung des Verletzten, wenn die erstmalige Aufforderung den Zweck einer Abmahnung bereits erreicht hatte.[115]

37   Die zu erstattenden **Anwaltskosten** haben sich im gesetzlichen Rahmen zu halten. Hat der Gläubiger mit seinem Anwalt aber eine Vereinbarung getroffen, der zufolge der Rechtsanwalt eine **niedrigere als die gesetzliche Vergütung** erhält, kann die Abrechnung der Abmahnkosten gegenüber dem Schuldner nur auf dieser Grundlage erfolgen;[116] überschreitet dagegen die vereinbarte Vergütung – etwa ein Zeithonorar – die gesetzliche Vergütung, bleibt der **Ersatzanspruch auf die gesetzliche Vergütung** beschränkt.[117]

38   Der **Gebührenrahmen** der Geschäftsgebühr nach § 2 Abs. 2, 13 RVG iVm Nr. 2300 VV RVG umfasst eine Gebühr von 0,5 bis 2,5. Eine Gebühr von mehr als 1,3 kann nach Nr. 2300 VV nur gefordert werden, wenn die Tätigkeit umfangreich oder schwierig war.[118]

39   Der **Geschäftswert** der Abmahnung richtet sich nach der Höhe des für die Gerichtskosten geltenden Werts.[119] Da die Abmahnung auf die endgültige Beilegung gerichtet ist, entspricht der Wert dem **Wert des möglichen Hauptsacheverfahrens.**

40   Nimmt der Verletzte durch einen Anwalt **mehrere Verletzte** in Anspruch entsteht nur ein Kostenerstattungsanspruch, soweit dieselbe Angelegenheit und gesamtschuldnerische Haftung gegeben ist.[120] Bei Unterlassung haftet jeder für sich.[121] Das kann – verbunden mit der Geltendmachung von Kosten – missbräuchlich genutzt werden.[122]

---

[107] BGH GRUR 2002, 357 (358) – Missbräuchliche Mehrfachabmahnung; BGHZ 144, 165 (170 f.) = GRUR 2000, 1089 – Missbrauchsverfolgung.

[108] OLG Hamm MMR 2012, 119 (121); zur Missbräuchlichkeit von Massenabmahnungen vgl. *Solmecke/Dierking* MMR 2009, 727; *Adolphsen/Mayer/Möller* NJOZ 2010, 2394 (2397 f.); *Hennemann* S. 121.

[109] Zum Gegenstandswert vgl. → § 97 Rn. 342.

[110] *Teplitzky/Bacher* Kap. 41 Rn. 91.

[111] *Hewicker/Marquardt/Neurauter* NJW 2014, 2753 (2757); zur Umwandlung des Freistellungsanspruchs in einen Schadensersatzanspruch auf Zahlung vgl. OLG Hamm GRUR-RR 2014, 133.

[112] BGH GRUR 2008, 928 (929) – Abmahnkostenersatz.

[113] OLG Braunschweig GRUR 2012, 920 – MFM-Honorarempfehlungen.

[114] Fromm/Nordemann/*J. B. Nordemann* UrhG § 97a Rn. 26 f. mwN.

[115] OLG Frankfurt a. M. MMR 2012, 249 (250); vgl. auch BGH GRUR 2013, 307 Rn. 31 – Unbedenkliche Mehrfachabmahnung.

[116] OLG Frankfurt a. M. BeckRS 2011, 16990.

[117] Köhler/Bornkamm/Feddersen/*Bornkamm* UWG § 12 Rn. 1.121.

[118] BGH GRUR 2010, 1120 Rn. 31 – Volmachtsnachweis.

[119] § 23 Abs. 1 S. 3 RVG, § 12 Abs. 1 GKG, § 3 ZPO.

[120] BGH GRUR 2008, 367 (368) – Rosenkrieg bei Otto.

[121] BGH GRUR-RR 2008, 460 – Tätigkeitsgegenstand; OLG Hamburg BeckRS 2013, 11805; *Schneider/Herget,* 2390 (3441).

[122] Zum Verhältnis Täter/Störer siehe OLG Köln ZUM-RD 2013, 8 – Kirschkerne.

4. Deckelung des Ersatzanspruches nach Abs. 3 S. 2–4

a) Entwicklung und Bedeutung: Schon die **Vorgängerregelung** des nunmehr geltenden § 97a **41** Abs. 3 sollte **Missbräuche ausschließen,** konnte diesen Zweck jedoch nicht erfüllen.[123] In **einfach gelagerten Fällen mit nur einer unerheblichen Rechtsverletzung** war **für die erstmalige Abmahnung** der Ersatz der erforderlichen Aufwendungen für die Inanspruchnahme anwaltlicher Dienstleistungen **auf 100 Euro beschränkt.** Dieser Betrag schloss nach der Amtlichen Begründung Steuern und Auslagen wie Porto für den Abmahnvorgang ein. Nur soweit für die Ermittlung der Rechtsverletzung notwendige sonstige Kosten anfielen, wie dies bei der Ermittlung des hinter einer IP-Adresse stehenden Verletzers der Fall ist, waren diese nicht Bestandteil des in Absatz 2 genannten Betrages,[124] also ggf. auch Reisekosten, Detektivkosten, Kosten für Testkäufe. Was als „einfacher Fall mit einer nur einfachen Rechtsverletzung" einzuordnen war, hatte die Rechtsprechung zu klären; es waren diese unbestimmten Rechtsbegriffe, die zu Unsicherheit bei den Betroffenen führten[125] und dazu, dass die Regelung keine praktische Relevanz entfaltete.[126] Der Gesetzgeber sah die Voraussetzungen als erfüllt, wenn der Fall „nach Art und Umfang ohne größeren Arbeitsaufwand zu bearbeiten ist, also zur Routine gehört",[127] und „sofern die Rechtsverletzung nicht im geschäftlichen Verkehr begangen wurde" mit der Ergänzung: „Ein Handeln im geschäftlichen Verkehr ist jede wirtschaftliche Tätigkeit auf dem Markt, die der Förderung eines eigenen oder fremden Geschäftszwecks zu dienen bestimmt ist".[128] „Geschäftlicher Verkehr" konnte also auch gegeben sein, wenn kein Erwerbszweck verfolgt wurde und keine Gewinnerzielung beabsichtigt war. *Hoeren* sah bei Peer-to-Peer-Tauschbörsen keinen geschäftlichen Verkehr.[129] Nicht minder problematisch wie der „einfach gelagerte Fall" war die Beurteilung, ob eine Rechtsverletzung „unerheblich" ist, dh in qualitativer und quantitativer Hinsicht ein geringes Ausmaß hat.[130]

Der Haupteinwand gegen § 97a Abs. 2 aF richtete sich gegen den festgesetzten Betrag, der völlig **42** systemwidrig in das Gesetz eingefügt wurde.[131] Die Deutsche Vereinigung für gewerblichen Rechtsschutz und Urheberrecht und der Deutsche Anwaltverein wandten sich zu Recht gegen diese gesetzliche Festlegung eines Betrages, der künftig wie Tarife anzupassen gewesen wäre und nicht angemessen angepasst werden würde, weil es dazu einer Gesetzesänderung bedurft hätte.[132] Die damalige Bundesjustizministerin hatte es abgelehnt, auf eine ziffernmäßige Festlegung zu verzichten, mit der Begründung, sie habe viele Beschwerden wegen zu hoher Anwaltskosten erhalten.

b) Deckelung nach Abs. 3 S. 2–4: Nach Abs. 3 S. 2 beschränkt sich der Ersatz der erforderli- **43** chen Aufwendungen für die Inanspruchnahme anwaltlicher Dienstleistungen hinsichtlich der gesetzlichen Gebühren auf **Gebühren nach einem Gegenstandswert von 1000 Euro,** ohne dass damit der Streitwert für Unterlassungsklagen gedeckt sein sollte.[133] Die Deckelung orientiert sich am Gegenstandswert für die Berechnung erforderlicher Aufwendungen für die Inanspruchnahme anwaltlicher Dienstleistungen für die vorgerichtliche Abmahnung. Für den **Gebührenstreitwert im gerichtlichen Verfahren** enthält die Vorschrift keine Regelung.[134] Unter Zugrundelegung eines 1,3-fachen Gebührensatzes entspricht dies einem Nettobetrag von 104,00 Euro, inklusive Auslagen also einem Betrag von **124,00 Euro.**

Die Deckelung gilt auch, wenn **Unterlassungs- und Beseitigungsanspruch nebeneinander** **43a** geltend gemacht werden (Abs. 3 S. 3). Fraglich ist, was gilt, wenn mit einer **Abmahnung mehrere Unterlassungsansprüche** insbesondere in Bezug auf unterschiedliche Schutzgegenstände geltend gemacht werden. Richtigerweise bezieht sich die Deckelung auf die Abmahnung, unahängig davon, ob mehrere Streitgegenstände geltend gemacht werden; Einzelfälle können über die Unbilligkeit gemäß S. 4 korrigiert werden.[135] Zur rechtsmissbräuchlichen Geltendmachung **mehrerer gleichartiger oder in einem inneren Zusammenhang stehender Rechtsverstöße** in getrennten Verfahren zur **Erhöhung der Kostenlast** vgl. die Kommentierung bei → § 97 Rn. 334a.

---

[123] Begründung zum RegE, Entwurf eines Gesetzes gegen unseriöse Geschäftspraktiken, BT-Drs. 17/13057, 11.

[124] BT-Drs. 16/5048, 49.

[125] Begründung zum RegE, Entwurf eines Gesetzes gegen unseriöse Geschäftspraktiken, BT-Drs. 17/13057, 11.

[126] *Müller/Rößner* K&R 2013, 695 (696).

[127] BT-Drs. 16/5048, 49.

[128] BT-Drs. 16/5048, 49.

[129] *Hoeren* CR 2009, 378 (380).

[130] BT-Drs. 16/5048. 49; in einer Reihe von Entscheidungen hat der BGH festgehalten, dass das Angebot eines urheberrechtlich geschützten Werks zum Herunterladen über ein File-sharing-Netzwerk regelmäßig keine nur unerhebliche Rechtsverletzung iSv § 97 Abs. 2 aF darstellt; vgl. BGH GRUR 2016, 1275 Rn. 51 – Tannöd; BGH ZUM-RD 2018, 5 Rn. 33; 2018, 68 Rn. 34; kritisch dazu wegen der gerade auf File-sharing-Fälle ausgerichteten Regelung *Hennemann* ZUM 2018, 754 (757 f.).

[131] Ursprünglich war der Betrag einschließlich Steuern und Auslagen sogar auf maximal 50 Euro beschränkt.

[132] Sa die Kritik von *Ewert/Hartz* ZUM 2007, 450.

[133] LG Stuttgart ZUM 2018, 730 wirft unter Verweis auf Art. 14 RL 2004/48/EG und EuGH GRUR-Int 2016, 963 Rn. 36, 39 – United Video Properties die Frage der Europarechtswidrigkeit von § 97a Abs. 3 auf; vgl. dazu kritisch *Kiersch* ZUM 2018, 667 ff.; ablehnend auch AG Frankenthal GRUR-RR 2018, 444 Rn. 32 – Saints Row IV.

[134] OLG Celle ZUM-RD 2014, 486 (487); LG Köln MMR 2014, 194; BT-Drs. 17/14216, 7.

[135] *Backes* S. 205 f.; Fromm/Nordemann/*J. B. Nordemann* § 97a Rn. 48.

44   **Voraussetzung** für die Deckelung der Abmahngebühren ist, dass der Abgemahnte eine **natürliche Person** ist, die Werke oder sonstige Schutzgegenstände **nicht für ihre gewerbliche oder selbstständige berufliche Tätigkeit verwendet (Nr. 1).** Die Formulierung lehnt sich an diejenige im **Verbraucherbegriff in § 13 BGB** an. Der Abgemahnte darf **nicht bereits** wegen eines Anspruchs des Abmahnenden durch Vertrag, auf Grund einer rechtskräftigen gerichtlichen Entscheidung oder einer einstweiligen Verfügung **zur Unterlassung verpflichtet sein (Nr. 2).** „Vertrag" meint die außergerichtliche Unterlassungsverpflichtung. Die Regelung soll sicherstellen, dass die Privilegierung aus Abs. 3 S. 2–4 nicht dem „Wiederholungstäter" zugutekommt.[136]

45   Die Vorschrift verzichtet im Tatbestand auf unbestimmte Rechtsbegriffe, die ihrer Vorgängerin die Relevanz nahmen, sieht dafür aber eine Rückausnahme in **Abs. 3 S. 4 vor,** wonach die **Begrenzung nicht gilt,** wenn sie nach den besonderen Umständen des Einzelfalles **unbillig** ist. Dass dieser unbestimmte Rechtsbegriff zu vergleichbaren Folgen wie bei § 97a aF führt, steht nicht zu befürchten.[137] Die neue Regelung sieht ein **klares Regel-/Ausnahmeverhältnis** vor.[138] Bei der Anwendung der Vorschrift ist Zurückhaltung geboten, um sie nicht leerlaufen zu lassen.[139] Die Auslegung des BGH zu § 97a aF, wonach Filesharing-Sachverhalte regelmäßig eine schwere Rechtsverletzung darstellen, kann auf das Merkmal der Unbilligkeit nicht ohne Weiteres übertragen werden.[140] Daher genügt das bloße Angebot eines urheberrechtlich geschützten Werkes im Internet nicht; es bedarf vielmehr einer **besonderen Häufigkeit,** eines **besonders qualifizierten Verstoßes.**[141] Das LG Düsseldorf nimmt eine Unbilligkeit an, wenn die Rechtsverletzung in der **besonders umsatzstarken Erstverwertungsphase eines Werkes,** dh bis etwa zwei Monate nach Erscheinen, in einer Tauschbörse angeboten wird oder es sich um eine **außergewöhnlich hohe Anzahl von ermittelten Verstößen** handelt.[142] Die Darlegungs- und Beweislast für das Vorliegen einer Unbilligkeit im Einzelfall trägt die Gerichten zudem Auslegungshilfe sein.

VII. Andere Anspruchsgrundlagen und Erstattungsmöglichkeiten

1. Schadensersatz

46   Hat der Verletzer **vorsätzlich oder fahrlässig** gehandelt, waren die **Aufwendungen der Abmahnung bislang als Schadensersatz (§ 97 Abs. 1 S. 1)** geltend zu machen.[143] Ob neben dem Anspruch aus Abs. 3 ein Schadensersatzanspruch wegen des mit der Abmahnung verbundenen Aufwandes möglich ist, erscheint fraglich. Im Anschluss an *Scharen* hat der BGH in Bezug auf seine bisherige Rechtsprechung dessen Argument erwogen, dass die Abmahnung der Verhinderung zukünftiger Verstöße dienen soll, während der Schadensersatzanspruch aufgrund seiner Schutzrichtung auf eine in der Vergangenheit liegende Verletzungshandlung zielt.[144] Im konkreten Fall ließ der BGH die Frage offen.[145] Gewichtiger erscheint im Hinblick auf den Anspruch aus Abs. 3, dass § 97a vor dem Hintergrund eines klar formulierten gesetzgeberischen Willens Anforderungen formuliert, die über einen Schadensersatzanspruch unterlaufen werden könnten. Es ist auch nicht ersichtlich, dass schuldhaft handelnde Verletzer von der Vorschrift in § 97a ausgenommen sein sollen, zumal der Rechtsinhaber bei der Abmahnung meist nicht wissen wird, ob der Abgemahnte schuldhaft handelt oder nicht. *Dreier* wollte die Deckelung der Vorgängernorm in § 97a Abs. 2 aF auf einen Schadensersatzanspruch angewendet sehen. Mit den **neuen Wirksamkeitsvoraussetzungen,** bei deren Nichtvorliegen dem Abgemahnten selbst bei einer im Übrigen berechtigten Abmahnung sogar ein Gegenanspruch gegen den Abmahnenden zusteht, erscheint dieser Weg der „Korrektur" zur Erhaltung eines Schadensersatzanspruches schwieriger. Wegen der Exklusivität der Anspruchsgrundlage aus § 97a, die als *lex specialis* für die Kostenerstattung von Abmahnungen bei urheberrechtlichen Verletzungstatbeständen eingeführt wurde und sämtliche Abmahnungen auf Grundlage des Urheberrechtsgesetzes erfassen sollte, wird teilweise ein Schadensersatzanspruch wegen der Abmahnkosten verneint.[146] Soweit ein Scha-

---

[136] Vgl. Begründung zum RegE, Entwurf eines Gesetzes gegen unseriöse Geschäftspraktiken, BT-Drs. 17/13057, 30.

[137] K&R 2013, 695 (697); *Mantz* CR 2014, 189 (193).

[138] Vgl. *Reuther* MMR 2018, 433 (436); *Backes* S. 216 ff.

[139] Dreier/Schulze/*Specht* § 97a Rn. 19b; *Specht* GRUR 2017, 42 (45 f.); *Kiersch* ZUM 2018, 667 (672).

[140] *Schulte-Nölke/Henning-Bodewig/Podszun,* Evaluierung der verbraucherschützenden Regelungen im Gestz gegen unseriöse Geschäftspraktiken, Schlussbericht, 3.2.2017, S. 230.

[141] *Specht* GRUR 2017, 42 (45 f.); *Kiersch* ZUM 2018, 667 (672); *Reuther* MMR 2018, 433 (436); AG Bochum BeckRS 2018, 1143; AG Charlottenburg BeckRS 2017, 127021; aA AG München ZUM 2018, 742 (744).

[142] AG Düsseldorf BeckRS 2018, 18535 Rn. 34; zustimmend *Reuther* MMR 2018, 433 (436).

[143] BGH GRUR 1982, 489 – Korrekturflüssigkeit; BGH GRUR 1990, 1012 (1014) – Pressehaftung I; BGH NJW 1992, 429 – Abmahnkostenverjährung; BGH GRUR 1992, 176 – Missbräuchliche Mehrfachabmahnung.

[144] BGH GRUR 2007, 631 Rn. – Abmahnaktion; Ahrens/*Scharen* Kap. 11 Rn. 13; Köhler/Bornkamm/Feddersen/*Bornkamm* UWG § 12 Rn. 1.108.

[145] Ebenfalls offengelassen in BGH MMR 2018, 822 Rn. 26 – Riptide mwN zum Meinungsstand.

[146] Vgl. eingehend *Backes.* S. 207 f.; *Hewicker/Marquardt/Neurauter* NJW 2014, 2753 f.

densersatzanspruch geltend gemacht werden kann, muss für die Höhe eines solchen Anspruchs jedenfalls die **Deckelung aus § 97a Abs. 3 S. 2 entsprechend** gelten.[147]

2. Geschäftsführung ohne Auftrag

Auf diesen Anspruch wird nach Inkrafttreten des § 97a nur noch in Ausnahmefällen zurückzugreifen sein. **47**

3. Kosten einer fehlgeschlagenen Abmahnung

Dies sind nicht Kosten zur Vorbereitung eines Rechtsstreits und nicht Kosten eines folgenden **48** Rechtsstreits. Sie sollen den Rechtsstreit gerade vermeiden. Sie sind nicht im späteren Verfahren festzusetzen sondern als gesonderter Antrag im Hauptsacheverfahren aufzunehmen.[148] Durch das nachfolgende gerichtliche Verfahren mindert sich nicht die bereits entstandene Geschäftsgebühr[149] sondern die im anschließenden Verfahren entstehende Verfahrensgebühr zur Hälfte, höchstens jedoch in Höhe einer Gebühr von 0,75.[150] Wird eine Unterlassungserklärung abgegeben, der Aufwendungsersatz jedoch nicht bezahlt, bleibt nichts anderes übrig, als Zahlungsklage zu erheben.

4. Gegenansprüche des Abgemahnten bei unberechtigter und unwirksamer Abmahnung

a) Allgemeines: Liegt keine Rechtsverletzung vor, wird durch die Abmahnung kein Verhältnis **49** begründet, das zu Erklärungen des Abgemahnten verpflichtet.[151] Der Abgemahnte hat die Wahl, ob er die Abmahnung zurückweisen oder warten will, ob der Gläubiger zu Gericht geht. Vorsichtshalber wird er mit einer begründeten Absage reagieren und bei dem oder den zuständigen Gericht/en eine Schutzschrift hinterlegen.

b) Aufwendungsersatzanspruch. In **Abs. 4 S. 1** wird nunmehr ausdrücklich ein **Gegenan- 50 spruch des Abgemahnten** auf Ersatz der Aufwendungen zur Rechtsverteidigung geregelt, **wenn die Abmahnung unberechtigt oder unwirksam ist.** Der Anspruch besteht damit auch dann, wenn die **Abmahnung zwar berechtigt** war, also ein Unterlassungsanspruch bestand und die weiteren Voraussetzungen der Berechtigung vorlagen, die Abmahnung aber insbesondere nach Abs. 2 S. 2 **unwirksam** ist. Der Anspruch besteht nicht, wenn es für den Abmahnenden nicht erkennbar war, dass seine Abmahnung unberechtigt war. Der Anspruch soll wegen der sonst für den Abgemahnten schwierigen Anspruchsdurchsetzung nach Deliktsrecht die „**Waffengleichheit**" zwischen Abmahnendem und Abgemahntem stärken.[152] Die **Darlegungs- und Beweislast** für den Ausnahmetatbestand trägt der Abmahnende. Nach S. 2 bleiben von diesem Aufwendungsersatzanspruch **weiter gehende Ersatzansprüche unberührt.**

c) Eingriff in den eingerichteten und ausgeübten Gewerbebetrieb. Unberechtigten Abmah- **51** nungen, die gewerbliche oder geistige Schutzrechte, auch Fälle des ergänzenden Leistungsschutzes, betreffen und damit nach gefestigter Rechtsprechung[153] in den **eingerichteten und ausgeübten Gewerbetrieb eingreifen,** kann der Abgemahnte auch mit eigenem Angriff begegnen. Er kann eine **Gegenabmahnung** aussprechen mit der Aufforderung, die unberechtigte Berühmung zu unterlassen, oder auch **ohne Gegenabmahnung**[154] Unterlassungs- oder **negative Feststellungsklage** erheben.[155] Der I. Zivilsenat des BGH hatte anlässlich einer unberechtigten Verwarnung aus einem Kennzeichenrecht Zweifel an dieser, insbesondere vom X. Zivilsenat zum Patent- und Gebrauchsmusterrecht vertretenen Rechtsprechung erhoben und meinte, unbegründete Abmahnungen aus Schutzrechten seien unbegründeten Abmahnungen aus Wettbewerbsverstößen gleichzusetzen. Der **Große Senat des Bundesgerichtshofs** hat auf Vorlage des I. Zivilsenats entschieden, dass dem betroffenen Hersteller im Fall einer **unbegründeten Abnehmerverwarnung aus Immaterialgüterrechten** ein notfalls im Verfügungsverfahren durchsetzbarer **Unterlassungsanspruch** zusteht, bei Verschulden auch **Anspruch auf Schadensersatz.**[156] Eine entsprechende Unterlassungsklage kann sich dabei lediglich auf die Abmahnung beziehen. Denn einen Anspruch **gerichtlich** geltend zu machen, kann, auch wenn der Anspruch unbegründet ist, nicht im Wege einer Unterlassungsklage verboten wer-

---

[147] *Backes* S. 207 ff.; Teplitzky/*Bacher* Kap. 421 Rn. 82b.
[148] BGH NJW-RR 2006, 501 (502).
[149] Ziff. 3 IV zu Nr. 3100 VV RVG.
[150] BGH NJW 2007, 2049; Wandtke/Bullinger/*Kefferpütz* UrhG § 97 Rn. 48.
[151] BGH GRUR 1995, 167 (168) – Kosten bei unbegründeter Abmahnung.
[152] Begründung zum RegE, Entwurf eines Gesetzes gegen unseriöse Geschäftspraktiken, BT-Drs. 17/13057, 14.
[153] BGH GRUR 2011, 152 Rn. 67 – Kinderhochstühle im Internet; BGH GSZ GRUR 2005, 882 – Unberechtigte Schutzrechtsverwarnung.
[154] OLG Stuttgart MMR 2011, 833; BGH GRUR 2006, 168 (169) – Unberechtigte Abmahnung (zum MarkenR); BGH GRUR 2004, 790 (792) – Gegenabmahnung (zum MarkenR).
[155] BGH GRUR 2011, 152 Rn. 67 – Kinderhochstühle im Internet; BGH GRUR 1985, 571 (573) – Feststellungsinteresse; BGH GRUR 1994, 846 (848) – Parallelverfahren II; BGH GRUR 1995, 697 (698) – Funny Paper.
[156] BGH GSZ GRUR 2005, 882 (885) – Unberechtigte Schutzrechtsverwarnung.

den.[157] Zu Recht wurde mit der Entscheidung des Großen Senats ein Unterschied zwischen geistigem Eigentum und Wettbewerbsrecht anerkannt.

52   Der mögliche **Schadensersatzanspruch** erstreckt sich zB auf den Ausgleich für **abgesprungene Kunden** sowie die **Kosten für Aufklärung und Wiederherstellung des Rufs**. Weitere Anspruchsgrundlagen können sein: §§ 824, 826 BGB und § 678 BGB (Geschäftsanmaßung), im Fall eines Wettbewerbsverhältnisses auch Anschwärzung nach § 4 Nr. 8 UWG, gezielte Behinderung nach § 4 Nr. 10 UWG. 26.

53   Für die negative Feststellungsklage ist das **nach § 256 ZPO erforderliche Feststellungsinteresse durch die Berühmung** gegeben. Erhebt der Abmahnende Leistungsklage – er hat auch bei Anhängigkeit der Feststellungsklage die Wahl des örtlichen Gerichtsstandes[158] – entfällt das Feststellungs-/ Rechtsschutzinteresse entsprechen und die Leistungsklage nicht mehr einseitig zurückgenommen werden kann (§ 269 Abs. 1 ZPO). Ist die Unterlassungs-/Feststellungsklage zu diesem Zeitpunkt noch nicht entscheidungsreif, muss deren Hauptsache für erledigt erklärt werden mit der Kostenfolge des § 91a ZPO. Ist die Unterlassungs-/Feststellungsklage in dem Zeitpunkt entscheidungsreif, bleibt das Rechtsschutz-/Feststellungsinteresse ausnahmsweise erhalten. Entsprechendes gilt für die Unterlassungsklage des Abgemahnten, wenn der Verletzte seinerseits Unterlassungsklage erhebt.[159]

§ 98 Anspruch auf Vernichtung, Rückruf und Überlassung

(1) [1]**Wer das Urheberrecht oder ein anderes nach diesem Gesetz geschütztes Recht widerrechtlich verletzt, kann von dem Verletzten auf Vernichtung der im Besitz oder Eigentum des Verletzers befindlichen rechtswidrig hergestellten, verbreiteten, oder zur rechtswidrigen Verbreitung bestimmten Vervielfältigungsstücke in Anspruch genommen werden.** [2]**Satz 1 ist entsprechend auf die im Eigentum des Verletzers stehenden Vorrichtungen anzuwenden, die vorwiegend zur Herstellung dieser Vervielfältigungsstücke gedient haben.**

(2) **Wer das Urheberrecht oder ein anderes nach diesem Gesetz geschütztes Recht widerrechtlich verletzt, kann von dem Verletzten auf Rückruf von rechtswidrig hergestellten, verbreiteten oder zur rechtswidrigen Verbreitung bestimmten Vervielfältigungsstücken oder auf deren endgültiges Entfernen aus den Vertriebswegen in Anspruch genommen werden.**

(3) **Statt der in Absatz 1 vorgesehenen Maßnahmen kann der Verletzte verlangen, dass ihm die Vervielfältigungsstücke, die im Eigentum des Verletzers stehen, gegen eine angemessene Vergütung, welche die Herstellungskosten nicht übersteigen darf, überlassen werden.**

(4) [1]**Die Ansprüche nach den Absätzen 1 bis 3 sind ausgeschlossen, wenn die Maßnahme im Einzelfall unverhältnismäßig ist.** [2]**Bei der Prüfung der Verhältnismäßigkeit sind auch die berechtigten Interessen Dritter zu berücksichtigen.**

(5) **Bauwerke sowie ausscheidbare Teile von Vervielfältigungstücken und Vorrichtungen, deren Herstellung und Verbreitung nicht rechtswidrig ist, unterliegen nicht den in den Absätzen 1 bis 3 vorgesehenen Maßnahmen.**

Schrifttum: *Arlt,* Ansprüche des Rechteinhabers bei Umgehung seiner technischen Schutzmaßnahmen, MMR, 2005, 148; *Glückstein,* Haftung des Buch- und Medienhandels für Urheberrechtsverletzungen, ZUM 2014, 165; Goldmann/Möller, Anbieten und Verbreiten von Werken der angewandten Kunst nach der „Le-Corbusier-Möbel"-Entscheidung des EuGH – Ist die „Wagenfeld-Leuchte" erloschen?, GRUR 2009, 551; *Jestaedt* Die Ansprüche auf Rückruf und Entfernen schutzrechtsverletzender Gegenstände aus den Vertriebswegen, GRUR 2009, 102; *Nägele/Nitsche,* Gesetzentwurf der Bundesregierung zur Verbesserung der Durchsetzung von Rechten des geistigen Eigentums, WRP 2007, 1047; *Patnaik,* Enthält das deutsche Recht effektive Mittel zur Bekämpfung von Nachahmungen und Produktpiraterie? GRUR 2004, 191; *Peukert/Kur,* Stellungnahme des Max-Planck-Instituts für Geistiges Eigentum, Wettbewerbs- und Steuerrecht zur Umsetzung der Richtlinie 2004/48/EG zur Durchsetzung der Rechte des geistigen Eigentums in deutsches Recht, GRUR-Int 2006, 292; *Schulze,* Die Gebrauchsüberlassung von Möbelimitaten – Besprechung zu BGH „Le-Corbusier-Möbel II", GRUR 2009, 812; *Seichter,* Die Umsetzung der Richtlinie zur Durchsetzung der Rechte geistigen Eigentums, WRP 2006, 391; *Skauradszun/Majer,* Der neue Rückrufanspruch aus § 98 Abs. 2 UrhG, ZUM 2009, 199; *Spindler/Weber,* Die Umsetzung der Enforcement-Richtlinie nach dem Regierungsentwurf für ein Gesetz zur Verbesserung der Durchsetzung von Rechten des geistigen Eigentums, ZUM 2007, 257; *Stieper,* Big Brother is watching you – Zum ferngesteuerten Löschen urheberrechtswidrig vertriebener E-Books, AfP 2010, 217.
Siehe auch Schrifttum bei § 97.

---

[157] BGH GSZ GRUR 2005, 882 (884) – Unberechtigte Schutzrechtsverwarnung; vgl. *Sack,* Unbegründete Schutzrechtsverwarnungen, 2006.
[158] BGH GRUR 1994, 846 (847) – Parallelverfahren II.
[159] BGH GRUR 1985, 41 (44) – REHAB; BGH GRUR 1987, 402 (403) – Parallelverfahren I; BGH GRUR 1994, 846 (847) – Parallelverfahren II; Teplitzky/*Bacher* Kap. 41 Rn. 70 mwN.

I. Entwicklung und Bedeutung

1. Allgemeines

Unabhängig **von den Ansprüchen nach § 97** auf Unterlassung, Beseitigung und Schadensersatz **1** gewährt das Gesetz dem Verletzten außerdem Anspruch auf Vernichtung (Abs. 1 S. 1) oder Überlassung (Abs. 3) der rechtswidrig hergestellten oder zur rechtswidrigen Verbreitung bestimmten Vervielfältigungsstücke sowie auf Vernichtung oder Überlassung der Vorrichtungen, die zur rechtswidrigen Herstellung gedient haben (Abs. 1 S. 2). Gemäß Abs. 2 steht dem Verletzten auch ein Anspruch auf Rückruf rechtswidrig hergestellter oder verbreiteter Vervielfältigungsstücke zu. Im Rahmen der Umsetzung der Enforcement-RL durch das Gesetz zur Verbesserung von Rechten des geistigen Eigentums[1] wurde **§ 98 gemäß Art. 10 der Richtlinie neu gefasst.**[2] **Er vereinigt nunmehr die bisherigen §§ 98 und 99 sowie § 101 Abs. 2 aF** (Ausnahmen). Die am 1.9.2008 in Kraft getretene Bestimmung des § 98 UrhG zielt auf die Beseitigung andauernder Verletzungen und ist daher auf Verletzungshandlungen anwendbar, die vor dem Zeitpunkt ihres Inkrafttretens begangen worden sind.[3] Sinn und Zweck der Regelung besteht vor allem in der Aufhebung eines dem Zuweisungsgehalt des Immaterialgüterrechts widersprechenden Zustands.[4] Die Voraussetzungen des Anspruch müssen daher im Zeitpunkt der Entscheidung vorliegen.[5] Umstritten ist, ob die Ansprüche aus § 98 mit dem Ablauf der Schutzfrist erlöschen. Dafür wird vorgebracht, dass der Gesetzeszweck des § 98 mit Gemeinfreiheit des Werkes nicht nicht mehr erreichbar sei.[6] Der Anspruch auf Vernichtung oder Überlassung der Vervielfältigungsstücke und Vorrichtungen entspricht im Wesentlichen den ursprünglichen §§ 42, 43 LUG und §§ 37, 38 KUG.[7] Der Vernichtungsanspruch deckt sich mit Art. 46 des TRIPS-Übereinkommens. Durch das ProduktpiraterieG v. 7.3.1990[8] waren die Vorschriften gestrafft worden. Sie sind jetzt der Enforcement-RL angepasst: Die Vernichtung ist nicht mehr auf eine **ausschließlich oder nahezu ausschließlich** zur rechtswidrigen Herstellung von Vervielfältigungsstücken benutzte Vorrichtung beschränkt, sondern greift schon bei **vorwiegender** Benutzung. **Neu aufgenommen wurde in § 98 Abs. 2 der Anspruch auf Rückruf** von rechtswidrig hergestellten, verbreiteten oder zur rechtswidrigen Verbreitung bestimmten Vervielfältigungsstücken, alternativ der **Anspruch auf deren endgültiges Entfernen aus den Vertriebswegen** (§ 98 Abs. 2).

---

[1] BGBl. 2008 I S. 1191.
[2] BGBl. 2008 I S. 1202 (1203).
[3] BGH GRUR 2015, 672 Rn. 66 – Videospiel-Konsolen II; BGH GRUR 2016, 803 Rn. 14 – Armbanduhr.
[4] BGH GRUR 2003, 228 (229 f.) – P-Vermerk; OLG Hamburg ZUM-RD 2016, 576 (607).
[5] OLG München GRUR-RR 2017, 256 Rn. 14 – Videospiel-Konsolen.
[6] OLG Hamburg ZUM-RD 2016, 576 (607) unter Hinweis auf die gegenteilige Auffassung im Patentrecht; Benkard/Grabinski/Zülich PatG § 140a Rn. 9; *Schack* Rn. 802, der auf Schutzmöglichkeiten nach § 97 Abs. 2 S. 1 UrhG und §§ 9, 3 Abs. 1, 4 Nr. 4 UWG verweist.
[7] AmtlBegr. BT-Drs. IV/270, 104.
[8] PrPG, in Kraft seit 1.7.1990, BGBl. I S. 422 – dazu *Ensthaler* GRUR 1992, 273; *Rehbinder* ZUM 1990, 462.

1a   § 37 KUG gilt weiter für den Bildnisschutz.[9] Er wurde nicht ins Urheberrechtsgesetz übernommen (§ 141 Nr. 5). Originale und rechtmäßig hergestellte Werke sind von § 98 nicht erfasst;[10] der Anspruch erstreckt sich auf Vervielfältigungsstücke, die zur rechtswidrigen Verbreitung bestimmt sind, unabhängig davon, ob die Herstellung rechtmäßig erfolgte oder nicht. **Vorrichtungen zur Vorführung werden ebenfalls nicht erfasst.** Von der Vernichtung ausdrücklich **ausgenommen sind Bauwerke und ausscheidbare Teile von Vervielfältigungsstücken und Vorrichtungen, deren Herstellung und Verbreitung nicht rechtswidrig ist** (§ 98 Abs. 5, früher § 101 Abs. 2). **Für Computerprogramme** besteht seit der Umsetzung der Computerprogramm-RL zum rechtlichen Schutz von Computerprogrammen die **Spezialvorschrift des § 69f Abs. 1,** wonach der Rechtsinhaber vom Eigentümer oder Besitzer verlangen kann, dass alle rechtswidrig hergestellten, verbreiteten oder zur rechtswidrigen Verbreitung bestimmten Vervielfältigungsstücke vernichtet werden. Nach § 69f Abs. 2 gilt das auch für Mittel, die allein dazu bestimmt sind, die unerlaubte Beseitigung oder Umgehung technischer Programmschutzmechanismen zu erleichtern. Nach § 69f Abs. 1 S. 2 sind § 98 Abs. 2 und 3, jetzt Abs. 3 und 4 entsprechend anzuwenden.[11] Ein Verstoß gegen **das in § 95a normierte Verbot,** technische Maßnahmen zum Schutz eines nach dem UrhG geschützten Werkes oder Schutzgegenstandes zu umgehen, begründet zivilrechtlich Ansprüche nach § 97, § 69f iVm § 98 Abs. 3 und 4 und mögliche strafrechtliche Ahndung nach § 108b Abs. 1 Nr. 1, ordnungswidrigkeitsrechtlich nach § 111a.

2   Das Gesetz geht **grundsätzlich** von der **Vernichtung rechtswidriger Vervielfältigungsstücke** bzw. der zur rechtswidrigen Herstellung benutzten Vorrichtungen aus. Der Rechtsinhaber kann vom Eigentümer oder Besitzer verlangen, dass alle rechtswidrig hergestellten, verbreiteten oder zur rechtswidrigen Verbreitung bestimmten Vervielfältigungsstücke vernichtet werden. § 98 Abs. 1–4 nF gilt für alle kleinen wie großen Verletzungshandlungen;[12] Härten werden über den Verhältnismäßigkeitsgrundsatz in Abs. 4 ausgeglichen. Soweit vom Gesetzgeber Abweichungen zugelassen wurden, sind die Voraussetzungen dafür vom Verletzer darzutun und zu beweisen.[13] Aber schon nach der Änderung durch das ProduktpiraterieG (§ 98 Abs. 3 aF), jetzt neu gefasst in § 98 Abs. 4, ist bereits im Erkenntnisverfahren im Einzelfall die **schonendste Maßnahme,** die zur Beseitigung der Rechtsverletzung führt. Der Verletzte hat die **Wahl, die Vervielfältigungsstücke und Vorrichtungen anstelle der Vernichtung ganz oder teilweise gegen eine angemessene Vergütung zu übernehmen** (§ 98 Abs. 3). Bei Vorliegen der Voraussetzungen wird dem Verletzten Schadensersatz nach § 97 unabhängig vom Verbleib der Möglichkeit der Nutzung der Stücke durch den Verletzer gewährt. Der Vernichtungs- und der Schadensersatzanspruch sind selbstständige, voneinander unabhängige Rechte.[14]

3   Die Ansprüche haben heute insbesondere Bedeutung bei Raubkopien, Raubpressungen, Raubfilmen, sofern sie nicht im strafrechtlichen Adhäsionsverfahren nach § 110 geltend gemacht werden, und vor allem bei Computerprogrammen, die durch das 2. UrhGÄndG v. 9.6.1993 (BGBl. I S. 910) über §§ 69a ff. speziell geschützt worden sind. Vernichtung/Rückruf/Überlassung sind nach der Umsetzung der Enforcement-RL durch das Gesetz zur Verbesserung der Durchsetzung von Rechten geistigen Eigentums entsprechend § 98 UrhG vorgesehen: im PatentG § 140a, im GebrMG § 24a, im MarkenG §§ 18, 128, 135, im HalbleiterSchG § 9, im GeschmMG § 43, im SortenSchG § 37a.

4   Die **Ansprüche** bestehen **unabhängig von Verschulden.**[15] Zum Ausgleich von Härtefällen, die infolge der strengen Haftung ohne Verschulden, insbesondere des Unternehmers nach § 99 eintreten können, hat der **schuldlose Verletzer in § 100 eine Ablösungsbefugnis** gegen Entschädigung erhalten. **Die Ansprüche aus § 98 verjähren** wie die anderen Ansprüche aus dem UrhG nach §§ 194 ff. BGB, mit entsprechender Anwendung des § 852 nF BGB bei Bereicherung (§ 102).

2. Rechtsnatur

5   Die Vernichtung und die sonstigen Beseitigungsmaßnahmen sind nach **hM keine Strafe,** auch wenn im Zusammenhang mit dem ProduktpiraterieG und dem Enforcement-RL gelegentlich von Sanktionen gesprochen wird.[16] Die Ansprüche aus § 98 dienen vor allem der **Aufhebung eines dem Zuweisungsgehalt des Immaterialgüterrechts widersprechenden Zustands**[17] und stellen sich daher als eine **Konkretisierung des allgemeinen Beseitigungsanspruchs** aus § 97 Abs. 1 S. 1 dar.

6   Die Vernichtung von Verletzungsgegenständen war ursprünglich – mit vorausgehender Einziehung als Sicherungsmaßnahme – strafrechtlich (polizeirechtlich) ausgestaltet. Heute wird der Anspruch

---

[9] §§ 22–24 KUG – Recht am eigenen Bild, s. die dortige Kommentierung.

[10] LG Berlin ZUM-RD 2017, 190 (192).

[11] *Dreier* GRUR 1993, 781 (787).

[12] BGH GRUR 1995, 338 (341) – Kleiderbügel.

[13] LG Berlin ZUM-RD 2017, 190 (192); *Retzer* FS Piper, 1996, 421 (422).

[14] BGH GRUR 1993, 899 (900) – Dia-Duplikate; anders OLG Düsseldorf GRUR 1997, 49 (51) – Beuys-Fotografien.

[15] LG Berlin ZUM-RD 2017, 190 (192); vgl. amtliche Begründung, BT-Drs. IV/270, 104.

[16] Für einen mit ihrer Sanktionswirkung generalpräventiven Charakter Dreier/Schulze/*Dreier* UrhG § 98 Rn. 4; LG Berlin ZUM-RD 2017, 190 (192).

[17] BGH GRUR 2003, 228 (239) – P-Vermerk.

übereinstimmend zivilrechtlich verstanden. Die Regelung ist für das Urheberrecht abschließend getroffen[18] und gilt auch für das strafrechtliche Adhäsionsverfahren.[19] Nach § 110 S. 3 ist die Anwendung der Vorschriften über die Einziehung (§ 74a StPO) auf die im § 98 genannten Gegenstände ausdrücklich ausgenommen.

II. Gegenstand und Maßnahmen der Vernichtung

1. Gegenstand

a) Vervielfältigungsstücke. Gegenstand der Vernichtung sind in erster Linie **alle rechtswidrig** **7** **hergestellten, rechtswidrig verbreiteten** oder **zur rechtswidrigen Verbreitung bestimmten Vervielfältigungsstücke,** die im **Eigentum** oder im **Besitz**[20] **des Verletzers** stehen (§ 98 Abs. 1). Nach dem **Schutzlandprinzip** kommt es darauf an, dass sich die Vervielfältigungsstücke im Inland befinden.[21] Das sind insbesondere Schriften, Bücher, Noten, Bild- und Tonträger, Kopien von Werken der bildenden Kunst, von Lichtbildwerken, Filmwerken, auch auf Vervielfältigungsstücke unfreier Bearbeitungen.[22] Nicht nur identische, sondern auch nahezu identische Werkwiedergaben stellen eine Vervielfältigung dar.[23] Bei den **Vorrichtungen** (Abs. 1 S. 2) werden nur diejenigen erfasst, die im **Eigentum des Verletzers** stehen.

Art. 10 der Enforcement-RL erfasst **alle rechtsverletzenden Waren und Vorrichtungen un-** **7a** **abhängig von Eigentum oder Besitz.** Der deutsche Gesetzgeber hat an den Voraussetzungen Eigentum oder Besitz bei Waren und Eigentum bei Vorrichtungen festgehalten mit der Begründung, dem Vernichtungsanspruch sei die Voraussetzung des Eigentums oder des Besitzes des Anspruchsgegners „immanent", da diesem anderenfalls eine Vernichtung rechtlich nicht möglich sei.[24] *J. B. Nordemann* rügt diese Umsetzung als nicht richtlinienkonform und fordert eine richtlinienkonforme Auslegung, wonach die Tatbestandsvoraussetzung von Eigentum und Besitz entfallen oder jedenfalls eng zugunsten des Verletzten ausgelegt werden müsse.[25]

Der Gesetzgeber hat von einer Regelung, nach welcher der Vernichtungsanspruch nicht nur gegen **8** den bzw. die Verletzer, sondern gegen jeden **Beteiligten in der Vertriebskette** besteht, bewusst abgesehen, und den **Anspruch nicht auf Dritte Nichtverletzer erstreckt.**[26] Dies entspricht nach der AmtlBegr. der Systematik der Richtlinie, die ausdrücklich regelt, in welchem Fall die Inanspruchnahme von Dritten ermöglicht werden solle.[27] Deren Artikel 10 enthalte aber keine solche Regelung. Etwas anderes folge auch nicht aus Artikel 10 Abs. 3, wonach die Interessen Dritter zu berücksichtigen seien. Den Beteiligten in einer Vertriebskette würden im Übrigen Verletzungshandlungen nachzuweisen sein, so dass durch die Beschränkung des Anspruchs auf den Verletzer angemessene Ergebnisse erzielt werden könnten.[28] Artikel 10 Abs. 1 bezieht Dritte zwar nicht ausdrücklich ein, fordert die Maßnahmen aber „in Bezug auf Waren, die nach ihren Feststellungen ein Recht des geistigen Eigentums verletzen" und „in Bezug auf Materialien und Geräte, die vorwiegend zur Schaffung oder Herstellung dieser Waren gedient haben", also nicht in Bezug auf den Verletzer, sondern in Bezug auf die Gegenstände. Diese Makeltheorie ist in Einklang zum Verfassungsrecht zu bringen. Die Vernichtung von Gegenständen, an denen der Schuldner nur Besitz, kein Eigentum hat, verletzt die Eigentumsrechte des Dritten und ist nur gerechtfertigt, wenn der Dritte selbst auf eine Urheberrechtsverletzung in Anspruch genommen werden kann. Das ist zB nicht der Fall, wenn der Gegenstand einem Endnutzer zu Eigentum gehört, da der Erwerb eines schutzrechtsverletzenden Gegenstandes nach deutschem Recht keine Urheberrechtsverletzung darstellt. Der Eigentümer muss sich dann mit der Drittwiderspruchsklage nach § 771 ZPO wehren.

Auf Verschulden des Verletzers kommt es nicht an.[29] Diese Frage wird nur bei der Abwen- **9** dungs-(Ablösungs-)Befugnis des § 100 relevant. Was „rechtswidrig" ist, bestimmt sich nach deutschem

---

[18] BGH GRUR 1960, 443 (446) – Orientteppich.

[19] § 110 UrhG, §§ 403 ff. StPO.

[20] Kritisch dazu *Stieper* AfP 2010, 217 (219).

[21] OLG München GRUR-RR 2010, 161 (162) – Bronzeskulptur.

[22] BGH GRUR 1999, 984 (988) – Laras Tochter; Zum Eigentum an dem auf einem Lesegerät gespeicherten E-Book und eine darauf gerichtete Vernichtung durch den E-Book-Anbieter vgl. *Stieper* AfP 2010, 217 (219); vgl. auch BGH GRUR 2015, 672 Rn. 69 f. – Videospiel-Konsolen II.

[23] Sehr weitgehend LG Berlin ZUM-RD 2017, 190 (192) (zum Vernichtungsanspruch), wonach es auch nicht darauf ankommt, ob mit der Vervielfältigung der Eindruck erweckt werden soll, es handele sich um das Original; es sei ausreichend, dass die Vervielfältigung durch Art der Gestaltung „aus einem bestimmten Oeuvre des Künstlers" erscheint; im konkreten Fall ging es um den Künstler Max Pechstein.

[24] BT-Drs. 16/5048, 31.

[25] Fromm/Nordemann/*J. B. Nordemann* § 98 Rn. 10 f. mwN; aA Wandtke/Bullinger/*Bohne* UrhG § 98 Rn. 26.

[26] Amtl. Begr., BT-Drs. 16/5048, 31; Dreier/Schulze/*Dreier* UrhG § 98 Rn. 5; Wandtke/Bullinger/*Bohne* UrhG § 98 Rn. 26; *Nägele/Nitsche* WRP 2007, 1047 (1055); aA Fromm/Nordemann/*J. B. Nordemann* UrhG § 98 Rn. 10, die die Beschränkung auf Verletzer, die Besitz oder Eigentum haben, für nicht richtlinienkonform halten; vgl. dazu jedoch auch → Rn. 23.

[27] Wie in Artikel 8 – Recht auf Auskunft.

[28] AmtlBegr. BT-Drs. 16/5048, 31, 32.

[29] LG Berlin ZUM-RD 2017, 190 (192).

Recht unter Berücksichtigung des Rechts der EU.[30] Zugrunde liegen mithin Verletzungshandlungen nach §§ 16 und 17 (s. dort), und zwar alternativ, weil auch rechtmäßig hergestellte, aber rechtswidrig verbreitete oder zur rechtswidrigen Verbreitung bestimmte Exemplare erfasst werden. **Rechtswidrig hergestellt sind Vervielfältigungsstücke, die weder durch die Zustimmung des Rechtsinhabers noch durch eine Schrankenbestimmung gedeckt sind.** Die Einbeziehung zur rechtswidrigen Verbreitung bestimmter Exemplare ergänzt den vorbeugenden Unterlassungsanspruch. Die **Zweckbestimmung ist subjektiv** und lässt sich häufig nur aus Indizien folgern. Sie können den Beweis des ersten Anscheins begründen, der von der Gegenseite zu entkräften ist.[31] Beispiele rechtmäßiger Herstellung und rechtswidriger Verbreitung: Verkauf von Lagerexemplaren nach Erlöschen des Verlagsrechts zB wegen Fristablaufs, wirksamen Rücktritts des Urhebers vom Verlagsvertrag oder Rückrufs; grenzüberschreitender Verkauf bei territorial geteiltem Verlagsrecht;[32] erlaubtes Herstellen von Exemplaren mit Zweckbestimmung (§§ 44a ff.), aber anderer oder erweiterter Verwendung. Wer die spätere rechtswidrige Verbreitung bei der Herstellung einplant, hat bereits rechtswidrig hergestellt. In Italien rechtmäßig hergestellte, in Deutschland jedoch rechtswidrig verbreitete Produkte, werden von den Ansprüchen des § 98 erfasst.[33]

10   **Nicht betroffen von der Vernichtung (oder Überlassung) sind rechtsverletzende Originale.**[34] Darunter sind nur Bearbeitungen im Sinne des § 3 zu verstehen, alles andere, was dichter am verletzten Werk steht, ist lediglich Vervielfältigung des verletzten Werks; nachgemalte Gemälde stellen als Kopien von Originalen eine Vervielfältigung dar, nicht dagegen eine Bearbeitung.[35] Der Vernichtungsanspruch bezieht sich aber – wie die aus dem Vervielfältigungsrecht folgenden Ansprüche – auch auf die Vervielfältigungsstücke unfreier Bearbeitungen,[36] nicht aber auf Originalbildnisse und Vervielfältigungen, wenn sie nur unrechtmäßig öffentlich zur Schau gestellt wurden (→ Rn. 1). Ob eine Vervielfältigung vorliegt oder diese sich noch in Vorbereitung befindet, hängt von den Umständen des Einzelfalles ab. Der frühere ausdrückliche Hinweis auf die Vollendung[37] ist als überflüssig entfallen. Übernahme von Stil und Motiv mit gefälschter Signatur ist Verletzung des allg. Persönlichkeitsrechts: Entfernung der Signatur, abgelehnt: Kennzeichnung als Fälschung.[38]

11   **b) Vorrichtungen.** Gegenstand von Beseitigungsmaßnahmen sind außerdem die im **Eigentum des Verletzers** stehenden Vorrichtungen, die **vorwiegend zur rechtswidrigen Herstellung der Vervielfältigungsstücke gedient haben** (§ 98 Abs. 1 S. 2), **Die Herstellung der Vervielfältigungsstücke unter Verwendung der Vorrichtung** muss nach dem Wortlaut der Vorschrift **rechtswidrig** sein, nicht nur deren Verbreitung.[39] Die Vorschrift erfasst nicht Vorrichtungen zur öffentlichen Wiedergabe, Ausstellung.[40] **Besitz** reicht in diesem Fall nicht. Die Bundesregierung hat den Vorschlag des Bundesrats, auch den Besitz einzubeziehen, aus verfassungsrechtlichen Bedenken nicht akzeptiert, da dadurch das grundgesetzlich geschützte Eigentumsrecht Unbeteiligter verletzt werden könnte.[41] Die Norm bereitet, auch gerade in Abgrenzung zu ihrer Vorgängern, Schwierigkeiten. Zweck der Vorschrift ist, **Materialien und Geräte,** die vorwiegend zur Schaffung oder Herstellung der rechtswidrig hergestellten Vervielfältigungsstücke gedient haben, endgültig aus den Vertriebswegen zu entfernen oder zu vernichten.[42] Dies entspricht dem **Zweck der Enforcement-RL,** wirksame Instrumente zur Durchsetzung des Schutzes des geistigen Eigentums zu schaffen. Es ist aber gleichzeitig nicht zu verkennen, dass im **Zeitalter der digitalen Medien** eine Vielzahl von Vorrichtungen bereit steht, die (auch) zur Herstellung rechtswidriger Vervielfältigungsstücke dienen können. Unter der Vorgängernorm war in der Folge der Entscheidung *Videorekorder-Vernichtung*[43] anerkannt, dass solche **Vorrichtungen, die auch für andere Zwecke,** insbesondere auch zur

---

[30] Dazu → § 96 Rn. 14 ff.

[31] Dreier/Schulze/*Dreier* UrhG § 98 Rn. 7.

[32] Allerdings nicht im EU-Bereich mit Ausnahme zwangslizenzierter Werke EuGH GRUR-Int 1985, 822 – Pharmon.

[33] Fromm/Nordemann/*J. B. Nordemann* UrhG § 98 Rn. 5 unter Hinweis auf BGH GRUR 2007, 871 (873) – Wagenfeld-Leuchte und BGH GRUR 2007, 50 (51) – Le Corbusier-Möbel; vgl. jedoch EuGH GRUR 2008, 604 – Le Corbusier-Möbel, wonach eine Verbreitung die Übertragung des Eigentums erfordert und das Aufstellen von Möbeln in Verkaufsräumen und Schaufenstern keine Verletzung des Verbreitungsrechts bedeutet; BGH GRUR 2009, 840 – Le Corbusier-Möbel II; kritisch dazu: Dreier/Schulze/*Schulze* UrhG § 17 Rn. 4a; Wandtke/Bullinger/*Heerma* § 17 Rn. 6 mwN; *v. Welser* GRUR-Int 2008, 596 (597); *Goldmann/Möller* GRUR 2009, 551; *Schulze* GRUR 2009, 812.

[34] LG Berlin ZUM-RD 2017, 190 (192).

[35] LG Düsseldorf ZUM-RD 2012, 684 (686) mwN; dazu sehr weitgehend LG Berlin ZUM-RD 2017, 190 (192); *v. Gamm* UrhG § 98 Rn. 4 mit dem anschaulichen Beispiel: Verfilmung als Bearbeitung und Filmen als Vervielfältigung.

[36] BGH GRUR 1999, 984 (988) – Laras Tochter.

[37] §§ 42 Abs. 3 LUG, 37 Abs. 3 KUG.

[38] BGH GRUR 1995, 668 – Emil Nolde.

[39] AA offenbar Dreier/Schulze/*Dreier* UrhG § 98 Rn. 13.

[40] Fromm/Nordemann/*J. B. Nordemann* UrhG § 98 Rn. 18; Dreier/Schulze/*Dreier* UrhG § 98 Rn. 11.

[41] ZB das gutgläubigen Lieferanten, der Materialen oder Geräte unter Eigentumsvorbehalt geliefert hat – so die AmtlBegr. BT-Drs. 16/5048, 62.

[42] Vgl. Erwägungsgrund 24 der Richtlinie 2004/48/EG.

[43] BGH GRUR 1988, 301 – Videorekorder-Vernichtung.

Vervielfältigung anderer Werke oder geschützter Leistungen,[44] verwendet werden können, wie **Setzmaschinen, Fotokopiergeräte** uä von der Vernichtung ausgeschlossen sind.[45] Diese Entscheidung wird unter Verweis darauf, dass das dort relevante Tatbestandsmerkmal „ausschließlich bestimmt" nun durch „vorwiegend ... gedient haben" ersetzt ist, für überholt angesehen.[46] Mit der Neufassung sind nun auch solche Geräte erfasst, die bisher von der Vernichtung ausgeschlossen waren, wie zB **Kopiergeräte, CD-/DVD-Brenner,** etc, also nicht nur speziell angefertigte Vorlagen, sondern auch handelsübliche Geräte.[47] § 98 Abs. 1 ist aber eine besondere Ausformung des Beseitigungsanspruchs und keine Sanktion;[48] das ist bei der Bestimmung der Tatbestandsmerkmale zu berücksichtigen.

Zu den Vorrichtungen im Sinne von Abs. 1 S. 2 gehören „Materialien und Geräte";[49] das sind insbesondere **Formen, Platten, Steine, Druckstöcke, Matrizen, Negativ- wie Positivvorlagen, Pausen von Zeichnungen, Klischees, Matern,** die speziell zur Herstellung der rechtswidrigen Vervielfältigungsstücke angefertigt wurden, aber eben auch Geräte wie **CD-/DVD-Brenner, Kopiergeräte,** etc, sowie solche Vervielfältigungen, die ihrerseits als Vorlagen dienen können, wie zB **Audiobänder (Masterbänder).** | 11a

„Gedient haben" meint nunmehr die **tatsächliche Verwendung,** nicht lediglich Bestimmung, wie vormals alternativ in § 99 aF. Es kommt darauf an, dass die Vorrichtung zur Herstellung *dieser* Vervielfältigungsstücke verwendet *wurde,* nicht werden kann. D**ie tatsächliche widerrechtliche Nutzung löst** den Anspruch aus. Auf „Leermedien", die ggf. zukünftig der Herstellung von Vervielfältigungsstücken dienen können, aber noch nicht zur Vornahme von Vervielfältigungen verwendet worden sind, ist die Vorschrift nicht anwendbar; für eine analoge Anwendung auf Vorrichtungen, die lediglich zur Herstellung rechtswidriger Vervielfältigungsstücke bestimmt sind, fehlt es an Anhaltspunkten für eine planwidrige Regelungslücke.[50] | 11b

Ob die Vorrichtungen **vorwiegend** der rechtswidrigen Herstellung gedient haben, ist **Tatfrage.** | 12 Der Wortlaut ist einerseits weiter und andererseits enger als § 99 aF. So führt die Änderung des Maßstabes von **„ausschließlich oder fast ausschließlich"** (§ 99 aF) zu **vorwiegend zur Herstellung verwendet** zu einer deutlichen **Reduzierung** der Anforderungen, in welchem **Umfang** die Vorrichtungen zur rechtswidrigen Herstellung dienten. Enger ist der Wortlaut allerdings insoweit, als die Vorrichtung nun nicht mehr zur rechtwidrigen Herstellung „von Vervielfältigungsstücken" benutzt oder bestimmt war, sondern zur Herstellung „dieser Vervielfältigungsstücke" vorwiegend gedient hat.

Die **Quantifizierung** bereitet Schwierigkeiten. Teilweise wird eine „mehr als 50%-ige Verwendung"[51] für ausreichend erachtet; nach anderer Auffassung sind jedenfalls 75% ausreichend; teilweise werden Quantifizierungsversuche insgesamt als nicht weiterführend abgelehnt.[52] *Dreier* regt eine Orientierung an den **Maßstäben** of **§ 95a Abs. 3 Nr. 2 und 3 („hauptsächlich")** an.[53] Tatsächlich greifen Worte wie „hauptsächlich" bzw. „in erster Linie" den Wortsinn zutreffend auf. Erforderlich ist, dass die Vorrichtung vorwiegend zu Herstellung für „diese", dh die dem Beseitigungsanspruch nach Abs. 1 S. 1 unterliegenden rechtswidrigen Vervielfältigungsstücke verwendet wurde. Die **Darlegungs- und Beweislast** dafür trägt der Verletzte.[54] Wie bei den Vervielfältigungsstücken selbst folgt aus dem **Schutzlandprinzip,** dass § 98 nur anwendbar ist, sofern die **Vorrichtungen in der Bundesrepublik Deutschland** zur Herstellung der rechtswidrigen Vervielfältigungsstücke verwendet wurden;[55] unerheblich ist, ob die Vorrichtung selbst im Ausland (ggf. rechtmäßig) hergestellt wurde.[56] | 12a

§ 69f Abs. 2 gibt – auch gegen den Besitzer – einen zusätzlichen Vernichtungs-/Überlassungsanspruch für Mittel, die **allein** dazu bestimmt sind, die unerlaubte Beseitigung oder Umgehung technischer Programmschutzmechanismen zu erleichtern. **Erfasst werden dadurch Kopierschutz-Umgehungsprogramme.** Ihr Zweck ist es, Urheberrechtsverletzungen zu ermöglichen. Computer, Festplatten, Disketten fallen nicht unter § 69f, weil sie in der Regel nicht allein dazu bestimmt sind, die unerlaubte Beseitigung oder Umgehung von Programmechanismen zu erleichtern, nach § 98 Abs. 1 S. 2 aber dann, wenn sie bereits vorwiegend rechtswidrigen Zwecken gedient haben. Technische Maßnahmen zum Schutz von Urheber- und verwandter Rechte sind mit Inkrafttreten des § 95a unter den dort genannten Voraussetzungen anerkannt. Insoweit laufen die §§ 69f Abs. 2, 98 | 13

---

[44] So *Ulmer* § 130 I 2, S. 550.
[45] BGH GRUR 1988, 301 (302) – Videorekorder-Vernichtung.
[46] Wandtke/Bullinger/*Bohne* UrhG § 98 Rn. 34; Mestmäcker/Schulze/*Backhaus* UrhG § 98 Rn. 41; aA offenbar *Schack* Rn. 803.
[47] Dreier/Schulze/*Dreier* UrhG § 98 Rn. 9.
[48] Vgl. dazu → Rn. 5.
[49] Vgl. die Vorgabe in Art. 10 Abs. 1 der Richtlinie 2004/48 und die Umsetzung in § 140a PatG.
[50] BGH GRUR 2015, 672 Rn. 71 – Videospiel-Konsolen II.
[51] Fromm/Nordemann/*J. B. Nordemann* UrhG § 98 Rn. 20; so auch Loewenheim/Schricker/*Wild* (4. Aufl.) UrhG § 98 Rn. 11.
[52] Mestmäcker/Schulze/*Backhaus* UrhG § 98 Rn. 41.
[53] Dreier/Schulze/*Dreier* UrhG § 98 Rn. 13; ähnlich wohl auch Wandtke/Bullinger/*Bohne* UrhG § 98 Rn. 34: „hauptsächlich" bzw. „in erster Linie".
[54] KG NJW 2002, 621 (622 f.) – Bachforelle.
[55] So schon *Ulmer* § 130 I 2, S. 550; OLG München GRUR-RR 2010, 161 f. – Bronzeskulptur.
[56] Vgl. *Ulmer* § 130 I 2, S. 550.

Abs. 1 nicht mehr leer. Der Vertrieb von Dongles verstößt als Behinderungswettbewerb auch gegen § 1 UWG aF;[57] jetzt §§ 3, 4 Nr. 10 UWG.

2. Maßnahmen

14   Der Vernichtungsanspruch geht auf **Unbrauchbarmachen.**[58] Das ist zumeist **Veränderung der Substanz.**[59] **Grundsätzlich ist** das **mildeste Mittel** der Beseitigung zu verwenden (§ 98 Abs. 4), also zB: Schwärzen von Zeilen, Entfernen einzelner Seiten, Beseitigung von Entstellungen eines Bildes durch Verbesserung der Kopie;[60] die bloße Kennzeichnung als „echte Fälschungen" ist hingegen idR nicht geeignet, den Interessen der Verletzten Genüge zu tun.[61] Bei rechtswidrig hergestellten Tonträgern kommt idR eine mildere Form, die Folgen des Rechtseingriffs zu beseitigen, als die Vernichtung der rechtswidrig hergestellten Vervielfältigungsstücke nicht in Betracht.[62]

III. Rückruf oder Entfernen aus den Vertriebswegen

15   Der **Gesetzgeber** hat Artikel 10 der Enforcement-RL dahingehend verstanden, dass die Mitgliedsländer **alle drei im Artikel genannten Maßnahmen** – Rückruf aus den Vertriebswegen, das endgültige Entfernen aus den Vertriebswegen und die Vernichtung – **vorsehen müssen.** Anders als der Anspruch auf Vernichtung waren die Ansprüche auf Rückruf und Entfernen aus den Vertriebswegen im deutschen Recht bislang nicht ausdrücklich geregelt. Die Ansprüche wurden über den Beseitigungsanspruch des § 1004 BGB und über Schadensersatzansprüche per Naturalrestitution geltend gemacht. Der Gesetzgeber hielt eine Analogie zu § 1004 BGB für **keine europarechtlich zulässige Umsetzung,** da es hierzu keine gefestigte Rechtsprechung gebe. Dementsprechend wurden diese Ansprüche zusätzlich in § 98 Abs. 2 aufgenommen.[63]

16   Der neue Anspruch auf **Rückruf oder endgültiges Entfernen aus den Vertriebswegen** bereitet in seinen Voraussetzungen und Rechtsfolgen Schwierigkeiten. Nach einer Auffassung ist der Rückruf auf die **Rückforderung von Vervielfältigungsstücken** gerichtet, an denen der Verletzer **die tatsächliche oder rechtliche Verfügungsgewalt verloren** hat.[64] Der Bundesrat wollte hingegen eine Klausel aufnehmen, die den Anspruch für den Fall des Verlustes der tatsächlichen und rechtlichen Verfügungsgewalt ausschließt; dem ist die Bundesregierung mit dem Argument entgegengetreten, dass sich dies bereits aus allgemeinen schuldrechtlichen Grundsätzen ergebe.[65] Teilweise wird für den Anspruch **noch irgendeine Form von Verfügungsgewalt verlangt.** Hat der Verletzer allerdings noch die Verfügungsgewalt über die streitgegenständlichen Produkte, könnte der Rechtsinhaber nach den bestehenden Grundsätzen mit einem **Unterlassungs- und Vernichtungsanspruch** einschreiten.[66] Hat der **Verletzer keine Verfügungsgewalt,** liegt es nicht in seiner Macht, Rückforderungsansprüche gegen seine Abnehmer durchzusetzen. Dann wäre der Anspruch darauf gerichtet, dass der Verletzer sich an seine Abnehmer wendet, sie über die Tatsache der rechtsverletzenden Vervielfältigungsstücke informiert und zugleich – gegen Rückerstattung des Kaufpreises – zu deren Rückgabe auffordert. Da es nicht in seiner Macht liegt, ob die Adressaten der Aufforderung Folge leisten, kann richtiger Weise **kein Erfolg geschuldet** sein.[67]

16a   Das Gleiche gilt hinsichtlich der Alternative **endgültiges Entfernen aus den Vertriebswegen.**[68] Hat der Verletzer die Vervielfältigungsstücke veräußert und fehlt ihm so die Verfügungsgewalt, kann er mangels eines rechtlichen Anspruchs gegen seine Abnehmer den Anspruch aus Abs. 2 Alt. 2 nicht durchsetzen. *Bohne* sieht dennoch einen faktischen Nutzen darin, dass der Dritte in der Vertriebskette über die Herkunft der Vervielfältigungsstücke aufgeklärt ist und sich nicht mehr auf Unkenntnis berufen kann.[69] Auf den **Online-Vertrieb von Werken** findet die Norm keine Anwendung, weil es hier an der **Verbreitung eines vorher bestehenden Vervielfältigungsstücks fehlt.**[70]

---

[57] BGH GRUR 1996, 78 – Umgehungsprogramm.

[58] Dreier/Schulze/*Dreier* UrhG § 98 Rn. 14: „zum Werkgenuss nicht mehr tauglich".

[59] Einstampfen, Zerreißen, Verbrennen, Zertrümmern, Verschrotten, im digitalen Bereich totale Löschung, im Extremfall Zerstörung der Festplatte.

[60] GRUR 107, 384 (393) = GRUR 1995, 668 – Emil Nolde: Der Anspruch auf Beseitigung der Künstlersignatur bei Bildfälschungen schließt einen darüber hinausgehenden Anspruch auf Kennzeichnung als Fälschung aus.

[61] LG Düsseldorf ZUM-RD 2012, 684 (686); OLG Hamburg ZUM 1998, 938 (942); aA *Schack* Rn. 801; LG Berlin ZUM-RD 2017, 190 (192): Vernichtung ist der gesetzliche Regelfall.

[62] BGH GRUR 2003, 228 (230) – P-Vemerk.

[63] AmtlBegr. BT-Drs. 16/5048, 32.

[64] Fromm/Nordemann/*J. B. Nordemann* UrhG § 98 Rn. 25; *Skauradzun/Majer* ZUM 2009, 199 (2020).

[65] BT-Drs. 16/5048, 54, 621.

[66] *Nägele/Nitsche* WRP 2007, 1047 (1056); *Peukert/Kur* GRUR-Int 2006, 292 (295).

[67] So Dreier/Schulze/*Dreier* UrhG § 98 Rn. 17; *Spindler/Weber* ZUM 2007, 257 (258); *Nägele/Nitsche* WRP 2007, 1047 (1056); *Jestaedt* GRUR 2009, 102 (104); dies folgt wohl auch aus der Rückantwort der Bundesregierung, BT-Drs. 16/5048, 62; etwas weiter *Skauradszun/Majer* ZUM 2009, 199 (202); Fromm/Nordemann/*J. B. Nordemann* UrhG § 98 Rn. 25 f.; Mestmäcker/Schulze/*Backhaus* UrhG § 98 Rn. 45 f.

[68] Vgl. *Spindler/Weber* ZUM 2007, 257 (259); *Nägele/Nitsche* WRP 2007, 1047 (1056).

[69] Wandtke/Bullinger/*Bohne* UrhG § 98 Rn. 39; *Nägele/Nitsche* WRP 2007, 1047 (1056); zum Rückrufanspruch im Buchhandel vgl. *Glückstein* ZUM 2014, 165 (169 f.).

[70] *Stieper* AfP 2010, 217 (219).

IV. Anspruch auf Überlassung

Statt der Ansprüche nach § 98 Abs. 1 kann der Verletzte nach § 98 Abs. 3 Überlassung 17
der Vervielfältigungsstücke gegen Entgelt verlangen. Es besteht ein **Wahlrecht** des Verletzten,
die Überlassung „statt" der Maßnahmen aus Abs. 1 zu verlangen. Es ist streitig, bis wann der Verletzte
dieses Wahlrecht ausüben kann. Teilweise wird angenommen, dass es spätestens und verbindlich mit
der Klageerhebung ausgeübt werden muss.[71] Richtig erscheint, dem Verletzten entsprechend seinem
Wahlrecht zwischen den verschiedenen Methoden der Schadensberechnung **bis zur Erfüllung bzw.**
rechtskräftigen Verurteilung vorzubehalten.[72] Der Anspruch setzt **Eigentum** des Verletzers voraus.
Er kann auch im **strafrechtlichen Adhäsionsverfahren** (§§ 403 ff. StPO) geltend gemacht werden
(§ 110). Wie die Vernichtung ist die Überlassung eine Art der Beseitigung. Sie wird als wirtschaftlich
vernünftig angesehen, weil sie jedenfalls die Herstellungskosten ausgleicht.[73] Die Anwendung des
Abs. 3 erfordert eine **Interessenabwägung.** Warum der Gesetzgeber entgegen der früheren Fassung[74] **Vorrichtungen nicht in Abs. 3 einbezogen hat,** bleibt offen. In der Amtlichen Begründung[75] gibt es keine Erklärung dazu. Die **Überlassung gegen Entgelt** stellt gegenüber der Vernichtung das **mildere Mittel** dar. Unter dem Gesichtspunkt des Grundsatzes der Verhältnismäßigkeit wird
daher teilweise auch bei den Vorrichtungen das Recht auf Übernahme angenommen.[76] Wie der Vernichtungsanspruch des § 98 Abs. 1 kann die Überlassungsanspruch durch die Abwendungsbefugnis
des schuldlosen Verletzers ausgeschlossen sein (§ 100).

Die **Überlassung** meint **Übertragung von Besitz und Eigentum** an den Vervielfältigungsstü- 18
cken und Vorrichtungen. Der Übernehmer hat bei den übernommenen Gegenständen die **Rechte**
Dritter zu beachten, zB Miturheberrechte, auch eigene Rechte des Verletzers,[77] wenn die Vervielfältigungen gleichzeitig Bearbeitungen des Verletzers enthalten, die ihm ein Bearbeiterurheberrecht
geben (§ 3). Fremde Rechte stehen einer Verwertung durch den Übernehmer entgegen. Anders der
Besitzer als § 69f Abs. 1; auch wenn Abs. 2 auf § 98 verweist, gilt der spezielle, erweiterte Anwendungsbereich des § 69f Abs. 1. **Der Verletzte hat bei der Geltendmachung des Überlassungs-**
anspruchs auch seine eigenen Bindungen zu berücksichtigen, die er hinsichtlich seiner Urheberrechte mit Dritten eingegangen ist. Der Urheber kann nicht ohne Zustimmung seines Verlegers
Plagiate übernehmen und selbst verwerten. Der Verleger muss beim Absatz übernommener Exemplare den Urheber entsprechend beteiligen. Übernahme kommt idR nur dann in Betracht, wenn es sich
um Vervielfältigungsstücke handelt, die rechtmäßig hergestellten Vervielfältigungsstücken qualitativ
gleichkommen, also Nachdrucke, Kopien, bespielte Tonträger, Videofilme, Computerspiele. Die
Übernahme dürfte selten sein. **Die angemessene Vergütung wird zweckmäßigerweise in das**
Ermessen des Gerichts gestellt (§ 287 ZPO). Was angemessen ist, richtet sich nach objektiven
Gesichtspunkten. Kosten, die das Erforderliche überschreiten, sind nicht zu berücksichtigen, ebensowenig Gemeinkosten. Geringere Herstellungskosten kommen dem Verletzten zugute. **Höchstgrenze**
sind nach dem Wortlaut des Gesetzes wie bisher **die tatsächlichen Herstellungskosten** (§ 98
Abs. 3).

V. Verhältnismäßigkeit

Schon bisher galt im Rahmen des § 98 das Gebot, die **Verhältnismäßigkeit zwischen Rechts-** 19
verletzung einerseits **und Beseitigungsmaßnahmen** andererseits zu wahren (§ 98 Abs. 3 aF). In
Art. 10 Abs. 3 der Enforcement-RL heißt es dazu, bei der Prüfung eines Antrags auf Abhilfemaßnahmen seien „die Notwendigkeit eines angemessenen Verhältnisses zwischen der Schwere der Verletzung und den angeordneten Abhilfemaßnahmen sowie die Interessen Dritter zu berücksichtigen". In
deutsches Recht umgesetzt lautet die Vorschrift, **„die Ansprüche nach den Absätzen 1 bis 3 sind**
ausgeschlossen, wenn die Maßnahme im Einzelfall auch unter Berücksichtigung der be-
rechtigten Interessen Dritter unverhältnismäßig ist" (§ 98 Abs. 4). Das geht weiter als die bisherige Fassung des § 98 Abs. 3, die eine Beseitigung auf andere Weise vorsah und den Anspruch des
Verletzten auf die hierfür erforderlichen Maßnahmen beschränkte. **Richtig verstanden, ist der**
totale Ausschluss auch in der Neufassung erst dann gerechtfertigt, wenn keine andere,
mildere Maßnahme möglich ist. Wie die Interessen Dritter die Maßnahme wesentlich bestimmen
können, wird anschaulich bei Rechtsverletzungen durch Presseerzeugnisse: Befindet sich in einer
Zeitung oder einer Zeitschrift ein rechtsverletzender Beitrag, kommt es auf die Schwere der Verlet-

---

[71] Fromm/Nordemann/*J. B. Nordemann* UrhG § 98 Rn. 36.
[72] Vgl. auch hinsichtlich der Fassung des entsprechenden wahlweise auf Vernichtung bzw. Überlassung gerichteten Klageantrages → 4. Aufl. 2010, Rn. 32; Dreier/Schulze/*Dreier* UrhG § 98 Rn. 18; Mestmäcker/Schulze/
Backhaus UrhG § 98 Rn. 49.
[73] Möhring/Nicolini/*Reber* UrhG § 98 Rn. 4.
[74] § 99 UrhG iVm § 98 Abs. 2 UrhG.
[75] BT-Drs. 16/5048, 49.
[76] In diesem Sinn Dreier/Schulze/*Dreier* UrhG § 98 Rn. 18.
[77] AmtlBegr. BT-Drs. IV/270, 104 rSp.

zung an. In Abwägung der Rechte des Einzelnen einerseits und der Pressefreiheit andererseits werden in der Regel die ausgedruckten Exemplare von der Verbotsverfügung ausgenommen. Etwas anderes gilt ausnahmsweise, wenn eine so schwere Verletzung vorliegt, dass eine Verbreitung unerträglich wäre. Den Grundsatz der Verhältnismäßigkeit hat das OLG Frankfurt a. M. in einem Fall angewandt, der ein Buch betraf, in dem 13 Portraitfotos sowjetischer Persönlichkeiten ungenehmigt wiedergegeben waren. Üblicherweise werden diese Fotos gegen Entgelt zur Verfügung gestellt. Das OLG Frankfurt a. M. hat ein vollständiges Vertriebsverbot im Eilverfahren abgelehnt und erklärt, dem Interesse des Berechtigten werde dadurch Genüge getan, dass der Verletzer an geeigneter Stelle des Buches deutlich und unübersehbar auf die Herkunft der Fotos hinweist und der Nutzungsberechtigte im Übrigen Zahlungsklage erhebt.[78] Insofern kann eine **Verpflichtung zu Aufklebern** (Einlagezettel entfallen leicht) im Rahmen des § 98 im Einzelfall berechtigt sein. Das OLG Düsseldorf erkannte beim ungenehmigten Abdruck von Fotografien auf die Vernichtung eines Dokumentationshefts und die Entfernung eines Fotos aus einem Katalogheft.[79] Es begründete zutreffend, dass sich die Frage der Verhältnismäßigkeit einer Maßnahme gar nicht stellt, wenn der durch die Verletzung verursachte Zustand nicht anders als durch Vernichtung beseitigt werden kann.[80] Die Vernichtung eines gefälschten Kunstwerks ist nicht unverhältnismäßig, da nicht erkennbar ist, wie eine dauerhafte Kennzeichnung als Fälschung möglich ist.[81]

20   Die **Darlegungs- und Beweislast** für Umstände, die nach Abs. 3 zu einem Ausschluss der Ansprüche nach Abs. 1 bis führen, ebenso wie für mildere Mittel **trifft den Verletzer,** der sich darauf beruft; er hat **darzutun,** dass es **anderweitige Möglichkeiten** zur Beseitigung gibt.[82] **Vernichtung ist** allerdings **anzuordnen, wenn die Kosten der Beseitigung auf andere Weise in keinem Verhältnis zum Wert des Gegenstandes stehen.**

VI. Ausnahmen: Bauwerke und ausscheidbare Teile

1. Allgemeines

20a   **Bauwerke und ausscheidbare Teile** des Verletzungsgegenstands sind wie bisher von den Maßnahmen des § 98 Abs. 1–3 vollständig **ausgenommen (§ 98 Abs. 5, früher § 101 Abs. 2),** somit auch von einer finanziellen Ablösung.[83] Es bleibt ein möglicher Beseitigungsanspruch nach § 97 Abs. 1, der mit dem Beseitigungsanspruch nach § 98 Abs. 1 und 2 nicht identisch ist.[84] Wird ein Bauwerk oder ein ausscheidbarer Teil vernichtet oder unbrauchbar gemacht, begründet das für den Eigentümer Ansprüche aus § 823 Abs. 1 BGB.[85]

2. Bauwerke

20b   Bauwerke sind Werke der Baukunst iSv § 2 Abs. 1 Nr. 4 (siehe dort). Gebäude, die keine Werke der Baukunst sind, genießen keinen Urheberrechtsschutz und sind somit auch nicht geeignet, urheberrechtliche Ansprüche auszulösen. **Nur Bauwerke (Gebäude) als solche sind privilegiert, also die Bausubstanz.** Der Architekt, nach dessen Vorlagen ein Gebäude ohne seine Zustimmung errichtet worden ist, kann weder dessen Abriss noch Überlassung verlangen. Hier greift der Grundsatz der Verhältnismäßigkeit per Gesetz. Es gibt nur Entschädigung in Geld. Zu den privilegierten Bauwerken gehören nicht Pläne, Zeichnungen, Skizzen solcher Werke und nicht Zubehör oder Schmuck wie Reliefs, Kopien von Kunstwerken, die an der Fassade angebracht sind.[86] **Auch ein Teil eines Bauwerks kann ein eigenständiges Bauwerk darstellen,** wenn es die Voraussetzungen des § 2 Abs. 1 Nr. 4 erfüllt und Selbstständigkeit besitzt, zB eine Kirche im Rahmen eines als Gesamtkomplex angelegten Gemeindezentrums. Aber: Ist ein Werk der Baukunst durch Umbau entstellt, besteht ein Anspruch auf Beseitigung der Entstellung, dh des Umbaus, nach § 97 Abs. 1 S. 1. Im Ausnahmefall kann auch die Ausführung eines Bauwerks nach den Vorgaben des Architekten verlangt werden, wenn dem Bauherrn weder ausdrücklich noch konkludent ein Änderungsrecht vorbehalten war, das

---

[78] OLG Frankfurt a. M. WRP 1985, 83 (85).

[79] OLG Düsseldorf GRUR 1997, 49 (51) – Beuys-Fotografien; vgl. dazu auch OLG Hamburg ZUM 1996, 810 (818); bestätigt durch BGH GRUR-Int 1999, 885 (888) f.

[80] Vgl. hierzu auch OLG Hamburg ZUM 1996, 810 (818) – Laras Tochter.

[81] LG Düsseldorf ZUM-RD 2012, 684 (686); LG Berlin ZUM-RD 2017, 190 (192 f.).

[82] LG Berlin ZUM-RD 2017, 190 (192); LG Düsseldorf ZUM-RD 2012, 684 (686); LG München I BeckRS 2012, 13691; Fromm/Nordemann/*J. B. Nordemann* UrhG § 98 Rn. 39; Möhring/Nicolini/*Lütje* (2. Aufl.) UrhG § 98 Rn. 40; Dreier/Schulze/*Dreier* UrhG § 98 Rn. 26.

[83] Wandtke/Bullinger/*Bohne* UrhG § 98 Rn. 46 f., anders Möhring/Nicolini/*Lütje* (2. Aufl.) UrhG § 101 aF Rn. 21 mit Einschränkung zur Zumutbarkeit.

[84] Dreier/Schulze/*Dreier* UrhG § 98 Rn. 27; Fromm/Nordemann/*J. B. Nordemann* UrhG § 98 Rn. 34 halten § 98 Abs. 5 auch auf Beseitigungsansprüche für anwendbar, wenn es um die Vernichtung von Teilen von Gebäuden oder ganzen Gebäuden geht; auch im Rahmen des § 97 Abs. 1 gilt der Grundsatz der Verhältnismäßigkeit und damit der Zumutbarkeit, schließt im Extremfall Vernichtung nicht aus.

[85] Möhring/Nicolini/*Lütje* (2. Aufl.) Rn. 24; Dreier/Schulze/*Dreier* UrhG § 98 Rn. 20.

[86] Fromm/Nordemann/*J. B. Nordemann* UrhG § 98 Rn. 33; Dreier/Schulze/*Dreier* UrhG § 98 Rn. 28; Möhring/Nicolini/*Lütje* (2. Aufl.) UrhG § 98 Rn. 22; *Ulmer* § 130 I 3.

Werk des Architekten und sein Name schwerwiegend beeinträchtigt sind und die Herstellung nach Vorgabe dem Bauherrn finanziell zuzumuten ist, was zB in Frage kommt, wenn die zu verwendenden Bauteile bereits fertig vorliegen. In der Regel wird unter dem Gesichtspunkt der Verhältnismäßigkeit nur eine finanzielle Entschädigung in Betracht kommen, wobei das verletzte Urheberpersönlichkeitsrecht des Architekten angemessen zu berücksichtigen ist. Im Zweifel steht der Name und der Ruf des Architekten mit der eigenmächtigen Entstellung des Bauwerks auf dem Spiel.[87] Steht ein urheberrechtsverletzender Bau unmittelbar bevor, gibt § 98 Abs. 5 Grund für eine einstweilige Verfügung zum Einhalt des umstrittenen Baus.[88]

3. Ausscheidbare Teile

Ausscheidbare Teile sind nach § 98 Abs. 5 ebenfalls von den Maßnahmen nach § 98 Abs. 1– 20c 3 ausgenommen. Das ist eigentlich selbstverständlich. Was nicht verletzt, ist auch nicht zu vernichten oder unbrauchbar zu machen. Insoweit entfällt auch ein Unterlassungsanspruch und ein Übernahmeanspruch. Das frühere Recht enthielt eine spezielle Regelung für die Fälle, in denen Sammelwerke nur teilweise rechtswidrig vervielfältigt wurden oder von selbstständig miteinander verbundenen Werken nur eines rechtswidrig vervielfältigt worden ist (§§ 39, 45 KUG). § 98 Abs. 5 deckt diese Fälle ab. Unerheblich ist, ob der auszuscheidende Teil für sich allein verwertbar ist. Auch wenn das nicht der Fall ist, muss er ausgeschieden werden.[89] Bei fertig hergestellten Vervielfältigungsstücken wird ein Ausscheiden vielfach nicht mehr möglich sein, zB nicht bei Schallplatten, wohl aber bei Filmstreifen, Tonbändern, ggf. auch bei fertiggebundenen Büchern, die gerissen werden können, um die ausscheidbaren Teile neu zu binden. Es kommt auf den Einzelfall und die Wirtschaftlichkeit der Maßnahmen an.[90]

VII. Verhältnis zum Schadensersatzanspruch

Die Ansprüche aus § 98 Abs. 1 und 2 sowie auf Schadensersatz stehen selbständig ne- 21 beneinander.[91] Gleichwohl besteht eine Wechselbeziehung. Werden die schutzrechtsverletzenden Gegenstände durch erfolgreichen Rückruf aus den Vertriebswegen entfernt, ist der wirtschaftliche Schaden beseitigt. Im Idealfall ist durch die Maßnahmen der frühere Zustand ohne Rechtsverletzung wieder hergestellt: Der Schutzrechtsinhaber ist frei, sein Produkt ohne Konkurrenz im Markt absetzen; der Verletzer hat mangels eigenen Absatzes keinen Gewinn gemacht. **Es ist damit Naturalrestitution entsprechend § 249 BGB eingetreten und kein Schaden vorhanden, der ausgeglichen werden müsste.**[92] Diese Ansicht steht nicht im Widerspruch zu den Schadensberechnungsarten im Immaterialgüterrecht – Ersatz erlittenen Vermögensschadens einschließlich des entgangenen Gewinns, Zahlung einer angemessenen Lizenzgebühr, Herausgabe des Verletzergewinns. Entwickelt wurden die Berechnungsarten mit der Begründung, die Verletzung eines Rechtes sei nicht ungeschehen zu machen und insoweit die Naturalrestitution ausgeschlossen. Gleichwohl müsse der Verletzte einen angemessenen wirtschaftlichen Ausgleich für die eingetretene Rechtsverletzung erhalten. So bestimmt es auch Art. 13 Abs. 1 S. 1 der Enforcement-RL, wobei die Betonung auf „angemessen" liegt. Ein solcher **angemessener** Ausgleich **erübrigt sich, wenn es beim Verletzten an einer wirtschaftlichen Einbuße fehlt und der Verletzer keinen Nutzen gezogen hat.** Zudem hat der Schutzrechtsinhaber die Wahl zwischen Rückruf/Entfernen aus den Vertriebswegen/Vernichtung einerseits oder Schadensersatz andererseits. Auch das ist zu berücksichtigen.

In der Praxis wird ein solcher Idealfall kaum vorkommen. Bis die Gegenstände aus den Vertriebs- 22 wegen entfernt sind, kann schon ein Teil der Ware abgesetzt worden sein. **Dann ist über den Umfang des Teilschadens abzurechnen einschließlich der mit solchen Aktionen verbundenen Nebenkosten, die bei Verschulden auch dann vom Verletzer zu erstatten sind,** wenn alle Gegenstände aus dem Verkehr entfernt wurden. Die Einschränkung des Schadensersatzanspruchs auf Grund eines (teilweise) erfolgten Rückrufs hat der Schutzrechtsverletzer darzulegen und zu beweisen.

VIII. Durchsetzung der Ansprüche nach § 98 Abs. 1–3

1. Passivlegitimation

a) Abnehmer in einer Vertriebskette. Der verletzte Schutzrechtsinhaber kann jeden **Verletzer** 23 in der Vertriebskette unmittelbar in Anspruch nehmen (vgl. → Rn. 8, 16a). Der Schutzrechtsinhaber

---

[87] Siehe dazu LG Berlin UFITA 4 [1931], 258 – Eden-Hotel; anders OLG Nürnberg UFITA 25 [1958], 361 – Reformations-Gedächtniskirche.

[88] LG München I ZUM RD 2008, 158 zu § 101 Abs. 2 Nr. 1 aF.

[89] Möhring/Nicolini/*Lütje* UrhG § 98 Rn. 24; Dreier/Schulze/*Dreier* UrhG § 98 Rn. 29 mit dem Vorbehalt der Verhältnismäßigkeit; einschränkend Fromm/Nordemann/*J. B. Nordemann* UrhG § 98 Rn. 35; Wandtke/Bullinger/ *Bohne* UrhG § 98 Rn. 47.

[90] AA Wandtke/Bullinger/*Bohne* UrhG § 98 Rn. 47: Unerheblichkeit der Wirtschaftlichkeit.

[91] Vgl. Art. 10 Abs. 1 der Enforcement-RL.

[92] *Jestaedt* GRUR 2009, 102 (106).

wird sie häufig erst mittels Durchsetzung seines Auskunftsanspruchs nach § 101 kennen lernen. *Jestaedt*[93] sieht kein Erfordernis und kein berechtigtes Interesse, parallel gegen Abnehmer vorzugehen, die den schutzrechtsverletzenden Gegenstand vertreiben, wenn der Schutzrechtsinhaber dem Erstverletzer gegenüber Ansprüche auf Rückruf und Entfernen aus den Vertriebswegen geltend macht. Zumindest soll das bis zur Weigerung des Verletzers gelten, diesen Ansprüchen nachzukommen. Durch ein paralleles Vorgehen verursachte Kosten dürften nicht erstattungsfähig sein. Diese These lässt sich nur vertreten, wenn mit der Abmahnung der Abnehmer missbräuchlich Kosten erwirtschaftet werden. **Grundsätzlich ist der Schutzrechtsinhaber berechtigt, seine Rechte gegen alle Verletzer geltend zu machen.**[94] Eine unmittelbare Abmahnung kann dazu beitragen, dass der Abnehmer den Vertrieb der schutzrechtsverletzenden Ware einstellt und sie an seinen Lieferanten zurückgibt. Es ist eine Geste des Schutzrechtsinhabers, wenn er dem Erstverletzer überlässt, die notwendige Marktbereinigung selbst vorzunehmen.

24   **b) Sonstiges.** Der **Erbe** rückt in die volle Stellung des Eigentümers ein und haftet bei dessen Beteiligung wie dieser, auch wenn das in der Neufassung nicht mehr ausgesprochen ist. Zum Kreis derjenigen, gegen die Ansprüche aus § 98 Abs. 1–3 geltend gemacht werden können, gehören Drucker, Verleger, Buchhändler, Kunsthändler, Fotokopieranstalten, Schallplattenhersteller, Filmproduzenten, Filmverleiher, Bühnenvertriebe, Schallplattengeschäfte, Softwarehersteller und -vertreiber. Ein späterer **Rechtsnachfolger** muss die Entscheidung des Prozesses gegen sich gelten lassen (§§ 325, 727 ZPO). **Miturheberrechte hindern den Vernichtungsanspruch nicht,** sofern der Miturheber nicht auch Miteigentümer ist. Der Eigentümer kann ein Werk grundsätzlich vernichten, insbesondere, wenn Störungen von ihm ausgehen.[95]

2. Klagantrag und Vollstreckung

25   Der **Klagantrag** muss **konkret gefasst sein** und die Vervielfältigungsstücke, die unbrauchbar gemacht werden sollen, oder die betroffene Vorrichtung genau bezeichnen. Die Stücke sind an den Verletzten zur Vernichtung herauszugeben oder an einen vom Verletzten bestimmten Gerichtsvollzieher.[96] Eine Vernichtung durch den Verletzer mit entsprechendem Nachweis kommt, wenn überhaupt, nur ausnahmsweise in Betracht.[97] **Für die Vollstreckung des Herausgabeurteils gelten die §§ 883, 886 ZPO.** Durch das Urteil auf Herausgabe wird die Zustimmung des Schuldners ersetzt.[98] Die **Vernichtungskosten** sind **Vollstreckungskosten** und als solche beizutreiben. Insoweit bedurfte es keiner Umsetzung von Artikel 10 Abs. 2 der Enforcement-RL. Mit dem Klagantrag bestimmt der Kläger, welche Maßnahme er begehrt. Sollte sich später herausstellen, dass das mildere Mittel zur Wahrnehmung der Rechte nicht geeignet ist, muss der Vernichtungsanspruch in entsprechender Anwendung des § 323 ZPO in einem neuen Rechtsstreit geltend gemacht werden. In der Vollstreckungsinstanz ist das Wahlrecht nur auszuüben, wenn es im Titel konkret vorbehalten war. Der Verpflichtete kann die Zwangsvollstreckung abwenden, wenn er dem Berechtigten die vollzogene Vernichtung nachweist.[99] Eine **Vernichtung** ist eine endgültige Maßnahme, daher hielt *Wild* in der Vorauflage sie auch vor dem Hintergrund der Streichung des § 98 Abs. 4 S. 2[100] aF durch das Pirateriegesetz **erst** für möglich, wenn das im ordentlichen Verfahren ergangene **Urteil rechtskräftig** ist.[101] Nach dem BGH würde allerdings die gesetzgeberische Wertung durch würde unterlaufen, wenn eine Vollstreckung von Vernichtungsmaßnahmen vor Rechtskraft des Urteils nach wie vor unzulässig wäre. Den schutzwürdigen Interessen des Vollstreckungsschuldners würde zudem durch die Möglichkeit hinreichend Rechnung getragen, einen Schutzantrag nach den §§ 712, 714 ZPO zu stellen (falls die Vollstreckung dem Schuldner einen nicht zu ersetzenden Nachteil bringen würde) und Schadensersatzansprüche nach § 717 Abs. 2 ZPO geltend zu machen (falls das für vorläufig vollstreckbar erklärte Urteil aufgehoben oder abgeändert wird).[102]

26   Auch beim **Rückruf** und beim Anspruch auf **Entfernen der Gegenstände aus den Vertriebswegen** müssen die Gegenstände und die Wege **konkret benannt werden,** um einen vollstreckbaren Titel zu erwirken. Dagegen ist eine Konkretisierung der dazu einzusetzenden Maßnahmen nicht möglich, da der Schuldner die Wahl der geeigneten Mittel hat. Insoweit ist der Anspruch auf die ge-

---

[93] *Jestaedt* GRUR 2009, 102 (106).
[94] BGH GRUR 2009, 856 – Tripp-Trapp-Stuhl.
[95] S. auch OLG Karlsruhe GRUR 1983, 301 (311) – Inkasso-Programm.
[96] BGHZ 135, 183 (191) = GRUR 1997, 899 – Vernichtungsanspruch; BGH GRUR 2003, 228 (230) – P-Vermerk.
[97] Wandtke/Bullinger/*Bohne* UrhG § 98 Rn. 15.
[98] Ebenso Fromm/Nordemann/*J. B. Nordemann* UrhG § 98 Rn. 37; Möhring/Nicolini/*Lütje* (2. Aufl.) UrhG § 98 Rn. 21; aA Dreier/Schulze/*Dreier* UrhG § 98 Rn. 15; Wandtke/Bullinger/*Bohne* UrhG § 98 Rn. 15: §§ 887, 888 ZPO.
[99] Bescheinigung eines Gerichtsvollziehers oder eines Notars oder die Empfangsbestätigung einer mit der Vernichtung beauftragten Privatfirma, sofern sichergestellt ist, dass die Vernichtung tatsächlich erfolgte.
[100] Danach könnten Vernichtungsmaßnahmen erst vollzogen werden dürfen, nachdem dem Eigentümer gegenüber rechtskräftig darauf erkannt worden war.
[101] So auch Dreier/Schulze/*Dreier* UrhG § 98 Rn. 15.
[102] BGH GRUR 2009, 403 Rn. 27 – Metall auf Metall.

setzliche Vorgabe „Rückruf" und „Entfernen aus den Vertriebswegen" zu richten. Da es sich bei beiden um vertretbare Handlungen handelt, erfolgt die **Vollstreckung nach § 887 ZPO,** durch Ermächtigung des Verletzten, die Handlung auf Kosten des Schuldners vorzunehmen. Auf Antrag ist der Schuldner zur Vorauszahlung der Kosten zu verurteilen (§ 887 Abs. 2 ZPO).

Die Ansprüche auf Vernichtung, Rückruf und Überlassung können als endgültige Regelungen **27** grundsätzlich nicht im einstweiligen Rechtsschutz durchgesetzt werden.[103] Zur **Sicherung des Anspruchs auf Vernichtung und Überlassung** kommt die **Sequestrierung** der rechtswidrig hergestellten, verbreiteten oder zur Verbreitung bestimmten Vervielfältigungsstücke bzw. Vorrichtungen in Betracht, und zwar im Wege der einstweiligen Verfügung mit der Auflage, die Stücke an den zuständigen Gerichtsvollzieher zur vorläufigen Verwahrung herauszugeben. Die Bestellung zum Sequester hängt in manchen Bundesländern von seiner Zustimmung ab, zB in Bayern. Die Glaubhaftmachung der Voraussetzungen des Unterlassungsanspruchs genügt.[104] Eine vorherige Abmahnung kommt wegen des damit verbundenen Warncharakters in der Regel nicht in Betracht. Auch bei sofortigem Anerkenntnis des Verletzten ist die Kostenfolge des § 93 ZPO auf Grund der besonderen Umstände abzuwehren.[105]

§ 99 Haftung des Inhabers eines Unternehmens

Ist in einem Unternehmen von einem Arbeitnehmer oder Beauftragten ein nach diesem Gesetz geschütztes Recht widerrechtlich verletzt worden, hat der Verletzte die Ansprüche aus § 97 Abs. 1 und § 98 auch gegen den Inhaber des Unternehmens.

Schrifttum: *Arning/Moos,* Bring Your Own Device – Eine Entscheidungshilfe zur datenschutz- und lizenzkonformen Einführung im Unternehmen, DB 2013, 2607; *Bettinger,* Anbieter von Telefondienstleistungen ohne eigenes Netz handelt nicht als Beauftragter der Netzbetreiber – „Änderung der Voreinstellung III", GRUR-Prax 2011, 223; *Brandi-Dohrn,* Schutzrechtshaftung und Schutzrechte im Konzern, FS Pagenberg (2006) S. 375; *Greening/Weigl,* Überwachung der Internetnutzung von Arbeitnehmern – Von Webtracking- und Webfiltering-Tools – Eine datenschutzrechtliche Betrachtung, CR 2012, 787; *Hahn,* Ändert der BGH seine „Voreinstellung" zur Haftung des Unternehmensinhabers für Wettbewerbsverstöße Dritter?, GRUR-Prax 2011, 413; *Hühner,* Haftet der Geschäftsführer persönlich? – Zur Außenhaftung von Organen bei Wettbewerbsverstößen und Verletzungen gewerblicher Schutzrechte, GRUR-Prax 2013, 459; *Kieser/Kleinemenke,* Neues zur Affiliate-Werbung: Die Haftung des Affiliate für (Schutz-)Rechtsverletzungen des Advertisers, WRP 2012, 543; *Monsch,* Bring Your Own Device (BYOD), 2017; *Seel,* Private Endgeräte im betrieblichen Einsatz – Rechtsfragen im Rahmen von „BOYD", MDR 2014, 69; *Stillahn/Bogner,* Arbeitsrecht 2.0 – Social-Media und Compliance im Unternehmen, ZWH 2012, 223; *Werner,* Die wettbewerbsrechtliche Konzernhaftung, WRP 2018, 286; *ders.,* Die Haftung des GmbH-Geschäftsführers für die Verletzung gewerblicher Schutzrechte, GRUR 2009, 820; *Zander,* Die Problematik der Störerhaftung bei Unternehmen und Arbeitgebern, ZUM 2011, 305.

Siehe auch Schrifttum bei § 97.

Übersicht

I. Entwicklung und Bedeutung

Diese Vorschrift – **vormals § 100** – wurde dem Wettbewerbsrecht entlehnt.[1] Sie entspricht der **1** Betriebsinhaberhaftung des § 8 Abs. 2 UWG nF, dessen Vorläufer § 13 Abs. 3 UWG aF auf das 2. Wettbewerbsgesetz von 1909 zurückgeht, mit der UWG-Novelle 1986 redaktionell zu § 13 Abs. 4 geändert wurde und mit weiterer Änderung als § 8 Abs. 2 UWG nF aktuell gilt. Vergleichbare Bestimmungen befinden sich in §§ 14 Abs. 7, 15 Abs. 6, 128 MarkenG, § 44 DesignG, § 2 Abs. 1 S. 2 UKlaG. Wie alle diese Bestimmungen verfolgt § 99 folgenden Zweck: **Der Inhaber eines Unternehmens soll gehindert werden, sich bei ihm zugutekommenden Urheberrechtsverletzungen von Angestellten oder Beauftragten hinter abhängigen Dritten zu verstecken.**[2] Die

---

[103] Fromm/Nordemann/*J. B. Nordemann* UrhG § 98 Rn. 38; Dreier/Schulze/*Dreier* UrhG § 98 Rn. 15; für den Rückrufanspruch str., vgl. *Glückstein* ZUM 2014, 165 (169 f.).
[104] OLG Hamburg UFITA 92 [1982], 339 (342); OLG Hamm GRUR 1989, 502 (503); s. *v. Gamm* GRUR 1958, 172.
[105] OLG Hamburg WRP 1978, 146; 1988, 47; OLG Nürnberg WRP 1981, 342 f.
[1] Amtl. Begr. BT-Drs. IV/270, 104.
[2] BGH GRUR 2019, 813 Rn. 72 – Córdoba II; BGH GRUR 2003, 450 (454); BGH GRUR 1993, 37 (39) – Seminarkopien; BGH GRUR 1980, 116 (117) – Textildrucke; OLG Frankfurt a. M. GRUR 2017, 814 Rn. 19 – Cartoon auf Homepage; *Werner* WRP 2018, 286 (287).

Vorschrift ist eine Zurechnungsnorm[3] und verfassungskonform. Sie verstößt nicht gegen den Grundsatz „nulla poena sine lege", da sie nur eine Unterlassungsanordnung trifft und eine Bestrafung im Fall einer Zuwiderhandlung nur bei Verschulden erfolgt.[4] Das Gesetz gibt dem Verletzten einen selbständigen Anspruch gegen den Unternehmensinhaber, der **zusätzlich als unmittelbarer Verletzer** nicht nur darauf haftet, in Zukunft dafür zu sorgen, dass seine Arbeitnehmer/Beauftragten keine Verstöße mehr begehen, sondern – ohne Entlastungsmöglichkeit – auch dann haftet, wenn die Rechtsverletzungen **ohne sein Wissen** und selbst **gegen seinen Willen** von Angestellten oder Beauftragten begangen worden sind.[5] Es handelt sich um eine **verschuldensunabhängige Erfolgshaftung,** die nur voraussetzt, dass ein Mitarbeiter oder Beauftragter eine rechtswidrige Verletzungshandlung im inneren Zusammenhang mit dem Betrieb begangen hat. Eine Ausnahme bilden nur Verstöße eines Arbeitnehmers/Beauftragten, die vom Unternehmensinhaber nicht selbst begangen werden können (zB Verrat von Betriebs- oder Geschäftsgeheimnissen, Geschäftsgeheimnis-RL, GeschGehG)[6] und § 890 ZPO, der eigenes Verschulden des Vollstreckungsschuldners erfordert. Da der Schwerpunkt der Unternehmerhaftung im Bereich des Wettbewerbsrechts liegt und die Mehrzahl der Fälle der Judikatur umfasst, kann auf die dortige reiche Literatur verwiesen werden: Fezer/Büscher/Obergfell/*Büscher* UWG § 8 Rn. 214 ff.; GK-UWG/*Paal* UWG § 8 Rn. 142 ff.; Harte-Bavendamm/Henning-Bodewig/*Goldmann* UWG § 8 Rn. 563 ff.; Köhler/Bornkamm/Feddersen/*Köhler/Feddersen* UWG § 8 Rn. 2.32 ff.; MüKo/*Fritzsche* UWG § 8 Rn. 295 ff.; Ohly/Sosnitza/*Ohly* UWG § 8 Rn. 143 ff.; Teplitzky/*Büch,* Wettbewerbsrechtliche Ansprüche und Verfahren, Kap. 14 Rn. 30 ff.; Ahrens/*Jestaedt,* Der Wettbewerbsprozess, Kap. 21 Rn. 34 ff.

II. Inhaber des Unternehmens

2   **Inhaber des Unternehmens** ist derjenige, unter dessen Namen der Betrieb geführt wird und der damit nach außen die Verantwortung übernimmt.[7] Das ist der betreibende Kaufmann, also nicht nur der **Eigentümer,** sondern auch der **Pächter, Verwalter, Nießbraucher;** ist der Betrieb verpachtet, entfällt die Verantwortung des Eigentümers.[8] Gehört das Unternehmen einer **Erbengemeinschaft,** sind die Erben in ihrer „Gesamthand" Unternehmensinhaber. Unerheblich ist, ob der Inhaber in seiner Verfügung beschränkt ist (zB durch Insolvenz, Testamentsvollstreckung, Betreuung). Bei den **Personengesellschaften** (OHG, KG, Partnerschaftsgesellschaft, EWIV, BGB-Gesellschaft) sind wegen ihrer Selbstständigkeit die Personenhandelsgesellschaften selbst.[9] Bei einer AG, GmbH, Genossenschaft oder einem Verein ist **Unternehmensinhaber die juristische Person.**[10] Im Falle einer treuhänderischen Unternehmensübertragung ist der Treuhänder als Unternehmensinhaber anzusehen. Es genügt nicht, dass jemand nach außen den Anschein erweckt, Inhaber zu sein, ohne dass es den Tatsachen entspricht.[11] Zum Teil wird dann aber in der Literatur eine Haftung über die Grundsätze zur Anscheinshaftung angenommen.[12] Die hM in der Literatur lehnt dies jedoch ab.[13]

Keine Unternehmensinhaber sind die **Organe einer juristischen Person,**[14] die **persönlich haftenden Gesellschafter einer OHG oder KG,**[15] die **einzelnen Mitglieder einer BGB-Gesellschaft**[16] oder einer **Erbengemeinschaft,** der **Insolvenzverwalter,** der **Testamentsvollstrecker,** soweit nicht Treuhänder, auch nicht der **Gesellschafter und Geschäftsführer einer Ein-Mann-GmbH.**[17] Es handelt sich hierbei um Organe, die für das Unternehmen oder einen Un-

---

[3] OLG Frankfurt a. M. GRUR 2017, 814 Rn. 18 – Cartoon auf Homepage.
[4] BVerfG NJW 1996, 2567 (noch für § 100, die Vorgängernorm des § 99 UrhG).
[5] BGH GRUR 2008, 186 Rn. 23 – Telefonaktion; BGH GRUR 2000, 907 (909) – Filialleiterfehler; BGH GRUR 1980, 116 (117) – Textildrucke; sa LG Freiburg MMR 2014, 118 (zu § 8 Abs. 2 UWG); Dreier/Schulze/*Dreier* UrhG § 99 Rn. 1; Wandke/Bullinger/*Bohne* UrhG § 99 Rn. 1; Ahrens/*Jestaedt* Kap. 21 Rn. 34; Köhler/Bornkamm/Feddersen/*Köhler/Feddersen* UWG § 8 Rn. 2.52.
[6] Sa BGH GRUR 2003, 450 (454) – Verwertung von Kundenlisten.
[7] Dreier/Schulze/*Dreier* UrhG § 99 Rn. 7; Köhler/Bornkamm/Feddersen/*Köhler/Feddersen* UWG § 8 Rn. 2.48; BeckOK/*Reber* UrhG § 99 Rn. 6.
[8] Vgl. BGH GRUR 1963, 473 – Filmfabrik Köpenick.
[9] Arg. § 124 Abs. 1, § 161 Abs. 2 HGB; zur Rechtsfähigkeit der BGB-Gesellschaft: BGH NJW 2001, 1056.
[10] Fromm/Nordemann/*J. B. Nordemann* UrhG § 99 Rn. 7; Dreier/Schulze/*Dreier* UrhG § 99 Rn. 7. Das OLG Hamburg hat selbst die Aktionäre der AG in die Unternehmerhaftung einbezogen, OLG Hamburg GRUR-RR 2004, 87.
[11] Köhler/Bornkamm/Feddersen/*Köhler/Feddersen* UWG § 8 Rn. 2.49; Harte-Bavendamm/Henning-Bodewig/*Goldmann* UWG § 8 Rn. 585.
[12] Fezer/Büscher/Obergfell/*Büscher* UWG § 8 Rn. 227.
[13] GK-UWG/*Paal* UWG § 8 Rn. 169; Harte-Bavendamm/Henning-Bodewig/*Goldmann* UWG § 8 Rn. 585; Köhler/Bornkamm/Feddersen/*Köhler/Feddersen* UWG § 8 Rn. 2.49.
[14] OLG Hamburg WRP 1962, 330: Vorstand einer AG.
[15] Ahrens/*Jestaedt* Kap. 21 Rn. 37; Köhler/Bornkamm/Feddersen/*Köhler/Feddersen* UWG § 8 Rn. 2.49 f.; Teplitzky/*Büch,* Wettbewerbsrechtliche Ansprüche und Verfahren, Kap. 14 Rn. 38; tendenziell aA Fromm/Nordemann/*J. B. Nordemann* UrhG § 99 Rn. 7 (mit Verweis auf OLG Frankfurt a. M. GRUR 1985, 455 [für GmbH-Alleingesellschaft] und OLG Hamburg GRUR-RR 2004, 87 [für Aktionäre]); aA Wandtke/Bullinger/*Bohne* UrhG § 99 Rn. 7; Dreier/Schulze/*Dreier* UrhG § 99 Rn. 7 (Arg. §§ 128, 161 HGB).
[16] OLG Karlsruhe WRP 1998, 898 (899).
[17] RGZ 196, 240 (247); anders OLG Frankfurt a. M. GRUR 1985, 455.

ternehmensinhaber handeln. Keine Unternehmensinhaber sind **gesetzliche Vertreter** von nicht (voll) geschäftsfähigen Unternehmensinhabern (Eltern, Vormund, Pfleger, Betreuer).[18] Den **Leiter eines Unternehmens** trifft keine Haftung nach § 99, wenn dieser nicht zugleich Inhaber ist. In allen diesen Fällen kommt eine persönliche Haftung allenfalls nach § 97 in Betracht, sofern dessen Voraussetzungen mit Blick auf ein unmittelbares Handeln oder eine entsprechende Garantenstellung des Organs vorliegen.[19] Zweigniederlassungen sind Teil des Gesamtunternehmens.

Parteien und Vereine sind Unternehmen iSd § 99.[20] Ebenso Organisationen mit ideeller Zielsetzung, soweit sie von ihrer Organisation her rechtlich fassbar sind. Rechtlich selbstständige Tochterunternehmen haben ihren eigenen Inhaber; sie sind nicht Teil der Muttergesellschaft oder des Konzerns.[21] Bei Beamten und staatlichen Angestellten ist Unternehmer der Staat, nicht die Behörde;[22] der **Staat** haftet.[23]

III. Betriebsbezogenheit

Die Rechtsverletzung muss „**in einem Unternehmen**" begangen sein. Das ist nicht räumlich, **3** sondern funktional zu verstehen.[24] Innerhalb des Unternehmens ist die Rechtsverletzung begangen, wenn sie **im Rahmen der Obliegenheiten** des Arbeitnehmers oder Beauftragten erfolgt.[25] Erforderlich ist also eine enge Verbindung der Rechtsverletzung zum Tätigkeitsbereich des Verletzers.[26] So soll nach Auffassung der Rechtsprechung die inhaltliche Ausgestaltung einer Schulhomepage dem Bereich des vom Land wahrzunehmenden staatlichen Bildungsauftrags (und nicht dem vom Schulträger zu verantwortenden Bereich) unterfallen.[27] Eine private Tätigkeit wiederum, die ein Angestellter oder Beauftragter innerhalb des Unternehmens „bei Gelegenheit", nicht im Rahmen einer Obliegenheit, im eigenen Interesse ausübt und die ihm selbst und nicht dem Unternehmen zugutekommt, ist nicht erfasst. Das gilt auch dann, wenn der Angestellte oder Beauftragte Betriebsmittel des Unternehmens (zB den Internetanschluss) missbräuchlich benutzt[28] oder die Tätigkeit eine private Gefälligkeit für einen Bekannten betrifft.[29] Die private Natur kann durch Fakten widerlegt werden.[30] Eine Haftung des Unternehmers soll allerdings nicht bestehen, wenn ein Mitarbeiter oder Beauftragter heimlich Kundenlisten verwendet, die er sich bei seinem früheren Arbeitgeber oder Auftraggeber unbefugt verschafft hat.[31] Dagegen spricht, dass die Tätigkeit in den Geschäftskreis des neuen Unternehmers fällt und ihm zugutekommt.[32]

---

[18] Köhler/Bornkamm/Feddersen/*Köhler/Feddersen* UWG § 8 Rn. 2.50.

[19] → § 97 Rn. 85.

[20] OLG Bremen GRUR 1985, 536 – Asterix Plagiate.

[21] BGH GRUR 1965, 86 (88 f.) – Schwarzer Kater; BGH GRUR 1958, 544 (546) – Colonia. Allerdings kann ein Tochterunternehmen „Beauftragter" iSd § 99 der Konzernmutter sein, dazu → Rn. 6.

[22] Dreier/Schulze/*Dreier* UrhG § 97 Rn. 7.

[23] BGH GRUR 2019, 813 Rn. 72 – Córdoba II; BGH GRUR 1993, 37 (39) – Seminarkopien; OLG Frankfurt a. M. GRUR 2017, 814 Rn. 2 – Cartoon auf Homepage.

[24] BGH GRUR 1963, 438 (439) – Fotorabatt; DKMH/*Meckel* UrhG § 99 Rn. 3; Fromm/Nordemann/ *J. B. Nordemann* UrhG § 99 Rn. 6; Köhler/Bornkamm/Feddersen/*Köhler/Feddersen* UWG § 8 Rn. 2.47 mwN; sa Dreier/Schulze/*Dreier* UrhG § 99 Rn. 4.

[25] So haftet bspw. ein Arbeitgeber für nicht lizenzierte Software auf dem privaten Laptop des Arbeitnehmers, wenn dieses Programm auf seinem Gerät zu betrieblichen Zwecken verwendet wird (*Monsch* S. 155). Vgl. zum Sonderproblem der dienstlichen Nutzung von Smartphone-Apps, die nur zur privaten Nutzung kostenfrei lizenziert sind, auf eigenen Geräten der Arbeitnehmer (bring-your-own-device) *Arning/Moos* DB 2013, 2607 (2612 f.); *Seel* MDR 2014, 69 (70).

[26] OLG Frankfurt a. M. GRUR 2017, 814 Rn. 23 – Cartoon auf Homepage.

[27] OLG Frankfurt a. M. GRUR 2017, 814 Rn. 23 ff. – Cartoon auf Homepage mit Bezug auf das hessische Schulrecht (§ 92 HSchG). Die dagegen gerichtete Nichtzulassungsbeschwerde ist beim BGH anhängig (Az. I ZR 91/17). Auch in der Sache „Córdoba" hat der BGH – ebenso wie die Berufungsinstanz zuvor (vgl. OLG Hamburg GRUR-RS 2015, 118407 Rn. 39) – entschieden, dass das Land gem. § 99 für die rechtswidrige öffentliche Wiedergabe auf einer Schulhomepage und damit für das Fehlverhalten einer Lehrkraft haftet (BGH GRUR 2019, 813 Rn. 70 ff. – Córdoba II). Schon zuvor hatte der BGH immerhin knapp ausgeführt, er halte die gegen das Berufungsurteil erhobenen Rügen für nicht begründet (BGH GRUR 2017, 514 Rn. 16 – Córdoba). Der BGH begründete die Haftung damit, dass die Lehrkraft eine Prüfungs- und Überwachungspflicht in Bezug auf die unterrichtsbezogene Internetnutzung durch Schüler verletzt habe und dieses Verhalten dem Bildungs- und Erziehungsauftrag zuzuordnen sei, den die beim Land beschäftigten Lehrkräfte zu erfüllen haben und deren Einhaltung das Land im Rahmen seiner Dienstaufsicht sicherstellen müsse (BGH GRUR 2019, 813 Rn. 77 – Córdoba II). Sa OLG Celle ZUM-RD 2016, 77.

[28] BGH GRUR 1963, 438 (439) – Fotorabatt; BGH GRUR 1963, 434 (435) – Reiseverkäufer; OLG München GRUR-RR 2007, 345 (346); LG München I MMR 2008, 422: keine Haftung des Arbeitgebers für illegale Teilnahme eines Mitarbeiters an einem Filesharing-Programm über den Internetanschluss des Unternehmens, vgl. dazu näher *Zander* ZUM 2011, 305; OLG Frankfurt a. M. GRUR 1984, 882: keine Haftung, wenn der Arbeitnehmer/Beauftragte sich unbefugt des Namens des Unternehmens bedient, um Handlungen vorzunehmen, die nie Gegenstand des Unternehmens waren.

[29] BGH GRUR 2007, 994 Rn. 19 – Gefälligkeit.

[30] OLG München GRUR-RR 2007, 345 (346): Umfang der heruntergeladenen Datenmenge bei angeblich privater Landkarten-Kopie; vgl. dazu näher *Zander* ZUM 2011, 305 (306 f.).

[31] BGH GRUR 2003, 450 (454) – Verwertung von Kundenlisten.

[32] Köhler/Bornkamm/Feddersen/*Köhler/Feddersen* UWG § 8 Rn. 2.47.

4   Die **Unternehmensbezogenheit** einer urheberrechtlichen Handlung ist grundsätzlich **vom Anspruchsteller darzulegen und zu beweisen.** Steht der Anspruchsteller außerhalb des Geschehensverlaufs und kann den Sachverhalt nicht von sich aus ermitteln, verfügt der in Anspruch genommene Unternehmensinhaber dagegen über die erforderlichen Informationen oder kann sie unschwer beschaffen, darf Letzterer sich nicht auf ein einfaches Bestreiten der Unternehmensbezogenheit der Verletzungshandlung beschränken, sondern muss nach den Grundsätzen der „sekundären Behauptungslast" an der Aufklärung des Sachverhalts mitwirken.[33]

IV. Arbeitnehmer oder Beauftragter

Die Rechtsverletzung muss von einem **Arbeitnehmer** oder **Beauftragten** begangen worden sein.

5   **Arbeitnehmer** (in § 8 Abs. 2 UWG heißt er „Mitarbeiter") sind Personen, die auf Grund eines Beschäftigungsverhältnisses verpflichtet sind, in dem Geschäftsbetrieb weisungsabhängig Dienste zu leisten, sei es aus Dienst- oder Werkvertrag oder aus Auftrag.[34] Hierher gehören Angestellte, Arbeiter, Volontäre, Lehrlinge, auch angestellte Reisende und Vertreter, freiberufliche Mitarbeiter, Beamte; nicht aber Mitarbeiter, die in ihrer Eigenschaft als Betriebsrat handeln, da sie insoweit nicht an den Unternehmer weisungsgebunden sind.[35] Sog. Leiharbeiter haben eine Zwitterstellung; sie gehören zum ausleihenden Betrieb, sind aber mittelbar in das ausleihende Unternehmen eingebunden, so dass sie ebenfalls als Arbeitnehmer des ausleihenden Unternehmens gelten können.

6   **Beauftragter** ist jede Person, deren Arbeitsergebnis auch dem Betriebsorganismus zugutekommt und auf deren Handeln die Unternehmensleitung „kraft eines die Zugehörigkeit der einzelnen Glieder zu dem Organismus begründenden Vertrages" sowohl einen **bestimmenden Einfluss** als auch die **Macht** hat, ihren Willen und Einfluss durchzusetzen.[36] Übt der Unternehmer seinen Einfluss nicht aus, trägt er gleichwohl das Risiko. Beauftragte können deshalb **auch selbstständige Unternehmen** sein, wenn sie als Glied einer Vertriebsorganisation tätig werden und der Inhaber der Auftragsunternehmung ihnen gegenüber seinen Willen und Einfluss durchsetzen kann, zB Sortimenter, soweit sie als von einer Buchgemeinschaft eingesetzte Betreuungsfirmen tätig sind.[37] Das erfordert keine Exklusivität und keine Dauerhaftigkeit. Möglich ist auch eine Mehrstufigkeit des Auftragsverhältnisses, wenn der Auftraggeber ausdrücklich oder stillschweigend mit der Heranziehung von Dritten einverstanden ist.[38] Eine pauschale Zuordnung ist nicht möglich. Erst recht kommen **Tochterunternehmen** als Beauftragte der Konzernmutter in Betracht, wenn dieser eine entsprechende Entscheidungsgewalt zuteil wird.[39]

Beauftragte können sein: Mitglieder von Absatzorganisationen wie Handelsvertreter, Vertragshändler, selbstständig Reisende, Franchisenehmer, Kommissionäre, Einkaufsagenturen, Einzelhändler bei enger organisatorischer und kapitalmäßiger Verflechtung mit dem Großhändler oder als Mitglied einer Absatzorganisation, Auftragsproduzenten, Sanierer, Liquidierer, Aufsichtsräte, Kartellsyndikate, Werbeagenturen, Werbestars, Werbegemeinschaften, Internet-Werbepartner, aber stets nur bei entsprechender bestimmender und durchsetzbarer Einflussnahmemöglichkeit.[40] Möglich ist auch die Haftung einer politischen Partei für rechtswidrige Verbreitung urheberrechtlich geschützter Werke durch Wahlhelfer auf Informationsständen, die mit Billigung der Partei verteilt werden.[41] **Nicht als Beauftragte** anzusehen sind Aktiengesellschaften im Verhältnis zu ihren Aktionären; diese haben in der Regel kein Weisungsrecht gegenüber ihrer Gesellschaft.[42] Ebenfalls keine Beauftragten sind selbstständige Händler im Verhältnis zum Lieferanten oder eine Internet-Handelsplattform, die von einem Unternehmen beauftragt wird, es in die Händlerliste aufzunehmen und über die das Unternehmen seine Produkte handelt, wenn es insoweit an einer entscheidenden Einflussnahmemöglichkeit des beauftragenden Unternehmens auf die jeweiligen Modalitäten der Vertriebstätigkeit der Internetplattform fehlt.[43] Der BGH hat in einem wettbewerbsrechtlichen Fall die Beauftragteneigenschaft eines

---

[33] OLG München GRUR-RR 2007, 345 – Beweislastverteilung.

[34] Weisungsabhängigkeit offen gelassen und auf die Dienstaufsicht abstellend BGH GRUR 2019, 813 Rn. 72 – Córdoba; BGH GRUR 1993, 37 (39) – Seminarkopien; vgl. auch GK-UWG/*Paal* UWG § 8 Rn. 156.

[35] Ahrens/*Jaestedt* Kap. 21 Rn. 43.

[36] BGH GRUR 1959, 38 (44) – Buchgemeinschaft II; BGH GRUR 1963, 434 (435) – Reiseverkäufer; BGH GRUR 1964, 88 (89) – Verona-Gerät; BGH GRUR 1964, 263 (266) – Unterkunde; BGH GRUR 2005, 864 (865) – Meißner Dekor II; mit tendenziell vergleichsweise strengen Anforderungen BGH GRUR 2011, 543 Rn. 10 ff. – Änderung der Voreinstellung III; *Werner* WRP 2018, 286 (287). OLG Frankfurt a. M. GRUR 2017, 814 Rn. 21 f. – Cartoon auf Homepage scheint die Einflussnahmemöglichkeit unter dem Merkmal der Betriebsbezogenheit zu prüfen.

[37] BGH GRUR 1959, 38 (44) – Buchgemeinschaft II.

[38] Vgl. BGH GRUR 1988, 561 (563) – Verlagsverschulden.

[39] Ausf. *Werner* WRP 2018, 286 (287 f.) zu § 8 Abs. 2 UWG.

[40] Sa Fromm/Nordemann/*J. B. Nordemann* UrhG § 99 Rn. 5 mwN; GK-UWG/*Paal* UWG § 8 Rn. 159; Harte-Bavendamm/Henning-Bodewig/*Goldmann* UWG § 8 Rn. 593.

[41] OLG Bremen GRUR 1985, 536 (537) – Asterix-Plagiate.

[42] AA OLG Hamburg GRUR-RR 2004, 87 – Einkaufsgemeinschafts-AG.

[43] OLG München MMR 2014, 694 (695); abl. auch OLG Köln MMR 2012, 552 (553) für einen Internet-Werbedienstleister, der massenhaft werbende Internetseiten für Reisebüros gestaltete und einen zugehörigen Onli-

selbstständigen Resellers (Absatzmittlers) von Telekommunikationsdienstleistungen verneint, der Telefondienstleistungen der eigentlichen Netzwerkbetreiber an Endkunden anbot, da es hinsichtlich der Gestaltung seines Vertriebskonzeptes an einem bestimmenden und durchsetzbaren Einfluss der Netzwerkbetreiber fehle, die insoweit vielmehr eine ähnliche Funktion hätten, wie ein Lieferant, obwohl bestimmte Vorgaben der Netzwerkbetreiber für ihre Reseller existierten;[44] hierin ist in der Literatur zu Recht eine gegenüber der bisherigen Rechtsprechung gewisse graduelle Einschränkung der Haftung des Unternehmensinhabers für Wettbewerbsverstöße Dritter erblickt worden.[45] Demgegenüber soll ein Unternehmen (Affiliate) für Werbung auf den Websites seiner Partnerunternehmen (Advertisers) im Rahmen von Affiliate-Werbepartnerprogrammen im Netz jedenfalls dann haften, wenn eine provisionsartige Vergütung für dadurch angeworbene Besucher der eigenen Seite und Geschäftsabschlüsse gezahlt wird und der Affiliate seine Werbepartner nach einer Überprüfung selbst aussucht, in das Werbepartnerprogramm aufnimmt und ihnen eine Auswahl für die Gestaltung der Werbemittel vorgibt.[46]

V. Voraussetzung und Umfang der Haftung

Voraussetzung der Haftung nach § 99 ist eine **widerrechtliche Urheber- oder Schutzrechtsverletzung.** Es müssen sämtliche Fakten des objektiven Verletzungstatbestandes gegeben sein. § 99 begründet Ansprüche gegen den Inhaber des Unternehmens **nur nach §§ 97 Abs. 1, 98,** das heißt: auf Unterlassung, Beseitigung, Vernichtung/Rückruf und Überlassung sowie die Rechtsverfolgungskosten, soweit sie im Rahmen des verschuldensunabhängigen[47] Aufwendungsersatzes nach § 97a Abs. 3 S. 1 UrhG oder § 91 Abs. 1 S. 1 ZPO erstattungsfähig sind.[48] Nach Auffassung des BGH kommt als über § 99 zurechenbare Verletzungshandlung auch der willentliche und adäquat kausale Verletzungsbeitrag des sog. Störers in Betracht.[49] Dagegen gibt § 99 **keine Grundlage für die Geltendmachung von Schadensersatzansprüchen (§ 97 Abs. 2) einschließlich der damit verbundenen Ansprüche auf Auskunft- und Rechnungslegung.**[50] In seltenen Fällen kann nur der zur Durchsetzung des Beseitigungsanspruchs dienende Auskunftsanspruch geltend gemacht werden.[51]

Die Unterlassungs-/Beseitigungsansprüche gegen den Unternehmer können unabhängig und selbstständig von den Ansprüchen gegen den Mitarbeiter oder den Beauftragten geltend gemacht werden.[52] Der Verletzte hat die Wahl ohne Bindung an eine bestimmte Reihen- oder Rangfolge. Die Verfahren können rechtlich unterschiedliche Schicksale nehmen.[53]

Schadensersatz kann nur über andere gesetzliche Vorschriften geltend gemacht werden, die § 102a für alle Urheberrechtsverletzungen vorbehält. **§ 97 Abs. 1 und Abs. 2** mit den entsprechenden Folgerechten kommen unmittelbar zur Anwendung, wenn der **Unternehmer** selbst gehandelt oder Anweisungen erteilt hat, dh **Täter** oder **Mittäter** ist. Auf § 99 kommt es dann nicht mehr an.[54] Bei juristischen Personen, der OHG und der KG greift die Organhaftung für ihre verfassungsgemäß berufenen Vertreter nach § 31 BGB durch, die Haftung für die Erfüllungsgehilfen nach § 278 BGB im Rahmen bestehender Schuldverhältnisse oder die Haftung für Verrichtungsgehilfen nach § 831 BGB. Die Haftung des Staates aus Art. 34 GG, § 839 BGB greift für unerlaubte Handlungen, die jemand in Ausübung eines ihm anvertrauten öffentlichen Amtes begeht[55] neben dem Unterlassungsanspruch des

7

8

---

ne-Katalog mit entsprechend zugelieferten Werbeinhalten im Verhältnis zu einem diese Dienstleister beauftragenden Reisebüro.

[44] BGH GRUR 2011, 543 Rn. 10 ff. – Änderung der Voreinstellung III; dazu *Bettinger* GRUR-Prax 2011, 223.

[45] Krit. diesbzgl. für das Wettbewerbsrecht *Hahn* GRUR-Prax 2011, 413.

[46] BGH GRUR 2009, 1167 – Partnerporgramm mAnm *Matthes/Liedtke;* dazu *Kieser/Kleinemenke* WRP 2012, 543 ff.

[47] → § 97a Rn. 30; Fromm/Nordemann/*J. B. Nordemann* UrhG § 97a Rn. 31.

[48] Vgl. Fromm/Nordemann/*J. B. Nordemann* UrhG § 97 Rn. 222. Hier können als notwendige Aufwendungen auch die Kosten für die Ermittlung der IP-Adresse geltend gemacht werden, *Stillah/Bogner* ZWH 2012, 223 (226); Fromm/Nordemann/*J. B. Nordemann* UrhG § 97a Rn. 42 mit Verweis auf BT-Drs. 16/5048, 49; sa AG Düsseldorf BeckRS 2011, 14473. Zu den allg. Grundsätzen der Erstattung außergerichtlicher Kosten im Rahmen des § 91 ZPO als notwendig prozessbezogene Kosten s. Musielak/Voit/*Flockenhaus* ZPO vor §§ 91 ff. Rn. 16, ZPO § 91 Rn. 8; vgl. auch Erstattungsfähigkeit von Detektivkosten MüKo/*Schulz* ZPO § 91 Rn. 121.

[49] BGH GRUR 2019, 813 Rn. 79 ff. – Córdoba II.

[50] Sa Dreier/Schulze/*Dreier* UrhG § 99 Rn. 8; Fromm/Nordemann/*J. B. Nordemann* UrhG § 99 Rn. 11; Wandtke/Bullinger/*Bohne* UrhG § 99 Rn. 2; *Arning/Moos* DB 2013, 2607 (2612 f.).

[51] BGH GRUR 1995, 427 (428) – Schwarze Liste; Harte-Bavendamm/Henning-Bodewig/*Goldmann* UWG § 8 Rn. 572; Teplitzky/*Büch,* Wettbewerbsrechtliche Ansprüche und Verfahren, Kap. 14 Rn. 30.

[52] BGH GRUR 2000, 907 – Filialleiter; BGH GRUR 1995, 605 (606, 608) – Franchise-Nehmer; BGH GRUR 1973, 208 (209) – Neues aus der Medizin.

[53] BGH GRUR 1995, 605 (608) – Franchise-Nehmer; Fromm/Nordemann/*J. B. Nordemann* UrhG § 99 Rn. 8; Harte-Bavendamm/Henning-Bodewig/*Goldmann* UWG § 8 Rn. 618; Fezer/Büscher/Obergfell/*Büscher* UWG § 8 Rn. 220.

[54] OLG Frankfurt a. M. GRUR-RR 2017, 298 Rn. 36 – Werbefilm (durch Verlinkung zu eigen gemacht).

[55] BGH GRUR 1993, 37 – Seminarkopien: für unerlaubte Drucke, die ein Hochschullehrer zu Unterrichtszwecken herstellen ließ. OLG Celle ZUM-RD 2016, 77: für durch Lehrer begangene Urheberrechtsverletzung auf Schulhompage. Zur Betriebsbezogenheit (§ 99) bei Rechtsverletzung im Schulbereich → Rn. 3.

§ 97 Abs. 1 (bspw. gegen den Hochschullehrer).[56] Ebenso haftet der Inhaber des Unternehmens als ungerechtfertigt Bereicherter, wenn anstelle des Schadensersatzanspruches die angemessene Lizenzgebühr aus § 812 BGB geltend gemacht wird.

9   Beim **Betriebsübergang** haftet der Unternehmensinhaber grundsätzlich weiter aus § 99. Der Übernehmer haftet für Zuwiderhandlungen seiner Mitarbeiter und Beauftragten erst ab dem Zeitpunkt der Übernahme.[57] Es tritt mithin keine Rechtsnachfolge in die gesetzliche Unterlassungspflicht ein. § 25 Abs. 1 HGB gilt insoweit nicht, ebenso wenig sind anwendbar die §§ 265, 325, 727 ZPO.[58] Die Haftung des Unternehmensinhabers endet nicht mit dem Ausscheiden des rechtsverletzenden Mitarbeiters oder Beauftragten.[59] Der neue Arbeitgeber oder Auftraggeber haftet nicht für Zuwiderhandlungen eines Mitarbeiters oder Beauftragten, die dieser in seinem früheren Unternehmen begangen hat und nicht fortsetzt. Eine Haftung des neuen Arbeitgebers oder Auftraggebers als Mittäter oder Teilnehmer kommt in Betracht, wenn er sich an der Zuwiderhandlung seines neuen Mitarbeiters oder Beauftragten beteiligt.[60]

§ 100 Entschädigung

[1] **Handelt der Verletzer weder vorsätzlich noch fahrlässig, kann er zur Abwendung der Ansprüche nach den §§ 97 und 98 den Verletzten in Geld entschädigen, wenn ihm durch die Erfüllung der Ansprüche ein unverhältnismäßig großer Schaden entstehen würde und dem Verletzten die Abfindung in Geld zuzumuten ist.** [2] **Als Entschädigung ist der Betrag zu zahlen, der im Fall einer vertraglichen Einräumung des Rechts als Vergütung angemessen wäre.** [3] **Mit der Zahlung der Entschädigung gilt die Einwilligung des Verletzten zur Verwertung im üblichen Umfang als erteilt.**

Übersicht

I. Entwicklung und Bedeutung

1   Das frühere Urheberrecht kannte keine **Abwendungsbefugnis des schuldlosen Verletzers.** Nur die Ausnahmen des § 101 Abs. 2 aF, wonach §§ 98 und 99 nicht für Bauwerke und ausscheidbare Teile des Verletzungsgegenstandes galten, hatten Vorläufer in § 37 Abs. 5 KUG, § 42 Abs. 1 S. 2 LUG, § 37 Abs. 1 S. 3 KUG. Das Bedürfnis nach der Normierung der Ablösungsbefugnis in § 101 Abs. 1 aF entstand bei Gemeinschafts-, insbesondere Filmwerken. Der Gesetzgeber hatte hier insbesondere das Filmhersteller im Blick, der sich versehentlich (ohne Verschulden) ein zur Auswertung des Filmwerks erforderliches Nutzungsrecht nicht habe einräumen lassen.[1] Stelle sich das Versäumnis erst heraus, nachdem das Filmwerk unter großem Kostenaufwand fertiggestellt sei, könnte der betreffende Rechtsinhaber ohne die vorgesehene Sonderregelung die Auswertung des Filmwerks untersagen und die Vernichtung des Filmstreifens verlangen. Mit Rücksicht auf den im Filmwerk verkörperten hohen wirtschaftlichen Wert würde eine solche Rechtsfolge häufig zu der Bedeutung der unverschuldeten Rechtsverletzung ganz außer Verhältnis stehen. Die Rechtsprechung hatte zuvor in solchen Fällen über eine entsprechende Anwendung des § 251 Abs. 2 BGB geholfen, wonach der Schadensersatzpflichtige den Gläubiger in Geld entschädigen kann, wenn die Herstellung des früheren Zustandes nur mit unverhältnismäßig hohen Aufwendungen möglich ist.[2] § 101 Abs. 1 aF schloss

---

[56] BGH GRUR 1993, 37 (39) – Seminarkopien; vgl. auch BGH GRUR 2019, 813 Rn. 100 ff. – Córdoba II (dort aber eine Haftung auf Schadensersatz mangels Fahrlässigkeit verneinend).

[57] BGH GRUR 2008, 1002 Rn. 39 – Schuhpark (keine Wiederholungsgefahr beim Rechtsnachfolger); BGH GRUR 2007, 995 Rn. 12 – Schuldnachfolge; offen gelassen noch in BGH GRUR 2006, 879 Rn. 17 – Flüssiggastank; aA Fezer/Büscher/Obergfell/*Büscher* UWG § 8 Rn. 158, 229 mwN; GK-UWG/*Paal* UWG § 8 Rn. 181.

[58] BGH GRUR 2007, 995 Rn. 12 – Schuldnachfolge; Köhler/Bornkamm/Feddersen/*Köhler/Feddersen* UWG § 8 Rn. 2.53.

[59] Sa Fromm/Nordemann/*J. B. Nordemann* UrhG § 99 Rn. 9.

[60] BGH GRUR 2003, 450 (454) – Kundenlisten.

[1] Vgl. Amtliche Begründung, BT-Drs. IV/270, 105 lSp.

[2] KG UFITA 11 [1938], 287 (289) – Sefira.

diese Lücke und galt seither als **Spezialvorschrift.** Im Gesetz zur Verbesserung der Durchsetzung von Rechten des geistigen Eigentums vom 7.7.2008[3] hat der Gesetzgeber sie ohne sachliche Änderung sprachlich neu gefasst und in § 100 eingestellt. Die Ausnahmen zu Bauwerken und ausscheidbaren Teilen sind inhaltlich unverändert in § 98 Abs. 5 eingegangen. Wurde somit die Ablösebefugnis im Urheberrecht bewahrt, sah sich der Gesetzgeber angesichts des fakultativen Charakters von Artikel 12 nicht gehalten, sie auch im Bereich der gewerblichen Schutzrechte einzuführen.[4] Die Ablösungsbefugnis schafft ua einen gewissen Ausgleich zu der nach § 100 aF, jetzt § 99 erweiterten Inhaberhaftung, außerdem einen Härteausgleich in allen Fällen, in denen der Verletzer ohne Verschulden als bloßer Störer in Anspruch genommen werden kann. Die **Einräumung einer Aufbrauchsfrist ist durch die Spezialnorm des § 100 nicht unbedingt ausgeschlossen.**[5] Zur Aufbrauchsfrist → § 97 Rn. 336 ff. sowie → Rn. 11.

Die Abwendungsmöglichkeit nach Art. 12 der Enforcement-RL ist **nicht auf den Verletzer be-** **1a** **schränkt,** sondern die Mitgliedstaaten haben die Option, sie auch denjenigen Personen einzuräumen, denen Maßnahmen nach Abschnitt 5 der Richtlinie auferlegt werden können. Dies umfasst nach Art. 11 S. 3 auch Anordnungen gegen **Vermittler** und damit den (störenden) **Dritten,** der nicht selbst Urheberrechte verletzt. Ob eine Umsetzung dieses Aspekts im Rahmen des § 100 richtig verortet wäre, sei dahingestellt. Eine auf den Verletzer beschränkte Umsetzung erscheint trotz des fakultativen Charakters von Art. 12 zweifelhaft, denn wenn dem Verletzer die Abwendung eingeräumt wird, muss dies erst recht für den **schuldlosen, nicht verletzenden Störer** gelten. Die knappen Ausführungen in den Gesetzesmaterialien lassen eher auf eine planwidrige Lücke schließen. In welchen Fällen und zu welchen Bedingungen auch ein Nicht-Verletzer einer Abwendungsbefugnis entsprechend § 100 bedarf und diese dem Verletzten zumutbar wäre, muss einer eingehenderen Auseinandersetzung vorbehalten bleiben.

Anders als bei den echten Ausnahmen für Bauwerke und ausscheidbare Teile des Verletzungsgegen- **2** standes,[6] bei denen die Ansprüche auf Vernichtung und Überlassung überhaupt nicht zur Entstehung gelangen, handelt es sich bei der Abwehrbefugnis des schuldlosen Verletzers (§ 100) um ein **materielles Gegenrecht zur Abwendung an sich bestehender Ansprüche.** Der Verletzer muss das Gegenrecht geltend machen. Das Gericht hat das Vorliegen der einzelnen Voraussetzungen von § 100 selbstständig zu prüfen. Die Vorschrift ist eng auszulegen.[7]

II. Anwendungsbereich

Abgelöst werden können die **Ansprüche auf Unterlassung oder Beseitigung nach § 97** **3** **Abs. 1, Vernichtung nach § 98 Abs. 1, Rückruf und Entfernen aus den Vertriebswegen § 98 Abs. 2 oder Überlassung nach § 98 Abs. 3,** Schadensersatzansprüche sind nicht abzulösen.[8] Sie setzen Verschulden voraus und gehen ohnehin zumeist auf einen Geldbetrag. Bei unverhältnismäßig teurer Naturalrestitution gilt im Schadensersatzrecht § 251 Abs. 2 BGB.[9]

III. Voraussetzungen des Ablösungsanspruchs

Voraussetzung ist – neben einer **Rechtsverletzung,** die die genannten Ansprüche auslöst – **4** zunächst **mangelndes Verschulden** des Verpflichteten, wobei im Falle des § 99 ein Verschulden des Arbeitnehmers oder Beauftragten dem Unternehmensinhaber nicht zugerechnet wird.[10] Für die Anwendung des § 100 ist kein Raum, wenn den Verpflichteten ein Organisations-, Auswahl- oder Überwachungsverschulden trifft, oder wenn er sich fremdes Verschulden nach § 31 oder § 278 BGB als eigenes Verschulden anrechnen lassen muss.[11] Kein Verschulden liegt vor, wenn der Verleger oder der Filmhersteller nicht weiß und nicht wissen kann, dass der Autor das Werk eines Dritten unfrei übernommen hat.[12] So weitgreifend, wie die Rechtsprechung bisher Fahrlässigkeit angenommen hat, kommt § 100 selten zum Einsatz.[13]

---

[3] BGBl. 2008 I S. 1191.
[4] AmtlBegr. BT-Drs. 16/5048, 32.
[5] *Hofmann* GRUR 2018, 21 (25).
[6] § 101 Abs. 2 Nr. 1 und 2 aF, jetzt § 98 Abs. 5.
[7] Fromm/Nordemann/*J. B. Nordemann* UrhG § 100 Rn. 1; Möhring/Nicolini/*Lütje* (2. Aufl.) UrhG § 101 aF Rn. 3; Wandtke/Bullinger/*Bohne* UrhG § 100 Rn. 4.
[8] FG Sachsen MMR 2015, 275 (276).
[9] Dreier/Schulze/*Dreier* UrhG § 100 Rn. 3; angesichts der üblicherweise erfolgenden Schadensberechnung nach der Lizenzanalogie oder dem Verletzergewinn ist der Anwendungsbereich von § 251 BGB allerdings gering.
[10] AmtlBegr. BT-Drs. IV/270, 104 lSp.
[11] Fromm/Nordemann/*J. B. Nordemann* UrhG § 100 Rn. 4; Dreier/Schulze/*Dreier* UrhG § 100 Rn. 4; Wandtke/Bullinger/*Bohne* UrhG § 100 Rn. 5 f.
[12] BGH GRUR 1976, 317 (321) – Unsterbliche Stimmen; Möhring/Nicolini/*Lütje* (2. Aufl.) UrhG § 101 aF Rn. 7 unter Berufung auf *Ulmer* § 129 III.
[13] Vgl. LG München I BeckRS 2012, 13344; *Rehbinder/Peukert* § 54 Rn. 1272; *Hofmann* GRUR 2018, 21 (25).

2. Interessenabwägung

5 **a) Allgemeines.** Es ist eine **Interessenabwägung** vorzunehmen, nach der dem Verletzten eine Abfindung in Geld zumutbar sein muss. Bei **mehreren Verpflichteten** ist das Ablösungsrecht nach § 100 grundsätzlich für jeden gesondert zu prüfen. Im Fall einer Kollision ist durch eine Güter- und Interessenabwägung zu bestimmen, welches Interesse überwiegt.

5a **b) Unverhältnismäßig großer Aufwand.** Eine Ablösung der Ansprüche nach §§ 97, 98 kommt nur in Betracht, wenn dem Verpflichteten bei Erfüllung der geltend gemachten Ansprüche ein **unverhältnismäßig großer Schaden** entstehen würde, dh ein Schaden, der zu der Bedeutung der unverschuldeten Rechtsverletzung in krassem Widerspruch steht.[14] In dem wiederholt zitierten Musterfall „Sefira"[15] waren einige Takte des Ständchens „Sefira" in einem Foxtrott verwendet worden, der in dem Filmwerk wiederholt vorkam. **Unverhältnismäßig großer Schaden** kann danach eintreten, wenn sich die Rechtsverletzung auf einzelne, kaum erkennbare Teile des Gesamtwerks beschränkt, die Beseitigung aber nur durch kostspielige Änderungen des Gesamtwerks möglich wäre. Lässt sich eine Beseitigung ohne großen Kostenaufwand durchführen, zB Ersatz der Musik im ersten Stadium des Mischens, Filmschnitt vor Herstellung der Kopien, rechtzeitiges Nachdrehen und Ersatz einer Szene, bei einer Zeitschrift zB Änderung einer Anzeige vor Andruck, kommt eine Ablösung nicht in Betracht. Der Schaden hält sich dann in Grenzen.[16]

6 **c) Zumutbarkeit der Ablösung.** Dem Verletzten muss die Ablösung in Geld zuzumuten sein. Der hohe Schaden allein begründet die Zumutbarkeit nicht. Zu vergleichen ist der Aufwand, der betrieben werden müsste, um die geltend gemachten Ansprüche zu erfüllen, mit dem Vorteil, den die Erfüllung für den Verletzten hat, und dem Nachteil, der ihn treffen würde, wenn der Anspruch nicht durchgesetzt wird.[17] **Maßgebend ist die Stärke der Rechtsverletzung und die Frage, ob die Geldentschädigung ein angemessener Ausgleich für den entfallenden Unterlassungs-, Beseitigungs-, Vernichtungs-, Überlassungsanspruch ist.** Geldentschädigung bedeutet hier nicht Schadensersatz.

6a Zuzumuten ist die Ablösung, wenn eine Nutzungsberechtigung üblicherweise gegen Entgelt eingeräumt wird. Ein Eingriff in Urheberpersönlichkeitsrechte wird wesentlich seltener zuzumuten sein, auch wenn eine Ablösungsbefugnis für solche Fälle nicht prinzipiell ausgeschlossen ist.[18] Einen Anhaltspunkt dafür, was in diesem Rahmen noch zumutbar ist, lässt sich den Bestimmungen der §§ 39, 62, 93 entnehmen.[19] Beeinträchtigungen, die im Rahmen eines vertraglichen oder gesetzlichen Nutzungsverhältnisses nicht akzeptabel sind, müssen auch nach § 100 nicht hingenommen werden. Unzumutbar ist eine Geldentschädigung, wenn sie keinen angemessenen Ausgleich dafür darstellt, dass der Verletzte den Eingriff in sein Werk oder seine Leistung hinnehmen muss. Nach § 100 S. 2 stellt der Betrag, der für eine Vertragslizenz angemessen wäre, die Obergrenze für die Geldentschädigung im Rahmen des § 100 dar. Ist dieser Betrag im konkreten Fall nicht angemessen, kommt eine Ablösung wegen Unzumutbarkeit nicht in Betracht. Im Rahmen der Prüfung der Zumutbarkeit kommt es nicht allein auf den Gesetzeszweck an, sondern, wie der BGH ausdrücklich erklärt,[20] vor allem auf eine **Abwägung der Interessen beider Parteien.** Dabei spielt die Dauer und Intensität einer Nutzung eine Rolle. Je länger und intensiver eine Fremdnutzung ist, desto weniger ist sie hinzunehmen. Zu berücksichtigen ist auch, inwieweit der Verletzte in seinen eigenen Verwertungsrechten beeinträchtigt wird. **Die Ablösungsbefugnis bedeutet eine Art Zwangslizenz.**[21] Grundsätzlich ist das Selbstbestimmungsrecht des Verletzten und seine wirtschaftliche und geistige Beziehung zu dem Werk angemessen zu wahren.

7 **d) Angemessene Vergütung.** Als Ablösung (Entschädigung) ist der Betrag zu bezahlen, der im Fall einer vertraglichen Einräumung des Rechts als Vergütung angemessen gewesen wäre (S. 2). Da mit der Zahlung der Entschädigung auch die Einwilligung des Verletzten in die üblichen weiteren Verwertungsmaßnahmen als erteilt gilt, sind bei der Bestimmung der angemessenen Vergütung **Art und Umfang der üblichen Verwertung** zu berücksichtigen.[22] Die Festsetzung der angemessenen Entschädigung kann nach § 287 Abs. 2 ZPO in das Ermessen des Gerichts gestellt werden; ggf. ist ein Sachverständiger zuzuziehen.

---

[14] Möhring/Nicolini/*Lütje* (2. Aufl.) UrhG § 101 aF Rn. 12.
[15] KG UFITA 11 [1938], 287 (289).
[16] Möhring/Nicolini/*Lütje* (2. Aufl.) UrhG § 101 aF Rn. 11 f.; Wandtke/Bullinger/*Bohne* UrhG § 100 Rn. 7; Dreier/Schulze/*Dreier* UrhG § 100 Rn. 5; Fromm/Nordemann/*J. B. Nordemann* UrhG § 100 Rn. 5.
[17] Möhring/Nicolini/*Lütje* (2. Aufl.) UrhG § 101 aF Rn. 13; Dreier/Schulze/*Dreier* UrhG § 100 Rn. 6.
[18] Möhring/Nicolini/*Lütje* (2. Aufl.) UrhG § 101 aF Rn. 14; Dreier/Schulze/*Dreier* UrhG § 100 Rn. 6; einschränkend: Wandtke/Bullinger/*Bohne* UrhG § 100 Rn. 8.
[19] Vgl. *v. Gamm* UrhG § 101 aF Rn. 5 (3. Aufl.).
[20] BGH GRUR 1976, 317 (321) – Unsterbliche Stimmen.
[21] Zum Zwangslizenzeinwand gegenüber Verwertungsgesellschaften vgl. BGH GRUR 2013, 618 Rn. 45 ff. – Internet-Videorecorder II, sowie → § 97 Rn. 335.
[22] Möhring/Nicolini/*Lütje* (2. Aufl.) UrhG § 100 Rn. 16; Dreier/Schulze/*Dreier* UrhG § 100 Rn. 8.

IV. Folge der Entschädigungszahlung

1. Einwilligungsfiktion

Mit der Zahlung des Ablösungsbetrages **gilt die Einwilligung des Verletzten als erteilt**, soweit **8** sie für die Verwertung im üblichen Umfang erforderlich ist.[23] Der Gesetzgeber hat die **Einwilligung als Fiktion** ausgestaltet.[24] Diese **Fiktion** war notwendig, um die weitere Verwertung zu ermöglichen. Ab dem Zeitpunkt der Kenntnis der Rechtsverletzung entfällt die Gutgläubigkeit; die Regelung in S. 1 und 2 wäre allein nicht ausreichend. Meistens droht unverhältnismäßig hoher Schaden gerade dann, wenn noch keine Letztverwertung erfolgte. Die Begrenzung auf den üblichen Umfang entspricht der **Zweckübertragungstheorie.**[25] Es wird im Zweifel nicht mehr gestattet, als zur Erreichung des verfolgten Zwecks erforderlich ist. Wird eine Einwilligung zB für eine gedruckte Auflage erteilt, schließt das nicht weitere Auflagen oder Nachdrucke ein. Gilt die Einwilligung für die Verwendung als Filmmusik, schließt das nicht die Verwertung dieser Musik auf Schallplatten und Tonkassetten ein, sofern die Voraussetzungen des § 100 nicht auch für diese Produkte vorliegen. **Die übliche Verwertung** ergibt sich teilweise aus dem Gesetz, so für die Verwertung eines Filmwerks aus § 88, für die Verwertung des Beitrages eines ausübenden Künstlers aus §§ 77, 78.

Nach § 100 S. 3 gilt die Einwilligung erst „mit der Zahlung" als erteilt.[26] Daher ist auch **9** die Zwangsvollstreckung aus einem bereits erlangten Titel noch bis zur Zahlung möglich.[27] Zahlt der Verpflichtete vor Rechtshängigkeit oder während des Prozesses eine bestimmte Ablösungssumme, trägt er das Risiko dafür, dass der Betrag angemessen ist. Hält der Berechtigte sie nicht für angemessen, kann er die Ansprüche, die der Verpflichtete ablösen wollte, einklagen und es dem Verpflichteten überlassen, sich demgegenüber auf die Ablösungsbefugnis zu berufen.

Ein Fallenlassen des Hauptantrags bedeutet allerdings Klagerücknahme mit entsprechender Kosten- **10** folge. Bleibt der Unterlassungs-, Beseitigungs-, Rückruf-, Vernichtungs- bzw. Überlassungsanspruch im Streit und wird auf den Hilfsantrag des Verletzten der Verpflichtete zur Zahlung einer Ablösungssumme verurteilt unter Abweisung des Unterlassungs-, Beseitigungs-, Vernichtungs- bzw. Überlassungsanspruchs, sind die Prozesskosten gem. § 92 Abs. 1 ZPO verhältnismäßig zu teilen. Besteht der Verletzte ausschließlich auf dem Unterlassungs-, Beseitigungs-, Rückruf-, Vernichtungs- bzw. Überlassungsanspruch und hält das Gericht die Voraussetzungen einer Ablösung für gegeben, wird die Klage voll abgewiesen. Der Verpflichtete kann seinerseits Klage auf Feststellung erheben, dass er mit der Zahlung einer bestimmten bzw. in das Ermessen des Gerichts zu stellenden Ablösungssumme zu der betreffenden Nutzung berechtigt ist. Die Darlegungs- und Beweislast hinsichtlich aller Tatbestandsvoraussetzungen des § 100 liegt – es handelt sich um Ausnahmen von der Regel – beim Verpflichteten.

2. Aufbrauchfrist

Die Gewährung von Aufbrauchsfristen wird im Urheberrecht teilweise aus grundsätzlichen Erwä- **11** gungen[28] abgelehnt oder weil jedenfalls § 100 die Vergünstigungen abschließend regele.[29] Das Thema kann jedoch, da § 100 völlige Schuldlosigkeit voraussetzt, durchaus **relevant werden, wenn – geringes – Verschulden des Verletzers nicht auszuschließen ist und die Folgen eines sofortigen Verbots in keiner Relation zur Verletzung stehen.**[30]

§ 101 Anspruch auf Auskunft

(1) [1]Wer in gewerblichem Ausmaß das Urheberrecht oder ein anderes nach diesem Gesetz geschütztes Recht widerrechtlich verletzt, kann von dem Verletzten auf unverzügliche Auskunft über die Herkunft und den Vertriebsweg der rechtsverletzenden Vervielfältigungsstücke oder sonstigen Erzeugnisse in Anspruch genommen werden. [2]Das gewerbliche Ausmaß kann sich sowohl aus der Anzahl der Rechtsverletzungen als auch aus der Schwere der Rechtsverletzung ergeben.

(2) [1]In Fällen offensichtlicher Rechtsverletzung oder in Fällen, in denen der Verletzte gegen den Verletzer Klage erhoben hat, besteht der Anspruch unbeschadet von Absatz 1 auch gegen eine Person, die in gewerblichem Ausmaß

---

[23] § 100 S. 3, § 101 Abs. 1 S. 3 aF.
[24] AmtlBegr. BT-Drs. IV/270, 105 rSp.
[25] § 31 Abs. 5 – siehe dort.
[26] Sa Möhring/Nicolini/*Reber* UrhG § 100 Rn. 3; Fromm/Nordemann/*J. B. Nordemann* UrhG § 100 Rn. 9; *Walchner* S. 130; Wandtke/Bullinger/*Bohne* UrhG § 100 Rn. 10; Dreier/Schulze/*Dreier* UrhG § 100 Rn. 9.
[27] Wandtke/Bullinger/*Bohne* UrhG § 100 Rn. 10.
[28] *V. Gamm* UrhG § 97 Rn. 44 grundsätzlich für das gesamte UrhG; Wandtke/Bullinger/*Bohne* UrhG § 100 Rn. 4 und UrhG § 102 Rn. 5.
[29] Loewenheim/*Vinck* § 81 Rn. 96.
[30] Vgl. dazu → § 97 Rn. 336 ff.; so jetzt auch Fromm/Nordemann/*J. B. Nordemann* UrhG § 100 Rn. 11; aA Wandtke/Bullinger/*Bohne* UrhG § 100 Rn. 4.

1. rechtsverletzende Vervielfältigungsstücke in ihrem Besitz hatte,
2. rechtsverletzende Dienstleistungen in Anspruch nahm,
3. für rechtsverletzende genutzte Dienstleistungen erbrachte oder
4. nach den Angaben einer in Nummer 1, 2 oder Nummer 3 genannten Person an der Herstellung, Erzeugung oder am Vertrieb solcher Vervielfältigungsstücke, sonstigen Erzeugnisse oder Dienstleistungen beteiligt war,

es sei denn, die Person wäre nach den §§ 383 bis 385 der Zivilprozessordnung im Prozess gegen den Verletzer zur Zeugnisverweigerung berechtigt. [2] Im Fall der gerichtlichen Geltendmachung des Anspruchs nach Satz 1 kann das Gericht den gegen den Verletzer anhängigen Rechtsstreit auf Antrag bis zur Erledigung des wegen des Auskunftsanspruchs geführten Rechtsstreits aussetzen. [3] Der zur Auskunft Verpflichtete kann von dem Verletzten den Ersatz der für die Auskunftserteilung erforderlichen Aufwendungen verlangen.

(3) Der zur Auskunft Verpflichtete hat Angaben zu machen über

1. Namen und Anschrift der Hersteller, Lieferanten und anderer Vorbesitzer der Vervielfältigungsstücke oder sonstigen Erzeugnisse, der Nutzer der Dienstleistungen sowie der gewerblichen Abnehmer und Verkaufsstellen, für die sie bestimmt waren, und
2. die Menge der hergestellten, ausgelieferten, erhaltenen oder bestellten Vervielfältigungsstücke oder sonstigen Erzeugnisse sowie über die Preise, die für die betreffenden Vervielfältigungsstücke oder sonstigen Erzeugnisse bezahlt wurden.

(4) Die Ansprüche nach den Absätzen 1 und 2 sind ausgeschlossen, wenn die Inanspruchnahme im Einzelfall unverhältnismäßig ist.

(5) Erteilt der zur Auskunft Verpflichtete die Auskunft vorsätzlich oder grob fahrlässig falsch oder unvollständig, so ist er dem Verletzten zum Ersatz des daraus entstehenden Schadens verpflichtet.

(6) Wer eine wahre Auskunft erteilt hat, ohne dazu nach Absatz 1 oder Absatz 2 verpflichtet gewesen zu sein, haftet Dritten gegenüber nur, wenn er wusste, dass er zur Auskunftserteilung nicht verpflichtet war.

(7) In Fällen offensichtlicher Rechtsverletzung kann die Verpflichtung zur Erteilung der Auskunft im Wege der einstweiligen Verfügung nach den §§ 935 bis 945 der Zivilprozessordnung angeordnet werden.

(8) Die Erkenntnisse dürfen in einem Strafverfahren oder in einem Verfahren nach dem Gesetz über Ordnungswidrigkeiten wegen einer vor der Erteilung der Auskunft begangenen Tat gegen den Verpflichteten oder gegen einen in § 52 Absatz 1 der Strafprozessordnung bezeichneten Angehörigen nur mit Zustimmung des Verpflichteten verwertet werden.

(9) [1] Kann die Auskunft nur unter Verwendung von Verkehrsdaten (§ 3 Nr. 30 des Telekommunikationsgesetzes) erteilt werden, ist für ihre Erteilung eine vorherige richterliche Anordnung über die Zulässigkeit der Verwendung der Verkehrsdaten erforderlich, die von dem Verletzten zu beantragen ist. [2] Für den Erlass dieser Anordnung ist das Landgericht, in dessen Bezirk der zur Auskunft Verpflichtete seinen Wohnsitz, seinen Sitz oder eine Niederlassung hat, ohne Rücksicht auf den Streitwert ausschließlich zuständig. [3] Die Entscheidung trifft die Zivilkammer. [4] Für das Verfahren gelten die Vorschriften des Gesetzes über das Verfahren in Familiensachen und in den Angelegenheiten der freiwilligen Gerichtsbarkeit entsprechend. [5] Die Kosten der richterlichen Anordnung trägt der Verletzte. [6] Gegen die Entscheidung des Landgerichts ist die Beschwerde statthaft. [7] Die Beschwerde ist binnen einer Frist von zwei Wochen einzulegen. [8] Die Vorschriften zum Schutz personenbezogener Daten bleiben im Übrigen unberührt.

(10) Durch Absatz 2 in Verbindung mit Absatz 9 wird das Grundrecht des Fernmeldegeheimnisses (Artikel 10 des Grundgesetzes) eingeschränkt.

Schrifttum: *Ahrens,* Der Wettbewerbsprozess, 7. Aufl., 2013; *Arndt/Fetzer/Scherer,* Telekommunikationsgesetz, 2008; *Bäcker,* Starkes Recht und schwache Durchsetzung, ZUM 2008, 391; *Bär,* Anmerkung zu BVerfG, Beschluss vom 11.3.2008 − 1 BvR 256/08, MMR 2008, 307; *ders.* Anmerkung zu BVerfG, Beschluss vom 28.10.2008 − 1 BvR 256/08, MMR 2009, 35; *ders.* Anmerkung zu LG Darmstadt, Beschluss vom 9.10.2008 − 9 Qs 490/08, MMR 2009, 54; *dens.,* Anmerkung zu AG Offenburg, Beschluss vom 20.7.2007 − 4 Gs 442/07, MMR 2007, 809; *dens.,* ZUM 2006, 391; *ders.,* Anmerkung zu LG Stuttgart, Beschluss vom 4.1.2005 − 13 Qs 89/04 MMR 2005, 624; *Benkhard,* Patentgesetz, 10. Aufl., 2006; *Brüggemann,* Urheberrechtsdurchsetzung im Internet − Ausgewählte Probleme des Drittauskunftsanspruchs nach § 101 UrhG, MMR 2013, 278; *Czychowski,* Auskunftsansprüche gegen Internetzugangsprovidern „vor" dem zweiten Korb und „nach" der Durchsetzungsrichtlinie der EU, MMR 2004, 514; *ders.,* Das Gesetz zur Verbesserung der Durchsetzung von Rechten des Geistigen Eigentums − Teil II: Änderungen im Urheberrecht, GRUR-RR 2008, 265; *Czychowski/Nordemann,* Vorratsdaten und Urheberrecht − Zulässige Nutzung gespeicherter Daten, NJW 2008, 3095; *Dörre/Maaßen,* Das Gesetz zur Verbesserung der Durchsetzung von Rechten des geistigen Eigentums − Teil I: Änderungen im Patent-, Gebrauchsmuster-, Marken- und Geschmacksmusterrecht, GRUR-RR 2008, 217; *Dorschel,* Anmerkung zu OLG Hamburg, Urteil vom 28.4.2005 − 5 U 156/04, CR 2005, 516; *Eisenkolb,* Die Durchsetzungsrichtlinie und ihre Wirkung, GRUR 2007, 387; *Ekey/Bender/Fuchs-Wissemann,* Markenrecht, Band 1, 3. Aufl. 2014; *Ewert/von Hartz,* Neue kostenrechtliche Herausforderungen bei der Abmahnung im Urheberrecht, MMR 2008, 84; *Federrath,* Technische Grundlagen von Auskunftsansprüchen, ZUM 2006, 434; *Fezer,* Markenrecht, 4. Aufl., 2009; *Frey/Rudolph,* EU-Richtlinie zur Durchsetzung der Rechte des Geistigen Eigentums, ZUM 2004, 522; *Grothe,* Anmerkung zu LG Frankenthal, Beschluss vom 15.9.2008 − 6 O 325/08, MMR 2008, 831; *Haedicke,* Informationsbefugnisse des Schutzrechtsinhabers im Spiegel der EG-Richtlinie zur Durchsetzung der Rechte des geistigen Eigentums, FS Schricker (2005), S. 19; *Härting,*

Schutz von IP-Adressen – Praxisfolgen der BVerfG-Rechtsprechung zu Onlinedurchsuchung und Vorratsdatenspeicherung, ITRB 2009, 35; *Heidrich,* Anmerkung zu AG Offenburg, Beschluss vom 20.7.2007 – 4 Gs 442/07 CR 2007, 676; *Hennemann,* Urheberrechtsdurchsetzung im Internet, 2011; *Heymann,* Das Gesetz zur Verbesserung der Durchsetzung von Rechten des Geistigen Eigentums, CR 2008, 568; *Hilgert/Hilgert,* Nutzung von Streaming-Portalen – Urheberrechtliche Fragen am Beispiel von Redtube, MMR 2014, 85; *Höfinger,* Anmerkung zu OLG Zweibrücken, Beschluss vom 26.9.2008 – 4 W 62/08, ZUM 2009, 75; *Hölk,* Markenparfüm und Erschöpfung – Konsequenzen zum Umfang markenrechtlicher Ansprüche aus den Entscheidungen „Markenparfümverkäufe" und „Parfümtestkäufe", WRP 2006, 647; *Hoeren,* Vorratsdatenspeicherung und Urheberrecht – Keine Nutzung gespeicherter Daten?, NJW 2008, 3099; *Hoffmann,* Das Auskunftsverlangen nach § 101 Abs. 9 UrhG nF, MMR 2009, 655; *Ingerl/Rohnke,* Markengesetz, 3. Aufl., 2010; *Jenny,* Eile mit Weile – Vorratsdatenspeicherung auf dem Prüfstand, CR 2008, 282; *Jüngel/Geißler,* Der neue Auskunftsanspruch aus § 101 UrhG unter Berücksichtigung der bisherigen Rechtsprechung, MMR 2008, 787; *Keidel,* FamFG, 18. Aufl., 2014; *Kindt,* Grundrechtsschutz für Raubkopierer und Musikpiraten?, MMR 2009, 147; *Kitz,* § 101a UrhG: Für eine Rückkehr zur Dogmatik, ZUM 2005, 298; *ders.,* Die Auskunftspflicht des Zugangsvermittlers bei Urheberrechtsverletzungen durch seine Nutzer, GRUR 2003, 1014; *ders.,* Rechtsdurchsetzung im geistigen Eigentum – die neuen Regeln, NJW 2008, 2374; *ders.,* Urheberschutz im Internet und seine Einfügung in den Gesamtrechtsrahmen, ZUM 2006, 444; *Klett,* Zum Auskunftsanspruch nach § 101a UrhG, K&R 2005, 222; *Knaack,* Die EG-Richtlinie zur Durchsetzung der Rechte des geistigen Eigentums und ihr Umsetzungsbedarf im deutschen Recht, GRUR-Int 2004, 745 (749); *Knieper,* Mit Belegen gegen Produktpiraten, WRP 1999, 1116; *Knies,* Redtube.com: Kann denn Streamen Sünde sein?, CR 2014, 140; *Kramer,* Zivilrechtlicher Auskunftsanspruch gegenüber Access Providern, Hamburg 2007; *Kuper,* § 101 UrhG: Glücksfall oder Reinfall für Rechteinhaber?, ITRB 2009, 12; *Ladeur,* Die gemeinsame „Clearing-Stelle" von Rechteinhabern und Providern, K&R 2008, 650; *Leistner,* Störerhaftung und mittelbare Schutzrechtsverletzung, GRUR, Beilage zu Heft 1/2010; *Lement,* Zur Haftung von Internet-Auktionshäusern – Anmerkung zum Urteil des BGH „Internet-Versteigerung", GRUR 2005, 210; *Linke,* Anmerkung zu OLG Hamburg, Urteil vom 28.4.2005 – 5 U 156/04, MMR 2005, 456; *Loewenheim,* Handbuch des Urheberrechts, 2. Aufl., München 2009; *Maaßen,* Urheberrechtlicher Auskunftsanspruch und Vorratsdatenspeicherung, MMR 2009, 511; *Mantz,* Anmerkung zur Entscheidung des BGH vom 19.4.2012 (I ZB 80/11; K&R 2012, 664) – Zum urheberrechtlichen Auskunftsanspruchs im Zusammenhang mit Filesharing, K&R 2012, 668; *ders.,* Die Rechtsprechung zum neuen Auskunftsanspruch nach § 101 UrhG, K&R 2009, 21; *McGuire,* Beweismittelvorlage und Auskunftsanspruch nach der Richtlinie 2004/48/EG zur Durchsetzung der Rechte des geistigen Eigentums, GRUR-Int 2005, 15; *von Merveldt,* Der Auskunftsanspruch im gewerblichen Rechtsschutz, Köln 2007; *Mes,* Zum „gewerblichen Ausmaß" im gewerblichen Rechtsschutz und Urheberrecht, GRUR 2011, 1083; *Metzger/Wurmnest,* Auf dem Weg zu einem Europäischen Sanktionenrecht des geistigen Eigentums?, ZUM 2003, 922; *Meyerdierks,* Personenbeziehbarkeit statischer IP-Adressen – Datenschutzrechtliche Einordnung der Verarbeitung durch Betreiber von Webseiten, MMR 2013, 705; *ders.,* Sind IP-Adressen personenbezogene Daten?, MMR 2008, 8; *Moos,* Die Entwicklung des Datenschutzrechts im Jahr 2008, K&R 2009, 154; *Müller/Rößner,* Anmerkung zum Beschluss des LG Köln vom 2.12.2013 (228 O 173/13; K&R 2014, 136) – Zur fehlenden offensichtlichen Rechtsverletzung bei ungeklärten Rechtsfragen, K&R 2014, 136; *Musiol,* Erste Erfahrungen mit der Anwendung des § 101 IX UrhG – Wann erreicht die Verletzung ein „gewerbliches Ausmaß"?, GRUR-RR 2009, 1; *Nägele/Nitsche,* Gesetzentwurf der Bundesregierung zur Verbesserung der Durchsetzung von Rechten des geistigen Eigentums WRP 2007, 1047; *Nordemann/Dustmann,* To Peer Or Not To Peer, – Urheberrechtliche und datenschutzrechtliche Frage der Bekämpfung der Internet-Piraterie, CR 2004, 380; *Ohly,* Der weite Täterbegriff des EuGH in den Urteilen »GS Media«, »Filmspeler« und »The Pirate Bay«: Abenddämmerung für die Störerhaftung?, ZUM 2017, 793; *Otten,* Die auskunftsrechtliche Anordnung nach § 101 IX UrhG in der Praxis, GRUR-RR 2009, 369; *Peifer/Becker,* Anmerkung zu BGH, Urt. v. 14.5.2013 – VI ZR 269/12, GRUR 2013, 754; *Peukert/Kur,* Stellungnahme des Max-Planck-Instituts für Geistiges Eigentum, Wettbewerbs- und Steuerrecht zur Umsetzung der Richtlinie 2004/48/EG zur Durchsetzung der Rechte des geistigen Eigentums, GRUR-Int 2006, 292; *Raabe,* Der Auskunftsanspruch nach dem Referentenentwurf zur Verbesserung der Durchsetzung von Rechten des geistigen Eigentums, ZUM 2006, 439; *Röhl/Bosch,* Musiktauschbörsen im Internet – Eine Bewertung aus aktuellem Anlass, NJW 2008, 1415; *Sankol,* Die Qual der Wahl: § 113 TKG oder §§ 100g, 100h StPO? – Die Kontroverse über die Auskunftsverlangen von Ermittlungsbehörden gegen Access-Provider bei dynamischen IP-Adressen, MMR 2006, 361; *Sankol,* Anmerkung zu LG Offenburg, Beschluss v. 17.4.2008 – 3 Qs 83/07, MMR 2008, 482; *Sankol,* Anmerkung zu AG Offenburg, Beschluss vom 20.7.2007 – 4 Gs 442/07, K&R 2007, 540; *Schlegel,* Anmerkung zu LG Hamburg, Urteil vom 7.7.2005 – 308 O 264/04, CR 2005, 144; *Scheuerle/Mayen,* Telekommunikationsrecht, 2. Auflage, 2008; *Schmidt,* Anmerkungen zur Diskussion um die Beschränkung des Akteneinsichtsrechts in den Filesharingfällen, GRUR 2010, 673; *Schulze/Eckhardt,* Die Vielseitigkeit der Rechtsprechung zur Vorratsdatenspeicherungspflicht, CR 2009, 775; *Schulte,* Patentgesetz mit EPÜ, 9. Aufl., 2014; *Seichter,* Der Auskunftsanspruch nach Art 8 der Richtlinie zur Durchsetzung der Rechte des geistigen Eigentums, in: Ahrens/Bornkamm/Kunz-Hallstein, FS Eike Ullmann (2006), S. 983, Saarbrücken 2006; *Seichter,* Die Umsetzung der Richtlinie zur Durchsetzung der Rechte des geistigen Eigentums, WRP 2006, 391; *Sesing,* Die Reichweite des Richtervorbehalts für urheberrechtliche Auskunftsansprüche gegen Access-Provider, NJW 2018, 754; *Sieber/Höfinger,* Drittauskunftsansprüche nach § 101a UrhG gegen Internetprovider zur Verfolgung von Urheberrechtsverletzungen, MMR 2004, 575; *Solmecke,* Anmerkung zu LG Köln, Beschluss vom 2.9.2008 – 28 AR 4/08, MMR 2008, 762; *Solmecke/Kost,* Aktuelle Entwicklungen zum Thema Filesharing, K&R 2009, 772; *Spindler,* Rechtsdurchsetzung von Persönlichkeitsrechten – Bußgelder gegen Provider als Enforcement?, GRUR 2018, 365; *Spindler,* „Die Tür ist auf" – Europarechtliche Zulässigkeit von Auskunftsansprüchen gegenüber Providern, GRUR 2008, 574; *Spindler,* Anmerkung zu OLG Frankfurt a. M., Urteil vom 25.1.2005 – 11 U 51/04, MMR 2005, 243; *Spindler,* Der Auskunftsanspruch gegen Verletzer und Dritte im Urheberrecht nach neuem Recht, ZUM 2008, 640; *Spindler/Dorschel,* Auskunftsansprüche gegen Internetserviceprovider, CR 2005, 38; *Spindler/Dorschel,* Vereinbarkeit der geplanten Auskunftsansprüche gegen Internet-Provider mit EU-Recht, CR 2006, 341; *Spindler/Schuster,* Recht der elektronischen Medien, 2. Aufl. 2011; *Spindler/Weber,* Die Umsetzung der Durchsetzungsrichtlinie nach dem Regierungsentwurf für ein Gesetz zur Verbesserung der Durchsetzung von Rechten des geistigen Eigentums, ZUM 2007, 257; *Stadler,* Haftung für Informationen im Internet, 2. Aufl., 2005; *Ströbele/Hacker,* Markengesetz, 10. Aufl., 2012; *Teplitzky,* Wettbewerbsrechtliche Ansprüche und Verfahren, 10. Aufl., 2011; *Weber/Welp,* Die Auskunftspflicht von Access-Providern nach dem Urheberrechtsgesetz, 2009; *Wegener/Schlinghoff,* Urheberrechtsverletzendes Filesharing – unerhebliche Rechtsverletzung (§ 97a Abs. 2 UrhG) gewerblichen Ausmaßes (§ 101 UrhG)?, MMR 2012, 877; *Welp,* Die Auskunftspflicht von Access-Providern nach dem Urheberrechtsgesetz, 2009; *Wilhelmi,* Das gewerbliche Ausmaß als Voraussetzung der Auskunftsansprüche nach dem Durchsetzungsgesetz, ZUM 2008, 942; *Wimmers/Schulz,* Haftung für fremde Inhalte, in: Heidrich/Forgo/Feldmann Heise Online-Recht, Loseblattsammlung, 2008 ff.; *Wimmers/Schulz,* Stört der Admin-C?, CR 2006,

754 ff.; *Zimmermann,* Providerauskünfte in Filesharingfällen, K&R 2015, 73; *Zombik,* Der Kampf gegen Musikdieb-stahl im Internet – Rechtsdurchsetzung zwischen Bagatellschwelle und Datenschutz, ZUM 2006, 450.

Übersicht

I. Ausgangslage

1   Der **(selbstständige) Auskunftsanspruch** im Recht des geistigen Eigentums war gleich mehr-fach Gegenstand gesetzgeberischer Reformbemühungen. Er ist abzugrenzen von dem seit langem gewohnheitsrechtlich anerkannten **akzessorischen Auskunftsanspruch,** der der Vorbereitung von Schadensersatz- und Bereicherungsansprüchen dient.[1] Für das Urheberrecht war ein Teilausschnitt

---

[1] Vgl. Gesetzentwurf der Bundesregierung, Entwurf eines Gesetzes zur Verbesserung der Durchsetzung des geis-tigen Eigentums, BT-Drs. 16/5048, 48; ständige Rechtsprechung, vgl. zB BGH GRUR 1962, 398 (400); 1978, 52

dieses akzessorischen Anspruches sogar ausdrücklich gesetzlich geregelt.[2] Der akzessorische Auskunftsanspruch geht auf eine frühe Entscheidung des Reichsgerichts[3] zurück, das eine Auskunftspflicht in jedem Rechtsverhältnis annahm, dessen Wesen es mit sich bringt, dass der Berechtigte in entschuldbarer Weise über Bestehen und Umfang seines Rechts im Ungewissen, der Verpflichtete hingegen in der Lage ist, unschwer Auskunft zu erteilen. Dieser aus **Treu und Glauben** hergeleitete und durch die Rechtsprechung anerkannte **Hilfsanspruch** wird uneingeschränkt aber nur dann zugestanden, wenn er der **Durchsetzung eines gegen den Auskunftspflichtigen selbst gerichteten Hauptanspruchs dient.**[4] Dabei richtet sich der Anspruch nur auf das, was zur Vorbereitung des Hauptanspruchs erforderlich ist.[5] Insbesondere im Wettbewerbrecht ist dieser aus § 242 BGb abgeleitete Auskunftsanspruch auch als insoweit selbständiger Anspruch auf Auskunft, der nicht das Vorgehen gegen den Auskunftspflichtigen, sondern – entsprechend § 101 UrhG – **gegen einen Dritten** ermöglichen soll, anerkannt.[6] Die für den Anspruch erforderliche rechtliche Sonderverbindung folgt dann aus einem **gesetzlichen Schuldverhältnis.**[7] Im Bereich der Persönlichkeitsrechtsverletzungen, in dem kein gesetzlich geregelter Anspruch auf Auskunft über Dritte besteht,[8] hat die Rechtsprechung diesen Anspruch teilweise auch auf **Diensteanbieter im Sinne der § 10 TMG** angewandt und die **Störerhaftung** bzw. §§ 823, 1004 BGB als gesetzliches Schuldverhältnis hinreichen lassen.[9] Wegen der ausdrücklichen gesetzlichen Regelung in § 101 UrhG wird dieser Anspruch im Urheberrecht nur eine nachgeordnete bzw. wegen der *lex specialis* Regelung in § 101 UrhG keine Rolle spielen.[10]

Ein **allgemeiner Auskunftsanspruch** ist dem materiellen deutschen Recht hingegen **grundsätz** 2
lich fremd.[11] In der erwähnten Entscheidung stellte der BGH nüchtern fest: „Der Umstand, dass eine Person Kenntnis über Tatsachen hat, die für eine andere von Bedeutung sein mögen, zwingt sie nicht zur Auskunftserteilung. Grundsätzlich besteht nur dann eine Pflicht zur Auskunftserteilung, wenn aufgrund der erteilten Auskunft materielle Ansprüche gegen den Auskunftsverpflichteten herzuleiten sind."

Die fortschreitende **technische Entwicklung** lässt den Schutzrechtsinhaber indes mit diesem ak 3
zessorischen Auskunftsanspruch nur **unvollkommen geschützt.** So stellt insbesondere das **Internet** und die dort ohne Transaktionskosten mögliche massenhafte Verbreitung von urheberrechtlich geschützten Inhalten den Schutzrechtsinhaber vor große Probleme. Insbesondere in Bezug auf sog. **Tauschbörsen** wies die Rechteinhaberindustrie immer wieder auf schwere wirtschaftliche Konsequenzen hin.[12] Die Möglichkeit, im Internet weitgehend anonym kommunizieren zu können, die bei Tauschbörsen in großem Umfang für Urheberrechtsverletzungen genutzt wird,[13] lässt die Verfolgung einer Schutzrechtsverletzung schon daran scheitern, dass der Rechtsinhaber die **Identität des Verletzers** nicht kennt und nicht ermitteln kann. Diesem **Informationsinteresse des Schutzrechtsinhabers,** das er nur unter Mitwirkung des mutmaßlichen Verletzers oder mit Hilfe Dritter befriedigen kann, stehen aber auch **gegenläufige** Interessen derjenigen gegenüber, die über die gewünschten Informationen verfügen.[14] Bei dem in Anspruch genommenen Dritten, der nicht selbst Verletzer ist, liegt dies auf der Hand. Er wird weder ein Interesse daran haben, in einen Rechtsstreit zwischen Rechtsinhaber und potentiellem Verletzer hineingezogen zu werden, noch wird er die Kosten der Informationsbeschaffung tragen wollen.[15] Zugleich sind **datenschutzrechtliche Interessen** zu berücksichtigen.

---

(53); 1980, 227 (232) – Monumenta Germaniae Historica; zu den Grenzen: BGH GRUR 1987, 647 (648) – Briefentwürfe.

[2] Der Rechnungslegungsanspruch über den Gewinn für den Gewinnherausgabeanspruch in § 97 Abs. 1 S. 2 aF. Er findet sich in der Neufassung des § 97 nicht mehr; eine Änderung der Rechtslage ist mit dieser Streichung jedoch nicht verbunden (BT-Drs. 16/5048, 48); vgl. zum akzessorischen Auskunftsanspruch → § 97 Rn. 307 ff.

[3] RGZ 108, 1 (7).

[4] Zum unselbständigen Auskunftsanspruch vgl. die Kommentierung zu → UrhG § 97 Rn. 307 ff.

[5] Vgl. Gesetzentwurf der Bundesregierung zum Entwurf eines Gesetzes zur Bekämpfung der Produktpiraterie, BT-Drs. 11/4792, 30; iÜ zu Inhalt und Umfang dieses Auskunftsanspruches die Kommentierung von Schricker/*Wild* (4. Aufl.) UrhG § 97 Rn. 187 ff.; Loewenheim/*Vinck* § 81 Rn. 55 ff., 58 ff.

[6] Vgl. BGH GRUR 2001, 841 (842 f.) – Entfernung der Herstellungsnummer II; BGHZ 125, 322 (330) = GRUR 1994, 630 (632 f.) – Cartier-Armreif; zu den Grenzen: Teplitzky/*Löffler* Kap. 38 Rn. 33 ff. mwN; vgl. zum Auskunftsanspruch aus § 242 BGB bei Persönlichkeitsrechtsverletzungen BGH GRUR 2018, 642 Rn. 55 – Internetforum; OLG Dresden BeckRS 2012, 11930.

[7] BGH GRUR 2001, 841 (843) – Entfernung der Herstellungsnummer II.

[8] Vgl. *Spindler* GRUR 2018, 365 (372).

[9] BGH GRUR 2014, 902 Rn. 6 – Ärztebewertung, wo der VI. Senat den Anspruch allerdings ablehnte, da der Betroffene mangels gesetzlicher Regelung keinen Anspruch gegen den Portalbetreiber auf Auskunft bzw. Herausgabe der Nutzerdaten hat; so auch BGH GRUR 2018, 636 Rn. 8 – Ärztebewertung III; zur begrenzten Gestaltung aufgrund der Änderung in § 14 TMG vgl. *Spindler* GRUR 2018, 365 (372); vgl. auch OLG Dresden ZUM-RD 2012, 536 (538); BGH GRUR 2018, 642 Rn. 55 – Internetforum.

[10] AA Fromm/Nordemann/*Czychowski* § 101 Rn. 4, 107.

[11] BGH NJW 1957, 669; *Haedicke* FS Schricker, 2005, 19 (20); *Peukert/Kur* GRUR-Int 2006, 292 (296).

[12] Vgl. *Czychowski/Nordemann* NJW 2008, 3095; zweifelnd zum wirtschaftlichen Schaden durch Tauschbörsen unter Verweis auf Untersuchungen *Welp* S. 133; differenzierend auch *Kindt* MMR 2009, 147.

[13] Vgl. BT-Drs. 16/5048, 39 f.

[14] Vgl. *Haedicke* FS Schricker, 2005, 19 f.

[15] *Haedicke* FS Schricker, 2005, 19 (20).

4   Der Gesetzgeber hat mit § 101 den Versuch unternommen, diese im europäischen wie nationalen Gesetzgebungsverfahren besonders herausgestellten beteiligten Interessen, namentlich von Rechtsinhabern, Nutzern und Internet-Providern, **in Ausgleich zu bringen.**[16] Dies ist mit der vorliegenden Vorschrift nur unzulänglich geglückt; sie weist an vielfältigen Stellen unbestimmte und unklare Regelungen auf. Insbesondere Konflikte mit dem **Datenschutzrecht** und dem verfassungsrechtlich (Art. 10 GG) und einfachgesetzlich geschützten **Fernmeldegeheimnis** (§ 88 TKG) sind nicht oder nur unvollständig gelöst.[17] Wesentliche Fragen wurden der Rechtsprechung überlassen[18] und werden nur langsam einer einheitlichen Judikatur zugeführt.[19] Für Urheberrechtsverletzungen im Internet sieht sich die Vorschrift im Spannungsverhältnis zwischen einerseits der Notwendigkeit für Rechteinhaber, gerade auch im Internet Verletzungen verfolgen zu können, und den nachhaltig strengen **Vorgaben des Bundesverfassungsgerichts zum Datenschutz.**[20] Hier wäre eine spezifische Abgrenzung und Regelung durch den Gesetzgeber erforderlich gewesen, schon um Frustrationen auf allen Seiten zu vermeiden. Aber auch das mit dem Anspruch nach § 101 zusammenhängende Phänomen der Massenabmahnungen hätte im Zuge der Einführung des Gesetzes gegen unseriöse Geschäftspraktiken Gelegenheit zu einem klärenden Eingriff in dessen Regelungen gegeben. Die bei Einführung des Anspruchs auf Drittauskunft angeregte intensivere Klärung dieses „bislang wenig ausgeloteten Feldes",[21] die Untersuchung, ob alternative Lösungen dieser Konfliktlage zur Verfügung stehen,[22] scheint von der Agenda. Die Rechtsprechung behilft sich mit Lösungen *praeter legem.*[23]

5   Schon die Diskussion um die **analoge Anwendung** des § 101a aF auf **Access-Provider,** insbesondere aber die vom Gesetzgeber offen gelassene Frage[24] der Reichweite des Verletzerbegriffs in § 101 Abs. 1 verdeutlicht, wie **eng die (Dritt-)Auskunftsansprüche mit dem seit Jahren kontrovers diskutierten Komplex der Haftung im Internet verknüpft** sind. Begründung, Inhalt und Umfang der sog. **Störerhaftung** für ganz unterschiedliche Provider sind Gegenstand vielfältiger, häufig konfligierender Urteile,[25] die auf Seiten des Gesetzgebers zu mehreren Anpassungen des Gesetzes gerade auch in Bezug auf die Störerhaftung führten.[26] Die Gewährung des Auskunftsanspruches gegen Internet-Provider in § 101 Abs. 2 Nr. 3 könnte auch als Argument in der Diskussion um die **Subsidiarität der Haftung** von Internet-Providern Berücksichtigung finden.[27] Der VI. Senat des BGH hatte in einer Entscheidung aus dem Jahre 2007[28] einer solchen subsidiären Haftung des Internet-Providers eine Absage erteilt; der I. Senat berücksichtigt nun eine nur subsidiäre Inanspruchnahme des Internet-Providers im Rahmen der **Zumutbarkeitserwägungen** bei den **Prüfungspflichten** der Störerhaftung.[29] Diese Rechtsprechung ist unterdessen hinsichtlich des Haftungsgrundes durch die Neufassung von § 8 Abs. 1 S. 2 TMG überholt.[30]

II. Entwicklung und Bedeutung

6   Die Vorschrift ist durch das Gesetz zur Verbesserung der Durchsetzung von Rechten des geistigen Eigentums vom 7.7.2008 (BGBl. I S. 1191) mit Wirkung vom 1.9.2008 neu in das Gesetz eingefügt worden. Das Durchsetzungsgesetz dient der Umsetzung der **Richtlinie 2004/48/EG** des Europäischen Parlaments und des Rates vom 29.4.2004 zur Durchsetzung der Rechte des geistigen Eigen-

---

[16] Vgl. BT-Drs. 16/5048, 63.

[17] Vgl. dazu nachfolgend → Rn. 99 ff.

[18] Ausdrücklich die Frage, ob Abs. 1 auch den mittelbaren Störer umfasst – vgl. BT-Drs. 16/5048, 30 –, aber auch eine Vielzahl unbestimmter Rechtsbegriffe.

[19] Vgl. zB die Frage des sog. doppelten Gewerbsmäßigkeitserfordernisses bei § 101 Abs. 2, → Rn. 58, oder die Frage der Rechtsgrundlage der die Auskunft ermöglichenden Speicherung im Rahmen von Abs. 9, → Rn. 111 ff.; zum Umfang des Auskunftsanspruchs gemäß § 101 Abs. 3 bzw. Art. 8 Abs. 2 lit. a Enforcement-RL vgl. Vorlagebeschluss BGH GRUR 2019, 504 – YouTube – Drittauskunft.

[20] Vgl. BVerfG MMR 2009, 29 – Vorratsdatenspeicherung; NJW 2008, 822 – Online-Durchsuchung.

[21] *Spindler* ZUM 2008, 640 (646 f.).

[22] Vgl. die Ansätze zB *Ladeur* K&R 2008, 650; *Kramer* S. 180 ff.; *Bäcker* ZUM 2008, 391.

[23] So die treffende Formulierung des OLG Köln GRUR-RR 2013, 353 –Auskunftsgebühr.

[24] Vgl. BT-Drs. 16/5048, 30.

[25] Vgl. dazu die Kommentierung von *Leistner* zu UrhG § 97 Rn. 121 ff.

[26] Zuletzt Drittes Gesetz zur Änderung des Telemediengesetzes v. 28.9.2017, BGBl. 2017 Teil I, 3530.

[27] Vgl. hierzu BGH GRUR 2016, 268 Rn. 81 ff. – Störerhaftung eines Access-Providers; OLG Düsseldorf MMR 2006, 553; Generalanwalt Jääskinen hat in seinen Schlussanträgen in der Rechtssache C-314/12 eine Subsidiarität der Haftung des Access-Providers ausdrücklich erwogen; der EuGH hat dies in seiner Entscheidung aber nicht aufgegriffen; neuerdings hat *Masing* in seiner Einschätzung der Entscheidung des EuGH in der Rechtssache 131/12 die subsidiäre Haftung von Suchmaschinen erwogen; abrufbar unter http://www.verfassungsblog.de/ribverfg-masing-vorlaeufige-einschaetzung-der-google-entscheidung-des-eugh/; vgl. nun allerdings die neue gesetzliche Regelung in § 8 Abs. 1 S. 2 TMG sowie BVerfG GRUR 2019, 503 Rn. 12.

[28] BGH ZUM 2007, 533 (534 f.) – Webforen.

[29] BGH GRUR 2016, 268 Rn. 81 ff. – Störerhaftung eines Access-Providers; LG Berlin 1.9.2009 – 16 O 293/08, unveröffentlicht; weitergehend *Spindler* GrUR 2008, 704.

[30] Vgl. dazu auch BVerfG GRUR 2019, 503 Rn. 12; LG München I BeckRS 2019, 11911.

tums.[31] Diese Richtlinie war nach ihrem Art. 28 Abs. 1 bis spätestens zum 29.4.2006 in nationales Recht umzusetzen; diese Umsetzungsfrist wurde nicht gehalten.[32]

1. Enforcement-RL

Die Enforcement-RL war am 20.5.2004 in Kraft getreten. Vom ersten Vorschlag der Kommission[33] bis zur Veröffentlichung der Richtlinie im Amtsblatt vergingen nur 15 Monate; ein rekordverdächtiger Zeitraum für einen Gemeinschaftsrechtsakt, mit dem eine **horizontale Harmonisierung** der Rechtsbehelfe, Maßnahmen und Verfahren zur Durchsetzung aller Immaterialgüterrechte erreicht werden soll.[34] Es handelt sich um eine Mindestharmonisierung; nach Art. 2 Abs. 1 Enforcement-RL dürfen Mitgliedstaaten über das Schutzniveau der Enforcement-RL hinausgehen, es aber nicht unterschreiten.[35] Das zügige Gesetzgebungsverfahren war der Tatsache geschuldet, dass am 1.5.2004 der Beitritt der 10 neuen Mitgliedstaaten in Kraft trat. Die Kommission ging davon aus, dass es nach Beitritt der neuen Mitgliedstaaten schwierig sein würde, die erforderliche qualifizierte Mehrheit im Rat zu erhalten; man befürchtete dann eine weitere Verzögerung der angestrebten Verbesserung der Rechtsdurchsetzung insbesondere im Internet.[36] Aufgrund dieses beschleunigten Gesetzgebungsverfahrens **zeigt die Richtlinie qualitative Mängel und Inkonsistenzen,** die sich im nationalen Umsetzungsverfahren fortgesetzt haben.[37]

Die Richtlinie orientierte sich an den unterschiedlichen Instrumenten, die zur Durchsetzung von 8 Immaterialgüterrechten in einzelnen Mitgliedstaaten schon bestanden.[38] Art. 8 der Durchsetzungsrichtlinie, der den Auskunftsanspruch regelt, **griff insbesondere auf die schon bestehenden nationalen Vorschriften aus Deutschland zurück.**[39]

§ 101 setzt Art. 8 der Durchsetzungsrichtlinie um und ist daher **richtlinienkonform auszulegen.**[40] Ob wegen der verspäteten Umsetzung Art. 8 auch schon vor Inkrafttreten des § 101 seit dem 30.4.2006 **unmittelbar anwendbar war, ist umstritten.**[41]

2. Nationales Gesetzgebungsverfahren

So zügig das europäische Gesetzgebungsverfahren abgeschlossen werden konnte, so **zögerlich** 10 **ging die nationale Umsetzung** vonstatten. Nach Art. 28 Abs. 2 war die Richtlinie bis spätestens zum 29.4.2006 in nationales Recht umzusetzen; die Umsetzung erfolgte mit mehr als zwei Jahren Verspätung. Dabei war schon der **1. Referentenentwurf** erst am 3.1.2006, also nur wenige Monate vor Ablauf der Umsetzungsfrist vorgelegt worden.[42] Mehr als ein weiteres Jahr später, am 26.1.2007, hat das Bundeskabinett den **Regierungsentwurf** eines Gesetzes zur Verbesserung der Durchsetzung von Rechten des geistigen Eigentums beschlossen.[43] Vorangegangen waren eine **Vielzahl von kontroversen Eingaben.**[44] Gleichwohl sah der **Gesetzentwurf der Bundesregierung nur wenige Änderungen gegenüber dem Referentenentwurf** vor. Die **Beschlussempfehlung des Rechtsausschusses** vom 9.4.2008[45] ersetzte in § 101 Abs. 1 die Formulierung „im geschäftlichen Verkehr" durch die Wortwahl aus Art. 8 der Durchsetzungsrichtlinie „im gewerblichen Ausmaß".

3. Der Auskunftsanspruch auf der Grundlage des Produktpirateriegesetzes

Schon mit dem Gesetz zur Stärkung des Schutzes geistigen Eigentums und zur Bekämpfung der 11 Produktpiraterie[46] wurde **erstmals ein Anspruch auf Auskunft hinsichtlich Dritter** eingeführt. Anlass für das ProduktpiraterieG war, dass der Umfang der Produktpiraterie, insbesondere als Folge der Entwicklung auf dem Gebiet der Reproduktionstechniken, „besorgniserregende Ausmaße" ange-

---

[31] ABl. v. 2.6.2004, L 195/16 – Enforcement-RL.
[32] Zum Vertragsverletzungsverfahren vgl. EuGH GRUR-Int 2008, 745; zur Frage der unmittelbaren Wirkung der Richtlinie *Eisenkolb* GRUR 2007, 387.
[33] KOM(2003) 46 endgültig.
[34] *Frey/Rudolph* ZUM 2004, 522.
[35] Vgl. BGH GRUR 2019, 503 Rn. 9 – YouTube-Drittauskunft.
[36] Vgl. *Seichter* FS Ullmann, 2006, 983; *Frey/Rudolph* ZUM 2004, 522.
[37] Vgl. die Kritik bei *Seichter* WRP 2006, 391 (392); *Frey/Rudolph* ZUM 2004, 522 f.; *Haedicke* FS Schricker, 2005, 19; zur Umsetzung im UrhG: *Spindler* ZUM 2008, 640 (648).
[38] Vgl. Kommissionsvorschlag KOM(2003) 46 endgültig, S. 14 ff.
[39] Vgl. Vorschlag der Kommission KOM(2003) 46 endgültig, S. 23.
[40] BGH GRUR 2007, 708 (711) – Internet-Versteigerung II; *Seichter* WRP 2007, 391 (392); *Eisenkolb* GRUR 2007, 387 (393); Fromm/Nordemann/*Czychowski* UrhG § 101 Rn. 8.
[41] Vgl. einerseits → 3. Aufl. 2006, § 101a Rn. 8, andererseits *Eisenkolb* GRUR 2007, 387 ff.; dazu noch nachfolgend → Rn. 14.
[42] Abrufbar unter www.urheberrecht.org/topic/enforce.
[43] Vgl. BR-Drs. 64/07; einschließlich Stellungnahme des Bundesrates sowie der Gegenäußerung der Bundesregierung als BT-Drs. 16/5048.
[44] Vgl. die Nachweise bei *Raabe* ZUM 2006, 439; sowie die Stellungnahme des Max-Planck-Instituts für Geistiges Eigentum, Wettbewerbs- und Steuerrecht bei *Peukert/Kur* GRUR-Int 2006, 292.
[45] BT-Drs. 16/8783.
[46] Gesetz zur Stärkung des Schutzes des geistigen Eigentums und zur Bekämpfung der Produktpiraterie (PrPG), BGBl. I 1990, 422.

nommen hatte;[47] dem versuchte der Gesetzgeber dadurch entgegenzutreten, dass er **sachgerechte rechtliche Instrumentarien für eine Bekämpfung der massenhaften Produktpiraterie** zur Verfügung stellte.[48] Teil dieser Maßnahmen war ein **selbstständiger spezialgesetzlicher Auskunftsanspruch,**[49] „mit dessen Hilfe die Quellen und Vertriebswege der bei einem Verletzten aufgefundenen schutzrechtsverletzenden Ware aufgedeckt werden können".[50] Der Auskunftsanspruch des § 101a UrhG aF richtete sich gegen jeden Verletzer, der **im geschäftlichen Verkehr** tätig wird und nahm so (allein) private Nutzer von der Anspruchsverpflichtung aus.[51] Diese **gesetzliche Regelung des Drittauskunftsanspruches aufgrund des ProduktpiraterieG ließ sonstige Ansprüche auf Auskunft unberührt.**[52]

12   Eine **umfangreiche Kontroverse** bestand zu der Frage, ob der Auskunftsanspruch aus **§ 101a aF analog für Auskunftsansprüche gegen Provider** bei Rechtsverletzungen im Internet angewendet werden kann. Die Streitfrage ist durch die Neufassung des § 101 UrhG überholt; inhaltlich lebt die Auseinandersetzung über die Frage der Auskunftspflicht von Providern erneut an der Abgrenzung der Ansprüche aus § 101 Abs. 1 und Abs. 2 auf.[53] **Zum Streitstand unter § 101a** aF: Nachdem erstinstanzlich eine analoge Anwendung des § 101a aF angenommen wurde[54] hatten die Berufungsgerichte eine Anwendung des Auskunftsanspruchs aus § 101a aF auf Access-Provider mit teilweise unterschiedlicher Begründung durchweg abgelehnt.[55] Im Schrifttum war die Auffassung zur Anwendung des § 101a aF auf Auskunftsansprüche gegen Internetprovider geteilt.[56]

4. Übergangsregelung

13   Nach Art. 10 des Gesetzes zur Verbesserung der Durchsetzung von Rechten des geistigen Eigentums trat das Gesetz am 1.9.2008 in Kraft. Die gewählte Frist von bis zu zwei Monaten sollte der Rechtsprechung die Möglichkeit geben, sich auf die neuen Bestimmungen einzustellen. Ein Bedarf für weitergehende Übergangsbestimmungen bestand nach dem Gesetzgeber nicht. Die Frage, ob die neuen Ansprüche und Verfahren auch für Rechtsverletzungen gelten, die vor dem Inkrafttreten des Gesetzes begangen worden sind, ist nach den allgemeinen Grundsätzen zu beurteilen.[57] Für den Anspruch aus § 101a aF hat das OLG München festgestellt, dass sich Auskunftsansprüche nach dem zum Zeitpunkt der geltend gemachten Verletzungshandlungen geltenden Recht richten.[58]

14   *[Derzeit unbelegt]*

III. Auskunftsanspruch gegen den Verletzer, Abs. 1

1. Umfang; Verhältnis zum unselbstständigen Auskunftsanspruch

15   § 101 Abs. 1 UrhG bildet weitgehend den bisherigen Anspruch auf Drittauskunft gegen den Verletzer aus § 101a UrhG aF ab. Der Gesetzentwurf der Bundesregierung sah zunächst noch statt des Merkmals **„in gewerblichem Ausmaß"**[59] die alte Formulierung **„im geschäftlichen Verkehr"** vor, stellte dies aber im verabschiedeten Gesetz auf die der Enforcement-RL entstammende Formulierung um.[60] Durch die Änderung des Abs. 1 gegenüber § 101a UrhG aF wird im Übrigen klargestellt, dass der Auskunftsanspruch bei allen Verletzungshandlungen eingreift, also nicht auf Fälle der Verletzung von körperlichen Verwertungsrechten beschränkt ist.[61]

---

[47] Vgl. BT-Drs. 11/4792, 16.
[48] Vgl. dazu den Überblick bei *Tilmann* BB 1990, 1565 ff.
[49] *v. Merveldt,* 61.
[50] BT-Drs. 11/4792, 30.
[51] Vgl. zu den unterschiedlichen Begründungen für einen Ausschluss privater Nutzer bei den verschiedenen Immaterialgüterrechten Dreier/Schulze/*Dreier* (2. Aufl.) UrhG § 101a Rn. 6; Benkhard/*Rogge/Grabinski* PatG § 140b Rn. 6; Ströbele/*Hacker* MarkenG § 19 Rn. 20 ff.
[52] Vgl. BT-Drs. 11/4792, 32; zur Rechtsprechung vgl. BGH GRUR 1994, 630 (633) – Cartier-Armreif; GRUR 1995, 427 (429) – Schwarze Liste.
[53] Vgl. → Rn. 19 ff.
[54] LG Hamburg ZUM 2005, 66 = MMR 2005, 55; LG Köln ZUM 2005, 236.
[55] Vgl. OLG Hamburg MMR 2005, 453; OLG Frankfurt a.M. MMR 2005, 241; OLG München MMR 2005, 616.
[56] Für eine (analoge) Anwendung: *Czychowski* MMR 2004, 515, *Lement* GRUR 2005, 210 (211); *Dreier/Schulze* (2. Aufl.) § 101a Rn. 7, 22; *J.B. Nordemann/Dustmann* CR 2004, 380 (385); *v. Merveldt* S. 88 ff.; dagegen: *Dorschel* Anm. zum Urteil OLG Hamburg CR 2005, 516; *Kitz* GRUR 2003, 1014; *Kitz* ZUM 2005, 298; *Klett* K & R 2005, 222; *Linke* Anm. zum Urteil OLG Hamburg MMR 2005, 456 (457); *Schlegel* CR 2005, 144; *Sieber/Höfinger* MMR 2004, 575; *Spindler* Anm. zum Urteil OLG Frankfurt a.M. MMR 2005, 243; *Spindler/Dorschel* CR 2005, 38; *Kramer* S. 65 f., der allerdings grundsätzlich eine Passivlegitimation im Rahmen des § 101a aF annimmt, die Inanspruchnahme dann aber für den Access Provider bei der Zumutbarkeit ablehnt.
[57] BT-Drs. 16/5048, 52.
[58] OLG München GRUR 2007, 419 (422) – Lateinlehrbuch, unter Verweis auf BGH GRUR 2005, 166 (168) – Puppenausstattungen.
[59] So der Wortlaut in Art. 8 Durchsetzungsrichtlinie.
[60] BGH GRUR 2012, 1026 Rn. 28 – Alles kann besser werden.
[61] Vgl. BT-Drs. 16/5048, 49.

Der Anspruch in Abs. 1 ist die **gesetzliche Regelung eines selbstständigen, nicht-akzessori-** 16
schen Anspruchs auf Drittauskunft, der die Lücken schließen soll, die durch den rasanten Anstieg
der Produktpiraterie für die Durchsetzung der Rechte des Rechtsinhabers offenbar wurde. Die Vorschrift ersetzt nicht den bisherigen (akzessorischen) Hilfsanspruch auf Auskunftserteilung und Rechnungslegung.[62] Dieser **akzessorische Anspruch** auf Auskunftserteilung[63] ist **gewohnheitsrechtlich**
anerkannt[64] und findet seine **Grundlage in den Vorschriften der §§ 259, 260 BGB und in der**
Bestimmung des § 242 BGB. Er wird in allen Fällen gewährt, in denen der Verletzte in entschul-
barer Weise über Bestehen und Umfang seines Ersatzanspruchs im Unklaren ist, während der Verletzer
unschwer Auskunft über seine eigenen Verhältnisse geben kann.[65] Die Neuregelung der selbstständigen Auskunftsansprüche in § 101 lässt den gewohnheitsrechtlich anerkannten Anspruch auf Auskunft
und Rechnungslegung unberührt.[66] Auch aus der Streichung des Rechnungslegungsanspruchs in § 97
nF folgt nicht Abweichendes. Der Gesetzgeber[67] stellte ausdrücklich klar, dass mit dieser Streichung
keine inhaltliche Änderung der gewohnheitsrechtlich anerkannten Ansprüche bezweckt war.

2. Aktivlegitimation[68]

Anspruchsberechtigt ist der „**Verletzte**". Die Richtlinie gab in Art. 4 zwingend vor, dass dem 17
Rechtsinhaber die Maßnahmen, Verfahren und Rechtsbehelfe der Durchsetzungsrichtlinie eingeräumt werden müssen; bei anderen Personen, die zur Nutzung solcher Rechte befugt sind, insbesondere **Lizenznehmer,** bei **Verwertungsgesellschaften und Berufsorganisationen** überlässt die
Richtlinie die entsprechende Aktivlegitimation den Mitgliedstaaten. Die **Bundesregierung sah**
keinen Umsetzungsbedarf,[69] da eine Erstreckung der Aktivlegitimation auf weitere Personen **nur**
nach Maßgabe des anwendbaren Rechts erfolge, so dass insoweit keine verbindlichen Vorgaben
gemacht werden. Anspruchsberechtigt ist nicht nur der Urheber oder der Inhaber eines anderen nach
dem Urheberrecht geschützten Rechts,[70] sondern auch der **Inhaber eines ausschließlichen Nut-**
zungsrechts[71] (nicht aber der Inhaber eines **einfachen Nutzungsrechts**),[72] sowie **Verwertungsge-**
sellschaften im Rahmen ihrer Wahrnehmungsbefugnis.[73]

Mit §§ 2a, 3a UKlaG ist eine **Unterlassungsklage rechtsfähiger Verbände** bei Verstößen gegen 18
§ 95b Abs. 1 UrhG eingefügt worden. Für die Ansprüche nach §§ 100, 101a, 101b UrhG fehlt eine
entsprechende Befugnis zur Verbandsklage, so dass **Berufungsorganisationen als Anspruchsinha-**
ber ausscheiden.[74]

3. Rechtsverletzung – Verletzer

Während § 101a Abs. 1 aF auf die rechtswidrige Herstellung oder Verbreitung von Vervielfälti- 19
gungsstücken beschränkt war, wird durch die Formulierung in Abs. 1 klargestellt, dass der Auskunftsanspruch bei allen Verletzungshandlungen eingreift, also nicht auf Fälle der Verletzung von körperlichen Verwertungsrechten beschränkt ist.[75] Erfasst sind damit auch Fälle der Verletzung von **Rechten**
der öffentlichen Wiedergabe, also insbesondere auch des **Rechtes der öffentlichen Zugäng-**
lichmachung in § 19a UrhG.

Verletzer sind der **Täter und der Teilnehmer.**[76] Wie schon im Rahmen der Vorgängernorm ist 20
auch bei § 101 umstritten, ob der Anspruch gegen den **Verletzer** nach Abs. 1 auch den (mittelbaren)
Störer umfasst.[77] Der **Gesetzgeber hat diese Frage jedenfalls in Teilen ausdrücklich den Ge-**

---

[62] Nordemann/Fromm/*Czychowski* UrhG § 101 Rn. 4; zum akzessorischen Auskunftsanspruch im Einzelnen
→ § 97 Rn. 307 ff.
[63] Sowie der Rechnungslegungsanspruch, der in § 97 Abs. 1 S. 2 aF spezialgesetzlich geregelt war.
[64] RGZ 60, 5; BGH GRUR 1962, 398 (400) – Kreuzbodenventilsäcke II; GRUR 1974, 53 (54) – Nebelscheinwerfer; GRUR 1980, 227 (2323) – Monumenta Germaniae Historica.
[65] BGH GRUR 2007, 532 – Meistbegünstigungsvereinbarung; GRUR 1974, 53 (54) – Nebelscheinwerfer;
GRUR 1980, 227 (2323) – Monumenta Germaniae Historica.
[66] Vgl. § 102a UrhG nF; Fromm/Nordemann/*Czychowski* UrhG § 101 Rn. 4.
[67] BT-Drs. 16/5048, 48.
[68] Zur Aktivlegitimation vgl. Schricker/Loewenheim/*Leistner* UrhG § 97 Rn. 41 ff.; zu Verwertungsgesellschaften, → Rn. 52.
[69] Vgl. BT-Drs. 16/5048, 26.
[70] BGH GRUR 2012, 1026 Rn. 33 – Alles kann besser werden; OLG München GRUR-RR 2012, 228 (229) –
Englischer Provider, jeweils zu § 85 UrhG.
[71] BGH GRUR 2012, 1026 Rn. 33 – Alles kann besser werden; BGH GRUR 2013, 536 Rn. 33 – Die Heiligtümer des Todes.
[72] OLG München GRUR-RR 2012, 228 (229) – Englischer Provider.
[73] Vgl. § 13c WahrnG; BGH GRUR 2004, 420 (421) – Kontrollbesuch, zu § 809 BGB.
[74] Wandtke/Bullinger/*Ohst* UrhG § 101a Rn. 7; zur Frage der Verbandsklagebefugnis nach der Durchsetzungsrichtlinie vgl. auch *Frey/Rudolph* ZUM 2004, 522 (527).
[75] BT-Drs. 16/5048, 49.
[76] Vgl. dazu BGH GRUR 2011, 152 Rn. 30 – Kinderhochstühle im Internet.
[77] Dagegen Wandtke/Bullinger/*Bohne* UrhG § 101 Rn. 6 unter Verweis auf die etablierte Rechtsprechung des
BGH, der gegenüber dem Unterlassungsansprüche, nicht aber Auskunfts- und Schadensersatzansprüche gewährt;
vgl. BGH GRUR 2012, 1038 Rn. 47 – Stiftparfüm; Dreier/Schulze/*Dreier* UrhG § 101 Rn. 8 mit Differenzierungen; dafür: Fromm/Nordemann/*Czychowski* UrhG § 101 Rn. 25; Möhring/Nicolini/*Reber* UrhG § 101 Rn. 1.

richten überlassen: Während der Referentenentwurf vom 3.1.2006[78] offenbar noch davon ausging, dass der Begriff des Verletzers auch den Störer umfasse, und dass diese Störerhaftung „grundsätzlich auch für den Auskunftsanspruch [gilt], da der Umfang der Passivlegitimation entsprechend ist", weicht die Begründung des Regierungsentwurfs an dieser Stelle von der Formulierung des Referentenentwurfs ab und legt eine differenzierte Betrachtung zu Grunde. Die Bundesregierung verweist in ihrer Begründung[79] darauf, dass die **Anwendung der Störerhaftung auch für den Auskunftsanspruch umstritten** sei, und nahm dabei insbesondere das Urteil des OLG Frankfurt a. M.[80] in Bezug. In dieser Entscheidung vertrat das OLG Frankfurt a. M. die Auffassung, dass „Verletzer" im Sinne von § 101a UrhG aF nur ein Täter oder Teilnehmer einer rechtswidrigen Verletzung sein kann, nicht jedoch derjenige, der lediglich als Störer mitwirkt. Zwar stellt die Bundesregierung im Grundsatz heraus, dass neben Tätern und Teilnehmern außerdem – zumindest im Rahmen des Unterlassungsanspruchs – der Mitstörer analog § 1004 BGB hafte. Sie verweist aber weiter darauf, dass die Frage, ob diese Störerhaftung für den Unterlassungsanspruch auch für den Auskunftsanspruch gilt, umstritten sei. Die **Klärung der Reichweite der Störerhaftung wird der Rechtsprechung überlassen** und auf eine **ausdrückliche Regelung dieser Frage im Gesetz verzichtet.** Daher geht der Hinweis auf *Spindler*[81] fehl, der aus der Formulierung „unbeschadet Abs. 1" in § 101 Abs. 2 schließt, der Gesetzgeber habe ausdrücklich klargestellt, dass der Störer bereits nach § 101 Abs. 1 in Anspruch genommen werden könne.

21   Die Auseinandersetzung um diese Frage hat unter der Neufassung der selbstständigen Auskunftsansprüche nicht gelitten. Die **Rechtsprechung** zum § 101a Abs. 1 aF ging dabei überwiegend davon aus, dass der Auskunftsanspruch sich nur gegen einen **unmittelbaren Verletzer** richtet, nicht aber gegen den **Störer.**[82] Auch der BGH ist der Auffassung, dass jedenfalls die Auskunftsansprüche nach dem Produktpiratertegesetz nicht gegen den **Störer** gerichtet sind, da dieser nur auf Unterlassung, nicht aber auf Auskunft und Schadensersatz hafte.[83]

22   Der **Störer** wird teilweise ohne Weiteres dem Verletzer iSv § 101 Abs. 1 gleichgestellt.[84] Für diese Auffassung wird auf die Gesetzgebungsmaterialien verwiesen, die in der Begründung zu § 140b Patentgesetz ausführen, dass die Formulierung „unbeschadet von Abs. 1" zum Ausdruck bringen soll, dass die in den Vorschriften zur Drittauskunft genannten Personen auch gem. Abs. 1 in Anspruch genommen werden können, wenn sie *Störer* sind. Der Hinweis auf diese zunächst klare Formulierung verkennt jedoch, dass in der Begründung der Auskunftsansprüche gegen Dritte[85] die Frage, ob der Störer Verletzer iSv § 101 Abs. 1 ist und wie weit eine solche Störerhaftung reicht, **ausdrücklich offen gelassen** wird.

23   Der Hinweis des Gesetzgebers auf die Rechtsprechung spricht allerdings dafür, dass der **Störer nicht Verletzer iSv § 101 Abs. 1** ist. Der BGH[86] hatte zu dieser Frage grundsätzlich festgestellt, dass Schutzrechtsverletzungen unerlaubte Handlungen darstellen und dass als **Schuldner dieser deliktischen Ansprüche Täter, Mittäter oder Teilnehmer sowie solche Personen in Betracht kämen, denen das Verhalten des Handelnden zuzurechnen ist.** Die Störerhaftung eröffnet darüber hinaus die Möglichkeit, auch denjenigen in Anspruch zu nehmen, der – ohne Täter oder Teilnehmer zu sein[87] – in irgendeiner Weise willentlich und adäquat kausal zur Verletzung eines geschützten Gutes oder zu einer verbotenen Handlung beigetragen hat.[88] Diese Störerhaftung, die nach Auffassung des BGH ihre **Grundlage nicht im Deliktsrecht sondern in der Regelung über die Besitz- und die Eigentumsstörung in § 862 und in § 1004 hat,** vermittle **nur Abwehransprüche.** Insbesondere mit der Entscheidung des BGH zu Internet-Versteigerung[89] dürfte diese Rechtsprechung, gerade in Bezug auf Internetprovider, als gefestigt betrachtet werden, hat der BGH hier doch festgehalten, dass eine mögliche **Störerhaftung lediglich einen Unterlassungsanspruch** eröffnet.[90]

---

[78] Referentenentwurf vom 3.1.2006, S. 57; abrufbar unter www.urheberrecht.org/topic/enforce.

[79] Vgl. BT-Drs. 16/5048, 29 f.

[80] OLG Frankfurt/a. M. GRUR-RR 2005, 147 (148).

[81] *Spindler* ZUM 2008, 640 (643) mit Fn. 23.

[82] OLG Hamburg GRUR-RR 2005, 209 (212 f.) = CR 2005, 512 (515) – Rammstein; OLG Frankfurt a. M. MMR 2005, 241 (243); aA OLG München GRUR 2007, 419 (423).

[83] BGH GRUR 2004, 860 – Internetversteigerung; vgl. die Differenzierung zwischen der störerhaftung für den Vermittler auf Unterlassung einerseits und der Haftung des Täters und des Teilnehmers als Verletzer auch auf Schadensersatz andererseits in BGH GRUR 2018, 1132 Rn. 48, 53 ff. – YouTube.

[84] OLG München ZUM-RD 2012, 88 (93); *Spindler* ZUM 2008, 640 (643); *Haedicke* FS Schricker, 2005, 19 (31 f.); *Czychowski* MMR 2004, 514 (516); *Nägele/Nitsche* WRP 2007, 1047 (1048); zu § 19 MarkenG: *Ströbele/Hacker* MarkenG § 19 Rn. 17; sowie *Kramer* S. 59, der für den Accessprovider eine Auskunftspflicht als „Verletzer" aber aufgrund einer Verhältnismäßigkeitsprüfung ausschließt.

[85] BT-Drs. 16/5048, 29 f.

[86] BGH GRUR 2002, 618 (619) – Meißner Dekor.

[87] Zur unterschiedlichen Diktion bei Störerhaftung zwischen dem I. und VI. Zivilsenat vgl. vPentz AfP 2015, 8 (19).

[88] BGH GRUR 2002, 618 (619) – Meißner Dekor, mwN.

[89] BGH MMR 2004, 668 (672) = GRUR 2004, 860 – Internet-Versteigerung; BGH GRUR 2011, 1038 Rn. 47 – Stiftparfüm.

[90] BGH GRUR 2011, 1038 Rn. 47 – Stiftparfüm; OLG Hamburg CR 2005, 512 (515) mAnm *Dorschel;* OLG Frankfurt a. M. MMR 2005, 241 (243) mAnm *Spindler* MMR 2005, 243; Fromm/Nordemann/*J. B. Nordemann* UrhG § 97 Rn. 155; und vgl. BGH GRUR 2018, 1132 Rn. 48, 53 ff. – YouTube.

Gegen diese Rechtsprechung wendeten sich insbesondere *Spindler* und *Dorschel*.[91] Ein Großteil der **24** Argumentation für die Einbeziehung des Störers bezog sich allerdings auf die alte Vorschrift des § 101a Abs. 1 aF, der einen Drittauskunftsanspruch gegen unbeteiligte Dritte seinem Wortlaut nach gerade nicht vorsah. Die sich verschärfenden Probleme mit der Internetpiraterie, die den Verletzten häufig deswegen anspruchslos hinterlässt, weil er den Verletzer nicht ausfindig machen kann, befeuerten die Diskussion zur Begründung eines Auskunftsanspruchs gegen Internetserviceprovider *de lege lata*. Durch die Neufassung des § 101 ist dieser Diskussion jedenfalls teilweise der Boden entzogen worden, da diese Vorschrift in Abs. 2 nunmehr einen Auskunftsanspruch gegen Dritte vorsieht, der in § 101 Abs. 2 N. 3 gerade auch Internetserviceprovider mit einschließt.[92]

Der Begriff **Störer** ist ebenso schillernd wie **dogmatisch ungeklärt**.[93] Die Befürworter der Ein- **25** beziehung des Störers unter § 101 Abs. 1 verweisen darauf, dass sich der Unterlassungsanspruch auf § 97 Abs. 1 UrhG gründe und gerade nicht auf §§ 862, 1004 BGB.[94] Die Gegenmeinung führt aus, dass der Störer nicht unter das Merkmal des Verletzers in § 97 Abs. 1 S. 1 UrhG subsumiert würde; seine Unterlassungspflicht fuße auf §§ 862, 1004 BGB.[95] Diese Debatte führt nicht weiter, zumal der Unterlassungsanspruch aus § 97 aus § 1004 BGB entwickelt wurde[96] und verkennt, dass der Gesetzgeber hinsichtlich der Abgrenzung, wieweit der Begriff des Verletzers reicht, auf die schon ergangene Rechtsprechung verweist. Dies könnte nahelegen, **zwischen dem unmittelbaren und dem mittelbaren oder Mit-Störer zu unterscheiden**.[97]

Dogmatisch ist dieser Frage schwer beizukommen.[98] Der Begriff des Störers stammt aus **26** dem Sachenrecht (§§ 862, 1004 BGB). Er wird in den sog. negatorischen Ansprüchen der §§ 862 und 1004 BGB erwähnt, aber nicht definiert. Voraussetzung, Inhalt, Umfang und Grenzen der sachenrechtlichen Störerhaftung – insbesondere der Störerbegriff – sind in der Literatur sehr umstritten und Gegenstand unterschiedlichster Deutungs- und Einschränkungskonzepte. Schon die wesentlichen Kommentierungen zu § 1004 BGB setzen sich außerordentlich kritisch mit Voraussetzung und Inhalt des Störerbegriffs auseinander.[99]

Ausgehend vom Sachenrecht hat die Störerhaftung durch die Rechtsprechung im Rahmen bzw. in **27** analoger Anwendung von § 1004 BGB **eine Ausdehnung auf andere absolute Rechte und insbesondere auch auf das Wettbewerbsrecht** erfahren.[100] In einer Reihe von Entscheidungen schränkte der BGH seit Mitte der 90er Jahre die Störerhaftung jedoch weiter ein, die **zunächst als eine reine Adäquanzhaftung** begründet war.[101] Die **Einschränkungen** der Rechtsprechung[102] waren dabei zweierlei: Zum einen bestand eine Haftung des Störers nur nach **Verletzung zumutbarer Prüfungspflichten,** nachdem er auf eine Rechtsverletzung hingewiesen worden war; zum zweiten nahm die Rechtsprechung auf der Rechtsfolgenseite eine Einschränkung dahingehend vor, dass die **Haftung des Störers ausschließlich auf Unterlassung beschränkt** ist.[103]

Auf dieser Grundlage ist richtigerweise davon auszugehen, dass sich die Auskunftsansprüche nach **28** § 101 Abs. 1 **nur gegen den unmittelbaren Verletzer** richten.[104] Dafür spricht, dass der BGH in den Entscheidungen Meißner Dekor und Internet-Versteigerung jeweils hervorhob, dass der dortige Störer – ohne Täter oder Teilnehmer zu sein – „in irgendeiner Weise willentlich und adäquat kausal zur Verletzung eines geschützten Gutes ... *beigetragen* hat".[105] Dessen Haftung findet ihre Grundlage nicht im Deliktsrecht, sondern in der Regelung über die Besitz- und Eigentumsstörung und ist daher auf Abwehransprüche beschränkt. Aus der Entscheidung Schwarze Liste[106] folgt nichts Abweichendes:

---

[91] *Dorschel* CR 2005, 516 ff.; *Spindler* MMR 2005, 243 ff.; *Spindler/Dorschel* CR 2006, 341 ff.

[92] So auch Wandtke/Bullinger/*Bohne* UrhG § 101 Rn. 6.

[93] Vgl. zu der unterschiedlichen Anwendung nun auch die Entscheidung des VI. Zivilsenats, BGH GRUR 2013, 751 Rn. 24 ff. mAnm *Peifer/Becker* GRUR 2013, 754 und zur unterschiedlichen Diktion zwischen I. und VI. Zivilsenat v. Pentz AfP 2015, 8 (19); mit den Änderungen durch das 3. TMGÄndG sollte für Zugangsanbieter ausdrücklich die Störerhaftung begrenzt werden; vgl. RegE, BT-Drs. 18/12202, 10; vgl. auch Ohly ZUM 2017, 793 zu den Auswirkungen der Rechtsprechung des EuGH zum Recht der öffentlichen Wiedergabe auf die Störerhaftung.

[94] *Spindler/Dorschel* CR 2006, 341.

[95] *Kitz* ZUM 2005, 298 (299) unter Verweis auf BGH GRUR 2002, 618 (619) – Meißner Dekor.

[96] Vgl. BGH NJW 1955, 492 (499 f.) – Grundig-Reporter.

[97] Vgl. BT-Drs. 16/5048, 31, 38; *Kitz* ZUM 2006, 444 (447); vPentz AfP 2015, 8 (19).

[98] Vgl. dazu den Überblick bei *v. Merveldt* S. 64 ff.; jetzt grundlegend *Leistner* GRUR, Beilage zu Heft 1/2010, 1 ff.

[99] Vgl. Staudinger/*Gursky* BGB § 1004 Rn. 93 ff.; MüKo/*Baldus* BGB § 1004 Rn. 41 ff.; Palandt/*Bassenge* BGB § 1004 Rn. 15.

[100] BGH MDR 1997, 677 = GRUR 1997, 313 (315) – Architektenwettbewerb; *Teplitzky* Kap. 14 Rn. 4; *Wimmers/Schulz* CR 2006, 754 (758).

[101] BGH CR 1990, 334 = GRUR 1990, 463 – Firmenrufnummer.

[102] BGH CR 2004, 333 = GRUR 2003, 969, 970 – Ausschreibung von Vermessungsleistungen; GRUR 2001, 1038 – Ambiente.de; BGH GRUR 2002, 618 (619) – Meißner Dekor; CR 2004, 613 = GRUR 2004, 693 – Schöner Wetten; CR 2004, 763 = GRUR 2004, 860 – Internet-Versteigerung.

[103] BGH GRUR 2002, 618 (619) – Meißner Dekor; CR 2004, 763 = GRUR 2004, 860 – Internet-Versteigerung.

[104] Wandtke/Bullinger/Bohne UrhG § 101 Rn. 6; *Kitz* ZUM 2005, 298 (300); *Schlegel* CR 2005, 144; *Klett* K&R 2004, 222 (224); *Knaack* GRUR-Int 2004, 745 (749); aA Spindler/Schuster UrhG § 101 Rn. 3.

[105] BGH GRUR 2002, 618 (619) – Meißner Dekor.

[106] BGH GRUR 1995, 427; hierauf stützt sich *v. Merveldt* S. 88 ff.

Dort nämlich ging es um ein Unternehmen, das selbst den Tatbestand der Anschwärzung nach § 14 UWG aF erfüllte und eben nicht um den nur adäquat kausalen Beitrag zur Rechtsgutverletzung eines Dritten. Es scheint mit dieser Rechtsprechung folgerichtig, den **mittelbaren Störer von der Verantwortung nach § 101 Abs. 1 auszunehmen** und ihn unter den gerade für diese Fälle eingerichteten § 101 Abs. 2 zu fassen.[107]

4. Gewerbliches Ausmaß

29   Der Anspruch auf Auskunft besteht nur, wenn die Rechtsverletzung in **gewerblichem Ausmaß** erfolgte.[108] Abs. 1 S. 2 präzisiert diesen unbestimmten Rechtsbegriff dahingehend, dass sich das gewerbliche Ausmaß sowohl aus **Anzahl** als auch aus **Schwere der Rechtsverletzung** ergeben kann. Der Begriff war dem deutschen Recht bisher **fremd**[109] und ist, wie auch die sehr unterschiedliche Spruchpraxis seit Inkrafttreten zeigt,[110] unklar.[111] Die Gesetzgebungshistorie und die Materialien sollen auch vor dem Hintergrund der aktuellen Rechtsprechung des BGH zum sogenannten doppelten Gewerbsmäßigkeitserfordernis[112] hier näher beleuchtet werden.

30   **a) Vorgaben der Richtlinie.** Die Vorgaben der Enforcement-RL erhellen den Begriff nur geringfügig. In Erwägungsgrund 14 heißt es: „In gewerblichem Ausmaß vorgenommene Rechtsverletzungen zeichnen sich dadurch aus, dass sie zwecks Erlangung eines unmittelbaren oder mittelbaren wirtschaftlichen oder kommerziellen Vorteils vorgenommen werden; dies schließt in der Regel Handlungen aus, die in gutem Glauben von Endverbrauchern vorgenommen werden." Dies könnte den Umkehrschluss nahelegen, dass auch **private Endverbraucher** in gewerblichem Ausmaß handeln können, solange sie nicht gutgläubig sind,[113] oder weitergehend, dass ein gewerbliches „Ausmaß" auch bei rein privatem Handeln erreicht werden kann.[114]

31   Die **Erwägungsgründe einer Richtlinie** sind selbst **nicht bindend**[115] und dienen nur der richtigen Auslegung und Anwendung der Richtlinienartikel, wobei sie nicht über den verfügenden Teil der Richtlinie hinausgehen können.

32   **b) Nationales Gesetzgebungsverfahren.** Ob mit dem Ersetzen der ursprünglichen Formulierung „im geschäftlichen Verkehr" (§ 101a Abs. 1 aF) durch das Merkmal **„in gewerblichem Ausmaß"** eine inhaltliche Änderung des Gesetzgebers beabsichtigt war, lässt sich den Materialien nicht eindeutig entnehmen; sie sprechen eher dagegen. Der Bundesrat hatte in seiner Stellungnahme[116] darum gebeten klarzustellen, dass der Auskunftsanspruch nach § 101 Abs. 2 nicht voraussetzt, dass die Rechtsverletzung im geschäftlichen Verkehr erfolgt ist. Die Bundesregierung hat dieser Bitte ausdrücklich nicht abgeholfen und darauf verwiesen, dass der Gesetzentwurf mit der Formulierung „im geschäftlichen Verkehr" den **Vorgaben der Richtlinie** entspricht, die Auskunftsansprüche nur vorsieht, „wenn die Rechtsverletzung selbst in gewerblichem Ausmaß vorgenommen wurde".[117]

33   Das Tatbestandsmerkmal „in gewerblichem Ausmaß" ist Gegenstand **längerer Auseinandersetzungen im Gesetzgebungsverfahren** gewesen. Der Referentenentwurf des Bundesministeriums der Justiz vom 3.1.2006[118] verzichtete auf dieses Merkmal vollständig und stellte für die Verpflichtung zur Drittauskunft lediglich auf die Rechtsverletzung ab. Der Gesetzentwurf des Bundestages griff auf die Formulierung des § 101a aF zurück und verlangte zusätzlich ein Handeln *im geschäftlichen Verkehr,* womit jede wirtschaftliche Betätigung, mit der in Wahrnehmung oder Förderung eigener oder fremder Geschäftsinteressen am Erwerbsleben teilgenommen wird, umfasst wird.[119] Ob hiermit eine Differenzierung gegenüber dem Rechtsbegriff im **gewerblichen Ausmaß** beabsichtigt war, ist Gegenstand unterschiedlicher Auffassungen. *Czychowski* meint, dass ein inhaltlicher Unterschied zwischen beiden Begriffen nicht besteht.[120] Nach *Spindler*[121] ist der Regierungsentwurf mit der Formulierung „im geschäftlichen Verkehr" über die Vorgaben der Durchsetzungsrichtlinie hinausgegangen. Die Bundesregierung verweist mit ihrer Begründung insbesondere auf **Erwägungsgrund 14** der Richtlinie, wonach ein Auskunftsanspruch auf jeden Fall dann vorgesehen sein muss, „wenn die Rechtsverletzung im gewerblichen Ausmaß vorgenommen worden ist. Diesem Erwägungsgrund wird im Mar-

---

[107] So wohl auch Dreier/Schulze/*Dreier* UrhG § 101 Rn. 8.

[108] BGH GRUR 2012, 1026 Rn. 15 – Alles kann besser werden.

[109] Vgl. Stellungnahme des Bundesrates, BT-Drs. 16/5048, 55.

[110] nachfolgend → Rn. 35 ff.

[111] Vgl. *Wilhelmi* ZUM 2008, 942; *Spindler* ZUM 2008, 640 (642); *Brüggemann* MMR 2013, 278 (279).

[112] Vgl. dazu → Rn. 58; BGH GRUR 2012, 1026 – Alles kann besser werden; BGH GRUR 2013, 536 – Die Heiligtümer des Todes; BGH ZUM 2017, 1237 Rn. 53 – Sicherung der Drittauskunft.

[113] Vgl. *Seichter* FS Ullmann, 2006, 986.

[114] *Kitz* NJW 2008, 2374 (2375).

[115] Vgl. Wandtke/Bullinger/*Thum/Hermes* UrhG vor §§ 87a ff. Rn. 17; Fromm/Nordemann/*Czychowski* UrhG § 101 Rn. 21.

[116] BT-Drs. 16/5048, 59.

[117] Gegenäußerung der Bundesregierung, BT-Drs. 16/5048, 65; vgl. ausführlich *Welp* S. 101 ff.

[118] Abrufbar unter www.urheberrecht.org/topic/enforce.

[119] BT-Drs. 16/5048, 44 unter Verweis auf BGH GRUR 2004, 241 (242) – GeDIOS; Ströbele/*Hacker* MarkenG § 14 Rn. 39.

[120] Fromm/Nordemann/*Czychowski* UrhG § 101 Rn. 23.

[121] *Spindler* ZUM 2008, 640 (642).

kenrecht dadurch Rechnung getragen, dass die Rechtsverletzung im geschäftlichen Verkehr begangen sein muss".[122] Dies legt nahe, dass der Gesetzgeber zwischen beiden Begriffen nicht differenziert; jedenfalls aber folgt daraus, dass er den Begriff „gewerbliches Ausmaß" nicht als weiter begreift als den Begriff „im geschäftlichen Verkehr".

Mit seiner Stellungnahme zum Regierungsentwurf regte der **Bundesrat** an zu überprüfen, „ob **34** (und in welcher) Richtung) ein Unterschied zum Begriff ‚im geschäftlichen Verkehr' [...] besteht, ob eine solche Unterscheidung gerechtfertigt erschient oder ob nicht ein einheitlicher Begriff verwandt werden kann".[123] Dem scheint die nun in Kraft getretene Vorschrift geschuldet zu sein. In seiner Beschlussempfehlung und Bericht hat der **Rechtsausschuss**[124] ausgeführt, dass auf den Begriff des gewerblichen Ausmaßes zurückgegriffen werden soll, um einen Gleichlauf des deutschen Urheberrechtsgesetzes mit der Richtlinie zu erreichen. Der Rechtsausschuss stellt weiter heraus, dass Satz 2 des Erwägungsgrundes 14 der Richtlinie klarstellt, dass das einschränkende Merkmal „gewerbliches Ausmaß" nicht nur **quantitative,** sondern auch **qualitative** Aspekte aufweist. Für den Fall der Rechtsverletzung im Internet bedeute dies, dass eine Rechtsverletzung nicht nur im Hinblick auf die Anzahl der Rechtsverletzungen, also etwa die Anzahl der öffentlich zugänglich gemachten Dateien, ein „gewerbliches Ausmaß" erreichen kann, sondern auch im Hinblick auf die Schwere der beim Rechtsinhaber eingetretenen einzelnen Rechtsverletzungen. Letzteres sei nach Auffassung des Rechtsausschusses etwa dann zu bejahen, wenn eine besonders umfangreiche Datei, wie ein vollständiger Kinofilm oder ein Musikalbum oder Hörbuch, vor oder unmittelbar nach ihrer Veröffentlichung in Deutschland widerrechtlich im Internet öffentlich zugänglich gemacht wird.[125]

c) Entscheidungspraxis. Unterdessen gibt es umfangreiche Rechtsprechung zum Tatbestands- **35** merkmal **gewerbliches Ausmaß,** die allerdings nicht von Einheitlichkeit geprägt ist. Nach dem **OLG Hamburg** handelt sich bei dem Tatbestandsmerkmal des gewerblichen Ausmaßes um eine Bagatellklausel, die geringfügige Rechtsverletzungen aus dem Anspruch auf Auskunft ausklammern soll.[126]

Das **OLG Köln**[127] greift auf die Beschlussempfehlung des Rechtsausschusses zurück und nimmt **36** ein gewerbliches Ausmaß an, wenn eine hinreichend umfangreiche Datei in der relevanten Verwertungsphase der Öffentlichkeit zum Erwerb angeboten wird. Zwar könne das Angebot eines einzelnen urheberrechtlich geschützten Werks in einer Tauschbörse das geschützte Recht in gewerblichem Ausmaß verletzen, da der Rechtsverletzer es nicht mehr in der Hand habe, in welchem Umfang das Werk weiter vervielfältigt wird.[128] Der Gesetzgeber habe aber nicht jede Rechtsverletzung genügen lassen wollen, sondern verlangt einen besonders schwerwiegenden Eingriff.[129] Eine hinreichend umfangreiche Datei ist etwa ein gesamtes Musikalbum oder ein Film.[130] Bei der relevanten Verwertungsphase geht das OLG grundsätzlich von einer Frist von sechs Monaten nach Veröffentlichung aus;[131] bei DVD kommt es auf den Beginn des DVD-Verkaufs und nicht auf den Verleih an Lichtspielhäuser an;[132] bei Hörbüchern, Hörspielen und ähnlichen nicht aktualitätsbezogenen Werkgattungen von längeren Zeiträumen.[133] Ein gewerbliches Ausmaß könne sich auch aus dem hohen Wert des angebotenen Werks ergeben.[134] Kein gewerbliches Ausmaß bei Bereitstellung von Fotografien von Leni Riefenstahl auf nicht gewerblicher Webseite.[135]

Nach dem **OLG München** kommt hingegen dem Angebot in einer Tauschbörse stets ein gewerb- **37** liches Ausmaß zu, ohne dass es weiterer erschwerender Umstände bedarf.[136] Kein gewerbliches Ausmaß erreicht nach dem OLG München das Einstellen von teilweise qualitativ schlechten Ausschnitten in einem Umfang von ca. 60% eines gesamten Filmes auf YouTube.[137] Der Umstand, dass die Filmausschnitte auf der Plattform ohne Beschränkung des Nutzerkreises öffentlich zugänglich gemacht

---

[122] BT-Drs. 16/5048, 44 zu § 19 MarkenG, worauf die Begründung zu § 101 UrhG verweist; vgl. BT-Drs. 16/5048, S. 49.
[123] BT-Drs. 16/5048, 55.
[124] BT-Drs. 16/8783, 50.
[125] Dem folgend OLG Köln GRUR-RR 2012, 332 – Harry Potter Hörbuch; OLG Köln MMR 2008, 820 (822) = CR 2009, 107; dagegen OLG Oldenburg K&R 2009, 51; allgemein zur Frage der Bedeutung geäußerter Rechtsauffassungen im Gesetzgebungsverfahren LG Offenburg MMR 2008, 480 (481).
[126] OLG Hamburg ZUM 2010, 893; ZUM-RD 2018, 629 (646).
[127] OLG Köln MMR 2008, 820 (822) = CR 2009, 107 ff.; LG Köln BeckRS 2008, 21434; ihm folgend OLG Schleswig GRUR-RR 2010, 239 – Limited Edition; OLG Hamburg ZUM 2010, 893 (897 f.).
[128] So auch OLG Schleswig GRUR-RR 2010, 239 – Limited Edition.
[129] OLG Köln MMR 2011, 246 (247) mwN.
[130] OLG Köln MMR 2011, 246 (247).
[131] OLG Köln GRUR-RR 2012, 332 – Harry Potter Hörbuch, zur Verwertungsphase bei Hörbüchern; OLG Köln GRUR-RR 2011, 85 – Gestattungsanordnung II.
[132] BGH MMR 2011, 246 (247).
[133] OLG Köln MMR 2011, 246 (247) mwN.
[134] OLG Köln BeckRS 2009, 20505 (499,00 EUR für ein Computerprogramm); OLG Köln MMR 2011, 246 (247).
[135] LG Köln ZUM-RD 2018, 24.
[136] OLG München GRUR-RR 2012, 333 – Echoes; OLG München MMR 2011, 758 – Die Friseuse; so wohl auch *Mes* GRUR 2011, 1083 (1087).
[137] OLG München MMR 2012, 115 (116).

wurden, ist für sich genommen nicht ausreichend, um ein gewerbliches Ausmaß zu begründen, da andernfalls das Kriterium „in gewerblichem Ausmaß" seine einschränkende Funktion (vgl. BT-Drs. 16/8783, 50) weitgehend verlöre.[138]

38 Das **OLG Frankfurt a. M.**[139] erkannte das gewerbliche Ausmaß bei einer Zugänglichmachung einer vollständigen Film-DVD von 150 Minuten Länge in einer Tauschbörse kurz nach Veröffentlichung.[140] In einer weiteren Entscheidung sah das LG Köln[141] die Schwere der Rechtsverletzung trotz Fehlens des **„unmittelbaren zeitlichen Zusammenhang[s] zu der Veröffentlichung des Musikalbums"** darin, „dass das geschützte Werk derzeit nach wie vor zu den meistverkauften Musikalben in Deutschland zu zählen ist". Hinsichtlich der relevanten Verkaufsphase vertritt das OLG Zweibrücken die Auffassung, dass diese bereits nach 3 Monaten enden könne.[142] *Welp* sieht in der Zugänglichmachung nach Veröffentlichung kein hinreichendes Kriterium für ein gewerbliches Ausmaß.[143]

39 Dieser engen Orientierung am Wortlaut der Auffassung des Rechtsausschusses folgen die weiteren Entscheidungen nicht und grenzen weiter ein:

40 Nach dem **OLG Zweibrücken**[144] unterscheidet sich das Merkmal „gewerbliches Ausmaß" vom bisher nach § 101a aF erforderlichen Handeln im geschäftlichen Verkehr.[145] Aus Erwägungsgrund 14 der Richtlinie zieht es die Notwendigkeit, den Begriff des gewerblichen Ausmaßes einschränkend dahin auszulegen, dass eine **Rechtsverletzung von erheblicher Qualität** vorliegen muss. Damit sei klargestellt, dass bei illegalen Kopien und Verbreitungen im Internet[146] ein **Umfang** erreicht werden muss, der über das hinausgeht, was einer Nutzung zum privaten oder sonstigen eigenen Gebrauch entsprechen würde.[147] Das OLG Zweibrücken verweist für seine einschränkende Auslegung darauf, dass der Gesetzgeber die Empfehlung des Bundesrates[148] gerade nicht aufgenommen habe, der einen Verzicht des einschränkenden Merkmales gefordert habe, damit der Auskunftsanspruch in seinem „Hauptanwendungsfall", der Verletzung des Urheberrechts im Internet, leerlaufen würde und die Rechtsinhaber schutzlos gestellt würden. Das LG Frankenthal hatte in der Vorinstanz[149] noch sehr viel weitergehend und unter Rückgriff auf die Richtlinien der Staatsanwaltschaft Nordrhein-Westfalen ein gewerbliches Ausmaß erst im Angebot von mindestens **3000 Musikstücken oder 200 Filmen** gesehen.

41 Das LG Darmstadt[150] – im Rahmen des § 406e StPO – lehnt einen Rückgriff auf den handels- bzw. zivilrechtlichen Gewerbebegriff,[151] wonach eine selbstständige, planmäßige und auf Dauer angelegte Tätigkeit erforderlich wäre, ab. Mit einer handelsrechtlichen Definition wäre ein gewerbliches Ausmaß beim „praktisch bedeutsamsten Problem der Internettauschbörsen" nie erfüllt. Dies wäre mit dem gemeinschaftsrechtlichen Grundsatz der praktischen Wirksamkeit (effet utile)[152] nicht zu vereinbaren. Im konkreten Fall sah das LG Darmstadt das gewerbliche Ausmaß durch eine „mehrstündige Session und dem Bereithalten von **620 Audio-Dateien** überwiegend gängiger Titel" als erfüllt an.[153]

42 Das **OLG Oldenburg,**[154] in einem Fall eines Auskunftsverlangens gegen einen Accessprovider, setzte sich mit den Vorgaben aus dem Gesetzgebungsverfahren auseinander und nahm eine Auslegung des Begriffes **„im Lichte der wertsetzenden Bedeutung des Art. 10 GG"** vor. Das Gericht hatte einen Sachverhalt zu beurteilen, in dem ein gesamtes und sehr aktuelles Album heruntergeladen wurde, also genau den Fall, den die Beschlussempfehlung des Rechtsausschusses für die Schwere der Rechtsverletzung als Beispiel angenommen hatte. Das OLG Oldenburg sieht in der Auffassung des Rechtsausschusses den äußersten Wortsinn als Grenze jeder Auslegung überschritten. Es legt seinerseits den Begriff in gewerblichem Ausmaße im Lichte des Grundrechtes aus Art. 10 GG aus und betont, dass die herauszugebenden Daten verfassungsrechtlich besonders geschützt seien. Solange nur

---

[138] OLG München MMR 2012, 115 (116).

[139] OLG Frankfurt a. M. MMR 2009, 542.

[140] Vgl. auch LG Frankfurt a. M. MMR 2008, 829 f.; LG Köln MMR 2008, 761 f. mAnm *Solmecke* MMR 2008, 762 = ZUM-RD 2009, 40.

[141] LG Köln ZUM-RD 2009, 40.

[142] OLG Zweibrücken MMR 2007, 43.

[143] *Welp* S. 131 ff.

[144] OLG Zweibrücken CR 2009, 31.

[145] Vgl. hierzu *Kitz* NJW 2008, 2374 (2375).

[146] ZB über Tauschbörsen.

[147] Vgl. auch OLG Zweibrücken MMR 2009, 702; LG Kiel ZUM 2009, 978 (979); MMR 2009, 643 (644).

[148] BT-Drs. 16/5048, 59 f.

[149] LG Frankenthal MMR 2008, 830 (831).

[150] LG Darmstadt MMR 2009, 52 (53 f.); beim Angebot nur eines einzigen Musikstücks oder eines einzigen Filmwerks geht das LG Darmstadt von Bagatellfällen aus, die einen Anspruch aus § 406e StPO ausschlössen; LG Darmstadt ZUM-RD 2009, 466 (467); so auch LG Saarbrücken ZUM-RD 2010, 441; LG Karlsruhe MMR 2010, 68; kritisch dazu *Schmidt* GRUR 2010, 673.

[151] Vgl. LG Frankenthal MMR 2008, 830 mAnm *Grothe* MMR 2008, 831; für eine handelsrechtliche Bestimmung: *Kuper* ITRB 2009, 12 (14).

[152] Vgl. EuGH GRUR 2008, 241 (243) = MMR 2008, 227 – Promusicae/Telefonica; *Czychowski* GRUR-RR 2008, 265.

[153] Vgl. allerdings in einer Parallelwertung für das Strafrecht LG Karlsruhe MMR 2010, 68.

[154] OLG Oldenburg K&R 2009, 51; dem folgend LG Kiel ZUM 2009, 978 (979).

feststeht, dass von der fraglichen IP-Adresse ein einziger „Download" stattgefunden hat, sei eine **einschränkende Interpretation** des Begriffs gewerbliches Ausmaß geboten; selbst der Verdacht, „auch wenn er naheliegend ist", sei kein ausreichendes Kriterium, um Grundrechte einzuschränken. Zu einem gleichen Ergebnis käme man auch über die nach § 101 Abs. 4 gebotene **Verhältnismäßigkeitsprüfung.**

Die Rezeption dieser Entscheidungen in der **Literatur** ist ähnlich uneinheitlich.[155] Allerdings folgt **43** aus dem Wortlaut von § 101 Abs. 1 S. 2 zunächst, dass nicht nur die **Anzahl der Rechtsverletzungen,** sondern auch die **Schwere der Rechtsverletzung** das gewerbliche Ausmaß begründen kann. Das aus Erwägungsgrund 14 der Durchsetzungsrichtlinie zu gewinnende negative Abgrenzungsmerkmal, wonach ein gewerbliches Ausmaß in aller Regel nicht bei Verletzungen vorliegt, „die in gutem Glauben von Endverbrauchern vorgenommen werden", bleibt allerdings unklar.[156] Ein statischer Rückgriff auf **Festlegungen der Strafverfolgungsbehörden**[157] wird deswegen ausscheiden, weil anders als bei der Strafverfolgung die Durchsetzung zivilrechtlicher Ansprüche allein im Ermessen des Berechtigten steht. Dessen Ansprüche können nicht davon abhängig gemacht werden, wie der Staat seine Ressourcen einteilt.[158] Umgekehrt geht aber auch die Auffassung fehl, dass bereits die Nutzung einer Tauschbörse das gewerbliche Ausmaß indiziert.[159] Aus Erwägungsgrund 14 wird man schließen können, dass die Erlangung eines unmittelbaren oder mittelbaren wirtschaftlichen oder kommerziellen **Vorteils nicht notwendig eine Vergütung in Geld** erforderlich macht.[160] Zweifelhaft erscheint eine schablonenhafte Anwendung der Beispiele der Beschlussempfehlung des Rechtsausschusses,[161] denn warum sollte die Schwere einer Rechtsverletzung davon abhängen, ob der Inhalt zeitgleich mit der Veröffentlichung im Internet widerrechtlich angeboten wird?[162] Damit würde das **Regel-Ausnahme-Verhältnis** des Tatbestands umgekehrt, da die Verletzung im gewerblichen Ausmaß die Regel, die nicht gewerbliche Verletzung die Ausnahme wäre.[163] Eine so weitgehende Auslegung des Begriffes gewerbliches Ausmaß wird auch der Bedeutung, den dieses Merkmal im Gesetzgebungsverfahren erfahren hat, nicht gerecht.[164] Blieben mit der weiten Auslegung der Kölner Gerichte nur ausnahmsweise private Nutzungen von § 101 ausgenommen, hätte es des Merkmales gewerbliches Ausmaß nicht bedurft, da diese Fälle über die **Verhältnismäßigkeitsprüfung** gelöst worden wären.[165] Kritisch und einschränkend zur Bedeutung dieser Beispiele *Wilhelmi,*[166] der eine gründliche Analyse der Materialien zu Richtlinie und Gesetzgebungsverfahren vornimmt.[167] Die Materialien zum Gesetzgebungsverfahren legen nahe, dass der Gesetzgeber einen weitgehenden Gleichlauf der Begriffe „gewerbliches Ausmaß" und **„Handeln im geschäftlichen Verkehr"** annahm, so dass man weitgehend auf die dazu gebildeten Kriterien zurückgreifen kann.[168] *Wilhelmi*[169] stellt weiter auf die **wirtschaftliche Bedeutung der Rechtsverletzungen** ab, die sich nach der Anzahl der zu erwartenden Abrufe und den dadurch verursachten Schaden bestimmte. Die Anwendung starrer Grenzen verbietet sich;[170] dies schon wegen der entgegenstehenden wesentlichen Interessen.[171]

[Derzeit unbelegt] **44, 45**

IV. Auskunftsanspruch gegen Dritte, Abs. 2

1. Umfang und Inhalt der Vorschrift

Abs. 2 setzt Art. 8 der Durchsetzungsrichtlinie um. Durch die Regelung wird insbesondere ein **46** Auskunftsanspruch gegenüber **Internet-Providern** geschaffen.[172] Damit soll dem Rechtsinhaber

---

[155] Ausführlich *Welp* S. 98 ff.
[156] Vgl. *Jüngel/Geißler* MMR 2008, 787 (788 f.); *Wilhelmi* ZUM 2008, 942 (949 f.).
[157] So LG Frankenthal MMR 2008, 830 unter Verweis darauf, dass in Nordrhein-Westfalen nach einem Schreiben an die Staatsanwaltschaften Anschlussinhaber nur noch ermittelt werden, wenn sie mehr als 3000 Musik- oder mehr als 200 Filmdateien über ihren Tauschbörsen-Client zum Download angeboten haben; vgl. http://www.heise.de/newsticker/meldung/print/113898.
[158] *Musiol* GRUR-RR 2001, 1 (3).
[159] *Mantz* K&R 2009, 21; *Otten* GRUR-RR 2009, 369 (371); *Welp* S. 135 f. (140), der zudem verlangt, dass sich die Zugänglichmachung auf „mindestens einige hundert Titel" erstreckt.
[160] So LG Darmstadt MMR 2009, 52 (53).
[161] BT-Drs. 16/8783, 50.
[162] So zu Recht *Spindler* ZUM 2008, 540 (542).
[163] *Jüngel/Geißler* MMR 2008, 787 (788).
[164] Vgl. → Rn. 29 ff.
[165] *Jüngel/Geißler* MMR 2008, 787 (788); kritisch auch *Solmecke/Kost* K&R 2009, 772 f.; für eine Prüfung im Rahmen der Verhältnismäßigkeitsprüfung offenbar *Kramer* S. 170 f.
[166] *Wilhelmi* ZUM 2008, 942 (944 f.).
[167] Ausführlich zu möglichen Kriterien auch *Welp* S. 122 ff.
[168] So auch *Wilhelmi* ZUM 2008, 942 (948); *Heymann* CR 2008, 568 (570); zur Auslegung des Begriffes im Markenrecht: *Ingerl/Rohnke* MarkenG § 14 Rn. 66 ff.
[169] *Wilhelmi* ZUM 2008, 942 (949).
[170] OLG Zweibrücken CR 2009, 31.
[171] OLG Oldenburg K&R 2009, 51 (52).
[172] § 101 Abs. 2 Nr. 3.

eine Ermittlung des Rechtsverletzers ermöglicht werden.[173] Die Vorschrift geht über die Vorgaben der Richtlinie in Art. 8 hinaus, weil sie neben dem Fall, in dem der Verletzte gegen den Verletzer Klage erhoben hat,[174] den Drittauskunftsanspruch auch in Fällen **offensichtlicher Rechtsverletzung** gewährt. Die Richtlinie lässt in Art. 8 Abs. 3 lit. a ausdrücklich weitergehende Auskunftsansprüche zu.[175] Für den praktisch sehr relevanten Fall des Auskunftsanspruches gegen Internet-Provider sieht Abs. 9 einen **Richtervorbehalt** für den Fall vor, dass die begehrte Auskunft nur unter Verwendung von **Verkehrsdaten** im Sinne von § 3 Nr. 30 TKG erteilt werden kann.

47   Der Neufassung der Auskunftsansprüche im Urheberrecht in Umsetzung der Enforcement-RL war eine juristische Auseinandersetzung vorausgegangen, ob der aufgrund des Produktpiraterieesetzes eingeführte Anspruch auf **Drittauskunft in § 101a aF** (in analoger Anwendung) eine Erstreckung der Drittauskunft auch auf unbeteiligte Dritte, insbesondere Internet-Provider erlaubt.[176] Die Rechtsprechung hatte nach anfänglich stattgebenden Urteilen diese Erstreckung des Auskunftsanspruchs aus § 101a aF verworfen.[177] Dies führte in der Praxis dazu, dass die Rechteinhaber den Umweg über die **Erstattung von Strafanzeigen** gegen potentielle Verletzer gingen, um sich über ein entsprechendes **Akteneinsichtsgesuch nach § 406e StPO** Kenntnis von der Identität der jeweiligen Person zur Vorbereitung zivilrechtlicher Inanspruchnahmen zu verschaffen. Daraus folgten erhebliche **Kapazitätsprobleme bei den Strafverfolgungsbehörden.**[178] Diese insbesondere von der Musik-industrie angestrengten massenhaften Anzeigen setzten eine öffentliche Debatte in Gang, die sich kritisch mit der „Instrumentalisierung der Strafverfolgungsbehörden und der Internet-Provider"[179] auseinandersetzte und die schließlich in der gemeinsamen Erarbeitung von **Leitlinien der deutschen Generalstaatsanwaltschaften** zu einem einheitlichen Umfang mit dem Phänomen der Massenstrafanzeigen mündete.[180] In Nordrhein-Westfalen führte dies zu einem Schreiben an die Staatsanwaltschaften, wonach Anschlussinhaber nur noch ermittelt werden sollen, wenn sie mehr als **3000 Musik- oder mehr als 200 Filmdateien** über ihren Tauschbörsen-Client zum Download angeboten haben.[181]

48   Der Gesetzgeber hat sich bei der Umsetzung von Art. 8 der Durchsetzungsrichtlinie weitgehend an dessen Wortlaut gehalten und hat damit versäumt, die Kritik an dieser Vorschrift[182] durch klarstellende Formulierungen auszuräumen. Da der Gesetzgeber zudem den schon bestehenden Anspruch auf Drittauskunft nach § 101a aF im neuen § 101 Abs. 1 beibehalten hat, stellt sich weiter die Frage des Verhältnisses der Drittauskunftsansprüche nach Abs. 2 und Abs. 1 zueinander.[183]

2. Anspruchsschuldner

49   Abs. 2 regelt den **selbständigen Auskunftsanspruch,** der als „**Drittauskunft**" bezeichnet wird. Die Bezeichnung ist missverständlich, denn auch schon § 101a aF[184] wurde als Drittauskunftsanspruch bezeichnet. Während § 101 Abs. 1 die Auskunft vom Verletzer in Bezug auf Dritte regelt, betrifft der Anspruch nach Abs. 2 (auch) den Dritten oder sogar den Vierten,[185] der selbst auf Auskunft in Anspruch genommen wird. Der Anspruch nach Abs. 2 ist die eigentliche Neuerung der Durchsetzungsrichtlinie, mit der der Gesetzgeber versucht, den **massenhaften Rechtsverletzungen im Internet** Herr zu werden. Durch die Formulierung „unbeschadet von Abs. 1" soll zum Ausdruck gebracht werden, dass die in Abs. 2 genannten Personen auch gemäß Abs. 1 in Anspruch genommen werden können, „wenn sie **Störer** sind".[186] Zur missverständlichen Bedeutung dieser Formulierung vgl. → Rn. 20 ff.

50   Der Anspruch aus Abs. 2 zieht den Kreis der Verpflichteten sehr **weit;**[187] er hält sich dabei eng an den Wortlaut in Art. 8 Abs. 1 lit. a–d der Enforcement-RL. Der Gesetzgeber sah dabei, dass der in Abs. 2 geregelte Anspruch gegen unbeteiligte Dritte die **Gefahr der Uferlosigkeit** in sich birgt.[188]

---

[173] BT-Drs. 16/5048, 49.

[174] Die Richtlinie spricht in Art. 8 von „im Zusammenhang mit einem Verfahren wegen Verletzung eines Rechts des geistigen Eigentums".

[175] Vgl. auch BT-Drs. 16/5048, 29.

[176] Vgl. dazu → Rn. 5.

[177] OLG Frankfurt a. M. GRUR-RR 2005, 147 = MMR 2005, 241 – Auskunftsanspruch mAnm *Spindler* MMR 2005, 243; OLG Hamburg GRUR-RR 2005, 209 = CR 2005, 512 – Rammstein mAnm *Dorschel* CR 2005, 516; OLG München MMR 2005, 616.

[178] Vgl. AG Offenburg CR 2007, 676 (678) mAnm *Heidrich* CR 2007, 676.

[179] So *Heidrich* CR 2007, 678.

[180] Vgl. *Kindt* MMR 2009, 147 (148); *Solmecke* MMR 2008, 762 (763).

[181] Vgl. www.heise.de/newsticker/meldung/113898; darauf bezieht sich für den zivilrechtlichen Auskunftsanspruch das LG Frankenthal MMR 2008, 830 (831) mAnm *Grothe* MMR 2008, 831; zum Ganzen weiter *Sankol* K&R 2007, 540 ff.; *Bär* MMR 2009, 54 f.; *Bär* MMR 2007, 809 ff.

[182] Vgl. dazu *Haedicke* FS Schricker, 2005, 29 (31 ff.); *Seichter* FS Ullmann, 2006, 983 (987 ff.).

[183] Vgl. dazu → Rn. 19 ff., sowie *Seichter* FS Ullmann, 2005, 983 (987 ff.); vgl. auch Wandtke/Bullinger/*Bohne* UrhG § 101 Rn. 6.

[184] Der jetzt in § 101 Abs. 1 abgebildet ist.

[185] Vgl. *Haedicke* FS Schricker, 2005, 31.

[186] BT-Drs. 16/5048, 38.

[187] BT-Drs. 16/5048, 38.

[188] BT-Drs. 16/5048, 38.

Der Anspruch richtet sich nach der ausdrücklichen Zweckrichtung des Gesetzgebers (auch) gegen **51** **unbeteiligte Dritte**[189] und knüpft damit an ein **rein objektives Verhalten** der in § 101 Abs. 2 Nr. 1–4 genannten Personen an. *Haedicke*[190] beklagt die Tendenz der Vorschrift zu einem für Dritte und die Allgemeinheit schädlichen **Denunziationsparagraphen.** Hieraus wird man jedoch nicht wie *Haedicke* eine Beschränkung der Auskunftspflichtigen nach § 101 Abs. 2 auf den Störer entnehmen können.[191] Der Gefahr der Uferlosigkeit ist vielmehr durch eine entsprechende Auslegung und Anwendung der Einschränkungen dieses Anspruches zu begegnen. Zu den Auskunftsschuldnern im Einzelnen:

a) **Der Besitzer rechtsverletzender Vervielfältigungsstücke; § 101 Abs. 2 Nr. 1.** Dies ist je- **52** der, der die tatsächliche Gewalt über Vervielfältigungsstücke hatte (§ 854 BGB). Hierunter fallen etwa Buchhändler, Grossisten, Bibliothekare, Transportunternehmer.

b) **Derjenige, der rechtsverletzende Dienstleistungen in Anspruch nahm; § 101 Abs. 2** **53** **Nr. 2.** Die Zielrichtung dieser Pflichtigen erschließt sich nicht unmittelbar; es sind wohl die Kunden des Verletzers gemeint.[192]

c) **Derjenige, der Dienstleistungen für rechtsverletzende Tätigkeiten erbrachte; § 101** **54** **Abs. 2 Nr. 3.** Zum Kreis der Pflichtigen unter dieser Vorschrift gehören Internet-Provider, insbesondere Access-Provider.[193] Dabei darf der Begriff der Dienstleistung in nicht rechtstechnischem Sinne der §§ 611 f. BGB verstanden werden, sondern umfasst alle Tätigkeiten, die mit einer Rechtsverletzung im Zusammenhang stehen, was zB auch sonstige Transportleistungen (Spedition, etc) sein können,[194] aber auch das Internet-Auktionshaus, auf dessen Plattform markenverletzende Waren angeboten werden, den Internet-Provider, der den Zugang zu einer Internettauschbörse vermittelt[195] oder den Sharehoster, der Speicherplatz zur Verfügung stellt, wobei es einem Auskunftsanspruch nicht entgegensteht, dass der Provider seinen Sitz in der Schweiz hat,[196] die Bereitstellung eines Dienstes für Bezahlvorgänge im Internet,[197] oder der Betrieb einer Plattform zur Einstellung audio-visueller Inhalte.[198]

d) **Die nach den Angaben einer auskunftspflichtigen Person an der Rechtsverletzung** **55** **Beteiligten; § 101 Abs. 2 Nr. 4.** Die Bestimmung des Umfangs der Pflichtigen nach dieser Vorschrift ist unklar. Zu Recht weist *Haedicke*[199] darauf hin, dass es sich hierbei letztlich um einen Anspruch gegen „Vierte" handelt. Insbesondere das Merkmal „nach den Angaben" bereitet Deutungsschwierigkeiten, da eine Ausdehnung der Passivlegitimation auf Personen, die von anderen einer Mitwirkung an einer Verletzung bezichtigt wurden, mit den Grundsätzen des deutschen Rechts nicht vereinbar scheint.[200] Man wird daher auch schon vor dem Hintergrund, dass der Gesetzgeber bei der Bestimmung der Pflichtigen nach § 101 Abs. 2 die Gefahr der Uferlosigkeit betonte, eine solche Pflichtigkeit erst annehmen können, wenn die Mitwirkung tatsächlich festgestellt wurde.[201]

Ein Anspruch ist ausgeschlossen, soweit ein **Zeugnisverweigerungsrecht nach §§ 383–385** **56** **ZPO** besteht. Die Frage des Zeugnisverweigerungsrechts aus § 383 ZPO wegen der Verletzung eines (ausländischen) Bankgeheimnisses behandelt eine Entscheidung des LG Hamburg.[202]

3. Handeln im gewerblichen Ausmaß

Der Auskunftspflicht nach Abs. 2 unterliegen Personen, die in **gewerblichem Ausmaß** rechtsver- **57** letzende Erzeugnisse in ihrem Besitz hatten (Nr. 1), rechtsverletzende Dienstleistungen in Anspruch nahmen (Nr. 2) oder die für rechtsverletzende Tätigkeiten Dienstleistungen in gewerblichem Ausmaß erbracht haben (Nr. 3). In der Umsetzung hat der deutsche Gesetzgeber das Tatbestandsmerkmal vor die Klammer gezogen, womit es auch für § 101 Abs. 2 Nr. 4 zur Anwendung kommt; die Durchsetzungsrichtlinie verlangte demgegenüber nur für die drei Fälle in § 101 Abs. 2 Nr. 1–3 ein Handeln im gewerblichem Ausmaß. *Czychowski* stellt insoweit die **Richtlinien-Konformität** der Vorschrift in Frage.[203]

---

[189] Vgl. BT-Drs. 16/5048, 38.
[190] *Haedicke* FS Schricker, 2005, 30.
[191] Vgl. dagegen auch ausdrücklich BT-Drs. 16/5048, 38.
[192] Vgl. zu § 19 MarkenG: Ekey/Bender/Fuchs-Wissemann/*Jansen* MarkenG § 19 Rn. 23.
[193] *Spindler* ZUM 2008, 640 (644).
[194] *Spindler* ZUM 2008, 640 (644); Fromm/Nordemann/*Czychowski* UrhG § 101 Rn. 50.
[195] Vgl. *Seichter* WRP 2007, 391 (396).
[196] OLG Köln MMR 2011, 394 (395).
[197] LG Hamburg ZUM-RD 2017, 561 (564); MMR 2018, 114 Rn. 42.
[198] OLG Frankfurt GRUR 2017, 1116 Rn. 39.
[199] Vgl. *Haedicke* FS Schricker, 2005, 31.
[200] Vgl. *Knaack* GRUR-Int 2004, 745 (749); *Haedicke* FS Schricker, 2005, 31.
[201] Vgl. *Knaack* GRUR-Int 2004, 745 (749).
[202] LG Hamburg MMR 2018, 114; vgl. aber zur Frage der sekundären Darlegungslast zur Entkräftung der Vermutung der Haftung des Anschlussinhabers BVerfG NJW 2019, 1510 unter Verweis auf EuGH NJW 2019, 33 – Bastei Lübbe.
[203] Fromm/Nordemann/*Czychowski* UrhG § 101 Rn. 44.

58   Mit Verweis insbesondere auf die **Begründung der Bundesregierung**[204] gingen Rechtsprechung und Literatur überwiegend davon aus, dass neben dem Handeln im gewerblichen Ausmaß durch den in Anspruch genommenen Provider auch der Verletzer selbst und entsprechend Abs. 1 in gewerblichem Ausmaß gehandelt haben musste **(sog. doppeltes Gewerbsmäßigkeitserfordernis).**[205] Dem ist der **BGH** in einer ausführlich begründeten Entscheidung entgegengetreten und geht davon aus, **dass § 101 Abs. 2 S. 1 nicht voraussetzt, dass auch die Rechtsverletzung in gewerblichem Ausmaß erfolgt sein muss.**[206] *Roma locuta, causa finita?* Das ist wohl so; es ist aber nicht zu verkennen, dass der BGH in seiner Begründung die auch von ihm erkannte Auffassung der „Verfasser des Regierungsentwurfs" doch recht knapp von einer Einbeziehung in seine Wertung ausschloss. Der BGH war offensichtlich um einen umfassenden Schutz der Rechteinhaber bemüht, wobei der Anspruch nach Abs. 2 gegen den Nichtverletzer hinsichtlich der Rechtsverletzung unter geringeren Anforderungen entsteht, als der gegen den eigentlichen Verletzer.[207] Dass der Gesetzgeber gleichzeitig durchaus gegenläufig mit dem Gesetz gegen unseriöse Geschäftspraktiken den Abmahnwellen wegen Rechtsverletzungen im Internet Einhalt zu gebieten versucht, sollte bei der Anwendung des Auskunftsanspruchs nach Abs. 2 in Zukunft beobachtet werden, denn ganz praktisch eröffnet die Entscheidung des BGH die Möglichkeit, nun auch für ältere und einzelne Werke Ansprüche geltend zu machen. Allerdings hat der Gesetzgeber diese Gelegenheit auch nicht genutzt, um den Anwendungsbereich von Abs. 2 S. 1 wieder einzuschränken. Ob man im Rahmen der Verhältnismäßigkeitsprüfung von Abs. 4 Auswüchsen schon bei den Auskunftsansprüchen begegnen kann,[208] bleibt abzuwarten.

59   *[Derzeit unbelegt]*

4. Klageerhebung; offensichtliche Rechtsverletzung

60   **a) Allgemeines.** Art. 8 der Enforcement-RL sah vor, dass der Auskunftsanspruch **„im Zusammenhang mit einem Verfahren wegen Verletzung eines Rechts des geistigen Eigentums"** zu gewähren sei. Dieses Merkmal[209] fand in den Gesetzesmaterialien eine unterschiedliche Rezeption und Deutung.[210] Teilweise ist es auf einen gegen den dritten Auskunftsschuldner geführten Rechtsstreit bezogen worden, gegen den der **materiell-rechtliche Anspruch** aus Art. 8 durchgesetzt würde,[211] teilweise auf einen **Richtervorbehalt.**[212] Andere deuteten den Auskunftsanspruch **prozessual** und sahen darin das Erfordernis niedergelegt, dass bereits ein Verfahren wegen Urheberrechtsverletzung (gegen den Verletzer) vorausgesetzt sei, in dem dann in einem Zwischenverfahren die Auskunft geltend gemacht werden kann. Dies würde unter deutschem Recht voraussetzen, dass ein Verfahren gegen Unbekannt zugelassen würde, das eine Änderung der ZPO erforderlich mache.[213]

61   Der Gesetzgeber hat sich für die Auslegung entschlossen, dass der Wortlaut der Richtlinie ein Verfahren gegen den Verletzer voraussetzt und sich entschieden, diesem die Alternative der **offensichtlichen Rechtsverletzung** zur Seite zu stellen. Mit der Gewährung eines Auskunftsanspruches in Fällen offensichtlicher Rechtsverletzung geht § 101 Abs. 2 über die Vorgaben der Richtlinie hinaus, die Anordnungen der zuständigen Gerichte nur „im Zusammenhang mit einem Verfahren" vorsah.

62   **b) Klageerhebung.** Hat der Verletzte gegen die Verletzung bereits Klage erhoben, so kommt die Inanspruchnahme eines Dritten auf jeden Fall in Betracht, denn damit wird die Vorgabe der Richtlinie erfüllt, dass im Zusammenhang mit einem Verfahren wegen Verletzung eines Rechtes geistigen Eigentums ein Auskunftsanspruch gegen Dritte zu gewähren ist.[214] Klageerhebung bedeutet Zustellung der Klage an den Beklagten nach § 253 Abs. 1 ZPO.[215] Für Rechtsverletzungen im Internet dürfte diese Alternative weitgehend leerlaufen, da das deutsche Recht **keine Klage gegen Unbekannt** zulässt.[216] Der Anwendungsbereich der Auskunftspflicht nach Klageerhebung dürfte auf die

---

[204] BT-Drs. 16/5048, 49.

[205] OLG Köln GRUR-RR 2012, 332 – Harry-Potter-Hörbuch; OLG Köln GRUR-RR 2011, 85 – Männersache; OLG Köln CR 2009, 107 (110); OLG München GRUR-RR 2012, 333 – Echoes; OLG München GRUR-RR 2012, 68 – Die Friseuse; OLG Hamburg ZUM 2010, 893; OLG Oldenburg K&R 2009, 51; OLG Zweibrücken MMR 2009, 43 (44). *Spindler*/Schuster § 101 Rn. 8; *Spindler/Weber* ZUM 2007, 257 (262); dagegen *Zombik* ZUM 2006, 450 (456); *Wegener/Schlinghoff* ZUM 2012, 877 (878) mit Nachweisen zur Literatur.

[206] BGH GRUR 2012, 1026 – Alles kann besser werden; bestätigt in BGH GRUR 2013, 536 Rn. 30 – Die Heiligtümer des Todes; so jetzt auch OLG Köln GRUR-RR 2013, 137 – Reseller; zuletzt bestätigt durch BGH GRUR 2017, 1237 Rn. 53 – Sicherung der Drittauskunft.

[207] *Spindler/Schuster* UrhG § 101 Rn. 8: so ausdrücklich BGH BGH GRUR 2017, 1237 Rn. 53 – Sicherung der Drittauskunft.

[208] Vgl. auch Mantz K&R 2012, 668 (669); zu den Wechselwirkungen von § 101 Abs. 2 und § 97a vgl. *Wegener/Schlingloff* ZUM 2012, 877.

[209] Vgl. BT-Drs. 16/5048, 38: „recht offen gefasster Wortlaut"; *Seichter* WRP 2007, 391 (397); *Haedicke* FS Schricker, 2005, 28 ff.

[210] Vgl. BT-Drs. 16/5048, 38.

[211] *Haedicke* FS Schricker, 2005, 29.

[212] Vgl. *Spindler/Weber* ZUM 2007, 257 (262); *Peukert/Kur* GRUR-Int 2006, 292 (297); auch BT-Drs. 16/5048, 38 hält diese Deutung aufgrund des „recht offen gefassten Wortlauts" für möglich.

[213] *Frey/Rudolph* ZUM 2004, 522 (525); so wohl auch *Peukert/Kur* GRUR-Int 2006, 292 (297).

[214] BT-Drs. 16/5048, 38 f.

[215] Vgl. *Dörre/Maaßen* GRUR-RR 2008, 217 (219 f.).

[216] *Spindler* ZUM 2008, 640 (643).

Fälle der **Offline-Piraterie** beschränkt sein, bei denen bereits Klage gegen den bekannten Rechtsverletzer erhoben wurde und von einem Dritten, wie zB einem Spediteur weitere Angaben benötigt werden, um die Höhe des gegen den Verletzer gerichteten Schadensersatzes beziffern zu können.[217]

c) Offensichtliche Rechtsverletzung. Größere Bedeutung und ausschließliche Bedeutung im **63** Bereich der **Internet-Provider** hat die Alternative der offensichtlichen Rechtsverletzung. Damit wollte der Gesetzgeber dem Umstand Rechnung tragen, dass Rechtsinhaber durchaus ein berechtigtes Interesse auf Auskunft haben können, um den Verletzter überhaupt erst ermitteln zu können.[218] Durch das einschränkende Merkmal der Offensichtlichkeit soll der **Dritte von der Prüfung entlastet werden, ob eine Rechtsverletzung vorliegt.**[219] Von einer offensichtlichen Rechtsverletzung ist erst dann auszugehen, wenn diese so eindeutig ist, dass eine ungerechtfertigte Belastung des Dritten ausgeschlossen scheint.[220] In diesen Fällen ist auch der Verletzer, über den der Dritte Auskunft erteilen soll, nicht mehr schutzwürdig, zumal Zweifel in tatsächlicher, aber auch in rechtlicher Hinsicht die Offensichtlichkeit der Rechtsverletzung ausschließen.[221]

Zu Recht weisen *Peukert/Kur*[222] darauf hin, dass die **Gesetzesmaterialien widersprüchlich** sind. **64** Wenn einerseits der Gesetzgeber durch das einschränkende Merkmal der Offensichtlichkeit den Dritten „von der Prüfung entlasten" will, ob eine Rechtsverletzung vorliegt, führt er auf derselben Seite[223] zu Abs. 6 aus: „Die Beschränkung der Haftung auf Vorsatz, die nur für wahrheitsgemäße Angaben gilt, trägt dem Umstand Rechnung, dass insbesondere in Fällen des Abs. 2 der Verpflichtete kaum beurteilen kann, ob überhaupt eine Rechtsverletzung vorliegt." Im Zusammenhang mit dem Richtervorbehalt in Abs. 9 sieht die Begründung der Bundesregierung sogar eine weitergehende Notwendigkeit, Internet-Provider und Telekommunikationsanbieter von der Prüfung zu entlasten, ob eine offensichtliche Rechtsverletzung vorliegt.[224]

Ein **unbeteiligter Dritter** – also insbesondere der Access-Provider – kann selbst nach einem entsprechenden Hinweis kaum einschätzen, wann eine offensichtliche Rechtsverletzung vorliegt und **65** wann nicht.[225] Das Gesetz entlastet daher den Access-Provider, eine ins Einzelne gehende Prüfung vorzunehmen. Hinzu kommt, dass eine Pflicht zur Prüfung der persönlichen und rechtlichen Grundlagen eines Auskunftsersuchens mit erheblichen wirtschaftlichen Belastungen verbunden wäre. Es ist daher bei der Bestimmung der Kriterien für die Offensichtlichkeit ein strenger Maßstab anzulegen;[226] die Offensichtlichkeit ist objektiv zu beurteilen.[227]

Das Merkmal der offensichtlichen Rechtsverletzung ist nicht neu; es war schon Voraussetzung nach **66** § 101a Abs. 3 aF. Die dazu ergangene Rechtsprechung kann bei der **Auslegung des unbestimmten Rechtsbegriffs** berücksichtigt werden,[228] zumal die Begründung zu § 101a Abs. 3 aF nahezu identische Formulierungen wie diejenige zu § 101 Abs. 2 nF findet.[229] Die Rechtsverletzung muss so eindeutig sein, dass eine „Fehlentscheidung (oder eine andere Beurteilung im Rahmen des richterlichen Ermessens) und damit eine ungerechtfertigte Belastung des Ag. kaum möglich ist"; daher reichen gesetzliche oder tatsächliche **Vermutungen** nicht aus, eine offensichtliche Rechtsverletzung zu bejahen.[230]

Die Umstände, aus denen sich die Offensichtlichkeit der Rechtsverletzung ergibt, sind in der üblichen Weise **glaubhaft zu machen;** dabei hat sich der Antragsteller zur Wahrung seiner Interessen **67** des stärksten ihm zur Verfügung stehenden **Beweismittels** zu bedienen;[231] dafür kommen Sachverständigengutachten,[232] Urkunden, Augenscheinsobjekte, aber auch eidesstattliche Versicherungen oder sachverständige Zeugen in Betracht, sofern deren Würdigung im Ergebnis so eindeutig ist, dass eine ungerechtfertigte Belastung der Anschlussinhaber ausgeschlossen erscheint.[233] Dies schließt auch

---

[217] Vgl. *Kramer* S. 160; Wandtke/Bullinger/*Bohne* UrhG § 101 Rn. 15.
[218] BT-Drs. 16/5048, 39.
[219] BT-Drs. 16/5048, 39.
[220] Zur offensichtlichen Rechtsbverletzung durch die Bereitstellung von Links in einem File-Hosting-Dienst vgl. LG Hamburg MMR 2018, 114 (117).
[221] BT-Drs. 16/5048, 39.
[222] *Peukert/Kur* GRUR-Int 2006, 292 (297).
[223] BT-Drs. 16/5048, 39.
[224] Vgl. BT-Drs. 16/5048, 40.
[225] *Nägele/Nitsche* WRP 2007, 1047 (1049), die allerdings einen ausreichenden Schutz des Dritten in der Verhältnismäßigkeitsprüfung nach Abs. 4 sehen; *Peukert/Kur* GRUR-Int 2006, 292 (297).
[226] *Welp* S. 169; ausführlich zu möglichen Kriterien S. 148 ff.
[227] LG München I BeckRS 2019, 10916.
[228] *Nägele/Nitsche* WRP 2007, 1047 (1049); *Spindler/Dorschel* CR 2006, 341 (343).
[229] Vgl. BT-Drs. 11/4792, 32.
[230] LG München I BeckRS 2019, 10916; OLG Hamburg GRUR-RR 2013, 16 f., beide zu § 101 Abs. 7; OLG Braunschweig GRUR 1993, 669 – Stoffmuster; so auch ausdrücklich zu § 101a Abs. 3 aF BT-Drs. 11/4792, 32: „Weitere Erleichterungen bei der Geltendmachung des Anspruchs, wie sie etwa § 25 des Gesetzes gegen den unlauteren Wettbewerb vorsieht, sind hier nicht vertretbar"; der gegenteiligen Auffassung, vgl. Schricker/*Wild* (3. Aufl.) UrhG § 101a Rn. 3, steht dieser eindeutige Willen des Gesetzgebers entgegen.
[231] BT-Drs. 11/4792, 32 zu § 101a Abs. 3 aF; LG München I BeckRS 2019, 10916.
[232] Vgl. die Einschränkungen bei der Beurteilung von Software zur Ermittlung von Rechtsverletzungen OLG Köln GRUR-RR 2012, 335 – Beweissicherung beim Filesharing.
[233] OLG Köln ZUM 2012, 985 (986) – Ermittlungssoftware; OLG Köln ZUM 2013, 951 (952) – Life of Pi, jeweils zu eidesstattlicher Versicherung.

diejenigen Umstände ein, die außerhalb des § 101 hinsichtlich der Darlegungs- und Beweislast anders zu beurteilen sein mögen.[234] Eine **Wahrscheinlichkeit einer Rechtsverletzung** reicht nicht aus; eine andere Beurteilung als die einer Rechtsverletzung darf kaum möglich erscheinen.[235] Ein vorausgegangener Beschluss nach § 101 Abs. 9, der die Glaubhaftmachung einer offensichtlichen Rechtsverletzung geprüft hat, ist nicht präjudiziell und entfaltet keine Rechtskraftwirkung.[236]

68   Das **Erfordernis der Offensichtlichkeit** in Abs. 2 bezieht sich neben der Rechtsverletzung **auch auf die Zuordnung dieser Verletzung zu den begehrten Verkehrsdaten;**[237] hier hat sich insbesondere beim OLG Köln eine umfangreiche Rechtsprechung hinsichtlich der **Zuverlässigkeit der zur Ermittlung von Rechtsverletzungen eingesetzten Software** herausgebildet. Bestehen Zweifel an der zuverlässigen Ermittlung der IP-Adressen, bezüglich derer Auskunft begehrt wird, fehlt es an der Offensichtlichkeit der Rechtsverletzung.[238] Der BGH nimmt Offensichtlichkeit bei Fällen an, in denen über eine Online-Tauschbörse anderen Nutzern Inhalte zum Herunterladen angeboten werden.[239] Dagegen verweisen *Röhl/Bosch*[240] darauf, dass die Praxis von Musikschaffenden, einzelne Songs oder sogar ganze Alben zu Marketingzwecken kostenlos online anzubieten, offensichtlichen Rechtsverletzungen entgegenstehen kann. Einer offensichtlichen Rechtsverletzung steht entgegen, wenn im Einzelfall Fragen streitig und ungeklärt sind,[241] daher zB keine offensichtliche Rechtsverletzung bei bloßem Ansehen eines Streams (kein Download).[242] Gibt es unterschiedliche Sprachfassungen eines Films, muss dargelegt werden, dass die heruntergeladenen Dateien, deretwegen Auskunft begehrt wird, zu einer dieser Sprachfassungen gehören.[243] Zu den **Besonderheiten im Verfahren nach Abs. 9** → Rn. 120 ff.

5. Weitere Voraussetzungen

69   **a) Zeugnisverweigerungsrecht.** Der Anspruch auf Drittauskunft nach Abs. 2 besteht dann nicht, wenn dem Dritten gemäß §§ 383–385 ZPO im Prozess gegen den Verletzer ein Zeugnisverweigerungsrecht zusteht. Der Dritte soll im Rahmen des Auskunftsanspruchs nicht schlechter gestellt werden, als wenn er wegen des Sachverhalts in einem Gerichtsverfahren als Zeuge geladen wäre.[244] Zur Frage eines Zeugnisverweigerungsrechts aus § 383 ZPO wegen der Verletzung eines (ausländischen) Bankgeheimnisses behandelt eine Entscheidung des LG Hamburg.[245]

70   **b) Aussetzung des Verfahrens.** Diese Voraussetzung ist eine Konsequenz der Alternative der Geltendmachung des Auskunftsanspruchs in einem laufenden Verletzungsprozess. Es soll vermieden werden, dass der Prozess gegen den Verletzer entschieden wird, bevor die Auskunft erteilt wurde.

71   **c) Kostenerstattung des Auskunftsverpflichteten.** Der Auskunftsanspruch nach Abs. 2 richtet sich gegen den unbeteiligten Dritten. Folgerichtig bestimmt § 101 Abs. 2 S. 3, dass der Dritte die Auskunft nicht auf eigene Kosten erteilen muss. Vor diesem Hintergrund kann die streitige Frage, ob auch der Störer unter die Auskunftsverpflichteten aus § 101 Abs. 1 fällt, praktische Bedeutung erlangen. Der Kostenerstattungsanspruch ist Ausfluss des gesetzgeberischen Zwecks, einen **angemessenen Ausgleich der Interessen** der Beteiligten zu erzielen.[246] Fraglich ist, ob dem in Anspruch genommenen Dritten bis zur Erfüllung der Erstattung der zu erwartenden Kosten ein Zurückbehaltungsrecht nach § 273 BGB zusteht.[247] Ob mit dem Anspruch nur die Kosten im Zusammenhang mit der **konkreten Auskunftserteilung,** nicht aber die **allgemeinen Kosten** im Zusammenhang mit der **Vorhaltung** der erforderlichen Daten[248] ersetzt verlangt werden können, ist streitig.[249] *Kuper* weist darauf hin, dass eine hinreichende Anzahl geschulter Mitarbeiter vorgehalten werden muss, um

---

[234] Vgl. OLG Braunschweig GRUR 1993, 669 – Stoffmuster.

[235] Vgl. OLG Frankfurt a. M. GRUR-RR 2002, 32; OLG Hamburg MMR 2011, 28 (282) zur eindeutigen Identifizierung eines ins Internet gestellten Werkes über den Hashwert.

[236] LG München I BeckRS 2019, 10916.

[237] OLG Köln ZUM 2013, 951 (952) – Life of Pi; OLG Köln GRUR-RR 2012, 335 – Beweissicherung beim Filesharing; OLG Köln GRUR-RR 2009, 9 (11) – Ganz anders; OLG Köln K&R 2008, 751 (754).

[238] OLG Köln MMR 2011, 322.

[239] BGH GRUR 2012, 1026 Rn. 34 – Alles kann besser werden; BGH GRUR 2013, 536 Rn. 34 – Die Heiligtümer des Todes; vgl. auch LG Köln ZUM-RD 2009, 40; MMR 2008, 761.

[240] *Röhl/Bosch* NJW 2008, 1415 (1416 f.); kritisch auch *Welp* S. 162 ff.

[241] Vgl. OLG München MMR 2005, 616.

[242] OLG Köln GRUR-RR 2014, 114 (115) – The Archive; vgl. dazu auch LG Köln K&R 2014, 136 – Red-Tube mAnm *Müller/Rößner* K&R 2014, 136 = MMR 2014, 196; *Hilgert/Hilgert* MMR 2014, 85; *Knies* CR 2014, 140.

[243] OLG Köln MMR 2014, 192 mAnm *Faber*.

[244] BT-Drs. 16/5048, 39.

[245] LG Hamburg MMR 2018, 114; vgl. aber zur Frage der sekundären Darlegungslast zur Entkräftung der Vermutung der Haftung des Anschlussinhabers BVerfG NJW 2019, 1510 unter Verweis auf EuGH NJW 2019, 33 – Bastei Lübbe.

[246] Dreier/Schulze/*Dreier* UrhG § 101 Rn. 15.

[247] Für ein Zurückbehaltungsrecht für die ebenfalls auf der Durchsetzungsrichtlinie beruhende Parallelvorschrift in § 19 MarkenG: Ekey/Bender/Fuchs-Wissemann/*Jansen* MarkenG § 19 Rn. 28; offen gelassen in LG München I BeckRS 2019, 10916.

[248] Personal- und technischer Aufwand.

[249] Vgl. einerseits *Spindler* ZUM 2008, 640 (647), andererseits *Kuper* ITRB 2009, 12 (14).

eine unverzügliche Auskunftserteilung zu ermöglichen; dies führe zu einem erheblichen, zu ersetzenden Pauschalbetrag.[250] Es ist zu beobachten, dass bei der praktischen Anwendung diese Kostenerstattung durchaus eine wirtschaftliche Bedeutung hat. Der Rechtsinhaber kann diese Kosten vom Verletzer als Schadensersatz verlangen, wenn der Verletzer schuldhaft gehandelt hat, so dass im Ergebnis der Verursacher die Kosten zu tragen hat.[251]

V. Umfang und Inhalt der Auskunft, Abs. 3

1. Allgemeines

§ 101 Abs. 3 setzt in zwei Alternativen den Umfang des Auskunftsanspruches fest; danach sind nach **72** Abs. 3 Nr. 1 Herkunft und Vertriebsweg der Vervielfältigungsstücke, sowie nach Abs. 3 Nr. 2 Mengen und Preise mitzuteilen. Schon zum **Produktpirateriegesetz** hatte der Gesetzgeber festgehalten, dass die mitzuteilenden **Tatsachen gesetzlich genau umschrieben** sind. Dies dient zum einen dem Schutz des Auskunftsverpflichteten vor zu weitgehender **Ausforschung** und schafft insoweit Rechtssicherheit; es ermöglicht andererseits aber auch eine rasche Durchsetzung des Anspruchs.[252] Dies gilt für § 101 Abs. 3 fort, da nach der Begründung der Bundesregierung[253] Anpassungen an den Wortlaut der Richtlinie, aber **keine inhaltliche Änderung gegenüber der bisherigen Regelung** beabsichtigt war. Für § 101a aF stellte das OLG München[254] fest, dass der geltend gemachte Auskunftsanspruch nicht auf § 101a UrhG gestützt werden kann, soweit er sich auf Angaben erstreckt, die über die in § 101a Abs. 2 UrhG genannten Angaben hinausgehen. Die Frage des Umfangs des Auskunftsanspruchs nach Abs. 3 und dessen Erstreckung über den Wortlaut hinaus ist Gegenstand eines Vorabentscheidungsverfahrens.[255] Es geht dort um die Auskunft über E-Mail-Adresse, Telefonnummer und IP-Adressen (zu letzterem nebst genauem Zeitpunkt des Uploads und des letzten Zugriffs auf das Benutzerkonto). Damit ist zugleich die Frage einer „Kettenauskunft" angesprochen, denn alle drei Daten setzen die Geltendmachung eines weiteren Auskunftsanspruches gegen den Betreiber des E-Mail-Dienstes, das Telekommunikationsunternehmen und den Access-Provider voraus.

Der in Abs. 3 festgelegte Umfang der Auskunft gilt für den zur Auskunft Verpflichteten und erstreckt sich damit sowohl auf Abs. 1 als auch als Abs. 2. **73**

2. Namen und Anschriften

Nach Nr. 1 ist Auskunft zu erteilen über Namen und Anschriften der Hersteller, Lieferanten und **74** andere Vorbesitzer der Vervielfältigungsstücke oder sonstigen Erzeugnisse, der Nutzer von Dienstleistungen sowie der gewerblichen Abnehmer und Verkaufsstellen, für die sie bestimmt waren.[256] Soweit Kenntnis besteht, sollen auch Angaben zur nächsten Vertriebsstufe gemacht werden.[257] Bei juristischen Personen umfasst der Anspruch nicht die Namen der Mitarbeiter.[258]

Der auf Auskunft in Anspruch genommene Verletzer ist grundsätzlich verpflichtet, **in zumutba-** **75** **rem Umfang alle ihm zur Verfügung stehenden Möglichkeiten der Information auszuschöpfen.**[259] Im Einzelfall kann eine Pflicht bestehen, bei Zweifel über die Lieferanten, diese durch **Nachfrage** bei den in Betracht kommenden Lieferanten aufzuklären.[260] Dagegen umfasst der Auskunftsanspruch **grundsätzlich nicht die Verpflichtung des Auskunftsschuldners, Nachforschungen bei Dritten vorzunehmen,** um unbekannte Vorlieferanten und den Hersteller erst zu ermitteln.[261] Einer solchen Ermittlungspflicht steht die **Rechtsnatur der Auskunft als Wissenserklärung** und das **Unverzüglichkeitserfordernis** bei der Auskunftserteilung entgegen.[262] Die danach zumutbaren Nachforschungen können auch zu einer **negativen Erklärung** des Inhalts führen, weitere **Lieferanten oder Abnehmer nicht zu kennen.**[263] In diesem Fall kann dem Auskunftspflichti-

---

[250] *Kuper* ITRB 2009, 12 (14).

[251] BT-Drs. 16/5048, 39.

[252] Amtliche Begründung, BT-Drs. 11/4792, 31; zur Abgrenzung zur Ausforschung vgl. allgemein BGH GRUR 2001, 841 (844) – Entfernung der Herstellungsnummer II; BGH GRUR 2006, 504 (506) – Parfümtestkäufe; BGH GRUR 2006, 426 (428) – Direktansprache am Arbeitsplatz II.

[253] BT-Drs. 16/5048, 39.

[254] OLG München GRUR 2007, 419 (424) – Lateinlehrbuch.

[255] BGH GRUR 2019, 504 – YouTube-Drittauskunft.

[256] Zu der weitgehend gleichen Vorschrift aus § 101a Abs. 2 aF vgl. *Eichmann* GRUR 1990, 575 (577); *Ensthaler* GRUR 1992, 273 (278).

[257] Dreier/Schulze/*Dreier* UrhG § 101 Rn. 17; aA Benkhardt/Rogge/*Grabinski* PatG § 140b Rn. 6.

[258] LG Hamburg ZUM-RD 2018, 629 (646 f.).

[259] BGHZ 128, 220 (227) = GRUR 1995, 338 = NJW 1995, 1905 – Kleiderbügel; BGH GRUR 2006, 504 (507) – Parfümtestkäufe.

[260] BGH GRUR 2003, 43 (434) – Cartier-Ring; OLG Köln GRUR 1999, 337 (339).

[261] BGHZ 125, 322 (326) = GRUR 1994, 630 = NJW 1994, 1958 – Cartier-Armreif; BGH GRUR 2003, 433 (434) – Cartier-Ring.

[262] Vgl. BGH GRUR 2003, 433 (434) – Cartier-Ring.

[263] BGHZ 125, 322 (326) = GRUR 1994, 630 = NJW 1994, 1958 – Cartier-Armreif; BGHZ 148, 26 (36) = GRUR 2001, 841 – Entfernung der Herstellungsnummer II; BGH GRUR 2006, 504 (507) – Parfümtestkäufe.

gen obliegen, weitere Angaben zu machen, welche Nachfragen im Einzelnen angestellt wurden und welche Auskünfte über in Betracht kommende Lieferanten erteilt wurden.[264]

76 Umstritten ist, ob unter Adressen auch **E-Mail-Adressen** fallen;[265] **Bank- und Telefondaten** fallen selbst dann nicht unter Abs. 3, wenn sie zur Ermittlung des Urheberrechtstäters unerlässlich sind.[266] Die Differenzierung über den Wortbestandteil E-Mail-*Adresse* erscheint wenig überzeugend, zumal wegen der häufigen Verwendung von Pseudonymen auch nicht mit „Name" und „Adresse" vergleichbar. Der Wortlaut von Abs. 3 steht unter der Maßgabe der Gesetzesbegründung auch der Erstreckung auf **IP-Adressen** entgegen,[267] die der Auskunftsgläubiger zur Vorbereitung weiterer Auskunftsansprüche ggf. benötigt. In diesem Fall wäre zu untersuchen, ob dies mit dem bezweckten effektiven Schutz des Urheberrechts in Einklang steht.[268] Zudem stellen sich in diesem Fall sodann die **datenschutz- und telekommunikationsrechtlichen Fragen** im Zusammenhang mit der Verwendung von Verkehrsdaten.[269]

76a Die Frage der **„Kettenauskunft",** also einer Auskunft über Daten, die der Geltendmachung eines weiteren Auskunftsanspruchs gegen einen anderen Auskunftsgläubiger nach § 101 Abs. 2 dient, aber auch die Frage der Verwendung von Verkehrsdaten jedenfalls implizit Gegenstand des Vorlageverfahrens des BGH, mit dem dieser die Fragen, ob E-Mail-Adressen, Telefonnummern und IP-Adressen (zu letzterem nebst genauem Zeitpunkt des Uploads und des letzten Zugriffs auf das Benutzerkonto) unter „Name und Adresse" gemäß Art. 8 Abs. 2 lit. a) Enforcement-RL zu fassen sind, dem EuGH zur Beantwortung vorgelegt hat.[270] Dabei geht der BGH davon aus, dass E-Mail-Adressen unter den Begriff der „Adresse" fallen,[271] Telefonnummern und IP-Adressen jedenfalls nach dem Wortlaut nicht.[272]

3. Mengen und Preise

77 Der zur Auskunft Verpflichtete hat weiter Angaben zu machen über die Menge der hergestellten, ausgelieferten, erhaltenen oder bestellten **Vervielfältigungsstücke**[273] oder sonstigen Erzeugnisse. Die Auskunftspflicht wird jetzt entsprechend der Vorgabe der Richtlinie auf **Preise** erstreckt.[274] Die Auskunft ist ebenso wie die nach § 242 BGB eine **Wissenserklärung**, die ggf. auch durch die negative Erklärung, den Hersteller und weitere Vorbesitzer nicht zu kennen, erfüllt werden kann.[275] Die Auskunftspflicht beschränkt sich nicht auf das präsente Wissen des Verpflichteten; er hat vielmehr sämtliche zugänglichen Informationen aus seinem Unternehmensbereich zur Erteilung einer vollständigen Auskunft heranzuziehen.[276] In Einzelfällen kann eine Verpflichtung bestehen, Zweifel durch Nachfragen bei Lieferanten zu klären; eine Verpflichtung, Nachforschungen bei Dritten anzustellen, besteht hingegen nicht.[277]

78 Es besteht im Rahmen von § 101 **kein Anspruch auf Vorlage von Geschäftsunterlagen.**[278] Der BGH hatte in Entfernung der Herstellungsnummer III eine Verpflichtung zur Vorlage von Belegen im Rahmen des Anspruchs auf Drittauskunft jedenfalls dann als gegeben erachtet, wenn schutzwürdige Geheimhaltungsinteressen des Schuldners nicht entgegenstehen.[279] Ein Anspruch auf **Vorlage von Bank-, Finanz- oder Handelsunterlagen** besteht nunmehr nur im Rahmen von § 101a Abs. 1 S. 1.[280]

---

[264] OLG Köln GRUR 1999, 337 (339) zu § 19 MarkenG.

[265] Vgl. OLG Köln MMR 2011, 394 (395); OLG Frankfurt a. M. GRUR 2017, 1116 Rn. 42 ff. „E-Mail-Anschrift" (nicht rechtskräftig); gegen eine Erstreckung auf E-Mail-Adressen unter ausführlicher Begründung noch die Vorinstanz LG Frankfurt a. M. ZUM-RD 2017, 673 (676 ff.).

[266] OLG Köln MMR 2011, 394 (396); OLG Frankfurt a. M. GRUR 2017, 1116 Rn. 54 ff.; aA *Czychowski* ZUM-RD 2017, 656 (657), *Ludyga* AfP 2017, 476.

[267] Vgl. dazu auch OLG München GRUR 2007, 419 (424) – Lateinlehrbuch.

[268] Vgl. dazu EuGH GRUR 2008, 241 Rn. 57 – Promusicae/Telefonica.

[269] Vgl. dazu → Rn. 105 ff.

[270] BGH GRUR 2019, 504 – YouTube-Drittauskunft, wobei der Verweis auf § 5 Abs. 1 Nr. 2 TMG zum allgemeinen Sprachgebrauch des Wortes „Adresse" nicht zutreffend erscheint, da dort ausdrücklich von „Adresse der elektronischen Post" die Rede ist.

[271] BGH GRUR 2019, 504 Rn. 13 ff. – YouTube-Drittauskunft.

[272] BGH GRUR 2019, 504 Rn. 17 ff., 20 ff. – YouTube-Drittauskunft.

[273] Nicht: Vervielfältigungsgeräte, vgl. OLG München ZUM 2003, 569 (571) – CD-Münzkopierautomaten.

[274] BT-Drs. 16/5048, 39.

[275] Vgl. BGHZ 125, 322 (326) = GRUR 1994, 630 = NJW 1994, 1958 – Cartier-Armreif; BGHZ 148, 26 (36) = GRUR 2001, 841 – Entfernung der Herstellungsnummer II; BGH GRUR 2003, 433 (434) – Cartier-Ring.

[276] BGHZ 128, 220 (227) = GRUR 1995, 338 = NJW 1995, 1905 – Kleiderbügel; BGH GRUR 2003, 433 (434) – Cartier-Ring.

[277] BGH GRUR 2003, 433 (434) – Cartier-Ring; BGH GRUR 2006, 504 (507) – Parfümtestkäufe; *Teplitzky* Kap. 38 Rn. 35b; *Hölk* WRP 2006, 647 (652).

[278] BT-Drs. 16/5048, 27; Dreier/Schulze/*Dreier* UrhG § 101 Rn. 21; Schricker/*Wild* (3. Aufl.) UrhG § 101a Rn. 2; *Eichmann* GRUR 1990, 575 (576); OLG Karlsruhe GRUR 1995, 772 (773) – Selbstständiger Auskunftsanspruch; OLG Köln GRUR 1995, 676; NJW-RR 1996, 421.

[279] BGH GRUR 2002, 709 (712) – Entfernung der Herstellungsnummer III; BGH GRUR 2002, 709 (712) = NJW 2002, 3175; BGH GRUR 2003, 433 (434) – Cartier-Ring.

[280] Dreier/Schulze/*Dreier* UrhG § 101 Rn. 21.

4. Zeitraum der Auskunft

Der Zeitraum, auf den sich die Auskunft erstrecken muss, ist im Gesetz nicht vorgesehen. **Ende** 79 **des Zeitraumes** ist jedenfalls der **Zeitpunkt der Auskunftserteilung.**[281] Ob die Grundsätze, die für den akzessorischen Auskunftsanspruch gelten, auf den Anspruch aus § 101 zu übertragen sind, ist fraglich. Der für das Urheberrecht zuständige I. Zivilsenat hat in Bezug auf jenen Anspruch unterdessen seine frühere Rechtsprechung, dass der Bezifferung eines Schadensersatzanspruchs auf die in dem Auskunftsanspruch zeitlich auf die vom Gläubiger nachgewiesene erste Verletzungshandlung begrenzt sei[282] aufgegeben und sie der des X. Zivilsenats angeglichen. Danach steht einem Auskunftsanspruch nicht entgegen, dass die behaupteten Verletzungshandlungen zeitlich vor der festgestellten Verletzungshandlung liegen.[283] Der Verletzer hat daher **zeitlich unbeschränkt über sämtliche Rechtsverstöße Auskunft** zu erteilen.[284] Diese Ratio lässt sich jedenfalls nicht auf den Anspruch aus § 101 Abs. 2 S. 1 übertragen.[285]

5. Art, Form und Zeitpunkt der Auskunft

Auskünfte sind **Wissenserklärungen,** die **grundsätzlich in schriftlicher Form** zu erteilen 80 sind.[286] Der Schuldner muss in **zumutbarem Umfang** alle ihm zur Verfügung stehenden **Möglichkeiten der Information** ausschöpfen. Er darf sich nicht dabei darauf beschränken, sein präsentes Wissen preiszugeben, sondern hat **gegebenenfalls auch Nachforschungen in seinem eigenen Bereich** anzustellen.[287] Er ist aber nicht verpflichtet, **Unterlagen und Belege,** derer er für die ordnungsgemäße Führung seines Unternehmens nicht bedarf, nur deshalb zu erstellen, damit er Auskunftsverlangen, denen er sich einmal ausgesetzt sehen mag, nachkommen kann.[288] Die Auskunft muss **vom Auskunftspflichtigen selbst** stammen; dies ist schon deswegen erforderlich, um zu vermeiden, dass der Auskunftspflichtige sich im Rahmen der Abgabe der Versicherung an Eides statt auf seine fehlende Urheberschaft berufen kann.[289] Es ist eine eigene Auskunft des Schuldners erforderlich, die jedoch **nicht die gesetzliche Schriftform** erfüllen muss und auch durch einen **Boten,** zB einen Rechtsanwalt, an den Gläubiger übermittelt werden darf.[290] Aus dem Wortlaut des § 260 BGB, „ein Verzeichnis des Bestands vorzulegen", schließt der BGH in dieser Entscheidung, dass ein schriftliches Bestandsverzeichnis, die Einhaltung der Schriftform des § 126 BGB und somit eine eigenhändige Unterschrift des Schuldners aber nicht erforderlich ist.[291] Der Auskunftspflichtige darf sich **Hilfspersonen (zB auch eines Rechtsanwalts)** bedienen. Erforderlich bleibt allerdings, dass die Auskunft trotz der Übermittlung durch eine Hilfsperson weiterhin eine Erklärung des Auskunftspflichtigen bleibt. Das ist der Fall, wenn sich der zur Auskunft Verpflichtete eines Boten bedient.[292]

Schon zu § 101a aF ging die Rechtsprechung davon aus, dass der Anspruch auf Drittauskunft **kei-** 81 **nen Anspruch auf Geschäftsunterlagen,** also etwa auf Vorlage von Bestellscheinen, Auftragsbestätigungen, Lieferscheinen und Lieferrechnungen gewährt.[293] Dies folge aus dem Wortlaut der Vorschrift, wonach der zur Auskunft Verpflichtete „Angaben" zu machen habe.[294] Diese Auffassung kann sich auf die Begründung des Gesetzentwurfes der Bundesregierung zum ProduktpiraterieG[295] stützen, in der ausdrücklich Bezug genommen wird auf die Forderung von einem Teil der Verbände, zur wirkungsvolleren Durchsetzung des Auskunftsanspruchs einen besonderen Anspruch des Verletzen auf Einsicht in die Geschäftsbücher zu schaffen. Diesen Anspruch sowie einen darauf bezogenen **„Wirtschaftsprüfervorbehalt",** der zur Sicherung der Interessen des mutmaßlichen Verletzers die Einschaltung eines Sachverständigen vorsehen könnte, hat der Bundesgesetzgeber zurückgewiesen.[296] Eine solche Bestimmung würde zu einer unvertretbaren Bevorzugung der Interessen des Schutzrechts-

---

[281] Vgl. *Eichmann* GRUR 1990, 575 (578); *Jestaedt* GRUR 1993, 219 (220).

[282] BGH GRUR 1988, 307 – Gabi; BGH GRUR 2003, 892 – Alt Luxemburg; BGH GRUR 1995, 50 (54) – Indorektal/Indohexal.

[283] BGH GRUR 2010, 623 Rn. 54 – Restwertbörse II, zum Auskunftsanspruch nach § 97.

[284] BGH GRUR 2007, 877 – Windsor Estate.

[285] So auch Dreier/Schulze/*Dreier* UrhG § 101 Rn. 20.

[286] OLG Düsseldorf GRUR-RR 2013, 208 – IP-Datenspeicherung; vgl. *Eichmann* GRUR 1990, 575 (576); *Teplitzky* Kap. 38 Rn. 36; so im Grundsatz auch, aber im Einzelfall differenzierend, BGH NJW 2008, 917 in einer Entscheidung nicht zum gewerblichen Rechtsschutz.

[287] Vgl. dazu auch → Rn. 78.

[288] OLG Düsseldorf GRUR-RR 2013, 208 – IP-Datenspeicherung.

[289] BGH NJW 2008, 917 (918).

[290] BGH NJW 2008, 917.

[291] BGH NJW 2008, 917.

[292] BGH NJW 2008, 917; OLG Nürnberg NJW-RR 2005, 808 (809); so auch *Eichmann* GRUR 1990, 575 (576), der eine Abgabe durch dritte Personen für zulässig hält, hierin eine Auskunft aber nur dann sieht, wenn die Erklärung dem Auskunftspflichtigen zuzurechnen ist.

[293] OLG Köln GRUR 1995, 676 – Vorlage von Geschäftsunterlagen; OLG Karlsruhe GRUR 1995, 772 – Selbstständiger Auskunftsanspruch; OLG Zweibrücken WRP 1997, 611 (614) – Plagiierter Schmuck; vgl. unter Bezugnahme auf OLG Köln GRUR 1995, 676 auch BT-Drs. 16/5048, 27.

[294] OLG Köln GRUR 1995, 676 (677) – Vorlage von Geschäftsunterlagen.

[295] BT-Drs. 11/4792, 32 f.

[296] BT-Drs. 11/4792, 32; zu dieser Praxis für das Wettbewerbsrecht vgl. Ahrens/*Loewenheim* Kap. 72 Rn. 34 ff.; *Teplitzky* Kap. 38 Rn. 29.

inhabers gegenüber dem Verletzer an der Wahrung seiner Betriebs- und Geschäftsgeheimnisse führen und wäre mit dem geltenden Rechtsschutzsystem unvereinbar. Schon der nunmehr vorgesehene Auskunftsanspruch, insbesondere aber seine Durchsetzung im Wege der einstweiligen Verfügung käme schon in eine gewisse Nähe zur Ausforschung und stellte einen weitgehenden Eingriff in die Betriebssphäre des Verletzers dar.

82   In eine andere Richtung weist allerdings die Rechtsprechung, die seit der Entscheidung *Entfernung der Herstellungsnummer III* eine Verpflichtung zur Vorlage von Belegen im Rahmen des Anspruchs auf Drittauskunft im Allgemeinen dann als gegeben erachtet, wenn **schutzwürdige Geheimhaltungsinteressen des Schuldners nicht entgegenstehen.**[297]

83   Die Auffassung des Bundesgerichtshofs, der einen Anspruch auf Vorlage von Belegen „im Allgemeinen als gegeben" erachtet, ist schwer mit der Begründung des Gesetzgebers zum ProduktpiraterieG in Einklang zu bringen. Hier wird zwar der Anspruch auf Bucheinsicht geprüft; auch die Vorlage von Belegen birgt jedoch die Gefahr der exzessiven Auskunft, die mit den Geheimhaltungsinteressen des Auskunftspflichtigen kollidiert. Dies umso mehr, soweit im Rahmen von Abs. 2 ein Anspruch gegen einen unbeteiligten Dritten geltend gemacht wird. Nicht überzeugend ist auch das Argument, dass erst die Belege die Möglichkeit verschafften, die Verlässlichkeit der Auskunft zu überprüfen und sich Klarheit darüber zu verschaffen, ob ein Anspruch auf Abgabe der eidesstattlichen Versicherung besteht.[298] Soweit sich aus einem Beleg (einer Urkunde) ein Auskunftsgegenstand ergibt, ist in Bezug auf diesen Auskunftsgegenstand jedenfalls keine eidesstattliche Versicherung erforderlich.

84   Die Rechtsprechung dürfte **durch die Neufassung der §§ 101, 101a überholt** sein; auf § 101 lässt sich ein Anspruch auf Vorlage von Geschäftsunterlagen nicht mehr stützen, da sich dieser nunmehr als **Anspruch auf Vorlage von Bank-, Finanz- oder Handelsunterlagen gemäß § 101a Abs. 1 S. 1** ergibt.[299]

84a   Die Auskunft ist **unverzüglich** zu erteilen, also ohne schuldhaftes Zögern.[300] Dies schließt eine **angemessene Überlegungs- und Suchfrist** nicht aus.[301] Im Falle des Verzuges kann der Anspruchsberechtigte den Anspruch nach dem schon vor Einführung des Drittauskunftsanspruchs geltendem Recht den Anspruch erzwingen; dies abhängig davon, ob die Auskunft im Einzelfall eine vertretbare oder eine unvertretbare Handlung darstellt, im Wege der Ersatzvornahme (§ 887 ZPO) oder durch Zwangsgeld oder Zwangshaft (§ 888 ZPO).[302]

VI. Verhältnismäßigkeit; Abs. 4

85   Abs. 4 regelt entsprechend den bisherigen Formulierungen in Abs. 1 den Grundsatz der Verhältnismäßigkeit. Dies entspricht Art. 8 Abs. 1 der Richtlinie. Die begehrte Auskunft darf nur erteilt werden, wenn der Grundsatz der Verhältnismäßigkeit gewahrt ist, dh die Auskunft muss **geeignet, erforderlich und angemessen** sein.[303] Während die Gesetzesmaterialien zum Produktpirateriegesetz lediglich auf den unzulässigen Ausforschungsbeweis hinwiesen,[304] wird durch diesen Passus klargestellt, dass sich die Prüfung am **öffentlich-rechtlichen Verhältnismäßigkeitsgrundsatz** orientieren soll.[305]

86   Schon in der Begründung zum Produktpiraterlegesetz hat der Gesetzgeber ausgeführt, dass der Hinweis auf den Verhältnismäßigkeitsgrundsatz der Gefahr begegnen soll, dass der Auskunftsanspruch in Einzelfällen zu einer zu weitgehenden und damit unter Gesetzesverkehr nicht mehr zu rechtfertigenden **Ausforschung von Konkurrenten** missbraucht wird.[306] Es sollen Auskunftsverpflichtungen ausgenommen werden, die von der Absicht des Gesetzes, Schutzrechtsverletzungen zu unterbinden, nicht mehr gedeckt sind.[307] Die Gesetzesbegründung nennt beispielhaft Fälle, in denen der Auskunftsberechtigte kein oder nur ein äußerst geringes Interesse daran haben kann, die Lieferanten oder gewerblichen Abnehmer der Waren zu erfahren, sei es, dass es sich um einen Einzelfall von Schutzrechtsverletzungen handelt, sei es, dass davon auszugehen ist, dass keine weiteren Schutzrechtsverletzungen zu befürchten und eingetretene Schäden ausgeglichen sind.[308] Hierbei sind **betroffene Grundrechte interpretationsleitend zu berücksichtigen.**[309]

---

[297] Vgl. BGH GRUR 2002, 799 (712) = NJW 2002, 3175; BGH GRUR 2003, 433 (434) – Cartier-Ring; BGH GRUR 2006, 504 (507) – Parfümtestkäufe; Teplitzky/*Büch* Kap. 38 Rn. 35b; *Jestaedt* GRUR 1993, 219 (220).

[298] Vgl. BGH GRUR 2003, 433 (434) – Cartier-Ring.

[299] Dreier/Schulze/*Dreier* UrhG § 101 Rn. 21.

[300] Vgl. § 121 Abs. 1 BGB.

[301] Dreier/Schulze/*Dreier* UrhG § 101 Rn. 9.

[302] Vgl. BT-Drs. 11/4792, 34.

[303] BT-Drs. 16/5048, 39.

[304] BT-Drs. 11/4792, 32.

[305] *Kramer* S. 171.

[306] BT-Drs. 11/4792, 31.

[307] BVerfG NJW 1999, 2880.

[308] BT-Drs. 11/4792, 31 f.; nach diesem Maßstab auch BGH GRUR 2012, 1026 Rn. 36 – Alles kann besser werden; BGH GRUR 2013, 536 Rn. 36 – Die Heiligtümer des Todes.

[309] BVerfG NJW 1999, 2880, OLG Oldenburg K&R 2009, 51 (52); vgl. dazu auch BGH GRUR 2019, 504 Rn. 23 f. – YouTube-Drittauskunft.

Die Verhältnismäßigkeit wird davon abhängen, welcher Maßstab für das „gewerbliche Ausmaß"[310] **87** angelegt wird.[311] Das OLG Köln[312] verlangt das Vorliegen besonderer Umstände. Aus der Regelung in Abs. 4 folgt, dass das Gesetz davon ausgeht, dass eine Auskunftserteilung selbst dann unverhältnismäßig sein kann, wenn Rechtsverletzungen im gewerblichen Ausmaß vorgenommen worden sind.[313] Auf Seiten des Auskunftsberechtigten fällt vor allem ins Gewicht, ob **weitere Schutzrechtsverletzungen zu besorgen** sind, und ob zur Verhinderung solcher Verletzungen die **verlangte Auskunft erforderlich** ist; oder ob der Verletzte der Auskunft bedarf, um einen **Ausgleich für erlittene Schäden** zu erreichen.[314] Das Ergebnis unter Abwägung der Einbeziehung auch verfassungsrechtlicher Regelungen ist nicht vorgegeben; es ist nicht ausgeschlossen, dass im Einzelfall dem Schutzbedürfnis des Urheberrechtsinhabers der Vorrang vor dem **Geheimhaltungsinteresse der Presse** eingeräumt wird.[315] Selbst für den Fall, dass Presseangehörige damit zu Auskünften gezwungen werden können, deren Preisgabe sie als Zeuge(-n) verweigern dürften, bestehen hiergegen verfassungsrechtliche Einwände nicht.[316] Im Rahmen der Verhältnismäßigkeitsprüfung sind **Art und Schwere der Rechtsverletzung** von Bedeutung;[317] auch die beiderseitigen Interessen des Rechtsinhabers und des Verletzers sind angemessen zu berücksichtigen.[318] Auch die Interessen der Nutzer der Dienstleistungen – etwa aus dem Recht auf informationelle Selbstbestimmung – können zu berücksichtigen sein.[319] Dabei hat das aus Wettbewerbsgründen berechtigte Interesse des Rechtsverletzers, seine Bezugsquelle und seinen Vertriebsweg geheim zu halten, zurückzutreten, wenn durch die Preisgabe die empfindliche Störung der geschützten Rechtsposition der Berechtigten für die Zukunft unterbunden werden kann.[320] Der Umstand, dass der auskunftspflichtige Rechtsverletzer die benannten Dritten der Gefahr einer strafrechtlichen Verfolgung aussetzt, fließt in die Interessenabwägung ein, steht aber der Zumutbarkeit einer Drittauskunft – ungeachtet des Umstandes, dass es weithin als anstößig empfunden wird, einen Dritten einer strafbaren Handlung zu bezichtigen – nicht von vornherein entgegen.[321] Die Auskunft eines Anbieters von Online-Bezahlsystemen über registrierte Kunden, die den Bezahldienst für das Angebot von Musikdateien über einen Sharehosting-Dienst nutzten, ist verhältnismäßig, wenn der Rechtsverletzer über eine E-Mail-Adresse konkretisiert ist.[322]

Je eindeutiger eine Schutzrechtsverletzung feststeht, desto eher wird dem potenziellen Informa- **88** tionsschuldner die Auskunft zumutbar sein.[323] Man wird in der Verhältnismäßigkeitsprüfung eine Abstufung danach vornehmen, ob der Anspruch gegen den **Verletzer** nach Abs. 1 oder gegen den dritten **Nichtverletzer** nach Abs. 2 geltend gemacht wird: Die Interessen des an der Rechtsverletzung unbeteiligten Dritten werden regelmäßig ein höheres Gewicht als diejenigen des Verletzers haben.[324] Die Abstufung auch des Umfangs des Auskunftsanspruches muss in Abhängigkeit vom Grad der tatsächlichen, wahrscheinlichen oder möglichen Beteiligung des Betroffenen einer Verletzung erfolgen.[325] Grundsätzlich besteht ein **vorrangiges Interesse des Schutzrechtsinhabers** vor dem Schutz des Verletzers an einem Verschweigen seiner Vertriebskanäle.[326]

Der Wortlaut von § 101 Abs. 4 („im Einzelfall unverhältnismäßig") scheint nahezulegen, dass so- **89** wohl der Verletzer nach Abs. 1 als auch der Nichtverletzer nach Abs. 2 die **Beweislast** für die Unverhältnismäßigkeit des Auskunftsverlangens trägt. Die bisher veröffentlichte Literatur zu § 101 stellt bei der Frage der Beweislast ausschließlich auf den Verletzer ab.[327] Einer Beweislastverteilung zu Lasten auch des Nichtverletzers könnte entgegenstehen, dass der Gesetzgeber des PrPG als Fälle der Unverhältnismäßigkeit solche herausgestellt hat, in denen es um ein besonders geringes Interesse des Auskunftsberechtigten ging, oder um nur geringfügige Schutzrechtsverletzungen oder geringe oder keine Schäden. Diese Beispiele liegen sämtlich in der Sphäre des Verletzten. Vor dem Hintergrund, dass dem Nichtverletzer die Angaben zur Prüfung der Unverhältnismäßigkeit hinsichtlich dieser Merkmale

---

[310] Vgl. → Rn. 29 ff.

[311] *Hoffmann* MMR 2009, 655 (660); *Mantz* K&R 2012, 668 (669) geht davon aus, dass mit der Ablehnung des doppelten Gewerbsmäßigkeitserfordernisses durch den BGH die Verhältnismäßigkeit nach Abs. 4 mehr Relevanz erlangen wird.

[312] OLG Köln MMR 2009, 334 (336).

[313] *Welp* S. 123.

[314] BVerfG NJW 1999, 2880 (2881).

[315] BVerfG NJW 1999, 2880 (2881).

[316] BVerfG NJW 1999, 2880 (2881).

[317] Vgl. AG Offenburg CR 2007, 676.

[318] Vgl. BGH GRUR 1994, 630 (633) – Cartier-Armreif.

[319] LG Hamburg ZUM-RD 2018, 629 (647).

[320] BGH GRUR 1994, 630 (633) – Cartier-Armreif; *Metzger/Wurmnest* ZUM 2003, 922 (930).

[321] BGH GRUR 1994, 630 (633) – Cartier-Armreif; BGH GRUR 1976, 367 (369) – Ausschreibungsunterlagen; *Tilmann* GRUR 1987, 251 (260).

[322] LG Hamburg MMR 2018, 114 Rn. 58 f.; ZUM-RD 2017, 561 (566).

[323] *Haedicke* FS Schricker, 2005, 19 (22).

[324] *Haedicke* FS Schricker, 2005, 19 (22).

[325] *Haedicke* FS Schricker, 2005, 19 (22).

[326] *Metzger/Wurmnest* ZUM 2003, 922 (930).

[327] Ekey/Bender/Fuchs-Wissemann/*Jansen* MarkenG § 19 Rn. 44; Schulte/*Voß/Kühnen* PatG § 140b Rn. 38; Dreier/Schulze/*Dreier* UrhG § 101 Rn. 23; *Metzger/Wurmnest* ZUM 2003, 922 (930); Dreyer/Kotthoff/*Meckel* UrhG § 101 Rn. 14 bezieht allerdings ausdrücklich den Dritten mit ein.

nicht zugänglich sind, erscheint eine Beweislastverteilung diesbezüglich unsachgemäß. Richtigerweise wird man den Nichtverletzer beweispflichtig für sein Interesse an der Nichterteilung der Auskunft ansehen müssen. Der Verletzte ist beweispflichtig für Tatsachen, aus denen sich sein Interesse an der Auskunftserteilung ergibt.

90   Aus der Klarstellung des Gesetzgebers, wonach die Auskunft **geeignet, erforderlich und angemessen** sein muss, wird deutlich, dass der Gesetzgeber eine **volle Verhältnismäßigkeitsprüfung** im Sinne des öffentlichen Rechtes beabsichtigte.[328] Es ist also eine **umfassende Interessenabwägung** erforderlich. Hier wird im Einzelfall festzustellen sein, ob die Auskunftserteilung den Gesetzeszweck – die Bekämpfung von Schutzrechtsverletzungen – zumindest fördern kann. Die Auskunftserteilung müsste weiterhin erforderlich sein, dh es dürfte kein milderes Mittel zur Verfügung stehen, um zivilrechtliche Ansprüche gegen die eigentlichen Verletzer durchzusetzen.[329] Hier wird man eine Auskunftserlangung im Wege der Strafanzeige und Akteneinsicht nach § 406e StPO als milderes Mittel ausschließen können, da die Staatsanwaltschaften regelmäßig das Strafverfolgungsinteresse verneinen.[330] Im Rahmen der Angemessenheit sind im Allgemeinen sowohl das Verschulden des Verletzers,[331] die Schwere der Verletzungshandlung, sowie insbesondere beim Nichtverletzer der Aufwand der Auskunftserteilung,[332] wobei allerdings weiter zu berücksichtigen ist, dass § 101 Abs. 2 S. 3 einen Aufwendungsersatzanspruch gewährt.[333]

VII. Falsche oder unvollständige Auskunft, Abs. 5

91   Abs. 5 regelt die Haftung für die Erteilung einer falschen oder unvollständigen Auskunft. Die Regelung trägt der Tatsache Rechnung, dass fehlerhafte Auskünfte bislang weitgehend folgenlos blieben.[334] Nach der bisherigen Rechtslage war der Verletzte auf den Anspruch auf eine eidesstattliche Versicherung beschränkt, wenn er die Unrichtigkeit der Auskunft vermutete.[335] Um den Verpflichteten zu einer richtigen und vollständigen Auskunft zu veranlassen, bestimmt Abs. 5 nunmehr, dass der Verletzte **Schadensersatz** verlangen kann, wenn der zur Auskunft Verpflichtete die **Auskunft vorsätzlich oder grob fahrlässig falsch oder unvollständig** erteilt.[336] Angesichts der klaren Ausführungen in den Gesetzesmaterialien hat die Regelung auch nicht lediglich deklaratorische Bedeutung, da eine Schlechterfüllung des Auskunftsanspruchs nach § 280 BGB ohnehin eine Schadensersatzverpflichtung auslöste.[337] Der Schaden des Verletzten muss entsprechend allgemeinen schadensrechtlichen Grundsätzen (§§ 249 ff. BGB) sich gerade aus der falschen Auskunft ergeben.[338]

VIII. Haftungsfreistellung bei Auskunft ohne Verpflichtung, Abs. 6

92   Erteilt jemand auf ein **unberechtigtes Auskunftsverlangen** Auskunft und sieht sich deshalb **Regressforderungen Dritter** gegenüber, sieht Abs. 6 eine **Beschränkung der Haftung auf Vorsatz** vor. Die Regelung trägt dem Umstand Rechnung, dass der Verpflichtete insbesondere in den Fällen des Abs. 2 nicht beurteilen kann, ob überhaupt eine Rechtsverletzung vorliegt. Es handelt sich nicht um eine eigene Anspruchsgrundlage für Forderungen Dritter; die Vorschrift hat vielmehr lediglich **Filterwirkung,** soweit ein Anspruch auf Schadensersatz aus anderen Vorschriften folgt.[339] Die Vorschrift setzt allerdings den Anreiz, im Zweifel die Auskunft zu erteilen.[340]

IX. Die Durchsetzbarkeit im Weg der einstweiligen Verfügung, Abs. 7

93   Abs. 7 entspricht dem bisherigen § 101a Abs. 3.[341] Die Begrenzung der Durchsetzung des Auskunftsanspruchs im Wege der einstweiligen Verfügung nur bei **offensichtlichen Rechtsverletzun-**

---

[328] *Kramer* S. 60 f.
[329] *Kramer* S. 61 f.
[330] Vgl. → Rn. 41; LG Hamburg MMR 2005, 55 (58).
[331] *Fezer* MarkenG § 19 Rn. 14; *Kramer* S. 63.
[332] Vgl. OLG Hamburg ZUM 2012, 893 (901); OLG Karlsruhe ZUM 2009, 957 (960 f.); vgl. schon zu § 101a UrhG aF: LG Hamburg MMR 2005, 55 (58); *Kramer* S. 63.
[333] Ausführlich zum Verhältnismäßigkeitsgrundsatz *Kramer* S. 60 ff.
[334] BT-Drs. 16/5048, 39.
[335] Vgl. *Teplitzky/Büch* Kap. 38 Rn. 36.
[336] Vgl. *Spindler* ZUM 2008, 640 (648).
[337] So aber Dreyer/Kotthoff/*Meckel* UrhG § 101 Rn. 15.
[338] *Spindler* ZUM 2008, 640 (648); zur Pflicht des Providers zur sorgfältigen Prüfung der Aktualität der gespeicherten Daten vgl. AG Celle GRUR-RR 2013, 352; dort allerdings im Verhältnis zum (ehemaligen) Kunden.
[339] BT-Drs. 16/5048, 39; *Kramer* S. 173 f., der kritisch darauf hinweist, dass die Regelung dem gesetzgeberischen Interesse, der Gefahr der Uferlosigkeit von Auskunftsbegehren entgegenzuwirken, nicht gerecht wird, da etwa Access-Provider geneigt sein könnten, auch ohne ausreichende Prüfung des Begehrens Auskunft über Nutzer zu erteilen; ähnlich *Kitz* ZUM 2006, 444 (446).
[340] Kritisch unter diesem Gesichtspunkt Wandtke/Bullinger/*Bohne* UrhG § 101 Rn. 25.
[341] BT-Drs. 16/5048, 39; Dreier/Schulze/*Dreier* UrhG § 101 Rn. 27.

gen berücksichtigt, dass die einmal erteilte Auskunft nicht wieder zurückgenommen werden kann, sollte sich im Hauptverfahren herausstellen, dass der Anspruch nicht begründet ist.[342]

Das Verfahren richtet sich nach den einschlägigen Vorschriften der ZPO (§§ 935, 940 ZPO). Der **94** Antragsteller hat dabei die Umstände, aus denen sich die Offensichtlichkeit der Rechtsverletzung ergibt, in der **üblichen Weise glaubhaft zu machen** und soll sich dabei zur Wahrung seiner Interessen des stärksten ihm zur Verfügung stehenden Beweismittels bedienen.[343] Dies schließt auch diejenigen Umstände ein, die außerhalb des § 101 hinsichtlich der Darlegungs- und Beweislast anders zu beurteilen sein mögen.[344] Es bedarf einer offensichtlichen Rechtsverletzung. Eine **Wahrscheinlichkeit einer Rechtsverletzung** genügt nicht; eine andere Beurteilung als die einer Rechtsverletzung darf kaum möglich erscheinen.[345] **Gesetzliche oder tatsächliche Vermutungen** reichen daher nicht aus.[346] Von einer offensichtlichen Rechtsverletzung ist erst dann auszugehen, wenn diese so eindeutig ist, dass eine ungerechtfertigte Belastung des Dritten ausgeschlossen scheint.[347] Die Durchsetzung des ohnehin recht weitgehenden Anspruchs muss zum **Schutz des Auskunftsschuldners** auf das **unbedingt erforderliche Maß** begrenzt bleiben.[348] Zu weiteren Einzelheiten zum Merkmal offensichtliche Rechtsverletzung vgl. → Rn. 63 ff. Auch im Übrigen gelten die §§ 935, 940 ZPO: Der Verletzte muss insbesondere auch den Verfügungsgrund, die Eilbedürftigkeit, darlegen und glaubhaft machen.[349]

Bei der Durchsetzung von Auskunftsverlangen gegen **Access-Provider** stößt der Anspruch aus **95** § 101 an **faktische Grenzen,** da er nur dann (noch) durchsetzbar ist, wenn die erforderlichen Daten auch noch tatsächlich vorhanden sind. Da nach der Providerpraxis die Verkehrsdaten des Kunden idR nach sehr kurzer Zeit wieder gelöscht werden,[350] drohen geltend gemachte Auskunftsansprüche ins Leere zu gehen. Mit einer einstweiligen Maßnahme darf nicht bereits die Entscheidung in der Hauptsache getroffen werden. Sie könnte daher im Rahmen des Abs. 9 nicht darauf gerichtet sein, die begehrte Auskunft zu erteilen, da damit das weitere Verfahren gem. § 101 Abs. 9 hinfällig wäre und der damit bezweckte Schutz der datenschutzrechtlichen Interessen des am Verfahren unbeteiligten Anschlussinhaber nicht erreicht werden könnte.[351]

Auch in der Rechtsprechung wird auf diese „gerichtsbekannte" Praxis hingewiesen, dass Verbin- **96** dungsdaten binnen 7 Tagen gelöscht werden.[352] Hieraus schließt das LG Köln, dass von der **Gewährung vorigen rechtlichen Gehörs** wegen der damit gegebenen Eilbedürftigkeit **abgesehen werden kann.**[353] Dagegen geht das OLG Karlsruhe davon aus, dass dem in Anspruch genommenen Provider stets rechtliches Gehör zu gewähren ist.[354] Die Auffassung des LG Köln führte zudem zur misslichen Konsequenz,[355] dass der einstweilige Rechtsschutz zum Regelverfahren würde.

Der BGH hat in der Entscheidung *Sicherung der Drittauskunft* eine einstweilige Verfügung nach **97** Abs. 7 gegen den Access-Provider auf **Untersagung der Löschung** auch für den Fall anerkannt, dass für die Durchsetzung des Auskunftsanspruchs eine richterliche Anordnung nach Abs. 9 erforderlich ist, da das Begehren des Antragstellers auf die **Sicherung seines Auskunftsanspruchs** nach § 101 Abs. 2 Nr. 3 gerichtet sei.[356] Schützenswerte Interessen des Internetproviders stünden nicht entgegen.[357] Die Lösung erscheint zweifelhaft, da sie den Access-Provider entgegen den Gesetzeszweck[358] im Rahmen der Sicherung veranlasst, die Prüfung vorzunehmen, ob eine offensichtliche Rechtsverletzung vorliegt und ihm bei Erlass der Verfügung die Kostenlast auferlegt. Es ist auch nicht ersichtlich, warum dieser zusätzliche Weg eröffnet werden muss, da der Rechteinhaber das Rechtsschutzziel über die **Anordnung nach §§ 49 ff. FamFG** im Rahmen des Gestatungsverfahrens nach Abs. 9

[342] BT-Drs. 11/4792, 32; zum Merkmal der offensichtlichen Rechtsverletzung vgl. → Rn. 59 ff. und die dort ausgewiesene Rechtsprechung; zum Verfügungsverfahren vgl. *Eichmann* GRUR 1990, 575 (585 ff.).
[343] BT-Drs. 11/4792, 32.
[344] Vgl. LG München I BeckRS 2019, 10916, Rn. 22; OLG Braunschweig GRUR 1993, 669 – Stoffmuster.
[345] LG München I BeckRS 2019, 10916, Rn. 22; OLG Frankfurt a. M. GRUR-RR 2002, 32; OLG Hamburg GRUR-RR 2013, 13, 16 f.
[346] LG München I BeckRS 2019, 10916, Rn. 22. OLG Braunschweig GRUR 1993, 669 – Stoffmuster; unter Verweis auf die amtl. Begründung zu § 101a Abs. 3 aF, BT-Drs. 11/4792, 32: „Weitere Erleichterungen bei der Geltendmachung des Anspruchs, wie sie etwa § 25 des Gesetzes gegen den unlauteren Wettbewerb vorsieht, sind hier nicht vertretbar".
[347] BT-Drs. 16/5048, 32.
[348] BT-Drs. 11/4792, 32.
[349] OLG Hamburg GRUR 2007, 381 – BetriebsratsCheck, zu § 101a Abs. 3 aF; LG München I BeckRS 2019, 10916 Rn. 21.
[350] Vgl. zur Löschungspflicht LG Darmstadt CR 2007, 574 (575).
[351] OLG Köln MMR 2008, 820 (821).
[352] Vgl. LG Köln MMR 2008, 761; OLG Köln ZUM 2008, 978 (979); OLG Zweibrücken ZUM-RD 2008, 605 (606 f.).
[353] LG Köln MMR 2008, 761 (762) mAnm *Solmecke* MMR 2008, 762; LG Köln ZUM-RD 2009, 40, jeweils zum Anordnungsverfahren nach Abs. 9.
[354] OLG Karlsruhe CR 2009, 806 (807) unter Verweis auf OLG Köln MMR 2008, 820; OLG Frankfurt a. M. GRUR-RR 2009, 296 (297).
[355] *Jüngel/Geißler* MMR 2008, 787 (792).
[356] BGH GRUR 2017, 1236 Rn. 28 – Sicherung der Drittauskunft.
[357] BGH GRUR 2017, 1236 Rn. 30 ff. – Sicherung der Drittauskunft.
[358] BT-Drs. 16/5048, 40.

erreicht und zugleich die Befassung zweier Gerichte mit demselben Sachverhalt vermeidet. Im Anordnungsverfahren nach § 101 Abs. 9 besteht die Möglichkeit, durch eine **einstweilige Anordnung nach §§ 49 ff. FamFG** eine **Sicherung der Verkehrsdaten** zu erreichen.[359] Zur Praxis einer einstweiligen Anordnung auf Sicherung der Daten vgl. → Rn. 126; zu sog. „Speicherung auf Zuruf" nachfolgend → Rn. 113.

X. Verwertungsverbot, Abs. 8

98   Abs. 8 entspricht § 101a Abs. 4 aF. Durch rechtlich vorgeschriebene Auskunftspflichten kann die Auskunftsperson in die Konfliktsituation geraten, sich entweder selbst einer strafbaren Handlung zu bezichtigen oder durch eine Falschaussage gegebenenfalls ein neues Delikt zu begehen oder aber wegen ihres Schweigens, Zwangsmitteln ausgesetzt zu werden.[360] Diesen verfassungsrechtlich gewährten **Schutz vor Selbstbezichtigungen** sichert Abs. 8 – anders als das der **Zeugnisverweigerung** angelehnte Recht in Abs. 2 S. 1 – durch ein **Verwertungsverbot**,[361] um so nicht zu verhindern, dass die zivilrechtlich begründete Erfüllung der Auskunftspflicht erzwungen werden kann.[362] Tatsachen, die bereits bekannt waren oder die auf andere Weise als durch die Auskunft bekannt geworden sind, sind vom Verwertungsverbot nicht erfasst; allerdings erstreckt sich das Verwertungsverbot auf Tatsachen und Beweismittel, die zwar nicht unmittelbar Gegenstand der Auskunft waren, zu denen aber die Auskunft direkt den Weg gewiesen hat.[363] Durch die Beschränkung des Verwertungsverbots auf eine vor Erteilung der Auskunft begangene Tat wird sichergestellt, dass die absichtlich unvollständige Auskunft, die eidesstattlich versichert wird, strafrechtlich geahndet werden kann.[364] Nach *Dreier* ist das Verwertungsverbot als Konkretisierung eines verfassungsrechtlichen Grundrechts auch bei sonstigen Auskunftsansprüchen entsprechend anzuwenden.[365]

XI. Anordnung bei Verwendung von Verkehrsdaten, Abs. 9

1. Regelungshintergrund

99   Ein Kernanwendungsfeld der Auskunftsansprüche nach § 101 ist die **Urheberrechtsverletzung im Internet.** Die Möglichkeit, im Internet weitgehend anonym zu kommunizieren, wird etwa über sog. **Tauschbörsen** für Urheberrechtsverletzungen in großem Umfang genutzt.[366] Hier besteht ein besonderes Interesse an einer Auskunft, ohne die der Verletzer nicht ermittelt werden kann. Für die Ermittlung von Urheberrechtsverletzungen im Internet bedarf es zur Identifizierung des Verletzers häufig der **Verwendung von Verkehrsdaten** im Sinne vom § 3 Nr. 30 TKG, also solcher Daten, die bei der Erbringung eines Telekommunikationsdienstes erhoben, verarbeitet oder genutzt werden. Insbesondere für Anbieter, die Leistungen zum Internet-Access oder zur E-Mail-Übertragung anbieten, gelten die Datenschutzvorschriften des TKG.[367]

100   Für den Fall, dass für ein Auskunftsersuchen nach § 101 die Verwendung von Verkehrsdaten erforderlich ist, sieht § 101 Abs. 9 ein **besonderes Anordnungsverfahren unter Richtervorbehalt** vor. Anträge nach Abs. 9 stellen den Hauptanwendungsfall des Auskunftsanspruchs nach § 101 dar.[368]

101   Die Vorschrift, die schon auf einer missverständlichen europarechtlichen Vorgabe in Art. 8 der Durchsetzungsrichtlinie aufsetzt,[369] regelt nur unzulänglich die schwierigen rechtlichen Fragen, so dass *Spindler*[370] zu Recht ein Bild aus der Odyssee bemüht, um das Dilemma zu beschreiben. Auf der einen Seite nämlich stehen die durch Art. 14 GG geschützten Rechte der Rechteinhaber, deren **effektive und wirksame Durchsetzung** § 101 zu dienen bezweckt.[371] Auf der anderen Seite steht

---

[359] Vgl. Keidel/*Giers* FamFG § 49 Rn. 3; OLG Köln GRUR-RR 2013, 353 (356) – Auskunftsgebühr; OLG Karlsruhe GRUR-RR 2012, 230 – Kosten der IP-Abfrage.

[360] BVerfGE 56, 37 (41).

[361] Dreier/Schulze/*Dreier* UrhG § 101 Rn. 32.

[362] BT-Drs. 11/4792, 39.

[363] BT-Drs. 11/4792, 39 f.

[364] BT-Drs. 11/4792, 40.

[365] Dreier/Schulze/*Dreier* UrhG § 101 Rn. 34.

[366] BT-Drs. 16/5048, 39.

[367] Vgl. BT-Drs. 16/3078, 15; § 11 Abs. 3 TMG.

[368] Vgl. BGH GRUR 2013, 536 – Die Heiligtümer des Todes; BGH GRUR 2012, 1026 – Alles kann besser werden; OLG Köln GRUR-RR 2014, 114 – The Archive; OLG Köln ZUM 2013, 951; 2012, 985 – Ermittlungssoftware; OLG Köln GRUR-RR 2013, 137 – Reseller; OLG Köln GRUR-RR 2012, 332 – Harry-Potter-Hörbuch; OLG München GRUR-RR 2012, 333 – Echoes; LG Frankenthal MMR 2008, 830; OLG Köln MMR 2008, 820; OLG Zweibrücken ZUM-RD 2008, 605; LG Frankfurt a. M. MMR 2008, 829; OLG Köln ZUM 2008, 981; LG Köln ZUM-RD 2009, 40; OLG Oldenburg MMR 2009, 188; OLG Karlsruhe WRP 2009, 335; OLG Düsseldorf K&R 2009, 122; OLG Köln CR 2009, 107; OLG Karlsruhe CR 2009, 806; OLG Zweibrücken GRUR-RR 2009, 399; OLG Frankfurt a. M. MMR 2009, 542; 2010, 62 waren allesamt Entscheidungen über Anträge nach § 101 Abs. 9.

[369] Vgl. *Seichter* FS Ullmann, 2006, 983 (987).

[370] *Spindler* GRUR 2008, 574 (577).

[371] EuGH GRUR 2008, 241 Rn. 57 – Promusicae/Telefonica.

der **Datenschutz,** dessen Bedeutung das Bundesverfassungsgericht in einer Reihe von Entscheidungen gerade zu der im Zusammenhang mit § 101 Abs. 9 relevanten Frage der **Vorratsdatenspeicherung** präzisiert hat.[372]

Europarechtlich waren die Mitgliedstaaten **weder verpflichtet noch daran gehindert,** ein zivilrechtliches Verfahren zur Mitteilung personenbezogener Daten einzuführen. Dies geht aus einer Zusammenschau der Bestimmungen in Art. 8 der Richtlinie 2004/48 hervor. Die Mitgliedstaaten und ihre Gerichte sind unionsrechtlich lediglich verpflichtet, die verschiedenen beteiligten Grundrechte miteinander zum Ausgleich zu bringen und den Grundsatz der Verhältnismäßigkeit zu beachten.[373] **102**

Die Durchsetzung des Anspruchs aus § 101 Abs. 9 steht auch vor einem **faktischen Problem:** Im Einklang mit entsprechenden Vorgaben aus der Rechtsprechung[374] speichern Access-Provider die für die Identitätsfeststellung von möglichen Verletzern erforderlichen Daten idR nur für einen Zeitraum von 7 Tagen, teilweise werden sie unmittelbar nach Verbindungsende gelöscht. **Anordnungen nach § 101 Abs. 9** und deren Zustellung stehen damit **unter erheblichem Zeitdruck.** Hier wirken einerseits die Grundsätze des Schutzes des geistigen Eigentums und des Datenschutzes und der daraus folgenden Datenvermeidung gegeneinander; andererseits könnten die wirtschaftlichen Interessen im Zusammenhang mit der Verfolgung von Rechtsverletzungen und der Kompensation für die Auskunft nach Abs. 2 S. 3 gleichläufig sein. **103**

2. Gesetzgebungsverfahren

Schon im Gesetzgebungsverfahren waren die datenschutzrechtlichen Fragen und der daraus begründete Richtervorbehalt[375] außerordentlich umstritten. Die Bundesregierung stellte in ihrer Begründung zum Gesetzentwurf[376] heraus, dass der **Sonderfall** von Abs. 9 insbesondere Rechtsverletzungen im Internet betrifft. Sie geht davon aus, dass insbesondere sog. **dynamische IP-Adressen Verkehrsdaten im Sinne von § 3 Nr. 30 TKG** sind, und dass daher potentielle Rechtsverletzer in solchen Fällen meist nicht unmittelbar über Bestandsdaten, sondern nur mit Hilfe von Verkehrsdaten ermittelt werden können. Diese Verkehrsdaten unterliegen dem einfachgesetzlich (§ 88 TKG) und verfassungsrechtlich (Art. 10 Abs. 1 GG) geschützten **Fernmeldegeheimnis;** daher sei es sachgerecht, den Auskunftsanspruch unter einen Richtervorbehalt zu stellen. Der **Bundesrat** in seiner Stellungnahme[377] **lehnte diesen Richtervorbehalt ab.** Er sei dem deutschen Zivilprozess fremd, belaste die Gerichte in hohem Maße und lege dem Verletzten erhebliche Kosten auf. Unter Verweis auf instanzgerichtliche Entscheidungen[378] stellte der Bundesrat heraus, dass die Verwendung der dynamischen IP-Adresse zur Ermittlung von Name und Anschrift des Verletzers nicht den grundrechtlich geschützten Bereich des Fernmeldegeheimnisses berühre und führt weiter aus, dass gerade bei Rechtsverletzungen im Internet mit einer besonders hohen Anzahl von Auskunftsverfahren zu rechnen sei, die die zuständigen Gerichte in besonders hohem Maße belasten würden. In ihrer Gegenäußerung[379] erwiderte die Bundesregierung, dass der Gesetzentwurf unter Berücksichtigung des Datenschutzes eine **angemessene Abwägung der unterschiedlichen am Verfahren beteiligten Interessen,** namentlich von **Rechtsinhabern, Nutzern und Internet-Provider** träfe. Bei **Verkehrsdaten** handele es sich um **besonders sensible Daten;** ein Richtervorbehalt sei verfassungsrechtlich angezeigt.[380] **104**

3. Anordnungsverfahren nach Abs. 9 und Datenschutz

Dem Auskunftsanspruch unter **Verwendung von Verkehrsdaten** nach § 101 Abs. 9 stehen nach Stimmen der Literatur **datenschutzrechtliche Einwände** entgegen – es fehle insbesondere an einer **Ermächtigungsgrundlage** für die Übermittlung der vom Verletzten begehrten Daten.[381] Daten- **105**

---

[372] Vgl. BVerfG NJW 2008, 822 – Online-Durchsuchung, die das allgemeine Grundrecht des Schutzes der Vertraulichkeit der Integrität der IT-Systeme des Bürgers fortentwickelte; BVerfG MMR 2008, 303 – Vorratsdatenspeicherung; BVerfG MMR 2009, 29.

[373] EuGH GRUR 2008, 241 Rn. 58 – Promusicae; EuGH GRUR 2009, 579 Rn. 29 – LSG/Tele 2; EuGH GRUR 2015, 894 Rn. 34 – Coty Germany; BGH GRUR 2012, 1026 Rn. 41 – Alles kann besser werden.

[374] Vgl. LG Darmstadt CR 2007, 574.

[375] Vgl. BT-Drs. 16/5048, 40, „Schutzwürdigkeit von Verkehrsdaten".

[376] BT-Drs. 16/5048, 39.

[377] BT-Drs. 16/5048, 55 f.

[378] LG Stuttgart NJW 2008, 1614; LG Hamburg MMR 2005, 711.

[379] BT-Drs. 16/50480, 63.

[380] Anders allerdings nun BGH GRUR 2012, 1026 Rn. 49 unter Verweis auf NJW 2010, 833 Rn. 261 – Vorratsdatenspeicherung; vor dem Hintergrund der Fehleranfälligkeit der Zuordnung hält *Hennemann* S. 118 den Richtervorbehalt für erforderlich.

[381] Vgl. aber BGH GRUR 2017, 1236 – Sicherung der Drittauskunft; zur Literatur: *Kramer* S. 184; *Spindler* ZUM 2008, 640 (645 f.); *Nägele/Nitsche* WRP 2007, 1047 (1050); *Spindler/Dorschel* CR 2006, 341 (343 f., 346); *Kitz* ZUM 2005, 298 (301); zu § 108a aF: *Sieber/Höfinger* MMR 2005, 575 (581 ff.); *Kuper* ITRB 2009, 12 (13 f.); *Bäcker* ZUM 2008, 391 (393); *Hoeren* NJW 2008, 3099 (3100); *Kindt* MMR 2009, 147 (152); *Welp* S. 361 ff.; *Fromm/Nordemann/Czychowski* UrhG § 101 Rn. 69, der allerdings auf § 28 Abs. 3 BDSG als mögliche Ermächtigungsgrundlage hinweist; aA OLG Köln K&R 2008, 751 ff., das ausdrücklich § 101 Abs. 9 als Ermächtigungs-

schutz- und fernmelderechtliche Probleme stellen sich insbesondere bei dem Auskunftsanspruch gegenüber dem **Access-Provider** nach § 101 Abs. 2 Nr. 3, einem schon unter dem Auskunftsanspruch nach § 101a aF außerordentlich kontrovers diskutierten Thema:[382]

106   **a) Technischer Hintergrund.** Der Gesetzgeber hatte mit Abs. 9 insbesondere Tauschbörsen im Blick.[383] Bei diesen **Tauschbörsen** befinden sich die Dateien in aller Regel auf den Rechnern der Teilnehmer und werden zwischen diesen Teilnehmern **(peer-to-peer)**[384] übermittelt. Jeder Nutzer ist Client und Server, Nutzer und Anbieter zugleich.[385] Um überhaupt im Internet Informationen austauschen zu können, braucht jeder Nutzer einen Anschluss. Um einen solchen Anschluss zu erhalten, gehen Nutzer in aller Regel ein **Vertragsverhältnis mit einem sog. Access-Provider** ein, der den technischen Zugang zum Internet verschafft.[386] Bei jeder Einwahl in das Internet **weist der Access-Provider dem Anschluss des jeweiligen Nutzers eine IP-Adresse zu (sog. dynamische IP-Adresse),** die den Nutzer technisch gegenüber seinem Kommunikationspartner eindeutig identifiziert.[387] Indem eine bestimmte IP-Adresse zu jedem Zeitpunkt weltweit jeweils nur an einen einzigen Computer vergeben wird, ist sichergestellt, dass die Daten genau an den anfragenden Rechner zurückgesendet werden können.[388] Die IP-Adressen, mit denen Angebote im Internet zum Abruf bereitgehalten oder abgerufen werden und die Zeitpunkte solcher Angebote oder Abfragen können in sog. Logfiles gespeichert werden. Diese beim Access-Provider mögliche **Datenspeicherung** und die damit zugleich mögliche Zuordnung der IP-Adresse eines Übertragungsvorgangs zu einem bestimmten Teilnehmer ist die Information, die der Rechteinhaber zur Identifizierung benötigt, um zivilrechtliche Ansprüche gegen mögliche Verletzer durchzusetzen. Insbesondere die Musikindustrie beauftragt häufig private Unternehmen damit, Tauschbörsen nach illegalen Angeboten zu durchzusuchen und die IP-Adressen der anbietenden Anschlüsse zu ermitteln.[389] Mit den so gewonnenen (in aller Regel) IP-Adressen und dem Zeitpunkt des Abrufes/Angebots kann der Access-Provider ermittelt werden, der dem vermeintlichen Verletzer den Zugang zum Internet vermittelt hat,[390] an den sich die Rechteinhaber sodann zur Ermittlung des betreffenden Klarnamens und Adresse wenden.

107   Die in der Literatur erhobenen Einwände, dass die möglichen Ausnahmen der Datenerhebung ohne Kenntnis des Betroffenen nach § 4 Abs. 2 S. 2 BDSG für das heimliche **Erheben von Daten mit einer speziellen Software** des Rechteinhabers nicht anwendbar sind,[391] spielen – soweit ersichtlich – in der Rechtsprechung keine Rolle.[392] Nach Meinung der Datenschutzaufsichtsbehörden liegen die Voraussetzungen von § 4 Abs. 2 BDSG nicht vor, wenn unter Einsatz einer speziellen Software die IP-Adresse bei einem Betroffenen heimlich erhoben wird.[393] Die Bundesregierung geht allerdings davon aus, dass die IP-Adresse standardmäßig auf dem Computer des Kommunikationspartners gespeichert wird und der Kommunikationspartner daher keine speziell entwickelte Software zur Ermittlung der IP-Adresse benötige.[394]

108   **b) Bestandsdaten/Verkehrsdaten.** Das Anordnungsverfahren nach Abs. 9 ist vorgesehen, soweit die Auskunft nur unter Verwendung von Verkehrsdaten (§ 3 Nr. 30 TKG) erteilt werden kann, dh solchen Daten, die bei der Erbringung eines Telekommunikationsdienstes erhoben, verarbeitet oder genutzt werden. Die Identifizierung eines Internet-Nutzers anhand seiner **dynamischen IP-Adresse** durch den zuständigen Access-Provider ist nur unter Verwendung von Verkehrsdaten im

---

grundlage ansieht; OLG Karlsruhe CR 2009, 806; anders jetzt hinsichtlich der Speicherung OLG Frankfurt a. M. MMR 2010, 62 (63).

[382] OLG Frankfurt a. M. MMR 2005, 241; OLG Hamburg MMR 2005, 453; OLG München MMR 2005, 616; OLG Hamburg GRUR-RR 2005, 209 (213); für die unterschiedlichen Auffassungen in der Literatur vgl. *Czychowski* MMR 2004, 515; *Sieber/Höfinger* MMR 2004, 575 sowie die weiteren Fundstellen in → Rn. 12.

[383] BT-Drs. 16/5048, 39.

[384] Mit Nachweisen zu den technischen Einzelheiten solcher Systeme *Wegener/Schlingloff* ZUM 2012, 877.

[385] Vgl. *Kindt* MMR 2009, 147.

[386] Den Streit zwischen den Instanzgerichten, gegen wen das Gestattungsverfahren nach Abs. 9 durchzuführen ist, wenn – wie häufig – Netzbetreiber und Endkundenanbieter (Reseller) auseinander fallen, hat der BGH GRUR 2018, 189 dahin entschieden, dass allein die Zuordnung der dynamischen IP-Adresse zu einer für den Reseller vergebenen Benutzerkennung und nicht die AUSKUNFT DES Resellers über Namen und Anschrift des Endkunden die Verwendung von Verkehrsdaten im Sinne von Abs. 9 betrifft; vgl. zum Streit OLG Köln GRUR-RR 2013, 137; LG Frankenthal GRUR-RR 2016, 110; vgl. auch Zimmermann K&R 2015, 73.

[387] Zu den technischen Grundlagen vgl. *Federrath* ZUM 2006, 434 ff.

[388] Vgl. *Meyerdierks* MMR 2009, 8 (9).

[389] Vgl. *Kindt* MMR 2009, 147; *Hoeren* NJW 2008, 3099 f.; zur Frage der Darlegung der Zuverlässigkeit solcher Systeme vgl. OLG Köln ZUM 2013, 951 (953); 2012, 985 (986) – Ermittlungssoftware; OLG Köln ZUM 2008, 978 – Ganz anders; zur Fehleranfälligkeit der erforderlichen sekundengenauen Zuordnung vgl. *Hennemann* S. 118.

[390] *Sankol* MMR 2006, 361.

[391] *Hennemann* S. 163; *Nägele/Nitsche* WRP 2007, 1047 (1050 f.); *Hoeren* NJW 2008, 3099 f.; *Maaßen* MMR 2009, 511 (513); zu einem möglichen Beweisverwertungsverbot im Zivilprozess vgl. OLG Karlsruhe MMR 2009, 412 (413).

[392] Vgl. OLG Köln ZUM 2013, 951 (953); 2012, 985 (986) – Ermittlungssoftware; OLG Köln ZUM 2008, 978 – Ganz anders.

[393] BT-Drs. 16/5048, 57.

[394] BT-Drs. 16/5048, 63 f.

Sinne von § 3 Nr. 30 TKG wie des Datums und der Uhrzeit der Verbindung möglich.[395] Auch die Bundesregierung[396] ging davon aus, dass in diesen Fällen die Auskunft nur unter Verwendung von Verkehrsdaten erfolgen kann. Bei sog. **statischen IP-Adressen** soll hingegen eine Anordnung nach Abs. 9 nicht erforderlich sein, da es sich um Bestandsdaten handelt.[397]

Die praktisch häufig vorkommende Situation, dass Zugangsanbieter nicht selbst eine **Vertragsbe- 109 ziehung zum Endkunden** haben, sondern ihre Leistungen über sog. **Reseller** vertreiben, führte in der Vergangenheit zu der Streitfrage, gegen wen das Gestattungsverfahren nach Abs. 9 durchzuführen ist. Der Zugangsanbieter selbst verfügte nur über eine sog. **Benutzerkennung,** konnte den Anschlussinhaber aber nicht nach Namen und Adresse identifizieren, da nur der Reseller eine Vertragsbeziehung mit dem Anschlussinhaber unterhält. Der BGH hat diese Streitfrage dahin entschieden, dass allein die Zuordnung der dynamischen IP-Adresse zu einer für den Reseller vergebenen Benutzerkennung und nicht die Auskunft des Resellers über Namen und Anschrift des Endkunden die Verwendung von Verkehrsdaten im Sinne von Abs. 9 betrifft.[398]

[Derzeit unbelegt] **110**

c) Datenschutzrecht; Fernmeldegeheimnis. aa) Speicherungsrecht; Speicherungspflicht. 111
Access-Provider speichern die für eine Ermittlung der Identität eines vermeintlichen Verletzers erforderlichen Daten idR weniger als acht Tage; teilweise löschen Provider die Daten unmittelbar mit Ende der Verbindung. Eine Pflicht zur Speicherung besteht nicht.[399] Es besteht grundsätzlich ein **Löschungspflicht bei Verkehrsdaten:** Nach § 96 Abs. 2 TKG sind gespeicherte Verkehrsdaten nach Beendigung der Verbindung unverzüglich zu löschen. Unverzüglich bedeutet ohne schuldhaftes Zögern;[400] für Zwecke der Entgeltermittlung bzw. -abrechnung (§ 97 TKG), zur Erstellung eines Einzelverbindungsnachweises (§ 99 TKG), zur Beseitigung von Störungen oder der Missbrauchsbekämpfung (§ 100 TKG) oder zur Mitteilung ankommender Verbindung bei bedrohenden oder belästigenden Anrufen (§ 101 TKG) oder aber für den Aufbau weiterer zukünftiger Verbindungen ist eine Verwendung der Verkehrsdaten über das Verbindungsende hinaus ausnahmsweise zulässig. Bei der Vereinbarung sog. **Flatrates,** dh bei einer zeit- oder volumenabhängigen Vergütung des Dienstes, wird daraus gefolgert, dass die Speicherung von Verkehrsdaten sogar **generell zu unterbleiben** hat.[401] Die **Ausnahmen von einer Löschungspflicht** unterstehen weiter dem Kriterium der **Erforderlichkeit:**[402] Für die Zwecke der Störungsbeseitigung (§ 100 TKG) ist eine anlasslose, jedoch auf sieben Tage begrenzte Speicherung verhältnismäßig.[403] Diese Normen gewähren dem Access-Provider im Rahmen ihres bestimmten Anwendungsbereichs ein Recht zur Speicherung.[404]

Der BGH sieht durch die **Löschungspflicht in § 96 Abs. 1 S. 3 TKG** die Möglichkeiten der **112** Rechteinhaber, Urheberrechtsverletzungen im Internet zu verfolgen, in erheblichem Umfang eingeschränkt. Aus dem Zweck der Enforcement-RL und der sie umsetzenden Regelung in § 101 Abs. 2 Nr. 3 UrhG folge, dass der zur Auskunft verpflichtete Dritte nicht nur verpflichtet ist, die vom Rechtsinhaber begehrte Auskunft zu erteilen, sondern auch dazu, die hierfür erforderlichen Daten bis zur Auskunftserteilung oder bis zur rechtskräftigen Abweisung des Auskunftsgestattungsantrags vorzuhalten, wenn er vor deren Löschung vom Rechtsinhaber auf eine Rechtsverletzung aufmerksam gemacht worden ist. Aus § 101 Abs. 2 und 9 UrhG iVm § 96 Abs. 1 S. 1 TKG ergebe sich daher ein Speicherungsrecht und eine damit korrespondierende Speicherpflicht des Internet-Providers für die Dauer des Gestattungsverfahrens.[405] Diese weitgehende Auslegung von § 96 Abs. 1 S. 2 TKG lässt sich nur schwer mit dem Zweck dieser Vorschrift vereinbaren, die auf die Verwendung durch **Strafverfolgungs- und Sicherheitsbehörden im Rahmen ihrer spezialgesetzlichen Auskunfts-**

---

[395] BGH GRUR 2013, 536 Rn. 37 – Die Heiligtümer des Todes; BGH GRUR 2012, 1026 Rn. 37–39 – Alles kann besser werden; OLG Hamburg GRUR-RR 2010, 241; OLG Köln MMR 2008, 820; LG Köln MMR 2008, 761; OLG Zweibrücken ZUM-RD 2008, 605 (606); LG Frankfurt a. M. MMR 2008, 929 (830); LG Frankenthal MMR 2008, 830 (831); OLG Oldenburg MMR 2009, 188 (189); missverständlich BGH BeckRS 2010, 13455 – Sommer unseres Lebens, das allerdings zu strafprozessualen Regelungen erging, für die Besonderheiten gelten; → Rn. 109; *Spindler/Dorschel* CR 2006, 340 (345); Spindler/Schuster/*Spindler/Nink* TMG § 14 Rn. 7; *Jüngel/ Geißler* MMR 2008, 787 (791 f.); *Kitz* NJW 2008, 2374 (2375 f.); *Spindler* ZUM 2008, 640 (645); *Musiol* GRUR-RR 2009, 1; *Kuper* ITRB 2009, 12 (14); *Mantz* K&R 2009, 21 (22); *Härting* ITRB 2009, 35 (38); *Maaßen* MMR 2009, 511 (513).
[396] BT-Drs. 16/5048, 39.
[397] LG München I GRUR-RR 2012, 71 (Ls.); Dreier/Schulze/*Dreier* UrhG § 101 Rn. 35; kritisch dazu *Kramer* S. 176; *Meyerdierks* MMR 2013, 705.
[398] BGH GRUR 2018, 189 – Benutzerkennung; zustimmend *Sesing* NJW 2018, 754; vgl. auch LG Braunschweig ZUM 2017, 434; zum vorherigen Streitstand vgl. OLG Köln GRUR-RR 2013, 137; LG Frankenthal GRUR-RR 2016, 110; vgl. auch Zimmermann K&R 2015, 73.
[399] OLG Düsseldorf MMR 2013, 392 (393); *Rehbinder/Peukert* § 54 Rn. 1301.
[400] Scheuerle/Mayen/*Büttgen* TKG § 96 Rn. 9.
[401] LG Darmstadt GRUR-RR 2006, 173; *Spindler/Dorschel* CR 2005, 38 (46); aA AG Bonn MMR 2008, 203.
[402] Vgl. § 96 Abs. 2 TKG; Arndt/*Fetzer*/Scherer TKG § 96 Rn. 13.
[403] BGH NJW 2014, 2500; MMR 2011, 341 Rn. 28; OLG Köln ZUM-RD 2011, 490 (491).
[404] Vgl. ausführlich mit Nachweisen zur Diskussion *Hennemann* S. 169 ff.
[405] BGH GRUR 2017, 1236 Rn. 55, 56 ff. – Sicherung der Drittauskunft; vgl. *Czychowski/Nordemann* NJW 2008, 3095 (3097); OLG Hamburg MMR 2010, 338.

und Übermittlungsbefugnisse gerichtet ist.[406] Damit wird man dieser Regelung nur schwer eine Ermächtigung oder gar Verpflichtung zu einer vorsorglichen Speicherung von Verkehrsdaten für den urheberrechtlichen Auskunftsanspruch entnehmen können.[407] *Grünberger* sieht in der Auslegung des BGH einen Fall der Rechtsfortbildung, für die eine Vorlage an den EuGH zwingend notwendig gewesen wäre.[408] In § 96 Abs. 2 S. 2 TKG erkennt der BGH zugleich eine Rechtsgrundlage, die dem Diensteanbieter gestattet, die gespeicherten Verkehrsdaten für die Erteilung der Auskunft zu verwenden.[409] Der BGH verdeutlicht auch mit dieser Entscheidung, dass er für einen effektiv durchsetzbaren Auskunftsanspruch im Wege des Richterrechts die gesetzgeberischen Mängel beseitigt und Probleme löst.[410]

113   Mit der Entscheidung des BGH dürften zugleich Auswüchse in der Instanzrechtsprechung beseitigt sein, die unter dem Stichwort „Speicherung auf Zuruf" diskutiert wurden, der sich die überwiegenden Obergerichte aber auch nicht angeschlossen hatte.[411] Die Hamburger Gerichte stützten die „Speicherung auf Zuruf" auf ein **gesetzliches Schuldverhältnis,** das sich aus der Rechtsverletzung und § 101 Abs. 2 ergebe. Dieses Schuldverhältnis konkretisiere sich durch die Kenntnisverschaffung von der offensichtlichen Rechtsverletzung und verpflichte den Provider, alles Zumutbare und Erforderliche zur Erfüllung der Auskunftsverpflichtung zu tun.[412] Diese Begründung lässt sich mit dem Willen des Gesetzgebers, den **Provider durch die richterliche Anordnung gerade von der Pflicht zur Prüfung entlasten,** ob eine offensichtliche Rechtsverletzung vorliegt, nicht in Einklang bringen.[413]

114   **bb) Rechtsgrundlage für die Herausgabe der Daten.** Auch die Auskunftserteilung bedarf einer **datenschutzrechtlichen Erlaubnisnorm (präventives Verbot mit Erlaubnisvorbehalt)** gemäß § 4 Abs. 1 BDSG. Der BGH geht offenbar davon aus, dass § 101 Abs. 9 eine hinreichende „**fachrechtliche Eingriffsermächtigung**" darstellt, und verweist dazu umfangreich auf die Vorratsdatenspeicherung-Entscheidung des BVerfG.[414] Da es dort um fachrechtliche Eingriffsermächtigungen für behördliche Auskunftsansprüche zur Strafverfolgung, Gefahrenabwehr und für die Nachrichtendienste ging, liegt die Übertragbarkeit der Erwägungen nicht auf der Hand. Bei der Prüfung, ob § 101 Abs. 9 tatsächlich die Anforderungen an eine Erlaubnisnorm, bei der Anlass, Zweck und Umfang des jeweiligen Eingriffs durch den Gesetzgeber bereichsspezifisch, präzise und normenklar für jeden Eingriff (Erhebung, Speicherung, Verwendung und Übermittlung) festzulegen ist,[415] erfüllt, hätte eine Auseinandersetzung mit den in der Literatur diskutierten Ansätzen nahegelegt. Dort wird insbesondere entgegengehalten, dass dem Auskunftsanspruch für den Bereich der Tele- und Mediendienste in § 14 Abs. 2 TMG die erforderliche ausdrückliche gesetzliche Gestattung hinsichtlich **Bestandsdaten** eingeräumt wurde, und dass eine entsprechende Gestattung für Verkehrsdaten im Bereich des Telekommunikationsrechtes, das für Access-Provider gilt (vgl. § 11 Abs. 3 TMG), fehlt.[416]

115   Teilweise ist angenommen worden, dass eine Erfüllung eines Auskunftsanspruchs unter Verwendung von Verkehrsdaten an datenschutzrechtlichen Einwänden scheitere, weil **europarechtliche Vorgaben dem Datenschutzrecht Vorrang** einräumten.[417] Die Frage ist durch die *Promusicae* **Entscheidung** des EuGH[418] geklärt. Danach bleibe es zwar trotz Art. 8 der Durchsetzungsrichtlinie den Mitgliedstaaten überlassen, ob sie Auskunftsansprüche überhaupt vorsehen wollen; jedenfalls würden **europarechtliche Datenschutzvorschriften** eine **Herausgabe von Daten durch die**

---

[406] So schon unter Bezugnahme der vorstehend genannten Vorschriften – die Begründung des Bundesrates zum Entwurf eines Gesetzes zur Änderung telekommunikationsrechtlicher Vorschriften vom 4.2.2005, BR-Drs. 92/05; gemeint sind die Befugnisse aus § 100g StPO, §§ 8 Abs. 8 und 10 BVerfSchG, § 10 Abs. 3 MAD-Gesetz, § 8 Abs. 3a BND-Gesetz sowie die durch Landesrecht geregelte Erteilung von Auskünften über Verkehrsdaten an die Strafverfolgungs- oder Sicherheitsbehörden zulässig ist; vgl. BT-Drs. 16/2581, 27 f.; *Arndt/Fetzer/Scherer* TKG § 96 Rn. 14. Zum ganzen ausführlich *Kramer* S. 185 f.

[407] *Hennemann* S. 165; *Welp* S. 265 ff.; *Kramer* S. 185 f.

[408] *Grünberger* ZUM 2018, 321 (332 f.).

[409] BGH GRUR 2017, 1236 Rn. 62 – Sicherung der Drittauskunft.

[410] Vgl. BT-Drs. 16/2581, 27 f.; *Arndt/Fetzer/Scherer* TKG § 96 Rn. 14.

[411] OLG Frankfurt a. M. GRUR-RR 2010, 91 – Speicherung auf Zuruf; OLG Frankfurt a. M. ZUM-RD 2010, 133 (134 f.); OLG Frankfurt a. M. MMR 2010, 62; OLG Hamm NJOZ 2010, 218 – IP-Daten-Speicherung auf Zuruf; LG Düsseldorf GRUR-RR 2013, 208; LG Hamburg MMR 2011, 475 für noch nicht abgeschlossene Rechtsverletzungen; zustimmend *Maaßen* MMR 2009, 511 (513); *Otten* GRUR-RR 2009, 369 (370); ablehnend *Moos* K&R 2009, 154 (158).

[412] LG Hamburg MMR 2009, 570 (571); ähnlich offenbar LG München I MMR 2010, 111 (113).

[413] Vgl. BT-Drs. 16/5048, 40; so auch *Hennemann* S. 174.

[414] BGH GRUR 2017, 1236 – Sicherung der Drittauskunft; BGH GRUR 2012, 1026 Rn. 42 ff. – Alles kann besser werden, unter Verweis auf BVerfG ZUM-RD 2010, 181 Rn. 254 ff. – Vorratsdatenspeicherung; vgl. auch OLG Köln CR 2009, 107 (108); OLG Karlsruhe CR 2009, 806; OLG Frankfurt a. M. MMR 2009, 542 (543); vgl. aber nun OLG Frankfurt a. M. MMR 2010, 62 (63); zustimmend *Czychowski/Nordemann* NJW 2008, 3095 (3097); *Fromm/Nordemann/Czychowski* UrhG § 101 Rn. 70; wohl auch *Heymann* CR 2008, 568 (571); *Maaßen* MMR 2009, 511 (513).

[415] Vgl. BVerfG MMR 2012, 410 Rn. 120 ff., 169.

[416] *Hennemann* S. 164; *Welp* S. 263 ff.; *Spindler/Dorschel* CR 2006, 341 (343); *Nägele/Nitsche* WRP 2007, 1047 (1051); *Spindler* ZUM 2008, 640 (645); *Mantz* K&R 2009, 21 (22); *Kitz* NJW 2008, 2374 (2375 f.); *Moos* K&R 2009, 154 (158).

[417] *Seichter* FS Ullmann, 2006, 983 (996); *Spindler/Dorschel* CR 2006, 341 (342, 345 f.); siehe aber nunmehr Spindler GRUR 2008, 574 ff.; *Spindler* ZUM 2008, 640 (645).

[418] EuGH GRUR 2008, 241 – Promusicae/Telefonica; bestätigt in EuGH MMR 2009, 242.

Provider nicht grundsätzlich sperren.[419] Vielmehr habe der nationale Gesetzgeber ein „**angemessenes Gleichgewicht zwischen den verschiedenen durch die Gemeinschaftsrechtsordnung geschützten Grundrechten sicherzustellen**".[420] Klarer formuliert der EuGH noch in seiner Entscheidung vom 19.2.2009,[421] dass „**die Mitgliedstaaten nicht daran gehindert [sind], eine Verpflichtung zur Weitergabe personenbezogener Verkehrsdaten an private Dritte zum Zweck der zivilgerichtlichen Verfolgung von Urheberrechtsverstößen aufzustellen**". Dabei sind die Mitgliedstaaten aber verpflichtet, darauf zu achten, dass ihrer Umsetzung der Richtlinien 2000/31, 2001/29, 2002/58 und 2004/48 eine Auslegung derselben zu Grunde liegt, die es erlaubt, die verschiedenen beteiligten Grundrechte miteinander in Ausgleich zu bringen.

Dies aber setzt entsprechende Vorschriften voraus, wie sie in § 14 Abs. 2 TMG für Bestandsdaten **116** im Bereich der Telemedien geschaffen worden ist.[422] Teilweise wird vertreten, dass die erforderliche Ermächtigungsgrundlage aus § 101 Abs. 9 iVm § 96 Abs. 2 TKG bzw. § 28 Abs. 3 Nr. 1 BDSG zu entnehmen sei.[423] Diese Auffassung übersieht die engen Grenzen, die das **Bundesverfassungsgericht** in mehreren jüngeren Entscheidungen getroffen hat, mit denen es das **Recht auf informationelle Selbstbestimmung** zu einem **allgemeinen Grundrecht des Schutzes der Vertraulichkeit und Integrität der IT-Systeme des Bürgers** fortentwickelt hatte.[424] Dabei hatte das Bundesverfassungsgericht besonders einen **Einschüchterungseffekt** hervorgehoben, der von einem unbegrenzten Abruf von auf Vorrat gespeicherten Daten ausgehen könne.[425]

[Derzeit unbelegt] **117, 118**

Ob mit den Entscheidungen des BGH das letzte Wort gesprochen ist, bleibt freilich abzuwarten. **119** Das Feld ist immer noch nicht vollständig ausgelotet und **bedarf intensiverer Klärung**.[426] Zu Recht beklagt die Rechteinhaberindustrie die Schwierigkeiten der Verfolgung von Rechtsverletzungen im Internet; zu Recht allerdings wenden Internet-Provider ein, dass sie nicht ohne weiteres – wie dies in der Vergangenheit mit den Staatsanwaltschaften geschah – in die Verfolgungsbemühungen der Rechteinhaber einbezogen werden können. Ob **alternative bzw. ergänzende Lösungen** zielführend sind, wäre weiter zu untersuchen.[427]

4. Richtervorbehalt; Verfahren; Kosten

a) Richtervorbehalt. Der Richtervorbehalt des Abs. 9 war im Gesetzgebungsverfahren umstrit- **120** ten.[428] Der Bundesrat bezeichnete ihn in seiner Stellungnahme[429] gar als „**dem deutschen Zivilprozess fremd**". Zudem sei insbesondere **bei Rechtsverletzungen im Internet mit einer besonders hohen Zahl von Auskunftsverfahren** zu rechnen, die den zuständigen Gerichte in besonders hohem Maß belasten würden.[430] In ihrer Gegenäußerung bekräftigte die Bundesregierung allerdings den Richtervorbehalt und bezeichnete ihn als „aufgrund der **Sensibilität der Daten**, die zur Erfüllung von Auskunftsansprüchen herangezogen werden müssen", für „**verfassungsrechtlich angezeigt**".[431]

Unter Verweis auf die Vorratsdatenspeicherung-Entscheidung des BVerfG war der Richtervorbehalt **121** nach dem BGH verfassungsrechtlich allerdings nicht geboten.[432] In der Zuordnung von IP-Adressen liegt ein Eingriff in Art. 10 Abs. 1 GG;[433] Art. 10 GG sieht aber für Eingriffe keinen Richter-, sondern einen **Gesetzesvorbehalt** vor.[434] Ob der Gesetzgeber, der einen generellen Richtervorbehalt im Rahmen von § 101 wegen der drohenden „**sehr hohen Belastung der Gerichte**"[435] mit der Entscheidung, ausgerechnet in dem praktisch relevantesten Fall des Auskunftsverlangens gegenüber Internet-Providern einen Richtervorbehalt einzuführen, konsequent war, kann man in Frage stellen. Denn tatsächlich ist die Belastung einiger Gerichte durch die Anträge nach Abs. 9 erheblich. Das LG Köln berichtet für das Jahr 2010 11 740, für 2011 9111, für 2012 7068 und schätzte die Zahl für 2013

---

[419] Entgegen der Auffassung der Kommission, vgl. Schlussanträge der Generalanwältin Kokott vom 18.7.2007 – C-275/06, abrufbar unter https://curia.europa.eu/.

[420] EuGH GRUR 2008, 241 – Promusicae/Telefonica; dazu ausführlich *Spindler* GRUR 2008, 574.

[421] EuGH MMR 2009, 242 (243).

[422] *Spindler* ZUM 2008, 640 (646 f.).

[423] Vgl. die Nachweise bei Fromm/Nordemann/*Czychowski* UrhG § 101 Rn. 69; dagegen *Hoeren* NJW 2008, 3099 (3101).

[424] BVerfG NJW 2008, 822 – Online-Durchsuchung.

[425] BVerfG MMR 2008, 303 (304); 2009, 29 (30) – Vorratsdatenspeicherung.

[426] *Spindler* ZUM 2008, 640 (646 f.).

[427] Vgl. zu solchen Ansätzen *Ladeur* K&R 2008, 650; *Kramer* S. 180 ff.; *Bäcker* ZUM 2006, 391.

[428] Vgl. → Rn. 104.

[429] BT-Drs. 16/5048, 55.

[430] BT-Drs. 16/5048, 56.

[431] BT-Drs. 16/5048, 63.

[432] BGH GRUR 2012, 1026 Rn. 49 – Alles kann besser werden, unter Verweis auf BVerfG NJW 2010, 833 Rn. 261 – Vorratsdatenspeicherung.

[433] BVerfG NJW 2012, 410.

[434] *Nägele/Nitsche* WRP 2007, 1047 (1050); *Kramer* S. 177 f.

[435] BT-Drs. 16/5048, 38.

auf 6700 Anträge.[436] Allerdings soll der Richtervorbehalt aber auch **Internet-Provider und Tele-kommunikationsunternehmen von der Prüfung entlasten, ob eine offensichtliche Rechts-verletzung** vorliegt;[437] vgl. dazu → Rn. 60 ff.

122   **b) Verfahren.** Der Ablauf des Anordnungsverfahrens nach § 101 Abs. 9 ergibt sich in entsprechender Anwendung aus den Vorschriften des **Gesetzes über das Verfahren in Familiensachen und in den Angelegenheiten der freiwilligen Gerichtsbarkeit (FamFG).**

123   **aa) Zuständigkeit.** Da dessen Vorschriften keinen Gerichtsstand vorsehen, begründet § 101 Abs. 9 S. 2 und 3 – in entsprechender Anwendung von § 143 Abs. 1 PatentG[438] – eine **ausschließliche Zuständigkeit der landgerichtlichen Zivilkammern.** Örtlich zuständig ist das Landgericht, in dessen Bezirk der zur Auskunft Verpflichtete seinen Wohnsitz, seinen Sitz oder eine Niederlassung hat, ohne Rücksicht auf den Streitwert. Ein Wahlrecht, das Verfahren statt am Ort des Sitzes am Ort einer beliebigen Niederlassung zu betreiben, folgt hieraus nicht.[439] Für Provider mit Sitz im Ausland fehlt den deutschen Gerichten die internationale Zuständigkeit.[440]

124   **bb) Amtsermittlungsgrundsatz.** Gemäß **§ 26 FamFG** hat das Gericht von Amts wegen die zur Feststellung der entscheidungserheblichen Tatsachen erforderlichen Ermittlungen durchzuführen. Insoweit gilt der allgemeine Beibringungsgrundsatz der ZPO im Verfahren nach Abs. 9 nicht. Allerdings trifft die Beteiligten eine **Darlegungsobliegenheit** bei der Sachverhaltsermittlung (§ 27 FamFG).[441] Die Beteiligten sind gehalten, dem Gericht durch Vorbringen des ihnen bekannten Sachverhalts und der ihnen bekannten Beweismittel Anhaltspunkte für eigene Ermittlungen zu liefern.[442] Dabei gilt jedoch auch der **Grundsatz der freien Beweiswürdigung,** sodass in Verfahren nach Abs. 9 keine absolute Gewissheit im naturwissenschaftlichen Sinne erforderlich ist.[443] Eine unzureichende Sachaufklärung kann einen **schwerwiegenden Verfahrensmangel** darstellen und entsprechend § 538 Abs. 2 Nr. 1 ZPO zur Aufhebung des Beschlusses sowie Zurückverweisung des Verfahrens an das Landgericht führen.[444]

125   **cc) Beschwerde.** Gegen die Entscheidung ist nach Abs. 9 S. 6 das **Rechtsmittel der Beschwerde zum Oberlandesgericht** statthaft, die innerhalb einer Frist von 2 Wochen ab Bekanntgabe (§§ 40, 41 FamFG) eingelegt werden soll (vgl. Abs. 9 S. 7). Die Beschwerde steht nach § 59 Abs. 1 FamFG demjenigen zu, der in seinen Rechten beeinträchtigt ist.[445] Auch nach **Erledigung der Hauptsache** ist die Beschwerde statthaft; das Beschwerdegericht spricht dann gemäß § 62 Abs. 1 FamFG auf Antrag aus, dass die Entscheidung des Erstgerichts den Beschwerdeführer in seinen Rechten verletzt hat, wenn dieser ein Interesse an der Feststellung hat. Dies ist bei **Eingriffen in das Fernmeldegeheimnis** gegeben. Eine **Rechtsbeschwerde zum BGH** findet nach § 101 Abs. 9 S. 4 iVm § 70 FamFG statt.[446]

126   Den faktischen Problemen daraus, dass die Verbindungsdaten idR binnen oder nach 7 Tagen gelöscht werden und der damit gegebenen Eilbedürftigkeit[447] begegnen einige Gerichte dadurch, dass sie auf den **regelmäßig zugleich mit dem Antrag zur Hauptsache** gestellten Antrag im Zusammenhang mit dem Antrag nach Abs. 9 eine **einstweilige Anordnung gemäß §§ 49 ff.** FamFG erlassen, die auf die **Sicherung der Daten** gerichtet ist.[448] Der BGH hat in der Entscheidung *Sicherung der Drittauskunft* für eine einstweilige Verfügung auf Untersagung der Löschung den **Zivilrechtsweg über § 101 Abs. 7** eröffnet, da das Begehren des Antragsteller auf die Sicherung seines Auskunftsanspruchs nach § 101 Abs. 2 Nr. 3 gerichtet sei.[449] Auch wenn die Durchsetzung dieses Anspruches gemäß § 101 Abs. 9 einer richterlichen Anordnung bedarf, stünden schützenswerte Interessen des Internetproviders nicht entgegen.[450] Der Access-Provider soll, wie auch der BGH herausstellt, von der Prüfung befreit werden, ob eine offensichtliche Rechtsverletzung vorliegt, und – da er „nur formal Antragsgegner" aber nicht Verletzer sei, von den Kosten freigestellt sein. Beide Aspekte werden durch die Entscheidung konterkariert, denn der Access-Provider wird nun im Rahmen der Sicherung veranlasst, die Prüfung vorzunehmen und trägt bei Erlass die Kostenlast. Es ist auch nicht

---

[436] Vgl. die Antwort des Präsidenten des LG Köln unter https://fragdenstaat.de/files/foi/13386/SchrPLGKlnE-MailNAME.pdf.

[437] Vgl. BT-Drs. 16/5048, 40, 63.

[438] BT-Drs. 16/5048, 40.

[439] OLG Düsseldorf K&R 2009, 122 (124); *Hoffmann* MMR 2009, 655 (656).

[440] OLG München GRUR-RR 2012, 228; aA Fromm/Nordemann/*Czychowski* UrhG § 101 Rn. 101.

[441] Mestmäcker/Schulze/*Backhaus* UrhG § 101 Rn. 66.

[442] OLG Zweibrücken MMR 2010, 214 (215).

[443] OLG Köln MMR 2014, 68.

[444] OLG Zweibrücken MMR 2010, 214.

[445] BGH GRUR 2013, 536 Rn. 11 – Die Heiligtümer des Todes; OLG Köln MMR 2011, 108, unter Aufgabe von OLG Köln MMR 2009, 547; 2014, 68.

[446] Vgl. BGH GRUR 2013, 536 Rn. 10 – Die Heiligtümer des Todes; BGH GRUR 2012, 1026 Rn. 8 – Alles kann besser werden.

[447] Vgl. dazu → Rn. 90, 105.

[448] OLG Köln GRUR-RR 2013, 353 –Auskunftsgebühr; OLG Karlsruhe GRUR-RR 2012, 230 – Kosten der IP-Abfrage; Keidel/*Giers* FamFG § 49 Rn. 3; vgl. aber BGH ZUM 2018.

[449] BGH GRUR 2017, 1236 Rn. 28 – Sicherung der Drittauskunft.

[450] BGH GRUR 2017, 1236 Rn. 30 ff. – Sicherung der Drittauskunft.

ersichtlich, warum dieser zusätzliche Weg eröffnet werden muss, da der Rechteinhaber das Rechtsschutzziel über die Anordnung nach §§ 49 ff. FamFG erreicht und zugleich die Befassung zweier Gerichte mit demselben Sachverhalt vermeidet.

c) Kosten. Die **Kosten** für die richterliche Anordnung soll nach § 101 Abs. 9 S. 5 zunächst der **127** **Verletzte** tragen, die er später als **Schaden gegenüber dem Verletzer** geltend machen kann.[451] Daraus folgt nicht, dass diese Kosten nur auf der Grundlage eines materiellen Schadensersatzanspruches geltend gemacht werden können. Die Kosten des Verfahrens nach § 101 Abs. 2 S. 1 Nr. 3 und § 101 Abs. 9 S. 1 UrhG gegen einen Internet-Provider auf Auskunft über den Inhaber einer IP-Adresse dienen der Vorbereitung eines konkret bevorstehenden Rechtsstreits gegen die Person, die für eine über diese IP-Adresse begangene Urheberrechtsverletzung verantwortlich ist; sie sind daher gem. § 91 Abs. 1 S. 1 ZPO zu erstatten, soweit sie zur zweckentsprechenden Rechtsverfolgung notwendig waren.[452] Notwendig bei einer Auskunft über eine Vielzahl von IP-Adressen sind die anteilig auf die betreffende Person entfallenden Kosten.[453] Das gilt auch, wenn das berechtigte Unternehmen über eine Rechtsabteilung verfügt und vorgelagerte Ermittlugnen selbst ausgeführt hat.[454]

Die Regelungen in § 128c Abs. 1 Nr. 4 bzw. ab dem 1.9.2009 § 128e Abs. 1 Nr. 4 KostO zu den **128** Gerichtskosten sind nunmehr „unverändert"[455] in § 3 GNotKG i. v. M. Nr. 15213 KV-GNotKG übernommen worden (zur Übergangsregelung vgl. § 134 GNotKG) und sehen eine Festgebühr von 200,00 EUR für die Entschädigung über den Antrag auf Erlass einer Anordnung nach § 101 Abs. 9 vor. Dies bestimmt sich nach der Rechtsprechung nicht nach der äußeren Form des Antrags, sondern nach dessen Inhalt.[456] Liegt dem Antrag im Wesentlichen derselbe Lebenssachverhalt zugrunde, ist ein Antrag anzunehmen; weist der Lebenssachverhalt dagegen wesentliche Unterschiede auf, werden mehrere Anträge anzunehmen sein. Wird dasselbe urheberrechtlich geschützte Werk unter verschiedenen IP-Adressen angeboten, fällt nur eine Gebühr an.[457] Wird das Begehren auf die Verletzung mehrerer verschiedener Werke gestützt, liegt eine Mehrzahl von Anträgen vor, die je eine gesonderte Gebühr auslösen.[458] Das gleiche soll gelten, wenn es um Verletzungshandlungen geht, die mehrere Personen unabhängig voneinander begangen haben.[459] Wird der Antrag zurückgenommen, bevor über ihn eine Entscheidung ergangen ist, ermäßigt sich die Gebühr auf 50,00 EUR.[460]

Die OLG Köln setzt den nach freiem Ermessen zu bestimmenden Gegenstandswert der Anwaltstä- **129** tigkeit als „höher als die nach dem GNotKG anfallende gerichtliche Gebühr" an, und legte den in § 30 Abs. 2 Kostenordnung vorgesehenen **Regelwert von 3000,00 EUR** zu Grunde.[461] Dabei kommt es für die Wertberechnung nicht auf die Anzahl der angefragten IP-Adressen, sondern auf das jeweilige **urheberrechtlich geschützte Werk** an.[462]

Bei einem **gleichzeitig gestellten Antrag auf Erlass einer einstweiligen Anordnung** auf Si- **130** cherung der Daten bzw. auf Untersagung der Löschung fällt die **Festgebühr sowohl für die Entscheidung in der Hauptsache als auch für die Entscheidung über den Antrag auf Erlass einer einstweiligen Anordnung** an.[463]

§ 101a Anspruch auf Vorlage und Besichtigung

(1) [1]**Wer mit hinreichender Wahrscheinlichkeit das Urheberrecht oder ein anderes nach diesem Gesetz geschütztes Recht widerrechtlich verletzt, kann von dem Verletzten auf Vorlage einer Urkunde oder Besichtigung einer Sache in Anspruch genommen werden, die sich in seiner Verfügungsgewalt befindet, wenn dies zur Begründung von dessen Ansprüchen erforderlich ist.** [2]**Besteht die hinreichende Wahrscheinlichkeit einer in gewerblichem Ausmaß begangenen Rechtsverletzung, erstreckt sich der Anspruch auch auf die Vorlage von Bank-, Finanz- oder Handelsunterlagen.** [3]**Soweit die vermeintliche Verletzer geltend macht, dass es sich um vertrauliche Informationen handelt, trifft das Gericht die erforderlichen Maßnahmen, um den im Einzelfall gebotenen Schutz zu gewährleisten.**

---

[451] BT-Drs. 16/5048, 40.

[452] BGH GRUR 2017, 854 – Anwaltskosten im Gestaltungsverfahren; BGH GRUR 2014, 1239 Rn. 10 – Deus Ex; BGH ZUM-RD 2015, 214 (215).

[453] BGH GRUR 2014, 1239 Rn. 16 ff. – Deus Ex; BGH ZUM-RD 2015, 214 (215).

[454] BGH GRUR 2017, 854 Rn. 13 – Anwaltskosten im Gestattungsverfahren.

[455] BT-Drs. 17/11471, 215.

[456] OLG Düsseldorf BeckRS 2018, 15349; MMR 2009, 476; OLG Köln BeckRS 2013, 21617; OLG Karlsruhe GRUR-RR 2012, 230 (231); aA OLG München GRUR-RR 2011, 230; ZUM-RD 2014, 211.

[457] OLG Düsseldorf MMR 2009, 476; LG Düsseldorf BeckRS 2017, 149724.

[458] OLG Düsseldorf BeckRS 2018, 15349; MMR 2009, 476; OLG Köln BeckRS 2013, 21617; OLG Karlsruhe GRUR-RR 2012, 230 (231).

[459] OLG Karlsruhe GRUR-RR 2012, 230 (232).

[460] Nr. 15214 KV-GNotKG.

[461] BGH GRUR 2017, 854 – Anwaltskosten im Gestattungsverfahren; OLG Köln ZUM 2008, 981; *Mantz* K&R 2009, 21 (22); vgl. aber OLG Frankfurt a. M. MMR 2009, 542.

[462] BGH GRUR 2017, 854 Rn. 15 – Anwaltskosten im Gestattungsverfahren; OLG Köln ZUM 2008, 981 (982); dazu auch OLG Karlsruhe WRP 2009, 335 (337).

[463] OLG Köln GRUR-RR 2013, 353 (356) – Auskunftsgebühr; OLG Karlsruhe GRUR-RR 2012, 230 – Kosten der IP-Abfrage.

(2) **Der Anspruch nach Absatz 1 ist ausgeschlossen, wenn die Inanspruchnahme im Einzelfall unverhältnismäßig ist.**

(3) [1]**Die Verpflichtung zur Vorlage einer Urkunde oder zur Duldung der Besichtigung einer Sache kann im Wege der einstweiligen Verfügung nach den §§ 935 bis 945 der Zivilprozessordnung angeordnet werden.** [2]**Das Gericht trifft die erforderlichen Maßnahmen, um den Schutz vertraulicher Informationen zu gewährleisten.** [3]**Dies gilt insbesondere in den Fällen, in denen die einstweilige Verfügung ohne vorherige Anhörung des Gegners erlassen wird.**

(4) **§ 811 des Bürgerlichen Gesetzbuchs sowie § 101 Abs. 8 gelten entsprechend.**

(5) **Wenn keine Verletzung vorlag oder drohte, kann der vermeintliche Verletzer von demjenigen, der die Vorlage oder Besichtigung nach Absatz 1 begehrt hat, den Ersatz des ihm durch das Begehren entstandenen Schadens verlangen.**

Schrifttum: *Ahrens,* Gesetzgebungsvorschlag zur Beweisermittlung bei Verletzung von Rechten des geistigen Eigentums, GRUR 2005, 837; *Bornkamm,* Der Schutz vertraulicher Informationen im Gesetz zur Durchsetzung von Rechten des geistigen Eigentums – in-Camera-Verfahren im Zivilprozess?, in: Ahrens/Bornkamm/Kunz-Hallstein (Hrsg.), FS Eike Ullmann (2006), S 893; *Benkhard,* Patentgesetz, 10. Aufl., 2006; *Czychowski,* Das Gesetz zur Verbesserung der Durchsetzung von Rechten des Geistigen Eigentums – Teil II: Änderungen im Urheberrecht, GRUR-RR 2008, 265; *Dörre/Maaßen,* Das Gesetz zur Verbesserung der Durchsetzung von Rechten des geistigen Eigentums – Teil I: Änderungen im Patent-, Gebrauchsmuster-, Marken- und Geschmacksmusterrecht, GRUR-RR 2008, 217; *Dombrowski,* Discovery – auch in deutschen Gerichtsverfahren?, GRUR-Prax 2016, 319; *Eck/Dombrowski,* Rechtsschutz gegen Besichtigungsverfügungen im Patentrecht – De lege lata und de lege ferenda, GRUR 2008, 387; *Eisenkolb,* Die Durchsetzungsrichtlinie und ihre Wirkung, GRUR 2007, 387; *Frank/Wiegand,* Der Besichtigungsanspruch im Urheberrecht de lege ferenda, CR 2007, 481; *Frey/Rudolph,* EU-Richtlinie zur Durchsetzung der Rechte des Geistigen Eigentums, ZUM 2004, 522; *Haedicke,* Informationsbefugnisse des Schutzrechtsinhabers im Spiegel der EG-Richtlinie zur Durchsetzung der Rechte des geistigen Eigentums, FS Schricker (2005), S. 19; *von Hartz,* Beweisicherungsmöglichkeiten im Urheberrecht nach der Durchsetzungs-Richtlinie im deutschen Recht, ZUM 2005, 376; *Heymann,* Das Gesetz zur Verbesserung der Durchsetzung von Rechten des geistigen Eigentums, CR 2008, 568; *Hoppen,* Software-Besichtigungsansprüche und ihre Durchsetzung, CR 2009, 407; *Ibbeken,* Das TRIPS-Übereinkommen und die vorgerichtliche Beweishilfe im gewerblichen Rechtsschutz, 2004; *Kitz,* Rechtsdurchsetzung im geistigen Eigentum – Die neuen Regeln, NJW 2008, 2374; *Knaack,* EG-Richtlinie zur Durchsetzung der Rechte und Umsetzungsbedarf im deutschen Recht, GRUR-Int 2004, 745; *Kotthoff/Wieczorek,* Rechtsrahmen von Softwarelizenzaudits, Zulässigkeit und Grenzen, MMR 2014, 3; *Kühnen,* Die Besichtigung im Patentrecht – Eine Bestandsaufnahme zwei Jahre nach „Faxkarte", GRUR 2005, 185; *Lehmann/Meents,* Handbuch des Fachanwalts- Informationstechnologierecht, 2008; *Marly,* Anmerkung zu BGH, Urteil vom 20.9.2012 – I ZR 90/09 (OLG München), GRUR 2013, 509 – „UniBasic-IDOS", LMK 2013, 346232; *Metzger/Wurmnest,* Auf dem Weg zu einem Europäischen Sanktionenrecht des geistigen Eigentums?, ZUM 2003, 922; *McGuire* Beweismittelvorlage und Auskunftsanspruch zur Durchsetzung der Rechte des geistigen Eigentums, GRUR-Int 2005, 15; *Müller-Stoy,* Durchsetzung des Besichtigungsanspruchs – kritische Überlegungen zu OLG München, GRUR-RR 2009, 191 – Laser-Hybrid-Schweißverfahren, GRUR-RR 2009, 161; *Nägele/Nitzsche,* Gesetzentwurf der Bundesregierung zur Verbesserung der Durchsetzung von Rechten des Geistigen Eigentums WRP 2007, 1047; *Patnaik,* Enthält das deutsche Recht effektive Mittel zur Bekämpfung von Nachahmungen und Produktpiraterie?, GRUR 2004, 19; *Peukert/Kur,* Stellungnahme des Max-Planck-Instituts für Geistiges Eigentum, Wettbewerbs- und Steuerrecht zur Umsetzung der Richtlinie 2004/48/EG zur Durchsetzung der Rechte des geistigen Eigentums in deutsches Recht, GRUR-Int 2006, 292; *Rauschhofer,* Quellcodebesichtigung im Eilverfahren – Softwarebesichtigung nach § 809 BGB – Anmerkung zu OLG Frankfurt a. M. GRUR-RR 2006, 295; *Schulte,* PatG mit EPÜ, 9. Aufl. 2014; *Seichter,* Die Umsetzung der Richtlinie zur Durchsetzung der Rechte des geistigen Eigentums, WRP 2006, 391; *Spindler/Weber,* Die Umsetzung der Enforcement-Richtlinie nach dem Regierungsentwurf für ein Gesetz zur Verbesserung der Durchsetzung von Rechten des geistigen Eigentums, ZUM 2007, 257; *dies.,* Der Geheimnisschutz nach Art. 7 der Enforcement-Richtlinie, MMR 2006, 711; *Tilmann,* Beweisicherung nach europäischem und deutschem Recht, in: Ahrens/Bornkamm/Kunz-Hallstein (Hrsg.), FS Eike Ullmann (2006), S. 1013; *ders.,* Beweisicherung nach Art. 7 der Richtlinie zur Durchsetzung der Rechte des geistigen Eigentums, GRUR 2005, 737; *Tilmann/Schreibauer,* Anmerkung BGH, Urteil vom 1.8.2006 – X ZR 114/03 – Restschadstoffentfernung, GRUR 2006, 967; *Tinnefeld,* Der Anspruch auf Besichtigung von Quellcode nach der Entscheidung „UniBasic-IDOS" des BGH, CR 2013, 417; *Weber,* Die Umsetzung der Enforcement-Richtlinie ins deutsche Recht – Unter besonderer Berücksichtigung der Umsetzung des Art. 7 RL, 2010; *Wilhelmi,* Das gewerbliche Ausmaß als Voraussetzung der Auskunftsansprüche nach dem Durchsetzungsgesetz, ZUM 2008, 942; *Zöllner,* Der Vorlage- und Besichtigungsanspruch im gewerblichen Rechtsschutz – Ausgewählte Probleme, insbesondere im Eiverfahren; GRUR-Prax 2010, 74.

Übersicht

I. Ausgangslage

Selbst wenn der Rechtsinhaber den Verdacht einer Urheberrechtsverletzung hat, steht er häufig vor **1** **Problemen der Sachverhaltsermittlung und der Beweisführung.** Viele Verletzungen entziehen sich der Wahrnehmung durch den Verletzten, zB wenn sie nur in den internen Unternehmensabläufen des Verletzers erfolgen. Bei Urheberrechtsverletzungen im Bereich von **Software** stellt sich ganz grundsätzlich das Problem, dass der sog. Objektcode, der vom Computer ausgeführt wird, für den Menschen nicht lesbar ist; Urheberrechtsverletzungen bei Computerprogrammen kann der Verletzte daher in aller Regel nur feststellen, wenn ihm der sog. **Quellcode** des Programms zur Verfügung steht.[1]

Das deutsche Recht – anders als andere Rechtsordnungen[2] – sieht nur sehr begrenzte materiell- **2** rechtliche Ansprüche und prozessuale Rechte vor, dem Rechtsinhaber über seine Beweisnot hinwegzuhelfen.[3] § 101a gewährt in Umsetzung der Art. 6, 7 der Enforcement-RL **materiell-rechtliche Ansprüche auf Vorlage von Urkunden und auf Besichtigung von Sachen,** die gemäß Abs. 3 auch im Wege der **einstweiligen Verfügung** angeordnet werden können.

II. Entwicklung und Bedeutung

1. Entwicklung

Dem vom **Beibringungsgrundsatz** geprägten deutschen Recht sind extensive Verfahren, die wie **3** das US-amerikanische sog. **Pretrial-Discovery-Verfahren**[4] die Gegenseite zur Übermittlung von Dokumenten und anderen Beweismitteln zwingen, weitgehend fremd. In ihrem Vorschlag für eine Richtlinie des Europäischen Parlaments und des Rates über die Maßnahmen und Verfahren zum Schutz der Rechte an geistigem Eigentum stellte die Europäische Kommission[5] für den Bereich der Beweissicherung heraus, dass im Vereinigten Königreich die sog. **Anton-Piller-Order,**[6] mit der auch *ex parte,* dh **ohne Anhörung der Gegenpartei,** die Durchsuchung der Räumlichkeiten des angeblichen Verletzers und die globale Beschlagnahme von Beweismitteln möglich ist, „in der Praxis sehr wichtig" sei. Auch in Frankreich stünde mit der sog. **demande de saisie-contrefaçon** ein „sehr wirksames Instrument zur Beweissicherung" zur Verfügung.[7] In Deutschland hingegen seien die rechtlichen Möglichkeiten der Beweissicherung „nicht sehr schlagkräftig", da sie beschränkt seien auf die Beweisbeschaffung mittels Zeugenaussagen, Sachverständigengutachten und Inaugenscheinnahme, sich aber nicht auf Unterlagen und die Vernehmung der Parteien erstrecken könnten. Die englischen und französischen Regelungen bildeten denn auch die Grundlage für die Regelungen in Art. 6 und 7 der Enforcement-RL.[8]

Die **Richtlinie zur Harmonisierung bestimmter Aspekte des Urheberrechts und ver- 4 wandter Schutzrechte in der Informationsgesellschaft (InfoSoc-RL)**[9] regelte in ihrem Art. 8

---

[1] Vgl. dazu insbesondere *Frank/Wiegand* CR 2007, 481; zum Technischen vgl. *Hoppen* CR 2009, 407.
[2] Vgl. zum französischen und englischen Recht: *Weber* S. 61 ff.; 73 ff.; *Treichel* GRUR-Int 2001, 690.
[3] Vgl. zB §§ 809 ff. BGB; §§ 142, 144 ZPO; §§ 485 ff. ZPO; vgl. zu „Defiziten" des deutschen Besichtigungsverfahrens gegenüber der US-Discovery *Dombrowski* GRUR-Prax 2016, 319.
[4] Ein zwischen Klageerhebung und mündlicher Verhandlung durchgeführtes Beweis- und Beweisermittlungsverfahren; vgl. BVerfG JZ 2007, 1046; *Dombrowski* GRUR-Prax 2016, 319; Fromm/Nordemann/*Czychowski* UrhG § 101a Rn. 1 ff.
[5] Vom 31.3.2003, KOM(2003) 46 endgültig, S. 15.
[6] Anton Piller KG . /. Manufacturing Processes Ltd. [1976] 1Ch.55, [1976] R. P. C. 719.
[7] KOM(2006) 46 endgültig, S. 15; vgl. dazu *Treichel* GRUR-Int 2001, 690.
[8] *Weber* S. 58 ff.; *Haedicke* FS Schricker, 2005, 19 (21).
[9] Richtlinie 2001/29/EG des Europäischen Parlaments und des Rates vom 22.5.2001, sog. InfoSoc-RL.

allgemein, dass die Mitgliedstaaten bei Verletzungen von Urheberrechten „**angemessene Sanktionen und Rechtsbehelfe**" vorsehen und deren Anwendung sicherstellen sollen; diese müssen „**wirksam, verhältnismäßig und abschreckend**" sein. Spezielle Vorgaben hinsichtlich Beweissicherungsmöglichkeiten enthielt diese Richtlinie jedoch nicht.[10] Schon das **TRIPS-Übereinkommen**[11] sah in seinem **Art. 43 eine Anordnungsbefugnis der Gerichte** vor, dass die gegnerische Partei Beweismittel vorzulegen habe. Durch das Zustimmungsgesetz vom 30.8.1994[12] war die Bundesrepublik zur Einhaltung des TRIPS-Übereinkommens verpflichtet. Der Bundesgesetzgeber sah jedoch insbesondere in Bezug auf die Regelungen des TRIPS-Übereinkommens zur Durchsetzung von Rechten des geistigen Eigentums[13] **unter Verweis auf die Einführung des Produktpirateriegesetzes keinen Nachbesserungsbedarf.**[14]

2. Regelungen der Durchsetzungsrichtlinie

5   Die Enforcement-RL sieht in Art. 6 eine **gerichtliche Anordnung zur Vorlage von Beweismitteln**, sowie in Art. 7 **Maßnahmen zur Beweissicherung** vor. Art. 6 (Beweise) **entspricht in ihrem Abs. 1 in vollem Umfang Art. 43 Abs. 1 des TRIPS-Übereinkommens.**[15] Die Vorlagepflicht aus Art. 6 Abs. 1 S. 1 besteht unter folgenden Voraussetzungen: Der Rechtsinhaber hat alle verfügbaren Beweismittel zur hinreichenden Begründung der Ansprüche vorgelegt; er hat das Beweismittel genau bezeichnet; das Beweismittel liegt in der Verfügungsgewalt der gegnerischen Partei; und die Vorlage verletzt keine Geheimhaltungsinteressen der gegnerischen Partei. Für den Fall einer **Rechtsverletzung in gewerblichem Ausmaß** regelt Abs. 2 weitergehend die **Vorlage der in der Verfügungsgewalt des Gegners befindlichen Bank-, Finanz- oder Handelsunterlagen.**

6   Art. 7 sieht **einstweilige Maßnahmen zur Beweissicherung** vor und entspricht weitgehend **Art. 50 Abs. 1b des TRIPS-Übereinkommens.**[16] Er verpflichtet die Mitgliedstaaten, Regelungen vorzusehen, wonach Gerichte einstweilige Maßnahmen zur Beweissicherung anordnen können. Eine solche Beweissicherung kann bereits beantragt werden, bevor ein Verfahren anhängig ist, so dass es sich hier um vorprozessuale Maßnahmen handelt. Sie ist der englischen **Anton-Piller-Order** und der französischen **saisie-contrefaçon** nachempfunden.[17] Voraussetzungen sind: der Rechtsinhaber hat alle verfügbaren Beweismittel zur Begründung der Ansprüche vorgelegt und die Vorlage verletzt keine Geheimhaltungsinteressen der gegnerischen Partei.

3. Bisheriges Recht

7   **a) Vorlage von Beweismitteln.** Bei Art. 6 der Enforcement-RL handelt es sich nach dessen Wortlaut um eine **prozessrechtliche Vorschrift.**[18] Die Einordnung dieser Regelungen in die bestehenden zivilprozessualen Grundsätze fällt schwer; **Friktionen bestehen einerseits mit dem Beibringungsgrundsatz, andererseits aber auch mit dem Verbot der Ausforschung und des Geheimnisschutzes.**[19] Die Regelungen der ZPO machen die Pflicht zur Vorlage von Beweismitteln grundsätzlich vom materiellen Recht abhängig.[20] Dieser Grundsatz erfährt **in den Vorschriften der §§ 142 und 144 ZPO eine Durchbrechung:** danach kann das Gericht – von sich aus und auch ohne materiell-rechtlichen Anspruch[21] – in recht weitem Umfang die Vorlage von Urkunden und Augenscheinsobjekten auch durch den Prozessgegner anordnen,[22] wenn dies zur Aufklärung des Sachverhalts geeignet und erforderlich, weiter verhältnismäßig und angemessen, dh dem zur Vorlage Verpflichteten bei Berücksichtigung seiner rechtlich geschützten Interessen nach Abwägung der kollidierenden Interessen zumutbar ist.[23] Die Anordnung steht allerdings **im Ermessen des Gerichts;** der Rechtsinhaber hat hierauf keinen Anspruch. Zum anderen ist die **Anordnung nicht durchsetzbar,** sondern ihre Nichtbefolgung ist gemäß § 286 ZPO frei zu würdigen.[24]

8   **Materiell-rechtlich** gewähren die Vorschriften in §§ 809, 810 BGB Ansprüche auf die Vorlage von Urkunden (§ 810 BGB) sowie die Besichtigung von Sachen (§ 809 BGB). Bereits das Reichsge-

---

[10] Vgl. *v. Hartz* ZUM 2005, 376 (377).

[11] Übereinkommen über handelsbezogene Aspekte der Rechte des geistigen Eigentums, BGBl. 1994 II S. 1730 ff.

[12] BGBl. 1994 II S. 1730.

[13] Einschließlich des erwähnten Art. 43.

[14] BT-Drs. 12/7655 neu, 345, 346 f.; dazu kritisch *Dreier* GRUR-Int 1996, 205 (211).

[15] BT-Drs. 16/5048, 26; *McGuire* GRUR-Int 2005, 15 (19).

[16] *Seichter* WRP 2006, 391 (395).

[17] *Weber* S. 58 ff.; *Eisenkolb* GRUR 2007, 387 (391); KOM(2003) 46 endgültig, S. 21.

[18] So BT-Drs. 16/5048, 26; für eine prozessuale Umsetzung *Knaak* GRUR-Int 2004, 745 (747); *Haedicke* FS Schricker, 2005, 23.

[19] BGHZ 150, 377 (386) = GRUR 2002, 1046 (1048) – Faxkarte; *Knaak* GRUR-Int 2004, 745 (747); *Bornkamm* FS Ullmann, 2006, 897 ff.; *Kotthoff/Wieczorek* MMR 2014, 3 (4).

[20] Vgl. § 422 ZPO für den Urkundenbeweis; § 371 Abs. 2 ZPO für den Augenscheinsbeweis.

[21] Vgl. *Zöller/Greger* ZPO § 142 Rn. 2; *Seichter* WRP 2006, 391 (394).

[22] Auch gegen Dritte; vgl. BGH GRUR 2006, 962 (966) – Restschadstoffentfernung.

[23] BGH GRUR 2006, 962 (966) – Restschadstoffentfernung.

[24] BT-Drs. 16/5048, 26; *Knaak* GRUR-Int 2004, 745 (747); *Zöller/Greger* ZPO § 142 Rn. 4; *McGuire* GRUR-Int 2005, 15 (20); *Kitz* NJW 2008, 2374 (2376).

richt hat in einer **frühen Entscheidung die Anwendbarkeit dieser Vorschriften auch im Recht des geistigen Eigentums anerkannt.**[25] Der **X. Zivilsenat des BGH** hatte 1985 in der Entscheidung *Druckbalken* sehr restriktive Anforderungen an die Darlegung der möglichen Rechtsverletzung aufgestellt, so dass den Vorschriften kaum eine praktische Bedeutung zukam.[26] Der BGH ging von dem Grundsatz aus, dass nur die Besichtigung noch erforderlich sei, um „letzte Klarheit zu schaffen", und dass die Vorlegung nur „das letzte Glied einer sonst fertigen Beweiskette" sei.[27] Davon ausgehend müsse der Besichtigungsgläubiger einen **erheblichen Grad an Wahrscheinlichkeit** für das Bestehen des Hauptanspruches nachweisen.[28] Zudem sei den Geheimhaltungsinteressen des Besichtigungsgegners dadurch Rechnung zu tragen, dass die **Besichtigung der Sache nur durch eine vom Anspruchsteller beauftragten neutralen Sachverständigen** erfolgen konnte.[29] **Einwirkungen auf die Substanz der Sachen** sollten von vornherein nicht vom Anspruch erfasst sein.[30] Diese Einschränkungen hat der **I. Zivilsenat des BGH** in einer Entscheidung aus dem Jahre 2002 für das Urheber- und Wettbewerbsrecht zurückgenommen: Es sei zur Begründung eines **„gewissen Grades an Wahrscheinlichkeit"**[31] eine Interessenabwägung erforderlich, in der der **Grad der Wahrscheinlichkeit nur ein im Rahmen der Gesamtwürdigung zur berücksichtigender Punkt** sei; daneben sei etwa zu berücksichtigen, ob dem Gläubiger **andere zumutbare Möglichkeiten des Beweises** bestehen und ob **berechtigte Geheimhaltungsinteressen des Schuldners** beeinträchtigt werden. Daher kann nicht generell ein erheblicher Grad an Wahrscheinlichkeit verlangt werden.[32] Der Wortlaut des § 809 BGB, der einen Besichtigungsanspruch auch demjenigen zugesteht, der sich erst Gewissheit über das Bestehen eines Hauptanspruches verschaffen möchte, würde konterkariert, wenn der Besichtigungsgläubiger stets einen erheblichen Grad an Wahrscheinlichkeit nachweisen müsste.[33] Schließlich verweist der BGH auf Art. 43 des TRIPS-Übereinkommens: Da der Gesetzgeber bei der Ratifizierung davon ausging, dass das deutsche Recht mit den neuen Anforderungen voll im Einklang stehe,[34] sei auch der Besichtigungsanspruch des § 809 BGB so auszulegen, dass mit seiner Hilfe den Anforderungen des TRIPS-Übereinkommens Genüge getan wird.[35]

Die **Bundesregierung** sah in den Entscheidungen *Druckbalken* und *Faxkarte* eine nicht gefestigte   **9** Rechtsprechung, die eine Umsetzung der Vorgaben der Richtlinie erforderte.[36] Dabei übersah der Gesetzgeber, dass der X. Zivilsenat des BGH unterdessen in einer zu § 142 ZPO ergangenen Entscheidung vom 1.8.2006[37] **den Maßstab des I. Zivilsenats aus** *Faxkarte* **übernommen hatte:** Diese Rechtsprechung sei bei Anwendung der Bestimmung des § 142 ZPO entsprechend heranzuziehen.[38] Der X. Zivilsenat begründete dies insbesondere auch mit einer Auslegung der fraglichen Bestimmung nach Maßgabe der Anforderungen des TRIPS-Übereinkommens und der Enforcement-RL.[39]

b) Maßnahmen zur Beweissicherung. Regelungen zur Beweissicherung finden sich in   **10** §§ 485 ff. ZPO zum **selbstständigen Beweisverfahren**, das jedoch nicht in erster Linie der Informationsbeschaffung dient, sondern der **Sicherung von Beweismitteln, deren Verlust droht.**[40] Diese Regelungen sind zudem weitaus enger als die Vorgaben der Enforcement-RL in Art. 7, weil die Vorlage von Augenscheinsobjekten und Urkunden danach nicht erzwungen werden kann.[41] Außerdem sind die Beweiserhebungen nach § 485 Abs. 1 ZPO auf Fälle beschränkt, in denen ein Beweismittelverlust droht.[42] Einstweilige Maßnahmen, wie sie Art. 7 vorsieht, sind im deutschen Recht in §§ 916 ff. ZPO geregelt; allerdings **dient die einstweilige Verfügung nach §§ 935 ff. ZPO**

---

[25] RGZ 69, 401 – Nietzsche-Briefe; für das Patentrecht BGHZ 93, 191 (198 ff.) = GRUR 1985, 512 – Druckbalken; BGH BeckRS 2010, 03 548; für das Urheberrecht BGHZ 150, 377 (384 ff.) = GRUR 2002, 1046 – Faxkarte; OLG Frankfurt a. M. GRUR-RR 2006, 295 (295) – Quellcode-Besichtigung.
[26] Vgl. *Bornkamm* FS Ullmann, 2006, 896.
[27] BGHZ 93, 191 (206) = GRUR 1985, 512 (516) – Druckbalken.
[28] BGHZ 93, 191 (206 f.) = GRUR 1985, 512 (516) – Druckbalken.
[29] BGHZ 93, 191 (205) = GRUR 1985, 512 – Druckbalken.
[30] BGHZ 93, 191 (208) = GRUR 1985, 512 (516) – Druckbalken; kritisch dazu schon *Stauder* GRUR 1985, 518 f.; BT-Drs. 16/5048, 27.
[31] Vgl. zu diesem Maßstab unter Verweis auf die Entscheidungen *Druckbalken* und *Faxkarte* das Urteil des V. Zivilsenats; BGH GRUR 2018, 1280 Rn. 16 – My Lai.
[32] BGHZ 150, 377 (386 ff.) = GRUR 2002, 1046 (1048) – Faxkarte = CR 2002, 791 mAnm *Grützmacher*; *Tillmann/Schreibauer* GRUR 2002, 1015; dazu folgend: KG NJW 2001, 233 (235); LG Nürnberg-Fürth MMR 2004, 627 (628); OLG Frankfurt a. M. GRUR-RR 2006, 295 (296).
[33] BGHZ 150, 377, GRUR 2002, 1046 (1048) – Faxkarte; *Frank/Wiegand* CR 2007, 481 f.
[34] BT-Drs. 12/7655 [neu], 346.
[35] So auch *Dreier* GRUR-Int 1996, 205 (207).
[36] BT-Drs. 16/5048, 27.
[37] BGH GRUR 2006, 962 – Restschadstoffentfernung, sowie jetzt BGH BeckRS 2010, 03 548; *Spindler/Weber* ZUM 2007, 257 (263); *Frank/Wiegand* CR 2007, 481 (482).
[38] BGH GRUR 2006, 962 (967) – Restschadstoffentfernung, mAnm *Tillmann/Schreibauer* unter Verweis auf BGHZ 150, 377 (386) = GRUR 2002, 1046 – Faxkarte; LG Nürnberg-Fürth MMR 2004, 627 = CR 2004, 890; OLG Düsseldorf GRUR-RR 2003, 327; LG Hamburg InstGE 4, 293 (295); OLG Hamburg InstGE 5, 294 (299).
[39] BGH GRUR 2006, 962 (966) – Restschadstoffentfernung; so schon *Bork* NJW 1997, 1665 (1670).
[40] *Haedicke* FS Schricker, 2005, 26.
[41] BT-Drs. 16/5048, 27; *Seichter* WRP 2006, 391 (395); *Patnaik* GRUR 2004, 191 (194).
[42] *Seichter* WRP 2006, 391 (395).

lediglich der Sicherung eines Anspruchs, nicht aber der Beweismittel; zudem dürfte den von Art. 7 vorgegebenen Anordnungen in der Regel das Verbot der Vorwegnahme der Hauptsache entgegenstehen.[43]

4. Umsetzung der Durchsetzungsrichtlinie

11   Der Gesetzgeber hat sich entschlossen, die Regelungen in Art. 6 der Enforcement-RL durch **materiell-rechtliche Vorlage- und Besichtigungsansprüche** umzusetzen.[44] Obwohl es sich bei Art. 6 dem Wortlaut nach um eine prozessrechtliche Vorschrift handeln könnte,[45] gibt die Enforcement-RL den Mitgliedstaaten nicht vor, ob Vorlage- und Besichtigungsansprüche verfahrens- oder materiell-rechtlich umgesetzt werden.[46] Auch der Gesetzgeber sah sich in seiner Umsetzung durch den Ausbau prozessrechtlicher Instrumente oder die Ausweitung oder Schaffung materiell-rechtlicher Ansprüche frei und befand, dass die **Umsetzung auf der Grundlage materiell-rechtlicher Ansprüche der Systematik des deutschen Rechts entspreche** und problemlos eine direkte Erzwingbarkeit der Rechtsfolgen ermögliche, die den prozessrechtlichen Instituten fremd sei.[47] Die durch das Gesetz zur Verbesserung der Durchsetzung von Rechten des geistigen Eigentums geschaffene Rechtslage weicht materiell weder zu Lasten des Schutzrechtsinhabers noch des vermeintlichen Verletzers vom bisherigen Rechtszustand ab.[48]

12   Zur Umsetzung der von Art. 7 geforderten Beweissicherungsmaßnahmen knüpft § 101a Abs. 3 an den in Umsetzung von Art. 6 geschaffenen Vorlageanspruch an und beschränkt sich auf die Regelung, dass dieser Vorlageanspruch auch durch eine einstweilige Verfügung durchsetzbar ist. Damit ist der Erlass einer einstweiligen Verfügung iSv §§ 935 ff. ZPO entgegen den Grundsätzen des vorläufigen Rechtsschutzes auch dann möglich, wenn hierdurch die Hauptsache vorweggenommen wird.[49] **Weitergehenden Umsetzungsbedarf bzgl. Art. 7 sah der Gesetzgeber nicht.**[50] Durch die Bezugnahme auf die Vorlage und Besichtigungsanspruch in Abs. 1 wird über die Richtlinie hinaus, die insoweit einstweilige Regelung nur in Bezug auf die Sicherung von Beweismitteln vorsah, die Durchsetzung im Wege der einstweiligen Verfügung aller Ansprüche aus § 101a Abs. 1 gestattet.[51]

III. Vorlage- und Besichtigungsanspruch, § 101a Abs. 1

1. Anspruchsinhalt

13   § 101a Abs. 1 dient der Umsetzung von Art. 6 der Enforcement-RL. Die Anpassung des deutschen Rechts erfolgt durch eine **spezialgesetzliche Neufassung und Erweiterung des materiell-rechtlichen Vorlegungs- und Besichtigungsanspruchs aus §§ 809, 810 BGB.**[52]

2. Aktivlegitimation

14   Anspruchsberechtigt ist der **„Verletzte".**[53]

3. Rechtsverletzung – Verletzer; Verfügungsgewalt

15   Der Anspruch nach § 101a Abs. 1 richtet sich gegen den **Verletzer,** in dessen Verfügungsgewalt sich eine Urkunde oder Sache befindet, also zunächst Täter und Teilnehmer einer Urheberrechtsverletzung.[54] Zur Frage, ob und in welchem Umfang der **Störer** Verletzer iSd § 101a Abs. 1 ist, vgl. → § 101 Rn. 20 ff. **Ein Dritter, der nicht Verletzer ist, ist nicht Anspruchsgegner des Vorlage- und Besichtigungsanspruchs.**[55] Der BGH hatte in der Entscheidung *Restschadstoffentfernung*[56] im Rahmen von § 142 ZPO die Herausgabe eines technischen Plans mit einem Fließbild

---

[43] Vgl. *Seichter* WRP 2006, 391 (395); BT-Drs. 16/5048, 27.
[44] BT-Drs. 16/5048, 40.
[45] BT-Drs. 16/5048, 26.
[46] *Bornkamm* FS Ullmann, 2006, 896.
[47] BT-Drs. 16/5048, 27; *Bornkamm* FS Ullmann, 2006, 896; *Kitz* NJW 2008, 2374 (2376); *Seichter* WRP 2006, 391 (394); dazu kritisch *Haedicke* FS Schricker, 2005, 19 (23).
[48] BGH GRUR 2010, 318 Rn. 16 – Lichtbogenschnüre, zu § 140c PatG.
[49] BT-Drs. 16/5048, 28, 42.
[50] BT-Drs. 16/5048, 41; zu der streitigen Frage der Anforderungen an den Verfügungsgrund vgl. → Rn. 44 f.
[51] Vgl. BT-Drs. 16/5048, 40; zur Kritik an der überschießenden Umsetzung vgl. insbes. *Peukert/Kur* GRUR-Int 2006, 291 (299 f.); *Haedicke* FS Schricker, 2005, 23 ff.
[52] *Spindler/Weber* ZUM 2007, 257 (263); auch → § 102a Rn. 8.
[53] Vgl. dazu im Einzelnen → § 101 Rn. 17 f. Zur Aktivlegitimation von Verwertungsgesellschaften im Rahmen von § 809 BGB vgl. BGH GRUR 2004, 420 (421) – Kontrollbesuch.
[54] Vgl. → § 97 Rn. 57 ff.
[55] BGH GRUR 2006, 962 (966) – Restschadstoffentfernung in Bezug auf Art. 43 TRIPS-Übereinkommen; Wandtke/Bullinger/*Ohst* UrhG § 101a Rn. 8; aA *Heymann* CR 2008, 568 (571); Fromm/Nordemann/*Czychowski* UrhG § 101a Rn. 12 unter Bezugnahme auf BGH GRUR 2006, 962 – Restschadstoffentfernung; *Ahrens* GRUR 2005, 837 (839).
[56] BGH GRUR 2006, 962 – Restschadstoffentfernung.

durch einen Dritten zu beurteilen. Der Senat stellt heraus, dass § 142 Abs. 2 ZPO ausdrücklich Anordnungen auch gegen Dritte vorsieht, während sich Art. 43 des TRIPS-Übereinkommens, dem Art. 6 Abs. 1 der Enforcement-RL in vollem Umfang entspricht,[57] nur auf Beweismittel bezieht, die sich in der Verfügungsgewalt des Gegners und nicht auch auf solche, die sich in der Verfügungsgewalt eines Dritten befinden.[58] Soweit *Czychowski*[59] hieraus herleitet, dass auch der Dritte Anspruchsgegner nach § 101a Abs. 1 ist, verkennt er, dass die Entscheidung zu § 142 ZPO ergangen ist, der dem Kläger keinen materiell-rechtlichen Anspruch auf Besichtigung einer mutmaßlich verletzenden Sache oder Urkunde gibt. Vielmehr liegt im pflichtgemäßen Ermessen des Gerichts, ob es Beweis nach §§ 142, 144 ZPO erhebt.[60] Eine Drittvorlage mag im Rahmen von § 142 ZPO möglich sein; § 101a Abs. 1 gewährt aber keinen materiell-rechtlichen Anspruch auf Drittvorlage.[61]

Unglücklich ist die Wortwahl **„Verfügungsgewalt"**, die von der Wortwahl in § 809 BGB ab- **16** weicht („Besitz"). Aus den Gesetzgebungsmaterialien ergibt sich nicht, dass mit dieser abweichenden Wortwahl von den zu § 809 BGB geltenden Grundsätzen abgewichen werden sollte.[62] Es spricht daher viel dafür, dass die zu § 809 BGB begründeten Grundsätze auch für § 101a Abs. 1 gelten. Danach ist Anspruchsgegner der **unmittelbare Besitzer** (§ 854 BGB). Bei **Mitbesitz** (§ 866 BGB) ist jeder Mitbesitzer zur Vorlage verpflichtet, weil es sich hierbei um eine unteilbare Leistung handelt.[63] Der **mittelbare Besitzer** ist verpflichtet nach § 101a Abs. 1, wenn dieser aufgrund des Besitzmittlungsverhältnisses in der Lage ist, den Anspruch zu erfüllen, weil er seinerseits die Sache vom unmittelbaren Besitzer heraus verlangen kann.[64] Der **Besitzdiener** (§ 855 BGB) wäre danach nicht Anspruchsgegner eines Anspruches nach § 101a Abs. 1.[65] Dies erscheint auch sachgerecht, da die Vorlage- und Besichtigungsansprüche mit dem **Verbot der Ausforschung** konfligieren. Vor diesem Hintergrund wäre es schwer begründbar, einen Vorlage- oder Besichtigungsanspruch gegen den untergeordneten Besitzdiener durchzusetzen, da in diesen Verfahren der eigentliche Besitzer ggf. keine Gelegenheit zur Verteidigung gegen eine unzulässige Ausforschung hätte.

Nach Art. 7 der Enforcement-RL genügt, dass Rechte des geistigen Eigentums verletzt zu werden **16a** drohen. *Backhaus* schließt daraus, dass der Anspruch auch bei bloßer Erstbegehungsgefahr begründet sei.[66]

4. Hinreichende Wahrscheinlichkeit

Mit dem Merkmal der hinreichenden Wahrscheinlichkeit trägt der Gesetzgeber den Vorgaben von **17** Art. 6 der Enforcement-RL Rechnung, die auch die **Gewinnung von Beweismitteln** schon in einem Stadium gestatten will, in dem der Sachverhalt noch nicht feststeht und berücksichtigt andererseits **die Interessen des Gegners gegen eine Inanspruchnahme „bei jedwedem Verdacht".**[67] Eine Umsetzung der Voraussetzungen von Art. 6, wonach der Anspruchsteller alle **vernünftigerweise verfügbaren Beweismittel zur hinreichenden Begründung seiner Ansprüche** vorgelegt hat, war nicht möglich, da der Gesetzgeber die Umsetzung in Form eines materiell-rechtlichen Anspruches wählte.[68] Die Umsetzung ist **richtlinienkonform.**[69] Nach dem Gesetzgeber ist „hinreichende Wahrscheinlichkeit" deckungsgleich mit der „gewissen Wahrscheinlichkeit", wie sie des BGH zu § 809 BGB begründet hat.[70] Danach reicht ein **gewisser Grad an Wahrscheinlichkeit** aus, dass eine Rechtsverletzung vorliegt, allerdings **nicht schon eine entfernte Möglichkeit.**[71] Der materiell-rechtliche Vorlageanspruch besteht schon dann, wenn **ungewiss ist, ob eine Rechtsverletzung vorliegt; das Ausforschungsverbot steht dem nicht entgegen.**[72] Allerdings müssen die **nicht von der Besichtigung betroffenen Voraussetzungen des Anspruchs,** der mit Hilfe der Besichtigung durchgesetzt werden soll, bereits geklärt sein. Ist etwa noch offen, ob der Kläger über-

---

[57] BT-Drs. 16/5048, 26.

[58] BGH GRUR 2006, 962 (966) – Restschadstoffentfernung.

[59] Fromm/Nordemann/*Czychowski* UrhG § 101a Rn. 12.

[60] → Rn. 7; Benkhardt/*Rogge*/*Grabinski* PatG § 139 Rn. 117e; Zöller/*Greger* ZPO § 142 Rn. 11.

[61] Wandtke/Bullinger/*Ohst* UrhG § 101a Rn. 8; BGH GRUR 2006, 962 (966) – Restschadstoffentfernung zu Art. 43 des TRIPS-Übereinkommens.

[62] AA Wandtke/Bullinger/*Ohst* UrhG § 101a Rn. 8.

[63] Staudinger/*Marburger* BGB § 809 Rn. 11.

[64] MüKo/*Habersack* BGB § 809 Rn. 8; Staudinger/*Marburger* BGB § 809 Rn. 11; Palandt/*Sprau* BGB § 809 Rn. 8; LG Nürnberg-Fürth InstGE 5, 153.

[65] Staudinger/*Marburger* BGB § 809 Rn. 11.

[66] Mestmäcker/Schulze/*Backhaus* UrhG § 101a Rn. 10; iE auch Wandtke/Bullinger/*Ohst* UrhG § 101a Rn. 17.

[67] Vgl. BT-Drs. 16/5048, 40.

[68] BT-Drs. 16/5048, 40.

[69] BT-Drs. 16/5048, 40; *Seichter* WRP 2006, 391 (394).

[70] Vgl. BT-Drs. 16/5048, 40; BGHZ 150, 377 (386 ff.) = GRUR 2002, 1046 (1048) – Faxkarte; BGH GRUR 2006, 962 (967) – Restschadstoffentfernung; BGH GRUR 2013, 509 Rn. 20 – UniBasic-IDOS.

[71] BGH GRUR 2013, 509 Rn. 20 – UniBasic-IDOS; BGH GRUR 2006, 962 (967) – Restschadstoffentfernung; BGHZ 150, 377 (385 f.) = GRUR 2002, 1046 (1048) – Faxkarte; OLG Frankfurt a. M. GRUR-RR 2006, 295 (296); OLG Hamburg ZUM 2005, 394 (395); LG Nürnberg-Fürth MMR 2004, 627; zu Beispielen vgl. *Zöllner* GRUR-Prax 2010, 74.

[72] BGHZ 150, 377 (385) = GRUR 2002, 1046 – Faxkarte; BGH GRUR 2006, 962 (967) – Restschadstoffentfernung; LG Nürnberg-Fürth MMR 2004, 627.

haupt über ein ausschließliches Nutzungsrecht an der fraglichen Software verfügt, kann der Beklagte (noch) nicht zur Vorlage des Quellcodes verurteilt werden.[73]

18   Aus der etwas abweichenden Wortwahl **„hinreichende Wahrscheinlichkeit"** bleibt unklar, ob der Gesetzgeber allein den „Grad der Wahrscheinlichkeit" aus der Faxkarten-Entscheidung in Bezug nehmen wollte.[74] Dies griffe jedoch zu kurz, hatte der I. Zivilsenat des BGH in dieser Entscheidung doch ausdrücklich betont, dass „der **Grad der Wahrscheinlichkeit [...] nur einen im Rahmen der Gesamtwürdigung zu berücksichtigenden Punkt**" darstellt.[75] Daneben sei vor allem darauf abzustellen, ob für den Gläubiger noch andere zumutbare Möglichkeiten bestehen, die Rechtsverletzung zu beweisen und inwoweit bei der Gewährung des Besichtigungsrechts notwendig berechtigte **Geheimhaltungsinteressen des Schuldners** beeinträchtigt werden. Es scheint damit nicht ausgeschlossen, dass der erforderliche Grad der Wahrscheinlichkeit nach dieser einzelfallbezogenen Rechtsprechung durchaus variiert.[76] Daraus spricht eine **Interdependenz zwischen dem Grad der Wahrscheinlichkeit und den weiteren Kriterien der Interessenabwägung,** insbesondere dem gegenüberstehenden Geheimhaltungsinteresse.[77] Vor diesem Hintergrund ist das Merkmal „hinreichend" zu interpretieren; es eröffnet eine **einzelfallbezogene Bestimmung der Wahrscheinlichkeit,** in die auch die **weiteren Kriterien der Gesamtabwägung** schon an dieser Stelle einfließen können.[78] Dieses Ergebnis scheint auch die zusätzliche Voraussetzung „wenn dies zur Begründung von dessen Ansprüchen erforderlich ist" zu bestätigen.[79]

19   Nach diesen Maßstäben kann es zur Begründung einer hinreichenden Wahrscheinlichkeit ausreichen, dass der **begründete Verdacht einer Verletzung** besteht, verbunden mit der Möglichkeit, dass das (Computer-)Programm in den Besitz des Anspruchsgegners gelangt ist. **Geheimhaltungsinteressen des Schuldners wäre durch die Inanspruchnahme sachverständiger Hilfe zu begegnen.**[80] Diese Maßstabsfindung wird im Bereich der Besichtigungsansprüche bezüglich **Softwarequellcodes** kritisiert, da diese das wesentliche Geschäftsgeheimnis der Softwarebranche darstellen.[81] Allerdings gewährt der mit der Entscheidung *Faxkarte* begründete Maßstab gerade die Möglichkeit, Fälle, in denen wesentliche Geschäftsgeheimnisse dem Wettbewerber preisgegeben werden, etwa von solchen zu differenzieren, bei denen es im Bereich der Softwarepiraterie darum geht, Datenträger auf mögliche Kopien zu untersuchen.[82] Indizien oder Vermutungen aus äußeren Ähnlichkeiten (im Fall: Webseiten), Identität der Funktionen, Übereinstimmungen im HTML-Text und in der Benennung der Dateien führen ohne weitere Anhaltspunkte nicht zu einer hinreichenden Wahrscheinlichkeit einer widerrechtlichen Quellcodeübernahme.[83] Andererseits kann dem **Anspruchsteller keine detaillierte Darlegung einer Übereinstimmung der Quellcodes abverlangt werden;**[84] er muss auch nicht im Einzelnen darlegen, worin seine individuelle Leistung liegt, und dass es gerade diese Leistung ist, die übernommen wurde. Der Anspruchsteller kann sich insoweit auf **die tatsächliche Vermutung** stützen, **dass es sich bei einem komplexen Programm um eine individuelle Schöpfung handelt,**[85] und es obliegt dem vermeintlichen Verletzer, Umstände darzulegen, warum eine Betroffenheit der Software des Rechteinhabers ausscheidet.[86] Dem Anspruch steht nicht entgegen, dass unstreitig lediglich einzelne Komponenten des Computerprogramms übernommen wurden.[87]

5. Erforderlichkeit

20   Die Bedeutung des Merkmals der **Erforderlichkeit** in Abs. 1 und dessen Verhältnis zur Regelung der **Verhältnismäßigkeit in Abs. 2** der Vorschrift wird aus den Gesetzesmaterialien nicht deutlich. Die Begründung der Bundesregierung führt hierzu lediglich aus, durch diese Voraussetzung würde **gewährleistet, dass der Anspruch nicht zur allgemeinen Ausforschung der Gegenseite**

---

[73] BGH GRUR 2013, 509 Rn. 20 – UniBasic-IDOS; OLG Köln ZUM-RD 2018, 499 Rn. 271.

[74] *Weber* S. 344 meint, dass die weiteren Kriterien zur Bestimmung der Besichtigungsvoraussetzungen aus Faxkarte im Wortlaut der Bestimmung nicht reflektiert seien; vgl. dazu auch *Tinnefeld* CR 2013, 417 (418).

[75] BGHZ 150, 377 (386) = GRUR 2002, 1046 (1048) – Faxkarte.

[76] Vgl. insoweit die Wendung, es könne „nicht generell ein erheblicher Grad der Wahrscheinlichkeit einer Rechtsverletzung verlangt werden", BGHZ 150, 377 (387) = GRUR 2002, 1046 (1049) – Faxkarte; OLG Köln ZUM 2017, 600 (601).

[77] *Rauschhofer* GRUR-RR 2006, 249 (250); aA Mestmäcker/Bullinger/*Backhaus* UrhG § 101a Rn. 11.

[78] Ähnlich Wandtke/Bullinger/*Ohst* UrhG § 101a Rn. 10 ff.

[79] Dazu nachfolgend unter → Rn. 20 ff.

[80] BGHZ 150, 377 (387) = GRUR 2002, 1046 (1049) – Faxkarte; OLG Frankfurt a. M. GRUR-RR 2006, 295 (296).

[81] *Grützmacher* CR 2002, 794 (795) unter Verweis auf instanzgerichtliche Rechtsprechung zum Softwareurheberrecht.

[82] Vgl. OLG Frankfurt a. M. GRUR 2006, 295 (297) – Quellcode-Besichtigung; *Heymann* CR 2008, 568 (572).

[83] LG Köln MMR 2009, 640 (642).

[84] KG BeckRS 2012, 09120.

[85] BGH GRUR 2013, 509 Rn. 30 – UniBasic-IDOS unter Verweis auf BGH GRUR 2005, 860 (861) – Fash 2000; *Tinnefeld* CR 2013, 417 (418).

[86] *Tinnefeld* CR 2013, 417 (419).

[87] BGH GRUR 2013, 509 – UniBasic-IDOS (zu § 809 BGB); zur Übertragbarkeit der Entscheidung auf § 101a UrhG: *Marly* LMK 2013, 346232 sowie *Tinnefeld* CR 2013, 417 (419).

missbraucht werden kann, sondern dass er nur dann eingreife, wenn der Verletzte die hierdurch gewonnene Erkenntnis zur Durchsetzung seine Ansprüche **„benötigt".**[88] Dies wird vor allem dann der Fall sein, wenn es darum geht, eine bestrittene anspruchsbegründende Tatsache nachzuweisen oder überhaupt erst Kenntnis von dieser Tatsache zu erlangen.[89]

Durch die Abgrenzung gegenüber dem Verbot der allgemeinen Ausforschung wird deutlich, dass **21** das Element der Erforderlichkeit **schon im Rahmen der Glaubhaftmachung durch den Anspruchsteller zu berücksichtigen** ist. In der *Faxkarte*-Entscheidung hatte der BGH[90] darauf hingewiesen, dass der Anspruch aus § 809 BGB auf einer Interessenabwägung beruhe;[91] der Grad der Wahrscheinlichkeit der Schutzrechtsverletzung stellt nur einen im Rahmen der Gesamtwürdigung zu berücksichtigenden Punkt dar. Daneben ist vor allem darauf abzustellen, ob für den Gläubiger **noch andere zumutbare Möglichkeiten bestehen, die Rechtsverletzung zu beweisen,** also, ob die Besichtigung bzw. Vorlage „erforderlich" ist.[92] Soweit dem Anspruchsteller andere Wege offen stehen, seinen Anspruch zu beweisen, etwa durch eigene Nachforschungen, kommt somit eine Vorlagepflicht nach § 101a nicht in Betracht.[93]

Vor dem Hintergrund des Wortlautes von Art. 6 der Enforcement-RL wird der Anspruchsteller **22** **sämtliche ihm bereits verfügbaren Beweismittel zur hinreichenden Begründung der Ansprüche vorlegen** müssen.[94] Weiter ist Voraussetzung, dass der Anspruchsteller die **Urkunde oder Sache genau bezeichnet.**[95]

Mit seiner Entscheidung UniBasic-IDOS **hat der BGH die Darlegungs- und Beweislastverteilung zwischen den Beteiligten präzisiert.** Während es dem Rechteinhaber obliegt, die tatsächlichen Umstände darzulegen, welche Software betroffen ist, und dass ihm hieran Urheberrechte bzw. ausschließliche Nutzungsrechte zustehen,[96] kann er sich hinsichtlich Schutzfähigkeit seiner Software auf eine **tatsächliche Vermutung stützen; den Quellcode betreffend seine Software muss er nicht vorlegen.**[97] Es obliegt vielmehr dem vermeintlichen Verletzer, solche Umstände darzulegen, die die Schutzfähigkeit der Software ausschließen oder sonst eine Verletzung als fernliegend erscheinen lassen.[98]

6. Rechtsfolgen

a) Besichtigung der Sache. Es gilt der **weite Begriff der Sache** iSv §§ 90, 90a BGB.[99] Die **24** Sachqualität von **Computerprogrammen** ist umstritten.[100] Das OLG Hamburg verneinte die Sachqualität und damit einen Besichtigungsanspruch nach § 809 BGB bzgl. des hinter der Software stehenden **Quellcodes.**[101] Auf die Revision bejahte der BGH in *Faxkarte*[102] den Besichtigungsanspruch, stützte sich dabei aber darauf, dass der Anspruch aus § 809 BGB voraussetzt, dass sich der Anspruchsteller Gewissheit verschaffen möchte, ob ihm ein Anspruch **„in Ansehung der Sache"** zusteht, womit das Gesetz zum Ausdruck bringt, dass der Besichtigungsanspruch nicht nur dann besteht, wenn sich der Anspruch auf die Sache selbst erstreckt, sondern auch dann, wenn das Bestehen des Anspruchs in irgendeiner Weise von der Existenz oder Beschaffenheit der Sache abhängt.[103] Der Anspruch aus § 101a beschränkt den Besichtigungsanspruch auf die Sache. Allerdings wird man den Anspruch vor dem Hintergrund der Zweckrichtung der urheberrechtlichen Besichtigungsansprüche nicht enger fassen können als den Besichtigungsanspruch nach § 809 BGB,[104] so dass **der Sachbegriff in § 101a die Besichtigungsgegenstände nach § 809 BGB umfasst, also auch den hinter der Software stehenden Quellcode.** Nach dem OLG Nürnberg ist die Herausgabe des Quellcodes rechtlich als „Besichtigung einer Sache" iSv § 101a Abs. 1 S. 1 einzuordnen.[105] Der **Besichtigungsanspruch kann sich auf das gesamte Programm erstrecken;** er ist

---

[88] BT-Drs. 16/5048, 40.

[89] BT-Drs. 16/5048, 40.

[90] BGHZ 150, 377 (386) = GRUR 2002, 1046 (1048) – Faxkarte.

[91] Unter Verweis auf BGHZ 93, 191 (211) = GRUR 1985, 518 = NJW-RR 1986, 480 – Druckbalken.

[92] BGHZ 150, 377 (386) = GRUR 2002, 1046 (1049) – Faxkarte; OLG Düsseldorf GRUR-RR 1993, 327 zum Patentrecht.

[93] *Zöllner* GRUR-Prax 2010, 74; Fromm/Nordemann/*Czychowski* UrhG § 101a Rn. 15.

[94] Dreier/Schulze/*Dreier* UrhG § 101a Rn. 4.

[95] *Seichter* WRP 2007, 391 (394); Dreier/Schulze/*Dreier* UrhG § 101a Rn. 4.

[96] BGH GRUR 2013, 509 Rn. 20 – UniBasic-IDOS.

[97] BGH GRUR 2013, 509 Rn. 30 – UniBasic-IDOS.

[98] BGH GRUR 2013, 509 Rn. 26–32 – UniBasic-IDOS; Tinnefeld CR 2013, 417 (418 f.).

[99] Palandt/*Sprau* BGB § 809 Rn. 3.

[100] Bejahend Wandtke/Bullinger/*Ohst* UrhG § 101a Rn. 21; differenzierend Münchener Kommentar/*Stresemann* BGB § 90 Rn. 25: Computerprogramme als solche sind keine Sachen, es sei denn, sie werden auf einem Datenträger verkörpert; OLG Hamburg ZUM 2001, 519 (523).

[101] OLG Hamburg ZUM 2001, 519 (523); *Tinnefeld* CR 2013, 417 (418).

[102] BGH GRUR 2002, 1046 (1048) – Faxkarte.

[103] BGH GRUR 2002, 1046 (1048) – Faxkarte unter Verweis auf BGHZ 93, 191 (198) = GRUR 1985, 518 – Druckbalken.

[104] BGH GRUR 2010, 318 (322) – Lichtbogenschnüre hinsichtlich des besonderen Geheimnisschutzes bzgl. des Quellcodes vgl. *Grützmacher* CR 2002, 794 (795); OLG Hamburg ZUM 2001, 519 (523).

[105] OLG Nürnberg BeckRS 2010, 11897.

nicht auf die Programmteile beschränkt, hinsichtlich derer von vornherein Übereinstimmungen feststanden.[106]

25   Der Anspruch ist auf die **Besichtigung einer Sache oder Sachgesamtheit** gerichtet; er umfasst **keinen Nachforschungs- oder Durchsuchungsanspruch,** allgemeine Besichtigungs- und Kontrollrechte auszuüben.[107] Entsprechend dem Wortlaut von Art. 6 Abs. 1 der Enforcement-RL ist die **Urkunde oder die Sache genau zu bezeichnen.**[108] **Besichtigen** erfasst ohne weiteres das **Anfassen, Abmessen, Wiegen und Fotografieren der Sache.**[109] Bei **Computerprogrammen** berechtigt der Besichtigungsanspruch insbesondere zur **Inaugenscheinnahme, zur Inbetriebnahme der Maschine, zum Ablaufenlassen des Programms, zur Besichtigung des Quellcodes, zum Ausdrucken von Dateilisten, zum Speichern bzw. Kopieren von Dateien;**[110] der Anspruch erstreckt sich auch auf die Lizenzunterlagen.[111]

26   Im Bereich des Urheberrechts sind – im Rahmen der Verhältnismäßigkeit[112] – auch **Substanzeingriffe** zulässig; solche Eingriffe finden ihre Grenze im Integritätsinteresse des Anspruchsschuldners, das nicht unzumutbar beeinträchtigt werden darf.[113] Selbst im Falle einer **Beschädigung des Besichtigungsobjekts** sei die Grenze des Zumutbaren nicht zwangsläufig überschritten.[114]

27   **b) Vorlage von Urkunden. Urkunden** sind durch Niederschrift verkörperte Gedankenerklärungen, die geeignet sind, Beweis für streitiges Parteivorbringen zu erbringen.[115] Vorzulegen ist die Originalurkunde. **Abschriften** (auch beglaubigte) sind nur dann vorzulegen, soweit das Interesse gerade an ihnen besteht, zum Beispiel weil das Original nicht mehr vorhanden ist.[116] Vorlage bedeutet grundsätzlich das Recht, in die Urkunden **am Aufbewahrungsort oder am Wohnsitz des Schuldners Einsicht zu nehmen.**[117] Die **Abweichung gegenüber dem Wortlaut der Richtlinie** („Übermittlung"; „communication" in der englischen und französischen Fassung) wird mit Blick auf die **allgemeine Verankerung des Verhältnismäßigkeitsgrundsatzes in Art. 3 Abs. 2** der Enforcement-RL wohl **richtlinienkonform** sein, da auch unter der Rechtsprechung zu § 810 BGB anerkannt war, dass Vorlage neben der grundsätzlich nur zu gestattenden Einsichtnahme am Aufbewahrungsort auch eine Verpflichtung zur Aushändigung bedeuten kann.[118] Belangen des Dritten könnten erforderlichenfalls dadurch Rechnung getragen werden, dass diesem gestattet wird, die vorzulegenden **Unterlagen soweit unkenntlich zu machen, als rechtlich geschützte Interessen des Dritten einer Vorlage entgegenstehen.**[119]

28   **c) Erweiterte Rechtsfolgen bei Handeln in gewerblichem Ausmaß.** Bei **hinreichender Wahrscheinlichkeit** einer Verletzung im **gewerblichen Ausmaß** erstreckt sich die Verpflichtung nach S. 2 auf die **Vorlage von Bank-, Finanz- oder Handelsunterlagen.** Ein solcher Anspruch bestand bisher nicht.[120]

29   Weder aus der Enforcement-RL[121] noch aus den Gesetzgebungsmaterialien erschließt sich, was genau unter Bank-, Finanz- oder Handelsunterlagen zu verstehen ist.[122] Bei der Auslegung ist zu berücksichtigen, dass das gesetzliche Auditrecht der Ermittlung weiterer Verletzer dient. Der Begriff ist daher unter **Berücksichtigung des Verhältnismäßigkeitsgrundsatzes grundsätzlich weit auszulegen.**[123] **Bankunterlagen** sind namentlich solche, die Bankgeschäfte iSv § 1 Abs. 1 KWG betreffen; **Finanzunterlagen** betreffen das gesamte Finanzwesen, vor allem Buchhaltungsunterlagen, Vermögensverzeichnisse oder Steuererklärungsunterlagen; **Handelsunterlagen** sind insbesondere Unterlagen iSv § 257 HGB, dh Handelsbücher, Inventarlisten, Jahresabschlüsse, Lageberichte, Handelsbriefe und Buchungsbelege. Vor dem Hintergrund der **Bedeutung des Geheimnisschutzes und dem Verbot der allgemeinen Ausforschung** wird man mit der Rechtsprechung des BGH zu

---

[106] BGH GRUR 2013, 509 – UniBasic-IDOS; BGHZ 150, 377 (388) = GRUR 2002, 1046 (1049) – Faxkarte; *Frank/Wiegand* CR 2007, 481 (482); *Tinnefeld* CR 2013, 418.
[107] BGH GRUR 2004, 420 (421) – Kontrollbesuch.
[108] BT-Drs. 16/5048, 40; zur praktischen Umsetzung und zur Antragstellung *Hoppen* CR 2009, 407 (408 f.).
[109] *Staudinger/Marburger* BGB § 809 Rn. 9; *Spindler/Weber* ZUM 2007, 257 (264).
[110] *Frank/Wiegand* CR 2007, 481 (482); *Hoppen* CR 2009, 407 (409); *Kotthoff/Wieczorek* MMR 2014, 3 (4).
[111] LG Nürnberg-Fürth CR 2004, 890 (892).
[112] BT-Drs. 16/5048, 41.
[113] BGHZ 150, 377 (388) = GRUR 2002, 1046 (1049) – Faxkarte; anders für das Patentrecht: BGHZ 93, 191 (209 f.) = GRUR 1985, 512 (517) – Druckbalken.
[114] BGH GRUR 2002, 1046 (1049) – Faxkarte unter Verweis auf den Schutz des Besichtigungsschuldners durch § 811 BGB; *v. Hartz* ZUM 2005, 376 (380); *Frank/Wiegand* CR 2007, 481 (482).
[115] BGHZ 65, 300 = NJW 1976, 294; Erman/*Wilhelmi* BGB § 810 Rn. 2.
[116] *Staudinger/Marburger* BGB § 810 Rn. 4; *Palandt/Sprau* BGB § 810 Rn. 1.
[117] OLG Köln NJW-RR 1996, 382; Dreier/Schulze/*Dreier* UrhG § 101a Rn. 10.
[118] Vgl. OLG Köln NJW-RR 1996, 382; *Staudinger/Marburger* BGB § 810 Rn. 4.
[119] BGH GRUR 2006, 962 (967) – Restschadstoffentfernung.
[120] BT-Drs. 16/5048, 27: „noch nicht einmal ein Anspruch auf Einsicht in die genannten Unterlagen"; OLG Karlsruhe GRUR 1995, 772 (773) – Selbstständiger Auskunftsanspruch; OLG Köln GRUR 1995, 676 (677) – Vorlage von Geschäftsunterlagen; vgl. dazu → § 101 Rn. 78.
[121] Vgl. die Erwähnung in Erwägungsgrund 20.
[122] Fromm/Nordemann/*Czychowski* UrhG § 101a Rn. 21.
[123] Vgl. OLG Jena NJW-RR 2015, 1392 Rn. 30; LG Hamburg ZUM-RD 2018, 629 (636); Fromm/Nordemann/*Czychowski* UrhG § 101a Rn. 21.

§ 809 BGB annehmen müssen, dass der Anspruch auf Vorlage der Unterlagen seine **Grenze** dort findet, wo die Schwelle zur Nachforschung und Durchsuchung, im Geschäftsbereich des Schuldners allgemeine Besichtigungs- und Kontrollrechte (vgl. jedoch § 54g UrhG) auszuüben, überschritten ist. Der Anspruch zielt daher **nicht auf Ermittlungs- und Kontrollmaßnahmen,** mit denen der Verletzte erst ermitteln will, ob der Verletzer im Besitz derjenigen Sache ist, in Ansehung deren er einen Anspruch hat oder sich Gewissheit hierüber verschaffen will.[124]

Der **Begriff des gewerblichen Ausmaßes entspricht** zwar grundsätzlich dem in § 101;[125] 30 wegen der Gefahr des **Eingriffes in Geschäfts- und Betriebsgeheimnisse**[126] bedarf es aber einer Abgrenzung und Einschränkung gegenüber der Auslegung im Rahmen von § 101. Nach **Erwägungsgrund 14** der Enforcement-RL zeichnen sich **in gewerblichem Ausmaß** vorgenommene Rechtsverletzungen dadurch aus, dass sie **zwecks Erlangung eines unmittelbaren oder mittelbaren wirtschaftlichen oder kommerziellen Vorteils** vorgenommen werden; dies **schließt in der Regel Handlungen aus, die in gutem Glauben von Endverbrauchern vorgenommen werden.** Diese Differenzierung ist insbesondere im Zusammenhang mit sog. **Tauschbörsen,** bei denen in großem Umfang Urheberrechtsverletzungen stattfinden, im Rahmen des **Auskunftsanspruchs nach § 101** kontrovers diskutiert worden. Im Rahmen des Auskunftsanspruchs gegen Dritte nach § 101 Abs. 2 hatte der Bundesrat sogar angeregt, das Merkmal insgesamt zu streichen, da anderenfalls der Hauptanwendungsfall des Auskunftsanspruchs gegenüber Dritten, die Verletzung des Urheberrechts im Internet, leer laufen würde und die Rechtsinhaber schutzlos gestellt würden.[127] Für diesen Fall der Rechtsverletzung im Internet stellte der Rechtsausschuss in seiner Beschlussempfehlung[128] heraus, dass eine Rechtsverletzung nicht nur im Hinblick auf die Anzahl der Rechtsverletzung, also etwa die Anzahl der öffentlich zugänglich gemachten Dateien, ein „gewerbliches Ausmaß" erreichen kann, sondern auch im Hinblick auf die Schwere der beim Rechtsinhaber eingetretenen einzelnen Rechtsverletzungen. Letzteres sei nach Auffassung des Rechtsausschusses etwa dann zu bejahen, wenn eine besonders umfangreiche Datei, wie ein vollständiger Kinofilm oder ein Musikalbum oder Hörbuch, vor oder unmittelbar nach ihrer Veröffentlichung in Deutschland widerrechtlich im Internet öffentlich zugänglich gemacht wird.[129] Eine **Übertragung dieser Definition** des „Handelns in gewerblichem Ausmaß" auf den Anspruch aus § 101a erscheint schon deswegen **nicht möglich,** weil § 101 Abs. 1 S. 2 ausdrücklich bestimmt, dass das gewerbliche Ausmaß sich aus Anzahl und Schwere der Rechtsverletzung ergeben kann. In § 101a findet sich eine entsprechende Formulierung nicht.[130] Während die vorstehend wiedergegebene Diskussion um die Reichweite des **Auskunftsanspruches in § 101 im Wesentlichen der Feststellung der Identität des Verletzers** gilt, richtet sich der Anspruch nach § 101a Abs. 1 S. 2 auf die **Vorlage von Unterlagen, die einen „weitgehenden Eingriff in die Betriebssphäre des Verletzers" darstellen** können.[131] Im Rahmen der Diskussion zum Begriff des „gewerblichen Ausmaßes" im Bereich der Beweissicherung werden die Akzente anders gesetzt: Danach muss die Erlangung eines unmittelbaren oder mittelbaren wirtschaftlichen oder kommerziellen Vorteils **mehr voraussetzen, als die mit jeder Rechtsverletzung im Geschäftsverkehr verbundenen wirtschaftlichen oder kommerziellen Vorteile.** Die Rechtsverletzung muss nachhaltig sein, sie muss begangen werden, um einen unmittelbaren oder mittelbaren Vorteil zu erlangen.[132] Es liegt nahe, unter dieser Vorschrift zu fordern, dass der Täter **gerade die Nachahmung zum Geschäft gemacht** hat, wie dies im Bereich der Produktpiraterie vorkommt.[133]

7. Erforderliche Maßnahmen zum Schutz vertraulicher Informationen; § 101a Abs. 1 S. 3

Dass die **Gefahr besteht, dass im Zusammenhang mit Vorlage- und Besichtigungsan-** 31 **sprüchen Geschäftsgeheimnisse aufgedeckt** werden, hatte bereits der Gesetzgeber im Zusammenhang mit § 809 BGB erkannt.[134] Für den Bereich des Urheberrechts soll § 101a Abs. 1 S. 3 die Geheimhaltungsinteressen des in Anspruch Genommenen schützen. Da vertrauliche Informationen nahezu in jedem Fall Gegenstand des Anspruchs sein werden, konnte der Schutz vertraulicher Informationen **nicht als Einwendung formuliert** werden, da die Ansprüche aus § 101 anderenfalls ins Leere liefen.[135] Die zur Wahrung des Geheimhaltungsinteresses gebotenen Anordnungen sind auf-

---

[124] Vgl. BGH GRUR 2004, 420 (421) – Kontrollbesuch; Dreier/Schulze/*Dreier* UrhG § 101a Rn. 5.
[125] Referentenentwurf des BMJ für ein Gesetz zur Verbesserung der Durchsetzung von Rechten des geistigen Eigentums vom 3.1.2006, S. 85; *Wilhelmi* ZUM 2008, 942 (950); vgl. dazu die Kommentierung zu → § 101 Rn. 29 ff.
[126] Vgl. dazu schon die Begründung zum Produktpirateriegesetz; BT-Drs. 11/4792, 32.
[127] BT-Drs. 16/5048, 59, dort noch zur Formulierung „im geschäftlichen Verkehr" des Vorentwurfs.
[128] BT-Drs. 16/8783, 50.
[129] Kritisch und ablehnend OLG Oldenburg K&R 2009, 51; vgl. ausführlich dazu → § 101 Rn. 29 ff.
[130] So auch Wandtke/Bullinger/*Ohst* UrhG § 101a Rn. 25.
[131] So schon BT-Drs. 11/4792, 32; ähnlich zu § 101b: BT-Drs. 16/5048, 42.
[132] *Zöllner* GRUR-Prax 2010, 74 (75).
[133] So *Tilmann* FS Ullmann, 2006, 1018 f., der diese Auslegung gerade aus der Rechtsfolge der Vorlage von Geschäftsunterlagen zieht.
[134] Motive, Bd. II, S. 890.
[135] BT-Drs. 16/5048, 40.

grund einer einzelfallbezogenen, umfassend alle beiderseitigen möglicherweise beeinträchtigten Interessen berücksichtigenden Würdigung zu treffen.[136]

32   **Vertrauliche Informationen** sind insbesondere **Geschäfts- und Betriebsgeheimnisse.** Der bezweckte Schutz gebietet es jedenfalls, solche Geheimnisse einzubeziehen, die Gegenstand des Straftatbestands von § 203 StGB sind; darunter fallen auch die im Zusammenhang mit Besichtigungsmaßnahmen wegen Schutzrechtsverletzungen hauptsächlich betroffenen Geschäfts- und Betriebsgeheimnisse des vermeintlichen Verletzers. Dabei handelt es sich um betriebsbezogenes technisches und kaufmännisches Wissen im weitesten Sinne, das allenfalls einem eng begrenzten Personenkreis bekannt ist und von dem sich ein größerer Personenkreis nur unter Schwierigkeiten Kenntnis verschaffen kann, an dessen Geheimhaltung der Unternehmer ein berechtigtes (wirtschaftliches) Interesse hat und in Bezug auf das sein Geheimhaltungswille bekundet worden oder erkennbar ist.[137] Zur Auslegung kann zum einen auf die **Grundsätze der §§ 17, 18 UWG** zurückgegriffen werden.[138] Zum anderen dürfte auch ein **Rückgriff auf Art. 39 Abs. 2 TRIPS** in Betracht kommen.[139] Ferner werden auch die zu **§ 172 Nr. 2 GVG, der neben Betriebs- und Geschäftsgeheimnissen noch besonders Erfindungs- und Steuergeheimnisse** hervorhebt, geltenden Grundsätze herangezogen werden können.[140] Die Darlegungs- und Beweislast obliegt dem vermeintlichen Verletzer; er hat Tatsachen vorzutragen, aus denen sich ergibt, dass und inwieweit Geheiminteressen berührt sind.[141]

33   Wie der Besichtigungs- und Vorlageanspruch ist auch die **Regelung des Geheimnisschutzes dem materiellen Recht zugeordnet.**[142] Nach § 101 Abs. 1 S. 3 werden die Gerichte ermächtigt, die nach ihrem Ermessen erforderlichen Maßnahmen zu treffen, dass der Schutz vertraulicher Informationen gewährleistet ist, soweit dies der vermeintliche Verletzer verlangt und dies nach den Umständen des Einzelfalls auch angemessen ist.[143] Bei der Anordnung der Maßnahmen hat das Gericht die **beiderseitigen Interessen** zu beachten. Zu den Maßnahmen zum Schutz vertraulicher Informationen sagt die Gesetzesbegründung nichts. **Der Gesetzgeber hat vielmehr ausdrücklich davon abgesehen, konkrete gesetzliche Vorgaben zu machen,** da die erforderlichen Maßnahmen letztlich von den Umständen des Einzelfalls abhingen.[144] Generell ist dafür Sorge zu tragen, dass **die aus der Besichtigung gewonnenen Erkenntnisse nur zu dem vorgesehenen Zweck eingesetzt werden.**[145]

34   Belangen des Dritten in Bezug auf Geheimschutz kann zunächst dadurch Rechnung getragen werden, dass die vorzulegenden **Unterlagen soweit unkenntlich gemacht werden, als rechtlich geschützte Interessen des Dritten einer Vorlage entgegenstehen.**[146] Die Unkenntlichmachung kann in Kombination mit der Einschaltung eines Sachverständigen (s. nachfolgend) auch in einem stufenweisen Verfahren auf das Sachverständigengutachten angewandt werden.[147] Der Geheimnisschutz erfährt seinerseits seine Grenze im **Anspruch auf rechtliches Gehör** des Prozessgegners.[148]

35   Der Gesetzgeber verweist als Regelfall auf die Möglichkeit, dass die Offenbarung lediglich gegenüber einem zur **Verschwiegenheit verpflichteten Dritten** zu erfolgen hat, der sodann darüber Auskunft geben kann, ob und gegebenenfalls, in welchem Umfang die behauptete Rechtsverletzung vorliegt.[149] Die Probleme im Zusammenhang mit der Einschaltung eines Sachverständigen waren bekannt; es wäre daher eine klare Regelung wünschenswert gewesen.[150] Denn die Einschaltung eines solchen zur Verschwiegenheit verpflichteten **Sachverständigen (Wirtschaftsprüfer) wird in den wenigsten Fällen eine geeignete Möglichkeit zur Sachverhaltsaufklärung** verschaffen, da dies den Richter nicht der Pflicht enthebt, sich hinsichtlich des Sachverhalts und der Ergebnisse eine eigene Überzeugung zu bilden. **Daher dürfen gutachterliche Ergebnisse nicht ungeprüft der gerichtlichen Entscheidung zugrunde gelegt werden.**[151] Schon in der *Druckbalken-Entscheidung*[152] hatte der BGH kritisiert, dass dem zur Verschwiegenheit verpflichteten Sachverständigen der

[136] BGH GRUR 2010, 318 Rn. 38 – Lichtbogenschnürung.
[137] BGH GRUR 2010, 318 Rn. 17 – Lichtbogenschnürung, unter Verweis auf BVerfGE 11, 205 Rn. 87; BGH GRUR 2003, 356 – Präzisionsmessgeräte.
[138] So auch Fromm/Nordemann/*Czychowski* UrhG § 101a Rn. 24.
[139] Vgl. Wandtke/Bullinger/*Ohst* UrhG § 101a Rn. 29; *Ibbeken* S. 309.
[140] Vgl. dazu insgesamt *Lachmann* NJW 1987, 2206; *Stürner* JZ 1985, 453.
[141] BGH GRUR 2010, 318 Rn. 37 – Lichtbogenschnürung.
[142] Vgl. *Bornkamm* FS Ullmann, 2006, 897.
[143] BT-Drs. 16/5048, 40 f.; vgl. BGH GRUR 2010, 318 Rn. 35 – Lichtbogenschnürung: Es kann nicht von Amtswegen auf das *minus* der Zustellung eines Sachverständigengutachtens an den Prozessbevollmächtigten mit Verschwiegenheitsverpflichtung ausgewichen werden.
[144] BT-Drs. 16/5048, 41.
[145] BGHZ 150, 377 (387) = GRUR 2002, 1046 (1049) – Faxkarte unter Verweis auf RGZ 69, 401 (406) – Nietzsche-Briefe.
[146] BGH GRUR 2006, 962 (967) – Restschadstoffentfernung.
[147] Vgl. *Kitz* NJW 2008, 2374 (2376 f.); ausführlich zum Verfahren *Kühnen* GRUR 2005, 185 (192).
[148] Vgl. OLG Köln ZUM 2017, 600 (602).
[149] BT-Drs. 16/5048, 40 f. unter Verweis auf BGH GRUR 2002, 1046 – Faxkarte.
[150] *Weber* S. 347.
[151] BVerfG MMR 2006, 375 (378); BGH GRUR 2006, 962 (967) – Restschadstoffentfernung; *Bornkamm* FS Ullmann, 2006, 903; Lehmann/Meents/*Frank/Wiegand* Teil 10 Rn. 88; *Ahrens* GRUR 2005, 837 (839).
[152] BGHZ 93, 191 (212) = GRUR 1985, 512 – Druckbalken.

Umfang seiner Untersuchung letztlich selbst überlassen worden war. Eine solche Anordnung liefe darauf hinaus, **dem Sachverständigen unzulässigerweise eine richterliche Funktion zu übertragen.**[153] Im Übrigen würde das rechtliche Gehör der Verfahrensbeteiligten verkürzt.[154] Eine Einschränkung des rechtlichen Gehörs nimmt die Rechtsordnung zwar in einer Reihe von Fällen in Kauf – so etwa im Strafverfahrens- oder Ordnungsrecht, wenn aufgrund besonderer Richtervorbehalte ohne Beteiligung der Betroffenen entschieden wird, aber doch nur mit der Maßgabe, dass die Tatsachenbeurteilung durch den Richter erfolgt.[155]

Wegen des nur beschränkten Anwendungsbereiches für die isolierte Einbeziehung eines zur Verschwiegenheit verpflichteten Sachverständigen ist in der Literatur vielfach die für das Patentrecht begründete sog. **„Düsseldorfer Praxis"** und weitergehend die Einführung eines sog. **in-camera-Verfahrens** erörtert worden.[156] **36**

Im Rahmen der sog. „Düsseldorfer Praxis" erfolgt die Durchsetzung des Besichtigungsanspruches in einer **Kombination aus selbstständigem Beweisverfahren und flankierender einstweiliger Verfügung.**[157] Die danach vom Gericht zu treffenden Maßnahmen betreffen (a) die **Anordnung eines selbstständigen Beweisverfahrens nach §§ 485 ff. ZPO,** in der Beweisthema festgelegt und der (zur Verschwiegenheit verpflichtete) Sachverständige bestellt werden; dem Antragsgegner wird sodann (b) die **Duldung der Besichtigung** aufgegeben und den Rechts- und Patentanwälten des Antragstellers gestattet, an der Besichtigung durch den Sachverständigen teilzunehmen (die ggf. auch zur Verschwiegenheit verpflichtet werden). In einem dritten Abschnitt erfolgt schließlich die **Anordnung der Einzelheiten der Aushändigung des Gutachtens,** das der Sachverständige aufgrund der Besichtigung erstellt, an den Antragsteller.[158] Dabei wird häufig die Herausgabe nicht an den Antragsteller selbst, sondern an dessen Prozessvertreter unter dessen Verpflichtung zur Verschwiegenheit gegenüber dem Antragsteller beantragt.[159] Zur Wahrung von Betriebs- und Geschäftsgeheimnissen des vermeintlichen Verletzers ist dies unbedenklich.[160] Der betroffene Antragsgegner ist gehalten, seine Geheimhaltungsinteressen gegenüber der Aushändigung des Gutachtens zeitnah geltend zu machen.[161] **37**

Weitergehend wird in der Literatur auch ein sog. **in-camera-Verfahren** diskutiert,[162] in dem zum Schutz der vertraulichen Informationen nicht nur die **Öffentlichkeit ausgeschlossen** wird (§ 172 Nr. 2 GVG); auch der Kläger persönlich darf bei der Erörterung der vertraulichen Informationen, gegebenenfalls auch bei einer Beweisaufnahme, nicht anwesend sein. Die Vorschläge für ein solches Verfahren sehen vor, dass dem Prozessbevollmächtigten des Klägers gestattet ist, am in-camera-Verfahren teilzunehmen. Für den Bereich des Verwaltungsprozesses ist das in-camera-Verfahren Gegenstand zweier **Entscheidungen des Bundesverfassungsgerichts** gewesen, die zu einer Einführung eines begrenzten in-camera-Verfahrens in § 99 VwGO geführt haben.[163] **Eine gesetzliche Regelung für den Zivilprozess gibt es nicht;** wegen der verfassungsrechtlichen Fragen – dem Schutz von Geschäfts- und Betriebsgeheimnissen (Art. 14 GG) einerseits, dem Recht auf effektiven Rechtsschutz (Art. 19 Abs. 4 GG) andererseits, sowie dem Recht auf rechtliches Gehör[164] auf beiden Seiten – ist fraglich, ob eine Zulassung eines solchen Verfahrens ohne gesetzliche Regelung möglich ist.[165] **38**

Die Frage des **Ausschlusses der Öffentlichkeit in der Verhandlung** ist nicht Gegenstand der Regelung in § 101a Abs. 1 S. 3; dieser richtet sich ausschließlich nach § 172 GVG. Auch **Sanktionen** **39**

---

[153] Vgl. *Bornkamm* FS Ullmann, 2006, 903 Rn. 35.

[154] OLG Köln ZUM 2017, 600 (602).

[155] BVerfG MMR 2006, 375 (378).

[156] Vgl. zur sog. Düsseldorfer Praxis OLG Düsseldorf GRUR 1983, 741 – Geheimhaltungsinteresse und Besichtigungsanspruch I; OLG Düsseldorf GRUR 1983, 745 – Geheimhaltungsinteresse und Besichtigungsanspruch II; BGH GRUR 2010, 318 (320) – Lichtbogenschnüre; ausführlich zur Düsseldorfer Praxis *Kühnen* GRUR 2005, 185; insbesondere zum Urheberrecht: *Tinnefeld* CR 2013, 417 (420 ff.); *Wandtke/Bullinger/Kefferpütz* UrhG vor §§ 97 ff. Rn. 102 ff.; *Tilmann* FS Ullmann, 2006, 1020; *Eck/Dombrowski* GRUR 2008, 387; für eine Anwendung im Rahmen des § 101b *Czychowski* GRUR-RR 2008, 265 (268); *Müller-Stoy* GRUR-RR 2009, 161; kritisch zur Düsseldorfer Praxis *Weber* S. 232 ff.

[157] Vgl. dazu *Kühnen* GRUR 2005, 185; *Dörre/Maaßen* GRUR-RR 2008, 217; für das Urheberrecht: *Tinnefeld* CR 2013, 417 (420 ff.).

[158] Vgl. zu den Verfahrensabschnitten *Eck/Dombrowski* GRUR 2008, 387; *Kühnen* GRUR 2005, 185 (191 f.); für das Urheberrecht: *Tinnefeld* CR 2014, 417 (420 ff.).

[159] Diese Anordnung nicht von Amts wegen, vgl. BGH GRUR 2010, 318 Rn. 35 – Lichtbogenschnürung.

[160] BGH GRUR 2010, 318 Rn. 23 – Lichtbogenschnüre mit ausführlichen Bemerkungen zur Auflösung des aus dieser Anordnung folgenden Spannungsfeldes; *Müller-Stoy* GRUR-RR 2009, 161 (162 f.).

[161] OLG Düsseldorf GRUR-RR 2016, 224 – zweieinhalb Monate zu lang; ob Frist von § 321a ZPO heranzuziehen ist, ließ der Senat offen.

[162] Vgl. ausführlich *Bornkamm* FS Ullmann, 2006, 904 ff.; *Seichter* WRP 2006, 391 (395); *Kühnen* GRUR 2005, 185 (191); *Weber* S. 227 ff.; *v.Hartz* ZUM 2005, 376 (381 f.).

[163] Vgl. BVerfGE 101, 106 ff. = NJW 2000, 1175; BVerfG MMR 2006, 375; zur verfassungsrechtlichen Zulässigkeit des in-camera-Verfahrens und dessen Rezeption für das zivilrechtliche Verfahren weiter *Bornkamm* FS Ullmann, 2006, 904 ff.

[164] Art. 103 Abs. 1 GG.

[165] Für eine Zulässigkeit im Zivilprozess auch ohne ausdrückliche gesetzliche Regelung: *Bornkamm* FS Ullmann, 2006, 909 ff.; aA *Wandtke/Bullinger/Kefferpütz* UrhG vor §§ 97 ff. Rn. 103; *Kitz* NJW 2008, 2374 (2376); kritisch zur Zulässigkeit *Spindler/Weber* MMR 2006, 711 (712).

von Verstößen gegen gerichtliche Geheimhaltungsauflagen sind nicht geregelt, da diese für die Fälle des § 174 Abs. 3 GVG bereits in § 353d Nr. 2 StGB abschließend geregelt sind. Weitere Sanktionen können sich aus allgemeinen Vorschriften ergeben, zB § 203 StGB.[166]

8. Prozessuales[167]

40 **a) Allgemeines.** Auch der Anspruch nach § 101a Abs. 1 kann im Wege der **Stufenklage nach § 254 ZPO** mit einer Leistungsklage, die auf Unterlassung und Schadensersatz gerichtet ist, verbunden werden.[168] Der **Streitwert** eines Besichtigungsanspruchs richtet sich nach dem Streitwert der Ansprüche, deren Vorbereitung er dient, wobei auf die Grundsätze zur Bemessung des Streitwerts eines Auskunftsanspruchs zurückgegriffen werden kann.[169]

40a **b) Verfahrenskosten.** Die **Kosten eines selbständigen Beweisverfahrens** sind gerichtliche Kosten des nachfolgenden **Hauptsacheprozesses;** daher richtet sich die Kostentragungspflicht nach der dortigen Kostengrundentscheidung (vgl. aber § 494a Abs. 2 ZPO). **Die Kostentragung hinsichtlich eines begleitenden Verfügungsverfahrens** ist für den Fall, dass das Gutachten keine Klarheit gebracht hat, **streitig.**[170] Nach richtiger Auffassung sind in diesem dem Antragsgegner die Kosten des Verfahrens nicht aufzuerlegen, da die Duldungsverfügung die im Rahmen des selbständigen Beweisverfahrens getroffene Besichtigungsanordnung nur begleitet und die Kosten des Beweisverfahrens nur erstattet verlangt werden könnten, wenn der Antragsteller in einem nachfolgenden Verletzungsverfahren obsiegt.[171] Die gegenteilige Auffassung, wonach für die Kostenentscheidung maßgeblich sei, ob zum Zeitpunkt des Erlasses der Besichtigungsanordnung deren tatbestandlichen Voraussetzungen – hinreichende Wahrscheinlichkeit für eine Schutzrechtsverletzung – vorlagen oder nicht,[172] verkennt, dass die Duldungsverfügung dem insbesondere dem Überraschungseffekt des vermeintlich Verletzten zu dienen bestimmt. Für den Fall, dass sich der zu besichtigende Gegenstand als nicht rechtsverletzend erwiesen hat, zeigt auch die Behandlung der Kosten des Beweisverfahrens, dass eine Abwälzung auf den Anspruchsgegner nicht sachgerecht ist.

IV. Verhältnismäßigkeit; § 101a Abs. 2

41 Wie schon in § 101 Abs. 4, wird in § 101a Abs. 2 der **Grundsatz der Verhältnismäßigkeit** ausdrücklich geregelt, wodurch vermieden werden soll, dass bei geringfügigen Verletzungen umfangreiche Vorlageansprüche geltend gemacht werden können. Eine Unverhältnismäßigkeit liegt auch dann vor, wenn das Geheimhaltungsinteresse des angeblichen Verletzers das Interesse des Rechtsinhabers an der Vorlage oder Besichtigung bei weitem überwiegt und dem Geheimhaltungsinteresse auch nicht durch Maßnahmen nach Abs. 1 Satz 3 angemessen Rechnung getragen werden kann.[173]

42 Zur Verhältnismäßigkeit vergleiche weiter die Ausführungen zu → § 101 Rn. 85 ff. Im Rahmen der Verhältnismäßigkeitsprüfung sind die beiderseitigen Interessen noch einmal in der **Gesamtschau** zu überprüfen;[174] es ist eine Interessenabwägung vorzunehmen, die berücksichtigt, dass der Verletzte den Beweis der Rechtsverletzung auch in den Fällen führen können muss, in denen dies ohne Besichtigung oder Vorlage nur schwer oder gar nicht möglich wäre, in denen also die Vorlage „zur Verwirklichung des Anspruches mehr oder weniger unentbehrlich ist".[175] Andererseits ist zu berücksichtigen, dass der Besichtigungsanspruch nicht zu einer Ausspähung insbesondere auch solcher Informationen missbraucht wird, die der Verpflichtete aus schutzwürdigen Gründen geheim halten möchte, und der Gläubiger sich über sein berechtigtes Anliegen hinaus wertvolle Kenntnisse verschafft.[176] Zur Interessenabwägung und Verhältnismäßigkeit in Bezug auf Softwareaudits vgl. *Kotthoff/Wieczorek* MMR 2014, 3 (4 f.). Zum Verhältnis von Abs. 2 zum Merkmal der **Erforderlichkeit** in Abs. 1 → Rn. 20 ff.

V. Einstweiliger Rechtsschutz, § 101a Abs. 3

43 Mit Abs. 3 knüpft der Gesetzgeber an den materiell-rechtlichen Vorlage- und Besichtigungsanspruch in Abs. 1 an und beschränkt sich bei der Umsetzung der Vorgaben aus Art. 7 der Enforce-

---

[166] BT-Drs. 16/5048, 41.

[167] Ausführlich zum Verfahren unter § 140c PatG: Schulte/*Rinken/Kühnen* PatG § 140c Rn. 45 ff.

[168] OLG Nürnberg BeckRS 2010, 11897; zustimmend *Tinnefeld* CR 2013, 417 (420); vgl. BGH GRUR 2002, 1046 – Faxkarte (zu § 809 BGB).

[169] BGH WRP 2010, 902 (903) – Vollautomatische Röntgenbildbearbeitung.

[170] S. zum Meinungsstand auch Fromm/Nordemann/*Czychowski* UrhG § 101a Rn. 36.

[171] OLG München BeckRS 2012, 09121; 2011, 00035 (zum MarkenG), jeweils im Rahmen eines Beschlusses nach § 91a ZPO; Schulte/*Rinken/Kühnen* PatG § 140c Rn. 82; *Kühnen* Mitt. 2009, 216 (217).

[172] OLG Frankfurt a.M. MMR 2006, 820 (822); *Zöllner* GRUR-Prax 2010, 74; Mestmäcker/Schulze/*Backhaus* UrhG § 101a Rn. 37; Fromm/Nordemann/*Czychowski* UrhG § 101a Rn. 36.

[173] BT-Drs. 16/5048, 41.

[174] Wandtke/Bullinger/*Ohst* UrhG § 101a Rn. 33.

[175] Mot. II, S. 891.

[176] BGHZ 93, 191 (206) = GRUR 1985, 518 = NJW-RR 1986, 480 – Druckbalken; BGHZ 150, 377 (386) = GRUR 2002, 1046 (1048) – Faxkarte.

ment-RL zu Maßnahmen der Beweissicherung auf den Hinweis, dass **der Anspruch aus Abs. 1 im Wege der einstweiligen Verfügung durchsetzbar ist.**[177]

Bei der Umsetzung stellte der Gesetzgeber ausdrücklich lediglich klar, dass der Erlass einer einst- **44** weiligen Verfügung nicht am **Verbot der Vorwegnahme der Hauptsache** scheitert.[178] Weiterer Umsetzungsbedarf bestand nach Auffassung des Gesetzgebers nicht, so dass die Vorschrift den Rechtsinhaber nicht von der **Glaubhaftmachung der weiteren Voraussetzungen für den Erlass einer einstweiligen Verfügung** befreit; insbesondere sind die Voraussetzungen des Besichtigungsanspruchs glaubhaft zu machen.[179] Streitig sind die Anforderungen an den Verfügungsgrund, insbesondere zur Frage der **Dringlichkeit.**[180] Der Gesetzgeber erkannte zwar, dass Art. 7 der Enforcement-RL eine Dringlichkeit für die Maßnahmen zur Beweissicherung nicht vorsah, sah aber keine Diskrepanz. Denn soweit im Einzelfall eine Beweisvereitelung oder –verschleierung nicht drohe, würde eine Anordnung gegen den auch im Rahmen von Art. 7 zu beachtenden **Grundsatz der Verhältnismäßigkeit** verstoßen.[181] Anders als bei Unterlassungsverfügungen ist der Besichtigungsanspruch nicht auf das schnelle Erlangen eines vollstreckbaren Titels gerichtet; hier folgt das **besondere Interesse am einstweiligen Rechtsschutz** daraus, dass der Gegner nicht durch eine Beteiligung am Verfahren in die Lage versetzt werden soll, die zu sichernden Beweismittel zu vernichten. Würde der Gläubiger des Besichtigungsanspruchs auf den Klageweg verwiesen, wäre der Besichtigungsschuldner vorgewarnt, und es bestünde die Gefahr, dass der (materielle) Anspruch überhaupt nicht mehr durchgesetzt werden kann; die Ablehnung des Verfügungsgrundes wegen längeren Zuwartens führte damit zur endgültigen Verweigerung des Besichtigungsanspruchs.[182] Diese Besorgnis begründet regelmäßig die Eilbedürftigkeit.[183] Das OLG Düsseldorf **verneint** daher das **Erfordernis einer Dringlichkeit in zeitlicher Hinsicht;** jedenfalls kommt eine schematische Anwendung der **Grundsätze des dringlichkeitsschädlichen Zuwartens** bei Unterlassungsverfügungen[184] wegen der anderen Zielrichtung des Antrages nach § 101a Abs. 3 nicht in Betracht.[185] Bei der erforderlichen **Verhältnismäßigkeitsprüfung** sind auch die zugunsten des vermeintlichen Verletzers möglichen **Schutzmaßnahmen nach § 101a Abs. 1 S. 3** und die möglichen **Ansprüche nach § 101a Abs. 5** zu berücksichtigen.

Die Umsetzung über die einstweilige Verfügung ist im Gesetzgebungsverfahren teilweise **scharf** **45** **kritisiert** worden.[186] **Art. 7 der Enforcement-RL sieht Sicherungsmaßnahmen vor, während das Verfügungsverfahren nach §§ 935 ff. ZPO jedenfalls im Grundsatz die Zugänglichmachung der Sicherungsgegenstände für den Antragsteller bzw. deren Untersuchung erlaube.**[187] Diese Kritik lebt auch nach der gesetzgeberischen Entscheidung fort in der Auseinandersetzung über die Frage über das Verfahren und die erforderlichen Anordnungen beim Erlass der einstweiligen Verfügung (§ 938 ZPO).

Das Gericht hat nach § 101a Abs. 3 S. 2 beim Erlass der einstweiligen Verfügung im Rahmen seines **46** Ermessens (§ 938 ZPO) die erforderlichen **Anordnungen zum Schutz der Geheimhaltungsinteressen des Antragsgegners** zu treffen; dies insbesondere in Fällen der **Beschlussverfügung, die ohne vorherige Anhörung des Antragsgegners ergeht.**[188] Bei Erlass einer einstweiligen Verfügung ist den Geheimhaltungsinteressen des Anspruchsgegners schon wegen des **nur summarischen Verfahrens** besondere Bedeutung beizumessen. Der beispielsweise Hinweis darauf, dass in Fällen der Beschlussverfügung die Vorlage an einen zur Verschwiegenheit verpflichteten Dritten anzuordnen sei,[189] greift Beschränkungen auf, die die Rechtsprechung schon zur Durchsetzung des Besichtigungsanspruches nach § 809 BGB im einstweiligen Rechtsschutz begründet hatte.[190] Dieses Verfahren ist

---

[177] Zur Kritik dieser überschießenden Umsetzung vgl. *Peukert/Kur* GRUR-Int 2006, 291 (299, 300 f.); *Knaack* GRUR 2004, 745 (748 f.); *Kühnen* GRUR 2005, 185 (193 ff.); *Tilmann* GRUR 2005, 737 ff.
[178] BT-Drs. 16/5048, 28, 41.
[179] OLG Köln ZUM 2017, 600 (601).
[180] Vgl. OLG Düsseldorf GRUR-RR 2011, 289 (290); OLG Hamm ZUM-RD 2010, 27; OLG Köln ZUM 2009, 427; vgl. BT-Drs. 16/5048, 28; *Eck/Dombrowski* GRUR 2008, 387 (393); *Heymann* CR 2008, 568 (571); *Tilmann* GRUR 2005, 737 (738); *Nägele/Nitsche* WRP 2007, 1047 (1053); sowie mit beachtlichen Gründen hinsichtlich der Vereitelungsgefahr beim Besichtigungsanspruch *Kühnen* GRUR 2005, 185 (193 ff.).
[181] BT-Drs. 16/5048, 28.
[182] OLG Düsseldorf GRUR-RR 2011, 289 (290) – Später Besichtigungsantrag; OLG Düsseldorf BeckRS 2010, 18850 – Zuwarten mit Besichtigungsantrag; Kühnen GRUR 2005, 185 (194) jeweils zu § 140c PatG.
[183] *Frank/Wiegand* CR 2007, 481 (483); LG Nürnberg-Fürth CR 2004, 890.
[184] Vgl. dazu → § 97 Rn. 341.
[185] OLG Düsseldorf GRUR-RR 2011, 289 (290) – Später Besichtigungsantrag; OLG Düsseldorf BeckRS 2010, 18850 – Zuwarten mit Besichtigungsantrag; *Kühnen* GRUR 2005, 185 (194) jeweils zu § 140c PatG; *Frank/Wiegand* CR 2007, 481 (483); *Schulte/Rinken/Kühnen* PatG § 140c Rn. 47; *Mes* PatG § 140c Rn. 35; aA OLG Köln ZUM 2009, 427, dort allerdings bei einem Zuwarten von mehr als 2 Jahren; OLG Hamm ZUM-RD 2010, 27; OLG Nürnberg GRUR-RR 2016, 108 Rn. 6 ff.; Wandtke/Bullinger/*Ohst* UrhG § 101a Rn. 34; Dreier/Schulze/*Dreier* UrhG § 101a Rn. 9; Dreyer/Kotthoff/*Meckel* UrhG § 101a Rn. 10.
[186] Vgl. dazu ausführlich *Peukert/Kur* GRUR-Int 2006, 292 (299 ff.); Wandtke/Bullinger/*Ohst* UrhG § 101a Rn. 34.
[187] *Peukert/Kur* GRUR-Int 2006, 292 (300 f.).
[188] § 101a Abs. 3 S. 3.
[189] BT-Drs. 16/5048, 41.
[190] OLG Frankfurt a.M. GRUR-RR 2006, 295 – Quellcode-Besichtigung; KG GRUR-RR 2001, 118; *Rauschhofer* GRUR-RR 2006, 249; *Frank/Wiegand* CR 2007, 481.

nach Ansicht des BGH unbedenklich.[191] Das OLG Frankfurt a. M.[192] und das Kammergericht gestattete eine **einstweilige Verfügung nur zur Sicherung.** Die Sicherungsverfügung dürfe wegen des **Verbotes der Vorwegnahme der Hauptsache** nur anordnen, dass der Antragsgegner die **Besichtigung einem vom Gericht bestimmten, zur völligen Verschwiegenheit verpflichteten Sachkundigen** zu ermöglichen hat. Dieser hinterlege beim Gericht seinen Bericht, der dem **Antragsteller grundsätzlich erst zur Einsichtnahme freisteht, wenn dieser einen Hauptsachetitel über den Besichtigungsanspruch erlangt hat.**[193] Sofern der Antragsteller ein besonderes Interesse an einer Herausgabe bereits vor Abschluss des Hauptsacheverfahrens glaubhaft macht, kann eine Herausgabe am Ende des Verfügungsverfahrens erfolgen.[194]

47   Dem ist entgegengehalten worden, dass der **Besichtigungsanspruch nur ein Hilfsanspruch** sei, der zwangsläufig vor der Geltendmachung des Hauptanspruches (zB Unterlassung) durchgesetzt werden müsse.[195] Daher sperre das grundsätzlich geltende Verbot der Vorwegnahme der Hauptsache nicht die Herausgabe des Besichtigungsergebnisses an den Antragsteller, da eine Befriedigung nur hinsichtlich des Hauptanspruches eintreten könne.[196] Der vorläufige Charakter der einstweiligen Verfügung und damit das Vorwegnahmeverbot bezieht sich aber auf den Anspruch des Hauptsacheverfahrens, den es zu sichern gilt: **Gegenstand des einstweiligen Rechtsschutzes ist hier die Sicherung des Vorlage- und Besichtigungsanspruches,**[197] auch wenn dieser seinerseits den Unterlassungsanspruch nur vorbereitet. Auch die Erfüllung dieses Anspruches darf nicht ohne weiteres vorweggenommen werden.[198]

48   Mit der **Klarstellung des Gesetzgebers,** dass nach § 101a Abs. 3 S. 1 der Erlass einer **einstweiligen Verfügung auch dann möglich ist, wenn hierdurch die Hauptsache vorweggenommen wird,**[199] wird die Frage nur hinsichtlich dieses Grundsatzes beantwortet. Inhaltlich bleibt auch unter der Geltung des § 101a Abs. 3 unklar, wie weit der Anspruch aus § 101a Abs. 1 durch den Gläubiger im einstweiligen Rechtsschutz durchsetzbar ist. Auch wenn das Verbot der Vorwegnahme der Hauptsache eine einstweilige Verfügung nicht sperrt, müssen sich die vom Gericht **zu treffenden Anordnungen gleichwohl stets im Rahmen des zur Erreichung des Zwecks Erforderlichen halten.**[200] Es gelten daher die Ausführungen zum Geheimschutz unter → Rn. 31 ff. hier entsprechend mit der Maßgabe, dass das besondere Gefährdungspotenzial eines nur summarischen Verfahrens und die Geheimhaltungsinteressen des Anspruchsschuldners besonders zu berücksichtigen sind.[201] Wegen der **Eilbedürftigkeit aufgrund der Vereitelungsgefahr**[202] wird daher im Regelfall eine **Anordnung der Duldung der Besichtigung durch einen zur Verschwiegenheit verpflichteten Sachverständigen** erfolgen.[203] Legt der Antragsteller zur Glaubhaftmachung Anlagen vor, die ihrerseits Geschäftsgeheimnisse (Quellcode) enthalten, kann dem Antragsgegner eine Akteneinsicht nicht versagt werden; eine Regelung zum Schutz der Geschäftsgeheimnisse des Antragstellers bestünde nicht; zudem stehe es in seiner Entscheidung, in welchem Umfang er Geschäftsgeheimnisse preisgibt.[204]

Der Verfügungsgrund ergibt sich – auch unabhängig von einer zeitlichen Komponente – regelmäßig aus der Gefahr der Beseitigung der zu besichtigenden Sache.[205] Denn für den Fall, dass der Gläubiger auf die Durchsetzung seines Anspruchs im Hauptsacheverfahren verwiesen würde, bestünde die Gefahr einer unwiederbringlichen Beseitigung oder Veränderung des Besichtigungsgegenstandes.

49   Die **Vollziehung der Verfügung** erfolgt sodann durch den **Gerichtsvollzieher,** der sicherstellt, dass der Sachverständige Zugriff auf die zu besichtigende Sache erhält und diese umfassend untersu-

---

[191] BGH GRUR 2010, 318 Rn. 23 – Lichtbogenschnürung.

[192] OLG Frankfurt a. M. GRUR-RR 2006, 295 – Quellcode-Besichtigung.

[193] OLG Frankfurt a. M. GRUR-RR 2006, 295 – Quellcode-Besichtigung; *Bork* NJW 1997, 1665 (1671); KG GRUR-RR 2001, 118 (119).

[194] OLG Franfurt a. M. GRUR-RR 2006, 295 (296) – Quellcode-Besichtigung; KG GRUR-RR 2001, 118 (119) mwN.

[195] *Tilmann/Schreibauer* GRUR 2002, 1015 (1016); *Tilmann* GRUR 2005, 737 (738); LG Nürnberg-Fürth CR 2004, 890 (892).

[196] LG Nürnberg-Fürth CR 2004, 890 (892); *Tilmann/Schreibauer* GRUR 2002, 1015 (1016); *Tilmann* GRUR 2005, 737 (738).

[197] Vgl. BT-Drs. 16/5048, 28.

[198] *Frank/Wiegand* CR 2007, 481 (485).

[199] Vgl. BT-Drs. 16/5048, 41.

[200] Vgl. § 938 Abs. 1 ZPO; Zöller/*Vollkommer* ZPO § 938 Rn. 1; vgl. dazu BGH GRUR 2010, 318 – Lichtbogenschnürne.

[201] § 101a Abs. 3 S. 2.

[202] Vgl. dazu *Kühnen* GRUR 2005, 185 (193 ff.).

[203] *Eck/Dombrowski* GRUR 2008, 387 (393); *Frank/Wiegand* CR 2007, 481 (483); OLG Frankfurt a. M. GRUR-RR 2006, 295 (296) – zu § 809 BGB; zur nachfolgenden Aushändigung des Sachverständigengutachtens an den Antragsteller bzw. an dessen zur Verschwiegenheit gegenüber dem Antragsteller zu verpflichtenden Prozessvertreter vgl. BGH GRUR 2010, 318 Rn. 32 ff., 36 ff. – Lichtbogenschnürung.

[204] OLG Köln ZUM 2017, 600 (602).

[205] Vgl. → Rn. 44; OLG Düsseldorf GRUR-RR 2011, 289 (290) – Später Besichtigungsantrag; OLG Düsseldorf BeckRS 2011, 18850; InstGE 12, 105 = GRUR-Prax 2010, 444; OLG Frankfurt a. M. BeckRS 2011, 18385; grundlegend: *Kühnen* GRUR 2005, 185 (193 f.); *Frank/Wiegand* CR 2007, 481 (487); *Tinnefeld* CR 2010, 417 (421); aA OLG Köln CR 2009, 289.

chen kann.[206] **Offen bleibt die Frage, ob und ggf. wann das Ergebnis der Besichtigung dem Gläubiger auszuhändigen ist.**[207] Hierfür bietet sich, abhängig von den Gegebenheiten des Einzelfalles,[208] eine **Anhörung** an, die dem Anspruchsschuldner insbesondere **im Hinblick auf etwaige Geheimhaltungsinteressen rechtliches Gehör gewährt.**[209] Das Gericht trifft sodann die erforderlichen (ggf. abändernden bzw. aufhebenden) Maßnahmen. Hierbei ist auch eine (ggf. stufenweise) **Herausgabe unter Schwärzung geheimhaltungsbedürftiger Passagen** möglich.[210] Zu berücksichtigen ist neben dem Geheimhaltungsinteresse des Schuldners auf Seiten des Gläubigers, dass dieser ggf. Einsicht nehmen muss, um überhaupt in der Lage zu sein, einen bestimmten Unterlassungsantrag zu fassen.[211]

Weder die Enforcement-RL noch § 101a sehen Regelungen für den Fall vor, dass auf den **Wider-** **50** **spruch, Berufung oder sofortige Beschwerde**[212] eine zunächst zugunsten des Besichtigungsgläubigers getroffene Entscheidung aufgehoben wird. Hinsichtlich der Entscheidung über eine Aushändigung des Gutachtens **darf, damit keine vollendeten Tatsachen geschaffen werden, eine Aushändigung erst erfolgen, wenn über das Gesuch des Besichtigungsgläubigers rechtskräftig entschieden worden ist.**[213] Im Übrigen ist für den Fall, dass der Besichtigungsgläubiger die Informationen schon erlangt hat, die Auferlegung eines für den Schuldner im Wege des einstweiligen Rechtsschutzes durchzusetzenden **Informationsverwertungsverbotes** angeregt worden.[214]

VI. Verwertungsverbot; Vorlegungsort, Gefahr und Kosten; § 101a Abs. 4

1. Verwertungsverbot

Abs. 4 enthält durch Verweis auf § 101 Abs. 8 ein Beweisverwertungsverbot für Strafverfahren.[215] **51**

2. Vorlegungsort; Gefahr und Kosten

Die Modalitäten der Vorlage bzw. Besichtigung regelt § 101a Abs. 4 durch einen **Verweis auf** **52** **§ 811 BGB.** Danach ist die Vorlegungspflicht grundsätzlich an dem Ort zu erfüllen, an dem sich die Sache oder die Urkunde befindet. Dies erfolgt am **Aufbewahrungsort** (§§ 820, 811 BGB) oder am **Wohnsitz des Schuldners** (§ 269 Abs. 1 BGB); **im Einzelfall kann auch eine Verpflichtung zur Aushändigung bestehen.**[216] Ein Anspruch des Gläubigers auf Einsicht an anderen Orten kommt, wie sich aus dem Rechtsgedanken des § 811 Abs. 1 S. 2 BGB ergibt, insbesondere dann in Betracht, wenn ein **wichtiger Grund** dafür vorliegt.[217] Die Kosten trägt derjenige, der die Vorlegung verlangt;[218] mit den Möglichkeiten **des Kostenvorschusses und der Sicherheitsleistung** in § 811 Abs. 2 S. 2 BGB sind die Vorgaben aus Art. 7 Abs. 2 der Enforcement-RL umgesetzt. Gefahrtragung bedeutet, dass der Anspruchsteller für die Folgen des Verlustes oder einer Beschädigung der Sache oder der Urkunde auch **ohne Verschulden haftet.**[219]

VII. Schadensersatz bei fehlender Verletzung; § 101a Abs. 5

Mit der Gewährung eines Schadensersatzanspruches für den Fall, dass keine Verletzung vorlag oder **53** drohte, setzt der Gesetzgeber Art. 7 Abs. 4 der Enforcement-RL um. Eine **Regelung war erforderlich, da der Schadensersatzanspruch nach § 945 ZPO die nach Art. 7 Abs. 4 der Enforcement-RL zu regelnden Fälle nicht vollständig abdeckt.** Für den Erlass einer einstweiligen Verfügung nach § 101a ist lediglich die **hinreichende Wahrscheinlichkeit** einer Rechtsverletzung erforderlich. Ergeht später in der Verletzungsfrage eine abweisende Entscheidung, war damit gleichwohl nicht notwendig die Anordnung der einstweiligen Verfügung von Anfang an ungerechtfertigt.[220]

---

[206] Vgl. dazu *Frank/Wiegand* CR 2007, 481 (483); Fromm/Nordemann/*Czychowski* UrhG § 101a Rn. 31; vgl. dazu auch *Bork* NJW 1997, 1665 (1671 f.).
[207] Vgl. aber BGH GRUR 2010, 318 Rn. 32 ff., 36 ff. – Lichtbogenschnürung.
[208] Vgl. BGHZ 150, 377 ff. = GRUR 2002, 1046 – Faxkarte.
[209] *Kühnen* GRUR 2005, 185 (195).
[210] Vgl. dazu → Rn. 34; *Frank/Wiegand* CR 2007, 481 (486); *Czychowski* GRUR-RR 2008, 265 (268); *Dörre/ Maaßen* GRUR-RR 2008, 217 (221).
[211] *Frank/Wiegand* CR 2007, 481 (486).
[212] Hinsichtlich der Entscheidung über die Aushändigung des Gutachtens; dazu besonders *Kühnen* GRUR 2005, 185 (193).
[213] *Kühnen* GRUR 2005, 185 Rn. 49.
[214] *Frank/Wiegand* CR 2007, 481 (485); *Kitz* NJW 2008, 2374 (2377), der das Verwertungsverbot als Teil des Schadensersatzanspruches in Abs. 5 sieht; *Tilmann* GRUR 2005, 737 (738); vgl. aber auch offenbar gegen ein Verwertungsverbot *Tilmann* FS Ullmann, 2006, 1023.
[215] Vgl. dazu → § 101 Rn. 98.
[216] OLG Köln NJW-RR 1996, 382; RGZ 56 (63, 66); BAG WM 1985, 765 (767); Staudinger/*Marburger* BGB § 809 Rn. 8.
[217] OLG Köln NJW-RR 1996, 382.
[218] § 811 Abs. 2 S. 1 BGB.
[219] Staudinger/*Marburger* BGB § 811 Rn. 4.
[220] BT-Drs. 16/5048, 41.

Sofern es in diesem Fall nicht zu einer Kostentragung durch den Antragsteller kommt, wie sie nach hiesiger Auffassung besteht (vgl. → Rn. 40b), kommt ein Ausgleich über den Schadensersatzanspruch nach Abs. 5 in Betracht.[221] Damit ginge der **Schadensersatzanspruch nach § 101a Abs. 5 über den aus § 945 ZPO hinaus,** da eine Ersatzpflicht auch dann besteht, wenn ein Vorlage- oder Besichtigungsanspruch bestand, sich aber im Zuge der Durchsetzung herausstellt, dass eine Rechtsverletzung nicht vorlag oder drohte. Weiterhin geht die Regelung über die zwingenden Vorgaben der Enforcement-RL hinaus, da der Schadensersatzanspruch auch für das Hauptsacheverfahren gilt. **Hierin liegt eine Schlechterstellung des Besichtigungsgläubigers gegenüber den bisherigen Regelungen zu §§ 809 ff. BGB.**[222]

54 Der Anspruch setzt **kein Verschulden** voraus.[223]

55 Der Anspruch umfasst die **Herausgabe der erlangten Gegenstände.**[224] Da der Schaden insbesondere darin bestehen kann, dass der vermeintlich Verletzte (geschützte) Informationen erlangt hat, wird teilweise ein Schadensersatzanspruch angenommen, mit dem dem vermeintlich Verletzten **ordnungsgeldbewehrt untersagt werden soll, die erlangten Informationen zu verwerten.**[225]

§ 101b Sicherung von Schadensersatzansprüchen

(1) [1]**Der Verletzte kann den Verletzer bei einer in gewerblichem Ausmaß begangenen Rechtsverletzung in den Fällen des § 97 Abs. 2 auch auf Vorlage von Bank-, Finanz- oder Handelsunterlagen oder einen geeigneten Zugang zu den entsprechenden Unterlagen in Anspruch nehmen, die sich in der Verfügungsgewalt des Verletzers befinden und die für die Durchsetzung des Schadensersatzanspruchs erforderlich sind, wenn ohne die Vorlage die Erfüllung des Schadensersatzanspruchs fraglich ist.** [2]**Soweit der Verletzer geltend macht, dass es sich um vertrauliche Informationen handelt, trifft das Gericht die erforderlichen Maßnahmen, um den im Einzelfall gebotenen Schutz zu gewährleisten.**

(2) **Der Anspruch nach Absatz 1 ist ausgeschlossen, wenn die Inanspruchnahme im Einzelfall unverhältnismäßig ist.**

(3) [1]**Die Verpflichtung zur Vorlage der in Absatz 1 bezeichneten Urkunden kann im Wege der einstweiligen Verfügung nach den §§ 935 bis 945 der Zivilprozessordnung angeordnet werden, wenn der Schadensersatzanspruch offensichtlich besteht.** [2]**Das Gericht trifft die erforderlichen Maßnahmen, um den Schutz vertraulicher Informationen zu gewährleisten.** [3]**Dies gilt insbesondere in den Fällen, in denen die einstweilige Verfügung ohne vorherige Anhörung des Gegners erlassen wird.**

(4) **§ 811 des Bürgerlichen Gesetzbuchs sowie § 101 Abs. 8 gelten entsprechend.**

Schrifttum: *Czychowski,* Das Gesetz zur Verbesserung der Durchsetzung von Rechten des Geistigen Eigentums – Teil II: Änderungen im Urheberrecht, GRUR-RR 2008, 265; *Dörre/Maaßen,* Das Gesetz zur Verbesserung der Durchsetzung von Rechten des geistigen Eigentums – Teil I: Änderungen im Patent-, Gebrauchsmuster-, Marken- und Geschmacksmusterrecht, GRUR-RR 2008, 217; *Eisenkolb,* Die Durchsetzungsrichtlinie und ihre Wirkung, GRUR 2007, 387 ff.; *Frey/Rudolph,* EU-Richtlinie zur Durchsetzung der Rechte des Geistigen Eigentums, ZUM 2004, 522; *Knaack,* EG-Richtlinie zur Durchsetzung der Rechte und Umsetzungsbedarf im deutschen Recht, GRUR-Int 2004, 745; *Metzger/Wurmnest,* Auf dem Weg zu einem Europäischen Sanktionenrecht des geistigen Eigentums?, ZUM 2003, 922; *McGuire,* Beweismittelvorlage und Auskunftsanspruch zur Durchsetzung der Rechte des geistigen Eigentums, GRUR-Int 2005, 15; *Nägele/Nitzsche,* Gesetzentwurf der Bundesregierung zur Verbesserung der Durchsetzung von Rechten des Geistigen Eigentums WRP 2007, 1047; *Peukert/Kur,* Stellungnahme des Max-Planck-Instituts für Geistiges Eigentum, Wettbewerbs- und Steuerrecht zur Umsetzung der Richtlinie 2004/48/EG zur Durchsetzung der Rechte des geistigen Eigentums in deutsches Recht, GRUR-Int 2006, 292 (296); *Seichter,* Die Umsetzung der Richtlinie zur Durchsetzung der Rechte des geistigen Eigentums, WRP 2006, 391; *Spindler/Weber,* Die Umsetzung der Enforcement-Richtlinie nach dem Regierungsentwurf für ein Gesetz zur Verbesserung der Durchsetzung von Rechten des geistigen Eigentums, ZUM 2007, 257; *Tilmann,* Beweissicherung nach europäischem und deutschem Recht, in: Ahrens/Bornkamm/Kunz-Hallstein (Hrsg.), FS Eike Ullmann (2006), S. 1013; *Weber,* Die Umsetzung der Enforcement-Richtlinie ins deutsche Recht – Unter besonderer Berücksichtigung der Umsetzung des Art. 7 RL, Diss. Göttingen 2010; *Wilhelmi,* Das gewerbliche Ausmaß als Voraussetzung der Auskunftsansprüche nach dem Durchsetzungsgesetz, ZUM 2008, 942.

Übersicht

---

[221] So Mestmäcker/Schulze/*Backhaus* UrhG § 101a Rn. 37.

[222] *Kitz* NJW 2008, 2374 (2377); *Frank/Wiegand* CR 2007, 481 (485).

[223] *Spindler/Weber* ZUM 2007, 257 (266); *Weber* S. 349; Wandtke/Bullinger/*Ohst* UrhG § 10 Rn. 41.

[224] § 249 Abs. 1 BGB; *Tilmann* GRUR 2005, 737 (739).

[225] *Kitz* NJW 2008, 2374 (2377); dazu schon unter → Rn. 50.

I. Ausgangslage, Entwicklung und Bedeutung

§ 101b dient der **Umsetzung von Art. 9 Abs. 2 S. 2** der Richtlinie 2004/48/EG zur Durchset- **1** zung der Rechte des geistigen Eigentums (Enforcement-RL) und wurde durch das Gesetz zur Verbesserung der Durchsetzung von Rechten des geistigen Eigentums vom 7.7.2008 (BGBl. I S. 1191) in das Gesetz eingefügt. Die Vorschrift soll der **Sicherung von Schadensersatzansprüchen** dienen.

Gemäß Art. 9 Abs. 2 S. 1 der Richtlinie war sicherzustellen, dass die zuständigen Gerichte die **vor- 2 sorgliche Beschlagnahme beweglichen und unbeweglichen Vermögens** des angeblichen Verletzers einschließlich der **Sperrung seiner Bankkonten unter Beschlagnahme sonstiger Vermögenswerte** anordnen konnten. Bezüglich dieser Vorgaben der Richtlinie sah der deutsche Gesetzgeber keinen Umsetzungsbedarf, da **das deutsche Recht mit den Vorschriften über den Arrest in §§ 916 ff. ZPO diese Möglichkeiten schon gewährte.**[1] Umsetzungsbedarf sah der Gesetzgeber hinsichtlich der Regelung in Art. 9 Abs. 2 S. 2, wonach die zuständigen Behörden – gemeint sind die zuständigen Gerichte[2] – die Übermittlung von Bank-, Finanz- oder Handelsunterlagen oder einen geeigneten Zugang zu den entsprechenden Unterlagen anordnen können. **Eine solche Regelung sah das deutsche Recht bisher nicht vor.**[3] Da eine wirksame Vollziehung des Arrests voraussetzt, dass der Gläubiger Kenntnis von Vermögenswerten des Schuldners hat und § 101b die Erlangung dieser Kenntnis durch den Vorlageanspruch erleichtern soll, stellt die **Vorschrift in der Sache eine Ergänzung des Arrests** dar.[4] Diese Kenntnis soll den Erlass eines Arrestes gem. § 917 ZPO ermöglichen.[5]

Die Vorschriften in § 101b waren **Gegenstand erheblicher Kritik im Gesetzgebungsverfah- 3 ren.**[6] Noch in der Gesetzesbegründung zum **Produktpirateriegesetz** sah der Gesetzgeber die damals diskutierten Einsichtsrechte in Geschäftsbücher des Auskunftsverpflichteten als eine **unvertretbare Bevorzugung der Interessen des Schutzrechtsinhabers gegenüber den Interessen des Verletzers an der Wahrung seiner Betriebs- und Geschäftsgeheimnisse** und sah entsprechende Regelungsvorschläge als mit dem geltenden Rechtsschutzsystem unvereinbar an. Die dagegen bestehenden Bedenken bezeichnete die Bundesregierung als „nicht überwindbar".[7] Entgegen diesen Ausführungen entschied sich der Gesetzgeber des Durchsetzungsgesetzes für die **Regelung eines materiell-rechtlichen Vorlageanspruchs bezüglich Bank-, Finanz- oder Handelsunterlagen zur Sicherung der Erfüllung von Schadensersatzansprüchen.**[8] Die Kritik hielt dieser Umsetzung entgegen, dass diese weitgehende Regelung zur Sicherung der Erfüllung von Schadensersatzforderungen **schon zur Zweckerreichung ungeeignet** sei; selbst bei Vorlage der Finanzunterlagen im Verfügungsverfahren sei ein **Zugriff auf das Vermögen erst aufgrund eines Zahlungstitels,** der ggf. erst Jahre später vorliegt, möglich. Ein solcher, zur Erreichung eines verfassungsgemäßen Zieles bereits ungeeigneter, massiver Eingriff in die informationelle Selbstbestimmung des Bankgeheimnisses des angeblichen Verletzers sei **aus verfassungsrechtlichen Gründen abzulehnen.**[9] Eine weitere Kritik macht sich an der Tatsache fest, dass die Regelung eine **Privilegierung der Inhaber geistiger Eigentumsrechte** darstellt, da Gläubigern von Forderungen, die nicht in der Verletzung von geistigen Eigentumsrechten ihre Grundlagen haben, eine solche Zugriffsmöglichkeit nicht zur Verfügung steht.[10] Diese **Konsequenz hat der Gesetzgeber gesehen;** vgl. BT-Drs. 16/5048, 42: „Im Ergebnis hat dadurch der Verletzte weitergehende Rechte als andere Gläubiger. Wegen der darin liegenden Abweichung vom bestehenden System der Zwangsvollstreckung soll die Regelung aber nicht auf alle Ansprüche übertragen werden." Das OLG Frankfurt a. M. leitet daraus und aus dem allgemeinen Gleichheitsgrundsatz ab, dass eine enge und **strenge Auslegung** der Vorschrift geboten ist.[11]

---

[1] BT-Drs. 16/5048, 31; krit. *Spindler*/Schuster UrhG § 101b Rn. 1 mwN.

[2] BT-Drs. 16/5048, 31; *Weber* S. 152 f.

[3] BT-Drs. 16/5048, 27, 31; OLG Karlsruhe GRUR 1995, 772 (773) – Selbstständiger Auskunftsanspruch; OLG Köln GRUR 1995, 676 – Vorlage von Geschäftsunterlagen; NJW-RR 1996, 421.

[4] BT-Drs. 16/5048, 42; *Nägele/Nitsche* WRP 2007, 1047 (1054).

[5] *Czychowski* GRUR-RR 2008, 265 (267).

[6] Vgl. insbesondere *Peukert/Kur* GRUR-Int 2006, 292 (302 f.); *Seichter* WRP 2006, 391 (399).

[7] BT-Drs. 11/4792, 33.

[8] BT-Drs. 16/5048, 41.

[9] *Peukert/Kur* GRUR-Int 2006, 292 (302); so im Ergebnis auch Wandtke/Bullinger/*Ohst* UrhG § 101b Rn. 3; *Seichter* WRP 2006, 391 (399).

[10] *Seichter* WRP 2006, 391 (399); *Nägele/Nitsche* WRP 2007, 1047 (1054).

[11] OLG Frankfurt a. M. GRUR-RR 2012, 197 – Vorlage von Bankunterlagen; vgl. Mestmäcker/Schulze/ *Backhaus* UrhG § 101b Rn. 20; Wandtke/Bullinger/*Ohst* UrhG § 101b Rn. 2.

II. Vorlage von Bank-, Finanz- oder Handelsunterlagen, § 101b Abs. 1

4   Die Vorschrift ähnelt § 101a Abs. 1, unterscheidet sich aber insoweit von ihr, als sie nicht der Gewinnung von Beweismitteln, sondern der **Sicherung der Erfüllung des Schadensersatzanspruchs** dient.[12] Der Anspruchsinhaber wird mit dieser Vorschrift in die Lage versetzt, Kenntnis von den Vermögenswerten des Schuldners zu erlangen.

1. Anspruchsinhaber; Anspruchsgegner

5   Anspruchsberechtigt ist der „**Verletzte**".[13] **Passivlegitimiert ist der Verletzer**; vgl. dazu → § 101 Rn. 19 ff. sowie → § 101a Rn. 15.

2. Schadensersatzanspruch nach § 97 Abs. 2

6   Voraussetzung ist, dass dem Verletzten gegen den Verletzer **nach § 97 Abs. 2 ein Schadensersatzanspruch zusteht**;[14] auf andere Ansprüche findet die Vorlagepflicht keine Anwendung.[15] Die Voraussetzungen von § 97 Abs. 2, namentlich **Verschulden und Schaden, müssen für den Sicherungsanspruch gegeben sein**.[16] Zu den Voraussetzungen eines Schadensersatzspruches nach § 97 Abs. 2 → § 97 Rn. 243 ff.

3. Rechtsverletzung in gewerblichem Ausmaß

7   Die Rechtsverletzung muss „**in gewerblichem Ausmaß**" begangen sein. Der **Begriff des gewerblichen Ausmaßes entspricht zwar grundsätzlich dem in § 101**;[17] wegen der Gefahr des **Eingriffes in Geschäfts- und Betriebsgeheimnisse**[18] bedarf es jedoch einer Abgrenzung und Einschränkung gegenüber der Auslegung im Rahmen von § 101.[19] Nach **Erwägungsgrund 14** Enforcement-RL zeichnen sich **in gewerblichem Ausmaß** vorgenommene Rechtsverletzungen dadurch aus, dass sie **zwecks Erlangung eines unmittelbaren oder mittelbaren wirtschaftlichen oder kommerziellen Vorteils** vorgenommen werden; dies **schließt in der Regel Handlungen aus, die in gutem Glauben von Endverbrauchern vorgenommen werden**. Diese Differenzierung ist insbesondere im Zusammenhang mit sog. **Tauschbörsen,** bei denen in großem Umfang Urheberrechtsverletzungen stattfinden, im Rahmen des **Auskunftsanspruchs nach § 101** kontrovers diskutiert worden. Im Rahmen des Auskunftsanspruchs gegen Dritte nach § 101 Abs. 2 hatte der Bundesrat sogar angeregt, das Merkmal insgesamt zu streichen, da anderenfalls der Hauptanwendungsfall des Auskunftsanspruchs gegenüber Dritten, die Verletzung des Urheberrechts im Internet, leer laufen würde und die Rechteinhaber schutzlos gestellt würden.[20] Für diesen Fall der Rechtsverletzung im Internet stellte der Rechtsausschuss in seiner Beschlussempfehlung[21] heraus, dass eine Rechtsverletzung nicht nur im Hinblick auf die Anzahl der Rechtsverletzung, also etwa die Anzahl der öffentlich zugänglich gemachten Dateien, ein „gewerbliches Ausmaß" erreichen kann, sondern auch im Hinblick auf die Schwere der beim Rechtsinhaber eingetretenen einzelnen Rechtsverletzungen. Letzteres sei nach Auffassung des Rechtsausschusses etwa dann zu bejahen, wenn eine besonders umfangreiche Datei, wie ein vollständiger Kinofilm oder ein Musikalbum oder Hörbuch, vor oder unmittelbar nach ihrer Veröffentlichung in Deutschland widerrechtlich im Internet öffentlich zugänglich gemacht wird.[22] Eine Übertragung dieser Definition des „Handelns in gewerblichem Ausmaß" auf den Anspruch aus § 101b erscheint schon deswegen nicht möglich, weil § 101 Abs. 1 S. 2 ausdrücklich bestimmt, dass das gewerbliche Ausmaß sich sowohl aus der Anzahl als auch der Schwere der Rechtsverletzung ergeben kann. In § 101b findet sich eine entsprechende Formulierung nicht.[23] Während die vorstehend wiedergegebene Diskussion um die Reichweite des **Auskunftsanspruches in § 101 im Wesentlichen der Feststellung der Identität des Verletzers** gilt, richtet sich der Anspruch nach § 101b Abs. 1 auf die **Vorlage von Unterlagen zur Sicherung der Durchsetzung von Schadensersatzansprüchen. Der Gesetzgeber sah in diesem Vorlageanspruch**

---

[12] BT-Drs. 16/5048, 41.
[13] Vgl. dazu im Einzelnen → § 101 Rn. 17 ff.
[14] Vgl. BT-Drs. 16/5048, 41 mit dem Verweis auf die entsprechende Vorschrift in § 139 Abs. 2 PatG; vgl. aber den Redaktionsfehler im Gesetzentwurf der Bundesregierung, der in § 101b zunächst auf § 97 Abs. 1 verwies, was im verabschiedeten Gesetz noch korrigiert wurde; BT-Drs. 16/5048, 18.
[15] Mestmäcker/Schulze/*Backhaus* UrhG § 101b Rn. 9; Wandtke/Bullinger/*Ohst* UrhG § 101b Rn. 8.
[16] Mestmäcker/Schulze/*Backhaus* UrhG § 101b Rn. 9 mwN; *Czychowski* GRUR-RR 2008, 265 (267).
[17] Referentenentwurf des BMJ für ein Gesetz zur Verbesserung der Durchsetzung von Rechten des geistigen Eigentums vom 3.1.2006, S. 85; *Wilhelmi* ZUM 2008, 942 (950); vgl. dazu die Kommentierung zu → § 101 Rn. 29 ff.
[18] Vgl. dazu schon die Begründung zum Produktpirateriegesetz; BT-Drs. 11/4792, 32.
[19] So auch Wandtke/Bullinger/*Ohst* UrhG § 101b Rn. 9; *Spindler*/Schuster UrhG § 101b Rn. 3.
[20] BT-Drs. 16/5048, 59, dort noch zur Formulierung „im geschäftlichen Verkehr" des Vorentwurfs.
[21] BT-Drs. 16/8783, 50.
[22] Kritisch und ablehnend OLG Oldenburg K&R 2009, 51; vgl. ausführlich dazu → § 101 Rn. 29 ff.
[23] So auch Wandtke/Bullinger/*Ohst* UrhG § 101b Rn. 9.

einen „weitgehenden Eingriff in die Rechte des Verletzers",[24] da die Ausforschung von dessen Betriebs- und Geschäftsgeheimnissen zu besorgen ist.[25] Eine entsprechende Gefahr besteht bei den Identitätsangaben, die Gegenstand der Diskussion zum Auskunftsanspruch waren, nicht. Wie schon zu § 101a[26] muss die Erlangung eines unmittelbaren oder mittelbaren wirtschaftlichen oder kommerziellen Vorteils **mehr voraussetzen, als die mit dem jeder Rechtsverletzung im Geschäftsverkehr verbundenen wirtschaftlichen oder kommerziellen Vorteile.** Es liegt nahe, unter dieser Vorschrift zu fordern, dass sich der Täter **gerade die Nachahmung zum Geschäft gemacht** hat, wie dies im Bereich der Produktpiraterie vorkommt.[27]

4. Vorlage von oder geeigneter Zugang zu Bank-, Finanz- oder Handelsunterlagen

Der von § 101a Abs. 1 S. 2 abweichende Wortlaut (dort nur Vorlage) geht auf den Wortlaut von   **8** Art. 9 Abs. 2 S. 2 Enforcement-RL zurück, die neben der dort vorgesehenen Übermittlung auch den geeigneten Zugang bestimmt. Die **Abweichung mit der Wortwahl „Vorlage" gegenüber dem Wortlaut der Richtlinie**[28] wird mit Blick auf die **allgemeine Verankerung des Verhältnismäßigkeitsgrundsatzes in Art. 3 Abs. 2** Enforcement-RL als deren tragendes Rechtsprinzip[29] wohl **richtlinienkonform** sein, da auch unter der Rechtsprechung zu § 810 BGB anerkannt war, dass Vorlage neben der grundsätzlich nur zu gestattenden Einsichtnahme am Aufbewahrungsort[30] auch eine Verpflichtung zur Aushändigung bedeuten kann.[31] Ob in der Abweichung durch die **Alternativen Vorlage bzw. Zugang** ein inhaltlicher Unterschied gegenüber der Regelung in § 101a Abs. 1 S. 2 zu sehen ist, wird aus den Materialien nicht klar. Dafür könnte sprechen, dass der Gesetzgeber die besondere Schwere des Eingriffs durch die Regelungen in § 101b besonders herausgestellt hat.[32] Es könnte hierin eine **spezifische Ausprägung des Verhältnismäßigkeitsgrundsatzes** zu sehen sein; die „Unterlagen" werden heute aber häufig auch nur in elektronischer Form vorliegen, so dass ggf. eine Einsichtnahme am Bildschirm in Frage käme. Der **Kreis der vorzulegenden Unterlagen** ist beschränkt auf solche, die einen Hinweis auf Vermögenswerte geben und auch dies nur in einem zur Erfüllung des Anspruchs erforderlichen Umfang.[33] Gegebenenfalls kommt eine **Unkenntlichmachung nicht relevanter Teile** in Betracht.[34] In Betracht kommt auch die Sequestration der Unterlagen durch den Gerichtsvollzieher mit anschließender Herausgabe an einen unabhängigen, zur Verschwiegenheit verpflichteten Dritten, der die Unterlagen filtert.[35]

Die Auslegung des Begriffs der **Bank-, Handels- und Finanzunterlagen** kann sich grundsätzlich   **9** an der Auslegung des parallelen Begriffs in § 101a Abs. 1 S. 2 UrhG orientieren, ist aber **nicht notwendigerweise deckungsgleich.**[36] Das OLG Frankfurt a. M. hat Angaben zum Grundvermögen und Inventarverzeichnisse als nicht vom Begriff der Bank-, Handels- und Finanzunterlagen umfasst angesehen, da der klare und eindeutige Wortlaut der Vorschrift einer erweiternden Auslegung entgegensteht.[37] Die Vorlage von **Kopien** wird idR ausreichend sein, sofern kein berechtigtes Interesse an den **Originalen** besteht (zB wegen § 420 ZPO).[38]

5. Verfügungsgewalt des Verletzers

Wie in § 101a richtet sich der Anspruch auf solche Unterlagen, die sich in der Verfügungsgewalt   **10** des Verletzers befinden.[39]

6. Erforderlichkeit

Wie in § 101a Abs. 1 S. 1 begründet § 101b Abs. 1 S. 1 die Pflicht auf Vorlage bzw. Zugang nur   **11** insoweit dies zur Durchsetzung des Schadensersatzanspruchs erforderlich ist. Vgl. dazu die hier entsprechend geltende Kommentierung zu → § 101a Rn. 20 ff.

---

[24] BT-Drs. 16/5048, 42.

[25] BT-Drs. 11/4792, 33 – zum Produktpirateriegesetz.

[26] Vgl. die Kommentierung zu → § 101a Rn. 28 ff.

[27] So *Tilmann* FS Ullmann, 2006, 1018 f., der diese Auslegung gerade aus der Rechtsfolge der Vorlage von Geschäftsunterlagen zieht.

[28] Dort „Übermittlung"; gegenüber „communication" in der englischen und französischen Fassung.

[29] *Eisenkolb* GRUR 2007, 387 (392).

[30] Vgl. dazu die Kommentierung zu → § 101a Rn. 27.

[31] Vgl. OLG Köln NJW-RR 1996, 382; Staudinger/*Marburger* BGB § 810 Rn. 4.

[32] Vgl. BT-Drs. 16/5048, 43.

[33] BT-Drs. 16/5048, 41.

[34] Vgl. BGH GRUR 2006, 962 (967) – Restschadstoffentfernung.

[35] *Dörre/Maaßen* GRUR-RR 2008, 217 (222) – zu den Parallelvorschriften im Patent- und Markenrecht.

[36] IdS auch Fromm/Nordemann/*J. B. Nordemann* UrhG § 101b Rn. 12; vgl. dazu die Kommentierung zu → UrhG § 101a Rn. 29.

[37] OLG Frankfurt a. M. GRUR-RR 2012, 197 (199).

[38] Fromm/Nordemann/*J. B. Nordemann* UrhG § 101b Rn. 15; *Spindler*/Schuster UrhG § 101b Rn. 6.

[39] Vgl. dazu die Kommentierung zu → § 101a Rn. 16.

7. Erfüllung des Schadensersatzanspruches ohne Vorlage fraglich

12   Voraussetzung ist weiter, dass die **Zwangsvollstreckung ohne die Vorlage gefährdet** wäre. Daher greift die Vorschrift erst, wenn der Verletzer den Anspruch nicht erfüllt und wenn der Verletzte keine ausreichende Kenntnis über das Vermögen des Verletzers hat, um die Durchsetzung seines Anspruchs wirksam betreiben zu können. Diese Voraussetzung beschränkt zugleich den Kreis der vorzulegenden Unterlagen; erfasst werden nur solche Unterlagen, die einen Hinweis auf Vermögenswerte geben und auch dies nur in einem zur Erfüllung des Anspruchs erforderlichen Umfang.[40] Das OLG Frankfurt a. M. erwägt daraus eine Beschränkung des Vorlageanspruchs in Abhängigkeit zur Höhe des zu vollstreckenden Schadensersatzanspruchs.[41] Ob das „fraglich" in § 101b einen geringeren Maßstab setzt als die „wesentliche Erschwerung" in § 917 ZPO,[42] folgt aus dem Wortlaut nicht zwingend. Die Gesetzesbegründung der Bundesregierung scheint nicht davon auszugehen, wenn es die Gefährdung der Durchsetzung der Ansprüche als den Voraussetzungen von § 917 ZPO „vergleichbare Regelung" bezeichnet.[43]

8. Rechtschutz vertraulicher Informationen

13   Die Regelung entspricht derjenigen zu § 101a Abs. 1 S. 3, so dass auf die Kommentierung zu → § 101a Rn. 31 ff. verwiesen werden kann. Es ist zu berücksichtigen, dass es gerade Zweck der Vorschrift ist, dass der Verletzte Kenntnis von Vermögenswerten des Verletzers erlangt. **Daher kann der Schutz der vertraulichen Informationen einerseits keineswegs so weit gehen, dass dem Verletzten diese Kenntnisnahme nicht gewährt wird.** Andererseits ist aber zu berücksichtigen, dass die vorzulegenden Unterlagen auch andere Informationen enthalten können, deren Kenntnis für die Vollstreckung nicht erforderlich ist. Insoweit muss dem **legitimen Interesse des Verletzers an der Geheimhaltung** Rechnung getragen werden.[44] Wie dem Interesse des Verletzers Rechnung zu tragen ist, lässt sich den Materialien nicht entnehmen. Dem Geheimnisschutz des (angeblichen) Verletzers könnte beispielsweise durch Schwärzungen Rechnung getragen werden.[45] Auch der im Rahmen der Einführung des Produktpirateriegesetzes diskutierte **„Wirtschaftsprüfervorbehalt",** wonach zur Sicherung der Interessen des mutmaßlichen Verletzers die Einschaltung eines Sachverständigen vorzusehen ist, könnte in Betracht kommen.[46]

III. Verhältnismäßigkeitsgrundsatz, § 101b Abs. 2

14   Die Vorschrift ist wortgleich mit § 101 Abs. 4 und § 101a Abs. 2, so dass auf die Kommentierung in → § 101 Rn. 85 ff. und → § 101a Rn. 20, 41 ff. verwiesen werden kann. Damit soll vermieden werden, dass bei **geringfügigen Verletzungen umfangreiche Vorlageansprüche** geltend gemacht werden können.[47]

IV. Durchsetzung im Wege der einstweiligen Verfügung, § 101b Abs. 3

15   Ähnlich wie in § 101a Abs. 3 gestattet diese Vorschrift die Durchsetzung des Vorlageanspruchs im Verfahren des einstweiligen Rechtschutzes, **ohne dass das Verbot der Vorwegnahme der Hauptsache entgegenstünde.**[48] Um effektive Möglichkeiten der Anspruchsdurchsetzung zu schaffen, ist erforderlich, dass der Rechtsinhaber schnell auf die Vermögenswerte zugreifen kann. Ohne den einstweiligen Rechtschutz würde der Vorlageanspruch in vielen Fällen ins Leere laufen, **da während eines Rechtsstreits der Verletzer die entsprechenden Unterlagen dem Zugriff entziehen könnte.**[49] Zu den Voraussetzungen des einstweiligen Rechtschutzes vgl. zunächst die Kommentierung zu → § 101a Rn. 43 ff.

16   Weitere Voraussetzung für eine Durchsetzung im einstweiligen Rechtschutz ist jedoch, **dass der Schadensersatzanspruch offensichtlich besteht.** Zur Bedeutung des Begriffes „offensichtlich" verweist der Gesetzgeber auf die Vorschrift in § 140b Abs. 7 PatG (entspricht § 101 Abs. 7: „Offensichtliche Rechtsverletzung"). Mit dieser einschränkenden Voraussetzung will der Gesetzgeber dem Umstand Rechnung tragen, dass es sich bei dem Vorlageanspruch um einen sehr weitgehenden Eingriff in die Rechte des Verletzers handelt. Das gilt umso mehr, als im Verfahren des einstweiligen

---

[40] BT-Drs. 16/5048, 41.
[41] OLG Frankfurt a. M. GRUR-RR 2012, 197 (199) – Vorlage von Bankunterlagen; aA Fromm/Nordemann/ *J. B. Nordemann* UrhG § 101b Rn. 18.
[42] So *Nägele/Nitsche* WRP 2007, 1047 (1054); *Seichter* WRP 2006, 391 (399).
[43] BT-Drs. 16/5048, 42.
[44] BT-Drs. 16/5048, 42.
[45] BGH GRUR 2006, 962 (967) – Restschadstoffentfernung; dazu → § 101a Rn. 31 ff.; so auch Fromm/Nordemann/*J. B. Nordemann* UrhG § 101b Rn. 28.
[46] Kritisch dazu Wandtke/Bullinger/*Ohst* UrhG § 101b Rn. 13.
[47] BT-Drs. 16/5048, 42.
[48] BT-Drs. 16/5048, 42.
[49] BT-Drs. 16/5048, 42.

Rechtschutzes der Schadensersatzanspruch noch nicht einmal feststeht, sondern dessen Glaubhaftmachung ausreicht.

Zum **Begriff der „offensichtlichen Rechtsverletzung"** vgl. die Kommentierung zu → § 101 **17** Rn. 63 ff. Offensichtlich ist ein Anspruch, wenn er **so eindeutig ist, dass eine Fehlentscheidung und damit eine ungerechtfertigte Belastung des Anspruchsgegners kaum möglich ist;** daher reichen gesetzliche oder tatsächliche **Vermutungen** nicht aus.[50] Es muss ein Sachverhalt vorliegen, der in tatsächlicher und rechtlicher Hinsicht keine Zweifel am Vorliegen einer Rechtsverletzung aufkommen lässt, und auch keine Anhaltspunkte am Vorliegen tatsächlicher Umstände erkennbar sind, die ein anderes Ergebnis rechtfertigen können. Das OLG Frankfurt a. M. sieht keinen Spielraum für eine weite Auslegung; danach reicht für die Offensichtlichkeit ein vorläufig vollstreckbares Urteil über den Schadensersatzanspruch nicht ohne weiteres und erwägt eine Heranziehung des Maßstabes aus § 522 Abs. 2 ZPO.[51] Soweit Art. 9 Abs. 3 Enforcement-RL nur auf das Vorliegen des Anspruchs mit **„ausreichender Sicherheit"** abstellt (was eine **überwiegende Wahrscheinlichkeit** erfordern würde),[52] sieht der Gesetzgeber die Richtlinienkonformität dadurch gewahrt, dass Art. 9 Abs. 3 Enforcement-RL höhere Anforderungen zulässt,[53] wodurch auch kein Anlass zu einer richtlinienkonformen, weiten Auslegung der Offensichtlichkeit besteht.[54] Vor dem Hintergrund der Schwere des Eingriffs und der nur erforderlichen Glaubhaftmachung erscheint es mit dem Grundsatz der Verhältnismäßigkeit richtig, die Schwelle für den Eingriff höher anzusetzen.[55]

Die Vorschrift entbindet den Verletzten zudem nicht von der **Glaubhaftmachung der übrigen 18 Voraussetzungen** der §§ 935, 940 ZPO vorliegen.[56] Insbesondere hat der Gläubiger die **Gefährdung der Durchsetzung seiner Ansprüche** glaubhaft zu machen, wobei der Gesetzgeber auf die vergleichbare Voraussetzung für den Erlass eines Arrests gemäß § 917 ZPO verweist.[57] Die Gefährdung bemisst sich nach dem objektiven Standpunkt eines verständigen, gewissenhaft prüfenden Menschen; auf die persönliche Ansicht des Gläubigers kommt es nicht an.[58] Die Gefährdung ist **substantiiert durch Tatsachenvortrag darzulegen; auf Spekulationen kann ein Verfügungsgrund nicht gestützt werden.**[59]

V. Verwertungsverbot; Vorlegungsort, Gefahr und Kosten; § 101b Abs. 4

Vgl. hierzu die Kommentierung zu § 101a Abs. 4 (→ § 101a Rn. 51 f.). **19**

§ 102 Verjährung

[1] **Auf die Verjährung der Ansprüche wegen Verletzung des Urheberrechts oder eines anderen nach diesem Gesetz geschützten Rechts finden die Vorschriften des Abschnitts 5 des Buches 1 des Bürgerlichen Gesetzbuchs entsprechende Anwendung.** [2] **Hat der Verpflichtete durch die Verletzung auf Kosten des Berechtigten etwas erlangt, findet § 852 des Bürgerlichen Gesetzbuchs entsprechende Anwendung.**

Schrifttum: *Forch,* Leitlinien für Praktiker aus sechs BGH-Entscheidungen zum Filesharing, GRUR-Prax 2017, 4; *Geier,* Deliktische Verjährung im Filesharing-Prozess, NJW 2015, 1149; *Hülsewig,* Der Restschadensersatzanspruch im Patentrecht – beschränkt auf die angemessene Lizenzgebühr?, GRUR 2011, 673; *Knecht-Kleber,* Die Verwirkung im Immaterialgüterrecht, 2008; *Lorenz,* Die Vejährung von Ansprüchen aus illegalem Filesharing, VuR 2016, 283 – Siehe auch die allgemeine zivilrechtliche Literatur zur Regelung der Verjährung durch das Schuldrechtsmodernisierungsgesetz.

Übersicht

[50] OLG Braunschweig GRUR 1993, 669 – Stoffmuster; KG GRUR 1997, 129 (130) – Verhüllter Reichstag; OLG Frankfurt a. M. GRUR-RR 2002, 32; so auch ausdrücklich zu § 101a Abs. 3 aF BT-Drs. 11/4792, 32.

[51] OLG Frankfurt a. M. GRUR-RR 2012, 197 (198).

[52] *Spindler/Weber* ZUM 2007, 257 (266).

[53] BT-Drs. 16/5048, 42.

[54] OLG Frankfurt a. M. GRUR-RR 2012, 197 (198) – Vorlage von Bankunterlagen; aA Fromm/Nordemann/ *J. B. Nordemann* UrhG § 101b Rn. 23; Mestmäcker/Schulze/*Backhaus* UrhG § 101b Rn. 20.

[55] *Seichter* WRP 2006, 391 (399); zustimmend Wandtke/Bullinger/*Ohst* UrhG § 101b Rn. 15.

[56] Vgl. dazu zunächst die Kommentierungen zu → § 101 Rn. 93 ff.; → § 101a Rn. 43 ff.; *Czychowski* GRUR-RR 2008, 265 (267).

[57] BT-Drs. 16/5048, 42; vgl. aber *Nägele/Nitsche* WRP 2007, 1047 (1054); *Seichter* WRP 2006, 391 (399), die in § 917 ZPO einen engeren Maßstab als den durch die Richtlinie vorgegebenen erkennen.

[58] Zöller/*Vollkommer* ZPO § 917 Rn. 4.

[59] OLG Düsseldorf MDR 2005, 1140 – zu § 917 ZPO.

I. Entwicklung und Bedeutung

1   Die Schuldrechtsreform, die am 1.1.2002 durch das Schuldrechtsmodernisierungsgesetz vom 26.11.2001[1] in Kraft getreten ist, blieb von der **Enforcement-RL** und dem Gesetz zur Verbesserung der Durchsetzung von Rechten des geistigen Eigentums unberührt. Das Schuldrechtsmodernisierungsgesetz von 2002 hat die **Verjährungsbestimmungen vereinheitlicht.** Die alten §§ 196, 197 und 852 Abs. 1 BGB sind in § 195 BGB eingegangen. Die Verjährungsbestimmung des § 102 wurde entsprechend angepasst. **Die Verjährung der Ansprüche wegen Verletzung des Urheberrechts oder eines anderen nach diesem Gesetz geschützten Rechts** – Unterlassungs-, Beseitigungs-, Schadensersatzansprüche (§ 97), Ansprüche auf Vernichtung/Rückruf/Überlassung (§ 98), Entschädigung (§ 100), Drittauskunft (§ 101), Vorlage und Besichtigung (§ 101a), Sicherung von Schadensersatzansprüchen (§ 101b) – **folgt nunmehr den allgemeinen Regeln** wie die Ansprüche aus Geschäftsführung ohne Auftrag (§§ 687 Abs. 2, 681, 667 BGB), Bereicherungsansprüche (§§ 812 ff. BGB),[2] Vertragsstrafansprüche, Zahlungsansprüche aus Nutzungsverträgen, Ansprüche auf gesetzliche Vergütung gegenüber dem Nutzer und Ansprüche gegen Verwertungsgesellschaften. Die frühere Differenzierung ist durch das Schuldrechtsmodernisierungsgesetz entfallen.[3] **Akzessorische Ansprüche auf Auskunft und Rechnungslegung** verjähren im Verhältnis zum Hauptanspruch selbstständig nach § 195 BGB innerhalb von drei Jahren.[4] Bei **Unterlassungsansprüchen** ist zu beachten, dass bei wiederholten, gleichartigen Verletzungen jede Verletzungshandlung einen neuen Unterlassungsanspruch entstehen lässt.[5]

2   **Alle Ansprüche** – ausgenommen aus einem Familienverhältnis – **unterliegen der Verjährung (§ 194 BGB).** Nach der Definition dieser Bestimmung bedeutet Anspruch das Recht, von einem anderen ein Tun oder Unterlassen zu verlangen. **Absolute Rechte** wie **Eigentum und Urheberrecht** sind **keine Ansprüche.** Sie begründen eine Rechtsmacht, die gegenüber jedermann wirkt. Diese Rechtsmacht ist unverjährbar. Der Verjährung unterliegen nur die aus ihr entspringenden Ansprüche.[6] Urheberrechte und verwandte Schutzrechte bestehen so lange, wie ihnen gesetzlich Schutz gegeben ist. **Auf Dritte übertragene Nutzungsrechte verjähren ebenso wenig wie die Mutterrechte.** Sie bestehen für die Dauer ihrer zeitlichen Begrenzung, ohne besondere Bestimmung für die Zeit der Dauer des Urheberrechts bzw. des jeweiligen verwandten Schutzrechts. Werden die Rechte vom Lizenznehmer nicht ausgeübt, besteht die Möglichkeit des Rückrufs wegen Nichtausübung nach § 41.

II. Verjährungsfrist von drei Jahren und Flexibilität

3   **Die regelmäßige Verjährungsfrist beträgt nach § 195 BGB drei Jahre** gegenüber der früheren Regelfrist von 30 Jahren (§ 195 BGB aF). Die dreijährige Regelfrist entspricht der des § 852 BGB aF. Die Verkürzung wird gemildert durch den in § 199 Abs. 1 BGB flexibel gestalteten Verjährungsbeginn und die Vorschrift des § 212 BGB, wonach die Verjährung jeweils erneut beginnt, wenn der Schuldner den Anspruch durch Abschlagzahlung, Zinszahlung, Sicherheitsleistung oder in anderer Weise anerkennt oder eine gerichtliche oder behördliche Vollstreckungshandlung vorgenommen wird. Außerdem gibt das Schuldrechtsmodernisierungsgesetz **Spielraum für Verhandlungen, die die Verjährung hemmen** und nach Abbruch der Verhandlungen drei Monate Zeit zur Klage lassen (§ 203 BGB). Wohl unter Berücksichtigung der bisherigen Praxis zum Verzicht auf die Einrede der Verjährung und der Rechtsprechung, die dies unter dem Gesichtspunkt von Treu und Glauben tolerierte, besteht nach der Neuregelung die **Möglichkeit, Vereinbarungen über die Verjährungsfristen zu treffen,** sowohl verkürzend als auch verlängernd, bis zu 30 Jahren ab gesetzlichem Verjährungsbeginn. Ausgenommen ist eine solche Vereinbarung vor Ablauf der Verjährungsfrist bei Haftung wegen Vorsatzes (§ 202 Abs. 1 BGB).[7]

---

[1] BGBl. I S. 3138 (3185).

[2] Palandt/*Ellenberger* BGB § 195 Rn. 5; so schon BGHZ 56, 317 (319, 322) – Gasparone II.

[3] Wandtke/Bullinger/*Bohne* BGB § 102 Rn. 2; Dreier/Schulze/*Dreier* UrhG § 102 Rn. 4.

[4] BGH GRUR 2012, 1248 Rn. 22 – Fluch der Karibik; BGH GRUR 1988, 533 (536) – Vorentwurf II, zu § 195 aF BGB; OLG Schleswig ZUM-RD 2015, 108 (114); offengelassen OLG Köln GRUR-RR 2004, 161 (162) – Bestseller, mNachw zum Streitstand; Fromm/Nordemann/*J. B. Nordemann* UrhG § 102 Rn. 4; Teplitzky/ *Löffler* Kap. 38 Rn. 37; Köhler/Bornkamm/Feddersen/*Köhler* UWG § 9 Rn. 4.42; aA Schricker/Loewenheim/ *Wild*, 4. Aufl. (2010), UrhG § 102 Rn. 1; Dreier/Schulze/*Dreier* UrhG § 102 Rn. 4.

[5] BGH GRUR 2014, 363 Rn. 16 – Peter Fechter; OLG Köln ZUM 2015, 404 (406).

[6] Palandt/*Ellenberger* BGB § 194 Rn. 4; Staudinger/*Peters* BGB § 194 Rn. 19.

[7] Vgl. kritisch dazu Staudinger/*Peters/Jacoby* BGB § 202 Rn. 3.

III. Beginn der dreijährigen Verjährungsfrist

Die **reguläre Verjährungsfrist** beginnt mit dem **Schluss des Jahres, in dem der Anspruch**   4
entstanden ist und der Gläubiger von den den Anspruch begründenden Umständen und
der Person des Schuldners Kenntnis erlangt hat oder ohne grobe Fahrlässigkeit hätte er-
langen müssen (§ 199 Abs. 1 BGB). Das ist eine verbale Verschärfung, entspricht aber der gewachsenen Rechtsprechung, die dem Verletzten Kenntnis zurechnete, sobald der Schädiger so weit bekannt
war, dass Name und Adresse leicht ermittelt werden konnten.[8] Grob fahrlässiges Verhalten kann darin
liegen, wenn eine naheliegende **Akteneinsicht bei der Staatsanwaltschaft** zur Ermittlung der für
eine Klageerhebung erforderlichen Informationen nicht vorgenommen wird, dies insbesondere, wenn
Rechtsanwälte mit der Durchsetzung der Ansprüche beauftragt. In diesem Fall kommt es auf **§ 166**
Abs. 1 BGB auf die Kenntnis des beauftragten Dritten an.[9] **Fehlende Marktbeobachtung**
stellt **kein grob fahrlässiges Verhalten des Urhebers** dar.[10] Wird Kenntnis erst sukzessive erlangt,
beginnt die Verjährungsfrist mit dem letzten Detail, das nötig ist, um eine schlüssige Klage zu formulieren. Dazu muss nicht der volle Umfang des Schadens bekannt sein. Bei **wiederholten, gleicharti-**
gen Verletzungen lässt jede Verletzungshandlung einen neuen Unterlassungsanspruch entstehen.[11]
Bei **Dauerhandlungen** – zB bei Verletzung des Rechts der öffentlichen Zugänglichmachung über
das Internet[12] – beginnt die Verjährung nicht, solange der Eingriff noch fortdauert.[13] Im Falle des
Gläubigerwechsels – gleich aus welchem Rechtsgrund – kommt es für Beginn und Lauf der Verjährung zunächst auf den **Kenntnisstand des ursprünglichen Gläubigers** an. Nur wen dessen
Kenntnisstand die Verjährung nicht Lauf setzt, ist auf den **Rechtsnachfolger** abzustellen.[14]

IV. Fristen unabhängig von Kenntnis oder fahrlässiger Unkenntnis

Liegt keine Kenntnis oder grob fahrlässige Unkenntnis vor, bestimmen sich die Fristen nach § 199   5
Abs. 2–4 BGB. Schadensersatzansprüche verjähren **grundsätzlich in 10 Jahren ab Entstehung des**
Anspruchs (§ 199 Abs. 3 Nr. 1 BGB), **ohne Rücksicht auf die Entstehung und die Kenntnis**
oder grob fahrlässige Unkenntnis in 30 Jahren von der Begehung der Verletzungshand-
lung, der Pflichtverletzung oder dem sonstigen, den Schaden auslösenden Ereignis an (§ 199 Abs. 3
Nr. 2 BGB). Maßgeblich ist die früher endende Frist. **Die Zehnjahresfrist wird also die Regel-**
frist sein. Andere Ansprüche als Schadensersatzansprüche verjähren ohne Rücksicht auf die Kenntnis
oder grobe Unkenntnis in zehn Jahren von ihrer Entstehung an (§ 199 Abs. 4 BGB).

V. Frist bei Bereicherung und Übergangsvorschrift

Ist der Verletzer aufgrund der Rechtsverletzung bereichert, greift § 102 S. 2 iVm § 852   6
BGB. Dadurch kann der Verletzte den Schadensersatzanspruch (§ 97 Abs. 2) **auch nach Eintritt**
der dreijährigen Verjährungsfrist noch in Höhe der Bereicherung nach §§ 812 ff. BGB
geltend machen. Die Vorschrift ist Ausdruck des im gewerblichen Rechtsschutz und im Urheberrecht allgemein geltenden Grundsatzes, dass das durch eine Schutzrechtsverletzung oder einen Wettbewerbsverstoß Erlangte auch nach Eintritt der Verjährung des Anspruchs aus unerlaubter Handlung
als ungerechtfertigte Bereicherung herauszugeben ist.[15] Der Anspruch bleibt Schadensersatzanspruch
aus unerlaubter Handlung, ist jedoch **im Umfang der ungerechtfertigten Bereicherung** von der
deliktischen Verjährung ausgenommen. **Es handelt sich um eine Rechtsfolgenverweisung;** die
§§ 812 ff. BGB gelten nur für den Umfang, nicht jedoch für die Voraussetzungen des Anspruchs.[16]
Der Schadensersatzanspruch ist ab dem Zeitpunkt der Verjährung auf das auf Kosten des Verletzten
Erlangte beschränkt; derjenige, der durch eine unerlaubte Handlung einen anderen geschädigt und
dadurch sein eigenes Vermögen gemehrt hat, soll nicht im Genuss dieses unrechtmäßig erlangten
Vorteils bleiben.[17] Hierzu → § 102a Rn. 2 ff. Dieser „Restschadensersatzanspruch", also ein Anspruch
aus unerlaubter Handlung, der in Höhe der Bereicherung nicht verjährt ist,[18] **verjährt in zehn Jah-**

---

[8] BGH NJW 1985, 2022 (2023) mwN.
[9] OLG Düsseldorf BeckRS 2014, 20402.
[10] BGH GRUR 2012, 1248 – Fluch der Karibik.
[11] BGH GRUR 2014, 363 Rn. 16 – Peter Fechter.
[12] OLG Brandenburg GRUR-RR 2012, 450 (453) – Onlinearchivierung; LG Kassel ZUM-RD 2011, 250
(252).
[13] OLG Brandenburg GRUR-RR 2012, 450 (453) – Onlinearchivierung, unter Hinweis auf BGH GRUR
2003, 448 – Gemeinnützige Wohnungsgesellschaft (dort 450 mwN; zum WettbewerbsR).
[14] BGH GRUR-RR 2017, 185 Rn. 26 – Derrick.
[15] BGH GRUR 2015, 780 Rn. 29 – Motorradteile.
[16] *Palandt/Sprau* BGB § 852 Rn. 2; *Wandke/Bullinger/Bohne* UrhG § 102 Rn. 9; Fromm/Nordemann/
J. B. Nordemann UrhG § 102 Rn. 9; Lorenz VuR 2016, 283.
[17] BGHZ 71, 86 = GRUR 1978, 492 – Fahrradgepäckträger II mAnm *Horn* GRUR 1978, 496; zu § 853 Abs. 3
BGB aF.
[18] BGH GRUR 2015, 780 Rn. 29 – Motorradteile; BGH GRUR 1999, 751 (754) – Güllepumpen.

ren von seiner Entstehung an, spätestens in 30 Jahren, berechnet von der Verletzungshandlung oder dem sonstigen, den Schaden auslösenden Ereignis an. Es handelt sich um
eine eigenständige Sonderregelung, die inhaltlich der Regelung in § 199 Abs. 3 S. 1 Nr. 1 und 2
angeglichen ist.

6a   Durch die Verletzungshandlung, zB durch die öffentliche Aufführung von Musikwerken,[19] das Angebot zum Download an eine unbegrenzte Anzahl von Nutzern in einer Tauschbörse[20] oder das Einstellen von Fotografien auf einer Webseite,[21] verschafft sich der Verletzer den **Gebrauch dieses
Rechts ohne rechtlichen Grund.** Der Anspruch nach § 852 BGB setzt nicht voraus, dass der Verletzer einen Gewinn erzielt hat. Da das Erlangte – der Gebrauch des Rechts – nicht herausgegeben
werden kann, ist nach § 818 Abs. 2 BGB der Wert zu ersetzen.[22] Da der **objektive Wert** eines solchen Gebrauchs durch die Höhe einer angemessenen Lizenz bestimmt wird, wird überwiegend angenommen, dass **über das Bereicherungsrecht nur Ersatz in Höhe der üblichen Lizenzgebühr,**[23] **nicht jedoch die Herausgabe des Verletzergewinns** verlangt werden kann.[24] Auf eine
Entreicherung kann sich der Verletzer im Regelfall nicht berufen, da das Erlangte – der Gebrauch –
nicht mehr entfallen kann.[25] Das gilt auch für das widerrechtliche Zugänglichmachen geschützter
Werke in **Tauschbörsen;** dass die Erteilung einer Lizenz in dieser Konstellation tatsächlich nicht in
Betracht kommt, steht der **Bemessung des Wertersatzes mittels einer fiktiven Lizenz** nach dem
BGH nicht entgegen. Die Verpflichtung zum Wertersatz ist der Ausgleich für einen rechtswidrigen
Eingriff in eine de Verletzten ausschließlich zugewiesene Dispositionsbefugnis. Da bei der Bereitstel-
lung über Tauschbörsen eine **Vielzahl von Nutzern Zugriff auf das Werk erhält,** ist diesem
Umstand bei der Bemessung des Wertersatzes im Wege der fiktiven Lizenz Rechnung zu tragen.[26]

7   **Die Übergangsvorschrift zu § 102 findet sich in § 137i. Sie verweist auf Art. 229 § 6
EGBGB.** Auch wenn Ansprüche am 1.1.2002 unverjährt bestehen, gilt zu Beginn, Hemmung, Ablaufhemmung und Neubeginn der Verjährung altes Recht. Hiernach können die Fristen des vormaligen § 102 anwendbar sein.[27] Die Übergangsvorschriften sind, insbesondere was kürzere und längere
Verjährungsfristen anlangt, kompliziert.[28]

VI. Rechtsfolge der Verjährung

8   Die Verjährung bringt den Anspruch nicht zum Erlöschen. Sie begründet ein **Leistungsverweigerungsrecht** und ist als **Einrede im Prozess** geltend zu machen. Sie steht im Belieben des Verpflichteten (§ 214 BGB, vormals § 222 BGB). Auf die Einrede der Verjährung kann, anders als bisher, verzichtet werden, ausgenommen in Fällen der Haftung wegen Vorsatz (§ 202 Abs. 1 BGB; → Rn. 3).
Zur Verwirkung[29] → § 97 Rn. 328 ff., zur Aufbrauchsfrist → § 97 Rn. 335.

§ 102a Ansprüche aus anderen gesetzlichen Vorschriften

Ansprüche aus anderen gesetzlichen Vorschriften bleiben unberührt.

Schrifttum: *Dreier,* Ausgleich, Abschreckung und andere Rechtsfolgen von Urheberrechtsverletzungen,
GRUR-Int 2004, 706.

Übersicht

---

[19] BGH GRUR 2012, 715 Rn. 39 f. – Bochumer Weihnachtsmarkt; zur Übertragung dieser Grundsätze auf Fi-
lesharing-Fälle vgl. zustimmend OLG Düsseldorf BeckRS 2014, 20402 Rn. 22; aA, weil die Fallkonstellation
„grundlegend anders" sei, LG Bielefeld BeckRS 2015, 07600; AG Frankenthal, BeckRS 2015, 9920; dazu weiter
Geier NJW 2015, 1149.
[20] LG Köln ZUM 2018, 199.
[21] BGH GRUR 2015, 780 Rn. 29 – Motorradteile.
[22] BGH GRUR 2015, 780 Rn. 32 – Motorradteile; BGH GRUR 2010, 623 Rn. 33 – Restwertbörse I; BGH
GRUR 2012, 715 Rn. 39, 40 – Bochumer Weihnachtsmarkt; LG Köln ZUM 2015, 199.
[23] BGH GRUR 2016, 1280 Rn. 96 – Everytime we touch.
[24] Vgl. *Schack* Rn. 809; offengelassen in BGH GRUR 2015, 780 Rn. 34 – Motorradteile; aA *Hülsewig* GRUR
2011, 673 mwN zum Streitstand (im Patentrecht).
[25] BGH GRUR 2016, 1280 Rn. 96 – Everytime we touch; BGH GRUR 2015, 780 Rn. 32 – Motorradteile;
BGHZ 56, 317 (322) – Gasparone II; BGH GRUR 2012, 715 Rn. 41 – Bochumer Weihnachtsmarkt; vgl. aber
Ullmann GRUR 1978, 615 (620 f.); Köhler/Bornkamm UWG § 9 Rn. 3.6.
[26] BGH GRUR 2016, 1280 Rn. 96 – Everytime we touch; vgl. *Forch* GRUR-Prax 2017, 4 (5); *Geier* NJW
2015, 1149; aA *Lorenz* VuR 2016, 283 (286 f.); nach dem OLG Frankfurt a. M. ZUM-RD 2016, 720 erstreckt sich
das Erlangte auch auf die Erhöhung unter lassenerUrheberrennung.
[27] Siehe hierzu LG Köln GRUR-RR 2013, 54 – Designbücher.
[28] Dazu Dreier/Schulze/*Dreier* UrhG § 102 Rn. 2 und Palandt/*Ellenberger* zu Art. 229 § 6 EGBGB.
[29] BGH GRUR 2014, 363 – Peter Fechter.

I. Entwicklung

Im Zuge der Umsetzung der Enforcement-RL 2004/48/EG vom 29.4.2004[1] und der Neufassung **1** der §§ 97–101b durch das Gesetz zur Verbesserung der Durchsetzung von Rechten des geistigen Eigentums v. 7.7.2008[2] ist der Vorbehalt der Geltendmachung von Ansprüchen aus anderen gesetzlichen Vorschriften, der sich in § 97 Abs. 3 aF und in § 100 S. 2 aF befand, wortgleich zusammengefasst und als neue Vorschrift § 102a eingefügt worden. Materiell-rechtlich hat das keine Auswirkungen.

II. Ansprüche aus ungerechtfertigter Bereicherung

1. Allgemeines

Unter sonstige Ansprüche, die § 97 Abs. 3 aF und § 100 S. 2 aF vorbehalten hatten, und **2** die jetzt § 102a sichert, fallen die **Ansprüche aus ungerechtfertigter Bereicherung,** insbesondere unter dem Gesichtspunkt der Eingriffskondiktion.[3] Wegen der geringen Anforderungen an das Verschulden im Urheberrecht[4] und der Anpassung der Verjährungsregeln durch das Schuldrechtsmodernisierungsgesetz spielt die Bereicherungshaftung auf der Tatbestandsseite[5] in der Praxis nur eine geringe Rolle.[6] Eine Rolle kann ein Anspruch nach Bereicherungsrecht spielen, wo ein Schadensersatzanspruch an der Zurechnung des Verschuldens von Mitarbeitern zB nach § 831 BGB scheitert.[7] Dabei gewährt das Bereicherungsrecht grundsätzlich keine weitergehenden Ansprüche als der auf Schadensersatz gerichtete § 97 Abs. 2.[8] Über den Bereicherungsanspruch wird ein grundloser Vermögenszuwachs im Unternehmen des Bereicherten ausgeglichen, den dieser unmittelbar und durch einen einheitlichen Vorgang auf Kosten eines anderen gewonnen hat. Nach der Rechtsprechung ist der **rechtliche Anknüpfungspunkt für die Bereicherungshaftung** bei Schutzrechtsverletzungen die von der Rechtsordnung missbilligte Verletzung der nach dem Willen der Rechtsordnung **dem Berechtigten zu dessen ausschließlicher Verfügung zugewiesene Rechtsposition.**[9] Der Zuweisungsgehalt der Rechtsposition ersetzt demnach bei der Eingriffskondiktion das bei der Leistungskondiktion bestehende Erfordernis, dass das Erlangte aus einer Leistung des Bereicherungsgläubigers stammen müsse. Nach dem Grundsatz der Güterzuweisung soll der Verletzer das **herausgeben, was er durch rechtswidrigen Einbruch in eine fremde geschützte Rechtssphäre erzielt hat.**[10] Erlangen kann der Verletzer die Benutzungs-„Befugnis" durch seine Handlung freilich nicht. Sein Handeln bleibt unbefugt. Unter Rückbesinnung auf die rechtliche Grundlage der Eingriffskondiktionen sieht der BGH den **Gebrauch des immateriellen Schutzgegenstandes als das Erlangte im Sinne des § 812 BGB an.**[11] Im Fall einer **Videoplattform,** auf der Nutzer ihre Inhalte einstellen können, erlangt der Plattformbetreiber mangels urheberrechtlicher Nutzungshandlung nichts; er hat

---

[1] ABl. v. 2.6.2004, L 195/16.
[2] BGBl. 2008 I S. 1191.
[3] AmtlBegr. BT-Drs. IV/270, 104; BGHZ 5, 116 (123) – Parkstraße 13; BGHZ 15, 338 (348) – Indeta – mwN; BGHZ 38, 356 (359) – Fernsehwiedergabe von Sprachwerken; BGH GRUR 1995, 673 (676) – Mauerbilder.
[4] Vgl. dazu → § 97 Rn. 57 ff.
[5] Auf der Rechtsfolgenseite ist dies wegen § 102 S. 2 anders; vgl. Kommentierung dort, sowie BGH GRUR 2014, 363 – *Peter Fechter.*
[6] AA → 4. Aufl. 2010 Rn. 2. Aus der jüngeren Rechtsprechung vgl. etwa BGH GRUR 2016, 1280 Rn. 96 – Everytime we touch; BGH GRUR 2015, 780 Rn. 32 – Motorradteile; BGH GRUR 2010, 623 Rn. 33 – Restwertbörse; LG München I ZUM 2007, 302 (312); wie hier Dreier/Schulze/ *Dreier* UrhG § 102a Rn. 7; Mestmäcker/Schulze/ *Backhaus* UrhG § 102a Rn. 6.
[7] Vgl. LG München I ZUM 2007, 302 (312).
[8] LG München I 31.8.2017 – 7 O 8216/16 (nicht rechtskräftig, unveröffentlicht); vgl. weiter Fromm/Nordemann/ *J. B. Nordemann* UrhG § 102a Rn. 5.
[9] BGH GRUR 2016, 1280 Rn. 96 – Everytime we touch; BGH GRUR 2015, 780 Rn. 32 – Motorradteile; BGH GRUR 2010, 623 Rn. 33 – Restwertbörse; bei Hosting-Plattformen greifen die Uploader, nicht aber der Plattformbetreiber in den Zuweisungsgehalt ein; vgl. LG München I Urt. v. 31.8.2017 – 7 O 8216/16 (nicht rechtskräftig, unveröffentlicht).
[10] BGHZ 82, 299 (305 f.) – Kunststoffhohlprofil II.
[11] BGH GRUR 2012, 715 Rn. 39 – Bochumer Weihnachtsmarkt; BGH GRUR 2010, 623 Rn. 33 – Restwertbörse.

die fremde Rechtsposition nicht verletzt.[12] Wer durch die Verletzung eines Urheberrechts etwas erlangt hat, kann sich im Regelfall nicht auf den Wegfall der Bereicherung (§ 818 Abs. 3 BGB) berufen, da das Erlangte – also der Gebrauch des Schutzgegenstands – nicht mehr entfallen kann.[13]

2. Umfang

3 Der Bereicherungsanspruch soll **keine Vermögenseinbuße beim Verletzten,** sondern einen **grundlosen Vermögenszuwachs des Bereicherten ausgleichen.** Da bei Schutzrechtsverletzungen die **Herausgabe des Erlangten** wegen seiner Beschaffenheit **nicht möglich** ist, weil der Gebrauch eines Rechts seiner Natur nach nicht herausgegeben werden kann, ist nach § 818 Abs. 2 BGB der **Wert zu ersetzen.** Das ist nach den in der Rechtsprechung und im Schrifttum vertretenen Grundsätzen der **objektive Verkehrswert des Erlangten.**[14] Der objektive Gegenwert für den Gebrauch eines Immaterialgüterrechts besteht in der **angemessenen Lizenzgebühr.**[15] Angemessen ist bei der schuldlosen Verletzung die Herausgabe der Bereicherung nur im tatsächlich erfolgten Umfang, also bei kurzer Nutzung auch nur das Entgelt für diese Nutzungszeit.[16] Das macht den wesentlichen Unterschied im Haftungsumfang zum schuldhaften Verletzer aus. Wurde eine Lizenz an einen Nichtberechtigten gezahlt, ist dieser beim Empfänger zu kondizieren und nicht vom Nutzungsentgelt abzuziehen, das dem Berechtigten zusteht. Die Bereicherungshaftung des schuldlosen Verletzers entspricht Art. 13 Abs. 2 Enforcement-RL. Die in dieser Bestimmung angesprochene „Herausgabe des Gewinns" ist hier nicht rechtstechnisch zu verstehen, sondern allgemeiner als die Herausgabe des Wertes der Nutzung.[17] Die Herausgabe des aus dem Schutzrechtsgebrauch gezogenen Nutzens nach § 818 Abs. 1 BGB wird vom BGH abgelehnt, also insoweit kein Anspruch auf Verletzergewinn,[18] auch nicht auf Ersatz entgangenen Gewinns.[19] Entsprechend der Schadensliquidation in Lizenzanalogie wird bei der unmittelbaren Bereicherungshaftung aber die **Zinspflicht** und **der Ausgleich weiterer Verletzervorteile** anerkannt.[20] Die Bereicherung entfällt im Regelfall nicht nach § 818 Abs. 3 BGB, da das Erfolgte – der Gebrauch des Schutzgegenstands – nicht mehr entfallen kann.[21] Mit der Bezahlung der fiktiven Lizenz ist der Zuweisungsgehalt des Urheberrechts wie bei der vereinbarten Lizenz ausgeschöpft.[22]

3. Sonstiges

3a Zur Ermittlung der Anspruchshöhe hat der Verletzte auch für seine Bereicherungsansprüche **Anspruch auf Auskunft und Rechnungslegung.**[23] Bereicherungsansprüche nach den §§ 812 ff. BGB unterliegen der **dreijährigen Regelverjährung (§§ 195, 199 BGB),** für den auf die gleiche Rechtsfolge gerichteten **Restschadensersatzanspruch** gilt gemäß **§ 852 BGB** hingegen eine deutlich längere Verjährungsfrist (hierzu → § 102 Rn. 6).[24]

III. Ansprüche aus Geschäftsführung ohne Auftrag

4 Eine Urheber- oder Leistungsschutzrechtsverletzung kann auch Ansprüche aus **Geschäftsführung ohne Auftrag** (§§ 677 ff. BGB), insbesondere aus **Geschäftsanmaßung** (§ 687 Abs. 2 BGB) begründen. Diese Ansprüche hatten eine gewisse, wenn auch nachrangige Bedeutung, so lange für sie, anders als für die Ansprüche aus § 97, nicht die dreijährige, sondern die dreißigjährige Verjährungsfrist

---

[12] LG München I 31.8.2017 – 7 O 8216/16 (nicht rechtskräftig, unveröffentlicht), unter Verweis auf BGH GRUR 2015, 780 Rn. 32 – Motorradteile und BGH GRUR 1982, 301 (303) – Kunststoffhohlprofil.

[13] BGH GRUR 2016, 1280 Rn. 96 – Everytime we touch; BGH GRUR 2012, 715 Rn. 41 – Bochumer Weihnachtsmarkt; BGHZ 56, 317 (322) – Gasparone II.

[14] BGH GRUR 2012, 715 Rn. 40 – Bochumer Weihnachtsmarkt; BGH GRUR 2010, 623 Rn. 33 – Restwertbörse; BGHZ 82, 299 (307 f.) – Kunststoffhohlprofil II mwN.

[15] BGH GRUR 2016, 1280 Rn. 96 – Everytime we touch; BGH GRUR 2015, 780 Rn. 32 – Motorradteile; BGH GRUR 2012, 715 (718) – Bochumer Weihnachtsmarkt; BGH GRUR 2010, 623 Rn. 40 – Restwertbörse; zur Berechnung vgl. Kommentierung zu → § 97 Rn. 267 f.

[16] Zur Bemessung der fiktiven Lizenz bei der Bereitstellung geschützter Werke in Tauschbörsen vgl. die Nachweise bei → § 102 Rn. 6.

[17] Sa *Dreier* GRUR-Int 2004, 706 (710).

[18] AA noch *Ulmer* § 131 III; *Rehbinder* ZUM 1990, 462 (464).

[19] HM BGHZ 82, 299 (308) – Kunststoffhohlprofil II; BGH GRUR 1987, 520; *Möhring/Nicolini/Lütje* § 97 UrhG (2. Aufl.) Rn. 256, 260; *Dreier/Schulze/Dreier* UrhG § 102a Rn. 4; *Loewenheim/Vinck* § 81 Rn. 68.

[20] BGHZ 82, 299 (309 f.) – Kunststoffhohlprofil II; BGHZ 82, 310 – Fersenabstützvorrichtung; Bestätigung von BGHZ 77, 16 (17) – Tolbutamid.

[21] BGH GRUR 2016, 1280 Rn. 96 – Everytime we touch; BGH GRUR 2015, 780 Rn. 32 – Motorradteile; BGH GRUR 2012, 715 Rn. 41 – Bochumer Weihnachtsmarkt; vgl. aber *Ullmann* GRUR 1978, 615 (620); *Köhler/Bornkamm* UWG § 9 Rn. 3.6. BGHZ 56, 317 (322) – Gasparone II; *Fromm/Nordemann/J. B. Nordemann* UrhG § 102a Rn. 6; *Dreier/Schulze/Dreier* UrhG § 102a Rn. 5: *Möhring/Nicolini/Lütje* (2. Aufl.) UrhG § 97 Rn. 263; *Ulmer* § 131 III 3; *Mestmäcker* JZ 1958, 521 (524).

[22] LG München I 4.9.1997 – 7 O 23 349/96, nicht veröffentlicht.

[23] BGH GRUR 1955, 492 (501) – Grundig-Reporter –; in BGHZ 17, 266 insoweit nicht mit abgedruckt; BGH GRUR 1988, 604 (605) – Kopierwerk.

[24] Münchener Kommentar/*Wagner* BGB § 852 Rn. 2 f.

galt.[25] Mit Inkrafttreten des Schuldrechtsmodernisierungsgesetzes am 1.1.2002[26] ist diese Unterscheidung entfallen. Auch für Ansprüche aus Geschäftsanmaßung gilt die dreijährige Verjährungsfrist. *Dreier* rückt den Anspruch aus der böswilligen Eigengeschäftsführung, die auf Herausgabe des Erlangten unter Abzug des Aufwendungsersatzes des Verletzers (§ 684 S. 1 BGB) gerichtet ist, in die Nähe des Anspruchs auf Herausgabe des Verletzergewinns.[27] Wird dabei die neue Rechtsprechung des BGH zum Gemeinkostenanteil bei Herausgabe des Verletzergewinns[28] entsprechend angewandt, scheinen sich die Ansprüche aus Geschäftsführung ohne Auftrag und Herausgabe des Verletzergewinns im Rahmen des Schadensersatzes der Höhe nach zu decken, auch wenn der BGH zur Herausgabe des Verletzergewinns im Rahmen des Schadensersatzes eine sehr differenzierte Begründung entwickelt hat. Festzuhalten ist jedenfalls, dass der Anspruch aus § 687 Abs. 2 einen gesonderten und unabhängigen Anspruch darstellt, der durch § 102a ausdrücklich zusätzlich zu § 97 Abs. 2 und § 100 Abs. 1 aufrechterhalten bleibt.

Bei § 97 Abs. 2 genügt der Nachweis von Fahrlässigkeit. Zur Geltendmachung von Ansprüchen **4a** nach § 687 Abs. 2 muss dem Verletzer nachgewiesen werden, dass er sich das fremde Geschäft wissentlich angeeignet hat.

IV. Ansprüche auf Auskunft und Rechnungslegung nach § 242 BGB

Der Gesetzgeber hat mit § 102a, unabhängig vom Auskunftsanspruch und den weiteren Ansprüchen nach §§ 100, 101a und 101b, auch die von der Rechtsprechung entwickelten akzessorischen **5** Ansprüche auf Auskunft und Rechnungslegung nach § 242 BGB aufrechterhalten.[29] Sie lassen sich als Teil des Schadensersatzanspruchs verstehen.[30]

V. Ansprüche aus unerlaubten Handlungen

Die **Vorschriften über unerlaubte Handlungen** (§§ 823 ff. BGB) sind nur insoweit auf Urhe- **6** berrechtsverletzungen und Verletzungen von Leistungsschutzrechten anwendbar, als sie über die unmittelbaren Bestimmungen des Urheberrechtsgesetzes hinausgehen. Dazu gehört nach § 823 Abs. 1 der widerrechtliche Eingriff in den eingerichteten und ausgeübten Gewerbebetrieb und eine Schadensersatzpflicht nach § 823 Abs. 2 BGB iVm anderen Schutzvorschriften, die aus den verschiedensten Rechtsgebieten einwirken können. Uneingeschränkt anwendbar ist § 826 BGB. Außerdem gelten die Haftungsbestimmungen für Beteiligte.[31]

VI. Ansprüche aus gewerblichen Schutzrechten und UWG

Gewerbliche Schutzrechte folgen anderen Regeln und bleiben unberührt. Ansprüche **7** **aus dem Wettbewerbsrecht** sind ebenfalls durch § 102a vorbehalten. Sie werden, sofern ein Wettbewerbsverhältnis vorliegt, in der Regel ergänzend geltend gemacht für den Fall, dass urheberrechtliche Ansprüche nicht zuerkannt werden. Wettbewerbsrechtliche Ansprüche können jedoch **nicht allein** auf die Verletzung von Urheberrechten gestützt werden,[32] da die Vorschriften des UrhG keine Marktverhaltensregeln darstellen.[33] Wettbewerbsrechtliche Ansprüche können neben den sondergesetzlichen Regelungen des Urheberrechtsgesetzes nur zur Anwendung kommen, wenn besondere, außerhalb der Sonderschutztatbestände des Urheberrechtsgesetzes liegende Umstände hinzutreten, die die beanstandete Handlung als unlauter im Sinne des UWG erscheinen lassen.[34] Ist kein Sonderschutz gegeben, besteht grundsätzlich Nachahmungs-/Nachbaufreiheit. Wettbewerbsrechtlicher Schutz kommt einer Vorlage nur zu, wenn die Vorlage wettbewerbliche Eigenart aufweist und zusätzlich die begleitenden Umstände der Nachahmung/des Nachbaus zur Missbilligung nach § 4 Nr. 9 UWG führen. Wird der Vorlage nach wettbewerblicher Prüfung wettbewerbsrechtlicher Leistungsschutz zuerkannt, werden die Rechtsfolgen nach den Bestimmungen abgewickelt, wie sie zum Urheberrechtsgesetz dargestellt sind.

---

[25] Möhring/Nicolini/*Lütje* (2. Aufl.) UrhG § 97 Rn. 265 f.
[26] Siehe dazu bei § 102.
[27] Dreier/Schulze/*Dreier* UrhG § 102a Rn. 9.
[28] BGH GRUR 2001, 329 (330 ff.). – Gemeinkostenanteil.
[29] Vgl. dazu → § 97 Rn. 307 ff.
[30] OLG Frankfurt a. M. ZD 2018, 36 Rn. 72 ff.; Dreier/Schulze/*Dreier* UrhG § 102a Rn. 12.
[31] §§ 31, 278, 830, 831, 832, 840, 839 BGB; Art. 34 GG.
[32] BGH GRUR 1999, 325 (326) – Elektronische Pressearchive; vgl. hierzu → Einl. UrhG Rn. 53.
[33] Köhler/Bornkamm/Feddersen/*Köhler* UWG § 3a Rn. 1.72.
[34] BGH GRUR 1999, 325 (326) – Elektronische Pressearchive; zur Nachahmung/Leistungsübernahme nach Wettbewerbsrecht: GK-UWG/*Leistner* UWG § 4 Rn. 40 ff., 79 ff., Köhler/Bornkamm/Feddersen/*Bornkamm* UWG UWG § 4 Rn. 3.34 ff.; Harte/Henning/*Sambuc* UWG § 4 Rn. 4 ff.; Fezer/*Götting* UWG § 4 Rn. 37 ff.

VII. TRIPs-Übereinkommen und EU-Richtlinien

8   Der durch die Umsetzung von internationalen Übereinkommen und Richtlinien gewährte Rechtsschutz bleibt weiterhin unberührt.[35]

§ 103 Bekanntmachung des Urteils

[1]Ist eine Klage auf Grund dieses Gesetzes erhoben worden, so kann der obsiegenden Partei
im Urteil die Befugnis zugesprochen werden, das Urteil auf Kosten der unterliegenden Partei
öffentlich bekannt zu machen, wenn sie ein berechtigtes Interesse dartut. [2]Art und Umfang der
Bekanntmachung werden im Urteil bestimmt. [3]Die Befugnis erlischt, wenn von ihr nicht innerhalb von drei Monaten nach Eintritt der Rechtskraft des Urteils Gebrauch gemacht wird.
[4]Das Urteil darf erst nach Rechtskraft bekannt gemacht werden, wenn nicht das Gericht etwas
anderes bestimmt.

Schrifttum: *Deumeland,* Urteilsbekanntmachung aufgrund von § 103 UrhG im Falle der Verletzung geistigen
Eigentums, ME-Int. 2007, 234; *F. Flechsig,* Zur Zulässigkeit der identifizierenden Urteilsveröffentlichung durch
Private im Internet, AfP 2008, 284; *Kolb,* Der Anspruch auf Urteilsbekanntmachung im Markenrecht, GRUR
2014, 513; *Steigüber,* Der „neue" Anspruch auf Urteilsbekanntmachung im Immaterialgüterrecht?, GRUR 2011,
295; Siehe auch Schrifttum bei § 97.

Übersicht

I. Entwicklung und Bedeutung

1   Die **Bekanntmachung des Urteils** wurde in Anlehnung an § 23 Abs. 4 und 5 UWG aF, heute
§ 12 Abs. 3 UWG, in das Urheber- und das Geschmacksmustergesetz (§ 47 GeschmG aF, heute § 47
DesignG) aufgenommen. Nach der Amtlichen Begründung von 1962 haben **Urheber ein schutzwürdiges Interesse daran, der Öffentlichkeit anzuzeigen, dass ihre Schöpfungen von anderen entstellt oder zu Unrecht ausgenutzt wurden oder dass ein gegen sie erhobener Plagiatsvorwurf unbegründet ist;** auch Inhaber von **Leistungsschutzrechten** können ein berechtigtes
Interesse an der Bekanntmachung des Urteils haben.[1] Für das Urheber- wie für das Designrecht bestand, anders als im Patentrecht (§ 140e PatG), Gebrauchsmusterrecht (§ 24e GebrMG), Markenrecht
(§§ 19c, 128, 135 MarkenG), Halbleiterschutzrecht (§ 9 HalbSchG) und Sortenschutzrecht (§ 37e
SortG), somit kein Umsetzungsbedarf hinsichtlich Art. 15 Enforcement-RL,[2] der die Mitgliedstaaten
verpflichtet, die Gerichte zu befugen, auf Antrag eine Urteilsveröffentlichung anzuordnen.

   **Die bestehende Vorschrift des 103 UrhG wurde im Zuge dieser Umsetzung sprachlich
angepasst,** ohne dass wesentliche inhaltliche Änderungen erfolgten.[3] Verkürzt wurde die Frist zur
Veröffentlichung auf 3 Monate, vormals 6 Monate ab Rechtskraft des Urteils; nicht übernommen
wurde die Vorauszahlung der Veröffentlichungskosten nach Abs. 3 aF, die in der Praxis keine Bedeutung erlangt hatte.[4] Die nach der bisherigen Gesetzesfassung bestehende Befugnis des Gerichts, die
vorläufige Vollstreckbarkeit anzuordnen, blieb, anders als bei den anderen Schutzrechten, für das Urheberrecht erhalten. Die Bundesregierung erkannte, dass in bestimmten Fällen ein Bedürfnis für die
Veröffentlichung vor der Rechtskraft bestehen kann.[5] In der Praxis hat **§ 103 nur geringe Bedeutung.**[6] Dass die Neufassung und jedenfalls teilweise Neuausrichtung der Vorschrift in Umsetzung der
Enforcement-RL zu einer Änderung geführt hätte, ist nicht zu erkennen.

---

[35] Siehe bei Wandtke/Bullinger/*Bohne* UrhG § 102a Rn. 2.
[1] Amtliche Begründung, BT-Drs. IV/270, 105, 106.
[2] ABl. v. 2.6.2004, L 195/16.
[3] Amtliche Begründung, BT-Drs. 16/5048, 50.
[4] Amtliche Begründung, BT-Drs. 16/5048, 50.
[5] Amtliche Begründung, BT-Drs. 16/5048, 50; vgl. dazu OLG Celle GRUR 2001, 125.
[6] Vgl. aus der neueren Rechtsprechung: OLG Düsseldorf ZUM-RD 2018, 16, 24; OLG Frankfurt a. M. GRUR
2014, 296 – Sportreisen; LG Frankfurt a. M. ZUM 2011, 929; LG Hamburg GRUR-RR 2009, 211 – Bauhaus-

Für das Strafrecht besteht eine gesonderte Bekanntmachungsbefugnis nach § 111 UrhG 2 **in Anlehnung an §§ 165, 200 StGB. Ein Anspruch auf Veröffentlichung gegen Dritte (Presse, Rundfunk, Fernsehen) besteht nach § 103 nicht.** Ansprüche gegen die Presse richten sich nach dem Presse- und Medienrecht. Die Veröffentlichungsbefugnis von Zivilurteilen in § 7 UKlaG stellt einen Sonderfall dar.

II. Rechtsnatur

Die Rechtsnatur des Anspruchs auf Urteilsbekanntmachung ist mit der Änderung durch die Enfor- 3 cement-RL umstritten. Ursprünglich ist die **Bekanntmachung des Urteils** nach § 103 als eine **Maßnahme zur Beseitigung der eingetretenen Beeinträchtigung** angesehen worden.[7] Erwägungsgrund 27 der **Enforcement-RL** stellt hingegen **generalpräventive Aspekte** in den Vordergrund: Die Urteilsveröffentlichung soll künftige Verletzer abschrecken und zu einer Sensibilisierung der breiten Öffentlichkeit beitragen. Danach soll bei richtlinienkonformer Auslegung der Anspruch nicht mehr als Beseitigungsanspruch, sondern als **Anspruch *sui generis*** eingeordnet werden.[8] In der Rechtsprechung wird der **Gedanke der Generalprävention unterdessen neben dem Zweck der Störungsbeseitigung bei der Interessenabwägung berücksichtigt.**[9]

Daneben bleiben alle **anderen Maßnahmen zur Störungsbeseitigung,** die auf materiellen 4 Recht beruhen, erhalten, sei es unter dem Gesichtspunkt der Beseitigung der Beeinträchtigung nach § 97 Abs. 1, sei es als Schadensersatz im Weg der Naturalrestitution (§ 249 BGB).[10] In Betracht kommen Ansprüche auf **Widerruf,**[11] **Berichtigung,**[12] **Veröffentlichung von Unterlassungser-klärungen** (insbesondere wenn sie zur Erledigung der Hauptsache geführt haben)[13] sowie auf **Gegendarstellung.** Zu Eigenmaßnahmen → Rn. 13 f.

III. Voraussetzungen

1. Obsiegen

Voraussetzung der Zuerkennung einer Urteilsveröffentlichung nach § 103 ist zunächst eine **Klage** 5 und ein **Obsiegen „auf Grund"** des Urheberrechtsgesetzes. Es muss ein Anspruch zuerkannt worden sein, der auf dem UrhG beruht; nicht erforderlich ist, dass eine Norm des UrhG verletzt ist. Auch Ansprüche aus einem Vertrag, der Urheberrecht zum Gegenstand hat, werden erfasst.[14] Bei **teilweisem Obsiegen** können beide Parteien einen Antrag hinsichtlich des ihrem Interesse entsprechenden Teils stellen.[15] Bei teilweisem Obsiegen hat jede Partei teilweise Erfolg gehabt; jeder Partei kann die Veröffentlichung des ihr günstigen Teils des Urteils zugesprochen werden. Das Urteil ist möglicherweise von der Öffentlichkeit nur richtig zu verstehen, wenn es vollständig veröffentlicht wird. Umso wichtiger ist in einem solchen Fall die **Interessenabwägung,** wenn ein Antrag auf Veröffentlichung nur von einer Seite gestellt wurde. Wer nur teilweise obsiegt hat, hat möglicherweise kein Interesse an einer Urteilsveröffentlichung, was auch zulasten der anderen Partei wirken kann.

2. Berechtigtes Interesse

Eine Verurteilung zur Veröffentlichung setzt ein **berechtigtes Interesse** voraus. Auch wenn 6 Art. 15 Enforcement-RL nicht auf ein berechtigtes Interesse abstellt, hielt der Gesetzgeber die **Einschränkung als Ausprägung des allgemeinen Verhältnismäßigkeitsgrundsatzes für richtlinienkonform;**[16] nach dem OLG Frankfurt a. M. sind an die Darlegung des berechtigten Interesses keine besonders hohen Anforderungen zu stellen.[17] Es bedarf einer umfassenden Abwägung der Inte-

---

Klassiker; vgl. weiter BGH GRUR 1971, 588 (590) – Disney-Parodie; OLG Hamburg ZUM 1985, 371 (375) – Karajan; OLG Karlsruhe ZUM 1996, 810 (818) – Laras Tochter; OLG Frankfurt a. M. NJW-RR 96, 423.

[7] Vgl. BGH GRUR 2002, 799 (801) – Stadtbahnfahrzeug; *v. Gamm* UrhG § 103 Rn. 2 und 3; Wandtke/Bullinger/*Bohne* UrhG § 103 Rn. 2; Dreier/Schulze/*Dreier* UrhG § 103 Rn. 1; Dreyer/Kotthoff/*Meckel* UrhG § 103 Rn. 1; Fromm/Nordemann/*J. B. Nordemann* UrhG § 103 (10. Aufl.) Rn. 1; Möhring/Nicolini/*Reber* UrhG § 103 Rn. 1.

[8] *Steigüber* GRUR 2011, 295 (296 f.); Fromm/Nordemann/*J. B. Nordemann* UrhG § 103 Rn. 2.

[9] OLG Frankfurt a. M. GRUR 2014, 296 (297 f.); dazu *Kolb* GRUR 2014, 513; so auch Wandtke/Bullinger/*Bohne* UrhG § 103 Rn. 2.

[10] Ahrens/*Bähr* Kap. 37 Rn. 2 f.; Teplitzky/*Kessen* Kap. 26 Rn. 22 ff.; Möhring/Nicolini/*Reber* UrhG § 103 Rn. 1; Dreier/Schulze/*Dreier* UrhG § 103 Rn. 3; Wandtke/Bullinger/*Bohne* UrhG § 103 Rn. 2; Fromm/Nordemann/*J. B. Nordemann* UrhG § 103 Rn. 13.

[11] BGH GRUR 1960, 500 (502) – Plagiatsvorwurf: Widerruf nur bei unrichtigen Tatsachen.

[12] BGH GRUR 1960, 500 (504) – Plagiatsvorwurf.

[13] BGH GRUR 1967, 362 (366) – Spezialsalz I, insoweit in BGHZ 46, 305 nicht mitabgedruckt; BGH GRUR 1972, 550 (552) – Spezialsalz II; dazu Harte/Henning/*Retzer* UWG § 12 Rn. 736.

[14] Dreyer/Kotthoff/*Meckel* UrhG § 103 Rn. 2; Fromm/Nordemann/*J. B. Nordemann* UrhG § 103 Rn. 4.

[15] Dreier/Schulze/*Dreier* UrhG § 103 Rn. 5, 9.

[16] BT-Drs. 16/5048, 42; hierzu *Steigüber* GRUR 2011, 295 (300).

[17] OLG Frankfurt a. M. GRUR 2014, 296 (297) – Sportreisen, zu § 19c MarkenG; vgl. auch OLG Düsseldorf ZUM-RD 2018, 16, 24.

ressen der Parteien, ob die Veröffentlichung geeignet und erforderlich ist, den durch die Rechtsverletzung eingetretenen Störungszustand zu beseitigen. Es sind **alle Umstände zu berücksichtigen und alle Vor- und Nachteile** abzuwägen. Für eine Veröffentlichung spricht insbesondere, wenn **einem in der Öffentlichkeit verbreiteten Rechtsirrtum entgegenzuwirken** ist,[18] die **offensive Werbung des Verletzers** in der breiten Öffentlichkeit,[19] sowie eine **erhebliche Marktverwirrung**.[20] Auf Seiten des Verletzers ist insbesondere der **Grad seines Verschuldens** zu berücksichtigen.[21] Auch **generalpräventive Aspekte**, zB zur Abschreckung potenzieller Nachahmer können bei der Entscheidung berücksichtigt werden.[22]

7   Die Bekanntmachung muss zur Aufklärung des betroffenen Publikums **notwendig** und das **angemessene** Mittel sein. Dabei wird **idR nicht die Veröffentlichung des gesamten Urteils** erforderlich sein.[23] Von Bedeutung ist dabei auch, ob und in welchem Umfang die Verletzung in der Öffentlichkeit bekannt geworden ist, noch bekannt zu werden droht oder bereits vergessen ist.[24] Urheberrechtsverletzungen haben idR längere Auswirkungen als ein Wettbewerbsverstoß. Das Interesse, einen Plagiatsvorwurf zu beweisen oder sich umgekehrt von einem Plagiatsvorwurf gereinigt zu sehen, kann sich über Jahre erstrecken.[25] Dabei sind materielle und ideelle Interessen der Betroffenen relevant. Eine **unnötige Bloßstellung und Herabsetzung des Verletzers in der Öffentlichkeit ist zu vermeiden** und darf nicht außer Verhältnis zu dem Zweck der Veröffentlichung stehen. Eine Veröffentlichung kommt auch dann nicht in Betracht, wenn sie geeignet ist, nur einen Teil des Publikums aufzuklären, einen anderen Teil aber verwirren würde,[26] oder eine bloße Demütigung des Verletzers zu bewirken.[27] Nach dem BGH zu § 103 aF ist auf den **Zeitpunkt der letzten mündlichen Verhandlung** abzustellen, da der Zweck der Veröffentlichung die Störungsbeseitigung ist.[28] Daran hält die Rechtsprechung auch für die Neufassung fest.[29] Zu weitgehend die Auffassung von *J. B. Nordemann,* der ausschließlich präventive Zwecke gelten lassen will. Auch mit den aus der Enforcement-RL folgenden Zwecken der Abschreckung und der Sensibilisierung der breiten Öffentlichkeit fällt die Beseitigung eines fortdauernden Störungszustandes durch Information als Zweck der Bekanntmachung nicht fort. Es geht nicht um eine Bestrafung durch öffentliche Bloßstellung, sondern bedarf eines berechtigten Interesses der obsiegenden Partei an der begehrten Veröffentlichung.[30] Der Anspruch besteht daher solange fort, wie die Verletzungshandlung noch fortwirkt und ein Informationsinteresse des Verkehrs noch fortbestehen kann.[31] Ein Antrag auf Urteilsbekanntmachung kann auch im Rahmen des Berufungsverfahrens noch gestellt werden.[32]

IV. Art, Umfang und Frist der Veröffentlichung, S. 2 und 3

1. Art und Umfang, S. 2

8   **Gegenstand der Veröffentlichung** ist nach § 103 das **Urteil**, bestehend aus dem **verfügenden Teil, Tatbestand und Gründen.** Art und Umfang der Bekanntmachung werden vom Gericht nach pflichtgemäßem Ermessen[33] im Urteil bestimmt. Eine Veröffentlichung des **gesamten Urteils** wird **idR nicht in Betracht** kommen, dies insbesondere nicht, wenn die Entscheidungsformel Aussagen enthält, die aus sich heraus verständlich sind, um die Zwecke der Veröffentlichung zu erreichen.[34] Im Urteil ist nach Interessenlage und unter Berücksichtigung von **Eignung und Notwendigkeit** genau anzugeben, welche Passagen aus dem Tenor, aus dem Tatbestand, aus den Gründen veröffentlicht

---

[18] LG Frankfurt a. M. ZUM 2011, 929 (936), zum Vertrieb von Gebrauchtsoftware; BGH GRUR 1998, 568 (570).
[19] LG Hamburg GRUR-RR 2011, 211 (215) – Bauhaus-Klassiker.
[20] OLG Frankfurt a. M. GRUR 2014, 296 (297) – Sportreisen.
[21] Vgl. BGH GRUR 1998, 568 (570) – Beatles-Doppel-CD; LG Hamburg GRUR-RR 2009, 211 (215) – Bauhaus-Klassiker.
[22] OLG Frankfurt a. M. GRUR 2014, 296 (298) – Sportreisen, zum Markenrecht.
[23] Vgl. nachfolgend → Rn. 88; BGH GRUR 1998, 568 (570) – Beatles-Doppel-CD; LG Frankfurt a. M. ZUM 2011, 929 (936); LG Hamburg GRUR-RR 2009, 211 (215) – Bauhaus-Klassiker.
[24] BGH GRUR 2002, 799 (801) – Stadtbahnfahrzeug; BGH GRUR 1998, 568 (570) – Beatles-Doppel-CD; LG München I GRUR 1989, 503 (504) – BMW-Motor.
[25] Vgl. OLG Frankfurt a. M. GRUR 2014, 296 (297 f.) – Sportreisen, zur Marktverwirrung durch eine Kennzeichenverletzung.
[26] BGH GRUR 1966, 623 (626) – Kupferberg.
[27] OLG Hamburg WRP 1994, 122 (124) zu Wettbewerbsverstoß – Jeansüberfärbungen; OLG Celle GRUR-RR 2001, 125 (126) – EXPO; BGH GRUR 1998, 568 (570) – Beatles-Doppel-CD; sa Dreier/Schulze/*Dreier* UrhG § 103 Rn. 7; Möhring/Nicolini/*Lütje* UrhG § 103 (2. Aufl.) Rn. 15.
[28] BGH GRUR 2002, 799 (801) – Stadtbahnfahrzeug.
[29] Vgl. OLG Frankfurt a. M. GRUR 2014, 296 (297) – Sportreisen; LG Düsseldorf BeckRS 2011, 02696, zu § 140e PatG.
[30] LG Düsseldorf BeckRS 2011, 02696, zu § 140e PatG; OLG Düsseldorf ZUM-RD 2018, 16, 24.
[31] OLG Frankfurt a. M. GRUR 2014, 296 (297) – Sportreisen mwN (zu § 19c MarkenG).
[32] BGH GRUR 2011, 831 (835) – BBC (zu § 19c MarkenG).
[33] OLG Frankfurt a. M. GRUR 2014, 296 (298) – Sportreisen.
[34] BGH GRUR 1998, 568 (570) – Beatles-Doppel-CD; LG Frankfurt a. M. ZUM 2011, 929936; LG Hamburg GRUR-RR 2009, 211 (215) – Bauhaus-Klassiker.

werden dürfen.[35] **Die gesetzliche Strafandrohung** bei Unterlassungsurteilen – Ordnungsstrafe bis 250 000 Euro – wird vom Laien erfahrungsgemäß missverstanden und klingt dramatisch negativ für den Verpflichteten. Deshalb sollte die Veröffentlichung nur die Formulierung enthalten „bei Androhung von Ordnungsstrafe", wenn überhaupt. Das **Gericht legt auch das Medium fest,** in dem die Entscheidung veröffentlicht werden soll, um das vom Anspruchsteller bezweckte Ziel zu erreichen.[36] **Im Urteil** sind daher **Art, Größe, Anzahl und Ort der Veröffentlichung zu bestimmen;** möglicherweise kommt eine Veröffentlichung nur in Fachblättern in Betracht oder in derselben Zeitschrift, in der das Plagiat erschien, oder in einer Regionalausgabe oder einem Rundschreiben.[37] Die Urteilsveröffentlichung kann auch auf der eigenen wie auf der Webpage eines Dritten zugesprochen werden.[38] Die Veröffentlichung einer strafbewehrten Unterwerfungserklärung kommt nur als Beseitigungsanspruch nach § 97 Abs. 1 in Betracht.[39]

2. Frist

Die **Befugnis zur Veröffentlichung erlischt von Gesetzes wegen,** wenn die Veröffentlichung **9** nicht innerhalb von **drei Monaten nach Rechtskraft** erfolgt (§ 103 S. 3). Eine Veröffentlichung nach § 103 vor Rechtskraft muss vom Gericht ausdrücklich zugelassen werden (§ 103 S. 4). Sie kommt nur in Frage, wenn schwerwiegende Interessen des Berechtigten die unverzügliche Störungsbeseitigung erfordern.[40] Eine Veröffentlichung im Rahmen eines einstweiligen Verfügungsverfahrens erscheint daher ausgeschlossen.[41] Das Gericht kann anordnen, der Veröffentlichung einen Rechtskraftvermerk hinzuzufügen.[42]

3. Veröffentlichungskosten

Die **Kosten der Veröffentlichung** hat der Unterlegene zu tragen. § 103 S. 1 ist eigenständige **10** Anspruchsgrundlage.[43] **Der Ausspruch erfolgt im Urteil.** Unterbleibt der Kostenausspruch versehentlich, kann das Urteil insoweit berichtigt werden; es bedarf keiner Urteilsergänzung.[44] Kommt es wegen teilweisen Unterliegens zu einer Teilverurteilung, wird aber die Veröffentlichung zugesprochen, bleibt es bei der vollen Kostenpflicht für die Veröffentlichung.[45] **Die entstandenen Veröffentlichungskosten sind Kosten der Zwangsvollstreckung im Sinne von § 788 ZPO** und entsprechend §§ 91, 103 ZPO festzusetzen. Die nach der früheren Gesetzesfassung mögliche **Forderung nach Vorschuss ist weggefallen;** eine Vorschusszahlung hat sich in der Praxis nicht durchgesetzt.

4. Keine Verpflichtung Dritter

Die **Anordnung der Veröffentlichung** ist insoweit **problematisch,** als sie Dritte nicht ver- **11** pflichtet. Die Presse veröffentlicht Anzeigen gegen Entgelt, behält sich aber vor, den Auftrag anzunehmen oder abzulehnen. Besteht kein Veröffentlichungsmonopol, ist eine Ablehnung ohne Angabe von Gründen möglich. Rundfunk- und Fernsehanstalten übernehmen grundsätzlich keine Veröffentlichungen außerhalb des Werbefunks bzw. Werbefernsehens gegen Entgelt. Sie sind dazu auch nicht verpflichtet, solange der Grundsatz gegenüber jedermann aufrechterhalten wird. Im Werbefunk zwischen Reklame für Waschpulver und Kaffee dürfte die Veröffentlichung eines gerichtlichen Urteils deplatziert sein. Die Kosten stünden zudem in keinem Verhältnis. Interessiert das Thema die Allgemeinheit, werden Rundfunk und Fernsehen von sich aus mit eigenen Worten und ohne Kosten für den Berechtigten oder Verpflichteten berichten. Der Bericht ist allerdings auch nur solange zu erwarten, wie der Spruch aktuell ist. IdR ist das die Zeit der Verkündung des Urteils und nicht erst die Zeit nach Rechtskraft.

Zur Vermeidung des Risikos, dass Aufträge zur Veröffentlichung abgelehnt werden, sind im Urteil **12** kumulativ oder alternativ Adressaten zu benennen.

---

[35] BGH GRUR 1992, 527 (529) – Plagiatsvorwurf II; BGH ZUM 1998, 157 (160).
[36] OLG Frankfurt a. M. GRUR 2014, 296 (298) – Sportreisen; vgl. auch LG Hamburg GRUR-RR 2009, 211 (215) – Bauhaus-Klassiker; LG Frankfurt a. M. ZUM 2011, 929 (936).
[37] BGH GRUR 1992, 527 (529) – Plagiatsvorwurf II.
[38] So für die Rechtslage in Österreich OGH Urt. v. 15.10.2002 – Wiener Werkstätten – vgl. Wittschek/Heine-Geldern WRP 2004, 941, 966.
[39] Köhler/*Bornkamm* UWG § 12 Rn. 4.17; vgl. OLG Hamm GRUR 1993, 591; zum Veröffentlichungsanspruch aus §§ 823, 1004 BGB s. BGH GRUR 1987, 189 – Veröffentlichung beim Ehrenschutz; zu einem Wettbewerbsverstoß bereits BGH GRUR 1967, 362 (366) – Spezialsalz.
[40] Vgl. dazu OLG Celle GRUR-RR 2001, 125 (126).
[41] OLG Frankfurt a. M. NJW-RR 1996, 423; Dreyer/Kotthoff/*Meckel* UrhG § 103 Rn. 2.
[42] OLG Celle GRUR-RR 2011, 125 (126) – EXPO.
[43] Dreier/Schulze/*Dreier* UrhG § 103 Rn. 8.
[44] MüKo/*Schlinghoff* UWG § 12 Rn. 622.
[45] MüKo/*Schlinghoff* UWG § 12 Rn. 622; Fromm/Nordemann/*J. B. Nordemann* UrhG § 103 Rn. 9a.

V. Veröffentlichung ohne gerichtliche Befugnis

13   Grundsätzlich kommt auch die **eigene Veröffentlichung** eines Urteils durch den Verletzten ohne gerichtliche Befugnis in Betracht, sofern dem keine berechtigten Interessen (zB Persönlichkeitsrecht; Geheimnisschutz) entgegenstehen.[46] Die Tatsache der gesetzlichen Regelung der Veröffentlichung in § 103 und deren Bekräftigung durch die Enforcement-RL ist bei solchen Eigenmaßnahmen zu berücksichtigen.[47] Es sind daher stets die Interessen des Gegners zu wahren; **an die Verhältnismäßigkeit der privaten Urteilsveröffentlichung sind daher strenge Anforderungen** zu stellen.[48] Sie ist in gebotener Art und Weise und gebotenem Umfang statthaft. Eine Gegenmaßnahme, die nicht auf eine Veröffentlichung nach Rechtskraft des Urteils wartet, birgt immer die **Gefahr, die erforderliche Interessenabwägung zu subjektiv vorzunehmen** und über das gestattete Ziel hinauszuschießen. Wer Sicherheit sucht und Zeit für eine genugtuende Veröffentlichung hat, geht den Weg über § 103. Wer die Effizienz der Gegenmaßnahme vorzieht, wählt eine andere Maßnahme der Störungsbeseitigung oder beides, wenn trotz der Eigenmaßnahme noch ein berechtigtes Interesse für eine prozessuale Urteilsveröffentlichung nach § 103 bleibt. Die zur Urteilsveröffentlichung **nach § 103 entwickelten Maßstäbe und die dazu gebildete Rechtsprechung** eignen sich auch als **Leitfaden** für Maßnahmen zur Beseitigung von Beeinträchtigungen nach materiellem Recht. Die Kosten der Eigenmaßnahmen sind selbst zu tragen und ggf. über Schadensersatz (§ 97 Abs. 2) oder über Geschäftsführung ohne Auftrag (§§ 677, 683, 670 BGB) wieder geltend zu machen.[49] Soweit es zur Beseitigung der Störung wirksamere Mittel gibt, wie etwa die Gegendarstellung, werden solche Mittel unter dem Gesichtspunkt des § 254 BGB (Mitverschulden) als mildere Mittel einzusetzen sein. Die Grenze (auch für die **Erstattung**) richtet sich **nach den Maßnahmen, die ein vernünftiger, wirtschaftlich denkender Mensch nach den Umständen des Falles nicht nur als zweckmäßig, sondern als erforderlich ergriffen haben würde,** wobei auf den Zeitpunkt, zu dem die Maßnahme zu treffen war, abzustellen ist,[50] insbesondere auf das **zu jenem Zeitpunkt Mögliche und Zumutbare.**[51]

14   Umstritten ist die **Abnehmerverwarnung.** Hier besteht eine besondere Sorgfaltspflicht.[52] Verletzen die weiteren Glieder in der Absatzkette ihrerseits Urheber- oder verwandte Schutzrechte, und sei es auch schuldlos, erfolgen Abmahnungen zu Recht. Der Abmahnende trägt das Risiko, wenn sich die Abmahnung später als unberechtigt erweist. Der Große Senat für Zivilsachen des BGH hat bestätigt, dass eine unbegründete Schutzrechtsverwarnung unter dem Gesichtspunkt eines rechtswidrigen und schuldhaften Eingriffs in das Recht am eingerichteten und ausgeübten Gewerbebetrieb zum Schadensersatz verpflichten kann.[53] Es gilt, das rechte Maß zu finden.

§ 104 Rechtsweg

[1] **Für alle Rechtsstreitigkeiten, durch die ein Anspruch aus einem der in diesem Gesetz geregelten Rechtsverhältnisse geltend gemacht wird (Urheberrechtsstreitsachen), ist der ordentliche Rechtsweg gegeben.** [2] **Für Urheberrechtsstreitsachen aus Arbeits- oder Dienstverhältnissen, die ausschließlich Ansprüche auf Leistung einer vereinbarten Vergütung zum Gegenstand haben, bleiben der Rechtsweg zu den Gerichten für Arbeitssachen und der Verwaltungsrechtsweg unberührt.**

Schrifttum: *Bayreuther,* Zum Verhältnis zwischen Arbeits-, Urheber- und Arbeitnehmererfindungsrecht – Unter besonderer Berücksichtigung der Sondervergütungsansprüche des angestellten Softwareerstellers, GRUR 2003, 570; *Stelkens,* Schützen Patentgesetz und Urheberrechtsgesetz vor rechtswidrigen hoheitlichen Eingriffen in das geistige Eigentum? GRUR 2004, 25; *Strauß,* Zuständigkeit der „grünen" Fachgerichte für Honorarstreitigkeiten, WRP 2013, 1557.
Siehe auch Schrifttum bei § 97.

Übersicht

---

[46] *Rehbinder/Peukert* § 54 Rn. 1269; *Burhenne* GRUR 1952, 84.
[47] Teilweise wurde in § 103 eine abschließende Sonderregelung gesehen; vgl. *v. Gamm* UrhG § 103 Rn. 2; *Möhring/Nicolini/Lütje* (2. Aufl.) UrhG § 103 Rn. 4; OLG Frankfurt a. M. NJW-RR 1996, 423 (424).
[48] So auch *Dreier/Schulze/Dreier* UrhG § 103 Rn. 13.
[49] *Dreier/Schulze/Dreier* UrhG § 103 Rn. 12; *Palandt/Bassenge* BGB § 1004 Rn. 30; ausführlich *Staudinger/Gursky* BGB § 1004 Rn. 159.
[50] Betrachtung „ex ante".
[51] BGHZ 66, 182 (92) – Bittenbinder.
[52] BGH GRUR 1979, 331 (336) – Brombeerleuchte.
[53] BGH GRUR 2005, 882 – Unberechtigte Schutzrechtsverwarnung.

I. Entwicklung und Bedeutung

Diese Vorschrift regelt im Urheberrecht die Frage des **Rechtsweges und** will verhindern, dass **1** **derselbe Sachverhalt in zwei Gerichtszügen** – möglicherweise unterschiedlich – entschieden wird; sie dient dazu, eine **einheitliche höchstrichterliche Rechtsprechung zu** gewährleisten und Kompetenzkonflikte auszuschließen. Damit wird die Rechtswegzuständigkeit der ordentlichen Gerichte über den im GVG vorgesehenen Rahmen hinaus erweitert. **Zweck dieser Konzentration** von Urheberrechtsstreitsachen auf den ordentlichen Rechtsweg nach § 104 und der Ermächtigung zur Konzentration solcher Streitsachen bei bestimmten Speziallandgerichten (§ 105 Abs. 1 UrhG) und Amtsgerichten (§ 105 Abs. 2 UrhG) ist die **besondere Sachkunde des auf Urheberrechtssachen spezialisierten Gerichts.**[1] Mit Blick auf diesen Zweck ist der **Begriff der Urheberrechtsstreitsache einerseits weit auszulegen;** unter den Begriff fallen daher auch außer Streitigkeiten über Anspruchsgrundlagen aus dem Urheberrechtsgesetz, aus dem Urheberrechtswahrnehmungsgesetz und aus dem Verlagsgesetz auch Streitigkeiten über Angelegenheiten aus anderen Gesetzen oder Rechtsquellen, die unter Anwendung der genannten drei Gesetze zu entscheiden sind, so dass **urheberrechtlichen Rechtsquellen zumindest mittelbare Relevanz** zukommt.[2] Andererseits ist eine Ausdehnung der Zuständigkeit des für Urheberrechtsstreitsachen zuständigen Gerichts dann sachlich nicht gerechtfertigt, wenn das den Streitgegenstand bildende Rechtsverhältnis ausschließlich Anspruchsvoraussetzungen und sonstige Tatbestandsmerkmale betrifft, für deren Beurteilung das Gericht auch bei summarischer Betrachtung keines solchen Sachverstands bedarf.[3]

II. Rechtsweg

Der Rechtsweg, auf dem Urheberrechtsstreitigkeiten ausgetragen werden, ist grundsätz- 2 lich der ordentliche Rechtsweg. Zuständig sind die ordentlichen Zivilgerichte, in Ausnahmefällen, in denen vermögensrechtliche Ansprüche im Adhäsionsverfahren geltend gemacht werden können, die Strafgerichte. § 104 hindert nicht, Schiedsvereinbarungen (§ 1029 ZPO) zu treffen.[4] Mit der Bühnenschiedsgerichtsordnung[5] ist zwischen den Tarifparteien der Weg zu den Arbeitsgerichten ausgeschlossen worden (§ 101 ArbGG); für Ansprüche mit urheberrechtlichem Bezug bleibt es beim ordentlichen Rechtsweg.[6] Die Verfahren vor der Schiedsstelle nach §§ 14 ff. UrhWahrnG ist eine Besonderheit vor Beschreiten des Rechtswegs; sie ändert nichts an der grundsätzlichen Zuständigkeit der Zivilgerichte (§ 16 UrhWahrnG).[7] Auch für Klagen der öffentlichen Hand oder gegen öffentliche Institutionen, zB Sendeanstalten, sind bei Urheberrechtsstreitsachen die Zivilgerichte zuständig, wenn sich öffentliche Hand und Rechtsinhaber auf gleicher Ebene bewegen.[8]

III. Urheberrechtsstreitsachen

Der Begriff der Urheberrechtsstreitsache ist weit auszulegen.[9] Er umfasst alle Streitigkeiten, **3** die **im weitesten Sinn nach dem Urheberrecht zu entscheiden** sind, also nicht nur Streitigkeiten nach §§ 97 ff., sondern alle Streitigkeiten, bei denen die Entscheidung auch von im UrhG geregelten Rechtsverhältnissen abhängt.[10] Ausreichend ist es, wenn die Entscheidung des Rechtsstreits (auch) von im UrhG geregelten Rechtsverhältnissen abhängt, **nicht aber bei nur mittelbarer Einwirkung von Normen des Urheberrechts.**[11] Dazu gehören **Ansprüche aus rechtsgeschäftli-**

---

[1] BGH GRUR 2016, 636 Rn. 13 – Gestörter Musikbetrieb; BGH GRUR 2013, 757 Rn. 7 – Urheberrechtliche Honorarklage; BGH ZUM 1990, 35.

[2] BGH GRUR 2016, 636 Rn. 13 – Gestörter Musikbetrieb; OLG Düsseldorf GRUR-RR 2016, 311 Rn. 11 ff. zu Vergütungsansprüchen des Arbeitnehmers aus urheberrechtlicher Leistung.

[3] BGH GRUR 2013, 757 Rn. 7 – Urheberrechtliche Honorarklage, unter Verweis auf BGH GRUR 2011, 662 Rn. 9 f. – Patentstreitsache, sowie OLG Hamm BeckRS 2012, 11208; OLG Hamm GRUR-RR 2018, 405.

[4] Zur Schiedsfähigkeit Zöller/*Geimer* ZPO § 1030 Rn. 15, 14; Dreier/Schulze/*Dreier* UrhG § 104 Rn. 15; Wandtke/Bullinger/*Kefferpütz* UrhG § 105 Rn. 42.

[5] Abgedruckt bei *Kurz*, Praxishandbuch Theaterrecht, S. 714 ff.

[6] OLG Düsseldorf GRUR-RR 2016, 311 Rn. 11 ff. zu Vergütungsansprüchen des Arbeitnehmers aus urheberrechtlicher Leistung; vgl. Bühnenoberschiedsgericht UFITA 88 [1980], 293 (302); Dreier/Schulze/*Schulze* UrhG § 104 Rn. 14.

[7] Vgl. im Übrigen die Kommentierung dort.

[8] GEMA gegen Deutsche Bundespost wegen Verletzung urheberrechtlichen Senderechts: OLG München GRUR 1985, 537 (539) – Breitbandkabelanlage II; BGH GRUR 1988, 206 (207) – Kabelfernsehen II; Privater Hörfunkveranstalter gegen den zur ARD gehörenden Mitteldeutschen Rundfunk wegen Unterlassung einer Sendung: OLG Dresden ZUM 1994, 740; Verlag gegen Land Nordrhein-Westfalen als Träger einer Gesamthochschule: BGH GRUR 1993, 37 (38) – Seminarkopien.

[9] Wandtke/Bullinger/*Kefferpütz* UrhG § 104 Rn. 2 ff.; Dreier/Schulze/*Schulze* UrhG § 104 Rn. 2; Fromm/Nordemann/*J. B. Nordemann* UrhG § 104 Rn. 1; Dreyer/Kotthoff/*Meckel* UrhG § 104 Rn. 2.

[10] BGH GRUR 2018, 1294 Rn. 11 – Pizzafoto.

[11] Vgl. OLG Hamm 27.4.2012 – I 32 SA 29/12 Rn. 4 ff., juris, für eine Schadensersatzklage wegen der Verletzung anwaltlicher Beratungs- und Aufklärungspflichten.

chen Erklärungen und Vereinbarungen, die im UrhG geregelt sind; **Klagen unter Miturhebern** gem. §§ 8, 9; **Streitigkeiten um dingliche oder schuldrechtlich eingeräumte Nutzungsrechte** oder Nutzungserlaubnisse gemäß §§ 31 ff.; um **angemessene Vergütung; um urheberrechtliche Schranken** gem. §§ 44a ff.; **Klagen auf Zahlung einer Vertragsstrafe** aus einem strafbewehrten urheberrechtlichen Unterlassungsvertrag,[12] **Klagen auf Unterlassung urheberrechtlicher Schutzrechtsberühmung,** Feststellung des Bestehens oder Nichtbestehens von Rechten nach dem UrhG.[13] Erfasst sind **auch alle Folgeverfahren** – Geltendmachung von Abmahnkosten für die Abmahnung einer Urheberrechtsverletzung, Kostenfestsetzungen, Ordnungsmittelverfahren nach § 890 ZPO, Beschwerdesachen,[14] bei Amtshaftungsansprüchen nach § 839 BGB iVm Art. 24 GG wegen Urheberrechtsverletzungen eines Amtsträgers,[15] auch, wenn die Verletzung von urheberrechtlich geschützten Rechts auf ein hoheitliches Handeln eines Trägers öffentlicher Gewalt zurückzuführen ist.[16] Jedoch stellt eine **Klage auf Zahlung des Rechtsanwaltshonorars** für die Beratung und Vertretung in einer Urheberrechtssache **keine Urheberrechtsstreitigkeit** dar.[17] Gleiches gilt für eine Klage auf Zahlung von Schadensersatz wegen der Verletzung anwaltlicher Beratungs- und Aufklärungspflichten.[18] Es besteht kein Unterschied zwischen Aktiv- oder Passivprozess. Ansprüche aus dem Verlagsrecht sind in der Regel Urheberrechtsstreitsachen.[19] Ansprüche aus §§ 22 ff. KUG **„Recht am eigenen Bild"** sind Persönlichkeitsrechts- und **keine Urheberrechtsstreitigkeiten** iSd §§ 104, 105.[20]

4 Nur wenn keinerlei Bezug zum UrhG besteht, scheidet § 104 aus. Lediglich bei **Streitsachen aus Arbeits- oder Dienstverhältnissen, die ausschließlich Ansprüche auf Leistung einer vertraglich vereinbarten Vergütung zum Gegenstand haben, bleibt der Rechtsweg zu den Gerichten für Arbeitssachen und der Verwaltungsrechtsweg unberührt, § 104 S. 2.** Dann sind nach der Vorstellung des Gesetzgebers keine Rechtsfragen zu entscheiden, die Inhalt und Umfang urheberrechtlicher Befugnisse betreffen.[21] **§ 104 S. 2 ist als Ausnahme von der Regel eng auszulegen.** Sobald Rechtsfragen hinzukommen, die Inhalt oder Umfang urheberrechtlicher Befugnisse betreffen, ist die ordentliche Gerichtsbarkeit gegeben.

Die **Ausnahme** gilt **nur für vereinbarte Vergütungen** aus einem Arbeits- oder Dienstverhältnis. Nicht mehr der Zuständigkeitsregel des § 2 Abs. 2 lit. b ArbGG unterfallen Zahlungsansprüche, die auf einem aus dem Arbeitsverhältnis erwachsenden konkludenten Nutzungsvertrag und einer auf diesem beruhenden Vergütungspflicht nach den §§ 43, 32 Abs. 1 S. 2 UrhG beruhen.[22] Ebenfalls nicht erfasst sind Ansprüche, deren Berechnung anhand einer vertraglich zu vereinbarenden Vergütung erfolgt, die aber selbst nicht vertraglicher Natur sind.[23] Der Kläger kann auch rein vertragliche Ansprüche dadurch vor die ordentlichen Gerichte bringen, dass er sie zusammen mit anderen urheberrechtlichen Ansprüchen, die das gleiche Rechtsverhältnis betreffen (Schadensersatz, Bereicherung), geltend macht; eine Trennung ist dann ausgeschlossen.[24] Das ist nicht missszuverstehen: In Bezug genommen meint „das gleiche Rechtsverhältnis",[25] also ein **einheitlicher prozessualer Anspruch,** der lediglich mit verschiedenen sachlichrechtlichen Gesichtspunkten begründet wird.[26] Wenn der Rechtsweg zum ordentlichen Gericht ersichtlich erschlichen werden soll, kann ein Vortrag unberücksichtigt bleiben.[27]

IV. Rechtliche Einordnung und Sachzusammenhang

5 **Für die Beurteilung maßgebend ist der Sachvortrag des Klägers,** der den Streitgegenstand bestimmt, und die **objektive rechtliche Einordnung seines Begehrens (doppelrelevante Tatsa-**

---

[12] Vgl. dazu LG Oldenburg ZUM-RD 2011, 315.
[13] LG Mannheim BeckRS 2008, 24457.
[14] BGH ZUM 1990, 35.
[15] LG Magdeburg ZUM 2014, 905 (906).
[16] OLG München NJW 1985, 2142 (2143); Dreier/Schulze/*Schulze* § 104 Rn. 12 unter Hinweis auf BGH GRUR 1988, 206 (207) – Kabelfernsehen II; BGH GRUR 1993, 37 (38) – Seminarkopien; OLG München GRUR 1985, 537 (539) – Breitbandkabelanlage; Büscher/Dittmer/Schiwy/*Haberstumpf* (2. Aufl.) Teil 1 UrhG § 104 Rn. 4.
[17] BGH GRUR 2013, 757 – Urheberrechtliche Honorarklage; zum vertraglichen Honoraranspruch eines Architekten: BGH GRUR 1980, 853 – Architektenwechsel.
[18] OLG Hamm BeckRS 2012, 11208.
[19] OLG Koblenz ZUM-RD 2001, 392 (393); Dreier/Schulze/*Schulze* UrhG § 104 Rn. 4; Wandtke/Bullinger/ *Kefferpütz* UrhG § 104 Rn. 5; Fromm/Nordemann/*J. B. Nordemann* UrhG § 104 Rn. 1; *Schricker,* VerlagsG, (3. Aufl.) Einl. Rn. 21 f. zum Verhältnis UrhG und VerlagsG.
[20] BayObLG ZUM 2004, 672; LG Mannheim GRUR 1985, 291 – Urheberrechtsstreitsache; Dreier/Schulze/ *Schulze* UrhG § 104 Rn. 8; Wandtke/Bullinger/*Kefferpütz* UrhG § 104 Rn. 1.
[21] AmtlBegr. BT-Drs. IV/270, S. 107 zu § 114.
[22] LAG Baden-Württemberg BeckRS 2010, 70923; LAG Hamm ZUM-RD 2008, 378.
[23] Büscher/Dittmer/Schiwy/*Haberstumpf* (2. Aufl.) Teil 1 UrhG § 104 Rn. 7.
[24] Wandtke/Bullinger/*Kefferpütz* UrhG § 104 Rn. 15.
[25] Vgl. Möhring/Nicolini/*Lütje* (2. Aufl.) UrhG § 104 Rn. 8, unter Hinweis auf BAG CR 1997, 88 (89).
[26] Baumbach/Lauterbach/Albers/*Hartmann* ZPO § 145 Rn. 4; entsprechend: OLG Hamburg *Schulze* OLGZ 127, 6; anders LAG Berlin UFITA 67 [1973], 286 (288) in Verkennung des § 104; differenzierend: Wandtke/ Bullinger/*Kefferpütz* UrhG § 104 Rn. 16, 17.
[27] Zöller/*Gummer* GVG § 13 Rn. 11; Wandtke/Bullinger/*Kefferpütz* UrhG § 104 Rn. 15; BGH NJW 1998, 826 (828).

che).[28] Eine vollumfängliche Prüfung der Schlüssigkeit oder gar Begründetheit findet nicht statt, da diese gerade dem zuständigen Gericht im Verfahren obliegt. Entscheidend ist die wirkliche, vom Richter zu ermittelnde Natur des behaupteten Anspruchs.[29] Eine willkürliche Verbindung mit Ansprüchen völlig anderer Lebenssachverhalte, sei es durch Klagehäufung (§ 260 ZPO) oder Widerklage oder Aufrechnung, widerspricht Sinn und Zweck des § 104. **Für jeden prozessualen Anspruch ist gesondert zu prüfen, ob der gewählte Rechtsweg zulässig ist.**[30] Gibt es **keinen urheberrechtlichen Zusammenhang**, ist nach § 145 ZPO zu trennen und das Begehren nichturheberrechtlicher Art an das zuständige Gericht des zulässigen Rechtswegs zu verweisen.[31] Nach § 17 Abs. 2 GVG entscheidet das Gericht des zulässigen Rechtswegs über einen Streitgegenstand nach allen rechtlich in Betracht kommenden Gesichtspunkten.[32]

Der ordentliche Rechtsweg schließt die **Kammern für Handelssachen** ein, wenn die Merkmale **6** einer Handelssache im Sinne des § 95 GVG gegeben sind.[33] Allerdings geht die Zuständigkeit nach § 105 UrhG als Spezialzuweisung derjenigen der Kammern für Handelssachen aus § 95 GVG, für die in Urheberrechtsstreitigkeiten keine Zuständigkeit besteht, vor. Eine Verweisung an die Kammer für Handelssachen kommt deshalb nicht in Betracht.[34]

Wird die Klage bei einem – lediglich nach § 104 UrhG – unzuständigen Gericht erhoben, ist sie **7** nicht abzuweisen, sondern **von Amts wegen an das zuständige Gericht des zulässigen Rechtswegs zu verweisen** (§ 17a Abs. 2 S. 1 GVG). Hat die erste Instanz den zu ihr beschrittenen Rechtsweg für zulässig erklärt, wird die Zulässigkeit im Rechtsmittelverfahren nicht mehr geprüft (§ 17 Abs. 5 GVG). Weist das erstinstanzliche Gericht die Klage entgegen § 17a Abs. 2 S. 1 ab oder bejaht es die Zulässigkeit des Rechtswegs trotz Rüge erst im Urteil, greift § 17a Abs. 5 GVG nicht ein.[35] Die Zulässigkeit des Rechtswegs ist dann gegebenenfalls auch noch in der Berufungs- oder Revisionsinstanz zu prüfen.[36] Zur Verweisung wegen Unzuständigkeit nach § 105 UrhG → § 105 Rn. 6 f.

§ 104a Gerichtsstand

(1) [1] Für Klagen wegen Urheberrechtsstreitsachen gegen eine natürliche Person, die nach diesem Gesetz geschützte Werke oder andere nach diesem Gesetz geschützte Schutzgegenstände nicht für ihre gewerbliche oder selbständige berufliche Tätigkeit verwendet, ist das Gericht ausschließlich zuständig, in dessen Bezirk diese Person zur Zeit der Klageerhebung ihren Wohnsitz, in Ermangelung eines solchen ihren gewöhnlichen Aufenthalt hat. [2] Wenn die beklagte Person im Inland weder einen Wohnsitz noch ihren gewöhnlichen Aufenthalt hat, ist das Gericht zuständig, in dessen Bezirk die Handlung begangen ist.

(2) § 105 bleibt unberührt.

Schrifttum: *Forch,* Rechtsfragen rund um den Filesharing-Prozess, GRUR-Prax 2014, 193; *Hartmann,* Neue Regeln gegen Abmahnungsmissbrauch im UrhG, GRUR-RR 2014, 97; *Jürgens,* Abgestürzte Gerichtsstände – Der Fliegende Gerichtsstand im Presserecht, NJW 2014, 3061; *Köhler,* Das neue Gesetz gegen unseriöse Geschäftspraktiken, NJW 2013, 3473; *Maaßen,* Abschaffung des effektiven Rechtsschutzes durch das „Gesetz gegen unseriöse Geschäftspraktiken"?, GRUR-Prax 2012, 252; *Schlüter,* § 32 ZPO und das Internet: Flugverbot für den „fliegenden Gerichtsstand"?, GRUR-Prax 2014, 272.

Übersicht

---

[28] Vgl. Zöller/*Lückemann* GVG § 13 Rn. 54.

[29] So der BGH für den analogen Begriff der Kennzeichenstreitsache in § 140 Abs. 1 MarkenG, GRUR 2004, 622 – ritter.de.

[30] BGH NJW 1998, 826 (828) für die Sozialgerichtsbarkeit; BGH NJW 1991, 1686; Wandtke/Bullinger/*Kefferpütz* UrhG § 104 Rn. 16.

[31] § 17a Abs. 2, 4 GVG; Zöller/*Lückemann* GVG § 17 Rn. 6; BGH NJW 1998, 826; 1991, 1686; *Kissel* NJW 1991, 945 (951).

[32] Fromm/Nordemann/*J. B. Nordemann* UrhG § 104 Rn. 2; auch → § 105 Rn. 16.

[33] Dreier/Schulze/*Schulze* UrhG § 104 Rn. 10; Büscher/Dittmer/Schiwy/*Haberstumpf* (2. Aufl.) UrhG § 105 Rn. 7; aA Wandtke/Bullinger/*Kefferpütz* UrhG § 104 Rn. 12 f.: Den Kammern für Handelssachen sei in der gesetzlichen Geschäftsverteilung des § 95 GVG keine Zuständigkeit für Urheberrechtsstreitigkeiten zugewiesen worden.

[34] LG Stuttgart CR 1991, 157 (158).

[35] BGHZ 119, 247 (250).

[36] BGHZ 130, 159 (163 f.) = NJW 1995, 2851 (2852).

I. Entwicklung und Bedeutung

1 Die Vorschrift wurde durch das **Gesetz gegen unseriöse Geschäftspraktiken**[1] eingeführt und ist **am 9.10.2013 in Kraft getreten.** Sie regelt die **örtliche Zuständigkeit** für Klagen gegen Verbraucher,[2] die geschützte Werke oder andere durch das UrhG geschützte Schutzgegenstände nicht für ihre gewerbliche oder selbständige berufliche Tätigkeit verwenden, und gilt mangels Übergangsvorschrift nicht für Verfahren, die vor dem Zeitpunkt des Inkrafttretens **rechtshängig** waren (§ 261 Abs. 3 Nr. 2 ZPO).[3] Die Bestimmung wurde durch den **Bundesrat** in das Gesetzgebungsverfahren eingebracht[4] und später durch den **Rechtsausschuss des Bundestages** mit nur geringen Änderungen übernommen.[5] Wie § 97a zielt die Regelung auf eine **Einschränkung der Missstände des Abmahnunwesens im Urheberrecht**[6] und schränkt in ihrem Anwendungsbereich die auf Grund des § 32 ZPO bestehende weitgehend freie Gerichtswahl im Bereich des Urheberrechts ein. Diese Einschränkung des **fliegenden Gerichtsstands** sei zugunsten eines **Beklagtenschutzes** und der **Waffengleichheit** sinnvoll,[7] da Kläger durch die Wahl des Gerichtsstands zeitlichen und finanziellen Druck auf den (privaten) Beklagten ausüben können, indem sie die Klage bei dem für sie günstigen Gericht erheben.[8]

2 Weitergehende Vorschläge zur Abschaffung des **sog. fliegenden Gerichtsstands,** insbesondere im Wettbewerbsrecht, konnten sich einstweilen nicht durchsetzen.[9] Der Rechtsausschuss empfiehl insoweit, dass die zu berücksichtigenden Interessen – auch an einer Beibehaltung des fliegenden Gerichtsstands wegen der damit erfolgten Spezialisierung einzelner Gerichte – zunächst für alle betroffenen Rechtsgebiete (Wettbewerbsrecht, Presserecht, Recht des gewerblicher Rechtsschutzes) „sorgfältig geprüft und bewertet" werden sollen.[10]

II. Ausschließlicher Gerichtsstand nach § 104a Abs. 1 S. 1 UrhG

1. Anwendungsbereich

3 **a)** Der Gerichtsstand nach Abs. 1 S. 1 gilt im Fall von **Urheberrechtsstreitsachen** (vgl. § 104) nur für **Klagen gegen eine natürliche Person,** die nach dem UrhG geschützte Werke oder andere Schutzgegenstände **nicht für ihre gewerbliche oder selbständige berufliche Tätigkeit verwendet.** Da der Begriff der „Verwendung" im Urheberrecht nicht mit einer besonderen Bedeutung belegt sei, schließe § 104a auch den Teilnehmer und den Störer ein.[11] Die Vorschrift knüpft damit nicht an ein **„gewerbliches Ausmaß"** der Verletzungshandlung an, wie es § 101 und § 101a tun.[12] Entgegen dem Wortlaut sind **nicht nur „Klagen" erfasst;** § 104a gilt **auch im einstweiligen Verfügungsverfahren** (vgl. § 937 Abs. 1 ZPO).[13]

4 **b)** Die Regelung betrifft in der Sache Klagen gegen **Verbraucher iSv § 13 BGB,** dessen Begriffsbestimmung sinngemäß übertragen werden kann.[14] Nach diesen Kriterien setzt eine gewerbliche Tätigkeit jedenfalls ein **selbständiges und planmäßiges, auf gewisse Dauer angelegtes Anbieten entgeltlicher Leistungen am Markt voraus, wobei keine Gewinnerzielungsabsicht vorliegen muss.**[15] Ob die Verwendung ein „gewerbliches Ausmaß" iSd §§ 101, 101a UrhG hat oder nicht als „privater Gebrauch" iSd § 53 UrhG eingestuft werden kann, ist somit unerheblich.[16] So wird der Verkauf einzelner Stücke durch eine natürliche Person über die Verkaufsplattform eBay oder ähnliche Einrichtungen regelmäßig eine private Tätigkeit sein; beim Verkauf einer Anzahl gleicher Waren, insbesondere wenn sie neu und original verpackt sind, kann dieses Ausmaß für eine gewerbliche Tätigkeit sprechen.[17] Auch eine hohe Anzahl an „Bewertungen" auf der Plattform eBay kann für eine gewerbliche Tätigkeit sprechen.[18] Sofern die Verwendung sowohl für private als auch für gewerbliche

---

[1] BGBl. 2013 I S. 3714.

[2] Vgl. BT-Drs. 17/14216, 7.

[3] LG Hamburg ZUM-RD 2014, 213 Rn. 24 f.; AG Düsseldorf BeckRS 2013, 21170; *Forch* GRUR-Prax 2014, 193.

[4] BT-Drs. 17/13429, 9.

[5] BT-Drs. 17/14192, 15, 17/14216, 7.

[6] BT-Drs. 17/13429, 9.

[7] BT-Drs. 17/13429, 9.

[8] Vgl. Bericht des Rechtsausschusses, BT-Drs. 17/14216, 7; *Köhler* NJW 2013, 3473 (3477).

[9] Vgl. *Jürgens* NJW 2014, 3061, mit Hinweisen auf die Stellungnahmen von *Bornkamm* und der *Bundesrechtsanwaltskammer;* vgl. aber jetzt § 15 Abs. 2 GeschGehG.

[10] Vgl. Bericht des Rechtsausschusses, BT-Drs. 17/14216, 6.

[11] LG Köln BeckRS 2015, 11189; LG Hamburg GRUR-RR 2014, 112 (113) – Computerspiel-Filesharing.

[12] LG Hamburg GRUR-RR 2014, 110 (111) – Computerspiel-Filesharing.

[13] LG Hamburg GRUR-RR 2014, 110 – Computerspiel-Filesharing; Fromm/Nordemann/*J. B. Nordemann* UrhG § 104a Rn. 4.

[14] BT-Drs. 17/14216, 7.

[15] LG Hamburg GRUR-RR 2014, 110 (111) – Computerspiel-Filesharing mwN.

[16] LG Hamburg GRUR-RR 2014, 110 (111) – Computerspiel-Filesharing.

[17] Vgl. LG Köln BeckRS 2015, 11189.

[18] LG Hamburg BeckRS 2015, 01561; vgl. dazu auch LG Köln BeckRS 2015, 11189.

Zwecke vorgenommen wurde, ist **auf den überwiegenden Zweck der Handlung abzustellen.**[19] Vom Begriff der **Verwendung** sind nicht nur täterschaftliche Verletzungen, sondern auch Begehungsformen als Gehilfe oder Störer erfasst.[20] Der Verletzte ist, um sich auf den fliegenden Gerichtsstand des § 32 ZPO berufen zu können, **darlegungs- und beweispflichtig** dafür, dass der Verletzer bzw. Störer die ihm vorgeworfene Handlung nicht im Zusammenhang mit einer eigenen gewerblichen oder selbstständig beruflichen Tätigkeit begangen hat.[21] Im Unterschied zur Regelung des § 97a Abs. 3 S. 2 Nr. 2 UrhG (Begrenzung des Kostenerstattungsanspruchs nur bei erstmaliger Abmahnung) lässt ein bereits zuvor stattgefundenes, anderweitiges Klagverfahren zwischen den Beteiligten die Zuständigkeit nach Abs. 1 S. 1 für einen weiteren Prozess unberührt.

2. Ausschließliche Zuständigkeit

Liegen die Voraussetzungen der Bestimmung vor, ist das Gericht **ausschließlich zuständig,** in **5** dessen Bezirk der Beklagte zur Zeit der Klageerhebung seinen **Wohnsitz (§ 13 ZPO, §§ 11 ff. BGB),** in Ermangelung eines solchen seinen **gewöhnlichen Aufenthalt** hat. Als Spezialvorschrift geht sie in ihrem Anwendungsbereich der allgemeinen Regel aus § 32 ZPO vor.[22] Es ist gegebenenfalls eine Zuständigkeitskonzentration nach § 105 UrhG zu beachten (→ § 105 Rn. 3). Die Vorschrift entspricht in ihrer Formulierung insoweit dem **besonderen Gerichtsstand für Haustürgeschäfte nach § 29c ZPO.** Im Gegensatz zu § 16 ZPO ist **bei wohnsitzlosen Personen nicht auf den einfachen Aufenthalt oder den letzten Wohnsitz abzustellen.**[23] Der gewöhnliche Aufenthalt ist dort anzunehmen, **wo sich eine Person für einen längeren Zeitraum,** wenn auch nicht ununterbrochen, aber doch hauptsächlich aufzuhalten pflegt, mithin an dem Ort, an dem sich **der tatsächliche Mittelpunkt des Daseins** befindet.[24]

Hinsichtlich der Ausschließlichkeit des Gerichtsstandes gelten die **allgemeinen Grundsätze.** **6** Demnach herrscht ein **Prorogationsverbot** und eine **anderweitige Zuständigkeit aufgrund rügelosen Verhandelns** nach § 39 ZPO kommt nicht in Betracht. **Schiedsvereinbarungen** sind jedoch möglich.[25] Für das Nichtvorliegen der Voraussetzungen des ausschließlichen Gerichtsstandes **trägt der Kläger die Beweislast.**[26]

Bei Sachverhalten mit Bezug zu einem anderen Mitgliedstaat iSd EuGVVO richtet sich die **internationale Zuständigkeit** weiterhin nach Art. 5 Nr. 3 EuGVVO.[27] Insoweit bleibt der fliegende Gerichtsstand erhalten, sofern es sich nicht um einen reinen Inlandsfall handelt. Die örtliche Zuständigkeit wird durch das Gericht **von Amts wegen** geprüft und eine Klage ist bei bestehender Unzuständigkeit als unzulässig abzuweisen, sofern kein Verweisungsantrag gestellt wird und auch keine Verweisung von Amts wegen gemäß §§ 696, 700 ZPO in Betracht kommt.[28] Nimmt das Gericht fehlerhaft seine örtliche Zuständigkeit an, so ist dies weder mit der Berufung (§ 513 Abs. 2 ZPO) noch mit der Revision (§ 545 Abs. 2 ZPO) angreifbar. Bei Erlass eines Versäumnisurteils ist jedoch ein Einspruch nach § 338 ZPO möglich.

III. Besonderer Gerichtsstand nach § 104a Abs. 1 S. 2 UrhG

Hat die **beklagte Person im Inland weder einen Wohnsitz noch einen gewöhnlichen Auf-** **8** **enthalt,** ist nach Abs. 1 S. 2 das Gericht zuständig, **in dessen Bezirk die Handlung begangen worden ist** (vgl. § 32 ZPO).

IV. Gerichtsstand bei Zuständigkeitskonzentration, § 104a Abs. 2

Nach § 104a Abs. 2 bleibt § 105 unberührt. Soweit nach Landesrecht Urheberrechtsstreitsachen **9** Spezialgerichten zugewiesen sind (vgl. die Nachweise zu solchen Landesregelungen im Kommentierung zu § 105), hat deren Zuständigkeit Vorrang vor § 104a. Da solche Zuweisungen durch die Länder umfangreich erfolgt sind, wird der Zweck des § 104a damit zum Teil wieder eingeschränkt. Der (etwas) weiteren Anreise des Beklagten steht aber auch die Sachkompetenz des zuständigen Spezialgerichts gegenüber.

---

[19] BT-Drs. 17/14216, 10.
[20] OLG Hamburg GRUR 2014, 109 – Computerspiel-Filesharing; LG Hamburg GRUR-RR 2014, 110 f. – Computerspiel-Filesharing; so auch Fromm/Nordemann/*J. B. Nordemann* UrhG § 104a Rn. 6.
[21] LG Hamburg GRUR-RR 2014, 112 (113).
[22] LG Köln BeckRS 2015, 11189.
[23] AA offenbar *Hartmann* GRUR-RR 2014, 97 (99), dagegen allerdings der Wortlaut der Vorschrift; kritisch Möhring/Nicolini/*Reber* UrhG § 104a Rn. 3.
[24] Münchener Kommentar zur ZPO/*Patzina* ZPO § 29c Rn. 12.
[25] Vgl. *Hartmann* GRUR-RR 2014, 97 (99); LG Heidelberg ZUM-RD 2016, 385 (386).
[26] OLG Hamburg GRUR 2014, 109 – Computerspiel-Filesharing.
[27] Vgl. EuGH GRUR 2014, 100 – Pinckney/Mediatech; EuGH GRUR 2015, 269 – Hejduk/Energieagentur.
[28] Fromm/Nordemann/*J. B. Nordemann* UrhG § 104a Rn. 19.

§ 105 Gerichte für Urheberrechtsstreitsachen

(1) **Die Landesregierungen werden ermächtigt, durch Rechtsverordnung Urheberrechtsstreitsachen, für die das Landgericht in erster Instanz oder in der Berufungsinstanz zuständig ist, für die Bezirke mehrerer Landgerichte einem von ihnen zuzuweisen, wenn dies der Rechtspflege dienlich ist.**

(2) **Die Landesregierungen werden ferner ermächtigt, durch Rechtsverordnung die zur Zuständigkeit der Amtsgerichte gehörenden Urheberrechtsstreitsachen für die Bezirke mehrerer Amtsgerichte einem von ihnen zuzuweisen, wenn dies der Rechtspflege dienlich ist.**

(3) **Die Landesregierungen können die Ermächtigungen nach den Absätzen 1 und 2 auf die Landesjustizverwaltungen übertragen.**

Schrifttum: *Danckwerts,* Örtliche Zuständigkeit bei Urheber-, Marken- und Wettbewerbsverletzungen – Wider einen ausufernden „fliegenden Gerichtsstand" der bestimmungsgemäßen Verbreitung, GRUR 2007, 104; *Picht,* Von eDate zu Wintersteiger – Die Ausformung des Art. 5 Nr. 3 EuGVVO für Internetdelikte durch die Rechtsprechung des EuGH, GRUR-Int 2013, 19; *Rinnert/Witte,* Anwendung der Grenzbeschlagnahmeverordnung auf Markenwaren in Zollverfahren, GRUR 2009, 29; *Staudinger/Steinrötter,* Das neue Zuständigkeitsregime bei zivilrechtlichen Auslandssachverhalten, JuS 2015, 1.

I. Entwicklung und Bedeutung

1   Das **frühere Recht** kannte **keine Spezialgerichte für Urheberrechtsstreitigkeiten,** gleichwohl gab es sie dadurch, dass bei einzelnen Gerichten die Urheberrechtsstreitigkeiten Spezialkammern bzw. Spezialsenaten zugeordnet waren, zumeist in Verbindung mit der Spezialzuständigkeit für Streitigkeiten aus dem gewerblichen Rechtsschutz und dem Persönlichkeitsrecht. Diese faktische Konzentration hat die Einheitlichkeit der Rechtsprechung und die kontinuierliche Fortentwicklung des Urheberrechts gewahrt.

2   § 105 trägt dieser Entwicklung Rechnung[1] und ermöglicht durch **entsprechende Ermächtigungen die Konzentration von Urheberrechtsstreitigkeiten auf bestimmte Gerichte,** auch bestimmte Amtsgerichte. Zum **Begriff der Urheberrechtsstreitigkeit** vgl. → § 104 Rn. 3. Zweck der Konzentration ist die besondere Sachkunde der auf Urheberrechtssachen spezialisierten Gerichte.[2] Die Konzentrationsregelung begründet auch die jeweilige gerichtliche Zuständigkeit für alle Rechtsmittel in Urheberrechtssachen.[3] Das für Urheberrechtsstreitigkeiten zuständige Gericht kann auch andere Klagegründe prüfen, sofern keine sonstige ausschließliche Zuständigkeit begründet ist.[4] Aber es besteht keine Zuständigkeit gem. § 105 Abs. 1, wenn hilfsweise oder widerklagend ein Anspruch geltend gemacht wird, der in keinem Zusammenhang mit dem behaupteten Urheberrecht des Klägers steht.[5] Es müssen die Voraussetzungen des § 33 ZPO erfüllt sein. Zudem muss es sich bei der Widerklage ebenfalls um eine Urheberstreitsache handeln.[6] Die zunächst ebenfalls vorgeschlagene Konzentration für Prozesse aus dem allgemeinen Persönlichkeitsrecht, dem Recht am eigenen Bild, Namens- und Titelrecht, Verlags- und Filmrecht wurde nicht Gesetz.[7] Praktisch werden aber auch diese Streitigkeiten – wie früher die Urheberrechtsstreitigkeiten – bei Spezialkammern und -senaten geführt,

---

[1] Vgl. Amtliche Begründung, BT-Drs. IV/270, 106: „Eine einwandfreie Rechtsprechung auf dem Gebiet des Urheberrechts setzt Erfahrungen voraus, die das erkennende Gericht nur gewinnen kann, wenn es ständig mit Rechtsstreitigkeiten dieser Art befasst ist".

[2] BGH GRUR 2013, 757 – Urheberrechtliche Honorarklage.

[3] BGH ZUM 1990, 35; Zuständigkeit auch in Beschwerdeverfahren im Kostenfestsetzungsbereich.

[4] BGH NJW 1968, 351; OLG Düsseldorf WRP 1968, 335 (336).

[5] ZB Zahlungsanspruch aus einem Architektenvertrag: BGH GRUR 1980, 853 (855) – Architektenwechsel.

[6] Wandtke/Bullinger/*Kefferpütz* UrhG § 105 Rn. 27 f. unter Hinweis auf Zöller/*Vollkommer* ZPO § 33 Rn. 1 und Stein/Jonas/*Roth* ZPO § 33 Rn. 7 mwN.

[7] AmtlBegr. BT-Drs. IV/270, 107.

aber nicht als Urheberrechtsstreitigkeiten.[8] Nicht zuletzt dank der spezialisierten Gerichte ist in § 105 die Praxis der Rechtsprechung Gesetz geworden.

II. Ermächtigung der Landesregierungen

Von der Ermächtigung des § 105 ist in folgendem Umfang Gebrauch gemacht worden 3 (vgl. die Aufstellung unter http://www.grur.org/de/grur-atlas/gerichte/gerichtszustaendigkeiten. html):

Baden-Württemberg: AG Mannheim für OLG-Bezirk Karlsruhe nach § 105 Abs. 2; LG Mannheim für OLG-Bezirk Karlsruhe nach § 105 Abs. 1; AG Stuttgart für OLG-Bezirk Stuttgart nach § 105 Abs. 2; LG Stuttgart für OLG-Bezirk Stuttgart nach § 105 Abs. 1. **Bayern:** AG München für den Gerichtsbezirk des LG München II nach § 105 Abs. 2 (daneben sind die zur Zuständigkeit der Amtsgerichte gehörenden Urheberrechtsstreitsachen am Amtsgerichten Sitz der Landgerichte jeweils für alle Amtsgerichtsbezirke des übergeordneten Landgerichts übertragen); LG München I für den OLG-Bezirk München nach § 105 Abs. 1; LG Nürnberg-Fürth für OLG-Bezirke Nürnberg und Bamberg nach § 105 Abs. 1. **Berlin:** AG Charlottenburg für den Gerichtsbezirk des LG Berlin nach § 105 Abs. 2; LG Berlin für den Gerichtsbezirk desd LG berlin nach § 105 Abs. 2. **Brandenburg:** AG und LG Potsdam für alle Urheberrechtsstreitsachen im Land. **Hamburg:** AG Hamburg-Mitte für alle Amtsgerichtsbezirke. **Hessen:** AG und LG Frankfurt a. M. für die LG-Bezirke Darmstadt, Frankfurt a. M., Gießen, Hanau, Limburg a. d. Lahn, Wiesbaden; AG und LG Kassel für die LG-Bezirke Fulda, Kassel und Marburg a. d. Lahn. **Mecklenburg-Vorpommern:** Zuständigkeit des AG und LG Rostock für alle Urheberrechtsstreitigkeiten. **Niedersachsen:** AG und LG Hannover für OLG-Bezirk Celle, AG und LG Oldenburg für OLG-Bezirk Oldenburg, AG und LG Braunschweig für OLG-Bezirk Braunschweig; **Nordrhein-Westfalen:** AG und LG Düsseldorf für den OLG-Bezirk Düsseldorf; AG und LG Bielefeld für die LG-Bezirke Bielefeld, Detmold, Münster und Paderborn; AG und LG Bochum für die LG-Bezirke Arnsberg, Bochum, Dortmund, Essen, Hagen und Siegen; AG und LG Köln für den OLG-Bezirk Köln. **Rheinland-Pfalz:** AG Koblenz für OLG-Bezirk Koblenz; AG Frankenthal für OLG-Bezirk Zweibrücken; LG Frankenthal für beide OLG-Bezirke. **Sachsen:** AG und LG Leipzig für alle Urheberrechtsstreitigkeiten im Land. **Sachsen-Anhalt:** AG und LG Halle für die LG-Bezirke Halle und Dessau, AG und LG Magdeburg für LG-Bezirke Magdeburg und Stendal. **Schleswig-Holstein:** LG Flensburg für alle Urheberrechtsstreitigkeiten, für die die Landgerichte in erster Instanz oder als Berufungsinstanz zuständig sind. **Thüringen:** AG und LG Erfurt für OLG-Bezirk Erfurt. Die Länder **Bremen und Saarland** haben von § 105 keinen Gebrauch gemacht, verfügen aber jeweils auch nur über ein Landgericht.

Eine besondere **Regelung für Oberlandesgerichte** ist nicht vorgesehen; in der Praxis existieren 4 Spezialsenate. Den ermächtigten Gerichten bleibt die konkrete Geschäftsverteilung vorbehalten, insofern ist eine Verteilung auf mehrere Abteilungen des Amtsgerichts bzw. Kammern des Landgerichts möglich, auch eine Zuweisung an Kammern für Handelssachen ist gängige Praxis. Entsprechende Zuweisungen in der Geschäftsverteilung nehmen die Oberlandesgerichte als Berufungsinstanz wahr. Eine Besonderheit besteht, wenn ein Landgericht für mehrere OLG-Bezirke bestimmt ist, wie zB Landgericht Nürnberg-Fürth für die Bezirke des OLG Nürnberg und des OLG Bamberg. Dann ist für das Berufungsverfahren dasjenige OLG zuständig, in dessen Bezirk die Urheberstreitsache fällt.[9]

III. Ausschließliche Zuständigkeit

Die durch die Konzentrierung begründete Zuständigkeit ist eine ausschließliche Zuständigkeit. Sie 5 kann weder durch Vereinbarung (§ 38 ZPO) noch durch rügelose Einlassung (§ 40 Abs. 2 ZPO) geändert werden. Gerichtsstandsvereinbarungen sind nur möglich, wenn sie mit der konzentrierten Zuständigkeit in Einklang stehen.[10]

Rechtsprechung[11] und Literatur[12] ordnen die Bestimmung des § 105 überwiegend als Regelung 6 der **funktionellen Zuständigkeit** ein. Streitig ist, wie mit einer bei dem unzuständigen Gericht eingereichten Klage zu verfahren ist. Nach der hier vertretenen Auffassung ist die bei einem nichtspezialisierten Gericht erhobene Klage gemäß § 17a Abs. 2 GVG nach Anhörung der Parteien **von**

---

[8] LG Mannheim GRUR 1985, 291 – Urheberrechtsstreitsache.
[9] Dreier/Schulze/*Schulze* UrhG § 105 Rn. 3.
[10] BGH GRUR 1953, 114 (116) – Reinigungsverfahren.
[11] BGH GRUR 2018, 1294 Rn. 12 – Pizzafoto; BGH GRUR 2016, 636 Rn. 11 – Gestörter Musikvertrieb; BGH GRUR 2013, 757 – Urheberrechtliche Honorarklage; BayObLG ZUM 2004, 672 (673); OLG Koblenz ZUM-RD 2001, 392 (393); OLG Karlsruhe BeckRS 1998, 16311; LG Mannheim BeckRS 2008, 24457; OLG Celle ZUM-RD 2014, 486 (487).
[12] Wandtke/Bullinger/*Kefferpütz* UrhG § 105 Rn. 1; Fromm/Nordemann/*J. B. Nordemann* UrhG § 105 Rn. 2; Spindler/Schuster UrhG § 105 Rn. 1; → 4. Aufl. 2010, § 104 Rn. 7; *v. Gamm* UrhG § 105 Rn. 2; aA Mestmäcker/Schulze/*Haberstumpf* UrhG § 105 Rn. 6: Sonderform der sachlichen Zuständigkeit.

Amts wegen an das für Urheberrechtsstreitigkeiten zuständige Gericht **abzugeben**.[13] Auch nach dem BayObLG ist die funktionelle Zuständigkeit betroffen; die Sache sei deshalb nicht nach § 281 ZPO zu verweisen, sondern an das zuständige Gericht ohne die Bindungswirkung des § 281 Abs. 2 ZPO abzugeben.[14] Nach anderer Auffassung handelt es sich bei § 105 um eine **Sonderform der sachlichen Zuständigkeit.** Hält das angerufene Gericht die Spezialzuständigkeit eines anderen Gerichts für gegeben, erfolgt die Verweisung nach § 281 ZPO nach Anhörung der Parteien und **auf Antrag des Klägers.**[15]

7 Nach dem BGH kann die **Berufung** fristwahrend grundsätzlich nur bei dem nach der Zuständigkeitskonzentration zuständigen Gericht eingereicht werden; in seiner Entscheidung *Gestörter Musikvertrieb* ging der BGH davon aus, dass bei **unzutreffender Rechtsmittelbelehrung** das erstinstanzlichen Gerichts ein fristwahrendes Rechtsmittel bei dem angeführten, tatsächlich nicht zuständigen Gericht eingelegt werden kann.[16] Diese Rechtsprechung hat er in *Pizzafoto* dahingehend fortgeführt, dass mit der Frage, ob eine Urheberrechtsstreitsache vorliegt, **schwierige Abgrenzungsprobleme** verbunden sein können, die dazu führen können, dass für die Parteien die Beurteilung, bei welchem Gericht Berufung einzulegen ist, zweifelhaft erscheinen kann.[17] Die dort in Rede stehende Regelung zur Zuständigkeit für die Entscheidung über das Rechtsmittel der Berufung in Urheberrechtsstreitsachen lasse nicht stets mit hinreichender Sicherheit erkennen, ob über das Rechtsmittel das allgemein zuständige Rechtsmittelgericht oder aber das Rechtsmittelgericht zu entscheiden hat, das nach der Spezialregelung zuständig ist, durch die die Zuständigkeit bei einem bestimmten Rechtsmittelgericht konzentriert worden ist. Die **Zulassung der fristwahrenden Berufungseinlegung** und -begründung **beim allgemein zuständigen Rechtsmittelgericht** sei daher geboten,[18] und das **funktional unzuständige Gericht** hat die Sache unter diesen Umständen **entsprechend § 281 ZPO** an das nach der Konzentrationsregelung zuständige Rechtsmittelgericht zu **verweisen.**[19]

IV. Internationale, sachliche, örtliche Zuständigkeit

1. Internationale Zuständigkeit

8 **a)** Die **internationale Zuständigkeit** betrifft die Frage, ob ein deutsches Gericht für die Beurteilung eines **Sachverhaltes mit Auslandsbezug** zuständig ist. Sie ist in jedem Verfahrensabschnitt, also auch im Revisionsverfahren, **von Amts wegen zu prüfen**.[20] Die internationale Zuständigkeit eines deutschen Gerichts wird regelmäßig durch dessen örtliche Zuständigkeit indiziert.[21]

9 **b)** Für die internationale Zuständigkeit ist für die **Staaten der Europäischen Union** seit dem 1.3.2002 **die Verordnung (EG) Nr. 44/2001**[22] **maßgebend, die mit Wirkung vom 10.1.2015 durch die Verordnung (EU) Nr. 1215/2012**[23] **ersetzt wurde (EuGVVO).** Für Klagen gegen natürliche und juristische Personen, die ihren **Wohnsitz in einem Mitgliedstaat der Europäischen Union** haben, beurteilt sich die internationale Zuständigkeit allein nach diesen direkt anwendbaren Regelungen. Die Verordnung (EG) Nr. 44/2001 ersetzte das EWG-Gerichtsstands- und Vollstreckungsübereinkommen vom 27.9.1968 EuGVÜ mit Ausnahme zu Dänemark, das dem neuen Abkommen nicht beigetreten ist.[24] Deren Regelungen entsprachen weitgehend dem früheren EuGVÜ und dem für den Bereich der EFTA-Staaten geltenden Lugano-Übereinkommen (LugÜ) vom 16.9.1988.[25]

10 Der **allgemeine Gerichtsstand** nach Art. 4 EuGVVO richtet sich ohne Rücksicht auf dessen Staatsangehörigkeit nach dem **Wohnsitz des Beklagten.** Darüber hinaus sieht Art. 7 EuGVVO

---

[13] Dreier/Schulze/*Schulze* UrhG § 105 Rn. 7; Fromm/Nordemann/*J. B. Nordemann* UrhG § 105 Rn. 5; Möhring/Nicolini/*Reber* UrhG § 105 Rn. 1; vgl. auch OLG Hamm ZUM 2016, 528.

[14] BayObLG ZUM 2004, 672 (673).

[15] Mestmäcker/Schulze/*Haberstumpf* § 105 Rn. 8; Wandtke/Bullinger/*Kefferpütz* UrhG § 105 Rn. 4 f.; v. Gamm UrhG § 105 Rn. 3.

[16] BGH GRUR 2016 Rn. 18 – Gestörter Musikvertrieb mwN.

[17] BGH GRUR 2018, 1294 Rn. 14 – Pizzafoto unter Verweis auf BverfGE 108, 341 = GRUR-RS 2016, 00093 Rn. 2 – Segmentstruktur.

[18] BGH GRUR 2018, 1294 Rn. 14 – Pizzafoto.

[19] BGH GRUR 2018, 1294 Rn. 15 – Pizzafoto.

[20] BGH GRUR 2007, 871 Rn. 16 – Wagenfeld-Leuchte; BGH NJW 1999, 1395 f.

[21] BGH NJW 1999, 1395 f. mwN; zur internationalen Zuständigkeit bei urheberrechtlichem Lizenzvertrag EuGH GRUR 2009, 753 – Falco Privatstiftung ua/Weller Lindhorst.

[22] Verordnung (EG) Nr. 44/2001 des Rates vom 22.12.2000 über die gerichtliche Zuständigkeit und die Anerkennung und Vollstreckung von Entscheidungen in Zivil- und Handelssachen (EuGVVO), ABl. 2001 L 12, S. 101. Kommentiert bei Zöller/*Bearbeiter* Anh. I.

[23] Verordnung (EU) Nr. 1215/2012 des Europäischen Parlaments und des Rates vom 12.12.2012 über die gerichtliche Zuständigkeit und die Anerkennung und Vollstreckung von Entscheidungen in Zivil- und Handelssachen.

[24] Mit Schreiben vom 20.12.2012 wird die VO (EU) Nr. 1215/2012 setzt das Königreich Dänemark die Verordnung um; das bedeutet, dass die Bestimmungen der VO (EU) Nr. 1215/2012 auf die Beziehungen zwischen der Union und Dänemark Anwendung finden; vgl. ABl. 2013 L 79, S. 4.

[25] BGBl. 1994 II S. 2660, in Deutschland am 30.9.1994 ratifiziert BGBl. 1994 II S. 2658 und 3772.

besondere Gerichtsstände vor, insbesondere in Nr. 1 den **Gerichtsstand des Erfüllungsortes,**[26] in Nr. 5 den **Gerichtsstand der Niederlassung** sowie in Nr. 2 den für Urheberrechtsstreitsachen wichtigen **Gerichtsstand der unerlaubten Handlung** vor. Mit Ausnahme von Nr. 6 bestimmen die Vorschriften von Art. 7 auch die örtliche Zuständigkeit, sodass in diesen Fällen ein Rückgriff auf die §§ 12–35a ZPO ausgeschlossen ist.[27] **Der sachliche Anwendungsbereich des Art. 7 Nr. 2 EuGVVO** wird nach der Rechtsprechung des EuGH durch Abgrenzungskriterien bestimmt, die für alle Mitgliedstaaten eine einheitliche Anwendung schaffen sollen. Nach **Art. 7 Nr. 2 EuGVVO** kann eine Person wegen einer unerlaubten Handlung oder einer Handlung, die einer unerlaubten Handlung gleichsteht, oder wenn Ansprüche aus einer solchen Handlung den Gegenstand des Verfahrens bilden, vor **dem Gericht des Ortes** verklagt werden, an dem **das schädigende Ereignis eingetreten ist oder einzutreten droht.** Der Begriff der unerlaubten Handlung umfasst alle Klagen, mit denen eine Schadenshaftung des Beklagten geltend gemacht wird und die nicht an einen Vertrag iSd Nr. 1 anknüpfen,[28] und erstreckt sich auf quasideliktische („die einer unerlaubten Handlung gleichgestellt sind"). Als besondere Zuständigkeitsregel ist Nr. 2 **eng auszulegen** und erlaubt keine Auslegung, die über die ausdrücklich in der Verordnung vorgesehenen Fälle hinausgeht.[29] Allerdings ist – ähnlich § 32 ZPO – mit der Wendung „das schädigende Ereignis eingetreten ist oder einzutreten droht" **sowohl der Ort der Verwirklichung des Schadenserfolgs als auch der Ort des für den Schaden ursächlichen Geschehens** gemeint, so dass der Beklagte nach Wahl des Klägers vor dem Gericht eines dieser beiden Orte verklagt werden kann.[30]

Unter die Zuständigkeit des Gerichtsstands der unerlaubten Handlung nach Nr. 2 fallen auch **Kla-** **11** **gen wegen Urheberrechtsverletzungen.**[31] In Fällen von Urheberrechtsverletzungen kann sich die Zuständigkeit nach Nr. 2 auch dann ergeben, wenn der mutmaßliche Verursacher „in dessen Bezirk" nicht tätig geworden ist, aber die Gefahr besteht, dass sich der Schaden dort verwirklicht. In diesem Fall sei dieses Gericht nur für die Entscheidung über den Schaden zuständig, der im Hoheitsgebiet seines eigenen Mitgliedsstaats verursacht worden ist.[32] Ist die Zuständigkeit nach Nr. 2 durch den Ort des schädigenden Ereignisses begründet, erstreckt sie sich auch auf **Unterlassungsansprüche,** die aus der behaupteten Verletzung hergeleitet werden.[33] Durch die Formulierung „einzutreten droht" am Ende von Nr. 2 wird klargestellt, dass die Anwendung der Norm nicht vom Vorliegen eines Schadens abhängt und daher auch eine **vorbeugende Unterlassungsklage** unter die Norm fällt.[34] Der Gerichtsstand hängt nicht davon ab, dass tatsächlich eine Verletzung des nationalen Rechts erfolgt ist. Es reicht aus, dass eine **Verletzung behauptet wird und diese nicht von vornherein ausgeschlossen** werden kann;[35] für die Anwendung von Art. 7 Nr. 2 darf das angerufene Gericht, soweit es nur um die Prüfung seiner Zuständigkeit nach dieser Bestimmung geht, den Vortrag des Klägers zu den Voraussetzungen der Haftung aus unerlaubter Handlung als erwiesen ansehen.[36] Ob tatsächlich ein schädigendes Ereignis eingetreten ist oder einzutreten droht, ist eine Frage der Begründetheit der Klage, die vom zuständigen Gericht anhand des anwendbaren nationalen Rechts zu prüfen ist.[37]

c) Nicht geklärt waren im Rahmen von Art. 7 Nr. 2 die Maßstäbe für die internationale **Zu-** **12** **ständigkeit deutscher Gerichte bei Delikten im Internet,** und dabei insbesondere die Frage, ob bei grenzüberschreitenden Urheberrechtsverletzungen über das Internet neben der bloß technischen Abrufbarkeit weitere Kriterien erforderlich sind. Die Besonderheit liegt bei diesen Fällen darin, dass unabhängig von ihrem Speicherort die geschützten Inhalte in der Regel **stets auch in Deutschland abrufbar** sind. Während der BGH (zu § 32 ZPO) und die Kommentarliteratur neben der Abrufbarkeit bisher einen bestimmungsgemäßen Abruf in Deutschland voraussetzten,[38] hat der EuGH ent-

---

[26] Zur internationalen Zuständigkeit bei urheberrechtlichem Lizenzvertrag vgl. EuGH GRUR 2009, 753 – Falco Privatstiftung ua/Weller Lindhorst.

[27] Thomas/Putzo/*Hüßtege* EuGVVO Vorb. zu Art. 7–9 Rn. 1.

[28] EuGH NJW 2005, 811 Rn. 29.

[29] EuGH GRUR 2014, 100 Rn. 25 – Pinckney/Mediatech.

[30] EuGH GRUR 2015, 296 Rn. 18 – Pez Hejduk/EnergieAgentur NRW; EuGH GRUR 2014, 100 Rn. 26 – Pinckney/Mediatech.

[31] EuGH GRUR 2015, 296 – Pez Hejduk/EnergieAgentur NRW; BGH GRUR 2015, 264 Rn. 15 – Hi Hotel II; BGH GRUR 2007, 871 Rn. 17 – Wagenfeld-Leuchte.

[32] EuGH GRUR 2014, 601 Rn. 40 – Hi Hotel; vgl. dazu die kritische Anmerkung von Müller EuZW 2014, 431.

[33] BGH GRUR 2007, 871 Rn. 17 – Wagenfeld-Leuchte; EuGH NJW 2002, 3617 – Henkel; BGH GRUR 2006, 351 Rn. 7 – Rote Mitte.

[34] BGH GRUR 2006, 351 Rn. 7 – Rote Mitte.

[35] Vgl. BGH GRUR 2015, 264 Rn. 18 – Hi Hotel II; BGH GRUR 2005, 431 (432) – HOTEL MARITIME; BGH GRUR 2006, 513 Rn. 2 – Arzneimittelwerbung im Internet; LG Hamburg BeckRS 2015, 18942 Rn. 27 (zu § 32 ZPO).

[36] EuGH GRUR 2014, 599 Rn. 20 – Hi Hotel/Spoering.

[37] BGH GRUR 2015, 264 Rn. 18 – Hi Hotel II; EuGH GRUR 2014, 599 Rn. 20 – Hi Hotel/Spoering; EuGH GRUR 2012, 654 Rn. 26 – Wintersteiger/Products 4U; EuGH GRUR 2014, 599 Rn. 20 f. – Hi Hotel/Spoering; LG Hamburg ZUM 2016, 889 (890).

[38] BGH GRUR 2010, 628 Rn. 14 – Vorschaubilder; vgl. auch OLG München ZUM 2012, 587; vgl. Dreier/Schulze/*Schulze* UrhG § 105 Rn. 14; Wandtke/Bullinger/*Kefferpütz* UrhG § 105 Rn. 19; Möhring/Nicolini/*Reber* UrhG § 105 Rn. 6.

schieden, dass Art. 7 Nr. 2 nicht verlangt, dass die fragliche Webseite auf den Mitgliedstaat des angerufenen Gerichts „ausgerichtet" ist.[39] Der **Ort des Schadenseintritts** ist danach derjenige, an dem das Vermögensschutzrecht, auf das sich der Kläger beruft, geschützt ist und **sich der Schadenserfolg verwirklichen kann,** wobei die Gerichte dieses Staates nur über den in seinem Hoheitsgebiet verursachten Schaden urteilen können.[40] Der Gerichtshof begründete dies mit der Erwägung, dass diese Gerichte am besten in der Lage sind, zu beurteilen, ob die von dem betreffenden Mitgliedstaat gewährleisteten Urhebervermögensrechte tatsächlich verletzt worden sind, und die Natur des verursachten Schadens zu bestimmen; aus Gründen einer geordneten Rechtspflege und einer sachgerechten Gestaltung des Prozesses sei daher eine Zuständigkeit dieser Gerichte rechtfertigt.[41] Mit der Beschränkung auf den im Mitgliedstaat des angerufenen Gerichts entstandenen Schaden erscheint diese „**Mosaikbetrachtung**" begründbar; ob diese Lösung bei Fällen der Verletzung des § 19a UrhG einer geordneten Rechtspflege dient oder aber zu einer kleinteiligen Vervielfältigung von Rechtsstreitigkeiten führt, wird die weitere Anwendung zeigen müssen. Im Falle von **Unterlassungsklagen aber versagt diese Mosaiklösung,**[42] denn bei Unterlassungsansprüchen kann die Rechtsverletzung nicht wie beim Schadensersatz durch eine mit dem in dem betreffenden Mitgliedstaat verursachten (Teil-)Schaden korrespondierende Kompensationszahlung ausgeglichen werden, sondern nur durch eine Sperrung der in Rede stehenden Internetseite. Diese erfolgt aber in aller Regel weltweit und führte dazu, dass es in jedem Mitgliedstaat der Europäischen Union einen **parallelen Gerichtsstand** für den gesamten Streitgegenstand gebe. Das ließe sich mit den vom EuGH formulierten Grundsätzen nicht in Einklang bringen.[43] Der Generalanwalt hatte in seinen Schlussanträgen, denen der Gerichtshof allerdings nicht gefolgt ist, die in *Pinkney/Mediatech* herangezogenen Kriterien für Fälle der Online-Nutzung mit „**verlagerten Schäden**" als nicht geeignet angesehen, und vorgeschlagen, die Zuständigkeit „auf die Gerichte des Staates, in dem sich der Ort des ursächlichen Geschehens befindet, zu begrenzen", bzw. die Zuständigkeit nach Nr. 2 dann zu begrenzen, wenn „die zu dem Schaden führende Tätigkeit ihren Ursprung in einem Mitgliedstaat hat und klar und unzweifelhaft auf einen oder mehrere andere Mitgliedstaaten ausgerichtet ist".[44] Diese Erwägungen kann man ggf. für den Fall von Unterlassungsansprüchen nutzbar machen.

12a Mit der Begründung der internationalen Zuständigkeit ist allerdings noch nicht entschieden, ob es sich bei der fraglichen Nutzungshandlung allein aufgrund der Abrufbarkeit im Inland auch um eine in **materiell-rechtlicher Hinsicht relevante Nutzungshandlung im Inland** handelt. Denn zur Begründung der internationalen Zuständigkeit muss der Kläger **nur schlüssig dartun,** dass eine unerlaubte oder dieser gleichgestellte Handlung im Inland begangen wurde;[45] ob eine solche Handlung tatsächlich vorliegt, wäre dann als **doppelrelevante Tatsache** im Rahmen der Begründetheit zu prüfen.[46] Zum Datenbankrecht hat der EuGH festgestellt, dass der Schluss, die bloße Zugänglichkeit führe zu einer relevanten Verletzungshandlung, Webseiten, die sich offensichtlich an Personen außerhalb des Gebiets des betreffenden Mitgliedstaats richten, „ungerechtfertigterweise dem einschlägigen in diesem Gebiet geltenden Recht" unterwerfen würden,[47] und forderte daher weiter, dass für eine Rechtsverletzung im Inland die Handlung die Absicht den vornehmenden Person erkennen lässt, die Personen, die sich in diesem Gebiet befinden, gezielt anzusprechen.[48] Bei grenzüberschreitenden Sachverhalten setzt das deutsche Urheberrecht, um einen Verstoß auch im Inland als gegeben anzusehen, einen **besonderen Inlandsbezug** voraus.[49] So ist etwa für die Frage, ob von im Ausland ansässigen Nutzern in das Netz gestellte und (über ausländische Server) im Inland abrufbare urheberrechtlich geschützte Inhalte ein öffentliches Zugänglichmachen im Sinne des § 19a UrhG darstellt, maßgeblich, ob die Nutzer mit den streitgegenständlichen Blogs Rezipienten im Inland **gezielt ansprechen** wollten.[50]

---

[39] EuGH GRUR 2015, 296 Rn. 32 – Pez Hejduk/EnergieAgentur NRW und Verweis auf EuGH GRUR 2014, 100 Rn. 42 – Pinckney/Mediatech, jeweils zur Vorgängervorschrift Art. 5 Nr. 3 VO (EG) Nr. 44/2001; dem folgend LG Hamburg BeckRS 2015, 18942 Rn. 31 (zu § 32 ZPO).

[40] EuGH GRUR 2015, 296 Rn. 36 – Pez Hejduk/EnergieAgentur NRW; EuGH GRUR 2014, 100 Rn. 43 – Pinckney/Mediatech; vgl. dazu auch EuGH GRUR 2014, 601 Rn. 40 – Hi Hotel.

[41] EuGH GRUR 2015, 296 Rn. 19 – Pez Hejduk/EnergieAgentur NRW.

[42] Vgl. *Staudinger/Steinrötter* JuS 2015, 1 (8).

[43] Vgl. EuGH GRUR 2015, 296 Rn. 19 f. – Pez Hejduk/EnergieAgentur NRW.

[44] GA *Villalon,* SchlA vom 11.9.2014 in Pez Hejduk/EnergieAgentur.NRW GmbH, BeckRS 2014, 81831 Rn. 45 (46).

[45] Vgl. soeben → Rn. 11; BGH GRUR 2015, 264 Rn. 18 – Hi Hotel II; EuGH GRUR 2014, 599 Rn. 20 – Hi Hotel/Spoering; EuGH GRUR 2012, 645 Rn. 26 f. – Wintersteiger/Products4U.

[46] Thomas/Putzo/*Hüßtege* EuGVVO Art. 7 Rn. 16.

[47] EuGH GRUR 2012, 1245 Rn. 37 – Football Dataco Ltd. Ua/Sportradar GmbH ua; entsprechend für das Markenrecht EuGH GRUR 2011, 1025 Rn. 64 – L'Oréal/eBay.

[48] EuGH GRUR 2012, 1245 Rn. 39 – Football Dataco Ltd. Ua/Sportradar GmbH ua; EuGH GRUR 2011, 1025 Rn. 64 – L'Oréal/eBay; vgl. auch LG Hamburg BeckRS 2015, 18942 Rn. 36 (zu § 32 ZPO).

[49] BGH GRUR 2003, 328 – Sender Felsberg, zur umgekehrten Fragestellung, ob eine Fernsehausstrahlung vom Inland in das Ausland auch eine Verletzung des inländischen Senderechts darstellt.

[50] LG Hamburg ZUM 2016, 887 (890), unter Verweis auf EuGH GRUR 2012, 1245 Rn. 39 – Football Dataco Ltd. Ua/Sportradar GmbH ua; vgl. auch → § 97 Rn. 234.

c) Die Vorschrift des Art. 7 Nr. 2 findet **nur auf Beklagte mit (Wohn-)Sitz in einem Mit-** 13
gliedstaat der Europäischen Union Anwendung; im Übrigen bleibt es bei der Regelung des § 32
ZPO. Auch im Bereich des § 32 ZPO genügt zur Begründung der Zuständigkeit das **Vorliegen ei-**
ner inländischen Erstbegehungsgefahr; sie wird zumeist durch eine im Ausland begangene
Handlung ausgelöst, zB grenzüberschreitende Angebote.[51] Begründet wird der Gerichtsstand auch
durch eine Provokationsbestellung, womit (von Ausnahmen abgesehen) bewiesen wird, dass rechtsverletzenden Handlungen auch grenzüberschreitend vorkommen.[52] Wenn im Inland nur ein Verstoß
gegen das Verbreitungsrecht vorliegt, kann im inländischen Gerichtsstand nur dieser Verstoß und nicht
ein Verstoß gegen das Vervielfältigungsrecht verfolgt werden.[53] Die Rechtsprechung hatte bisher bei
Urheberrechtsverletzungen im Internet im Rahmen von § 32 ZPO die Grundsätze aufgegriffen, die
der BGH für Markenverletzungen festgestellt hat, und erkannte eine Rechtsverletzung, wenn sich der
Internet-Auftritt bestimmungsgemäß in Deutschland auswirken soll.[54] Es ist nicht zwingend, dass die
Grundsätze, die der EuGH zu Art. 7 Nr. 2 EuGVVO entwickelt hat, auch bei der Auslegung von
§ 32 ZPO zur Anwendung kommen, denn der räumliche Geltungsbereich von § 32 ZPO ist nicht
nur weiter, sondern ist insbesondere nicht durch ein harmonisiertes Urheberrecht rechtlich weitgehend einheitlich geschützt.[55] Zum Gerichtsstand des Begehungsortes nach § 32 ZPO im Übrigen vgl.
noch nachfolgend → Rn. 17 ff.

e) Der **inländische Gerichtsstand** wird gelegentlich vom Verletzer unterlaufen, indem eine **ne-** 14
gative Feststellungsklage in einem anderen Mitgliedstaat mit bekannt langer Prozessdauer anhängig gemacht wird. Deren Anhängigkeit schließt nach Art. 27 EuGVVO eine Hauptsacheklage
wegen desselben Verletzungsgegenstandes zwischen denselben Parteien aus.[56]

2. Sachliche Zuständigkeit

Die sachliche Zuständigkeit richtet sich für Urheberrechtstreitigkeiten nach den allgemeinen Vor- 15
schriften (§§ 23, 71, 72 GVG). Eine ausschließliche sachliche Zuständigkeit der Landgerichte hat der
Gesetzgeber anders als für Patent- und Kennzeichenstreitigkeiten[57] für Urheberrechtstreitigkeiten
nicht vorgesehen. Maßgebend ist der Streitwert, der, soweit er sich nicht automatisch aus dem Klagantrag ergibt, vom Kläger angemessen zu bestimmen und vom Gericht nur zu korrigieren ist, wenn er
sich als unverhältnismäßig darstellt (§§ 3 ff. ZPO).

3. Örtliche Zuständigkeit

Die örtliche Zuständigkeit bestimmt sich nach §§ 12 ff. ZPO; vgl. aber § 104a. Dabei kommt im 16
Urheberrecht, wie im gesamten Bereich des gewerblichen Rechtsschutzes, dem Gerichtsstand der
unerlaubten Handlung (§ 32 ZPO) besondere Bedeutung zu (vgl. dazu schon oben im Rahmen der
internationalen Zuständigkeit, → Rn. 8 ff.). Widerrechtliche Verletzungen von Rechten, die durch
das Urhebergesetz geschützt sind, sind unerlaubte Handlungen unabhängig davon, ob Verschulden
gegeben ist oder nicht. Zu den von der Rechtsordnung nicht gebilligten Erfolgen, gehören auch die
Eingriffskondition (§ 812 BGB) und die Geschäftsführung ohne Auftrag gem. § 687 Abs. 2 BGB. Ob
sie als unerlaubte Handlungen zu werten sind, ist umstritten.[58] Die einer unerlaubten Handlung
gleichgestellten Handlungen sind wie alle anderen Anspruchsgrundlagen jedenfalls über § 17 Abs. 2
GVG und den Sachzusammenhang in die Zuständigkeit einzubeziehen. Für Klagen gegen Verbraucher gilt der **ausschließliche Gerichtsstand nach § 104a.**

V. Gerichtsstand der unerlaubten Handlung, § 32 ZPO

1. Allgemeines

Für Klagen, die auf einer unerlaubten Handlung beruhen, ist das Gericht des Bezirks 17
zuständig, in dem die Handlung begangen wurde (§ 32 ZPO). § 105 hat für manche Gerichte räumlich erweiterte Bezirke geschaffen. Im Übrigen bleibt es bei den allgemeinen Vorschriften der

---

[51] OLG Hamburg GRUR 1987, 403 – Informationsschreiben.
[52] BGH GRUR 1980, 227 (230) – Monumenta Germaniae Historica.
[53] BGH GRUR 1990, 677 – Postvertrieb; Dreier/Schulze/*Schulze* UrhG § 105 Rn. 15.
[54] BGH GRUR 2010, 628 Rn. 14 – Vorschaubilder; OLG Schleswig NJW-RR 2014, 442 (443); OLG München ZUM 2012, 587; OLG Köln GRUR-RR 2008, 71; KG MMR 2007, 652 (653); jeweils unter Verweis auf
BGH GRUR 2006, 513 Rn. 22 – Arzneimittelwerbung im Internet; BGH GRUR 2005, 431 – HOTEL MARI-
TIME; anders LG Hamburg BeckRS 2014, 01260, für eine Übertragung der Grundsätze der Rechtsprechung des
BGH zu Persönlichkeitsrechtsverletzungen.
[55] Vgl. aber LG Hamburg BeckRS 2015, 18942 Rn. 31 ff.
[56] OLG Köln GRUR-RR 2005, 36 – Fußballwetten; Dreier/Schulze/*Schulze* UrhG § 105 Rn. 13.
[57] § 143 Abs. 1 PatG; § 140 Abs. 1 MarkenG.
[58] Für die Einbeziehung der Eingriffs- nicht der Leistungskondition: Wandke/Bullinger/*Kefferpütz* UrhG § 105
Rn. 11; Baumbach/Lauterbach/Albers/Hartmann ZPO § 32 Rn. 7 und 9; Stein/Jonas/*Roth* ZPO § 32 Rn. 19;
MüKo/*Patzina* ZPO § 32 Rn. 8; Musielak/Voit/*Heinrich* ZPO § 32 Rn. 7.

ZPO. Begründet wird die örtliche Zuständigkeit durch den schlüssigen Vortrag des Klägers.[59] Bei Konkurrenz mehrerer materiell-rechtlicher Anspruchsgrundlagen war nach früher hM die Zuständigkeit für jeden Anspruch gesondert zu prüfen und nur über den Deliktsanspruch zu entscheiden. **Seit der Neufassung des § 17 Abs. 2 GVG (1991) hat das zulässigerweise im Gerichtsstand der unerlaubten Handlung angegangene Gericht „unter allen in Betracht kommenden rechtlichen Gesichtspunkten" zu entscheiden, also über sämtliche Anspruchsgrundlagen, auch aus Vertragsverletzungen und Geschäftsführung ohne Auftrag.**[60] Durch eine Klagehäufung mit **selbstständigen prozessualen Ansprüchen** wird ein Gerichtsstand nach § 32 ZPO nicht begründet. Dann ist die Klage aus den nicht deliktischen Ansprüchen als unzulässig abzuweisen.

2. Begehungsort

18   **a)** **§ 32 ZPO lässt die Verfolgung unerlaubter Handlungen überall dort zu, wo sie begangen wurden** – dh wenigstens ein Teilakt verwirklicht wurde[61] – oder drohen begangen zu werden. Die Überschreitung vertraglich eingeräumter Nutzungsberechtigungen ist nicht nur Vertragsverletzung, sondern zugleich unerlaubte Handlung. Das führt zum Gerichtsstand des § 32 ZPO.[62]

19   **b)** Die **bloße Warendurchfuhr** begründet den Gerichtsstand des § 32 ZPO **nicht,** wenn nicht eine über die bloße Durchfuhr hinausgehende Verletzungshandlung vorliegt.[63] Auch Vorbereitungshandlungen genügen in diesem Fall nicht.[64] Auf Vorlage des BGH[65] hat der **EuGH zum Transit von Markenware** nach Gemeinschaftsrecht entschieden, dass der Inhaber einer Marke die Durchfuhr von mit der Marke versehener Waren, die auf dem Weg von einem Mitgliedstaat, in dem die Marke nicht geschützt ist, in das externe Versandverfahren überführt werden, durch einen anderen Mitgliedstaat, in dem diese Marke Schutz genießt, **nur verbieten kann, wenn diese Ware Gegenstand der Handlung eines Dritten ist,** die das Inverkehrbringen der Ware in diesem Durchfuhrmitgliedstaat bedeutet. Dabei kommt es grundsätzlich weder darauf an, ob die für einen Mitgliedstaat bestimmte Ware aus einem assoziierten Staat oder einem Drittstaat stammt, noch darauf, ob die Ware im Ursprungsland rechtmäßig oder unter Verletzung eines dort bestehenden Kennzeichenrechts des Markeninhabers hergestellt worden ist.[66] Dieser Entscheidung zum Markenrecht folgt der BGH.[67] Es kommt die **rechtliche Fiktion** zum Tragen, dass beim „externen Versand" alles so abläuft, **als wären die Waren nie in das Gemeinschaftsgebiet gelangt.**[68] Mit dieser Begründung lässt sich auch der Transit urheberrechtsverletzender Ware freistellen, da das Urhebergesetz nur das öffentliche Angebot und das Inverkehrbringen schützt (§ 17) und der reine, ungebrochene Transit kein Inverkehrbringen darstellt. Zuvor hatte der EuGH zu nachgeahmter Ware entschieden, dass bei einem Transit rechtsverletzender Ware aus einem Drittstaat in einen anderen Drittstaat dem Inhaber eines Rechts an geistigen Eigentum gemäß Art. 2 und 11 der Verordnung (EG) Nr. 3295/94 des Rates vom 22.12.1994, neu gefasst durch die Verordnung (EG) Nr. 241/1999 des Rates vom 25.1.1999 durch das nationale Recht und ihren Vollzug Schutz gegeben werden muss und ein Verstoß gegen Gemeinschaftsrecht vorliegt, wenn dieser Schutz versagt wird.[69] In der DIESEL-Entscheidung **hat der BGH keinen Widerspruch zur Rolex-Entscheidung** gesehen, die die Auslegung der Verordnung (EG) Nr. 3295/94 des Rates vom 22.12.1994 „über Maßnahmen zum Verbot der Überführung nachgeahmter Waren und unerlaubt hergestellter Vervielfältigungsstücke oder Nachbildungen in den zollrechtlich freien Verkehr oder in ein Nichterhebungsverfahren sowie zum Verbot ihrer Ausfuhr und Wiederausfuhr" betraf **(Grenzbeschlagnahme).**[70] Schon vom Wortlaut her betrifft diese Verordnung, die dem Zoll bei Verdacht nachgeahmter Ware, unerlaubten Vervielfältigungen oder Nachbildungen ein Eingreifen ermöglicht, keinen ungebrochenen Transit. **Beim reinen Transit dürften, wenn auf das Inverkehrbringen oder Auf-den-Markt-Gelangen abgestellt wird, auch für urheberrechtsgeschützte Ware die Grundsätze der DIESEL-Entscheidung gelten.**[71] *Rinnert/ Witte* sehen nach der DIESEL-Entscheidung den Anwendungsbereich der Grenzbeschlagnahmever-

---

[59] BGH NJW 2002, 1425 (1426).

[60] So nunmehr BGHZ 153, 173 = NJW 2003, 828; Wandtke/Bullinger/*Kefferpütz* UrhG § 105 Rn. 12 in Gegenüberstellung der früher zur jetzt herrschenden Meinung; Dreier/Schulze/*Schulze* UrhG § 105 Rn. 11; Musielak/Voit/*Heinrich* ZPO § 32 Rn. 11; Zöller/*Vollkommer* ZPO § 12 Rn. 20, 21 mwN.

[61] BGHZ 21, 266 (270) = NJW 1956, 1676 – Uhrenrohwerke; BGH GRUR 1980, 227 (230) – Monumenta Germaniae Historica.

[62] BGH GRUR 1980, 227 (230) – Monumenta Germaniae Historica.

[63] BGHZ 23, 100 (104 f.) = BGH GRUR 1957, 231 – Pertussin I; BGH GRUR 1957, 352 – Pertussin II; GRUR 1958, 189 – Carl Zeiss Stiftung.

[64] BGHZ 35, 329 (334) = GRUR 1962, 243 – Kindersaugflaschen.

[65] BGH GRUR 2005, 738 – DIESEL.

[66] EuGH GRUR-Int 2007, 241 – DIESEL.

[67] BGH GRUR 2007, 276 – DIESEL II; GRUR 2007, 875 – Durchfuhr von Originalware.

[68] EuGH GRUR-Int 2007, 241 Erwägungspunkt 17. und 18; so bereits Loy *Ullmann* FS Eike Ullmann, 2006, 437.

[69] EuGH GRUR 2004, 501 – Rolex-Plagiate; GRUR-Int 2000, 748 – Polo/Lauren.

[70] Abgedruckt in GRUR-Int 1995, 483.

[71] Siehe die weiteren EuGH-Entscheidungen zum Transit: GRUR-Int 2004, 39 – Rioglas; GRUR 2006, 146 – Class International; EuGH GRUR 2009, 870 – Davidoff/Bundesfinanzdirektion Südost.

ordnung sehr eingeschränkt; es bleibt noch die Fallgestaltung, dass Ware vorübergehend zur Ausstellung in einer Messe in das Gemeinschaftsgebiet gelangt.[72]

c) Verletzungshandlungen durch **Druckschriften, Presseveröffentlichungen und Prospekte** 20 sind überall dort begangen, wo diese **bestimmungsgemäß** und nicht zufällig **verbreitet werden.**[73]

d) Bei **Internetsachverhalten**[74] **(unerlaubte öffentliche Zugänglichmachung)** ist zunächst der **Ort der Handlung** relevant; das ist der **Ort des Erstellers,** dh desjenigen, der einen Inhalt in das Internet einstellt und damit den technischen Vorgang auslöst, der zur Abrufbarkeit der Inhalte führt.[75] Daher kommt es **nicht auf den Ort des Servers** oder der Server an, auf dem bzw. denen der technische Vorgang ausgelöst wird, zumal hier regelmäßig schon wegen der meist redundanten Architekturen unklar bleiben wird, wo sich dieser Ort befindet; entscheidend ist vielmehr der **Ort desjenigen, der über das Auslösen dieses technischen Vorgangs entscheidet.**[76]

Der Ort der unerlaubten Handlung iSd § 32 ZPO umfasst neben dem **Handlungsort** auch den 21 **Ort, an dem das schädigende Ereignis eingetreten** ist. Die Rechtsprechung und Kommentarliteratur zu § 32 ZPO ist bisher überwiegend davon ausgegangen, dass der Erfolgsort dort zu verorten ist, wo das Internetangebot **bestimmungsgemäß abrufbar** ist.[77] Allerdings hat der EuGH nunmehr festgestellt, dass die Vorschrift des Art. 7 Nr. 2 EuGVVO nicht verlangt, dass die fragliche Webseite auf den Mitgliedstaat des angerufenen Gerichts „ausgerichtet" ist.[78]

e) Umstritten ist, ob der **Sitz des Verletzten** den Gerichtsstand des Begehungsorts begründet. 22 Der BGH[79] hat die Rechtsprechung der Berliner Gerichte in Sachen GEMA, wonach bei Anwendung des § 32 ZPO auch der Sitz der GEMA als Ort der Verletzungshandlung angesehen wurde, weil hier der nicht abgeschlossene Vertrag zu vereinbaren gewesen wäre, abgelehnt. Das Urheberrecht sei nicht am Wohnsitz des Urhebers lokalisiert.[80]

VI. Wahrnehmungsgesellschaften

Für Rechtsstreitigkeiten über Ansprüche einer Wahrnehmungsgesellschaft wegen Verletzung eines 23 von ihr wahrgenommenen Nutzungsrechts hat § 17 WahrnG als ausschließlichen Gerichtsstand das Gericht bestimmt, in dessen Bezirk die Verletzungshandlung vorgenommen worden ist oder der Verletzer seinen allgemeinen Gerichtsstand hat. Sind nach § 17 Abs. 1 S. 1 WahrnG für mehrere Rechtsstreitigkeiten gegen denselben Verletzer verschiedene Gerichte zuständig, so kann die Verwertungsgesellschaft alle Ansprüche bei einem dieser Gerichte geltend machen.[81] Neben dieser ausschließlichen Gerichtsstandsbestimmung ist für eine Parteivereinbarung kein Raum.[82]

VII. Gerichtsstands- und Schiedsvereinbarungen

Gerichtsstandsvereinbarungen sind nur in den Grenzen der §§ 38 ff. ZPO zulässig. Vor- 24 aussetzung ist, dass die Vertragsparteien Kaufleute, juristische Personen des öffentlichen Rechts oder öffentlich-rechtliche Sondervermögen sind (§ 38 Abs. 1 ZPO) oder mindestens eine Partei keinen allgemeinen Gerichtsstand im Inland hat.[83] Streitig ist aber grundsätzlich, ob für Klagen aus künftigen unerlaubten Handlungen anstelle des Tatortgerichts ein anderes vereinbart werden kann.[84] Nach § 40

---

[72] *Rinnert/Witte* GRUR 2009, 29.

[73] BGH GRUR 1971, 153 (154) – Tampax; OLG München GRUR 1984, 830 (831) – Fliegender Gerichtsstand mwN; überspannt OLG Karlsruhe GRUR 1985, 556 (557) – Fliegender Gerichtsstand II.

[74] Vgl. dazu schon → Rn. 12 ff.

[75] Vgl. EuGH GRUR 2015, 258 Rn. 24 f. – Pez Hejdúk/EnergieAgentur.NRW; insoweit auch GA *Villalon*, SchlA v. 11.9.2014 in Pez Hejdúk/EnergieAgentur.NRW GmbH, BeckRS 2014, 81831 Rn. 41 ff.

[76] EuGH GRUR 2015, 296 Rn. 24 f. – Pez Hejdúk/EnergieAgentur.NRW; instruktiv EuGH GRUR 2012, 654 Rn. 37 – Wintersteiger, zum Markenrecht; aA Fromm/Nordemann/*J. B. Nordemann* UrhG § 104a Rn. 13: auch am Speicherort, zB Serverstandort.

[77] Vgl. → Rn. 12 mit Nachweisen zu Rechtsprechung und Literatur; vgl. auch Thomas/Putzo/*Hüßtege* ZPO § 32 Rn. 12; Zöller/*Vollkommer* ZPO § 32 Rn. 20; Fromm/Nordemann/*J. B. Nordemann* UrhG § 104a Rn. 13 mwN.

[78] EuGH GRUR 2015, 296 Rn. 32 – Pez Hejduk/EnergieAgentur NRW und Verweis auf EuGH GRUR 2014, 100 Rn. 42 – Pinckney/Mediatech, jeweils zur Vorgängervorschrift Art. 5 Nr. 3 VO (EG) Nr. 44/2001; zum Ganzen ausführlich → Rn. 12 ff.; dem für § 32 ZPO folgend LG Hamburg BeckRS 2015, 18942 Rn. 31 ff.; eine andere Frage kann sein, ob eine Urheberrechtsverletzung im Inland vorliegt; vgl. dazu LG Hamburg ZUM 2016, 887 (890), unter Verweis auf EuGH GRUR 2012, 1245 Rn. 39 – Football Dataco Ltd. Ua/Sportradar GmbH ua; dazu → Rn. 12.

[79] BGHZ 52, 108 (111).

[80] So auch Schack Rn. 721: Als immaterielles Gut sei das Urheberrecht nirgends belegen; ebenso Baumbach/Lauterbach/Albers/Hartmann ZPO § 32 Anm. 23.

[81] § 17 Abs. 2 WahrnG.

[82] Baumbach/Lauterbach/Albers/*Hartmann* ZPO § 32 Rn. 15.

[83] § 38 Abs. 2 S. 1 ZPO oder nach Entstehen der Streitigkeit den Wohnsitz oder gewöhnlichen Aufenthalt aus dem Geltungsbereich des Gesetzes verlegt oder ihr Wohnsitz oder gewöhnlicher Aufenthalt im Zeitpunkt der Klagerhebung nicht bekannt ist § 38 Abs. 3 ZPO.

[84] Zöller/*Vollkommer* ZPO § 32 Rn. 21 mwN.

Abs. 2 ZPO ist eine Vereinbarung unzulässig, wenn der Rechtsstreit andere als vermögensrechtliche Ansprüche betrifft und für die Klage ein ausschließlicher Gerichtsstand begründet ist, wie durch § 105. Im Anwendungsbereich der EuGVVO/EuGVÜ/LugÜ können bei Einhaltung der Formerfordernisse in Art. 25 bzw. 23 auch Privatleute für künftige Rechtsstreitigkeiten Gerichtsstandsvereinbarungen treffen.[85]

25   **Schiedsvereinbarungen nach §§ 1029, 1030 Abs. 1 S. 1 und 2 ZPO sind für Urheberrechtsstreitsachen zulässig,** auch wenn für Urheberrechtsstreitsachen eine ausschließliche Zuständigkeit bestimmter staatlicher Gerichte besteht.[86] Bei Bestehen einer Schiedsvereinbarung bleiben einstweilige gerichtliche Maßnahmen durch die staatlichen Gerichte möglich.[87] Möglich ist auch, dass die Parteien die Zuständigkeit eines ausländischen Gerichts bestimmen, einschließlich für Maßnahmen des einstweiligen Rechtsschutzes.[88]

Unterabschnitt 2. Straf- und Bußgeldvorschriften*

Vorbemerkung

Schrifttum: *Albach,* Zur Verhältnismäßigkeit der Strafbarkeit privater Urheberrechtsverletzungen im Internet, 2015; *Bär,* Anmerkung zum Beschluss des LG Darmstadt vom 9.10.2008 (9 Qs 490/08, MMR 2009, 52) – Akteneinsicht bei Urheberrechtsverletzung bzgl. Internet-Tauschbörse, MMR 2009, 54; *Barton,* Der Compliance-Officer im Minenfeld des Strafrechts – Folgewirkungen des Urteils des BGH vom 17.7.2009 – 5 StR 394/08 – auch für den Datenschutzbeauftragten?, RDV 2010, 19; *Beck/Kreißig,* Tauschbörsen-Nutzer im Fadenkreuz der Strafverfolgungsbehörden, NStZ 2007, 304; *Beukelmann,* Der strafrechtliche Schutz des geistigen Eigentums, NJW-Spezial 2008, 664; *Bierekoven,* Lizenzmanagement und Lizenzaudits: Bedeutung und Organisation des Lizenzmanagements für Softwarenutzer und -hersteller, ITRB 2008, 84; *Bisges,* Rechtliche Anforderungen an Zitate in wissenschaftlichen Arbeiten, Jura 2013, 705; *Blankenburg,* Quo vadis §§ 106, 108a UrhG? Strafrechtlicher Urheberrechtsschutz nach dem BVerfG-Urteil zur Vorratsdatenspeicherung, MMR 2010, 587; *von Blumenthal/Niclas,* Neues Urheberrecht, ITRB 2008, 25; *Bode,* Das Providerprivileg aus §§ 7, 10 TMG als gesetzliche Regelung der Beihilfe durch „neutrale" Handlungen, ZStW 127 (2015), 937; *Bodewig/Wandtke,* Die doppelte Lizenzgebühr als Berechnungsmethode im Lichte der Durchsetzungsrichtlinie, GRUR 2008, 220; *Böckenförde,* Die Ermittlung im Netz, 2003; *Bosbach/Wiege,* Die strafrechtliche Verantwortlichkeit des Usenet-Providers nach dem Urheberrechtsgesetz, ZUM 2012, 293; *Brackmann/Oehme,* Der strafrechtliche Vervielfältigungsbegriff des § 106 Abs. 1 UrhG am Beispiel des Streaming-Verfahrens, NZWiSt 2013, 170; *Braun,* Produktpiraterie, 1993; *Brodowski/Eisenmenger,* Zugriff auf Cloud-Speicher und Internetdienste durch Ermittlungsbehörden, ZD 2014, 119; *Buggisch/Kerling,* Phishing, Pharming und ähnliche Delikte, Kriminalistik 2006, 531; *Bullinger,* Aktuelles aus dem Urheberrecht: Schon wieder ad ACTA?, MittdtschPatAnw 2012, 324; *Conrad,* Kuck' mal, wer da spricht: Zum Nutzer des Rechts der öffentlichen Zugänglichmachung anlässlich von Links und Frames, CR 2013, 305; *Chi,* Die Strafbarkeit von Urheberrechtsverletzungen in der Schule, 2016; *Dechmann,* Nach dem Vortrag in die Haft(ung)?, UBWV 2010, 153; *Deumeland,* Strafantragserfordernis für die Verfolgung von Urheberrechtsstraftaten in Deutschland, MR-Int 2011, 99; *ders.,* Einziehungsmöglichkeit bei strafbarer Urheberrechtsverletzung wie im Markenrecht und im Patenrecht, MittdtschPatAnw 2009, 24; *Donle,* BGH: Keine Umgehung der geistigen Schutzrechte durch „Eigenimport-Modell", GRUR-Prax 2013, 16; *Dornis,* Zur Verletzung von Urheberrechten durch Betrieb eines Music-on-Demand-Dienstes im Internet, CR 2008, 321; *Dörre,* EuGH: Strafrechtliche Ahndung des Imports urheberrechtlich geschützter Möbelimitate ist mit Warenverkehrsfreiheit vereinbar, GRUR-Prax 2012, 327; *Dresel,* Das Privatkopieprivileg des § 53 I UrhG: Mehr Schein als Sein?, MittdtschPatAnw 2012, 18; *Ernst,* Google StreetView: Urheber- und persönlichkeitsrechtliche Fragen zum Straßenpanorama, CR 2010, 178; *Ernst/Spoenle,* Neuerungen im Computerstrafrecht, AnwZert ITR 5/2008, Anm. 2; *Ernst/Vassilaki/Wiebe,* Hyperlinks, 2002; *Ernsthaler,* Streaming und Urheberrechtsverletzung, NJW 2014, 1553; *Esser,* Urheberrechtsverletzungen durch Tauschbörsennutzer im Internet – Zum Akteneinsichtsrecht des Verletzten nach § 406e StPO, GA 2010, 65; *Evert,* Anwendbares Urheberrecht im Internet, 2005; *Fahl,* Eidesstattliche Versicherung der Promovenden zur Bekämpfung des Plagiatsunwesens?, ZRP 2012, 7; *Fangerow/Schulz,* Die Nutzung von Angeboten auf www.kino.to: Eine urheberrechtliche Analyse des Film-Streamings im Internet, GRUR 2010, 677; *Fischer,* StGB, 57. Aufl. 2010; *Flechsig-Bisle,* Anmerkung zur Entscheidung des BGH – Urteil vom 11.10.2012; I StR 213/10 – Zur Frage der Beihilfe zur gewerbsmäßigen unerlaubten Verwertung urheberrechtlich geschützter Werke, ZUM 2013, 130; *Franck/Steigert,* Die strafrechtliche Verantwortlichkeit von WikiLeaks, CR 2011, 380; *Frenz,* Wissenschaftliches Fehlverhalten und Urheberrecht, ZUM 2016, 13; *Fromm/Nordemann* (Hrsg), Urheberrecht, 11. Aufl. 2014; *Gercke,* Sind Raubkopierer Verbrecher? Die strafrechtliche Bewertung der Tauschbörsennutzung, JA 2009, 90; *ders.,* Die Bekämpfung der Internetkriminalität als Herausforderung für die Strafverfolgungsbehörden, MMR 2008, 291; *Gietl/Mantz,* Die IP-Adresse als Beweismittel im Zivilprozess: Beweiserlangung, Beweiswert und Beweisverbote, CR 2008, 810; *Gaertner/Frank,* Piraten eingebucht?: Bewertung der Entscheidung des Tingsrätt vom 17.4.2009 – „The Pirate Bay", K&R 2009, 452; *Gercke,* Straftaten und Strafverfolgung im Internet, GA 2012, 474; *Gercke, M.,* Die Entwicklung des Internetstrafrechts im Jahr 2008, ZUM 2009, 526; *Goeckenjan,* „Wissenschaftsbetrug" als Straftat?, JZ 2013, 723; *Güngör,* Haftungsfragen an Hochschulen und Vergütungspflicht gem. § 52a Abs. 4 UrhG, VR 2017, 364; *v Hansen/Wolff-Rojczyk/Eifinger,* Die Strafbarkeit neuer Arten des Softwarevertriebs, CR 2011, 332; *Happ/Blümmel,* Vermieter müssen Urheber-

---

[85] Wandtke/Bullinger/*Kefferpütz* UrhG § 105 Rn. 40.
[86] Wandtke/Bullinger/*Kefferpütz* UrhG § 105 Rn. 42; Zöller/*Geimer* ZPO § 1030 Rn. 15.
[87] OLG Köln GRUR-RR 2002, 309 – Zerowatt.
[88] OLG Hamburg NJW 1997, 749; Zöller/*Vollkommer* ZPO § 919 Rn. 3; Wandke/Bullinger/*Kefferpütz* UrhG § 105 Rn. 42.

* In der 4. Auflage wurden die nachfolgenden Vorschriften bis § 111c von Herrn *Dr. Gerhard Haß,* in der 3. Auflage diejenigen bis § 111b von Frau PD Dr. *Irini Vassilaki,* München/Athen, bearbeitet. Obwohl es sich über weite Strecken um eine Neubearbeitung des Textes handelt, basieren immer wieder auch längere Passagen auf den Vorarbeiten der früheren Autoren.

rechtsgebühren zahlen, Grundeigentum 2011, 79; *Hartung/Busche,* Datenschutz- und arbeitsrechtliche Grenzen des Lizenzmanagements: Der Einsatz von Lizenzmanagement-Tools im Unternehmen, CR 2011, 705; *Heckmann,* Editorial, jurisPR-ITR 3/2012 Anm. 1; *Heghmanns,* Musiktauschbörsen im Internet aus strafrechtlicher Sicht, MMR 2004, 14; *Heide,* Produktpiraterie – Strukturwandel und rechtliche Entwicklungen, BB 2012, 2831; *Heidrich,* Zwischen Partikularinteressen und gesellschaftlichem Ausgleich – Das Urheberrecht im Internet, Recht u Politik 2012, 140; *Hellmann/Beckemper,* Wirtschaftsstrafrecht, 4. Aufl. 2013; *Heinrich,* Die Zivilrechtsakzessorietät des Urheberstrafrechts und ihre Ausnahmen, GRUR-Prax 2017, 96; *ders.* Die Strafbarkeit der der unbefugten Vervielfältigung und Verbreitung von Standardsoftware, 1993; *Heyman,* Das Gesetz zur Verbesserung der Durchsetzung von Rechten des geistigen Eigentums, CR 2008, 568; *Hildebrandt,* Die Strafvorschriften des Urheberrechts, 2001; *Hofmann,* Das letzte Gefecht der Kulturindustrie: „Eine Welt verglüht und es ist schön", FoR 2010, 5; *Hornung,* Die Haftung von W-LAN-Betreibern, CR 2007, 88; *Höfinger,* Zur Übermittlung von Inhaberdaten dynamischer IP-Adressen an die Staatsanwaltschaft in Ermittlungsverfahren wegen Urheberrechtsverletzungen, ZUM 2009, 75; *Höppner,* Zurückweisung einer anwaltlichen Abmahnung mangels Vollmachtsnachweises („Vollmachtsnachweis"), jurisPR-ITR 1/2011 Anm. 4; *Hoeren/Burger,* Die strafrechtliche Verantwortlichkeit von Mitarbeitern eines Share-hosters, UFITA 2012, 743; *Hövel/Hansen,* Download-Fallen im Internet aus der Perspektive der Software-Hersteller: Eine Analyse marken-, urheber- und wettbewerbsrechtlicher Ansprüche, CR 2010, 252; *Hunsicker,* Marken- und Produktpiraterie, Kriminalistik 2007, 25; *Intveen,* Softwarelizenzaudits aus Anwendersicht: Lizenzaudit als Risiko und Chance, ITRB 2012, 208; *Kappel,* Das Ubiquitätsprinzip im Internet: Wie weit reicht das deutsche Strafrecht?, 2007; Karlsruher Kommentar zum Ordnungswidrigkeitengesetz (hrsg. von *Senge),* 4. Aufl. 2014; *Kinast,* Pflicht zur Sicherung privater WLAN-Anschlüsse – Ende der digitalen Gastfreundschaft im Café?, NJW 2010, NJW-aktuell Nr 23, 12 *Klein,* Offen und (deshalb) einfach – Zur Sicherstellung und Beschlagnahme von E-Mails beim Provider, NJW 2009, 2996; *Klein, I.,* Einige Anmerkungen zu den Grundsätzen des Urheberstrafrechts, JA 2014, 487; *Klett/Apetz-Dreier,* Die Entwicklung des Urheberrechts seit Mitte 2012, K&R 2013, 432; *Knauer/Kudlich/Schneider* (Hrsg.), Münchner Kommentar zur StPO, Band I, 2014; *Knies,* Urheberrechtliche und strafrechtliche Aspekte beim Verfassen wissenschaftlicher Doktorarbeiten, ZUM 2011, 897; *Knopp,* Fanfiction – nutzergenerierte Inhalte und das Urheberrecht, GRUR 2010, 28; *Koch,* Client Access License – Abschied von der Softwarelizenz?, ITRB 2011, 42; *Kudlich,* Strafrechtliche Bezüge des Urhebervertragsrechts, in: *Berger/Wündisch* (Hrsg.), Urhebervertragsrecht, 2. Aufl. 2014; *ders.,* PdW – Strafrecht AT, 4. Aufl. 2013; *ders./Oğlakcıoğlu,* Wirtschaftsstrafrecht, 2. Aufl. 2014; *ders./Christensen,* Die Methodik des BGH in Strafsachen, 2008; *Kusnik,* Hände weg von der Handysperre?, CR 2011, 718–721; Lampe, Der strafrechtliche Schutz der Geisteswerke, UFITA 83 (1978), 15; *Laue,* Strafrecht und Internet – Teil 1, jurisPR-StrafR 13/2009 Anm. 2; *ders.,* Strafrecht und Internet – Teil 2, jurisPR-StrafR 15/2009 Anm. 2; *Leipold,* Strafbarkeit von Raubkopien, NJW-Spezial 2006, 327; *Lieb/Wende,* Wissenschaftlicher Mitarbeiter auf Abwegen, Jura 2013, 1186; *Linke,* Brauchen wir ein "Promotions- und Prüfungsstrafrecht"? Rechtliche und rechtspolitische Gedanken zur Bekämpfung des Unterschleifs, NVwZ 2015, 327; *Loewenheim,* (Hrsg.), Handbuch des Urheberrechts, 2. Aufl. 2010; *Malpricht,* Haftung im Internet – WLAN und die möglichen Auswirkungen, ITRB 2008, 42; *Marberth-Kubicki,* Neuregelungen des Computerstrafrechts, ITRB 2008, 17; *May,* Urheberstrafrecht und Streaming, 2014; *Mengden,* 3D-Druck – Droht eine „Urheberrechtskrise 2.0"?, MMR 2014, 79; *Mes,* Zum „gewerblichen Ausmaß" im gewerblichen Rechtsschutz und Urheberrecht, GRUR 2011, 1083; *Mitsch,* Vorbereitung und Strafrecht, Jura 2013, 696; *Möller,* Zur urheberrechtlichen Unzulässigkeit einer nur in einem Teilakt im Inland vorgenommenen Verbreitungshandlung, GRUR 2011, 397; *Moos/Gosche,* Datenspeicherung auf Zuruf: Das „Quick Freeze"-Verfahren zur Sicherung von Verkehrsdaten bei Access-Providern für Zwecke der Auskunftsverfahren nach § 101 UrhG, CR 2010, 499; *Moritz,* Ersatz von Abmahnkosten bei Urheberrechtsverstößen („Clone-CD"), jurisPR-ITR 22/2008 Anm. 3; *Niclas/Opfermann/von Blumenthal,* US-Copyright Office: Ausnahmen zum DRM-Umgehungsverbot, ITRB 2010, 198; *Nietsch,* Zur Ermittlung dynamischer IP-Adressen durch Drittunternehmen: Zugleich Kommentar zu OLG Hamburg, Beschluss vom 3.11.2010 – 5 W 126/10, K&R 2010, 54, K&R 2011, 101; *ders.,* Sperrung von Kino.to, CR 2011, R66; *Obenhaus,* Cloud Computing als neue Herausforderung für die Strafverfolgungsbehörden und die Rechtsanwaltschaft, NJW 2010, 651; *Oğlakcıoğlu,* Der Videostream und seine urheberstrafrechtliche Bewertung, ZIS 2012, 431; *Omsels,* Die Einwilligung im Internet als Rechtfertigungsgrund („Vorschaubilder"), jurisPR-WettbR 7/2010 Anm. 1; *Peters,* Strafbarkeitsrisiken beim Blockchain, MMR 2018, 644; *Pfaffendorf,* Zur Strafbarkeit von Urheberrechtsverletzungen in grenzüberschreitenden Fällen innerhalb der Europäischen Union, NZWiSt 2012, 377; *Pfaffinger,* Rechtsgüter und Verhältnismäßigkeit im Strafrecht des geistigen Eigentums, 2015; *Popp,* Versagung der Akteneinsicht bei Bagatelldelikten (unerlaubtes Zugänglichmachen nur eines Filmes über eine Internet-Tauschbörse), jurisPR-ITR 10/2010 Anm. 3; *Planert,* »Einer zahlt, viele genießen« – Die Strafbarkeit von Cardsharing, StV 2014, 430; *Rauer/Pfuhl,* Anmerkung zum Urteil des BGH vom 15.11.2012 (I ZR 74; WRP 2013, 799) – Zur Frage der elterlichen Haftung für Urheberrechtsverletzungen durch ihre Kinder im Internet, WRP 2013, 802; *Rauschhofer,* Beweismittelbeschaffung bei Softwareverletzung, JurPC 2010, Web-Dok. 44/2010; *Reinbacher,* Die Strafbarkeit der Vervielfältigung urheberrechtlich geschützter Werke zum privaten Gebrauch nach dem Urheberrechtsgesetz, 2007; *ders.,* Strafbarkeit der Privatkopie von offensichtlich rechtswidrig hergestellten oder öffentlich zugänglich gemachten Vorlagen, GRUR 2008, 394; *ders.,* Zur Strafbarkeit des Streamings und der Umgehung von Geo-IP-Sperren durch private Nutzer, HumFoR 2012, 179; *ders.,* Zur Strafbarkeit der Betreiber und Nutzer von Kino.to, NStZ 2014, 57; *ders.,* Die Strafbarkeit der Vervielfältigung urheberrechtlich geschützter Werke zum privaten Gebrauch nach dem UrhG, 2007; *ders./Schreiber,* Strafbarkeit der Privatkopienschranke und Auswirkungen auf die Strafbarkeit nach § 106 UrhG, UFITA 2012, 771; *Rieble,* Das Wissenschaftsplagiat, 2010; *Röhl/Bosch,* Musiktauschbörsen im Internet: Eine rechtliche Bewertung aus aktuellem Anlass, NJW 2008, 1415; *Rösler,* Haftung von Medientauschbörsen und ihrer Nutzer in Nordamerika, Australien und Europa, MMR 2006, 503; *Rübenstahl,* Anmerkung zu einem Urteil des BGH vom 11.10.2012 (1 StR 213/10; BGHSt 58, 15) – Zu den Fragen, wann bei einem grenzüberschreitenden Verkauf ein Verbreiten in Deutschland gem. § 17 UrhG angenommen werden kann und ob einzelne Regelungen des UrhG gegen die unionsrechtlich garantierte Warenverkehrsfreiheit verstoßen, ZWH 2013, 193; *Sankol,* Akteneinsichtsgesuche nach § 406e StPO in Filesharing-Verfahren, K&R 2008, 509; *Schäfer,* Die Bedeutung des Urheberstrafverfahrensrechts bei der Bekämpfung der Internetpiraterie, 2010; *Schack,* Die Bekämpfung von Kunstfälschungen mit rechtlichen Mitteln, KuR 2016, 159; *Schemmel/Ruhmannseder,* Straftaten und Haftung vermeiden mit Compliance-Management, AnwBl 2010, 647; *Schlüchter,* Entschlüsselte Spielprogramme, CR 1991, 105; *Schmid/Wirth,* Urheberrechtsgesetz – Kommentar, 2. Aufl. 2008; *Schmidt,* Anmerkungen zur Diskussion um die Beschränkung des Akteneinsichtsrechts in den Filesharingverfahren, GRUR 2010, 673; *Schönke/Schröder,* Strafgesetzbuch, 28. Aufl. 2014 *Schulze,* Werkgenuss und Werknutzung in Zeiten des Internet, NJW 2014, 721; *Seidl/Fuchs,* Die Strafbarkeit des Phishing nach Inkrafttreten des 41. Strafrechtsänderungsgesetzes, HRRS 2010, 85; *Sieg,* Das unzulässige Anbringen der richtigen Urheberbezeichnung, 1985; *Sotelsek/Wyrvoll,* Karen Murphy und der EuGH: Strafrechtliche Neubewertung von Pay-TV-Ausstrahlungen in Gaststätten, StRR

2012, 368; *Spindler/Heckmann,* Retrodigitalisierung verwaister Printpublikationen, GRUR-Int 2008, 271; *ders.,* Das Anti-Counterfeiting Trade Agreement (ACTA) – wo bleibt der Interessenausgleich im Urheberrecht?, GRUR-Int 2011, 124; *Tiedemann,* Wirtschaftsstrafrecht, 4. Aufl. 2014; *Tierel,* Akteneinsicht für Urheberrechteinhaber in Ermittlungsakten wegen Urheberrechtsverletzungen, jurisPR-StrafR 19/2009 Anm. 1; *Trappehl/Schmidl,* Arbeitsrechtliche Konsequenzen von IT-Sicherheitsverstößen, NZA 2009, 985; *Vassilaki/Gercke,* Aktuelle Probleme des Internetstrafrechts, CR 2009, R68; *Vassilaki/Mertens,* Computer- und Internet-Strafrecht, 2005; *Vianello,* Abruf und Aufzeichnung von Video- und Audiostreams zum privaten Gebrauch, CR 2010, 728; *Wandtke/Bullinger* (Hrsg.) Praxiskommentar zum Urheberrecht, 4. Aufl. 2014; *Weber, K.,* Drei Jahre Freiheitsstrafe für alle Google-Mitarbeiter?, ZIS 2010, 220; *ders.,* Der strafrechtliche Schutz des Urheberrechts, 1976; *Weisser,* Der private Gebrauch im Urheberstrafrecht bezogen auf das Vervielfältigen von Audio-CDs, ZJS 2011, 315; *Weller,* kino.to und der strafrechtliche Schutz der Rechte des geistigen Eigentums, jurisPR-ITR 23/2012 Anm. 5; *v. Welser/González,* Marken- und Produktpiraterie 2007; *von Weschpfennig,* Plagiate, Datenfälschung und kein Ende – Rechtliche Sanktionen wissenschaftlichen Fehlverhaltens, HumFoR 2012, 84; *Wicker* Durchsuchung in der Cloud – Nutzung von Cloud-Speichern und der strafprozessuale Zugriff deutscher Ermittlungsbehörden, MMR 2013, 765; *Wilhelmi,* Das gewerbliche Ausmaß als Voraussetzung der Auskunftsansprüche nach dem Durchsetzungsgesetz, ZUM 2008, 942; *Wissmann,* Der Irrtum im Urheberstrafrecht, 2017; *Wörner,* Einseitiges Strafanwendungsrecht und entgrenztes Internet?, ZIS 2012, 458; *Zabel,* Der Schutz des geistigen Eigentums: Zu Dogmatik und Praxis des Urheberstrafrechts, JA 2010, 401; *Zabel-Wasmuth,* Die Dogmatik des § 108 Abs. 1 Nr. 5 UrhG: der strafrechtliche Schutz des Tonträgerherstellers in Abgrenzung zum zivilrechtlichen Schutz einerseits und zum strafrechtlichen Schutz des Urhebers andererseits, 2017; *Zimmermann,* Der strafprozessuale Zugriff auf E-Mails, JA 2013, 321; *Zoebisch,* Die marken- und urheberrechtliche Strafbarkeit von „Phishing", MarkenR 2011, 1.

Übersicht

I. Allgemeines

1. Bedeutung

1   Im Allgemeinen wird dem Strafrecht im Bereich des Urheberrechts nur eine **untergeordnete Bedeutung** zugemessen.[1] Dies gilt jedenfalls für **individuelle Verletzungshandlungen** hinsichtlich konkreter Werke. Dagegen ist für (zB Tonträger- oder Software-)Piraterie in großem Umfang bzw.

---

[1] Vgl. nur Dreier/Schulze/*Dreier* § 106 Rn. 2; *Schmid/Wirth* Vor §§ 106 ff. Rn. 2; DKMH/*Kotthoff* § 106 Rn. 1.

auf einer breiten Basis eine gewisse „bewusstseinsbildende" Wirkung der strafrechtlichen Sanktionierung entsprechender Verbote wohl nicht auszuschließen. Insbesondere für solche Urheberrechtsverstöße auf breiter Front wurde auch eine Relevanz des Urheberstrafrechts für bestimmte Werkarten während spezieller Phasen diskutiert, so in den 70er-Jahren des 20. Jahrhunderts für Raubdrucke, in den 80er- und 90er-Jahren für die Video- und Softwarepiraterie sowie – angepasst an die jeweiligen technischen Gegebenheiten (und dh heute insbesondere im Zusammenhang mit dem Internet)[2] – für die Musikpiraterie;[3] in jüngerer Zeit wird über Ermittlungen gegen Streaming-Plattformen diskutiert.[4]

Hier sind zwei Konstellationen zu unterscheiden: Zum einen die Straftaten von Gruppen, in denen **2** teilweise sogar Strukturen der organisierten Kriminalität verwendet werden, um die Tatmodalitäten leichter umzusetzen und die rechtswidrig gewonnenen Gewinne optimierend zu waschen.[5] Zum anderen spezifisch-individualisierte Rechtsverletzungen (im Einzelfall auch mit geringer krimineller Energie),[6] bei denen grundsätzlich die zivilrechtliche Rechtsverfolgung im Vordergrund steht, wo dem Strafrecht aber – neben der eben genannten „Bewusstseinsbildung" – mitunter Bedeutung zukommt, wenn es für die zivilrechtliche **Rechtsverfolgung „funktionalisiert"** wird,[7] so etwa durch den „Druck" einer angedrohten Anzeige oder aber durch das Stellen eines Strafantrags (vgl. § 109), um anschließend in die staatsanwaltschaftlichen Ermittlungsakten Einsicht zu beantragen, vgl. § 406e StPO.[8] Die letztgenannte Konstellation hat durch die Einräumung eines möglichen Auskunftsanspruchs auch gegen Internet-Provider nach § 101 Abs. 2 Nr. 3 („für rechtsverletzende Tätigkeiten genutzte Dienstleistungen") iVm § 101 Abs. 3 Nr. 1 (Anspruchsinhalt auch „Name und Anschrift (…) der Nutzer der Dienstleistungen")[9] an praktischer Bedeutung verloren, kann aber wegen weitergehender Ermittlungsergebnisse immer noch von Interesse sein. Nach vorzugswürdiger, aber nicht unbestrittener Auffassung kann § 406e StPO hier gerade dann weiterhelfen, wenn (zwar eine Bagatellschwelle überschritten ist, aber) die Voraussetzungen des § 101 (insbes. das gewerbliche Ausmaß) noch nicht vorliegen.[10]

2. Strafrechtlich geschützte Rechtsgüter

Strafrecht dient dem Rechtsgüterschutz,[11] genauer gesagt: zumeist dem Schutz von Rechtsgütern **3** gegen Verletzungen auf bestimmten, mehr oder weniger ausschnitthaften[12] Angriffswegen.[13] Das ist im Urheberstrafrecht nicht anders. Die Strafnormen dienen auch hier dem (das Zivilrecht flankierenden) Schutz der durch das Urheberrecht auch im Allgemeinen geschützten Rechtsgüter.[14] Dabei geht es trotz der Abhängigkeit von den urheberrechtlichen Schutzvoraussetzungen anders als in manchen Bereichen des verwaltungsrechtsakzessorischen Strafrechts im Kern bzw. zumindest überwiegend nicht um eine Pönalisierung von „Verfahrensungehorsam", sondern unmittelbar um die Rechte des Urhebers.

3. Überblick über die Straf- und Bußgeldtatbestände

Dieser Schutz erfolgt über **mehrere Straf- und Bußgeldtatbestände,** die unterschiedliche Fa- **4** cetten des Urheberrechtsschutzes betreffen:

---

[2] Zu dessen Bedeutung für das Urheberrecht programmatisch *Schulze* NJW 2014, 721.

[3] Vgl. zu diesen Phasen *Hildebrandt* S. 443 ff.; Wandtke/Bullinger/*Reinbacher* § 106 Rn. 2; vgl. ferner *Hellmann/Beckemper* Rn. 604 (mit dem berechtigten Hinweis auf die Schaffung des § 108a UrhG). Zur Strafbarkeit des Kopierens aus file-sharing-Systemen durch die Neufassung des § 53 Abs. 1 UrhG durch den „Zweiten Korb" der Urheberrechtsnovelle vgl. BT-Drs. 16/1828, 26 sowie *Nolte* CR 2006, 254 ff.

[4] Eingehend etwa *Oğlakcıoğlu* ZIS 2012, 431 ff.

[5] S. dazu BT-Drs. 14/2111, 12; zu neueren Entwicklungen, in denen die Werke „Plattformen zur Verfügung gestellt werden, um die massenhaften Urheberrechtsverletzungen zu fördern und dabei mit Werbung und Premiumaccounts Geld zu scheffeln", vgl. Nordemann/*Ruttke*/*Scharringhausen* Vor § 106 Rn. 13.

[6] Vgl. nur das Stichwort von der durch das Urheberstrafrecht drohenden „Kriminalisierung der Schulhöfe".

[7] Vgl. *Schmid/Wirth* Vor § 106 ff. Rn. 2; Möhring/Nicolini/*Spautz* § 106 Rn. 1; Wandtke/Bullinger/*Reinbacher* § 106 Rn. 4; Dreyer/*Kotthoff*/Meckel § 106 Rn. 1; *Sankol* K&R 2008, 509 ff.; monographisch *Schäfer,* Die Bedeutung des Urheberstrafverfahrensrechts bei der Bekämpfung der Internetpiraterie: Instrumentalisierung des Strafverfahrens zur Durchsetzung urheberzivilrechtlicher Interessen?, 2010.

[8] Vgl. für den Bereich des Urheberrechts auch insbesondere § 406e Abs. 1 S. 2 StPO iVm § 395 Abs. 2 Nr. 3 (iVm § 374 Abs. 1 Nr. 8) StPO, wonach bei Straftaten nach dem UrhG der Verletzte nebenklageberechtigt ist und damit ohne Darlegung eines berechtigten Interesses iSv § 406e Abs. 1 S. 2 StPO Akteneinsicht beantragen kann. Vertiefend *Esser* GA 2010, 65 ff.; *Schäfer,* Die Bedeutung des Urheberstrafverfahrensrechts, passim, insbes. S. 102 ff., 136 ff.; *Schmid* GRUR 2010, 673 ff. Vgl. ergänzend hier → Rn. 15.

[9] Vgl. dazu vertiefend *Schäfer,* Die Bedeutung des Urheberstrafverfahrensrechts, S. 192 ff., sowie hier die Kommentierung zu → § 101 Rn. 46, 54.

[10] Vgl. LG Saarbrücken MMR 2009, 639 f.; aA (gerade wegen Wertung des § 101 auch Akteneinsichtsrecht nach § 406e StPO nur beim Verdacht gewerbsmäßiger Verletzung) wohl LG Karlsruhe MMR 2010, 68 (69 f.).

[11] Vgl. nur *Roxin* AT I § 2 Rn. 1; SK/*Rudolphi* Vor § 1 Rn. 2 ff.;MK-StGB/*Joecks* Einl. Rn. 26; LK/*Walter* Vor § 13 Rn. 8 ff.

[12] Zum Schlagwort des „fragmentarischen Charakters des Strafrechts" vgl. nur *Roxin* AT I § 2 Rn. 97; *Hefendehl* JA 2011, 401.

[13] Zur Bedeutung des Angriffswegs vgl. *Staechelin,* Aufgeklärte Kriminalpolitik oder Kampf gegen das Böse?, S. 239 ff.

[14] Vgl. Wandtke/Bullinger/*Reinbacher* § 106 Rn. 6. Monographisch hierzu *Pfaffinger,* Rechtsgüter und Verhältnismäßigkeit im Strafrecht des geistigen Eigentums, 2015.

- § 106 stellt verschiedene **urheberrechtlich relevante Verwertungshandlungen** unter Strafe, wenn diese außerhalb der gesetzlich erlaubten Fälle und auch ohne Einwilligung des Berechtigten erfolgen.
- § 108 erstreckt diesen Schutz auch auf Eingriffe in **verwandte Schutzrechte.**
- § 107 gewährt durch Vorschriften über das **unbefugte Anbringen von Urheberbezeichnungen** (die durch Verbreitungsverbote ergänzt werden) Anonymitätsschutz bzw. Originalitätsschutz.
- § 108b Abs. 1 und 2 sanktionieren Verstöße gegen die §§ 95a und 95c, indem **bestimmte Eingriffe in technische Schutzmaßnahmen** und in zur Rechtewahrnehmung erforderliche Informationen unter Strafe gestellt werden.
- § 108a und § 108b Abs. 3 stellen Qualifikationsstraftatbestände dar, die ein erhöhtes Strafmaß vorsehen, wenn der Täter **gewerbsmäßig** handelt.
- Der durch das Gesetz zur Regelung des Urheberrechts in der Informationsgesellschaft eingefügte **Ordnungswidrigkeitentatbestand** des § 111a ergänzt einerseits die zivilrechtliche Regelung für **technische Maßnahmen** (insbes. **Kopierschutzsysteme** zur Unterbindung von Vervielfältigungen), sanktioniert andererseits auch für den Urheber Verstöße gegen die **Verpflichtung der Gewährung des Schrankengebrauchs** bei der Anwendung technischer Maßnahmen.

5 **Flankiert** werden diese Verbotstatbestände (bzw. die straf- und ordnungswidrigkeitenrechtliche Sanktionierung dieser schon anderweitig festgeschriebenen Verhaltensnormen) durch

- § 109, der festlegt, dass die Straftatbestände des UrhG grundsätzlich nur **auf Antrag**[15] verfolgt werden, es sei denn, dass ein besonderes öffentliches Interesse an der Strafverfolgung besteht und die Strafverfolgungsbehörde daher ein Einschreiten von Amts wegen für geboten hält.
- § 110, der über die in § 74 StGB geregelten Fälle hinaus die **Einziehung**[16] von Gegenständen anordnet, die durch die Tat hervorgebracht oder zu ihrer Begehung oder Vorbereitung[17] gebraucht worden oder bestimmt gewesen sind.
- § 111, der dem Verletzten das Recht gewährt, die **Bekanntmachung** der strafrechtlichen Verurteilung zu beantragen.[18]
- §§ 111b, 111c, die zur Unterbindung von Urheberrechtsverletzungen in einem möglichst frühen Zeitpunkt **Regelungen zur Grenzbeschlagnahme** einschließlich der Möglichkeit eines Antrags auf Vernichtung der Ware im Verfahren nach der Verordnung (EG) Nr. 1383/2003 vorsehen.

II. Prozessuales

1. Einordnung und allgemeine Hinweise

6   Für die Verfolgung von Urheberstraftaten[19] (zum Ordnungswidrigkeitenverfahren vgl. die Hinweise zu → § 111a Rn. 14 ff.) gelten zunächst die allgemeinen Strukturen: Sie erfolgt **durch die Staatsanwaltschaften** (in der praktischen Arbeit maßgeblich unterstützt durch die Polizei).[20] Die Anzeige entsprechender Delikte kann nach § 158 Abs. 1 StPO bei der Staatsanwaltschaft, den Behörden des Polizeidienstes oder den Amtsgerichten erfolgen, zur Ermittlung des Sachverhalts sind – soweit ihre Voraussetzungen gegeben sind – die üblichen strafprozessualen Zwangsmaßnahmen zulässig.[21]

7   Da gerade Verstöße im Musik- und Softwarebereich nicht selten von Jugendlichen[22] begangen werden, ist auch an die Vorschriften des JGG zu denken. Hiernach gelten zwar die Straftatbestände des allgemeinen Strafrechts (vgl. § 2 Abs. 2 JGG) und damit auch die §§ 106 ff. UrhG. Die Rechtsfolgen bestimmen sich aber nach dem JGG, und es sind auch einige Verfahrensbesonderheiten zu beachten. So kann etwa nach § 80 Abs. 1 JGG gegen jugendliche Beschuldigte keine Privatklage (vgl. → Rn. 11) erhoben werden, sondern ausschließlich die Staatsanwaltschaft verfolgt die Tat ohne Rücksicht auf ein öffentliches Interesse, wenn Gründe der Erziehung oder ein berechtigtes Interesse des Verletzten es erfordern. Auch ein Adhäsionsverfahren (vgl. → Rn. 13) findet bei Jugendlichen nicht statt. Die Nebenfolge der Urteilsveröffentlichung nach § 111 ist gegen Jugendliche und Heranwachsende unzulässig.[23]

---

[15] Zu den damit zusammenhängenden Fragen auch *Deumeland* MR-Int. 2011, 99.
[16] *Deumeland* MittdtschPatAnw 2009, 24.
[17] Statt vieler: *Mitsch* Jura 2013, 696.
[18] Zur Sicherung ist auch die Anordnung eines Arrestes in das Vermögen nach § 111d StPO möglich; vgl. dazu OLG München GRUR-Int 2009, 162; LG Frankfurt a. M. CR 2012, 478.
[19] Allgemein zur Strafverfolgung im Urheberstrafrecht ausführlich *Hildebrandt* S. 334 ff.; knapper, aber instruktiver Überblick bei *Zabel* JA 2010, 401 ff.
[20] Einen Überblick über staatsanwaltschaftliche Zuständigkeiten und Ermittlung des Anschlussinhabers bei Anzeigen wegen der unberechtigten Verbreitung ihrer Musikwerke in Internet-Tauschbörsen geben *Beck/Kreißig* NStZ 2007, 304 (305 ff.).
[21] Vgl. *Hildebrandt* S. 317 ff. sowie auch sogleich → Rn. 14 ff.
[22] Zur Haftung der Eltern wegen Aufsichtspflichtverletzung *Rauer/Pfuhl* WRP 2013, 802.
[23] §§ 6 Abs. 1 S. 2, 105 Abs. 1 JGG.

2. Strafantragserfordernis

Eine strafrechtliche Verfolgung setzt bei den meisten Urheberrechtsverstößen nach § 109 einen **8** **Strafantrag des Verletzten** voraus (vgl. § 77 Abs. 1 StGB),[24] wenn nicht die Staatsanwaltschaft das besondere öffentliche Interesse an der Strafverfolgung bejaht. Vom Strafantragserfordernis ausgenommen ist § 108a, der gewerbsmäßiges Handeln in den Fällen der §§ 106–108 unter Strafe stellt.

Die Anforderungen an ein **„besonderes öffentliches Interesse"** sind noch strenger als an das **9** (einfache) öffentliche Interesse, über das bei Privatklagedelikten zu entscheiden ist (vgl. auch → Rn. 11).[25] Darüber hinaus ordnet **Nr. 261** der Richtlinien für das Straf- und Bußgeldverfahren **(RiStBV)** speziell für die §§ 106–108 als Straftaten gegen das geistige Eigentum an, dass das öffentliche Interesse idR zu bejahen sein wird, „wenn eine **nicht nur geringfügige Schutzrechtsverletzung** vorliegt. Zu berücksichtigen sind dabei insbesondere das Ausmaß der Schutzrechtsverletzung, der eingetretene oder drohende wirtschaftliche Schaden und die vom Täter erstrebte Bereicherung". Im Wesentlichen geht es hierbei also um Kriterien, die auch den strafschärfenden Strafzumessungsgesichtspunkten entsprechen.[26] Ob hier nach allgemeinen Auslegungskriterien außerhalb der Fälle gewerbsmäßigen Handelns nach § 108a, die ohnehin Offizialdelikte bilden, ein nennenswerter Anwendungsbereich für die Bejahung des besonderen öffentlichen Interesses verbleibt, kann durchaus bezweifelt werden.[27] Sollte man sich selbst als Opfer entsprechender Rechtsverletzungen wähnen, so ist daher jedenfalls die Stellung eines fristgerechten Strafantrags (vgl. § 77b StGB) zu raten. Umgekehrt kann es in Fällen, in denen man selbst im Verdacht einer Urheberrechtsverletzung steht, empfehlenswert sein, mit dem Verletzten in Verhandlungen über einen privaten Ausgleich zu treten, bevor dieser einen entsprechenden Strafantrag gestellt hat oder um ihn zu einer Antragsrücknahme (vgl. § 77d StGB) zu bewegen.

3. Spezielle strafprozessuale Verletztenrechte

Neben der Obliegenheit eines Strafantrags, ohne den es häufig nicht zu einer Strafverfolgung **10** kommen kann, kennt das Strafprozessrecht auch eine Reihe von Verletztenrechten, die ua auch den Opfern von Urheberrechtsverstößen zugutekommen können. So kann für den durch eine Straftat Verletzten insbesondere nach § 406e Abs. 1 StPO „ein Rechtsanwalt die **Akten,** die dem Gericht vorliegen oder diesem im Falle der Erhebung der öffentlichen Klage vorzulegen wären, **einsehen** sowie amtlich verwahrte Beweisstücke besichtigen, soweit er hierfür ein berechtigtes Interesse darlegt". Als ein solches Interesse ist auch die Geltendmachung zivilrechtlicher Schadensersatzansprüche anerkannt.[28]

Darüber hinaus gibt es nach § 374 Abs. 1 Nr. 8 StPO die Möglichkeit, Urheberstraftaten nach **11** §§ 106–108 und 108b Abs. 1, 2 im Wege der **Privatklage** ohne vorherige Anrufung der Staatsanwaltschaft zu verfolgen. Freilich handelt es sich hier nicht nur um ein Recht, sondern zugleich auch um eine Verkürzung des strafrechtlichen Schutzes, da in diesen Fällen die Staatsanwaltschaft zumeist nur selbst Anklage erhebt, wenn ein **(einfaches) öffentliches Interesse** zu bejahen ist (vgl. § 376 StPO). Dieses soll nach Nr. 86 Abs. 2 RiStBV nur dann „in der Regel vor[liegen], wenn der **Rechtsfrieden über den Lebenskreis des Verletzten hinaus gestört** und die Strafverfolgung ein gegenwärtiges Anliegen der Allgemeinheit ist". Ob dies bei Urheberrechtsverletzungen oft der Fall ist, wird bereits deswegen bezweifelt, weil die Öffentlichkeit von der konkreten Rechtsverletzung idR nichts erfährt.[29] Gewerbsmäßige Verstöße nach §§ 108a, 108 Abs. 3 sind keine Privatklagedelikte.

Wenn die Staatsanwaltschaft öffentliche Klage erhoben hat, hat der Verletzte wie auch bei vielen **12** anderen Verstößen gegen gewerbliche Schutzrechte in allen Fällen der §§ 106–108b die Möglichkeit, sich als **Nebenkläger** anzuschließen (vgl. § 395 Abs. 1 Nr. 6 StPO). Dies schafft nach Maßgabe insbes. der §§ 397 ff. StPO eine relativ umfassende Beteiligungsbefugnis, mit deren Hilfe dem Verletzten ermöglicht werden soll, neben dem staatlichen Verfahren seine persönlichen Interessen auf Genugtuung zu verfolgen.[30] Wichtige Rechte sind etwa diejenigen zur Anwesenheit in der Hauptverhandlung (samt Ladungspflicht des Gerichts), zur Richterablehnung, zum Stellen von Fragen und Beweisanträgen, zum Beanstanden von Anordnungen des Vorsitzenden sowie auch zur Einlegung von Rechtsmitteln.

Schließlich ermöglicht das in §§ 403–406c StPO geregelte **Adhäsionsverfahren** eine **Entschei- 13 dung des Strafgerichts über vermögensrechtliche Ansprüche,** zu denen typischerweise auch

---

[24] Vertiefend *Deumeland* MR-Int. 2011, 99 ff.
[25] Vgl. *Meyer-Goßner* § 376 Rn. 3.
[26] Vgl. auch *Heghmanns* NStZ 1991, 112 (115); *Hildebrandt* S. 365.
[27] Vgl. *Hildebrandt* S. 366; Wandtke/Bullinger/*Reinbacher* § 109 Rn. 2; *Heinrich* S. 335 ff.; vgl. auch *Beck/Kreißig* NStZ 2007, 304 (310), die bei Urheberrechtsverstößen im Zusammenhang mit illegalen Angeboten in Filesharingsystemen eine Einstellung regelmäßig (etwa auch bei Ersttätern mit 2.500 angebotenen Audio-Dateien) als angemessen erachten und selbst bei „erheblich" größeren Angeboten ein „konsequentes Vorgehen" nur „im Wege des Strafbefehls" fordern.
[28] Vgl. *Meyer-Goßner/Schmitt* § 406e Rn. 3 mwN; *Schäfer,* Die Bedeutung des Urheberstrafverfahrensrechts, S. 139, 158 ff.
[29] Vgl. auch *Heinrich* S. 325 ff.
[30] Vgl. *Meyer-Goßner/Schmitt* vor § 395 Rn. 1 mwN.

solche nach § 97 Abs. 1 gehören. In der Praxis spielt das Adhäsionsverfahren freilich nur eine ganz untergeordnete Rolle. Denn zivilrechtliche Ansprüche müssen keinesfalls im Adhäsionsverfahren, sondern können ohne Einschränkungen durch das Strafrecht auch vor den Zivilgerichten geltend gemacht werden.

4. Strafprozessuale Ermittlungsbefugnisse

14   Kommt es zu strafprozessualen Ermittlungen, so steht – je nach Art des Urheberverstoßes – ein reichhaltiges Arsenal an Ermittlungsmaßnahmen zur Verfügung.[31] Ohne Strafantrag sind solche regelmäßig nur dann zulässig, wenn die Staatsanwaltschaft das besondere öffentliche Interesse bejaht (vgl. → Rn. 8 sowie die Kommentierung zu § 109).[32] Da diverse Verstöße heute auf elektronischem Wege und dabei insbesondere auch über das Internet erfolgen, sind dabei nicht zuletzt die Ermittlungsmaßnahmen von Interesse, die einen entsprechenden Datenzugriff zulassen. Eine wichtige Einschränkung liegt insoweit darin, dass – aus Verhältnismäßigkeitsgründen ohne Zweifel überzeugend – eine Überwachung der Telekommunikation nach **§ 100a StPO** beim Verdacht von **Urheberstraftaten nicht angeordnet** werden kann.

15   **a) Ermittlung der IP-Adresse.** Da mittlerweile zahlreiche (und insbesondere im Umfang bedeutsame) Urheberverletzungen über das Internet begangen werden, ist oftmals ein erster wichtiger Schritt die **Ermittlung der IP-Adresse.**[33] Unter dieser kann der Computer, mit dem die Straftat begangen wird, im Internet eindeutig identifiziert werden. Entsprechende Anfragen bei Providern nach den Anschlussinhabern durch die Strafverfolgungsbehörden können (seit Inkrafttreten des „Bestandsdatenauskunftsgesetz" zum 1.7.2013)[34] und nunmehr auch nach dem im Herbst 2015 beschlossenen Gesetz zur Einführung einer Speicherpflicht und einer Höchstspeicherfrist für Verkehrsdaten (vgl. BT-Drs. 18/5088) auf § 100j StPO iVm § 113 TKG gestützt werden und Bestandsdaten iSd §§ 3 Nr. 3, 111 TKG (wie Name und Anschrift des Nutzers) umfassen, wobei nunmehr auch unerheblich ist, ob die Auskunft statische oder dynamische IP-Adressen betreffen soll.[35]

16   Zwei Probleme sind damit freilich nicht behoben: Zum einen gehen solche **Auskunftsverlangen nicht selten ins Leere,** da die Provider jedenfalls bei Kunden mit Flatrate nach der Nichtigkeitserklärung des früheren § 113a TKG durch das BVerfG[36] zunächst keine Verkehrsdaten speichern durften bzw. diese nunmehr nur beim Verdacht schwerer Straftaten iSd § 100j Abs. 2 StPO übermitteln dürfen, in dessen Katalog die Straftatbestände nach dem UrhG nicht enthalten sind. Zum anderen lässt die IP-Adresse allein erst einmal nur auf den **Anschluss,** nicht aber auf den **konkreten Täter** schließen.[37] Wird dieser Anschluss von mehreren Personen genutzt oder handelt es sich um ein offenes WLAN, so ist der konkrete Täter ohne weitere Indizien nicht bestimmbar,[38] und es müssen sich weitere Ermittlungsmaßnahmen anschließen.[39] Eine „Geschäftsherrenhaftung" des Anschlussinhabers kommt selbst bei Kenntnis vom Missbrauch nicht ohne weitere Voraussetzungen in Betracht.

17   **b) Durchsuchungen.** Da zur Verfolgung von Urheberrechtsverstößen eine Überwachung der Telekommunikation und damit ebenso eine strafprozessuale Online-Durchsuchung nicht zulässig sind (vgl. bereits → Rn. 14), richten sich Durchsuchungen beim Anschlussinhaber nach §§ 102 ff. StPO. Dabei müssen häufig digitale Speichermedien gesichtet werden (vgl. § 110 StPO), wobei nach Maßgabe des § 110 Abs. 3 StPO auch auf externe Speichermedien zugegriffen werden kann (jedenfalls, soweit sich diese im Inland befinden).[40] Auch bei Durchsuchungen ist wegen des grundrechtlichen

---

[31] Vgl. ergänzend zum nachfolgenden Überblick etwa Nordemann/*Ruttke/Scharringhausen* vor § 106 Rn. 42 ff.; zu Ermittlungsmaßnahmen im Internet bzw. im Zusammenhang mit Computerdaten ebenso eingehend wie instruktiv *Gehrke/Brunst,* Praxishandbuch Internetstrafrecht, 2009, Rn. 637 ff.

[32] Näher *Hildebrandt* S. 375 (dort S. 376 auch zu Ermittlungen im Vorfeld eines Privatklageverfahrens); *Reinbacher* S. 313 f.

[33] Fromm/Nordemann/*Ruttke/Scharringhausen* § 106 Rn. 42 ff.; zum alternativen Vorgehen des Verletzten über einen Auskunftsanspruch nach § 101 und zur verbleibenden Bedeutung der strafrechtlichen Ermittlung samt nachfolgendem Akteneinsichtsrecht nach § 406e StPO vgl. ergänzend → Rn. 2.

[34] Vgl. BGBl. 2013 I S. 1602 ff.

[35] Eingehend *Dalby* CR 2013, 61 ff. (auf S. 64 für eine Einschränkung bei dynamischen IP-Adressen, soweit es sich um den Verdacht einer Ordnungswidrigkeit handelt, die nicht „besonders gewichtig" ist). Zur verfassungsrechtlichen Bedenken gegen die Ermittlung der IP-Adresse bei Bagatelltaten auch schon (zur früheren Rechtslage) BVerfG ZUM-RD 2008, 57; *Abdallah/Gercke* ZUM 2005, 368 (373 ff.); *Reinbacher* S., 322.

[36] BVerfGE 121, 391; 122, 120 = NJW Spezial 2008, 729.

[37] Eingehend *Reinbacher* in Bosch/Bung/Klippel S. 83.

[38] Vgl. *Reinbacher* in Bosch/Bung/Klippel S. 83, 109.

[39] Im Strafverfahren wäre der Anschlussinhaber aus tatsächlichen Gründen freizusprechen, wenn Familienangehörige als Täter in Betracht kommen., vgl. AG Mainz MMR 2010, 117.

[40] Bei Daten im Ausland soll § 110 StPO nicht anwendbar sein, vgl. *Gercke* CR 2010, 345 (347); *Bär* MMR 2008, 215 (221); allgemein zum in diesem Zusammenhang potentiell relevanten „Speichern in der cloud" vgl. *Brodowski/Eisenmenger* ZD 2014, 119; *Obenhaus* NJW 2010, 651; *Wicker* MMR 2013, 765. Bei Vertragsstaaten der Cybercrime Convention können deren Art. 29 (umgehende Sicherung gespeicherter Computerdaten) und Art. 31 (Rechtshilfe beim Zugriff auf gespeicherte Computerdaten) uU weiterhelfen.

Schutzes durch Art. 13 GG der Grundsatz der Verhältnismäßigkeit zu beachten.[41] Dabei kann etwa die Anzahl der Urheberrechtsverstöße von Bedeutung sein.[42]

c) Beschlagnahme. Zum Zweck der Beweissicherung[43] kann die **Beschlagnahme** von Gegen- **18** ständen nach § 94 Abs. 1 StPO erfolgen. Das ist unstreitig auch bei elektronisch gespeicherten Daten möglich, wobei hier oftmals statt eines Zugriffs auf die Hardware auch eine bloße Kopie der entsprechenden Daten vorstellbar ist.[44] Das gilt im Grundsatz auch, wenn die zu beschlagnahmenden Daten aus einer (abgeschlossenen) Kommunikation herrühren, also etwa bei E-Mails, die auf dem Computer des Empfängers gespeichert sind. Nach Auffassung des BGH soll das auch gelten, wenn E-Mails in einem noch nicht abgeschlossenen Kommunikationsvorgang auf dem Server des Providers gespeichert sind und noch nicht abgerufen wurden.[45] In Abgrenzung zu dieser Ermittlungsmaßnahme zu Beweiszwecken dient die Beschlagnahme nach § 111b StPO der Absicherung einer drohenden Einziehung nach § 73 StGB (ggf. auch als Rückgewinnungshilfe zugunsten des Geschädigten nach § 111b Abs. 5 StPO in Fällen, in denen wegen § 73 Abs. 1 S. 2 StGB eine Einziehung ausscheiden würde).[46]

5. Gerichtszuständigkeit

Nach § 74c Abs. 1 Nr. 1 GVG gehören die Straftaten nach dem UrhG zur Zuständigkeit der **Wirt-** **19** **schaftsstrafkammern.** Allerdings wird die Zuständigkeit in Fällen des § 74c Abs. 1 Nr. 1 GVG nur begründet, wenn die Landgerichte auch allgemein zuständig sind,[47] dh für die Vergehen der §§ 106 ff. nach § 74 Abs. 1 GVG im ersten Rechtszug nur dann, wenn die Straferwartung über vier Jahren Freiheitsstrafe liegt oder von der Staatsanwaltschaft wegen der besonderen Bedeutung des Falles Anklage beim Landgericht erhoben wird. In der Praxis wird deshalb für Straftaten nach §§ 106 ff. regelmäßig die Zuständigkeit der **Amtsgerichte** begründet sein, zumal nach § 25 Nr. 1 GVG der Strafrichter bereits bei allen Vergehen entscheidet, die im Wege der Privatklage verfolgt werden.

III. Fragen des Allgemeinen Teils

Nach **Art. 1 Abs. 1 EGStGB** gelten die Vorschriften des **Allgemeinen Teils** des StGB grund- **20** sätzlich auch für bundesrechtliche Strafnormen außerhalb des StGB und damit auch für das Urheberstrafrecht. Gleiches gilt für ungeschriebene, von Rechtsprechung und Lehre entwickelte **Grundsätze der allgemeinen Strafrechtsdogmatik** (etwa hinsichtlich Kausalität und objektiver Zurechnung oder Abgrenzung von Vorsatz und Fahrlässigkeit). Diese allgemeinen Fragen können und müssen hier nicht ausführlich abstrakt erörtert werden. Aus der Vielzahl der Fragestellungen der allgemeinen Strafrechtsdogmatik werden im Folgenden einige erwähnt und teilweise näher ausgeführt,[48] die für das Urheberstrafrecht im Allgemeinen von überdurchschnittlicher Bedeutung sind; spezifische Fragen im Zusammenhang mit einzelnen Tatbeständen bzw. die Anwendung der hier knapp wiederholten allgemeinen Grundsätze auf die einzelnen Delikte werden dann iRd jeweiligen Tatbestandes behandelt.

1. Vorsatz und Irrtum

Nach § 15 StGB (iVm Art. 1 Abs. 1 EGStGB) setzen die Straftatbestände des Urheberstrafrechts **21** mangels ausdrücklicher Anordnung einer Fahrlässigkeitsstrafbarkeit durchweg Vorsatz voraus.

a) Vorsatzerfordernis und Vorsatzanforderungen. Nach allgemeinen Grundsätzen ist dabei **22** Vorsatz der Wille zur Verwirklichung des gesetzlichen Tatbestandes in Kenntnis all seiner Merkmale oder kurz gefasst: **Wissen und Wollen** der Tatbestandsverwirklichung.[49] Nach allgemeinen Regeln genügt dabei normalerweise auch **bedingter Vorsatz,**[50] dh das Fürmöglichhalten und die billigende Inkaufnahme des tatbestandlichen Erfolges.[51] Bewusste Fahrlässigkeit ist dagegen nicht ausreichend. In Übereinstimmung mit allgemeinen Grundsätzen der Vorsatzdogmatik wird man (für die strafrechtliche Verantwortung)[52] ferner auch keine proaktiven Kontroll- oder Erkundigungspflichten verlangen kön-

---

[41] Vgl. allgemein BVerfG NJW 1997, 2165; speziell zum Urheberstrafrecht *Reinbacher* S. 324; *Reinbacher* in Bosch/Bung/Klippel S. 83, 111; Einzelheiten bei *Hildebrandt,* 371 ff.

[42] Vgl. Wandtke/Bullinger/*Reinbacher* § 106 Rn. 50.

[43] Daher mangels hinreichenden Verdachts gegen die Beschlagnahme von Computern im Falle des Betriebs eines offenen WLANs *Hornung* CR 2007, 88 (93); vgl. auch *Reinbacher* in Bosch/Bung/Klippel S. 83, 111.

[44] Vgl. allgemein dazu bis heute grundlegend *Böckenförde,* Die Ermittlung im Netz, 2003, S. 257 ff.

[45] Vgl. BGH NJW 2009, 1828 mAnm *Kudlich* JA 2009, 658; zur E-Mail-Beschlagnahme beim Provider vgl. auch *Klein* NJW 2009, 2996 sowie *Zimmermann* JA 2014, 321.

[46] Vgl. näher auch *Hildebrandt* S. 374 f.

[47] Missverständlich insoweit noch → 4. Aufl. 2010, Rn. 4.

[48] Vgl. zu vielen der folgenden Punkte auch Wandtke/Bullinger/*Reinbacher* § 106 Rn. 29 ff.; Berger/Wündisch/*Kudlich* § 9 Rn. 31 ff.

[49] Vgl. *Fischer* § 15 Rn. 3.

[50] Vgl. Wandtke/Bullinger/*Reinbacher* § 106 Rn. 29 mwN; allgemein *Fischer* § 15 Rn. 5.

[51] Vgl. *Fischer* § 15 Rn. 9 ff.

[52] Soweit im Bereich einer verschuldensunabhängigen Störerhaftung nach § 97 (vgl. auch → § 97 Rn. 215 ff.), welche nach § 7 Abs. 2 S. 2 TMG auch im Online-Bereich anwendbar bleibt, auch Kontroll- und Schutzpflichten anerkannt werden, betreffen diese nicht die strafrechtliche Verantwortlichkeit.

nen, deren Missachtung ohne weiteres die Annahme (bedingt) vorsätzlichen Handelns begründen könnte.

23 Die für den Vorsatz erforderliche Kenntnis bezieht sich bei **deskriptiven** (dh rein äußerlich beschreibenden) **Merkmalen** der Tatbestände auf die jeweils zugrunde liegenden **Tatsachen**, ohne dass der Täter dabei richtig unter die gesetzlichen Vorschriften subsumieren müsste. Bei der Vielzahl der zivilrechtsakzessorischen und damit **normativen Tatbestandsmerkmale** im Rahmen der urheberrechtlichen Straftatbestände ist jedenfalls keine exakte Rechtskenntnis, wohl aber zumindest eine zutreffende „**Parallelwertung in der Laiensphäre**" erforderlich;[53] zumindest in Gestalt dieser Parallelwertung muss der Täter erkennen, dass er in geschützte Verwertungsrechte eingreift bzw. in sonstiger Weise unzulässig handelt.

24 **b) Irrtümer.** Die strafrechtliche Irrtumslehre ist in den Randbereichen der Abgrenzung zwischen vorsatzrelevanten und vorsatzirrelevanten Irrtümern bis heute im Allgemeinen und im Nebenstrafrecht im Besonderen ein immer noch umstrittenes Problem.[54] Auch für das Urheberstrafrecht muss die Behandlung von Irrtümern in Problemfällen noch als vielfach ungeklärt betrachtet werden.[55]

25 **aa) Allgemeines.** Die Systematik des StGB unterscheidet dabei grundsätzlich zwischen **vorsatzrelevanten Tatbestandsirrtümern (vgl. § 16 StGB) und vorsatzirrelevanten Verbotsirrtümern (§ 17 StGB),** dh vergröbernd gesprochen zwischen Irrtümern im tatsächlichen und im nur rechtlichen Bereich. Relativ klar sind daher die Fälle, in denen der Täter eine bestimmte **Tatsache nicht kennt,** deren Vorliegen ein Merkmal des gesetzlichen Tatbestandes ist, so etwa, wenn der Täter schlicht ein bestimmtes Werk verwechselt oder aufgrund eines Irrtums über den Autor eines Werkes davon ausgeht, dass die Schutzdauer des § 64 bereits abgelaufen ist.

26 Ebenso einfach – wenngleich in dieser Form wohl selten – sind Fälle, in denen dem Täter die grundsätzlichen **urheberstrafrechtlichen Verbote nicht bekannt** sind, zB in denen der Täter nicht weiß, dass die Verbreitung eines fremden Werkes gegen die Rechtsordnung verstößt; ein solcher fundamentaler Irrtum wird freilich idR vermeidbar sein, sodass nach § 17 S. 2 StGB die Schuld des Täters nicht ausgeschlossen ist. Vermeidbarkeit ist dabei dann anzunehmen, wenn der Täter bei gehöriger Anspannung seines Gewissens, durch Einsatz seiner geistigen Erkenntniskräfte oder durch Einholung von Auskunft[56] die Rechtswidrigkeit seines Verhaltens hätte einsehen können. Wie viel Sorgfalt der Täter bei alledem im Einzelnen schuldet, ergibt sich insbesondere aus den konkreten Umständen des Falles und dem Lebens- und Berufskreis des Einzelnen.[57] Erhält der Täter von einer verlässlichen Person eine falsche Rechtsauskunft, kann ein unvermeidbarer Verbotsirrtum vorliegen.[58]

27 Problematisch und im Einzelfall umstritten ist dagegen die Behandlung von solchen Irrtümern, welche die **urheberrechtliche Bewertung eines Sachverhalts im Vorfeld der Strafnorm** betreffen. In der Literatur wird hier **teilweise** für eine großzügige Annahme von **vorsatzrelevanten Tatbestandsirrtümern** plädiert, indem urheberrechtsakzessorische Begriffe innerhalb der Straftatbestände des UrhG grundsätzlich als normative Tatbestandsmerkmale verstanden werden und der Irrtum darüber großzügig den Regelungen über den Tatbestandsirrtum unterstellt wird.[59] Die klassische Irrtumslehre, die häufiger auch zu Verbotsirrtümern kommen könnte, würde sonst zu punitiv wirken,[60] da nach dieser Vorschrift die Strafbarkeit deutlich seltener entfällt und von Laien ein Verständnis der komplexen urheberrechtlichen Vorschriften nicht erwartet werden könne.[61]

28 Das trifft sich mit einer Forderung, die in der wirtschaftsstrafrechtlichen Literatur ganz allgemein zumindest für solche Tatbestandsmerkmale erhoben wird, welche als solche nicht mit einem sozialen Unwerturteil verbunden sind.[62] Darüber hinaus kann gerade im Urheberstrafrecht das Postulat einer großzügigen Annahme von normativen Tatbestandsmerkmalen als Argument in Anspruch nehmen, dass dort die in Bezug genommenen Regelungen einerseits relativ komplex sind, sich andererseits vielfach aber auch an Laien richten, sodass eine generelle Unbeachtlichkeit außerstrafrechtlicher Rechtsirrtümer für den Vorsatz – anders als teilweise sonst im vor allem an Spezialisten ihres Verkehrskreises gerichteten Nebenstrafrecht[63] – zu unbefriedigenden Ergebnissen führen würde.

---

[53] Hierzu auch *Heinrich* GRUR-Prax 2017, 96. Umfassend zur Übertragung der strafrechtlichen Irrtumslehre auf die §§ 106 ff. UrhG und kritisch zum Begriff der Parallelwertung in der Laiensphäre *Wissmann,* Der Irrtum im Urheberstrafrecht, 2017, S. 135, 155 ff.

[54] Vgl. dazu allgemein für den Bereich des Wirtschaftsstrafrechts *Tiedemann,* Wirtschafsstrafrecht, 5. Aufl. 2017, Rn. 400 ff.

[55] Vgl. näher *Hildebrandt* S. 247 ff.

[56] BGH NZWiSt 2013, 16 mAnm *Raschke.*

[57] Vgl. insgesamt *Schönke/Schröder/Cramer/Sternberg-Lieben* § 17 Rn. 17 ff.

[58] Vgl. hierzu BGHSt 58, 15 („Italienische Bauhausmöbel") mAnm *Raschke* NZWist 2013, 16 (keine bloße „Feigenblattfunktion" der Rechtsauskunft).

[59] Vgl. Wandtke/Bullinger/*Reinbacher* § 106 Rn. 32; *Hildebrandt* S. 254; dagegen *Wissmann,* Der Irrtum im Urheberstrafrecht, S. 407 der stattdessen für einen „weicheren" Vermeidbarkeitsmaßstab im Rahmen des § 17 StGB plädiert (gerade beim Umgang mit „neuen Medien").

[60] Vgl. Wandtke/Bullinger/*Reinbacher* § 106 Rn. 32.

[61] Eine Überlegung, die freilich auch auf der Ebene der (Un-) Vermeidbarkeit des Verbotsirrtums fruchtbar gemacht werden könnte; so etwa *Heinrich* in Bosch/Bung/Klippel S. 59, 74.

[62] Vgl. *Kudlich/Oğlakaoğlu,* Wirtschaftsstrafrecht, 2. Aufl. Rn. 57 ff.

[63] Vgl. zu diesem Gesichtspunkt *Jescheck/Weigend* § 41 II 2c.

Allerdings wird in diesem Bereich, in dem kaum Rechtsprechung vorliegt und sich dieser zudem **29** kein eindeutiges Bekenntnis entnehmen lässt, in der Literatur **teilweise auch ein genau gegenteiliger Ansatz** vertreten, der bei jeder Art von Rechtsirrtum regelmäßig nur zu einem vorsatzirrelevanten (und oftmals vermeidbaren) Verbotsirrtum kommt.[64] Auch wenn damit unter Berücksichtigung der → Rn. 27 f. angeführten Argumente kriminalpolitisch überzogen erscheint, kann man sich deshalb für die Praxis nicht ohne weiteres darauf verlassen, dass urheberrechtliche Vorfeldirrtümer stets als Tatbestandsirrtum nach § 16 Abs. 1 S. 1 StGB behandelt werden, zumal die Rechtsprechung in anderen Bereichen Vorfeldirrtümer mitunter recht rigide als bloße Subsumtionsirrtümer abtut.[65]

bb) Kasuistik. So werden etwa Irrtümer über den **Werkbegriff**[66] verbreitet als Tatbestandsirrtü- **30** mer iSd § 16 Abs. 1 S. 1 StGB über ein normatives Tatbestandsmerkmal bewertet.[67] Von anderen Autoren wird zumindest für bestimmte Voraussetzungen des Werkbegriffs zwar auch unbeachtlichen Subsumtionsirrtümern ein gewisser Anwendungsbereich eingeräumt,[68] was jedoch dogmatisch nicht ganz stimmig erscheint, da bereits das Vorliegen des Merkmales „Werk", nicht dagegen erst der Schutzbereich der Strafnorm verkannt wird. Praktisch dürfte sich hier die – in manchen Fällen wertungsmäßig durchaus überzeugende – Annahme eines vorsätzlichen Handelns eher damit begründen lassen, dass hinsichtlich des Vorliegens eines Werkes (in der Parallelwertung der Laiensphäre) zumindest bedingter Vorsatz vorliegt[69] oder aber vor Gericht die Glaubwürdigkeit des Täters in Frage gestellt wird, der sich auf einen entsprechenden Irrtum beruft.

Bei einer Fehlinterpretation der überwiegend eher deskriptiv gehaltenen **Tathandlungen** wird da- **31** gegen zumeist nur – wenn überhaupt[70] – von einem Verbotsirrtum ausgegangen,[71] wenngleich einiges dafür spricht, zumindest die urheberzivilrechtsakzessorisch ausgestalteten Merkmale jeweils darauf hin zu untersuchen, ob sie nicht in bestimmten Bestandteilen normative Tatbestandsmerkmale sind.[72]

Das (Nicht-)Vorliegen von **Schranken** nach §§ 44a ff., die als negative Tatbestandsmerkmale eine **32** Strafbarkeit ausschließen können, wird hingegen überwiegend als normatives Tatbestandsmerkmal angesehen, sodass eine entsprechende (auch urheberrechtlich begründete) Unkenntnis den Vorsatz entfallen lässt.[73] Streitig ist, ob dies auch für einen Irrtum über die Dauer der Schutzfrist gilt.[74]

cc) Insbesondere: Irrtümer im Zusammenhang mit einer Einwilligung. Besonders um- **33** stritten ist die Behandlung von Irrtümern im Zusammenhang mit der **Erteilung einer Einwilligung** (die auf Grund der überragenden Bedeutung dieses Rechtsinstituts für die strafrechtliche Beurteilung auch die praktisch relevanteste Fallgruppe darstellen).[75] Solche Irrtümer sind vor allem bei der Einräumung oder Übertragung von Nutzungsrechten etwa hinsichtlich Wirksamkeit, Inhalt und Reichweite der vertraglichen Vereinbarungen denkbar; dies gilt im besonderen Maße auch, da im Urhebervertragsrecht anders als im Sachenrecht ein gutgläubiger Erwerb von Nichtberechtigten nicht möglich ist, sodass ein Irrtum des Täters „zu seinen Gunsten" idR nicht schon dazu führen kann, dass ein objektives Tatbestandsmerkmal entfällt. Grob sind **drei Konstellationen zu unterscheiden:**[76]

– Relativ einfach zu lösen ist der Fall, in welchem dem **Täter das Erfordernis vertraglicher Nut-** **34** **zungseinräumungen nicht bekannt** ist, da er nicht weiß, dass die Nutzung fremder Rechtspositionen rechtswidrig ist. Dieser **Verbotsirrtum** ist aber wohl eher ein theoretisches Problem und wäre überdies idR vermeidbar und daher für die Schuldfrage irrelevant.

---

[64] In diesem Sinne wohl *Flechsig* in Loewenheim § 90 Rn. 33, 35.

[65] Vgl. etwa zu einer falschen rechtlichen Bewertung der Selbständigkeit einer Beschäftigung nach dem Maßstab des § 7 SGB IV als unbeachtlicher Subsumtionsirrtum bei § 266a StGB BGH NStZ 2010, 337.

[66] Bei anderen Tatobjekten wird sich die Frage nach Fehlvorstellungen des Täters praktisch regelmäßig nicht stellen, so etwa nach dem Vorliegen eines Lichtbilds iSd § 108 Abs. 1 Nr. 3 UrhG. Vgl. auch *Wissmann*, Der Irrtum im Urheberstrafrecht, S. 205 ff.

[67] Vgl. Wandtke/Bullinger/*Reinbacher* § 106 Rn. 33.

[68] Vgl. *Kircher*, Tatbestandsirrtum und Verbotsirrtum im Urheberrecht, 1973, S. 27 f., 35 f.

[69] Vgl. dazu auch *Hildebrandt* S. 281.

[70] Kein Verbotsirrtum, sondern ein hinreichendes Unrechtsbewusstsein soll (auch im Urheberstrafrecht) bereits vorliegen, wenn der Täter bei Begehung der Tat mit der Möglichkeit rechnet, Unrecht zu tun, und dies billigend in Kauf nimmt. Es genügt damit das Bewusstsein, dass die Handlung gegen irgendwelche, wenn auch im Einzelnen nicht klar vorgestellte gesetzliche Bestimmungen verstößt, vgl. nur BGH NStZ-RR 2009, 13; NJW 2011, 1236 (1239), sowie speziell zum Urheberrecht BGHSt 58, 15 (27).

[71] Vgl. LG Wuppertal CR 1987, 599 (600); Wandtke/Bullinger/*Reinbacher* § 106 Rn. 34; ebenso in der Vorauflage *Haß* § 106 Rn. 30.

[72] Vgl. Wandtke/Bullinger/*Reinbacher* § 106 Rn. 34; dagegen *Wissmann*, Der Irrtum im Urheberstrafrecht, S. 258 ff.

[73] Vgl. Möhring/Nicolini/*Spautz* § 106 Rn. 9; Wandtke/Bullinger/*Reinbacher* § 106 Rn. 35; aA jedoch *Flechsig* in Loewenheim § 90 Rn. 43.

[74] Dafür Wandtke/Bullinger/*Reinbacher* § 106 Rn. 35; anders Möhring/Nicolini/*Spautz* § 106 Rn. 9.

[75] Dabei wird im Folgenden erst einmal der strafrechtliche Oberbegriff der „Einwilligung" trotz terminologischer Unterscheidungen im Urhebervertragsrecht (vgl. § 29 Abs. 2 sowie dazu die Kommentierung zu § 29 Rn. 23 ff.) verwendet, also als Zustimmung zu einem – vorbehaltlich dieser Zustimmung – rechtswidrigen Eingriff in eine urheberrechtliche Rechtsposition; die Zustimmung des Rechteinhabers muss stets (aber auch nur) so weit reichen, wie sie die Verletzung rechtfertigen soll. Wenn also im Folgenden von „Einwilligung" im strafrechtlichen Kontext die Rede ist, so ist damit eine „Zustimmung" eben in diejenige Rechtsverletzung gemeint, die im Raume steht. Dazu, dass diese „Zustimmung" sich dogmatisch unterschiedlich auswirken kann, vgl. → § 106 Rn. 31 ff.

[76] Vgl. auch *Wissmann*, Der Irrtum im Urheberstrafrecht, S. 352 ff.

35 – Ebenso einfach und wohl ebenso selten ist der umgekehrte Fall, in dem **ein Irrtum im rein tat-sächlichen Bereich** vorliegt. Vorstellbar wäre etwa, dass der Verwerter unwiderlegt behaupten kann, er habe sich über die **Identität des Werkes** geirrt (und angenommen, über das betreffende Werk eine entsprechende Nutzungsvereinbarung geschlossen zu haben) oder aber den Inhalt des Nutzungsvertrages nicht mehr exakt in Erinnerung gehabt (und daher auch eine dort tatsächlich nicht erfasste Nutzungsart für mitgeregelt gehalten). Auch die Konstellation, in welcher der Täter einen (schwebend) unwirksamen Vertrag etwa aufgrund der **Unkenntnis von der Minderjährig-keit des Vertragspartner**s für wirksam hält, würde hierher gehören. All diese Beispiele wären kla-re Fälle von Tatbestandsirrtümern.

36 – Der wohl relevanteste, aber zugleich auch schwierigste Fall liegt dagegen vor, wenn **urheberrecht-liche Folgen eines bestimmten Vertragsschlusses falsch eingeschätzt** werden bzw. wenn eine Einwilligung in Kenntnis ihres Wortlauts falsch ausgelegt wird und der Verwerter sich deswe-gen eine Nutzungsberechtigung zumisst, die nach objektiver Rechtslage überhaupt nicht besteht. Hier spricht aufgrund des in hohem Maße normativen Gehalts der vertraglichen sowie der urheber-vertragsrechtlichen Regelungen einiges dafür, **in großzügiger Weise** einen **vorsatzrelevanten Irrtum über normative Tatbestandsmerkmale** anzunehmen, auch wenn es sich um zivilrechtli-che Rechtsirrtümer handelt. **Vorbilder** dafür finden sich nicht nur im **Kernstrafrecht,** wo zB zivilrechtliche Irrtümer hinsichtlich des Merkmals der Fremdheit den Vorsatz bei § 242 StGB ent-fallen lassen,[77] sondern etwa auch im **Steuerstrafrecht,** wo die Rechtsprechung aus der rechtsirr-tümlichen Unkenntnis eines Steueranspruchs einen Tatbestandsirrtum hinsichtlich des Merkmals der Steuerverkürzungen in § 370 AO ableitet.[78] Ebenso wie derjenige, der (in grundsätzlicher Kenntnis des Verbots der Steuerhinterziehung) aufgrund der rechtsirrtümlichen Unkenntnis eines gegen ihn bestehenden Steueranspruches seinem Handeln nicht den sozialen Sinn des § 370 AO zumisst und daher keine Kenntnis vom Tatumstand der „Verkürzung einer Steuer" hat, erfasst auch derjenige, der (in grundsätzlicher Kenntnis vom Verbot der unberechtigten Nutzung fremder Ver-wertungsrechte) aufgrund einer falschen Entscheidung einer urheberrechtlichen Vorfrage bzw. einer unzutreffenden Auslegung einer von ihm geschlossenen Vereinbarung seine eigene urheberrechtli-che Berechtigung annimmt, nicht den sozialen Sinn des § 106 bzw. § 108, der gerade darin liegt, dass in unberechtigter Weise in fremde Verwertungsrechte eingegriffen wird.

2. Versuchsstrafbarkeit

37 In den Vorschriften der §§ 106–108a ist – jeweils in ihrem Abs. 2 – eine **Versuchsstrafbarkeit ausdrücklich angeordnet.** Bei § 108b fehlt eine solche Anordnung, sodass mangels Verbrechens-charakters des Straftatbestandes (vgl. § 12 Abs. 2 StGB) insoweit der Versuch nicht mit Strafe bedroht ist (vgl. § 23 Abs. 1 StGB).

38 **a) Allgemeine Regeln.** Soweit der Versuch mit Strafe bedroht ist, setzt eine Strafbarkeit nach all-gemeinen Grundsätzen jeweils einen entsprechenden **Tatentschluss,** dh die Verwirklichung des sub-jektiven Tatbestandes, sowie iSd § 22 StGB ein **unmittelbares Ansetzen** zum Versuch voraus. Letzteres liegt vor, wenn der Täter entweder die tatbestandsmäßige Handlung schon begangen hat (und nur der Erfolg bislang – noch – ausgeblieben ist, so etwa wenn ein Vervielfältigungsvorgang bereits angestoßen worden ist, die Kopie aber mangels Speicherplatzes auf dem Zieldatenträger nicht erstellt werden kann) oder aber sein Handeln nach seiner Vorstellung von der Tat ohne wesentliche Zwischenschritte in die Tatbestandsverwirklichung einmünden soll und das Tatobjekt bereits konkret gefährdet ist sowie der Täter die Schwelle zum „Jetzt-geht-es-los" überschritten hat.[79] Zur Anwen-dung dieser allgemeinen Grundsätze auf die verschiedenen Tatbestände vgl. jeweils die Kommentie-rung zu den einzelnen Vorschriften. Allgemein gilt freilich: Aufgrund der in vielen Fällen sehr früh eingreifenden Vollendungsstrafbarkeit ist der praktische Anwendungsbereich des strafbaren Versuchs eher gering.[80]

39 **b) Sonderproblem „untauglicher Versuch".** Grundsätzlich denkbar sind jedoch Fälle des sog. **untauglichen Versuchs,** dessen Anwendungsbereich auch durch einen frühen formellen Vollen-dungszeitpunkt grds. unberührt bleibt. Ein untauglicher Versuch liegt vor, wenn der Täter sich Tat-umstände vorstellt, bei deren tatsächlichem Vorliegen er eine Straftat begehen würde (gleichsam **um-gekehrter Tatbestandsirrtum**).[81] In der allgemeinen Strafrechtsdogmatik wird überwiegend davon ausgegangen, dass ein „umgekehrter Tatbestandsirrtum" grundsätzlich zum Vorliegen eines untaugli-chen Versuchs führt.[82] Geht man daher – wie oben dargestellt (→ Rn. 27 f.) – im Rahmen der Irr-tumslehre zumindest für den Werkbegriff und die Schrankenbestimmungen weitgehend von normati-

---

[77] Vgl. Schönke/Schröder/*Eser* § 242 Rn. 45.
[78] Vgl. die stRspr seit BGHSt 5, 90; OLG Köln NJW 2004, 3504.
[79] Vgl. *Fischer* § 22 Rn. 10 mwN aus Rechtsprechung und Literatur.
[80] Vgl. Fromm/Nordemann/*Ruttke/Scharringhausen* § 106 Rn. 38.
[81] Vgl. *Fischer* § 22 Rn. 43; SSW/*Kudlich/Schuhr* § 22 Rn. 21 ff.
[82] Vgl. *Fischer* § 16 Rn. 12.

ven Tatbestandsmerkmalen aus, so würde dies bei „Irrtümern zu Lasten des Täters" regelmäßig zur Möglichkeit eines untauglichen Versuchs führen.[83]

In der urheberstrafrechtlichen **Literatur** wird dies **teilweise** kritisiert.[84] Aus kriminalpolitischen **40** Gründen sei eine Einordnung als **(strafloses) Wahndelikt** vorzugswürdig; anderenfalls werde die im Interesse des Bürgers liegende, aufgrund der komplexen urheberrechtlichen Rechtslage großzügige Annahme von Tatbestandsirrtümern über normative Tatbestandsmerkmale (→ Rn. 27 f.) bei der Versuchsstrafbarkeit gleichsam in ihr Gegenteil verkehrt und wirke strafbarkeitsbegründend. Allerdings erscheint diese Argumentation nicht nur **dogmatisch** etwas **arbiträr** (da gewissermaßen „doppelt ergebnisorientiert"), sondern ist auch **rechtspolitisch keinesfalls zwingend:** Denn der durch die großzügige Irrtumsregelung „entlastete" Bürger wird keinesfalls unzumutbar „belastet", wenn ihn ein Strafbarkeitsrisiko trifft, falls er trotz der Vorstellung, fremde Verwertungsrechte zu verletzen, bestimmte Handlungen vornimmt. Hat er nämlich eine entsprechende „Befürchtung", so kann er die beabsichtigte Handlung in der Regel ohne weiteres unterlassen oder aber durch Einholung eines entsprechenden Rechtsrates sich selbst Gewissheit von der Urheberrechtsgemäßheit seines Handelns verschaffen. Hinzu kommt, dass die Anforderungen selbst an einen nur bedingten Vorsatz im Bereich von potentiell strafbarkeitsbegründenden Fehlvorstellungen auch nicht zu niedrig anzusetzen sind: Die allgemeine Unsicherheit, als Laie nie alle Vorschriften zu kennen, kann dafür ebenso wenig genügen wie eine Paranoia, „der Staat verbiete ja ohnehin alles".

Überzeugender ist daher, entsprechende Konstellationen – soweit jeweils möglich – pragmatisch zu **41** lösen, etwa durch den Gedanken, dass in den Fällen eines untauglichen Versuchs oft kein besonderes öffentliches Interesse an der Strafverfolgung iSd § 109 vorliegen wird und der daher zwingend erforderliche Strafantrag etwa mangels Antragsberechtigtem nicht gestellt werden kann, wenn überhaupt kein Werk iSv § 2 Abs. 2 vorliegt.[85] Für die Rechtspraxis ist ferner davon auszugehen, dass das Strafbarkeitsrisiko ohnehin eher ein theoretisches ist, denn bei einem objektiv urheberrechtskonformen Verhalten wird ein Außenstehender schon selten auf die Frage stoßen, ob der Handelnde sich nicht insgeheim gedacht hat, rechtswidrig zu handeln; und noch seltener wird diese Frage zur Überzeugung des Gerichts (§ 261 StPO) bejaht werden können, wenn abweichende Einlassungen des Beschuldigten vorliegen.

3. Täterschaft und Teilnahme

Da es sich bei den Strafnormen des UrhG durchweg um Vorsatzdelikte handelt (vgl. → Rn. 21), **42** können diese nicht nur täterschaftlich (vgl. § 25 StGB) begangen werden, sondern es sind auch Anstiftung und Beihilfe als **strafbare Teilnahme** an ihnen möglich (vgl. §§ 26, 27 StGB).

a) Allgemeines. Die Abgrenzung zwischen Täterschaft und Teilnahme erfolgt dabei nach den all- **43** gemeinen Grundsätzen, dh sowohl nach dem subjektiven Willen und Tatinteresse der Beteiligten sowie nach dem objektiven Maß der Tatherrschaft.[86] Wer eine unter Strafe gestellte Verletzungshandlung eigenhändig vornimmt, ist danach in aller Regel als Täter zu bestrafen; umstritten ist allerdings, ob eine Ausnahme zugunsten abhängiger Arbeitnehmer anzuerkennen ist.[87]

Aufgrund der unterschiedlichen und zum Teil weit gefassten Tathandlungen der urheberrechtlichen **44** Straftatbestände kommt **grundsätzlich eine Vielzahl von Beteiligten am Herstellungs- und Verbreitungsvorgang** eines Werkes als Täter, jedenfalls aber als Teilnehmer in Betracht.[88] Da insbesondere die Frage einer „Tatherrschaft", also des „In-den-Händen-Haltens" des *tatbestandlichen* Geschehensablaufs,[89] konkret letztlich auch nur tatbestandsspezifisch beurteilt werden kann.[90] Vgl. hierzu im Einzelnen die Kommentierungen zu den jeweiligen Tatbeständen.

b) Sonderproblem: „Neutrale" Beteiligung an Urheberrechtsverstößen. Allgemein freilich **45** gilt: Mitunter wird man eine Strafbarkeit – insbesondere in Beihilfefällen – über die Grundsätze der **möglichen Straflosigkeit bei „neutralen" berufsbedingten Umsetzungshandlungen** ausscheiden können.[91] Es geht hier um Fälle, in denen eine Person (va ein Berufsträger) nur seiner „normalen", „alltäglichen" oder „professionell adäquaten" Betätigung nachgeht, dabei jedoch weiß oder zumindest billigend in Kauf nimmt, dass eine andere Person sein Verhalten zum Bestandteil eines deliktischen Planes machen könnte. Der **Meinungsstand** zum Erfordernis und vor allem zu den

---

[83] Für unterschiedliche Konstellationen *Sternberg-Lieben,* Musikdiebstahl, 1985, S. 71 f.
[84] So *Lauer,* Der Irrtum über Blankettstrafgesetze am Beispiel des § 106 UrhG, 1997, S. 128 ff., sowie ihr zustimmend *Hildebrandt* S. 290 f.
[85] So die ergänzende Argumentation bei *Hildebrandt* S. 291.
[86] Vgl. *Fischer* Vor § 25 Rn. 2 ff.; BeckOK-StGB/*Kudlich* § 25 Rn. 6 ff.; aus der neueren Rechtsprechung vgl. etwa BGH NJW 2010, 2963; NStZ-RR 2012, 209. Speziell zur Frage der Mittäterschaft und Zurechnung fremder Tatbeiträge (Uploads) beim Betreiben von illegalen Streaming-Plattformen (kinox.to) BGH NJW 2017, 838.
[87] Dagegen *Hildebrandt* S. 300 ff.; tendenziell dafür *Lampe* UFITA 83 (1978), 15 (37).
[88] Zu Einzelfällen wie Drucker, Setzer, Buchbinder, Händler oder Bibliothekar vgl. Wandtke/Bullinger/ *Reinbacher* § 106 Rn. 41 f.
[89] Zum Ganzen Lackner/*Kühl* Vor § 25 Rn. 6.
[90] Hierzu auch BeckOK-StGB/*Kudlich* § 25 Rn. 14.
[91] Vgl. dazu *Kudlich,* Die Unterstützung fremder Straftaten durch berufsbedingtes Verhalten, 2004, passim, insbes. zur Verantwortlichkeitsstrukturen im Druckgewerbe S. 497 ff.

richtigen Kriterien einer Einschränkung der Beihilfestrafbarkeit in solchen Fällen umfasst ein **weites Spektrum,** das hier nicht einmal ansatzweise skizziert werden kann.[92] Die **Rechtsprechung** ist durch eine grundlegend vom **5. Strafsenat** entwickelte, **differenzierende Formel** geprägt: „Zielt das Handeln des Haupttäters ausschließlich darauf ab, eine strafbare Handlung zu begehen, und weiß dies der Hilfeleistende, so ist sein Tatbeitrag als Beihilfehandlung zu werten [...]. In diesen Fällen verliert sein Tun stets den ‚Alltagscharakter‘; es ist als ‚Solidarisierung‘ mit dem Täter zu deuten [...] und dann auch nicht mehr als ‚sozialadäquat‘ anzusehen [...]. Weiß der Hilfeleistende dagegen nicht, wie der von ihm geleistete Beitrag vom Haupttäter verwendet wird, hält er es lediglich für möglich, dass sein Tun zur Begehung einer Straftat genutzt wird, so ist sein Handeln regelmäßig noch nicht als strafbare Beihilfehandlung zu beurteilen, es sei denn, das von ihm erkannte Risiko strafbaren Verhaltens des von ihm Unterstützten war derart hoch, dass er sich mit seiner Hilfeleistung die Förderung eines erkennbar tatgeneigten Täters ‚angelegen sein‘ ließ [...]“.[93] Ergänzend zur Formel des BGH sollte man folgende Fixpunkte festhalten: Eine Privilegierung „berufsbedingten“ Verhaltens kommt von vornherein nur insoweit in Betracht, als der Berufsträger bei seiner Unterstützungshandlung sein Verhalten nicht mehr als üblich den Plänen des Kunden anpasst. Liegt ein solches „unangepasstes“, „neutrales“ berufsbedingtes Verhalten vor, sollte bei bloßem dolus eventualis eine Strafbarkeit nur angenommen werden, wenn für den Berufsträger nicht ausnahmsweise ein klarer Anhaltspunkt dafür besteht, dass gerade diese Leistung zu deliktischen Zwecken herangezogen wird. Darüber hinaus ist natürlich vorstellbar (und im Bereich des beruflichen Handelns auch nicht selten feststellbar), dass durch gesetzliche Sondervorschriften die Annahme eines pflichtwidrigen Verhaltens an höhere oder niedrigere Voraussetzungen geknüpft sein soll.[94]

46   Beispielhaft erwähnt werden soll für die hier interessierenden Regelungen etwa das Druckgewerbe,[95] in dem freilich bei weitem nicht alle am Herstellungs- und Verbreitungsprozess beteiligten Personen neben dem Verfasser nur als Teilnehmer eingestuft werden.[96] Vielmehr wird nicht nur die Tätigkeit des Verlegers, sondern auch die des Setzers und Druckers, des Buchbinders, des Verpackungsherstellers, des Transporteurs oder des Bibliothekars verbreitet als täterschaftliche Begehung einer oder mehrerer der strafbaren Handlungsalternativen angesehen,[97] was aber nach zutreffender Auffassung hinsichtlich des spezifischen Problems der neutralen, berufsbedingten Unterstützung auch keine Rolle spielt. Mithin kommt es nach den hier genannten allgemeinen Grundsätzen auf die positive Kenntnis von der Urheberrechtswidrigkeit des Inhalts beim Berufsträger an. Grundsätzlich erscheint dies auf den ersten Blick auch überzeugend. Dennoch könnten zumindest für einzelne Tätigkeitsfelder gewisse Sonderregeln gelten. So ist in den Pressegesetzen der Länder teilweise eine Vermutung statuiert, dass verantwortliche Redakteure von periodischen Druckwerken den Inhalt von unter ihrer Verantwortung erschienenen Texten kennen und den Abdruck gebilligt haben. Darüber hinaus gibt es für bestimmte Tätigkeitsfelder eigene (subsidiäre) landesrechtliche (Fahrlässigkeits-)Straftatbestände. Der Funktionsinhaber macht sich wegen solcher spezieller Pressedelikte strafbar, wenn er (ohne als Täter oder Teilnehmer einer Straftat nach den allgemeinen Strafgesetzen bestraft werden zu können) an der Verbreitung mitgewirkt hat, ohne seine pflichtgemäße Sorgfalt nachweisen zu können.[98] Solche Regelungen zeigen, dass die Vorstellung einer Verantwortlichkeit bestimmter Funktionsträger für den Inhalt besteht. Soweit sie bestehen, spricht viel dafür, die hier erarbeiteten allgemeinen Grundsätze strafschärfend zu modifizieren: Derjenige, für den im Einzelfall eine Kenntnis des Inhalts sogar vermutet wird und der bei fahrlässiger Nichtkenntnis verantwortlich ist, kann sich bei dolus eventualis gewiss nicht darauf berufen, ihn „gehe der Inhalt nichts an“.

47   **c) Sonderproblem: Provider-Verantwortlichkeit.** Für die verschiedenen Beteiligten bei einer Onlineverbreitung in Datennetzen sind darüber hinaus die speziellen Verantwortlichkeitsbeschränkungen nach **§§ 7 ff. TMG** zu berücksichtigen:[99] Für denjenigen, der selbst ohne die Einwilligung des Berechtigten urheberrechtlich geschützte Werke anbietet („Content-Provider“), gelten die

---

[92] Vgl. daher nur monographisch *Kudlich,* Die Unterstützung fremder Straftaten durch berufsbedingtes Verhalten 2004; *Rackow* Neutrale Handlungen als Problem des Strafrechts 2007; sowie die ausführlichen Überblicke bei MünchKommStGB/Joecks StGB § 27 Rn. 43 ff., sowie bei LK/*Schünemann* § 27 Rn. 17 ff.

[93] BGH NStZ 2000, 34; BGHSt 46, 107 = NJW 2000, 3010 mAnm etwa von *Kudlich* JZ 2000, 1178; BGH NJW 2001, 2409; nachfolgend etwa OLG Köln BeckRS 2011, 3078 mAnm *Kudlich* JA 2011, 472.

[94] Vgl. BeckOK/*Kudlich* § 27 Rn. 15.1 f.

[95] Vgl. nur die Auflistung verschiedener Funktionen im Druckgewerbe bei *Hildebrandt* S. 293 ff. mwN aus der Diskussion.

[96] Für eine – vom Verleger abgesehen – weitgehende Beurteilung allenfalls als Teilnehmer in vielen Bereichen aber etwa *Weber* S. 320 ff., 327 ff., 336 ff.

[97] Vgl. näher mit umfangreichen Hinweisen zum jeweiligen Meinungsstand (und dabei selbst differenzierend) *Hildebrandt* S. 293 ff.; dort S. 111 ff. auch zur Frage, welche Rolle insoweit der „Erschöpfungsgrundsatz“ nach § 17 Abs. 2 UrhG spielen kann.

[98] Vgl. exemplarisch Art. 13 BayPresseG.

[99] Vgl. hier zunächst → § 97 Rn. 111 ff. Ferner Dreier/Schulze/*Dreier* § 106 Rn. 10; Wandtke/Bullinger/ *Reinbacher* § 106 Rn. 43c; ausführlicher *Flechsig* in Loewenheim § 90 Rn. 61 ff.; zur dogmatischen Einordnung des Providerprivilegs (gesetzliche Regelung der Beihilfe durch „neutrale“ Handlungen) *Bode* ZStW 127 (2015), 937 ff.; zur Verantwortung eines Usenet-Providers *Bosbach/Wiege* ZUM 2012, 293 ff.; aus der Praxis exemplarisch aus neuerer Zeit etwa LG Frankfurt a. M. ZUM 2012, 715.

§§ 106 ff. uneingeschränkt („Parallelität von Online- und Offline-Strafbarkeit" für denjenigen, der die Inhalte zur Verfügung stellt, vgl. § 7 Abs. 1 TMG). Internet-Provider, deren Dienstleistungen für die Tat genutzt werden, können sich dagegen nur nach Maßgabe der §§ 8 ff. TMG bzw. §§ 6 ff. MedienDStV strafbar machen: Die Anbieter von Tele- und Mediendiensten sind danach grundsätzlich zwar nicht verpflichtet, präventive Kontrollen durchzuführen, um eventuell urheberrechtliche Verletzungen aufzudecken. Als Host-Provider haften sie darüber hinaus nur, wenn sie positive Kenntnis von rechtswidrigen Inhalten erlangen und diese nicht unverzüglich sperren bzw. löschen (vgl. § 10 TMG: „notice and take down – procedure"). Als Access-Provider haften sie gar nicht, soweit keine kollusive bzw. manipulative Einwirkung auf den Inhalt stattgefunden hat (vgl. § 8 TMG); Ähnliches gilt für rein technisch bedingte Speichervorgänge (vgl. § 9 TMG).[100] Eine davon etwa unberührt bleibende (zB sicherheitsrechtliche) Verantwortung, den Zugang zu rechtswidrig angebotenen Werken zu sperren, wenn sie Kenntnis davon bekommen, dass durch dieses Angebot Urheberrechte verletzt werden (vgl. § 7 Abs. 2 S. 2 TMG), ist strafrechtlich nach vorzugswürdiger Auffassung ohne Bedeutung.[101]

4. Konkurrenzen

Die urheberrechtswidrige Herstellung mehrerer Vervielfältigungstücke ein und desselben Werkes **48** wird zumindest bei einem **einheitlichen Handlungsentschluss** und einem gewissen **zeitlichen Zusammenhang** regelmäßig eine natürliche Handlungseinheit im Wege iterativer Tatbegehung bilden.[102] Das Gleiche gilt bei einer Verbreitung, soweit ein Händler an einem Ort mehrere Exemplare in einem Zug veräußert.[103] Mehrere Verletzungshandlungen aufgrund jeweils neuer Handlungsschlüsse begründen dagegen nach allgemeinen Grundsätzen Handlungsmehrheit. Zwischen den Tatbeständen des UrhG und weiteren möglicherweise verwirklichten Straftatbeständen (etwa des StGB) wird aufgrund der unterschiedlichen Schutzrichtung regelmäßig eine echte Konkurrenz (zumeist in Gestalt der Idealkonkurrenz) bestehen, soweit nicht eine Subsidiaritätsklausel (etwa in § 107) eingreift.[104]

5. Geltung von urheberrechtlichen Vermutungen

Zwar keine Frage des Allgemeinen Teils des StGB, wohl aber eine allgemeine iSv „vor die Klam- **49** mer zu ziehende" Frage betrifft die Geltung von urheberrechtlichen Vermutungen in strafrechtlichen Kontexten: Im Urheberrecht gilt eine Reihe von Vermutungen, so etwa die Urheberschafts- bzw. Ermächtigungsvermutungen nach § 10 Abs. 1, 2. Demgegenüber ist das **Strafverfahren** durch die Prinzipien der **Amtsermittlung** (§ 244 Abs. 2 StPO) und der freien richterlichen Beweiswürdigung (§ 261 StPO) sowie den Grundsatz **„in dubio pro reo"** geprägt. Diese sind zwar mit für den Beschuldigten nachteiligen Beweislastregelungen nicht schlechterdings inkompatibel, wie etwa im Kernstrafrecht an § 186 StGB für die üble Nachrede deutlich wird; dennoch sollen nach hM urheberzivilrechtliche Vermutungen, insbesondere § 10, im Strafprozessrecht keine Anwendung finden können.[105] Das Gleiche dürfte auch für Beweislastregelungen wie §§ 15 Abs. 3, 44 Abs. 2, 47 Abs. 2 oder 49 Abs. 1 S. 2 gelten.[106]

Anders dürfte dies für § 10 aber zu beurteilen sein, soweit es nicht um die materiellen Strafbarkeits- **50** voraussetzungen, sondern allein um die Frage der **Antragsberechtigung** geht.[107] Im Bereich des Strafantragsrechts als bloßer Regelung über Verfahrensvoraussetzungen beansprucht nämlich insbesondere der „in dubio pro reo"-Grundsatz keine uneingeschränkte Geltung: Sieht man in ihm als Ausprägung der Unschuldsvermutung eine Folgewirkung des Schuldgrundsatzes, so ist zu berücksichtigen, dass das Vorliegen eines Strafantrags für die Schuld des Täters irrelevant ist und der Gesetzgeber auf das Erfordernis des Strafantrags auch ganz hätte verzichten können, ohne dass die §§ 106 ff. deshalb rechtsstaatlichen Grundsätzen zuwiderliefen.[108] Anwendung finden auch die für den Bereich von

---

[100] Zur Frage der Privilegierung nach § 10 TMG von Knotenbetreibern einer Blockchain *Peters* MMR 2018, 644.

[101] S. auch *Lowenheim/Flechsig* § 90 Rn. 62 ff.; vgl. auch LG Frankfurt a. M. ZUM 2012, 715; zur Durchsuchung beim Provider: LG Saarbrücken ZUM-RD 2010, 442; für die Mitarbeiter des Sharehostern: *Hoeren/Burger* UFITA 2012, 743; für Usenet-Provider: *Bosbach/Wiege* ZUM 2012, 293; für den Compliance-Officer und Datenschutzbeauftragten: *Barton* RDV 2010, 19; *Schemmel/Ruhmannseder* AnwBl 2010, 647; allgemein zum IT-Sicherheitsrecht: *Trappehl/Schmidl* NZA 2009, 985; zur Strafbarkeit und Haftung eines W-LAN Betreibers: *Malpricht* ITRB 2008, 42; *Kinast* NJW 2010 NJW-aktuell Nr. 23, 12.

[102] Vgl. auch Erbs/Kohlhaas/*Kaiser* § 106 Rn. 51.

[103] Vgl. Erbs/Kohlhaas/*Kaiser* § 106 Rn. 51.

[104] Näher zu den Konkurrenzen Wandtke/Bullinger/*Reinbacher* § 106 Rn. 48.

[105] Vgl. *Hildebrandt* S. 170; Wandtke/Bullinger/*Reinbacher* § 106 Rn. 27.

[106] Vgl. Berger/Wündisch/*Kudlich* § 9 Rn. 10; Wandtke/Bullinger/*Reinbacher* § 106 Rn. 27.

[107] Vgl. dazu näher *Hildebrandt* S. 353 ff. (allerdings mit aA als hier vertreten); wie hier im Ergebnis dagegen *Heinrich* S. 334.

[108] Ebenso bereits in der Vorauflage *Haß* § 109 Rn. 7; zweifelnd *Hildebrandt* S. 355, mit der allerdings schwerlich überzeugenden Begründung, nur mit einem Antragserfordernis würden die Strafvorschriften des Urheberrechts den Grundrechten und dem Verhältnismäßigkeitsgrundsatz genügen. Zur grundsätzlichen Frage der Verhältnismäßigkeit der Strafbarkeit privater Urheberrechtsverletzungen unter Berücksichtigung des Auskunftsanspruchs nach § 101 Abs. 2 *Albach,* Strafbarkeit privater Urheberrechtsverletzungen, 2015.

Urheberverträgen wichtigen §§ 31 Abs. 5 und 37, die keine Vermutungen, sondern nur **Auslegungsregeln** darstellen. Da für Auslegungsfragen aber anders als für Zweifel über Tatsachen der Grundsatz „in dubio pro reo" nicht gilt, entsteht insoweit von vornherein kein Konflikt; §§ 31 Abs. 5, 37 beanspruchen daher – soweit im Einzelfall bedeutsam – auch für das Strafrecht Geltung.

IV. Mögliche Rechtsfolgen von strafbaren Urheberrechtsverstößen

1. Strafen

51 Für die meisten Straftatbestände des UrhG ist ein Strafrahmen von **Geldstrafe oder Freiheitsstrafe** bis zu drei Jahren angeordnet (vgl. §§ 106 Abs. 1, 107 Abs. 1, 108 Abs. 1, 108b Abs. 3); bei einer gewerbsmäßigen Begehung nach § 108a ist die Strafobergrenze auf fünf Jahre erhöht, bei nicht gewerbsmäßigen Taten nach § 108b ist die höchste Strafe auf Freiheitsstrafe von nur einem Jahr begrenzt. Nach **allgemeinen Regeln** (vgl. Art. 1 Abs. 1 EGStGB) ist dabei das Mindestmaß der Freiheitsstrafe nach § 38 Abs. 2 StGB ein Monat. Freiheitsstrafen bis zu zwei Jahren können nach § 56 Abs. 2 StGB zur Bewährung ausgesetzt werden; bei Freiheitsstrafen von unter sechs Monaten wird die **Bewährung** nach § 56 Abs. 3 StGB nur ausnahmsweise versagt.

52 Eine **Geldstrafe** wird nach § 40 Abs. 1 StGB in Tagessätzen verhängt und beträgt mindestens fünf sowie höchstens 360 volle Tagessätze. Die Tagessatzhöhe wird nach § 40 Abs. 2 StGB unter Berücksichtigung der persönlichen und wirtschaftlichen Verhältnisse des Täters regelmäßig nach dem an einem Tag durchschnittlich zur Verfügung stehenden Nettoeinkommen berechnet. Der Mindesttagessatz beträgt dabei einen, der zulässige Höchsttagessatz dreißigtausend Euro (vgl. § 40 Abs. 2 S. 3 StGB).

2. Einziehung

53 Nach § 110 S. 1 können Gegenstände, auf die sich eine Straftat nach den §§ 106, 107 Abs. 1 Nr. 2, 108, 108a oder 108b bezieht, eingezogen werden.[109] Nach § 110 S. 2 gilt dabei § 74a StGB, dh abweichend vom Eigentumserfordernis nach § 74 Abs. 2 Nr. 1 StGB können Gegenstände auch dann eingezogen werden, wenn der Eigentümer wenigstens leichtfertig dazu beigetragen hat, dass die Sache Mittel oder Gegenstand der Tat oder ihrer Vorbereitung gewesen ist oder wenn er die Gegenstände in Kenntnis der Umstände, welche die Einziehung zugelassen hätten, „in verwerflicher Weise" erworben hat.

3. Bekanntgabe der Verurteilung

54 Auf Antrag des Verletzten und bei einem berechtigten Interesse daran ist außerdem bei einer **Verurteilung** wegen §§ 106–108b anzuordnen, dass diese **öffentlich bekannt gemacht** wird. § 111 verfolgt insoweit die gleichen Zwecke wie die Bekanntmachung des zivilrechtlichen Urteils nach § 103 und dient dem Interesse an einer öffentlichen Information über die wahre Urheberschaft.

4. Verjährung

55 Das bei den meisten Straftatbeständen des Urheberrechts angedrohte Höchstmaß einer Freiheitsstrafe zwischen einem und fünf Jahren führt nach § 78 Abs. 3 Nr. 4 StGB zu einer **Verfolgungsverjährungsfrist** von fünf Jahren. Die Taten nach § 108b Abs. 1 mit einer Höchststrafe von einem Jahr verjähren nach § 78 Abs. 3 Nr. 5 StGB nach drei Jahren. Der Eintritt der Verjährung stellt ein Verfahrenshindernis in Gestalt eines Bestrafungsverbotes dar;[110] diese führt grundsätzlich zur Verfahrenseinstellung,[111] welche sich in Abhängigkeit vom Verfahrensstadium nach unterschiedlichen Vorschriften regelt (§§ 170 Abs. 2, 204, 206a, 260 Abs. 3, 263 StPO). Eine eventuelle **Vollstreckungsverjährung** richtet sich nach der allgemeinen Vorschrift des § 79 StGB.

5. Einstellung des Verfahrens

56 Keinesfalls alle, aber doch zahlreiche Fälle von Urheberrechtsverletzungen werden sich im Bereich der kleineren bis allenfalls mittleren Kriminalität bewegen. Insoweit dürfte – auch, wenn Strafantrag gestellt wurde – häufig der Anwendungsbereich für Einstellungen nach Opportunitätsvorschriften (§§ 153, 153a StPO) eröffnet sein.

---

[109] Überblick bei *Deumeland* MittdtschPatAnw 2009, 24 ff.
[110] Vgl. MüKo-StPO/*Kudlich* Einleitung Rn. 381.
[111] Anderes gilt nach hM bei bloßen Bestrafungsverboten, wenn bereits bis zur Freispruchreife ermittelt worden ist.

V. Internationale Bezüge und grenzüberschreitende Rechtsverletzungen

1. Internationale Vorgaben

Das moderne Urheberrecht ist stark international, insbesondere europäisch geprägt.[112] Das mate- **57** rielle Urheberrecht, das letztlich auch die Verhaltensnormen für das Urheberstrafrecht enthält, basiert in seiner konkreten Ausgestaltung vielfach auf europäischen Vorgaben (vgl. → Einl. UrhG Rn. 95 ff.). Insoweit kann etwa auch eine richtlinienkonforme Auslegung[113] von Strafnormen in Betracht kommen.

2. Strafanwendungsrecht

Im Strafanwendungsrecht der §§ 3 ff. StGB wird geregelt, auf welche Sachverhalte mit Auslandsbe- **58** zug deutsches Strafrecht Anwendung findet. Dieses Strafanwendungsrecht ist für das Urheberstrafrecht von nicht zu unterschätzender Bedeutung,[114] da Verletzungshandlungen – in Zeiten des Internet mehr denn je – oft grenzüberschreitend erfolgen.[115] Die Vorschriften des StGB werden dabei partiell durch die speziellen Vorschriften zum persönlichen Anwendungsbereich des UrhG in §§ 120 ff. über- lagert. Diese machen das Urheberrecht zu den wenigen Gebieten des Privatrechts, auf denen in Deutschland – wie in den meisten anderen Ländern auch – Ausländer gegenüber eigenen Staatsange- hörigen benachteiligt werden;[116] das wirkt sich – insbesondere beim Personalitätsprinzip des § 7 StGB – auch im Strafrecht aus,[117] da wegen der zivilrechtsakzessorischen Ausgestaltung des Urheberstraf- rechts der strafrechtliche Schutz nicht über den zivilrechtlichen hinausgehen kann. Demgegenüber decken sich beide Materien im Prinzip in ihrem zentralen Anknüpfungspunkt, dem Territorialitäts- prinzip, das im Strafrecht in §§ 3, 9 StGB seinen Niederschlag gefunden hat.

Im Einzelnen: **59**
- **Deutsche Staatsangehörige** und Staatsangehörige anderer EU- und EWR-Staaten nach § 120 genießen für **Auslandstaten** den Schutz des deutschen (Urheber)Strafrechts nicht. § 7 Abs. 1 StGB tritt hinter dem urheberrechtlichen Territorialitätsprinzip zurück. Dieses bedeutet: Werden etwa Werke eines deutschen Urhebers im Ausland vervielfältigt, muss der Verletzte den Schutz des aus- ländischen Urheberrechts einfordern (vgl. im Einzelnen → Vor §§ 120 ff. Rn. 2, 120 ff.).
- **Ausländische Staatsangehörige** genießen den Schutz des deutschen (Urheber)Strafrechts gegen **Inlandstaten** nur eingeschränkt. Die Einschränkungen sind in § 121 festgelegt.[118]
- **Schutz von Inländern gegen Inlandstaten** gewährt das insoweit nicht überlagerte **Territoriali- tätsprinzip**[119] des § 3 StGB. Für eine „Begehung der Tat" im Inland ist nach § 9 Abs. 1 StGB aus- reichend, wenn entweder die Tathandlung im Inland begangen worden oder der Taterfolg im In- land eingetreten ist. So würde etwa der unzulässige Download eines urheberrechtlich geschützten Werkes von einem ausländischen Server in Deutschland nach den Normen des deutschen Urheber- strafrechts bewertet, da die Tathandlung im Inland stattfindet. Schwieriger kann die Bestimmung des zum Tatbestand gehörenden Erfolgs bei den sog. **Verbreitungsdelikten** sein, va soweit die Verbreitung vom Ausland **aus über das Internet** erfolgt,[120] etwa wenn der Täter urheberrechtlich geschützte Werke ohne die Einwilligung des Urhebers auf einem ausländischen Server in das Inter- net einspeist, die ein Nutzer in Inland herunterladen kann.[121] Überträgt man hier die – freilich nicht unproblematische – (frühere) Rechtsprechung zum Verbreitungsdelikt des § 130 StGB[122] auf das Urheberrecht, würde das zu einer weiten Anwendung deutschen Strafrechts führen. Diese ist freilich immer dann Bedenken ausgesetzt, wenn die Inhalte nicht (etwa per E-Mail) nach Deutsch- land geschickt, sondern nur *von hier aus* abgerufen werden können, da es dann an einem Tathand- lungserfolg im Inland eigentlich fehlt.[123]

---

[112] Umfassend zu den internationalen Vorgaben *Sieber* in Europäisches Strafrecht, § 26 Rn. 24 ff.

[113] Dazu grundsätzlich *Schröder*, Richtlinien und deutsches Strafrecht, 2002; vgl. auch *Hecker* JuS 2014, 47.

[114] Überblick zum internationalen Urheberstrafrecht bei *Hildebrandt* S. 314 ff.; *Sieber* in Europäisches Strafrecht, § 26 Rn. 24 ff.

[115] Vgl. dazu zusammenfassend etwa *Sieber* NJW 1999, 2065; *Gercke* MMR 2008, 291; *Wörner* ZIS 2012, 458; sowie eingehend *Kappel*, Das Ubiquitätsprinzip im Internet, 2007. Speziell zur Strafbarkeit von Urheberrechtsver- letzungen in grenzüberschreitenden Fällen innerhalb der EU *Pfaffendorf* NZWist 2012, 377.

[116] Vgl. auch *Schmid/Wirth* Vor §§ 120 ff. Rn. 1.

[117] Dazu auch: Fromm/Nordemann/*Ruttke/Scharringhausen* § 106 Rn. 55 f.

[118] Fromm/Nordemann/*Ruttke/Scharringhausen* § 106 Rn. 5, 5a.

[119] Zu den verschiedenen Prinzipien des Strafanwendungsrechts und insbes. der Bedeutung des Territorialitäts- prinzips vgl. *Jescheck/Weigend* Strafrecht AT §§ 18 I–IV.

[120] Vgl. hierzu allgemein *Sieber* NJW 1999, 2065 ff.; *Fischer* § 9 Rn. 5 ff.

[121] Vgl. Wandtke/Bullinger/*Reinbacher* § 106 Rn. 46 f.

[122] BGHSt 46, 212 mit krit. Anm. *Kudlich* StV 2001, 395; vgl. aus neuerer Zeit nun aber OLG Hamm NStZ- RR 2019, 108 (in Fortführung von BGH NStZ 2015, 81).

[123] Höchstrichterlich ist diese Frage noch nicht geklärt, aber auch in der Literatur hat sich diesbezüglich noch kein echter Meinungsstand herausgebildet. Zuzustimmen ist Wandtke/Bullinger/*Reinbacher* § 106 Rn. 46, die einer pauschalen Übertragung der vom BGH entwickelten Grundsätze zu Äußerungsdelikten bei der „Online-Ver- wertung" kritisch gegenüberstehen. Handlungs- und Erfolgsort sind als tatbestandsspezifische Parameter für jedes Delikt gesondert zu ermitteln.

3. Grenzbeschlagnahme

60   Erreichen urheberstrafrechtlich relevante Vervielfältigungstücke Deutschland aus dem Ausland, so wird eine Unterbindung von Rechtsverletzungen in einem möglichst frühen Zeitpunkt durch eine **Grenzbeschlagnahme** ermöglicht. Diese sowie die Möglichkeit eines Antrags auf Vernichtung der Ware im Verfahren nach der Verordnung (EG) Nr. 1383/2003 ist in §§ 111b, 111c vorgesehen.

§ 106 Unerlaubte Verwertung urheberrechtlich geschützter Werke

(1) **Wer in anderen als den gesetzlich zugelassenen Fällen ohne Einwilligung des Berechtigten ein Werk oder eine Bearbeitung oder Umgestaltung eines Werkes vervielfältigt, verbreitet oder öffentlich wiedergibt, wird mit Freiheitsstrafe bis zu drei Jahren oder mit Geldstrafe bestraft.**

(2) **Der Versuch ist strafbar.**

Schrifttum: S. die Schrifttumsnachweise Vor §§ 106 ff.

Übersicht

I. Allgemeines

1   **§ 106** ist der **zentrale Straftatbestand** gegen die Verletzung urheberrechtlicher Rechtspositionen. Geschützte Rechtsgüter sind das Verwertungsrecht des Urhebers bzw. seines Rechtsnachfolgers oder die von ihnen eingeräumten ausschließlichen Nutzungsrechte (§§ 15–17, 19–22). Der strafrechtliche Schutz nach § 106 tritt daher häufig als zweite mögliche Spur neben die zivilrechtlichen Ansprüche der §§ 97 ff. Er stellt die **Vervielfältigung,**[1] **Verbreitung**[2] oder **öffentliche Wiedergabe**[3]

---

[1] Zum Begriff der Vervielfältigung → § 16 Rn. 5 ff.; ferner *Dreyer*/Kotthoff/Meckel § 16 Rn. 6; zu einem Auseinanderfallen von zivil- und strafrechtlicher Auslegung des Begriffs und dem damit einhergehenden Phänomen der Normspaltung *Oğlakcıoğlu* ZIS 2009, 401; *Heinrich* GRUR-Prax 2017, 96 (Korrektur über Irrtumsregeln nicht ausreichend). Zum Zitatrecht als gesetzlich zugelassener Fall gerade auch einer Vervielfältigung vgl. § 51; vertiefend (gerade für den wissenschaftlich tätigen Juristen interessant) zu den rechtlichen Anforderungen an Zitate in wissenschaftlichen Arbeiten *Bisges* Jura 2013, 705; vgl. auch *Goeckenjan* JZ 2013, 723; krit. zur urheberrechtlichen Kontrolle von Plagiaten unter Zugrundelegung des Maßstabs der Deutschen Forschungsgemeinschaft *Frenz* ZUM 2016, 13; Überlegungen de lege ferenda zur Erforderlichkeit eines „Prüfungsstrafrechts" bei *Linke* NVwZ 2015, 327; zur Frage (auch) urheberstrafrechtlicher Risiken von Lehrpersonal im Hinblick auf öffentliche Zugänglichmachung von Lehrmaterialien, die Teile von Werken Dritter enthalten *Güngör* VR 2017, 364 (dort auch zur „Wissenschaftsschranke" des § 52a Abs. 1 Nr. 1); umfassend zu denkbaren Urheberrechtsverletzungen im Rahmen des (Hoch-)Schulbetriebs, insbesondere auch zu den schulspezifischen Schranken *Chi,* Die Strafbarkeit von Urheberrechtsverletzung in der Schule, 2016, S. 123 ff.

[2] Zum Begriff des „Verbreitens" → § 17 Rn. 6 ff.

eines Werkes[4] bzw. **seiner Bearbeitung oder Umgestaltung**[5] unter Strafe, wenn diese **in anderen als den gesetzlich zugelassenen Fällen und ohne Einwilligung des Berechtigten** erfolgt. Damit sind grundsätzlich mit Ausnahme des Ausstellungsrechts nach §§ 15 Abs. 1 Nr. 3, 18 sämtliche ausschließlichen Rechte nach §§ 15 ff. strafrechtlich geschützt. Auch die Herstellung einer Bearbeitung oder Umgestaltung durch Verfilmung (§ 23) ohne Einwilligung des Urhebers wird vom Anwendungsbereich der Norm nicht erfasst. Ebenso wird das Urheberpersönlichkeitsrecht ausgenommen, das nur – teilweise – in § 107 geschützt ist.[6] Rein obligatorische Ansprüche sind dagegen nicht urheberstrafrechtlich gesichert (was freilich zB eine Betrugsstrafbarkeit nicht ausschließt, wenn dem Opfer durch Täuschung ein Vermögensschaden zugefügt wird).

II. Objektiver Tatbestand

1. Tatobjekt

a) Tatobjekt der Vorschrift ist das urheberrechtlich geschützte Werk. Vgl. dazu zunächst allgemein §§ 2–4 sowie die Erläuterungen dort. Die Fassung des § 69a Abs. 3 lässt für **Computerprogramme** (§ 69a Abs. 1) die Forderung nach einer besonderen Schöpfungshöhe nicht mehr zu.[7] Somit steht fest, dass im Rahmen des § 106 schon die sog. kleine Münze – auch der Computerprogramme – geschützt wird. Auch das **unsittliche** Werk ist geschützt.[8] Das **Sammelwerk** ist nicht eigens erwähnt, da es unter den Voraussetzungen des § 4 ohnedies Werkschutz genießt.[9] Nicht jedes wissenschaftliche Fehlverhalten ist eine strafbare Werksnutzung, da es etwa bei „abgeschriebenen" Passagen zu Grundlagen eines Fachs an der Schöpfungshöhe fehlen kann.[10]

b) Keine Bedeutung hat die besondere Nennung der **Bearbeitung.** Das Werk ist gegen jede abhängige Nachschöpfung geschützt.[11] Wenn die Bearbeitung – das muss man auch hier voraussetzen – als solche eine persönliche geistige Schöpfung des Bearbeiters ist, wird sie wie ein selbstständiges Werk behandelt (§ 3).[12] Auch **Umgestaltungen** (zum Begriff vgl. → § 23 Rn. 12) sind durch § 106 nur dann geschützt, wenn sie eine eigenschöpferische Leistung enthalten, wie sich schon aus der Trias „Werk, Bearbeitung, Umgestaltung" ergibt.[13]

2. Tathandlungen

Als strafbare Tathandlungen erwähnt die Vorschrift unter bestimmten Voraussetzungen das „Vervielfältigen", „Verbreiten" oder die „öffentliche Wiedergabe" des urheberrechtlich geschützten Werks.

a) Vervielfältigen. aa) Allgemeines. Vervielfältigung ist die Herstellung eines körperlichen Gegenstandes, der das Werk in sinnlich wahrnehmbarer Weise wiedergibt.[14] Für das Vervielfältigen entspricht es ganz hM,[15] dass der Begriff identisch zu verstehen ist wie in § 16 und mithin insbesondere auch das öffentliche Zugänglichmachen nach § 15 Abs. 2 S. 2 iVm § 19a erfasst.[16] Der zivilrechtliche und der strafrechtliche Vervielfältigungsbegriff sind insoweit identisch. Das Vervielfälti-

---

[3] Zum Begriff „Öffentlich wiedergeben" → § 15 Rn. 329 ff.; ferner Fromm/Nordemann/*Ruttke*/*Scharringhausen* § 106 Rn. 17 ff.

[4] Vgl. Pay-TV Ausstrahlung in Gaststätten: *Sotelsek*/*Wynroll* StRR 2012, 368; zu den Pflichten des Vermieters bei Satellitenempfang: *Happ*/*Blümmel* Grundeigentum 2011, 79. Zur urheberstrafrechtlichen Relevanz der Verbreitung von Verschlüsselungscodes diverser Pay-TV-Sender (sog. „Cardsharing") vgl. *Planert* StV 2014, 430 (434 f.) sowie *Esser*/*Rehaag* wistra 2017, 81.

[5] Zur Nutzung von Vorlagen aus dem Internet: *Dechmann* UBWV 2010, 153; zur Fanfiction: *Knopp* GRUR 2010, 28.

[6] Vgl. → § 107 Rn. 1.

[7] Vgl. → § 69a Rn. 14 ff.; zur marken- und urheberrechtlichen Strafbarkeit des Phishing: *Zoebisch* MarkenR 2011, 1; *Seidl*/*Fuchs* HRRS 2010, 85.

[8] Fromm/Nordemann/*Ruttke*/*Scharringhausen* § 106 Rn. 4.

[9] Vgl. *Weber* S. 186 f.

[10] Zutr. *Frenz* ZUM 2016, 13 ff.

[11] Wandtke/Bullinger/*Reinbacher* § 106 Rn. 10.

[12] Zum Begriff der Bearbeitung vgl. → § 3 Rn. 5 ff.

[13] Vgl. auch *Weber* S. 77.

[14] Ausführlich zu → § 16 Rn. 5 ff. Allgemein zum Begriff des „Vervielfältigens" auch Fromm/Nordemann/*Ruttke*/*Scharringhausen* UrhG § 106 Rn. 7 ff.; zur Vervielfältigung durch 3D-Drucker vgl. *Mengden* MMR 2014, 79; zur Strafbarkeit des Einscannens ganzer Bücher durch Google: *Weber* ZIS 2010, 220; dazu auch für verwaiste Publikationen: *Spindler*/*Heckmann* GRUR-Int 2008, 271; zu Google-Streetview: *Ernst* CR 2010, 178. Zum Upload auf einen fileserver als Vervielfältigung vgl. AG Leipzig NZWiSt 2012, 390 mAnm *Klein*/*Sens* sowie Besprechungsaufsatz *Brackmann*/*Oehme* NZWiSt 2013, 170 ff.

[15] Vgl. nur Wandtke/Bullinger/*Reinbacher* § 106 Rn. 12 mwN.

[16] Zu diesem vgl. LG Leipzig ZUM 2013, 338 (Linksammlung mit bloßem Lesezugriff genügt) unter Hinweis auf BGH StV 2012, 539 (zum vergleichbaren Begriff im Pornographiestrafrecht) mit Besprechungsaufsatz *Reinbacher* NStZ 2014, 57; zum Bit-Torrent: *Gaertner*/*Frank* K&R 2009, 452. Zum strafbaren Zugänglichmachen von Filmwerken per P2P-Netzwerk OLG Köln MMR 2018, 400 (mittels des Einsatzes von Trackern, die den Kontakt zwischen den Rechnern vermitteln; einer Strafbarkeit stehe nicht entgegen, dass – anders als bei Sharehosting-Diensten – keine vorgängige Überprüfung der hochgeladenen Dateien auf Inhalt und Qualität, sondern nur eine nachgelagerte Kontrolle auf Grund von Nutzerbeanstandungen stattfinde).

gen stellt ein Erfolgsdelikt dar, das auch die **Teilvervielfältigung** erfasst, wenn urheberrechtlich geschützte Teile vervielfältigt werden.[17]

6 Eine Vervielfältigung trotz **Abweichens von der Vorlage** liegt vor, wenn es sich um eine abhängige Bearbeitung oder Umgestaltung des Originals handelt.[18] Die bloße Unzulässigkeit nach §§ 23 S. 2, 69c Nr. 2 führt noch nicht zur Strafbarkeit.

7 Ob eine Vervielfältigung durch Unterlassen vorliegt, richtet sich nach den allgemeinen Grundsätzen.[19]

8 **bb) Einzelfragen. (1)** Wegen der Deckung des zivilrechtlichen mit dem strafrechtlichen Vervielfältigungsbegriff ist bei **Computerprogrammen** eine strafbare Vervielfältigung dann zu bejahen, wenn das Vervielfältigungsrecht verletzt ist, wie es in §§ 69c, 69d und 69e festgelegt wird.[20]

9 **(2)** Die **Speicherung eines Datenbankwerks** auf die Festplatte eines Computers oder auf einen digitalen Datenträger[21] stellt zwar eine Vervielfältigung dar, denn sie ist dazu geeignet, das Werk mittelbar wahrnehmbar zu machen. Allerdings dürfen unwesentliche Teile einer **Datenbank** von jedermann beliebig vervielfältigt werden (e contrario § 87b), solange die auf einem systematischen Vorgehen beruhenden wiederholten Nutzungen unwesentlicher Teile in ihrer Summe nicht das Ausmaß der Nutzung eines wesentlichen Teils der Datenbank erreichen. Erst dann hat der Datenbankhersteller den sich aus § 97 Abs. 1 S. 1 ergebenden Unterlassungsanspruch.[22]

10 **(3)** Die **Bildschirmweitergabe** stellt dagegen keine Vervielfältigung dar, denn dadurch erfolgt keine neue körperliche Festlegung; vielmehr handelt es sich um eine unkörperliche Übermittlung des urheberrechtlich geschützten Werks.[23]

11 **(4)** Beim **Download** von urheberrechtlich geschützten Werken aus dem Internet im Übrigen sind verschiedene Nutzungsmöglichkeiten und dabei verschiedene Schritte zu unterscheiden (sodass sich eine pauschale Antwort auf die Frage, ob „durch die Internet-Nutzung Urheberrecht verletzt wird", auch verbietet):[24]

12 **(a)** Bereits durch das Abspielen digitaler Dateien am PC werden automatisch Dateien im Arbeitsspeicher (RAM) abgelegt. Aber auch schon im Internet „auf dem Weg zum Nutzer" kommt es oftmals zu technisch bedingten Zwischenspeicherungen, die einen schnelleren Ablauf gewährleisten sollen, so etwa beim sog. **Proxy-Caching**[25] (→ § 44a Rn. 3 ff.). Der Streit, inwieweit solche flüchtigen, rein technisch bedingten Zwischenspeicherungen eine Vervielfältigung darstellen, hat durch die Einführung von **§ 44a** durch das Gesetz zur Regelung des Urheberrechts in der Informationsgesellschaft[26] an Bedeutung verloren, der vorübergehende Vervielfältigungshandlungen für zulässig erklärt, die flüchtig oder begleitend sowie Teil eines technischen Verfahrens zur Übertragung in einem Netz oder zur rechtmäßigen Nutzung eines Schutzgegenstands sind.[27] In der Sache wird damit der Vervielfältigungsbegriff näher bestimmt und beschränkt.[28] Bei Computerprogrammen ist allerdings die Sonderregel des § 69d iVm § 69c Nr. 1 zu beachten, deren Verhältnis zu § 44a noch nicht abschließend geklärt ist.

13 **(b)** Diese Grundsätze gelten auch für das sog. **„Streaming"**,[29] dh das (oft kostenlose) Ansehen von Filmen, Serien etc „on demand" ohne Download des Werks. Auch hier werden automatisch Datenpakete zum Zwecke der besseren Abspielbarkeit im RAM des Empfängers zwischengespeichert (und damit iSd § 16 vervielfältigt).[30] Ob (neben der bei fehlender Erlaubnis grundsätzlich urheberrechtswidrigen Verbreitung durch den Anbieter,[31] vgl. auch → Rn. 16) das Streamen durch die Nut-

---

[17] *Hildebrandt* S. 83 f.; aA *v. Gravenreuth* GRUR 1986, 723.
[18] Vgl. hierzu auch BGH GRUR 2014, 65 – Beuys-Aktion: Bearbeitung ist ein Unterfall der Vervielfältigung.
[19] Zu den Voraussetzungen vgl. *Fischer* StGB § 13 Rn. 2 ff.
[20] Einen umfassenden Überblick zur Bewertung der bestimmungsgemäßen Nutzung geben *Heinrich* Strafbarkeit S. 191 ff. und *Hildebrandt* S. 77 ff.
[21] Vgl. zur Strafbarkeit bei WikiLeaks: *Franck/Steigert* CR 2011, 380.
[22] OLG Köln ZUM-RD 2003, 421 ff. Nach KG MMR 2001, 171 ff. ist die Vervielfältigung von Daten eines Veranstalters aus einer Datenbank, die zum Zwecke des Vorverkaufs von Eintrittskarten über Vorverkaufsstellen Daten von 300 bis 400 Veranstaltern enthält, eine Vervielfältigung eines unwesentlichen Teils der Datenbank nach § 87b UrhG.
[23] S. dazu BGH NJW 1991, 1231 (1234); Dreier/Schulze/*Schulze* § 16 Rn. 6; Dreyer/Kotthoff/Meckel § 16 Rn. 7.
[24] Vgl. hier zu verschiedenen Facetten auch *Schulze* NJW 2014, 721. Zum Upload Fromm/Nordemann/*Ruttke/Scharringhausen* § 106 Rn. 9.
[25] Vgl. dazu auch die Kommentierung zu → § 44a Rn. 8, 17.
[26] BGBl. I S. 1774.
[27] Vgl. zu Details nochmals die Kommentierung zu → § 44a Rn. 13.
[28] Zutreffend *Reinbacher* S. 130.
[29] Vgl. dazu etwa *Ernsthaler* NJW 2014, 1553.
[30] Vgl. *Ernsthaler* NJW 2014, 1553 (1554).
[31] Meist lässt sich bereits eine rechtswidrige Vervielfältigung der Werke durch die Streamingbetreiber nachweisen, mögen diese prima auch nur als Anbieter einer Linksammlung agieren, und zwar entweder in Form des Downloads (zur Vorbereitung des Verbreitens) oder in Form des Uploads, der auch mittäterschaftlich zugerechnet werden kann, vgl. etwa BGH NJW 2017, 838, zum Ganzen *Reinbacher* NStZ 2014, 57. Bereits das Betreiben derartiger Internetportale rechtfertigt den Anfangsverdacht gegen die Beteiligten wegen gemeinschaftlich begangener gewerbsmäßiger unerlaubter Verwertung urheberrechtlich geschützter Werke und meist auch eine darauf gestützte Durchsuchung nach §§ 102, 105 StPO, vgl. etwa AG Bamberg BeckRS 2016, 127256, aber auch die Beschwerdeentscheidung LG Bamberg BeckRS 2017, 155574.

zer selbst urheberrechtlich unzulässig und strafbar ist, ist umstritten.[32] Gegen eine Strafbarkeit spricht dabei zum einen, dass ggf. sehr kurze zwischengespeicherte Sequenzen keine selbstständig schutzfähigen Daten sein können;[33] zum anderen die Privilegierung nach § 44a Abs. 1 Nr. 2,[34] da das reine Ansehen eines Films von den Verwertungsrechten der §§ 15 ff. nicht erfasst und daher rechtmäßige Nutzung des Werks ist.[35] Hiergegen mag man einwenden, dass das reine Ansehen zwar nicht als Nutzung erfasst, aber eben auch nicht explizit gestattet ist, dass § 44a bei seiner Schaffung andere Zwecke verfolgt hat[36] und dass der Zwischenspeicherung als notwendigem Bestandteil des (Geschäfts-)Modells eben doch „eigene wirtschaftliche Bedeutung" zukommt.[37] Jedenfalls die ersten beiden Einwände berücksichtigen freilich (bestenfalls!) teleologische Aspekte in einer Weise stärker als den Wortlaut, die im Strafrecht mit Blick auf Art. 103 Abs. 2 GG problematisch erscheint.[38]

(c) Werden dagegen Werke etwa auf der Festplatte des Rechners länger gespeichert, stellt dies eine **14** Vervielfältigung des Herunterladenden dar,[39] ist aber nach Maßgabe des § 53 Abs. 1 S. 1 rechtmäßig, solange die Vervielfältigung zum privaten Gebrauch dient. Beim Download von Dateien aus **virtuellen Tauschbörsen,**[40] in denen – vorrangig in so genannten **P2P (Peer-to-Peer) Systemen**[41] – etwa digitalisierte Musiktitel durch Privatpersonen kostenlos zum Download angeboten werden, war nach bis Ende 2007 geltendem Recht nach hM zwar uU das Einstellen, nicht jedoch das Downloaden entsprechender Titel strafbar.[42] § 53 Abs. 1 aF gestattete nämlich „einzelne Vervielfältigungen eines Werkes durch eine natürliche Person zum privaten Gebrauch auf beliebigen Trägern (…), soweit nicht zur Vervielfältigung eine **offensichtlich rechtswidrig hergestellte Vorlage** verwendet wird". Nun sieht man aber der „Vorlage" in einem file-sharing-System nicht auf den ersten Blick an, ob diese von dem Tauschpartner nicht ursprünglich rechtmäßig (etwa als zulässige private Kopie eines Mitschnitts aus dem „Internet-Radio") gefertigt worden ist, sodass es an einer „offensichtlich rechtswidrigen Herstellung der Vorlage"[43] regelmäßig fehlt.[44] Seit der Ergänzung von § 53 Abs. 1 S. 1 durch den Passus **„oder öffentlich zugänglich gemachte"** besteht die Befugnis zur Erstellung von Privatkopien nunmehr aber auch dann nicht, wenn die Vorlage offensichtlich rechtswidrig öffentlich zugänglich gemacht (§ 19a) worden ist. Dass Privatpersonen kaum das Recht haben, aktuelle Musiktitel oder noch nicht angelaufene Kinofilme im Internet öffentlich zugänglich zu machen (vgl. § 19a), liegt auf der Hand.[45] Die Variante der „offensichtlich rechtswidrig öffentlich zugänglich gemachten Vorlage" wird bei Angeboten von Privatpersonen in P2P-file-sharing-Systemen daher regelmäßig vorliegen.[46]

Die Vervielfältigung von **Datenbankwerken** zum privaten Gebrauch ist nach § 53 Abs. 5 nicht **15** zulässig.[47] Wer sich bei einem Download nicht an die normierten Einschränkungen hält, kann also vervielfältigen iSv § 106 Abs. 1. Soweit die Speicherung von Daten auf einer sog. **Blockchain** erfolgt, hängt es von der Wahrnehmbarkeit bzw. Zugänglichkeit des Werkes ab (was hinsichtlich der Daten, bspw. auf einer Bitcoin-Blockchain, keine Selbstverständlichkeit darstellt), ob eine Vervielfältigung durch die „Betreiber" von Knoten einer Blockchain (potentiell jeder Nutzer) angenommen werden kann.[48]

b) Verbreiten. aa) Allgemeines. Mit dem Begriff der **Verbreitung** greift die Vorschrift einen in **16** § 17 verwendeten Begriff auf, was auf den ersten Blick dafür spricht, diesen hier entsprechend zu verstehen.[49] Freilich darf man nicht übersehen, dass in § 106 selbst weder der Begriff des Verbreitens ähnlich konkretisiert wird wie in § 17 noch etwa in einem Klammerzusatz auf die Vorschrift verwiesen wird. Vor diesem Hintergrund begegnet es mit Blick auf den **Wortlaut** des Begriffs „Verbreiten" (Art. 103 Abs. 2 GG!) durchaus Bedenken, ein solches schon in einem öffentlichen Anbieten zu se-

---

[32] Vgl. *Fangerow/Schulz* GRUR 2010, 677; *Koch* GRUR 2010, 574; *Stieper* MMR 2012, 12.
[33] „Fiktion der Werkqualität bei sukzessiver Löschung nach Sekunden", vgl. *Oğlakcıoğlu* ZIS 2009, 431 (436). In diese Richtung auch *May*, Urheberstrafrecht und Streaming, 2014, S. 169 ff. (die im Anschluss einen rechtswidrigen Eingriff in die sonstige Schutzrechte nach § 108 prüft und damit ebenso die §§ 44a, 53); krit. gegen eine solche Betrachtung („gekünstelt") *Ernsthaler* NJW 2014, 1553 (1554) auch mit Nachweisen zur Gegenansicht.
[34] Überblick zu den Voraussetzungen beim Streaming bei *Klein* JA 2014, 487 (492 f.).
[35] Wie vorstehend etwa *Fangerow/Schulz* GRUR 2010, 677 (681); *Reinbacher* HFR 2012, 179 (182); *Stieper* MMR 2012, 12 (16).
[36] So wohl die Argumentation bei *Ernsthaler* NJW 2014, 1553 (1555 ff.).
[37] Fromm/Nordemann/*Ruttke/Scharringhausen* § 106 Rn. 22b.
[38] Vgl. auch *Oğlakcıoğlu* ZIS 2009, 431 (434), der sich in diesem Zusammenhang – soweit man an einem umfassenden, zivilrechtlichen Schutz festhalten wolle – für eine „Normspaltung" dahingehend ausspricht, als das Strafrecht die „Mindestgrenzen zivilrechtlicher Haftung abstecke", zust. Beck-OK/*Sternberg-Lieben* § 106 Rn. 3.
[39] BGH NJW 2001, 3558.
[40] Vgl. zum Folgenden knapp auch bereits Berger/Wündisch/*Kudlich* § 9 Rn. 73 f.
[41] Fromm/Nordemann/*Ruttke/Scharringhausen* § 106 Rn. 18.
[42] Wenig differenzierend hier noch → 4. Aufl. 2010 Rn. 21.
[43] Vertiefend zu diesem Merkmal *Reinbacher* GRUR 2008, 394 ff.
[44] Vgl. näher *Sieber* in Europäisches Strafrecht, § 26 Rn. 79.
[45] Vgl. auch BT-Drs. 16/1828, 26.
[46] Vgl. vertiefend und differenzierend, *Gercke* ZUM 2007, 791 ff.; zur Offensichtlichkeit beim Download bzw. Converting von YouTube-Videos *Oğlakcıoğlu* ZIS 2009, 431 (438). Enger wohl *Klein* JA 2014, 487 (491 f.).
[47] Zu den Einzelheiten vgl. → § 53 Rn. 79 f.
[48] Zum Ganzen mit technischen Erläuterungen zur Blockchain *Peters* MMR 2018, 644.
[49] Hierfür etwa KG NStZ 1983, 561; LG Wuppertal CR 1987, 599 f.; Dreier/Schulze/*Dreier* § 106 Rn. 5.

hen.[50] Ob man das mit der „Forderung nach Rechtssicherheit und dem Grundsatz der Einheit der Rechtsordnung in diesem sensiblen Rechtsgebiet" (so noch → 4. Aufl. 2010 Rn. 14) überspielen kann, ist fraglich, denn der Rechtssicherheit der Strafandrohung soll ja gerade auch Art. 103 Abs. 2 GG dienen. Indes ist der Wortlaut allein hier – wie so oft[51] – nicht eindeutig, und mit der Systematik (nicht nur mit Blick auf § 17, sondern auch mit Blick auf die weitreichende Anlehnung von § 106 an die in §§ 16 ff.) spricht ein anderes normtextnahes Argument[52] deutlich für eine enge Anlehnung, sodass der hM keine wirklich durchschlagenden Argumente entgegen gehalten werden können. Folgt man dem, verbreitet derjenige, der das Original oder Vervielfältigungsstücke[53] a) der Öffentlichkeit **anbietet** oder b) **in Verkehr bringt.**[54] § 106 spricht dabei ungenau von der Verbreitung des Werkes, obwohl nicht **das Werk** als solches, sondern nur Original und/oder Vervielfältigungsstücke verbreitet werden können.

17   **bb) Einzelfragen. (1)** Unter den Begriff **Angebot an die Öffentlichkeit** wurde neben dem Angebot zum Verkauf vielfach auch dasjenige zur sonstigen Besitzüberlassung, etwa im Wege der Leihe oder Miete subsumiert. Hingegen verlangt der EuGH mittlerweile, dass das Angebot auf eine Eigentumsübertragung gerichtet sein muss.[55] Das Tatbestandsmerkmal des Anbietens ist im Übrigen nicht rein rechtlich, sondern wirtschaftlich zu verstehen.[56] Anbieten kann der Täter daher zB auch durch Zurschaustellung auf Messen oder in Ladengeschäften, durch Inserate oder eigene Werbeschriften. Die Veröffentlichung urheberrechtswidriger Anzeigeninhalte[57] fällt unter das Anbieten an die Öffentlichkeit wie auch das Angebot urheberrechtlich geschützter Werke zur Versteigerung im Internet.[58] Dabei soll bei einem grenzüberschreitenden Verkauf schon genügen, wenn ein Händler, der seine Werbung auf in Deutschland ansässige Kunden ausrichtet, ein spezifisches Liefersystem und spezifische Zahlungsmodalitäten schafft und sie so in die Lage versetzt, sich Vervielfältigungen von Werken liefern zu lassen, die in Deutschland urheberrechtlich geschützt sind.[59]

18   Konsequenterweise kann es nach dieser Sichtweise nicht darauf ankommen, dass die Werkstücke zur Zeit des Angebots bereits hergestellt sind; das Anbieten zur alsbaldigen Herstellung und Lieferung genügt. Damit ist das Einzelangebot[60] erfasst, wobei eine Konkretisierung des Werkstücks nicht erforderlich ist.[61] Die Frage ist gleichwohl streitig.[62] Der BGH ließ – gleichsam zweifelnd – offen, ob ein Verbreiten auch bei der bloßen Übersendung eines Produktschlüssels angenommen werden kann, der es Kunden ermöglicht, die betreffende Software aus dem Internet herunterzuladen, wenn ein anschließender Download nicht festgestellt ist.[63]

19   Das Angebot muss sich an die **Öffentlichkeit** richten (vgl. § 17 Abs. 1 bzw. für Computerprogramme § 69c Nr. 3 iVm § 17 Abs. 1), die entsprechend § 15 Abs. 3 zu bestimmen ist.[64] Nach dem Wortlaut ist dabei unerheblich, ob das Angebot angenommen wurde oder erfolglos geblieben ist. Ob dagegen ein öffentliches Anbieten über das Angebot an eine Mehrheit von Personen (etwa durch ein Inserat) hinaus auch durch ein Einzelangebot an einen der Öffentlichkeit angehörenden Dritten erfolgen kann, zu dem keine persönlichen Bindungen bestehen,[65] muss bezweifelt werden.

20   **(2) In Verkehr gebracht** ist das Werkstück nach einer verbreiteten Auffassung[66] dann, wenn der Täter es derart aus seinem Gewahrsam entlassen hat, dass ein anderer in der Lage ist, sich der Sache zu bemächtigen und mit ihr nach seinem Belieben umzugehen. Der Gegenstand muss jedoch tatsächlich

---

[50] Vgl. die Auffassung der Staatsanwaltschaft in der Entscheidung KG NStZ 1983, 561; zustimmend Wandtke/Bullinger/*Reinbacher* § 106 Rn. 16.

[51] Allgemein zur begrenzten Leistungsfähigkeit allein des grammatischen Arguments und der entsprechend geringen Bedeutung auch in der höchstrichterlichen strafrechtlichen Rechtsprechung vgl. *Kudlich/Christensen*, Die Methodik des BGH in Strafsachen, 2008, S. 24 ff.; 43 ff.

[52] Zur Systematisierung der Auslegungsargumente nach der Normtextnähe vgl. *Christensen/Kudlich*, Die Methodik des BGH in Strafsachen, 2008, S. 377 ff.

[53] Dh körperliche Festlegungen des Werkes.

[54] Zu diesen Begriffen zunächst → § 17 Rn. 11, 17 ff.

[55] Vgl. EuGH GRUR 2008, 604 – Peek & Cloppenburg/Cassina.

[56] KG NStZ 1983, 561; *Mestmäcker/Schulze* § 17 Anm. 5. Zum Ganzen auch *May*, Urheberstrafrecht und Streaming, 2014, S. 80 ff.

[57] BGH MMR 1999, 280.

[58] *Vassilaki* in *Spindler/Wiebe*, Internet-Auktionen und Elektronische Marktplätze, Kap. 15 Rn. 66.

[59] Vgl. BGHSt 58, 15 (23) (mAnm *Rübenstahl* ZWH 2013, 193), der in Übereinstimmung mit EuGH ABl. 2012 C 250, S. 3 = GRUR 2012, 817 (zur Vorlageentscheidung des BGH an den EuGH auch *Möller* GRUR 2011, 397 ff.; zur EuGH-Entscheidung *Pfaffendorf* NZWiSt 2012, 377; *Dörre* GRUR-Prax 2012, 327) betont, dass diese Auslegung auch nicht gegen die unionsrechtlich garantierte Warenverkehrsfreiheit verstößt. Zuletzt OLG Bremen GRUR-Prax 2017, 510 mAnm *Möller* (zum Anfangsverdacht einer rechtswidrigen Verbreitung eines Kunstwerks durch im Ausland ansässige Händler).

[60] BGHZ 113, 159 (163).

[61] So aber KG NStZ 1983, 561.

[62] Vgl. etwa *v. Gamm* § 17 Rn. 6 einerseits, auf der anderen Seite – der Ansicht dieses Textes entsprechend – zB RGZ 104, 376 (379) – Ballet – zum Warenzeichenrecht; BGH GRUR 1980, 227 (230) – Monumenta Germaniae Historica; *Loewenheim/Flechsig*, Handbuch des Urheberrechts, § 90 Rn. 17.

[63] BGH wistra 2018, 227.

[64] Vgl. dazu → § 17 Rn. 12.

[65] So für das Übersenden einer Programmliste an einen Dritten auf dessen Tauschanzeige in einer Computerzeitschrift, BGHZ 113, 159.

[66] Vgl. *Weber* S. 211.

in die Verfügungsgewalt eines Dritten geraten.[67] Es genügt nicht die bloße Möglichkeit der Erlangung der Verfügungsgewalt durch ihn. Mit der Aushändigung des Gegenstandes an einen Boten[68] ist die Tat noch nicht vollendet,[69] auch nicht durch die Ankunft des aus dem Herstellerbetrieb versandten Gegenstandes im Verkaufslager desselben Unternehmens.[70] Die Weitergabe von Werkstücken innerhalb des persönlichen Bekanntenkreises berührt das Verbreitungsrecht nicht, ist also kein Inverkehrbringen,[71] und auch der Verleger ist für den Drucker nicht Dritter. „Öffentliches" Inverkehrbringen ist hingegen zu bejahen, wenn das Vervielfältigungsstück das persönliche Umfeld des Vertreibers verlässt.[72] Vgl. ferner → § 17 Rn. 17 ff. und für Computerprogramme → § 69c Rn. 21 ff., 41 sowie AG Gießen MMR 2016, 696 zur Verbreitung von Seriennummern/product keys als angeblich gebrauchte Lizenzen.

Grundsätzlich kann eine Sache zwar mehrfach in Verkehr gebracht werden, zB vom Hersteller über **21** den Großhändler zum Einzelhändler.[73] Im Rahmen des Verbreitens beansprucht aber nach hM auch im Strafrecht der Erschöpfungsgrundsatz des § 17 Abs. 2 Geltung, wobei mit Blick auf Art. 103 Abs. 2 GG fraglich sein kann, inwieweit aus dem Wortlaut des § 17 Abs. 2 nicht erkennbare Einschränkungen seiner Geltung (etwa bei der Online-Übertragung)[74] unzulässig sein können, soweit dadurch eine Strafbarkeit begründet wird.[75] Ebenso wie im Zivilrecht greift der Erschöpfungsgrundsatz auch im Strafrecht nur ein, wenn das erste Inverkehrbringen befugt erfolgte, anderenfalls bleibt auch die spätere Weitergabe strafbar.[76] Da nicht das Werk als solches, sondern nur Original und Vervielfältigungsstücke verbreitet werden können, bezieht sich auch die Erschöpfung des Verbreitungsrechts nur auf bestimmte Werkstücke.

Das Verbreitungsrecht wird auch bei Inverkehrbringen in der EU oder im EWR erschöpft.[77] Bei **22** Inverkehrbringen in **Drittstaaten** ist das Verbreitungsrecht bei „**reimportierten**" urheberrechtlich geschützten Werken ebenso wenig erschöpft wie bei Konstellationen, in denen der „**graue Markt**" tätig wird. Sind einem Berechtigten die urheberrechtlichen Befugnisse unter räumlicher Beschränkung auf das Ausland und nicht für das Inland übertragen worden, erschöpft das ausländische Inverkehrbringen der geschützten Werkexemplare hier das inländische Verbreitungsrecht nicht. Denn das Verbreitungsrecht umfasst auch die Möglichkeit der territorial beschränkten Lizenzvergabe.[78] Bringt nun der Lizenznehmer eines anderen Staates ein urheberrechtlich geschütztes Werk in Deutschland in Verkehr, verbreitet er gemäß § 106 Abs. 1. Dies gilt auch, wenn der Lizenzinhaber, der berechtigt ist, Waren lediglich im Land A zu verkaufen, durch elektronische Plattformen dieselbe Ware im Land B oder C in Verkehr bringt.[79]

c) Öffentliche Wiedergabe. aa) Allgemeines. Der Begriff der **öffentlichen Wiedergabe** ent- **23** spricht dem des § 15 Abs. 2[80] und umfasst mithin insbesondere auch das öffentliche Zugänglichmachen nach § 15 Abs. 2 S. 2 iVm § 19a.[81] Der Begriff der Öffentlichkeit orientiert sich auch hier im Ausgangspunkt an § 15 Abs. 3.[82] Da § 15 Abs. 2 auch für etwa sich künftig neu ergebende technische Möglichkeiten öffentlicher Wiedergabe offen ist („insbesondere"), enthält die Verknüpfung der Strafnorm mit der vorgenannten Vorschrift ein gewisses Unsicherheitsmoment; verfassungswidrige Unbestimmtheit liegt aber noch nicht vor.[83]

bb) Insbesondere Wiedergabe im Internet. Hauptanwendungsfeld von § 15 Abs. 2 S. 2 iVm **24** § 19a ist die Werkverwertung im Internet, bei der jedes **Bereitstellen** eines urheberrechtlich geschützten Werkes zum **interaktiven Abruf** bestraft wird. Diese Handlung entspricht dem Vorgehen der Nutzer von P2P-Börsen. Das Speichern eines Musiktitels oder eines Films in einem File-Sharing-Ordner bedeutet, dass das Werk zum Download offeriert wird, was als Online-Werknutzung im In-

---

[67] *Horn* NJW 1977, 2329 (2333).

[68] Post, Bahn, „eigener" Spediteur oÄ.

[69] Vgl. dazu *Horn* NJW 1977, 2329 (2333).

[70] Vgl. dazu RGSt 14, 35 f.

[71] KG NStZ 1983, 561 (562).

[72] Vgl. BGHZ 113, 159 (161).

[73] Vgl. aber sogleich zur Frage der Erschöpfung des Verbreitungsrechts.

[74] → § 17 Rn. 38.

[75] Vgl. *Hildebrandt* S. 115 ff., mit freilich teilweise zu strengen Anforderungen. Aus neuerer Zeit AG Gießen MMR 2016, 696 mAnm *Rosemann* zu einem Fall des Verbreitens von Seriennummern als angeblich gebrauchte Lizenzen für Computerprogramme, ohne dass die von der Rechtsprechung für den Weitervertrieb gebrauchter Computerprogramme aufgestellten Voraussetzungen erfüllt sind.

[76] Vgl. *Heinrich* S. 234 ff.; *Hildebrandt* S. 112.

[77] Gemeinschaftsweite Erschöpfung, § 17 Abs. 2.

[78] BGHZ 80, 104 ff.; 81, 285.

[79] Zur Frage der internationalen Erschöpfung → § 17 Rn. 57 ff.

[80] *Kudlich* in Berger/Wündisch, Urhebervertragsrecht, § 9 Rn. 17 mwN.

[81] Zu diesem vgl. AG Leipzig NZWiSt 2012, 390 mAnm *Klein* und Besprechungsaufsatz *Brackmann* NZWiSt 2013, 170 ff. sowie LG Leipzig ZUM 2013, 338 (Linksammlung mit bloßem Lesezugriff genügt) unter Hinweis auf BGH StV 2012, 539 (zum vergleichbaren Begriff im Pornographiestrafrecht) mit Besprechungsaufsatz *Reinbacher* NStZ 2014, 57.

[82] Zu den zusätzlichen, subjektiven Kriterien, die der EuGH im Zuge mehrerer Entscheidungen zum Merkmal der Öffentlichkeit in § 15 hineingelesen hat, vgl. → § 15 Rn. 342.

[83] *Kudlich* in Berger/Wündisch § 9 Rn. 17.

25   ternet unter § 19a und damit in den Anwendungsbereich des § 15 Abs. 2 fällt, dessen Verletzung von § 106 Abs. 1 Var. 3 unter Strafe gestellt wird.[84] Zum Abruf vgl. → Rn. 11 ff.

25   Nach BGH GRUR 2003, 959 (961) – Paperboy und nunmehr auch EuGH GRUR 2014, 360 (Svensson) wird durch das Setzen eines **Hyperlinks** auf eine vom Berechtigten öffentlich zugänglich gemachte Webseite mit einem urheberrechtlich geschützten Werk in das Recht der öffentlichen Zugänglichmachung des Werkes nicht eingegriffen.[85]

3. In anderen als gesetzlich zugelassenen Fällen

26   Die Begrenzung auf die Begehung von Tathandlungen in „anderen als gesetzlich zugelassenen Fällen" ist nach hM als Verweis auf die **urheberrechtlichen Schranken** der §§ 45 ff. (sowie für Computerprogramme ergänzend in §§ 69c–69e) zu verstehen.[86] Im Detail ist dabei umstritten, aber für das Ergebnis idR nicht relevant, welche Fälle als Schrankenregelungen iSd § 106 „gesetzlich zugelassen" sein sollen und welche Fälle bereits als ungeschriebene Tatbestandsmerkmale aus dem Bereich illegaler Handlungen herausfallen.[87] Für bestimmte Fälle wird auch die bloße Verletzung von formellen Voraussetzungen einzelner Schrankenbestimmungen als allein nicht strafbarkeitsbegründend diskutiert.[88]

27   Nach hM gehören zum Tatbestand alle Merkmale, die den materiellen Unrechtsgehalt begründen. So wird der typische Unrechtsgehalt des Vergehens nach § 106 durch die §§ 44a ff., 87c mitbeschrieben.[89] Sie typisieren die „strafwürdige Rechtsgutverletzung",[90] da das Urheberrecht von vornherein nicht unbeschränkt ist, sondern gegenüber den berechtigten Interessen der Allgemeinheit an dem ungehinderten Zugang zu den Kulturgütern sachgemäß abgegrenzt wird.[91] Danach greift derjenige, der von den Möglichkeiten gemäß §§ 44a ff., 87c Gebrauch macht, nicht in ein fremdes Vervielfältigungs- und Verbreitungsrecht oder Recht auf öffentliche Wiedergabe ein.[92]

28   Die in den §§ 44a ff. gezogenen Schranken des Urheberrechts passen für **Computerprogramme** meistens nicht.[93] Für **Datenbanken** gelten die Schranken, die in § 87c genannt werden.

29   Ergänzend zu den gesetzlich zugelassenen Fällen vgl. insbes. die **Kommentierung zu §§ 44a ff.**

30   Liegt nach den §§ 44a–60 ein „gesetzlich zugelassener Fall" iSd § 106 mit der Folge des Tatbestandsausschlusses vor, so wird hieran durch einen etwaigen Verstoß gegen die Vorschriften der **§§ 62, 63** nichts geändert. Die Verletzung dieser Normen sollte strafrechtlich ohne Bedeutung sein, wie sich aus der Begründung des RegE ergibt.[94]

4. Handeln ohne Einwilligung

31   **a) Allgemeines.** Die Handlung wird bestraft, wenn sie ohne **„Einwilligung der Berechtigten"**[95] durchgeführt wird. Insoweit besteht grundsätzliche Einigkeit darüber, dass „berechtigt" in diesem Sinn jeweils der **Inhaber des Rechts ist,** das mit einer Tathandlung nach § 106 Abs. 1 verwertet werden soll.[96] Streit besteht dagegen über die Rechtsnatur der Einwilligung: Während die wohl hM davon ausgeht, dass die Einwilligung „nur" als **Rechtfertigungsgrund** wirkt,[97] nimmt die Gegenansicht an, es handle sich um ein (gleichsam negativ formuliertes) **Tatbestandsmerkmal,** da ein typischerweise rechtswidriges Verhalten bei den in § 106 genannten Tathandlungen überhaupt nur vorliege, wenn diese gegen den Willen des Berechtigten erfolgen.[98]

32   **b) Meinungsstand zur Rechtsnatur des Einwilligungserfordernisses.** Die hM, die betont, dass die explizite Erwähnung des Merkmals dieses nicht notwendig zum Tatbestandsmerkmal mache,[99] dürfte weniger dogmatisch als pragmatisch begründet sein. Die Komplexität und im Einzelfall noch unvollständige Klärung schwieriger Fragen bei der Einräumung von Nutzungsrechten,[100] die das Gros

---

[84] Dazu auch *Vassilaki* in *Spindler/Wiebe,* Internet-Auktionen und Elektronische Marktplätze, Kap. 15 Rn. 62 ff.

[85] Str., s. dazu *Ernst/Vassilaki/Wiebe,* Hyperlinks, Rn. 31 ff., 260; umfassend *Conrad* CR 2013, 305.

[86] Vgl. nur Dreier/Schulze/*Dreier* § 106 Rn. 6; *Hellmann/Beckemper* Rn. 617; zur Frage, inwieweit solche gesetzlichen Rechte mit strafbarkeitsbegründender Wirkung vertraglich abbedungen werden können, vgl. → Rn. 45.

[87] Vgl. nur zum Beispiel des – im Ergebnis nach inhelliger Ansicht strafrechtlich relevanten – Ablaufs der Schutzfrist die Nachweise bei Wandtke/Bullinger/*Reinbacher* § 106 Rn. 22.

[88] Vgl. die Beispiele bei Wandtke/Bullinger/*Reinbacher* § 106 Rn. 22.

[89] Eingehend dazu aus zivilrechtlicher Sicht *Stieper,* Rechtfertigung, Rechtsnatur und Disponibilität der Schranken des Urheberrechts, 2009, passim; im Überblick hier → Vor § 44a Rn. 34 ff.

[90] Vgl. hierzu *Sax* JZ 1976, 9 (11).

[91] Vgl. Amtl. Begr. UFITA 45 1965, 240 (278) zu den Schranken des Urheberrechts.

[92] Vgl. dazu BVerfGE 31, 229 (241) – Kirchen- und Schulgebrauch; BVerfGE 49, 328 (393) – Kirchenmusik. Zu den Einzelheiten vgl. *Haß* FS Klaka, 1987, 127 ff.

[93] → § 69a Rn. 25, vgl. Begr. zum RegE, BT-Drs. 12/4022, 8 f.

[94] UFITA 45 (1965), 240 (326 f.); vgl. aber → § 62 Rn. 23; → § 63 Rn. 20 ff.

[95] Vgl. zur privilegierten Privatkopie: *Weisser* ZJS 2011, 315; OLG München CR 2009, 33; zur Abbedingung von § 53 Abs. 1 UrhG: *Reinbacher/Schreiber* UFITA 2012, 771.

[96] Vgl. Möhring/Nicolini/*Spautz* § 106 Rn. 5; Dreyer/*Kotthoff*/Meckel § 106 Rn. 7; Fromm/Nordemann/ *Ruttke/Scharringhausen* § 106 Rn. 25.

[97] Vgl. *Heinrich* S. 260; Möhring/Nicolini/*Spautz* § 106 Rn. 5.

[98] Vgl. etwa *Hellmann/Beckemper* Rn. 612.

[99] Dreier/Schulze/*Dreier* § 106 Rn. 8.

[100] Auch wenn diese nicht unter einen formel-engen zivilrechtlichen Einwilligungsbegriff fallen, vgl. → § 29 Rn. 35 f.

der Einwilligung im Urheberstrafrecht ausmachen, könnten die Gefahr mit sich bringen, dass im Strafrecht zum Nachteil der Urheber und der anderen Nutzungs- bzw. Verwertungsberechtigten pauschal Eingriffe als zulässig angesehen werden, die bei näherer Betrachtung rechtswidrig sind. Die Folge wäre dann eine Auseinanderentwicklung des zivilrechtlichen und des strafrechtlichen Urheberrechtsschutzes.[101]

Hiergegen spricht indes, dass die Verwertung von Werken als solche eine **sozialadäquate Handlung** darstellt. Die gesonderte Erwähnung der Einwilligung in die Vorschrift zeigt, dass dieser nur dann strafbare Bedeutung zukommt, wenn sie gegen den Willen der Berechtigten stattfindet. Gerade die Behandlung der „Einwilligung" als Tatbestandsmerkmal ermöglicht zwanglos eine Anlehnung an den zivil(urheber)rechtlichen Einwilligungsbegriff. Unter diesem Gesichtspunkt soll geprüft werden, ob der Berechtigte durch eine zivilrechtlich wirksame Erlaubnis, insbesondere die Einräumung eines Nutzungsrechts, eine schuldrechtliche Gestattung oder schlichte Einwilligung (hier im urhebervertragsrechtlichen Sinne)[102] der Verwertung durch den Handelnden zugestimmt hat. Ob allein damit auch Schwierigkeiten beseitigt werden können, die durch die nachträgliche Einwilligung des Urhebers entstehen (namentlich wenn der Verletzte auf Strafverfolgung verzichten will, nachdem etwa seine zivilrechtlichen Ansprüche zufrieden gestellt wurden),[103] ist dagegen fraglich (vgl. näher sogleich → Rn. 37).

Ohne dass diesem Streit stets Ergebnisrelevanz zukommen würde, erscheint eine namentlich von *Hildebrandt* entwickelte Auffassung vorzugswürdig, nach der zwei Ebenen zu unterscheiden sind (weshalb *Hildebrandt* auch anschaulich, wenngleich nicht ganz präzise von einer **„Doppelnatur"** der Einwilligung spricht): Soweit die Einwilligung in Gestalt einer urhebervertraglichen **Einräumung von Nutzungsrechten** vorliegt, ist bereits der Tatbestand ausgeschlossen, da dies unmittelbar Auswirkungen auf die Person des Berechtigten hat.[104] Insoweit wird die strafrechtlich wirksame Einwilligung in Verwertungshandlungen auch nicht anders erteilt als durch eine zivilrechtlich wirksame Einräumung des entsprechenden Nutzungsrechts.[105] Unabhängig davon hat der Berechtigte als Dispositionsbefugter jedoch die Möglichkeit, auch ohne Übertragung seiner Rechtsposition (und damit ohne Wechsel der Person des „Berechtigten") in ein formal in sein Recht eingreifendes Handeln in strafrechtlich relevanter Weise – und zwar dann nach allgemeinen Grundsätzen: rechtfertigend – einzuwilligen. Diese Differenzierung führt auch zwanglos zur Antwort auf die durch das Zweite Gesetz zur Regelung des Urheberrechts in der Informationsgesellschaft[106] aufgeworfene Frage, ob das **Formerfordernis** des § 31a Abs. 1 S. 1 auch für die strafrechtliche Einwilligung gilt: Eine formunwirksame Rechteeinräumung für unbekannte Nutzungsarten würde bei einer späteren derartigen Nutzung zwar zu keiner Berechtigung führen und somit die Verwirklichung des Tatbestands unberührt lassen; die Wirksamkeit einer Einwilligung iSd strafrechtlichen Rechtfertigungsgrundes wäre davon aber nicht berührt, sodass der Nutzer auch bei einer mündlichen Rechteeinräumung gerechtfertigt und im Ergebnis straflos wäre.[107]

c) Berechtigter und Umfang der Einwilligung. Der **Berechtigte** muss einwilligen: Das ist der Urheber, dessen Rechtsnachfolger (§ 30), der Inhaber eines ausschließlichen Nutzungsrechts, das auch vom Urheber zu beachten ist, nicht aber der Inhaber eines einfachen Nutzungsrechts.[108] Greift ein Dritter tatbestandsmäßig in Rechte gemäß § 106 ein, so genügt die Einwilligung des Inhabers des ausschließlichen Nutzungsrechts, wenn sich der Eingriff in den Grenzen von dessen Berechtigung hält.[109] Worauf sich die Einwilligung im Einzelnen beziehen muss, folgt aus dem Umfang des Rechtseingriffs. Im Falle der **Miturheberschaft** (§ 8) müssen sämtliche Miturheber einwilligen. Der obligatorische Anspruch auf Erteilung der Einwilligung[110] ersetzt diese nicht.[111] Mehrere Erben bilden auch hinsichtlich des Urheberrechts eine Erbengemeinschaft (§§ 2032 ff. BGB), sodass sie gemeinschaftlich einwilligen müssen (§§ 2038, 2040 BGB). Im Falle der Vervielfältigung usw., einer Bearbeitung und anderer Umgestaltungen kann ein Eingriff in das Urheberrecht am Originalwerk und in das an der Bearbeitung oder einer sonstigen abhängigen Nachschöpfung vorliegen. In diesem Fall müssen alle Berechtigten einwilligen.[112]

d) Folgefragen urhebervertragsrechtlicher Vereinbarungen für die Einwilligung. In einer Vielzahl von Fällen wird die Einwilligung in eine entsprechende urhebervertragsrechtliche Gestattung

---

[101] *Weber* S. 267.
[102] Vgl. → § 29 Rn. 29.
[103] So → 4. Aufl. 2010, Rn. 28.
[104] Vgl. *Wandtke/Bullinger/Reinbacher* § 106 Rn. 24c, sowie ausführlich *Hildebrandt*, S. 149 ff., mit einem interessanten Vergleich hinsichtlich des Merkmals der Fremdheit bei § 242 StGB, die ebenfalls schon tatbestandlich ausscheidet, wenn dem Täter die Sache übereignet worden ist.
[105] Kritisch *Lampe* UFITA 83 1978, 15 (50).
[106] BGBl. 2007 I S. 2513 ff.
[107] Vgl. *Berger/Wündisch/Kudlich* § 9 Rn. 20.
[108] Zum ausschließlichen und einfachen Nutzungsrecht → Vor § 28 Rn. 47 ff.
[109] Beispiel: Der Inhaber des ausschließlichen Verlagsrechts räumt einem anderen Verleger eine Taschenbuchlizenz ein; § 34 war im Verlagsvertrag abgedungen: Die Vervielfältigung und Verbreitung des Taschenbuchs ist legal.
[110] Vgl. § 8 Abs. 2 S. 2.
[111] *Weber* S. 269.
[112] *Ulmer* § 133 II 1.

gekleidet sein, die von den Beteiligten vor allem mit Blick auf die beabsichtigten zivilrechtlichen Folgen abgeschlossen worden ist. Für die strafrechtliche Relevanz der darin liegenden Einwilligung kann das zu einigen Sonderfragen führen.[113]

37   **aa) Behandlung der rückwirkenden Rechteeinräumung.** Erfolgt die Einwilligung des Berechtigten nicht vor der Nutzungshandlung, sondern erst nach dieser, hält die hM eine solche **nachträgliche Zustimmung** für **strafrechtlich irrelevant,**[114] da eine „Einwilligung" (im Gegensatz zur Genehmigung) nur die vorherige Erklärung des Berechtigten sei. Dafür kann nicht nur die Zivilrechtsakzessorietät der Vorschrift angeführt werden, sondern der Ausschluss zivilrechtlicher Rückwirkungsfiktionen im Strafrecht entspricht auch in anderen Fällen der hM. Etwas anderes soll namentlich nach *Hildebrandt* gelten, soweit es nicht „nur" um die Einwilligung ieS, sondern um die Person des Berechtigten (im Sinn der obigen → Rn. 34) geht: Ebenso wie eine – grundsätzlich ex nunc wirkende – Abtretung auch mit rückwirkenden Rechtsfolgen vereinbart werden könne, müssten Lizenzgeber und Verwerter auch „nach abgeschlossener Verwertung des Werks einen Vertrag schließen können, der analog §§ 398 ff. BGB bewirkt, dass dem Verwerter z. Zt. der Benutzung rückwirkend ein Nutzungsrecht zustand".[115]

38   Allerdings muss nicht nur für die **Praxis** damit gerechnet werden, dass die Rechtsprechung ohne nähere Differenzierung im Sinne der hM eine Rückwirkung ausschließen könnte, sondern selbst bei grundsätzlicher Sympathie für die Idee einer „Doppelnatur" ändert diese nichts daran, dass im Strafrecht nach allgemeinen Grundsätzen auch sonstige zivilrechtliche Rückwirkungen selbst bei im Übrigen zivilrechtsakzessorisch ausgelegten Tatbestandsmerkmalen keine Wirkung entfalten.[116] Dabei geht es auch – entgegen *Hildebrandt*[117] – weniger um die Frage nach Be- oder Entlastung des Beschuldigten,[118] sondern um die Rechtsklarheit, da im Moment der Tatbegehung (vgl. § 8 StGB), jedenfalls aber nach Vollendung der Tat klar sein soll, ob der Täter sich strafbar gemacht hat (und ob etwa dem Opfer Notrechte zustehen und ob strafrechtliche Ermittlungsmaßnahmen eingeleitet werden können) oder nicht.

39   Der – zugegebenermaßen auch sonst in der urheberrechtlichen Diskussion überwiegend als unbefriedigend empfundene[119] – Zustand kann daher nur **pragmatisch** dadurch **entschärft** werden, dass bei einer nachträglichen Zustimmung regelmäßig kein Strafantrag gestellt werden (bzw. sogar die Rücknahme eines Strafantrags zu fingieren sein) wird. Und die Fälle, in denen die Staatsanwaltschaft dennoch das besondere öffentliche Interesse nach § 109 bejaht, spiegeln nichts anderes als den allgemeinen Umstand wider, dass nach der Verwirklichung eines Straftatbestandes die Dispositionsbefugnis des Opfers vielfach endet und eine Strafverfolgung von Amts wegen betrieben wird.

40   **bb) Behandlung schwebend unwirksamer Verträge.** In einer Reihe von auch praktisch und wirtschaftlich bedeutsamen Fällen[120] lässt das Zivilrecht über die Wirksamkeit eines zwischen zwei Personen abgeschlossenen Rechtsgeschäfts einen Dritten entscheiden. Bis zur **Genehmigung** ist dieses Rechtsgeschäft **schwebend unwirksam.** Für die **Frage nach dem Berechtigten** führt das zu folgenden Konsequenzen: Wird die **Genehmigung verweigert,** so ist derjenige, dem das Nutzungsrecht eingeräumt bzw. übertragen werden sollte, jedenfalls **zu keinem Zeitpunkt Berechtigter** und kann daher einerseits nicht iSd §§ 106, 108 in eine Nutzung einwilligen, kommt aber andererseits und vor allem als tauglicher Täter dieser Straftatbestände in Betracht. **Erfolgt** dagegen eine **Genehmigung,** so wird man dieser – soweit man das auf rechtsgeschäftlicher Ebene mit strafrechtlicher Relevanz für möglich hält (vgl. → Rn. 37, auch zu den Gegenargumenten)[121] – auch hier eine **Rückwirkung** zubilligen können; denn ein Rückgriff auf die Fiktion des § 184 Abs. 1 BGB ist oftmals nicht erforderlich, wenn sich schon durch Auslegung der Genehmigung ergibt, dass von den Parteien ein entsprechender Rückwirkungswille gewünscht war.

41   Davon zu unterscheiden ist jedoch die Frage, ob in der zum schwebend unwirksamen Vertrag führenden Erklärung nicht eine **Einwilligung des Berechtigten** liegen kann.[122] Wie insbesondere das Beispiel der schwebenden Unwirksamkeit bei Verträgen Minderjähriger zeigt, ist es nämlich durchaus vorstellbar, dass auch derjenige, der ohne Genehmigung den Vertragspartner allein nicht zum „Berechtigten" machen kann, durchaus alleiniger Inhaber des Urheberrechts sein kann und – da es für die

---

[113] Näher zum Folgenden Berger/Wündisch/*Kudlich* § 9 Rn. 49 ff.
[114] Vgl. *Heinrich* S. 261; Möhring/Nicolini/*Spautz* § 106 Rn. 5.
[115] Vgl. *Hildebrandt* S. 155.
[116] Vgl. etwa zur Auslegung des Merkmals Fremdheit iSd § 242 StGB Schönke/Schröder/*Eser* § 246 Rn. 4a; *Fischer* § 242 Rn. 5, 50.
[117] Vgl. *Hildebrandt* S. 155.
[118] So könnte etwa die Rückwirkungsfiktion des § 142 Abs. 1 BGB beim Merkmal der Fremdheit iSd § 242 StGB sowohl zugunsten als auch zulasten des Täters wirken, je nachdem ob er der ursprüngliche Eigentümer war oder dies erst durch die anfechtbare Übereignung geworden ist.
[119] Vgl. nur *Hildebrandt* S. 152; *Sternberg-Lieben,* Musikdiebstahl, S. 71 f.
[120] Etwa im Minderjährigenrecht, vgl. §§ 107 ff. BGB, bei der vollmachtlosen Stellvertretung, vgl. §§ 177 ff. BGB oder in bestimmten gesellschaftsrechtlichen Konstellationen.
[121] Bedenkenswert in diesem Kontext aber *Weber* S. 273 ff., nach dem das Strafrecht nicht in ein „schwebendes Rechtsverhältnis" eingreifen dürfe, dh der staatliche Strafanspruch entstehe/bestünde/...? erst und nur, wenn die Genehmigung durch den Genehmigungsberechtigten endgültig versagt worden ist.
[122] Vgl. auch *Hildebrandt* S. 241.

Einwilligung nicht notwendig auf die Geschäftsfähigkeit, sondern nur auf die natürliche Einsichtsfähigkeit ankommt[123] – im strafrechtlichen Sinn auch allein dispositionsbefugt sein kann.[124] Diese Lösung, die während der Schwebezeit unabhängig von der späteren Genehmigung von einer Nichtberechtigung ausgeht und zwar in manchen, aber keineswegs in allen Fällen durch die Konstruktion einer Einwilligung „entschärft" wird, ist zwar tendenziell „punitiver" als andere Vorschläge in der Literatur,[125] benachteiligt aber den Vertragspartner eines „Genehmigungspflichtigen" keineswegs unangemessen: **Kennt** er die Umstände, die zur **schwebenden Unwirksamkeit** des Vertrags führen, so hat er nach **§ 108 Abs. 2 BGB** (bzw. den entsprechenden Vorschriften für andere Konstellationen der schwebenden Unwirksamkeit) die Möglichkeit, rasch für Klarheit zu sorgen; **kennt** er diese Umstände **nicht,** so wird er zumeist über die **Irrtumsregeln** straflos bleiben.

cc) **Behandlung anfechtbarer Verträge.** Ist der Vertrag über die Nutzungseinräumung wegen **Drohung oder Täuschung** nach § 123 BGB anfechtbar, scheint sich auf den ersten Blick eine Diskrepanz zwischen zivil- und strafrechtlicher Rechtslage zu ergeben: **Zivilrechtlich** bleibt der Lizenzvertrag nämlich **wirksam, sofern** er **nicht** binnen Jahresfrist angefochten wird (vgl. § 124 BGB), während im Fall der Drohung vielfach und im Fall der Täuschung zumindest häufig eine Einwilligung nach strafrechtlichen Grundsätzen unwirksam sein soll.[126] Eine dogmatisch konsistente Lösung kann auch hier wieder daran ansetzen, dass die Einräumung eines Nutzungsrechts nicht „nur" erst eine Einwilligung, sondern bereits die Bestimmung der Person des Berechtigten (der kein tauglicher Täter nach §§ 106, 108 ist) darstellt. Dies führt dazu, dass eine Strafbarkeit jedenfalls dann ausscheidet, wenn es später nicht zur Anfechtung kommt, wodurch ein Gleichlauf zwischen zivil- und strafrechtlicher Rechtslage hergestellt wird. Ficht der Getäuschte bzw. Bedrohte dagegen fristgerecht an, so gilt zivilrechtlich die Rückwirkungsfiktion des § 142 Abs. 1 BGB. entsprechend der hM. Bei anderen strafrechtlichen Vorschriften[127] ist jedoch davon auszugehen, dass die **zivilrechtlichen Rückwirkungsfiktionen für das Strafrecht unerheblich** sind. Einem möglichen **Strafbarkeitsbedürfnis** bei einer täuschungs- bzw. drohungsbedingten Rechtseinräumung kann über die **§§ 240, 253, 263 StGB** ausreichend Rechnung getragen werden.

dd) **Behandlung bedingter bzw. beschränkter Rechtseinräumungen. Urhebervertragsrechtlich** kann ein **Nutzungsrecht** in verschiedener Weise **beschränkt** übertragen werden. Hinsichtlich einer Nutzung, die aufgrund der Beschränkung der Übertragung nicht gestattet ist, wird der Lizenznehmer weder zum Berechtigten, noch liegt insoweit eine Einwilligung des Urhebers vor. Grundsätzlich macht sich daher derjenige, der seine Nutzungsrechte vorsätzlich überschreitet, nach § 106 strafbar.[128] Die darin liegende **„Kriminalisierung der Verletzung von Lizenzvereinbarungen"**[129] muss man wohl als notwendige Folge der vor allem auch zivilrechtsakzessorischen Ausgestaltung der urheberstrafrechtlichen Straftatbestände hinnehmen. Bei den insoweit besonders problematischen Bedingungen bzw. Beschränkungen, die hinsichtlich ihres genauen Inhalts oder aber hinsichtlich ihrer urhebervertragsrechtlichen Zulässigkeit zweifelhaft sind, wird man jedoch über die **Irrtumsregeln** (vgl. → Vor §§ 106 ff. Rn. 25 ff.) nicht selten zu einer Straflosigkeit gelangen.[130]

ee) **Schuldrechtliche Ansprüche auf Nutzungseinräumung.** Auch im Bereich des Urhebervertragsrechts gilt das **Trennungsprinzip** zwischen schuldrechtlicher Verpflichtung und dinglicher Rechtseinräumung. Nimmt der Gläubiger eines solchen **Anspruchs** das entsprechende – noch nicht dinglich eingeräumte – Nutzung vor, stellt sich die Frage nach den strafrechtlichen Konsequenzen. Die ganz hL geht dabei davon aus, dass ein schuldrechtlicher **Anspruch allein nicht ausreichend** ist.[131] Man könnte freilich erwägen, einen Gedanken zu übertragen, der insbesondere bei der **Rechtswidrigkeit der angestrebten Zueignung** bzw. **Bereicherung** in den §§ 242, 249, 253, 263 StGB zur Anwendung kommt, die entfallen soll, wenn ein fälliger und einredefreier Anspruch auf Übereignung der weggenommenen Sache bzw. auf Durchführung der durch Täuschung verursachten Vermögensverfügung besteht.[132] **Gegen** eine **Übertragung** dieser Grundsätze und damit für eine Strafbarkeit lassen sich freilich **zwei formale Gesichtspunkte** anführen: Zum einen fehlt es in § 106 an einer exakt parallelen Formulierung, in der von der rechtswidrigen Durchführung genau derjenigen Handlung durch den Täter die Rede ist, auf die er gegenüber dem Opfer einen Anspruch hätte; denn „urheberschuldvertragsrechtlich" geschuldet ist nicht die Durchführung der Nutzung durch den Urheber zugunsten des schuldrechtlich Berechtigten, sondern nur die Einräumung einer Nutzungs*möglichkeit*. Zum anderen würde eine mehr oder weniger weitgehende Gleichbehandlung der Situa-

42

43

44

---

[123] Vgl. Schönke/Schröder/*Lenckner* vor § 32 Rn. 39.
[124] Soweit in solchen Konstellationen eine Divergenz zwischen zivilrechtlicher und strafrechtlicher Rechtslage droht, ist diese mit dem Ultima-ratio-Charakter strafrechtlicher Sanktionen zwanglos zu erklären.
[125] *Hildebrandt* S. 157 f., arbeitet bei Erteilung einer Genehmigung im Wesentlichen mit deren Rückwirkung und kommt daher regelmäßig zu Annahme einer Berechtigung.
[126] Vgl. nur Schönke/Schröder/*Lenckner* vor § 32 Rn. 47, *Fischer* § 228 Rn. 12, 12a.
[127] Vgl. bereits oben Fn. 114.
[128] HM, soweit das Problem behandelt wird, zumindest im Grundsatz auch *Hildebrandt* S. 167 f.
[129] Krit. *Hildebrandt* S. 168 („unerträglich").
[130] So mit Blick auf den Bestimmtheitsgrundsatz auch *Hildebrandt* S. 168 f.
[131] Vgl. Wandtke/Bullinger/*Reinbacher* § 106 Rn. 26; *Weber* S. 189, 269.
[132] Vgl. nur SSW/*Kudlich* § 242 Rn. 51.

tion vor und nach Erfüllung des schuldrechtlichen Anspruchs gerade im Urhebervertragsrecht, in dem die dingliche Rechtsübertragung grundsätzlich ohne jeden Publizitätsakt erfolgen kann, das Abstraktionsprinzip in gewissem Maße aushöhlen.

45   **ff) Beschränkungen gesetzlicher Nutzungsrechte durch vertragliche Vereinbarungen?** Kein Problem der „Einwilligung", sondern im Gegenteil einer möglichen Strafbarkeits*erweiterung* durch urheberrechtliche Vereinbarungen wird aufgeworfen, wenn diese zu einer Beschränkung von an sich gesetzlich garantierten Nutzungsrechten führen können.[133] Anschaulich und wohl auch durchaus praxisrelevant[134] lässt sich dies am Beispiel der vertraglichen Abbedingung des Rechts zur Privatkopie nach § 53 Abs. 1 zeigen. Konstruktiv ist ohne weiteres vorstellbar (und gerade auch aufgrund der leichten digitalen Vervielfältigung und den daraus resultierenden steigenden Missbrauchsmöglichkeiten ist auch ein wirtschaftliches Interesse des Rechteinhabers denkbar), dass das gesetzlich eingeräumte Recht zur Anfertigung einer Kopie für private Zwecke bei der Überlassung des Werkes ausgeschlossen werden soll. Auch soweit man eine solche Abbedingung – was durchaus umstritten ist[135] – für wirksam hält, dürfte die Verletzung einer solchen Beschränkung aber nicht zum Wiederaufleben bzw. zur „Wiederausdehnung" der Strafbarkeit führen.[136] Zum einen spricht bereits der Wortlaut des § 106 Abs. 1, in dem von den „gesetzlich zugelassenen Fällen" die Rede ist und der im Strafrecht mit Blick auf Art. 103 Abs. 2 GG in besonderer Weise zu beachten ist, dafür, dass eine vom Gesetz gerade zugelassene (und nur vertraglich untersagte) Verwertung nicht strafbar sein soll. Hinzu kommt, dass das Strafrecht[137] grundsätzlich nicht dafür da ist, zivilrechtliche Vertragsverletzungen zu sanktionieren. Letztlich ändert eine Abbedingung des in § 53 Abs. 1 statuierten Rechts ja nichts daran, dass dieses Recht kraft Gesetzes einmal existiert hat, sondern der dadurch Begünstigte verzichtet gewissermaßen nur darauf, dieses in Anspruch zu nehmen. Die Verletzung dieser „Verzichtszusage" ist aber keine von § 106 erfasste Verhaltensform.

III. Subjektiver Tatbestand

46   Die Tatbestände des § 106 setzen (zumindest bedingt) **vorsätzliches Verhalten** voraus; Fahrlässigkeit reicht nicht aus (vgl. § 15 StGB).[138] Für die Anforderungen daran gelten zunächst die allgemeinen Grundsätze (vgl. → Vor §§ 106 ff. Rn. 21 ff.). Ein vorsatzausschließender Irrtum liegt etwa vor, wenn der Täter glaubt, ein gemeinfreies Volkslied vor sich zu haben, während es sich in Wirklichkeit um eine volksliedhafte Neuschöpfung handelt. Dagegen liegt ein unbeachtlicher Subsumtionsirrtum vor, wenn der Täter die Werkeigenschaft einer individuellen Geistesschöpfung deshalb verneint, weil der Urheber zurzeit der Formgebung eine Veröffentlichung strikt abgelehnt hat;[139] denn das Interesse an der Veröffentlichung gehört nicht zu den Merkmalen des Werkbegriffs[140] iSd § 2. Entscheidend ist, ob der Täter weiß, dass in dem sinnlich wahrnehmbaren Gebilde ein geistiger Gehalt mitgeteilt wird.[141] Zur irrigen Annahme des Vorliegens einer Einwilligung vgl. → Vor § 106 Rn. 33.

47   Der Vorsatz entfällt auch, wenn der sein Werk selbst nutzende Urheber irrig einen Vertrag für nichtig hält, in dem er einem Dritten ein ausschließliches Nutzungsrecht eingeräumt hat. So verhält es sich auch, wenn der Täter infolge fehlerhafter Auslegung des Einräumungsvertrages die Grenzen seines Nutzungsrechts überschreitet. Anders ist es, wenn er sich über eventuell weitergehende Folgen der Nutzungsrechtseinräumung irrt.[142] Handelt der Täter in dem Glauben, der Urheber sei schon länger als 70 Jahre tot, so liegt kein Vorsatz vor.[143]

IV. Rechtswidrigkeit/Schuld

48   Rechtswidrigkeit und Schuld sind generell nach den allgemeinen Grundsätzen zu behandeln. Dabei spielen die klassischen Rechtfertigungsgründe des StGB, insbesondere die Notwehr, regelmäßig keine Rolle. Bedeutsam ist insbesondere die Einwilligung, bei der indes umstritten ist, ob sie nicht bereits den Tatbestand ausschließt, vgl. → Rn. 32 ff.

49   Auf der Ebene der Schuld ist insbesondere an Irrtümer zu denken, soweit man diese nicht bereits als vorsatzrelevant erachtet. Vgl. dazu → Vor §§ 106 ff. Rn. 24 ff.

---

[133] Vgl. auch → Vor §§ 44a ff. Rn. 56.
[134] So auch die Einschätzung von *Reinbacher/Schreiber* UFITA 2012, 771.
[135] Nachweise für beide Positionen bei *Reinbacher/Schreiber* UFITA 2012, 771 (781, dort Fn. 48).
[136] Ähnlich zum Folgenden überzeugend *Reinbacher/Schreiber* UFITA 2012, 771 (795 ff.).
[137] Auch wenn hier Systembrüche in einzelnen Fällen selbstverständlich nicht geleugnet werden können – dh umgekehrt aber nicht, dass man diese postulieren sollte!
[138] *Dreyer/Kotthoff*/Meckel § 106 Rn. 9.
[139] Vgl. *Kircher*, Tatbestandsirrtum und Verbotsirrtum im Urheberrecht, 1973, S. 70.
[140] Vgl. hierzu auch *Klett, Apetz-Dreier* K&R 2013, 432.
[141] *Kircher*, Tatbestandsirrtum und Verbotsirrtum im Urheberrecht, 1973, S. 80.
[142] Vgl. dazu *Kircher*, Tatbestandsirrtum und Verbotsirrtum im Urheberrecht, 1973, S. 214 ff.
[143] *Ulmer* § 133 IV 2.

V. Versuch

Nach § 106 Abs. 2 ist der Versuch der Tat unter Strafe gestellt. Hierfür gelten die Vorschriften der **50** §§ 22–24 StGB.[144] Zu den daraus erwachsenden Fragen, insbesondere auch zum kleinen Anwendungsbereich bei Urheberrechtsverstößen und zur Strafbarkeit des untauglichen Versuchs vgl. → Vor §§ 106 ff. Rn. 37 ff. Denkbare Anwendungsfälle einer – immerhin, aber auch erst – versuchten Tat nach § 106 sind etwa[145] das Einschalten eines Kopiergeräts, auf dem sogleich illegal vervielfältigt werden soll[146] oder beim Starten des Downloads aus einer illegalen Quelle durch Anklicken des Links, der aufgrund eines Verbindungsproblems nicht funktioniert.[147] Hingegen dürfte es für einen strafbaren Versuch nicht genügen, wenn der Nutzer auf eine Seite navigiert, auf der er illegale Inhalte vermutet und diese verwerten will, die aber aufgrund einstweiliger Verfügungen bereits gesperrt wurden. Das Anklicken eines konkreten Links bzw. Angebots (Pay-TV-Stream, Film als mpeg-Datei) dürfte einen wesentlichen Zwischenakt darstellen, welcher der Annahme eines unmittelbaren Ansetzens entgegenstehen dürfte.

VI. Täterschaft und Teilnahme

Die Abgrenzung zwischen **Täterschaft und Teilnahme** erfolgt nach den allgemeinen Grundsät- **51** zen der §§ 25 ff. StGB.[148] Zu den daraus erwachsenden Konsequenzen für Urheberstraftaten, insbesondere im Zusammenwirken mehrerer an den Herstellungs- und Verbreitungsvorgängen und teilweise beruflich handelnden Akteuren vgl. → Vor §§ 106 ff. Rn. 42 ff.

Im Falle der **(Raubdruck-)Vervielfältigung** etwa sind Verleger, Drucker und Buchbinder typi- **52** scherweise Mittäter.[149] In der Regel werden ferner bei der **Verbreitung** Verleger, ggf. Zwischenhändler und Buchhändler Mittäter sein.[150]

Wer urheberrechtlich geschützte Werke aus dem Internet herunterlädt, obwohl er weiß, dass für **53** den Vervielfältigungsvorgang eine offensichtlich rechtswidrig hergestellte Vorlage verwendet wurde, ist Täter einer Vervielfältigung. Wer urheberrechtlich geschützte Werke in ein Datennetz einspeist, kann je nach Sachverhaltskonstellation Täter einer Vervielfältigung, einer Verbreitung oder einer öffentlichen Wiedergabe sein. Die Einrichtung eines Hyperlinks kann jedenfalls eine Beihilfe, möglicherweise sogar eine täterschaftliche Begehung darstellen.[151] Im Übrigen vgl. – auch zu Einzelfällen – *Heinrich* Strafbarkeit S. 267 ff.; *Hildebrandt* S. 293 ff.

Der im Tatbestand nicht erwähnte Erwerber ist straflos, soweit er nicht das notwendige Maß der **54** Mitwirkung überschreitet:[152] Der bloße Erwerb ist als notwendige Teilnahme kein Inverkehrbringen.[153] Beauftragt der Erwerber eines Computerprogramms den nichtberechtigten „Veräußerer" mit der Einspeicherung des Programms auf die von ihm dafür zur Verfügung gestellte Computeranlage, so ist darin in der Regel eine Mittäterschaft oder Teilnahme an der mit der Einspeicherung vorgenommenen Vervielfältigungshandlung zu sehen.[154] Zur Teilnahme an der Verletzung des Vervielfältigungsrechts vgl. BGH GRUR 1990, 353 (354).

VII. Konkurrenzen

Idealkonkurrenz ist möglich mit §§ 107, 108 sowie etwa mit § 185 StGB und anderen Äuße- **55** rungsdelikten, aber auch mit § 266 StGB. Vervielfältigung und Verbreitung bilden eine Tat, wenn von vornherein Verbreitungsabsicht bestand. Fasst der Täter zwischen Vervielfältigung und Verbreitung einen ganz neuen Entschluss, so ist Tatmehrheit anzunehmen. Bei gewerbsmäßiger Begehung tritt § 106 hinter § 108 zurück.[155]

---

[144] Vgl. Wandtke/Bullinger/*Reinbacher* Rn. 39.
[145] Vgl. ergänzend Fromm/Nordemann/*Ruttke/Scharringhausen* § 106 Rn. 38.
[146] *Hentschel* ZUM 1985, 499; hierzu auch *Hildebrandt* S. 288.
[147] Weitere Versuchskonstellationen bei Beck-OK/*Sternberg-Lieben* § 106 Rn. 45; MK-StGB/*Heinrich* Rn. 132; *Hildebrandt* S. 266 f.
[148] Vgl. auch Fromm/Nordemann/*Ruttke/Scharringhausen* § 106 Rn. 39 ff.
[149] Vgl. *Lampe* UFITA 83 1978, 15 (36 f.); teilweise aA *Weber* S. 335 f.: Buchbinder ist Gehilfe.
[150] *Lampe* UFITA 83 1978, 15 (37).
[151] Vgl. zur Diskussion eingehend Wandtke/Bullinger/*Reinbacher* Rn. 43a.
[152] Notwendige Teilnahme, vgl. *Lackner/Kühl* vor § 25 Rn. 12.
[153] Vgl. *Braun* S. 189 ff.; s. auch BGH GRUR 1990, 353 (354), wo die Frage der Teilnahme am Inverkehrbringen nicht erörtert wurde; zum Patentrecht BGH GRUR 1987, 626 (627). Das gleiche Ergebnis dürfte sich auch über eine restriktive Interpretation der sukzessiven Beihilfe in solchen Konstellationen erzielen lassen.
[154] BGH NJW 1994, 1216.
[155] Dreyer/*Kotthoff*/Meckel § 106 Rn. 12.

§ 107 Unzulässiges Anbringen der Urheberbezeichnung

(1) Wer

1. auf dem Original eines Werkes der bildenden Künste die Urheberbezeichnung (§ 10 Abs. 1) ohne Einwilligung des Urhebers anbringt oder ein derart bezeichnetes Original verbreitet,

2. auf einem Vervielfältigungsstück, einer Bearbeitung oder Umgestaltung eines Werkes der bildenden Künste die Urheberbezeichnung (§ 10 Abs. 1) auf eine Art anbringt, die dem Vervielfältigungsstück, der Bearbeitung oder Umgestaltung den Anschein eines Originals gibt, oder ein derart bezeichnetes Vervielfältigungsstück, eine solche Bearbeitung oder Umgestaltung verbreitet,

wird mit Freiheitsstrafe bis zu drei Jahren oder mit Geldstrafe bestraft, wenn die Tat nicht in anderen Vorschriften mit schwererer Strafe bedroht ist.

(2) Der Versuch ist strafbar.

Schrifttum: *Löffler,* Künstlersignatur und Kunstfälschung, NJW 1993, 1421; *Sandmann,* Die Strafbarkeit der Kunstfälschung, 2004; *Sieg,* Das unzulässige Anbringen der richtigen Urheberbezeichnung (§ 107), 1985; *Sieger,* Urheber-Schwindel im Kunstbereich?, FuR 1984, 119. S. im Übrigen die Schrifttumsnachweise vor §§ 106 ff.

Übersicht

I. Allgemeines

1   Die Vorschrift[1] schützt vorrangig das **Urheberpersönlichkeitsrecht,** denn aus diesem folgt die Befugnis zu bestimmen, ob das Werk mit einer Urheberbezeichnung zu versehen und welche Bezeichnung zu verwenden ist, § 13 S. 2. Daneben dient die Vorschrift auch dem Interesse der Allgemeinheit daran, dass nicht durch unzulässige Signierung ein abgeschlossenes Werk bzw. ein Original vorgetäuscht werde.[2] Die **praktisch** als **weitgehend bedeutungslos**[3] und vereinzelt auch verfassungsrechtlich beanstandete[4] Norm beschreibt zwei Tathandlungen, die jeweils noch durch entsprechende Verbreitungsverbote ergänzt werden: Die Signierung eines Originals durch einen Unbefugten, Nr. 1 (→ Rn. 2 ff.), und die irreführende Signierung eines „Nicht-Originals", Nr. 2 (→ Rn. 9 ff.). Dem Grundsatz nach unterscheiden sich die beiden Tatbestände – wenn man von der Verbreitung zunächst absieht – dadurch, dass Nr. 1 gleichsam das „Innenverhältnis" Signant-Urheber im Blick hat, während es in Nr. 2 um die Außenwirkung des für sich noch nicht verpönten Verhaltens geht.

II. Signierung eines Originals durch einen Unbefugten (Nr. 1)

1. Schutzzweck

2   Das Verbot der Signierung eines Originals durch einen Unbefugten nach § 107 Abs. 1 Nr. 1 hat nicht ausschließlich den Schutz des Urheberpersönlichkeitsrechts nach § 13 S. 2 im Auge,[5] sondern

---

[1] Vgl. dazu insgesamt ausführlich auch *Sieg.*

[2] Vgl. *Katzenberger* GRUR 1982, 715 (719).

[3] Vgl. *Schmid/Wirth* § 107 Rn. 1; Wandtke/Bullinger/*Reinbacher* § 107 Rn. 1; Möhring/Nicolini/*Spautz* § 107 Rn. 1; vgl. aber auch → Rn. 9 für Nr. 2.

[4] Vgl. Wandtke/Bullinger/*Reinbacher* § 107 Rn. 1; *Hildebrandt,* S. 202. allerdings mE unter Überdehnung der Anforderungen an Art. 3 GG.

[5] So jetzt auch Fromm/Nordemann/*Ruttke/Scharringhausen* Rn. 1.

soll „über den Schutz des Urhebers hinaus auch Interessen der Allgemeinheit wahren",[6] die hier im Vertrauen auf die Verlässlichkeit des Beweismittels „Signatur" liegen.[7] Verlass ist nur auf die Signatur des Urhebers. Ihr steht nach Auffassung des Gesetzes die Signatur durch eine Person gleich, die mit Einverständnis des Urhebers tätig wurde. Freilich ist dieser **Anonymitätsschutz**[8] nur unvollkommen, da andere Hinweise auf den Urheber als das Anbringen der Urheberbezeichnung vom Wortlaut des § 107 Abs. 1 Nr. 1 nicht erfasst sind[9] und einer entsprechenden Anwendung auf andere Arten von Hinweisen das strafrechtliche Analogieverbot (Art. 103 Abs. 2 GG, § 1 StGB) entgegensteht.

2. Tatobjekt

Tatobjekt ist das **Original**[10] eines **Werkes der bildenden Kunst,** § 2 Abs. 1 Nr. 4.[11] Außerhalb **3** des Tatbestandes bleiben von vornherein einerseits Vervielfältigungsstücke,[12] andererseits zB sämtliche Verkörperungen von **Schrift-** oder **Lichtbildwerken.** Der Tatbestand umfasst nur **urheberrechtlich geschützte** Werke. Die Schutzfrist darf also nicht abgelaufen sein. Auch das unsittliche Werk ist geschützt.[13] Zutreffend ist die **Bearbeitung** nicht eigens erwähnt, da sie unter den Voraussetzungen des § 3 ohnedies Werkschutz genießt. Auch sonstige **Umgestaltungen** werden durch § 107 Abs. 1 Nr. 1 geschützt, wenn sie eine eigenschöpferische Leistung darstellen.[14]

3. Tathandlung „Anbringen" (Var. 1)

Nr. 1 setzt in seiner ersten Variante die **Anbringung der Urheberbezeichnung** voraus, sodass als **4** Tatobjekt nur ein Original in Betracht kommt, das eine Urheberbezeichnung bisher nicht getragen hat.[15] Wenn demgegenüber in der Literatur eine Anwendung auch für möglich gehalten wird,[16] wenn jemand einer vorhandenen Urheberbezeichnung eine zusätzliche Urheberbezeichnung hinzufügt oder eine vorhandene verändert, dürfte das zwar nicht gegen den Wortlaut verstoßen; das strafrechtliche Bestimmtheitsgebot legt aber die engere Auffassung näher.[17] Angesichts des klaren Gesetzeswortlauts ist hier ohne Bedeutung, welche Befugnisse sich im Einzelnen aus dem Urheberpersönlichkeitsrecht ergeben.

Die Urheberbezeichnung[18] muss auf dem **Original selbst** angebracht werden. Es genügt nicht, **5** wenn sie lediglich auf dem Rahmen, auf einem etwaigen Sockel, in einem Katalog oder auf einem Schild zu finden ist (hM). Nur die enge Verbindung mit dem Kunstwerk in üblicher Künstlermanier ist gemeint; eine Bezeichnung auf der Rückseite des Bildes bleibt daher außer Betracht.[19] Die Urheberbezeichnung muss ferner an sich **zutreffend** sein, wie aus dem engen Zusammenhang mit dem Urheberpersönlichkeitsrecht folgt,[20] denn gerade hieraus ergibt sich die Befugnis des Urhebers, auf dem **von ihm geschaffenen** Kunstwerk **seinen** Namen oder **sein** Zeichen anzubringen oder auch hiervon abzusehen. Die Wortfolge „ohne Einwilligung des Urhebers" unterstreicht diesen Zusammenhang. Das Anbringen einer an sich unzutreffenden Urheberbezeichnung erfüllt daher den Tatbestand der Nr. 1 nicht, kann aber § 267 StGB unterfallen und Vorbereitungshandlung eines Betruges sein.

Die Urheberbezeichnung ist **angebracht** (vgl. § 10 Abs. 1), wenn der Urheber auf dem Original **6** eines Werkes der bildenden Künste in der üblichen Weise als solcher bezeichnet ist. Ein eigenständiger strafrechtlicher Gehalt kommt dem Begriff des Anbringens daher letztlich nicht zu; es handelt sich hierbei lediglich um die verkehrsübliche Verbindung der Urheberbezeichnung mit dem Original, dh **Anbringen** bedeutet Signieren des Werkes.[21] Nicht darunter fällt die Veränderung der Urheberbezeichnung[22] oder die Änderung des Bildes unter Beibehaltung des Namens.[23]

---

[6] Vgl. AmtlBegr. UFITA 45 1965, 240 (326).
[7] So auch Dreier/Schulze/*Dreier* § 107 Rn. 1.
[8] Vgl. Möhring/Nicolini/*Spautz* § 107 Rn. 2.
[9] Vgl. *Hildebrandt* S. 176.
[10] Vgl. dazu → § 26 Rn. 14 f. → § 44 Rn. 21 ff.
[11] Dazu → § 2 Rn. 156 ff.; Zur Einstufung von Computerkunst als bildender Kunst vgl. *Schlatter* in *Lehmann* (Hrsg.), Rechtsschutz, S. 218 Rn. 104.
[12] Sonst unzulässige Analogie, vgl. *Sieg* S. 94 ff.
[13] Vgl. *Weber* S. 174.
[14] Vgl. auch → § 106 Rn. 3; *Sieg* S. 94.
[15] Fromm/Nordemann/*Ruttke/Scharringhausen* Rn. 4; *Sieg* S. 106 f.
[16] Vgl. Möhring/Nicolini/*Spautz* § 107 Rn. 2, *Hildebrandt* S. 186.
[17] Vgl. Dreier/Schulze/*Dreier* § 107 Rn. 5.
[18] Vgl. dazu allgemein → § 10 Rn. 5 f.
[19] *Sieg* S. 102 f.; grds. ebenso, aber für Ausnahmen differenzierend Dreier/Schulze/*Dreier* § 107 Rn. 6.
[20] HM, vgl. etwa *Weber* S. 251; *Lampe* UFITA 83 1978, 15 (17).
[21] *Ulmer* § 133 II 2a.
[22] Unzulässige Analogie, vgl. aber *Sieg* S. 98 f.
[23] *Sieg* S. 99 f.

4. Einwilligung

7   Auch bei § 107 Abs. 1 Nr. 1 ist umstritten, ob die **fehlende „Einwilligung"** des Urhebers nur die Rechtswidrigkeit begründet[24] oder bereits konstitutiv für den Tatbestand ist.[25] Dieser Auffassung ist der Vorzug zu geben.[26] Für die letztgenannte Auffassung spricht, dass nur im unbefugten Anbringen einer inhaltlich zutreffenden Bezeichnung ein gleichsam durchschnittliches Unrecht vertypt wird. Ein Handeln mit Einwilligung würde nicht einmal typischerweise dem hier in erster Linie geschützten Urheberpersönlichkeitsrecht widersprechen, sodass bereits der Tatbestand von § 107 Abs. 1 Nr. 1 nicht vollendet wird, wenn der Betroffene, also der Urheber, mit dem Tatverhalten einverstanden ist.[27]

5. Verbreiten

8   Zum Begriff des **Verbreitens** vgl. → § 106 Rn. 16 ff. Wer verbreitet, muss nicht zuvor selbst – ohne Einverständnis des Urhebers – signiert haben (hM),[28] es genügt vielmehr, dass das Tatobjekt der Verbreitung Ergebnis einer Begehungsform der Nr. 1 objektiv ist; eine Strafbarkeit des Signierenden ist insoweit nicht Voraussetzung.

III. Vortäuschung eines Originals (Nr. 2)

1. Schutzzweck

9   Auch § 107 Abs. 1 Nr. 2 schützt neben dem Urheberpersönlichkeitsrecht die Allgemeinheit.[29] Der Wortlaut legt diese Auffassung nahe, zudem sollte auch die Vorläufervorschrift des § 6 Nr. 1 KUG 1876 der „Gefährdung des Publikums" entgegenwirken.[30] Aus der Begründung des RegE[31] ergibt sich zudem, dass die Verletzung des Urheberpersönlichkeitsrechts allein nicht für pönalisierungsbedürftig gehalten wurde. Demnach ist hier zusätzlich die Lauterkeit des Verkehrs mit Werken der bildenden Künste geschützt, was die Vorschrift zu einem Vermögensgefährdungsdelikt[32] (nicht aber zu einem Spezialfall der Urkundenfälschung)[33] macht, insbesondere, da der Tatbestand der Nr. 2 – im Gegensatz zu dem der Nr. 1 – auch vom Urheber des Originalwerks selbst verwirklicht werden kann.[34] Daraus ergibt sich, dass der Vorschrift als „wichtiger Auffangtatbestand"[35] eine größere Bedeutung für die Bekämpfung des Kunstschwindels zukommen könnte, als praktisch bislang erkannt ist.[36]

2. Tatobjekt

10   Vorausgesetzt wird auch hier ein **urheberrechtlich** (noch) **geschütztes Werk,** wie sich aus § 1 ergibt.[37] Auch das unsittliche Werk fällt unter den Tatbestand.[38] Zum **Vervielfältigungsstück**[39] → § 16 Rn. 5 ff., 16 ff. Unerheblich ist, ob die Vervielfältigung als solche erlaubt war.[40]

3. Tathandlung Anbringen (Var. 1)

11   Zur Tathandlung des **Anbringens** der **Urheberbezeichnung** allgemein vgl. → Rn. 4. Unter Strafe gestellt ist nur das Signieren mit der Originalurheberbezeichnung,[41] durch das der Anschein eines – nicht bearbeiteten und auch sonst nicht umgestalteten – Originals hervorgerufen werden muss. Es genügt, dass die Urheberbezeichnung bei der Bewirkung eines solchen Anscheins mitwirkt (zB neben der besonders hervorragenden Qualität der Vervielfältigung).[42] Eine Kausalitätsprüfung im

---

[24] *Weber* S. 251.
[25] *Lampe* UFITA 83 1978, 15 (20).
[26] So auch *Loewenheim/Flechsig* § 90 Rn. 79; Dreier/Schulze/*Dreier* § 107 Rn. 8.
[27] Zu Einzelfragen vgl. *Sieg* S. 113 ff.
[28] Dreier/Schulze/*Dreier* § 107 Rn. 7; MK-StGB/*Heinrich* § 107 Rn. 12.
[29] *Lampe* UFITA 83 1978, 15 (18); aA *Ulmer* § 133 II 2b wegen der von ihm befürchteten Folgerungen für ua das Strafantragsrecht, diese Folgerungen sind jedoch nicht zwingend, vgl. → § 109 Rn. 5.
[30] Dazu *Katzenberger* GRUR 1982, 715 (719).
[31] UFITA 45 (1965), 240 (326).
[32] Insoweit zutreffend Alternativentwurf S. 119.
[33] *Lampe* UFITA 83 1978, 15 (21 ff.); aA *Weber* S. 254.
[34] *Lampe* UFITA 83 1978, 15 (18, 22); Dreyer/*Kotthoff*/Meckel § 107 Rn. 5.
[35] *Katzenberger* GRUR 1982, 715 (719); aA offenbar Fromm/Nordemann/*Ruttke*/*Scharringhausen* § 107 Rn. 2.
[36] So auch *Locher,* Das Recht der bildenden Kunst, 1970, S. 196. Zur Bekämpfung von Kunstfälschungen über die §§ 106 ff. UrhG aus neuerer Zeit *Schack* KuR 2015, 159.
[37] Ganz hM; aA *Löffler* NJW 1993, 1428, der aber zB nicht berücksichtigt, dass auch das Urheberpersönlichkeitsrecht geschützt werden soll.
[38] Vgl. *Weber* S. 174.
[39] Auch in seiner Abgrenzung zum Original.
[40] *Sieg* S. 157.
[41] *Sieg* S. 154.
[42] Möhring/Nicolini/*Spautz* § 107 Rn. 5.

eigentlichen Sinne ist von vornherein nicht möglich, aber auch nicht nötig, da die Täuschung einer bestimmten Person kein Tatbestandsmerkmal ist, sondern lediglich das Hervorrufen des Anscheins eines Originals verlangt wird.

Ein solcher Anschein liegt vor, wenn das Nicht-Original – auch – auf Grund der Urheberbezeichnung „auf"[43] einem Vervielfältigungsstück usw bei objektiver Betrachtung eine äußere Beschaffenheit erhält, die interessierte Laien[44] über die Eigenschaft als Nicht-Original täuschen kann. Ein die Kopie als solche kennzeichnender Zusatz muss deutlich sichtbar sein.[45] Die Vorschrift dient also nicht dazu, lediglich den Kenner zu schützen,[46] kann aber auch nicht eingreifen, wenn sich der Betrachter – nahe an der vom Betrugsstrafrecht bekannten *ignorantia facti* – keinerlei Gedanken darüber macht, ob die Bezeichnung auch nur realistisch ist. Entscheidend ist im Übrigen, dass der Anschein des **zugrunde-liegenden** – nicht bearbeiteten oder sonst umgestalteten – Originals erweckt wird.[47] Deshalb kann auch die Urheberbezeichnung auf einer Bearbeitung – zu Unrecht – den Anschein des insoweit zugrunde liegenden Originals hervorrufen. Dem steht die Tatsache, dass die Bearbeitung als persönliche geistige Schöpfung des Bearbeiters wie ein selbstständiges Werk behandelt wird (§ 3), nicht entgegen. Auch eine Bearbeitung kann aber Original iS dieser Vorschrift sein; somit kommen auch eine Weiterbearbeitung oder eine Umgestaltung als Tatobjekt in Betracht, wenn der Anschein hervorgerufen werde, es handele sich bei ihnen um die erste (Original-)Bearbeitung bzw. Umgestaltung.[48] 12

4. Tathandlung Verbreiten (Var. 2)

Zum Begriff des **Verbreitens** wiederum → § 106 Rn. 16 ff. Auch in Nr. 2 stellt das Gesetz die originäre Tathandlung (hier das Anbringen der Urheberbezeichnung) und die Verbreitung des damit versehenen Werkstücks gleichberechtigt und alternativ nebeneinander. Es gelten daher die zu Nr. 1 entwickelten Grundsätze entsprechend (vgl. → Rn. 8). Zur Prüfung der Anwendbarkeit in einem Einzelfall vgl. *Sieger* FuR 1984, 119. 13

IV. Subjektiver Tatbestand

Der **subjektive Tatbestand** verlangt Vorsatz, wobei dolus eventualis genügt.[49] Dieser ist bei Nr. 1 ausgeschlossen, wenn der Täter bei seiner Handlung vom Einverständnis des Urhebers mit der Anbringung seiner Urheberbezeichnung ausgeht. Bei der Anbringung einer Urheberbezeichnung bedarf es auch subjektiv weder in Nr. 1 noch in Nr. 2 einer Bestimmung für den Verkehr.[50] 14

Am Vorsatz hinsichtlich eines „Originals" (s. Nr. 1) fehlt es, wenn der Täter annimmt, der Künstler habe nur den Entwurf eines Kupferstichs erarbeitet, Druckplatte und Abzüge seien jedoch von fremder Hand hergestellt worden.[51] Vorsatzlos handelt auch, wer nicht erkennt, dass das Vervielfältigungsstück auch auf Grund der Signatur einen originalen Eindruck macht. Zum Irrtum über Länge und Ablauf der Schutzfrist vgl. *Sieg* S. 108 ff. (zu Nr. 1) und 162 f. (zu Nr. 2). 15

Die Absicht, einen anderen zu täuschen bzw. zu schädigen oder sich zu bereichern, ist jeweils nicht erforderlich.[52] 16

V. Rechtswidrigkeit und Schuld

Zur Rechtswidrigkeit und Schuld gelten die allgemeinen Grundsätze, wobei spezifische Rechtfertigungs- oder auch Entschuldigungsgründe praktisch keine Rolle spielen dürften. Insbesondere ist hier für die Frage der **Rechtswidrigkeit** eines nach Nr. 1 oder Nr. 2 tatbestandsmäßigen Verhaltens auch die vorherige Zustimmung des Berechtigten irrelevant: Wird die Urheberbezeichnung im Einverständnis mit dem Urheber (und daher mit Einwilligung) angebracht, so fehlt es bereits am Tatbestand der Nr. 1 (→ Rn. 7). Im Falle der Nr. 2 ist die Einwilligung des Urhebers irrelevant: Diesen Tatbestand kann auch der Urheber des Originals selbst verwirklichen, der Schutz der Allgemeinheit steht insoweit im Vordergrund. Deshalb kann die Einwilligung des Urhebers die Rechtswidrigkeit nicht ausschließen. Auch die Einwilligung des Kopiekäufers zB kann nicht rechtfertigen; der Schutz des Gesetzes gilt der Allgemeinheit, also jedem potentiellen Nacherwerber. 17

---

[43] Vgl. dazu → Rn. 5 f.
[44] Vgl. Dreier/Schulze/*Dreier* § 107 Rn. 12. Noch weiter → 4. Aufl. 2010 Rn. 10 und *Würtenberger,* Der Kampf gegen das Kunstfälschertum, 1951, S. 129: „arglose Laien" bzw. „Unkundige oder Leichtgläubige".
[45] *Würtenberger,* Der Kampf gegen das Kunstfälschertum, 1951, S. 129.
[46] Fromm/Nordemann/*Ruttke/Scharringhausen* § 107 Rn. 6.
[47] AA Dreier/Schulze/*Dreier* § 107 Rn. 11.
[48] *Weber* S. 253, vgl. auch *Sieg* S. 160 f.; aA Möhring/Nicolini/*Spautz* § 107 Rn. 5, die hier von verbotener Analogie sprechen; begrifflich jedoch ist es ohne weiteres möglich, bei einer schöpferischen Bearbeitung von einem Original zu sprechen.
[49] Vgl. zum inneren Tatbestand allgemein → § 106 Rn. 12.
[50] Insoweit irreführend das Beispiel von *Locher,* Das Recht der bildenden Kunst, 1970, S. 196: Wer eine Schülerarbeit signiere und wisse, dass diese für den Verkehr bestimmt sei, gebe dem Werk den Anschein, als sei es von ihm.
[51] *Kircher,* Tatbestandsirrtum und Verbotsirrtum im Urheberrecht, 1973, S. 115.
[52] *Locher,* Das Recht der bildenden Kunst, 1970, S. 196.

VI. Täterschaft und Teilnahme

18   Es gelten die allgemeinen Grundsätze, dh **Täter** ist regelmäßig, wer eigenhändig – unzulässig – signiert oder verbreitet. Das kann im Falle der Nr. 2 auch der Urheber selbst sein (→ Rn. 9). **Mittäterschaft** liegt regelmäßig vor, wenn infolge einer Vereinbarung der eine signiert oder signieren lässt und der andere verbreitet. **Beihilfe** ist möglich, solange die Anbringung der Urheberbezeichnung bzw. die Verbreitung noch nicht abgeschlossen ist. Vgl. ferner → Vor §§ 106 ff. Rn. 43 ff.

VII. Versuch

19   In § 107 Abs. 2 wird eine Versuchsstrafbarkeit angeordnet, für welche zunächst die allgemeinen Grundsätze der §§ 22–24 StGB gelten. Große praktische Relevanz hat der Versuch dieses Delikts (erst Recht) nicht.

VIII. Konkurrenzen

20   Gemäß seiner inneren Struktur kann man in § 107 – anstelle von vier Vergehen – auch zwei zweiaktige Delikte erblicken, die jeweils aus dem unzulässigen Signieren und der anschließenden Verbreitung bestehen. Insoweit ergeben sich im Konkurrenzbereich dem Verhältnis von Vervielfältigung und Verbreitung in § 106 entsprechende Konsequenzen.[53] Verbreitet der Signant auch, so ist er Täter eines einzigen, wenn auch im konkreten Fall zweiaktig begangenen Delikts. Täter einer einzigen Straftat nach § 107 ist ferner der Verbreitende, der in der Absicht späterer eigener Verbreitung dem Signanten Beihilfe geleistet hatte.

21   **Idealkonkurrenz** ist insbesondere möglich mit § 106 und § 4 UWG. Das in § 107 geschützte Urheberpersönlichkeitsrecht steht der Annahme von **Fortsetzungszusammenhang** zwischen Taten entgegen, die Werke verschiedener Künstler betreffen.[54] Das gilt zwar nicht bei verschiedenen Werken ein und desselben Urhebers,[55] indes ist zu beachten, dass die Rechtsprechung mittlerweile auf das Rechtsinstitut der fortgesetzten Handlung grundsätzlich verzichtet und Ausnahmen nur noch in sehr eingeschränktem Umfang zulässt.[56]

22   Kraft ausdrücklicher gesetzlicher Bestimmung ist eine Bestrafung nach § 107 ausgeschlossen, wenn die Tat in anderen Vorschriften mit schwererer Strafe bedroht ist (formelle Subsidiarität).[57] Von Bedeutung kann diese Regelung für das Verhältnis zu §§ 263, 267 StGB werden.[58]

§ 108 Unerlaubte Eingriffe in verwandte Schutzrechte

(1) **Wer in anderen als den gesetzlich zugelassenen Fällen ohne Einwilligung des Berechtigten**

1. **eine wissenschaftliche Ausgabe (§ 70) oder eine Bearbeitung oder Umgestaltung einer solchen Ausgabe vervielfältigt, verbreitet oder öffentlich wiedergibt,**
2. **ein nachgelassenes Werk oder eine Bearbeitung oder Umgestaltung eines solchen Werkes entgegen § 71 verwertet,**
3. **ein Lichtbild (§ 72) oder eine Bearbeitung oder Umgestaltung eines Lichtbildes vervielfältigt, verbreitet oder öffentlich wiedergibt,**
4. **die Darbietung eines ausübenden Künstlers entgegen den § 77 Abs. 1 oder Abs. 2 Satz 1, § 78 Abs. 1 verwertet,**
5. **einen Tonträger entgegen § 85 verwertet,**
6. **eine Funksendung entgegen § 87 verwertet,**
7. **einen Bildträger oder Bild- und Tonträger entgegen §§ 94 oder 95 in Verbindung mit § 94 verwertet,**
8. **eine Datenbank entgegen § 87b Abs. 1 verwertet,**

wird mit Freiheitsstrafe bis zu drei Jahren oder mit Geldstrafe bestraft.

(2) **Der Versuch ist strafbar.**

Schrifttum: *Berger,* Der Schutz elektronischer Datenbanken nach der EG-Richtlinie vom 11.3.1996; *Eiding,* Strafrechtlicher Schutz elektronischer Datenbanken, 1997; *Flechsig/Kuhn,* Das Leistungsschutzrecht des ausübenden Künstlers in der Informationsgesellschaft, ZUM 2004, 14; *Lehmann,* Die neue Datenbankrichtlinie und Multimedia, NJW-CoR 1996, 249; *Ullmann,* Die Einbindung der elektronischen Datenbanken in den Immaterialgüterschutz, FS für Brandner, 1996, S. 507. S. auch die Schrifttumsnachweise vor §§ 106 ff.

---

[53] Vgl. → § 106 Rn. 31.
[54] *Weber* S. 358.
[55] AA *Weber* S. 358.
[56] BGHSt 40, 138.
[57] Krit. dazu *Weber* S. 361.
[58] Vgl. insoweit vor allem auch *Löffler* NJW 1993, 1421 (1423 ff.).

Übersicht

I. Allgemeines und geschütztes Rechtsgut

§ 108 ergänzt § 106 um den **Schutz verwandter Schutzrechte gegen** verschiedene, in den **1** einzelnen Nummern jeweils **spezifisch benannte Verletzungen verwertungsrechtlicher Befugnisse.**[1] Das Leistungsschutzrecht des Veranstalters (§ 81) ist hierbei zwar ausgespart, und auch rein obligatorische Ansprüche schützt § 108 nicht. Gleichwohl wird diskutiert, ob nicht eine allzu perfektionistische Regelung vorliegt.[2] Wer Bedenken gegen die in § 108 erfolgte – aus strafrechtlichem Blickwinkel gesehen – weitgehende Gleichstellung mit dem Urheberrecht hat, wird noch umso mehr daran zweifeln können, ob es gerechtfertigt war, die neue Vorschrift des § 108a **unterschiedslos** an die einzelnen Tatbestände des § 108 anknüpfen zu lassen.[3]

Über internationalen Musikdiebstahl und deutsches Strafanwendungsrecht vgl. auch BGH GRUR **2** 2004, 421.

II. Objektiver Tatbestand

1. Tatobjekte und pönalisierte Handlungen

3   **a)** Der **objektive Tatbestand** setzt in **Nr. 1** als Gegenstand der Tat eine wissenschaftliche Ausgabe[4] oder deren Bearbeitung bzw. Umgestaltung[5] voraus. Erforderlich ist ferner, dass der vorgenannte Gegenstand vervielfältigt (→ § 106 Rn. 5 ff.), verbreitet (→ § 106 Rn. 16 ff.) oder öffentlich wiedergegeben (→ § 106 Rn. 23 ff.) wird. Zur Herstellung der Bearbeitungsfassung → § 23 Rn. 18 ff.; sie ist idR straflos.

b) Nr. 2 nennt zunächst als Tatobjekte das nachgelassene Werk (§ 71) oder dessen Bearbeitung **4** bzw. Umgestaltung.[6] Die Tathandlungen[7] lassen sich aus § 71 Abs. 1 erschließen. Zur bloßen Anfertigung einer Bearbeitungsfassung vgl. → § 23 Rn. 18 ff.[8]

c) Durch **Nr. 3** wird erfasst, wer ein Lichtbild (§ 72) oder dessen Bearbeitung bzw. Umgestaltung[9] **5** vervielfältigt, verbreitet oder öffentlich wiedergibt. Lichtbild**werke** (§ 2 Abs. 1 Nr. 5) werden bereits durch § 106 geschützt. Zur bloßen Anfertigung einer Bearbeitungsfassung vgl. → § 23 Rn. 18 ff.[10]

d) Nach **Nr. 4,** der durch das Gesetz zur Regelung des Urheberrechts in der Informationsgesell- **6** schaft angepasst wurde, macht sich strafbar, wer die Darbietung eines ausübenden Künstlers in einer bestimmten Weise verwertet. Aus dem Wortlaut der Vorschrift lässt sich ableiten, dass der Anwendungsbereich der Vorschrift den Veranstalter, der die Darbietung des ausübenden Künstlers organisiert, strafrechtlich nicht schützt, obwohl ihm gem. § 81 in solchen Fällen dieselben Rechte des ausübenden Künstlers zustehen.

Die Tathandlungen ergeben sich aus den im Text der Strafrechtsnorm erwähnten zivilrechtlichen **7** Vorschriften,[11] auf deren Erläuterungen hier verwiesen wird.[12] Auf § 78 Abs. 2 nimmt Nr. 4 nicht Bezug. Das entspricht dem Grundsatz, dass das Urheberstrafrecht keine schuldrechtlichen Vergütungsansprüche schützen will.[13] Zusammen mit § 77 ist Nr. 4 für die Herstellung von bootlegs bedeutsam, soweit es sich nicht um Rundfunkmitschnitte handelt.[14] Nr. 4 bestraft auch keine Verletzung der

---

[1] Vgl. auch Wandtke/Bullinger/*Reinbacher* § 108 Rn. 1 f.
[2] Vgl. *Weber* FS Sarstedt, 1981, 379 (386 f.); *Lampe* UFITA 87 (1980), 107 (120 f.); Alternativ-E 1977 zu § 204 StGB S. 119 ff.; eher im Sinne einer Bewahrung des § 108 *Flechsig* GRUR 1978, 287 (290 f.); *Spautz* FuR 1978, 743 (748).
[3] Wandtke/Bullinger/*Reinbacher* § 108 Rn. 3.
[4] → § 70 Rn. 8 ff.
[5] → § 23 Rn. 12 ff.
[6] → § 23 Rn. 12 ff.
[7] Vervielfältigung, dazu → § 106 Rn. 5 ff., Verbreitung, dazu → § 106 Rn. 16 ff., und Benutzung von Vervielfältigungsstücken zur öffentlichen Wiedergabe, dazu → § 71 Rn. 10.
[8] Regelmäßig straflos, vgl. *v. Gamm* Rn. 3.
[9] Dazu wiederum → § 23 Rn. 12.
[10] IdR straflos, vgl. *v. Gamm* Rn. 4.
[11] §§ 77 Abs. 1 oder 2, 78 Abs. 1 UrhG.
[12] Ergänzend zur Problematik der Sendung sog. ephemerer Aufnahmen vgl. *Rochlitz,* Der strafrechtliche Schutz des ausübenden Künstlers, 1987, S. 110 ff.; zum Tonträgersampling vgl. *Bortloff* ZUM 1993, 476.
[13] *Weber* S. 255.
[14] *Rochlitz,* Der strafrechtliche Schutz des ausübenden Künstlers, 1987, S. 103.

Persönlichkeitsrechte des Künstlers, deswegen werden auch §§ 74 und 75 nicht in den Anwendungsbereich des Tatbestands übernommen.[15]

8   **e)** Gemäß **Nr. 5** kann sich strafbar machen, wer einen Tonträger „verwertet", dh mit Blick auf die in der Vorschrift zitierte Norm des § 85: wer sie **vervielfältigt**[16] oder **verbreitet**.[17] Auf § 86 wird hier so wenig verwiesen wie in Nr. 4 auf § 76 Abs. 2 (Begr. → Rn. 6). Der Gegenstand der Aufnahme ist unerheblich. Für die Verurteilung bedarf es allerdings der Feststellung einer konkret geschützten Tonaufnahme (Titel, Interpret, gegebenenfalls Album) und des dazugehörigen Rechteinhabers. Die bloße Feststellung, die Angeklagte habe „Raubkopien" hergestellt, soll nicht genügen.[18] Die entscheidenden Weichen werden letztlich bei der Auslegung des § 85 gestellt.[19] Praktische Fälle bei *Rochlitz* UFITA 83 (1978), 69 (78 ff.), monographisch aus neuerer Zeit *Zabel-Wasmuth,* Die Dogmatik des § 108 Abs. 1 Nr. 5 UrhG: der strafrechtliche Schutz des Tonträgerherstellers in Abgrenzung zum zivilrechtlichen Schutz einerseits und zum strafrechtlichen Schutz des Urhebers andererseits, 2017. Bei Fällen mit Auslandsberührung sind §§ 120 ff. zu berücksichtigen. Eine Feststellung des konkreten Tonträgerherstellers ist nicht erforderlich, wenn feststeht, dass dieser seinen Sitz in einem der Mitgliedsländer des Genfer Tonträger-Abkommens hat.[20]

9   **f)** Tatobjekt von **Nr. 6** ist die **Funksendung**.[21] Diese Ziffer bietet Schutz gegen die Weitersendung, die Aufnahme auf Bild- oder Tonträger, die Herstellung von Lichtbildern, die Vervielfältigung von Bild- oder Tonträgern oder der Lichtbilder sowie die öffentliche Wahrnehmbarmachung[22] einer Fernsehsendung an Stellen, die der Öffentlichkeit nur gegen Zahlung eines Eintrittsgeldes zugänglich sind.[23] Die nähere Bestimmung der Tatmodalitäten ergibt sich hier aus dem Zusammenhang mit § 87. Auf § 96 (Verbreitung) wird in Nr. 6 nicht verwiesen.[24] Zu prüfen ist bei Eigenproduktionen aber, ob das Sendeunternehmen Tonträger- bzw. Filmhersteller iSv § 85 Abs. 1, § 94 Abs. 1 ist, sodass evtl. Nr. 5 oder Nr. 7 eingreift.

10   **g)** Nr. 7 verbietet in Zusammenschau mit §§ 94, 95 die Vervielfältigung, die Verbreitung und die Benutzung zur öffentlichen Vorführung oder Funksendung (§§ 94 S. 1, 95) von Bildträgern oder Bild- und Tonträgern sowie ihre Entstellung oder Kürzung, sofern sie geeignet ist, die berechtigten Interessen des Filmherstellers zu gefährden (§§ 94 S. 2, 95). Wegen der letzteren – wohl auf einem Redaktionsversehen beruhenden,[25] auch jetzt aber nicht beseitigten – Tatmodalität wird man nicht einschränkungslos sagen können, es gebe keinen urheberrechtlichen Schutz gegen Entstellungen.

11   An der ausdehnenden Anwendung von § 108 Abs. 1 Nr. 7 auf Computerspiele werden Zweifel geäußert.[26] Wenn Filmwerkschutz (§ 2 Abs. 1 Nr. 6) beansprucht werden kann,[27] ist wegen des verletzten Filmurhebers § 106 zu prüfen; im Hinblick auf den Filmhersteller (§ 94) kann wiederum Nr. 7 verwirklicht sein. Prinzipiell können Computerspiele auch einen urheberrechtlichen Schutz als Computerprogramm genießen; insoweit kommt § 106 in Betracht.[28] Eine Wahlfeststellung zwischen Nr. 7 und § 106 ist nicht zulässig.[29] Ein Laufbildschutz von **Benutzeroberflächen** dürfte nicht in Betracht kommen,[30] sodass Nr. 7 insoweit nicht anwendbar ist. Die Anwendung von Nr. 7 auf Computerspiele ausländischer Hersteller hängt von §§ 121 Abs. 4 und 128 Abs. 2 ab.[31] Der Strafrechtsschutz ist insoweit gegenständlich nicht umfassender als der Zivilrechtsschutz. Praktisch werden zahlreiche ausländische Computerspielprogramme urheberrechtlich geschützte Werke sein, sodass § 106 eingreifen kann. Die Anwendung von Nr. 7 wird nicht selten daran scheitern, dass es an einem internationalen Abkommen fehlt. Wegen der Begrenzung durch die §§ 120 ff. sind Fehlentscheidungen in diesem Bereich nicht selten.[32]

12   **h)** Nr. 8 wurde durch das Informations- und Kommunikationsdienste-Gesetz vom 22.7.1997[33] eingefügt. Die Vorschrift knüpft an §§ 87a ff. (insbesondere an § 87b Abs. 1) an und stellt folgende

---

[15] So auch *Loewenheim/Flechsig* § 90 Rn. 98.

[16] Wiederum → § 106 Rn. 5 ff.

[17] Vgl. → § 106 Rn. 16 ff.

[18] OLG Hamm NJW 2014, 3528.

[19] S. die Erl. zu § 85.

[20] § 126 Abs. 3, BGHSt 49, 93 (100).

[21] Dazu → § 87 Rn. 63 ff.

[22] Hingegen scheidet der Schutz der „Wahrnehmbarmachung" (§ 87 Abs. 1 Nr. 3 UrhG) aus, wenn es sich nicht um eine öffentliche handelt; zu den Auswirkungen auf das „Card-Sharing" vgl. *Planert* StV 2014, 430 (434).

[23] ZB Lichtspieltheater, Diskotheken, vgl. dazu *Rochlitz,* Der strafrechtliche Schutz des ausübenden Künstlers, 1987, S. 125 f.

[24] S. dazu *Flechsig* UFITA 81 1978, 97 (110 f.); aber auch *Flechsig* FuR 1979, 513 f.

[25] *Weber* S. 261.

[26] Vgl. *Schmid/Wirth* § 108 Rn. 3; Wandtke/Bullinger/*Reinbacher* § 108 Rn. 1, 4; Fromm/Nordemann/*Ruttke/ Scharringhausen* § 108 Rn. 3.

[27] Zur Abgrenzung vom Laufbildschutz vgl. im Einzelnen → Vor §§ 88 ff. Rn. 42, → § 95 Rn. 9, 12 und *Schlatter* in Lehmann Hrsg., Rechtsschutz, vor allem S. 183 ff.

[28] Zu Einzelheiten vgl. insoweit auch *Heinrich* S. 92 ff., 169 ff.

[29] *Meier* JZ 1992, 661.

[30] *Schlatter* in *Lehmann* Hrsg., Rechtsschutz, S. 204 Rn. 72.

[31] Vgl. im Einzelnen die Erläuterungen dort und bei *Katzenberger* GRUR-Int 1992, 513.

[32] *Katzenberger* GRUR-Int 1992, 513.

[33] IuKDG, BGBl. I S. 1870.

Verwertungshandlungen unter Strafe: Die Vervielfältigung, Verbreitung oder öffentliche Wiedergabe der gesamten oder eines wesentlichen Teils einer Datenbank. Wenn diese Handlungen unwesentliche Teile einer Datenbank betreffen, werden sie bestraft, wenn sie der normalen Auswertung der Datenbank zuwiderlaufen oder die berechtigten Interessen des Datenbankherstellers unzumutbar beeinträchtigen. Nr. 8 unterfällt die öffentliche Zugänglichmachung einer Datenbank nach § 87a, denn sie wird auch zivilrechtlich nicht geschützt.[34] An der Verfassungsgemäßheit von § 108 Abs. 1 Nr. 8 werden mit Blick auf den Bestimmtheitsgrundsatz aufgrund der die Strafbarkeitsgrenzen kaum hinreichend präzise erkennen lassenden komplexen Regeln über die Verwertungsrechte an Datenbanken Zweifel geäußert.[35]

2. Übergreifende Fragen

Der Begriff der „öffentlichen Wiedergabe" erfasst auch die **öffentliche Zugänglichmachung**.[36] **13** Dieses bedeutet, dass schon die Bereitstellung eines Tatobjekts der Norm (etwa einer wissenschaftlichen Ausgabe, eines Lichtbilds oder der Darbietung eines ausübenden Künstlers) im Internet eine strafbare Handlung nach § 108 darstellt.

Das Nicht-Vorliegen **eines gesetzlich zugelassenen Falles** ist wie bei § 106 (dort → § 106 **14** Rn. 26 f.)[37] ein Merkmal des objektiven Tatbestandes. Gemeint sind etwa die Ausnahmebestimmungen nach §§ 44a ff., und insbesondere §§ 53, 69d, 78 Abs. 2 und 87c.

Für die Beachtlichkeit einer **Einwilligung** gelten die Ausführungen zu § 106 (vgl. dort → § 106 **15** Rn. 31 ff.). Wirksam ist nur die Einwilligung durch sämtliche Berechtigte. Wer jeweils Berechtigter ist, ergibt sich vor allem durch Auslegung der Vorschriften, auf die § 108 formell oder materiell verweist. „Einwilligungsberechtigt" ist, wer im Falle des Handelns ohne Einwilligung zum Verletzten und somit Strafantragsberechtigten wird. Zum Kreis der Einwilligungsberechtigten vgl. daher auch → § 109 Rn. 4 ff. Ist im Falle der Nr. 1 Tatobjekt eine Bearbeitung, für die § 3 gilt, so müssen **Bearbeiter und Verfasser** eingewilligt haben.[38]

III. Subjektiver Tatbestand

Der **innere Tatbestand** verlangt Vorsatz, wobei dolus eventualis genügt.[39] **16**

IV. Rechtswidrigkeit, Schuld, Versuch, Beteiligung mehrerer, Konkurrenzen

Zu Rechtswidrigkeit und Schuld, zum Versuch, zur Beteiligung mehrerer sowie zu den Konkurrenzen gelten die Ausführungen vor und zu § 106 entsprechend (vgl. → § 106 Rn. 48 f., 50, 51 ff. **17** und 55). §§ 106 und 108 können tateinheitlich verwirklicht werden.

§ 108a Gewerbsmäßige unerlaubte Verwertung

(1) Handelt der Täter in den Fällen der §§ 106 bis 108 gewerbsmäßig, so ist die Strafe Freiheitsstrafe bis zu fünf Jahren oder Geldstrafe.

(2) Der Versuch ist strafbar.

Schrifttum: *Deumeland,* Die Strafbarkeit gewerbsmäßiger Urheberrechtsverletzung in der BRD, Strafverteidiger Forum 2006, 487.

Übersicht

I. Allgemeines

§ 108a enthält eine **Qualifikation** für die **gewerbsmäßige Begehung** der Straftaten nach **1** §§ 106–108. Konsequenz ist ein höherer Strafrahmen (Höchststrafe bis zu fünf statt bis zu drei Jahren)

---

[34] *Loewenheim/Flechsig* § 90 Rn. 102.
[35] *Wandtke/Bullinger/Reinbacher* § 108 Rn. 3.
[36] Dazu → § 106 Rn. 21.
[37] Vgl. auch Berger/Wündisch/*Kudlich* § 9 Rn. 19 mwN.
[38] Möhring/Nicolini/*Spautz* § 107 Rn. 6.
[39] Vgl. zum inneren Tatbestand allgemein → § 106 Rn. 46 ff.

sowie die **Entbehrlichkeit eines Strafantrags,** da § 109 gerade nicht auf § 108a verweist. Die durch das Gesetz zur Änderung von Vorschriften auf dem Gebiet des Urheberrechts vom 24.6.1985 neu in das Gesetz eingefügte Vorschrift[1] sollte vor allem dazu dienen, auf die organisierte und Bandenkriminalität in den Bereichen der Videopiraterie und des Raubdrucks einzuwirken. Das ProdPiratG hat § 108a zur Qualifikation der §§ 106–108 schlechthin umgestaltet. Die Gewerbsmäßigkeit ist ein strafschärfendes persönliches Merkmal iSv § 28 Abs. 2 StGB. Demnach ist zB beim Anstifter oder Gehilfen eine Verurteilung nach § 108a nur möglich, wenn er selbst gewerbsmäßig gehandelt hat.

II. Tatbestand

2   **Gewerbsmäßig** handelt, wer den Tatbestand des § 106, des § 107 oder des § 108 in der Absicht verwirklicht, sich durch derartige wiederholte Begehung eine fortlaufende Einnahmequelle von einiger Dauer und einigem Umfang zu verschaffen.[2] Die unerlaubte Verwertung im Rahmen eines Gewerbebetriebes für sich allein genügt noch nicht,[3] umgekehrt ist ein „kriminelles Gewerbe" nicht Voraussetzung.[4] Überhaupt braucht der Täter keinen Gewerbebetrieb zu haben, sondern es reicht zB aus, wenn der Täter Räumlichkeiten angemietet und zur Verdeckung seiner Identität Passwörter verwendet hat.[5] Dabei kommt es nicht darauf an, dass schon eine Mehrzahl von Taten begangen wurde. Auch aus der Ausführung und Anlage der ersten Tat kann bereits auf die Absicht geschlossen werden, sich durch wiederholte Begehung eine fortlaufende Einnahmequelle zu verschaffen.[6] Die Handlung gemäß §§ 106–108 braucht nicht die Haupteinnahmequelle zu sein. Ein bloßer Nebenerwerb kann genügen,[7] allerdings kein ganz geringfügiges Nebeneinkommen.[8] Gewinnsucht ist nicht erforderlich.[9] Mitunter wird betont, dass es nicht einmal nötig sei, dass hergestellte Vervielfältigungsstücke veräußert werden sollen, sondern dass die unmittelbare Verwendung für den Täter selbst genügen könnte.[10] Im Grundsatz mag das zutreffen, freilich wird es dann meist an der Einnahmequelle von einigem Umfang fehlen. Ausreichend kann sein, dass sich der Täter mittelbar geldwerte Vorteile[11] über Dritte verspricht.[12]

III. Subjektiver Tatbestand

3   Wenn Gewerbsmäßigkeit des Handelns eine bestimmte Absicht voraussetzt (→ Rn. 2), bedeutet das nicht, dass dadurch die subjektiven Voraussetzungen für die Verwirklichung des Grunddelikts erhöht werden sollen. Insoweit genügt also, wie dort gezeigt worden ist, weiterhin dolus eventualis.

IV. Versuch, Konkurrenzen, Prozessuales

4   Ein nach Abs. 2 strafbarer **Versuch** kann etwa vorliegen, wenn der gewerbsmäßig (dazu → Rn. 2) Vervielfältigende glaubt, eine antikisierende Neuschöpfung vor sich zu haben, während es sich in Wahrheit um ein gemeinfreies Märchen handelt. § 108a ist Qualifikationstatbestand zu §§ 106–108 und nicht privatklagefähig.

§ 108b   Unerlaubte Eingriffe in technische Schutzmaßnahmen und zur Rechtewahrnehmung erforderliche Informationen

(1) Wer

1. in der Absicht, sich oder einem Dritten den Zugang zu einem nach diesem Gesetz geschützten Werk oder einem anderen nach diesem Gesetz geschützten Schutzgegenstand oder deren Nutzung zu ermöglichen, eine wirksame technische Maßnahme ohne Zustimmung des Rechtsinhabers umgeht oder

2. wissentlich unbefugt

  a) eine von Rechtsinhabern stammende Information für die Rechtewahrnehmung entfernt oder verändert, wenn irgendeine der betreffenden Informationen an einem Vervielfälti-

---

[1] BGBl. I S. 1137.
[2] BGHSt 1, 383; BGH GA 55, 212; RGSt 58, 19 (20 f.); 64, 151 (154).
[3] Vgl. BGH GA 55, 212.
[4] BGHSt 1, 383.
[5] So LG Braunschweig MMR 2003, 755 ff. mAnm *vom Baur/Vassilaki.*
[6] BGH 18.3.1982 – 4 StR 636/81; RGSt 54, 230; RGSt 58, 19 (20); *Fischer* StGB vor § 52 Rn. 62 mwN.
[7] BGHSt 1, 383; BGH GA 55, 212.
[8] BGH bei *Dallinger* MDR 1975, 725.
[9] Vgl. RGSt 33, 237; OLG Braunschweig MDR 1947, 136.
[10] Vgl. RGSt 54, 184, sowie zust. → 4. Aufl. 2010 Rn. 2.
[11] ZB Entgelt für auf der Internetseite geschaltete Werbung: Fromm/Nordemann/*Ruttke/Scharringhausen* § 108a Rn. 4.
[12] BGHSt 49, 93 (111).

gungsstück eines Werkes oder eines sonstigen Schutzgegenstandes angebracht ist oder im Zusammenhang mit der öffentlichen Wiedergabe eines solchen Werkes oder Schutzgegenstandes erscheint, oder

b) ein Werk oder einen sonstigen Schutzgegenstand, bei dem eine Information für die Rechtewahrnehmung unbefugt entfernt oder geändert wurde, verbreitet, zur Verbreitung einführt, sendet, öffentlich wiedergibt oder öffentlich zugänglich macht

und dadurch wenigstens leichtfertig die Verletzung von Urheberrechten oder verwandten Schutzrechten veranlasst, ermöglicht, erleichtert oder verschleiert,

wird, wenn die Tat nicht ausschließlich zum eigenen privaten Gebrauch des Täters oder mit dem Täter persönlich verbundener Personen erfolgt oder sich auf einen derartigen Gebrauch bezieht, mit Freiheitsstrafe bis zu einem Jahr oder mit Geldstrafe bestraft.

(2) Ebenso wird bestraft, wer entgegen § 95a Abs. 3 eine Vorrichtung, ein Erzeugnis oder einen Bestandteil zu gewerblichen Zwecken herstellt, einführt, verbreitet, verkauft oder vermietet.

(3) Handelt der Täter in den Fällen des Absatzes 1 gewerbsmäßig, so ist die Strafe Freiheitsstrafe bis zu drei Jahren oder Geldstrafe.

Schrifttum: *Bär/Hoffmann,* Das Zugangskontrolldiensteschutz-Gesetz – Ein erster Schritt auf dem richtigen Weg, MMR 2002, 654 ff.; *Pleister/Ruttig,* Neues Urheberrecht – neuer Kopierschutz – Anwendungsbereich und Durchsetzbarkeit des § 95a UrhG, MMR 2003, 763; *Spindler,* Europäisches Urheberrecht in der Informationsgesellschaft, GRUR 2002 105 ff.; *Trayer,* Technische Maßnahmen und elektronischen Rechtewahrnehmungssysteme, 2003; *Viegener,* Die unterschiedliche Bewertung der Umgehung von Kopierschutzmaßnahmen in ausgesuchten nationalen Rechtsordnungen, UFITA 2006, 479.

Übersicht

I. Allgemeines

1. Anwendungsbereich

Die Vorschrift wurde durch das Gesetz zur Umsetzung der Informationsrichtlinie eingefügt und **1** entspricht der Tendenz der Europäischen Kommission, Angriffe auf Informationssysteme unter Strafe zu stellen. Sie setzt Artikel 6 und 7 der Informationsrichtlinie vom 22.5.2001 um und kommt der Anordnung des Art. 1 der Richtlinie zur Durchsetzung der Rechte des geistigen Eigentums,[1] die am 24.4.2004 verabschiedet wurde, entgegen, die die Aufnahme von Maßnahmen fordert, die für die Durchsetzung der Rechte des geistigen Eigentums erforderlich sind. Der deutsche Gesetzgeber ist dem Gebot des Art. 8 der Informationsrichtlinie entgegengekommen und hat bestimmte Verstöße gegen §§ 95a, 95c und 95d als Straftaten bzw. Ordnungswidrigkeiten – je nach Schwere des Eingriffs – eingestuft.[2]

§ 108b stellt unter Strafe: **2**
– Jede Umgehung einer wirksamen technischen Maßnahme[3]
– Jeden Eingriff – Entfernung oder Veränderung – in Informationen, die zur Rechtewahrnehmung bestimmt sind[4]
– Jede Verbreitung iwS eines Werks oder sonstigen Schutzgegenstandes aus denen Informationen für die Rechtewahrnehmung entfernt oder verändert wurden[5]
– Jede gewerbsmäßige Verbreitung von Umgehungsvorrichtungen.[6] Diese Tathandlung entspricht § 4 ZKDSG.

---

[1] Vgl. *Sieber* in Europäisches Strafrecht, § 26 Rn. 57 ff. Zur Berechnung der Schadenshöhe nach der RL: *Bodewig/Wandtke* GRUR 2008, 220; zum Umsetzungsgesetz: *Beukelmann* NJW-Spezial 2008, 664.
[2] *Dreyer/Kotthoff/Meckel* § 108b Rn. 1.
[3] Verletzung des § 95a Abs. 1; zB mittels Hackersoftware: OLG Celle CR 2010, 632; zur Werbung für solche Software: BGH WRP 2008, 1449; *Moritz* jurisPR-ITR 22/2008 Anm. 3.
[4] Verletzung des § 95c Abs. 1; Nicht beim Entfernen von SIM-Locks: *Kusnik* CR 2011, 718.
[5] Verletzung des § 95c Abs. 3.
[6] Verletzung des § 95a Abs. 3.

2. Geschützes Rechtsgut

3   Die Strafvorschrift enthält demzufolge **Ausfüllungstatbestände,** deren Strafbarkeitsvoraussetzungen nach der Anwendung der zivilrechtlichen Normen bzw. §§ 95a Abs. 1 und 3, 95c Abs. 1 und 3 konkretisiert werden. Sie schützt die **Verwertungsrechte der Rechtsinhaber.** Die Wiederholung der zivilrechtlichen Vorschriften, auf die Bezug genommen wird, will die kritisierte Verweisungstechnik[7] vermeiden. Geschütztes Rechtsgut ist das **Verwertungsrecht** des Urhebers bzw. Rechtsinhabers.

3. Normstruktur

4   Die Normstruktur und insbesondere das Verhältnis zwischen den Tathandlungen und dem mindestens leichtfertig zu verursachenden Erfolg sind schwierig zu durchschauen: Trotz einer ähnlich klingenden Formulierung, handelt es sich gewiss um kein erfolgsqualifiziertes Delikt im Sinne des § 18 StGB, da es insoweit an einem strafbaren Grund fehlt. Zwar kennt das Strafrecht auch Vorsatz-Fahrlässigkeits-Kombinationen jenseits der erfolgsqualifizierten Delikte (vgl. auch § 11 Abs. 2 StGB), bei denen der vorsätzliche Handlungteil zwar ein sozialethisch angreifbares, allein aber nicht strafbares Verhalten beschreibt (so etwa § 315c Abs. 3 StGB, soweit kein Verhalten nach Abs. 1 Nr. 1a, sondern nach Abs. 1 Nr. 1b oder Nr. 2 den Handlungteil bildet). Ungewöhnlich ist aber, dass im leichtfertigen Erfolgsteil (Ermöglichung von Urheberrechtsverletzungen) letztlich ein ganz ähnlicher Sachverhalt umschrieben ist wie derjenige, bezüglich dessen der Täter im Handlungteil mit Absicht oder zumindest wissentlich handeln muss. Dadurch führt der Umstand, dass hinsichtlich der Erleichterung der Urheberrechtsverletzung kein Vorsatz gefordert wird, sondern Leichtfertigkeit ausreicht (vgl. → Rn. 11), wohl nicht zu einer nennenswerten Ausweitung der Strafbarkeit.

4. Verfassungsmäßigkeit

5   Trotz der genannten Unklarheiten dürfte die Vorschrift noch verfassungsgemäß sein,[8] da sie auf einen bestimmbaren Kern zurückgeführt werden kann. Auf Computerprogramme ist sie ohnehin nicht anwendbar, § 69a Abs. 5.

II. Objektiver Tatbestand

6   **1.** Der objektive Tatbestand des **§ 108b** setzt ein geschütztes Werk oder einen anderen nach diesem Gesetz geschützten Schutzgegenstand als Tatobjekt voraus.[9] Als Tathandlung wird in **Abs. 1 Nr. 1** die Umgehung[10] einer wirksamen[11] technischen Maßnahme[12] unter Strafe gestellt,[13] soweit sie, wie in § 95a Abs. 1 festgelegt ist, ohne die Zustimmung des Rechtsinhabers begangen worden ist.[14] Nach zustimmungswürdiger Auffassung des OLG Celle[15] handelt es sich bei Verschlüsselungssystemen, die ein Pay-TV-Anbieter nutzt, um eine wirksame technische Maßnahme iSv § 95a Abs. 2, sodass das Card-Sharing als Umgehung dieses Schutzmechanismus unter § 108b Abs. 1 Nr. 1 subsumiert werden kann.[16] In Anlehnung an die zivilrechtliche Vorschrift stellt dieser Begriff ein Tatbestandsmerkmal dar.

7   **2. Abs. 1 Nr. 2a** bestraft jede Verletzung des § 95a Abs. 1, nämlich jede Entfernung oder Veränderung einer von Rechtsinhabern stammenden Information für die Rechtewahrnehmung, wenn irgendeine der betreffenden Informationen an einem Vervielfältigungsstück eines Werkes oder eines sonstigen Schutzgegenstandes angebracht ist oder im Zusammenhang mit der öffentlichen Wiedergabe eines solchen Werkes oder Schutzgegenstandes erscheint.[17]

8   **3.** Darüber hinaus macht sich gem. **Abs. 1 Nr. 2b** derjenige strafbar, der Tatobjekte, von denen die für die Rechtewahrnehmung erforderlichen Informationen entfernt oder geändert wurden, verbreitet, zur Verbreitung einführt, sendet, öffentlich wiedergibt oder öffentlich zugänglich macht.

9   Die Handlungen nach Nr. 2 sind strafbar, wenn sie **unbefugt** begangen worden sind. Der Begriff ist als Tatbestandsmerkmal zu verstehen,[18] wofür nicht zuletzt das explizite Erfordernis eines „wissentlich unbefugten Handelns" spricht (und wogegen auch die nochmalige Aufnahme des Begriffs in

---

[7] Dazu etwa *Sieber* Editorial MMR 2002, 701 f.

[8] Vgl. Wandtke/Bullinger/*Reinbacher* § 108b Rn. 3.

[9] Vgl. dazu → § 95a Rn. 3 ff.

[10] Vgl. → § 95a Rn. 10 ff. Zur „Umgehung" durch Verwendung eines Proxy-Servers zur Vermeidung einer Geo-Sperre, etwa beim Streaming, vgl. *Klein* JA 2014, 487 (490 f.).

[11] Vgl. → § 95a Rn. 20 ff.

[12] Vgl. → § 95a Rn. 16 ff. und Art. 6 Abs. 3 der Richtlinie EG/29/2001.

[13] Vgl. auch: Fromm/Nordemann/*Ruttke/Scharringhausen* § 108b Rn. 9 ff.

[14] Vgl. Dreyer/*Kotthoff*/Meckel § 108b Rn. 4.

[15] OLG Celle MMR 2017, 342.

[16] Zum Ganzen auch *Esser/Rehaag* wistra 2017, 81 (85), dort auch zur Frage eines etwaigen Computerbetrugs nach § 263a StGB.

[17] Für die Auslegung der einzelnen Tatbestandsmerkmale vgl. → § 95a Rn. 10 ff.

[18] So auch BeckOK UrhR/*Sternberg-Lieben* § 108b Rn. 7; Fromm/Nordemann/*Ruttke/Scharringhausen* § 108b Rn. 21; aA → 4. Aufl. 2010, Rn. 12.

Nr. 2b nicht in Stellung gebracht werden kann, weil das Merkmal sich hier auf unterschiedliche Handlungen bezieht).

4. Handlungen nach Abs. 1 Nr. 1 und 2 werden bestraft, wenn sie dadurch die Verletzung von Ur- 10 heberrechten oder verwandten Schutzrechten veranlassen, ermöglichen, erleichtern oder verschleiern; nicht jedoch, wenn die technischen Schutzmaßnahmen nur zum Zwecke der Kryptographieforschung umgangen werden.[19] Die strafrechtliche Norm greift die Formulierungen der §§ 95c Abs. 1 und Abs. 3 auf,[20] die wiederum die Formulierung des Art. 7 Abs. 1 S. 1 Richtlinie EG/29/2001 übernommen haben. Die Folgen des Tatbestandes werden damit ausdrücklich im Tatbestand festgesetzt bzw. an die Verletzungen von zivilrechtlichen Normen angeknüpft.

5. Die Täter sollen **„wenigstens leichtfertig"** gehandelt haben. Der Begriff „Leichtfertigkeit" 11 entspricht ungefähr dem groben Fahrlässigkeit im Zivilrecht. Zur nicht ganz klaren Abgrenzung zwischen dem Kriterium und dem Vorsatzerfordernis bei den Tathandlungen nach Abs. 1 Nr. 1 und 2, bei denen es zu keiner Verwässerung der subjektiven Zurechnung kommen darf, vgl. bereits → Rn. 4. Damit beschreibt das Merkmal insbesondere eine vor allem auch objektiv zu bestimmende besondere Gefährlichkeit der Handlung.

6. Abs. 2 stellt den Vertrieb von Vorrichtungen zur Umgehung technischer Maßnahmen bzw. ihre 12 Herstellung, Einfuhr, Verbreitung, Vermietung und ihren Verkauf zu gewerblichen Zwecken unter Strafe. Diese Handlung lehnt sich an § 95a Abs. 3 an. Auf die dortige Kommentierung kann insoweit verwiesen werden.

„Zu gewerblichen Zwecken" handelt der Täter bei einer nachhaltigen Tätigkeit zur Erzielung von 13 Einnahmen.[21] Dadurch wird die Voraussetzung des Begriffs „gewerbsmäßiges Handeln" übernommen, das auch auf die Gewinnerzielung gerichtet ist. Im Ergebnis ist das Merkmal „gewerblicher Zweck" daher wie der Begriff „gewerbliches Handeln"[22] auszulegen.[23]

7. Nach Abs. 1 letzter Halbsatz (der insoweit auch für Abs. 2 gilt: „ebenso") werden die in der 14 Norm aufgeführten Handlungen nicht bestraft, wenn sie ausschließlich zum eigenen **privaten Gebrauch** des Handelnden durchgeführt werden oder mit dem Handelnden persönlich verbundener Personen erfolgen oder sich auf einen derartigen Gebrauch beziehen.[24] Damit entsprach der Gesetzgeber einem Vorschlag der im „Forum der Rechteinhaber" zusammengeschlossenen Organisationen und der Forderung nach Entlastung der Strafverfolgungsbehörden.[25] Das Merkmal des „privaten Gebrauchs" knüpft an den entsprechenden Begriff in § 53 an. Der Begriff der „persönlichen Verbundenheit" lehnt sich an § 15 Abs. 3 an.[26]

III. Subjektiver Tatbestand

Abs. 1 Nr. 1 verlangt dolus directus 1. Grades. Dem Täter soll es darauf ankommen, den Eintritt des 15 tatbestandlichen Erfolges[27] herbeizuführen. Direkter oder bedingter Vorsatz reicht nicht aus. In Abs. 1 Nr. 2 soll der Täter „wissentlich", bzw. mit direktem Vorsatz handeln. Er muss positive Kenntnis davon haben, dass er ohne Autorisierung des Rechtsinhabers tätig geworden ist. In Abs. 2 wird vorausgesetzt, dass der Täter in der Absicht handelt, gewerbliche Zwecke zu verwirklichen. Demnach wird auch in dieser Tatvariation dolus directus 1. Grades verlangt. Zum Vorsatz bei normativen Merkmalen vgl. → Vor §§ 106 ff. Rn. 23 ff.

IV. Qualifikationstatbestand

Abs. 3 stellt einen Qualifikationstatbestand zu Abs. 1 dar. Handelt der Täter gewerbsmäßig, wird er 16 mit einer Freiheitsstrafe bis zu drei Jahren oder Geldstrafe bestraft.[28]

---

[19] Fromm/Nordemann/*Ruttke/Scharringhausen* § 108a Rn. 14.
[20] Zu Einzelheiten → § 95c Rn. 5 ff. und 14 f.
[21] Begründung der Bundesregierung zum ZKDSG, in dem das Merkmal ebenfalls erwähnt wird, in BT-Drs. 14/7229, 8.
[22] Dazu → § 108a Rn. 2; zum Begriff „gewerbliches Ausmaß" in § 101 Abs. 1 S. 1 UrhG: OLG Oldenburg ITRB 2009, 55; *Mes* GRUR 2011, 1083; ebenfalls dazu, sowie zur Beweisbeschaffung: *Rauschhofer* JurPC 2010, Web-Dok. 44/2010.
[23] Anders *Loewenheim/Flechsig* § 90 Rn. 129, der die Ansicht vertritt, dass der Begriff der gewerblichen Zwecke dem des gewerbsmäßigen Handelns nicht entspricht. Entscheidend und ausreichend für die gewerblichen Zwecke sei die Tatsache, dass die Umgehung auf gewerbliches Handeln ausgerichtet ist; wie hier Wandtke/Bullinger/*Reinbacher* § 108b Rn. 7.
[24] Vgl. dazu auch die Ausnahmen zum DRM-Umgehungsverbot im US-Recht: *Niclas/Opfermann/von Blumenthal* ITRB 2010, 198.
[25] BT-Drs. 15/38, 29.
[26] Wandtke/Bullinger/*Reinbacher* § 108b Rn. 6, die dieses Merkmal richtig dem Tatbestand zuordnen; anders insoweit noch Voraufl.
[27] Dazu etwa BGHSt 18, 246.
[28] Zum Begriff der Gewerbsmäßigkeit → § 108a Rn. 2.

V. Rechtswidrigkeit und Schuld

17   Zur Unbefugtheit des Handelns in Abs. 1 Nr. 2 als Tatbestandsvoraussetzung vgl. → Rn. 9. Die allgemeinen Rechtfertigungs- und Entschuldigungsgründe, die generell natürlich Geltung beanspruchen, dürften keine praktische Rolle spielen. Konstellationen im privaten Gebrauch, bei denen man an eine mutmaßliche Einwilligung denken könnte, sind durch den letzten Halbsatz von Abs. 1 ebenfalls bereits aus dem Tatbestand ausgeschieden.

VI. Konkurrenzen

18   Verletzt der Täter mehrere Tatbestandsvarianten, liegt Handlungseinheit vor, wenn die Verletzungen auf einem einheitlichen Willensentschluss beruhen und in unmittelbarer Aufeinanderfolge schrittweise erfolgen oder wiederholt werden. Erfüllt der Täter durch seine Handlungen nicht nur § 108b, sondern auch die Tatbestände der §§ 106, 108 oder 108a, so tritt § 108b im Wege der Subsidiarität zurück.[29]

19   Verwirklicht der Täter nicht nur § 108b, sondern auch § 4 ZKDSG, tritt der Verstoß gegen das ZKDSG als **subsidiär** zurück. Denn dieses will Inhaltsdienste schützen, „die verschlüsselt werden, um das Erzielen eines Entgeltes zu ermöglichen".[30]

§ 109 Strafantrag

In den Fällen der §§ 106 bis 108 und des 108b wird die Tat nur auf Antrag verfolgt, es sei denn, dass die Strafverfolgungsbehörde wegen des besonderen öffentlichen Interesses an der Strafverfolgung ein Einschreiten von Amts wegen für geboten hält.

Schrifttum: *Loewenheim/Flechsig*, § 96 Rn. 2 ff.; *Heghmanns*, Öffentliches und besonderes öffentliches Interesse an der Verfolgung von Softwarepiraterie, NStZ 1991, 112; *Meier/Böhm*, Strafprozessuale Probleme der Computer-kriminalität, wistra 1992, 166. S. im Übrigen die Schrifttumsnachweise vor §§ 106 ff.

Übersicht

I. Allgemeines

1   Die Straftaten gemäß §§ 106–108 (nicht § 108a) und § 108b werden grundsätzlich **nur auf Antrag des Verletzten** verfolgt. Liegt ein Strafantrag vor, entscheidet die Strafverfolgungsbehörde gemäß § 376 StPO, ob öffentliche Klage zu erheben oder der Verletzte auf den Privatklageweg zu verweisen ist. Vgl. im Einzelnen die Kommentierung → Vor §§ 106 ff. Rn. 11.

II. Das Strafantragsrecht

1. Allgemeines

2   **Strafantragsberechtigt** ist in erster Linie der **Verletzte** (§ 77 Abs. 1 StGB). Verletzter ist der Träger des durch die jeweilige Strafrechtsnorm geschützten Rechtsguts im Zeitpunkt der Tat, ggf. auch eine juristische Person oder eine nichtrechtsfähige Personenvereinigung.[1] Sind **mehrere Verletzte** vorhanden, so ist jeder selbstständig antragsberechtigt (§ 77 Abs. 4 StGB), für jeden Antragsberechtigten läuft eine gesonderte Antragsfrist.[2] Die Zurücknahme eines Antrags berührt die anderen Anträge nicht. – Zum Antragsrecht von Verwertungsgesellschaften vgl. § 1 Abs. 3 S. 2 WahrnG.

3   Für eine **juristische Person** stellen ihre Organe oder die sonst befugten Vertreter den Strafantrag,[3] auch der Vorstand des rechtsfähigen Vereins,[4] der AG,[5] der Geschäftsführer einer GmbH oder auch

---

[29] S. auch Wandtke/Bullinger/*Reinbacher* § 108b Rn. 11.
[30] So die Formulierung in: BT-Drs. 14/7229, 7.
[1] OLG Düsseldorf NJW 1979, 2525.
[2] § 77b Abs. 3 StGB.
[3] OLG Celle NStZ 1981, 223.
[4] RGSt 58, 202.
[5] RGSt 47, 338.

der Prokurist.[6, 7] Im Falle einer Schädigung nach Eröffnung des Insolvenzverfahrens steht dem Insolvenzverwalter das Antragsrecht zu.[8] Zur OHG vgl. RGSt 41, 103.

2. Einzelfragen

a) Verletzter kann somit im Falle des § 106 außer dem Inhaber des **Urheberrechts** der Inhaber 4 des einschlägigen **ausschließlichen Nutzungsrechts** sein. Beide können nebeneinander verletzt werden.[9] Bei Sammelwerken, Miturheberschaft uä muss genau geprüft werden, wer Verletzter ist; Besonderheiten sind aufgrund von Vereinbarungen innerhalb der Personengruppe möglich.[10]

Der Inhaber eines **einfachen Nutzungsrechts** kann gegen andere, die das Werk unbefugt verwer- 5 ten, nicht aus eigenem Recht vorgehen. Er ist nicht Träger des durch § 106 geschützten Rechtsguts und daher nicht strafantragsberechtigt. Damit korrespondiert, dass er auch nicht wirksam in Handlungen gemäß § 106 einwilligen kann. Verwertungsgesellschaften können zum einen aus Vertrag antragsberechtigt sein, zum anderen aus § 6 Abs. 1 iVm § 1 Abs. 3 S. 2 WahrnG.[11]

Die Strafverfolgungsbehörden haben nach hM aufgrund des Legalitätsprinzips die **Pflicht, den** 6 **Antragsberechtigten zu ermitteln** und zu befragen, ob er Strafantrag stellen will. Dabei gibt es zwar keine Pflicht, umfangreiche Nachforschungen hinsichtlich eines unbekannten Verletzten anzustellen; allerdings sollten bekannte Organisationen, die eine Vielzahl von Rechteinhabern vertreten, kontaktiert werden.[12]

b) § 107 Abs. 1 Nr. 1 soll zwar „über den Schutz des Urhebers hinaus auch Interessen der All- 7 gemeinheit wahren".[13] Antragsberechtigt sind aber grundsätzlich nur Verletzte (§ 77 Abs. 1 StGB), **in deren Rechtskreis** die rechtswidrige Handlung unmittelbar eingreift,[14] also die sachlich rechtlichen Träger des angegriffenen Rechts oder Rechtsguts.[15] Das bloße Anbringen der Urheberbezeichnung mag zwar im Einzelfall mittelbar bereits Interessen der Allgemeinheit berühren, es „verletzt" nach dem oben Gesagten aber lediglich den Urheber, sodass nur dieser ein Antragsrecht hat. – Auch im Fall der Verbreitung eines derartigen Originals eines Werkes der bildenden Kunst ist der Erwerber nicht Verletzter iSd § 77 Abs. 1 StGB. Denn Individualrechtsgut des § 107 Abs. 1 Nr. 1 ist lediglich das Urheberpersönlichkeitsrecht, sodass auch insoweit nur der Urheber Verletzter sein kann. Ob daneben auch ein Rechtsgut der Allgemeinheit geschützt ist, kann hier dahinstehen, weil der Erwerber nicht Träger dieses Rechtsguts ist.[16]

c) Problematisch ist, wer in den Fällen des **§ 107 Abs. 1 Nr. 2** Verletzter iSv § 77 Abs. 1 StGB ist. 8 Denn soweit die Vorschrift auch dem Schutz der Allgemeinheit vor Kunstfälschungen dient, ist fraglich, wer außer dem Urheber zur Stellung des Strafantrags befugt ist.[17] Obwohl nicht recht zu erkennen ist, welches Individualrechtsgut Dritter – also abgesehen vom Urheberpersönlichkeitsrecht – durch § 107 Abs. 1 Nr. 2 mit der Folge eines weiteren „Verletzten" geschützt sein sollte,[18] stellt sich die Frage mit besonderer Intensität dann, wenn der Urheber selbst ein Vervielfältigungsstück irreführend signiert oder die Signierung durch einen anderen zugelassen hat. Um in derartigen Fällen überhaupt eine Bestrafung zu ermöglichen, müsste man erwägen, auch demjenigen ein Antragsrecht zuzubilligen, der durch die falsche Signierung unmittelbar betroffen ist, etwa dem geschädigten Erwerber des als Original aufgemachten Vervielfältigungsstücks. Indes ist das nicht unproblematisch, da „die Allgemeinheit" kein abgrenzbarer Verletzter ist und der Schutz eines konkreten quivis ex populo gerade nicht beabsichtigt ist; der Umstand, dass § 107 Abs. 1 Nr. 2 häufig im Vorfeld eines Betruges zum Nachteil einer konkreten Person verwirklicht werden wird, ändert daran nichts.[19] Eine Tat gemäß § 107 Abs. 1 Nr. 2 „verletzt" iSv § 77 Abs. 1 StGB damit den Urheber, aber nicht das Individualrechtsgut eines Dritten, sodass man mit *Ulmer* die Stellung des Strafantrags dem Urheber vorbehalten sollte;[20] dies gilt insbesondere, wenn er selbst an der Tat nicht beteiligt, sondern vielmehr verletzt ist, denn es besteht kein Bedürfnis für eine voneinander unabhängige Antragstellung (§ 77 Abs. 4 StGB) durch den Urheber und andere Quasi-Verletzte. Auf Grund des Charakters als nur relativem Antragsdelikt läuft der Tatbestand im Übrigen zumindest konstruktiv auch dann nicht leer, wenn der Urheber selbst der Täter ist.

---

[6] RGSt 15, 144.
[7] Zum Problem der Zurückweisung mangels Vollmachtsvorlage: *Höppner* jurisPR-ITR 1/2011 Anm. 4.
[8] OLG Jena NJW 2012, 547.
[9] Vgl. *Ulmer* § 133 V, § 128 II 1.
[10] Wandtke/Bullinger/*Reinbacher* § 109 Rn. 4.
[11] Wandtke/Bullinger/*Reinbacher* § 109 Rn. 5.
[12] Fromm/Nordemann/*Ruttke/Scharringhausen* § 109 Rn. 8.
[13] Vgl. AmtlBegr. UFITA 45 1965, 240 (326).
[14] RGSt 19, 250 (251); 38, 7; 68, 305.
[15] RGSt 4, 326; 40, 184; 41, 103 und → Rn. 2.
[16] Vgl. hierzu *Weber* S. 371 f.; wegen § 107 Nr. 2 vgl. → Rn. 5.
[17] Eingehend *Weber* S. 371 f.
[18] Darauf weist zutreffend → 4. Aufl. 2010 Rn. 5 hin.
[19] Zutreffend abermals → 4. Aufl. 2010 Rn. 5, wo anschaulich auch der Vergleich zu § 267 StGB gezogen wird, der ebenfalls nicht dadurch individual-schützenden Charakter erhält, dass er oft Vorstufe zu einem Betrug (§ 263 StGB) ist.
[20] *Ulmer* § 133 II 2b.

9   **d)** Im Falle des **§ 108 Abs. 1 Nr. 1** ist der Verfasser (§ 70 Abs. 2) strafantragsberechtigt. Er bleibt
es auch, wenn in ein einem anderen eingeräumtes Nutzungsrecht eingegriffen wird. Auch hier gilt
der Grundsatz, dass der Inhaber eines von der Tat beeinträchtigten ausschließlichen Nutzungsrechts
stets Verletzter ist; er ist neben dem Verfasser antragsberechtigt. Jeder einzelne Verfasser ist antragsberechtigt, wie die entsprechende Anwendung von § 8 Abs. 2 S. 3 ergibt. Die Verfolgung eines Vergehens gemäß **§ 108 Abs. 1 Nr. 2** setzt den Strafantrag des Herausgebers voraus. Hat dieser sein Recht
gemäß § 71 Abs. 2 übertragen, ist nur der Zessionar strafantragsberechtigt. Im Falle des **§ 108 Abs. 1
Nr. 3** steht das Antragsrecht dem Lichtbildner zu. Greift der Täter in ein einem anderen eingeräumtes
ausschließliches Nutzungsrecht ein, so bleibt auch der Lichtbildner antragsberechtigt. Auch der Bearbeiter kann ggf. (§ 3) ein – selbstständiges – Strafantragsrecht haben. Das gilt nicht für Umgestaltungen, die als solche nicht gemäß § 3 schutzfähig sind.[21] Bei **§ 108 Abs. 1 Nr. 4** ist der ausübende
Künstler strafantragsberechtigt. Soweit er Rechte abgetreten hat,[22] steht das Antragsrecht dem Zessionar zu.[23] Bei Einräumung von Nutzungsrechten (§ 79 Abs. 2) ist sowohl der ausübende Künstler als
auch der Inhaber eines ausschließlichen Nutzungsrechts antragsberechtigt. Bei **§ 108 Abs. 1 Nr. 5**
steht das Antragsrecht dem Tonträgerhersteller zu. Überträgt dieser seine Rechte,[24] hat lediglich der
Zessionar ein Strafantragsrecht. Dem Zedenten bleiben keine Rechte, da es an persönlichkeitsrechtlichen Elementen fehlt. Die Strafverfolgung gemäß **§ 108 Abs. 1 Nr. 6** bedarf des Strafantrags des
Sendeunternehmens. Hinsichtlich der Rechtsübertragung gilt das zu § 108 Abs. 1 Nr. 5 Ausgeführte.
Im Falle des **§ 108 Abs. 1 Nr. 7** hat der Filmhersteller oder der Hersteller von Laufbildern bzw. –
wie stets in diesen Fällen – der Inhaber eines auf sie zurückgehenden ausschlägigen ausschließlichen
Nutzungsrechts das Strafantragsrecht. Wenn der Filmhersteller oder der Hersteller von Laufbildern
seine Rechte voll abgetreten hat, ist wiederum nur der Zessionar verletzt und antragsberechtigt. Die
Strafverfolgung gemäß **§ 108 Abs. 1 Nr. 8** setzt den Strafantrag des Datenbankherstellers voraus.

10   **e)** Antragsberechtigter bei **§ 108b** ist der Rechtinhaber des betroffenen urheberrechtlich geschützten Werks oder des verwandten Schutzrechtes.

3. Prozessuales

11   Der Antrag ist **Prozessvoraussetzung.** Fehlt er, ist das Verfahren einzustellen.[25] So ist es auch,
wenn nicht aufzuklären ist, ob der Verletzte form- und fristgerecht einen Strafantrag gestellt hat. Die
Gerichte haben das in jeder Lage des Verfahrens von Amts wegen zu prüfen.[26] Die GEMA-Vermutung kann die richterliche Überzeugung nicht ersetzen.[27]

12   Bleibt die Frage der Antragsberechtigung nach Ausschöpfung der Möglichkeiten der Amtsermittlung ungeklärt, kann § 10 helfen.[28] Das kann auch bei Computerprogrammen eine Rolle spielen.[29]
Diese gesetzliche Regelung verstößt nicht gegen den Grundsatz der Unschuldsvermutung, denn auf
das Erfordernis des Strafantrags hätte der Gesetzgeber ganz verzichten können, ohne dass die §§ 106–
108a rechtsstaatlichen Grundsätzen zuwiderliefen.[30]

13   Der Antrag kann – vor Fristablauf – selbst in der Revisionsinstanz noch gestellt werden.[31] Das Antragsrecht geht nicht dadurch verloren, dass der zur Tatzeit Verletzte später nicht mehr Träger des
durch die jeweilige Strafrechtsnorm geschützten Rechtsguts ist.[32] Die einzuhaltende **Form** des Strafantrags ergibt sich aus § 158 Abs. 2 StPO. Danach muss der Antrag bei der Staatsanwaltschaft oder bei
einem ordentlichen Gericht schriftlich oder zu Protokoll gestellt werden. Daneben ist schriftlicher
Strafantrag bei einer deutschen (hM) Polizeidienststelle möglich. Für die Schriftlichkeit ist erforderlich, dass sich aus dem Schriftstück der Erklärungsinhalt und die Person des Erklärenden ergeben.

14   **Inhalt** ist das Begehren strafrechtlicher Verfolgung wegen einer bestimmten Handlung; deshalb
kann auch eine bloße Strafanzeige genügen. Der Angabe der zu verfolgenden Person bedarf es
nicht.[33] Der Antrag kann auf bestimmte Straftaten und Beteiligte beschränkt werden, zB auf einzelne
Teilakte einer fortgesetzten Tat. Liegt eine Beschränkung nicht vor, so betrifft der Antrag die gesamte
Tat iSd § 264 StPO unter allen rechtlichen Gesichtspunkten.[34] Das Antragsrecht ist **höchstpersönlich** und erlischt grundsätzlich mit dem Tod des Verletzten, wenn dieser es noch nicht ausgeübt hat.[35]
Bei besonderen Erscheinungsformen von Urheberrechtsverletzungen (P2P-Netzwerke, Bit-Torrent

---

[21] Vgl. Möhring/Nicolini/*Spautz* § 108 Rn. 8.
[22] Vgl. § 79 Abs. 1 S. 1.
[23] Wandtke/Bullinger/*Reinbacher* § 109 Rn. 6.
[24] Vgl. dazu Dreier/Schulze/*Schulze* § 85 Rn. 43.
[25] §§ 206a, 260 Abs. 3 StPO.
[26] RGSt 61, 357; 68, 263 (265).
[27] Zweifel auch in KG NStZ 1983, 561; zur GEMA-Vermutung → § 97 Rn. 59; vgl. aber auch hier
→ Rn. 9 aE.
[28] OLG München ZUM 1988, 580; *Allfeld* LUG § 7 Anm. 3; *Allfeld* KUG § 9 Anm. 5.
[29] BGH DB 1993, 2226.
[30] Vgl. *Stree,* In dubio pro reo, 1962, S. 48; aA *Weber* S. 375 f.
[31] BGHSt 3, 73 (74).
[32] RGSt 71, 137.
[33] RGSt 6, 212 (213).
[34] KG VRS 23, 33.
[35] Arg. § 77 Abs. 2 StGB.

etc) sollten die technischen Abläufe im Strafantrag erläutert werden; dasselbe gilt hinsichtlich der geregelten Verwertung in der jeweiligen Branche und den negativen Auswirkungen des angezeigten Verhaltens auf diese Verwertung.[36]

Die Antragsfrist beträgt 3 Monate.[37] Die Frist beginnt mit der Kenntniserlangung von Tat und **15** Person des Täters.[38] Kenntnis von der Tat bedeutet Wissen solcher Tatsachen, die zu einer eigenen verständigen Beurteilung und zu einem Schluss auf die Beschaffenheit der Tat in ihren wesentlichen Beziehungen berechtigen. Kenntnis der Person heißt Individualisierbarkeit des Täters,[39] nicht Kenntnis seines Namens. Entscheidend ist, ob der Verletzte einen Wissensstand hat, nach dem einem besonnenen Menschen die Antragstellung zugemutet werden kann. Sind mehrere **antragsberechtigt** oder **mehrere an der Tat beteiligt**, so läuft die Frist für und gegen jeden gesondert.[40] Erfährt der Berechtigte, dass die Tat einen wesentlich anderen Charakter hat, als er bisher annahm, beginnt die Frist mit dieser Kenntnis.[41] Die Rücknahme des Strafantrags ist bis zum rechtskräftigen Abschluss des Strafverfahrens formlos möglich.[42]

Rücknahmeberechtigt ist der Antragsteller, zu einem Sonderfall[43] vgl. § 77d Abs. 2 StGB. Die **16** Hinzufügung der Bedingung, dass den Antragsteller nicht die Kostenlast treffe (vgl. § 470 StPO), ist möglich; ansonsten ist die Rücknahme bedingungsfeindlich.[44] Nach der Rücknahme wird das Verfahren eingestellt.[45]

§ 110 Einziehung

[1] **Gegenstände, auf die sich eine Straftat nach den §§ 106, 107 Abs. 1 Nr. 2, §§ 108 bis 108b beziehen, können eingezogen werden.** [2] **§ 74a des Strafgesetzbuches ist anzuwenden.** [3] **Soweit den in § 98 bezeichneten Ansprüchen im Verfahren nach den Vorschriften der Strafprozessordnung über die Entschädigung des Verletzten (§§ 403 bis 406c) stattgegeben wird, sind die Vorschriften über die Einziehung nicht anzuwenden.**

Schrifttum: *Eser,* Die strafrechtlichen Sanktionen gegen das Eigentum, 1969; *ders.,* Informationsfreiheit und Einziehung, NJW 1970, 784; *ders.,* Zum Eigentumsbegriff im Einziehungsrecht, JZ 1972, 146; *Jescheck,* Die Entschädigung des Verletzten nach deutschem Strafrecht, JZ 1958, 591; *Katholnigg,* Die Neuregelungen beim Verfall, JR 1994, 353; *Köckerbauer,* Die Geltendmachung zivilrechtlicher Ansprüche im Strafverfahren – der Adhäsionsprozeß, NStZ 1994, 305; *Lührs,* Verfolgungsmöglichkeiten im Fall der „Produktpiraterie" unter besonderer Betrachtung der Einziehungs- und Gewinnabschöpfungsmöglichkeiten, GRUR 1994, 264; *Rössner,* Dem Adhäsionsverfahren, eine Chance!, ZRP 1998, 162; *Scholz,* Erweiterung des Adhäsionsverfahrens – rechtliche Forderung oder rechtspolitischer Irrweg?, JZ 1972, 725. S. auch die Schrifttumsnachweise vor §§ 106 ff.

I. Systematik der Verletztenrechte, Anwendungsbereiche und Verhältnis zueinander

Die Vorschrift[1] erleichtert in S. 1 und 2 die strafrechtliche Einziehung, legt aber in S. 3 den Vor- **1** rang **des Adhäsionsverfahrens** vor der Einziehung fest. Ein allgemeiner Vorrang der zivilrechtlichen Ansprüche gemäß § 98 ist dem Gesetz nicht zu entnehmen. Vielmehr geht **S. 3** von dem Grundsatz aus, dass der Verletzte im Rahmen des Strafverfahrens im sog. Adhäsionsverfahren gegen den Beschuldigten einen aus der Straftat erwachsenen vermögensrechtlichen Anspruch geltend machen kann,[2] wobei dem Verletzten oder seinem Erben[3] grundsätzlich auch freisteht, bei bestimmten Delikten die aus § 98 folgenden Ansprüche[4] im Zivilprozess **oder** im strafprozessualen Adhäsionsverfahren geltend zu machen. Angesichts der Bindung an die vorgenannten besonderen Ansprüche wird man als Verletzten iS dieser Vorschrift jeden ansehen müssen, der geltend macht, aus einer Straftat des Beschuldigten gemäß §§ 106, 107 Abs. 1 Nr. 2, 108, 108a oder 108b einen Anspruch gemäß § 98 gegen diesen erlangt zu haben.

Ein Strafantrag muss nicht vorliegen.[5] Gleichgültig ist, ob das Strafverfahren auf öffentliche oder auf **2** Privatklage in Gang gesetzt worden ist. Der Verletzte braucht weder Privat- noch Nebenkläger zu sein.[6] Stets muss jedoch die Zuständigkeit der ordentlichen Gerichte vorliegen. Das kann für die Ab-

---

[36] Fromm/Nordemann/*Ruttke/Scharringhausen* § 109 Rn. 11.
[37] § 77b Abs. 1 S. 1 StGB.
[38] § 77b Abs. 2 S. 1 StGB.
[39] RGSt 27, 34.
[40] § 77b Abs. 3 StGB.
[41] *Fischer* StGB § 77b Rn. 4.
[42] § 77d Abs. 1 StGB.
[43] Tod des Verletzten.
[44] Vgl. dazu BGHSt 9, 149.
[45] §§ 206a, 260 Abs. 3 StPO.
[1] Geändert durch das ProdPiratG vom 7.3.1990, BGBl. I S. 422.
[2] Vgl. im Einzelnen §§ 403 ff. StPO.
[3] Vgl. AmtlBegr. UFITA 45 1965, 240 (328); *Mestmäcker/Schulze* Anm. 4.
[4] Im Rahmen ihres zivilrechtlich zu beurteilenden Bestehens.
[5] S. LG Koblenz DAR 1952, 159.
[6] *Ulmer* § 133 VI.

grenzung zur Arbeitsgerichtsbarkeit bedeutungsvoll werden.[7] Im Verfahren vor dem Amtsgericht kann der Anspruch ohne Rücksicht auf den Wert des Streitgegenstandes geltend gemacht werden (§ 403 StPO). Besteht bereits anderweite Rechtshängigkeit, scheidet das Adhäsionsverfahren aus.

3   Bei § 107 Abs. 1 Nr. 1 kann die Frage des Vorrangs des Adhäsionsverfahrens nicht entstehen, weil sich dieser auf § 98 bezieht, der Vervielfältigungsstücke betrifft, während § 107 Abs. 1 Nr. 1 ein Original voraussetzt. Gegen Jugendliche findet das Adhäsionsverfahren nicht statt (§ 81 JGG), bei Heranwachsenden allenfalls dann, wenn allgemeines Strafrecht angewendet wird.[8] Hierfür spielt keine Rolle, ob das Verfahren vor dem allgemeinen Strafgericht durchgeführt wird.[9]

4   Wird der Anspruch im Adhäsionsverfahren nicht zuerkannt, so hat der Antragsteller deswegen keine Rechtsmittelbefugnis.[10] Er kann dann seinen Anspruch gem. §§ 98, 99 allein im Zivilprozess weiterverfolgen.[11] Ist über den Grund des Anspruchs rechtskräftig entschieden, so findet die Verhandlung über den Betrag nach § 304 Abs. 2 ZPO vor dem zuständigen Zivilgericht statt.[12] Das Gericht kann von der Entscheidung auch absehen, wenn sich der Antrag zur Erledigung im Strafverfahren nicht eignet.[13] Nicht zuletzt deshalb war das Recht des Adhäsionsverfahrens seit jeher „totes Recht",[14] was sich auch durch das am 1.4.1987 in Kraft getretene Opferschutzgesetz[15] vom 18.12.1986 sowie das Opferrechtsreformgesetz[16] vom 24.6.2004 nicht entscheidend geändert hat, obwohl dadurch die Informationsmöglichkeiten des Verletzten verbessert[17] und ihm die Möglichkeit eingeräumt wurde, einen Anwalt als Beistand hinzuzuziehen.[18]

II. Insbesondere die Einziehung im Urheberstrafverfahren

5   Als Maßnahmen eigener Art kommt nach allgemeinen Vorschriften (§§ 73 ff. StGB) die Einziehung in Betracht. Während die Einziehung von Taterträgen nach § 73 StGB der Genussabschöpfung dient, ist die **Einziehung** nach § 74 StGB eine Sicherungsmaßnahme, soweit sie ihren Grund in der Gefährlichkeit des Gegenstandes findet.[19] In den Fällen der §§ 74 Abs. 3, 74a StGB steht der strafähnliche Charakter der Sanktion im Vordergrund. Hierbei konnte es vor allem bei der Produktpiraterie[20] nach früherem Recht zu Schwierigkeiten kommen. Die lex lata löst diese Fragen weitgehend.[21] Die Einziehung hat durchaus praktische Bedeutung.[22]

6   Die allgemeinen Einziehungs-Vorschriften des StGB regeln vor allem, a) wann dem Täter oder Teilnehmer gehörende producta und instrumenta sceleris[23] eingezogen werden können,[24] und b), wie es sich verhält, wenn die Gegenstände dem Täter oder Teilnehmer nicht gehören.[25] So ist im Falle der Vervielfältigung das urheberrechtsverletzende Vervielfältigungsstück, etwa gefälschte Musik-CDs, Filmraubkopien, productum sceleris, die Produktionsvorrichtung, etwa Computer, Videorecorder, instrumentum sceleris.[26] Im Falle des § 108b werden diejenigen Objekte einbezogen, die zur Begehung oder Vorbereitung der Eingriffe in technische Schutzmaßnahmen oder in zur Rechtewahrnehmung erforderliche Informationen gebraucht wurden. Fraglich ist, ob die als Muster benutzten „Originalprodukte" instrumenta sceleris sind.[27]

7   Im Falle der bloßen Verbreitung freilich ist das Vervielfältigungsstück weder productum noch instrumentum sceleris. Hier lässt S. 1 auch[28] die Einziehung von **Beziehungsgegenständen** über § 74 Abs. 1 StGB hinaus zu. Für diese erweiterte Einziehung bestimmt § 74 Abs. 3 S. 2 StGB, dass a) die Beziehungsgegenstände dem Täter oder Teilnehmer gehören müssen oder dass b) der Schutz der Allgemeinheit die Einziehung der Gegenstände gebieten muss (vgl. § 74b Abs. 1 StGB). Es bleibt somit

---

[7] S. etwa BGHSt 3, 210 (212); oder auch bei Kündigung wegen Herunterladens von Hackersoftware auf dienstlichen Laptop: OLG Celle CR 2010, 632.
[8] §§ 109 Abs. 2, 105, 81 JGG.
[9] § 104 Abs. 1 Nr. 14 JGG.
[10] § 406a Abs. 1 S. 2, zur sofortigen Beschwerde S. 1 StPO.
[11] § 406 Abs. 3 S. 3 StPO.
[12] § 406 Abs. 3 S. 4 StPO.
[13] § 406 Abs. 1 S. 4, 5 StPO.
[14] *Jescheck* JZ 1958, 591 (593).
[15] BGBl. I S. 2496.
[16] BGBl. I S. 1354.
[17] Vgl. nur das Akteneinsichtsrecht nach § 406e StPO, das für die Vorbereitung der Verfolgung zivilrechtlicher Ansprüche Gewicht erlangen könnte.
[18] Zu Einzelheiten vgl. §§ 406d ff. StPO.
[19] § 74 Abs. 2 Nr. 2 StGB.
[20] *Heide* BB 2012, 2831.
[21] Vgl. bereits zur bis 2017 geltenden Fassung BT-Drs. 11/4792, 29.
[22] Vgl. Berichte der Bundesregierung BT-Drs. 12/4427, 16 und 14/2111, 11.
[23] Gegenstände, die durch die Straftat hervorgebracht worden waren oder die zur Begehung von Straftaten gedient hatten.
[24] § 74 Abs. 1, 3 StGB.
[25] § 74b Abs. 1 Nr. 2 *StGB.*
[26] Zur Frage der Einziehung eines Computers in einem Sonderfall vgl. OLG Düsseldorf JR 1993, 516 mit eingehender Anm. von *Achenbach.*
[27] Dazu *Braun* S. 226.
[28] Abgesehen vom Falle des § 107 Abs. 1 Nr. 1.

eine (Einziehungs-)Lücke für die Fälle, in denen diese Voraussetzungen nicht vorliegen.[29] Diese Lücke soll S. 2 schließen, indem er § 74a StGB für anwendbar erklärt. Nach § 74a Nr. 1 StGB setzt die Einziehung voraus, dass der Dritte wenigstens leichtfertig dazu beigetragen hat, dass die Sache oder das Recht Mittel oder Gegenstand der Tat oder ihrer Vorbereitung gewesen ist. Die Einziehung gegen den Dritten ist nach § 74a Nr. 2 StGB ferner dann zulässig, wenn dieser den Gegenstand in **Kenntnis** der Umstände, die die Einziehung gegen den Täter zugelassen hätten, in verwerflicher Weise erworben hat. Für diese Kenntnis genügt dolus eventualis.[30] Im Ergebnis dürfen also auf Grund der nunmehr anwendbaren Vorschrift des § 74a StGB täterfremde Gegenstände auch dann eingezogen werden, wenn sie nicht gefährlich sind. Voraussetzung ist lediglich ein „quasi-schuldhaftes Verhalten" des Berechtigten, das bei dem bösgläubigen Erwerber urheberrechtsverletzender Vervielfältigungsstücke vorhanden ist.

Auch im Fall des § 74a StGB gilt der Grundsatz der **Verhältnismäßigkeit** § 74f StGB.[31] Dieser **8** hat zur Folge, dass Vervielfältigungsgeräte, die auch rechtmäßig benutzt werden können, in der Regel nur nach gewerbsmäßiger Tat eingezogen werden dürfen. Aus diesem Grund kommt auch die Einziehung rechtswidrig hergestellter Vervielfältigungsstücke beim Endabnehmer nur ausnahmsweise in Betracht.[32] Ferner ist die uU bestehende Möglichkeit des Wertersatzes (§ 74c StGB) näher bestimmt. Unter gewissen Voraussetzungen eröffnet das Gesetz die Möglichkeit, die Einziehung selbstständig, dh unabhängig von einer Bestrafung, anzuordnen (§ 76a StGB). Die Rechtsfolgen der Einziehung regelt § 75 StGB, Entschädigungsfragen § 459h StPO, die Gleichstellung von juristischen und natürlichen Personen § 74e StGB; Verfahrensrechtliches findet sich in den §§ 430–441 StPO.

Insgesamt wird die strafrechtliche Einziehung nicht nur auf Grund der Neufassung des § 110 er- **9** leichtert, sondern auch infolge der Vorverlegung der Strafbarkeit durch die allgemeine Kriminalisierung des Versuchs. Diese Vorverlegung erweitert den Anwendungsbereich von § 110, aber auch den von § 111b Abs. 1 StPO. Das wird die angestrebte generalpräventive Wirkung möglicherweise verstärken, obwohl die Einziehung fakultativ bleibt, also nicht zwingend vorgeschrieben ist.

§ 111 Bekanntgabe der Verurteilung

[1] Wird in den Fällen der §§ 106 bis 108b auf Strafe erkannt, so ist, wenn der Verletzte es beantragt und ein berechtigtes Interesse daran dartut, anzuordnen, daß die Verurteilung auf Verlangen öffentlich bekanntgemacht wird. [2] Die Art der Bekanntmachung ist im Urteil zu bestimmen.

Schrifttum: *Burhenne,* Der Anspruch auf Veröffentlichung von Gerichtsentscheidungen im Lichte wettbewerblicher Betrachtung, GRUR 1952, 84; *Deumeland,* Die Bekanntgabe einer strafrechtlichen Verurteilung wegen Verletzung des Urheberrechts, MR-Int. 2006, 136; *Greuner,* Urteilsveröffentlichung vor Rechtskraft, GRUR 1962, 71; *Schomburg,* Die öffentliche Bekanntmachung einer strafrechtlichen Verurteilung, ZRP 1986, 65. S. im Übrigen die Schrifttumsnachweise Vor §§ 106 ff.; *Schricker,* Berichtigende Werbung, GRUR-Int 1975, 191; *Wronka,* Veröffentlichungsbefugnis von Urteilen, WRP 1975, 644.

Übersicht

I. Allgemeines

Auf Antrag des Verletzten und bei einem berechtigten Interesse daran ist bei einer **Verurteilung 1** wegen §§ 106–108b anzuordnen, dass diese **öffentlich bekannt gemacht** wird. § 111 verfolgt insoweit die gleichen Zwecke wie die Bekanntmachung des zivilrechtlichen Urteils nach § 103[1] und dient dem Interesse an einer öffentlichen Information über die wahre Urheberschaft. Die Anordnung der **Bekanntgabe** gemäß § 111 ist Nebenfolge, nicht Nebenstrafe.[2] Eine bezweckte Übelszufügung gegenüber dem **Täter,** etwa im Sinne einer Bloßstellung, liegt ganz außerhalb der Zielsetzung des Gesetzgebers (weshalb zu Gunsten des Täters auch die im öffentlichen Interesse stehende Resozialisie-

---

[29] Vgl. etwa BGH wistra 1989, 58 für ein productum sceleris: Dix-Kopie.
[30] *Fischer* StGB § 74a Rn. 7, str.
[31] Für Vervielfältigungsgeräte oder Einziehung beim Endabnehmer siehe: Wandtke/Bullinger/*Reinbacher* § 110 Rn. 1.
[32] Wandtke/Bullinger/*Reinbacher* § 110 Rn. 1.
[1] Gemäß § 103, vgl. zu den Voraussetzungen → § 103 Rn. 5 ff.
[2] Vgl. *Jescheck/Weigend* § 75 II.

rung zu beachten ist),[3] der vielmehr den **Verletzten** rehabilitieren, ihm eine gewisse Genugtuung verschaffen und eine vielleicht eingetretene Marktverwirrung möglichst beseitigen will. Auch **generalpräventive** Aspekte, wie die Schärfung des Unrechtsbewusstseins zB hinsichtlich des allgemein als Kavaliersdelikt angesehenen Herstellens und Verbreitens von Raubkopien, können eine Rolle spielen.[4]

2   Im Falle der Anwendung von Jugendstrafrecht ist die Anordnung gemäß § 111 ausgeschlossen, § 6 Abs. 1 S. 2 JGG. Ein besonderer Hinweis darauf, dass die Verurteilung erst nach Rechtskraft bekannt gemacht werden darf, war nicht erforderlich, da dies für das Strafverfahren bereits aus dem Fehlen einer vorläufigen Vollstreckbarkeit folgt.

II. Voraussetzungen

3   **1.** Die **Zulässigkeit der Anordnung** der öffentlichen Bekanntgabe ist **dreifach bedingt:** Zum einen (a) ist Voraussetzung, dass wegen einer Tat gemäß §§ 106–108b auf Strafe erkannt ist. Des Weiteren (b) muss ein entsprechender Antrag des Verletzten vorliegen; und schließlich (c) muss ein berechtigtes Interesse an der öffentlichen Bekanntmachung gegeben sein.

4   **a)** § 111 entfällt nicht, weil die Vollstreckung der erkannten Strafe zur Bewährung ausgesetzt ist. Eine Verwarnung mit Strafvorbehalt gemäß § 59 StGB genügt hingegen nicht; Der Anordnung der Veröffentlichungsbefugnis steht es nicht entgegen, dass die Tat gemäß § 106, § 108, § 108a oder § 108b tateinheitlich mit einem schwereren Delikt zusammentrifft (§ 52 Abs. 4 StGB), was allerdings bei § 107 von vornherein ausscheidet. In Fällen der Gesetzeskonkurrenz[5] kommen die zurücktretenden §§ 106–108b nicht zur Anwendung, sodass für § 111 kein Raum ist. § 111 bleibt aber anwendbar, wenn die Tat nach §§ 106–108b in echter Konkurrenz mit einem anderen Delikt steht.[6]

5   **b)** Die Zuerkennung der Veröffentlichungsbefugnis setzt einen besonderen **Antrag** voraus, der vom Strafantrag zu unterscheiden ist und der nach dem klaren Wortlaut des Gesetzes nur vom Verletzten,[7] also zB nicht etwa von dessen Erben[8] (vgl. auch § 77 Abs. 2 StGB: Übergang des Strafantragsrechts nur in im Gesetz genannten Ausnahmefällen an die dort genannten Personen) oder Dienstvorgesetzten, gestellt werden kann. Hat im Falle des § 107 Abs. 1 Nr. 2 der Urheber in die Tat eingewilligt,[9] ist er nicht Verletzter iS dieser Vorschrift.[10] Der Antrag kann auch noch im Rechtsmittelverfahren gestellt werden, wobei das Verschlechterungsverbot beachtet werden muss. Der Antragsteller braucht sich nicht in anderer Weise als eben durch diese Antragstellung am Verfahren beteiligen. Der Antrag kann bis zum rechtskräftigen Abschluss des Verfahrens zurückgenommen werden.[11] Zu mehreren Verletzten und Angeklagten vgl. OLG Hamm NJW 1974, 466 (467).

6   **c)** Weiterhin muss für die Bekanntgabe der Verurteilung ein **berechtigtes Interesse** vorliegen. Zum Begriff des berechtigten Interesses vgl. zunächst die Erläuterungen zu § 103. Die vorzunehmende Interessenabwägung muss auch das Resozialisierungsinteresse des Täters berücksichtigen. Berechtigt ist jedes von der Rechtsordnung als schutzwürdig anerkannte Interesse, damit aber keine Interessen, die rechtlich oder sittlich nicht billigenswert sind. Die öffentliche Bekanntmachung muss zur Wahrung der Interessen des Verletzten überhaupt geeignet und erforderlich sein. Wenn dem Verletzten bereits gemäß § 103 die Bekanntmachungsbefugnis zugesprochen worden ist, wird die entsprechende Anordnung gemäß § 111 demnach in der Regel nicht in Betracht kommen.[12] Bei der Interessenabwägung spielen zB Umfang und Intensität der Verletzungshandlung sowie der seit der Tat verstrichene Zeitraum,[13] aber auch eine etwaige Marktverwirrung eine Rolle. Ferner wird für ein Klarstellungsbedürfnis des Verletzten sprechen, wenn die fragliche Piraterieware besonders minderwertig ist.[14] Das bloße Genugtuungsinteresse des Verletzten allein wird dagegen gegenüber dem Resozialisierungsinteresse des Täters nur im Ausnahmefall den Vorrang verdienen.[15]

7   **2.** Nach dem Wortlaut der Vorschrift muss das **berechtigte Interesse** an der Urteilsbekanntmachung vom Verletzten „**dargetan**" werden. Obwohl dieses etwa auch in § 103[16] und § 143 Abs. 6 MarkenG enthaltene Merkmal auf den ersten Blick an die zivilprozessuale Darlegungslast erinnert,[17]

---

[3] Wandtke/Bullinger/*Reinbacher* § 111 Rn. 5.
[4] Fromm/Nordemann/*Ruttke/Scharringhausen* § 111 Rn. 8.
[5] Wie dem der Subsidiarität.
[6] Zu den Folgen für den Umfang der Bekanntmachung in den Fällen der Ideal- und Realkonkurrenz vgl. → Rn. 10 f.
[7] Vgl. dazu → § 109 Rn. 4 ff.
[8] Vgl. auch RGSt 16, 73.
[9] Ohne rechtfertigende Wirkung, dazu → § 107 Rn. 9.
[10] Vgl. dazu BGHSt 5, 66 (69).
[11] Analog § 77d Abs. 1 S. 2 StGB.
[12] Dreier/Schulze/*Dreier* § 111 Rn. 4; aA Wandtke/Bullinger/*Reinbacher* Rn. 5.
[13] *v. Gamm* Rn. 3.
[14] So *E. Braun* Produktpiraterie S. 223.
[15] Ähnlich auch *Loewenheim/Flechsig* § 96 Rn. 42. – Insgesamt zu weitgehend *Rochlitz* S. 210 ff.
[16] Bürgerlich-rechtliche Vorschrift.
[17] S. dagegen die Fassung von §§ 165 Abs. 1, 200 Abs. 1 StGB.

überzeugen Auffassungen, die daraus das Erfordernis eines substantiierten Vortrages oder einer Glaubhaftmachung ableiten,[18] für den von der Instruktionsmaxime beherrschten Strafprozess nicht. Denn im Strafverfahren werden ohnedies in aller Regel die für die Interessenabwägung bedeutungsvollen Umstände schon im Rahmen der Strafzumessung von Amts wegen ermittelt, sie sind dann gerichtsbekannt. Die Glaubhaftmachung etc solcher Tatsachen hat daneben wenig Sinn. Man wird davon ausgehen müssen, dass es – im Lichte der Instruktionsmaxime – darauf ankommt, ob ein berechtigtes Interesse des Verletzten **objektiv vorliegt**.[19] Das ist lediglich der Fall, wenn bei Abwägung der gegenseitigen von Amts wegen zu prüfenden Interessen das Interesse des Verletzten überwiegt.[20] Dem entspricht die Entstehungsgeschichte der Formulierung, die letztlich auf § 49 PatG aF zurückgeht. Dieser Vorschrift lag als legislatorischer Zweck zugrunde, Missbräuche und Schikanen zu verhindern.[21] Das wäre kaum möglich, wenn bloß auf Substantiierung, Glaubhaftmachung oder Darlegung abgestellt würde.

III. Art und Umfang der Bekanntmachung

Liegt das berechtigte Interesse vor, so **bestimmt das Gericht Art und Umfang** der Bekanntmachung (§ 111 S. 2) **in der Urteilsformel.** Es hat hierbei den jeweils zur Veröffentlichung Berechtigten, den Gegenstand der Veröffentlichung, ihre Form und das Medium, in dem die Veröffentlichung geschehen soll, zu bezeichnen. Der Urteilstenor muss auch deutlich werden lassen, inwieweit Urteilsformel und ggf. Urteilsgründe[22] zu veröffentlichen sind. Die Art der Bekanntmachung ist genau zu bestimmen, da sonst eine Vollziehung nicht möglich ist. Im Falle der Bekanntmachung in einer Zeitung muss das Gericht festlegen, in welchem Teil des Blattes die Bekanntgabe in welcher Aufmachung zu erfolgen hat. Insofern verhält es sich nicht anders als im Falle des § 200 StGB.[23] Keinesfalls darf dem Verletzten unter mehreren Tageszeitungen überlassen bleiben.[24] **8**

Bei der Bestimmung gemäß § 111 S. 2 sind die gleichen Gesichtspunkte maßgebend, die schon bei der Interessenabwägung (vgl. → Rn. 6 f.) zu berücksichtigen sind. So müssen auch Art und Umfang der Bekanntmachung zur Wahrung der Interessen des Verletzten erforderlich und geeignet sein. Das ist zB kaum begründbar für eine Urteilsbekanntgabe in einer überregionalen Zeitung, wenn die zugrundeliegende Verletzung des Urheberpersönlichkeitsrechts nur verschwindend wenigen Personen gegenüber erfolgte.[25] **9**

IV. Konkurrenzen

Zulässig ist nur die Bekanntgabe der Verurteilung gemäß §§ 106–108b. Im Falle der **Tateinheit** mit einem schwereren Delikt darf das andere verletzte Strafgesetz nicht mitveröffentlicht werden, nach BGHSt 10, 306 (311) jedoch die erkannte Strafe. Letzteres erscheint zweifelhaft im Hinblick auf den Wortlaut von § 111 und die mit der Vorschrift verfolgten Zwecke. Denn die ausgesprochene Strafe bezieht sich in einem solchen Fall in erster Linie auf die Verurteilung wegen des schwereren Delikts;[26] die Bekanntgabe der erkannten Strafe gefährdet so die Resozialisierung des Täters unnötig, ohne dem Verletzten gerade wegen §§ 106–108b Genugtuung etc zu bieten. Vorzugswürdig erscheint daher, die Veröffentlichung auf die §§ 106 ff. zu beschränken. Zumindest bei der Verurteilung wegen mehrerer Taten ist anerkannt, dass die Befugnis auf die Veröffentlichung der Verurteilung wegen der Delikte gemäß §§ 106–108b zu beschränken ist[27] und dass die Höhe einer Gesamtstrafe nicht zu nennen ist.[28] **10**

In einem unveröffentlichten Beschluss vom 29.7.1988 (3 StR 213/88) hat der BGH den Wortlaut der öffentlichen Bekanntmachung der Verurteilung[29] wie folgt gefasst: „Der Angeklagte ist durch Urteil des Landgerichts Krefeld vom 12.1.1988 wegen Vergehens gegen das Warenzeichengesetz zu Strafe verurteilt worden, weil er in den Jahren 1985 und 1986 eine Vielzahl von gefälschten Markenuhren der Firma C., Paris, in den Niederlanden erworben und diese in Krefeld und Umgebung feilgehalten und in Verkehr gebracht hat." **11**

---

[18] Vgl. etwa Möhring/Nicolini/*Spautz* § 111 Rn. 5; *Dürwanger/Dempewolf* Handbuch des Privatklagerechts, 3. Aufl. 1971, S. 445.

[19] Sa Dreier/Schulze/*Dreier* § 111 Rn. 4.

[20] Vgl. schon *Burhenne* GRUR 1952, 84 (89). Zur Interessenabwägung vgl. BGH ZUM-RD 1998, 157 – Beatles-Doppel-CD, auch *Hildebrandt* S. 409 ff.

[21] AmtlBegr. BlPMZ 1936, 103 (114).

[22] RGSt 20, 1.

[23] Vgl. dazu *Fischer* StGB § 200 Rn. 5.

[24] BGH GA 1968, 84; BayObLGSt. 54, 71.

[25] Vgl. zu alledem auch *Weber* S. 368 f.

[26] § 52 Abs. 2 S. 1 StGB.

[27] Vgl. BayObLGSt 60, 192 (194) und BayObLGSt 61, 141 (142).

[28] BayObLGSt 60, 192; 61, 141; Dreier/Schulze/*Dreier* § 111 Rn. 5; *Loewenheim/Flechsig* § 96 Rn. 42; Wandtke/Bullinger/*Reinbacher* § 111 Rn. 6.

[29] Wegen gewerbsmäßiger Hehlerei ua.

V. Vollstreckung

12   Die Anordnung des Gerichts vollzieht die Vollstreckungsbehörde. Voraussetzung ist ein Verlangen gemäß § 463c Abs. 2 StPO. Die Kosten der Veröffentlichung sind Vollstreckungskosten.[30] Unterlässt der Verurteilte die Erfüllung seiner Verpflichtung, dann kann das Gericht ihn auf Antrag der Vollstreckungsbehörde durch Festsetzung eines Zwangsgeldes bis zu 25 000 EUR oder von Zwangshaft bis zu sechs Wochen dazu anhalten.

§ 111a Bußgeldvorschriften

(1) **Ordnungswidrig handelt, wer**

1. entgegen § 95a Abs. 3

    a) eine Vorrichtung, ein Erzeugnis oder einen Bestandteil verkauft, vermietet oder über den Kreis der mit dem Täter persönlich verbundenen Personen hinaus verbreitet oder

    b) zu gewerblichen Zwecken eine Vorrichtung, ein Erzeugnis oder einen Bestandteil besitzt, für deren Verkauf oder Vermietung wirbt oder eine Dienstleistung erbringt,

2. entgegen § 95b Abs. 1 Satz 1 ein notwendiges Mittel nicht zur Verfügung stellt oder

3. entgegen § 95d Abs. 2 Satz 1 Werke oder andere Schutzgegenstände

nicht oder nicht vollständig kennzeichnet.

(2) **Die Ordnungswidrigkeit kann in den Fällen des Absatzes 1 Nr. 1 und 2 mit einer Geldbuße bis zu fünfzigtausend Euro und in den übrigen Fällen mit einer Geldbuße bis zu zehntausend Euro geahndet werden.**

Schrifttum: *Hilty,* Rechtsschutz technischer Maßnahmen: Zum UrhG-Regierungsentwurf vom 31.7.2002, MMR 2002, 577; *Zecher,* Die Umsetzung der EU-Urheberrechtsrichtlinie in deutsches Recht II ZUM 2002, 451.

Übersicht

I. Allgemeines

1   Die Vorschrift wurde durch das Gesetz zur Regelung des Urheberrechts in der Informationsgesellschaft neu eingefügt. In Abs. 1 Nr. 1a und b setzt sie die Forderung des Art. 6 Abs. 1 der Richtlinie EG/29/2001 für den harmonisierten Schutz gegen die Umgehung wirksamer technischer Maßnahmen um. Der deutsche Gesetzgeber stuft bestimmte Handlungen, die der **Vorbereitung zur Umgehung von Schutzmaßnahmen** dienen, als Ordnungswidrigkeiten ein. Dabei orientiert er sich an § 5 Abs. 1 ZKDSG. Abs. 1 Nr. 2 ahndet **Verstöße gegen Verpflichtungen des Rechteinhabers,** die die Durchsetzung von Schrankenbestimmungen erleichtern sollen. Abs. 1 Nr. 3 belangt **Verstöße gegen Kennzeichnungspflichten,** welche solche Ansprüche, die sich aus § 95d Abs. 2 ergeben, prozessual durchsetzen sollen.

2   Damit hat die Vorschrift unterschiedliche **Adressaten.** Einerseits sollen durch Abs. 1 Nr. 1a und b das Verbot der Umgehung von Schutzmaßnahmen flankiert und zugunsten der **Inhaber von Urheberrechten** gewährleistet werden. In dieser Tatbestandsvariation sind daher deren Verwertungsrechte das geschützte Rechtsgut. Andererseits werden durch Abs. 1 Nr. 2 und 3 der **Verbraucher** und der **Wettbewerber** abgesichert. Missbräuche seitens der Inhaber von Urheberrechten sollen abgewendet werden. Als Rechtsgut stellt sich demzufolge das Recht des Nutzers dar, die Schrankenbestimmungen wahrnehmen zu können.

II. Objektiver Tatbestand

3   Da die Ordnungswidrigkeitentatbestände der **Absicherung** jeweils durch einen Verweis benannter **zivilrechtlicher Verpflichtungen nach §§ 95 ff.** dienen, wird für die **Auslegung entsprechender Vorfragen** im Detail auf die Kommentierung zu diesen Vorschriften verwiesen. In groben Linien und soweit es um die bußgeldwehrten Verstöße geht, gilt Folgendes:

4   **1.** Abs. 1 Nr. 1 ahndet weniger schwerwiegende Verstöße, die der Umgehung von Schutzmaßnahmen dienen. **Abs. 1 Nr. 1a** belangt jede Handlung, durch die eine Vorrichtung, ein Erzeugnis

---

[30] § 464a Abs. 1 S. 2 StPO.

oder ein Bestandteil verkauft, vermietet oder verbreitet wird.[1] Voraussetzung für die Ahndung der Verbreitung ist, dass diese über den Kreis der mit dem Täter persönlich verbundenen Personen[2] hinaus verwirklicht wird. Diese Prämisse entspricht der Systematik des § 108b, der bestimmte Eingriffe in technische Schutzmaßnahmen nur dann bestraft, wenn sie über den privaten Bereich hinaus begangen werden.

2. Abs. 1 Nr. 1b bewertet als Ordnungswidrigkeit: 5
– den Besitz einer Vorrichtung, eines Erzeugnisses oder eines Bestandteils,
– jede Werbung für deren Verkauf oder Vermietung oder
– die Erbringung von Dienstleistungen,[3]
welche in der in § 95b Abs. 3 näher beschriebenen Weise der Umgehung wirksamer technischer Maßnahmen dienen. Dabei wird vorausgesetzt, dass der Täter zu gewerblichen Zwecken handelt.[4]

An dieser Stelle wird die Verbindung zwischen § 108b Abs. 2 und § 111a Abs. 1 Nr. 1b deutlich. 6
§ 111a Abs. 1 Nr. 1b ahndet die Vorbereitungshandlungen, deren Verwirklichung zur Erfüllung des Tatbestandes des § 108b Abs. 2 führen soll. Der Gesetzgeber hat damit – systematisch nur auf den ersten Blick ungewöhnlich, da § 111a „nur" eine Ordnungswidrigkeit darstellt – zwar den Versuch des § 108b Abs. 2 nicht unter Strafe gestellt, hat aber die Vorbereitungshandlungen dieser Tatvariation mit einem Bußgeld bedroht.

3. Abs. 1 Nr. 2 bildet ein **echtes Unterlassungsdelikt.** Danach handelt ordnungswidrig der In- 7
haber von Urheberrechten, der es unterlässt, notwendige Mittel zur Verfügung zu stellen, die erforderlich sind, um die in § 95b Abs. 1 aufgeführten Schrankenbestimmungen durchzusetzen.[5] Damit wird eine **verbraucherschützende Vorschrift** in das Urheberrechtsgesetz eingefügt, die die Gewährleistung von urheberrechtlichen Schrankenbestimmungen absichern will.

4. Nach Abs. 1 Nr. 3 handelt der Inhaber von Urheberrechten ordnungswidrig, der Werke und 8
andere Schutzgegenstände mit technischen Maßnahmen schützt und es **unterlässt,** diese **mit seinem Namen** oder seiner Firma und der zustellungsfähigen **Anschrift zu kennzeichnen.** Diese „Informationspflicht", die ähnlich in § 5 TMG, § 10 MDStV verankert ist, wird dem Rechtsinhaber auferlegt, um Ansprüche, die sich aus der „Nicht-Gewährung" der Schrankenbestimmungen ergeben, prozessual umzusetzen.[6] Auch hier handelt es sich um ein **echtes Unterlassungsdelikt,** das nicht nur verbraucher-, sondern auch wettbewerbsrechtlich orientiert ist, da derjenige, der den Kennzeichnungspflichten nicht nachkommt, im Einzelfall einen Vorsprung durch Rechtsbruch haben kann.[7] Auf Computerprogramme finden die §§ 95a–95d keine Anwendung (§ 69a Abs. 5). Insoweit entfällt daher auch § 111a.

III. Weitere Ahndbarkeitsvoraussetzungen; Betriebsleiter- und Unternehmenshaftung

Für die Erfüllung der Tatbestände ist Vorsatz erforderlich, wobei bedingter Vorsatz genügt, vgl. 9
§ 10 OWiG.
Es gelten die allgemeinen Rechtfertigungsgründe, §§ 15, 16 OWiG. 10
Für die weiteren Ahndbarkeitsvoraussetzungen (insbesondere Unterlassen und Beachtlichkeit von 11
Irrtümern) gelten die allgemeinen Regeln der §§ 8ff. OWiG. Der Versuch (der ohnehin als Vorbereitungshandlungen konzipierten) Handlungen bzw. Unterlassungen ist im Fall des § 111a nicht mit Geldbuße bedroht (vgl. § 13 OWiG). Bei der Beteiligung mehrerer gilt im Ordnungswidrigkeitenrecht nach § 14 OWiG das „Einheitstäterprinzip", dh es wird nicht zwischen Täter und Teilnehmer unterschieden. Im Übrigen können uns bei der Anwendung grundsätzlich – freilich unter Berücksichtigung der von den §§ 106ff. vielfach sehr verschiedenen Normbefehle – ganz ähnliche Fragen stellen wie bei der strafrechtlichen Bewertung (vgl. dazu → Vor §§ 106ff. Rn. 20ff.).

Eine – gerade im Anwendungsbereich der in § 111b genannten Tathandlungen – potentiell bedeut- 12
same Besonderheit bei den Ordnungswidrigkeiten besteht darin, dass nach § 130 OWiG auch ordnungswidrig handelt, wer als **Inhaber eines Betriebes oder Unternehmens** schuldhaft die Aufsichtsmaßnahmen unterlässt, die erforderlich sind, um in dem Betrieb oder Unternehmen Zuwiderhandlungen gegen Pflichten zu verhindern, die den Inhaber als solchen treffen und deren Verletzung mit Strafe oder Geldbuße bedroht ist. Voraussetzung ist dabei allerdings, dass eine bußgeldbewehrte Zuwiderhandlung (also zB das Unterlassen, notwendige Mittel zur Verfügung zu stellen, die zur Durchsetzung von Schrankenbestimmungen erforderlich sind) begangen worden ist, die durch gehörige Aufsicht verhindert oder wesentlich erschwert worden wäre. Durch die Kombination von § 130 OWiG und § 9 OWiG kann iVm § 30 OWiG (Unternehmensbuße) für Ordnungswidrigkeiten, die durch **Betriebsmitarbeiter** verwirklicht werden, **gegen die juristische Person** bzw. die Personen-

---

[1] Für die Auslegung dieser Begriffe → § 95a Rn. 23 ff.
[2] Dazu → § 15 Rn. 375 ff.
[3] Dazu → § 95a Rn. 31.
[4] Für die Auslegung dieses Merkmals → § 108b Rn. 13.
[5] Für die Auslegung der Tatbestandsmerkmale s. die Kommentierung von § 95b Abs. 1.
[6] Für die Auslegung der Tatbestandsmerkmale s. die Kommentierung von § 95d Abs. 1.
[7] Sa Dreier/Schulze/*Specht* § 95d Rn. 6; *Loewenheim/Flechsig* § 91 Rn. 13.

gesellschaft als Unternehmensträger eine **Geldbuße** verhängt werden, wenn den Organen der Gesellschaft insoweit Aufsichtspflichtverletzungen vorzuwerfen sind.

IV. Konkurrenzen

13   Wird, ähnlich wie in § 108b, von einer Handlung § 111a Abs. 1 Nr. 1a und § 5 ZKDSG verwirklicht, tritt das ZKDSG als subsidiär zurück.[8] Abs. 1 Nr. 3 ist gegenüber Abs. 1 Nr. 2 subsidiär.

V. Geldbußen, Verfahren und Rechtsmittel

14   Die **Höhe des Bußgelds** richtet sich nach **§ 111a Abs. 2** iVm der allgemeinen Vorschrift des **§ 17 OWiG**. Die **Untergrenze** beträgt dabei nach § 17 Abs. 1 OWiG 5 Euro. Die **Obergrenze** wird (abweichend von § 17 Abs. 1 OWiG und vorbehaltlich der Regelungen des § 17 Abs. 4 S. 2 OWiG) für Taten nach Nr. 1 und 2 mit 50 000 Euro, für solche nach Nr. 3 mit 10 000 Euro festgesetzt (Abs. 2). Dabei ist aber vorstellbar, dass bei der Festsetzung der Geldbuße jeder einzelne Verstoß gegen die Informationspflicht berücksichtigt wird, was in Fällen einer großen Anzahl von Werken, auf denen die Kennzeichnung fehlt, hohe Bußgelder ermöglichen würde. In welchen Grenzen bei fortgesetzter Begehung allgemein „Fortsetzungs- bzw. Dauerordnungswidrigkeiten" angenommen werden können, ist auch schon nach allgemeinen Grundsätzen im Detail umstritten.[9]

15   Für das **Verfahren** gelten die **allgemeinen Vorschriften der §§ 35 ff. OWiG** sowie über § 46 Abs. 1 OWiG die allgemeinen Vorschriften über das Strafverfahren, insbesondere also die StPO und das GVG. Bedeutsam sind dabei mangels eigener Vorschriften im OWiG vor allem die Regelungen über den Zeugenbeweis (§§ 48 ff. StPO), den Sachverständigen (§§ 72 ff. StPO) sowie die Beweismittelsicherung (§§ 94 ff., 102 ff. StPO). Eine Reihe besonders einschneidender strafprozessualer Ermittlungsmaßnahmen ist allerdings nach § 46 Abs. 3 S. 1 OWiG im Ordnungswidrigkeitenverfahren unzulässig. Für das gesamte Verfahren gilt nach § 47 OWiG das **Opportunitätsprinzip,** dh anders als für die Staatsanwaltschaft bei der Verfolgung von Straftaten (sog. Legalitätsprinzip) besteht für die Verwaltungsbehörden bei der Verfolgung von Ordnungswidrigkeiten **kein strenger Verfolgungszwang,** sondern die Durchführung des Verfahrens liegt in ihrem pflichtgemäßen Ermessen.

16   Der Abschluss des Ordnungswidrigkeitenverfahrens erfolgt durch eine Einstellung (§ 47 Abs. 1 S. 2, Abs. 2, 3 OWiG), durch eine Verwarnung ohne oder mit Verwarnungsgeld (vgl. § 56 OWiG) oder durch einen Bußgeldbescheid (§§ 65 f. OWiG). Gegen einen **Bußgeldbescheid** kann der Betroffene nach § 67 Abs. 1 OWiG **binnen zwei Wochen nach Zustellung Einspruch** einlegen. Verwirft die Verwaltungsbehörde den Einspruch im Zwischenverfahren nach § 69 OWiG als unzulässig, kann der Betroffene dagegen innerhalb von zwei Wochen einen Antrag auf gerichtliche Entscheidung nach §§ 69 Abs. 1 S. 2, 62 OWiG stellen. Ist der Einspruch zulässig und wird der Bußgeldbescheid von der Verwaltungsbehörde aufrechterhalten, so übersendet sie die Akten an die Staatsanwaltschaft (vgl. § 69 Abs. 3 OWiG), die diese dem nach § 68 OWiG zuständigen Strafrichter vorlegt. Verwirft auch dieser den Einspruch nicht als unzulässig (vgl. § 70 OWiG), so kommt es zu einem Hauptverfahren, das sich im Wesentlichen nach den Verfahrensregeln der StPO richtet (vgl. § 71 Abs. 1 OWiG; zu Modifikationen des Verfahrens vgl. §§ 72 ff. OWiG).

Unterabschnitt 3. Vorschriften über Maßnahmen der Zollbehörde

§ 111b Verfahren nach deutschem Recht

(1) [1]**Verletzt die Herstellung oder Verbreitung von Vervielfältigungsstücken das Urheberrecht oder ein anderes nach diesem Gesetz geschütztes Recht, so unterliegen die Vervielfältigungsstücke, soweit nicht die Verordnung (EU) Nr. 608/2013 des Europäischen Parlaments und des Rates vom 12. Juni 2013 zur Durchsetzung der Rechte geistigen Eigentums durch die Zollbehörden und zur Aufhebung der Verordnung (EG) Nr. 1383/2003 des Rates (ABl. L 181 vom 29.6.2013, S. 15), in ihrer jeweils geltenden Fassung anzuwenden ist, auf Antrag und gegen Sicherheitsleistung des Rechtsinhabers bei ihrer Einfuhr oder Ausfuhr der Beschlagnahme durch die Zollbehörde, sofern die Rechtsverletzung offensichtlich ist. [2]Dies gilt für den Verkehr mit anderen Mitgliedstaaten der Europäischen Union sowie mit den anderen Vertragsstaaten des Abkommens über den Europäischen Wirtschaftsraum nur, soweit Kontrollen durch die Zollbehörden stattfinden.**

(2) [1]**Ordnet die Zollbehörde die Beschlagnahme an, so unterrichtet sie unverzüglich den Verfügungsberechtigten sowie den Antragsteller. [2]Dem Antragsteller sind Herkunft, Menge und Lagerort der Vervielfältigungsstücke sowie Name und Anschrift des Verfügungsberechtigten mitzuteilen; das Brief- und Postgeheimnis (Artikel 10 des Grundgesetzes) wird insoweit einge-**

---

[8] Dazu auch → § 108b Rn. 19.
[9] Vgl. dazu KK-OWiG/*Mitsch* § 19 Rn. 17 ff.

schränkt. [3] Dem Antragsteller wird Gelegenheit gegeben, die Vervielfältigungsstücke zu besichtigen, soweit hierdurch nicht in Geschäfts- oder Betriebsgeheimnisse eingegriffen wird.

(3) Wird der Beschlagnahme nicht spätestens nach Ablauf von zwei Wochen nach Zustellung der Mitteilung nach Absatz 2 Satz 1 widersprochen, so ordnet die Zollbehörde die Einziehung der beschlagnahmten Vervielfältigungsstücke an.

(4) [1] Widerspricht der Verfügungsberechtigte der Beschlagnahme, so unterrichtet die Zollbehörde hiervon unverzüglich den Antragsteller. [2] Dieser hat gegenüber der Zollbehörde unverzüglich zu erklären, ob er den Antrag nach Absatz 1 in bezug auf die beschlagnahmten Vervielfältigungsstücke aufrechterhält.

1. [3] Nimmt der Antragsteller den Antrag zurück, hebt die Zollbehörde die Beschlagnahme unverzüglich auf.

2. [4] Hält der Antragsteller den Antrag aufrecht und legt er eine vollziehbare gerichtliche Entscheidung vor, die die Verwahrung der beschlagnahmten Vervielfältigungsstücke oder eine Verfügungsbeschränkung anordnet, trifft die Zollbehörde die erforderlichen Maßnahmen.

[5] Liegen die Fälle der Nummern 1 oder 2 nicht vor, hebt die Zollbehörde die Beschlagnahme nach Ablauf von zwei Wochen nach Zustellung der Mitteilung an den Antragsteller nach Satz 1 auf; weist der Antragsteller nach, daß die gerichtliche Entscheidung nach Nummer 2 beantragt, ihm aber noch nicht zugegangen ist, wird die Beschlagnahme für längstens zwei weitere Wochen aufrechterhalten.

(5) Erweist sich die Beschlagnahme als von Anfang an ungerechtfertigt und hat der Antragsteller den Antrag nach Absatz 1 in bezug auf die beschlagnahmten Vervielfältigungsstücke aufrechterhalten oder sich nicht unverzüglich erklärt (Absatz 4 Satz 2), so ist er verpflichtet, den dem Verfügungsberechtigten durch die Beschlagnahme entstandenen Schaden zu ersetzen.

(6) [1] Der Antrag nach Absatz 1 ist bei der Generalzolldirektion zu stellen und hat Wirkung für ein Jahr, sofern keine kürzere Geltungsdauer beantragt wird; er kann wiederholt werden. [2] Für die mit dem Antrag verbundenen Amtshandlungen werden vom Antragsteller Kosten nach Maßgabe des § 178 der Abgabenordnung erhoben.

(7) [1] Die Beschlagnahme und die Einziehung können mit den Rechtsmitteln angefochten werden, die im Bußgeldverfahren nach dem Gesetz über Ordnungswidrigkeiten gegen die Beschlagnahme und Einziehung zulässig sind. [2] Im Rechtsmittelverfahren ist der Antragsteller zu hören. [3] Gegen die Entscheidung des Amtsgerichts ist die sofortige Beschwerde zulässig; über sie entscheidet das Oberlandesgericht.

§ 111c Verfahren nach der Verordnung (EU) Nr. 608/2013

Für das Verfahren nach der Verordnung (EU) Nr. 608/2013 gilt § 111b Absatz 5 und 6 entsprechend, soweit die Verordnung keine Bestimmungen enthält, die dem entgegenstehen.

Schrifttum: *Braun, E.*, Produktpiraterie, 1993; *Braun/Heise*, Die Grenzbeschlagnahme illegaler Tonträger in Fällen des Transits, GRUR-Int 2001, 28; *Cremer*, Die Bekämpfung der Produktpiraterie in der Praxis, Mitt. 1992, 153; *Fritze/Stauder*, Die Beschaffung von Beweisen für die Verletzung von gewerblichen Schutzrechten, GRUR-Int 1986, 342; *Tilmann*, Der Schutz gegen Produktpiraterie nach dem Gesetz von 1990, BB 1990, 1565; *Wölfel*, Rechtsfolgen von Markenverletzungen und Maßnahmen zur Bekämpfung der Markenpiraterie, 1989. S. auch die Schrifttumsnachweise vor §§ 106 ff.

Übersicht

I. Allgemeines, Anwendungsbereich und Abgrenzung

Eines der Hauptanliegen des Produktpirateriegesetzes vom 7.3.1990[1] war es, die Grenzbeschlagnahme für alle Schutzrechte des geistigen Eigentums einzuführen und zugleich das bisherige Verfahren effizienter zu gestalten. [2] Dem dienen §§ 111b, 111c und die entsprechenden Vorschriften des GeschmMG, des PatG, des GebrMG, des HlSchG und des SSchG. Zumindest theoretisch bietet die Zollabfertigung die Möglichkeit, auf einen Schlag große Mengen rechtsverletzender Gegenstände als **1**

---

[1] BGBl. I S. 422.
[2] Vgl. BT-Drs. 11/4792, 15.

solche zu erkennen und sicherzustellen. Während sich die praktische Relevanz der Zollbeschlagnahme auch kurz nach Inkrafttreten des Produktpiateriegesetzes zunächst noch in Grenzen gehalten hat,[3] sind in der Folgezeit die in den Statistiken der Zollverwaltung (die allerdings überwiegend nicht zwischen den verschiedenen Schutzrechten differenziert) genannten Zahlen zunächst deutlich und mehr oder weniger konstant angestiegen und stagnieren nun seit einigen Jahren auf einem hohen Niveau.[4]

2   Bei der Beschlagnahme wirken zwei Verfahren ergänzend zusammen: Diejenige **nach nationalem Recht in § 111b** (durch dessen Abs. 1 S. 2 klargestellt wird, dass die Vorschrift kein Hindernis auf dem Weg zur Verwirklichung eines gemeinsamen Binnenmarkts ohne Grenzen darstellen soll)[5] sowie diejenige nach **Europäischem Recht** nach Verordnung (EG) Nr. 1383/2003 aF (die ab 1.7.2004 galt) bzw. **nunmehr nach Verordnung (EU) 608/2013** (vgl. zum Anwendungsbereich → Rn. 17), in welche neben den Verletzungen des Urheberrechts und verwandter Schutzrechte sowie Geschmacksmusterverletzungen etwa auch die Rechte an Sorten, geographischen Angaben und Ursprungsbezeichnungen einbezogen sind. Die Verordnung befasst sich mit der Grenzbeschlagnahme im Verhältnis zwischen der Europäischen Union und Drittstaaten. Nach dem in § 111b Abs. 1 normierten Vorrangprinzip kommt die Grenzbeschlagnahme aufgrund dieser nationalen Vorschrift nur dann zum Zuge, wenn diejenige nach Europäischem Recht nicht anwendbar[6] ist. Das ist nach geltendem europäischem Recht seit 1.1.2014 die Verordnung (EU) 608/2013. Der deutsche Gesetzgeber hat auf diese Änderung erst durch Art. 7 des Gesetzes zur Änderung des Designgesetzes vom 4.4.2016 (BGBl. I S. 558 (565)) reagiert, was freilich wohl auch für die Übergangszeit nicht zur Unanwendbarkeit der Vorschrift geführt hatte, wenn nicht einmal bei einer Strafbegründung notwendig angenommen wird,[7] wenn sich klar ergibt, dass das deutsche Recht nur flankierende Funktion hat und der Wille des Europäischen Gesetzgebers zur Regelungskontinuität ersichtlich ist; dies war hier schon wegen Art. 38 Abs. 2 Verordnung (EU) 608/2013 der Fall, wonach „Verweise auf die aufgehobene Verordnung (…) als Verweise auf die vorliegende Verordnung (gelten) und (…) nach Maßgabe" einer festgelegten Entsprechungstabelle zu lesen waren).

II. Voraussetzungen der Grenzbeschlagnahme nach deutschem Recht

3   1. Es ist erforderlich, dass die Herstellung **oder** Verbreitung von Vervielfältigungsstücken gegen das deutsche Gesetz verstößt (dagegen aber nicht, dass der Verletzer schuldhaft gehandelt hat). Ob das der Fall ist, entscheidet sich nach dem Inhalt der einschlägigen Urheber- oder Leistungsschutzrechte.[8] Das Gesetz meint nur absolute, dh Rechte, die gegen jeden nichtberechtigten Dritten wirken, nicht aber schuldrechtliche Ansprüche. Zum Begriff der Vervielfältigung vgl. → § 16 Rn. 5 ff. sowie → § 106 Rn. 5 ff., zur Verbreitung → § 17 Rn. 6 ff. und → § 106 Rn. 16 ff. Wenn die Vervielfältigung oder Verbreitung gemäß §§ 45–60 zugelassen ist, verletzt sie ein nach diesem Gesetz geschütztes Recht nicht. Eine Verletzung liegt ferner nicht vor, wenn der Berechtigte der Vervielfältigung und/oder Verbreitung – meist durch Einräumung eines entsprechenden Nutzungsrechts – zugestimmt hat. Eine Rechtsverletzung iS dieser Vorschrift wird man schließlich nicht annehmen können, wenn zB der Inhaber eines Nutzungsrechts das vereinbarte Kontingent überschreitet.[9] Insoweit handelt es sich um eine schlichte Vertragsverletzung. Zum Begriff des Rechtsinhabers vgl. auch Wandtke/Bullinger/*Kefferpütz* §§ 111b, 111c Rn. 16.

4   Letztlich ergeben sich aus dem Territorialitätsprinzip[10] kaum Probleme: Im Falle der **Ausfuhr** wird im Inland vervielfältigt worden sein; im Falle der **Einfuhr** wird die Verbreitung im Inland angestrebt werden.[11] Beim **Transit** hat der EuGH zunächst entschieden, dass unter Anwendung der Verordnung (EG) Nr. 3295/94 (dazu § 111c) eine Zollbeschlagnahme auch dann zulässig ist, wenn Plagiate sich auf der Durchfuhr von einem Drittland durch das Gemeinschaftsgebiet in ein anderes Drittland befinden. Als Grund dafür wurden die Auswirkungen genannt, die solche Transitaktionen auf den Binnenmarkt haben, denn durch diese besteht die Gefahr, dass die Plagiate unbefugt in den Gemeinschaftsmarkt gelangen.[12] In den Erwägungen zum Produktpiateriegesetz wurde ausgeführt, dass es bei den entsprechenden Fällen darauf ankommt, ob in Deutschland ein Verbreitungsakt geschehen würde.

---

[3] Vgl. Eingabe der *Deutschen Vereinigung für gewerblichen Rechtsschutz und Urheberrecht* vom 4.5.1992, GRUR 1992, 373. Optimistisch zur Entwicklung aber schon damals Bundesregierung Bericht BT-Drs. 12/4427, 2; kritisch *Cremer* Mitt. 1992, 166.

[4] Von 500 im Jahre 1995 über 3 178 im Jahre 2000 und 7.217 im Jahre 2005 auf 23 713 im Jahre 2010 und 26.127 im Jahre 2013, während für die Jahre 2016 und 2017 „nur" 21 229 bzw. 21 506 Fälle gemeldet werden.

[5] BT-Drs. 11/4792, 41.

[6] Zu den Anwendungsbereichen: Fromm/Nordemann/*Schmitz-Fohrmann* § 111b Rn. 5 f., 16 ff.

[7] Vgl. zu einem parallelen Problem BGH NStZ 2014, 329 mAnm *Schuhr.*

[8] Zum Begriff des Werkes vgl. §§ 2–4 und die Erläuterungen dort sowie bei → § 106 Rn. 2, zu den verwandten Schutzrechten vgl. die Erläuterungen zu den §§ 70 ff., auf die § 111a ebenfalls materiell verweist.

[9] Vgl. dazu *Wölfel* S. 17.

[10] Dazu die Ausführungen → Vor §§ 120 ff. Rn. 108 ff.

[11] In diesem Fall liegt die Parallele zur vorbeugenden Unterlassungsklage nahe.

[12] S. EuGH „The Polo/Lauren Company LP", WRP 2000, 713 ff.; EuGH GRUR-Int 2004, 317 – Rolex; s. aber auch BGH GRUR 2007, 146 – Diesel; BGH WRP 2007, 1184 – Durchfuhr von Originalware; BGH WRP 2007, 1185 – Diesel II.

Das ist auch bei sofortiger Wiederausfuhr denkbar.[13] Bei der reinen Durchfuhr ist § 111b nach dem Willen des deutschen Gesetzgebers ohnedies nicht anwendbar.

Die Rechtsverletzung muss **offensichtlich** sein. Durch diese Einschränkung soll sichergestellt wer- **5** den, dass die Beschlagnahme bei unklarer Rechtslage unterbleibt.[14] Was der Gesetzgeber unter „offensichtlich" versteht, ist aus den Materialien zu § 101a Abs. 4 nF zu entnehmen:[15] Es handelt sich um Fälle, in denen die Rechtsverletzung so eindeutig ist, „dass eine Fehlentscheidung[16] und damit eine ungerechtfertigte Belastung des Antragsgegners kaum möglich ist". Da die Zollbehörde nur auf Antrag tätig werden kann (→ Rn. 7), ist ihr der geschützte Gegenstand bekannt. Praktisch bedeutet das, dass die Rechtsverletzung dann offensichtlich sein wird, wenn sich die wesentliche Übereinstimmung zwischen dem geschützten und dem Verletzungsgegenstand geradezu aufdrängt. Die Nachbildung muss diesen Charakter gleichsam auf der Stirn tragen. Zu bejahen ist die Offensichtlichkeit der Rechtsverletzung demnach regelmäßig, wenn die Nachbildung sich ohne juristische und sonstige Fachkenntnisse feststellen lässt. Dagegen liegt in der Regel keine Offensichtlichkeit vor, wenn zur Feststellung der Nachbildung genauere Ausführungen erforderlich sind. Es geht um schwere Verletzungen im Kernbereich.[17] Ist die Zollbehörde im Besitz einer Schutzschrift des Antragsgegners, wird diese bei der Beurteilung berücksichtigt werden.

2. Tatbestandliche Voraussetzungen der Beschlagnahme sind ferner ein entsprechender **Antrag** so- **6** wie eine **Sicherheitsleistung** des **Rechtsinhabers** (idR als selbstschuldnerische Bürgschaft).

a) Nach dem Gesetz kann der **Antrag** formlos von jedem Berechtigten gestellt werden. Dieser **7** muss nicht etwa glaubhaft machen oder sogar nachweisen, dass mit der Ein- oder Ausfuhr von Verletzungsgegenständen zu rechnen ist. Es bleibt dem Berechtigten überlassen, ob er etwa seinen Antrag auf die Beschlagnahme einer einzigen Sendung beschränken will oder ob der Antrag schlechthin für einen bestimmten Zeitraum gelten soll. Zweckmäßigerweise enthält der Antrag sämtliche Angaben, die geeignet sein können, die Offensichtlichkeit der Rechtsverletzung darzutun. Die Zollbehörde ist nicht verpflichtet, alle Ein- und Ausfuhren auf Verletzungsgegenstände zu überprüfen. Nach der Begründung des Regierungsentwurfes[18] liegt es im Interesse des Antragstellers, den Zollbehörden, falls möglich, auch Einzelheiten über die vermeintliche Herkunft der Waren, die Grenzübertrittstelle oder den möglichen Importeur oder Exporteur zur Verfügung zu stellen. Daraus wird man die Pflicht der Zollbehörde ableiten dürfen, derart konkreten Hinweisen nach Möglichkeit nachzugehen.[19] Abs. 6 S. 1 beschränkt die „Laufzeit" eines Beschlagnahmeantrags auf ein Jahr. Diese Befristung soll ungerechtfertigte Beschlagnahmen auf Grund überholter Anträge vermeiden. Der Berechtigte muss daher überlegen, ob er nach Ablauf der Frist einen neuen – wiederum gebührenpflichtigen – Antrag stellen will.

b) Weitere Voraussetzung für die Beschlagnahme ist die **Sicherheitsleistung** des Berechtigten.[20] **8** Vor der Zollbeschlagnahme als erstem Zugriff wird idR eine umfassende Überprüfung sämtlicher Umstände nicht möglich sein, sodass wegen ungerechtfertigter Beschlagnahme Schadensersatzansprüche gegen den Antragsteller entstehen können. Dieses Schadensrisiko auf der Seite des Antragsgegners soll die Sicherheitsleistung „abfedern". Daneben soll das Erfordernis der Sicherheitsleistung aber bereits vor ungerechtfertigten Anträgen, insbesondere vor dem Missbrauch zu Zwecken des Nicht-Leistungswettbewerbs, schützen.[21] Art und Höhe der Sicherheit bestimmt die Behörde nach pflichtgemäßem Ermessen. Bei der Festsetzung der Höhe wird in erster Linie auf den möglicherweise entstehenden Schadensersatzanspruch des Verfügungsberechtigten abzustellen sein. Es ist zu empfehlen, dass der Antrag bereits hilfsweise auf diese Frage[22] eingeht.

3. Von der Grenzbeschlagnahme nach Abs. 1 **nicht betroffen** sind Waren, die von der in Abs. 1 **9** S. 1 genannten **Verordnung (EU) 608/2013** erfasst werden. Die Beschlagnahme nach dieser EU-Verordnung erfolgt nur bei Waren, die aus Drittländern in den zollrechtlich freien Verkehr der EU oder in ein Nichterhebungsverfahren eingeführt oder ausgeführt werden. Das nationale Verfahren hat Bedeutung für die zollamtliche Überwachung oder Abfertigung an den Binnengrenzen und für Parallelimporte, hinsichtlich derer Erschöpfung, gemäß § 17 Abs. 2 noch nicht eingetreten ist.[23]

---

[13] Vgl. BT-Drs. 11/4792, 41; ausführlich dazu *Braun/Heise* GRUR-Int 2001, 31 f.
[14] BT-Drs. 11/4792, 41.
[15] BT-Drs. 11/4792, 32.
[16] Oder eine andere Beurteilung im Rahmen des richterlichen Ermessens.
[17] *Tilmann* BB 1990, 1566.
[18] BT-Drs. 11/4792, 37.
[19] Vgl. dazu auch BT-Drs. 11/4792, 35.
[20] Nach der neuen Verordnung EG/1383/2003, s. GRUR-Int 2003, 1002, ist das Verfahren für den Berechtigten kostenfrei, Art. 5 Abs. 7 S. 2; zur Sicherheitsleistung s. Art. 14.
[21] BT-Drs. 11/4792, 37.
[22] Höhe der Sicherheitsleistung.
[23] Vgl. Wandtke/Bullinger/*Kefferpütz* §§ 111b, 111c Rn. 9.

III. Rechtsfolgen der Grenzbeschlagnahme nach deutschem Recht

10   **1.** Liegen die genannten tatbestandlichen Voraussetzungen vor, kann die Zollbehörde die Beschlagnahme der rechtsverletzenden Vervielfältigungsstücke anordnen (Abs. 1 S. 1). Diese wird sich auf sämtliche Gegenstände erstrecken, da sie schlechthin und generell verhindern soll, dass derartige Vervielfältigungsstücke verbreitet werden. Eine Beschlagnahme nur eines Teils der Waren ist daher mit dem Gesetzeszweck regelmäßig nicht zu vereinbaren. Wenn die Beschlagnahme erfolgt, hat die Behörde den Verfügungsberechtigten ohne schuldhaftes Zögern zu unterrichten (Abs. 2 S. 1). Mit dieser Benachrichtigung ist der Verfügungsberechtigte ausdrücklich darauf aufmerksam zu machen, dass die beschlagnahmten Gegenstände **eingezogen** werden, wenn der Beschlagnahme nicht innerhalb von zwei Wochen widersprochen wird (Abs. 3). Die ebenfalls notwendige Unterrichtung des Antragstellers, auf die er einen Rechtsanspruch hat,[24] soll ihm Gelegenheit geben, zivilrechtlich[25] gegen den Verletzer vorzugehen. Die Auskunftspflicht nach Abs. 2 S. 2 umfasst Herkunft, Menge und Lagerort der Vervielfältigungsstücke sowie Name und Anschrift des Verfügungsberechtigten; mit „Herkunft" der Vervielfältigungsstücke ist wohl nur das Versendungsland bzw. der Versendungsort der Waren gemeint. Ob die Auskunft nach Abs. 2 S. 2 an sich das Steuergeheimnis berührt, ist zu einer akademischen Frage geworden, da die Auskunft nunmehr gesetzlich zugelassen ist.[26]

11   Abs. 2 S. 3 kann es dem Antragsteller ermöglichen, ggf. seinen Antrag zu ergänzen. Die Überprüfung kann aber auch schon jetzt dazu führen, dass der Antragsteller den Antrag zurücknimmt, was zur unverzüglichen Aufhebung der Beschlagnahme führen wird. Fraglich ist, wie weit das **Besichtigungsrecht** reicht, was insbesondere bei Computerprogrammen von größter praktischer Bedeutung sein kann. Die höchstrichterliche Rechtsprechung will bei der Festlegung der Grenzen des Besichtigungsrechts im Allgemeinen an den Begriff des Augenscheins iSv § 371 ZPO anknüpfen. Der Einund Ausbau von Teilen sowie die Inbetriebnahme sollen demnach unzulässige Substanzeingriffe sein.[27] Dem ist jedenfalls für Abs. 2 S. 3 nicht uneingeschränkt zu folgen. Eine derart enge Auslegung des Besichtigungsbegriffs würde zB die Feststellung von Raubkopien bei Computerprogrammen ganz unnötig erschweren. Die ordnungsgemäße Inbetriebnahme und geringfügige Benutzung[28] sind daher zuzulassen.[29] Bei Computerprogrammen sollte dem Verletzten die Befugnis zugesprochen werden, einen Ausdruck oder eine Kopie des Programms zu fertigen.[30] Dem Besichtigungsanspruch können **berechtigte Geheimhaltungsinteressen** entgegengehalten werden.[31] In geeigneten Fällen kann auch eine Übersendung von Mustern oder Abbildungen in Betracht kommen.

12   **2. a)** Legt der Verfügungsberechtigte gegen die Beschlagnahme **nicht** binnen zwei Wochen **Widerspruch** ein, ist das Verfahren abgeschlossen; die Vervielfältigungsstücke werden eingezogen und – meist – vernichtet.[32]

13   **b)** Legt der Verfügungsberechtigte[33] **Widerspruch** ein, so hat die Beschlagnahme nur noch eine zeitlich eng begrenzte Anhaltefunktion. Sie dient allein dem Zweck, dem Antragsteller die Einleitung rechtlicher Schritte gegen die geschehene oder bevorstehende Rechtsverletzung zu ermöglichen (Abs. 4). Durch den frühzeitigen Übergang des Beschlagnahmeverfahrens in das – in der Regel – der einstweiligen Verfügung erlangt der Antragsteller die Disposition über den Geschehensablauf. Seine Fachkompetenz kann er jetzt unmittelbar einbringen.[34] Es liegt im Übrigen kein Grund vor, eine gerichtlich angeordnete Sicherstellung[35] nicht als vollziehbare gerichtliche Entscheidung iSv Abs. 4 Nr. 2 anzusehen. Der Antragsteller legt diese Entscheidung auch vor, wenn er sich auf die der Zollbehörde von einer anderen Behörde übermittelte gerichtliche Entscheidung bezieht.

14   **3.** Abs. 5 sieht eine **Schadensersatzpflicht** in Fällen vor, in denen die Gleichstellung mit dem Recht der einstweiligen Verfügung (§ 945 ZPO) gerechtfertigt ist. Eine Schadensersatzpflicht des Antragstellers sollte nicht entstehen, wenn dieser unverzüglich nach der Unterrichtung über die Beschlagnahme oder den Widerspruch seinen Antrag zurücknimmt und damit die Aufhebung der Beschlagnahme bewirkt. Es erscheint unangemessen, für ein derart kurzes Anhalten der Waren – vom Falle des § 826 BGB abgesehen – eine Schadensersatzpflicht einzuführen. Die Grundsätze über die Haftung für Amtspflichtverletzungen werden durch Abs. 5 nicht berührt.[36]

---

[24] EuGH WRP 1999, 1269.
[25] Oder auch strafrechtlich, vgl. dazu → § 110 Rn. 3 ff.
[26] § 30 Abs. 4 Nr. 2 AO.
[27] Vgl. BGHZ 93, 191 (208 ff.).
[28] Vgl. OLG Düsseldorf GRUR 1983, 745 (747).
[29] *Braun* S. 260 f. mwN.
[30] Vgl. *Braun* S. 341.
[31] Vgl. dazu auch die Regelung in § 101a Abs. 1 sowie BGHZ 93, 191 (202), aber auch OLG Düsseldorf GRUR 1983, 741 (743); Verfahrensvorschläge bei *Fritze/Stauder* GRUR-Int 1986, 342 (343).
[32] Vgl. BT-Drs. 11/4792, 35.
[33] Absender, Empfänger, Spediteur.
[34] Zu praktischen Problemen vgl. *Braun* S. 312.
[35] §§ 111b ff. StPO.
[36] Vgl. BT-Drs. 11/4792, 36.

4. Die Beschlagnahme kann mit dem **Antrag auf gerichtliche Entscheidung** angefochten wer- **15** den (§ 62 OWiG), die Anordnung der Einziehung mit dem Einspruch (§ 67 OWiG). Über die sofortige Beschwerde[37] entscheidet das OLG (Abs. 7).

5. Die Zollbehörde, die die Gegenstände zunächst nur anhält, wird für den Verfügungsberechtigten besitzen wollen (vgl. § 98 Abs. 1). Der zivilrechtliche Vernichtungsanspruch geht der verwaltungsrechtlichen Einziehung vor. Dogmatisch ist das durch die analoge Anwendung von § 74e Abs. 2 StGB zu sichern.[38]

IV. Voraussetzungen der Beschlagnahme nach Europäischem Recht

Die VO (EU) 608/2013 setzt im Gegensatz zu § 111b Abs. 1 S. 1 nicht voraus, dass eine offen- **17** sichtliche Rechtsverletzung vorliegt. In Art. 1 Abs. 1, Art. 2 Nr. 7, Art. 17, 18, 23 der Verordnung wird vielmehr nur davon gesprochen, dass Waren „im Verdacht stehen, ein Recht geistigen Eigentums zu verletzen." Darüber hinaus kann die Zollbehörde gemäß Art. 17 Abs. 1 der Verordnung – anders als nach § 111b – von sich aus die Überlassung der Waren aussetzen oder die Waren zurückhalten, wenn der begründete Verdacht besteht, dass sie ein Recht geistigen Eigentums verletzt. Beurteilungsmaßstab ist auch hier das Recht des Mitgliedsstaates, in dem sich die Vervielfältigungsstücke befinden.[39] Durch das Eingreifen der Zollbehörde soll der Rechtsinhaber[40] die Möglichkeit erhalten, Anträge nach Art. 5 ff. der Verordnung zu stellen. Nach § 111c iVm § 111b Abs. 5 droht allerdings auch hier eine Schadensersatzpflicht bei einer ungerechtfertigten und auf Antrag aufrechterhaltenden Beschlagnahme.

V. Vereinfachtes Vernichtungsverfahren

Die wesentliche Verbesserung, die die Vorschrift bringt, liegt in dem vereinfachten Vernichtungs- **18** verfahren (Abs. 2 ff.). Da diese Regelungen bereits in § 111c enthalten sind, hat Abs. 8 geringeres Gewicht. Die europäische Regelung findet sich in der geltenden VO (EU) 608/2013 in Art. 23 ff.

VI. Praxishinweise

Zuständig ist – für Anträge nach deutschem wie nach europäischem Recht (vgl. § 111c iVm **19** § 111b Abs. 6) – die Generalzolldirektion-Zentralstelle Gewerblicher Rechtsschutz (ZGR), Am Propsthof 78a, 53121 Bonn. Diese gibt übersichtliche Hinweise und hat Formulare zur praktischen Handhabung ausgearbeitet.[41] Über das System ZGR-online[42] können Anträge auch elektronisch gestellt werden. Das deutsche ZGR-System ist dabei unmittelbar mit dem Kommissionsystem COPIS (= Anti-Counterfeit and Anti-Piracy Information System) verknüpft, das den Zollbehörden der Mitgliedstaaten mit dem Inkrafttreten der Verordnung (EU) 608/2013 zum 1.1.2014 zur Verfügung gestellt wurde. Wegen der Verschränkungen zwischen den verschiedenen Regelungen ist es zu empfehlen, den Grenzbeschlagnahmeantrag sowohl nach der Verordnung (EU) 608/2013 als auch nach § 111b zu stellen.

Abschnitt 3. Zwangsvollstreckung

Unterabschnitt 1. Allgemeines

§ 112 Allgemeines

Die Zulässigkeit der Zwangsvollstreckung in ein nach diesem Gesetz geschütztes Recht richtet sich nach den allgemeinen Vorschriften, soweit sich aus den §§ 113 bis 119 nichts anderes ergibt.

Schrifttum: *Abel,* Filmlizenzen in der Insolvenz des Lizenzgebers und Lizenznehmers, NZI 2003, 121; *Bärenz,* Von der Erlöschenstheorie zur Theorie der insolvenzrechtlichen Modifizierung – zur Dogmatik der neuen BGH-Recht-sprechung zu § 103 InsO, NZI 2006, 72; *Berger,* Der Lizenzsicherungsnießbrauch – Lizenzerhaltung in der

---

[37] § 46 Abs. 1 OWiG, § 311 StPO.

[38] Vgl. *Braun* S. 241 f.

[39] Art. 2 Nr. 7 VO (EU) 608/2013; vgl. auch *Braun/Heise* GRUR-Int 2001, 28 (32) (zu Art. 10 VO EG 1383/2003).

[40] Zum Begriff s. Art. 2 Abs. 2 der VO.

[41] www.zoll.de/DE/Fachthemen/Verbote-Beschraenkungen/Gewerblicher-Rechtsschutz/Information-ZGR-online/information-zgr-online_node.html.

[42] www.zoll.de/DE/Fachthemen/Verbote-Beschraenkungen/Gewerblicher-Rechtsschutz/gewerblicher-rechts-schutz_node.html.

Insolvenz des Lizenzgebers, GRUR 2004, 20; *ders.*, Zwangsvollstreckung in urheberrechtliche Vergütungansprü-
che, NJW 2003, 853; *ders.*, Softwarelizenzen in der Insolvenz des Softwarehauses – Die Ansätze des IX. Zivilsenats
für insolvenzfeste Softwarelizenz als Wegbereiter einer neuen dogmatischen Betrachtung, CR 2006, 505; *Beyerlein*,
Insolvenzfestigkeit von Lizenzverträgen – Gedanken zum neuen Reformwillen der Justizministerkonferenz, WRP
2007, 1074; *Brauer/Sopp*, Sicherungsrechte an Lizenzrechten; eine unsichere Sicherheit? ZUM 2004, 112;
Dahl/Schmitz, Der Lizenzvertrag in der Insolvenz des Lizenzgebers und die geplante Einführung des § 108a InsO,
NZI 2007, 626; *Dengler/Gruson/Spielberger*, Insolvenzfestigkeit von Lizenzen? Forschungsstandort Deutschland – so
wohl kaum! NZI 2006, 677; *Fezer*, Lizenzrechte in der Insolvenz des Lizenzgebers – Zur Insolvenzfestigkeit der
Markenlizenz, WRP 2004, 793; *Fischer*, Nicht ausschließliche Lizenzen an Immaterialgüterrechten in der Insolvenz
des Lizenzgebers, WM 2013, 812; *dies.*, Filmrechtehandel mit Unternehmen in der Krise, ZUM 2003, 94; *Fritze*,
Sanierung von Groß- und Konzernunternehmen durch Insolvenzpläne – Der Fall Senator Entertainment AG,
DZWIR 2007, 89; *Gieseke/Szebrowski*, Allgemeine Geschäftsbedingungen – Einseitige Lösungsrechte für den Fall
der Insolvenz des Vertragspartners MDR 2003, 814; *Graef*, Insolvenz des Lizenzgebers und Wahlrecht des Insol-
venzverwalters – Lösungsansätze aus der Praxis, ZUM 2006, 104; *Grützmacher*, Insolvenzfeste Softwarelizenz- und
Softwarehinterlegungsverträge – Land in Sicht? CR 2006, 289; *Hölder/Schmoll*, Patentlizenz und Know-How-
Vertrag in der Insolvenz – Teil I: Insolvenz des Lizenznehmers, GRUR 2004, 743; *Hombrecher/Klawitter*, Gewerbli-
che Schutzrechte und Urheberrecht als Kreditsicherung, VM 2004, 1213; *Koehler/Ludwig*, Die „insolvenzfeste"
Gestaltung von Lizenzverträgen, WRP 2006, 1342; *Koós*, Lizenzvereinbarungen in der Insolvenz, MMR 2017, 13;
McGuire, Nutzungsrechte an Computerprogrammen in der Insolvenz – Zugleich eine Stellungnahme zum Gesetz-
entwurf zur Regelung der Insolvenzfestigkeit von Lizenzen, GRUR 2009, 13; *McGuire/von Zumbusch/Joachim*,
Verträge über Schutzrechte des geistigen Eigentums (Übertragung und Lizenzen) und dritte Parteien (Q 190),
GRUR-Int 2006, 682; *Oeter/Ruttig*, Filmrechteverwertung in der Insolvenz, ZUM 2003, 611; *Paulus*, Software in
der Insolvenz, in: Lehmann, Rechtsschutz, S. 543; *Plath*, Pfandrecht an Software – Ein Konzept zur Lösung des
Insolvenzproblems? CR 2006, 217; *Plesser*, Lizenzen in der Insolvenz des Lizenzgebers, FS Raue (2006), S. 611;
Rudolph, Filmrecht in der Insolvenzordnung, 2006; Schlütter, Der Begriff des Originals im Urheberrecht, Frank-
furt 2012; *Schmoll/Hölder*, Patentlizenz und Know-How-Vertrag in der Insolvenz – Teil II: Insolvenz des Lizenzgebers, GRUR 2004, 830; *Scholz*, Zum Fortbestand abgeleiteter Nutzungsrechte nach Wegfall der Hauptlizenz –
zugleich Anmerkung zu BGH „Reifen Progressiv", GRUR 2009, 1107; *Skauradszun*, Das Urheberrecht in der
Zwangsvollstreckung, Diss. Tübingen 2009; *Slopek*, Lizenzen in der Insolvenz des Lizenzgebers: Der neue § 108a
InsO-E, GRUR 2009, 128; *Smid/Lieder*, Das Schicksal urheberrechtlicher Lizenzen in der Insolvenz des Lizenzge-
bers – Auswirkungen des § 103 InsO, DZWIR 2005, 7; *Stickelbrock*, Urheberrechtliche Nutzungsrechte in der
Insolvenz – von der Vollstreckung nach §§ 112 ff. UrhG bis zum Kündigungsverbot des § 112 InsO, WM 2004,
549; *Trips-Hebert*, Lizenzen in der Insolvenz – die deutsche Insolvenzordnung als Bremsklotz, ZRP 2007, 225;
Wallner, Softwarelizenzen in der Insolvenz des Lizenzgebers, ZIP 2004, 2073; *Weber/Hötzel*, Das Schicksal der
Softwarelizenz in der Lizenzkette bei Insolvenz des Lizenznehmers, NZI 2011, 432; *Wegener*, § 108a zur Insolvenzfestigkeit von Lizenzen – Zuviel des Guten? ZInsO 2008, 352; *von Westerholt/Joppich*, Insolvenz des Lizenznehmers
bei Film- und Fernsehlizenzen, ZUM 2003, 262; *Zeising*, Wettlauf der gewerblichen Schutzrechte im Insolvenzverfahren, KTS 2002, 367.

Siehe auch Schrifttum bei § 97.

Übersicht

I. Entwicklung und Bedeutung

1   **Der Urheber** – und entsprechend sein Rechtsnachfolger (§ 30) – **genießt in der Zwangsvollstreckung besonderen Schutz.** Seinen geistigen und persönlichen Beziehungen zum Werk wird
Vorrang vor den Vermögensinteressen der Gläubiger eingeräumt. Das war schon früher anerkannt. §§ 10 LUG und 14 KUG erklärten die Zwangsvollstreckung in das Urheberrecht, in Werkoriginale der Literatur und Musik und in Vorrichtungen, die ausschließlich zur Vervielfältigung des
Werks bestimmt waren, ohne Einwilligung des Urhebers für schlechthin unzulässig.

1a   Das **geltende Urheberrecht** erklärt grundsätzlich die **allgemeinen Vorschriften der Zwangsvollstreckung** für anwendbar, soweit nicht einzelne Abweichungen und Beschränkungen in den

§§ 113–119 vorgesehen sind. Da – anders als im früheren Recht, das keine Aufzählung der Verwertungsrechte im Rahmen eines umfassenden Verwertungsrechts kannte – nach dem geltenden Recht das Urheberrecht als solches wie auch das umfassende Verwertungsrecht unübertragbar (§ 29 Abs. 1) und damit unpfändbar ist (§§ 851 Abs. 1, 857 Abs. 3 ZPO), war diese generelle Bezugnahme auf die allgemeinen Vorschriften des Zwangsvollstreckungsrechts möglich.[1]

Die **Sonderregelungen der §§ 113–119** betreffen **nur die Zwangsvollstreckung wegen** 2 **Geldforderungen.** Wegen Geldforderungen kann in die **Verwertungsrechte** des Urhebers **nur mit dessen Einwilligung** vollstreckt werden (§ 113), ebenso nur mit seiner Einwilligung in **Werkoriginale,** die ihm selbst gehören (ausgenommen Bauwerke und veröffentlichte Werke der bildenden Kunst – § 114). Die §§ 112 ff. betreffen damit nur einen verhältnismäßig kleinen Bereich der Zwangsvollstreckung im Urheberrecht. Nicht erfasst werden hierdurch die **Ansprüche auf Rechteeinräumung, Herausgabe, Lieferung, nicht die Ansprüche gegen Inhaber von Nutzungsrechten, gegen Dritteigentümer von Originalen.** Auch die Vollstreckung der Ansprüche der Urheber fällt nicht unter dieses Kapitel. Die Sonderregeln beschränken sich auf die Verwertungsrechte, an denen der Urheber Nutzungsrechte vergeben kann, und auf Werkoriginale im Eigentum des Urhebers oder seines Rechtsnachfolgers. **Nicht erfasst** sind **Honorarforderungen/Tantiemen,** die für Nutzungen gezahlt werden, ebenfalls nicht **gesetzliche Vergütungsansprüche.** Bei der Zwangsvollstreckung wegen Geldforderungen **gegen den Rechtsnachfolger** in das Urheberrecht iSd § 30 ist die Einwilligung nur erforderlich, **solange das Werk noch nicht erschienen ist** (§§ 115, 116). Zur Zwangsvollstreckung gegen den **Inhaber von Nutzungsrechten,** die der Urheber eingeräumt hat, vgl. → § 34 Rn. 22 und → Rn. 13.

Für **Verfasser wissenschaftlicher Ausgaben (§ 70) und für Lichtbildner (§ 72) bzw. deren** 3 **Rechtsnachfolger gelten die Sonderregelungen entsprechend (§ 118).** Die anderen Leistungsschutzrechte, die dem Urheberrecht ferner stehen, unterliegen den allgemeinen Vollstreckungsregeln mit den Eigenarten, die sich aus der Natur der jeweiligen Rechte und Ansprüche ergeben (siehe dort).

Eine weitere Sonderregelung enthält § 119. Sie schränkt – dem früheren Recht folgend – auch die 3a Zwangsvollstreckung wegen Geldforderungen in ausschließlich zur Werkvervielfältigung bzw. Werkwiedergabe bestimmte **Vorrichtungen** ein, und zwar unabhängig davon, gegen wen die Vollstreckung wirkt, also auch bei Vollstreckung gegen Leistungsschutzberechtigte außerhalb des Anwendungsbereichs der §§ 112–118.

Soweit die Zwangsvollstreckung unzulässig ist, kommt **auch keine Verwertung in der Insol-** 4 **venz** in Betracht;[2] zur Insolvenz: → Rn. 22 ff.

Alle urheberrechtlichen Beschränkungen der Zwangsvollstreckung gelten nur für die Dauer des Urheberrechtsschutzes.

II. Zwangsvollstreckung in das inländische und ausländische Urheberrecht

Die besonderen Vollstreckungsregeln der §§ 113–119 betreffen **ausschließlich die inländischen** 5 **Urheber- bzw. Leistungsschutzrechte.** § 112 verdeutlicht das mit den Worten: „Die Zulässigkeit der Zwangsvollstreckung in ein nach diesem Gesetz geschütztes Recht …". Welche Rechte damit gemeint sind, ist in den §§ 113–119 konkret gesagt. **Zwangsvollstreckungsmaßnahmen** sind staatliche Hoheitsakte und als solche **an die Territorialität der Staatsgewalt gebunden.** Sie wirken nur innerhalb des jeweiligen Hoheitsgebiets. Im Inland obliegt die Zwangsvollstreckung ausschließlich den inländischen Vollstreckungsorganen, im Ausland den jeweiligen ausländischen Organen, ggf. im Wege der Rechtshilfe (§ 791 ZPO). Zum Territorialitätsprinzip vgl. → Vor §§ 120 ff. Rn. 120 ff.

Grundsätzlich unterliegt auch das gesamte Auslandsvermögen innerhalb der Staatsgren- 6 **zen der inländischen Zwangsvollstreckung.** In ausländisches Vermögen, somit auch in **ausländische Forderungen und andere Vermögensrechte,** kann vollstreckt werden, wenn die **internationale Zuständigkeit** der inländischen Vollstreckungsorgane gegeben ist. Diese richtet sich nach der örtlichen Zuständigkeit, die örtliche Zuständigkeit wiederum nach der Belegenheit des Gegenstandes, in den vollstreckt werden soll. Bei Forderungen und anderen Vermögensrechten einschließlich Urheber- und Leistungsschutzrechten richtet sich die örtliche Zuständigkeit nach dem allgemeinen Gerichtsstand des Schuldners (Wohnsitz, Aufenthaltsort, Niederlassung – §§ 13 ff. ZPO) bzw. dem Gerichtsstand des Vermögens nach § 23 ZPO (§ 828 Abs. 2 ZPO). Die Staatsangehörigkeit des Vollstreckungsschuldners spielt in diesem Zusammenhang keine Rolle.

Voraussetzung für die inländische Zwangsvollstreckung in ausländische Forderungen oder andere 6a Vermögens-, also auch Urheber- und Leistungsschutzrechte ist, dass die nach inländischem Recht erforderlichen Zwangsvollstreckungsmaßnahmen durchgeführt werden. Das erfordert für die **Forderungspfändung** (§ 829 ZPO) die zwingende **Zustellung an den Drittschuldner** (§ 829 Abs. 3 ZPO), bei sonstigen **Rechtspfändungen ohne Drittschuldner** (§ 857 ZPO) die zwingende **Zu-**

---

[1] Eingehend *Skauradszun,* Das Urheberrecht in der Zwangsvollstreckung, Diss., Tübingen, 2009.
[2] Dreier/Schulze/*Schulze* § 112 Rn. 22; Mestmäcker/Schulze/*Kirchmaier* UrhG § 112 Rn. 14 f.

stellung an den Schuldner (§ 857 Abs. 2 ZPO); Auslandszustellung genügt. Abgesehen von den formalen Erfordernissen Vollstreckungstitel, Vollstreckungsklausel und Zustellung des Titels ist weitere Voraussetzung der **Zwangsvollstreckung die Zugriffsmöglichkeit auf den Gegenstand der Zwangsvollstreckung,** dh dessen **Pfändbarkeit.** Für die inländische Zwangsvollstreckung beurteilt sich diese Frage nach inländischem Recht. Gemäß § 851 ZPO bzw. § 857 Abs. 3 ZPO hängt die Pfändbarkeit davon ab, ob das Recht materiell abgetreten bzw. zur Ausübung überlassen werden kann. Damit kann das deutsche Zwangsvollstreckungsrecht, soweit der Zugriff in ausländische Rechte erfolgt, mittelbar in die maßgebende ausländische Rechtsordnung führen, die das materielle Recht, auf das zugegriffen werden soll, positivrechtlich erst gewährleistet.[3]

7   Eine andere Frage ist, ob und in welchem Umfang die jeweils betroffene ausländische Rechtsordnung eine inländische Zwangsvollstreckungsmaßnahme anerkennt und ihre Durchsetzung ermöglicht.

8   **Ausländische Titel** sind im Inland vollstreckbar unter der Voraussetzung, dass ein **inländisches Vollstreckungsurteil** vorliegt (§§ 722, 723 ZPO). Auf europäischem Gebiet bestehen Vereinfachungen durch die **EuGVVO (2015)[4] und das AVAG.[5]** Von möglicher Relevanz ist auch die europäische Verordnung (EG) Nr. 805/2004 des Europäischen Parlaments und des Rates vom 21.4.2004 zur Einführung eines europäischen Vollstreckungstitels für unbestrittene Forderungen,[6] umgesetzt durch die Einführung der §§ 1079 ff. ZPO, wodurch Entscheidungen eines Gerichts von Mitgliedstaaten der EU als Europäischer Vollstreckungstitel und Prozessvergleiche als unbestrittene Forderungen anerkannt werden.

III. Zwangsvollstreckung nach den allgemeinen Vorschriften der ZPO – Vollstreckungsübersicht

1. Allgemeine Verfahrensvorschriften

9   Die Zwangsvollstreckung ist nach den allgemeinen Verfahrensvorschriften zulässig, wenn – abgesehen von einem wirksamen Vollstreckungsantrag – **drei Voraussetzungen** vorliegen: **Vollstreckungstitel** (Urteil – §§ 704, 722, 723 ZPO, Arrest oder einstweilige Verfügung – §§ 922, 935, 936 ZPO, Vergleich, Vollstreckungsbefehl, für vollstreckbar erklärter Schiedsspruch, Urkunde, in der sich der Schuldner der sofortigen Zwangsvollstreckung unterworfen hat – § 794 ZPO), **Vollstreckungsklausel** (§ 725 ZPO) und **Zustellung des Vollstreckungstitels** (§ 750 ZPO). Für die Durchführung der Zwangsvollstreckung kommen insbesondere die Vorschriften des Zweiten und Dritten Abschnittes des Achten Buches der Zivilprozessordnung in Betracht.[7]

2. Bedeutung im Urheberrecht

10   **a) Urheber/Leistungsschutzberechtigte. Keine Zwangsvollstreckung in das Urheberrecht als Ganzes, in das umfassende Urheberverwertungsrecht, in das Urheberpersönlichkeitsrecht** und die urheberpersönlichkeitsrechtlichen Berechtigungen, soweit sie sich nicht zu Zahlungsansprüchen konkretisiert haben (§§ 851, 857 Abs. 3 ZPO, § 29, 97 Abs. 2 S. 4) und keine Vollstreckung in **urheberrechtliche Anwartschaften** (§ 26 Abs. 2 S. 2 – Folgerecht und § 32a Abs. 3 S. 2 – Beteiligung an besonderen Erträgnissen; gleiches gilt für die Anwartschaften auf angemessene Vergütung nach § 32, s. dort). Die Zwangsvollstreckung in Geldforderungen aus Verwertung des Urheberrechts ist zulässig,[8] aber uU eingeschränkt durch die Vorschriften der ZPO, insbesondere § **850i ZPO,** wonach dem Urheber der notwendige Unterhalt auch aus gelegentlichen Vergütungen zu belassen ist. Dieser Vorschrift nach ist auch eine Zahlung der Verwertungsgesellschaft an den Urheber[9] nur in beschränktem Umfang Gegenstand der Zwangsvollstreckung. Soweit der Urheber in einem Arbeits- oder Dienstverhältnis steht (§ 43), ist die Zwangsvollstreckung in sein Arbeitseinkommen durch § 850 ff. ZPO beschränkt. Für den Urheber von Computerprogrammen im Arbeits- oder Dienstverhältnis ist § 69b zu beachten. Für Arbeitsmaterial des Urhebers besteht gegebenenfalls Pfändungsschutz nach § 811 Nr. 5 ZPO.[10]

---

[3] Dazu v. *Gamm* UrhG § 113 Rn. 1–5; eingehend: Wandtke/Bullinger/*Kefferpütz* UrhG § 112 Rn. 68 ff.

[4] Verordnung (EU) Nr. 1215/2012 des Europäischen Parlaments und des Rates v. 12.12.2012 über die ersichtliche Zuständigkeit und die Anerkennung und Vollstreckung von Entscheidungen in Zivil- und Handelssachen; Abdruck und Kommentierung bei Zöller/*Geimer* ZPO (32. Aufl.) Anh. II.

[5] Gesetz zur Ausführung zwischenstaatlicher Verträge und zur Durchführung von Verordnungen und Abkommen der Europäischen Gemeinschaft auf dem Gebiet der Anerkennung und Vollstreckung in Zivil- und Handelssachen (Anerkennungs- und Vollstreckungsausführungsgesetz – AVAG) v. 19.2.2001, BGBl. I S. 288 idF v. 30.11.2015, BGBl. I S. 2146.

[6] ABl. 2004 L 143, S. 15 – bei Zöller/ *Geimer* ZPO (30 Aufl.) Anh. II.

[7] Zu Rechtsbehelfen vgl. Möhring/Nicolini/*Rudolph* UrhG § 112 Rn. 92 ff.

[8] Honorar, Lizenz, Tantieme, Forderungen wegen Urheberrechtsverletzungen – vgl. AmtlBegr. BT-Drs. IV/270, 109.

[9] Hierzu Möhring/Nicolini/*Rudolph* UrhG § 112 Rn. 49 mwN.

[10] Möhring/Nicolini/*Rudolph* UrhG § 112 Rn. 82.

Die Zwangsvollstreckung ist uneingeschränkt möglich, soweit der Urheber sich vertrag- 11 lich wirksam verpflichtet hat, Nutzungsrechte einzuräumen oder ein Werkstück zu übertragen.[11] Mit der Rechtskraft des entsprechenden Urteils gilt die Willenserklärung als erteilt (§ 894 ZPO). Ist der Urheber zur Schaffung eines Werkes verpflichtet, wird nicht ohne weiteres eine Vollstreckung nach § 888 Abs. 1 ZPO in Frage kommen, da diese unvertretbare Handlung nicht immer ausschließlich vom Willen des Urhebers abhängt.[12] Die Darlegungs- und Beweislast liegt insoweit beim Schuldner.[13] In diesem Fall kann der Gläubiger vom Urheber nur Schadensersatz wegen Nichterfüllung verlangen (§ 893 ZPO).[14]

b) Nutzungsberechtigte. Zwangsvollstreckung in Nutzungsrechte, die der Urheber oder 12 sein Rechtsnachfolger einem Dritten eingeräumt hat, sind grundsätzlich zulässig.[15] §§ 34, 35 sind anwendbar. Strittig ist, ob die Nutzungsrechte uneingeschränkt gepfändet, aber nur beschränkt verwertet werden können,[16] oder ob schon die Pfändung grundsätzlich von der Zustimmung des Urhebers abhängt. Schon aus § 113 folgt, dass „die Zwangsvollstreckung in das Urheberrecht nur mit Einwilligung des Urhebers" zulässig ist. Pfändung ist Beginn der Zwangsvollstreckung, also nach dem klaren Wortlaut des Bestimmung ohne Einwilligung des Urhebers ausgeschlossen.[17] Die Zustimmung darf nicht wider Treu und Glauben verweigert werden.[18] Der Urheber kann vertraglich auf das Zustimmungserfordernis verzichten § 34 Abs. 5 S. 2.

Ausnahmen vom Erfordernis der Einwilligung des Urhebers enthalten §§ 34 Abs. 2–4 13 (Sammelwerk – Einwilligung nur durch den Urheber des Sammelwerks; Übertragung im Rahmen einer Unternehmensvoll- oder -teilveräußerung; Gestattung der unbeschränkten Verwertung bei Ersteinräumung des Nutzungsrechts) sowie bei den in § 88 Abs. 1 und § 89 Abs. 1 bezeichneten Rechten zur Verfilmung und Rechten am Filmwerk (→ § 34 Rn. 15). Bei Computerprogrammen besitzt, soweit nichts anderes vereinbart, der Arbeitgeber/Dienstherr nach § 69b eine ausschließliche gesetzliche Lizenz an sämtlichen Nutzungsrechten.[19] Sie umfasst das Recht zur Weiterübertragung.[20]

Ist die Zwangsvollstreckung in das Original des Werkes zur Durchführung der Zwangsvollstreckung 14 in ein Nutzungsrecht am Werk notwendig, kann der Anspruch des Nutzungsberechtigten gegen den Urheber auf Herausgabe des Werkoriginals durch Hilfspfändung nach §§ 846, 847, 849 ZPO erreicht werden; § 114 Abs. 1 findet demgegenüber keine Anwendung.

Die **Zwangsvollstreckung in Originale,** die der Urheber oder sein Rechtsnachfolger an Dritte 15 veräußert hat, ist ebenfalls nach den allgemeinen Vollstreckungsvorschriften (§§ 803 ff., 808 ff. ZPO) unbeschränkt zulässig.[21] Der Erwerber ist, auch wenn er zugleich vertraglich Nutzungsberechtigter ist, nicht Rechtsnachfolger iSd § 30 (s. dort) und somit auch nicht iSd § 116. Dasselbe gilt für Vervielfältigungsstücke von Werken, gleichgültig, ob sie dem Urheber oder einem Dritten gehören. Nur wenn ein Vervielfältigungsstück zur Fortsetzung der Erwerbstätigkeit des Urhebers oder auch eines Dritten benötigt wird, kann es nach § 811 Nr. 5 ZPO nicht gepfändet werden.[22]

Bei Gegenständen, an denen Persönlichkeitsrechte bestehen, gilt § 811 Nr. 11 ZPO analog, bei 15a Bildnissen §§ 22, 23 KUG.

Keine Vollstreckung kommt in Betracht in die gesetzlichen Nutzungsberechtigungen nach 16 §§ 44 ff. Insoweit besteht kein privatrechtliches subjektives Recht des Nutzungsberechtigten; es handelt sich vielmehr um Schranken des Urheberrechts. Gesetzliche Vergütungsansprüche werden durch Verwertungsgesellschaften wahrgenommen (sa § 63a).

c) Weitere Leistungsschutzberechtigte. Leistungsschutzberechtigte als Verfasser wissen- 17 schaftlicher Werke (§ 70) oder Lichtbildner (§ 72) sind dem Urheber gleichgestellt, vgl. → Rn. 11 ff. Die Zwangsvollstreckung **gegen andere Leistungsschutzberechtigte** stellt sich wie folgt dar:

Zwangsvollstreckung in das Recht der Erstausgabe nach § 71: Keine Einschränkungen, 18 kein persönlichkeitsrechtlicher Gehalt, Vollstreckung nach §§ 857, 828 ff. ZPO; § 119 findet Anwendung (§ 119 Abs. 3).

Zwangsvollstreckung in das Recht der ausübenden Künstler (§§ 73 ff.): Keine Zwangsvoll- 19 streckung in das Recht als Ganzes (§ 79 UrhG, § 857 Abs. 3 ZPO); keine Zwangsvollstreckung in die persönlichkeitsrechtlichen Beziehungen, solange sie nicht zu einem Zahlungsanspruch konkretisiert

---

[11] AmtlBegr. BT-Drs. IV/270, 109.
[12] Loewenheim/*Kreuzer/Schwarz* UrhR § 95 Rn. 14 mwN; Möhring/Nicolini/*Rudolph* UrhG § 112 Rn. 89 mwN; vgl. Musielak/Voit/*Lackmann* ZPO § 888 Rn. 6; aA Dreier/Schulze/*Schulze* UrhG § 112 Rn. 14.
[13] Münchener Kommentar zur ZPO/*Gruber* § 888 Rn. 13.
[14] *Schack* Rn. 8645.
[15] AmtlBegr. BT-Drs. IV/270, 109.
[16] Wandtke/Bullinger/*Kefferpütz* § 112 Rn. 20.
[17] Dreier/Schulze/*Schulze* UrhG § 113 Rn. 16; Fromm/Nordemann/*Boddien* UrhG § 113 Rn. 11; *Schack* Rn. 867; wohl auch OLG Hamburg ZUM 1992, 547 (550).
[18] → § 34 Rn. 31 ff.; Wandtke/Bullinger/*Kefferpütz* UrhG § 112 Rn. 20.
[19] BGH GRUR 2001, 155 – Wetterführungspläne; BGH GRUR 2002, 149 (151) – Wetterführungspläne II.
[20] OLG Frankfurt a. M. CR 1998, 525 (526).
[21] AmtlBegr. BT-Drs. IV/270, 109.
[22] Zur Problematik bei der Zwangsvollstreckung in Computer, die als Arbeitsmittel dienen s. *Roy/Palm* NJW 1995, 697.

worden sind (§ 79 UrhG, § 857 Abs. 3 ZPO, § 97 Abs. 2 S. 2 UrhG, § 851 Abs. 1 ZPO); Zwangs-vollstreckung in das Recht mit seinen absoluten Verwertungsberechtigungen (§§ 77, 78, 79 UrhG, §§ 851, 857, 828 ff. ZPO). Bei der Vollstreckung in Bild- oder Tonträger findet § 119 Anwendung (§ 119 Abs. 3). Gegebenenfalls besteht Pfändungsschutz bei Arbeits- oder Dienstverhältnis (§ 43, §§ 850 ff. ZPO). Bei Urhebern von Computerprogrammen ist § 69b zu beachten.

20   **Zwangsvollstreckung in die Rechte des Veranstalters (§ 81), Tonträgerherstellers (§§ 85, 86), Sendeunternehmers (§ 87), Herstellers von Filmwerken (§ 94) und von Laufbildern (§§ 95, 94):** Kein persönlichkeitsrechtlicher Gehalt. Zulässig ist die Zwangsvollstreckung in das Recht als Ganzes (§§ 857, 828 ff. ZPO), in das Recht mit seinen absolut ausgestalteten Verwertungs-berechtigungen (§§ 857, 828 ff. ZPO), in obligatorische Ansprüche (§§ 851, 828 ff. ZPO). Bei Voll-streckung in Bild- oder Tonträger findet § 119 Anwendung (§ 119 Abs. 3). Führt die Pfändung eines Filmwerks dazu, dass ein Film nicht vorgeführt wird, können ihr die Urheber uU nach § 771 ZPO widersprechen, weil dadurch ihr Persönlichkeitsrecht beeinträchtigt wird (Möglichkeit, bekannt oder bekannter zu werden).[23]

IV. Zwangsvollstreckung wegen Verletzung von Urheber- und Leistungsschutzrechten im Überblick

21   Die **Zwangsvollstreckung wegen Verletzung von Urheber- bzw. Leistungsschutzrechten** stellt sich in der Übersicht wie folgt dar: Ein **Unterlassungsanspruch** wird nach § 890 ZPO voll-streckt. Erfasst werden auch alle Änderungen, die den sachlichen Kern der Verletzungsform betreffen. Die Kerntheorie erlaubt aber nicht, die Vollstreckung aus einem Unterlassungstitel auf Schutzrechte zu erstrecken, die nicht Gegenstand des vorhergehenden Erkenntnisverfahrens gewesen sind.[24] Vor-aussetzung ist die vorherige Ordnungsmittelandrohung (§ 890 Abs. 2 ZPO). Eigenes Verschulden des Schuldners ist notwendig.[25] Mit Vertragsstrafe bewehrter gerichtlicher Vergleich kann Grundlage für Bestrafungsandrohung und Bestrafung nach § 890 ZPO sein.[26] Bei Verstoß gegen ein Vertragsstrafe-versprechen haftet der Schuldner nach § 278 BGB auch für Erfüllungsgehilfen.[27] **Die Vollstreckung von Beseitigungsansprüchen** erfolgt gemäß § 887 ZPO (vertretbare Handlung) und § 888 ZPO (nicht vertretbare Handlung) (Kostenbeitreibung auf Grund des Titels durch gesonderte Festsetzung nach § 103 ZPO). **Auskunfts- und Rechnungslegungsanspruch** werden nach § 888 ZPO[28] voll-streckt. Da Auskunft- und Rechnungslegung nicht vertretbare Handlung darstellen, ist keine vorheri-ge Ordnungsmittelandrohung erforderlich. Bei Unrichtigkeit muss ein Antrag auf Abgabe der eides-stattlichen Versicherung gemäß § 259 Abs. 2 BGB gestellt werden (dh keine Beweiserhebung darüber, ob die Auskunft richtig ist).[29] Ein **Zahlungsanspruch** (Schadensersatz, Bereicherung) wird je nach Zugriff nach den §§ 828 ff. ZPO vollstreckt. Für einen **Vernichtungs-/Rückrufanspruch** gemäß § 98 UrhG gilt Folgendes: grundsätzlich erfolgt dessen Vollstreckung nach § 887 ZPO, wobei ggf. die Hinzuziehung eines Gerichtsvollziehers nach § 892 ZPO nötig ist;[30] **bei Rückruf** gilt § 887 ZPO (vertretbare Handlung). Der **Überlassungsanspruch nach § 98 Abs. 3** wird bezüglich der Heraus-gabe Zug um Zug gegen Vergütung nach den §§ 883, 886, 756 ZPO, bezüglich der Eigentum-sübertragungnach den §§ 894 Abs. 1 S. 2, 726 Abs. 2, 730 ZPO vollstreckt. Für **Besichtigung-sansprüche** gilt § 883 ZPO.[31] Bei der **Urteilsveröffentlichung § 103** erfolgt eine unmittel-bare eigene Vornahme entsprechend dem Inhalt des Titels. Die Kosten der Veröffentlichung sind nach §§ 788, 91, 103 ZPO festzusetzen.[32]

V. Insolvenz

1. Allgemeines

22   Das **seit dem 1.1.1999 geltende Insolvenzrecht** erfasst alle nach dem 31.12.1998 beantragten Insolvenzen und somit die zu diesem Zeitpunkt bestehenden Verträge des Schuldners. Zuvor fielen

---

[23] Zur Zwangsvollstreckung in Computer eingehend *Roy/Palm* NJW 1995, 690 ff. mwN.
[24] BGH GRUR 2014, 706 Rn. 13 – Reichweite des Unterlassungsgebots.
[25] BVerfGE 20, 323 (331); 58, 159 (163).
[26] OLG Karlsruhe GRUR 1957, 447; 1959, 620 – Strafandrohungsbeschluss; ablehnend OLG Hamm NJW 1967, 58; GRUR 1985, 82 – Keine Vollstreckung der „Unterlassungserklärung". Zur Kerntheorie Baumbach/Lau-terbach/Albers/*Hartmann* ZPO § 890 Rn. 4 ff. Die Rechtsfigur der Fortsetzungszusammenhangs findet auch im Zivilrecht keine Anwendung mehr BGH GRUR 2001, 758 (759 ff.) – Trainingsvertrag; zur Frage, ob mehrere Einzelakte zu einer Zuwiderhandlung zusammengefasst werden können vgl. BGH GRUR 2001, 758 – Mehrfach-verstoß gegen Unterlassungsverpflichtung; BGH CR 2009, 333 – Mehrfachverstoß gegen Unterlassungstitel.
[27] Zur Vertragsstrafe vgl. Wandtke/Bullinger/*Kefferpütz* UrhG § 112 Rn. 45 ff.
[28] BGHZ 49, 11 (16) – Fußbodenbelag.
[29] OLG Zweibrücken GRUR 1997, 131 – Schmuckanhänger (zu § 101a aF).
[30] OLG Frankfurt a. M. NJW-RR 2007, 485.
[31] Zöller/*Seibel* ZPO § 883 Rn. 2.
[32] Zur Zwangsvollstreckung gegen den Rechtsverletzer ausführlich: Wandtke/Bullinger/*Kefferpütz* UrhG § 112 Rn. 23 ff.

Lizenzverträge unter § 21 KO analog, wonach diese im Konkurs des Lizenzgebers gegenüber der Konkursmasse wirksam blieben.[33] **Gesetzgeberische Bestrebungen** in den Jahren 2007[34] und 2012,[35] Lizenzen durch Einführung eines § 108a InsO erneut insolvenzfest zu machen bzw. dem Lizenznehmer einen Anspruch auf Abschluss eines neuen Lizenzvertrags zu gewähren, sind gescheitert. Die InsO findet als *lex fori concursus* auch auf Lizenzverträge mit ausländischer Rechtswahl Anwendung.[36] Die **Insolvenzmasse** besteht nach § 35 Abs. 1 InsO **aus dem gesamten Schuldnervermögen,** mit **Ausnahme** aller Gegenstände, die der Zwangsvollstreckung nicht unterworfen sind (§ 36 InsO), also das Urheberrecht als Ganzes, das Urheberpersönlichkeitsrecht, gesetzlich gewährte Anwartschaften und alle Rechte und Gegenstände, die nach den §§ 113–119 oder nach den allgemeinen Vorschriften der ZPO von der Zwangsvollstreckung ausgenommen sind.[37]

Wird das Insolvenzverfahren eröffnet, verlieren Ansprüche aus gegenseitigen Verträgen grundsätzlich ihre Durchsetzbarkeit für die Dauer des Insolvenzverfahrens, erlöschen aber nicht.[38] Entscheidungen des Insolvenzverwalters über die Verträge haben keine rechtsgestaltende Wirkung.[39] Lehnt der Insolvenzverwalter die Erfüllung des Vertrags nach § 103 InsO ab, findet eine insolvenzrechtliche Abwicklung statt.[40] **Die §§ 103 ff. InsO** (Erfüllung der Rechtsgeschäfte) finden nur Anwendung, sofern ein Vertrag noch nicht von beiden Seiten erfüllt ist (§ 103 Abs. 1 InsO). Vor Verfahrenseröffnung abgewickelte Rechtsgeschäfte sind insolvenzfest. Ob Erfüllung eingetreten ist, hängt von der **Rechtsnatur** des Lizenzvertrages ab, die in jedem Einzelfall zu bewerten ist.[41] Durch die schuldrechtliche Verpflichtung des Lizenzgebers, dem Vertragspartner das Nutzungsrecht während der gesamten Vertragsdauer zu erhalten, sind zeitlich befristete Lizenzen nach hM **pacht- oder mietähnliche Dauerschuldverhältnisse,** die während der gesamten Laufzeit der Lizenz nicht erfüllt sind.[42] Das gilt auch, wenn die Lizenzzahlung zur Abgeltung der gesamten Nutzung bereits bei Vertragsbeginn geleistet wurde.[43] **Buy-Out-Verträgen**[44] oder **„freedom-to-operate"-Verträgen**[45] wird hingegen eine kaufähnliche Rechtsnatur zuzuschreiben sein, auf die **nach abgeschlossenem Leistungsaustausch (primär Zahlung der Lizenzgebühr, Übertragung der Nutzungsrechte)** §§ 103 ff. InsO keine Anwendung finden.[46] Darüber hinaus kann § 103 InsO erst zur Anwendung kommen, wenn der Urheber sein Werk bereits geschöpft hat. Solange ist der Lizenznehmer kein Insolvenzgläubiger. Die Leistung ist höchstpersönlich und kann somit keine Masseverbindlichkeit darstellen.[47]

2. Wirkung der §§ 103 ff. InsO

a) Allgemeines: Die Vorschriften der **§§ 108, 112 InsO** finden auf Lizenzverträge ganz überwiegend keine Anwendung[48] – weder direkt noch analog. § 108 Abs. 1 S. 2 InsO könnte in der Insolvenz desjenigen Lizenznehmers anwendbar sein, der seine Nutzungsrechte wiederum an eine Bank sicherungsübereignet hat, die zB eine Filmproduktion finanziert.[49] Ist ein gegenseitiger Vertrag zur Zeit der Eröffnung des Insolvenzverfahrens vom Schuldner und vom anderen Teil nicht oder nicht vollständig erfüllt, hat der Insolvenzverwalter nach **§ 103 InsO ein Wahlrecht,** ob er den Vertrag

23

24

---

[33] *Fezer* WRP 2004, 793 (795).
[34] § 108a InsO-E; BT-Drs. 16/7416, 8, 29 ff.
[35] BMJ, Referentenentwurf eines Gesetzes zur Verkürzung des Restschuldbefreiungsverfahrens, zur Stärkung der Gläubigerrechte und zur Insolvenzfestigkeit von Lizenzen, abrufbar über Beck Online, 6 f., 32 f., 38 ff.
[36] *Wandtke/Bullinger,* UrhG, InsO §§ 103, 105, 108 Rn. 24.
[37] OLG Hamburg ZUM 1992, 547 (550); Dreier/Schulze/*Schulze* UrhG § 112 Rn. 21 ff.; zu den Urheber- und Leistungsschutzrechten in der Insolvenz siehe insbesondere die gesonderte Kommentierung bei Möhring/Nicolini/*Rudolph,* UrhG, Insolvenz, Wandtke/*Bullinger,* UrhG, InsO §§ 103, 105, 108; Fromm/Nordemann/*Boddien* Nach § 119 UrhG; Loewenheim/*Kreuzer/Reber* § 95 Rn. 42 ff.
[38] BGH GRUR 2016, 201 Rn. 43 – Ecosoil; BGH WM 2002, 1199 ff.; CR 2006, 151 (153); Möhring/Nicolini/*Rudolph* UrhG, Insolvenz Rn. 54; Dreier/Schulze/*Schulze* UrhG § 112 Rn. 28.
[39] BGH WM 2002, 1199 (1201).
[40] Münchener Kommentar/*Kreft* InsO § 103 Rn. 11 ff.
[41] LG München I BeckRS 2014, 16898.
[42] Für Software, sofern mit Updates und Pflege verbunden: BGH NZI 2006, 229 (230) – Softwarenutzungsrecht mAnm *Höpfner* NZI 2006, 231; BGH GRUR 2012, 916 (917) – M2Trade; für ASP-Verträge: BGH MMR 2007, 243 (244 ff.); allgemein: Möhring/Nicolini/*Rudolph* Insolvenz Rn. 33, 43; Wandtke/*Bullinger,* UrhG, InsO §§ 103, 105, 108 Rn. 5, der Rechtskauf bei Standardsoftware annimmt.
[43] Str.; BGH NZI 2006, 229 (230) – Softwarenutzungsrecht mAnm *Höpfner* NZI 2006, 231; ausführliche Darstellung bei Wandtke/*Bullinger,* UrhG, InsO §§ 103, 105, 108 Rn. 5 ff.; ferner: BGH MMR 2012, 684 (686) – M2Trade mAnm *Dietrich/Szalai* MMR 2012, 687; ferner: *Smid/Lieder* DZWiR 2005, 7/IV. 3. c).
[44] LG München I GRUR-RR 2012, 142 (145) – Insolvenzfestigkeit; aA *Stickelbrock* WM 2004, 549 (558).
[45] LG München I BeckRS 2014, 16898.
[46] BGH GRUR 2016, 201 Ls. 2 – Ecosoil – zu einem markenrechtlichen Lizenzvertrag; aA *Stickelbrock* WM 2004, 549 (558), der §§ 103 ff. InsO auf alle Lizenzverträge anwenden will.
[47] Möhring/Nicolini/*Rudolph* UrhG Insolvenz Rn. 35, 38, 80.
[48] Vgl. BGH NZI 2006, 229 (230) – Softwarenutzungsrecht mAnm *Höpfner* NZI 2006, 231; *Holzer* NZI 2014, 337 (343) mwN; zu einem *Hausmann* ZUM 1999, 914 (915); ferner: Münchener Kommentar/*Eckert* InsO Vor. §§ 109 ff. Rn. 53a; Möhring/Nicolini/*Rudolph* Insolvenz Rn. 74.
[49] Möhring/Nicolini/*Rudolph* UrhG Insolvenz Rn. 90 f.; vgl. Wandtke/*Bullinger,* UrhG, InsO §§ 103, 105, 108 Rn. 12.

erfüllen möchte (**Erfüllungsentscheidung**) oder die Erfüllung ablehnt (**Ablehnungsentscheidung**). Der Lizenzvertrag wird faktisch erst durch die Erfüllungsablehnung beendet.[50]

25 **b) Insolvenz des Lizenzgebers:** In der **Insolvenz des Urhebers/Lizenzgebers** besteht kein Rückforderungsrecht gezahlter Lizenzgebühren, selbst wenn der Urheber das Werk zwar geschaffen, aber darüber hinaus noch nicht geleistet hat, bzw. Nutzungsrechte noch nicht übertragen wurden („Erst-Recht-Schluss" aus § 105 S. 2 InsO). Trifft der Insolvenzverwalter die Erfüllungsentscheidung, sind nach der Verfahrenseröffnung fällige Lizenzen Masseschulden (§ 35 Alt. 2 InsO). Es kann zur Vertragsspaltung durch zuvor erbrachte, teilbare Leistungen gem. § 105 InsO kommen.[51] Der Lizenznehmer erhält als Masseforderung den geschuldeten Erhalt seiner Nutzungsrechte. Lehnt der Insolvenzverwalter die Erfüllung ab, kann er die Nutzungsrechte erneut gewinnbringend verwerten. Er hat bei nicht erfolgter Übereignung einen Herausgabeanspruch für das Werk gegen den Lizenznehmer.[52] Das Werk fällt in die Insolvenzmasse. Der Lizenznehmer kann sich nur noch durch einen umgerechneten Geldwert nach § 45 InsO aus der Masse befriedigen (§ 38 InsO).[53]

26 **c) Insolvenz des Lizenznehmers:** In der **Insolvenz des Lizenznehmers** erfasst die Insolvenzmasse die ausschließlichen und einfachen Nutzungsrechte, die ihm wirksam übertragen worden sind. Der Urheber wird für die ausstehende Vergütung Massegläubiger. Wählt der Insolvenzverwalter die Erfüllung des Vertrags, ist er zur Zahlung der vereinbarten Vergütung sowie zur Verwertung des Werks verpflichtet.[54] Trifft der Insolvenzverwalter eine Ablehnungsentscheidung, nachdem der Urheber bereits geleistet hat, fallen die Nutzungsrechte nach der Rechtsprechung *ipso iure* **an den Lizenzgeber zurück (Kausalitätsprinzip, § 9 Abs. 1 VerlG analog).**[55] Teilweise wird vertreten, die Nutzungsrechte fielen in die Masse und der Urheber müsse diese als Masseverbindlichkeit iSd § 55 Abs. 1 Nr. 3 InsO kondizieren.[56]

27 **d) Lizenzkette: Besondere Schwierigkeiten** bereiten die Fallgestaltungen in der sog. **Lizenzkette (Mutter-/Tochter- und Enkelrechte)** bei der Insolvenz des Hauptlizenznehmers. Hat dieser Unterlizenzen vergeben, **sog. „Enkelrechte",** kann der Insolvenzverwalter gem. § 103 Abs. 1 InsO einerseits die Nichterfüllung des Hauptlizenzvertrags und andererseits die Erfüllung des Unterlizenzvertrags wählen.[57] Entgegen einer weit verbreiteten Auffassung[58] geht der BGH davon aus, dass das **Erlöschen der Hauptlizenz („Tochterrecht") nicht zum Entfallen der daraus abgeleiteten Nutzungsrechte führt.**[59] Denn das vom Gesetz als schutzwürdig erachtete Interesse des Unterlizenznehmers an einem Fortbestand seines Rechts überwiege das Interesse des Hauptlizenzgebers an einem Erlöschen dieses Rechts, in denen der Hauptlizenznehmer dem Unterlizenznehmer ein einfaches Nutzungsrecht gegen fortlaufende Zahlung von Lizenzgebühren eingeräumt hat.[60] Das einfache Nutzungsrecht habe – wie das ausschließliche – dinglichen Charakter; es müsse während der Dauer des Lizenzverhältnisses vom Lizenzgeber dem Lizenznehmer nicht fortwährend vermittelt werden, sondern sei nach seiner Abspaltung vom Tochterrecht von dessen Fortbestand unabhängig.[61] **Ansprüche auf Lizenzzahlungen,** die dem aufgrund seiner Erfüllungsablehnung nicht mehr berechtigten Hauptlizenznehmer gegen dessen Unterlizenznehmer zustehen, **kann der Hauptlizenzgeber kondizieren;** dieser **bereicherungsrechtliche Anspruch** wäre nach §§ 55 Abs. 1 Nr. 3, 53 InsO **als Masseverbindlichkeit vorweg zu berichtigen.**[62] Der BGH bringt so die unterschiedlichen Interessen in Ausgleich. Der Unterlizenznehmer wird in diesem Fall auch nicht besser gestellt als der Hauptlizenznehmer in der Insolvenz des Lizenzgebers,[63] da der „Weiterbestand" des Nutzungsrechts in beiden Fällen jeweils von der Ausübung des Wahlrechts des Insolvenzverwalters abhängt.

28 Um diese Konsequenzen zu vermeiden, wird vorgeschlagen,[64] eine Regelung in den Hauptlizenzvertrag aufzunehmen, die besagt, dass Unterlizenzen nur auflösend bedingt eingeräumt werden dürfen (vgl. dazu aber auch → Rn. 32). Durch die **auflösende Bedingung des Untergangs der Hauptli-**

---

[50] *Abel* NZI 2003, 121 (126).

[51] Wandtke/*Bullinger,* UrhG, InsO §§ 103, 105, 108 Rn. 3.

[52] BGH NZI 2013, 296 (297).

[53] Wandtke/*Bullinger,* UrhG, InsO §§ 103, 105, 108 Rn. 10.

[54] Möhring/Nicolini/*Rudolph* UrhG Insolvenz Rn. 80a.

[55] *Obiter dictum* des BGH GRUR 2012, 916 (918) – M2Trade; BGH GRUR 2012, 914 ff. – Take Five; *Berger* GRUR 2013, 321 (325, 330); in diesem Sinne bereits das LG Mannheim CR 2004, 811 (813 f.) mAnm *Grützmacher* CR 2004, 814; aA zuletzt LG Hamburg ZUM–RD 2008, 77 (82); kritisch, aber im Ergebnis für einen Rechterückfall analog § 9 VerlG Fromm/Nordemann/*Boddien* UrhG Nach § 119 Rn. 15 f.

[56] *Fischer* WM 2013, 821 (822 f.); *Abel* NZI 2003, 121 (126).

[57] BGH GRUR 2012, 916 Rn. 24 – M2Trade mAnm *Dietrich/Szalai* MMR 2012, 687; krit. Möhring/Nicolini/*Rudolph* UrhG Insolvenz Rn. 97a.

[58] Dreier/Schulze/*Schulze* UrhG § 112 Rn. 31; Wandtke/*Bullinger,* UrhG, InsO §§ 103, 105, 108 Rn. 12; Vorauflage, Schricker/Loewenheim/*Wild* UrhG § 112 Rn. 27 (4. Aufl.); vgl. weiter die Nachweise bei BGH GRUR 2009, 946 Rn.: 10 – Reifen Progressiv.

[59] BGH GRUR 2009, 946 Rn. 19 – Reifen Progressiv; GRUR 2012, 914 Rn. 23 – Take Five; GRUR 2012, 916 Rn. 24 – M2TRade.

[60] BGH GRUR 2012, 916 Rn. 25 – M2Trade.

[61] BGH GRUR 2009, 946 Rn. 20 – Reifen Progressiv.

[62] BGH GRUR 2012, 916 Rn. 26 – M2Trade.

[63] So aber Fromm/Nordemann/*Boddien* UrhG Nach § 119 Rn. 18.

[64] *Hausmann* ZUM 1999, 914 (921 f.); zustimmend: *Weber/Hötzel* NZI 2011, 432 (436).

zenz, würde dann auch die Unterlizenz wegfallen. Eine derartige Klausel sei – mangels Anknüpfung an die Insolvenz – nicht nach § 119 InsO unwirksam.[65]

e) Insolvenz des Verlegers: In der **Insolvenz des Verlegers** sieht **§ 36 VerlG eine Sonderre-** **29** **gelung** vor.[66] Wurde vor Eröffnung des Insolvenzverfahrens mit der Vervielfältigung des Werkes noch nicht begonnen, kann der Urheber vom Verlagsvertrag zurücktreten (§§ 36 Abs. 3, 37 VerlG). Das Verlagsrecht erlischt (§ 9 Abs. 1 VerlG). Wurde das Werk bereits vervielfältigt, hat der Insolvenzverwalter das Wahlrecht, ob er auf der Erfüllung des Vertrags bestehen will oder nicht (§ 36 Abs. 3 InsO). Wird der Vertrag fortgesetzt, gehören die Vergütungsansprüche zu den Masseschulden (§ 55 InsO). Der Urheber kann den Insolvenzverwalter auffordern, unverzüglich[67] zu erklären, ob er sich entscheidet (§ 103 Abs. 2 InsO). Ein Schweigen seitens des Insolvenzverwalters ist als Ablehnung zu werten[68] und gibt dem Urheber ein Rücktrittsrecht. Bei Einstellung des Insolvenzverfahrens mangels Masse fallen die Verlagsrechte an den Urheber zurück.[69]

3. Lösungs- und Kündigungsklauseln in Lizenzverträgen

Vor Inkrafttreten der InsO wurde in vielen Verträgen vereinbart, dass **die Nutzungsrechte im** **30** **Fall des Konkurses des Lizenznehmers automatisch an den Lizenzgeber zurückfallen.** Das Interesse, den Vertrag sofort zu kündigen, war vom BGH wohl im Hinblick auf § 19 KO anerkannt,[70] widerspricht jedoch § 112 InsO. Das Schrifttum mühte sich, insolvenzfeste Auswege zu finden, die über aufschiebende Bedingungen, Nießbrauch und Koproduktion gehen.[71] Diese Bemühungen, die mit Teilen der Literatur nach einer Entscheidung des BGH zur Insolvenzfestigkeit einer aufschiebenden Bedingung in einem Softwareüberlassungsvertrag[72] vorsichtig den **Gewinn von Rechtsicherheit** annahmen,[73] erhielten durch eine weitere Entscheidung des IX. Senats aus dem Jahr 2012 eine Einschränkung, die in der Entscheidung aus dem Jahr 2006 schon angelegt war. Im Rahmen des Anwendungsbereichs von § 103 InsO sind danach **insolvenzabhängige Kündigungs- oder Lö-** **sungsvereinbarungen**[74] **nach § 119 InsO unwirksam,** wenn sie im Voraus die Anwendung des § 103 InsO ausschließen.[75] Der BGH stellt ganz den **Schutz der Masse und das Interesse der** **Gläubigerbefriedigung in den Vordergrund** seiner Wertung. Dass im Gesetzgebungsverfahren der Rechtsausschuss die Streichung des § 137 Abs. 2 RegE, der die Unwirksamkeit solcher Klauseln ausdrücklich regelte, mit dem Hinweis auf die Sanierungsfeindlichkeit dieser Vorschrift vorschlug (wie dies dann auch Gesetz wurde), focht den BGH nicht an. Die vom Rechtsausschuss befürwortete Zulässigkeit vertraglicher Lösungsklauseln habe nach Auffassung des BGH keinen Ausdruck im Gesetz gefunden und widerspräche den Zielsetzungen des § 103 InsO. Dessen Zweck würde vereitelt, wenn sich der Vertragspartner des Schuldners allein wegen der Insolvenz von einem für die Masse günstigen Vertrag lösen und damit das Wahlrecht des Insolvenzverwalters unterlaufen könnte. Dies gelte dort nicht, wo die Vereinbarung einer gesetzlich vorgesehenen Lösungsmöglichkeit entspricht.[76]

Der Entscheidung lag ein Vertrag über die fortlaufende Lieferung von Energie an das insolvente **31** Unternehmen zugrunde und der BGH betonte die **Bedeutung des Bestandes dieses Vertrages** **für die Betriebsfortführung;** die Unwirksamkeit der Lösungsklausel habe daher in diesem Fall keine „sanierungsfeindliche Wirkung", sondern wende solche Gefahren vielmehr ab.[77] Ob man daraus herleiten kann, dass bei anders gelagerten Vertragsleistungen und Interessen diese Frage anders zu beurteilen wäre, kann man der Entscheidung des BGH nicht entnehmen.

Bullinger geht davon aus, dass diese Unwirksamkeitsfolge auch für die Vereinbarung einer auflösen- **32** den Bedingung für den Insolvenzfall gilt.[78] In der Zusammenschau der beiden genannten BGH Entscheidungen dürfte dies richtig sein, denn in seiner Entscheidung zur Insolvenzfestigkeit einer **auf-** **schiebende Bedingung** in einem Softwareüberlassungsvertrag hatte der BGH[79] herausgestellt, dass

---

[65] *Weber/Hötzel* NZI 2011, 432 (436); vgl. BGH NZI 2006, 229 (231) – Softwarenutzungsrecht mAnm *Höpfner* NZI 2006, 231.
[66] S. die Kommentierung bei *Ulmer-Eilfort/Obergfell* § 36 VerlG.
[67] S. zur Auslegung in der Praxis *Oeter/Ruttig* ZUM 2003, 611 (615 ff.).
[68] Münchener Kommentar/*Huber* InsO § 103 Rn. 182.
[69] OLG München NJW-RR 1994, 1478 (1479).
[70] BGH GRUR 2003, 699 (701) – Eterna.
[71] *Sepl* NZI 2000, 357; *v. Frentz/Maarder* ZUM 2003, 761; *von Westerholt/Joppich* ZUM 2003, 262; *Abel* NZI 2003, 121; *Adolphsen* DZWiR 2003, 228; *Brauer/Sopp* ZUM 2004, 112; *Stickelbrock* WM 2004, 549; *Plath* CR 2005, 613 und CR 2006, 217; *Berger* CR 2006, 505; *Grützmacher* CR 2006, 289; *Graef* ZUM 2006, 104; *McGuire/* *v. Zumbusch/Joachim* GRUR-Int 2005, 682; *de Vries* ZUM 2007, 898; vgl. dazu im Lichte der Entscheidung BGH GRUR 2016, 201 – Ecosoil; *Koós* MMR 2017, 13 (14 f.).
[72] BGH CR 2006, 151.
[73] *Grützmacher* CR 2006, 289 (296).
[74] Vgl. BGH NJW 2013, 1159 (1161).
[75] BGH NJW 2013, 1159 (1160); Wandtke/*Bullinger,* UrhG, InsO §§ 103, 105, 108 Rn. 23; *Weber/Hötzel* NZI 2011, 432 (436) mwN; *Stickelbrock* WM 2044, 549 (563); Möhring/Nicolini/*Rudolph,* UrhG, Insolvenz Rn. 104.
[76] BGH NJW 2013, 1159 Rn. 13.
[77] BGH NJW 2013, 1159 Rn. 14.
[78] Wandtke/Bullinger/*Bullinger,* UrhG, InsO §§ 103, 105, 108 Rn. 23.
[79] BGH NZI 2006, 229 – Softwarenutzungsrecht mAnm *Höpfner* NZI 2006, 231 = CR 2006, 153 mAnm *Plath/Scherenberg* CR 2006, 153 = GRUR 2006, 435 – Softwarenutzungsrecht.

die dortige Klausel weder nur für den Insolvenzfall vereinbart noch an die Ausübung des Wahlrechts gebunden war. Insolvenzfest war jene Lösungsklausel, weil sie generell an Tatsachen, auf Grund derer die Fortsetzung des Vertrags unzumutbar war, Tatsachen, die auch außerhalb einer Insolvenz gegeben sein können und beide Seiten zur Kündigung berechtigen.[80] Umgekehrt dürften Klauselgestaltungen, die für den Insolvenzfall dem Gläubiger Lösungsmöglichkeiten eröffnen sollen, vor dem Hintergrund der Rechtsprechung des BGH derzeit mit größter Vorsicht zu behandeln sein.[81]

Unterabschnitt 2. Zwangsvollstreckung wegen Geldforderungen gegen den Urheber

§ 113 Urheberrecht

[1] Gegen den Urheber ist die Zwangsvollstreckung wegen Geldforderungen in das Urheberrecht nur mit seiner Einwilligung und nur insoweit zulässig, als er Nutzungsrechte einräumen kann (§ 31). [2] Die Einwilligung kann nicht durch den gesetzlichen Vertreter erteilt werden.

Literatur: siehe bei § 112.

Übersicht

I. Entwicklung und Bedeutung

1   Zur **Entwicklung und Bedeutung** → § 112 Rn. 1. Die Bestimmung des **§ 113 betrifft allein die Zwangsvollstreckung wegen Geldforderungen** gegen den **Urheber** in seine einzelnen Verwertungsrechte.[1] Entsprechende Anwendung findet § 113 auf Verfasser wissenschaftlicher Ausgaben (§ 70) und Lichtbildner (§ 72) und deren Rechtsnachfolger, s. § 118. § 113 ist Ausdruck der Achtung des Urheberpersönlichkeits- und seines Bestimmungsrechts (§§ 34, 35).

II. Gegenstand der Zwangsvollstreckung nach § 113

2   **Gegenstand der nach § 113 zulässigen Zwangsvollstreckung sind,** unter der Voraussetzung, dass der Urheber seine Einwilligung gibt, die Verwertungsrechte nach §§ 15 ff., soweit der Urheber Nutzungsrechte gemäß §§ 31 ff. einräumen kann. Das heißt: Weder in das Urheberrecht als Ganzes, noch in das umfassende Verwertungsrecht, noch in das Urheberpersönlichkeitsrecht (§ 29 S. 2), noch in die einzelnen urheberpersönlichkeitsrechtlichen Berechtigungen, soweit sie sich nicht durch Anerkenntnis oder Rechtshängigkeit zu einem Zahlungsanspruch konkretisiert haben (§ 97 Abs. 2), noch in die Anwartschaften nach § 26 Abs. 1 (Folgerecht) und § 32a Abs. 1 (Beteiligung an besonderen Vergütungen) ist eine Vollstreckung möglich. Nach § 26 Abs. 3 ist das Folgerecht unveräußerlich, unterliegt mithin nicht der Zwangsvollstreckung. § 32a Abs. 3 erklärt, dass der Urheber auf Nachbesserungsansprüche nicht im Voraus verzichten kann, die Anwartschaft nicht der Zwangsvollstreckung unterliegt und eine Verfügung darüber unwirksam ist.[2]

3   **Nach Wortlaut und Sinn des Gesetzes unterliegen nur die einzelnen Verwertungsrechte der Zwangsvollstreckung, soweit die Nutzung vertraglich eingeräumt werden kann,** dh auch räumlich, zeitlich oder inhaltlich beschränkt (§ 31 Abs. 1); bis zum 1.1.2008 also nicht noch unbekannte Nutzungsarten (vgl. § 31 Abs. 4 aF). Durch die Urheberrechtsnovelle 2007[3] ist die **Einräumung von noch unbekannten Nutzungsrechten** zugelassen worden (Schriftformerfordernis

---

[80] Dazu *Berger* GRUR 2004, 20; *Grützmacher* CR 2006, 289; *Plath* CR 2006, 153.
[81] *Koós* MMR 2017, 13 (14) ist hinsichtlich der aufschiebend bedingten Übertragung aufgrund von BGH GRUR 2016, 201 – Ecosoil vorsichtig optimistisch.
[1] Zum Rechtsnachfolger s. § 115.
[2] Vgl. *Berger* NJW 2003, 853.
[3] Zweites Gesetz zur Regelung des Urheberrechts in der Informationsgesellschaft vom 26.10.2007 BGBl. I S. 1774 „2. Korb".

§§ 126, 126a BGB). Der Urheber kann die Rechtseinräumung jedoch widerrufen (§ 31a Abs. 1). Das **Widerrufsrecht** erlischt nach Ablauf von drei Monaten, nachdem der Vertragspartner die Mitteilung über die beabsichtigte Aufnahme der neuen Art der Werknutzung an den Urheber unter der ihm zuletzt bekannten Anschrift abgesendet hat. Es entfällt, wenn sich die Parteien nach Bekanntwerden der neuen Nutzungsart auf eine Vergütung für die erweiterte Nutzung geeinigt haben. Im Voraus kann auf diese Rechte nicht verzichtet werden (§ 31a Abs. 4). Daraus ist zu schließen, dass vor Ablauf des Widerrufsrechts ohne Einwilligung des Urhebers keine Zwangsvollstreckung in diese Nutzungsart zulässig ist. Mit dem Tod des Urhebers erlischt sein Widerrufsrecht; es gilt nicht für den/die Rechtsnachfolger (§ 31a Abs. 2 S. 3, Abs. 4).

In der Zwangsvollstreckung werden durch Hoheitsakte Teilrechte konstitutiv abgespal- 4
ten. Auch wenn dazu die Einwilligung des Urhebers notwendig ist, handelt es sich dabei nicht um eine vertragliche Nutzungsrechtseinräumung, sondern um einen hoheitlichen Zwangsvollstreckungsakt.

III. Einwilligung des Urhebers als Voraussetzung der Zwangsvollstreckung

1. Allgemeines

Zulässigkeitsvoraussetzung für die Zwangsvollstreckung in einzelne urheberrechtliche Ver- 5
wertungsrechte ist nach § 113 **die Einwilligung** des bzw. der betroffenen Urheber (§§ 7, 8).[4] Die Einwilligung setzt voraus, dass der Urheber gesetzlich verfügungsberechtigt ist und nicht schon anderweitig wirksam verfügt hat. Zu den Ausnahmen vom Erfordernis der Einwilligung → § 112 Rn. 13. Bei einer Gesamtveräußerung ist das Rückrufrecht zu beachten (§ 34 Abs. 3 S. 2).[5]

Die Einwilligung ist eine einseitige empfangsbedürftige Willenserklärung (§§ 182, 183 BGB). Bei 6
Miturhebern (§ 8) ist die Einwilligung aller erforderlich. **Einwilligung heißt** nach dem Wortlaut des § 183 BGB **vorherige Zustimmung;** sie ist bis zu Beginn der Zwangsvollstreckung widerruflich.[6] Im förmlichen Vollstreckungsverfahren soll – anders als im bürgerlichen Recht – die nachträgliche Genehmigung keine Heilung bewirken;[7] ggf. muss die Vollstreckungsmaßnahme wiederholt werden. Die Einwilligung kann **formlos, dh auch mündlich oder konkludent** erklärt werden.[8] Da der Urheber wissen muss, dass seine Einwilligung Voraussetzung einer wirksamen Pfändung ist, und dass er einer Zwangsvollstreckung zustimmt, wird die konkludente Einwilligung **nur selten anzunehmen** sein. **Schweigen auf eine Pfändungsmaßnahme** allein genügt schon deswegen nicht, weil es als Reaktion auf die Zustellung des Pfändungsbeschlusses schon keine „vorherige" Zustimmung iSv § 183 BGB wäre. Die Einwilligung muss als empfangsbedürftige Willenserklärung **vor Beginn der Zwangsvollstreckung** vorliegen, dh zugegangen sein. Da die Zwangsvollstreckung mit der Pfändung beginnt, **bedarf bereits der Pfändungsbeschluss des Vorliegens einer wirksamen Einwilligung.**[9]

2. Beschränkte Einwilligung

Der Urheber kann seine Einwilligung **räumlich, zeitlich oder inhaltlich beschränken,** wie das 7
auch bei der Einräumung von Nutzungsrechten möglich ist (§ 31). Unverzichtbare persönliche Interessen dürfen nicht verletzt werden. Der Urheber kann seine Zustimmung auch davon abhängig machen, dass Änderungen erfolgen oder dass sein Name nicht genannt wird.

3. Stellvertretung

Die Einwilligung des Urhebers verlangt dessen **persönliche Erklärung.** Dies wird aus S. 2 deut- 8
lich, wonach die Einwilligung **nicht durch den gesetzlichen Vertreter** erklärt werden kann. Der Grund für diese Einschränkung liegt darin, dass bei der gesetzlichen Stellvertretung die Entscheidung über die Erklärung der Einwilligung nicht auf den geschäftsunfähigen Urheber selbst zurückgeht.[10] Eine **rechtsgeschäftliche Stellvertretung** ist möglich; allerdings sind **strenge Anforderungen** an

---

[4] Zur Ratio des Einwilligungserfordernisses s. *Skauradszun* S. 43 ff.

[5] Dreier/Schulze/*Schulze* UrhG § 113 Rn. 12.

[6] Zur Widerruflichkeit s. *Skauradszun* S. 47 f.

[7] Fromm/Nordemann/*Boddien* UrhG § 113 Rn. 21; *v. Gamm* Rn. 7; Möhring/Nicolini/*Rudolph* UrhG § 113 Rn. 12; Wandtke/Bullinger/*Kefferpütz* UrhG § 113 Rn. 12; Dreier/Schulze/*Schulze* UrhG § 113 Rn. 9; zum Streitstand *Skauradszun* S. 50 ff., der die öffentlich-rechtliche Natur der Zwangsvollstreckung postuliert und nach der verwaltungsrechtlichen Fehlerfolgenlehre nicht zur Unwirksamkeit, sondern lediglich zur Rechtswidrigkeit und damit Anfechtbarkeit der Maßnahme kommt.

[8] AllgM, vgl. *Skauradszun* S. 45 f.; Dreier/Schulze/*Schulze* UrhG § 113 Rn. 10; Möhring/Nicolini/*Rudolph* UrhG § 113 Rn. 13; Fromm/Nordemann/*Boddien* UrhG § 113 Rn. 20; Mestmäcker/Schulze/*Kirchmaier* § 113 Rn. 7; zu den Voraussetzungen einer konkludenten Einwilligung vgl. BGH GRUR 2010, 628 Rn. 29 ff. – Vorschaubilder mwN.

[9] Str.; ausführlich mit Nachweisen zum Streitstand *Skauradszun* S. 46; Möhring/Nicolini/*Rudolph* UrhG § 113 Rn. 12; Wandtke/Bullinger/*Kefferpütz* UrhG § 113 Rn. 9.

[10] Vgl. dazu zugleich kritisch Wandtke/Bullinger/*Kefferpütz* UrhG § 113 Rn. 13.

die Vollmacht zu stellen. Aus ihr muss klar zu entnehmen sein, dass gerade (auch) die Bevollmächtigung für die Einwilligung nach § 113 umfasst ist.[11] Das kann auch eine **Generalvollmacht** sein, sofern diese auch eine Regelung mit der Befugnis zur Erklärung der Einwilligung nach § 113 enthält.[12] Miturheber müssen für ihren Teil zustimmen, wenn nicht teilbar, gemeinschaftlich. Im Zweifel erstreckt sich die Einwilligung nur bis zur Abgeltung der zu vollstreckenden Geldforderung.

4. Fehlende Einwilligung

9   **Willigt der Urheber in die Vollstreckungsmaßnahme nicht ein, ist sie unzulässig.**[13] Der Urheber muss eine Verwertung seiner Werke nicht hinnehmen, um seine Geldschulden zu begleichen. Dahinter steht das **Bild des schaffenden Künstlers,** wie er bei Fassung des Urhebergesetzes 1965 vor Augen stand. Für solche urheberrechtlich geschützten Werke, bei denen die **wirtschaftliche Verwertung des Werkes ganz im Vordergrund** steht, wird diese Regelung mit beachtlichen Gründen kritisiert und – insbesondere für **Computerprogramme** – eine „**teleologische Reduktion**" angenommen, die eine Einwilligung nach § 113 entbehrlich mache.[14] Nach anderer Auffassung kann der Urheber nicht ohne jede Einschränkung bis hin zur Willkür über die Einwilligung entscheiden. Auch für ihn gilt der das Privatrecht beherrschende **Grundsatz von Treu und Glauben (§ 242 BGB) und das Schikaneverbot (§ 226 BGB).**[15] Ähnlich der Ausgestaltung des Zustimmungserfordernisses in §§ 34 und 35 ist dem Urheber eine rechtsmissbräuchliche Ausübung des Einwilligungsrechts zu versagen. Doch ist Zurückhaltung geboten. Ein dahingehender Anspruch muss zunächst **gerichtlich** geltend gemacht und darf nicht wie bei der teleologischen Reduktion dem Gerichtsvollzieher und dem Vollstreckungsrichter mit kurzen Rechtsmittelfristen überlassen werden.[16] *Schulze* hält für denkbar, bei der **Bemessung der Pfändungsfreigrenzen hinsichtlich anderer Vermögenswerte des Urhebers** auch den Wert seines Urheberrechts angemessen zu berücksichtigen, wenn ihm eine Verwertung seiner Werke zuzumuten ist, diese Verwertung ertragreich zu sein verspricht und keine Gründe ersichtlich sind, die Verwertung abzulehnen.[17] Ohne eine Entscheidung des Gesetzgebers darf **die Beschränkung des Rechts nach § 113 aber immer nur Ausnahme sein.**[18]

IV. Pfändung und Umfang der Verwertung

10   **Die Pfändung** erfolgt nach § 857 Abs. 1 und 3, 828 ff. ZPO. Der Pfändungsbeschluss nach § 829 ZPO ist dem Urheber (bzw. seinem Rechtsnachfolger) zuzustellen, und zwar mit dem Gebot des § 829 Abs. 1 S. 2 ZPO, sich jeder Verfügung über das Recht zu enthalten. Hierdurch wird die Pfändung wirksam (§ 857 Abs. 2 ZPO). Die Verwertung erfolgt nach §§ 857, 835, 844 ZPO. Mit der Überweisung nimmt der Gläubiger die Stellung des Inhabers des betreffenden Nutzungsrechts ein, so lange, bis er mit seiner Forderung befriedigt ist. In Frage kommt auch eine Verwaltung oder Verpachtung des Nutzungsrechts (§§ 844, 857 Abs. 4 ZPO). Nach § 857 Abs. 5 ZPO kann das Gericht auch die Veräußerung anordnen, sofern die Zustimmung des Urhebers dazu vorliegt (§ 34)[19] und die Zwangsvollstreckung nicht weiter geht, als zur Befriedigung des Gläubigers sowie zur Deckung der Kosten der Zwangsvollstreckung notwendig ist. Bei übermäßiger Pfändung ist Erinnerung nach § 766 ZPO gegeben. In Betracht kommt in besonderen Härtefällen auch Vollstreckungsschutz nach § 765a ZPO. Das dürfte allerdings selten vorkommen, da der Urheber durch seine notwendige Einwilligung selbst in der Hand hat, wie weit er dem Gläubiger entgegenkommen will. *Ulmer*[20] weist zu Recht darauf hin, dass es, statt bloß die Einwilligung des Urhebers zur Zwangsvollstreckung einzuholen, sinnvoller ist, dass Gläubiger und Schuldner sich über die Verwertung und die Art der Tilgung der Schulden einigen.

---

[11] Vgl. Wandtke/Bullinger/*Kefferpütz* UrhG § 113 Rn. 14.
[12] Vgl. Wandtke/Bullinger/*Kefferpütz* UrhG § 113 Rn. 14; zu weit Möhring/Nicolini/*Rudolph* UrhG § 113 Rn. 16.
[13] Vgl. schon → Rn. 6.
[14] *Roy/Palm* NJW 1995, 690 (692); kritisch auch *Zimmermann* Immaterialgüter und Zwangsvollstreckung, 1998, 193 ff.; *Breidenbach* CR 1989, 971 (972 f.); *Paulus* ZIP 1996, 1 (4); *Weimann* DGVZ 1998, 1 (6); ausführlich dazu und ablehnend *Skauradszun* S. 104 ff.
[15] Dazu: Dreier/Schulze/*Schulze* UrhG § 113 Rn. 15; Wandtke/Bullinger/*Kefferpütz* UrhG § 113 Rn. 16 ff.; Fromm/Nordemann/*Boddien* UrhG § 113 Rn. 23 f.; ausführlich Möhring/Nicolini/*Rudolph* UrhG § 113 Rn. 21 ff.
[16] Wandtke/Bullinger/*Kefferpütz* UrhG § 113 Rn. 19.
[17] Dreier/Schulze/*Schulze* UrhG § 113 Rn. 15.
[18] Wandtke/Bullinger/*Kefferpütz* UrhG § 113 Rn. 18; Möhring/Nicolini/*Rudolph* UrhG UrhG § 113 Rn. 21 ff.; zum Ganzen *Skauradszun* S. 104 ff.
[19] So auch Loewenheim/*Kreuzer/Schwarz* UrhR § 95 Rn. 38; aA Möhring/Nicolini/*Rudolph* UrhG UrhG § 113 Rn. 19.1 mwN.
[20] *Ulmer* § 135 II 4.

§ 114 Originale von Werken

(1) [1]Gegen den Urheber ist die Zwangsvollstreckung wegen Geldforderungen in die ihm gehörenden Originale seiner Werke nur mit seiner Einwilligung zulässig. [2]Die Einwilligung kann nicht durch den gesetzlichen Vertreter erteilt werden.

(2) [1]Der Einwilligung bedarf es nicht,

1. soweit die Zwangsvollstreckung in das Original des Werkes zur Durchführung der Zwangsvollstreckung in ein Nutzungsrecht am Werk notwendig ist,
2. zur Zwangsvollstreckung in das Original eines Werkes der Baukunst,
3. zur Zwangsvollstreckung in das Original eines anderen Werkes der bildenden Künste, wenn das Werk veröffentlicht ist.

[2]In den Fällen der Nummern 2 und 3 darf das Original des Werkes ohne Zustimmung des Urhebers verbreitet werden.

Übersicht

I. Entwicklung und Bedeutung

Zur Entwicklung und Bedeutung → § 112 Rn. 1. § 114 enthält eine Beschränkung der **Sachpfändung**; sie ist unabhängig von der Rechtspfändung (§ 113). Solange das Werk dem Urheber gehört, ist eine Zwangsvollstreckung in die Originale – mit den in Abs. 2 genannten Ausnahmen – ohne seine Einwilligung nicht möglich. Die allgemeinen Pfändungsbeschränkungen der ZPO bleiben unabhängig von § 114 bestehen. § 114 kann Bedeutung gewinnen bei der **Auseinandersetzung** von Miteigentums- und Gesamthandgemeinschaften im Rahmen des Zugewinnausgleichs.[1] **1**

II. Zwangsvollstreckung in Originale

Originale sind alle vom Urheber geschaffenen, autorisierten Werkstücke. Der Urheber bestimmt die von einem Werk in Umlauf zu bringende Zahl. Nicht zu verwechseln sind diese mit Unikaten. Welchen Wert die Käuferkreise einem mehrfach existierenden Werk beimessen, ist keine Frage des Urheberrechts. Der Pfändungsbeschränkung des § 114 unterliegt **jedes** Werkoriginal. Der **Begriff des Originals**[2] ist gelegentlich schwer abgrenzbar von der Vervielfältigung. Einerseits setzt der Werkbegriff keine Verkörperung voraus. Andererseits kann es auch von einem Werk **mehrere Fassungen** geben. Ein Original ist jedenfalls das der Drucklegung zugrundeliegende Manuskript auch in der Bearbeitungsfassung, so dass ebenso vorausgegangene Entwürfe Originale darstellen. Originale sind außerdem unmittelbar vom Urheber geschaffene Zeichnungen, Gemälde, Skulpturen, wobei die Benutzung eigener oder fremder Vorlagen den Charakter als Originalwerk nicht notwendig aufhebt. Bloße Kopien ohne eigenschöpferische Gestaltung sind, auch wenn sie handgemalt sind, Vervielfältigungen und nicht Originale. Bei posthumen Werken ist der Begriff des Originals streitig. Das Thema wird aber nur virulent, wenn ein legitim hergestelltes Exemplar zu Lebzeiten des Künstlers noch nicht veröffentlicht war; dazu → § 116 Rn. 1; zum Begriff des Originals im Übrigen → § 26 Rn. 25 ff. und insbesondere bei der Druckgraphik und Mehrfachstücken → § 26 Rn. 27 f. Die Druckplatte oder sonstige Vorrichtungen zur Vervielfältigung genießen Schutz nach § 119. Filmnegative sind Originale der darin verkörperten Filmwerke. **2**

III. Eigentum

Voraussetzung des § 114 ist, dass sich das Originalwerk im Zeitpunkt der Zwangsvollstreckung im **Eigentum des Urhebers** befindet und nicht weiterveräußert worden ist. Veräußerte Werke unterliegen, was das Sacheigentum anlangt, der Zwangsvollstreckung ohne Einfluss des Urhebers. Unabhängig davon sind die Verwertungsrechte. Sie folgen nicht notwendig dem Eigentum. Der Drucker hat zwar ein gesetzliches Pfandrecht nach § 647 BGB, kann es aber nur verwerten, wenn er auch das Verwertungsrecht hat oder sich verschafft. Filmkopien können gepfändet, aber nur nach Pfändung des **3**

---

[1] S. dazu Möhring/Nicolini/*Rudolph* UrhG § 114 Rn. 9.1.
[2] Möhring/Nicolini/*Rudolph* UrhG § 114 Rn. 6 ff.; Dreier/Schulze/*Schulze* UrhG § 114 Rn. 5; Wandtke/Bullinger/*Kefferpütz* UrhG § 114 Rn. 3.

Verbreitungs- und Vorführungsrechts verwertet werden. Soweit ein Original gleichzeitig als Vorrichtung nach § 119 in Betracht kommt, unterliegt es der Beschränkung des § 119 (s. dort). Ist das Original vom Urheber **zur Sicherheit übereignet**, kann er einer Zwangsvollstreckung widersprechen. Das ergibt sich schon nach § 771 ZPO. Streitig ist bei Miteigentum, ob nur die Einwilligung des Urhebers, in dessen Miteigentumsanteil vollstreckt werden soll, erforderlich ist,[3] oder ob die Einwilligung sämtlicher Miturheber eingeholt werden muss.[4]

IV. Einwilligung des Urhebers

4 Die Vollstreckung gegen den Urheber wegen Geldforderungen in ein ihm gehörendes Originalwerk ist nur mit seiner **vorherigen Einwilligung – nicht der Einwilligung des gesetzlichen Vertreters –** zulässig. Zur Einwilligung → § 113 Rn. 5 ff. Die Vollstreckung eines Herausgabeanspruchs fällt nicht unter § 114.

V. Entbehrlichkeit der Einwilligung, Abs. 2

5 Abs. 2 regelt die Ausnahmen vom Einwilligungserfordernis. Eine Einwilligung des Urhebers ist entbehrlich, soweit die Zwangsvollstreckung in das Original **zur Durchführung der Zwangsvollstreckung in das Nutzungsrecht am Werk notwendig** ist (Nr. 1). Es handelt sich um eine notwendige Ergänzung zu 113. Hat der Urheber die Einwilligung zur Verwertung in ein Nutzungsrecht gegeben, ist auch das Original dazu zur Verfügung zu stellen. Dies gilt auch für das gepfändete Nutzungsrecht an einem Computerprogramm, soweit für die Erstellung einer Software-Kopie die Verwendung des Originals erforderlich ist.[5] Soweit ein vertragliches Nutzungsrecht gepfändet wird, gilt § 114 Abs. 2 Nr. 1 nicht. Dann ist eine Hilfspfändung nach §§ 846, 847, 849 ZPO vorzunehmen, die einen pfändbaren Herausgabeanspruch des Nutzungsberechtigten an den Urheber voraussetzt.

6 Ebenfalls unabhängig von einer Einwilligung ist die Zwangsvollstreckung **in Werke der Baukunst** (Nr. 2). Dies entspricht der Vorstellung, dass Bauwerke bestimmungsgemäß zur Verwertung vorgesehen sind. Die Gläubiger von Grundpfandrechten, die das Bauwerk finanziert haben, haben Vorrang.

7 Auch bei der Vollstreckung **in veröffentlichte Werke der bildenden Kunst** (Nr. 3) bedarf es keiner Einwilligung des Urhebers. Diese Ausnahme wird bis heute zu recht kritisiert.[6] Zum einen kann der Urheber auch nach Veröffentlichung zu einem unverkauften Gemälde oder einer unverkauften Skulptur eine besondere persönliche Bindung haben. Mit dem Argument, der Urheber habe sich zu seinem veröffentlichten Werk bereits bekannt, könnte zudem auch bei den übrigen Werkarten die Zwangsvollstreckung in Werkoriginale (Lichtbildwerke, Sprachwerke) zugelassen werden, wenn die Veröffentlichung erfolgt ist. Insbesondere werden aber Bedenken wegen eines **Verstoßes gegen Art. 3 Abs. 1 GG (Gleichheitssatz)** geäußert, da nicht zu erkennen ist, warum eine unterschiedliche Behandlung der **Urheber von Werken der bildenden Künste** und der **Urheber anderer Werke** in ihren Beziehungen zum Werkoriginal gerechtfertigt wäre.[7] Soweit die Amtliche Begründung darauf abstellt, dass damit zugunsten des Urhebers verhindert werden soll, dass Werke, die noch nicht vollendet sind oder die Urheber noch nicht veröffentlichen will, dem Zugriff der Gläubiger preisgegeben werden,[8] ist auch nicht zu erkennen, warum dies nicht auch für andere Werkarten gelten soll. *Schulze* verweist auf den regelmäßig erheblichen Wert der Werkoriginale im Bereich der bildenden Künste,[9] der diese Ausnahme rechtfertige, übersieht dabei aber, dass dieses Argument im Bereich der Werke der angewandten Kunst, die ebenfalls von Nr. 3 umfasst sind, nicht gleichermaßen greift. Zudem geht es in der Vorschrift nicht so sehr um den Wert des Werkes, sondern um die Beziehung des Schaffenden zu seinem Werk.

---

[3] So Mestmäcker/Schulze/*Kirchmaier* UrhG § 114 Rn. 4; Wandtke/Bullinger/*Kefferpütz* UrhG § 114 Rn. 7; Möhring/Nicolini/*Rudolph* UrhG § 114 Rn. 9.

[4] Dreier/Schulze/*Schulze* UrhG § 114 Rn. 8; Fromm/Nordemann/*Boddien* UrhG § 114 Rn. 9; Zum Gesamthandseigentum vgl. Möhring/Nicolini/*Rudolph* UrhG § 114 Rn. 9 f.

[5] Ausführlich *Roy/Palm* NJW 1995, 690 (692).

[6] Vgl. Wandtke/Bullinger/*Kefferpütz* UrhG § 114 Rn. 15.

[7] Wandtke/Bullinger/*Kefferpütz* UrhG § 114 Rn. 15; Möhring/Nicolini/*Rudolph* UrhG § 114 Rn. 19; Fromm/Nordemann/*Boddien* UrhG § 114 Rn. 19.

[8] AmtlBegr. BT-Drs. IV/270, 110.

[9] Dreier/Schulze/*Schulze* UrhG § 114 Rn. 14.

Unterabschnitt 3. Zwangsvollstreckung wegen Geldforderungen gegen den Rechtsnachfolger des Urhebers

§ 115 Urheberrecht

[1]Gegen den Rechtsnachfolger des Urhebers (§ 30) ist die Zwangsvollstreckung wegen Geldforderungen in das Urheberrecht nur mit seiner Einwilligung und nur insoweit zulässig, als er Nutzungsrechte einräumen kann (§ 31). [2]Der Einwilligung bedarf es nicht, wenn das Werk erschienen ist.

Die **Bestimmung entspricht** dem früheren Recht (§§ 10 S. 2 LUG, 14 Abs. 2 KUG). Sie deckt **1** sich mit **§ 113** (s. dort) mit der Einschränkung, dass die Zwangsvollstreckung gegen den Rechtsnachfolger zulässig ist, wenn das Werk bereits erschienen ist. Über § 118 gilt § 115 sinngemäß auch für Verfasser wissenschaftlicher Werke (§ 70) und Lichtbildner (§ 72). **Rechtsnachfolger iSd § 115 ist der Rechtsnachfolger nach § 30.** Rechtsnachfolger ist nicht nur der **Erbe und Miterbe**, sondern auch der **Vermächtnisnehmer, Auflagenbegünstigte** und sonstige, der umfassend in alle Rechte des Rechteinhabers eingetreten ist; nicht der Inhaber einzelner vom Urheber eingeräumter Nutzungsrechte (dazu → § 112 Rn. 11). Zur **Einwilligung** vgl. zunächst → § 113 Rn. 5 ff. Anders als nach bei § 113 kann eine **Einwilligung auch durch den gesetzlichen Vertreter** erfolgen. Die Entbehrlichkeit der Einwilligung bei erschienenen Werken reflektiert den gesetzgeberischen Zweck, die Beschränkung des § 115 auf den Fall zu begrenzen, in dem der Rechtsnachfolger das persönlichkeitsrechtliche Interesse des Urhebers wahrnimmt, unfertige oder sonst nicht für die Öffentlichkeit nicht bestimmte Werke dieser nicht zugänglich zu machen.[1] Ist ein **Testamentsvollstrecker** eingesetzt, hat er allein die Befugnis, die Einwilligung zu erteilen (§ 117). Zum **Erscheinen des Werkes** s. § 6 Abs. 2. Nach § 6 Abs. 2 ist ein Werk erschienen, wenn mit Zustimmung des Berechtigten Vervielfältigungsstücke des Werkes nach ihrer Herstellung in genügender Anzahl der Öffentlichkeit angeboten oder in Verkehr gebracht worden sind. Der Begriff Vervielfältigungsstücke iSd § 6 Abs. 2 S. 1 umfasst auch Mehrfachoriginale von Werken der Druckgrafik sowie von Abgussverfahren; treffender ausgedrückt die Parallelbestimmung in § 9 Abs. 1 des öst. UrhG, das vom „Erscheinen durch Feilhalten oder Inverkehrbringen" spricht (→ § 6 Rn. 33 ff.). Ein Werk der bildenden Künste gilt auch dann als erschienen, wenn das Original oder ein Vervielfältigungsstück des Werkes mit Zustimmung des Berechtigten bleibend der Öffentlichkeit zugänglich ist (§ 6 Abs. 2 S. 2).

§ 116 Originale von Werken

(1) **Gegen den Rechtsnachfolger des Urhebers (§ 30) ist die Zwangsvollstreckung wegen Geldforderungen in die ihm gehörenden Originale von Werken des Urhebers nur mit seiner Einwilligung zulässig.**

(2) [1]**Der Einwilligung bedarf es nicht**
1. in den Fällen des § 114 Abs. 2 Satz 1,
2. zur Zwangsvollstreckung in das Original eines Werkes, wenn das Werk erschienen ist.
[2]**§ 114 Abs. 2 Satz 2 gilt entsprechend.**

Die **Bestimmung entspricht § 114,** jedoch mit der Einschränkung, dass in das Originalwerk (alle **1** Werkarten) nur solange nicht ohne Einwilligung vollstreckt werden darf, bis es erschienen ist (Abs. 1 S. 1 Nr. 2). Bei posthumen Werken kann sich ein Streit um den Begriff „Original" entzünden, wenn ein Werk im Nachlass schlummerte und bisher nicht erschienen ist. Die Zwangsvollstreckung in ein solches Werk bedarf der Einwilligung des Rechtsnachfolgers, denn dieser hat neben dem Recht auf Vervielfältigung auch das Recht der Veröffentlichung nach § 16. **Rechtsnachfolger** iSd § 116 ist der Rechtsnachfolger iSd § 30 (s. dort). Zum Erscheinen des Werks s. § 6 Abs. 2 und → § 6 Rn. 29 ff. Der Rechtsnachfolger muss Eigentümer des Originals sein. Wie er dazu gekommen ist, spielt keine Rolle.[1] Voraussetzung ist nur, dass der Vollstreckungsschuldner Rechtsnachfolger im Urheberrecht ist. Für ihn kann auch der gesetzliche Vertreter handeln.

§ 117 Testamentsvollstrecker

Ist nach § 28 Abs. 2 angeordnet, dass das Urheberrecht durch einen Testamentsvollstrecker ausgeübt wird, so ist die nach den §§ 115 und 116 erforderliche Einwilligung durch den Testamentsvollstrecker zu erteilen.

---

[1] Amtliche Begründung, BT-Drs. IV/270, 110.
[1] Vgl. Möhring/Nicolini/*Rudolph* UrhG § 116 Rn. 6.

1   Ist **Testamentsvollstreckung** angeordnet (§ 28 Abs. 2 S. 1), liegt das **Einwilligungsrecht ausschließlich beim Testamentsvollstrecker.** Das ergibt sich schon aus §§ 2205 S. 2, 2211 Abs. 1 BGB und ist insoweit nur eine Klarstellung. Der Testamentsvollstrecker ist entgegen der etwas missverständlichen Formulierung der Vorschrift **nicht zur Erklärung der Einwilligung verpflichtet.**[1]

2   Erteilt unzulässigerweise der Erbe anstelle des Testamentsvollstreckers die Einwilligung und wird irrtümlich die Vollstreckung angeordnet, kann der Testamentsvollstrecker Drittwiderspruchsklage nach § 771 ZPO erheben; er hat ein ausschließliches Recht an dem Gegenstand der Zwangsvollstreckung. Diese ist gem. § 771 Abs. 3 ZPO einzustellen.

Unterabschnitt 4. Zwangsvollstreckung wegen Geldforderungen gegen den Verfasser wissenschaftlicher Ausgaben und gegen den Lichtbildner

§ 118 Entsprechende Anwendung

Die §§ 113 bis 117 sind sinngemäß anzuwenden

1. auf die Zwangsvollstreckung wegen Geldforderungen gegen den Verfasser wissenschaftlicher Ausgaben (§ 70) und seinen Rechtsnachfolger,

2. auf die Zwangsvollstreckung wegen Geldforderungen gegen den Lichtbildner (§ 72) und seinen Rechtsnachfolger.

1   Diese Bestimmung stellt die **Verfasser wissenschaftlicher Ausgaben (§ 70) und Lichtbildner (§ 72) sowie ihre Rechtsnachfolger den Urhebern und deren Rechtsnachfolgern gleich.** Das ist nach dem Aufbau der §§ 70 und 72 eine logische Konsequenz. Es muss wegen Geldforderungen vollstreckt werden. Die wissenschaftlichen Ausgaben und Lichtbilder müssen zur Zeit der Vollstreckung noch geschützt sein. **Andere Leistungsschutzrechte,** die nicht genannt sind, genießen **keinen Vollstreckungsschutz** nach den §§ 113–117, also auch nicht ausübende Künstler, obwohl auch ihnen anerkanntermaßen Persönlichkeitsrechtsschutz zukommt. Hier besteht Vollstreckungsschutz über die allgemeinen Vorschriften der ZPO, soweit die Rechte unverzichtbar oder noch nicht zu einem Zahlungsanspruch konkretisiert sind (§ 75 UrhG, § 857 Abs. 3 ZPO).[1] Lediglich Vorrichtungen, die ausschließlich zur Vervielfältigung dieser Leistungen bestimmt sind, können über § 119 geschützt sein.

Unterabschnitt 5. Zwangsvollstreckung wegen Geldforderungen in bestimmte Vorrichtungen

§ 119 Zwangsvollstreckung in bestimmte Vorrichtungen

(1) **Vorrichtungen, die ausschließlich zur Vervielfältigung oder Funksendung eines Werkes bestimmt sind, wie Formen, Platten, Steine, Druckstöcke, Matrizen und Negative, unterliegen der Zwangsvollstreckung wegen Geldforderungen nur, soweit der Gläubiger zur Nutzung des Werkes mittels dieser Vorrichtungen berechtigt ist.**

(2) **Das gleiche gilt für Vorrichtungen, die ausschließlich zur Vorführung eines Filmwerkes bestimmt sind, wie Filmstreifen und dergleichen.**

(3) **Die Absätze 1 und 2 sind auf die nach den §§ 70 und 71 geschützten Ausgaben, die nach § 72 geschützten Lichtbilder und die nach § 77 Abs. 2 S. 1, §§ 85, 87, 94 und 95 geschützten Bild- und Tonträger und die nach § 87b geschützten Datenbanken entsprechend anzuwenden.**

Übersicht

I. Entwicklung und Bedeutung

1   Die Vorschrift hat schon einen Vorläufer in § 14 Abs. 3 KUG, der die Zwangsvollstreckung nur zugunsten der Rechte an Werken der bildenden Künste beschränkte. Die Regelung im UrhG umfasst auch Vorrichtungen zur Vervielfältigung sonstiger Werke, zur Funksendung eines Werks, zur Wiedergabe von Daten oder zur Vorführung eines Filmwerks. Außerdem ist die Zwangsvollstreckung in Vorrichtungen für die in Abs. 3 genannten Ausgaben, Lichtbilder, Bild- und Tonträger in entspre-

---

[1] Vgl. Loewenheim/*Kreuzer/Schwarz* UrhR § 95 Rn. 16; *Schack* Rn. 869.
[1] Dreier/Schulze/*Schulze* UrhG § 118 Rn. 3; → § 112 Rn. 19.

chender Anwendung der Abs. 1 und 2 beschränkt. Eingeschränkt ist allerdings nur die Zwangsvollstreckung wegen Geldforderungen.

Der Grund für die Ausnahme der Vorrichtungen ist die **Verhinderung unwirtschaftlicher Verwertungsmaßnahmen.** Die Vorrichtungen stellen gewissermaßen das Zubehör zu den Nutzungsrechten dar, zu deren Ausübung sie geschaffen wurden und die eine wirtschaftliche Bedeutung nur in Verbindung mit dem Nutzungsrecht haben.[1] Für Nichtberechtigte haben die Vorrichtungen **bloßen Materialwert,** da deren bestimmungsgemäßer Gebrauch zur Herstellung von Vervielfältigungsstücken eine Urheberrechtsverletzung darstellen würde. Für die Berechtigten dagegen sind diese Mittel der Verwertung und genießen insoweit Schutz. Indirekt schützt § 119 auch den nutzungsberechtigten Gläubiger. Ihm soll niemand zuvorkommen, der ohne Nutzungsberechtigung in die Vorrichtung vollstrecken will. Aber die Bestimmung gibt dem Nutzungsberechtigten keinen Schutz, wenn ein nicht nutzungsbefugter Gläubiger vollstreckt und der Schuldner zustimmt.[2] Die Verwertung eines solchen Pfandes macht allerdings Schwierigkeiten, wenn der Schuldner nicht zugleich Urheber oder dessen Rechtsnachfolger ist oder über die Nutzungsrechte verfügt. Der Eigentümer der Vorrichtung kann zwar in die Vollstreckung einwilligen, nicht aber Nutzungsrechte an dem zugrundeliegenden Werk einräumen. Dann also keine Vervielfältigung, keine Vorführung, keine Sendung etc ohne Einwilligung der Inhaber der Rechte. Auch der reine Materialwert ist nicht ohne weiteres zu erzielen. Ein Nichtberechtigter darf nicht ohne weiteres ein Werk vernichten.[3]

Anders als nach §§ 113–117 **findet § 119 Anwendung unabhängig davon, wer Vollstreckungsschuldner ist.** Die Einschränkung nach § 119 ist bei jeder Zwangsvollstreckung zu beachten, sowohl gegenüber dem Urheber als auch gegenüber dessen Rechtsnachfolger als auch gegenüber Nutzungsberechtigten und selbst Dritten; auf § 119 kann sich zB auch der Verleger berufen.[4]

II. Anwendungsbereich

Der Anwendungsbereich des § 119 erfasst grundsätzlich **jede Werkart des § 2.**

Der Anwendungsbereich und damit der **Schutz des § 119 ist weit** und betrifft nicht nur Vorrichtungen zur Vervielfältigung oder Funksendung eines Werkes oder von Vorrichtungen zur Vorführung eines Filmwerks, sondern auch **Bild– und Tonträger,** die nach §§ 77, 85, 87, 94 und 95 geschützt sind sowie **Datenbanken** nach § 87b Abs. 1. Da Datenbanken iSd §§ 87a ff. keine körperlichen Gegenstände, sondern geistiges Gut darstellen, meint die Ergänzung des § 119 durch Art. 7 des Informations- und Kommunikationsgesetzes (IuKDG) v. 13.6.1997 (BGBl. I S. 1870) Vorrichtungen, auf denen nach § 87b geschützte Datenbanken fixiert sind, also Computerdisketten, CD-ROMs oder andere digitale Speichermaterialien, aber durchaus auch ein Kartensystem, Papieraufzeichnungen oder Ähnliches[5] (§ 119 Abs. 3). **Voraussetzung** ist jedoch, dass die geschützten Vorrichtungen **ausschließlich zu den genannten Verwertungsarten bestimmt** sind.[6] Maßgeblich sind die Umstände des Einzelfalles. Ein Filmprojektor dient idR nicht ausschließlich zur Wiedergabe eines bestimmten Filmwerks, sondern allgemein zur Vorführung von Filmwerken; er fällt deshalb nicht unter § 119 Abs. 2. Strittig ist die Frage, ob es auf die objektive Zweckbestimmung ankommt[7] oder auf die vollzogene subjektive Zweckbestimmung des Materials.[8] Als Grundlage der Ausnahme von der prinzipiellen Pfändbarkeit ist die **Zweckbestimmung allerdings eng auszulegen.** Endet die Zweckbestimmung, entfällt auch der Vollstreckungsschutz.

Zulässig ist die Vollstreckung in die genannten Vorrichtungen, wenn der Gläubiger zugleich ein Nutzungsrecht hat. Das kann **vertraglicher Natur** sein oder von Gesetzes wegen begründet (§ 61) oder durch Zwangsvollstreckung nach den §§ 113, 115, 118. Der Gläubiger muss ein Verwertungsrecht haben, das ihn zur Benutzung gerade dieser Vorrichtung befugt. Es kommt darauf an, ob die Vorrichtung dem bestimmungsgemäßen Gebrauch entzogen würde.[9] Sind auf der Vorrichtung mehrere geschützte Werke oder Leistungen vorhanden, bedarf der Gläubiger aller Nutzungsrechte (zB im Fall von Tonaufnahmen der Rechte vom Komponisten/Autor, ausübenden Künstlern und des Tonträgerherstellers).[10] Die Vollstreckung ist zugleich durch den Umfang des Nutzungsrechtes abgegrenzt (zB zeitlich beschränkt) und die Vorrichtung ist nach Gebrauch in zulässigem Umfang wieder herauszugeben.[11]

---

[1] AmtlBegr. BT-Drs. IV/270, 111.

[2] Dreier/Schulze/*Schulze* UrhG § 119 Rn. 3; Möhring/Nicolini/*Rudolph* UrhG § 119 Rn. 12; Wandtke/Bullinger/*Kefferpütz* UrhG § 119 Rn. 14.

[3] Dreier/Schulze/*Schulze* UrhG § 119 Rn. 3.

[4] *Schricker,* Verlagsrecht (3. Aufl.), VerlG § 28 Rn. 37.

[5] Möhring/Nicolini/*Rudolph* UrhG § 119 Rn. 18.

[6] Vgl. den abweichenden Wortlaut beim auf Vorrichtungen erstreckten Vernichtungsanspruch in § 98 Abs. 1 S. 2 („vorwiegend … gedient") und § 99 aF („ausschließlich oder nahezu ausschließlich … benutzten oder bestimmten").

[7] Wandtke/Bullinger/*Kefferpütz* UrhG § 119 Rn. 6; Fromm/Nordemann/*Boddien* UrhG § 119 Rn. 9f.; Dreier/*Kotthoff*/Meckel UrhG § 119 Rn. 2.

[8] Möhring/Nicolini/*Lütje* UrhG § 119 (2. Aufl.) Rn. 8; aA Möhring/Nicolini/*Rudolph* UrhG § 119 Rn. 6.

[9] AmtlBegr. BT-Drs. IV/270, 111.

[10] Dreier/Schulze/*Schulze* UrhG § 119 Rn. 13.

[11] Dreier/Schulze/*Schulze* UrhG § 119 Rn. 5; Möhring/Nicolini/*Rudolph* UrhG § 119 Rn. 11.

6   **Keiner Beschränkung** unterliegt die Zwangsvollstreckung in Vorrichtungen, wenn sie nicht wegen Geldforderungen erfolgt. Der Verleiher, der einen Anspruch gegen einen Filmproduzenten zur Lieferung von Filmnegativen oder Filmkopien hat, kann auf Leistung klagen und aus dem Urteil ohne weiteres vollstrecken.

7   Der **Gerichtsvollzieher** ist mit der Frage, ob eine Vorrichtung in den Anwendungsbereich des § 119 fällt und der Gläubiger möglicherweise zur Nutzung des Werkes unter Anwendung dieser Vorrichtung berechtigt ist, ad hoc überfordert. Er hat deshalb bei der Pfändung die Einschränkung der Zwangsvollstreckung durch § 119 nur zu beachten, wenn dessen Voraussetzungen ganz offensichtlich gegeben sind. Es ist dann Sache des Schuldners, gegen die Pfändung Erinnerung einzulegen. Auch bei der Zwangsvollstreckung in Vorrichtungen hat der Gerichtsvollzieher bei der Pfändung nur zu prüfen, ob sich die Vorrichtung im Gewahrsam des Schuldners befindet. Ist die ausschließliche Zweckbestimmung der Vorrichtung offensichtlich, empfiehlt *Kefferpütz*[12] dem Gläubiger, ein Recht zur Nutzung des Werks mittels der betreffenden Vorrichtung in entsprechender Anwendung der §§ 756, 765 ZPO bereits in seinem Antrag auf Durchführung der Zwangsvollstreckung durch öffentliche oder öffentlich beglaubigte Urkunden nachzuweisen.[13]

---

[12] Wandtke/Bullinger/*Kefferpütz* UrhG § 119 Rn. 10.
[13] Dreier/Schulze/*Schulze* UrhG § 119 Rn. 14; *Dreyer/Kotthoff*/Meckel UrhG § 119 Rn. 5.

Teil 5. Anwendungsbereich, Übergangs- und Schlussbestimmungen

Vorbemerkung

Schrifttum:

a) Schrifttum seit 1998/1999: *Dittrich,* Der Dreistufentest, in *Dittrich* (Hrsg.), Beiträge zum Urheberrecht VIII, 2005, S. 63; *van Eechoud,* Alternatives to the lex protectionis as the Choice-of-Law Rule for Initial Ownership of Copyright, in *Drexl/Kur* (eds.), Intellectual Property and Private International Law, 2005, S. 289; *Metzger,* Transfer of Rights, License Agreements, and Conflict of Laws – Remarks on the Applicable Law on Transfer of IP Rights and License Agreements under the Rome Convention of 1980 and the Current ALI Draft, in Basedow/Drexl/Kur/Metzger (Hrsg.), Intellectual Property in the Conflict of Laws, Tübingen 2005, 61–77; *Obergfell,* Filmverträge im deutschen materiellen und internationalen Privatrecht, 2001; *dies.,* Verlags- und Filmverträge, in *Reithmann/Martiniy* (Hrsg.), Internationales Vertragsrecht, 2004, S. 1267; *Sack,* Zur Zweistufentheorie im internationalen Wettbewerbs- und Immaterialgüterrecht, FS Lorenz (2004), S. 659; *Senftleben,* Copyright, Limitations and the Three-Step Test. An Analysis of the Three-Step Test in International and EC Copyright Law, 2004;

b) Schrifttum seit 2005/2006: *American Law Institute,* Intellectual Property: Principles Governing Jurisdiction, Choice of Law, and Judgments in Transnational Disputes (2008); *Auringer,* Ein besserer grenzüberschreitender Zugang zu Online-Inhalten, ZUM 2019, 537; *Basedow/Kono/Metzger* Intellectual Property in the Global Arena – Jurisdiction, Applicable Law, and the Recognition of Judgments in Europe, Japan and the US, 2010; *Drexl,* Internationales Immaterialgüterrecht, in Münchener Kommentar zum Bürgerlichen Gesetzbuch, Band 12 Internationales Privatrecht II, 7. Aufl. 2018; *von Eechoud,* Choice of Law in Copyright and Related Rights, 2003; *Ensthaler/Weidert* (Hrsg.), Handbuch Urheberrecht und Internet, 3. Auflage 2017; *European Max Plank Group on Conflict of Laws in Intellectual Property,* Conflict of Laws in Intellectual Property: The CLIP Principles and Commentary, 2013; *Fawcett/Torremans,* Intellectual Property and Private International Law, 2. Auflage 2011; *Ferrari/Kieninger/Mankowski u. a.,* Internationales Vertragsrecht, 3. Auflage 2018; *Goldstein/Hugenholtz,* International Copyright, 3. Aufl. 2013; *Grosse Ruse-Khan/Kur,* Enough is Enough – The Notion of Binding Ceilings in International Intellectual Provperty Protection, in Levin/Kur (Hrsg.): Intellectual Property Rights in a Fair World Trade System, 2011, S. 359–407; *Hoeren,* Kollisionsrechtliche Anknüpfungen in internationalen Datenbanken, in *Hoeren/Sieber* (Hrsg.), Handbuch Multimedia Recht, 11. Aufl., 2005, Teil 7.10; *Hofmann,* Die Online-SatCab-Richtlinie – Muss das sein oder kann das weg?, ZUM 2019, 551; *Keller,* Anmerkung zu LG Krefeld, Urteil vom 14.2.2007, K&R 2007, 662; *Klass,* Das Urheberkollisionsrecht der ersten Inhaberschaft Plädoyer für einen universalen Ansatz, GRUR-Int 2007, 373; *dies.,* Ein interessen- und prinzipienorientierter Ansatz für die urheberkollisionsrechtliche Normbildung: Die Bestimmung geeigneter Anknüpfungspunkte für die erste Inhaberschaft, GRUR-Int 2008, 546; *Kono* (Hrsg.), Intellectual Property and Private International Law, 2012; *Kraßer/Ann,* Patentrecht, 7. Aufl., 2016; *v. Lewinski,* International Copyright Law and Policy, 2008; *dies.,* Indigenous Heritage and Intellectual Property: Genetic Resources, Traditional Knowledge and Folklore, 2nd. ed. 2008; *dies.,* GRUR-Int 2013, 12; *Loewenheim,* The Principle of National Treatment in the International Conventions Protecting Intellectual Property, in FS Straus (2009), S. 593; *Magnus/Mankowski* (Hrsg.), Rome II Regulation: Commetary, 2019; *Matulionyte/Metzger u. a.,* Opinion of European Academics on Anti-Counterfeiting Trade Agreement 2 JIPITEC 65–72 (2011); *Metzger,* Zum anwendbaren Urheberrecht bei grenzüberschreitendem Rundfunk, IPRax 2006, 242; *ders.,* Perspektiven des internationalen Urheberrechts – Zwischen Territorialität und Ubiquität, JZ 2010, 929; *ders.,* A Primer on ACTA: What Europeans should fear about the Anti-Counterfeiting Trade Agreement, 1 (2) 2010 JIPITEC, 109; *ders.,* Regulierung im Urheberrecht, ZUM 2018, 233; *Moura Vicente,* La propriété intellectuelle en droit international privé, 2009; *Neumann,* Die Haftung der Intermediäre im Internationalen Immaterialgüterrecht – Vorgaben und Grenzen von Territorialitätsprinzip und Schutzlandanknüpfung, 2014; *Niebler,* Die Online-SatCab-Richtlinie – Weitersendung 2.0?, ZUM 2019, 545; *Ohly/Leible* (Hrsg.), Intellectual Property and Private International Law, 2009; *Pessach,* The Beijing Treaty on Audiovisual Performances – The Return of the North? 55 IDEA 79 (2014); *Rehbinder/Peukert,* Urheberrecht, 18. Auflage 2018; *Reithmann/Martiny,* Internationales Vertragsrecht, 8. Auflage 2018; *Ricketson/Ginsburg,* International Copyright and Neighbouring Rights: The Berne Convention and Beyond, 2nd. ed., 2006; *Rosén* (Hrsg.), Intellectual Property at the Crossroads of Trade, 2012; *Schaafsma,* Intellectuele eigendom in het conflictenrecht, 2009; *Schack,* International zwingende Normen im Urhebervertragsrecht, FS Heldrich (2005), S. 997; *ders.,* Internationales Zivilverfahrensrecht, 7. Aufl. 2017; *Schneider-Brodtmann,* Anwendung des deutschen Folgerechts bei der Veräußerung einer inländischen Kunstsammlung ins Ausland, NJW 2009, 740; *Torremans,* Licenses and Assignments of Intellectual Property Rights under the Rome I Regulation, (2008) 4 Journal of Private International Law, 397; *Wilhelmi,* Welches Recht regiert das World Wide Web?, IPRax 2007, 232; *Wille,* Die kollisionsrechtliche Geltung der urheberrechtlichen Neuregelungen zu den unbekannten Nutzungsarten – §§ 31a, 32c UrhG im Lichte des Internationalen Privatrechts, GRUR-Int 2008, 389; *Zimmer,* Urheberrechtliche Verpflichtungen und Verfügungen im Internationalen Privatrecht, 2006; *Zimmermann* (Hrsg.), The 1951 Convention Relating to the Status of Refugees and its 1967 Protocol. A Commentary, Oxford 2011.
Weitere Schrifttumsnachweise unter Rn. 14 (TRIPS), 173 (Deutsch-deutscher Einigungsvertrag) sowie zu § 32b und zu einzelnen Bestimmungen der §§ 120 ff.

Übersicht

1 **Der fünfte und letzte Teil des UrhG** (§§ 120–143) ist in **drei Abschnitte** gegliedert. Der erste enthält Bestimmungen über den Anwendungsbereich des Gesetzes (§§ 120–128), der zweite Übergangsbestimmungen (§§ 129–137l) und der dritte Schlussbestimmungen (§§ 138–143). Gegenstand der folgenden Ausführungen ist nur der **erste Abschnitt;** die beiden anderen bedürfen keiner systematischen Einführung.

I. Gegenstand und Inhalt, geschichtliche Entwicklung und Bedeutung der §§ 120–128

1. Gegenstand und Inhalt der §§ 120–128

2 **a)** Ausgangspunkt für das Verständnis der Regelungen der §§ 120–128 ist der Umstand, dass in der Bundesrepublik Deutschland wie in den meisten anderen Staaten der Urheberrechtsschutz und der Schutz durch verwandte Schutzrechte ausländischen Urhebern, ausübenden Künstlern und anderen ausländischen potentiellen Inhabern verwandter Schutzrechte nicht ohne Weiteres gewährt wird. Der Schutz durch das UrhG steht vielmehr nur **deutschen Staatsangehörigen** und bestimmten diesen **gleichgestellten Personen** zu, ohne dass weitere Voraussetzungen erfüllt sein müssten – sieht man von den allgemeinen Voraussetzungen eines urheberrechtlich geschützten Werkes bzw. einer durch ein verwandtes Schutzrecht schützbaren Leistung ab.[1] Den deutschen Staatsangehörigen gleichgestellt sind **Deutsche iSd Art. 116 Abs. 1 GG**, die nicht deutsche Staatsangehörige sind,[2] **Staatenlose mit gewöhnlichem Aufenthaltsort im Geltungsbereich des UrhG**[3] sowie **ausländische Flüchtlinge** iSv Staatsverträgen und anderen Rechtsvorschriften ebenfalls dann, wenn sie ihren **gewöhnlichen Aufenthaltsort im Geltungsbereich des UrhG** haben.[4] Soweit mit dem Urheberrecht verwandte Schutzrechte originär auch zugunsten eines Unternehmens entstehen können, stehen deutschen Staatsangehörigen **Unternehmen mit Sitz im Geltungsbereich des UrhG** gleich.[5] Der **Geltungsbereich des UrhG** umfasst seit der deutschen Wiedervereinigung das gesamte Deutschland, einschließlich der neuen Bundesländer. Die in § 142 bestimmte Geltung des UrhG für das Land Berlin ist seit diesem Zeitpunkt gegenstandslos geworden.

Nach der Änderung der §§ 120, 125, 126, 127 und 128 durch das 3. UrhGÄndG vom 23.6.1995[6] **3** mit Wirkung zum 30.6.1995[7] sind deutschen Staatsangehörigen nunmehr von Gesetzes wegen ausdrücklich auch **Staatsangehörige anderer EU- und EWR-Staaten** gleichgestellt.[8] Dasselbe gilt für § 127a Abs. 1 S. 2, der durch Art. 7 Nr. 9 des IuKDG vom 22.7.1997[9] mit Wirkung zum 1.1.1998[10] neu eingeführt worden ist. Durch diese Änderungen ist auch der Gesetzeswortlaut an die Rechtslage im Hinblick auf Art. 18 AEUV und Art. 4 des EWR-Abkommens angepasst worden. Anlass für diese Maßnahme war das äußerst bedeutsame **Phil-Collins-Urteil** des EuGH vom 20.10.1993.[11] In diesem Urteil wurde entschieden, dass das in diesen Bestimmungen enthaltene **Verbot der Diskriminierung aufgrund der Staatsangehörigkeit** auch auf das Urheberrecht anwendbar ist. Ein ähnliches Diskriminierungsverbot gilt auch für **Unternehmen mit Sitz in einem anderen EU- oder EWR-Staat.**[12] Aus diesen Diskriminierungsverboten folgt zugleich, dass das in den §§ 121 ff. und der für Deutschland verbindlichen internationalen Abkommen auf dem Gebiet des Urheberrechts enthaltene **Fremdenrecht** nur noch auf Angehörige von **Drittstaaten** anwendbar ist. Dieser europäischen Rechtslage kommt in Deutschland unmittelbare Wirkung zu.[13] Die erwähnten Gesetzesänderungen haben daher nur klarstellende Bedeutung.[14]

b) Für den Schutz **ausländischer Staatsangehöriger, Staatenloser und ausländischer Flücht-** **4** **linge mit gewöhnlichem Aufenthalt im Ausland** sowie **Unternehmen mit Sitz im Ausland** müssen dagegen weitere Bedingungen gegeben sein, um den Schutz durch das UrhG zu begründen. Dabei sind unter **Ausland** in Bezug auf Staatsangehörigkeit und Unternehmenssitz nach dem unter → Rn. 3 Gesagten nur Staaten zu verstehen, die **nicht EU- oder EWR-Staaten** sind. Zu den weiteren Bedingungen gehören – alternativ und in der Reihenfolge der gesetzlichen Regelung – für den **Schutz durch das Urheberrecht** das **erste Erscheinen**[15] des Werkes in der Originalsprache oder in Übersetzung **im Geltungsbereich des UrhG** bzw. bei Werken der bildenden Künste auch die **Verbindung mit einem hier gelegenen Grundstück,**[16] der Schutz durch einen für die Bundesrepublik Deutschland verbindlichen **Staatsvertrag,**[17] in Ermangelung eines solchen die **Gewährleistung der Gegenseitigkeit** des Schutzes für deutsche Staatsangehörige in dem betreffenden ausländischen Staat, wobei diese Bedingung formal durch eine Bekanntmachung des Bundesministers der Justiz im Bundesgesetzblatt festgestellt sein muss.[18] Für den Schutz, der durch das erste Erscheinen eines Werkes im Geltungsbereich des UrhG begründet wird, sieht § 121 Abs. 3 vor, dass dieser durch eine Rechtsverordnung des Bundesministers der Justiz für ausländische Staatsangehörige, die keinem Mitgliedstaat der RBÜ angehören und zurzeit des Erscheinens des Werkes weder im Geltungsbereich des UrhG, noch in einem anderen Mitgliedstaat der RBÜ ihren Wohnsitz haben, beschränkt werden kann, wenn der Staat, dem sie angehören, deutschen Staatsangehörigen für deren Werke keinen genügenden Schutz gewährt.[19]

---

[1] §§ 120, 122 Abs. 1, 123, 124, 125 Abs. 1, 126 Abs. 1, 127 Abs. 1, 127a Abs. 1, 128 Abs. 1.
[2] §§ 120 Abs. 2 Nr. 1, 124, 125 Abs. 1 S. 2, 126 Abs. 1 S. 2, 127a Abs. 1 S. 2, 128 Abs. 1 S. 2.
[3] §§ 122 Abs. 1, 124, 125 Abs. 5 S. 2, 126 Abs. 3 S. 2, 128 Abs. 2.
[4] §§ 123, 124, 125 Abs. 5 S. 2, 126 Abs. 3 S. 2, 128 Abs. 2.
[5] §§ 126 Abs. 1 S. 1, 127 Abs. 1, 127a Abs. 1 S. 1, 128 Abs. 1 S. 1.
[6] BGBl. 1995 I S. 842.
[7] Art. 3 Abs. 1 dieses Gesetzes.
[8] §§ 120 Abs. 2 Nr. 2, 124, 125 Abs. 1 S. 2, 126 Abs. 1 S. 2, 128 Abs. 1 S. 2.
[9] BGBl. 1997 I S. 1870.
[10] Art. 11 dieses Gesetzes.
[11] EuGH GRUR-Int 1994, 53 – Collins/Imtrat.
[12] EuGH BB 1994, 523 – Halliburton.
[13] BGHZ 125, 382 (387 f., 393) – Rolling Stones.
[14] AmtlBegr. BT-Drs. 13/781, 11.
[15] → § 6 Rn. 29 ff.
[16] §§ 121 Abs. 1 u. 2, 122 Abs. 2, 123.
[17] §§ 121 Abs. 4 S. 1, 122 Abs. 2, 123.
[18] §§ 121 Abs. 4 S. 2, 122 Abs. 2, 123.
[19] Siehe auch die sinngemäße Verweisung auf § 121 Abs. 3 in §§ 122 Abs. 2, 123.

5 Sonderregelungen für den Schutz ausländischer Urheber enthalten § 121 Abs. 5, 6 in Bezug auf bestimmte durch das UrhG anerkannte Rechte: Das **Folgerecht** nach § 26 steht ausländischen Staatsangehörigen nur zu, wenn der Staat, dem sie angehören, nach einer Bekanntmachung des Bundesministers der Justiz im Bundesgesetzblatt deutschen Staatsangehörigen ein entsprechendes Recht gewährt, also wenn Gegenseitigkeit gewährleistet ist.[20] Darin liegt eine Einschränkung des Schutzes ausländischer Urheber gegenüber den allgemeinen Regeln des § 121 Abs. 1–4. Eine Erweiterung dieses Schutzes enthält dagegen § 121 Abs. 6: Die **urheberpersönlichkeitsrechtlichen Befugnisse** nach §§ 12–14, dh das Veröffentlichungsrecht (§ 12), das Recht auf Anerkennung der Urheberschaft (§ 13) und der Schutz gegen Entstellung des Werkes (§ 14), stehen ausländischen Staatsangehörigen für alle ihre Werke zu, auch wenn die Voraussetzungen der übrigen Bestimmungen des § 121 nicht erfüllt sind. Für Staatenlose und ausländische Flüchtlinge mit gewöhnlichem Aufenthalt im Ausland gelten diese Regelungen entsprechend.[21]

6 **In der Praxis** kommt dem Schutz der Werke ausländischer, nicht EU- oder EWR-angehöriger Urheber auf der Grundlage des § 121 Abs. 4 S. 1 iVm den großen **internationalen urheberrechtlichen Konventionen,** dem TRIPS-Übereinkommen,[22] der Revidierten Berner Übereinkunft zum Schutz von Werken der Literatur und Kunst (RBÜ),[23] dem WIPO Urheberrechtsvertrag WCT,[24] und dem Welturheberrechtsabkommen (WUA)[25] **große Bedeutung** zu.

7 **c)** Für den Schutz der Ausländer bzw. Staatenloser und ausländischer Flüchtlinge mit gewöhnlichem Aufenthaltsort im Ausland durch die im UrhG anerkannten **verwandten Schutzrechte** enthalten §§ 124, 125 Abs. 2–7, 126 Abs. 2 u. 3, 127 Abs. 2 u. 3, 127a Abs. 3 und 128 Abs. 2 entsprechende, auf die jeweiligen Verhältnisse zugeschnittene fremdenrechtliche Bestimmungen. Unter diesen verdienen wiederum der Schutz nach Maßgabe der für die Bundesrepublik Deutschland verbindlichen **Staatsverträge**[26] sowie der Schutz der ausübenden Künstler in Bezug auf bestimmte **Rechte mit persönlichkeitsrechtlichem Einschlag** auch ohne Erfüllung der sonstigen Voraussetzungen des Schutzes (§ 125 Abs. 6) besondere Hervorhebung. Siehe im Übrigen die Kommentierung der §§ 124–128.

2. Geschichtliche Entwicklung und Bedeutung der §§ 120–128

8 **a)** Die fremdenrechtliche Diskriminierung ausländischer Urheber ist nicht nur international weit verbreitet, sie hat auch eine lange Tradition und begleitet das Urheberrecht durch seine gesamte Geschichte.[27] In Deutschland entsprachen den §§ 120–128 des geltenden Gesetzes zuletzt **§§ 54, 55 des LUG** von 1901 und **§ 51 des KUG** von 1907.[28] Neu hinzugekommen sind in den §§ 120–128 insbes. ausdrückliche Bezugnahmen auf urheberrechtliche Staatsverträge, die Berücksichtigung der Folgen des Zweiten Weltkriegs, der Staatenlosen und ausländischen Flüchtlinge, besondere Bestimmungen, die ihre Erklärung in der Fortentwicklung des urheberrechtlichen Konventionsrechts finden, sowie besondere fremdenrechtliche Bestimmungen über verwandte Schutzrechte.

9 **Der Unterschied bezüglich der verwandten Schutzrechte** beruht darauf, dass LUG und KUG solche noch nicht kannten; auch der auf der Gesetzesnovelle von 1910 zum LUG beruhende Schutz der ausübenden Künstler und mittelbar der Hersteller von Schallplatten nach § 2 Abs. 2 LUG war als fiktives Bearbeiterurheberrecht konzipiert.[29] Die spezielle Bestimmung über den **Schutz der Deutschen iSd Art. 116 Abs. 1 GG,** die nicht deutsche Staatsangehörige sind,[30] war vorgezeichnet durch die Gleichstellung dieses Personenkreises mit den deutschen Staatsangehörigen durch die in Bezug genommene Vorschrift des Grundgesetzes.[31] Die Bestimmungen über **Staatenlose und ausländische Flüchtlinge**[32] folgen dem Vorbild des Zusatzprotokolls 1 zum Welturheberrechtsabkommen von 1952 und überführen zugleich – in Bezug auf die Flüchtlinge – Art. 14 des auch für die Bundesrepublik Deutschland verbindlichen Genfer Flüchtlingsabkommens vom 28.7.1951[33] in das UrhG; damit verbunden ist, dass der Schutz dieses Personenkreises von den genannten Abkommen unabhängig gestaltet und verallgemeinert wurde.[34]

---

[20] § 121 Abs. 5; zur Bedeutung dieser Bestimmung und zu ihrem Verhältnis zu den internationalen urheberrechtlichen Verträgen → § 121 Rn. 14 ff.

[21] §§ 122 Abs. 2, 123.

[22] → Rn. 14 ff.

[23] → Rn. 27 ff.

[24] → Rn. 36 ff.

[25] → Rn. 43 ff.

[26] §§ 125 Abs. 5 S. 1, 126 Abs. 3 S. 1, 127 Abs. 3 S. 1, 127a Abs. 3 und 128 Abs. 2; zu diesen Verträgen → Rn. 14 ff., 61 ff.

[27] Siehe *Khadjavi-Gontard* S. 2 ff.; *Metzger* JZ 2010, 929 f.

[28] Zu diesen Gesetzen → Einl. UrhG Rn. 133, 134.

[29] → Vor §§ 73 ff. Rn. 14, 15.

[30] § 120 Abs. 2 Nr. 1; siehe auch die Verweisungen darauf in §§ 124, 125 Abs. 1 S. 2, 126 Abs. 1 S. 2, 127a Abs. 1 und 128 Abs. 1 S. 2.

[31] Vgl. RegE BT-Drs. IV/270, 112 zu § 130, jetzt § 120.

[32] §§ 122, 123; siehe auch die Verweisungen darauf in §§ 124, 125 Abs. 5 S. 2, 126 Abs. 3 S. 2, 128 Abs. 2.

[33] BGBl. 1953 II S. 559 (560).

[34] Siehe RegE BT-Drs. IV/270, 112 f. zu §§ 132, 133, jetzt §§ 122, 123.

Die Verweisungen auf den Inhalt der Staatsverträge in §§ 121 Abs. 4 S. 1, 125 Abs. 5 S. 1, 10
126 Abs. 3 S. 1, 127 Abs. 3 S. 1, 127a Abs. 3[35] bringen sachlich gegenüber dem Rechtszustand unter
Geltung des LUG und des KUG nichts Neues. Auch seinerzeit bestimmte sich der Rechtsschutz ausländischer Urheber nicht nur nach § 55 LUG, § 51 KUG, sondern auch nach den internationalen
urheberrechtlichen Verträgen; Rechtsgrundlage waren die deutschen Zustimmungsgesetze zu diesen
Verträgen.[36] Daran hat sich nichts geändert,[37] die förmliche Verweisung auf den Inhalt der Staatsverträge dient aber der Klarstellung.[38] Neben dieser Klarstellung unterstreichen auch weitere Regelungen der §§ 120 ff. die Absicht des Gesetzgebers des UrhG, das deutsche Gesetzesrecht in **Übereinstimmung** mit dem bei Erlass dieses Gesetzes erreichten **Stand des internationalen Urheberrechts** zu bringen:[39] So knüpfen § 121 Abs. 3 an Art. 6 Abs. 2 und § 121 Abs. 5 an Art. 14bis der
Brüsseler Fassung der RBÜ vom 26.6.1948 an. Das Zustimmungsgesetz zu dieser Konventionsfassung
wurde am gleichen Tag wie das UrhG verkündet.[40]

Die erst durch den Rechtsausschuss des Deutschen Bundestags eingefügten §§ 121 11
Abs. 6 und 125 Abs. 6 dienen dem Ziel, den persönlichkeitsrechtlichen Schutz der Urheber
und ausübenden Künstler demjenigen durch das allgemeine Persönlichkeitsrecht anzugleichen, das als
sonstiges Recht iSd § 823 Abs. 1 BGB geschützt ist und für das es eine fremdenrechtliche Diskriminierung von Ausländern nicht gibt.[41] Diese Regelung fügt sich in die allgemeine Tendenz des UrhG
ein, die persönlichkeitsrechtlichen Befugnisse gegenüber dem früher geltenden Recht zu verstärken.[42]

b) Die **Ausländerdiskriminierung,** die sich aus den §§ 121–128 ergibt, verfolgt letztlich das Ziel, 12
deutschen Urhebern und Leistungsschutzberechtigten einen jeweils entsprechenden Rechtsschutz
auch im Ausland zu sichern. Durch das Prinzip der Schutzverweigerung sollen die ausländischen Staaten bewogen werden, den einschlägigen, die wechselseitige Schutzverweigerung aufhebenden, auch
von Deutschland angenommenen Staatsverträgen beizutreten, solche Verträge neu abzuschließen oder
auf andere Weise die Gegenseitigkeit des Schutzes zu gewährleisten.[43] Mit dieser sachlichen und auf
angemessene und differenzierende Weise verfolgten Zielrichtung sind die **§§ 121–128 verfassungsgemäß,** und zwar unter den Gesichtspunkten des Schutzes der Persönlichkeit,[44] des Gleichheitsgebots
(Art. 3 Abs. 1 GG) und der Eigentumsgarantie.[45, 46]

c) Die **praktische Bedeutung der §§ 120–128** als Gesamtregelung, dh einschließlich der grund- 13
sätzlichen Bestimmungen über den Schutz deutscher und gleichgestellter Staatsangehöriger und Unternehmen sowie der Verweisungen auf den Inhalt der Staatsverträge für den Schutz von Ausländern,
ist groß. Beschränkt auf die Frage nach der Rechtsstellung nicht EU- oder EWR-angehöriger ausländischer Urheber und ausländischer potentieller Inhaber verwandter Schutzrechte treten dagegen die
rein internen fremdenrechtlichen Bestimmungen in ihrer Bedeutung gegenüber den zahlreichen internationalen Verträgen insbes. auf dem Gebiet des Urheberrechts, aber auch des Schutzes der ausübenden Künstler, der Hersteller von Tonträgern und der Sendeunternehmen zurück. Überragende
Bedeutung besitzen insoweit derzeit vor allem die RBÜ und TRIPS sowie das Rom-Abkommen und
die WIPO-Verträge von 1996.

II. Internationale Verträge über Urheberrecht und verwandte Schutzrechte

1. TRIPS-Übereinkommen (TRIPS)

Schrifttum: *Braun, Th.,* Der Schutz ausübender Künstler durch TRIPS, GRUR-Int 1997, 427; *Dünnwald,* Die
Leistungsschutzrechte im TRIPS-Abkommen, ZUM 1996, 725; *Firsching,* Der Schutz der ausübenden Künstler aus
europäischer Perspektive im Hinblick auf das „Phil Collins"-Urteil des Europäischen Gerichtshofs, UFITA 133
(1997) 131; *Geiger,* The Three-Step Test, a Threat to a Balanced Copyright Law?, 37 IIC 683 (2006); *ders.,* Die
„Elektronische Pressespiegel"-Entscheidung des schweizerischen Bundesgerichts: eine willkommene Anpassung des
Urheberrechts an die Bedürfnisse der Informationsgesellschaft, ZUM 2009, 49; *Geiger/Griffiths/Hilty,* Erklärung für
eine ausgewogene Auslegung des Drei-Stufen-Tests im Urheberrecht, GRUR-Int 2008, 822; *Ginsburg,* Toward
Supranational Copyright Law? The WTO Panel Decision and the „Three-Step Test" for Copyright Exceptions
RIDA 187 (2001), 3; *Goldmann,* Victory for Songwriters in WTO Music-Royalties Dispute Between U.S. and EU
– Background of the Conflict Over The Extension of Copyright Homestyle Exemption, 32 IIC (2001), 412; *Kat-
zenberger,* TRIPS und das Urheberrecht, GRUR-Int 1995, 447; *Kloth,* Der Schutz der ausübenden Künstler nach
TRIPS und WPPT, 2000; *Reinbothe,* Der Schutz des Urheberrechts und der Leistungsschutzrechte im Abkom-
mensentwurf GATT/TRIPS, GRUR-Int 1992, 707; *ders.,* TRIPS und die Folgen für das Urheberrecht, ZUM

---

[35] Siehe auch die darauf verweisenden §§ 122 Abs. 2, 123, 124, 128 Abs. 2.
[36] Siehe *Ulmer* (2. Aufl.) §§ 14 III, 15 VI.
[37] Siehe *Ulmer* § 11 III; auch → Rn. 114.
[38] Siehe RegE BT-Drs. IV/270, 112 zu § 131, jetzt § 121.
[39] Siehe zu diesem Bestreben allgemein RegE BT-Drs. IV/270, 27.
[40] Am 9.9.1965, BGBl. 1965 II S. 1213.
[41] Siehe den Bericht des Abgeordneten *Reischl* UFITA 46 (1966), 174 (200).
[42] → Vor §§ 12 ff. Rn. 1 ff.
[43] In diesem Sinne zu einem Teilaspekt des § 121 Abs. 4 die AmtlBegr. BT-Drs. IV/270, 112 zu § 131, jetzt § 121.
[44] Art. 2 Abs. 1 iVm Art. 1 Abs. 1 GG.
[45] Art. 14 Abs. 1 S. 1 GG.
[46] So zu § 125 BVerfGE 81, 208 (215 ff.) – Bob Dylan.

1996, 735; *Senftleben,* Towards a Horizontal Standard for Limiting Intellectual Property Rights? – WTO Panel Reports Shed Light on the Three-Step Test in Copyright Law and Related Tests in Patent and Trademark Law, 37 IIC 407 (2006), *ders.,* Copyright, Limitations and the Three-Step Test. An Analysis of the Three-Step Test in International and EC Copyright Law, 2004; *ders.,* Privates digitales Kopieren im Spiegel des Dreistufentests, CR 2003, 914; *ders.,* Grundprobleme des urheberrechtlichen Dreistufentests, GRUR-Int 2004, 2000; *Waldhausen,* Schließt TRIPS Schutzlücke bei Bootlegs?, ZUM 1998, 1015.
Siehe auch die Schrifttumsnachweise zu Vor §§ 120 ff.

14   **a)** Als Bestandteil des Übereinkommens zur Errichtung der Welthandelsorganisation[47] vom 15.4.1994[48] ist das Übereinkommen über handelsbezogene Aspekte der Rechte des geistigen Eigentums,[49, 50] kurz bezeichnet als **TRIPS-Übereinkommen** oder auch nur **TRIPS,** neben der RBÜ[51] dasjenige internationale Abkommen auf dem Gebiet des Urheberrechts und der verwandten Schutzrechte mit den meisten, nämlich 164 Mitgliedern am 10.1.2019.[52] Zu ihnen zählen auch Deutschland und die Europäische Gemeinschaft, letztere als eigenständiges Mitglied neben den Mitgliedstaaten der Gemeinschaft.[53] WTO-Übereinkommen und TRIPS sind ua für Deutschland, die Europäische Gemeinschaft und die USA am 1.1.1995 in Kraft getreten.[54] Für sie setzten die Schutzverpflichtungen aus dem Übereinkommen am 1.1.1996 ein.[55]

15   **b)** Das wesentlich Neuartige am TRIPS-Schutz des geistigen Eigentums ist seine **Verknüpfung** mit dem auf **Liberalisierung und Nichtdiskriminierung in den internationalen Handelsbeziehungen** abzielenden **Allgemeinen Zoll- und Handelsübereinkommen (GATT),** welches als **GATT 1994** ebenfalls Bestandteil des WTO-Übereinkommens ist. Der Schutz des geistigen Eigentums wird dabei nicht als Hindernis für den freien Welthandel, sondern als eine seiner Bedingungen verstanden. Denn, so heißt es in der Denkschrift der deutschen Bundesregierung zum WTO-Übereinkommen,[56] ohne einen angemessenen und auch in der Praxis wirksamen Schutz des geistigen Eigentums würden Investitionen fehlgeleitet, Handelsströme verfälscht und unternehmerische Leistungen missbraucht. Hauptzweck des TRIPS sei es daher, den Schutz des geistigen Eigentums weltweit zu verstärken und zu harmonisieren. Im letzteren Sinne soll TRIPS aufgrund seiner zwingenden Verknüpfung mit den Vorzügen des internationalen Freihandels **auch für weniger entwickelte Staaten**[57] **Anreize** setzen, **das Schutzniveau im Immaterialgüterrecht anzuheben.** Anders als die herkömmlichen Abkommen enthält TRIPS in seinen Art. 41 ff. eingehende Vorschriften über die **Durchsetzung der Rechte des geistigen Eigentums.** Aus diesen wird zB eine Auslegung des § 809 BGB über den Besichtigungsanspruch abgeleitet, die den Anforderungen des Art. 43 TRIPS über die Beibringung von Beweismitteln zugunsten einer in Beweisnot befindlichen Partei, und zwar auch in Form von einstweiligen Maßnahmen nach Art. 50 TRIPS, gerecht wird.[58] Auch können sie gegenüber einem Angehörigen eines TRIPS-Mitglieds, wie der USA, in einem urheberrechtlichen Eilverfahren der Einrede der Prozesskostensicherheit gemäß § 110 ZPO entgegenstehen.[59] Von besonderer Bedeutung ist auch das in Art. 64 TRIPS vorgesehene **Streitbeilegungsverfahren.**[60]

16   **c)** Die hohe Zahl von derzeit **164 WTO-** und damit auch **TRIPS-Mitgliedern** belegt den Erfolg von TRIPS ca. 20 Jahre nach seinem Inkrafttreten. Bei dieser Einschätzung ist auch zu berücksichtigen, dass eine WTO-Mitgliedschaft nicht ohne Weiteres erreichbar ist.[61] So zählt die WTO denn auch zurzeit 23 Beobachter, von denen alle auch als Beitrittskandidaten in Betracht kommen.[62] Die **zwingende Verknüpfung eines WTO-Beitritts mit der Verpflichtung, die Standards des TRIPS-Übereinkommens einzuhalten,** hat allerdings auch zu **Kritik** geführt, weil auf diese Weise weniger entwickelten Ländern, die am Freihandelssystem der WTO teilhaben wollen, ein eher dem Interesse der Industriestaaten verpflichteter Schutz von Urheberrechten und verwandten Schutzrechten aufgezwungen wird.[63] Durch die große Zahl von Entwicklungs- und Schwellenländern in der WTO sind die dortigen Verhandlungen über eine weitere Anhebung der Schutzstandards ins Stocken geraten.

---

[47] World Trade Organization, WTO.
[48] BGBl. 1994 II S. 1443 (1625) – englisch/deutsch; deutsches Zustimmungsgesetz vom 30.8.1994, BGBl. 1994 II S. 1438.
[49] Trade-Related Aspects of Intellectual Property Rights, TRIPS.
[50] BGBl. 1994 II S. 1565 (1730) – englisch/deutsch.
[51] → Rn. 27 f.
[52] https://wipolex.wipo.int/en/treaties/parties/231 (21.8.2019).
[53] Zu den Folgen für die Auslegungskompetenz des EuGH eingehend MüKo/*Drexl* IntImmGR Rn. 84 ff.
[54] BGBl. 1995 II S. 456.
[55] Art. 65 Abs. 1 TRIPS.
[56] BT-Drs. 12/7655 (neu), 335, 344.
[57] ZB auf den Gebieten Landwirtschaft und Textilien.
[58] Siehe BGH GRUR 2002, 1046 (1048) – Faxkarte.
[59] Siehe OLG Frankfurt a. M. IPRax 2002, 222 f. – TRIPS-Prozesskostensicherheit; LG Köln ZUM 2004, 853 (856 f.) – Katastrophenfilm.
[60] Zum ersten auf dem Gebiet des Urheberrechts zugunsten der Urheber und zu Lasten der USA erfolgreich abgeschlossenen Verfahren siehe *Ginsburg* RIDA 187 (2001), 3 ff.; *Goldmann* 32 IIC (2001), 412 ff.
[61] S. Art. XII Abs. 1 des WTO-Übereinkommens.
[62] Stand am 21.8.2019.
[63] Siehe hierzu *Metzger* JZ 2010, 929 (931).

d) Gegenstand des TRIPS-Schutzes der Rechte des geistigen Eigentums sind ua das **Urheber-** **17** **recht** und bestimmte **verwandte Schutzrechte.**[64] Der Schutz durch TRIPS ist grundsätzlich **Mindestschutz,** so dass die TRIPS-Mitglieder einen umfassenderen Schutz vorsehen können, aber nicht müssen; ein solcher Schutz darf aber den TRIPS-Zielen nicht zuwiderlaufen (Art. 1 Abs. 1).[65] Für das **Verhältnis von TRIPS zur Revidierten Berner Übereinkunft (RBÜ) und zum Rom-Abkommen** gelten die folgenden Grundsätze: TRIPS baut in mehrfacher Hinsicht auf diesen beiden wichtigsten traditionellen internationalen Abkommen über den Schutz des Urheberrechts einerseits und der verwandten Schutzrechte andererseits auf. Zum ersten lassen die TRIPS-Bestimmungen die **Verpflichtungen der TRIPS-Mitglieder aus diesen Abkommen unberührt,** und zwar nicht nur im Verhältnis zu Drittstaaten, sondern auch untereinander (Art. 2 Abs. 2). Im Fall der RBÜ gilt dies für alle Fassungen dieser Übereinkunft.[66] Zum zweiten übernimmt TRIPS zur Bestimmung seines eigenen Anwendungsbereichs in Art. 1 Abs. 3 S. 2 die sog. **Anknüpfungspunkte dieser Abkommen,** dh diejenigen Kriterien, welche die RBÜ in ihrer Pariser Fassung von 1971 und das Rom-Abkommen für den Zugang zu deren Schutz vorsehen.[67] Auch durch TRIPS sind daher in jedem Mitgliedstaat dessen eigene Angehörige nicht geschützt.[68]

Zum dritten **übernimmt TRIPS den Schutzgehalt der RBÜ,** und zwar auf deren höchstem, **18** dem in der Pariser Fassung von 1971 enthaltenen Niveau. In diesem Sinne sieht Art. 9 Abs. 1 S. 1 TRIPS vor, dass seine Mitglieder die Art. 1–21 der RBÜ (1971) und deren Anhang befolgen; eine Ausnahme gilt allerdings nach Art. 9 Abs. 1 S. 2 TRIPS für das in Art. 6bis RBÜ geregelte Urheberpersönlichkeitsrecht[69] **(sog. Bern-Plus-Ansatz).** Im Fall des **Rom-Abkommens** findet eine solche Übernahme von dessen Schutzgehalt durch TRIPS allerdings **nicht** statt. In Bezug auf seinen **zeitlichen Anwendungsbereich** verweist TRIPS sowohl für das Urheberrecht als auch für die verwandten Schutzrechte auf Art. 18 RBÜ.[70]

e) Allgemeine Prinzipien des Schutzes des Urheberrechts und der verwandten Schutzrechte **19** durch TRIPS sind die Inländerbehandlung (Art. 3) und die Meistbegünstigung (Art. 4). Beim Grundsatz der **Inländerbehandlung,** dh der Gleichstellung der durch TRIPS geschützten Angehörigen anderer Mitglieder mit den jeweiligen Inländern, handelt es sich um ein herkömmliches Prinzip der internationalen Abkommen auf diesem Gebiet.[71] Der Grundsatz bezieht sich im Fall des Urheberrechts auch auf den besonderen Schutz, den TRIPS in den Art. 10–13 über die RBÜ hinaus vorsieht.[72] Er unterliegt jedoch den gleichen **Einschränkungen,** wie sie die RBÜ und das Rom-Abkommen vorsehen.[73] Dies bedeutet ua, dass auch im Rahmen von TRIPS der Vergleich der Schutzfristen gemäß Art. 7 Abs. 8 RBÜ anwendbar ist.[74] Darüber hinaus bestimmt Art. 3 Abs. 1 S. 2 die weitere bedeutsame Einschränkung, dass sich der Grundsatz der Inländerbehandlung in Bezug auf ausübende Künstler, Hersteller von Tonträgern und Sendeunternehmen nur auf die in Art. 14 TRIPS selbst vorgesehenen Rechte bezieht. Diese Regelung trägt dem Umstand Rechnung, dass TRIPS beim Schutz der verwandten Schutzrechte hinter dem Standard des Rom-Abkommens zurückbleibt.[75] Es soll daher vermieden werden, dass Angehörige von Mitgliedstaaten, die nur dem niedrigeren TRIPS-Standard folgen, in anderen Mitgliedstaaten, die dem Rom-Abkommen angehören, als Trittbrettfahrer den dort vorgesehenen stärkeren Schutz in Anspruch nehmen können. Demzufolge kann ein durch TRIPS geschützter ausländischer ausübender Künstler sich in Deutschland nicht auf das Verbreitungsrecht nach § 77 Abs. 2 und auch nicht auf das Verbreitungsverbot nach § 96 Abs. 1 berufen, weil Art. 14 Abs. 1 TRIPS einen solchen Schutz nicht vorsieht.[76] Ebenfalls kann er sich nach TRIPS nicht auf das ausschließliches Recht berufen, eine audiovisuelle Festlegung seiner Darbietung öffentlich zugänglich zu machen.[77]

---

[64] Art. 1 Abs. 2, Art. 9–14.
[65] Zu den Grenzen des Schutzes nach dem TRIPS-Abkommen siehe *Grosse Ruse-Khan/Kur:* Enough is Enough – The Notion of Binding Ceilings in International Intellectual Property Protection. In: Levin, Marianne/Annette Kur (Hrsg.): Intellectual Property Rights in a Fair World Trade System, 2011, S. 359–407 mwN. S. auch *Grosse Ruse-Khan* 1(1) Trade L. Dev. 56 (2009), 56 ff.
[66] Zu diesen → Rn. 27.
[67] Zu diesen → Rn. 27, 61.
[68] Art. 1 Abs. 3 S. 1; zur RBÜ → Rn. 27 ff.
[69] Zum Schutzgehalt der RBÜ, insbes. in Form von Mindestrechten, → Rn. 31.
[70] Art. 14 Abs. 6 S. 2, Art. 70 Abs. 2 S. 2.
[71] → Rn. 32 zu RBÜ, → Rn. 64 zum Rom-Abkommen.
[72] Die sog. Bern-Plus-Elemente.
[73] Art. 3 Abs. 1 S. 1.
[74] → Rn. 34.
[75] Auch → Rn. 18.
[76] So OLG Hamburg ZUM-RD 1997, 343 f. – TRIPS-Rechte; OLG Hamburg ZUM 2004, 133 (136 f.) – Mit Fe. live dabei; ebenso Dreier/Schulze/*Dreier* § 125 Rn. 17; Fromm/Nordemann/*Nordemann-Schiffel* Vor §§ 120 ff. Rn. 19;. auch allgemein *Goldstein/Hugenholtz* S. 113 f.; auf nicht sehr beachtenswerten Argumenten Wandtke/Bullinger/*Braun/v. Welser* § 125 Rn. 36; auch → § 77 Rn. 9, 11 mwN.
[77] BGH GRUR 2016, 1048 – An Evening with Marlene Dietrich sowie nach Zurückverweisung OLG München GRUR-RR 2017, 417 – Marlene Dietrich; siehe auch Dreier/Schulze/*Dreier* § 125 Rn. 17; Fromm/Nordemann/*Nordemann-Schiffel* § 125 Rn. 14.

20   **Das Schutzprinzip der Meistbegünstigung** (Art. 4 TRIPS) stellt im modernen internationalen Schutz des Urheberrechts und der verwandten Schutzrechte ein Novum dar; es zählt traditionell zu den Grundprinzipien des GATT. Wie die Inländerbehandlung eine Benachteiligung gegenüber Inländern vermeiden soll, ist die Meistbegünstigung darauf gerichtet, eine Benachteiligung im Vergleich mit anderen Ausländern zu verhindern, denen TRIPS-Mitglieder vor allem aufgrund anderer Abkommen eine bevorzugte Stellung, wie zB uneingeschränkte Inländerbehandlung ohne Vergleich der Schutzfristen,[78] gewähren. Um einen Schutzanspruch auf dem höchsten nationalen Schutzniveau des jeweiligen Schutzlandes zu vermeiden, sieht Art. 14 eine Reihe von **Ausnahmen** von der Verpflichtung zur Meistbegünstigung vor. Dazu gehört insbes. der Fall, dass in einem Schutzland, das der RBÜ oder dem Rom-Abkommen angehört, Angehörigen anderer Verbandsländer bzw. Vertragsstaaten Vorteile nicht qua Inländerbehandlung, sondern aufgrund Gegenseitigkeit gewährt werden (Art. 4 lit. b); ein wichtiges Beispiel ist die Vorzugsstellung beim Vergleich der Schutzfristen zwischen zwei Verbandsländern der Berner Union (RBÜ), die beide eine lange Schutzdauer vorsehen.[79] Eine weitere Ausnahme von der Verpflichtung zur Meistbegünstigung (Art. 4 lit. c) gilt für die in TRIPS nicht geregelten Rechte der ausübenden Künstler, der Hersteller von Tonträgern und der Sendeunternehmen; sie entspricht der entsprechenden Einschränkung des Grundsatzes der Inländerbehandlung.[80] Besonders wichtig ist auch die in Art. 4 lit. d vorgesehene Ausnahme in Bezug auf internationale Übereinkünfte betreffend den Schutz des geistigen Eigentums, die vor Inkrafttreten des WTO- und damit auch des TRIPS-Übereinkommens in Kraft getreten sind. Solche Übereinkünfte sind dem Rat für TRIPS[81] zu notifizieren. Dies musste Deutschland zB im Hinblick auf das deutsch-amerikanische Urheberrechtsabkommen von 1892 tun, das uneingeschränkte Inländerbehandlung garantiert.[82] Aus dem gleichen Grund, nämlich im Hinblick auf Art. 18 AEUV und Art. 4 EWR-Abkommen und das Phil-Collins-Urteil des EuGH,[83] hat die Kommission der EG am 19.12.1995 sowohl den EG-Vertrag (jetzt AEUV) als auch das EWR-Abkommen iSv Art. 4 lit. d TRIPS dem Rat für TRIPS notifiziert.[84]

21   **f)** Spezielle Vorschriften über das Urheberrecht und die verwandten Schutzrechte enthält TRIPS in seinen Art. 9–14. Art. 9 Abs. 1 bestimmt die bereits erwähnte Verpflichtung der TRIPS-Mitglieder zur Befolgung der Art. 1–21 der RBÜ in deren Pariser Fassung von 1971 mit Ausnahme des Art. 6bis über das **Urheberpersönlichkeitsrecht.** Art. 9 Abs. 2 bezieht sich auf den urheberrechtlichen **Werkbegriff.** Danach erstreckt sich der Urheberrechtsschutz auf Ausdrucksformen, nicht auf Ideen, Verfahren, Arbeitsweisen oder mathematische Konzepte. Aus der Sicht des deutschen Rechts ist dies nichts Neues.[85] Ausdrücklich klargestellt wird als Bern-Plus-Element[86] der Urheberrechtsschutz von **Computerprogrammen,** gleichviel ob in Quellcode oder Maschinenprogrammcode, und zwar als Werken der Literatur iSd RBÜ.[87] Ebenfalls ausdrücklich bestimmt ist der Urheberrechtsschutz von **Datensammlungen** als Zusammenstellungen von Daten oder sonstigem Material auf Grund schöpferischer Auswahl oder Anordnung ihres Inhalts, und zwar wiederum unabhängig ob in maschinenlesbarer oder anderer Form; dieser Schutz erstreckt sich nicht auf die Daten oder das Material und gilt unbeschadet eines daran gegebenenfalls bestehenden Urheberrechts.[88] Anders als Art. 7 ff. der europäischen Datenbankrichtlinie und §§ 87a ff. sieht TRIPS dagegen keinen Schutz nicht schöpferischer Datensammlungen vor.

22   Als in der RBÜ nicht vorgesehenes Mindestrecht[89] und daher als weiteres Bern plus-Element gewährt Art. 11 TRIPS den Urhebern ein ausschließliches **Vermietrecht,** und zwar in Bezug auf Computerprogramme und Filmwerke; aus Art. 14 Abs. 4 S. 1 ergibt sich dasselbe auch in Bezug auf Tonträger. Angesichts der auch in der RBÜ grundsätzlich vorgesehenen Mindestschutzfrist von 50 Jahren[90] ist Art. 12 TRIPS über die **Schutzdauer** des Urheberrechts mit derselben Schutzfrist von eher untergeordneter praktischer Bedeutung. Im Vergleich mit der RBÜ enthält die Bestimmung eine allgemeinere Regelung über die Berechnung der Schutzfrist in Fällen, in denen die Schutzdauer nicht nach dem Tod des Urhebers zu bestimmen ist. Bedeutsamer ist dagegen Art. 13 TRIPS. Er bestimmt, dass die TRIPS-Mitglieder **Beschränkungen und Ausnahmen von ausschließlichen Rechten** der Urheber auf Sonderfälle begrenzen müssen, die weder die normale Auswertung des Werkes beeinträchtigen noch die berechtigten Interessen des Rechtsinhabers unzumutbar verletzen

---

[78] → Rn. 19.
[79] → Rn. 34.
[80] → Rn. 19.
[81] Siehe Art. 68 TRIPS.
[82] → Rn. 58.
[83] → Rn. 3.
[84] Zur Bedeutung dieser Maßnahme wie hier OLG Frankfurt a. M. IPRax 2002, 222 – TRIPS-Prozesskostensicherheit. Zu einer weitergehenden, auch den Beitritt neuer EU-Mitgliedstaaten berücksichtigenden Herausnahme des Art. 18 AEUV aus der TRIPS-Meistbegünstigungsregel siehe MüKo/*Drexl* IntImmGR Rn. 57.
[85] → § 2 Rn. 71 ff.
[86] Dazu → Rn. 18.
[87] Art. 10 Abs. 1; dazu → § 2 Rn. 143.
[88] Art. 10 Abs. 2; dazu → § 4 Rn. 10 ff., 59 ff.
[89] Zu diesem Begriff → Rn. 17, 32.
[90] → Rn. 34.

(sog. **Dreistufentest**).[91] Diese Begrenzung lehnt sich offensichtlich an Art. 9 Abs. 2 RBÜ an, greift aber weiter, weil sie alle ausschließlichen Rechte der Urheber betrifft, während Art. 9 Abs. 2 RBÜ sich nur auf das Vervielfältigungsrecht bezieht.

Sonderbestimmungen über verwandte Schutzrechte enthält TRIPS nur in seinem Art. 14. **23** Er definiert in seinen Abs. 1–3 die Rechte der ausübenden Künstler, der Hersteller von Tonträgern und der Sendeunternehmen restriktiv und verweist in seinem Abs. 4 S. 1 bezüglich des ausschließlichen Vermietrechts des Tonträgerherstellers und sonstiger Inhaber von Rechten an Tonträgern auf Art. 11 über das Vermietrecht an Computerprogrammen. Nach Art. 14 Abs. 4 S. 2 können TRIPS-Mitglieder anstelle eines ausschließlichen Vermietrechts an Tonträgern uU auch ein bereits praktiziertes bloßes Vergütungssystem beibehalten. Art. 14 Abs. 5 sieht für ausübende Künstler und Tonträger eine Mindestschutzdauer von 50 Jahren vor, die erheblich länger ist als diejenige des Rom-Abkommens.[92] Für Sendeunternehmen beträgt die Mindestschutzdauer wie im Rom-Abkommen 20 Jahre. Die TRIPS-Mitglieder können in Bezug auf die in Art. 14 Abs. 1–3 vorgesehenen ausschließlichen Rechte der Inhaber von verwandten Schutzrechten dieselben Bedingungen, Beschränkungen, Ausnahmen und Vorbehalte vorsehen wie nach dem Rom-Abkommen.[93] Der zeitliche Anwendungsbereich des TRIPS-Schutzes der dort anerkannten verwandten Schutzrechte richtet sich jedoch nicht nach dem Rom-Abkommen, das es in Art. 20 Abs. 2 erlaubt, seine Anwendung auf bei seinem Inkrafttreten bereits erbrachte Leistungen auszuschließen.[94] Sinngemäß anwendbar ist nach Art. 14 Abs. 6 S. 2 TRIPS vielmehr Art. 18 RBÜ, der eine Anwendung des Konventionsschutzes auch auf bereits geschaffene Werke vorsieht, vorausgesetzt ihre Schutzdauer ist noch nicht abgelaufen.[95]

2. Freihandelsabkommen

Die Europäische Union und ihre Mitgliedstaaten haben mit einigen Staaten Freihan- **24** **delsabkommen abgeschlossen, die zum Teil Regelungen zum Immaterialgüterrecht einschließlich Urheberrecht und verwandter Schutzrechte** enthalten, die über die Schutzstandards des TRIPS-Abkommens **(TRIPS-Plus-Ansatz)** hinausgehen.[96] Beispielhaft zu nennen sind hier das Abkommen mit **Südkorea,** welches am 6.10.2010 unterzeichnet wurde und zum 1.7.2011 in Kraft getreten ist. Das Abkommen sieht in den Art. 10.5–10.14 ua Bestimmungen zum Schutz von ausübenden Künstlern, Tonträgerherstellern und Sendeunternehmen, eine Mindestschutzdauer für das Urheberrecht von 70 Jahren p. m. a. und Regelungen zu technischen Schutzmaßnahmen vor.[97] Auch im Freihandelsabkommen zwischen der EU, ihren Mitgliedstaaten und **Kanada (Comprehensive Trade and Economic Agreement – CETA),** das 21.9.2017 vorläufig in Kraft getreten ist,[98] finden sich Regelungen zum Urheberrecht und verwandten Schutzrechten in Kapitel 22, Art. 5.1–5.6. Die Regelungen sehen Rechtsschutz für ausübende Künstler und Tonträgerhersteller im Hinblick auf die Rundfunkwiedergabe und die öffentliche Zugänglichmachung vor, schützen vor der Umgehung technischer Schutzmaßnahmen, sehen strafrechtliche Sanktionen bei Videoaufzeichnungen von Kinovorführungen und Haftungsprivilegierungen für Internet Service Provider vor. Auch das zuletzt verhandelte Freihandelsabkommen der EU mit Japan, welches am 17.7.2018 unterzeichnet wurde, enthält in Kapitel 14 Bestimmungen zum Urheberrecht und zu den verwandten Schutzrechten.[99] Eine Liste der von der EU geschlossenen Freihandelsabkommen findet sich auf der Webseite der EU-Kommission.[100] Gerade bei Freihandelsabkommen mit Entwicklungsländern, die einen TRIPS-Plus-Ansatz verfolgen, besteht die Gefahr, dass die EU die ungleiche Verhandlungssituation dafür verwendet, über TRIPS hinausgehende Standards zu implementieren, die sich im Rahmen der WTO nicht durchsetzen lassen.[101]

---

[91] Siehe dazu grundlegend *Bornkamm* FS Erdmann, 2002, 29 ff.; *Dittrich*, Beiträge zum Urheberrecht VIII, S. 63 ff.; *Senftleben*, Copyright, Limitations and the Three-Step Test. An Analysis of the Three-Step Test in International and EC Copyright Law; *Senftleben* GRUR-Int 2004, 200 ff.; *Senftleben*, 37 IIC (2006) 407 ff. S. auch die unter → Rn. 15 genannten Beiträge von Ginsburg und Goldmann zu dem ersten TRIPS-Streitbeilegungsverfahren auf dem Gebiet des Urheberrechts, das zu wichtigen Erkenntnissen über den Dreistufentest geführt hat; zu Einzelfragen im Zusammenhang mit diesem Test siehe *Geiger* 37 IIC 683 (2006); *Geiger* ZUM 2009, 49 ff.; *Geiger/Griffiths/Hilty* GRUR-Int 2008, 822 ff.; *Katzenberger* MR Beilage zu Heft 4/03, S. 1 ff. zu sekundären Sendenutzungen; *Katzenberger* GRUR-Int 2004, 739 ff. zu elektronischen Pressespiegeln, § 49; *Senftleben* CR 2003, 914 ff. zum digitalen privaten Kopieren.

[92] 20 Jahre; → Rn. 68.

[93] Art. 14 Abs. 6 S. 1.

[94] → Rn. 75.

[95] → Rn. 31; zur Beschränkung der Verpflichtung der TRIPS-Mitglieder zur Inländerbehandlung und Meistbegünstigung auf die in Art. 14 TRIPS anerkannten Rechte der Inhaber verwandter Schutzrechte → Rn. 19, 20.

[96] Siehe eingehend MüKo/*Drexl* IntImmGR Rn. 112 f.; *Grosse Ruse-Khan* 18 J. Intell. Prop. L. 1–41 (2011).

[97] ABl. 2011 L 127, S. 1.

[98] Siehe http://ec.europa.eu/trade/policy/in-focus/ceta/index_de.htm; zum 21.8.2019 haben 12 EU-Mitgliedsstaaten das Abkommen ratifiziert, siehe https://www.consilium.europa.eu/en/documents-publications/treaties-agreements/agreement/?id=2016017 (21.8.2019).

[99] Siehe http://trade.ec.europa.eu/doclib/press/index.cfm?id=1684.

[100] http://ec.europa.eu/trade/policy/countries-and-regions/negotiations-and-agreements/ (11.1.2019).

[101] Siehe hierzu MüKo/*Drexl* IntImmGR Rn. 119; *Metzger* JZ 2010, 929 (931 f.).

3. Anti-Counterfeiting Trade Agreement (ACTA)

25 **Die USA, die EU, die Schweiz, Japan, Südkorea und weitere Staaten** haben seit 2007 unter strenger Geheimhaltung über einen neuen **plurilateralen Vertrag zum Schutz von Immaterialgüterrechten** verhandelt. Das Anti-Counterfeiting Trade Agreement **(ACTA)** sollte die **Sanktionen bei Verletzungen von Immaterialgüterrechten gegenüber dem TRIPS-Abkommen weiter verstärken.** ACTA wurde in Europa von Internetnutzern wegen seiner unscharfen Bestimmungen zum Datenschutz stark kritisiert. Kritisiert wurde zudem die weitere einseitige Verschärfung der Sanktionen im Immaterialgüterrecht ohne gleichzeitige Präzisierung von Rechtsschutzgarantien und Nutzerrechten.[102] Das **Europäische Parlament** hat daraufhin das Abkommen durch **Entschließung vom 4.7.2012 mit breiter Mehrheit abgelehnt.**[103]

4. Investitionsschutzabkommen

26 Die Bundesrepublik Deutschland hat mit **zahlreichen Staaten zweiseitige Abkommen über Investitionsförderung und Investitionsschutz** geschlossen. Diese Abkommen enthalten regelmäßig Bestimmungen über den Schutz von Investitionen bzw. Kapitalanlagen von Investoren der jeweils anderen Vertragspartei im jeweils eigenen Hoheitsgebiet. Unter Kapitalanlagen werden dabei üblicherweise Vermögenswerte aller Art, darunter auch **Rechte des geistigen Eigentums** verstanden. Dazu zählen wiederum nicht nur, wie jeweils beispielsweise benannt, **Urheberrechte,** sondern nach dem international üblichen Sprachgebrauch auch mit dem Urheberrecht **verwandte Schutzrechte.**[104] Das Bundesministerium für Wirtschaft und Energie führt auf seiner Webseite gegenwärtig 146 Investitionsschutzabkommen der Bundesrepublik auf. Nähere Angaben über das jeweilige deutsche Zustimmungsgesetz, Fundstelle des Abkommens und Datum des Inkrafttretens finden sich dort.[105] Seit Jahresende 1995 liefen im Rahmen der OECD auf Initiative der USA Verhandlungen über ein auch für Nichtmitglieder zum Beitritt offenes neues **Multilaterales Abkommen über Investitionen.**[106] Die Verhandlungen wurden jedoch im Mai 1998 eingestellt und sollen auch nicht wieder aufgenommen werden.[107]

III. Internationale Verträge über das Urheberrecht

1. Revidierte Berner Übereinkunft zum Schutz von Werken der Literatur und Kunst (RBÜ)

27 **a)** Der neben TRIPS bedeutendste und jedenfalls älteste mehrseitige internationale Vertrag auf dem Gebiet des Urheberrechts ist die **Berner Übereinkunft zum Schutz von Werken der Literatur und Kunst** vom 9.9.1886 mit Zusatzartikel, Schlussprotokoll und Vollziehungsprotokoll vom gleichen Datum.[108] Diese Übereinkunft wurde vervollständigt in **Paris** am 4.5.1896,[109] revidiert in **Berlin** am 13.11.1908,[110] vervollständigt in **Bern** am 20.3.1914,[111] revidiert in **Rom** am 2.6. 1928,[112] revidiert in **Brüssel** am 26.6.1948,[113] revidiert in **Stockholm** am 14.7.1967[114] und revidiert in **Paris** am 24.7.1971.[115, 116]

28 **Seit der Revisionskonferenz von Berlin im Jahre 1908 ist die Bezeichnung Revidierte Berner Übereinkunft** zum Schutz von Werken der Literatur und Kunst **(RBÜ)** gebräuchlich. Durch den **Zweiten Weltkrieg** ist die Geltung der RBÜ für das Verhältnis Deutschlands zu den anderen Staaten nur de facto, nicht de iure unterbrochen worden.[117]

---

[102] Siehe hierzu *Matulionyte/Metzger/ua* 2 JIPITEC 65–72 (2011); siehe auch *Grosse-Ruse Khan* 26 Am. U. Int'l L. Rev 645 (2011); *Metzger* 1 JIPITEC 109–116 (2010). Siehe auch die verschiedenen Beiträge in *Rosén,* 167 ff.

[103] Siehe Pressemitteilung des Europäischen Parlaments vom 4.7.2012, www.europarl.europa.eu/news/de/pressroom/20120703IPR48247/europäisches-parlament-lehnt-acta-ab.

[104] Zum Patentschutz siehe *Ullrich* RIW 1987, 179.

[105] Siehe https://www.bmwi.de/Navigation/DE/Service/Investitionsschutzvertraege/investitionsschutzvertraege.html.

[106] Multilateral Agreement on Investment, MAI.

[107] Siehe https://www.oecd.org/investment/internationalinvestmentagreements/multilateralagreementoninvestment.html (21.8.2019).

[108] RGBl. 1887 S. 493 (506, 508, 514); in Kraft getreten am 5.12.1887. Vgl. zum Folgenden auch *von Lewinski* S. 99 ff.; *Ricketson/Ginsburg,* 41 ff.

[109] RGBl. 1897 S. 759; in Kraft getreten am 9.12.1897.

[110] RGBl. 1910 S. 965 (987); in Kraft für das Deutsche Reich am 9.6.1910.

[111] RGBl. 1920 S. 137; in Kraft für das Deutsche Reich am 10.1.1920.

[112] RGBl. 1933 II S. 889; in Kraft für das Deutsche Reich am 21.10.1933.

[113] BGBl. 1965 II S. 1213; in Kraft für die Bundesrepublik Deutschland am 10.10.1966.

[114] BGBl. 1970 II S. 293 (348); in Kraft für die Bundesrepublik Deutschland ausgenommen Art. 1–21 und Protokoll betr. die Entwicklungsländer.

[115] BGBl. 1973 II S. 1069; vollständig in Kraft für die Bundesrepublik Deutschland am 10.10.1974, Erklärung nach Art. VI Abs. 1 lit. ii wirksam am 18.10.1973; Änderungen vom 2.10.1979 in Kraft am 19.11.1984, BGBl. 1985 II S. 81.

[116] BGBl. 2009 II vom 18.2.2009 – Fundstellennachweis B S. 242.

[117] Vgl. *Ulmer* (2. Aufl.) § 14 III 1 mwN; siehe auch den Notenwechsel vom 7.2./23.6.1950 über die Weiteranwendung der RBÜ im Gebiet der Bundesrepublik Deutschland, BAnz. Nr. 144, S. 50, Hinweis in BGBl. 2009 II vom 18.2.2009, Fundstellennachweis B S. 242.

b) Die Länder, auf welche die RBÜ Anwendung findet, bilden nach Art. 1 einen **Staatenver-** 29 **band,** der als **Berner Union** bezeichnet wird. Jedoch finden sich nicht auf alle Verbandsländer die gleichen Fassungen der RBÜ Anwendung, da nicht alle Verbandsländer den neueren und neuesten Konventionsfassungen beigetreten sind. Rechtsgrundlage für das Verhältnis zweier bestimmter Verbandsländer untereinander ist die jeweils gemeinsame jüngste Fassung der RBÜ.[118] Tritt ein verbandsfremdes Land der RBÜ in deren jüngster, nicht aber in deren älteren Fassungen bei, so wendet es auf Verbandsländer, die nur durch solche ältere Fassungen gebunden sind, die jüngste Fassung an; den anderen Verbandsländern steht es grundsätzlich frei, auf dieses neue Verbandsland die Bestimmungen der letzten Fassung der RBÜ anzuwenden, an die sie selbst gebunden sind, oder aber den Schutz bezüglich des neuen Verbandslandes dem Niveau der jüngsten Fassung der RBÜ anzupassen.[119]

Die Berner Union vereinigte am 12.2.2019 insgesamt **174 Verbandsländer.**[120] Für die ganz über- 30 wiegende Mehrheit der Verbandsländer gilt die jüngste Konventionsfassung von Paris, für je 5 Verbandsländer diejenige von Brüssel und von Rom.[121]

c) Gegenstand des Schutzes durch die RBÜ sind die **Werke der Literatur und Kunst;** Art. 2 31 RBÜ[122] enthält einen umfangreichen, nicht abschließenden Katalog von Werkarten, die dazu zu rechnen sind. Der Schutz durch die RBÜ gilt aber nur für **verbandseigene Werke.**[123] Darunter sind zu verstehen die veröffentlichten und die unveröffentlichten Werke von **Urhebern, die Angehörige eines Verbandslandes** sind oder in einem solchen Land ihren gewöhnlichen Aufenthaltsort haben,[124] sowie die Werke von keinem Verbandsland angehörenden Urhebern, die **zum ersten Mal in einem Verbandsland** oder **gleichzeitig in einem Verbandsland und in einem verbandsfremden Land veröffentlicht** worden sind.[125] **Veröffentlicht** iSd RBÜ sind aber nur solche Werke, die mit Zustimmung ihrer Urheber in Form von körperlichen Werkstücken **erschienen** und in einer Weise zur Verfügung der Öffentlichkeit gestellt sind, die deren normalen Bedarf befriedigt; unkörperliche Werkwiedergaben sowie die Ausstellung eines Werkes der bildenden Künste und die Errichtung eines Werkes der Baukunst stellen keine Veröffentlichung iSd RBÜ dar (Art. 3 Abs. 3). Veröffentlichte Werke iSd RBÜ sind daher grundsätzlich die erschienenen Werke iSd § 6 Abs. 2 S. 1.[126] Dem Erfordernis der **gleichzeitigen Veröffentlichung** in einem Verbandsland iSd Art. 3 Abs. 1 lit. b ist Genüge getan, wenn eine solche Veröffentlichung innerhalb von 30 Tagen seit der ersten Veröffentlichung in einem verbandsfremden Land erfolgt.[127] Diese **30 Tage-Frist** ist erstmals anlässlich der Brüsseler Revisionskonferenz in die RBÜ eingeführt worden. Ist für ein bestimmtes Werk der Konventionsschutz nach einer früheren Fassung der Übereinkunft durch Erstveröffentlichung in einem Verbandsland begründet oder durch Erstveröffentlichung in einem Nicht-Verbandsland ausgeschlossen worden, so bleibt es unter dem Aspekt dieses Anknüpfungspunkts bei dieser Lage auch dann, wenn auf dieses Werk später im Übrigen eine jüngere Konventionsfassung anwendbar ist.[128] Das **Erfordernis der Erstveröffentlichung in einem Verbandsland** für die Begründung des Konventionsschutzes veröffentlichter Werke galt noch **bis zur Brüsseler Fassung der RBÜ auch für Werke verbandsangehöriger Urheber** und ist nach wie vor von Bedeutung, soweit diese Konventionsfassung anzuwenden ist.[129] Besondere Regeln über die Begründung des Konventionsschutzes gelten für **Filmwerke** sowie für **Werke der Baukunst,** die in einem Verbandsland errichtet sind, und für **Werke der graphischen und plastischen Künste,** die Bestandteile eines in einem Verbandsland gelegenen Grundstücks sind (Art. 4). Nach näherer Maßgabe ihres Art. 18 ist die Übereinkunft auch auf solche Werke anwendbar, die bei ihrem Inkrafttreten oder beim Beitritt eines neuen Verbandslandes schon existieren, aber noch nicht wegen Ablaufs ihrer Schutzdauer im Ursprungsland (Art. 18 Abs. 1) oder im Schutzland (Art. 18 Abs. 2) Gemeingut geworden sind.[130] Der Übereinkunft kommt daher in gewisser, eingeschränkter Weise **Rückwirkung** zu.

d) Die **wichtigsten Grundsätze** für den **Inhalt des Schutzes,** den die RBÜ gewährleistet, sind 32 diejenigen der Inländerbehandlung, des Schutzes durch besondere Rechte der RBÜ und der Formfreiheit des Schutzes. Der **Grundsatz der Inländerbehandlung** besagt, dass die Urheber für alle verbandseigenen Werke[131] in allen Verbandsländern mit Ausnahme des Ursprungslandes des Werkes diejenigen Rechte in Anspruch nehmen können, welche die gegenwärtigen oder zukünftigen Gesetze

---

[118] Art. 32 Abs. 1 Pariser Fassung.
[119] Art. 32 Abs. 2.
[120] https://www.wipo.int/treaties/en/ShowResults.jsp?lang=en&search_what=B&bo_id=7 (21.8.2019).
[121] Siehe http://www.wipo.int/treaties/en/ip/berne (21.8.2019). Die Fassung von Brüssel gilt für die Bahamas, den Tschad, Fidschi, Madagaskar und Südafrika; die Fassung von Rom gilt für den Libanon, Malta, Neuseeland, Pakistan und Simbabwe.
[122] Hier und im Folgenden ohne nähere Angaben jeweils idF von Paris von 1971.
[123] Siehe OLG Frankfurt a. M. ZUM-RD 2015, 589 Rn. 6 – Tapetenmuster.
[124] Art. 3 Abs. 1 lit. a, Abs. 2.
[125] Art. 3 Abs. 1 lit. b.
[126] → § 6 Rn. 29 ff.; zum Ergebnis *Ulmer* § 14 III.
[127] Art. 3 Abs. 4.
[128] BGHZ 95, 229 (237) – Puccini; zur Auswirkung auf den Schutzfristenvergleich → Rn. 34.
[129] Siehe dazu *Ulmer* § 14 III 1.
[130] Siehe hierzu BGH GRUR 2014, 610 – Tarzan.
[131] Dazu → Rn. 31.

dieser Länder den inländischen Urhebern gewähren (Art. 5 Abs. 1). Darüber hinaus stehen den konventionsgeschützten Urhebern in allen Verbandsländern mit Ausnahme des Ursprungslandes bestimmte, in der RBÜ **besonders gewährte Rechte** zu (Art. 5 Abs. 1), nämlich – nach dem in der Stockholmer und Pariser Fassung erreichten Entwicklungsstand – insbes. das Urheberpersönlichkeitsrecht (Art. 6bis), das Übersetzungsrecht (Art. 8), das Vervielfältigungsrecht (Art. 9, 13) mit der Zulassung von Ausnahmen iSd sog. Dreistufentests[132] in Art. 9 Abs. 2, das Aufführungsrecht (Art. 11), das Senderecht (Art. 11bis), das Vortragsrecht (Art. 11ter), das Bearbeitungsrecht (Art. 12) und das Verfilmungsrecht (Art. 14, 14bis); diese Rechte werden auch als **Mindestrechte** bezeichnet.[133] Nach Art. 5 Abs. 2 S. 1 sind die dem konventionsgeschützten Urheber in allen Verbandsländern mit Ausnahme des Ursprungslandes zustehenden Rechte **nicht an die Erfüllung von Förmlichkeiten gebunden** und **unabhängig vom Bestehen des Schutzes des Werkes im Ursprungsland.** Im Ursprungsland selbst richtet sich der Schutz nach den innerstaatlichen Vorschriften (Art. 5 Abs. 3); die RBÜ definiert in Art. 5 Abs. 4, welches Land als Ursprungsland gilt.

33   **Als Ursprungsland** gilt für die zum ersten Mal in einem Verbandsland veröffentlichten[134] Werke dieses Land; findet die Veröffentlichung gleichzeitig in mehreren Verbandsländern mit unterschiedlicher Schutzdauer statt, so ist Ursprungsland das Land mit der kürzesten Schutzdauer. Bei gleichzeitig in einem verbandsfremden Land und einem Verbandsland veröffentlichten Werken ist das letztere Ursprungsland. Für die nichtveröffentlichten oder die zuerst in einem verbandsfremden Land veröffentlichten Werke gilt das Verbandsland, dem der Urheber angehört, als Ursprungsland. Sonderregelungen gelten für Filmwerke, Werke der Baukunst sowie Werke der graphischen und plastischen Künste, die Bestandteile eines in einem Verbandsland gelegenen Grundstücks sind. Zur Bedeutung der Bestimmung des Ursprungslandes eines Werkes für den Schutzfristenvergleich → Rn. 34.

34   **e)** Die **Dauer des durch die RBÜ gewährten Schutzes** umfasst grundsätzlich die Lebenszeit des Urhebers und 50 Jahre nach seinem Tod (Art. 7 Abs. 1). Besondere Regelungen betreffen Filmwerke (Art. 7 Abs. 2), anonyme und pseudonyme Werke (Art. 7 Abs. 3), Werke der Fotografie und der angewandten Kunst (Art. 7 Abs. 4). Die Verbandsländer sind befugt, eine längere Schutzdauer zu gewähren (Art. 7 Abs. 6). Die Regel, dass sich die Schutzdauer im Einzelfall entsprechend dem Grundsatz der **Inländerbehandlung** nach dem auch für Inländer geltenden Recht desjenigen Landes richtet, für das der Schutz beansprucht wird, wird eingeschränkt durch das **Prinzip des Schutzfristenvergleichs:** Die Schutzdauer überschreitet nicht die im Ursprungsland des Werkes geltende Dauer, es sei denn, dass die Rechtsvorschriften des Schutzlandes etwas anderes bestimmen (Art. 7 Abs. 8). Letzteres ist in der Bundesrepublik Deutschland nicht der Fall, so dass konventionsgeschützten Werken, deren Ursprungsland iSd Art. 5 Abs. 4 ein Land mit 50jähriger Schutzfrist post mortem auctoris ist, hier ebenfalls nur diese, nicht die 70jährige Schutzfrist nach § 64 zusteht.[135] Für die **Berechnung der Schutzdauer** eines Werkes im Wege des Schutzfristenvergleichs ist hinsichtlich veröffentlichter, erschienener[136] Werke bezüglich der Entstehung des Konventionsschutzes von **derjenigen Konventionsfassung** auszugehen, die **im Zeitpunkt der Erstveröffentlichung in Kraft** und für die betreffenden Verbandsländer verbindlich war. Dies war zB für die Verbandsländer Deutschland und Italien im Jahre 1900 die Urfassung der Berner Übereinkunft. Diese enthielt noch nicht die Bestimmung, dass jedes Werk als gleichzeitig veröffentlicht gilt, das innerhalb von 30 Tagen seit der ersten Veröffentlichung in zwei oder mehr Ländern erschienen ist.[137] Bei der Berechnung der Schutzdauer der Oper Tosca des italienischen Komponisten Puccini in der Bundesrepublik Deutschland, die am 13.1.1900 zuerst in Italien erschienen war, ist daher nicht erheblich, ob diese Oper innerhalb von 30 Tagen nach diesem Datum auch in Deutschland erschienen war. Dadurch ist die Annahme einer gleichzeitigen Veröffentlichung der Oper in Italien und Deutschland iSv Art. 3 Abs. 4 RBÜ (Pariser Fassung) und die Bestimmung Deutschlands als Ursprungsland nach der Regel[138] ausgeschlossen, dass bei der gleichzeitigen Veröffentlichung eines Werkes in mehreren Verbandsländern mit verschiedener Schutzdauer dasjenige Land als Ursprungsland gilt, dessen innerstaatliche Rechtsvorschriften die kürzeste Schutzdauer gewährt.[139] Im Verhältnis zu Italien wäre dies im Jahre 1900 Deutschland mit einer nur 30jährigen Schutzdauer post mortem auctoris gewesen. Die Bestimmung Deutschlands als Ursprungsland der Oper Tosca hätte zur Folge gehabt, dass ihr der volle 70jährige Schutz des geltenden deutschen Rechts (vgl. § 64) zugestanden hätte. So aber endete der Schutz mit Ablauf des Schutzes in Italien am 31.12.1980 an diesem Tag auch in der Bundesrepublik Deutschland. Daran ändert nichts,

---

[132] → Rn. 22 zu TRIPS.
[133] *Metzger* ZUM 2018, 233 (234); siehe auch die Beschreibung der Entwicklung der verschiedenen Revisionen der Berner Konvention bei Ricketson/Ginsburg, International Copyright and Neighbouring Rights, Bd. 1, 2005, S. 84 ff.; zur Berechtigung dieser Bezeichnung *Ulmer* § 14 II 5.
[134] Erschienenen, → Rn. 31.
[135] Zum Ergebnis Dreier/Schulze/*Dreier* Vor §§ 64 ff. Rn. 14; Fromm/Nordemann/*Nordemann-Schiffel* Vor §§ 120 ff. Rn. 15; Loewenheim/*Walter* HdB des Urheberrechts § 58 Rn. 106 f., 112; zur Bestimmung des Ursprungslandes → Rn. 33.
[136] → Rn. 46.
[137] → Rn. 31.
[138] Art. 3 Abs. 3 der Urfassung und Art. 5 Abs. 4 lit. a RBÜ Pariser Fassung.
[139] → Rn. 31.

dass im Verhältnis der Bundesrepublik Deutschland zu Italien nunmehr die jüngste, die Pariser Fassung der RBÜ in Kraft ist.[140] Die **Berechnung der Schutzdauer im Ursprungsland** richtet sich gem. Art. 7 Abs. 8 **nach den dort geltenden gesetzlichen Regelungen; ein Wiederaufleben bereits erloschener Recht** durch spätere Gesetzesänderungen ist im Rahmen des Schutzfristenvergleichs zu beachten.[141]

Der Schutzfristenvergleich nach Art. 7 Abs. 8 RBÜ ist einer der wenigen Fälle, in de- 35 **nen die RBÜ das Prinzip der materiellen Gegenseitigkeit** des Schutzes unter den Verbandsländern praktiziert. Weitere Regeln der RBÜ in diesem Sinne betreffen den Schutz von Werken der angewandten Kunst (Art. 2 Abs. 7) und das Folgerecht.[142]

2. WIPO-Urheberrechtsvertrag (WCT)

a) Am 20.12.1996 wurden auf einer von der Weltorganisation für geistiges Eigentum (WIPO) in 36 Genf abgehaltenen diplomatischen Konferenz mit Delegierten von mehr als 120 Staaten zwei neue internationale Verträge über das Urheberrecht und über verwandte Schutzrechte geschlossen: der **WIPO-Urheberrechtsvertrag**[143] und der **WIPO-Vertrag über Darbietungen und Tonträger.**[144] Sie lagen bis zum 31.12.1997 zur Unterzeichnung durch jeden Mitgliedstaat der WIPO und durch die Europäische Gemeinschaft auf. Davon machten im Fall des WCT 51 Staaten[145] und die EG Gebrauch, im Fall des WPPT 50 Staaten[146] und wiederum auch die EG. Für das Inkrafttreten war die Hinterlegung von jeweils 30 Ratifikations- oder Beitrittsurkunden bei der WIPO erforderlich.[147] Diese Bedingung wurde im Jahre 2002 erfüllt. Der WCT zählte am 21.8.2019 102 Mitgliedstaaten,[148] der WPPT ebenfalls 102,[149] darunter jeweils ua die USA, die EU-Mitgliedstaaten und die EU selbst. Deutschland hat den beiden Verträgen durch Gesetz vom 10.8.2003[150] zugestimmt. WCT und WPPT sind seit dem 14.2.2010 für die gesamte EU in Kraft.[151]

b) WCT und WPPT sind das Ergebnis der Bemühungen der **WIPO,** das internationale Urheber- 37 recht auf der Grundlage der seit 1971 nicht mehr revidierten RBÜ[152] fortzuentwickeln und auch den internationalen Schutz verwandter Schutzrechte über das aus dem Jahre 1961 stammende und seitdem unveränderte Rom-Abkommen[153] hinaus zu verbessern. Die Bemühungen liefen mehr oder weniger **parallel zur GATT-Initiative,** die 1994 in das **TRIPS-Übereinkommen** mündete.[154] Im Vergleich mit TRIPS zeichnen sich WCT und WPPT durch ihren traditionelleren Ansatz aus; insbes. sind sie nicht mit konkreten handelspolitischen Maßnahmen verknüpft[155] und verzichten auf das Schutzprinzip der Meistbegünstigung.[156] Darüber hinaus tragen sie, anders als TRIPS, bereits den Auswirkungen von Digitalisierung und Netzwerktechnologien auf das Urheberrecht, insbesondere im Hinblick auf das Internet, Rechnung. Die ursprünglichen Pläne der WIPO waren auf ein **Protokoll zur RBÜ** gerichtet, durch das Unklarheiten in Bezug auf den Anwendungsbereich dieser Übereinkunft zB im Hinblick auf Computerprogramme beseitigt werden sollten. Das Vorhaben der WIPO, dabei auch Tonträger in den RBÜ-Schutz einzubeziehen, war insbes. aus der Sicht des kontinentaleuropäischen Rechts systemwidrig und stieß daher auf Widerstand. Dieser führte zur Abspaltung des Tonträgerschutzes. Dieser Schutz und dann auch der Schutz der ebenfalls als schutzwürdig beurteilten ausübenden Künstler sollte durch ein **„Neues Instrument"** gewährleistet werden. Aus dem „Berner Protokoll" erwuchs schließlich der **WCT** und aus dem „Neuen Instrument" der **WPPT.**[157]

c) Der **WCT** ist nach seinem Art. 1 Abs. 1 ein **Sonderabkommen iSd Art. 20 S. 1 RBÜ,** der 38 den Verbandsländern den Abschluss solcher Abkommen vorbehält, wenn diese den Urhebern mehr Rechte als die RBÜ gewähren und den Bestimmungen der RBÜ nicht zuwiderlaufen. Die Verpflichtungen der Vertragsparteien aus der RBÜ werden demgemäß nach Art. 1 Abs. 2 WCT nicht beeinträchtigt, und den Vertragsparteien ist es durch Art. 1 Abs. 4 auferlegt, den Art. 1–21 und dem Anhang der RBÜ nachzukommen. Durch Verweisung auf die Art. 2–6 RBÜ in Art. 3 WCT wird

---

[140] Siehe zum Vorstehenden BGHZ 95, 229 (235 ff.) – Puccini. Zu den Auswirkungen des EU-rechtlichen Diskriminierungsverbots auf diese Rechtslage → § 120 Rn. 8 f.

[141] OLG Köln GRUR-RR 2012, 104 – Briefe aus Petersburg.

[142] Art. 14ter; dazu auch → § 121 Rn. 14 ff.

[143] WIPO Copyright Treaty, WCT.

[144] WIPO Performances and Phonograms Treaty, WPPT.

[145] Darunter alle EU-Staaten und die USA.

[146] Darunter die zum WCT genannten.

[147] Art. 20 WCT, Art. 29 WPPT.

[148] Siehe https://www.wipo.int/treaties/en/ShowResults.jsp?lang=en&treaty_id=16 (21.8.2019)

[149] Siehe https://www.wipo.int/treaties/en/ShowResults.jsp?lang=en&treaty_id=20 (21.8.2019)

[150] BGBl. 2003 II S. 745 mit Abdruck der beiden Verträge auf den S. 755 ff., 770 ff.; deutsche Fassung auch in GRUR-Int 2004, 112 ff.

[151] Siehe GRUR-Int 2010, 179.

[152] → Rn. 27 ff.

[153] → Rn. 61 ff.

[154] → Rn. 14 ff.

[155] Zu TRIPS → Rn. 15.

[156] Zu TRIPS → Rn. 20.

[157] Zum WPPT Näheres unter → Rn. 69 ff.

insbes. erreicht, dass die grundlegenden RBÜ-Regeln über die **Gegenstände des Schutzes,**[158] über den **Anwendungsbereich**[159] sowie über die grundlegenden Schutzprinzipien der **Inländerbehandlung,** des Schutzes durch **Mindestrechte** und der **Formlosigkeit** des Schutzes[160] für den WCT entsprechend gelten. Durch Verweisung in Art. 13 WCT auf Art. 18 RBÜ ist auch die **Anwendung des WCT in zeitlicher Hinsicht** wie in der RBÜ geregelt.[161] Ähnlich wie in TRIPS finden sich darüber hinaus in den Art. 2, 4 und 5 WCT Klarstellungen über den urheberrechtlichen **Werkbegriff,**[162] über **Computerprogramme** und **Datensammlungen.**[163] In Art. 6 Abs. 1 WCT wird den Urhebern als neues allgemeines Mindestrecht das ausschließliche **Verbreitungsrecht** gewährt, das in der RBÜ in deren Art. 14 Abs. 1 Nr. 1, Art. 14bis Abs. 1 S. 1 nur in Bezug auf filmisch bearbeitete Werke und Filmwerke vorgesehen ist.[164] Den Vertragsstaaten ist vorbehalten, die **Erschöpfung** des Verbreitungsrechts zu regeln (Art. 6 Abs. 2 WCT). Im selben Ausmaß wie in TRIPS, in Bezug auf Tonträger aber eindeutiger als dort,[165] steht den Urhebern von Computerprogrammen, Filmwerken und auf Tonträgern aufgenommenen Werken auch ein ausschließliches **Vermietrecht** zu.

39   **d)** Eine besonders wichtige, in TRIPS nicht und in der RBÜ nur partiell als Mindestrecht ausgestaltete urheberrechtliche Befugnis, ist das in Art. 8 WCT anerkannte allgemeine, ausschließliche **Recht der öffentlichen Wiedergabe** in unkörperlicher Form. Dieses Recht schließt das **Onlinerecht** der Urheber ein, das ähnlich wie das Verbreitungsrecht[166] definiert ist als das Recht der Urheber über die „Zugänglichmachung ihrer Werke in der Weise, dass sie Mitgliedern der Öffentlichkeit an Orten und zu Zeiten ihrer Wahl zugänglich sind", zu bestimmen. Dieses Recht erlaubt es den Urhebern, die Nutzung ihrer Werke im Internet zu kontrollieren.

40   **e)** Eine weitere Stärkung der Rechtsstellung der Urheber im Vergleich mit der RBÜ[167] und mit TRIPS, das insoweit in Art. 12 auf die RBÜ verweist,[168] bezieht sich auf die **Schutzdauer von Werken der Fotografie** (Art. 8 WCT). Die WCT-Vertragsstaaten dürfen die auf 25 Jahre ab Herstellung verkürzte Mindestschutzdauer für solche Werke nach Art. 7 Abs. 4 RBÜ nicht anwenden. Darüber hinaus bestimmt Art. 10 WCT in Bezug auf **gesetzliche Schranken der Verwertungsrechte** der Urheber, dass die Vertragsstaaten sie nur für bestimmte Sonderfälle vorsehen dürfen und dass diese Schranken weder die normale Verwertung der Werke beeinträchtigen noch die berechtigten Interessen der Urheber unzumutbar verletzen dürfen.[169] Dies entspricht Art. 13 TRIPS[170] und verallgemeinert die Regel des Art. 9 Abs. 2 RBÜ für das Vervielfältigungsrecht.

41   **f)** Von besonderem Interesse sind die in Art. 11 und 12 WCT vorgesehenen Verpflichtungen der Vertragsstaaten in Bezug auf den Schutz gegen die **Umgehung von technischen Schutzvorkehrungen,** von denen die Urheber im Zusammenhang mit der Ausübung ihrer Rechte Gebrauch machen (Art. 11), sowie im Hinblick auf die Verhinderung der unbefugten **Entfernung oder Änderung elektronischer Informationen für die Rechtewahrnehmung** (Art. 12). Zu denken ist im ersten Fall zB an die Umgehung von technischen Kopierschutzmaßnahmen. Im zweiten Fall sollen nach der Definition des Art. 12 Abs. 2 WCT elektronische Informationen an Vervielfältigungsstücken eines Werkes oder im Zusammenhang mit der öffentlichen Werkwiedergabe geschützt werden, die das Werk, den Urheber des Werkes, den Inhaber eines Rechts an dem Werk identifizieren, ebenso Informationen über die Nutzungsbedingungen des Werkes sowie Zahlen oder Codes, die derartige Informationen darstellen. Art. 11 WCT geht dabei von der Grundannahme aus, dass **nur die Umgehung zur Vornahme urheberrechtswidriger Handlung untersagt** werden kann („that restrict acts … which are not authorized by the authors concerned or permitted by law."). Solange sich der Nutzer auf eine Schrankenbestimmung im Urheberrecht berufen kann, unterfällt die Umgehung von technischen Maßnahmen nicht Art. 11 WCT.

42   **g)** Im Vergleich mit TRIPS, das in seinen Art. 41 ff. ausführliche Bestimmungen über die **Durchsetzung der Rechte des geistigen Eigentums** enthält,[171] regelt Art. 14 WCT diesbezüglich nur ganz allgemein formulierte Verpflichtungen der Vertragsparteien.

3. Welturheberrechtsabkommen (WUA)

43   **a)** Der dritte große mehrseitige internationale Vertrag nur auf dem Gebiet des Urheberrechts ist das **Welturheberrechtsabkommen** (WUA), das mit drei Zusatzprotokollen am 6.9.1952 in **Genf** un-

---

[158] Art. 2 RBÜ; → Rn. 31.
[159] Art. 3 und 4 RBÜ; → Rn. 31.
[160] Art. 5 RBÜ; → Rn. 32.
[161] → Rn. 31.
[162] Art. 2; zu TRIPS → Rn. 21.
[163] Art. 3, 4; zu TRIPS → Rn. 21.
[164] auch → Rn. 23.
[165] → Rn. 22.
[166] Dieses für die Werkverwertung in körperlicher Form.
[167] → Rn. 34.
[168] → Rn. 22.
[169] Sog. Dreistufentest; dazu unter → Rn. 22 im Zusammenhang mit TRIPS.
[170] → Rn. 22.
[171] → Rn. 15.

terzeichnet und am 24.7.1971 mit zwei Zusatzprotokollen in **Paris** revidiert wurde. Es ist am 16.9.1955 in der ursprünglichen Fassung und am 10.7.1974 in der revidierten Fassung insgesamt und für die Bundesrepublik Deutschland in Kraft getreten.[172] Das WUA zählte am 6.1.2019 **100 Mitgliedstaaten,** für alle diese Staaten war die ursprüngliche Fassung, für 65 Mitgliedstaaten auch die revidierte Fassung verbindlich.[173]

Das WUA hat durch den Beitritt der USA zur Berner Union im Jahre 1989 und zahlreicher **44** weiterer Staaten in der Folgezeit erheblich an Bedeutung verloren. Die ehem. Sowjetunion war dem WUA im Jahre 1973 beigetreten.[174] Die **Russische Föderation** ist mit Wirkung zum Jahre 1995 ebenfalls der RBÜ beigetreten. Die **VR China** war ihr bereits im Jahre 1992 vorausgegangen. Heute sind alle Mitgliedstaaten des WUA zugleich Mitgliedstaaten der RBÜ, das WUA ist aber gerade für ältere Werke noch von Bedeutung.[175] Anders als in Anwendung von Art. 18 RBÜ kommt dem Beitritt eines neuen Mitgliedstaates zum WUA im Übrigen **keine rückwirkende Kraft** zu, so dass Werke von Urhebern des neuen Mitgliedstaates, die im Zeitpunkt des Inkrafttretens in den anderen Vertragsstaaten ungeschützt waren, es auch nach diesem Zeitpunkt blieben; umgekehrt gilt das Gleiche (Art. VII WUA). Vorbehalten bleibt ein Schutz auf Grund eines **anderen** mehrseitigen oder zweiseitigen **internationalen Vertrags,** wie zB der RBÜ, oder des **nationalen Fremdenrechts.** Daher konnte zB der Roman „August Vierzehn" des russischen Schriftstellers Alexander Solschenizyn durch Erstveröffentlichung[176] in dem Verbandsland Frankreich der RBÜ[177] den Urheberrechtsschutz auch in der Bundesrepublik Deutschland erlangen; die russische „Samisdat"-Ausgabe dieses Romans, die in der ehem. Sowjetunion früher zirkulierte, aber der allgemeinen Öffentlichkeit nicht zugänglich war, stand dem ebenso wenig entgegen wie das staatliche Außenhandelsmonopol der ehem. Sowjetunion.[178] Bei einem ersten Erscheinen des Werkes in der Bundesrepublik Deutschland wäre der Schutz nach § 121 Abs. 1 begründet worden.

b) Für die **Beziehungen zweier Vertragsstaaten** des WUA, von denen einer dem Abkommen **45** idF von **Paris,** der andere aber in der **ursprünglichen Fassung** angehört, ist die Letztere maßgebend.[179] In besonderer Weise und mit dem Ziel des Vorrangs und des Schutzes der älteren Konvention ist im WUA dem **Verhältnis zur RBÜ** Rechnung getragen: Nach Art. XVII WUA und einer Zusatzerklärung dazu ist in den Beziehungen zwischen den Ländern der Berner Union auf den Schutz von Werken, die als Ursprungsland iSd RBÜ ein Verbandsland der Berner Union haben, das WUA nicht anzuwenden;[180] dies gilt selbst dann, wenn im Einzelfall die Regelung des WUA für den Urheber günstiger wäre als diejenige der RBÜ.[181] Auch kann in den Ländern der Berner Union ein Werk, das als Ursprungsland iSd RBÜ ein Land hat, das nach dem 1.1.1951 aus der Berner Union ausgetreten ist, nicht durch das WUA geschützt werden, es sei denn, es handelt sich um ein Entwicklungsland.[182]

c) Gegenstand des Schutzes durch das WUA sind **Werke der Literatur, Wissenschaft und 46 Kunst** (Art. I) und damit, weil die Werke der Wissenschaft im Werkekatalog des Art. 2 Abs. 1 RBÜ[183] ebenfalls genannt sind, grundsätzlich die gleichen wie in der RBÜ; ausdrücklich und beispielhaft genannt sind Schriftwerke, musikalische und dramatische Werke, Filmwerke, Werke der Malerei, Stiche und Werke der Bildhauerei.[184] Wie nach dem Stockholmer und Pariser Fassung der RBÜ[185] sind auch nach dem WUA nur geschützt die veröffentlichten und unveröffentlichten **Werke der Angehörigen eines Vertragsstaates** sowie die **zuerst in einem Vertragsstaat veröffentlichten Werke** anderer Urheber (Art. II). **Veröffentlicht** sind auch iSd WUA nur die in körperlichen Werkexemplaren **erschienenen** Werke; abweichend von der Regelung der RBÜ müssen die Werkexemplare es aber gestatten, das Werk zu lesen oder sonst mit dem Auge wahrzunehmen (Art. VI); so dass insbes. die Vervielfältigung und Verbreitung eines Werkes auf **Tonträgern** nicht zur Veröffentlichung führt.[186] Abweichend von der Regelung in der RBÜ[187] sieht das WUA nicht vor, dass der

---

[172] BGBl. 1955 II S. 101; Inkrafttreten des Zusatzprotokolls Nr. 3 am 3.6.1955, BGBl. 1955 II S. 892; BGBl. 2009 II S. 1069 (1111) und 1974 II S. 1309; Angaben nach BGBl. 2009 II vom 18.2.2009 – Fundstellennachweis B S. 385.

[173] http://www.unesco.org/eri/la/convention.asp?KO=15381&language=E&order=alpha (21.8.2019).

[174] Zur Bedeutung dieses Vorgangs siehe die Nachw. → 1. Aufl. 1987, Rn. 22.

[175] Siehe zuletzt BGH GRUR 2014, 610 – Tarzan. Auch allgemein → Rn. 58.

[176] ISd ersten Erscheinens.

[177] → Rn. 45.

[178] BGHZ 64, 183 (186 ff.) – August Vierzehn; dazu auch → § 6 Rn. 35, 40, 45.

[179] Art. IX Abs. 4 S. 1.

[180] Lit. c der Zusatzerklärung.

[181] Siehe dazu das Beispiel bei *Ulmer* § 15 VII 1.

[182] Lit. a, b der Zusatzerklärung; siehe auch allgemein zum Sonderstatus der Entwicklungsländer in der RBÜ und im WUA *Ulmer* §§ 14 VI, 15 VI.

[183] → Rn. 27.

[184] Art. I; zur Frage des Schutzes auch von Werken der Fotografie, der angewandten Kunst und der Baukunst siehe *Ulmer* § 15 II 1.

[185] → Rn. 31.

[186] *Nordemann/Vinck/Hertin* WUA Art. II Rn. 4, Art. VI Rn. 5; *Ulmer* § 15 III.

[187] → Rn. 31.

Schutz durch dieses Abkommen auch noch durch eine Veröffentlichung in einem Vertragsstaat begründet werden kann, die innerhalb einer Frist von 30 Tagen nach der Erstveröffentlichung in einem Nichtvertragsstaat erfolgt.

47 **d)** Unveröffentlichte Werke sind auch nach dem WUA von den Vertragsstaaten ohne die **Erfüllung von Förmlichkeiten** zu schützen (Art. III Abs. 4). Für den Schutz veröffentlichter Werke können die Vertragsstaaten aber die Erfüllung von Förmlichkeiten verlangen, und zwar von Förmlichkeiten beliebiger Art hinsichtlich der Werke ihrer eigenen Angehörigen sowie der in ihrem Hoheitsgebiet zum ersten Mal veröffentlichten Werke (Art. III Abs. 2). Hinsichtlich der Werke von Urhebern anderer Vertragsstaaten, die außerhalb seines Hoheitsgebiets zum ersten Mal veröffentlicht worden sind, muss jeder Vertragsstaat die in seinem innerstaatlichen Recht vorgesehenen formalen Schutzerfordernisse als erfüllt ansehen, wenn alle Werkstücke, die mit Erlaubnis des Urhebers oder eines anderen Inhabers des Urheberrechts veröffentlicht worden sind, von der ersten Veröffentlichung des Werkes an das Kennzeichen © iVm dem Namen des Inhabers des Urheberrechts und der Jahreszahl der ersten Veröffentlichung tragen (Art. III Abs. 1).

48 **e)** Das tragende Prinzip für den **Inhalt des Schutzes** ist auch im WUA dasjenige der **Inländerbehandlung.** Jeder Vertragsstaat gewährt den für seine eigenen Staatsangehörigen vorgesehenen Schutz auch den veröffentlichten und unveröffentlichten Werken der Angehörigen jedes anderen Vertragsstaats sowie denjenigen Werken, die erstmals in einem anderen Vertragsstaat veröffentlicht worden sind (Art. II Abs. 1, 2). Daneben umfassen die Rechte, zu deren ausreichendem und wirksamem Schutz die Vertragsstaaten nach Art. I verpflichtet sind, nach dem anlässlich der Revision des WUA in Paris im Jahre 1971 eingefügten Art. IVbis Abs. 1 die **grundlegenden Rechte,** die die wirtschaftlichen Interessen des Urhebers schützen, insbes. das Vervielfältigungs-, das Aufführungs- und das Senderecht, und zwar sowohl bezüglich der ursprünglichen Form eines Werkes als auch hinsichtlich einer erkennbar von dem ursprünglichen Werk abgeleiteten Form. Schon in der ursprünglichen Fassung des WUA im gleichen Sinne anerkannt ist das **Übersetzungsrecht.**[188] Ob es sich bei diesen Rechten um **„besonders gewährte Rechte"** in dem zur RBÜ beschriebenen Sinne[189] handelt, auf die der Urheber eines Vertragsstaats sich in den anderen Vertragsstaaten unmittelbar berufen kann, wenn deren Verfassungsrecht eine solche Berufung zulässt, ist fraglich.[190] Jedenfalls sieht Art. IVbis Abs. 2 vor, dass jeder Vertragsstaat von den in Abs. 1 genannten Rechten Ausnahmen vorsehen kann, die aber dem Geist und den Bestimmungen des WUA nicht widersprechen dürfen; auch muss jedem dieser Rechte stets ein angemessenes Maß an wirksamem Schutz gewährt werden. Das **Urheberpersönlichkeitsrecht** anerkennt das WUA mit Rücksicht auf die Rechtslage in den USA **nicht.**

49 **f)** Für die **Schutzdauer** sieht Art. IV WUA folgende Regelung vor:[191] Die Schutzdauer wird durch das Recht desjenigen Landes bestimmt, für das entsprechend dem Schutzlandprinzip der Schutz beansprucht wird (Art. IV Abs. 1), sie umfasst aber grundsätzlich die Lebenszeit des Urhebers und 25 Jahre nach seinem Tod.[192] Ein Vertragsstaat, der in dem Zeitpunkt, in dem das WUA für ihn in Kraft tritt, die Schutzdauer nicht auf der Grundlage der Lebenszeit des Urhebers berechnet, ist befugt, sie von der ersten Veröffentlichung[193] oder von der Veröffentlichung vorausgehenden Registrierung des Werkes an zu berechnen; die Schutzdauer muss dabei mindestens 25 Jahre betragen.[194] In Fällen, in denen die Rechtsvorschriften eines Vertragsstaats zwei oder mehr aufeinander folgende Schutzfristen vorsehen, muss die erste mindestens 25 Jahre betragen.[195] Die Regelungen der Art. IV Abs. 2 tragen dem früheren, aber für ältere Werke auch heute noch bedeutsamen Recht der USA Rechnung. Eine Sonderregelung iS einer nur 10-jährigen Schutzdauer gilt für Werke der Fotografie und der angewandten Kunst (Art. IV Abs. 3). Wie die RBÜ[196] sieht auch das WUA iS einer Einschränkung des Prinzips der Inländerbehandlung einen **Vergleich der Schutzfristen** vor: Kein Vertragsstaat ist verpflichtet, einem Werk einen längeren Schutz als den zu gewähren, der für Werke dieser Art in dem Vertragsstaat festgelegt ist, in dem das Werk zuerst veröffentlicht worden ist oder dem der Urheber eines unveröffentlichten Werkes angehört.[197] Durch den Vergleich mit der im Ursprungsland geltenden Schutzdauer „für Werke dieser Art" wird einer Schutzversagung mit dem Argument vorgebeugt, das betreffende konkrete Werk sei im Ursprungsland zB wegen Nichterfüllung der dort vorgesehenen Formalitäten nicht geschützt, so dass seine Schutzdauer null betrage.[198] Besondere Regelungen über den Schutzfristenvergleich berücksichtigen die Verhältnisse bei Vertragsstaaten

---

[188] Art. V Abs. 1; zu den Ausnahmen davon *Ulmer* § 15 V 3.
[189] → Rn. 32.
[190] Verneinend *Nordemann/Vinck/Hertin* WUA Art. IVbis Rn. 1; die Formulierung als bloße Verpflichtung der Vertragsstaaten steht einer solchen Qualifizierung aber nicht entgegen.
[191] Siehe hierzu auch BGH GRUR 2014, 610 – Tarzan.
[192] Art. IV Abs. 2 S. 1.
[193] ISd Erscheinens → Rn. 46.
[194] Art. IV Abs. 2 lit. a, b.
[195] Art. IV Abs. 2 lit. c.
[196] → Rn. 34.
[197] Art. IV Abs. 4 lit. a.
[198] Siehe dazu *Ulmer* § 15 V 2; auch → Rn. 129.

mit zwei oder mehr aufeinander folgenden Schutzfristen,[199] den Fall der Erstveröffentlichung eines Werkes eines Angehörigen eines Vertragsstaats in einem Nichtvertragsstaat (Art. IV Abs. 5) sowie den Fall der gleichzeitigen Veröffentlichung in zwei oder mehr Vertragsstaaten, wobei Gleichzeitigkeit auch bei einer Veröffentlichung innerhalb von 30 Tagen seit der ersten Veröffentlichung vorliegt (Art. IV Abs. 6). In der Bundesrepublik Deutschland bestimmt **§ 140 UrhG**, durch den dem Gesetz über das WUA[200] ein entsprechender neuer Art. 2a eingefügt wurde, dass der Schutzfristenvergleich nach Art. IV Abs. 4–6 WUA durchzuführen ist. Für die Rechtslage vor Inkrafttreten des UrhG am 1.1.1966 vgl. die Kommentierung des § 140.

4. Übereinkunft von Montevideo betreffend den Schutz von Werken der Literatur und Kunst

Deutschland ist im Jahre 1927 der lateinamerikanischen Übereinkunft von Montevideo **50** vom 11.1.1889 betreffend den Schutz von Werken der Literatur und Kunst nebst Zusatzprotokoll vom 13.2.1889 beigetreten.[201] Die Übereinkunft ist für Deutschland im Verhältnis zu **Argentinien** und **Paraguay** am 1.9.1927[202] und zu **Bolivien** am 14.9.1927[203] in Kraft getreten. Durch einen Notenwechsel vom 7.2./23.6.1950[204] wurde die Weiteranwendung der Übereinkunft bekräftigt.[205]

Die Übereinkunft sieht in der Bestimmung des Art. 2 über den internationalen Schutz vor, dass **51** dem Urheber eines literarischen oder künstlerischen Werkes und seinem Rechtsnachfolger in den Vertragsstaaten **diejenigen Rechte zustehen, die das Gesetz des Staates gewährt, in welchem die erste Veröffentlichung oder Herstellung stattgefunden hat. Das damit anwendbare Recht des Ursprungslandes** widerspricht den Regeln der RBÜ und des WUA, die über das Prinzip der Inländerbehandlung[206] auf das **Recht des Schutzlandes** abstellen. Die Bestimmung ist daher in den Beziehungen der Bundesrepublik Deutschland zu allen drei genannten Staaten spätestens seit deren Beitritt zur RBÜ[207] grundsätzlich **nicht mehr anwendbar.**[208] Der zeitlich vorausgegangene Beitritt der drei lateinamerikanischen Staaten zum WUA[209] bewirkte dieses Ergebnis jedoch schon zu einem jeweils früheren Zeitpunkt (Art. XIX WUA). Nicht gefolgt werden kann dagegen der weitergehenden Auffassung, der Beitritt Deutschlands und anderer europäischer Staaten zur Übereinkunft von Montevideo sei bereits dadurch gegenstandslos geworden, dass die drei lateinamerikanischen Staaten 1947 (Bolivien), 1949 (Paraguay) und 1953 (Argentinien) das interamerikanische Abkommen von Washington von 1946 ratifiziert hätten.[210] Dieser Vorgang konnte die völkervertragsrechtlichen Beziehungen der drei Staaten zu Deutschland und den anderen europäischen Staaten schon deshalb nicht tangieren, weil diese Staaten ihrerseits dem Washingtoner Abkommen nicht beigetreten sind; es stand ihnen noch nicht einmal zum Beitritt offen.[211] Demgemäß geht auch das moderne lateinamerikanische Schrifttum davon aus, dass die Übereinkunft von Montevideo im Verhältnis zwischen lateinamerikanischen und europäischen Staaten erst durch den Beitritt der Ersteren zum WUA und zur RBÜ verdrängt worden ist.[212] **Übergangsrechtlich** und im Hinblick auf unter ihrer Wirksamkeit **wohlerworbene Rechte** ist die Übereinkunft von Montevideo im Übrigen nach wie vor zu beachten.[213]

5. Vertrag von Marrakesch über den Zugang von blinden und sehbehinderten Personen

Der Vertrag von Marrakesch über den erleichterten Zugang zu veröffentlichten Werken für **52** blinde, sehbehinderte oder sonst lesebehinderte Personen ist der **jüngste unter dem Dach der WIPO abgeschlossene Vertrag im Bereich des Urheberrechts.**[214] Der Vertrag wurde am 27.6.2013 in Marrakesch geschlossen und bis zum 28.9.2016 von 79 Staaten und der Europäischen Union unterzeichnet.[215] Nachdem Kanada den Vertrag am 30.6.2016 als zwanzigste Partei ratifizierte, trat er am 30.9.2016 in Kraft.

---

[199] Art. IV Abs. 4 lit. b.
[200] BGBl. 1955 II S. 101.
[201] Gesetz vom 26.3.1927, RGBl. 1927 II S. 95.
[202] Bek. vom 22.9.1927, RGBl. 1927 II S. 883.
[203] Bek. vom 13.10.1927, RGBl. 1927 II S. 9.
[204] BAnz. Nr. 144, S. 50.
[205] Angaben nach BGBl. 2009 II vom 18.2.2009 – Fundstellennachweis B S. 246.
[206] → Rn. 32, 48.
[207] Argentinien 1967, Paraguay 1992 und Bolivien 1993.
[208] Art. 20 RBÜ; siehe zum Ergebnis Fromm/Nordemann/*Nordemann-Schiffel* Vor §§ 120 Rn. 29.
[209] Argentinien 1958, Paraguay 1962 und Bolivien 1990.
[210] So *Goldbaum*, Lateinamerikanische urheberrechtliche Gesetzgebung, 1959, S. 95.
[211] Siehe *Ulmer* § 12 VII.
[212] Siehe Lpiszyc/Villalba/Uchtenhagen/*Lipszyc,* La protección del derecho de autor en el sistema interamericano, S. 15, 36.
[213] Siehe Art. XIX S. 3 WUA; die Übereinkunft von Montevideo ist abgedruckt bei *Bappert/Wagner* S. 297 ff. und bei *Nordemann/Vinck/Hertin* S. 446 ff.
[214] Siehe hierzu allgemein *Köklü* 45 IIC (2014), 737; 45 IIC (2014), 740; *Trimble* 45 IIC (2014), 768; *Vezzoso* 45 IIC (2014), 796.
[215] Siehe https://www.wipo.int/edocs/mdocs/govbody/en/mvt_a_1/mvt_a_1_2_rev.pdf (21.8.2019).

Die EU-Kommission hat den Vertrag von Marrakesch am 1.10.2018 ratifiziert.[216] Mittlerweile sind auch die in Umsetzung des Vertrags erlassenen Regelungen der EU in Kraft getreten.[217] Der Vertrag sieht die **Verpflichtung der Mitgliedstaaten vor, Schrankenbestimmungen im Urheberrecht** zugunsten von Blinden, Sehbehinderten und sonstigen lesebehinderten Personen **einzuführen.** Er ergänzt damit die älteren rudimentären Regelungen zu Urheberrechtsschranken in den Art. 10, 10bis RBÜ, die ansonsten in das Ermessen der Mitgliedstaaten der Übereinkommen gestellt waren, wenn auch in den Grenzen des Dreistufentests. Der neuartige Regelungsansatz des Marrakesch-Übereinkommens spiegelt das veränderte Gleichgewicht der Interessen im Rahmen der WIPO wider, welches durch eine stärkere Solidarisierung der Entwicklungs- und Schwellenländer und die dadurch bewirkte Betonung des Interesses an einem Zugang zu urheberrechtlich geschützten Inhalten gekennzeichnet ist.

53   Der Vertrag von Marrakesch **entbindet die Mitgliedstaaten nicht von ihren Verpflichtungen aus anderen Staatsverträgen** (Art. 1); dementsprechend wird in Art. 11 auch die Anerkennung des Dreistufentests in RBÜ, TRIPS und WCT betont.[218] Zentral ist die Vorschrift in Art. 4 Abs. 1 lit. a, welche die Mitgliedstaaten zur Einführung einer Schranke im Hinblick auf das Vervielfältigungs-, Verbreitungsrecht sowie die Recht auf öffentliche Zugänglichmachung für die Erleichterung des Zugangs von Blinden und seh- und lesebehinderten Personen verpflichtet. Für die Bühnenrechte ist die Einführung einer solchen Schranke gem. Art. 4 Abs. 1 lit. b den Mitgliedstaaten freigestellt. Mitgliedstaaten können gem. Art. 4 Abs. 2 die Verpflichtungen aus Art. 4 Abs. 1 dadurch umsetzen, dass sie staatlich autorisierten Stellen die Herstellung und Weitergabe von für Blinde geeigneten Dateiformaten gestatten. Die Vorschrift lässt jedoch auch eine Umsetzung auf andere Weise zu. Neuartig und im Hinblick auf seine praktische Umsetzung noch weitgehend ungeklärt[219] ist das in **Art. 5 vorgesehene Recht staatlich autorisierter Stellen, Werke in für Blinde geeigneten Dateiformaten auch an privilegierte Personen oder autorisierte Stellen in anderen Mitgliedsländern des Vertrags weiterzugeben.** Art. 6 gestattet den Import von Werken in entsprechenden Dateiformaten. **Art. 7** sieht eine **Einschränkung des Schutzes von technischen Schutzmaßnahmen** vor.

6. Zweiseitige internationale Verträge auf dem Gebiet des Urheberrechts

54   **a)** Für die Urheberrechtsbeziehungen der Bundesrepublik Deutschland mit ausländischen Staaten stehen die großen Konventionen TRIPS, RBÜ, WUA und WCT ganz im Vordergrund. **Zweiseitige Staatsverträge** sind daher vor allem dann von Bedeutung, wenn sie die Bundesrepublik Deutschland mit Staaten verbinden, die **weder TRIPS-Mitglieder,**[220] noch **Verbandsland der Berner Union,**[221] **noch Vertragsstaat des WUA**[222] sind. Ein solches Abkommen ist das zwischen Deutschland und dem **Iran** vom 24.2.1930[223] über den Schutz von Erfindungspatenten, Fabrik- oder Handelsmarken, von Handelsnamen und Mustern sowie von Werken der Literatur und Kunst, das am 1.2.1931 in Kraft getreten ist.[224] Ein Protokoll über die Geltung dieses Abkommens ist von der Bundesrepublik Deutschland und dem Iran am 4.11.1954 unterzeichnet worden und am selben Tag in Kraft getreten.[225] Zu zweiseitigen Abkommen der Bundesrepublik Deutschland über **Investitionsschutz,** die ebenfalls solche Staaten betreffen können und die ua auch das Urheberrecht als Schutzgegenstand anerkennen, → Rn. 26.

55   **b)** Zweiseitige internationale Verträge, die zumindest auch den Urheberrechtsschutz zum Gegenstand haben, bestehen ferner zwischen der Bundesrepublik Deutschland und solchen Staaten, die **zugleich TRIPS-Mitglieder, Verbandsländer der Berner Union** oder/und **Vertragsstaaten des WUA** sind. Bei der Anwendung dieser Verträge ist zu beachten, dass Art. 20 RBÜ, der auch für TRIPS gilt,[226] sie unberührt lässt, soweit sie den Urhebern mehr Rechte verleihen als die RBÜ selbst, dass die Bestimmungen solcher Verträge aber der RBÜ nicht zuwiderlaufen dürfen. Nach Art. XIX WUA setzt dieses Abkommen ältere zweiseitige (und mehrseitige) Staatsverträge zwischen Vertragsstaaten des WUA nicht außer Kraft (S. 1), hat aber Vorrang vor abweichenden Bestimmungen solcher Verträge (S. 2).[227] Unberührt bleiben die Rechte an einem Werk, die in einem Vertragsstaat des WUA auf Grund älterer Verträge oder Vereinbarungen erworben worden sind, bevor das WUA für diesen Staat in Kraft getreten ist (S. 3). Dem zuletzt Gesagten kommt Bedeutung vor allem in Hinblick darauf zu, dass das WUA selbst nach Art. VII den Schutz für Werke nicht begründet, die bei

---

[216] Siehe https://www.dbsv.org/aktuell/eu-ratifiziert-marrakesch-vertrag.html (21.8.2019).
[217] Zur Richtlinie (EU) 2017/1564 siehe https://eur-lex.europa.eu/legal-content/DE/TXT/?uri=CELEX%3A32017L1564 (21.8.2019); zur Verordnung (EU) 2017/1563 siehe https://eur-lex.europa.eu/legal-content/DE/TXT/?uri=CELEX:3A32017R1563 (21.8.2019).
[218] Siehe hierzu im Einzelnen *Vezzoso* IIC 2014, 796 (801 ff.).
[219] Siehe hierzu im Einzelnen *Trimble* IIC 2014, 768 (778 ff.).
[220] → Rn. 16.
[221] → Rn. 29, 30.
[222] → Rn. 43, 44.
[223] RGBl. 1930 II S. 981.
[224] RGBl. 1931 II S. 29.
[225] BGBl. 1955 II S. 829.
[226] → Rn. 18.
[227] Dazu auch → Rn. 44, 45.

Inkrafttreten dieses Abkommens für einen Vertragsstaat schon geschaffen, aber nicht geschützt waren.[228] Eine Garantie für die Vollständigkeit der unter → Rn. 56 folgenden Liste und für die fortdauernde Wirksamkeit der dort aufgeführten Verträge kann nicht übernommen werden.

Unter diesen Vorbehalten sind folgende zweiseitige internationale Verträge Deutschlands **56** mit anderen Staaten zu beachten:
Ägypten,[229]
Brasilien,[230]
Ecuador,[231]
Griechenland,[232]
Island,[233]
Jugoslawien,[234]
Kolumbien,[235]
Libanon,[236]
Mexiko,[237]
Österreich,[238]
Pakistan,[239]
Peru,[240]
Sri Lanka (Ceylon),[241]
Türkei,[242]
USA.[243]

c) Für die Urheberrechtsbeziehungen zwischen der **Bundesrepublik Deutschland** und den **USA** **57** ist seit Inkrafttreten von **TRIPS** für beide Staaten am 1.1.1995[244] von diesem jüngsten schon wirksamen und das Urheberrecht insgesamt betreffenden Übereinkommen auszugehen. TRIPS hat mit diesem Primat formal die **RBÜ** abgelöst, welche seit dem 1.3.1989, dem Tag, an dem der Beitritt der USA zu dieser Übereinkunft wirksam wurde,[245] die Urheberrechtsbeziehungen zwischen Deutschland und den USA vorrangig bestimmte. Der RBÜ nämlich war von diesem Zeitpunkt an der **Vorrang vor dem WUA** zugekommen,[246] welches seinerseits die Urheberrechtsbeziehungen zwischen Deutschland und den USA vom Zeitpunkt seines Inkrafttretens für beide Staaten an, in der ursprünglichen, Genfer Fassung am 16.9.1955,[247] beherrscht hatte. An diesem Vorrang der RBÜ vor dem WUA hat sich im Übrigen auch unter TRIPS jedenfalls in den Urheberrechtsbeziehungen zwischen Deutschland und den USA als Mitgliedern aller drei Konventionen nichts geändert, da TRIPS auch im Verhältnis seiner Mitglieder untereinander deren Verpflichtungen aus der RBÜ unberührt lässt.[248] Auch **inhaltlich** ergibt sich aus dem Primat von TRIPS gegenüber der RBÜ **kein Schutzdefizit**. TRIPS übernimmt den Schutzgehalt der RBÜ durch ausdrückliche Verweisung auf deren Art. 1–21[249] und fügt diesem Gehalt weitere Schutzelemente hinzu: nämlich das Meistbegünstigungsprinzip[250] und die sog. Bern plus-Elemente.[251] Das TRIPS-Defizit in Bezug auf das Urheberpersönlichkeitsrecht[252] wird unter TRIPS-Mitgliedern, die zugleich der Berner Union angehören, durch die Fortgeltung des Art. 6bis RBÜ[253] kompensiert.
Die Urheberrechtsbeziehungen zwischen Deutschland und den USA werden nach wie 58 vor auch durch das zweiseitige Übereinkommen vom 15.1.1892 über den gegenseitigen

---

[228] → Rn. 49; zum Abkommen zwischen Deutschland und den USA von 1892 → Rn. 58.
[229] Abkommen vom 21.4.1951, Gesetz vom 24.4.1952, BGBl. 1952 II S. 525, in Kraft am 31.5.1952; siehe auch die Vereinbarung vom 15.5.1992/7.3.1994, in Kraft am 27.3.1994, BGBl. 1994 II S. 3763.
[230] Abkommen vom 4.9.1953, Gesetz vom 18.5.1954, BGBl. 1954 II S. 533, in Kraft am 23.5.1958.
[231] Gesetz vom 14.7.1954, BGBl. 1954 II S. 712, in Kraft am 15.10.1954.
[232] Vertrag vom 12.2.1951, Gesetz vom 21.4.1952, BGBl. 1952 II S. 517, in Kraft am 12.11.1953.
[233] Protokoll vom 19.12.1950, Gesetz vom 25.9.1956, in Kraft am 19.12.1950.
[234] Abkommen vom 21.7.1954, BGBl. 1955 II S. 89; in Kraft am 29.5.1956.
[235] Vertrag vom 11.5.1959, Gesetz vom 16.1.1961, BGBl. 1961 II S. 13, in Kraft am 15.1.1966.
[236] Abkommen vom 8.3.1955, Gesetz vom 27.10.1955, BGBl. 1955 II S. 897, in Kraft am 17.4.1964.
[237] Vertrag vom 4.11.1954, Gesetz vom 27.10.1955, BGBl. 1955 II S. 903, in Kraft am 20.2.1956.
[238] → Rn. 59.
[239] Abkommen vom 4.3.1950, Gesetz vom 23.10.1950, BGBl. 1950 S. 717, in Kraft am 15.5.1953.
[240] Abkommen vom 20.7.1951, Gesetz vom 29.1.1952, BGBl. 1952 II S. 333, in Kraft am 14.6.1952.
[241] Protokoll vom 22.11.1952, Gesetz vom 16.3.1955, BGBl. 1955 II S. 189, in Kraft am 8.8.1955.
[242] Vertrag vom 27.5.1930, Gesetz vom 26.7.1930, RGBl. 1930 II S. 1026, Bek. vom 29.5.1952, BGBl. 1952 II S. 608, in Kraft am 25.9.1930.
[243] → Rn. 58 f.
[244] → Rn. 14.
[245] BGBl. 1989 II S. 100.
[246] → Rn. 44, 45.
[247] → Rn. 45; die dortigen Nachw. gelten auch für die USA.
[248] → Rn. 17.
[249] → Rn. 18.
[250] → Rn. 20.
[251] → Rn. 18 f.
[252] → Rn. 21.
[253] → Rn. 32.

Schutz der Urheberrechte[254] geregelt.[255] Das Übereinkommen von 1892 ist insofern für die Urheber günstiger als TRIPS, RBÜ und WUA, als es in Art. 1 **Inländerbehandlung** der Angehörigen der USA in Deutschland **ohne den Vergleich von Schutzfristen** vorsieht.[256] Es war durch das WUA nicht außer Kraft gesetzt worden[257] und galt daher fort, jedoch kam dem WUA bezüglich der abweichenden Regelung über den Schutzfristenvergleich der Vorrang zu (Art. XIX S. 2 WUA), so dass der Schutzfristenvergleich durchzuführen war. Jedoch war aus Gründen des Schutzes des Vertrauens auf die bis zum Inkrafttreten des WUA mögliche Erlangung der vollen 50-jährigen Schutzfrist des deutschen Rechts der Schutzfristenvergleich für amerikanische Werke nicht durchzuführen, soweit es sich um Werke handelte, die vor Inkrafttreten des WUA geschaffen worden waren; hinsichtlich der durch das UrhG im Jahre 1965 auf 70 Jahre post mortem auctoris verlängerten Schutzfrist galt dieser Vertrauensschutz aber nicht, so dass es insoweit bei der Anwendung des Schutzfristenvergleichs nach § 140 sein Bewenden hatte.[258] Seit dem Beitritt der USA zur **RBÜ** mit Wirkung vom 1.3.1989[259] ist auf Grund von deren Vorrang vor dem WUA[260] auch das Verhältnis zu dem zweiseitigen Übereinkommen von 1892 neu, nämlich nach den Regeln der RBÜ zu bestimmen. Diese sieht in ihrem Art. 20 S. 2 iVm S. 1 anders als Art. XIX S. 2 WUA **keinen Vorrang der eigenen Regelungen** vor. Vielmehr bleiben bestehende Abkommen anwendbar, soweit sie den Urhebern mehr Rechte verleihen als die RBÜ. Daraus wird mit Grund der Schluss gezogen, dass in Bezug auf Werke US-amerikanischer Urheber nunmehr der **Vergleich der Schutzfristen ausscheidet,** weil das Übereinkommen von 1892 uneingeschränkte Inländerbehandlung vorsieht. Voraussetzung ist allerdings, dass ein Werk noch vom Anwendungsbereich der RBÜ erfasst wird. Dies setzt nach Art. 18 Abs. 1 und 2 RBÜ voraus, dass das Werk am Stichtag (1.3.1989) seinen Schutz weder im Ursprungsland USA, noch im Schutzland Deutschland infolge Ablaufs der Schutzdauer verloren hatte.[261] Der Bundesgerichtshof hat diese Grundsätze in der „Tarzan"-Entscheidung bestätigt.[262]

59   **d)** Für die **Urheberrechtsbeziehungen zwischen der Bundesrepublik Deutschland** und **Österreich** ist von der Mitgliedschaft beider Staaten in der EU und damit von der **Gleichstellung österreichischer Urheber mit deutschen Urhebern** nach § 120 Abs. 2 Nr. 2 auszugehen.[263] Im Wesentlichen überholt sein dürfte damit das Übereinkommen vom 30.6.1930 über Fragen des gegenseitigen gewerblichen Rechtsschutzes und des gegenseitigen Schutzes des Urheberrechts;[264] Datum des Inkrafttretens war der 19.9.1930.[265] Das Übereinkommen ergänzte im Verhältnis der beiden Staaten den Schutz durch die älteren Fassungen der RBÜ[266] insoweit, als es in Art. 6 die Inländerbehandlung auch für solche Werke der Angehörigen der beiden Staaten vorsieht, die zum ersten Mal außerhalb des Gebiets der Berner Union veröffentlicht worden sind. Seit Inkrafttreten der Pariser Fassung der RBÜ auch für Österreich am 21.8.1982[267] ergab sich das Gleiche auch aus der RBÜ.[268]

60   **e)** Hinsichtlich des **Vergleichs der Schutzfristen** nach der RBÜ[269] war im Verhältnis der Bundesrepublik Deutschland zu einer Reihe von Staaten amtlich klargestellt worden, dass in diesen Vergleich **Verlängerungen der Schutzfristen aus Anlass des Zweiten Weltkriegs** einzubeziehen waren. Im Einzelnen handelte es sich um diplomatische Notenwechsel der Bundesrepublik Deutschland mit **Frankreich,**[270] **Italien**[271] und **Österreich.**[272] Ferner war das gleiche Ergebnis im Verhältnis

---

[254] RGBl. 1892 S. 473; in Kraft am 6.5.1892.

[255] Siehe dazu auch im Zusammenhang mit den beiden Weltkriegen das Gesetz vom 18.5.1922, RGBl. 1922 II S. 129 und die Proklamation des Präsidenten der Vereinigten Staaten von Amerika vom 25.5.1922, abgedruckt bei *Bappert/Wagner* S. 314, deutsch-amerikanischer Notenwechsel vom 6.2./20.6.1950 mit Memorandum des U.S. Copyright Office vom 24.5.1950, GRUR 1950, 414 f., sowie die Proklamation Nr. 3792 des Präsidenten der Vereinigten Staaten von Amerika betreffend Fristverlängerung für Urheberrechte deutscher Staatsangehöriger vom 12.7.1967, Federal Register Vol. 32 No. 135, 10341/10342, deutsche Übersetzung in GRUR-Int 1967, 413 (mit Aufsatz von *Baeumer* S. 410 ff.) und UFITA 50 (1967), 953.

[256] → Rn. 34, 49.

[257] Siehe Art. XIX S. 1 WUA.

[258] BGHZ 70, 268 (270 ff.) – Buster-Keaton-Filme; BGH GRUR 1978, 302 (303 f.) – Wolfsblut.

[259] → Rn. 57.

[260] → Rn. 44, 45.

[261] Siehe auch *Schack* Rn. 986; zur Schutzdauer von 70 Jahren pma. eines in den USA zunächst im Jahre 1939 erstmals anonym erschienenen Werkes eines später bekannt gewordenen, 1971 verstorbenen amerikanischen Autors s. OLG Frankfurt a. M. GRUR-RR 2004, 99 – Anonyme Alkoholiker; zum möglichen Wiederaufleben eines in Deutschland bereits abgelaufenen Schutzes aufgrund fortbestehenden Schutzes in einem anderen EU-Land s. § 137 f.

[262] BGH GRUR 2014, 610 – Tarzan.

[263] → Rn. 3.

[264] RGBl. 1930 II S. 1077.

[265] RGBl. 1930 II S. 1229; s. auch die Bek. über die Wiederanwendung vom 13.3.1952, BGBl. 1952 II S. 436.

[266] Bis zur Brüsseler Fassung von 1948, → Rn. 27.

[267] Inkrafttreten dieser Fassung der RBÜ für die Bundesrepublik Deutschland am 10.10.1974, → Rn. 27.

[268] → Rn. 32.

[269] → Rn. 34.

[270] Notenwechsel vom 27.2./24.4.1974, BGBl. 1975 II S. 189.

[271] Notenwechsel vom 18./28.4.1967, BGBl. 1967 II S. 1997.

[272] Notenwechsel vom 24.7./7.8.1967, BGBl. 1968 II S. 5.

zu **Norwegen** durch eine Königliche Resolution dieses Staates vom 12.5.1967 festgestellt worden.[273] Für andere Staaten, die wie **Belgien** ebenfalls eine Schutzfristverlängerung aus Anlass des Krieges vorgenommen hatten, ergab sich dasselbe unmittelbar aus Art. 7 Abs. 8 RBÜ.[274] Soweit sich der Vergleich der Schutzfristen auf Werke von Angehörigen dieser Staaten bezieht, sind mit ihm auch diese Verlängerungen der Schutzfristen dadurch im Prinzip obsolet geworden, dass alle diese Staaten als **Mitgliedstaaten der EU**[275] oder **Vertragsstaaten des EWR-Abkommens** (Norwegen) nach § 120 Abs. 2 Nr. 2 deutschen Urhebern gleichgestellt sind.[276]

IV. Internationale Verträge über verwandte Schutzrechte

1. Internationales Abkommen über den Schutz der ausübenden Künstler, der Hersteller von Tonträgern und der Sendeunternehmen (Rom-Abkommen)

a) Auf dem Gebiet der mit dem Urheberrecht verwandten Schutzrechte, im internationalen Sprachgebrauch der „angrenzenden Rechte",[277] ist das älteste und neben TRIPS[278] bedeutsamste mehrseitige internationale Abkommen das nach seinem Unterzeichnungsort kurz **Rom-Abkommen** genannte **Internationale Abkommen über den Schutz der ausübenden Künstler, der Hersteller von Tonträgern und der Sendeunternehmen** vom 26.10.1961.[279] Dieses Abkommen ist am 18.5.1964, für die Bundesrepublik Deutschland am 21.10.1966 in Kraft getreten.[280] Art. 4 des Zustimmungsgesetzes der Bundesrepublik **schließt** die **Rückwirkung** des Abkommens auf vor dessen Inkrafttreten für die Bundesrepublik erbrachte Leistungen **aus** und nutzt damit die in Art. 20 Abs. 2 des Rom-Abkommens diesbezüglich vorgesehene Möglichkeit.[281] Dem Abkommen gehörten am 22.8.2019 **93 Staaten** an,[282] **allerdings nicht die USA.** **61**

b) Durch das Rom-Abkommen geschützt sind die **ausübenden Künstler,**[283] die **Hersteller von Tonträgern,** dh nach Art. 3 lit. b von ausschließlich auf den Ton beschränkten Festlegungen der Töne einer Darbietung oder anderer Töne, sowie die **Sendeunternehmen, nicht** aber die **Filmhersteller,** dh die Hersteller von Bildträgern bzw. Bild- und Tonträgern.[284] **62**

c) Der Schutz der **ausübenden Künstler** durch das Rom-Abkommen knüpft **nicht an die Staatsangehörigkeit** des Künstlers in einem Vertragsstaat, sondern primär daran an, ob die betreffende **Darbietung in einem Vertragsstaat** stattfindet.[285] Weitere **alternative Anknüpfungspunkte** für den internationalen Schutz des ausübenden Künstlers nach dem Rom-Abkommen sind die Festlegung seiner Darbietung auf einem nach Art. 5 des Abkommens geschützten Tonträger (Art. 4 lit. b) und die Ausstrahlung der nicht auf einem Tonträger festgelegten Darbietung durch eine nach Art. 6 des Abkommens geschützte Sendung (Art. 4 lit. c). **Hersteller von Tonträgern** sind durch das Rom-Abkommen geschützt, wenn sie Angehörige eines Vertragsstaats sind[286] oder die erste Festlegung des Tons in einem Vertragsstaat vorgenommen worden ist[287] oder der Tonträger erstmals in einem Vertragsstaat veröffentlicht worden ist.[288] Letztere Bedingung ist auch erfüllt, wenn die Veröffentlichung in einem Vertragsstaat innerhalb von 30 Tagen nach der ersten Veröffentlichung in einem Nichtvertragsstaat geschieht (Art. 5 Abs. 2). Unter Veröffentlichung iSd Rom-Abkommens ist das **63**

---

[273] Siehe die Mitteilung des Bundesministers der Justiz in GRUR-Int 1967, 413 (414).

[274] So die Rechtsauffassung der deutschen Bundesregierung GRUR-Int 1967, 413; vgl. auch OLG München GRUR 1983, 295 (298) – Oper Tosca – und BGHZ 95, 229 (236) – Puccini – zum Schutzfristenvergleich mit Italien; *Nordemann/Vinck/Hertin* RBÜ Art. 7 Rn. 5 f.

[275] Belgien, Frankreich, Italien, Österreich.

[276] → Rn. 3.

[277] Neighbouring rights, droits voisins.

[278] → Rn. 14 ff.

[279] Zur Entstehungsgeschichte siehe *Baum* GRUR-Int 1953, 197 ff.; *v. Lewinski* S. 191 ff.; *Ricketson/Ginsburg* S. 1205 ff.; *Straus* GRUR-Int 1985, 19 (21 f.); *Ulmer,* Der Rechtsschutz der ausübenden Künstler, S. 1 ff. und GRUR-Int 1961, 569 ff.; siehe auch neuerdings *Beining* S. 70 ff.; *Kloth* S. 32 ff.; *Straus,* International Encyclopedia of Comperative Law, Vol. XIV Chapter 4, 4–29 ff.

[280] Vgl. das Zustimmungsgesetz vom 15.9.1965, BGBl. 1965 II S. 1243; Bek. vom 21.10.1966, BGBl. 1966 II S. 1473.

[281] Siehe auch BGHZ 123, 356 (360) – Beatles.

[282] Siehe https://www.wipo.int/treaties/en/ShowResults.jsp?lang=en&treaty_id=17 (21.8.2019).

[283] Nach der Definition des Art. 3 lit. a Schauspieler, Sänger, Musiker, Tänzer und andere Personen, die Werke der Literatur oder der Kunst aufführen, singen, vortragen, vorlesen, spielen oder auf irgendeine Weise darbieten.

[284] Vgl. zu deren Schutz durch das innerstaatliche deutsche Recht §§ 94, 95, zum internationalen Schutz § 128; zum Ausschluss von deren Schutz aus dem Rom-Abkommen und den Gründen dafür *Ulmer,* Der Rechtsschutz der ausübenden Künstler, S. 71 ff.

[285] Art. 4 lit. a; dies übersieht BGH GRUR 1986, 454 (455) – Bob Dylan – mit kritischer Anm. *Krüger* S. 456 f.; gegen die Entscheidung des BGH ist Verfassungsbeschwerde eingelegt, jedoch vom BVerfGE 81, 208 – Bob Dylan – zurückgewiesen worden; im gleichen Sinne wie der BGH auch schon die Vorinstanz OLG München GRUR 1983, 312 (314); zutreffend dagegen OLG Hamburg ZUM 1985, 371 (373) – Karajan – und BGH GRUR 1987, 814 (815) – Die Zauberflöte.

[286] Art. 5 Abs. 1 lit. a.

[287] Art. 5 Abs. 1 lit. b.

[288] Art. 5 Abs. 1 lit. c.

Angebot einer genügenden Anzahl von Vervielfältigungsstücken eines Tonträgers an die Öffentlichkeit (Art. 3 lit. d) und damit das Erscheinen iSd § 6 Abs. 2 des deutschen UrhG[289] zu verstehen. Nach Art. 5 Abs. 3 Rom-Abkommen können Staaten durch Erklärung eines Vorbehalts die Schutzbegründung durch das Merkmal der Veröffentlichung oder der Festlegung ausschließen (Art. 5 Abs. 3); die Bundesrepublik hat im letzten Punkt anlässlich der Ratifikation des Rom-Abkommens einen Vorbehalt erklärt.[290] **Sendeunternehmen** sind nach dem Rom-Abkommen geschützt, wenn sie in einem Vertragsstaat ihren Sitz haben[291] oder die Sendung von einem im Gebiet eines Vertragsstaats gelegenen Sender ausgestrahlt wird.[292] Durch Erklärung eines Vorbehalts kann jeder Vertragsstaat den Schutz davon abhängig machen, dass beide Anknüpfungspunkte in ein und demselben Vertragsstaat zusammen vorliegen (Art. 6 Abs. 2). Die Bundesrepublik hat einen entsprechenden Vorbehalt nicht erklärt.

64   **d)** Inhaltlich beruht der Schutz durch das Rom-Abkommen wie derjenige durch die RBÜ[293] und das WUA[294] auf dem **Grundsatz der Inländerbehandlung.** Jeder Vertragsstaat gewährt ausübenden Künstlern, Herstellern von Tonträgern und Sendeunternehmen, die durch einen der Anknüpfungspunkte des Schutzes nach Art. 4–6 des Rom-Abkommens[295] mit einem **anderen Vertragsstaat verbunden** sind, denselben Schutz, den er eigenen Staatsangehörigen bzw. Unternehmen mit Sitz im Inland für die hier erbrachten Leistungen gewährt.[296] **Umstr.** ist, ob die **Verpflichtung zur Inländerbehandlung nur in den Grenzen der in dem Abkommen selbst anerkannten Mindestrechte** und Schutzausnahmen besteht[297] oder ob sie **auch darüber hinausgehende Rechte von ausübenden Künstlern, Tonträgerherstellern und Sendeunternehmen aus dem nationalen Recht** erfasst.[298] Der Wortlaut von Art. 2 Abs. 2 spricht eher für eine Beschränkung der Inländerbehandlung auf die im Abkommen selbst anerkannten Recht („National treatment shall be subject to the protection specifically guaranteed, and the limitations specifically provided for, in this Convention.").[299] Die Materialien zur Genese des Abkommens lassen keinen klaren Schluss zu.[300] Der Bundesgerichtshof hat sich in der Entscheidung **„An Evening with Marlene Dietrich"** nunmehr aber dahingehend festgelegt, dass die Inländerbehandlung auch für solche in der nationalen Gesetzgebung gewährten Rechte gilt, die nicht von den Mindestrechten des Rom-Abkommens erfasst werden.[301] Voraussetzung der Anwendung des Rom-Abkommens sind **internationale Sachverhalte;** rein nationale Sachverhalte sind ausschließlich nach dem jeweiligen innerstaatlichen Recht zu beurteilen.[302] Da die ausländische Staatsangehörigkeit eines ausübenden Künstlers nicht Anknüpfungspunkt für den Schutz durch das Rom-Abkommen ist,[303] begründet sie auch nicht die Internationalität eines Sachverhalts iSd Rom-Abkommens. Die Darbietung eines ausländischen Künstlers in der Bundesrepublik Deutschland ist im Hinblick auf den Schutz in diesem Land daher nur nach §§ 73 ff., 125 Abs. 2–4, 6, nicht nach dem Rom-Abkommen iVm § 125 Abs. 5 zu beurteilen. Im Vergleich mit der absoluten Formfreiheit des Urheberrechtsschutzes durch die RBÜ[304] und TRIPS[305] sieht das Rom-Abkommen in seinem Art. 11 ähnlich wie das WUA[306] nur ein **eingeschränktes Formalitätenverbot** vor: Innerstaatlich vorgesehene Formalitäten mit Bezug auf Tonträger sind als erfüllt anzusehen, wenn Tonträger mit dem in Art. 11 vorgesehenen Schutzvermerk versehen sind, der ua das Zeichen P enthält.

---

[289] → § 6 Rn. 29 ff.

[290] Art. 2 Nr. 1 des Gesetzes zum Rom-Abkommen, BGBl. 1965 II S. 1243; vgl. auch Copyright 1966, 237.

[291] Art. 6 Abs. 1 lit. a.

[292] Art. 6 Abs. 1 lit. b.

[293] → Rn. 32.

[294] → Rn. 48.

[295] → Rn. 63.

[296] Art. 2 Abs. 1 iVm Art. 4–6.

[297] In diesem Sinne *v. Lewinski* S. 201 f., 241 ff.; *Loewenheim* FS Straus, 2009, 593 (595); *Loewenheim/v. Lewinski* HdB des Urheberrechts § 57 Rn. 49; *Reinbothe/v. Lewinski* S. 204. Zuletzt offen gelassen von OLG München 23.1.2014 – 6 U 3515/12 (unveröffentlicht).

[298] So die 4. Aufl. 2010; siehe auch *Katzenberger* FS Dietz, 2001, 481 (487 ff.); *Katzenberger* GRUR-Int 2014, 443 ff.; *Kloth* S. 35; Wandtke/Bullinger/*Braun/v. Welser* § 125 Rn. 24; im Ergebnis zum im Rom-Abkommen selbst nicht als Mindestrecht anerkannten Verbreitungsrecht der ausübenden Künstler ebenso ohne Weiteres BGHZ 121, 319 (324) – The Doors.

[299] Anders *Katzenberger* GRUR-Int 2014, 443 (447).

[300] Siehe Records of Diplomatic Conference for 1961 Rome Convention, S. 38 f. u. 206 ff. In WIPO-Dokumenten finden sich beide Ansätze. Der WIPO Guide to the Copyright and Related Rights Treaties aus dem Jahr 2003 geht von einer Auslegung in Übereinstimmung mit Art. 5 Abs. 1 RBÜ aus (S. 136 ff.). Während der Diplomatischen Konferenz im Jahr 1996 wurde dagegen von einer restriktiven Interpretation ausgegangen, s. WIPO Doc. CRNR/DC/5, Note 4.03; siehe auch *v. Lewinski* S. 242 f. mwN.

[301] BGH GRUR 2016, 1048 (1054) – An Evening with Marlene Dietrich sowie nach Zurückverweisung OLG München GRUR-RR 2017, 417 – Marlene Dietrich. Siehe auch zum Ganzen *Katzenberger* GRUR-Int 2017, 315.

[302] *Ulmer* § 121 I 1; *Nordemann/Vinck/Hertin* RA Art. 4 Rn. 1, 7.

[303] → Rn. 63.

[304] → Rn. 32.

[305] Durch Verweisung auf die RBÜ; → Rn. 18.

[306] → Rn. 47.

Ergänzt wird der Grundsatz der Inländerbehandlung auch im Rom-Abkommen[307] durch Bestim- **65**
mungen über einen **Mindestschutz** (Art. 7 ff.). Bezüglich der **ausübenden Künstler** braucht dieser
kein Schutz durch private ausschließliche Rechte zu sein, es genügt zB auch ein strafrechtlicher
Schutz.[308] Er muss aber nach Art. 7 Abs. 1 die Möglichkeit geben, bestimmte Handlungen in Bezug
auf die Darbietungen ausübender Künstler zu untersagen, wenn diese nicht zugestimmt haben. Diese
Handlungen sind: die Sendung und die öffentliche Wiedergabe der Darbietung mit Ausnahme der
Fälle, in denen dazu eine bereits gesendete Darbietung oder eine Festlegung der Darbietung verwendet wird,[309] die Festlegung einer nicht festgelegten Darbietung[310] und unter bestimmten Voraussetzungen auch die Vervielfältigung der Festlegung einer Darbietung.[311] Der Schutz gegen die erste
Festlegung einer Darbietung (lit. b) bezieht sich auch auf die filmische Festlegung;[312] hat der ausübende Künstler einer solchen Festlegung aber zugestimmt, so sind seine sonstigen Rechte aus Art. 7
hinsichtlich der Filmverwertung nach Art. 19 ausgeschlossen, insbes. kann er nicht gemäß Art. 7
Abs. 1 lit. c (ii) verbieten, dass die Filmaufnahme seiner Darbietung zu anderen Zwecken verwendet
wird als denjenigen, denen er zugestimmt hat.[313] Diese Regelung findet ihre Erklärung in Rücksich-
ten auf die Interessen der Filmwirtschaft.

Nach Art. 10 besteht der Mindestschutz der Hersteller von Tonträgern in dem ausschließ- **66**
lichen Recht, die unmittelbare oder mittelbare Vervielfältigung ihrer Tonträger zu erlauben oder zu
verbieten. Den **Sendeunternehmen** steht gemäß Art. 13 das ausschließliche Recht zu, insbes. die
Weitersendung ihrer Sendungen, die Festlegung ihrer Sendungen, die Vervielfältigung der ohne ihre
Zustimmung vorgenommenen Festlegungen ihrer Sendungen und die öffentliche Wiedergabe ihrer
Fernsehsendungen an gegen Zahlung eines Eintrittsgeldes der Öffentlichkeit zugänglichen Orten zu
erlauben oder zu verbieten.

Art. 12 enthält eine Mindestschutzregelung iS eines Vergütungsanspruchs für die sog. **67**
Zweitverwertung von Tonträgern zugunsten der ausübenden Künstler und/oder der Hersteller
von Tonträgern. Sie betrifft die Benutzung von zu Handelszwecken veröffentlichten Tonträgern für
Funksendungen und öffentliche Wiedergaben.[314] Die Benutzung muss unmittelbar sein, so dass der
Mindestschutz des Rom-Abkommens sich nicht auf die Weitersendung und öffentliche Wiedergabe
von Sendungen erstreckt, die ihrerseits von Tonträgern Gebrauch machen.[315] Den unterschiedlichen
Auffassungen der Vertragsstaaten über die Rechtfertigung dieser Mindestschutzregelung wird durch
Art. 16 Rechnung getragen, der Möglichkeiten vorsieht, Vorbehalte zu erklären und den Schutz von
der **Gewährleistung der Gegenseitigkeit** abhängig zu machen. Die Bundesrepublik Deutschland
hat anlässlich der Ratifikation des Rom-Abkommens von der letzteren Möglichkeit Gebrauch gemacht: Nach Art. 2 Nr. 2 des Zustimmungsgesetzes zum Rom-Abkommen[316] sind der Umfang und
die Dauer des Schutzes nach Art. 12 des Rom-Abkommens für die Tonträger, deren Hersteller Angehöriger eines anderen Vertragsstaats ist, auf den Umfang und die Dauer des Schutzes beschränkt, den
dieser Staat für die Tonträger gewährt, die erstmals von einem deutschen Staatsangehörigen festgelegt
worden sind.

e) Die **Mindestschutzdauer** des nach dem Rom-Abkommen zu gewährenden Schutzes beträgt **68**
nach Art. 14 20 Jahre, wobei im Einzelnen bestimmt ist, von welchem Zeitpunkt an diese Schutzdauer zu berechnen ist. Nach Art. 15 können die Vertragsstaaten in ihrer innerstaatlichen Gesetzgebung
Ausnahmen vom Mindestrechtsschutz des Rom-Abkommens zugunsten der privaten Benutzung,
der Berichterstattung über Tagesereignisse, der ephemeren Aufzeichnung durch Sendeunternehmen
sowie der Benutzung ausschließlich zugunsten von Zwecken des Unterrichts oder der wissenschaftlichen
Forschung vorsehen.[317] Einen **Vergleich der Schutzfristen** sieht das Rom-Abkommen **nicht** vor.

2. WIPO-Vertrag über Darbietungen und Tonträger (WPPT)

a) Der bereits im Zusammenhang mit dem WIPO-Urheberrechtsvertrag (WCT)[318] einführend **69**
vorgestellte **WIPO-Vertrag über Darbietungen und Tonträger**[319] vom 20.12.1996 steht anders
als der WCT, der ein Sonderabkommen iSd RBÜ ist, mit keinem anderen internationalen Abkommen in rechtlicher Verbindung (Art. 1 Abs. 3), faktisch aber weist er Bezüge zum Rom-Abkom-

---

[307] Siehe zur RBÜ → Rn. 27, zum WUA → Rn. 43.
[308] *Ulmer* GRUR-Int 1961, 569 (581).
[309] Art. 7 Abs. 1 lit. a.
[310] Art. 7 Abs. 1 lit. b.
[311] Art. 7 Abs. 1 lit. c.
[312] *Ulmer* GRUR-Int 1961, 569 (582, 591).
[313] BGH GRUR 2016, 1048 (1053) – An evening with Marlene Dietrich sowie *Katzenberger* GRUR-Int 2014,
443 (451 f.); *Ricketson/Ginsburg* S. 1213.
[314] Vgl. §§ 78 Abs. 2, 86 des deutschen UrhG.
[315] *Ulmer* GRUR-Int 1961, 569 (584 ff.).
[316] BGBl. 1965 II S. 1243.
[317] Vgl. dazu die Verweisung auf die gesetzlichen Schranken des Urheberrechts in §§ 83 nF, 85 Abs. 4 nF, 87
Abs. 4 nF des deutschen UrhG.
[318] → Rn. 36 ff.
[319] WIPO Performances and Phonograms Treaty, WPPT.

men[320] und zu TRIPS[321] auf. Rechte oder Pflichten der Vertragsparteien des WPPT aus anderen internationalen Verträgen, namentlich dem Rom-Abkommen, werden nicht berührt (Art. 1 Abs. 1, 3). Der WPPT darf auch nicht in einer Art und Weise ausgelegt werden, die dem Schutz der Urheberrechte Abbruch tut (Art. 1 Abs. 2). **Schutzberechtigt** iSd WPPT sind die ausübenden Künstler und die Hersteller von Tonträgern, die Angehörige der jeweils anderen Vertragsparteien sind (Art. 3 Abs. 1). Zur näheren Bestimmung seines **Anwendungsbereichs** bedient sich der WPPT dabei in seinem Art. 3 Abs. 2 derselben Methode wie Art. 1 Abs. 3 S. 2 TRIPS: Als schutzberechtigte Angehörige anderer Vertragsparteien gelten diejenigen ausübenden Künstler und Hersteller von Tonträgern, welche die Kriterien des Rom-Abkommens für dessen Anwendungsbereich erfüllen.[322] Hinsichtlich seines **zeitlichen Anwendungsbereichs** verweist Art. 22 Abs. 1 WPPT wie der WCT[323] auf Art. 18 RBÜ,[324] so dass auch solche Leistungen in den WPPT-Schutz einbezogen sein können, die im Zeitpunkt des Inkrafttretens des WPPT für einen Vertragsstaat schon bestehen. Auch dem WPPT kommt daher eine gewisse, eingeschränkte **Rückwirkung** zu, während das Rom-Abkommen eine solche Rückwirkung nicht verbindlich vorsieht.[325] Allerdings ist es auch den Vertragsstaaten des WPPT nach Art. 22 Abs. 2 gestattet, den persönlichkeitsrechtlichen Schutz der ausübenden Künstler nach Art. 5 auf Darbietungen aus der Zeit nach Inkrafttreten des WPPT für den jeweiligen Vertragsstaat zu beschränken. Gegenständlich begrenzt ist der Schutz des WPPT auf **ausübende Künstler** und **Hersteller von Tonträgern**. Anders als nach dem Rom-Abkommen[326] sind **Sendeunternehmen nicht** durch den WPPT geschützt.[327]

70   **b)** Anders als der WCT enthält der WPPT in seinem Art. 2 in Anlehnung an Art. 3 des Rom-Abkommens eine Reihe von **Begriffsbestimmungen,** die ua auch rechtliche Verbesserungen, Anpassungen an die technische Entwicklung und Klarstellungen beinhalten. So führt zum Schutz als **ausübender Künstler nicht nur** die Darbietung von Werken der Literatur und Kunst, sondern auch von Ausdrucksformen der Volkskunst (Folklore).[328] **Tonträger** bedeutet die Festlegung nicht nur von Tönen, sondern auch einer Darstellung (representation) von Tönen.[329] Letzteres betrifft zB zunächst nicht hörbar gemachte Veränderungen digital aufgezeichneter Töne mittels eines Synthesizers.[330] Keine Tonträger aber sind entsprechend der Rechtslage nach dem Rom-Abkommen[331] Festlegungen von Tönen oder Darstellungen von Tönen, die Bestandteil von Filmwerken oder anderen audiovisuellen Werken sind. Festlegungen von Filmmusik, die als sog. „sound tracks" außerhalb des Filmes verwendet werden, sind aber geschützte Tonträger.[332] Weitere Definitionen betreffen die im WPPT verwendeten Begriffe **Festlegung, Hersteller von Tonträgern, Veröffentlichung, Sendung,** wobei auch Satellitensendungen und verschlüsselte Sendungen berücksichtigt sind, sowie **öffentliche Wiedergabe.**[333]

71   **c)** Grundlegendes Schutzprinzip des WPPT ist nach dessen Art. 4 Abs. 1 wie im Rom-Abkommen[334] dasjenige der **Inländerbehandlung.** Jedoch ist diese wie in Art. 3 Abs. 1 S. 2 TRIPS[335] auf die im WPPT ausdrücklich gewährten Rechte beschränkt. Sie gilt auch nicht, soweit ein Vertragsstaat von der in Art. 15 Abs. 3 vorgesehenen Möglichkeit Gebrauch macht, hinsichtlich des Rechts auf angemessene Vergütung nach Art. 15 Abs. 1[336] Vorbehalte zu erklären (Art. 4 Abs. 2). Als zweites allgemeines Schutzprinzip sieht Art. 20 WPPT vor, dass der Genuss und die Ausübung der in diesem Vertrag vorgesehenen Rechte **keinerlei Formvorschriften** unterliegen. Dies entspricht der Rechtslage beim Urheberrecht nach der RBÜ[337] und kraft Verweisung auf diese nach TRIPS[338] und WCT.[339] Im Vergleich mit dem Rom-Abkommen, das in Art. 11 nur ein eingeschränktes Formalitätenverbot enthält,[340] stellt Art. 20 WPPT eine Erleichterung für Rechtsinhaber dar. Ergänzt werden diese Schutzprinzipien darüber hinaus wie im Rom-Abkommen[341] und in TRIPS[342] durch eine Rei-

---

[320] → Rn. 61 ff.
[321] → Rn. 14 ff.
[322] Siehe zu Art. I Abs. 3 S. 2 TRIPS → Rn. 17; zu den Kriterien → Rn. 63.
[323] → Rn. 38.
[324] → Rn. 31.
[325] → Rn. 61.
[326] → Rn. 61, 62.
[327] Zu den Vorarbeiten für einen neuen WIPO-Vertrag zugunsten der Sendeunternehmen *Schack,* Rn. 1008.
[328] Art. 2 lit. a; zum Rom-Abkommen → Rn. 62.
[329] Art. 2 lit. b; zum Rom-Abkommen → Rn. 62.
[330] Siehe *v. Lewinski* GRUR-Int 1997, 667 (678).
[331] → Rn. 62.
[332] Siehe *v. Lewinski* GRUR-Int 1997, 667 (678).
[333] Art. 2 lit. c–g; s. zu diesen Begriffen im Einzelnen *v. Lewinski* GRUR-Int 1997, 667 (678).
[334] → Rn. 64.
[335] → Rn. 19.
[336] → Rn. 74.
[337] → Rn. 32.
[338] → Rn. 18.
[339] → Rn. 38.
[340] → Rn. 64.
[341] → Rn. 64 f.
[342] → Rn. 17 f.

he von **Mindestrechten** sowohl der ausübenden Künstler als auch der Tontägerhersteller. Die Vertragsstaaten dürfen einen darüber hinausgehenden Schutz vorsehen,[343] jedoch können Schutzberechtigte des WPPT diesen Schutz nach dem eingangs dieser Rn. genannten Prinzip nicht unter Berufung auf den Grundsatz der Inländerbehandlung in Anspruch nehmen.[344]

d) Unter den im WPPT vorgesehenen **Mindestrechten** gibt es solche, die nur für ausübende **72** Künstler in Betracht kommen, und andere, die sowohl den ausübenden Künstlern als auch den Herstellern von Tonträgern gewährt werden. Zur ersten Gruppe von Rechten gehören als Rechte ausschließlich der **ausübenden Künstler** deren **Persönlichkeitsrechte** auf Namensnennung und Schutz gegen Entstellung ihrer Darbietungen, und zwar im Hinblick sowohl auf Live-Darbietungen als auch auf Darbietungen, die auf Tonträgern festgelegt sind (Art. 5 Abs. 1).[345] Vorbild für diese Regelung ist Art. 6bis RBÜ.[346] Diese Rechte bestehen nach dem Tod der ausübenden Künstler mindestens bis zum Erlöschen ihrer wirtschaftlichen Rechte fort.[347] In letzterer Hinsicht können die Vertragsstaaten uU etwas anderes bestimmen.[348] In Bezug auf ihre **nicht festgelegten Darbietungen** haben die ausübenden Künstler die ausschließlichen **wirtschaftlichen Rechte,** zu erlauben: (i) die Sendung und die öffentliche Wiedergabe, sofern es sich nicht bereits um eine gesendete Darbietung handelt, sowie (ii) die Festlegung (Art. 6). Unter Festlegung ist dabei nach der Definition dieses Begriffs in Art. 2 lit. c[349] nur die Verkörperung von Tönen oder einer Darstellung von Tönen zu verstehen. Daraus und aus der Beschränkung aller WPPT-Rechte von ausübenden Künstlern an festgelegten Darbietungen auf solche auf Tonträgern ergibt sich, dass den ausübenden Künstlern in Bezug auf die **filmische bzw. audiovisuelle Nutzung** ihrer Darbietungen durch den WPPT **keinerlei Rechte** eingeräumt werden. Diese Schutzlücke wurde durch den **Vertrag von Peking zu audiovisuellen Darbietungen** vom 26.6.2012 geschlossen.[350]

e) Die **Rechte der ausübenden Künstler** an ihren **auf Tonträgern festgelegten Darbietun- 73 gen** sind als ausschließliche Rechte **identisch mit den Rechten der Tonträgerhersteller.** Diese Rechte sind das Vervielfältigungsrecht (Art. 7, 11), das Verbreitungsrecht (Art. 8, 12), das Vermietrecht (Art. 9, 13) und das Onlinerecht (Art. 10, 14). Zu den drei letztgenannten Rechten kann dabei auf die Parallelen im WCT[351] verwiesen werden. Das Vervielfältigungsrecht fehlt im WCT, weil es auf dem Gebiet des Urheberrechts in allgemeiner und umfassender Form bereits in Art. 9 RBÜ anerkannt und geregelt ist. Im Hinblick auf Art. 7 und 11 WPPT wurde unter den Delegierten der diplomatischen Konferenz 1996 Einigkeit dahingehend erzielt, dass das **Vervielfältigungsrecht** auch im **digitalen Bereich** in vollem Umfang Anwendung findet, insbes. auf die Verwendung von Darbietungen und Tonträgern in digitaler Form; die elektronische Speicherung in digitaler Form gilt als Vervielfältigung iS dieser Artikel.[352] Die in dem letztgenannten Art. 16 geregelten **Schranken der Rechte** der ausübenden Künstler und Tonträgerhersteller orientieren sich an den in den nationalen Rechtsvorschriften für Urheberrechte vorgesehenen Schranken (Art. 16 Abs. 1), sie unterliegen im Übrigen denselben Beschränkungen, wie Art. 10 WCT sie vorsieht.[353]

f) Entsprechend der Rechtslage nach dem Rom-Abkommen[354] ist für ausübende Künstler und **74** Tonträgerhersteller in Bezug auf die **Benutzung veröffentlichter Tonträger** für eine **Sendung** oder **öffentliche Wiedergabe** kein ausschließliches Recht, sondern nur ein **Vergütungsanspruch** vorgesehen. Er bezieht sich allerdings abweichend von Art. 12 Rom-Abkommen auch auf die nur mittelbare Benutzung, wie die öffentliche Wiedergabe einer Tonträger-Radiosendung (Art. 15 Abs. 1). Speziell für die Zwecke dieser Vergütungsregelung enthält Art. 15 Abs. 4 eine Definition des Begriffs der Veröffentlichung, die es erlaubt, Tonträger als **veröffentlicht** zu beurteilen, die der Öffentlichkeit **online** zugänglich gemacht werden. Wie nach Art. 16 Abs. 1 Rom-Abkommen können die Vertragsparteien im Übrigen in Hinblick auf den Vergütungsanspruch nach Art. 15 Abs. 1 unterschiedliche **Vorbehalte** erklären (Art. 15 Abs. 3).

g) Die **Mindestschutzfrist** für die Rechte der ausübenden Künstler und der Tonträgerhersteller **75** beträgt gleichermaßen 50 Jahre und ist daher wesentlich länger als die Mindestschutzfrist nach dem Rom-Abkommen.[355] In der **Schutzdauer** sind die ausübenden Künstler allerdings gegenüber den Tonträgerherstellern erheblich benachteiligt. Im Fall der ausübenden Künstler nämlich wird die Schutzfrist stets vom Ende des Jahres an berechnet, in dem die Darbietung auf einem Tonträger festge-

---

[343] Siehe Art. 1 Abs. 2 der Vereinbarten Erklärungen zum WPPT.
[344] BGH GRUR 2016, 1048 Rn. 48 – An Evening with Marlene Dietrich. Vgl. auch Fromm/Nordemann/ *Nordemann-Schiffel* Vor §§ 120 ff. Rn. 32; zur TRIPS-Parallele → Rn. 19.
[345] Siehe hierzu im Einzelnen *Jaeger* S. 130 ff.
[346] → Rn. 32.
[347] Art. 5 Abs. 2 S. 1.
[348] Art. 5 Abs. 2 S. 2.
[349] → Rn. 70.
[350] → Rn. 77 f.
[351] → Rn. 38 f.
[352] Siehe die Vereinbarten Erklärungen zum WPPT zu den Art. 7, 11 und 16.
[353] → Rn. 40.
[354] → Rn. 61.
[355] 20 Jahre; → Rn. 68.

legt worden ist (Art. 17 Abs. 1). Im Fall der Tonträgerhersteller dagegen wird primär vom Ende des Jahres an gerechnet, in dem der Tonträger veröffentlicht worden ist.

76   **h)** Im Übrigen enthält auch der WPPT in seinen Art. 18, 19 und 23 dieselben Bestimmungen wie der WCT über Verpflichtungen der Vertragsstaaten in Bezug auf **technische Schutzvorkehrungen, Informationen für die Rechtewahrnehmung** und die **Rechtsdurchsetzung.** Insoweit kann auf die Kommentierung des WCT verwiesen werden.[356]

3. Vertrag von Peking zu audiovisuellen Darbietungen

77   **Ausübende Künstler** waren in den internationalen Konventionen im Hinblick auf **Darbietungen, die auf Bild- bzw. Bild- und Tonträgern aufgezeichnet sind, bislang weitgehend schutzlos.** Ein solcher Schutz wurde schon seit langem gefordert. Die eigens hierfür einberufene Diplomatische Konferenz im Jahr 2000 scheiterte aber wegen der unversöhnlichen Positionen hinsichtlich des Rechtsübergangs der Rechte der ausübenden Künstler auf Filmproduzenten. Nach langjährigen Verhandlungen im Rahmen der WIPO konnte auf der **Diplomatischen Konferenz von Peking schließlich am 24.6.2012** der **Vertrag über audiovisuelle Darbietungen** geschlossen werden.[357] Bislang haben 88 Staaten und die Europäische Union den Vertrag unterzeichnet, zwölf Staaten haben ihn ratifiziert.[358] Der Vertrag tritt erst 3 Monate nach Hinterlegung der 30. Ratifizierungsurkunden in Kraft, ist gegenwärtig also **noch nicht in Kraft.**

78   Gem. Art. 1 lässt der Vertrag von Peking die Rechte von ausübenden Künstlern nach dem WPPT und dem Rom-Abkommen unangetastet. **Geschützt werden gem. Art. 3 ausübende Künstler** der anderen Mitgliedstaaten oder solche, die ihren gewöhnlichen Aufenthalt in einem der Mitgliedstaaten haben. Der Grundsatz der **Inländerbehandlung** ist gem. Art. 4 Abs. 1 **auf die nach dem Vertrag gewährten Rechte beschränkt.** Umfang und Schutzdauer der Rechte der Funksendung und der öffentlichen Wiedergabe in Art. 11 können gem. Art. 4 Abs. 2 von der Gegenseitigkeit der Schutzgewährung abhängig gemacht werden. **Art. 5–11 regeln Mindestrechte der ausübenden Künstler:** Art. 5 Persönlichkeitsrechte,[359] Art. 6 die Funksendung, öffentliche Wiedergabe und Aufnahme von Live-Darbietungen, Art. 7 Vervielfältigung, Art. 8 Verbreitung, Art. 9 Vermietung, Art. 10 Öffentliche Zugänglichmachung von Aufnahmen, Art. 11 Funksendung und öffentliche Wiedergabe von Aufnahmen. **Art. 12 Abs. 1** regelt die lange umstrittene Frage, ob die **Rechte an Aufnahmen vom ausübenden Künstler auf den Filmproduzenten übergehen.** Die **Kompromisslösung** sieht vor, dass **Mitgliedstaaten einen gesetzlichen Übergang der Verwertungsrechte vorsehen können,** wenn der ausübende Künstler der Aufnahme zugestimmt hat und soweit der Vertrag zwischen den Parteien nichts Gegenteiliges bestimmt. Unabhängig vom Rechtsübergang sieht Art. 12 Abs. 3 die Möglichkeit vor, eine Beteiligung der ausübenden Künstler an den Einnahmen aus der Verwertung der Aufnahme vorzusehen. Die **Schutzdauer** muss gem. Art. 14 mindestens **50 Jahre** andauern, **gerechnet vom Ende des Jahres, in dem die Darbietung aufgenommen wurde.** Art. 15 und 16 sehen Bestimmungen zu technischen Schutzmaßnahmen und Rechteinformationen vor, die den Bestimmungen des WCT und WPPT nachgebildet sind, so dass auf die dortigen Ausführungen verwiesen werden kann.

4. Übereinkommen zum Schutz der Hersteller von Tonträgern gegen die unerlaubte Vervielfältigung ihrer Tonträger (Genfer Tonträger-Abkommen)

79   **a)** Mit dem Ziel, über den Kreis der Vertragsstaaten des Rom-Abkommens[360] hinaus ein internationales Instrument zur Bekämpfung der Tonträgerpiraterie zu schaffen, wurde am 29.10.1971 in Genf von 23 Staaten das **Übereinkommen zum Schutz der Hersteller von Tonträgern gegen die unerlaubte Vervielfältigung ihrer Tonträger** unterzeichnet. Es wird kurz auch als Genfer Tonträger-Abkommen (GTA) bezeichnet und ist am 18.4.1973, für die Bundesrepublik Deutschland am 18.5.1974 in Kraft getreten.[361]

80   Dem Genfer Tonträger-Abkommen gehörten am 22.8.2019 insgesamt **80 Staaten, einschließlich der USA** an.[362]

81   **b)** Wie das Rom-Abkommen[363] schützt das Genfer Tonträger-Abkommen nur **Tonträger** als ausschließlich auf den Ton beschränkte Festlegungen von Darbietungen oder anderen Tönen (Art. 1 lit. a), **nicht** aber **Filme.**[364] Geschützt sind in jedem Vertragsstaat die **Hersteller von Tonträgern, die den anderen Vertragsstaaten** angehören (Art. 2); andere Anknüpfungspunkte des Schutzes

---

[356] → Rn. 41 f.
[357] *V. Lewinski* GRUR-Int 2013, 12 ff.
[358] Siehe https://www.wipo.int/treaties/en/ShowResults.jsp?lang=en&treaty_id=841 (23.8.2019).
[359] *Pessach* 55 IDEA (2014) 79 (93).
[360] → Rn. 61 ff.
[361] Vgl. das Zustimmungsgesetz vom 10.12.1973, BGBl. 1973 II S. 1669; Bek. vom 29.3.1974, BGBl. 1974 II S. 336; zur Entstehung und zum Inhalt des Übereinkommens *Pedrazzini* FS Reinhardt, 1972, 113 ff.
[362] Siehe https://www.wipo.int/treaties/en/ShowResults.jsp?lang=en&treaty_id=18 (21.8.2019).
[363] → Rn. 61.
[364] Siehe dazu *Ulmer* GRUR-Int 1972, 68 (70 f.).

sieht das Abkommen nicht vor.[365] **Inhaltlich** richtet sich der Schutz gegen die Herstellung von Vervielfältigungsstücken des Tonträgers ohne Zustimmung von dessen Hersteller, gegen die Einfuhr solcher Vervielfältigungsstücke, sofern die Herstellung oder die Einfuhr zum Zwecke der Verbreitung an die Öffentlichkeit erfolgt, und auch gegen die Verbreitung solcher Vervielfältigungsstücke an die Öffentlichkeit (Art. 2). Um dem Abkommen die gewünschte Breitenwirkung durch Beitritt möglichst vieler Staaten zu sichern, überlässt Art. 3 es der innerstaatlichen Gesetzgebung jedes Vertragsstaats, durch welche **Mittel** er den Schutz gewährleistet: durch ein Urheberrecht oder ein anderes besonderes Recht, durch Rechtsvorschriften über den unlauteren Wettbewerb oder durch Strafbestimmungen. Jeder Vertragsstaat, der den Schutz durch ein Urheberrecht, ein anderes besonderes Recht oder durch Strafbestimmungen gewährt, kann diesen Schutz gleichartigen **Beschränkungen** unterwerfen, wie sie auch für Urheber gelten; Zwangslizenzen sind jedoch nur unter besonderen Voraussetzungen zulässig (Art. 6). Hinsichtlich der **Schutzdauer** bestimmt Art. 4, dass diese grundsätzlich Sache der innerstaatlichen Gesetzgebung jedes Vertragsstaats ist, dass sie aber in den Fällen, in denen Vertragsstaaten eine bestimmte Schutzdauer vorsehen, nicht kürzer als 20 Jahre seit der ersten Festlegung der Töne oder der ersten Veröffentlichung sein darf. Einen **Vergleich der Schutzfristen** sieht das Abkommen **nicht** vor.[366] Vertragsstaaten, die wie die USA als Voraussetzung des Schutzes die **Erfüllung von Förmlichkeiten** vorschreiben, haben diese als erfüllt anzusehen, wenn alle erlaubten Vervielfältigungsstücke des Tonträgers, die an die Öffentlichkeit verbreitet werden, oder ihre Umhüllungen den Vermerk P mit der Angabe des Jahres der ersten Veröffentlichung tragen. Lassen die Vervielfältigungsstücke oder ihre Umhüllungen den Hersteller, seinen Rechtsnachfolger oder den Inhaber einer ausschließlichen Lizenz nicht bereits durch den Namen, die Marke oder eine andere geeignete Bezeichnung erkennen, so muss der Vermerk außerdem den Namen des Herstellers, seines Rechtsnachfolgers oder des Inhabers der ausschließlichen Lizenz enthalten (Art. 5).

c) In der **Bundesrepublik Deutschland als Vertragsstaat** wird der durch das Genfer Tonträger- **82** Abkommen geforderte Schutz durch das ausschließliche, mit dem Urheberrecht verwandte Schutzrecht des Tonträgerherstellers nach § 85 iVm den Bestimmungen über die zivil- und strafrechtlichen Folgen der Verletzung dieses Rechts[367] und Art. 2 Abs. 1 des Zustimmungsgesetzes vom 10.12.1973 zum Genfer Tonträger-Abkommen[368] gewährt. Dieser Schutz umfasst auch den in Art. 2 des Abkommens postulierten **Schutz gegen die Einfuhr** in hinreichender Weise.[369] Einschränkend gegenüber den nach innerstaatlichem Recht geschützten Tonträgern,[370] aber auch insoweit in Übereinstimmung mit den aus dem Genfer Tonträger-Abkommen übernommenen Verpflichtungen bestimmt Art. 2 Abs. 1 S. 1 des Zustimmungsgesetzes, dass der Schutz der Angehörigen eines Vertragsstaats nur **die in Art. 2 des Abkommens genannten Handlungen**[371] umfasst. Ausgeschlossen sind dadurch insbes. Vergütungsansprüche nach § 86 sowie § 85 Abs. 4 iVm § 54. Das gegen die Tonträgerpiraterie gerichtete Genfer Abkommen[372] sieht einen solchen Schutz selbst nicht vor[373] und gewährleistet daher insoweit auch nicht die Gegenseitigkeit des Schutzes.[374] Von der in Art. 7 Abs. 3 des Abkommens vorgesehenen Möglichkeit der Vertragsstaaten, den Schutz Tonträgern zu verweigern, die **vor dem Zeitpunkt des Inkrafttretens des Abkommens** für den betreffenden Staat **festgelegt** worden sind, hat der deutsche Gesetzgeber nicht Gebrauch gemacht.[375] Auch solche Tonträger können demgemäß in Deutschland über das GTA geschützt sein, allerdings nicht hinsichtlich des Zeitraums vor dem 1.1.1966.[376] Jedoch bestimmt Art. 2 Abs. 2 des Zustimmungsgesetzes, dass vor Inkrafttreten des Abkommens für die Bundesrepublik[377] rechtmäßig hergestellte Vervielfältigungsstücke nunmehr geschützter Tonträger weiterhin verbreitet werden dürfen; eine zulässigerweise begonnene Herstellung solcher Vervielfältigungsstücke durfte vollendet werden.

5. Übereinkommen über die Verbreitung der durch Satelliten übertragenen programmtragenden Signale (Brüsseler Satelliten-Abkommen)

a) Speziell dem Schutz der Sendeunternehmen, die ihre Sendungen über Satelliten ausstrahlen, **83** dient das am 21.5.1974 in Brüssel von 15 Staaten unterzeichnete **Übereinkommen über die Ver-**

---

[365] Dagegen → Rn. 63 zum Rom-Abkommen.
[366] OLG Hamburg GRUR-RR 2001, 73 (77 f.) – Frank Sinatra; auch → § 126 Rn. 9.
[367] §§ 97 ff., 108 Nr. 5, 108a ff.
[368] BGBl. 1973 II S. 1669.
[369] AmtlBegr. zum Zustimmungsgesetz BT-Drs. 7/121, 6 zu Art. 2; *Nordemann/Vinck/Hertin* GTA Art. 3 Rn. 3.
[370] §§ 85, 86, 126 Abs. 1, 2.
[371] → Rn. 81.
[372] → Rn. 81.
[373] *Ulmer* GRUR-Int 1972, 68 (72).
[374] AmtlBegr. BT-Drs. 7/121, 6 zu Art. 2.
[375] Zu den Motiven siehe die AmtlBegr. BT-Drs. 7/121, 6 zu Art. 2.
[376] BGHZ 123, 356 (360 f.) – Beatles; BGHZ 125, 382 (386) – Rolling Stones; BGH GRUR 2007, 502 (503) – Tonträger aus Drittstaaten; auch → § 129 Rn. 17; OLG Hamburg ZUM 1994, 518 f. – Creedence Clearwater Revival; OLG Hamburg GRUR-RR 2001, 73 (77) – Frank Sinatra; OLG Rostock ZUM 2012, 258; zur Bestimmung der Schutzdauer und zur Frage des Wiederauflebens des Schutzes in diesem Fall siehe die Kommentierung der §§ 126 und 137 f.
[377] → Rn. 79.

breitung der durch Satelliten übertragenen programmtragenden Signale. Es ist am 25.8. 1979 ua für die Bundesrepublik Deutschland in Kraft getreten[378] und war am 22.8.2019 für **38 Vertragsstaaten** in Kraft, weitere zehn Staaten haben unterzeichnet, aber noch nicht ratifiziert.[379]

84   **b)** Durch das Brüsseler Satelliten-Abkommen sollen Sendeunternehmen im Hinblick auf ihre technische und wirtschaftliche Leistung der Programmgestaltung und -ausstrahlung, insbes. bei der Übertragung großer internationaler Veranstaltungen, dagegen geschützt werden, dass ihre über Satelliten ausgestrahlten Sendungen von terrestrischen Sendeunternehmen unbefugt weitergesendet werden. Um möglichst vielen Staaten den Beitritt zu ermöglichen, ist davon abgesehen worden, auch den Schutz der Urheber und der ausübenden Künstler in das Abkommen einzubeziehen. Außerdem verpflichtet das Abkommen die Vertragsstaaten nicht, die Ursprungssendeunternehmen durch ein mit dem Urheberrecht verwandtes privates ausschließliches Recht zu schützen, es genügt vielmehr, wenn sie **angemessene Maßnahmen für den Schutz** treffen.[380] Die Verpflichtung gilt gegenüber Ursprungsunternehmen, die **Angehörige eines anderen Vertragsstaats** sind.[381] Auf Sendungen über sog. **Direktsatelliten,** die von der Allgemeinheit unmittelbar, dh ohne Zwischenschaltung einer terrestrischen Weitersendung empfangen werden können, und auf Weitersendungen, denen eine rechtmäßige Weitersendung vorausgeht, ist der Schutz **nicht** anzuwenden (Art. 3, 2 Abs. 3). Die Bestimmung der **Schutzdauer** ist den Vertragsstaaten überlassen (Art. 2 Abs. 2). Die Vertragsstaaten sind ferner berechtigt, Schutzausnahmen zugunsten der Berichterstattung über Tagesereignisse und der Zitatfreiheit vorzusehen; Entwicklungsländern sind weitergehende Ausnahmen gestattet (Art. 4).

85   **c)** Das **Zustimmungsgesetz der Bundesrepublik Deutschland** zum Brüsseler Satelliten-Abkommen[382] regelt den in dem Abkommen geforderten Schutz angesichts früherer Zweifel daran, ob Satellitensendungen durch das Schutzrecht des § 87 UrhG erfasst werden[383] sowie im Hinblick auf den nach dem Abkommen erforderlichen, aber bei § 87 UrhG ebenfalls zweifelhaften Schutz auch von Wiederholungssendungen[384] dadurch, dass es in Art. 2 Abs. 1 ein entsprechendes **spezielles ausschließliches Weitersenderecht** der Sendeunternehmen statuiert, das **auch inländischen Sendeunternehmen** zusteht.[385] Die **Schutzdauer** beträgt 25 Jahre ab der Satellitenübertragung (Art. 2 Abs. 2). Art. 2 Abs. 3 enthält eine gegenüber §§ 48, 49 UrhG spezielle Regelung über die **Schranken des Schutzes** zugunsten der Berichterstattung und der Zitatfreiheit. Ein weitergehender Schutz nach **§ 87 UrhG** bleibt unberührt (Art. 2 Abs. 6). Art. 2 Abs. 5 macht von der in Art. 5 des Abkommens eingeräumten Möglichkeit Gebrauch, den Schutz durch das spezielle neue Schutzrecht für solche Satellitensendungen auszuschließen, die vor Inkrafttreten des Übereinkommens für die Bundesrepublik Deutschland[386] übertragen worden sind.

86   § 87 ist durch das 3. und das 4. UrhGÄndG vom 23.6.1995[387] und vom 8.5.1998[388] sowie durch das Gesetz zur Regelung des Urheberrechts in der Informationsgesellschaft vom 10.9.2003[389] in mehreren Punkten **geändert** worden.[390] Ua wurde die Dauer des verwandten Schutzrechts des Sendeunternehmens von 25 Jahren nach der Funksendung[391] in Anpassung an Art. 3 Abs. 4 der europäischen Schutzdauerrichtlinie[392] auf 50 Jahre nach der ersten Funksendung,[393] verlängert und modifiziert. Aus der Anknüpfung an die „erste" Funksendung in § 87 Abs. 3 nF ist zu schließen, dass auch durch eine zeitversetzte Wiederholungssendung kein neues Schutzrecht iSd § 87 begründet wird.[394] Demgegenüber ist das **Gesetz zum Brüsseler Satelliten-Abkommen** mit seinem Schutz auch von Wiederholungssendungen und einer Schutzdauer von nur 25 Jahren **unverändert** geblieben. Ob dieser Schutz mit der **Schutzdauerrichtlinie** zu vereinbaren ist, wäre gegebenenfalls vom EuGH zu entscheiden. Bei dieser Entscheidung wäre ua zu beachten, dass die Schutzgegenstände Funksendung als Immaterialgut einerseits[395] und programmtragende Signale als elektronisch erzeugte, zur Übertragung von Programmen geeignete Signale andererseits (s. Art. 1 Nr. i), Art. 2 Abs. 1 des Brüsseler Satelliten-Abkommens) nicht identisch sind.[396]

---

[378] Vgl. das Zustimmungsgesetz vom 14.2.1979, BGBl. 1979 II S. 113; Bek. vom 5.7.1979, BGBl. 1979 II S. 816; zur Entstehung und zum Inhalt s. *Steup/Bungeroth* GRUR-Int 1975, 124 ff. mwN.
[379] Siehe https://www.wipo.int/treaties/en/ShowResults.jsp?lang=en&treaty_id=19 (21.8.2019).
[380] Art. 2 Abs. 1 S. 1.
[381] Art. 2 Abs. 1 S. 2.
[382] → Rn. 83.
[383] → § 87 Rn. 5, 12.
[384] → § 87 Rn. 65 f.
[385] AmtlBegr. BT-Drs. 8/1390 = BlPMZ 1979, 378 zu Art. 2.
[386] → Rn. 83.
[387] BGBl. 1995 I S. 842.
[388] BGBl. 1998 I S. 902.
[389] BGBl. 2003 I S. 1774.
[390] → § 87 Rn. 11 ff.
[391] § 87 Abs. 2 aF 1965.
[392] → Einl. UrhG Rn. 95 ff., 147.
[393] § 87 Abs. 2 aF 1995, Abs. 3 nF.
[394] → § 87 Rn. 65 f.
[395] → § 87 Rn. 63 f.
[396] Zum Brüsseler Satelliten-Abkommen v. *Ungern-Sternberg* S. 168.

6. Europäisches Abkommen zum Schutz von Fernsehsendungen (Europäisches Fernseh-Abkommen)

a) Das am 22.6.1960 im Rahmen und von Mitgliedstaaten des Europarats in Straßburg unterzeich- **87** nete **Europäische Abkommen zum Schutz von Fernsehsendungen** ist zusammen mit einem es ändernden, am 22.1.1965 ebenfalls in Straßburg unterzeichneten **Protokoll** für die Bundesrepublik Deutschland am 9.10.1967 in Kraft getreten.[397] Ein **Zusatzprotokoll** vom 14.1.1974 und ein **weiteres Zusatzprotokoll** vom 21.3.1983 sind für die Bundesrepublik Deutschland am 31.12.1974 und am 1.1.1985 in Kraft getreten.[398] Ein weiteres, **Drittes Zusatzprotokoll** vom 20.4.1989 ist mangels Ratifikation durch alle Vertragsparteien bisher[399] nicht in Kraft getreten. Deutschland hat ihm jedoch durch Gesetz vom 7.12.1989[400] zugestimmt. Das Abkommen samt Protokoll von 1965 und den beiden Zusatzprotokollen von 1974 und 1983 war am 31.12.2008 für die folgenden **6 Mitgliedstaaten** in Kraft: **Dänemark, Deutschland, Frankreich, Norwegen, Schweden** und **Vereinigtes Königreich**.[401] Die Homepage des Europarats[402] berichtet zusätzlich über das Inkrafttreten des Abkommens für **Kroatien** am 31.12.2004.

b) Das auf den **Schutz von Fernsehsendungen** beschränkte regionale Abkommen ist noch vor **88** dem geographisch und gegenständlich umfassenderen, auch den Schutz der ausübenden Künstler und der Hersteller von Tonträgern einbeziehenden Rom-Abkommen[403] mit dem Ziel unterzeichnet worden, den Sendeunternehmen einen ausreichenden Schutz gegen die Verwertung ihrer Fernsehsendungen durch Dritte, wie durch öffentliche Wiedergabe in Filmtheatern, zu gewährleisten und dadurch den Programmaustausch zwischen den Sendeunternehmen der europäischen Staaten zu fördern.[404] Den davon ausgehenden **Gefahren für das Rom-Abkommen** und den internationalen Schutz der ausübenden Künstler und der Hersteller von Tonträgern[405] wurde durch Neufassung des Art. 13 des Fernseh-Abkommens im Rahmen des Protokolls von 1965[406] Rechnung getragen: Vom 1.1.1975 an sollte kein Staat mehr Mitglied dieses Abkommens bleiben oder werden können, der nicht gleichzeitig dem Rom-Abkommen angehört. Dieser Zeitpunkt wurde durch das Zusatzprotokoll von 1974 auf den 1.1.1985, durch das weitere Zusatzprotokoll von 1983 auf den 1.1.1990 und durch das dritte, nicht in Kraft getretene Zusatzprotokoll von 1989 auf den 1.1.1995 hinausgeschoben. Das Ausscheiden von Belgien, Spanien, der Türkei und Zyperns aus dem Kreis der Mitgliedstaaten erklärt sich daraus, dass diese Staaten dem Rom-Abkommen nicht[407] oder nicht rechtzeitig[408] beigetreten sind.

c) Das Europäische Fernseh-Abkommen gewährt den in den Mitgliedstaaten errichteten oder dort **89** Sendungen durchführenden Sendeunternehmen **in allen Vertragsstaaten einschließlich des Heimatstaats**[409] **Schutz** gegen die Weitersendung, öffentliche Drahtfunkübertragung und öffentliche Wiedergabe ihrer Sendungen, gegen jede Festlegung ihrer Sendungen einschließlich deren Einzelbildern und jede Vervielfältigung einer solchen Festlegung sowie grundsätzlich auch gegen die Weitersendung, Drahtfunkübertragung und öffentliche Wiedergabe mittels solcher Festlegungen (Art. 1 Abs. 1). Ferner kann jedes solche Sendeunternehmen im Hoheitsgebiet jeder anderen Vertragspartei **Inländerbehandlung,** dh den Schutz beanspruchen, den diese inländischen Sendeunternehmen über das in Abs. 1 geregelte Maß hinaus einräumt (Art. 1 Abs. 2). Die **Schutzdauer** beträgt mindestens 20 Jahre, gerechnet vom Ende des Jahres, in dem die Sendung stattgefunden hat (Art. 2). Von den in Art. 3 Abs. 1 und Art. 10 des Abkommens vorgesehenen Möglichkeiten, **Vorbehalte** zu erklären, hat die Bundesrepublik Deutschland insofern Gebrauch gemacht, als sie den Schutz gegen die Festlegung und Vervielfältigung von **Einzelbildern** von Fernsehsendungen nur bei Gewährleistung der Gegenseitigkeit gewährt.[410] Art. 2 Abs. 2 dieses Gesetzes erklärt **§§ 50, 55 UrhG** für auf den Schutz der Fernsehsendungen sinngemäß anwendbar und nutzt dadurch die in Art. 3 Abs. 2 des Abkommens den Vertragsstaaten eröffnete Freiheit, dem Schutz zugunsten der Berichterstattung über Tagesereignisse und der ephemeren Aufzeichnung durch Sendeunternehmen Schranken zu setzen.

---

[397] Vgl. die Zustimmungsgesetze vom 15.9.1965, BGBl. 1965 II S. 1234 und vom 6.6.1967, BGBl. 1967 II S. 1785; Bek. vom 14.2.1968, BGBl. 1968 II S. 134 (135).

[398] Vgl. die Zustimmungsgesetze vom 29.10.1974, BGBl. 1974 II S. 1313 und vom 11.12.1984, BGBl. 1984 II S. 1014; Bek. vom 7.1.1975, BGBl. 1975 II S. 62 und vom 30.1.1986, BGBl. 1986 II S. 473.

[399] https://www.coe.int/de/web/conventions/recent-changes-for-treaties/-/conventions/treaty/131/signatures? p_auth=a0ajh4I9 (21.8.2019).

[400] BGBl. 1989 II S. 986.

[401] Siehe BGBl. 2009 II vom 18.2.2009 – Fundstellennachweis B S. 497.

[402] Siehe die Mitgliederliste auf https://www.coe.int/en/web/conventions/full-list/-/conventions/treaty/034/ signatures?p_auth=NhiZaNsC (21.8.2019).

[403] → Rn. 61 ff.

[404] Siehe die Stellungnahme der deutschen Bundesregierung in UFITA 31 (1960), 229 und die Denkschrift in BT-Drs. IV/278, 11.

[405] *Ulmer* GRUR-Int 1960, 12 (13).

[406] → Rn. 87.

[407] → Rn. 61.

[408] Spanien erst 1991, Belgien 1999 und die Türkei 2004.

[409] Siehe Denkschrift BT-Drs. IV/278, 11 zu Art. 1.

[410] Art. 3 Abs. 2 des Zustimmungsgesetzes vom 15.9.1965, → Rn. 87.

V. Weitere Abkommen

1. Europäische Konvention über urheber- und leistungsschutzrechtliche Fragen im Bereich des grenzüberschreitenden Satellitenrundfunks

90   **a)** Die **Europäische Konvention über urheber- und leistungsschutzrechtliche Fragen im Bereich des grenzüberschreitenden Satellitenrundfunks** vom 11.5.1994 ist, nach dem Stand vom 12.2.2019, von Deutschland noch nicht ratifiziert worden. Sie ist im Rahmen des Europarats am 16.2.1994 angenommen und am 11.5.1994 für dessen 41 Mitgliedstaaten, für die anderen Vertragsstaaten des Europäischen Kulturabkommens[411] und die EG zur Unterzeichnung aufgelegt worden. Die Konvention ist bisher bei erst vier Ratifikationen[412] noch nicht in Kraft getreten. Dies erfolgt erst bei sieben Ratifikationen.

91   **b)** Die Konvention verfolgt ähnlich wie die europäische Satelliten- und Kabelrichtlinie,[413] aber in einem geographisch weiteren Rahmen das **Ziel**, die urheber- und leistungsschutzrechtlichen Vorschriften der Vertragsstaaten im Hinblick auf den Satellitenrundfunk zu harmonisieren, Rechtsunsicherheiten in Bezug auf unterschiedliche Arten von Satelliten und das anwendbare Recht zu beseitigen und dadurch zugleich die Rechte der Urheber und Leistungsschutzberechtigten zu wahren und grenzüberschreitende Satellitensendungen im Dienste der freien Meinungsäußerung und -verbreitung, des freien Informationsflusses und Ideenaustausches und auch im Interesse der Öffentlichkeit am Zugang zu den Medien zu erleichtern.[414]

92   **c)** Der im vorliegenden Zusammenhang wesentliche **Inhalt** der Konvention bezieht sich zum einen auf eine Definition des Begriffs der Rundfunksendung (Art. 1 und 2), die Bestimmung des anwendbaren Rechts (Art. 3), die Sicherung von Urheberrechten und verwandten Schutzrechten (Art. 4 und 5) und den Anwendungsbereich der Konvention (Art. 6). Darüber hinaus ist in Art. 9 Abs. 1 für die EG-Mitgliedstaaten der **Vorrang des Gemeinschaftsrechts** und in Art. 9 Abs. 2 ein Vorbehalt zugunsten weiterer Vereinbarungen der Vertragsparteien bestimmt, die den Urhebern und Leistungsschutzberechtigten einen mindestens ebenso umfassenden Schutz ihrer Rechte gewähren wie die Konvention selbst.

93   **Zum Begriff der Rundfunksendung** als Verwertungsakt, auf den sich die Rechte der Urheber und Leistungsschutzberechtigten beziehen, besagt Art. 1 Abs. 1, dass die Übertragung von Werken oder anderen Rundfunkbeiträgen über **Direktsatelliten** einen Sendevorgang darstellt. Übertragungen über **Fernmeldesatelliten** („Festsatelliten") werden ebenso behandelt, wenn sie für den individuellen Direktempfang durch die allgemeine Öffentlichkeit mit Sendungen über Direktsatelliten vergleichbar sind (Art. 2 Abs. 2). Die Übertragung programmtragender Signale in **kodierter Form** wird ebenfalls als Sendevorgang betrachtet, wenn die Mittel zur Dekodierung der Sendung vom Sendeunternehmen selbst oder mit seiner Zustimmung der Öffentlichkeit zugänglich gemacht worden sind. Nach Art. 2 bedeutet ein **Sendevorgang über Satellit** die Verbindung zum Satelliten und zurück zur Erde.

94   **d)** In Bezug auf das **anwendbare Recht** verfolgt die Konvention wie die europäische Satelliten- und Kabelrichtlinie[415] das Ziel, für europäische Satellitensendungen nur eine je **einzige nationale Rechtsordnung** festzulegen, der sie unterliegen sollen und ausschließlich nach deren Regeln Sendeunternehmen von Urhebern und Inhabern verwandter Schutzrechte Senderechte zu erwerben haben. Ausgangspunkte sind dabei einerseits die IPR-Regel, dass auf eine urheberrechtliche Verwertungshandlung das Recht desjenigen Staates anwendbar ist, auf dessen Gebiet sie vorgenommen wird,[416] und andererseits die zu beseitigende Rechtsunsicherheit, ob eine grenzüberschreitende Satellitensendung nur im Ausstrahlungsland[417] oder auch in den bestimmungsgemäßen Empfangsländern stattfindet.[418] Die **Richtlinie** verfolgt und erreicht ihr Ziel durch entsprechende **Harmonisierung des materiellen Urheberrechts** der Mitgliedstaaten, die **Konvention auch durch Harmonisierung der IPR-Regeln** ihrer Vertragsstaaten.[419] Die Richtlinie definiert in ihrem Art. 1 Abs. 2 lit. a[420] die entscheidende, den Urhebern und Inhabern verwandter Schutzrechte vorbehaltene Verwertungshandlung der „öffentlichen Wiedergabe über Satellit" so eng, dass sie stets nur in einem einzigen Mitgliedstaat vorgenommen werden kann: Ausschlaggebend ist, verkürzt ausgedrückt, die Eingabe der für den

---

[411] Insgesamt 50 Staaten, siehe https://www.coe.int/de/web/conventions/full-list/-/conventions/treaty/018/signatures (21.8.2019).
[412] Siehe https://www.coe.int/de/web/conventions/full-list/-/conventions/treaty/153/signatures?p_auth=NhiZaNsC (21.8.2019).
[413] Zu dieser → Einl. UrhG Rn. 97 sowie → Vor §§ 20 ff. Rn. 11 ff.
[414] Siehe insbes. die Präambel der Konvention.
[415] Zu dieser → § 20a Rn. 1.
[416] → Rn. 121, 127.
[417] So die sog. Sendelandtheorie.
[418] So die sog. Bogsch-Theorie oder Empfangslandtheorie; siehe dazu Erwgr. 7 der Richtlinie und zum Ganzen → Rn. 138.
[419] Zu diesen unterschiedlichen Lösungswegen mit demselben Ergebnis ähnlich *Schack* Fn. 103 zu Rn. 1061.
[420] Und § 20a Abs. 3 folgt ihr darin.

öffentlichen Empfang bestimmten programmtragenden Signale in eine ununterbrochene Kommunikationskette, die zum Satelliten und zurück zur Erde führt. Die öffentliche Wiedergabe über Satellit findet demgemäß nur in dem Mitgliedstaat statt, in dem diese Handlung vorgenommen wird;[421] dessen Recht ist daher anwendbar.[422] Demgegenüber enthält Art. 3 Abs. 1 der **Europarats-Konvention** auch eine kollisionsrechtliche Entscheidung für das **Sendelandprinzip:** Eine Satellitensendung „findet in dem Vertragsstaat statt, in dem die Erstsendung übermittelt wird, und wird folglich ausschließlich durch das Recht dieses Staates geregelt". Um welchen Staat es sich dabei handelt, bestimmt Art. 3 Abs. 2, der dabei wie die Richtlinie auf die Eingabe der programmtragenden Signale in die Kommunikationskette abstellt.

e) Mit der Anwendbarkeit nur einer einzigen nationalen Urheberrechtsordnung auf eine grenz- **95**
überschreitende Satellitensendung, die uU in vielen Staaten empfangen werden kann, verbindet sich für Urheber und Inhaber verwandter Schutzrechte die **Gefahr,** dass Sendeunternehmen den entscheidenden Verwertungsvorgang[423] in einen **Staat mit niedrigem Schutzniveau** verlegen. Die europäische Satelliten- und Kabelrichtlinie begegnet dieser Gefahr zum einen durch Harmonisierung des Satellitensenderechts in den Mitgliedstaaten auf hohem Niveau[424] sowie durch die Festlegung fiktiver Orte der europäischen Satellitensendungen, die zur Anwendbarkeit des Rechts eines Mitgliedstaats mit seinem harmonisierten hohen Schutzniveau führt, wenn der entscheidende Verwertungsvorgang in einem Drittstaat mit niedrigerem Schutzniveau stattfindet.[425] Demselben Anliegen trägt die Europarats-Konvention auf ähnliche Weise durch **eigene Schutzbestimmungen** (Art. 4, 5) und **hilfsweise Anknüpfung an das Recht eines Vertragsstaates** Rechnung, wenn die Erstsendung in einem Nicht-Vertragsstaat mit niedrigerem Schutzniveau stattfindet (Art. 3 Abs. 3).

f) Die **materiellrechtlichen Schutzbestimmungen** der Konvention sehen zugunsten der Urhe- **96**
ber den **Schutz durch die RBÜ** in ihrer jüngsten, der Pariser Fassung von 1971[426] und zugunsten der ausübenden Künstler, der Hersteller von Tonträgern und der Sendeunternehmen einen **Mindestschutz gemäß dem Rom-Abkommen**[427] vor.[428] Auch können Satellitensenderechte von **Urhebern** grundsätzlich **nur durch Vertrag** erworben werden.[429] Unter bestimmten Voraussetzungen können jedoch nicht vertretene Rechtsinhaber in kollektive Verträge mit Sendeunternehmen einbezogen werden, wenn dies in einem Vertragsstaat bereits vorgesehen war, als die Konvention zur Unterzeichnung aufgelegt wurde.[430] Letzteres gilt aber nicht für Filmwerke und ähnlich geschaffene Werke (Art. 4 Abs. 3). Die Rechte der **ausübenden Künstler** sind, Zweitverwertungsrechte ausgenommen, grundsätzlich ausschließliche Rechte (Art. 5 Abs. 2). Die Vertragsstaaten dürfen auch von **Art. 19 des Rom-Abkommens keinen Gebrauch** machen (Art. 5 Abs. 3). Diese Bestimmung schneidet den ausübenden Künstlern den durch das Rom-Abkommen sonst gewährten Mindestschutz ab, wenn sie der Festlegung ihrer Darbietung in einem **Film** zugestimmt haben.[431] Die Vertragsstaaten der Europarats-Konvention können aber vorsehen, dass ein Vertrag zwischen einem ausübenden Künstler und einem Filmhersteller über die Herstellung auch die **Genehmigung der Filmverwertung** bewirkt, vorausgesetzt, dass dieser Vertrag eine **angemessene Vergütung** vorsieht, auf die der ausübende Künstler nicht verzichten kann (Art. 5 Abs. 4). Im Übrigen müssen die Vertragsstaaten in Bezug auf die **Nutzung von gewerblich hergestellten Tonträgern zu Satellitensendungen** gegen die betreffenden Rundfunksender einen Anspruch auf eine **angemessene und einheitliche Vergütung** vorsehen, die zwischen den ausübenden Künstlern und den Herstellern von Tonträgern aufgeteilt wird (Art. 5 Abs. 5).

g) In Bezug auf den **Anwendungsbereich der Konvention** bestimmt Art. 6, dass die gleichzeiti- **97**
ge, vollständige und unveränderte terrestrische Weiterverbreitung von Satellitensendungen durch die Konvention nicht erfasst wird.

2. Europäisches Übereinkommen zur Verhütung von Rundfunksendungen, die von Sendestellen außerhalb der staatlichen Hoheitsgebiete gesendet werden

Das am 22.1.1965 in Straßburg unterzeichnete **Europäische Übereinkommen zur Verhütung von Rundfunksendungen, die von Sendestellen außerhalb der staatlichen Hoheitsgebiete gesendet werden,** hat nicht den Schutz von Urheberrechten, Rundfunksendungen oder anderen Gegenständen verwandter Schutzrechte gegen unberechtigte Verwertung zum Inhalt, sondern ist gegen die Errichtung und den Betrieb von sog. Piratensendern und die von diesen ausgehen- **98**

---

[421] Art. 1 Abs. 2 lit. b der Richtlinie, § 20a Abs. 1.
[422] → § 20a Rn. 4 ff.
[423] Zu diesem → Rn. 94.
[424] Siehe Art. 2 ff. und Erwgr. 24 der Richtlinie.
[425] Art. 1 Abs. 2 lit. d der Richtlinie, § 20a Abs. 2; dazu → § 20a Rn. 25 ff.
[426] Dazu → Rn. 27 ff.
[427] Zu diesem → Rn. 61 ff.
[428] Art. 4 Abs. 1 S. 1, Art. 5 Abs. 1.
[429] Art. 4 Abs. 1 S. 2.
[430] Art. 4 Abs. 2; siehe auch Abs. 4.
[431] → Rn. 65.

den Störungen ua des ordnungsgemäßen Rundfunkbetriebs gerichtet. Das Übereinkommen ist für die Bundesrepublik Deutschland am 28.2.1970 in Kraft getreten[432] und war am 12.2.2019 für **19 Staaten** verbindlich.[433] Das deutsche Zustimmungsgesetz vom 26.9.1969[434] enthält Strafbestimmungen.

3. Europäische Verträge über den Austausch von Programmen mit Fernsehfilmen, über die Gemeinschaftsproduktion von Kinofilmen und über den Schutz des audiovisuellen Erbes

99   **Von der Bundesrepublik Deutschland bisher nicht ratifiziert worden ist die Europäische Vereinbarung über den Austausch von Programmen mit Fernsehfilmen,** das am 15.12.1958 in Paris unterzeichnet worden ist, am 1.7.1961 in Kraft getreten und gegenwärtig für **16 Staaten** verbindlich ist.[435] Es enthält für die Beziehungen zwischen einer Rundfunkorganisation als Herstellerin von Fernsehfilmen einerseits und Urhebern und anderen Mitwirkenden an der Herstellung solcher Filme andererseits Bestimmungen über den Übergang von Rechten zur Nutzung dieser Filme in den jeweils anderen Vertragsstaaten.

100   Für die Bundesrepublik Deutschland und weitere 42 Staaten verbindlich ist das **Europäische Übereinkommen über die Gemeinschaftsproduktion von Kinofilmen** vom 2.10.1992, das insgesamt am 1.4.1994, für Deutschland am 1.7.1995 in Kraft getreten ist.[436] Ziel des Übereinkommens ist es, mehrseitige europäische Gemeinschaftsproduktionen von Kinospielfilmen zu fördern, die Freiheit der künstlerischen Gestaltung und die freie Meinungsäußerung zu gewährleisten und die kulturelle Vielfalt in den Ländern Europas zu schützen. Wenn bestimmte Bedingungen erfüllt sind, haben Gemeinschaftsproduktionen ua in jedem Mitgliedstaat Anspruch auf dieselben Vergünstigungen wie nationale Produktionen.[437]

Nach Vorliegen von fünf Ratifizierungen[438] am 1.1.2008 in Kraft getreten ist das **Europäische Übereinkommen zum Schutz des audio-visuellen Erbes** vom 8.11.2001.[439] Für Deutschland ist das Übereinkommen zum 1.4.2014 in Kraft getreten.[440] Das Übereinkommen sieht eine Hinterlegungspflicht für jeden öffentlich zugänglich gemachten Film in einer amtlich bestimmten Archivstelle vor. Die hinterlegte Referenzkopie muss im Rahmen der urheberrechtlichen Bestimmungen für Hochschul- und Forschungszwecke zugänglich sein.[441]

4. Pariser Verbandsübereinkunft zum Schutz des gewerblichen Eigentums

101   **Soweit neben dem Schutz durch das Urheberrecht oder ein verwandtes Schutzrecht ein ergänzender wettbewerbsrechtlicher Schutz** zugunsten Angehöriger ausländischer Staaten in Frage steht, unterliegt dieser **keinen fremdenrechtlichen Beschränkungen** mehr. Bereits § 28 des Gesetzes gegen den unlauteren Wettbewerb (UWG) von 1909, der den Schutz ausländischer Wettbewerber ohne inländische Hauptniederlassung von der Gewährleistung der Gegenseitigkeit abhängig gemacht hatte, ist durch Art. 25 des MarkenrechtsreformG vom 25.10.1994[442] aufgehoben worden. Seit der Novelle des UWG vom 3.7.2004[443] ist eine § 28 UWG von 1909 entsprechende Bestimmung nicht mehr im Gesetz enthalten.[444] § 28 UWG von 1909 war aber ohnehin nicht anwendbar, wenn sich aus Staatsverträgen ein weitergehender Schutz ergab. Ein solcher Staatsvertrag zum Schutz ua auch des lauteren Wettbewerbs war und ist die **Pariser Verbandsübereinkunft zum Schutz des gewerblichen Eigentums (PVÜ)** vom 20.3.1883, die mehrfach revidiert worden ist: am 14.12. 1900 in Brüssel, am 2.6.1911 in Washington, am 6.11.1925 in Haag, am 2.6.1934 in London, am 31.10.1958 in Lissabon und am 14.7.1967 in Stockholm. Die PVÜ wurde ferner am 2.10.1979 geändert. Der PVÜ gehörten am 12.2.2019 insgesamt **177 Staaten** an, darunter die Bundesrepublik Deutschland, alle Mitgliedstaaten der EU, Japan, die USA und praktisch alle sonstigen Industriestaaten, einschließlich der Russischen Föderation, und, seit 1985, die Volksrepublik China sowie eine

---

[432] Vgl. die Bek. vom 24.4.1970, BGBl. 1970 II S. 258.

[433] Siehe https://www.coe.int/de/web/conventions/search-on-treaties/-/conventions/treaty/053/signatures?p_auth=NhiZaNsC (21.8.2019).

[434] BGBl. 1969 II S. 1939, geändert durch Art. 263 des Gesetzes vom 2.3.1974, BGBl. 1974 I S. 469.

[435] Siehe https://www.coe.int/de/web/conventions/search-on-treaties/-/conventions/treaty/027/signatures?p_auth=NhiZaNsC (21.8.2019); Text der Vereinbarung in deutscher Übersetzung in UFITA 27 (1959), 232.

[436] Gesetz vom 20.10.1994, BGBl. 1994 II S. 3566; BGBl. 1995 II S. 414; Mitgliederstand nach BGBl. 2009 II vom 18.2.2009 – Fundstellennachweis B S. 787, ergänzt nach https://www.coe.int/de/web/conventions/full-list/-/conventions/treaty/147/signatures?p_auth=NhiZaNsC (21.8.2019).

[437] Näheres unter https://www.coe.int/de/web/conventions/search-on-treaties/-/conventions/treaty/027 (17.2. 2019).

[438] Kroatien, Litauen, Monaco, Slowakei und Ungarn.

[439] Stand am 21.8.2019: 19 Unterzeichnungen, darunter Deutschland am 15.9.2008; https://www.coe.int/de/web/conventions/full-list/-/conventions/treaty/183/signatures?p_auth=NhiZaNsC (21.8.2019).

[440] Siehe BGBl. 2014 II, 20.1.2014, 87.

[441] Näheres unter https://www.coe.int/de/web/conventions/full-list/-/conventions/treaty/183 (21.8.2019).

[442] BGBl. 1994 I S. 3082 (3121).

[443] BGBl. 2004 I S. 1414.

[444] Fezer/*Hausmann*/*Obergfell* Einl. I Rn. 2 Fn. 10, Rn. 40.

große Zahl von Entwicklungsländern.[445] Zum Schutz des gewerblichen Eigentums durch die PVÜ zählt nach deren Art. 1 Abs. 2 ua die **Bekämpfung des unlauteren Wettbewerbs.** Das leitende Prinzip des Schutzes ist auch in der PVÜ dasjenige der **Inländerbehandlung,** dh der Gleichbehandlung der Ausländer mit den Inländern.[446] Daneben enthält Art. 10bis PVÜ besondere Bestimmungen über einige Tatbestände des unlauteren Wettbewerbs.

VI. Anwendung der internationalen Verträge

1. Innerstaatliche Anwendbarkeit internationaler Verträge

Die Frage, welche Voraussetzungen erfüllt sein müssen, damit ein internationaler Vertrag innerstaatlich anwendbar ist, ist eine Frage des **Verfassungsrechts** jedes Staates. Demgemäß heißt es zB in Art. 36 Abs. 1 RBÜ (Pariser Fassung) und Art. X Abs. 1 WUA,[447] dass jedes Verbandsland bzw. jeder Vertragsstaat sich verpflichtet, „gemäß seiner Verfassung" die notwendigen Maßnahmen zu ergreifen, um die Anwendung der Übereinkunft bzw. des Abkommens zu gewährleisten. In der Bundesrepublik Deutschland bedarf ein völkerrechtlicher Vertrag, der sich auf einen Gegenstand der Bundesgesetzgebung bezieht, zu seiner innerstaatlichen Verbindlichkeit eines im Bundesgesetzblatt verkündeten Zustimmungsgesetzes.[448] Dies gilt auch für das Urheberrecht[449] als Gegenstand der ausschließlichen Gesetzgebungskompetenz des Bundes nach Art. 73 Abs. 1 Nr. 9 GG. **102**

Nach traditioneller Auffassung transformiert das Zustimmungsgesetz einen völkerrechtlichen Vertrag in nationales Recht. Nach einer moderneren Deutung, der zuzustimmen ist, enthält das Zustimmungsgesetz dagegen nur ein **Gebot zur innerstaatlichen Anwendung** des internationalen Vertrags.[450] Der völkerrechtliche Charakter des Vertrags wird nach dieser Deutung auch hinsichtlich seiner innerstaatlichen Anwendung bewahrt, was ua für die Auslegung von Bedeutung ist. **103**

2. Internationale Verträge als Grundlage privater Rechte

Die internationalen Verträge auf dem Gebiet des Urheberrechts und der verwandten Schutzrechte normieren ganz überwiegend nicht nur völkerrechtliche Verpflichtungen der jeweiligen Vertragsstaaten, sondern **enthalten zugleich privatrechtliche Rechtssätze,** die im Rahmen des persönlichen und gegenständlichen Anwendungsbereichs des jeweiligen Vertrags und bei Vorliegen der erforderlichen inhaltlichen Bestimmtheit nach deutscher Rechtsauffassung **unmittelbare Quelle privater Rechte** sein können.[451] **Umstritten** ist allerdings, ob dies auch für **TRIPS**[452] gilt. So hat der Rat der EG in der Präambel seines Beschlusses vom 22.12.1994 über die Genehmigung des WTO-Übereinkommens mit seinen auch TRIPS beinhaltenden Anhängen (Anlagen) angenommen, dass dieses Übereinkommen einschließlich seiner Anhänge nicht so angelegt sei, „dass es unmittelbar vor den Rechtsprechungsorganen der Gemeinschaft und der Mitgliedstaaten angeführt werden kann".[453] Diese Auffassung entspricht der überwiegenden Staatenpraxis zum GATT 1947 als einem Abkommen mit provisorischem und von politischer Flexibilität geprägtem Charakter.[454] Gleichwohl ist insbes. auf Grund des in seiner Präambel zum Ausdruck gekommenen Verständnisses der Rechte des geistigen Eigentums als privater Rechte und auf Grund der Inkorporation der ebenfalls unmittelbar anwendbaren RBÜ-Bestimmungen durch TRIPS[455] anzunehmen, dass auch die TRIPS-Bestimmungen über das Urheberrecht und die verwandten Schutzrechte grundsätzlich unmittelbar innerstaatlich anwendbar sind.[456] **104**

Die unmittelbare Anwendbarkeit einer solchen Bestimmung eines internationalen Vertrags wird nicht notwendig dadurch gehindert, dass sie ihrem Wortlaut nach in die **Form einer Verpflichtung der Vertragsstaaten** gekleidet ist, wenn sie im Übrigen inhaltlich ausreichend bestimmt ist.[457] Daher war auch der Schutzfristenvergleich nach Art. IV Abs. 4 WUA (Genfer Fassung) in der Bundesrepublik Deutschland nicht erst seit Inkrafttreten des § 140 am 1.1.1966, sondern bereits seit **105**

---

[445] Vgl. die Übersicht bei https://www.wipo.int/treaties/en/ShowResults.jsp?lang=en&treaty_id=2 (21.8.2019).
[446] Art. 2; vgl. zu TRIPS → Rn. 19, zur RBÜ → Rn. 32, zum WUA → Rn. 48.
[447] Genfer und Pariser Fassung.
[448] Art. 59 Abs. 2, 82 GG.
[449] Und den gewerblichen Rechtsschutz, → Rn. 107.
[450] Siehe jeweils mwN allgemein *Wildhaber* S. 215 f.; speziell zum Urheberrecht *Ulmer* § 11 III.
[451] BGHZ 11, 135 (138) – Lautsprecherübertragung – zur RBÜ in der Rom-Fassung; öOGH GRUR-Int 1995, 729 (730) – Ludus tonalis – mAnm *Dillenz; Fromm/Nordemann/Nordemann-Schiffel* Vor §§ 120 ff. Rn. 11; *Nordemann/Vinck/Hertin* Einl. Rn. 21 ff.; *Schack* Rn. 963.
[452] → Rn. 14 ff.
[453] ABl. 1994 L 336, S. 1 (2).
[454] Siehe dazu *Drexl* S. 273 ff.
[455] → Rn. 18.
[456] So auch die Denkschrift der deutschen Bundesregierung zu TRIPS BT-Drs. 12/7655 (neu), 335, 344 f.; Dreier/Schulze/*Dreier* Vor §§ 120 ff. Rn. 24; *Drexl* in Beier/Schricker (Hrsg.) S. 18, 37 f.; *Schack* Rn. 1000; *Staehelin* S. 143 ff. Der BGH hat die Frage zuletzt ausdrücklich offengelassen, siehe GRUR 2016, 1048 – An Evening with Marlene Dietrich, Rn. 43 f.
[457] Dazu grundlegend *Ulmer* GRUR-Int 1960, 57 ff.

Inkrafttreten des WUA im Jahre 1955[458] unmittelbar anzuwenden, obwohl Art. IV Abs. 4 WUA die Vertragsstaaten nur für nicht verpflichtet erklärt, den durch das Abkommen geschützten Werken einen längeren Schutz als im Land der Erstveröffentlichung bzw. im Heimatstaat des Urhebers zu gewähren, und das deutsche Zustimmungsgesetz ursprünglich keine ausdrückliche Bestimmung über diese Frage enthielt.[459] Die meisten Bestimmungen der internationalen Verträge über die Befugnisse an geschützten Werken und Leistungen sind im Übrigen in der **üblichen Form privatrechtlicher Rechtssätze** formuliert, indem sie bestimmen, dass die Angehörigen der Verbandsländer bzw. Vertragsstaaten diese oder jene Rechte genießen. Das gilt insbes. auch für die Rechte aus dem grundlegenden **Prinzip der Inländerbehandlung,**[460] für das **Prinzip der Meistbegünstigung** nach Art. 4 TRIPS und für die meisten der durch diese Konventionen gewährten **„besonderen Rechte".**[461]

106 Bereits ihrer Art nach ist zweifelhaft, ob die TRIPS-Regelungen über die Rechtsdurchsetzung (Art. 41–61) unmittelbar angewandt werden können.[462] Darüber hinaus ist die Frage der unmittelbaren Anwendbarkeit der internationalen urheberrechtlichen (und sonstigen immaterialgüterrechtlichen) Abkommen in Deutschland auch eine Frage nach dem Verhältnis von nationalem Recht und **europäischem Gemeinschaftsrecht,**[463] da der EuGH jedenfalls für TRIPS[464] und den WPPT-Vertrag[465] aus der Sicht des Gemeinschaftsrechts die unmittelbare Anwendbarkeit verneint. Hintergrund der Befassung der EuGH mit dieser Fragestellung ist der Umstand, dass die EG neben ihren Mitgliedstaaten Vertragspartei des WTO- und damit auch des TRIPS-Übereinkommens (und auch des WCT und des WPPT) ist.[466] Der EuGH leitet daraus seine Zuständigkeit für die Auslegung von TRIPS ab. Die Frage der Kompetenzabgrenzung zwischen Gemeinschaft und Mitgliedstaaten in Bezug auf die unmittelbare Anwendbarkeit der TRIPS-Bestimmungen und des WPPT-Vertrags beurteilt der EuGH dahingehend, dass Letztere nur zuständig sind, soweit die Gemeinschaft für ein Schutzrecht des geistigen Eigentums noch keine Rechtsvorschriften erlassen hat. Im gemeinschaftsrechtlich geregelten Bereich, und damit grundsätzlich auch in dem durch europäische Richtlinien teilharmonisierten Urheberrecht, ist daher davon auszugehen, dass die TRIPS-Vorschriften und der WPPT-Vertrag keine unmittelbare Wirkung haben. Die Gerichte der Mitgliedstaaten sind hier aber verpflichtet, ihr nationales Recht TRIPS-konform auszulegen.[467] Gleiches gilt für den EuGH selbst.[468] Die Praxis der deutschen Gerichte wird dieser Verpflichtung gerecht.[469]

3. Rangverhältnis zwischen internationalen Verträgen und nationalem Recht

107 Über das Rangverhältnis zwischen den Bestimmungen eines internationalen Vertrags und den Vorschriften der innerstaatlichen Gesetze entscheidet das **Verfassungsrecht** jedes Staates. In der Bundesrepublik Deutschland gehen nur die „allgemeinen Regeln des Völkerrechts" den Gesetzen vor (Art. 25 S. 2 GG). Grundsätzlich gilt daher das Prinzip der **Gleichrangigkeit**[470] sowie die allgemeine Rechtsregel „lex posterior derogat legi priori".[471] Im Zweifel ist aber im Wege **völkerrechtsfreundlicher Auslegung** des innerstaatlichen Rechts ein Widerspruch zu konventionsrechtlichen Regeln

---

[458] → Rn. 43.

[459] → § 140 Rn. 2, 3.

[460] Vgl. Art. 3 TRIPS, Art. 5 Abs. 1 RBÜ, Pariser Fassung, Art. II Abs. 1, 2 WUA, Genfer und Pariser Fassung, Art. 4–6 Rom-Abkommen; → Rn. 19, 32, 48, 64, 71; zu Art. 6 Abs. 1 RBÜ – Rom-Fassung s. BGHZ 141, 267 (271 f.) – Laras Tochter; zu Art. 4 RBÜ – Brüsseler Fassung BGHZ 64, 183 (186) – August Vierzehn; zu Art. 5 Abs. 1 RBÜ – Pariser Fassung BGHZ 118, 394 (396) – ALF.

[461] Zur Frage der ausreichenden inhaltlichen Bestimmtheit der betreffenden Vorschriften und zu den darin enthaltenen Vorbehalten zugunsten der innerstaatlichen Gesetzgebung siehe *Ulmer* §§ 14 V 2, 15 II 2.

[462] So die vorgen. TRIPS-Denkschrift BT-Drs. 12/7655 neu; 347; zu Art. 43 und 50 betr. Beibringung von Beweismitteln und einstweilige Maßnahmen BGH GRUR 2002, 1046 (1048) – Faxkarte mwN.

[463] Dazu ausführlich MüKo*Drexl* Rn. 67, 95 ff.

[464] EuGH GRUR 2012, 593 Rn. 43–48 – Del Corso; EuGH GRUR-Int 2001, 327 Rn. 41–44 – Dior und Assco; EuGH GRUR-Int 2002, 41 Rn. 51–53 – Schieving-Nijstad; EuGH GRUR 2008, 55 (56) – Merck; Frage offengelassen in EuGH GRUR-Int 1998, 697 Rn. 35 – Hermès.

[465] EuGH GRUR 2012, 593 Rn. 47 – Società Consortile Fonografici; EuGH GRUR 2012, 593 Rn. 43–48 – Del Corso.

[466] → Rn. 14, 36, 69; siehe auch das EuGH-Gutachten GRUR-Int 1995, 239 Rn. 103–105 – TRIPS-Kompetenz.

[467] EuGH GRUR 2008, 241 (244) – Promusicae.

[468] Siehe EuG GRUR-Int 2004, 846 Rn. 20, 21 – Heidelberger Bauchemie, und EuGH GRUR-Int 2005, 231 Rn. 42, 43 – Anheuser-Busch.

[469] Siehe BGH GRUR 2002, 1046 (1048) – Faxkarte, zur Auslegung des § 809 BGB über den Besichtigungsanspruch des Urhebers unter Berücksichtigung von Art. 43 und 50 TRIPS; BGH GRUR 2006, 962 (966) – Restschadstoffentfernung, zu § 142 ZPO nF; OLG Frankfurt a.M. IPRax 2002, 222 f. – TRIPS-Prozesskostensicherheit, und LG Köln ZUM 2004, 853 (856 f.) – Katastrophenfilm, zur Beurteilung der Einrede nach § 110 ZPO im urheberrechtlichen einstweiligen Verfügungsverfahren unter Beachtung von Art. 3 TRIPS; siehe auch OLG Hamburg ZUM-RD 1997, 343 – TRIPS-Rechte; OLG Hamburg ZUM 2004, 133 (136 f.) – Mit Fe. live dabei: Versagung eines Verbreitungsschutzes ausländischer ausübender Künstler durch TRIPS bereits unter Anwendung von deren Art. 3 Abs. 1 S. 2 und Art. 14 Abs. 1 ohne Thematisierung der Frage von deren unmittelbarer Anwendbarkeit.

[470] Siehe *Ulmer* § 11 III gegen die Qualifizierung der Bestimmungen der RBÜ als Recht höherer Ordnung durch *Bappert/Wagner* RBÜ Art. 1 Rn. 8 und *Baum* GRUR 1950, 437 ff.

[471] Siehe BGHZ 11, 135 (138) – Lautsprecherübertragung – zur Rom-Fassung der RBÜ gegenüber dem älteren LUG von 1901/1910.

---

zu vermeiden[472] oder notfalls nach dem lex specialis-Prinzip auch das **günstigere Konventionsrecht auf die Rechtsstellung ausländischer Urheber** und das ungünstigere innerstaatliche Recht auf Inländer anzuwenden.[473] Ohne im konkreten Fall durch ein Schutzdefizit des § 10 dazu gezwungen zu sein entschied der BGH im Fall BORA BORA über die Urhebervermutung zugunsten eines ausländischen Komponisten unmittelbar nach Art. 15 RBÜ.[474]

4. Berufung auf internationale Verträge durch Inländer?

Die internationalen Verträge auf den Gebieten des Urheberrechts und der verwandten Schutzrechte **108** regeln nahezu ausnahmslos[475] nur **internationale Sachverhalte** und enthalten entsprechende Bestimmungen über ihren Anwendungsbereich.[476] Daraus folgt, dass ihre Bestimmungen grundsätzlich jedenfalls nicht unmittelbar auf rein nationale Sachverhalte, dh auf die Rechtsstellung von Inländern bei Fehlen auch sonstiger Anknüpfungspunkte zu einem anderen Vertragsstaat, angewendet werden können.[477] Es fehlt im deutschen Recht auch eine innerstaatliche Bestimmung, die Inländern den gegebenenfalls günstigeren Konventionsschutz gewährleistet.[478] In der Regel spricht aber eine bei der Gesetzesauslegung zu berücksichtigende Vermutung dafür, dass der Gesetzgeber das innerstaatliche Recht zumindest dem Standard des Konventionsrechts angleichen wollte, um eine Benachteiligung der Inländer gegenüber den konventionsgeschützten Ausländern zu vermeiden.[479]

VII. Territorialitätsprinzip und Recht des Schutzlandes als anwendbares Recht

1. Territorialitätsprinzip

Das internationale Urheberrecht wird nach hM vom Territorialitätsprinzip beherrscht. Es **109** liegt, mit Ausnahme der Übereinkunft von Montevideo,[480] den **internationalen Verträgen auf den Gebieten des Urheberrechts und der verwandten Schutzrechte zugrunde.**[481] Es bildet zugleich die Basis für die **Harmonisierung des Urheberrechts in Europa.** So stellt zwar nicht die Richtlinie selbst ausdrücklich, wohl aber der Richtlinienvorschlag der EG-Kommission zum Urheberrecht in der Informationsgesellschaft vom 10.12.1997[482] im Hinblick auf die zunehmende grenzüberschreitende Verwertungstätigkeit mittels der Digitaltechnik ausdrücklich fest, dass sich an der Territorialitätsbezogenheit der Urheber- und der verwandten Schutzrechte nichts geändert hat.[483] Auch der Europäische Gerichtshof hebt regelmäßig die Territorialität der nationalen Urheberrechte hervor.[484] Das Prinzip ist auch im **Ausland** verbreitet anerkannt[485] und mit der deutschen **Verfassung** vereinbar.[486] Es wird von den deutschen Gerichten angewendet.[487] Das **urheberrechtliche Schrifttum** geht ganz überwiegend von ihm aus.[488] Im **IPR-Schrifttum** wird es von der hM vertreten.[489]

---

[472] Siehe *Ulmer* § 11 III; *Nordemann/Vinck/Hertin* Einl. Rn. 34.

[473] So öOGH GRUR-Int 1995, 729 (730) – Ludus tonalis – mAnm von *Dillenz,* zu Art. 9 Abs. 2 RBÜ im Vergleich mit § 42 öUrhG betr. die Vervielfältigung von Musiknoten zum eigenen Gebrauch; siehe auch *Nordemann/Vinck/Hertin* Einl. Rn. 34.

[474] BGH GRUR-Int 1987, 40 – BORA BORA.

[475] Aber → Rn. 102, 104.

[476] → Rn. 17 zu TRIPS, → Rn. 31 zur RBÜ, → Rn. 46 zum WUA, → Rn. 62 f. zum Rom-Abkommen.

[477] Siehe *Ulmer* § 14 IV 2 zur RBÜ, § 15 IV 2 zum WUA, § 121 I 1 zum Rom-Abkommen; noch weitergehend *Nordemann/Vinck/Hertin* Einl. Rn. 23, 32 und RBÜ Art. 5 Rn. 3.

[478] Siehe *Nordemann/Vinck/Hertin* Einl. Rn. 32.

[479] Siehe dazu auch Dreier/Schulze/*Dreier* Vor §§ 120 ff. Rn. 25; *Nordemann/Vinck/Hertin* Einl. Rn. 32; zur Möglichkeit des Zurückbleibens des nationalen Rechts hinter dem Konventionsrecht → Rn. 118.

[480] → Rn. 50, 111.

[481] Siehe *Metzger* JZ 2010, 929 (932); im Ergebnis ebenso wenn auch mit abweichender Begründung MüKo/*Drexl* IntImmGR Rn. 74.

[482] Dok. KOM(97) 628 endg. S. 11.

[483] So in diesem Sinne auch das zugrundeliegende Grünbuch vom 19.7.1995, Dok. KOM(95) 382 endg. S. 38 und die Mitteilung über Initiativen zu diesem Grünbuch vom 17.12.1996, Dok. KOM(96) 568 endg. = BR-Drs. 993/96, 23.

[484] Siehe EuGH GRUR 2006, 50 Rn. 46 – Lagardère; EuGH GRUR 2015, 296 Rn. 22 – Hejduk/Energieagentur.

[485] Siehe aus der jüngeren interntionalen Diskussion bspw. *Fawcett/Torremans* Rn. 13.41 ff.; *Schaafsma* Rn. 1268; s. auch den umfangreichen rechtsvergleichenden Überblick bei *Kono/Jurcys,* General Report, in: *Kono,* Intellectual Property and Private International Law, S. 139 mwN auf die in dem Band enthaltenen Länderberichtesiehe; jetzt auch Cour cass. GRUR-Int 2013, 955 = Propriétés Intellectuelles 2013, 306 – Fabrice X/ABC News Intercontinental. Zur älteren Literatur siehe *Sandrock* in *v. Caemmerer* (Hrsg.) S. 380, 414 ff. Auch → Rn. 120 zur aktuellen internationalen Reformdiskussion.

[486] BVerfGE 81, 208 (222) – Bob Dylan.

[487] BGHZ 64, 183 (191) – August Vierzehn; BGHZ 126, 252 (255) – Folgerecht bei Auslandsbezug; BGH GRUR 2004, 421 (422) – Tonträgerpiraterie durch CD-Export.

[488] Dreier/Schulze/*Dreier* Vor §§ 120 ff. Rn. 1, 28; Fromm/Nordemann/*Nordemann-Schiffel* Vor §§ 120 ff. Rn. 59; *v. Gamm* Einf. Rn. 29, 142, § 11 Rn. 9; Loewenheim/*Walter* HdB des Urheberrechts § 58 Rn. 20; *Schricker* Verlagsrecht (3. Aufl.) Rn. 8; *Ulmer* Die Immaterialgüterrechte S. 9, 37 ff.; kritisch MüKo/*Drexl* IntImmGR Rn. 9, 15 ff.; Wandtke/Bullinger/*v. Welser* Vor §§ 120 ff. Rn. 5.

[489] V. *Bar* IPR II Rn. 703; *Kropholler* IPR § 53 VI 2; *Sandrock* in *v. Caemmerer* (Hrsg.) S. 380, 390 ff., 399 ff.; Staudinger/*v. Hoffmann* BGB13 Art. 38 nF Rn. 574; aA Soergel/*Kegel* BGB Band 10 (12. Aufl.) Art. 12 Anh. Rn. 27.

110   Folge der Geltung des Territorialitätsprinzips ist, dass der Urheber aus der Sicht seiner Rechtsstellung in mehreren Ländern nicht ein einheitliches, weltweit gültiges Urheberrecht besitzt, sondern ein Bündel von nationalen Urheberrechten; dieses kann hinsichtlich einzelner Staaten Lücken aufweisen, die einzelnen Urheberrechte können sich nach Inhalt, Umfang und Schutzdauer und selbst in Bezug auf die Rechtsinhaberschaft unterscheiden.[490] Andere sprechen von einem Urheberrechts-Mosaik aus nationalen Bausteinen[491] oder von einem „Flickenteppich" nationaler Urheberrechte.[492] Auch die internationalen urheberrechtlichen Verträge begründen kein übergeordnetes, international gültiges Urheberrecht,[493] bewirken aber durch die von ihnen gewährten „besonderen Rechte"[494] eine gewisse inhaltliche Harmonisierung der nationalen Urheberrechtsordnungen in den Verbandsländern bzw. Vertragsstaaten.[495]

111   **Als Grundlage des internationalen Urheberrechts nicht durchgesetzt** hat sich das **Universalitätsprinzip,** das als korrespondierende IPR-Regel eine **weltweite Geltung des im Ursprungsland eines Werkes begründeten Urheberrechts** postuliert. Als einziger internationaler Vertrag auf dem Gebiet des Urheberrechts folgt die Übereinkunft von Montevideo diesem Prinzip.[496] Ohne Erfolg geblieben sind die aus allgemeiner internationalprivatrechtlicher Sicht unternommenen Versuche, das Universalitätsprinzip für das Urheberrecht wiederzubeleben, und zwar generell[497] oder partiell.[498] Einer solchen Wiederbelebung stehen erhebliche Bedenken entgegen.[499] Zum einen zeigen Erfahrungen, die im Ausland mit dem Universalitätsprinzip gemacht worden sind, dass sich die Anwendung des Rechts des Ursprungslandes in der Praxis kaum durchhalten lässt, sondern dass Ausnahmen auf Grundlage der ordre public-Klausel erforderlich sind. Zum anderen sprechen wirtschafts- und kulturpolitische Gründe gegen das Universalitätsprinzip.[500] Dies gilt in erster Linie für die Schutzvoraussetzungen, den Schutzumfang und die Schranken: Die Entscheidung, welche immateriellen Güter durch das Urheberrecht oder durch verwandte Schutzrechte geschützt werden, wie weit die Schutzrechte reichen und welche Ausnahmen von dem Schutz zugelassen werden, sollte dem jeweiligen nationalen Gesetzgeber bzw. im Fall der EU dem Unionsgesetzgeber überlassen bleiben. Gleiches gilt für die Zuordnung der Rechte zu ihren ersten Inhabern. Das Universalitätsprinzip ermöglicht die Umgehung dieser wirtschafts- und kulturpolitischen Grundentscheidungen im Urheberrecht: Im Verhältnis zB zwischen Filmherstellern einerseits und Filmurhebern und -künstlern andererseits ist es der Erstere, der die Standortwahl trifft und den Ort der ersten Veröffentlichung bestimmt. Wählt er hierbei einen Staat, der zB in der Frage der originären Inhaberschaft des Urheberrechts der „work made for hire"-Regel den Vorzug gibt, so führt dies unter dem Universalitätsprinzip zu einer weltweiten Benachteiligung der Kreativen. Das mit dem Territorialitätsprinzip verknüpfte Schutzlandprinzip verweist demgegenüber eine solche Lösung ins nationale Gesetzgebers in ihre territorialen Grenzen. Den Kreativen verbleibt die Chance einer für sie günstigeren Gesetzgebung in anderen Staaten, und diesen Staaten wird ein Standortnachteil erspart. Der Grundsatz der Territorialität des Urheberrechts ist deshalb nach wie vor gerechtfertigt. Gleichwohl bedarf er in Anbetracht der heutigen Bedeutung von weltweit abrufbaren Medienangeboten im Internet und den hierdurch hervorgerufenen multiterritorialen Rechtsstreitigkeiten der Nuancierung im Einzelfall.[501]

112   **Als Regel des Sachrechts** besagt das Territorialitätsprinzip, dass die Wirkung der Gesetzgebung eines Staates über das Urheberrecht auf das Territorium dieses Staates begrenzt ist und dass ein durch diese Gesetzgebung gewährtes Urheberrecht oder verwandtes Schutzrecht seine Wirkungen nur innerhalb der Grenzen dieses Staates entfaltet. Ein nach dem deutschen UrhG begründetes **inländisches Urheberrecht** besitzt daher **Wirkung nur für das Inland** und kann demzufolge nur durch

---

[490] Soergel/*Kegel* BGB Band 10 (12. Aufl.) Art. 12 Anh. Rn. 16 bezeichnet daher das Territorialitätsprinzip auch als „Bündeltheorie"; s. dazu auch BVerfGE 81, 208 (223) – Bob Dylan; BGHZ 136, 380 (386) – Spielbankaffaire; BGHZ 152, 317 (322) – Sender Felsberg; BGH GRUR 2004, 855 (856) – Hundefigur; BGH GRUR 2007, 691 – Staatsgeschenk; BGHZ 49, 331 (334) – Voran – zur Parallele des Patent- und Sortenschutzrechts.

[491] *Schricker* Verlagsrecht Einl. Rn. 37.

[492] BVerfGE 81, 208 (223) – Bob Dylan.

[493] BGHZ 64, 183 (191) – August Vierzehn; BGH GRUR-Int 1973, 49 (50 f.) – Goldrausch – jeweils zur RBÜ; allg. BGHZ 136, 380 (386) – Spielbankaffaire; BGH GRUR 2004, 855 (856) – Hundefigur.

[494] → Rn. 17, 31 f., 46, 63 ff.

[495] *Ulmer* § 14 II 5.

[496] → Rn. 50.

[497] Soergel/*Kegel* BGB Band 10 (12. Aufl.) Art. 12 Anh. Rn. 28.

[498] *Schack* Rn. 919 ff., 1017; *Schack* Anknüpfung S. 36 ff. (61, 88); *Intveen* S. 85 ff.; *Regelin* S. 82 ff.; neuerdings und mit beachtlicher Begründung speziell zur Frage der ersten Rechtsinhaberschaft des Urheberrechts *Klass* GRUR-Int 2007, 373 (385 ff.) und darauf aufbauend zu geeigneten Anknüpfungspunkten für eine universal basierte Kollisionsnorm *Klass* GRUR-Int 2008, 546 (548 ff.); siehe jetzt auch *Rehbinder/Peukert* Rn. 1393; aus ausländischer Sicht *van Eechoud* in Drexl/Kur S. 289, 292 ff.; *Moura Vicente* Rn. 123; *American Law Institute*, Intellectual Property: Principles Governing Jurisdiction, Choice of Law, and Judgments in Transnational Disputes (2008) § 313 (bei Einzelurhebern: Recht des Wohnsitzes des Urhebers).

[499] *Sandrock* in v. Caemmerer (Hrsg.) S. 380, 399 ff.; MüKo/*Drexl* IntImmGR Rn. 15 ff.

[500] Siehe hierzu MüKo/*Drexl* IntImmGR Rn. 15; *Metzger* JZ 2010, 929 (934).

[501] Hierzu → Rn. 146.

eine zumindest teilweise inländische Handlung verletzt werden.[502] Entsprechend kann ein ausländisches Urheberrecht nur durch eine Handlung in dem betreffenden ausländischen Staat verletzt werden. Das Territorialitätsprinzip schließt im Übrigen die **Berücksichtigung ausländischer Sachverhalte** bei der Anwendung des inländischen Rechts nicht grundsätzlich aus, so dass zB ein inländisches Urheberrecht auch durch eine Werkschöpfung im Ausland begründet werden kann.[503]

2. Maßgeblichkeit des Rechts des Schutzlandes (Grundlagen)

Die jeweils nur territorial begrenzte Wirkung eines Urheberrechts oder verwandten Schutzrechts[504]   **113**
legt es nahe, das Territorialitätsprinzip nicht nur als sachrechtliche, sondern auch als **kollisionsrechtliche Regel** zu verstehen, und zwar im Sinne einer Verweisung auf das Recht jeweils desjenigen Landes, für dessen Gebiet der Schutz durch ein solches Recht in Anspruch genommen wird oder sonst in Frage steht. Man spricht insoweit von der **Maßgeblichkeit des Rechts des Schutzlandes (lex loci protectionis).** Das Territorialitätsprinzip wird auch in der Tat verbreitet in diesem Sinne verstanden, und zwar sowohl von den Gerichten[505] als auch im Schrifttum.[506] Auch wer dem Territorialitätsprinzip einen kollisionsrechtlichen Gehalt abspricht, das Prinzip aber als sachrechtliche Regel akzeptiert, kann es dann jedenfalls als Ausgangspunkt des kollisionsrechtlichen Schutzlandprinzips verstehen.[507] Auch die höchstrichterliche Rechtsprechung anerkennt nicht nur das Territorialitätsprinzip,[508] sondern stellt kollisionsrechtlich auch unabhängig von einer Berufung auf dieses Prinzip auf die Schutzlandregel ab.[509]

Diese internationalprivatrechtliche Verweisung auf das Recht des Schutzlandes ist in   **114**
verschiedenen Bestimmungen der Konventionen niedergelegt.[510] Dies gilt insbes. für die detaillierte Regelung in Art. 5 Abs. 2 S. 2 RBÜ.[511] Dabei ist die in Art. 5 Abs. 2 S. 2 RBÜ benannte Anwendung der Rechtsvorschriften desjenigen Landes, „in dem" der Schutz beansprucht wird, nach richtiger und überwiegender Meinung nicht als Verweisung auf die lex fori, sondern als solche auf das Recht des Schutzlandes zu verstehen.[512] Aus Art. 5 Abs. 1 RBÜ, der auf die im Schutzland gewährten Rechte, nicht auf das Recht des Schutzlandes verweist, folgt im Übrigen auch, dass die aus der Konventionsregel über die Inländerbehandlung folgende Verweisung auf das Recht des Schutzlandes eine Verweisung auf das Sachrecht dieses Landes beinhaltet, nicht eine Gesamtverweisung auch auf das IPR des Schutzlandes.[513]

Kodifiziert ist das Schutzlandprinzip auf europäischer Ebene nunmehr ausdrücklich in   **115**
Art. 8 Abs. 1 der sog. **Rom II-Verordnung,** dh der Verordnung (EG) Nr. 864/2007 des Europäischen Parlaments und des Rates vom 11.7.2007 über das auf außervertragliche Schuldverhältnisse anwendbare Recht („Rom II").[514] Die Rom II-VO ist am 11.1.2009 in Kraft getreten (Art. 32), enthält in den Mitgliedsstaaten der EU unmittelbar anwendbares Recht,[515] beansprucht nach ihrem Art. 3 universelle Anwendung, dh Anwendung nicht nur auf EU-interne Sachverhalte, sondern auch bezüglich Verweisungen auf das Recht von nicht EU-angehörigen Drittstaaten, sowie innerhalb ihres Anwendungsbereichs Vorrang vor Art. 38–42 EGBGB.[516] In zeitlicher Hinsicht gilt die Rom II-VO allerdings erst für schadenbegründende Ereignisse, die nach ihrem Inkrafttreten eintreten (Art. 31), sodass neben dieser VO zunächst auch die Art. 38–42 EGBGB sowie die von der Rechtsprechung schon bisher angewandten Regeln über das Schutzlandprinzip für Altfälle zu beachten bleiben.[517] Art. 8 Abs. 1 der Rom II-VO lautet wie folgt: „Auf außervertragliche Schuldverhältnisse aus einer

---

[502] BGHZ 126, 252 (256) – Folgerecht bei Auslandsbezug; BGHZ 152, 317 (326 f.) – Sender Felsberg; BGH GRUR 2007, 691 (692 f.) – Stattsgeschenk; BGH GRUR 2008, 989 (991) – Sammlung Ahlers; OLG München GRUR 1990, 677 – Postvertrieb; *Ulmer* Die Immaterialgüterrechte S. 9, 38 f.; *v. Gamm* § 97 Rn. 6.

[503] *Ulmer* § 13 I 3; siehe auch BGHZ 126, 252 (256) – Folgerecht bei Auslandsbezug.

[504] → Rn. 110.

[505] BVerfGE 81, 208 (222) – Bob Dylan; BGHZ 80, 101 (104) – Schallplattenimport; BGH GRUR 2004, 421 (422) – Tonträgerpiraterie durch CD-Export.

[506] *Schricker* Verlagsrecht Einl. Rn. 37; *v. Bar* IPR II S. 516 ff.

[507] So zB BGHZ 126, 252 (255) – Folgerecht bei Auslandsbezug.

[508] → Rn. 109.

[509] BGHZ 118, 395 (397) – ALF; BGHZ 126, 252 (255) – Folgerecht bei Auslandsbezug; BGHZ 136, 380 (385) – Spielbankaffaire; BGHZ 152, 317 (321) – Sender Felsberg; BGHZ 155, 257 (261) – Sendeformat; BGH GRUR 2007, 691 (692) – Staatsgeschenk.

[510] Zum Teil wird dem Grundsatz der Inländerbehandlung ein kollisionsrechtlicher Gehalt entnommen, siehe *Ulmer* Die Immaterialgüterrechte S. 10 f., 30 ff.; *Sandrock* in *v. Caemmerer* (Hrsg.) S. 380, 390 ff.; *Katzenberger* FS Schricker, 1995, 225 (243) mwN; aA *Metzger* JZ 2010, 929 (933); *Obergfell* S. 206 ff.; *Schack* Rn. 1015 mwN.

[511] So auch ausdrücklich BGHZ 118, 395 (397) – ALF; siehe auch BGHZ 70, 268 (271) – Buster-Keaton-Filme – zum deutsch-amerikanischen Urheberrechtsabkommen von 1892; zu diesem → Rn. 58.

[512] *Katzenberger* FS Schricker, 1995, 225 (244) mwN; *Metzger* JZ 2010, 929 (933); *Ulmer* Die Immaterialgüterrechte S. 10; aA *Schack* Rn. 1015.

[513] Dazu *Katzenberger* FS Schricker, 1995, 225 (244); aA *Schack* Rn. 1015.

[514] ABl. 2007 L 199, S. 40; deutsches Gesetz zur Anpassung der Vorschriften des Internationalen Privatrechts an die Verordnung (EG) Nr. 864/2007 vom 10.12.2008, BGBl. 2008 I S. 2401; AmtlBegr. dazu BT-Drs. 16/9995, 6.

[515] Art. 249 Abs. 2 S. 2 EG.

[516] AmtlBegr. zum deutschen Gesetz vom 10.12.2008, BT-Drs. 16/9995, 6; Art. 3 EGBGB idF dieses Gesetzes.

[517] Siehe insoweit 4. Aufl., 2010.

Verletzung von Rechten des geistigen Eigentums ist das Recht des Staates anzuwenden, für den der Schutz beansprucht wird". Erwägungsgrund 26 der Rom II-VO begründet diese Regelung damit, dass es gelte, „den allgemein anerkannten Grundsatz der lex protectionis zu wahren".

116   **Die §§ 120 ff.** sind hingegen keine kollisionsrechtlichen Bestimmungen; sie enthalten insbes. **keine Verweisung auf das deutsche Recht** als anwendbares Recht. Sie beinhalten vielmehr Sachrecht in Bezug auf den persönlichen Anwendungsbereich des UrhG bzw. Fremdenrecht und somit sach- oder materiellrechtliche Schutzvoraussetzungen. Sie setzen damit für ihre eigene Anwendbarkeit eine vorherige kollisionsrechtliche Entscheidung für das deutsche Recht als Schutzlandrecht nach dem Schutzlandprinzip voraus.[518] Eine **Teilverweisung auf das Recht des Ursprungslandes** enthalten die konventionsrechtlichen Regeln über den Vergleich der Schutzfristen.[519]

117   Wie sich die territoriale Begrenzung der Urheberrechte und verwandten Schutzrechte aus internationaler Sicht in einem Bündel nationaler Rechte äußert,[520] so kann auch das kollisionsrechtliche Schutzlandprinzip zur **Anwendbarkeit mehrerer nationaler Urheberrechtsordnungen** führen, wenn ein Verwertungsvorgang die Gebiete mehrerer Staaten berührt. Der **Nutzer** geschützter Inhalte muss in einem solchen Fall die Rechtslage in allen betroffenen Staaten in Rechnung stellen.[521] Andererseits muss der **Verletzte** es im Falle einer Klage gegebenenfalls schon in den Tatsacheninstanzen zweifelsfrei klarstellen, wenn er neben einer Verletzung inländischer Rechte auch ausländische Rechtsverletzungen verfolgen will; es handelt sich um verschiedene Streitgegenstände.[522] Dies betrifft zB den Vertrieb von Bild- und Tonträgern in mehreren Staaten, das Bereithalten zum Download ohne territoriale Beschränkungen der Abrufbarkeit oder auch europaweit empfangbare Fernseh-Satellitensendungen. Die Erschwernisse, die sich aus den Folgen des Territorialitäts- und Schutzlandprinzips auch für solche und andere legale Formen des internationalen Wirtschaftsverkehrs ergeben, können letztlich nur durch Rechtsangleichung überwunden werden, wie sie regional in Europa in Gang ist[523] und international insbes. durch das TRIPS-Übereinkommen[524] und die WIPO-Verträge von 1996[525] gefördert wird.[526] Im Übrigen zeigt etwa die seit vielen Jahrzehnten erfolgreiche Praxis der weltweiten Verwertung von Filmwerken auf der Grundlage des Territorialitäts- und Schutzlandprinzips, dass die Probleme beherrschbar sind.[527] Auch bei Rechtsverletzungen hat sich gezeigt, dass die Rechtsinhaber die eingeklagten Ansprüche auf wenige, besonders relevante Schutzstaaten beschränken können. Aus der Sicht der Anbieter weltweit verfügbarer Internetdienste kann die gleichzeitige Anwendbarkeit zahlreicher Rechtsordnungen dagegen zu kaum beherrschbaren rechtlichen Risiken führen.[528]

118   **Zum Schutzlandrecht** iSd kollisionsrechtlichen Schutzlandprinzips zählen die Bestimmungen der jeweiligen innerstaatlichen Gesetze über das Urheberrecht und die verwandten Schutzrechte sowie, im Rahmen ihrer innerstaatlichen Anwendbarkeit, die für den jeweils betroffenen Staat verbindlichen internationalen Verträge auf diesen Gebieten. **Inhaltlich** entscheidet das Recht des jeweiligen Schutzlandes nach der hM über alle mit dem Urheberrecht und mit den verwandten Schutzrechten selbst zusammenhängenden Fragen.[529] Dazu gehören insbes. die **Entstehung** eines solchen Rechts, einschließlich der Fragen der schutzfähigen Werke und Leistungen, eventueller Formerfordernisse des Schutzes und sonstiger, insbes. auch fremdenrechtlicher Schutzvoraussetzungen, die **Urheberschaft und die erste Inhaberschaft des Rechts,** die **Übertragbarkeit** des Rechts und die **Aktivlegitimation** bei vertraglichen Rechtseinräumungen, **Inhalt und Umfang des Schutzes,** einschließlich der gesetzlichen Schranken der Verwertungsrechte, die **Rechtsfolgen einer Rechtsverletzung** sowie die **Schutzdauer** und das sonstige **Erlöschen** eines Urheberrechts oder verwandten Schutzrechts.

119   **Nach den allg. IPR-Regeln entscheidet nicht das Recht des Schutzlandes, sondern die lex fori,** dh die Rechtsordnung des Gerichtssitzes, über das **anwendbare IPR.** Deutsche Gerichte gehen demnach stets vom deutschen IPR sowie den vorrangig zu beachtenden europäischen Kollisi-

---

[518] Siehe auch *Schack* Rn. 1013. Dies übersieht BGHZ 129, 66 (69) – Mauerbilder –, wo auf einen Veräußerungsvorgang in der ehemaligen DDR noch zu Zeiten von deren Existenz oder in Monaco bundesdeutsches Recht mit der Begründung angewandt wurde, dass die auf eine Beteiligung am Veräußerungserlös klagenden Künstler als deutsche und französische Staatsangehörige nach § 120 Abs. 1 bzw. Art. 6 Abs. 1 EG-Vertrag schutzberechtigt seien. Ebenso unrichtig hatte bereits die Vorinstanz auf das deutsche Verbreitungsrecht iSd § 17 abgestellt, KG GRUR 1994, 212 (213 f.) – Mauerbilder. Siehe im Übrigen auch die berechtigte Kritik von *Schack* in einer Anm. zum Mauerbilder-Urteil des BGH in JZ 1995, 837 (838).

[519] → Rn. 19, 34, 49; zum Ergebnis *Ulmer* Die Immaterialgüterrechte S. 12, 32.

[520] → Rn. 110.

[521] Zu der Konsequenz, uU „auf mehr als 100 verschiedene Rechtsordnungen Rücksicht nehmen" zu müssen, die Entscheidung des öOGH MR 1991, 112 (114) – Gleichgewicht des Schreckens.

[522] Siehe BGH GRUR 2004, 855 (856) – Hundefigur; BGH GRUR 2007, 691 – Staatsgeschenk.

[523] → Rn. 142 und allg. → Einl. UrhG Rn. 145 ff.

[524] → Rn. 14 ff.

[525] → Rn. 36.

[526] Siehe zum Ergebnis *Schricker* MMR 1998, 39 (Anmerkung zu BGH: Spielbankaffaire).

[527] In diesem Zusammenhang zur vertraglichen Einräumung des sog. Weltverfilmungsrechts an den Filmhersteller aus der Sicht des deutschen Rechts → Vor §§ 31 ff. Rn. 140; → § 88 Rn. 34, 50.

[528] → Rn. 148.

[529] Zu den Einzelfragen → Rn. 121 ff.

onsnormen aus.[530] Ebenso der lex fori vorbehalten ist die Beantwortung der **Qualifikationsfrage,** ob es sich bei einem zu beurteilenden Sachverhalt seiner Art nach um einen möglichen Eingriff in ein Urheberrecht oder verwandtes Schutzrecht handelt und ob demzufolge das Schutzlandprinzip als Kollisionsregel angewendet werden kann. Nur wenn diese Frage nach der lex fori zu bejahen ist, kann dann nach dem Recht des Schutzlandes entschieden werden, ob auch sachrechtlich ein solcher Eingriff vorliegt.[531] Nach der lex fori zu beurteilen sind auch Fragen des **Verfahrensrechts.**[532] Im Hinblick auf vertragsrechtliche Fragen im Zusammenhang mit Urheberrechten und verwandten Schutzrechten gilt es, den Anwendungsbereich des Rechts des Schutzlandes als sog. **Urheberrechtsstatut** vom **Vertragsstatut** abzugrenzen.[533]

3. Aktuelle internationale Reformdiskussion

Das Internet und die zunehmende Globalisierung der Warenströme und Medienangebo- **120** **te haben eine internationale Reformdiskussion** zu den **Fragen des internationalen Verfahrens- und Kollisionsrechts in Urheberrechtsfällen** ausgelöst. Ausgangspunkt war das Scheitern des geplanten Haager Abkommens über die gerichtliche Zuständigkeit in Zivil- und Handelssachen im Jahr 2002, welches auch Immaterialgüterrechte einschließen sollte,[534] und welches schließlich im Jahr 2005 in das Haager Übereinkommen über Gerichtsstandsvereinbarungen mündete. Das Thema wurde daraufhin von verschiedenen akademischen Arbeitsgruppen aufgegriffen. Auf amerikanischer Seite wurde unter dem Dach des **American Law Institute** ein Projekt aufgesetzt, **welches im Jahr 2008 eine Sammlung von Principles** mit Erläuterungen und zum Teil rechtsvergleichenden Hinweisen vorlegte.[535] Auf europäischer Seite erarbeitete eine gemeinsame **Arbeitsgruppe der beiden Max-Planck-Institute in Hamburg und München unter Beteiligung weiterer europäischer Wissenschaftler** („European Max Planck Group for Conflict of Laws in Intellectual Property – CLIP") eine weitere Sammlung von Principles, welche im Jahr 2013 veröffentlicht wurde **(CLIP-Principles).**[536] In Asien legte zum einen das japanische „Transparence Project" 2010 einen Gesetzentwurf für Japan vor,[537] zum anderen erstellte eine gemeinsame japanisch-koreanische Arbeitsgruppe einen Entwurf mit Principles, welcher ebenfalls im Jahr 2010 veröffentlicht wurde.[538] Mittlerweile hat sich unter dem Dach der International Law Association ein übergreifendes Komitee gebildet, in dem Mitglieder der bisherigen Arbeitsgruppen an einem gemeinsamen Entwurf arbeiten.[539] Gemeinsamer Ansatzpunkt der Projekte ist es, das **Schutzlandprinzip für Urheberrechtsverletzungen im Internet behutsam fortzuentwickeln und moderne Lösungen** für internationale Urheberrechtsverträge, die internationale Zuständigkeit und Kooperation von Gerichten sowie für die Anerkennung und Vollstreckung von Urteilen zu erarbeiten. Die bislang vorliegenden Ergebnisse zeigen einen erstaunlich hohen Grad an Übereinstimmung, auch wenn in einigen der Grundfragen – etwa der Anknüpfung der ersten Inhaberschaft – nach wie vor kontrovers gestritten wird.[540] Die internationalen Reformvorschläge wurden verschiedentlich von den Generalanwälten des Europäischen Gerichtshofs[541] und von ausländischen Gerichten[542] aufgegriffen. Nach dem Selbstverständnis der CLIP-Principles können diese **auch von nationalen Gerichten als softlaw-Instrument herangezogen** werden, sofern das geltende Recht **Spielräume für eine entsprechende Auslegung oder Ergänzung** lässt.[543]

---

[530] StRspr, siehe BGH NJW 1993, 2305; 1995, 2097; 1996, 54 m. Anmerkung *Mäsch* NJW 1996, 1453; BGH NJW 2009, 916 – Haftungsbefreiung bei Arbeitsunfällen; MüKo/*v. Hein* Einl. IPR Rn. 292; siehe auch BGH GRUR 2007, 691 (692) – Staatsgeschenk.

[531] Zu beidem BGHZ 136, 380 (389) – Spielbankaffaire – mwN.

[532] MüKo/*v. Hein* Einl. IPR Rn. 298.

[533] Dazu → Rn. 155 ff.

[534] Preliminary Draft Convention on jurisdiction and the effects of judgments in civil and commercial matters, 18.6.1999, veröffentlicht als (HC) Prel. Doc. No. 11.

[535] American Law Institute, Intellectual Property – Principles Governing Jurisdiction, Choice of Law, and Judgments in Transnational Disputes, 2008. Reporter: Rochelle C. Dreyfuss, Jane C. Ginsburg, François Dessemontet.

[536] *European Max Plank Group on Conflict of Laws in Intellectual Property,* Conflict of Laws in Intellectual Property: The CLIP Principles and Commentary, 2013. Deutsche Übersetzung von *Katzenberger* GRUR-Int 2012, 899; siehe auch *Kur* GRUR-Int 2012, 857.

[537] In englischer Sprache veröffentlicht in *Basedow/Kono/Metzger* Intellectual Property in the Global Arena – Jurisdiction, Applicable Law, and the Recognition of Judgments in Europe, Japan and the US, 2010, 394.

[538] Abrufbar unter http://www.win-cls.sakura.ne.jp/pdf/28/08.pdf (21.8.2019).

[539] Siehe http://www.ila-hq.org/indexes.php/committees.

[540] Siehe bspw. § 313(1)(a) der ALI-Principles („law of the creator's residence at the time the subject matter was created") und Art. 3:201(1) CLIP-Principles („law of the State for which protection is sought").

[541] Die CLIP-Principles wurden bspw. in der Rechtssache C-441/13 – Hejduk/Energieagentur, Schlussanträge des Generalanwalts *Villalón* v. 11.9.2014, Fn. 26 zitiert.

[542] Siehe bspw. UK Supreme Court: Lucasfilm/Ainsworth, UKSC 39 (2011), Rn. 94 und 107.

[543] Siehe vor Art. 1:101: „When resolving disputes, courts and arbitrators may have recourse to these Principles as reflecting general principles of private international law relating to intellectual property."

VIII. Anwendbares Recht bei Verletzung von Urheberrechten und verwandten Schutzrechten

1. Recht des Schutzlandes als anwendbares Recht

121   **Das Recht des Schutzlandes** als das Recht desjenigen Landes, für dessen Gebiet Rechtsschutz begehrt wird, ist maßgeblich für die Beurteilung von **Verletzungen von Urheberrechten und verwandten Schutzrechten.** Dies ergibt sich unmittelbar aus **Art. 8 Abs. 1 der Rom II-VO.** Kontrovers diskutiert wird insoweit, **welche Fragestellungen aus dem Urheberrecht von der Vorschrift des Art. 8 Abs. 1 erfasst sind. Ausgangspunkt ist hier Art. 15 Rom II-VO,** welcher die erfassten Rechtsfragen aufzählt, ohne freilich abschließend zu sein. Weitgehende Einigkeit besteht darin, dass die Fragen, **ob das Urheberrecht verletzt wurde und von wem, ebenso wie die Urheberrechtsschranken und die zivilrechtlichen Sanktionen** von der VO umfasst sind. Ob darüber hinaus auch die **Entstehung und Wirksamkeit** von Schutzrechten als „Grund der Haftung" von Art. 8, 15 lit. a erfasst wird und ob die Vorschrift auch die Frage nach der ersten **Inhaberschaft** – also der Urheberschaft am Werk – umfasst oder ob es sich insoweit um **autonom anzuknüpfende Vorfragen** handelt, wird unterschiedlich beurteilt. Hier sprechen wohl in der Tat die besseren Argumente dafür, weiterhin unterschiedliche nationale Lösungen zuzulassen.[544]

122   **Vor deutschen Gerichten handelt es sich am Ende um eine rein akademische Frage, weil auch nach dem nationalen Kollisionsrecht auf das Recht des Schutzlandes** abzustellen ist.[545] Im Einzelnen:

123   **Das Recht des Schutzlandes entscheidet nach der Rspr. zunächst über die Entstehung eines Urheberrechts,**[546] und zwar insbes. sowohl unter dem Aspekt der **Werkqualität** iSd § 2[547] als auch unter demjenigen des **Fremdenrechts** bzw. der **konventionsrechtlichen Schutzberechtigung.**[548]

124   **Das Recht des Schutzlandes entscheidet sodann auch darüber, wer Urheber** eines Werkes und **erster Inhaber des Urheberrechts** an einem Werk ist.[549] Ein amerikanischer Filmhersteller kann sich daher zB im Hinblick auf die Filmverwertung in Deutschland jedenfalls vor einem deutschen Gericht nicht darauf berufen, nach dem amerikanischen Prinzip des „work made for hire" Urheber des Filmwerks und primärer Inhaber des Urheberrechts daran zu sein, weil das für diese Frage maßgebliche deutsche Recht als Recht des Schutzlandes nur den tatsächlichen Werkschöpfer als Urheber und Inhaber des Urheberrechts anerkennt.[550]

125   **Das Recht des Schutzlandes entscheidet gleichermaßen über die Aktivlegitimation** bei vertraglicher Einräumung eines Nutzungsrechts[551] und über die **Übertragbarkeit** urheberrechtlicher Befugnisse,[552] einschließlich der Übertragbarkeit im Wege der **Erbfolge,**[553] sowie über **Inhalt und Umfang des Schutzes** durch ein Urheberrecht (oder verwandtes Schutzrecht).[554] Letzteres gilt auch für Formen der Werkverwertung, die zwar keine Rechtsverletzung darstellen, wohl aber, wie die Weiterveräußerung eines Kunstwerks bei Anwendbarkeit des § 26 Abs. 1 einen **gesetzlichen Vergütungsanspruch** des Urhebers auslösen.[555]

---

[544] So bereits *Metzger* JZ 2010, 929 (933) mwN. Siehe hierzu auch die Nachweise bei *Heinze* in jurisPK-BGB Rom II-VO Art. 8 Rn. 20 f. mwN.

[545] BGH GRUR 1999, 152 – Spielbankaffaire.

[546] Und demgemäß auch eines verwandten Schutzrechts.

[547] BGHZ 118, 395 (396 f.) – ALF; BGHZ 155, 257 (261) – Sendeformat; siehe auch BGH GRUR 2004, 855 (856) – Hundefigur.

[548] BGHZ 118, 395 (396) – ALF: Schutz eines amerikanischen Werkes nach deutschem Schutzlandrecht; BGHZ 136, 380 (387) – Spielbankaffaire: Schutz eines DDR-Filmwerkes nach Luxemburger Schutzlandrecht; BGHZ 141, 267 (271) – Laras Tochter: Schutz des Romans „Dr. Schiwago" von Boris Pasternak nach deutschem Schutzlandrecht; BGH GRUR 2001, 1134 (1136) – Lepo Sumera: Schutz der Werke eines estnischen Komponisten nach deutschem Schutzlandrecht; siehe auch OLG Hamburg ZUM-RD 1997, 343 f. – TRIPS-Rechte, und ZUM 2004, 133 (136 f.) – Mit Fe. live dabei.

[549] BGHZ 136, 380 (387) – Spielbankaffaire.

[550] § 7; im Ergebnis ebenso die französische Cour de cassation im Fall des nachkolorierten Filmes „Asphalt Jungle" in Bezug auf das droit moral des Filmurhebers GRUR-Int 1992, 304 – John Houston II.

[551] BGHZ 118, 395 (397 f.) – ALF; BGHZ 141, 267 (272 f.) – Laras Tochter; BGH GRUR 2004, 855 (857) – Hundefigur.

[552] BGH GRUR 1988, 296 (298) – GEMA-Vermutung IV; BGHZ 136, 380 (387 f.) – Spielbankaffaire.

[553] OLG Düsseldorf ZUM-RD 2007, 465 (467) – Die drei ???, zur urheberrechtlichen Qualifikation des § 29 sowie zur Abgrenzung von Urheberrechtsstatut und Erbstatut.

[554] BGHZ 136, 380 (389) – Spielbankaffaire; BGHZ 126, 252 (256 f.) – Folgerecht bei Auslandsbezug; BGHZ 141, 267 (272 ff.) – Laras Tochter, zum Schutz gegen unfreie Bearbeitung; zur gleichen Frage BGH GRUR 2004, 855 (857) – Hundefigur; BGHZ 152, 317 (321 ff.) – Sender Felsberg, zur Verletzung des Senderechts durch grenzüberschreitende terrestrische Rundfunksendung; BGH GRUR 2004, 421 (422 ff.) – Tonträgerpiraterie durch CD-Export, zur Verletzung des Vervielfältigungs- und Verbreitungsrechts des Tonträgerherstellers für und durch den Export; BGH GRUR 2007, 691 (692 ff.) – Staatsgeschenk, zum Verbreitungsrecht und zum Recht auf Urheberbenennung.

[555] BGHZ 126, 252 (257) – Folgerecht bei Auslandsbezug; auch → Rn. 149.

2. Verdrängung des Rechts des Begehungsorts durch das Recht des Schutzlandes

Zwar handelt es sich bei Urheberrechtsverletzungen und Verletzungen verwandter Schutzrechte um **126** unerlaubte Handlungen,[556] die allgemeinen Kollisionsregeln über die Maßgeblichkeit des Rechts des Ortes des Schadenseintritts nach Art. 4 Abs. 1 Rom II-VO ist aber durch die speziellere Regelung des Art. 8 Abs. 1 Rom II-VO verdrängt. Dem Schutzlandprinzip kommt damit der Vorrang zu. Anders als im (nationalen) Deliktskollisionsrecht (Art. 40 Abs. 1 S. 1, 2 EGBGB, anders jedoch Art. 4 Rom II-VO: Schadensort ohne Wahlmöglichkeit) kann der Verletzte daher auf dem Gebiet des Urheberrechts und der verwandten Schutzrechte nicht zwischen dem Recht des Handlungsorts und dem Recht eines Erfolgsorts wählen.[557] Maßgeblich **ist immer** nur das Recht am Ort der urheberrechtsverletzenden Handlung, da nur hier eine Verletzung des Schutzrechts gegeben ist. Der Ort der Handlung und der Ort der Rechtsverletzung fallen im Urheberrecht ohnehin zusammen, weil das Schutzrecht durch gesetzlich näher bestimmte Handlungen definiert ist, bei deren Vornahme eine Verletzung zu bejahen ist.[558]

3. Anwendbares Recht bei Verletzung ausländischer Urheberrechte und verwandter Schutzrechte

Mit dem Schutzlandprinzip nicht vereinbar und daher unzutreffend ist es, die inländi- **127** **sche Teilnahme** an einer **im Ausland begangenen Verletzung** des musikalischen Aufführungsrechts als unerlaubte Handlung iSd deutschen § 823 Abs. 1 BGB zu beurteilen.[559] **Verletzungen ausländischer Urheberrechte (und verwandter Schutzrechte)** sind vielmehr grundsätzlich nur nach dem betreffenden **ausländischen Recht** zu beurteilen.[560]

4. Unabhängigkeit vom Recht im Ursprungsland

Aus dem Territorialitätsprinzip[561] folgt, dass das im Schutzland begründete Urheberrecht oder ver- **128** wandte Schutzrecht grundsätzlich **unabhängig von der Existenz eines entsprechenden Rechts im Ursprungsland** ist. In Art. 5 Abs. 2 S. 1 Hs. 2 RBÜ (Pariser Fassung) ist dies ausdrücklich anerkannt. Der Grundsatz gilt allgemein.[562]

Eine Ausnahme vom Prinzip der Unabhängigkeit gilt im Rahmen des **Schutzfristenver-** **129** **gleichs**.[563] Soweit er durchzuführen ist, ist dabei für das WUA anerkannt, dass die Schutzdauer eines Werkes im Schutzland auf null zu reduzieren und der Schutz damit gänzlich zu versagen ist, wenn ein Werk **seiner Art nach** im Heimatstaat des Urhebers, wenn es sich um ein unveröffentlichtes Werk handelt, bzw. im Land der ersten Veröffentlichung bei einem veröffentlichten Werk, keinen Schutz genießt.[564] Eine weitere Ausnahme ist in Art. 2 Abs. 7 RBÜ (Pariser Fassung) für **Werke der ange-** **wandten Kunst** vorgesehen.

5. Keine Anwendung des gemeinsamen Heimatrechts. Keine Vereinbarung über das anwendbare Recht. Keine vertragsakzessorische Anknüpfung

Art. 4 Abs. 2 Rom II-VO bestimmt als Ausnahme von der allgemeinen Tatortregel[565] für das all- **130** gemeine internationale Deliktsrecht die Anwendbarkeit des **Rechts des gemeinsamen gewöhnlichen Aufenthalts** bzw., bei Gesellschaften etc., des Ortes der Hauptverwaltung oder Niederlassung. Territorialitäts- und Schutzlandprinzip lassen eine **Anwendung dieser Regel auf Verletzungen von Urheberrechten und verwandten Schutzrechten (sowie von gewerblichen Schutzrechten) nicht** zu.[566] Anders als im allgemeinen Deliktsrecht[567] sind bei Verletzungen von Urheberrech-

---

[556] → Einl. UrhG Rn. 43.

[557] Siehe idS auch BGHZ 136, 380 (386) – Spielbankaffaire.

[558] Von einem Zusammenfallen von Handlungs- und Erfolgsort gehen auch Dreier/Schulze/*Dreier* Vor §§ 120 ff. Rn. 28 aus.

[559] So aber LG Berlin Schulze LGZ 67, 9 (13 ff.) – Martin Luther; abzulehnen ist es auch, wenn BGH GRUR 1957, 352 (353) – Taeschner II – die Verletzung ausländischer Warenzeichenrechte zugleich als unerlaubte Handlung iSd deutschen § 823 Abs. 2 BGB und Verstoß gegen § 1 UWG aF wertet; vgl. die berechtigte Kritik durch *Martiny* RabelsZ 1976, 218 (220) Fn. 11.

[560] BGHZ 136, 381 (385 f.) – Spielbankaffaire; BGHZ 152, 317 (330) – Sender Felsberg; BGH GRUR 2004, 855 (856) – Hundefigur; BGH GRUR 2007, 691 – Staatsgeschenk; LG München I ZUM-RD 2002, 21 (24) – Just be free; BGHZ 22, 1 (14) – Flava-Erdgold – zum Markenrecht; LG Düsseldorf GRUR-Int 1968, 101 (102) – Frauenthermometer – zum Gebrauchsmusterrecht.

[561] → Rn. 109.

[562] BGHZ 70, 268 (271 f.) – Buster-Keaton-Filme; BGH GRUR 1978, 302 (303) – Wolfsblut; BGH GRUR 1981, 587 (588) – Schallplattenimport; OLG München GRUR-Int 1960, 75 (76) – Le Mans.

[563] → Rn. 19, 34, 49.

[564] Siehe dazu *Bappert/Wagner* WUA Art. IV Rn. 13; *Nordemann/Vinck/Hertin* WUA Art. IV Rn. 6; auch → Rn. 49.

[565] Art. 40 Abs. 1 EGBGB nF.

[566] Vgl. LG Düsseldorf GRUR-Int 1968, 101 (102) – Frauenthermometer – zum Gebrauchsmusterrecht; zu Art. 40 Abs. 2 EGBGB nF s. BT-Drs. 14/343, 10; wohl auch MüKo/*Drexl* IntImmGR Rn. 122.

[567] Zu diesem Art. 42 EGBGB nF; Art. 14 Rom II-VO sowie zum früheren Recht BGHZ 98, 263 (274).

ten und verwandten Schutzrechten auch **Vereinbarungen über das anwendbare Recht unzulässig**.[568] **Art. 8 Abs. 3 Rom II-VO** bestimmt dasselbe nunmehr ausdrücklich. **Unzulässig** ist auch eine **vertragsakzessorische Anknüpfung** nach **Art. 4 Abs. 3 Rom II-VO**.

6. Beurteilung grenzüberschreitender Rechtsverletzungen

131 **Das Recht des Schutzlandes** entscheidet auch, ob auf dem Gebiet des Schutzlandes vorgenommene **Teilakte grenzüberschreitender Verwertungshandlungen** oder ob **inländische Auswirkungen von im Ausland vorgenommenen Handlungen** ein Urheberrecht oder verwandtes Schutzrecht verletzen. Das Territorialitätsprinzip[569] fordert dabei eine hinreichende Inlandsbeziehung; durch eine nur im Ausland erfolgte Verwertungshandlung ohne Auswirkungen im Inland kann ein inländisches Schutzrecht nicht verletzt werden.[570] Ob innerhalb dieses weitgesteckten Rahmens eine grenzüberschreitende, teilweise im Schutzland begangene Verwertungshandlung ein hier bestehendes Recht verletzt, entscheiden das **materielle Schutzlandrecht** und seine Auslegung selbst.[571] Im Sinne eines umfassenden Schutzes des Urhebers ist bei der Auslegung des deutschen Rechts als Schutzlandrecht davon auszugehen, dass grundsätzlich bereits **Teilakte** grenzüberschreitender Verwertungshandlungen geeignet sind, inländische Schutzrechte zu verletzen; entsprechende Abgrenzungsfragen ergeben sich bei verschiedenen Verwertungsrechten, insbesondere beim Senderecht und bei der öffentlichen Zugänglichmachung.

132 **a)** Aus der Selbstständigkeit des **Vervielfältigungsrechts**[572] folgt, dass eine Verletzung dieses Rechts auch dann angenommen werden kann, wenn die im Inland vorgenommene Vervielfältigung eines geschützten Werkes in der Absicht geschieht, die Vervielfältigungsstücke ins Ausland zu exportieren und erst dort zu verbreiten.[573]

133 **b)** Hinsichtlich des **Verbreitungsrechts** (§ 17, Art. 4 der Informationsgesellschafts-Richtlinie 2001/29/EG) ist anerkannt, dass dieses Recht auch durch **Import** und **Export** verletzt werden kann.[574] Bei beiden Vorgängen handelt es sich um den Tatbestand des **Inverkehrbringens** iSd § 17 Abs. 1. Dass der **Import** als Inverkehrbringen im Inland beurteilt werden kann, ist sowohl für das Urheberrecht als auch für das Patent- und Markenrecht mehrfach entschieden worden.[575] Zuzurechnen ist die Einfuhr als solche aber nur dem ausländischen Exporteur und gegebenenfalls dem beteiligten Spediteur,[576] nicht dem inländischen Importeur, der aber seinerseits das Verbreitungsrecht durch **Weiterverbreitung** verletzen kann. Die Weiterverbreitung war häufiger als die Einfuhr als solche Gegenstand urheberrechtlicher Entscheidungen.[577]

134 Auch zum Urheberrecht anerkannt,[578] im Übrigen entsprechend anwendbar, ist die patent- und markenrechtliche Beurteilung des **Exports** als Inverkehrbringen im Inland, das bereits durch das Ab-

[568] BGHZ 118, 395 (397 f.) – ALF; BGHZ 136, 380 (386) – Spielbankaffaire; zu Art. 42 EGBGB nF BGH GRUR 2007, 691 (692) – Staatsgeschenk; Dreier/Schulze/*Dreier* Vor §§ 120 ff. Rn. 28; MüKo/*Drexl* IntImmWiR Rn. 152; aA Loewenheim/*Walter* HdB des Urheberrechts § 58 Rn. 31; *Schack* Rn. 1052; Wandtke/Bullinger/ *v. Welser* Vor §§ 120 ff. Rn. 14.

[569] → Rn. 109 ff.

[570] → Rn. 112 sowie BGHZ 126, 252 (256) – Folgerecht bei Auslandsbezug; BGHZ 152, 317 (326 f.) – Sender Felsberg; BGH GRUR 2007, 691 (692 f.) – Staatsgeschenk; BGH GRUR 2008, 989 (991) – Sammlung Ahlers; *Ulmer* Die Immaterialgüterrechte S. 15; *Kraßer* § 33 Id 3 zum Patentrecht.

[571] Siehe *Ulmer* Die Immaterialgüterrechte S. 13 ff.; MüKo/*Drexl* IntImmGR Rn. 276 ff.; zu einem interessanten anderen methodischen, nämlich autonom-kollisionsrechtlichen Ansatz *Sack* FS Lorenz, 2004, 659 (683 ff.).

[572] → § 16 Rn. 3.

[573] BGH GRUR 2004, 421 (424) – Tonträgerpiraterie durch CD-Export; siehe auch BGH GRUR 2004, 855 (856) – Hundefigur; Dreier/Schulze/*Dreier* Vor §§ 120 ff. Rn. 33; *v. Gamm* § 16 Rn. 3; MüKo/*Drexl* IntImmGR Rn. 277; zum Patentrecht BGHZ 23, 100 (106) – Taeschner I; RGSt 10, 349 (350 f.); *Kraßer* § 33 Id 3; *Stauder* S. 107; zum Markenrecht BGHZ 23, 100 (106) – Taeschner I.

[574] BGH GRUR 1972, 141 – Konzertveranstalter; *v. Gamm* § 17 Rn. 11.

[575] Zum Urheberrecht: RG GRUR 1932, 755 (757) – Fahrnerschmuck; BGH GRUR 1965, 323 (325) – Cavalleria rusticana; BGH GRUR 1980, 227 (230) – Monumenta Germaniae Historica – dort auch zur Frage der Provokationsbestellung aus dem Inland im Ausland; siehe auch OLG München GRUR 1990, 677 – Postervertrieb; zum Patent- und Sortenschutzrecht: BGHZ 49, 331 ff. – Voran; OLG Hamburg GRUR 1985, 923 – Imidazol; RGSt 10, 349 (351); RGZ 45, 147 (149); 51, 139 (141); 77, 248 (249); *Kraßer* § 33 II c 2; *Stauder* S. 116; zum Markenrecht: BGHZ 23, 100 (106) – Taeschner I.

[576] EuGH GRUR 2012, 817 – Donner; → Rn. 136.

[577] Siehe insbes. BGH GRUR-Int 1980, 304 – Gebührendifferenz; BGHZ 80, 101 – Schallplattenimport; BGH GRUR 1982, 100 – Schallplattenexport; BGH GRUR 1985, 924 – Schallplattenimport II; BGH GRUR 1986, 668 – Gebührendifferenz IV; OLG Hamburg GRUR-Int 1970, 377 – Polydor; OLG Hamburg GRUR 1979, 235 – ARRIVAL; BGH GRUR 1986, 454 – Bob Dylan – und dazu BVerfGE 81, 208 – Bob Dylan; BGH GRUR 1987, 814 – Die Zauberflöte; BGH GRUR 1988, 373 – Schallplattenimport III; BGH GRUR 1988, 606 – Differenzlizenz; BGHZ 118, 394 – ALF; BGH GRUR 1992, 845 – Cliff Richard – und dazu EuGH GRUR-Int 1994, 53 – Collins/Imtrat sowie BGH GRUR-Int 1995, 503 – Cliff Richard II; BGHZ 121, 319 – The Doors.

[578] BGHZ 129, 66 (75) – Mauer-Bilder; BGH GRUR 2004, 421 (424 f.) – Tonträgerpiraterie durch CD-Export.

senden der Werkexemplare etc geschieht.[579] Dazu genügt es aber **nicht,** wenn Werkstücke **ins Ausland transportiert** werden, um sie dort zu verbreiten.[580]

Vom Import und Export zu unterscheiden und nicht als Verletzung eines inländischen 135
Urheberrechts oder verwandten Schutzrechts zu qualifizieren ist der bloße Transit. Die
bloße Beförderung über deutsches Gebiet beinhaltet kein Inverkehrbringen im Inland, und zwar unabhängig davon, ob der Transit auf Grund eines einheitlichen Beförderungsvertrags geschieht oder ob
über die Weiterbeförderung von deutschem Gebiet aus ein neuer Beförderungsvertrag geschlossen
wird.[581] Die bloße Gefahr eines Missbrauchs durch Inverkehrbringen im Transitland steht der Zulässigkeit des Transits nicht entgegen.[582] Nicht mehr um bloße Durchfuhr, sondern um ein Inverkehrbringen im Inland handelt es sich aber, wenn Werkexemplare **zum Zweck der Wiederausfuhr
eingeführt** und damit Gegenstand eines inländischen Umsatz- oder Veräußerungsgeschäfts werden.[583] Ist in den Fällen des bloßen **Transits** eine Verletzung des inländischen Urheberrechts zu verneinen, so schließt dies doch die Annahme einer **Verletzung eines Urheberrechts im Ausfuhr-
und/oder Bestimmungsland** und auch ein gerichtliches Vorgehen gegen das Beförderungsunternehmen im Inland wegen Teilnahme an dieser Verletzung nicht aus; allerdings ist nach dem Territorialitätsprinzip die Frage der Verletzung und der Rechtsfolgen nach dem betreffenden **ausländischen
Recht** zu beurteilen.

Das inländische Verbreitungsrecht kann schließlich auch durch ein vom Inland ausge- 136
hendes **Angebot von Werkexemplaren an die Öffentlichkeit im Ausland** bzw. **vom Ausland
aus an die Öffentlichkeit im Inland verletzt sein.** Den letztgenannten Fall hat der **EuGH** in der
Rechtssache **„Donner" in diesem Sinne** entschieden: Ein Händler, der seine Werbung auf in einem bestimmten Mitgliedstaat ansässige Mitglieder der Öffentlichkeit ausrichtet und ein spezifisches
Lieferungssystem und spezifische Zahlungsmodalitäten schafft und diese Mitglieder der Öffentlichkeit
so in die Lage versetzt, sich Vervielfältigungsstücke von Werken liefern zu lassen, die in dem betreffenden Mitgliedstaat urheberrechtlich geschützt sind, nimmt in dem Mitgliedstaat, in dem die Lieferung erfolgt, eine Verbreitung vor, ohne dass es darauf ankommt, ob die Veräußerung und Übereignung in diesem Mitgliedstaat oder im schutzrechtsfreien Ausland stattfinden.[584] Nach der EuGH-
Entscheidung **Dimensione Direct Sale/Knoll** genügt es für eine Verletzung des Verbreitungsrechts
gem. Art. 4 der Informationsgesellschafts–Richtlinie 2001/29 auch, wenn sich Angebote zum Erwerb
von Vervielfältigungsstücken oder Werbung hierfür gezielt an das deutsche Publikum wenden, auch
wenn nicht nachgewiesen werden kann, dass es tatsächlich zu einem Erwerb gekommen ist.[585]

c) Im Hinblick auf das urheberrechtliche **Senderecht** (§ 20) gilt der materiellrechtliche Ausgangs- 137
punkt, dass der entscheidende Vorgang derjenige der Ausstrahlung einer drahtlosen Funksendung an
die Öffentlichkeit ist und es für einen Eingriff in das Senderecht auf den tatsächlichen Empfang der
Sendung nicht ankommt.[586] Das inländische Senderecht wird danach zumindest durch solche Funksendungen verletzt, die vom Inland aus ausgestrahlt werden.[587] Ob Sendeunternehmen auch für Sendungen, die in Nachbarstaaten empfangen werden können, einer Erlaubnis zur Sendung geschützter
Werke und Leistungen nur für das eigene Land oder auch für den Nachbarstaat benötigen, hatten
bislang weder der EuGH[588] noch der BGH zu entscheiden. In der Entscheidung „Sender Felsberg"
wird eine solche Sichtweise aber angedeutet.[589] Das alleinige Abstellen auf das Recht des Ausstrahlungsstaates würde den modernen Entwicklungen insbes. des jeweils in mehreren Staaten **direkt
empfangbaren Satellitenfernsehens** und der **gezielten terrestrischen Fernsehsendung über
die Grenzen des Ausstrahlungslandes** hinweg nicht mehr gerecht.

Mehr und mehr hat sich daher eine Theorie durchgesetzt, die international als **„Bogsch-** 138
Theorie" bekannt geworden ist, benannt nach dem ehem. langjährigen Generaldirektor der WIPO,
der sie aufgegriffen hat. Die Lehre stellt bei solchen Sendungen zusätzlich zum Recht des Sende- oder

[579] BGHZ 23, 100 (106) – Taeschner I; OLG Karlsruhe GRUR 1982, 295 (299 f.) – Rollwagen; OLG Hamburg
GRUR 1985, 923 – Imidazol; RGSt 10, 349 (351), RGSt 21, 205 (207 f.), RG MuW 1922/23, 193 (194); *Kraßer*
§ 33 II c 3; *Stauder* S. 118 ff.

[580] So BGHZ 126, 252 (256 ff.) – Folgerecht bei Auslandsbezug; BGH GRUR 2007, 691 (692 f.) – Staatsgeschenk.

[581] EuGH GRUR 2007, 146 (147) – Diesel, auf Vorlage durch BGH GRUR 2005, 768 (769 f.) – DIESEL;
BGH GRUR 2007, 876 f. – DIESEL II; aA KG GRUR-Int 2002, 327 (328) – EURO-Paletten, jeweils zum Markenrecht; *Kraßer* § 33 IIc 4; *Stauder* S. 116 ff., zum Patentrecht; aA zu Letzterem OLG Hamburg GRUR-Int 1999,
67 (68) – Enrofolxacin; zur Problematik ausführlich MüKo/*Drexl* IntImmGR Rn. 258.

[582] EuGH GRUR 2007, 146 (147) – Diesel; BGH GRUR 2007, 876 (877) – DIESEL II. Für die Frage der Zulässigkeit einer Grenzbeschlagnahme nach der VO 1383/2003 EuGH GRUR 2012, 828 – Philips und Nokia.

[583] EuGH GRUR 2007, 146 (147) – Diesel; OLG Karlsruhe GRUR 1982, 295 (299 f.) – Rollwagen; OLG
Hamburg GRUR 1985, 923 – Imidazol; *Kraßer* § 33 II c 4; *Stauder* S. 116 ff.

[584] EuGH GRUR 2012, 817 – Donner; siehe auch BGH GRUR 2007, 871 (873 f.) – Wagenfeld-Leuchte; gegen OLG Hamburg GRUR-RR 2005, 41 ff. – Bauhauslampen aus Italien: Verletzung des deutschen Verbreitungsrechts verneint.

[585] EuGH GRUR 2015, 665 – Dimensione Direct Sale/Knoll.

[586] → § 20 Rn. 30.

[587] So BGHZ 152, 317 (322 ff.) – Sender Felsberg.

[588] In der Rechtssache EuGH GRUR 2006, 50 – Lagardère standen Sendemasten in beiden Staaten.

[589] BGHZ 152, 317, unter IV. zur Frage Vergütung.

Ausstrahlungslandes auch auf das Recht aller derjenigen Länder ab, in denen diese Sendungen bestimmungsgemäß empfangen werden können und damit iSd § 20 der Öffentlichkeit zugänglich gemacht werden,[590] wobei der unbeabsichtigte sog. Overspill unbeachtlich ist.[591]

139 **Für den Anwendungsbereich des § 20a über europäische Satellitensendungen** ist die Frage des anwendbaren Rechts nunmehr gesetzlich geregelt. Die Bestimmung ist durch das 4. UrhGÄndG vom 8.5.1998 (BGBl. I S. 902) in Umsetzung von Art. 1 Abs. 2 der europäischen Satelliten- und Kabelrichtlinie[592] eingeführt worden. Sie bewirkt, dass auf solche Sendungen immer nur das **Recht eines einzigen Landes anzuwenden** und daher zB auch vertraglichen Vereinbarungen zugrunde zulegen ist; für Verletzungsfälle gilt dasselbe. Sie erreicht diese Wirkung dadurch, dass sie auf der Grundlage des Territorialitäts- und des Schutzlandprinzips[593] in ihrem Abs. 3 die entscheidende Verwertungshandlung so eng definiert, dass sie jeweils nur in einem einzigen Staat lokalisiert sein kann.[594] Dies bedeutet eine Harmonisierung des Sachrechts, nicht des Kollisionsrechts der betroffenen Staaten.[595] Im Ergebnis entspricht § 20a dem klassischen Sendelandprinzip,[596] der Sache nach trägt er aber auch der Bogsch-Theorie Rechnung, indem er in seinem Abs. 2 fiktive, in der EU bzw. dem EWR liegende Orte der europäischen Satellitensendung für den Fall definiert, dass Sendeunternehmen die nach Abs. 3 maßgebliche Verwertungshandlung in einen Drittstaat mit niedrigerem Schutzniveau verlagern.[597]

140 **In Bezug auf direkt empfangbare Satellitensendungen außerhalb des Anwendungsbereichs des § 20a** und **gezielt grenzüberschreitend durchgeführte terrestrische Sendungen,** die beide § 20 unterfallen, besteht jedoch kein Anlass, die Bogsch-Theorie[598] aufzugeben. § 20a mit seiner Schutzvorkehrung gegen Missbrauch in Abs. 2 bestätigt sie eher, als dass er sie widerlegt.[599] Eine analoge Anwendung des § 20a auf solche Sendungen ist vom BGH zu Recht abgelehnt worden.[600] **Auf die sendemäßige Ausstrahlung von Werken oder Leistungsergebnissen über internationale Drahtfunk- oder Kabelnetze** ist auch nach der traditionellen Beurteilung[601] nicht nur das Recht des Ausstrahlungslandes, sondern auch dasjenige der Empfangsländer anzuwenden.[602]

141 Die sog. **Online-SatCab-RL** 2019/789[603] erweitert in Art. 3 Abs. 1 die Anwendung des **Ursprungslandprinzips** auch auf **ergänzende Online-Dienste von Sendeunternehmen,** dies allerdings in einem **sehr beschränkten Umfang.**[604] Danach gilt die drahtgebundene oder drahtlose öffentliche Wiedergabe und Zugänglichmachung von Werken oder sonstigen Schutzgegenständen, wenn a) Hörfunkprogramme und b) Fernsehprogramme, die (i) Nachrichtensendungen und Sendungen zum aktuellen Geschehen oder (ii) von dem Sendeunternehmen vollständig finanzierte Eigenproduktionen sind, in einem ergänzenden Online-Dienst durch ein Sendeunternehmen oder unter dessen Kontrolle und Verantwortung bereitgestellt werden, als nur in dem Mitgliedstaat erfolgt, in dem das Sendeunternehmen seine Hauptniederlassung hat. Übertragungen von Sportveranstaltungen sind ausdrücklich ausgenommen. Für alle anderen Fernsehprogramme, die Sendeuntenehmen online bereitstellen, insbesondere durch das Unternehmen teilweise finanzierte Ko-Produktionen sowie auf Basis von Nutzungsrechtseinräumungen gesendete Inhalte, die durch Dritte produziert worden sind, bleibt es damit ebenso bei der Anwendung der Bogsch-Theorie und damit auch der Praxis der natio-

---

[590] Als Vertreter dieser Lehre *Bornkamm* FS GRUR, 1991, 1349 (1394 ff., 1397 f.); *Dietz* in *Bate* (Hrsg.) S. 113, 122 ff.; *Dillenz* Copyright 1986, 386 f.; *Dillenz* in *Bullinger* (Hrsg.) S. 99, 118 ff.; MüKo/*Drexl* IntImmGR Rn. 288 f.; *Schack* Rn. 1059; *Walter* FS 50 Jahre URG, 1986, 233 (238, 244 ff., 254 ff.); siehe auch Wandtke/Bullinger/*v. Welser* Vor §§ 120 ff. Rn. 18.

[591] Unter den Gerichten hat sich ihr vor allem der österreichische OGH GRUR-Int 1991, 920 (922 ff.) – Tele Uno II und öOGH GRUR-Int 1992, 933 (934) – Direktsatellitensendung III angeschlossen. In Deutschland sind das OLG München ZUM 1995, 328 (332 f.) – Tele-Uno, und das LG Stuttgart GRUR-Int 1995, 412 (413) – Satelliten-Rundfunk, in rechtskräftigen Entscheidungen dieser Lehre gefolgt. Es gibt freilich auch Gegenstimmen, siehe *v. Ungern-Sternberg* in Schwarze S. 109, 122 ff. Der BGH hat die Frage in BGHZ 136, 380 (386) – Spielbankaffaire, und in BGHZ 152, 317 (324) – Sender Felsberg, offengelassen. Zur Unbeachtlichkeit von de minimis-Verletzungen siehe auch Art. 3:602 CLIP-Principles sowie *Metzger* IPRax 2006, 242 (245 f.).

[592] Zu dieser → Einl. UrhG Rn. 97.

[593] → Rn. 120 ff.

[594] Dazu → § 20a Rn. 1, 3, 23, 29 f.

[595] *Schack* Rn. 1061; siehe dagegen Fn. 102 zur auch kollisionsrechtlichen Lösung desselben Problems durch die Europarats-Konvention über den grenzüberschreitenden Satellitenrundfunk.

[596] → Rn. 138.

[597] → § 20a Rn. 29 ff.

[598] → Rn. 138.

[599] Siehe jedoch zu terrestrischen Sendungen auch die abweichende Beurteilung → Vor §§ 20 ff. Rn. 56 ff.

[600] BGHZ 152, 317 (324 ff.) – Sender Felsberg; zust. MüKo/*Drexl* IntImmGR Rn. 290 f. Siehe auch EuGH GRUR 2006, 50 – Lagardère zum Sonderfall des Senders Europa 1, der historisch bedingt vom Saarland aus in unmittelbarer Grenznähe zu Frankreich ein dort initiiertes, rein französischsprachiges, ausschließlich für das französische Publikum bestimmtes Radioprogramm ausstrahlt, auf welches die französische Cour de cassation mit Urteil vom 6.12.2006 französisches Recht angewandt hat, nachdem der EuGH in dem vorgenannten Urteil dies als mit europäischem Richtlinienrecht vereinbar entschieden hatte. Für die Anwendung des de minimis-Grundsatzes in diesem Fall *Metzger* IPRax 2006, 242 (244 ff.).

[601] → Rn. 138.

[602] *v. Ungern-Sternberg* S. 110 ff.; zust. Dreier/Schulze/*Dreier* Vor §§ 120 ff. Rn. 39.

[603] ABl. 2019 L 130, S. 82.

[604] Siehe hierzu *Niebler* ZUM 2019, 545–550; *Hofmann* ZUM 2019, 551–556.

nalen Lizenzierung.[605] Der nationale Gesetzgeber muss die Richtlinie nun bis 7.6.2021 in das nationale Recht umsetzen.

d) Urheberrechtsverletzungen im Internet sind den geschilderten Fällen des grenzüberschreitenden Rundfunks insofern vergleichbar, als auch hier eine Verletzung von Rechten in zahlreichen Staaten ihren Ausgangspunkt darin findet, dass der geschützte Inhalt von einer in einem Staat lokalisierbaren Person auf einem im Idealfall ebenfalls lokalisierbaren Server hochgeladen wird. Dies ähnelt auf den ersten Blick der Ausstrahlung einer Rundfunksendung in mehrere Empfangsstaaten. Dementsprechend hat das **frühe Schrifttum** die Antwort auf die Frage nach dem anwendbaren Recht durch **analoge Überlegungen zum IPR der Sendefälle und insbesondere der Bogsch-Theorie** gesucht.[606] **Mittlerweile hat sich die Diskussion aber stärker verselbstständigt,** auch wenn sich manche Argumente durchaus ähneln.   **142**

Ausgangspunkt der Anknüpfung von Verletzungshandlungen im Internet ist gem. Art. 8 Abs. 1 Rom II-VO das Recht des Schutzlandes. Sind – wie dies typisch ist für Internetfälle – mehrere Staaten betroffen, so gilt zunächst die **Mosaikbetrachtung,** das heißt, es ist für jeden einzelnen Staat zu prüfen, ob nach dem jeweiligen Urheberrechtsgesetz eine Verletzungshandlung vorliegt oder nicht.[607] Die insoweit einschlägigen Verwertungsrechte sind konventionsrechtlich durch WCT und WPPT[608] sowie durch die europäische Richtlinie 2001/29/EG zum Urheberrecht in der Informationsgesellschaft[609] vorgezeichnet: zum ersten das **Vervielfältigungsrecht**[610] als das Recht zur vorübergehenden oder dauerhaften Vervielfältigung durch Speicherung auf dem Server (sog. Hochladen oder Upload) von Seiten des Inhalteanbieters[611] und durch das Herunterladen (sog. Download) durch den Nutzer und zum zweiten das **Recht der öffentlichen Zugänglichmachung** als Unterform des Rechts der öffentlichen Wiedergabe[612] als das Recht, geschützte Inhalte über das Internet oder andere Datennetzwerke der Öffentlichkeit von Orten und zu Zeiten ihrer Wahl zugänglich zu machen.   **143**

Die involvierten Vervielfältigungsvorgänge unterfallen jedenfalls den Urheberrechtsordnungen derjenigen Länder, in denen sich die **Standorte der beteiligten Rechner** mit vorübergehender oder dauerhafter Speicherfunktion befinden, einschließlich der Server, derer sich Inhalteanbieter und/oder Nutzer bedienen.[613] **Veranlasst ein Inhalteanbieter von Deutschland aus** zB durch einen Tastendruck auf seinem PC **die Speicherung auf einem Server mit Standort im Ausland,** so ist daran zu denken, dies bereits als **Teilakt einer Vervielfältigung in Deutschland** zu werten, der zur Anwendbarkeit (auch) des deutschen Rechts führt,[614] und nicht nur als kollisionsrechtlich unbeachtliche Vorbereitungshandlung[615] oder als Eingriff in das ausländische Vervielfältigungsrecht des Serverstandorts bzw. als Teilnahme daran zu qualifizieren ist. **Hiervon zu trennen** ist die Beurteilung der Vervielfältigung auf dem im Ausland befindlichen Server **nach dem dortigen Recht.**   **144**

Im Hinblick auf die Verwertungshandlung der öffentlichen Zugänglichmachung ist ein **Abstellen allein auf den Serverstandort dagegen abzulehnen,** weil der Standort des Servers leicht manipuliert werden kann. Die öffentliche Zugänglichmachung findet jedenfalls auch an dem Ort statt, von dem aus die **Einstellung ins Netz veranlasst** wird.[616] Zusätzlich sind nach inzwischen wohl hM auf diesen Verwertungsvorgang auch die Rechtsordnungen aller **derjenigen Länder** anwendbar, **von denen aus auf die geschützten Inhalte zugegriffen werden kann.**[617] Diese Sichtweise setzt die Mosaikbeurteilung konsequent um, führt im Ergebnis aber zur Verletzung einer Vielzahl von territorial jeweils begrenzten Rechten.   **145**

Dies wirft die Frage auf, ob auf Grundlage von Art. 8 Abs. 1 Rom II-VO oder jedenfalls de lege ferenda Kriterien für eine sinnvolle Eingrenzung der Zahl der anwendbaren   **146**

---

[605] Erw. 10. S. hierzu auch *Auringer* ZUM 2019, 537 f.

[606] → 4. Aufl. 2010, Rn. 141. Siehe auch die Nachweise bei MüKo/*Drexl* IntImmGR Rn. 296 ff.

[607] Ebenso MüKo/*Drexl* IntImmGR Rn. 296.

[608] → Rn. 36, 69.

[609] ABl. 2001 L 167, S. 10 = GRUR-Int 2001, 745.

[610] Art. 2 der Richtlinie; § 16.

[611] Des sog. Contentproviders.

[612] Art. 8 WCT, Art. 10, 14 WPPT; Art. 3 der Richtlinie; §§ 15 Abs. 2 Nr. 2 nF, 19a.

[613] Ebenso Dreier/Schulze/*Dreier* Vor §§ 120 ff. Rn. 33; Ensthaler/Weidert/*Gesmann-Nuissl* S. 524, 535, 539 f., 541 f.; Hoeren/Sieber/Holznagel/*Hoeren* Teil 7.8 Rn. 16; Bartsch/Lutterbeck/*Thum* S. 117, 130.

[614] → Rn. 132.

[615] Zur Abgrenzung insbes. BGHZ 126, 252 (258 ff.) – Folgerecht bei Auslandsbezug; auch → Rn. 149.

[616] So Dreier/Schulze/*Dreier* Vor §§ 120 ff. Rn. 41.

[617] Fortschreibung der Bogsch-Theorie; zu dieser → Rn. 138; zum Ergebnis wie hier LG Hamburg GRUR-RR 2004, 313 (314 f.) – thumbnails; LG Hamburg BeckRS 2008, 23065; siehe auch BGH GRUR 2007, 67 – Pietra di Soln, zum Schutz geographischer Herkunftsangaben; aus dem Schrifttum: Dreier/Schulze/*Dreier* Vor §§ 120 ff. Rn. 41; Ensthaler/Weidert/*Gesmann-Nuissl* S. 16 f.; Hoeren/Sieber/Holznagel/*Hoeren* Teil 7.8 Rn. 23; *Hohloch* in *Schwarze* S. 93, 106; *Junker* S. 215 ff.; Loewenheim/*Walter* HdB der Urheberrechts § 58 Rn. 78; MüKo/*Drexl* IntImmGR Rn. 286 f.; *Schack* Rn. 1060; Bartsch/Lutterbeck/*Thum* S. 133 f.: nur Recht der möglichen Abruforte, aber ein Abruf wird stets auch im Eingabeland möglich sein; Wandtke/Bullinger/*v. Welser* Vor §§ 120 ff. Rn. 19; aA iS einer Begrenzung der anwendbaren Rechtsordnungen *Kotthoff* in HK-UrhR Vor §§ 120 ff. Rn. 20, und *Regelin* S. 290 ff.: Recht des Eingabeortes und der intendierten Abruforte; ähnlich Fromm/Nordemann/*Nordemann-Schiffel* Vor §§ 120 ff. Rn. 75, 79; *Spindler* IPRax 2003, 412 (419 f.): Recht am Sitz desjenigen, der die Inhalte auf dem Server beherrscht und steuert.

Rechtsordnungen entwickelt und herangezogen werden können. Dieses Problem stellt sich zunächst aus der Sicht des Gerichts, **falls der Kläger Ansprüche für alle Länder geltend macht** und nicht bereits durch die Formulierung der Klageanträge eine territoriale Begrenzung des Streitgegenstands vornimmt. Als Ansatz zur Eingrenzung der verletzten Rechte in diesem Fall wird vor allem das Kriterium der **bestimmungsgemäße Abrufbarkeit** in einem Land vorgeschlagen.[618] Zur **Begründung** kann sowohl auf das Erfordernis eines hinreichenden Inlandsbezugs[619] als auch auf das Kriterium der Spürbarkeit eines Eingriffs in urheberrechtliche Befugnisse verwiesen werden. Das letztere Kriterium liegt gerade auch der sog. Bogsch-Theorie zum Senderecht zugrunde. Auch nach dieser Theorie ist auf grenzüberschreitende Sendevorgänge neben dem Recht des Sende- oder Ausstrahlungslandes nur das Recht derjenigen weiteren Länder anwendbar, in denen die Sendungen bestimmungsgemäß empfangen werden können.[620] Dies impliziert allerdings die Unbeachtlichkeit der Empfangsmöglichkeiten in anderen Ländern mangels Spürbarkeit des Eingriffs in die dort auch tangierten Urheberrechte. Unter den zahlreichen möglichen **Indizien** für die bestimmungsgemäße Abrufbarkeit eines Internetangebots[621] verdient Beachtung, dass es vor allem für größere Anbieter urheberrechtlich relevanter Inhalte **technische Möglichkeiten der territorialen Beschränkung von Angeboten im Internet** gibt, insbesondere Geoblocking (Geotargeting, Geolocation) oder die Öffnung von Inhalten nur für Nutzer, die sich identifizieren. Die Modifizierung von Onlineangeboten je nach Standort des Nutzers ist heute gängige Praxis und wird umfangreich praktiziert.[622] In Frankreich sind bereits im Jahr 2000 gerichtliche Entscheidungen gegen das U.S.-Unternehmen Yahoo! mit der Auflage ergangen, volksverhetzendes Material für französische Nutzer zu sperren, was schon damals zu etwa 70 % allein über länderspezifische IP-Adressen und ohne mögliche weitere Maßnahmen möglich war.[623] Es ist davon auszugehen, dass jedenfalls ein **größerer Content Provider**, der im Internet international nachgefragte Musik, Filme oder auch Literatur in verbreiteten Sprachen anbietet und solche **Möglichkeiten nicht nutzt, weltweite Abrufe intendiert.** Sind Internetangebote dagegen **bei einer bestimmungsgemäßen Verwendung nur von bestimmten Staaten aus abrufbar,** so sollte eine öffentliche Zugänglichmachung in anderen Staaten nicht ohne Weiteres bejaht werden. Der **Bundesgerichtshof** hat in der Entscheidung „Hotel Maritime" in einem markenrechtlichen Fall einen wirtschaftlich relevanten Inlandsbezug für die Annahme einer Verletzung durch eine Webseite im Internet gefordert.[624] Entsprechende Überlegungen könnten auch für das Urheberrecht fruchtbar gemacht werden.[625] Der **EuGH** hat in der Entscheidung „Dataco" für die **Verletzung des Rechts des Datenbankherstellers im Wege der Online-Zugänglichmachung** einer Datenbank angenommen, dass hierin nur dann eine Weiterverwendung gem. Art. 7 der Datenbank-RL 96/9/EG in einem Abrufstaat gesehen werden kann, wenn sich die **Absicht erkennen lässt, „die Personen, die sich in diesem Gebiet befinden, gezielt anzusprechen".**[626] Eine einschränkende Auslegung des Sachrechts in diesem Sinne ist ohne Weiteres mit Art. 8 Abs. 1 Rom II-VO vereinbar, da die Anwendbarkeit des jeweiligen Schutzlandrechts nicht in Frage gestellt wird.

147   Aus der Sicht des Rechtsinhabers dürfte sich das Problem einer unüberschaubaren Zahl von anwendbaren Rechten **in der Praxis ohnehin nur selten stellen:** Möchte der Rechtsinhaber den **Streitgegenstand auf einige, wenige für ihn besonders relevante Schutzstaaten begrenzen,** so ist dies durch eine entsprechende Formulierung der Klageanträge ohne Weiteres möglich. Die Erfahrungen der vergangenen Jahre zeigen, dass es bei weltweiten Verletzungshandlungen im Internet **oftmals bereits ausreicht, ein Verfahren am Beklagtenwohnsitz begrenzt auf den dort angefallenen Schaden anzustrengen,** um im Erfolgsfall das gesamte Geschäftsmodell zu Fall zu bringen. Beispiele wie Napster oder Piratebay belegen dies deutlich.[627] Auch dürfte es in vielen Fällen genügen, **Urteile einzelne bedeutsame Schutzländer zu erreichen,** um dann zu einer weltweit gültigen außergerichtlichen Einigung zu kommen. Möchte der Rechtsinhaber gleichwohl Ansprüche im Hinblick auf eine weltweite Verletzung durchsetzen, so ist bei Anwendung von Art. 8 Abs. 1 Rom II-VO gegenwärtig nur der mühsame Weg eröffnet, die Rechtslage für alle in Frage kommenden Schutzländer im Einzelnen zu ermitteln. **Vorschläge für eine Behandlung weltweiter Verletzungsfälle nach nur einem anwendbaren Recht,** die in der aktuellen internationalen

---

[618] Siehe Art. 3:602 Abs. 1 lit. b CLIP-Principles (→ Rn. 120). Siehe auch MüKo/*Drexl* IntImmGR Rn. 286 f.; Fromm/Nordemann/*Nordemann-Schiffel* Vor §§ 120 ff. Rn. 77, 79.

[619] So Fromm/Nordemann/*Nordemann-Schiffel* Vor §§ 120 ff. Rn. 77.

[620] → Rn. 138.

[621] Siehe dazu ausführlich Fromm/Nordemann/*Nordemann-Schiffel* Vor §§ 120 ff. Rn. 79.

[622] Siehe zu den drei letztgenannten Methoden mit zahlreichen Anwendungsbeispielen www.wikipedia.org; wie hier *Keller* Anm. zu LG Krefeld K&R 2007, 662 (663) mit Hinweisen auf Erörterungen in den USA; siehe auch den Hinweis von Fromm/Nordemann/*Nordemann-Schiffel* Vor §§ 120 ff. Rn. 79; zurückhaltend *Hoeren* MMR 2007, 3 (5 f.) wegen fehlender Perfektion; aber auf diese kommt es nicht an, → § 137l Rn. 39.

[623] *Wilhelmi* IPRax 2007, 232 ff. mit Erläuterung der nachfolgenden Entscheidungen in den USA zur Vollstreckung.

[624] BGH GRUR 2005, 431 – Hotel Maritime. Siehe auch EuGH GRUR 2011, 1025 – L'Oréal/eBay.

[625] Eingehend MüKo/*Drexl* IntImmGR Rn. 296 ff.

[626] EuGH GRUR 2011, 1025 Rn. 33 ff. – Football Dataco Ltd. ua/Sportradar GmbH ua.

[627] *Metzger* JZ 2010, 929 (935) mwN.

Reformdiskussion weithin vertreten werden,[628] sind **im Hinblick auf Art. 8 Abs. 1 Rom II-VO allenfalls praeter legem** zu verwirklichen.

Die Mosaikbeurteilung auf Grundlage von Art. 8 Abs. 1 Rom II-VO **betrifft in der Praxis** 148 **vor allem Anbieter von Internetdiensten.**[629] Diese sind in Urheberstreitfällen typischerweise in der Rolle des Beklagten und können dementsprechend **nicht selbst steuern, vor welchem Gericht und für welches Schutzland Ansprüche geltend gemacht werden.** Sie müssen dementsprechend entweder die Verletzung von Urheberrechten **für alle möglichen Abrufstaaten rechtlich prüfen**, was nur größeren Unternehmen mit entsprechenden finanziellen Ressourcen möglich ist, **oder** durch **Geolocation und ggf. Geoblocking** die Abrufbarkeit in all denjenigen Staaten verhindern, deren Rechtslage nicht zweifelsfrei geklärt werden kann. Gerade für Internetplattformen, die von ihren Nutzern hochgeladene Inhalte zugänglich machen und die dementsprechend nur als Teilnehmer einer Urheberrechtsverletzung oder nach den Grundsätzen der Störerhaftung herangezogen werden, kann die Prüfung der urheberrechtlichen Lage komplex sein. Vorschläge für eine Privilegierung entsprechender Dienste,[630] die im Ergebnis auf eine Abweichung vom Schutzlandprinzip und die Anwendung nur eines Rechts hinauslaufen würde, sind im Wortlaut von Art. 8 Abs. 1 Rom II-VO nicht angelegt, eine entsprechende Rechtsfortbildung (oder Umsetzung de lege ferenda) wäre aber zu begrüßen.

e) In Bezug auf das **Folgerecht** (§ 26) ist höchstrichterlich für die Anwendung des deutschen 149 Rechts geklärt, dass die Weiterveräußerung iSd § 26 Abs. 1 zumindest teilweise im deutschen Inland erfolgt sein muss; inländische Vorbereitungshandlungen, wie die Beauftragung und Bevollmächtigung eines ausländischen Auktionshauses und die Übergabe an das Transportunternehmen genügen dafür nicht; ebenso nicht die gemeinsame deutsche Staatsangehörigkeit von Berechtigtem und Veräußerer.[631] Offengelassen wurde vom BGH, ob auch das qualifizierende Merkmal einer Beteiligung eines Kunsthändlers oder Versteigerers an der Weiterveräußerung im Inland gegeben sein muss.[632] Der BGH hat in seinem Urteil darauf abgestellt, dass das dingliche Verfügungsgeschäft im Ausland (Großbritannien) stattgefunden hat,[633] während von anderer Seite angenommen wird, dass es das Veräußerungsgeschäft als Verpflichtungs- und Verfügungsgeschäft insgesamt ist, welches zu Folgerechtsansprüchen führt.[634] Da im entschiedenen Fall der gesamte Veräußerungsvorgang im Ausland abgewickelt wurde, ist die Äußerung des BGH nur als obiter dictum zu werten. Dies lässt es zu, das deutsche Folgerecht auch auf Sachverhalte anzuwenden, in denen allein der Kaufvertrag ganz oder teilweise in Deutschland abgeschlossen wurde.[635]

IX. Internationales Urhebervertragsrecht

1. Verhältnis von Vertragsstatut und Recht des Schutzlandes

Das internationale Urhebervertragsrecht beantwortet die Frage, welches Recht auf Verträge 150 anzuwenden ist, die über Urheberrechte oder verwandte Schutzrechte geschlossen werden und Berührungspunkte mit zwei oder mehr Staaten aufweisen. Diese Berührungspunkte können insbes. im unterschiedlichen Wohnsitz bzw. Sitz oder gewöhnlichen Aufenthaltsort oder darin bestehen, dass Vertragsgegenstand Rechte in zwei oder mehr Staaten, uU die Weltrechte sind.[636]

a) Ausgangspunkt der Beurteilung ist, dass Urheberrechtsverträge idR sowohl Vereinbarungen über 151 die jeweiligen Verpflichtungen der Vertragsparteien, dh **schuldrechtliche Elemente,** als auch **Verfügungen** über die Rechte enthalten, die Vertragsgegenstand sind.[637] Allgemein anerkannt ist, dass auf Urheberrechtsverträge als **schuldrechtliche Rechtsgeschäfte** grundsätzlich die für Schuldverträge allgemein geltenden internationalprivatrechtlichen Regeln über das sog. **Vertragsstatut** Anwendung finden.[638] Weniger einheitlich ist die kollisionsrechtliche Beurteilung der urhebervertragsrechtlichen **Verfügungsgeschäfte.** Die in einem Teil der Literatur[639] vertretene **Spaltungstheorie**

---

[628] Siehe insbes. Art. 3:603 CLIP-Principles sowie → Rn. 120.
[629] Hierzu eingehend *Neumann*, S. 413 ff.
[630] Art. 3:604 CLIP-Principles sowie eingehend *Neumann* S. 413 ff.
[631] BGHZ 126, 252 (256 ff.) – Folgerecht bei Auslandsbezug.
[632] So wohl die Vorinstanz OLG Düsseldorf GRUR 1992, 436 (437) – Joseph Beuys; siehe auch § 26 Abs. 1.
[633] BGHZ 126, 252 (259).
[634] → § 26 Rn. 30.
[635] BGHZ 177, 319 (329 f.) – Sammlung *Ahlers; Katzenberger* FS Schricker, 1995, 377 (383); *Schneider-Brodtmann* NJW 2009, 740 ff.; zu Auskunftsansprüchen für die betroffenen Künstler vertretenden Verwertungsgesellschaft Bild-Kunst in einer solchen Fallkonstellation BGHZ 177, 319 (330 ff.) – Sammlung Ahlers; OLG Frankfurt a. M. GRUR 2005, 1034 (1035 f.) – Folgerechtsauskunft; auch → § 26 Rn. 30; *Schneider-Brodtmann* KUR 2004, 147 ff.; *Schneider-Brodtmann* NJW 2009, 740 (741 ff.).
[636] Dazu Näheres bei *Katzenberger* FS Schricker, 1995, 225 (227 f.).
[637] → Vor §§ 31 Rn. 24 ff.; siehe auch LG Hamburg BeckRS 2018, 14816 Rn. 40.
[638] MüKo/*Martiny* Rom I-VO Art. 4 Rn. 246; Reithmann/*Martiny/Obergfell* Rn. 1811 ff.; *Obergfell* S. 279; *Ulmer* Die Immaterialgüterrechte S. 47 ff.; *Schricker* Verlagsrecht Einl. Rn. 39 ff.; *Katzenberger* FS Schricker, 1995, 225 (248); *Kleine* S. 62.
[639] Vgl. MüKo/*Martiny* Rom I-VO Art. 4 Rn. 246; Reithmann/*Martiny/Obergfell* Rn. 1815; *Obergfell* S. 281 ff.; *Hausmann* FS Schwarz, 1988, 47 (51, 62 f.); siehe auch *Hiestand* S. 108 f.; *Kleine* S. 97 ff.; *Schack* FS Heldrich, 2005, 997 (1002 f.).

wendet auf das Verfügungsgeschäft insgesamt das **Recht des jeweiligen Schutzlandes** an und akzeptiert die damit verbundene mögliche Aufspaltung einheitlicher Verträge in verschiedene, bei der Übertragung von Weltrechten zahlreiche anwendbare Rechtsordnungen. Die gerade auch im urheberrechtlichen Schrifttum vorherrschende **Einheitstheorie**[640] wendet dagegen auch auf urhebervertragsrechtliche Verfügungsgeschäfte grundsätzlich das **Vertragsstatut** an, dies allerdings unter dem Vorbehalt, dass dem Territorialitätsprinzip entsprechend **bestimmte Fragen** stets **nach dem Recht des jeweiligen Schutzlandes** zu beurteilen sind.[641]

152   **b)** Der **Einheitstheorie ist zuzustimmen,** weil allein sie der besonders engen Verklammerung von Verpflichtungs- und Verfügungsgeschäft bei Urheberrechtsverträgen[642] gerecht wird, der aus der Spaltungstheorie folgenden Zersplitterung einheitlicher Verträge entgegenwirkt und insbes. eine einheitliche Auslegung von Urheberrechtsverträgen hinsichtlich des Gegenstands, Inhalts und Umfangs der übertragenen Rechte gewährleistet.[643] Für die Einheitstheorie spricht auch Art. 14 Rom I-VO, der im Hinblick auf die Forderungsübertragung den schuldrechtlichen Vertrag und die Verfügung einheitlich anknüpft.[644] Der Einheitstheorie folgt ausdrücklich[645] oder zumindest im Ergebnis auch die **ganz überwiegende Praxis der Gerichte.**[646]

153   **c)** Stets nach dem **Recht des Schutzlandes** sind auch in Bezug auf Urheberrechtsverträge die unter → Rn. 125 genannten, das Urheberrecht oder verwandte Schutzrecht selbst betreffenden Fragen zu beurteilen. Dies gilt insbes. für die Frage der **Zulässigkeit der Übertragung** oder Teilübertragung des Urheberrechts als solchen oder einzelner urheberrechtlicher Befugnisse,[647] der Einräumung von ausschließlichen oder einfachen Nutzungsrechten[648] und deren Übertragung sowie der Einräumung von Nutzungsrechten zweiter und weiterer Stufe.[649] Gleiches gilt für die § 26 Abs. 2 über die Unwirksamkeit eines Vorausverzichts auf den Erlösanteil des Urhebers beim Folgerecht.[650] Auch § 31 Abs. 4 UrhG aF betraf die Frage der Übertragbarkeit von Rechten hinsichtlich einzelner, zum Zeitpunkt des Vertragsschlusses noch unbekannter Nutzungsarten und unterfiel dem Recht des Schutzlandes;[651] dies gilt nunmehr auch für die neu eingeführten **Surrogate** der aufgehobenen Bestimmung, nämlich für das Widerrufsrecht des Urhebers nach **§ 31a Abs. 1 S. 2, Abs. 4,**[652] für das Widerspruchsrecht des Urhebers nach **§ 137l Abs. 1 S. 2/3, Abs. 2**[653] sowie für die gesetzlichen Vergütungsansprüche nach **§ 32c**[654] und nach **§ 137l Abs. 5.**[655] Einer Sonderanknüpfung entspr. § 32b oÄ auf der Basis des Vertragsstatuts bedarf es dann nicht. Für das Erfordernis der Schriftform nach **§ 31a Abs. 1 S. 1** gilt die allg. Sonderanknüpfung nach Art. 11 EGBGB/Art. 11 Rom I-VO.[656] In konsequenter Anwendung des Grundsatzes, dass alle Regelungen, die den Schutz des Urhebers durch unübertragbare oder unverzichtbare Rechte und Rechtsbehelfe durchzusetzen suchen,

[640] *Ulmer* Die Immaterialgüterrechte S. 48 ff.; *Schricker* Verlagsrecht Einl. Rn. 38; *Katzenberger* FS Schricker, 1995, 225 (249 ff.); *Walter* in *Reimer* (Hrsg.) S. 137, 143 ff.; wohl auch Loewenheim/*Walter* HdB des Urheberrechts § 57 Rn. 200; Dreier/Schulze/*Dreier* Vor §§ 120 ff. Rn. 50; *Troller* S. 184 ff. und in Problemi Attuali del Diritto Industriale, S. 1125, 1132 ff. Siehe jetzt auch European Max-Planck-Group on Conflict of Laws in Intellectual Property/*Metzger,* 271.

[641] Näheres unter → Rn. 121.

[642] → Vor §§ 31 ff. Rn. 24 ff.

[643] Dazu *Ulmer* Die Immaterialgüterrechte S. 49.

[644] Erw. 38 ist eindeutig. Eingehend *Ferrari/Kieninger/Mankowski ua* Rom I Art. 14 Rn. 7; BeckOK BGB/*Spickhoff* Rom I Art. 14 Rn. 2–4.

[645] So OLG München ZUM 2003, 141 (143) – Spielbankaffaire II; OLG Frankfurt a. M. GRUR 1998, 141 (142) – Mackintosh-Entwürfe; LG München ZUM-RD 2002, 21 (24) – Just be free; LG Hamburg GRUR-Int 2010, 67 – Dimitri Kabalewski, im Anschluss an BGH GRUR 2001, 1134 (1136 und 1137) – Lepo Sumera; LG Hamburg BeckRS 2018, 14816.

[646] BGH GRUR 2001, 1134 (1136 und 1137) – Lepo Sumera.

[647] BGHZ 136, 380 (387) – Spielbankaffaire.

[648] → Vor § 31 Rn. 44; → § 31 Rn. 46 ff.

[649] → § 31 Rn. 9; zum Ergebnis s. BGH GRUR 1988, 296 (298) – GEMA-Vermutung IV; BGHZ 136, 380 (387) – Spielbankaffaire; OLG München ZUM 2003, 141 (143) – Spielbankaffaire II und die unter → Rn. 149 zitierte Rechtsprechung sowie *Ulmer* Die Immaterialgüterrechte S. 50 f.; *Schricker* Verlagsrecht Einl. Rn. 37; *Katzenberger* FS Schricker, 1995, 225 (257 f.); *Kleine* S. 100 ff. Siehe auch Art. 3:301 CLIP-Principles.

[650] *Walter* in *Reimer* (Hrsg.) S. 137, 149 ff.

[651] BGH GRUR 1988, 296 (298) – GEMA-Vermutung IV im Anschluss an *Ulmer* Die Immaterialgüterrechte S. 50. Anders die Voraufl.: Qualifikation als Frage des Vertragsrechts, aber gleichwohl international zwingend. Ähnlich auch BGHZ 136, 380 (388) – Spielbankaffaire.

[652] Ebenso wohl auch Dreier/Schulze/*Schulze* § 31a Rn. 24 f.: ausdrücklich nur zur Schriftform nach § 31a Abs. 1 S. 1; aA zu § 31a generell Fromm/Nordemann/*J. B. Nordemann* § 31a Rn. 13; Fromm/Nordemann/*Nordemann-Schiffel* Vor §§ 120 ff. Rn. 88: aA zum Widerrufsrecht *Wille* GRUR-Int 2008, 389 (390 f., 391 f.): Vertragsstatut ohne Sonderanknüpfung.

[653] → § 26 Rn. 24.

[654] Ebenso Dreier/Schulze/*Schulze* § 32c Rn. 6; *Wille* GRUR-Int 2008, 389 (391); aA Fromm/Nordemann/*Czychowsky* § 32c Rn. 4 iVm Fromm/Nordemann/*Nordemann-Schiffel* § 32b Rn. 2, 22: Vertragsstatut ohne Sonderanknüpfung.

[655] → § 137l Rn. 24.

[656] Zu dieser → Rn. 155 ff.; zum Ergebnis wie hier *Wille* GRUR-Int 2008, 389 (390); aA Dreier/Schulze/*Schulze* § 31a Rn. 24: Recht des deutschen Schutzlandes.

dem Schutzlandprinzip zu unterstellen sind,[657] ist auch die in **§ 40 Abs. 2 S. 1** geregelte Unwirksamkeit des Verzichts auf das Recht zur Kündigung von Verträgen über künftige Werke nach der lex loci protectionis anzuknüpfen.[658] Nach dem Recht des Schutzlandes beurteilt sich auch das gem. § 40a gewährte Recht zur anderweitigen Verwertung nach zehn Jahren. Gleiches gilt für den Vergütungsanspruch des Urhebers nach § 20b Abs. 2 für die Kabelweitersendung, welcher gem. § 20b Abs. 2 S. 2 und 3 als unverzichtbar und als im Voraus nur an eine Verwertungsgesellschaft abtretbar ausgestaltet ist. Für die vertraglichen Vergütungsansprüche der Urheber und Künstler nach §§ 32, 32a und 79 Abs. 2 S. 2 ist die kollisionsrechtlich zwingende Geltung in **§ 32b** ausdrücklich vorgesehen. Das Schutzlandprinzip ist wiederum maßgebend für die **Ansprüche wegen Rechtsverletzung,** die der Inhaber von Nutzungsrechten geltend machen kann, für die Beurteilung der Möglichkeit eines **gutgläubigen Erwerbs vom Nichtberechtigten** und des **Sukzessionsschutzes** bei mehrfacher vertraglicher Verfügung über eine urheberrechtliche Befugnis sowie für die Frage, ob ein Vertrag zu seiner Gültigkeit oder Wirksamkeit gegenüber Dritten der **Eintragung in ein öffentliches Register** bedarf.[659] Die Frage einer rechtsgeschäftlichen **Verfügungsermächtigung** ist dagegen nach Art. 8 EGBGB zu beurteilen.

d) Ist in einem von ausländischen Rechtsvorstellungen geprägten Urheberrechtsvertrag von der **Übertragung des Urheberrechts** oder einzelner Verwertungsrechte die Rede, so ist dies für die Bundesrepublik Deutschland als Schutz- und Verwertungsland dahingehend zu **deuten,** dass die entsprechenden ausschließlichen Nutzungsrechte eingeräumt sind.[660] Ist einem Werkverwerter vom Urheber in Erfüllung einer entsprechenden vertraglichen Verpflichtung eine Befugnis nach dem Vertragsstatut wirksam eingeräumt worden, deren Einräumung das Schutzlandrecht nicht zulässt, so ist die Frage der Rechtsfolgen dieser **Leistungsstörung** nach dem Vertragsstatut zu beurteilen.[661]

154

2. Bestimmung des Vertragsstatuts

a) Für die **Bestimmung des auf Verträge im Bereich des Urheberrechts anwendbare Recht** gilt für **alle nach dem 17.12.2009 geschlossenen** Vereinbarungen[662] nunmehr die sog. **Rom I-Verordnung,** dh die Verordnung (EG) Nr. 593/2008 des Europäischen Parlaments und des Rates vom 17.6.2008 über das auf vertragliche Schuldverhältnisse anzuwendende Recht (Rom I).[663] Die Rom I-VO enthält in den Mitgliedstaaten der EU unmittelbar anwendbares Recht[664] und beansprucht universelle, nicht auf EU-interne Sachverhalte beschränkte Anwendung[665] sowie innerhalb ihres Anwendungsbereichs Vorrang vor dem EGBGB, dessen Art. 27–37 unter Überführung des Art. 29a über Verbraucherschutz für besondere Gebiete in Art. 46b EGBGB durch das deutsche Gesetz vom 25.6.2009 aufgehoben wurden.[666] Die aufgehobenen Bestimmungen und das EVÜ bleiben aber auf Verträge aus der Zeit vor dem 17.12.2009 anwendbar;[667] das EVÜ gilt auch weiterhin in Dänemark,[668] während sich Irland von vorneherein[669] und Großbritannien nachträglich[670] an der Rom I-VO beteiligt haben.

155

b) Nach Art. 3 Rom I-VO entscheidet in erster Linie die **freie Rechtswahl der Vertragsparteien** über das anwendbare Recht. Die Rechtswahl kann ausdrücklich oder stillschweigend erfolgen, dh im letzteren Fall sich aus den sonstigen Vertragsbestimmungen oder den Umständen ergeben; nach Art. 3 Abs. 1 S. 2 Rom I-VO muss Letzteres jedoch eindeutig sein. Sie kann sich auf den ganzen Vertrag oder auch nur auf einen Teil beziehen und auch noch nach Vertragsschluss getroffen werden.[671] Dies entspricht den auch schon früher anerkannten Regeln.[672] Gemäß Art. 3 Abs. 3 Rom I-VO können die Vertragsparteien die Anwendung fremden Rechts auch dann vereinbaren, wenn das Vertragsverhältnis **keinerlei Auslandsbeziehung** aufweist, jedoch bleiben dann die **zwingenden Bestimmungen des inländischen Rechts** anwendbar. Letzteres gilt auch dann, wenn zusätzlich die Zuständigkeit des Gerichts eines anderen Staates vereinbart ist.[673] Weiterhin zulässig und bei be-

156

---

[657] Hierzu *Metzger* in Basedow/Drexl/Kur/Metzger, 61 (66 ff.).

[658] Zur Einordnung der Vorschrift → § 40a Rn. 11; Wandtke/Bullinger/*Wandtke*/*Hegemann*/*Zurth* § 40a Rn. 8.

[659] *Ulmer* Die Immaterialgüterrechte S. 51 f.; *Schricker* Verlagsrecht Einl. Rn. 38; *Katzenberger* FS Schricker, 1995, 225 (257); *Kleine* S. 102 ff.

[660] *Ulmer* Die Immaterialgüterrechte S. 51; *Kleine* S. 102.

[661] Dazu auch *Schricker* Verlagsrecht Einl. Rn. 38.

[662] Siehe Art. 28 Rom I-VO.

[663] ABl. 2008 L 177, S. 6.

[664] Art. 249 Abs. 2 S. 2 EG.

[665] Art. 1 Abs. 1: „Staaten", nicht „Mitgliedstaaten", Art. 2 Abs. 1.

[666] Zum Vorrang der Rom-I-VO siehe die AmtlBegr. BT-Drs. 16/12104, 8.

[667] Zur Behandlung von älteren Verträgen siehe die Voraufl.

[668] Siehe Erwägungsgrund 46 der Rom I-VO.

[669] Siehe Erwägungsgrund 44.

[670] Siehe Erwägungsgrund 45 und Entsch. der EU-Kommission vom 22.12.2008, ABl. 2009 L 10, S. 22.

[671] Art. 27 Abs. 1 S. 2, 3, Abs. 2 S. 1 EGBGB nF, Art. 3 Abs. 1 S. 3, Abs. 2 Rom I-VO.

[672] MüKo/*Martiny* Rom I-VO Art. 4 Rn. 247; Palandt/*Heldrich* BGB EGBGB Art. 27 Rn. 1; zum Urhebervertragsrecht: *Ulmer* Die Immaterialgüterrechte S. 52; *Schricker* Verlagsrecht Einl. Rn. 40; BGHZ 19, 110 (111) – Sorrell and Son; OLG München UFITA 48 (1966), 287 (290 f.).

[673] OLG Hamburg RIW 1990, 1020; MüKo/*Martiny* Rom I-VO Art. 3 Rn. 87.

stehendem Auslandsbezug auch im Hinblick auf zwingende Vorschriften wirksam ist die Vereinbarung, dass ein **neutrales Recht** angewendet werden soll, zu dem der Vertrag keine persönlichen oder sachlichen Berührungspunkte besitzt.[674] Nach Art. 3 Abs. 4 der Rom I-VO berührt in einem solchen Fall allerdings die Wahl des Rechts eines Drittstaates nicht die Anwendung **zwingender Bestimmungen des Gemeinschaftsrechts,** wenn alle Elemente des Sachverhalts zum Zeitpunkt der Rechtswahl in einem oder in mehreren Mitgliedstaaten belegen sind.

157   **c)** Haben die Vertragsparteien **keine Rechtswahl** getroffen, so gilt **Art. 4 Rom I-VO.** Die von der Europäischen Kommission **zunächst vorgeschlagene Regelung einer festen Anknüpfungsregel** für das objektive Vertragsstatut bei Verträgen über geistige Eigentumsrechte ist **im Zuge des Gesetzgebungsverfahrens fallen gelassen** worden.[675] Der Regelungsvorschlag, welcher auf das Recht am gewöhnlichen Aufenthalt des Rechtsinhabers abstellte, wurde in Anbetracht der vielfältigen Gestaltungen von Verträgen im Bereich der geistigen Schutzrechte als zu inflexibel kritisiert.[676] **Mangels spezieller Regelungen** in Art. 4 Abs. 1 Rom I-VO gelten für Urheberrechtsverträge deshalb **die allgemeinen Grundsätze zur charakteristischen Leistung oder engsten Verbindung in Art. 4 Abs. 2–4 Rom I-VO.**[677] Eine **charakteristische Leistung** gem. Art. 4 Abs. 2 Rom I-VO wird sich für **einfach gelagerte Verträge** feststellen lassen, etwa wenn **Nutzungsrechte an bestehenden Werken gegen die Zahlung eines Pauschalbetrags** weiterübertragen werden. Bei einem solchen Vertrag greift die Überlegung, dass bei einer bloßen Geldzahlungspflicht der einen Seite regelmäßig die Leistung der anderen Seite – hier die Übertragung der Nutzungsrechte – für den Vertrag charakteristisch ist.[678]

158   **Bei komplexeren Verträgen,** etwa einem Verlagsvertrag über ein Werk, welches der Autor erst noch schreiben soll, bevor dann der Verleger das Buch produzieren und vermarkten soll, ist es **nicht möglich, „eine" vertragscharakteristische Leistung festzustellen.** Hier gilt dann die subsidiär anwendbare Auffangregel in Art. 4 Abs. 4, wonach auf die **engste Verbindung** abzustellen ist. Welche Leistungen der Parteien und welche **Kriterien für die Bestimmung der engsten Verbindung** maßgeblich sind und wie die einzelnen Kriterien zu gewichten sind, ist **europäisch-autonom zu entscheiden und wird letztlich vom EuGH festzulegen** sein. Ein **Rückgriff auf die ältere Rechtsprechung deutscher Gerichte** ist deswegen **nicht ohne Weiteres** möglich; einzelne Gesichtspunkte der älteren Judikatur können freilich nach wie vor überzeugend sein und als argumentative Basis zur Bestimmung der engsten Verbindung herangezogen werden.[679] Dies gilt sowohl für ältere Entscheidungen deutscher Gerichte wie auch der Gerichte anderer EU-Mitgliedstaaten. Ansatzpunkte können insoweit auch den **CLIP-Principles** entnommen werden, die von einer europäischen Arbeitsgruppe unter Beteiligung der beiden Max-Planck-Institute in Hamburg und München erarbeitet wurden und welche **die verschiedenen Traditionen der EU-Mitgliedstaaten** zusammenführen.[680]

159   Art. 3:502 Abs. 2 CLIP-Principles listet **Kriterien** auf, die entweder für die Anwendung des **Rechts am Wohnsitz des Erwerbers von Nutzungsrechten oder des Rechts am Wohnsitz der Partei sprechen, die die Rechte einräumt. Für die Anwendung des Rechts am Wohnsitz des Erwerbers** sprechen danach: (1.) wenn Nutzungsrechte für den Staat eingeräumt werden, in welchem der Erwerber seinen gewöhnlichen Aufenthalt oder seine Niederlassung hat;[681] (2.) wenn der Erwerber ausdrücklich oder stillschweigend zur Verwertung des Rechts verpflichtet ist; dies greift die ältere Rechtsprechung zu Verlagsverträgen auf, die die Pflichten des Verlegers betont hat;[682] (3.)

---

[674] MüKo/*Martiny* Rom I-VO Art. 3 Rn. 91; *Sandrock* RIW 1986, 841 (850); zum früheren Recht *Schricker* Verlagsrecht Einl. Rn. 40.

[675] Art. 4 Abs. 1 Lit. f Vorschlag für eine Verordnung über das auf vertragliche Schuldverhältnis anzuwendende Recht (Rom I) v. 15.12.205, KOM(2005) 650 endg.

[676] CLIP – European Max Planck Group for Conflict of Laws in Intellectual Property, Comments on the European Commission's Proposal for a Regulation on the Law Applicable to Contractual Obligations („Rome I") of 15 December 2005, IIC 2007, 471.

[677] Der EuGH hat die Einordnung eines Vertrags über die Einräumung von Nutzungsrechten als Dienstleistungsvertrag gem. Art. 5 Nr. 1 lit. b, zweiter Gedankenstrich zu Recht abgelehnt, EuGH GRUR 2009, 753 (755 f.) – Falco. Dies dürfte auch für Art. 4 Abs. 1 lit.b) der Rom I-VO gelten, siehe Erw. 17.

[678] Ebenso Reithmann/Martiny/*Obergfell* Rn. 1984 mwN.

[679] Vgl. zum Folgenden auch die differenzierte Behandlung einzelner Vertragstypen bei Reithmann/Martiny/*Obergfell* Rn. 1982 mwN.

[680] *European Max Plank Group on Conflict of Laws in Intellectual Property,* Conflict of Laws in Intellectual Property: The CLIP Principles and Commentary, 2013. Deutsche Übersetzung von *Katzenberger* GRUR-Int 2012, 899. S. auch *Kur* GRUR-Int 2012, 857 sowie → Rn. 120.

[681] Dieser Ansatz findet sich in der patentrechtlichen Entscheidung OLG Düsseldorf GRUR Ausl. 1962, 256. Auch Art. 43 des (alten) österreichischen IPR-Gesetzes hat auf die lex loci protectionis verwiesen. Ähnlich auch *Torremans* 4 Journal of Private International Law 397, 412–15 (2008).

[682] Aus der deutschen Rechtsprechung siehe BGHZ 19, 110 (113) – Sorrell and Son; BGH GRUR 2001, 1134 (1136) – Lepo Sumera; OLG Hamburg GRUR-Int 1998, 431 (432) – Feliksas Bajoras, und GRUR-Int 1999, 76 (77 f.) – Lepo Sumera; LG Stuttgart Schulze LGZ 88, 7 – Puccini; siehe auch RGZ 118, 282 (283) – Das Musikantenmädel; OLG München Schulze OLGZ 2, 4 f. – Dreigroschenroman; BGH GRUR 1959, 331 (333) – Dreigroschenroman; aus der älteren Literatur siehe auch *Ulmer* Die Immaterialgüterrechte S. 54; *Schricker* Verlagsrecht Einl. Rn. 41, 43; *Hoffmann* RabelsZ 1931, 759 (760 ff.); *Kleine* S. 66 ff.; *Troller* S. 221 ff.; eingehend auch Reithmann/Martiny/*Obergfell* Rn. 1989, die allerdings Art. 4 Abs. 2 Rom I-VO anwendet; zum Teil aA und differenzierend

wenn die Vergütung in einem prozentualen Anteil vom Verkaufspreis besteht; (4.) wenn der Erwerber verpflichtet ist, über seine Bemühungen um die Verwertung der Rechte Bericht zu erstatten.[683] Dagegen **sprechen für die Anwendung des Rechts am Wohnsitz der die Nutzungsrechte einräumenden Partei:** (1.) wenn Nutzungsrechte für den Staat eingeräumt werden, in welchem die die Rechte einräumende Partei ihren gewöhnlichen Aufenthalt oder ihre Niederlassung hat; (2.) wenn der Erwerber nur zur Zahlung eines Pauschalbetrags als geldwerter Gegenleistung verpflichtet;[684] (3.) wenn die Lizenz nur für eine einzelne Nutzung gilt;[685] (4.) wenn der Urheber durch den Vertrag zur Schöpfung des Werkes verpflichtet ist.[686] **Gerichte sollten** bei der Bestimmung des Staates, zu dem der Vertrag die engste Verbindung aufweist, **die verschiedenen in Art. 3:502(3) Kriterien abwägen.** Die **Liste der Kriterien** ist dabei **nicht abschließend,** sondern bedarf der Ergänzung für weniger typische Fallgestaltung. So verdient es bspw. Zustimmung, wenn der Bundesgerichtshof auf einen Vertrag über die Anfertigung und Nutzungsrechtsübertragung von Fotografien eines in Deutschland ansässigen Fotografen im Ergebnis französisches Recht anwendet, wenn die Fotografien ein Hotel in Frankreich abbilden und vor Ort aufgenommen werden und für die Werbung für das Hotel verwendet werden sollen.[687] Hier hat nicht nur die Erwerberin der Rechte ihren Sitz in Frankreich, sondern auch die Werkschöpfung und die Verwertung stellen einen engen Bezug zu Frankreich her. Lässt sich auf Basis der (ggf. ergänzten) Kriterienliste **kein eindeutiges Ergebnis** erzielen, so empfehlen die CLIP-Principles gem. Art. 3:502(3) **im Zweifel** bei **Rechtseinräumungen für nur einen Staat** die *lex loci protectionis* anzuwenden, während bei **Rechtseinräumungen für mehrere Staaten** auf das Recht am Wohnsitz der **die Rechte einräumenden Vertragspartei** abzustellen ist.

3. Geltungsbereich des Vertragsstatuts und Anwendung zwingenden Rechts

a) Art. 10 und 12 Rom I-VO regeln den **Geltungsbereich des auf einen Vertrag anwendbaren**   **160** **Rechts** und sind, unter Beachtung der Vorbehalte zugunsten des Rechts des Schutzlandes[688] auch auf internationale Urheberrechtsverträge anzuwenden. Nach Art. 10 Rom I-VO sind das **Zustandekommen** und die **Wirksamkeit** eines Vertrags nach dem Recht zu beurteilen, das bei Wirksamkeit des Vertrags anzuwenden wäre; dies ist das Vertragsstatut.[689] Art. 10 Abs. 2 Rom I-VO sieht aus Billigkeitsgründen vor, dass eine Partei sich für die Behauptung, sie habe dem Vertrag[690] nicht zugestimmt, ausnahmsweise auf das Recht des Staates ihres gewöhnlichen Aufenthaltsorts berufen kann, wenn es den Umständen nach nicht gerechtfertigt wäre, die Wirkung ihres Verhaltens nach dem Vertragsstatut zu bestimmen.

Art. 12 Abs. 1 Rom I-VO enthält eine nicht abschließende[691] **Aufzählung der sonstigen recht-**   **161** **lichen Aspekte,** für welche das Vertragsstatut maßgeblich ist. Besonders bedeutsam ist die **Vertragsauslegung** in lit. a, da hierunter auch die speziellen Auslegungsregeln des Urheberrechts fallen, insbesondere die **Zweckübertragungslehre in § 31 Abs. 5 UrhG,**[692] aber auch **ausländische Auslegungsregeln** wie Art. L. 122-7 Abs. 2–4 des französischen Code de la Propriété Intellectuelle. Auslegungsregeln dieser Art unterfallen dem auf den Vertrag anwendbaren Recht. Art. 12 Abs. 1 Rom I-VO nennt des Weiteren die **Erfüllung der vertraglichen Verpflichtungen,** die **Folgen der Nichterfüllung** einschließlich des Schadensbemessung, das **Erlöschen der Verpflichtungen,** die **Verjährung** und die Rechtsverluste wegen Fristablaufs sowie die **Folgen der Nichtigkeit des Vertrags.**[693] Nach Art. 12 Abs. 2 Rom I-VO ist in Bezug auf die Art und Weise der Erfüllung und die Maßnahmen des Gläubigers bei mangelhafter Erfüllung das am Erfüllungsort geltende Recht mit zu berücksichtigen. Art. 18 Rom I-VO regelt **Fragen des Beweisrechts.** Nach Abs. 1 ist das für den Vertrag maßgebende Recht insoweit anzuwenden, als es für vertragliche Schuldverhältnisse gesetzliche Vermutungen aufstellt oder die Beweislast verteilt. Erfasst sind spezielle, urheberrechtliche **Vermutungsregeln,** die etwa im Zweifel vom **Erwerb der Rechte der an der Filmherstellung** Mitwirkenden durch den Filmhersteller ausgehen wie § 89 UrhG oder (enger) Sect. 93A Abs. 1 des

---

Mackensen S. 75 ff., 104 ff. Im europäischen Ausland wird zum Teil ebenfalls auf den Sitz des Verlags abgestellt, siehe Ungarisches Oberstes Gericht GRUR-Int 1998, 74; Cour d'Appel de Paris RIDA 2000, 302.

[683] Beide Kriterien (3 und 4) deuten typischerweise auf eine Auswertungspflicht hin, siehe European Max-Planck-Group on Conflict of Laws in Intellectual Property/*Metzger,* 274.

[684] Siehe den patentrechtlichen Fall BGH GRUR-Int 2010, 334 – Sektionaltor; Öst. Oberster Gerichtshof JBl. 2010 S. 253 – F.-Privatstiftung. Siehe auch Art. 122 Abs. 1 des Schweizer IPR-Gesetzes.

[685] Entsprechende Verträge haben idR nur eine wenig ausgeprägte Verbindung zum Recht am Wohnsitz des Erwerbers, siehe European Max-Planck-Group on Conflict of Laws in Intellectual Property/*Metzger,* 276.

[686] Dieser Gesichtspunkt wird in der Literatur stark betont, siehe *van Eechoud,* 201–02; *Josselin-Gall,* 398; *Torremans* 4 Journal of Private International Law (2008), 397 (406).

[687] BGH GRUR MMR 2015, 324 Rn. 43 – Hi Hotel II.

[688] → Rn. 121 ff.

[689] Dies entspricht der älteren Rechtslage nach dem EVÜ und dem EGBGB, siehe MüKo/*Spellenberg* Rom I-VO Art. 10 Rn. 1.

[690] ZB durch Schweigen.

[691] AmtlBegr. BT-Drs. 10/504, 82 zu Art. 32.

[692] Ebenso MüKo/*Drexl* IntImmGR Rn. 215.

[693] Siehe auch Art. 10 Abs. 1 Rom II-VO zur bereicherungsrechtlichen Rückabwicklung von nichtigen Verträgen.

Britischen Copyright, Designs and Patents Act.[694] Vertragsrechtlich zu qualifizieren sind auch die **internationalen** Vermutungsregelungen für den Bereich der **Sende- und Filmverträge** in Art. 11bis Abs. 3 und Art. 14bis Abs. 2 lit. b und c, Abs. 3 RBÜ sowie künftig in Art. 12 des Vertrags von Peking zu audiovisuellen Darbietungen.[695] Beweisvorschriften verfahrensrechtlicher Natur fallen nicht unter Art. 18 Rom I-VO, sondern gehören zur lex fori.[696] Zum Beweis eines Rechtsgeschäfts sind nach Abs. 2 alle Beweismittel des deutschen Verfahrensrechts zulässig, daneben auch diejenigen des Formstatuts,[697] soweit sie mit dem deutschen Verfahrensrecht vereinbar sind.

162　　**b)** Neben der allgemeinen Vorschrift des Art. 21 Rom I-VO über den **ordre public** enthält Art. 9 Rom I-VO einen speziellen **Vorbehalt zugunsten zwingenden nationalen Rechts.** Danach berührt die Anwendbarkeit eines ausländischen Rechts auf einen Vertrag nicht die Anwendung derjenigen Bestimmungen des deutschen Rechts, deren Einhaltung als so entscheidend für die Wahrung der politischen, sozialen oder wirtschaftlichen Organisation, angesehen wird, dass sie ungeachtet des nach der Rom I-VO auf den Vertrag anzuwendenden Rechts auf alle Sachverhalte anzuwenden ist, die in ihren Anwendungsbereich fallen. Diese Vorschrift entspricht der schon im früheren deutschen IPR anerkannten Sonderanknüpfung zwingenden Rechts und betrifft in erster Linie Bestimmungen, die vorrangig öffentlichen Interessen dienen, wie solche des deutschen und europäischen **Kartellrechts** und des **Außenwirtschaftsrechts.**[698] Sie ist auch auf Urheberrechtsverträge anwendbar.[699] Erwägungsgrund 37 der VO verweist zu beiden Bestimmungen auf das öffentliche Interesse, das ihre Anwendung unter außergewöhnlichen Umständen rechtfertigen kann. Nach Art. 9 Abs. 2 Rom I-VO wird die Anwendung der Eingriffsnormen des Rechts des angerufenen Gerichts durch die VO nicht berührt. Ferner kann nach Maßgabe des Art. 9 Abs. 3 der VO auch den Eingriffsnormen eines anderen Staates Wirkung verliehen werden.

163　　**c)** Ist ausländisches Recht Vertragsstatut, so sind die **das Vertragsverhältnis vorwiegend im Parteiinteresse zwingend regelnden Bestimmungen** dieses Rechts grundsätzlich anzuwenden und die entsprechenden zwingenden Vorschriften des deutschen Rechts im Prinzip nicht anwendbar. Dies gilt auch dann, wenn das Vertragsverhältnis so starke Inlandsbeziehungen aufweist, dass deutsches Recht bei objektiver Anknüpfung Vertragsstatut wäre und das ausländische Recht Vertragsstatut nur auf Grund Parteivereinbarung ist. **Ausnahmen** von diesem Grundsatz sieht die Verordnung iSd **Schutzes der schwächeren Vertragspartei** vor für **Verbraucherverträge** (Art. 6 Rom I-VO) und für **Arbeitsverträge** (Art. 8 Rom I-VO) sowie, eingeführt durch Art. 2 Abs. 2 Nr. 1 des Fernabsatzgesetzes vom 27.6.2000,[700] das EGBGB für **Verbraucherverträge** auf **besonderen Gebieten** (Art. 46b EGBGB).

164　　**Darüber hinaus gilt, dass auch in anderen als den gesetzlich ausdrücklich geregelten Fällen zwingende Bestimmungen zugunsten der schwächeren Vertragspartei gem. Art. 9 Rom I-VO** ohne Rücksicht auf das Vertragsstatut zur Anwendung kommen können, ohne dass es auf die privat- oder öffentlichrechtliche Natur dieser Bestimmungen ankommt, siehe Erw. 23, 24 („insbesondere") Rom I-VO. Daneben ermöglicht es **Art. 21 Rom I-VO** über den **ordre public** in Einzelfällen, ein materiell ungerechtes Ergebnis zu korrigieren, das durch die kollisionsrechtliche Verweisung auf ein fremdes Recht und dessen Anwendung herbeigeführt wird.[701] Gem. Art. 21 Rom I-VO ist eine Rechtsnorm eines anderen Staates nicht anzuwenden, wenn ihre Anwendung zu einem Ergebnis führt, das mit wesentlichen Grundsätzen des innerstaatlichen Rechts offensichtlich unvereinbar ist. Sie ist insbes. nicht anzuwenden, wenn die Anwendung mit den Grundrechten der deutschen Verfassung nicht zu vereinbaren ist. Einer bestehenden ausländischen Rechtsnorm ist dabei das Fehlen einer Rechtsnorm gleich zu achten, wenn dieses zu dem untragbaren Ergebnis führt.[702]

165　　**d)** Nach den unter → Rn. 162 ff. genannten Grundsätzen kann auch den **zwingenden Bestimmungen des deutschen Urhebervertragsrechts** trotz ausländischem Vertragsstatut Geltung zukommen. **Dies ist vor allem für die Sonderregelung des § 32b** UrhG bedeutsam, der nur bei einer Einordnung als Eingriffsnorm gem. Art. 9 Rom I-VO überhaupt noch Anwendung finden kann.[703] Jenseits der Spezialvorschrift des § 32b UrhG ist eine Einordnung von Vorschriften des Urhebervertragsrechts als Eingriffsnormen zwar nicht von vornherein ausgeschlossen. Die **Gruppe der international zwingenden Vorschriften** ist nach der hier vertretenen Auffassung aber **deutlich kleiner als bislang angenommen.**[704] **Nicht** in Betracht kommen zunächst diejenigen Bestimmungen, die einen Schutz des Urhebers dadurch zu erreichen suchen, bestimmte **Rechte oder Rechtsbehelfe** als **unübertragbar oder unverzichtbar** auszugestalten: Diese Rechte und Rechtsbehelfe

---

[694] European Max-Planck-Group on Conflict of Laws in Intellectual Property/*Metzger,* 293.
[695] Dazu → Rn. 77, 78.
[696] Siehe Art. 1 Abs. 3 Rom I-VO.
[697] → Rn. 167.
[698] MüKo/*Martiny* Rom I-VO Art. 9 Rn. 58 ff.
[699] MüKo/*Martiny* Rom I-VO Art. 9 Rn. 86; zum früheren Recht *Ulmer* Die Immaterialgüterrechte S. 26 f.
[700] BGBl. 2000 I S. 897.
[701] BGH JZ 1978, 802.
[702] BGH JZ 1978, 802.
[703] Dies lehnt im Ergebnis ab MüKo/*Drexl* IntImmGR Rn. 259.
[704] Anders die 4. Aufl. 2010.

unterfallen der **lex loci protectionis** und sind bereits deshalb von der Rechtswahlfreiheit ausgenommen. Hierzu gehören die Regelungen zu unbekannten Nutzungsarten in § 31 Abs. 4 UrhG aF sowie die Widerrufsrechte in §§ 31a Abs. 1 S. 3, Abs. 4, 137l Abs. 1 S. 2, 3, Abs. 2 UrhG sowie der unverzichtbare Vergütungsanspruch in §§ 32c, 137l Abs. 5 UrhG. Zu nennen sind weiter die unverzichtbaren Rückrufsrechte wegen Nichtausübung und gewandelter Überzeugung in § 42 UrhG, das unverzichtbare Kündigungsrecht bei Verträgen über künftige Werke gem. § 40 UrhG, das Recht zur anderweitigen Verwertung gem. § 40a sowie die Beschränkungen für die Abtretung gesetzlicher Vergütungsansprüche gem. §§ 63a und § 78 Abs. 3 UrhG. Die genannten Vorschriften unterfallen nach der hier vertretenen Auffassung der Schutzlandregel, so dass sich eine Anwendung des Art. 9 Rom I-VO erübrigt. **Nicht in Betracht** kommen zudem solche Schutzvorschriften, die bereits **im innerstaatlichen Recht als nicht zwingend ausgestaltet sind,** sondern durch entsprechende Vertragsgestaltung abbedungen werden können. Hierher gehört nach zutreffender Ansicht des Bundesgerichtshofs[705] der **Zweckübertragungsgrundsatz aus § 31 Abs. 5 UrhG,** bei dem es sich um eine Auslegungsregel handelt.[706] Ausscheiden müssen auch die **Zustimmungsvorbehalte für die Weiterübertragung von Nutzungsrechten und die Einräumung weiterer Rechte** in den **§§ 34 Abs. 1 S. 1, 35 Abs. 1 S. 1 UrhG,** da insoweit gem. §§ 34 Abs. 5 S. 2, 35 Abs. 2 UrhG abweichende Vereinbarungen möglich und in der Praxis auch üblich sind.

e) Die Lehre von der Sonderanknüpfung zwingenden Rechts zum Schutz der schwächeren Vertragspartei[707] erlaubt deutschen Gerichten unter den Voraussetzungen des Art. 9 Abs. 3 Rom I-VO auch die **Anwendung ausländischer, vom Vertragsstatut nicht erfasster Bestimmungen,** wenn enge Beziehungen zu dem betreffenden ausländischen Staat bestehen. Grundsätzlich **nicht anzuwenden** sind aber **fremde öffentlich-rechtliche Vorschriften wirtschafts- und staatspolitischer Art,** wie solche des ehem. **sowjetischen Außenhandelsmonopols,** deren Wirkungen sich auf das betreffende ausländische Territorium beschränkten.[708] 166

4. Form der Verträge

Für die Form von Urheberrechtsverträgen gilt internationalprivatrechtlich Art. 11 Rom I-VO. Danach ist ein solcher Vertrag wirksam, wenn er entweder den Formerfordernissen des **Vertragsstatuts** oder denjenigen des **Rechts am Ort des Vertragsschlusses** genügt (Abs. 1). Diese Regelung betrifft Verträge zwischen Personen in demselben Staat. Art. 11 Abs. 2 Rom I-VO stellt klar, dass ein Vertrag zwischen **Personen in verschiedenen Staaten** formgültig ist, wenn er die Formerfordernisse des Vertragsstatuts oder die Formerfordernisse des Rechts eines der Staaten, in denen sich eine der Vertragsparteien oder ihr Vertreter zum Zeitpunkt des Vertragsschlusses befindet, oder die Formerfordernisse des Rechts des Staates, in dem eine der Vertragsparteien zu diesem Zeitpunkt ihren gewöhnlichen Aufenthalt hatte, erfüllt. Bei Urheberrechtsverträgen gilt das vorstehend Gesagte sowohl für das **Verpflichtungs-** wie für das **Verfügungsgeschäft,** insbes. ist für das letztere nach hM nicht auf das Schutzlandrecht[709] abzustellen.[710] Demgegenüber verlangen Vertreter der Spaltungstheorie[711] in Bezug auf das urhebervertragsrechtliche Verfügungsgeschäft die Beachtung des Rechts des jeweiligen Schutzlandes.[712] 167

X. Internationale Zuständigkeit der Gerichte

1. Vor den **deutschen Gerichten** können grundsätzlich auch **im Ausland begangene Verletzungen ausländischer Urheberrechte**[713] verfolgt werden; dem steht insbes. das Territorialitätsprinzip[714] nicht entgegen.[715] Voraussetzung ist die **internationale Zuständigkeit** des deutschen Ge- 168

---

[705] BGH MMR 2015, 324 (327) – Hi Hotel II.

[706] → Rn. 161; aA Dreier/Schulze/*Dreier* Vor §§ 120 ff. Rn. 55; *Schricker* Verlagsrecht Einl. Rn. 47.

[707] → Rn. 164.

[708] BGHZ 64, 183 (188 ff.) – August Vierzehn; siehe auch zu einer anderen Fallkonstellation BGH GRUR 2001, 1134 (1137) – Lepo Sumera; LG München I GRUR-Int 2010, 67 – Dimitri Kabalewski, und dazu → Rn. 152; zur Berücksichtigung ausländischer kulturpolitischer Vorschriften über Ausfuhrverbote für Kulturgüter im Rahmen des § 138 BGB siehe BGHZ 59, 82 (85 f.) – afrikanische Masken; zur Berücksichtigung französischen Devisenrechts hinsichtlich der Erfüllung eines französischem Recht unterliegenden Filmverwertungsvertrags BGH UFITA 23 (1957), 88 (94).

[709] → Rn. 121.

[710] *Ulmer* Die Immaterialgüterrechte S. 58 f.; *Schricker* Verlagsrecht Einl. Rn. 45; *v. Gamm* Einf. Rn. 146; BGH GRUR 1956, 135 (138) – Sorrell and Son – insoweit in BGHZ 19, 110 nicht abgedruckt.

[711] → Rn. 151.

[712] *Hausmann* FS Schwarz, 1988, 47 (69 f.); *Hiestand* S. 116 f.; *Kleine* S. 116 f.; Reithmann/Martiny/*Obergfell* Rn. 1774. im Übrigen auch → Rn. 161 zur konventionsrechtlichen Regelung der Form von Filmverträgen.

[713] → Rn. 127.

[714] → Rn. 109.

[715] *Ulmer* Die Immaterialgüterrechte S. 16; *Bornkamm* in *Schwarze* S. 127, 130; *Troller* S. 261 ff., 271 f.; zum Ergebnis siehe auch BGHZ 136, 380 (385) – Spielbankaffaire, und OLG München ZUM 2003, 141 (144 ff.) – Spielbankaffaire II; Schadensersatz- und Unterlassungsklage wegen Verletzung des Luxemburger Urheberrechts; BGH GRUR 2004, 855 (856) – Hundefigur und BGH GRUR 2007, 691 – Staatsgeschenk: zum Klageantrag bei Gel-

richts, die im Allgemeinen[716] dann gegeben ist, wenn ein Gericht nach den Gerichtsstandsregeln der §§ 12 ff. ZPO **örtlich** zuständig ist.[717] In Betracht kommen insbes. die **Gerichtsstände** des **Wohnsitzes** oder **Aufenthaltsorts** bzw. des **Sitzes des Beklagten,**[718] des **inländischen Vermögens** (§ 23 ZPO) und des **Begehungsorts der unerlaubten Handlung.**[719] Die örtliche und internationale Zuständigkeit eines deutschen Gerichts gemäß § 32 ZPO wird **nicht** durch den **Wohnsitz oder Sitz des Verletzten** bzw. Klägers iSd Orts des Schadenseintritts oder der Nichteinholung der erforderlichen Einwilligung in die Werkverwertung begründet.[720]

169   2. Eine selbstständige und im Rahmen ihres Anwendungsbereichs gegenüber den Regeln der ZPO **vorrangige Regelung** der internationalen Zuständigkeit enthält die **Verordnung (EG) Nr. 1215/2012 über die gerichtliche Zuständigkeit und die Anerkennung und Vollstreckung von Entscheidungen in Zivil- und Handelssachen** vom 12.12.2012 (Brüssel Ia-VO).[721] Sie ist am 10.1.2015 in Kraft getreten und löst die bis dahin geltende Verordnung (EG) Nr. 44/2001 (Brüssel I-VO) ab.[722] Die Brüssel Ia-VO gilt wie bereits die Brüssel I-VO für alle EU-Mitgliedstaaten.[723] Vor der Brüssel I-VO galt das Brüsseler Übereinkommen über die gerichtliche Zuständigkeit und die Vollstreckung gerichtlicher Entscheidungen in Zivil- und Handelssachen[724] vom 27.9.1968,[725] das am 1.2.1973 für die sechs Gründerstaaten der EWG in Kraft getreten ist.[726] Rechtsprechung des EuGH zum Brüsseler Übereinkommen und der Brüssel I-VO kann – vorbehaltlich einer Änderungen am Regelungstext – auf zur Auslegung der Brüssel Ia-VO herangezogen werden.[727] Die EU-Staaten sind darüber hinaus durch das mit dem Brüsseler Übereinkommen inhaltlich weitgehend übereinstimmende **Lugano-Übereinkommen** gleichen Namens vom 16.9.1988[728] mit den EFTA-Staaten Island, Norwegen und Schweiz[729] verbunden.[730] Das ursprüngliche Lugano-Übereinkommen ist inzwischen durch das **Lugano-Übereinkommen von 2007,** dh durch das Übereinkommen vom 30.10.2007 über die gerichtliche Zuständigkeit und die Anerkennung und Vollstreckung von Entscheidungen in Zivil- und Handelssachen[731] ersetzt worden. Das Lugano-Übereinkommen von 2007 dient der Anpassung an die Brüssel I-VO und stimmt mit dieser weitgehend überein. Nachdem die EG das Übereinkommen am 18.5.2009 ratifiziert hat und Norwegen dem am 1.7.2009 gefolgt ist, ist das Übereinkommen am 1.1.2010 in Kraft getreten.[732]

170   **Die Brüssel Ia-VO ist nach ihrem Art. 1 Abs. 1 S. 1 sachlich** auf Zivil- und Handelssachen anwendbar, zu denen auch alle zivilrechtlichen Streitigkeiten über das Urheberrecht und die verwandten Schutzrechte zu rechnen sind.[733] **Zeitlich** ist sie auf alle Klagen anwendbar, die nach ihrem Inkrafttreten am 10.1.2015 erhoben werden (Art. 66 Abs. 1). **Räumlich** gilt die EuGVVO für alle Mitgliedstaaten der EU und **persönlich** für alle Klagen gegen Beklagte, die, ohne Rücksicht auf ihre Staatsangehörigkeit, ihren Wohnsitz bzw. Sitz in einem Mitgliedstaat der EU haben.[734] **Nicht** erfasst werden **reine Inlandssachverhalte,**[735] und str. ist, ob der somit erforderliche internationale Bezug

---

tendmachung von Ansprüchen wegen Urheberrechtsverletzung im In- und Ausland; LG München I ZUM-RD 2002, 21 (23) – Just be free: Verfügungsantrag wegen Rechtsverletzung in Deutschland, Österreich und der Schweiz; zur Zuständigkeit für den Erlass einer einstweiligen Verfügung gegen verletzende Filmvorführungen in England und den USA KG GRUR 1931, 1090 – Die Affäre Dreyfuß; zum Patentrecht OLG Düsseldorf GRUR-Int 1968, 100 f. – Kunststofflacke; zum Markenrecht BGHZ 22, 1 (13) – Flava-Erdgold.

[716] Aber insbes. → Rn. 171 f.

[717] Baumbach/Lauterbach/Albers/Hartmann ZPO Übers. § 12 Rn. 7; BGH GRUR 1980, 227 (229 f.) – Monumenta Germaniae Historica; OLG Düsseldorf AfP 2007, 159 (160) – New York Times, zu § 32 ZPO und Verletzung des Persönlichkeitsrechts.

[718] §§ 12, 13, 16, 17 ZPO.

[719] § 32 ZPO.

[720] BGHZ 52, 108 (110 ff.); OLG München GRUR 1990, 677 – Postervertrieb; dazu auch → Rn. 112 sowie → § 105 Rn. 18.

[721] ABl. 2015 L 351, S. 1.

[722] ABl. 2001 L 12, S. 1; dazu auch EU-Beitrittsakte 2003 vom 16.4.2003, ABl. 2003 L 236, S. 33.

[723] Siehe Erw. 41 Brüssel Ia-VO sowie Art. 1 Abs. 3 Brüssel I-VO. Zur Einbeziehung Dänemarks siehe das Abkommen zwischen der Europäischen Gemeinschaft und dem Königreich Dänemark über die gerichtliche Zuständigkeit und die Anerkennung und Vollstreckung von Entscheidungen in Zivil- und Handelssachen, ABl. 2013 L 79, S. 4.

[724] Europäisches Gerichtsstands- und Vollstreckungsübereinkommen, EuGVÜ oder auch Brüssel I-Übereinkommen, ABl. 1972 L 299, S. 32.

[725] BGBl. 1972 II S. 774.

[726] BGBl. 1973 II S. 60.

[727] Erw. 34 Brüssel Ia-VO.

[728] ABl. 1988 L 319, S. 9 = BGBl. 1994 II S. 2658.

[729] Von Liechtenstein nicht ratifiziert.

[730] Dazu Näheres bei Loewenheim/*Walter* HdB des Urheberrechts § 58 Rn. 165 ff.

[731] ABl. 2007 L 339, S. 3; Beschluss des Rates vom 27.11.2008 betr. den Abschluss dieses Übereinkommens, ABl. 2009 L 147, S. 1; deutsches Gesetz zur Durchführung des Übereinkommens und zur Änderung des BGB vom 10.12.2008, BGBl. 2008 I S. 2399; AmtlBegr. in BT-Drs. 16/10, 119.

[732] Siehe https://www.bj.admin.ch/bj/de/home/wirtschaft/privatrecht/lugue-2007/lugue-1988.html (21.8. 2019).

[733] Loewenheim/*Walter* HdB des Urheberrechts § 58 Rn. 167.

[734] Art. 4 Abs. 1, Art. 63. Bedeutsame Ausnahmen finden sich in den Art. 18 (Klagen von Verbrauchern) und Art. 24 (Ausschließliche Zuständigkeit).

[735] Baumbach/Lauterbach/Albers/Hartmann ZPO (72. Aufl.) EuGVVO Übers. vor Art. 2 Rn. 3.

zu einem anderen Mitgliedstaat der EU gegeben sein muss oder ob auch ein solcher zu einem **Dritt-staat** ausreicht.[736] Als allgemeine Gerichtsstandsregel bestimmt Art. 4 Abs. 1 EuGVVO, dass Personen mit Wohnsitz in einem Vertragsstaat ohne Rücksicht auf ihre Staatsangehörigkeit vor den Gerichten dieses Staates zu verklagen sind; **allgemeiner Gerichtsstand** ist damit der des **Beklagtenwohnsitzes.** Insoweit ist anerkannt, dass der Verletzer vor seinem Wohnsitzgericht auch wegen **Verletzung eines in einem anderen Vertragsstaat bestehenden Urheberrechts** verklagt werden kann,[737] und zwar nicht nur auf Schadensersatz, sondern auch auf Unterlassung.[738] Die Kognitionsbefugnis der Gerichte des allgemeinen Gerichtsstandes ist territorial unbegrenzt. Nach **Art. 7 Nr. 2 Brüssel Ia-VO** bzw. Art. 5 Nr. 3 Brüssel I-VO kann eine Person mit Wohnsitz in einem Vertragsstaat wegen unerlaubter Handlungen auch in einem anderen Vertragsstaat verklagt werden, wenn hier das schädigende Ereignis eingetreten ist oder einzutreten droht **(Gerichtsstand der unerlaubten Handlung);** auch nach diesen Bestimmungen kann trotz ihrer von § 32 ZPO abweichenden Formulierung bei Urheberrechtsverletzungen die Zuständigkeit des Gerichts am Wohnsitz des Verletzten und Verletzungsklägers nur begründet werden, wenn die Verletzungshandlung hier vorgenommen worden ist. Da die Verletzung von Urheberrechten stets in der Vornahme bestimmter Handlungen liegt, die dem Rechtsinhaber vorbehalten sind, fallen der **Handlungs- und Erfolgsort im Urheberrecht zusammen,**[739] so dass eine Auswahl zwischen verschiedenen Verletzungsorten ausscheidet. Denkbar ist allerdings, dass sich eine Handlung in einem Staat zugleich als kausaler Beitrag für eine Urheberrechtsverletzung durch Dritte in einem anderen Staat auswirkt.[740] Nach der **Rechtsprechung des EuGH** ist die **Kognitionsbefugnis der Gerichte am Deliktsgerichtsstand auf Verletzung im Gerichtsstaat begrenzt,** so dass vor einem deutschen Gericht, dessen internationale Zuständigkeit nur durch den Begehungsort der Urheberrechtsverletzung in Deutschland begründet ist, auch nur die Verletzung des deutschen Urheberrechts geltend gemacht werden kann.[741]

Im Hinblick auf Internetsachverhalte wurde dem **EuGH in jüngerer Zeit** wiederholt die 171 Frage vorgelegt, unter welchen **Voraussetzungen** der **Deliktsgerichtsstand** gemäß Art. 5 Nr. 3 Brüssel I-VO (nunmehr mit gleichem Wortlaut Art. 7 Abs. 2 „Brüssel Ia"-VO) bei **Urheberrechtsverletzungen im Internet** eröffnet ist. Auch wenn die besonderen Gerichtsstände grundsätzlich eng auszulegen sind, ist der Gerichtshof doch sehr weit gegangen. So ließ er es in der Entscheidung **„Pinckney"** für die Zuständigkeit eines französischen Gerichts ausreichen, dass Tonträger über eine dort abrufbare Webseite erhältlich waren, die die Beklagte in einem anderen Staat vervielfältigt hatte.[742] Bedenkt man, dass die Beklagte weder einen Sitz in Frankreich hatte, noch die dort abrufbare Webseite betrieb, so ist die vom EuGH bejahte Zuständigkeit der französischen Gerichte in der Tat abzulehnen.[743] Für Persönlichkeitsrechtsverletzungen durch Webseiten geht der Gerichtshof schon länger davon aus, dass an jedem Ort, an dem eine Webseite abgerufen werden kann, ein möglicher Erfolgsort liegt, mit der Konsequenz, dass die örtlichen Gerichte jedenfalls mit Wirkung für den betreffenden Staat urteilen können.[744] Eine vergleichbare Linie zeichnet sich für das Urheberrecht nun mit der Entscheidung **„Hejduk"** ab.[745] In dem zugrunde liegenden Fall klagte eine österreichische Fotografin gegen ein deutsches Unternehmen, welches Fotografien ohne Einwilligung auf einer Webseite mit der Top-Level-Domain „.de" verwendet hatte. Das beklagte Unternehmen wandte gegen die Zuständigkeit der österreichischen Gerichte ein, dass die Webseite nicht auf Österreich ausgerichtet gewesen sei. Diesem Einwand folgte der EuGH nicht. Art. 5 Nr. 3 Brüssel I-VO (nunmehr mit gleichem Wortlaut Art. 7 Abs. 2 „Brüssel Ia"-VO) **verlange für die Verwirklichung des Schadenserfolgs in Österreich nicht, dass die Webseite auf Österreich ausgerichtet sei.** Ob damit eine **Erfolgsortzuständigkeit bei der bloßen Abrufbarkeit** von geschützten Inhalten in jedem Fall eröffnet werden soll, muss aber erst die **weitere Entwicklung der Rechtsprechung** zeigen. Im Fall „Hejduk" hatte immerhin die Klägerin ihren Sitz im Gerichtsstaat; zudem ist eine Fotografie ihrer Natur nach in allen Staaten sinnvoll nutzbar, in denen sie abgerufen werden kann. Dies ist bei anderen Werkarten nicht ohne Weiteres der Fall, etwa bei Texten in wenig verbreiteten Sprachen. Ob auch hier die bloße Abrufbarkeit einer Webseite genügt, selbst wenn die Sprache des Textes im Gerichtsstaat nicht verbreitet ist und der Rechtsinhaber zudem keinen gewöhnlichen Aufenthalt im Gerichtsstaat hat, ist weiterhin unklar. Der **BGH** hat in der Entscheidung **„Wagenfeld-Leuch-**

[736] Baumbach/Lauterbach/Albers/Hartmann ZPO (72. Aufl.) EuGVVO Übers. vor Art. 2 Rn. 3.
[737] Dazu *Ulmer* Die Immaterialgüterrechte S. 17 f.; *Bornkamm* in *Schwarze* S. 127, 130, 132; zum allgemeinen deutschen Recht → Rn. 168.
[738] *Bornkamm* in *Schwarze* S. 127, 131; OLG München GRUR 1990, 677 f. – Postervertrieb; LG München I ZUM-RD 2002, 21 (23) – Just be free.
[739] Das sonst geltende „Ubiquitätsprinzip" greift im Urheberrecht nicht, siehe *Schack*, Internationales Zivilverfahrensrecht, Rn. 334, 343.
[740] Hierzu EuGH GRUR 2014, 599 –Hi Hotel; siehe auch BGH MMR 2015, 324 – Hi Hotel II.
[741] Zum Urheberrecht siehe EuGH GRUR 2014, 100 Ls. – Pinckney; EuGH GRUR 2015, 296 Ls. – Hejduk. Siehe auch *Bornkamm* in *Schwarze* S. 127, 130, 132, der dieses Ergebnis auch auf das autonome deutsche Recht anwendet; kritisch *Schack* NJW 2013, 3627 (Anm. zu EuGH Pinckney).
[742] EuGH GRUR 2014, 100 – Pinckney.
[743] So etwa pointiert von *Schack* NJW 2013, 3629.
[744] EuGH GRUR 2012, 300 – eDate.
[745] EuGH GRUR 2015, 296 Rn. 32 f. – Hejduk.

te"[746] bei Bejahung der internationalen Zuständigkeit der deutschen Gerichte nach Art. 5 Nr. 3 Brüsseler Übereinkommen darauf abgestellt, dass die angegriffene und dann als Angebot iSd deutschen Verbreitungsrechts (§ 17 Abs. 1) gewertete Werbung im Internet in deutscher Sprache gehalten und an deutsche Kunden gerichtet war. Der BGH hat in den letzten Jahren zudem wiederholt für das **Markenrecht** und für das **Recht des unlauteren Wettbewerbs** für die Zuständigkeit verlangt, dass **die Webseite einen hinreichenden Inlandsbezug aufweist bzw. sich bestimmungsgemäß im Inland auswirken soll**.[747] Auch nach „Hejduk" sollte es erlaubt sein, über die Übertragung dieser Grundsätze auf das Urheberrecht nachzudenken, jedenfalls in Fällen mit schwachem Inlandsbezug.[748] Für die Bestimmung der internationalen Zuständigkeit gem. **§ 32 ZPO** hat der BGH in seiner Entscheidung **„An evening with Marlene Dietrich"** zuletzt unter Verweis auf die Rechtsprechung des EuGH entschieden, dass die Zuständigkeit zu bejahen ist wenn die geltend gemachten Rechte im Inland geschützt sind und die **Internetseite (auch) im Inland öffentlich zugänglich** ist; es ist dagegen nicht erforderlich, dass der Internetauftritt bestimmungsgemäß (auch) im Inland abgerufen werden kann.[749]

172   **Als weitere besondere Gerichtsstände** sieht die Brüssel Ia-VO denjenigen des **Erfüllungsortes bei Verträgen** (Art. 7 Nr. 1) vor; hierzu hat der EuGH in der Entscheidung „Falco Privatstiftung" klargestellt, dass es sich bei Verträgen über die entgeltliche Einräumung von Nutzungsrechten nicht um Dienstleistungsverträge gem. Art. 7 Abs. 1b) zweiter Spiegelstrich. handelt.[750] Es finden also die allgemeinen Grundsätze aus Art. 7 Abs. 1a) Anwendung, wonach für jede Verpflichtung im Einzelnen der Erfüllungsort zu ermitteln ist, wobei das nach dem Kollisionsrecht des Forums berufene Recht maßgeblich für die Bestimmung des Erfüllungsortes ist.[751] Praktisch bedeutsam ist zudem der Gerichtsstand der **Beklagtenmehrheit**.[752] **Ausgeschlossen** ist der **Gerichtsstand des Vermögens** (Art. 5 Brüssel Ia-VO). Selbstständig und gegenüber §§ 38–40 ZPO liberaler geregelt sind in Art. 25 Brüssel Ia-VO **internationale Gerichtsstandsvereinbarungen**.

XI. Deutsch-deutscher Einigungsvertrag

Schrifttum: *Faupel,* Deutsche Einheit und Schutz des geistigen Eigentums, Mitt. 1990, 201; *Flechsig,* Einigungsvertrag und Urhebervertragsrecht, ZUM 1991, 1; *ders.,* Die clausula rebus sic stantibus im Urhebervertragsrecht – Die Lehre vom Wegfall der Geschäftsgrundlage im Urhebervertragsrecht im Lichte des Einigungsvertrages und Sendeauftrag der öffentlich-rechtlichen Rundfunkanstalten, FS Nirk (1992), S. 263; *Haupt,* Die Übertragung des Urheberrechts, ZUM 1999, 898; *Katzenberger,* Urheberrecht und Urhebervertragsrecht in der deutschen Einigung, GRUR-Int 1993, 2; *Loewenheim,* Die Behandlung von vor der Wiedervereinigung eingeräumten vertraglichen Vertriebs- und Verwertungsrechten in den alten und neuen Bundesländern, GRUR 1993, 934; *Pfister,* Das Urheberrecht im Prozeß der deutschen Einigung, 1996; *Püschel,* Einigungsvertrag und Geltungsbereich des Urheberrechtsgesetzes, GRUR 1992, 579; *ders.,* Internationales Urheberrecht, 1982; *Schmits,* Die Auswirkungen von staatlicher Wiedervereinigung und rundfunkrechtlicher Sendegebietserweiterung auf bestehende Fernsehlizenzverträge, ZUM 1993, 72; *Schricker,* Strahlende Zukunft – im Urheberrecht zweigeteilt?, IPRax 1992, 216; *ders.,* Kurzkommentar zu BGH, Urt. v. 4.7.1996 – I ZR 101/94, EWiR 1996, 1139; *Schulze, G.,* Zählt die DDR rückwirkend zum Geltungsbereich des Urheberrechtsgesetzes?, GRUR 1991, 731; *Schwarz,* Anmerkung zum Urteil des Bundesgerichtshofs vom 4. Juli 1996 (AZ I ZR 101/94), ZUM 1997, 94; *Schwarz/Zeiss,* Altlizenzen und Wiedervereinigung, ZUM 1990, 468; *Stögmüller,* Deutsche Einigung und Urheberrecht, 1994; *Wandtke,* Auswirkungen des Einigungsvertrags auf das Urheberrecht in den neuen Bundesländern, GRUR 1991, 263; *ders.,* Zu den Leistungsschutzrechten im Zusammenhang mit dem Einigungsvertrag, GRUR 1993, 18.

173   **a)** Der Vertrag zwischen der Bundesrepublik Deutschland und der Deutschen Demokratischen Republik über die Herstellung der deutschen Einheit, der sog. **Einigungsvertrag**,[753] ist am 31.8. 1990 geschlossen worden und zusammen mit dem Einigungsvertragsgesetz vom 23.9.1990[754] am 29.9. 1990 in Kraft getreten.[755] Die **Einheit Deutschlands** wurde mit Wirkung vom **3.10.1990** hergestellt. Zu diesem Datum hatte die Volkskammer der DDR am 23.8.1990 deren Beitritt zur Bundesrepublik Deutschland nach Art. 23 GG beschlossen.[756] Mit diesem Tag der deutschen Einheit wurde in Deutschland auch die **Rechtseinheit auf dem Gebiet des Urheberrechts** erreicht. An ihm trat nach Art. 8 des Einigungsvertrags im Beitrittsgebiet Bundesrecht in Kraft; dasselbe galt nach Art. 10 des Einigungsvertrags für das europäische Gemeinschaftsrecht. Zugleich trat das Urheberrechtsgesetz (URG) der DDR außer Kraft. Die Anlage II zum Einigungsvertrag, auf die Art. 9 Abs. 2 dieses Ver-

---

[746] BGH GRUR 2007, 871 (872).
[747] BGH GRUR 2014, 601 – englischsprachige Pressemitteilung. So bereits BGH GRUR 2006, 513 – Arzneimittelwerbung im Internet.
[748] Siehe Art. 2:202 CLIP-Principles.
[749] BGH GRUR 2016, 1048 Ls. 5 und Rn. 18 – An evening with Marlene Dietrich.
[750] EuGH GRUR 2009, 753 – Falco Privatstiftung.
[751] Hierzu grundlegend EuGH NJW 1977, 491 – Tessili.
[752] Art. 6 Nr. 1, Zuständigkeit des Gerichts am Wohnsitz einer der Beklagten. Siehe hierzu den patentrechtlichen Fall EuGH GRUR 2007, 49 – Roche Nederland.
[753] BGBl. 1990 II S. 889.
[754] BGBl. 1990 II S. 885.
[755] BGBl. 1990 II S. 1360.
[756] GBl. der DDR 1990 I S. 1324; siehe auch BGBl. 1990 I S. 2057 f.

trags über fortgeltendes Recht der DDR verweist, das nach der Kompetenzordnung des Grundgesetzes Bundesrecht ist, führt keine fortgeltenden Regelungen des URG der DDR auf. Aus dieser Rechtslage folgt, dass jedenfalls alle seit dem 3.10.1990 geschaffenen Werke und erbrachten Leistungen ausschließlich nach dem bundesdeutschen UrhG zu beurteilen sind.

b) Art. 8 des Einigungsvertrags bestimmt das Inkrafttreten des Rechts der Bundesrepublik im Beitrittsgebiet vorbehaltlich anderslautender Bestimmungen insbes. in der Anlage I zum Einigungsvertrag. Diese Anlage I enthält **Besondere Bestimmungen zur Überleitung von Bundesrecht.** In ihrem Kapitel III betr. den Geschäftsbereich des Bundesministers der Justiz finden sich zum Sachgebiet E[757] unter Abschnitt II Nr. 2 auch das Bundesrecht ergänzende **Besondere Bestimmungen zur Einführung des Urheberrechtsgesetzes.** Die insgesamt nur vier Paragraphen lauten wie folgt:

§ 1 (1) Die Vorschriften des Urheberrechtsgesetzes sind auf die vor dem Wirksamwerden des Beitritts geschaffenen Werke anzuwenden. Dies gilt auch, wenn zu diesem Zeitpunkt die Fristen nach dem Gesetz über das Urheberrecht der Deutschen Demokratischen Republik schon abgelaufen waren.

(2) Entsprechendes gilt für verwandte Schutzrechte.

§ 2 (1) War eine Nutzung, die nach dem Urheberrechtsgesetz unzulässig ist, bisher zulässig, so darf die vor dem 1. Juli 1990 begonnene Nutzung in dem vorgesehenen Rahmen fortgesetzt werden, es sei denn, dass sie nicht üblich ist. Für die Nutzung ab dem Wirksamwerden des Beitritts ist eine angemessene Vergütung zu zahlen.

(2) Rechte, die üblicherweise vertraglich nicht übertragen werden, verbleiben dem Rechteinhaber.

(3) Die Absätze 1 und 2 gelten für verwandte Schutzrechte entsprechend.

§ 3 (1) Sind vor dem Wirksamwerden des Beitritts Nutzungsrechte ganz oder teilweise einem anderen übertragen worden, so erstreckt sich die Übertragung im Zweifel auch auf den Zeitraum, der sich durch die Anwendung des Urheberrechtsgesetzes ergibt.

(2) In den Fällen des Absatzes 1 hat der Nutzungsberechtigte dem Urheber eine angemessene Vergütung zu zahlen. Der Anspruch auf die Vergütung entfällt, wenn alsbald nach seiner Geltendmachung der Nutzungsberechtigte dem Urheber das Nutzungsrecht für die Zeit nach Ablauf der bisher bestimmten Schutzdauer zur Verfügung stellt.

(3) Rechte, die üblicherweise vertraglich nicht übertragen werden, verbleiben dem Rechteinhaber.

(4) Die Absätze 1 und 2 gelten für verwandte Schutzrechte entsprechend.

§ 4 Auch nach Außerkrafttreten des Urheberrechtsgesetzes der Deutschen Demokratischen Republik behält ein Beschluss nach § 35 dieses Gesetzes seine Gültigkeit, wenn die mit der Wahrnehmung der Urheberrechte an dem Nachlass beauftragte Stelle weiter zur Wahrnehmung bereit ist und der Rechtsnachfolger des Urhebers die Urheberrechte an dem Nachlass nicht selbst wahrnehmen will.

c) Darüber hinaus sind im Zusammenhang mit der deutschen Wiedervereinigung auf dem Gebiet des Urheberrechts keine weiteren gesetzlichen Regelungen erlassen worden. Insbes. enthält auch das Gesetz über die Erstreckung von gewerblichen Schutzrechten vom 23.4.1992,[758] das sog. **Erstreckungsgesetz, keine urheberrechtlichen Bestimmungen.** In der AmtlBegr. zu diesem Gesetz[759] werden als Parallele zu Lizenzverträgen über gewerbliche Schutzrechte jedoch auch **Nutzungsverträge über Urheber- und Leistungsschutzrechte angesprochen,** die im Beitrittsgebiet schon bestanden haben: Für solche Verträge enthalten die Besonderen Bestimmungen des Einigungsvertrags zur Einführung des UrhG keine Regelungen, weil davon ausgegangen wurde, dass die entsprechenden Vereinbarungen im Wege der Vertragsauslegung oder der Vertragsanpassung wegen geänderter Verhältnisse den neuen Gegebenheiten angepasst werden. In der Regel, so die AmtlBegr., werde der Nutzungsberechtigte vom Rechtsinhaber eine solche Vertragsanpassung verlangen können. Als Beispiel wird dabei die Einräumung des Senderechts an eine Rundfunkanstalt erwähnt, deren Sendegebiet sich infolge des Beitritts vergrößert hat.

d) Was die **Besonderen Bestimmungen des Einigungsvertrags zum Urheberrecht im Einzelnen** betrifft, so bestimmt § 1 Abs. 1 S. 1, Abs. 2 die Anwendung des bundesdeutschen UrhG auch auf **Werke und Leistungen aus der Zeit vor dem Beitritt.**[760] Dies entspricht der Übergangsregelung des § 129 Abs. 1 und vermeidet, dass in Bezug auf ältere und neuere Werke und Leistungen noch auf Jahrzehnte hinaus zwei Urheberrechtsordnungen nebeneinander angewendet werden müssen.[761] Außerdem hätte eine weitere Anwendung des URG der DDR auf Werke und Leistungen aus der Zeit vor dem 3.10.1990 insoweit die angestrebte territoriale Rechtseinheit verhindert. Abweichend von § 129 Abs. 1[762] ergibt sich jedoch aus § 1 Abs. 1 S. 2, Abs. 2 der Besonderen Bestimmungen, dass das UrhG auch dann anzuwenden ist, wenn zu diesem Zeitpunkt die Schutzfrist für ein Werk oder eine Leistung nach dem Recht der DDR schon abgelaufen war. Aus dem UrhG kann sich in solchen Fällen ein **Wiederaufleben des Schutzes** ergeben. Diese Regelung trägt zum einen dem Umstand Rechnung, dass die Schutzfristen des DDR-Rechts mit 50 Jahren für das Urheberrecht und mit nur 10 Jahren für die verwandten Schutzrechte im Regelfall erheblich kürzer waren als diejenigen des UrhG. Zum anderen war sie um der Rechtseinheit willen notwendig, denn dieselben älteren

174

175

176

---

[757] Gewerblicher Rechtsschutz, Recht gegen den unlauteren Wettbewerb, Urheberrecht.
[758] BGBl. 1992 I S. 938.
[759] BT-Drs. 12/1399, 26.
[760] Siehe auch BGHZ 147, 244 (249) – Barfuß ins Bett.
[761] → § 129 Rn. 1.
[762] → § 129 Rn. 10.

Werke und Leistungen sowohl von Bundesbürgern als auch von DDR-Angehörigen waren (und sind) in den alten Bundesländern ja ohnehin durch das UrhG mit seinen längeren Schutzfristen geschützt.[763]

177 **Ebenfalls allein schon aus Gründen einer möglichst weitgehenden Rechtseinheit ist anzunehmen, dass das UrhG auch auf solche Gegenstände** aus der Zeit vor der deutschen Wiedervereinigung anzuwenden ist, die **nach DDR-Recht nicht schutzfähig** waren. Die amtlichen Erläuterungen zu § 1 der Besonderen Bestimmungen erwähnen in diesem Sinne Computerprogramme, wissenschaftliche Ausgaben und Ausgaben nachgelassener Werke;[764] weitere Beispiele sind nicht schöpferische Laufbilder und die Leistungen des Filmherstellers.[765]

178 **Aus § 1 der Besonderen Bestimmungen folgt auch, dass sich Inhalt, Schranken und Dauer des Schutzes** sowohl älterer als auch neuer Werke und Leistungen **seit dem 3.10.1990** in Bezug auf das ganze Deutschland ausschließlich nach dem bundesdeutschen UrhG richten. Auch die amtlichen Erläuterungen[766] sprechen in diesem Sinne von einer Neugestaltung der Nutzungsrechte und von einer Verlängerung der Schutzfristen auch dort, wo diese nach dem bisher geltenden Recht schon abgelaufen waren. Im Vergleich mit dem Recht der DDR bedeutet dies in aller Regel eine erhebliche Ausweitung des Schutzes. **Im Beitrittszeitpunkt bereits abgeschlossene Nutzungen** werden dadurch aber **nicht nachträglich und rückwirkend unzulässig oder vergütungspflichtig.**[767] Für **Nutzungen ab dem Beitrittszeitpunkt,** für welche diese Regel des intertemporalen Rechts nicht gilt, trägt im Übrigen § 2 der Besonderen Bestimmungen dem Gedanken des **Vertrauensschutzes** Rechnung: Eine nunmehr **unzulässige Nutzung darf fortgesetzt** werden, und zwar in dem vorgesehenen Rahmen, wenn sie bisher nach dem Recht der DDR zulässig war, wenn mit ihr zudem vor dem 1.7.1990 begonnen worden war und wenn sie außerdem üblich war.[768] Bei diesem Datum (1.7.1990) handelt es sich um den Tag des Inkrafttretens der deutsch-deutschen Währungs-, Wirtschafts- und Sozialunion. Spätestens von diesem Ereignis an war mit der deutschen Einheit zu rechnen und ein Vertrauen auf den Fortbestand der DDR-Rechtslage nicht mehr schutzwürdig. Als Ausgleich für die gesetzlich gestattete Fortsetzung der Nutzung gewährt § 2 Abs. 1 S. 2, Abs. 3 der Besonderen Bestimmungen für die Zeit ab Wirksamwerden des Beitritts (3.10.1990) dem Rechtsinhaber einen **Anspruch auf angemessene Vergütung.**[769] Rechte, die wie Videorechte üblicherweise vertraglich nicht übertragen wurden, verblieben im Übrigen dem Rechteinhaber.[770]

179 **§ 3 der Besonderen Bestimmungen des Einigungsvertrags zum Urheberrecht regelt vertragsrechtliche Fragen,** soweit sie sich aus der **Verlängerung der Schutzfristen** ergeben, die aus der Anwendung des UrhG auf das Beitrittsgebiet folgt. Sie ist daher eine Parallelvorschrift zu den Übergangsbestimmungen anlässlich sonstiger Schutzfristverlängerungen, dh den §§ 137 Abs. 2–4, 137a Abs. 2, 137b Abs. 2, 137c Abs. 2 und 137f Abs. 4. Nach § 3 Abs. 1, 4 der Besonderen Bestimmungen gilt als **Auslegungsregel,** dass sich die **Einräumung eines Nutzungsrechts** aus der Zeit vor dem Beitritt **im Zweifel auch auf den zusätzlichen Schutzzeitraum erstreckt.** Unter den zitierten Parallelbestimmungen sieht lediglich § 137a Abs. 2 das umgekehrte Ergebnis vor, nämlich dass sich eine Rechtseinräumung aus der Zeit vor der Verlängerung der betreffenden Schutzfrist auf den Verlängerungszeitraum im Zweifel nicht erstreckt. Als Kompensation gewährt § 3 Abs. 2 S. 1, Abs. 4 dem **Urheber** oder Inhaber eines verwandten Schutzrechts gegen den Nutzungsberechtigten einen **Anspruch auf angemessene Vergütung.** Nach Ansicht des KG[771] soll der Vergütungsanspruch ausübender Künstler[772] nur Platz greifen, wenn der Nutzungsberechtigte ihr Vertragspartner ist, nicht aber, wenn der Nutzungsberechtigte seine Nutzungsbefugnis auf Grund Weiterübertragung mit Zustimmung der Künstler von deren Vertragspartner erworben hat. In diesem Falle stehe der Vergütungsanspruch in analoger Anwendung der Bestimmung jedoch dem Vertragpartner zu. Der **Vergütungsanspruch entfällt** im Übrigen, wenn der Nutzungsberechtigte dem Urheber oder sonstigen Rechtsinhaber alsbald nach Geltendmachung des Anspruchs das Nutzungsrecht für die Zeit nach Ablauf der bisher bestimmten Schutzdauer zur Verfügung stellt.[773] **Ausgenommen** von der Auslegungsregel des § 3 Abs. 1, 4 und damit auch von dem Vergütungsanspruch nach § 3 Abs. 2, 4

---

[763] Zur Urheberrechtslage in den deutsch-deutschen Beziehungen vor der Wiedervereinigung → 1. Aufl. 1987, vor §§ 120 ff. Rn. 38 ff.; *Pfister* S. 31 ff.; *Stögmüller* S. 21 ff.

[764] Siehe GRUR 1990, 897 (927).

[765] Zum Schutz der Letzteren zu §§ 94, 95 siehe KG GRUR 1999, 721 – DEFA-Film; KG MMR 2003, 110 f. – Paul und Paula; zum Ergebnis insgesamt Dreier/Schulze/*Dreier* EV § 1 Rn. 6; Wandtke/Bullinger/*Wandtke* Anl. I Kap. III.E. II (2) EVtr Rn. 16; *Pfister* S. 63 ff., 119 ff.; *Stögmüller* S. 34 ff., 69 ff.; str. ist die Rechtslage insbes. in Bezug auf Ausgaben nachgelassener Werke: s. einerseits *Katzenberger* GRUR-Int 1993, 2 (10), andererseits Wandtke/Bullinger/*Wandtke* Anl. I Kap. III.E. II (2) EVtr Rn. 16; *Pfister* S. 120 f.; *Stögmüller* S. 69 ff.

[766] → Rn. 29; GRUR 1990, 897 (927).

[767] Siehe die amtlichen Erläuterungen GRUR 1990, 897 (928) zu § 2.

[768] § 2 Abs. 1 S. 1, Abs. 3.

[769] Zu einem Rechtsstreit um diesen Anspruch KG ZUM-RD 1997, 245 – Stadtkapelle Berlin.

[770] § 2 Abs. 2, 3 der Besonderen Bestimmungen; siehe auch die amtlichen Erläuterungen GRUR 1990, 897 (928) zu § 2.

[771] KG ZUM-RD 1997, 245 – Stadtkapelle Berlin.

[772] Für Urheber müsste dasselbe gelten.

[773] § 3 Abs. 2 S. 2, Abs. 4.

sind **Nutzungsrechte,** die unter den Verhältnissen in der DDR **üblicherweise nicht übertragen** wurden (§ 3 Abs. 3). Die amtlichen Erläuterungen nennen als Beispiel die Videorechte.[774]

Eine einzige Ausnahme vom Außerkrafttreten des DDR-Urheberrechts mit dem Wirk- **180** **samwerden des Beitritts am 3.10.1990 sieht § 4 der Besonderen Bestimmungen vor. Er erklärt Beschlüsse des DDR-Ministerrats für weiterhin gültig, die gemäß § 35 URG-DDR den Schutz des Nachlasses bedeutender Künstler, Schriftsteller und Wissenschaftler** zur Aufgabe der Nation erklärt haben. Begünstigt von solchen Beschlüssen waren Werk und Nachlass von Arnold Zweig, Bertolt Brecht, Helene Weigel und Anna Seghers. Schon nach DDR-Recht blieben die vermögensrechtlichen Ansprüche der Erben davon unberührt. Als zusätzliche Sicherung sieht § 4 der Besonderen Bestimmungen vor, dass die Ministerratsbeschlüsse nur dann gültig bleiben, wenn der Rechtsnachfolger des Urhebers die Urheberrechte nicht selbst wahrnehmen will.

e) In den Besonderen Bestimmungen des Einigungsvertrags nicht berücksichtigt sind die seltenen **181** Fälle eines **Schutzüberschusses des DDR-Rechts.** So waren nach § 78 URG-DDR **nichtschöpfe-** **rische wissenschaftlich-technische Darstellungen,** wie Landkarten, durch ein dem bundesdeutschen Recht unbekanntes Leistungsschutzrecht geschützt. Vereinzelt wird angenommen, dass dieser Schutz mit Inkrafttreten des UrhG im Beitrittsgebiet ersatzlos weggefallen ist[775] oder sich in einen Urheberrechtsschutz nach § 2 Abs. 1 Nr. 7 UrhG umgewandelt habe.[776] Nach inzwischen wohl hM gebieten in solchen Fällen die verfassungsrechtliche Eigentumsgarantie und der Gedanke des Vertrauensschutzes den Fortbestand der nur in der DDR begründeten Rechte in deren ursprünglichen zeitlichen und territorialen Grenzen, auch wenn dies die Rechtseinheit in Deutschland vorübergehend stört.[777]

f) Urheberrechte und verwandte Schutzrechte konnten in der DDR auch auf Grund von deren **182** **nationalem Fremdenrecht** oder **internationaler Abkommen** erworben werden, ohne dass in der Bundesrepublik parallele Schutzrechte entstanden. Dies konnte sich beispielsweise zugunsten sowjetischer Urheber aus der seit der deutschen Einigung erloschenen bilateralen Urheberrechtsvereinbarung zwischen der DDR und der Sowjetunion von 1973 ergeben, die anders als das auch die Bundesrepublik bindende WUA[778] auch bei ihrem Inkrafttreten schon bestehende Werke schützte.[779] Ausländische Urheber konnten nach § 96 Abs. 2 URG in der DDR ein Urheberrecht bereits auf Grund erster Veröffentlichung ohne Erscheinen des Werkes erwerben, zB durch Aufführung eines musikalischen Werkes. Dies allein begründete in der Bundesrepublik einen Schutz weder über die RBÜ[780] noch über das WUA.[781] Darbietungen ausländischer ausübender Künstler in der DDR waren dort wiederum nach § 96 Abs. 2 URG geschützt, nicht aber ohne weiteres über das Rom-Abkommen[782] auch in der Bundesrepublik, weil die DDR diesem Abkommen nicht beigetreten war. In allen diesen Fällen ist analog der Rechtslage bei einem Schutzüberschuss des DDR-Rechts in Bezug auf Schutzgegenstände und Schutzdauer[783] anzunehmen, dass auch hier die nur in der DDR begründeten Rechte in ihrer ursprünglichen zeitlichen und territorialen Begrenzung die deutsche Wiedervereinigung überdauern konnten.[784] Dagegen liegt keine zulässige Lösung darin, in einem Teil dieser Fälle das Gebiet der DDR rückwirkend auf die Zeit vor der deutschen Wiedervereinigung zum Geltungsbereich des bundesdeutschen UrhG iSv dessen §§ 121 Abs. 1 und 125 Abs. 2 zu erklären und demzufolge einen bundesweiten Schutz im zeitlichen Umfang der Regelungen des UrhG anzunehmen.[785]

Ein bundesweiter Schutz kann sich in solchen Fällen nur aus internationalen Abkom- **183** **men** ergeben, die auch **für die Bundesrepublik verbindlich** sind. Von Bedeutung sind hierbei insbes. die von ihr anerkannte Zugehörigkeit der früheren DDR zur RBÜ[786] und der ehemaligen Sowjetunion zum WUA[787] und nach dem Untergang der Letzteren von Seiten der wieder selbstständig gewordenen Staaten und der Nachfolgestaaten deren weitere Bindung an das WUA[788] und/oder insbes. deren Beitritt zur RBÜ.[789] Auf diese Weise war zB der Schutz der Werke eines estnischen Komponisten in (ganz) Deutschland gegeben, wobei es wegen des Beitritts Estlands zur RBÜ im Jahre

---

[774] GRUR 1990, 897 (928) zu § 2.
[775] *Püschel* GRUR 1992, 579 (580).
[776] *Wandtke* GRUR 1991, 263 (265).
[777] *Pfister* S. 118 f.; *Stögmüller* S. 75; aA Wandtke/Bullinger/*Wandtke* Anl. I Kap. III.E. II (2) EVtr Rn. 13: Entfallen des Schutzes bei Nichterfüllung der Schutzvoraussetzungen nach § 2 Abs. 1 Nr. 7, Abs. 2 um der Rechtseinheit willen. Zur Schutzdauer von Lichtbildwerken, die in der DDR zeitweise länger war als in der Bundesrepublik, im gleichen Sinne → § 64 Rn. 67 f.
[778] → Rn. 43.
[779] *Püschel,* Internationales Urheberrecht, S. 27.
[780] → Rn. 31.
[781] → Rn. 46.
[782] → Rn. 63.
[783] → Rn. 181.
[784] *Pfister* S. 172 ff.; *Stögmüller* S. 50 f.; zust. Dreier/Schulze/*Dreier* Vor EV Rn. 8.
[785] Wandtke/Bullinger/*Wandtke* Anl. I Kap. III.E. II (2) EVtr Rn. 101; *Pfister* S. 172 f.; *Stögmüller* S. 49 f.; LG München I GRUR-Int 1993, 82 (84) – Duo Gismonti-Vasconcelos.
[786] → 1. Aufl. 1987, Rn. 39; nicht aber zum Rom-Abkommen.
[787] Seit 27.5.1973, → 1. Aufl. 1987, Rn. 22; nicht aber zur RBÜ und zum Rom-Abkommen.
[788] Dazu *Gavrilov* GRUR-Int 1994, 392 (394).
[789] ZB der Russischen Föderation im Jahre 1995, mit Rückwirkung, → Rn. 29 f.

1994 und der Rückwirkung dieses Beitritts jedenfalls für die Zeit seit diesem Beitritt noch nicht einmal schädlich war, dass Estland nach Erlangung seiner Selbstständigkeit im Jahre 1991 eine Erklärung über die Weiteranwendung des WUA nicht abgegeben hatte.[790]

184 **g)** Sieht man von der in § 3 der Besonderen Bestimmungen des Einigungsvertrags zum Urheberrecht geregelten Frage ab, wie sich die Schutzfristverlängerungen aus Anlass der Überleitung des UrhG auf das Beitrittsgebiet auf bestehende Nutzungsverträge auswirken, so konzentrieren sich die **urhebervertragsrechtlichen Fragen** im Zusammenhang mit der deutschen Wiedervereinigung, gemessen an der Entscheidungspraxis der Gerichte, auf eine Grundsatzfrage und nur drei spezielle Fragenkomplexe. Dabei ist als **Grundsatzfrage** von den Gerichten inzwischen einhellig geklärt, dass auf Urheberrechtsverträge, die während der Existenz der DDR zwischen deren Urhebern und Institutionen, wie den verschiedenen VEB DEFA-Studios für den Film und dem Fernsehen der DDR, geschlossen wurden, im Prinzip nach wie vor das Urhebervertragsrecht der DDR anwendbar ist.[791] Soweit dabei verbreitet und zutreffend auf Art. 232 § 1 EGBGB betr. Allgemeine Bestimmungen für Schuldverhältnisse aus Anlass der deutschen Wiedervereinigung verwiesen und dabei nicht zwischen Verpflichtungs- und Verfügungsgeschäften unterschieden wird, entspricht dies übergangsrechtlich der kollisionsrechtlich zutreffenden sog. Einheitstheorie[792] und bestätigt es diese. Bis zum Inkrafttreten des URG der DDR am 1.1.1966 war deren Urhebervertragsrecht parallel zu dem der Bundesrepublik bis Inkrafttreten von deren UrhG zum selben Datum (§ 143 Abs. 2) dasjenige der alten deutschen Gesetze LUG von 1901 und KUG von 1907.[793] Soweit ersichtlich, wurde in den bisherigen gerichtlichen Entscheidungen zu älteren DDR-Urheberrechtsverträgen dabei der Umstand nicht näher thematisiert, dass, anders als § 132 Abs. 1, § 95 Abs. 2 S. 2 URG der DDR generelle Geltung der vertragsrechtlichen Bestimmungen dieses Gesetzes auch für ältere Verträge vorsah.[794] Bei den **drei speziellen Fragenkomplexen** handelt es sich um die Auslegung und inhaltliche Reichweite der von DDR-Institutionen über Urheberrechte und verwandte Schutzrechte geschlossenen Verträge, die Auswirkungen der Wiedervereinigung auf Verlagslizenzen mit territorialer Aufteilung des Verbreitungsrechts und die Übertragung von Senderechten einerseits an Sender der Bundesrepublik Deutschland und andererseits an das Fernsehen DDR sowie unter geographischer Aufteilung von Sendebefugnissen.

185 **Die erste Gruppe von Entscheidungen betrifft nicht die eigentliche Wiedervereinigungsproblematik, die durch die Vereinigung zweier früher getrennter Territorien und Herstellung der Rechtseinheit gekennzeichnet ist. Aber sie zeichnet sich dadurch aus, dass im Zuge der deutschen Einigung Streitigkeiten im Zusammenhang mit von DDR-Institutionen geschlossenen Verträgen** über Urheberrechte und verwandte Schutzrechte von bundesdeutschen Gerichten zu entscheiden waren. In den entschiedenen und veröffentlichten Fällen ging es dabei zunächst um die **Tonträgerauswertung** von in der DDR veranstalteter Darbietungen ausländischer Künstler und um Verträge des Rundfunks der DDR mit den Künstlern und den Tonträgerproduzenten. Sie konnten alle insbes. oder ua durch **Vertragsauslegung zugunsten der Künstler** entschieden werden.[795]

186 **Im Filmbereich** war im Zusammenhang mit der Vertragsauslegung inzwischen wiederholt die Frage der **inhaltlichen Reichweite** der **Rechteübertragung** von Seiten der Urheber auf die Filmhersteller (DEFA-Studios) und das Fernsehen der DDR zu beurteilen. Einen Schwerpunkt bildete dabei die **Videonutzung.** In einem Fall ging es um den in den Jahren 1949 und 1950 von der DEFA produzierten Film „Das kalte Herz" mit *Paul Verhoeven* als Regisseur und Mitautor des Drehbuchs. Auf der Grundlage einer Lizenz, erteilt von dem VEB DEFA-Außenhandel im Jahre 1980 für das Lizenzgebiet Bundesrepublik Deutschland, hatte eine bundesdeutsche Firma bis zum Jahr 1997 durch den Verkauf von 188 000 Videokassetten einen Erlös von annähernd 1,4 Mio. DM erzielt. Die Erben *Paul Verhoevens* aber gingen leer aus. Das OLG München[796] nämlich entnahm dessen Vertrag mit der DEFA aus dem Jahre 1949 eine Rechteübertragung auf die DEFA ausdrücklich

---

[790] BGH GRUR 2001, 1134 (1136) – Lepo Sumera; dort, S. 1136 ff., auch zur Wirksamkeit des unter Geltung des sowjetischen Außenhandelsmonopols von der staatlichen Agentur VAAP mit einem deutschen Musikverlag geschlossenen Verlagsvertrags über die Werke des Komponisten sowie zur Frage der übergangsweise wirksamer Kündigung dieses Vertrags aus wichtigem Grund nach Wegfall jenes Monopols; siehe zu diesem Fragenkreis und zu einem Rechtsstreit zwischen einem deutschen und einem französischen Musikverlag über die Rechte an den Werken eines verstorbenen russischen Komponisten, dessen Erben nach Auflösung der UdSSR über diese Rechte vertraglich neu verfügt haben, LG München I GRUR-Int 2010, 67 – Dimitri Kabalewski.

[791] BGHZ 147, 244 (251 f.) – Barfuß ins Bett; siehe auch BGHZ 136, 380 (388) – Spielbankaffaire; KG GRUR 1999, 328 – Barfuß ins Bett; KG GRUR 1999, 721 – DEFA-Film; KG ZUM-RD 1999, 484 (485) – Szenarienvertrag; KG ZUM-RD 2000, 384 (386) – Der Mond; OLG München ZUM 2000, 61 (64) – Das kalte Herz; OLG München ZUM 2003, 141 (143 f.) – Spielbankaffaire II.

[792] → Rn. 151 f.

[793] → § 132 Rn. 1.

[794] Wandtke/Bullinger/*Wandtke* (3. Aufl.) EVtr § 4 Rn. 8.

[795] OLG München GRUR-Int 1993, 85 (88) – Abdullah Ibrahim; OLG München GRUR-Int 1993, 88 (90) – Betty Carter and her Trio; OLG München GRUR-Int 1993, 90 (92 f.) – Yosuke Yamashita Quartett; OLG München I GRUR-Int 1993, 82 (83 f.) – Duo Gismonti-Vasconcelos; LG München I ZUM 1993, 432 (434 f.) – Yosuke Yamashita Trio.

[796] OLG München ZUM 2000, 61 (65 f.) – Das kalte Herz.

auch für seinerzeit „noch nicht bekannte Nutzungsarten". Dies genüge für die Einbeziehung der späteren Videonutzung auch unter dem Gesichtspunkt des bereits vom Reichsgericht anerkannten Zweckübertragungsprinzips. Das Gericht übersah dabei, dass das Reichsgericht einer solchen pauschalen, verallgemeinernden Vertragsklausel Geltung nur dann zuerkannte, wenn zugunsten des Urhebers ein Beteiligungshonorar für alle Nutzungen vereinbart wurde.[797] Dafür gab es im Fall „Das kalte Herz" keinen Anhaltspunkt. Das OLG München übersah in diesem Falle auch, dass nach dem rückwirkend anwendbaren DDR-Urhebervertragsrecht[798] für jede Rechteübertragung die Angabe von Art und Umfang der Werkverwendung vorgeschrieben war (§ 39 Buchst. a URG der DDR), was § 31 Abs. 5 des bundesdeutschen UrhG entsprach[799] und dazu führte, dass nach den DEFA-Standardverträgen Verwertungsrechte für unbekannte Nutzungsarten nicht übertragen wurden,[800] auch wenn im URG der DDR eine § 31 Abs. 4 UrhG entsprechende Bestimmung fehlte.[801] Ähnliche Mängel sind dem Kammergericht Berlin bezüglich eines Urteils vorzuwerfen, das zu fünf DEFA-Trickfilmen und einem DEFA-Dokumentarfilm aus den Jahren 1975 bis 1986 die Auffassung vertrat, die pauschale Übertragung der Rechte zur Verwertung der Filme „in jeder möglichen Form" bzw. auch auf „noch nicht bekannten Verwendungsgebieten" neben der ua ausdrücklich genannten Verwertung im Fernsehen und vermutlich durch Vorführung umfasse auch die Videoverwertung und sogar die Verwertung auf **CD-ROM** und **CD-I.**[802] Die ebenso beurteilte Sendenutzung via **Satellit, Kabel** und **Pay-TV** ist dem Kammergericht angesichts der vorausgegangenen Rechtsprechung des BGH[803] weniger anzulasten, auch wenn die BGH-Rechtsprechung ihrerseits kritikwürdig ist.[804] Allerdings hat das Kammergericht Berlin in einem anderen Fall zu Recht entschieden, dass der Rechtsnachfolger eines VEB DEFA-Studios sich kraft des Filmherstellerrechts (§ 94) dieses Studios gegen die **eigenmächtige Videonutzung** eines DEFA-Films durch dessen **Regisseurin** zur Wehr setzen konnte.[805] Auf Kritik ist demgegenüber eine weitere Entscheidung des Berliner Kammergerichts gestoßen, in der aus der Übertragung des „**Verfilmungs- und Weltvertriebsrechts**" an einem Dokumentarfilm auf die Einräumung auch des **Fernsehsenderechts**, und zwar für das **gesamte Bundesgebiet**, geschlossen wurde.[806] Der Kritik ist zuzustimmen, zumal das Kammergericht ua auf Grund der übergangsrechtlichen Anwendbarkeit des Urhebervertragsrechts der DDR dem betroffenen Urheber auch aus grundsätzlichen Erwägungen auch einen Anspruch aus § 36 aF verweigert hat.

Um die eigentliche Wiedervereinigungsproblematik ging es in dem vom OLG Hamm entschiedenen Fall „Strahlende Zukunft".[807] Im Rahmen einer Langspielplatten-Koproduktion zwischen einem bundesdeutschen Musikverlag und Tonträgerproduzenten und dem Schallplatten-Staatsbetrieb der DDR war von diesen Vertragsparteien die territoriale **Aufteilung des Verbreitungsrechts** ua auf die alte Bundesrepublik einerseits und die DDR andererseits vereinbart worden. Nach der Wiedervereinigung vertrieb ein dritter Musikverlag und Tonträgerproduzent einen Titel aus dieser Koproduktion in den alten und neuen Bundesländern unter Behauptung eines entsprechenden Rechteerwerbs und mit der Begründung, dass der Aufspaltung des Verbreitungsgebiets seit der Wiedervereinigung jedenfalls keine dingliche Wirkung mehr zukomme. Das OLG Hamm entschied zutreffend und richtungsweisend anders: Zwar kann innerhalb des erweiterten Geltungsbereichs des UrhG nunmehr das Verbreitungsrecht nicht mehr mit dinglicher Wirkung auf einzelne Gebietsteile beschränkt eingeräumt werden.[808] Dies steht der Wirksamkeit der vor der Wiedervereinigung vereinbarten territorialen Aufteilung aber nicht entgegen.[809] Inzwischen hat auch der BGH[810] entschieden, dass eine vor der deutschen Wiedervereinigung vorgenommene territoriale Aufteilung der Lizenzgebiete für die Verbreitung von Tonträgern in die Bundesrepublik Deutschland und West-Berlin einerseits und die DDR andererseits durch die Wiedervereinigung nicht beseitigt wurde, mit dem Inverkehrbringen von Tonträgern in einem Lizenzgebiet jedoch das Verbreitungsrecht daran in ganz Deutschland und darüber hinaus auch in der Europäischen Union und im Europäischen Wirtschaftsraum erschöpft wird, so dass die Tonträger frei zirkulieren können.[811]

187

---

[797] LG München RGZ 140, 255 (257 f.) – Der Hampelmann.

[798] → Rn. 184.

[799] Wandtke/Bullinger/*Wandtke* Anl. I Kap. III.E. II (2) EVtr Rn. 53, 54.

[800] OLG München ZUM 2003, 141 (144) – Spielbankaffaire II; Wandtke/Bullinger/*Wandtke* Anl. I Kap. III.E. II (2) EVtr Rn. 66–68 speziell auch zu den Videorechten.

[801] So BGHZ 136, 380 (388) – Spielbankaffaire; BGHZ 147, 244 (254) – Barfuß ins Bett.

[802] KG ZUM-RD 2000, 384 (387 ff.) – Der Mond.

[803] BGHZ 133, 281 (287 ff.) – Klimbim.

[804] → § 31a Rn. 40, → § 88 Rn. 48.

[805] KG GRUR 1999, 721 (722) – DEFA-Film; auch → Rn. 29.

[806] KG ZUM-RD 1999, 484 (485 f.) – Szenarienvertrag; kritisch Wandtke/Bullinger/*Wandtke* Anl. I Kap. III.E. II (2) EVtr Rn. 47.

[807] OLG Hamm GRUR 1991, 907.

[808] → § 17 Rn. 26.

[809] Dazu insbes. auch *Schricker* IPRax 1992, 216 ff.; dort auch zum Aspekt der Erschöpfung des Verbreitungsrechts in solchen Fällen.

[810] BGH GRUR 2003, 699 (701 f.) – Eterna.

[811] Ebenso KG GRUR 2003, 1039 (1040) – Sojusmultfilm, zum Import russischer Trickfilm-Videokassetten bei Existenz eines regionalen Gebietsschutzes für die neuen Bundesländer und Ost-Berlin, begründet vor der deutschen Wiedervereinigung.

188   Am häufigsten hatten sich die Gerichte in der ersten Zeit nach der Wiedervereinigung mit deren Auswirkungen auf Verträge über die Einräumung von Senderechten an die öffentlich-rechtlichen Rundfunkanstalten nur für die alte Bundesrepublik und West-Berlin zu befassen.[812] Grundlegend zu dieser Frage entschieden zu dieser Frage entschieden der BGH im Fall „Klimbim".[813] Die Wiederherstellung der deutschen Einheit hat entgegen der Auffassung der Vorinstanz[814] und einzelnen Stimmen im Schrifttum[815] nicht von selbst zu einer Erstreckung der übertragenen Senderechte auf die neuen Bundesländer geführt. Mit der wohl hM im Schrifttum[816] bejahte der BGH aber jedenfalls für das Satelliten-Gemeinschaftsprogramm „Eins Plus" der ARD mit Rücksicht auf deren gemeinsamen, bundesweiten Versorgungsauftrag einen Anspruch der Rundfunkanstalt auf eine entsprechende Vertragsanpassung unter dem Aspekt des Wegfalls der Geschäftsgrundlage, wobei allerdings die besonderen Treuepflichten der Vertragsparteien auf Grund von Koproduktionsverträgen ebenfalls eine Rolle spielten. Auf die regionalen dritten Programme der Rundfunkanstalten der neuen Bundesländer lässt sich diese Lösung allerdings nicht übertragen. Im Übrigen bewirkt der Wegfall der Geschäftsgrundlage allein noch keine Rechtsänderung auf der dinglichen Ebene. Das Urteil hat mit diesen Ergebnissen zur Wiedervereinigungsproblematik allgemeine Zustimmung erfahren.[817]

189   **Zu Fragen im Zusammenhang mit der Einräumung des Senderechts an das Fernsehen der DDR** siehe zunächst die Entscheidung des KG Die Ermordung Matteottis.[818] Inzwischen sind vom BGH[819] wichtige **Grundsätze** zum Erwerb der Senderechte durch das Fernsehen der DDR, zu deren Inhalt und Umfang, zur Rechtsnachfolge, zur Haftung und zur Frage des Wegfalls der Geschäftsgrundlage im Zusammenhang mit der deutschen Wiedervereinigung entschieden worden: Danach hat ein Betrieb in der DDR, in dem ein Film- oder Fernsehwerk hergestellt worden ist, Rechte daran nicht von Gesetzes wegen erworben. § 10 Abs. 2 URG der DDR[820] normierte nur seine Befugnis, die Rechte der Urheber im eigenen Namen wahrzunehmen.[821] Der Rechteerwerb vollzog sich vielmehr auch in der DDR durch Vertrag, wobei auch heute noch vom Recht der DDR auszugehen ist.[822] Mangels (mit Vorrang möglicher) anderweitiger vertraglicher Abreden hat dabei zB das Fernsehen der DDR nach § 20 Abs. 2 URG-DDR von seinen angestellten Urhebern an den im Rahmen des Arbeitsverhältnisses geschaffenen Werken die ausschließlichen Senderechte erworben, und zwar mit dinglicher Wirkung als gesetzlicher Folge des Arbeitsvertrages und ohne räumliche Beschränkung.[823] Der räumlich unbeschränkten Übertragung des Senderechts lag zugrunde, dass die betrieblichen Zwecke des Fernsehens der DDR nicht nur die Ausstrahlung im eigenen Programm, sondern auch die Lizenzvergabe ins Ausland, darunter auch an Sendeunternehmen der alten Bundesrepublik Deutschland umfassten, einschließlich Sendungen über Satellit und Kabel im gesamten heutigen Bundesgebiet. Unabhängig von der Frage der zwingenden Geltung des § 31 Abs. 4[824] stand diese Bestimmung einer solchen Rechtseinräumung schon deshalb nicht entgegen, weil es sich nach Ansicht des BGH[825] bei Sendungen über Satellit und Kabel nicht um selbstständige neue Nutzungshandlungen handelt.[826] Das Senderecht des DDR-Fernsehens überdauerte auch den Bestand des Arbeitsverhältnisses.[827] Als Folge der deutschen Wiedervereinigung sind die Senderechte des DDR-Fernsehens nicht wegen ersatzlosen Wegfalls des Rechtsinhabers unter dem Aspekt des sog. Heimfalls der Nutzungsrechte an die Urheber zurückgefallen, sondern in mehreren Schritten zunächst auf die fünf neuen Bundesländer übergegangen;[828] eine Zustimmung der Urheber war dazu nicht erforderlich.[829] Einen Vergütungsanspruch des Klägers, der als Regisseur die Ausstrahlung von vier DDR-Fernsehserien durch den Mitteldeutschen Rundfunk moniert hatte, verneinte der BGH ua unter dem Gesichtspunkt des Wegfalls der Geschäftsgrundlage: Zwar ist dieser auch auf DDR-Altverträge anwendbar, jedoch – anders als ein schon durch § 90 S. 2 aF ausgeschlossener Anspruch aus § 36 – nur unter ganz begrenzten Voraussetzungen gewährbar. Ungeachtet der wesentlichen Veränderungen, die sich aus der deutschen Wiedervereinigung auch für die jetzt bundesweite Ausstrahlung von Fernsehsendungen ergaben, fehlte es daran inbes. deshalb, weil sich auf Grund des Erwerbs räumlich und

---

[812] Siehe dazu die Rechtsprechungsnachweise bei *Flechsig* FS Nirk, 1992, 263 (272 f.).
[813] BGHZ 133, 281 (290 ff.).
[814] OLG Köln ZUM 1995, 206 (210 ff.).
[815] *Flechsig* FS Nirk, 1992, 263 (282, 291); *v. Hartlieb* Kap. 127 Rn. 7 f.; Kap. 198 Rn. 6, Kap. 217 Rn. 3.
[816] *Schricker* IPRax 1992, 216 (218 f.); aA *Pfister* S. 162 f.; nur für eine Anbietungspflicht des Rechteinhabers nach Treu und Glauben *Stögmüller* S. 137 ff.
[817] *Loewenheim* GRUR 1997, 215 (220 f.); *Schricker* EWiR 1996, 1139 (1140); *Schwarz* ZUM 1997, 94 (95 ff.).
[818] KG AfP 1996, 284 f. – Die Ermordung Matteottis; Vorinstanz: LG Berlin AfP 1993, 776 f.
[819] BGHZ 147, 244 ff. – Barfuß ins Bett; Vorinstanz: KG GRUR 1999, 328 – Barfuß ins Bett.
[820] Abdruck dieses Gesetzes bei Wandtke/Bullinger Anh. 1, S. 2464 ff.
[821] BGHZ 147, 244 (250 f.).
[822] BGHZ 147, 244 (251 f.); auch → Rn. 184.
[823] BGHZ 147, 244 (252 ff., 255 f.); zu Verträgen eines selbstständigen Drehbuchautors und Regisseur mit DEFA-Studios siehe KG ZUM-RD 2000, 384 (386 ff.) – Der Mond.
[824] → Rn. 153, 165, 186.
[825] BGHZ 133, 281 (287 ff.) Klimbim.
[826] BGHZ 147, 244 (254); auch → Rn. 186.
[827] BGHZ 147, 244 (255).
[828] Art. 36 Abs. 1 S. 1, 2 Einigungsvertrag.
[829] BHGZ 147, 244 (256 ff.).

zeitlich unbeschränkter Senderechte durch das Fernsehen der DDR das Lizenzgebiet nicht vergrößert hat und die Übertragung des Senderechts auch bereits den Einsatz von Satellit und Kabel beinhaltete.[830]

In einer weiteren, schon früheren Grundsatzentscheidung[831] hatte der BGH vor allem grundlegende Fragen des **IPR** im Zusammenhang damit zu klären, dass in einem **Koproduktionsvertrag** mit **geographischer Aufteilung der Auswertung** über die Herstellung eines Spielfilms aus dem Jahr 1955 der DEFA ua Luxemburg und dem Koproduzenten ua „Westdeutschland einschl. Westberlin" als Auswertungsgebiet zugewiesen worden waren und die Klägerin, die von der DEFA ausschließliche Auswertungsrechte erworben hatte, gegen die Beklagte vorging, die behauptet, von dem Koproduzenten Rechte erworben zu haben, und im Jahr 1985, also noch vor der deutschen Wiedervereinigung, dem Sender RTL plus mit Sitz in Luxemburg Senderechte ab Luxemburg mit Einspeisung in bundesdeutsche Kabelnetze eingeräumt hatte. Der Rechtsstreit ist abschließend vom OLG München[832] entschieden worden. Fragen der deutschen Wiedervereinigung waren in diesem Verfahren nur in Bezug auf das jetzt übergangsrechtlich weiterhin anwendbare Urhebervertragrecht der DDR[833] angesprochen. Wie sich zeigte, braucht sich dieses im Vergleich mit dem bundesdeutschen nicht zu verstecken, wenn es denn nur richtig angewendet wird.

Abschnitt 1. Anwendungsbereich des Gesetzes

Unterabschnitt 1. Urheberrecht

§ 120 Deutsche Staatsangehörige und Staatsangehörige anderer EU-Staaten und EWR-Staaten

(1) [1]Deutsche Staatsangehörige genießen den urheberrechtlichen Schutz für alle ihre Werke, gleichviel, ob und wo die Werke erschienen sind. [2]Ist ein Werk von Miturhebern (§ 8) geschaffen, so genügt es, wenn ein Miturheber deutscher Staatsangehöriger ist.

(2) Deutschen Staatsangehörigen stehen gleich:

1. Deutsche im Sinne des Artikels 116 Abs. 1 des Grundgesetzes, die nicht die deutsche Staatsangehörigkeit besitzen, und
2. Staatsangehörige eines anderen Mitgliedstaates der Europäischen Union oder eines anderen Vertragsstaates des Abkommens über den Europäischen Wirtschaftsraum.

Schrifttum: Siehe im Übrigen die Schrifttumsnachweise vor §§ 120 ff. und zu § 125.

Übersicht

1. Systematische Stellung, Entstehungsgeschichte und Bedeutung der Bestimmung

→ Vor §§ 120 ff. Rn. 2 ff.   1

2. Schutz aller Werke von Urhebern mit deutscher Staatsangehörigkeit

Gemäß § 120 Abs. 1 S. 1 genießen deutsche Staatsangehörige den Schutz durch das UrhG   2
für alle ihre Werke. Darauf, ob das Werk eines deutschen Urhebers unveröffentlicht, veröffentlicht oder erschienen ist und ob die erste Veröffentlichung oder das erste Erscheinen im Inland oder im Ausland geschehen sind, kommt es ebenso wenig an wie darauf, ob der Urheber das Werk im Inland oder im Ausland geschaffen hat.[1] Näheres zur deutschen Staatsangehörigkeit → Rn. 13.

---

[830] BGHZ 147, 244 (261 f.).
[831] BGHZ 136, 380 – Spielbankaffaire.
[832] OLG München ZUM 2003, 141 – Spielbankaffaire II.
[833] OLG München ZUM 2003, 141 (143 f.).
[1] BT-Drs. IV/270, 111 zu § 130, jetzt § 120, zu nicht oder im Ausland erschienenen Werken; BeckOK UrhR/ *Lauber-Rönsberg* § 120 Rn. 1, 16; *Schack* Rn. 922.

3. Gleichstellung von Deutschen iSd Art. 116 Abs. 1 GG

3   Urhebern mit deutscher Staatsangehörigkeit sind bereits seit der ursprünglichen Fassung des § 120 Abs. 2 mit Rücksicht auf Art. 116 Abs. 1 GG solche Urheber gleichgestellt, die zwar nicht die deutsche Staatsangehörigkeit besitzen, wohl aber Deutsche iS dieser Bestimmung des Grundgesetzes sind.[2] Darüber, wer zu diesem Personenkreis gehört, → Rn. 14.

4. Gleichstellung von Staatsangehörigen anderer EU-Staaten und EWR-Staaten

4   **Urhebern mit deutscher Staatsangehörigkeit sind ferner solche Urheber gleichgestellt, die Staatsangehörige anderer EU-Staaten oder EWR-Staaten** sind.[3] Dies ist im Anschluss an das Phil-Collins-Urteil des EuGH vom 20.10.1993[4] durch das 3. UrhGÄndG vom 23.6.1995 klargestellt worden.[5] Das Phil-Collins-Urteil des EuGH hatte zwar unmittelbar nur die Rechtsstellung ausübender Künstler im Rahmen von § 125 zum Gegenstand,[6] das Gericht hatte aber in den Entscheidungsgründen bereits selbst angenommen, dass das Verbot der Diskriminierung aus Gründen der Staatsangehörigkeit nach Art. 7 Abs. 1 EWG-Vertrag[7] auch für das Urheberrecht im engeren Sinne gilt.[8] Davon gehen auch die deutschen Gerichte aus.[9]

5   **Diese Rechtslage gilt jedenfalls in Deutschland unmittelbar** auf Grund der erwähnten europäischen Vorschriften.[10] Das EuGH-Urteil selbst nimmt für sich unmittelbare Geltung vor den nationalen Gerichten generell in Anspruch.[11] Darüber hinaus kommt jedenfalls Art. 18 AEUV als europäischem Primärrecht der **Vorrang** zu.[12] Art. 4 des EWR-Abkommens, ua für die Bundesrepublik Deutschland am 1.1.1994 in Kraft getreten,[13] kommt dieselbe unmittelbare und vorrangige Wirkung zu wie Art. 18 AEUV. **§ 120 Abs. 2 Nr. 2** hat danach nur **klarstellende Bedeutung.**[14]

6   **Dem Phil-Collins-Urteil des EuGH kommt außerdem Rückwirkung auf früher entstandene Rechtsverhältnisse** aus dem Zeitraum zwischen Inkrafttreten des EWG- bzw. EG-Vertrags und dem Erlass des Urteils am 23.10.1993 zu; im entschiedenen Fall handelte es sich um die ungenehmigte Tonträgerauswertung von künstlerischen Darbietungen aus den Jahren 1958, 1959 und 1983.[15] Eine Beschränkung dieser Rückwirkung hätte vom EuGH selbst ausgesprochen werden müssen, was aber nicht geschehen ist.[16] In Bezug auf die später beigetretenen Mitgliedstaaten der EU gilt das Diskriminierungsverbot des Art. 18 AEUV[17] jeweils vom Zeitpunkt des Inkrafttretens des Beitritts an. Das EWR-Abkommen ist erst nach Erlass des Phil-Collins-Urteils in Kraft getreten.[18]

7   **Aus dieser Art der Rückwirkung des EuGH-Urteils können sich Unzuträglichkeiten für gutgläubige Verwerter** vermeintlich nicht geschützter ausländischer Werke und Leistungen ergeben. Dies gilt insbes. unter dem Aspekt, dass die Bedeutung des gemeinschaftsrechtlichen Diskriminierungsverbots für den internationalen Schutz von Urheber- und Leistungsschutzrechten über Jahrzehnte hin unerkannt geblieben war, Oberlandesgerichte das Verbot noch zu Beginn der 90er Jahre in einschlägigen Fällen unbeachtet ließen[19] und selbst der BGH in seinem Vorlagebeschluss vom 25.6.1992[20] der Auffassung zuneigte, dass das Verbot auf Urheber- und Leistungsschutzrechte nicht anwendbar sei.[21] Solchen Unzuträglichkeiten ist mit den Mitteln des nationalen Rechts zu begegnen.[22] Der BGH hat sich zu entsprechenden Anspruchsbeschränkungen in Bezug auf Eingriffshand-

---

[2] Siehe jetzt § 120 Abs. 2 Nr. 1.

[3] § 120 Abs. 2 Nr. 2; zu den Anforderungen an den Nachweis einer solchen Staatsangehörigkeit OLG Köln GRUR-RR 2005, 75 – Queen.

[4] EuGH GRUR-Int 1994, 53 – Collins/Imtrat.

[5] Auch dazu → Vor §§ 120 ff. Rn. 3.

[6] → § 125 Rn. 8.

[7] Jetzt Art. 18 AEUV; siehe auch Art. 4 EWR-Abkommen.

[8] EuGH GRUR-Int 1994, 53 – Collins/Imtrat.

[9] BGHZ 129, 66 (69 f.) – Mauerbilder; zur irrtümlichen kollisionsrechtlichen Deutung des Art. 6 Abs. 1 EG-Vertrag in diesem Urteil → Vor §§ 120 ff. Rn. 116; siehe ferner BGH GRUR 2000, 1020 (1021) – La Bohème; OLG Frankfurt a. M. GRUR-Int 1995, 337 (338) – Eileen Gray II sowie OLG Frankfurt a. M. GRUR-Int 1997, 1006 (1007 f.) – Puccini II.

[10] BGHZ 125, 382 (387 f., 393) – Rolling Stones; BGH GRUR-Int 1995, 503 (504) – Cliff Richard II.

[11] EuGH GRUR-Int 1994, 53 – Collins/Imtrat.

[12] BGHZ 125, 382 (393) – Rolling Stones.

[13] BGBl. 1994 II S. 515.

[14] → Vor §§ 120 ff. Rn. 3 mit Hinweis auf die aA von *Schack*.

[15] Zum Ergebnis BGHZ 125, 382 (393) – Rolling Stones – zu Tonträgeraufnahmen aus den Jahren 1964 und 1965 sowie Verletzungshandlungen ab 1989; BGH GRUR-Int 1995, 503 (504 f.) – Cliff Richard II – zu Darbietungen aus den Jahren 1958 und 1959 und bis in das Jahr 1985 zurückreichenden Verletzungshandlungen; BGH GRUR 1999, 49 – Bruce Springsteen and his Band.

[16] BGHZ 125, 382 (393 f.) – Rolling Stones; BGH GRUR-Int 1995, 503 (504 f.) – Cliff Richard II.

[17] Art. 6 EG-Vertrag, Art. 7 EWG-Vertrag.

[18] LG Hamburg BeckRS 2018, 14816 Rn. 40.

[19] OLG Hamburg GRUR-Int 1992, 390 – Tonträgersampling, Rolling Stones Live in Atlantic City – sowie OLG Hamburg ZUM 1991, 545 – Rolling Stones Live in Basel; OLG München ZUM 1991, 540 – U2.

[20] BGH GRUR 1992, 845 (847) – Cliff Richard I.

[21] OLG Frankfurt a. M. GRUR-Int 1993, 702 – Bruce Springsteen – sowie OLG Frankfurt a. M. GRUR-Int 1993, 872 – Beatles.

[22] *Gaster* ZUM 1996, 261 (266).

lungen seit 1989 jedoch nicht veranlasst gesehen[23] und die Frage in Bezug auf Verletzungshandlungen seit 1985 offengelassen.[24] Für Rechtsverletzungen im Jahre 1993 noch vor Erlass des Phil-Collins-Urteils wurde der Verletzerin zwar vom OLG Frankfurt a.M. in der Entscheidung Yellow Submarine ein entschuldbarer Rechtsirrtum zugebilligt, der Schadensersatzansprüche ausschließt.[25] Der BGH[26] ist dem aber nicht gefolgt, weil im Verletzungszeitpunkt bereits die Vorlagebeschlüsse des LG München I vom 4.3.1992 – Phil Collins[27] und des BGH vom 25.6.1992[28] vorlagen, die Entscheidung des EuGH somit unmittelbar bevorstand und die Frage auch im Schrifttum bereits kontrovers erörtert wurde.[29]

Das Diskriminierungsverbot des Art. 18 Abs. 1 AEUV[30] und Art. 4 EWR-Abkommen erstreckt **8** sich auch auf **Werke und Leistungen aus der Zeit vor Inkrafttreten des Verbots,** dem Verbot kommt daher auch in diesem Sinne Rückwirkung zu. Dies ergibt sich bereits unmittelbar aus dem Phil-Collins-Urteil des EuGH selbst sowie der Folgeentscheidung des BGH im Fall des Briten Cliff Richard zu dessen Darbietungen aus den Jahren 1958 und 1959, obwohl der Beitritt Großbritanniens erst am 1.1.1973 in Kraft getreten ist.[31] Dasselbe gilt für den Fall der britischen Gruppe Rolling Stones und deren Darbietungen aus den Jahren 1964 und 1965.[32] Auf dem Gebiet des Urheberrechts im engeren Sinne geht das OLG Frankfurt a.M. im Fall Eileen Gray II[33] ohne Weiteres von dieser Rechtslage sogar in Bezug auf einen Beistelltisch als Werk der angewandten Kunst iSd § 2 Abs. 1 Nr. 4 aus, der von der bekannten Designerin nach Angabe des OLG Karlsruhe[34] bereits im Jahre 1927 entworfen worden war. Nach einer Entscheidung ebenfalls des OLG Frankfurt a.M.[35] unterfallen dem gemeinschaftsrechtlichen Diskriminierungsverbot sogar **Werke von vor Inkrafttreten des EG- bzw. EWG-Vertrags verstorbenen Urhebern,** die wie der 1924 verstorbene italienische Komponist *Giacomo Puccini* Staatsangehörige eines (späteren) Mitgliedstaates waren. Im Revisionsverfahren gegen dieses Urteil hat der BGH[36] die Frage als zweifelhaft dem EuGH zur Vorabentscheidung vorgelegt. Dieser hat mit Urteil vom 6.6.2002[37] die Rechtsauffassung des OLG Frankfurt a.M. bestätigt.

Das gemeinschaftsrechtliche Diskriminierungsverbot gilt des Weiteren umfassend. Es be- **9** zieht sich nicht nur auf die **Begründung des Schutzes,** über die in den Fällen Phil Collins, Cliff Richard, Rolling Stones, Beatles, Bruce Springsteen und Puccini zu entscheiden war,[38] sondern auch auf jegliche andere Ungleichbehandlung EU- und EWR-angehöriger Urheber gegenüber deutschen Urhebern. Es ist daher insbes. unzulässig, auf Werke EU- oder EWR-angehöriger Urheber den **Vergleich der Schutzfristen** nach Art. 7 Abs. 8 RBÜ (Pariser Fassung)[39] anzuwenden.[40] Inzwischen hat zwar die Harmonisierung der Schutzdauer des Urheberrechts und der verwandten Schutzrechte durch die europäische Schutzdauerrichtlinie[41] die Frage des Vergleichs der Schutzfristen im Verhältnis der EU- und EWR-Staaten untereinander in den Hintergrund treten lassen, jedoch hat hierbei das Verbot dieses Vergleichs übergangsrechtlich zu einer sofortigen breiten Harmonisierung auf dem hohen Niveau der Schutzdauer nach der Richtlinie geführt.[42] In Bezug auf Angehörige anderer EU- und EWR-Staaten ausgeschlossen ist es auch, das **Folgerecht** gemäß § 121 Abs. 5 und Art. 14ter Abs. 2 RBÜ Pariser Fassung von der Gewährleistung der Gegenseitigkeit abhängig zu machen.[43] Dasselbe gilt für den in Art. 2 Abs. 7 S. 2 RBÜ vorgesehenen Ausschluss des Urheberrechtsschutzes für **Werke der angewandten Kunst** zulasten von Angehörigen der EU- und EWR-Staaten für den Fall, dass solche Werke in ihrem Ursprungsland nur als Muster und Modelle geschützt werden.[44]

---

[23] BGHZ 125, 382 (394) – Rolling Stones.
[24] BGH GRUR-Int 1995, 503 (505) – Cliff Richard II.
[25] OLG Frankfurt a.M. ZUM 1996, 697 (700 f.).
[26] BGH GRUR 1998, 568 (569) – Beatles-Doppel-CD; ergänzend BGH GRUR 1999, 49 (51 f.) – Bruce Springsteen and his Band.
[27] Hinweis in GRUR-Int 1992, 404.
[28] BGH GRUR 1992, 845 – Cliff Richard I.
[29] *Schaefer* GRUR 1992, 424 ff. und *Mestmäcker* GRUR-Int 1993, 532 ff. einerseits, *Loewenheim* GRUR-Int 1993, 105 ff. andererseits.
[30] Art. 6 Abs. 1 EG-Vertrag, Art. 7 Abs. 1 EWG-Vertrag.
[31] S. BGBl. 1973 II S. 175.
[32] Zu beidem → Rn. 6.
[33] OLG Frankfurt a.M. GRUR-Int 1995, 337 (338).
[34] OLG Karlsruhe GRUR 1994, 283 – Eileen Gray I.
[35] OLG Frankfurt a.M. GRUR-Int 1997, 1006 (1008) – Puccini II.
[36] BGH GRUR 2000, 1020 (1021) – La Bohème.
[37] EuGH GRUR 2002, 689 (690) – Ricordi.
[38] → Rn. 3 ff.
[39] → Vor §§ 120 ff. Rn. 34.
[40] EuGH GRUR 2002, 689 (690) – Ricordi; OLG Frankfurt a.M. GRUR-Int 1997, 1006 (1007 f.) – Puccini II.
[41] → § 64 Rn. 13 ff.
[42] → § 64 Rn. 42.
[43] → § 121 Rn. 14.
[44] EuGH GRUR-Int 2005, 816 (818 f.) – TOD's; OLG Frankfurt a.M. GRUR-Int 1995, 337 (338) – Eileen Gray II; siehe auch bereits die Erwägungen des OLG Karlsruhe GRUR 1994, 283 (285) – Eileen Gray I; *Rhein* FS Piper, 1996, 755 (763).

5. Maßgeblichkeit der Staatsangehörigkeit des Urhebers, nicht des Rechtsnachfolgers

10   **Voraussetzung für den uneingeschränkten Urheberrechtsschutz nach § 120 ist, dass der Urheber** die Staatsangehörigkeit Deutschlands oder eines anderen EU- oder EWR-Staates besitzt bzw. Deutscher iSd Art. 116 Abs. 1 GG ist. Auf die Staatsangehörigkeit der Erben des Urhebers oder der Erwerber von Nutzungsrechten kommt es nicht an; deren Staatsangehörigkeit vermag den Schutz weder auszuschließen noch zu begründen.[45]

6. Miturheber, Urheber verbundener Werke, von Sammelwerken und Bearbeitungen, Filmurheber

11   **Wie § 120 Abs. 1 S. 2 ausdrücklich bestimmt, genügt es für den uneingeschränkten Schutz eines in Miturheberschaft** (§ 8) geschaffenen Werkes, dass **einer der Miturheber** die erforderliche Staatsangehörigkeit besitzt. Dies war von der hM auch für das frühere Recht angenommen worden.[46] Besitzt sie ein Miturheber, so ist das Werk insgesamt geschützt und auch der andere, einem Drittstaat angehörende oder staatenlose Miturheber kann sich auf diesen Schutz berufen, ohne dass es darauf ankäme, dass er als Alleinurheber den Schutz durch das UrhG gemäß §§ 121–123 beanspruchen könnte.[47]

12   **Bei Werkverbindungen** iSd § 9 behalten die verbundenen Werke ihre Selbstständigkeit.[48] Daraus folgt, dass die Schutzvoraussetzungen unter dem Gesichtspunkt der §§ 120 ff. für jedes dieser Werke gesondert zu prüfen sind. Wird ein Werk eines deutschen, EU- oder EWR-Urhebers mit einem Werk eines Drittstaaten-Urhebers iSd § 9 verbunden, so ist das Erstere nach § 120 geschützt, der Schutz des Letzteren hängt davon ab, ob eine der Schutzvoraussetzungen der §§ 121, 123 gegeben ist.[49] Bei **Bearbeitungen** iSd § 3 ist zwischen der Bearbeitung und dem bearbeiteten Werk zu unterscheiden.[50] Demgemäß ist eine Bearbeitung nach § 120 geschützt, wenn der Bearbeiter die erforderliche Staatsangehörigkeit besitzt; auf die Staatsangehörigkeit des Urhebers des bearbeiteten Werkes und auf dessen Schutz nach §§ 120 ff. kommt es nicht an.[51] Gleiches gilt für **Sammelwerke** iSd § 4, bei denen ebenfalls zwischen dem Schutz des Sammelwerks als solchem und demjenigen der Beiträge unterschieden werden muss.[52] Ein Sammelwerk als solches genießt den Schutz des UrhG nach § 120, wenn sein Urheber Deutscher ist oder einem EU- oder EWR-Staat angehört, und zwar unabhängig davon, welche Nationalität die Urheber der in das Sammelwerk aufgenommenen Werke besitzen.[53] Für **Filmwerke** und deren Schutz gilt grundsätzlich das zur Miturheberschaft Gesagte.[54] Für die Anwendung des § 120 Abs. 1 S. 2 ist es daher von Bedeutung, wie weit man den Kreis der Filmmiturheber zieht.[55] In Bezug auf das Verhältnis zwischen Filmwerk und verfilmten vorbestehenden Werken[56] gelten in jedem Fall die Grundsätze für Bearbeitungen.

7. Deutsche Staatsangehörige, Angehörige der ehemaligen DDR, Deutsche iSd Art. 116 Abs. 1 GG

13   **a)** Gesetzliche Grundlagen für die **Beurteilung von Erwerb oder Verlust der deutschen Staatsangehörigkeit** sind Art. 16, 116 GG und das Reichs- und Staatsangehörigkeitsgesetz vom 22.7.1913 mit seinen zahlreichen Änderungen und Ergänzungen (seit 2014 Staatsangehörigkeitsgesetz).[57]

14   **Für frühere deutsche Staatsangehörige,** denen zwischen dem 30.1.1933 und dem 8.5.1945 die **Staatsangehörigkeit aus politischen, rassischen oder religiösen Gründen** entzogen worden ist, und deren Abkömmlinge sieht **Art. 116 Abs. 2 GG** vor, dass sie auf Antrag wieder einzubürgern sind. Sie gelten nur dann als nicht ausgebürgert, wenn sie nach dem 8.5.1945 ihren Wohnsitz in Deutschland genommen und nicht einen entgegengesetzten Willen zum Ausdruck gebracht haben. Diese Regelung, die es vermeiden will, den während der Herrschaft der Nationalsozialisten Ausgebürgerten die deutsche Staatsangehörigkeit aufzudrängen, gilt nach dem BVerfG auch für Ausbürge-

---

[45] AmtlBegr. BT-Drs. IV/270, 111 zu § 130, jetzt § 120; BGH GRUR 2018, 178 Rn. 15 – Vorschaubilder III; BGH GRUR 2002, 1020 (1021 f.) – La Bohème; OLG Frankfurt a. M. GRUR 1998, 47 (49) – La Bohème; Fromm/Nordemann/*Nordemann-Schiffel* § 120 Rn. 5; BeckOK/*Lauber-Rönsberg* § 120 Rn. 3; *Schack* Rn. 922.

[46] BT-Drs. IV/270, 112 zu § 130, jetzt § 120.

[47] Ebenso Dreier/Schulze/*Dreier* § 120 Rn. 10 Fromm/Nordemann/*Nordemann-Schiffel* § 120 Rn. 13; BeckOK UrhR/*Lauber-Rönsberg* § 120 Rn. 13.

[48] → § 9 Rn. 1, 4 ff.

[49] Dreier/Schulze/*Dreier* § 120 Rn. 11; *Schack* Rn. 922.

[50] → § 3 Rn. 5 ff., 10 f.

[51] → § 3 Rn. 10; zum Ergebnis Dreier/Schulze/*Dreier* § 120 Rn. 12; BeckOK UrhR/*Lauber-Rönsberg* § 120 Rn. 13; *Schack* Rn. 922.

[52] → § 4 Rn. 34 ff., 40.

[53] Dreier/Schulze/*Dreier* § 120 Rn. 13.

[54] → Rn. 11.

[55] → Vor §§ 88 ff. Rn. 57 ff., 65 ff.

[56] → Vor §§ 88 ff. Rn. 59, 64.

[57] RGBl. 1913 S. 586. Jetzt: Staatsangehörigkeitsgesetz, bereinigte Fassung, zuletzt durch Gesetz vom 15.8.2019 (BGBl. 2019 I S. 1307) geändert.

rungen zB durch die 11. Verordnung zum Reichsbürgergesetz vom 25.11.1941,[58] die wegen ihres krassen Widerspruchs zu fundamentalen Rechtsprinzipien nach heutiger Rechtsanschauung von Anfang an nichtig war.[59] Sie gilt aber nicht für Personen, die den 8.5.1945 nicht überlebt haben, es sei denn, sie hätten zu erkennen gegeben, dass sie die deutsche Staatsangehörigkeit aufgeben wollten,[60] und richtiger Ansicht nach auch nicht für Ausgebürgerte, die zwischen dem 8.5.1945 und dem 23.5.1949, dem Tag des Inkrafttretens des Grundgesetzes, gestorben sind.[61]

b) Vor der deutschen Wiedervereinigung am 3.10.1990 waren die **Angehörigen der ehemaligen** **15** **DDR** aus der Sicht der Bundesrepublik Deutschland **deutsche Staatsangehörige** iSd Art. 16, 116 GG.[62] Der Urheberrechtsschutz ihrer Werke in der Bundesrepublik folgte demzufolge aus § 120 Abs. 1, nicht aus einem Staatsvertrag iVm § 121 Abs. 4, obwohl die Bundesrepublik mit Bekanntmachung vom 19.12.1974[63] anerkannt hatte, dass zwischen ihr und der DDR seit dem 24.11.1972 vertragliche Beziehungen auf der Grundlage der RBÜ[64] bestanden.[65] **Mit der deutschen Wiedervereinigung** hat sich daher an der deutschen Staatsangehörigkeit der Bürger der ehemaligen DDR nichts geändert. Im Übrigen zu den Folgen der deutschen Wiedervereinigung für das Urheberrecht und die verwandten Schutzrechte → Vor §§ 120 ff. Rn. 173 ff.

c) Deutsche iSd Art. 116 Abs. 1 GG, die nicht die deutsche Staatsangehörigkeit besitzen und nach **16** **§ 120 Abs. 2 Nr. 1** deutschen Staatsangehörigen in Bezug auf den Schutz durch das UrhG gleichgestellt sind, sind solche **Flüchtlinge oder Vertriebenen deutscher Volkszugehörigkeit** und deren Ehegatten und Abkömmlinge, die im Gebiet des Deutschen Reiches nach dem Stand vom 31.12.1937 Aufnahme gefunden haben. Maßgeblich ist die gesetzliche Definition des „Vertriebenen" in § 1 des Gesetzes über die Angelegenheiten der Vertriebenen und Flüchtlinge (Bundesvertriebenengesetz) vom 19.5.1953.[66] **Österreicher** haben zwar im Jahre 1938 auf Grund des „Anschlusses" Österreichs an das Deutsche Reich die deutsche Staatsangehörigkeit erworben, und zwar unabhängig von der Frage der Vereinbarkeit dieses „Anschlusses" mit dem Völkerrecht,[67] und mit Wirkung vom 27.4.1945 wieder verloren,[68] sie sind aber nicht Deutsche iSd Art. 116 Abs. 1 GG. Die zeitweise deutsche Staatsangehörigkeit österreichischer Urheber hat den deutschen Urheberrechtsschutz für alle ihre Werke begründet, die sie bis zum Verlust der deutschen Staatsangehörigkeit im Jahre 1945 geschaffen haben; daran hat sich dann auch durch diesen Verlust nichts geändert.[69] Seit dem Beitritt Österreichs zur EG sind in Deutschland alle Werke österreichischer Urheber, auch solcher, die vor diesem Zeitpunkt gestorben sind, den Werken deutscher Urheber völlig gleichgestellt.[70]

8. Mehrfache Staatsangehörigkeit

Besitzt ein Urheber mit deutscher Staatsangehörigkeit auch noch eine weitere Staatsangehörigkeit, **17** so steht dies dem Schutz seiner Werke nach § 120 nicht entgegen.[71] Dasselbe muss für Angehörige anderer EU- und EWR-Staaten gelten. Zur Frage, ob ein solcher Urheber sich nach § 121 Abs. 4 auch auf die urheberrechtlichen Staatsverträge berufen kann, → § 121 Rn. 12.

9. Wechsel der Staatsangehörigkeit

Erwirbt ein Urheber die **deutsche Staatsangehörigkeit nachträglich,** dh erst im Laufe seines **18** Lebens und nachdem er bereits Werke geschaffen hat, so erlangt er dadurch die volle Rechtsstellung eines deutschen Urhebers iSv § 120, und zwar sowohl für alle **nach** als auch für alle **vor** Erwerb der deutschen Staatsangehörigkeit geschaffenen Werke.[72] War ein solches Werk vor Erwerb der deutschen

---

[58] RGBl. 1941 I S. 722.

[59] BVerfGE 54, 53 (68 ff.).

[60] BVerfGE 23, 98 (111 f.).

[61] *Mann* FS Coing, 1982, 323 (332); str., siehe schon *v. Münch,* Grundgesetz-Kommentar, Band 3, 2. Aufl. 1983, GG Art. 116 Rn. 21 ff.; zutreffend noch weitergehend Fromm/Nordemann/*Nordemann-Schiffel* § 120 Rn. 8, die eine Berufung der Erben auf die deutsche Staatsangehörigkeit des Urhebers auch dann noch zulassen, wenn dieser wegen seines Todes die deutsche Staatsangehörigkeit nicht innerhalb angemessener Zeit nach Inkrafttreten des Grundgesetzes gemäß Art. 116 Abs. 2 GG wiedererwerben konnte.

[62] BVerfGE 36, 1 (29 ff.).

[63] BGBl. 1975 II S. 159.

[64] Zu dieser → Vor §§ 120 ff. Rn. 27 ff.

[65] Hierzu und zu weiteren Einzelheiten → 1. Aufl. 1987, vor §§ 120ff. Rn. 38 ff.

[66] BGBl. 1953 I S. 201. Siehe dazu mwN und Angaben Hailbronner/*Hailbronner/Maaßen/Hecker/Kau,* Staatsangehörigkeitsrecht, GG Art. 116 Rn. 23 ff.

[67] BVerfGE 4, 322 (325).

[68] BVerfGE 4, 322 (326 f.); § 1 S. 2 des Zweiten Gesetzes zur Regelung von Fragen der Staatsangehörigkeit vom 17.5.1956, BGBl. 1956 I S. 431; OLG München GRUR 1990, 446 (447) – Josefine Mutzenbacher.

[69] ÖOGH GRUR-Int 2005, 335 (336 f.) – Die Puppenfee, zu einem Film eines österreichischen Regisseurs aus dem Jahre 1936; → Rn. 18 f.

[70] → Rn. 4 ff.

[71] Fromm/Nordemann/*Nordemann-Schiffel* § 120 Rn. 5; BeckOK UrhR/*Lauber-Rönsberg* § 120 Rn. 7.

[72] BGH GRUR 1973, 602 – Kandinsky III; OLG München GRUR 1990, 446 (447) – Josefine Mutzenbacher; Fromm/Nordemann/*Nordemann-Schiffel* § 120 Rn. 6; BeckOK UrhR/*Lauber-Rönsberg* § 120 Rn. 6; *Schack* Rn. 923.

Staatsangehörigkeit durch den Urheber schutzlos, weil auch keine der Schutzvoraussetzungen der §§ 121–123 gegeben war, und hat ein Verwerter das Werk im Vertrauen auf diese Schutzlosigkeit verwertet, so ist zu seinen Gunsten § 136 entsprechend anzuwenden.[73] Für **Angehörige anderer EU- und EWR-Staaten** muss wiederum dasselbe gelten.

19 **Ein nachträglicher Verlust der deutschen Staatsangehörigkeit** hat zwar zur Folge, dass die **nach** diesem Zeitpunkt geschaffenen Werke des Urhebers nur noch nach Maßgabe der §§ 121–123 geschützt sein können, für die **vor** diesem Zeitpunkt geschaffenen Werke geht der nach § 120 begründete Schutz damit aber nicht verloren.[74] Es reicht für den Schutz nach § 120 daher aus, wenn der Urheber **entweder im Zeitpunkt der Schöpfung** des Werkes **oder in demjenigen der Rechtsverletzung** deutscher Staatsangehöriger ist. Da es auf die deutsche Staatsangehörigkeit nur des Urhebers, nicht diejenige seines Rechtsnachfolgers ankommt,[75] sind alle Werke des Urhebers nach § 120 geschützt, wenn dieser **im Zeitpunkt seines Todes** deutscher Staatsangehöriger war. Dasselbe gilt für **Angehörige anderer EU- und EWR-Staaten.**

§ 121 Ausländische Staatsangehörige

(1) [1]Ausländische Staatsangehörige genießen den urheberrechtlichen Schutz für ihre im Geltungsbereich dieses Gesetzes erschienenen Werke, es sei denn, daß das Werk oder eine Übersetzung des Werkes früher als dreißig Tage vor dem Erscheinen im Geltungsbereich dieses Gesetzes außerhalb dieses Gebietes erschienen ist. [2]Mit der gleichen Einschränkung genießen ausländische Staatsangehörige den Schutz auch für solche Werke, die im Geltungsbereich dieses Gesetzes nur in Übersetzung erschienen sind.

(2) **Den im Geltungsbereich dieses Gesetzes erschienenen Werken im Sinne des Absatzes 1 werden die Werke der bildenden Künste gleichgestellt, die mit einem Grundstück im Geltungsbereich dieses Gesetzes fest verbunden sind.**

(3) **Der Schutz nach Absatz 1 kann durch Rechtsverordnung des Bundesministers der Justiz für ausländische Staatsangehörige beschränkt werden, die keinem Mitgliedstaat der Berner Übereinkunft zum Schutze von Werken der Literatur und der Kunst angehören und zur Zeit des Erscheinens des Werkes weder im Geltungsbereich dieses Gesetzes noch in einem anderen Mitgliedstaat ihren Wohnsitz haben, wenn der Staat, dem sie angehören, deutschen Staatsangehörigen für ihre Werke keinen genügenden Schutz gewährt.**

(4) [1]**Im übrigen genießen ausländische Staatsangehörige den urheberrechtlichen Schutz nach Inhalt der Staatsverträge.** [2]**Bestehen keine Staatsverträge, so besteht für solche Werke urheberrechtlicher Schutz, soweit in dem Staat, dem der Urheber angehört, nach einer Bekanntmachung des Bundesministers der Justiz im Bundesgesetzblatt deutsche Staatsangehörige für ihre Werke einen entsprechenden Schutz genießen.**

(5) **Das Folgerecht (§ 26) steht ausländischen Staatsangehörigen nur zu, wenn der Staat, dem sie angehören, nach einer Bekanntmachung des Bundesministers der Justiz im Bundesgesetzblatt deutschen Staatsangehörigen ein entsprechendes Recht gewährt.**

(6) **Den Schutz nach den §§ 12 bis 14 genießen ausländische Staatsangehörige für alle ihre Werke, auch wenn die Voraussetzungen der Absätze 1 bis 5 nicht vorliegen.**

Schrifttum: *Becker,* Warum sollten bildende Künstler in Europa am Wiederverkauf ihrer Werke beteiligt werden?, IFO-Schnelldienst 30/94; Die europäische Richtlinie über das Folgerecht, GRUR-Int 2004, 20; *Katzenberger,* Internationalrechtliche Probleme der Durchsetzung des Folgerechts ausländischer Urheber von Werken der bildenden Künste, IPRax 1983, 158; *ders.,* Harmonisierung des Folgerechts in Europa, GRUR-Int 1997, 309; *ders.,* Die europäische Richtlinie über das Folgerecht, GRUR-Int 2004, 20; *ders.,* Stellungnahme zum Vorschlag für eine Richtlinie des Europäischen Parlaments und des Rates zur Harmonisierung des Folgerechts der Mitgliedstaaten, ZUM 1996, 777; *Schmidt-Werthern,* Die Richtlinie über das Folgerecht des Urhebers des Originals eines Kunstwerks, 2003. Siehe im Übrigen die Schrifttumsnachweise vor §§ 120 ff. und zu § 120.

Übersicht

---

[73] Ähnlich Fromm/Nordemann/*Nordemann-Schiffel* § 121 Rn. 6 unter Berufung auf § 242 BGB; wie hier *Schack* Rn. 923; BeckOK UrhR/*Lauber-Rönsberg* § 120 Rn. 6.1.
[74] BGH GRUR 1982, 308 (310) – Kunsthändler; OLG München GRUR 1990, 446 (447) – Josefine Mutzenbacher; Fromm/Nordemann/*Nordemann-Schiffel* § 121 Rn. 7; *Schack* Rn. 923; aA BeckOK UrhR/*Lauber-Rönsberg* § 120 Rn. 5.
[75] → Rn. 10.

1. Entstehungsgeschichte, Bedeutung und systematische Stellung der Bestimmung. Ausländische Staatsangehörige

Zur Entstehungsgeschichte, Bedeutung und systematischen Stellung der Bestimmung → Vor **1** §§ 120 ff. Rn. 2 ff. Nach dem dort unter → Rn. 3 Gesagten sind **ausländische Staatsangehörige** iSd § 121 nur Staatsangehörige von Staaten, die nicht Mitgliedstaaten der EU oder Vertragsstaaten des EWR-Abkommens sind. § 121 regelt daher nur die Rechtsstellung der **Staatsangehörigen von Drittstaaten.** Angehörige von EU- oder EWR-Staaten sind nach § 120 Abs. 2 Nr. 2 deutschen Staatsangehörigen völlig gleichgestellt.[1]

2. Systematik und zeitlicher Anwendungsbereich des § 121

a) § 121 bestimmt in seinen **Abs. 1, 2 und 4** die **allgemeinen Möglichkeiten,** nach denen **2** Werken ausländischer Urheber der Schutz durch das UrhG zukommt. **Abs. 1 und 2** bezeichnen dabei die Fälle, in denen dieser Schutz solchen Werken bereits auf Grund des **deutschen Fremdenrechts** und **ohne jede Einschränkung** gewährt wird. Es handelt sich hierbei um den Schutz von Werken ausländischer Urheber, die erstmals im Geltungsbereich des UrhG erschienen sind (Abs. 1), sowie um den Schutz von Werken der bildenden Künste ausländischer Urheber, die fest mit einem inländischen Grundstück verbunden sind (Abs. 2). Daneben verweist **Abs. 4** auf den **Inhalt der Staatsverträge,** aus dem sich auch ein eingeschränkter Schutz insbes. iSd Schutzfristenvergleichs[2] ergeben kann, sowie auf die Fälle, in denen aus einer Bekanntmachung des Bundesministers der Justiz die **Gegenseitigkeit des Schutzes gewährleistet** ist. Im Verhältnis zueinander sind diese **Schutzvarianten rechtlich unabhängig, selbstständig und gleichberechtigt.** Daher schließt insbes. der Schutz eines Werkes durch einen Staatsvertrag gemäß Abs. 4 eine Berufung auf den Schutz desselben Werkes nach Abs. 1 bei Vorliegen von dessen Voraussetzungen nicht aus.[3] Lediglich in **faktischer Hinsicht** kommt dem Schutz ausländischer Werke über § 121 Abs. 4 und die urheberrechtlichen Konventionen wesentlich größere Bedeutung zu als dem Schutz nach § 121 Abs. 1 und 2.[4] **§ 121 Abs. 3** ermöglicht es, den aus § 121 Abs. 1 folgenden Schutz der Angehörigen ausländischer Staaten, die deutschen Urhebern keinen genügenden Schutz gewähren, im Wege der **Retorsion** zu beschränken. **§ 121 Abs. 5** enthält eine **Sonderregelung über das Folgerecht** ausländischer Urheber und **§ 121 Abs. 6** eine **spezielle Regelung über die urheberpersönlichkeitsrechtlichen Befugnisse,** die ausländischen Urhebern in jedem Falle zustehen.

b) Im **Vergleich mit dem früheren Recht**[5] enthält **§ 121 Abs. 1** in Anlehnung an die Regelung **3** in der RBÜ[6] eine **Erleichterung für die Erreichbarkeit des inländischen Urheberrechtsschutzes** ausländischer Werke, die darin besteht, dass dem erstmaligen Erscheinen eines solchen Werkes im Inland das inländische Erscheinen innerhalb von 30 Tagen seit dem erstmaligen Erscheinen im Ausland gleichgestellt ist. Auch die Regelung in **§ 121 Abs. 2** über den Schutz von ausländischen Werken der bildenden Künste, die mit inländischen Grundstücken fest verbunden sind, ist nach dem Vorbild der RBÜ neu geschaffen worden.[7] Beide Bestimmungen haben die Entstehung inländischer Urheberrechte zum Gegenstand, ihre Anwendung auf vor Inkrafttreten des UrhG am 1.1.1966 (§ 143 Abs. 2) liegende Sachverhalte, dh in Deutschland erschienene bzw. hier mit einem Grundstück fest verbundene Werke, hätte zur Folge, dass bis zu diesem Zeitpunkt unter dem Gesichtspunkt des Fremdenrechts schutzlose Werke nachträglich den Schutz erlangt hätten, was insbes. das Vertrauen inländi-

---

[1] → § 120 Rn. 4 ff.
[2] → Vor §§ 120 ff. Rn. 20, 34, 49, 60.
[3] BGHZ 95, 229 (231) – Puccini; KG Schulze KGZ 90, 9 – Alexander Skriabin II; OLG Frankfurt a. M. GRUR 1994, 49 (51) – Mackintosh-Möbel; OLG Frankfurt a. M. GRUR-Int 1997, 1006 (1007) – Puccini II; BeckOK UrhR/*Lauber-Rönsberg* § 121 Rn. 13.
[4] Dazu Fromm/Nordemann/*Nordemann-Schiffel* § 121 Rn. 1; LG München I GRUR-Int 1983, 114 (115) – Tosca.
[5] → Vor §§ 120 ff. Rn. 8 ff.
[6] → Vor §§ 120 ff. Rn. 31.
[7] Siehe zu beiden Abs. die AmtlBegr. BT-Drs. IV/270, 112 zu § 131, jetzt § 121.

scher Verwerter auf den Fortbestand der Schutzlosigkeit enttäuschen müsste. Darüber hinaus ergäbe sich bei einer solchen Rückwirkung der Bestimmungen ein Beurteilungsproblem hinsichtlich der unterschiedlichen territorialen Ausdehnung des früheren Deutschen Reiches und des jetzigen Geltungsbereichs des UrhG. Daher gilt, dass **§ 121 Abs. 1 und 2 auf vor Inkrafttreten des UrhG erschienene** oder **im Inland mit einem Grundstück verbundene Werke nicht anwendbar** ist. Die Entstehung des inländischen Schutzes für ältere ausländische Werke richtet sich vielmehr nach den betreffenden früher geltenden Bestimmungen, dh § 55 LUG von 1901 und § 51 Abs. 2 KUG von 1907, § 61 Abs. 2 LUG von 1870 und § 20 Abs. 2 KUG von 1876; das Fortbestehen eines so begründeten Schutzes unter dem UrhG gewährleistet § 129.[8] Nicht ausgeschlossen ist dadurch aber, dass ein älteres, **vor 1966 nicht erschienenes** bzw. nicht mit einem inländischen Grundstück verbundenes und im Inland schutzloses ausländisches Werk den inländischen Schutz nachträglich dadurch erwirbt, dass es **später die Voraussetzungen des § 121 Abs. 1 oder 2 erfüllt.**

4   **§ 121 Abs. 1 ist auch nicht auf Werke ausländischer Urheber anzuwenden, die vor dem Zusammenbruch des Deutschen Reiches** im Jahre 1945 **auf dem Gebiet der ehemaligen DDR,** etwa in Leipzig, erstmals erschienen sind. Der Schutz solcher Werke wurde gemäß § 55 LUG von 1901, § 51 Abs. 2 KUG von 1907 durch das erstmalige Erscheinen „im Inland", dh im Deutschen Reich, begründet.[9] Waren solche Werke bei Inkrafttreten des UrhG noch geschützt, so kamen sie gemäß § 129 Abs. 1 auch in den Genuss der durch das UrhG auf 70 Jahre post mortem auctoris verlängerten Schutzfrist.[10] Es liegt in der Konsequenz der Rechtsauffassung vom Fortbestand des Deutschen Reiches auch nach 1945[11] sowie der Anwendbarkeit der § 55 LUG und § 51 Abs. 2 KUG, anzunehmen, dass Gleiches auch für Werke ausländischer Urheber gilt, die **nach 1945 bis zum Inkrafttreten des UrhG** am 1.1.1966 (§ 143 Abs. 2) und Außerkrafttreten des LUG und KUG (§ 141 Nr. 3, 5) **auf dem Gebiet der ehemaligen DDR** erstmals erschienen sind.[12] Werke ausländischer Urheber, die im **Zeitraum zwischen dem 1.1.1966 und dem Tag der deutschen Wiedervereinigung** am 3.10.1990[13] **in der ehemaligen DDR erstmals erschienen** sind, haben Urheberrechtsschutz in der Bundesrepublik Deutschland ebenfalls nicht auf Grund § 121 Abs. 1[14] erworben, weil diese Bestimmung das erste Erscheinen „im Geltungsbereich dieses Gesetzes" verlangt, der Geltungsbereich des UrhG in dieser Zeit aber auf die alte Bundesrepublik und West-Berlin beschränkt war. Der Schutz solcher Werke in der Bundesrepublik folgte vielmehr aus § 121 Abs. 4 iVm der RBÜ.[15] Es kann auch nicht angenommen werden, dass als Folge der deutschen Wiedervereinigung das Gebiet der ehemaligen DDR rückwirkend zum Geltungsbereich des UrhG zählt. Erst **seit dem Tag der deutschen Wiedervereinigung** zählen auch die neuen Bundesländer zum Geltungsbereich des UrhG.[16] Auf Werke ausländischer Urheber, die **seit dem 3.10.1990 in den neuen Bundesländern erstmals erschienen** sind, ist § 121 Abs. 1 daher anzuwenden.

3. Schutz ausländischer Werke aufgrund ersten Erscheinens im Geltungsbereich des UrhG (§ 121 Abs. 1)

5   **a)** Werke ausländischer Urheber sind nach **§ 121 Abs. 1 S. 1** geschützt, wenn sie **im Geltungsbereich des UrhG,** dh in der Bundesrepublik Deutschland,[17] **erstmals** oder innerhalb von 30 Tagen nach dem erstmaligen Erscheinen des Werkes oder einer Übersetzung des Werkes im Ausland **erschienen** sind. Für den **Begriff des Erscheinens** gilt die Legaldefinition in § 6 Abs. 2.[18] Die Anforderungen an das Erscheinen hinsichtlich der Merkmale des Angebots an die Öffentlichkeit oder des Inverkehrbringens einer genügenden Anzahl von Vervielfältigungsstücken müssen **im Inland** erfüllt sein.[19] Dieses Erfordernis kann entgegen *Nordemann-Schiffel* nicht unter Hinweis auf die Monumenta-Germaniae-Historica-Entscheidung des BGH[20] generell verneint werden, da diese Entscheidung nicht die Frage des Erscheinens, sondern diejenige der Verletzung des Verbreitungsrechts durch Import betrifft.[21] Dem Erscheinen im Inland steht es nicht entgegen, wenn die betreffenden Vervielfälti-

[8] BGHZ 95, 229 (232 ff.) – Puccini – dort S. 237 sowie → Vor §§ 120 ff. Rn. 31 zur Rechtslage nach der RBÜ; KG Schulze KGZ 90, 9 f. – Alexander Skriabin II; OLG Frankfurt a. M. 1006 (1007) – Puccini II; BeckOK UrhR/ *Lauber-Rönsberg* § 121 Rn. 8; auch → § 129 Rn. 12.

[9] Zu noch früher erstschienenen Werken siehe §§ 61 Abs. 2 LUG von 1870, 20 Abs. 2 KUG von 1876.

[10] LG Berlin ZUM 1988, 139 (140 f.) – Alexander Skriabin I; KG Schulze KGZ 90, 7 ff. – Alexander Skriabin II; beide Entscheidungen zu musikalischen Kompositionen, die zwischen 1892 und 1922 erstmals in Leipzig erschienen sind; Revision vom BGH durch Beschluss vom 22.2.1990 (I ZR 95/89) nicht angenommen.

[11] Beispielhaft BVerfGE 36, 1 (15 ff.).

[12] *Ulmer* GRUR-Int 1983, 109 (111).

[13] → Vor §§ 120 ff. Rn. 173.

[14] Und auch nicht aufgrund § 55 LUG, § 51 Abs. 2 KUG.

[15] → Vor §§ 120 ff. Rn. 182 ff.; zur Geltung der RBÜ auch im Verhältnis zwischen der Bundesrepublik und der ehemaligen DDR → § 120 Rn. 15.

[16] → Vor §§ 120 ff. Rn. 178.

[17] Näheres unter → Rn. 3 f.

[18] → § 6 Rn. 29 ff. Siehe auch OLG Frankfurt a. M. ZUM-RD 2015, 589 – Tapetenmuster.

[19] Zur Frage des Erfordernisses eines inländischen Vertriebsmittelpunktes → § 6 Rn. 44.

[20] BGH GRUR 1980, 227 (229 f.).

[21] AA Fromm/Nordemann/*Nordemann-Schiffel* § 121 Rn. 10; → Vor §§ 120 ff. Rn. 133.

gungsstücke **im Ausland hergestellt** wurden.[22] Da es um die Anwendung der deutschen Bestimmung des § 121 Abs. 1 geht, ist § 6 Abs. 2 auch der Beurteilung der Frage zugrunde zu legen, ob ein Werk oder eine Übersetzung des Werkes vor dem Erscheinen im Inland bereits im Ausland erschienen ist.[23] Bei Anwendung des früheren Rechts[24] müssen die **Zeitpunkte des Erscheinens im In- und Ausland** uU auf den Tag genau bewiesen und festgestellt werden.[25] Die nunmehr in § 121 Abs. 1 S. 1 eingeräumte **30-Tage-Frist** bringt hier eine Erleichterung.

b) Gemäß **§ 121 Abs. 1 S. 2** gilt das unter → Rn. 5 Gesagte in gleicher Weise für Werke, die **im 6 Inland nicht im Original, sondern nur in Übersetzung erschienen** sind.[26] Diese Regelung entspricht derjenigen in § 55 Abs. 2 LUG von 1901 sowie der Deutung, nach der ein Werk auch in Form einer Bearbeitung erscheinen kann.[27] Sie findet eine weitere Entsprechung in der Bestimmung des § 121 Abs. 1 S. 1, nach der das erstmalige Erscheinen einer Übersetzung des Werkes im Ausland der fremdenrechtlichen Begründung des inländischen Urheberrechtsschutzes für dieses Werk entgegenstehen kann. Beide Regelungen gelten aber **nicht** für **andere Bearbeitungen** eines Werkes als Übersetzungen.[28]

c) Sind die Voraussetzungen des § 121 Abs. 1 erfüllt, so ist das betreffende ausländische Werk **in 7 vollem Umfang,** einschließlich der Schutzdauer, **nach inländischem Recht geschützt;** es steht dem Werk eines deutschen Urhebers in jeder Hinsicht gleich und ist völlig unabhängig vom Schutz des Werkes im Heimatstaat des Urhebers.[29] Dies erklärt auch das Anliegen des Schutzes nach § 121 Abs. 1 (und Abs. 2) neben dem Schutz nach § 121 Abs. 4.[30]

4. Schutz ausländischer, mit einem inländischen Grundstück verbundener Werke der bildenden Künste (§ 121 Abs. 2)

Gemäß **§ 121 Abs. 2** werden den im Geltungsbereich des UrhG erschienenen Werken iSd § 121 **8** Abs. 1 diejenigen **Werke der bildenden Künste**[31] gleichgestellt, die **mit einem inländischen Grundstück fest verbunden** sind. Diese Bestimmung entspricht Art. 4 lit. b RBÜ[32] und ist Art. 4 Abs. 5 S. 2 der Brüsseler Fassung der RBÜ[33] nachgebildet,[34] wobei allerdings übersehen wurde, dass diese Vorschrift nur die Bestimmung des Ursprungslandes eines Werkes betrifft und keinen selbstständigen Anknüpfungspunkt des Schutzes begründet.[35] Beispiele solcher Werke, denen nach § 121 Abs. 2 Schutz zukommen kann, sind Werke der Baukunst[36] sowie mit einem inländischen Bauwerk fest verbundene Fresken, Mosaiken, Reliefs und Skulpturen.[37] Eine **feste Verbindung** wird nach allgM[38] nur bejaht, wenn das Werk iSd §§ 93, 94 BGB wesentlicher Bestandteil eines Grundstücks oder Gebäudes ist, dh davon ohne Zerstörung oder Veränderung in seinem Wesen nicht getrennt werden kann. Im Hinblick auf die Deutung des Art. 4 lit. b RBÜ[39] wird man aber auch eine sonstige dauerhafte, feste Verbindung, wie bei Kirchenfenstern oder Statuen üblich, genügen lassen müssen.[40] Verliert das Werk später seine **feste Verbindung** mit dem Grundstück, wie zB eine Bemalung der Berliner Mauer durch deren Abbruch, so ändert dies an dem einmal begründeten Schutz nichts.[41]

Gleichstellung mit einem im Inland iSd § 121 Abs. 1 erschienenen Werk bedeutet, dass das Werk **9** entsprechend der Regelung des § 121 Abs. 1 S. 1 nicht früher als 30 Tage vor der Vornahme der festen Verbindung mit einem inländischen Grundstück oder Gebäude im Ausland erschienen sein darf, sei es in Form von Abbildungen oder gemäß § 6 Abs. 2 S. 2.[42] Sinngemäß und entsprechend der

[22] → § 6 Rn. 44; Fromm/Nordemann/*Nordemann-Schiffel* § 121 Rn. 10; BeckOK UrhR/*Lauber-Rönsberg* § 121 Rn. 6; Dreier/Schulze/*Dreier* § 121 Rn. 3; Wandtke/Bullinger/*v. Welser* § 121 Rn. 2.

[23] Ebenso BeckOK UrhR/*Lauber-Rönsberg* § 121 Rn. 6.

[24] → Rn. 3 f.

[25] → § 6 Rn. 43; lehrreich insoweit insbes. OLG München GRUR 1983, 295 (297 f.) – Oper Tosca; vom BGH GRUR 1986, 69 (71) – Puccini, insoweit in BGHZ 95, 229 (237) nicht abgedruckt, bestätigt.

[26] BGHZ 141, 267 (271) – Laras Tochter.

[27] → § 6 Rn. 45.

[28] → § 3 Rn. 1 ff.; zum Ergebnis auch BeckOK UrhR/*Lauber-Rönsberg* § 121 Rn. 5; aA Dreier/Schulze/*Dreier* § 121 Rn. 3.

[29] Vgl. dagegen zum konventionsrechtlichen Schutz → Vor §§ 120 ff. Rn. 14 ff.

[30] → Rn. 2.

[31] Zum Begriff der Werke der bildenden Künste → § 2 Rn. 156 ff.

[32] Stockholmer und Pariser Fassung.

[33] Art. 5 Abs. 4 lit. c, ii der Stockholmer und Pariser Fassung.

[34] Vgl. die AmtlBegr. BT-Drs. IV/270, 112 zu § 131, jetzt § 121.

[35] Nordemann/Vinck/Hertin/*Meyer* RBÜ Art. 3/Art. 4 Rn. 10.

[36] → § 2 Rn. 174 ff.

[37] → § 2 Rn. 169, → § 26 Rn. 23.

[38] Vgl. Fromm/Nordemann/*Nordemann-Schiffel* § 121 Rn. 13; BeckOK UrhR/*Lauber-Rönsberg* § 121 Rn. 10; Wandtke/Bullinger/*v. Welser* § 121 Rn. 3.

[39] Stockholmer und Pariser Fassung.

[40] Dreier/Schulze/*Dreier* § 121 Rn. 4; Fromm/Nordemann/*Nordemann-Schiffel* § 121 Rn. 13; Wandtke/Bullinger/*v. Welser* § 121 Rn. 3.

[41] So im Ergebnis BGH GRUR 2007, 691 (692) – Staatsgeschenk.

[42] → § 6 Rn. 47 ff.; wie hier BeckOK UrhR/*Lauber-Rönsberg* § 121 Rn. 11; aA wohl Fromm/Nordemann/*Nordemann-Schiffel* § 121 Rn. 13.

Deutung des Art. 4 lit. b RBÜ[43] ist darüber hinaus zu fordern, dass es sich bei dem mit einem inländischen Grundstück oder Gebäude fest verbundenen Gegenstand um das **Original** handelt.[44]

5. Möglichkeit der Beschränkung des Schutzes durch Rechtsverordnung (§ 121 Abs. 3)

10   **Als weitere Neuerung gegenüber dem früher geltenden Recht eröffnet § 121 Abs. 3** die Möglichkeit, den Schutz von Werken ausländischer Staatsangehöriger gemäß § 121 Abs. 1 im Wege der **Retorsion** einzuschränken, wenn diese keinem Verbandsland, in § 121 Abs. 3 Vertragsstaat genannt, der Berner Union angehören, zur Zeit des Erscheinens des Werkes weder im Geltungsbereich des UrhG, noch in einem anderen Verbandsland der Berner Union ihren Wohnsitz haben und wenn der Staat, dem sie angehören, deutschen Staatsangehörigen für ihre Werke keinen genügenden Schutz gewährt. Die Vorschrift ist Art. 6 Abs. 2 RBÜ[45] nachgebildet,[46] der die Rechtsgrundlage für entsprechende Maßnahmen gegen Angehörige eines Verbandslandes der Berner Union enthält. Möglich ist sowohl ein **völliger Ausschluss** als auch eine **bloße Beschränkung des Schutzes.** Anstelle der Ausübung des Retorsionsrechts durch ein Gesetz ist in § 121 Abs. 3 eine bloße **Verordnung des Bundesministers der Justiz** vorgesehen, um auf Schutzdefizite zulasten deutscher Urheber in ausländischen Staaten möglichst rasch reagieren und dadurch einen Druck auf den betreffenden Staat ausüben zu können.[47] Von der Möglichkeit des § 121 Abs. 3 ist bisher nicht Gebrauch gemacht worden.

6. Schutz ausländischer Werke nach Inhalt der Staatsverträge oder bei Gewährleistung der Gegenseitigkeit (§ 121 Abs. 4)

11   **a)** § 121 Abs. 4 S. 1 stellt klar,[48] dass Werke ausländischer Staatsangehöriger „im Übrigen", dh wenn der Schutz nicht schon nach § 121 Abs. 1 oder 2 gegeben ist, **nach Inhalt der Staatsverträge** geschützt sind, die für die Bundesrepublik Deutschland verbindlich sind.[49] Im Einzelnen handelt es sich bei diesen Staatsverträgen um das **TRIPS-Übereinkommen (TRIPS), die Revidierte Berner Übereinkunft (RBÜ), den WIPO-Urheberrechtsvertrag (WCT)** und das **Welturheberrechtsabkommen (WUA),** unter denen in der Praxis des internationalen Urheberrechtsschutzes den drei erstgenannten überragende Bedeutung zukommt, sowie um die **Übereinkunft von Montevideo** und eine Reihe **zweiseitiger Staatsverträge** von praktisch geringerem Gewicht. Zum **Vertrag von Marrakesch** über den Zugang zu veröffentlichten Werken für blinde, sehbehinderte oder sonst lesebehinderte Personen → Vor §§ 120 ff. Rn. 52 f. Zu den Grundsätzen dieser internationalen Verträge und ihrer Anwendung ist auf die Ausführungen → Vor §§ 120 ff. Rn. 14 ff. zu verweisen. Der deutsche Gesetzgeber konnte in diesem Zusammenhang anlässlich der Umsetzung der europäischen Schutzdauerrichtlinie[50] darauf verzichten, gemäß deren Art. 7 Abs. 1 die **Durchführung des Vergleichs der Schutzfristen** anzuordnen,[51] da dieser in Deutschland bei Anwendung von TRIPS, RBÜ und WUA ohnedies praktiziert wird.[52]

12   **b)** Der Urheberrechtsschutz aufgrund der internationalen Verträge kann in Ausnahmefällen weiter reichen als derjenige durch das UrhG.[53] **Deutsche Urheber** können sich auf diesen weitergehenden Schutz grundsätzlich nicht berufen.[54] Auch § 121 hat nur den Schutz ausländischer Urheber zum Gegenstand. Besitzt ein deutscher Urheber aber **zugleich die Staatsangehörigkeit eines ausländischen Staates,** der Verbandsland bzw. Vertragsstaat eines der unter → Rn. 11 genannten internationalen Verträge ist, so stehen ihm unter den entsprechenden Voraussetzungen auch die Rechte zu, die dieser Vertrag gewährt.[55] Eine solche doppelte Staatsangehörigkeit steht dem Schutz nach § 120 nicht entgegen.[56]

13   **c)** Für Werke ausländischer Urheber, die einem Staat angehören, der mit der Bundesrepublik Deutschland durch keinen internationalen Vertrag auf dem Gebiet des Urheberrechts verbunden ist, gilt nach **§ 121 Abs. 4 S. 2,** dass sie urheberrechtlich geschützt sind, soweit nach einer Bekanntmachung des Bundesministers der Justiz im Bundesgesetzblatt Werke deutscher Urheber in dem betreffenden Staat einen entsprechenden Schutz genießen, dh wenn die **Gegenseitigkeit des Schutzes**

---

[43] Stockholmer und Pariser Fassung; siehe Nordemann/Vinck/Hertin/*Meyer* RBÜ Art. 3/Art. 4 Rn. 10.

[44] Zu diesem Begriff im Urheberrecht → § 26 Rn. 25 ff.

[45] Brüsseler Fassung, Art. 6 Abs. 1 der Stockholmer und Pariser Fassung.

[46] AmtlBegr. BT-Drs. IV/270, 112 zu § 131, jetzt § 121.

[47] AmtlBegr. BT-Drs. IV/270, 112 zu § 131, jetzt § 121.

[48] → Vor §§ 120 ff. Rn. 10.

[49] Zum Verhältnis des Schutzes nach Abs. 1 und 2 zu dem nach Abs. 4 → Rn. 2.

[50] Zu dieser → § 64 Rn. 13 ff.

[51] → § 64 Rn. 33.

[52] → § 140 Rn. 1 f.; zum Verzicht auf eine Regelung bei Umsetzung der Schutzdauerrichtlinie siehe die Amtl-Begr. BT-Drs. 13/781, 11.

[53] → Vor §§ 120 ff. Rn. 107; BT-Drs. IV/270, 112 zu § 130, jetzt § 120.

[54] → Vor §§ 120 ff. Rn. 108.

[55] BeckOK UrhR/*Lauber-Rönsberg* § 121 Rn. 1.

[56] → § 120 Rn. 17.

gewährleistet und dies **formell festgestellt** ist. Eine Bekanntmachung iSd § 121 Abs. 4 S. 2 ist bisher nicht ergangen.[57]

7. Folgerecht ausländischer Urheber (§ 121 Abs. 5)

a) § 121 Abs. 5 enthält für Urheber, die ausländische Staatsangehörige sind, eine **fremdenrechtli- 14 che Sonderregelung** in Bezug auf das **Folgerecht** (§ 26). Dieses Recht steht solchen Urhebern nur zu, wenn ihr Heimatstaat deutschen Urhebern ein entsprechendes Recht gewährt, wenn also Gegenseitigkeit gewährleistet ist. Auch in dieser Hinsicht gilt jedoch, dass die Bestimmung (§ 121 Abs. 5) **nicht anwendbar** ist, wenn der Urheber **Staatsangehöriger eines anderen EU- oder EWR-Staates** ist.[58] Ein solcher Urheber kann das Folgerecht des § 26 wie ein deutscher Urheber in Anspruch nehmen.[59] Dieses Ergebnis entspricht fast einhelliger Auffassung.[60]

b) Der Sonderregelung des **§ 121 Abs. 5** kommt der Vorrang vor dem Schutz ausländischer Ur- 15 heber nach § 121 Abs. 1 und 2 zu.[61] Gemäß § 121 Abs. 5 steht das Folgerecht ausländischen Urhebern nur zu, wenn der Staat, dem sie angehören, nach einer Bekanntmachung des Bundesministers der Justiz im Bundesgesetzblatt deutschen Urhebern ein entsprechendes Recht gewährt, wenn also die **Gegenseitigkeit des Schutzes gewährleistet** und dies **formell festgestellt** ist. Die Gewährung eines entsprechenden Rechts an deutsche Urheber erfordert neben dem Ausschluss fremdenrechtlicher Diskriminierung angesichts der höchst unterschiedlichen Folgerechtsregelungen in den verschiedenen Ländern[62] lediglich eine ernsthafte und rechtlich durchsetzbare gesetzliche Anerkennung des Folgerechts in dem betreffenden ausländischen Staat, ohne dass es auf eine Ausgestaltung dieses Rechts wie in § 26 oder auf seine tatsächliche Durchsetzung in der Praxis ankommt.[63]

Bekanntmachungen iSd § 121 Abs. 5 sind bisher für das Verhältnis zu **Frankreich**[64] und zu **Bel- 16 gien**[65] erlassen worden. Im Nachhinein betrachtet waren diese Bekanntmachungen überflüssig,[66] jedoch behalten sie zumindest als Dokumentation für die auch amtliche Vernachlässigung des Art. 18 Abs. 1 AEUV auf dem Gebiet des internationalen Urheberrechts eine gewisse Bedeutung.[67] **Außerhalb** der das Folgerecht betreffenden **konventionsrechtlichen Bindungen** der Bundesrepublik Deutschland kommt Bekanntmachungen iSd § 121 Abs. 5 **konstitutive Bedeutung** zu.[68] Sie sind daher materiellrechtliche Voraussetzung der Berechtigung ausländischer Urheber. Ist eine solche Bekanntmachung aber ergangen, so hat dies **rückwirkende Kraft** mit der Folge, dass den betreffenden ausländischen Urhebern das deutsche Folgerecht auch hinsichtlich Veräußerungen vor dem Zeitpunkt des Erlasses der Bekanntmachung zukommt, wenn diese selbst nichts anderes bestimmt. Das Inkrafttreten der betreffenden ausländischen Gesetzgebung über das Folgerecht bildet die zeitliche Grenze dieser Rückwirkung.[69]

c) Verhältnis des § 121 Abs. 5 zur RBÜ in der Brüsseler und Pariser Fassung und zu 17 TRIPS. Art. 14bis RBÜ (Brüsseler Fassung) und Art. 14ter RBÜ (Pariser Fassung) sowie dem in beiden Konventionsfassungen verankerten **Prinzip der Inländerbehandlung**[70] kommt der **Vorrang vor § 121 Abs. 5** zu. Im Sinne der Gegenseitigkeit des Schutzes macht Abs. 2 der beiden Konventionsbestimmungen den Schutz in jedem Verbandsland, welches das Folgerecht gewährt, davon abhängig, dass auch die **Heimatgesetzgebung des Urhebers** diesen Schutz zugesteht, wobei es auf eine bestimmte Qualität dieses Schutzes nicht ankommt.[71] Ist diese **Bedingung erfüllt**, so greift das

---

[57] Zur möglichen rechtlichen Bedeutung einer solchen Bekanntmachung iS konstitutiver Wirkung mit oder ohne Rückwirkung, bloßer deklaratorischer Bedeutung oder Prozessvoraussetzung KG UFITA 85 (1979), 239 (241 ff.); offengelassen in BGHZ 72, 63 (66 f., 69 f.) – Jeannot – jeweils zur parallelen Frage bei § 121 Abs. 5; auch → Rn. 17 f.

[58] → Rn. 1.

[59] § 120 Abs. 2 Nr. 2; → § 26 Rn. 4 ff.

[60] Dreier/Schulze/*Dreier* § 121 Rn. 18; Fromm/Nordemann/*Nordemann-Schiffel* § 121 Rn. 18; BeckOK UrhR/ *Lauber-Rönsberg* § 121 Rn. 32; *Pfennig* FS Kreile, 1994, 491 (507 f.); *Rhein* FS Piper, 1996, 755 (762); *Schmidt-Werthern* S. 61 f.; *Walter* in Reichelt, Neues Recht zum Schutz von Kulturgut, 1997, S. 95, 104; Wandtke/ Bullinger/*v. Welser* § 121 Rn. 40; aA *Schneider-Brodtmann* S. 246 ff. im Hinblick auf Art. 14ter Abs. 2 RBÜ (Pariser Fassung).

[61] AmtlBegr. BT-Drs. IV/270, 112 zu § 131, jetzt § 121, zu § 121 Abs. 1; zur möglichen Bedeutung des Vorrangs vor § 121 Abs. 2 einerseits → Rn. 8, andererseits → § 26 Rn. 22 f.

[62] → § 26 Rn. 2.

[63] Zustimmend KG UFITA 85 (1979), 239 (241).

[64] Bek. vom 4.11.1975, BGBl. 1975 I S. 2775.

[65] Bek. vom 21.9.1977, BGBl. 1977 I S. 1871.

[66] → Rn. 14.

[67] → § 120 Rn. 7.

[68] *Schack* Rn. 925.

[69] Zum Ganzen *Katzenberger* UFITA 85 (1979), 39 (76 ff.); gleicher Auffassung zur konstitutiven Wirkung, aber mit Rücksicht auf die Interessen des Kunsthandels gegen die Rückwirkung KG UFITA 85 (1979), 239 (242 f.); ähnlich LG Berlin UFITA 85 (1979), 246; in BGHZ 72, 63 (66 f., 69 f.) – Jeannot – offengelassen.

[70] → Vor §§ 120 ff. Rn. 32.

[71] Zu Letzterem Fromm/Nordemann/*Nordemann-Schiffel* § 121 Rn. 18; für das Verhältnis zu Frankreich und die Zeit vor Erlass der Bekanntmachung vom 4.11.1975 hat das KG GRUR 1979, 467 (468) – Jeannot II – die Gewährleistung der Gegenseitigkeit bejaht.

Prinzip der Inländerbehandlung uneingeschränkt Platz. Die in Abs. 2 und 3 der genannten Konventionsbestimmungen enthaltenen Verweisungen auf das Recht des Schutzlandes sind solche auf das für Inländer geltende Recht, nicht auch auf das Fremdenrecht dieses Landes, sodass die konstitutive Bedeutung einer Bekanntmachung nach § 121 Abs. 5[72] insoweit nicht Platz greifen kann.[73] Bisher höchstrichterlich nicht entschieden ist die Frage, ob Bekanntmachungen iSd § 121 Abs. 5 gegenüber Werken, die durch die genannten Konventionsfassungen geschützt sind, Bedeutung als **Prozessvoraussetzung** zukommt.[74] Die Frage ist zu verneinen.[75] Das zur Pariser Fassung der RBÜ Gesagte gilt **auch** für das **TRIPS-Übereinkommen,** da dieses neue Übereinkommen den materiellen Schutzgehalt der RBÜ in dieser Fassung übernommen hat.[76]

18 **d)** Verhältnis des § 121 Abs. 5 zu den älteren Fassungen der RBÜ und zum WUA. Die **älteren Fassungen der RBÜ**[77] und das **WUA** in seinen beiden Fassungen[78] enthalten keine spezielle Vorschrift über das Folgerecht. Die Frage, ob der auch in diesen Konventionen enthaltene **Grundsatz der Inländerbehandlung** sich auf das **Folgerecht** des § 26 erstreckt und, ebenfalls unter Vorrang vor § 121 Abs. 5, Angehörigen von Staaten, die nur einer dieser Konventionen bzw. Konventionsfassungen angehören, dieses Recht zuweist, ist streitig. Bejahendenfalls wäre das deutsche Folgerecht solchen ausländischen Urhebern mangels einer entsprechenden einschränkenden Bestimmung sogar **ohne Gewährleistung der Gegenseitigkeit** und ohne Anerkennung des Folgerechts in der Heimatgesetzgebung dieser Urheber zu gewähren. Die Frage ist aber mit Rücksicht auf die historische Entwicklung des Folgerechtsgedankens im internationalen Urheberrecht **zu verneinen.**[79] Im Verhältnis zu den älteren Fassungen der RBÜ und zum WUA hat es daher bei der **uneingeschränkten Geltung des § 121 Abs. 5** sein Bewenden.

19 **e)** Anerkennung des Folgerechts im Ausland. In der **EU**[80] wurde ursprünglich das Folgerecht in 11 der 15 „alten" Mitgliedstaaten, nicht aber in Großbritannien, Irland, den Niederlanden und Österreich, gesetzlich anerkannt.[81] Nunmehr haben jedoch diese und alle anderen EU-Staaten die Folgerechtsrichtlinie national umgesetzt. Hinzu kommen mit einer Folgerechtsregelung als Vertragsstaaten des **EWR**-Abkommens[82] Island, Liechtenstein und Norwegen. Darüber hinaus ist das Folgerecht nach den Erkenntnissen der EG-Kommission, veröffentlicht in deren Dokument[83] zum Folgerechts-Richtlinienvorschlag vom 25.4.1996, S. 13 f., in den folgenden **18 Drittstaaten** gesetzlich anerkannt: Algerien, Brasilien, Burkina Faso, Chile, Costa Rica, Ecuador, Elfenbeinküste (Côte d'Ivoire), Guinea, Madagaskar, Marokko, Peru, Philippinen, Russische Föderation, Senegal, Türkei, Tunesien, Uruguay, Zaire.[84] Alle diese Drittstaaten gehören der RBÜ in der Pariser oder Brüsseler Fassung oder TRIPS an mit der Folge, dass bei ihnen die Grundbedingung für die Inanspruchnahme des deutschen Folgerechts erfüllt ist.[85] Zweifelhaft ist die Rechtslage in Bezug auf **Kalifornien** als Einzelstaat des Mitglieds der RBÜ (Pariser Fassung) und des TRIPS-Übereinkommens USA mit einer eigenen Folgerechtsregelung sowie im Hinblick auf den Heiligen Stuhl, Irak, Laos, Mali und Monaco,[86] die in der Aufstellung der EG-Kommission fehlen.

8. Urheberpersönlichkeitsrechtlicher Schutz ausländischer Urheber (§ 121 Abs. 6)

20 Als weitere Neuerung gegenüber dem früher geltenden Recht[87] sieht **§ 121 Abs. 6** vor, dass das Veröffentlichungsrecht (§ 12), das Recht auf Anerkennung der Urheberschaft (§ 13) und der Schutz gegen Entstellung des Werkes (§ 14) und damit die **grundlegenden urheberpersönlichkeitsrechtlichen Befugnisse**[88] ausländischen Urhebern für alle ihre Werke unabhängig davon zustehen, ob die Voraussetzungen des urheberrechtlichen Schutzes nach den sonstigen Bestimmungen des § 121 erfüllt

---

[72] → Rn. 16.
[73] BGHZ 72, 63 (68 f.) – Jeannot; BGH GRUR 1982, 308 (311) – Kunsthändler; OLG Frankfurt a. M. GRUR 1980, 916 (919) – Folgerecht ausländischer Künstler; Dreier/Schulze/*Dreier* § 121 Rn. 18; Fromm/Nordemann/*Nordemann-Schiffel* § 121 Rn. 18; Nordemann/Vinck/Hertin/*Meyer* RBÜ Art. 14ter Rn. 4; Wandtke/Bullinger/ *v. Welser* § 121 Rn. 40; aA KG UFITA 85 (1979), 239 (243 ff.); *Bappert/Wagner* RBÜ Art. 14bis Rn. 4.
[74] BGHZ 72, 63 (69) – Jeannot – und BGH GRUR 1982, 308 (311) – Kunsthändler – lassen diese Frage offen.
[75] So wohl auch alle anderen zum Vorrang der RBÜ zitierten Autoren.
[76] → Vor § 120 ff. Rn. 18.
[77] → Vor §§ 120 ff. Rn. 27.
[78] → Vor §§ 120 ff. Rn. 43.
[79] Dreier/Schulze/*Dreier* § 121 Rn. 18; Wandtke/Bullinger/*v. Welser* § 121 Rn. 40; *Nordemann/Vinck/Hertin* RBÜ Art. 14ter Rn. 5 zur Rom-Fassung der RBÜ; jetzt wie hier auch Fromm/Nordemann/*Nordemann-Schiffel* § 121 Rn. 19; aA *Bappert/Wagner* RBÜ Art. 14bis Rn. 1; Nordemann/Vinck/Hertin/*Meyer* WUA Art. II Rn. 1 zum WUA.
[80] → Rn. 14 f.
[81] *Katzenberger* GRUR-Int 2004, 20 (21).
[82] → Rn. 14.
[83] Dok. KOM(96) 97 endg. vom 13.3.1996.
[84] Demokr. Rep. Kongo.
[85] → Rn. 18.
[86] Zu Letzteren Fromm/Nordemann/*Nordemann-Schiffel* § 121 Rn. 18, die außerdem noch Indien, Togo, Mali, Monaco, Vatikanstaat und Venezuela als mögliche Staaten mit Folgerecht nennen.
[87] → Vor §§ 120 ff. Rn. 8 ff., 10.
[88] → Vor §§ 12 ff. Rn. 1 f.

sind. **Ausländische Urheber** sind daher **insoweit stets geschützt,** ohne dass es auf das erste Erscheinen des Werkes im Inland, auf das Vorliegen eines Staatsvertrags oder auf die Gewährleistung der Gegenseitigkeit ankommt. § 121 Abs. 6 ist erst durch den Rechtsausschuss des Deutschen Bundestags in den Gesetzentwurf zum UrhG eingefügt worden und dient der fremdenrechtlichen Gleichstellung des Urheberpersönlichkeitsrechts mit dem allgemeinen Persönlichkeitsrecht.[90] Dieser Zielsetzung entsprechend muss § 121 Abs. 6 neben § 121 Abs. 4 **selbstständige Bedeutung** zukommen, sodass insbes. die Einschränkung des Schutzes durch den **Schutzfristenvergleich** nach Maßgabe der RBÜ und des WUA[92] in Bezug auf die Rechte nach §§ 12, 13, 14 **nicht zur Geltung kommen** kann.[91] Für **Staatsangehörige anderer EU- und EWR-Staaten** folgt dasselbe bereits aus § 120 Abs. 2 Nr. 2; auf sie ist § 121 nicht anwendbar.[93]

§ 122 Staatenlose

(1) **Staatenlose mit gewöhnlichem Aufenthalt im Geltungsbereich dieses Gesetzes genießen für ihre Werke den gleichen urheberrechtlichen Schutz wie deutsche Staatsangehörige.**

(2) **Staatenlose ohne gewöhnlichen Aufenthalt im Geltungsbereich dieses Gesetzes genießen für ihre Werke den gleichen urheberrechtlichen Schutz wie die Angehörigen des ausländischen Staates, in dem sie ihren gewöhnlichen Aufenthalt haben.**

Übersicht

1. Systematische Stellung, Entstehungsgeschichte und Bedeutung der Bestimmung. Staatenlose in einem EU- oder EWR-Staat

§ 122 bewirkt die Gleichstellung Staatenloser, die ihren gewöhnlichen Aufenthalt in einem Staat haben, mit den Staatsangehörigen dieses Staates, und zwar bei gewöhnlichem Aufenthalt in **Deutschland** mit Urhebern deutscher Staatsangehörigkeit (§ 122 Abs. 1) und bei gewöhnlichem Aufenthalt in einem **ausländischen Staat** mit den Staatsangehörigen dieses Staates (§ 122 Abs. 2). Bei gewöhnlichem Aufenthalt eines Staatenlosen in einem **EU- oder EWR-Staat** führt dies mittelbar ebenfalls zur Gleichstellung mit einem Urheber deutscher Staatsangehörigkeit, weil auch Staatsangehörige eines solchen Staates deutschen Urhebern gleichgestellt sind.[1] Dies ist aber eine Rechtsfolge des § 122 Abs. 2, nicht unmittelbar eine solche des § 120 Abs. 2 Nr. 2 oder des Art. 18 AEUV bzw. des Art. 4 Abs. 1 des EWR-Abkommens. 1

2. Schutz staatenloser Urheber mit gewöhnlichem Aufenthalt im Geltungsbereich des UrhG (§ 122 Abs. 1)

Nach § 122 Abs. 1 sind Urheber, die weder die deutsche noch eine ausländische Staatsangehörigkeit besitzen und daher staatenlos sind, für ihre Werke wie deutsche Urheber geschützt, wenn sie ihren **gewöhnlichen Aufenthalt im Geltungsbereich des UrhG,** dh in der Bundesrepublik Deutschland haben. Diese letztere Voraussetzung ist gegeben, wenn der staatenlose Urheber sich **im Inland längere Zeit tatsächlich** derart **aufhält,** dass hier sein **Lebensmittelpunkt** liegt. An die Dauer des Aufenthalts sind keine zu geringen Anforderungen zu stellen, durch zeitweilige Abwesenheit mit Rückkehrabsicht wird der gewöhnliche Aufenthalt aber nicht aufgegeben. Im Unterschied zum **Wohnsitz,** der nach § 7 Abs. 1 BGB ebenfalls eine ständige Niederlassung erfordert, kommt es für den gewöhnlichen Aufenthalt auf einen rechtsgeschäftlichen oder auch nur einen tatsächlichen Begründungswillen und auf die Niederlassung in einer bestimmten Gemeinde nicht an, sodass auch das Umherziehen im Bundesgebiet ausreicht.[2] **Bis zur deutschen Wiedervereinigung** am 3.10. 1990[3] war der Geltungsbereich des UrhG auf die alte Bundesrepublik Deutschland und West-Berlin 2

---

[90] → Vor §§ 12 ff. Rn. 10.

[91] → Vor 120 ff. Rn. 47 f.

[92] Dreier/Schulze/*Dreier* § 121 Rn. 19; BeckOK UrhR/*Lauber-Rönsberg* § 121 Rn. 34; Wandtke/Bullinger/ *v. Welser* § 121 Rn. 41.

[93] → Rn. 1.

[1] § 120 Abs. 2 Nr. 2; → § 120 Rn. 4 ff. und → Vor §§ 120 ff. Rn. 3.

[2] Zum Vorstehenden sowie zu weiteren Details Palandt/*Ellenberger* BGB § 7 Rn. 1–3.

[3] → Vor §§ 120 ff. Rn. 173.

beschränkt.[4] Staatenlose mit ständigem Aufenthalt in der ehemaligen DDR waren dennoch bundesdeutschen Urhebern gleichgestellt, weil dies auch für Angehörige der DDR galt.[5]

3   **Werke staatenloser Urheber mit ständigem Aufenthalt im Inland sind nach § 122 Abs. 1 wie Werke deutscher Urheber** geschützt. Für ihren Schutz gilt daher das zu § 120 Gesagte; ihr Schutz ist weder von den Voraussetzungen des § 121 abhängig, noch unterliegt er insbes. den Einschränkungen des § 121 Abs. 5 und des Konventionsrechts in Bezug auf den Vergleich der Schutzfristen.[6] Auch das unter → § 120 Rn. 18, 19 zum Wechsel der Staatsangehörigkeit Gesagte gilt entsprechend.

3. Schutz staatenloser Urheber mit gewöhnlichem Aufenthalt in einem ausländischen Staat (§ 122 Abs. 2)

4   **Die Werke staatenloser Urheber mit gewöhnlichem Aufenthalt in einem ausländischen Staat** sind nach § 122 Abs. 2 in gleicher Weise **wie die Werke der Staatsangehörigen des betreffenden Staates** geschützt. Es gelten daher insoweit die Regelungen des § 121. § 122 Abs. 2 bezieht sich nur auf den Schutz durch das deutsche Recht, ob die Werke solcher Urheber auch in deren Aufenthaltsstaat urheberrechtlich geschützt sind, ist nach dem Recht des betreffenden Staates zu entscheiden.

4. Schutz staatenloser Urheber ohne gewöhnlichen Aufenthalt

5   **Für staatenlose Urheber, die auch keinen gewöhnlichen Aufenthalt** haben, enthält das UrhG keine Regelung. Sinngemäß und unter entsprechender Anwendung des § 121 Abs. 1 und 2 ist aber anzunehmen, dass ihre Werke geschützt sind, wenn die Voraussetzungen dieser Vorschriften erfüllt sind, insbes. ein Werk eines solchen Urhebers erstmals im Inland erscheint.[7] Darüber hinaus ist allen Werken solcher Urheber unter entsprechender Anwendung des § 121 Abs. 6 jedenfalls der Schutz nach §§ 12, 13 und 14 zu gewähren.

§ 123 Ausländische Flüchtlinge

[1]Für Ausländer, die Flüchtlinge im Sinne von Staatsverträgen oder anderen Rechtsvorschriften sind, gelten die Bestimmungen des § 122 entsprechend. [2]Hierdurch wird ein Schutz nach § 121 nicht ausgeschlossen.

Übersicht

1. Systematische Stellung, Entstehungsgeschichte und Bedeutung der Bestimmung

1   Dazu → Vor §§ 120 ff. Rn. 2, 4, 8 ff.

2. Entsprechende Geltung des § 122 für ausländische Flüchtlinge (§ 123 S. 1)

2   **§ 123 enthält eine Sonderregelung** über die urheberrechtliche Stellung von Urhebern, die **ausländische Flüchtlinge** iSv Staatsverträgen oder anderen Rechtsvorschriften sind. Sie begünstigt diesen Personenkreis dadurch, dass ihm iVm § 122 Abs. 1 der volle, auch Inländern gewährte Schutz zugestanden wird, wenn sie **im Inland ihren gewöhnlichen Aufenthalt** haben, und zwar unabhängig davon, ob ein solcher Flüchtling staatenlos ist oder noch eine ausländische Staatsangehörigkeit, insbes. diejenige des Landes besitzt, aus dem er geflohen ist. Auch ein solcher Flüchtling fremder Staatsangehörigkeit ist nicht auf den Schutz durch internationale Abkommen verwiesen.[1] Desgleichen gilt nach § 123 S. 1 iVm § 122 Abs. 2 für ausländische Flüchtlinge mit **gewöhnlichem Aufenthalt in einem anderen Staat**, dass er dessen Staatsangehörigen und den Angehörigen des Fluchtlandes gleichgestellt ist; zugleich bleibt sein Schutz nach § 121 unberührt. Die Vorschrift stimmt mit Art. 14 der Genfer Flüchtlingskonvention von 1951[2] überein.[3]

---

[4] Siehe § 142.
[5] → § 120 Rn. 15.
[6] → § 121 Rn. 17 ff.; → Vor §§ 120 ff. Rn. 27 ff.; zum Ergebnis Dreier/Schulze/*Dreier* § 122 Rn. 6; BeckOK UrhR/*Lauber-Rönsberg* § 122 Rn. 3.
[7] Ebenso Dreier/Schulze/*Dreier* § 122 Rn. 8; BeckOK UrhR/*Lauber-Rönsberg* § 122 Rn. 7; Wandtke/Bullinger/*v. Welser* § 122 Rn. 3.
[1] AmtlBegr. BT-Drs. IV/270, 113 zu § 133, jetzt § 123.
[2] BGBl. 1953 II S. 560.
[3] Hierzu eingehend Zimmermann/*Metzger,* The 1951 Convention Relating to the Status of Refugees and Its 1967 Protocol, Art. 14 Rn. 1 ff.

§ 123 gilt nur für ausländische Flüchtlinge iSv Staatsverträgen und sonstigen Rechtsvorschrif- 3
ten. Der als Flüchtling in diesem Sinne in Frage kommende Personenkreis ist insbes. in Art. 1 Abschnitt A der Genfer Flüchtlingskonvention, teilweise unter Verweisung auf ältere Abkommen
(Abs. 1), teilweise im Hinblick auf die Ereignisse während und nach dem Zweiten Weltkrieg autonom
(Abs. 2) definiert.[4] So wie die Flüchtlingsdefinition der Konvention auch staatenlose Flüchtlinge umfasst, ist auch der Begriff des ausländischen Flüchtlings iSd § 123 S. 1 nicht auf **Flüchtlinge ausländischer Staatsangehörigkeit** beschränkt, er erfasst vielmehr auch **staatenlose Flüchtlinge,** nicht
aber Flüchtlinge deutscher Staatsangehörigkeit oder deutscher Volkszugehörigkeit iSd Art. 116 Abs. 1
GG, die bereits nach § 120 in den Schutzbereich des UrhG einbezogen sind.[5]

In Bezug auf den Urheberrechtsschutz der Werke ausländischer Flüchtlinge ist nach 4
§ 122, auf den § 123 S. 1 als entsprechend anwendbar verweist, zwischen Flüchtlingen mit gewöhnlichem Aufenthalt in der **Bundesrepublik Deutschland**[6] und solchen mit gewöhnlichem Aufenthalt
in einem **anderen Staat**[7] zu unterscheiden. Auch das unter → § 122 Rn. 2 zum gewöhnlichen Aufenthalt Gesagte gilt entsprechend. Desgleichen gilt das unter → § 122 Rn. 1 zum gewöhnlichen Aufenthalt in einem **EU- oder EWR-Staat** Gesagte entsprechend auch für ausländische oder staatenlose
Flüchtlinge.

3. Schutz ausländischer Flüchtlinge nach § 121 (§ 123 S. 2)

Im Gegensatz zu § 122 in Bezug auf Staatenlose[8] stellt § 123 S. 2 ausdrücklich klar, dass ein 5
Schutz ausländischer Flüchtlinge nach § 121 nicht ausgeschlossen wird, § 123 S. 1 somit
keine abschließende Regelung enthält. Daraus folgt insbes., dass ein ausländischer Flüchtling mit ständigem Aufenthalt in einem ausländischen Staat den Schutz in Anspruch nehmen kann, den **§ 121
Abs. 1** Werken gewährt, die zuerst im Inland erscheinen.[9] Dies ist vor allem dann von Bedeutung,
wenn dem Staatsangehörigen seines Aufenthaltsstaats, denen er nach § 123 S. 1 iVm 122 Abs. 2
gleichgestellt ist, in der Bundesrepublik kein Schutz zukommt.[10] Das Gleiche muss aber auch für den
Konventionsschutz nach **§ 121 Abs. 4** gelten, wenn der ausländische Flüchtling noch einem entsprechenden Verbandsland oder Vertragsstaat als Staatsangehöriger angehört.[11]

Unterabschnitt 2. Verwandte Schutzrechte

§ 124 Wissenschaftliche Ausgaben und Lichtbilder

**Für den Schutz wissenschaftlicher Ausgaben (§ 70) und den Schutz von Lichtbildern (§ 72)
sind die §§ 120 bis 123 sinngemäß anzuwenden.**

Übersicht

1. Systematische Stellung, Entstehungsgeschichte und Bedeutung der Bestimmung

Dazu → Vor §§ 120 ff. Rn. 2 ff., 8 ff.   1

2. Schutz wissenschaftlicher Ausgaben (§ 70) und von Lichtbildern (§ 72)

Der Schutz der verwandten Schutzrechte an wissenschaftlichen Ausgaben (§ 70) und Lichtbildern, 2
die keine Lichtbildwerke sind (§ 72), ist durch Verweisung auf die für den Urheberrechtsschutz geltenden Bestimmungen[1] diesem weitgehend angeglichen. Als Konsequenz dieser Rechtslage verzichtet
auch § 124 darauf, den Anwendungsbereich des UrhG in Bezug auf diese verwandten Schutzrechte
selbstständig zu regeln. Er erklärt vielmehr lediglich die für das Urheberrecht geltenden **§§ 120–123
für sinngemäß anwendbar.**[2] Für den fremdenrechtlichen Schutz dieser verwandten Schutzrechte ist

---

[4] → Vor §§ 120 ff. Rn. 9 zur Überführung des Art. 14 dieses Abkommens in das UrhG durch § 123.
[5] Siehe auch Dreier/Schulze/*Dreier* § 123 Rn. 2; BeckOK UrhR/*Lauber-Rönsberg* § 123 Rn. 2.
[6] § 122 Abs. 1; → § 122 Rn. 3.
[7] § 122 Abs. 2; → § 122 Rn. 4.
[8] → § 122 Rn. 5.
[9] Siehe auch Dreier/Schulze/*Dreier* § 123 Rn. 1; BeckOK UrhR/*Lauber-Rönsberg* § 123 Rn. 4; Wandtke/
Bullinger/*v. Welser* § 123 Rn. 3.
[10] AmtlBegr. BT-Drs. IV/270, 113 zu § 133, jetzt § 123.
[11] BeckOK UrhR/*Lauber-Rönsberg* § 123 Rn. 4; Wandtke/Bullinger/*v. Welser* § 123 Rn. 3.
[1] Siehe §§ 70 Abs. 1, 72 Abs. 1.
[2] AmtlBegr. BT-Drs. IV/270, 113 zu § 134, jetzt § 124.

daher danach zu unterscheiden, ob der Verfasser der wissenschaftlichen Ausgabe[3] (§ 70 Abs. 2) bzw. der Lichtbilder (§ 72 Abs. 2) deutscher Staatsangehöriger (§ 120 Abs. 1), Deutscher iSd Art. 116 Abs. 1 GG,[4] Staatsangehöriger eines anderen EU- oder EWR-Staates,[5] Staatsangehöriger eines Drittstaates (§ 121), Staatenloser (§ 122) oder ausländischer Flüchtling (§ 123) ist.

3   **Die Verweisung bezüglich ausländischer Drittstaaten bezieht sich ua auch auf § 121 Abs. 4 betreffend Staatsverträge** und sonstige **Gewährleistung der Gegenseitigkeit** des Schutzes.[6] Die Staatsverträge auf dem Gebiet des Urheberrechts[7] beziehen sich jedoch grundsätzlich nur auf urheberrechtlich schutzfähige Werke und schützen daher jedenfalls **wissenschaftliche Ausgaben** iSd § 70 als Gegenstände nur eines verwandten Schutzrechts nicht. Etwas anderes kann sich allenfalls aus zweiseitigen Staatsverträgen ergeben.[8] Im Hinblick auf **einfache Lichtbilder** iSd § 72, die keine urheberrechtlich schutzfähigen Lichtbildwerke iSd § 2 Abs. 1 Nr. 5 sind, ist jedoch aufgrund besonderer Umstände streitig, ob sie nicht jedenfalls durch die **RBÜ**[9] und damit[10] auch durch das **TRIPS-Übereinkommen** geschützt sind.[11] Auch in Bezug auf § 124 sind bisher **Bekanntmachungen** über die Gewährleistung der Gegenseitigkeit iSd § 121 Abs. 4 S. 2 **nicht** erfolgt.

3. Schutz von Ausgaben nachgelassener Werke (§ 71)

4   In Bezug auf den fremdenrechtlichen Schutz des verwandten Schutzrechts an Ausgaben nachgelassener Werke (§ 71) enthält das UrhG weder in § 124, noch an anderer Stelle eine Regelung. Darin liegt kein Versehen. Wie die AmtlBegr.[12] ausführt, ist für dieses verwandte Schutzrecht bewusst **keine fremdenrechtliche Beschränkung** vorgesehen, weil dieses Schutzrecht ursprünglich dafür gewährt wurde, dass das nachgelassene Werk im Geltungsbereich des UrhG (erstmals) erschienen ist, also dem deutschen Publikum zugänglich gemacht wurde. Nach dieser ursprünglichen Zweckbestimmung des § 71 konnte es keinen Unterschied machen, ob es ein Inländer oder ein Ausländer war, der ein nachgelassenes Werk im Inland erscheinen ließ. § 71 wurde im Jahre 1995 durch das 3. UrhGÄndG[13] in Umsetzung der europäischen Schutzdauerrichtlinie geändert.[14] In diesem Zusammenhang wurde auf das Schutzkriterium des Erscheinenlassens im Geltungsbereich des UrhG verzichtet.[15] Damit war an sich der Grund für den ursprünglichen Verzicht auf eine fremdenrechtliche Regelung entfallen. Der Gesetzgeber sah gleichwohl keinen Anlass, eine solche Regelung einzuführen.

§ 125 Schutz des ausübenden Künstlers

(1) [1]**Den nach den §§ 73 bis 83 gewährten Schutz genießen deutsche Staatsangehörige für alle ihre Darbietungen, gleichviel, wo diese stattfinden.** [2]**§ 120 Abs. 2 ist anzuwenden.**

(2) **Ausländische Staatsangehörige genießen den Schutz für alle ihre Darbietungen, die im Geltungsbereich dieses Gesetzes stattfinden, soweit nicht in den Absätzen 3 und 4 etwas anderes bestimmt ist.**

(3) **Werden Darbietungen ausländischer Staatsangehöriger erlaubterweise auf Bild- oder Tonträger aufgenommen und sind diese erschienen, so genießen die ausländischen Staatsangehörigen hinsichtlich dieser Bild- oder Tonträger den Schutz nach § 77 Abs. 2 Satz 1, § 78 Abs. 1 Nr. 1 und Abs. 2, wenn die Bild- oder Tonträger im Geltungsbereich dieses Gesetzes erschienen sind, es sei denn, daß die Bild- oder Tonträger früher als dreißig Tage vor dem Erscheinen im Geltungsbereich dieses Gesetzes außerhalb dieses Gebietes erschienen sind.**

(4) **Werden Darbietungen ausländischer Staatsangehöriger erlaubterweise durch Funk gesendet, so genießen die ausländischen Staatsangehörigen den Schutz gegen Aufnahme der Funksendung auf Bild- oder Tonträger (§ 77 Abs. 1) und Weitersendung der Funksendung (§ 78**

---

[3] Vgl. § 70 Abs. 2.

[4] § 120 Abs. 2 Nr. 1.

[5] § 120 Abs. 2 Nr. 2; siehe dazu LG München I ZUM-RD 2009, 356 (358) – Computertastatur, dort auch zum Schutz einer Fotografie eines US-amerikanischen Fotografen als ein Lichtbildwerk iSd § 2 Abs. 1 Nr. 5, Abs. 2 nach § 121 Abs. 4 iVm der RBÜ.

[6] → § 121 Rn. 11–13.

[7] → § 121 Rn. 11.

[8] → Vor §§ 120 ff. Rn. 39, 54–60.

[9] → Vor §§ 120 ff. Rn. 27 ff.

[10] → Vor §§ 120 ff. Rn. 17 ff.

[11] Bejahend zur RBÜ: OLG Hamburg AfP 1993, 347 (348 f.) – Lech Walesa, anders jedoch zum WUA; OLG Frankfurt a. M. FuR 1984, 263 (264) – Fototapeten; verneinend: Fromm/Nordemann/*Nordemann-Schiffel* § 124 Rn. 1; *Heitland* S. 10 f., 127; *Schack* Rn. 720 Fn. 1, Rn. 954; Wandtke/Bullinger/*v. Welser* § 124 Rn. 2; OLG Frankfurt a. M. GRUR-Int 1993, 872 (873) – Beatles I; weitere Nachw. zum Schrifttum bei *Katzenberger* GRUR-Int 1989, 116 (119) Fn. 48; den Schutz bejahend durch zweiseitige Abkommen, insbes. das deutsch-amerikanische Übereinkommen von 1892: Wandtke/Bullinger/*v. Welser* § 124 Rn. 2; OLG Hamburg AfP 1983, 347 (348) – Lech Walesa.

[12] BT-Drs. IV/270, 113 vor § 134.

[13] BGBl. 1995 I S. 842.

[14] → § 71 Rn. 2 ff.

[15] AmtlBegr. BT-Drs. 13/781, 14.

Abs. 1 Nr. 2) sowie den Schutz nach § 78 Abs. 2, wenn die Funksendung im Geltungsbereich dieses Gesetzes ausgestrahlt worden ist.

(5) [1]Im übrigen genießen ausländische Staatsangehörige den Schutz nach Inhalt der Staatsverträge. [2]§ 121 Abs. 4 Satz 2 sowie die §§ 122 und 123 gelten entsprechend.

(6) [1]Den Schutz nach den §§ 74 und 75, § 77 Abs. 1 sowie § 78 Abs. 1 Nr. 3 genießen ausländische Staatsangehörige für alle ihre Darbietungen, auch wenn die Voraussetzungen der Absätze 2 bis 5 nicht vorliegen. [2]Das gleiche gilt für den Schutz nach § 78 Abs. 1 Nr. 2, soweit es sich um die unmittelbare Sendung der Darbietung handelt.

(7) Wird Schutz nach den Absätzen 2 bis 4 oder 6 gewährt, so erlischt er spätestens mit dem Ablauf der Schutzdauer in dem Staat, dessen Staatsangehöriger der ausübende Künstler ist, ohne die Schutzfrist nach § 82 zu überschreiten.

Schrifttum: Siehe die Schrifttumsnachweise vor §§ 120 ff., vor §§ 120 ff. Rn. 13, 50, zu § 120 und vor §§ 73 ff.

Übersicht

1. Systematische Stellung, Entstehungsgeschichte und Bedeutung der Bestimmung

Zur systematischen Stellung, Entstehungsgeschichte und Bedeutung der Bestimmung allgemein **1** → Vor §§ 120 ff. Rn. 2 ff. § 125 ist erstmalig durch das **3. UrhGÄndG** vom 23.6.1995[1] geändert worden. Die Änderungen bestanden zum einen darin, dass die **Verweisungen in den Abs. 3, 4 und 6** auf § 75 S. 1 und 2 aF (1965) durch solche auf § 75 Abs. 1 und 2 aF (1965) ersetzt wurden. Dies trägt dem Umstand Rechnung, dass durch dasselbe Gesetz auch **§ 75 aF (1965) geändert** wurde. Diese Änderung wiederum beinhaltete, dass den ausübenden Künstlern neben den schon bisher anerkannten Rechten betreffend ihrer Darbietungen auf Bild- oder Tonträger[2] und die Vervielfältigung dieser Bild- oder Tonträger[3] nunmehr auch das ausschließliche Verbreitungsrecht zuerkannt wurde.[4] Diese Maßnahme diente der Umsetzung von Art. 2 Abs. 1 und Art. 9 Abs. 1 der europäischen Vermiet- und Verleihrechtsrichtlinie,[5] die ihrerseits zugunsten auch der ausübenden Künstler das ausschließliche Vermietrecht (Art. 2 Abs. 1) und das ausschließliche Verbreitungsrecht (Art. 9 Abs. 1) vorsehen.[6] Zum anderen wurde dem § 125 durch das 3. UrhGÄndG ein **neuer Abs. 7** hinzugefügt. Dieser schreibt zulasten ausländischer ausübender Künstler den Vergleich der Schutzfristen vor und dient der Umsetzung von Art. 7 Abs. 2 S. 2 der europäischen Schutzdauerrichtlinie.[7] § 125 wurde ein weiteres Mal durch Art. 1 Nr. 45 des **Gesetzes zur Regelung des Urheberrechts in der Informationsgesellschaft** vom 10.9.2003[8] geändert. Durch diese Änderung wurde die Bestimmung an die Neufassung der §§ 73–83 durch dasselbe Gesetz (Art. 1 Nr. 25) unter Aufhebung des § 84 (Art. 1 Nr. 26) angepasst.[9]

---

[1] BGBl. I 1995 S. 842.
[2] § 75 S. 1 aF (1965), § 75 Abs. 1 aF (1995).
[3] § 75 S. 2 aF (1965), § 75 Abs. 2 aF (1995).
[4] § 75 Abs. 2 aF (1995).
[5] → Einl. UrhG Rn. 97.
[6] AmtlBegr. BT-Drs. 13/115, 14 f. zu Nr. 3.
[7] → Einl. UrhG Rn. 97; zum Ergebnis AmtlBegr. BT-Drs. 13/781, 16 zu Nr. 12.
[8] BGBl. I S. 1774.
[9] → Vor §§ 73 ff. Rn. 1, 7.

2. Systematik des § 125

2   § 125 übernimmt als einzige fremdenrechtliche Vorschrift des UrhG über das verwandte Schutzrecht der ausübenden Künstler aus der über vier Bestimmungen (§§ 120–123) verteilten fremdenrechtlichen Regelung des Urheberrechts nicht nur die Unterscheidung zwischen deutschen, ausländischen und staatenlosen Personen sowie solchen, die ausländische Flüchtlinge sind, sondern erklärt
auch mehrfach die urheberrechtlichen Vorschriften für unmittelbar oder entsprechend anwendbar.[10]
Die Verweisung auf § 120 Abs. 2 in § 125 Abs. 1 S. 2 bewirkt die Gleichstellung mit ausübenden
Künstlern deutscher Staatsangehörigkeit (§ 125 Abs. 1 S. 1) nicht nur zugunsten **Deutscher iSd
Art. 116 Abs. 1 GG,** sondern auch zugunsten von **Staatsangehörigen anderer EU- und EWR-
Staaten.** Sieht man von der Regelung der Rechtsstellung **deutscher** und **EU- sowie EWR-
europäischer** ausübender Künstler in § 125 Abs. 1, der § 120 auf dem Gebiet des Urheberrechts
entspricht, und von der Verweisung in § 125 Abs. 5 S. 2 auf die §§ 122, 123 hinsichtlich der **Staatenlosen** und **ausländischen Flüchtlinge** ab, so sind die restlichen Bestimmungen des § 125, nämlich
seine Abs. 2–7, den **ausländischen** ausübenden Künstlern gewidmet; sie entsprechen damit § 121
über das Urheberrecht. Entsprechend dem dort unter → § 121 Rn. 1 Gesagten sind dabei unter **ausländischen** ausübenden Künstlern solche mit der **Staatsangehörigkeit von Drittstaaten** zu verstehen, die keine Mitgliedstaaten der EU oder Vertragsstaaten des EWR-Abkommens sind.

3   **In Bezug auf die Rechtsstellung ausübender Künstler mit ausländischer Staatsangehörigkeit** in dem unter → Rn. 2 aE genannten Sinne trifft das Gesetz neben der Verweisung auf den
Inhalt der Staatsverträge[11] und der Bestimmung über den Schutz bei **Gewährleistung der Gegenseitigkeit**[12] in § 125 Abs. 2–4 und 6 eine nach den unterschiedlichen Formen der Verwertung
von Darbietungen ausübender Künstler **differenzierende Regelung,** nach welcher der inländische
Schutz ausländischer ausübender Künstler unabhängig von internationalen Abkommen bereits auf rein
innerstaatlich-fremdenrechtlicher Grundlage gewährt wird. Hinzu kommt für diese Fälle die
Bestimmung des § 125 Abs. 7 über den Vergleich der Schutzfristen.[13] Die Übersichtlichkeit dieser
Regelung ist vor allem dadurch beeinträchtigt, dass § 125 Abs. 6 erst nachträglich auf Empfehlung des
Rechtsausschusses des Deutschen Bundestags eingefügt wurde.[14]

3. Schutz aller Darbietungen von ausübenden Künstlern mit deutscher Staatsangehörigkeit (§ 125 Abs. 1 S. 1)

4   Entsprechend der Rechtslage im Urheberrecht, nach der die Werke deutscher Urheber unabhängig davon geschützt sind, ob und wo die Werke erschienen sind,[15] sind auch **ausübende Künstler deutscher Staatsangehörigkeit** gemäß **§ 125 Abs. 1 S. 1** für **alle ihre Darbietungen** geschützt,
gleichviel, ob diese im Inland oder im Ausland stattfinden.[16] Wechsel ein deutscher Staatsangehöriger
die Staatsangehörigkeit, so sind Darbietungen bis zu diesem Wechsel gem. § 125 Abs. 1 S. 1 UrhG
geschützt; danach finden die für Ausländer geltenden Regelungen Anwendung.[17]

5   Wirken zwei oder **mehrere ausübende Künstler im Rahmen einer Darbietung zusammen,**
wie bei Chor-, Orchester- und Bühnenaufführungen, so erwirbt **jeder Beteiligte ein selbstständiges Schutzrecht.**[18] Nach der Neuregelung des § 80 durch das Gesetz vom 10.9.2003[19] steht in diesen Fällen das Recht zur Verwertung der beteiligten Künstlern zur gesamten Hand zu, weil sich ihre
Anteile an der Darbietung nicht gesondert verwerten lassen.[20] Bestimmte Vorschriften über die Miturheberschaft sind entsprechend anwendbar.[21] Gleichwohl ist anzunehmen, dass die für die Miturheberschaft geltende Regelung des § 120 Abs. 1 S. 2 auf ausübende Künstler auch nicht entsprechend
anwendbar ist. Nach dieser Bestimmung reicht es für den Urheberrechtsschutz aus, wenn einer der
Miturheber Deutscher ist.[22] § 125 Abs. 1 S. 2 erklärt nach wie vor nur § 120 Abs. 2, nicht aber § 120
Abs. 1 S. 2 für anwendbar.[23]

6   **Zu dem den ausübenden Künstlern nach § 125 Abs. 1 zustehenden Schutz zählt neben
den dort ausdrücklich genannten Rechten aus §§ 73–83** insbes. auch der Schutz durch das in
§ 96 normierte **Verwertungsverbot,** dem vor allem in Bezug auf **§ 96 Abs. 1** als Ersatz für das bis

---

[10] Siehe § 125 Abs. 1 S. 2, Abs. 5 S. 2.
[11] § 125 Abs. 5 S. 1, der § 121 Abs. 4 S. 1 entspricht.
[12] § 125 Abs. 5 S. 2 iVm § 121 Abs. 4 S. 2.
[13] → Rn. 1.
[14] → Vor §§ 120 ff. Rn. 11.
[15] § 120 Abs. 1 S. 1, → § 120 Rn. 2.
[16] Siehe dazu auch Dreier/Schulze/*Dreier* § 125 Rn. 3; BeckOK UrhR/*Lauber-Rönsberg* § 125 Rn. 3.
[17] Dies deutet der BGH in GRUR 2016, 1048 Rn. 29 ff. – An evening with Marlene Dietrich an. Ausdrücklich
in diesem Sinn Fromm/Nordemann/*Nordemann-Schiffel* § 125 Rn. 3.
[18] → § 73 Rn. 8.
[19] → Rn. 1.
[20] § 80 Abs. 1 S. 1 nF.
[21] § 80 Abs. 1 S. 3 nF.
[22] → § 120 Rn. 11.
[23] Zum Ergebnis wie hier Dreier/Schulze/*Dreier* § 125 Rn. 6; HK-UrhR/*Kotthoff* § 125 Rn. 4; siehe auch
Fromm/Nordemann/*Nordemann-Schiffel* § 125 Rn. 4.

zum Inkrafttreten des 3. UrhGÄndG[24] insoweit bereits am 24.6.1995[25] in den §§ 73 ff. nicht anerkannte Verbreitungsrecht **erhebliche praktische Bedeutung** zukam. Nach der BGH-Entscheidung im Fall The Doors[26] und der schon früher hM[27] konnte mit Hilfe dieser Bestimmung auch der **inländischen Verbreitung** von **im Ausland** nach dem Recht des Aufzeichnungs- und Vervielfältigungslandes **rechtmäßig, aber unautorisiert,** dh ohne Zustimmung des Künstlers **hergestellten Bild- und Tonträgern** begegnet werden.[28] Unter den Bestimmungen der §§ 73–83 sind **§ 74 Abs. 2 S. 2 und 3 nF** sowie **§ 80 Abs. 2 nF** auf **internationale Künstlergruppen,** an denen sich deutsche ausübende Künstler neben ausländischen beteiligen, denen nach § 125 Abs. 2–6 kein inländischer Schutz gewährt wird, mit der Maßgabe anwendbar, dass die deutschen Künstler den Vorstand oder Vertreter iSd § 74 Abs. 2 S. 2 und 3 nF erforderlichenfalls alleine wählen. Dies ist eine Folge der Selbstständigkeit des Schutzes der Darbietungen der einzelnen Künstler.[29] Zum Schutz eines **deutschen Veranstalters** iSd § 81 auch für **Veranstaltungen im Ausland** nach § 125 Abs. 1 siehe die Entscheidung des OLG München im Fall Michael-Jackson-Konzert[30] sowie → Rn. 18.

4. Gleichstellung von Deutschen iSd Art. 116 Abs. 1 GG (§ 125 Abs. 1 S. 2)

Ebenso wie bei Urhebern[31] sind auch ausübenden Künstlern mit deutscher Staatsangehörigkeit sol- **7** che Künstler gleichgestellt, die **Deutsche iSd Art. 116 Abs. 1 GG** sind, ohne die deutsche Staatsangehörigkeit zu besitzen. Dies folgt aus der Verweisung auf § 120 Abs. 2 und damit auch auf dessen Nr. 1 in § 125 Abs. 1 S. 2. Zu den Einzelheiten → § 120 Rn. 16.

5. Gleichstellung von Staatsangehörigen anderer EU- und EWR-Staaten (§ 125 Abs. 1 S. 2)

Ebenfalls wie bei den Urhebern[32] sind ausübenden Künstlern mit deutscher Staatsangehörigkeit **8** auch Künstler gleichgestellt, die **Staatsangehörige anderer EU- oder EWR-Staaten** sind. Auch dies folgt aus der Verweisung in § 125 Abs. 1 S. 2 auf § 120 Abs. 2 und damit auch auf dessen Nr. 2. Zu den Einzelheiten und Konsequenzen dieser Gleichstellung ist auf → § 120 Rn. 5 ff. zu verweisen. Grundlegend entschieden wurde diese Rechtslage durch das Phil-Collins-Urteil des EuGH vom 20.10.1993.[33] Dieses Urteil hatte die Rechtsstellung britischer ausübender Künstler[34] in Deutschland in Bezug auf Darbietungen aus den Jahren 1958, 1959 und 1983 in Großbritannien bzw. in den USA zum Gegenstand. Inzwischen sind auch von den deutschen Gerichten mehrfach Klagen zugunsten ausländischer Künstler unter Berufung auf § 125 Abs. 1 und das gemeinschaftsrechtliche Diskriminierungsverbot entschieden worden.[35]

6. Anwendung von für Urheber geltenden Regeln

Auch für ausübende Künstler gelten im Übrigen die in Bezug auf Urheber im Einzelnen dargestell- **9** ten Regeln über die Maßgeblichkeit der Person des Urhebers bzw. Künstlers, nicht des Rechtsnachfolgers,[36] über die deutsche Staatsangehörigkeit, Angehörige der ehemaligen DDR und den Begriff der Deutschen iSd Art. 116 Abs. 1 GG,[37] über mehrfache Staatsangehörigkeit[38] und über die Folgen eines Wechsels der Staatsangehörigkeit (→ § 120 Rn. 18–19). Auf diese Regeln ist daher hier nur zu verweisen.

7. Schutz ausländischer ausübender Künstler nach deutschem Fremdenrecht (§ 125 Abs. 2–4, 6, 7)

a) Schutz inländischer Darbietungen (§ 125 Abs. 2). Nach **§ 125 Abs. 2** steht ausländischen aus- **10** übenden Künstlern iSd unter → Rn. 2 aE Gesagten der Schutz für alle ihre **im Inland stattfindenden Darbietungen** zu, soweit es sich nicht um einen Schutz handelt, für den Abs. 3 und 4 des § 125 etwas anderes bestimmen. **§ 125 Abs. 3** betrifft den Schutz hinsichtlich der weiteren Verwertung

---

[24] → Rn. 1.
[25] Siehe Art. 3 Abs. 1 dieses Gesetzes.
[26] BGHZ 121, 319 (324 ff.) – The Doors.
[27] Siehe die Nachw. in BGHZ 121, 319 (325) auch zu Gegenstimmen.
[28] → § 77 Rn. 12 sowie *Bortloff* S. 163 ff.; Dreier/Schulze/*Dreier* § 125 Rn. 16; siehe auch *Braun* S. 47 ff.
[29] → Rn. 5.
[30] OLG München ZUM 1997, 144 – Michael-Jackson-Konzert.
[31] → § 120 Rn. 3.
[32] → § 120 Rn. 4.
[33] → Vor §§ 120 ff. Rn. 3.
[34] Phil Collins und Cliff Richard.
[35] BGHZ 125, 382 (386 ff.) – Rolling Stones; BGH GRUR-Int 1995, 503 (504 f.) – Cliff Richard II; BGH GRUR 1998, 568 (569 f.) – Beatles-Doppel-CD; BGH GRUR 1999, 49 (51) – Bruce Springsteen and his Band; zu den Anforderungen an den Nachweis der Zugehörigkeit zu einem EU- oder EWR-Staat siehe OLG Köln GRUR-RR 2005, 75 – Queen; auch → § 120 Rn. 4 ff.
[36] → § 120 Rn. 10.
[37] → § 120 Rn. 13–16.
[38] → § 120 Rn. 17.

erschienener Bild- und Tonträger, auf denen Darbietungen ausländischer ausübender Künstler erlaubterweise aufgenommen worden sind,[39] **§ 125 Abs. 4** den Schutz hinsichtlich der weiteren Verwertung von erlaubterweise durch Funk gesendeten Darbietungen solcher Künstler.[40] In beiden Fällen handelt es sich um einen **Schutz gegen eine mittelbare Verwertung.**[41] In den **Anwendungsbereich des § 125 Abs. 2** fällt somit, jeweils bezogen auf ausländische ausübende Künstler iSd unter → Rn. 2 aE Gesagten, der volle den ausübenden Künstlern nach den §§ 74–83 zustehende Schutz mit Ausnahme des in § 125 Abs. 3 und Abs. 4 geregelten und an bestimmte Voraussetzungen geknüpften Schutzes. Dies bedeutet insbes. den Schutz gegen die Aufnahme ihrer inländischen Darbietungen auf Bild- und Tonträger (§ 77 Abs. 1), die Vervielfältigung und Verbreitung solcher Aufnahmen (§ 77 Abs. 2) sowie die öffentliche Zugänglichmachung, Sendung und Bildschirm- und Lautsprecherwiedergabe der Darbietungen,[42] einschließlich aller dieser Verwertungsvorgänge, die sich auf unerlaubt hergestellte Bild- oder Tonträger oder unerlaubt ausgestrahlte Sendungen stützen.[43] Dasselbe gilt für die Verwertung erlaubterweise hergestellter, aber nicht erschienener Bild- oder Tonträger.[44] Hat ein ausländischer ausübender Künstler aber die Aufnahme oder Sendung seiner ausländischen Darbietung erlaubt und sind die Bild- oder Tonträger zuerst im Ausland und dann auch nicht innerhalb von 30 Tagen im Inland erschienen bzw. ist die Sendung im Ausland ausgestrahlt worden, so entfällt hinsichtlich der weiteren Verwertung dieser Darbietung mittels dieser Bild- oder Tonträger bzw. Sendung nicht nur der Schutz nach § 125 Abs. 3 und Abs. 4, sondern auch derjenige nach § 125 Abs. 2. Im Hinblick auf **§ 121 Abs. 6** ist die Bedingung des § 121 Abs. 2, dass es sich um eine inländische Darbietung handeln muss, im praktischen Ergebnis allerdings teilweise obsolet.[45]

11   **b)** Schutz von Darbietungen auf erstmals im Inland erschienenen Bild- oder Tonträgern (§ 125 Abs. 3). In Anlehnung an den Grundgedanken des § 121 Abs. 1[46] bestimmt **§ 125 Abs. 3,** dass Darbietungen ausländischer ausübender Künstler, die **erlaubterweise auf erschienene Bild- oder Tonträger aufgenommen** worden sind, gegen die **weitere Verwendung** dieser Bild- oder Tonträger durch Vervielfältigung und Verbreitung,[47] öffentliche Zugänglichmachung[48] und vergütungspflichtige öffentliche Wiedergaben (§ 78 Abs. 2 nF) geschützt sind, wenn diese Bild- oder Tonträger **erstmals** oder innerhalb von 30 Tagen nach dem erstmaligen Erscheinen im Ausland **im Inland erschienen** sind.[49] Für den **Begriff des Erscheinens** gilt die Legaldefinition des § 6 Abs. 2.[50] Entscheidend ist das Angebot an die Öffentlichkeit oder das Inverkehrbringen im Inland; darauf, ob die Darbietung, die Aufnahme oder die Vervielfältigung im In- oder Ausland stattgefunden haben, kommt es nicht an.[51] Handelt es sich um eine Darbietung im Inland, so schränkt § 125 Abs. 3 den in § 125 Abs. 2 geregelten Schutz ein.[52] Zu Anwendungsfällen des § 125 Abs. 3 siehe die Entscheidung des OLG Frankfurt a. M. in Sachen Yellow Submarine[53] und die Entscheidung des OLG Hamburg in Sachen Elvis Presley:[54] Schutzbegründend war im letzteren Fall das erste Erscheinen von Tonträgern im Jahre 1991 in Deutschland, obwohl die betreffenden Darbietungen aus der Zeit vor 1966 bei Inkrafttreten des UrhG am 1.1.1966 in Deutschland nicht geschützt waren,[55] jedoch noch die Chance der Schutzbegründung durch erstes Erscheinen im deutschen Inland hatten.[56] Dem ist unter Hinweis auf die Parallele zu § 121 Abs. 1[57] zuzustimmen.

12   **c)** Schutz von im Inland durch Funk gesendeten Darbietungen (§ 125 Abs. 4). Darbietungen ausländischer ausübender Künstler, die **erlaubterweise durch Funk gesendet** worden sind, sind nach **§ 125 Abs. 4** gegen die **weitere Verwertung** durch Aufnahme der Funksendung auf Bild- oder Tonträger (§ 77 Abs. 1 nF), durch Weitersendung der Funksendung[58] sowie in Bezug auf die öffentliche Wiedergabe der Funksendung (§ 78 Abs. 2 nF) dann geschützt, wenn die **Funksendung im**

---

[39] → Rn. 11.
[40] Zust. zu beiden Aspekten BGH GRUR 1999, 49 (51) – Bruce Springsteen and his Band; → Rn. 12.
[41] AmtlBegr. BT-Drs. IV/270, 113 zu § 135, jetzt § 125.
[42] § 78 Abs. 1 Nr. 1–3 nF.
[43] Dreier/Schulze/*Dreier* § 125 Rn. 11; Wandtke/Bullinger/*Braun/v. Welser* § 125 Rn. 9.
[44] BeckOK UrhR/*Lauber-Rönsberg* § 125 Rn. 7.
[45] → Rn. 13; zur Bedingung einer inländischen Darbietung als Voraussetzung für die Begründung des Schutzes nach § 125 Abs. 2 BGH GRUR 1986, 454 (455) – Bob Dylan – gegen OLG München GRUR 1983, 312 (314) – Bob Dylan; OLG Frankfurt a. M. GRUR-Int 1993, 872 – Bruce Springsteen; OLG Köln GRUR 1992, 388 – Prince; OLG München ZUM 1991, 540 (541) – U2; OLG München GRUR 1994, 118 (120) – Beatles CD's.
[46] AmtlBegr. BT-Drs. IV/270, 113 zu § 135, jetzt § 125.
[47] § 77 Abs. 2 S. 1 nF.
[48] § 78 Abs. 1 Nr. 1 nF.
[49] Zur Parallele des Urheberrechts → § 121 Rn. 5.
[50] → § 6 Rn. 29 ff.
[51] Dreier/Schulze/*Dreier* § 125 Rn. 12; Wandtke/Bullinger/*Braun/v. Welser* § 125 Rn. 11; Fromm/Nordemann/*Nordemann-Schiffel* § 125 Rn. 9; HK-UrhR/*Kotthoff* § 125 Rn. 8; ferner mit weiteren Einzelheiten → § 121 Rn. 5.
[52] → Rn. 10.
[53] OLG Frankfurt a. M. ZUM 1996, 697 (701 f.) – Yellow Submarine.
[54] OLG Hamburg ZUM 1995, 334 – Elvis Presley.
[55] Siehe § 129 Abs. 1.
[56] → § 129 Rn. 18.
[57] → § 121 Rn. 3 aE.
[58] § 78 Abs. 1 Nr. 2 nF.

Inland ausgestrahlt worden ist. Darauf, ob die Darbietung im Inland oder im Ausland stattgefunden hat, kommt es nicht an.[59] In Bezug auf inländische Darbietungen schränkt § 125 Abs. 4 durch die Bedingung der inländischen Ausstrahlung den generellen Schutz inländischer Darbietungen durch § 125 Abs. 2 ein.[60] In Bezug auf **Live-Sendungen** von Darbietungen ausländischer ausübender Künstler und den Schutz gegen Aufzeichnung ist die Bedingung der Inlandsausstrahlung allerdings aufgrund § 121 Abs. 6 obsolet.[61]

d) Persönlichkeitsrechtlicher Schutz (§ 125 Abs. 6). Gemäß **§ 125 Abs. 6** stehen ausländischen **13** ausübenden Künstlern der **persönlichkeitsrechtliche Schutz** auf Anerkennung und gegen Beeinträchtigung ihrer Darbietungen (§§ 74 und 75) sowie die auch persönlichkeitsrechtlich geprägten Rechte zur Bildschirm- und Lautsprecherübertragung der Darbietung,[62] zu deren Aufnahme auf Bild- oder Tonträger (§ 77 Abs. 1) sowie zur unmittelbaren Funksendung der Darbietung § 78 Abs. 1 Nr. 2 nF) für **alle ihre Darbietungen** zu, auch wenn die Voraussetzungen der Abs. 2–5 nicht gegeben sind. Durch diese erst nachträglich eingefügte Regelung[63] werden hinsichtlich einer Reihe von Rechten Schutzvoraussetzungen, die in den übrigen fremdenrechtlichen Bestimmungen des § 125 enthalten sind, obsolet.[64] Der Schutz gegen die inländische Verbreitung von im Ausland unautorisiert hergestellten Mitschnitten von Darbietungen ausländischer ausübender Künstler durch das Verwertungsverbot nach **§ 96 Abs. 1**[65] zählt nach der vom BVerfG in der Entscheidung Bob Dylan[66] nicht beanstandeten Auffassung des BGH und inzwischen allg. gefestigter Rechtsprechung[67] nicht zu den ausländischen ausübenden Künstlern durch § 125 Abs. 6 in jedem Fall garantierten Rechten.[68] Dasselbe muss nunmehr auch für das ausschließliche **Verbreitungsrecht** der ausübenden Künstler nach § 77 Abs. 2 S. 1[69] gelten[70] und erst recht für das in § 125 Abs. 6 nicht genannte **Vervielfältigungsrecht** nach demselben Bestimmung.[71] Davon unberührt bleibt der Schutz ausländischer ausübender Künstler gegen Entstellung und sonstige Beeinträchtigung ihrer Darbietungen gemäß § 125 Abs. 6 iVm § 75, insbes. auch gegen die Vervielfältigung und Verbreitung von Tonträgern, die ihre Darbietungen auf entstellende Weise wiedergeben.[72]

e) Vergleich der Schutzfristen (§ 125 Abs. 7). § 125 Abs. 7 ist durch das 3. UrhGÄndG vom 23.6. **14** 1995 in Umsetzung von Art. 7 Abs. 2 der europäischen Schutzdauerrichtlinie neu eingeführt worden.[73] Nach dieser **Richtlinienbestimmung** gilt die in Art. 3 der Richtlinie für die verwandten Schutzrechte, darunter auch das Recht der ausübenden Künstler, vorgesehene Schutzdauer grundsätzlich auch für Rechtsinhaber, die nicht Angehörige eines Mitgliedstaats der Gemeinschaft sind, sofern ihnen der Schutz in den Mitgliedstaaten gewährt wird (S. 1). Jedoch endet der in den Mitgliedstaaten gewährte Schutz spätestens mit dem Tag, an dem der Schutz in dem Drittland endet, dessen Staatsangehöriger der Rechtsinhaber ist, der Schutz darf dabei die in Art. 3 der Richtlinie festgelegte Schutzdauer nicht überschreiten. Dieser Vergleich der Schutzfristen gilt aber nur unbeschadet der internationalen Verpflichtungen der Mitgliedstaaten (S. 2). **§ 125** hatte zuvor einen solchen Vergleich der Schutzfristen nicht vorgesehen, und auch den **internationalen Abkommen** über verwandte Schutzrechte, namentlich dem Rom-Abkommen, ist er im Allg. fremd.[74] Aus Letzterem erklärt sich der Vorbehalt zugunsten der internationalen Verpflichtungen der Mitgliedstaaten in Art. 7 Abs. 2 S. 2 der Schutzdauerrichtlinie.[75] Der deutsche Gesetzgeber hat demgemäß in **§ 125 Abs. 7** den Vergleich der Schutzfristen auch nur für diejenigen Fälle vorgesehen, in denen der Schutz ausländischer ausübender Künstler aus dem nationalen Fremdenrecht folgt. Dies sind die Fälle der Abs. 2–4 und 6 des § 125.[76]

---

[59] BeckOK UrhR /*Lauber-Rönsberg* § 125 Rn. 11.

[60] → Rn. 10.

[61] → Rn. 13.

[62] § 78 Abs. 1 Nr. 3 nF.

[63] → Rn. 3.

[64] → Rn. 10, 12.

[65] → Rn. 6.

[66] BVerfGE 81, 208 (218 f.) – Bob Dylan.

[67] BGH GRUR 1986, 454 (455) – Bob Dylan; BGH GRUR 1987, 814 (815 f.) – Die Zauberflöte; BGH GRUR 1999, 49 (51) – Bruce Springsteen and his Band; OLG Frankfurt a. M. GRUR-Int 1993, 702 – Bruce Springsteen; OLG Frankfurt a. M. GRUR-Int 1993, 872 – Beatles; OLG Hamburg GRUR-Int 1992, 390 (391) – Tonträgersampling, Rolling Stones Live in Atlantic City; OLG Hamburg ZUM 1991, 545 (546 f.) – Rolling Stones Live in Basel; OLG Köln GRUR 1992, 338 f. – Prince; OLG München GRUR 1994, 118 (119) – Beatles CD's; OLG Hamburg ZUM 2004, 133 (137) – Mit Fe. live dabei, zu Art. 14 Abs. 1 TRIPS; → Vor §§ 120 ff. Rn. 19.

[68] Dagegen: *Schack* Rn. 935; Wandtke/Bullinger/*Braun/v. Welser* § 125 Rn. 8; siehe auch OLG Hamburg ZUM 1985, 371 (373 ff.) – Karajan – als Vorinstanz des BGH-Urteils „Die Zauberflöte".

[69] § 75 Abs. 2 aF (1995); → Rn. 1.

[70] Dreier/Schulze/*Dreier* § 125 Rn. 9.

[71] BGH GRUR 1986, 454 (455) – Bob Dylan; BGH GRUR 1987, 814 (815) – Die Zauberflöte; OLG Köln GRUR-RR 2005, 75 (76) – Queen; Dreier/Schulze/*Dreier* § 125 Rn. 9.

[72] → § 75 Rn. 27 ff.

[73] → Rn. 1.

[74] → Vor §§ 120 ff. Rn. 64 zum Rom-Abkommen; → Vor §§ 120 ff. Rn. 23 zu TRIPS.

[75] → § 64 Rn. 34.

[76] → Rn. 10–13.

8. Schutz ausländischer ausübender Künstler nach Inhalt der Staatsverträge oder bei Gewährleistung der Gegenseitigkeit (§ 125 Abs. 5)

15   a) Soweit der Schutz der Darbietungen ausländischer ausübender Künstler nicht bereits nach § 125 Abs. 2–4, 6 begründet ist, bestimmt er sich gemäß **§ 125 Abs. 5 S. 1** nach dem **Inhalt der Staatsverträge.** Der traditionell wichtigste einschlägige internationale Vertrag ist das **Internationale Abkommen über den Schutz der ausübenden Künstler, der Hersteller von Tonträgern und der Sendeunternehmen (Rom-Abkommen)** vom 26.10.1961; zu den Grundsätzen dieses Abkommens → Vor §§ 120 ff. Rn. 61 ff. Diesem Abkommen ist das auch den Rechtsschutz der ausübenden Künstler umfassende **TRIPS-Übereinkommen** zur Seite getreten.[77] Darüber hinaus sind die Rechte der ausübenden Künstler auch Gegenstand des **WIPO-Vertrags über Darbietungen und Tonträger (WPPT).**[78] Künftig wird zudem der **WIPO-Vertrag von Peking über den Schutz audiovisueller Darbietungen** zu beachten sein, der allerdings noch nicht in Kraft getreten ist.[79] In Betracht kommt auch ein Schutz der Rechte der ausübenden Künstler durch **zweiseitige Verträge über den Schutz von Investitionen.**[80] Der Schutz der ausübenden Künstler ist jedoch **nicht Gegenstand der internationalen Verträge auf dem Gebiet des Urheberrechts,** insbes. der RBÜ,[81] des WUA,[82] des WIPO-Urheberrechtsvertrags (WCT)[83] und auch nicht des zweiseitigen deutsch-amerikanischen Übereinkommens von 1892.[84] Dies gilt, wie einem Teil der vorstehend zitierten Entscheidungen zu entnehmen ist, auch für den Schutz der ausübenden Künstler durch das **fiktive Bearbeiterurheberrecht** nach § 2 Abs. 2 LUG von 1901/1910.[85] Ausübende Künstler können sich im Übrigen **auch** auf die **urheberrechtlichen Abkommen** berufen, soweit sie, und sei es nur durch Improvisationen, zugleich **Komponisten der dargebotenen Musik** sind.[86] Nach den unter → § 121 Rn. 2 genannten Grundsätzen, die auch auf § 125 anwendbar sind, steht der Schutz ausländischer ausübender Künstler nach dem Rom-Abkommen **selbstständig** neben dem Schutz nach § 125 Abs. 2–4, 6.

16   **b)** In Bezug auf den Schutz ausländischer ausübender Künstler bei **Gewährleistung der Gegenseitigkeit** gilt das unter → § 121 Rn. 13 zu § 121 Abs. 4 S. 2 Ausgeführte entsprechend. **§ 125 Abs. 5 S. 2** verweist auf diese Bestimmung. Entsprechende Bekanntmachungen sind bisher auch zu § 125 Abs. 5 S. 2 nicht ergangen.

9. Schutz Staatenloser und ausländischer Flüchtlinge (§ 125 Abs. 5 S. 2)

17   § 125 Abs. 5 S. 2 verweist in Bezug auf die Rechtsstellung ausübender Künstler, die staatenlos oder ausländische Flüchtlinge sind, auf **§§ 122, 123,** die entsprechend gelten. Es gelten daher auch die in der Kommentierung dieser Bestimmungen ausgeführten Grundsätze.

10. Fremdenrechtlicher Schutz des Veranstalters

18   § 125 betrifft den Schutz deutscher und ausländischer Staatsangehöriger etc in Bezug auf die in §§ 73–83 gewährten Rechte.[87] Des Näheren ist aber stets nur vom Schutz von **Darbietungen** die Rede. Damit sind nach dem Wortlaut der Bestimmung die durch § 81 geschützten **Leistungen des**

---

[77] → Vor §§ 120 ff. Rn. 14 ff.; zum Schutz der Darbietung eines US-amerikanischen ausübenden Künstlers gegen die Vervielfältigung eines unautorisierten Konzertmitschnitts auf DVD gemäß § 125 Abs. 5 iVm Art. 14 Abs. 1 TRIPS, jedoch mangels eines TRIPS-Schutzes gegen die Verbreitung insoweit nur über das Recht am eigenen Bild, § 22 S. 1 KUG von 1907, des in Aktion gezeigten Künstlers LG Berlin ZUM 2006, 761 (762 f.) – Prince; zum TRIPS-Schutz → Vor §§ 120 ff. Rn. 17.

[78] → Vor §§ 120 ff. Rn. 69 ff.

[79] → Vor §§ 120 ff. Rn. 77 f.

[80] → Vor §§ 120 ff. Rn. 26.

[81] → Vor §§ 120 ff. Rn. 27 ff.

[82] → Vor §§ 120 ff. Rn. 43 ff.

[83] → Vor §§ 120 ff. Rn. 36 ff.

[84] → Vor §§ 120 ff. Rn. 58; zum Ergebnis BGH GRUR 1986, 454 (455 f.) – Bob Dylan – zum WUA und zum deutsch-amerikanischen Übereinkommen von 1892; bezüglich des WUA bestätigt durch BVerfGE 81, 208 (216 ff.) – Bob Dylan; BGH GRUR 1987, 814 (816) – Die Zauberflöte – zur RBÜ und zum deutsch-österreichischen Übereinkommen von 1930; zu diesem → Vor §§ 120 ff. Rn. 59; BGH GRUR 1992, 845 (846 f.) – Cliff Richard I – zur RBÜ; BGHZ 125, 382 (385 f.) – Rolling Stones – zur RBÜ; BGH GRUR-Int 1995, 503 (504) – Cliff Richard II – zur RBÜ; siehe auch OLG Frankfurt a. M. GRUR-Int 1993, 872 – Beatles; OLG Frankfurt a. M. ZUM 1996, 697 (698) – Yellow Submarine; OLG Hamburg ZUM 1995, 334 (335) – Elvis Presley; OLG Hamburg ZUM 2004, 133 (136) – Mit Fe. live dabei; OLG Koblenz UFITA 70 (1974), 331 (336) – Liebeshändel in Chioggia; aA für Altaufnahmen aus der Zeit vor 1966 zur RBÜ und zum deutsch-amerikanischen Übereinkommen von 1892 *Schack* Rn. 934; OLG Hamburg ZUM 1991, 143 (144) – Cliff Richard; OLG Hamburg GRUR 1992, 437 (438) – Rolling Stones; vgl. zur Gegenansicht auch Wandtke/Bullinger/*Braun/v. Welser* § 125 Rn. 48.

[85] Zu diesem Recht → Vor §§ 73 ff. Rn. 14.

[86] Siehe zu solchen Fällen LG München I GRUR-Int 1993, 82 (83) – Duo Gismonti-Vasconcelos; OLG München GRUR-Int 1993, 85 (87) – Abdullah Ibrahim; OLG München GRUR-Int 1993, 90 (93) – Yosuke Yamashita Quartett.

[87] Siehe § 125 Abs. 1.

Veranstalters nicht ausdrücklich erfasst. Es ist aber davon auszugehen, dass dies nur auf einem Redaktionsversehen beruht und § 125 auch insoweit anzuwenden ist.[88]

11. Ergänzender wettbewerbsrechtlicher Schutz

Der BGH[89] gesteht ausländischen ausübenden Künstlern in Bezug auf Darbietungen, welche weder **19** die Schutzvoraussetzungen des Rom-Abkommens noch diejenigen des § 125 Abs. 2–4, 6 erfüllen, **wettbewerbsrechtlichen Schutz** gegen die **unmittelbare Übernahme ihrer Leistungen durch unautorisierte Mitschnitte** (sog. bootlegging) auf der Grundlage des § 1 UWG aF[90] (jetzt § 4 Nr. 3 UWG) nur bei Vorliegen besonderer Umstände zu, weil auch mittels § 1 UWG aF nicht über die fremdenrechtlichen Beschränkungen des Sonderrechtsschutzes nach §§ 73 ff. hinausgegangen werden dürfe. Die Bob-Dylan-Entscheidung des BGH ist vom BVerfG in der Entscheidung Bob Dylan auch insoweit nicht beanstandet worden.[91]

§ 126 Schutz des Herstellers von Tonträgern

(1) [1]Den nach den §§ 85 und 86 gewährten Schutz genießen deutsche Staatsangehörige oder Unternehmen mit Sitz im Geltungsbereich dieses Gesetzes für alle ihre Tonträger, gleichviel, ob und wo diese erschienen sind. [2]§ 120 Abs. 2 ist anzuwenden. [3]Unternehmen mit Sitz in einem anderen Mitgliedstaat der Europäischen Union oder in einem anderen Vertragsstaat des Abkommens über den Europäischen Wirtschaftsraum stehen Unternehmen mit Sitz im Geltungsbereich dieses Gesetzes gleich.

(2) [1]Ausländische Staatsangehörige oder Unternehmen ohne Sitz im Geltungsbereich dieses Gesetzes genießen den Schutz für ihre im Geltungsbereich dieses Gesetzes erschienenen Tonträger, es sei denn, daß der Tonträger früher als dreißig Tage vor dem Erscheinen im Geltungsbereich dieses Gesetzes außerhalb dieses Gebietes erschienen ist. [2]Der Schutz erlischt jedoch spätestens mit dem Ablauf der Schutzdauer in dem Staat, dessen Staatsangehörigkeit der Hersteller des Tonträgers besitzt oder in welchem das Unternehmen seinen Sitz hat, ohne die Schutzfrist nach § 85 Abs. 3 zu überschreiten.

(3) [1]Im übrigen genießen ausländische Staatsangehörige oder Unternehmen ohne Sitz im Geltungsbereich dieses Gesetzes den Schutz nach Inhalt der Staatsverträge. [2]§ 121 Abs. 4 Satz 2 sowie die §§ 122 und 123 gelten entsprechend.

Schrifttum: Siehe die Schrifttumsnachweise zu §§ 120 ff., vor §§ 120 ff. Rn. 13/50, zu § 120 und zu § 85.

Übersicht

1. Systematische Stellung, Entstehungsgeschichte und Bedeutung der Bestimmung

Zur systematischen Stellung, Entstehungsgeschichte und Bedeutung der Bestimmung allgemein **1** → Vor §§ 120 ff. Rn. 2 ff. § 126 ist erstmalig durch das **3. UrhGÄndG** vom 23.6.1995[1] geändert worden. Bei dieser Änderung wurde dem § 126 Abs. 1 und Abs. 2 jeweils ein weiterer Satz hinzugefügt. Die Ergänzung des § 126 Abs. 1 trägt der gebotenen **Gleichstellung von Unternehmen** als

---

[88] Dreier/Schulze/*Dreier* § 125 Rn. 20; Wandtke/Bullinger/*Braun/v. Welser* § 125 Rn. 52; zum Schutz deutscher Veranstalter in Bezug auf Veranstaltungen im Ausland nach § 125 Abs. 1 OLG München ZUM 1997, 144 f. – Michael-Jackson-Konzert; → § 81 Rn. 36.

[89] BGH GRUR 1986, 454 (456) – Bob Dylan mit abl. Anm. *Krüger;* BGH GRUR 1987, 814 (816 f.) – Die Zauberflöte mit abl. Anm. *Schack;* siehe auch OLG Hamburg GRUR 1989, 525 (526 f.) – Zauberflöte II; OLG Köln GRUR 1992, 388 (390) – Prince.

[90] Jetzt §§ 3, 4 Nr. 9 und 10 UWG nF.

[91] BVerfGE 81, 208 (227 f.) – Bob Dylan; hieran hat sich auch durch die Reform des UWG und die jetzige Regelung in § 4 Nr. 3 UWG nichts geändert. Vgl. im Übrigen auch → Vor §§ 73 ff. Rn. 22.

[1] BGBl. I 1995 S. 842.

Tonträgerherstellern, die ihren **Sitz in einem anderen EU- oder EWR-Staat** haben, mit Unternehmen mit Sitz in der Bundesrepublik Deutschland Rechnung.[2] Der neue Satz 2 des § 126 Abs. 2 dient der Umsetzung von Art. 7 Abs. 2 der europäischen Schutzdauerrichtlinie;[3] er sieht zulasten von Tonträgerherstellern aus Drittstaaten den **Vergleich der Schutzfristen** vor.[4] Im Übrigen wurde durch Art. 1 Nr. 46 des Gesetzes zur Regelung des Urheberrechts in der Informationsgesellschaft vom 10.9.2003[5] die Verweisung in § 126 Abs. 2 S. 2 auf § 85 Abs. 3 an die Neufassung des § 85 durch dasselbe Gesetz (Art. 1 Nr. 27) angepasst.

2. Systematik des § 126

2   § 126 fasst, bezogen auf das verwandte Schutzrecht des Herstellers von Tonträgern, die für die Urheber auf vier Bestimmungen (§§ 120–123) verteilten Regelungen zusammen.[6] Für **deutsche und gleichgestellte Tonträgerhersteller** gilt § 126 Abs. 1; er entspricht § 120, auf dessen Abs. 2 auch in S. 2 verweist. Zu den deutschen Tonträgerherstellern gleichgestellten Rechtsinhabern zählen auch **Tonträgerhersteller aus den anderen EU- und EWR-Staaten.**[7] Daraus folgt, dass unter **ausländischen Tonträgerherstellern,**[8] auf die sich § 126 Abs. 2 und 3 beziehen, nur Tonträgerhersteller zu verstehen sind, die **Staatsangehörige von Drittstaaten** sind oder ihren **Sitz in Drittstaaten** haben. Mit dieser Beschränkung entspricht § 126 Abs. 2 dem für Urheber geltenden § 121 Abs. 1 über die Schutzbegründung durch erstes Erscheinen im Inland. § 126 Abs. 3 S. 1 entspricht § 121 Abs. 4 S. 1; beide verweisen für den Schutz auf den Inhalt von Staatsverträgen. Den Schutz bei sonstiger Gewährleistung der Gegenseitigkeit gewährt § 126 Abs. 3 S. 2 durch Verweisung auf § 121 Abs. 4 S. 2. In Bezug auf den Schutz von Staatenlosen und von ausländischen Flüchtlingen verweist ebenfalls § 126 Abs. 3 S. 2 auf §§ 122, 123.

3. Schutz von Tonträgerherstellern mit deutscher Staatsangehörigkeit oder Sitz im Geltungsbereich des UrhG (§ 126 Abs. 1 S. 1)

3   In Anlehnung an die Regelung in § 120 über den unbedingten Urheberrechtsschutz deutscher Staatsangehöriger[9] sowie in § 125 Abs. 1 S. 1, der eine entsprechende Bestimmung über den Schutz deutscher ausübender Künstler enthält,[10] legt **§ 126 Abs. 1 S. 1** in Bezug auf den Schutz des Herstellers von Tonträgern nach §§ 85, 86 fest, dass dieser Schutz **deutschen Staatsangehörigen** sowie **Unternehmen mit Sitz im Geltungsbereich des UrhG** für **alle ihre Tonträger** zusteht, gleichviel, ob diese erschienen sind oder nicht und ob sie im Inland oder im Ausland erschienen sind.[11]

4   **Die zusätzliche Berücksichtigung von Unternehmen mit Sitz im Geltungsbereich des UrhG** durch § 126 Abs. 1 S. 1 ist dadurch bedingt, dass die Rechte aus §§ 85, 86 anders als das Urheberrecht und das verwandte Schutzrecht der ausübenden Künstler originär nicht nur natürlichen Personen, sondern auch juristischen Personen zustehen können.[12] Für eine Berufung auf § 126 Abs. 1 S. 1 UrhG **genügt allerdings nicht,** wenn sich ein **Unternehmen mit Sitz in Deutschland das Recht von einem ausländischen Unternehmen übertragen lässt.**[13] Vielmehr wird man verlangen müssen, dass das **Unternehmen mit Sitz in Deutschland die Eigenschaft eines Herstellers** gem. § 85 UrhG erfüllt, um in den Genuss des § 126 Abs. 1 UrhG zu kommen. Erforderlich ist deshalb, dass das in Deutschland sitzende Unternehmen die organisatorische Hoheit über die Aufnahme besitzt.[14]

4. Gleichstellung von Deutschen iSd Art. 116 Abs. 1 GG (§ 126 Abs. 1 S. 2)

5   Ebenso wie bei Urhebern[15] und ausübenden Künstlern[16] sind auch Tonträgerherstellern, die natürliche Personen sind[17] und die deutsche Staatsangehörigkeit besitzen, solche Tonträgerhersteller gleichgestellt, die **Deutsche iSd Art. 116 Abs. 1 GG** sind, ohne die deutsche Staatsangehörigkeit zu besitzen. Dies folgt aus der Verweisung auf § 120 Abs. 2 und damit auch auf dessen Nr. 1 in § 126 Abs. 1 S. 2.[18]

---

[2] → Vor §§ 120 ff. Rn. 3.
[3] → Einl. UrhG Rn. 97; → § 64 Rn. 13 ff.
[4] Zu beiden Ergänzungen siehe die AmtlBegr. BT-Drs. 13/781, 16 zu Nr. 13.
[5] BGBl. I 2003 S. 1774.
[6] → § 125 Rn. 2.
[7] → Vor §§ 120 ff. Rn. 3.
[8] Ausländischen Staatsangehörigen und Unternehmen ohne Sitz im Geltungsbereich des UrhG.
[9] → § 120 Rn. 2.
[10] → § 125 Rn. 4.
[11] AmtlBegr. BT-Drs. IV/270, 113 zu § 136, jetzt § 126.
[12] → § 85 Rn. 11.
[13] Dies ergibt sich mittelbar aus BGH GRUR 2007, 502 – Tonträger aus Drittstaaten.
[14] Siehe OLG Hamburg ZUM 2005, 749 (750); → § 85 Rn. 30; Wandtke/Bullinger/*Schaefer* § 85 Rn. 8.
[15] → § 120 Rn. 3.
[16] → § 125 Rn. 7.
[17] → Rn. 3.
[18] Zu den Einzelheiten → § 120 Rn. 16.

5. Gleichstellung von Tonträgerherstellern aus anderen EU- und EWR-Staaten (§ 126 Abs. 1 S. 2, 3)

Ebenso wie bei Urhebern[19] und ausübenden Künstlern[20] sind Tonträgerherstellern mit deutscher **6** Staatsangehörigkeit solche Tonträgerhersteller gleichgestellt, die **Staatsangehörige eines anderen EU- oder EWR-Staates** sind. Dies ergibt sich aus der Verweisung auf § 120 Abs. 2 und damit auch auf dessen Nr. 2 in § 126 Abs. 1 S. 2 und bezieht sich auf Tonträgerhersteller, die natürliche Personen sind. Da Urheber (und ausübende Künstler) stets natürliche Personen sind und § 120 Abs. 2 Nr. 2 daher nur auf die Staatsangehörigkeit abstellt, bedurfte es zur Gleichstellung von Tonträgerherstellern als **Unternehmen mit Sitz in einem anderen EU- oder EWR-Staat** der ausdrücklichen Bestimmung des neuen § 126 Abs. 1 S. 3, wonach Unternehmen mit Sitz in einem solchen Staat Unternehmen mit Sitz im Geltungsbereich des UrhG gleichgestellt werden.[21]

6. Anwendung von für Urheber geltenden Regeln

Auch für Tonträgerhersteller gelten die für Urheber im Einzelnen dargestellten Regeln **7** **über die Maßgeblichkeit** des Urhebers bzw. des **Tonträgerherstellers,** nicht des Rechtsnachfolgers[22] und, soweit es sich um Tonträgerhersteller als **natürliche Personen** handelt, über die deutsche Staatsangehörigkeit, Angehörige der ehemaligen DDR und den Begriff der Deutschen iSd Art. 116 Abs. 1 GG,[23] über mehrfache Staatsangehörigkeit[24] sowie über den Wechsel der Staatsangehörigkeit.[25] Für Tonträgerhersteller als **Unternehmen** gilt abweichend insbes., dass solche Hersteller mit **Sitz in der ehemaligen DDR** bis zur deutschen Wiedervereinigung am 3.10.1990[26] nicht nach § 126 Abs. 1 geschützt waren, weil sie ihren Sitz nicht im Geltungsbereich des UrhG hatten, der seinerzeit auf die alte Bundesrepublik Deutschland und West-Berlin beschränkt war (§ 142).[27]

7. Schutz von im Inland erstmals erschienenen Tonträgern ausländischer Hersteller. Vergleich der Schutzfristen (§ 126 Abs. 2)

Entsprechend den Regelungen in § 121 Abs. 1 bezüglich des Urheberrechtsschutzes und **8** in § 125 Abs. 3 hinsichtlich des Schutzes ausübender Künstler bestimmt § 126 Abs. 2, dass **ausländische Staatsangehörige** sowie **Unternehmen ohne Sitz im Geltungsbereich des UrhG** iSd unter → Rn. 2 Gesagten den durch §§ 85, 86 gewährten Schutz dann in Anspruch nehmen können, wenn ihre Tonträger **im Inland erstmals** oder innerhalb von 30 Tagen nach ihrem erstmaligen Erscheinen im Ausland **erschienen** sind. Für den **Begriff des Erscheinens** gilt die Legaldefinition des § 6 Abs. 2.[28] Entscheidend ist das Angebot an die Öffentlichkeit oder das Inverkehrbringen im Inland; auf die Herstellung der Tonträger im Inland oder im Ausland kommt es nicht an.[29] Zum Schutz einer Schallplatte eines ausländischen Herstellers nach § 126 Abs. 2 und zur Beweislast hinsichtlich des Erscheinens im Ausland früher als 30 Tage vor dem Erscheinen im Inland siehe die Ausführungen des LG Düsseldorf in der Entscheidung Carolina Dreams;[30] zum Scheitern eines Schutzes nach § 126 Abs. 2 siehe die Ausführungen des OLG München in der Entscheidung Garth Brooks.[31]

§ 126 Abs. 2 S. 2 über den **Vergleich der Schutzfristen** ist durch das 3. UrhGÄndG vom **9** 23.6.1995 in Umsetzung von Art. 7 Abs. 2 der europäischen Schutzdauerrichtlinie neu eingeführt worden.[32] Nach dieser **Richtlinienbestimmung** gilt die in Art. 3 der Richtlinie für die verwandten Schutzrechte, darunter auch das Recht der Tonträgerhersteller, vorgesehene Schutzdauer grundsätzlich auch für Rechtsinhaber, die nicht Angehörige eines Mitgliedstaats der Gemeinschaft sind, sofern ihnen der Schutz in den Mitgliedstaaten gewährt wird (S. 1). Jedoch endet dieser Schutz spätestens mit dem Tag, an dem der Schutz in dem Drittland endet, dessen Staatsangehöriger der Rechtsinhaber ist, der Schutz darf dabei die in Art. 3 der Richtlinie festgelegte Dauer nicht überschreiten; dieser Vergleich der Schutzfristen gilt aber nur unbeschadet der internationalen Verpflichtungen der Mitgliedstaaten (S. 2). **§ 126** hatte früher einen solchen Vergleich der Schutzfristen nicht vorgesehen; er

---

[19] → § 120 Rn. 4.
[20] → § 125 Rn. 8.
[21] → Rn. 1; zur Geltung des gemeinschafts- und EWR-rechtlichen Diskriminierungsverbots auch gegenüber Unternehmen → Vor § 120 ff. Rn. 3.
[22] → § 120 Rn. 10; zum Tonträgerherstellerrecht BGHZ 123, 356 (359) – Beatles.
[23] → § 120 Rn. 13–16.
[24] → § 120 Rn. 17.
[25] → § 120 Rn. 18–19.
[26] → Vor §§ 120 ff. Rn. 173.
[27] Zur Rechtslage nach der deutschen Wiedervereinigung auch im Hinblick auf ältere Tonträger → Vor §§ 120 ff. Rn. 25 ff.; dazu auch → § 121 Rn. 4.
[28] → § 6 Rn. 29 ff.
[29] Zur entsprechenden Rechtslage in Bezug auf den Schutz der ausübenden Künstler → § 125 Rn. 11.
[30] LG Düsseldorf UFITA 84 (1979), 241 – Carolina Dreams.
[31] OLG München ZUM-RD 1997, 357 (358) – Garth Brooks.
[32] → Rn. 1.

ist auch den **internationalen Abkommen** über verwandte Schutzrechte im Allg. fremd.[33] Aus Letzterem erklärt sich der Vorbehalt zugunsten der internationalen Verpflichtungen der Mitgliedstaaten in Art. 7 Abs. 2 S. 2 der Schutzdauerrichtlinie.[34] Der deutsche Gesetzgeber hat demgemäß in **§ 126 Abs. 2 S. 2** den Vergleich der Schutzfristen auch nur für diejenigen Fälle vorgesehen, in denen der Schutz ausländischer Tonträgerhersteller aus dem nationalen Fremdenrecht folgt. Siehe hierzu auch die Parallele in § 125 Abs. 7.[35] Der Vergleich der Schutzfristen greift daher zB nicht Platz, wenn der Schutz ausländischer Tonträger auf das Genfer Tonträgerabkommen gestützt werden kann.[36]

8. Schutz ausländischer Hersteller nach Inhalt der Staatsverträge oder bei Gewährleistung der Gegenseitigkeit (§ 126 Abs. 3)

10   **a)** Wiederum entsprechend §§ 121 Abs. 4 S. 1, 125 Abs. 5 S. 1 steht ausländischen Tonträgerherstellern iSd unter → Rn. 2 Gesagten im Übrigen der Schutz **nach dem Inhalt der Staatsverträge** zu (**§ 126 Abs. 3 S. 1).** In Betracht zu ziehen sind die folgenden internationalen Verträge: das **Internationale Abkommen über den Schutz der ausübenden Künstler, der Hersteller von Tonträgern und der Sendeunternehmen (Rom-Abkommen)** vom 26.10.1961[37] sowie das **Übereinkommen zum Schutz der Hersteller von Tonträgern gegen die unerlaubte Vervielfältigung ihrer Tonträger (Genfer Tonträger-Abkommen)** vom 29.10.1971,[38] zusätzlich das **TRIPS-Übereinkommen**[39] und der **WIPO-Vertrag über Darbietungen und Tonträger (WPPT)**,[40] ferner **zweiseitige Verträge über den Schutz von Investitionen.**[41] Zum zeitlichen Anwendungsbereich des Rom-Abkommens und des Genfer Tonträger-Abkommens siehe auch vor §§ 120 ff.[42] Der Schutz ausländischer Tonträgerhersteller nach § 126 Abs. 3 S. 1 und derjenige nach § 126 Abs. 2 stehen **selbstständig** nebeneinander.[43]

11   **b)** Gemäß **§ 126 Abs. 3 S. 2** ist § 121 Abs. 4 S. 2 entsprechend anwendbar. Daraus ergibt sich, dass ausländischen Staatsangehörigen bzw. Unternehmen mit Sitz im Ausland iSd unter → Rn. 2 Gesagten der Schutz nach §§ 85, 86 mangels eines Staatsvertrags bei **Gewährleistung der Gegenseitigkeit** des Schutzes zusteht; Letztere muss durch eine Bekanntmachung des Bundesministers der Justiz **formell festgestellt** sein.[44] Bisher ist nur eine einzige solche Bekanntmachung erfolgt, und zwar für das Verhältnis zu **Indonesien,** und auch dies beschränkt auf das Vervielfältigungs- und Verbreitungsrecht nach § 85 Abs. 1 und 2.[45]

9. Schutz Staatenloser und ausländischer Flüchtlinge (§ 126 Abs. 3 S. 2)

12   § 126 Abs. 3 S. 2 verweist in Bezug auf die fremdenrechtliche Rechtsstellung von Tonträgerherstellern, die staatenlos oder ausländische Flüchtlinge sind, auf eine entsprechende Anwendung der **§§ 122, 123.** Die in der Kommentierung dieser Bestimmungen ausgeführten Grundsätze gelten daher entsprechend.

10. Ergänzender wettbewerbsrechtlicher Schutz

13   Der § 85 ergänzende wettbewerbsrechtliche Schutz[46] unterliegt keinen fremdenrechtlichen Beschränkungen mehr.[47]

§ 127 Schutz des Sendeunternehmens

(1) [1]**Den nach § 87 gewährten Schutz genießen Sendeunternehmen mit Sitz im Geltungsbereich dieses Gesetzes für alle Funksendungen, gleichviel, wo sie diese ausstrahlen.** [2]**§ 126 Abs. 1 Satz 3 ist anzuwenden.**

---

[33] → Vor §§ 120 ff. Rn. 83 zum Rom-Abkommen; → Vor §§ 120 ff. Rn. 23 zu TRIPS.
[34] → § 64 Rn. 35.
[35] → § 125 Rn. 14.
[36] OLG Hamburg ZUM 1999, 853 (857) – Frank Sinatra I; OLG Hamburg GRUR-RR 2001, 73 (77 f.) – Frank Sinatra II; dort S. 857 f. bzw. 78 f. auch zum möglichen Wiederaufleben eines bereits erloschenen Schutzes nach § 137f Abs. 2.
[37] → Vor §§ 120 ff. Rn. 61 ff.
[38] → Vor §§ 120 ff. Rn. 79 ff.
[39] → Vor §§ 120 ff. Rn. 14 ff.
[40] → Vor §§ 120 ff. Rn. 69 ff.
[41] → Vor §§ 120 ff. Rn. 26.
[42] Siehe auch BGHZ 123, 356 (360 ff.) – Beatles; zum Letzteren auch OLG Hamburg ZUM 1994, 518 f. – Creedence Clearwater Revival; OLG Hamburg ZUM 1999, 853 (856) – Frank Sinatra I; OLG Hamburg GRUR-RR 2001, 73 Rn. 95 – Frank Sinatra II; zu den sonstigen Schutzvoraussetzungen nach beiden Abkommen OLG Hamburg ZUM 1991, 545 (546 ff.) – Rolling Stones Live in Basel; zum Genfer Tonträger-Abkommen OLG Hamburg ZUM-RD 1997, 389 (390 ff.) – Nirvana; OLG München ZUM-RD 1997, 357 (358) – Garth Brooks; zum Ausschluss des Vergleiches der Schutzfristen siehe oben Rn. 9.
[43] → § 121 Rn. 2.
[44] → § 121 Rn. 13.
[45] BGBl. I 1988 S. 2071.
[46] → § 85 Rn. 58, 94.
[47] → Vor §§ 120 ff. Rn. 101.

(2) [1]Sendeunternehmen ohne Sitz im Geltungsbereich dieses Gesetzes genießen den Schutz für alle Funksendungen, die sie im Geltungsbereich dieses Gesetzes ausstrahlen. [2]Der Schutz erlischt spätestens mit dem Ablauf der Schutzdauer in dem Staat, in dem das Sendeunternehmen seinen Sitz hat, ohne die Schutzfrist nach § 87 Abs. 3 zu überschreiten.

(3) [1]Im übrigen genießen Sendeunternehmen ohne Sitz im Geltungsbereich dieses Gesetzes den Schutz nach Inhalt der Staatsverträge. [2]§ 121 Abs. 4 Satz 2 gilt entsprechend.

Schrifttum: Siehe die Schrifttumsnachweise vor §§ 120 ff., vor §§ 120 ff. Rn. 13 und zu § 87.

Übersicht

1. Systematische Stellung, Entstehungsgeschichte und Bedeutung des § 127

Zur systematischen Stellung, Entstehungsgeschichte und Bedeutung des § 127 allgemein → Vor **1** §§ 120 ff. Rn. 2 ff. § 127 ist erstmalig durch das **3. UrhGÄndG** vom 23.6.1995[1] geändert worden. Diese Änderungen durch Anfügung je eines Satzes in Abs. 1 und 2 dienten zum einen der gebotenen **Gleichstellung von Sendeunternehmen mit Sitz in einem anderen EU- oder EWR-Staat** mit Sendeunternehmen mit Sitz in der Bundesrepublik Deutschland.[2] Diese Maßnahme entspricht derjenigen in Bezug auf Tonträgerhersteller, sodass § 127 Abs. 1 S. 2 sich darauf beschränken kann, auf § 126 Abs. 1 S. 3 zu verweisen.[3] Die Ergänzung des § 127 Abs. 2 hat die Einführung des **Vergleichs der Schutzfristen** in Umsetzung von Art. 7 Abs. 2 der europäischen Schutzdauerrichtlinie zum Gegenstand. Dies entspricht den gleichen Maßnahmen in Bezug auf die verwandten Schutzrechte der ausübenden Künstler (§ 125 Abs. 7) und der Tonträgerhersteller (§ 126 Abs. 2 S. 2).[4] Es kann daher auch auf die entsprechenden Erläuterungen dieser Bestimmungen[5] verwiesen werden. Des Weiteren wurde durch Art. 1 Nr. 47 des Gesetzes zur Regelung des Urheberrechts in der Informationsgesellschaft vom 10.9.2003[6] die Verweisung in § 127 Abs. 2 S. 2 auf § 87 Abs. 3 an die Neufassung des § 87 durch dasselbe Gesetz (Art. 1 Nr. 29) angepasst.

2. Systematik des § 127

§ 127 Abs. 1 hat die Rechtstellung von Sendeunternehmen mit **Sitz im Geltungsbereich des** **2** UrhG oder in einem anderen **EU- oder EWR-Staat** zum Gegenstand. Demgegenüber betreffen **§ 127 Abs. 2 und 3** Sendeunternehmen mit Sitz in **Drittstaaten**. Dabei enthalten § 127 Abs. 2 die national-fremdenrechtliche Regelung inklusive des Vergleichs der Schutzfristen[7] und § 127 Abs. 3 die Verweisung auf Staatsverträge sowie die sonstige Gewährleistung der Gegenseitigkeit.

3. Schutz von Sendeunternehmen mit Sitz im Geltungsbereich des UrhG oder in einem anderen EU- oder EWR-Staat (§ 127 Abs. 1)

Sendeunternehmen, die ihren Sitz im Geltungsbereich des UrhG oder in einem anderen **3** **EU- oder EWR-Staat** haben, sind in Bezug auf das verwandte Schutzrecht des § 87 für alle ihre Funksendungen geschützt, gleichviel, ob sie diese im Inland oder im Ausland ausstrahlen.[8] Zu dem durch § 127 Abs. 1 gewährten Schutz zählt auch derjenige gegen Einfuhr und Verbreitung von Aufzeichnungen von Sendungen, die im Ausland nach dem Recht des Aufnahmelandes rechtmäßig, aber unautorisiert vorgenommen worden sind.[9] Zum Begriff des Sitzes des Unternehmens → § 126 Rn. 4.

---

[1] Hamburg ZUM 1991, 545 (546 ff.) – Rolling Stones Live in Basel; zum Genfer Tonträger-Abkommen OLG Hamburg ZUM-RD 1997, 389 (390 ff.) – Nirvana; OLG München ZUM-RD 1997, 357 (358) – Garth Brooks; zum Ausschluss des Vergleiches der Schutzfristen → Rn. 9.
[2] → Vor §§ 120 ff. Rn. 3.
[3] → § 126 Rn. 1.
[4] AmtlBegr. BT-Drs. 13/781, 16 zu Nr. 14.
[5] → § 125 Rn. 8, 14 und → § 126 Rn. 6, 9.
[6] BGBl. 2003 I S. 1774.
[7] Siehe dazu näher die Parallelen in → § 125 Rn. 14 und → § 126 Rn. 9.
[8] § 127 Abs. 1; zum Ergebnis in Bezug auf die Ausstrahlung im Ausland Dreier/Schulze/*Dreier* § 127 Rn. 3; HK-UrhR/*Kotthoff* § 127 Rn. 2; BeckOK UrhR/*Lauber-Rönsberg* § 127 Rn. 1; Wandtke/Bullinger/*v. Welser* § 127 Rn. 2.
[9] → § 87 Rn. 38 f. mwN.

4. Schutz von Sendeunternehmen mit Sitz im Ausland. Vergleich der Schutzfristen (§ 127 Abs. 2)

4 **Sendeunternehmen, die ihren Sitz** nicht im Geltungsbereich des UrhG, sondern **im Ausland** iSd unter → Rn. 2 Gesagten haben, sind nach deutschem innerstaatlichen Fremdenrecht nur für alle diejenigen ihrer Funksendungen nach § 87 geschützt, die sie **im Inland ausstrahlen** (§ 127 Abs. 2 S. 1). Entscheidend ist der Sendevorgang durch Ausstrahlung der Sendung, nicht die Empfangsmöglichkeit im Inland, auch wenn eine Sendung aus dem Ausland gezielt ins Inland ausgestrahlt wird.[10]

5 **In den Fällen, in denen der Schutz ausländischer Sendeunternehmen in Deutschland sich aus § 127 Abs. 2 S. 1 ergibt, ist nach S. 2 dieser Bestimmung der Vergleich der Schutzfristen** mit dem Sitzstaat des Sendeunternehmens durchzuführen. Näheres kann der Parallele beim verwandten Schutzrecht des Tonträgerherstellers[11] entnommen werden.

5. Schutz ausländischer Sendeunternehmen nach Inhalt der Staatsverträge oder bei Gewährleistung der Gegenseitigkeit (§ 127 Abs. 3)

6 **a)** Soweit ein Schutz nach § 127 Abs. 2 nicht besteht, steht er Sendeunternehmen, die ihren Sitz nicht im Geltungsbereich des UrhG, sondern im Ausland iSd unter → Rn. 2 Gesagten haben, gemäß **§ 127 Abs. 3 S. 1** nach **Inhalt der Staatsverträge** zu. Diese Regelung entspricht denjenigen in §§ 121 Abs. 4 S. 1, 125 Abs. 5 S. 1 und 126 Abs. 3 S. 1. Staatsverträge iSd § 127 Abs. 3 S. 1 sind: das **Internationale Abkommen über den Schutz der ausübenden Künstler, der Hersteller von Tonträgern und der Sendeunternehmen (Rom-Abkommen)** vom 26.10.1961,[12] das **Übereinkommen über die Verbreitung der durch Satelliten übertragenen programmtragenden Signale**[13] vom 21.5.1974,[14] das **Europäische Abkommen zum Schutz von Fernsehsendungen**[15] vom 22.6.1960,[16] auch das **TRIPS-Übereinkommen**,[17] nicht aber das Europäische Übereinkommen zur Verhütung von Rundfunksendungen, die von Sendestellen außerhalb des staatlichen Hoheitsgebiets gesendet werden vom 22.1.1965.[18]

7 **b)** Für den Schutz ausländischer Sendeunternehmen in den Fällen, in denen Staatsverträge nicht anwendbar sind, verweist **§ 127 Abs. 3 S. 2** auf § 121 Abs. 4 S. 2, der entsprechend anwendbar ist. Der Schutz ist danach abhängig, dass **Gegenseitigkeit gewährleistet** und dies durch eine Bekanntmachung des Bundesministers der Justiz **formell festgestellt** ist.[19] Zum Schutz der Sendeunternehmen sind entsprechende Bekanntmachungen bisher noch nicht erfolgt.

6. Ergänzender wettbewerbsrechtlicher Schutz

8 Der § 87 ergänzende wettbewerbsrechtliche Schutz[20] steht ausländischen Sendeunternehmen nunmehr ohne fremdenrechtliche Beschränkungen zu.[21]

§ 127a Schutz des Datenbankherstellers

(1) [1]Den nach § 87b gewährten Schutz genießen deutsche Staatsangehörige sowie juristische Personen mit Sitz im Geltungsbereich dieses Gesetzes. [2]§ 120 Abs. 2 ist anzuwenden.

(2) Die nach deutschem Recht oder dem Recht eines der in § 120 Abs. 2 Nr. 2 bezeichneten Staaten gegründeten juristischen Personen ohne Sitz im Geltungsbereich dieses Gesetzes genießen den nach § 87b gewährten Schutz, wenn

1. ihre Hauptverwaltung oder Hauptniederlassung sich im Gebiet eines der in § 120 Abs. 2 Nr. 2 bezeichneten Staaten befindet oder
2. ihr satzungsmäßiger Sitz sich im Gebiet eines dieser Staaten befindet und ihre Tätigkeit eine tatsächliche Verbindung zur deutschen Wirtschaft oder zur Wirtschaft eines dieser Staaten aufweist.

(3) Im übrigen genießen ausländische Staatsangehörige sowie juristische Personen den Schutz nach dem Inhalt von Staatsverträgen sowie von Vereinbarungen, die die Europäische Gemeinschaft mit dritten Staaten schließt; diese Vereinbarungen werden vom Bundesministerium der Justiz im Bundesgesetzblatt bekanntgemacht.

---

[10] Dreier/Schulze/*Dreier* § 127 Rn. 4; Fromm/Nordemann/*Nordemann-Schiffel* § 127 Rn. 4; HK-UrhR/*Kotthoff* § 127 Rn. 3; Wandtke/Bullinger/*v. Welser* § 127 Rn. 3.
[11] → § 126 Rn. 9.
[12] → Vor §§ 120 ff. Rn. 61 ff.
[13] Brüsseler Satelliten-Abkommen.
[14] → Vor §§ 120 ff. Rn. 82 ff.
[15] Europäisches Fernseh-Abkommen.
[16] → Vor §§ 120 ff. Rn. 86 ff.
[17] → Vor §§ 120 ff. Rn. 14 ff., 23.
[18] → Vor §§ 120 ff. Rn. 98.
[19] → § 121 Rn. 12.
[20] → § 87 Rn. 60.
[21] → Vor §§ 120 ff. Rn. 101.

Schrifttum: Siehe die Schrifttumsnachweise vor §§ 87a ff.

Übersicht

1. Systematische Stellung, Entstehungsgeschichte und Bedeutung der Bestimmung

§ 127a ist durch Art. 7 Nr. 9 des Gesetzes zur Regelung der Rahmenbedingungen für Informations- und Kommunikationsdienste[1] vom 22.7.1997[2] eingeführt worden und nach **1** Art. 11 dieses Gesetzes am 1.1.1998 in Kraft getreten. Er ergänzt die mit diesem Gesetz ebenfalls neu eingeführten **§§ 87a ff.** über den Schutz des Datenbankherstellers, indem er deren persönlichen Anwendungsbereich bestimmt. Diese Bestimmungen setzen ihrerseits die Art. 7 ff. der europäischen **Datenbankrichtlinie**[3] über den sog. sui-generis-Schutz von Datenbanken in das deutsche Recht um; § 127a folgt dabei den Vorgaben von **Art. 11 der Richtlinie.**[4] Da die Art. 7 ff. der Richtlinie in Deutschland durch ein mit dem Urheberrecht verwandtes Schutzrecht des Datenbankherstellers umgesetzt wurden,[5] fügt sich auch § 127a zwanglos in die Reihe der fremdenrechtlichen Vorschriften der §§ 125 ff. zu den verwandten Schutzrechten ein. Zu deren systematischer Stellung im Gesetz allgemein → Vor §§ 120 ff. Rn. 2 ff.

2. Systematik des § 127a

Entsprechend der Rechtslage bei den verwandten Schutzrechten der Tonträgerhersteller 2 (§ 126 Abs. 1), der Sendeunternehmen (§ 127 Abs. 1) und der Filmhersteller (§ 128 Abs. 1) betrifft § 127a Abs. 1 die Rechtsstellung deutscher Staatsangehöriger sowie juristischer Personen mit Sitz im Geltungsbereich des UrhG und gleichgestellter Datenbankhersteller. Zu den Letzteren gehören aufgrund Verweisung auf § 120 Abs. 2 sowohl Deutsche iSd Art. 116 Abs. 1 GG[6] als auch Staatsangehörige anderer EU- und EWR-Staaten.[7] Die Gleichstellung von anderen EU- oder EWR-Staaten zugehörigen juristischen Personen wird in **§ 127a Abs. 2** den Vorgaben von Art. 11 Abs. 2 der Richtlinie folgend und abweichend von den anderen unternehmensbezogenen verwandten Schutzrechten nicht bedingungslos durchgeführt, sondern von der Erfüllung bestimmter Voraussetzungen abhängig gemacht. Im Übrigen wird in **§ 127a Abs. 3** entsprechend Art. 11 Abs. 3 der Richtlinie in Bezug auf Staatsangehörige und juristische Personen von Drittstaaten auf den Inhalt von Staatsverträgen oder Vereinbarungen der EG mit Drittstaaten verwiesen.

3. Schutz von Datenbankherstellern mit deutscher Staatsangehörigkeit oder Sitz im Geltungsbereich des UrhG (§ 127a Abs. 1 S. 1)

Datenbankhersteller, die deutsche Staatsangehörige sind oder als juristische Personen ihren **3 Sitz im Geltungsbereich des UrhG** haben, genießen den von § 87b gewährten Schutz ohne Weiteres.[8] Erforderlich ist hierfür gem. Art. 11 Abs. 2 Datenbank-RL, dass Unternehmen „ihren satzungsmäßigen Sitz, ihre Hauptverwaltung oder ihre Hauptniederlassung in der Gemeinschaft haben; haben diese Unternehmen oder Gesellschaften jedoch lediglich ihren satzungsmäßigen Sitz im Gebiet der Gemeinschaft, so muss ihre Tätigkeit eine tatsächliche ständige Verbindung zu der Wirtschaft eines der Mitgliedstaaten aufweisen." Dementsprechend wird man es für die Zuerkennung von Rechtsschutz nach gem. § 127a Abs. 1 S. 1 UrhG ausreichen lassen können, wenn Unternehmen nur ihren satzungsmäßigen Sitz in Deutschland haben, nicht aber ihre Hauptverwaltung oder Hauptniederlassung, sofern ihre Tätigkeit eine tatsächliche ständige Verbindung zu einem EU-Mitgliedstaat aufweist. Fehlt es hieran, so genügt der bloß satzungsmäßige Sitz in Deutschland nicht.

---

[1] Informations- und Kommunikationsdienste-Gesetz – IuKDG.
[2] BGBl. 1997 I S. 1870.
[3] → Einl. UrhG Rn. 78.
[4] AmtlBegr. BT-Drs. 966/96, 41, 43 f., 50 zu Art. 7 Nr. 6; → Vor §§ 87a ff. Rn. 5 ff., 40.
[5] → Vor §§ 87a ff. Rn. 28.
[6] § 120 Abs. 2 Nr. 1.
[7] § 120 Abs. 2 Nr. 2.
[8] § 127a Abs. 1 S. 1.

4. Gleichgestellte Datenbankhersteller (§ 127a Abs. 1 S. 2)

4   **Den nach § 127a Abs. 1 S. 1 geschützten Datenbankherstellern** sind aufgrund Verweisung in § 127a Abs. 1 S. 2 auf § 120 Abs. 2 ebenfalls **unbedingt gleichgestellt: Deutsche iSd Art. 116 Abs. 1 GG** sowie **Staatsangehörige anderer EU- und EWR-Staaten.**[9]

5. Schutz von nach dem Recht eines EU- oder EWR-Staates gegründeten juristischen Personen ohne Sitz im Geltungsbereich des UrhG (§ 127a Abs. 2)

5   **Datenbankherstellern, die juristische Personen** sind und nach **deutschem Recht** oder dem **Recht eines anderen EU- oder EWR-Staates gegründet** worden sind, die aber ihren Sitz nicht im Geltungsbereich des UrhG haben, steht der Schutz nach § 87b unter **zwei alternativen Voraussetzungen** zu: Entweder ihre Hauptverwaltung oder Hauptniederlassung befindet sich in einem EU- oder EWR-Staat,[10] oder ihr satzungsmäßiger Sitz befindet sich in einem dieser Staaten und ihre Tätigkeit weist eine tatsächliche Verbindung zur deutschen Wirtschaft oder zur Wirtschaft eines anderen EU- oder EWR-Staates auf.[11]

6. Schutz anderer ausländischer Staatsangehöriger oder juristischer Personen (§ 127a Abs. 3)

6   Andere ausländische Staatsangehörige und juristische Personen genießen den Schutz durch das verwandte Schutzrecht des Datenbankherstellers nach dem Inhalt von Staatsverträgen oder von Vereinbarungen, welche von der EG mit Drittstaaten getroffen werden; solche Vereinbarungen werden vom Bundesministerium der Justiz im Bundesgesetzblatt bekannt gemacht (§ 127a Abs. 3). Dadurch soll die **Gegenseitigkeit des Schutzes** gewährleistet werden.[12] Die schon bestehenden urheberrechtlichen Staatsverträge und Staatsverträge über verwandte Schutzrechte[13] haben das verwandte Schutzrecht des Datenbankherstellers grundsätzlich nicht zum Gegenstand.[14] Etwas anderes kann sich allenfalls aus bilateralen Abkommen über den Schutz von Investitionen[15] ergeben. Bisher ohne Erfolg ist im Rahmen der Weltorganisation für geistiges Eigentum (WIPO) über ein entsprechendes Abkommen beraten worden.[16] Auch Gegenseitigkeitsvereinbarungen der EU gibt es bisher noch nicht.[17] Bekanntgemacht wurde bisher lediglich eine Vereinbarung zwischen der EG und Großbritannien über die Ausdehnung des Datenbankschutzes auf die Isle of Man.[18]

7. Ergänzender wettbewerbsrechtlicher Leistungsschutz

7   Der § 87a ergänzende **wettbewerbsrechtliche Schutz** steht ausländischen Datenbankherstellern **ohne fremdenrechtliche Beschränkungen** zu, siehe Art. 1 Abs. 2, 10bis PVÜ. Allerdings darf durch die Anwendung des UWG die **fremdenrechtliche Beschränkung** des Schutz ausländischer Datenbankhersteller, die sich aus dem Fehlen eines entsprechenden Staatsvertrags bzw. entsprechender autonomer Tatbestände in § 127a ergibt, **nicht umgangen** werden. Deswegen ist in Anlehnung an die zu § 125 UrhG von der Rechtsprechung entwickelten Grundsätze[19] zu fordern, dass über die unmittelbare Leistungsübernahme hinausgehende, die Unlauterkeit begründende Umstände hinzutreten.[20]

§ 128 Schutz des Filmherstellers

(1) [1]Den nach den §§ 94 und 95 gewährten Schutz genießen deutsche Staatsangehörige oder Unternehmen mit Sitz im Geltungsbereich dieses Gesetzes für alle ihre Bildträger oder Bild- und Tonträger, gleichviel, ob und wo diese erschienen sind. [2]§ 120 Abs. 2 und § 126 Abs. 1 S. 3 sind anzuwenden.

(2) Für ausländische Staatsangehörige oder Unternehmen ohne Sitz im Geltungsbereich dieses Gesetzes gelten die Bestimmungen in § 126 Abs. 2 und 3 entsprechend.

Schrifttum: Loef/Verweyen, „One more Night" – Überlegungen zum abgeleiteten fremdenrechtlichen Filmherstellerschutz, ZUM 2007, 706; siehe im Übrigen die Schrifttumsnachweise Vor §§ 120 ff. und zu §§ 94 und 95.

---

[9] → § 120 Rn. 3, 4.
[10] § 127a Abs. 2 Nr. 1.
[11] § 127a Abs. 2 Nr. 2.
[12] → Vor §§ 87a ff. Rn. 25 mwN.
[13] → Vor §§ 120 ff. Rn. 14 ff., 61 ff.
[14] → Vor §§ 87a ff. Rn. 40.
[15] → Vor §§ 120 ff. Rn. 126.
[16] → Vor §§ 87a ff. Rn. 25.
[17] Dreier/Schulze/*Dreier* § 127a Rn. 6; HK-UrhR/*Kotthoff* § 127a Rn. 3.
[18] Stand: 12.2.2019; Fundstellenverzeichnis A, S. 255 im BGBl. 2005 I S. 2795.
[19] BGH GRUR 1986, 454 (456) – Bob Dylan; BGH GRUR 1987, 812 (816 f.) – Zauberflöte.
[20] → § 125 Rn. 19.

1. Systematische Stellung, Entstehungsgeschichte und Bedeutung der Bestimmung

Zur systematischen Stellung, Entstehungsgeschichte und Bedeutung des § 128 allgemein → Vor **1**
§§ 120 ff. Rn. 2 ff. § 128 ist erst- und bisher einmalig durch das **3. UrhGÄndG** vom 23.6.1995[1]
geändert worden, und zwar durch Hinzufügung einer weiteren Verweisung in § 128 Abs. 1 S. 2 auf
§ 126 Abs. 1 S. 3 neben § 120 Abs. 2. Dies diente der gebotenen **Gleichstellung von Filmhersteller-Unternehmen mit Sitz in einem anderen EU- oder EWR-Staat** mit Unternehmen mit
Sitz im Geltungsbereich des UrhG.[2] Die **Gleichstellung von Staatsangehörigen anderer EU-
und EWR-Staaten** folgt bereits aus der Verweisung auf § 120 Abs. 2.[3] Ohne Gesetzesänderung erreicht wurde die durch Art. 7 Abs. 2 der durch dieses Gesetz umgesetzten europäischen Schutzdauerrichtlinie[4] geforderte Bestimmung über den **Vergleich der Schutzfristen** dadurch, dass § 128 Abs. 2
ohnehin auf § 126 Abs. 2 verweist und diese Bestimmung ebenfalls aufgrund des 3. UrhGÄndG um
eine entsprechende Vorschrift (S. 2) ergänzt wurde.[5] Aus der Gleichstellung von EU- und EWR-
Filmherstellern mit deutschen Filmherstellern folgt, dass unter **ausländischen Filmherstellern** iSd
§ 128 Abs. 2 nur noch solche aus **Drittstaaten** zu verstehen sind.

2. Schutz von Filmherstellern mit deutscher Staatsangehörigkeit oder Sitz im Geltungsbereich des UrhG (§ 128 Abs. 1 S. 1)

Der fremdenrechtliche Schutz des Filmherstellers durch das verwandte Schutzrecht nach §§ 94, 95 **2**
ist in gleicher Weise wie der entsprechende Schutz des Tonträgerherstellers durch § 126 geregelt.[6]
Dies entspricht der nahen Verwandtschaft der Rechtsstellung des Filmherstellers mit derjenigen des
Tonträgerherstellers.[7] Da auch in Bezug auf das verwandte Schutzrecht des Filmherstellers originärer
Rechtsinhaber eine juristische Person sein kann,[8] gewährt auch **§ 128 Abs. 1 S. 1** den Schutz nicht
nur **deutschen Staatsangehörigen,** sondern auch **Unternehmen mit Sitz im Geltungsbereich
des UrhG.**[9] Hinsichtlich der weiteren Einzelheiten kann auf → § 126 Rn. 4 verwiesen werden.

3. Gleichstellung von Deutschen iSd Art. 116 Abs. 1 GG und von Filmherstellern aus anderen EU- und EWR-Staaten (§ 128 Abs. 1 S. 2)

Aus der Verweisung in § 128 Abs. 1 S. 2 auf § 120 Abs. 2 folgt die Gleichstellung mit **3**
**Filmherstellern deutscher Staatsangehörigkeit bzw. mit Sitz im Geltungsbereich des UrhG
(§ 128 Abs. 1 S. 1) sowohl zugunsten von Deutschen iSd Art. 116 Abs. 1 GG**[10] als auch von
Staatsangehörigen anderer EU- und EWR-Staaten.[11] Aufgrund der Verweisung auch auf § 126
Abs. 1 S. 3 gilt dasselbe auch für Filmhersteller mit **Sitz in einem anderen EU- oder EWR-
Staat.**[12]

4. Schutz ausländischer Filmhersteller (§ 128 Abs. 2)

In Bezug auf den fremdenrechtlichen Schutz von Filmherstellern mit ausländischer **4**
Staatsangehörigkeit bzw. **Unternehmenssitz im Ausland** iSd unter → Rn. 1 aE Gesagten verweist **§ 128 Abs. 2** auf eine entsprechende Anwendung der für Hersteller von Tonträgern geltenden
§ 126 Abs. 2 und 3. Bereits nach innerstaatlichem Fremdenrecht steht damit ausländischen Filmherstellern der Schutz nach §§ 94, 95 im Hinblick auf solche Filme zu, die im Inland erstmals oder innerhalb von 30 Tagen nach dem erstmaligen Erscheinen im Ausland erschienen sind.[13] Die Verweisung gilt auch für den in § 126 Abs. 2 S. 2 angeordneten Vergleich der Schutzfristen.[14]

Aus der Verweisung des § 128 Abs. 2 auf § 126 Abs. 3 ergibt sich im Übrigen der **5**
Schutz des ausländischen Filmherstellers nach Inhalt der Staatsverträge oder bei **Gewährleistung der Gegenseitigkeit.**[15] Als einschlägige Staatsverträge kommen für den Schutz des Filmherstellers allerdings die für Tonträgerhersteller geltenden internationalen Abkommen nicht in

---

[1] BGBl. 1995 I S. 842.
[2] → Vor §§ 120 ff. Rn. 3; auch → § 126 Rn. 1, 6.
[3] → § 126 Rn. 6.
[4] → Einl. UrhG Rn. 97.
[5] AmtlBegr. BT-Drs. 13/781, 16 zu Nr. 15; → § 126 Rn. 1, 9.
[6] AmtlBegr. BT-Drs. IV/270, 113 zu § 138, jetzt § 128.
[7] → Vor §§ 88 ff. Rn. 37.
[8] → Vor §§ 88 ff. Rn. 31, 37; zum Recht des Tonträgerherstellers → § 126 Rn. 4.
[9] Vgl. dazu §§ 127 Abs. 1, 127a Abs. 1.
[10] § 120 Abs. 2 Nr. 1.
[11] § 120 Abs. 2 Nr. 2; so wohl in Bezug auf die Produzentin der Originalfassung oder der deutschen Fassung mit
Untertitelung eines Films im Fall OLG Köln ZUM 2007, 401 (402) – Videozweitverwertung.
[12] Zum Ganzen auch → § 126 Rn. 5, 6 zur Parallele bei den Tonträgerherstellern.
[13] § 128 Abs. 2 iVm § 126 Abs. 2; siehe dazu LG Hamburg ZUM-RD 2007, 96 f. – DVD-Konzertaufnahme; für
eine Erweiterung der Anknüpfung an das erste Erscheinen in irgendeinem EU-Staat sowie im Fall der Übertragung
der Filmherstellernutzungsrechte auf einen europäischen Lizenznehmer zugunsten außereuropäischer Filmhersteller
Loef/Verweyen ZUM 2007, 706 (707 ff.); → § 126 Rn. 8.
[14] → Rn. 1; → § 126 Rn. 9.
[15] → § 126 Rn. 10 f.

Betracht.[16] Nicht anwendbar sind auch die internationalen Abkommen auf dem Gebiet des Urheberrechts, da es sich bei dem durch §§ 94, 95 gewährten Schutz um ein verwandtes Schutzrecht handelt, das vom Urheberrecht an Filmwerken zu unterscheiden ist.[17] Dies ist von den Gerichten speziell im Hinblick auf Videospiele zT verkannt worden.[18] Das Europäische Fernseh-Abkommen[19] schützt Filme insoweit, als es sich um Fernsehsendungen handelt. Zum Schutz bei formeller Gewährleistung der Gegenseitigkeit gem. § 128 Abs. 2 iVm § 126 Abs. 3 S. 2 → § 126 Rn. 11. In Bezug auf den Schutz ausländischer Filmhersteller sind danach erforderliche Bekanntmachungen noch nicht erlassen worden.

5. Schutz Staatenloser und ausländischer Flüchtlinge

6 § 128 Abs. 2 nennt ausdrücklich nur ausländische Staatsangehörige und Unternehmen ohne Sitz im Geltungsbereich des UrhG. Aus der Verweisung auf § 126 Abs. 3 und der dort in S. 2 enthaltenen weiteren Verweisung auf §§ 122 und 123 folgt aber, dass entsprechend der Rechtslage bei den Tonträgerherstellern der Schutz nach §§ 94, 95 nach Maßgabe der §§ 122 und 123 auch Staatenlosen und ausländischen Flüchtlingen zu gewähren ist.[20]

6. Ergänzender wettbewerbsrechtlicher Schutz

7 Wie sachrechtlich der ergänzende wettbewerbsrechtliche Schutz des Filmherstellers grundsätzlich demjenigen des Tonträgerherstellers entspricht,[21] so gilt dies auch für die fremdenrechtliche Rechtslage: Es gibt keine fremdenrechtlichen Beschränkungen mehr.[22]

§ 129 Werke

(1) [1]**Die Vorschriften dieses Gesetzes sind auch auf die vor seinem Inkrafttreten geschaffenen Werke anzuwenden, es sei denn, daß sie zu diesem Zeitpunkt urheberrechtlich nicht geschützt sind oder daß in diesem Gesetz sonst etwas anderes bestimmt ist.** [2]**Dies gilt für verwandte Schutzrechte entsprechend.**

(2) **Die Dauer des Urheberrechts an einem Werk, das nach Ablauf von fünfzig Jahren nach dem Tode des Urhebers, aber vor dem Inkrafttreten dieses Gesetzes veröffentlicht worden ist, richtet sich nach den bisherigen Vorschriften.**

Schrifttum: *Flechsig,* Die Bedeutung der urheberrechtsgesetzlichen Übergangsbestimmungen für den Urheberschutz ausländischer Werke, GRUR-Int 1981, 760; *Hundt-Neumann/Schaefer,* Elvis lebt! Zur „Elvis Presley"-Entscheidung des Hanseatischen Oberlandesgerichts und zum Aufsatz von Nordemann „Altaufnahmen aus den USA und das deutsche Urheberrecht", GRUR 1995, 381; *Klutmann,* Tonträgerherstellerrechte an vor Inkrafttreten des Urheberrechtsgesetzes erschienenen Musikaufnahmen, ZUM 2006, 535; *Melichar,* Übergangsregelungen bei Veränderung der Schutzdauer, in *Dittrich* (Hrsg.), Beiträge zum Urheberrecht II (1993), S. 25; *Nordemann,* Altaufnahmen aus den USA und das deutsche Urheberrecht, FS Kreile (1994), S. 455; *Ulmer,* Zur Schutzdauer ausländischer Werke in der Bundesrepublik Deutschland und Österreich, GRUR-Int 1983, 109.

Übersicht

---

[16] → Vor §§ 120ff. Rn. 61 zum Rom-Abkommen, → Rn. 79 zum Genfer Tonträger-Abkommen.

[17] → Vor §§ 88ff. Rn. 52f., 56, → § 94 Rn. 1, 10; zum Ergebnis auch Dreier/Schulze/*Dreier* § 128 Rn. 5; Fromm/Nordemann/*Nordemann-Schiffel* § 128 Rn. 4; HK-UrhR/*Kotthoff* § 128 Rn. 4; BeckOK UrhR/*Lauber-Rönsberg* § 128 Rn. 7; *Schack* Rn. 943; Wandtke/Bullinger/*v. Welser* § 128 Rn. 7.

[18] Siehe insbes. OLG Hamburg GRUR 1990, 127 (128) – Super Mario III; richtig dagegen OLG Frankfurt a. M. GRUR-Int 1993, 171 (172) – Parodius – und der öOGH MR 1992, 67 (69f.) – Game Boy; weitere Nachw. unter → § 95 Rn. 12; → § 94 Rn. 29 zur Bedeutung dieser Rechtslage für die Verteilung der Einnahmen aus gesetzlichen Vergütungsansprüchen in Bezug auf US-amerikanische Filmhersteller.

[19] → Vor §§ 120ff. Rn. 87ff.

[20] → § 126 Rn. 12 sowie die Kommentierung dieser Vorschriften; zum Ergebnis ebenso Dreier/Schulze/*Dreier* § 128 Rn. 3; BeckOK UrhR/*Lauber-Rönsberg* § 128 Rn. 9; Wandtke/Bullinger/*v. Welser* § 128 Rn. 5; Fromm/ Nordemann/*Nordemann-Schiffel* § 128 Rn. 2.

[21] → § 94 Rn. 39.

[22] → § 126 Rn. 13, → Vor §§ 120ff. Rn. 101.

I. Bedeutung der Übergangsbestimmungen (§§ 129–137n)

Die ursprünglichen §§ 129–137 enthalten **Übergangsbestimmungen,** die auf **zwei Grundprin-** 1
zipien beruhen: Das UrhG ist zum einen auch auf solche urheberrechtlich geschützten Werke und
durch verwandte Schutzrechte geschützten Leistungen anzuwenden, welche bei Inkrafttreten des
UrhG schon geschaffen bzw. erbracht sind. Dadurch sollte vermieden werden, dass noch über Jahrzehnte hinweg zwei Urheberrechtsordnungen, diejenige des UrhG von 1965 und diejenige des LUG
von 1901 sowie des KUG von 1907, nebeneinander bestehen. Im Hinblick auf die wesentlichen
Rechtsänderungen, die das UrhG gebracht hat, sollten zum anderen Vorkehrungen getroffen werden,
um Unbilligkeiten durch Veränderungen oder Verkürzungen von Rechten zu verhindern.[1]

Den **ersten Grundsatz** normiert § 129 Abs. 1: Die Vorschriften des UrhG sind auch auf die vor 2
seinem Inkrafttreten geschaffenen Werke anzuwenden, es sei denn, dass sie zu diesem Zeitpunkt nicht
mehr urheberrechtlich geschützt sind. Für verwandte Schutzrechte bzw. die diesen zugrundeliegenden
Leistungen gilt dies entsprechend.

Dem **zweiten Prinzip** trägt bereits die weitere Einschränkung in § 129 Abs. 1 S. 1 Rechnung, der 3
zufolge das UrhG auf ältere Werke nur anzuwenden ist, wenn in diesem Gesetz nichts anderes bestimmt ist. Nach Wortlaut, Sinn und Zweck auf vor Inkrafttreten des UrhG liegende Sachverhalte
nicht anwendbar ist zB § 121 Abs. 1 über die Begründung des Urheberrechtsschutzes für im Geltungsbereich des UrhG erstmals erschienene Werke ausländischer Urheber.[2] Daneben sind es vor
allem die §§ 129 Abs. 2, 130 ff., welche die Anwendung des UrhG auf ältere urheberrechtlich relevante Sachverhalte modifizieren. Sie betreffen die teilweise Aufrechterhaltung gesetzlicher Verwertungsbefugnisse des früheren Rechts, für welche sich in den Bestimmungen des UrhG über die gesetzlichen Schranken des Urheberrechts (§§ 44 a ff.) keine Entsprechungen mehr finden,[3] die Frage der
abweichenden Regelung der Urheberschaft (§ 134 S. 1) sowie die Umqualifizierung früherer Urheberrechte zu nur noch verwandten Schutzrechten,[4] mit beiden Rechtsänderungen verbundene Fragen
der Schutzdauer[5] sowie den Gesamtkomplex des Urhebervertragsrechts (§§ 132, 137).

Unter den genannten Bestimmungen ist inzwischen **§ 133 aufgehoben** worden (s. dort). Gegen- 4
über der ursprünglichen Fassung des UrhG **neu eingefügt** sind im Rahmen der Urheberrechtsnovelle von 1972 **§ 135a**[6] sowie **§§ 137a–137o** als später hinzugefügte Übergangsbestimmungen, die jeweils aus Anlass von Gesetzesänderungen eingeführt wurden und dabei dem Grundmuster der
§§ 129–137 folgen. Sie regeln die Voraussetzungen und gegebenenfalls Modifikationen der Anwendung der neuen Regelungen auf schon bestehende Schutzgegenstände sowie vertragsrechtliche Fragen. Näheres s. jeweils in der Kommentierung dieser Bestimmungen. Nicht im Rahmen der
§§ 129 ff. geregelt sind die Übergangsfragen aus Anlass der **deutschen Wiedervereinigung.** Die
betreffenden Bestimmungen finden sich in der Anlage I zum deutsch-deutschen Einigungsvertrag
vom 31.8.1990 und sind kommentiert unter → Vor §§ 120 ff. Rn. 173 ff.

Das Fehlen einer Übergangsbestimmung über die Voraussetzung des urheberrechtlichen Schutzes 5
bezüglich der **Werkqualität** (§ 2 Abs. 2) beruht darauf, dass das UrhG insoweit die Rechtslage nicht
geändert hat. Insbes. ist auch unter dem UrhG die sog. „kleine Münze" geistiger Schöpfungen auf
den Gebieten der Literatur, der Wissenschaft und der Kunst weiterhin schutzfähig.[7]

§§ 129 ff. sind Ausdruck des **allgemeinen Rechtsgedankens,** dass Rechte und Ansprüche, die 6
nach dem früheren Recht entstanden sind, nur in den gesetzlich ausdrücklich vorgesehenen Fällen
abgeändert oder verkürzt werden sollten. Daraus hat der BGH eine Einschränkung der
Anwendung des § 102 Abs. 1 auf vor Inkrafttreten des UrhG entstandene Schadensersatzansprüche
wegen Urheberrechtsverletzung abgeleitet.[8] Nach früherem Recht[9] begann die Verjährungsfrist hinsichtlich des Schadensersatzanspruchs wegen widerrechtlicher Verbreitung eines Werkes erst mit dem
Tag der letzten widerrechtlichen Handlung zu laufen. Nach geltendem Recht (§ 102) kommt es für
den Beginn der Verjährung auf die einzelnen Verbreitungshandlungen an. § 102 ist aber auf vor Inkrafttreten des UrhG entstandene Schadensersatzansprüche nur mit der Maßgabe anzuwenden, dass
eine Verjährungsfrist, die nach den bisherigen Vorschriften noch nicht zu laufen begonnen hatte, frühestens mit dem Inkrafttreten des UrhG zu laufen begann. Eine durch das neue Recht bewirkte allzu
abrupte Verkürzung der Schutzdauer, wie diejenige der Rechte an Tonträgern auf Grund von § 135,
wurde von BVerfG sogar für verfassungswidrig erklärt, was dann zur Einführung des § 135a führte.[10]

---

[1] AmtlBegr. BT-Drs. IV/270, 114 zu § 139, jetzt § 129.
[2] BGH GRUR 1986, 802 (803 f.) – Puccini.
[3] §§ 130, 131, 133, 136.
[4] §§ 129 Abs. 2, 135.
[5] §§ 129 Abs. 2, 134 S. 2.
[6] BGBl. I S. 2081.
[7] → § 2 Rn. 61 ff.
[8] BGH in GRUR 1968, 321 (326) – Haselnuß.
[9] § 51 Abs. 2 LUG von 1901.
[10] → § 135a Rn. 3 ff.

II. Bedeutung und Entstehungsgeschichte des § 129

7   § 129 verliert zwar mit zunehmendem Zeitablauf immer mehr an praktischer Bedeutung, wird aber längere Zeit noch wichtig bleiben für frühe Werke spät verstorbener Urheber.

Die Bedeutung des **§ 129 Abs. 1** liegt darin, dass sich der Schutz des UrhG von 1965 grundsätzlich auch auf vor seinem Inkrafttreten entstandene Werke erstreckt[11] und dass ein beim Inkrafttreten des UrhG von 1965 erloschener Schutz nicht wieder auflebt. Damit entspricht die Bestimmung der Regelung in Art. 18 RBÜ. Inhaltlich entspricht sie § 62 S. 1 LUG von 1901, § 53 Abs. 1 S. 1 KUG von 1907.

8   Die Bedeutung des **§ 129 Abs. 2** erschließt sich nur bei Berücksichtigung des besonderen Schutzes **nachgelassener, dh beim Tode des Urhebers noch unveröffentlichter Werke** nach früherem und geltendem Recht. § 29 S. 1 LUG von 1901 gewährte dem Rechtsnachfolger eines verstorbenen Urhebers für die Erstveröffentlichung eines nachgelassenen Werkes eine Mindestschutzfrist von 10 Jahren. Dieser Schutz war ein Schutz des durch Erbfolge erworbenen Urheberrechts und unabhängig vom Ablauf der allgemeinen Schutzfrist von 50 Jahren nach dem Tode des Urhebers, stand dessen Rechtsnachfolger daher auch dann zu, wenn die Erstveröffentlichung des nachgelassenen Werkes erst nach Ablauf von 50 Jahren post mortem auctoris vorgenommen wurde.[12] Der inzwischen aufgehobene[13] § 64 Abs. 2 des geltenden Gesetzes sah zugunsten des Rechtsnachfolgers des verstorbenen Urhebers ebenfalls eine Schutzdauergarantie von 10 Jahren vor, beschränkte diese aber auf die Fälle, in denen die Erstveröffentlichung innerhalb des letzten Jahrzehnts vor Ablauf der allgemeinen Schutzfrist nach dem Tode des Urhebers geschah. Für die Erstveröffentlichung in Form des Erscheinenlassens eines nachgelassenen Werkes nach Ablauf dieser Frist gewährt das UrhG nur noch das verwandte Schutzrecht des § 71 zugunsten des Herausgebers, der nicht mit dem Rechtsnachfolger des Urhebers identisch zu sein braucht.[14]

9   Hatte der Rechtsnachfolger eines verstorbenen Urhebers mehr als 50 Jahre nach dessen Tod, aber noch vor Inkrafttreten des UrhG ein nachgelassenes Werk erstmals veröffentlicht, so konnte er nach § 29 S. 1 LUG von 1901 mit einer Fortdauer seines Urheberrechts während 10 Jahren seit der ersten Veröffentlichung rechnen und sich darauf einstellen. Durch die Weiteranwendung dieser Schutzdauerbestimmung über den Zeitpunkt des Inkrafttretens des UrhG hinaus sollte ein solcher Urhebererbe vor einem Rechtsverlust auf Grund der Nachfolgebestimmungen der §§ 64 Abs. 2, 71 bewahrt bleiben.[15] Ein unmittelbares Vorbild im **früher geltenden Recht** hat § 129 Abs. 2 nicht. Wohl aber enthielt § 60 LUG von 1901 für nachgelassene Werke eine Übergangsbestimmung mit umgekehrtem Vorzeichen: Der Schutz nachgelassener Werke durch § 29 dieses Gesetzes galt auch für Werke, deren Schutzfrist nach dem LUG von 1870 schon abgelaufen war.

III. Bestehen des Schutzes bei Inkrafttreten des UrhG als Voraussetzung seiner Anwendung auf ältere Werke und Leistungen (§ 129 Abs. 1)

1. Urheberrechtsschutz älterer Werke

10   § 129 Abs. 1 S. 1 bestimmt, dass die Vorschriften des UrhG auch auf die vor seinem Inkrafttreten geschaffenen Werke anzuwenden sind, „es sei denn, dass sie zu diesem Zeitpunkt nicht geschützt sind". Voraussetzung des Schutzes eines älteren Werkes durch das UrhG ist damit das **Bestehen des Schutzes bei Inkrafttreten des UrhG.** Maßgeblicher Zeitpunkt ist idR nach § 143 Abs. 2 der 1.1.1966, bezüglich der Schutzdauerbestimmungen §§ 64–67, 69 gemäß § 143 Abs. 1 bereits der 17.9.1965.

11   Ob ein älteres Werk zu diesem Zeitpunkt geschützt war, kann nur nach dem **früher geltenden Recht,** nicht nach dem UrhG entschieden werden. Daher sind für den praktisch wichtigsten Fall der Nichtanwendung des UrhG auf ein älteres Werk nach § 129 Abs. 1 S. 1, nämlich den **Ablauf der Schutzdauer** eines solchen Werkes vor Inkrafttreten des UrhG, die Schutzdauerbestimmungen des LUG von 1901 bzw. des KUG von 1907 zugrundezulegen, nicht diejenigen des UrhG. Dies war bereits durch das Reichsgericht[16] zu § 62 S. 1 LUG von 1901, § 53 Abs. 1 S. 1 KUG von 1907 als Vorgängerbestimmungen des § 129 Abs. 1 entschieden worden und gilt unverändert auch für das UrhG.[17] Praktisch bedeutet das, dass das UrhG nicht zu einem Wiederaufleben eines Urheberrechts führt, das vor seinem Inkrafttreten nach den früher geltenden Bestimmungen bereits erloschen ist. Dies gilt auch dann, wenn, wie im Falle eines im Jahre 1914 verstorbenen Urhebers, bei Inkrafttreten

---

[11] Vgl. → Rn. 1 f.
[12] Näher → § 64 Rn. 58.
[13] → § 64 Rn. 59, 70.
[14] → § 64 Rn. 58, dort auch zu den Motiven.
[15] AmtlBegr. BT-Drs. IV/270, 114 zu § 139, jetzt § 129.
[16] RGZ 139, 327 (330 f.) – Wilhelm Busch.
[17] Ebenso BGH GRUR 1976, 649 – Hans-Thoma-Stühle; OLG München GRUR 1990, 446 (447) – Josefine Mutzenbacher; Dreier/Schulze/*Dreier* UrhG § 129 Rn. 10; Fromm/Nordemann/*A. Nordemann* UrhG § 129 Rn. 2; Dreyer/*Kotthoff*/Meckel UrhG § 129 Rn. 5.

des UrhG noch nicht die verlängerte 70-jährige Frist des § 64 Abs. 1, wohl aber die 50-jährige Schutzfrist des früheren Rechts[18] abgelaufen war. Dagegen kam die verlängerte Schutzfrist des geltenden Rechts den Werken von Urhebern zugute, die das Jahr 1915 noch erlebt hatten. Deren Regelschutzdauer endete frühestens mit Ablauf des Jahres 1965; diese Werke waren daher bei Inkrafttreten der Schutzdauerbestimmungen des UrhG am 17.9.1965 stets noch geschützt.[19] Zum Einfluss von Art. 10 Abs. 2 der europäischen Schutzdauerrichtlinie vgl. § 137 f.

Das Prinzip, dass ein in der Vergangenheit abgeschlossener Sachverhalt nach den seinerzeit geltenden gesetzlichen Bestimmungen zu beurteilen ist, gilt auch für das **Fremdenrecht** als weiterer Grund für eine Versagung des Schutzes durch das UrhG nach § 129 Abs. 1 S. 1 wegen mangelnden Schutzes eines Werkes im Zeitpunkt des Inkrafttretens des UrhG. Ist ein auch konventionsrechtlich nicht geschütztes Werk eines ausländischen Urhebers vor Inkrafttreten des UrhG zuerst im Ausland und dann innerhalb von 30 Tagen auch im Inland erschienen, so konnte es nach § 55 Abs. 1 S. 1 LUG von 1901, § 51 Abs. 2 KUG von 1907 in Deutschland keinen Urheberrechtsschutz erlangen. Nach § 129 Abs. 1 S. 1 entfällt damit auch ein Schutz durch das UrhG. Der Schutz kann auch nicht auf die Bestimmung des § 121 Abs. 1 S. 1 gestützt werden, wonach nunmehr zur Schutzbegründung ein Erscheinen des Werkes im Inland innerhalb von 30 Tagen nach dem erstmaligen Erscheinen im Ausland ausreicht.[20] Nicht ausgeschlossen ist dadurch aber, dass ein älteres, vor 1966 nicht erschienenes und im deutschen Inland schutzloses ausländisches Werk den inländischen Schutz nachträglich dadurch erwirbt, dass es später im Inland erstmals erscheint und dadurch die Voraussetzungen des § 121 Abs. 1 erfüllt.[21] **13**

Unter dem Gesichtspunkt der **Werkqualität** bestehen zwischen dem geltenden und dem früheren Recht keine grundsätzlichen Unterschiede, so dass insoweit die Versagung eines unter dem UrhG an sich erreichbaren Schutzes nach § 129 Abs. 1 S. 1 wegen fehlenden Schutzes nach früherem Recht ausscheidet.[22] Eine Ausnahme in Bezug auf den Aspekt formeller Schutzvoraussetzungen gilt für **choreographische und pantomimische Werke,** die nach § 1 Abs. 2 LUG von 1901 als Voraussetzung des Schutzes der körperlichen Festlegung bedurften, was nach § 2 Abs. 1 Nr. 3 für das geltende Recht nicht mehr zutrifft. Eine weitere Ausnahme hat ihre Ursache im Ausschluss des urheberrechtlichen Schutzes für **Werke der angewandten Kunst**[23] durch das KUG von 1876. War ein solches Werk bei Inkrafttreten des KUG von 1907 auch geschmacksmusterrechtlich nicht geschützt, so konnte es nach § 53 Abs. 1 S. 1 dieses Gesetzes[24] dessen Schutz nicht erlangen; auch aus der RBÜ ergab sich für ein konventionsgeschütztes Werk seinerzeit ein solcher Schutz nicht.[25] Dies galt auch dann, wenn ein solches Werk in künstlerischer Hinsicht den Anforderungen des KUG von 1907 entsprach. Infolgedessen ist ein solches Werk gemäß § 129 Abs. 1 S. 1 auch durch das UrhG nicht geschützt[26]

2. Schutz älterer Leistungen durch verwandte Schutzrechte

Die Regelung des § 129 Abs. 1 S. 1 gilt entsprechend für Leistungen, an denen nach dem UrhG **verwandte Schutzrechte** bestehen (§ 129 Abs. 1 S. 2). Das bedeutet, dass vor Inkrafttreten des UrhG erbrachte Leistungen dem Schutz durch die entsprechenden Bestimmungen dieses Gesetzes nur dann unterfallen, wenn sie bei Inkrafttreten des UrhG geschützt waren, was wiederum nach den früheren Vorschriften zu beurteilen ist.[27] Als durch das UrhG geschützt scheiden damit zum einen ältere Leistungen aus, deren Schutzdauer nach früherem Recht bereits abgelaufen war[28] oder denen aus Gründen des Fremdenrechts kein Schutz zukam.[29] Zeitpunkt des Inkrafttretens des UrhG **14**

---

[18] § 29 S. 1 LUG von 1901, § 25 Abs. 1 KUG von 1907, → § 64 Rn. 52.

[19] → § 143 Rn. 1, 2.

[20] Dazu → § 121 Rn. 2, 5 sowie BGH GRUR 1986, 802 (803) – Puccini – mwN; KG Schulze KGZ 90, 9 – Alexander Skriabin II; OLG Frankfurt a. M. GRUR 1994, 49 (51) – Mackintosh-Möbel; OLG Frankfurt a. M. GRUR-Int 1997, 1006 (1007) – Puccini II; sa die auf Revision gegen das letztgenannte Urteil ergangene Vorabentscheidungsvorlage des BGH an den EuGH GRUR 2000, 1020 f. – La Bohème, und das betr. Urteil des EuGH GRUR 2002, 689 – Ricordi; zum Ergebnis → § 120 Rn. 8.

[21] S. *Ulmer* GRUR-Int 1983, 109 (110).

[22] → Rn. 5; zur Prüfung der Schutzfähigkeit älterer Werke der Baukunst nach früherem Recht gemäß § 129 Abs. 1 vgl. zB BGH GRUR 1973, 663 (664) – Wählamt und BGH GRUR 1974, 1381 – Schulerweiterung; zum Schutz von Werken der angewandten Kunst, wie eines Rohrstuhlhockers von Marcel Breuer aus der Zeit um 1925 nach dem KUG von 1907 und über § 129 Abs. 1 S. 1 bis heute s. OLG Düsseldorf ZUM-RD 2002, 419 (422) – Breuer-Hocker; zum mangels Werkqualität ausscheidenden Schutz des SED-Emblems aus dem Jahr 1946 s. LG Hamburg GRUR-RR 2005, 106 (108 f.) – SED-Emblem.

[23] Vgl. jetzt § 2 Abs. 1 Nr. 4 und → § 2 Rn. 181 ff.

[24] → Rn. 7.

[25] RGZ 71, 145 (146 ff.) – Standuhr.

[26] BGH GRUR 1976, 649 (651 f.) – Hans Thoma-Stühle – mwN zur Rechtslage unter dem KUG von 1907; zustimmend, aber für ein teilweises Bestehen des Schutzes, wenn ein Werk der reinen Kunst erst nachträglich der gewerblichen Verwertung zugeführt wurde, *Nirk* UFITA 80 1977, 1 (14 f.); sa OLG Frankfurt a. M. ZUM 1996, 690 (691 f.) – Mackintosh-Möbel II; Dreier/Schulze/*Dreier* UrhG § 129 Rn. 11; Fromm/Nordemann/*A. Nordemann* UrhG § 129 Rn. 2.

[27] → Rn. 10–12.

[28] → Rn. 11.

[29] → Rn. 12.

ist insoweit einheitlich der 1.1.1966 (§ 143 Abs. 2), da Bestimmungen über verwandte Schutzrechte, einschließlich derjenigen über die Schutzdauer von Lichtbildern,[30] in § 143 Abs. 1 nicht aufgeführt sind.[31]

15 Daneben ist zu berücksichtigen, dass vor Inkrafttreten des UrhG verwandte Schutzrechte iSd geltenden Gesetzes nicht anerkannt waren.[32] Lediglich zwei Kategorien von Gegenständen verwandter Schutzrechte des geltenden Rechts waren in den früher geltenden Urheberrechtsgesetzen[33] geschützt, und zwar jedenfalls formal durch **Urheberrechte:** Dem verwandten Schutzrecht der ausübenden Künstler (§§ 73 ff.) entsprach, beschränkt auf die auf Tonträgern festgehaltenen Darbietungen, das fiktive **Bearbeiterurheberrecht der ausübenden Künstler,** welches die Urheberrechtsnovelle von 1910 in § 2 Abs. 2 des LUG von 1901 eingeführt hatte.[34] Urheberrechtlich nicht geschützt waren die Darbietungen der ausübenden Künstler als solche, und zwar auch nicht in Bezug auf die erstmalige körperliche Festlegung.[35] Dem verwandten Schutzrecht an einfachen, urheberrechtlich nicht schutzfähigen Lichtbildern gemäß § 72 entsprach das **Urheberrecht an Fotografien** iSd §§ 1, 3, 26 KUG von 1907, das eine schöpferische Leistung nicht voraussetzte.[36]

16 Die **anderen Gegenstände** und Inhaber **verwandter Schutzrechte** des geltenden Gesetzes waren vor dessen Inkrafttreten vornehmlich durch **§ 826 BGB, § 1 UWG aF** und insbes. durch den Unlauterkeitstatbestand der **unmittelbaren Leistungsübernahme** geschützt. Dies war höchstrichterlich anerkannt für die **Hersteller von Schallplatten,**[37] für **Sendeunternehmen**[38] und für den Schutz des **Veranstalters.**[39] **Ausübende Künstler** waren, soweit der inhaltlich beschränkte Schutz des fiktiven Bearbeiterurheberrechts nach § 2 Abs. 2 LUG von 1901 versagte,[40] nach den gleichen Grundsätzen gegen unmittelbare Leistungsübernahme sowie unter dem Gesichtspunkt des Schutzes ihres allgemeinen Persönlichkeitsrechts (§ 823 Abs. 1 BGB) geschützt. Höchstrichterlich anerkannt war dies in Bezug auf die Festlegung der Darbietung des ausübenden Künstlers auf Tonträgern[41] und auf die öffentliche Hörbarmachung von Rundfunk-Livesendungen von Darbietungen ausübender Künstler in Gaststätten.[42]

17 Der in § 129 Abs. 1 S. 1, 2 für die Anwendung der Schutzbestimmungen des UrhG auf ältere Leistungen geforderte **Schutz bei Inkrafttreten des Gesetzes** ist bei Bestehen der unter → Rn. 15 genannten **Urheberrechte** des früheren Rechts zu bejahen. Dies ergibt sich unmittelbar auch aus § 135, der bestimmt, dass Personen, die bei Inkrafttreten des Gesetzes Inhaber solcher Urheberrechte sind, nunmehr Inhaber der entsprechenden verwandten Schutzrechte sind.[43] Nach dem Sinn und Zweck der §§ 129 ff., Regelungen für den Übergang von den früheren Urheberrechtsgesetzen auf das neue UrhG von 1965 zu treffen,[44] ist jedoch der **Schutz durch das Recht des unlauteren Wettbewerbs** und das **allgemeine Persönlichkeitsrecht** für die unter → Rn. 16 genannten Leistungen **nicht** als Schutz iSd § 129 Abs. 1 zu qualifizieren. Daraus folgt, dass die entsprechenden verwandten Schutzrechte des geltenden Gesetzes gemäß **§§ 81, 85 f., 87** nur **für ab dem 1.1.1966 erbrachte Leistungen** dieser Art entstehen konnten,[45] mit der Folgerung, dass auch das Genfer Tonträger-Abkommen[46] trotz grundsätzlicher Rückwirkung sich nur auf seit dem 1.1.1966 festgelegte festgelegte Tonträger erstrecken kann.[47] Das Gleiche gilt für die Schutzrechte gemäß **§§ 70, 71, 94, 95.**

18 **Besonderheiten** gelten für den **Schutz der ausübenden Künstler.** Ihnen können nicht nur Rechte nach §§ 73 ff. auch an Tonaufnahmen von Darbietungen aus der Zeit vor 1966 zustehen, wenn sie bei Inkrafttreten des UrhG Inhaber eines fiktiven Bearbeiterurheberrechts nach § 2 Abs. 2

---

[30] §§ 68, 72 Abs. 1 aF, § 72 Abs. 3 nF.

[31] Vgl. auch → Rn. 10, 11.

[32] → Einl. UrhG Rn. 38, → Vor §§ 73 ff. Rn. 14 ff.

[33] LUG von 1901 und KUG von 1907.

[34] → Einl. UrhG Rn. 116, → Vor §§ 136 ff. Rn. 14 ff.; zum über § 129 Abs. 1 S. 2 fortbestehenden Schutzrecht der Mitglieder des Bayreuther Festspielorchesters an einer 1951 hergestellten Aufnahme einer Wagner-Oper s. OLG Karlsruhe ZUM-RD 2002, 550 (551) – Götterdämmerung; zum Ablauf der Schutzfrist in diesem Fall zum Jahresende 2001 s. BGH GRUR 2005, 502 (204 f.) – Götterdämmerung.

[35] → Vor §§ 73 ff. Rn. 14 ff.

[36] → § 2 Rn. 207, → § 72 Rn. 3.

[37] RGZ 73, 294 – Schallplatten; jetzt § 85.

[38] BGH GRUR 1962, 470 – AKI; jetzt § 87.

[39] BGHZ 27, 264 – Box-Programme = NJW 1958, 1486; BGHZ 39, 352 = NJW 1963, 1742 – Vortragsveranstaltung; jetzt § 81, → § 81 Rn. 3.

[40] → Rn. 15.

[41] BGHZ 33, 20 = NJW 1960, 2043 – Figaros Hochzeit.

[42] BGH GRUR 1960, 627 – Künstlerlizenz Rundfunk.

[43] Vgl. zum Ergebnis auch Dreier/Schulze/*Dreier* UrhG § 129 Rn. 15; *Ulmer* § 10 III 3; s. auch den Hinweis auf aktuelle Tonträgerrechte ausübender Künstler auf Grund des fiktiven Bearbeiterurheberrechts aus § 2 Abs. 2 LUG in BGH GRUR 1994, 210 (212) – Beatles; BGH GRUR 1994, 794 (795) – Rolling Stones; OLG Karlsruhe ZUM-RD 2002, 550 (551) – Götterdämmerung.

[44] → Rn. 1.

[45] S. BGH GRUR 1994, 210 (212) – Beatles.

[46] Zu diesem Abkommen → Vor §§ 120 ff. Rn. 79 ff.

[47] Sa Dreier/Schulze/*Dreier* UrhG § 129 Rn. 15; Fromm/Nordemann/*A. Nordemann* UrhG § 129 Rn. 6; *Ulmer* § 10 III 3.

LUG von 1901/1910 waren.[48] Vielmehr können sie, selbst wenn ihnen dieser Schutz aus fremdenrechtlichen Gründen versagt war, den Schutz gemäß § 125 Abs. 3 durch erstes Erscheinen dieser Tonaufnahmen im Geltungsbereich des UrhG auch noch nachträglich erwerben[49]

Zur Frage eines ergänzenden wettbewerbsrechtlichen oder persönlichkeitsrechtlichen Schutzes in 19 Fällen, in denen die verwandten Schutzrechte aus den erwähnten Gründen versagen, → Vor §§ 73 ff. Rn. 88 ff.

IV. Anwendung der Vorschriften des UrhG auf ältere Werke und Leistungen (§ 129 Abs. 1)

Ist die in § 129 Abs. 1 genannte Voraussetzung des Schutzes bei Inkrafttreten des UrhG gegeben[50] 20 und liegen Ausnahmen iSd unter → Rn. 3 Gesagten nicht vor, so sind nach § 129 Abs. 1 die Vorschriften des UrhG auch auf ältere Werke und Leistungen anzuwenden. Dies gilt grundsätzlich in jeder Hinsicht, jedoch unter Vorbehalt insbes. der §§ 130 ff.

V. Schutzdauer älterer nachgelassener Werke (§ 129 Abs. 2)

Ist ein beim Tod seines Urhebers noch unveröffentlichtes, sog. nachgelassenes Werk nach Ablauf 21 von 50 Jahren nach dem Tod des Urhebers, aber vor Inkrafttreten des UrhG erstmals veröffentlicht worden, so bestimmt sich die Schutzdauer nach den bisherigen Vorschriften (§ 129 Abs. 2). Unter den bisherigen Vorschriften ist insbes. § 29 LUG von 1901 gemeint. Diese Bestimmung lautete:

„Der Schutz des Urheberrechts endigt, wenn seit dem Tode des Urhebers fünfzig Jahre und außerdem seit der ersten Veröffentlichung des Werkes zehn Jahre abgelaufen sind. Ist die Veröffentlichung bis zum Ablaufe von fünfzig Jahren seit dem Tode des Urhebers nicht erfolgt, so wird vermutet, dass das Urheberrecht dem Eigentümer des Werkes zustehe."

Ergänzt wurde diese Bestimmung durch Vorschriften über die Schutzdauer bei Miturheberschaft[51] und von anonymen und pseudonymen Werken,[52] über die Schutzdauer von Werken, an denen das Urheberrecht einer juristischen Person zustand,[53] über die Schutzdauer von Lieferungswerken[54] und über die Berechnung der Schutzfristen.[55] Das KUG von 1907 enthielt keine besonderen Bestimmungen über die Schutzdauer nachgelassener Werke.

§ 129 Abs. 2 schränkt zwar die Anwendung der Vorschriften des UrhG ein, lässt aber die in **§ 129** 22 **Abs. 1** genannte **Bedingung** unberührt, dass bei Inkrafttreten des UrhG ein Schutz nach den bisherigen Bestimmungen noch bestanden haben muss. Daraus folgt, dass ältere nachgelassene Werke, deren Schutzfrist einschließlich der zehnjährigen Frist nach Erstveröffentlichung bei Inkrafttreten des UrhG schon abgelaufen war, schutzlos blieben. Dasselbe Ergebnis folgt aus der von § 129 Abs. 2 angeordneten Anwendung der bisherigen Vorschriften.

§ 130 Übersetzungen

Unberührt bleiben die Rechte des Urhebers einer Übersetzung, die vor dem 1. Januar 1902 erlaubterweise ohne Zustimmung des Urhebers des übersetzten Werkes erschienen ist.

Übersicht

1. Entstehungsgeschichte und Bedeutung der Bestimmung

Das **LUG von 1870** hatte keinen vollen Schutz des Urhebers eines literarischen oder musikalischen 1 Werkes gegen dessen Verwertung in Form von Übersetzungen und sonstigen Bearbeitungen sowie durch Aufnahme in Sammlungen gewährt. Ua machte § 6 lit. c dieses Gesetzes den Übersetzungsschutz davon abhängig, dass der Urheber sich das Übersetzungsrecht ausdrücklich durch einen entsprechenden Vermerk vorbehalten hatte und die vorbehaltene Übersetzung dann auch binnen einer Frist von drei Jahren veröffentlicht wurde. Das **LUG von 1901** verstärkte den Urheberrechtsschutz in den genannten Punkten in seinen §§ 12 und 24 wesentlich. In seiner Übergangsbestimmung § 62 S. 2

---

48 → Rn. 15, 17.
49 So OLG Hamburg ZUM 1995, 334 f. – Elvis Presley; hierzu auch → Rn. 12 aE zur Parallele bei Urheberrechten.
50 → Rn. 10–19.
51 § 30 LUG, jetzt § 65 Abs. 1.
52 § 31 LUG, jetzt § 66.
53 § 32 LUG, s. dazu § 134.
54 § 33 LUG, jetzt § 67.
55 § 34 LUG, jetzt § 69.

schränkte es diesen Schutz jedoch wieder zugunsten solcher Übersetzungen, Bearbeitungen und Sammlungen für den Schulgebrauch ein, die unter der Geltung des LUG von 1870 zulässigerweise ohne Zustimmung des Urhebers erschienen waren. Diese durften frei weiterverwertet werden. Die Bestimmung diente der Schonung berechtigter Interessen der Übersetzer, Bearbeiter und Herausgeber von Sammlungen der genannten Art sowie von deren Rechtsnachfolgern.[1]

2   § 130 trägt diesem Interesse zu Lasten der Urheber der Originalwerke weiterhin Rechnung, beschränkt die Begünstigung aber auf **Übersetzungen** bzw. die Übersetzer und ihre Rechtsnachfolger. Wie die AmtlBegr.[2] ausführt, erscheint die Leistung eines sonstigen Bearbeiters nicht so schutzwürdig, dass die Verwertung der Bearbeitung oder Sammlung für alle Zukunft ohne Rücksicht auf die Rechte der Urheber der benutzten Werke gestattet bleiben müsste.

3   Mit zunehmendem Zeitablauf verliert § 130 immer mehr an **praktischer Bedeutung,** weil zunehmend die Schutzdauer der übersetzten Werke endet, von denen vor dem 1.1.1902 Übersetzungen erschienen sind.[3] Über das Urheberrecht an der Übersetzung selbst[4] enthält § 130 keine Regelung.

2. Inhalt der Bestimmung

4   § 130 schränkt das in **§ 23 S. 1** geregelte Recht der Urheber älterer Werke ein, Übersetzungen dieser Werke zu verwerten. Diese Einschränkung besteht jedoch nur zugunsten desjenigen, der eine Übersetzung des Werkes vor dem 1.1.1902, dem Zeitpunkt des Inkrafttretens des LUG von 1901,[5] erlaubterweise ohne Zustimmung des Urhebers des übersetzten Werkes angefertigt und erscheinen lassen hat, sowie zugunsten seines Rechtsnachfolgers, nicht aber zugunsten eines Dritten, der sich diese Übersetzung zB nach Ablauf von deren Urheberrechtsschutz aneignet.[6]

5   Die **Verwertungsfreiheit des Übersetzers** bzw. seines Rechtsnachfolgers umfasst die Befugnisse, die ihm nach § 62 S. 2 LUG von 1901 zustanden. Diese Bestimmung erlaubte die „Vervielfältigung, Verbreitung und öffentliche Aufführung". Die Übersetzung darf daher auch **in neuer Auflage vervielfältigt** und verbreitet werden, allerdings nicht in wesentlich veränderter Form.[7] Dies bedeutet eine wesentliche Begünstigung gegenüber der allgemeinen Übergangsbestimmung des § 136. Unter einer „öffentlichen Aufführung" iSd § 62 S. 2 LUG von 1901 ist nicht auch der öffentliche Vortrag zu verstehen, den auch dieses Gesetz bereits von der Aufführung unterschied.[8] Gleichwohl ist anzunehmen, dass auch der öffentliche Vortrag freigegeben ist, weil § 11 Abs. 3 LUG von 1901 das Vortragsrecht des Urhebers auf nicht erschienene Werke beschränkt hat, so dass kein Anlass bestand, den öffentlichen Vortrag in § 62 S. 2 mit anzuführen. Etwas anderes muss für die **Sendung** einer Übersetzung **durch Rundfunk** und erst recht für die digitale **Online-Nutzung** gelten. Insoweit begründete das LUG von 1870 noch kein Vertrauen auf eine Verwertungsbefugnis, das iSv §§ 62 S. 2 LUG von 1901, gegenüber dem Interesse des Urhebers des übersetzten Werkes schutzwürdig wäre.

§ 131 Vertonte Sprachwerke

Vertonte Sprachwerke, die nach § 20 des Gesetzes betreffend das Urheberrecht an Werken der Literatur und der Tonkunst vom 19. Juni 1901 (Reichsgesetzbl. S. 227) in der Fassung des Gesetzes zur Ausführung der revidierten Berner Übereinkunft zum Schutze von Werken der Literatur und Kunst vom 22. Mai 1910 (Reichsgesetzbl. S. 793) ohne Zustimmung ihres Urhebers vervielfältigt, verbreitet und öffentlich wiedergegeben werden durften, dürfen auch weiterhin in gleichem Umfang vervielfältigt, verbreitet und öffentlich wiedergegeben werden, wenn die Vertonung des Werkes vor dem Inkrafttreten dieses Gesetzes erschienen ist.

Übersicht

1. Entstehungsgeschichte und Bedeutung der Bestimmung

1   **§ 20 LUG von 1901** enthielt eine spezielle gesetzliche Beschränkung des Urheberrechts an Gedichten und kleineren Teilen von Dichtungen, wie Epen, zugunsten ihrer Verwertung als Text zu neuen Werken der Tonkunst (Musik). Die entsprechende gesetzliche Verwertungsbefugnis wurde

---

[1] S. *Allfeld* LUG § 62 Anm. 7.
[2] BT-Drs. IV/270, 114 zu § 140, jetzt § 130.
[3] *Dreier/Schulze* UrhG § 130 Rn. 2; Fromm/Nordemann/*A. Nordemann* UrhG § 130 Rn. 1.
[4] Zum geltenden Recht → § 3 Rn. 1 ff.
[5] § 64 S. 1 dieses Gesetzes.
[6] So auch *Voigtländer/Elster/Kleine* LUG § 62 Anm. 2.
[7] S. *Allfeld* LUG § 62 Anm. 12; *Voigtländer/Elster/Kleine* LUG § 62 Anm. 2.
[8] Vgl. § 11 Abs. 2, 3 des Gesetzes.

ungenau als **Vertonungsfreiheit** bezeichnet.[1] Sie erstreckte sich nicht auf Dichtungen, die ihrer Gattung nach zur Komposition bestimmt waren, wie Texte zu Opern, Operetten, Singspielen, Oratorien und Schlagern (§ 20 Abs. 2), und gestattete nicht die Vervielfältigung auf Tonträgern (§ 20 Abs. 3). Die betroffenen Sprachwerke durften aber in Verbindung mit der Komposition sonst vervielfältigt werden (§ 20 Abs. 1 S. 1). Für eine Aufführung des musikalischen Werkes durfte der Text ausschließlich zum Gebrauch der Hörer auch ohne die musikalischen Noten vervielfältigt werden.[2] Gemäß **§ 26 LUG von 1901** galt die Vertonungsfreiheit nicht nur für die Vervielfältigung, sondern auch für die Verbreitung der Texte sowie für ihre öffentliche Aufführung und den öffentlichen Vortrag. Die Rundfunksendung war sinngemäß gleich zu beurteilen.[3]

Referentenentwurf (§§ 48, 55), **Ministerialentwurf** (§§ 51, 58) und **Regierungsentwurf** 2 (§ 52) zum UrhG sahen grundsätzlich eine Beibehaltung der gesetzlichen Vertonungsfreiheit vor und enthielten demgemäß noch keine dem § 131 entsprechende Übergangsbestimmung. Der **Rechtsausschuss des Deutschen Bundestags** empfahl dann aber die **Streichung der Bestimmung über die Vertonungsfreiheit,** weil eine Sachverständigenanhörung unter Beteiligung von Vertretern der Komponisten als den Hauptbegünstigten der Vertonungsfreiheit gezeigt hatte, dass für diese kein Bedürfnis mehr bestand.[4] Aus dieser Empfehlung ergab sich zugleich die Notwendigkeit, für die weitere Verwertung von auf die Vertonungsfreiheit unter dem LUG von 1901 gestützten, bereits erschienenen Vertonungen eine **Übergangsregelung** zu schaffen. Der Rechtsausschuss empfahl daher die Aufnahme eines neuen § 140a in den Gesetzentwurf, dem § 131 des geltenden Gesetzes entspricht. Entsprechend der in § 130 für Übersetzungen getroffenen Regelung erschien es dem Rechtsausschuss angemessen, die gesetzlichen Verwertungsbefugnisse im bisherigen Umfang aufrechtzuerhalten.[5]

Textvertonungen, die unter der Herrschaft des LUG von 1901 gesetzlich zulässig ohne Zustim- 3 mung der Texturheber hergestellt und verwertet wurden und vor Inkrafttreten des UrhG erschienen sind, dürfen nach § 131 **im bisher gesetzlich zugelassenen Umfang weiterverwertet werden.**

2. Inhalt der Bestimmung

§ 131 schränkt die Verwertungsrechte der Urheber von solchen **Sprachwerken** ein, die nach § 20 4 LUG von 1901 in Verbindung mit einer neuen musikalischen Komposition ohne Zustimmung der Urheber der Sprachwerke verwertet werden durften.[6] Voraussetzung der Verwertungsfreiheit ist aber, dass die **Vertonung** des Werkes bereits **vor Inkrafttreten des UrhG,** dh insoweit vor dem 1.1.1966 (s. § 143 Abs. 2), **erschienen** ist. Für den Begriff des Erscheinens gilt § 6 Abs. 2.

Inhaltlich erstreckt sich die fortbestehende **Verwertungsfreiheit** auf dieselben Verwertungsfor- 5 men, wie sie auch durch §§ 20, 26 LUG von 1901 gesetzlich zulässig waren.[7] In § 131 wird dies durch die Anführung der **Vervielfältigung, Verbreitung** und **öffentlichen Wiedergabe**[8] klargestellt. Die Nichterwähnung des § 26 LUG von 1901 beruht offensichtlich auf einem Redaktionsversehen und ist unschädlich.[9] Weiterhin **nicht** gesetzlich, sondern nur mit Zustimmung des Urhebers des Sprachwerks zulässig ist die Vervielfältigung und Verbreitung auf **Tonträgern** (→ Rn. 1). Wie die weiterbestehende gesetzliche Verwertungsbefugnis in Bezug auf Übersetzungen nach § 130[10] enthält auch § 131 im Vergleich mit der allgemeinen Übergangsregelung des § 136 eine sehr weitgehende Verwertungsfreiheit. Es dürfen nicht nur vor 1966 hergestellte Werkexemplare weiterverwertet werden, vielmehr dürfen die betroffenen Sprachwerke in Verbindung mit vor 1966 erschienenen Vertonungen auch erneut vervielfältigt und verbreitet sowie durch öffentliche Wiedergabe in den unter dem LUG von 1901 bekannten Formen genutzt werden.[11] Die moderne digitale Online-Nutzung iSd § 19a und, in Parallele zum Ausschluss der Tonträgernutzung, die filmische Nutzung zählen dazu aber nicht.

§ 132 Verträge

(1) [1]**Die Vorschriften dieses Gesetzes sind mit Ausnahme der §§ 42 und 43 auf Verträge, die vor dem Inkrafttreten dieses Gesetzes abgeschlossen worden sind, nicht anzuwenden.** [2]**§ 43 gilt für ausübende Künstler entsprechend.** [3]**Die §§ 40 und 41 gelten für solche Verträge mit der Maßgabe, daß die in § 40 Abs. 1 Satz 2 und § 41 Abs. 2 genannten Fristen frühestens mit dem 1. Januar 1966 beginnen.**

(2) **Vor dem 1. Januar 1966 getroffene Verfügungen bleiben wirksam.**

---

[1] *Ulmer* § 50 V 2.
[2] § 20 Abs. 1 S. 2, sog. Programmfreiheit.
[3] *Ulmer* (2. Aufl.) § 50 VI.
[4] Vgl. den Bericht des Abg. *Reischl* UFITA 46 1966, 174 (186 f.) zu § 52.
[5] S. den Bericht des Abg. *Reischl* UFITA 46 1966, 174 (200) zu § 140a.
[6] Zum Kreis dieser Sprachwerke bereits → Rn. 1.
[7] Dazu bereits → Rn. 1.
[8] Vgl. § 15 Abs. 1 Nr. 1, 2, Abs. 2.
[9] So auch *Dreier/Schulze* UrhG § 131 Rn. 3; Fromm/Nordemann/*A. Nordemann* UrhG § 131 Rn. 1.
[10] → § 130 Rn. 5.
[11] S. auch Fromm/Nordemann/*A. Nordemann* UrhG § 131 Rn. 1.

(3) [1] Auf Verträge oder sonstige Sachverhalte, die vor dem 1. Juli 2002 geschlossen worden oder entstanden sind, sind die Vorschriften dieses Gesetzes vorbehaltlich der Sätze 2 und 3 in der am 28. März 2002 geltenden Fassung weiter anzuwenden. [2] § 32a findet auf Sachverhalte Anwendung, die nach dem 28. März 2002 entstanden sind. [3] Auf Verträge, die seit dem 1. Juni 2001 und bis zum 30. Juni 2002 geschlossen worden sind, findet auch § 32 Anwendung, sofern von dem eingeräumten Recht oder der Erlaubnis nach dem 30. Juni 2002 Gebrauch gemacht wird.

(3a) [1] Auf Verträge oder sonstige Sachverhalte, die vor dem 1. März 2017 geschlossen worden oder entstanden sind, sind die Vorschriften dieses Gesetzes in der bis zum 1. März 2017 geltenden Fassung weiter anzuwenden. [2] § 41 (Rückrufsrecht wegen Nichtausübung) in der am 1. März 2017 geltenden Fassung findet auf Sachverhalte Anwendung, die seit dem 1. März 2018 entstanden sind.

(4) Die Absätze 3 und 3a gelten für ausübende Künstler entsprechend.

Schrifttum: *v. Becker/Wegner,* Offene Probleme der angemessenen Vergütung, ZUM 2005, 695; *Berger,* Das neue Urhebervertragsrecht, 2003; *Diesbach,* Unbekannte Nutzungsarten bei Altfilmen: Der BGH gegen den Rest der Welt?, ZUM 2011, 623; *Jacobs,* „Das Boot in der Karibik" – Überlegungen zu § 32a UrhG, FS Bornkamm (2014), S. 811; *ders.,* Filmverwertung auf DVD als unbekannte Nutzungsart im Sinne des § 31 Abs. 4 UrhG, GRUR-Int 2003, 889; *ders.,* Filmurheber und § 137l UrhG, GRUR-Int 2010, 710; *Pleister/Ruttig,* Beteiligungsansprüche für ausübende Künstler bei Bestsellern, ZUM 2004, 337; sa. die Schrifttumsnachweise vor § 31ff. und zu §§ 32 und 32b.

Übersicht

1. Entstehungsgeschichte und Bedeutung der Bestimmung

1   Das LUG von 1901 und das KUG von 1907[1] enthielten nur sehr wenige grundsätzliche Vorschriften über das Urhebervertragsrecht, wie solche über die Übertragbarkeit des Urheberrechts, und dementsprechend auch keine Übergangsbestimmungen für Urheberrechtsverträge. Auch das geltende UrhG regelt das Urhebervertragsrecht nicht in umfassender Weise,[2] enthält aber im Vergleich mit dem früheren Recht doch eine wesentlich größere Zahl **vertragsrechtlicher Vorschriften.** Daraus ergab sich zunächst das Bedürfnis, durch eine **Übergangsbestimmung** klarzustellen, ob und inwieweit diese Vorschriften auch für vor Inkrafttreten des UrhG abgeschlossene Urheberrechtsverträge gelten. Dem tragen die Abs. 1 und 2 des § 132 Rechnung. Darüber hinaus ergab sich mit dem **Gesetz zur Stärkung der vertraglichen Stellung von Urhebern und ausübenden Künstlern** vom 22.3. **2002** (BGBl. I S. 1155) ein weiterer Anlass für Übergangsbestimmungen, die den ursprünglichen Regelungen des § 132 als Abs. 3 und 4 angefügt wurden. Ferner wurde durch dieses Gesetz in § 132 Abs. 1 und 2 die frühere Bezugnahme auf das „Inkrafttreten dieses Gesetzes" durch die Angabe „1. Januar 1966" ersetzt. Wie sich aus § 143 Abs. 2 ergibt, dient diese Maßnahme nur der erleichterten Verständlichkeit der Regelungen. Kleinere Korrekturen in den Abs. 2 und 3 des § 132 erfolgten durch Art. 1 Nr. 48 des Gesetzes zur Regelung des Urheberrechts in der Informationsgesellschaft vom 10.9.2003 (BGBl. I S. 1774).

2   **Referentenentwurf** (§ 137) und **Ministerialentwurf** (§ 153) des UrhG gingen vom Grundsatz der Anwendung der neuen urhebervertragsrechtlichen Bestimmungen auch auf ältere Verträge aus und bezeichneten nur wenige Vorschriften als auf sie nicht anwendbar. Der **Regierungsentwurf** (§ 141) kehrte dieses Regel-Ausnahme-Verhältnis um und betonte den **Grundsatz der Nichtanwendbarkeit** der **neuen vertragsrechtlichen Bestimmungen** auf ältere Verträge. Zur Rechtfertigung wurde auf das Vertrauen der Vertragsparteien auf den bei Vertragsabschluss geltenden Rechtszu-

---

[1] → Einl. UrhG Rn. 132.
[2] → Vor §§ 31 ff. Rn. 6 ff., 17.

stand verwiesen.[3] Unter den Vorschriften, die **ausnahmsweise** auch auf ältere Verträge anwendbar sind, nannte der Regierungsentwurf im Hinblick auf nach Inkrafttreten des UrhG gezogene Nutzungserträgnisse auch noch **§ 36 aF** über die **Beteiligung des Urhebers an unerwartet hohen Gewinnen des Werkverwerters.** Dagegen erhoben der Bundesrat[4] und der Rechtsausschuss des Deutschen Bundestags[5] Bedenken wegen der Schwere des Eingriffs in die Vertragsfreiheit bei bereits bestehenden Vertragsverhältnissen, so dass sich auch die Auffassung der Bundesregierung zur Stellungnahme des Bundesrats[6] nicht durchzusetzen vermochte. Die Bundesregierung hatte darauf hingewiesen, dass es insoweit keines Vertrauensschutzes bedürfe, weil § 36 aF nur nach Vertragsschluss eintretenden unerwarteten Entwicklungen Rechnung trage und auf ältere Verträge auch nur insoweit anwendbar sein sollte, als die Voraussetzungen des Beteiligungsanspruchs nach dem UrhG erfüllt würden. Den Bedenken des Bundesrats und des Rechtsausschusses des Deutschen Bundestags lagen insbes. Proteste der Verlage gegen den Regelungsvorschlag im Regierungsentwurf zugrunde.[7]

Aus **§ 132 Abs. 1 und 2** folgt das **für die Praxis wichtige Ergebnis,** dass wesentliche, vor allem 3 den Urheber gegenüber dem Werkverwerter als seinem Vertragspartner schützende Bestimmungen auf vor Inkrafttreten des UrhG am 1.1.1966 (§ 143 Abs. 2) abgeschlossene Verträge nicht anwendbar sind bzw. waren.[8] Auf solche Verträge nicht anwendbar sind auch die vornehmlich im Interesse des Filmherstellers geschaffenen vertragsrechtlichen Bestimmungen des UrhG im Bereich des Filmes.[9] Urheberrechtsverträge aus der Zeit vor 1966 sind daher, von den in § 132 Abs. 1 bezeichneten Ausnahmen abgesehen, nach dem früheren Recht zu beurteilen. Dabei ist allerdings zu beachten, dass wesentliche urhebervertragsrechtliche Grundsätze, die nunmehr in gesetzliche Bestimmungen gefasst sind, auch früher schon durch die Rechtsprechung anerkannt waren. Dies gilt insbes. für den (früher als Zweckübertragungslehre bezeichneten) Übertragungszweckgedanken in seiner daraus entspringenden Ausprägung in § 31 Abs. 5.[10] Ebenfalls von erheblicher praktischer Bedeutung ist, dass das im Jahre 2002 neu geschaffene Urhebervertragsrecht gemäß **§ 132 Abs. 3 und 4** auf ältere Verträge und Sachverhalte nur sehr eingeschränkt anwendbar ist.[11]

2. Vor Inkrafttreten des UrhG geschlossene Verträge

a) Anwendbarkeit der §§ 42, 43 (§ 132 Abs. 1 S. 1, 2). Auch auf vor 1966 abgeschlossene 4 Verträge unbeschränkt anwendbar sind §§ 42 und 43. Für **§ 42** über das **Rückrufsrecht wegen gewandelter Überzeugung** ist die Rechtfertigung für die Ausnahme vom Grundsatz der Nichtanwendung darin zu sehen, dass der Tatbestand der gewandelten Überzeugung, den § 42 berücksichtigt, unabhängig von dem Vertragsinhalt ist.[12] Darüber hinaus trägt die Anwendbarkeit des § 42 auch auf ältere Werke dem primär urheberpersönlichkeitsrechtlichen Charakter des Rückrufsrechts wegen gewandelter Überzeugung Rechnung.[13] Die Interessen des Vertragspartners berücksichtigt bereits § 42 Abs. 3 über die Entschädigungspflicht des Urhebers.

§ 43 betrifft vertragliche Rechtseinräumungen durch Urheber in **Arbeits- oder Dienstverhält-** 5 **nissen.** Da durch diese Bestimmung ua auch mögliche Streitfragen über die Auslegung früher abgeschlossener Verträge im Hinblick auf die durch das UrhG neu geschaffenen Rechte geklärt werden sollten, war ihre Anwendbarkeit sogar geradezu geboten.[14] Eine mit § 43 im Wesentlichen inhaltsgleiche Regelung über Rechtseinräumungen durch ausübende Künstler in Arbeits- oder Dienstverhältnissen war in **§ 79 aF** enthalten. Sie wurde durch das Gesetz von 10.9.2003 (→ Rn. 1) als überflüssig zugunsten einer Verweisung auf § 43 in § 79 Abs. 2 S. 2 aufgegeben.[15] Demgemäß wurde auch die in § 132 Abs. 1 S. 1 aF zusätzlich enthaltene Bezugnahme auf § 79 durch § 132 Abs. 1 S. 2 ersetzt, wonach § 43 auch übergangsrechtlich für ausübende Künstler entsprechend gilt. Eine ins Gewicht fallende Änderung der Rechtslage ist damit nicht verbunden.

---

[3] AmtlBegr. BT-Drs. IV/270, 114 zu § 141, jetzt § 132.

[4] BT-Drs. IV/270, 178 zu § 141 Abs. 1.

[5] Vgl. den Bericht des Abg. *Reischl* UFITA 46 [1966], 174 (200) zu § 141.

[6] BT-Drs. IV/270, 180.

[7] S. *Katzenberger* GRUR-Int 1983, 410 (418) mwN in Fn. 92.

[8] S. zu § 31 Abs. 4 BGH GRUR 1986, 62 (66) – GEMA-Vermutung I; BGH GRUR 1988, 296 (299) – GEMA-Vermutung IV; BGH GRUR 1999, 152 (154) – Spielbankaffaire; BGH GRUR 2011, 714 Rn. 13 – Der Frosch mit der Maske.

[9] §§ 88 ff.; → Vor §§ 88 ff. Rn. 47 ff.; wie hier Dreier/Schulze/*Dreier* UrhG § 132 Rn. 5; Fromm/Nordemann/*J. B. Nordemann* UrhG § 132 Rn. 13; Möhring/Nicolini/*Soppe* UrhG § 132 Rn. 7; aA LG München I Schulze LGZ 180, 4 f. – Landung in Salerno – zu § 89; sa öOHG GRUR-Int 2005, 335 (337) – Die Puppenstaat; zu einer dem § 89 aF entsprechenden eventuellen früheren Vertragspraxis im Hinblick auf bekannte, nicht aber auf unbekannte Nutzungsarten s. BGH GRUR 2011, 714 Rn. 16 ff. – Der Frosch mit der Maske; zur Unanwendbarkeit des § 36 aF entspr. dem unter → Rn. 2 Gesagten s. BGH GRUR 1990, 1005 (1006) – Salome I.

[10] Dazu → § 31 Rn. 52 ff.; BGH GRUR 1982, 727 (730) – Altvertrag; BGH GRUR 1988, 296 (299) – GEMA-Vermutung IV; BGH GRUR 2011, 714 Rn. 16 – Der Frosch mit der Maske.

[11] S. zB *Katzenberger* GRUR-Int 2003, 889 (896 f.).

[12] So die AmtlBegr. BT-Drs. IV/270, 114 zu § 141, jetzt § 132.

[13] Dazu → § 42 Rn. 1.

[14] S. die AmtlBegr. BT-Drs. IV/270, 114 zu § 141, jetzt § 132.

[15] S. die AmtlBegr. BT-Drs. 15/38, 24.

6 **b) Eingeschränkte Anwendung der §§ 40 und 41 auf ältere Verträge (§ 132 Abs. 1 S. 2).** Auf Verträge aus der Zeit vor 1966 **eingeschränkt anwendbar** sind §§ 40 und 41. Ihre grundsätzliche Anwendbarkeit dient den Interessen der Urheber.[16] § 40 betrifft **Verträge über künftige Werke.** Nach § 40 Abs. 1 S. 1 bedarf ein Vertrag, in dem sich der Urheber zur Einräumung von Nutzungsrechten an künftigen, überhaupt nicht oder nur der Gattung nach bestimmten Werken verpflichtet, der **Schriftform** (S. 1). Dies gilt gemäß § 132 Abs. 1 S. 2 auch für ältere Verträge, so dass solche Verträge mit Ablauf des Jahres 1965 gemäß § 125 S. 1 BGB nichtig geworden sind, wenn sie nicht schriftlich abgefasst waren.[17] Für das nach § 40 Abs. 1 S. 2 begründete **Kündigungsrecht** beider Vertragsteile nach Ablauf von 5 Jahren seit Vertragsabschluss bestimmt § 132 Abs. 1 S. 2 zur Wahrung der wohlerworbenen Rechte der Nutzungsberechtigten,[18] dass diese Frist frühestens mit Inkrafttreten des UrhG am 1.1.1966 (§ 143 Abs. 2) zu laufen beginnt. Nicht erweitert worden ist dagegen die in § 40 Abs. 1 S. 3 bestimmte Frist von 6 Monaten, nach der die Kündigung wirksam wird.

7 § 41 regelt das **Rückrufsrecht wegen Nichtausübung.** Nach § 41 Abs. 2 kann dieses Rückrufsrecht ebenfalls erst nach Ablauf bestimmter Fristen ausgeübt werden. Für die Anwendung des § 41 auf Verträge aus der Zeit vor 1966 gilt nach § 132 Abs. 1 S. 3 wiederum zur Wahrung wohlerworbener Rechte der Nutzungsberechtigten (→ Rn. 6), dass diese Fristen nicht vor dem 1.1.1966 zu laufen beginnen. Vgl. zu § 41 auch § 132 Abs. 3a S. 2, dazu → Rn. 28.

8 **c) Sittenwidrigkeit älterer Verträge und Wegfall oder Änderung der Geschäftsgrundlage.** Nicht von § 132 Abs. 1 berührt werden die allgemeinen Regeln insbes. über die **Nichtigkeit** von **wucherischen Rechtsgeschäften** (§ 138 Abs. 2 BGB), die aus Sicht des Urhebers allerdings im Vergleich zu dem nicht auf ältere Verträge anwendbaren § 36 aF (→ Rn. 2) wesentliche Nachteile aufweisen.[19]

9 Um diese wesentliche Lücke im vertragsrechtlichen Schutz der Urheber zu schließen, ist es unverzichtbar, auf ältere Urheberrechtsverträge doch jedenfalls die allgemeinen **Rechtsgrundsätze über den Wegfall oder die Änderung** bzw. die **Störung der Geschäftsgrundlage (§ 313 BGB)**[20] anzuwenden.[21]

10 **d) Wirksamkeit von vor Inkrafttreten des UrhG getroffenen Verfügungen (§ 132 Abs. 2).** Um Zweifeln über die Wirksamkeit vertraglicher Verfügungen über Urheberrechte aus der Zeit vor Inkrafttreten des UrhG zu begegnen, stellt **§ 132 Abs. 2** klar, dass solche **Verfügungen wirksam bleiben.**[22]

11 § 132 Abs. 2 wird ergänzt durch **§ 137 Abs. 1 S. 1.** Danach stehen demjenigen, dem durch eine Verfügung vor 1966 das Urheberrecht übertragen worden ist, nunmehr die entsprechenden Nutzungsrechte zu.[23]

3. Übergangsbestimmungen zum Gesetz zur Stärkung der vertraglichen Stellung von Urhebern und ausübenden Künstlern (§ 132 Abs. 3, 4)

12 **a) Überblick.** § 132 Abs. 3, 4 regeln die intertemporale Anwendung der Vorschriften, die durch das Urhebervertragsgesetz von 2002 (hierzu → Vor § 31 ff. Rn. 9 ff.) geändert oder eingefügt wurden.

13 **b) Grundprinzip (§ 132 Abs. 3 S. 1).** Als Grundsatz statuiert § 132 Abs. 3 S. 1 die **Fortgeltung des bisherigen Urhebervertragsrechts** für **Altverträge** und **Altsachverhalte,** dh für alle Verträge und sonstigen Sachverhalte, die vor dem 1.7.2002 geschlossen worden oder entstanden sind.[24] Dies entspricht der Regelung des § 132 Abs. 1 S. 1 betr. den Übergang zum ursprünglichen Urhebervertragsrecht des UrhG (→ Rn. 3). Das ursprüngliche Vorhaben einer begrenzten Rückwirkung des Anspruchs auf angemessene Vergütung nach § 32 nF auf Verträge aus einem Zeitraum von 20 Jahren vor Verkündung des neuen Gesetzes[25] ist an Bedenken des Rechtsausschusses des Deutschen Bundestags im Hinblick auf die Rechts- und Kalkulationssicherheit bei Altverträgen gescheitert.[26] Das Da-

---

[16] Vgl. AmtlBegr. BT-Drs. IV/270, 114 zu § 141, jetzt § 132.
[17] Ebenso Dreier/Schulze/*Dreier* UrhG § 132 Rn. 6; Wandtke/Bullinger/*Braun/Jani* UrhG § 132 Rn. 5; Möhring/Nicolini/*Soppe* UrhG § 132 Rn. 16; aA unter Hinweis auf die fortbestehende Wirksamkeit von Verfügungen (§ 132 Abs. 2) Fromm/Nordemann/*J. B. Nordemann* UrhG § 132 Rn. 12.
[18] So die AmtlBegr. BT-Drs. IV/270, 114 zu § 141, jetzt § 132.
[19] S. zB den Fall BGH GRUR 1962, 256 – Im weißen Rößl.
[20] Näher hierzu → Vor §§ 31 ff. Rn. 74 ff.
[21] So auch (noch zu § 242 BGB) OLG München ZUM 1988, 581 (583); BGH GRUR 1990, 1005 (1006) – Salome I; der Sache nach auch BGH GRUR 1996, 763 (764) – Salome II; Näheres bei *Katzenberger* GRUR-Int 1983, 410 (417 ff.); im Ergebnis ebenso Dreier/Schulze/*Dreier* UrhG § 132 Rn. 5; DKMH/*Kotthoff* UrhG § 132 Rn. 3; BeckOK/*Soppe* UrhG § 132 Rn. 9; Wandtke/Bullinger/*Braun/Jani* UrhG § 132 Rn. 3; zur Vertragsanpassung nach den Regeln über gesetzliche Verlängerungen der Schutzdauer des Urheberrechts s. BGH GRUR 1996, 763 (766) – Salome II, und GRUR 2000, 869 (870 f.) – Salome III.
[22] AmtlBegr. BT-Drs. IV/270, 114 zu § 141, jetzt § 132.
[23] Vgl. Näheres im Rahmen der Kommentierung des § 137.
[24] Dreier/Schulze/*Dreier* UrhG § 132 Rn. 9; DKMH/*Kotthoff* UrhG § 132 Rn. 6; Wandtke/Bullinger/*Braun/Jani* UrhG § 132 Rn. 7; Berger/Wündisch/*Berger* § 2 Rn. 292; *Haas* Rn. 492; *Hucko* S. 16 f.
[25] S. BT-Drs. 14/7564, 5 iVm BT-Drs. 14/6433, 6, 19 f.
[26] S. BT-Drs. 14/8058, 12, 22.

tum **1.7.2002** ist dasjenige des Inkrafttretens des Gesetzes vom 23.3.2002 (→ Rn. 1) nach dessen Art. 3, nämlich „am ersten Tag des vierten auf die Verkündung folgenden Kalendermonats", und damit auch der unter → Rn. 12 genannten neuen Bestimmungen. Das in § 132 Abs. 3 S. 1 ebenfalls angeführte Datum **28.3.2002** ist der Tag der Verkündung des Gesetzes vom 23.3.2002 (→ Rn. 12). Im vollen Inhalt und Umfang ist das neue Urhebervertragsrecht jedenfalls erst auf Verträge und Sachverhalte seit dem 1.7.2002 anwendbar, wobei es bei Verträgen auf deren Abschluss, dh Wirksamkeit von Angebot und Annahme, ankommt.[27] Unter den in § 132 Abs. 3 S. 1 genannten **sonstigen Sachverhalten** sind zB Verwertungshandlungen in Ausübung eines Nutzungsrechts[28] oder Erträgnisse des Werkverwerters iSd § 36 Abs. 1 aF zu verstehen.

c) Ausnahme 1: § 32a (§ 132 Abs. 3 S. 2). Die erste Ausnahme vom Grundsatz der An- **14** wendung alten Rechts auf Altverträge regelt **§ 132 Abs. 3 S. 2** für den **Fairnessausgleich** nach **§ 32a.** Diese Bestimmung „findet auf Sachverhalte Anwendung, die nach dem 28.3.2002 entstanden sind".

§ 32a ist auch auf Verträge anwendbar, die **vor dem 28.3.2002** abgeschlossen wurden.[29] Das ergibt **15** sich nicht nur aus einem Gegenschluss zu § 132 Abs. 3 S. 1, sondern auch aus der AmtlBegr.,[30] der zufolge § 32a **„zeitlich unbegrenzt für alle Altverträge"** gelten soll. Die hM schließt daraus weitergehend, dass § 32a sogar auf Altverträge aus der Zeit vor Inkrafttreten des UrhG am 1.1.1966 anwendbar ist,[31] obwohl dies an sich der Regelung des § 132 Abs. 1 widerspreche, nach der auf solche Verträge noch nicht einmal der strengere § 36 aF anwendbar sei.[32] Dieses Ergebnis ist zwar nicht unbedingt zwingend, weil die zeitlich unbegrenzte Geltung des § 32a in der AmtlBegr. ersichtlich angeführt wurde, um den Ausgleich und Fortschritt in Bezug auf § 32a gegenüber dem Verzicht hervorzuheben, § 32 nF auf Verträge aus einem Zeitraum von 20 Jahren vor Inkrafttreten der Neuregelung anzuwenden, wie es der ursprüngliche Gesetzentwurf vorgesehen hatte.[33] Dennoch ist der hM der Vorzug zu geben:[34] Es besteht kein sachlich begründeter Anlass, den im Jahre 1965 nur unter dem Einfluss von interessierter Seite zustande gekommenen Verzicht auf eine Vertragskorrektur in Bestsellersituationen (→ Rn. 2) auch noch nach Jahrzehnten zu perpetuieren.

Umstritten war hingegen lange, was der Begriff **„Sachverhalt"** bedeutet. Nach einer Ansicht be- **16** zieht er sich nicht nur auf Verwertungshandlungen, sondern auch auf das „auffällige Missverhältnis" und die zugrunde liegenden Tatsachen, vor allem Erträge und Vorteile aus der Nutzung des Werks.[35] Folge wäre, dass ein bereits vor dem Stichtag bestehendes Missverhältnis ebenso außer Betracht bleiben müsste wie die zuvor erzielten Einnahmen. Die Gegenansicht sprach sich dafür aus, jedenfalls unter bestimmten Umständen auch „Altverträge" in die Prüfung nach § 32a einzubeziehen.[36] Dieser Ansicht hat sich mittlerweile der BGH angeschlossen. Mit **„Sachverhalt"** sind in § 132 Abs. 3 S. 2 also schlicht **„Verwertungshandlungen" gemeint.** Es kommt nicht zwingend darauf an, ob das auffällige Missverhältnis erst nach dem 28.3.2002 entstanden ist.[37] Auch können im Rahmen der Prüfung unter § 32a nicht nur die nach dem 28.3.2002 erzielten, sondern auch die **zuvor angefallenen Erträge und Vorteile zu berücksichtigen** sein,[38] so dass insoweit auch ein Auskunftsanspruch des Urhebers bestehen kann.[39] Da allerdings auf Altverträge § 36 aF anwendbar bleibt, entsteht ein Konkurrenzproblem.[40] Dabei sind **zwei Fallkonstellationen** zu unterscheiden.[41]

(1) Hatte **bereits vor dem Stichtag** aufgrund der bis dahin erzielten Erträge ein „grobes und **17** unerwartetes Missverhältnis" bestanden, so war bereits ein (mittlerweile verjährter)[42] **Anspruch aus § 36 aF entstanden.** Das schließt einen **zusätzlichen Beteiligungsanspruch** des Urhebers aus

---

[27] S. *Haas* Rn. 463 f.; dort auch zu Vereinbarungen über das zeitlich anwendbare Recht, AGB, Bedingungen und Befristungen.

[28] So Berger/Wündisch/*Berger* § 2 Rn. 292.

[29] BGH GRUR 2012, 496 Rn. 55 – Das Boot.

[30] BT-Drs. 14/8058, → Rn. 13.

[31] So wohl BGH GRUR 2012, 496 Rn. 55 – Das Boot (Anwendbarkeit auf Altverträge, ohne dass der BGH eine zeitliche Grenze nennt); ebenso Dreier/Schulze/*Dreier* UrhG § 132 Rn. 9 sowie Dreier/Schulze/*Schulze* UrhG § 32a Rn. 11; Fromm/Nordemann/*J. B. Nordemann* UrhG § 132 Rn. 15 f.; Wandtke/Bullinger/*Braun/Jani* UrhG § 132 Rn. 10; → § 32a Rn. 3.

[32] Dreier/Schulze/*Dreier* UrhG § 132 Rn. 9; Wandtke/Bullinger/*Braun/Jani* UrhG § 132 Rn. 10.

[33] → Rn. 13; zur AmtlBegr. s. BT-Drs. 14/8058, 22; sa *Hucko* S. 17.

[34] Beispiel eines praktischen Anwendungsfalls: BGH GRUR 2000, 869 – Salome III.

[35] OLG Naumburg GRUR-RR 2006, 82 (83); *v. Becker/Wegner* ZUM 2005, 695 (699 f.); *Haas* Rn. 499, 501; Loewenheim/*v. Becker* § 29 Rn. 136; *Ory* AfP 2002, 93 (101).

[36] So → 4. Aufl. Rn. 15 ff., KG GRUR-RR 2010, 276; *Erdmann* GRUR 2002, 923 (931); differenzierend *Pleister/Ruttig* ZUM 2004, 337 (338).

[37] BGH GRUR 2012, 496 Rn. 57 f. – Das Boot; BGH GRUR 2016, 1291 Rn. 16 – Geburtstagskarawane.

[38] Näher hierzu → Rn. 18.

[39] BGH GRUR 2012, 496 Rn. 53 – Das Boot; krit. *Jacobs* GRUR 2012, 505 (506).

[40] Fromm/Nordemann/*Czychowski/J. B. Nordemann* UrhG § 132 Rn. 15 f.

[41] BGH GRUR 2012, 496 Rn. 60 ff. – Das Boot; so bereits zuvor 4. Aufl./*Katzenberger* UrhG § 132 Rn. 15 ff.

[42] Gem. § 132 Abs. 3 S. 1 sind die am 28.3.2002 geltenden Verjährungsfristen anwendbar, also §§ 195, 199 Abs. 4 BGB. Unabhängig von der Kenntnis des Urhebers verjährt der Anspruch aus § 36 aF ebenso wie derjenige aus § 32a in zehn Jahren, → § 32a Rn. 39 und BGH GRUR 2016, 1291 Rn. 22 – Geburtstagskarawane; BGH GRUR-RR 2017, 185 Rn. 21 – Derrick.

einem solchen Vertrag nach § 32a nicht aus, wenn sich nach diesem Stichtag ein **erneutes auffälliges Missverhältnis** zwischen Gegenleistung und Nutzungsertrag ergibt.[43] In einem solchen Fall dürfen freilich die bereits durch § 36 aF erfassten Erträge und Vorteile aus der Zeit vor dem Stichtag bei Anwendung des § 32a nicht noch einmal gezählt werden:[44] „Eine Kumulation „alter" und „neuer" Erträge und Vorteile ist insoweit unzulässig".[45] Sie sind gewissermaßen durch den Anspruch des Urhebers nach § 36 aF verbraucht und können daher unter § 32a nicht mehr berücksichtigt werden. Entscheidend ist dabei die Entstehung, nicht die Geltendmachung des Anspruchs, auch wenn die Rechtsprechung des BGH insoweit Interpretationsspielraum lässt.[46] Gleiches muss dann auch für die Gegenleistungen gelten, die dem Urheber nach dem ursprünglichen Vertrag und auf der Grundlage von § 36 aF zuteil geworden sind.[47] Sie sind daher bei Anwendung des § 32a nicht nur bloß anteilig,[48] sondern insgesamt nicht noch ein weiteres Mal zu berücksichtigen, es sei denn, sie beziehen sich als Beteiligungsvergütungen auch auf zukünftige Nutzungserträge und -vorteile.

18 **(2)** Führen Nutzungserträge und -vorteile aus Altverträgen im Vergleich mit der Gegenleistung zu einem auffälligen **Missverhältnis erst nach dem Stichtag**, so ist § 32a anwendbar. Dasselbe gilt, wenn das Missverhältnis bereits vor dem Stichtag eingetreten war, sich aber durch weitere Nutzungserträge oder -vorteile **über den Stichtag hinweg fortsetzt und steigert** und zugleich noch nicht die strengeren Voraussetzungen des § 36 aF erfüllt hat.[49] In diesen sind die vor dem Stichtag erzielten Erträge und Vorteile noch nicht „verbraucht" und können daher im Rahmen der Prüfung des § 32a berücksichtigt werden.[50] Das entspricht nicht nur dem Wortlaut der Vorschrift, sondern auch ihrem Sinn und Zweck. Ansonsten stünde der Urheber durch die Rechtsänderung vor allem in der zweiten Konstellation möglicherweise sogar schlechter als unter § 36 aF, weil ihm die Berufung auf die bis zum Stichtag aufgelaufenen Erträge abgeschnitten würde. Diese Beurteilung führt nicht zu einer unzulässigen echten Rückwirkung des neuen § 32a,[51] weil vor dem Stichtag abgeschlossene Sachverhalte einschließlich solcher mit einem auffälligen Missverhältnis zwischen Nutzungsertrag und Gegenleistung von dieser Vorschrift unberührt bleiben. Die verbleibende bloße unechte Rückwirkung des § 32a auf am Stichtag noch nicht abgeschlossene Altvertragsverhältnisse ist vom Gesetzgeber ausdrücklich so gewollt.[52]

19 Das vorstehend (→ Rn. 17, 18) dargestellte Ergebnis ist nicht nur auch, sondern sogar erst recht auf diejenigen Fälle anzuwenden, in denen bei sich fortsetzenden Erträgen und Vorteilen des Nutzers **vor dem Stichtag ein grobes und unerwartetes Missverhältnis** zwischen den Erträgnissen des Nutzers und den Gegenleistungen für die Kreativen vorgelegen hat, § 36 aF aber **nicht anwendbar** war. Letzteres galt und gilt für Altverträge aus der Zeit vor 1966 (→ Rn. 14), für Filmurheber iSd § 89 gemäß § 90 S. 2 aF (→ § 90 Rn. 7) sowie vor Einführung des § 32a für ausübende Künstler generell. In Bezug auf § 32a, der in allen diesen Fällen anwendbar ist, kann derjenige, der nach früherem Recht sogar von groben Missverhältnissen profitieren durfte, unter der Geltung des neuen Rechts nicht bessergestellt werden als ein Nutznießer von bloß auffälligen Missverhältnissen.

20 **d) Ausnahme 2: § 32 (§ 132 Abs. 3 S. 3).** Die zweite Ausnahme von der Grundregel des § 132 Abs. 3 S. 1 betrifft den **Anspruch auf angemessene Vergütung** nach § 32 nF und ist in **§ 132 Abs. 3 S. 3** geregelt. Danach findet § 32 nF auf Altverträge nur in einem **zeitlich sehr eng begrenzten Rahmen** Anwendung, nämlich auf Verträge aus dem Zeitraum zwischen **1.6.2001** und **30.6.2002.** Nach der AmtlBegr.[53] handelt es sich bei dem erstgenannten Datum um den Tag, an dem der Gesetzentwurf der Bundesregierung zum neuen Urhebervertragsgesetz an den Bundesrat übersandt worden ist. Damit habe eine intensive Diskussion über die Reform mit der Folge begonnen, dass von da an kein schützenswerter Vertrauenstatbestand mehr bestand. Jedenfalls musste von da an mit einer Reform gerechnet werden.[54] Daher ist die durch § 132 Abs. 3 S. 3 bewirkte geringfügige Rückwirkung verfassungsrechtlich nicht zu beanstanden.[55] Das zweitgenannte Datum ist dasjenige des Tages vor dem Inkrafttreten des Urhebervertragsrechts von 2002 (→ Rn. 13).

---

[43] → § 32a Rn. 2.
[44] → § 32a Rn. 2; Dreier/Schulze/*Schulze* UrhG § 32a Rn. 11; *Haas* Rn. 501.
[45] BGH GRUR 2012, 496 Rn. 61 – Das Boot.
[46] Fromm/Nordemann/*Czychowski/J. B. Nordemann* UrhG § 132 Rn. 19a.
[47] Ebenso LG Köln ZUM 2013, 422 (428).
[48] So *Haas* Rn. 501.
[49] BGH GRUR 2012, 502 Rn. 61 – Das Boot; dem folgend LG Köln ZUM 2013, 422 (428); LG München I ZUM 2016, 776 (780); LG Nürnberg-Fürth ZUM 2014, 907 (910); so zuvor bereits 4. Aufl./*Katzenberger* UrhG § 132 Rn. 18; *Erdmann* GRUR 2002, 923 (931); *Pleister/Ruttig* ZUM 2004, 337 (338); *Schmidt* ZUM 2002, 781 (788).
[50] AA *Pleister/Ruttig* ZUM 2004, 337 (338); *Schmidt* ZUM 2002, 781 (788).
[51] BGH GRUR 2012, 502 Rn. 63 ff. – Das Boot; vgl. auch (zu § 32) BVerfG GRUR 2014, 169 Rn. 96 ff. – Übersetzerhonorare.
[52] S. die AmtlBegr. BT-Drs. 14/8058, 22.
[53] BT-Drs. 14/8058, 22.
[54] So *Haas* Rn. 504; Wandtke/Bullinger/*Braun/Jani* UrhG § 132 Rn. 8; sa *Erdmann* GRUR 2002, 923 (931).
[55] BVerfG GRUR 2014, 169 Rn. 98 ff. – Übersetzerhonorare.

§ 132 Abs. 3 S. 3 sieht eine **weitere Einschränkung** der Anwendung des § 32 nF auf Altverträge   21
vor. Sie greift nur Platz, **„sofern" von dem eingeräumten Recht** oder der Erlaubnis **nach dem
30.6.2002,** also ab Inkrafttreten des neuen Gesetzes, **Gebrauch gemacht** wird. Gemeint sind damit
„weitere Nutzungshandlungen" ab diesem Zeitpunkt,[56] nicht aber, dass es sich um ein erstmaliges
Gebrauchmachen nach dem Stichtag handeln muss.[57] Ist demnach § 32 nF anwendbar, so kann der
Urheber die angemessene Vergütung auch für Nutzungen verlangen, die vor dem 1.7.2002 gezogen
wurden, denn § 132 Abs. 3 S. 3 bestimmt die Anwendung des § 32 nF nicht „soweit", sondern
„sofern" nach dem 30.6.2002 von einem Nutzungsrecht oder einer Erlaubnis Gebrauch gemacht
wird.[58]

4. Übergangsbestimmungen zum Gesetz zur verbesserten Durchsetzung des Anspruchs der Urheber und ausübenden Künstler auf angemessene Vergütung (§ 132 Abs. 3a)

a) Überblick. Abs. 3a regelt das Übergangsrecht für die seit dem 1.3.2017 geltenden Vorschriften   22
des Gesetzes zur verbesserten Durchsetzung des Anspruchs der Urheber und ausübenden Künstler auf
angemessene Vergütung und zur Regelung von Fragen der Verlegerbeteiligung (→ Vor §§ 31 ff.
Rn. 14a ff.). **Abs. 3a S. 1 ist Abs. 3 S. 1 nachgebildet** und daher im Zweifel ebenso auszulegen.
Er beruht auf dem Grundsatz, dass das **Vertrauen** der Vertragspartner in die Gültigkeit der bisherigen
Abreden geschützt werden soll.[59] Satz 2 enthält eine Sonderregelung für das Rückrufsrecht wegen
Nichtausübung.

b) Grundsatz (§ 132 Abs. 3a S. 1). Auf **„Verträge oder sonstige Sachverhalte",** die vor   23
dem 1.3.2017 geschlossen worden oder entstanden sind, ist **altes Recht** anzuwenden. **Zeitpunkt
des Vertragsschlusses** ist, wie unter § 132 Abs. 3, der Moment, in dem der Vertrag durch Angebot
und Annahme wirksam wird.[60] Der Begriff des **„Sachverhalts"** wird ebenso wenig wie in § 132
Abs. 3 definiert und lässt daher einigen Interpretationsspielraum. Die Auslegung sollte von **zwei
Grundsätzen** ausgehen. Erstens spricht es für eine Anknüpfung an den „Sachverhalt" im Gegensatz
zum Vertragsschluss, wenn gerade dieser „Sachverhalt" die in der betreffenden Norm angeordnete
Rechtsfolge auslöst. Zweitens ist im Rahmen der teleologischen Auslegung zu berücksichtigen, welche Bedeutung gerade bei der betreffenden Norm der Planungssicherheit des Verwerters in Abwägung mit dem Interesse des Urhebers an angemessener Vergütung zukommt. Daraus ergeben sich für
die seit 2017 geltenden urhebervertraglichen Normen folgende Konsequenzen.

Für Bestimmungen, die **das Verfahren vor der Schlichtungsstelle** ausgestalten (§§ 36 Abs. 4,   24
36a Abs. 3, 4 S. 2, 4a, 6 und 7 S. 2), stellt die Eröffnung des Verfahrens den maßgeblichen „Sachverhalt" dar. Auf Verfahren, die am 1.3.2017 bereits anhängig waren, findet altes Recht Anwendung.[61]
Hingegen gelten für alle ab dem Stichtag eingeleiteten Verfahren die neuen Vorschriften. Hierfür
spricht erstens systematisch die Parallele zu § 139 Abs. 1 VGG. Zweitens wäre eine parallele Anwendung unterschiedlicher Verfahrensvorschriften, die im Fall einer Anknüpfung an den Vertragsschluss
noch für viele Jahre erforderlich wäre, ausgesprochen unpraktisch. Drittens erfolgen vor Einleitung des
Verfahrens noch keine wesentlichen Dispositionen, die im Fall von Altverträgen ein Vertrauen auf
altes Verfahrensrecht rechtfertigen würden.

Mit **§§ 36b, c** wurden die Folgen eines Verstoßes gegen gemeinsame Vergütungsregelungen neu   25
geregelt, insbesondere wurde mit § 36b eine Verbandsklagebefugnis eingeführt. Für die intertemporale Anwendbarkeit sind drei Fallkonstellationen zu unterscheiden. **(1)** Wurden die **Vergütungsregelungen ab dem 1.3.2017 vereinbart** und wurde **auch der Vertrag ab dem Stichtag geschlossen,** so sind die §§ 36b, c zweifellos anwendbar. **(2)** Wurde der **Vertrag nach dem Stichtag
geschlossen,** wurden **die Vergütungsregeln aber vorher vereinbart,** so ist nach wohl allgemeiner Ansicht auf den Zeitpunkt des Vertragsschlusses abzustellen.[62] Weder der Wortlaut der Vorschrift
noch teleologische Gesichtspunkte geben in diesem Fall Anlass, von der grundsätzlich in § 132
Abs. 3, 3a vorgesehenen Anknüpfung an den Vertragsschluss abzuweichen. **(3)** Ausnahmsweise kann
der **Verstoß auch nach Vertragsschluss** erfolgen. Geschieht dies durch Änderung des Vertrags
einschließlich der einbezogenen AGB, so ist schon nach allgemeinen Grundsätzen auf den Zeitpunkt
der Vertragsänderung, nicht hingegen auf denjenigen des ursprünglichen Vertragsschlusses abzustellen.
Besteht der Verstoß ausnahmsweise in Handlungen, die keine Vertragsänderung darstellen,[63] so sollte

---

[56] S. die AmtlBegr. BT-Drs. 15/837, 36; vgl. auch BGH GRUR 2016, 1291 Rn. 14 – Geburtstagskarawane.
[57] So aber *Haas* Rn. 508.
[58] BGH GRUR 2009, 1148 Rn. 16 im Anschluss an 3. Aufl./*Katzenberger* nwN zum früheren Streitstand; ebenso Fromm/Nordemann/*J. B. Nordemann* UrhG § 132 Rn. 16; Wandtke/Bullinger/*Wandtke/Grunert* UrhG § 32
Rn. 54.
[59] BT-Drs. 18/8625, 31.
[60] → Rn. 13.
[61] BeckOK/*Soppe* UrhG § 132 Rn. 38.
[62] → § 36b Rn. 15; Dreier/Schulze/*Schulze* UrhG § 36b Rn. 2; Fromm/Nordemann/*Czychowski/J. B. Nordemann* UrhG § 132 Rn. 22b; wohl auch BeckOK/*Soppe* UrhG § 132 Rn. 39; offen *Berger/Freyer* ZUM 2016, 569
(579).
[63] Eine Bestimmung kann auch dann „verwendet" werden, wenn dem Verwender die Einbeziehung in den Vertrag nicht gelingt, s. Fromm/Nordemann/*J. B. Nordemann* UrhG § 36b Rn. 8.

auf den Zeitpunkt des Verstoßes als maßgeblichem „Sachverhalt" abgestellt werden,[64] weil erst der Verstoß die Rechtsfolge der §§ 36b, c auslöst und weil der rechtswidrig handelnde Verwerter in diesem Fall keinen Vertrauensschutz verdient.[65]

26   Ob die **Auskunftsansprüche der §§ 32d, e** im Fall von Verträgen, die vor dem Stichtag geschlossen wurden, zur Verfügung stehen, ist unklar und umstritten. Einerseits fällt hier der Gesichtspunkt des Vertrauensschutzes ins Gewicht, weil die Erfüllung der Ansprüche Kosten verursacht, die bei einem Vertragsschluss vor dem Stichtag nicht berücksichtigt werden konnten.[66] Andererseits ist Abs. 3a im Zweifel ebenso wie Abs. 3 auszulegen. Zu § 132 Abs. 3 hat der BGH aber entschieden, dass bei der Beurteilung des Missverhältnisses gem. § 32a auch „Altverträge" ins Gewicht fallen. Dieser Gesichtspunkt legt eine **Differenzierung zwischen § 32 und § 32a** nahe.[67] Die Bestimmung der Angemessenheit unter § 32 bezieht sich auf den Zeitpunkt des Vertragsschlusses. Liegt er vor dem 1.3.2017, so ist der Vorgang abgeschlossen, so dass eine Anwendung der neuen Auskunftsansprüche ausscheidet. Hingegen sind unter § 32a über einen Zeitraum erzielten Erträge Beurteilungsgrundlage, für die der Vertragsschluss nach der Rechtsprechung des BGH keine entscheidende Zäsur darstellt.[68] Da die Ansprüche gem. §§ 32d, e dem Urheber erlauben sollen, die berechnungserheblichen Umstände effektiver als bisher in Erfahrung bringen zu können, und da diese Umstände auch von dem Stichtag liegen können, stehen die Auskunftsansprüche auch bei Altverträgen zur Verfügung, wenn das Auskunftsverlangen auf Umstände zielt, die zur Darlegung und zum Nachweis eines auffälligen Missverhältnisses iSd § 32a dienen.[69]

27   Das **Recht zur anderweitigen Verwertung (§ 40a)** knüpft mit der Zehnjahresfrist nicht an Verwertungshandlungen, sondern an den Vertragsschluss an und besteht daher nur für ab dem 1.3.2017 abgeschlossene Verträge.[70] Das gilt auch, wenn zwar der Vertragsschluss vor, die Ablieferung des Werks jedoch nach dem Stichtag liegt. Zwar löst in diesem Fall die Ablieferung die Frist aus (§ 40a Abs. 1 S. 2 Alt. 2) und könnte nach dem Wortlaut des § 132 Abs. 3a S. 1 durchaus als maßgeblicher „Sachverhalt" angesehen werden.[71] Dagegen spricht aber entscheidend der Gedanke des Vertrauensschutzes. Der mögliche Wegfall der Exklusivität nach zehn Jahren ist ein Gesichtspunkt, der für die Kalkulation beider Parteien von zentraler Bedeutung sein kann, bei Vertragsschlüssen vor dem 1.3.2017 jedoch nicht „eingepreist" werden konnte. Die spätere Ablieferung hat auf das Verhältnis von Leistung und Gegenleistung keine Auswirkungen.

28   **c) Sonderregelung für das Rückrufsrecht wegen Nichtausübung (§ 132 Abs. 3a S. 2).** Abweichend vom allgemeinen Grundsatz bestimmt § 132 Abs. 3a S. 2, dass **§ 41 nF** auch auf Bestandsverträge Anwendung findet, allerdings nur, sofern der „Sachverhalt" ab dem 1.3.2018, also ab einem Jahr nach Inkrafttreten des Gesetzes, entstanden ist. Der im Gesetz nicht näher definierte „Sachverhalt" muss hier der Umstand sein, der die Rechtsfolge des § 41 auslöst, also **die Nichtausübung,** sofern sie nach dem 1.3.2018 erfolgt.[72]

5. Geltung auch für ausübende Künstler (§ 132 Abs. 4)

29   Gemäß § 79 Abs. 2a sind die urhebervertragsrechtlichen Vorschriften nunmehr weitgehend auch auf Rechtsübertragungen und Nutzungsrechtseinräumungen durch ausübende Künstler anwendbar. § 132 Abs. 4 behandelt konsequenterweise auch bei der intertemporalen Anwendbarkeit Urheber und ausübende Künstler gleich und erklärt § 132 Abs. 3, 3a für ausübende Künstler für entsprechend anwendbar. Auf die Erläuterungen beider Absätze sei daher verwiesen.

§ 133 Tonträger *(weggefallen)*

§ 134 Urheber

[1]**Wer zur Zeit des Inkrafttretens dieses Gesetzes nach den bisherigen Vorschriften, nicht aber nach diesem Gesetz als Urheber eines Werkes anzusehen ist, gilt, abgesehen von den Fällen des § 135, weiterhin als Urheber.** [2]**Ist nach den bisherigen Vorschriften eine juristische Person als Urheber eines Werkes anzusehen, so sind für die Berechnung der Dauer des Urheberrechts die bisherigen Vorschriften anzuwenden.**

---

[64] Näher hierzu → § 36b Rn. 15.
[65] So, aber mit offenem Ergebnis, *Berger/Freyer* ZUM 2016, 569 (579).
[66] Gegen eine Anwendung der §§ 32d, e *Berger/Freyer* ZUM 2016, 569; BeckOK/*Soppe* UrhG § 132 Rn. 35 f.
[67] Fromm/Nordemann/*Czychowski/J. B. Nordemann* UrhG § 132 Rn. 22d.
[68] → Rn. 15 ff.
[69] Zur Erstreckung des Auskunftsanspruchs auf Sachverhalte, die länger als ein Jahr zurückliegen, → § 32d Rn. 21; Dreier/Schulze/*Schulze* UrhG § 32d Rn. 11.
[70] Ebenso Fromm/Nordemann/*Czychowski/J. B. Nordemann* UrhG § 132 Rn. 22c; BeckOK/*Soppe* UrhG § 132 Rn. 41.
[71] Dies erwägend *Peifer* → § 40a Rn. 15.
[72] Fromm/Nordemann/*Czychowski/J. B. Nordemann* § 132 Rn. 22e.

Übersicht

1. Entstehungsgeschichte und Bedeutung der Bestimmung

Das geltende UrhG führt das in § 7 verankerte **Urheberschaftsprinzip** ausnahmslos durch. Da- **1** nach ist Urheber eines urheberrechtlich geschützten Werkes stets diejenige natürliche Person, die das Werk tatsächlich geschaffen hat (→ § 7 Rn. 1, 2). Demgegenüber ließen LUG von 1901 und KUG von 1907[1] **Ausnahmen** von diesem Grundsatz zu. Nach der Grundregel des § 129 Abs. 1 S. 1[2] wäre § 7 auch auf vor Inkrafttreten des UrhG geschaffene Werke anzuwenden. Dies hätte dazu geführt, dass natürliche und juristische Personen, die nach früherem Recht als Urheber bestimmter Werke gegolten haben, die sie nicht tatsächlich geschaffen hatten, diesen Status mit Inkrafttreten des UrhG verloren hätten. **§ 134 S. 1** vermeidet dieses Ergebnis, indem er bestimmt, dass solche Personen weiterhin als Urheber gelten. Eine Ausnahme ist für die Fälle des § 135 vorgesehen, der die Umqualifizierung bestimmter früherer Urheberrechte in verwandte Schutzrechte des geltenden Rechts zum Gegenstand hat. Personen, die insoweit früher Urheber waren, sind nunmehr Inhaber der entsprechenden verwandten Schutzrechte.

Ein weiteres durch die unterschiedliche Behandlung der Urheberschaftsfrage im früheren und im **2** geltenden Recht verursachtes übergangsrechtliches Problem betrifft die **Schutzdauer.** Anders als nach geltendem Recht konnten nach den früher geltenden Bestimmungen auch juristische Personen als Urheber gelten. Auf Werke solcher Urheber kann die nach dem Tod des Urhebers zu berechnende Regelschutzdauer (s. § 64) nicht angewendet werden. Die früheren Gesetze enthielten daher für solche Fälle spezielle Schutzdauerregelungen, welche **§ 134 S. 2** für weiterhin anwendbar erklärt.

2. Beurteilung der Urheberschaft bei vor Inkrafttreten des UrhG geschaffenen Werken (§ 134 S. 1)

Gemäß **§ 134 S. 1** gelten Personen, die nach den früher geltenden urheberrechtlichen Bestim- **3** mungen, nicht aber nach dem UrhG von 1965, als Urheber anzusehen waren, grundsätzlich weiter als Urheber der betreffenden Werke. Diese Bestimmung bezieht sich sinngemäß ausschließlich auf **vor Inkrafttreten des UrhG** am 1.1.1966 (§ 143 Abs. 2) **geschaffene Werke** und die daran begründeten Urheberrechte.[3] Vom geltenden Recht (§ 7) abweichende Urheberschaftsregelungen waren insbes. enthalten in §§ 3, 4 LUG von 1901 und §§ 5, 6 KUG von 1907. Nach diesen Bestimmungen wurden **juristische Personen des öffentlichen Rechts,** die ein Werk veröffentlichten, dessen Verfasser nicht genannt wurde, sowie die **Herausgeber von Sammelwerken**[4] als Urheber der betreffenden Werke angesehen. War der Urheber nicht benannt, galt gem. § 4 S. 2 LUG und § 6 S. 2 KUG der Verleger – also mithin auch juristische Personen des Privatrechts – als Herausgeber und somit als Urheber. Diese juristischen Personen und Herausgeber gelten nach § 134 S. 1 weiterhin als Urheber.[5]

Ein weiterer Anwendungsfall des § 134 S. 1 ist dann gegeben, wenn man mit der hM, aber entge- **4** gen der in diesem Kommentar vertretenen Auffassung die **Urheberschaft an Filmwerken** nach dem UrhG anders beurteilt als nach dem früheren Recht.[6] Die Konsequenz einer solchen unterschiedlichen Beurteilung wäre nach § 134 S. 1, dass die Urheberschaft an vor 1966 geschaffenen Filmwerken nach den früher geltenden Regeln, diejenige an später hergestellten Filmwerken nach den von der hM vertretenen Grundsätzen beurteilt werden müsste.[7] Dies spricht freilich neben anderen Gründen gegen die hM.[8]

Auf Personen, die unter der Geltung der früheren Gesetze **Urheber** iSd **fiktiven Bearbeiterur-** **5** **heberrechts an der Übertragung eines Werkes auf Tonträger**[9] oder einer **nichtschöpferischen Fotografie**[10] waren, ist die Urheberschaftsfiktion des § 134 S. 1 nicht anzuwenden. Die entsprechenden Urheberrechte sind in verwandte Schutzrechte (§§ 72, 73 ff.) umgewandelt worden. Personen,

---

[1] → Einl. UrhG Rn. 133.
[2] → § 129 Rn. 2.
[3] Dreier/Schulze/*Dreier* § 134 Rn. 1; Möhring/Nicolini/*Lauber-Rönsberg* § 134 Rn. 2; Wandtke/Bullinger/*Jani* § 134 Rn. 2.
[4] Zu den Voraussetzungen der Urheberfähigkeit des Herausgebers von Sammelwerken gem. → § 4 Rn. 37 ff. s. OLG München GRUR-RR 2010, 157 (159) – Der Angriff/Völkischer Beobachter.
[5] Dies nimmt LG München I ZUM 1993, 370 (374) – NS-Propagandafilme – bezüglich des Filmes „Sieg im Westen" zugunsten des Deutschen Reiches und der Bundesrepublik Deutschland als dessen Rechtsnachfolgerin an.
[6] Dazu → Vor §§ 88 ff. Rn. 52 ff.
[7] Zust. Dreier/Schulze/*Dreier* § 134 Rn. 1; Wandtke/Bullinger/*Braun/Jani* § 134 Rn. 2.
[8] → Vor §§ 88 ff. Rn. 68.
[9] § 2 Abs. 2 LUG von 1901, 1910; → Vor §§ 73 ff. Rn. 14.
[10] §§ 1, 3 KUG von 1907; → § 2 Rn. 207, → § 72 Rn. 3.

die vor Inkrafttreten in jenem Sinne Urheber waren, sind gemäß § 135 nunmehr Inhaber der entsprechenden verwandten Schutzrechte.

3. Beurteilung der Schutzdauer von Werken juristischer Personen als Urheber (§ 134 S. 2)

6   In den Fällen, in denen nach früherem Recht **juristische Personen** als **Urheber** eines Werkes anzusehen waren (→ Rn. 3) und diese gemäß § 134 S. 1 weiterhin als Urheber gelten, ist die **Schutzdauer** nach den früher geltenden Vorschriften zu bestimmen (§ 134 S. 2). Nach § 32 S. 1 LUG von 1901 endete der Schutz eines solchen Werkes mit dem Ablauf von 50 Jahren seit der Veröffentlichung bzw. nach § 25 Abs. 2 S. 1 KUG von 1907 seit dem Erscheinen des Werkes. Ist das Werk aber erst nach dem Tod des tatsächlichen Schöpfers des Werkes erstmals veröffentlicht worden bzw. erschienen, so war die allgemeine, nach dem Tod des Urhebers, im Falle des § 29 LUG von 1901 zusätzlich nach der ersten Veröffentlichung zu berechnende Schutzdauer anzuwenden.[11]

7   Die Verweisung des § 134 S. 2 auf die früher geltenden Vorschriften gilt für die **Berechnung** der Dauer des Urheberrechts, dh für die Anknüpfung der Schutzfrist an den Zeitpunkt der Veröffentlichung bzw. des Erscheinens des Werkes, **nicht** aber für die **Schutzfrist** als solche. Daraus folgt, dass die durch das UrhG eingeführte **Verlängerung der Schutzfrist** von 50 auf 70 Jahre (→ § 64 Rn. 53) auch für Werke gilt, die bei Inkrafttreten des UrhG noch geschützt waren (s. § 129 Abs. 1) und als deren Urheber nach § 134 S. 1 weiterhin eine juristische Person gilt.[12]

§ 135 Inhaber verwandter Schutzrechte

Wer zur Zeit des Inkrafttretens dieses Gesetzes nach den bisherigen Vorschriften als Urheber eines Lichtbildes oder der Übertragung eines Werkes auf Vorrichtungen zur mechanischen Wiedergabe für das Gehör anzusehen ist, ist Inhaber der entsprechenden verwandten Schutzrechte, die dieses Gesetz ihm gewährt.

§ 135a Berechnung der Schutzfrist

[1]Wird durch die Anwendung dieses Gesetzes auf ein vor seinem Inkrafttreten entstandenes Recht die Dauer des Schutzes verkürzt und liegt das für den Beginn der Schutzfrist nach diesem Gesetz maßgebende Ereignis vor dem Inkrafttreten dieses Gesetzes, so wird die Frist erst vom Inkrafttreten dieses Gesetzes an berechnet. [2]Der Schutz erlischt jedoch spätestens mit Ablauf der Schutzdauer nach den bisherigen Vorschriften.

Schrifttum: *Hundt-Neumann/Schaefer*, Elvis lebt! Zur „Elvis Presley"-Entscheidung des Hanseatischen Oberlandesgerichts und zum Aufsatz von Nordemann „Altaufnahmen aus den USA und das deutsche Urheberrecht", GRUR 1995, 381; *W. Nordemann*, Die erste Novelle zum Urheberrechtsgesetz, GRUR 1973, 1; *W. Nordemann*, Altaufnahmen aus den USA und das deutsche Urheberrecht, FS R. Kreile, 1994, 455; *Schorn*, Zum Rechtsschutz der ausübenden Künstler und Tonträgerhersteller, NJW 1973, 687; *Schorn*, Zum Leistungsschutz nach deutschem Recht, GRUR 1978, 230; *Wandtke/Gerlach*, Für eine Schutzfristverlängerung im künstlerischen Leistungsschutz, ZUM 2008, 822.

Übersicht

---

[11] § 32 S. 2 LUG von 1901, § 25 Abs. 2 S. 2 KUG von 1907; zu diesen allgemeinen Regeln des früheren Rechts → § 64 Rn. 50 ff., Rn. 56, auch zur Schutzfristverlängerung von 30 auf 50 Jahre im Jahre 1934.
[12] Ebenso Dreier/Schulze/*Dreier* § 134 Rn. 3; Fromm/Nordemann/*J. B. Nordemann* § 134 Rn. 2; *v. Gamm* zu § 134; Wandtke/Bullinger/*Jani* § 134 Rn. 3.

I. Überblick über die Regelung[*]

Die **intertemporalen Regelungen** des Leistungsschutzrechts im UrhG von 1965 beruhen auf **1** zwei Prinzipien (§ 129 Abs. 1 S. 2):[1] (1.) Die Werke bzw. Leistungen, die bei seinem Inkrafttreten am 1.1.1966 (§ 143 Abs. 2) bereits erbracht worden waren, werden nach dem UrhG geschützt, wenn sie zu diesem Zeitpunkt nach früherem Recht noch (urheberrechtlich) geschützt waren. (2.) Das UrhG ist auf diese Leistungen nur anwendbar, wenn und soweit es nichts Anderes bestimmt. **§ 135 konkretisiert** diese Grundsätze. Die Norm betrifft **zwei Leistungen,** auf die nach altem Recht das urheberrechtliche Schutzregime Anwendung fand: das Urheberrecht an nicht schöpferischen Lichtbildern (§§ 1, 3, 26 KUG)[2] und das Bearbeiterurheberrecht am Tonträger des ausübenden Künstlers (§ 2 Abs. 2 LUG).[3] § 135 **transferiert** den vormals bestehenden urheberrechtlichen Schutz **in ein Leistungsschutzrecht** (§ 72 bzw. § 73). An die Stelle der bisherigen Urheberrechte treten die insoweit vorgesehenen verwandten Schutzrechte.[4]

Der Wechsel im Schutzrechtsregime erfasst auch die **Schutzdauer.** Allerdings wird der **Fristbe- 2 ginn** nach Maßgabe von § 135a für **Altfälle** (→ Rn. 10 f.) **fingiert:** Die Anwendung des neuen Rechts auf bestehende Leistungen hätte dazu geführt, dass das fristauslösende Ereignis zur Berechnung der neuen Schutzdauer des Leistungsschutzrechts für Lichtbildner und Interpreten vor dem Inkrafttreten des UrhG am 1.1.1966 liegt (→ Rn. 5). Um die darin liegende verfassungsrechtlich problematische Verkürzung der Schutzdauer (→ Rn. 6) zu vermeiden, bestimmt § 135a S. 1, dass die Schutzfrist erst mit Inkrafttreten des UrhG beginnt. Das gilt auch für Lichtbildwerke (→ Rn. 21). Diese Lösung hat aber den Nachteil, dass sich damit die Schutzdauer im Vergleich zum alten Recht erheblich verlängern würde. Das ist ersichtlich nicht interessengerecht. Das unerwünschte Ergebnis vermeidet § 135a S. 2 mit einem **intertemporalen Schutzfristenvergleich.** Danach erlischt der Schutz nach neuem Recht spätestens mit Ablauf der nach altem Recht (§§ 29, 30 LUG: 50 Jahre *post mortem auctoris*; §§ 26, 27 KUG: 25 Jahre nach Erscheinen bzw. dem Tod des Fotografen) vorgesehenen Schutzdauer. § 135a S. 1 hat aufgrund nachfolgender **Schutzdauerverlängerungen** (§§ 137c Abs. 1, 137f Abs. 2 S. 1, 137m Abs. 1) weiterhin **erhebliche praktische** Bedeutung für Darbietungen, die nach dem 1.1.1963 auf Tonträger erschienen sind (→ Rn. 14 ff.) und für Lichtbildwerke, die Dokumente der Zeitgeschichte sind (→ Rn. 18 ff.).

II. Entstehungsgeschichte, Systematik und Normzweck

§ 135 zählt zu den ursprünglichen Regelungen im UrhG von 1965. Die vollständige Umwandlung **3** des Urheberrechts am nicht schöpferischen Lichtbild und des Bearbeiterurheberrechts des ausübenden Künstlers an der festgelegten Darbietung war die Konsequenz des im UrhG „streng durchgeführten Grundsatzes, daß nur die schöpferische Leistung Urheberrechtsschutz genießen kann".[5] Deshalb entschied sich der Gesetzgeber dagegen, die schon erworbenen Urheberrechte als solche aufrecht zu erhalten. Sie sollten vollständig in die entsprechenden verwandten Schutzrechte des neuen Gesetzes umgewandelt werden. Das entspricht der übergangsrechtlichen Grundregel des § 129 Abs. 1 S. 1.[6] Das Gesetz folgt damit dem Grundsatz der ausschließlichen Anwendung des neuen Rechts auf davor abgeschlossene Sachverhalte.[7]

Folgerichtig bestimmt **§ 135,** dass diejenigen Personen, die nach früherem Recht Urheber in dem **4** genannten Sinne waren, mit Inkrafttreten des neuen Gesetzes **originäre Inhaber** der entsprechenden **verwandten Schutzrechte** sind. Voraussetzung dafür ist, dass beim Inkrafttreten des UrhG am 1.1.1966 (§ 143 Abs. 2) der urheberrechtliche Schutz noch fortbestanden hätte.[8] § 135 UrhG ändert im Interpretenrecht das bisher für die alten Aufnahmen geltende objektive Recht und betrifft zugleich die subjektiven Rechte des einzelnen Künstlers.[9] Damit kommt es zu einem vollständigen **Wechsel des Schutzrechtsregimes.** Mit diesem Systemwechsel unternahm der Gesetzgeber im Ausgangspunkt eine verfassungskonforme Inhalts- und Schrankenbestimmung[10] der Interpretenleistung (und der Fotografie) als Eigentum iSv Art. 14 Abs. 1 GG.[11]

Die **Auswirkungen** auf die **Schutzdauer** verlangen dagegen eine differenzierende Würdigung. **5** Die vor dem 1.1.1966 geschaffenen Bild- und Tonträgeraufnahmen waren nach § 82 idF v. 1965 iVm § 135 nicht mehr 50 Jahre *post mortem auctoris,* sondern nur noch 25 Jahre geschützt; die Schutzdauer

---

[*] Die Kommentierung stützt sich vereinzelt auf die bis zur 4. Auflage von *Paul Katzenberger* bearbeitete Fassung.
[1] → § 129 Rn. 1, 14.
[2] → § 72 Rn. 3.
[3] → Vor §§ 73 ff. Rn. 14 f.
[4] BT-Drs. IV/270, 115.
[5] BT-Drs. IV/270, 115; dazu → Vor §§ 73 ff. Rn. 19.
[6] → § 129 Rn. 1, 2.
[7] BVerfGE 31, 275 = GRUR 1972, 491 (493) – Schallplatten.
[8] Dazu → § 129 Rn. 14 ff.
[9] BVerfGE 31, 275 = GRUR 1972, 491 (492 f.) – Schallplatten.
[10] BVerfGE 31, 275 = GRUR 1972, 491 (493 f.) – Schallplatten.
[11] → Vor § 73 Rn. 19 f., 43.

begann nicht mehr mit dem Tode des Künstlers, sondern bereits mit dem Erscheinen der Aufnahme oder – beim Nichterscheinen innerhalb dieser Frist – subsidiär mit der Darbietung zu laufen. Nach § 68 UrhG idF v. 1965 erlosch das Urheberrecht an Lichtbildwerken 25 Jahre nach dem Erscheinen, subsidiär nach der Herstellung, wenn es innerhalb von 25 Jahren nicht erschienen ist. Die Anwendung der Schutzdauer der (neuen) Leistungsschutzrechte auf die bei dem Inkrafttreten des Gesetzes bereits bestehenden Rechtspositionen ist grundsätzlich verfassungskonform.[12] Das betrifft nicht nur die Halbierung der Schutzdauer für die Interpretenrechte, sondern auch die unterschiedliche Fristberechnung, die sich insbesondere bei Chor- und Orchesteraufnahmen auswirkt, weil sich die vormalige Schutzdauer nach dem Tode des zuletzt verstorbenen Chor- oder Orchestermitglieds berechnete.[13]

6   **Verfassungsrechtlich problematisch** war aber die rückwirkende Anwendung des **Fristbeginns** in § 82 aF auf Altfälle. Alle Urheberrechte für die Aufnahmen, die vor mehr als 25 Jahren auf Bild- oder Tonträger festgelegt worden waren, waren wegen § 135 mit dem Inkrafttreten des UrhG erloschen. War die Tonträgeraufnahme innerhalb der letzten 25 Jahre erschienen, führte § 135 iVm § 82 aF zu einer entsprechend kürzeren Schutzdauer.[14] Weniger einschneidend war der Eingriff in die Rechte an **Fotografien**, weil und soweit für diese sowohl nach neuem (§§ 68, 72 Abs. 1 aF) wie nach altem Recht (§ 26 S. 1 KUG v. 1907) eine Schutzdauer von 25 Jahren ab Erscheinen galt. Einen Unterschied gab es bei **nicht erschienenen Fotografien.** Nach neuem Recht (§§ 68, 72 Abs. 1 aF) begann die Frist mit der Herstellung, während das alte Recht (§ 26 S. 2 KUG) dafür eine Schutzdauer von 25 Jahren nach dem Tod des Fotografen vorgesehen hatte. Handelte es sich um ein schöpferisches Werk der Fotografie, wurde mit dem – inzwischen aufgehobenen – § 68 aF die Schutzdauer ebenfalls verkürzt. Diese Auswirkungen wurden im Gesetzgebungsverfahren offensichtlich verkannt. Das BVerfG beanstandete die in § 135 iVm § 82 aF liegende echte Rückwirkung (Rückbewirkung von Rechtsfolgen) als **verfassungswidrig.**[15]

7   § 135a beseitigt die Verfassungswidrigkeit mit Wirkung zum 1.1.1966.[16] Die Regelung wurde anlässlich der ersten Novelle zum UrhG im Jahr 1972 eingeführt.[17] Sie erfasst neben dem vom BVerfG beanstandeten Fall auch unveröffentlichte Lichtbilder.[18] § 135a S. 1 hält grundsätzlich am Systemwechsel fest, bestimmt aber zur Vermeidung der verfassungswidrigen Rückwirkung, dass die Schutzfrist bei vor 1966 hergestellten Tonträgern erst mit dem Inkrafttreten des UrhG am 1.1.1966 (§ 143 Abs. 2) zu laufen beginnt. Damit fingiert die Norm einen von §§ 82 aF, 68 aF abweichenden Fristbeginn. Einschränkend bestimmt **§ 135a S. 2,** dass der danach verlängerte Schutz jedenfalls zu dem Zeitpunkt endet, zu dem er auch nach Maßgabe des alten Rechts abgelaufen wäre.[19] Ein längerer Schutz war verfassungsrechtlich nämlich nicht geboten.

III. Rechtsinhaberschaft und Schutzumfang der aus früheren Urheberrechten entstandenen verwandten Schutzrechte

1. Schutzrechtsinhaber

8   Inhaber der verwandten Schutzrechte an den vor Inkrafttreten des UrhG erbrachten Leistungen, an denen vor diesem Zeitpunkt Urheberrechte bestanden, sind die seinerzeitigen Urheber. Das sind – in der Terminologie des UrhG – die **ausübenden Künstler (Interpreten),**[20] deren Darbietung auf „Verrichtungen für Instrumente übertragen" (§ 2 Abs. 2 S. 1 LUG) wurden und die damit originärer Inhaber des Bearbeiterurheberrechts waren[21] sowie die **Fotografen.** Das verwandte Schutzrecht der ausübenden Künstler (§§ 73 ff.) ist – auch in den Übergangsfällen – deutlich vom eigenständigen Tonträgerherstellerrecht (§§ 85, 86) zu unterscheiden. Dieses konnte erst an Tonträgern entstehen, die nach dem 1.1.1966 (§ 143 Abs. 2) hergestellt worden waren.[22] Hat der Interpret oder Fotograf vor dem 1.1.1966 das Bearbeiterurheberrecht auf einen anderen wirksam übertragen (§ 8 LUG), bleibt diese **Verfügung** über das jeweilige Urheberrecht **wirksam** (§ 132 Abs. 2),[23] mutiert aber zum Leistungsschutzrecht.

2. Schutzumfang

9   Der gegenständliche Schutzbereich (Schutzgegenstand) und der Schutzinhalt der Verwertungsrechte und Interpretenpersönlichkeitsrechte sowie der Lichtbildrechte, die aus früheren Urheberrechten

---

[12] BVerfGE 31, 275 = GRUR 1972, 491 (493 ff.) – Schallplatten.
[13] BVerfGE 31, 275 = GRUR 1972, 491 (494) – Schallplatten.
[14] BVerfGE 31, 275 = GRUR 1972, 491 (493) – Schallplatten.
[15] BVerfGE 31, 275 = GRUR 1972, 491 (495) – Schallplatten.
[16] Bericht des Rechtsausschusses des Deutschen Bundestags, BT-Drs. VI/3264, 6.
[17] Gesetz zur Änderung des Urheberrechtsgesetzes vom 10.11.1972, BGBl. I S. 2081.
[18] Bericht des Rechtsausschusses des Deutschen Bundestags, BT-Drs. VI/3264, 6.
[19] S. dazu die Beispiele bei *Nordemann* GRUR 1973, 1 (4).
[20] Zum Begriff → Vor §§ 73 ff. Rn. 1.
[21] → Vor §§ 73 ff. Rn. 14 f.
[22] Näher → § 129 Rn. 17.
[23] §§ 79 nF, 132 Abs. 2.

entstanden sind, richten sich seit Inkrafttreten des UrhG nach den Bestimmungen dieses Gesetzes über die entsprechenden verwandten Schutzrechte. Für Lichtbilder[24] verweist § 135 iVm § 72 Abs. 1 vollinhaltlich auf den Schutz für Lichtbildwerke. § 135 erfasst auch die **ausübenden Künstler.** Sie haben an ihren Darbietungen (§ 73) persönlichkeitsrechtliche (§§ 74 f.) und verwertungsrechtliche (§§ 77 f.) Befugnisse. Soweit darin eine Verschlechterung der subjektiven Rechte des ausübenden Künstlers liegt, weil bestimmte Zweitverwertungen nicht von einem Ausschließlichkeitsrecht erfasst sind, sondern lediglich Gegenstand von Vergütungsansprüchen sind,[25] ist das eine verfassungskonforme Inhalts- und Schrankenbestimmung.[26]

IV. Schutzdauer der aus früheren Urheberrechten entstandenen verwandten Schutzrechte

1. Grundsatz

Die Schutzdauer bestimmt sich für Fotografien jetzt nach § 72 Abs. 3. Bei **festgelegten Darbie-** **10** **tungen** des Interpreten ist zu differenzieren zwischen den persönlichkeitsrechtlichen Befugnissen, deren Schutzdauer von § 76 geregelt wird, und den vermögensrechtlichen Rechten, deren Dauer sich nach § 82 bestimmt. Nach § 135 gelten diese Vorschriften auch für Darbietungen, die vor dem 1.1.1966 erfolgt sind. Das gilt grundsätzlich auch für die Anknüpfungsmomente zur Fristberechnung. Davon macht § 135a für **Altfälle** aus verfassungsrechtlichen Gründen (→ Rn. 6) eine wichtige Ausnahme. Ein „Altfall" iSv §§ 135, 135a liegt vor, wenn die rückwirkende Anwendung des UrhG zu einer zeitlichen **Verkürzung** eines vor dem 1.1.1966 (§ 143 Abs. 2) wirksam entstandenen Rechts (§ 129 Abs. 1) führt und der nach neuem Recht maßgebliche Anknüpfungsmoment (→ Rn. 11) bereits vor dem 1.1.1966 eingetreten war.

Das UrhG v. 1966 enthielt für die Fristberechnung der Leistungen der Fotografen und Interpreten **11** jeweils **zwei Anknüpfungsmomente:** Die Schutzdauer für Lichtbilder knüpfte primär an das Erscheinen (§ 6 Abs. 2) und – sekundär – an die Herstellung (§ 72 Abs. 1 aF iVm § 68 aF) an. Für die Schutzdauer der Rechte der ausübenden Künstler knüpfte § 82 S. 1 aF ebenfalls primär an das Erscheinen des Bild- oder Tonträgers und – sekundär – an die Darbietung an. Es gibt daher **zwei** von § 135a erfasste **Altfälle** (→ Rn. 12): (1.) Das Lichtbild(werk) bzw. die Darbietung ist vor dem 1.1.1966 erschienen. (2.) Das Lichtbild(werk) oder die Darbietung wurden vor dem 1.1.1966 hergestellt und sind innerhalb von 25 Jahren seit der Herstellung nicht erschienen. Dagegen ist § 135a S. 1 nicht auf Fälle anwendbar, in denen die vor dem 1.1.1966 festgelegte Darbietung bzw. das hergestellte Lichtbild nach dem 1.1.1966, aber innerhalb von 25 Jahren nach der tatsächlichen Herstellung erschienen ist: In dieser Konstellation liegt das nach neuem Recht maßgebliche fristauslösende Ereignis – das Erscheinen (→ Rn. 5) – nicht vor dem Inkrafttreten des UrhG. **Fallbeispiel:** Ist eine im Jahr 1951 festgelegte Darbietung im Jahr 1972 erschienen, begann die Schutzdauer gem. § 82 S. 1 Var. 1 aF iVm § 69 am 31.12.1972 zu laufen. Das von § 135a S. 1 adressierte Rückwirkungsproblem stellt sich nicht. Anders sind die Fälle zu entscheiden, in denen ein vor 1966 hergestelltes Bild nach dem 1.1.1966 und (!) nach Ablauf von 25 Jahren seit der Herstellung erscheint. Beispiel: Ein 1950 hergestelltes Bild erscheint im Jahr 1980. Ohne § 135a S. 1 wäre die Schutzdauer (subsidiär berechnet nach der Herstellung) bereits am 31.12.1975 und damit vor dem Erscheinen abgelaufen. Indem § 135a S. 1 den Herstellungszeitpunkt nach hinten auf den 1.1.1966 verlagert, ist das Bild innerhalb von 25 Jahren seit der Herstellung erschienen; deshalb kam es nach § 68 aF für die Fristberechnung nur auf das Erscheinen 1980 an.

2. Fristauslösendes Ereignis

Aus § 135 folgt, dass die Schutzdauer für Lichtbildner und ausübende Künstler mit dem Inkraft- **12** treten des UrhG (§ 143 Abs. 2) nach § 72 Abs. 1 aF iVm § 68 aF bzw. § 82 S. 1 aF zu berechnen ist. Um eine verfassungswidrige Verkürzung (→ Rn. 6) der bisherigen Schutzdauer für Altfälle (→ Rn. 11) zu beseitigen, bestimmt 135a S. 1 den Zeitpunkt des Inkrafttretens des UrhG am 1.1.1966 zum fristauslösenden Ereignis. Damit „**verlagert"** § 135a S. 1 beide Anknüpfungsmomente des neuen Rechts (→ Rn. 11) aus der Vergangenheit auf den 1.1.1966. § 135a S. 1 ist eine **Spezialregelung** zum Fristbeginn, der Vorrang vor § 69 iVm § 135 zukommt.[27] Aus dem Normzweck (→ Rn. 6 f.) folgt, dass der Stichtag gem. § 187 Abs. 2 BGB bei der Berechnung der Frist mitzurechnen ist. Für die Anwendung der §§ 135, 135a sind insgesamt **drei Fallkonstellationen** zu unterscheiden (→ Rn. 11): (1.) War das Bild bzw. der Bild- oder Tonträger **vor dem 1.1.1966 erschienen,** fingiert § 135a S. 1 ein Erscheinen zum 1.1.1966, wenn die neue Schutzdauer kürzer ist, als

---

[24] OLG Hamburg GRUR 1999, 717 (720) – Wagner-Familienfotos.
[25] → Vor §§ 73 ff. Rn. 20.
[26] BVerfGE 31, 275 = GRUR 1972, 491 (494) – Schallplatten; → Rn. 3.
[27] AA offensichtlich OLG Hamburg GRUR 1999, 717 (720) – Wagner-Familienfotos (ohne Begründung), iE so wie hier Dreier/Schulze/*Dreier* § 135a Rn. 9.

nach altem Recht.[28] (2.) Ist das vor dem 1.1.1966 hergestellte Lichtbild(werk) bzw. der Bild- oder Tonträger **nicht innerhalb der darauffolgenden 25 Jahre erschienen,** fingiert § 135a S. 1, dass die gem. §§ 82 aF, 68 aF fristauslösende Herstellung des Lichtbild(werks) bzw. die Festlegung der Darbietung am 1.1.1966 stattfand. Beispiel: Nach § 135 iVm § 68 aF würde die Schutzdauer eines 1939 hergestellten Lichtbildwerks 1964 enden; § 135a S. 1 verschiebt den Fristbeginn auf den 1.1.1966 und das Fristende für die subsidiäre Fristberechnung auf den 31.12.1990.[29] Wenn der Schutzgegenstand zwischen dem 1.1.1966 und dem 31.12.1990 erschienen ist, endet die Schutzdauer – vorbehaltlich von § 135a S. 2 – freilich nicht am 31.12.1990, sondern 25 Jahre nach dem tatsächlichen Erscheinen.[30] (3.) Dagegen liegt kein von § 135a S. 1 geregelter Altfall (→ Rn. 11) vor, wenn das vor dem 1.1.1966 hergestellte Lichtbild(werk) oder die festgelegte Darbietung **nach dem 1.1.1966 und innerhalb von 25 Jahren seit der tatsächlichen Herstellung/Festlegung erschienen** ist (→ Rn. 11).

3. Ablauf der Schutzdauer

13   **a) Ausübende Künstler.** Die gem. §§ 135, 135a S. 1 **ursprünglich anwendbare Schutzdauer** betrug 25 Jahre (§ 82 aF) nach Eintreten des fristauslösenden Ereignisses (→ Rn. 12). Unter Berücksichtigung der daraus resultierenden drei Fallkonstellationen (→ Rn. 12) und des § 135a S. 2 ergeben sich für die Berechnung der Schutzfrist in den Altfällen (→ Rn. 11) **vier Fallgruppen:** (1.) War der Bild- oder Tonträger **vor dem 1.1.1966 erschienen,** begann die Frist am 1.1.1966 und lief am 31.12.1990 ab. Das Fristende wird gem. § 188 Abs. 2 Var. 2 BGB berechnet (→ Rn. 12). (2.) War die vor dem 1.1.1966 erfolgte Darbietung gar **nicht auf Bild- oder Tonträger erschienen** (→ Rn. 12), begann die nach § 82 aF relevante Herstellungsfrist ebenfalls am 1.1.1966 zu laufen und endete am 31.12.1990. Das Fristende wird erneut gem. § 188 Abs. 2 Var. 2 BGB berechnet (→ Rn. 12). (3.) **Erschien** die vorher festgelegte Darbietung dagegen **nach dem 1.1.1966 und (!) innerhalb von 25 Jahren seit der Herstellung,** liegt kein von § 135a S. 1 erfasster Altfall vor (→ Rn. 11). Die Schutzfrist begann mit dem Erscheinungszeitpunkt und lief 25 Jahre danach ab; im Beispiel in → Rn. 11 also am 31.12.1997. (4.) Sofern in den beiden Altfällen (1.) und (2.) **50 Jahre seit dem Tod** des einzigen oder letzten Interpreten der Darbietung verstrichen waren (§§ 29, 30 LUG), führt der intertemporale Schutzfristenvergleich gem. § 135a S. 2 dazu, dass die Rechte an der Darbietung bereits 50 Jahre *post mortem auctoris* erlöschen.

14   Vor dem Auslaufen des Schutzes für die beiden Altfälle (1.) und (2.) am 31.12.1990 wurde die **Schutzdauer** im ProduktpiraterieG v. 7.3.1990[31] **auf 50 Jahre verlängert.**[32] Nach der ausdrücklichen Anordnung in § 137c Abs. 1 gilt die neue Schutzdauer **auch für die Altfälle** (→ Rn. 11). Im Einzelnen gilt Folgendes:[33] Für die Fallgruppe (1.) wurde für die Schutzobjekte, wenn der Bild- oder Tonträger **nach dem 1.1.1941 erschienen** ist (§ 137c Abs. 1 S. 3), die Schutzdauer auf 50 Jahre verlängert (§ 137c Abs. 1 S. 1). **Beispiel:** Eine im Jahr 1960 auf Tonträger erschienene Darbietung war bis zum 31.12.2010 geschützt. Für die Fallgruppe (2.), in denen der Bild- oder Tonträger der Darbietung **nicht erschienen** ist, begann die Schutzdauer gem. § 135a S. 1 iVm § 82 S. 1 Var. 2 aF am 1.1.1966 zu laufen (→ Rn. 12) und endete daher am 31.12.1990 (→ Rn. 13). Erfolgte die **Darbietung nach dem 1.1.1941,** ist die Voraussetzung des § 137c Abs. 1 S. 2 erfüllt. Die maximale Schutzdauer beträgt für die Altfälle (→ Rn. 11) 50 Jahre, gerechnet ab der Darbietung (§ 137c Abs. 1 S. 3).[34] **Beispiel:** Die Verwertungsrechte an einer im Jahr 1951 auf Tonträger aufgenommenen, aber nicht erschienenen Darbietung von Mitgliedern des Bayreuther Festspielorchesters erlosch am 31.12.2001.[35] Keine Besonderheiten ergeben sich für die Fallgruppe (3.): Ist die vor dem 1.1.1966 festgelegte Darbietung **nach dem 1.1.1966, aber innerhalb von 25 Jahren seit der Herstellung erschienen,** wurde die Schutzdauer gem. § 137 Abs. 1 S. 1 auf 50 Jahre verlängert; im Beispiel in → Rn. 11 bis zum 31.12.2022.

15   **Probleme** bereitet die Fallgruppe (4.). Ausgangspunkt für die Lösung von Streitfällen ist die Prämisse, dass der von § 135a S. 2 angeordnete intertemporale Schutzfristenvergleich sich nur auf die Schutzdauer bezieht, die gem. § 135a S. 1 iVm § 82 S. 1 idF v. 1965 berechnet wird. Auf nachfolgend eintretende Schutzdauerverlängerungen ist § 135a S. 2 weder direkt noch analog anwendbar.[36] War der Interpret einer nach 1941 erschienenen Darbietung **vor dem 1.1.1941 verstorben,** sind die Rechte an der Darbietung gem. § 135a S. 2 spätestens am 31.12.1990 – und damit vor dem in § 137c Abs. 1 S. 1 festgelegten Stichtag – erloschen. Angenommen der Interpret einer 1933 festgelegten,

---

[28] Vgl. LG Berlin ZUM-RD 2015, 405 (408): Die Schutzdauer eines 1942 hergestellten und 1953 erschienenen Bildes endete nach altem und neuem Recht (→ Rn. 6) 1978, § 137 Abs. 2 S. 1 UrhG bewirkte hier aber ein Wiederaufleben.
[29] LG Berlin ZUM-RD 2015, 405 (408).
[30] Übersehen von LG Berlin ZUM-RD 2015, 405 (408).
[31] BGBl. I S. 422; dazu → Vor §§ 73 ff. Rn. 23.
[32] → § 82 Rn. 5.
[33] → § 137c Rn. 3 ff.
[34] → § 137c Rn. 4.
[35] BGH GRUR 2005, 502 (504 f.) – Götterdämmerung.
[36] Möglicherweise verkannt von Fromm/Nordemann/*Schaefer* UrhG § 137m Rn. 16.

aber erst 1963 erschienen Aufnahme, verstarb 1939: Die Schutzdauer endete wegen § 135a S. 2 bereits am 31.12.1989 und nicht am 31.12.2013. Darauf ist § 137c Abs. 1 nicht anwendbar. Sofern die Darbietung am 1.7.1995 allerdings in einem Mitgliedstaat der EU oder des EWR noch geschützt war, lebte der Schutz gem. § 137f Abs. 2 S. 2 auch in Deutschland mit Wirkung zum 1.7.1995 wieder auf.[37] Im praktischen Ergebnis bewirkt Art. 10 Abs. 2 Schutzdauer-RL und die Anwendung des Art. 18 AEUV auf Altfälle eine umfassende Rückwirkung der Schutzdauer-RL.[38] Weil es eine Reihe von Mitgliedstaaten gab, in denen diese Darbietung noch geschützt sein konnte,[39] ist im Einzelfall zu prüfen, ob der zum 31.12.1990 in Deutschland erloschene Schutz der Darbietung am 1.7.1995 wieder auflebte.

Für alle auf einem Tonträger aufgezeichneten Darbietungen, die **am 1.11.2013 noch geschützt** **16** waren, wurde die Schutzdauer auf **70 Jahre verlängert** (§ 137m Abs. 1).[40] Das betrifft auch Altfälle (→ Rn. 11): Die Schutzdauer einer im Jahr 1963 auf Tonträger aufgezeichneten und vor dem 1.1. 1966 erschienenen Darbietung begann gem. § 135a S. 1 am 1.1.1966 (→ Rn. 12). Sie wurde gem. § 137c Abs. 1 S. 1 zunächst auf 50 Jahre – und damit bis zum 31.12.2013 – und gem. § 137m Abs. 1 auf 70 Jahre verlängert. Der Schutz endet damit am 31.12.2033.

b) Lichtbildner. Die gem. §§ 135, 135a S. 1 ursprünglich anwendbare Schutzdauer für Lichtbil- **17** der betrug 25 Jahre (§ 72 Abs. 1 aF iVm § 68 aF), beginnend mit dem jeweils fristauslösenden Ereignis (→ Rn. 12). Unter Berücksichtigung der daraus resultierenden drei Fallkonstellationen und des § 135a S. 2 ergeben sich für die Berechnung der Schutzdauer bei Lichtbildern insgesamt **vier Fallgruppen:** (1.) War das Lichtbild **vor dem 1.1.1966 erschienen,** begann die Frist am 1.1.1966 (§ 135a S. 1) und der Schutz lief am 31.12.1990 ab (→ Rn. 12). (2.) War das Lichtbild **nicht vor dem 1.1.1966 erschienen,** begann die Schutzfrist ebenfalls am 1.1.1966 (§ 135a S. 1) und der Schutz endete am 31.12.1990 (→ Rn. 12). Erschien das Lichtbild aber vor Ablauf dieser Frist, bestimmte sich die Schutzdauer gem. § 68 aF nach dem Zeitpunkt des Erscheinens. (3.) **Erschien** das Lichtbild **nach dem 1.1.1966 und innerhalb von 25 Jahren nach seiner Herstellung,** lief die Schutzdauer 25 Jahre nach dem Erscheinen ab. Das ist kein von § 135a S. 1 erfasster Altfall (→ Rn. 11), sondern beruht ausschließlich auf der Anwendung der §§ 135, 72 aF. (4.) Sofern in den Altfällen (1.) und (2.) **25 Jahre seit dem Tod** des einzigen oder letzten Lichtbildners verstrichen waren (§§ 26, 27 KUG), erloschen die Rechte am Lichtbild bereits 25 Jahre *post mortem auctoris* (§ 135a S. 2).

§ 68 wurde mit der Urheberrechtsnovelle v. 1985[41] mit Wirkung v. 1.7.1985[42] aufgehoben und **18** von § 72 Abs. 3 aF ersetzt. Danach verlängerte sich die Schutzdauer für Lichtbilder, die **Dokumente der Zeitgeschichte** sind, auf 50 Jahre nach dem Erscheinen oder nach der Herstellung, falls es innerhalb dieser Frist nicht zu einem Erscheinen kam. Eine Übergangsregelung für die dokumentarischen Lichtbilder, deren Schutzdauer im Zeitpunkt des Inkrafttretens noch nicht abgelaufen war, fehlt. Diese Lücke ist mit der analogen Anwendung des § 137a zu schließen.[43] Waren die dokumentarischen Lichtbilder, die **vor dem 1.1.1966 hergestellt** worden waren, am 1.7.1985 noch geschützt, partizipieren sie an der Schutzdauerverlängerung. Wegen des Fristbeginns am 1.1.1966 (§ 135a S. 1) war das für alle Bilder der Fall. Ausgenommen davon sind aufgrund des intertemporalen Schutzfristvergleichs lediglich die Lichtbilder, die vor dem 31.12.1959 erschienen waren (§ 135a S. 2 iVm § 26 S. 1 KUG) bzw. – im Fall des Nichterscheinens – deren Lichtbildner vor dem 31.12.1959 verstorben war (§ 135a S. 2 iVm § 26 S. 2 KUG). Auf die Schutzdauerverlängerung nach § 137a Abs. 1 analog ist § 135a S. 2 dagegen nicht anwendbar (→ Rn. 15).[44]

Für die **übrigen Lichtbilder** blieb es zunächst bei der Schutzdauer von 25 Jahren. Das „Dritte Ge- **19** setz zur Änderung des Urheberrechtsgesetzes" v. 23.6.1995[45] strich die Sonderregelung für Lichtbilder als Dokumente der Zeitgeschichte wieder und glich die Schutzdauer für einfache Lichtbilder **einheitlich auf 50 Jahre** an.[46] § 137f Abs. 1 S. 1 stellt sicher, dass die Schutzdauer für Lichtbilder, die Dokumente der Zeitgeschichte sind, im Vergleich zum alten Recht nicht verkürzt wurde.[47] Selbst wenn die Fotografien danach in Deutschland am 1.7.1995 gemeinfrei waren, lebt der Schutz für Lichtbildwerke gem. § 137f Abs. 2 S. 1 wieder auf.[48] Anders ist bei (einfachen) Lichtbildern zu entscheiden: Weil § 72 in der Aufzählung des § 137f Abs. 2 S. 2 fehlt, lebt der Schutz nicht wieder auf.[49]

---

[37] Dazu → § 137f Rn. 5.
[38] Vgl. OLG Hamburg ZUM-RD 2004, 303; OLG Frankfurt a. M. GRUR 1998, 47 (48 f.) – La Bohéme; *Dietz* GRUR-Int 1995, 670 (683).
[39] Dazu *v. Lewinski* GRUR-Int 1992, 724 (727).
[40] → § 137m Rn. 9 f.
[41] Gesetz zur Änderung von Vorschriften auf dem Gebiet des Urheberrechts v. 24.6.1985, BGBl. I S. 1137.
[42] Art. 4 Abs. 3 G v. 24.6.1985, BGBl. I S. 1137.
[43] OLG Hamburg GRUR 1999, 717 (720) – Wagner-Familienfotos; → § 137a Rn. 4.
[44] IE auch OLG Hamburg GRUR 1999, 717 (720) – Wagner-Familienfotos; Dreier/Schulze/*Dreier* UrhG § 135a Rn. 7.
[45] BGBl. I S. 842.
[46] → § 72 Rn. 7.
[47] OLG Hamburg GRUR 1999, 717 (720) – Wagner Familienfotos; dazu → § 137f Rn. 3.
[48] OLG Hamburg ZUM-RD 2004, 303; LG Berlin ZUM-RD 2015, 405 (408) – Weiße Rose.
[49] OLG Düsseldorf GRUR 1997, 49 (50) – Beuys-Fotografien; dazu → § 72 Rn. 66 und → § 137f Rn. 3.

20   Die Komplexität der Regelung zeigt folgendes **Beispiel:**[50] Zwei von *Wieland Wagner* (gest. 1966) in den Jahren 1930 bzw. 1942 hergestellte, aber nicht erschienene, **einfache Lichtbilder** (§ 72) sind **Dokumente der Zeitgeschichte** (§ 72 Abs. 3 S. 1 idF v. 1985) und waren seit dem 1.7.1985 insgesamt 50 Jahre nach dem tatsächlichen Erscheinen bzw. ihrer Herstellung geschützt. Nach §§ 26 S. 2, 29 KUG waren beide Bilder ursprünglich nur bis zum Jahresende 1991 (25 Jahre *post mortem auctoris*) geschützt. §§ 129 Abs. 1, 135 führte zu einem Wechsel im Schutzrechtsregime. Als Konsequenz daraus begann die 25-jährige Schutzdauer vorliegend mit der Herstellung der Bilder (§ 68) und wäre damit am 31.12.1955 bzw. 31.12.1967 abgelaufen. § 135a S. 1 ordnete stattdessen den Fristbeginn zum 1.1.1966 an. Das hätte – auch unter Berücksichtigung des intertemporalen Schutzfristenvergleichs – zu einem Schutz beider Lichtbilder bis zum 31.12.1990 geführt. Aus § 72 Abs. 3 S. 1 idF v. 1985 ergibt sich aber eine Schutzdauer von 50 Jahren ab Herstellung der Fotos (§ 72 Abs. 3 S. 2 aF iVm § 69). Danach wäre der Schutz am 31.12.1980 bzw. 31.12.1992 erloschen. Jedoch ist § 137a Abs. 1 auf Lichtbilder als Dokumente der Zeitgeschichte analog anzuwenden (→ Rn. 18). Mit seiner Bezugnahme auf „das bis dahin (d.h. dem 1.7.1985) geltende Recht" verweist die Norm auch auf § 135a S. 1 und damit auf den Fristbeginn zum 1.1.1966 (→ Rn. 12). Daraus folgt, dass beide Lichtbilder als Dokumente der Zeitgeschichte aus der Zeit vor 1966 bis zum 31.12.2015 (→ Rn. 12) geschützt waren. § 135a S. 2 ändert daran nichts (→ Rn. 18). Hätte es sich bei den *Wagner*-Fotos **um einfache Lichtbilder ohne Qualifikation als Dokumente der Zeitgeschichte** gehandelt, so wäre ihr Schutz 25 Jahre nach der gem. § 135a S. 1 maßgeblichen Frist (1.1.1966) und damit am 31.12.1990 erloschen. Sie hätten gem. § 137f Abs. 1 S. 2 nicht mehr an der generellen Schutzdauerverlängerung für einfache Lichtbilder auf 50 Jahre im Jahre 1995 partizipiert.[51]

21   **c) Lichtbildwerke.** § 135a war zeitweise auch für die Schutzdauer von **Werken der Fotografie** (Lichtbildwerken) von Bedeutung, weil § 68 die 25-jährige Schutzfrist bei Nichterscheinen eines solchen Werkes bereits mit der Herstellung des Werkes beginnen ließ und nicht mehr an den Tod des Fotografen (§ 26 S. 2 KUG) anknüpfte. Weil die Urheberrechtsnovelle von 1985[52] den § 68 aufhob, gilt für Lichtbildwerke seit dem 1.7.1985[53] die allgemeine urheberrechtliche Schutzdauer.[54] Dazu folgendes **Beispiel:**[55] Drei von *Wieland Wagner* in den Jahren 1930 bis 1934 aufgenommene und nicht veröffentlichte oder erschienene Fotos waren nach § 26 S. 2 iVm § 29 KUG bis 25 Jahre nach seinem Tod (1966) und damit bis zum Jahresende 1991 geschützt. Gem. § 129 Abs. 1 S. 1 sind diese Fotos als **Lichtbildwerke** (§ 2 Abs. 1 Nr. 5) einzuordnen und genießen den urheberrechtlichen Schutz nach dem UrhG. Allerdings sah § 68 für Lichtbildwerke eine Schutzdauer von 25 Jahren nach ihrem Erscheinen bzw. ihrer Herstellung vor. Wegen § 129 Abs. 1 S. 1 iVm §§ 68, 69 wäre der Schutz nachträglich bereits bei Jahresende 1955 bis 1959 erloschen. Wegen der von § 135a S. 1 angeordneten Fristberechnung mit Beginn am 1.1.1966 waren alle drei Lichtbildwerke zunächst bis Jahresende 1990 geschützt. Die 1985 erfolgte Aufhebung des § 68 und damit erfolgte Verlängerung der Schutzdauer auf 70 Jahre *post mortem auctoris* hat sich gem. § 137a Abs. 1 auch auf die drei *Wagner*-Fotos ausgewirkt. Der intertemporale Schutzdauervergleich (§ 135a S. 2) ist darauf nicht anzuwenden (→ Rn. 18). Daher sind die Lichtbildwerke *Wieland Wagners* bis zum 31.12.2036 geschützt.[56]

4. Intertemporaler Vertrauensschutz

22   § 135a wurde 1972 rückwirkend zum 1.1.1966 in Kraft gesetzt (→ Rn. 7). Darin liegt eine verfassungsrechtlich problematische echte Rückwirkung: Nachpressungen älterer Schallplatten mit Darbietungen ausübender Künstler, deren Schutz nach der ursprünglichen Regelung mit Inkrafttreten des UrhG oder danach vorzeitig endigte (→ Rn. 5), wurden **nachträglich zu Rechtsverletzungen.** Art. 2 des **Gesetzes zur Änderung des Urheberrechtsgesetzes** vom 10.11.1972 (→ Rn. 6) sieht deshalb für die vor dem 15.11.1971 – das ist der Tag, an dem das Urteil des BVerfG (→ Rn. 5) an die Allgemeinheit bekanntgegeben wurde – begangenen Rechtsverletzungen einen Vertrauensschutz des Verletzers vor.[57] Danach war **§ 101 aF (jetzt § 100 nF)** auf die **Verbreitung von Tonträgern** mit der Maßgabe anzuwenden, dass der Verletzer zu einer Entschädigung des Verletzten in Geld nur dann nicht berechtigt ist, wenn eine Abfindung in Geld für den Verletzten nicht zumutbar ist.[58] Die praktische Bedeutung dieser Regelung dürfte sich wegen Zeitablaufs mittlerweile erschöpft haben.[59]

---

[50] OLG Hamburg GRUR 1999, 717 (720 f.) – Wagner-Familienfotos.
[51] Vgl. OLG Hamburg GRUR 1999, 717 (720 f.) – Wagner-Familienfotos; Dreier/Schulze/*Dreier* § 135a Rn. 8.
[52] Gesetz zur Änderung von Vorschriften auf dem Gebiet des Urheberrechts v. 24.6.1985, BGBl. I S. 1137.
[53] Art. 4 Abs. 3 G v. 24.6.1985.
[54] → § 68 Rn. 1.
[55] OLG Hamburg GRUR 1999, 717 – Wagner-Familienfotos.
[56] OLG Hamburg GRUR 1999, 717 (718 f.) – Wagner-Familienfotos.
[57] BT-Drs. IV/3264, 7; die Verfassungskonformität zu Unrecht bezweifelnd Schorn GRUR 1978, 230.
[58] Zur Interpretation näher BGH GRUR 1976, 317 (320) – Unsterbliche Stimmen.
[59] Fromm/Nordemann/*Dustmann* UrhG § 135a Rn. 5; Wandtke/Bullinger/*Braun/Jani* UrhG § 135a Rn. 6.

§ 136 Vervielfältigung und Verbreitung

(1) **War eine Vervielfältigung, die nach diesem Gesetz unzulässig ist, bisher erlaubt, so darf die vor Inkrafttreten dieses Gesetzes begonnene Herstellung von Vervielfältigungsstücken vollendet werden.**

(2) **Die nach Absatz 1 oder bereits vor dem Inkrafttreten dieses Gesetzes hergestellten Vervielfältigungsstücke dürfen verbreitet werden.**

(3) **Ist für eine Vervielfältigung, die nach den bisherigen Vorschriften frei zulässig war, nach diesem Gesetz eine angemessene Vergütung an den Berechtigten zu zahlen, so dürfen die in Absatz 2 bezeichneten Vervielfältigungsstücke ohne Zahlung einer Vergütung verbreitet werden.**

Übersicht

1. Entstehungsgeschichte und Bedeutung der Bestimmung

Das UrhG verfolgt auch in seinen Bestimmungen über die **gesetzlichen Schranken des Urhe-** **1** **berrechts** (§§ 44a ff.) das Ziel, die Rechtsstellung der Urheber gegenüber dem früheren Recht zu verstärken.[1] Daraus kann sich ergeben, dass Verwertungshandlungen, die nach früherem Recht ohne Zustimmung des Urhebers gesetzlich zulässig waren, nunmehr nur noch mit Zustimmung des Urhebers vorgenommen werden dürfen oder zur Zahlung einer Vergütung verpflichten. Soweit es sich in solchen Fällen um die **Vervielfältigung** und die **Verbreitung** eines geschützten Werkes handelt, trifft § 136 eine **Übergangsregelung** über die **Fortsetzung einer bereits vor Inkrafttreten des Gesetzes begonnenen Verwertung.**

§ 136 folgt dem Vorbild von **§ 63 LUG von 1901** und **§ 54 KUG von 1907.** Die dort enthaltene **2** weitergehende Regelung, welche die weitere Benutzung vorhandener Vorrichtungen für die Vervielfältigung, wie von Formen, Platten, Steinen, Druckstöcken und Matrizen, noch für 6 Monate bzw. 3 Jahre gestattete, ist jedoch im Hinblick auf den Zeitraum zwischen Verkündung des UrhG (am 16.9.1965) und seinem Inkrafttreten[2] nicht übernommen worden.[3]

Gegenüber den in **§§ 130, 131** und dem inzwischen aufgehobenen **§ 133** geregelten Sonderfällen **3** weiterreichender gesetzlicher Verwertungsbefugnisse[4] sind der Vervielfältigungs- und Verbreitungsbefugnisse nach § 136 auf die Fortsetzung und den Abschluss bereits begonnener Verwertungshandlungen beschränkt. Bleibende, über die faktisch begrenzte Übergangszeit hinausreichende Bedeutung besitzt § 136 dadurch, dass **§ 46 Abs. 5 S. 2** § 136 Abs. 1 und 2 für entsprechend anwendbar erklärt, wenn ein Urheber die Verwertung seines Werkes in Sammlungen für den Kirchen-, Schul- oder Unterrichtsgebrauch wegen gewandelter Überzeugung verbietet.

2. Vollendung einer vor Inkrafttreten des Gesetzes begonnenen Vervielfältigung (§ 136 Abs. 1)

§ 136 Abs. 1 gestattet die **Vollendung** einer nach dem früheren Recht gesetzlich gestatteten, **4** nunmehr aber ohne Zustimmung des Urhebers unzulässigen Vervielfältigung eines geschützten Werkes, die vor Inkrafttreten des UrhG am 1.1.1966 (§ 143 Abs. 2) begonnen worden ist. Die wichtigsten Beispiele dergestalt gesetzlich unterschiedlich geregelter Vervielfältigungen sind diejenigen der Vervielfältigung von einzelnen Gedichten in **Lieder- und Gesangbüchern**[5] sowie der Vervielfältigung einzelner Aufsätze von geringem Umfang, einzelner Gedichte oder kleinerer Teile eines Schriftwerks in Sammlungen „zu einem eigentümlichen literarischen Zweck", dh in sog. **Anthologien.**[6] Im UrhG sind entsprechende gesetzliche Schranken des Urheberrechts nicht mehr enthalten.[7]

Mit der **Herstellung** der Vervielfältigungsstücke muss **vor Inkrafttreten des UrhG begonnen** **5** worden sein. Dies ist zB der Fall, wenn der Drucksatz bereits hergestellt war.[8] Zulässig ist dann die **Vollendung** der Vervielfältigung auch noch nach Inkrafttreten des UrhG. Es dürfen daher zB mittels

---

[1] → Vor §§ 44a ff. Rn. 3.
[2] Insoweit gemäß § 143 Abs. 2 am 1.1.1966.
[3] Vgl. die AmtlBegr. BT-Drs. IV/270, 115 zu § 145, jetzt § 136.
[4] → § 130 Rn. 5, → § 131 Rn. 5.
[5] § 19 Nr. 3 LUG von 1901.
[6] § 19 Nr. 4 LUG von 1901.
[7] Vgl. die AmtlBegr. BT-Drs. IV/270, 31 unter c, S. 115 zu § 145, jetzt § 136, sowie → § 46 Rn. 2.
[8] Etwas enger Wandtke/Bullinger/*Braun*/*Jani* UrhG § 136 Rn. 3.

des vor diesem Zeitpunkt hergestellten Drucksatzes die geplanten Werkexemplare gedruckt werden. Nicht mehr zulässig ist aber ein Nachdruck.[9] In diesem eingeschränkten Sinne ist auch unter § 136 Abs. 1 die nicht mehr ausdrücklich erwähnte Weiterbenutzung von Druckstöcken usw[10] noch zulässig.

3. Verbreitung der vor Inkrafttreten des Gesetzes oder in Vollendung der Vervielfältigung hergestellten Vervielfältigungsstücke (§ 136 Abs. 2)

6   Die unter gesetzlich zulässiger Vervielfältigung geschützter Werke hergestellten Lieder- und Gesangbücher sowie Anthologien[11] durften nach früherem Recht auch frei verbreitet werden (§ 26 LUG von 1901). Dem entspricht die Übergangsregelung des § 136 Abs. 2. Vervielfältigungsstücke geschützter Werke, die vor Inkrafttreten des Gesetzes am 1.1.1966 (§ 143 Abs. 2) nach dem damals geltenden Recht oder gemäß § 136 Abs. 1 in Vollendung einer vor diesem Zeitpunkt begonnenen Vervielfältigung[12] gesetzlich zulässig hergestellt worden sind, dürfen danach auch frei verbreitet werden.

4. Vergütungsfreiheit der Vollendung der Vervielfältigung und der Verbreitung (§ 136 Abs. 3)

7   § 136 Abs. 3 trägt den Fällen Rechnung, in denen nach geltendem Recht wie nach früherem Recht die Vervielfältigung und die Verbreitung geschützter Werke zu bestimmten Zwecken gesetzlich zulässig sind bzw. waren, in denen aber das geltende Recht als Ausgleich zugunsten des Urhebers eine **gesetzliche Vergütungspflicht** vorsieht. Hauptbeispiel sind die Vervielfältigung und Verbreitung von Werken in Sammlungen für den Kirchen-, Schul- oder Unterrichtsgebrauch.[13] Nach früherem Recht[14] waren diese gesetzlich und vergütungsfrei zulässig. Nach dem Wortlaut des § 136 Abs. 3 hat es den Anschein, als wäre nur die **Verbreitung** vergütungsfrei, soweit sie sich auf Vervielfältigungsstücke bezieht, die vor Inkrafttreten des UrhG oder in Vollendung einer vor diesem Zeitpunkt begonnenen Vervielfältigung hergestellt worden sind. Nach dem Gesetzeszweck ist aber auch die **Vollendung der Vervielfältigung** nach Inkrafttreten des Gesetzes vergütungsfrei. In der AmtlBegr.[15] wird nämlich zur Rechtfertigung der Regelung angeführt, dass es unangemessen wäre, wenn zwar für die Vollendung einer begonnenen Vervielfältigung einer Sammlung iSd § 46 vom Inkrafttreten des Gesetzes an eine Vergütung bezahlt werden müsste, nicht aber für die Vollendung einer Anthologie nach § 136 Abs. 1, die im Übrigen nach geltendem Recht dem Verbotsrecht des Urhebers unterliegt.

§ 137 Übertragung von Rechten

(1) [1]Soweit das Urheberrecht vor Inkrafttreten dieses Gesetzes auf einen anderen übertragen worden ist, stehen dem Erwerber die entsprechenden Nutzungsrechte (§ 31) zu. [2]Jedoch erstreckt sich die Übertragung im Zweifel nicht auf Befugnisse, die erst durch dieses Gesetz begründet werden.

(2) [1]Ist vor dem Inkrafttreten dieses Gesetzes das Urheberrecht ganz oder teilweise einem anderen übertragen worden, so erstreckt sich die Übertragung im Zweifel auch auf den Zeitraum, um den die Dauer des Urheberrechts nach den §§ 64 bis 66 verlängert worden ist. [2]Entsprechendes gilt, wenn vor dem Inkrafttreten dieses Gesetzes einem anderen die Ausübung einer dem Urheber vorbehaltenen Befugnis erlaubt worden ist.

(3) In den Fällen des Absatzes 2 hat der Erwerber oder Erlaubnisnehmer dem Veräußerer oder Erlaubnisgeber eine angemessene Vergütung zu zahlen, sofern anzunehmen ist, daß dieser für die Übertragung oder die Erlaubnis eine höhere Gegenleistung erzielt haben würde, wenn damals bereits die verlängerte Schutzdauer bekannt gewesen wäre.

(4) [1]Der Anspruch auf die Vergütung entfällt, wenn alsbald nach seiner Geltendmachung der Erwerber dem Veräußerer das Recht für die Zeit nach Ablauf der bisher bestimmten Schutzdauer zur Verfügung stellt oder der Erlaubnisnehmer für diese Zeit auf die Erlaubnis verzichtet. [2]Hat der Erwerber das Urheberrecht vor dem Inkrafttreten dieses Gesetzes weiterveräußert, so ist die Vergütung insoweit nicht zu zahlen, als sie den Erwerber mit Rücksicht auf die Umstände der Weiterveräußerung unbillig belasten würde.

(5) Absatz 1 gilt für verwandte Schutzrechte entsprechend.

---

[9] Wandtke/Bullinger/*Braun/Jani* Rn. 4.
[10] → Rn. 2.
[11] → Rn. 4.
[12] → Rn. 5.
[13] § 46 Abs. 1, 2 und 4.
[14] §§ 19 Nr. 4, 26 LUG von 1901.
[15] BT-Drs. IV/270, 115 zu § 145, jetzt § 136.

1. Entstehungsgeschichte und Bedeutung der Bestimmung

§ 137 enthält in Ergänzung zu § 132 vertragsrechtliche Übergangsregelungen, welche die Auswir- **1** kungen wichtiger Neuerungen des geltenden Gesetzes gegenüber dem früheren Recht auf vor Inkrafttreten des Gesetzes[1] bewirkte vertragliche Verfügungen über Urheberrechte zum Gegenstand haben. Der unterschiedlichen Geschichte dieser Neuerungen entsprechend verlief auch die **Entstehungsgeschichte** der einzelnen Absätze des § 137 **nicht einheitlich.**

a) § 137 Abs. 1 und 5 waren als einzige Abs. 1 und 2 unverändert bereits in § 143 des Referen- **2** tenentwurfs, § 138 des Ministerialentwurfs und § 146 des Regierungsentwurfs enthalten. § 137 berücksichtigt insoweit drei Neuerungen des geltenden Gesetzes und klärt deren Anwendung auf vor Inkrafttreten des UrhG vorgenommene vertragliche Verfügungen: den Ausschluss der Übertragbarkeit des Urheberrechts und der einzelnen urheberrechtlichen Befugnisse, an deren Stelle die Möglichkeit getreten ist, vertraglich Nutzungsrechte an geschützten Werken einzuräumen, die Einführung neuer urheberrechtlicher Befugnisse durch das UrhG, die dem früheren Recht noch unbekannt waren, und die erstmalige gesetzliche Regelung der vom Urheberrecht zu unterscheidenden verwandten Schutzrechte. Mangels entsprechender Neuerungen in den früheren Gesetzen ist § 137 insoweit ohne historisches Vorbild.

b) § 137 Abs. 2–4 sind erst auf Veranlassung des Rechtsausschusses des Deutschen Bundestags in **3** die Bestimmung eingefügt worden.[2] Sie regeln die Frage, ob und zu welchen Bedingungen vertragliche Rechtsübertragungen aus der Zeit vor Inkrafttreten des UrhG sich auch auf den Zeitraum (20 Jahre) erstrecken, um den die Schutzfristen des Urheberrechts gemäß §§ 64 ff. verlängert worden sind. Auch diese Verlängerung war in den amtlichen Gesetzentwürfen ursprünglich nicht vorgesehen, sondern erst durch den Rechtsausschuss des Deutschen Bundestags vorgeschlagen worden (→ § 64 Rn. 53). Der Gesetzgeber des § 137 konnte sich insoweit auch auf zwei historische Vorbilder stützen: die generelle Schutzfristverlängerung von 30 auf 50 Jahre durch das „Gesetz zur Verlängerung der Schutzfristen im Urheberrecht" aus dem Jahre 1934[3] mit einer vertragsrechtlichen Übergangsregelung in § 2 Abs. 2 sowie die Schutzfristverlängerung von 10 auf 25 Jahre speziell für Lichtbilder durch das „Gesetz zur Verlängerung der Schutzfristen für das Urheberrecht an Lichtbildern" vom 12.5.1940[4] mit einer vertragsrechtlichen Übergangsregelung in § 2 Abs. 2–4. Nachdem § 2 Abs. 2 des Gesetzes vom 1934 schon bald zu erheblichen Auslegungsschwierigkeiten führte,[5] die höchstrichterlich erst im Jahre 1974 durch den BGH[6] geklärt wurden, übernahm der Gesetzgeber des § 137 inhaltlich unverändert die insoweit eindeutige und detaillierte Übergangsregelung des Gesetzes von 1940.[7]

c) Die **praktische Bedeutung** des § 137 ist **erheblich.** Dies gilt neben § 132 Abs. 2, der vertrag- **4** liche Verfügungen über Urheberrechte aus der Zeit vor Inkrafttreten des UrhG für weiterhin wirksam erklärt, weniger für **§ 137 Abs. 1 S. 1.** Die hier angeordnete Umwandlung von durch vertragliche Rechtsübertragung erworbenen Rechten in die entsprechenden Nutzungsrechte ist in erster Linie von dogmatischer, systematischer und terminologischer Bedeutung ohne Auswirkungen auf den Inhalt der Befugnisse des Rechtserwerbers.[8] Praktisch bedeutsam sind dagegen die Bestimmungen des **§ 137 Abs. 1 S. 2** und **Abs. 2–4.** Sie beinhalten gesetzliche Auslegungsregeln dahingehend, dass Rechtsübertragungen aus der Zeit vor Inkrafttreten des UrhG sich zwar im Zweifel nicht auf die durch das UrhG neu eingeführten Rechte (§ 137 Abs. 1 S. 2), wohl aber auf den Zeitraum der Schutzfristverlängerung erstrecken (§ 137 Abs. 2). **§ 137 Abs. 3 und 4** regeln den Vergütungsanspruch des Urhebers im letzteren Fall, **§ 137 Abs. 5** die entsprechende Anwendung des Abs. 1 auf verwandte Schutzrechte.

---

[1] Gemäß § 143 Abs. 2 am 1.1.1966.
[2] Vgl. den Bericht des Abg. *Reischl* UFITA 46 [1966], 174 (200) zu § 146.
[3] → § 64 Rn. 56.
[4] RGBl. 1940 I S. 758.
[5] Vgl. dazu *Krüger-Nieland* FS Möhring (1975), 417 f.; *Walter* Mitarbeiter-FS Ulmer (1973), 63 (64 f.), jeweils mwN aus dem älteren Schrifttum.
[6] BGH GRUR 1975, 495 – Lustige Witwe; s. zu dieser immer noch bedeutsamen Bestimmung BGH GRUR 1996, 763 (765) – Salome II; OLG München ZUM-RD 1997, 294 (301 ff.) – Salome III; BGH GRUR 2000, 869 (870 f.) – Salome III; → Rn. 16.
[7] S. dazu den Bericht des Abg. *Reischl* UFITA 46 [1966], 174 (200) zu § 146.
[8] Ebenso Möhring/Nicolini/*Soppe* UrhG § 137 Rn. 1; Wandtke/Bullinger/*Braun/Jani* UrhG § 137 Rn. 2.

2. Umwandlung der durch vertragliche Rechtsübertragung erworbenen Rechte in Nutzungsrechte (§ 137 Abs. 1 S. 1)

5   Nach dem früher geltenden Recht war zwar die vertragliche Übertragung des Urheberrechts insgesamt wegen der in ihm enthaltenen persönlichkeitsrechtlichen Bestandteile ebenso wie nach geltendem Recht (§ 29 S. 2) grundsätzlich nicht möglich, zulässig war aber mit gewissen bleibenden Bindungen an das Urheberrecht als Stammrecht die Übertragung der einzelnen urheberrechtlichen Verwertungsrechte.[9] Das geltende Gesetz geht dagegen im Grundsatz von der **Unübertragbarkeit** sowohl des **Urheberrechts** als Ganzen (§ 29 Abs. 1) als auch der **einzelnen urheberrechtlichen Befugnisse,** unter ihnen auch der Verwertungsrechte aus. Obwohl die §§ 31 ff. auf ältere Urheberrechtsverträge grundsätzlich nicht anzuwenden sind (s. § 132 Abs. 1), sieht § 137 Abs. 1 S. 1 entsprechend dem Grundsatz des § 129 Abs. 1 aus systematischen und terminologischen Gründen doch die **Umwandlung** der vertraglich erworbenen urheberrechtlichen Befugnisse **in entsprechende Nutzungsrechte** iSd neuen Rechts vor. Die Vorschrift kann analog auf ausländische Verträge angewandt werden, die eine nach dortigem Recht zulässige Übertragung des Urheberrechts vorsehen.[10]

6   Eine **inhaltliche Änderung** der vertraglich erworbenen Rechte ist mit dieser Umwandlung **nicht** verbunden, so dass dem Erwerber insoweit nunmehr nicht weniger, aber auch nicht mehr Rechte zustehen, als er sie vor Inkrafttreten des UrhG erworben hat. Insbes. besitzt er als Erwerber eines ausschließlichen Verwertungsrechts nach früherem Recht gemäß § 137 Abs. 1 S. 1 jetzt ein entsprechendes **ausschließliches Nutzungsrecht** mit allen aus der Ausschließlichkeit folgenden Befugnissen.[11]

3. Im Zweifel keine Übertragung neuer urheberrechtlicher Befugnisse (§ 137 Abs. 1 S. 2)

7   § 137 Abs. 1 S. 2 bestimmt in Form einer **gesetzlichen Auslegungsregel,**[12] dass Rechtsübertragungen aus der Zeit vor Inkrafttreten des UrhG sich im Zweifel nicht auf solche urheberrechtliche Befugnisse erstrecken, die erst durch das UrhG eingeführt worden sind. Aus dem **Übertragungszweckgedanken,** der unter der Bezeichnung Zweckübertragungslehre bereits zum früheren Recht von der Rechtsprechung anerkannt war und gemäß 132 Abs. 1[13] (dort → § 132 Rn. 3) auf ältere Verträge weiterhin anwendbar ist, folgt, dass vertragliche Rechtseinräumungen im Zweifel nicht **neue Arten der Nutzung** geschützter Werke umfassen.[14] § 137 Abs. 1 S. 2 ergänzt diese Regel dahingehend, dass dasselbe hinsichtlich **neuer urheberrechtlicher Befugnisse** gilt, mögen die diesen zugrundeliegenden technisch-wirtschaftlichen Arten der Nutzung auch schon bekannt gewesen sein.

8   **Keine neuen** durch das UrhG erst gesetzlich eingeführten **urheberrechtlichen Befugnisse** sind solche, die auch in den älteren Gesetzen LUG von 1901 und KUG von 1907 oder durch die frühere höchstrichterliche Rechtsprechung schon anerkannt waren; Letzteres gilt insbes. für das urheberrechtliche Senderecht des § 20.[15] **Neue urheberrechtliche Befugnisse** sind aber das ausschließliche Vermietrecht (§ 17 Abs. 1, 2), das Ausstellungsrecht (§ 18), das Vortragsrecht an erschienenen Sprachwerken (§ 19 Abs. 1), das Recht der öffentlichen Zugänglichmachung (§ 19a), das Folgerecht (§ 26), die gesetzlichen Vergütungsansprüche nach § 20b Abs. 2 und § 27, das Beteiligungsrecht nach § 36 aF, das allerdings auf Verträge aus der Zeit vor Inkrafttreten des UrhG nicht anzuwenden ist,[16] die gesetzlichen Vergütungsansprüche im Rahmen der gesetzlichen Schranken des Urheberrechts[17] einschließlich der Vorschriften über die Privatkopie,[18] die verwandten Schutzrechte mit Ausnahme der Rechte an Lichtbildern (§ 72) und der ausübenden Künstler,[19] welche als ausschließliche Rechte an die Stelle früher anerkannter Urheberrechte getreten sind.[20]

4. Entsprechende Anwendung des § 137 Abs. 1 auf verwandte Schutzrechte (§ 137 Abs. 5)

9   Eine entsprechende Anwendung des § 137 auf **verwandte Schutzrechte** kann sich, abgesehen von den in § 135 bezeichneten Rechten, nur auf die vor Inkrafttreten des UrhG bewirkte Übertra-

---

[9] S. dazu §§ 8 Abs. 3 LUG von 1901, 10 Abs. 3 KUG von 1907 sowie *Ulmer* § 80.
[10] → § 29 Rn. 8 zum Ergebnis wie hier Dreier/Schulze/*Dreier* UrhG § 137 Rn. 4; Fromm/Nordemann/ *J. B. Nordemann* § 137 Rn. 1; Wandtke/Bullinger/*Braun/Jani* UrhG § 137 Rn. 2.
[11] → § 29 Rn. 8, zum Ergebnis wie hier Dreier/Schulze/*Dreier* UrhG § 137 Rn. 4; Fromm/Nordemann/ *J. B. Nordemann* § 137 Rn. 1; Wandtke/Bullinger/*Braun/Jani* UrhG § 137 Rn. 2.
[12] Vgl. die AmtlBegr. BT-Drs. IV/270, 115 zu § 146, jetzt § 137.
[13] → § 132 Rn. 3.
[14] S. dazu *Ulmer* § 84 II; *Schweyer,* Die Zweckübertragungstheorie im Urheberrecht, 1982, S. 18ff.
[15] So die AmtlBegr. BT-Drs. IV/270, 115 zu § 146, jetzt § 137; sa Dreier/Schulze/*Dreier* UrhG § 137 Rn. 7, der hier auch noch das Recht nach § 21 nennt.
[16] → § 132 Rn. 2, 8.
[17] §§ 45a Abs. 2, 46 Abs. 4, 47 Abs. 2 S. 2, 49 Abs. 1 S. 2, 52 Abs. 2 S. 2, 52a Abs. 4, 53b S. 3, 53 Abs. 5 aF, 54 Abs. 2 aF, 54, 54a, 54b und 54c.
[18] Hier ist der Vergütungsanspruch an die Stelle von ausschließlichen, aber praktisch nicht durchsetzbaren Rechten getreten; aA Fromm/Nordemann/*J. B. Nordemann* UrhG § 137 Rn. 3; Wandtke/Bullinger/*Braun/Jani* UrhG § 137 Rn. 4.
[19] § 77 Abs. 2 S. 1.
[20] Dazu → § 135 Rn. 1; für die gesetzlichen Vergütungsansprüche nach § 78 Abs. 2, 83 gilt das oben, → Fn. 20 zu § 45a Abs. 2 usw Gesagte entsprechend.

gung zukünftiger Rechte beziehen, da alle verwandten Schutzrechte mit den genannten Ausnahmen erst für ab 1966 erbrachte Leistungen entstehen konnten.[21] Im Übrigen ist **§ 137 Abs. 1 S. 1** auf verwandte Schutzrechte nur insoweit anwendbar, als diese oder einzelne der von ihnen gewährten Befugnisse nicht vertraglich übertragen werden können. Dies trifft nur auf die verwandten Schutzrechte der §§ 70, 72 zu; bei den anderen verwandten Schutzrechten ist eine derartige Übertragbarkeit gegeben.[22] Von erheblicher Bedeutung auch für Rechtsgeschäfte über verwandte Schutzrechte ist dagegen **§ 137 Abs. 1 S. 2.** Das unter → Rn. 7 f. Gesagte gilt hier entsprechend. Insbes. sind die meisten verwandten Schutzrechte einschließlich ihrer einzelnen Bestandteile neue Rechte iS dieser Bestimmung. Bei den Rechten an Lichtbildern und der ausübenden Künstler gilt dies vor allem auch für die entsprechenden gesetzlichen Vergütungsansprüche.[23]

5. Im Zweifel Übertragung der Rechte auch für den Zeitraum der Schutzfristverlängerung (§ 137 Abs. 2)

§ 137 Abs. 2 bestimmt in Form einer **gesetzlichen Auslegungsregel,**[24] dass vertragliche Übertra-   **10**
gungen urheberrechtlicher Befugnisse (→ Rn. 5) oder ihre Überlassung zur Ausübung aus der Zeit vor Inkrafttreten des UrhG sich im Zweifel auch auf den Zeitraum von 20 Jahren erstrecken, um den die Schutzfristen nach §§ 64 ff. gegenüber dem früheren Recht verlängert worden sind. **Zweifel** iS dieser Bestimmung bestehen dann, wenn sich weder aus dem Vertragswortlaut, noch aus sonstigen Umständen eindeutig ergibt, dass die vertragliche Rechtseinräumung oder Überlassung zur Ausübung nur für einen begrenzten Zeitraum gelten sollte. Insbes. liegt ein Zweifelsfall vor, wenn der Urheber vor Inkrafttreten des UrhG einem Werkverwerter urheberrechtliche Befugnisse „für die Dauer des gesetzlichen Schutzrechts" oder mit einer ähnlichen Formulierung übertragen hat.[25]

Nach § 137 Abs. 2 iVm Abs. 1 S. 1 stehen dem Erwerber im Falle der Rechtsübertragung für den   **11**
Zeitraum der Schutzfristverlängerung die **bisherigen Rechte nach Inhalt und Umfang unverändert** als[26] Nutzungsrechte zu.[27] Auch vertragliche Überlassungen von Urheberrechten zur Ausübung bleiben im Zweifel für den Zeitraum der Schutzfristverlängerung wirksam. Unter solchen Überlassungen sind insbes. alle bloß schuldrechtlichen Nutzungsgestattungen[28] zu verstehen.[29]

6. Vergütungsanspruch des Urhebers (§ 137 Abs. 3, 4)

a) § 137 Abs. 3 normiert für die Fälle, in denen Rechtsübertragungen oder Überlassungen von   **12**
Urheberrechten zur Ausübung sich nach § 137 Abs. 2 auch auf den Zeitraum der Schutzfristverlängerung erstrecken, zugunsten des betroffenen Urhebers einen **Anspruch** auf eine **angemessene Vergütung.** Jedoch ist dieser Anspruch an die Voraussetzung geknüpft, dass der Urheber für die Rechtsübertragung oder Überlassung eine höhere Gegenleistung erzielt haben würde, wenn damals bereits die verlängerte Schutzdauer bestimmt gewesen wäre. Diese Voraussetzung ist grundsätzlich in Fällen der Vereinbarung eines nach dem Absatz der Werkexemplare oder der Zahl der Aufführungen u. dgl. zu berechnenden Honorars nicht gegeben, da hier der Urheber an den weiteren Nutzungen ohnehin wirtschaftlich beteiligt wird; eine zusätzliche Vergütung des Urhebers nach § 137 Abs. 3 greift daher in aller Regel nur bei **pauschaler Abfindung** des Urhebers Platz.[30] Jedoch kann sich bei zeitlich entsprechend weit zurückreichenden Vertragsverhältnissen aus der urheberfreundlicheren Bestimmung des § 2 Abs. 2 des Schutzfristenverlängerungsgesetzes von 1934 (→ Rn. 3) eine für den Urheber bzw. seine Erben günstigere Beurteilung ergeben. Diese kann dann auch zu einer Erhöhung einer ursprünglich vereinbarten Beteiligungsvergütung führen, wenn diese im Zeitpunkt der Verlängerung der Schutzdauer unter Berücksichtigung aller Umstände nicht unerheblich unter der so ermittelten angemessenen Vergütung liegt; die Erhöhung kann dann bei Geltung bis zum Ablauf der Schutzdauer je nach Lage der Dinge auch die Frage einer weiteren Anhebung der Vergütung nach § 137 Abs. 3 in den Hintergrund treten lassen.[31] Ist für die Rechtsübertragung ein **unangemessen niedriges Pauschalhonorar** vereinbart worden, so lässt dies nicht zwingend den Schluss zu, dass auch bei Berücksichtigung der verlängerten Schutzfrist kein höheres Honorar erzielt worden wäre; ein zusätzlicher

---

[21] → § 129 Rn. 14 ff.
[22] S. §§ 71 Abs. 2, 79 Abs. 1 S. 1 nF; 85 Abs. 2 S. 1 nF; 87 Abs. 2 S. 1, 94 Abs. 2 S. 1 sowie → Vor §§ 28 ff. Rn. 65 f., → Vor §§ 87a ff. Rn. 32.
[23] → Rn. 8 sowie die Verweisungen in §§ 72 Abs. 1 und 83 nF.
[24] S. den Bericht des Abg. *Reischl* UFITA 46 [1966], 174 (200) zu § 146, jetzt § 137.
[25] Vgl. BGH GRUR 1975, 495 (496) – Lustige Witwe; *Ulmer* § 78 III.
[26] Gegebenenfalls ausschließliche.
[27] S. *Krüger-Nieland* FS Möhring (1975), 417 (418); auch *Ulmer* § 78 III 1.
[28] → § 29 Rn. 28.
[29] So auch *v. Gamm* UrhG § 137 Rn. 4.
[30] So BGH GRUR 1996, 763 (766) – Salome II; OLG München ZUM-RD 1997, 294 (303) – Salome III; Dreier/Schulze/*Dreier* UrhG § 137 Rn. 11; Fromm/Nordemann/*J. B. Nordemann* UrhG § 137 Rn. 6; *Ulmer* § 78 III 1; Wandtke/Bullinger/*Braun/Jani* UrhG § 137 Rn. 8.
[31] S. zum Ganzen BGH GRUR 2000, 869 (871) – Salome III, zu einem Vertrag über die Aufführungsrechte an einer Oper mit Vereinbarung einer anteiligen Vergütung in Höhe von 6 % der Bruttoeinnahmen aus dem Kartenverkauf, die bereits 1979/1980 um 100 % unter der üblichen Vergütung lag.

Vergütungsanspruch kann daher in solchen Fällen grundsätzlich gegeben sein. Jedoch ist im Übrigen in der Regel davon auszugehen, dass eine in der Vergangenheit vereinbarte Vergütung auch für den Zeitraum der Schutzdauerverlängerung angemessen ist,[32] zumal die Attraktivität des Werks im Laufe der Zeit nachlassen mag.[33] In der Höhe muss die zusätzliche Vergütung **angemessen** sein, was auch unter dem Aspekt des § 137 Abs. 3 nach den Verhältnissen im Zeitpunkt der Verlängerung der Nutzungsbefugnis des Werkverwerters zu bestimmen ist.[34]

13   Umstritten ist, ob der **Vergütungsanspruch aus § 137 Abs. 3 abdingbar** ist[35] und ob eine solche Vereinbarung auch in AGB erfolgen kann.[36] Die Frage ist bei Sachverhalten mit Auslandsberührung nach dem Recht des Schutzlandes zu beurteilen.[37] Sie hängt eng mit dem **Verhältnis der Vorschrift zu § 32a** zusammen, die dem Urheber einen unabdingbaren[38] Anspruch auf weitere Vergütung gewährt. Das LG München I hält §§ 137c, 137 Abs. 3 für dispositiv[39] und verweist zur Begründung darauf, dass die Vorschrift auf den hypothetischen Willen der Parteien abstellt, so dass erst recht deren wirklicher Wille Berücksichtigung finden muss. Außerdem sei § 137 Abs. 3 gegenüber § 32a lex specialis: Da die Parteien bei der Berechnung der Vergütung stets von den bestehenden Schutzfristen ausgehen, würde eine Schutzfristverlängerung ansonsten immer einen Anspruch aus § 32a auslösen, so dass § 137 Abs. 3 leerliefe. Da der Gesetzgeber die Vorschrift aber nicht gestrichen habe, müsse zwischen beiden Normen ein Spezialitätsverhältnis bestehen.[40] Zwar mögen Wortlaut und Systematik des § 137 Abs. 3 in der Tat für eine Abdingbarkeit in den Schranken der AGB-Kontrolle[41] sprechen. Aber die Annahme einer **Spezialität gegenüber § 32a** kann **methodisch nicht überzeugen.** Aus den Gesetzgebungsmaterialien zur Reform des Urhebervertragsrechts ergibt sich der Wille des Gesetzgebers, die vertragliche Stellung des Urhebers lückenlos zu verbessern.[42] Der Fall der Schutzfristverlängerung wird nicht angesprochen, so dass nicht von einer bewussten Entscheidung des Gesetzgebers für einen Vorrang des § 137 Abs. 3 ausgegangen werden kann. Das spricht dafür, das Konkurrenzverhältnis zwischen beiden Normen nicht nach der lex specialis-, sondern nach der lex posterior-Regel zu beurteilen.[43] § 32a ist daher auch im Fall der Schutzfristverlängerung anwendbar.

14   **b) § 137 Abs. 4 S. 1** ermöglicht es dem Erwerber einer urheberrechtlichen Befugnis bzw. des entsprechenden Nutzungsrechts sowie demjenigen, dem eine solche Befugnis zur Ausübung überlassen worden ist, den **Anspruch des Urhebers** auf eine zusätzliche Vergütung **abzuwenden.** Er muss hierzu dem Veräußerer das erworbene Recht für die Zeit nach Ablauf der Schutzdauer des früheren Rechts zur Verfügung stellen bzw. auf die Erlaubnis zur Nutzung verzichten, und zwar alsbald, dh unverzüglich,[44] nach Geltendmachung des Vergütungsanspruchs nach § 137 Abs. 3 durch den Veräußerer. Der Urheber bzw. sein Rechtsnachfolger war zur Geltendmachung des Vergütungsanspruchs bereits mit Inkrafttreten des UrhG am 1.1.1966 befugt, muss also nicht abwarten, bis die letzten 20 Jahre der Schutzdauer des betreffenden Werkes angebrochen sind.[45]

15   **c) § 137 Abs. 4 S. 2 schränkt den Vergütungsanspruch** nach § 137 Abs. 3 **ein,** wenn der Erwerber einer urheberrechtlichen Befugnis diese vor Inkrafttreten des UrhG seinerseits **weiterveräußert hat und** soweit ihn die Zahlung einer zusätzlichen Vergütung **unbillig belasten** würde. Letzteres kann insbes. der Fall sein, wenn er selbst nur einen vergleichsweise niedrigen Veräußerungserlös erzielt hat. Je nach Höhe dieses Erlöses kann der Vergütungsanspruch nach § 137 Abs. 3 sich ermäßigen[46] oder ganz entfallen.[47] Als Ausgleich kann der Urheber Abtretung des zusätzlichen Vergü-

---

[32] So BGH GRUR 2000, 869 (871) – Salome III; Dreier/Schulze/*Dreier* UrhG § 137 Rn. 11.

[33] Möhring/Nicolini/*Soppe* UrhG § 137 Rn. 9.

[34] Ebenso BGH GRUR 2000, 869 (870 f.) – Salome III; Dreier/Schulze/*Dreier* UrhG § 137 Rn. 11; Möhring/Nicolini/*Soppe* UrhG § 137 Rn. 10; Wandtke/Bullinger/*Braun*/*Jani* UrhG § 137 Rn. 8.

[35] Bejahend Dreier/Schulze/*Dreier* UrhG § 137 Rn. 11; Wandtke/Bullinger/*Braun*/*Jani* UrhG § 137 Rn. 8 mit Verweis auf Wandtke/Bullinger/*Schaefer* UrhG § 137c Rn. 5.

[36] Bei grundsätzlicher Annahme der Abdingbarkeit verneinend Fromm/Nordemann/*J. B. Nordemann* UrhG § 137 Rn. 9.

[37] LG München I ZUM-RD 2012, 49 (59); Fromm/Nordemann/*J. B. Nordemann* UrhG § 137 Rn. 9a.

[38] § 32a Abs. 3, die Vorschrift stellt bei Sachverhalten mit Auslandsberührung unter den Voraussetzungen des § 32b zwingendes Recht dar.

[39] LG München I ZUM-RD 2012, 49 (59) für den Fall von Elvis Presley-Aufnahmen.

[40] LG München I ZUM-RD 2012, 49 (59) für den Fall von Elvis Presley-Aufnahmen.

[41] Hierzu im Einzelnen → Vor §§ 31 ff. Rn. 36 ff. Die Einbeziehung der Klausel kann an § 305c BGB scheitern, wenn es sich um eine überraschende Klausel handelt, s. Dreier/Schulze/*Dreier* UrhG § 137 Rn. 11. Außerdem unterliegen nach der hier vertretenen, aber von der hM bestrittenen Ansicht vorformulierte Rechtekataloge der Inhaltskontrolle, so dass wegen einer Abweichung vom Leitbild des § 11 S. 3 eine Unwirksamkeit gem. § 307 Abs. 2 Nr. 1 BGB in Betracht kommt, → Vor §§ 31 ff. Rn. 45.

[42] BT-Drs. 14/8058, 18.

[43] Dreier/Schulze/*Dreier* UrhG § 137 Rn. 11.

[44] S. Dreier/Schulze/*Dreier* UrhG § 137 Rn. 12; Fromm/Nordemann/*J. B. Nordemann* UrhG § 137 Rn. 12; Möhring/Nicolini/*Soppe* UrhG § 137 Rn. 12; Wandtke/Bullinger/*Braun*/*Jani* UrhG § 137 Rn. 9.

[45] Wandtke/Bullinger/*Braun*/*Jani* UrhG § 137 Rn. 9.

[46] So Dreier/Schulze/*Dreier* UrhG § 137 Rn. 12; Fromm/Nordemann/*J. B. Nordemann* UrhG § 137 Rn. 12; Möhring/Nicolini/*Soppe* UrhG § 137 Rn. 13.

[47] Sa Dreier/Schulze/*Dreier* UrhG § 137 Rn. 12; Möhring/Nicolini/*Soppe* UrhG § 137 Rn. 13.

tungsanspruchs verlangen, der dem Weiterveräußerer gem. § 137 Abs. 3 seinerseits gegen den Dritterwerber zusteht.[48] In Betracht kommt aber auch ein unmittelbarer Durchgriff des Urhebers auf den Dritterwerber entsprechend §§ 398 ff., 404, 413 BGB.[49]

7. Schutzfristverlängerungen 1934 und 1940

Während die vorstehend zu § 137 Abs. 2–4 dargestellten Grundsätze für die Schutzfristverlängerung **16** bezüglich Lichtbildern im Jahre 1940 als Vorbild des geltenden Gesetzes (→ Rn. 3) gleichermaßen galten, war zu **§ 2 Abs. 2** des **allgemeinen Schutzfristverlängerungsgesetzes von 1934** lange Zeit streitig, ob derjenige, dem eine urheberrechtliche Befugnis durch Vertrag vor dem Inkrafttreten dieses Gesetzes übertragen worden war, hinsichtlich des Verlängerungszeitraums die gleiche Rechtsstellung, idR also eine **ausschließliche Befugnis,** wie für den Zeitraum davor behielt oder aber nur ein **einfaches Nutzungsrecht** erwarb (→ Rn. 3 mwN). Die Frage ist erst im Jahre 1974 höchstrichterlich iSd ersten Alternative und damit auch iSd Regelung des § 137 Abs. 2 (→ Rn. 11) entschieden worden.[50] Die Frage ist, wie die zitierte Entscheidung zeigt, nach wie vor von praktischer Bedeutung. Sie ist hinsichtlich von Verträgen aus der Zeit vor Inkrafttreten des Gesetzes von 1934 gegebenenfalls als Vorfrage vor Anwendung des § 137 Abs. 2 zu beantworten. In den Fällen, in denen bei Inkrafttreten des § 64 am 17.9.1965 (s. § 143 Abs. 1) bezüglich eines Werkes noch die 30-jährige Schutzfrist nach der ursprünglichen Fassung des LUG von 1901 lief, sind beide Schutzfristverlängerungen, dh diejenige von 30 auf 50 Jahre und diejenige von 50 auf 70 Jahre jeweils einer gesonderten Beurteilung zum einen nach § 2 Abs. 2 des Gesetzes von 1934 und zum anderen nach § 137 zu unterziehen.[51]

§ 137a Lichtbildwerke

(1) **Die Vorschriften dieses Gesetzes über die Dauer des Urheberrechts sind auch auf Lichtbildwerke anzuwenden, deren Schutzfrist am 1. Juli 1985 nach dem bis dahin geltenden Recht noch nicht abgelaufen ist.**

(2) **Ist vorher einem anderen ein Nutzungsrecht an einem Lichtbildwerk eingeräumt oder übertragen worden, so erstreckt sich die Einräumung oder Übertragung im Zweifel nicht auf den Zeitraum, um den die Dauer des Urheberrechts an Lichtbildwerken verlängert worden ist.**

Schrifttum: siehe auch die Schrifttumsangaben zu §§ 64, 72.

Übersicht

1. Entstehungsgeschichte und Bedeutung der Bestimmung

Die Einbeziehung der Lichtbildwerke in die allgemeine gesetzliche Regelung der urheberrechtli- **1** chen Schutzdauer (§§ 64 ff.) unter Aufhebung des § 68 durch die **Urheberrechtsnovelle von 1985**[1] machte auch eine Übergangsregelung notwendig, durch die festzulegen war, auf welche schon geschaffenen Lichtbildwerke sich die wesentliche, mit der Novelle von 1985 verbundene Schutzfristverlängerung auswirkte und wem, dem Urheber oder dem Erwerber eines von ihm vertraglich abgeleiteten Rechts, diese Verlängerung in erster Linie zugute kommen sollte. Der Gesetzgeber hat diese Regelung in dem neuen § 137a getroffen.

2. Anwendung der neuen Schutzdauerregelung auf ältere Lichtbildwerke (§ 137a Abs. 1)

Entsprechend der Regelung in § 129 Abs. 1[2] bestimmt **§ 137a Abs. 1,** dass die allgemeinen Be- **2** stimmungen des UrhG über die Schutzdauer des Urheberrechts (§§ 64 ff.) auch auf Lichtbildwerke anzuwenden sind, die vor Inkrafttreten der Urheberrechtsnovelle von 1985 am 1.7.1985 schon geschaffen waren, deren Schutzdauer nach dem früher geltenden Recht zu diesem Zeitpunkt aber noch nicht abgelaufen war. Die entsprechende Schutzdauerbestimmung war in dem inzwischen aufgehobe-

---

[48] So Möhring/Nicolini/*Soppe* UrhG § 137 Rn. 13.
[49] Ebenso Dreier/Schulze/*Dreier* UrhG § 137 Rn. 12.
[50] BGH GRUR 1975, 495 (496 f.) – Lustige Witwe.
[51] So BGH GRUR 1996, 763 (766) – Salome II; BGH GRUR 2000, 869 (870) – Salome III.
[1] → § 72 Rn. 5; → § 68 Rn. 1.
[2] → § 129 Rn. 10 ff.

nen § 68 enthalten, dem daher für die Anwendung der Übergangsregelung nach wie vor praktische Bedeutung zukommt.[3]

3. Im Zweifel keine vertragliche Rechtseinräumung für den Zeitraum der Verlängerung der Schutzdauer (§ 137a Abs. 2)

3 **§ 137a Abs. 2** erfüllt in Bezug auf die Verlängerung der Schutzdauer von Lichtbildwerken durch die Urheberrechtsnovelle von 1985 dieselbe Funktion wie § 137 Abs. 2–4 bezüglich der durch das UrhG von 1965 bewirkten allgemeinen Verlängerung der Schutzfristen.[4] Im Gegensatz zu § 137 Abs. 2 enthält § 137a Abs. 2 aber eine **gesetzliche Auslegungsregel**[5] zugunsten des Urhebers und nicht des Erwerbers vertraglich abgeleiteter Rechte. Zur Erläuterung dieses Abgehens des Gesetzgebers von der Tradition der deutschen Schutzfristverlängerungsgesetze von 1940 und 1965[6] weist die AmtlBegr.[7] darauf hin, dass die getroffene Regelung angesichts der erheblichen Verlängerung der Schutzdauer in aller Regel dem Willen und den Interessen der Vertragspartner entsprechen wird. Ob dies auf den Willen der Werkverwerter tatsächlich zutrifft, mag bezweifelt werden, sicherlich handelt es sich aber um diejenige Lösung, die dem primären Schutzziel des UrhG, dh dem Schutz des Urhebers, besser gerecht wird als die Regelung des § 137 Abs. 2.[8] Die Art der getroffenen Regelung machte es überflüssig, Bestimmungen entsprechend § 137 Abs. 3, 4 über Vergütungsansprüche anzufügen.

4. Analoge Anwendung des § 137a auf Lichtbilder, die Dokumente der Zeitgeschichte sind

4 Bei der Formulierung des § 137a hat der Gesetzgeber die ebenfalls im Rahmen der Urheberrechtsnovelle 1985 eingeführte Schutzfristverlängerung von 25 auf 50 Jahre für nicht schöpferische Lichtbilder übersehen, die Dokumente der Zeitgeschichte sind.[9] § 137a war insoweit analog anzuwenden.[10] Inzwischen ist durch das 3. UrhGÄndG vom 23.6.1995[11] die Besserstellung dokumentarischer Lichtbilder wieder abgeschafft und die Schutzdauer für alle Lichtbilder iSd § 72 auf 50 Jahre festgelegt worden.[12]

§ 137b Bestimmte Ausgaben

(1) **Die Vorschriften dieses Gesetzes über die Dauer des Schutzes nach den §§ 70 und 71 sind auch auf wissenschaftliche Ausgaben und Ausgaben nachgelassener Werke anzuwenden, deren Schutzfrist am 1. Juli 1990 nach dem bis dahin geltenden Recht noch nicht abgelaufen ist.**

(2) **Ist vor dem 1. Juli 1990 einem anderen ein Nutzungsrecht an einer wissenschaftlichen Ausgabe oder einer Ausgabe nachgelassener Werke eingeräumt oder übertragen worden, so erstreckt sich die Einräumung oder Übertragung im Zweifel auch auf den Zeitraum, um den die Dauer des verwandten Schutzrechtes verlängert worden ist.**

(3) **Die Bestimmungen in § 137 Abs. 3 und 4 gelten entsprechend.**

Schrifttum: Siehe die Schrifttumsangaben vor §§ 73 ff. und zu § 82.

Übersicht

---

[3] Zur verlängerten Schutzdauer von 1961 und 1963 in Ausstellungskatalogen erschienenen Lichtbildwerken nach § 137a Abs. 1 siehe OLG Düsseldorf GRUR 1997, 49 (50) – Beuys-Fotografien; zur Schutzdauer von in den Jahren 1930 bis 1934 hergestellten, unveröffentlichten Lichtbildwerken siehe OLG Hamburg GRUR 1999, 717 (718 f.) – Wagner-Familienfotos, und dazu ausführlich → §§ 135, 135a Rn. 10. Zu weiteren damit zusammenhängenden Fragen → § 64 Rn. 66 ff. sowie → § 72 Rn. 64 ff.; zur Schutzdauer von Lichtbildwerken aus der ehemaligen DDR → § 64 Rn. 75.

[4] Vgl. → § 137 Rn. 10 ff.

[5] → § 137 Rn. 10.

[6] → § 137 Rn. 5, 16.

[7] BT-Drs. 10/837, 22 zu § 137a.

[8] → § 137 Rn. 10; zustimmend auch *Nordemann* GRUR 1985, 837 (842).

[9] § 72 Abs. 3 S. 1 aF.

[10] Zust. OLG Hamburg GRUR 1999, 717 (720) – Wagner-Familienfotos, und dazu ausführlich → §§ 135, 135a Rn. 9; → § 72 Rn. 5; für unmittelbare Anwendbarkeit *Flechsig* UFITA 116 [1991], 5 (31); zu Abs. 1 Dreier/*Schulze/Dreier* § 137a Rn. 6; Fromm/Nordemann/*A. Nordemann* § 137a Rn. 3.

[11] BGBl. 1995 I S. 842.

[12] Zur diesbezüglichen Übergangsregelung siehe § 137 f.

1. Entstehungsgeschichte und Bedeutung der Bestimmung

Der Deutsche Bundestag hat im Kontext der Urheberrechtsnovelle von 1985[1] der Bundesregierung **1**
den Auftrag erteilt, alle drei Jahre ab Inkrafttreten des Gesetzes einen Bericht ua über die Einwirkungen der technischen Entwicklung auf das Urheberrecht und die Leistungsschutzrechte zu erstatten.[2]
Diesem Auftrag ist die Bundesregierung mit ihrem **Bericht über die Auswirkungen der Urheberrechtsnovelle 1985 und Fragen des Urheber- und Leistungsschutzrechts**[3] nachgekommen.
In diesem Bericht schlug die Bundesregierung vor, die Schutzfristen für ausübende Künstler (§ 82)
von 25 auf 50 Jahre und diejenigen für die Herausgabe wissenschaftlicher und nachgelassener Werke
(§§ 70, 71) von 10 auf 25 Jahre zu erhöhen.[4] Der Gesetzgeber verwirklichte diese Vorschläge bereits
im Rahmen des **Gesetzes zur Stärkung des Schutzes des geistigen Eigentums und zur Bekämpfung der Produktpiraterie (PrPG)**[5] vom 7.3.1990,[6] um insbes. zu vermeiden, dass nach
§ 135a S. 1 am 31.12.1990 die seinerzeitige Schutzfrist von 25 Jahren für Darbietungen ausübender
Künstler auf vor Inkrafttreten des UrhG am 1.1.1966[7] erschienenen Tonträgern erlosch.[8] **§§ 137b**
und **137c** enthalten die **Übergangsregelungen** für die **Verlängerungen der Schutzfristen** einerseits nach **§§ 70 und 71** (§ 137b) und andererseits nach **§ 82** (§ 137c). Sie folgen dabei dem Grundmuster der §§ 129 Abs. 1 und 137 Abs. 2.[9] Auf § 137 Abs. 3 und 4 wird sogar in den Abs. 3 der
beiden Neuregelungen verwiesen. Dieselbe Methode nur mit umgekehrtem Ergebnis in vertragsrechtlicher Hinsicht[10] wendet auch § 137a an.[11] Das abweichende Ergebnis machte dort eine Verweisung auf § 137 Abs. 3 und 4 entbehrlich.

2. Anwendung der neuen Schutzdauerregelungen auf ältere Ausgaben (§ 137b Abs. 1)

Entsprechend der Regelung in § 129 Abs. 1 bestimmt **§ 137b Abs. 1,** dass die neuen Schutzdau-   **2**
ervorschriften der §§ 70 und 71 auch auf solche wissenschaftlichen Ausgaben (§ 70) und Ausgaben
nachgelassener Werke (§ 71) anzuwenden sind, deren Schutzfrist am 1.7.1990, dem Tag des Inkrafttretens des PrPG (Art. 14), nach dem bis dahin geltenden Recht, dh § 70 aF und § 71 aF, noch nicht
abgelaufen ist.

3. Im Zweifel vertragliche Rechtseinräumung auch für den Zeitraum der Verlängerung
der Schutzdauer (§ 137b Abs. 2)

Dem Vorbild des § 137 Abs. 2 entsprechend bestimmt **§ 137b Abs. 2** in Form einer **Auslegungs-   3
regel,** dass eine vertragliche Rechtseinräumung aus der Zeit vor dem 1.7.1990 sich im Zweifel auch
auf den Zeitraum erstreckt, um den die Dauer der beiden verwandten Schutzrechte verlängert worden ist. Zur Bedeutung dieser Regelung im Einzelnen kann auf die Parallele des § 137 Abs. 2[12] verwiesen werden.

4. Vergütungsanspruch des Verfassers bzw. Herausgebers (§ 137b Abs. 3)

Die Zuweisung der Rechte für den Verlängerungszeitraum an die Vertragspartner der Verfasser und   **4**
Herausgeber von Ausgaben iSd § 70 und 71 als originärer Inhaber der Rechte nach diesen Bestim-
mungen machte es erforderlich, den wirtschaftlichen Interessen der Verfasser und Herausgeber in
Form **eventueller Vergütungsansprüche** Rechnung zu tragen. Zu diesem Zweck verweist **§ 137b
Abs. 3** auf § 137 Abs. 3 und 4.[13] Zu den Einzelheiten kann auf → § 137 Rn. 13 ff. verwiesen wer-
den.

§ 137c Ausübende Künstler

(1) [1]**Die Vorschriften dieses Gesetzes über die Dauer des Schutzes nach § 82 sind auch auf
Darbietungen anzuwenden, die vor dem 1. Juli 1990 auf Bild- oder Tonträger aufgenommen
worden sind, wenn am 1. Januar 1991 seit dem Erscheinen des Bild- oder Tonträgers 50 Jahre
noch nicht abgelaufen sind.** [2]**Ist der Bild- oder Tonträger innerhalb dieser Frist nicht erschienen, so ist die Frist von der Darbietung an zu berechnen.** [3]**Der Schutz nach diesem Gesetz**

---

[1] → Einl. UrhG Rn. 139.
[2] Siehe BT-Drs. 10/3360, 4.
[3] BT-Drs. 11/4929.
[4] Siehe ua BT-Drs. 11/4929, 31 ff., 34.
[5] Art. 2 Nr. 3, 4 und 5.
[6] BGBl. 1990 I S. 422.
[7] Siehe § 143 Abs. 2.
[8] → §§ 135, 135a Rn. 14.
[9] § 129 Rn. 4.
[10] → § 137 Rn. 10.
[11] → § 137a Rn. 2, 3.
[12] → § 137 Rn. 10 ff.
[13] Siehe die AmtlBegr. BT-Drs. 11/5744, 36 zu Nr. 14.

dauert in keinem Fall länger als 50 Jahre nach dem Erscheinen des Bild- oder Tonträgers oder, falls der Bild- oder Tonträger nicht erschienen ist, 50 Jahre nach der Darbietung.

(2) Ist vor dem 1. Juli 1990 einem anderen ein Nutzungsrecht an der Darbietung eingeräumt oder übertragen worden, so erstreckt sich die Einräumung oder Übertragung im Zweifel auf den Zeitraum, um den die Dauer des Schutzes verlängert worden ist.

(3) Die Bestimmungen in § 137 Abs. 3 und 4 gelten entsprechend.

Schrifttum: *Hundt-Neumann/Schaefer,* Elvis lebt! Zur „Elvis Presley"-Entscheidung des Hanseatischen Oberlandesgerichts und zum Aufsatz von Nordemann „Altaufnahmen aus den USA und das deutsche Urheberrecht", GRUR 1995, 381; *W. Nordemann,* Altaufnahmen aus den USA und das deutsche Urheberrecht, FS Kreile, 1994, 455; *M. Schulze,* Das Gesetz zur Bekämpfung der Produktpiraterie vom 7 März 1990, Medien und Recht 1990, 129; *Vogel,* Verlängerte Schutzfrist für die Leistungsschutzrechte der ausübenden Künstler, Das Orchester 1990, 1140; s. auch die Nachweise zu §§ 135/135a und § 137b.

Übersicht

I. Überblick über die Regelung[*]

1   Das Produktpirateriegesetz v. 7.3.1990[1] hat die Schutzdauer für Darbietungen in § 82 S. 1 aF von 25 auf 50 Jahre verlängert.[2] § 137c ist eine Übergangsvorschrift für Darbietungen, die vor dem Inkrafttreten der Verlängerung am 1.7.1990 auf Bild- oder Tonträger aufgenommen worden waren. § 137c Abs. 1 ordnet die **grundsätzliche Rückwirkung** der zum 1.7.1990 in Kraft getretenen **Verlängerung der Schutzdauer** der vermögenswerten Rechte des ausübenden Künstlers von 25 auf 50 Jahre an allen vor ihrem Inkrafttreten auf Bild- oder Tonträger aufgenommenen oder erschienenen Darbietungen an.[3] Die Rückwirkung hängt im **Einzelfall** davon ab, dass „zum Zeitpunkt des Wirksamwerdens der Neuregelung die Schutzfrist noch nicht abgelaufen ist und seit dem Erscheinen des Bild- oder Tonträgers oder, wenn er nicht erschienen ist, seit der Darbietung noch keine fünfzig Jahre vergangen sind."[4] Hat der ausübende Künstler einem anderen **Nutzungsrechte** an der Verwertung seiner Darbietung **eingeräumt** (§ 79 Abs. 2) oder die Verwertungsrechte übertragen (§ 79 Abs. 1 S. 1), ist nach der gesetzlichen Auslegungsregeln in § 137c Abs. 2 im Zweifel davon auszugehen, dass sich diese Rechtsübertragung **auch auf den zusätzlichen Zeitraum** von 25 Jahren erstreckt. Nach § 137c Abs. 3 iVm § 137 Abs. 3 muss der Verwerter dem Interpreten dafür eine **angemessene Vergütung** zahlen, sofern anzunehmen ist, dass dieser bei Vertragsabschluss eine höhere Gegenleistung erzielt haben würde, wenn die Parteien schon in diesem Zeitpunkt von einer 50 Jahre dauernden exklusiven Verwertungsmöglichkeit ausgegangen wären. Dieser zusätzliche Vergütungsanspruch **entfällt,** wenn der Inhaber des Nutzungsrechts an der Darbietung auf die zusätzliche Nutzung alsbald nach Geltendmachung des Vergütungsanspruchs verzichtet (§ 137c Abs. 3 iVm § 137 Abs. 4 S. 1 Var. 2). Die Zahlungspflicht entfällt auch, wenn der Inhaber des Nutzungsrechts dieses vor Inkrafttreten der Schutzdauerverlängerung an einen Dritten übertragen hat (§ 137c Abs. 3 iVm § 137 Abs. 4 S. 2).

II. Schutzdauerverlängerung (§ 137c Abs. 1)

2   **Stichtag** für die Schutzdauerverlängerung war der Zeitpunkt des Inkrafttretens des Produktpirateriegesetzes am 1.7.1990.[5] § 137c Abs. 1 stellt sicher, dass **grundsätzlich alle** an diesem Tag **noch geschützten Darbietungen** an der Verdoppelung der Schutzdauer teilhaben.[6] Damit konkretisiert die Norm den in §§ 129 Abs. 1, 135 enthaltenen Grundsatz des intertemporalen Urheberrechts, wonach die jeweils neuen Regelungen auch auf bereits bestehende Schutzgegenstände anzuwenden sind.[7]

3   § 137c Abs. 1 hat Auswirkungen auf **drei** unterschiedliche **Fallgruppen:** (1.) Darbietungen, die **vor dem 1.1.1966** auf Bild- oder Tonträger **erschienen** sind, **oder** vor dem 1.1.1966 erfolgte Dar-

---

[*] Die Kommentierung stützt sich vereinzelt auf die bis zur 4. Auflage von *Paul Katzenberger* bearbeitete Fassung.
[1] Gesetz zur Stärkung des Schutzes des geistigen Eigentums und zur Bekämpfung der Produktpiraterie, BGBl. I S. 422; → Vor §§ 73 ff. Rn. 23.
[2] → § 82 Rn. 5.
[3] BT-Drs. 11/5744, 36.
[4] BT-Drs. 11/5744, 36.
[5] S. Art. 14 Produktpirateriegesetz, BGBl. 1990 I S. 422.
[6] Vgl. BT-Drs. 11/5744, 36.
[7] Vgl. BT-Drs. 11/5744, 36.

bietungen, die bis **zum 31.12.1990 nicht erschienen** sind. Bei diesen **„Altfällen"**[8] folgte aus § 135a S. 1, dass der Schutz bis zum 31.12.1990 dauerte.[9] (2.) Darbietungen, die vor dem 1.1.1966 erfolgten, die aber **nach dem 1.1.1966** und innerhalb von 25 Jahren seit ihrer Festlegung[10] erstmals auf Bild- oder Tonträger **erschienen** sind. Ist eine 1950 entstandene Aufnahme im Jahr 1966 auf Bild- oder Tonträger erschienen, folgt aus § 135 iVm § 82 S. 1 aF, dass die Darbietung bis zum 31.12.1991 geschützt wurde. § 135a ist für diese Fälle nicht einschlägig.[11] (3.) Darbietungen, die **nach dem 1.1.1966 erfolgten.** Diesbezüglich führt bereits § 82 S. 1 idF des Produktpirateriegesetzes v. 1990 iVm § 129 Abs. 1 S. 3 zum gewünschten Ergebnis. In den Fallgruppen (2.) und (3.) hat § 137c Abs. 1 S. 1 daher lediglich klarstellende Bedeutung. **Praktische Relevanz** hat die Regelung dagegen für die Fallgruppe (1.).

Für die **Altfälle** in **Fallgruppe (1.)** hätte eine kombinierte Anwendung des § 135a S. 1 und des **4** § 137c Abs. 1 S. 1 zur Folge, dass Darbietungen, die vor dem 1.1.1966 erschienen sind, mehr als 50 Jahre lang geschützt würden: § 137c Abs. 1 S. 1 knüpft an das Erscheinen des Bild- oder Tonträgers (§ 82 S. 1 Var. 1 aF) an, während § 135a S. 1 bei Altfällen dieses Erscheinen auf den 1.1.1966 verlagert. Beispiel: § 135a S. 1 fingiert, dass eine 1939 auf Tonträger erschienene Darbietung juristisch erst am 1.1.1966 erschienen ist. Das führt nach § 137c Abs. 1 S. 1 zu einem Schutz dieser Darbietung bis zum 31.12.2015[12] – und unter Berücksichtigung des mittlerweile eingefügten § 137m Abs. 1 sogar bis zum 31.12.2035 (!). Dieses Ergebnis ist ersichtlich nicht sachgerecht, weil es nicht mehr von dem Normzweck des Gesetzes gedeckt ist, die Schutzdauer von 25 auf 50 Jahre zu verdoppeln.[13] Daher sind die maßgeblichen **Anknüpfungspunkte** in § 137c Abs. 1 S. 1 und S. 2 **ohne Berücksichtigung des § 135a S. 1** zu bestimmen. Das folgt bereits aus dem eingeschränkten Normzweck des § 135a.[14] In der Sache „ersetzt" § 137c Abs. 1 insoweit § 135a S. 1.[15] Bei der Anwendung des § 137c Abs. 1 kommt es also auf den **tatsächlichen Zeitpunkt** an, in dem der Bild- oder Tonträger erschienen ist oder die Darbietung erfolgte,[16] auch wenn dieser Zeitpunkt vor dem 1.1.1966 lag. Die Frist wird dann nach § 69 berechnet. Diese Auslegung des § 137 Abs. 1 S. 1 wird von **§ 137c Abs. 1 S. 3** lediglich **klargestellt.** Inhaltlich fügt § 137 Abs. 1 S. 3 dem nichts Neues hinzu. Im Ergebnis darf der im Rahmen der Schutzdauerverlängerung von 1990 gewährte Schutz 50 Jahre nicht übersteigen. Daraus folgt für die Anwendung des § 137c Abs. 1 für Altfälle, dass **alle vor dem 1.1.1941** auf Bild-/Tonträger erschienenen Darbietungen bzw. – bei Nicht-Erscheinen – für die davor erfolgte Darbietung, deren Schutz nur aufgrund des § 135a S. 1 am 31.12.1990 noch bestand, der Schutz zu diesem Zeitpunkt **endete** (§ 137 Abs. 1 S. 3).

Beispiele: Die Verwertungsrechte an einer im Sommer 1951 auf Tonträger aufgenommen, aber **5** nicht erschienenen Darbietung von Mitgliedern des Bayreuther Festspielorchesters erloschen am 31.12.2001.[17] Der von Elvis Presley im Lauf des Jahres 1961 dargebotene und 1991 in Deutschland erstmals erschienene Song „What a wonderful life" wurde gem. § 135a iVm § 82 S. 1 Var. 2 aF 25 Jahre nach der Darbietung geschützt, wobei der Zeitpunkt der Darbietung auf den 1.1.1966 fingiert wurde. Weil die Darbietung nicht innerhalb des 31.12.1990 erschienen war, wäre der Schutz nach § 135 iVm § 82 S. 1 Var. 2 am 31.12.1990 erloschen. Dieses Ergebnis vermeidet § 137c Abs. 1 S. 2 und verlängert den Schutz auf 50 Jahre. Der dafür maßgebliche Fristbeginn ist freilich nicht mehr der 1.1.1966 – insoweit ist § 135a S. 1 nicht anwendbar –, sondern der 31.12.1961 (§ 69). Der Schutz endete damit gem. § 137 Abs. 1 S. 2 und S. 3 am 31.12.2011.[18]

Besondere praktische Relevanz hat das Zusammenspiel von §§ 135a, 137c Abs. 1 für Darbietungen, **6** die **zwischen** dem 1.1.**1963** und dem 1.1.**1966 auf Tonträger aufgezeichnet** worden sind. Sind sie vor dem 1.1.1966 erschienen oder bis zum 31.12.1990 nicht erschienen, wurden sie gem. §§ 135a S. 1, 82 S. 1 aF bis zum 31.12.1990 geschützt.[19] Mit Wirkung zum 1.1.1991 verlängerte sich der Schutz bis zum 31.12.2013 (§ 137c Abs. 1 S. 1 oder S. 2, → Rn. 4). Nach § 137m Abs. 1 verlängerte sich die Schutzdauer am 1.11.2013 erneut, nunmehr bis zum 1.1.2033.[20]

---

[8] → §§ 135, 135a Rn. 11, 13.
[9] → §§ 135, 135a Rn. 13.
[10] → §§ 135, 135a Rn. 11.
[11] → §§ 135, 135a Rn. 11 f.
[12] Zur Fristberechnung → §§ 135, 135a Rn. 12.
[13] BT-Drs. 11/5744, 36.
[14] → §§ 135, 135a Rn. 6 f.
[15] Vgl. *Hundt-Neumann/Schaefer* GRUR 1995, 381 (383).
[16] OLG Hamburg ZUM 1995, 334.
[17] BGH GRUR 2005, 502 (504 f.) – Götterdämmerung.
[18] Vgl. dazu OLG Hamburg ZUM 1995, 334; *Hundt-Neumann/Schaefer* GRUR 1995, 381 (382 f.); aA *W. Nordemann* FS Kreile, 1994, 455 (462).
[19] → §§ 135, 135a Rn. 13.
[20] → § 137m Rn. 9 f.

III. Auswirkung auf die Einräumung und Übertragung von Nutzungsrechten
(§ 137c Abs. 2 und 3)

7   § 137c Abs. 2 ist eine **gesetzliche Auslegungsregel** nach dem Vorbild des § 137 Abs. 2. Hat der ausübende Künstler seinem Vertragspartner vor dem 1.7.1990 ein Nutzungsrecht an der Darbietung eingeräumt (§ 79 Abs. 2) oder die Verwertungsrechte übertragen (§ 79 Abs. 1 S. 1), beseitigt die Norm Zweifel daran, ob sich diese Vereinbarung auch auf den Zeitraum der Schutzfristverlängerung erstrecken soll.[21] Die **Rechtsübertragung** erfasst im Zweifel **auch die verlängerte Schutzdauer.** Nach Auffassung des BT-Rechtsausschusses entspreche das in aller Regel dem Willen und den Interessen der Vertragspartner.[22] Daran kann man mit guten Gründen zweifeln. Die davon erzielten Ergebnisse sind **verwerterfreundlich.**[23] Die Regelung bewirkt, dass die – vermeintlich – dem Interpreten dienende Schutzdauerverlängerung im praktischen Ergebnis einseitig die Verwerterinteressen an der längeren Ausübung der Nutzungsrechte stärkt. Die Norm kommt damit bei wirtschaftlicher Betrachtungsweise einer Verlängerung der Schutzdauer für Tonträgerhersteller nahe, die im Produktpirateriegesetz noch ausdrücklich abgelehnt worden ist.[24] Vorzugswürdig ist deshalb eine Lösung, die sicherstellt, dass die Verlängerung der Schutzdauer tatsächlich den Interpreten zugutekommt. Ein Beispiel dafür ist die in § 137 Abs. 1 iVm §§ 79 Abs. 3, 79a getroffene Regelung.[25]

8   Ein **Zweifelsfall** liegt vor, wenn eine ausdrückliche vertragliche Regelung über eine Schutzfristverlängerung fehlt.[26] Der Normalfall des § 137c Abs. 2 ist die in der Praxis übliche Formulierung der Übertragung **„für die Dauer des Schutzrechts".**[27] Die Parteien beseitigen den Zweifel, wenn sie den Vertrag auch nach der Verlängerung der Schutzdauer fortführen.[28] Im Übrigen wird auf die Kommentierung des § 137 Abs. 2 verwiesen.

9   Zum Ausgleich für den zusätzlich gewonnenen Verwertungszeitraum hat der Verwerter dem Interpreten für das jeweilige **Verlängerungszeitraum eine angemessene Vergütung** zu leisten (§ 137c Abs. 3 iVm § 137 Abs. 3). Es ist auch insoweit zweifelhaft, ob § 137c Abs. 3 den wirtschaftlichen Interessen des Interpreten angemessen Rechnung trägt.[29] § 137c Abs. 3 iVm § 137 Abs. 3 hat die Funktion einer gesetzlich angeordneten ergänzenden Vertragsauslegung unter maßgeblicher Berücksichtigung des hypothetischen Parteiwillens. Sie schließt damit eine **nachträglich entstandene vertragliche Regelungslücke.** Der **Vergleichsmaßstab** ist die Vergütung, „die unter den Vertragsparteien unter Berücksichtigung ihres bisherigen Vertragsverhältnisses, seiner Besonderheiten und seiner Gesamtdauer zu Beginn der Verlängerung als angemessen anzusehen ist".[30] Im Allgemeinen wird man davon ausgehen müssen, dass die für die Vergangenheit tatsächlich vereinbarte Vergütung auch für den Verlängerungszeitraum angemessen ist.[31] § 137c Abs. 3 iVm § 137 Abs. 3 ist daher kein Instrument zur Sicherung einer allgemein angemessenen Vergütung des Interpreten. Diese Aufgabe kommt § 79 Abs. 2a iVm §§ 32, 32a zu. Deshalb darf eine im Einzelfall ausgeschlossene Verlängerung der Rechtseinräumung für die Beurteilung der Angemessenheit in § 32a keine Rolle spielen.[32] § 137c Abs. 3 betrifft den **Sonderfall,** „dass aufgrund eines Eingreifens des Gesetzgebers durch eine Schutzfristverlängerung ein Missverhältnis eintritt und eine tatsächlich vereinbarte Vergütung aus Sicht der Parteien bei Vertragsabschluss hypothetisch nicht mehr als angemessen angesehen worden wäre."[33] Insoweit ist sie im Vergleich zu den § 79 Abs. 2 S. 2 iVm §§ 32ff. die speziellere Regelung.[34] Daneben bleibt der **Anspruch auf Vertragsanpassung** bestehen, wenn bereits der Übertragungsvertrag keine angemessene Vergütung des ausübenden Künstlers enthält.

10   Nach dem Wortlaut des § 137c Abs. 3 iVm § 137 Abs. 3 kommt es darauf an, ob der ausübende Künstler für die Übertragung „eine höhere Gegenleistung erzielt haben würde, wenn damals die verlängerte Schutzdauer bestimmt gewesen wäre". Haben die Parteien eine **wiederkehrende Lizenzvergütung** vereinbart, ist das grundsätzlich zu verneinen, weil der Interpret an den weiteren Nutzungen ohnehin wirtschaftlich beteiligt wird.[35] Der Anspruch auf zusätzliche Vergütung greift daher **in aller Regel** nur bei einer einmaligen, **pauschalen Vergütung** des Interpreten.[36] Zweifelhaft ist, ob der gesetzliche Vergütungsanspruch bei Vertragsschluss oder später abdingbar ist. Das wird mit dem Argument bejaht, dass die Berücksichtigung des hypothetischen Parteiwillens „naturgemäß auch die

---

[21] BT-Drs. 11/5744, 36.
[22] BT-Drs. 11/5744, 36.
[23] Vgl. BGH GRUR 2000, 869 (870) – Salome III (zu § 137 Abs. 2).
[24] *Dietz* GRUR-Int 1995, 670 (683).
[25] Vgl. *Dietz* GRUR-Int 2015, 638 (643 ff.); → § 137m Rn. 13.
[26] Vgl. BGH GRUR 1996, 763 (766) – Salome II (zu § 137 Abs. 2).
[27] Vgl. BGH GRUR 1975, 495 – Lustige Witwe (zur Vorgängernorm des § 137 Abs. 2).
[28] Vgl. BGH GRUR 1996, 763 (766 f.) – Salome II (zu § 137 Abs. 2).
[29] So aber der BT-Rechtsausschuss, BT-Drs. 11/5744, 36.
[30] S. BGH GRUR 2000, 869 (871) – Salome III (zu § 2 Abs. 2 S. 2 SchutzfristenverlG 1934).
[31] S. BGH GRUR 2000, 869 (871) – Salome III (zu § 2 Abs. 2 S. 2 SchutzfristenverlG 1934).
[32] AA OLG München ZUM 2017, 849 (861) – Elvis Presley.
[33] LG München ZUM-RD 2012, 49 (58) (nicht rechtskräftig).
[34] Vgl. den Sachverhalt in LG München ZUM-RD 2012, 49 (58 f.).
[35] Vgl. BGH GRUR 1996, 763 (766) – Salome II (zu § 137 Abs. 3).
[36] Vgl. BGH GRUR 1996, 763 (766) – Salome II (zu § 137 Abs. 3).

Berücksichtigung des tatsächlichen Willens" zulasse.[37] Das überzeugt nicht. Der Vergütungsanspruch ist **zwingend** ausgestaltet. Dafür spricht ein Vergleich mit § 137m Abs. 1 iVm 79a Abs. 3 S. 1. § 137 Abs. 4 belegt nachdrücklich, dass sich der Verwerter nur dann der Vergütungspflicht entziehen kann, wenn er dafür auf die Nutzung im Verlängerungszeitraum verzichtet. Wäre der Anspruch abdingbar, hätte es der Verwerter in der Hand, § 137 Abs. 4 leerlaufen zu lassen. Das ist vom Gesetz ersichtlich nicht gewollt.

Zu beachten ist, dass der Interpret von auf Tonträger aufgenommenen Darbietungen, die an der **11** Schutzdauerverlängerung von 50 auf 70 Jahre partizipieren, einen **zusätzlichen Vergütungsanspruch** (§ 137m Abs. 1 iVm § 79a Abs. 1) hat. Dieser Anspruch besteht lediglich für die zusätzlichen 20 Jahre. Er ist nicht auf die Erhöhung von 25 auf 50 Jahre anzuwenden. Beide Schutzfristverlängerungen und ihre Konsequenzen sind eigenständig zu würdigen.[38]

Der Verwerter kann den **Vergütungsanspruch** aus § 137c Abs. 3 iVm § 137 Abs. 3 „alsbald", dh, **12** unverzüglich[39] nach seiner Geltendmachung **abwenden** (§ 137c Abs. 3 iVm § 137 Abs. 4). Die entsprechende Anwendung des § 137 Abs. 4 S. 1 stößt im Interpretenrecht auf **erhebliche Schwierigkeiten.** Grund dafür ist das „leistungsschutzrechtliche Abstraktionsprinzip", das eine isolierte Verwertung der auf einem Bild- oder Tonträger festgelegten Darbietung ohne Zustimmung des Inhabers der daran bestehenden Leistungsschutzrechte verhindert.[40] Danach könnte zwar der Verwerter das ihm eingeräumte oder übertragene Recht wieder zur Verfügung stellen oder auf seine Ausübung verzichten. Dem Interpreten würden damit Steine statt Brot gegeben, weil er in beiden Fällen seine festgelegte Darbietung nicht selbständig oder über Dritte verwerten kann. Er würde damit nicht von der Schutzdauerverlängerung profitieren können. Das Problem wurde bei der jüngsten Schutzdauerverlängerung gesehen und in § 137m Abs. 1, 79 Abs. 3 S. 2 zugunsten des Interpreten gelöst.[41] Für die entsprechende Anwendung des § 137 Abs. 4 S. 1 im Interpretenrecht muss die Norm deshalb modifiziert werden, um eine Vergleichbarkeit mit der Rechtslage des Urhebers herzustellen. Danach kann der Verwerter den Vergütungsanspruch **grundsätzlich nicht abwenden,** es sei denn, er räumt dem Interpreten zugleich ein einfaches und übertragbares Nutzungsrecht an der Verwertung des Bild- oder Tonträgers der festgelegten Darbietung ein, was letztlich zur Anwendung des „eingeschränkten Kausalprinzips"[42] führt. Keine besonderen Probleme wirft die entsprechende Anwendung des § 137 Abs. 4 S. 2 im Interpretenrecht auf. Insoweit wird auf die dortigen Ausführungen verwiesen.

§ 137d Computerprogramme

(1) [1]**Die Vorschriften des Abschnitts 8 des Teils 1 sind auch auf Computerprogramme anzuwenden, die vor dem 24. Juni 1993 geschaffen worden sind.** [2]**Jedoch erstreckt sich das ausschließliche Vermietrecht (§ 69c Nr. 3) nicht auf Vervielfältigungsstücke eines Programms, die ein Dritter vor dem 1. Januar 1993 zum Zweck der Vermietung erworben hat.**

(2) **§ 69g Abs. 2 ist auch auf Verträge anzuwenden, die vor dem 24. Juni 1993 abgeschlossen worden sind.**

Schrifttum: S. die Schrifttumsangaben Vor §§ 69a ff.

Übersicht

1. Entstehungsgeschichte und Bedeutung der Bestimmung

§ 137d ist durch das **2. UrhGÄndG** v. 9.6.1993 (BGBl. I S. 910) in das UrhG eingefügt worden; **1** das Gesetz ist am 24.6.1993 in Kraft getreten (Art. 2). Dieses Gesetz diente der **Umsetzung der europäischen Computerprogrammrichtlinie**[1] und hat dem UrhG in seinem Teil 1 über das Urheberrecht einen neuen Abschnitt 8 mit den **§§ 69a–69g** als besondere Bestimmungen über Computerprogramme hinzugefügt. § 137d enthält die **Übergangsbestimmungen** zu dieser Gesetzesergänzung. Angesichts der rasanten technologischen Entwicklung dürfte die Norm indes heute kaum noch eine Bedeutung haben.

---

[37] LG München ZUM-RD 2012, 49 (59).
[38] Vgl. BGH GRUR 1996, 763 (766) – Salome II (zu § 137 Abs. 3).
[39] Zum Zeitpunkt → § 137 Rn. 14.
[40] → Vor §§ 73 ff. Rn. 77.
[41] → § 79 Rn. 182 f.
[42] → Vor §§ 73 ff. Rn. 78.
[1] Zu dieser allgemein → Einl. UrhG Rn. 78.

2. Inhalt der Bestimmung

2   **a) § 137d Abs. 1 S. 1** bewirkt, dass die neuen §§ 69a–69g grundsätzlich auf **alle Computerpro-gramme** unabhängig davon anzuwenden sind, wann sie geschaffen worden sind,[2] und entspricht damit nach der AmtlBegr.[3] einem Anliegen der Praxis. Dies bedeutet insbes., dass § 69a Abs. 3 auch auf Computerprogramme anwendbar ist, die vor dem Inkrafttreten dieser Bestimmung am 24.6.1993 geschaffen worden sind. An solche Programme stellte der BGH mit dem Erfordernis einer deutlich über dem durchschnittlichen Programmiererschaffen liegenden eigenen schöpferischen Leistung hohe Schutzanforderungen.[4] Nach einer Äußerung des damaligen Vorsitzenden des zuständigen BGH-Senats sollten demnach nur 5 % aller Computerprogramme urheberrechtlich schutzfähig sein.[5] Art. 1 Abs. 3 der europäischen Computerprogrammrichtlinie und in dessen Umsetzung § 69a Abs. 3 verbie-ten es, bei Beurteilung der urheberrechtlichen Schutzfähigkeit von Computerprogrammen andere Kriterien als dasjenige der Individualität anzuwenden, und zwangen dadurch den BGH, von seiner früheren Rechtsprechung abzurücken und geringere Schutzanforderungen zu stellen.[6] Die Rückwir-kung erstreckt sich zwar nicht auf Schadensersatzansprüche wegen Rechtsverletzungen aus der Zeit vor dem 24.6.1993, wohl aber auf dadurch und für die Zeit danach begründete Unterlassungsansprü-che[7] und auf vertraglich begründete Vergütungsansprüche.[8] Eine Ausnahme von diesem Grundsatz sieht **§ 137d Abs. 1 S. 2** in Bezug auf das ausschließliche **Vermietrecht** nach § 69c Nr. 3 vor: Es erstreckt sich nicht auf Vervielfältigungsstücke eines Computerprogramms, die ein Dritter vor dem 1.1.1993 zum Zweck der Vermietung erworben hat.

3   **b)** Gemäß **§ 137d Abs. 2** ist § 69g Abs. 2 auch auf **Verträge** anzuwenden, die **vor dem 24.6.1993**, dem Tag des Inkrafttretens des Gesetzes (→ Rn. 1), geschlossen worden sind. § 69g Abs. 2 erklärt vertragliche Bestimmungen, die in Widerspruch zu § 69d Abs. 2 und 3 und 69e ste-hen, für nichtig und diese Bestimmungen daher für zwingend. Diese zwingenden Vorschriften betref-fen Ausnahmen von den gesetzlich zustimmungsbedürftigen Handlungen zugunsten der Erstellung einer Sicherungskopie, von Programmtests und der Dekompilierung. Nach der AmtlBegr. (→ Rn. 2) entspricht die **Anwendung** dieses **zwingenden Vertragsrechts auch auf Altverträge** ebenfalls einem Anliegen der Praxis. Sie erschien dem Gesetzgeber auch möglich, weil die Rechtslage bisher insoweit ungeklärt war und sich daher ein schutzwürdiges Vertrauen auf den Fortbestand einer be-stimmten Rechtslage nicht entwickeln konnte. Auch sachlich erschien die Regelung dem Gesetzge-ber als gerechtfertigt. Im Umkehrschluss folgt aus § 137d Abs. 2, dass die übrigen vertragsrechtlichen Vorschriften der §§ 69a ff. auf Softwareverträge aus der Zeit vor Inkrafttreten dieser Vorschriften am 24.6.1993 nicht anzuwenden sind. Dies entspricht der Grundregel des § 132 Abs. 1 S. 1 (dort → § 132 Rn. 2) und hat ua zur Folge, dass für die Auslegung solcher Verträge auf die Umstände zur-zeit des Vertragsschlusses abzustellen ist.[9] Gleichwohl rückwirkend anwendbar ist § 69b über Compu-terprogramme von Urhebern in Arbeits- und Dienstverhältnissen,[10] was formal, wenn auch mit gra-vierenderen Auswirkungen der Anwendung des § 43 auf Altverträge nach § 132 Abs. 1 S. 1, 2 entspricht (dort → § 132 Rn. 5). Ausdrücklich von der rückwirkenden Anwendung durch § 137d Abs. 2 ausgeschlossen ist **§ 69d Abs. 1,** jedoch wird hierzu zT eine analoge Anwendung des § 137d Abs. 2 erwogen.[11]

§ 137e Übergangsregelung bei Umsetzung der Richtlinie 92/100/EWG

(1) **Die am 30. Juni 1995 in Kraft tretenden Vorschriften dieses Gesetzes finden auch auf vor-her geschaffene Werke, Darbietungen, Tonträger, Funksendungen und Filme Anwendung, es sei denn, daß diese zu diesem Zeitpunkt nicht mehr geschützt sind.**

(2) [1]**Ist ein Original oder Vervielfältigungsstück eines Werkes oder ein Bild- oder Tonträger vor dem 30. Juni 1995 erworben oder zum Zweck der Vermietung einem Dritten überlassen worden, so gilt für die Vermietung nach diesem Zeitpunkt die Zustimmung der Inhaber des**

---

[2] BGH MMR 2015, 673.
[3] BT-Drs. 12/4022, 15 zu Nr. 4.
[4] S. BGHZ 94, 276 (281 ff.) = GRUR 1985, 1041 (1046 f.) – Inkassoprogramm; BGHZ 112, 264 (273 f.) = GRUR 1991, 449 (451 f.) – Betriebssystem.
[5] S. den Bericht von *Baumann* GRUR 1986, 731.
[6] S. BGHZ 123, 208 (211) = GRUR 1994, 39 (40) – Buchhaltungsprogramm, ausdrücklich auch für Altpro-gramme unter Hinweis auf § 137d Abs. 1 S. 1; sa BGH GRUR 2000, 866 (868) – Programmfehlerbeseitigung; BGHZ 145, 7 (10) = GRUR 2001, 153 (153 f.) – OEM-Version; OLG München ZUM-RD 2000, 8 (12 f.) – TESY-M2.
[7] S. BGHZ 123, 208 (211) = GRUR 1994, 39 (40) – Buchhaltungsprogramm.
[8] S. OLG München ZUM-RD 2000, 8 (13 f.); zur urheber- und wettbewerbsrechtlichen Beurteilung von Scha-densersatz-, Unterlassungs- und Auskunftsansprüchen wegen eines bereits vor dem 24.6.1993 begonnenen Miss-brauchs eines im Jahre 1987 entwickelten und 1988 lizenzierten Computerprogramms s. LG Oldenburg GRUR 1996, 481 (482 ff.) – Subventions-Analyse-System.
[9] S. BGH GRUR 2000, 866 (868) – Programmfehlerbeseitigung.
[10] So die AmtlBegr. BT-Drs. 12/4022, 16; BGH GRUR 2001, 155 (157) – Wetterführungspläne.
[11] So Dreier/Schulze/*Dreier* UrhG § 137d Rn. 6.

Vermietrechts (§§ 17, 77 Abs. 2 Satz 1, §§ 85 und 94) als erteilt. [2] Diesen Rechtsinhabern hat der Vermieter jeweils eine angemessene Vergütung zu zahlen; § 27 Abs. 1 Satz 2 und 3 hinsichtlich der Ansprüche der Urheber und ausübenden Künstler und § 27 Abs. 3 finden entsprechende Anwendung. [3] § 137d bleibt unberührt.

(3) Wurde ein Bild- oder Tonträger, der vor dem 30. Juni 1995 erworben oder zum Zweck der Vermietung einem Dritten überlassen worden ist, zwischen dem 1. Juli 1994 und dem 30. Juni 1995 vermietet, besteht für diese Vermietung ein Vergütungsanspruch in entsprechender Anwendung des Absatzes 2 Satz 2.

(4) [1] Hat ein Urheber vor dem 30. Juni 1995 ein ausschließliches Verbreitungsrecht eingeräumt, so gilt die Einräumung auch für das Vermietrecht. [2] Hat ein ausübender Künstler vor diesem Zeitpunkt bei der Herstellung eines Filmwerkes mitgewirkt oder in die Benutzung seiner Darbietung zur Herstellung eines Filmwerkes eingewilligt, so gelten seine ausschließlichen Rechte als auf den Filmhersteller übertragen. [3] Hat er vor diesem Zeitpunkt in die Aufnahme seiner Darbietung auf Tonträger und in die Vervielfältigung eingewilligt, so gilt die Einwilligung auch als Übertragung des Verbreitungsrechts, einschließlich der Vermietung.

Schrifttum: *Braun,* Schutz geistigen Eigentums contra Berufsausübungsfreiheit am Beispiel der Tonträgervermietung, ZUM 1998, 627; *Kadelbach,* Umsetzung von EG-Richtlinien durch rückwirkendes Gesetz? Zum neuen § 137e Abs. 3 UrhG, EWS 1996, 11; *Kröber,* Stärkt das neue Vermietrecht die Position der schöpferischen Menschen?, ZUM 1995, 854; *v. Lewinski,* Die Umsetzung der Richtlinie zum Vermiet- und Verleihrecht, ZUM 1995, 442; *dies.,* Vermiet- und Verleih-Richtlinie, in *Walter* (Hrsg.), Europäisches Urheberrecht Kommentar, 2001, S. 279; *Schwarz,* Die ausübenden Künstler, ZUM 1999, 40; sa. die Schrifttumsnachweise zu §§ 17 und 27.

Übersicht

1. Entstehungsgeschichte und Bedeutung der Bestimmung

§ 137e ist dem UrhG durch das **3. UrhGÄndG** vom 23.6.1995[1] eingefügt worden. Durch dieses **1** Gesetz ist ua die europäische **Vermiet- und Verleihrechtsrichtlinie**[2] in das deutsche Recht umgesetzt worden. Diese Richtlinie hat in ihrem Kapitel I das Vermiet- und Verleihrecht und in ihrem Kapitel II die Harmonisierung der verwandten Schutzrechte der ausübenden Künstler, der Hersteller von Tonträgern, der Filmhersteller und der Sendeunternehmen zum Gegenstand. § 137e enthält für die mit dieser Richtlinienumsetzung verbundenen diversen Änderungen des deutschen Rechts in Anschluss an Art. 13 der Richtlinie eine Reihe von **Übergangsregelungen.** Die Richtlinie hätte nach ihrem Art. 15 Abs. 1 an sich bereits zum 1.7.1994 umgesetzt werden müssen. Die diesbezüglichen Bestimmungen des Gesetzes sind jedoch erst am 30.6.1995 in Kraft getreten.[3]

2. Inhalt der Bestimmung

§ 137e Abs. 1 statuiert die **Anwendung** der neuen Bestimmungen auch auf **vor ihrem Inkraft- 2 treten geschaffene Werke, Darbietungen, Tonträger, Funksendungen und Filme,** es sei denn, dass sie zu diesem Zeitpunkt nicht mehr geschützt waren. Dies entspricht §§ 129 Abs. 1,[4] 137a Abs. 1, 137b Abs. 1, 137c Abs. 1 und 137d Abs. 1, ferner §§ 137f Abs. 1 S. 2, 137g Abs. 1, 2 sowie § 137j Abs. 2 und folgt der Vermiet- und Verleihrechtsrichtlinie.[5]

§ 137e Abs. 2 modifiziert die Anwendung des damals neu eingeführten **ausschließlichen Ver- 3 mietrechts** der verschiedenen Rechtsinhaber, um Härten für die bestehenden Vermietgeschäfte im Hinblick auf deren bestehenden Warenbestand auszuräumen bzw. abzumildern; er nutzt dabei eine in Art. 13 Abs. 3 der Richtlinie[6] vorgesehene Option. Zu diesem Zweck fingiert **§ 137e Abs. 2 S. 1** in Bezug auf vor dem 30.6.1995[7] erworbene Werkoriginale, Vervielfältigungsstücke, Bild- oder Tonträger die Zustimmung der Rechtsinhaber für die Vermietung nach Inkrafttreten des Gesetzes. Als Kompensation hat der Vermieter den Rechtsinhabern gemäß **§ 137e Abs. 2 S. 2** eine angemessene Vergütung zu bezahlen; dies entspricht Art. 13 Abs. 3 S. 2[8] der Richtlinie, und auf diesen Anspruch

---

[1] BGBl. I S. 842.

[2] Zu dieser allgemein → Einl. UrhG Rn. 97.

[3] Art. 3 Abs. 1 des 3. UrhGÄndG.

[4] → § 129 Rn. 1 f.

[5] Art. 13 Abs. 1 der Richtlinie 92/100/EWG v. 19.11.1992, nunmehr Art. 11 Abs. 1 der Richtlinie 2006/115/ EG v. 12.12.2006. Zum bis Jahresende 2021 bzw. 2029 nach § 137e Abs. 1 verlängerten Schutz US-amerikanischer Tonträgeraufnahmen aus den Jahren 1971 und 1979 s. OLG Hamburg ZUM 1999, 853 (857) – Frank Sinatra I, und GRUR-RR 2001, 73 (77) – Frank Sinatra II.

[6] Art. 13 Abs. 3 S. 2 der Richtlinie 92/100/EWG v. 19.11.1992, nunmehr Art. 11 Abs. 3 S. 2 der Richtlinie 2006/115/EG v. 12.12.2006.

[7] → Rn. 1.

[8] Art. 13 Abs. 3 der Richtlinie 92/100/EWG v. 19.11.1992, nunmehr Art. 11 Abs. 3 der Richtlinie 2006/115/ EG v. 12.12.2006.

finden zugunsten der Urheber und ausübenden Künstler die Schutzvorschriften des § 27 Abs. 1 S. 2 und 3 sowie des § 27 Abs. 3 Anwendung. Die Verweisung auf § 137d in § 137e Abs. 2 S. 3 stellt sicher, dass die Übergangsregel zur Umsetzung des bereits in der Computerprogramm-RL enthaltenen ausschließlichen Vermietrechts unberührt bleibt.[9]

4   **§ 137e Abs. 3** trägt dem Umstand Rechnung, dass die Vermiet- und Verleihrechtsrichtlinie vom Gesetzgeber **verspätet umgesetzt** worden ist.[10] Zum Ausgleich für den damit verbundenen Rechtsverlust wird den ausübenden Künstlern, Tonträgerherstellern und Filmherstellern für den Zeitraum zwischen dem 1.7.1994 und dem 30.6.1995[11] gegen den Vermieter ein Vergütungsanspruch nach Maßgabe des § 137e Abs. 2 S. 2 gewährt. Urheber werden insoweit auf ihren Vergütungsanspruch nach § 27 nF[12] verwiesen.[13]

5   **§ 137e Abs. 4 S. 1** bestimmt im Anschluss an Art. 13 Abs. 7 der Richtlinie in **vertragsrechtlicher Hinsicht,** dass es als Einräumung auch des Vermietrechts gilt, wenn ein **Urheber** vor dem Inkrafttreten des Gesetzes am 30.6.1995[14] ein ausschließliches Verbreitungsrecht eingeräumt hat. Zu Lasten **ausübender Künstler** wird durch **§ 137e Abs. 4 S. 2** sogar bestimmt, dass ihre ausschließlichen Rechte als auf den Filmhersteller übertragen gelten, wenn sie vor Inkrafttreten des Gesetzes bei der Herstellung eines Filmwerks mitgewirkt oder in die Benutzung ihrer Darbietungen zur Herstellung eines Filmwerks eingewilligt haben.[15] Den Urhebern und ausübenden Künstlern verbleibt damit im Regelungsbereich des § 137e Abs. 4 S. 2 hinsichtlich des bestehenden Repertoirs lediglich ihr unverzichtbarer **Vergütungsanspruch** nach §§ 27 Abs. 1 und 3, 77 Abs. 2 S. 2.[16] Entsprechendes gilt im Übrigen nach **§ 137e Abs. 4 S. 3** in Bezug auf Einwilligungen ausübender Künstler in die Aufnahme ihrer Darbietungen auf Tonträger und deren Vervielfältigung: Sie gelten auch als Übertragung des Verbreitungsrechts, einschließlich des Vermietrechts.

§ 137f Übergangsregelung bei Umsetzung der Richtlinie 93/98/EWG

(1) [1]Würde durch die Anwendung dieses Gesetzes in der ab dem 1. Juli 1995 geltenden Fassung die Dauer eines vorher entstandenen Rechts verkürzt, so erlischt der Schutz mit dem Ablauf der Schutzdauer nach den bis zum 30. Juni 1995 geltenden Vorschriften. [2]Im übrigen sind die Vorschriften dieses Gesetzes über die Schutzdauer in der ab dem 1. Juli 1995 geltenden Fassung auch auf Werke und verwandte Schutzrechte anzuwenden, deren Schutz am 1. Juli 1995 noch nicht erloschen ist.

(2) [1]Die Vorschriften dieses Gesetzes in der ab dem 1. Juli 1995 geltenden Fassung sind auch auf Werke anzuwenden, deren Schutz nach diesem Gesetz vor dem 1. Juli 1995 abgelaufen ist, nach dem Gesetz eines anderen Mitgliedstaates der Europäischen Union oder eines Vertragsstaates des Abkommens über den Europäischen Wirtschaftsraum zu diesem Zeitpunkt aber noch besteht. [2]Satz 1 gilt entsprechend für die verwandten Schutzrechte des Herausgebers nachgelassener Werke (§ 71), der ausübenden Künstler (§ 73), der Hersteller von Tonträgern (§ 85), der Sendeunternehmen (§ 87) und der Filmhersteller (§§ 94 und 95).

(3) [1]Lebt nach Absatz 2 der Schutz eines Werkes im Geltungsbereich dieses Gesetzes wieder auf, so stehen die wiederauflebenden Rechte dem Urheber zu. [2]Eine vor dem 1. Juli 1995 begonnene Nutzungshandlung darf jedoch in dem vorgesehenen Rahmen fortgesetzt werden. [3]Für die Nutzung ab dem 1. Juli 1995 ist eine angemessene Vergütung zu zahlen. [4]Die Sätze 1 bis 3 gelten für verwandte Schutzrechte entsprechend.

(4) [1]Ist vor dem 1. Juli 1995 einem anderen ein Nutzungsrecht an einer nach diesem Gesetz noch geschützten Leistung eingeräumt oder übertragen worden, so erstreckt sich die Einräumung oder Übertragung im Zweifel auch auf den Zeitraum, um den die Schutzdauer verlängert worden ist. [2]Im Fall des Satzes 1 ist eine angemessene Vergütung zu zahlen.

Schrifttum: *Dietz,* Schutzfristen, in *Schricker/Bastian/Dietz* (Hrsg.), Konturen eines europäischen Urheberrechts, 1996, S. 64; s. im Übrigen die Schrifttumsnachweise zu § 64.

---

[9] Dazu → § 137d Rn. 2; zum Ergebnis s. die AmtlBegr. BT-Drs. 13/115, 17 zu Nr. 12.

[10] → Rn. 1.

[11] → Rn. 1.

[12] S. Dreier/Schulze/*Dreier* UrhG § 137e Rn. 7.

[13] S. die AmtlBegr. BT-Drs. 13/115, 17 f. zu Nr. 12, die diese rückwirkende Belastung der Vermieter für verfassungsrechtlich zulässig hält, weil es kein schützenswertes Vertrauen auf die verspätete Richtlinienumsetzung geben könne.

[14] → Rn. 1.

[15] Zum Zusammenhang mit dem durch dasselbe Gesetz geänderten § 92 dort → § 92 Rn. 1, 4; zur Anwendung des § 137e Abs. 4 S. 2 auf die DVD-Auswertung von Musikvideos als Filmwerken aus den Jahren 1967 bis 1970 s. KG ZUM 2003, 863 (864 ff.) – Beat Club; zur Erstreckung der Bestimmung auch auf das erst im Jahre 2003 eingeführte Recht der öffentlichen Zugänglichmachung nach § 78 Abs. 1 Nr. 1 nF iVm § 19a, nicht aber auf Verträge aus der Zeit vor 1966 bereits → § 92 Rn. 4.

[16] Art. 4 der Richtlinie der Richtlinie 92/100/EWG v. 19.11.1992, nunmehr Art. 5 der Richtlinie 2006/115/ EG v. 12.12.2006; s. zum Ergebnis die AmtlBegr. BT-Drs. 13/115, 18; *v. Lewinski* ZUM 1995, 442 (450).

1. Entstehungsgeschichte und Bedeutung der Bestimmung

§ 137f ist wie § 137e[1] durch das **3. UrhGÄndG** vom 23.6.1995[2] in das UrhG eingeführt worden. **1**
Dieses Gesetz diente der Umsetzung nicht nur der europäischen Vermiet- und Verleihrechtsrichtlinie,[3] sondern auch der europäischen **Schutzdauerrichtlinie.**[4] § 137f enthält die entsprechenden,
von Art. 10 der Richtlinie abgeleiteten **Übergangsvorschriften.**[5] Die die Schutzdauer betreffenden
Bestimmungen des Gesetzes sind am 1.7.1995 in Kraft getreten.[6]

2. Inhalt der Bestimmung

a) § 137f **Abs. 1 S. 1** setzt Art. 10 Abs. 1 der Richtlinie um, der es verbietet, eine in einem Mit- **2**
gliedstaat im Umsetzungszeitpunkt, dem 1.7.1995, bereits laufende längere Schutzfrist zu verkürzen.[7]
Demgemäß bestimmt § 137f Abs. 1 S. 1, dass in einem solchen Fall der Ablauf der Schutzdauer nach
den **bisher geltenden Vorschriften** zu beurteilen ist.[8]

Einer der Anwendungsfälle des § 137f Abs. 1 S. 1 ist derjenige der Schutzdauer **einfacher Licht-** **3**
bilder iSd § 72, die als **Dokumente der Zeitgeschichte** bereits auf Grund § 72 Abs. 3 aF (1985)
50 Jahre nach ihrem Erscheinen bzw. bei Nichterscheinen nach ihrer Herstellung geschützt waren.
Für Lichtbilder dieser Art **aus der Zeit vor 1966,** wie zB für solche aus den Jahren 1930 und 1942,
führten § 135a mit seiner Bestimmung der Fristberechnung ab dem 1.1.1966 und § 137a analog zu
einer Schutzdauer bis Jahresende 2015.[9] Der durch das 3. UrhGÄndG neugefasste § 72 Abs. 3 verzichtet auf eine solche Sonderregelung für solche Lichtbilder, hebt die Schutzfrist für alle einfachen
Lichtbilder auf 50 Jahre an, berechnet sie aber (zT wieder) ab Erscheinen, erster erlaubter öffentlicher
Wiedergabe oder Herstellung. Dies würde im Beispielsfall unveröffentlichter Lichtbilder aus den Jahren 1930 und 1942 somit zum Schutz nur bis Jahresende 1980 bzw. 1992 führen. § 137f Abs. 1 S. 1
verhindert dieses Ergebnis, so dass es beim Schutz bis Jahresende 2015 bleibt.[10]

Ein häufig erörterter weiterer Anwendungsfall des § 137f Abs. 1 S. 1 ist derjenige der **Schutzdau-** **4**
er älterer Filmwerke. Hinsichtlich der Schutzdauer von Filmwerken stellt § 65 Abs. 2 nF seit 1995
auf den Längstlebenden von nur mehr vier Urheberkategorien ab.[11] Ist längstlebender Filmmiturheber
aus deutscher Sicht ein Urheber einer anderen Kategorie, wie zB ein Kameramann, Szenenbildner
oder Cutter, so könnte dies bei einem Film aus der Zeit vor Inkrafttreten der Neuregelung am
1.7.1995 (→ Rn. 1) zu einer Verkürzung der Schutzdauer gemäß § 65 aF führen. Dabei ist unter der
Dauer eines vor diesem Datum entstandenem Rechts iSd Vorschrift nicht nur die Frist von 70 Jahren
pma., sondern die gesamte Schutzdauer einschließlich derjenigen der (unbestimmten) Lebenszeit des
längstlebenden Filmmiturhebers zu verstehen.[12]

b) Im Übrigen gilt nach § 137f **Abs. 1 S. 2** in Umsetzung von Art. 10 Abs. 2 der Richtlinie,[13] **5**
dass die **neuen Schutzdauerregelungen** auch auf bestehende Werke und Gegenstände verwandter
Schutzrechte anzuwenden sind, deren Schutz bei Inkrafttreten des Gesetzes am 1.7.1995[14] noch nicht
erloschen ist. Dies entspricht auch § 129 Abs. 1.[15] Ebenfalls in Umsetzung von Art. 10 Abs. 2 der
Richtlinie[16] gilt dies nach § 137f **Abs. 2** sogar dann, wenn der Schutz zu diesem Zeitpunkt auch nur
in **einem einzigen anderen EU- oder EWR-Staat** noch besteht. Dies führt dann zu einem **Wie-**
deraufleben des Schutzes in Deutschland.[17] Diese Regelung gilt allerdings **nicht** für den Schutz
einfacher Lichtbilder nach § 72, weil das betreffende verwandte Schutzrecht in § 137f Abs. 2 S. 2

---

[1] → § 137e Rn. 1.
[2] BGBl. I 1995 S. 842.
[3] → § 137e Rn. 1.
[4] Zu dieser allgemein → Einl. UrhG Rn. 97, im Einzelnen → § 64 Rn. 13 ff.
[5] S. zu Art. 10 der Richtlinie ausführlich → § 64 Rn. 39 ff.
[6] Art. 3 Abs. 2 des 3. UrhGÄndG.
[7] → § 64 Rn. 40.
[8] Zu Anwendungsfällen für diese Regel s. die Kommentierung der §§ 64 ff.; Beispiele nennt die AmtlBegr. BT-
Drs. 13/781, 17 zu Nr. 16; sa *Vogel* ZUM 1995, 451 (457).
[9] → §§ 135, 135a Rn. 13.
[10] → §§ 135, 135a Rn. 13; OLG Hamburg GRUR 1999, 717 (720) – Wagner-Familienfotos.
[11] → § 65 Rn. 4.
[12] AA *Dietz* GRUR-Int 1995, 670 (684); Wandtke/Bullinger/*Braun/Jani* UrhG § 137f Rn. 3; wie hier
Fromm/Nordemann/*Dustmann* UrhG § 137f Rn. 3; wohl auch Dreier/Schulze/*Dreier* UrhG § 137f Rn. 5; BeckOK UrhR/*Lauber-Rönsberg* UrhG § 137f Rn. 3.
[13] → § 64 Rn. 41.
[14] → Rn. 1.
[15] → § 129 Rn. 1 f.
[16] → § 64 Rn. 41.
[17] S. die AmtlBegr. BT-Drs. 13/781, 17 zu Nr. 16 unter Hinweis auf das Beispiel von Lichtbildwerken; sa *Vogel*
ZUM 1995, 451 (457).

nicht aufgeführt ist.[18] Dasselbe trifft auf das verwandte Schutzrecht an **wissenschaftlichen Ausgaben** (§ 70) zu. Die Nichterwähnung dieser beiden verwandten Schutzrechte in § 137f Abs. 2 S. 2 ist dadurch zu erklären, dass die europäische Schutzdauerrichtlinie in Bezug auf diese Rechte die Schutzdauer nicht vereinheitlicht[19] bzw. nur eine maximale Schutzdauer festgelegt hat.[20] Für den Schutz von **Datenbanken** nach §§ 87a ff. enthält **§ 137g** eine eigene Übergangsregelung.

6   Mit dem 3. UrhGÄndG[21] wurden auch die §§ 120 ff. dahingehend ergänzt, dass die **Gleichstellung von Angehörigen der EU-Staaten** mit Deutschen ausdrücklich in den Gesetzestext aufgenommen wurde.[22] Dies hatte aber nur die Bedeutung einer Klarstellung und schuf keine neue Rechtslage.[23] Zugleich ist das europäische Diskriminierungsverbot, das darin zum Ausdruck kommt, **umfassend** zu verstehen. Es bezieht sich insbes. auch auf den Schutz von Werken und Leistungen von Angehörigen der anderen EU-Staaten, die bereits vor dem Inkrafttreten dieses Verbots verstorben sind.[24] Um hinsichtlich solcher Werke und Leistungen den Schutz nach deutschem Recht im vollen Inhalt und Umfang, einschließlich der Schutzdauer, annehmen zu können, erübrigt sich daher ein Rückgriff auf § 137f Abs. 1 und 2.[25] Ausgehend von der gleichen Rechtslage in den **anderen EU-Staaten** kommt Werken und Leistungen deutscher Urheber, Künstler und Unternehmen dort ebenfalls der volle inländische Schutz zu. Sieht dieser aber eine **längere Schutzdauer** als das deutsche Recht vor, so ist diese nicht nur dort zu gewähren. Sie führt vielmehr über § 137f Abs. 2 für die dort berücksichtigten Schutzgegenstände[26] zum **Wiederaufleben des Schutzes in Deutschland,** wenn dieser hier vor dem 1.7.1995 bereits erloschen war. Dies kann insbes. für **Lichtbildwerke** relevant werden, für die in Deutschland bis zur Aufhebung des § 68 im Jahre 1985 eine verkürzte Schutzdauer galt.[27] Desgleichen kann sich aus § 137f Abs. 2 ein Wiederaufleben des Schutzes von **Tonträgern,** auch solcher US-amerikanischer Hersteller, ergeben.[28] Dies gilt selbst dann, wenn solche Tonträger vorher in Deutschland niemals geschützt waren, wie zB Tonträger aus den Jahren 1964 und 1965 mit Darbietungen des U. S.-amerikanischen Künstlers Bob Dylan.[29] Über § 137f Abs. 2 kann es somit sogar zu einer **erstmaligen Schutzbegründung** von Werken und Leistungen **Nicht-EU-Angehöriger** kommen. Im Übrigen kommt es auf den Schutz des **konkreten Werkes** oder der **konkreten Leistung** an, nicht auf den Schutz einer Werk- oder Leistungsgattung.[30] Umgekehrt können zB Urheber von älteren **Filmwerken** im Ausland, wie zB in **Österreich,** auch nach dortigem Recht und Art. 10 Abs. 2 Schutzdauerrichtlinie von der schon herkömmlich längeren Schutzdauer in Deutschland profitieren.[31]

7   **c) § 137f Abs. 3** regelt die **Folgen des Wiederauflebens des Schutzes.** Die betreffenden Rechte stehen den Urhebern oder Leistungsschutzberechtigten zu.[32] Eine vor dem 1.7.1995 von einem Dritten im Vertrauen auf das Erlöschen des Schutzes begonnene Nutzungshandlung darf jedoch im vorgesehenen Rahmen fortgesetzt werden,[33] jedoch ist dem Rechtsinhaber dafür eine angemessene Vergütung zu bezahlen.[34] Der Gesamtkomplex dieser Regelungen entspricht der Lösung anlässlich der **deutschen Wiedervereinigung.**[35]

8   **d)** Ebenfalls nach dem Vorbild des deutsch-deutschen Einigungsvertrags[36] bestimmt **§ 137f Abs. 4 S. 1** in **vertragsrechtlicher Hinsicht,** dass eine Rechtseinräumung an einem Leistungsschutzrecht aus der Zeit vor dem 1.7.1995 sich im Zweifel auch auf den Zeitraum der verlängerten Schutzdauer

---

[18] S. zum Ergebnis OLG Düsseldorf GRUR 1997, 49 (50) – Beuys-Fotografien.

[19] → § 64 Rn. 43 betr. § 72.

[20] → § 64 Rn. 29 betr. § 70.

[21] → Rn. 1.

[22] S. als Grundnorm § 120 Abs. 2 Nr. 2 sowie → Vor §§ 120 ff. Rn. 3 → § 120 Rn. 5.

[23] → Vor §§ 120 ff. Rn. 3 → § 120 Rn. 5.

[24] → § 120 Rn. 8 f.

[25] S. hypothetisch zu einem solchen Rückgriff BGH GRUR 2000, 1020 – La Bohème; zum Ergebnis s. EuGH GRUR 2002, 689 (690) – Ricordi.

[26] S. § 137f Abs. 2 S. 1 und 2 und → Rn. 3.

[27] → § 68 Rn. 1, → §§ 135, 135a Rn. 9, 9a; sa OLG Hamburg ZUM-RD 2004, 303 (304 f.) – U-Boot-Foto, im Hinblick auf die Rechtslage und Schutzdauer in Spanien, wobei diejenige in Italien dahingestellt blieb; sa *Schulze/Bettinger* GRUR 2000, 12 ff.; *Kieser* AfP 2002, 391 ff.

[28] S. OLG Hamburg ZUM 1999, 853 (857 f.) – Frank Sinatra I; OLG Hamburg GRUR-RR 2001, 73 (78 f.) – Frank Sinatra II, zum Schutz US-amerikanischer Tonträger aus der Zeit zwischen 1962 und 1968 wegen ihrer Schutzdauer von 50 Jahren nach dem Recht Großbritanniens.

[29] So EuGH GRUR 2009, 393 (394 f.) – Sony/Falcon, auf Vorlage durch BGH GRUR 2007, 502 (504) – Tonträger aus Drittstaaten.

[30] So Dreier/Schulze/*Dreier* UrhG § 137f Rn. 10; LG München I ZUM 2009, 335 (336 f.) – Portrait eines Gesichts, unter Verneinung eines Filmproduzentenschutzes in Spanien und Großbritannien für einen in Deutschland im Jahre 1966 produzierten und erstveröffentlichten Film als Anknüpfungspunkt für einen über 1991 hinausreichenden bzw. wiederauflebenden Schutz in Deutschland.

[31] S. öOGH GRUR-Int 2005, 335 (337) – Die Puppenfee, zu einem österreichischen Film aus dem Jahre 1936.

[32] § 137f Abs. 3 S. 1, 4.

[33] § 137 Abs. 3 S. 2.

[34] § 137 Abs. 3 S. 3.

[35] → Vor §§ 120 ff. Rn. 173 ff.; sa die AmtlBegr. BT-Drs. 13/781, 17 zu Nr. 16.

[36] → Vor §§ 120 ff. Rn. 173 ff., sowie die AmtlBegr. BT-Drs. 13/781, 17 zu Nr. 16.

erstreckt. Jedoch ist dem Leistungsschutzberechtigten dafür eine angemessene Vergütung zu zahlen.[37] Die Beschränkung dieser Regelung auf Leistungsschutzrechte erklärt die AmtlBegr. damit, dass die Frage nur in diesem Bereich praktisch bedeutsam werden könne.[38]

§ 137g Übergangsregelung bei Umsetzung der Richtlinie 96/9/EG

(1) § 23 Satz 2, § 53 Abs. 5, die §§ 55a, 60d Absatz 2 Satz 1 und 63 Abs. 1 Satz 2 sind auch auf Datenbankwerke anzuwenden, die vor dem 1. Januar 1998 geschaffen wurden.

(2) [1] Die Vorschriften des Abschnitts 6 des Teils 2 sind auch auf Datenbanken anzuwenden, die zwischen dem 1. Januar 1983 und dem 31. Dezember 1997 hergestellt worden sind. [2] Die Schutzfrist beginnt in diesen Fällen am 1. Januar 1998.

(3) Die §§ 55a und 87e sind nicht auf Verträge anzuwenden, die vor dem 1. Januar 1998 abgeschlossen worden sind.

Schrifttum: *Flechsig,* Der rechtliche Rahmen der europäischen Richtlinie zum Schutz von Datenbanken, ZUM 1997, 577; *Gaster,* Der Rechtsschutz von Datenbanken. Kommentar zur Richtlinie 96/9/EG mit Erläuterungen zur Umsetzung in das deutsche und österreichische Recht, 1999; *ders.,* Zur anstehenden Umsetzung der EG-Datenbankrichtlinie (I), CR 1997, 669; *ders.,* Zur anstehenden Umsetzung der EG-Datenbankrichtlinie (II), CR 1997, 717; *Grützmacher,* Urheber-, Leistungs- und Sui-generis-Schutz von Datenbanken, 1999; *Heinz,* Die europäische Richtlinie über den rechtlichen Schutz von Datenbanken in verfassungsrechtlicher und rechtstheoretischer Sicht, GRUR 1996, 455; *Hornung,* Die EU-Datenbank-Richtlinie und ihre Umsetzung in das deutsche Recht, 1998; *Leistner,* Der Rechtsschutz von Datenbanken im deutschen und europäischen Recht, 2000; *ders.,* Der neue Rechtsschutz des Datenbankherstellers, GRUR-Int 1999, 819; *v. Lewinski,* Datenbank-Richtlinie, in: *Walter* (Hg.), Europäisches Urheberrecht Kommentar 2001, S. 689; *dies.,* Kommentierung des § 137g UrhG, in: *Roßnagel* (Hg.), Recht der Multimediadienste – Kommentar zum Teledienstegesetz, 1999; *Milbradt,* Urheberrechtsschutz von Datenbanken, CR 2002, 710; *Vogel,* Die Umsetzung der Richtlinie 96/9/EG über den rechtlichen Schutz von Datenbanken in Art. 7 des Regierungsentwurfs eines Informations- und Kommunikationsdienstegesetzes, ZUM 1997, 592; s. im Übrigen die Schrifttumsnachweise vor §§ 87a ff.

Übersicht

1. Entstehungsgeschichte und Bedeutung der Bestimmung

Die Umsetzung der europäischen **Datenbankrichtlinie**[1] erfolgte in Deutschland durch Art. 7 des **Gesetzes zur Regelung der Rahmenbedingungen für Informations- und Kommunikationsdienste**[2] vom 22.7.1997,[3] das nach seinem Art. 11 insoweit am 1.1.1998 in Kraft getreten ist. § 137g enthält die entsprechenden **Übergangsbestimmungen** im Anschluss an Art. 14 der Datenbankrichtlinie.[4] **1**

2. Inhalt der Bestimmung

a) **§ 137g Abs. 1** bestimmt, dass auf **Datenbankwerke,**[5] die vor dem Zeitpunkt des Inkrafttretens des IuKDG[6] geschaffen worden sind, die durch das Gesetz zugleich geänderten oder neu eingeführten Vorschriften des UrhG anwendbar sind. Es handelt sich dabei um die in Abs. 1 ausdrücklich genannten §§ 23 S. 2, 53 Abs. 5, 55a und 63 Abs. 1 S. 2. Dies entspricht Art. 14 Abs. 1 der Richtlinie[7] und § 129 Abs. 1.[8] Die übrigen urheberrechtlichen Bestimmungen gelten für Alt-Datenbankwerke ohnehin.[9] **2**

b) Nach **§ 137g Abs. 2 S. 1** gelten die neuen §§ 87a ff. UrhG über das **verwandte Schutzrecht des Datenbankherstellers** ebenfalls für Alt-Datenbanken, wobei die im Gesetz bestimmten zeitlichen Grenzen sich auf die Schutzdauer von 15 Jahren für diesen Schutz nach § 87d beziehen.[10] Dies bedeutet, dass der Schutz nach §§ 87a ff. auch allen Datenbanken zuteil wird, welche den Schutzanforderungen genügen und während der letzten 15 Jahre vor dem 1.1.1998 als dem Stichtag für die **3**

---

[37] § 137f Abs. 4 S. 2.
[38] S. BT-Drs. 13/781, 17 zu Nr. 16.
[1] Zu dieser allgemein → Einl. UrhG Rn. 78.
[2] Informations- und Kommunikationsdienste-Gesetz – IuKDG.
[3] BGBl. I S. 1870.
[4] Zu dieser → § 64 Rn. 45 ff.
[5] S. zu diesem Begriff § 4 Abs. 2.
[6] → Rn. 1.
[7] → § 64 Rn. 45.
[8] → § 129 Rn. 1 f.
[9] S. Dreier/Schulze/*Dreier* UrhG § 137g Rn. 2; Fromm/Nordemann/*Czychowski* UrhG § 137g Rn. 1; Möhring/Nicolini/*Koch* UrhG § 137g Rn. 2; → § 64 Rn. 45.
[10] S. die AmtlBegr. BR-Drs. 966/96, 50 zu Art. 7 Nr. 7.

Umsetzung der Richtlinie[11] und dem Datum des Inkrafttretens der neuen Bestimmungen[12] hergestellt wurden. Die Festsetzung des Beginns der Schutzfrist in diesen Fällen auf den 1.1.1998, den Tag des Inkrafttretens des neuen Schutzrechts,[13] in **§ 137g Abs. 2 S. 2** beruht aber offensichtlich auf einer Fehlinterpretation von Art. 14 Abs. 5 der Richtlinie.[14] Vor dem 1.1.1998 abgeschlossene Handlungen bleiben von dem rückwirkenden Schutz von Alt-Datenbanken unberührt.[15] Werden vor diesem Datum begonnene Handlungen danach fortgesetzt, so ist allenfalls an Erleichterungen für den Rechtsverletzer nach § 101 aF/§ 100 nF zu denken; eine analoge Anwendung des § 136 scheidet aus.[16]

4   **c) § 137g Abs. 3** schließt die Anwendung der zwingenden vertragsrechtlichen Bestimmungen der §§ 55a und 87e auf Verträge aus der Zeit vor Inkrafttreten der Neuregelung am 1.1.1998[17] aus. Dem gegenteiligen Ansatz folgt § 137d Abs. 2 in Bezug auf Computerprogramme.[18] § 55a, ebenfalls eingeführt durch das Gesetz vom 22.7.1997,[19] setzt Art. 6 und Art. 15 der Datenbankrichtlinie um und enthält in Form einer speziellen Bestimmung über gesetzliche Einschränkungen des Urheberrechts an Datenbankwerken Regelungen zugunsten der rechtmäßigen Benutzer solcher Werke. Danach sind Bearbeitungen und Vervielfältigungen solcher Werke von Gesetzes wegen zulässig, soweit dies für den Zugang zu den Elementen eines Datenbankwerkes und für dessen Benutzung erforderlich ist (§ 55a S. 1). Beschränkt sich die Nutzungsberechtigung auf einen Teil eines Datenbankwerkes, dann sind die gesetzlichen Nutzungsbefugnisse auf diesen Teil beschränkt (§ 55a S. 2). Gemäß § 55a S. 3 sind entgegenstehende vertragliche Vereinbarungen nichtig. Eine der letzteren Bestimmung entsprechende Regelung enthält § 87e in Bezug auf das verwandte Schutzrecht an Datenbanken iSd §§ 87a ff. Dadurch, dass § 137g Abs. 3 die Anwendung der §§ 55a und 87e auf Verträge über die Nutzung von Datenbankwerken und Datenbanken aus der Zeit vor dem 1.1.1998 ausschließt, müssen die normalen Nutzungsbedürfnisse berechtigter Nutzer über das allgemeine Vertragsrecht sichergestellt werden.[20] Anwendbar sind daneben entsprechend dem Grundgedanken des § 132 Abs. 1 S. 1 aber auch die allgemeinen, schon vor Inkrafttreten des Gesetzes vom 22.7.1997 erlassenen urhebervertragsrechtlichen Bestimmungen, wie etwa § 31 Abs. 5 über das Zweckübertragungsprinzip.

§ 137h Übergangsregelung bei Umsetzung der Richtlinie 93/83/EWG

(1) **Die Vorschrift des § 20a ist auf Verträge, die vor dem 1. Juni 1998 geschlossen worden sind, erst ab dem 1. Januar 2000 anzuwenden, sofern diese nach diesem Zeitpunkt ablaufen.**

(2) **Sieht ein Vertrag über die gemeinsame Herstellung eines Bild- oder Tonträgers, der vor dem 1. Juni 1998 zwischen mehreren Herstellern, von denen mindestens einer einem Mitgliedstaat der Europäischen Union oder Vertragsstaat des Europäischen Wirtschaftsraumes angehört, geschlossen worden ist, eine räumliche Aufteilung des Rechts der Sendung unter den Herstellern vor, ohne nach der Satellitensendung und anderen Arten der Sendung zu unterscheiden, und würde die Satellitensendung der gemeinsam hergestellten Produktion durch einen Hersteller die Auswertung der räumlich oder sprachlich beschränkten ausschließlichen Rechte eines anderen Herstellers beeinträchtigen, so ist die Satellitensendung nur zulässig, wenn ihr der Inhaber dieser ausschließlichen Rechte zugestimmt hat.**

(3) **Die Vorschrift des § 20b Abs. 2 ist nur anzuwenden, sofern der Vertrag über die Einräumung des Kabelweitersenderechts nach dem 1. Juni 1998 geschlossen wurde.**

Schrifttum: *Castendyk/Kirchherr,* „Man spricht deutsh" zwischen den Instanzen – Zum Verhältnis von nationalem und europäischem Urheberrecht am Beispiel des § 137h Abs. 2 UrhG, ZUM 2005, 283; *Dreier,* Satelliten- und Kabel-Richtlinie, in *Walter* (Hrsg.), Europäisches Urheberrecht Kommentar, 2001, S. 399; *Flechsig,* Europäische Satellitenverbreitung im Lichte nationaler Koproduktion. Zum Inhalt der Übergangsregelung des § 137h bei gemeinschaftlicher Filmherstellung, ZUM 2003, 192; *Neumaier,* Zur Umsetzung der europäischen Richtlinie 93/83/EWG vom 27. September 1993 („Kabel- und Satellitenrichtlinie") durch den Bundesgesetzgeber, Archiv für Post und Telekommunikation (ArchivPT) 1998, 354.
S. auch die Schrifttumsnachweise zu § 20a und § 20b.

---

[11] S. Art. 14 Abs. 1, 16 Abs. 1 Datenbank-RL.
[12] → Rn. 1.
[13] → Rn. 1.
[14] Dazu mN → § 64 Rn. 46; aA Dreier/Schulze/*Dreier* UrhG § 137g Rn. 4; wie hier Möhring/Nicolini/*Spautz* (2. Aufl.) UrhG § 137g Rn. 3; Anlass für Missverständnisse erkennt auch Möhring/Nicolini/*Koch* UrhG § 137g Rn. 5; dahingestellt gelassen von Wandtke/Bullinger/*Braun/Jani* UrhG § 137g Rn. 3; *Leistner* GRUR-Int 1999, 819 (834 Fn. 140); ohne das Problem anzusprechen, geht BGH GRUR 2005, 857 (860) – HIT BILANZ, von dem Schutzfristbeginn am 1.1.1998 gemäß § 137g Abs. 2 S. 2 aus; sa BGH GRUR 2006, 493 (495) – Michel-Nummern.
[15] Art. 14 Abs. 4 Datenbank-RL; Wandtke/Bullinger/*Braun/Jani* UrhG § 137g Rn. 4.
[16] So Wandtke/Bullinger/*Braun/Jani* UrhG § 137g Rn. 4.
[17] → Rn. 1.
[18] → § 137d Rn. 3.
[19] → Rn. 1.
[20] So Dreier/Schulze/*Dreier* UrhG § 137g Rn. 6 zu § 138 BGB, dem AGB- und dem Kartellrecht.

Übersicht

1. Entstehungsgeschichte und Bedeutung der Bestimmung

§ 137h ist dem UrhG durch das **4. UrhGÄndG** vom 8.5.1998[1] eingefügt worden. Dieses Gesetz 1 dient vor allem der Umsetzung der europäischen **Satelliten- und Kabelrichtlinie.**[2] § 137h enthält in Abs. 1 und 2 **Übergangsbestimmungen** zur Durchführung von Art. 7 Abs. 2 und 3 der Richtlinie in Bezug auf Altverträge aus der Zeit vor Inkrafttreten des Gesetzes am 1.6.1998.[3] Die Übergangsbestimmung zu § 20b Abs. 2 in Abs. 3 beruht wie diese Vorschrift nicht auf einer Vorgabe der Satelliten- und Kabel-RL.[4]

2. Inhalt der Bestimmung

a) Anwendung des § 20a auf Altverträge. § 137h Abs. 1 bezieht sich auf **§ 20a** (Europäische 2 Satellitensendung) und bestimmt, dass diese Vorschrift betreffend den Begriff der europäischen Satellitensendung und den Ort, an dem sie stattfindet, **auf Altverträge** erst **ab dem 1.1.2000 anzuwenden** ist. Nach der AmtlBegr.[5] folgt daraus, dass solche Verträge von dieser Rechtsänderung zunächst unberührt blieben. Betroffen sind **Altverträge jeder Art,** die Senderechte beinhalten, mit **Ausnahme** von **Koproduktionsverträgen,** für die § 137h Abs. 2 in Umsetzung von Art. 7 Abs. 3 der Satelliten- und Kabel-RL eine Sonderregelung[6] enthält. **Maßgebliches Datum** für das Vorliegen eines Altvertrages ist nach § 137h Abs. 1 der Vertragsschluss vor dem **1.6.1998,** dem Tag des Inkrafttretens der Neuregelung.[7]

Nach der AmtlBegr.[8] folgt aus § 137h Abs. 1, dass solche Altverträge **zunächst von § 20a unbe-** 3 **rührt** blieben. Dies entspricht der Satelliten- und Kabel-RL, deren Art. 7 Abs. 2 durch § 137h Abs. 1 umgesetzt wurde. Erwägungsgrund 18 dieser Richtlinie erklärt deren eigene Übergangsregelung damit, dass die (sofortige) Anwendung des Ursprungs- oder Sendelandprinzips auf europäische Satellitensendungen zu **Problemen** hinsichtlich bereits **bestehender Verträge** führen könnte. Für eine Übergangszeit bis zum 1.1.2000, ausgehend vom 1.1.1995 als Umsetzungspunkt der Richtlinie[9] also während fünf Jahren, sollten daher Altverträge, deren Laufzeit vor dem 1.1.2000 endete, von den zentralen Richtlinienregelungen (Art. 1 Abs. 2, Art. 2 und 3) nicht tangiert werden. Über dieses Datum hinaus laufende Verträge sollten die Vertragsparteien im Übergangszeitraum ggf. an die neue Rechtslage anpassen können.

Die AmtlBegr. zu § 137h Abs. 1[10] nennt aus der Sicht des deutschen Rechts als **Beispiel** für die 4 von den Richtlinienverfassern befürchteten Probleme einen möglichen unterschiedlichen Schwerpunkt der für das Senderecht relevanten Nutzungshandlung nach § 20 einerseits und nach § 20a andererseits. Sie ist darin durch das Urteil des BGH „Sender Felsberg"[11] bestätigt worden. In diesem Urteil hat es der BGH ausdrücklich abgelehnt, die in § 20a Abs. 3 definierten Sendekriterien auf den Sendevorgang iSd § 20 zu übertragen. Nach der AmtlBegr. zu § 137h Abs. 1 könnte sich daraus die Frage ergeben, ob ein Alt-Sendevertrag mit territorialer Aufspaltung des Senderechts eine Rechtseinräumung auch für dasjenige Land bewirkt, von dem aus nach der Richtlinie bzw. § 20a die Satellitensendung eingeleitet worden ist. Als **weiteres Beispiel** nennt die AmtlBegr. zu § 137h Abs. 1 vertragliche Vergütungen, die auf der Grundlage von § 20a und § 20 unterschiedlich zu beurteilen sein könnten, wenn sich zu der letzteren Bestimmung in der Rechtsprechung die Bogsch-Theorie durchsetzen sollte, die bei Satellitensendungen einen Eingriff in das Senderecht nicht nur des Sendelandes, sondern auch der Länder des bestimmungsmäßigen Empfangs annimmt.[12] Allerdings ist bei diesem Beispiel zu berücksichtigen, dass auch die Satelliten- und Kabelrichtlinie und mit ihr das harmonisierte deutsche Recht trotz Anknüpfung europäischer Satellitensendungen an nur je eine einzige Rechtsordnung davon ausgehen, dass in der Vergütungsfrage allen Aspekten der Sendung und damit auch ihrer territorialen Reichweite Rechnung zu tragen ist (s. Erwgr. 17 der Richtlinie). Im deutschen

---

[1] BGBl. I S. 902.
[2] Zu dieser allgemein → Einl. UrhG Rn. 97; weiter → § 20a Rn. 1 ff.
[3] Art. 3 4. UrhGÄndG. Die nicht fristgerecht umgesetzte Richtlinie hat dagegen in Art. 14 Abs. 1 den 1.1.1995 als Umsetzungszeitpunkt vorgeschrieben (→ Rn. 8).
[4] → § 20b Rn. 9.
[5] BT-Drs. 13/4796, 15 zu Nr. 6.
[6] → Rn. 7.
[7] → Rn. 1; für Maßgeblichkeit des 1.1.1995 nach Art. 7 Abs. 2 iVm Art. 14 Abs. 1 der Satelliten- und Kabel-RL wegen deren Vorrangs *Neumaier* ArchivPT 1998, 354 (358); wie hier als obiter dictum BGH GRUR 2005, 48 (49) – man spricht deutsh.
[8] BT-Drs. 13/4796, 15 zu Nr. 6.
[9] → Rn. 1 f.
[10] BT-Drs. 13/4796, 15 zu Nr. 6.
[11] BGHZ 152, 317 (324 ff.) = GRUR 2003, 328 (330 f.) – Sender Felsberg.
[12] → Vor §§ 120 ff. Rn. 138; → Vor §§ 20 ff. Rn. 70 ff.

Recht kann dies zB bei der Bemessung der angemessenen Vergütung und Beteiligung iSd §§ 32 nF und 32a geschehen.

5   **Nach Ablauf der Übergangsfrist** zum 1.1.2000 sind alle Altverträge, die während der Dauer dieser Frist oder früher ausgelaufen sind, hinsichtlich aller ihrer Rechtsfolgen auf der Grundlage des früheren Rechts, also ohne Berücksichtigung des § 20a, zu beurteilen; ebenso Altverträge, die über den Stichtag hinaus weiter laufen, im Hinblick auf vor dem 1.1.2000 abgeschlossene Rechtsfolgen.[13] Seit dem 1.1.2000 sind jedoch auch **Altverträge** dem **Regime des § 20a** unterworfen. Dies bedeutet im Beispielsfall eins (→ Rn. 4) bei der Beurteilung der Frage, ob durch einen **Alt-Sendevertrag** mit **territorialer Aufspaltung des Senderechts** das Recht zur Durchführung einer bestimmten europäischen Satellitensendung eingeräumt oder zurückbehalten worden ist, die Bestimmung des maßgeblichen Landes nach § 20a Abs. 1, 3 und nicht nach § 20 oder der Bogsch-Theorie, deren Anwendbarkeit außerhalb des Geltungsbereich des § 20a der BGH bisher offengelassen hat.[14] Die Anwendung des § 20a bedeutet demzufolge auch, dass bei einer solchen Aufspaltung des Satellitensenderechts eine Verletzung der ausschließlichen Rechte einer der Vertragsparteien nicht allein damit begründet werden kann, dass sich die Empfangsgebiete decken oder überschneiden. Sie bedeutet aber nicht, dass § 20a der territorialen Aufspaltung des Satellitensenderechts in einem Altvertrag die **dingliche Wirkung** nimmt.[15] Aus internationalrechtlicher Sicht[16] ist das europäische Satellitensenderecht nämlich kein einheitliches Schutzrecht, sondern ein Bündel nationaler Schutzrechte, die jeweils ihren eigenen Inhaber haben können. Vor wie nach Anwendbarkeit des § 20a ausgeschlossen ist die dingliche Wirkung der Aufspaltung des Satellitensenderechts in Europa nur insoweit, als sie mit dem Empfang nur in bestimmten europäischen Ländern oder gar nur Landesteilen verknüpft wird, weil die Durchführung derart eingeschränkter Satellitensendungen technisch unmöglich ist.[17]

6   Die **technischen Bedingungen** von Satellitensendungen mit ihrer europaweiten Empfangbarkeit und damit verbunden ihren Auswirkungen auf die wirtschaftlichen Interessen verschiedener Inhaber nationaler Rechte erfordern im Übrigen gerade bei Altverträgen aus der Zeit vor Einführung der Satellitentechnik für den Empfang durch die Allgemeinheit eine **sorgfältige Auslegung** dahingehend, ob nicht nur einfache Senderechte, sondern auch Satellitensenderechte eingeräumt worden sind.[18]

7   **b) Filmkoproduktionsverträge (Abs. 2). Art. 137h Abs. 2** betrifft in Umsetzung von Art. 7 Abs. 3 der Richtlinie Altverträge über internationale Film-Koproduktionen, an denen Angehörige von EU-Staaten beteiligt sind und in denen unter den Koproduzenten territorial und sachlich begrenzte Sendebefugnisse verteilt sind, ohne dass das Satellitensenderecht ausdrücklich erwähnt ist. In solchen Fällen ist die Satellitensendung auch künftig nur zulässig, wenn ihr diejenigen Koproduzenten oder deren Rechtsnachfolger zustimmen, deren Ausschließlichkeitsrechte durch die Satellitensendung wirtschaftlich beeinträchtigt werden. Nach der AmtlBegr.[19] soll diese Regelung nach deutschem Recht aber nur solche Koproduktionsverträge betreffen, bei deren Abschluss die Satellitensendung bereits eine bekannte Nutzungsart iSd §§ 31 Abs. 4, 89 Abs. 1 war und bei denen die der Koproduktion zugrundeliegenden Nutzungsrechtseinräumungen iSd § 31 Abs. 5 auch die Einräumung des Satellitensenderechts bezweckten.

8   Nähere Erkenntnisse zu § 137h Abs. 2 sind insbes., wenn nicht ausschließlich **Art. 7 Abs. 3** der **Richtlinie** und ihrem **Erwägungsgrund 19** zu entnehmen. Ihr Gegenstand sind internationale **Koproduktionsverträge,** die zwischen einem Koproduzenten eines EU-Mitgliedstaates oder EWR-Vertragsstaates und einem oder mehreren Koproduzenten aus anderen Mitglied-, Vertrags- oder Drittsaaten geschlossen worden sind. In zulässiger Erweiterung der Richtlinienregelung ist aber darüber hinaus sowohl dem erweiterten Wortlaut als auch dem Sinn und Zweck des § 137h Abs. 2 zu entnehmen, dass diese Bestimmung auch auf **nationale Koproduktionsverträge** anwendbar ist.[20] Erfasst werden nur **Altverträge,** und zwar nach der Richtlinie aus der Zeit vor dem **1.1.1995** als dem Umsetzungszeitpunkt gemäß Art. 14 Abs. 1. An die Stelle dieses Datums hat § 137h Abs. 2 den **1.6.1998** als das Datum des Inkrafttretens der Neuregelung in Deutschland[21] gesetzt. In der bisherigen höchstrichterlichen Rechtsprechung zu § 137h Abs. 2 ist dies weder bemängelt worden, noch war es entscheidungserheblich.[22]

---

[13] Ebenso Dreier/Schulze/*Dreier* UrhG § 137h Rn. 2 zu Verletzungsfällen, die vor dem Stichtag stattgefunden haben.
[14] → Vor §§ 120 ff. Rn. 141 aF.
[15] Gegen OLG Stuttgart ZUM 2003, 239 (240) – man spricht deutsh; Dreier/Schulze/*Dreier* UrhG § 137h Rn. 3.
[16] S. BGHZ 118, 394 (397) = GRUR 1992, 697 (698) – ALF; BGHZ 152, 317 (322) = GRUR 2005 – Sender Felsberg; BGH GRUR 2005, 48 (49) – man spricht deutsh.
[17] S. BGH GRUR 2005, 48 (49) – man spricht deutsh; weiter → § 20a Rn. 17.
[18] S. BGH GRUR 2005, 48 (49) – man spricht deutsh, zu einem Vertrag aus dem Jahre 1987; BGH GRUR 2005, 320 (322 f.) – Kehraus.
[19] BT-Drs. 13/4796, 15 zu Nr. 6.
[20] So BGH GRUR 2005, 48 (50) – man spricht deutsh; sa BGH GRUR 2005, 320 (323) – Kehraus.
[21] → Rn. 1, 7.
[22] S. BGH GRUR 2005, 48 (49) – man spricht deutsh, zu einem Vertrag aus dem Jahre 1987; BGH GRUR 2005, 320 (322) – Kehraus, zu einem Vertrag aus dem Jahre 1983; → Rn. 2, 8.

Als weiteres Erfordernis für seine Anwendung nennt § 137h Abs. 2 die **räumliche Aufteilung** **9** **des Senderechts** unter den Koproduzenten **ohne Unterscheidung** nach **Satellitensendung** und **anderen Sendearten.** Dieser Wortlaut lässt an sich eine Auslegung zu, nach der bereits eine besondere Erwähnung der Satellitensendung im Koproduktionsvertrag die Anwendung der Bestimmung ausschließt. Jedoch widerspräche eine solche Auslegung den verbindlichen Vorgaben der Richtlinie. Nach deren Art. 7 Abs. 3 nämlich ist für die Anwendbarkeit der Übergangsregelung entscheidend, dass der Vertrag für die Satellitensendung keine besondere Regelung enthält.[23]

Dritte Voraussetzung für die Anwendung des § 137h Abs. 2 ist, dass die Satellitensendung der ge- **10** meinsam hergestellten Produktionen durch einen Koproduzenten die Auswertung der räumlich oder sprachlich beschränkten **ausschließlichen Rechte** eines **anderen Koproduzenten beeinträchtigen** würde. Aus einem Vergleich dieser Formulierung mit Art. 7 Abs. 3 der Richtlinie und deren Erwägungsgrund 19 ergeben sich einige **offene Fragen.** Art. 7 Abs. 3 stellt auf eine Beeinträchtigung „in einem bestimmten Gebiet" ab. Noch konkreter heißt es im Erwägungsgrund 19 der Richtlinie, dass die sprachlichen Exklusivrechte des betroffenen Koproduzenten beeinträchtigt werden, wenn die Satellitensendung in dem ihm „vertraglich zugeteilten Gebiet weitgehend verstanden wird", wobei die englische und die französische Fassung iSv „weithin" verstanden zu übersetzen ist. Aus beiden könnte das unbefriedigende Ergebnis folgen, dass eine Beeinträchtigung umso weniger angenommen werden kann, je größer das Vertragsgebiet des betroffenen Koproduzenten ist. Eine weitere Unklarheit folgt daraus, dass sowohl § 137h Abs. 2 als auch Art. 7 Abs. 3 der Richtlinie allgemein auf die Beeinträchtigung von ausschließlichen Rechten bzw. Exklusivrechten, also zB auch des Vervielfältigungs- und Verbreitungsrechts, abstellen, während der österreichische Gesetzgeber als beeinträchtigtes Recht nur das Senderecht anerkennt.[24] Alle diese Fragen werden, wenn sie in der Praxis aktuell werden, letztlich vom EuGH im Vorlageverfahren nach Art. 234 EG beantwortet werden müssen.

Letzteres gilt auch für das Erfordernis der **Zustimmung** des von einer Satellitensendung betroffe- **11** nen Koproduzenten oder seines Rechtsnachfolgers, den Art. 7 Abs. 3 der Richtlinie ausdrücklich benennt, **als Rechtsfolge des § 132h Abs. 2:** Die dort gewählte Formulierung, dass die Satellitensendung nur zulässig ist, wenn die Zustimmung des Inhabers des beeinträchtigten ausschließlichen Rechts vorliegt, spricht für den dinglichen Charakter dieses Zustimmungsrechts. Auch Art. 7 Abs. 3 der Richtlinie kann wegen ihres diesbezüglich ähnlichen Wortlauts in diesem Sinne verstanden werden. Auch dies aber ist letztendlich unklar, weil wiederum der österreichische Gesetzgeber die Regelung nur im Sinne eines schuldrechtlichen Verpflichtung desjenigen Koproduzenten ausgestaltet hat, der die Satellitensendung veranstalten will.[25]

c) Anwendung des § 20b (Abs. 3). Nach § 137h Abs. 3 ist **§ 20b Abs. 2** nur anzuwenden, **12** wenn der Vertrag über die Einräumung des Kabelweitersenderechts nach dem 1.6.1998 geschlossen wurde. Der durch § 20b Abs. 2 eingeführte unverzichtbare Vergütungsanspruch gegen den Kabelunternehmer ist von § 137h Abs. 1 ebenso wenig betroffen wie die Verwertungsgesellschaftspflicht des Kabelweitersenderechts nach **§ 20b Abs. 1.** Beide Regelungen sind damit bereits am 1.6.1998[26] in Kraft getreten;[27] der Vergütungsanspruch nach § 20b Abs. 2 gemäß **§ 137h Abs. 3** aber nicht für Altverträge, sondern nur für Verträge, die nach dem 1.6.1998 geschlossen worden sind.

§ 137i Übergangsregelung zum Gesetz zur Modernisierung des Schuldrechts

Artikel 229 § 6 des Einführungsgesetzes zum Bürgerlichen Gesetzbuche findet mit der Maßgabe entsprechende Anwendung, daß § 26 Abs. 7, § 36 Abs. 2 und § 102 in der bis zum 1. Januar 2002 geltenden Fassung den Vorschriften des Bürgerlichen Gesetzbuches über die Verjährung in der bis zum 1. Januar 2002 geltenden Fassung gleichgestellt sind.

Schrifttum: *Gsell,* Schuldrechtsreform: Die Übergangsregelungen für die Verjährungsfristen, NJW 2002, 1297; *Heinrichs,* Entwurf eines Schuldrechtsmodernisierungsgesetzes: Neuregelung des Verjährungsrechts, BB 2001, 1417; *Heß,* Das neue Schuldrecht – In-Kraft-Treten und Übergangsregelungen, NJW 2002, 253; sa. das Schrifttum zum Bürgerlichen Gesetzbuch.

Übersicht

---

[23] So BGH GRUR 2005, 48 (51) – man spricht deutsh.
[24] S. zum Vorstehenden insgesamt BGH GRUR 2005, 48 (51) – man spricht deutsh.
[25] Sa hierzu BGH GRUR 2005, 48 (50) – man spricht deutsh.
[26] → Rn. 1 f., 8.
[27] Vgl. die AmtlBegr. BT-Drs. 13/4796, 15 zu Nr. 6.

1. Entstehungsgeschichte und Bedeutung der Bestimmung

1   Am 1.1.2002 ist nach seinem Art. 9 Abs. 1 S. 2 das **Gesetz zur Modernisierung des Schuldrechts**[1] in Kraft getreten. Eines der Kernstücke dieses Gesetzes ist die **Neuordnung des zivilrechtlichen Verjährungsrechts** (§§ 194 ff. BGB). Die allgemeinen Übergangsregelungen hierzu finden sich in **Art. 229 § 6 EGBGB,** der neben anderen Übergangsbestimmungen[2] durch Art. 2 Abs. 2 Buchst. b SMG dem Art. 229 EGBGB neu angefügt wurde. In die Neuordnung des Verjährungsrechts wurden auch zahlreiche Verjährungsregelungen in Neben- und Spezialgesetzen einbezogen, darunter durch Art. 5 Abs. 25 SMG auch die **urheberrechtlichen Verjährungsregelungen** der §§ 26 Abs. 7, 36 Abs. 2 aF und 102. Die beiden erstgenannten urheberrechtlichen Bestimmungen wurden mit Wirkung vom 1.1.2002 aufgehoben, § 102 zum selben Zeitpunkt neu gefasst. Als Übergangsregelung speziell zu diesen Maßnahmen wurde durch Art. 5 Abs. 2 Nr. 4 SMG dem UrhG der neue § 137i eingefügt.

2. Die neuen Verjährungsregeln für urheberrechtliche Ansprüche

2   **a)** Bis zu seiner gesetzlichen Aufhebung (→ Rn. 1) bestimmte **§ 26 Abs. 7** für **Ansprüche** des Urhebers aus dem **Folgerecht** eine Verjährung in zehn Jahren. An die Stelle dieser Verjährung ist mit dem 1.1.2002 die allgemeine Verjährungsregelung der §§ 194 ff. BGB nF getreten. Nach der Amtl-Begr. zum SMG[3] nämlich sollte das neue Verjährungsrecht des BGB nicht nur für Ansprüche aus diesem Gesetz, sondern auch für solche Ansprüche gelten, die in anderen Gesetzen geregelt sind.[4] Danach gilt nunmehr auch für Folgerechtsansprüche nach § 26 die regelmäßige neue Verjährungsfrist von drei Jahren, gerechnet vom Schluss des Jahres, in dem der Anspruch entstanden ist und der Gläubiger von der ihn begründenden Weiterveräußerung Kenntnis erlangt hat oder ohne grobe Fahrlässigkeit erlangen musste,[5] ohne Rücksicht auf diese Kenntnis oder grob fahrlässige Unkenntnis zehn Jahre von der Entstehung des Anspruchs an.[6]

3   **b)** § 36 Abs. 1 aF sah als sog. **Bestsellerparagraf** bei Einräumung eines Nutzungsrechts durch den Urheber und einem unerwarteten und groben Missverhältnis zwischen der für ihn vereinbarten Gegenleistung und den Erträgnissen des Werknutzers zugunsten des Urhebers einen Anspruch auf Vertragsanpassung im Sinne einer angemessenen Erträgnisbeteiligung vor. Dieser Anspruch verjährte nach **§ 36 Abs. 2 aF** in zwei Jahren von dem Zeitpunkt an, in dem der Urheber Kenntnis von den Umständen erlangte, aus denen sich der Anspruch ergab, ohne Rücksicht auf diese Kenntnis in zehn Jahren. Auch an die Stelle dieser Verjährungsregelung ist mit dem 1.1.2002 diejenige nach §§ 195 und 199 BGB nF mit dem vorgenannten (→ Rn. 2) Ergebnis getreten, wobei für den Zeitpunkt des Beginns der Verjährung auf die Entstehung des Anspruchs unabhängig von der Kenntnis des Urhebers relevant ist.[7] An die Stelle des § 36 aF ist zwar inzwischen § 32a nF getreten, jedoch kommt dem früheren Bestsellerparagrafen übergangsrechtlich auch heute noch praktische Bedeutung zu.[8]

4   **c)** § 102 aF regelte die Verjährung von Ansprüchen wegen **Verletzung des Urheberrechts** oder eines verwandten Schutzrechts in Anlehnung an § 852 Abs. 1 BGB aF mit einer Verjährungsfrist von drei Jahren ab Kenntnis des Verletzten von der Verletzung und der Person des Verletzers, ohne Rücksicht auf diese Kenntnis von dreißig Jahren von der Verletzung an (S. 1). § 852 Abs. 2 BGB aF wurde für entsprechend anwendbar erklärt (S. 2). Was der Verletzer durch die Verletzung auf Kosten des Verletzten erlangt hatte, musste er auch noch nach Vollendung der Verjährung als unberechtigte Bereicherung herausgeben (S. 3). **§ 102 nF** verweist bezüglich der Verjährung von Ansprüchen wegen Verletzung des Urheberrechts oder eines verwandten Schutzrechts auf die §§ 194 ff. BGB nF (S. 1), wiederum also auf das allgemeine neue Verjährungsrecht, das in § 199 Abs. 3 eine Sonderregelung über die Verjährung allgemeiner Schadensersatzansprüche.[9] Für den Bereicherungsanspruch des Verletzten verweist § 102 S. 2 nF auf § 852 BGB nF, der hierfür eine Verjährung von zehn Jahren von seiner Entstehung an, ohne Rücksicht auf die Entstehung von dreißig Jahren von der Begehung der Verletzungshandlung an vorsieht.[10]

3. Die Übergangsregelungen

5   **a)** Bei der Beurteilung übergangsrechtlicher Fragen hinsichtlich der Verjährung urheberrechtlicher Ansprüche ist nicht nur – und nicht einmal in der Hauptsache – **§ 137i,** sondern auch **Art. 229 § 6**

---

[1] Schuldrechtsmodernisierungsgesetz, SMG, BGBl. I S. 3138.
[2] Art. 229 §§ 5 und 7.
[3] BT-Drs. 14/6040, 273 zu Art. 229 § 5 Abs. 1 EGBGBE.
[4] S. dazu *Heß* NJW 2002, 253 (257).
[5] §§ 195, 199 Abs. 1 BGB nF.
[6] § 199 Abs. 4 BGB nF; → § 26 Rn. 46.
[7] LG Köln GRUR-RR 2013, 54 (56 f.) – Designbücher.
[8] → § 132 Rn. 12 ff.
[9] Ohne Rücksicht auf die Kenntnis oder grob fahrlässige Unkenntnis des Verletzten in zehn Jahren vor ihrer Entstehung an, ohne Rücksicht auf ihre Entstehung und die Kenntnis oder grob fahrlässige Unkenntnis in dreißig Jahren von der Begehung der Verletzung an.
[10] Zu den Einzelheiten vgl. die Kommentierung des § 102.

EGBGB zu beachten. § 137i nämlich verweist lediglich auf eine entsprechende Anwendung der letzteren Bestimmung. Die Regelung des § 137i wurde vom Gesetzgeber für erforderlich gehalten, weil Art. 229 § 6 EGBGB zwar Übergangsvorschriften auch für die Verjährung von Ansprüchen aus anderen Gesetzen als dem BGB enthält (→ Rn. 2), es sich bei den dort in Bezug genommenen früheren, aber teilweise fortwirkenden Verjährungsvorschriften jedoch ausschließlich um solche des BGB aF handelt. Insoweit ergänzend zu Art. 229 § 6 EGBGB sollten durch § 137i die alten aufgehobenen oder modifizierten verjährungsrechtlichen Bestimmungen des UrhG (→ Rn. 1) den früheren Verjährungsvorschriften des BGB gleichgestellt werden.[11] Im Ergebnis sind bei der Anwendung des Art. 229 § 6 EGBGB den neuen Verjährungsregelungen des BGB die früheren des UrhG gegenüberzustellen.

b) Art. 229 § 6 Abs. 1 S. 1 EGBGB bestimmt das übergangsrechtliche **Grundprinzip,** dass die **6** **neuen Verjährungsvorschriften** des BGB auch auf **alle schon bestehenden Ansprüche** Anwendung finden, wobei der 1.1.2002 der maßgebliche Stichtag ist. Aus der Formulierung, dass dies für alle noch nicht verjährten Ansprüche gilt, folgt zugleich, dass die Neuregelung des Verjährungsrechts **kein Wiederaufleben** von Ansprüchen zur Folge haben kann, die nach früherem Recht am 1.1.2002 schon verjährt waren.[12] Konsequenz des Grundprinzips ist auch, dass die regelmäßig kürzeren Verjährungsfristen des neuen Rechts bei am 1.1.2002 schon und noch bestehenden, unverjährten Ansprüchen zu einer **Verkürzung der Verjährungsfrist** führen kann.[13]

c) Für diesen letzteren Fall einer **kürzeren neuen Verjährungsfrist** im Vergleich mit der länge- **7** ren alten sieht Art. 229 § 6 Abs. 4 S. 1 EGBGB zum Schutz des Gläubigers eine **Ausnahme** von dem Grundprinzip vor: Die kürzere neue Frist wird erst vom 1.1.2002 an gerechnet. Würde allerdings die längere alte Verjährungsfrist wegen ihres frühen Beginns zu einem früheren Zeitpunkt ablaufen als die kürzere neue, aber erst vom 1.1.2002 an berechnete Frist, so ist die Verjährung mit dem Ablauf der früheren Verjährungsfrist vollendet.[14] Diese Regelungen entsprechen denen, die § 135a für den Fall der Verkürzung der Schutzdauer im Urheberrecht statuiert hat.[15]

d) Den umgekehrten Fall einer im Vergleich mit dem früheren Recht **längeren Verjährungsfrist** **8** des **neuen Rechts** berücksichtigt Art. 229 § 6 Abs. 3 EGBGB. Hier bleibt es im Interesse des Schuldners bei der Anwendung des bisherigen Rechts als einer weiteren **Ausnahme** vom Grundprinzip.[16]

e) Beginn, Hemmung, Ablaufhemmung und **Neubeginn** der Verjährungsfrist bestimmen sich **9** für den Zeitraum vor dem 1.1.2002 nach dem früheren Recht.[17] Dasselbe gilt, wenn nach dem 31.12.2001 ein Umstand eintritt, bei dessen Vorliegen nach früherem Recht eine vor dem 1.1.2002 eintretende Unterbrechung der Verjährung als nicht erfolgt oder erfolgt gilt.[18] War eine vor dem 1.1.2002 eingetretene **Unterbrechung** der Verjährung nach früherem Recht am 31.12.2001 noch nicht beendigt, so gilt sie gleichwohl als mit diesem Stichtag beendigt, jedoch tritt an ihre Stelle mit Beginn des 1.1.2002 die Hemmung der Verjährung.[19] Hemmungstatbestände des neuen Rechts, wie **Verhandlungen** über einen Anspruch, die das frühere Recht nicht kannte, sind erst ab dem 1.1.2002 anwendbar.[20]

§ 137j Übergangsregelungen aus Anlaß der Umsetzung der Richtlinie 2001/29/EG

(1) **§ 95d Abs. 1 ist auf alle ab dem 1. Dezember 2003 neu in den Verkehr gebrachten Werke und anderen Schutzgegenstände anzuwenden.**

(2) **Die Vorschrift dieses Gesetzes über die Schutzdauer für Hersteller von Tonträgern in der ab dem 13. September 2003 geltenden Fassung ist auch auf verwandte Schutzrechte anzuwenden, deren Schutz am 22. Dezember 2002 noch nicht erloschen ist.**

(3) **Lebt nach Absatz 2 der Schutz eines Tonträgers wieder auf, so stehen die wiederauflebenden Rechte dem Hersteller des Tonträgers zu.**

(4) **¹Ist vor dem 13. September 2003 einem anderen ein Nutzungsrecht an einem nach diesem Gesetz noch geschützten Tonträger eingeräumt oder übertragen worden, so erstreckt sich, im Falle einer Verlängerung der Schutzdauer nach § 85 Abs. 3, die Einräumung oder Übertragung im Zweifel auch auf diesen Zeitraum. ²Im Fall des Satzes 1 ist eine angemessene Vergütung zu zahlen.**

---

[11] S. die AmtlBegr. BT-Drs. 14/6040, 282 f. zu Art. 5 Abs. 25 Nr. 3 und 4 iVm Art. 5 Abs. 20 Nr. 3 des Entwurfs zum SMG, → Rn. 1.
[12] S. *Heinrichs* BB 2001, 1417 (1422); *Heß* NJW 2002, 253 (256 f.).
[13] S. *Heß* NJW 2002, 253 (256).
[14] Art. 229 § 6 Abs. 4 S. 2 EGBGB.
[15] → §§ 135, 135a Rn. 5.
[16] → Rn. 6; zum Ergebnis s. *Heß* NJW 2002, 253 (257).
[17] Art. 229 § 6 Abs. 1 S. 2 EGBGB.
[18] Art. 229 § 6 Abs. 1 S. 3 EGBGB.
[19] Art. 229 § 6 Abs. 2 EGBGB.
[20] S. *Heß* NJW 2002, 253 (257).

Schrifttum: *Flechsig*, Darbietungsschutz in der Informationsgesellschaft – Das neue Leistungsschutzrecht des ausübenden Künstlers nach der Umsetzung der Informationsrichtlinie, NJW 2004, 575; *Jaeger*, Auswirkungen der EU-Urheberrechtsrichtlinie auf die Regelungen des Urheberrechtsgesetzes für Software, CR 2002, 309.

Übersicht

I. Überblick über die Regelung[*]

1   Die Umsetzung der **InfoSoc-RL** in deutsches Recht erfolgte mit dem **Gesetz zur Regelung des Urheberrechts in der Informationsgesellschaft** v. 10.9.2003.[1] Das Gesetz trat am 13.9.2003 in Kraft.[2] § 137j war – zusammen mit dem mittlerweile aufgehobenen § 137k – die einzige Übergangsregelung des Gesetzes.[3] Obwohl das Gesetz das UrhG erheblich änderte und beispielsweise zu einer „Neukonzeption"[4] des Interpretenrechts führte,[5] beschränkt sich die **Übergangsregelung** des § 137j auf **zwei Probleme:** § 137j Abs. 1 bestimmt den Zeitpunkt, zu dem die in § 95d Abs. 1 vorgesehene Pflicht greift, mit technischen Maßnahmen (§ 95a Abs. 2) versehene Schutzgegenstände deutlich sichtbar zu kennzeichnen. § 137j Abs. 2–4 enthalten Übergangsregelungen im Zusammenhang mit den geänderten Anknüpfungsmomenten zur Berechnung der Schutzdauer des Tonträgerherstellerrechts in § 85 Abs. 3. Im Übrigen, insbesondere für die zahlreichen Änderungen im Interpretenrecht, gelten die **allgemeinen übergangsrechtlichen Bestimmungen** der §§ 129, 132, 137.

II. Pflicht zur Kennzeichnung technischer Schutzmaßnahmen (§ 137j Abs. 1)

2   Das Gesetz vom 10.9.2003 (→ Rn. 1) hat in Umsetzung der Art. 6 und 7 InfoSoc-RL und der Art. 6 und 7 WCT sowie Art. 11 und 12 WPPT die §§ 95a f. zum Schutz **technischer Schutzmaßnahmen,** den § 95c zum Schutz von **Informationen zur Rechtewahrnehmung** und § 111a als ordnungswidrigkeitenrechtliche Sanktionierung neu eingeführt.[6] Zum Schutz der Verbraucher und der Lauterkeit des Wettbewerbs[7] sieht § 95d Abs. 1 eine Kennzeichnungspflicht vor, wenn die Nutzung von Schutzgegenständen mit technischen Maßnahmen (Legaldefinition in § 95a Abs. 2) kontrolliert wird.[8] Nach § 137j Abs. 1 ist diese Kennzeichnungspflicht nur auf Werke und Gegenstände von Leistungsschutzrechten anzuwenden, die am oder nach dem 1.12.2003 in Verkehr gebracht werden. **Zweck** dieser Abweichung vom Grundsatz des § 129 Abs. 1 ist es, den Kennzeichnungspflichtigen ausreichend Zeitraum zu geben, um die nötigen Vorbereitungen für die Erfüllung der Kennzeichnungspflicht treffen zu können.[9] Weil die Kennzeichnungspflicht lediglich auf „neu in Verkehr gebrachte" Gegenstände anzuwenden ist, werden alle am Stichtag sich im Warenkreislauf befindlichen Medien davon ausgenommen.[10] § 137j Abs. 1 erfasst nach seinem Wortlaut lediglich **Verbreitungshandlungen.**[11] Deshalb ist zweifelhaft, ob die Regelung auch auf nicht körperliche Verwertungshandlungen anwendbar ist.[12] Dagegen spricht, dass eine Kennzeichnungspflicht in diesen Fällen deutlich geringere Transaktionskosten verursacht. Das Problem dürfte sich freilich mittlerweile erledigt haben.

3   § 95d Abs. 2 S. 1 sieht eine weitere Kennzeichnungspflicht vor, um den Endnutzern zu ermöglichen, die Schrankenbestimmungen erlaubte Nutzung auch gegenüber technischen Zugangskontrollen durchzusetzen (§ 95b Abs. 2 S. 1).[13] Art. 6 Abs. 4 InfoSoc-RL und § 95b Abs. 2 S. 2 setzten in diesem Zusammenhang Anreize für Zugangsvereinbarungen zwischen Rechteinhaber und den von

---

[*] Die Kommentierung stützt sich vereinzelt auf die bis zur 4. Auflage von *Paul Katzenberger* bearbeitete Fassung.
[1] BGBl. I S. 1774.
[2] Gem. Art. 6 Gesetz v. 10.9.2003 am Tag nach der Verkündung im BGBl. am 12.9.2003.
[3] S. Art. 1 Abs. 1 Nr. 52 Gesetz v. 10.9.2003.
[4] BT-Drs. 15/38, 15.
[5] → Vor §§ 73 ff. Rn. 28 f.
[6] → Vor §§ 95a ff. Rn. 1 ff.
[7] BT-Drs. 15/38, 28.
[8] → § 95d Rn. 6 ff.
[9] BT-Drs. 15/837, 36.
[10] Vgl. BT-Drs. 15/837, 36.
[11] Wandtke/Bullinger/*Braun*/*Jani* UrhG § 137j Rn. 5.
[12] So Wandtke/Bullinger/*Braun*/*Jani* UrhG § 137j Rn. 5; Fromm/Nordemann/*Czychowski*/*Schaefer* UrhG § 137j Rn. 4.
[13] → § 95b Rn. 21 ff.

den Schrankenregelungen begünstigten Nutzergruppen. Der Abschluss solcher Vereinbarungen benötigt Zeit.[14] Deshalb verschiebt Art. 6 Abs. 2 des Gesetzes v. 10.9.2003 (→ Rn. 1) das **Inkrafttreten des zivil- und ordnungswidrigkeitenrechtlichen Zugangsinstrumentariums** zu technisch geschützten Gegenständen (§§ 95b Abs. 2, 95d Abs. 2, 111a Abs. 1 Nr. 2, 3) auf den 1.9.2004.

III. Neuregelung der Schutzdauerberechnung bei Tonträgern (§ 137j Abs. 2–4)

1. Änderung der Fristberechnung (§ 137j Abs. 2)

Art. 1 Abs. 1 Nr. 27 lit. d des Gesetzes v. 10.9.2003 (→ Rn. 1) hat die **Anknüpfungsmomente** 4 **der Fristberechnung** für die Schutzdauer des Tonträgerherstellerrechts in **§ 85 Abs. 3** in Umsetzung von Art. 11 Abs. 2 InfoSoc-RL (= Art. 3 Abs. 2 Schutzdauer-RL) neu geregelt.[15] Nach altem Recht (§ 82 Abs. 2 idF des Dritten Urheberrechtsänderungsgesetzes v. 23.6.1995)[16] war entweder an das Erscheinen oder die öffentliche Wiedergabe anzuknüpfen und nur subsidiär an die Herstellung. Entscheidend war der jeweils frühere Zeitpunkt. Nach neuem Recht ist immer an das Erscheinen anzuknüpfen; die öffentliche Wiedergabe ist subsidiär dazu und die Herstellung ist wiederum subsidiär zu beidem. Die neue Anknüpfungsmethode bewirkt, dass sich die **Schutzdauer** von damals 50 Jahren und jetzt 70 Jahren (§ 85 Abs. 3 idF v. 2013) im Vergleich zum alten Recht **erheblich verlängern** konnte: Wurde der nicht erschienene Tonträger zunächst zur öffentlichen Wiedergabe benutzt, bestimmt sich die Schutzdauer nach dem Zeitpunkt der Wiedergabe. Erscheint der Tonträger innerhalb der nach dieser Maßgabe berechneten Schutzdauer, wird das Erscheinen zum maßgeblichen Anknüpfungsmoment; die öffentliche Wiedergabe tritt als subsidiär dahinter zurück.

Hätte man es für die Übergangsregelung beim allgemeinen Grundsatz des § 129 Abs. 1 S. 3 belassen, wären die neuen Anknüpfungspunkte in § 85 Abs. 3 grundsätzlich auf alle Tonträger anwendbar, 5 die beim Inkrafttreten der Neufassung am 13.9.2003 (→ Rn. 1) noch geschützt waren. Die Anwendung des § 129 Abs. 1 S. 3 hätte wegen der verspäteten Umsetzung zum Erlöschen der Tonträgerherstellerrechte zwischen dem 22.12.2002 und dem 13.9.2003 geführt.[17] Damit hätte sich Deutschland richtlinienwidrig verhalten. § 137j Abs. 2 **verhindert** diesen **Verstoß gegen die Umsetzungspflicht.** Die Norm ordnet deshalb an, dass § 85 Abs. 3 nF auch auf die Tonträger anzuwenden ist, deren Schutz am 22.12.2002 noch nicht erloschen war. Das kann zu einem **Wiederaufleben des Schutzes** führen.[18] Darin liegt eine echte Rückwirkung zulasten der Nutzer eines Tonträgers. Deren Vertrauen in das Fortbestehen der alten Regelung war aber wegen der insoweit klaren Richtlinienvorgabe nicht schutzwürdig. Entgegen des missverständlichen Wortlauts („verwandte Schutzrechte") betrifft § 137j Abs. 2 nur das Tonträgerherstellerrecht.[19]

Zweifelhaft ist, welche **Tonträger** von § 137j Abs. 2 erfasst werden. Voraussetzung dafür ist, dass 6 der Schutz am 22.12.2002 noch nicht erloschen war. Damit wird Art. 10 Abs. 1 InfoSoc-RL umgesetzt, nach dem die neue Fristberechnung auf alle Tonträger anzuwenden ist, die am 22.12.2002 „durch die Rechtsvorschriften der Mitgliedstaaten" und nicht „des Mitgliedstaats" noch geschützt waren. Deshalb ist es nicht Voraussetzung, dass der Schutz gerade nach deutschem Recht bestand.[20] Es genügt, wenn die Leistung am 1.7.1995 (Art. 10 Abs. 2 Schutzdauer-RL) **in einem Mitgliedstaat der EU geschützt** war.[21] Weil jedenfalls im Vereinigten Königreich Tonträger *(sound recordings)* bereits vor dem 1.1.1966 geschützt waren,[22] kommt es nach richtlinienkonformer Auslegung des § 137f Abs. 2 grundsätzlich nicht mehr auf das Inkrafttreten des Tonträgerherstellerrechts am 1.1.1966 an.[23] Deshalb erfasst § 137j Abs. 2 auch Tonträger, die **vor dem 1.1.1966** hergestellt und/oder öffentlich wiedergegeben worden sind. Liegt einer dieser Anknüpfungspunkte vor dem 1.1.1952, war die Schutzdauer nach Art. 3 Abs. 2 aF Schutzdauer-RL am 22.12.2002 bereits abgelaufen, während die neue Fassung für alle Anknüpfungspunkte gilt, die nach dem 1.1.1953 liegen.[24] Zweifel verbleiben bei den im Jahr 1952 anzuknüpfenden Handlungen.[25]

---

[14] BT-Drs. 15/837, 36 f.
[15] Dazu → § 85 Rn. 9, 68 ff.
[16] BGBl. I S. 842.
[17] BT-Drs. 15/837, 36.
[18] BT-Drs. 15/837, 36.
[19] Fromm/Nordemann/*Czychowski/Schaefer* UrhG § 137j Rn. 5.
[20] EuGH GRUR 2009, 393 Rn. 24 – Sony Music Entertainment (Germany) GmbH/Falcon Neue Medien Vertrieb GmbH.
[21] EuGH GRUR 2009, 393 Rn. 35 – Sony Music Entertainment (Germany) GmbH/Falcon Neue Medien Vertrieb GmbH; BGH GRUR-Int 2010, 532 Rn. 15 ff. – Tonträger aus Drittstaaten II.
[22] EuGH GRUR 2009, 393 Rn. 36 – Sony Music Entertainment (Germany) GmbH/Falcon Neue Medien Vertrieb GmbH; eingehend dazu OLG Rostock ZUM 2012, 258 (259 f.); zu weiteren Rechtsordnungen s. *v. Lewinski* GRUR-Int 1992, 724 (727).
[23] BGH GRUR-Int 2010, 532 Rn. 18 ff. – Tonträger aus Drittstaaten II; → § 137f Rn. 5.
[24] Dreier/Schulze/*Schulze* UrhG § 85 Rn. 50.
[25] Für einen Schutz Wandtke/Bullinger/*Braun/Jani* UrhG § 137j Rn. 6.

2. Wiederaufleben des Schutzes: Rechtsfolgen (§ 137j Abs. 3)

7   Lebt der Schutz von Tonträgern, deren Schutzdauer nach Maßgabe der alten Anknüpfungspunkte erloschen war, nach § 137j Abs. 2 iVm § 85 Abs. 3 nF wieder auf, ist zu entscheiden, wer Inhaber der wiederauflebenden Rechte ist. Nach § 137j Abs. 3 stehen die Rechte dem **Hersteller des Tonträgers** zu. Das ist die Person, die gem. § 85 Abs. 1 Rechteinhaberin an den Tonträgern war, deren Schutz zwischenzeitlich erloschen war. Das entspricht der vergleichbaren Regelung in § 137f Abs. 3.[26]

8   Das UrhG trifft keine Aussage darüber, wie die **Nutzungshandlungen Dritter** einzuordnen sind, die im **schutzrechtsfreien Zeitraum** (→ Rn. 5) mit einer Nutzung des Tonträgers begonnen haben. Eine analoge Anwendung des § 136 Abs. 1 und 2 oder § 137f Abs. 3 S. 2 und S. 3 scheidet aus.[27] Es fehlt wegen der bewussten Entscheidung zugunsten einer echten Rückwirkung[28] in § 137j Abs. 3 an einer planwidrigen Regelungslücke. Zugleich besteht wegen der Richtlinienvorgabe kein schutzwürdiges Vertrauen in die Fortführung der Nutzungshandlung (→ Rn. 4).[29] Für den bereits abgeschlossenen Zeitraum scheidet ein Schadensersatzanspruch aber aus, weil der Verletzer insoweit nicht schuldhaft gehandelt hat.

3. Auswirkungen auf Lizenzverträge (§ 137j Abs. 4)

9   Hat der Tonträgerhersteller einem anderen vor dem Inkrafttreten des novellierten § 85 Abs. 3 ein Nutzungsrecht am Tonträger eingeräumt oder übertragen, enthält § 137j Abs. 4 S. 1 – nach dem Vorbild des § 137f Abs. 4[30] – eine **gesetzliche Auslegungsregel**. Die Verfügung erfasst im Zweifel auch eine sich aus § 85 Abs. 3 ergebende **Verlängerung** der Schutzdauer durch § 85 Abs. 3 nF. Ein **Zweifelsfall** liegt vor, wenn eine ausdrückliche vertragliche Regelung über eine Schutzfristverlängerung fehlt.[31] Das ist bei der in der Praxis üblichen Formulierung der Übertragung „**für die Dauer des Schutzrechts**" der Fall.[32] Die Parteien beseitigen den Zweifel, wenn sie den Vertrag auch nach der effektiven Verlängerung der Schutzdauer fortführen.[33] Als Gegenleistung dafür schuldet der Inhaber des Nutzungsrechts dem Tonträgerhersteller als Begünstigen der Neuregelung **angemessene Vergütung** (§ 137j Abs. 4 S. 2). Das Gesetz enthält keinen **Maßstab** für die Angemessenheit. Ein Rückgriff auf § 137c Abs. 3 iVm § 137 Abs. 3[34] scheidet aus, weil der Wortlaut nicht verlangt, dass der Rechtsinhaber bei antizipierter Schutzdauerverlängerung eine höhere Gegenleistung hätte erzielen können.[35] Eine Anlehnung an § 32 Abs. 2 S. 2 scheidet ebenfalls aus, weil dieser Konkretisierungsmaßstab nur für Kreative, also Urheber und Interpreten (§ 79 Abs. 2 S. 2) gilt. Im Zweifel ist davon auszugehen, dass die vertraglich vereinbarte Vergütung angemessen ist. Das wirft bei den in der Praxis häufig anzutreffenden Buy-Out-Verträgen Probleme auf. Der Anspruch ist analog § 137c Abs. 3 iVm § 137 Abs. 3 nicht abdingbar.[36]

§ 137k Übergangsregelung zur öffentlichen Zugänglichmachung für Unterricht und Forschung *(weggefallen)*

§ 137l Übergangsregelung für neue Nutzungsarten

(1) [1]**Hat der Urheber zwischen dem 1. Januar 1966 und dem 1. Januar 2008 einem anderen alle wesentlichen Nutzungsrechte ausschließlich sowie räumlich und zeitlich unbegrenzt eingeräumt, gelten die zum Zeitpunkt des Vertragsschlusses unbekannten Nutzungsrechte als dem anderen ebenfalls eingeräumt, sofern der Urheber nicht dem anderen gegenüber der Nutzung widerspricht.** [2]**Der Widerspruch kann für Nutzungsarten, die am 1. Januar 2008 bereits bekannt sind, nur innerhalb eines Jahres erfolgen.** [3]**Im Übrigen erlischt das Widerspruchsrecht nach Ablauf von drei Monaten, nachdem der andere die Mitteilung über die beabsichtigte Aufnahme der neuen Art der Werknutzung an den Urheber unter der ihm zuletzt bekannten Anschrift abgesendet hat.** [4]**Die Sätze 1 bis 3 gelten nicht für zwischenzeitlich bekannt gewordene Nutzungsrechte, die der Urheber bereits einem Dritten eingeräumt hat.**

---

[26] → § 137f Rn. 7.

[27] Anders noch → 4. Aufl. 2010, UrhG § 137j Rn. 6. Nicht überzeugend deshalb auch → § 85 Rn. 75, weil dort die strikte Trennung zwischen dem Bearbeiterurheberrecht, das gem. § 135 zum Interpretenrecht mutierte und dem zum 1.1.1966 neu geschaffenen abstrakten Tonträgerherstellerrecht verkannt wird.

[28] Vgl. BT-Drs. 15/837, 36.

[29] Wandtke/Bullinger/*Braun/Jani* UrhG § 137j Rn. 8.

[30] BT-Drs. 15/38, 29.

[31] Vgl. BGH GRUR 1996, 763 (766) – Salome II (zu § 137 Abs. 2).

[32] Vgl. BGH GRUR 1975, 495 – Lustige Witwe (zur Vorgängernorm des § 137 Abs. 2).

[33] Vgl. BGH GRUR 1996, 763 (766 f.) – Salome II (zu § 137 Abs. 2).

[34] → § 137c Rn. 9 f.

[35] Wandtke/Bullinger/*Braun/Jani* UrhG § 137j Rn. 9; Fromm/Nordemann/*Czychowski/Schaefer* UrhG § 137j Rn. 8.

[36] → § 137c Rn. 10.

(2) [1] Hat der andere sämtliche ihm ursprünglich eingeräumten Nutzungsrechte einem Dritten übertragen, so gilt Absatz 1 für den Dritten entsprechend. [2] Erklärt der Urheber den Widerspruch gegenüber seinem ursprünglichen Vertragspartner, hat ihm dieser unverzüglich alle erforderlichen Auskünfte über den Dritten zu erteilen.

(3) Das Widerspruchsrecht nach den Absätzen 1 und 2 entfällt, wenn die Parteien über eine zwischenzeitlich bekannt gewordene Nutzungsart eine ausdrückliche Vereinbarung geschlossen haben.

(4) Sind mehrere Werke oder Werkbeiträge zu einer Gesamtheit zusammengefasst, die sich in der neuen Nutzungsart in angemessener Weise nur unter Verwendung sämtlicher Werke oder Werkbeiträge verwerten lässt, so kann der Urheber das Widerspruchsrecht nicht wider Treu und Glauben ausüben.

(5) [1] Der Urheber hat Anspruch auf eine gesonderte angemessene Vergütung, wenn der andere eine neue Art der Werknutzung nach Absatz 1 aufnimmt, die im Zeitpunkt des Vertragsschlusses noch unbekannt war. [2] § 32 Abs. 2 und 4 gilt entsprechend. [3] Der Anspruch kann nur durch eine Verwertungsgesellschaft geltend gemacht werden. [4] Hat der Vertragspartner das Nutzungsrecht einem Dritten übertragen, haftet der Dritte mit der Aufnahme der neuen Art der Werknutzung für die Vergütung. [5] Die Haftung des anderen entfällt.

Schrifttum: *Adolphsen/Mutz,* Das Google Book Settlement, GRUR-Int 2009, 789; *Bauer/v. Einem,* Handy-TV – Lizenzierung von Urheberrechten unter Berücksichtigung des „2. Korbes", MMR 2007, 698; *Berger,* Verträge über unbekannte Nutzungsarten nach dem „Zweiten Korb", GRUR 2005, 907; *Castendyk/Kirchherr,* Das Verbot der Übertragung von Rechten an nicht bekannten Nutzungsarten – Erste Überlegungen für eine Reform des § 31 Abs. 4 UrhG, ZUM 2003, 751; *Czychowski,* „Wenn der dritte Korb aufgemacht wird ..." Das zweite Gesetz zur Regelung des Urheberrechts in der Informationsgesellschaft, GRUR 2008, 586; *Czernik,* § 137l UrhG – Eine ungewöhnliche Übergangsregelung, GRUR 2009, 913; *Deutsche Vereinigung für gewerblichen Rechtsschutz und Urheberrecht (GRUR),* Referentenentwurf für ein Zweites Gesetz zur Regelung des Urheberrechts in der Informationsgesellschaft vom 27.9.2004, Stellungnahme, GRUR 2005, 743; *Diesbach,* Unbekannte Nutzungsarten bei Altfilmen: Der BGH gegen den Rest der Welt, ZUM 2011, 623; *Dietrich,* Die neue Nutzungsart am Beispiel des Filmkomponisten, UFITA 2008, S. 359; *Ehmann/Fischer,* Zweitverwertung rechtswissenschaftlicher Texte im Internet, GRUR-Int 2008, 284; *Frey/Rudolph,* Verfügungen über unbekannte Nutzungsarten: Anmerkungen zum Regierungsentwurf des Zweiten Korbs, ZUM 2007, 13; *Grohmann,* Die Übertragungsfiktion für unbekannte Nutzungsrechte nach dem Zweiten Korb am Beispiel des Musikverlagsvertrags, GRUR 2008, 1056; *Haupt,* Der Abschluss von Verträgen über unbekannte Nutzungsarten, MR-Int 2008, 1; *Haupt/Ullmann,* Zum Umfang der Nutzungsrechte an Schnitt- und Restmaterial im Lichte von § 89 UrhG, ZUM 2005, 883; *Heckmann,* Die retrospektive Digitalisierung von Printpublikationen, 2011; *ders./Hillegeist,* Zur Aufnahme einer Zeitschrift in eine Online-Datenbank, AfP 2008, 483; *Hilty,* Das Urheberrecht und der Wissenschaftler, GRUR-Int 2006, 179; *ders.,* Renaissance der Zwangslizenzen im Urheberrecht?, GRUR 2009, 633; *Hucko,* Zweiter Korb. Das neue Urheberrecht in der Informationsgesellschaft, 2007; *Katzenberger,* Filmurheber und § 137l UrhG, GRUR-Int 2010, 710; *Kellerhals/Lehmkuhl,* Wer profitiert von der Übertragungsfiktion des § 137l Abs. 1 UrhG in der Lizenzkette?, ZUM 2010, 677; *Klickermann,* Senderarchive im Fokus unbekannter Nutzungsarten, MMR 2007, 221; *Klöhn,* Unbekannte Nutzungsarten nach dem „Zweiten Korb" der Urheberrechtsreform, K&R 2008, 77; *Kreile, J.,* Neue Nutzungsarten – Neue Organisation der Rechteverwaltung?, ZUM 2007, 682; *Langhoff/Oberndörfer/Jani,* Ein Überblick über die Änderungen des Urheberrechts nach der zweiten und dritten Lesung im Bundestag, ZUM 2007, 593; *Müller,* Anmerkung zu BGH, Urteil vom 18. Dezember 2008 – I ZR 23/06, ZUM 2009, 293; *Park,* § 137l UrhG – gelungene Regelung oder übereilter Kompromiss?, 2013; *Peifer,* Vergriffene und verwaiste Werke: Gesetzliche Lösung in Sicht?, GRUR-Prax 2011, 1; *Raitz v. Frentz/v. Alemann,* Die Übertragungsfiktion des § 137l UrhG für unbekannte Nutzungsarten – ein praktischer Leitfaden für Urheber und Verwerter als Lizenznehmer und Lizenzgeber, ZUM 2010, 38; *Reber, N./Vacano, J.,* Kameramann/Director of Photography, in: *Haupt* (Hrsg.), Urheberrecht für Filmschaffende, 2008, S. 85; *Scheja/Mantz,* Nach der Reform ist vor der Reform – Der zweite Korb der Urheberrechtsreform, CR 2007, 715; *Schmid,* Die Regelung unbekannter Nutzungsarten bei „Altfilmen", in: *Haupt* (Hrsg.), Urheberrecht für Filmschaffende, 2008, S. 269; *Schmidt-Hern,* Archive öffnen oder wieder schließen? 137l UrhG und Art. 14 GG, ZUM 2008, 927; *Schulze, G.,* Die Einräumung unbekannter Nutzungsrechte nach neuem Urheberrecht, UFITA 2007, S. 641; *Seibold,* Urheberrecht in der Informationsgesellschaft – der Referentenentwurf zum Zweiten Korn, Diskussionsbericht, ZUM 2005, 130; *Spindler,* Reform des Urheberrechts im „Zweiten Korb", NJW 2008, 9; *ders. Heckmann,* Der rückwirkende Entfall unbekannter Nutzungsrechte (§ 137l UrhG-E). Schließt die Archive?, ZUM 2006, 620; *dies.,* Retrodigitalisierung verwaister Printpublikationen – Die Nutzungsmöglichkeiten von „orphan works" de lege lata und ferenda, GRUR-Int 2008, 271; *Sprang/Ackermann,* Der „Zweite Korb" aus Sicht der (Wissenschafts-)Verlage, K&R 2008, 7; *Weber,* Neue Nutzungsarten – Neue Organisation der Rechteverwaltung?, ZUM 2007, 688; *Wille,* Die kollisionsrechtliche Geltung der urheberrechtlichen Neuregelungen zu den unbekannten Nutzungsarten – §§ 31a, 32c UrhG im Lichte des Internationalen Privatrechts, GRUR-Int 2008, 389.

Übersicht

I. Entstehung und Bedeutung der Bestimmung

1. Gesetzliche Einführung des § 137l als Übergangsregelung zur Aufhebung des § 31 Abs. 4

1   § 137l ist durch das **zweite Gesetz zur Regelung des Urheberrechts in der Informationsgesellschaft** vom **26.10.2007**[1] **neu** in das UrhG eingeführt worden. Die Bestimmung steht in Zusammenhang damit, dass durch dasselbe Gesetz[2] **§ 31 Abs. 4 aufgehoben** und durch die neuen §§ 31a und 32c ersetzt wurde; zu Recht wird § 137l als „Pendant" zu § 31a genannt.[3] Nach § 31 Abs. 4 waren die Einräumung von Nutzungsrechten für **unbekannte Nutzungsarten** und Verpflichtungen hierzu **unwirksam**. Wie sich auch aus der amtlichen Überschrift des § 137l ergibt, hat diese Vorschrift **Übergangsregelungen** in **zeitlicher** Hinsicht im Hinblick auf **Rechtseinräumungen** zum Inhalt, die im **Geltungszeitraum des § 31 Abs. 4** vorgenommen wurden. Eckdaten dieses Geltungszeitraums sind der **1.1.1966** als der allg. Zeitpunkt des Inkrafttretens des UrhG (s. § 143 Abs. 2) und der **1.1.2008** als der Zeitpunkt des Inkrafttretens des Gesetzes vom 26.10.2007.[4] **Im Kern** geht es § 137l darum, die **Sperrwirkung für die Werknutzung in neuen Nutzungsarten aufzuheben,** die sich daraus ergab, dass dem Urheber des § 31 Abs. 4 die Rechte zu solchen Nutzungen trotz Einräumung von Nutzungsrechten stets verblieben sind und eine individuelle Nachlizenzierung teils faktisch unmöglich, teils zu aufwendig erschien.[5] Vor allem hinsichtlich der Digitalisierung von Werken und ihrer Nutzung für Internetangebote stellten sich erhebliche Probleme, da viele Autoren nicht mehr erreichbar bzw. ermittelbar waren, um ihre nachträgliche Zustimmung einzuholen. Der Gesetzgeber bezweckte mit der Regelung vor allem eine Öffnung der Archive und deren digitale Verwertung.[6] Die Aufhebung dieser Sperrwirkung soll dadurch bewirkt werden, dass § 137l Abs. 1 S. 1 nach Aufhebung des § 31 Abs. 4 die **Einräumung von Nutzungsrechten** an den Werknutzer auch **für neue Nutzungsarten fingiert** („gelten als ebenfalls eingeräumt"). Als Kompensation soll dem Urheber nach § 137l Abs. 5 ein **Anspruch** auf eine **gesonderte angemessene Vergütung** zustehen. Darüber hinaus soll dem Vertrauen des Urhebers auf den Fortbestand der ihm aufgrund § 31 Abs. 4 verbliebenen Rechte durch ein **Widerspruchsrecht** Rechnung getragen werden.[7] Dieses Recht ist freilich so ausgestaltet worden, dass erwartet werden konnte, es würde von ihm nur ausnahmsweise Gebrauch gemacht werden (→ Rn. 11). Dogmatisch ist die vom Gesetz vorgesehene Einräumung von Nutzungsrechten als gesetzliche Lizenz zu qualifizieren, die durch mangelnden Widerspruch zustande kommt und im Prinzip akzessorisch zum geschlossenen Lizenzvertrag ist, da ohne diesen § 137l nicht greift.[8] **Terminologisch** hat sich für die vorerwähnte gesetzliche Fiktion im Anschluss an die Begr. RegE[9] der Begriff der **Übertragungsfiktion** durchgesetzt, obwohl er weder

---

[1] BGBl. I S. 2513, Art. 1 Nr. 21.
[2] Art. 1 Nr. 3, 4 und 6.
[3] Wandtke/Bullinger/*Jani* UrhG § 137l Rn. 3; *Park* S. 69.
[4] Art. 4, Verkündung des Gesetzes im BGBl. I S. 2512 vom 31.10.2007.
[5] S. die Begr. RegE BT-Drs. 16/1828, 21 f., 33.
[6] Begr. RegE BT-Drs. 16/1828, 22.
[7] § 137l Abs. 1 S. 1–3; Begr. RegE BT-Drs. 16/1828, 33.
[8] Wandtke/Bullinger/*Jani* UrhG § 137l Rn. 17; *Berger* GRUR 2005, 907 (910); *Czernik* GRUR 2009, 913.
[9] BT-Drs. 16/1828, 22, 33.

dem Wortlaut des § 137l Abs. 1 S. 1 noch den allgemeinen Vorgaben des UrhG gerecht wird, das für Rechtsgeschäfte des Urhebers über seine Befugnisse unter Lebenden nicht die Rechtsübertragung, sondern die Einräumung von Nutzungsrechten vorsieht (§ 29 Abs. 1, Abs. 2 S. 1, § 31).[10]

2. Prinzip des modifizierten Nichteingriffs in bestehende Vertragsverhältnisse im Übergangsrecht für Urheberrechtsverträge

Bei der Aufhebung des § 31 Abs. 4 und seinem Ersatz durch die §§ 31a und 32c handelt es sich um **2** **Änderungen des gesetzlichen Urhebervertragsrechts,** für die **im Allgemeinen** das **Prinzip des Nichteingriffs in bestehende Vertragsverhältnisse** gilt. In diesem Sinne bestimmt insbes. § 132 Abs. 1 S. 1 im Hinblick auf das Inkrafttreten des UrhG am 1.1.1966 (→ Rn. 1), dass dessen Bestimmungen auf bis zu diesem Datum abgeschlossene Verträge grundsätzlich **nicht** anzuwenden sind. Das Prinzip findet seine Rechtfertigung im **Schutz des Vertrauens der Vertragsparteien** auf den bei Vertragsabschluss geltenden Rechtszustand (→ § 132 Rn. 2). **Modifikationen** des Prinzips sind gleichwohl möglich, wie ebenfalls § 132 Abs. 1 beispielhaft zeigt. Jedoch beziehen sich diese Modifikationen im Allgemeinen auf **neue oder erweiterte Rechte** der Urheber; zum Teil eingeschränkt zur Wahrung wohlerworbener Rechte der Inhaber von Nutzungsrechten,[11] zumeist jedoch im Sinne von Auslegungsregeln für Zweifelsfälle, wobei der Rechtezuwachs von Fall zu Fall unterschiedlich entweder den Urhebern (s. zB §§ 137 Abs. 1 S. 2, Abs. 3 S. 2, 3 sowie § 137a Abs. 2) oder den Nutzungsberechtigten, verbunden mit einer Vergütungspflicht, zugeordnet wird (s. zB §§ 137 Abs. 2 S. 1, 137b Abs. 2, 3 sowie § 137e Abs. 4). Die beiden bisher einzigen Fälle eines **Rechteverlusts der Urheber** in Vertragsverhältnissen beziehen sich auf Computerprogramme von Urhebern in Arbeits- und Dienstverhältnissen (→ § 137d Rn. 3 zu § 62b) und auf bestimmte Rechte an solchen Programmen (§ 137d Abs. 2 iVm § 69g Abs. 2). Sie bedürfen einer besonderen Rechtfertigung unter dem Gesichtspunkt des Fehlens eines schutzwürdigen Vertrauens (→ § 137d Rn. 3).

3. Gesteigerte Modifikation des Prinzips des Nichteingriffs in bestehende Vertragsverhältnisse durch § 137l

§ 137l beinhaltet demgegenüber nicht nur eine einfache Anwendung der Aufhebung des § 31 **3** Abs. 4 auf bestehende Vertragsverhältnisse, vielmehr statuiert er einen weit darüber hinausgehenden **Rechteverlust der Urheber** zugunsten der Inhaber vertraglich erworbener Nutzungsrechte. § 31 Abs. 4 hatte während der Dauer seiner Geltung (dazu → Rn. 1) den Effekt, dass die Urheber auch nach Einräumung von Nutzungsrechten stets Inhaber der Rechte in Bezug auf Nutzungsarten blieben, die bei Vertragsabschluss noch unbekannt waren (→ Rn. 1). Eine bloße Anwendung der Aufhebung des § 31 Abs. 4 auf bestehende Vertragsverhältnisse hätte bedeutet, dass die Urheber die verbliebenen Rechte nur dann verloren hätten, wenn sie die Einräumung von Nutzungsrechten auch für unbekannte Nutzungsarten vereinbart hätten. Damit begnügt die Übergangsregelung für neue Nutzungsarten sich jedoch nicht. Vielmehr beinhaltet § 137l Abs. 1 S. 1 nach Auffassung des Gesetzgebers[12] eine gesetzliche Übertragungsfiktion für Rechte an neuen Nutzungsarten zugunsten des Erwerbers von Nutzungsrechten, die von besonderen Situationen abgesehen nur an zwei allgemeine Bedingungen geknüpft ist: eine bestimmte Qualität der von dem Erwerber tatsächlich erworbenen, weil bei Vertragsabschluss einräumbaren Nutzungsrechte („alle wesentlichen Nutzungsrechte ausschließlich sowie räumlich und zeitlich unbegrenzt") und das Ausbleiben eines Widerspruchs des Urhebers („sofern der Urheber nicht dem anderen gegenüber der Nutzung widerspricht"). Auf die tatsächlich über unbekannte Nutzungsarten getroffenen Vereinbarungen kommt es daher nicht an. In gleicher Weise wie der ursprüngliche Vertragspartner des Urhebers begünstigt, ist auch ein **Dritter,** der von diesem Vertragspartner alle ursprünglich eingeräumten Nutzungsrechte erworben hat, § 137l Abs. 2 S. 1.

Kommt es somit bei § 137l auf die tatsächlich getroffenen Vereinbarungen der Vertragsparteien **4** über unbekannte Nutzungsarten nicht an, so wird durch diese Bestimmung das Prinzip des Nichteingriffs neuen gesetzlichen Urhebervertragsrechts in bestehende Vertragsverhältnisse auf eine Art und Weise modifiziert, für deren Intensität es im bisherigen gesetzlichen Übergangsrecht für Urheberrechtsverträge **kein Vorbild** gibt. Dies gilt selbst im Vergleich mit **§ 69b** und **§ 137d Abs. 2** iVm **§ 69g Abs. 2.**[13] § 69b bezieht sich zum einen nur auf Urheberrechte in Arbeits- und Dienstverhältnissen und er enthält zum anderen in seinem Abs. 1 einen Vorbehalt zugunsten abweichender vertraglicher Vereinbarungen. § 137d Abs. 2 iVm § 69g Abs. 2 und §§ 69d Abs. 2 und 3 sowie 69e entzieht dem Urheber zwar gegebenenfalls in älteren Verträgen vorbehaltene Rechte an Computerprogrammen zur Erstellung einer Sicherungskopie, für Programmtests und Dekompilierung, führt insoweit aber nur zu einer Nutzungsbefugnis der anderen Vertragspartei, anders als § 137l Abs. 1 S. 1 jedoch nicht zur Übertragung von auswertbaren Rechten.

---

[10] Zur Kritik des Sprachgebrauchs s. zB Wandtke/Bullinger/*Jani* UrhG § 137l Rn. 16.
[11] → § 132 Rn. 4 und 6 zu § 132 Abs. 1 iVm §§ 40, 41 und 42.
[12] Begr. RegE BT-Drs. 16/1828, 22, 33.
[13] Zu diesen Bestimmungen → Rn. 2.

5   An dieser Beurteilung vermögen auch die **Widerspruchsrechte** des Urhebers nach § 137l Abs. 1 S. 1–3 und sein **Vergütungsanspruch** nach § 317l Abs. 5 nichts zu ändern. Dies gilt insbesondere für das Widerspruchsrecht in Bezug auf früher unbekannte Nutzungsarten, die **bis zum 1.1.2008 bekannt** geworden sind, darunter zB faktisch die Video- und die DVD-Nutzung älterer Filme und vielfältige weitere digitale Nutzungen, wie Video-on-Demand und Internet-TV sowie die CD-ROM- und Onlinenutzung von Sprachwerken und Fotografien. Ein solcher Widerspruch war nach § 137l Abs. 1 S. 2 nur **innerhalb eines einzigen Jahres** ab dem 1.1.2008 möglich und setzte für seine Wirksamkeit noch nicht einmal eine Information des Urhebers von Seiten des Nutzungsberechtigten voraus. Anders als alle anderen, bisherigen Vergütungsansprüche des gesetzlichen Übergangsrechts für Urheberrechtsverträge zugunsten des Urhebers ist darüber hinaus nur derjenige des § 137l Abs. 5 der Geltendmachung durch Verwertungsgesellschaften vorbehalten und damit der individuellen Verhandlung, Bemessung und Durchsetzung entzogen.

4. Öffnung der Medienarchive für neue Nutzungsarten als Motiv für § 137l

6   Ein verbreitet benutztes Schlagwort für das hinter § 137l stehende Motiv des Gesetzgebers lautet **„Öffnung der Archive"**[14] oder auch „Hebung der Archivschätze".[15] Der Gesetzgeber[16] drückt es so aus: „Die in zahlreichen Archiven ruhenden Schätze sollen endlich neuen Nutzungsarten problemlos zugänglich gemacht werden." Unter Archiven sind dabei **Medienarchive** zu verstehen, und zwar solche **aller Medien.** Wegen der sog. Konvergenz der Medien und der Verwertungsformen ist bewusst darauf verzichtet worden, nach Medien zu differenzieren.[17]

7   Am Beginn der rechtspolitischen Forderungen nach einer Öffnung der Archive standen jedoch die **Rundfunkarchive,** dh die Archive der Hörfunk- und Fernsehsender. So wird über eine Erklärung des Europarats aus dem Jahre 1999 berichtet, mit der die Mitgliedstaaten aufgerufen wurden, die umfassende digitale Auswertung ihrer Rundfunkarchive zu ermöglichen,[18] und sodann über einen ersten, darauf beschränkten Gesetzesvorschlag *Martin Vogels* für Deutschland berichtet, der darauf abzielte, Sendeunternehmen als Inhabern unbefristeter Senderechte die digitale On-Demand-Nutzung ihrer Archive zu ermöglichen.[19] Schon mit Rücksicht darauf, dass privater Rundfunk in Deutschland erst seit Mitte der 1980er-Jahre rechtlich zulässig war,[20] zielte die Initiative auf die Archive der **öffentlich-rechtlichen Rundfunkanstalten** ab,[21] die eine verfassungsrechtlich fundierte Grundversorgungsaufgabe auch mittels neuer Übertragungswege, wie in Form von Online-Diensten, zu erfüllen haben.[22]

5. Vereinbarkeit des § 137l mit der Verfassung und Europarecht?

8   Angesichts der ungewöhnlich hohen, im bisherigen urhebervertragsrechtlichen Übergangsrecht unbekannten Intensität, mit welcher § 137l in ausschließliche Rechte der Urheber und in ihr Vertrauen auf den Fortbestand eines vertraglich vereinbarten Interessenausgleichs mit den Werkverwertern eingreift (→ Rn. 2–4), verwundert es nicht, dass verbreitet die Frage gestellt wird, ob § 137l mit dem **Grundgesetz** vereinbar ist. Berichtet wird, dass auch bereits von zwei Regisseuren und Autoren gegen die Bestimmung **Verfassungsbeschwerde** zum Bundesverfassungsgericht eingelegt worden ist.[23] Zwar hat das **BVerfG** im Rahmen eines Kammerbeschlusses diese als unzulässig zurückgewiesen und die Ausgestaltungsprärogative des Gesetzgebers betont; doch ist hier das letzte Wort nicht gesprochen.[24] Die **Begr. RegE** des § 137l[25] lässt selbst **Zweifel** erkennen: Der mit der Übertragungsfiktion dieser Vorschrift verbundene Rechtsverlust des Urhebers beruhe nicht auf einer verfassungsrechtlich relevanten Rückwirkung, sondern auf einem Handeln bzw. Nichthandeln des Urhebers nach Inkrafttreten des Gesetzes, womit die Fälle gemeint sind, in denen der Urheber der neuen Nutzung durch die andere Vertragspartei nicht widerspricht. Die Regelung des § 137l sei daher mit der Einführung eines neuen gesetzlich geregelten Falls von Schweigen als Willenserklärung zu vergleichen. Gegen diese Begründung hat der **Bundesrat** erhebliche **Bedenken** geäußert: Der Rechtsverlust des Urhebers beruhe auf der vorgeschlagenen gesetzlichen Regelung, sein Widerspruchsrecht führe nicht dazu, dass nur noch sein Nichthandeln als verfassungsrechtlich relevante Ursache für den Rechtsverlust angesehen werden könne.[26]

---

[14] S. zB *Hucko* S. 25; *Heckmann* S. 234; Mestmäcker/Schulze/*Scholz* UrhG § 137l Rn. 9; Wandtke/Bullinger/*Jani* UrhG § 137l Rn. 3.

[15] S. zB *Klöhn* K&R 2008, 77 (81); Wandtke/Bullinger/*Jani* UrhG § 137l Rn. 3.

[16] Begr. RegE BT-Drs. 16/1828, 22.

[17] Begr. RegE BT-Drs. 16/1828, 22.

[18] *Castendyk/Kirchherr* ZUM 2003, 751 (761), Fn. 69 mwN.

[19] S. dazu *Castendyk/Kirchherr* ZUM 2003, 751 (761); *Haupt/Ullmann* ZUM 2005, 883.

[20] S. Beck'scher Kommentar zum Rundfunkrecht/*W. Hahn/Witte* RStV Präambel Rn. 2.

[21] S. dazu *Haupt/Ullmann* ZUM 2005, 883 (884); *Klickermann* MMR 2007, 221 (222); *Schmid* in Haupt S. 269, 272; sa Fromm/Nordemann/*J. B. Nordemann* UrhG § 137l Rn. 1.

[22] S. Beck'scher Kommentar zum Rundfunkrecht/*W. Hahn/Witte* RStV Präambel Rn. 17 f., 29; Beck'scher Kommentar zum Rundfunkrecht/*Eifert* RStV § 11 Rn. 21 ff.

[23] Als unzulässig abgewiesen durch BVerfG GRUR 2010, 332; sa *Heckmann* S. 237.

[24] Anders offenbar in Überbetonung des Beschlusses Wandtke/Bullinger/*Jani* UrhG § 137l Rn. 35.

[25] BT-Drs. 16/1828, 33 f.

[26] S. Begr. RegE BT-Drs. 16/1828, 45.

Geht man von der in den amtlichen Materialien angesprochenen Problematik der **Rückwirkung** 9 aus, so sind sich Stimmen im Schrifttum, welche die Verfassungsmäßigkeit des § 137l entweder bezweifeln oder bejahen, jedenfalls darin einig, dass zwischen einer verfassungsrechtlich grundsätzlich verbotenen **echten** und grundsätzlich zulässigen **unechten** Rückwirkung zu unterscheiden und § 137l im Sinne der Letzteren zu verstehen ist: Die Übertragungsfiktion für neue Nutzungsarten legitimiert nicht im Sinne einer echten Rückwirkung nachträglich in der Vergangenheit geschehene Rechtsverletzungen, sondern lediglich entsprechende Nutzungen für die Zukunft.[27] In Übereinstimmung mit dem Bundesrat (→ Rn. 8) geht die wohl einhellige Meinung dahin, dass die Übertragungsfiktion des § 137l auf dem Gesetz und nicht auf dem Verhalten des Urhebers beruht.[28] Die Argumentation mit dem Schweigen als Willenserklärung wird mit kaum haltbar[29] bis abwegig[30] kommentiert.

Im Übrigen konzentriert sich die verfassungsrechtliche Erörterung des § 137l in erster Linie auf den 10 Schutz des **Urheberrechts** als **Eigentum iSd Art. 14 GG.** In der Rechtsprechung des BVerfG ist anerkannt, dass der Gesetzgeber auf der Grundlage der Sozialbindung des Eigentums sowie seines Auftrags zur Bestimmung seines Inhalts und seiner Schranken (Art. 14 Abs. 1 S. 2, Abs. 2) auch befugt ist, den ausschließlichen Verwertungsrechten des Urhebers im Interesse der Allgemeinheit Schranken zu setzen. Er hat dabei aber die Grundsätze des Verhältnismäßigkeit und des Gleichheitssatzes,[31] des Übermaßverbots[32] sowie des Schutzes des Vertrauens in den Fortbestand einer Rechtslage[33] zu beachten. Das **legitime Interesse der Allgemeinheit,** über eine Öffnung der Medienarchive für neue Nutzungsarten an kulturellen Gütern der Vergangenheit teilhaben zu können (→ Rn. 6), wird auch von Kritikern des § 137l nicht geleugnet.[34] Darüber hinaus geht eine gewichtige Auffassung dahin, dass es vor allem **zwei Faktoren** sind, welche die **Vereinbarkeit des § 137l mit Art. 14 GG** gewährleisten sollen: das **Widerspruchsrecht** des Urhebers nach § 137l Abs. 1 S. 1–3 und sein **Vergütungsanspruch** nach § 137l Abs. 5.[35]

Erhebliche Zweifel bleiben gleichwohl bestehen. Die Übertragungsfiktion des § 137l bewirkt 11 **keinen unmittelbaren Vorteil der Allgemeinheit,** sondern **nur der anderen Vertragspartei,** an die der Urheber seine Rechte verliert. Der Allgemeinheit ist nur gedient, wenn die Werkverwerter von ihren neuen Befugnissen auch tatsächlich effektiv und angemessen Gebrauch machen. Dafür aber trifft das Gesetz keinerlei Vorkehrungen, sodass selbst eine Blockade von ihrer Seite nicht ausgeschlossen ist.[36] Das dem entgegengehaltene Rückrufsrecht des Urhebers wegen Nichtausübung iSd § 41[37] ist nicht nur schwerfällig, es dient auch nicht den Interessen der Allgemeinheit und ist für den wichtigen Bereich der Filmauswertung durch § 90 sogar ausgeschlossen. Es hilft auch nicht gegen eine exorbitante, das Allgemeininteresse vernachlässigende Preisgestaltung, für die es zB im Bereich naturwissenschaftlicher Online-Publikationen, dem sog. „e-only", bedenkliche Praktiken gibt.[38] Selbstverständlich kann der Gesetzgeber das Eigentum ausgestalten; dies ändert jedoch nichts daran, dass Eingriffe in Art. 14 GG dem Verhältnismäßigkeitstest standhalten müssen, insbesondere die Mittel geeignet, erforderlich und verhältnismäßig sein müssen. Fehlt es aber an einer Pflicht zur Nutzung der neuen Nutzungsarten, ist mehr als zweifelhaft, dass die Regelung wirklich ihr Ziel erreichen kann.[39] Gravierende Zweifel bestehen auch an der **Eignung des Widerspruchsrechts,** die Urheberinteressen zu wahren, und zwar insbes. in Bezug auf früher unbekannte Nutzungsarten, die bis zum 1.1.2008 bekannt geworden sind. Die inzwischen längst abgelaufene Frist von nur einem einzigen Jahr (§ 137l Abs. 1 S. 2) war aus der Sicht der Urheberinteressen viel zu kurz.[40] Die vorausgegangene mehrjährige Diskussion, auf welche die Gesetzesbegründung[41] sich beruft, dürfte von der Mehrzahl der Urheber gar nicht wahrgenommen worden sein;[42] ebenso nicht das Gesetz vom 26.10.2007 selbst

---

[27] S. Dreier/Schulze/*Schulze* UrhG § 137l Rn. 15; Fromm/Nordemann/*J. B. Nordemann* UrhG § 137l Rn. 21; *Ehmann/Fischer* GRUR-Int 2008, 284 (287); s. bereits *Heckmann* S. 243; *Spindler/Heckmann* ZUM 2006, 620 (624); *Frey/Rudolph* ZUM 2007, 13 (22) mit der Forderung nach einer eindeutigen gesetzlichen Klarstellung in diesem Sinne; *Schmidt-Hern* ZUM 2008, 927 (932 f.) mit näheren Hinweisen auf die Rechtsprechung des BVerfG; Wandtke/Bullinger/*Jani* UrhG § 137l Rn. 35.

[28] S. *Berger* GRUR 2005, 907 (910); *Frey/Rudolph* ZUM 2007, 13 (22); *Klöhn* K&R 2008, 77 (82); *Schmidt-Hern* ZUM 2008, 927 (932); *Spindler/Heckmann* ZUM 2006, 620 (624).

[29] So *Spindler/Heckmann* ZUM 2006, 620 (624).

[30] So *Berger* GRUR 2005, 905 (910).

[31] S. dazu mwN *Schmidt-Hern* ZUM 2006, 927 (929).

[32] S. ebenfalls mwN *Schricker/Katzenberger* GRUR 1985, 87 (94); zu den Bedenken hinsichtlich der Angemessenheit: *Heckmann* S. 239 ff.

[33] S. dazu mwN *Heckmann* S. 239 sowie *Spindler/Heckmann* ZUM 2006, 620 (622).

[34] S. zB *Spindler/Heckmann* ZUM 2006, 620 (623).

[35] So Fromm/Nordemann/*J. B. Nordemann* UrhG § 137l Rn. 1; Mestmäcker/Schulze/*Scholz* UrhG § 137l Rn. 33; Wandtke/Bullinger/*Jani* UrhG § 137l Rn. 35; *Schmidt-Hern* ZUM 2008, 927 (930 ff.) unter Betonung des Vergütungsanspruchs; kritisch dagegen Dreier/Schulze/*Schulze* UrhG § 137l Rn. 3, und früher schon *Schulze* UFITA 2007, 641 (645 f.).

[36] S. *Spindler/Heckmann* ZUM 2006, 620 (623).

[37] So von Fromm/Nordemann/*J. B. Nordemann* UrhG § 137l Rn. 1; *Schmidt-Hern* ZUM 2008, 927 (932).

[38] S. dazu *Hilty* GRUR-Int 2006, 179 (183); *Hilty* GRUR 2009, 633 (636).

[39] Dies verkennt etwa Wandtke/Bullinger/*Jani* UrhG § 137l Rn. 35.

[40] So zB auch die Kritik der *GRUR* GRUR 2005, 743 (746).

[41] Begr. RegE BT-Drs. 16/1828, 33.

[42] So auch *Spindler/Heckmann* ZUM 2006, 620 (625).

und beides erst recht nicht von den ebenfalls betroffenen (→ Rn. 24) ausländischen Autoren. Und völlig unerfindlich bleibt, warum die erst vom Rechtsausschuss des Deutschen Bundestags[43] eingeführte Informationspflicht des Werkverwerters in Bezug auf seit dem 1.1.2008 bekannt werdende neue Nutzungsarten (§ 137l Abs. 1 S. 3.) nicht auch für vor diesem Datum bekannt gewordene Nutzungsarten vorgesehen wurde. So bleibt als Gesamteindruck des einjährigen Widerspruchsrechts der Urheber derjenige eines Feigenblatts, zumal selbst der zuständige leitende Ministerialbeamte davon ausgegangen ist, dass die Ausübung des Widerspruchsrechts „eher den Ausnahme- als den Regelfall" darstellen werde.[44] Verfassungsrechtlich nicht irrelevant dürfte auch der **wirtschaftliche Verlust** sein, der sich für einen Urheber aus der Nichtausübung eines derart schwach ausgestalteten Widerspruchsrechts ergeben kann. Sie führt zu einem **bloßen Anteil an den kollektiven Einnahmen einer Verwertungsgesellschaft** nach § 137l Abs. 5 auch in Fällen, in denen zB der Herausgeber einer Fachzeitschrift für Mathematik auf der Grundlage seiner ausschließlichen Rechte an diesem Sammelwerk für die Onlinenutzung eines einzigen Bandes vom Verlag individuell ausgehandelt 10.000 Euro erhielt.[45]

12   Die verfassungsrechtlichen Bedenken gegen § 137l legen es nahe, die Bestimmung im Zweifel **eng auszulegen** und den Interessen der Urheber den Vorzug vor einer möglichst weiten Öffnung der Medienarchive einzuräumen.[46]

12a   Über die verfassungsrechtlichen Zweifel hinaus bestehen auch erhebliche Bedenken hinsichtlich der Vereinbarkeit mit den **europarechtlichen** Vorgaben der InfoSoc-RL: So hat der **EuGH** in der **Soulier-Entscheidung** deutlich hervorgehoben, dass für vergriffene Werke der Gesetzgeber keine Fiktion einer Zustimmung des Urhebers für Vervielfältigungen und das Recht auf öffentliches Zugänglichmachen vorsehen kann, auch wenn das Werk vorher in einer Datenbank für vergriffene Werk aufgenommen, dies publik gemacht wurde und der Urheber innerhalb einer 6-Monats-Frist widersprechen konnte. Der EuGH lässt zwar grundsätzlich auch eine implizite Zustimmung zu,[47] stellt hieran jedoch hohe Anforderungen.[48] So führt das Gericht aus:

> „(38) Insbesondere muss jeder Urheber über die künftige Nutzung seines Werks durch einen Dritten und darüber, mit welchen Mitteln er die Nutzung untersagen kann, sofern er dies wünscht, tatsächlich informiert werden. (39) Denn ohne tatsächliche vorherige Information über diese künftige Nutzung ist der Urheber nicht in der Lage, zu ihr Stellung zu nehmen und sie gegebenenfalls zu untersagen, so dass schon das Vorliegen seiner impliziten Zustimmung hierzu rein hypothetisch bleibt. (40) Wenn die tatsächliche Information der Urheber über die geplante Nutzung ihrer Werke und die Mittel, die ihnen für die Untersagung der Nutzung zur Verfügung stehen, nicht gewährleistet ist, ist es ihnen demzufolge faktisch nicht möglich, irgendeine Stellungnahme zu einer solchen Nutzung abzugeben."

Daraus ergeben sich aber nicht nur für vergriffene Werke Konsequenzen, sondern auch für den in § 137l UrhG gewählten Ansatz, da das Gesetz hier auch von einer Fiktion der Rechteeinräumung bei einem fehlenden Widerspruch des Urhebers ausgeht. § 137l geht sogar noch über die für vergriffene Werke gewählte Lösung hinaus, indem keine öffentlich zugängliche Datenbank der betroffenen Werke besteht, sondern alle Werke, an denen Rechte zuvor eingeräumt wurden, betroffen sind. In der Konsequenz der EuGH-Entscheidung kann aber auch hier mangels individueller Information keine implizite Zustimmung und Rechteeinräumung angenommen werden, wie sie § 137l Abs. 1 S. 1, 2 vorsehen. Die Bestimmung ist diesbezüglich als **europarechtswidrig** anzusehen.

II. Anwendungsbereich des § 137l

1. Gegenständlicher Anwendungsbereich

13   Der gegenständliche Anwendungsbereich des § 137l wird durch die **wesentlichen Kriterien** bestimmt, an welche Abs. 1 S. 1 der Vorschrift die zentrale Rechtsfolge der gesamten Übergangsregelung anknüpft: die gesetzliche Fiktion der Einräumung von Nutzungsrechten an unbekannten Nutzungsarten an eine Vertragspartei, die bereits Inhaberin von Nutzungsrechten an bekannten Nutzungsarten ist und der es durch diese Fiktion rechtlich ermöglicht wird, ihre Medienarchive neuen Nutzungsformen zugänglich zu machen (→ Rn. 3, 6). Diese Kriterien sind nach dem Gesetzeswortlaut die **Einräumung von Nutzungsrechten** durch den **Urheber** an einen **anderen.** Nähere Erkenntnisse über den gegenständlichen Anwendungsbereich des § 137l erschließen sich aus seiner Qualität als **Übergangsregelung** für die **Aufhebung des § 31 Abs. 4** (→ Rn. 1). War die Rechts-

---

[43] BT-Drs. 16/5939, 46.

[44] So *Seibold* ZUM 2005, 130 (135), zu einem Diskussionsbeitrag von Ministerialdirektor *Elmar Hucko* aus dem Bundesministerium der Justiz.

[45] S. OLG Hamm AfP 2008, 515 (516) – Fachzeitschrift für Mathematik; dazu *Heckmann/Hillegeist* AfP 2008, 483 f.

[46] Ebenso *Dreier/Schulze/Schulze* UrhG § 137l Rn. 4; *Spindler/Heckmann* ZUM 2006, 620 (624); *Heckmann* S. 242; aA *Fromm/Nordemann/J. B. Nordemann* UrhG § 137l Rn. 1; grundsätzlich auch *Schmidt-Hern* ZUM 2008, 927 (931, 933, 934).

[47] EuGH GRUR 2017, 62 Rn. 35 – Soulier u. Doke/Premiere ministre ua.

[48] EuGH GRUR 2017, 62 Rn. 37 – Soulier u. Doke/Premiere ministre ua.

folge dieser Bestimmung die Unwirksamkeit der Einräumung für unbekannte Nutzungsarten[49] und soll § 137l diese Rechtsfolge für die Zukunft entfallen lassen (→ Rn. 3, 6), so muss der gegenständliche Anwendungsbereich der neuen Bestimmung sozusagen **spiegelbildlich** an diejenigen der aufgehobenen Vorschrift anschließen. Dies vorausgeschickt gilt für den gegenständlichen Anwendungsbereich des § 137l das Folgende:

a) Einräumung von Nutzungsrechten. Wie in der Vergangenheit bei § 31 Abs. 4[50] sind auch **14** für die Anwendung des § 137l bloße **schuldrechtliche Verpflichtungen** zur Einräumung von Nutzungsrechten ebenso zu beurteilen wie Verfügungen über Nutzungsrechte, also deren Einräumungen.[51] Daraus folgt eine vertragliche Verpflichtung des Urhebers zur Rechtseinräumung für unbekannte Nutzungsarten für die Zukunft in Fällen, in denen der Urheber unter der Geltung des § 31 Abs. 4 nur Verpflichtungen zur Einräumung von Nutzungsrechten in dem von § 137l Abs. 1 S. 1 geforderten Umfang eingegangen ist. Zuzustimmen ist folgerichtig auch der Ansicht,[52] dass § 137l auch auf **Optionsverträge** angewendet werden kann, weil dies auch für § 31 Abs. 4 gegolten hat.[53] Desgleichen sind auch rein **schuldrechtliche Nutzungsgestattungen**[54] von der Anwendung des § 137l unter den dort genannten Voraussetzungen nicht ausgeschlossen. Die Gegenauffassung, die allein auf die dingliche Situation abstellen will,[55] verkennt den systematischen Zusammenhang mit dem früheren § 31 Abs. 4 bzw. heutigen § 31a. Nutzungsberechtigte Archivinhaber über § 137l auch an Ausschüttungen von **Vergütungen** zu beteiligen, die Verwertungsgesellschaften über diese Bestimmung aus Rechten an neuen Nutzungsarten zufließen, scheidet jedoch aus, weil es dafür kein Vorbild unter § 31 Abs. 4 gibt und der Ausschluss von solchen Zahlungen auch die Archivnutzung nicht behindert und damit außerhalb der Zielrichtung des § 137l (→ Rn. 6) liegt.[56]

Wie es sich bei der Einräumung von Nutzungsrechten nach deutschem Recht um das Standardinstrument der vertraglichen Verfügung über Urheberrechte an Werken aller Art handelt,[57] können **15** **Werke aller Art** auch Gegenstand der Einräumung von Nutzungsrechten iSd § 137l Abs. 1 S. 1 sein. Der Gesetzgeber[58] weist ausdrücklich darauf hin, dass auf eine Differenzierung nach Werkkategorien verzichtet wird.[59] Dasselbe gilt für die **Art der Medien** (Druckwerk, Tonträger, Bild- und Tonträger, Datenbank, Sendung etc), in der ein Werk verkörpert oder mittels derer es wiedergegeben wird (→ Rn. 6). In gleicher Weise kommt es auch nicht auf den **Status eines Werkes** als unveröffentlicht, veröffentlicht (§ 6 Abs. 1) oder erschienen (§ 6 Abs. 2) an. Zwar ist mit der Öffnung eines Archivs (→ Rn. 6) bei einem darin enthaltenen unveröffentlichten Werk neben den Nutzungsrechten auch das Veröffentlichungsrecht des Urhebers iSd § 12 Abs. 1 mit im Spiel. Jedoch beschränkt sich dieses Recht auf die Erstveröffentlichung und wird dem Nutzungsberechtigten gegenüber idR bereits durch die Übergabe an ihn durch den Urheber ausgeübt und verbraucht (→ § 12 Rn. 16 ff.).

Unter Beachtung des Bezugs zu dem aufgehobenen § 31 Abs. 4 (→ Rn. 13) ist auch die Frage zu **16** beantworten, auf welche **Rechte** und **Schutzgegenstände** § 137l Anwendung findet. Schon durch die Erwähnung des Urhebers in § 137l Abs. 1 S. 1 ist klar, dass die Bestimmung jedenfalls **Urheberrechte** an urheberrechtlich geschützten Werken betrifft.[60] Darüber hinaus wird zu Recht eine zumindest analoge Anwendung des § 137l auch auf die **verwandten Schutzrechte der Verfasser wissenschaftlicher Ausgaben** (§ 70) und der **Lichtbildner** (§ 72) befürwortet, weil die betreffenden Bestimmungen (§ 70 Abs. 1, § 72 Abs. 1) für den Schutz dieser Rechte seit jeher eine ausnahmslose Anwendung der für Urheberrechte geltenden Vorschriften des Teils 1 des UrhG vorsehen; damit galt für sie auch § 31 Abs. 4, und dasselbe muss dann auch für § 137l als dessen Gegenstück (→ Rn. 13) gelten.[61] Daher kann die fehlende Verweisung auf den fünften Titel des UrhG nur als Redaktionsversehen verstanden werden.[62]

§ 137l ist nicht anwendbar auf **Verträge von ausübenden Künstlern** und auf deren verwandtes **17** Schutzrecht. Vor Inkrafttreten des Gesetzes vom 26.10.2007, durch den § 31 Abs. 4 aufgehoben und § 137l eingeführt wurde (→ Rn. 1), hatte § 79 Abs. 2 S. 2 nF 2003 trotz genereller Verweisung auf § 31 nF 2003 dessen Abs. 4 von dieser Verweisung ausdrücklich ausgenommen. Vom BGH war für

---

[49] Ebenfalls → Rn. 1.
[50] S. Schricker/*Schricker* (3. Aufl.) UrhG § 31 Rn. 25.
[51] Ebenso Fromm/Nordemann/*J. B. Nordemann* UrhG § 137l Rn. 5; zustimmend BeckOK UrhR/*Soppe* UrhG § 137l Rn. 5.
[52] S. Fromm/Nordemann/*J. B. Nordemann* UrhG § 137l Rn. 5; *Czernik* GRUR 2009, 913 (914).
[53] S. Schricker/*Schricker* (3. Aufl.) UhrG § 31 Rn. 25.
[54] Zu diesen → § 29 Rn. 27 f.
[55] Wandtke/Bullinger/*Jani* UrhG § 137l Rn. 7 unter Berufung auf den Wortlaut.
[56] Gegen Fromm/Nordemann/*J. B. Nordemann* UrhG § 137l Rn. 5, die eine solche Beteiligung für erwägenswert halten.
[57] S. § 29 Abs. 2, § 31 Abs. 1 S. 1 und dazu → UrhG Vor §§ 31 Rn. 1 ff., → UrhG § 31 Rn. 1 ff.
[58] Begr. RegE BT-Drs. 16/1828, 22.
[59] S. zum Ergebnis auch Dreier/Schulze/*Schulze* UrhG § 137l Rn. 5.
[60] S. statt aller Dreier/Schulze/*Schulze* UrhG § 137l Rn. 7; Fromm/Nordemann/*J. B. Nordemann* UrhG § 137l Rn. 6.
[61] S. zu diesem Ergebnis auch Fromm/Nordemann/*J. B. Nordemann* UrhG § 137l Rn. 6; Dreier/Schulze/*Schulze* UrhG § 137l Rn. 5 iVm § 31a Rn. 9.
[62] So auch *Czernik* GRUR 2009, 913 (914); Wandtke/Bullinger/*Jani* UrhG § 137l Rn. 6a.

das bis dahin geltende Künstlervertragsrecht eine analoge Anwendung dieser Bestimmung abgelehnt worden,[63] sodass ausübende Künstler vor Inkrafttreten des § 137l auch über unbekannte Nutzungsarten vertraglich verfügen konnten. In gleicher Weise wurde in derselben Entscheidung auch über das **verwandte Schutzrecht der Tonträgerhersteller** entschieden.[64] Hierzu war auch die Verweisungsmethodik des § 85 Abs. 2 S. 2 nF 2003 dieselbe wie diejenige des § 79 Abs. 2 S. 2 nF 2003; dasselbe gilt für die Regelungen über die **verwandten Schutzrechte** der **Veranstalter** (§ 81 S. 2 nF 2003), der **Filmhersteller** (§ 94 Abs. 2 S. 2 nF 2003) und der **Sendeunternehmen** (§ 87 Abs. 2 S. 3 nF 2003); auch für das verwandte Schutzrecht des **Datenbankherstellers** (§§ 87a ff.) kann nichts anderes gelten. Auf alle diese Schutzrechte und Verträge über sie ist **§ 137l nicht anwendbar.**[65] Für eine **Öffnung der Archive** (→ Rn. 6) kann dies ähnlich **hinderlich** sein wie zB die Weigerung der Tonträgerhersteller, ihrer (Verwertungs-)Gesellschaft für Leistungsschutzrechte (GVL) die Wahrnehmung der Online-Rechte für Tonträgermusik zu übertragen, mit der Folge, dass Sendeunternehmen Tonträgermusik zwar gegen Vergütung senden (s. § 78 Abs. 1 Nr. 2, Abs. 2 Nr. 1, § 86), aber nicht problemlos parallel dazu auch nur als Hintergrundmusik zu Hörfunk- und Fernsehproduktionen online zugänglich machen dürfen,[66] vielmehr sich diesbezüglich auch noch mit einer Verweigerungshaltung insbesondere der großen Tonträgerhersteller gegenüber einer individuellen Lizenzierung konfrontiert sehen.[67] Bei einer Retrodigitalisierung ist daher sorgfältig zu prüfen, ob auch solche Rechte tangiert sind.[68]

18   **b) Urheber und Rechtsnachfolger als Vertragsparteien.** Primärer Anknüpfungspunkt für die Fiktion einer Rechtseinräumung für neue Nutzungsarten gemäß § 137l Abs. 1 S. 1 ist eine **Nutzungsrechtseinräumung** für bekannte Nutzungsarten **durch den Urheber.** Dies entspricht (→ Rn. 13 f.) dem Schutzzweck des früheren **§ 31 Abs. 4.** Die Bestimmung diente nach der Begr. RegE[69] dem **Schutz des Urhebers.** Wörtlich heißt es dort: „Ihm soll, wenn neue Nutzungsarten entwickelt werden, stets die Entscheidung darüber vorbehalten werden, ob und gegen welches Entgelt er mit der Nutzung seines Werkes auch auf die neu erfundene Art einverstanden ist." Aufgrund der Vererblichkeit des Urheberrechts (s. § 28 Abs. 1) stehen den vertraglichen Verfügungen des Urhebers selbst auch diejenigen seiner **Rechtsnachfolger** von Todes wegen, also seiner **Erben** und derjenigen Personen gleich, denen das Urheberrecht in Erfüllung einer Verfügung von Todes wegen oder im Wege der Auseinandersetzung unter Miterben (s. § 29 Abs. 1, § 30) übertragen worden ist.[70]

19   § 31 Abs. 4 war grundsätzlich auch auf die Einräumung von Nutzungsrechten im Rahmen von **Arbeit- und Dienstverhältnissen** anwendbar.[71] Daraus folgt (→ Rn. 13) auch die Anwendbarkeit der Übertragungsfiktion des § 137l Abs. 1 S. 1 auf solche Rechtseinräumungen.[72] Wie aber zu Lasten der Arbeit- und Dienstnehmerurheber unter § 31 Abs. 4 gewisse Besonderheiten galten, werden sie je nach den Umständen auch unter § 137l gewisse Abstriche in Bezug auf das Widerspruchsrecht (§ 137l Abs. 1–3) und den Vergütungsanspruch (§ 137l Abs. 5) hinnehmen müssen.[73]

20   Fraglich ist demgegenüber, ob Ausgangspunkt für das Eingreifen der Übertragungsfiktion des § 137l Abs. 1 S. 1 auch **Rechtsgeschäfte von Nutzungsrechtsinhabern** sein können. Für die Beantwortung dieser Frage ist wiederum von der Rechtslage unter Geltung des § 31 Abs. 4 auszugehen (→ Rn. 13). Danach war diese Bestimmung auch auf solche Rechtsgeschäfte anwendbar, obwohl der Schutzzweck dieser Bestimmung (→ Rn. 18) nicht auf solche Rechtsinhaber ausgerichtet war.[74] Die Frage war aber strittig.[75] Der Auffassung, dass die Anknüpfung der Übertragungsfiktion auch an solche Rechtsgeschäfte sich bereits aus der Parallele zu § 31 Abs. 4 ergibt, gebührt der Vorzug. Andernfalls folgt dasselbe Ergebnis jedenfalls unmittelbar aus § 137l Abs. 1 S. 2: Hat der Vertragspartner des Urhebers die ihm eingeräumten Nutzungsrechte einem Dritten übertragen, so greift die in § 137l Abs. 1 S. 1 statuierte Übertragungsfiktion dem Dritten gegenüber.[76]

21   **c) Die andere Vertragspartei.** Entsprechend der Geltung des § 137l und des aufgehobenen § 31 Abs. 4 für Werke und Medien aller Art (→ Rn. 15) kann die andere Vertragspartei **jeder Dritte,** insbesondere **jeder Werkverwerter** sein, also zB ein Verlag, ein Filmhersteller, ein Tonträgerherstel-

[63] S. BGH GRUR 2003, 234 (235) – EROC III.

[64] BGH GRUR 2003, 234 (235) – EROC III.

[65] Wohl allgM; s. zB Dreier/Schulze/*Schulze* UrhG § 137l Rn. 5 iVm § 31a Rn. 9; Wandtke/Bullinger/*Jani* UrhG § 137l Rn. 6; weiterführend Fromm/Nordemann/*J. B. Nordemann* UrhG § 137l Rn. 6 iVm § 31a Rn. 19.

[66] §§ 78 Abs. 1 Nr. 1, 85 Abs. 1 S. 1.

[67] S. dazu *Weber* ZUM 2007, 688 (692).

[68] *Spindler/Heckmann* GRUR-Int 2008, 271 (276).

[69] BT-Drs. IV/270, 56; sa → 3. Aufl. 2006, § 31 Rn. 25.

[70] Wandtke/Bullinger/*Jani* UrhG § 137l Rn. 21; Dreier/Schulze/*Schulze* UrhG § 137l Rn. 7; BeckOK UrhR/*Soppe* UrhG § 137l Rn. 2.

[71] S. → 3. Aufl. 2006, § 31 Rn. 25, § 43 Rn. 55a.

[72] Im Ergebnis wie hier Dreier/Schulze/*Schulze* UrhG § 137l Rn. 9; Fromm/Nordemann/*J. B. Nordemann* UrhG § 137l Rn. 5; Wandtke/Bullinger/*Jani* UrhG § 137l Rn. 15.

[73] Ebenso im Hinblick auf das Widerspruchsrecht Dreier/Schulze/*Schulze* UrhG § 137l UrhGRn. 9; Wandtke/Bullinger/*Jani* UrhG § 137l Rn. 15.

[74] S. → 3. Aufl. 2006, § 31 Rn. 25.

[75] So zB aA Dreier/Schulze/*Schulze* (2. Aufl.) UrhG § 31 Rn. 78.

[76] Dazu näher unter → Rn. 46.

ler usw. Andere Vertragspartei kann darüber hinaus auch eine urheberrechtliche **Verwertungsgesell-schaft** sein, mit welcher der Urheber oder dessen Rechtsnachfolger (→ Rn. 18, 20) einen Wahrneh-mungsvertrag geschlossen hat.[77] Dies ist nicht selbstverständlich, weil Verwertungsgesellschaften keine Werkarchive unterhalten, die sie für neue Nutzungen öffnen könnten (→ Rn. 6) und weil sie auch selbst keine Werknutzungen vornehmen, sondern nur Nutzungsrechte an Werkverwerter vergeben. Dadurch scheint auch ein gegen die Verwertungsgesellschaften selbst gerichteter Vergütungsanspruch der Urheber gemäß § 137l Abs. 5 ins Leere zu gehen.[78] Dennoch ist der hM[79] zu folgen, weil auch § 31 Abs. 4 auf Wahrnehmungsverträge mit Verwertungsgesellschaften anwendbar war.[80] Soweit § 137l Abs. 1 S. 1 überhaupt auch im Übrigen anwendbar ist (→ Rn. 24 ff.) und auch die Vorausset-zungen des § 137l Abs. 2 S. 1 erfüllt sind, wäre der Dritte, dem die Verwertungsgesellschaft Rechte einräumt, Schuldner der Urhebervergütung nach § 137l Abs. 5 S. 4, die aber nach § 137l Abs. 5 S. 2 wiederum nur durch die Verwertungsgesellschaft geltend gemacht werden könnte.[81] Allerdings muss es sich um eine zeitlich unbegrenzte Einräumung von Nutzungsrechten handeln, woran § 137l bei vielen Wahrnehmungsverträgen indes in der Praxis scheitern dürfte, da diese nicht zeitlich unbegrenzt erfolgen.[82]

2. Zeitlicher Anwendungsbereich

Der zeitliche Anwendungsbereich des § 137l ist in § 137l Abs. 1 S. 1 ausdrücklich geregelt. Die **22** dort bestimmte Übertragungsfiktion gilt für die Einräumung von Nutzungsrechten, die **„zwischen dem 1. Januar 1966 und dem 1. Januar 2008"** stattgefunden haben. An dem erstgenannten Da-tum ist das UrhG in seiner ursprünglichen Fassung und mit ihm § 31 Abs. 4 in Kraft getreten (s. § 143 Abs. 2), an dem zweitgenannten das Gesetz vom 26.10.2007, durch das § 137l eingeführt und § 31 Abs. 4 aufgehoben wurde.[83] Der nicht ganz exakte Gesetzeswortlaut meint entsprechende Ver-tragsabschlüsse ab dem **1.1.1966** und **bis** zum **31.12.2007** einschließlich des Zeitraums der Geltung des § 31 Abs. 4.[84] Für Verträge **ab dem 1.1.2008** gelten die §§ 31a und 32c, die an die Stelle des § 31 Abs. 4 getreten sind (→ Rn. 1). Sie sind **nicht** Gegenstand des § 137l.[85]

Nicht anwendbar ist § 137l auch auf Verträge, die **vor dem 1.1.1966** abgeschlossen worden **23** sind;[86] in Bezug auf sie ist grundsätzlich nur auf das vor diesem Datum geltende Recht abzustellen.[87] Der Grund liegt darin, dass es im früheren Recht eine § 31 Abs. 4 entsprechende Regelung nicht gab.[88] Rechte für unbekannte Nutzungsarten konnten somit seinerzeit übertragen werden.[89] Die Folge ist, dass für eine Öffnung der Archive als Ziel des § 137l (→ Rn. 6) insoweit nicht dieselbe Zwangslage wie unter der Geltung des § 31 Abs. 4 besteht. Dieser Unterschied rechtfertigt § 137l jedenfalls unter dem Aspekt des Gleichheitssatzes.[90] Für Verträge vor dem 1.1.1966 gilt weitgehend die Zweckübertragungslehre, die von der Rechtsprechung konsequent angewandt wird, mit dem Ergebnis, dass häufig Rechte für unbekannte Nutzungsarten nicht eingeräumt wurden, außer wenn sich aus der Auslegung des Vertrages einschließlich seiner Umstände (die heute in der Regel nur noch schwer nachzuweisen sein werden) etwas anderes ergibt.[91] Allerdings greift § 137l auch dann ein, wenn ein vor 1966 geschlossener Vertrag später (nach dem 1.1.1966) **ergänzt** oder **geändert** wurde, da mit dem neuen oder ergänzenden Vertrag die alten Regelungen in den neuen Vertrag inkorporiert wurden – außer die Vertragsauslegung ergibt einen entgegenstehenden Willen der Beteiligten.

---

[77] Ebenso Dreier/Schulze/*Schulze* UrhG § 137l Rn. 18; Fromm/Nordemann/*J. B. Nordemann* UrhG § 137l Rn. 5, 16; Wandtke/Bullinger/*Jani* UrhG § 137l Rn. 13.

[78] Sa die Zweifel gegenüber der hM bei *Müller* ZUM 2009, 293 (295).

[79] Wie hier Wandtke/Bullinger/*Jani* UrhG § 137l Rn. 13; Dreier/Schulze/*Schulze* UrhG § 137l Rn. 18; Fromm/Nordemann/*J. B. Nordemann* UrhG § 137l Rn. 13.

[80] BGH GRUR 2009, 395 Rn. 19 – Klingeltöne für Mobiltelefone; zur Schlussfolgerung → Rn. 13.

[81] Aber → Rn. 37.

[82] Vgl. etwa §§ 10 f. GEMA-Berechtigungsvertrag idF vom Juni 2013; § 11 Wahrnehmungsvertrag VG-Wort idF vom Mai 2014; § 11 Wahrnehmungsvertrag Berufsgruppe I/II VG Bild-Kunst.

[83] dazu bereits → Rn. 1.

[84] So im Ergebnis auch Dreier/Schulze/*Schulze* UrhG § 137l Rn. 11; Fromm/Nordemann/*J. B. Nordemann* UrhG § 137l Rn. 7, 8.

[85] In jüngerer Zeit dazu LG Hamburg ZUM 2016, 673 (676); S. Dreier/Schulze/*Schulze* UrhG § 137l Rn. 11 f.

[86] Zur unterschiedlichen Behandlung s. auch *Diesbach* ZUM 2011, 623 (631).

[87] S. § 132 Abs. 1 S. 1 und dazu → Rn. 2; zur Unabwendbarkeit des § 137l ausdrücklich OLG Köln ZUM 2009, 237 (238) – Der Frosch mit der Maske, Dr. Mabuse und Winnetou; Wandtke/Bullinger/*Jani* UrhG § 137l Rn. 5.

[88] S. Schricker/*Schricker* (3. Aufl.) UrhG § 31 Rn. 25; Dreier/Schulze/*Schulze* UrhG § 137l Rn. 3; Fromm/Nordemann/*J. B. Nordemann* UrhG § 137l Rn. 7; Mestmäcker/Schulze/*Scholz* UrhG § 137l Rn. 53; *Diesbach* ZUM 2011, 623 (631).

[89] S. zB RGZ 140, 225 (258) – Der Hampelmann; weiter → § 89 Rn. 3 zur umfassenden Rechteübertragung an anonymen NS-Propagandafilmen und anonymen Kriegswochenschauen; dort auch zu zu weitgehenden Instanzur-teilen aus neuerer Zeit; zutreffend dagegen OLG Köln ZUM 2009, 237 (238) – Der Frosch mit der Maske, Dr. Mabuse und Winnetou; BeckOK UrhR/*Soppe* UrhG § 137l Rn. 7.

[90] Art. 3 GG; s. *Schmidt-Hern* ZUM 2008, 641 (647) gegen *Schulze* UFITA 2007, 641 (647); sa Drei-er/Schulze/*Schulze* UrhG § 137l Rn. 3.

[91] BGH ZUM 2011, 498 – Polizeirevier Davidswache; BGH GRUR 2011, 714 – Der Frosch mit der Maske; auch → § 31a Rn. 64.

3. Internationaler Anwendungsbereich des § 137l

24   Auch für die **Beurteilung des internationalen Anwendungsbereichs des § 137l** ist davon auszugehen, dass es sich bei dieser Bestimmung um eine **übergangsrechtliche Reaktion auf die Aufhebung des § 31 Abs. 4** handelt (→ Rn. 13). Nach der für die Praxis verbindlichen Rechtsprechung des BGH[92] regelte diese Vorschrift eine Frage der Übertragbarkeit des Urheberrechts und war (nur) auf die Einräumung eines deutschen Nutzungsrechts, dies aber auch durch einen ausländischen Urheber, anwendbar. § 31 Abs. 4 unterstand damit dem **Urheberrechtsstatut und dem Schutzlandprinzip**, nicht dem Vertragsstatut.[93] Es liegt nahe, dieses Ergebnis auch auf § 137l zu übertragen.[94] Dies gilt umso mehr, als das unmittelbare Gegenteil des § 31 Abs. 4, nämlich die nunmehrig gesetzliche Wirksamkeit der Einräumung von Nutzungsrechten für unbekannte Nutzungsarten, sich bereits aus § 31a ergibt und § 137l eine darüber hinausgehende Rechtseinräumung zu Lasten des Urhebers und zugunsten des Inhabers von Nutzungsrechten fingiert (→ Rn. 3) und somit eine **gesetzliche Lizenz** statuiert.[95] Dies bedeutet in abgeschwächter Form nichts anderes als eine unmittelbare gesetzliche Regelung der Rechtsinhaberschaft vergleichbar mit einer gesetzlichen Regelung der primären Inhaberschaft des Urheberrechts selbst, die ebenfalls dem Urheberrechtsstatut unterliegt.[96] Folge dieser IPR-Rechtslage ist, dass § 137l zum einen auch auf **Vertragsverhältnisse deutscher Medienunternehmen mit ausländischen Urhebern anwendbar** ist, und zwar unabhängig von dem auf das Vertragsverhältnis im Übrigen anwendbare Recht, zum anderen aber **beschränkt auf die Werknutzung in Deutschland**. Des Weiteren gilt dasselbe aus der Sicht des IPR auch für **Vertragsverhältnisse ausländischer Medienunternehmen mit deutschen und ausländischen Urhebern.**

25   Die internationalen Bezüge des § 137l haben neben dem IPR-Aspekt jedoch auch eine **fremdenrechtliche** und eine **konventionsrechtliche Komponente**. Die fremdenrechtliche ist dabei nur von sekundärer Bedeutung. Scheitert nämlich der Schutz eines Werkes an ihr, so steht es ohnehin für eine Nutzung jedweder Art zur Verfügung. Anders steht es um die **konventionsrechtlichen Implikationen des § 137l**. Geht man von der RBÜ aus, auf die auch Art. 9 Abs. 1 S. 1 TRIPS verweist,[97] so entfaltet diese Konvention ihre Schutzwirkung zugunsten des Urhebers auch auf dem Gebiet des **Urhebervertragsrechts**.[98] Zu den tragenden Prinzipien des Konventionsschutzes zählt dabei der **Grundsatz der Formfreiheit des Schutzes**.[99] Gegen ihn verstößt es zwar nicht, wenn § 31a Abs. 1 S. 1 für Rechtsgeschäfte des Urhebers über unbekannte Nutzungsarten Schriftform vorschreibt.[100] Wohl aber ist die **Widerspruchsregelung** des § 137l Abs. 1 S. 1–3 **mit dem Grundsatz der Formfreiheit unvereinbar;** weil sie den Urheber für den Behalt und für den „Genuss und die Ausübung" seiner konventionsrechtlich geschützten Rechte zwingen, Erklärungen abzugeben und dies auch noch innerhalb kurzer Fristen. **Folge** des Verstoßes gegen das Konventionsrecht ist, dass § 137l aufgrund konventionsfreundlicher Auslegung[101] **in Konfliktfällen nicht anwendbar** ist. Vom Konventionsrecht können sich der Urheber können sich darauf aber auch berufen.[102]

26   Das **Verbot von Formvorschriften** durch Art. 5 Abs. 2 S. 1 RBÜ **gilt** freilich **nicht**, soweit **Deutschland Ursprungsland** eines Werkes ist (Art. 5 Abs. 3 RBÜ); in diesen Fällen hat es mit der Anwendung der innerstaatlichen Vorschriften und damit auch des § 137l sein Bewenden.[103] Definitionsgemäß trifft dies zu, wenn ein Werk **zuerst in Deutschland erschienen** ist (Art. 5 Abs. 4 lit. a iVm Art. 3 Abs. 3 RBÜ), wozu aber zB eine Rundfunksendung nicht ausreicht (→ § 6 Rn. 30) oder wenn im Fall eines nicht erschienenen Werkes dessen **Urheber Deutscher** ist (Art. 5 Abs. 4 lit. c. RBÜ), bzw. wenn der **Hersteller** eines nicht erschienenen **Filmwerkes** seinen **Sitz in Deutschland** hat (Art. 5 Abs. 4 lit. c, i) RBÜ). Umgekehrt **greift das Formverbot,** wenn ein Werk zuerst in einem anderen Verbandsland der RBÜ erschienen ist oder ein nicht erschienenes Werk einen ausländischen Urheber bzw. ein nicht erschienenes Filmwerk einen ausländischen Hersteller hat. Für den **Regelfall** bedeuten diese Grundsätze, dass eine **Anwendung des § 137l auf ausländische Medienarchive ausscheidet. Dasselbe** gilt für **nicht erschienene Werke ausländischer Urheber in deutschen Medienarchiven** mit **Ausnahme** entsprechender **Filmwerke deutscher Produzenten oder Sendeunternehmen.**

---

[92] GRUR 1988, 296 (298) – GEMA-Vermutung IV; BGHZ 136, 380 (387) – Spielbankaffaire; → Vor §§ 120 ff. Rn. 150.

[93] Zu diesen IPR-Regeln → Vor §§ 120 ff. Rn. 124, 128, 147.

[94] Im Ergebnis ebenso Fromm/Nordemann/*J. B. Nordemann* UrhG § 137l Rn. 4, 17; wohl auch Mestmäcker/Schulze/*Scholz* UrhG § 137l Rn. 14, 19.

[95] S. *Berger* GRUR 2005, 907 (910); Mestmäcker/Schulze/*Scholz* UrhG § 137l Rn. 10; Wandtke/Bullinger/*Jani* UrhG § 137l Rn. 17.

[96] → Vor §§ 120 ff. Rn. 124 ff.

[97] Zu beiden → Vor §§ 120 ff. Rn. 18, 21 ff., 27 ff.

[98] S. *Katzenberger* FS Schricker, 1995, 225 (247 f.).

[99] Art. 5 Abs. 2 S. 1 RBÜ.

[100] S. *Katzenberger* FS Schricker, 1995, 225 (238).

[101] → Vor §§ 120 ff. Rn. 107.

[102] → Vor §§ 120 ff. Rn. 108.

[103] → Vor §§ 120 ff. Rn. 32.

Folge der Unanwendbarkeit des § 137l ist, dass dessen **Übertragungsfiktion** für neue Nut- 27
zungsarten **nicht greift,** der betr. Urheber somit Inhaber der diesbezüglichen Rechte bleibt, die ihm
auch unter der Geltung des § 31 Abs. 4 verblieben sind. Als weitere Folge gilt, dass die **Wider-**
spruchslast des Urhebers nach § 137l Abs. 1 S. 1–3 und der **Vergütungsanspruch** nach § 137l
Abs. 5 ebenfalls entfallen. Ist **§ 137l** aber **anwendbar,** so gilt dies auch für die **Fiktion der**
Rechtseinräumung an den Nutzungsberechtigten, im Regelfall ein deutsches Medienunternehmen
(→ Rn. 26), sowie für das **Widerspruchsrecht** und den **Vergütungsanspruch des Urhebers** als
notwendige Surrogate für den drohenden bzw. erlittenen Rechteverlust. Es gilt auch insoweit das
Urheberrechtsstatut und mit ihm das **Schutzlandprinzip,** nicht aber das Vertragsstatut.[104] Für die
Anwendung des § 137l Abs. 5 über den Vergütungsanspruch in Fällen, in denen das betreffende Ver-
tragsverhältnis nicht deutschem Recht untersteht, bedarf es demzufolge auch nicht einer vertragsrechtlichen Sonderanknüpfung zugunsten des Urhebers als der regelmäßig schwächeren Vertragspartei
analog § 32b oder in Anwendung eines allg. Prinzips.[105] Auf die fehlende Verweisung des § 137l
Abs. 5 S. 2 auf § 32b[106] kommt es daher nicht an.

Aus der Zuordnung des § 137l wie des früheren § 31 Abs. 4 zum deutschen **Schutzlandrecht** 28
(→ Rn. 24), wie aus dem Schutzlandprinzip selbst, das konventionsrechtlich verankert ist,[107] folgt,
dass die Frage der **Übertragbarkeit von Rechten für unbekannte Nutzungsarten** nach dem
Recht des jeweiligen **ausländischen Staates** zu beurteilen ist. Beispielsweise sind Griechenland und
Spanien dem deutschen Vorbild des § 31 Abs. 4 gefolgt.[108] Auch zu Polen ist dies mitgeteilt wor-
den.[109] Über eine Aufhebung der betr. Bestimmungen ist nichts bekannt, ihre übergangsrechtlichen
Folgen wären nach dem betr. ausländischen Recht zu beurteilen. In der Mehrzahl der ausländischen
Staaten, darunter zB auch Österreich,[110] gibt es § 31 Abs. 4 entsprechende Beschränkungen nicht.
Nach dem Schutzlandprinzip ist es jedenfalls in beiden Fällen ausgeschlossen, § 31 Abs. 4 und jetzt
§ 137l auch auf die Rechtslage im Ausland zu übertragen und zB einem deutschen Medienunter-
nehmern dort über die letztere Bestimmung Rechte an unbekannten Nutzungsarten zuzuschlagen.[111]
Dabei kann auch faktisch davon ausgegangen werden, dass professionelle Medienunternehmen mit
übernationalen Märkten ihre Verträge den jeweiligen rechtlichen Gegebenheiten angepasst haben
und, soweit möglich, sich auch Rechte für unbekannte Nutzungsarten haben einräumen lassen. Wenn
nicht, müssen sie sich gegebenenfalls die ausländischen Rechte nachlizenzieren lassen.

III. Voraussetzungen der Übertragungsfiktion des § 137l

1. Vorbemerkung

Die **Voraussetzungen** der **Übertragungsfiktion** des § 137l Abs. 1 S. 1 sind **dreifacher Art.** 29
Zum **Ersten** müssen die Nutzungsrechte, die dem von der Fiktion Begünstigten bereits zustehen,
eine bestimmte Qualität besitzen. Dies regelt § 137l Abs. 1 S. 1. Zum **Zweiten** darf der Urheber der
neuen Nutzung nicht widersprechen (§ 137l Abs. 1 S. 1–3) oder das Widerspruchsrecht des Urhebers
ist ausgeschlossen (§ 137l Abs. 3 und 4). Zum **Dritten** darf der Urheber das Nutzungsrecht für eine
zwischenzeitlich bekannt gewordene Nutzungsart nicht bereits einem Dritten eingeräumt haben
(§ 137l Abs. 1 S. 4).

2. Qualität der dem Begünstigten eingeräumten Nutzungsrechte

a) Allgemeines. Gemäß § 137l Abs. 1 S. 1 müssen dem von der Übertragungsfiktion Begünstig- 30
ten „**alle wesentlichen Nutzungsrechte ausschließlich sowie räumlich und zeitlich unbe-**
grenzt eingeräumt" worden sein. Demgemäß müssen
– wesentliche Nutzungsrechte (→ Rn. 31 ff.)
– ausschließlich (→ Rn. 35 ff.)
– räumlich (→ Rn. 38 ff.) und
– zeitlich (→ Rn. 40 ff.) unbegrenzt eingeräumt sein.
Wie auch der Gesetzgeber[112] bemerkt, kann es sich dabei nur um Nutzungsrechte für bei Vertragsabschluss bereits **bekannte Nutzungsarten** und damit um **einräumbare Nutzungsrechte** handeln.
Die Rechtseinräumung auch für unbekannte Nutzungsarten ist Rechtsfolge der Übertragungsfiktion

---

[104] → Rn. 24; im Ergebnis ebenso für den Vergütungsanspruch nach § 32c, nicht aber für das Widerrufsrecht
nach § 31a Abs. 1 S. 3 *Wille* GRUR-Int 2008, 389 (390 f.).
[105] Dazu → Vor §§ 120 ff. Rn. 164.
[106] S. dazu Fromm/Nordemann/*J. B. Nordemann* UrhG § 137l Rn. 4.
[107] → Vor §§ 120 ff. Rn. 114 ff.
[108] S. *Katzenberger* AfP 2001, 265 (270).
[109] S. *Klickermann* MMR 2007, 221 (222).
[110] S. *Katzenberger* AfP 2001, 265 (270).
[111] *Berger* GRUR 2005, 907 (911), Mestmäcker/Schulze/*Scholz* UrhG § 137l Rn. 19; Dreier/Schulze/*Schulze*
UrhG § 31a Rn. 25.
[112] Begr. RegE BT-Drs. 16/1828, 33.

und kann daher nicht zugleich ihre Voraussetzung sein. Daneben enthält die Begr. RegE (BT-Drs. 16/1828, 33) neben einem wenig hilfreichen Hinweis auf die Flexibilität der Formulierung und darauf, dass ihre Anwendung der Rechtsprechung überlassen wird, **zwei Anhaltspunkte** für ihre **Auslegung:** Zum einen soll der Begriff der **wesentlichen Nutzungsrechte** weniger beinhalten als sämtliche Nutzungsrechte. Dadurch soll erreicht werden, dass die **Übertragungsfiktion nicht bereits am Fehlen einzelner Nutzungsrechte scheitert.** Als Beispiele genannt werden das Charakter-Merchandising-Recht und das Remake-Recht beim **Film.** Zum anderen ist bei der Beurteilung der Wesentlichkeit der eingeräumten Nutzungsrechte darauf abzustellen, ob im konkreten Einzelfall alle diejenigen Rechte übertragen wurden, die „**für eine umfassende Verwertung nach dem jeweiligen Vertragszweck notwendig** sind". So komme es beispielsweise für die Verwertung eines Schriftwerks als **Buchausgabe** nur darauf an, dass dem Verwerter alle für diesen Vertragszweck relevanten Nutzungsrechte eingeräumt wurden.

31   **b) Einräumung aller wesentlichen Nutzungsrechte.** Diese Vorgaben in der Gesetzesbegründung legen es nahe, als Ausgangspunkt der Beurteilung auf den jeweiligen **Zweck einer Rechtseinräumung** abzustellen[113] oder sogar nur auf den **Primärzweck.**[114] Ob die wesentlichen Nutzungsrechte eingeräumt wurden, hängt entscheidend von den Usancen in einer bestimmten Branche ab.[115] Nach einer anderen Auffassung soll es nicht auf den Vertragszweck ankommen, sondern auf den **tatsächlich eingeräumten Rechtekatalog** und die logische Ergänzung der einzelnen eingeräumten Nutzungsrechte durch die in Frage stehenden neuen Nutzungsarten.[116] Das Gesetz stellt jedoch auf die „Einräumung" der Rechte ab, nicht auf die tatsächliche Ausübung; maßgeblich ist daher zunächst die Auslegung des Vertrages, zudem die Anwendung der Zweckübertragungslehre, um beurteilen zu können, ob wirklich alle wesentlichen Rechte eingeräumt wurden.[117]

32   Beide Auffassungen dürften zu ähnlichen Ergebnissen kommen, wenn der Urheber umfassende Nutzungsrechte nur für **eine Nutzungsart** eingeräumt hat, zB ein Romanautor das **Buchverlagsrecht** an einen Verlag. In diesem Fall wird man für die von § 137l Abs. 1 S. 1 geforderte **umfassende Rechtseinräumung** verlangen müssen, dass sie, wie auch üblich, nicht nur die Rechte für die Hardcoverausgabe einschließt, sondern auch die Taschenbuch- und die Buchclubrechte.[118] Andernfalls wäre es bei einer getrennten Vergabe an verschiedene Verlage kaum möglich zu entscheiden wem über § 137l zB das e-book-Recht zuzuschlagen wäre oder es käme zu einer kaum hinnehmbaren **Konkurrenzsituation**[119] unter mehreren Begünstigten. Bei **wissenschaftlichen Werken** dürfte es im Regelfall auf jene Nebenrechte nicht ankommen, wohl aber zB in der Zwischenzeit, zwischen Bekanntheit der CD-ROM-Nutzung und der Onlinenutzung, darauf, dass neben der Printnutzung auch die CD-ROM-Nutzung eingeräumt wurde.[120] Beim **Film** ergibt sich eine regelmäßige umfassende Rechteeinräumung an den Filmhersteller durch die Filmurheber iSd **§ 89** aus der dort in Abs. 1 für alle bekannten Nutzungsarten seit jeher vorgesehenen gesetzlichen Vermutung. Demgegenüber bestimmte § 88 Abs. 1 Nr. 3 und 4 bis zur Angleichung der Vorschrift an § 89 Abs. 1 durch das Urhebervertragsgesetz des Jahres 2002 (→ § 88 Rn. 2) lediglich eine nach Vorführ- und Fernsehfilmen differenzierende Vermutung. Eine umfassende, für die Übertragungsfiktion des § 137l notwendige Rechtseinräumung an den Filmhersteller durch die Urheber filmisch benutzter vorbestehender und filmbestimmt geschaffener, aber auch selbstständig verwertbarer Werke setzt demzufolge bei Vorführfilmen die ausdrückliche Einräumung des Rechts zur Fernsehsendung und seit Bekanntwerden der Videonutzung gegen Mitte/Ende der 1970er-Jahre auch des Rechts zur Videonutzung voraus.[121] Umgekehrt ist anzunehmen, dass die **Kinovorführung** von **Fernsehfilmen** der **öffentlich-rechtlichen Rundfunkanstalten** mangels Üblichkeit nicht zu einer umfassenden Auswertung solcher Filme gehörte und daher für die Übertragungsfiktion des § 137l eine entsprechende Rechteeinräumung nicht Voraussetzung ist; es genügte jedenfalls die Einräumung des Vorführungsrechts für begrenzte Zwecke, wie für Prüf-, Lehr-, Forschungs- und Werbezwecke.[122] Dasselbe wird man für die **Videonutzung** bis zum Jahre 1991 annehmen können, als das BVerfG in seinem sog. NRW-Urteil[123]

---

[113] Ebenso Mestmäcker/Schulze/*Scholz* UrhG § 137l Rn. 13, Wandtke/Bullinger/*Jani* UrhG § 137l Rn. 11; *Czychowsky* GRUR 2008, 586 (588); *Schippan* ZUM 2008, 844 (849).

[114] So in der Sache Dreier/Schulze/*Schulze* UrhG § 137l Rn. 22 unter der Bezeichnung „verwertungsorientierte Betrachtungsweise".

[115] S. LG Berlin ZUM 2014, 251 (254); *Raitz von Frentz/von Alemann* ZUM 2010, 38 (39 f.); ähnlich Wandtke/Bullinger/*Jani* UrhG § 137l Rn. 7; Dreier/Schulze/*Schulze* UrhG § 137l Rn. 24; Fromm/Nordemann/*J. B. Nordemann* UrhG § 137l Rn. 12 ff.

[116] So Fromm/Nordemann/*J. B. Nordemann* UrhG § 137l Rn. 12; ähnlich Wandtke/Bullinger/*Jani* UrhG § 137l Rn. 8.

[117] Wandtke/Bullinger/*Jani* UrhG § 137l Rn. 11.

[118] Ebenso Fromm/Nordemann/*J. B. Nordemann* UrhG § 137l Rn. 14; *Schippan* ZUM 2008, 844 (849); wohl auch *Schulze* UFITA 2007, 641 (687); Wandtke/Bullinger/*Jani* UrhG § 137l Rn. 12.

[119] S. zu diesem Kriterium Dreier/Schulze/*Schulze* UrhG § 137l Rn. 25; *Schulze* UFITA 2007, 641 (687); zurückhaltend Fromm/Nordemann/*J. B. Nordemann* UrhG § 137l Rn. 12c.

[120] S. in diesem Zusammenhang Fromm/Nordemann/*J. B. Nordemann* UrhG § 137l Rn. 13.

[121] So auch *Kreile* ZUM 2007, 682 (686); Wandtke/Bullinger/*Jani* UrhG § 137l Rn. 11.

[122] Dazu auch → § 89 Rn. 17.

[123] BVerfGE 83, 238 (303).

die diesbezügliche, früher umstrittene Randnutzung für zulässig erklärte.[124] Diese Beurteilung wird auch dem Umstand gerecht, dass es vor allem die Archive der öffentlich-rechtlichen Rundfunkanstalten sind, die über § 137l geöffnet werden sollten.[125]

Unproblematisch sind auch die Fälle, in denen der Urheber Nutzungsrechte für **verschiedene** 33 **Nutzungsarten** an **verschiedene Nutzungsberechtigte** jeweils umfassend eingeräumt hat („Buyout"-Vertrag).[126] Das Paradebeispiel[127] ist ein Roman, an dem der Urheber das **Verlagsrecht an einen Verlag** und das **Verfilmungsrecht an einen Filmhersteller** einräumt. In einem solchen Fall wachsen über § 137l, wenn der Urheber beidem nicht widerspricht, dem Verlag die buchspezifischen neuen Nutzungsarten bzw. die entsprechenden Nutzungsrechte, wie etwa das e-book-Recht, und dem Filmhersteller je nach Zeitpunkt des Vertragsabschlusses zB die Video/DVD-Rechte und/oder die On-Demand-Rechte zu.[128] Fraglich ist hier allenfalls eine neuartige **Multimedianutzung** von Textpassagen aus dem Roman zB als Teil der Dokumentation einer Film-DVD, wenn dabei etwa das Zitatrecht (s. § 51) nicht weiterhilft. Umgekehrt schadet es nicht, wenn **nicht sämtliche Rechte** eingeräumt wurden, etwa einzelne, insgesamt für den ganzen Vertrag aber unbedeutende Nebenrechte.[129] Auch kommt es nicht darauf an, ob nach dem Vertragsabschluss Nutzungsarten wesentlich werden.[130]

Mit **divergierenden Ergebnissen** muss gerechnet werden, wenn umfassende Rechteeinräumun- 34 gen an **einen Werkverwerter** für **mehrere Nutzungsarten** zu beurteilen sind und man der Beurteilung einmal den **Primärzweck** der Rechteeinräumung und ein andermal den vereinbarten **Rechtekatalog** zugrunde legt. In Fortsetzung des vorerwähnten Paradebeispiels geht es um den Fall, dass der **Romanautor dem Verlag neben dem Verlagsrecht auch das Verfilmungsrecht einräumt.** Solche Verträge sind auch in der Praxis häufig anzutreffen.[131] **Primärzweck** eines solchen Vertrags ist zweifellos die Einräumung des Verlagsrechts für die Buchausgabe. Das Verfilmungsrecht ist dabei nur ein Nebenrecht, sein Fehlen würde die Annahme einer umfassenden Rechteeinräumung an den Verlag iSd § 137l Abs. 1 S. 1 nicht hindern.[132] Wer für die Zuordnung der Nutzungsrechte für neue Nutzungsarten nach § 137l auf den Primärzweck des Vertrags abstellt, wird sich schwer tun, filmspezifische neue Nutzungsarten dem Verlag zuzuschlagen, und uU auch zögern, mangels einer Übertragung sämtlicher dem Verlag ursprünglich eingeräumten Nutzungsrechte iSd § 137l Abs. 2 S. 1 den Filmhersteller zu begünstigen.[133] **Zielführender** erscheint es deshalb, grundsätzlich nach dem ursprünglich vereinbarten **Rechtekatalog** vorzugehen und zu **differenzieren:** Hat der Verlag das Verfilmungsrecht bereits einem Filmhersteller eingeräumt, so wachsen neue filmische Nutzungsarten diesem zu, § 137l Abs. 2 S. 1 ist entsprechend weit auszulegen.[134] Hat der Verlag hingegen das Verfilmungsrecht noch nicht weiter vergeben, so erwirbt er bei ausbleibendem Widerspruch des Romanautors über § 137l die Nutzungsrechte auch für neuartige filmische Nutzungsarten; er kann dann einem später gefundenen Filmhersteller entsprechend weite Filmauswertungsrechte einräumen. Voraussetzung ist allerdings, dass der Verlag ein **umfassendes Verfilmungsrecht** vom Romanautor erworben hat. Daran mangelt es aber zB, wenn die Rechtseinräumung an ihn wie in dem vorerwähnten Normvertrag lautete: Nach § 2 Abs. 3 Buchst. c dieses Vertrags umfasst das eingeräumte Verfilmungsrecht neben dem Recht zur Bearbeitung des Verlagswerks, also des Romans, als Drehbuch nur das Recht „zur Vorführung des so hergestellten Films", nicht aber das Senderecht und die Video/DVD-Rechte. Die Bestimmung folgt damit noch dem Vorbild des § 88 Abs. 1 Nr. 3 aF und reicht demzufolge für eine umfassende Rechtseinräumung iSd § 137l Abs. 1 S. 1 nicht aus (→ Rn. 32). Die Rechte für neuartige filmische Nutzungsarten wären in jedem Fall dem Romanautor verblieben, weil der Verlag auch einem Filmhersteller keine weitergehenden Rechte einräumen konnte, als er sie selbst besaß.

c) Einräumung ausschließlicher Nutzungsrechte. Die Fiktion der Übertragung nach § 137l 35 erfasst nur solche Verträge, die ausschließliche Nutzungsrechte im Sinne von § 31 Abs. 3 eingeräumt haben; die Einräumung einfacher Nutzungsrechte scheidet damit aus.[135] Damit scheidet etwa eine

---

[124] Hierzu → § 89 Rn. 17.

[125] → Rn. 7; zum selben Ergebnis sa Fromm/Nordemann/*J. B. Nordemann* UrhG § 137l Rn. 14.

[126] Ebenso Wandtke/Bullinger/*Jani* UrhG § 137l Rn. 8.

[127] S. RegE BT-Drs. 16/1828, 44, Stellungnahme des Bundesrats zum RegE des Gesetzes vom 26.10.2007.

[128] So zutreffend auch Dreier/Schulze/*Schulze* UrhG § 137l Rn. 22; Fromm/Nordemann/*J. B. Nordemann* UrhG § 137l Rn. 14, 19.

[129] Begr. RegE BT-Drs. 16/1828, 33; Wandtke/Bullinger/*Jani* UrhG § 137l Rn. 9.

[130] *Raitz von Frentz/von Alemann* ZUM 2010, 38 (39); Wandtke/Bullinger/*Jani* UrhG § 137l Rn. 9.

[131] S. zB § 2 Abs. 1 Buchst. j des Normvertrags für den Abschluss von Nutzungsverträgen idF vom 6.2.2014, vereinbart durch den Verband deutscher Schriftsteller und dem Börsenverein des Deutschen Buchhandels eV.

[132] S. Begr. RegE BT-Drs. 16/1828, 33, 44; Dreier/Schulze/*Schulze* UrhG § 137l Rn. 23, 25; Wandtke/Bullinger/*Jani* UrhG § 137l Rn. 12; *Spindler/Heckmann* ZUM 2006, 620 (624 f.); s. aber auch Fromm/Nordemann/*J. B. Nordemann* UrhG § 137l Rn. 13 f.: entscheidend ob die bekannte Nutzungsart logisch ergänzt würde (für Internet).

[133] So zB Dreier/Schulze/*Schulze* UrhG § 137l Rn. 22 f.

[134] So auch Fromm/Nordemann/*J. B. Nordemann* UrhG § 137l Rn. 32.

[135] *Spindler/Heckmann* GRUR-Int 2008, 271 (275); *Raitz von Frentz/von Alemann* ZUM 2010, 38 (40); *Ehmann/Fischer* GRUR-Int 2008, 284 (289); Dreier/Schulze/*Schulze* UrhG § 137l Rn. 28; Wandtke/Bullinger/*Jani* UrhG § 137l Rn. 10a; Mestmäcker/Schulze/*Scholz* UrhG § 137l Rn. 14.

Retrodigitalisierung durch Bibliotheken aus, wenn diese – wie üblich – nur einfache Nutzungsrechte eingeräumt bekommen haben.[136]

Das **normative Leitbild** und die **Vertragspraxis** gehen vor allem im Bereich des **literarischen** und **musikalischen Verlagswesens**,[137] bei ersteren einschließlich des Verlags von **Periodika**[138] und im Bereich **Film und Fernsehen** (§§ 88 Abs. 1, 89 Abs. 1), von der **Einräumung ausschließlicher Rechte** durch den Urheber an den Werkverwerter aus. Dem folgen, jedenfalls indiziell verwertbar auch für frühere Vertragsabschlüsse, auch die aktuellen **Tarifverträge** im Verlags- und im Filmbereich.[139] Vorbehaltlich abweichender vertraglicher Vereinbarungen im Einzelfall entsprechen diese Regelungen **im Grundsatz** den **Anforderungen des § 137l Abs. 1 S. 1** an die Einräumung ausschließlicher Nutzungsrechte an den Begünstigten der Übertragungsfiktion. Sachlich, örtlich und zeitlich stark eingeschränkt ist der Erwerb ausschließlicher Nutzungsrechte durch den Verlag nur nach dem Tarifvertrag für arbeitnehmerähnliche freie Journalistinnen und Journalisten an Tageszeitungen.[140]

36   Wie ein roter Faden ziehen sich durch gesetzliche Regelungen (§ 38 Abs. 1 S. 2, Abs. 2, Abs. 3 S. 2), Normregeln[141] und Tarifverträge betr. **Periodika**[142] jedoch **Einschränkungen der ausschließlichen Nutzungsrechte der Verlage** nach **Ablauf bestimmter Fristen** zugunsten **eigener Verwertungsbefugnisse der Urheber.** Lediglich für Bildbeiträge angestellter Redakteure an Tageszeitungen ist tarifvertraglich eine unbefristete, ausschließliche Rechtseinräumung an den Verlag vorgesehen, vorbehaltlich einer anderslautenden Vereinbarung im Einzelfall.[143]

Aus der Sicht des § 137l geht die Frage dahin, ob durch jene allgemeine Vertragspraxis den **Anforderungen** an eine **ausschließliche** Rechtseinräumung **noch genügt** wird. Besondere Probleme stellen sich bei Sammlungen und wissenschaftlichen Periodika, da nach § 38 ohne gegenteilige Vereinbarung der Urheber das Recht zur anderweitigen Verwertung hat, mithin kein ausschließliches Nutzungsrecht mehr vorliegt. Auch für nicht-periodisch erscheinende Sammlungen, für die der Urheber keine Vergütung erhält (wie in der Wissenschaft üblich), gilt diese Regel nach § 38 Abs. 2.[144] Die bisherigen Stellungnahmen zu dieser Frage halten sich in etwa die Waage, mit einem gewissen Übergewicht der verneinenden Stimmen.[145] Die besseren Argumente sprechen in diesem Zusammenhang für eine **großzügige Gesetzesauslegung.**[146] Für Letztere sprechen die besseren Argumente, schließlich beschränkt § 38 Abs. 1 S. 2 die Übertragung der Nutzungsrechte auf ein Jahr. Solch eine zeitlich begrenzte Rechtseinräumung eröffnet den Anwendungsbereich des § 137l gerade nicht. Zu dessen Anwendung gelangt man hingegen nur, wenn § 38 Abs. 1 S. 2 als dispositives Recht durch vertragliche Vereinbarungen abgedungen worden ist.[147] Einen anderen Lösungsansatz stellt die von *Schulze*[148] vorgeschlagene **Unterscheidung** nach den **involvierten Publikationsmitteln** Periodikum (Sammlung iSd § 38) einerseits und Beitrag dazu andererseits dar. Die Befugnis der Beitragsautoren zu einer auch anderweitigen Verwertung ihrer Beiträge nach Ablauf bestimmter Fristen nimmt dem Verlag nicht seine unbefristete **ausschließliche Nutzungsbefugnis** an der **Sammlung als Ganzes:** Bei einer solchen **Sammlung** handelt es sich idR um ein Sammelwerk iSd § 4 Abs. 1, an dem üblicherweise der Herausgeber ein eigenes Sammelwerkurheberrecht erwirbt,[149] an dem er dem Verlag das Verlagsrecht und damit ein **ausschließliches Nutzungsrecht** einzuräumen pflegt

---

[136] Stellungnahme des Bundesrats, BT-Drs. 16/1828, 44.

[137] S. §§ 2, 8 VerlG, § 2 Abs. 1 des Normvertrags für den Abschluss von Verlagsverträgen idF vom 6.2.2014, vereinbart durch den Verband deutscher Schriftsteller und dem Börsenverein des Deutschen Buchhandels eV.

[138] S. § 41 VerlG, Ziff. 4 S. 1 des Muster-Reverses für Zeitschriftenbeiträge nach den Vertragsnormen für wissenschaftliche Werke, abgedruckt bei *Schricker,* Verlagsrecht, Anh. 2, II Nr. 4.).

[139] S. § 12 Ziff. 1 des Manteltarifvertrags (MTV) für Redakteurinnen/Redakteure an Zeitschriften idF vom 4.11.2011; § 17 Ziff. 1 des MTV für Redakteurinnen/Redakteure an Tageszeitungen idF vom 24.4.2014 sowie Ziff. 3.1, Buchst. a, b des TV für auf Produktionsdauer beschäftigte Film- und Fernsehschaffende (TV FFS) idF 29.5.2018.

[140] § 13 Abs. 1 des TV für arbeitnehmerähnliche freie Journalistinnen und Journalisten an Tageszeitungen idF vom 1.1.2016.

[141] Ziff. 4 S. 2 Muster-Revers für Zeitschriftenbeiträge nach den Vertragsnormen für wissenschaftliche Werke, abgedruckt bei *Schricker,* Verlagsrecht, Anh. 2, II Nr. 4.

[142] § 12 Ziff. 4 des MTV für Redakteurinnen/Redakteure an Zeitschriften idF vom 4.11.2011; § 17 Abs. 4 S. 1 des MTV für Redakteurinnen/Redakteure an Tageszeitungen idF vom 24.4.2014.

[143] § 17 Abs. 4 S. 2 des MTV für Redakteurinnen/Redakteure an Tageszeitungen idF vom 24.4.2014.

[144] *Spindler/Heckmann* ZUM 2006, 620 (627).

[145] Bejahend: Dreier/Schulze/*Schulze* UrhG § 137l Rn. 30; *Schulze* UFITA 2007, 641 (691); Wandtke/Bullinger/*Jani* UrhG § 137l Rn. 14; iE auch Fromm/Nordemann/*J. B. Nordemann* UrhG § 137l Rn. 9, der allerdings schon das Kriterium der zeitlichen Unbegrenztheit ablehnt; verneinend: *Ehmann/Fischer* GRUR-Int 2008, 284 (289); *Heckmann/Hillegeist* AfP 2008, 483 (484); *Langhoff/Oberndörfer/Jani* ZUM 2007, 593 (599 f.); Mestmäcker/Schulze/*Scholz* UrhG § 137l Rn. 14; *Schippan* ZUM 2008, 844 (850 f.); *Spindler/Heckmann* ZUM 2006, 620 (627).

[146] Dagegen allg. unter → Rn. 12.

[147] *Langhoff/Obernhöfer/Jani* ZUM 2007, 593 (599 f.); *Spindler/Heckmann* GRUR-Int 2008, 271 (275); *Spindler/Heckmann* ZUM 2006, 620 (627); wohl auch: *Sprang/Ackermann* K&R 2008, 7 (10); aA Schricker/*Katzenberger* (5. Aufl.) UrhG § 137l Rn. 36.

[148] Dreier/Schulze/*Schulze* UrhG § 137l Rn. 30 und UFITA 2007, 641 (691).

[149] → § 4 Rn. 24; OLG Hamm AfP 2008, 515 (516 f.) – Zeitschrift für Mathematik.

und das idR **zeitlich unbefristet** ist, weil der Herausgeber in dieser Eigenschaft nicht Urheber von Beiträgen iSd § 38[150] und der entsprechenden Norm- und Tarifvertragsregeln ist. Der Nutzung des herausgegebenen Periodikums auf eine neue Art und Weise, wie in einer Datenbank, kann er nach § 137l selbstständig widersprechen.[151] Sollen die diesbezügliche Übertragungsfiktion und das Widerspruchsrecht nicht leer laufen, müssen sie auch für die Beiträge gelten. Dies gilt, mit Einschränkungen bezüglich des Widerspruchsrechts und des Vergütungsanspruchs (→ Rn. 19), erst recht für Beiträge angestellter Zeitschriften- und Zeitungsredakteure. Mögliche Kollisionen aufgrund zulässiger anderweitiger Verwertung der Beiträge, zB in anderen Sammlungen, sind hinzunehmen.[152]

Das Erfordernis der Einräumung ausschließlicher Nutzungsrechte iSd § 137l Abs. 1 S. 1 erklärt **37** auch, warum auf dem Gebiet der **Musik** bei Wahrnehmung der Rechte daran durch die **GEMA** eine **Begünstigung von Tonträgerherstellern** durch die Übertragungsfiktion **ausscheidet**.[153] Mit Rücksicht auf den Abschlusszwang der GEMA nach § 34 Abs. 1 S. 1 VGG (ehemals § 11 WahrnG) kann diese stets **nur einfache Nutzungsrechte** einräumen. Dasselbe gilt für Werkverwerter, die von der GEMA andere Rechte wie **Aufführungsrechte, Senderechte, Filmherstellungsrechte** und neuerdings auch **Onlinerechte** erwerben. **Schwierigkeiten** begegnet die **Zuordnung ausschließlicher Nutzungsrechte** im Verhältnis **Musikverlag** und **GEMA**. Beide beanspruchen einen weitreichenden Katalog solcher Rechte. Entscheiden soll die prioritätsältere Rechtseinräumung durch Musikverlagsvertrag oder Berechtigungsvertrag von Seiten des Komponisten.[154] Denkbar ist jedoch auch ein vom Musikverlag als prioritärem Rechteerwerber abgeleiteter ausschließlicher Rechteerwerb der GEMA entsprechend § 137l Abs. 2.[155] Ebenso kann es zB dann, wenn **urheberpersönlichkeitsrechtliche Befugnisse** mit im Spiel sind und die Anpassung der Berechtigungsverträge der GEMA an eine neue Nutzungsart mangelhaft ist, zum **Verbleib der Rechte beim Komponisten** führen.[156]

d) Einräumung räumlich unbegrenzter Nutzungsrechte. Zur Frage der **räumlich unbe- 38 grenzten Einräumung von Nutzungsrechten** als Voraussetzung der Übertragungsfiktion des § 137l Abs. 1 S. 1 stehen sich vor allem zwei Auffassungen gegenüber. Nach der einen, überwiegend vertretenen soll es lediglich auf die Einräumung von Nutzungsrechten für **Deutschland** ankommen.[157] Die andere Auffassung tendiert zu einer differenzierenden Lösung je nach **Üblichkeit der exklusiven internationalen Marktaufteilung** im Bereich der bekannten Nutzungsarten und danach, ob diese Exklusivität sich auch bei einer neuen Nutzungsart durchführen lässt. Dies könne bei einer neuen Nutzungsart, die **weltweit** nur von einem **einzigen Nutzer exklusiv genutzt** werden könne, zum **Verbleib der Rechte beim Urheber**, also zur Unanwendbarkeit der Übertragungsfiktion führen; gedacht ist dabei offensichtlich an die Nutzung über das **Internet**. Bei der üblichen Einräumung von Nutzungsrechten zB für den **deutschen Sprachraum**[158] könne als Voraussetzung eine entsprechende Einräumung von Nutzungsrechten auch für das **Ausland** verlangt werden.[159]

Die **hM** verdient den **Vorzug.** Soweit sie zur Begründung der Sache nach auf das **Territoriali- 39 tätsprinzip** verweist,[160] ist dies allerdings nicht zwingend, weil dieses Prinzip nur der Wirkung des jeweiligen nationalen Urheberrechts territoriale Grenzen setzt, die Berücksichtigung ausländischer Sachverhalte als Voraussetzung einer nationalen Rechtsfolge, wie der Übertragungsfiktion des § 137l, aber nicht ausschließt.[161] Jedoch geht die **von der hM abweichende Auffassung** nicht in allen Punkten von zutreffenden **Voraussetzungen** aus und lässt sich mit der **Zielrichtung** des § 137l nicht vereinbaren. So gibt es im **Internet** verschiedene, auch durchaus umfangreich praktizierte Methoden auch für den **Anbieter,** den **Zugriff** auf seine Inhalte **territorial zu steuern,** wie die Erteilung einer Zugriffserlaubnis nur gegen Identifizierung, die Codierung, das sog. **Geoblocking** und das **Geotargeting** oder **Geolocation**.[162] Vereinzelte Umgehungen, wie der Einsatz von sog. Proxyservern, sind ähnlich hinzunehmen wie der unbeabsichtigte Overspill bei Rundfunksendungen.[163] An-

---

[150] *Heckmann/Hillegeist* AfP 2008, 483 (484).
[151] S. OLG Hamm AfP 2008, 515 (517 f.) – Zeitschrift für Mathematik.
[152] S. Dreier/Schulze/*Schulze* UrhG § 137l Rn. 30 aE.
[153] S. Dreier/Schulze/*Schulze* UrhG § 137l Rn. 33.
[154] So der Ausgangspunkt von Fromm/Nordemann/*J. B. Nordemann* UrhG § 137l Rn. 16; ähnlich Wandtke/Bullinger/*Jani* UrhG § 137l Rn. 10a; sa *Grohmann* GRUR 2008, 1056 (1059); speziell zum Filmkomponisten s. *Dietrich* UFITA 2008, 359 (365).
[155] Sa den unter → Rn. 34 behandelten Fall.
[156] So BGH GRUR 2009, 395 ff. – Klingeltöne für Mobiltelefone, der § 137l in einer an sich einschlägigen Konstellation noch nicht einmal erwähnt; s. dazu die Anm. von *Müller* ZUM 2009, 293 ff.; ferner die Anm. von *Schulze* GRUR 2009, 400 ff.; zum gleichen Ergebnis kommt *Dietrich* UFITA 2008, 359 (364 ff.) zugunsten speziell des Filmkomponisten.
[157] So *Berger* GRUR 2005, 907 (911); *Czernik* GRUR 2009, 913 (914); Mestmäcker/Schulze/*Scholz* UrhG § 137l Rn. 15; Wandtke/Bullinger/*Jani* UrhG § 137l Rn. 10; als Ausgangspunkt auch Dreier/Schulze/*Schulze* UrhG § 137l Rn. 29; *Schulze* UFITA 2007, 641 (688 f.).
[158] S. zB § 2 Abs. 1 des unter → Rn. 34 genannten Normvertrags für den Abschluss von Verlagsverträgen.
[159] So Dreier/Schulze/*Schulze* UrhG § 137l Rn. 29; *Schulze* UFITA 2007, 641 (689 f.); Fromm/Nordemann/*J. B. Nordemann* UrhG § 137l Rn. 10.
[160] S. *Berger* GRUR 2005, 907 (911); Mestmäcker/Schulze/*Scholz* UrhG § 137l Rn. 15.
[161] → Vor §§ 120 ff. Rn. 112.
[162] S. dazu mit Anwendungsbeispielen www.wikipedia.org; zurückhaltend *Hoeren* MMR 2007, 3 (5 f.).
[163] Dazu → Vor §§ 20 ff. Rn. 57.

dererseits kann auch bei der üblichen Rechteeinräumung nach **Sprachräumen** die geforderte **umfassende Nutzung** einer neuen Nutzungsart als angeblicher Zweck der Übertragungsfiktion **in einzelnen dazugehörigen Staaten an der dortigen Rechtslage scheitern.** Zu denken ist hier beispielsweise an die deutsche Minderheit in Belgien als einem Staat, der eine § 31 Abs. 4 entsprechende Regelung eingeführt hat (→ Rn. 28) und für den § 137l keine Wirkung besitzt (→ Rn. 24). Darüber hinaus geht es § 137l vor allem um die Öffnung der **deutschen Medienarchive** für die **deutsche Allgemeinheit** (→ Rn. 7), die nicht durch überhöhte Anforderung an die räumlich unbegrenzte Einräumung von Nutzungsrechten gefährdet werden darf. Im Gegenteil liegt es sogar nahe, gegebenenfalls eine nur **regionale Rechteeinräumung innerhalb Deutschlands** genügen zu lassen, etwa um auch Archive der Landesrundfunkanstalten mit historischen mundartlichen Regionalprogrammen und auf das eigene Versorgungsgebiet beschränkt erworbenem Senderecht auf neue Art und Weise, wie über das Internet oder auf DVD, öffentlich zugänglich machen zu können.

40   **e) Einräumung zeitlich unbegrenzter Nutzungsrechte.** Die **zeitlich unbegrenzte Einräumung von Nutzungsrechten** bezieht sich selbstverständlich von vornherein nur auf die Dauer des Urheberrechts. Sie ist zB bei **Verlagsverträgen** üblich.[164] Die in solchen Verträgen gewöhnlich vereinbarte Beschränkung auf die **Dauer des gesetzlichen Urheberrechts** steht dabei der zeitlichen Unbegrenztheit iSd § 137l Abs. 1 S. 1 nicht entgegen.[165] Eine allgemein gehandhabte Ausnahme gilt für **Beiträge zu Periodika,** die bereits in einem anderen Zusammenhang iSd der Unschädlichkeit für das Eingreifen der Übertragungsfiktion des § 137l behandelt worden ist (→ Rn. 36). Im **Filmbereich** ist zu unterscheiden. Das **Verfilmungsrecht** zB an einem Roman wird als **Nebenrecht** zu einem Verlagsrecht gewöhnlich wie dieses Hauptrecht zeitlich unbegrenzt eingeräumt,[166] dem Filmhersteller als **Hauptrecht** aber im Zweifel nur für zehn Jahre (§ 88 Abs. 2 S. 2) und außerdem im Zweifel auch nicht für eine Wiederverfilmung (§ 88 Abs. 2 S. 1). Andererseits werden die **Rechte zur Auswertung hergestellter Filme** üblicherweise ohne zeitliche Begrenzung vergeben (→ § 88 Rn. 57). Damit kann zusammengenommen im Hinblick auf solche Filme von einer zeitlich unbegrenzten Rechteeinräumung iSd § 137l Abs. 1 S. 1 nicht nur an einen Verlag als Nebenrecht, sondern auch an den Filmhersteller als Hauptrecht ausgegangen werden,[167] und zwar auch von Seiten eines Verlags.[168] Fraglich ist, ob die Vereinbarung eines **ordentlichen Kündigungsrechts** nach Ablauf bestimmter Fristen die Annahme einer zeitlich unbegrenzten Rechtseinräumung hindert.[169] Das Bestehen eines Kündigungsrechts sagt aber noch nichts darüber aus, wie lange die Nutzungsrechte tatsächlich eingeräumt werden.[170] Zudem würde ansonsten auch der mögliche Rückruf nach VerlagsG oder §§ 41 f. UrhG von vornherein gegen die Anwendung von § 137l sprechen, was ersichtlich der Intention des Gesetzgebers widerspräche. Dagegen spricht ferner, dass man dann auch kaum umhin kann, Gleiches zB im Hinblick auf die Einräumung ausschließlicher Nutzungsrechte **an die GEMA** anzunehmen, weil diese stets nur für einige Jahre mit automatischer Verlängerung bei Ausbleiben einer Kündigung erfolgt. Dass andererseits auch **die GEMA selbst** nur zeitlich beschränkte Nutzungsrechte zu vergeben pflegt, fügt der Ungeeignetheit ihrer Rechteeinräumungen für die Anknüpfung der Übertragungsfiktion des § 137l nichts Wesentliches hinzu; sie ergibt sich bereits daraus, dass es sich hierbei immer nur um die Einräumung einfacher Nutzungsrechte handelt (→ Rn. 37).

3. Kein Widerspruch oder Widerspruchsrecht des Urhebers

41   **a) Allgemeines.** Die **zweite Voraussetzung der Übertragungsfiktion** des § 137l Abs. 1 S. 1 besteht darin, dass der Urheber gegen die Nutzung seines Werkes in einer neuen Nutzungsart **keinen Widerspruch** einlegt oder dass ihm **kein Widerspruchsrecht** zusteht (→ Rn. 29). Im Hinblick auf die **Erklärung des Widerspruchs** durch den Urheber unterscheidet das Gesetz **zwei Situationen:** den Widerspruch im Hinblick auf Nutzungsarten, die **am 1.1.2008,** dem Tag des Inkrafttretens des § 137l (→ Rn. 1), bereits **bekannt** waren (§ 137l Abs. 1 S. 2.), und den Widerspruch im Hinblick auf Nutzungsarten, die **ab dem 1.1.2008** bekannt geworden sind oder noch bekannt werden (§ 137l Abs. 1 S. 3). Für beide Arten von Widersprüchen gelten **unterschiedliche Fristen.**[171] Eine bestimmte **Form** ist für sie **nicht vorgeschrieben,** Schriftform aus Beweisgründen aber zu Recht empfohlen.[172] Auch einer Begründung bedarf es – bis auf § 137l Abs. 4 – nicht.[173] Das Widerspruchsrecht des § 137l ist offensichtlich in **Anlehnung** an das **Widerrufsrecht des § 31a** ausgestal-

---

[164] S. § 2 Abs. 1 des unter → Rn. 34 genannten Normvertrags.
[165] So auch Fromm/Nordemann/*J. B. Nordemann* UrhG § 137l Rn. 10.
[166] S. § 2 Abs. 3 vor Buchst. a ff./c) des vorgenannten Normvertrags: „für die Dauer des Hauptrechts".
[167] Ebenso Dreier/Schulze/*Schulze* UrhG § 137l Rn. 30.
[168] → Rn. 34, 37 gegen Dreier/Schulze/*Schulze* UrhG § 137l Rn. 22, 30.
[169] So Schricker/*Katzenberger* (5. Aufl.) UrhG § 137l Rn. 40; Fromm/Nordemann/*J. B. Nordemann* (10. Aufl.) UrhG § 137l Rn. 10, nun auch aA: Fromm/Nordemann/*J. B. Nordemann* UrhG § 137l Rn. 10.
[170] Wie hier Wandtke/Bullinger/*Jani* UrhG § 137l Rn. 10.
[171] → Rn. 43 und 44.
[172] S. zB Dreier/Schulze/*Schulze* UrhG § 137l Rn. 44; Wandtke/Bullinger/*Jani* UrhG § 137l Rn. 46; *Park* S. 130.
[173] Wandtke/Bullinger/*Jani* UrhG § 137l Rn. 39; Dreier/Schulze/*Schulze* UrhG § 137l Rn. 46.

tet worden.[174] Danach ergibt sich bereits aus der Begr. RegE,[175] dass der Widerspruch sowohl **pauschal für alle neuen Nutzungsarten** als auch **speziell für einzelne** neue Nutzungsarten erklärt werden kann bzw. konnte, und zwar bis zum Ablauf der in § 137l Abs. 1 S. 2 und 3 vorgesehenen Fristen. Der Widerspruch kann sich bei einer Mehrzahl von Werken in der Hand eines Verwerters **auf einzeln bezeichnete Werke** oder **pauschal auf alle Werke** beziehen.[176] Der Widerspruch kann auch konkludent durch schlüssiges Handeln erklärt werden.[177] Ein Verzicht auf das Widerspruchsrecht ist analog zu § 31a Abs. 4 nicht möglich, da eine ähnliche Interessenlage besteht.[178] Zu weiteren Einzelheiten kann auf die **Kommentierung des § 31a** verwiesen werden.

Für beide Fälle des Widerspruchs nach § 137l Abs. 1 S. 2 und 3 ist **Voraussetzung,** dass die betr. **42** **Nutzungsarten bei Vertragsabschluss** noch **unbekannt** waren. In Betracht kommen dabei nur Vertragsabschlüsse im **Zeitraum der Geltung des § 31 Abs. 4** vom 1.1.1966 bis zum 31.12.2007 (→ Rn. 22). Vertragsabschlüsse vor dem 1.1.1966 werden von § 137l nicht erfasst (→ Rn. 23), für Vertragsabschlüsse ab dem 1.1.2008 gelten die neuen §§ 31a und 32c (→ Rn. 22). Ferner ist Voraussetzung eines wirksamen Widerspruchs, dass das **Widerspruchrecht** des Urhebers **nicht** nach § 137l Abs. 3 oder 4 **ausgeschlossen** ist (→ Rn. 29). Zum Begriff der neuen bzw. **unbekannten** und der **bekannten Nutzungsarten** kann wiederum (→ Rn. 41) auf die **Kommentierung des § 31a**[179] sowie auf → § 88 Rn. 7, 48, → § 89 Rn. 12 verwiesen werden.

b) Kein Widerspruch des Urhebers. Unter den vorgenannten (→ Rn. 41) zwei Arten von Wi- **43** dersprüchen konnte der **Widerspruch** im Hinblick auf **am 1.1.2008 bereits bekannte Nutzungsarten** nur **innerhalb eines einzigen Jahres** erfolgen (§ 137l Abs. 1 S. 2.). Diese Frist war vom **1.1.2008** an zu berechnen und endete nach § 188 Abs. 2 iVm § 187 Abs. 2 BGB mit dem Ablauf des 31.12.2008,[180] nicht erst am 2.1.2009 gemäß § 193 BGB.[181] Die Jahresfrist konnte nicht dadurch auf drei Monate verkürzt werden, dass der von der Übertragungsfiktion Begünstigte innerhalb dieses Jahres die in § 137l Abs. 1 S. 3 vorgesehene Mitteilung über die Aufnahme einer neuen Nutzungsart abgesandt hat.[182] Die Jahresfrist war ohnehin viel zu kurz (→ Rn. 11). Jedoch konnte der Urheber den Widerspruch auch schon vor dem 1.1.2008 erklären.[183] Anders als für die in § 137l Abs. 1 S. 3 bestimmte Widerspruchsfrist für seit dem 1.1.2008 bekannt gewordene oder werdende Nutzungsarten vorgesehen (→ Rn. 44), war der **Ablauf der Jahresfrist** des § 137l Abs. 1 S. 2 **nicht an eine Mitteilung** des von der Übertragungsfiktion Begünstigten über die Absicht **geknüpft,** eine neue Nutzungsart aufzunehmen; der Widerspruch sollte insoweit in verfassungsrechtlich besonders bedenklicher Weise offensichtlich bewusst die Ausnahme bleiben (→ Rn. 11). Angesichts verbreitet unübersichtlicher Verhältnisse mit Insolvenzen und Aktivitäten von Rechtehändlern[184] war die Widerspruchssituation von Urhebern beim Film besonders prekär.[185]

In Bezug auf **Nutzungsarten,** die ab **dem 1.1.2008 bekannt** geworden sind oder noch bekannt **44** werden, sieht § 137l Abs. 1 S. 3 eine **Widerspruchsfrist von drei Monaten** vor, die damit zu laufen beginnt, dass der von der Übertragungsfiktion Begünstigte an den Urheber eine **Mitteilung über die beabsichtigte Aufnahme** einer neuen Nutzungsart abgesandt hat, und zwar unter der **ihm zuletzt bekannten Anschrift des Urhebers.** Diese Regelung ist derjenigen in § 31a Abs. 1 S. 4 in Bezug auf den Widerruf einer seit dem 1.1.2008 vereinbarten Rechtseinräumung über unbekannte Nutzungsarten (→ Rn. 41) nachgebildet und erst durch den Rechtsausschuss des Deutschen Bundestages auch auf § 137l Abs. 1 S. 3 übertragen worden.[186] Für den Lauf der Frist genügt aber die Absendung der Mitteilung, der Zugang beim Urheber ist nach dem Wortlaut nicht erforderlich[187] – was verfassungsrechtlich höchst bedenklich ist. Die Mitteilung muss die in Aussicht genommene neue Nutzungsart konkret benennen, aber auch das betroffene Werk.[188] Im Rahmen des § 31a war dabei einer Anregung des Bundesrats zu einer stärkeren Berücksichtigung der Interessen des Urhebers Rechnung getragen, zugleich aber auch die Recherchepflicht des Werkverwerters begrenzt worden; als **bekannt** soll dabei jedoch auch eine Adresse des Urhebers gelten, die der Verwerter durch eine

---

[174] S. dazu die Hinweise der Begr. RegE BT-Drs. 16/1828, 22: entsprechende Übergangsregelung, S. 34 zu Abs. 3 und 4; Rechtsausschuss des Deutschen Bundestages BT-Drs. 16/5939, 46 zu Abs. 1.

[175] BT-Drs. 16/1828, 24 zu § 31a.

[176] S. Dreier/Schulze/*Schulze* UrhG § 137l Rn. 45.

[177] Wandtke/Bullinger/*Jani* UrhG § 137l Rn. 47.

[178] *Schulze* UFITA 2007, 641 (704); Wandtke/Bullinger/*Jani* UrhG § 137l Rn. 61.

[179] → § 31a Rn. 28 ff.

[180] So richtig Dreier/Schulze/*Schulze* UrhG § 137l Rn. 56; Wandtke/Bullinger/*Jani* UrhG § 137l Rn. 53.

[181] Gegen Fromm/Nordemann/*J. B. Nordemann* UrhG § 137l Rn. 26.

[182] So richtig Dreier/Schulze/*Schulze* UrhG § 137l Rn. 56; Wandtke/Bullinger/*Jani* UrhG § 137l Rn. 53; aA Mestmäcker/Schulze/*Scholz* UrhG § 137l Rn. 37; *Bauer/von Einem* MMR 2007, 698 (701); *Kreile* ZUM 2007, 682 (686).

[183] Ebenso Dreier/Schulze/*Schulze* UrhG § 137l Rn. 55; Fromm/Nordemann/*J. B. Nordemann* UrhG § 137l Rn. 25.

[184] S. zB LG München ZUM-RD 2007, 302 (303) – Ännchen von Tharau.

[185] Zu einer denkbaren Abhilfe → Rn. 44 aE.

[186] S. BT-Drs. 16/5939, 46.

[187] Wandtke/Bullinger/*Jani* UrhG § 137l Rn. 55.

[188] Ebenso Wandtke/Bullinger/*Jani* UrhG § 137l Rn. 56.

Nachfrage bei der entsprechenden Verwertungsgesellschaft ermitteln kann.[189] Allerdings schlägt sich dies nicht im Wortlaut der Norm nieder, so dass zu Recht auf **datenschutzrechtliche Bedenken** hingewiesen wird, da die Verwertungsgesellschaften nicht ohne weiteres personenbezogene Daten an Dritte herausgeben dürfen.[190] Schließlich muss der Verwerter den Urheber nicht über die Rechtsfolgen eines ausbleibenden Widerspruchs belehren.[191] Da das Gesetz auf eine Absendung abstellt, muss zumindest die Textform nach § 126a BGB eingehalten werden; eine Mitteilung per E-Mail genügt demgemäß aber auch.[192] Wie im Fall der zum 1.1.2008 unbekannten Nutzungsarten ist der fehlende Widerspruch des Urhebers aus verfassungsrechtlichen Gründen eine aufschiebende Bedingung; der Verwerter kann nicht vor Ablauf dieser Frist rechtmäßig mit der Nutzung beginnen.[193]

45   **Inhaber des Widerspruchsrechts** ist der **Urheber,** und zwar auch in den Fällen, in denen der von der Übertragungsfiktion des § 137l Begünstigte nicht die andere Vertragspartei,[194] sondern ein Dritter ist, dem die andere Vertragspartei die ihr vom Urheber eingeräumten Nutzungsrechte iSd § 137l Abs. 2 weiterübertragen hat; der **anderen Vertragspartei** steht das Widerspruchsrecht somit **nicht** zu.[195] Das Ergebnis folgt unmittelbar aus § 137l Abs. 2 S. 2, der für den Fall der Weiterübertragung von Nutzungsrechten darauf abzielt, dem Urheber die Ausübung seines Widerspruchsrechts gegenüber dem Dritten zu ermöglichen.[196] Bei **Miturheberschaft** steht das Widerspruchsrecht den Miturhebern grundsätzlich nur gemeinschaftlich zu (§ 8 Abs. 2 S. 1), bei **Werkverbindungen** hat jeder Urheber eines verbundenen Werkes ein eigenes Widerspruchsrecht.[197] Die in beiden Konstellationen **nach Treu und Glauben gebotene Rücksicht** auf die jeweils anderen Beteiligten (§ 8 Abs. 2 S. 2, § 9) ist dabei **auf die Ausübung des Widerspruchsrechts** als einer rechtserhaltenden Maßnahme **gerichtet,** nicht auf die Nichtausübung und damit auf den Eintritt der Übertragungsfiktion. Gegenüber einer durch diese Fiktion gesetzlich bewirkten Nutzungsbefugnis des Werkverwerters verbunden mit einem nur kollektiv durchsetzbaren Vergütungsanspruch (§ 137l Abs. 5 S. 3) nämlich ist der **Behalt von Rechten** verbunden mit der Möglichkeit, darüber vertragliche Vereinbarungen zu treffen oder gegebenenfalls auch zu verweigern, die **für die Urheber deutlich günstigere Position.**[198] Über Treu und Glauben zu berücksichtigende **Interessen des Werkverwerters** kommen erst über § 137l Abs. 4 ins Spiel.[199] **Nach dem Tod des Urhebers** steht das Widerspruchsrecht seinen **Erben** oder sonstigen Rechtsnachfolgern von Todes wegen (→ Rn. 18) zu. **Anders** als § 31a **Abs. 2 S. 3** für das **Widerrufsrecht** im Hinblick auf die Einräumung von Nutzungsrechten für unbekannte Nutzungsarten seit dem 1.1.2008 gibt es **in § 137l keine Bestimmung,** die das **Widerspruchsrecht mit dem Tod des Urhebers erlöschen lässt.** Der Unterschied ist dadurch sachlich gerechtfertigt, dass der Gesetzgeber über den Ersatz des § 31 Abs. 4 durch § 31a den Urheber in dessen eigenem Interesse in die Lage versetzen wollte, eine umfassende, auch erst zukünftig bekannt werdende Nutzungsarten umfassende Verwertung seiner Werke über den Tod hinaus sicherzustellen.[200] Dies könnte durch ein Widerrufsrecht der Erben konterkariert werden. Dagegen geht es beim Widerspruch nach § 137l nicht um den Schutz einer vertraglichen Verfügung des Urhebers, sondern um den Erhalt von dem Urheber und seinen Erben zustehenden Rechten gegenüber einem gesetzlichen Eingriff durch die Übertragungsfiktion. Dieser sachliche Unterschied **schließt eine analoge Anwendung** des § 31a Abs. 2 S. 3 auf das Widerspruchsrecht nach § 137l **aus.**[201] Auf einen Dritten kann das Widerspruchsrecht dagegen nicht isoliert übertragen werden, da es ein Gestaltungsrecht ist.[202]

46   **Primärer Adressat** des Widerspruchs ist die **andere Vertragspartei,** welcher der Urheber die in § 137l Abs. 1 S. 1 geforderten Nutzungsrechte für bekannte Nutzungsarten eingeräumt hat.[203] Dies gilt sowohl für den Widerspruch nach § 137l Abs. 1 S. 2 wie für den nach Abs. 2 S. 3, in dem die andere Vertragspartei als Absenderin der Mitteilung über die beabsichtigte Aufnahme einer neuen Nutzungsart ausdrücklich noch einmal angesprochen wird. Adressat des Widerspruchs kann jedoch auch ein **Dritter** sein. Es handelt sich dabei um die in **§ 137l Abs. 2** geregelte Konstellation, in der die andere Vertragspartei sämtliche ihr ursprünglich vom Urheber eingeräumten **Nutzungsrechte einem Dritten übertragen** hat. Es gilt dann nach § 137l Abs. 2 S. 1 der Abs. 1 für den Dritten

---

[189] S. BT-Drs. 16/5939, 44; BT-Drs. 16/1828, 38.
[190] Zweifelnd etwa Wandtke/Bullinger/*Jani* UrhG § 137l Rn. 60.
[191] Wandtke/Bullinger/*Jani* UrhG § 137l Rn. 56.
[192] Wandtke/Bullinger/*Jani* UrhG § 137l Rn. 58.
[193] Anders Wandtke/Bullinger/*Jani* UrhG § 137l Rn. 59.
[194] Zu dieser → Rn. 21.
[195] So zutreffend Dreier/Schulze/*Schulze* UrhG § 137l Rn. 7, 48; Wandtke/Bullinger/*Jani* UrhG § 137l Rn. 50.
[196] S. dazu die Begr. RegE BT-Drs. 16/1828, 34.
[197] Wandtke/Bullinger/*Jani* UrhG § 137l Rn. 50.
[198] S. dazu in anderem Zusammenhang BGHZ 148, 221 (231) = GRUR 2002, 248 (252) – SPIEGEL-CD-ROM.
[199] Dazu → Rn. 49.
[200] S. die Begr. RegE BT-Drs. 16/1828, 22 zu § 31a.
[201] Ebenso Wandtke/Bullinger/*Jani* UrhG § 137l Rn. 52; Fromm/Nordemann/*J. B. Nordemann* UrhG § 137l Rn. 30.
[202] Ebenso Wandtke/Bullinger/*Jani* UrhG § 137l Rn. 51.
[203] → Rn. 21; zum Ergebnis s. Dreier/Schulze/*Schulze* UrhG § 137l Rn. 47; Wandtke/Bullinger/*Jani* UrhG § 137l Rn. 49.

entsprechend, mit der Folge, dass nicht nur die Übertragungsfiktion zu seinen Gunsten wirkt, sondern auch der Widerspruch ihm gegenüber erklärt werden muss.[204] Erforderlich ist aber eine vollständige Übertragung der Nutzungsrechte, eine Einräumung von Nutzungsrechten allein genügt nicht.[205] Ebenso wenig greift § 137l Abs. 2 für den Dritten ein, wenn nur einzelne Rechte, zB Senderechte für einen Film übertragen wurden; in diesen Fällen bleibt der ursprüngliche Verwerter der Adressat des Widerspruchs.[206] Auch wenn der Verwerter zwar sämtliche Rechte weiter übertragen hat, diese aber auf verschiedene Personen verteilt hat, ist § 137l Abs. 2 nicht anwendbar; der ursprüngliche Vertragspartner bleibt der Adressat für den Widerspruch.[207]

Für den Fall, dass der Urheber über die Rechteübertragung nicht informiert wurde und er deshalb den Widerspruch an seinen Vertragspartner richtet, hat ihm dieser nach § 137l Abs. 2 S. 2 unverzüglich alle für die Ausübung des Widerspruchs gegenüber dem Dritten erforderlichen Auskünfte zu erteilen; es genügt aber, die ladungsfähige Anschrift des Dritten mitzuteilen, alle Einzelheiten aus dem Lizenzvertrag muss der Vertragspartner nicht preisgeben, wohl aber zumindest die übertragenen Rechte und den Vertragszweck, damit der Urheber abschätzen kann, ob er widerrufen soll.[208] Bei der **Auskunftspflicht** handelt es sich um eine gesetzliche Pflicht, sie ist zwingend und kann nicht abbedungen werden.[209] Ebenso wenig kann sich der Vertragspartner auf eine Vereinbarung mit dem Dritten, Stillschweigen zu bewahren, berufen,[210] auch nicht auf datenschutzrechtliche Bedenken. Weigert sich der Vertragspartner, die Auskünfte zu erteilen oder verzögert er die Mitteilung, ist er dem Urheber zum Schadensersatz verpflichtet, sei es aus § 280 Abs. 1 BGB im Sinne einer nachwirkenden, gesetzlich ausgestalteten Vertragspflicht,[211] sei es aus § 823 Abs. 2 BGB. Insbesondere wenn durch die verzögerte oder unterbliebene Mitteilung die Frist zur Erhebung des Widerspruchs verstreicht, kommt ein solcher Anspruch in Betracht. Auf den Fristablauf selbst hat die unterbliebene Auskunft keine Auswirkung. Zur Anwendung des § 137l Abs. 2 auch auf die Einräumung eines **ausschließlichen Nutzungsrechts** durch den Vertragspartner des Urhebers an einen Dritten → Rn. 34, 37.

c) Kein Widerspruchsrecht des Urhebers. Wie die Übertragungsfiktion nach § 137l sich auf 47 **Werke aller Art** beziehen kann (→ Rn. 15), so gilt dies auch für das **Widerspruchsrecht des Urhebers.** Das mit diesem Recht verwandte **Widerrufsrecht** nach § 31a Abs. 1 S. 3 und 4, Abs. 2–4 ist nach § 88 Abs. 1 S. 2 und § 89 Abs. 1 S. 2 für die Einräumung von Nutzungsrechten an den Filmhersteller durch Urheber **filmisch benutzter Werke** und von **Filmwerken** selbst **ausgeschlossen.** Dieser Rechteausschluss steht in Zusammenhang damit, dass mit dem Gesetz vom 26.10.2007 (→ Rn. 1) im Filmbereich die Einräumung von Nutzungsrechten für unbekannte Nutzungsarten nicht nur durch Aufhebung des § 31 Abs. 4 und dessen Ersatz in § 31a (und § 32c) ermöglicht wurde, sondern sogar die Vermutungen der §§ 88 Abs. 1 S. 1 und 89 Abs. 1 S. 1 in Zweifelsfällen auch auf unbekannte Nutzungsarten erstreckt und damit zur Regel gemacht wurden; dem würde das Widerrufsrecht widersprechen.[212] Die neuen Vermutungsregelungen gelten aber erst für die Einräumung von Nutzungsrechten an den Filmhersteller seit dem 1.1.2008.[213] Dies entspricht der Rechtslage zu §§ 31a und 32c (→ Rn. 22). Für frühere Rechtseinräumungen ab dem 1.1.1966 (→ Rn. 22, 23) folgt daraus, dass **§ 137l auch im Filmbereich anwendbar** ist; in den §§ 88 und 89 wird er auch nicht als ausgeschlossen bezeichnet, und in der Begr. RegE[214] wird für das Kriterium der Einräumung wesentlicher Nutzungsrechte ein Beispiel aus dem Filmbereich angeführt.[215]

Ausgeschlossen ist das **Widerspruchsrecht** des Urhebers jedoch zunächst unter den Vorausset- 48 zungen des **§ 137l Abs. 3.** Diese Bestimmung betrifft **ausdrückliche Vereinbarungen,** welche die Parteien über eine zwischenzeitlich bekannt gewordene Nutzungsart geschlossen haben. Daraus, dass § 137l Abs. 3 das Widerspruchsrecht nach den Abs. 1 und 2 entfallen lässt, ergibt sich, dass Vereinbarungen des Urhebers sowohl mit der ursprünglichen **anderen Vertragspartei** als auch mit einem **Dritten** iSd § 137l Abs. 2 gemeint sind, dem die andere Vertragspartei die von ihr erworbenen Nutzungsrechte weiterübertragen hat.[216] Der eigentliche Inhalt des § 137l Abs. 3 erschließt sich aus dem

---

[204] So die Begr. RegE BT-Drs. 16/1828, 34 zu Abs. 2; Wandtke/Bullinger/*Jani* UrhG § 137l Rn. 63, 67; *Raitz von Frentz/von Alemann* ZUM 2010, 38 (40); *Spindler/Heckmann* ZUM 2006, 620 (622).

[205] *Schulze* UFITA 2007, 641 (705); Dreier/Schulze/*Schulze* UrhG § 137l Rn. 75; Wandtke/Bullinger/*Jani* UrhG § 137l Rn. 65.

[206] *Schulze* UFITA 2007, 641 (686); Wandtke/Bullinger/*Jani* UrhG § 137l Rn. 65.

[207] Wandtke/Bullinger/*Jani* UrhG § 137l Rn. 66.

[208] Enger Wandtke/Bullinger/*Jani* UrhG § 137l Rn. 69: keine Einzelheiten aus Vertrag wohl auch Fromm/Nordemann/*J. B. Nordemann* UrhG § 137l Rn. 33; weitergehend Dreier/Schulze/*Schulze* UrhG § 137l Rn. 86: Pflicht zur Vertragsvorlage.

[209] Wandtke/Bullinger/*Jani* UrhG § 137l Rn. 68.

[210] Wandtke/Bullinger/*Jani* UrhG § 137l Rn. 68.

[211] So Wandtke/Bullinger/*Jani* UrhG § 137l Rn. 68.

[212] So die Begr. RegE BT-Drs. 16/1828, 33 zu §§ 88, 89.

[213] Dazu → § 88 Rn. 2, → § 89 Rn. 2.

[214] BT-Drs. 16/1828, 33 zu § 137l.

[215] → Rn. 30; zum Ergebnis vgl. Fromm/Nordemann/*J. B. Nordemann* UrhG § 137l Rn. 25; Wandtke/Bullinger/*Jani* UrhG § 137l Rn. 62; BeckOK UrhR/*Soppe* UrhG § 137l Rn. 30.

[216] Ebenso Dreier/Schulze/*Schulze* UrhG § 137l Rn. 90; aA Mestmäcker/Schulze/*Scholz* UrhG § 137l Rn. 38: nur Ersterwerber.

Umstand, dass die Vorschrift **nur das Widerspruchsrecht** des Urhebers, **nicht** auch die **Übertragungsfiktion** nach Abs. 1 S. 1 **entfallen** lässt.[217] Gemeint ist damit die Situation, dass die Übertragungsfiktion aufgrund des Vorliegens ihrer Voraussetzungen (→ Rn. 13 ff.) greift, die Parteien sich auf der Grundlage dieses Umstands aber für eine inzwischen bekannt gewordene Nutzung einzelvertraglich auf eine diesbezüglich angemessene Vergütung einigen, was auf Seiten des Urhebers die Hinnahme des gesetzlichen Rechteübergangs auf die andere Vertragspartei oder den Dritten impliziert.[218] In dieser Situation steht nicht der Rechteerhalt, sondern die Vergütung im Vordergrund des Urheberinteresses. Die Begr. RegE[219] erklärt den Urheber in diesem Fall und in Bezug auf das Widerspruchsrecht für nicht mehr schützenswert und vergleicht die Situation mit derjenigen nach einem einzelvertraglichen Nacherwerb der Rechte. Diese Umstände erklären auch, warum es sich bei der von § 1371 Abs. 3 vorausgesetzten ausdrücklichen Vereinbarung nur um eine solche **ab dem 1.1.2008** handeln kann:[220] Eine vor diesem Datum[221] getroffene Vereinbarung über eine zwischenzeitlich bekannt gewordene Nutzungsart führte auf vertraglichem Weg zu einer entsprechenden Rechtseinräumung an die andere Vertragspartei und damit zum Ausschluss der Übertragungsfiktion und bereits dadurch zur Entbehrlichkeit bzw. zum Ausschluss eines Widerspruchsrechts.[222] Hat der Urheber zuvor seinen Widerspruch erklärt, ist § 1371 Abs. 3 nicht mehr anwendbar; eine danach erfolgende Vereinbarung ist als gesonderter Lizenzvertrag im Rahmen von §§ 31a, 32c zu behandeln.[223]

Was im Übrigen die **Anforderungen** an die **vertragliche Vergütungsvereinbarung** betrifft, so ist von den **Maßstäben des § 1371 Abs. 5** auszugehen. Dies folgt aus der ergänzenden Verweisung der Begr. RegE[224] auf die Parallele des 32a Abs. 2 für den Ausschluss des Widerrufs der Einräumung von Nutzungsrechten für unbekannte Nutzungsarten seit dem 1.1.2008 (→ Rn. 22). Nach dieser Bestimmung muss die vereinbarte Vergütung eine solche nach § 32c Abs. 1 sein, die wiederum § 1371 Abs. 5 entspricht. Es muss sich demnach um eine **gesonderte angemessene Vergütung** bzw. um eine solche nach gemeinsamen Vergütungsregeln (§ 36) oder Tarifvertrag (§ 1371 Abs. 5 S. 2 iVm § 32 Abs. 2 und 4) handeln.[225] Um einer vertraglichen Vergütungsvereinbarung nicht jegliche Attraktivität zu nehmen, sollte auf sie § 1371 Abs. 5 S. 3 über die **Geltendmachung nur durch eine Verwertungsgesellschaft** aber **nicht anwendbar** sein.[226] **Nicht** gestattet werden sollte der anderen Vertragspartei jedoch der **Einbehalt eines Eigenanteils,** der ihr bei einer Ausschüttung durch die Verwertungsgesellschaft nicht zustünde.[227] Erwägenswert ist aber ein Abschlag bis zur Höhe der ersparten Verwaltungskosten der Verwertungsgesellschaft.

49   Ein **weiterer Ausschluss** des **Widerspruchsrechts** des Urhebers folgt aus **§ 1371 Abs. 4.** Die Bestimmung stellt die Ausübung des Widerspruchsrechts in Fällen unter die Gebote von **Treu und Glauben,** in denen **mehrere Werke oder Werkbeiträge** derart zu einer **Gesamtheit** zusammengefasst sind, dass diese sich in der betreffenden neuen Nutzungsart nur unter Verwendung sämtlicher Werke oder Werkbeiträge verwerten lässt. Nach der **Begr. RegE**[228] soll durch diese Regelung verhindert werden, dass uU ein einziger Urheber durch seinen Widerspruch verhindert, dass das Werk auf eine neue Nutzungsart ausgewertet wird, und auf diese Weise die Auswertungschancen der anderen Beteiligten erheblich stört. In solchen Fällen soll der Widerspruch nur eingeschränkt möglich sein, um den Interessen der anderen Beteiligten und des Werkverwerters Rechnung tragen zu können. Ferner wird auf die Parallelregelung des § 31a Abs. 3 verwiesen. Die Begr. RegE[229] verweist hierzu auf Konstellationen über diejenigen der §§ 8 (Miturheberschaft) und 9,[230] wie auf die Zusammenfügung von Werken, die über einen Werkverwerter erfolgt. Erfasst sei auch der Fall, dass urheberrechtlich geschützte Werke oder Werkbeiträge mit anderen Schutzgegenständen des UrhG zusammengefasst werden.

50   Da es sich bei diesem Anliegen praktisch um das gleiche wie bei **§ 31a Abs. 3** handelt, kann hier grundsätzlich auf die **Kommentierung dieser Bestimmung** verwiesen werden. Gleichwohl sind bei der Anwendung des **§ 1371 Abs. 4** einige **Besonderheiten** zu beachten. An erster Stelle zwingen die **erheblichen verfassungsrechtlichen Bedenken** gegen § 1371, und zwar insbesondere im Hinblick auf das viel zu schwach ausgestaltete Widerspruchsrecht des Urhebers im Hinblick auf vor dem

---

[217] Ebenso Wandtke/Bullinger/*Jani* UrhG § 1371 Rn. 70.
[218] S. idS auch Dreier/Schulze/*Schulze* UrhG § 1371 Rn. 89; *Schulze* UFITA 2007, 641 (702); sa Mestmäcker/Schulze/*Scholz* UrhG § 1371 Rn. 38; Wandtke/Bullinger/*Jani* UrhG § 1371 Rn. 70.
[219] BT-Drs. 16/1828, 34 zu Abs. 3.
[220] S. Dreier/Schulze/*Schulze* UrhG § 1371 Rn. 91; Fromm/Nordemann/*J. B. Nordemann* UrhG § 1371 Rn. 29.
[221] Aber seit dem 1.1.1966, → Rn. 23.
[222] S. dazu auch Dreier/Schulze/*Schulze* UrhG § 1371 Rn. 91.
[223] Wandtke/Bullinger/*Jani* UrhG § 1371 Rn. 72.
[224] BT-Drs. 16/1828, 34 zu Abs. 3.
[225] Ähnlich Dreier/Schulze/*Schulze* UrhG § 1371 Rn. 95; Fromm/Nordemann/*J. B. Nordemann* UrhG § 1371 Rn. 28 fordert nur eine angemessene Vergütung.
[226] Auch Dreier/Schulze/*Schulze* UrhG § 1371 Rn. 95 spricht insoweit von einem Vorrang der vertraglichen Vereinbarung.
[227] Gegen Dreier/Schulze/*Schulze* UrhG § 1371 Rn. 97.
[228] BT-Drs. 16/1828, 34 zu Abs. 4.
[229] BT-Drs. 16/1828, 24 f.
[230] Werkverbindungen; → Rn. 45.

1.1.2008 bekannt gewordene, früher unbekannte Nutzungsarten,[231] zu einer **besonders zurückhaltenden Anwendung des § 137l Abs. 4,** der dieses Widerspruchsrecht noch einmal beschneidet. Anders als bei § 31a geht es bei § 137l nicht darum, dass der nachträglichen Reue des Urhebers über vertragliche Verfügungen Grenzen gesetzt werden, sondern darum, dass die ohnehin geringen Möglichkeiten des Urhebers, sich mittels eines **Widerspruchs gegen gesetzliche Eingriffe in Rechte und Vertrauensbestände** zu wehren, nur dort weiter beschnitten werden dürfen, wo es **absolut unumgänglich** ist. Danach spricht eine **Vermutung** dafür, dass ein Urheber, der von seinem Widerspruchsrecht Gebrauch macht, sich auch in Konstellationen des § 137l Abs. 4 im Rahmen von Treu und Glauben bewegt. Für **Miturheber** ist von vornherein deren gesamthänderische Bindung zu beachten (§ 8), so dass das Widerspruchsrecht nicht einzeln ausgeübt werden kann.[232]

Des Weiteren ist bei Anwendung des § 137l Abs. 4 die **besondere Zweckbestimmung des**   **51** **§ 137l** zu beachten, **historische Medienarchive zu öffnen,** die nur noch mittels neuer Nutzungsarten der Allgemeinheit faktisch verfügbar gemacht werden können (→ Rn. 6 f.). Dies schließt es, anders als in der Begr. RegE (§ 31a Rn. 50) zu § 31a erwähnt, im Allg. aus, bei der Erschließung entsprechender Archivbestände gegenüber dem Widerspruch auch nur einzelner Urheber, insbes. der Haupturheber, einem besonderen **Interesse eines Werkverwerters** an einer **neuartigen Kombination** von Werknutzungen zur Durchsetzung zu verhelfen. Im Vordergrund des Interesses steht die Erschließung der Archivbestände in der Originalversion. Die gebotene **Orientierung am Motiv für § 137l** schließt es erst recht aus, gegen den Widerspruch auch nur einzelner betroffener Urheber **aktuelle Werke,** die mittels herkömmlicher Techniken verfügbar sind und verfügbar gehalten werden können, zB einer Zwangsdigitalisierung zuzuführen. Dies gilt auch aus der Sicht des Allgemeininteresses insbes. dann, wenn nach bekannt gewordenen Vorkommnissen (→ Rn. 11) eine **missbräuchliche Preisgestaltung** in der neuen Nutzungsart nicht ausgeschlossen werden kann und **wirtschaftliche Hintergründe**[233] **im Dunkeln** bleiben.

Wie im Schrifttum vermutet,[234] wird demzufolge das **Hauptanwendungsgebiet** für den Aus-   **52** schluss des Widerspruchsrechts durch § 137l Abs. 4 voraussichtlich der **Film** sein, für den das parallele Widerrufsrecht nach § 31a sogar gesetzlich ausgeschlossen ist (→ Rn. 47).

Kein Fall des § 137l Abs. 4, aber ebenfalls zu den Treuepflichten zu zählen, ist die Ausübung des   **52a** Widerspruchsrechts durch einen **Arbeitnehmer,** der Werke im Rahmen seines Arbeits- bzw. Dienstverhältnis geschaffen hat. Zwar gehen Urheberrechte nach § 43 nicht wie bei § 69b per se auf den Arbeitgeber über; doch ist der Arbeitnehmer im Rahmen seiner arbeitsrechtlichen Treuepflicht zu deren Verschaffung verpflichtet. Gleiches muss für die Ausübung eines Widerspruchsrechts gelten: Der Arbeitnehmer, auch der **ausgeschiedene** Arbeitnehmer, darf die weitere Verwertung des Werkes nicht durch die Ausübung seines Widerspruchs verhindern.[235]

4. Keine Einräumung von Nutzungsrechten an einen Dritten

Der **dritte Hinderungsgrund** für den Eintritt der **Übertragungsfiktion** nach § 137l Abs. 1 S. 1   **53** (→ Rn. 29) ist in **§ 137l Abs. 1 S. 4** geregelt. Die Bestimmung sieht vor, dass die Vorschrift über die Fiktion und mit ihr auch diejenigen über die Widerspruchsmöglichkeiten des Urhebers (§ 137l Abs. 1 S. 2 und 3) nicht für zwischenzeitlich bekannt gewordene Nutzungsarten gilt, an denen der Urheber **Nutzungsrechte bereits einem Dritten eingeräumt** hat. Wie sich auch aus der Begr. RegE[236] ergibt, sind damit Verfügungen des Urhebers über Nutzungsrechte **vor dem Inkrafttreten des Gesetzes**[237] gemeint, die trotz Geltung des § 31 Abs. 4 wirksam waren, weil die betreffende Nutzungsart inzwischen bekannt geworden war, also zB die Videonutzung von Filmen seit Mitte/Ende der 1970er-Jahre. Ein **Eingriff in die betreffenden Verträge mittels der Fiktion** sollte **nicht stattfinden.**[238] Lediglich schuldrechtliche Verpflichtungen genügen nicht, es müssen dinglich wirkende Rechtseinräumungen sein.[239] Bei nur **beschränkter Rechtseinräumung,** wie bei der Einräumung eines nicht ausschließlichen, also nur einfachen Nutzungsrechts, sollte die **Fiktion dagegen im verbleibenden Umfang greifen** können. Die Begr. RegE[240] nennt als Beispiel den Fall, dass ein Komponist einem Dritten das nicht ausschließliche Recht zur On-Demand-Auswertung eines Musikstücks eingeräumt hat. In diesem Fall gelte die Fiktion dennoch auch für das On-Demand-Recht, der Dritte sei jedoch weiter berechtigt von seinem diesbezüglichen einfachen Nutzungsrecht Gebrauch zu machen.[241] In ähnlicher Weise muss der vom Gesetz explizit nicht vorgesehene Fall behandelt werden,

---

[231] → Rn. 8 ff., 10.
[232] Ebenso Wandtke/Bullinger/*Jani* UrhG § 137l Rn. 78; aA: Dreier/Schulze/*Schulze* UrhG § 137l Rn. 43 unter Hinweis auf die rechtserhaltende und günstige Wirkung des Widerrufs.
[233] S. OLG Hamm AfP 2008, 515 (516) – Zeitschrift für Mathematik.
[234] S. Fromm/Nordemann/*J. B. Nordemann* UrhG § 137l Rn. 31.
[235] Zutr. Wandtke/Bullinger/*Jani* UrhG § 137l Rn. 73 f.
[236] BT-Drs. 16/1828, 34 zu Abs. 1.
[237] Am 1.1.2008, → Rn. 1.
[238] Begr. RegE BT-Drs. 16/1828, 34.
[239] Wandtke/Bullinger/*Jani* UrhG § 137l Rn. 27; aA Dreier/Schulze/*Schulze* UrhG § 137l Rn. 68.
[240] Begr. RegE BT-Drs. 16/1828, 34.
[241] Dem folgend Wandtke/Bullinger/*Jani* UrhG § 137l Rn. 33.

dass der Urheber selbst die neue Nutzungsart nutzt, etwa durch Veröffentlichung seines Werkes auf seiner eigenen Website;[242] es wäre absurd und würde grob gegen die verfassungsrechtlichen Wertungen verstoßen, wenn man hier dem Urheber seine Rechte entzöge, die er selbst nutzt, erst recht zugunsten eines Verwerters, der unter Umständen selbst die Rechte nicht nutzt. Auch wenn der Vertrag mit dem Dritten nach Ablauf der Frist des § 137l beendet wird, lebt der Übergang der Rechte nach § 137l nicht wieder auf; es kommt allein darauf an, ob zum Zeitpunkt des Inkrafttretens von § 137l ein Nutzungsvertrag mit einem Dritten bestand.[243]

Bei der **Bewertung** der gesetzlichen Ausnahmeregelung zugunsten von Rechten Dritter fällt auf den ersten Blick die **Diskrepanz** zur Rechtslage in Bezug auf die Vertragsbeziehungen des Urhebers zum Nutznießer der Übertragungsfiktion auf. In diese Vertragsbeziehung wurde mit § 137l massiv eingegriffen (→ Rn. 3 ff.). Aus der Sicht der Zielrichtung dieser Bestimmung, Medienarchive zu öffnen (→ Rn. 6 f.), ist die Abweichung jedoch **verständlich:** Die Rechtseinräumung an einen Dritten bewirkt diese Öffnung nicht weniger als die Fiktion zugunsten der ursprünglichen anderen Vertragspartei. In der **Praxis** führt dies allerdings dazu, dass Verwerter prüfen müssen, ob der Urheber nicht zwischenzeitlich einem Dritten Rechte eingeräumt hat – was die Regelung letztlich leer laufen lässt, da damit wiederum entsprechende umständliche Recherchen erforderlich sind.[244]

IV. Rechtsfolgen der Übertragungsfiktion des § 137l

1. Erwerb von Nutzungsrechten für neue Nutzungsarten durch den Begünstigten

54   Die aus der Sicht des Gesetzeszwecks des § 137l (→ Rn. 6 f.) **wichtigste Rechtsfolge der Übertragungsfiktion** nach § 137l Abs. 1 S. 1 besteht darin, dass der von ihr **Begünstigte**[245] **von Gesetzes wegen Nutzungsrechte für neue Nutzungsarten** erwirbt, die ihm während der Geltung des § 31 Abs. 4 nicht eingeräumt werden konnten (→ Rn. 1, 13). Im Hinblick auf **Einzelheiten** dieses Rechteerwerbs ist dem **verfassungsrechtlichen Gebot der engen Auslegung** des § 137l (→ Rn. 12) Rechnung zu tragen. Dies gilt zunächst für die Frage des **Zeitpunkts,** zu dem der gesetzliche Rechteerwerb wirksam wird. Nach zutreffender, fast allgemeiner Auffassung ist eine **Rückwirkung** auf die Zeit **vor Inkrafttreten der Bestimmung ausgeschlossen.**[246] Damit scheidet insbesondere auch eine nachträgliche Legalisierung früherer Rechtsverletzungen aus. Ferner setzt die gesetzliche Lizenz nach § 137l nicht voraus, dass der Berechtigte tatsächlich die neuen Nutzungsarten wahrnimmt;[247] aufgrund der Akzessorietät zum Lizenzvertrag gelangen allerdings auch die Regelungen zum Rückruf nach §§ 41 f. UrhG ebenso wie nach dem VerlagsG zur Anwendung, so dass der Verwerter nicht die Rechte dauerhaft lediglich zur Blockade anderer einsetzen kann – sofern man überhaupt die Einräumung ausschließlicher Rechte annimmt.

55   Streitiger als die Frage der Rückwirkung ist diejenige danach, **ab welchem exakten Zeitpunkt** der Rechtezuwachs durch die Übertragungsfiktion greift. Die Frage steht in Zusammenhang mit den in § 137l Abs. 1 S. 2 und 3 vorgesehenen **Widerspruchsfristen.** Im Hinblick auf die Widerspruchsfrist von einem Jahr ab Inkrafttreten des Gesetzes (→ Rn. 41, 43) kommen zwei Zeitpunkte in Betracht: der **1.1.2008** als der Tag dieses Inkrafttretens (→ Rn. 1) oder der **1.1.2009** als der Tag nach Ablauf der (nicht genutzten) Widerspruchsfrist am 31.12.2008 (→ Rn. 43). Das erstgenannte Datum setzt die Annahme voraus, dass die Fiktion unter der **auflösenden Bedingung** der Erklärung des Widerspruchs erfolgt.[248] Dagegen führt ein Verständnis der Nichtausübung des Widerspruchsrecht als einer **aufschiebenden Bedingung** für den Eintritt der Fiktion zum 1.1.2009 als dem maßgeblichen Datum.[249] Nach dem Gebot der engen Auslegung des § 137l (→ Rn. 54) ist der **zweitgenannten Auffassung** zu folgen. Sie gilt entsprechend für den Fall, dass die **dreimonatige Widerspruchsfrist** nach § 137l Abs. 1 S. 3 (→ Rn. 41, 44) nicht genutzt wird. Damit gilt auch für die **fristgemäß ausgeübten Widerruf,** dass bis dahin durchgeführte Verwertungshandlungen unzulässig sind, da die aufschiebende Bedingung beseitigt wird.[250] Bis zum Widerspruch schon ausgeübte neue Nutzungsar-

---

[242] Zutr. Wandtke/Bullinger/*Jani* UrhG § 137l Rn. 34.

[243] Wandtke/Bullinger/*Jani* UrhG § 137l Rn. 27.

[244] *Spindler/Heckmann* GRUR-Int 2008, 271 (276); zust. Wandtke/Bullinger/*Jani* UrhG § 137l Rn. 28.

[245] Zu diesem → Rn. 21.

[246] In jüngerer Zeit LG Hamburg GRUR-RR 2016, 68 (70) – Hallo Spencer; s. Dreier/Schulze/*Schulze* UrhG § 137l Rn. 14; Fromm/Nordemann/*J. B. Nordemann* UrhG § 137l Rn. 21; *Ehmann/Fischer* GRUR-Int 2008, 284 (287); *Frey/Rudolph* ZUM 2007, 13 (22) mit der Forderung nach Klarstellung im Gesetz, *Schmidt-Hern* ZUM 2008, 927 (933); s. bereits *Spindler/Heckmann* ZUM 2006, 620 (624); inzwischen auch Wandtke/Bullinger/*Jani* UrhG § 137l Rn. 19.

[247] Wandtke/Bullinger/*Jani* UrhG § 137l Rn. 17; s. zuvor *Spindler/Heckmann* ZUM 2006, 620 (624).

[248] So *Berger* GRUR 2005, 907 (911); Fromm/Nordemann/*J. B. Nordemann* UrhG § 137l Rn. 21; Wandtke/Bullinger/*Jani* UrhG § 137l Rn. 20, 26.

[249] So Dreier/Schulze/*Schulze* UrhG § 137l Rn. 15; *Ehmann/Fischer* GRUR-Int 2008, 284 (287); *Schulze* UFITA 2007, 641 (683).

[250] Wie hier Dreier/Schulze/*Schulze* UrhG § 137l Rn. 40; aA: Wandtke/Bullinger/*Jani* UrhG § 137l Rn. 40; *Berger* GRUR 2005, 907 (911); *Czernik* GRUR 2009, 913 (915); *Raitz von Frentz/von Alemann* ZUM 2010, 38 (42); ebenso wohl auch *Hucko* UrhG S. 26; die früher vertretene Gegenauffassung (dazu noch *Spindler/Heckmann* ZUM 2006, 620 (625)) wird aufgegeben.

ten sind daher ex tunc rechtswidrig vorgenommen worden, Erlöse etc stehen dem Urheber zu.[251] Im Falle der **Unterlizenzierung** vor Ablauf der Widerrufsfrist muss der Widerruf trotz des vom BGH angenommenen Sukzessionsschutzes für Unterlizenznehmer[252] auch auf den Dritten durchschlagen;[253] denn das tragende Argument der Rechtsprechung, dass der Unterlizenznehmer keinen Einblick in die Lizenzverhältnisse beim Hauptlizenzvertrag habe und Investitionsschutz genießen müsse, kann im Falle des gesetzlich angeordneten Rückfalls der Rechte nicht verfangen, da jeder Lizenznehmer dem gleichen Risiko ausgesetzt ist.

In gleicher Weise **restriktiv** ist die Frage zu beantworten, ob der von der Übertragungsfiktion Be- **56** günstigte im Hinblick auf die betroffenen neuen Nutzungsarten ein **ausschließliches**[254] oder nur ein **einfaches Nutzungsrecht** erhält.[255] Für die erstgenannte Auffassung spricht insbesondere, dass es sich bei den Nutzungsrechten an bekannten Nutzungsarten, die der Begünstigte als Voraussetzung der Übertragungsfiktion vom Urheber erworben haben muss, ebenfalls um ausschließliche Rechte han- delt (→ Rn. 30, 35). Jedoch sprechen neben dem verfassungsrechtlichen Gebot der engen Auslegung des § 137l (→ Rn. 12) auch die besseren sachlichen Argumente für die Fiktion des gesetzlichen Übergangs nur **einfacher Nutzungsrechte**: Der Zweck der gesetzlichen Regelung, im **Interesse der Allgemeinheit** Medienarchive zu öffnen (→ Rn. 6f.), wird mangels einer Ausübungspflicht des von der Fiktion Begünstigten (→ Rn. 11) am ehesten erreicht, wenn der Urheber berechtigt bleibt, die Rechte für neue Nutzungsarten auch selbst auszuüben oder Dritten vertraglich Nutzungsrechte einzuräumen.[256] Darüber hinaus liegt es im Interesse der Allgemeinheit, neue, auch missbräuchlich handhabbare Monopole zu vermeiden (→ Rn. 11). Schließlich ist auch nicht zu befürchten, dass durch eine konkurrierende neuartige Werknutzung die Nutzung ausschließlicher Befugnisse beein- trächtigt wird, die der von der Fiktion Begünstigte im Hinblick auf bekannte Nutzungsarten innehat, geht es § 137l doch gerade um die Öffnung sonst brachliegender Archive, nicht aber darum, für aktu- ell ohne weiteres zugängliche Werke eine zusätzliche und dann auch noch monopolartige ausschließ- liche Auswertungsmöglichkeit zu schaffen (→ Rn. 51).

Inhaltlich gilt für die Nutzungsrechte, die durch die Übertragungsfiktion erworben werden, dass **57** es sich zum einen jedenfalls nur um solche **Nutzungsarten** handeln kann, die bei Vertragsabschluss **unbekannt** waren.[257] Zum anderen orientiert sich der Inhalt dieser Nutzungsrechte an dem **Katalog von Rechten,** der dem Begünstigten für **bekannte Nutzungsarten** eingeräumt worden ist.[258] Be- dingt durch die Akzessorietät zum Lizenzvertrag ist auch hier von der Anwendung der **Zwecküber- tragungslehre** auszugehen, so dass der Verwerter nicht notwendigerweise alle überhaupt existieren- den Rechte an Nutzungsarten eingeräumt bekommt, sondern nur die für den Vertragszweck erforderlichen.[259] Entscheidend ist daher, für welchen Verwertungsbereich Rechte eingeräumt wur- den. Es muss sich zudem um Nutzungsarten handeln, die bei Vertragsabschluss unbekannt waren; ist etwa ein Lizenzvertrag nach 1995 geschlossen worden, können Verwertungsrechte für die Internet- nutzung nicht über § 137l beansprucht werden, da diese zu diesem Zeitpunkt bereits bekannt war. Von einer entsprechenden Rechtslage ist auch für die **zeitliche Reichweite** der durch die gesetzliche Fiktion erworbenen Nutzungsrechte auszugehen.[260] Der Anwendbarkeit des Urheberrechtsstatuts und des Schutzlandprinzips auf § 137l und die durch ihn gewährte gesetzliche Lizenz (→ Rn. 24) ent- sprechend ist der **räumlichen Schutzbereichs** dieser Rechte auf **Deutschland** beschränkt.[261] **Bearbei- tungsrechte** nach § 23 werden nicht von § 137l umfasst, da sich die Übertragungsfiktion nur auf Verwertungsrechte beschränkt.[262]

---

[251] Die früher vertretene Gegenauffassung (*Spindler/Heckmann* ZUM 2006, 620 (625)) wird aufgegeben; aA: Wandtke/Bullinger/*Jani* UrhG § 137l Rn. 42; *Park* S. 110.

[252] BGH GRUR 2012, 916 Rn. 23f. – M2Trade; BGH NJW-RR 2012, 1127 Rn. 15 – Take Five; krit. dazu *Spindler* CR 2014, 557 (559 ff.).

[253] Im Ergebnis auch Wandtke/Bullinger/*Jani* UrhG § 137l Rn. 43f., allerdings mit unklarer Begründung, da der Sukzessionsschutz auch hier greifen solle.

[254] So *Berger* GRUR 2005, 907 (911); Dreier/Schulze/*Schulze* UrhG § 137l Rn. 38; Fromm/Nordemann/*J. B. Nordemann* UrhG § 137l Rn. 18; *Schulze* UFITA 2007, 641 (692); *Raitz von Frentz/von Alemann* ZUM 2010, 38 (42).

[255] So *Ehmann/Fischer* GRUR-Int 2008, 284 (287f.); Mestmäcker/Schulze/*Scholz* UrhG § 137l Rn. 23; s. bereits *Spindler/Heckmann* ZUM 2006, 620 (262).

[256] S. in diesem Sinne auch *Ehmann/Fischer* GRUR-Int 2008, 284 (287); Mestmäcker/Schulze/*Scholz* UrhG § 137l Rn. 23; selbst Dreier/Schulze/*Schulze* UrhG § 137l Rn. 38; *Schulze* UFITA 2007, 641 (692).

[257] S. dazu Dreier/Schulze/*Schulze* UrhG § 137l Rn. 36; Fromm/Nordemann/*J. B. Nordemann* UrhG § 137l Rn. 18; Wandtke/Bullinger/*Jani* UrhG § 137l Rn. 22; zu den betr. Nutzungsarten im Einzelnen s. die Kommen- tierung des § 31a.

[258] Dazu bereits unter → Rn. 31 ff.

[259] Wandtke/Bullinger/*Jani* UrhG § 137l Rn. 23; Dreier/Schulze/*Schulze* UrhG § 137l Rn. 37; *Czernik* GRUR 2009, 913 (914).

[260] Dazu → Rn. 40; zum Ergebnis s. Mestmäcker/Schulze/*Scholz* UrhG § 137l Rn. 19; dem folgend Wandtke/ Bullinger/*Jani* UrhG § 137l Rn. 23.

[261] Im Ergebnis ebenso Mestmäcker/Schulze/*Scholz* UrhG § 137l Rn. 19 und ihm wiederum zustimmend Wandtke/Bullinger/*Jani* UrhG § 137l Rn. 23.

[262] Wandtke/Bullinger/*Jani* UrhG § 137l Rn. 24.

2. Gesetzlicher Vergütungsanspruch des Urhebers

58 Als Kompensation für den Rechteverlust, den der Urheber durch die Übertragungsfiktion des § 137l erleidet (→ Rn. 1, 10), gewährt ihm **§ 137l Abs. 5 S. 1** einen **Anspruch** auf eine **gesonderte angemessene Vergütung**. Nach der AmtBegr.[263] wird damit dem Umstand Rechnung getragen, dass sich mit dem Erwerb von zusätzlichen Nutzungsrechten für neue Nutzungsarten auch **zusätzliche Einnahmemöglichkeiten** verbinden. Demgemäß geht es auch um eine **gesonderte** Vergütung, die zu der vom Urheber vertraglich vereinbarten Vergütung hinzutritt.[264] Wie sich aus der Begr. RegE zur Parallelvorschrift des § 32c[265] ergibt, hat die Verwerterseite in der Vergangenheit bei ihren Bemühungen um eine Aufhebung des § 31 Abs. 4 selbst wiederholt solche zusätzlichen Zahlungen angeboten.

59 Die Anwendung der **§§ 32 und 32a** auf die vertragliche Vergütung bleibt im Rahmen ihres Geltungsbereichs nach § 132 Abs. 3 von der zusätzlichen Vergütungspflicht des Begünstigten der Übertragungsfiktion nach § 137l Abs. 5 **unberührt**.[266] Darüber hinaus verweist **§ 137l Abs. 5 S. 2** im Hinblick auf die Beurteilung der **Angemessenheit der gesonderte Vergütung** auf eine entsprechende Anwendung des § 32 Abs. 2 und 4 über die Angemessenheit der vertraglichen Vergütung einschließlich der vorrangigen Berücksichtigung von gemeinsamen Vergütungsregeln iSd § 36 (§ 32 Abs. 2 S. 1) und von tarifvertraglichen Vergütungsregelungen (§ 32 Abs. 4). In Ergänzung zu den Angemessenheitsregeln des § 32 Abs. 2 S. 2 heißt es in der Begr. RegE[267] zu § 32c, dass bei der Festsetzung der Höhe der zusätzlichen gesetzlichen Vergütung die wirtschaftlichen Rahmenbedingungen zu berücksichtigen sind.

Anders als der vertragliche Vergütungsanspruch des Urhebers nach § 32 Abs. 1 S. 1, der bereits mit der Rechteeinräumung entsteht, setzt der gesetzliche Vergütungsanspruch nach § 137l Abs. 5 S. 1[268] voraus, dass der **Vergütungsschuldner die neue Art der Werknutzung aufnimmt**.[269] Allein die Einräumung von Nutzungsrechten begründet mangels einer Verwertung nicht den Vergütungsanspruch.[270] Hat der Urheber der Nutzung widersprochen, fallen die Rechte an ihn zurück; ein Vergütungsanspruch besteht dann allenfalls für die Zeit zwischen Nutzung und Widerspruch.[271]

60 Entsprechend der Rechtslage beim Widerspruchsrecht nach § 137l Abs. 1 S. 1–3, Abs. 2 (→ Rn. 45) handelt es sich auch beim Vergütungsanspruch des Urhebers nach § 137l Abs. 5 stets um einen **Anspruch des Urhebers**, der im Übrigen trotz Fehlens einer diesbezüglichen ausdrücklichen, § 32c Abs. 3 S. 1 entsprechenden Regelung **im Voraus unverzichtbar** ist.[272] Um einen Anspruch des Urhebers und nicht der mit ihm verbundenen anderen Vertragspartei handelt es sich auch dann, wenn diese die vom Urheber erworbenen Nutzungsrechte iSd **§ 137l Abs. 2** an einen **Dritten** weiterübertragen hat. Die andere Vertragspartei kann in einem solchen Fall jedoch mit dem Dritten einen **eigenen vertraglichen Vergütungsanspruch** ausgehandelt haben. Da den Dritten in dieser Konstellation nach § 137l Abs. 5 S. 4 auch die gesetzliche Vergütungspflicht gegenüber dem Urheber trifft, muss der **Dritte** mit zwei Vergütungsansprüchen rechnen.[273] **Anders** als im Regelfall bei der Weiterübertragung von Nutzungsrechten nach **§ 34 Abs. 4** (gesamtschuldnerische Haftung), aber in **Übereinstimmung** mit **§ 32a Abs. 2 S. 2**, ist in dieser Konstellation im Übrigen gemäß § 137l Abs. 5 S. 5 eine Haftung der ursprünglichen **Vertragspartei** für die Zahlung der gesonderten angemessenen Vergütung gegenüber dem Urheber **ausgeschlossen**: Dies entspricht derselben Regelung in der Parallelvorschrift des § 32c Abs. 2 S. 2.

61 Nach **§ 137l Abs. 5 S. 3** kann der Anspruch des Urhebers auf eine gesonderte angemessene Vergütung **nur durch eine Verwertungsgesellschaft geltend gemacht** werden. Diese Vorschrift ist erst auf Anregung durch den Rechtsausschuss des Deutschen Bundestags[274] in das Gesetz eingefügt worden. Zur Begründung wurde auf die Gefahr hingewiesen, dass die Unauffindbarkeit des Urhebers ein Werkverwerter ein Werk sonst kostenfrei in einer neuen Nutzungsart nutzen könnte. Demgegenüber sei durch die Verwertungsgesellschaftspflicht die **Vergütung** einer solchen Nutzung in jedem **Fall gewährleistet**. Nach dieser Aussage geht die gesamte Argumentation von der unausgesproche-

---

[263] BT-Drs. 16/1828, 34 zu Abs. 5.
[264] Ebenso Dreier/Schulze/*Schulze* UrhG § 137l Rn. 106; Fromm/Nordemann/*J. B. Nordemann* UrhG § 137l Rn. 35; Wandtke/Bullinger/*Jani* UrhG § 137l Rn. 83.
[265] BT-Drs. 16/1828, 25.
[266] So die Begr. RegE BT-Drs. 16/1828, 25 zur Parallelvorschrift des § 32c.
[267] Begr. RegE BT-Drs. 16/1828, 25.
[268] Wie derjenige nach § 32c Abs. 1 S. 1.
[269] Dreier/Schulze/*Schulze* UrhG § 137l Rn. 107; Wandtke/Bullinger/*Jani* UrhG § 137l Rn. 84.
[270] Wandtke/Bullinger/*Jani* UrhG § 137l Rn. 84 unter Verweis auf BGH GRUR 1987, 37 (39); letztlich auch Dreier/Schulze/*Schulze* UrhG § 137l Rn. 110.
[271] S. auch Wandtke/Bullinger/*Jani* UrhG § 137l Rn. 85; wohl auch Dreier/Schulze/*Schulze* UrhG § 137l Rn. 108.
[272] So zutreffend Dreier/Schulze/*Schulze* UrhG § 137l Rn. 105; Fromm/Nordemann/*J. B. Nordemann* UrhG § 137l Rn. 39; aA Wandtke/Bullinger/*Jani* UrhG § 137l Rn. 83, der aber im Ergebnis aufgrund der zwingenden Geltendmachung durch eine Verwertungsgesellschaft zum gleichen Ergebnis kommt.
[273] S. dazu die Kritik von *Sprang/Ackermann* K&R 2008, 7 (10); ferner Fromm/Nordemann/*J. B. Nordemann* UrhG § 137l Rn. 37; Wandtke/Bullinger/*Jani* UrhG § 137l Rn. 97.
[274] BT-Drs. 16/5939, 46.

nen optimistischen Prämisse aus, dass Verwerter die Vergütung bezahlen wollen, aber individuell nicht können. Wie allerdings eine Verwertungsgesellschaft gerade bei Unauffindbarkeit eines Urhebers und bei **Verweigerungshaltung des Verwerters** von der Aufnahme einer Werknutzung in einer neuen Nutzungsart als Voraussetzung des Vergütungsanspruchs (→ Rn. 59) auch nur erfahren soll, bleibt **offen.**[275] Auch müssen die Verwertungsgesellschaften die übrigen Voraussetzungen des § 137l darlegen und beweisen, insbesondere den fehlenden Widerspruch des Urhebers, keine anderweitige Rechteinräumung und fehlende Vereinbarungen mit dem Verwerter – was den Verwertungsgesellschaften in der Praxis kaum möglich sein dürfte.[276] Die Geltendmachung durch Verwertungsgesellschaften setzt ferner voraus, dass der Urheber der Verwertungsgesellschaft im Wahrnehmungsvertrag die entsprechende Berechtigung eingeräumt hat. Ist der Urheber aber verstorben und sind die Erben nicht auffindbar, so dass der Wahrnehmungsvertrag ausgelaufen ist, fehlt es der Verwertungsgesellschaft an der entsprechenden Berechtigung.[277] Eine Benachrichtigungspflicht wie in § 32c Abs. 1 S. 3 enthält § 137l nicht.[278]

§ 137m Übergangsregelung aus Anlass der Umsetzung der Richtlinie 2011/77/EU

(1) **Die Vorschriften über die Schutzdauer nach den §§ 82 und 85 Absatz 3 sowie über die Rechte und Ansprüche des ausübenden Künstlers nach § 79 Absatz 3 sowie § 79a gelten für Aufzeichnungen von Darbietungen und für Tonträger, deren Schutzdauer für den ausübenden Künstler und den Tonträgerhersteller am 1. November 2013 nach den Vorschriften dieses Gesetzes in der bis 6. Juli 2013 geltenden Fassung noch nicht erloschen war, und für Aufzeichnungen von Darbietungen und für Tonträger, die nach dem 1. November 2013 entstehen.**

(2) **[1] § 65 Absatz 3 gilt für Musikkompositionen mit Text, von denen die Musikkomposition oder der Text in mindestens einem Mitgliedstaat der Europäischen Union am 1. November 2013 geschützt sind, und für Musikkompositionen mit Text, die nach diesem Datum entstehen. [2] Lebt nach Satz 1 der Schutz der Musikkomposition oder des Textes wieder auf, so stehen die wiederauflebenden Rechte dem Urheber zu. [3] Eine vor dem 1. November 2013 begonnene Nutzungshandlung darf jedoch in dem vorgesehenen Rahmen fortgesetzt werden. [4] Für die Nutzung ab dem 1. November 2013 ist eine angemessene Vergütung zu zahlen.**

(3) **Ist vor dem 1. November 2013 ein Übertragungsvertrag zwischen einem ausübenden Künstler und einem Tonträgerhersteller abgeschlossen worden, so erstreckt sich im Fall der Verlängerung der Schutzdauer die Übertragung auch auf diesen Zeitraum, wenn keine eindeutigen vertraglichen Hinweise auf das Gegenteil vorliegen.**

Schrifttum: *Dietz,* Zusammenhänge zwischen Vertragsdauer und Schutzdauer (insbesondere am Beispiel der jüngsten Schutzdauerverlängerung bei ausübenden Künstlern), GRUR-Int 2015, 635; *Gaillard,* Das Neunte Gesetz zur Änderung des Urheberrechtsgesetzes – Überblick und Analyse, GRUR 2013, 1099; *Gaillard,* Die Schutzdauerverlängerungen in der Urheberrechtsnovelle von 2013, 2016.

Übersicht

I. Überblick über die Regelung

Das Neunte Gesetz zur Änderung des Urheberrechtsgesetzes v. 2.7.2013[1] hat in Umsetzung der **1** Richtlinie 2011/77/EU[2] die Schutzdauer für auf Tonträger aufgezeichnete Darbietungen und für

---

[275] Zu diesbezüglichen Überlegungen s. Dreier/Schulze/*Schulze* UrhG § 137l Rn. 119.
[276] S. auch die Kritik bei Wandtke/Bullinger/*Jani* UrhG § 137l Rn. 94.
[277] Zutr. Wandtke/Bullinger/*Jani* UrhG § 137l Rn. 92.
[278] S. dazu auch *Schulze* UFITA 2007, 641 (707).
[1] BGBl. I S. 1940.
[2] ABl. 2011 L 265, S. 1.

Tonträger von 50 auf 70 Jahre verlängert (§§ 82 Abs. 1, 85 Abs. 3). Zum Schutz der wirtschaftlichen Interessen der ausübenden Künstler sieht das Gesetz drei begleitende Maßnahmen vor: ein Kündigungsrecht (§ 79 Abs. 3), einen gesetzlichen Vergütungsanspruch bei einer einmaligen Vergütung (§ 79a Abs. 1–4) und ein Abzugsverbot bei wiederkehrenden Vergütungen des Interpreten (§ 79a Abs. 5). Schließlich hat es in § 65 Abs. 3 eine Spezialregelung zur Berechnung der Schutzdauer für Musikkompositionen mit Text eingeführt.[3] § 137m regelt den **zeitlichen Anwendungsbereich** dieser **Neuregelungen.**

2   § 137m Abs. 1 ordnet an, dass alle Darbietungen und Tonträger, deren Schutz nach Maßgabe der alten 50-jährigen **Schutzdauer am 1.11.2013 noch nicht erloschen war,** von der Schutzdauerverlängerung profitieren. Die zum Schutz des Interpreten in § 79 Abs. 3 und § 79a vorgesehenen Rechte sind auf diese Darbietungen ebenfalls anzuwenden. Schließlich regelt § 137m Abs. 1, dass sich die Schutzdauer für alle **nach dem 1.11.2013 entstehenden** Darbietungen, die auf Tonträger aufgenommen werden, und für alle Tonträger nach neuem Recht richtet.

3   Nach § 137m Abs. 2 S. 1 findet die verlängerte Schutzdauer für Musikkompositionen mit Text auf alle (verbundenen) Werke Anwendung, bei denen zumindest die **Musikkomposition oder** der **Text** in mindestens **einem Mitgliedstaat der EU am 1.11.2013 noch geschützt** war. § 137m Abs. 2 S. 1 stellt klar, dass die Neuregelung auch auf alle Musikkompositionen mit Text anzuwenden ist, die nach diesem Datum entstehen. Kommt es im Fall des § 137m Abs. 2 S. 1 zu einem **Wiederaufleben** des Schutzes in Deutschland, stehen die Rechte – nach dem Vorbild des § 137f Abs. 3 S. 1 – dem Urheber der Musikkomposition und dem **Urheber** des Textes zu (§ 137m Abs. 2 S. 2). § 137m Abs. 2 S. 2 sieht – ebenfalls nach dem Vorbild des § 137f Abs. 3 S. 2 – vor, dass eine wegen Ablaufs der alten Schutzdauer erlaubte **Nutzung** der Musikkomposition oder des Texts auch nach dem 1.11.2013 **fortgesetzt** werden darf. Dafür hat der Nutzer dem Urheber eine angemessene **Vergütung** zu zahlen (§ 137m Abs. 2 S. 4). Insoweit wird das grundsätzlich bestehende Ausschließlichkeitsrecht für Altfälle auf einen Vergütungsanspruch abgeschwächt.

4   § 137m Abs. 3 enthält eine Auslegungsregel für bestehende Übertragungsverträge: Hat der ausübende Künstler einem Tonträgerhersteller vor dem 1.11.2013 **Rechte** an der Verwertung seiner Darbietung **übertragen,** ist im Zweifel davon auszugehen, dass sich diese Rechtsübertragung **auch auf den zusätzlichen Zeitraum** von 20 Jahren erstreckt.

II. Entstehungsgeschichte, Systematik und Normzweck

5   § 137m wurde mit dem Neunten Gesetz zur Änderung des Urheberrechtsgesetzes v. 2.7.2013 mit Wirkung zum 6.7.2013 neu in das UrhG eingeführt.[4] Die Vorschrift dient der **Umsetzung** von Art. 10 Abs. 5 und 6 sowie Art. 10a Abs. 1 Schutzdauer-RL, die mit Art. 1 Abs. 3 und 4 der **Richtlinie 2011/77/EU** neu eingefügt worden sind.[5] Die Neufassung der Schutzdauer-RL trat gem. Art. 4 Richtlinie 2011/77/EU am 20. Tag nach dem 11.10.2011 erfolgten Veröffentlichung im Amtsblatt, und damit am 31.10.2011, in Kraft. Die Mitgliedstaaten mussten die Vorgaben der neugefassten Schutzdauer-RL bis zum 1.11.2013 umsetzen (Art. 2 Abs. 1 Richtlinie 2011/77/EU). Deshalb ist der **1.11.2013 der maßgebliche Stichtag** für den zeitlichen Anwendungsbereich der Neuregelung.

III. Schutzdauerverlängerung für Interpreten und Tonträgerhersteller (§ 137m Abs. 1)

6   § 137m Abs. 1 regelt den zeitlichen Anwendungsbereich der neuen Schutzdauer für Darbietungen, die auf Tonträger aufgezeichnet wurden[6] (§ 82 Abs. 1) und der begleitenden Rechte des ausübenden Künstlers (§§ 79 Abs. 3, 79a) sowie der ebenfalls verlängerten Schutzdauer für Tonträger (§ 85 Abs. 3). Die Norm unterscheidet **zwei Fälle:**

7   (1.) Aufzeichnung von Darbietungen und Tonträger, die **nach dem 1.11.2013 entstehen (Neufälle).** Auf diese Neufälle finden die neuen Regelungen Anwendung. Diese ausdrückliche Festlegung ist nicht selbstverständlich. Das Neunte Gesetz zur Änderung des UrhG ist bereits am 6.7.2013 in Kraft getreten (→ Rn. 5). Wegen der ausdrücklichen Vorgabe in Art. 10 Abs. 5 Schutzdauer-RL musste der Stichtag für die neu hergestellten Schutzgegenstände unionsweit einheitlich auf den 1.11.2013 gelegt werden. Diese Funktion übernimmt § 137m Abs. 1 Var. 2.

8   (2.) Aufzeichnung von Darbietungen und Tonträger, die **vor dem 1.11.2013 entstanden sind (Altfälle).** Auf die Altfälle sind die neuen Regelungen anzuwenden, wenn die Schutzdauer am 1.11.2013 noch nicht abgelaufen war. Die Schutzdauer bestimmt sich bei Altfällen nicht nach dem am 1.11.2013 geltendem Recht. Die Frage muss stattdessen **nach Maßgabe der §§ 82, 85 Abs. 3 in der bis zum 6.7.2013 gültigen Fassung** beantwortet werden. § 137m Abs. 1 fingiert insoweit

---

[3] Ein Überblick bei *Gaillard* GRUR 2013, 1099.
[4] Vgl. Art. 1 Nr. 8 und Art. 2 des Gesetzes, BGBl. I S. 1940.
[5] BT-Drs. 17/12013, 14.
[6] Zum Begriff → § 79 Rn. 152.

deren Fortgeltung. Das ist wiederum Art. 10 Abs. 5 Schutzdauer-RL geschuldet, der einen unionsweit einheitlichen Stichtag anordnet. Innerhalb der Altfälle ist zwischen dem Recht des ausübenden Künstlers (Interpretenrecht)[7] und dem Tonträgerherstellerrecht zu differenzieren.

1. Interpretenrecht

Hinsichtlich der Verwertungsrechte[8] an einer auf einem **Tonträger aufgenommenen Darbietung** muss man im deutschen Recht drei Fallgruppen unterscheiden:[9] (1.) Alle **Darbietungen,** die **nach dem 1.1.1966 erfolgten,** waren gem. § 82 aF zum 1.11.2013 zweifelsfrei noch geschützt. Unabhängig davon, ob und wann der Tonträger erschienen oder erstmals zur erlaubten öffentlichen Wiedergabe benutzt worden war, waren am Stichtag jedenfalls noch keine 50 Jahre seit der Darbietungserbringung (§ 82 S. 2 aF) vergangen. (2.) Darbietungen, die vor dem 1.1.1966 erfolgten, die aber erst **nach dem 1.1.1966** erstmals auf Tonträger **erschienen** oder erlaubterweise zur **öffentlichen Wiedergabe** benutzt worden sind. Diese Schutzgegenstände waren gem. § 82 S. 1 aF iVm § 135 am 1.11.2013 noch geschützt, weil keine der beiden fristauslösenden Nutzungshandlungen länger als 50 Jahre zurückliegen konnte. § 137c Abs. 1 hat in diesen Fällen lediglich klarstellende Bedeutung.[10] (3.) Darbietungen, die **vor dem 1.1.1966** auf Tonträger **erschienen** sind **oder** vor dem 1.1.1966 erfolgte Darbietungen, die **nicht erschienen** sind. Diesbezüglich muss man wegen § 82 aF iVm §§ 135, 137c Abs. 1 S. 1 und S. 2 differenzieren:[11] Alle **nach dem 1.1.1963 auf Tonträger aufgezeichneten** Darbietungen waren am Stichtag noch geschützt, während der Schutz für alle vor dem 1.1.1963 aufgezeichneten und erschienenen bzw. nicht erschienenen Darbietungen am 31.12.2012 erloschen ist. 9

Zweifelhaft ist, ob § 137c Abs. 1 S. 3 auf die drei in → Rn. 9 genannten Fallgruppen anwendbar ist. Dabei sind zwei Fragen streng zu unterscheiden: (1.) Es ist unbestritten, dass **§ 137c Abs. 1 S. 3 nicht kumulativ** mit § 137m Abs. 1 **anwendbar** ist. Eine Normkollision zwischen § 137m Abs. 1 (Schutz für 70 Jahre) und § 137c Abs. 1 S. 3 („in keinem Fall länger als 50 Jahre") lässt sich aufgrund der systematischen Stellung, des historischen Kontexts beider Normen, des jeweiligen Normzwecks[12] und aufgrund einer richtlinienkonformen Auslegung vermeiden. (2.) Die Schutzdauer-RL änderte aber nichts daran, dass **§ 137c Abs. 1 S. 3 weiterhin** für die Frage **relevant** bleibt, ob eine vor 1966 erschienene Aufnahme an der ausschließlich im nationalen Recht basierenden Schutzdauerverlängerung von 25 auf 50 Jahre im ProduktpiraterieG v. 1990[13] teilnahm. Nur wenn diese Frage, die sich ausschließlich nach nationalem Recht richtet, von § 137c Abs. 1 bejaht wird, hatte die Darbietung zum am maßgeblichen **Stichtag (1.11.2013) noch geschützt** zu sein. Man muss daher § 137c Abs. 1 S. 3 nicht nachträglich richtlinienkonform manipulieren.[14] **Beispiel:**[15] Die Aufnahme einer Darbietung eines Pianisten ist erstmalig 1955 erschienen. Der Pianist verstarb 1986. Nach § 82 idF v. 1965 iVm § 135a S. 1 dauerte der Schutz ursprünglich bis zum 31.12.1990.[16] Gem. § 137c Abs. 1 S. 1 verlängerte sich die Schutzdauer dieser Darbietung auf 50 Jahre nach ihrem tatsächlichem Erscheinen und damit bis zum 31.12.2005.[17] § 137c Abs. 1 S. 3 stellt klar, dass der Schutz dieser Darbietung keinesfalls länger als 50 Jahre nach Erscheinen dauert. Daher war sie ab dem 1.1.2006 gemeinfrei. Daran ändert § 137m Abs. 1 nichts.[18] Es sind keine Anhaltspunkte ersichtlich, dass die Richtlinie 2011/77/EU von einem Wiederaufleben eines erloschenen Schutzes ausgeht. 10

2. Tonträgerherstellerrecht

Das **Tonträgerherstellerrecht** existiert als eigenständiges Immaterialgut erst seit dem 1.1.1966. §§ 129 Abs. 1 S. 2, 135, 135a S. 1 finden deshalb darauf keine Anwendung.[19] Daraus folgt, dass die in § 85 Abs. 3 aF festgelegte **Schutzdauer** (50 Jahre nach dem Erscheinen des Tonträgers oder – bei Nichterscheinen innerhalb von 50 Jahren nach der Herstellung – nach der erlaubten öffentlichen Wiedergabe oder bei Nichterscheinen und fehlender Wiedergabe 50 Jahre nach der Herstellung) am Stichtag **in keinem Fall abgelaufen** war. Deshalb sind alle Tonträger, die nach dem 1.1.1966 herge- 11

---

[7] Zum Begriff → Vor §§ 73 ff. Rn. 1.
[8] Zum Begriffsverständnis *Grünberger* ZUM 2015, 273.
[9] Dazu ausführlich → § 137c Rn. 3 ff.
[10] → § 137c Rn. 3.
[11] → § 137c Rn. 6.
[12] → § 137c Rn. 1, 3.
[13] → Vor §§ 73 ff. Rn. 23.
[14] So aber Fromm/Nordemann/*Schaefer* UrhG § 137m Rn. 9.
[15] Nach Fromm/Nordemann/*Schaefer* UrhG § 137m Rn. 10 ff., der das Beispiel zu Lasten der Gemeinfreiheit falsch löst.
[16] → §§ 135, 135a Rn. 13; aA Fromm/Nordemann/*Schaefer* UrhG § 137m Rn. 14: 1991.
[17] Unzutreffend Fromm/Nordemann/*Schaefer* UrhG § 137m Rn. 16 (Schutzdauer bis 2016). Er verkennt, dass § 135a S. 2 auf die nachträglichen Schutzdauerverlängerungen nicht anwendbar ist, → §§ 135, 135a Rn. 15, und dass die Schutzdauer gem. § 137c Abs. 1 S. 1 vom tatsächlichen Erscheinungszeitpunkt und nicht gem. § 135a S. 1 vom 1.1.1966 an berechnet wird, → § 137c Rn. 4.
[18] Unhaltbar Fromm/Nordemann/*Schaefer* UrhG § 137m Rn. 17.
[19] → § 129 Rn. 7.

stellt worden sind, unproblematisch von der Schutzdauerverlängerung erfasst.[20] Wegen § 137f Abs. 2 S. 2 und Art. 18 AEUV kann sich die Schutzdauerverlängerung allerdings auch auf Tonträger auswirken, die **vor dem 1.1.1966 hergestellt bzw. erschienen** oder öffentlich wahrnehmbar gemacht worden sind, wenn und soweit sie in einem **EU-Mitgliedstaat** am 1.7.1995 noch **geschützt** waren.[21] Weil die Anknüpfungspunkte der Schutzdauer bereits im Jahr 2003 geändert worden sind,[22] kann das im Einzelfall dazu führen, dass ein nach dem 1.1.1953 hergestellter Tonträger,[23] aufgrund einer vormals erfolgten öffentlichen Wiedergabe und dem anschließenden Erscheinen am 1.11.2013 auch in Deutschland noch geschützt war.

IV. Interpretenvertragsrecht (§ 137m Abs. 1 und Abs. 3)

1. Fortdauer der Übertragungsverträge (§ 137m Abs. 3)

12   Die Auswirkungen der Schutzdauerverlängerung auf **Übertragungsverträge** regelt § 137m Abs. 4. Ein Übertragungsvertrag ist nach der **Legaldefinition** in § 79 Abs. 3 S. 1 ein Vertrag, mit dem der ausübende Künstler dem Tonträgerhersteller seine Rechte an der Aufzeichnung der Darbietung einräumt (§ 79 Abs. 2 S. 1) oder überträgt (§ 79 Abs. 1 S. 1) hat.[24] § 137m Abs. 3 setzt **Art. 10a Abs. 1 Schutzdauer-RL** um. Danach ist, sofern keine eindeutigen vertraglichen Hinweise auf das Gegenteil vorliegen, davon auszugehen, dass ein vor dem 1.11.2013 abgeschlossener Übertragungs- oder Abtretungsvertrag auch nach dem Zeitpunkt gültig bleibt, zu dem der ausübende Künstler nach altem Recht keinen Schutz mehr genossen hätte. § 137m Abs. 3 lehnt sich eng an diese Vorgabe an. Daraus erklärt sich der terminologische Unterschied zu §§ 137 Abs. 2, 137b Abs. 2, 137c Abs. 3, 137f Abs. 4 und 137j Abs. 4. In der Sache ist § 137m Abs. 3 eine **gesetzliche Auslegungsregel.** Hat der ausübende Künstler seinem Vertragspartner vor dem 1.11.2013 ein Nutzungsrecht an der Darbietung eingeräumt oder die Verwertungsrechte übertragen, beseitigt die Norm Zweifel daran, ob sich diese Vereinbarung auch auf den Zeitraum der Schutzfristverlängerung erstrecken soll.[25] Die **Rechtsübertragung**[26] erfasst im Zweifel **auch die zusätzlichen 20 Jahre.** Zweifel bestehen, wenn es keine eindeutigen Hinweise auf das Gegenteil gibt. Das ist immer dann der Fall, wenn eine ausdrückliche vertragliche Regelung über eine Schutzfristverlängerung fehlt.[27] Dieser strenge Maßstab folgt aus Erwägungsgrund (15) Richtlinie 2011/77/EU, wonach mit der Auslegungsregel die Rechtssicherheit gestärkt werden soll. Die Auslegungsregel bezieht sich lediglich auf Übertragungsverträge, dh, auf Verwertungsverträge zwischen dem ausübenden Künstler und seinem Vertragspartner. § 137m Abs. 3 trifft keine Aussagen zur Fortgeltung von Verträgen zwischen dem Tonträgerhersteller und seinen Vertragspartnern.[28] Diese Frage ist nach Maßgabe des allgemeinen Schuldvertragsrechts zu beantworten.

2. Anwendbarkeit der begleitenden Maßnahmen auf Altfälle (§ 137m Abs. 1)

13   § 137m Abs. 3 führt dazu, dass die – vermeintlich – dem Interpreten dienende Schutzdauerverlängerung im praktischen Ergebnis die Interessen der Verwerter der Darbietung an der längeren Ausübung stärkt.[29] Das war einer der zentralen Kritikpunkte an der Neuregelung.[30] Sie ist teilweise entkräftet worden, weil die Verlängerung der Schutzdauer des Interpretenrechts von zusätzlichen Maßnahmen begleitet wird, die sicherstellen sollen, dass der **ausübende Künstler tatsächlich** von der Verlängerung **wirtschaftlich profitiert:**[31] das Kündigungsrecht in § 79 Abs. 3 sowie der gesetzliche Vergütungsanspruch bei Einmalzahlung (§ 79a Abs. 1) und das Abzugsverbot von wiederkehrenden Vergütungen (§ 79a Abs. 5). Deshalb ist es konsequent, wenn § 137m Abs. 1 anordnet, dass der Interpret diese Rechte ab dem 1.11.2013 auch in den Altfällen ausüben kann, die am Stichtag von der Schutzdauerverlängerung profitieren (→ Rn. 9 f.). Damit ist sichergestellt, dass auch der Interpret unmittelbar an den ökonomischen Vorteilen der Schutzdauerverlängerung in Altfällen profitiert.[32] Wegen des Zusammenspiels mit § 137m Abs. 1 ist die Vermutungsregelung in § 137m Abs. 3 deshalb auch **weniger verwerterfreundlich** als die vergleichbare Regelung in § 137c Abs. 2.[33]

---

[20] BeckOK UrhR/*Stang* UrhG § 137m Rn. 5.
[21] → § 137j Rn. 5; verkannt von BeckOK UrhR/*Stang* UrhG § 137m Rn. 5.
[22] → § 85 Rn. 68 ff.
[23] → § 137j Rn. 5.
[24] → § 79 Rn. 144 ff.
[25] Vgl. Erwägungsgrund (15) Richtlinie 2011/77/EU.
[26] Zum Begriff → § 79 Rn. 145.
[27] → § 137c Rn. 8.
[28] BeckOK UrhR/*Stang* UrhG § 137m Rn. 17.
[29] So auch BeckOK UrhR/*Stang* UrhG § 137m Rn. 15.
[30] → § 79 Rn. 139.
[31] Vertiefend dazu → § 79 Rn. 140 f.
[32] Vgl. *Dietz* GRUR-Int 2015, 635 (645 f.).
[33] → § 137c Rn. 7.

3. Pflicht zur Vertragsanpassung (§ 79 Abs. 2 S. 2 iVm § 32 Abs. 1)

Art. 10a Abs. 2 Schutzdauer-RL eröffnet den Mitgliedstaaten die **Möglichkeit zur gesetzlichen** 14 **Vertragsanpassung.** Danach können am Stichtag bestehende Übertragungs- oder Abtretungsverträ-ge[34] ausübender Künstler mit wiederkehrender Vergütung nach Ablauf der alten Schutzdauer von 50 Jahren geändert werden. Dieser Vertragsanpassungsanspruch wurde im deutschen Recht **nicht umgesetzt,** weil § 79 Abs. 2 S. 2 iVm § 32 Abs. 1 bereits *de lege lata* eine Möglichkeit zur Vertragsanpassung enthält.[35] **§ 79 Abs. 2 S. 2 iVm § 32** ist damit insoweit **richtlinienkonform auszulegen.** Die Pflicht zur richtlinienkonformen Auslegung trifft den nationalen Rechtsanwender auch in den **Fällen optionaler Richtlinienvorgaben,** wenn und soweit – wie hier – ersichtlich ist, dass der nationale Gesetzgeber von der Option Gebrauch gemacht hat. Daraus resultiert für die ausübenden Künstler in aller Regel ein **Anspruch auf Vertragsanpassung** gem. § 79 Abs. 2 S. 2 iVm § 32a Abs. 1 S. 3. Das bedeutet, dass die Dauer der Nutzung und damit auch eine nachträglich kraft Gesetzes verlängerte Nutzungsübertragung bei der Angemessenheit zu berücksichtigen ist.[36] Der Anspruch besteht nur für Übertragungsverträge, die vor dem 11.10.2011 abgeschlossen worden sind. An diesem Tag wurde die Richtlinie 2011/77/EU im Amtsblatt veröffentlicht.[37] Seitdem wussten die Vertragspartner bzw. hätten es wissen können, dass eine vertragliche Rechtsübertragung „für die Dauer der gesetzlichen Schutzfrist" den Zeitraum von 70 Jahren erfasst. Bei davor abgeschlossenen Nutzungsverträgen muss man im Zweifel davon ausgehen, dass die Vertragsparteien die Vergütungshöhe im Zweifel auf der Grundlage einer Nutzungsmöglichkeit von 50 Jahren berechneten. Diese Geschäftsgrundlage ist mit der Schutzdauerverlängerung um weitere 20 Jahre entfallen. Die darauf bezogene Vergütungshöhe ist **zwangsläufig nicht mehr angemessen.** Der ausübende Künstler kann deshalb Anpassung verlangen.

V. Musikkompositionen mit Text (§ 137m Abs. 2)

1. Neu- und Altfälle (§ 137m Abs. 2 S. 1)

Bei einer „Musikkomposition mit Text" endet die Schutzdauer gem. § 65 Abs. 3 in Umsetzung 15 von Art. 1 Abs. 7 Schutzdauer-RL nach dem Tod des zuletzt versterbenden Beteiligten (also entweder des Textdichters oder des Komponisten). Nach Erwägungsgründen (18) und (19) der Richtlinie 2011/77/EU liegt eine Musikkomposition mit Text nur dann vor, wenn der Text und die Musik zur gemeinsamen Verwendung geschaffen wurden. Das ist der Fall, wenn sie von Komponist und Texter „gemeinsam geschrieben" wurden. Damit ist nicht ein gemeinsamer Schaffensvorgang iSv § 8 Abs. 1 gemeint. Es handelt sich vielmehr um einen Spezialfall, bei dem eine **gemeinsame, aufeinander abgestimmte Schöpfung** der Beiträge gegeben ist.[38] Liegt ein solcher Fall vor, ist die Schutzdauer unionsweit einheitlich harmonisiert, unabhängig davon, ob es sich nach nationalem Recht um einen Fall der Miturheberschaft oder der Urheberschaft an verbundenen Werken handelt.[39] Das führt in Deutschland dazu, dass die bisher nach dem jeweiligen Urheber getrennt erfolgte Berechnung der Schutzdauer dieser Kategorie verbundener Werke ab dem 1.11.2013 von einer einheitlich zu berechnenden Schutzdauer abgelöst wurde.[40] In Umsetzung von Art. 10 Abs. 6 UAbs. 1 Schutzdauer-RL unterscheidet § 137m Abs. 2 S. 1 **zwei Fälle** von „Musikkomposition mit Text".

(1.) Auf Musikkompositionen mit Text, die **nach dem Stichtag (1.11.2013) entstehen (Neu-** 16 **fälle),** ist § 65 Abs. 3 anzuwenden. Damit sind die Fälle erfasst, in denen der „kreative Prozess [...] kooperativer Art"[41] nach dem 1.1.2013 stattfand. Ein solcher Fall liegt vor, wenn „die Musik speziell für das betreffende Sprachwerk und Letzteres speziell für die Musik geschaffen wurde"[42] und sich diese aufeinander bezogenen Schaffensvorgänge nach dem 1.11.2013 abspielen. Kein Fall des § 137m Abs. 2 S. 1 liegt vor, wenn der Komponist vor oder nach dem 1.11.2013 einen bereits davor geschaffenen Text vertont. Darauf ist § 65 Abs. 3 nicht anzuwenden. Es bleibt bei der allgemeinen Regel der Schutzdauerberechnung verbundener Werke.[43]

(2.) Bei Musikkompositionen mit Text, die **vor dem 1.11.2013 entstanden sind (Altfälle),** 17 hängt der Schutz nach dem 1.1.2013 davon ab, ob entweder die auf den Text abgestimmte Musikkomposition oder der damit abgestimmte Text in mindestens **einem EU-Mitgliedstaat am 1.11.2013 (noch) geschützt** ist. Die Richtlinie hat sich damit entschieden, die Schutzdauer auf dem höchsten bis dahin erreichten nationalen Stand zu harmonisieren. Das hat Auswirkungen in Deutschland, wenn die Musikkomposition mit Text ein verbundenes Werk ist und sich die Schutzdauer nach

---

[34] → § 79 Rn. 144 ff.
[35] BT-Drs. 17/12013, 15.
[36] BT-Drs. 17/12013, 15.
[37] ABl. 2011 L 265, S. 1.
[38] So bereits *Schricker* GRUR-Int 2001, 1015 (1016).
[39] *Gaillard* GRUR 2013, 1099 (1102); → § 65 Rn. 12a ff.
[40] BT-Drs. 17/12013, 11.
[41] Vgl. Erwägungsgrund (18) Richtlinie 2011/77/EU.
[42] *Schricker* GRUR-Int 2001, 1015 (1016).
[43] Eingehend *Gaillard,* Die Schutzdauerverlängerungen in der Urheberrechtsnovelle von 2013, 2016, § 8 B.

dem Tod des jeweiligen Schöpfers richtete, während sie im Ausland[44] als gemeinschaftliches Werk aufgefasst worden ist und sich die Schutzdauer nach dem länger lebenden Urheber richtete. Art. 10 Abs. 6 UAbs. 1 Schutzdauer-RL und § 137m Abs. 2 S. 1 bewirken in solchen Konstellationen ein **Wiederaufleben des Schutzes:** War entweder die Musikkomposition oder der Text am 1.11.2013 gemeinfrei, führt die Verknüpfung des Schutzes von Musikkomposition und Text dazu, dass der Schutz der bereits gemeinfreien Komponente wieder auflebt.[45] Ist dagegen die Schutzdauer für beide Elemente in jedem Mitgliedstaat der EU abgelaufen, kommt es nicht zu einem vollständigem Wiederaufleben.

2. Folgen des Wiederauflebens des Schutzes (§ 137m Abs. 2 S. 2 und 3)

18   Lebt der Schutz der gemeinfreien Komponente wieder auf (→ Rn. 17), stellen sich eine Reihe von **Anschlussfragen.** Art. 10 Abs. 6 UAbs. 2 **Schutzdauer-RL** gibt darauf nur **wenige Antworten:** Der wieder aufgelebte Schutz soll vor dem 1.11.2013 erfolgte Nutzungshandlungen unberührt lassen und die Mitgliedstaaten müssen die erworbenen Rechte Dritter schützen. § 137m Abs. 2 S. 2–4 konkretisiert diese Vorgaben.

19   **a) Rechtsinhaber (§ 137m Abs. 2 S. 2).** § 137m Abs. 2 S. 2 regelt die Frage, wem der erneute **Rechtezuwachs gebührt.** Nach dem Vorbild des § 137f Abs. 3 S. 1 werden die wiederauflebenden Rechte dem **Urheber** der Musikkomposition bzw. des Textes zugewiesen.[46] Damit wird sichergestellt, dass der Urheber über die entsprechende Auswertung seines Rechts im Verlängerungszeitraum entscheiden kann. Fraglich ist, ob und wie sich das Wiederaufleben auf vormals bestehende **Nutzungsrechtseinräumungen auswirkt.** Es geht insbesondere darum, ob bei Verträgen, in denen die Nutzungsrechte für die gesamte Schutzdauer eingeräumt worden sind, „nicht nur die Schutzfrist, sondern auch die Geltung von Altverträgen wieder auflebt".[47] Die Frage ist klar zu **verneinen.** § 137m Abs. 2 enthält – in deutlichem Gegensatz zu § 137m Abs. 3 – keine gesetzliche Auslegungsregel, wonach die Nutzungsrechtseinräumung im Zweifel auch für die verlängerte Schutzdauer gelten soll.[48] Eine Gesamtanalogie zu §§ 137 Abs. 2, 137b Abs. 2, 137c Abs. 3, 137f Abs. 4, 137j Abs. 4 und § 137m Abs. 3 verbietet sich. Es fehlt bereits an der planwidrigen Regelungslücke und der Vergleichbarkeit der Regelungssituationen. Die Verlängerung eines noch bestehenden Schutzes ist etwas anderes als das Wiederaufleben eines bereits erloschenen Schutzes. Wegen der im letztgenannten Fall zwischenzeitlich eingetretenen Gemeinfreiheit konnte jeder, daher auch der vormalige Inhaber eines Nutzungsrechts, das Werk nutzen. Hat der vormalige Lizenznehmer davon Gebrauch gemacht, dann schützt § 137m Abs. 2 S. 3 sein Vertrauen auf die Fortsetzung dieser Nutzung. Er darf die konkrete Nutzung fortsetzen, wenn er dafür eine angemessene Vergütung leistet (§ 137m Abs. 2 S. 4, → Rn. 22). Die von der Gegenansicht perhorreszierte „Auswertungsblockade" wird damit weitgehend vermieden.[49] Die Gegenauffassung kann sich auch nicht auf Art. 10 Abs. 6 UAbs. 2 **Schutzdauer-RL** stützen. Der Schutz der „erworbenen Rechte Dritter" bezieht sich auf jeden Nutzer, der das Werk zwischenzeitlich erlaubterweise genutzt hat, und verlangt daher keinen besonderen Schutz des ursprünglichen Lizenznehmers des Urhebers. Will der vormalige Lizenznehmer nach dem Wiederaufleben den Schutzgegenstand vollumfänglich nutzen, muss er sich die Rechte von den Erben des Urhebers erneut einräumen lassen.

20   **b) Vertrauensschutz und Vergütungspflicht der Nutzer (§ 137m Abs. 2 S. 3 und S. 4).** § 137m Abs. 2 S. 3 schützt – in Anlehnung an § 137f Abs. 3 S. 2 und in Umsetzung von Art. 10 Abs. 6 UAbs. 2 **Schutzdauer-RL** – das **Vertrauen der Werknutzer in die Gemeinfreiheit** von Komposition oder Text.[50] Die vor dem Stichtag begonnene Nutzungshandlung darf in dem vorgesehenen Rahmen auch nach dem 1.11.2013 fortgesetzt werden. Maßgeblicher Stichtag ist nicht das Inkrafttreten der Neuregelung am 6.7.2013, sondern der 1.11.2013. Das folgt aus dem insoweit ausdrücklichen Wortlaut der Norm[51] und aus dem Konzept der Schutzdauer-RL, einen unionsweit einheitlichen Stichtag festzulegen (→ Rn. 5). Danach wird jede nach Eintritt der **zeitbedingten Gemeinfreiheit** der Komposition oder des Textes **und vor dem 1.11.2013 aufgenommene Nutzungshandlung** von § 137m Abs. 2 S. 3 privilegiert. Der Nutzer muss dafür nach dem 1.11.2013 keine Nutzungsrechte beim Urheber (§ 137m Abs. 2 S. 2) einholen. Das Ausschließlichkeitsrecht wird insoweit zum Vergütungsanspruch abgeschwächt. Damit verstößt die Schutzdauer-RL nicht gegen die Pflichten aus dem TRIPS-Abkommen und WCT, weil diese lediglich eine Schutzdauer von 50 Jahren *post mortem auctoris* verlangen (Art. 9 Abs. 1 TRIPS-Abkommen bzw. Art. 1 Abs. 4 WCT jeweils **iVm** Art. 7 Abs. 1 RBÜ).

---

[44] Vgl. dazu KOM(2008) 464 endg., 2: Belgien, Bulgarien, Estland, Frankreich, Griechenland, Italien (bei Opern), Lettland, Litauen, Portugal, Spanien, Slowakei.
[45] BT-Drs. 17/12013, 14.
[46] BT-Drs. 17/12013, 14.
[47] So Fromm/Nordemann/*Schaefer* UrhG § 137m Rn. 28.
[48] BeckOK UrhR/*Stang* UrhG § 137m Rn. 8.
[49] Anders Fromm/Nordemann/*Schaefer* UrhG § 137m Rn. 32.
[50] BT-Drs. 17/12013, 14.
[51] BeckOK UrhR/*Stang* UrhG § 137m Rn. 11.

Aufgenommen ist die Nutzungshandlung, wenn mit der Verwertung des Werkes bereits begon- 21
nen worden ist. Ob das der Fall ist, beurteilt sich nach **wirtschaftlichen Gesichtspunkten.** Maßgeblich ist, ob bereits Investitionsentscheidungen getroffen worden sind. Eine lediglich geplante, aber
noch nicht ansatzweise umgesetzte Verwertungshandlung genügt nicht.[52] Der **Umfang der Privilegierung** ist beschränkt auf den „vorgesehenen Rahmen". Nur die im Zeitpunkt der Gemeinfreiheit
in Angriff genommene Nutzungshandlung darf fortgeführt werden. Dafür hat man sich weniger an
den einzelnen Verwertungsrechten der §§ 15 ff. als vielmehr an wirtschaftlichen Gesichtspunkten zu
orientieren.[53] Maßgeblich ist, welche Nutzungsarten von der im Zeitpunkt der Gemeinfreiheit getroffenen wirtschaftlichen Verwertungsentscheidung regelmäßig erfasst sind. Wurde ein Vertrieb von Vervielfältigungsstücken konzipiert und hat man vor dem 1.11.2013 bereits mit ihrer Herstellung begonnen, ist die nachfolgende Verbreitung idR noch von § 137m Abs. 2 S. 3 erlaubt.[54] Dagegen fällt eine
später aufgenommene wirtschaftlich-technisch selbständige Nutzungsart nicht mehr unter § 137m
Abs. 2 S. 3.

Die von § 137m Abs. 2 S. 3 privilegierte Nutzung ist gem. § 137m Abs. 2 S. 4 **vergütungspflich-** 22
tig. Für den Nutzungszeitraum ab dem 1.11.2013 schuldet der Nutzer dem Urheber (§ 137m Abs. 2
S. 2) eine angemessene Vergütung. Nutzungen im davor liegenden Zeitraum sind vergütungsfrei.[55]
Die Vergütung sichert das in § 11 S. 2 festgelegte Ziel[56] der tunlichst angemessenen wirtschaftlichen
Beteiligung des Urhebers an der Werkverwertung. Es bietet sich deshalb an, auf die **Abwägungsge-
sichtspunkte in § 32 Abs. 2 S. 2** abzustellen. Dabei ist zu berücksichtigen, dass die privilegierte
Nutzung nur mit einem einfachen Nutzungsrecht vergleichbar ist. Deshalb darf man für den Fall, dass
der Nutzer zugleich der ehemalige Lizenznehmer ist (→ Rn. 19), dem der Urheber ein ausschließliches Nutzungsrecht eingeräumt hatte, nicht ohne weiteres auf die vertraglich vereinbarte Vergütung
abstellen. Würde die privilegierte Nutzung an sich in einen von Verwertungsgesellschaften aufgestellten Tarif fallen, ist davon auszugehen, dass dieser Tarif eine angemessene Vergütung des Urhebers
sicherstellt.

§ 137n Übergangsregelung aus Anlass der Umsetzung der Richtlinie 2012/28/EU

**§ 61 Absatz 4 ist nur anzuwenden auf Bestandsinhalte, die der nutzenden Institution vor dem
29. Oktober 2014 überlassen wurden.**

Literatur: s. Angaben bei § 61

Die Richtlinie zu verwaisten Werken 2012/28/EU[1] stellt es den Mitgliedstaaten frei, ob sie die Be- 1
stimmungen für verwaiste Werke in § 61 Abs. 4 (s. §§ 61 ff.) für unveröffentlichte Werke auf solche
beschränken, die vor dem 29.10.2014 den nach § 61 privilegierten Einrichtungen überlassen wurden.
Diese Option hat Deutschland in § 137n umgesetzt, so dass Werke, die später den privilegierten Einrichtungen überlassen wurden (und nicht veröffentlicht sind), nicht mehr in den Genuss der §§ 61 ff.
kommen. Der Gesetzgeber ging hier davon aus, dass die privilegierten Einrichtungen sich bei der
Überlassung von unveröffentlichten Werken die entsprechenden Rechte vertraglich einräumen lassen
können[2] – was allerdings zweifelhaft erscheint, denn der Überlassende muss keineswegs diese Rechte
inne haben, vielmehr gelangen auch nach dem zeitlichen Stichpunkt verwaiste Werke in den Besitz
der privilegierten Einrichtungen, denen es auf diese Weise verwehrt wird, eine kontinuierliche Retrodigitalisierung zu betreiben, was bedauerlich ist.

§ 137o Übergangsregelung zum Urheberrechts-Wissensgesellschafts-Gesetz

§ 60g gilt nicht für Verträge, die vor dem 1. März 2018 geschlossen wurden.

Die §§ 60a–60h[1*] sind durch das UrhWissG[2*] neu eingefügt worden und am 1.3.2018 in Kraft ge- 1
treten. § 60g regelt das Verhältnis der in §§ 60a–60f gesetzlich erlaubten Nutzungen zu **vertraglichen Nutzungsbeschränkungen.**[3] Gemäß **§ 137o** gilt die Vorschrift nicht für Verträge, die **vor
dem 1.3.2018 geschlossen** wurden und Nutzungsbefugnisse nach altem oder neuem Recht[4] beschränken oder ausschließen. Diese Verträge bleiben in vollem Umfang wirksam.[5]

---

[52] BeckOK UrhR/*Stang* UrhG § 137m Rn. 12.
[53] Nur in der Tendenz anders BeckOK UrhR/*Stang* UrhG § 137m Rn. 12.
[54] BeckOK UrhR/*Stang* UrhG § 137m Rn. 12.
[55] BT-Drs. 17/12013, 14.
[56] Vgl. BT-Drs. 17/12013, 14.
[1] ABl. L 229, S. 5 ff.
[2] Begr. RegE BT-Drs. 17/13423, 17; s. auch Wandtke/Bullinger/*Staats* UrhG § 137n Rn. 1.
[1*] → Vor §§ 60a ff. Rn. 1.
[2*] Gesetz zur Angleichung des Urheberrechts an die aktuellen Erfordernisse der Wissensgesellschaft (Urheberrechts-Wissensgesellschafts-Gesetz – UrhWissG) v. 1.9.2017 (BGBl. I S. 3346).
[3] Zu Einzelheiten → § 60g Rn. 3 ff.
[4] Dreier/Schulze/*Dreier* § 137o Rn. 2.
[5] AmtlBegr. BT-Drucks. 18/12329, 49.

Abschnitt 3. Schlussbestimmungen

§ 138 Register anonymer und pseudonymer Werke

(1) [1]Das Register anonymer und pseudonymer Werke für die in § 66 Abs. 2 Satz 2 vorgesehenen Eintragungen wird beim Patentamt geführt. [2]Das Patentamt bewirkt die Eintragungen, ohne die Berechtigung des Antragstellers oder die Richtigkeit der zur Eintragung angemeldeten Tatsachen zu prüfen.

(2) [1]Wird die Eintragung abgelehnt, so kann der Antragsteller gerichtliche Entscheidung beantragen. [2]Über den Antrag entscheidet das für den Sitz des Patentamts zuständige Oberlandesgericht durch einen mit Gründen versehenen Beschluß. [3]Der Antrag ist schriftlich bei dem Oberlandesgericht einzureichen. [4]Die Entscheidung des Oberlandesgerichts ist endgültig. [5]Im übrigen gelten für das gerichtliche Verfahren die Vorschriften des Gesetzes über das Verfahren in Familiensachen und in den Angelegenheiten der freiwilligen Gerichtsbarkeit entsprechend.

(3) [1]Die Eintragungen werden im Bundesanzeiger öffentlich bekanntgemacht. [2]Die Kosten für die Bekanntmachung hat der Antragsteller im voraus zu entrichten.

(4) [1]Die Einsicht in das Register ist jedem gestattet. [2]Auf Antrag werden Auszüge aus dem Register erteilt.

(5) [1]Der Bundesminister der Justiz und für Verbraucherschutz wird ermächtigt, durch Rechtsverordnung

1. Bestimmungen über die Form des Antrags und die Führung des Registers zu erlassen,
2. zur Deckung der Verwaltungskosten die Erhebung von Kosten (Gebühren und Auslagen) für die Eintragung, für die Ausfertigung eines Eintragungsscheins und für die Erteilung sonstiger Auszüge und deren Beglaubigung anzuordnen sowie Bestimmungen über den Kostenschuldner, die Fälligkeit von Kosten, die Kostenvorschußpflicht, Kostenbefreiungen, die Verjährung, das Kostenfestsetzungsverfahren und die Rechtsbehelfe gegen die Kostenfestsetzung zu treffen.

(6) Eintragungen, die nach § 56 des Gesetzes betreffend das Urheberrecht an Werken der Literatur und der Tonkunst vom 19. Juni 1901 beim Stadtrat in Leipzig vorgenommen worden sind, bleiben wirksam.

Schrifttum: *Knefel,* Erfahrungen mit dem patentamtlichen Eintragungsverfahren von Urheberrechten, GRUR 1968, 352; *Schulte,* Die Urheberrolle beim Deutschen Patentamt, UFITA 50 (1967) 32.

Übersicht

I. Bedeutung der Vorschrift und der Urheberrolle

1. § 138 steht in engem Zusammenhang mit **§ 66 Abs. 2 S. 2** über die **Berechnung der Schutzdauer anonymer und pseudonymer Werke.** Nach § 66 Abs. 1 ist die Schutzdauer anonym oder pseudonym erschienener Werke grundsätzlich ab dem Zeitpunkt der ersten Veröffentlichung des Werkes und nicht erst wie nach §§ 64, 65 ab dem Zeitpunkt des Todes des Urhebers zu berechnen. § 66 Abs. 2 S. 2 sieht als eine der Möglichkeiten, für solche Werke die günstigere Berechnung der Schutzdauer nach §§ 64, 65 herbeizuführen, die **Anmeldung des wahren Namens des Urhebers zur Eintragung in das Register anonymer und pseudonymer Werke** vor.[1] Als **Ergänzung** dazu regelt **§ 138** die Zuständigkeit zur Führung des Registers und die Grundsätze des Eintragungsverfahrens (Abs. 1), die gerichtliche Überprüfung der behördlichen Entscheidungen (Abs. 2), die Bekanntmachung der Eintragungen (Abs. 3) und die Einsicht in das Register (Abs. 4). Ferner enthält § 138 in Abs. 5 eine Verordnungsermächtigung sowie in Abs. 6 eine Bestimmung über die Fortdauer der Wirkungen von Eintragungen in die in Leipzig geführte Eintragsrolle nach §§ 31 Abs. 2, 56–58 LUG von 1901.

---

[1] → § 66 Rn. 22 ff.

2. § 138 ist zusammen mit den Bestimmungen des UrhG über die Schutzdauer von Werken **2** (§§ 64–67, 69) nach § 143 Abs. 1 bereits **am 17.9.1965 in Kraft getreten.** Das in § 138 ursprünglich als **Urheberrolle** bezeichnete Verzeichnis ist durch Art. 16 des Gesetzes zur Bereinigung von Kostenregelungen auf dem Gebiet des geistigen Eigentums vom 13.12.2001 BGBl. I S. 3656 (3677) in **Register anonymer und pseudonymer Werke umbenannt** worden.

3. Die formellen Anforderungen an die Anmeldung sowie Näheres über die Eintragung und die **3** Kosten regelt eine vom Bundesminister der Justiz und für Verbraucherschutz auf der Grundlage von § 138 Abs. 5 erlassene **Verordnung über das Register anonymer und pseudonymer Werke (WerkeRegV)** vom 18.12.1965[2] idF vom 26.6.1970,[3] zuletzt geändert durch Art. 26 des Gesetzes vom 13.12.2001.[4]

4. Die **Bedeutung des Registers** erschöpft sich in seiner Funktion für die Berechnung der **4** Schutzdauer anonymer und pseudonymer Werke. Als **Informationsquelle** für Werkverwerter, welche anonyme oder pseudonyme Werke bereits nach Ablauf von 70 Jahren seit deren erster Veröffentlichung (§ 66 Abs. 1) ohne Zustimmung des Urhebers oder seiner Rechtsnachfolger verwerten wollen, ist sie nur von sehr begrenztem Wert, da die Urheberrolle weder über Tatsachen Auskunft gibt, welche die Anwendung der Rechtsfolge des § 66 Abs. 1 von vornherein ausschließen,[5] noch über Umstände, die nach § 66 Abs. 2 S. 1 zum Ausschluss der Berechnung der Schutzdauer ab der ersten Veröffentlichung führen.[6] Es ist **nicht Aufgabe** der Urheberrolle, **für den Urheber zu werben;** daher ist auch die Anschrift des Urhebers nicht einzutragen.[7]

Aus der **Statistik**[8] ergibt sich die geringe Inanspruchnahme des Registers. Im Jahr 2014 sind nur **5** für 8 Werke die Namen von Urhebern angemeldet und die Namen der Urheber von nur 2 Werken eingetragen worden. Ende 2014 enthielt das Register 748 Werke von 401 Urhebern. In den Jahren 2015 und 2016 erfolgten lediglich je drei Anmeldungen.

II. Entstehungsgeschichte. Fortbestehende Wirksamkeit der Eintragungen in die Eintragsrolle nach dem LUG von 1901

1. Das vom Deutschen Patent- und Markenamt mit Sitz in München geführte (→ Rn. 8) Register **6** erfüllt die gleiche Funktion wie die sog. **Eintragsrolle,** die bereits nach dem LUG von 1870[9] und dann nach dem LUG von 1901[10] beim Stadtrat zu Leipzig geführt wurde. Die Zuständigkeit des Letzteren auch für Anmeldungen aus der Bundesrepublik Deutschland währte bis zum Inkrafttreten des UrhG, insoweit am 17.9.1965.[11] Zur Entstehungsgeschichte des § 66 Abs. 2 S. 2 dort → § 66 Rn. 4–8.

2. Gemäß **§ 138 Abs. 6** bleiben **Eintragungen** auch unter der Geltung des UrhG wirksam, die **7** nach § 56 LUG von 1901 beim **Stadtrat in Leipzig** vorgenommen worden sind. Dabei ist zu beachten, dass auch schon nach § 31 Abs. 2 LUG von 1901 der für die Berechnung der Schutzdauer entscheidende Vorgang die Anmeldung, nicht die Eintragung war.[12] Sinngemäß muss die Fortwirkung auch für Eintragungen gelten, die nach § 39 LUG von 1870 bei der gleichen Stelle getätigt worden sind.

III. Zuständigkeit und formelle Anforderungen an die Anmeldung (§ 138 Abs. 1 S. 1, Abs. 5 Nr. 1)

1. Gemäß § 138 Abs. 1 S. 1 wird das Register beim **Deutschen Patentamt**[13] mit Sitz in Mün- **8** chen geführt.[14] Behördenintern wird die Führung der Urheberrolle von der Urheberrechtsabteilung des Patentamts wahrgenommen.[15]

2. Nach § 1 Abs. 1 der WerkeRegV (→ Rn. 3) ist der **Antrag auf Eintragung** in das Register **9** nach § 66 Abs. 2 S. 2 schriftlich beim Patentamt einzureichen. Dem Antrag kommt die Bedeutung der Anmeldung iSd § 66 Abs. 2 S. 2 zu.[16] In dem Antrag sind gemäß § 1 Abs. 2 WerkeRegV **anzu-**

---

[2] BGBl. I S. 2105 = BlPMZ 1966, 21.
[3] BGBl. I S. 839 = BlPMZ 1970, 213.
[4] → Rn. 2, BGBl. I S. 3656 (3686).
[5] → § 66 Rn. 22.
[6] → § 66 Rn. 22.
[7] OLG München UFITA 51 [1968], 381 (383) – Volk und Reich.
[8] Siehe den Jahresbericht des DPMA, abrufbar unter www.dpma.de.
[9] §§ 11 Abs. 4, 39–42; → § 66 Rn. 4.
[10] § 31 Abs. 2, 56–58; → § 66 Rn. 5.
[11] § 143 Abs. 1; zum Ergebnis *Ulmer* § 77 V 1b.
[12] S. zu § 66 dort → § 66 Rn. 5.
[13] Ab 1.11.1998 **Deutsches Patent- und Markenamt.**
[14] Anschrift: Zweibrückenstraße 12, 80 331 München.
[15] *Schulte* UFITA 50 [1967], 32 (37).
[16] Ebenso *v. Gamm* Rn. 3; → § 66 Rn. 22.

geben: der wahre (dh bürgerliche) Name des Urhebers,[17] Tag und Ort seiner Geburt und, wenn der Urheber verstorben ist, das Sterbejahr. Ist das Werk unter einem Decknamen (Pseudonym) veröffentlicht worden, so ist auch der Deckname anzugeben. Ferner ist anzugeben der Titel, unter dem das Werk veröffentlicht ist, oder, mangels eines solchen, eine sonstige Bezeichnung des Werkes. Ist das Werk erschienen, so ist auch der Verlag anzugeben. Anzugeben sind schließlich der Zeitpunkt und die Form der ersten Veröffentlichung des Werkes.[18]

10 **3.** Die **Antragsberechtigung** ergibt sich aus § 66 Abs. 3 (→ § 66 Rn. 26). Eine **Vertretung** des Antragstellers durch einen Rechts- oder Patentanwalt ist nicht vorgeschrieben. Zur **Vorlage des Werkes** ist der Antragsteller nicht verpflichtet.[19]

IV. Eintragungsverfahren und gerichtliche Überprüfung der Entscheidungen des Deutschen Patent- und Markenamts (§ 138 Abs. 1 S. 2, Abs. 2)

11 **1.** Das Deutsche Patent- und Markenamt **prüft nicht** die **Berechtigung des Antragstellers und die Richtigkeit der zur Eintragung angemeldeten Tatsachen** (§ 138 Abs. 1 S. 2), **wohl aber,** wenn sich aus dem Antrag Anhaltspunkte für Zweifel ergeben, ob der Anmeldungsgegenstand die **Voraussetzungen eines geschützten Werkes** iSd § 2 erfüllt[20] und ob er **seiner Art nach** für eine Berechnung der Schutzdauer nach § 66 Abs. 1 überhaupt in Betracht kommt, was bei Werken der bildenden Künste nach § 66 Abs. 4 aF nicht der Fall war.[21] Daher konnten nach früherem Recht bei der Prüfung der Schutzfähigkeit graphische Elemente nicht berücksichtigt werden.[22] Die Eintragung wurde auch abgelehnt, wenn sich aus dem Antrag (→ Rn. 9) ergab, dass das angemeldete Werk **noch nicht erschienen** war.[23]

12 **2.** Das Deutsche Patent- und Markenamt trägt in das Register nach § 2 WerkeRegV (→ Rn. 3) ein: die laufende Nummer der Eintragung, den Tag des Eingangs des Antrags beim Deutschen Patent- und Markenamt sowie die Angaben, die der Antragsteller nach § 1 Abs. 2 machen musste (→ Rn. 9). Auch auf Antrag nicht eingetragen wird die Anschrift des Urhebers.[24]

13 Zu dem Register anonymer und pseudonymer Werke führt das Deutsche Patent- und Markenamt nach § 3 WerkeRegV (→ Rn. 3) ein **alphabetisches Register** der eingetragenen Urhebernamen einschließlich der Decknamen sowie der eingetragenen Werktitel oder sonstigen Werkbezeichnungen.

14 Auf Antrag ist dem Antragsteller eine **Bescheinigung über die Eintragung** auszustellen.[25]

15 **3.** Wird die **Eintragung** rechtskräftig **abgelehnt,** so bewirkt dies, dass die Wirkungen der Anmeldung nach § 66 Abs. 2 S. 1 nicht eintreten.[26] Gegen die Entscheidung des Deutschen Patent- und Markenamts, die seinen Eintragungsantrag zurückweist, kann der Betroffene nach § 138 Abs. 2 schriftlich **Antrag auf gerichtliche Entscheidung** beim OLG München, als für den Sitz des Deutschen Patent- und Markenamts zuständigem Oberlandesgericht, stellen; das Gericht entscheidet endgültig. Für das Verfahren gelten die Vorschriften des Gesetzes über das Verfahren in Familiensachen und in den Angelegenheiten der freiwilligen Gerichtsbarkeit (FamFG). Für die Gerichtskosten gelten die Vorschriften der §§ 80 ff. FamFG sowie des GNotKG.[27] Nach § 10 Abs. 1 FamFG besteht **kein Anwaltszwang.**[28]

V. Bekanntmachung der Eintragung. Einsicht in das Register (§ 138 Abs. 3, 4)

16 **1.** Nach § 138 Abs. 3 werden die Eintragungen in das Register im Bundesanzeiger **öffentlich bekannt gemacht.** Die Kosten für die Bekanntmachung hat der Antragsteller im Voraus zu entrichten.

17 **2.** Gemäß § 138 Abs. 4 ist jedermann die **Einsicht in die Urheberrolle** gestattet. Auf Antrag werden Auszüge aus der Rolle erteilt.

18 **3.** Aus diesen Bestimmungen ergibt sich, dass sich die Anmeldung eines anonymen oder pseudonymen Werkes zur Eintragung in das Register anonymer und pseudonymer Werke nicht dazu eignet,

---

[17] → § 66 Rn. 23.
[18] **Muster eines Antrags** im Münchener Vertragshdb. Bd. 3, Wirtschaftsrecht II (5. Auflage), 699 [bearbeitet von *Nordemann*].
[19] *Schulte* UFITA 50 [1967], 32 (36).
[20] OLG München UFITA 51 [1968], 375 (377) – Mini-Car – und UFITA 51 [1968], 377 (379) – Geschäftskarten; *Schulte* UFITA 50 [1967], 32 (36).
[21] → § 66 Rn. 15; zum Ergebnis *Schulte* UFITA 50 [1967], 32 (36).
[22] OLG München UFITA 51 [1968], 377 (379) – Geschäftskarten; *Knefel* GRUR 1968, 352 (354 f.).
[23] OLG München UFITA 51 [1968], 379 (380) – Lotteriesystem; zur Frage, ob die Anwendung der Rechtsfolge des § 66 Abs. 1 aF das Erscheinen oder nur die Veröffentlichung des Werkes voraussetzte, → § 66 Rn. 16.
[24] OLG München UFITA 51 [1968], 381 (383) – Volk und Reich; → Rn. 4.
[25] § 4 WerkeRegV, → Rn. 3.
[26] → § 66 Rn. 22.
[27] Abs. 2 Satz 6 aF wurde durch Art. 29 des 2. KostRMoG vom 23.7.2013 aufgehoben.
[28] OLG München UFITA 51 [1968], 375 (376) – Mini-Car – und die Übrigen unter → Rn. 11 f. zitierten Entscheidungen; *Knefel* GRUR 1968, 352 (353) mit Hinweisen auf den Gegenstandswert in diesen Verfahren (jeweils noch zum FGG aF).

die Vorzüge der Berechnung der Schutzdauer nach dem Tode des Urhebers (§§ 64, 65) zu erreichen und zugleich die Anonymität aufrechtzuerhalten. In der Praxis ist es aber gegenüber den durch § 66 Abs. 2 S. 1 eröffneten Möglichkeiten[29] eine weniger breite Öffentlichkeit, der sich der Urheber durch die Anmeldung zu erkennen gibt.[30]

VI. Kosten der Eintragung (§ 138 Abs. 5 Nr. 2)

Nach § 5 WerkeRegV (→ Rn. 3) wird für die Eintragung eines Werkes eine Gebühr von 12,– **19** Euro erhoben, bei gleichzeitiger Anmeldung mehrerer Werke für das erste 12,– Euro für das zweite bis zehnte je 5,– Euro, für das elfte und jedes weitere Werk 2,– Euro. Im Übrigen ist die VO über Verwaltungskosten beim Deutschen Patent- und Markenamt anzuwenden.

§ 138a Datenschutz

[1] Soweit personenbezogene Daten im Register anonymer und pseudonymer Werke enthalten sind, bestehen nicht
1. das Recht auf Auskunft gemäß Artikel 15 Absatz 1 Buchstabe c der Verordnung (EU) 2016/679 des Europäischen Parlaments und des Rates vom 27. April 2016 zum Schutz natürlicher Personen bei der Verarbeitung personenbezogener Daten, zum freien Datenverkehr und zur Aufhebung der Richtlinie 95/46/EG (Datenschutz-Grundverordnung) (ABl. L 119 vom 4.5.2016, S. 1; L 314 vom 22.11.2016, S. 72),
2. die Mitteilungspflicht gemäß Artikel 19 Satz 2 der Verordnung (EU) 2016/679 und
3. das Recht auf Widerspruch gemäß Artikel 21 Absatz 1 der Verordnung (EU) 2016/679.
[2] Das Recht auf Erhalt einer Kopie nach Artikel 15 Absatz 3 der Verordnung (EU) 2016/679 wird dadurch erfüllt, dass die betroffene Person Einsicht in das Register anonymer und pseudonymer Werke des Deutschen Patent- und Markenamtes nehmen kann.

Übersicht

I. Hintergrund und Normzweck

1. § 138a sieht **Ausnahmen von den Betroffenenrechten der Datenschutz-Grundverord-** **1** **nung** (EU) 2016/679 (DS-GVO) vor. Die Regelung wurde durch das Gesetz zur Änderung des Bundesversorgungsgesetzes und anderer Vorschriften vom 17.7.2017[1] eingeführt und ist zusammen mit der DS-GVO am 25.5.2018 in Kraft getreten.[2]

2. Das Register anonymer und pseudonymer Werke (§ 138), auf welches sich § 138a bezieht, ent- **2** hält nach § 66 Abs. 2 S. 2 iVm § 2 WerkeRegV, § 1 Abs. 2 WerkeRegV den Namen des Urhebers, den Tag und Ort seiner Geburt und, wenn der Urheber verstorben ist, das Sterbejahr. Diese Angaben stellen eine Verarbeitung personenbezogener Daten gem. Art. 4 Nr. 1 DS-GVO, Art. 4 Nr. 2 DS-GVO dar, für welche die datenschutzrechtlichen Vorgaben der DS-GVO, einschließlich der Rechte der Betroffenen nach Art. 12 ff. DS-GVO, gelten.

3. Zu diesen Rechten begründet § 138a jedoch Ausnahmen, welche sich wiederum auf Art. 23 **3** Abs. 1 lit. e DS-GVO stützen. Hiernach sind Beschränkungen zulässig, sofern sie dem Schutz sonstiger wichtiger Ziele des allgemeinen öffentlichen Interesses dienen, was beim Register anonymer und pseudonymer Werke jedoch in allgemeiner kultureller und wirtschaftlicher Hinsicht der Fall ist.[3]

II. Einschränkungen nach § 138a S. 1 Nr. 1–3

1. Gem. 15 Abs. 1 DS-GVO hat die von einer Datenverarbeitung personenbezogener Daten be- **4** troffene Person das Recht, vom Verantwortlichen eine Bestätigung darüber zu verlangen, ob die sie betreffenden personenbezogenen Daten verarbeitet werden. Ist dies der Fall, hat sie zudem ein Aus-

---

[29] → § 66 Rn. 20.
[30] Ebenso *v. Gamm* § 66 Rn. 5.
[1] BGBl. I S. 2541.
[2] Art. 31 Abs. 4 Gesetz zur Änderung des Bundesversorgungsgesetzes und anderer Vorschriften vom 17.7.2017, Art. 99 Abs. 2 DS-GVO.
[3] BT-Drs. 18/12611, 72.

kunftsrecht über diese Daten und weitere Informationen, welche sich aus Artikel 15 Abs. 1 lit. c DS-GVO ergeben. Dieses Auskunftsrecht besteht nach **§ 138a S. 1 Nr. 1** allerdings nicht, soweit personenbezogene Daten im Register anonymer und pseudonymer Werke enthalten sind.

5   **2.** Nach Art. 19 S. 1 DS-GVO hat der für die Verarbeitung personenbezogener Daten Verantwortliche zudem grundsätzlich die Pflicht, allen Empfängern, denen personenbezogenen Daten offengelegt wurden, jede Berichtigung oder Löschung der personenbezogenen Daten oder eine Einschränkung der Verarbeitung mitzuteilen. Zudem ist die betroffene Person grundsätzlich über diese Empfänger zu unterrichten, wenn sie dies verlangt, Art. 19 S. 2 DS-GVO. Soweit personenbezogene Daten jedoch im Register anonymer und pseudonymer Werke enthalten sind, besteht die Mitteilungspflicht nach Art. 19 S. 2 DS-GVO allerdings nicht, **§ 138a S. 1 Nr. 2.**

6   **3.** Schließlich gewährt Art. 21 Abs. 1 DS-GVO der von der Datenverarbeitung betroffenen Person das Recht auf Widerspruch gegen die Verarbeitung der sie betreffenden personenbezogenen Daten. Nach **§ 138a S. 1 Nr. 3** entfällt selbiges jedoch dann, wenn die Datenverarbeitung durch das Deutsche Patent- und Markenamt im Zusammenhang mit dem Register anonymer und pseudonymer Werke erfolgt.[4]

II. Einschränkung nach § 138a S. 2

7   Gem. Art. 15 Abs. 3 DS-GVO ist der verantwortliche Datenverarbeiter grundsätzlich verpflichtet, seiner Auskunftspflicht nach Art. 15 Abs. 1 DS-GVO dadurch nachzukommen, dass er eine Kopie der personenbezogenen Daten, welche Gegenstand der Verarbeitung sind, zur Verfügung stellt. Nach **§ 138a S. 2** wird diese Verpflichtung allerdings ausnahmsweise dadurch erfüllt, dass die betroffene Person Einsicht in das Register anonymer und pseudonymer Werke des Deutschen Patent- und Markenamtes nehmen kann.

§ 139 Änderung der Strafprozeßordnung

§ 374 Abs. 1 Nr. 8 der Strafprozeßordnung erhält folgende Fassung:

„8. Alle Verletzungen des Patent-, Gebrauchsmuster-, Warenzeichen- und Geschmacksmusterrechtes, soweit sie als Vergehen strafbar sind, sowie die Vergehen nach §§ 106 bis 108 des Urheberrechtsgesetzes."

1   **1.** Die Vorschrift ist heute insoweit bedeutungslos, als die angeordnete Formulierung in der StPO entsprechend Niederschlag gefunden hat und ohne Rückgriff auf § 139 Anwendung findet:[1] In **§ 374 StPO** ist die **Zulässigkeit der Privatklage** normiert. § 374 Abs. 1 **Nr. 1–8** StPO nennt abschließend die Straftaten, welche im Wege der Privatklage von einem Verletzten verfolgt werden können.[2] In der ursprünglichen Fassung beinhaltete Nr. 8 „alle Verletzungen des literarischen, künstlerischen und gewerblichen Urheberrechts, soweit sie als Vergehen strafbar sind". Anläßlich der § 139 wurde die Bestimmung in ihrer Fassung redaktionell umgestaltet, ohne dass damit sachliche Änderungen erfolgt wären.[3] Gegenwärtig[4] erfasst Nr. 8 Straftaten „nach § 142 Abs. 1 des Patentgesetzes, § 25 Abs. 1 des Gebrauchsmustergesetzes, § 10 Abs. 1 des Halbleiterschutzgesetzes, § 39 Abs. 1 des Sortenschutzgesetzes, § 143 Abs. 1, § 143a Abs. 1 und § 144 Abs. 1 und 2 des Markengesetzes, § 51 Abs. 1 und § 65 Abs. 1 des Designgesetzes, **den §§ 106 bis 108 sowie § 108b Abs. 1 und 2 des Urheberrechtsgesetzes** und § 33 des Gesetzes betreffend das Urheberrecht an Werken der bildenden Künste und der Photographie".

2   **2.** Der gegenüber § 139 hinzugetretene **§ 108b** sanktioniert unerlaubte Eingriffe in technische Schutzmaßnahmen und zur Rechtswahrnehmung erforderliche Informationen iSd §§ 95a und 95c. Außerdem werden Straftaten nach § 33 KUG genannt, der aus dem Jahre 1907 stammt und den strafrechtlichen Schutz des **Rechts am eigenen Bild** durch §§ 22–24 dieses Gesetzes sicherstellen soll. § 141 Nr. 5 hat das KUG von 1907 diesbezüglich nicht aufgehoben.

3   **3.** Verstöße gegen **§ 108a** werden mit einer Strafandrohung bis zu fünf Jahren Freiheitsstrafe geahndet und sind nicht in den Katalog der Privatklagedelikte aufgenommen worden, es handelt sich bei § 108a damit um ein **Offizialdelikt**, das auch ohne Antrag verfolgt wird. Mit dieser Ausgestaltung ist der **Gesetzgeber** dem Vorschlag der *Deutschen Vereinigung für gewerblichen Rechtsschutz und Urheberrecht* nachgekommen, der aufgrund der steigenden Tonträger- und Videopiraterie und des Raubdruckwesens angeregt hatte, zum einen den Strafrahmen für Urheberrechtsdelikte entscheidend zu erhöhen

---

[4] Datenverarbeitung gem. Art. 6 Abs. 1 lit. e oder f DS-GVO, vgl. Dreier/Schulze/*Dreier* UrhG § 138a Rn. 2.
[1] Vgl. zur Privatklagefähigkeit sowie auch zum Antragserfordernis → Vor §§ 106 ff. Rn. 8 f., 11 f.
[2] Meyer-Goßner/*Schmitt* § 374 Rn. 2.
[3] Vgl. AmtlBegr. BT-Drs. IV/270, 116 zu § 148 (jetzt § 139).
[4] In der Fassung durch Art. 4 des Gesetzes zur Regelung des Urheberrechts in der Informationsgesellschaft vom 10.9.2003 (BGBl. I S. 1774).

und zum anderen die Straftaten gegen das Urheberrecht als Offizialdelikte auszugestalten und folglich aus dem Katalog der Privatklagedelikte herauszunehmen.[5]

Gewerbsmäßige Straftaten gemäß § 108b Abs. 3 wurden durch das Gesetz vom 10.9.2003 **4** (→ Rn. 1) **nicht** in den Katalog der **Privatklagedelikte** aufgenommen.[6]

§ 140 Änderung des Gesetzes über das am 6. September 1952 unterzeichnete Welturheberrechtsabkommen

In das Gesetz über das am 6. September 1952 unterzeichnete Welturheberrechtsabkommen vom 24. Februar 1955 (Bundesgesetzbl. II S. 101) wird nach Artikel 2 folgender Artikel 2a eingefügt: § 140

„Artikel 2a
Für die Berechnung der Dauer des Schutzes, den ausländische Staatsangehörige für ihre Werke nach dem Abkommen im Geltungsbereich dieses Gesetzes genießen, sind die Bestimmungen in Artikel IV Nr. 4 bis 6 des Abkommens anzuwenden."

Schrifttum: *Bappert/Wagner,* Internationales Urheberrecht, Kommentar, 1956; *Nordemann/Vinck/Hertin,* Internationales Urheberrecht, Kommentar, 1977.

Übersicht

I. Bedeutung und Entstehungsgeschichte der Vorschrift

Die Revidierte Berner Übereinkunft (RBÜ) und das Welturheberrechtsabkommen (WUA) und **1** durch Übernahme des Schutzgehalts der RBÜ auch das neue TRIPS-Übereinkommen[1] enthalten Bestimmungen über die Schutzdauer konventionsgeschützter Werke, und zwar ua auch Regelungen über den sog. **Vergleich der Schutzfristen.**[2] Nach Ratifikation und Verkündung zusammen mit dem Zustimmungsgesetz durch den deutschen Gesetzgeber[3] sowie mangels einer abweichenden innerstaatlichen Regelung besteht für die **RBÜ** kein Zweifel daran, dass dieser Vergleich unmittelbar anzuwenden ist.[4] Art. 7 Abs. 8 RBÜ (Pariser Fassung) besagt nach der grundsätzlichen Verweisung auf das Recht des Schutzlandes, dass die Schutzdauer die im Ursprungsland des Werkes festgesetzte Dauer „nicht überschreitet". Die entsprechende Bestimmung des **WUA**[5] ist weniger klar. Sie besagt, dass kein Vertragsstaat „verpflichtet ist", einen längeren Schutz zu gewähren, als er für Werke dieser Art im (sinngemäß) Ursprungsland festgelegt ist. Das Zustimmungsgesetz zum WUA vom 24.2.1955[6] bestimmt in Art. 2 Abs. 1 lediglich, dass das Abkommen mit Gesetzeskraft veröffentlicht wird, aber nichts über die Durchführung des Vergleichs der Schutzfristen.

Nach Inkrafttreten des WUA für die Bundesrepublik Deutschland am 16.9.1955[7] ist streitig geworden, ob der Schutzfristenvergleich auch nach diesem Abkommen **unmittelbar anzuwenden** war oder ob es dazu einer ausdrücklichen **gesetzlichen Bestimmung** bedurfte.[8] Um „klarzustellen", dass der Schutzfristenvergleich nach dem WUA in der Bundesrepublik durchzuführen ist, hat der Gesetzgeber daher im Rahmen der Urheberrechtsreform von 1965 in § 140 dem Zustimmungsgesetz von 1955 zum WUA[9] eine entsprechende ausdrückliche Bestimmung in Form eines neuen Art. 2a hinzugefügt.[10] In das Zustimmungsgesetz vom 17.8.1973 zu der in Paris im Jahre 1971 revidierten Fassung des WUA[11] ist in Art. 4 von vornherein eine entsprechende Bestimmung aufgenommen worden. **2**

---

[5] Eingefügt durch die Urheberrechtsnovelle v. 24.6.1985 (BGBl. S. 1137) und in die noch heute geltende Fassung durch das Produktpiateriegesetz v. 7.3.1999 (BGBl. I S. 422) geändert, vgl. auch GRUR 1984, 419 (423); Wandtke/Bullinger/*Braun/Jani* UrhG § 139 Rn. 2 mwN.

[6] Siehe AmtlBegr. BT-Drs. 15/38, 30.

[1] → Vor §§ 120 ff. Rn. 14 ff.

[2] → Vor §§ 120 ff. Rn. 19.

[3] S. zur Rom-Fassung der RBÜ BGHZ 11, 135 (138) – Lautsprecherübertragung.

[4] *Ulmer* GRUR-Int 1960, 57.

[5] Art. IV Abs. 4 UAbs. 1 der Genfer Fassung, Art. IV Abs. 4 lit. a der Pariser Fassung.

[6] BGBl. II 1955 S. 101.

[7] → Vor §§ 120 ff. Rn. 43 ff.

[8] S. dazu *Ulmer* GRUR-Int 1960, 57 f.; sa *Ulmer* § 15 V 2.

[9] → Rn. 1.

[10] AmtlBegr. BT-Drs. IV/270, 116 zu § 149, jetzt § 140.

[11] BGBl. II 1973 S. 1069.

II. Anwendung des Schutzfristenvergleichs nach dem WUA.
Verhältnis zu zweiseitigen Abkommen

3   **1.** Aufgrund § 140, der nach § 143 Abs. 2 am **1.1.1966** in Kraft getreten ist, steht fest, dass der **Schutzfristenvergleich nach dem WUA jedenfalls seit diesem Zeitpunkt anzuwenden** ist.[12] Dabei ist allerdings davon auszugehen, dass § 140, wie in der AmtlBegr.[13] gesagt, nur eine „Klarstellung" eines **schon seit Inkrafttreten des WUA am 16.9.1955** geltenden Rechtssatzes beinhaltet.[14]

4   **2.** Eine für den Urheberrechtsschutz der Werke amerikanischer Urheber in Deutschland günstigere Regelung trifft das nach wie vor gültige zweiseitige **deutsch-amerikanische Übereinkommen über den gegenseitigen Schutz der Urheberrechte von 1892**.[15] Nach diesem Übereinkommen ist die **Schutzdauer** solcher Werke in Deutschland nach den hier für Inländer geltenden Regelungen zu bestimmen, und zwar **unabhängig von einem Vergleich** mit den **Schutzfristen in den USA**.[16]

5   **3.** Für das **Verhältnis zu diesem älteren Übereinkommen** bestimmt **Art. XIX S. 1, 2 WUA**,[17] dass bestehende zweiseitige Verträge über das Urheberrecht unberührt bleiben, dass aber im Falle abweichender Bestimmungen dem WUA der Vorrang gebührt. Gemäß **Art. XIX S. 3** bleiben jedoch Rechte unberührt, die auf Grund eines solchen zweiseitigen Vertrags in einem Vertragsstaat erworben worden sind, bevor das WUA für diesen Staat in Kraft getreten ist. Von den Regelungen des WUA **abweichende Bestimmungen** sind auch solche über die Berechnung der Schutzdauer nach inländischem Recht ohne Schutzfristenvergleich.[18] Zu den **erworbenen Rechten** iSd Art. XIX S. 3 WUA zählen auch die von amerikanischen Urhebern auf Grund des Übereinkommens von 1892 in Deutschland erworbenen Urheberrechte, und zwar **auch hinsichtlich ihrer** dem deutschen Recht folgenden **Schutzdauer.**[19] Daraus ergibt sich, dass für vor Inkrafttreten des WUA am 16.9.1955[20] geschaffene Werke amerikanischer Urheber jedenfalls **bis zum Beitritt der USA zur RBÜ** mit Wirkung vom 1.3.1989[21] in der Bundesrepublik Deutschland Urheberrechtsschutz mit einer **Schutzdauer von 50 Jahren post mortem auctoris** bestand, wie sie seinerzeit das deutsche Recht vorsah.[22] Darauf, ob für ein bestimmtes Werk oder für eine Werkgattung Schutz auch in den USA noch bestand oder dieser schon abgelaufen ist, kam es nicht an.[23]

6   **4.** Die **Schutzfristverlängerung auf 70 Jahre post mortem auctoris** nach § 64 Abs. 1 konnte auch für ältere Werke amerikanischer Urheber **nicht unter Berufung auf das Übereinkommen von 1892** in Anspruch genommen werden.[24] Allenfalls auf Grund des nach Art. IV Abs. 4 WUA durchzuführenden **Schutzfristenvergleichs** und der **Übergangsregelungen des amerikanischen Copyright Act von 1976 zur Schutzdauer** konnte sich eine Teilhabe amerikanischer Werke an der verlängerten deutschen Schutzdauer ergeben.[25] Der generelle Ausschluss älterer amerikanischer Werke von der verlängerten deutschen Schutzdauer folgte aber nicht, wie der BGH[26] offensichtlich meint, aus der Gleichzeitigkeit der Schutzfristenverlängerung durch § 64 Abs. 1 aF/§ 64 nF und der Anordnung des Schutzfristenvergleichs durch § 140. Dem widerspricht schon, dass § 64 Abs. 1 aF/§ 64 nF bereits am 17.9.1965, § 140 erst am 1.1.1966 in Kraft getreten ist (§ 143 Abs. 1, 2). Entscheidend ist vielmehr, dass dem durch Art. XIX S. 3 WUA[27] geschützten Vertrauen schon durch das

---

[12] S. zum Folgenden jetzt auch eingehend BGH GRUR 2014, 559 – Tarzan.

[13] → Rn. 2.

[14] *Ulmer* GRUR-Int 1960, 57 (57 ff., 63); im Ergebnis ebenso schon *Bappert/Wagner* WUA Art. IV Rn. 21; wie hier Dreier/Schulze/*Dreier* UrhG § 140 Rn. 1; *Nordemann/Vinck/Hertin* WUA Art. IV Rn. 7; *Nordemann* Anm. zu Schulze BGHZ 246, 13 f. jeweils unter anderer Deutung der Stellungnahme *Bappert/Wagners* als hier; aA OLG Frankfurt a. M. GRUR 1981, 739 (741) – Lounge Chair unter Berufung auf BGHZ 70, 268 (270 ff.) – Buster-Keaton-Filme; BGH GRUR 1978, 302 (303 f.) – Wolfsblut; dazu → Rn. 6.

[15] → Vor §§ 120 ff. Rn. 58.

[16] *Ulmer* GRUR-Int 1960, 57 (63); *Ulmer* GRUR-Int 1979, 39 (40); *v. Bar* UFITA 78 [1977], 17 (23); BGHZ 70, 268 (272) – Buster-Keaton-Filme; BGH GRUR 1978, 302 (303) – Wolfsblut; OLG Köln LZ 1921, 33.

[17] Genfer und Pariser Fassung.

[18] *Bappert/Wagner* WUA Art. XIX Rn. 9; *Nordemann/Vinck/Hertin* WUA Art. XIX Rn. 2; *Ulmer* GRUR-Int 1960, 57 (64); BGHZ 70, 268 (273) – Buster-Keaton-Filme; jeweils unter Ablehnung der aA von *Bolla* in UNESCO Copyright Bulletin 1955, 20 ff. (84 ff.).

[19] BGHZ 70, 268 (274 f.) – Buster-Keaton-Filme; BGH GRUR 1978, 302 (304) – Wolfsblut unter Berufung auf BVerfGE 31, 275 (287 ff.) – Schallplatten; ähnlich *v. Bar* UFITA 78 [1977], 17 (26 f.); in Bezug auf die Schutzdauer aA *Bappert/Wagner* WUA Art. XIX Rn. 14; *Nordemann/Vinck/Hertin* WUA Art. XIX Rn. 3; *Ulmer* GRUR-Int 1960, 57 (64); dem BGH später folgend *Ulmer* GRUR-Int 1979, 39 (41).

[20] → Rn. 2.

[21] → Vor §§ 120 ff. Rn. 14, 58; zur Bedeutung dieses Beitritts sogleich → Rn. 7.

[22] → § 64 Rn. 56. So jetzt auch BGH GRUR 2014, 559 (561 f.) – Tarzan.

[23] BGHZ 70, 268 (274 ff.) – Buster-Keaton-Filme; BGH GRUR 1978, 302 (304) – Wolfsblut; *Nordemann* Anm. zu Schulze BGHZ 246, 14; *Ulmer* GRUR-Int 1979, 39 (41).

[24] BGHZ 70, 268 (276) – Buster-Keaton-Filme; BGH GRUR 1978, 302 (304) – Wolfsblut; *Nordemann* Anm. zu Schulze BGHZ 246, 14 f.; *Ulmer* GRUR-Int 1979, 39 (41).

[25] S. dazu *Ulmer* GRUR-Int 1979, 39 (39 f., 42 f.).

[26] BGHZ 70, 268 (270) – Buster-Keaton-Filme; BGH GRUR 1978, 302 (304) – Wolfsblut.

[27] → Rn. 5.

Inkrafttreten von Art. IV Abs. 4 WUA im Jahre 1955 in Bezug auf zukünftige Schutzfristverlängerungen in Deutschland der Boden entzogen wurde.[28] Hinzu kommt, dass richtiger Ansicht nach der Schutzfristenvergleich nach dem WUA auch in der Bundesrepublik bereits von Anfang an durchzuführen war.[29] Daher kann auch der Entscheidung des OLG Frankfurt a. M. in der Entscheidung Lounge Chair nicht gefolgt werden, das annimmt, dass die 70-jährige Schutzdauer post mortem auctoris des § 64 Abs. 1 aF/§ 64 nF sogar all denjenigen Werken amerikanischer Urheber zugute kommen musste, die vor dem 1.1.1966 geschaffen worden sind.[30]

5. Durch den **Beitritt der USA zur RBÜ** mit Wirkung vom 1.3.1989[31] ist eine **neue Situation** 7 entstanden, weil die RBÜ gegenüber dem WUA den Vorrang beansprucht[32] und außerdem älteren zweiseitigen Abkommen mehr Raum lässt als das WUA. Daraus kann sich unter Beachtung der Übergangsregeln der RBÜ und der Rechtslage vor Wirksamwerden des Beitritts der USA ergeben, dass für Werke amerikanischer Urheber in Deutschland nunmehr der Schutzfristenvergleich ganz entfällt und daher doch die **Schutzfrist von 70 Jahren** Anwendung findet.[33]

§ 141 Aufgehobene Vorschriften

Mit dem Inkrafttreten dieses Gesetzes werden aufgehoben:

1. **die §§ 57 bis 60 des Gesetzes betreffend das Urheberrecht an Schriftwerken, Abbildungen, musikalischen Kompositionen und dramatischen Werken vom 11. Juni 1870 (Bundesgesetzblatt des Norddeutschen Bundes S. 339);**
2. **die §§ 17 bis 19 des Gesetzes betreffend das Urheberrecht an Werken der bildenden Künste vom 9. Januar 1876 (Reichsgesetzbl. S. 4);**
3. **das Gesetz betreffend das Urheberrecht an Werken der Literatur und der Tonkunst vom 19. Juni 1901 in der Fassung des Gesetzes zur Ausführung der revidierten Berner Übereinkunft zum Schutze von Werken der Literatur und Kunst vom 22. Mai 1910 und des Gesetzes zur Verlängerung der Schutzfristen im Urheberrecht vom 13. Dezember 1934 (Reichsgesetzbl. II S. 1395);**
4. **die §§ 3, 13 und 42 des Gesetzes über das Verlagsrecht vom 19. Juni 1901 (Reichsgesetzbl. S. 217) in der Fassung des Gesetzes zur Ausführung der revidierten Berner Übereinkunft zum Schutze von Werken der Literatur und Kunst vom 22. Mai 1910;**
5. **das Gesetz betreffend das Urheberrecht an Werken der bildenden Künste und der Photographie vom 9. Januar 1907 (Reichsgesetzbl. S. 7) in der Fassung des Gesetzes zur Ausführung der revidierten Berner Übereinkunft zum Schutze von Werken der Literatur und Kunst vom 22. Mai 1910, des Gesetzes zur Verlängerung der Schutzfristen im Urheberrecht vom 13. Dezember 1934 und des Gesetzes zur Verlängerung der Schutzfristen für das Urheberrecht an Lichtbildern vom 12. Mai 1940 (Reichsgesetzbl. I S. 758), soweit es nicht den Schutz von Bildnissen betrifft;**
6. **die Artikel I, III und IV des Gesetzes zur Ausführung der revidierten Berner Übereinkunft zum Schutze von Werken der Literatur und Kunst vom 22. Mai 1910;**
7. **das Gesetz zur Erleichterung der Filmberichterstattung vom 30. April 1936 (Reichsgesetzbl. I S. 404);**
8. **§ 10 des Gesetzes über die Rechtsstellung heimatloser Ausländer im Bundesgebiet vom 25. April 1951 (Bundesgesetzbl. I S. 269).**

§ 141 hebt eine Reihe von Gesetzen auf, die mit Inkrafttreten des UrhG durch dieses Gesetz er- 1 setzt worden oder sonst gegenstandslos geworden sind. Dieser Aufhebungsgrund betrifft die Nr. 1–7 des § 141. Besondere Überlegungen liegen der Aufhebung der unter Nr. 8 genannten Gesetzesbestimmung zugrunde (→ Rn. 9).

§ 141 **Nr. 1** betrifft die **§§ 57–60 des LUG von 1870,** die durch § 64 des LUG von 1901 nicht 2 aufgehoben worden waren. Die nunmehr aufgehobenen Bestimmungen des LUG von 1870 enthielten Regelungen über das Inkrafttreten dieses Gesetzes, die Außerkraftsetzung älterer Gesetze sowie Übergangsbestimmungen, die inzwischen obsolet geworden waren.

Gemäß § 141 **Nr. 2** werden **§§ 17–19 des KUG von 1876** aufgehoben, die den gleichen Gegen- 3 stand hatten wie die unter → Rn. 2 genannten Bestimmungen des LUG von 1870 und wiederum durch § 55 Abs. 2 des KUG von 1907 nicht aufgehoben worden waren.

Durch § 141 **Nr. 3** zur Gänze aufgehoben wird das **LUG von 1901.** An seine Stelle ist mit 4 seinem Inkrafttreten nach § 143 das geltende UrhG getreten. Das LUG von 1901 bleibt nach Maßgabe der Übergangsbestimmungen der §§ 129 ff. für die Beurteilung älterer Sachverhalte von Bedeutung.

---

[28] S. auch *Ulmer* GRUR-Int 1979, 39 (41).
[29] → Rn. 3.
[30] OLG Frankfurt a. M. GRUR 1981, 739 (741) – Lounge Chair.
[31] → Vor §§ 120 ff. Rn. 14, 58.
[32] → Vor §§ 120 ff. Rn. 44 ff.
[33] → Vor §§ 120 ff. Rn. 58. So auch BGH GRUR 2014, 559 (563) – Tarzan.

5   Nach **§ 141 Nr. 4** sind auch **bestimmte Vorschriften des Verlagsgesetzes** von 1901 (VerlG) aufgehoben worden. Es handelt sich um § 3 und § 42 VerlG betreffend Beiträge zu Sammelwerken, die durch § 38 ersetzt wurden, sowie um § 13 VerlG über die Urheberbezeichnung, an dessen Stelle § 39 getreten ist.

6   **§ 141 Nr. 5** setzt das **KUG von 1907** außer Kraft, „soweit es nicht den Schutz von Bildnissen betrifft". Mit dem Schutz von Bildnissen ist das **Recht am eigenen Bild** iSd §§ 22–24 KUG von 1907 gemeint. Diese Vorschriften und die dazugehörigen allgemeinen Bestimmungen der §§ 33–50 des KUG von 1907 sind daher insoweit in Kraft geblieben. Sie beinhalten einen nicht werkbezogenen, reinen Persönlichkeitsschutz, für den im Rahmen des UrhG kein Ersatz geschaffen worden ist.[1] Eine Neuregelung wurde einer zukünftigen Gesamtkodifikation des Persönlichkeitsrechts überlassen; bis zu deren Inkrafttreten sollten aber die bisherigen Bestimmungen in Kraft bleiben.

7   **§ 141 Nr. 6** hebt **Art. I, III und IV des Ausführungsgesetzes zur Revidierten Berner Übereinkunft** (RBÜ) vom 22.5.1910 auf, durch welches das LUG von 1901 und das KUG von 1907 an die Berliner Fassung der RBÜ von 1908 angepasst wurden. Mit dem Außerkrafttreten des LUG von 1901 und des KUG von 1907 hinsichtlich des Urheberrechts waren auch die genannten Bestimmungen des Gesetzes von 1910 aufzuheben. Die Aufhebung erfasst nicht Art. II des Gesetzes, der eine Änderung des Verlagsgesetzes von 1901 betrifft, da das Verlagsgesetz weiterhin in Kraft ist.

8   Nach **§ 141 Nr. 7** ist auch das **Gesetz zur Erleichterung der Filmberichterstattung,** das kurz sog. **Wochenschaugesetz,** von 1936 aufgehoben. Dieses Gesetz ist durch § 50 ersetzt worden.

9   Gemäß **§ 141 Nr. 8** aufgehoben ist **§ 10 des Gesetzes über die Rechtsstellung heimatloser Ausländer im Bundesgebiet** von 1951. Die Bestimmung gewährte heimatlosen Ausländern hinsichtlich ihrer Urheberrechte und gewerblichen Schutzrechte in der Bundesrepublik die sog. Meistbegünstigung, dh der günstigste Behandlung, die Angehörigen fremder Staaten hier zusteht. Da Meistbegünstigungsklauseln auf den Gebieten des Urheberrechts und des gewerblichen Rechtsschutzes bis zum TRIPS-Übereinkommen von 1994 unüblich waren und Ursache für Unklarheiten über den Schutzumfang sein können und weil die betroffenen Personen vollzählig auch Flüchtlinge iSd Abkommens über die Rechtsstellung der Flüchtlinge vom 28.7.195[2] sind und nach Art. 14 dieses Abkommens in der Bundesrepublik in Bezug auf Urheberrechte und gewerbliche Schutzrechte wie Inländer behandelt werden, konnte § 10 des genannten Gesetzes außer Kraft gesetzt werden.[3]

§ 142 Evaluierung, Befristung

(1) **Die Bundesregierung erstattet vier Jahre nach Inkrafttreten des Urheberrechts-Wissensgesellschafts-Gesetzes dem Deutschen Bundestag Bericht über die Auswirkungen des Teils 1 Abschnitt 6 Unterabschnitt 4.**

(2) **Teil 1 Abschnitt 6 Unterabschnitt 4 ist ab dem 1. März 2023 nicht mehr anzuwenden.**

§ 143 Inkrafttreten

(1) **Die §§ 64 bis 67, 69, 105 Abs. 1 bis 3 und § 138 Abs. 5 treten am Tage nach der Verkündung dieses Gesetzes in Kraft.**

(2) **Im übrigen tritt dieses Gesetz am 1. Januar 1966 in Kraft.**

1   Der **Regierungsentwurf** zum UrhG[1] hatte ursprünglich ein einheitliches Inkrafttreten des UrhG an einem noch einzufügenden Datum in Aussicht genommen. Auf Anregung des **Bundesrats** wurde dann vorgesehen, die im Entwurf enthaltenen **Verordnungsermächtigungen**[2] bereits am Tage nach der Gesetzesverkündung in Kraft zu setzen, um sicherzustellen, dass die vorgesehenen Rechtsverordnungen am Tage des Inkrafttretens des Gesetzes im Übrigen bereits vorliegen konnten.[3] Auf Vorschlag des **Rechtsausschusses des Deutschen Bundestages** wurden den vorzeitig in Kraft zu setzenden Bestimmungen auch noch die **Vorschriften über die Schutzdauer** mit Ausnahme des inzwischen aufgehobenen § 68 über die Schutzdauer von Lichtbildwerken) hinzugefügt. Dadurch sollte erreicht werden, dass die durch den Rechtsausschuss empfohlene (und dann Gesetz gewordene) Schutzfristverlängerung auch für diejenigen Werke noch wirksam werden konnte, für welche die 50-jährige Schutzfrist nach dem LUG von 1901 und dem KUG von 1907 mit Ende des Jahres 1965 abgelaufen wäre.[4]

2   Der Gesetzgeber ist diesem Vorschlag gefolgt. Insbesondere Werke, deren Urheber im Jahre 1915 gestorben waren und auf welche die Schutzdauer von 50 Jahren post mortem auctoris des früheren

---

[1] S. die AmtlBegr. BT-Drs. IV/270, 35, 116 zu § 150, jetzt § 141.
[2] BGBl. 1953 II S. 560.
[3] Vgl. die AmtlBegr. BT-Drs. IV/270, 116 zu § 149, jetzt § 141. S. zum Schutz ausländischer Flüchtlinge auch § 123.
[1] BT-Drs. IV/270, 26, 116.
[2] Jetzt §§ 105 Abs. 1–3 und 138 Abs. 5.
[3] S. BT-Drs. IV/270, 178, 180 unter 20.
[4] S. den Bericht des Abg. Reischl UFITA 46 1966, 174 (201) zu § 152, jetzt § 143.

Rechts anwendbar war, so dass ihr Schutz danach am 31.12.1965 abgelaufen wäre, kamen somit gemäß §§ 129 Abs. 1, 143 Abs. 1 noch in den Genuss der Schutzfristverlängerung auf 70 Jahre post mortem auctoris.

Das UrhG ist am 16.9.1965 im BGBl. I S. 1273 verkündet worden. Die in **§ 143 Abs. 1** genannten Bestimmungen sind somit am **17.9.1965 in Kraft getreten.** Im Übrigen ist das UrhG nach **§ 143 Abs. 2** am **1.1.1966 in Kraft getreten.** **3**

§ 143 regelt nur das Inkrafttreten des UrhG in seiner **ursprünglichen Fassung.** Das Datum des **4** Inkrafttretens späterer Gesetzesänderungen ist den jeweiligen Änderungsgesetzen zu entnehmen.

Gesetz betreffend das Urheberrecht an Werken der bildenden Künste und der Fotografie (KUG)

vom 9.1.1907

(RGBl. S. 7)

Zuletzt geändert durch Art. 3 § 31 Gesetz zur Beendigung der Diskriminierung gleichgeschlechtlicher Gemeinschaften: Lebenspartnerschaften vom 16.2.2001 (BGBl. I S. 266)[*]

Das Recht am eigenen Bild

Schrifttum: *Ahn,* Der vermögensrechtliche Zuweisungsgehalt des Persönlichkeitsrechts – Eine grundlagenorientierte Studie, 2009; *Alexander,* Persönlichkeitsschutz und Werbung mit tagesaktuellen Ereignissen, AfP 2008, 556; *ders.,* Urheber- und persönlichkeitsrechtliche Fragen eines Rechts auf Rückzug aus der Öffentlichkeit, ZUM 2011, 382; *ders.,* Digitaler Nachlass als Rechtsproblem?, K&R 2016, 301; *Balthasar,* Der Schutz der Privatsphäre im Zivilrecht, 2006; *v. Bassewitz,* Prominenz und Celebrity, 2008; *v. Becker,* Rechtsfragen der Satire, GRUR 2004, 908; *ders.,* Können Bilder lügen?, AfP 2005, 247; *Benecke/Groß,* Das Recht am eigenen Bild im Arbeitsverhältnis, NZA 2015, 833; *Benedikt/Kranig,* DS-GVO und KUG – ein gespanntes Verhältnis, ZD 2019, 4; *Beuthien,* Vereitelt der Tod die Genugtuung?, GRUR 2014, 957; *ders.,* Bildberichte über aktive und passive Personen der Zeitgeschichte, ZUM 2005, 352; *ders.,* Das Recht auf nichtmediale Alltäglichkeit, K&R 2004, 457; *Bisges/Marcel,* Pressefreiheit vs. Persönlichkeitsrecht, UFITA 2013, 371; *Böhnstedt,* Die Konstitutionalisierung des Bildnisschutzes in Deutschland und in den USA, 2010; *Bonn,* Die Europäisierung des Persönlichkeitsrechts, 2012; *Bruns,* Persönlichkeitsschutz und Pressefreiheit auf dem Marktplatz der Ideen, JZ 2005, 428; *ders.,* Persönlichkeitsschutz im Internet – medienspezifisches Privileg oder medienpersönlichkeitsrechtlicher Standard, AfP 2011, 421; *Bülow,* Persönlichkeitsrechtsverletzungen durch künstlerische Werke, 2013; *v. Coelln,* Mehr Medienöffentlichkeit vor Gericht?, AfP 2016, 491; *Dasch,* Die Einwilligung zum Eingriff in das Recht am eigenen Bild, 1990; *Dietrich,* Caroline und die Medien – Zum Bildnisschutz und was Medien und Rechtsprechung von ihm übrig lassen, AfP 2013, 277; *ders.,* Eine Villa in Kenia – Zur deutschen Rechtsprechung zum Bildnisschutz, ZUM 2014, 661; *Dreier,* Bilder im Zeitalter ihrer vernetzten Kommunizierbarkeit, ZGE 2017, 135; *ders./Spiecker gen. Döhmann,* Die systematische Aufnahme des Straßenbildes – Zur rechtlichen Zulässigkeit von Online-Diensten wie „Google Street View", 2010; *Dressel,* Mediales Vorspiel – persönlichkeitsrechtliches Nachspiel, AfP 2018, 489; *Dreyer* in HK-UrhR, 34. Aufl. 2018, KUG; *Ehmann,* Die Nutzung des kommerziellen Wertes von Politikern zu Werbezwecken, AfP 2005, 237; *Eisfeld,* Der Begriff der Persönlichkeitsrechte in der Urheberrechtstheorie des 19. Jahrhunderts, ZGS 2014, 106; *Ernst,* Zu den Rechtsfragen einer verfälschten Bildberichterstattung, AfP 2006, 529; *ders.,* Die klauselmäßige Einwilligung bei Bildnisrechten, AfP 2015, 401; *Euler,* Recht am Bild der eigenen Sache? – Wie frei sind gemeinfreie Kulturgüter, AfP 2009, 459; *Fechner,* Geistiges Eigentum und Verfassung, 1999; *Fierdag,* Persönlichkeitsrechte in Zeiten des Web 2.0, in Götting/Lauber-Rönsberg, Aktuelle Entwicklungen im Persönlichkeitsrecht, 2010; *Fink,* Bild- und Tonaufnahmen im Umfeld der strafgerichtlichen Hauptverhandlung, 2007; *Firgt,* Strukturelle Analyse des allgemeinen Persönlichkeitsrechts anhand des Rechts auf informationelle Selbstbestimmung, 2015; *Forgó/Krügel/Müllenbach,* Zur datenschutz- und persönlichkeitsrechtlichen Zulässigkeit von Google Street View, CR 2010, 616; *Forkel,* Das Caroline-Urteil aus Straßburg – richtungweisend für den Schutz auch der seelischen Unversehrtheit, ZUM 2005, 192; *Fromlowitz,* Das Urheberpersönlichkeitsrecht und das Allgemeine Persönlichkeitsrecht, 2013; *Frenz,* Recht am eigenen Bild für Prinzessin Caroline, NJW 2008, 3102; *Fricke,* Personenbildnisse in der Werbung für Medienprodukte, GRUR 2003, 406; *Gauß,* Oliver Kahn, Celebrity Deathmatch und das Right of Publicity – Die Verwertung Prominenter in Computer- und Videospielen in Deutschland und den USA, GRUR-Int 2004, 558; *Gerecke,* Der Einsatz von Doppelgängern und Look-Alikes zu kommerziellen Zwecken, GRUR 2014, 518; *Golla/Herbart,* Zivilrechtlicher Bildnisschutz im Vorfeld von Weitergabe und Veröffentlichung, GRUR 2015, 648; *Götting,* Persönlichkeitsrechte als Vermögensrechte, 1995; *ders.,* Die Vererblichkeit der vermögenswerten Bestandteile des Persönlichkeitsrechts – ein Meilenstein in der Rechtsprechung des BGH, NJW 2001, 585; *ders.,* Sanktionen bei Verletzung des postmortalen Persönlichkeitsrechts, GRUR 2004, 801; *ders.,* Die bereicherungsrechtliche Lizenzanalogie bei Persönlichkeitsverletzungen, Fs f. Ullmann, 2006, 65; *ders.,* Persönlichkeitsschutz und Kunstfreiheit, in Fs f. Raue, 2006, 427; *ders.,* Reflections on the commercialisation of Personality Rights in the U. S. and Germany, FS Stauder, 2011, 69; *ders.,* Satirische Meinungsäußerungen über Prominente in der Werbung, GRUR-Int 2015, 657; *Götting/Schertz/Seitz,* Handbuch des Persönlichkeitsrechts, 2. Aufl., 2019; *Haug,* Geldentschädigung bei Persönlichkeitsrechtsverletzung im Internet, K&R 2014, 235; *Helle,* Dissonanzen des postmortalen Persönlichkeitsrechts, AfP 2015, 216; *ders.,* Zu den Grundlagen des kommerziellen Persönlichkeitsrechts, AfP 2010, 438; *ders.,* Auf dem Weg zum kommerziellen Persönlichkeitsrecht, AfP 2009, 14; *Höning.* Das Recht am eigenen Bild und der Schutz prominenter Persönlichkeiten im deutschen und US-amerikanischen Recht, 2012; *Holznagel/Hartmann,* Das „Recht auf Vergessenwerden" als Reaktion auf ein grenzenloses Internet – Entgrenzung der Kommunikation und Gegenbewegung, MMR 2016, 228; *Jacobs,* Gibt es einen Posenschutz?, WRP 2000, 896; *Jesko,* Rechtsprobleme beim Filmen polizeilicher Einsätze, K&R 2015, 760; *Kadner,* Die Vereinbarkeit von Fotomontagen mit dem Recht am eigenen Bild, 2004; *Kastell,* Persönlichkeitsrechte von Prominenten im internationalen Vergleich, 2013; *Kernen,* Persönlichkeitsverletzungen im Internet, 2014; *Koch,* Die Verwertung von Amateurfußballspielen im Internet, in Gundel/Heermann/Leible, Konvergenz der Medien – Konvergenz des Rechts?, 2009, 173; *Klass,* Zu den Grenzen der Berichterstattung über Personen des öffentlichen Lebens, AfP 2007, 517; *ders.,* Der Schutz der Privatsphäre durch den EGMR im Rahmen von Medienberichterstattungen, ZUM 2014, 261; *Koch,* Lafontaine und Maddie, WRP 2009, 10; *Kohler,* Das Eigenbild im Recht, 1903; *ders.,* Kunstwerkrecht, 1908; *Ladeur,* Schutz von Prominenz als Eigentum, ZUM 2000, 879; *ders.,* Fiktive Lizenzentgelte für Politiker?, ZUM 2007, 111; *Klippel,* Persönlichkeitsrecht und Persönlichkeitsrechte bei Josef Kohler, ZGE 2014, 433; *Koreng,* Das „Recht auf Vergessen" und die Haftung von Online-Archiven, AfP 2015, 514; *Krüger/Backer,* Online-Archive und Persönlichkeitsschutzgesetzge-

---

[*] Aufgehoben mWv 1.1.1966 durch § 141 Nr. 5 UrhG vom 9.9.1965 (BGBl. I S. 1273), soweit das KUG nicht den Schutz von Bildnissen betraf.

berischer Handlungsbedarf, WRP 2012, 1211; *Lachenmann,* Die Zulässigkeit von Video-Überwachung – Eine Systematisierung der aktuellen BGH-Rechtsprechung, in Taeger, Tagungsband Herbstakademie 2014, 391; *Lauber-Rönsberg,* Anwendbarkeit des KUG bei journalistischen Bildnisveröffentlichungen auch nach Inkrafttreten der DS-GVO – Anmerkung zu OLG Köln, Beschluss vom 18.6.2018 – 15 W 27/18, ZUM-RD 2018, 550; *dies.,* Personenbildnisse im Spannungsfeld zwischen Äußerungs- und Datenschutzrecht, NJW 2017, 1057; *dies.,* Das Recht am eigenen Bild in sozialen Netzwerken, NJW 2016, 744; *Leeb,* Bekannt verstorben – Rechtsfragen des Umgangs mit Social Media Daten Verstorbener, K&R 2014, 693; *Lehr,* Ansätze zur Harmonisierung des Persönlichkeitsrechts in Europa, 2009; *Lettl,* Allgemeines Persönlichkeitsrecht und Medienberichterstattung, WRP 2005, 1045; *ders.,* Kein vorbeugender Schutz des Persönlichkeitsrechts gegen Bildveröffentlichung?, NJW 2008, 2160; *Lettmaier,* Prominente in der Werbung für Presseerzeugnisse – Ende des Presseprivilegs?, WRP 2010, 695; *Libor,* Persönlichkeitsschutz und Internet – Verändern neue Kommunikationsformen das Persönlichkeitsrecht?, AfP 2011, 450; *ders.,* Kameras im Gerichtssaal? Zur Zulässigkeit verschiedener Formen der Berichterstattung über Gerichtsverfahren, AfP 2014, 224; *Ludyga,* Widerruf einer Einwilligung zur Verbreitung und Veröffentlichung von eigenen Bildnissen durch Dritte, MMR 2017, 158; *Lüder,* Der zivilrechtliche Schutz der Persönlichkeit vor der Anfertigung manipulierter Fotografien, 2012; *Luther,* Postmortaler Persönlichkeitsschutz als Grenze der Kommunikationsgrundrechte, AfP 2009, 215; *Märten,* Die Vielfalt des Persönlichkeitsschutzes, 2015; *Mann,* Urheberrecht vs. Presserecht – Wenn die „kleine Münze" zum scharfen Schwert wird, AfP 2015, 295; *Mann,* Zur Rechtswidrigkeit der Herstellung von Lichtbildern, AfP 2013, 16; *Merkel,* Die Vermarktung von Teilaspekten des Persönlichkeitsrechts nach dem allgemeinen Zivilrecht und dem Markenrecht, 2014; *Meyer,* Identität und virtuelle Identität natürlicher Personen im Internet, 2011; *Mielke,* Die Entwicklung des Fotorechts seit 2006, AfP 2010, 444; *Müller/Gerhardt,* Persönlichkeitsrecht als Schutz vor unerwünschter Berichterstattung?, ZRP 2009, 189; *Neukamm,* Bildnisschutz in Europa, 2007; MünchKomm. BGB/*Rixecker,* 8. Aufl. 2018, Bd. 1, Anh. zu § 12: Das Allgemeine Persönlichkeitsrecht; *Neumeier,* Person – Fiktion – Recht, 2010; *Ohly,* „Volenti non fit iniuria" – Die Einwilligung im Privatrecht, 2002; *ders.,* Harmonisierung des Persönlichkeitsrechts durch den Europäischen Gerichtshof für Menschenrechte? – Rechtsvergleichende Anmerkungen zum Urteil in der Sache von Hannover/Deutschland, GRUR-Int 2004, 902; *ders.,* Verändert das Internet unsere Vorstellung von Persönlichkeit und Persönlichkeitsrecht?, AfP 2011, 428; *Poll,* Die Entwicklung des „Rechts am eigenen Bild", ZUM 1988, 454; *Ricker/Weberling,* Handbuch des Presserechts, 6. Aufl. 2013; *Rinsche,* Verdachtsberichterstattung, AfP 2013, 1; *Robak,* Von „Esra" zu „Rothenburg", AfP 2009, 325; *Ruttig,* Damit das Internet vergisst – Online-Archive und das Recht verurteilter Straftäter auf Beseitigung ihrer Namensnennungen jedenfalls nach Verbüßung der Strafe, AfP 2013, 372; *Schapiro,* Anhaltende Rechtsunsicherheit für die Betreiber von Internet-Portalen? ZUM 2014, 201; *Schertz,* Merchandising – Rechtsgrundlagen und Rechtspraxis, 1997; *ders.,* Die wirtschaftliche Nutzung von Bildnissen und Namen bekannter Persönlichkeiten: eine Fallgruppenbildung zur Frage des Einwilligungserfordernisses bei den verschiedenen Erscheinungsformen der Nutzung von Abbildungen und Namen Prominenter, in Schertz (Hrsg.), FS für Hertin, 2000, S. 709; *ders.,* Das Recht am eigenen Bild, in Loewenheim (Hrsg.), Handbuch des Urheberrechts, 2. Aufl. 2010, S. 256; *ders.,* Die wirtschaftliche Nutzung von Bildnissen und Namen Prominenter, AfP 2000, 495; *ders.,* Der Schutz des Individuums in der modernen Mediengesellschaft, NJW 2013, 721; *Schiedermair,* Der Schutz des Privaten als internationales Grundrecht, 2012; *Schiffbauer,* Fahndungen per Internet – Schiffbauer untersucht den „Steckbrief 2.0", NJW 2014, 105; *Schippan,* Prüfungspflichten einer Bildagentur bei der Weitergabe von Fotos, ZUM 2011, 795; *Schlüter,* Die urheber- und persönlichkeitsrechtliche Beurteilung der Erstveröffentlichung persönlicher Aufzeichnungen, 2014; *Schmidt-Osten,* Der Bildnisschutz Verstorbener, AfP 1976, 22; *Schmitt,* Auswirkungen der Caroline-Entscheidung auf die Reichweite des Persönlichkeitsschutzes von Begleitpersonen? Zugleich Anmerkung zu KG ZUM 2005,73 und OLG Hamburg ZUM 2006, 424, ZUM 2007, 186; *Schnabel,* Das Recht am eigenen Bild und der Datenschutz, ZUM 2008, 657; *Schwarz/Hansen,* Die persönlichkeitsrechtlichen Grenzen bei Doku-Drama, Doku-Fiction und anderen rechtlichen Bearbeitungen realer Ergebnisse in Filmen und Theaterstücken, ZGE 2010, 19; *Soehring/Hoene,* Presserecht, 5. Aufl. 2013; *Sosnitza,* Das Persönlichkeitsrecht als allgemeines Element der geistigen Eigentumsrechte, FS Hans-Jürgen Ahrens, 2016, 305; *Specht,* Videokunst als Big Data on Youtube, in Taeger, Big Data & Co, 2014, 35; *Spiecker gen. Döhmann,* Datenschutzrechtliche Fragen und Antworten in Bezug auf Panorama-Abbildungen im Internet, CR 2010, 311; *Spindler,* Persönlichkeitsschutz im Internet – Anforderungen und Grenzen einer Regulierung, Gutachten F zum 69. DJT, 2012; *Steinbeck,* Mein Haus bei Google Street View, FS Loschelder, 2010, 367; *Ströbel,* Persönlichkeitsschutz von Straftätern im Internet, 2016; *Stürner,* Caroline-Urteil des EGMR – Rückkehr zum richtigen Maß?, AfP 2005, 213; *Sundermann,* Fotografien von Menschenansammlungen nach der DS-GVO, K&R 2018, 438; *Tacke,* Medienpersönlichkeitsrecht, 2009; *Teichmann,* Abschied von der absoluten Person der Zeitgeschichte, NJW 2007, 1917; *Tettinger,* Steine aus dem Glashaus, JZ 2004, 1144; *Thalmann,* Die Gemeinfreiheit der Prominenz, GRUR 2018, 476; *Unseld,* Die Übertragbarkeit von Persönlichkeitsrechten, GRUR 2011, 982; *Verweyen/Schulz,* Die neue Rechtsprechung zu den „Onlinearchiven", AfP 2012, 442; *Wanckel,* Foto- und Bildrecht, 4. Aufl. 2012; *Wenzel,* Das Recht der Wort- und Bildberichterstattung – Handbuch des Äußerungsrechts, 5. Aufl. 2003; *Wandtke,* Persönlichkeitsrecht und Satire als urheberrechtlich geschützte Kunstform, ZUM 2019, 308; *Westkamp,* „Property" und „Celebrity Rights" – Zum Schutz von Lizenzen an Persönlichkeitsrechten im englischen Recht, FS Stauder, 2011, 309; *Wortmann,* Die Vererblichkeit vermögensrechtlicher Bestandteile des Persönlichkeitsrechts, 2005; *Zagouras,* Die Situationsgebundenheit der Einwilligung nach § 22 KUG, AfP 2005, 152; *ders.,* Bildnisschutz und Privatsphäre im nationalen und europäischen Kontext – Das Springreiter-Urteil des BGH vor dem Hintergrund der Caroline-Entscheidung des EGMR, AfP 2004, 509; *ders.,* Satirische Politikerwerbung, WRP 2007, 115; *Zentai,* Das Recht auf eine originalgetreue Darstellung des eigenen Bildnisses?, ZUM 2003, 363; *Ziebarth/Elsaß,* Neue Maßstäbe für die Rechtmäßigkeit der Nutzung von Personenbildnissen in der Unternehmenskommunikation?, ZUM 2018, 578; *v. Zimmermann,* Die Einwilligung im Internet, 2014.

Vorbemerkung

1   § 60 UrhG, der die urheberrechtlichen Verhältnisse an Personenbildnissen betrifft, steht in enger Beziehung mit §§ 22–24 KUG, die das Recht des Abgebildeten an seinem eigenen Bilde und die Ausnahmen hierzu regeln. Der Sachzusammenhang ergibt sich daraus, dass § 60 UrhG die Rechte des Urhebers und Bestellers eines Personenbildnisses regelt, während der Bildnisschutz nach §§ 22 ff. KUG den Abgebildeten davor schützt, dass die Bildnisse ohne seine Einwilligung verbreitet oder öffentlich zur Schau gestellt werden. Diese Bestimmungen des KUG sind nach wie vor geltendes

Recht, denn mit dem Inkrafttreten des UrhG am 1.1.1966 wurde das KUG vom 9.1.1907 nur aufgehoben, „soweit es nicht den Schutz von Bildnissen betrifft" (§ 141 Nr. 5 UrhG). Die Frage, ob bzw. inwieweit das KUG nach Erlass der Datenschutzgrundverordnung unangetastet bleiben kann, weil es von der „Öffnungsklausel" Art. 85 Abs. 2 DS-GVO gedeckt ist, wonach für die Verarbeitung von Daten, die zu journalistischen Zwecken oder wissenschaftlichen, künstlerischen oder literarischen Zwecken erfolgt, die Mitgliedstatten Abweichungen oder Ausnahmen vorsehen, wenn dies erforderlich ist, um das Recht auf Schutz der personenbezogen Daten mit der Freiheit der Meinungsäußerung und der Informationsfreiheit in Einklang zu bringen, ist umstritten.[1] In dem ersten hierzu ergangenem instanzgerichtlichen Urteil hat das OLG Köln entschieden, dass zumindest im journalistischen Bereich auch nach Inkrafttreten der DS-GVO das KUG weiterhin gilt.[2] In der Begründung hat es ausgeführt, dass hiergegen keine europarechtlichen Bedenken bestünden. Art. 85 Abs. 2 DS-GVO mache im Kern keine materiellrechtlichen Vorgaben, sondern man stelle nur auf die Erforderlichkeit zur Herbeiführung der praktischen Konkordanz zwischen Datenschutz einerseits und Äußerungs- und Kommunikationsfreiheit andererseits ab. Da Datenschutzregelungen als Vorfeldschutz letztlich immer die journalistische Arbeit beeinträchtigen, sind daher die strengen Maßstäbe anzulegen. Dies ist auch vor dem Hintergrund zu sehen, dass Art. 85 DS-GVO gerade den Normzweck habe, einen sonst zu befürchtenden Verstoß der DS-GVO gegen die Meinungs- und Medienfreiheit zu vermeiden.[3] Mit der Entscheidung des OLG Köln ist die Problematik nicht endgültig geklärt, da sie nur für den journalistischen Bereich gilt. Fraglich bleibt der Bereich der nicht–journalistischen Fotografie. Wie die weitere Entwicklung verläuft, lässt sich gegenwärtig nicht absehen. Dies ist bedauerlich und schwer verständlich, dass sich bereits kurz nach Inkrafttreten der DS-GVO trotz ihrer langen Entstehungsgeschichte Unklarheiten zeigen, die die Grundordnung ihrer Anwendung treffen.[4]

§ 22 KUG [Recht am eigenen Bilde]

[1] **Bildnisse dürfen nur mit Einwilligung des Abgebildeten verbreitet oder öffentlich zur Schau gestellt werden.** [2] **Die Einwilligung gilt im Zweifel als erteilt, wenn der Abgebildete dafür, dass er sich abbilden ließ, eine Entlohnung erhielt.** [3] **Nach dem Tode des Abgebildeten bedarf es bis zum Ablaufe von 10 Jahren der Einwilligung der Angehörigen des Abgebildeten.** [4] **Angehörige im Sinne dieses Gesetzes sind der überlebende Ehegatte und die Kinder des Abgebildeten, und wenn weder ein Ehegatte noch Kinder vorhanden sind, die Eltern des Abgebildeten.**

Übersicht

---

[1] Siehe dazu *Lauber-Rönsberg*, AfP 2019, 373 ff.; NJW 2016, 744 ff.; *Lauber-Rönsberg* ZUM-RD 2018, 550 ff.; *Lauber-Rönsberg/Hartlaub* NJW 2017, 1057 ff.; *Hoeren* ZD 2018, 434 (435 f.); *Müller* GRUR-Prax 2018, 383; *Sundermann* A&R 2018, 438 ff.; *Zierbert/Elsaß* ZUM 2018, 578 ff.; *Benndikt/Kranig* ZD 2019, 4 ff.; für Anwendbarkeit zunächst das BMJ; später offengelassen.
[2] OLG Köln ZD 2018, 434; später offengelassen in OLG Köln BeckRS 2019, 25735 Rn. 30 f.
[3] OLG Köln ZD 2018, 434 Rn. 6 f. mit Verweis auf *Lauber-Rönsberg/Hartlaub* NJW 2017, 1057 ff.
[4] Siehe die Grundkritik von *Hoeren* ZD 2018, 434 (435 f.) Anmerkung zu OLG Köln ZD 2018, 434.

I. Allgemeines

1. Rechtsentwicklung

1   Die Idee, der Person durch Anerkennung eines Rechts am eigenen Bilde die Kontrolle über Abbildungen ihres äußeren Erscheinungsbildes zu sichern, ist relativ neuen Datums. Sie begann sich erst Mitte des vorletzten Jahrhunderts zu entwickeln. Den Anstoß hierzu gaben die **Erfindung der Fotografie** und insbesondere ihre Weiterentwicklung zur Momentfotografie. Sie machte das äußere Erscheinungsbild von jedermann für jedermann verfügbar und erhöhte dadurch drastisch die Gefahr einer unerwünschten „Fremddarstellung". Wer das Foto eines anderen besitzt, der erlangt eine gewisse Herrschaftsmacht über ihn, er hat „etwas in der Hand". Aufgrund der Reproduzierbarkeit, insbesondere in Verbindung mit den Verbreitungsmöglichkeiten der Medien, kann der Abgebildete gegen seinen Willen aus seiner Anonymität herausgerissen und in das Licht der Öffentlichkeit gestellt werden. Schon allein hierdurch werden die Persönlichkeitsinteressen des Abgebildeten unabhängig vom Inhalt des Bildnisses berührt, weil er einer „**Prangerwirkung**" ausgesetzt wird. Darüber hinaus erhält der Besitzer eines Bildnisses eine Manipulationsmacht, denn er kann den Abgebildeten nach seinem Belieben in die unterschiedlichsten Sinnzusammenhänge stellen oder die Abbildung sogar mittels Retuschen inhaltlich verändern.

2   Das BVerfG begründet das Schutzbedürfnis, dem das Recht am eigenen Bilde Rechnung trägt, vor allem mit „der Möglichkeit, das Erscheinungsbild eines Menschen in einer bestimmten Situation von diesem abzulösen, datenmäßig zu fixieren und jederzeit vor einem unüberschaubaren Personenkreis zu reproduzieren. Diese Möglichkeit ist durch den **Fortschritt der Aufnahmetechnik**, die Abbildungen auch aus weiter Entfernung, jüngst sogar aus Satellitendistanz, und unter schlechten Lichtverhältnissen erlaubt, noch weiter gewachsen. Mit Hilfe der Reproduktionstechnik lassen sich die Formen der Öffentlichkeit ändern, in denen der Einzelne erscheint. Insbesondere kann die überschaubare Öffentlichkeit, in der man sich bei normalem Auftreten bewegt, durch die **Medienöffentlichkeit** ersetzt werden. So unterscheidet sich etwa die Gerichtsöffentlichkeit durch das im Saal anwesende Publikum von der durch das Fernsehen hergestellten Medienöffentlichkeit, weil das Publikum selbst die Geschehnisse erlebt und seinerseits von den Verfahrensbeteiligten wahrgenommen und eingeschätzt werden kann.[1] Überdies kann sich mit dem Wechsel des Kontexts, in dem eine Abbildung reproduziert wird, auch der Sinngehalt der Bildaussagen ändern oder sogar absichtlich ändern lassen.".[2] In der Entscheidung „Caroline von Hannover" hat das BVerfG darauf hingewiesen, dass sich aus den Fortschritten der Aufnahmetechnik und der damit verbundenen zunehmenden Verfügbarkeit von Personenbildnissen ein gesteigerter Schutzbedarf ergibt: „Die zunehmende Verfügbarkeit kleiner und handlicher Aufnahmegeräte, wie etwa in ein Mobiltelefon integrierte Digitalkameras, setzt insbesondere prominente Personen gesteigerten Risiken aus, in praktisch jeder Situation unvorhergesehen und unbemerkt mit der Folge fotografiert zu werden, dass ein Bildnis in Medien veröffentlicht wird.".[3]

3   Nachdem sich **gegen Ende des 19. Jahrhunderts** herausstellte, dass die herkömmlichen rechtlichen Instrumentarien der sich aus der technischen Entwicklung der Fotografie ergebenden Schutzbedürfnissen nicht hinreichend Rechnung tragen konnten, wurden in vielen Ländern früher oder später Bestrebungen unternommen, einen umfassenden Bildnisschutz zu etablieren. In Deutschland führte dies nach eher fragmentarisch ausgestalteten Vorläufern auf einzelstaatlicher Ebene und Reichsebene schließlich zur Schaffung der bis heute geltenden Regelung in §§ 22 ff. KUG.[4] Auslöser hierfür war die Tat von zwei Journalisten, die heimlich in das **Sterbezimmer von Otto von Bismarck** (gest. 30.7.1898) eingedrungen waren und den Leichnam Bismarcks fotografiert hatten. Mangels einschlägiger Rechtsnormen – am Begehungsort Friedrichsruh im preußischen Kreis Herzogtum Lauenburg galt noch der Sachsenspiegel! – musste das RG sein Urteil (Verbot der Veröffentlichung des Bildes und Vernichtung der Negative, Platten usw) auf Hausfriedensbruch stützen.[5] *Kohler* wies nach, dass die Entscheidung richtigerweise nur auf eine Verletzung des Persönlichkeitsrechts gestützt werden könne, gleich, „ob diese durch Hausfriedensbruch vermittelt worden ist, oder nicht".[6]

4   Im **KUG vom 9.1.1907** wurde schließlich neben dem Recht des Urhebers und des Bestellers eines Personenbildnisses (§ 18 KUG) auch der Rechtsschutz der abgebildeten Person selbst gegen die

---

[1] Vgl. BVerfG NJW 1996, 581 (583).
[2] BVerfGE 101, 361 = NJW 2000, 1021 (1022) – Caroline von Monaco.
[3] BVerfG GRUR 2008, 539 Rn. 46 – Caroline von Hannover.
[4] S. zum Vorstehenden eingehend *Götting* S. 12 ff.
[5] RGZ 45, 170.
[6] *Kohler,* Das Eigenbild im Recht, S. 12.

unbefugte Verwertung ihres Bildnisses aufgenommen (§§ 22–24 KUG).[7] Diese Bestimmungen „zum Schutz von Bildnissen" sind nach wie vor in Kraft (§ 141 Nr. 5 UrhG). Sie sind mit dem Grundgesetz vereinbar.[8]

Der **Bildnisschutz der §§ 22–24 KUG** richtet sich **nicht gegen das Herstellen** von Bildnissen, **5** sondern ausschließlich gegen das Verbreiten und öffentliche Zurschaustellen der hergestellten Bilder. In Literatur und Rechtsprechung ist heute aber allgemein anerkannt, dass bereits die **nicht gestattete Anfertigung eines Bildnisses** eine Verletzung des allgemeinen Persönlichkeitsrechtes darstellt.[9] Nach der Rechtsprechung des BVerfG gewährleistet das Recht am eigenen Bilde dem Einzelnen Einfluss- und Entscheidungsmöglichkeiten, „soweit es um die Anfertigung und Verwendung von Fotografien seiner Person durch andere geht.".[10] Im Übrigen kann auch der Straftatbestand des § 201a StGB erfüllt sein, wenn durch die unbefugte Herstellung von Bildnisaufnahmen der höchstpersönliche Lebensbereich der betroffenen Personen verletzt wird.

Der Referentenentwurf eines Gesetzes zur Neuordnung des zivilrechtlichen Persönlichkeits- und **6** Ehrenschutzes, der aufgrund des Widerstandes der Medienlobby nicht zu einer Gesetzgebung führte, hatte selbst bei Bildnissen aus dem Bereich der Zeitgeschichte bereits die Anfertigung für unzulässig erklärt, wenn ihr ein berechtigtes Interesse des Abgebildeten entgegensteht.[11]

2. Rechtsnatur

Das Recht am eigenen Bild ist „das ausschließliche Recht des Menschen, über die Verbreitung und **7** öffentliche Schaustellung seines Bildnisses zu entscheiden".[12] Seinem Wesen nach ist dieses Recht kein Urheberrecht, sondern ein Persönlichkeitsrecht und zwar „eine besondere Erscheinungsform des allgemeinen Persönlichkeitsrechts".[13] Das durch Art. 1 und 2 GG geschützte allgemeine Persönlichkeitsrecht genießt in unserer Rechtsordnung als „sonstiges Recht" den Schutz des § 823 Abs. 1 BGB. Das Gesamtverständnis der Vorschriften hat sich seit Inkrafttreten des Grundgesetzes dahin gewandelt, dass das Recht am eigenen Bild als ein Ausschnitt, eine **besondere Ausprägung des allgemeinen Persönlichkeitsrechts** angesehen wird, das aus Art. 1 und 2 GG entwickelt worden ist.[14] „Denn wenn nach § 22 KUG Bildnisse nur mit Einwilligung des Abgebildeten verbreitet oder öffentlich zur Schau gestellt werden dürfen, so beruht dieser Schutz im Kern auf dem Grundsatz der Freiheit der Person in ihrem höchstpersönlichen Lebensbereich, zu dem vor allem auch das äußere Erscheinungsbild des Menschen zu rechnen ist. Die unbefugte Veröffentlichung des Bildes eines Menschen stellt, wie in der Rechtslehre seit langem anerkannt ist, einen Eingriff in die Freiheit der Selbstbestimmung und der freien Betätigung der Persönlichkeit dar".[15] Schutzgut des Rechts am eigenen Bilde ist demnach auf eine kurze Formel gebracht das **Selbstbestimmungsrecht über die Darstellung im Bild.** Der EGMR hat das Recht am eigenen Bilde wie folgt charakterisiert: „Das Bild einer Person ist eines der wichtigsten Elemente der Persönlichkeit, denn es zeigt ihre besonderen Eigenschaften und unterscheidet sie von ihresgleichen. Das Recht am eigenen Bild gehört also zu den wesentlichen Elementen der Entwicklung einer Person. Es hat hauptsächlich das Recht zum Inhalt, über die Verwendung des Bildes zu bestimmen, einschließlich des Rechts, einer Veröffentlichung zu widersprechen."[16]

Ein allgemeines und umfassendes Verfügungsrecht über die Darstellung der eigenen Person lässt **8** sich aus Art. 2 Abs. 1 iVm Art. 1 Abs. 1 GG nach Auffassung des BVerfG nicht entnehmen.[17] Das Gericht hat mehrfach betont, dass das allgemeine Persönlichkeitsrecht dem Einzelnen nicht den Anspruch gebe, nur so von anderen dargestellt zu werden, wie er sich selbst sieht oder gesehen werden möchte.[18] Ein derart weiter Schutz würde nicht nur das Schutzziel, Gefährdungen der Persönlich-

---

[7] Zur Begründung der Regierungsvorlage s. *Osterrieth/Marwitz* KUG, 2. Aufl. 1929, § 22 Anm. I.

[8] BVerfG NJW 2000, 1021 (1023) – Caroline von Monaco.

[9] → Rn. 34 f.; BGHZ 24, 200 (208) – Spätheimkehrer; BGH GRUR 1967, 205 – Vor unserer eigenen Tür; BGH GRUR 2016, 315 (317) – Intime Fotos; OLG Frankfurt a.M. GRUR 1958, 508 – Verbrecherbraut; *Weitnauer* DB 1976, 1365; MüKo. BGB/*Rixecker* Allgemeines Persönlichkeitsrecht Rn. 95; *Werhahn* UFITA 37 [1962], 22 (25). Einschränkend *v. Gamm* UrhG Einf. Rn. 105.

[10] BVerfGE 101, 361 = NJW 2000, 1021 (1022) – Caroline von Monaco; aA anscheinend BVerfG BeckRS 2015, 52925, s. dazu *Stolz* GRUR-Prax 2015, 487.

[11] BT-Drs. 217/59 in UFITA 29 [1959], 39 (41); vgl. de lege ferenda auch die von *Nipperdey* vor dem 42. Deutschen Juristentag in Düsseldorf 1957 aufgestellten Thesen, Verh. d. 42. DJT, Bd. II D 3 (22); siehe Götting/Schertz/Seitz/*Götting* PersönlichkeitsR-HdB § 1 Rn. 9.

[12] *Ulmer*, Urheber- und Verlagsrecht, 3. Aufl. 1980, § 6 II 3.

[13] *V. Gamm* UrhG Einf. Rn. 102; Götting/Schertz/Seitz/*Schertz* PersönlichkeitsR-HdB § 12 Rn. 1.

[14] Siehe Götting/Schertz/Seitz/*Götting* PersönlichkeitsR-HdB § 11 Rn. 9; vgl. hierzu BGHZ 13, 334 (338) – Leserbrief; BGHZ 20, 345 (347) – Paul Dahlke; BGH NJW 1962, 1004 (1005) – Doppelmörder; BGH NJW 1971, 885 (886) – Petite Jacqueline; BGH AfP 1995, 495; NJW 1996, 985 (986) – Caroline von Monaco; BVerfG GRUR 1973, 541 (545 lSp.) – Lebach; BGH AfP 2004, 533 (534) – Springturnierfotos I; BVerfG AfP 2005, 171 (172).

[15] *Osterrieth*, Das Kunstschutzgesetz, § 22 KUG; BGH GRUR 1958, 408 (409) – Herrenreiter.

[16] EGMR GRUR 2012, 745 Rn. 96 – von Hannover/Deutschland Nr. 2.

[17] BVerfGE 101, 361 = NJW 2000, 1021.

[18] BVerfGE 82, 236 (269) = NJW 1991, 91; BVerfGE 97, 125 (149) = NJW 1998, 1381; BVerfGE 97, 391 (403) = NJW 1998, 2898; BVerfGE 99, 185 (194) = NJW 1999, 1322; BVerfGE 101, 361 = NJW 2000, 1021 (1022).

keitsentfaltung zu vermeiden, übersteigen, sondern auch weit in die Freiheitssphäre Dritter hineinreichen.[19] Dieses Diktum des BVerfG ist zumindest missverständlich. Grundsätzlich hat der Einzelne nämlich aufgrund des Rechts am eigenen Bilde **ein umfassendes Kontrollrecht über die Darstellung seines äußeren Erscheinungsbildes.** Da er über das „Ob" der Bildnisverbreitung entscheiden kann, stellt sich die Frage nach dem „Wie" erst gar nicht. Die vom BVerfG angesprochene Relativierung des Selbstbestimmungsrechts gilt nur insoweit, als der Einzelne iS einer **„Sozialpflichtigkeit"** eine Einschränkung der ihm grundsätzlich zustehenden unumschränkten Kontrollbefugnis über seine Selbstdarstellung hinnehmen muss. Dies richtet sich nach der Ausnahmeregelung in § 23, insbesondere nach Abs. 1 Nr. 1 und Abs. 2. Diese Ausnahme ändert freilich nichts an der Grundregel, dass der Einzelne mittels des Instruments der Einwilligung über seine Darstellung im Bild disponieren kann und demzufolge sehr wohl einen Anspruch hat, „nur so von anderen dargestellt zu werden, wie er sich selbst sieht oder gesehen werden möchte".

9   Das Selbstbestimmungsrecht über die Darstellung im Bild umfasst auch das **„wirtschaftliche Selbstbestimmungsrecht",** dh die Entscheidungsfreiheit, das Bildnis kommerziell zu nutzen. Insbesondere Bildnisse von Fotomodellen und Prominenten besitzen wegen ihrer Eignung, als Werbeträger zu fungieren, nicht selten einen erheblichen Marktwert. Deshalb ist dem Recht am eigenen Bilde auch ein vermögensrechtlicher Charakter nicht abzusprechen.[20] Dies erkennt auch der BGH an, wenn er das Recht am eigenen Bilde als **„vermögenswertes Ausschließlichkeitsrecht"** bezeichnet.[21] Einer solchen Qualifizierung als Vermögensrecht steht die gleichzeitige Zuordnung zu den Persönlichkeitsrechten nicht entgegen. Die beiden Begriffe sind nämlich nicht disjunktiv, dh sie bilden keinen antinomischen Gegensatz und schließen einander nicht gegenseitig aus. Das Recht am eigenen Bilde hat somit eine **Doppelnatur als Persönlichkeits- und Vermögensrecht.**[22] Der BGH hat in der richtungsweisenden „Marlene-Dietrich"-Entscheidung ausdrücklich anerkannt, dass das allgemeine Persönlichkeitsrecht und seine besonderen Erscheinungsformen, wie das Recht am eigenen Bilde und das Namensrecht, nicht nur dem Schutz ideeller, sondern auch kommerzieller Interessen der Persönlichkeit dienen. Die entsprechenden Befugnisse gehen auf den Erben des Trägers des Persönlichkeitsrechts über und können von diesem entsprechend dem ausdrücklichen oder mutmaßlichen Willen des Verstorbenen ausgeübt werden.[23] In der „kinski-klaus.de"-Entscheidung hat der BGH die **Schutzdauer der vermögenswerten Bestandteile des postmortalen Persönlichkeitsrechts** in Analogie zu § 22 S. 3 KUG auf 10 Jahre nach dem Tod der Person begrenzt, während der Schutz der ideellen Bestandteile über diese Frist hinaus fortbestehen kann.[24] In der „Marlene Dietrich"-Entscheidung hatte der BGH die Dauer des Schutzes noch mit dem Fortbestand des Schutzes der ideellen Interessen verknüpft, mit der Folge, dass die vermögenswerten Bestandteile des Persönlichkeitsrechts nach dem Tode des Trägers des Persönlichkeitsrechts jedenfalls so lange fortbestehen sollen, so lange die ideellen Interessen noch geschützt sind.[25] Die Beschränkung der Schutzfrist auf 10 Jahre post mortem trägt dem „digitalen Langzeitgedächtnis", das die Erinnerung an Ikonen aus Kultur, Unterhaltung und Sport über Jahrzehnte lebendig hält, in keiner Weise Rechnung.[26] Nach Auffassung des BGH ist der Schutz der von der Rechtsprechung entwickelten vermögensrechtlichen Bestandteile der Persönlichkeitsrechte im Gegensatz zu den ideellen Bestandteilen des Persönlichkeitsrechts, die verfassungsrechtlich geschützt sind, lediglich zivilrechtlich begründet.[27] Diese Feststellung, die der BGH lediglich behauptet, aber in keiner Weise begründet, vermag nicht zu überzeugen. Der BGH beruft sich dabei auf folgendes Diktum des BVerfG der von ihm grundsätzlich gebilligten Anerkennung vererblicher vermögenswerter Bestandteile des zivilrechtlichen Persönlichkeitsrechts.[28] Dort heißt es: „Das Grundgesetz gebietet einen postmortalen Schutz der Persönlichkeit gegen Angriffe auf die Menschenwürde. Ein Schutz vor einer kommerziellen Ausbeutung, die nicht mit einer die Menschenwürdeverletzung verbunden ist, kennt das Grundgesetz im Bereich des postmortalen Schutzes nicht. Es steht aber der einfachrechtlichen Anerkennung eines solchen Schutzes auch nicht entgegen." Es leuchtet nicht ein, warum die vermögenswerten Bestandteile des Persönlichkeitsrechts nicht so wie im Allgemeinen alle Vermögensrechte dem Schutz des Art. 14 GG unterfallen.[29] Es drängt sich eine Parallele zum Urheberrecht auf, dessen verwertungsrechtliche Seite als Eigentum iSv Art. 14 GG geschützt wird. Dies

---

[19] BVerfGE 101, 361 = NJW 2000, 1021 (1022) – Caroline von Monaco.
[20] Vgl. MüKo.*Rixecker* Allgemeines Persönlichkeitsrecht Rn. 95.
[21] BGHZ 20, 345 (347) – Paul Dahlke.
[22] S. dazu eingehend *Götting* S. 4 ff., 66 ff.; ebenso *Dreyer*/Kotthoff/Meckel Vor §§ 22 ff. Rn. 5 f.
[23] BGHZ 143, 214 (223) = GRUR 2000, 709 – Marlene Dietrich; ebenso BGH GRUR 2002, 690 (691) – Marlene Dietrich II.
[24] BGH GRUR 2007, 168 (170) Rn. 17 f. - kinski-klaus.de.
[25] BGH GRUR 2000, 709 2. Ls. – Marlene Dietrich.
[26] *Götting* GRUR 2007, 168 (170 f.), Anm. zu BGH GRUR 2007, 168 – kinski-klaus.de; siehe Götting/Schertz/Seitz/*Götting* PersönlichkeitsR-HdB § 2 Rn. 37.
[27] BGH GRUR 2007, 139 Rn. 21 – Rücktritt des Finanzministers; BGH GRUR 2008, 1124 Rn. 14 – Zerknitterte Zigarettenschachtel; BGH AfP 2008, 598 2. Ls. Rn. 15 – Geschwärzte Worte; BGH GRUR 2010, 546 Rn. 21, 28 – Der strauchelnde Liebling; BGH GRUR 2011, 647 Rn. 34, 40 – Markt & Leute.
[28] BVerfG GRUR 2006, 1049 (1050) – Werbekampagne mit blauem Engel.
[29] In BVerfG ZUM 2009, 479 (480) wird die Eröffnung des Schutzbereichs der Eigentumsgarantie in Erwägung gezogen, aber letztlich offengelassen.

bedeutet nicht, dass der verfassungsrechtliche Eigentumsschutz der vermögenswerten Bestandteile des Persönlichkeitsrechts im Einzelfall aufgrund einer Güter- und Interessenabwägung insbesondere mit Blick auf die Sozialpflichtigkeit des Eigentums nicht zurückzutreten hat.

3. Bedeutung

Das äußere Erscheinungsbild des Menschen ist Ausdruck seines Wesens und seiner Persönlichkeit. **10**
§ 22 KUG schützt dieses äußere Erscheinungsbild. „Gegenüber einer Berichterstattung durch Wort, Druck oder Schrift bedeutet es einen ungleich stärkeren Eingriff in die persönliche Sphäre, wenn jemand das Erscheinungsbild einer Person in einer Lichtbildaufnahme oder einem Film fixiert, es sich so verfügbar macht und der Allgemeinheit vorführt".[30] Für die modernen Medien (zB Tageszeitung, illustrierte Zeitschriften, Fernsehen) ist die Bildbeschaffung von zentraler Bedeutung. Soweit es sich um Personenbildnisse handelt, befindet sie sich im **Spannungsfeld zwischen dem Informationsinteresse der Öffentlichkeit und dem Recht am eigenen Bild der abgebildeten Person.**

Die Bildverwerter haben daher eine **besondere Sorgfaltspflicht** bei der Beschaffung und Verbrei- **11** tung von Personenbildnissen. § 22 KUG gibt jedem Abgebildeten in den durch bestimmte Ausnahmen (§§ 23 und 24 KUG) gezogenen Grenzen das Recht, darüber zu entscheiden, ob und gegebenenfalls in welcher Weise und zu welchem Zweck sein Bildnis verbreitet oder öffentlich zur Schau gestellt werden darf. Nur der Abgebildete selbst und nicht andere Personen – auch nicht der Urheber des Bildnisses – soll über die öffentliche Verwendung und Verwertung der Abbildung entscheiden. Der Abgebildete hat das Recht zu entscheiden, ob sein Bildnis verbreitet werden darf oder nicht; er hat jedoch aufgrund seines Rechts am eigenen Bild keinen Anspruch darauf, dass sein Bildnis – überhaupt oder in bestimmter Weise – abgebildet wird.[31]

Soweit Dritte ein Personenbildnis verbreiten, ohne durch den Abgebildeten oder durch eine Aus- **12** nahmebestimmung (§§ 23 und 24 KUG) hierzu ermächtigt zu sein, verletzen sie das Recht am eigenen Bild des Abgebildeten. „Das Unzulässige der eigenmächtigen Bildnisveröffentlichung durch einen Dritten liegt darin, dass damit **dem Abgebildeten die Freiheit entzogen** wird, aufgrund eigener Entschließung über dieses Gut seiner Individualsphäre zu verfügen".[32]

Bildniswerke der bildenden Künste werden von § 22 KUG ebenso umfasst wie Lichtbildwerke und **13** Lichtbilder. Die **praktische Bedeutung** der Bestimmung liegt jedoch in erster Linie auf dem Gebiet der fotografischen Bildnisse, die durch die Print-Medien verbreitet werden. Erst in zweiter Linie folgt die Verbreitung durch Film und Fernsehen.

II. Verbreiten oder öffentliches Zurschaustellen von Personenbildnissen

1. Bildnisse

Ein **Bildnis** iSv § 22 KUG ist ein **Personenbildnis,** dh die Darstellung einer oder mehrerer Per- **14** sonen, die die äußere Erscheinung der Abgebildeten in einer für Dritte erkennbaren Weise wiedergibt. Ein Personenbildnis muss sich ausschließlich oder in erster Linie auf die Abbildung einer oder mehrerer Personen (Familie, Gruppe) beziehen. Bilder, auf denen die abgebildeten Personen nur im Hintergrund oder „nur als Beiwerk neben einer Landschaft oder sonstiger Örtlichkeit erscheinen" (§ 23 Abs. 1 Nr. 2 KUG), sind keine Bildnisse. Nach ständiger Rechtsprechung liegt ein „Bildnis" dann vor, „wenn die Darstellung dazu bestimmt und geeignet ist, eine Person in ihrer dem Leben nachgebildeten äußeren Erscheinung dem Beschauer vor Augen zu führen und das Aussehen, wie es gerade dieser bestimmten Person eigen ist, im Bild wiederzugeben, wobei es in der Regel die Gesichtszüge sind, die einen Menschen von seinen Mitmenschen unterscheiden und für den Betrachter erkennbar machen. Dabei ist es rechtlich unerheblich, ob die Darstellung gut oder mangelhaft ist oder ob die Ähnlichkeit eine größere oder geringere ist. Von Bedeutung ist allein die Erkennbarkeit des Abgebildeten".[33]

Ein „Bildnis" muss kein **„Portrait"** sein. Der Begriff „Bildnis" iSd § 22 KUG umfasst alle nur **15** denkbaren bildlichen Darstellungen von lebenden oder toten Personen. Die Art und Form, in der ein Bildnis ständig oder vorübergehend (Live-Fernsehaufnahmen) sichtbar wird, spielt keine Rolle.[34] Die Abbildung von Personen in der Bewegung in Film und Fernsehen ist ebenso ein Bildnis wie ein Foto, ein Gemälde oder eine Bronze-Statue.[35] Gleiches gilt von Puppen, die die Gesichtszüge einer bekannten Persönlichkeit tragen,[36] einer Totenmaske[37] und Abbildungen von Toten. Ebenso wird die

---

[30] BGH GRUR 1967, 205 (208) – Vor unserer eigenen Tür; ähnlich auch BVerfGE 101, 361 = NJW 2000, 1021 (1022) – Caroline von Monaco.

[31] OLG München Schulze OLGZ 249 – Schallplattenhülle.

[32] BGH GRUR 1958, 408 – Herrenreiter.

[33] RGZ 103, 319 – Rausch; BGH GRUR 1958, 408 – Herrenreiter; BGH GRUR 1962, 211 – Hochzeitsbild; BGH GRUR 1966, 102 – Spielgefährtin I; *Helle* Persönlichkeitsrechte S. 91.

[34] DKMH/*Dreyer* § 22 Rn. 5; Götting/Schertz/Seitz/*Götting* PersönlichkeitsR-HdB § 12 Rn. 10.

[35] OLG Dresden AfP 2010, 402.

[36] Corte di Cassazione GRUR-Int 1982, 462 – Mazzola.

[37] KG ZUM 1985, 385; LG München I UFITA 100 (1985), 294.

Abbildung auf einer Medaille vom Bildnisschutz umfasst.[38] Zu weiteren Einzelheiten und Möglichkeiten, wie ein Bildnis entstehen und beschaffen sein kann, vgl. → UrhG § 60 Rn. 16 ff. Während aber bei der urheberrechtlichen Bestimmung des § 60 die Bildnisformen eine besondere Rolle spielen, erweist sich für den persönlichkeitsrechtlichen Bildnisschutz nach § 22 KUG die Erkennbarkeit der abgebildeten Person als das entscheidende Merkmal. Abweichend von der ganz hM, wonach es für den Bildnisbegriff und damit die Anwendbarkeit der §§ 22 ff. KUG entscheidend auf die Identifizierbarkeit ankommt, geht das BVerfG davon aus, dass das allgemeine Persönlichkeitsrecht vor der Verbreitung eines technisch manipulierten Bildnisses schützt, dass den Anschein erweckt, ein authentisches Abbild einer Person zu sein.[39] Ein Bildnis im Sinne von § 22 KUG wurde selbst dann angenommen, wenn in einem Werbefilm ein Schauspieler eingesetzt wird, der einem Prominenten nicht ähnlich sieht, der Werbefilm jedoch zahlreiche bekannte Elemente eines Showformats übernimmt, das durch einen prominenten Quizmaster geprägt wird.[40] Bei dieser sehr weiten Ausdehnung des Bildnisbegriffs geht es nach wettbewerbsrechtlichen Kategorien um den Schutz vor Rufausbeutung.

2. Erkennbarkeit

16   Die für das Vorliegen eines Bildnisses erforderliche **Erkennbarkeit einer abgebildeten Person** ergibt sich in erster Linie aus den **Gesichtszügen** des Abgebildeten.[41] Aber auch Einzelheiten und Merkmale der äußeren Erscheinung, die für die betreffende Person typisch sind, wie Statur, Haarschnitt, bestimmte Körperhaltung und Posen, besondere Kleidungsstücke, kurz: ihr ganzer Habitus, machen eine Person erkennbar.[42] Bei der Prüfung der Erkennbarkeit sind **Einzelheiten als Identifizierungshilfe** zu berücksichtigen. Ein Reiter kann zB durch sein in Reiterkreisen bekanntes Pferd auf einem Bild erkennbar sein.[43] Für Kenner einer Fußballmannschaft kann ein Torwart sogar von hinten „aufgrund von Statur, Haltung, Haarschnitt unschwer zu erkennen" sein.[44] Für die Erkennbarkeit genügt es auch, wenn der Abgebildete auf Fotoausschnitten aufgrund früherer Veröffentlichungen des ganzen Fotos erkannt werden kann.[45]

17   Auf die Größe des Bekanntenkreises des Abgebildeten und die **Zahl der Personen, die ihn identifizieren können,** kommt es nicht an: „Ebenso wenig wird verlangt, dass schon der nur flüchtige Betrachter den Abgebildeten auf dem Bild erkennen kann; es genügt die Erkennbarkeit durch einen mehr oder minder großen Bekanntenkreis".[46] Zweifelhaft erscheint dagegen, ob ein Kunstflieger anhand gewisser charakteristischer Merkmale des Flugzeuges sicher und eindeutig auszumachen ist, wenn das Foto das Flugzeug im Rückenflug zeigt und der Kopf des Piloten noch nicht einmal 1mm groß wiedergegeben ist.[47] Jedes Merkmal für die Erkennbarkeit ist zu berücksichtigen, ohne dass dabei eine besondere Rangfolge einzuhalten wäre. „Bei der Identifizierung einer abgebildeten Person werden zwar die Gesichtszüge regelmäßig im Vordergrund stehen. Aber ebenso gut kann die Erkennbarkeit einer abgebildeten Person durch andere auf dem Bild sichtbare Einzelheiten wie Kleidung, Gestalt, Umgebung u. dgl. gewährleistet werden. Die Vorschrift des § 22 KUG, die ohne nähere Erläuterung von einem Bildnis spricht – was die Erkennbarkeit der abgebildeten Person allerdings begriffsnotwendig einschließt –, stellt weder eine Rangfolge der Erkennbarkeitsmerkmale auf noch schließt sie irgendeine Gruppe von Identifizierungshilfen überhaupt von der Berücksichtigung aus."[48]

18   Durch sog. **Augenbalken** wird die Erkennbarkeit nicht unbedingt beseitigt.[49] Entsprechendes gilt auch für **Verpixelungen** der Gesichtszüge, wenn die Person aufgrund anderer Merkmale wie Frisur oder Kleidung identifizierbar bleibt.[50] Auch bei einem **retuschierten** Bild und bei einem **kleinen Ausschnitt** aus einem Bildnis in einer Anzeige kann die Erkennbarkeit der Gesichtszüge noch gegeben sein. „Eine Persönlichkeitsbeeinträchtigung liegt im Übrigen schon dann vor, wenn der Abgebildete begründeten Anlass hat anzunehmen, er könne nach der Art der Abbildung erkannt werden".[51]

---

[38] BGH GRUR 1996, 195 – Abschiedsmedaille.

[39] BVerfG AfP 2005, 171 (172).

[40] OLG Köln GRUR-RR 2015, 318 Rn. 27 ff. – Wer wird Millionär?

[41] Ebenso DKMH/*Dreyer* § 22 Rn. 7.

[42] ZB Schnurrbart, Melone und Stöckchen für das Bildnis von Charlie Chaplin; Götting/Schertz/Seitz/*Schertz* PersönlichkeitsR-HdB § 12 Rn. 12.

[43] OLG Düsseldorf GRUR 1970, 618 – Schleppjagd.

[44] BGH GRUR 1979, 732 (733) – Fußballtor; OLG München Schulze OLGZ 270 – Paul Breitner; LG München I Schulze LGZ 197 – Trickskifahrer.

[45] LG Bremen GRUR 1994, 987 – Fotoausschnitt.

[46] BGH GRUR 1979, LG Frankfurt a. M. ZUM-RD 2006, 357 (358); LG München ZUM-RD 1998, 18; Dreier/Schulze/*Dreier/Specht* KUG § 22 Rn. 4; vgl. auch OLG Hamburg Schulze OLGZ 113.

[47] OLG Nürnberg Schulze OLGZ 141; hierzu krit. auch BGH GRUR 1979, 732 (733 rSp.) – Fußballtor.

[48] Vgl. hierzu BGH GRUR 1966, 102 rSp. – Spielgefährtin I; OLG Düsseldorf GRUR 1970, 618 (619) – Schleppjagd.

[49] OLG Karlsruhe NJW 1980, 1701; OLG München AfP 1983, 276; OLG Hamburg AfP 1993, 590; LG Berlin AfP 1997, 732 (733); OLG Karlsruhe ZUM 2001, 883 (887); *Prinz/Peters* MedienR Rn. 827.

[50] OLG Stuttgart AfP 2014, 352; OLG Saarbrücken AfP 2010, 81; KG MMR 2012, 258; LG Hamburg MMR 2007, 398; LG Frankfurt a. M. AfP 2007, 378.

[51] BGH GRUR 1962, 211 – Hochzeitsbild; BGH GRUR 1972, 97 (98) – Liebestropfen; OLG München AfP 1983, 276; OLG Karlsruhe ZUM 2001, 883 (887).

Ob mit der Veröffentlichung einer Abbildung lediglich **beabsichtigt** wird, dem Betrachter eine **19** beliebige Person vorzuführen, ist unbeachtlich.[52] Liegt aber nach dem objektiven Eindruck des Betrachters ein Bildnis vor, so reicht die **Namensangabe** unter der Abbildung aus, um die abgebildete Person zu identifizieren,[53] denn „Bild, Name und Bildbericht sind meist miteinander verknüpft".[54] Auch die Abbildung eines Schauspielers in seiner Rolle beeinträchtigt sein Recht am eigenen Bild, wenn er erkennbar und identifizierbar bleibt.[55] Ebenso bleibt eine unbekleidete Schauspielerin erkennbar, wenn eine Illustrierte ihr Foto als Bild einer „symbolischen Durchschnittsfrau" verbreitet.[56]

Auch **Fotos von Modellen,** mit denen einzelne Personen nachgestellt oder „gedoubelt" werden, **20** können den Begriff des „Bildnisses" iSv § 22 KUG erfüllen, „wenn mit Hilfe von Retuschen und Utensilien eine Unterscheidung zwischen der Originalaufnahme einer tatsächlichen Person und einer nachgestellten Abbildung verschwindend gering ist".[57] Diese bei Werbeagenturen beliebte Methode, das Bildnis einer berühmten Person nur scheinbar zu verwenden, greift gleichwohl in deren Recht am eigenen Bild ein.[58] Eine Firma, die mit dem **Bildnis vom Double** eines Stars wirbt, profitiert nicht vom Bildnis des Doubles, sondern vom Image der dargestellten bekannten Person. Das Gleiche gilt für einen Schauspieler, der in täuschend ähnlicher Maske und Garderobe einen bekannten Sänger parodiert. In dem Auftritt eines Prominentendoubles in einem Werbefilm ohne Zustimmung liegt eine Verletzung des Rechts am eigenen Bilde, die einer unbefugten Verwendung eines „echten" Bildnisses für Werbezwecke gleichsteht. Dabei ist es nicht erforderlich, dass die Gesamtheit oder der überwiegende Teil der angesprochenen Verkehrskreise irregeführt wird. Entsprechend den im Rahmen von § 5 UWG geltenden Grundsätzen genügt es vielmehr, dass ein nicht unbeachtlicher Teil des angesprochenen Publikums zu der Annahme verleitet wird, der Prominente werbe für das angebotene Produkt.[59]

Der Bildnisschutz nach § 22 KUG findet jedoch dort seine **Grenze,** wo ein „Typus" dargestellt **21** wird[60] oder eine zufällige, wenn auch täuschende Ähnlichkeit vorliegt, es sich aber um eine andere Person handelt, es sei denn, dass die Bildunterschrift zu einer anderen (unrichtigen) Annahme berechtigt.[61]

3. Grundsätze zur Erkennbarkeit im Einzelnen

Aus der Rechtsprechung ergeben sich für die Beurteilung der Erkennbarkeit folgende **Grundsät- 22 ze:**

a) Der Begriff des „Bildnisses" setzt die **Erkennbarkeit** der abgebildeten Person voraus.[62]

b) Zur Erkennbarkeit einer Person gehört jedoch nicht notwendig die Abbildung der Gesichtszü- **23** ge; es genügt, wenn der Abgebildete, mag auch sein Gesicht kaum oder (etwa durch Retuschen) gar nicht erkennbar sein, durch **Merkmale,** die sich aus dem Bild ergeben und **die gerade ihm eigen sind,** erkennbar ist oder seine Person durch den beigegebenen Text[63] oder durch den Zusammenhang mit früheren Veröffentlichungen[64] erkannt werden kann.[65] Auch die fiktive, technisch verfremdete Darstellung eines Fußballspielers in einem Computerspiel, das die typischen Merkmale seines Aussehens erkennen lässt, erfüllt den Bildnisbegriff.[66]

c) Das Recht am eigenen Bild wird schon dann verletzt, wenn der Abgebildete begründeten Anlass **24** hat anzunehmen, er könne als abgebildet **identifiziert** werden.[67] Sofern man in der zeichnerischen Darstellung einer Comic-Figur die Person eines bekannten (aber inzwischen verstorbenen) Schauspielers erkennen könnte, liegt ein Bildnis dieser Person iSd § 22 KUG vor.[68]

---

[52] BGH GRUR 1979, 732 – Fußballtor.
[53] BGH GRUR 1966, 102 – Spielgefährtin I; OLG Hamburg AfP 1977, 351 – Außenministerin von Uganda; OLG Frankfurt a. M. GRUR 1987, 195 – Foto der Freundin.
[54] *Neumann-Duesberg* Anm. zu Schulze OLGZ 133, 29.
[55] BGH GRUR 1961, 138 (139) – Familie Schölermann.
[56] KG Schulze KGZ 51.
[57] LG Stuttgart AfP 1983, 292.
[58] BGH GRUR 2000, 715 – Der blaue Engel; LG Düsseldorf AfP 2002, 64 – Franz Beckenbauer; sa DKMH/*Dreyer* § 22 Rn. 9.
[59] OLG Karlsruhe AfP 1996, 228 – Ivan Rebroff; LG Köln AfP 2014, 360 – Doppelgängerwerbung; sa *Gerecke* GRUR 2014, 518 ff.
[60] LG Hamburg GRUR-RR 2012, 42 – Andy.
[61] Dreier/Schulze/*Dreier/Specht* KUG § 22 Rn. 2; Wandtke/Bullinger/*Fricke* KUG § 22 Rn. 6.
[62] BGH GRUR 1958, 408 – Herrenreiter; BGH GRUR 1975, 561 – Nacktaufnahmen; BGH GRUR 1979, 732 – Fußballtor; dazu auch → Rn. 16 f.
[63] Vgl. BGH GRUR 1966, 102 – Spielgefährtin I; vgl. auch OLG Stuttgart GRUR-RR 2015, 80 – Gepixeltes Bild.
[64] OLG Hamburg Schulze OLGZ 113.
[65] BGH GRUR 1979, 732 (733) – Fußballtor; BGH GRUR 2000, 715 (717) – Der blaue Engel; OLG München K&R 2018, 416 (417) – Internetpranger II.
[66] OLG Hamburg ZUM 2004, 309 (310) – Oliver Kahn.
[67] Vgl. *v. Gamm* UrhG Einf. Rn. 104; *Neumann-Duesberg* Anm. zu Schulze OLGZ 102 u. 113 u. 141; vgl. auch BGH GRUR 1962, 211 – Hochzeitsbild; BGH GRUR 1972, 97 (98) – Liebestropfen; BGH GRUR 1979, 732 – Fußballtor.
[68] LG München AfP 1997, 559 (560) – Meister Eder.

25   **d)** Für die Erkennbarkeit einer Person ist es nicht erforderlich, „dass schon der nur flüchtige Betrachter den Abgebildeten auf dem Bild erkennen kann; es genügt die **Erkennbarkeit durch** einen mehr oder minder großen **Bekanntenkreis**.[69] Entscheidend ist der Zweck des § 22 KUG, die Persönlichkeit davor zu schützen, gegen ihren Willen in Gestalt der Abbildung für andere verfügbar zu werden. Der besondere Rang des Anspruchs darauf, dass die Öffentlichkeit die Eigensphäre der Persönlichkeit und ihr Bedürfnis nach Anonymität respektiert, verlangt eine Einbeziehung auch solcher Fallgestaltung in den Schutz dieser Vorschrift".[70] Dementsprechend hat das BVerfG entschieden, dass es nicht entscheidend darauf ankommt, ob alle oder ein erheblicher Teil der Leser oder gar die Durchschnittsleser einer Zeitung die gemeinte Person identifizieren können. Vielmehr kann das grundrechtlich geschützte Persönlichkeitsrecht nicht nur dann betroffen sein, wenn eine persönlichkeitsverletzende Äußerung eine Verbreitung in einem großen Kreis von Dritten erfährt, sondern auch dann, wenn über das Medium der Zeitung persönlichkeitsverletzende Informationen an solche Leser geraten, die aufgrund ihrer sonstigen Kenntnisse in der Lage sind, die Person zu identifizieren, auf die sich der Bericht bezieht. Gerade für Leser mit Einblick in das berufliche oder persönliche Umfeld des Betroffenen sei die Information in ihrem persönlichkeitsverletzenden Teil aussagekräftig und in der Folge für die in Bezug genommene Person besonders nachteilig.[71]

26   **e)** „Wird bei der Veröffentlichung des Bildes einer Person durch **Angabe des Namens** mitgeteilt, wen das Bild darstellen soll, so liegt ein Bildnis iSd. § 22 KUG auch vor, wenn der Abgebildete allein aufgrund der bildlichen Darstellung – bei Wegfall der Namensunterschrift – nicht wiedererkannt werden könnte".[72]

4. Karikaturen

27   Zu den besonderen Darstellungsformen von Personenbildnissen, die nach hM dem Bildnisschutz unterworfen sind, zählt auch die **Karikatur**.[73] Eine Karikatur (it. caricare = überladen, übertreiben) ist ein Zerrbild oder Spottbild „mit absichtlicher Übertreibung hervorstechender Merkmale" *(Brockhaus)*. Die Erkennbarkeit der dargestellten Person ist bei Karikaturen nicht trotz, sondern gerade wegen der übertriebenen Darstellung von Eigenheiten, Unvollkommenheiten und Schwächen gegeben, die der karikierten Person eigen sind. Ohne die Erkennbarkeit der dargestellten Person wäre eine Karikatur ohne Witz und völlig unverständlich.

28   Da sich in der Regel nur Personen, die in der Öffentlichkeit bekannt sind, dh Personen aus dem Bereich der Zeitgeschichte,[74] für eine Karikatur eignen, wird die **künstlerische Freiheit der Karikaturisten** durch das Recht am eigenen Bild nicht eingeengt.

29   In Betracht kommen kann aber eine **Ehrverletzung.** „Eine erkennbar satirisch gemeinte Äußerung oder Darstellung ist dann keine Beleidigung, wenn die nach Abzug der satirischen Einkleidung verbleibende Meinungsäußerung inhaltlich keine Äußerung der Missachtung darstellt und wenn auch die Art und Weise der satirischen Darstellung keine Geringschätzung des Betroffenen zum Ausdruck bringt".[75] Die Freiheit zu satirischer Darstellung endet jedoch dort, wo die Karikatur zur Beschimpfung der dargestellten Person missbraucht wird. Die Unterstellung unsittlicher oder unehrenhafter Handlungen oder gar Verbrechen verletzt – auch in der witzigsten Darstellung – die Ehre und damit die berechtigten Interessen des Dargestellten.[76]

30   Während eine Karikatur von Prominenten, wie insbesondere Politikern, als Personen der Zeitgeschichte[77] regelmäßig von der Meinungsfreiheit oder Kunstfreiheit[78] gedeckt ist, dürfen **„Privatpersonen"**, die sich nicht bewusst der Öffentlichkeit aussetzen, nicht gegen ihren Willen zum Gegenstand einer Karikatur gemacht werden. Allerdings hat das BVerfG entschieden, dass die Abbildung einer Person, die sich auf einem Sommerfest in der Nähe des damaligen CSU-Vorsitzenden und Bundesfinanzministers Waigel aufhielt, im Rahmen der in der Zeitschrift Stern erschienenen Rubrik „Bonnbons" in satirisch verfremdeter Form auch gegen den Willen des Betroffenen veröffentlicht werden durfte. Begründet wurde dies mit der Erwägung, der Abgebildete, der durch das von ihm selbst gewählte äußere Erscheinungsbild der Klischeevorstellung eines „Urbayers" entspreche, müsse mit der Berichterstattung durch die Presse rechnen, da er sich in der „Sozialsphäre" bewege und er erkennbar nichts dagegen gehabt habe, gemeinsam mit dem Bundesfinanzminister abgelichtet zu werden.[79] Die Entscheidung ist verfehlt, weil sie den wesentlichen Anknüpfungspunkt für die Beurteilung einer Persön-

---

[69] LG Berlin 2018, 180 – Atze Schröder ohne Verkleidung.
[70] BGH GRUR 1979, 732 (733) – Fußballtor.
[71] BVerfG ZUM-RD 2004, 573 (574).
[72] BGH GRUR 1966, 102 – Spielgefährtin I.
[73] Vgl. *Hirsch* UFITA 2 (1929), 522; *Osterrieth/Marwitz* KUG § 22 Anm. III 5; *Schünemann* GRUR 1928, 559; *Ulmer,* Urheber- und Verlagsrecht, 3. Aufl. 1980, § 6 II 3a; Voigtländer/Elster/*Kleine* KUG §§ 22–24 Anm. 2; DKMH/*Dreyer* § 22 Rn. 5, 10.
[74] → KUG § 23 Rn. 21 ff.
[75] BayObLGSt NJW 1957, 1607; OLG Hamburg 16.9.1966, zit. nach *Leinveber* ArchPR 1968, 764; OLG Karlsruhe NJW 1982, 647 – Politische Satire.
[76] § 23 Abs. 2 KUG, → KUG § 23 Rn. 118.
[77] § 23 Abs. 1 Nr. 1 KUG.
[78] Art. 5 Abs. 1 S. 1 und Art. 5 Abs. 3 GG.
[79] BVerfG NJW 2002, 3767 (3768) – Bonnbons.

lichkeitsrechtsverletzung verkennt: Wer sich gemeinsam mit dem Bundesfinanzminister in der Öffentlichkeit zeigt, muss damit rechnen, dass sein Bildnis im Zusammenhang mit einer Berichterstattung veröffentlicht wird. Er muss aber nicht damit rechnen, dass er als „Bilderbuchbayer"[80] instrumentalisiert und der „Prangerwirkung" einer spöttischen, satirischen Darstellung ausgesetzt wird.

5. Schauspieler-Bildnisse

Bei Bildnissen von Schauspielern ist zu unterscheiden zwischen dem Bildnis des Schauspielers, der **31** auch auf der Bühne oder im Film als Person erkennbar bleibt, und dem Bildnis der dargestellten Person, deren Rolle der Schauspieler verkörpert.

a) Bildnis des Schauspielers als eigene Person. Die Abbildung eines **Schauspielers in seiner** **32** **Rolle** (zB auf dem Bildschirm eines Fernsehgeräts, für das in einer Anzeige geworben wird) beeinträchtigt sein Recht am eigenen Bild, wenn er erkennbar und identifizierbar bleibt. Dies gilt selbst dann, wenn der Schauspieler zu den Personen aus dem Bereich der Zeitgeschichte iSd § 23 Abs. 1 Nr. 1 KUG zu rechnen ist.[81] Auch eine unbekleidete Filmschauspielerin bleibt erkennbar, wenn eine Illustrierte ihr Foto als Bild einer „symbolischen Durchschnittsfrau" ohne Namensnennung verbreitet.[82]

b) Bildnis der dargestellten Person. Umgekehrt kann ein Schauspieler eine **von ihm verkör- 33** **perte Person** durch Maske, Mimik und Gesten so überzeugend darstellen, dass er damit ein lebendes Abbild der dargestellten Person auf die Bühne stellt. Auch dies ist ein Bildnis, denn „der Begriff des Bildnisses beschränkt sich nicht auf eine Abbildung im engeren Sinn, er erfasst vielmehr jede mögliche äußere Darstellung, die die Erkennbarkeit des Betroffenen zur Folge hat".[83] Das Recht am eigenen Bild umfasst also „nicht nur die Abbildung einer Person im eigentlichen Sinne, sondern auch die Darstellung einer Person durch einen Schauspieler auf der Bühne, im Film oder im Fernsehen".[84] Dementsprechend wurde auch das Nachstellen einer berühmten Szene mit Marlene Dietrich aus dem Film „Der blaue Engel" durch eine andere Schauspielerin als Verletzung des Bildnisses von Marlene Dietrich angesehen.[85]

6. Herstellen und Verbreiten

Verboten ist nach § 22 KUG nur das Verbreiten und öffentliche Zurschaustellen von Bildnissen **34** ohne Einwilligung des Abgebildeten – soweit nicht die Ausnahmevorschriften der §§ 23 und 24 KUG eingreifen. Das Herstellen (zB fotografische Aufnahme) und Vervielfältigen von Bildnissen fällt nicht unter das Verbot des § 22 KUG, kann aber bei unmittelbar bevorstehender Verbreitung eine vorbeugende Unterlassungsklage begründen. Im Übrigen liegt regelmäßig ein Eingriff in das allgemeine Persönlichkeitsrecht vor (→ Rn. 5). Dies gilt insbesondere für den Fall der sog. **„Bildniserschlei- chung".**[86] „Aus dem allgemeinen Persönlichkeitsrecht folgt, dass nicht bloß die Verbreitung, sondern auch bereits die Anfertigung von Bildaufnahmen einer Person unzulässig ist, wenn die Aufnahme heimlich, dh. ohne Wissen und Willen der betreffenden Person, und in der Absicht vorgenommen wird, das Bild der Öffentlichkeit zugänglich zu machen".[87] Stets ist der Zweck der Aufnahme zu beachten, wobei der Zweck der öffentlichen Berichterstattung für sich genommen keinen ausreichenden Rechtfertigungsgrund für die ungenehmigte Bildnisherstellung bildet. Die Anfertigung eines Fotos von einer Person nur zu Beweiszwecken im Zivilprozess soll gemäß der erforderlichen Interessenabwägung zulässig sein.[88] Das Gleiche gilt für Fotos beteiligter oder verletzter Personen zur Beweissicherung bei Kfz-Unfällen „im Bereich der Unfallstelle". Ein Unterlassungsanspruch gegen einen Nachbarn wegen der Anbringung einer Überwachungskamera auf dem Nachbargrundstück setzt voraus, dass eine Überwachung des angrenzenden Grundstücks tatsächlich stattgefunden hat oder zumindest – vorbeugend – zu befürchten ist. „Letzteres ist erst dann der Fall, wenn ernsthafte und greifbare tatsächliche Anhaltspunkte für eine rechtswidrige Überwachung in naher Zukunft bestehen. Allein die hypothetische Möglichkeit einer Videoüberwachung reicht hierfür nicht. Ebenso genügen übliche Zwistigkeiten zwischen Grundstücksnachbarn nicht, die Befürchtung zu rechtfertigen, dass die Videoüberwachung auf das angrenzende Grundstück ausgedehnt werde."[89] Das Persönlichkeitsrecht eines vermeintlich überwachten Nachbarn kann allerdings schon auf Grund einer Verdachtssitu-

---

[80] BVerfG NJW 2002, 3767 (3768) – Bonnbons.
[81] BGH GRUR 1961, 138 – Familie Schölermann; OLG Karlsruhe GRUR 1985, 136 – Volvo-Reklame.
[82] KG Schulze KGZ 51.
[83] *v. Gamm* UrhG Einf. Rn. 104; KG JW 1928, 363 (364) – Piscator; BGHZ 26, 52 (67) – Sherlock Holmes.
[84] OLG Hamburg NJW 1975, 649 (650 lSp.) – Aus nichtigem Anlass?.
[85] BGH GRUR 2000, 715 – Der blaue Engel.
[86] Ebenso *Dreyer*/Kotthoff/*Meckel* § 22 Rn. 11.
[87] OLG Frankfurt a. M. GRUR 1958, 508 – Verbrecherbraut; BGH GRUR 1957, 494 (499) – Spätheimkehrer m. zustimmender Anm. *Bußmann*; BGH GRUR 1967, 205 (208) – Vor unserer eigenen Tür m. zustimmender Anm. Bielenberg; *Hubmann* JZ 1957, 753 (755); OLG Hamburg AfP 1982, 41 – Heimliche Nacktfotos; vgl. auch KG NJW 2000, 2210 zu Aufnahmen in Zügen der Deutschen Bahn AG; Dreier/Schulze/*Specht* KUG § 22 Rn. 11 ff.
[88] KG Schulze KGZ 72; LG Oldenburg AfP 1991, 652; aA OLG Hamm NJW-RR 1988, 425 (426) m. abl. Anm. *Helle.*
[89] LG Berlin ZD 2017, 81 unter Hinweis auf BGH NJW 2013, 3089; NJW-RR 2012, 114.

ation beeinträchtigt sein, wenn der Betroffene eine Überwachung durch Überwachungskameras objektiv ernsthaft befürchten muss („Überwachungsdruck").[90] Die Befürchtung durch Überwachungsgeräte überwacht zu werden, ist dann gerechtfertigt, wenn sie aufgrund konkreter Umstände als nachvollziehbar und verständlich erscheint, etwa im Hinblick auf einen eskalierenden Nachbarstreit.[91] Allein ein sozial inadäquates Verhalten einer Person rechtfertigt nicht die Anfertigung von Videoaufnahmen dieser Person.[92] Die permanente und anlasslose Aufzeichnung des Verkehrsgeschehens ist mit den datenschutzrechtlichen Regelungen der Datenschutzgrundverordnung und des Bundesdatenschutzgesetzes nicht vereinbar. Die Aufzeichnung verstößt gegen Art. 6 Abs. 1 DS-GVO, da sie ohne Einwilligung des Betroffenen erfolgt ist und nicht auf eine der übrigen Erlaubnistatbestände des Art. 6 Abs. 1 DS-GVO gestützt werden kann.[93] Die Verwertung von so genannten Dashcam-Aufzeichnungen, die ein Unfallbeteiligter vom Unfallgeschehen gefertigt hat, als Beweismittel im Unfallhaftpflichtprozess ist dennoch zulässig.[94] Der Überwachungsdruck einer als solche erkennbaren Videokamera–Attrappe entspricht dem einer funktionsfähigen Videokamera, so dass die Anforderungen an die Rechtfertigung einer tatsächlichen Videoüberwachung gleichzusetzen sind.[95]

35   Die Frage, ob über den Fall der Bildniserschleichung hinaus ein **genereller Schutz vor der Bildnisherstellung** anzuerkennen ist, ist höchstrichterlich noch nicht entschieden. Die Ansichten in der instanzgerichtlichen Rechtsprechung und Literatur sind geteilt. Nach der wohl hM kommt es auf die nach allgemeinen Grundsätzen im Rahmen des allgemeinen Persönlichkeitsrechts vorzunehmende Interessenabwägung an.[96] Nach einer weitergehenden Ansicht ist die Bildnisherstellung grundsätzlich als ein rechtswidriger Eingriff in das allgemeine Persönlichkeitsrecht anzusehen, der nur ausnahmsweise bei Vorliegen besonderer Rechtfertigungsgründe zulässig ist.[97] Dem ist beizupflichten, da der Abgebildete bereits durch die Bildnisherstellung der Verfügungsmacht eines anderen ausgeliefert wird. Dieser hat es in der Hand, mit dem Bildnis nach Belieben zu verfahren und es einer mehr oder weniger großen Öffentlichkeit zugänglich zu machen. Dieser Auffassung scheint auch das BVerfG zuzuneigen, wenn es feststellt, dass das Recht am eigenen Bilde dem Einzelnen „Einfluss- und Entscheidungsmöglichkeiten" gewährleistet, „soweit es um die Anfertigung und Verwendung von Fotografien oder Aufzeichnungen seiner Person durch andere geht".[98] Im Übrigen kann auch der Straftatbestand des § 201a Abs. 1 StGB erfüllt sein. Dieser verbietet bereits die unbefugte Herstellung von Bildaufnahmen von Personen, die sich in Wohnungen oder einem gegen Einblick besonders geschützten Raum befinden, ebenso die Übertragung derartiger Bilder, etwa durch das Internet. Voraussetzung ist jedoch, dass durch die unbefugte Bildnisherstellung bzw. Übertragung der höchstpersönliche Lebensbereich der betroffenen Person verletzt wird. Gemäß § 201a Abs. 2 StGB macht sich auch derjenige strafbar, der derartige Bildaufnahmen gebraucht oder Dritten zugänglich macht.[99] Es versteht sich von selbst, dass die Anfertigung aufgrund der gebotenen Interessenabwägung in dem Maße zulässig ist, in dem auch die Verbreitung oder öffentliche Zurschaustellung erlaubt ist.[100]

36   Der **Begriff des Verbreitens** in § 22 KUG ist wesentlich umfassender als im Urheberrechtsgesetz.[101] Während das Verbreitungsrecht gem. § 17 Abs. 1 UrhG nur die öffentliche Verbreitung (→ UrhG § 17 Rn. 5–7) betrifft, umfasst das Verbreiten gem. § 22 KUG **jede Art der Verbreitung,** auch durch Verschenken der Vervielfältigungsstücke im privaten Bereich. Entscheidend ist, dass bereits die Verbreitung durch Einzelpersonen zu einem Verlust der Kontrolle darüber führt, ob und wie das Bildnis in die Öffentlichkeit gelangt, was dem Selbstbestimmungsrecht des Abgebildeten zuwider läuft.[102] Allerdings kann der Austausch von Bildnissen zwischen Bildarchiv und Presseunternehmen

---

[90] BGH GRUR 2010, 949 Rn. 13 unter Hinweis auf LG Bielefeld NJW-RR 2008, 327; LG Itzehoe NJW-RR 1999, 1394.

[91] BGH GRUR 2010, 949 Rn. 14 unter Hinweis auf OLG Köln NJW 2009, 1827; siehe auch LG Berlin ZD 2017, 81; vgl. unter dem Gesichtspunkt des Datenschutzrechts auch OVG Lüneburg NJW 2015, 502; VG Saarlouis ZD 2016, 549.

[92] LG Düsburg ZUM 2017, 171 (173 f.).

[93] Vgl. BGH ZuD 2018, 708 (1. LS) zu §§ 4, 6 Abs. 1, 28 Abs. 1 BDSG aF.

[94] BGH ZuD 2018, 708 (zweiter Leitsatz); siehe auch OLG Nürnberg NJW 2017, 3597; LG München I ZD 2017, 36; siehe zur Verwertbarkeit bei der Verfolgung von Ordnungswidrigkeiten OLG Stuttgart ZD 2016, 375.

[95] LG Berlin ZD 2016, 189 (190) mAnm *Widegren.*

[96] S. etwa OLG Hamm JZ 1988, 308 mAnm *Helle;* LG Oldenburg GRUR 1988, 694 – Grillfest; *Reinhardt* JZ 1959, 41 (42); *Rebmann* AfP 1982, 189 (194); nach einer Entscheidung des BVerfG sind Nahaufnahmen von Polizeibeamten im Einsatz nur dann unzulässig, wenn konkrete Anhaltspunkte dafür bestehen, dass die Aufnahmen auch tatsächlich unzulässig verbreitet werden, vgl. BVerfG GRUR 2016, 311 – Maßnahmen zur Identitätsfeststellung.

[97] S. etwa OLG Hamburg NJW-RR 1990, 1000; *Amelung/Tyrell* NJW 1980, 1560 (1561); *Franke* JR 1982, 48; *Wiese* FS Hubmann, 1985, 481 (484).

[98] BVerfGE 101, 361 = NJW 2000, 1021 (1022) – Caroline von Monaco; → Rn. 6; aA anscheinend BVerfG BeckRS 2015, 52925, s. dazu *Stolz* GRUR-Prax 2015, 487.

[99] Sa *Götting/Schertz/Seitz/Schertz* PersönlichkeitsR-HdB § 12 Rn. 27.

[100] Dreier/Schulze/*Specht* KUG § 22 Rn. 13.

[101] Ebenso Loewenheim/*Schertz* Hb. des Urheberrechts § 18 Rn. 13.

[102] Dreier/Schulze/*Dreier/Specht* KUG § 22 Rn. 9.

mit Blick auf die Gewährleistung der Pressefreiheit nicht als Verbreitungshandlung qualifiziert werden. Das Bildnisarchiv erbringt in diesem Falle eine typisch medienbezogene Hilfstätigkeit, die in enger organisatorischer Bindung an die Medien erfolgt und für das Funktionieren der freien Medien notwendig ist.[103] In der Praxis spielt die Verbreitung in der Form der Veröffentlichung in Zeitungen und Zeitschriften, aber auch in Büchern und auf Bildpostkarten eine wesentliche Rolle. Im Fall der Bühnendarstellung oder Live-Fernsehübertragung fallen die Herstellung und Verbreitung bzw. Zurschaustellung praktisch zusammen.[104]

7. Öffentliches Zurschaustellen

Unter dem öffentlichen Zurschaustellen ist ein **Sichtbarmachen des Bildnisses im weitesten** **37** **Sinne** zu verstehen. Dabei spielt es keine Rolle, ob das Bildnis in einem Schaufenster oder in einem Museum ausgestellt wird oder ob es mittels eines Films oder live im Fernsehen gezeigt wird. Die Schaustellung muss eine öffentliche sein, braucht aber nicht gewerbsmäßig zu erfolgen.[105] In der Regel wird es sich allerdings um eine gewerbsmäßige Zurschaustellung handeln, etwa in Schaukästen vor Zeitungsverlagen oder bei Portrait-Fotografen, die besonders gelungene Portrait-Fotos nicht nur im Schaufenster an der Straße, sondern auch im Laden und in ihrem Atelier auszustellen pflegen.[106] Der Begriff des Zurschaustellens wurde bisher im urheberrechtlichen Sinne als ein Akt der öffentlichen Wiedergabe iSv § 15 Abs. 2 UrhG verstanden. Ein öffentliches Zurschaustellen liegt auch bei einem bloßen Linksetzen auf eine fremde Website mit Fotos eines Dritten vor.[107] Im Hinblick auf die Rechtsprechung des EuGH bei der öffentlichen Wiedergabe durch Verlinkung erscheint der Rückgriff auf § 15 Abs. 2 UrhG fraglich.[108] Nach Auffassung des EuGH wird eine Verlinkung auf eine Zustimmung des Rechtsinhabers für in das Internet gelangte Werk öffentlich wiedergegeben, wenn die Verlinkung ein neues Publikum erreicht, da es wesentlich darauf ankommt, ob ein durch technische Schutzmaßnahmen gesicherter Inhalt verlinkt wird.[109] Eine Urheberrechtsverletzung aufgrund einer öffentlichen Wiedergabe nimmt der EuGH an, wenn der Linksetzer von der Rechtsverletzung Kenntnis oder grob fahrlässige Unkenntnis hat; dies wird vermutet, wenn der Linksetzer mit Gewinnerzielungsabsicht handelt.[110] Es erscheint zweifelhaft, ob diese Grundsätze auf das KUG übertragbar sind. Als maßgeblich für den Begriff „öffentlich" nach der Rechtsprechung wird die Definition in § 15 Abs. 3 UrhG herangezogen.[111] Abweichend hiervon wird zurecht dafür plädiert, gegen der im Vergleich zum Urheberrecht stärkeren persönlichkeitsrechtlichen Ausprägung, unabhängig von § 15 Abs. 3 UrhG beim Bildnisschutz auch „kleinere Öffentlichkeiten" genügen zu lassen.[112] Bereits das Herumzeigen unter Arbeitskollegen wurde als ein zur Schau stellen angesehen.[113] Eine Facebook-Freundschaft oder ein Kontakt in anderen sozialen Netzwerken dürfte in einem persönliche Verbundenheit iSd § 15 Abs. 3 UrhG zu bejahen.[114] Eine Inaugenscheinnahme von Bildnissen als Beweismittel im gerichtlichen Verfahren stellt kein öffentliches Zurschaustellen dar.[115]

8. Die Einwilligung des Abgebildeten

a) Die Verbreitung und Zurschaustellung von Bildnissen setzt, soweit nicht die Ausnahmen der **38** §§ 23, 24 KUG eingreifen, die **vorherige Einwilligung des Abgebildeten** voraus. Jede natürliche Person, gleich welchen Alters, Gesundheits- oder Geisteszustandes, besitzt ein Recht am eigenen Bild.

b) Seit langem lebhaft umstritten ist die **Rechtsnatur der Einwilligung.**[116] Einigkeit besteht dar- **39** über, dass die Einwilligung dieselbe Funktion erfüllt wie eine **Willenserklärung.** Sie stellt das Mittel dar, in Verwirklichung und Ausübung der rechtlichen Privatautonomie die rechtlichen Beziehungen zu anderen in Bezug auf ein bestimmtes Rechtsgut zu gestalten. Geteilt sind aber die Auffassungen darüber, ob die Einwilligung tatsächlich eine „echte Willenserklärung" und damit ein Rechtsgeschäft ist oder ob sie diesem nur nahe kommt und deshalb als rechtsgeschäftsähnliche Erklärung zu qualifizieren ist.[117]

---

[103] BGH GRUR 2011, 266 Rn. 10 – Jahrhundertmörder; kritisch *Schippan* ZUM 2011, 795.
[104] Vgl. *v. Gamm* UrhG Einf. Rn. 105.
[105] Ebenso Loewenheim/*Schertz* Hb. des Urheberrechts § 18 Rn. 13.
[106] Zur Vorführung von Dias in einer Nachtbar s. KG Schulze KGZ 50.
[107] OLG München MMR 2007, 659.
[108] Dreier/Schulze/*Specht* KUG § 22 Rn. 10.
[109] EuGH ECLI:EU:C:2014:76 – Svensson ua; EuGH ECLI:EU:C:2014:2315 – BestWater International; Dreier/Schulze/*Specht* KUG § 22 Rn. 10.
[110] EuGH ECLI:EU:C:2016:644 – GS Media; Dreier/Schulze/*Specht* KUG § 22 Rn. 10.
[111] LG Oldenburg AfP 1991, 652.
[112] Dreier/Schulze/*Specht* KUG § 22 Rn. 10a.
[113] LG Oldenburg GRUR 1988, 694 – Grillfest; anderer Ansicht VG Köln NJW 1988, 367.
[114] Dreier/Schulze/*Dreier*/*Specht* KUG § 22 Rn. 10.
[115] LG Oldenburg AfP 1991, 652; Dreier/Schulze/*Dreier*/*Specht* KUG § 22 Rn. 10.
[116] S. dazu eingehend *Dasch* S. 38 ff.; *Ohly,* Die Einwilligung im Privatrecht, S. 178 ff., 259 f.; *Götting* Persönlichkeitsrechte S. 147 ff.; *Helle* AfP 1985, 93 (97); *Kohte* AcP 185 [1985], 105 (112 ff.); *Ludyga* MMR 2017, 158 (159); *v. Zimmermann,* Die Einwilligung im Internet, 2014, S. 8 ff.
[117] S. OLG München NJW 2002, 305; DKMH/*Dreyer* § 22 Rn. 17.

In der Sache geht es bei dieser häufig formalbegrifflich geführten Diskussion um die Frage, ob die **Regeln des BGB über Rechtsgeschäfte anwendbar sind oder nicht.** Dies lässt sich nicht abstrakt oder schematisch beantworten, sondern nur konkret und differenziert im Lichte der Besonderheiten des Einzelfalls. In der Praxis geht es dabei vor allem um **zwei Problemkreise.**

40   **aa)** Zum einen stellt sich die Frage, ob die Einwilligung entsprechend § 130 Abs. 1 S. 1 BGB die für eine rechtsgeschäftliche Willenserklärung typische **Bindungswirkung** entfaltet, also unwiderruflich ist, oder ob sie nur eine unverbindliche Erklärung darstellt, die jederzeit zurücknehmbar, also widerruflich ist.[118] Soweit von einer Anwendbarkeit der Datenschutzgrundverordnung bei der Bildnisbearbeitung ausgegangen wird, sieht Art. 7 DS-GVO eine jederzeitige Widerruflichkeit der Einwilligung vor. Auch wenn die Einwilligung als Gegenleistung im Vertrag erklärt wird, soll eine unmittelbare Einschränkung nicht erfolgen dürfen.[119] Mit Blick auf die Kommerzialisierung des Rechts am eigenen Bilde erscheint dies nicht gerechtfertigt, sondern es ist grundsätzlich von einer **Unwiderruflichkeit der erteilten Einwilligung** auszugehen.[120] Diese bildet das rechtliche Instrument, durch das der Rechtsinhaber über sein „wirtschaftliches" Persönlichkeitsrecht zugunsten eines anderen disponiert und diesem bestimmte Nutzungsbefugnisse einräumt. Aus diesem Grunde erscheint die Verbindlichkeit der Einwilligungserklärung unter dem Gesichtspunkt des Vertrauensschutzes geboten. Dies gilt insbesondere, wenn der Empfänger auf der Grundlage der Einwilligung finanzielle Dispositionen vorgenommen hat.

41   Von dem Grundsatz der Unwiderruflichkeit sind aber unter bestimmten Voraussetzungen **Ausnahmen** zuzulassen, wenn dies zur Wahrung gewichtiger ideeller Interessen des Rechtsinhabers unvermeidlich ist. Die Persönlichkeit ist keine statische Größe, sondern befindet sich in einem permanenten dynamischen Entwicklungsprozess. Im Laufe eines Lebens können sich selbst hinsichtlich fundamentaler Überzeugungen unvorhersehbare, tiefgreifende Wandlungen vollziehen. In diesen Fällen folgt aus dem im Kern unverzichtbaren Selbstbestimmungsrecht über die Selbstdarstellung, dass dem Abgebildeten bei **Vorliegen eines wichtigen Grundes** ein **Widerrufsrecht** zuzubilligen ist. Handelt es sich um eine Einwilligung im Rahmen einer kommerziellen Nutzungsvereinbarung, soll zur Konkretisierung des Erfordernisses eines wichtigen Grundes der in § 42 UrhG verankerte Rechtsgedanke herangezogen werden, so dass sich der Einwilligende bei einem grundlegenden Überzeugungswandel von seiner Verpflichtung lösen kann.[121] Zur Illustrierung einer Situation, in der ein Widerrufsrecht gerechtfertigt erscheint, wird als Beispiel herangezogen, dass es einer ehemaligen Prostituierten zuzubilligen ist, die Einwilligung zur Veröffentlichung von Fotos in „eindeutigem Sachzusammenhang" rückgängig zu machen, wenn sie sich vollständig aus dem Milieu zurückgezogen hat.[122] Der alleinige Wunsch einer jungen Schauspielerin, nur noch in seriösen Film- und Fernsehrollen aufzutauchen, wurde allerdings für den Widerruf einer zwei Jahre zuvor erteilten Einwilligung zur Veröffentlichung von Aktbildern nicht als genügend angesehen.[123] In Abweichung von § 42 Abs. 3 S. 1 UrhG soll dem Vertrauen des Adressaten der Einwilligung nicht durch einen Anspruch auf Bezahlung einer angemessenen Entschädigung, sondern auf Ersatz eines eventuell erlittenen Vertrauensschadens analog § 122 BGB Rechnung getragen werden.[124] Diese Lösung erscheint vorzugswürdig, weil die Verpflichtung zur Zahlung einer angemessenen Entschädigung eine zu starke Belastung für den Widerrufsberechtigten darstellt.[125] Nach Auffassung des OLG Hamburg[126] ist § 154 Abs. 2 BGB auf die Einwilligung nur entsprechend anwendbar, da sie lediglich eine einseitige Erklärung darstelle. Einen das Arbeitsrecht berührenden Sonderfall betrifft die Frage eines Widerrufs der Einwilligung eines Arbeitnehmers in die Veröffentlichung eines ihn darstellenden Fotos auf der Website des Arbeitgebers nach Beendigung des Arbeitsverhältnisses.[127] Nach der Rechtsprechung[128] erlischt die Einwilligung nicht automatisch zum Zeitpunkt der Beendigung des Arbeitsverhältnisses, sofern der Arbeitnehmer nicht ausdrücklich gegenteilig erklärt.[129]

42   **bb)** Strittig ist ferner, ob beim **nicht voll Geschäftsfähigen** die Einwilligung des gesetzlichen Vertreters erforderlich ist oder ob es sich um eine Disposition über ein Persönlichkeitsgut handelt, bei

---

[118] S. dazu eingehend *Dasch* S. 82 ff.; *Götting* S. 149 ff.; Dreier/Schulze/*Specht* KUG § 22 Rn. 35.

[119] *Specht* JZ 2017, 763 ff.; Schulze/Dreier/*Specht* KUG § 22 Rn. 32; aA *Sattler* JZ 2017, 1036 ff.

[120] AA *Ludyga* MMR 2017, 158 (160) für eine jederzeitige freie Widerruflichkeit.

[121] S. OLG München NJW-RR 1990, 999 (1000); LG Köln AfP 1996, 186 (187); *Forkel* GRUR 1988, 491 (500); Loewenheim/*Schertz* Hb. des Urheberrechts § 18 Rn. 18; Götting/Schertz/Seitz/*Schertz* PersönlichkeitsR-HdB § 12 Rn. 41; ablehnend Ludyga MMR 2017, 158 (160).

[122] Loewenheim/*Schertz* Hb. des Urheberrechts § 18 Rn. 18, sa *Helle* Persönlichkeitsrechte S. 118; vgl. dazu auch OLG Koblenz ZUM 2015, 58 – Widerruf der Einwilligung in Anfertigung intimer Lichtbilder vor Beendigung einer Beziehung; vgl. dazu auch BGH GRUR 2016, 315 ff. – Intime Fotos.

[123] OLG München AfP 1989, 570 (571); Loewenheim/*Schertz* Hb. des Urheberrechts § 18 Rn. 18; Götting/ *Schertz*/Seitz Hb. des Persönlichkeitsrechts § 12 Rn. 41.

[124] *Dasch* S. 87; *Helle* AfP 1985, 93 (101) in Anlehnung an *Canaris* AcP 184 [1984], 201 (223 f.); ebenso DKMH/*Dreyer* § 22 Rn. 31.

[125] → § 42 Rn. 26 ff.

[126] AfP 1995, 508 (509).

[127] Dreier/Schulze/*Specht* KUG § 22 Rn. 35.

[128] LAG Köln K&R 2012, 372; LAG Köln K&R 2010, 144; LAG Schleswig-Holstein MMR 2011, 482; BAG BeckRS 2015, 67598; s. dazu auch *Benecke/Groß* NZA 2015, 833.

[129] Dreier/Schulze/*Specht* KUG § 22 Rn. 35.

der nur Einsicht in die Tragweite des Eingriffs zu verlangen ist, die ein älterer Minderjähriger idR haben wird.[130] Im Interesse des Minderjährigenschutzes ist grundsätzlich die in §§ 107 ff. BGB getroffene Regelung maßgeblich. Ist der Abgebildete **geschäftsunfähig,** ist die Einwilligung vom **gesetzlichen Vertreter** zu erteilen oder zu verweigern. Beschränkt Geschäftsfähige, insbesondere Minderjährige (Kinderstars), bedürfen zur Gültigkeit ihrer eigenen Willenserklärung der Einwilligung ihres gesetzlichen Vertreters, dh regelmäßig der Eltern.[131] Unter Durchbrechung der in §§ 107 ff. BGB vorgesehenen starren Zuweisung der Entscheidungsbefugnis an den gesetzlichen Vertreter ist dem einsichtsfähigen beschränkt geschäftsfähigen Minderjährigen ein Mitspracherecht einzuräumen. Im Ergebnis läuft dies auf eine **„Doppelzuständigkeit"** hinaus: Der Minderjährige kann die Einwilligung nicht gegen den Willen seines gesetzlichen Vertreters erteilen, umgekehrt kann auch dieser sie nicht gegen den Willen des einsichtsfähigen Minderjährigen erklären.[132] Mit dieser Lösung werden die beiden kollidierenden Aspekte, nämlich einerseits das elterliche Sorgerecht und andererseits das Selbstbestimmungsrecht des Minderjährigen, angemessen zum Ausgleich gebracht. In Anknüpfung an einschlägige spezialgesetzliche Vorschriften[133] ist als Regelvermutung davon auszugehen, dass ein Minderjähriger ab dem 14. Lebensjahr über die erforderliche Einsichtsfähigkeit verfügt.[134] Demzufolge ist ab diesem Alter neben der Einwilligung seines gesetzlichen Vertreters auch seine Einwilligung erforderlich.[135] Wird das Foto eines Kindes getrennt lebender gemeinsam sorgeberechtigter Eltern auf einer kommerziellen Zwecken dienenden Internetseite veröffentlicht, so handelt es sich um eine Angelegenheit von erheblicher Bedeutung iSv § 1687 Abs. 1 S. 1 BGB.[136] Eine Entscheidung über die Veröffentlichung kann demzufolge nur im gegenseitigen Einvernehmen der Eltern erfolgen.[137] Entsprechendes gilt auch für den Widerruf der Einwilligung.[138] Im Anwendungsbereich der Datenschutzgrundverordnung besteht die Einwilligungspflicht erst mit 16 Jahren. Eine Übertragung dieser Wertung ist nicht zwingend, sofern man davon ausgeht, dass der Bildnisschutz durch das KUG von der Datenschutzgrundverordnung nicht tangiert wird.[139] Sofern der gesetzliche Vertreter einen Minderjährigen zur Tätigkeit als Fotomodel im Rahmen eines Dienst- oder Arbeitsverhältnisses gemäß § 113 BGB ermächtigt hat, darf der Minderjährige die Einwilligung alleine erteilen.[140]

c) Die Einwilligung kann **ausdrücklich, konkludent** oder **stillschweigend** erteilt werden. Sie   43
kann – wie bei der Einräumung von urheberrechtlichen Nutzungsrechten – **unbeschränkt** oder räumlich und zeitlich und vor allem im Hinblick auf den Verwendungszweck **beschränkt** erteilt werden. Die Reichweite einer solchen Einwilligung ist durch Auslegung nach den Umständen des Einzelfalles zu ermitteln. Sie hängt wesentlich von der Art der Veröffentlichung ab, die den unmittelbaren Anstoß für ihre Erteilung gegeben hat. Ihr darüber hinaus Bedeutung für die spätere Veröffentlichung eines anderen Zuschnitts beizulegen, ist in aller Regel nur aufgrund eines dahingehenden besonderen Interesses des Betroffenen möglich.[141] Eine stillschweigende Einwilligung kann in der Regel nur für Veröffentlichungen in Presse und Fernsehen angenommen werden, nicht aber für die Verwendung eines Bildnisses im Rahmen der Werbung.[142] Pressefotografen, Bildredakteure, Bild- und Werbeagenturen usw., kurz alle gewerbsmäßigen Hersteller und Verwerter von Personenbildnissen, haben sich daher nicht nur vom Vorliegen einer generellen Einwilligung des Abgebildeten zur Verwendung seines Bildnisses zu überzeugen, sondern auch von der Einwilligung für den speziellen Werbezweck. Es ist davon auszugehen, dass die Einwilligung in entsprechender Anwendung der §§ 413, 398 ff. BGB übertragbar ist, wenn sie unbeschränkt erteilt worden ist.[143] Der BGH hat zu der Frage bisher nicht ausdrücklich Stellung genommen, allerdings sprechen alle Anzeichen dafür, dass auch er

---

[130] S. dazu MüKo. BGB/*Rixecker,* Das Allgemeine Persönlichkeitsrecht, Rn. 69.
[131] OLG Hamburg Schulze OLGZ 122; OLG München AfP 1983, 276; 1995, 658; BGH GRUR 1975, 561 – Nacktaufnahmen; LG Berlin GRUR 1974, 415 – Saat der Sünde; LG Hannover ZUM 2000, 970; *Heidenreich* AfP 1970, 960; *Kaulbach* AfP 1971, 67.
[132] S. dazu eingehend *Götting* S. 154 ff.; ebenso *Dreyer*/Kotthoff/Meckel § 22 Rn. 18; idS auch BGH GRUR 2005, 74 (75) – Charlotte Casiraghi II; sa *v. Zimmermann,* Die Einwilligung im Internet, 2014, S. 152 ff.
[133] Vgl. §§ 1617c Abs. 1 S. 2 und 1618 S. 6 BGB.
[134] Im Ergebnis ebenso DKMH/*Dreyer* § 22 Rn. 18 unter Hinweis auf §§ 2 Abs. 3 S. 5, 5 des Gesetzes über die religiöse Kindererziehung (v. 15.7.1921 – KErzG) mit Abstufungen hinsichtlich eines Anhörungsrechts ab 10 Jahren, Mitspracherecht ab 12 Jahren und eigenständigem Entscheidungsrecht ab 14 Jahren; so auch LG Bielefeld ZUM 2008, 528.
[135] Offen gelassen von OLG Frankfurt a. M. NJW 1992, 441 (442); für ein Vetorecht des Minderjährigen auch *Höning,* Das Recht am eigenen Bild und der Schutz prominenter Persönlichkeiten im deutschen und US-amerikanischen Recht, S. 141 f.; dagegen *Vetter* JZ 2017, 127 (130).
[136] OLG Oldenburg ZUM 2018, 802.
[137] OLG Oldenburg ZUM 2018, 802 (803).
[138] *Dasch* S. 107 ff.; Dreyer/Schulze/*Specht* KUG § 22 Rn. 35.
[139] AA Dreyer/Schulze/*Specht* KUG § 22 Rn. 26.
[140] *Dasch* S. 100; Dreyer/Schulze/*Specht* KUG § 22 Rn. 27; Wandtke/Bullinger/*Fricke* KUG § 22 Rn. 14.
[141] BGHZ 20, 345 1. Ls., 348 – Paul Dahlke; BGH GRUR 1979, 425 (426) – Fußballspieler; BGH GRUR 2005, 74 (75) – Charlotte Casiraghi; BGH ZUM 2015, 329 (330) – Hostess; vgl. *v. Zimmermann,* Die Einwilligung im Internet, 2014, S. 62; → Rn. 44.
[142] BGH ZUM 1995, 618; s. hierzu *Krüger* GRUR 1980, 628 mwN; vgl. auch BGH GRUR 2015, 295 – Hostess auf Eventportal.
[143] S. *Götting* S. 66 ff., 162 ff.; *Ullmann* AfP 1999, 209 (211 ff.); *Wandtke* GRUR 2000, 942 (949); *Ernst-Moll* GRUR 1996, 558 (562); Dreyer/Schulze/*Specht* KUG § 22 Rn. 36, 38.

von der Zulässigkeit einer **Weiterübertragung** ausgeht. Dies wird durch die „Nena-Entscheidung"[144] indiziert, da einer Verwertungsgesellschaft der Anspruch auf Zahlung einer Lizenzgebühr aus Eingriffskondiktion nach § 812 Abs. 1 S. 1 Alt. 2 BGB zugesprochen wurde, nachdem Nena ihr im Rahmen eines „Merchandising-Sponsor-Promotion-Vertrags" die für die kommerzielle Nutzung des Rechts am eigenen Bild erforderlichen Rechte „übertragen" hatte.[145] Damit hat er mittelbar die Verkehrsfähigkeit des im Recht am eigenen Bilde verkörperten Vermögenswerts akzeptiert. Darüber hinaus hat er die Vererblichkeit der vermögenswerten Bestandteile des Persönlichkeitsrechts, die von den Erben geltend gemacht werden können, anerkannt.[146] Auch wenn die Frage, ob das Recht am eigenen Bilde auch unter Lebenden übertragbar ist, ausdrücklich offen gelassen wurde,[147] deutet doch die Vererblichkeit darauf hin, dass der Rechtsträger auch **zu seinen Lebzeiten Nutzungsrechte einräumen** kann.[148] Dagegen sind die ideellen Bestandteile des Rechts am eigenen Bilde, die ihre Wurzel im Schutz der Menschenwürde nach Art. 1 GG und dem Selbstbestimmungsrecht nach Art. 2 Abs. 1 als Ausdruck einer überindividuellen Wertordnung haben, als unveräußerliche Rechte nicht verzichtbar und auch nicht im translativen Sinne übertragbar.[149] In Betracht kommt lediglich eine konstitutive (gebundene) Übertragung.[150]

43a **d)** Wie sich aus den oben dargelegten Grundsätzen ergibt, besteht für die Erteilung der Einwilligung generell kein Schriftformerfordernis. Aus Gründen der Beweisbarkeit ist sie aber dringend zu empfehlen. Im Bereich der kommerziellen Verwertung von Bildnissen ist die Schriftform im Rahmen von vertraglichen Vereinbarungen auch allgemein üblich. Nach der Rechtsprechung des BAG hat die Einwilligung in Arbeitsverhältnissen zwingend schriftlich zu erfolgen.[151] Begründet wird dies mit dem Argument, dass wegen der Bedeutung des Rechts der Arbeitnehmer, auch im Arbeitsverhältnis ihr Grundrecht auf informationelle Selbstbestimmung ausüben zu dürfen, die erforderliche Abwägung im Ergebnis dazu führt, dass auch und gerade im Arbeitsverhältnis die Einwilligung der Arbeitnehmer der Schriftform bedarf. Dadurch könne verdeutlicht werden, dass die Einwilligung der Arbeitnehmer zur Veröffentlichung ihrer Bildnisse unabhängig von den jeweiligen Verpflichtungen aus dem eingegangenen Arbeitsverhältnis erfolgt und dass die Erteilung der Verweigerung der Einwilligung für das Arbeitsverhältnis keine Folgen haben dürfte. Als Rechtsgrundlage für das Schriftformerfordernis wurde die datenschutzrechtliche Regelung des § 4a Abs. 1 S. 3 BDSG (aF) herangezogen, die grundsätzlich die Einhaltung der Schriftform verlangt.[152] Nach heutiger Rechtslage folgt das Schriftformerfordernis aus § 26 Abs. 2 S. 3 BDSG.[153] Vorformulierte Einwilligungsklauseln sind als AGB im Sinne von § 305 Abs. 1 S. 1 BGB anzusehen.[154] Sie sind grundsätzlich zulässig, sind aber nach Maßstab des § 300 Abs. 1 BGB zu messen. Eine unangemessene Benachteiligung, die ihrer Wirksamkeit entgegensteht, ist dann anzunehmen, wenn sie nicht klar und verständlich formuliert sind. An die Einhaltung des Transparenzgebots sind strenge Anforderungen zu stellen.[155] Das Opt-in-Erfordernis nach Art. 7 Erwägungsgrund 32 DS-GVO sollte auf die Einwilligung des Anwendungsbereichs des KUG übertragen werden, da es sich bei Personenbildnissen um personenbezogene Daten handelt.[156]

44 **e)** Wenn eine Verletzung des Rechts am eigenen Bild vermieden werden soll, müssen auch **Zweck und Umfang** der geplanten Veröffentlichung klargestellt sein. Zur Ermittlung des Umfangs und der Reichweite einer Einwilligung ist als Auslegungsmaxime die urheberrechtliche **Zweckübertragungsregel**[157] entsprechend heranzuziehen.[158] Danach ist davon auszugehen, dass der Rechtsinhaber mit der Einwilligung nur in dem Umfang Nutzungsbefugnisse einräumt, der zur Erfüllung des Vertragszwecks erforderlich ist.[159] So deckt etwa die Einwilligung in die Verwendung eines Nacktfotos in einem Biologie-Schulbuch nicht eine 7 Jahre später erfolgende Ausstrahlung im Fernsehen.[160] Die Einwilligung zur Aufnahme durch einen Berufsfotografen berechtigt nicht zur Verwendung des Bildes für Werbezwecke.[161] „Die Einwilligung in die Veröffentlichung eines Bildnisses deckt eine Veröffent-

---

[144] BGH GRUR 1987, 128 – NENA.
[145] BGH GRUR 1987, 128 (129) – NENA.
[146] BGH GRUR 2000, 709 (712) – Marlene Dietrich.
[147] BGH GRUR 2000, 709 (712) – Marlene Dietrich.
[148] IdS auch Dreier/Schulze/*Specht* KUG § 22 Rn. 36; aA Wandtke/Bullinger/*Fricke* UrhG KUG § 22 Rn. 12.
[149] IdS auch Dreier/Schulze/*Specht* KUG § 22 Rn. 37; Wandtke/Bullinger/*Fricke* UrhG KUG § 22 Rn. 12.
[150] Forkel GRUR 1988, 491 (493ff.); Götting/Schertz/*Seitz/Götting* PersönlichkeitsR-HdB § 1 Rn. 41.
[151] BAG NJW 2015, 2140 Rn. 25.
[152] BAG NJW 2015, 2140 Rn. 25.
[153] Siehe dazu Dreier/Schulze/*Specht* KUG § 22 Rn. 19a.
[154] Vgl. BGH GRUR 2013, 531 Rn. 21 – Einwilligung in Werbeanrufe II; OLG Köln ZUM 2014, 416.
[155] OLG Frankfurt a. M. MMR 2016, 254 (246) mAnm *Meyer-Lachenmann;* Dreier/Schulze/*Specht* KUG § 22 Rn. 19a.
[156] Dreier/Schulze/*Specht* KUG § 22 Rn. 19a.
[157] § 31 Abs. 5 UrhG; vgl. Dreier/Schulze/*Schulze* UrhG § 31 Rn. 110ff.; → § 31 Rn. 64ff.
[158] Ebenso Loewenheim/*Schertz* Hb. des Urheberrechts § 18 Rn. 17.
[159] Vgl. BGH GRUR 1985, 398 (399) – Nacktfoto; BGH GRUR 2005, 74 (75) – Charlotte Casiraghi II; OLG Dresden NJW-RR 2018, 1132f. Rn. 5; OLG Hamburg ZUM 1995, 637; AfP 1995, 508; ZUM 1996, 789; OLG Köln ZUM 2012, 511; LG Berlin A&R 2012, 689; *Prinz/Peters,* Medienrecht, Rn. 837; Götting/Schertz/Seitz/ *Schertz* PersönlichkeitsR-HdB § 12 Rn. 35; Dreier/Schulze/*Specht* KUG § 22 Rn. 21.
[160] BGH GRUR 1985, 398 (399) – Nacktfoto.
[161] OLG Frankfurt a. M. GRUR 1986, 614 – Ferienprospekt.

lichung nicht, die den Einwilligenden – für ihn nicht vorhersehbar – in einen seiner Ehre schwer abträglichen Zusammenhang stellt".[162] Auch erstreckt sich die Erlaubnis eines Abgebildeten zur Veröffentlichung seines Bildnisses nicht auf eine Veröffentlichung, die nach seinem Tode im Rahmen eines kolportagehaften Sensationsberichtes über die Umstände des Todes vorgenommen wird.[163] Ein Schauspieler, der ein Interview gegeben hat und sich dabei fotografieren ließ, rechnet nicht mit der Verwendung seines Bildnisses in der Werbung.[164] Das Gleiche gilt für einen Sportler, der sich beim Training von einem Pressefotografen fotografieren lässt,[165] oder für einen Wanderer, der bei einer Bergtour aufgenommen wird.[166] Um eine Schwächung des Bildnisschutzes zu vermeiden, sind an die Annahme einer **konkludenten oder stillschweigenden Einwilligung** strenge Anforderungen zu stellen. Grundvoraussetzung ist, dass der Abgebildete überhaupt erkennen konnte, dass sein Verhalten als Einwilligung aufgefasst wird. Allein das passive Schauen in eine Filmkamera bzw. deren Wahrnehmen stellt keine konkludente Einwilligung in die Filmaufnahme dar.[167] Eine konkludent erteilte Einwilligung für die Anfertigung von Fotos erstreckt sich nicht auf Veröffentlichungen, die in einem anderen Zusammenhang stehen.[168] Die Veröffentlichung von Bearbeitungen von Bildnissen, mit denen der Abgebildete zum Zeitpunkt der Aufnahme nicht rechnen konnte, insbesondere weil sie einen anderen thematischen Inhalt vermitteln, sind von der ursprünglichen Einwilligung nicht gedeckt.[169] Beschränkungen der Reichweite der Einwilligung können sich nicht nur in inhaltlicher, sondern auch im Hinblick auf den adressierten Personenkreis ergeben. Das Hochladen eines Fotos in einem Social Network stellt keine Einwilligung in die Weiterverbreitung des Fotos durch Dritte außerhalb des Kreises der zugriffsberechtigten Mitglieder des Netzwerks im Rahmen eines gänzlich anderen Kontextes dar.[170] Aus der bloßen Teilnahme an einem Reitturnier als Zuschauerin folgt noch keine konkludente Einwilligung in die Veröffentlichung des Bildnisses.[171] Die Tatsache, dass sich jemand als Teilnehmer einer Demonstration in die Öffentlichkeit begibt, stellt keine konkludente Einwilligung in die Veröffentlichung von herausgeschnittenen Einzelbildnissen einer Person dar.[172] Eine räumliche Begrenzung der Einwilligung ist dann anzunehmen, wenn die Verbreitung eines Interviews durch einen nationalen Fernsehsender erteilt wurde. Auch wenn dieser in vielen Ländern empfangbar ist, so liegt keine Einwilligung in eine über die Landesgrenzen hinausreichenden Verbreitung vor.[173]

f) Voraussetzung für die **Wirksamkeit** der Einwilligung ist, eine Kenntnis der für die Entscheidung erheblichen Umstände zu verlangen.[174] Zu berücksichtigen sind insbesondere Zweck, Art, Umfang sowie der thematische Zusammenhang, in den die Bildnisveröffentlichung gestellt werden soll. Maßgeblich für die Reichweite der Einwilligung ist vor allem die Art der Veröffentlichung, die den unmittelbaren Anstoß für ihre Erteilung gegeben hat. Ihr darüber hinaus Bedeutung auch für spätere Veröffentlichungen eines anderen Zuschnitts beizulegen, ist in aller Regel nur aufgrund eines dahingehenden besonderen Interesses des Betroffenen möglich. Einer ausdrücklichen Beschränkung seitens des Betroffenen bedarf es nicht.[175] Die vom BGH im Bereich des Urheberrechts konstruierte Rechtsfigur einer **schlichten Einwilligung** ist ganz grundsätzlich abzulehnen, so dass auch eine Anwendung auf Dispositionen über das Recht am eigenen Bild ausscheidet. Der BGH hat beim Einstellen urheberrechtlich geschützter Werke in das Internet, die nicht durch technische Schutzmaßnahmen geschützt waren, eine schlichte Einwilligung in die nachfolgende Vervielfältigung in Form vom Thumbnails in Bildersuchmaschinen fingiert.[176] Danach muss der Erklärende keinen Rechtsfolgewillen dahingehend zum Ausdruck bringen, dass er auf die Begründung, inhaltliche Änderungen oder Beendigung eines privaten Rechtsverhältnisses in dem Sinne abziele, dass er dem Erklärungsempfänger ein dingliches Recht oder zumindest einen schuldrechtlichen Anspruch auf Vornahme der (er-

[162] OLG Hamburg Schulze OLGZ 237 – Intime Sprechstunde; vgl. auch OLG München GRUR-RR 2016, 304 – Internetpranger.
[163] LG München I Schulze LGZ 49; zur Rechtslage nach dem Tod des Abgebildeten → Rn. 55 ff.
[164] BGH GRUR 1956, 427 – Paul Dahlke.
[165] LG München I Schulze LGZ 197 – Trickskifahrer.
[166] OLG Frankfurt a. M. GRUR 1986, 614 – Ferienprospekt. Zur Reichweite der Einwilligung auch → Rn. 52–54; zur konkludenten Beschränkung der Einwilligung in die Verwendung einer Aufnahme auf die Dauer einer Beziehung vgl. BGH GRUR 2016, 315 (318) – Intime Fotos.
[167] LG Berlin ZUM-RD 2014, 105 (107).
[168] OLG Hamburg ZUM 2013, 581.
[169] Vgl. OLG Frankfurt a.M. GRUR 1991, 49 – Steuerberater; LG Berlin ZUM-RD 2012, 595; 2014, 105; LG Düsseldorf ZUM-RD 2012, 407; LG Hamburg GRUR-RR 2012, 304 – Quizshow-Tourist.
[170] OLG München GRUR-RR 2018, 304 2. Ls.
[171] OLG Köln NJW 2017, 1114 – Politikertochter.
[172] OLG Frankfurt a. M. ZD 2016, 586.
[173] LG Nürnberg AfP 2009, 177.
[174] OLG Frankfurt a. M. GRUR 1991, 49 – Steuerberater; OLG München ZUM 2009, 429; LG Kleve ZUM-RD 2009, 555; siehe auch OLG Hamburg GRUR-RR 2005, 140 – Sendung über Trickbetrüger; OLG Karlsruhe ZUM 2006, 568; LG München I ZUM 2005, 924.
[175] BGH GRUR 2005, 74 (75) – Charlotte Casiraghi; BGH GRUR 1979, 425 (426) – Fußballspieler; sa LG Hamburg GRUR-RR 2005, 140; OLG Hamburg ZUM-RD 2011, 589; OLG Karlsruhe NJW-RR 2006, 1198; OLG Frankfurt a. M. ZUM-RD 2010, 320; OLG Hamburg GRUR-RR 2012, 304 – Quizshow-Tourist; vgl. aber andererseits BGH GRUR 2015, 295 ff. – Hostess auf Eventportal.
[176] BGH GRUR 2010, 628 Rn. 35 ff.; s. dazu *Ohly* AfP 2011, 428.

laubten) Handlung einräume.[177] Durch den Verzicht auf ein von einem Willen getragenes Verhalten wird der Begriff der Einwilligung seines Inhalts und Zwecks beraubt und verliert eine klare Definition seiner Funktion. Als Instrument der Ausübung von Privatautonomie ist die Einwilligung dadurch gekennzeichnet, dass durch eine Erklärung zum Ausdruck kommt, dass Rechtsfolgen gelten sollen, weil sie gewollt sind.[178] Die Geltung von Rechtsfolgen, die nicht gewollt sind, kann sich aber aus dem Verbot des venire contra factum proprium ergeben. Wer Bildnisse ins Internet stellt, ohne irgendwelche Schutzvorkehrungen vor einem ungehinderten Zugriff durch Dritte zu installieren, verhält sich rechtsmissbräuchlich, wenn er im Widerspruch hierzu, anderen die Nutzung untersagen möchte.

9. Sorgfaltspflicht für Bildverwerter

45   Die allgemeine Zweckübertragungstheorie (→ § 31 Rn. 64 ff.) gilt nicht nur auf dem Gebiet des Urheberrechts, sondern auch für Rechtsgeschäfte über Persönlichkeitsrechte. Hieraus ergibt sich für alle Verwerter von Personenbildnissen eine **besondere Sorgfaltspflicht,** und zwar auch bei Bildern aus dem Bereich der Zeitgeschichte, hinsichtlich der Reichweite erteilter Einwilligungen.[179] Hieran ist auch dann festzuhalten, wenn wegen der Vielzahl der in einer Publikation veröffentlichten Fotos die Überprüfung der jeweils erforderlichen Einwilligung der abgebildeten Personen schwierig ist und eine Nachrecherche bei zugesandten Fotos unüblich ist.[180] Allerdings ist der Betreiber eines Informationsportals, der erkennbar fremde Nachrichten anderer Medien ins Internet stellt, grundsätzlich nicht verpflichtet, die Beiträge vor der Veröffentlichung auf eventuelle Rechtsverletzungen zu überprüfen. Er ist erst verantwortlich, sobald er Kenntnis von der Rechtsverletzung erlangt.[181] Weist ein Betroffener den Betreiber eines solchen Informationsportals auf eine Verletzung seines Persönlichkeitsrechts durch den Inhalt einer in das Portal eingestellten Nachricht hin, kann der Betreiber des Portals als Störer verpflichtet sein, zukünftig derartige Verletzungen zu verhindern.[182] Auch der Betreiber eines Bildarchivs zu kommerziellen Nutzung durch Presseunternehmen muss vor der Weitergabe archivierter Fotos an die Presse grundsätzlich nicht die Zulässigkeit der beabsichtigten Presseberichterstattung nach Maßgabe der §§ 22, 23 KUG prüfen[183] (im gegebenen Fall wurde bereits das Vorliegen einer Verbreitungshandlung verneint).[184] Die Einwilligung zur Aufnahme ist noch keine Genehmigung zur Verwendung des Bildes für Werbezwecke.[185] Ist die Sorgfaltspflicht verletzt, muss das Verschulden bejaht werden. Bei der Haftung für Persönlichkeitsrechtsverletzungen gilt § 31 BGB analog, so dass der Verlag bei fehlender Einwilligung für eigenes Organisationsverschulden einzustehen hat.[186]

46   **a) Bei Bildnissen von Agenturen.** Bildagenturen, die Personenbildnisse zahlreicher Fotografen vermarkten, sind häufig nicht genau darüber informiert, zu welchem Zweck der Abgebildete dem Fotografen erlaubt hatte, ihn abzulichten, und zu welchem Zweck der Kunde der Agentur das Bild verwenden will.[187] Der Bildverwerter hat die Pflicht, sich vor der Vervielfältigung und Verbreitung des Bildnisses darüber zu informieren, ob die Einwilligung des Abgebildeten den **Zweck und Umfang der geplanten Verbreitung umfasst.**[188] Eine besondere Sorgfaltspflicht trifft den Verwerter (zB einen Verleger) bei der Veröffentlichung von Personenbildnissen auch dann, wenn die Abbildungen von einem Dritten eingesandt worden sind.[189]

47   **b) Bei Nacktaufnahmen.** Der nackte Körper gehört zum intimsten Persönlichkeitsbereich jedes Menschen. Die Abbildung des nackten Körpers ohne Wissen und gegen den Willen des Abgebildeten stellt daher einen besonders schweren Eingriff in das Persönlichkeitsrecht und in die unantastbare Würde des Menschen dar (Art. 1 GG). Hieraus ergibt sich für jeden, der Nacktfotos verbreitet oder zur Schau stellt, eine **erhöhte Sorgfaltspflicht,** um Eingriffe in die verfassungsmäßig geschützten Grundrechte und in das Recht am eigenen Bild der nackt fotografierten Personen zu vermeiden.

48   Der Einbruch in die Privatsphäre einer Person ist besonders schwer, wenn die Aufnahme ohne ihr Wissen mit einem Teleobjektiv gemacht worden ist. „Die Veröffentlichung **heimlich geschossener Fotos,** die eine Schauspielerin in ihrem Privatbereich nackt zeigen, stellt auch dann eine schwerwiegende Verletzung ihres Persönlichkeitsrechtes dar, wenn diese in Filmrollen schon unbekleidet aufge-

---

[177] BGH GRUR 2010, 628 Rn. 35 – Vorschaubilder; siehe idS auch LG Köln ZUM-RD 2011, 626; LG Hamburg ZUM-RD 2010, 623; OLG Köln ZUM 2010, 706.

[178] S. Kritik von *Götting* LMK 2010, 309481.

[179] OLG Frankfurt a. M. NJW 1992, 441(442).

[180] OLG Hamm AfP 1998, 304 zur ungenehmigten Veröffentlichung eines Nacktfotos auf der Titelseite einer Zeitschrift.

[181] BGH GRUR 2012, 751 1. Ls. Rn. 19 – RSS-Feeds; sa BGH GRUR 2013, 751 – Autocomplete-Funktion und OLG Köln ZUM-RD 2014, 361; vgl. auch BGH AfP 2018, 322 Rn. 32 ff.

[182] BGH GRUR 2012, 751 2. Ls. Rn. 19 – RSS-Feeds; vgl. auch BGH AfP 2018, 322 Rn. 36.

[183] BGH GRUR 2011, 266 Rn. 13 – Jahrhundertmörder.

[184] → Rn. 36.

[185] OLG Frankfurt a. M. GRUR 1986, 614 – Ferienprospekt.

[186] OLG Karlsruhe NJW-RR 1994, 95.

[187] LG München I *Schulze* LGZ 197 – Trickskifahrer.

[188] BGH GRUR 1962, 211 – Hochzeitsbild; BGH *Schulze* BGHZ 267 – Wahlkampfillustrierte; OLG Wien *Schulze* Ausl. Öst. 79 – Wahlwerbeschrift.

[189] BGH GRUR 1965, 495 – Wie uns die Anderen sehen.

treten ist und die Veröffentlichung künstlerischer Aktfotos erlaubt hat".[190] Grundsätzlich soll der Abgebildete über die Veröffentlichung des eigenen Nacktbildes entscheiden können und zwar „unabhängig davon, ob es eine Identifizierung des Abgebildeten erlaubt oder nicht. Es ist in einem so starken Maße dem Intimbereich verbunden, dass seine Veröffentlichung auch dann, wenn die abgebildete Person nicht erkennbar ist, ihrer freien Selbstbestimmung unterliegt".[191] „Trotz der inzwischen gelockerten Auffassung vom Sexualleben und einer unbefangeneren Betrachtung des nackten menschlichen Körpers gehört es zum ausschließlichen Vorrecht eines jeden Einzelnen, darüber zu entscheiden, ob er sich in der Öffentlichkeit nackt zeigen will. Dabei ist es im Grundsatz ohne Bedeutung, ob es sich im Einzelfall etwa „nur" um einen Rückenakt handelt".[192] Lässt sich eine Gruppe von sonnenbadenden Nudisten nackt sehen – zB in einem **öffentlichen Park** unweit des Weges –, so liegt in der Veröffentlichung des Nacktfotos auf der Titelseite einer Zeitung zwar eine Verletzung des Rechts am eigenen Bild, aber **keine so schwere Persönlichkeitsverletzung der Abgebildeten,** dass ein Geldersatzanspruch begründet wäre.[193] Dies gilt auch für die Veröffentlichung des Fotos eines Sportlers, das ihn bei einem seiner regelmäßig nackten Trainingsläufe am Badestrand zeigt. Wegen der ständigen und freiwilligen öffentlichen Zurschaustellung ist es dabei unerheblich, ob es sich um eine Person der Zeitgeschichte iSv § 23 Abs. 1 Nr. 1 KUG handelt.[194] Ein schwerer Eingriff liegt dagegen dann vor, wenn ohne Einwilligung des Betroffenen deren von einem Dritten an die Redaktion gesandtes Nacktfoto auf dem Titelblatt zu sexuellen Themen abgebildet wird.[195]

Bei einem Einverständnis des Abgebildeten sind stets **Zweck und Umfang der Erlaubnis** zu beachten. Die Einwilligung zur Veröffentlichung als Titelbild umfasst nicht die Verwendung als Filmplakat;[196] die Mitwirkung in einem Aufklärungsfilm macht die Verwendung von Nacktfotos aus dem Film zur Illustrierung von Zeitschriftenbeiträgen nicht zulässig;[197] die Einwilligung zur Verwendung eines Nacktbildes in einem Biologie-Schulbuch umfasst nicht die Veröffentlichung in einer auflagenstarken Wochenzeitschrift.[198] Ganz allgemein gilt der Grundsatz: Die Veröffentlichung von Fotos, die den Abgebildeten unbekleidet zeigen, ist unzulässig, wenn sie durch keinen **Informationszweck** gedeckt ist, weil sie nur der Zurschaustellung dient.[199] Unter diesen Umständen liegt ein Eingriff in das Selbstbestimmungsrecht des Rechtsinhabers vor, der nicht durch ein legitimes Informationsinteresse der Öffentlichkeit gerechtfertigt wird. Dies gilt auch dann, wenn für Veröffentlichungen an anderer Stelle für einen bestimmten Zweck eine Einwilligung erteilt wurde.[200] Eine bekannte Eiskunstläuferin muss es hinnehmen, dass ein Nacktfoto, das mit ihrer Einwilligung in einem Herrenmagazin erschienen war, nochmals in einer anderen Zeitung veröffentlicht wird, wenn der das Foto begleitende Text sich in satirischer Weise mit den Umständen, die zur Entstehung des Fotos geführt haben, auseinandersetzt. Vor diesem Hintergrund ist eine erneute Veröffentlichung durch einen legitimen Informationszweck und damit durch die Ausnahmeregelung des § 23 Abs. 1 Nr. 1 KUG gedeckt. Das berechtigte Informationsinteresse der Allgemeinheit wird in diesem Fall auch nicht durch ein berechtigtes Interesse iSv § 23 Abs. 2 KUG verdrängt, da im Rahmen der erforderlichen Interessenabwägung zu berücksichtigen ist, dass die Abgebildete auf den absoluten Schutz ihrer Intimsphäre freiwillig verzichtet hat, indem sie von sich Nacktaufnahmen hat herstellen lassen und damit einverstanden war, dass die Fotos, wenn auch auf bestimmtem Wege, der Öffentlichkeit zugänglich gemacht werden.[201]

Durch die Ausstrahlung eines **Nacktfotos im Fernsehen** wird in besonders intensiver Weise in die Intimsphäre des Abgebildeten eingegriffen. Dabei ist der Intimbereich eines Fotomodells nicht etwa deshalb weniger schutzwürdig, weil das Fotomodell „von der Veröffentlichung seiner Fotos (nicht Nacktfotos) lebt".[202] Eine Ausnahme kann sich für ein Fotomodell allerdings aus dem Zweck und üblichen Umfang der Verwendung der Aufnahmen ergeben, zB Verwendung von Fotos für einen Reiseprospekt in der Werbung für das Reiseunternehmen. Die Einwilligung eines Fotomodells zur Verwendung von Nacktaufnahmen in der Werbung umfasst jedoch nicht die weitere Verbreitung und Verwendung der Fotos in Zeitschriften oder gar in pornografischen Magazinen.[203]

49

50

---

[190] OLG Hamburg AfP 1982, 41 – Heimliche Nacktfotos.
[191] BGH GRUR 1975, 561 (562) rSp. – Nacktaufnahmen; OLG München ZUM 1985, 327 – Herrenmagazin; LG Frankfurt a. M. BeckRS 2014, 19319; s. dazu *Cichon* GRUR-Prax 2014, 557.
[192] OLG Düsseldorf AfP 1984, 229 – Rückenakt.
[193] OLG München NJW-RR 1986, 1251.
[194] OLG Köln VersR 1997, 1500 – Nacktjogger.
[195] OLG Hamm AfP 1998, 304.
[196] OLG Hamburg Schulze OLGZ 113.
[197] KG Schulze KGZ 51.
[198] OLG Stuttgart NJW 1982, 652 sowie OLG Stuttgart AfP 1983, 396.
[199] Vgl. → KUG § 23 Rn. 8 ff.; vgl. auch OLG Dresden ZUM 2010, 597.
[200] OLG Hamburg GRUR 1996, 123 – Schauspielerin.
[201] OLG Frankfurt a. M. NJW 2000, 594 (595) – Katarina Witt; → § 60/§ 23 Rn. 116; sa OLG Koblenz GRUR-Prax 2014, 332.
[202] BGH GRUR 1985, 398 (399 rSp.) – Nacktfoto.
[203] OLG Frankfurt a. M. Schulze OLGZ 194 – Fotomodell für FKK-Reisen.

10. Vermutung der Einwilligung

51   **a)** Hat der Abgebildete **sich gegen Entgelt abbilden** oder ablichten lassen, so gilt seine Einwilligung im Zweifel als erteilt. Diese gesetzliche Vermutung (§ 22 S. 2 KUG) kann der Abgebildete gegebenenfalls widerlegen. Auch hier sind aber der Umfang und die Reichweite der Einwilligung zu beachten.[204] Das Entgelt muss sich auf das Modellstehen zum Zwecke der Anfertigung und Veröffentlichung der Abbildung beziehen und nicht auf eine andere Tätigkeit, während der der Abgebildete fotografiert oder gezeichnet wurde. „Eine Entlohnung iSv. § 22 S. 2 KUG liegt nicht vor, wenn der Abgebildete das Bild während seiner Arbeitszeit machen lässt und dafür nur den vertraglichen Arbeitslohn erhält".[205] Die Einwilligung kann sich jedoch aus den Gesamtumständen ergeben.[206] Sie kann sich generell auf die Verwendung des Bildnisses in der Werbung beziehen. Die auf eine Verwendung als Titelbild einer Illustrierten bezogene Einwilligung umfasst aber nicht die Verwendung als Filmplakat.[207]

52   **b)** Die **Einwilligung zur Verwendung** eines Bildnisses **in einem bestimmten Medium** (Film, Zeitschrift, Reisekatalog) schließt in aller Regel die **Werbung für dieses Medium** ein. So sind zB Filmschauspieler vertraglich verpflichtet, die Verwendung der Standaufnahmen zum Zweck der Werbung für den betreffenden Film zu dulden, nicht aber zur Illustrierung von Büchern und Zeitschriften oder gar zur Werbung für irgendwelche Produkte, wie die Nutzung des Bildnisses einer Schauspielerin aus einem Spielfilm in einer Werbeanzeige für Fernsehgeräte.[208] Umgekehrt hat ein ausübender Künstler aufgrund seines Rechts am eigenen Bild keinen Anspruch darauf, dass auf der Plattenhülle einer von ihm bespielten Schallplatte ein Bildnis von ihm abgebildet wird.[209]

53   **c)** Die **Einwilligung, für das Titelblatt** einer Zeitschrift abgelichtet und abgedruckt zu werden, schließt gleichzeitig ein, dass mit diesem Titelblatt für die betreffende Ausgabe in einer anderen großen Publikumszeitschrift geworben wird,[210] nicht aber die Verwendung als Filmplakat.[211] Ebenso muss ein Fotomodell, das sich gegen Entgelt einem Reiseunternehmen für Fotos zur Verwendung in einem Reiseprospekt zur Verfügung gestellt hat, damit rechnen, dass diese Fotos von dem Reiseunternehmen in der für diese Branche üblichen Werbung in Form von Anzeigen in Zeitungen und Zeitschriften verwendet werden.[212]

54   **d)** Auch im Falle der Entlohnung des Abgebildeten sind **Umfang und Zweck** der späteren Veröffentlichung nicht immer als von der Einwilligung umfasst anzusehen. Vielmehr ist zu beachten, „dass die Entlohnung schlechthin keineswegs einer generellen Einwilligung gleichzusetzen ist".[213] Eine Interessenverletzung kann also auch dann gegeben sein, „wenn die Veröffentlichung in der Presse durch **Hineinstellen der Bilder in andere Zusammenhänge falsche Gedankenverbindungen** hervorrufen kann",[214] wie zB im Fall „Hochzeitsbild".[215] Die Beweislast für das Vorliegen einer Einwilligung und den Umfang des Verbreitungsrechts trifft denjenigen, der als Verletzer des Rechts am eigenen Bild in Anspruch genommen wird.[216] Im Verfügungsverfahren ist der Mangel der Einwilligung vom Verletzten glaubhaft zu machen.

III. Einwilligung nach dem Tode des Abgebildeten

1. Die Schutzdauer

55   Die Schutzdauer für das Recht am eigenen Bild endet zehn Jahre nach dem Tode des Abgebildeten (§ 22 S. 3 KUG). Da § 29 KUG aufgehoben worden ist, bestimmt sich die Fristberechnung nach §§ 186 ff. BGB.[217] In schwerwiegenden Verletzungsfällen muss jedoch auch nach Ablauf der nur zehnjährigen Schutzfrist ein Unterlassungsanspruch aufgrund des allgemeinen Persönlichkeitsrechts durchsetzbar sein. Zu denken ist hierbei etwa an die Verwendung des Bildnisses einer berühmten Persönlichkeit in der Werbung für Waren, mit denen der Abgebildete Zeit seines Lebens niemals etwas zu tun hatte.[218] Die Schutzdauer gemäß § 22 S. 3 KUG stellt keine abschließende Regelung ge-

---

[204] OLG München ZUM 2006, 936; LG München I ZUM 2006, 937; Dreier/Schulze/*Specht* KUG § 22 Rn. 19b.

[205] OLG Nürnberg GRUR 1957, 296 – Fotomodell.

[206] OLG Freiburg GRUR 1953, 404 – Croupier.

[207] OLG Hamburg Schulze OLGZ 113.

[208] OLG Köln ZUM 2014, 416 (417 f.); grundsätzlich BGH GRUR 1956, 427 – Paul Dahlke.

[209] OLG München Schulze OLGZ 249.

[210] LG Köln AfP 1982, 49 – Fernsehansagerin.

[211] OLG Hamburg Schulze OLGZ 113.

[212] OLG Frankfurt a. M. Schulze OLGZ 194.

[213] *Bußmann* Anm. zu BGH GRUR 1965, 495 (499) – Wie uns die Anderen sehen, vgl. → Rn. 51 mwN.

[214] *Bußmann* GRUR 1965, 498.

[215] BGH GRUR 1962, 211.

[216] BGH GRUR 1956, 427 (428) – Paul Dahlke; BGH GRUR 1965, 495 – Wie uns die anderen sehen; OLG München NJW-RR 1996, 93; Wandtke/Bullinger/*Fricke* KUG § 22 Rn. 18.

[217] *v. Gamm* UrhG Einf. Rn. 106.

[218] Vgl. BGH GRUR 1984, 907 – Frischzellenkosmetik – sowie *Sack* WRP 1982, 615 und WRP 1984, 521.

genüber dem erst später anerkannten **postmortalen allgemeinen Persönlichkeitsrecht dar.**[219] Vielmehr tritt dieses umfassendere Recht ergänzend neben den spezialgesetzlichen postmortalen Bildnisschutz. Abgeleitet wird es aus Art. 1 Abs. 1 GG, der jeder staatlichen Gewalt die Verpflichtung auferlegt, die Menschenwürde auch über den Tod hinaus vor Angriffen zu schützen.[220] Ebenso wie der Bildnisschutz des Lebenden einen Ausschnitt aus dem allgemeinen Persönlichkeitsrecht darstellt, ist auch der **postmortale Bildnisschutz ein Ausschnitt aus dem postmortalen allgemeinen Persönlichkeitsrecht.** Deshalb ist bei Vorliegen entsprechender Voraussetzungen auch noch nach Ablauf der 10-Jahresfrist ein Rechtsschutz gegen die Veröffentlichung von Bildnissen des Verstorbenen möglich.

Die Rechtsprechung hat insbesondere bei berühmten Persönlichkeiten die **zeitlichen Grenzen 56 des postmortalen Achtungsanspruchs** weit ausgedehnt. Im Falle des Malers Emil Nolde wurde der Fortbestand auch noch 30 Jahre nach dessen Tod bejaht.[221] Der wesentliche Unterschied zwischen dem postmortalen Bildnisschutz nach dem KUG und dem postmortalen allgemeinen Persönlichkeitsrecht besteht darin, dass letzteres nur eingreift, wenn sich aufgrund einer Güter- und Interessenabwägung ergibt, dass das Ansehen des Verstorbenen in unzulässiger Weise herabgesetzt wird; demgegenüber kommt es nach dem formalisierten Schutz in § 22 S. 3 KUG hierauf nicht an, sondern maßgebend ist allein, dass die erforderliche Einwilligung der Angehörigen in die Bildnisveröffentlichung fehlt.

2. Einwilligung durch Angehörige

Während der postmortalen Schutzdauer bedarf es der Einwilligung der Angehörigen des Abgebil- **57** deten (§ 22 S. 3 KUG). Zu den **privilegierten Angehörigen** zählen der Ehegatte oder Lebenspartner des Abgebildeten und seine Kinder (§§ 1591 f. BGB). Sind weder ein Ehegatte oder Lebenspartner noch Kinder vorhanden, so stehen die gleichen Rechte auch den Eltern des verstorbenen Abgebildeten zu. Geschwister zählen nicht zu den privilegierten Angehörigen.

Der Kreis der Angehörigen, die nach dem Tode des Abgebildeten die Einwilligung zur Verbreitung **58** eines Bildnisses zu erteilen haben, ist der gleiche wie nach § 60 UrhG. Zur Verbreitung bedarf es bei § 22 KUG **der Einwilligung aller Angehörigen** (zB des überlebenden Ehegatten **und** aller Kinder), während „umgekehrt aber jeder einzelne Angehörige unabhängig von den anderen klageberechtigt ist".[222] Zu Divergenzen hinsichtlich der Wahrnehmungsberechtigung kann es kommen, wenn ein über die von § 22 S. 3 KUG festgelegte Frist von 10 Jahren hinausreichender postmortaler Schutz nach dem allgemeinen Persönlichkeitsrecht beansprucht wird, da der **Kreis der Wahrnehmungsberechtigten** bei diesem weiter gezogen ist. Bei Fehlen einer besonderen Ermächtigung sind zur Geltendmachung von Ansprüchen alle nahen Angehörigen des Verstorbenen befugt.[223] Soweit es um den Bildnisschutz geht, ist jedoch § 22 S. 4 KUG als eine vorrangige und abschließende Spezialregelung anzusehen. Diese ist auch dann zu beachten, wenn im Einzelfall aufgrund besonderer Umstände der Schutz nach dem postmortalen allgemeinen Persönlichkeitsrecht über die gesetzlich festgelegte Dauer von 10 Jahren hinausgeht.

Eine über den Tod hinausgehend erteilte Vollmacht besitzt Vorrang gegenüber § 22 S. 3 KUG.[224] **59** Seit Inkrafttreten des LPartG (1.8.2001) ist der Lebenspartner iSd § 1 LPartG den Ehegatten in § 22 S. 4 KUG gleichgestellt. Bei Altfällen ist diese Regelung bei einer Entscheidung der Frage mit zu berücksichtigen, ob eine Vollmacht über den Tod hinaus nach dem Tod des Vollmachtgebers dem Entscheidungsrecht der Eltern gem. § 22 S. 4 KUG vorgeht.[225]

Bei der **Abbildung von Verstorbenen** ist zu unterscheiden, ob das Bildnis den lebenden oder **60** den toten Menschen zeigt. Die Abbildung einer verstümmelten Leiche erscheint im Hinblick auf die unantastbare Würde des Menschen (Art. 1 Abs. 1 GG) nur in ganz besonderen Ausnahmefällen zulässig. „Die Einwilligung der Angehörigen in die Verbreitung der Abbildung der Leiche des Verstorbenen findet in dem Grundrecht der Menschenwürde und der Intimsphäre ihre rechtliche Schranke".[226]

3. Ohne Einwilligung der Angehörigen

Ausnahmsweise kann die Verbreitung des Fotos einer Leiche auch ohne Einwilligung der Ange- **61** hörigen des Toten, ja sogar gegen deren Willen zulässig sein. Zwar ist grundsätzlich „auch das Bild eines Verstorbenen seinem Intimbereich zugeordnet, so dass der Abdruck eines Fotos der Leiche ge-

---

[219] Loewenheim/*Schertz* Hb. des Urheberrechts, 2. Aufl. 2010, § 18 Rn. 20; Götting/Schertz/Seitz/*Schertz* PersönlichkeitsR-HdB § 12 Rn. 45.

[220] BGH NJW 1968, 1773 (1774); BVerfGE 30, 173 (194) – Mephisto.

[221] BGHZ 107, 385; vgl. auch OLG Bremen NJW-RR 1993, 726 – Reichspräsident Ebert: 67 Jahre nach dem Tode; OLG Bremen NJW-RR 1995, 84 = AfP 1994, 145 – Wilhelm Kaisen: 15 Jahre nach dem Tode; OLG München NJW-RR 1994, 925: 30 Jahre nach dem Tode bezüglich eines vermeintlich in der NS-Zeit an Zwangssterilisationen beteiligten Arztes.

[222] *v. Gamm* UrhG Einf. Rn. 108.

[223] BGH NJW 1968, 1773 (1775) – Mephisto.

[224] DKMH/*Dreyer* § 22 Rn. 33.

[225] OLG München NJW 2002, 305; DKMH/*Dreyer* § 22 Rn. 23.

[226] *Schmidt-Osten* AfP 1976, 22.

gen den Willen der Angehörigen unzulässig wäre. Dies gilt jedoch nicht für den Fall, dass der Tod und seine Begleitumstände Teil eines Ereignisses sind, das ein berechtigtes Interesse der Öffentlichkeit hervorgerufen hat und wenn sich dieses berechtigte Interesse gerade auch auf den Tod selbst richtet."[227]

4. Vererblichkeit

62 Im Gegensatz zu den ideellen sind die vermögenswerten Bestandteile des Rechts am eigenen Bilde als Ausschnitt des allgemeinen Persönlichkeitsrechts vererblich. Nach der wegweisenden **„Marlene Dietrich"-Entscheidung des BGH,** die ein Meilenstein in der Geschichte des Persönlichkeitsrechts darstellt, dient das allgemeine Persönlichkeitsrecht und seine besonderen Erscheinungsformen, wie das Recht am eigenen Bild und das Namensrecht, dem Schutz nicht nur ideeller, sondern auch kommerzieller Interessen der Persönlichkeit. Die entsprechenden Befugnisse gehen auf den Erben des Trägers des Persönlichkeitsrechts über und können von diesem entsprechend dem ausdrücklichen oder mutmaßlichen Willen des Verstorbenen ausgeübt werden.[228] Wie der BGH in der Entscheidung betont, ist die Anerkennung der **Vererblichkeit der vermögenswerten Bestandteile des Persönlichkeitsrechts** geboten, um den Schutz gegenüber einer kommerziellen Nutzung von Name, Bildnis und sonstigen Persönlichkeitsmerkmalen des Verstorbenen durch Nichtberechtigte zu gewährleisten. „Ein wirkungsvoller postmortaler Schutz der vermögenswerten Bestandteile des Persönlichkeitsrechts ist nur gewährleistet, wenn der Erbe in die Rolle des Trägers des Persönlichkeitsrechts treten und ebenso wie dieser unter Wahrung der mutmaßlichen Interessen des Verstorbenen gegen eine unbefugte Nutzung vorgehen kann".[229] Durch diesen Schutz der kommerziellen Interessen, die den Erben ungeachtet eigennütziger Motive eine Handhabe gegen die ungehinderte Ausbeutung des Ansehens des Verstorbenen durch beliebige Dritte bietet, wird auch der Schutz der ideellen Interessen gegenüber dem früheren Rechtszustand ganz erheblich verbessert. Nach der „Mephisto"-Rechtsprechung war zwar anerkannt, dass das fortwirkende Lebensbild der Persönlichkeit auch über den postmortalen Bildnisschutz – entsprechend der Zehnjahresfrist nach § 22 S. 3 KUG – hinaus gegen **schwerwiegende Entstellungen** geschützt ist.[230] Dem Wahrnehmungsberechtigten wurden jedoch bei einer Verletzung des postmortalen Persönlichkeitsrechts lediglich Abwehransprüche, nicht aber Schadensersatzansprüche zuerkannt, weil der Verstorbene keinen durch eine Geldzahlung auszugleichenden Schaden erleiden könne.[231] Auch die Abwehransprüche nützen nur wenig, wenn die Rechtsverletzung – wie es häufig der Fall ist – bereits beendet ist, bevor der Anspruchsberechtigte davon Kenntnis erlangt. Durch die Anerkennung der Vererblichkeit der vermögenswerten Bestandteile an Persönlichkeitsrechten, wie insbesondere auch dem Recht am eigenen Bild, wird dieses Schutzdefizit beseitigt, da den Erben die Möglichkeit eröffnet wird, gegen die unberechtigte kommerzielle Verwertung der Persönlichkeitsmerkmale des Verstorbenen diejenigen Sanktionen einzusetzen, die diesem auch zu Lebzeiten zugestanden hätten. Sie können nämlich einen **Schadensersatzanspruch** geltend machen, den sie entweder konkret oder nach der Lizenzanalogie oder nach dem herauszugebenden Verletzergewinn berechnen können.[232] Im Ergebnis führt die **Kumulation des postmortalen ideellen und kommerziellen Interessenschutzes** auch zu einer Kumulation der Kontrollmöglichkeit. Wird das Bildnis des Verstorbenen für kommerzielle Zwecke verwendet, so ist die Zustimmung sowohl des Erben als auch des Inhabers der vermögenswerten Bestandteile des Persönlichkeitsrechts als auch der Angehörigen erforderlich. Ebenso können durch eine kommerzielle Verwendung von Persönlichkeitsmerkmalen die durch das allgemeine Persönlichkeitsrecht geschützten ideellen Interessen des Verstorbenen tangiert sein, mit der Folge, dass der Wahrnehmungsberechtigte gegen eine solche Verwendung trotz Zustimmung der Erben einschreiten könnte.[233] Insofern stellt sich die Lage nicht anders dar als beim Urheberrecht, bei dem ebenfalls die auf den Schutz der ideellen Interessen gerichteten urheberpersönlichkeitsrechtlichen Befugnisse (§§ 11 ff. UrhG) häufig nicht in derselben Hand liegen wie die Nutzungsrechte.[234]

63 In der „kinski-klaus.de"-Entscheidung hat der BGH die **Schutzdauer der vermögenswerten Bestandteile des postmortalen Persönlichkeitsrechts in Analogie zu § 22 S. 3 KUG auf 10 Jahre nach dem Tod der Person begrenzt,** während der Schutz der ideellen Bestandteile über diese Frist hinaus fortbestehen kann.[235] In der „Marlene Dietrich"-Entscheidung hatte der BGH die

---

[227] Hier: Foto der Leiche eines bei einem spektakulären Bombenanschlag umgekommenen Täters, OLG Hamburg AfP 1983, 466 – Bombenattentäter.

[228] BGH GRUR 2000, 709 – Marlene Dietrich.

[229] BGH GRUR 2000, 709 (713) – Marlene Dietrich.

[230] BGHZ 50, 133 (136 ff.) = GRUR 1968, 552 – Mephisto; sa BGHZ 107, 384 (391) = GRUR 1995, 668 – Emil Nolde mwN.

[231] BGH GRUR 2000, 709 (713) – Marlene Dietrich, unter Hinweis auf BGH GRUR 1974, 794 (795) – Todesgift; BGH 1974, 797 (800) = NJW 1974, 1371 – Fiete Schulze.

[232] BGH GRUR 2000, 709 (715) – Marlene Dietrich, unter Hinweis auf BGHZ 20, 345 (353 f.) = GRUR 1956, 427 – Paul Dahlke.

[233] BGH GRUR 2000, 709 (714) – Marlene Dietrich.

[234] BGH GRUR 2000, 709 (714) – Marlene Dietrich, unter Hinweis auf *Forkel* GRUR 1988, 491 (493 ff.); *Götting* S. 133, 279.

[235] BGH GRUR 2007, 168 Rn. 17 f. – kinski-klaus.de.

Dauer des Schutzes noch mit dem Fortbestand des Schutzes der ideellen Interessen verknüpft, mit der Folge, dass die vermögenswerten Bestandteile des Persönlichkeitsrechts nach dem Tode des Trägers des Persönlichkeitsrechts jedenfalls so lange fortbestehen sollen, so lange die ideellen Interessen noch geschützt sind.[236] Die Beschränkung der Schutzfrist auf 10 Jahre post mortem trägt dem „digitalen Langzeitgedächtnis", das die Erinnerung an Ikonen aus Kultur, Unterhaltung und Sport über Jahrzehnte lebendig hält, in keiner Weise Rechnung.[237] Nach Auffassung des BGH ist der Schutz der von der Rechtsprechung entwickelten vermögensrechtlichen Bestandteile der Persönlichkeitsrechte im Gegensatz zu den ideellen Bestandteilen des Persönlichkeitsrechts, die verfassungsrechtlich geschützt sind, lediglich zivilrechtlich begründet.[238] Diese Feststellung, die der BGH lediglich behauptet, aber in keiner Weise begründet, vermag nicht zu überzeugen. Er stützt sich dabei auf ein Diktum des BVerfG der von ihm grundsätzlich gebilligten Anerkennung vererblicher vermögenswerter Bestandteile des zivilrechtlichen Persönlichkeitsrechts.[239] Dort heißt es: „Das Grundgesetz gebietet einen postmortalen Schutz der Persönlichkeit gegen Angriffe auf die Menschenwürde. Ein Schutz vor einer kommerziellen Ausbeutung, die nicht mit einer Menschenwürdeverletzung verbunden ist, kennt das Grundgesetz im Bereich des postmortalen Schutzes nicht. Es steht aber der einfach rechtlichen Anerkennung eines solchen Schutzes auch nicht entgegen." In einer späteren Entscheidung hat das BVerfG die Frage, ob die vermögenswerten Bestandteile des allgemeinen Persönlichkeitsrechts durch Art. 14 Abs. 1 GG geschützt sind, mangels Entscheidungserheblichkeit offengelassen.[240] Es leuchtet nicht ein, warum die vermögenswerten Bestandteile des Persönlichkeitsrechts nicht so wie im Allgemeinen alle Vermögensrechte dem Schutz des Art. 14 GG unterfallen.[241] Es drängt sich eine Parallele zum Urheberrecht auf, dessen verwertungsrechtliche Seite als Eigentum iSv Art. 14 GG geschützt wird.[242] Dies bedeutet also, dass der verfassungsrechtliche Eigentumsschutz der vermögenswerten Bestandteile des Persönlichkeitsrechts im Einzelfall aufgrund einer Güter- und Interessenabwägung insbesondere mit Blick auf die Sozialpflichtigkeit des Eigentums nicht zurückzutreten hat. Vorzugswürdig wäre in Anlehnung an das Urheberrecht eine Frist von 70 Jahren post mortem.[243] Für eine solche Parallelität zum Urheberrecht sprechen neben der Rechtssicherheit auch inhaltliche Gründe: Zum einen ist nicht einzusehen, warum der Urheberrechtsschutz für eine Fotografie als Lichtbildwerk, die ihren Marktwert ausschließlich der Prominenz der abgebildeten Personen verdankt, 70 Jahre nach dem Tod des Urhebers fortbesteht, während die auf dem Lebenswerk des Verstorbenen beruhenden vermögenswerten Bestandteile des Persönlichkeitsrechts in der Regel bereits nach 10 Jahren erlöschen sollen.[244] Zum anderen spricht gegen die Annahme eines ewigen Persönlichkeitsrechts die Tatsache, dass das Lebensbild der verstorbenen Person in den individuellen Zügen der Erinnerung immer mehr verblasst und zum allgemeinen Kulturgut wird. Auch insofern bieten sich parallele Überlegungen zur Befristung des Urheberrechts auf 70 Jahre post mortem an.[245]

Die bei Eingriffen in die vermögenswerten Bestandteile entstehenden Schadensersatz- oder Bereicherungsansprüche sind ohne Einschränkung übertragbar, pfändbar und verpfändbar sowie auch vererblich.[246] Dagegen hat der BGH entschieden, dass der Anspruch auf Geldentschädigung wegen Persönlichkeitsrechtsverletzung durch Eingriff in die ideellen Interessen grundsätzlich nicht vererblich ist.[247] Im Schrifttum ist die Frage äußerst umstritten.[248] Dem Argument der Höchstpersönlichkeit, mit dem der BGH im Kern die Unvererblichkeit begründet, wird zu Recht entgegengehalten, dass sich der auf eine Geldzahlung gerichtete Anspruch mit seiner Entstehung von den ideellen Bestandteilen des Persönlichkeitsrechts löst.[249] Abgesehen davon ist es ungerechtfertigt, dass der Verletzer durch den Tod des Verletzten von der Leistung des Geldersatzes freigestellt wird.[250] Der BGH verkennt, dass ein auf Geld gerichteter Anspruch zum Vermögen gehört und deshalb im Wege der Universalsukzession

64

---

[236] BGH GRUR 2000, 709 2. Ls. – Marlene Dietrich.

[237] *Götting* GRUR 2007, 168 (170 f.), Anm. zu BGH GRUR 2007, 168 – kinski-klaus.de; Götting/Schertz/Seitz/*Götting* PersönlichkeitsR-HdB § 2 Rn. 37.

[238] BGH GRUR 2007, 139 Rn. 21 – Rücktritt des Finanzministers; BGH GRUR 2008, 1124 Rn. 14 – Zerknitterte Zigarettenschachtel; BGH GRUR AfP 2008, 598 2. Ls. Rn. 15 – Geschwärzte Worte.

[239] BVerfG GRUR 2006, 1049 (1050) – Werbekampagne mit blauem Engel.

[240] BVerfG GRUR-RR 2009, 375 Rn. 28; siehe dazu Götting/Schertz/Seitz/*Götting* PersönlichkeitsR-HdB § 3 Rn. 6.

[241] In BVerfG ZUM 2009, 470 (480) wird die Eröffnung des Schutzbereichs der Eigentumsgarantie in Erwägung gezogen, aber letztlich offengelassen.

[242] BVerfGE 31, 229 ff. – Schulbücher; BVerfGE 31, 270 (272); 49, 382 ff. – Gottesdienste; siehe dazu *Fechner*, Geistiges Eigentum und Verfassung, S. 153 ff.

[243] S. *Götting* S. 263 f., 283; *Götting* NJW 2001, 585 (586); *Götting* GRUR 2004, 801 (806); Götting/Schertz/Seitz/*Götting* PersönlichkeitsR-HdB § 2 Rn. 37; zustimmend *Reber* GRUR-Int 2007, 492 (498).

[244] *Götting* NJW 2001, 585 (586); *Götting* GRUR 2004, 801 (806).

[245] *Götting* GRUR 2004, 801 (806).

[246] Götting/Schertz/Seitz/*Brändel/Schmitt* PersönlichkeitsR-HdB § 28 Rn. 20 ff.; BGH GRUR 2013, 196 Rn. 42 f. – Playboy am Sonntag.

[247] BGH GRUR 2014, 702 Ls. Rn. 8 – Berichterstattung über trauernden Entertainer; ebenso OLG Köln GRUR 2018, 1081 Ls. – Kohl-Protokolle (nicht rechtskräftig); ablehnend mit umfassender und überzeugender Begründung *Beuthien* GRUR 2014, 957 ff. sowie *Beuthien* GRUR 2018, 1021 ff.

[248] S. die umfassenden Nachweise in BGH GRUR 2014, 702 Rn. 6 f.

[249] Dreier/Schulze/*Specht* KUG § 22 Rn. 37.

[250] Dreier/Schulze/*Specht* KUG § 22 Rn. 37a.

nach § 1922 Abs. 1 BGB auf die Erben übergeht. Die Aussage, dass die vorgesehene Universalsukzession von vornherein auf die vererblichen Vermögensgegenstände beschränkt ist,[251] ist ein klassischer Zirkelschluss. Aus der unterstellten Unvererblichkeit wird die Unvererblichkeit nach § 1922 Abs. 1 BGB gefolgert. Angesichts der Tatsache, dass Körper und Geist eine Einheit bilden, stellt es entgegen der Auffassung des BGH eine sachlich nicht gerechtfertigte Ungleichbehandlung dar und verstößt deshalb gegen Art. 3 Abs. 1 GG, wenn der Anspruch auf Geldentschädigung anders als der Anspruch auf Schmerzensgeld nicht vererblich ist.[252] Der angeführte Differenzierungsgrund,[253] dass der Geldentschädigungsanspruch seinen Grund letztlich in der Genugtuungsfunktion hat, die nach dem Tode nicht mehr zum Tragen kommen kann, vermag nicht zu überzeugen. Konsequenterweise müsste dann auch die Vererblichkeit des Schmerzensgeldanspruchs abgelehnt werden, da auch hier dem Verstorbenen keine Genugtuung mehr verschafft werden kann.

In einem Grundsatzurteil hat der BGH entschieden, dass beim Tod des Kontoinhabers eines sozialen Netzwerks der Nutzungsvertrag grundsätzlich nach § 1922 BGB auf dessen Erben übergeht und diese deshalb ein Anspruch auf Zugang zu dem Benutzerkonto sowie den darin enthaltenen vermögensrechtlichen und höchst persönlichen (digitalen) Inhalten haben.[254]

§ 23 KUG [Ausnahmen zu § 22]

(1) **Ohne die nach § 22 erforderliche Einwilligung dürfen verbreitet und zur Schau gestellt werden:**

1. **Bildnisse aus dem Bereiche der Zeitgeschichte;**
2. **Bilder, auf denen die Personen nur als Beiwerk neben einer Landschaft oder sonstigen Örtlichkeit erscheinen;**
3. **Bilder von Versammlungen, Aufzügen und ähnlichen Vorgängen, an denen die dargestellten Personen teilgenommen haben;**
4. **Bildnisse, die nicht auf Bestellung angefertigt sind, sofern die Verbreitung oder Schaustellung einem höheren Interesse der Kunst dient.**

(2) **Die Befugnis erstreckt sich jedoch nicht auf eine Verbreitung und Schaustellung, durch die ein berechtigtes Interesse des Abgebildeten oder, falls dieser verstorben ist, seiner Angehörigen verletzt wird.**

Übersicht

---

[251] BGH GRUR 2014, 702 Rn. 20 – Berichterstattung über trauernden Entertainer.
[252] BGH GRUR 2014, 702 Rn. 21 f. – Berichterstattung über trauernden Entertainer.
[253] BGH GRUR 2014, 702 Rn. 22 – Berichterstattung über trauernden Entertainer.
[254] BGH ZUM 2018, 711 – Digitaler Nachlass, Rn. 29.

A. Allgemeines

I. Beschränkung des Schutzumfangs

1   Im Interesse der Öffentlichkeit an einer sachgerechten und umfassenden Information in Wort und Bild sind dem Bildnisschutz abgebildeter Personen gewisse Grenzen gesetzt. § 23 KUG enthält die **Ausnahmen** zur Grundsatzbestimmung des § 22 KUG.

Den **Beschränkungen des Schutzumfanges** betreffend das Recht am eigenen Bild liegt die Überlegung von *Kohler* zugrunde: „Soweit und sofern eine Person sich der Öffentlichkeit zeigt, besteht ein right of privacy nicht".[1] In der Reihenfolge der Ausnahmen, in denen Personenbildnisse verbreitet und öffentlich zur Schau gestellt werden dürfen, rangieren daher die „Bildnisse aus dem Bereich der Zeitgeschichte" obenan. Es folgen Bilder, auf denen die abgebildeten Personen nur nebenbei „als Beiwerk" erscheinen (→ Rn. 80–83) oder auf denen sie – zusammen mit zahlreichen anderen – auf dem Bild einer öffentlichen Veranstaltung zu sehen sind (→ Rn. 84–99). Schließlich sind Bildnisse, deren Verbreitung einem höheren Interesse der Kunst dient (→ Rn. 100–104) oder die im Interesse der Rechtspflege und der öffentlichen Sicherheit benötigt werden (§ 24 KUG), vom Bildnisschutz des § 22 KUG ausgenommen.

II. Geltungsbereich

2   Ebenso wie das Recht am eigenen Bild betreffen auch die **Ausnahmen** alle Darstellungsarten und Verbreitungsformen von Bildnissen (→ KUG § 22 Rn. 14 f.). Die Grundsätze des Bildnisschutzes gelten ebenso für die Verbreitung in Zeitschriften mit Millionenauflage wie für eine geringe Anzahl von Vervielfältigungen oder einzelne Unikate, für die Verbreitung in Form von Sammelbildern[2] wie im Film[3] oder im Fernsehen.

III. Interessenabwägung

1. Grundsatz

3   In allen Fällen hat eine **Interessenabwägung** zu erfolgen zwischen dem Informationsbedürfnis der Allgemeinheit und dem berechtigten Interesse des Abgebildeten bzw. seiner Angehörigen, anonym zu bleiben, dh an der Unterlassung der Verbreitung, denn die Befugnis des § 23 Abs. 1 KUG erstreckt sich nicht auf eine Verbreitung und Schaustellung, durch die ein berechtigtes Interesse des Abgebildeten bzw. seiner Angehörigen verletzt wird (§ 23 Abs. 2 KUG).[4] „Diese Interessenabwägung ist ihrem Wesen nach nichts anderes als die im Rahmen des allgemeinen Persönlichkeitsrechts stets notwendige Abwägung der einander gegenüberstehenden Belange".[5]

2. Interessenabwägung bei Bildnissen aus dem Bereich der Zeitgeschichte

4   Besondere Bedeutung besitzt die erforderliche Interessenabwägung bei Bildnissen aus dem Bereich der Zeitgeschichte, denn „auch Personen der Zeitgeschichte haben Anspruch darauf, dass die Allgemeinheit Rücksicht auf ihre Persönlichkeit nimmt".[6] In seiner früheren Rechtsprechung ging der BGH davon aus, dass es im Ergebnis ohne Bedeutung ist, ob die erforderliche Interessenabwägung schon im Rahmen des § 23 Abs. 1 Nr. 1 KUG vorzunehmen ist oder dem § 23 Abs. 2 KUG vorbehalten bleibt.[7] In seiner neueren Rechtsprechung ist der BGH hiervon abgerückt und hat nachdrücklich betont, dass die erforderliche Abwägung der widerstreitenden Rechte und Grundrechte der abgebildeten Person einerseits und der Presse andererseits schon bei der Zuordnung zum Bereich der Zeitgeschichte, also im Rahmen des § 23 Abs. 1 Nr. 1 KUG, zu erfolgen hat.[8] Die Regelung des § 23 Abs. 1 Nr. 1 KUG bildet damit die Zentralnorm des gesamten Bildnisschutzes, weil auf ihrer Grundlage die Entscheidung darüber zu treffen ist, ob dem Informationsinteresse der Allgemeinheit oder aber dem Schutz der Privatsphäre des Abgebildeten der Vorrang einzuräumen ist.[9]

---

[1] *Kohler* Kunstwerkrecht S. 159.
[2] BGH GRUR 1968, 652 – Ligaspieler.
[3] KG UFITA 20 (1955), 199 – Boxkampf.
[4] BVerfG GRUR 1973, 541 (545 lSp.) – Lebach.
[5] *V. Gamm* UrhG Einf. Rn. 113.
[6] BGH GRUR 1979, 425 (426) – Fußballspieler; vgl. ferner BGH GRUR 1956, 427 – Paul Dahlke; BGH GRUR 1962, 211 – Hochzeitsbild; BGH GRUR 1966, 102 – Spielgefährtin I.
[7] BGH GRUR 1985, 398 (399 rSp.) – Nacktfoto.
[8] BGH GRUR 2007, 523 Rn. 14 – Abgestuftes Schutzkonzept; BGH GRUR 2007, 899 Rn. 17 – Grönemeyer; → Rn. 21.
[9] IdS auch Götting/Schertz/Seitz/*Schertz* PersönlichkeitsR-HdB § 12 Rn. 47.

3. Grenzen der Abbildungsfreiheit

Die Abbildungsfreiheit endet dort, wo die **Würde der Persönlichkeit** verletzt wird. Dies gilt so-   5
wohl für den Privat- und Intimbereich wie für alle Abnormitäten, körperlichen Missbildungen und
Gebrechen. „Tragische Lebensschicksale sind keine Zirkusschaustücke".[10]

B. Ausnahmen zu § 22 KUG

I. Bildnisse aus dem Bereich der Zeitgeschichte (§ 23 Abs. 1 Nr. 1 KUG)

1. Definition

Unter einem **„Bildnis aus dem Bereich der Zeitgeschichte"** ist die Abbildung oder Darstel-   6
lung einer Person zu verstehen, die – ständig oder vorübergehend – im Blickfeld (mindestens eines
Teils) der Öffentlichkeit steht und somit der Zeitgeschichte angehört. Bildnisse solcher Personen dürfen im Informationsinteresse der Allgemeinheit grundsätzlich ohne Einwilligung der Abgebildeten
verbreitet oder zur Schau gestellt werden, es sei denn, dass der Schutz der Privatsphäre des Abgebildeten überwiegt. Bei Personen, die – aus welchem Anlass auch immer – für die Öffentlichkeit interessant sind, spricht man traditionell von **„Personen der Zeitgeschichte"**.

Die Formulierung „Bildnisse aus dem Bereich der Zeitgeschichte" deutet darauf hin, dass nicht je-   7
des Bildnis einer Person der Zeitgeschichte auch als Bildnis „aus dem Bereich der Zeitgeschichte"
anzusehen ist. Der Begriff der „Zeitgeschichte" ist teleologisch mit **Blick auf das durch Art. 5
Abs. 1 GG geschützte Grundrecht der Meinungs- und Pressefreiheit auszulegen.** Dementsprechend hat das BVerfG festgestellt, dass der Bedeutung und Tragweite der Pressefreiheit Rechnung
getragen wird, wenn der Begriff der Zeitgeschichte nicht gegenstandsbezogen, etwa allein auf Vorgänge von historischer oder politischer Bedeutung verstanden, sondern vom Informationsinteresse der
Öffentlichkeit her bestimmt wird.[11]

2. Informationszweck

Auch bei Bildnissen von Personen der Zeitgeschichte muss zum Informationsbedürfnis der Allge-   8
meinheit noch der **Informationszweck** der Veröffentlichung hinzukommen, um die Bildpublikation
ohne Einwilligung des Abgebildeten zu legitimieren.[12]

Entscheidend ist, dass **reine Neugier und Sensationslust** eine Abbildung nicht zulässig machen   9
und dass die Privatsphäre grundsätzlich tabu bleibt.[13]

a) Tatsachenbehauptungen und Meinungsäußerungen. An dem erforderlichen Informations-   10
zweck fehlt es, wenn die für sich genommen zulässige Bildnisveröffentlichung mit einem Begleittext
versehen ist, der unrichtige Behauptungen enthält.[14] Demgegenüber ist der **Meinungsäußerungsfreiheit** im Falle einer Konfrontation mit dem allgemeinen Persönlichkeitsrecht besonderes Gewicht
beizumessen. Bei der erforderlichen Güter- und Interessenabwägung ist davon auszugehen, dass der
Sinn jeder zur Meinungsbildung beitragenden öffentlichen Äußerung darin besteht, Aufmerksamkeit
zu erregen, und daher angesichts der heutigen Reizüberflutung aller Art auch einprägsame und starke
Formulierungen hinzunehmen sind.

Dies gilt auch für Äußerungen, die eine **scharfe und abwertende Kritik** beinhalten und mit   11
übersteigerter Polemik vorgetragen werden oder in ironischer Weise formuliert sind.[15] Da Meinungsäußerungen keine Tatsachenbehauptungen, sondern Wertungen darstellen, darf der Kritiker sie auch
dann abgeben, wenn sie andere für „falsch" oder für „ungerecht" halten.[16] Werden mit der Meinungsäußerung keine eigennützigen Ziele verfolgt, sondern dient der Beitrag dem geistigen Meinungskampf in einer die Öffentlichkeit wesentlich berührenden Frage, dann spricht die **Vermutung
für die Zulässigkeit der Äußerung.** Bei Beurteilung der Reichweite des Grundrechtschutzes aus

---

[10] *Neumann-Duesberg* Anm. zu LG Kleve MDR 1953, 107 (108) – Siamesische Zwillinge; OLG München NJW
1975, 1129 – Zwerg.
[11] BVerfGE 101, 361 (392) = NJW 2000, 1021 – Caroline von Monaco; BVerfG NJW 2001, 1921 (1923) –
Prinz Ernst August von Hannover.
[12] *Neumann-Duesberg* Juristen-Jb. 7 (1966/67), 138 (149); KG Schulze KGZ 77 – Künstlerbiographie – mAnm
Gerstenberg.
[13] Vgl. BGH GRUR 1957, 494 – Spätheimkehrer; BGH GRUR 1966, 102 – Spielgefährtin I; BGH GRUR
1967, 205 – Vor unserer eigenen Tür; OLG München GRUR 1964, 42 – Lebensmittelskandal, s. dazu grundlegend BVerfGE 101, 361 = NJW 2000, 1021 (1024) – Caroline von Monaco, im Anschluss an BGHZ 131, 332; sa
BVerfG GRUR 2008, 539 Rn. 91 – Caroline von Hannover; vgl. auch OLG Köln ZUM 2014, 806 – Bildnisschutz Prominenter im Falle von Aufnahmen von Leserreportern.
[14] OLG Frankfurt a. M. GRUR 1987, 62 – Missmanagement; OLG Koblenz NJW 1997, 1375 (1376) – Schweigen der Hirten; LG Berlin NJW 1997, 1373 – Gierigster Lehrer.
[15] Vgl. BVerfG NJW 1969, 227; 1987, 1398; BGH NJW 1994, 124 (126).
[16] Vgl. BVerfG NJW 1969, 227; 1987, 1398.

Art. 5 Abs. 1 GG ist ferner maßgeblich darauf abzustellen, ob und in welchem Ausmaß der von den Äußerungen Betroffene seinerseits an dem von dem Grundrecht geschützten Prozess der öffentlichen Meinungsbildung teilgenommen hat. Zu berücksichtigen ist insbesondere, ob er sich damit aus eigenem Entschluss den Bedingungen des Meinungskampfes unterworfen und sich durch dieses Verhalten eines Teils seiner schützenswerten Privatsphäre begeben hat.[17]

12 Erst wenn die Ebene des Meinungskampfes verlassen wird, weil nicht mehr die Sachauseinandersetzung, sondern die **Herabsetzung der Person des Gegners im Vordergrund** steht, hat die Meinungsäußerung als Schmähung regelmäßig hinter das Persönlichkeitsrecht des Betroffenen zurückzutreten.[18] Nach diesen Beurteilungsgrundsätzen wurde eine Plakataktion, in der Greenpeace die FCKW-Produktion deutscher Unternehmen unter Abbildung des Porträts ihrer Vorstandsvorsitzenden mit Namensnennung in satirischer Weise kritisierte, für zulässig gehalten.[19] Wegen der existentiellen gesellschaftspolitischen Bedeutung des mit der Plakataktion verfolgten Sachanliegens ist auch die Personalisierung der Auseinandersetzung vom Grundrechtsschutz des Art. 5 Abs. 1 GG gedeckt. Es ist deshalb nicht zu beanstanden, dass der Vorstandsvorsitzende als Repräsentant und Entscheidungsträger des FCKW-produzierenden Chemieunternehmens mit einem sarkastischen Begleittext abgebildet wird („Alle reden vom Klima. Wir ruinieren es!"; „Absolute Spitze ...").[20] Mit der Bedeutung des Grundrechts der Meinungsfreiheit für einen freien und offenen politischen Prozess ist es nicht zu vereinbaren, einer Person, die sich kraft ihrer Stellung Entscheidungen von einer solchen Tragweite zurechnen lassen muss, die Möglichkeit einzuräumen, durch die Berufung auf ihre Privatsphäre eine solche Kritik zu unterbinden.[21]

13 Ob diese Beurteilung auch durch den Wertmaßstab der verfassungsrechtlich garantierten **Kunstfreiheit** (Art. 5 Abs. 3 GG) getragen wird, kann nach der Rechtsprechung des BVerfG wegen des weiten Schutzbereichs der Meinungsfreiheit (Art. 5 Abs. 1 GG) dahingestellt bleiben. Dies gilt insbesondere deshalb, weil die ausschlaggebenden Bewertungskriterien im Wesentlichen identisch sein dürften. Auch zur Bestimmung der immanenten Schranken der Kunstfreiheit ist darauf abzustellen, ob in der künstlerischen Äußerung eine derart massive Verunglimpfung und Herabwürdigung des Betroffenen zu sehen ist, dass ein Eingriff in die von Art. 1 Abs. 1 GG geschützte **Menschenwürde** vorliegt.[22]

14 Während Personen der Zeitgeschichte eine Verbreitung ihrer Bildnisse in einem satirischen Kontext grundsätzlich dulden müssen, verdient bei **„Privatpersonen"** das im Bildnisschutz zum Ausdruck kommende Persönlichkeitsrecht der „medialen Selbstbestimmung"[23] den Vorrang gegenüber der Meinungs- und Kunstfreiheit (Art. 5 Abs. 1, Art. 5 Abs. 3 GG). Das Urteil des BVerfG,[24] wonach eine Person, die sich bei einem Sommerfest in der Nähe des damaligen CSU-Vorsitzenden und Bundesfinanzministers Theo Waigel zeigte, insbesondere aufgrund ihrer „trachtenmäßigen" Aufmachung als Typus eines „Urbayers" die satirische Abbildung im Rahmen der im Stern erschienenen Serie „Bonnbons" zu dulden habe, trägt diesem Grundsatz nicht hinreichend Rechnung. Wer sich gemeinsam mit einem prominenten Politiker in der Öffentlichkeit bewegt, muss zwar damit rechnen, dass sein Bildnis im Zusammenhang mit einer Berichterstattung erscheint, weil er sich in der „Sozialsphäre" befindet; er muss aber nicht damit rechnen, dass er in das Zentrum einer satirischen Darstellung gerückt und der damit verbundenen Prangerwirkung ausgesetzt wird.[25]

15 **b) Werbezwecke.** Nicht von einem Informationszweck gedeckt ist die **Veröffentlichung von Bildnissen für Werbezwecke.** Wie der BGH in der „Paul Dahlke"-Entscheidung grundsätzlich festgestellt hat, dient die werbemäßige Verwendung von Bildnissen nicht dem Allgemeininteresse an einer sachgerechten Information, sondern allein den Geschäftsinteressen der mit der fraglichen Abbildung Kundenwerbung treibenden Firmen.[26] Es besteht ein berechtigtes Interesse daran, nicht zu einem Objekt der wirtschaftlichen Interessen eines Werbetreibenden gemacht zu werden.[27]

16 Deshalb muss es sich auch eine absolute Person der Zeitgeschichte[28] nicht gefallen lassen, ohne ihre Einwilligung von anderen zu Werbezwecken eingesetzt zu werden.[29]

17 In der **Entscheidung „Rücktritt des Finanzministers"** hat der BGH diesen Grundsatz dahingehend modifiziert und eingeschränkt, dass die Abbildung eines prominenten Politikers als Teil einer

---

[17] BVerfGE 54, 129 (138) = NJW 1980, 2069.
[18] BVerfGE 82, 272 (283 f.); 85, 1 (16); BGH NJW 1994, 124 (126).
[19] BGH NJW 1994, 124 (126).
[20] BGH NJW 1994, 124 (126).
[21] BGH NJW 1994, 124 (126); vgl. auch BVerfGE 7, 198 (208).
[22] BVerfG NJW 1987, 2661 (2662) – Franz Josef Strauß; BVerfGE 86, 1 (9) = NJW 1992, 1439; BVerfG NJW 2002, 3767 – Bonnbons; BGH GRUR 1982, 627 (628 f.) – Satirisches Gedicht, mAnm *Jacobs* = NJW 1982, 1194 (1995) mAnm *Zechlin;* OLG Karlsruhe NJW 1994, 1963 (1964) – Steffi Graf/Die angefahrenen Schulkinder.
[23] S. *Götting* FS Raue, 2006, 427 (434 ff.).
[24] BVerfG NJW 2002, 3767 – Bonnbons.
[25] S. *Götting* FS Raue, 2006, 427 (442 f.).
[26] BGH GRUR 1956, 427 (428).
[27] BGH NJW 1996, 593; 1997, 1152 (1153) – Bob Dylan.
[28] Vgl. → Rn. 25.
[29] BGH NJW-RR 1995, 789; NJW 1997, 1152 (1153) – Bob Dylan; vgl. auch OLG Köln ZUM 2014, 416 – Nutzung des Bildnisses einer Schauspielerin aus einem Spielfilm in Werbeanzeige.

satirischen Auseinandersetzung mit dem Zeitgeschehen von Art. 5 Abs. 1 S. 1 GG gedeckt ist und dazu festgestellt: „Auch wenn die politische Auseinandersetzung im Rahmen einer Werbeanzeige erfolgt, steht sie unter dem besonderen Schutz der Meinungsäußerungsfreiheit (Art. 5 Abs. 1 S. 1 GG)".[30] Die Konsequenz ist, dass, jedenfalls bei einer **satirisch politischen Auseinandersetzung, in einer Werbeanzeige** eine Abbildung auch ohne Einwilligung des Betroffenen erlaubt ist, wenn zu der Person der Zeitgeschichte ein entsprechender thematischer Bezug vorhanden ist. Da das BVerfG nicht nur den politischen Diskurs, sondern auch die Unterhaltung unter den Schutz des Art. 5 Abs. 1 S. 1 GG stellt,[31] müssen auch Prominente aus dem Bereich von Sport und Unterhaltung die Verwendung ihrer Bildnisse oder auch anderer Persönlichkeitsmerkmale in der Werbung dulden. Für das Namensrecht (§ 12 BGB) wurde die entsprechende Anwendung der in der „Lafontaine"-Entscheidung angestellten Erwägungen für Prominente, die dem Bereich von Klatsch und Unterhaltung zuzuordnen sind, bereits anerkannt.[32] Man mag hier von „hybriden Formen der Werbung" sprechen, die auch Elemente der Meinungsäußerung enthalten und im Rahmen einer „Ökonomie der Aufmerksamkeit" durch Irritationen Aufmerksamkeit für das beworbene Produkt erzeugen sollen.[33] Dies ändert nichts daran, dass die Persönlichkeitsmerkmale Prominenter und der damit verbundene Publizitätswert gegen deren Willen für Werbezwecke instrumentalisiert werden,[34] auch wenn nicht der (unzutreffende) Eindruck erweckt wird, der Abgebildete identifiziere sich mit dem beworbenen Produkt, empfehle oder preise es an, worauf der BGH entschieden abstellt.[35] Selbst wenn man eine Abbildungsfreiheit nach § 23 Abs. 1 Nr. 1 KUG annimmt, so liegt jedenfalls eine Verletzung der berechtigten Interessen des Abgebildeten iSv § 23 Abs. 2 KUG vor.

c) Werbung für Presse und Verlagserzeugnisse. Abgrenzungsschwierigkeiten können sich er- 18 geben, wenn Bildnisse bekannter Personen, wie insbesondere Spitzensportler und Unterhaltungskünstler, auf Verlagserzeugnissen wie Büchern[36] oder Wandkalendern[37] als Blickfang auf dem Titelblatt verwendet werden. Allein der Umstand, dass aus der Bildnispublikation kommerzieller Nutzen gezogen wird, steht der Berufung auf § 23 Abs. 1 Nr. 1 KUG nicht entgegen. Anderenfalls würde die Ausnahmevorschrift weitgehend ihren Zweck verfehlen, weil es sich bei Verlagen und Zeitungen regelmäßig um Wirtschaftsunternehmen mit Gewinnerzielungsabsicht handelt.[38] Dient jedoch die Bildveröffentlichung ausschließlich den Geschäftsinteressen des Presseorgans, weil das Bildnis eines Prominenten nur zur Ausnutzung des Werbewertes verwendet wird, fehlen im Rahmen der Abwägung schutzwürdige Belange des Presseorgans.[39] Maßgeblich ist mit Blick auf Art. 5 Abs. 1 GG, ob die Bildnisveröffentlichung ungeachtet der dahinterstehenden wirtschaftlichen Motive auch einen Informationszweck erfüllt. Dies ist dann zu bejahen, wenn das Bildnis in ein **thematisches Konzept mit informativem Gehalt** einbezogen ist.[40] Ob dies der Fall ist, hängt davon ab, ob zwischen dem Abgebildeten und dem Inhalt des Presse- oder Verlagserzeugnisses ein sachlicher Zusammenhang besteht.[41] So wurde etwa angenommen, dass die Verwendung des Bildnisses des berühmten Tennisspielers Boris Becker auf dem Schutzumschlag eines Tennis-Lehrbuches von einem legitimen Informationsinteresse der Öffentlichkeit gedeckt war. Denn das Konzept des Buches war darauf ausgelegt, die individuell unterschiedlichen Spieltechniken der einzelnen Spitzensportler darzustellen. Dementsprechend stand die Abbildung, die Boris Becker in einer Wettkampfsituation zeigte, beispielhaft für die im Werk enthaltenen Informationen.[42] Beschränkt sich aber der die Bildveröffentlichung begleitende Text in einer Presseveröffentlichung darauf, **einen beliebigen Anlass für die Abbildung einer prominenten Person zu schaffen,** lässt die Berichterstattung einen Beitrag zur öffentlichen Meinungsbildung nicht erkennen, so dass das Veröffentlichungsinteresse hinter dem Schutz des Persönlichkeitsrechts zurückzutreten hat, wenn der Eingriff in dieses Recht hinreichend schwer wiegt.[43] Ein ausübender Künstler braucht auch als absolute Person der Zeitgeschichte die **Beifügung seines**

---

[30] BGH GRUR 2007, 139 Rn. 21 – Rücktritt des Finanzministers, idS auch OLG Dresden BeckRS 2018, 19805 – Gewerkschaftsführer; ablehnend zu Recht *Hermann* K&R 2018, 693 (696).

[31] BVerfG NJW 2000, 1021 (1024) – Caroline von Monaco.

[32] BGH GRUR 2008, 1124 – Zerknitterte Zigarettenschachtel; BGH AfP 2008, 598 – Geschwärzte Worte; diese Fälle betrafen Prinz Ernst August von Hannover sowie Dieter Bohlen.

[33] So *Ladeur* ZUM 2007, 111 ff., der für die differenzierte Beurteilung eintritt.

[34] *Zagouras* WRP 2007, 115 (119); Götting/Schertz/*Seitz/Götting* PersönlichkeitsR-HdB § 1 Rn. 27; *Götting* GRUR-Int 2015, 567 (660 f.) zu den Reaktionen in der Literatur; sa Koch WRP 2009, 10 ff. (19); *Thalmann* GRUR 2018, 476 (480 f.).

[35] S. BGH GRUR 2007, 139 Rn. 19.

[36] S. KG UFITA 90 (1981), 163 – Udo Lindenberg; OLG Frankfurt a. M. NJW 1989, 402 – Boris Becker.

[37] S. BGH GRUR 1979, 425 – Fußballspieler.

[38] So zutreffend BGH GRUR 1979, 425 (427) – Fußballspieler; OLG Hamburg AfP 1992, 159.

[39] BGH GRUR 2009, 1085 2. Ls. – Wer wird Millionär?.

[40] BGH GRUR 1979, 425 (427) – Fußballspieler; KG UFITA 90 [1981], 163 (165) – Udo Lindenberg; OLG Frankfurt a. M. NJW 1989, 402 (403) – Boris Becker; OLG Frankfurt a. M. NJW 2000, 594 (595) – Katarina Witt.

[41] OLG Düsseldorf GRUR-RR 2003, 1 (2) – Jan Ullrich.

[42] OLG Frankfurt a. M. NJW 2000, 402 (403) – Boris Becker; s. auch BGH GRUR 1979, 425 – Fußballspieler; BGH AfP 1995, 495 (496) – Elmar Wepper.

[43] BGH GRUR 2009, 1085 1. Ls. – Wer wird Millionär?, s. aber BGH GRUR 2010, 546 – Der strauchelnde Liebling; → Rn. 80 f.

Bildnisses zu Tonträgern mit seiner Musik, die ohne seine Einwilligung vertrieben werden, nicht zu dulden. Dies gilt auch dann, wenn er sich wegen einer urheberrechtlichen „Schutzlücke" gegen die Verbreitung der Tonträger als solche nicht wehren kann.[44]

19   **d) Sammelbilder.** Der Vertrieb von Sammelbildern von Fußballbundesligaspielern, die in geschlossenen Tüten angeboten wurden und zum Einkleben in ein Sammelalbum bestimmt waren, wurde für unzulässig gehalten. Nach Auffassung des OLG München bestehe hier der Hauptzweck darin, die Tausch-, Sammel- und Spielleidenschaft von Jugendlichen kommerziell auszunutzen, so dass demgegenüber der Informationszweck in den Hintergrund trete.[45] Zu demselben Ergebnis gelangte auch der BGH in der Entscheidung „Ligaspieler",[46] wobei er sich allerdings auf die Gegenausnahme des § 23 Abs. 2 KUG stützte. Demnach werden die Fußballspieler durch den Vertrieb von Sammelbildnissen in ihrem berechtigten wirtschaftlichen Interesse verletzt, an dem aus der Verwertung ihrer Bildnisse gezogenen finanziellen Gewinn beteiligt zu werden.[47] In einer späteren, bis heute wegweisenden Entscheidung, hat der BGH diese Argumentation grundlegend revidiert.[48] Dort hat er ausdrücklich festgestellt, dass das Recht der Allgemeinheit auf freie ungehinderte Information den Vorrang gegenüber dem Interesse des Abgebildeten genießt, am wirtschaftlichen Ergebnis der Verbreitung seiner Bildnisse beteiligt zu werden.[49]

20   **e) Abschiedsmedaillen.** Auch Herstellung und Vertrieb einer **Abschiedsmedaille eines bedeutenden Politikers** und Staatsmannes werden nach Ansicht des BGH durch ein schutzwürdiges Publikationsinteresse gedeckt, hinter das der Bildnisschutz zurücktritt, obwohl hier die kommerzielle Ausnutzung der Sammelleidenschaft deutlich im Vordergrund stehen dürfte.[50] Die Verfassungsbeschwerde gegen das Urteil des BGH wurde nicht angenommen.[51]

3. Bereich der Zeitgeschichte

21   **a)** Die Ausnahme vom Erfordernis der Einwilligung zur Bildnisveröffentlichung setzt nach dem Wortlaut des § 23 Abs. 1 Nr. 1 KUG voraus, dass die Berichterstattung ein Ereignis von zeitgeschichtlicher Bedeutung betrifft.[52] Der **Begriff der Zeitgeschichte** ist nicht eng, sondern **in einem weiten Sinne zu verstehen.** Nach der Entstehungsgeschichte des KUG,[53] vor allem aber im Hinblick auf den Informationsbedarf der Öffentlichkeit umfasst er nicht nur Vorgänge von historisch politischer Bedeutung, sondern ganz allgemein das Zeitgeschehen, also alle Fragen von allgemeinem gesellschaftlichem Interesse, und wird mithin vom Interesse der Öffentlichkeit bestimmt. Nach Auffassung des BGH und des BVerfG kann auch durch unterhaltende Beiträge Meinungsbildung stattfinden; solche Beiträge könnten die Meinungsbildung unter Umständen sogar nachhaltiger anregen und beeinflussen als sachbezogene Informationen.[54] Aus der Formulierung des § 23 Abs. 1 Nr. 1 KUG „Bildnisse aus dem Bereiche der Zeitgeschichte" hat die Rechtsprechung des BVerfG und des BGH den abkürzenden **Begriff der „Person der Zeitgeschichte"** entwickelt; wobei zwischen den „absoluten" und „relativen" Personen der Zeitgeschichte differenziert wird. Als „relative" Person der Zeitgeschichte wird eine Person angesehen, die durch ein bestimmtes zeitgeschichtliches Ereignis das Interesse auf sich gezogen hat. Deshalb darf sie ohne ihre Einwilligung nur im Zusammenhang mit diesem Ereignis abgebildet werden. Demgegenüber gilt als **„absolute" Person der Zeitgeschichte** eine Person, die aufgrund ihres Status und ihrer Bedeutung allgemein öffentliche Aufmerksamkeit findet, so dass sie selbst Gegenstand der Zeitgeschichte ist und deshalb über sie berichtet werden darf. Auch sie hat jedoch ein Recht auf Privatsphäre, das nicht auf den häuslichen Bereich beschränkt ist. Vielmehr muss sie die Möglichkeit haben, sich an anderen erkennbar abgeschiedenen Orten unbehelligt von Bildbe-

---

[44] BGH NJW 1997, 1152 (1153) – Bob Dylan.
[45] OLG München ZUM 1985, 452 (54 li. Sp.).
[46] BGH GRUR 1968, 652 – Ligaspieler.
[47] BGH GRUR 1968, 653 – Ligaspieler.
[48] BGH GRUR 1979, 425 (427) – Fußballspieler.
[49] BGH GRUR 1979, 425 (427) – Fußballspieler.
[50] BGH GRUR 1996, 195 (196) – Willy Brandt, gegen die zutreffende vorinstanzliche Entscheidung des OLG Frankfurt a. M. ZUM 1995, 485 (487), wonach das Informationsinteresse wegen der Eigenschaft der Medaille als Sammlerstück und „numismatische Rarität ersten Ranges" in limitierter Auflage zu verneinen sei.
[51] BVerfG ZUM 2001, 232 – Abschiedsmedaille Willy Brandt.
[52] BGH GRUR 2007, 523 Rn. 17 – Abgestuftes Schutzkonzept, unter Hinweis auf BGHZ 158, 218 (222 f.) = GRUR 2004, 592 = NJW 2004, 1795 – Charlotte Casiraghi I; BGH GRUR 2005, 76 = NJW 2005, 594 – „Rivalin" von Uschi Glas; BGH GRUR 2007, 139 Rn. 15 = NJW 2007, 689 – Rücktritt des Finanzministers; ebenso BGH GRUR 2007, 899 Rn. 19 – Grönemeyer; s. dazu auch BGH GRUR 2014, 804 – Mieterfest.
[53] BGH GRUR 2007, 523 Rn. 17 – Abgestuftes Schutzkonzept, unter Hinweis auf *Ebermayer* in Stengleins, Komm. zu den Strafrechtlichen Nebengesetzen des Deutschen Reiches, 5. Aufl. Bd. I, KUG § 23 Anm. 1; Stenografische Berichte über die Verhandlungen des Reichstages, XI. Legislaturperiode, II. Session 1905 (1906), 1. Sessionsabschnitt, Aktenstück Nr. 30, S. 1540 f. und I. Lesung 25.1.1906, Bd. 214, S. 819.
[54] BGH GRUR 2007, 523 Rn. 17 – Abgestuftes Schutzkonzept, unter Hinweis auf BGH GRUR 2004, 438 = NJW 2004, 762 – Feriendomizil I mit Anm. *v. Gerlach* JZ 2004, 625; BVerfGE 101, 361 (389 f.) = GRUR 2000, 446 = NJW 2000, 1021 – Caroline von Monaco; BVerfG NJW 2006, 2836 (2837); ebenso BGH GRUR 2007, 899 Rn. 19 – Grönemeyer.

richterstattungen zu bewegen.[55] Als Reaktion auf die Rechtsprechung des EGMR, der in seiner Entscheidung vom 24.6.2004[56] grundsätzliche Bedenken gegen eine Beschränkung des Schutzes der Privatsphäre bei den sog. absoluten Personen der Zeitgeschichte geäußert hat, hat der BGH in seiner neueren Rechtsprechung ein **„abgestuftes Schutzkonzept"** entwickelt.[57] Die neuere Rechtsprechung des BGH markiert eine einschneidende Zäsur gegenüber der über Jahrzehnte gewachsenen traditionellen Judikatur. Dies gilt in mehreren Hinsichten. Es ist nicht zu verkennen, dass der BGH sich von der strikten Kategorisierung von „absoluten" und „relativen" Personen der Zeitgeschichte weitgehend gelöst hat.[58] Man wird zumindest von einer Relativierung der absoluten Person der Zeitgeschichte sprechen können[59] oder davon, dass sich die absolute Person der Zeitgeschichte der relativen Person der Zeitgeschichte angenähert hat. Der neue Ansatz des BGH hat auch Folgen für das **Verhältnis des Ausnahmetatbestands des § 23 Abs. 1 KUG und der Gegenausnahme nach § 23 Abs. 2 KUG.** Während früher dieser Frage keine entscheidende Bedeutung beigemessen wurde, sondern zumindest stillschweigend unterstellt wurde, dass es im Ergebnis gleichgültig ist, ob die erforderliche Interessenabwägung im Rahmen des § 23 Abs. 1 Nr. 1 KUG oder aber des § 23 Abs. 2 KUG erfolgt,[60] hat der BGH in seiner neueren Rechtsprechung eine eindeutige Klarstellung vorgenommen. Demnach ist eine **Abwägung der widerstreitenden Rechte und Grundrechte der abgebildeten Person einerseits und der Presse andererseits schon bei der Zuordnung zum Bereich der Zeitgeschichte** erforderlich.[61] Was die Abwägungskriterien anbetrifft, so wird ein legitimes Informationsinteresse der Öffentlichkeit in engerer Anlehnung an den Wortlaut des § 23 Abs. 1 Nr. 1 KUG grundsätzlich nur dann in Betracht gezogen, wenn die Berichterstattung ein **Ereignis von zeitgeschichtlicher Bedeutung** betrifft.[62] Im Rahmen der Interessenabwägung zwischen dem Informationsinteresse der Öffentlichkeit einerseits und dem Interesse des Abgebildeten an dem Schutz seiner Privatsphäre andererseits kommt dem **Informationswert** wesentliche Bedeutung zu. Je größer der Informationswert für die Öffentlichkeit ist, desto mehr muss das Schutzinteresse desjenigen, über den informiert wird, hinter den Informationsbelangen der Öffentlichkeit zurücktreten. Umgekehrt wiegt aber auch der Schutz der Persönlichkeit des Betroffenen desto schwerer, je geringer der Informationswert für die Allgemeinheit ist.[63] Das Interesse der Leser an bloßer Unterhaltung hat gegenüber dem Schutz der Privatsphäre regelmäßig ein geringeres Gewicht.[64]

b) Kritisch einzuwenden ist, dass das vom BGH propagierte „abgestufte Schutzkonzept" nichts **22** Neues ist. Soweit damit der Eindruck erweckt wird, es handle sich um eine innovative Konzeption, um die Antipoden von Persönlichkeitsschutz und Pressefreiheit in eine angemessene Balance zu bringen, ist dies unzutreffend. **Das „abgestufte Schutzkonzept" ergibt sich aus der Struktur der gesetzlichen Regelung** der §§ 22 und 23 KUG und ist in Rechtsprechung und Literatur, soweit es den Bildnisschutz betrifft, seit langem fest verankert.[65] Es bedeutet keine kopernikanische Wende. Jede hiervon abweichende Rechtsanwendung wäre contra legem. Ausgangspunkt ist stets die Feststellung, dass Bildnisse einer Person grundsätzlich nur mit deren Einwilligung verbreitet werden dürfen (§ 22 S. 1 KUG). Eine Ausnahme vom Einwilligungserfordernis gilt für Bildnisse aus dem Bereich der Zeitgeschichte (§ 23 Abs. 1 Nr. 1 KUG). Die Ausnahme greift nicht ein, wenn durch die Verbreitung ein berechtigtes Interesse des Abgebildeten verletzt wird (§ 23 Abs. 2 KUG). Auch das BVerfG geht davon aus, dass die Regelung des Bildnisschutzes als solche und für sich genommen ein „abgestuftes Schutzkonzept" darstellt:[66] „Mit diesem abgestuften Schutzkonzept trägt die Regelung sowohl dem Schutzbedürfnis der abgebildeten Person als auch den Informationswünschen der Öffentlichkeit und den Interessen der Medien, die diese Wünsche befriedigen, ausreichend Rechnung." Diese **dreistufige Prüfung** ist über den Regelungsbereich des Rechts am eigenen Bilde hinaus eine verallgemeinerungsfähige Methode zur Festlegung des Schutzbereichs der Privatsphäre. Dabei handelt es sich um

---

[55] BGH GRUR 2007, 523 Rn. 11 – Abgestuftes Schutzkonzept, unter Hinweis auf BGHZ 131, 332 = GRUR 1996, 923 = NJW 1996, 1128 – Caroline von Monaco, bestätigt von BVerfGE 101, 361 = GRUR 2000, 446 = NJW 2000, 1021 – Caroline von Monaco.

[56] EGMR GRUR-Int 2004, 937 (engl.) = NJW 2004, 2647 = JZ 2004, 1015 mAnm *Stürner*.

[57] S. BGH GRUR 2007, 523 (524 ff.) – Abgestuftes Schutzkonzept I; BGH GRUR 2007, 902 (903 f.) – Abgestuftes Schutzkonzept II.

[58] S. *Teichmann* NJW 2007, 1917 ff. „Abschied von der absoluten Person der Zeitgeschichte".

[59] *Klass* AfP 2007, 517 (522 f.).

[60] → Rn. 68.

[61] BGH GRUR 2007, 523 Rn. 14 – Abgestuftes Schutzkonzept; sa *Söder* ZUM 2008, 89 (90).

[62] BGH GRUR 2007, 523 Rn. 17 – Abgestuftes Schutzkonzept, unter Hinweis auf BGHZ 158, 218 (222 f.) = GRUR 2004, 592 = NJW 2004, 1795 – Charlotte Casiraghi I; BGH GRUR 2005, 76 = NJW 2005, 594 – „Rivalin" von Uschi Glas; BGH GRUR 2007, 139 Rn. 15 = NJW 2007, 689 – Rücktritt des Finanzministers.

[63] BGH GRUR 2007, 523 Rn. 20 – Abgestuftes Schutzkonzept, unter Hinweis auf BVerfGE 101, 361 (391) = GRUR 2000, 446 = NJW 2000, 1021 – Caroline von Monaco; BGHZ 131, 332 (342) = GRUR 1996, 923 = NJW 1996, 1128 – Caroline von Monaco II, mwN.

[64] BGH GRUR 2007, 523 Rn. 20 – Abgestuftes Schutzkonzept, unter Hinweis auf BVerfGE 34, 269 (283) = GRUR 1974, 44 = NJW 1973, 1221 – Soraya; BGHZ 131, 332 (342) = GRUR 1996, 923 = NJW 1996, 1128 – Caroline von Monaco II, mwN.

[65] *Götting* GRUR 2007, 530, Anm. zu BGH GRUR 2007, 523 – Abgestuftes Schutzkonzept; Götting/Schertz/ Seitz/*Götting* PersönlichkeitsR-HdB § 1 Rn. 10 eingehend → Rn. 61 ff.

[66] S. BVerfG NJW 2000, 1021 (1023) – Caroline von Monaco.

einen konzeptionellen Rahmen, der einer Ausfüllung durch eine klare Wertorientierung am Persönlichkeitsschutz bedarf.[67] Einer Aufgabe oder zumindest Relativierung des Begriffs der absoluten Person der Zeitgeschichte und seiner Abgrenzung zur relativen Person der Zeitgeschichte hätte es bei einem richtigen Verständnis der Funktion dieser Kategorien nicht bedurft. Es handelt sich dabei nämlich nicht um eine formale Fixierung. Die Feststellung, dass es sich um eine absolute Person der Zeitgeschichte handelt, ist nicht der Ausgangspunkt, sondern das Ergebnis der erforderlichen Interessenabwägung. Abgesehen davon kommt auch die neuere Rechtsprechung nicht umhin, bei der Abwägung zwischen dem legitimen Informationsinteresse der Öffentlichkeit und dem Privatsphärenschutz eine graduelle Abstufung und Bewertung der Bekanntheit der betroffenen Person vorzunehmen, was bei der traditionellen Differenzierung zwischen der „absoluten" und „relativen" Person der Zeitgeschichte, wenn auch nicht das einzige, aber doch ein wesentliches Zuordnungskriterium bildete. Andererseits entspricht die neuere Rechtsprechung in einem häufig entscheidenden Punkt noch immer nicht den Vorgaben des Urteils des EGMR.[68] Im Gegensatz zum BVerfG und zum BGH geht der **EGMR** nämlich davon aus, dass die Verbreitung von Bildnissen zum Zwecke der Unterhaltung keine Einschränkung der Privatsphäre rechtfertigt. Dies ist nur dann der Fall, wenn es sich um **Informationen handelt, die zu einer Diskussion in einer demokratischen Gesellschaft beitragen können,** wie insbesondere bei der Berichterstattung, die im Zusammenhang mit der **Ausübung einer öffentlichen Funktion** steht.[69]

Vor diesem Hintergrund erscheint die Annahme, dass das BVerfG und der BGH als Reaktion auf die Entscheidung des EGMR einen radikalen Bruch mit der bisherigen Rechtsprechung vollzogen haben, überspitzt. Trotz der (formalen) Lösung von der begrifflichen Differenzierung zwischen „absoluter" und „relativer" Person der Zeitgeschichte spricht vieles dafür, dass die Rechtsprechung auch künftig auf die Grundsätze und Wertungen zurückgreifen wird, die sich über Jahrzehnte herausgebildet und zum Teil fest etabliert haben. Dies gilt besonders für die Rechtsprechung zur relativen Person der Zeitgeschichte, die schon immer einen Bezug der Bildnisse zu einem Ereignis mit zeitgeschichtlicher Bedeutung verlangte. Die bisherige Rechtsprechung wird deshalb im Folgenden dargestellt.

4. Die Rechtsprechung vor dem Urteil des EGMR „Caroline von Hannover": Personen der Zeitgeschichte

23   Zu den **„Personen der Zeitgeschichte"** zählen nicht nur alle Personen, die selber – auf welchem Gebiet auch immer – Zeitgeschichte machen und über ihren Tod hinaus ständige Personen der Zeitgeschichte bleiben, sondern auch alle Personen, die durch Verknüpfung mit Ereignissen und Begebenheiten nur vorübergehend in das Blickfeld der Öffentlichkeit und damit in den Bereich der Zeitgeschichte geraten sind. Nach *Neumann-Duesberg*[70] und – ihm folgend – dem BGH wird unterschieden zwischen **„absoluten"** und **„relativen"** Personen der Zeitgeschichte. Diese Betrachtungsweise wird am ehesten den persönlichkeitsrechtlichen Interessen solcher Personen gerecht, die nur vorübergehend oder sogar gegen ihren Willen mit einem zeitgeschichtlichen Ereignis in Verbindung kommen, und unterstreicht den – auf das Zeitgeschehen bezogenen – Ausnahmecharakter der Vorschrift.[71]

24   Zu beachten ist aber stets, dass es im Rahmen von § 23 Abs. 1 Nr. 1 KUG nicht um die formale Zuordnung von Personen zu fixierten Kategorien geht, sondern um die Abgrenzung des Zeitgeschichtlichen, das durch ein anzuerkennendes Informationsbedürfnis gekennzeichnet wird.[72] Dieses Verständnis hat das **BVerfG mit seiner Rechtsprechung bestätigt.** Es hat darauf hingewiesen, dass diese Begrifflichkeit sich zwar weder zwingend aus § 23 Abs. 1 Nr. 1 KUG noch aus der Verfassung ergebe. Gleichzeitig hat es deren Benutzung als **„abkürzende Ausdrucksweise"** als „verfassungsrechtlich im Grundsatz unbedenklich" gebilligt, sofern die Abwägung zwischen dem Informationsinteresse der Öffentlichkeit und den berechtigten Interessen des Abgebildeten bei der Rechtsanwendung nicht unterbleibe.[73] Ungeachtet der Tatsache, dass der BGH die begriffliche Differenzierung zwischen der „absoluten" und „relativen" Person der Zeitgeschichte zugunsten des „abgestuften Schutzkonzepts" aufgegeben hat, wird an der Darstellung in der früheren Rechtsprechung festgehalten, da auf die darin zum Ausdruck kommenden Wertungen inhaltlich noch immer zurückgegriffen wird. Im Übrigen weist die Kategorisierung eine gewisse Ähnlichkeit mit der Abstufung auf, die der EGMR im Hinblick auf die Beurteilung des Informationswertes vornimmt. Er unterscheidet zwischen „politicans/personnes politiques", „public figures/personnes publiques" sowie „ordinary persons/personnes ordinaires", wobei bei einer Berichterstattung über letztere engere Grenzen als in Bezug auf den Kreis sonstiger Personen des öffentlichen Lebens gezogen werden und der Schutz

---

[67] Götting/Schertz/Seitz/*Götting* PersönlichkeitsR-HdB § 1 Rn. 10.
[68] JZ 2004, 1015 = GRUR 2004, 1051 = NJW 2004, 2647.
[69] EGMR JZ 2004, 1015 Rn. 63 ff.; → Rn. 61.
[70] JZ 1960, 114.
[71] MüKoBGB/*Rixecker*, Allgemeines Persönlichkeitsrecht, Rn. 74 ff.
[72] OLG Hamburg ZUM 1995, 878 (880).
[73] BVerfGE 101, 361 (392) = NJW 2000, 1021 – Caroline von Monaco; BVerfG NJW 2001, 1921 (1922) – Prinz Ernst August von Hannover.

der Politiker am schwächsten ausgeprägt ist. Hieran orientiert sich auch die Rechtsprechung des BGH.[74]

a) „Absolute" Personen der Zeitgeschichte. Alle Personen, die sich „durch Geburt, Stellung, 25 Leistungen, Taten oder Untaten – also nicht nur positiv, sondern auch negativ – außergewöhnlich aus dem Kreis der Mitmenschen herausheben"[75] und die deshalb im Blickfeld der Öffentlichkeit stehen, sind **absolute Personen der Zeitgeschichte.** An dem Leben und Wirken solcher Personen in der Öffentlichkeit besteht ein legitimes Informationsinteresse der Allgemeinheit, welches das individuelle Anonymitätsinteresse überwiegt.[76] Damit die Berichterstattung über Ereignisse aus dem Bereich der Zeitgeschichte sachgemäß und umfassend erfolgen kann, dürfen Bildnisse absoluter Personen der Zeitgeschichte gem. § 23 Abs. 1 Nr. 1 KUG ohne die nach § 22 KUG erforderliche Einwilligung verbreitet oder zur Schau gestellt werden. Sie müssen ihrer andauernden Popularität Tribut zollen und iS einer „Sozialpflichtigkeit" eine weitgehende Einschränkung des Bildnisschutzes in Kauf nehmen.

Die Frage, ob es sich um eine absolute Person der Zeitgeschichte handelt, ist aufgrund einer **um-** 26 **fassenden Güter- und Interessenabwägung zwischen den kollidierenden Grundrechten,** nämlich dem Selbstbestimmungsrecht des Abgebildeten (Art. 2 Abs. 1 iVm Art. 1 Abs. 1 GG) und dem durch die Meinungs- und Pressefreiheit (Art. 5 Abs. 1 GG) geschützten Informationsinteresse, zu beantworten. Die Qualifizierung als „absolute Person der Zeitgeschichte" bildet somit nicht den Ausgangspunkt, sondern das Ergebnis der erforderlichen Abwägung. Dabei kommt es nicht entscheidend auf quantitative, sondern vielmehr auf qualitative Kriterien an. Dementsprechend ist der **Bekanntheitsgrad einer Person nur ein Anhaltspunkt** eines zeitgeschichtlichen Interesses unter mehreren möglichen, der für sich allein schon deshalb nicht aussagekräftig ist, weil die Bekanntheit auch mit einem punktuellen Ereignis verknüpft sein kann,[77] was für eine Einordnung als „relative Person der Zeitgeschichte"[78] spricht. Deshalb sind die Ergebnisse von Meinungsumfragen kein hinreichender Anhaltspunkt der Beurteilung.[79] Allein aus dem Faktum der öffentlichen Bekanntheit lässt sich noch nicht ein schutzwürdiges Interesse an einer umfassenden Information folgern, da dieses normativ zu erfassen ist.[80] Wenn die Gerichte maßgeblich die „Bedeutung", die Stellung oder Leistung der betreffenden Person als Anknüpfungspunkt „berechtigter" Informationsinteressen heranziehen, lassen sie einen hinreichend **normativen Maßstab** in die Beurteilung einfließen.[81] Damit tragen sie der Pressefreiheit Rechnung und können zugleich den Persönlichkeitsschutz berücksichtigen, ohne presserechtliche Belange einseitig zu bevorzugen.[82]

aa) Rechtsprechung des BVerfG und des BGH zu Inhalt und Kontext von Bildnissen. 27 Hinsichtlich des Inhalts und des Kontexts von Bildnissen, die von der Pressefreiheit (Art. 5 Abs. 1 S. 2 GG) und demzufolge von der Abbildungsfreiheit erfasst werden, hat das BVerfG in der Entscheidung „Caroline von Monaco"[83] folgende Leitlinien aufgestellt: Die von § 23 Abs. 1 Nr. 1 KUG erlaubte Abbildung von absoluten Personen der Zeitgeschichte ist **nicht auf den politischen Bereich beschränkt,** auch wenn ihr dort im Interesse einer funktionierenden Demokratie besondere Bedeutung zukommt. Die politische Meinungsbildung ist in einen umfassenden, vielfach verflochtenen Kommunikationsprozess eingebettet, der weder unter dem Gesichtspunkt der persönlichen Entfaltung noch dem der demokratischen Herrschaft in relevante und irrelevante Zonen aufgespalten werden kann.[84] Deshalb muss die Presse nach publizistischen Kriterien entscheiden dürfen, was sie im öffentlichen Interesse für wert hält und was nicht. Dass die Presse eine meinungsbildende Funktion zu erfüllen hat, schließt die Unterhaltung nicht aus der verfassungsrechtlichen Funktionsgewährleistung aus. **Meinungsbildung und Unterhaltung sind keine Gegensätze.** Auch in unterhaltenden Beiträgen findet Meinungsbildung statt. Sie können die Meinungsbildung uU sogar nachhaltiger anregen oder beeinflussen als ausschließlich sachbezogene Informationen. Zudem lässt sich im Medienwesen eine wachsende Tendenz beobachten, die Trennung von Information und Unterhaltung sowohl hinsichtlich eines Presseerzeugnisses insgesamt als auch in den einzelnen Beiträgen aufzuheben und Information in unterhaltender Form zu verbreiten oder mit Unterhaltung zu vermengen („Infotainment"). Unterhaltung befriedige nicht lediglich Wünsche nach Zerstreuung und Entspannung, nach Wirklichkeitsflucht und Ablenkung, sondern vermittle auch Realitätsbilder und stelle Gesprächsgegenstände zur Verfügung; an diese können sich Diskussionsprozesse und Integrationsvorgänge anschließen, die sich auf Lebenseinstellungen, Werthaltungen und Verhaltensmuster beziehen. Da Unterhaltung inso-

---

[74] BGH GRUR 2018, 964 Rn. 17 – Tochter von Prinzessin Madeleine, mit Hinweis auf EGMR GRUR 2012, 745 Rn. 110 – von Hannover/Deutschland Nr. 2 [Bild]; EGMR GRUR 2015, 709 Rn. 54 – Axel Springer/ Deutschland Nr. 2 [Wort].
[75] *Neumann-Duesberg* Juristen-Jb. 7 (1966/67), 138 (151).
[76] *Neumann-Duesberg* Juristen-Jb. 7 (1966/67), 138 (148) sowie Anm. zu Schulze OLGZ 87, 10.
[77] BVerfG NJW 2001, 1921 (1922) – Prinz Ernst August von Hannover.
[78] Dazu → Rn. 31.
[79] BVerfG NJW 2001, 1921 (1922) – Prinz Ernst August von Hannover.
[80] BVerfG NJW 2001, 1921 (1922) – Prinz Ernst August von Hannover.
[81] BVerfG NJW 2001, 1921 (1922) – Prinz Ernst August von Hannover.
[82] BVerfG NJW 2001, 1921 (1922) – Prinz Ernst August von Hannover.
[83] BVerfGE 101, 361 (389 ff.) = NJW 2000, 1021 (1024).
[84] Unter Hinweis auf BVerfGE 97, 228 (257) = NJW 1998, 1627.

fern wichtige gesellschaftliche Funktionen erfülle,[85] sei sie, gemessen an dem Schutzziel der Pressefreiheit, nicht unbeachtlich oder gar wertlos und deswegen ebenfalls in den Grundrechtsschutz einbezogen.[86] Dies gelte auch für die Berichterstattung über Personen, da die **Personalisierung ein wichtiges publizistisches Mittel** zur Erregung von Aufmerksamkeit bilde. Da prominente Personen für bestimmte Wertvorstellungen und Lebenshaltungen stünden, böten sie Orientierung bei eigenen Lebensentwürfen und würden zu Kristallisationspunkten für Zustimmung oder Ablehnung und erfüllten damit Leitbild- oder Kontrastfunktionen. Ein öffentliches Interesse unter dem Gesichtspunkt demokratischer Transparenz und Kontrolle sei nicht nur bei Personen des politischen Lebens anzuerkennen, sondern ließe sich auch für andere Personen des öffentlichen Lebens nicht grundsätzlich bestreiten.

28   Auf der Grundlage dieser Erwägung hat das BVerfG in Übereinstimmung mit dem BGH das Prinzip statuiert, dass **absolute Personen der Zeitgeschichte die Verbreitung ihrer Bildnisse hinnehmen müssen, auch wenn diese sie nicht bei der Wahrnehmung einer öffentlichen Funktion zeigen, sondern ihr Privatleben im weiteren Sinne betreffen.**[87] Erst bei Bestimmung des Schutzbereichs der Pressefreiheit könne es bei der Abwägung mit kollidierenden Persönlichkeitsrechten darauf ankommen, ob Fragen, die die Öffentlichkeit wesentlich angehen, ernsthaft und sachbezogen erörtert oder lediglich private Angelegenheiten, die nur die Neugier befriedigen, ausgebreitet werden.[88] Die Öffentlichkeit habe ein berechtigtes Interesse daran, zu erfahren, **ob Personen in herausgehobener Stellung, die oft als Idol oder Vorbild gelten, funktionales und persönliches Verhalten überzeugend in Übereinstimmung bringen.** Eine Begrenzung der Bildveröffentlichung auf die Funktion einer Person von zeitgeschichtlicher Bedeutung würde demgegenüber das öffentliche Interesse, welches solche Personen berechtigterweise wecken, unzureichend berücksichtigen und zudem eine selektive Darstellung begünstigen, die dem Publikum Beurteilungsmöglichkeiten vorenthielte, die es für Personen des gesellschaftlich-politischen Lebens wegen ihrer Leitbildfunktion und ihres Einflusses benötige.[89] In Anwendung dieser Grundsätze hat es das BVerfG als unbedenklich angesehen, dass der BGH nach dem Maßstab des Informationsinteresses der Allgemeinheit die Veröffentlichung von Abbildungen von Prinzessin Caroline von Monaco auch außerhalb ihrer repräsentativen Funktion im Fürstentum Monaco als zulässig angesehen hat. Dies gilt insbesondere für Fotos, auf denen die Prinzessin beim Einkauf, beim Radfahren, beim Reiten oder im Beach-Club von Monte Carlo zu sehen war.

29   **bb) Beispiele.** Zu den absoluten Personen der Zeitgeschichte zählen Angehörige fürstlicher Häuser,[90] Staatsoberhäupter, Politiker,[91] Erfinder,[92] berühmte Wissenschaftler, erfolgreiche Künstler, bekannte Schauspieler und Sänger,[93] vielgelesene Schriftsteller, Spitzensportler,[94] Berufsfußballspieler und ihre Trainer.[95] Hierzu gehören bspw. auch die angeklagten Politiker im Honecker-Prozess: Honecker, Mielke, Stoph, Keßler, Strelitz und Albrecht.[96] Daher ist die Fernsehübertragung einer Gerichtsverhandlung nicht schon wegen des Persönlichkeitsschutzes unzulässig.[97]

30   Sensationelle **körperliche Missbildungen** machen eine Person nicht zur „Person der Zeitgeschichte". An Bildern über tragische Abnormitäten besteht für die Allgemeinheit kein berechtigtes Informationsbedürfnis.[98]

31   **b) „Relative" Personen der Zeitgeschichte.** Auch Personen, die nicht zu den Persönlichkeiten des öffentlichen Lebens zählen, können durch familiäre Verbindungen zu absoluten Personen der Zeitgeschichte[99] oder durch ein zeitgeschichtliches Ereignis, mit dem sie – sei es absichtlich oder zufällig – in Verbindung geraten, zu einer Person der Zeitgeschichte werden. Diese vorübergehende Verknüpfung mit der Zeitgeschichte macht die betreffenden Personen jedoch nur zu „relativen" Per-

---

[85] Unter Hinweis auf BVerfGE 97, 228 (257) = NJW 1998, 1627.

[86] Unter Hinweis auf BVerfGE 35, 202 (222) = NJW 1973, 1226.

[87] BVerfG NJW 2000, 1021 (1024 f.) – Caroline von Monaco; BGHZ 131, 332 = NJW 1996, 1128 = AfP 1996, 140 – Caroline von Monaco.

[88] BVerfG NJW 2000, 1021 (1024 f.) – Caroline von Monaco, unter Hinweis auf BVerfGE 34, 269 (283) = NJW 1973, 1221.

[89] BVerfG NJW 2000, 1021 (1025) – Caroline von Monaco; vgl. idS auch BGH GRUR 2017, 302 Rn. 8 ff.; 2018, 549 Rn. 23 – Christian Wulff im Supermarkt; → Rn. 80a.

[90] KG JW 1928, 363 – Piscator; BGH GRUR 1996, 227 – Caroline von Monaco.

[91] Schöffengericht Ahrensböck DJZ 1920, 596 – Ebert und Noske in der Badehose; OLG München Schulze OLGZ 58 – Kanzlerkandidat.

[92] RGZ 74, 308 – Graf Zeppelin.

[93] BGH GRUR 1956, 427 – Paul Dahlke; BGHZ 30, 7 – Caterina Valente; BGH GRUR 1961, 138 – Familie Schölermann; LG München I Schulze LGZ 49 – Sängerin Lola R.; LG Hamburg Schulze LGZ 73 – Chansonsängerin.

[94] KG UFITA 20 [1955], 199 – Boxkampf.

[95] RGZ 125, 80 – Tull Harder; BGH GRUR 1968, 652 – Ligaspieler; BGH GRUR 1979, 425 – Fußballspieler; BGH GRUR 1979, 732 – Fußballtor; OLG München Schulze OLGZ 270 – Paul Breitner; vgl. auch *Sieger* AfP 1980, 84 und *Wild* Anm. zu BGH GRUR 1979, 732 (734) – Fußballtor.

[96] BVerfG NJW 1992, 3288; ZUM 1994, 636.

[97] BVerfG ZUM 1994, 636 (639); NJW 1992, 3288 (3289); vgl. zur Verfassungsmäßigkeit des § 169 S. 2 GVG auch BVerfG NJW 1996, 581 (583) – n-tv.

[98] LG Kleve MDR 1953, 107 (108) – Siamesische Zwillinge – mAnm *Neumann-Duesberg;* OLG München NJW 1975, 1129 – Zwerg.

[99] → Rn. 25 f.

sonen der Zeitgeschichte, denn „das vorrangige Informationsinteresse beschränkt sich bei ihnen auf das Geschehnis, das den Betreffenden zur Person der Zeitgeschichte macht".[100] Ebenso wie bei der „absoluten Person der Zeitgeschichte" handelt es sich auch bei der Kategorie der „relativen Person der Zeitgeschichte" um eine **lediglich abkürzende Ausdrucksweise** für eine nur im Grundsätzlichen vorgenommene, aber stets im Einzelfall zu überprüfende Interessenabwägung zwischen dem Informationsinteresse der Öffentlichkeit und dem Persönlichkeitsrecht des Abgebildeten.[101]

Die Abbildungsfreiheit bezieht sich bei relativen Personen der Zeitgeschichte ausschließlich auf **32** eine Abbildung der Person **im Zusammenhang mit dem zeitgeschichtlichen Vorgang;**[102] sie besteht, solange das Interesse der Öffentlichkeit hieran andauert.[103] Das Interesse der Allgemeinheit darf nicht auf Neugier und Sensationslust beruhen, sondern muss durch ein echtes Informationsbedürfnis gerechtfertigt sein. Über die **Fortwirkung oder Beendigung der Abbildungsfreiheit** nach § 23 Abs. 1 Nr. 1 KUG ist bei relativen Personen der Zeitgeschichte eine Interessenabwägung erforderlich.[104]

c) Beteiligte an Strafprozessen. Mitwirkende und aktiv oder passiv Beteiligte an Strafprozessen **33** werden besonders häufig zu relativen Personen der Zeitgeschichte. Das gilt nicht nur für die Straftäter selbst,[105] sondern ebenso für Zeugen,[106] Opfer von Verbrechen,[107] Vorsitzende Richter und Strafverteidiger im Rahmen ihrer Berufsausübung bei nicht alltäglichen Prozessen;[108] verneint bei „Prozessvertretung durch einen Rechtsanwalt als Teil seiner normalen beruflichen Tätigkeit".[109] Ob der Ausnahmetatbestand des § 23 Abs. 1 Nr. 1 KUG bereits bei Berichten über Personen eingreift, gegen die ein **Ermittlungsverfahren wegen eines dringenden Tatverdachts** durchgeführt wird, bedarf im Hinblick auf die zu beachtende Unschuldsvermutung besonders sorgfältiger Prüfung und hängt von den Umständen des Einzelfalles ab. Maßgebliche Bewertungsfaktoren sind zB die Schwere der Straftaten, wegen derer ermittelt wird, sowie die öffentliche Stellung des Betroffenen. Bei Wirtschaftskriminalität im Zusammenhang mit der Wiedervereinigung besteht ein erhebliches öffentliches Interesse, welches Namensnennung und Abbildung des Betroffenen eines entsprechenden Ermittlungsverfahrens nach § 23 Abs. 1 Nr. 1 KUG rechtfertigen kann.[110]

Auch bei der **Bildberichterstattung über sensationelle Straftaten** hat eine **Interessenabwä- 34 gung** zwischen dem Informationsinteresse der Öffentlichkeit und dem Eingriff in den Persönlichkeitsbereich des Betroffenen (Anonymitätsinteresse) zu erfolgen.[111] Dies gilt in besonderem Maße dann, wenn die Straftat, über die berichtet werden soll, schon längere Zeit zurückliegt. „Für die aktuelle Berichterstattung über schwere Straftaten verdient das Informationsinteresse der Öffentlichkeit im Allgemeinen den Vorrang vor dem Persönlichkeitsschutz des Straftäters. Jedoch ist neben der Rücksicht auf den unantastbaren innersten Lebensbereich der Grundsatz der Verhältnismäßigkeit zu beachten; danach ist eine Namensnennung, Abbildung oder sonstige Identifikation des Täters nicht immer zulässig. Der verfassungsrechtliche Schutz der Persönlichkeit lässt es jedoch nicht zu, dass das Fernsehen sich über die aktuelle Berichterstattung hinaus etwa in Form eines Dokumentarspiels zeitlich unbeschränkt mit der Person eines Straftäters und seiner Privatsphäre befasst".[112] Dies bedeutet aber nicht, dass damit eine vollständige Immunisierung vor der ungewollten Darstellung persönlichkeitsrelevanter Geschehnisse verbunden ist. Entscheidend ist vielmehr stets, in welchem Maß eine Berichterstattung insbesondere aufgrund einer erneuten Stigmatisierung oder Isolierung durch die Identifizierungsmöglichkeiten die Persönlichkeitsentfaltung und **Resozialisierung des Täters** beeinträchtigen kann.[113] In Anwendung dieser Grundsätze wurde die Verfilmung des Soldatenmordes von Lebach nach einem Zeitabstand von 30 Jahren seit Begehung der Tat als verfassungsrechtlich unbedenklich angesehen, da der Rundfunkfreiheit der Vorrang gegenüber dem Persönlichkeitsrecht des längst abgeurteilten Straftäters eingeräumt wurde.[114]

---

[100] *Neumann-Duesberg* JZ 1960, 114 (115 rSp.); vgl. auch OLG Frankfurt a. M. NJW 1995, 878 (879) – Universelles Leben II.
[101] BVerfG NJW 2001, 1921 (1922) – Prinz Ernst August von Hannover.
[102] BVerfG NJW 2001, 1921 (1922 f.) – Prinz Ernst August von Hannover.
[103] BGH GRUR 1966, 102 (103 lSp.) – Spielgefährtin I – sowie KG Schulze KGZ 14 und 15; aA *Neumann-Duesberg* JZ 1960, 114 (115 rSp.).
[104] OLG Hamburg Schulze OLGZ 273 mAnm *Medicus;* sa OLG Frankfurt a. M. GRUR 1987, 195 – Foto der Freundin.
[105] KG Schulze KGZ 14 und 15; OLG Frankfurt a. M. GRUR 1958, 508 1. Ls. – Verbrecherbraut; OLG München GRUR 1964, 42 – Lebensmittelskandal; OLG Hamburg AfP 1983, 466 – Bombenattentäter sowie *Lampe* NJW 1973, 217; krit. MüKo. BGB/*Rixecker* Allgemeines Persönlichkeitsrecht Rn. 91, der auf die Prangerwirkung hinweist.
[106] BGH GRUR 1966, 102 – Spielgefährtin I.
[107] OLG Frankfurt a. M. AfP 1976, 181 – Verbrechensopfer.
[108] OLG Hamburg AfP 1982, 177 – Rechtsanwalt.
[109] OLG Celle AfP 1984, 236.
[110] OLG Brandenburg NJW 1995, 886 (888).
[111] BGH GRUR 1966, 102 (103) – Spielgefährtin I.
[112] BVerfG GRUR 1973, 541 – Lebach; BGH GRUR 1967, 205 – Vor unserer eigenen Tür; OLG Hamburg AfP 1971, 41 – Doppelmord; vgl. auch BVerfG AfP 1993, 478 (479).
[113] BVerfG ZUM-RD 2000, 55 (59 f.) – Fall Lebach; BVerfG GRUR 2010, 549 (551) – Spiegel-Dossier.
[114] BVerfG ZUM-RD 2000, 55 (59 f.) – Fall Lebach; BVerfG GRUR 2010, 549 (551) – Spiegel-Dossier.

35   Ausnahmsweise kann sogar die Darstellung einer Straftat im Fernsehen und die **Verbreitung eines Bildnisses der Verdächtigten** – „verbunden mit der öffentlichen Aufforderung, weitere Beweismittel gegen eine bestimmte, namentlich genannte und bildlich vorgestellte verdächtige Person herbeizuschaffen, aus dem Gesichtspunkt der Wahrung rechtlicher Interessen gerechtfertigt sein".[115] Ein Straftäter wird aber selbst dann nicht zu einer absoluten Person der Zeitgeschichte, wenn es sich um einen Schwerverbrecher handelt, dessen Fall zur Kriminalgeschichte geworden ist. Auch unter diesen Voraussetzungen überwiegt grundsätzlich das schützenswerte Resozialisierungsinteresse des Straftäters das Informationsinteresse der Öffentlichkeit, insbesondere wenn die Straftat längere Zeit zurückliegt.[116]

36   Ist das Ereignis, durch das eine Person zur „relativen" Person der Zeitgeschichte wurde, **nicht mehr aktuell**, hat eine **Interessenabwägung** stattzufinden. „Das Opfer eines Mordversuchs hat grundsätzlich Anspruch darauf, dass das an ihm begangene Verbrechen nach Abschluss des gerichtlichen Verfahrens und der Berichterstattung in der Presse nicht auch noch zum Gegenstand eines Fernsehfilms gemacht wird".[117]

37   **d) Familienangehörige und Begleitpersonen von Personen der Zeitgeschichte.** Familienangehörige von Personen der Zeitgeschichte werden durch ihre Familienzugehörigkeit **nicht automatisch selbst zu Personen der Zeitgeschichte.** Das Gleiche gilt für Personen, die in engen persönlichen Beziehungen zu einer Person der Zeitgeschichte stehen. Bildnisse solcher Personen dürfen ohne deren Einwilligung nicht verbreitet werden, „denn an der bildmäßigen Information über Angehörige von Persönlichkeiten des öffentlichen Lebens besteht regelmäßig kein schutzwürdiges Interesse der Allgemeinheit".[118]

38   **aa) Besonderer Schutz von Kindern.** Der **Bildnisschutz des Verhältnisses von Eltern oder Elternteilen zu ihren Kindern** erfährt eine Verstärkung durch Art. 6 Abs. 1 und Abs. 2 GG, soweit es um eine Veröffentlichung von Abbildungen geht, die die spezifisch elterliche Hinwendung zu den Kindern zum Gegenstand haben.[119] In der Rechtsprechung des BVerfG ist anerkannt, dass **Kinder eines besonderen Schutzes bedürfen,** weil sie sich zu eigenverantwortlichen Personen erst entwickeln müssen.[120] Dieses Schutzbedürfnis besteht auch hinsichtlich der Gefahren, die von dem Interesse der Medien und ihrer Nutzer an Abbildungen von Kindern ausgehen. Deren Persönlichkeitsentfaltung kann dadurch empfindlicher gestört werden als diejenige von Erwachsenen. Der Bereich, in dem Kinder sich frei von öffentlicher Beobachtung fühlen oder entfalten dürfen, muss deswegen umfassender geschützt werden als derjenige erwachsener Personen. Für die **kindliche Persönlichkeitsentwicklung** sind in erster Linie die Eltern verantwortlich. Soweit die Erziehung von ungestörten Beziehungen zu den Kindern abhängt, wirkt sich der besondere Grundrechtsschutz der Kinder nicht lediglich reflexartig zugunsten des Vaters und der Mutter aus.[121] Da auch die spezifisch elterliche Hinwendung zu den Kindern grundsätzlich in den Schutzbereich des Art. 2 Abs. 1 GG iVm Art. 1 Abs. 1 GG fällt, erfährt der Abbildungsschutz eine Verstärkung durch Art. 6 Abs. 1 GG und Abs. 2 GG, der den Staat dazu verpflichtet, die Lebensbedingungen des Kindes zu sichern, die für sein gesundes Aufwachsen erforderlich sind und zu denen insbesondere die elterliche Fürsorge gehört.[122]

39   Es lässt sich nicht generell und abstrakt bestimmen, sondern bleibt der Beurteilung im Einzelfall überlassen, wie **sich die Verstärkung des Persönlichkeitsschutzes durch Art. 6 GG auswirkt.**[123] Es ist davon auszugehen, dass es regelmäßig an einem Schutzbedürfnis fehlen wird, wenn sich Eltern mit ihren Kindern bewusst der Öffentlichkeit zuwenden, etwa gemeinsam an öffentlichen Veranstaltungen teilnehmen oder gar in deren Mittelpunkt stehen. Unter diesen Umständen liefern sie sich den Bedingungen öffentlicher Auftritte aus. Andererseits kann der Schutz zugunsten spezifischer Eltern-Kind-Beziehungen grundsätzlich aber auch dort eingreifen, wo es an den Voraussetzungen einer örtlichen Abgeschiedenheit fehlt.[124] Auch bei Familienangehörigen oder Begleitpersonen wird im Hinblick auf die Bestimmung des Informationsinteresses der Öffentlichkeit und damit der Reichweite der Abbildungsfreiheit an die Differenzierung zwischen „absoluten" und „relativen" Personen der Zeitgeschichte angeknüpft.

40   **bb) Begleitpersonen von „absoluten" Personen der Zeitgeschichte** sind in einzelnen Fällen schon selbst Personen der Zeitgeschichte, und zwar dann, wenn sie – wie zB die Frau des Bundespräsidenten – aufgrund ihrer Stellung ständig Repräsentationspflichten in der Öffentlichkeit zu erfüllen

---

[115] OLG Frankfurt a. M. NJW 1971, 47 – Aktenzeichen XY-ungelöst.
[116] OLG Hamburg ZUM 1995, 336.
[117] OLG Hamburg NJW 1975, 649 – Aus nichtigem Anlass?
[118] OLG München Schulze OLGZ 95 – Die Grafen Pocci.
[119] BVerfGE 101, 361 = NJW 2000, 1021 2. Ls. – Caroline von Monaco.
[120] Vgl. BVerfGE 24, 119 (144) = NJW 1968, 2233; BVerfGE 57, 361 (383) = NJW 1981, 1771; BVerfGE 101, 361 = NJW 2000, 1021 (1023) – Caroline von Monaco.
[121] BVerfGE 76, 1 (44 ff.) = NJW 1988, 626; BVerfGE 80, 81 (91 f.) = NJW 1983, 2195; BVerfGE 101, 361 = NJW 2000, 1021 (1023) – Caroline von Monaco.
[122] BVerfGE 56, 363 (384) = NJW 1981, 1201; BVerfGE 57, 361 (382 f.) = NJW 1981, 1771; BVerfGE 80, 81 (90 ff.) = NJW 1983, 2195; BVerfGE 101, 361 = NJW 2000, 1021 (1023) – Caroline von Monaco s. zur neueren Rspr. → Rn. 80e.
[123] BGH GRUR 2010, 173 Rn. 10 f. – Kinder eines ehemaligen Fußballspielers mAnm *Peifer.*
[124] BVerfGE 101, 361 = NJW 2000, 1021 (1023) – Caroline von Monaco.

haben und sie zB die Schirmherrschaft über ein Hilfswerk oder eine Stiftung übernommen haben etc. Die Eigenschaft als Person der Zeitgeschichte ergibt sich dann originär aus dem eigenen Auftreten und Wirken. Angehörige des Hochadels stellen nicht automatisch eine absolute Person der Zeitgeschichte dar.[125]

Eine nur **derivative (abgeleitete) zeitgeschichtliche Eigenschaft** von Familienangehörigen **41** oder Begleitpersonen bekannter Politiker, Künstler, Sportler usw ist allerdings die Regel. Nach der sog. **„Begleiterrechtsprechung"** dürfen Bildnisse von der „Begleitperson" verbreitet werden, wenn diese zusammen mit dem betreffenden Partner in der Öffentlichkeit auftritt oder wenn sie mit ihm zusammen oder an seiner statt öffentlich repräsentiert. Maßgebend ist ein abgeleitetes Interesse der Öffentlichkeit, das nicht um der abgebildeten Person willen, sondern wegen des Interesses an der absoluten Person der Zeitgeschichte besteht, das aber auf die Person ausstrahlt, von dem jene in der Öffentlichkeit begleitet wird.[126] Allerdings kann sich aufgrund des Verhaltens der Begleitperson auch ihr gegenüber ein eigenständiges Informationsinteresse entwickeln. Da die Begriffe der absoluten und relativen Person der Zeitgeschichte nur vereinfachte Kürzel darstellen, nicht aber rechtlich klar begrenzte Tatbestände umschreiben, gibt es keine absolute Grenzmarkierung, sondern auch Übergangszonen, etwa in Situationen, in denen sich das Berichterstattungsinteresse an der Begleitperson verselbständigt.[127] Im Einzelfall kann das Verhalten der Begleitperson dazu führen, dass sie wie eine absolute Person der Zeitgeschichte zu behandeln ist.[128]

Grundsätzlich ist aber davon auszugehen, dass **Familienangehörige und Begleitpersonen von** **42** **absoluten Personen** der Zeitgeschichte **ihrerseits als relative Personen der Zeitgeschichte** zu qualifizieren sind, soweit die Abbildung im Zusammenhang mit der Berichterstattung über ein bestimmtes Ereignis erfolgt. Die Kinder eines bekannten Politikers, die Ehefrau eines Filmstars oder die „ständige Begleiterin" eines Fußball-Nationalspielers werden nur durch ihre enge persönliche Verbindung mit einer „absoluten" Person der Zeitgeschichte – und nur soweit sie sich zusammen mit dieser absoluten Person der Zeitgeschichte in der Öffentlichkeit zeigen – in der Regel zu einer „relativen" Person der Zeitgeschichte.[129] Demgegenüber wurde das neugeborene Kind einer berühmten Geigerin im Zusammenhang mit seiner Taufe nicht als Person der Zeitgeschichte angesehen.[130] Ein einmaliges Zusammentreffen mit einem Prominenten macht eine Begleiterin noch nicht zu einer relativen Person der Zeitgeschichte. Voraussetzung ist vielmehr das Vorliegen einer Beziehung.[131] Die Abbildungsfreiheit der früheren Lebensgefährtin eines Prominenten kann enden. Diese muss es nach Ablauf eines Zeitraumes von mehreren Jahren seit Beendigung der Beziehung nicht mehr hinnehmen, ohne aktuellen Anlass unter Namensnennung und Bildnisveröffentlichung in der Presse mit ihrem prominenten ehemaligen Lebenspartner in Verbindung gebracht zu werden. Unter den genannten Umständen genießt der Persönlichkeitsschutz den Vorrang gegenüber der Informationsfreiheit.[132]

Neben der persönlichen Nähebeziehung der abgebildeten Begleitperson muss die Abbildung auch **43** einen **inhaltlichen Zusammenhang mit einem konkreten Ereignis** aufweisen, damit sie ohne Einwilligung erfolgen darf. Ist dies nicht der Fall, so liegt eine Verletzung eines berechtigten Interesses des Abgebildeten iSv § 23 Abs. 2 KUG vor.[133] Im Rahmen der hier erforderlichen Prüfung ist die Bildberichterstattung grundsätzlich in ihrer Gesamtheit zu betrachten. Dabei ist anerkannt, dass sich die **Unzulässigkeit der Bildnisveröffentlichung im Einzelfall auch allein oder im Wesentlichen aus dem begleitenden Text ergeben kann**.[134] Dies ist insbesondere auch dann der Fall, wenn das veröffentlichte Foto keinen Bezug auf das konkrete Ereignis erkennen lässt und einen Begleittext illustriert, der keine Berichterstattung über dieses Ereignis selbst liefert, sondern sich nahezu ausschließlich mit der äußeren Erscheinung der abgebildeten Person auseinandersetzt.[135] Dies gilt in besonderem Maße im Hinblick auf das Schutzbedürfnis von Kindern und Jugendlichen.[136]

    cc) Familienangehörige oder Begleitpersonen von „relativen" Personen der Zeitge- **44** **schichte** sind regelmäßig selbst keine Personen der Zeitgeschichte. Auch enge persönliche Beziehungen zu einer „relativen" Person der Zeitgeschichte ändern hieran nichts.[137]

---

[125] OLG Hamburg AfP 1995, 504 (505) m. zust. Anm. *Ehmann* AfP 1995, 654 = BeckRS 1994, 31141143.

[126] BVerfG NJW 2001, 1921 (1923) – Prinz Ernst August von Hannover.

[127] BVerfG NJW 2001, 1921 (1923) – Prinz Ernst August von Hannover.

[128] BVerfG NJW 2001, 1921 (1923) – Prinz Ernst August von Hannover.

[129] Vgl. OLG Hamburg GRUR 1990, 35 – Begleiterin; OLG Hamburg AfP 1995, 512 (513); OLG München NJW-RR 1996, 93.

[130] OLG München AfP 1995, 658 = NJW-RR 1996, 93 – Anne Sophie Mutter.

[131] OLG Hamburg NJW-RR 1991, 99; vgl. auch OLG Karlsruhe ZUM-RD 2015, 306 (309 f.); vgl. auch BGH GRUR 2015, 816 ff. – Strandliege am Ballermann.

[132] OLG Hamburg AfP 1985, 209; vgl. auch OLG Hamburg OLGZ 273 mAnm *Medicus*.

[133] → Rn. 118 ff.

[134] BGH NJW 2004, 1795 (1796) – Charlotte Casiraghi I; BGH AfP 2004, 533 (534) – Springturnierfotos I; BGH AfP 2004, 534 (536) – Springturnierfotos II.

[135] BGH NJW 2004, 1795 (1796) – Charlotte Casiraghi I; BGH AfP 2004, 533 (534) – Springturnierfotos I; BGH AfP 2004, 534 (536) – Springturnierfotos II; s. dazu auch OLG Karlsruhe AfP 2014, 458 – Zufällige Abbildung neben Fußballer; vgl. BGH GRUR 2015, 816 ff. – Strandliege am Ballermann.

[136] S. BVerfGE 101, 361 (385 f.) = NJW 2000, 1021 (1023) – Caroline von Monaco.

[137] OLG Frankfurt a. M. GRUR 1958, 508 – Verbrecherbraut.

45   In **besonderen Ausnahmefällen** kann einer Person die Eigenschaft einer „derivativ relativen" Person der Zeitgeschichte zukommen und zwar zB dann, wenn ein Vorfahre „absolute" Person der Zeitgeschichte war und die Öffentlichkeit über die Familiengeschichte informiert werden soll.[138]

46   **e) Beispiele für fehlendes Informationsbedürfnis.** Nicht jede Bildberichterstattung findiger Sensationsreporter entspricht dem berechtigten Informationsbedürfnis der Allgemeinheit. So wird ein Kind, über dessen Herausgabe sich zwei Elternteile streiten, wegen dieses Streits seiner Eltern noch keineswegs zu einer „relativen Person der Zeitgeschichte", deren Bildnis ohne Einwilligung abgedruckt werden dürfte.[139] Durch die Veröffentlichung des Bildnisses selbst – gleich ob mit oder ohne Einwilligung des Abgebildeten – wird niemand zu einer – noch so relativen – Person der Zeitgeschichte.[140] Auch durch eine Fernsehsendung wird eine Person nicht automatisch im Zeitpunkt der Ausstrahlung zur relativen Person der Zeitgeschichte.[141] Nicht die Schilderung ihrer Lebensgeschichte macht eine Person zur „Person der Zeitgeschichte", sondern die Ereignisse, an denen die betreffende Person beteiligt war, sofern ein berechtigtes Informationsinteresse der Allgemeinheit besteht. „Es kommt nicht darauf an, ob das Ereignis ‚bekannt und genannt' ist, sondern allein auf das Ereignis selbst".[142]

47   **f) Die Grundsätze des BVerfG zum Privatsphärenschutz.** Wesentlich für das Verständnis des Urteils des EGMR „Caroline von Hannover"[143] sind die vom BVerfG aufgestellten Grundsätze zum Schutz der Privatsphäre. Sie bilden den Hintergrund für die Erwägungen des EGMR, da diese sich auf die abweichenden Bewertungen des BVerfG beziehen. Paradigmatisch für die Grundsätze, die das BVerfG zum Privatsphärenschutz absoluter Personen der Zeitgeschichte aufgestellt hat, ist das Urteil „Caroline von Monaco".[144] Die wichtigsten Eckpfeiler der Argumentation sollen deshalb im Folgenden wiedergegeben werden.

48   **aa) Zweck und Inhalt des Schutzes der Privatsphäre.** Auch wenn der Bildnisschutz in seiner Entstehungsgeschichte eng mit dem Schutz der Privatsphäre verknüpft ist,[145] sind diese beiden Persönlichkeitsrechte nicht deckungsgleich, sondern unterscheiden sich in ihrer Zielrichtung und ihrem Inhalt. Allerdings stehen beide Aspekte des Persönlichkeitsschutzes in einem engen Zusammenhang und es kommt zu Überschneidungen ihrer Anwendungsbereiche. Wie das BVerfG in seiner wegweisenden Entscheidung „Caroline von Monaco"[146] dargelegt hat, bezieht sich der **Schutz der Privatsphäre nicht speziell auf Abbildungen**, sondern ist **thematisch und räumlich bestimmt.** Er umfasst zum einen Angelegenheiten, die wegen ihres Informationsinhalts typischerweise als „privat" eingestuft werden, weil ihre öffentliche Erörterung oder Zurschaustellung als unschicklich gilt, das Bekanntwerden als peinlich empfunden wird oder nachteilige Reaktionen der Umwelt auslöst, wie es etwa bei Auseinandersetzungen mit sich selbst in Tagebüchern,[147] bei vertraulicher Kommunikation unter Eheleuten,[148] im Bereich der Sexualität,[149] bei sozial abweichendem Verhalten[150] oder bei Krankheiten[151] der Fall ist. Zum anderen erstreckt sich der Schutz auf einen räumlichen Bereich, in dem der Einzelne zu sich kommen, sich entspannen oder auch gehen lassen kann.[152] Im Kern geht es dabei um einen Raum, in dem er die Möglichkeit hat, frei von öffentlicher Beobachtung und damit der von ihr erzwungenen Selbstkontrolle zu sein, auch ohne dass er sich dort notwendig anders verhielte als in der Öffentlichkeit. „Bestünden solche Rückzugsbereiche nicht mehr, könnte der Einzelne psychisch überfordert sein, weil er unausgesetzt darauf achten müsse, wie er auf andere wirkt und ob er sich richtig verhält. Ihm fehlten die Phasen des Alleinseins und Ausgleichs, die für die Persönlichkeitsentfaltung notwendig sind und ohne die sie nachhaltig beeinträchtigt würde".[153] Es ist seit langem anerkannt, dass auch Personen, die gewollt oder ungewollt im öffentlichen Leben stehen, nicht ihr Anrecht auf eine Privatsphäre, die den Blicken der Öffentlichkeit entzogen bleibt, verlieren.[154] Das gilt auch für demokratisch gewählte Amtsträger, die zwar für ihre Amtsführung öffentlich rechenschaftspflichtig sind und sich in diesem Umfang öffentliche Aufmerksamkeit gefallen lassen müssen, nicht aber für ihr Privatleben, sofern dieses die Amtsführung nicht berührt.[155]

---

[138] OLG München Schulze OLGZ 95 mAnm *Neumann-Duesberg.*
[139] OLG Köln Schulze OLGZ 133 – Pfändung eines Kindes – mAnm *Neumann-Duesberg.*
[140] OLG Frankfurt a. M. GRUR 1958, 508 (509) – Verbrecherbraut; OLG Köln Schulze OLGZ 133 – Pfändung eines Kindes.
[141] OLG München AfP 1992, 78 (80).
[142] *Neumann-Duesberg* Anm. zu Schulze OLGZ 87, 11.
[143] JZ 2004, 1015 = GRUR 2004, 1051 = NJW 2004, 2647.
[144] BVerfGE 101, 361 = NJW 2000, 1021.
[145] → KUG § 22 Rn. 1 ff.
[146] BVerfGE 101, 361 = NJW 2000, 1021 (1022).
[147] BVerfGE 80, 367 = NJW 1990, 563.
[148] BVerfGE 27, 344 = NJW 1970, 555.
[149] BVerfGE 47, 46 = NJW 1978, 807; BVerfGE 49, 286 = NJW 1979, 595.
[150] BVerfGE 44, 353 = NJW 1977, 1489.
[151] BVerfGE 32, 373 = NJW 1972, 1123.
[152] Vgl. BVerfGE 27, 1 (6) = NJW 1969, 1707.
[153] BVerfGE 101, 361 = NJW 2000, 1021 (1022) – Caroline von Monaco.
[154] BVerfGE 101, 361 = NJW 2000, 1021 (1022) – Caroline von Monaco; vgl. BGH GRUR 1957, 494 – Spätheimkehrer.
[155] BVerfGE 101, 361 = NJW 2000, 1021 (1022) – Caroline von Monaco.

(1) Verhältnis von Privatsphärenschutz und Bildnisschutz. Was das **Verhältnis von Privat-** 49
sphärenschutz und Bildnisschutz anbelangt, so lässt sich feststellen, dass der Bildnisschutz einerseits enger, andererseits weiter ist als der Privatsphärenschutz. Der Bildnisschutz ist enger, weil er sich nur auf Bildnisse bezieht, während sich der Privatsphärenschutz auch auf solche der Privatheit unterliegenden Informationen erstreckt, die nicht in Form eines Bildnisses fixiert werden. Der Bildnisschutz ist weiter als der Privatsphärenschutz, weil er im Grundsatz nicht danach differenziert, ob das Bildnis dem Privatbereich zuzuordnen ist oder nicht, sondern grundsätzlich dem Abgebildeten ein umfassendes Selbstbestimmungsrecht über seine Darstellung im Bild gewährt, ohne dass es auf deren Inhalt ankäme. Berührungspunkte und Überschneidungen zwischen dem Bildnisschutz und dem Privatsphärenschutz ergeben sich allerdings dann, wenn durch den Inhalt des Bildnisses berechtigte Interessen des Abgebildeten verletzt werden, weil er dem Bereich seiner Privatsphäre zuzuordnen ist. Unter diesen Umständen wird die nach § 23 Abs. 1 KUG grundsätzlich bestehende Abbildungsfreiheit durch den Schutz der Privatsphäre verdrängt.

(2) Bestimmung der Reichweite des Privatsphärenschutzes. Die Bestimmung der Reich- 50
weite des Schutzes der Privatsphäre ist deshalb von entscheidender Bedeutung für die Festlegung der Abbildungsfreiheit nach § 23 Abs. 1 KUG. Ganz generell gilt, dass an die Bildberichterstattung grundsätzlich ein strengerer Maßstab anzulegen ist als an die Wortberichterstattung, denn „gegenüber einer Berichterstattung durch Wort, Druck oder Schrift bedeutet es einen ungleich stärkeren Eingriff in die persönliche Sphäre, wenn jemand das Erscheinungsbild einer Person in einer Lichtbildaufnahme oder einem Film fixiert, es sich so verfügbar macht und der Allgemeinheit vorführt".[156]

bb) Häuslicher Bereich und Abgeschiedenheit. Allgemein anerkannt ist, dass der räumlich- 51
gegenständliche Bereich der eigenen Wohnung, der „häusliche Bereich", zur Privatsphäre gehört. Die Öffentlichkeit endet spätestens an der Haustür und nicht erst an der Schlafzimmertür. Umgekehrt endet aber auch die Privatsphäre nicht an der Haustür, sondern besteht auch außerhalb des häuslichen Bereichs in gleicher Weise, wenn sich jemand in eine **örtliche Abgeschiedenheit** zurückgezogen hat, in der er objektiv erkennbar für sich allein sein will.[157]

(1) Umfriedetes Grundstück. Ein umfriedetes Grundstück ist jedenfalls der Privatsphäre zuzu- 52
rechnen, wenn es dem Nutzer die Möglichkeit gibt, frei von öffentlicher Beobachtung zu sein. Der Schutz der Privatsphäre entfällt nicht bereits deshalb, weil Vorbeikommende aufgrund der landschaftlichen Gegebenheiten Grundstücksteile einsehen können. Bei umfriedeten Wohngrundstücken bleibt der typisch private Charakter für Dritte bereits durch dessen erkennbaren Nutzungszweck bestimmt.[158]

(2) Privatheit in der Öffentlichkeit. Während sich der räumlich-gegenständliche Bereich der 53
Privatsphäre relativ zuverlässig definieren lässt, ist der darüber hinaus anerkannte Schutz der **„Privatheit in der Öffentlichkeit"** mit erheblicher Unsicherheit behaftet, die im Hinblick auf das Gebot der Bestimmtheit von Rechtsnormen äußerst bedenklich erscheint. Nach der Rechtsprechung des BGH gehört zum Recht auf Achtung der Privatsphäre auch „das Recht, für sich zu sein, sich selber zu gehören".[159] Damit wird an das amerikanische Recht angeknüpft, wo als Ausfluss des Right of Privacy auch das „Right to be let alone" anerkannt ist, das in seiner dogmatischen Grundlegung auf *Warren* und *Brandeis*[160] zurückgeht.[161] Der BGH hat deshalb entschieden, dass uU auch außerhalb des häuslichen Bereichs eine Privatsphäre anzuerkennen ist. „Das ist dann der Fall, wenn sich **jemand in eine örtliche Abgeschiedenheit zurückgezogen hat,** in der er objektiv erkennbar für sich allein sein will und in der er sich in der konkreten Situation im Vertrauen auf die Abgeschiedenheit so verhält, wie er es in der breiten Öffentlichkeit nicht tun würde. In diesen Schutzbereich greift in unzulässiger Weise ein, wer Bilder veröffentlicht, die von dem Betroffenen in dieser Situation heimlich oder unter Ausnutzung einer Überrumpelung aufgenommen worden sind".[162] Das BVerfG hat diesen Ansatz grundsätzlich gebilligt und in der „Caroline von Monaco"-Entscheidung den Grundsatz aufgestellt, dass der vom Schutz der Privatsphäre erfasste „Rückzugsbereich" nicht von vornherein auf den häuslichen Bereich begrenzt werden darf.[163] Wörtlich hat es dazu ausgeführt: „Die freie Entfaltung der Persönlichkeit wäre erheblich behindert, wenn der Einzelne nur im eigenen Haus der öffentlichen Neugier entgehen könnte. Die notwendige Erholung von einer durch Funktionszwänge und Medienpräsenz geprägten Öffentlichkeit ist vielfach nur in der Abgeschiedenheit einer natürlichen Umgebung, etwa an einem Ferienort, zu gewinnen. Deswegen muss der Einzelne grundsätzlich die Möglichkeit haben, sich auch in der freien, gleichwohl abgeschiedenen Natur oder an Örtlichkeiten, die von der breiten Öffentlichkeit deutlich abgeschieden sind, in einer von öffentlicher Beobachtung

---

[156] BGH GRUR 1967, 205 (208) – Vor unserer eigenen Tür.
[157] S. dazu BVerfGE 101, 361 (382 ff.) = NJW 2000, 1021 (1022 f.) – Caroline von Monaco; BGHZ 131, 332 (338 ff.); BGH GRUR 2004, 438 = NJW 2004, 762 (763) – Feriendomizil I; BGH GRUR 2004, 442 (443) = NJW 2004, 766 (767) – Feriendomizil II.
[158] BGH GRUR 2004, 438 (439) – Feriendomizil I; BGH GRUR 2004, 442 (443) – Feriendomizil II.
[159] BGH AfP 1996, 140 (141) – Caroline von Monaco; vgl. auch BVerfGE 34, 238 (245 ff.); 35 (202, 220).
[160] 4 Harvard Law Review (1890) 193 ff.
[161] S. dazu *Götting* S. 168 ff., 174.
[162] BGH AfP 1996, 140 (141) – Caroline von Monaco.
[163] BVerfGE 101, 361 = NJW 2000, 1021 (1022).

freien Weise zu bewegen. Dies gilt gerade gegenüber solchen Aufnahmetechniken, die die räumliche Abgeschiedenheit überwinden, ohne dass der Betroffene dies bemerken kann."

54   **(3) Situative Beurteilung nach objektiven Kriterien.** „Wo die Grenzen der geschützten Privatsphäre außerhalb des Hauses verlaufen, lässt sich nicht generell und abstrakt festlegen. Sie können vielmehr nur aufgrund der jeweiligen Beschaffenheit des Orts bestimmt werden, den der Betroffene aufsucht. Ausschlaggebend ist, ob der Einzelne eine Situation vorfindet oder schafft, in der er begründetermaßen und somit auch für Dritte erkennbar davon ausgehen darf, den Blicken der Öffentlichkeit nicht ausgesetzt zu sein. Ob die Voraussetzungen der Abgeschiedenheit erfüllt sind, lässt sich **nur situativ beurteilen.** Der Einzelne kann sich an ein und demselben Ort zu Zeiten mit gutem Grund unbeobachtet fühlen, zu anderen Zeiten nicht".[164] Nach Auffassung des BVerfG hängt die Beurteilung der „Abgeschiedenheit" nicht von der Willensrichtung des Abgebildeten ab, sondern richtet sich ausschließlich nach **objektiven Kriterien,** die im Wesentlichen durch eine räumlich-gegenständliche Betrachtungsweise geprägt sind. Es kommt darauf an, „ob der Einzelne begründetermaßen erwarten darf, unbeobachtet zu sein, oder aber Plätze aufgesucht hat, wo er sich unter den Augen der Öffentlichkeit bewegt." Dies hat zur Konsequenz, dass es auch in geschlossenen Räumen an der Abgeschiedenheit fehlen kann. Während es insoweit auf die besonderen Umstände des Einzelfalls ankommt, fehlt es nach Meinung des BVerfG an Plätzen, an denen sich der Einzelne unter vielen Menschen befindet, von vornherein an den Voraussetzungen des Privatsphärenschutzes iSv Art. 2 Abs. 1 iVm mit Art. 1 Abs. 1 GG. Begründet wird dies mit dem Argument, dass solche Orte das Rückzugsbedürfnis nicht erfüllen können und deswegen auch nicht den grundrechtlichen Schutz zu rechtfertigen vermögen, den dieses Bedürfnis aus Gründen der Persönlichkeitsentfaltung verdient. Der Einzelne könne solche Orte auch nicht etwa durch ein Verhalten, das typischerweise nicht öffentlich zur Schau gestellt würde, „in seine Privatsphäre umdefinieren". „Nicht sein Verhalten, ob allein oder mit anderen, konstituiert die Privatsphäre, sondern die **objektive Gegebenheit der Örtlichkeit zur fraglichen Zeit.** Verhält er sich daher an Orten, die nicht die Merkmale der Abgeschiedenheit aufweisen, so, als stünde er nicht unter Beobachtung, hebt er das Schutzbedürfnis für Verhaltensweisen, die an sich die Öffentlichkeit nichts angehen, selbst auf".[165]

55   **(4) Mediales Vorverhalten.** Eine Ausnahme von dem Grundsatz, dass die Reichweite des Privatsphärenschutzes nicht von dem Willen des Betroffenen abhängt, sondern sich nach objektiven, im Wesentlichen „räumlich-gegenständlichen" Kriterien richtet, gilt im Hinblick auf das mediale Vorverhalten des Abgebildeten. Dieser kann die Schutzzone seiner Privatsphäre zwar nicht nach seinem Willen ausdehnen; seine frühere Bereitschaft, den Medien Einblick in sein „Privatleben" zu gewähren, kann ihm aber als (fiktiver) Rechtsverzicht entgegengehalten werden. Diese Konstruktion, die an die im amerikanischen Recht anzutreffende sog. „Waiver-Theorie" erinnert,[166] führt zu einer Verminderung des Schutzes der Privatsphäre. Dahinter scheint die Vorstellung zu stehen, dass es quasi auf ein „venire contra factum proprium" hinausliefe, wenn der Betroffene zunächst sein Einverständnis zur Verbreitung von Darstellungen aus seinem Privatleben gibt und sich später bei anderen Gelegenheiten auf sein Recht auf den Schutz seiner Privatsphäre beruft. Auf diese Argumentation stützt sich das BVerfG in seinem Urteil „Caroline von Monaco", in dem es heißt: „Der Schutz der Privatsphäre vor öffentlicher Kenntnisnahme entfällt ferner, wenn sich jemand selbst damit einverstanden zeigt, dass bestimmte, gewöhnlich als privat geltende Angelegenheiten öffentlich gemacht werden, etwa, indem er Exklusivverträge über die Berichterstattung aus seiner Privatsphäre abschließt." Angesichts dieses „medialen Vorverhaltens" kann sich der Abgebildete nach Auffassung des BVerfG dann nicht gleichzeitig auf den öffentlichkeitsabgewandten Privatsphärenschutz berufen.[167]

56   Dieser Gedanke ist tragfähig, soweit es um bestimmte einzelne Vorgänge oder Aspekte des Privatlebens geht, in welche der Betroffene den Medien Einblick gewährt und insofern auf den Schutz vor unerwünschter Publizität bewusst verzichtet hat. Nicht überzeugend ist aber, dass das BVerfG nicht einen situations- und zweckgebundenen Verzicht annimmt, sondern einen **„situationsübergreifenden Totalverzicht"** unterstellt. Nach Auffassung des BVerfG muss nämlich die „Erwartung, dass die Umwelt die Angelegenheiten oder Verhaltensweisen in einem Bereich mit Rückzugsfunktion nur begrenzt oder nicht zur Kenntnis nimmt (...) situationsübergreifend und konsistent zum Ausdruck gebracht werden. Das gilt auch für den Fall, dass der Entschluss, die Berichterstattung über bestimmte Vorgänge der eigenen Privatsphäre zu gestatten oder hinzunehmen, rückgängig gemacht wird".[168] Im Ergebnis bedeutet dies, dass derjenige, der Informationen aus seinem Privatleben preisgibt, ein für alle Mal seinen Privatsphärenschutz einbüßt. Eine solche undifferenzierte Beurteilung ist abzulehnen. Bildlich gesprochen ist es ein erheblicher qualitativer Unterschied, ob jemand der Öffentlichkeit Zutritt zu seinem Garten, zu seinem Wohnzimmer oder zu seinem Schlafzimmer gewährt. Die Verzichtstheorie des BVerfG kann deshalb nur situativ und qualitativ zur Feststellung einer (freiwilligen)

[164] BVerfGE 101, 361 = NJW 2000, 1021 (1022).
[165] BVerfGE 101, 361 (389 ff.) = NJW 2000, 1021 (1023) – Caroline von Monaco.
[166] *Götting* S. 193 f.
[167] BVerfGE 101, 361 (389 ff.) = NJW 2000, 1021 (1023) – Caroline von Monaco; ebenso BGH GRUR 2005, 76 (78) – „Rivalin" von Uschi Glas.
[168] BVerfGE 101, 361 (389 ff.) = NJW 2000, 1021 (1023) – Caroline von Monaco.

Aufgabe oder Begrenzung des Privatsphärenschutzes aufgrund eines medialen Vorverhaltens herangezogen werden.

Eine gewisse **Begrenzung der Verzichtstheorie** ist einem Urteil des BGH zu entnehmen. Danach darf die Presse ein Foto, das die abgebildete Person in einer privaten Situation zeigt und dessen Veröffentlichung zunächst rechtswidrig war, nicht schon deshalb ohne Einwilligung des Abgebildeten erneut veröffentlichen, weil dieser inzwischen Informationen über sein Privatleben teilweise der Öffentlichkeit zugänglich gemacht habe.[169] Die neueste Rechtsprechung des BGH lässt zwar im Ansatz das einschränkende Erfordernis eines thematischen Zusammenhangs erkennen.[170] Dieser bleibt aber vage, weil dieses Kriterium weit ausgelegt wird.[171] Die in Betracht gezogene Zurechnung der Selbstbegebung eines nahestehenden Dritten[172] ist grundsätzlich abzulehnen, weil sie das Selbstbestimmungsrecht des Betroffenen verletzt.   **57**

(5) Kommerzialisierung des Privatsphärenschutzes. Die Aussage des BVerfG, dass der **„verfassungsrechtliche Privatsphärenschutz aus Art. 2 Abs. 1 iVm. in Art. 1 Abs. 1 GG (...) nicht im Interesse einer Kommerzialisierung der eigenen Person gewährleistet"** wird,[173] ist eine Behauptung ohne substantielle Begründung, die den Zusammenhang zwischen der Zuweisung negativer Ausschlussrechte und positiver Nutzungsrechte negiert. Wer das Recht hat, anderen Einblick in seine Privatsphäre zu verweigern, kann sich umgekehrt auch dazu entschließen, anderen Einblick in seine Privatsphäre zu gewähren. Dass dies, wie bei entsprechenden Exklusivverträgen üblich, gegen Entgelt geschieht, ist rechtlich nicht zu beanstanden, sondern unterliegt als „wirtschaftliches Persönlichkeitsrecht" der Privatautonomie und Vertragsfreiheit. Der Abschluss von Exklusivverträgen über „Homestories" über Prominente oder die Exklusivberichterstattung über Hochzeiten oder Geburtstage ist gang und gäbe und es ist nicht bekannt, dass ihnen bisher die rechtliche Anerkennung versagt wurde. Dies wäre auch nicht gerechtfertigt, weil ein Verstoß gegen höherrangige Wertungen, die einer solchen Ausübung des „wirtschaftlichen Persönlichkeitsrechts" entgegenstünden, nicht ersichtlich ist.   **58**

cc) Keine Begrenzung auf die „öffentliche Funktion" des Abgebildeten. Praktisch hatte diese Rechtsprechung des BVerfG zur Folge, dass prominente Persönlichkeiten mit einem hohen Bekanntheitsgrad, die den Status einer absoluten Person der Zeitgeschichte erfüllen, „vogelfrei" waren und keinerlei Privatsphärenschutz genossen, wenn sie sich allein oder mit einem vertrauten Begleiter auf öffentlichen Plätzen bewegten. Auch bei rein „privaten" Tätigkeiten im Alltagsleben waren sie vor einer systematischen Verfolgung durch Fotografen („Paparazzi") nicht geschützt. Eine Beschränkung der Abbildungsfreiheit auf Vorgänge, die den demokratischen Meinungsbildungsprozess betreffen, schließt das BVerfG ausdrücklich aus, da Unterhaltung ebenfalls in den Grundrechtsschutz des Art. 5 Abs. 1 GG einbezogen wird.   **59**

5. Das Urteil „Caroline von Hannover" des EGMR

Wie bereits mehrfach dargelegt, markiert das Urteil des EGMR „Caroline von Hannover" einen Wendepunkt in der Rechtsprechung zum Bildnis- und Privatsphärenschutz. Im Folgenden sollen deshalb die wesentlichen Aussagen und Wertungsgesichtspunkte der Entscheidung dargestellt werden.   **60**

a) Die tragenden Gründe der Entscheidung. Aufgrund einer Beschwerde von Prinzessin Caroline von Monaco hat der **EGMR entschieden, dass die deutschen Gerichte,** insbesondere auch das BVerfG mit seiner Rechtsprechung zu den Entscheidungen des Privatsphärenschutzes absoluter Personen der Zeitgeschichte, **„keinen gerechten Ausgleich der widerstreitenden Interessen vorgenommen haben" und daher eine Verletzung des Art. 8 EMRK** vorliegt.[174] Im Gegensatz zum BVerfG geht der EGMR davon aus, dass die **Verbreitung von Bildnissen zum Zwecke der Unterhaltung keine Einschränkung der Privatsphäre rechtfertigt.** Dies ist nur dann der Fall, wenn es sich um Informationen handelt, die zu einer Diskussion in einer demokratischen Gesellschaft beitragen können, wie insbesondere bei einer **Berichterstattung, die im Zusammenhang mit der Ausübung einer öffentlichen Funktion steht.**[175] Nach Meinung des Gerichtshofs ist eine **grundlegende Unterscheidung** zu treffen zwischen der Berichterstattung über – auch umstrittene – Tatsachen, die zu einer Diskussion in einer demokratischen Gesellschaft beitragen können und sich zB auf **Politiker in Ausübung ihres Amtes beziehen,** und der Berichterstattung über Einzelheiten aus dem Privatleben einer Person, die überdies – wie im vorliegenden Fall – keine offiziellen Ämter bekleidet. Während die Presse im ersten Fall ihrer unerlässlichen Wächterfunktion in einer Demokratie nachkomme, indem sie zur Vermittlung von Informationen und Ideen über Gegenstände von öffentlichem Interesse beitrage, tue sie dies im zweiten Fall nicht.[176] **Unter besonderen Um-**   **61**

[169] BGH GRUR 2005, 76 – „Rivalin" von Uschi Glas.
[170] BGH NJW 2018, 3509 2. Ls. Rn. 27 ff. – Begegnung mit dem verlorenen Bruder mAnm *Lauber-Rönsberg.*
[171] *Lauber-Rönsberg* NJW 2018, 3512 f.
[172] BGH NJW 2018, 3509 Rn. 16 – Begegnung mit dem verlorenen Bruder.
[173] BVerfGE 101, 361 (389 f.) = NJW 2000, 1021 (1023) – Caroline von Monaco.
[174] EGMR, 3. Sektion, JZ 2004, 1015 mAnm *Stürner* = GRUR 2004, 1051 = NJW 2004, 2647.
[175] EGMR JZ 2004, 1015 Rn. 63 ff.
[176] EGMR JZ 2004, 1015 Rn. 63.

ständen könnte sich das Informationsinteresse der Öffentlichkeit auch auf Aspekte des **Privatlebens von Personen des öffentlichen Lebens erstrecken,** insbesondere wenn Politiker betroffen sind. Dies treffe aber nicht auf die Fotos von Prinzessin Caroline sowie die begleitenden Kommentare zu, da sie sich ausschließlich auf Einzelheiten aus ihrem Privatleben beziehen.[177] Die Fotos und Artikel, deren einziger Zweck die Befriedigung der Neugierde eines bestimmten Leserkreises über Einzelheiten aus dem Privatleben gewesen sei, könne nicht als Beitrag zu einer Diskussion von allgemeinem gesellschaftlichen Interesse erachtet werden.[178] Fehlt es an dieser Voraussetzung, besteht kein berechtigtes Interesse daran, zu wissen, wo sich eine prominente Person aufhält und wie sie sich allgemein in ihrem Privatleben verhält. Deshalb ist nach Auffassung des EGMR ein Schutz der Privatsphäre auch dann anzuerkennen, wenn sich die Person **an Orte begibt, die nicht immer als abgeschieden bezeichnet werden können, ungeachtet der Tatsache, dass sie der Öffentlichkeit wohl bekannt ist.**[179] Nach Auffassung des Gerichtshofs müsse ferner beachtet werden, dass die Fotos ohne Kenntnis oder Einverständnis aufgenommen worden seien und es dürften auch die von vielen Personen des öffentlichen Lebens in ihrem Alltagsleben erlittenen Belästigungen nicht ganz außer Acht gelassen werden.[180]

62   Damit scheint sich der EGMR an den im französischen Recht entwickelten Grundsatz anzulehnen, wonach bekannte Persönlichkeiten in der Regel nur bei der **Wahrnehmung ihrer öffentlichen Funktion** gegen ihren Willen abgebildet werden dürfen.[181] Auf dieser Grundlage hat der EGMR die Qualifizierung von Prinzessin Caroline von Monaco als „absolute" Person der Zeitgeschichte insofern als problematisch angesehen, da solchen Personen nur sehr begrenzter Schutz ihres Privatlebens oder ihres Rechts am eigenen Bild gewährt wird.[182] Dies könne möglicherweise für Politiker in Ausübung ihrer offiziellen Ämter angemessen sein, nicht aber für eine einzelne Privatperson, an der das Interesse der Öffentlichkeit und der Presse allein wegen ihrer Zugehörigkeit zu einer Herrscherfamilie bestehe, während sie selbst überhaupt keine offiziellen Ämter bekleidet. „Unter diesen Umständen ist der Gerichtshof jedenfalls der Auffassung, dass das Gesetz eng ausgelegt werden muss, um sicherzustellen, dass der Staat seine nach der Konvention bestehende positive Verpflichtung zum Schutz des Privatlebens und des Rechts am eigenen Bild erfüllt".[183]

63   **b) Bindungswirkung.** Mit Blick auf die **Auswirkungen des Urteils des EGMR auf die künftige deutsche Rechtsprechung** hat das BVerfG einerseits eine unmittelbare Bindungswirkung verneint; andererseits hat es aber betont, dass das Urteil des EGMR im Rahmen methodisch vertretbarer Gesetzesauslegung angemessen zu berücksichtigen und in das deutsche Recht zum Schutz der Persönlichkeit einzupassen ist.[184] Da die Aussagen des BVerfG zur Frage der Bindungswirkung diffus sind, haben sie mehr Verwirrung als Klarheit gestiftet.[185] Es kam deshalb zu divergierenden Entscheidungen der instanzgerichtlichen Rechtsprechung.[186] **Die Problematik ist noch immer nicht obsolet,** sondern weiterhin virulent. Zwar haben sich der BGH und das BVerfG den Vorgaben des EGMR teilweise angenähert, indem sie den Privatsphärenschutz Prominenter im Vergleich zur früheren Rechtsprechung verstärkt haben.[187] Allerdings gehen sowohl der BGH als auch das BVerfG im Gegensatz zum EGMR nach wie vor davon aus, dass auch die Unterhaltung eine Einschränkung des Privatsphärenschutzes zu rechtfertigen vermag.[188] Insoweit bleibt die Frage unbeantwortet, ob bzw. inwieweit deutsche Gerichte an die Rechtsauffassung des EGMR gebunden sind, wonach die bloße Unterhaltung kein relevanter Bewertungsfaktor ist, auf den sich eine Einschränkung des Schutzes der Privatsphäre Prominenter stützen lässt.

64   **c) Bewertung.** Im **wissenschaftlichen Schrifttum** (und auch in der Presse) hat das Urteil des EGMR ein lebhaftes Echo gefunden und ist überwiegend auf Kritik und zum Teil heftigste Ablehnung gestoßen.[189] Die Sorge einer massiven **Einschränkung der Pressefreiheit** oder gar die Warnung vor einer Pressezensur ist völlig unbegründet, da der EGMR nachdrücklich betont hat, dass eine Berichterstattung und kritische Auseinandersetzung mit Vorgängen, die das Verhalten von Politikern oder Amtsträgern betreffen, durch das Urteil in keiner Weise tangiert werden. Zu Recht weist *Stürner*

---

[177] EGMR JZ 2004, 1015 Rn. 64.
[178] EGMR JZ 2004, 1015 Rn. 65.
[179] EGMR JZ 2004, 1015 Rn. 77.
[180] EGMR JZ 2004, 1015 Rn. 68.
[181] S. *Ohly* GRUR-Int 2004, 902 (906).
[182] EGMR JZ 2004, 1015 Rn. 72.
[183] EGMR JZ 2004, 1015 Rn. 72.
[184] Vgl. BVerfG NJW 2004, 3407; sa *Götting/Schertz/Seitz/Lauber-Rönsberg* PersönlichkeitsR-HdB § 61 Rn. 98–101.
[185] S. zu den schwammigen Aussagen des Gerichts *Klass* AfP 2007, 517 (520).
[186] S. die Nachweise bei *Klass* AfP 2007, 517 (521); sa *Schmitt* ZUM 2007, 186 (189 ff.) im Hinblick auf die Auswirkungen auf die Begleiterrechtsprechung, insbesondere den divergierenden Entscheidungen KG ZUM 2005, 73 – Lebenspartnerin von Herbert Grönemeyer und OLG Hamburg ZUM 2006, 424 – Ferienvilla.
[187] Dazu → Rn. 66 ff.
[188] BGH GRUR 2007, 523 Rn. 17 – Abgestuftes Schutzkonzept; BVerfG GRUR 2008, 539 Rn. 62 – Caroline von Hannover.
[189] S. dazu den Überblick bei *Zagouras* AfP 2004, 509 f.; *Ohly* GRUR-Int 2004, 902 f.

in seiner zustimmenden Anmerkung darauf hin, dass der EGMR im Gegensatz zum BVerfG[190] eine **„qualitative Bewertung" des Informationsinteresses** vorgenommen hat.[191] Völlig überzeugend kritisiert er, dass das BVerfG mit der Gleichsetzung von Information und Unterhaltung im Rahmen der Medienfreiheit die Definitionshoheit über das „öffentliche Interesse" als Rechtfertigung des Eingriffs in die Persönlichkeitssphäre an die Medien abgegeben habe. Diese dürften das öffentliche Informationsinteresse weithin selbst begründen und so definieren, wie es der mediale Markt verlange.[192]

In der Tat erscheint dieser Verzicht auf normative Wertungen und Begrenzungen, der an den im 65 US-amerikanischen Recht kritisierten „leave it to the press approach"[193] erinnert, zirkulär. Im Sinne einer „empirischen Selbstdefinition" wird es den Medien erlaubt, Neugier und Sensationslust anzustacheln, um sie dann unter Berufung auf die Pressefreiheit immer wieder aufs Neue zu befriedigen. Mit seiner „Unlust an der Wertung"[194] verfehlt das BVerfG die elementare Aufgabe, normative Leitlinien für die Begrenzung der Pressefreiheit durch den Persönlichkeitsschutz zu entwickeln. Es hat das Hume'sche Gesetz zu gelten: „No-Ought-From-Is".

6. Die Reaktion der Rechtsprechung auf das EGMR-Urteil „Caroline von Hannover"

a) Rechtsprechung des BGH. Wie bereits oben dargelegt,[195] hat der BGH als Reaktion auf das 66 Urteil des EGMR „Caroline von Hannover" eine einschneidende Neuorientierung unter dem **Schlagwort eines sog. „abgestuften Schutzkonzepts"** vorgenommen. Kritisch anzumerken ist allerdings, dass der Begriff des „abgestuften Schutzkonzepts" für sich genommen eigentlich keine Neuerung darstellt, da sich dies bereits aus der Systematik des Bildnisschutzes ergibt.[196] Ungeachtet dessen hat der BGH einige neue Grundsätze aufgestellt, die den Vorgaben des EGMR Rechnung tragen sollen und sich deutlich von der bisherigen Rechtsprechung unterscheiden. In ihren wesentlichen Punkten lassen sich die Veränderungen wie folgt umreißen:

aa) Abstandnahme vom Begriff der „absoluten Person der Zeitgeschichte". In Abwei- 67 chung von der bisherigen Rechtsprechung hat sich der BGH in seiner neueren Rechtsprechung von der Kategorie der „absoluten Person der Zeitgeschichte" in Abgrenzung zur „relativen Person der Zeitgeschichte" gelöst und lehnt sich stärker an die Formulierung des § 23 Abs. 1 Nr. 1 KUG „Bildnisse aus dem Bereiche der Zeitgeschichte" an. **Diese Folgerung aus dem Urteil des EGMR „Caroline von Hannover" erscheint nicht zwingend,** da sich das europäische Gericht nicht gegen die Kategorisierung als solche wendet, sondern beanstandet, dass die deutschen Gerichte dem Privatsphärenschutz absoluter Personen der Zeitgeschichte nicht hinreichend Rechnung getragen haben. Bei richtigem Verständnis ist die Feststellung, dass es sich um eine absolute Person der Zeitgeschichte handelt, nicht der Ausgangspunkt, sondern das Ergebnis der erforderlichen Interessenabwägung zwischen dem legitimen Informationsbedürfnis der Öffentlichkeit und dem Privatsphärenschutz der abgebildeten Person. Auch künftig wird die Rechtsprechung nicht umhinkommen, im Rahmen der Interessenabwägung eine graduale Abstufung hinsichtlich der Bekanntheit vorzunehmen, die wenn auch nicht das einzige, so doch ein wesentliches Kriterium für die Annahme einer „absoluten Person der Zeitgeschichte" darstellt.

bb) Verhältnis zu § 23 Abs. 2 KUG. Während früher Unklarheiten über das Verhältnis zwi- 68 schen § 23 Abs. 1 Nr. 1 KUG und § 23 Abs. 2 KUG bestanden und zum Teil die Frage nach dem Standort der Interessenabwägung für unerheblich gehalten wurde,[197] hat der BGH später eine richtungsweisende Klarstellung vorgenommen. Danach hat die **Abwägung der widerstreitenden Rechte und Grundrechte der abgebildeten Person einerseits und der Presse andererseits schon bei der Zuordnung zum Bereich der Zeitgeschichte zu erfolgen,** wobei der Beurteilung ein normativer Maßstab zugrunde zu legen ist, welcher der Pressefreiheit und zugleich dem Schutz der Persönlichkeit und ihrer Privatsphäre ausreichend Rechnung trägt.[198] In Anbetracht dessen dürfte die Regelung des § 23 Abs. 2 KUG zukünftig nur noch eine geringe Rolle spielen, da ihr die Funktion eines Auffangtatbestandes zukommt, dessen Anwendungsbereich äußerst gering sein dürfte, da die umfassende Interessenabwägung bereits im Rahmen des § 23 Abs. 1 Nr. 1 KUG stattzufinden hat.[199]

cc) Ereignis von zeitgeschichtlicher Bedeutung. Eine wesentliche Änderung gegenüber der 69 früheren Rechtsprechung ist darin zu sehen, dass künftig eine Ausnahme vom Erfordernis der Einwilligung grundsätzlich nur dann in Betracht kommt, wenn die Berichterstattung ein Ereignis von zeit-

---

[190] BVerfGE 101, 361 (389 ff.) = NJW 2000, 1021.
[191] *Stürner* JZ 2004, 1018 (1019).
[192] *Stürner* JZ 2004, 1018.
[193] S. *Götting* S. 187 mwN.
[194] So treffend *Stürner* JZ 2004, 1018.
[195] → Rn. 21.
[196] → Rn. 22.
[197] S. etwa BGH GRUR 1979, 425 (426) – Fußballspieler; BGH GRUR 1985, 398 (399) – Nacktfoto.
[198] BGH GRUR 2007, 523 Rn. 14 – Abgestuftes Schutzkonzept.
[199] IdS auch Götting/Schertz/Seitz/*Schertz* PersönlichkeitsR-HdB § 12 Rn. 180.

geschichtlicher Bedeutung betrifft.[200] Über prominente Persönlichkeiten kann deshalb nicht schon allein aufgrund ihres Status als „absolute Person der Zeitgeschichte" berichtet werden, sondern die Ausnahmeregelung des § 23 Abs. 1 Nr. 1 KUG und damit der Verzicht auf die Einwilligung des Abgebildeten greift nur dann ein, wenn das Bildnis in einem **zeitgeschichtlichen Zusammenhang** steht. Wie der BGH betont, darf aber der **Begriff der Zeitgeschichte** nicht zu eng verstanden werden; „schon nach der Entstehungsgeschichte des (…) KUG (…), vor allem aber im Hinblick auf den Informationsbedarf der Öffentlichkeit umfasst er nicht nur Vorgänge von historisch-politischer Bedeutung, sondern ganz allgemein das Zeitgeschehen, also alle Fragen von allgemeinem gesellschaftlichem Interesse, und wird mithin vom Interesse der Öffentlichkeit bestimmt".[201]

70   **dd) Unterhaltung.** In Abweichung vom EGMR und in Übereinstimmung mit seiner früheren Rechtsprechung geht der BGH nach wie vor davon aus, dass auch die Unterhaltung eine Einschränkung des Privatsphärenschutzes zu rechtfertigen vermag. Zur Begründung verweist er darauf, dass **auch durch unterhaltende Beiträge Meinungsbildung** stattfinden könne und solche Beiträge die Meinungsbildung unter Umständen sogar nachhaltiger anregen und beeinflussen könnten als sachbezogene Informationen.[202]

71   **ee) Informationswert.** Besonders hervorgehoben wird vom BGH die Bedeutung des Informationswertes für die Interessenabwägung. Es besteht folgende Wechselbeziehung zwischen dem Informationswert des Bildnisses und dem Schutz der Privatsphäre: **„Je größer der Informationswert für die Öffentlichkeit ist, desto mehr muss das Schutzinteresse desjenigen, über den informiert wird, hinter den Informationsbelangen der Öffentlichkeit zurücktreten. Umgekehrt wiegt aber auch der Schutz der Persönlichkeit des Betroffenen desto schwerer, je geringer der Informationswert für die Allgemeinheit ist."**[203] Das Interesse der Leser an bloßer Unterhaltung hat gegenüber dem Schutz der Privatsphäre regelmäßig ein geringeres Gewicht.[204]

72   **b) Die Rechtsprechung des BVerfG.** In seiner Entscheidung „Caroline von Hannover"[205] hat das BVerfG die Neuorientierung, die der BGH im Lichte der Vorgaben des EGMR vollzogen hat, im Grundsatz gebilligt.[206] Die wesentlichen Gründe sollen im Folgenden kurz wiedergegeben werden, da sie die **Leitlinie für die weitere Entwicklung des Bildnisschutzes** darstellen.

73   **aa) Abstandnahme vom Begriff der „absoluten Person der Zeitgeschichte".** Das BVerfG betont, dass der BGH verfassungsrechtlich nicht daran gehindert war, auf eine Nutzung der bisher von ihm in Anlehnung an die Literatur entwickelten Rechtsfigur der absoluten Person der Zeitgeschichte zu verzichten und statt dessen allein im Rahmen einer Interessengewichtung und -abwägung zu prüfen, ob eine visuelle Darstellung dem in § 23 Abs. 1 Nr. 1 KUG tatbestandlich vorausgesetzten Bereich der Zeitgeschichte zuzuordnen ist.[207] Gleichzeitig wird aber darauf hingewiesen, dass es das BVerfG in seiner bisherigen Rechtsprechung nicht beanstandet hat, wenn die für die Abwägung bedeutsame Gewichtung des Informationsinteresses der Öffentlichkeit an Bilddarstellungen prominenter Personen unter Nutzung dieser Rechtsfiguren vorgenommen wird, wobei deren Anwendung allerdings nur dann verfassungsgemäß ist, wenn die ergänzende einzelfallbezogene Abwägung zwischen dem Informationsinteresse der Öffentlichkeit und dem berechtigten Interesse des Abgebildeten dadurch nicht unterbleibt.[208]

74   **bb) Schutzanspruch des Persönlichkeitsrechts außerhalb einer örtlichen Abgeschiedenheit.** In Erweiterung seiner bisherigen Rechtsprechung, wonach der Schutz der Privatsphäre voraussetzt, dass sich der Abgebildete in einer örtlichen Abgeschiedenheit befindet, insbesondere in einem besonders geschützten Raum aufhält,[209] statuiert das BVerfG nunmehr folgenden Grundsatz: **„Dem Schutzanspruch des Persönlichkeitsrechts kann jedoch auch außerhalb der Voraussetzungen einer örtlichen Abgeschiedenheit ein erhöhtes Gewicht zukommen,** so wenn die Me-

---

[200] BGH GRUR 2007, 523 Rn. 17 unter Hinweis auf BGHZ 158, 218 (222 f.) = GRUR 2004, 592 = NJW 2004, 1795 – Charlotte Casiraghi I; BGH GRUR 2005, 76 = NJW 2005, 594 – „Rivalin" von Uschi Glas; BGH GRUR 2007, 139 Rn. 15 = NJW 2007, 689 – Rücktritt des Finanzministers.
[201] BGH GRUR 2007, 139 Rn. 15 = NJW 2007, 689 – Rücktritt des Finanzministers, mwN.
[202] BGH GRUR 2007, 139 Rn. 15 = NJW 2007, 689 – Rücktritt des Finanzministers, unter Hinweis auf BGH GRUR 2004, 438 = NJW 2004, 762 – Feriendomizil I mAnm *v. Gerlach* JZ 2004, 625; BVerfGE 101, 361 (389 f.) = GRUR 2000, 446 = NJW 2000, 1021 – Caroline von Monaco; BVerfG NJW 2006, 2836 (2837).
[203] Vgl. BVerfGE 101, 361 (391) = GRUR 2000, 446 = NJW 2000, 1021 – Caroline von Monaco; BGHZ 131, 332 (342) = GRUR 1996, 923 = NJW 1996, 1128 – Caroline von Monaco II, mwN; s. dazu LG Köln AfP 2015, 66 – Krankenbesuch bei Angehörigen.
[204] Vgl. BVerfGE 34, 269 (283) = GRUR 1974, 44 = NJW 1973, 1221 – Soraya; BGHZ 131, 332 (342) = GRUR 1996, 923 = NJW 1996, 1128 – Caroline von Monaco II, mwN; BGH GRUR 2007, 523 Rn. 20 – Abgestuftes Schutzkonzept.
[205] GRUR 2008, 539 – Caroline von Hannover.
[206] S. dazu die Anm. von *Frenz* NJW 2008, 3102; *Peifer* GRUR 2008, 547; *Klass* ZUM 2008, 432.
[207] BVerfG GRUR 2008, 539 Rn. 80 – Caroline von Hannover.
[208] BVerfG GRUR 2008, 539 Rn. 81 – Caroline von Hannover, unter Hinweis auf BVerfGE 101, 361 (392) = GRUR 2000, 446 = NJW 2000, 1021 – Caroline von Monaco; BVerfG NJW 2001, 1921 (1923 f.) – Prinz Ernst August von Hannover.
[209] S. BVerfGE 101, 361 (384) = GRUR 2000, 446 = NJW 2000, 1021 – Caroline von Monaco.

dienberichterstattung den Betroffenen in Momenten der Entspannung oder des Sich-Gehen-Lassens außerhalb der Einbindung in die Pflichten des Berufs und Alltags erfasst".[210]

cc) Keine Begrenzung des Informationsinteresses auf die öffentliche Funktion. In deutli- **75** chem **Gegensatz zur Rechtsprechung** des EGMR steht folgende Feststellung des BVerfG zum Informationswert unterhaltender Beiträge über Angelegenheiten, die nicht im Zusammenhang mit der öffentlichen Funktion eines Prominenten stehen. Hierzu hat das BVerfG ausgeführt: „Der **Schutzbereich der Pressefreiheit umfasst auch unterhaltende Beiträge über das Privat- oder Alltagsleben von Prominenten und ihres sozialen Umfelds, insbesondere der ihnen nahestehenden Personen.** Es würde die Pressefreiheit in einer mit Art. 5 Abs. 1 GG unvereinbaren Weise einengen, bliebe die Lebensführung dieses Personenkreises einer Berichterstattung außerhalb der von ihnen ausgeübten Funktionen grundsätzlich entzogen".[211] Relativiert wird dieses Diktum allerdings durch die Aussage, dass bei der Gewichtung des Informationsinteresses im Verhältnis zu dem kollidierenden Persönlichkeitsschutz dem Gegenstand der Berichterstattung maßgebliche Bedeutung zukomme, wie etwa der Frage, ob private Angelegenheiten ausgebreitet werden, die lediglich die Neugier befriedigen.[212] Praktisch wird dieser Vorbehalt allerdings dadurch ganz erheblich entwertet, dass eine **Abbildung außerhalb der öffentlichen Funktion in einem privaten Umfeld bereits dann gerechtfertigt ist, wenn ein Bezug zu einer die Allgemeinheit interessierenden Sachdebatte hergestellt wird,** wobei hinsichtlich des Informationswertes äußerst geringe Anforderungen gestellt werden. Diese Voraussetzungen sind nach Auffassung des BVerfG bereits dann erfüllt, wenn Bildnisse von Caroline und Ernst August von Hannover einen Bericht über die Vermietung ihrer Villa in Kenia illustrieren, weil damit darüber informiert werde, dass auch bei den „Reichen und Schönen" eine Tendenz zur Sparsamkeit bestehe.[213] Nach Aufhebung der dazu ergangenen Entscheidung des BGH, der ein legitimes Informationsinteresse verneint hatte, hat der BGH in Umsetzung der Leitlinien des BVerfG diese Auffassung in einer erneuten Entscheidung korrigiert.[214] Warum das BVerfG in diesem Fall ein legitimes Informationsinteresse annimmt, das eine Ausnahme vom Bildnisschutz rechtfertigt, ist kaum nachvollziehbar. Mit dem Argument, dass der Umstand der Vermietung geeignet sei, in einer demokratischen Gesellschaft Anlass für eine die Allgemeinheit interessierende Sachdebatte zu geben, lässt sich einerseits jeder Eingriff in die Privatsphäre rechtfertigen, denn jede Information über das Leben Prominenter kann, in welche Richtung auch immer, ein Anstoß für eine die Allgemeinheit interessierende Sachdebatte sein. Andererseits tendiert der Erkenntniswert, der sich aus dem Bericht über die Vermietung von Villen durch Prominente abstrahieren lässt, gegen Null. Es ist eine Binsenweisheit, dass es Reiche und Prominente gibt, die sparsam und ökonomisch denken, dass es andererseits Reiche und Prominente gibt, für die Sparsamkeit ein Fremdwort ist. Zur Untermauerung dieser banalen Erkenntnis bedarf es nicht einer von einem Bildnis begleiteten Berichterstattung über die Vermietung von Luxushäusern durch ihre prominenten Eigentümer.[215]

dd) Divergenz zwischen BVerfG und dem Urteil „von Hannover/Deutschland Nr. 1" **76** **des EGMR.** Unter dem Strich bleibt festzuhalten, dass trotz gewisser Annäherungen eine **gravierende Divergenz zwischen der Rechtsprechung des BVerfG und der des EGMR** bestehen bleibt. Dies resultiert im Wesentlichen daraus, dass das BVerfG nach wie vor nicht bereit ist, entsprechend den Vorgaben des EGMR das legitime Informationsinteresse der Öffentlichkeit auf die **öffentliche Funktion des abgebildeten Prominenten** zu beschränken und anzuerkennen, dass das bloße Bedürfnis nach Unterhaltung keinen hinreichenden Rechtfertigungsgrund für einen Eingriff in die Privatsphäre darstellt. Stattdessen betont das BVerfG mit Nachdruck, dass die **unterhaltende Berichterstattung über Prominente** für große Teile der Bevölkerung eine **„Leitbild- oder Kontrastfunktion"** erfülle bzw. prominente Personen auch Orientierung bei eigenen Lebensentwürfen bieten könnten.[216] Angesichts der Tatsache, dass das BVerfG hinter den Vorgaben des EGMR für die Reichweite des Privatsphärenschutzes zurückbleibt, stellt sich nach wie vor die Frage, ob bzw. inwieweit dies eine **Verbindlichkeit für die deutschen Gerichte** entfaltet. Diesbezüglich hat das BVerfG keine Klarheit geschaffen, sondern nur vage darauf hingewiesen, dass auch für die bei der Auslegung der deutschen Grundrechte bedeutsamen Vorgaben der Europäischen Menschenrechtskonvention in der Rechtsprechung des EGMR ein eigenständiger Beurteilungsspielraum der nationalen Gerichte anerkannt ist.[217] Außerdem wird mit Blick auf den Umfang der verfassungsgerichtlichen Nachprüfung ausgeführt, dass diese darauf begrenzt sei, ob die Fachgerichte ihrer Aufgabe nachgekommen sind, die

---

[210] BVerfG GRUR 2008, 539 Rn. 69 – Caroline von Hannover.
[211] BVerfG GRUR 2008, 539 Rn. 64 – Caroline von Hannover.
[212] BVerfG GRUR 2008, 539 Rn. 65 – Caroline von Hannover, unter Hinweis auf BVerfGE 34, 269 (283) = NJW 1973, 797; BVerfGE 101, 361 (391) = GRUR 2000, 446 = NJW 2000, 1021 – Caroline von Monaco.
[213] BVerfG 2008, 539 Rn. 104 ff. – Caroline von Hannover.
[214] S. BGH NJW 2008, 3141 – Vermietung der Ferienvilla.
[215] S. Götting/Schertz/Seitz/*Götting* PersönlichkeitsR-HdB § 40 Rn. 12; krit. auch *Frenz* NJW 2008, 3102 (3105).
[216] BVerfG GRUR 2008, 539 Rn. 60 – Caroline von Hannover, unter Hinweis auf BVerfGE 101, 361 (390) = GRUR 2000, 446 = NJW 2000, 1021 – Caroline von Monaco, zustimmend *Dahle/Stegmann* AfP 2013, 480 (482 f.).
[217] BVerfG GRUR 2008, 539 Rn. 71 – Caroline von Hannover.

Entscheidungen des EGMR in die betroffene Teilrechtsordnung der nationalen Rechtsordnung einzupassen.[218]

77   **ee) Abschließende Kritik.** Mit der Einbeziehung des diffusen Begriffs der „Unterhaltung" entzieht sich das BVerfG seiner Aufgabe, normative Kriterien für die Konturierung eines legitimen Informationsinteresses der Öffentlichkeit zu entwickeln, das es rechtfertigt, ausnahmsweise den Schutz der Privatsphäre einzuschränken. Statt in Umsetzung der Rechtsprechung des EGMR in der Entscheidung von „Hannover/Deutschland Nr. 1" den Bezug auf Vorgänge, die das öffentliche Wirken von Persönlichkeiten, insbesondere in einem politischen Kontext, betreffen, zum entscheidenden Bewertungsmaßstab zu erklären, **überlässt das BVerfG die Definition des schützenswerten Informationsinteresses weitgehend den Medien und damit dem freien Spiel der Kräfte des Marktes.** *Stürner* beanstandet zu Recht, dass das BVerfG mit der Gleichsetzung von Information und Unterhaltung im Rahmen der Medienfreiheit die Definitionshoheit über das „öffentliche Interesse" als Rechtfertigung des Eingriffs in die Persönlichkeitssphäre an die Medien abgibt, die das öffentliche Informationsinteresse weithin selbst begründen dürfen und so definieren, wie der mediale Markt es verlangt.[219] Bei einer klaren Ausrichtung des von Art. 5 GG geschützten Informationsinteresses an der öffentlichen Rolle eines Prominenten, insbesondere im Hinblick auf seine gesellschaftspolitische Verantwortung, lässt sich der geschützte Bereich der Privatsphäre klar und deutlich definieren.

78   Damit wird auch die Voraussetzung geschaffen, durch die **Anwendung der Lizenzanalogie bei Verletzungen** der Privatsphäre eine effektive Sanktion zu etablieren, durch die den permanenten und systematischen Persönlichkeitsverletzungen durch die Medien entgegengetreten werden kann. Die Verpflichtung zur Zahlung einer fiktiven Lizenzgebühr, die gerade bei Prominenten mit großem Bekanntheitsgrad einen hohen Betrag erreichen kann, entfaltet eine präventive Wirkung. Der Verweis auf den Geldersatz für immaterielle Schäden geht zumeist ins Leere. Häufig fehlt es schon an der erforderlichen Eingriffsschwere und selbst wenn diese erreicht wird, sind die zuerkannten Geldbeträge so gering, dass sie von den Medien billigend in Kauf genommen und einkalkuliert werden. An dem **vermögensrechtlichen Zuweisungsgehalt,** der die Voraussetzung für die Annahme einer Eingriffskondiktion nach § 812 Abs. 1 S. 1 Alt. 2 BGB bildet und die Grundlage für die Zuerkennung eines Anspruchs auf Zahlung einer angemessenen Lizenzgebühr schafft, lässt sich angesichts der umfassenden Vermarktung der Privatsphäre durch Exklusivverträge über Homestories oder Hochzeiten Prominenter, etc, kaum ernsthaft zweifeln.[220] Die unautorisierte Berichterstattung stellt einen Eingriff in das Selbstbestimmungsrecht des Rechtsträgers dar, das auch wirtschaftliche Dispositionsmöglichkeiten beinhaltet.[221] Mit der Behauptung, die unterhaltende Berichterstattung über Prominente erfülle für große Teile der Bevölkerung eine **„Leitbild- oder Kontrastfunktion",** bzw. prominente Personen könnten auch Orientierung bei eigenen Lebensentwürfen bieten,[222] lässt sich jedes gewünschte Ergebnis und insbesondere ein Vorrang der Medienfreiheit gegenüber dem Persönlichkeitsschutz begründen. Entweder man kann sich darauf berufen, es gehe darum, einen Kontrast zwischen dem öffentlichen Wirken und dem Privatleben zu belegen, oder aber es gehe darum, die Übereinstimmung zwischen öffentlichem Wirken und Privatleben zu bestätigen.[223] Das Diktum des BVerfG, dass der „verfassungsrechtliche Privatsphärenschutz aus Art. 2 Abs. 1 iVm. Art. 1 Abs. 1 GG nicht im Interesse einer Kommerzialisierung der eigenen Person gewährleistet" ist, das nur behauptet, aber nicht begründet wird, ist gänzlich verfehlt, weil es im krassen Widerspruch zu den wirtschaftlichen Realitäten steht. Es gilt das Motto **„Schutz vor Kommerzialisierung durch Kommerzialisierung".** Nur wenn dem prominenten Abgebildeten ein seinem Marktwert entsprechender kommerzieller Ausgleich zugesprochen wird, lässt sich der Zwangskommerzialisierung seiner Privatsphäre durch die Medien wirksam entgegentreten.

7. Die Folgeentscheidungen des EGMR

79   Bedauerlicherweise hat sich die Hoffnung, dass durch die Rechtsprechung des EGMR der Privatsphärenschutz gegenüber der Pressefreiheit gestärkt wird, nicht bewahrheitet. Vielmehr hat das Urteil aus dem Jahre 2004 keine nachhaltige Wirkung entfaltet. In zwei Folgeentscheidungen, die ebenfalls Caroline von Hannover betreffen, hat der EGMR die eingeschlagene strenge Linie einer engen Auslegung der Abbildungsfreiheit, wenn nicht verlassen, so doch erheblich abgeschwächt und relativiert.[224] In beiden Urteilen hat der Gerichtshof folgende maßgeblichen **Abwägungskriterien** genannt:

---

[218] BVerfG GRUR 2008, 539 Rn. 75 – Caroline von Hannover.

[219] *Stürner* JZ 2004, 1018 Anm. zu EGMR JZ 2004, 1015 (1016) – von Hannover/Bundesrepublik Deutschland.

[220] S. zu der inzwischen weit verbreiteten und fest etablierten Vertragspraxis über die Vermarktung der Privatsphäre eingehend und umfassend Götting/Schertz/Seitz/*Bezzenberger* PersönlichkeitsR-HdB § 46.

[221] S. Götting/Schertz/Seitz/*Götting* PersönlichkeitsR-HdB § 40 Rn. 2 ff.; *Götting* FS Ullmann, 2006, 65 (72); ablehnend OLG Hamburg ZUM 2009, 65.

[222] BVerfG GRUR 2008, 539 Rn. 60.

[223] Götting/Schertz/Seitz/*Götting* PersönlichkeitsR-HdB § 40 Rn. 12.

[224] S. EGMR GRUR 2012, 745 – von Hannover/Deutschland Nr. 2; EGMR ZUM 2014, 284 – von Hannover/Deutschland Nr. 3; s. auch EGMR AfP 2015, 137 zur Zulässigkeit von Hochzeitsfotos bekannter Künstler nach dem obersten norwegischen Gericht.

– Beitrag zu einer Debatte von allgemeinem Interesse
– Bekanntheitsgrad der betroffenen Person
– Gegenstand der Berichterstattung
– vorheriges Verhalten der betroffenen Person
– Inhalt, Form und Auswirkungen der Veröffentlichung
– Umstände, unter denen die Fotos aufgenommen wurden.[225]

Bei Anwendung dieser Beurteilungskriterien hat der EGMR in Abweichung von der Entscheidung aus dem Jahre 2004 bei der Gewichtung der Pressefreiheit einen äußerst großzügigen Maßstab angelegt und den Schutz der Privatsphäre erheblich eingeschränkt. Der EGMR räumt den staatlichen Gerichten einen weiten Beurteilungsspielraum für die Berücksichtigung aller Umstände ein und hält sich deshalb nicht für berechtigt, die Abwägung der nationalen Gerichte durch eigene Abwägungen zu ersetzen.[226]

a) Die Entscheidung aus dem Jahre 2012 **„von Hannover/Deutschland Nr. 2"** betraf Bildnis- **79a** aufnahmen über einen Winterurlaub von Prinzessin Caroline und ihrem Ehemann im Zusammenhang mit einem Bericht über die **Erkrankung des Fürsten von Monaco.** Der Gerichtshof hat die Auffassung des BGH[227] und des BVerfG,[228] dass die Bildnisveröffentlichungen wegen ihres Zusammenhanges mit der Wortberichterstattung über den Gesundheitszustand des Fürsten von Monaco durch einen hinreichenden Informationswert legitimiert sind, nicht beanstandet. Dementsprechend hat er die dagegen gerichtete Beschwerde als unbegründet zurückgewiesen. Dies steht in deutlichem Widerspruch zum Diktum in der Entscheidung aus dem Jahre 2004, wonach eine Abbildungsfreiheit in Abweichung von dem grundsätzlich geltenden Erfordernis einer Einwilligung üblicherweise für Politiker in Ausübung ihrer offiziellen Ämter angemessen sein könne, nicht aber für eine einzelne Privatperson, an der das Interesse der Öffentlichkeit und der Presse allein wegen ihrer Zugehörigkeit zu einer Herrscherfamilie bestehe.[229] An dieser zutreffenden Beurteilung ändert auch die Berichterstattung über die Erkrankung des Fürsten in dem Presseartikel nichts, auch wenn man davon ausgeht, dass diese durch ein legitimes Informationsbedürfnis der Öffentlichkeit gedeckt ist. Zwischen der Erkrankung und dem „privaten" Skiurlaub, der durch die beanstandeten Fotos illustriert werden sollte, besteht kein direkter thematischer Zusammenhang.[230] Es würde dem Zweck des Privatsphärenschutzes geradewegs zuwiderlaufen, wenn Angehörige von Personen der Zeitgeschichte im Falle deren Erkrankung eine Bildberichterstattung über ihr Verhalten im Privaten dulden müssen, obwohl sie gerade in einer solchen, zumeist als besonders belastend empfundenen Situation des Schutzes ihrer Privatsphäre besonders bedürfen.[231] Wie man auf die Erkrankung reagiert, ist eine höchst persönliche Angelegenheit, die von einer Vielzahl von Umständen und Überlegungen beeinflusst wird, die niemand anderen etwas angehen. Es führt zu einer Aushöhlung eines effektiven Persönlichkeitsschutzes, wenn der erforderliche „Informationswert" mit einigen begleitenden Bemerkungen konstruiert werden kann.[232] Der EGMR geht auf dieses im Beschwerdeverfahren vorgetragene Argument, das für die Reichweite des Bildnisschutzes von wesentlicher Bedeutung ist, nicht ein, sondern verweist auf den Rechtsschutz durch die deutschen Gerichte.[233]

b) Bedauerlicherweise hat sich die Befürchtung, dass durch die Hinzufügung banaler Textaussagen **79b** der Bildnisschutz unterminiert wird, als berechtigt erwiesen. In der Entscheidung des EGMR aus dem Jahre 2013 **„von Hannover/Deutschland Nr. 3"**[234] ging es um ein Bildnis, auf welchem Caroline von Hannover in Begleitung ihres Ehemanns an einem nicht näher identifizierbaren Ort im Urlaub gezeigt wird, das mit der Bildunterschrift „In Urlaubslaune: Caroline mit ihrem Ehemann" versehen war. Auf dieser und auf der folgenden Seite der Zeitschrift sind mehrere Fotos der Ferienvilla der Familie auf einer Insel in Kenia abgedruckt. Die Fotos sind von einem Artikel mit folgender Überschrift begleitet: „In Prinzessin Carolines Bett schlafen? Kein unerfüllbarer Wunsch! Caroline und Ernst August vermieten ihre Traumvilla". Im Artikel wird über einen Trend bei Hollywoodstars und Angehörigen von Adelshäusern berichtet, ihre **Ferienhäuser zu vermieten.** Anschließend wird

---

[225] Zusammenfassend der Leitsatz ZUM 2014, 284; sa EGMR ZUM 2014, 284 Rn. 46 – von Hannover/Deutschland Nr. 3; sa Leitsätze EGMR GRUR 2012, 745 f. sowie EGMR GRUR 2012, 745 Rn. 108 ff.

[226] EGMR 24.5.2016 – 68273/10, 34194/11 Rn. 32; EGMR NJW 2017, 2891 Rn. 66 – Khan/Deutschland, unter Hinweis auf EGMR NJW 2012, 1053 Rn. 105, 102 – Hannover/Deutschland Nr. 2; EGMR NJW 2012, 1058 Rn. 86, 181 – Axel Springer AG/Deutschland.

[227] BGH GRUR 2007, 527 – Winterurlaub.

[228] BVerfG GRUR 2008, 539.

[229] EGMR JZ 2004, 1015 Rn. 72.

[230] *Götting* GRUR 2007, 531 (Anm. zu BGH GRUR 2007, 523 – Abgestuftes Schutzkonzept sowie BGH GRUR 2007, 527 – Urlaub); idS auch *Dietrich* AfP 2013, 277 (279); zustimmend *Dahle/Stegmann* AfP 2013, 480 (481); vgl. aber OLG Köln ZUM 2016, 290 – Bildberichterstattung über Krankenhausbesuch, wo ein thematischer Zusammenhang bejaht wurde.

[231] *Götting* GRUR 2007, 531 (Anm. zu BGH GRUR 2007, 523 – Abgestuftes Schutzkonzept sowie BGH GRUR 2007, 527 – Urlaub).

[232] So zutreffend *Lehr* GRUR 2012, 751 (Anm. zu EGMR GRUR 2012, 745 – von Hannover/Deutschland Nr. 2).

[233] EGMR GRUR 2012, 745 Rn. 119 – von Hannover/Deutschland Nr. 2.

[234] EGMR ZUM 2014, 284.

die Villa der Familie von Hannover beschrieben, wobei detaillierte Angaben zB zur Einrichtung, zur Tagesmiete und zu verschiedenen Urlaubsgewohnheiten gemacht werden. In einem Kästchen in der Mitte des Haupttextes sind die beiden folgenden Unterzeilen in größeren Buchstaben hervorgehoben: „Auch die Reichen und Schönen sind sparsam. Viele vermieten ihre Villen an zahlende Gäste."[235] Das Urteil des BGH, das die Bildnisveröffentlichung untersagte,[236] wurde vom BVerfG aufgehoben und zur erneuten Entscheidung an den BGH zurückverwiesen,[237] der daraufhin die Klage abwies.[238] Die Verfassungsbeschwerde von Caroline von Hannover wurde nicht zur Entscheidung angenommen.[239] Die dagegen beim EGMR eingelegte Beschwerde blieb erfolglos, da der Gerichtshof einen Verstoß gegen den Privatsphärenschutz nach Art. 8 der Konvention verneinte. Er billigte die Auffassung des BVerfG und des BGH, dass die Berichterstattung einen hinreichenden Informationswert besitze. Sie ziele darauf ab, einen Trend bekannter Persönlichkeiten zu offenbaren, ihre Ferienwohnungen zu vermieten, und dass diese Verhaltensweise die Leser zu Überlegungen veranlassen und somit zu einer Diskussion allgemeinen Interesses beitragen könne.[240] Das Urteil bedeutet eine ganz **grundsätzliche Abkehr von der in der Entscheidung „von Hannover/Deutschland Nr. 1"** vorgegebenen Leitlinie, dass die gesetzliche Ausnahme vom Bildnisschutz „eng ausgelegt werden muss, um sicherzustellen, dass der Staat seine nach der Konvention bestehende positive Verpflichtung zum Schutz des Privatlebens und des Rechts am eigenen Bild erfüllt."[241] Es steht im krassen Widerspruch zu der dort getroffenen Feststellung, dass eine Begrenzung des Schutzes des Privatlebens von Prinzessin Caroline im Unterschied zu Politikern in Ausübung ihrer offiziellen Ämter nicht auf ihre Zugehörigkeit zu einer Herrscherfamilie gestützt werden könne, da sie überhaupt keine offiziellen Ämter bekleidet.[242] Abgesehen davon hat das Bildnis von Caroline und ihrem Ehemann keinen Bezug zur Vermietung der Ferienvilla, da sie keine Situation im Zusammenhang mit der Vermietung der Villa in Kenia zeigen, sondern eine Urlaubssituation in einem nicht näher identifizierbaren Ort.[243] Durch die Annahme, dass durch die Hinzufügung der Wortberichterstattung die Veröffentlichung der Bildnisse legitimiert wird, wird das Erfordernis eines zeitgeschichtlich relevanten Informationsinteresses der Allgemeinheit bis zur Unkenntlichkeit verwischt.[244] Es wird zu einem Lippenbekenntnis, einer substanzlosen Leerformel, mit der sich zeitgeschichtliche Ereignisse beliebig konstruieren lassen, indem von den Bildnissen Prominenter durch die Hinzufügung von Texten ein vermeintlicher Sachbezug an den Haaren herbei gezogen wird.[245] Der Fantasie von Journalisten der „yellow press" sind „dabei keine Grenzen gesetzt, denn alles hängt irgendwie mit allem zusammen". Aufschlussreich sind die kritischen Bemerkungen von *F. Schmidt* in der FAZ, die die Folgen der Entscheidungen anschaulich illustrieren:[246] „Folgt man der Logik des Gerichtshofs, dürfen sich die Leser bunter Blätter künftig neben Bildern schwimmender, segelnder, Ski fahrender Prominenter womöglich auf Berichte über die gesellschaftliche Ausgrenzung von Nichtschwimmern, negative Auswirkungen von Hochseeregatten auf das Paarungsverhalten des Buckelwals und die Abnutzung von Berghängen durch alpinen Sport freuen."

8. Die neuere Rechtsprechung

80   **a) Grundsätze.** Bei seiner neueren Rechtsprechung stützt sich der BGH auf die nachfolgend genannten Grundsätze, die regelmäßig formelhaft als „Textbausteine" der Beurteilung des Einzelfalls vorangestellt werden.[247]

aa) Abgestuftes Schutzkonzept. „Danach dürfen Bildnisse einer Person grundsätzlich nur mit deren Einwilligung verbreitet werden (§ 22 Satz 1 KUG). Hiervon besteht allerdings gemäß § 23 Abs. 1 Nr. 1 KUG eine Ausnahme, wenn es sich um Bildnisse aus dem Bereich der Zeitgeschichte handelt. Diese Ausnahme gilt aber nicht für die Verbreitung, durch die berechtigte Interessen des Abgebildeten verletzt werden". Es wurde bereits darauf hingewiesen, dass der Begriff des „abgestuften Schutzkonzepts" für sich genommen keine Neuerung darstellt, da sich dies bereits aus der Systematik der gesetzlichen Regelung des Bildnisschutzes ergibt. Im Grunde wird nur das wiederholt, was sich ohnehin aus den §§ 22 S. 1, 23 Abs. 1 Nr. 1 und 23 Abs. 2 KUG entnehmen lässt. Das „abgestufte Schutzkonzept" ist keine Erfindung des BGH, sondern des Gesetzgebers.[248]

---

[235] EGMR ZUM 2014, 284.
[236] BGH ZUM 2007, 470.
[237] BVerfG ZUM 2008, 420.
[238] BGH NJW 2008, 3141; zustimmend *Dahle/Stegmann* AfP 2013, 480 (482).
[239] BVerfG 24.9.2009 – 1 BvR 2678/08.
[240] EGMR ZUM 2014, 284 Rn. 51 f.
[241] EGMR JZ 2004, 1015 Rn. 72.
[242] EGMR JZ 2004, 1015 Rn. 72.
[243] So zu Recht *Dietrich* ZUM 2014, 661 (663).
[244] Sa die Kritik von *Dietrich* ZUM 2014, 661 (663).
[245] S. *Dietrich* ZUM 2014, 661 (664 f.).
[246] *F. Schmidt* FAZ v. 8.2.2012, S. 7; zustimmend zit. v. *Dietrich* AfP 2013, 277 (279); *Dietrich* ZUM 2014, 661 (664).
[247] S. zu den folgenden Zitaten als Beispiel GRUR 2011, 259 f. – Rosenball in Monaco; BGH GRUR 2010, 1029 f. – Charlotte im Himmel der Liebe, m. umf. Nachw.
[248] Schon → Rn. 22; ebenso *Dietrich* ZUM 2014, 661 Fn. 4; ebenso *Stieper* JZ 2014, 271 (274).

bb) Bildnis aus dem Bereich der Zeitgeschichte.
– Abwägung Persönlichkeitsrecht und Pressefreiheit:

„Die Beurteilung, ob ein Bildnis aus dem Bereich der Zeitgeschichte iSv. § 23 Abs. 1 Nr. 1 KUG zuzuordnen ist, erfordert eine Abwägung zwischen den Rechten des Abgebildeten aus Art. 1 Abs. 1, Art. 2 Abs. 1 GG, Art. 8 Abs. 1 EMRK einerseits und den Rechten der Presse aus Art. 5 Abs. 1 GG, Art. 10 Abs. 1 EMRK andererseits. Dabei ist der Beurteilung ein normativer Maßstab zugrunde zu legen, welcher die Pressefreiheit und zugleich den Schutz der Persönlichkeit und der Privatsphäre ausreichend berücksichtigt. Maßgebend ist hierbei das Interesse der Öffentlichkeit an vollständiger Information über das Zeitgeschehen. Der Begriff des Zeitgeschehens ist zugunsten der Pressefreiheit in einem weiten Sinne zu verstehen; er umfasst nicht nur Vorgänge von historisch-politischer Bedeutung, sondern alle Fragen von allgemeinem gesellschaftlichen Interesse. Ein Informationsinteresse besteht allerdings nicht schrankenlos. Vielmehr wird der Einbruch in die persönliche Sphäre des Abgebildeten durch den Grundsatz der Verhältnismäßigkeit begrenzt".

– Rolle des Betroffenen in der Öffentlichkeit:

„Bei der Prüfung der Frage, ob und in welchem Ausmaß die Berichterstattung einen Beitrag zur öffentlichen Meinungsbildung leistet und welcher Informationswert ihr damit beizumessen ist, ist von erheblicher Bedeutung, welche Rolle dem Betroffenen in der Öffentlichkeit zukommt. Der EGMR unterscheidet zwischen Politikern (‚politicians/personnes politiques'), sonstigen im öffentlichen Leben oder im Blickpunkt der Öffentlichkeit stehenden Personen (‚public figures/personnes publiques') und Privatpersonen (‚ordinary persons/personnes ordinaires'), wobei bei einer Berichterstattung über letztere engere Grenzen als in Bezug auf den Kreis sonstiger Personen des öffentlichen Lebens gezogen seien und der Schutz der Politiker am schwächsten sei."[249]

– Sachbezug zu einem zeitgeschichtlichen Ereignis:

„Bei der Gewichtung des Informationsinteresses im Verhältnis zu dem kollidierenden Persönlichkeitsschutz kommt dem Gegenstand der Berichterstattung maßgebliche Bedeutung zu. Entscheidend ist insbesondere, ob die Medien im konkreten Fall eine Angelegenheit von öffentlichem Interesse ernsthaft und sachbezogen erörtern, damit den Informationsanspruch des Publikums erfüllen und zur Bildung der öffentlichen Meinung beitragen oder ob sie – ohne Bezug zu einem zeitgeschichtlichen Ereignis – lediglich die Neugier der Leser befriedigen."[250]

– Informationsgehalt:

„Der Informationsgehalt einer Bildberichterstattung ist dabei im Gesamtkontext, in den das Personenbildnis gestellt ist, unter Berücksichtigung der zugehörigen Textberichterstattung zu ermitteln. Daneben sind für die Gewichtung der Belange des Persönlichkeitsschutzes der Anlass der Bildberichterstattung und die Umstände in die Beurteilung mit einzubeziehen, unter denen die Aufnahme entstanden ist. Auch ist bedeutsam, in welcher Situation der Betroffene erfasst und wie er dargestellt wird."

– Differenzierung zwischen Bild- und Wortberichterstattung:

„Diese unterschiedlichen rechtlichen Ansatzpunkte tragen der Tatsache Rechnung, dass es gegenüber einer Wort- oder Schriftberichterstattung typischerweise einen ungleich stärkeren Eingriff in die persönliche Sphäre bedeutet, wenn jemand das Erscheinungsbild einer Person in einer Lichtbildaufnahme oder einem Film fixiert, es sich so verfügbar macht und der Allgemeinheit vorführt. Eine Wortberichterstattung ist bei vergleichbaren Themen allerdings nicht stets in weiterem Umfang zulässig als eine Bildberichterstattung. Ein Text kann eine Dichte von Einzelinformationen aufweisen, die eine fotografische Darstellung nicht vermittelt, und das Persönlichkeitsrecht sogar stärker beeinträchtigen. Es ist in solchen Fällen eine Frage der einzelfallbezogenen Beurteilung, ob eine Wortberichterstattung oder die begleitende Bildberichterstattung die schwerwiegenderen Beeinträchtigungen des Persönlichkeitsrechts mit sich bringt."[251]

– Unterhaltende Beiträge:

„Zum Kern der Pressefreiheit gehört es, dass die Medien im Grundsatz nach ihren eigenen publizistischen Kriterien entscheiden können, was sie des öffentlichen Interesses für werthalten und was nicht. Die grundsätzliche Gewährleistung umfasst auch die Abbildung von Personen. Auch unterhaltende Beiträge, etwa über das Privat- oder Alltagsleben prominenter Personen, nehmen grundsätzlich an diesem Schutz teil, ohne dass dieser von der Eigenart oder dem Niveau der Berichterstattung abhängt. Gerade prominente Personen können der Allgemeinheit Möglichkeiten der Orientierung bei eigenen Lebensentwürfen bieten sowie Leitbild- oder Kontrastfunktionen erfüllen. Auch die Normalität ihres Alltagslebens kann der Meinungsbildung zu Fragen von allgemeinem Interesse dienen."

– Mediales Vorverhalten:

Der Schutz der Privatsphäre vor öffentlicher Kenntnisnahme entfällt, soweit sich jemand selbst damit einverstanden zeigt, dass bestimmte, gewöhnlich als privat geltende Angelegenheiten öffentlich gemacht werden; die Erwartung, dass die Umwelt die Angelegenheiten oder Verhaltensweisen in

---

[249] BGH GRUR 2018, 964 Rn. 17 – Tochter von Prinzessin Madeleine.
[250] Sa OLG Köln BeckRS 2017, 149322; ZUM-RD 2013, 338; OLG München ZUM-RD 2014, 696.
[251] BGH GRUR 2018, 964 Rn. 30 – Tochter von Prinzessin Madeleine; sa BGH GRUR 2011, 261 Rn. 12 – Party-Prinzessin.

einem Bereich mit Rückzugsfunktion nur begrenzt oder nicht zur Kenntnis nimmt, muss situations-übergreifend konsistent zum Ausdruck gebracht werden.[252] Dies gilt auch und insbesondere für den Bildnisschutz bei Anwendung der §§ 22, 23 KUG, die mit ihrem abgestuften Schutzkonzept einen angemessenen Ausgleich zwischen dem Schutz der Persönlichkeit und den Informationsinteressen der Allgemeinheit anstreben, gilt also auch, soweit bereits bei der Anwendung des § 23 Abs. 1 Nr. 1 KUG eine Interessenabwägung vorzunehmen ist.[253]

80a   **b) Bewertung.** Bei der Anwendung dieser Grundsätze eröffnet sich ein **weiter Beurteilungs-spielraum.** Angesichts der Notwendigkeit, alle Umstände des Einzelfalls zu berücksichtigen, wird die Rechtsprechung durch Case Law geprägt. Dies ergibt sich aus der Natur der Sache, schließt aber nicht aus, dass über die Einzelfallbewertung hinaus eine Orientierung an übergeordneten **Leitlinien und Bewertungskriterien** erfolgt. Hieran fehlt es. Die Rechtsprechung des BGH zeigt ein diffuses Bild, das erhebliche Rechtsunsicherheit erzeugt.[254] Tendenziell ist erkennbar, dass entgegen der Intention der Entscheidung des EGMR „von Hannover/Deutschland Nr. 1",[255] von der allerdings auch die neuere Rechtsprechung[256] abweicht, keine Stärkung, sondern eine **Schwächung des Bildnis-schutzes** eingetreten ist. Ein ganz entscheidender Grund dafür ist darin zu sehen, dass im klaren Gegensatz zu dem genannten Urteil bei der Frage der Zulässigkeit von Bildnisveröffentlichungen nicht an die Wahrnehmung einer öffentlichen Funktion, insbesondere in politischen Zusammenhängen, angeknüpft wird. Vielmehr wird abweichend hiervon vom BVerfG[257] davon ausgegangen, dass auch unterhaltende Bildnisberichterstattung über Prominente in der Regel einem legitimen Informationsinteresse der Öffentlichkeit dienen. Mit Blick auf unterhaltende Beiträge überlässt der BGH ebenso wie das BVerfG[258] die Definition des schützenswerten Informationsinteresses unter Verzicht auf normative Kriterien weitgehend den Medien und damit dem freien Spiel der Kräfte.

80b   **c) Die Entscheidungen im Einzelnen.** Die nach der paradigmatischen Entscheidung „Caroline von Hannover"[259] und die hieran anknüpfende Entwicklung eines sog. abgestuften Schutzkonzepts[260] ergangene neuere Rechtsprechung lässt sich systematisch stichwortartig grob in folgende Kategorien einteilen: Schutz der Privatsphäre in der Öffentlichkeit, insbesondere an öffentlichen Orten, auf öffentlichen Veranstaltungen, Berichte über Krankheiten, über Liebesbeziehungen, minderjährige Kinder von Prominenten, die Verwendung des Bildnisses Prominenter für die Werbung oder Einführung neuer Presseerzeugnisse sowie Berichte über Straftäter.

aa) Schutz der Privatsphäre in der Öffentlichkeit. Öffentliche Orte und öffentliche Veranstaltungen. Wegen des fehlenden hinreichenden Zusammenhangs mit einem zeitgeschichtlichen Ereignis hat der BGH bei Bildnissen, die einen Prominenten im Alltagsleben zeigen, wie im **Urlaub** bzw. in der **Freizeit**[261] oder beim **Shoppen**,[262] in den genannten Entscheidungen zu Recht ein legitimes Informationsinteresse der Öffentlichkeit verneint und einen Schutz der Privatsphäre in der Öffentlichkeit bejaht. Eine Bildberichterstattung über den Fußballbundestrainer stellt dann einen schwerwiegenden Eingriff in dessen Persönlichkeitsrecht dar, wenn diese aus einer größeren Anzahl von Fotos besteht, die heimlich in seinem Urlaub aufgenommen wurden.[263] Als unzulässig wurde auch eine Bildberichterstattung über Prinzessin Madeleine von Schweden, ihren Ehemann und die gemeinsame Tochter bei einem Spaziergang im öffentlichen Park in New York angesehen, weil es sich um eine Situation handelt, die thematisch privat geprägt ist und unbemerkt von einem Paparazzo aufgenommen wurde.[264] Hinzu kommt der durch Art. 6 Abs. 1 S. 2 GG gestärkte Schutzgehalt der spezifisch elterlichen Hinwendung zu ihrem Kind.[265] Eine Ausnahme hat der BGH mit überzeugenden Argumenten im Zusammenhang mit der Presseberichterstattung über die Abwahl der Ministerpräsidentin Heide Simonis anerkannt, die die betroffene Politikerin bei nachfolgender privater Betätigung (Einkäufe) zeigte.[266] Hier fällt entscheidend ins Gewicht, dass das private Verhalten nach der Wahlniederlage in einem unmittelbaren Zusammenhang mit einem spektakulären politischen Vorgang steht. Die Entscheidung des BGH, wonach Fotos ohne Einwilligung des **regierenden Bürgermeis-ters** Klaus Wowereit bei einer bevorstehenden Misstrauensabstimmung im Berliner Abgeordnetenhaus „bei einem Drink" in einer bekannten Berliner Bar gezeigt werden und dies durch das Informations-

---

[252] BVerfG 101, 361 (385) = NJW 2000, 1021 (1023) – Caroline von Monaco; BGH GRUR 2005, 76 (78) – „Rivalin" von Uschi Glas.
[253] BGH GRUR 2005, 76 (78) – „Rivalin" von Uschi Glas.
[254] So auch *Dietrich* AfP 2013, 277 (279).
[255] → Rn. 60 ff.
[256] → Rn. 79 ff.
[257] → Rn. 76.
[258] → Rn. 77.
[259] → Rn. 60 ff.
[260] → Rn. 21 f., 66, 80.
[261] BGH GRUR 2007, 899 (902) – Grönemeyer.
[262] BGH GRUR 2008, 1024 Rn. 27 – Shopping mit Putzfrau auf Mallorca.
[263] LG Köln ZUM-RD 2018, 108 (Ls.) (111).
[264] BGH GRUR 2018, 964 Rn. 25 – Tochter von Prinzessin Madeleine.
[265] BGH GRUR 2018, 964 Rn. 26 – Tochter von Prinzessin Madeleine.
[266] BGH GRUR 2008, 1017 Rn. 25 f. – Einkaufsbummel nach Abwahl.

interesse der Allgemeinheit gerechtfertigt ist, ist abzulehnen.[267] Es ist widersprüchlich, wenn einerseits in dem Urteil von einer „an sich privaten Situation" gesprochen wird, gleichzeitig aber unter Missachtung dieser Privatheit andererseits ein vorrangiges Informationsinteresse der Allgemeinheit angenommen wird.[268] Eine „an sich private Situation" ist privat. Das Argument, dass der regierende Bürgermeister davon ausgehen musste, gesehen und erkannt zu werden,[269] ist nicht tragfähig. Es ist ein ganz wesentlicher Unterschied, ob man gesehen und erkannt wird oder aber fotografiert und zum Gegenstand der öffentlichen Berichterstattung gemacht wird. Der regierende Bürgermeister hatte sich, gerade im Hinblick auf die anstehende Misstrauensabstimmung im Berliner Abgeordnetenhaus, bewusst und erkennbar in einen geschlossenen Raum zurückgezogen. Hierin liegt die entscheidende Abweichung von der zu Recht für zulässig gehaltenen Berichterstattung über die Abwahl der Ministerpräsidentin Heide Simonis, die sich bei nachfolgender privater Betätigung (Einkäufe) bewusst in der Öffentlichkeit zeigte.[270] Nicht nachvollziehbar ist die Entscheidung des BGH, dass eine ohne Einwilligung erfolgte Veröffentlichung von Fotos, die den ehemaligen Bundespräsidenten Christian Wulff nach einem Großeinkauf auf dem Parkplatz eines Supermarktes drei Jahre nach seinem Rücktritt zeigen, von einem legitimen Informationsinteresse der Öffentlichkeit gedeckt ist.[271] Es bleibt unerfindlich, in welcher Weise der banale Vorgang eines privaten Einkaufs im Supermarkt mit Hinblick auf das frühere Amt des Bundespräsidenten eine „Leitbild- oder Kontrastfunktion" erfüllen kann und die nachwirkende besondere Bedeutung des Amtes gerechtfertigt ist.[272] Die vage Formel der „Leitbild- oder Kontrastfunktion" ist eine Carte Blanche, mit der sich fast nach Belieben das Private ins Politische umfunktionieren lässt. Denkbar wäre auch eine Bildberichterstattung, wo und wie und mit wem kauft der ehemalige Bundespräsident seine Bekleidung oder wo und in welche Weise und mit wem geht er spazieren? Das Argument, es liege eine Selbstöffnung vor, weil Christan Wulff und seine Frau immer wieder Einblicke in ihr Eheleben gegeben[273] und sich auch nach dem Rücktritt des Bundespräsidenten nicht situationsübergreifend und konsistent gegenüber der Öffentlichkeit verschlossen haben,[274] ist in dieser Verallgemeinerung abzulehnen.[275] Angemessen ist vielmehr eine anlassbezogene situationsdifferenzierende Beurteilung der Reichweite der Selbstbegebung. Befasst sich ein Zeitschriftenartikel mit einem verbotenen Verhalten („Flugreisen-Affäre") eines Politikers, werden die schutzwürdigen Belange der Person, die an der Seite des Politikers im Rahmen eines öffentlichen Festes abgelichtet wird, dadurch berührt, dass ihr Foto im Zusammenhang mit der „Flugreisen-Affäre" veröffentlicht wird.[276] Für zulässig gehalten wurde die erneute Veröffentlichung von mit ihrer Einwilligung hergestellter Fotos einer Politikerin mit leicht erotischem Anklang in einer Folgeberichterstattung.[277] An einem Bezug zur Wahrnehmung öffentlicher Aufgaben aufgrund eines Amtes oder einer herausgehobenen Stellung mit gesellschaftlicher Verantwortung fehlt es bei der vom BGH für zulässig erklärten Bildberichterstattung über einen Besuch von Charlotte Casiraghi, der Tochter der Prinzessin Caroline von Hannover, beim **Rosenball in Monaco**[278] bzw. einer **Vernissage.**[279] Allein die „aufgezwungene Prominenz kraft Geburt"[280] vermag eine Bildberichterstattung nicht zu legitimieren, da man einem solchen Personenkreis sonst den Schutz ihrer Privatsphäre absprechen würde. Das in beiden Entscheidungen angeführte Argument, es bestehe in weiten Bevölkerungskreisen ein Interesse daran, über Ereignisse aus dem Adel und sonstigen gehobenen Gesellschaftskreisen informiert zu werden,[281] bildet keine hinreichende Grundlage, um eine Einschränkung des Privatsphärenschutzes zu legitimieren. Es läuft auf eine Gleichstellung von Sein und Sollen hinaus, bei der sich das Recht den faktischen Gegebenheiten unterwirft, ohne seine normative Funktion zu erfüllen. Gebilligt wurde vom BVerfG die Untersagung der Veröffentlichung von „schockierenden Fotos" über das „süße Leben" von **Charlotte Casiraghi** auf **Partys und Festivitäten.**[282] Zurecht wurde die ohne Einwilligung erfolgte Veröffentlichung von Fotos einer schwangeren Schauspielerin bei einem Spaziergang als ein schwerer Eingriff in das Recht am eigenen Bilde angesehen, da bei der bildlichen Darstellung der Schwangerschaft eine Angelegenheit betroffen ist, die zu dem geschützten Kernbereich und der durch das Recht am eigenen Bilde geschützten Privatsphäre gehört, die die Betroffene zuvor noch nicht öffentlich gemacht hatte.[283] Kaum nachzuvollziehen ist, dass die Veröffentlichung

---

[267] Ebenso die Vorinstanz (KG) im Gegensatz zu BGH GRUR 2017, 303 Rn. 3.
[268] BGH GRUR 2017, 302 Ls. – Klaus Wowereit.
[269] BGH GRUR 2017, 302 Rn. 9 – Klaus Wowereit.
[270] BGH GRUR 2008, 117 – Einkaufsbummel nach Abwahl.
[271] BGH GRUR 2008, 549 – Christian Wulff im Supermarkt, entgegen den Vorinstanzen LG und OLG Köln.
[272] BGH GRUR 2018, 549 Rn. 23 – Christian Wulff im Supermarkt.
[273] BGH GRUR 2018, 549 Rn. 24 – Christian Wulff im Supermarkt.
[274] BGH GRUR 2018, 549 Rn. 27 – Christian Wulff im Supermarkt.
[275] Dazu eingehend → Rn. 56.
[276] OLG Hamburg ZUM-RD 2011, 589 (Ls.) (590).
[277] OLG München AfP 2013, 335.
[278] BGH GRUR 2011, 259 –Rosenball in Monaco, kritisch *Wanckel* NJW 2011, 726 ff.
[279] BGH NJW 2011, 201 = AfP 2012, 45.
[280] So treffend *Wanckel* NJW 2011, 726.
[281] BGH GRUR 2011, 259 Rn. 26 – Rosenball in Monaco, kritisch *Wanckel* NJW 2011, 726 ff.; BGH NJW 2012, 762 (763) = AfP 2012, 45 Rn. 10.
[282] BVerfG GRUR 2011, 255 Rn. 45 ff. – Carolines Tochter mAnm *Stender-Vorwachs.*
[283] ZUM-RD 2014, 696; vgl. auch OLG Köln ZUM 2016, 443 – Babybäuchlein.

von Bildnissen von Teilnehmern an einem **Mieterfest einer Wohnungsbaugenossenschaft** in der an ihre Mieter gerichteten Informationsbroschüre zulässig sein soll, weil es sich um ein Ereignis der Zeitgeschichte handele.[284] Bei der gebotenen Interessenabwägung ist zu berücksichtigen, dass jemand, der ein Mieterfest besucht, nicht damit zu rechnen braucht, dass Bildnisse von ihm veröffentlicht werden. Hieran vermag auch das Argument nichts zu ändern, dass die Beeinträchtigung der Rechte der Abgebildeten wegen des auf die Mieter begrenzten Adressatenkreises gering ist.[285] Mit dieser Beurteilung wird der Begriff der Zeitgeschichte „bagatellisiert". Dagegen ist die Bildnisberichterstattung über die Teilnehmerin einer Mahnwache (**„Großmütter gegen den Krieg"**) im Rahmen eines Fernsehbeitrags über das Streitgespräch eines Journalisten zu Recht als zulässig angesehen worden.[286] Die Berichterstattung behandelt eindeutig ein heftig umstrittenes politisches Thema. Deshalb erfüllt sie ein legitimes Informationsbedürfnis der Öffentlichkeit, denn sie ist geeignet, einen Beitrag zur Orientierung in einer die Allgemeinheit interessierenden Sachdebatte zu leisten. Derjenige, der die Aufmerksamkeit durch eine politische Aktion in der Öffentlichkeit sucht, kann sie nicht unterbinden, wenn sie kritische Reaktionen hervorruft, die ihm nicht gefallen. Einen Schutz der Privatsphäre in der Öffentlichkeit genießen dagegen Personen, die im zufälligen Zusammenhang mit einem zeitgeschichtlichen Ereignis abgebildet werden. für sie gilt der gleiche Bildnisschutz wie für **Begleitpersonen** von Prominenten, bei denen eine alltägliche Begleitsituation nicht ohne Weiteres die Veröffentlichung eines Begleitfotos rechtfertigt.[287] Die Veröffentlichung von Fotos von schwangeren Schauspielerinnen während eines Spaziergangs[288] oder in den Pausen zwischen den Dreharbeiten[289] ohne deren Einwilligungen stellen schwere Eingriffe in die Privatsphäre dar. Über die Frage, ob eine **Schwangerschaft** besteht und wann diese (wenn überhaupt) der Öffentlichkeit mitgeteilt wird, haben allein die zukünftigen Eltern zu entscheiden und nicht ein Presseorgan.[290]

80c   **bb) Erkrankungen.** Zu begrüßen ist es, dass nach Auffassung des BGH zur Privatsphäre auch einer Person des öffentlichen Interesses grundsätzlich die eigene **Erkrankung oder die eines Ehegatten** gehören und Ausnahmen allenfalls bei besonderen Personenkreisen, wie beispielsweise wichtigen Politikern, Wirtschaftsführern oder Staatsoberhäuptern, in Betracht kommen.[291] Im deutlichen Widerspruch hierzu steht allerdings die Entscheidung, dass die Veröffentlichung von Bildnissen einer bekannten **Comedy-Darstellerin** im Zusammenhang mit einem Bericht über ihre schwere Erkrankung keinen Eingriff in ihr Recht auf Privatsphäre darstellt, sondern von einem legitimen Informationsinteresse der Öffentlichkeit gedeckt ist.[292] Auch wenn man eine Wortberichterstattung für zulässig hält, so folgt daraus nicht zwangsläufig eine Zulässigkeit der Bildnisveröffentlichungen. Für deren Beurteilung gelten **strengere Maßstäbe als für die Wortberichterstattung:** „Die in §§ 22, 23 KUG normierten besonderen Ansprüche sichern im Ausgangspunkt das alleinige Verfügungsrecht jedes Menschen über die Darstellung seiner Person, die seine äußere Erscheinung in einer für Dritte erkennbaren Weise wiedergibt".[293] Anders als der nach einem Regel-Ausnahme-Verhältnis formalisierte Bildnisschutz bedarf die Gewährleistung des Schutzes vor der Wortberichterstattung durch das allgemeine Persönlichkeitsrecht von vornherein einer Güterabwägung mit den schutzwürdigen Interessen der Medien.[294] Die Zulässigkeit der Veröffentlichung eines Bildnisses von Corinna Schumacher, das sie auf dem Weg zu einem Krankenbesuch bei Michael Schumacher zeigt, wurde damit begründet, dass dadurch der Informationswert der Wortberichterstattung erhöht wird.[295] Vor dem Hintergrund, dass Corinna Schumacher gerade bei dieser Gelegenheit darum bat, ihre Privatsphäre zu achten und in Ruhe gelassen zu werden, erscheint dies grotesk.

80d   **cc) Liebesbeziehungen.** In der Entscheidung „Sabine Christiansen mit Begleiter"[296] hat der BGH festgestellt, dass über die **neue Liebesbeziehung einer prominenten Person** die Presse in der Regel nicht ohne deren Einwilligung durch die Beifügung von Fotos berichten darf, die die Partner zwar in der Öffentlichkeit, aber in erkennbar privaten Situationen zeigen. Die Selbstdarstellung privater Umstände durch Prominente gibt der Presse in der Regel auch kein Recht, ohne die erforderliche Einwilligung Bilder aus deren privatem Lebenskreis zu veröffentlichen, wenn der Veröffentlichung kein im Rahmen der Abwägung zu berücksichtigendes ausreichendes Informationsinteresse

---

[284] BGH GRUR 2014, 804 2. Ls. Rn. 10 – Mieterfest.
[285] BGH GRUR 2014, 804 2. Ls. Rn. 12 – Mieterfest.
[286] BGH GRUR 2013, 1063 – Teilnehmerin an Mahnwache.
[287] OLG Karlsruhe ZUM-RD 2015, 306 (309 f.).
[288] OLG München ZUM-RD 2014, 696 (697 f.).
[289] OLG Köln ZUM-RD 2016, 443 (445).
[290] OLG Köln ZUM-RD 2016, 443 (445).
[291] BGH GRUR 2009, 86 Rn. 20 – Gesundheitszustand von Prinz Ernst August von Hannover; sa BGH AfP 2008, 606; 2008, 608; 2008, 609.
[292] BGH GRUR 2013, 91 Rn. 25 ff. – Comedy-Darstellerin; vgl. auch OLG Köln ZUM 2016, 290 – Bildberichterstattung über Krankenhausbesuch.
[293] BGH GRUR 2013, 261 Rn. 9 – Party-Prinzessin, kritisch *Wanckel* NJW 2011, 726 ff.; iS dieser Differenzierung s. auch BVerfG GRUR 2011, 255 – Carolines Tochter mAnm *Stender-Vorwachs*.
[294] BGH GRUR 2013, 261 Rn. 10 – Party-Prinzessin, kritisch *Wanckel* NJW 2011, 726 ff.; vgl. auch BGH GRUR 2018, 964 Rn. 19 – Tochter von Prinzessin Madeleine.
[295] BeckRS 2014, 16707.
[296] BGH GRUR 2009, 665 – Sabine Christiansen mit Begleiter.

zukommt. Damit scheint sich der BGH von der **vom BVerfG aus dem medialen Vorverhalten abgeleiteten „Verzichtstheorie" abzugrenzen,** wonach der Schutz der Privatsphäre vor öffentlicher Kenntnisnahme entfällt, wenn sich jemand selbst damit einverstanden zeigt, dass bestimmte, gewöhnlich als privat geltende Angelegenheiten öffentlich gemacht werden. Die Erwartung, dass die Umwelt die Angelegenheiten oder Verhaltensweisen in einem Bereich mit Rückzugsfunktion nur begrenzt oder nicht zur Kenntnis nimmt, muss nach Auffassung des BVerfG situationsübergreifend und konsistent zum Ausdruck gebracht werden. Dies soll auch für den Fall gelten, dass der Entschluss, die Berichterstattung über bestimmte Vorgänge der eigenen Privatsphäre zu gestatten oder hinzunehmen, rückgängig gemacht wird.[297] Unverständlich ist es, dass der BGH die identifizierende Wort- und Bildberichterstattung über einen Landtagsabgeordneten in einem Presseartikel, der sich mit einer **Liebesbeziehung zu einer bekannten Schlagersängerin, Moderatorin und Schauspielerin** befasst, für zulässig erklärt hat.[298] Das vom BGH behauptete, aber nicht näher begründete legitime Informationsinteresse der Öffentlichkeit[299] ist nicht erkennbar. Liebesbeziehungen gehören zum Kernbereich des Privatsphärenschutzes. Für eine Ausnahme von diesem Grundsatz finden sich im vorliegenden Fall keine Rechtfertigungsgründe. Allein die Tatsache, dass der Kläger „keine in der Öffentlichkeit unbekannte Person" ist,[300] und die Tatsache, dass er ein politisches Amt bekleidet, sind keine hinreichenden Argumente, um die Veröffentlichung eines Bildnisses im Kontext mit einer Wortberichterstattung über persönliche Daten, Interessen und Vorlieben zu legitimieren. Einerseits verlieren selbst in der Öffentlichkeit bekannte Personen nicht ihren Anspruch auf Achtung ihrer Privatsphäre; andererseits hat die Berichterstattung nicht den geringsten Bezug zur öffentlichen Funktion als Politiker. Die Bildnisveröffentlichung dient genau dem Zweck, der nach der Rechtsprechung des BGH kein hinreichendes Informationsinteresse der Öffentlichkeit begründet, nämlich der Befriedigung der Neugier.[301] Zu Recht wurde im Falle eines Berichts über eine gewalttätige Eskalation einer nach außen inszenierten und kommerzialisierten Paarbeziehung in der Öffentlichkeit entschieden, dass auch derjenige prominente Partner, der die Kontrolle nicht verloren hat, sich das Verhalten des anderen zurechnen lassen muss. Deshalb ist auch die Veröffentlichung seines Bildnisses von einem vorrangigen Informationsinteresse der Öffentlichkeit gedeckt.[302]

dd) Hochzeiten. Obwohl Hochzeiten zu den privatesten Ereignissen im Leben zählen, erkennt die Rechtsprechung ein legitimes Informationsinteresse der Öffentlichkeit an, wenn es sich um Prominente aus dem Bereich der Unterhaltung[303] oder einen Spitzenpolitiker[304] handelt. Dies gilt selbst dann, wenn klar erkennbar ist, dass die Betroffenen keine öffentliche Berichterstattung wünschen und entsprechende Vorkehrungen treffen. Aber ganz ausnahmsweise wird konzediert, dass insbesondere die Trauung einen sehr privaten Moment darstellt und die aufgesuchte örtliche Abgeschiedenheit zu respektieren und ein überwiegendes Informationsinteresse der Öffentlichkeit, das eine Bildberichterstattung rechtfertigt, abzulehnen ist.[305] Als unzulässig wurde zu Recht auch die unbefugte gewerbliche Nutzung von Fotos einer privaten Hochzeitsfeier verurteilt.[306] Hochzeiten von bekannten Persönlichkeiten beinhalten ein ganz erhebliches kommerzielles Vermarktungspotential. Dies zeigt sich darin, dass es nicht nur in den U.S.A. und Großbritannien eine gängige Praxis geworden ist, für Exklusivverträge über die Berichterstattung den Betroffenen als Gegenleistung hohe Geldbeträge zu zahlen. Das Recht auf Privatsphäre ist nicht nur im traditionellen Sinne ein Abwehrrecht, sondern hat aufgrund der dem Rechtsinhaber zustehenden Dispositionsbefugnis einen vermögensrechtlichen Charakter angenommen. Vor diesem Hintergrund ist es unverständlich, dass die Rechtsprechung nicht bereit ist,[307] die logische Konsequenz zu ziehen und bei einer gegen den Willen der Betroffenen stattfindenden Vermarktung ihnen einen Ausgleich nach Maßgabe der Lizenzanalogie zuzusprechen.[308]

ee) Minderjährige Kinder Prominenter. Im Blickpunkt der Unterhaltungsmedien stehen oftmals nicht nur die Prominenten selber, sondern auch deren minderjährige Kinder. Die Rechtsprechung des BGH zum Minderjährigenschutz lässt keine klaren Konturen erkennen, sondern verweist in sehr allgemein gehaltenen Formeln auf die besonderen Umstände des Einzelfalls. Einerseits wird anerkannt, dass **Kinder eines besonderen Schutzes bedürfen,** weil sie sich zu eigenverantwortlichen Personen erst entwickeln müssen, und dass dieses Schutzbedürfnis auch hinsichtlich der Gefahren besteht, die von dem Interesse der Medien und ihrer nutzbaren Abbildungen von Kindern ausgehen, deren Persönlichkeitsentfaltung dadurch empfindlicher gestört werden kann als diejenige von Erwachsenen. Der Bereich, in dem Kinder sich frei von öffentlicher Beobachtung fühlen und entfalten dür-   **80e**

---

[297] BVerfGE 101, 361 (389 ff.) = NJW 2000, 1021 (1023) – Caroline von Monaco; → Rn. 55 ff.
[298] BGH AfP 2012, 53.
[299] S. BGH AfP 2012, 53 Rn. 29.
[300] BGH AfP 2012, 53 Rn. 17.
[301] S. zu diesem Kriterium BGH GRUR 2011, 259 Rn. 15 – Rosenball in Monaco, kritisch *Wanckel* NJW 2011, 726 ff.; BGH GRUR 2013, 1065 Rn. 13 – Eisprinzessin Alexandra; jeweils mwN.
[302] KG ZUM 2010, 972 Ls. (975).
[303] Siehe EGMR ZUM 2018, 179; OLG Hamburg ZUM 2009, 65; 2009, 297; AfP 2013, 60.
[304] OLG Hamburg BeckRS 2014, 1188.
[305] So OLG Köln ZUM 2009, 486 (487 f.).
[306] OLG Hamburg ZUM–RD 2010, 635.
[307] Siehe OLG Hamburg ZUM 2009, 65 (67 f.).
[308] S. dazu Götting/Schertz/Seitz/ *Götting* PersönlichkeitsR-HdB § 40 Rn. 4 ff., 7 ff.

fen, muss deswegen umfassender geschützt sein als derjenige erwachsener Personen.[309] Für die kindliche Persönlichkeitsentwicklung sind in erster Linie die Eltern verantwortlich. Soweit die Erziehung von ungestörten Beziehung zu den Kindern abhängt, wirkt sich der besondere Grundrechtsschutz der Kinder nicht lediglich reflexartig zugunsten des Vaters und der Mutter aus. Vielmehr fällt auch die spezifisch elterliche Hinwendung zu den Kindern grundsätzlich in den Schutzbereich von Art. 2 Abs. 1 iVm Art. 1 Abs. 1 GG. Der Schutzgehalt des allgemeinen Persönlichkeitsrechts der Eltern erfährt dann eine Verstärkung durch Art. 6 Abs. 1 und Abs. 2 GG.[310] Wie sich die Verstärkung des Persönlichkeitsschutzes durch Art. 6 GG auswirkt, soll sich aber nicht generell und abstrakt bestimmen lassen, sondern der Beurteilung im Einzelfall überlassen bleiben.[311] Es kann nicht generell beansprucht werden, die Veröffentlichung jeglicher Fotos, die einen bestimmten Minderjährigen zeigen, bis zu dessen Volljährigkeit zu unterlassen.[312] Genau ein solcher Grundsatz wäre aber angemessen und notwendig, um Rechtssicherheit und damit die Voraussetzung für einen praktikablen und effektiven Minderjährigenschutz zu schaffen.[313] Dies schließt Ausnahmen nicht aus. Mit dem Gedanken des Minderjährigenschutzes unvereinbar ist es auch, wenn auf das „mediale Vorverhalten" der Eltern abgestellt wird und er dann eingeschränkt wird, wenn sich Eltern mit ihren Kindern bewusst der Öffentlichkeit zuwenden, etwa gemeinsam an öffentlichen Veranstaltungen teilnehmen oder gar in deren Mittelpunkt stehen.[314] Damit wird einer Kommerzialisierung Minderjähriger durch ihre Eltern geradezu Vorschub geleistet. Ein den Schutz der Privatsphäre überwiegendes legitimes Informationsinteresse der Öffentlichkeit hat der BGH hinsichtlich der Wort- und Bildberichterstattung im Rahmen eines Fernsehbeitrages anerkannt, in welchem zwei Tage nach der Beisetzung des verstorbenen Fürsten von Monaco über einen seiner Enkel berichtet wird.[315] Dem wird man zustimmen können, weil der **Enkel des verstorbenen Fürsten** und einer der Neffen des derzeit amtierenden Staatsoberhauptes des Fürstentums Monaco zu den potentiellen Thronfolgern zählt und daher als eine Person des öffentlichen Interesses angesehen werden kann, über die in größerem Umfang berichtet werden darf als über andere Personen, wenn die Information einen hinreichenden Nachrichtenwert mit Orientierungsfunktion im Hinblick auf eine die Allgemeinheit interessierende Sachdebatte hat und in die Abwägung keine schwerwiegenden Interessen des Betroffenen einzustellen sind, die einer Veröffentlichung entgegenstehen.[316] An dieser Voraussetzungen fehlt es aber, entgegen der Auffassung des BGH,[317] im Falle der Veröffentlichung von Fotos des **minderjährigen Sohnes eines berühmten ehemaligen Fußballprofis**[318] oder der Bildberichterstattung über die Teilnahme der 11jährigen **Tochter von Caroline Prinzessin von Hannover** an einem **Eiskunstlaufturnier**.[319] In beiden Fällen ist nicht ersichtlich, warum der für die Kindheitsentwicklung gerade von Prominenten wichtige Belang, von medialer Aufmerksamkeit unbeachtet zu bleiben und „in Ruhe gelassen zu werden", gegenüber einem legitimen Informationsinteresse der Öffentlichkeit zurückzutreten hat. Dies gilt umso mehr, weil prominente Kinder in eine „aufgezwungene Prominenz" hineingeboren werden.[320]

80f **ff) Bildnisse Prominenter in der Werbung für Zeitungen oder Magazine.** Hinsichtlich der Verwendung der Bildnisse Prominenter als Werbung für die Einführung einer Zeitung[321] bzw. eines Magazins[322] hat der BGH der Pressefreiheit den Vorrang gegenüber dem Bildnisschutz eingeräumt. Zur Begründung hat er darauf verwiesen, dass die Presse sich auf ihr publizistisches Anliegen berufen dürfe, mit der Abbildung der Titelseite beispielhaft die Gestaltung, das Layout und die Bandbreite der behandelten Themen aufmerksam zu machen. Die Werbung mit der **Titelseite eines Testexemplars** verletzt nicht allein deshalb das Recht am eigenen Bild, weil keine Ausgabe erscheint, die eine der Ankündigung entsprechende Berichterstattung enthält.[323] Das Recht am eigenen Bild wird allerdings zu dem Zeitpunkt verletzt, zu dem es dem Werbenden möglich und zumutbar war, die

---

[309] BGH GRUR 2010, 173 Rn. 9 – Kinder eines ehemaligen Fußballprofis mAnm *Peifer;* BGH GRUR 2013, 1065 Rn. 19 – Eisprinzessin Alexandra; BGH GRUR 2018, 964 Rn. 19 – Tochter von Prinzessin Madeleine; dazu schon → Rn. 37 ff., mwN.
[310] BGH GRUR 2018, 964 Rn. 19 – Tochter von Prinzessin Madeleine, unter Hinweis auf BVerfGE 101, 361 (385 f.) = GRUR 2000, 446 – Caroline von Monaco; BVerfGE 119, 1 (24) = GRUR 2007, 1085 – Roman „Esra".
[311] BGH GRUR 2010, 173 Rn. 10 – Kinder eines ehemaligen Fußballprofis mAnm *Peifer;* BGH GRUR 2013, 1065 Rn. 20 – Eisprinzessin Alexandra.
[312] BGH GRUR 2010, 173 Ls. Rn. 12 – Kinder eines ehemaligen Fußballprofis mAnm *Peifer;* BGH GRUR 2018, 964 Rn. 19 – Tochter von Prinzessin Madeleine.
[313] Die fehlende Rechtssicherheit konstatieren auch *Peifer* GRUR 2010, 175 f. (Anm. BGH GRUR 2010, 173 – Kinder eines ehemaligen Fußballprofis) und *Stender-Vorwachs* NJW 2010, 1414 (1418).
[314] So BGH GRUR 2010, 1737 Rn. 10 – Kinder eines ehemaligen Fußballprofis; BGH GRUR 2013, 1065 Rn. 20 – Eisprinzessin Alexandra.
[315] BGH GRUR 2009, 584 – Enkel von Fürst Rainier.
[316] BGH GRUR 2009, 584 Rn. 14 – Enkel von Fürst Rainier.
[317] Zustimmend *Pentz* AfP 2014, 8 (13).
[318] BGH GRUR 2010, 173 – Kinder eines ehemaligen Fußballprofis.
[319] BGH GRUR 2013, 1065 – Eisprinzessin Alexandra, zustimmend *Elmenhorst/Decker* NJW 2013, 2893 (Anm.).
[320] *Wanckel* NJW 2011, 726 (728).
[321] BGH GRUR 2010, 546 – Der strauchelnde Liebling; kritisch dazu *Lettmaier* WRP 2010, 695 (697 ff.).
[322] BGH GRUR 2011, 647 – Markt & Leute.
[323] BGH GRUR 2010, 546 1. Ls. Rn. 31 – Der strauchelnde Liebling; BGH GRUR 2011, 647 Ls. Rn. 44 – Markt & Leute.

Abbildung der Titelseite des Testexemplars durch die Abbildung der Titelseite einer tatsächlich erschienenen Ausgabe der Zeitung zu ersetzen.[324] Nicht nachvollziehbar ist die Auffassung, dass bei der Interessenabwägung zu berücksichtigen sei, dass die **vermögensrechtlichen Bestandteile** des allgemeinen Persönlichkeitsrechts nur einfach-rechtlich geschützt sind, während die Pressefreiheit ein verfassungsrechtlich geschütztes Grundrecht darstellt.[325] Der BGH stützt sich dabei auf ein Diktum des BVerfG im Zusammenhang mit der von ihm grundsätzlich gebilligten Anerkennung vererblicher vermögenswerter Bestandteile des zivilrechtlichen Persönlichkeitsrechts. Dort heißt es, das Grundgesetz kenne keinen Schutz vor einer kommerziellen Ausbeutung, die nicht mit einer Menschenwürdeverletzung verbunden ist. Es stehe aber einer einfachrechtlichen Anerkennung eines solches Schutzes auch nicht entgegen.[326] In dem Recht am eigenen Bild als spezielle gesetzliche Ausprägung des allgemeinen Persönlichkeitsrechts verbinden sich in einer Wechselwirkung ideelle und materielle Interessen zu einer Einheit. Die vermögensrechtliche Dimension des Bildnisschutzes kommt deutlich in der Einwilligungsvermutung bei Entlohnung der Abbildung (§ 22 S. 2 KUG) zum Ausdruck. Es genießt deshalb auch hinsichtlich seiner vermögensrechtlichen Aspekte den Schutz des Art. 1, 2 GG sowie darüber hinaus im Hinblick auf seinen Vermögenswert den des Art. 14 GG.[327] In einer späteren Entscheidung hat das BVerfG die Frage, ob die vermögensrechtlichen Bestandteile des allgemeinen Persönlichkeitsrechts durch Art. 14 Abs. 1 GG geschützt sind, mangels Entscheidungserheblichkeit offen gelassen.[328] Die Veröffentlichung eines Fotos im redaktionellen Teil der Bildzeitung, das eine sich unbeobachtet wähnende prominente Person bei der Lektüre der Ausgabe dieser Zeitung zeigt, wurde wegen des fehlenden Informationswertes des ganz überwiegend rein werblichen Charakters als ein unzulässiger Eingriff in das Recht am eigenen Bild beurteilt.[329] Aus denselben Gründen wurde auch die Veröffentlichung eines prominenten Fotos auf der Titelseite eines **Rätselheftes** als unzulässig beurteilt, weil das Bildnis der prominenten Person nur verwendet wurde, um deren Werbewert auszunutzen.[330]

gg) Berichterstattung über Straftäter. Hinsichtlich der neueren Rechtsprechung zur Berichterstattung über Straftäter lässt sich eine deutliche Tendenz erkennen, der Pressefreiheit ein größeres Gewicht gegenüber dem Persönlichkeitsschutz beizumessen. Der EGMR hat das Verbot der Berichterstattung über die Festnahme und Verurteilung eines bekannten Schauspielers wegen eines Drogendelikts als eine Verletzung des Rechts auf Freiheit der Meinungsäußerung nach Art. 10 EMRK angesehen.[331] Eine **Bildberichterstattung über den Strafvollzug** bei einem bekannten Schauspieler wurde deshalb für zulässig gehalten, weil sie durch ein anerkennenswertes Bedürfnis nach demokratischer Kontrolle der Strafvollstreckungsbehörden gerechtfertigt ist. Die Presse durfte ihre Funktion als „Wachhund" wahrnehmen und die Öffentlichkeit über das Geschehen und dessen Vorgeschichte angemessen informieren. Angesichts der Schwere der Tat und der Person des Betroffenen war die Genehmigung des offenen Vollzugs ein ausreichender Anlass für eine Berichterstattung über Verurteilung und Haftantritt.[332] Zweifelhaft erscheint, ob bei dieser Sichtweise dem Resozialisierungsinteresse des Betroffenen hinreichend Rechnung getragen wird. Es ist nämlich zu erwarten, dass der Betroffene aufgrund der Berichterstattung gerade im offenen Vollzug einer gesteigerten Aufmerksamkeit seines Umfelds ausgesetzt wird. Grundsätzlich ist davon auszugehen, dass über die aktuelle Berichterstattung hinaus eine zeitlich unbeschränkte Berichterstattung über die Person eines Straftäters in identifizierender Weise rechtswidrig ist, sofern nicht hierzu ein besonderer, aktueller Anlass besteht.[333] Das Interesse des Täters, „in Ruhe gelassen zu werden", gewinnt mit zunehmender zeitlicher Distanz größeres Gewicht. Es besteht aber kein absoluter Anspruch, überhaupt nicht mehr mit seinen Straftaten konfrontiert zu werden, sondern es bleibt immer eine Abwägung entscheidend, bei der zu prüfen ist, in welchem Maße eine Berichterstattung eine erhebliche neue oder zusätzliche Beeinträchtigung des Verurteilten, insbesondere unter Berücksichtigung seines Resozialisierungsinteresses, zu bewirken geeignet ist.[334] Ein vorrangiges legitimes Informationsbedürfnis, das eine Berichterstattung auch nach großer zeitlicher Distanz rechtfertigt, ist zB bei Straftaten mit erheblichen gesellschaftspolitischen Nachwirkungen anzuerkennen und ist etwa für die Veröffentlichung des Fotos eines ehemaligen RAF-Mitglieds im Rahmen der Berichterstattung über eine mögliche Haftentlassung[335] oder einer

80g

---

[324] BGH GRUR 2010, 546 Rn. 32 – Der strauchelnde Liebling; BGH GRUR 2011, 647 Rn. 50 – Markt & Leute.
[325] S. BGH GRUR 2010, 546 Rn. 21, 28 – Der strauchelnde Liebling; BGH GRUR 2011, 647 Rn. 34, 40 – Markt & Leute; BGH GRUR 2013, 196 Rn. 30 – Playboy am Sonntag.
[326] BVerfG GRUR 2006, 1049 (1050) – Werbekampagne mit Blauem Engel.
[327] Zur Kritik schon → Rn. 58.
[328] BVerfG GRUR-RR 2009, 375 Rn. 28 – Fiktive Lizenzgebühr.
[329] BGH GRUR 2013, 196 Ls. Rn. 37 ff. – Playboy am Sonntag.
[330] BGH GRUR 2009, 1085 1. u. 2. Ls. Rn. 33 – Wer wird Millionär?; kritisch dazu *Lettmaier* WRP 2010, 695 (697 ff.).
[331] EGMR GRUR 2012, 741 Rn. 110 – Axel Springer/Deutschland; vgl. auch OLG Hamm MMR 2014, 271 – Identifizierende YouTube-Berichterstattung über einen Verkehrsunfall.
[332] BGH GRUR 2009, 150 Rn. 37 – Karsten Speck.
[333] So zutreffend OLG Frankfurt a. M. ZUM-RD 2008, 128 f.
[334] Vgl. BVerfG NJW 1973, 1226 (1231 f.) – Lebach I; BVerfG NJW 2000, 1859 (1860) – Lebach II.
[335] KG AfP 2007, 376.

Berichterstattung über die Tätigkeit als inoffizieller Mitarbeiter des MfS der DDR[336] anzunehmen.[337] Der Schutz vor einer **Reaktualisierung** durch eine erneute Wort- und Bildberichterstattung über längere Zeit zurückliegende Straftaten und deren Täter im Interesse einer Resozialisierung unterliegt erheblichen Einschränkungen. Als zulässig wurde das Bereithalten von sog. Dossiers zum Abruf im Internet, in denen den Täter identifizierende alte Wort- und Bildberichterstattungen über seine schwere Straftat zusammengefasst sind, angesehen, da dem Interesse gegenüber einer Reaktualisierung, verschont zu bleiben vor wahrheitsgemäßen und nicht herabsetzenden Meldungen kein besonderes Gewicht zukomme.[338] Maßgebend für die Veröffentlichung von Bildnissen im Rahmen einer **Verdachtsberichterstattung** sind die für eine Wortberichterstattung geltenden Grundsätze. Danach ist ein Mindestbestand an Beweistatsachen erforderlich, die für den Wahrheitsgehalt der Information sprechen und ihr damit erst „Öffentlichkeitswert" verleihen. Regelmäßig ist vor der Veröffentlichung eine Stellungnahme des Betroffenen einzuholen. Die Darstellung darf keine Vorverurteilung enthalten. Schließlich muss es sich um einen Vorgang von gravierendem Gewicht handeln, dessen Mitteilung durch ein Informationsbedürfnis der Allgemeinheit gerechtfertigt ist.[339] Dabei ist zu berücksichtigen, dass die Bildnisverdachtsberichterstattung wegen der verstärkten identifizierenden Wirkung einen schwereren Eingriff darstellt als die reine Wortberichterstattung. Nach Auffassung des BGH ist das Persönlichkeitsrecht im Rahmen einer sitzungspolizeilichen Verfügung nach § 176 GVG nicht in weiterem Umfang zu schützen, als dies nach §§ 22, 23 KUG der Fall ist.[340] Dementsprechend wurde die Bildnisveröffentlichung des Angeklagten, dessen Gesicht entgegen einer sitzungspolizeilichen Verfügung nicht durch „Pixeln" unkenntlich gemacht wurde, für zulässig erklärt. Praktisch dürfte dies zur Folge haben, dass derartige sitzungspolizeiliche Verfügungen künftig von den Medien nicht beachtet werden, weil sie sich auf den Standpunkt stellen, dass ein hinreichendes Informationsinteresse iSd § 23 Abs. 1 Nr. 1 KUG vorhanden ist. Nach der Rechtsprechung des BVerfG ist es mit dem Grundrecht auf Pressefreiheit (Art. 5 Abs. 1 S. 2 GG) nicht vereinbar, wenn in einer sitzungspolizeilichen Anordnung ohne rechtfertigenden Grund verfügt wird, dass Bildaufnahmen abzubrechen sind, wenn eine Person mit Ausnahme von Richtern, Verteidigern und Vertretern der Staatsanwaltschaft die Aufnahme erkennbar abwehrt. Dies gilt zumal dann, wenn an einem Gerichtsverfahren ein gewichtiges Informationsinteresse der Öffentlichkeit besteht und dem Schutz gefährdeter Personen durch eine beschränkende Anordnung zur Anonymisierung der Bildaufnahme dieser Personen Rechnung getragen werden kann. Die bloße Lästigkeit der Anwesenheit von Presse und Rundfunk als solche und die damit notwendig verbundene untergeordnete Auswirkung auf die Flüssigkeit des Sitzungsablaufs rechtfertigen nicht die Einschränkung der Presse- und Rundfunkfreiheit durch das Verbot oder die Beschränkung von Bildaufnahmen der am Verfahren beteiligten Richter auf bestimmte Sitzungstage.[341] Bei Strafverfahren, für die nach § 120 GVG das Oberlandesgericht zuständig ist, ist ein das Anonymitätsinteresse überwiegendes Informationsinteresse einer unverpixelten Abbildung eines Angeklagten regelmäßig gegeben.[342]

II. Bilder, auf denen die Personen nur als Beiwerk neben einer Landschaft oder sonstigen Örtlichkeit erscheinen (§ 23 Abs. 1 Nr. 2 KUG)

1. Der Unterschied zwischen „Bildnissen" und „Bildern"

81   Nach dem KUG ist zu unterscheiden zwischen „Bildnissen" und „Bildern". Der Ausnahmetatbestand des § 23 Abs. 1 Nr. 2 KUG betrifft **nicht Bildnisse** iSv § 22 KUG (→ KUG § 22 Rn. 14 f.), also nicht Personenbildnisse, bei denen die Abbildung von einer oder mehreren Personen die Hauptsache ist, **sondern Bilder** einer Landschaft oder sonstigen Örtlichkeit, auf denen unter anderem – auch – eine oder mehrere Personen zu sehen sind. Der Gesamteindruck solcher Bilder wird durch die abgebildete Umwelt (Landschaft, Straße, Gebäude, Innenraum usw) bestimmt; die daneben abgebildeten Personen sind nur „Beiwerk", das jederzeit weggelassen werden könnte, ohne den Gesamteindruck des Bildes zu ändern.[343] Auch „die Funktion, die Lebendigkeit der Gesamtdarstellung beiläufig zu erhöhen", nimmt den abgebildeten Personen auf solchen Bildern nicht den Charakter des unmaßgeblichen Beiwerks.[344] „Entscheidender Gesichtspunkt ist immer die **Unterordnung der Personen-**

---

[336] KG ZUM-RD 2011, 333.
[337] Vgl. auch LG Hamburg AfP 2011, 285 – Entführung von Philipp Reemtsma.
[338] BGH GRUR 2010, 549 1. u. 2. Ls. Rn. 19 ff. – Spiegel-Dossier; vgl. auch BGH AfP 2010, 261 Rn. 17 ff.; GRUR 2016, 532 ff. – Ermittlungsverfahren wegen sexuellen Missbrauchs.
[339] BGH GRUR 2013, 312 Rn. 26 – IM „Christoph"; BGH GRUR 2014, 693 Rn. 26 – Sächsische Korruptionsaffäre; BGH GRUR 2016, 532 Rn. 24 – Ermittlungsverfahren wegen sexuellen Missbrauchs; LG Köln AfP 2014, 155 (158); sa OLG Saarbrücken BeckRS 2016, 113199 Rn. 33; OLG Stuttgart BeckRS 2017, 103495 Rn. 90.
[340] BGH GRUR 2011, 750 Rn. 27 – Bildveröffentlichung von Irak-Terroristen; kritisch *Gostomzyk* NJW 2011, 3156 f. (Anm.); s. zur Berichterstattung über Prozessbeteiligte *Stieper* JZ 2014, 271 ff.
[341] BVerfG NJW 2017, 798 S 1 und 2.
[342] OLG Dresden ZUM-RD 2018, 285.
[343] Vgl. auch → UrhG § 57 Rn. 8 ff.
[344] OLG Frankfurt a. M. AfP 1984, 115 – Kalenderfoto.

abbildung unter die Gesamtdarstellung in einem solchen Ausmaß, dass die Personenabbildung auch entfallen könnte, ohne den Gegenstand und den Charakter des konkreten Bildes zu verändern."[345] Bei der Abgrenzung zwischen unzulässiger Bildnis- und zulässiger Bildveröffentlichung kommt es nämlich ganz wesentlich darauf an, ob entsprechend dem Gesamteindruck der Veröffentlichung die Landschaft oder die sonstige Örtlichkeit Abbildungsgegenstand ist und die einzelnen Abgebildeten nur „bei Gelegenheit" erscheinen oder ob Einzelne aus der Anonymität herausgelöst werden.[346]

2. Personen auf Bildausschnitten

Sobald das „Beiwerk", dh die im Bild – auch – abgebildeten Personen, **aus dem Bild herausgeschnitten oder herausvergrößert** und für sich allein veröffentlicht werden – zB in Form von Bildausschnitten – werden sie zum beherrschenden Mittelpunkt der Darstellung. Die Abbildung der Personen aus dem Bild wird dann zum Bildnis. Von „Beiwerk" kann in solchen Fällen nicht mehr die Rede sein.[347]   **82**

3. Personen, die zufällig neben Personen der Zeitgeschichte abgebildet werden

Eine Person, die zufällig neben Personen der Zeitgeschichte auf einem Bildnis abgebildet wurde, ist kein Beiwerk, wie in dem spektakulären Fall „Reichspräsident Ebert und Minister Noske in der Badehose" angenommen worden war,[348] sondern bleibt eine Privatperson mit vollem Recht am eigenen Bild. Handelt es sich um ein Bildnis aus dem öffentlichen Leben einer abgebildeten Person der Zeitgeschichte, wird man eine **stillschweigende Einwilligung** der daneben abgebildeten Privatpersonen annehmen können, sofern sie sich bewusst in die Nähe der Person der Zeitgeschichte begeben hat.[349] Abzulehnen ist die Auffassung des BVerfG, wonach die Einwilligung des Betroffenen unterstellt wird, wenn er gemeinsam mit dem damaligen Finanzminister Theo Waigel im Rahmen einer ständigen Rubrik des Magazins „Stern" (Bonnbon – Politikern in den Mund geschoben) mit satirisch spöttischen Sprechblasen abgebildet wird, wobei er das Klischee eines „Urbayers" verkörpert.[350] Wer sich in der Öffentlichkeit in die Nähe des Bundesfinanzministers begibt, muss zwar damit rechnen, dass sein Bildnis im Zusammenhang mit einer Berichterstattung erscheint, weil er sich in der Sozialsphäre befindet; er muss aber nicht damit rechnen, dass er zum Zwecke der Satire „instrumentalisiert" und dem Spott der Leser eines Magazins mit hoher Auflage ausgesetzt wird. Im Zweifel hat eine Interessenabwägung zwischen dem Informationsbedürfnis der Allgemeinheit und dem Anonymitätsinteresse der abgebildeten Privatpersonen zu erfolgen. Handelte es sich um Personen, die zufällig im Zusammenhang mit einem zeitgeschichtlichen Ereignis abgebildet werden und nicht selbst Teil des zeitgeschichtlichen Ereignisses geworden sind, kommt eine entsprechende Anwendung des § 23 Abs. 1 Nr. 2 KUG nicht in Betracht. Es fehlt bereits an einer Gesetzeslücke als Voraussetzung einer analogen Anwendung. Das Interesse der Berichterstattung über eine bestimmte Person unter Einbeziehung von Abbildungen über „zufällig anwesende Personen" wird bereits durch § 23 Abs. 1 KUG und die dort erforderliche Interessenabwägung hinreichend Rechnung getragen.[351]   **83**

III. Bilder von Versammlungen, Aufzügen und ähnlichen Vorgängen, an denen die dargestellten Personen teilgenommen haben (§ 23 Abs. 1 Nr. 3 KUG)

1. Gegenstand und Zweck der Darstellung

Gegenstand und Zweck eines Bildberichts über Versammlungen aller Art, Sportveranstaltungen, Trachtenzüge, Demonstrationen usw ist die **„Darstellung des Geschehens"**,[352] aber nicht die Darstellung der Personen, die an dem Geschehen teilgenommen haben. Wer an solchen Veranstaltungen teilnimmt, muss damit rechnen, dass er auf Bildern von der Veranstaltung – zusammen mit anderen Teilnehmern – abgebildet wird. „Die Öffentlichkeit der Vorgänge ist vom Gesetz nicht gefordert".[353] Auch Veranstaltungen von Vereinen, wissenschaftliche Kongresse und Hochzeitsgesellschaften sind „ähnliche Vorgänge" iSd Gesetzes, nach *v. Gamm* jedoch nur, „wenn sie sich in der Öffentlichkeit abspielen".[354]   **84**

---

[345] *V. Gamm* UrhG Einf. Rn. 121; vgl. idS auch OLG Frankfurt a. M. GRUR 1986, 614 (615); OLG Oldenburg NJW-RR 1988, 951 (952); OLG München NJW 1988, 915 (916); OLG Oldenburg GRUR 1989, 344 (345) – Oben-ohne-Fotos; OLG Karlsruhe GRUR 1989, 823 (824) – Unfallfoto.

[346] LG Oldenburg GRUR 1986, 464 (465) – DKP-Plakat; vgl. auch OLG Düsseldorf GRUR 1970, 618 – Schleppjagd; LG Köln MDR 1965, 658 – Flugscheindiebstahl.

[347] Vgl. OLG Düsseldorf GRUR 1970, 618 (619) – Schleppjagd; LG Köln Schulze LGZ 109.

[348] Schöffengericht Ahrensböck DJZ 1920, 596; s. dazu auch OLG Karlsruhe AfP 2014, 458 – Zufällige Abbildung neben Fußballstar; BGH GRUR 2015, 816 ff. – Strandliege am Ballermann.

[349] Vgl. *Allfeld* DJZ 1920, 702.

[350] BVerfG NJW 2002, 3767 (3768) – Bonnbons; → Rn. 14.

[351] BGH GRUR 2015, 816 Rn. 25 – Strandliege am Ballermann; Dreier/Schulze/*Specht* KUG § 23 Rn. 37.

[352] *V. Gamm* UrhG Einf. Rn. 122.

[353] *Osterrieth/Marwitz* KUG § 23 Anm. D.

[354] *V. Gamm* UrhG Einf. Rn. 122.

85   Es ist nicht zumutbar und praktisch häufig gar nicht möglich, dass die Versammlung vollständig gezeigt wird. Zulässig sind auch **einzelne Ausschnitte.** Voraussetzung ist aber, dass ein repräsentativer Eindruck des Geschehens vermittelt wird.[355]

2. Abbildung einzelner Personen

86   Die Abbildung einzelner Personen aus der Masse der Teilnehmer, zB das im Fernsehen beliebte „**Herausschießen**" der Gesichter einzelner Zuschauer von Fußballspielen im Moment nach einem Torschuss, ist durch die Ausnahmebestimmung des § 23 Abs. 1 Nr. 3 KUG nicht gedeckt.[356] Entsprechendes gilt auch für das Einzelfoto einer Braut, selbst wenn die Hochzeit öffentlich stattgefunden hat.[357]

3. Bilder und Bildnisse von Demonstrationszügen und Polizeieinsätzen

87   **Spezielles Schrifttum:** *Amelung/Tyrell,* Zur Behandlung des Rechts am eigenen Bild in der neueren strafrechtlichen Rechtsprechung, NJW 1980, 1560; *Bienemann,* Die zunehmende Bedeutung des § 23 Abs. 1 Nr. 4 KUG für neue Kunstformen, ZUM 2017, 741; *Franke, D.,* Zur Rechtmäßigkeit der Bildberichterstattung über Polizeieinsätze, NJW 1981, 2033; *Franke, E.,* Bildberichterstattung über Demonstrationen und Persönlichkeitsschutz der Polizei, JR 1982, 48; *Hildebrand,* Abbildungen von Personen bei künstlerischer Street Photography, ZUM 2016, 305; *Jarass,* Konflikte zwischen Polizei und Presse bei Demonstrationen, JZ 1983, 280; *Müller,* Zur Rechtmäßigkeit der Bildberichterstattung über Polizeieinsätze, NJW 1982, 863; *v. Münch,* Öffentliches Recht: Die photografierenden Verfassungsschützer, JuS 1965, 404; *Krüger, R.,* Das Recht am eigenen Bild und Belange der öffentlichen Sicherheit im Spannungsfeld zwischen Polizei und Medien, AfP 1981, 331; *ders.,* Das Recht am eigenen Bilde bei Polizeieinsätzen, NJW 1982, 89; *Küchenhoff,* Bei Demonstrationen geht's meistens um mehrere Grundrechte, Die Feder 1982, 34; *Paeffgen,* Allgemeines Persönlichkeitsrecht der Polizei und § 113 StGB, JZ 1979, 516; *Rehmann,* Aktuelle Probleme des Zeugnisverweigerungsrechts von Presse und Rundfunk und des Verhältnisses von Presse und Polizei bei Demonstrationen, AfP 1982, 189; *Richter,* Bildberichterstattung im Spannungsverhältnis von Pressefreiheit und staatlichem Strafverfolgungsanspruch, AfP 1984, 80.

Bei der Beurteilung von Bildberichten über Demonstrationen und Polizeieinsätze ist zu unterscheiden zwischen Bildern von dem Geschehen, die gem. § 23 Abs. 1 Nr. 3 KUG grundsätzlich zulässig sind, und Bildnissen einzelner Personen oder Personengruppen, die nur in den gesetzlich geregelten Ausnahmefällen ohne die Einwilligung der Abgebildeten verbreitet werden dürfen.

88   **a) Bilder vom Geschehen.** Wer auf die Straße geht, um für seine Überzeugung zu demonstrieren, muss in Kauf nehmen, dass er dabei gesehen und fotografiert wird, denn „wer die Öffentlichkeit auf seine politische Auffassung aufmerksam machen will, kann nicht gleichzeitig verlangen, unerkannt zu bleiben."[358] Betrifft das Bild das Geschehen (Demonstrationszug, Protestversammlung oder dergleichen), an dem die abgebildete Person teilgenommen hat, so ist seine Anfertigung und Verbreitung durch § 23 Abs. 1 Nr. 3 KUG gedeckt. Erforderlich ist aber, dass die Versammlung oder der Aufzug als Vorgang – und sei es auch nur mit einem repräsentativen Ausschnitt – gezeigt werden.[359] „Einzelne oder mehrere Individuen dürfen hingegen grundsätzlich nicht abgebildet werden; etwas anderes kommt nur dann in Betracht, wenn die Abbildung der Einzelperson einen repräsentativen Gesamteindruck von der Veranstaltung vermittelt, weil sich die abgebildeten Personen räumlich oder durch ihr Verhalten besonders exponiert haben."[360]

89   Bei der Analyse der Vorgänge beim Fotografieren von Demonstrationsteilnehmern und Polizeibeamten ist jedoch nicht nur zu unterscheiden, ob es sich um Bildberichte über das Geschehen oder um Bildnisse daran beteiligter Personen handelt, vielmehr ist zu prüfen, wer fotografiert hat und **zu welchem Zweck** die Aufnahmen jeweils angefertigt werden. Stellt man nur ab auf das Recht am eigenen Bild der Beteiligten gem. § 22 KUG iVm § 23 Abs. 1 Nr. 3 KUG, dann erwecken manche Urteile in der Tat „schon auf den ersten Blick Unbehagen, weil sie den Eindruck entstehen lassen, es werde mit zweierlei Maß gemessen: Teilnehmer an einem Demonstrationszug darf man fotografieren, dabei tätige Polizeibeamte nicht."[361] Hierbei darf jedoch der öffentlich-rechtliche Charakter von erkennungsdienstlichen Maßnahmen nicht übersehen werden (vgl. § 24 KUG und § 81b StPO).[362]

---

[355] OLG Hamburg GRUR 1990, 35; LG Stuttgart AfP 1989, 765 (766); vgl. auch OLG München NJW 1988, 915 (916 rSp.).

[356] *Gerstenberg* UFITA 20 (1955), 295 (299); *Werhahn* UFITA 37 (1963), 22 (38); LG Stuttgart AfP 1989, 765 f.; *Dreyer/Kotthoff/Meckel* § 23 Rn. 53; *Götting/Schertz/Seitz/Schertz* PersönlichkeitsR-HdB § 12 Rn. 164; aA *Löffler* NJW 1959, 1.

[357] LG Hamburg AfP 2008, 100 (102); aufgehoben durch OLG Hamburg ZUM 2009, 65, das jedoch die Voraussetzungen von § 23 Abs. 1 bejaht; hiervon wiederum abweichend die Wertungen des OLG Köln ZUM 2009, 486 in einem Parallelverfahren.

[358] *V. Münch* JuS 1965, 404 (406).

[359] OLG Celle AfP 2017, 444 (446).

[360] OLG Celle AfP 2017, 444 (446); Wandtke/Bullinger/*Fricke* KUG § 23 Rn. 39; vgl. auch OLG Hamburg GRUR 1990, 35 – Begleiterin; OLG Stuttgart AfP 1989, 765.

[361] *Nordemann* Anm. zu OLG Celle Schulze OLGSt 7, sowie *Amelung/Tyrell* NJW 1980, 1560 (1561).

[362] IdS auch BVerfG GRUR 2016, 311 (312) – Maßnahmen zur Identitätsfeststellung.

Bei den **einschlägigen Entscheidungen** handelt es sich ausnahmslos um Strafurteile[363] oder um **90** Urteile von Verwaltungsgerichten,[364] die polizeiliche Präventivmaßnahmen, Beschlagnahme von Fotoapparaten, Notwehr gegen Beschlagnahmen und gegen fotografische Aufnahmen zum Gegenstand hatten. Die Rechte von Demonstranten können in solchen Fällen durch § 24 KUG, § 45 Abs. 2 UrhG und § 81b StPO eingeschränkt sein, denn der Schutz der verfassungsmäßigen Rechtsordnung vor Straftätern bedingt eine andere Beurteilung als der Schutz vor ungewollten Portrait-Aufnahmen, den ein Rechtsstaat seinen Vollzugsorganen gewähren muss, es sei denn, dass ein unrechtmäßiger Übergriff von einzelnen Polizeibeamten vorliegt.

Grundsätzlich ist zu fragen: 1. Wer hat fotografiert? 2. Zu welchem Zweck wurde fotografiert?   **91** Werden von Bildreportern oder Kameraleuten Bilder des Geschehens – nicht Bildnisse einzelner Personen – aufgenommen, so ist das **Aufnehmen und Verbreiten der Bilder** nach den Grundsätzen des Rechts am eigenen Bild zulässig. Stets wird nach dem Einzelfall zu entscheiden sein. Ist dabei in der Hitze handgreiflicher Auseinandersetzungen während des Geschehens (zB Räumung einer von Demonstranten besetzten Örtlichkeit) die Berechtigung eines Fotoreporters zum Fotografieren des Geschehens nicht zu klären, so bleibt der Grundsatz „dulde und liquidiere", den *D. Franke* empfiehlt,[365] zweifellos der klügere Weg als der Widerstand gegen – wenn auch uU rechtswidrig handelnde – Ordnungskräfte des Staates.[366]

b) Bildnisse von Demonstranten. Die Verbreitung von Bildnissen einzelner Demonstranten ist **92** idR weder durch § 23 Abs. 1 Nr. 1 KUG noch durch § 23 Abs. 1 Nr. 3 KUG gedeckt. Im Einzelfall ist jedoch genau zu unterscheiden und der Zweck der Aufnahme zu berücksichtigen. Nur deshalb, weil er in einem Demonstrationszug mitmarschiert, wird niemand zu einer „relativen" Person der Zeitgeschichte. Diese Eigenschaft wäre erst anzunehmen, wenn ein Teilnehmer an der Demonstration eine Schaufensterscheibe zertrümmert oder Tätlichkeiten begeht. Der **Anführer oder Organisator der Demonstration** kann dagegen – für die Dauer des Geschehens – als Person der Zeitgeschichte angesehen werden.

Heimliche fotografische Aufnahmen einzelner Personen oder Personengruppen (ein **Bildjourna-** **93** **list** fotografiert mit Teleobjektiv aus einem Versteck heraus die Gesichter einzelner Teilnehmer) sind stets – gleich ob bei Demonstrationen oder auf dem Fußballplatz – in besonderem Maße geeignet, das Persönlichkeitsrecht der Abgebildeten zu verletzen. „Dabei spielen aber die näheren Umstände, unter denen die Aufnahme zustande kommt, und **der mit ihr verfolgte Zweck** eine wesentliche Rolle".[367] Der **Zweck von polizeilichen Aufnahmen** liegt in solchen Fällen ja nicht in ihrer Verbreitung oder Schaustellung, „sondern in der behördeninternen Verwendung zur Aufklärung strafbarer Handlungen; er war durch höherwertige Interessen der Allgemeinheit geboten".[368]

Der **Vorrang des öffentlichen Interesses** wurde vom BGH früher zu Recht aus § 24 KUG ab- **94** geleitet. Danach dürfen für Zwecke der Rechtspflege und öffentlichen Sicherheit von den Behörden Bildnisse ohne Einwilligung der Abgebildeten vervielfältigt, verbreitet und öffentlich zur Schau gestellt werden. Im Aufnahmezeitpunkt ist allerdings eine Unterscheidung zwischen verdächtigen und unverdächtigen Personen kaum möglich. „Wenn sich in einer öffentlichen Versammlung neben verdächtigen auch unverdächtige Personen befinden, wird es im Allgemeinen unvermeidlich sein, dass auch diese mit aufgenommen werden".[369] Sofern keine Verbreitung derartiger Bildnisse erfolgt, wurde der Eingriff in das Recht am eigenen Bilde als von geringer Intensität und vorübergehender Natur angesehen.[370] Damit ist die Problematik durch §§ 12a und 19a–g VersG idF vom 11.8.1999, BGBl. I S. 1818 geregelt. Danach darf die Polizei Bild- und Tonaufnahmen von Teilnehmern bei oder im Zusammenhang mit öffentlichen Versammlungen nur anfertigen, wenn tatsächliche Anhaltspunkte die Annahme rechtfertigen und wenn von ihnen erhebliche Gefahren für die öffentliche Sicherheit oder Ordnung ausgehen. Die Maßnahmen dürfen auch durchgeführt werden, wenn Dritte unvermeidbar betroffen werden. Die Unterlagen sind nach Beendigung der öffentlichen Versammlung oder zeitlich und sachlich damit unmittelbar im Zusammenhang stehender Ereignisse unverzüglich zu vernichten, soweit sie nicht zur Verfolgung von Straftaten oder zur Gefahrenabwehr benötigt werden.

c) Bildnisse von Polizeibeamten. Für Polizeibeamte gilt das Recht am eigenen Bild in gleicher **95** Weise wie für Demonstranten.[371] Die Freiheit der Berichterstattung gem. Art. 5 Abs. 1 S. 2 GG auf

---

[363] BGH NJW 1975, 2075; OLG Hamburg NJW 1972, 1290; OLG Bremen NJW 1977, 158; OLG Celle NJW 1979, 57; OLG Karlsruhe Schulze OLGSt 8.

[364] VG Karlsruhe Schulze VG 14; VG Frankfurt/M Schulze VG 16.

[365] *D. Franke* NJW 1981, 2033.

[366] Vgl. auch BVerwG NJW 1967, 1192 (1193).

[367] BGH NJW 1975, 2075 (2076 rSp.) – Fotografieren eines Demonstrationszuges.

[368] BGH NJW 1975, 2075 (2076 rSp.).

[369] Vgl. *v. Münch* JuS 1965, 404 (406); BGH NJW 1975, 2075 (2076 rSp.) – Fotografieren eines Demonstrationszuges.

[370] BGH NJW 1975, 2075 (2076 rsp) zur Frage, wie sich ein betroffener Unverdächtiger gegen die Aufbewahrung seines Bildes in der Ermittlungskartei einer Behörde wehren kann s. *v. Münch* JuS 1965, 404 (406;) BVerfG NJW 1963, 1819; BVerwG NJW 1961, 571; 1967, 1192.

[371] S. dazu auch OLG Celle ZUM 2011, 341 und BVerwG NJW 2012, 2676.

der einen und die Erhaltung der Funktionsfähigkeit der Polizei für die öffentliche Sicherheit auf der anderen Seite erfordern jedoch eine sorgfältige Interessenabwägung.

96   Ausgangspunkt der Prüfung, ob **Einzelbildnisse von Polizeibeamten** veröffentlicht werden dürfen, ist zunächst die Frage der Identifizierbarkeit. Einzelne Beamte, die bei Polizeieinsätzen Helme mit heruntergeklapptem Visier oder Schutzbrillen tragen, sind idR überhaupt nicht zu identifizieren, es sei denn, dass der Abgebildete durch ein Namensschild oder die Bildunterschrift erkennbar wird. Ist der Abgebildete nicht erkennbar, scheidet ein Recht am eigenen Bild aus.

„Polizeiliches Handeln unterliegt als staatliche Tätigkeit der demokratischen Kontrolle".[372] Auch diese „wichtigste Ausprägung des Demokratiegebots" sagt aber nichts darüber aus, ob die Gesichter einzelner Polizeibeamter während eines Einsatzes portraitartig abgelichtet und veröffentlicht werden dürfen.

97   Polizeibeamte, die **neben einem Demonstrationszug** marschieren, werden durch diesen Einsatz ebenso wenig zu einer Person der Zeitgeschichte wie Demonstranten, es sei denn, dass sie in besondere Ereignisse hineingezogen werden.[373] „Darüber hinaus ist ein Bedürfnis nach Bildberichterstattung über Personen, die ungewollt oder wider Willen, etwa im Zusammenhang mit einem auffälligen Ereignis, die Aufmerksamkeit des Publikums erregen, dann rechtlich anzuerkennen, wenn eine Information nicht überhaupt, sondern gerade durch Bildbericht sachentsprechend ist. Sachentsprechend ist ein Eingriff in das Recht am eigenen Bilde dieser Personen aber grundsätzlich nur dann, wenn sich dies auch unter Berücksichtigung der Gegeninteressen des Abzubildenden verantworten lässt".[374] Das BVerfG hat für Bildaufnahmen von polizeilichen Einsätzen durch Versammlungsteilnehmer folgende Grundsätze aufgestellt: „Zwar kann es eine ‚Waffengleichheit' zwischen den Teilnehmern einer Versammlung und der Polizei nicht geben. Da die Polizei als staatliche Behörde eine ihr gesetzlich übertragene Aufgabe wahrnimmt, verfügt sie über spezifische Mittel und Befugnisse, die Privaten nicht zu Gebote stehen. Fertigen Versammlungsteilnehmer, die von der Polizei gefilmt oder videografiert werden, ihrerseits Ton- und Bildaufnahmen von den eingesetzten Beamten an, kann aber nicht ohne nähere Begründung von einem zu erwartenden Verstoß gegen § 33 Abs. 1 KUG und damit von einer konkreten Gefahr für ein polizeiliches Schutzgut ausgegangen werden. Vielmehr ist hier zunächst zu prüfen, ob eine von § 33 Abs. 1 KUG sanktionierte Verbreitung oder öffentliche Zurschaustellung der angefertigten Aufnahmen tatsächlich zu erwarten ist oder ob es sich bei der Anfertigung der Aufnahmen lediglich um eine bloße Reaktion auf die polizeilicherseits gefertigten Bild- und Tonaufzeichnungen etwa zur Beweissicherung mit Blick auf etwaige Rechtsstreitigkeiten handelt." Die Argumentation klingt plausibel, sie stößt aber in der praktischen Anwendung auf große Schwierigkeiten, da sich eine geforderte Prognose hinsichtlich der Verbreitung oder öffentlichen Zurschaustellung der angefertigten Aufnahmen kaum zuverlässig treffen lässt.

98   In Einzelfällen kann ein **berechtigtes Interesse des abgebildeten Polizeibeamten gem. § 23 Abs. 2 KUG und ein öffentlich-rechtliches Interesse seiner Behörde** daran gegeben sein, dass die Verbreitung seines Bildnisses und daher bereits seine Aufnahme unterbleibt. Ein vorrangiges Informationsinteresse der Öffentlichkeit ist in der Regel bei Portraitaufnahmen zu verneinen, da der Bezug zu dem jeweiligen Ereignis nicht mehr zu erkennen ist. Wegen des fehlenden Informationswertes widerspricht die Verbreitung von Portraitaufnahmen dem Recht des Polizisten am eigenen Bild.[375] Kriminalbeamte und Polizeibeamte ohne Uniform (sog. Zivilfahnder) wären an der Ausübung ihres dienstlichen Auftrages gehindert, wenn sie aufgrund veröffentlichter Bildnisse erkannt werden könnten.[376] Das Abdecken der Augenpartie mit einem schmalen schwarzen Balken auf einem veröffentlichten Lichtbild reicht in der Regel nicht aus, um den Abgebildeten auf einem Foto nicht erkennbar zu machen.

4. Bilder von Trauerzügen und Beerdigungen

99   Problematisch sind Bilder von Trauerzügen und Beerdigungen. Für die Verbreitung solcher Bilder ist ein **besonderes Informationsinteresse** zu fordern, das durch die Bedeutung des Toten oder der Trauergäste gegeben sein kann. Haben aber die Angehörigen der Anfertigung und Verbreitung von Beerdigungsfotos widersprochen, muss dies im Allgemeinen beachtet werden.[377] Auch wenn keine Einwilligung der Angehörigen vorliegt, kann sich die Zulässigkeit der Abbildung aber daraus ergeben,

---

[372] *D. Franke* NJW 1981, 2033 (2035 lSp.); vgl. dazu auch BVerfG GRUR 2016, 311 – Maßnahmen zur Identitätsfeststellung.

[373] *R. Krüger* NJW 1982, 89; vgl. auch OLG Karlsruhe Schulze OLGSt 8; aA *D. Franke* NJW 1981, 2033 (2035); *Jarass* JZ 1983, 280 (283); offen gelassen von OVG Koblenz DÖV 1997, 1011 – Fotografieren polizeilicher Einsätze.

[374] So stark einschränkend, OLG Stuttgart JZ 1960, 126.

[375] OVG Koblenz DÖV 1997, 1011 (1012) – Fotografieren polizeilicher Einsätze; vgl. auch VG Köln NJW 1988, 367; „Verhaltensgrundsätze für Presse/Rundfunk und Polizei zur Vermeidung von Behinderungen bei der Durchführung polizeilicher Aufgaben und der freien Ausübung der Berichterstattung" vom Mai 1993, Ziff. 9, abgedr. in AfP 1993, 646; *Jarass* JZ 1983, 280 (283); *Rebmann* NJW 1983, 1304.

[376] Vgl. OLG Karlsruhe NJW 1980, 1701.

[377] Vgl. LG Frankfurt a. M. AfP 2013, 438 (439) – Schutz von Angehörigen bei Trauerfeier vor Bildaufnahmen.

dass im Rahmen eines Dokumentarfilms der Trauerzug als solcher Gegenstand des Bildes ist, um beispielhaft die Art und Weise von Trauer in der heutigen Gesellschaft zu zeigen.[378]

Die Verbreitung und Schaustellung von Großaufnahmen schmerzverzerrter Gesichter von Katastrophenopfern[379] oder von weinenden Hinterbliebenen ist nicht nur taktlos, sondern unzulässig.

IV. Bildnisse, die nicht auf Bestellung angefertigt sind, sofern die Verbreitung oder Schaustellung einem höheren Interesse der Kunst dient (§ 23 Abs. 1 Nr. 4 KUG)

1. Art der Darstellung

Nach der Begründung des Entwurfs zum KUG soll durch diese Ausnahmebestimmung „namentlich die Veröffentlichung **künstlerischer Bildnisstudien** ermöglicht werden". Fotografische Bildnisse, auf welche sich nach der Begründung des Entwurfs die Vorschrift nicht beziehen sollte, wurden schon von *Osterrieth/Marwitz*[380] zu den hier interessierenden Personenbildnissen hinzugerechnet. Portraitfotos fallen nach hM – soweit es sich um Lichtbildwerke handelt – ebenso unter die Einschränkung wie Zeichnungen, Ölbilder und sonstige Bildnisse aller Art.[381]   **100**

2. Voraussetzungen

Die freie Verbreitung oder Schaustellung eines Bildnisses ist nur unter bestimmten Voraussetzungen zulässig.   **101**

a) Nicht auf Bestellung angefertigt. Es muss sich um Bildnisse handeln, die nicht auf Bestellung angefertigt worden sind. Der Besteller eines Bildnisses nimmt gegenüber dem Urheber eine Sonderstellung ein. „Im Falle der Bestellung eines Bildnisses tritt der Abgebildete zu dem Künstler in eine Art von Vertrauensverhältnis, das eine weitergehende Berücksichtigung seiner Interessen erheischt".[382] Eine Bestellung setzt einen ausdrücklichen Auftrag an den Urheber des Bildnisses voraus; dagegen bleibt es gleichgültig, ob der Urheber eine Vergütung erhalten hat oder nicht. Anregungen und Wünsche des Abgebildeten sind keine Bestellung, ebenso wenig die nachträgliche Veräußerung des Werkes an den Abgebildeten.[383] Ein konkreter Vertragsschluss als Einigung der Vertragsparteien über die essentialia negotii ist nicht erforderlich.[384] Hierfür spricht auch ein Blick auf § 60 UrhG, der die Befugnisse des Abgebildeten gegenüber dem Abbildenden regelt. Hier wird das Vorliegen einer Bestellung insbesondere verneint, wenn der Künstler nicht eigeninitiativ handelt.[385] Da beide Vorschriften auch dem Schutz des Bestellers dienen, kann dieses Kriterium als Auslegungshilfe für die Bestimmung des Terminus „auf Bestellung" nach § 23 Abs. 1 Nr. 4 KUG herangezogen werden.[386]

b) Verbreitung nur zu Zwecken der Kunst. Die freie Verbreitung oder Schaustellung von Bildnissen ist nur zulässig, sofern sie „einem höheren Interesse der Kunst dient". Dies lässt erkennen, dass der Gesetzgeber an künstlerische Bildnisse iSv Werken gem. § 2 UrhG gedacht hat. Dass dabei gleichzeitig auch wirtschaftliche Zwecke verfolgt werden, schadet nicht.[387] Dies liegt vielmehr im Wesen der Kunst, weil der Künstler regelmäßig zur Sicherung seiner Existenzgrundlage auf die Einnahmen angewiesen ist, die er durch die Vermarktung seiner Kunstwerke erzielt. Nicht von der Privilegierung gedeckt ist aber die alleinige Verfolgung unterhaltender, die Sensationsgier befriedigender und sonstiger nicht-künstlerischer Zwecke.[388] Dementsprechend darf auch ein künstlerisches Bildnis nicht ohne Einwilligung des Abgebildeten allein für Werbezwecke, wie auf Warenverpackungen, etc, verwendet werden.[389]   **102**

3. Erweiterung des Verbreitungszwecks

Nach heutiger Auffassung ist die **Urheberrechtsschutzfähigkeit** der betreffenden Bildnisse „**keine Voraussetzung für die Anwendung der Ziff. 4**",[390] und zwar dann, wenn es sich um eine Verbreitung zu Zwecken der Wissenschaft handelt. Sowohl *Voigtländer/Elster/Kleine*[391] als auch   **103**

---

[378] LG Köln AfP 1994, 165; 1994, 166 (169).
[379] *Werhahn* UFITA 37 (1962), 22 (37).
[380] *Osterrieth/Marwitz* KUG § 23 Anm. E II.
[381] Vgl. zum Bildnis-Begriff → UrhG § 60 Rn. 17 ff. und → KUG § 22 Rn. 14 f.
[382] Begr. des Entwurfs zum KUG.
[383] *Osterrieth/Marwitz* KUG § 23 Anm. E IV; *Dreier/Schulze/Specht* KUG § 23 Rn. 43.
[384] *Dreier/Schulze/Specht* KUG § 23 Rn. 43.
[385] *Dreier/Schulze/Specht* KUG § 23 Rn. 43.
[386] So überzeugend *Dreier/Schulze/Specht* KUG § 23 Rn. 43, unter Hinweis auf *Bienemann* ZUM 2017, 741 (Anm. a) LG Frankfurt a. M. ZUM 2017, 772).
[387] OLG München ZUM 1997, 388 (391) – Schwarzer Sheriff; OLG Celle ZUM 2011, 341; aA LG München I *Schulze* LGZ 201; LG Berlin ZUM-RD 2009, 277; DKMH/*Dreyer* § 23 Rn. 56.
[388] KG BeckRS 2016, 06902.
[389] *Dreier/Schulze/Specht* KUG § 23 Rn. 44.
[390] *v. Gamm* UrhG Einf. Rn. 123; *Loewenheim/Schertz* Hb. des Urheberrechts § 18 Rn. 52.
[391] KUG §§ 22–24 Anm. 5d.

v. Gamm[392] beziehen sich auf die Begründung des RJM-Entwurfs von 1932, S. 115, der den Zwecken der Kunst diejenigen der Wissenschaft gleichstellen wollte. *Schertz* plädiert mit überzeugenden Argumenten dafür, den Ausnahmetatbestand des § 23 Abs. 1 Nr. 4 KUG auf der Grundlage eines weit gefassten Verständnisses des Begriffs des „Bildnisses", das insbesondere auch das „Lebensbild" einschließt, auch auf satirische Poster oder Darstellungen von Personen im Film, auf der Bühne oder in der Literatur anzuwenden, bei denen es vorrangig um eine **Kollision des Persönlichkeitsschutzes mit der Kunstfreiheit** geht.[393] Bei satirischen Darstellungen richte sich die Beurteilung dann nicht nach § 23 Abs. 1 Nr. 1 KUG,[394] sondern nach § 23 Abs. 1 Nr. 4 KUG. Bei Darstellungen des Lebensbildes im Film, auf der Bühne oder in der Literatur bedürfe es keines Rückgriffs auf das allgemeine Persönlichkeitsrecht, sondern die maßgeblichen Wertungen würden im Rahmen des § 23 Abs. 1 Nr. 4 KUG vorgenommen. Praktische Konsequenzen hat dies vor allem deshalb, weil dieser Ausnahmetatbestand unabhängig davon eingreift, ob es sich um Personen der Zeitgeschichte oder um „normale Personen" handelt.[395] In den Blickpunkt der Anwendung der Regelung ist in jüngster Zeit die Straßenfotografie (Street-Photography) geraten. Es geht um die zentrale Frage, ob bzw. inwieweit im Rahmen von künstlerischen Fotos die Bildnisse von Personen, die sich zufällig im öffentlichen Raum aufhalten, gegen ihren Willen angefertigt und verbreitet werden dürfen. Hierzu hat das BVerfG in einem Beschluss über eine (nicht zur Entscheidung angenommene) Verfassungsbeschwerde ausgeführt, dass es der Anerkennung als Kunstwerk nicht entgegenstand, dass ein Foto ein unverfälschtes Abbild der Realität darstellt, da der Anspruch des Fotografen deutlich wird, diese Wirklichkeit künstlerisch zu gestalten. „Es ist gerade Ziel der Straßenfotografie, die Realität unverfälscht abzubilden, wobei das spezifisch Künstlerische in der bewussten Auswahl des Realitätsausschnitts und der Gestaltung mit fotografischen Mitteln zum Ausdruck kommt."[396] Mit der Kunstfreiheit wäre es nicht vereinbar, ihren Wirkbereich von vorn herein auf Galerien, Museen oder ähnliche räumlich begrenzte Ausstellungsorte zu begrenzen.[397] Allerdings kann die hervorgehobene Präsentation des Bildnisses auf einer großformatigen Stelltafel an einer der verkehrsreichsten Straßen einer Millionenstadt den zentralen Punkt der Abwägung bilden, auf den die Annahme der Persönlichkeitsrechtsverletzung gestützt wird. Die ungestellte Abbildung von Personen ohne vorherige Einwilligung, welche strukturtypisch für die Straßenfotografie ist, darf aber nicht generell unmöglich gemacht werden.[398] Das Gewicht des Persönlichkeitsschutzes ist erhöht, „wenn die visuelle Darstellung durch Ausbreitung von üblicherweise der öffentlichen Erörterung entzogenen Einzelheiten des privaten Lebens thematisch die Privatsphäre berührt. Gleiches gilt, wenn die betroffene Person nach den Umständen, unter denen die Aufnahme gefertigt wurde, typischerweise die berechtigte Erwartung haben durfte, nicht öffentlich abgebildet zu werden, etwa weil sie sich in einer durch räumliche Privatheit geprägten Situation, insbesondere einem besonders geschützten Raum, aufhält."[399] Dem Schutzanspruch des Persönlichkeitsrechts kann jedoch auch außerhalb der Voraussetzungen einer örtlichen Abgeschiedenheit ein erhöhtes Gewicht zukommen, so wenn die Abbildung den Betroffenen in Momenten der Entspannung oder des Sich-Gehen-Lassens außerhalb der Einbindung in die Pflichten des Berufs und Alltags erfasst."[400]

104 Es wird erwogen, die Bestimmung **auf wissenschaftliche Zwecke analog anzuwenden.** Hierbei sind die berechtigten Interessen des Abgebildeten besonders zu beachten. Lichtbilder von Kranken müssen gegebenenfalls durch Abblenden, Verwenden einer Maske usw. so verändert werden, dass die Gesichtszüge auf den Bildnissen nicht erkennbar sind und die Abgebildeten insgesamt nicht identifiziert werden können.[401] Allerdings wird völlig zu Recht zu bedenken gegeben, dass es gerade im medizinischen Bereich angesichts der in der Regel berührten Privat- oder Intimsphäre eines besonderen persönlichkeitsrechtlichen Schutzes des Betroffenen (zumeist Kranke, Behinderte) bedürfe.[402] Es erscheint fraglich, ob es angesichts der DS-GVO einer analogen Anwendung bedarf; es ist zweifelhaft, dass eine planwidrige Regelungslücke vorliegt.

---

[392] UrhG Einf. Rn. 124.

[393] S. Götting/Schertz/Seitz/*Schertz* PersönlichkeitsR-HdB § 12 Rn. 170, 0172; *Schertz* GRUR 2007, 558 ff.

[394] So aber OLG Karlsruhe NJW 1982, 647.

[395] Vgl. dazu auch LG Berlin ZUM 2014, 729 (732 f.) – Künstlerische Straßenfotografie; mAnm *Elmenhorst,* best. durch KG ZUM 2016, 383.

[396] BVerfG GRUR 2018, 633 Rn. 13, unter Hinweis auf *Hildebrand* ZUM 2016, 305.

[397] BVerfG GRUR 2018, 633 Rn. 24; idS LG Berlin ZUM 2014, 729 (732 f.) bst. durch KG 2016, 383 – Künstlerische Straßenfotografie.

[398] BVerfG GRUR 2018, 633 Rn. 24, unter Hinweis auf *Hildebrand* ZUM 2016, 305 (309) (311 f.).

[399] BVerfG GRUR 2018, 633 Rn. 20, unter Hinweis auf BVerfGE 101, 361 (384) = GRUR 2000, 446 – Caroline von Monaco; BVerfG 2017, 842 Rn. 17 – „Gehweg-Fotos".

[400] BVerfG GRUR 2018, 633 Rn. 20, unter Hinweis auf BVerfGE 120, 180 (207) = GRUR 2008, 539 – Caroline von Monaco; s. zu der Problematik eingehend *Hildebrand* ZUM 2016, 305; vgl. zur Videokunst in Youtube *Traeger* Big data & Co 2014, 35; Dreier/Schulze/*Specht* KUG § 23 Rn. 44a; siehe auch *Lauber-Rönsberg* GRUR-Prax 2015, 494, insbesondere auch zu den Folgen einer Rechtsverletzung.

[401] *Neumann-Duesberg* JR 1951, (393 und 462) mwN; *Dreyer*/Kotthoff/Meckel § 23 Rn. 57.

[402] Dreier/Schulze/*Specht* KUG § 23 Rn. 45, unter Hinweis auf OLG Karlsruhe AfP 1999, 489.

C. Berechtigtes Interesse des Abgebildeten (§ 23 Abs. 2 KUG)

I. Allgemeines

1. Schutzzweck

Die Ausnahmen des § 23 Abs. 1 KUG gelten nicht schrankenlos. Der Grundsatz des § 23 Abs. 2 **105** KUG ist ein wichtiges **Korrektiv zur Wahrung des Persönlichkeitsrechts des Abgebildeten** und seiner Angehörigen, der auch in den gesetzlichen Ausnahmefällen des § 23 Abs. 1 Nr. 1–4 KUG eine Interessenabwägung vorschreibt. „Die Bestimmung des § 23 Abs. 2 KUG, wonach eine Bildverbreitung nicht zulässig ist, wenn durch sie berechtigte Interessen des Abgebildeten verletzt werden, kommt jedoch nur zur Anwendung, wenn ohne diese Interessenverletzung eine Abbildungsfreiheit gem. § 23 Abs. 1 KUG gegeben wäre".[403] Ganz überwiegend geht es dabei in erster Linie um Bildnisse aus dem Bereich der Zeitgeschichte, da dieser Ausnahmetatbestand gegenüber den anderen in der praktischen Bedeutung mit weitem Abstand dominiert. Ausgegangen wird dabei von folgendem Grundsatz, der den Schutzzweck des § 23 Abs. 2 KUG definiert: „Auch Personen der Zeitgeschichte haben Anspruch darauf, dass die Allgemeinheit Rücksicht auf ihre Persönlichkeit nimmt", und zwar nicht nur den entstellenden oder den Ruf auf andere Weise gefährdenden Bildveröffentlichungen, (...) vielmehr ist dem Interesse des Abgebildeten vor einem übermäßigen Zugriff der Öffentlichkeit auf seine Person Rechnung zu tragen.[404]

Die Ausnahme des § 23 Abs. 1 KUG (Abbildung ohne Einwilligung des Abgebildeten) „erstreckt **106** sich nach Abs. 2 dieser Vorschrift nicht auf die Verbreitung von Bildern, durch die ein berechtigtes Interesse des Abgebildeten verletzt wird".[405] Das berechtigte Interesse nach § 23 Abs. 2 KUG darf jedoch nicht verwechselt werden mit dem „Interesse des Abgebildeten, an der Veröffentlichung seines Bildes aus dem Bereich der Zeitgeschichte wirtschaftlich beteiligt zu werden".[406]

2. Prüfschema

Insgesamt ergibt sich für die Frage der Zulässigkeit einer Bildnisveröffentlichung somit folgendes **107** **Prüfschema:** 1. Liegt ein Bildnis vor (Erkennbarkeit)? 2. Liegt die Einwilligung des Abgebildeten vor? 3. Liegt eine Ausnahme gem. § 23 Abs. 1 KUG vor? 4. Verletzt die Verbreitung oder Schaustellung des Bildnisses die berechtigten Interessen des Abgebildeten?

Bei Prüfung dieser Fragen ist die **Bildveröffentlichung in ihrer Gesamtheit** und nicht etwa un- **108** abhängig vom Begleittext zu würdigen.[407]

3. Abgrenzung zwischen § 23 Abs. 1 Nr. 1 KUG und § 23 Abs. 2 KUG

a) Die bisherige Rechtsprechung. Unklarheiten bestanden bezüglich der **Abgrenzung zwi-** **109** **schen § 23 Abs. 1 Nr. 1 KUG und § 23 Abs. 2 KUG.** Zum Teil wurde Kritik daran geübt, dass die beiden Tatbestände nicht deutlich auseinander gehalten wurden, sondern die im Rahmen des § 23 Abs. 2 KUG erforderliche einzelfallbezogene Abwägung zwischen dem Informationsinteresse der Allgemeinheit und den persönlichkeitsrechtlichen Interessen des Einzelnen häufig ohne vorherige Prüfung der Ausnahmevorschriften des § 23 Abs. 1 Nr. 1 KUG vorgenommen[408] oder aber in § 23 Abs. 1 Nr. 1 KUG vorverlagert wurde.[409] Zum Teil wurde die Frage nach dem Standort der Interessenabwägung in den Entscheidungen ausdrücklich offen gelassen.[410]

b) Auffassung der Literatur. In der Literatur wird **zur Abgrenzung der beiden Tatbestände** **110** **eine zweistufige Prüfung** vorgeschlagen.[411] Danach ist im Rahmen des § 23 Abs. 1 Nr. 1 KUG eine erste Abwägung auf abstrakter Ebene vorzunehmen und zu ermitteln, ob dem in § 23 KUG grundsätzlich verbürgten Bildnisschutz ein Informationsinteresse der Allgemeinheit gegenübersteht. Es ist also zu fragen, ob die Bildnisveröffentlichung Informationszwecken dient und von öffentlichem Interesse ist. Erst wenn dies zu bejahen ist, ist in einer weiteren Abwägung im Rahmen des § 23 Abs. 2 KUG zu prüfen, ob trotz des gegebenen öffentlichen Informationsinteresses berechtigte Belan-

---

[403] BGH GRUR 1962, 211 (212) – Hochzeitsbild.
[404] BGH GRUR 1957, 494 – Spätheimkehrer.
[405] BGH GRUR 1965, 495 (496 lSp.) – Wie uns die Anderen sehen.
[406] BGH GRUR 1979, 425 (427) – Fußballspieler.
[407] BGHZ 20, 345 (350 f.) – Paul Dahlke; BGHZ 24, 200 (209) – Spätheimkehrer; BGH GRUR 1962, 211 (214) – Hochzeitsbild; BGH GRUR 1962, 324 – Doppelmörder; BGH GRUR 1965, 495 (496 lSp.) – Wie uns die Anderen sehen; BGH NJW 2004, 1795 (1796) – Charlotte Casiraghi I; BGH GRUR 2005, 74 (76) – Charlotte Casiraghi II; BGH AfP 2004, 533 (534) – Springturnierfotos I.
[408] So etwa BGH GRUR 1967, 205 (208) – Vor unserer eigenen Tür.
[409] So etwa BGH GRUR 1966, 102 (103) – Spielgefährten; sa *Neumann-Duesberg* JZ 1973, 261 (262).
[410] So etwa BGH GRUR 1979, 425 (426) – Fußballspieler; BGH GRUR 1985, 398 (399) – Nacktfoto; BVerf-GE 35, 202 (225) – Lebach.
[411] S. *Dasch,* Die Einwilligung zum Eingriff in das Recht am eigenen Bild, S. 16 f.; ihm folgend *Götting* S. 34.

ge des Abgebildeten einer Bildnisveröffentlichung entgegenstehen. Allerdings wird sich eine trennscharfe Abgrenzung der beiden Tatbestände in vielen Fällen nur schwer durchführen lassen. Die
bereits für die Ausnahmevorschrift des § 23 Abs. 1 Nr. 1 KUG maßgebliche Frage, ob die Bildnisveröffentlichung einem legitimen Informationsinteresse der Öffentlichkeit dient, lässt sich nämlich
nicht „abstrakt", sondern nur „konkret" im Lichte der Besonderheiten des Einzelfalls beantworten, so
dass beide Tatbestände ineinander übergehen und der zweistufige Abwägungsvorgang in einer Gesamtwürdigung aufgeht.

111   **c) Die neuere Rechtsprechung des BGH.** In seiner neueren Rechtsprechung zum „abgestuften
Schutzkonzept" hat der BGH im Grundsatz eine richtungsweisende Klarstellung vorgenommen. Danach hat die Abwägung der widerstreitenden Rechte und Grundrechte der abgebildeten Person einerseits und der Presse andererseits schon bei der Zuordnung zum Bereich der Zeitgeschichte zu
erfolgen, wobei der Beurteilung ein normativer Maßstab zugrunde zu legen ist, welcher der Pressefreiheit und zugleich dem Schutz der Persönlichkeit und ihrer Privatsphäre ausreichend Rechnung
trägt.[412] In Anbetracht dessen dürfte die Regelung des § 23 Abs. 2 KUG im Verhältnis zu § 23 Abs. 1
Nr. 1 KUG nur noch eine geringe Rolle spielen, da ihr die **Funktion eines Auffangtatbestands
zukommt, dessen Anwendungsbereich äußerst gering sein dürfte,** weil die umfassende Interessenabwägung bereits im Rahmen des § 23 Abs. 1 Nr. 1 KUG stattzufinden hat und in diesem
Rahmen bereits darüber zu befinden ist, ob „berechtigte Interessen" des Abgebildeten verletzt werden.[413] Dies gilt jedenfalls für den praktisch im Vordergrund stehenden Schutz der Privatsphäre, der
bei der Frage der Zuordnung des Bildnisses zum Bereich der Zeitgeschichte iSv § 23 Abs. 1 Nr. 1
KUG als gegenläufiges Schutzgut zur Pressefreiheit den maßgeblichen Bewertungsfaktor darstellt. Für
eine eigenständige Berücksichtigung im Kontext des § 23 Abs. 2 KUG dürfte deshalb insoweit kein
Raum mehr bleiben. In Betracht kommen könnte eine Heranziehung des § 23 Abs. 2 KUG allenfalls
ausnahmsweise dann, wenn sich bei der Abwägung nach § 23 Abs. 1 Nr. 1 KUG herausstellt, dass
dem Bildnis ein hinreichender Informationswert zwar nicht abzusprechen ist, dass aber gleichwohl
aufgrund des **Inhalts oder der Art und Weise der Darstellung** ein berechtigtes Interesse des Abgebildeten oder, falls dieser verstorben ist, seiner Angehörigen verletzt wird.[414] Unmittelbar aus § 23
Abs. 2 KUG wurde ein Anspruch auf eine Anonymisierung durch „Verpixelung" abgeleitet, um eine
ungerechtfertigte Prangerwirkung zu verhindern.[415] Als unzulässig gemäß § 23 Abs. 2 KUG wurde
eine unvollständige, verkürzte und in der Reihenfolge geänderte Darstellung angesehen, die insgesamt
ein unzutreffendes Bild von Geschehnissen zeichnet und den Betroffenen in der öffentlichen Wahrnehmung in erheblichem Maße herabwürdigt.[416] In Ausnahmefällen kann unter derartigen Umständen auf die frühere Rechtsprechung zurückgegriffen werden, auf die im Folgenden hingewiesen wird.

II. Beispiele für berechtigte Interessen

1. Intimsphäre

112   Der nackte Körper gehört zum intimsten Persönlichkeitsbereich jedes Menschen. Die Entscheidung über die Veröffentlichung seines Nacktbildes muss daher **stets dem Abgebildeten selbst vorbehalten bleiben.**[417] Dies gilt insbesondere, wenn die Nacktaufnahmen heimlich gemacht worden
sind. „Die Veröffentlichung heimlich geschossener Fotos, die eine Schauspielerin in ihrem Privatbereich nackt zeigen, stellt auch dann eine **schwerwiegende Verletzung ihres Persönlichkeitsrechts**
dar, wenn diese in Filmrollen schon unbekleidet aufgetreten ist und die Veröffentlichung künstlerischer Aktfotos erlaubt hat."[418]

113   Auch ein **prominenter Politiker** braucht Abbildungen aus seinem Intimbereich nicht zu dulden.
Dies ergibt sich idR schon aus § 23 Abs. 1 Nr. 1 KUG, der „nur Bildnisse aus dem Bereich der Zeitgeschichte und nicht schlechthin Bildnisse von zeitgeschichtlichen Persönlichkeiten freistellt".[419]
Neugier und Sensationslust berechtigen nicht zu einem Einbruch in den geschützten Persönlichkeitsbereich. „Auch Personen der Zeitgeschichte brauchen nicht zu dulden, dass ihr Bild in eine Reporta-

---

[412] BGH GRUR 2007, 523 Rn. 14 – Abgestuftes Schutzkonzept; BGH GRUR 2007, 899 Rn. 17 – Grönemeyer.
[413] IdS auch Götting/Schertz/Seitz/*Schertz* PersönlichkeitsR-HdB § 12 Rn. 180; gegen eine „Doppelabwägung"
Müller-Riemenschneider/Hermann Anm. zu LG Frankfurt a. M. AfP 2018, 72 (76); sa OLG Köln ZUM 2013, 684
(„einzig akademische Bedeutung"); → Rn. 68.
[414] Siehe LG Köln AfP 2010, 597 (600) – Tod des Sohnes betrauernde Mutter; LG Frankfurt (Oder) AfP 2013,
438 (439 ff.) – Schutz von Angehörigen bei Trauerfeier.
[415] OLG Oldenburg BeckRS 2016, 6905.
[416] OLG Köln NJW-RR 2017, 1074 (1076).
[417] BGH GRUR 1975, 561 (562 rSp.) – Nacktaufnahmen; → KUG § 22 Rn. 47.
[418] OLG Hamburg AfP 1982, 41 – Heimliche Nacktfotos.
[419] OLG München Schulze OLGZ 58 – Kanzlerkandidat; *Neumann-Duesberg* Anm. zu Schulze BGHZ 150 – Ligaspieler – und zu Schulze OLGZ 133 – Pfändung eines Kindes.

ge eingefügt wird, die ihr reines Privatleben zum Gegenstand einer sensationslüsternen Berichterstattung macht (§ 23 Abs. 2 KUG)."[420]

Ein Informationsinteresse an „nackten Tatsachen" betreffend Personen der Zeitgeschichte besteht   **114** nicht. Wenn zB einem bekannten Sportler die Hose reißt, darf die **zufällige Blöße** nicht durch Großaufnahme und entsprechende Bildunterschriften bekannt gemacht werden.[421]

Wer allerdings in Memoiren und Interviews in Boulevard-Blättern „seine ganze Persönlichkeit, sei-   **115** ne Intimsphäre sowie private Gewohnheiten aus Publizitätsgründen der Öffentlichkeit kundtut und damit eine **großzügige Selbstdefinition seines Persönlichkeitsrechts** erkennen lässt, der kann nicht allein deshalb in diesem Recht beeinträchtigt sein, weil die Presse über seine Privatsphäre berichtet".[422] Dieser Gedanke einer Preisgabe des Schutzes aufgrund eines freiwilligen Verzichts auf die Privatsphäre[423] kann selbst dann zum Tragen kommen, wenn es um Nacktfotos geht. Zwar sind an die Zulässigkeit ihrer Veröffentlichung strenge Anforderungen zu stellen, weil damit der höchstpersönliche Bereich der Intimsphäre tangiert wird. Lässt sich aber eine bekannte Schauspielerin in einem Männermagazin in einer Serie von erotischen Aufnahmen halbnackt darstellen, so muss sie es hinnehmen, dass eine Tageszeitung darüber berichtet und dabei eine Abbildung wiedergibt.[424]

Dementsprechend ist es auch nicht zu beanstanden, wenn die Nacktaufnahme einer bekannten Eis-   **116** kunstläuferin, die mit ihrer Einwilligung zunächst in einem Herrenmagazin erschienen war, erneut veröffentlicht wird, wenn der das Foto begleitende Text sich in satirischer Weise mit den Umständen, die zur Entstehung der Aufnahme geführt haben, auseinandersetzt. Unter diesen Umständen ist der nach § 23 Abs. 1 Nr. 1 KUG erforderliche Informationszweck zu bejahen. Es liegt auch keine Verletzung eines berechtigten Interesses des Abgebildeten nach § 23 Abs. 2 KUG vor, da sie auf den absoluten Schutz ihrer Intimsphäre freiwillig verzichtet hat, indem sie von sich Nacktaufnahmen hat herstellen lassen und damit einverstanden war, dass die Fotos (wenn auch auf bestimmten Wegen) der Öffentlichkeit zugänglich gemacht werden.[425]

Die Veröffentlichung des Bildes einer halbnackten Schauspielerin wird aber nur dann durch einen   **117** legitimen Informationszweck gedeckt, wenn die Ablichtung entweder auf den Inhalt des begleitenden redaktionellen Textes verweist, ihn veranschaulicht und belegt oder die Ablichtung als solche einen zeitgeschichtlichen Nachrichtenwert besitzt. Eine Verbreitung des Bildes zu Informationszwecken ist danach nicht mehr gegeben, wenn die Veröffentlichung der Fotos nur **der Befriedigung der Schaulust und/oder der Schaffung eines Blickfangs** für die Zeitung („eye-catcher") dient.[426]

2. Kontext oder fehlender Kontext

Berechtigte Interessen des Abgebildeten können auch dadurch verletzt werden, dass das Bildnis   **118** selbst entstellend wirkt, die Bildunterschrift oder der Begleittext den Abgebildeten der Neugierde und Sensationslust der Öffentlichkeit preisgeben oder ihn mit Vorgängen in Verbindung bringen, mit denen er nichts zu tun hatte. So stellt es eine **schwere Beeinträchtigung des Persönlichkeitsrechts des Abgebildeten** dar, wenn in einer Kinoreportage über Mörder und ihre Bestrafung das Bildnis einer Person zur Schau gestellt wird, die mit den berichteten Mordfällen nichts zu tun hatte.[427]

Bei Abbildungen von Personen im **Zusammenhang mit früheren Ereignissen** ist zu prüfen, ob   **119** das Informationsinteresse noch (oder wieder) das Anonymitätsinteresse des Abgebildeten überwiegt. Dies gilt in besonderem Maße bei einem so publikumswirksamen Medium wie dem Fernsehen. „Dabei fällt besonders ins Gewicht, dass eine derartige ‚Vorführung' eines Personenbildes im Fernsehen unter gleichzeitiger Namensnennung und Wohnungsangabe und unter negativer Qualifizierung eine derart starke **soziale Prangerwirkung** hat, dass sie auch ein früherer Schwerverbrecher nicht zu dulden braucht. Selbst diesem sichert das Recht später einen Freiheitsraum, in dem er nicht durch eigenmächtige Bildnisaufnahmen und -vorführungen gestört werden darf, es sei denn, dass ein besonderer Anlass für die Öffentlichkeit besteht, sich gerade wieder mit dieser Person zu befassen."[428]

Im Rahmen der nach § 23 Abs. 2 KUG erforderlichen Interessenabwägung ist die Bildbericht-   **120** erstattung in ihrer Gesamtheit zu betrachten. Hieraus folgt, dass sich die Unzulässigkeit der Bildnisveröffentlichung im Einzelfall auch allein oder im Wesentlichen aus dem begleitenden Text oder dem Kontext ergeben kann.[429] Die abgebildete Person muss die Verwendung ihres Bildnisses zur Illustration

---

[420] LG München I Schulze LGZ 49 – Sängerin Lola R.; OLG Frankfurt a.M. GRUR 1987, 195 – Foto der Freundin; OLG Köln ZUM 2016, 443 – Babybäuchlein.
[421] OLG Hamburg ArchPR XVII 1972, 150 – Zerrissene Hose.
[422] OLG Köln AfP 1982, 181 (183) – Ehekrise bei Rudi Carell; OLG Stuttgart AfP 1981, 362 – Rudi Carell von seiner Frau verlassen – sowie *Koppehele* AfP 1981, 337.
[423] → Rn. 55 ff.
[424] OLG Hamburg ZUM 1991, 550 (551).
[425] OLG Frankfurt a.M. NJW 2000, 594.
[426] OLG Hamburg GRUR 1996, 123 – Schauspielerin, in Abgrenzung zu OLG Hamburg ZUM 1991, 550 (551).
[427] BGH GRUR 1962, 324 – Doppelmörder; vgl. auch OLG Koblenz NJW 1997, 1375 (1376) – Schweigen der Hirten.
[428] BGH GRUR 1967, 205 (208 f.) – Vor unserer eigenen Tür.
[429] BGH NJW 2004, 1795 (1976) – Charlotte Casiraghi I; BGH GRUR 2005, 74 (76) – Charlotte Casiraghi II; BGH AfP 2004, 533 (534) – Springturnierfotos I.

eines Artikels, der keine Berichterstattung über ein zeitgeschichtliches Ereignis darstellt, sondern nahezu ausschließlich persönliche Belange zum Inhalt hat und dadurch in besonderem Maße das durch Art. 2 Abs. 1 iVm Art. 1 Abs. 1 GG geschützte Recht auf ungehinderte Entfaltung der Persönlichkeit tangiert, nicht hinnehmen. Unter diesen Umständen werden die schutzwürdigen Belange des Betroffenen dadurch beeinträchtigt, dass das veröffentlichte Foto **keinen Bezug auf das konkrete Ereignis** erkennen lässt und einen Begleittext illustriert, der keine Berichterstattung über dieses Ereignis liefert, sondern sich nahezu ausschließlich mit der äußeren Erscheinung befasst.[430]

Dagegen darf nach Auffassung des BGH die Presse über einen schwerwiegenden Verkehrsverstoß einer in der Öffentlichkeit bekannten Person mit Namensnennung und Abbildung berichten (Überschreitung der auf französischen Autobahnen zugelassenen Höchstgeschwindigkeit von 130 km/h um 81 km/h).[431]

Nach der neueren Rechtsprechung des BGH ist allerdings anzunehmen, dass diese Erwägungen bereits im Rahmen des § 23 Abs. 1 Nr. 1 KUG und nicht wie in den zitierten Entscheidungen auf der Grundlage des § 23 Abs. 2 KUG angestellt werden, da es bereits an einem Bezug zu einem Ereignis mit zeitgeschichtlicher Bedeutung fehlen kann.

3. Verwendung in der Werbung

121   Die Nutzung eines Bildnisses zu Werbezwecken ist **keine Frage der Verletzung berechtigter Interessen** iSd § 23 Abs. 2 KUG, weil keine Ausnahme vom Bildnisschutz vorliegt. § 23 Abs. 1 Nr. 1 KUG ist schon tatbestandlich nicht einschlägig, da die Bildnisnutzung nicht einem legitimen Informationszweck dient.[432] Wie der BGH in der grundlegenden „Paul Dahlke"-Entscheidung festgestellt hat, dient **die werbemäßige Verwendung von Bildnissen nicht dem Allgemeininteresse an einer sachgerechten Information,** sondern allein den Geschäftsinteressen der mit der fraglichen Abbildung Kundenwerbung betreibenden Firmen.[433] Allerdings hat der BGH in der genannten Entscheidung iS einer additiven Argumentation, gleichsam zur hilfsweisen Verstärkung seiner Begründung, festgestellt, dass durch die Verwendung des Bildnisses für Werbezwecke „berechtigte Interessen des Klägers verletzt werden und damit gemäß § 23 Abs. 2 KUG die Befugnis zu einer ungenehmigten Verbreitung in jedem Fall entfällt."[434]

122   In der **Entscheidung „Rücktritt des Finanzministers"** hat der BGH den Grundsatz, dass die Verwendung von Bildnissen für Werbezwecke nicht unter die Ausnahmevorschrift des § 23 Abs. 1 Nr. 1 KUG fällt, erheblich modifiziert und eingeschränkt. Danach ist die Abbildung eines prominenten Politikers als Teil einer satirischen Auseinandersetzung mit dem Zeitgeschehen von Art. 5 Abs. 1 S. 1 GG gedeckt. Wörtlich hat der BGH hierzu festgestellt: „Auch wenn die politische Auseinandersetzung im Rahmen einer Werbeanzeige erfolgt (...), steht sie unter dem besonderen Schutz der Meinungsäußerungsfreiheit (Art. 5 Abs. 1 S. 1 GG)."[435] Inzwischen hat sich herausgestellt, dass in entsprechender Anwendung dieses Diktums auch Prominente aus dem Bereich von Sport und Unterhaltung etc, die Verwendung ihrer Bildnisse oder auch anderer Persönlichkeitsmerkmale in der Werbung dulden müssen.[436] Wie bereits an anderer Stelle dargelegt wurde,[437] ist diese Auffassung abzulehnen. Das **„Deckmäntelchen" der satirischen Meinungsäußerung** im Kontext einer Werbeanzeige vermag nicht zu verhüllen, dass der Werbewert, der aus der Prominenz der abgebildeten Person resultiert, für Werbezwecke instrumentalisiert wird, indem die Aufmerksamkeit auf das beworbene Produkt gelenkt wird.[438] An der werbemäßigen Ausbeutung des Publizitätswerts einer prominenten Person ändert auch der Umstand nichts, dass durch die satirische Meinungsäußerung in der Werbeanzeige nicht der (unzutreffende) Eindruck erweckt wird, der Abgebildete identifiziere sich mit dem beworbenen Produkt, empfehle oder preise es an, worauf der BGH entscheidend abstellt.[439] Der Werbende würde sich einer solchen Werbemethode nicht bedienen, wenn er nicht davon ausginge, damit einen Werbeeffekt im Rahmen der Aufmerksamkeitswerbung zu erzielen.

123   Selbst wenn man davon ausgeht, dass in dem geschilderten Fall die Ausnahme des § 23 Abs. 1 Nr. 1 KUG eingreift, so liegt entgegen der Auffassung des BGH jedenfalls eine Verletzung der berechtigten Interessen des Abgebildeten iSv § 23 Abs. 2 KUG vor, da er gegen seinen Willen in einen werbemäßigen Zusammenhang gestellt und als „Zugpferd" für den Produktabsatz eingespannt wird.

---

[430] BGH NJW 2004, 1795 (1976) – Charlotte Casiraghi I; BGH GRUR 2005, 74 (76) – Charlotte Casiraghi II; BGH AfP 2004, 533 (534) – Springturnierfotos I.

[431] BGH GRUR 2006, 257 – Prinz Ernst August von Hannover.

[432] So zutreffend Götting/Schertz/Seitz/*Schertz* PersönlichkeitsR-HdB § 12 Rn. 179.

[433] GRUR 1956, 427 (428); schon → Rn. 15 f.

[434] BGH GRUR 1956, 427 (428).

[435] BGH GRUR 2007, 139 Rn. 21 – Rücktritt des Finanzministers.

[436] Vgl. zum Namensrecht BGH GRUR 2008, 1124 – Zerknitterte Zigarettenschachtel; BGH AfP 2008, 598 – Geschwärzte Worte; bestätigt durch BVerfG und EGMR; siehe dazu *Götting* GRUR-Int 2015, 657 ff., mN.

[437] → Rn. 17.

[438] *Zagouras* WRP 2007, 115 (119); Götting/Schertz/Seitz/*Götting* PersönlichkeitsR-HdB § 1 Rn. 27; differenzierend *Ladeur* ZUM 2007, 111 ff.

[439] BGH GRUR 2007, 139 Rn. 19 – Rücktritt des Finanzministers.

Unabhängig von dieser Einschätzung kann auch auf der Grundlage der hiervon abweichenden Auffassung des BGH die Gegenausnahme des § 23 Abs. 2 KUG, die die Abbildungsfreiheit nach § 23 Abs. 1 Nr. 1 KUG einschränkt, zum Tragen kommen, wenn die gebotene Gesamtbetrachtung ergibt, dass der Inhalt oder die Art und Weise der **Verwendung des Bildnisses anstößig oder herabwürdigend** ist.

§ 24 KUG [Ausnahmen im öffentlichen Interesse]

Für Zwecke der Rechtspflege und der öffentlichen Sicherheit dürfen von den Behörden Bildnisse ohne Einwilligung des Berechtigten sowie des Abgebildeten oder seiner Angehörigen vervielfältigt, verbreitet und öffentlich zur Schau gestellt werden.

Übersicht

I. Allgemeines

1. Sinn und Zweck

Die Verwendung und Verbreitung von Personenbildnissen zu Zwecken der Rechtspflege (zB auf **1** Steckbriefen für gesuchte Straftäter) gehörte seit eh und je zur Praxis der Strafverfolgungsbehörden und wurde durch § 81b und § 131 StPO gedeckt. Mit der Entwicklung des Urheberrechts und der Einführung des Rechts am eigenen Bild (§ 22 KUG) war es erforderlich, eine Ausnahmebestimmung zu schaffen, denn andernfalls wäre zB die Verbreitung von Bildnissen gesuchter Verbrecher oder vermisster Personen von der Einwilligung der Abgebildeten und der Urheber der Bildnisse abhängig gewesen. Sinn und Zweck der Bestimmung ist es, den Behörden **„für Zwecke der Rechtspflege und der öffentlichen Sicherheit"** die Beschaffung und Vervielfältigung sowie die Verbreitung und Schaustellung von Personenbildnissen ohne Einwilligung durch den Abgebildeten oder durch Dritte zu ermöglichen.

§ 24 KUG schränkt nach seinem Wortlaut nicht nur das Recht am eigenen Bild des Abgebildeten ein, sondern auch das Urheberrecht des Schöpfers des betreffenden Bildes, der als „Berechtigter" angesprochen wird. Die urheberrechtliche Problematik ist heute aber in § 45 UrhG geregelt; § 24 KUG ist insofern obsolet, denn der Gesetzgeber wollte die §§ 22 ff. KUG nur mit ihrem persönlichkeitsrechtlichen Gehalt in Geltung belassen.[1]

§ 24 KUG kann auf Eingriffe in andere Persönlichkeitsrechte entsprechend angewendet werden.

2. Rechtsnatur

Im Gegensatz zu den vier Ausnahmen vom Recht am eigenen Bild gem. § 23 Abs. 1 Nr. 1–4 **2** KUG liegt der Grund für die Ausnahme nicht im öffentlichen Informationsinteresse und in der Freiheit der Berichterstattung (Art. 5 GG), sondern **im öffentlich-rechtlichen Interesse.** Während die Zulässigkeit der Verbreitung und Zurschaustellung gem. § 22 KUG grundsätzlich von der Einwilligung des Abgebildeten abhängig ist, muss „in den Fällen des § 24 KUG der Wille des Einzelnen sich vor der öffentlichen Ordnung beugen".[2] Man hat die Vorschrift als eine **„öffentlich-rechtliche Bestimmung polizeirechtlichen Charakters"**[3] bezeichnet, die nicht nur den Abgebildeten selbst

---

[1] So im Ergebnis auch *v. Gamm* UrhG Einf. Rn. 126; vgl. dazu LG Berlin ZUM 2015, 75 – Fotos in Verfassungsschutzbericht.
[2] *Osterrieth/Marwitz* KUG § 24 Anm. II 1.
[3] *v. Gamm* UrhG Einf. Rn. 126.

und gegebenenfalls seine Angehörigen, sondern auch jeden „Berechtigten" betrifft, also den Urheber, den Besteller (s. § 60 UrhG), den Eigentümer oder den Besitzer des Bildnisses.

II. Zwecke der Rechtspflege und der öffentlichen Sicherheit

1. Rechtspflege

3   Die Bestimmung betrifft in erster Linie, aber keineswegs ausschließlich, Zwecke der Strafrechtspflege. Im sog. Verbrecheralbum, auf Steckbriefen und Plakaten können Bildnisse gesuchter Straftäter vervielfältigt und zur Schau gestellt werden. Das Gleiche gilt zB für Bildnisse von gesuchten, weil vermissten Personen.

Die Verwendung eines Bildnisses „für Zwecke der Rechtspflege" setzt ein anhängiges Verfahren voraus. Ein Ermittlungsverfahren genügt.[4]

2. Öffentliche Sicherheit

4   Der Bereich der öffentlichen Sicherheit umfasst die Identifizierung von Personen, wie von Straftätern, von Kindern, die sich ihren Eltern entziehen, von verirrten Geisteskranken, aufgefundenen Leichen usw.

Bei der Verwendung von Bildnissen durch eine Behörde für Zwecke der öffentlichen Sicherheit ist es nicht erforderlich, dass bereits ein Verfahren anhängig ist. Als erkennungsdienstliche Maßnahme gilt die Anfertigung von Fotos zur Ermittlung von Personen, die einer Straftat verdächtig sind, als zulässig. „Fotografieren Polizeibeamte einen Demonstrationszug, um mit Hilfe der Lichtbilder die unbekannten Täter früherer Straftaten zu ermitteln, so sind dadurch die Teilnehmer der Demonstration keinem gegenwärtigen rechtswidrigen Angriff ausgesetzt".[5]

In Fällen spektakulärer Verbrechen wird zu prüfen sein, ob ein begründeter Tatverdacht den Abgebildeten schon zu einer Person der Zeitgeschichte macht, deren Bildnis gem. § 23 Abs. 1 Nr. 1 KUG verbreitet werden kann. § 24 KUG bleibt aber neben der Wahrung berechtigter Interessen die sicherere Grundlage. „In jedem Fall wird auch in § 24 wiederum von Gesetzes wegen eine Interessenabwägung vorgenommen, die das Interesse der Allgemeinheit an der Aufklärung und Verhinderung von Verbrechen höher bewertet als das Interesse verdächtiger Personen an ihrem eigenen Bild".[6]

III. Behörden

5   Durch die Ausnahmebestimmung des § 24 KUG werden ausschließlich **Behörden** privilegiert, nicht jedoch Privatpersonen, mögen sie auch „für Zwecke der Rechtspflege und der öffentlichen Sicherheit" Personenbildnisse angefertigt haben. Dies bedeutet, dass zB die Kriminalpolizei verdächtige Personen fotografieren kann, dass aber das heimliche Foto eines Privatdetektivs das Recht am eigenen Bild des Abgebildeten verletzt, es sei denn, dass eine Behörde dieses Bildnis verwendet.

Im Rahmen der Aufklärung von Verbrechen können öffentliche Interessen überwiegen und „die Darstellung einer Straftat im Fernsehen, verbunden mit der Aufforderung, weitere Beweismittel gegen eine bestimmte, namentlich genannte und bildlich vorgestellte verdächtige Person herbeizuschaffen", unter dem Gesichtspunkt der **Wahrnehmung berechtigter Interessen** gerechtfertigt sein, „denn nicht das Bedürfnis nach Belehrung, Aufklärung oder Unterhaltung ist mit dem Persönlichkeitsrecht abzuwägen, sondern das Interesse der Allgemeinheit an der Aufklärung von Verbrechen und – damit verbunden – das Interesse der Öffentlichkeit an der Verhinderung künftiger Verbrechen".[7] Die eigentliche Rechtfertigung der Bildnis-Sendung im Fernsehen gem. § 24 KUG liegt allerdings im Ersuchen der Staatsanwaltschaft, die die Fernsehanstalt um Fahndungshilfe gebeten hatte.[8]

Aus dem gleichen Grunde kann dem OLG Schleswig nur im Ergebnis zugestimmt werden, wenn es die heimliche Video-Bandaufnahme eines verdächtigen Angestellten durch die Spielcasinogesellschaft für zulässig hielt, weil bei dem Abgebildeten der geschützte „Bereich seines privaten Lebens" nicht betroffen worden sei.[9] Da die Videokamera auf Anraten der Kriminalpolizei installiert wurde, war die Aufnahme durch § 24 KUG gerechtfertigt.[10] Ähnliches gilt für Videoaufnahmen zur Beweissicherung von Ladendiebstählen im Rahmen der TV-Überwachung von Kaufhäusern und Supermärkten. Dagegen sind heimliche Aufnahmen von Kunden zur Registrierung des Käuferverhaltens eine Verletzung des Rechts am eigenen Bild.[11]

---

[4] *v. Gamm* UrhG Einf. Rn. 127.

[5] BGH NJW 1975, 2075 – Fotografieren eines Demonstrationszuges; → KUG § 60/§ 23 Rn. 92 ff.

[6] OLG Frankfurt a. M. NJW 1971, 47 (49 rSp.) – Aktenzeichen XY-ungelöst.

[7] OLG Frankfurt a. M. NJW 1971, 47 (48) – Aktenzeichen XY-ungelöst.

[8] Vgl. hierzu *Lampe* NJW 1973, 217 (218).

[9] S. dazu auch BGH NJW 2014, 810.

[10] Vgl. *Hubmann* Anm. zu Schulze OLGSt 9, 9.

[11] *Stutzky* JR 1974, 365.

IV. Ohne Einwilligung des Berechtigten sowie des Abgebildeten oder seiner Angehörigen

1. Der Berechtigte

Im Gesetzestext wird der Berechtigte vor dem Abgebildeten genannt. Diese Formulierung unter- **6** streicht die Ausdehnung der Ausnahmebestimmung gegenüber allen, die an einem Bildnis Rechte haben können. In erster Linie ist dies der **Urheber des Bildnisses,** dessen Urheberrecht jedoch heute durch § 45 Abs. 2 UrhG eingeschränkt wird, so dass § 24 KUG insofern keine Bedeutung mehr besitzt (→ Rn. 1). Als „Berechtigter" kommen aber der Besteller des Bildes, der Eigentümer oder der Besitzer in Betracht.

2. Der Abgebildete

Der Begriff des Bildnisses setzt die Erkennbarkeit des Abgebildeten voraus. Der Grundsatz der er- **7** forderlichen Einwilligung des Abgebildeten zur Verbreitung seines Bildnisses gem. § 22 KUG wird durch § 24 KUG im öffentlichen Interesse aufgehoben.

3. Die Angehörigen

Zu den Angehörigen (§ 22 S. 4 KUG) zählen der Ehegatte oder Lebenspartner des Abgebildeten **8** und seine Kinder. Der Kreis der Angehörigen wird hier aber weiter zu ziehen sein. Wenn schon der Abgebildete selbst von der Einwilligung ausgeschlossen ist, sollen auch sämtliche Angehörige, gleich welchen Verwandtschaftsgrades, die Verwendung des Bildnisses nicht verhindern können.

V. Zulässige Verwendungsarten

1. Anfertigen

Der Vorrang des öffentlichen Interesses für Zwecke der Rechtspflege und der öffentlichen Sicher- **9** heit bezieht sich nach dem Wortlaut des § 24 KUG nur auf die Vervielfältigung, Verbreitung und öffentliche Zurschaustellung von Bildnissen. Die Anfertigung wird nicht genannt, da sie zum Zeitpunkt der Schaffung des Gesetzes noch nicht persönlichkeitsrechtlich fassbar war. Sie bildet nach heute hM eine Verletzung des allgemeinen Persönlichkeitsrechtes; die Ausnahme des § 24 KUG gilt entsprechend. „Dem Sinn dieser Bestimmungen entspricht es, auch die im Kunsturhebergesetz nicht ausdrücklich geregelte Herstellung von Bildern zu den genannten Zwecken als erlaubt anzusehen. Entspricht doch die Regelung des Rechts am eigenen Bild im Kunsturhebergesetz nur dem Grundgedanken des allgemeinen Persönlichkeitsrechts, dem auch die Anfertigung von Bildern unterliegt. Auch diese kann aus überwiegendem Interesse der Allgemeinheit geboten sein."[12] Lässt eine Behörde zB Aufnahmen von Gewalttätern machen, die mit Knüppeln und Steinen in der Hand gegen eine Absperrung anrücken, dann sind diese Aufnahmen (auch Einzelbildnisse) gem. § 24 KUG „für Zwecke der Rechtspflege und der öffentlichen Sicherheit zulässig."

2. Vervielfältigen, Verbreiten, Zurschaustellen

Wie und von wem die Behörde das Bildnis beschafft hat, ist gleichgültig. Hier heiligt der Zweck – **10** Rechtspflege und öffentliche Sicherheit – die Mittel. Das vorhandene oder angefertigte Bildnis darf auf jede technisch mögliche Weise vervielfältigt werden, nicht nur zur Herstellung von Abzügen, Kopien und Reproduktionen, sondern auch in beliebigen Formaten, in Vergrößerungen, Ausschnitten und Fotomontagen. Ebenso umfasst der Begriff des Verbreitens gem. § 24 KUG – anders als in § 17 Abs. 1 UrhG, der nur die öffentliche Verbreitung betrifft – jede nur mögliche Art der Verbreitung, sei es zum internen Dienstgebrauch (zB im sog. Verbrecheralbum) wie in der Öffentlichkeit (zB in Steckbriefen oder Fahndungsaufrufen in der Presse). Ähnlich umfassend ist auch die Befugnis der Behörde, Bildnisse öffentlich zur Schau zu stellen (zB in Schaukästen, auf Plakaten oder im Fernsehen).

3. Fernsehfahndung

Bildveröffentlichungen – zumal wenn sie im Fernsehen ausgestrahlt werden – erreichen eine viel **11** weitere Öffentlichkeit als bloße Wortmeldungen und verpflichten die Sendeanstalt zu besonders gründlicher Interessenabwägung. Schon bei einem Fahndungsersuchen an das Fernsehen hat die Behörde den Grundsatz der Verhältnismäßigkeit zu beachten.[13] Nach dem LG Hamburg dürfen Strafverfolgungsorgane Fernsehsendungen zum Zwecke der Ergreifung eines Täters nur dann veranlassen,

---

[12] BGH NJW 1975, 2075 (2076 rSp.) – Fotografieren eines Demonstrationszuges, unter Hinweis auf BGH NJW 1966, 2353 (2354).
[13] Vgl. *Lampe* NJW 1973, 217 (220).

„wenn die in § 131 StPO aufgestellten Voraussetzungen für die Veröffentlichung eines Steckbriefes mit dem Bilde des Beschuldigten erfüllt sind".[14]

4. Aufbewahren

12   Über die Aufbewahrung und Verwendung von Bildnissen unverdächtiger Personen ist nach den Grundsätzen der Verhältnismäßigkeit zu entscheiden.[15] Gegen die Aufbewahrung von Lichtbildern in erkennungsdienstlichen Unterlagen der Kriminalpolizei ist der Verwaltungsrechtsweg gegeben.[16]

§§ 33–50 KUG [Rechtsfolgen der Verletzung des Rechts am eigenen Bild]

§ 33 [Strafvorschrift] (1) Mit Freiheitsstrafe bis zu einem Jahr oder mit Geldstrafe wird bestraft, wer entgegen den §§ 22, 23 ein Bildnis verbreitet oder öffentlich zur Schau stellt.

(2) Die Tat wird nur auf Antrag verfolgt.

[**Hinweis:** Zu beachten ist nunmehr auch § 201a StGB, der gegen sog. „visuelle Lauschangriffe" schützen soll und im Vorfeld zu § 33 KUG eingreift, da er bereits die unbefugte Herstellung oder Übertragung von Bildaufnahmen einer Person, die sich in einer Wohnung oder einem gegen Einblick besonders geschützten Raum befindet, unter Strafe stellt, sofern dadurch deren höchstpersönlicher Lebensbereich verletzt wird. Die Vorschrift hat folgenden Wortlaut:

§ 201a Verletzung des höchstpersönlichen Lebensbereichs durch Bildaufnahmen

(1) Mit Freiheitsstrafe bis zu zwei Jahren oder mit Geldstrafe wird bestraft, wer

1. von einer anderen Person, die sich in einer Wohnung oder einem gegen Einblick besonders geschützten Raum befindet, unbefugt eine Bildaufnahme herstellt oder überträgt und dadurch den höchstpersönlichen Lebensbereich der abgebildeten Person verletzt,
2. eine Bildaufnahme, die die Hilflosigkeit einer anderen Person zur Schau stellt, unbefugt herstellt oder überträgt und dadurch den höchstpersönlichen Lebensbereich der abgebildeten Person verletzt,
3. eine durch eine Tat nach den Nummern 1 oder 2 hergestellte Bildaufnahme gebraucht oder einer dritten Person zugänglich macht oder
4. eine befugt hergestellte Bildaufnahme der in den Nummern 1 oder 2 bezeichneten Art wissentlich unbefugt einer dritten Person zugänglich macht und dadurch den höchstpersönlichen Lebensbereich der abgebildeten Person verletzt.

(2) Ebenso wird bestraft, wer unbefugt von einer anderen Person eine Bildaufnahme, die geeignet ist, dem Ansehen der abgebildeten Person erheblich zu schaden, einer dritten Person zugänglich macht.

(3) Mit Freiheitsstrafe bis zu zwei Jahren oder mit Geldstrafe wird bestraft, wer eine Bildaufnahme, die die Nacktheit einer anderen Person unter achtzehn Jahren zum Gegenstand hat,

1. herstellt oder anbietet, um sie einer dritten Person gegen Entgelt zu verschaffen, oder
2. sich oder einer dritten Person gegen Entgelt verschafft.

(4) Absatz 1 Nummer 2, auch in Verbindung mit Absatz 1 Nummer 3 oder Nummer 4, Absatz 2 und 3 gelten nicht für Handlungen, die in Wahrnehmung überwiegender berechtigter Interessen erfolgen, namentlich der Kunst oder der Wissenschaft, der Forschung oder der Lehre, der Berichterstattung über Vorgänge des Zeitgeschehens oder der Geschichte oder ähnlichen Zwecken dienen.

(5) Die Bildträger sowie Bildaufnahmegeräte oder andere technische Mittel, die der Täter oder Teilnehmer verwendet hat, können eingezogen werden. § 74a ist anzuwenden.

§ 37 [Vernichtung] (1) [1]Die widerrechtlich hergestellten, verbreiteten oder vorgeführten Exemplare und die zur widerrechtlichen Vervielfältigung oder Vorführung ausschließlich bestimmten Vorrichtungen, wie Formen, Platten, Steine, unterliegen der Vernichtung. [2]Das gleiche gilt von den widerrechtlich verbreiteten oder öffentlich zur Schau gestellten Bildnissen und von den zu deren Vervielfältigung ausschließlich bestimmten Vorrichtungen. [3]Ist nur ein Teil des Werkes widerrechtlich hergestellt, verbreitet oder vorgeführt, so ist auf Vernichtung dieses Teiles und der entsprechenden Vorrichtungen zu erkennen.

(2) Gegenstand der Vernichtung sind alle Exemplare und Vorrichtungen, welche sich im Eigentume der an *der Herstellung,* der Verbreitung, *der Vorführung* oder der Schaustellung Beteiligten sowie der Erben dieser Personen befinden.

(3) [1]Auf die Vernichtung ist auch dann zu erkennen, wenn die *Herstellung,* die Verbreitung, *die Vorführung* oder die Schaustellung weder vorsätzlich noch fahrlässig erfolgt. [2]*Das gleiche gilt, wenn die Herstellung noch nicht vollendet ist.*

(4) [1]Die Vernichtung hat zu erfolgen, nachdem dem Eigentümer gegenüber rechtskräftig darauf erkannt ist. [2]Soweit die Exemplare oder die Vorrichtungen in anderer Weise als durch Vernichtung unschädlich gemacht werden können, hat dies zu geschehen, falls der Eigentümer die Kosten übernimmt.

§ 38 [Recht der Übernahme] Der Verletzte kann statt der Vernichtung verlangen, dass ihm das Recht zuerkannt wird, die Exemplare und Vorrichtungen ganz oder teilweise gegen eine angemessene, höchstens dem Betrage der Herstellungskosten gleichkommende Vergütung zu übernehmen.

§ 42 [Zivil- oder Strafverfahren] Die Vernichtung der Exemplare und der Vorrichtungen kann im Wege des bürgerlichen Rechtsstreits oder im Strafverfahren verfolgt werden.

---

[14] LG Hamburg UFITA 64 (1972), 345 (351) – Aktenzeichen XY-ungelöst; vgl. ferner zur Zulässigkeit der Fernsehfahndung in der Sendereihe „Aktenzeichen XY-ungelöst" OLG München UFITA 58 (1970), 294; OLG Frankfurt a. M. NJW 1971, 47; VG Neustadt a. d. Weinstraße UFITA 65 (1972), 312.
[15] BVerfG NJW 1963, 1819; vgl. dazu und zu Fahndungen über das Internet als rechtliche Herausforderung *Schiffbauer* NJW 2014, 1052 ff.
[16] BVerwG NJW 1961, 571; 1967, 1192.

§ 43 [Vernichtung nur auf Antrag] (1) [1]Auf die Vernichtung von Exemplaren oder Vorrichtungen kann auch im Strafverfahren nur auf besonderen Antrag des Verletzten erkannt werden. [2]Die Zurücknahme des Antrags ist bis zur erfolgten Vernichtung zulässig.

(2) [1]Der Verletzte kann die Vernichtung von Exemplaren oder Vorrichtungen selbständig verfolgen. [2]In diesem Falle finden die §§ 430–432 der Strafprozessordnung mit der Maßgabe Anwendung, dass der Verletzte als Privatkläger auftreten kann.

§ 44 [Recht auf Übernahme] Die §§ 42, 43 finden auf die Verfolgung des im § 38 bezeichneten Rechtes entsprechende Anwendung.

§ 48 [Verjährung] (1) *Der Anspruch auf Schadensersatz und die Strafverfolgung wegen widerrechtlicher Verbreitung oder Vorführung eines Werkes sowie* die Strafverfolgung wegen widerrechtlicher Verbreitung oder Schaustellung eines Bildnisses verjähren in drei Jahren.

(2) Die Verjährung beginnt mit dem Tage, an welchem die widerrechtliche Handlung zuletzt stattgefunden hat.

§ 50 [Antrag auf Vernichtung] Der Antrag auf Vernichtung der Exemplare und der Vorrichtungen ist so lange zulässig, als solche Exemplare oder Vorrichtungen vorhanden sind.

Schrifttum: *Bost,* Effiziente Verhaltenssteuerung durch Ersatz von Nichtvermögensschäden, 2009; *Bötticher,* Die Einschränkung des Ersatzes immaterieller Schadens und der Genugtuungsanspruch wegen Persönlichkeitsminderung, MDR 1963, 353; *ders.,* Die Verpflichtung zum Geldersatz für immateriellen Schaden, 45. DJT 1964, Bd. II: Sitzungsberichte 1965, S C 7; *Brost,* Postmortaler Persönlichkeitsschutz – Eine Systematisierung der zivilrechtlichen Ansprüche, AfP 2015, 510; *Bruns,* Löschungs- und Berichtigungsansprüche bei Online-Pressearchiven, 2015; *Bydlinski,* Der Ersatz ideellen Schadens als sachliches und methodisches Problem, JBl. 1965, 173; *Cronemeyer,* Zum Anspruch auf Geldentschädigung bei der Verletzung des allgemeinen Persönlichkeitsrechts, AfP 2012, 10; *Damm/Rehbock,* Widerruf, Unterlassung und Schadensersatz in Presse und Rundfunk, 3. Aufl. 2008; *Dehnert,* Der deliktische Erfolgsort bei reinen Vermögensschäden und Persönlichkeitsrechtsverletzungen, 2011; *Deutsch,* Schmerzensgeld und Genugtuung, JuS 1969, 197; *Dölling,* Der fliegende Gerichtsstand im Presserecht – Spielball der Interessen?, NJW 2015, 124; *Ehlers,* Der Geldersatz für immaterielle Schäden bei deliktischer Verletzung des allgemeinen Persönlichkeitsrechts, 1977; *Engels,* Geldentschädigung gegen hartnäckiger Persönlichkeitsverletzungen, in Weberlin ua, Im Zweifel für die Pressefreiheit, 2008, 155; *Ettig,* Bereicherungsrechtliche Ansprüche bei Verletzung des allgemeinen Persönlichkeitsrechts durch redaktionelle Berichterstattung, K&R 2016, 12; *dies,* Bereicherungsausgleich und Lizenzanalogie bei Persönlichkeitsrechtsverletzung, 2015; *Fornasier/Frey,* Geldersatz für Persönlichkeitseingriffe durch Werke der Kunst, AfP 2009, 110; *Fricke,* Gegendarstellung im Internet – Anspruchsverpflichtung und Platzierung, FS Wandtke, 2013, 497; *dies.,* Der Unterlassungsanspruch gegen Presseunternehmen zum Schutz des Persönlichkeitsrechts im internationalen Privatrecht, 2003; *dies.,* Grundlagen und Grenzen des Berichtigungsanspruchs im Äußerungsrecht, AfP 2009, 552; *Fromm,* Schadensersatz für Persönlichkeitsrechtsverletzungen, NJW 1965, 1201; *v. Gamm,* Persönlichkeits- und Ehrverletzungen durch Massenmedien, 1969; *Gertzen,* Der strafrechtliche Schutz des Rechts am eigenen Bild, 2009; *Götting,* Sanktionen bei Verletzung des postmortalen Persönlichkeitsrechts, GRUR 2004, 801; *ders.,* Die bereicherungsrechtliche Lizenzanalogie bei Persönlichkeitsrechtsverletzungen, FS Ullmann, 2006, 65; *Gounalakis,* Persönlichkeitsschutz und Geldersatz, AfP 1998, 10; *Hartmann,* Der Nachtragsanspruch – Störerhaftung der Presse infolge zulässiger Verdachtsberichterstattung, AfP 2015, 106; *Haug,* Zur Zulässigkeit der Sperrung von YouTube wegen einzelner rechtswidriger Inhalte, K&R 2016, 83; *ders.,* Die Haftung von Internetportalen für verletzende Nutzerkommentare, AfP 2014, 27; *Haunreiter,* Die wirtschaftliche Verwertung der natürlichen Person – Kommerzialisierbare Aspekte der Persönlichkeit als Immaterialgüter, UFITA 2010, 339; *Helle,* Privatautonomie und kommerzielles Persönlichkeitsrecht, JZ 2007, 444; *Heinker,* Strafrechtlicher Schutz des gesprochenen Wortes und des Bildnisses bei „Spaßtelefonaten" und „versteckter Kamera", AfP 2008, 573; *Hesse,* § 201a StGB aus Sicht des öffentlich-rechtlichen Rundfunks, ZUM 2005, 432; *Heuchemer,* die Kriterien einer Zuerkennung von Geldentschädigung im Persönlichkeitsrecht, AfP 2010, 222; *Höch,* Weißer Rausch aus Straßburg? – keine Lizenzgebühr für Werbung mit Prominenten-Namen, K&R 2015, 230; *Hoeren/Prinz,* Abschaffung des fliegenden Gerichtsstands, ZRP 2009, 422; *Hofmann,* The economic part of the right to personality as an intellectual property right? – A comparison between English and German Law, ZGE 2010, 1; *Holznagel,* Melde- und Abhilfeverfahren zu Beanstandungen rechtswidrig gehosteter Inhalte nach europäischem und deutschem Recht im Vergleich zu gesetzlich geregelten notice and take-down-Verfahren, GRUR-Int 2014, 105; *Husemann,* Die aus einem Unterlassungsvertrag resultierende Handlungspflichten, WRP 2017, 270; *Hubmann,* Der Bereicherungsanspruch im Persönlichkeitsrecht, UFITA 39 (1963) 223; *Jipp,* Zum Folgenbeseitigungsanspruch bei Buchveröffentlichungen – der Rückrufanspruch, AfP 2014, 300; *Koppehele,* Voraussetzungen des Schmerzensgeldanspruchs bei prominenten Personen aus dem Showgeschäft, AfP 1981, 337; *Kraenz,* Der strafrechtliche Schutz des Persönlichkeitsrechts – Zu den Auswirkungen der §§ 201a (unbefugte Bildaufnahmen) und 238 StGB (Stalking) auf die journalistische Tätigkeit, 2008; *Kübler,* Der Referentenentwurf für ein neues Schadensersatzrecht und die zivilrechtliche Haftung der Presse, JZ 1968, 542; *Kühl,* Neuere Entwicklungen im strafrechtlichen Schutz des Persönlichkeitsrechts, in: Bosch/Bung/Klippel, Geistiges Eigentum und Strafrecht, 2011, 115; *Ladeur,* Fiktive Lizenzentgelte für Politiker?, ZUM 2007, 111; *Lauber-Rönsberg,* Rechtsdurchsetzung bei Persönlichkeitsrechtsverletzungen im Internet – Verantwortlichkeit von Intermediären und Nutzern in Meinungsforen und Personenbewertungsportalen, MMR 2014, 10; *Ludyga,* Entschädigung in Geld und postmortale Verletzung des Urheberpersönlichkeitsrechts, ZUM 2014, 374; *Marinovic,* Commercialization of Dead and Living Celebrities in the U.S. and Germany, GRUR-Int 2010, 26; *Meyer,* Genugtuungsfunktion des Schmerzensgeldes und Strafzumessung, JuS 1975, 87; *Möller,* Zum Verhältnis einer nachträglichen Berichtigung und des Schmerzensgeldanspruchs bei schwerwiegender Persönlichkeitsverletzung, ArchPR 1968, 760; *MünchKomm.* BGB/*Rixecker,* 8. Aufl. 2018, Bd. 1, Anh. zu § 12: Das Allgemeine Persönlichkeitsrecht; *Neumeyer,* Schmerz, Kommerz, Frau mit Herz, AfP 2009, 465; *Nörr,* Zum Ersatz des immateriellen Schadens nach geltendem Recht, AcP 158 (1959/60) 1; *Paschke/Halder,* Auskunftsansprüche bei digitalen Persönlichkeitsrechtsverletzungen. Möglichkeiten und Grenzen im Lichte zu Immaterialgüterrechtsverletzungen, MMR 2016, 723; *Peifer,* Die zivilrechtliche Verteidigung gegen Äußerungen im Internet, AfP 2015, 193; *Peifer,* Auskunftsansprüche bei Persönlichkeitsrechtsverletzungen, NJW 2014, 3067; *v. Pentz,* Ausgewählte Fragen des Medien- und Persönlichkeitsrechts im Lichte der aktuellen Rechtsprechung des VI. Zivilsenats, AfP 2017, 102; *Prinz,* Der Schutz der Persönlichkeitsrechte vor Verletzungen durch die Medien, NJW 1995, 817; *ders.,* Geldentschädigung bei Persönlichkeitsverletzungen durch Medien, NJW 1996, 953; *Remè,* Die Aufgaben des Schmerzensgeldes im Persönlichkeitsschutz, 1962; *Rosengarten,* Der Präventionsgedanke im deutschen Zivilrecht, NJW 1996, 1935; *Schertz,* Der Schutz der Persönlichkeit vor heimlichen Bild- und Tonaufnahmen – Zugleich eine Anmerkung zum § 201a StGB, AfP 2005, 421; *ders.,* Der Schutz des Individuums in der modernen Mediengesellschaft, NJW 2013, 721; *ders./Reich,* Vermögensrechtliche Ansprüche bei unzulässiger publizistischer Verwendung von Bildnissen aus der Privatsphäre, AfP 2010, 1; *Schlechtriem,* Bereicherung aus fremdem Persönlichkeitsrecht, Fs. für Hefermehl, 1976, S. 445; *Seitz,* Prinz und Prinzessin – Wandlungen des Deliktsrechts durch Zwangskommerzialisierung der Persönlichkeit, NJW 1996, 2848; *ders.,* Zu vermögensrechtlichen Ansprüchen bei unzulässiger Nutzung von Bildnissen Prominenter, AfP 2010, 127; *Spindler,* Persönlichkeitsschutz im Internet, 2013; *Steffen,* Schmerzensgeld bei Persönlichkeitsverletzung durch Medien – Ein Plädoyer gegen formelhafte Berechnungsmethoden bei der Geldentschädigung, NJW 1997, 10; *Stoll,* Empfiehlt sich eine Neuregelung zum Ersatz für immaterielle Schäden?, Gutachten zum 45. DJT 1964; *Stürner,* Persönlichkeitsschutz und Geldersatz, AfP 1998, 1; *Vetter,* Interessenausgleich durch fiktive Lizenzen? – Ein Beitrag zur Lizenzanalogie im besonderen Kontext des Persönlichkeitsrechts, UFITA 2016, 99; *Wachs,* Entschädigungszahlungen bei Persönlichkeitsrechtsverletzungen, 2007; *Wanckel,* Die Durchsetzung von presserechtlichen Unterlassungsansprüchen, NJW 2009, 3353; *Wenzel,* Das Recht der Wort- und Bildberichterstattung, 2018.

A. Rechtsentwicklung

1 Die Rechtsfolgen bei Verletzungen des Rechts am eigenen Bild werden in den §§ 33, 37, 38, 42–44, 48 und 50 KUG behandelt. Die strafrechtliche Verfolgung und Verletzung des Rechts am eigenen Bilde hat trotz der Existenz des § 33 KUG praktisch keine Rolle gespielt.[1] Es bleibt abzuwarten, ob die Einführung des § 201a StGB dazu führt, dass die Strafverfolgung im Bereich des Bildnisschutzes an Bedeutung gewinnt. In Analogie zur Strafbarkeit heimlicher Tonaufnahmen, die seit jeher nach § 201 StGB verboten sind, soll **§ 201a StGB** vor heimlichen Bildaufnahmen (sog. **„visuelle Lauschangriffe"**) schützen und die nach Auffassung des Gesetzgebers insofern bestehenden Strafbarkeitslücken schließen.[2] Erfasst werden Bildaufnahmen, die von Betroffenen in einem persönlichen Rückzugsbereich (der Wohnung oder einem sonst besonders geschützten Raum) hergestellt oder übertragen werden. Voraussetzung ist, dass dadurch der höchstpersönliche Lebensbereich der abgebildeten Person verletzt wird. Öffentlich zugängliche Orte unterfallen nicht der Strafbarkeit nach § 201a StGB. Den Anlass zu der Regelung gaben die neuen technischen Möglichkeiten, wie insbesondere Fotohandys und die Zoom-Technik bei Kameras, die Fotoaufnahmen aus weiter Entfernung oder aus

---

[1] So *Schertz* AfP 2005, 421 (426).
[2] S. BT-Drs. 15/2466, 5; sa *Schertz* AfP 2005, 421 (424 f.).

einem Versteck ermöglichen. Außerdem sollte dem sog. „Kamera-Voyeurismus" Einhalt geboten werden, wie etwa dem Installieren von Fotokameras in Umkleidekabinen, Damentoiletten, Arztzimmern und dem Einstellen derartiger Bilder ins Internet.[3]

Die Vorschriften des KUG, die allgemein die Sanktionen bei einer Verletzung der geschützten Rechte regelten, sind gemäß § 141 Nr. 5 UrhG aufgehoben, soweit sie nicht den Schutz von Bildnissen betreffen. Als **Persönlichkeitsrecht** ist das Recht am eigenen Bild nach § 823 Abs. 1 BGB sowie analog § 1004 BGB geschützt.[4] Zur Ergänzung kommt eine entsprechende Heranziehung der §§ 97 ff. UrhG in Betracht.[5] Danach gelten wegen des vermögensrechtlichen Charakters des Rechts am eigenen Bilde auch die für die **Schadensberechnung bei der Verletzung von Urheberrechten oder Immaterialgüterrechten** entwickelten allgemeinen Grundsätze. Demzufolge kann der verletzte Rechtsinhaber den konkreten Schaden nach §§ 249 ff. BGB unter Einschluss auch des entgangenen Gewinns verlangen. Alternativ kann er auch den vom Verletzer durch den Eingriff erzielten Gewinn herausverlangen (vgl. § 97 Abs. 2 S. 2 UrhG). Praktisch im Vordergrund steht auch bei der Verletzung des Rechts am eigenen Bilde die Schadensberechnung nach Maßgabe der angemessenen Lizenzanalogie (vgl. § 97 Abs. 2 S. 3 UrhG). Diese, auf der Fiktion einer Lizenzgewährung beruhende, Konstruktion dient auch zur Bestimmung des Bereicherungsausgleichs bei der verschuldensunabhängigen Eingriffskondiktion.[6]

Auskunftsansprüche hinsichtlich der Bezugsquelle des Bildes können sich aus § 242 BGB ergeben, wenn ein materiell-rechtlicher Hauptanspruch zugrunde liegt. Dem kann allerdings im Rahmen der erforderlichen Abwägung das presserechtlich geschützte Interesse entgegenstehen, das Vertrauensverhältnis zwischen dem Verlag und seinen Informanten und Zulieferern nicht zu belasten.[7] Als **Hilfsanspruch** setzt der Anspruch auf Auskunftserteilung über den Umfang der Vermarktung des Bildes und über die dabei erzielten Erlöse nach allgemeinen Grundsätzen das Bestehen des Schadensersatzanspruchs dem Grunde nach voraus.[8] Ein **Anspruch auf Herausgabe der verbreiteten Fotos samt Negativen und etwaigen Abzügen** ergibt sich aus §§ 22, 37, 38, 42 KUG. Das Verlangen umfasst auch die nur angefertigten, nicht aber verbreiteten Fotos.[9] Dabei kann dahinstehen, ob der Anspruch auf einer Analogie zu § 37 KUG beruht oder seine Stütze in §§ 823, 1004 BGB findet. Entscheidend ist allein, dass bereits durch die Anfertigung von Fotos das allgemeine Persönlichkeitsrecht verletzt und dadurch der Beseitigungsanspruch ausgelöst wurde.[10] Ein Anspruch auf Herausgabe von Bildmaterial gemäß §§ 37, 38 KUG bzw. §§ 823, 1004 BGB besteht dann nicht, wenn bei der darauf abgebildeten Person mit hoher Wahrscheinlichkeit davon auszugehen ist, dass sie in Zukunft Person der Zeitgeschichte werden wird, so dass die Veröffentlichung dann nach § 23 Abs. 1 Nr. 1 KUG zulässig wird.[11]

Für **Ansprüche auf Geldersatz für immateriellen Schaden (Geldentschädigung)** treten neben die Bestimmungen des KUG die Grundsätze, die die Rechtsprechung zum allgemeinen Persönlichkeitsrecht entwickelt hat. Danach wird unter Durchbrechung von § 253 Abs. 1 BGB Geldersatz für den nichtvermögensrechtlichen Schaden gewährt, der durch die unbefugte Veröffentlichung eines Bildes hervorgerufen worden ist.[12]

B. Die Rechtsfolgen im Einzelnen

An zivilrechtlichen Ansprüchen kommen in Betracht:

I. Anspruch auf Beseitigung der Beeinträchtigung

Der Beseitigungsanspruch entsprechend § 1004 BGB (vgl. auch § 97 Abs. 1 S. 1 UrhG) setzt nur eine **objektiv rechtswidrige Verletzung und ein Fortwirken der Beeinträchtigung,** aber kein schuldhaftes Verhalten des Verletzers voraus. Der Anspruch kann auf jede Form der Beseitigung gerichtet sein, zB auf Entfernen oder Überkleben bei Plakatwerbung[13] oder auf Widerruf bei Veröffentlichung in den Medien.[14]

---

[3] BT-Drs. 15/2466, 5, dazu auch *Schertz* AfP 2005, 421 (425); zu den weiteren Einzelheiten s. die Erläuterungen in den einschlägigen Kommentaren zum StGB.

[4] MüKo. BGB/*Rixecker* Allgemeines Persönlichkeitsrecht Rn. 2; *Hubmann* Anm. zu Schulze LGZ 197, 14 f.

[5] *V. Gamm* UrhG Einf. Rn. 129.

[6] Grundlegend BGH GRUR 1956, 427 – Paul Dahlke.

[7] OLG Hamburg AfP 1995, 504; krit. dazu *Ehmann* AfP 1995, 654.

[8] OLG München AfP 1995, 658.

[9] Sa OLG Koblenz ZUM 2015, 58; s. dazu *Golla/Herbort* GRUR 2015, 648 ff.

[10] OLG München NJW-RR 1996, 93 (95).

[11] OLG Hamburg AfP 1997, 535 (536 f.).

[12] Zur Entwicklung s. *Fromm* NJW 1965, 1201; *Hartmann* NJW 1964, 793; *Neumann-Duesberg* Anm. zu Schulze BGHZ 156 – Spielgefährtin II.

[13] Vgl. BGH GRUR 1958, 408 – Herrenreiter.

[14] Vgl. BGH GRUR 1970, 370 – Nachtigall.

II. Unterlassungsanspruch

5   Auch der Unterlassungsanspruch entsprechend § 1004 BGB (vgl. auch § 97 Abs. 1 S. 1 UrhG) setzt kein Verschulden voraus, sondern nur eine **objektive Rechtsverletzung.** Der Unterlassungsanspruch soll künftige Rechtsverletzungen verhindern; er setzt daher **Wiederholungsgefahr bzw. Erstbegehungsgefahr** voraus. Bei einem rechtswidrigen Eingriff in das allgemeine Persönlichkeitsrecht steht eine tatsächliche Vermutung für das Vorliegen einer Wiederholungsgefahr, die im Regelfall durch die Abgabe einer strafbewehrten Unterlassungserklärung beseitigt werden kann.[15] Dies hat auch für Verletzungen des Rechts am eigenen Bilde zu gelten, da es sich dabei um einen spezialgesetzlich geregelten Ausschnitt aus dem allgemeinen Persönlichkeitsrecht handelt. Die Gefahr der Wiederholung ist insbesondere gegeben, wenn eine Verletzungshandlung begangen worden ist und der Verletzer bestreitet, das Recht am Bild verletzt zu haben.[16] Nach der Rechtsprechung des BGH kann im Bereich der Bildberichterstattung nicht mit einer **„vorbeugenden" Unterlassungsklage** über die konkrete Verletzungsform hinaus eine ähnliche oder **„kerngleiche" Bildberichterstattung** für die Zukunft verboten werden. Vielmehr erfordert die Prüfung der Zulässigkeit einer Bildveröffentlichung ohne Einwilligung des Abgebildeten in jedem Einzelfall eine Abwägung zwischen dem Informationsinteresse der Öffentlichkeit und dem Interesse des Abgebildeten an dem Schutz seiner Privatsphäre, wobei die begleitende Wortberichterstattung eine wesentliche Rolle spielen kann.[17] Dies gilt ebenso in Fällen, in denen es um die Abbildung minderjähriger Kinder geht und das Presseorgan bereits mehrfach Fotos ohne die erforderliche Einwilligung veröffentlicht hat; auch insoweit besteht kein genereller Anspruch auf Unterlassung der Veröffentlichung jeglicher Fotos bis zur Volljährigkeit der Kinder.[18] Damit wird trotz vergleichbarer Interessenlage von dem im Wettbewerbsrecht anerkannten Grundsatz abgewichen, dass die durch eine Verletzungshandlung begründete Wiederholungsgefahr sich grundsätzlich auch auf alle im Kern gleichartigen Verletzungshandlungen erstreckt.[19] Allerdings wird die Gefahr, dass durch leichte Veränderungen des Inhalts oder Kontexts der Bildberichterstattung das Unterlassungsgebot umgangen werden kann, durch folgende Klarstellung des BGH abgemildert: „Ein auf die konkrete Verletzungsform beschränktes Unterlassungsgebot greift nicht nur dann, wenn der Presseartikel wortgleich wiederholt wird, sondern auch dann, wenn die darin enthaltenen Mitteilungen sinngemäß ganz oder teilweise Gegenstand einer erneuten Berichterstattung unter Beifügung des zu beanstandenden Fotos sind. Ob dies der Fall ist, hat das für die Vollstreckung nach § 890 ZPO zuständige Prozessgericht zu beurteilen. Dazu bedarf es keines in die Einzelheiten gehenden Urteilstenors des Vollstreckungstitels. Vielmehr reicht es aus, dass in dem Urteilstenor (oder auch in den Gründen) zum Ausdruck kommt, dass das Foto im Zusammenhang mit der erneuten Veröffentlichung der in der Ausgangsberichterstattung gebrachten Mitteilungen nicht erneut veröffentlicht werden darf. Die Reichweite des Verbots hat das Prozessgericht als Vollstreckungsorgan aufgrund des Urteilstenors und der Gründe des Vollstreckungstitels zu ermitteln."[20]

6   Unter bestimmten Voraussetzungen haften auch **Diensteanbieter** iSd § 2 Abs. 1 Nr. 1 TMG, die rechtsverletzende Bildnisse speichern und als **Suchmaschinen** für Nutzer bereithalten, auf Unterlassung.[21] Nach § 7 Abs. 2 S. 1 TMG sind zwar Diensteanbieter iSd §§ 8–10 TMG nicht verpflichtet, die von ihnen übermittelten oder gespeicherten Informationen zu überwachen oder nach Umständen zu forschen, die auf eine rechtswidrige Tätigkeit hindeuten.[22] Nach diesen auf Art. 15 Abs. 1 der Richtlinie 2000/31/EG über den elektronischen Geschäftsverkehr beruhenden Regelungen sind Überwachungspflichten allgemeiner Art ausgeschlossen.[23] „Vom Anbieter einer Suchmaschine kann vernünftigerweise nicht erwartet werden, dass er sich vergewissert, ob die von den Suchprogrammen aufgefundenen Inhalte rechtmäßig ins Internet eingestellt worden sind, bevor er diese auffindbar macht. Einer Pflicht des Anbieters einer Suchfunktion, Nachforschungen zur Rechtmäßigkeit der Veröffentlichung der von Suchmaschinen aufgefundenen Inhalte anzustellen (proaktive Prüfungspflicht), stehen Aufgabe und Funktionsweise der Suchmaschinen entgegen."[24] Nicht ausgeschlossen sind dagegen Überwachungspflichten in spezifischen Fällen.[25] Es ist zwischen einer anlassunabhängigen und anlassabhängigen Prüfungspflicht zu unterscheiden. Diensteanbieter, die von Nutzern bereitgestellte Informationen speichern, müssen außerdem die nach vernünftigem Ermessen von ihnen zu

---

[15] BGH ZUM 2018, 440 Rn. 17, mwN.

[16] Zur Wiederholungsgefahr s. BGH GRUR 1961, 138 – Familie Schölermann; OLG Düsseldorf GRUR 1970, 618 – Schleppjagd; s. zum Unterlassungsanspruch bei Verletzung des Rechts am eigenen Bild ferner: BGH GRUR 1958, 408 – Herrenreiter; BGH GRUR 1957, 494 – Spätheimkehrer; BGH GRUR 1966, 102 – Spielgefährtin I; BGH GRUR 1967, 205 – Vor unserer eigenen Tür; OLG München Schulze OLGZ 58 – Kanzlerkandidat.

[17] BGH GRUR 2008, 446 1. und 2. Ls. – „kerngleiche" Berichterstattung; sa BGH NJW 2009, 2823 – Andrea Casiraghi mit Fliege.

[18] BGH GRUR 2010, 173 Rn. 7 – Kinder von Franz Beckenbauer.

[19] S. die Rechtsprechungsnachweise bei Köhler/Bornkamm/Feddersen/*Bornkamm* UWG § 8 Rn. 1.36 f.

[20] BGH NJW 2009, 2823 Rn. 11 – Andrea Casiraghi mit Fliege.

[21] S. OLG Hamburg ZUM-RD 2014, 511 (524) (nicht rechtskräftig).

[22] Vgl. BGH ZUM 2013, 288 Rn. 19; 2013, 874 Rn. 30; LG Hamburg ZUM-RD 2014, 511 (524).

[23] BGH ZUM 2013, 288 Rn. 19; 2013, 874 Rn. 30; LG Hamburg ZUM-RD 2014, 511 (524).

[24] BGH AfP 2018, 322 Rn. 34.

[25] BGH ZUM 2013, 288 Rn. 19; 2013, 874 Rn. 30; LG Hamburg ZUM-RD 2014, 511 (524).

erwartende und in innerstaatlichen Rechtsvorschriften niedergelegte Sorgfaltspflicht anwenden, um bestimmte Arten rechtswidriger Tätigkeiten aufzudecken und zu verhindern.[26] Diese Grundsätze stehen im Einklang mit den Maßstäben, die der Gerichtshof der Europäischen Union in seinem Urteil vom 12.7.2011 aufgestellt hat.[27] Insoweit kommt es auch nicht auf die (lang umstrittene) Frage an, ob § 10 TMG auf Unterlassungsansprüche anwendbar ist,[28] was aber in Anknüpfung an die Rechtsprechung des BGH[29] und EuGH[30] zu verneinen ist. Die von der Rechtsprechung des BGH entwickelten Maßstäbe zur Inanspruchnahme eines host providers bzw. eines Suchmaschinenbetreibers setzen die Verletzung zumutbarer und möglicher Prüfpflichten voraus.[31] Regelmäßig werden diese durch eine anlassbezogene konkrete Beanstandung des Betroffenen ausgelöst, die die Gegenseite in die Lage versetzt, die Verletzung von Persönlichkeitsrechten zu überprüfen. Der Umfang dieser Prüfpflicht ist unter Berücksichtigung der konkreten Umstände des Einzelfalls zu bestimmen, dabei ist insbesondere auch die Schwere der Persönlichkeitsrechtsverletzung zu berücksichtigen. Eine Vorwerfbarkeit kann insbesondere daraus resultieren, dass nach Kenntniserlangung keine hinreichenden Vorkehrungen getroffen wurden, um zu verhindern, dass es zu erneuten gleichartigen Rechtsverletzungen kommt.[32] „Wird eine Verletzung von Persönlichkeitsrechten behauptet, wird sich eine Rechtsverletzung allerdings nicht stets ohne weiteres feststellen lassen. Denn sie erfordert eine Abwägung zwischen dem Recht des Betroffenen auf Schutz seiner Persönlichkeit aus Art. 1 Abs. 1 iVm Art. 2 Abs. 1 GG, Art. 8 Abs. 1 EMRK und dem durch Art. 5 Abs. 1 GG, Art. 10 EMRK geschützten Recht, jedenfalls des Providers, auf Meinungs- und Medienfreiheit. Ist der Provider mit der Beanstandung eines Betroffenen konfrontiert, die so konkret gefasst ist, dass der Rechtsverstoß auf der Grundlage der Behauptung des Betroffenen unschwer bejaht werden kann, ist eine Ermittlung und Bewertung des gesamten Sachverhalts unter Berücksichtigung einer etwaigen Stellungnahme des für den beanstandeten Beitrag Verantwortlichen erforderlich. Dies gilt auch dann, wenn die beanstandete Äußerung nicht als Tatsachenbehauptung, sondern als Werturteil zu qualifizieren ist, das Werturteil vom Betroffenen aber mit der schlüssigen Behauptung als rechtswidrig beanstandet wird, der tatsächliche Bestandteil der Äußerung, auf dem die Wertung aufbaue, sei unrichtig, dem Werturteil fehle damit jegliche Tatsachengrundlage."[33] Entsprechendes gilt auch für herabsetzende Tatsachenbehauptungen oder Werturteile mit Tatsachenkern. Da der Suchmaschinenbetreiber typischerweise über keine Kenntnisse verfügt und ihm die Validierung des Vortrags der Betroffenen somit regelmäßig nicht möglich ist, führt auch der Maßstab der „offensichtlich und auf den ersten Blick erkennbaren Rechtsverletzung" nur in Ausnahmefällen zu einem eindeutigen Ergebnis.[34]

Der Anspruch auf **Vernichtung und ähnliche Maßnahmen** (zB Unkenntlichmachung, vgl. § 37 **7** KUG, § 98 UrhG) dient der Sicherung des Unterlassungsanspruchs. Der Anspruch bezieht sich auf die widerrechtlich verbreiteten oder öffentlich zur Schau gestellten Bildnisse und die zu deren Vervielfältigung ausschließlich bestimmten Vorrichtungen (§ 37 Abs. 1 S. 2 KUG) sowie auf deren Vervielfältigungsstücke (§ 98 UrhG). Der Vernichtungsanspruch setzt keine Wiederholungsgefahr voraus.[35]

Ist eine **Veröffentlichung von Fotos geplant,** die gegen das Recht am eigenen Bild der abgebil- **8** deten Personen verstoßen würde, so kann das Gericht im Wege der einstweiligen Verfügung zur vorläufigen Sicherung des Herausgabeanspruchs die Herausgabe der streitigen Bilder und Negative an den Gerichtsvollzieher als Sequester anordnen.[36] Allein die Befürchtung, an einem Dokumentarfilm könnten Zweifel darin geäußert werden, dass auf einer historischen Aufnahme Angehörige des Beklagten abgebildet sind, begründet keine ausreichende Wahrscheinlichkeit einer Persönlichkeitsrechtsverletzung und damit keinen Besichtigungsanspruch nach § 809 BGB.[37] Der Besichtigungsanspruch nach § 809 BGB dient nicht dem Zweck, einen Film vor dessen Veröffentlichung anzusehen, um zu klären, wie in diesem ein bestimmtes Thema dargestellt und bestimmte Dokumente gewürdigt werden.[38]

---

[26] BGH ZUM 2013, 288 Rn. 19; 2013, 874 Rn. 30, unter Hinweis auf Erwägungsgrund 48 der Richtlinie 2000/31/EG sowie BGH GRUR 2011, 617 Rn. 40 – Sedo.

[27] BGH ZUM 2013, 288 Rn. 19; 2013, 874 Rn. 30, unter Hinweis auf EuGH GRUR 2011, 1025 Rn. 109 ff., 139, 144 – L'Oréal/eBay sowie BGHZ 191, 19 Rn. 22 ff. – Stiftparfüm.

[28] LG Hamburg ZUM-RD 2014, 511 (524), unter Hinweis auf BGH ZUM-RD 2012, 82 Rn. 19 (verneinend).

[29] BGH GRUR 2016, 855 Rn. 19 – www.jameda.de.

[30] EuGH GRUR 2016, 1147 Rn. 79 – McFadden/Sony Music.

[31] LG Hamburg ZUM-RD 2014, 511 (524).

[32] LG Hamburg ZUM-RD 2014, 511 (525), unter Hinweis auf BGH ZUM 2013, 550 Rn. 26; BGH ZUM-RD 2012, 82 Rn. 24.

[33] BGH AfP 2018, 322 Rn. 32.

[34] BGH AfP 2018, 322 Rn. 37; vgl. auch v. Pentz AfP 2017, 102 (115).

[35] Vgl. BGH GRUR 1961, 138 – Familie Schölermann.

[36] OLG Celle AfP 1984, 236.

[37] BGH BeckRS 2018, 22188 Rn. 15–18 – MyLai.

[38] BGH BeckRS 2018, 22188 Rn. 21 – MyLai.

III. Schadensersatz, Bereicherungsausgleich und Geldentschädigung

1. Schadensarten

9   Bei den Ansprüchen auf Schadensersatz ist zu unterscheiden zwischen dem materiellen Schaden (§§ 249 ff. BGB; hierzu gehört insbesondere die entgangene übliche Lizenzgebühr) und dem immateriellen Schaden aufgrund der erlittenen Beeinträchtigung. Der Schadensersatz für Körperschäden (Aufregung über eine unbefugte Bildveröffentlichung mit Krankheitsfolge) ist mehr theoretischer Natur. **In der Praxis** gibt es Geldzahlungen meist **in Form von Lizenzgebühren oder Schmerzensgeldern,** je nachdem, ob die Bildverwendung nur aus kommerziellen Gründen (zB Sportlerwerbung) oder aus Gründen des Ehrenschutzes[39] angegriffen wird.

2. Materieller Schaden (Lizenzgebühr)

10   Anspruchsgrundlagen sind §§ 823 Abs. 1 oder Abs. 2 BGB iVm §§ 22, 23 Abs. 2 KUG. Der Anspruch auf Ersatz des Schadens, der durch die unbefugte Verwendung des Bildnisses entstanden ist, setzt hier das Verschulden des Verletzers voraus, dh Vorsatz oder Fahrlässigkeit. Der Schaden kann wie bei § 97 UrhG auf dreifache Weise berechnet werden. Der Verletzte kann also alternativ zur angemessenen Lizenzgebühr den konkreten Schaden oder den vom Verletzer durch den Eingriff erzielten Gewinn verlangen. Im Vordergrund steht aber ganz eindeutig die Schadensberechnung nach der Lizenzanalogie, da die anderen Berechnungsmethoden ebenso wie auch bei Immaterialgüterrechtsverletzungen, insbesondere wegen der schwierigen Kausalitätsnachweise in der Praxis, auf erhebliche Beweisprobleme stoßen.

11   **a) Schadensersatz für die Verwendung von Bildnissen Prominenter in der Werbung.** Bei Personen, die die Benutzung ihres Bildes zu Werbezwecken zu gestatten pflegen, umfasst der Anspruch auf Schadensersatz bei unbefugter kommerzieller Benutzung des Bildes das übliche Entgelt, das der Abgebildete für die Zustimmung zur Verwendung seines Bildnisses fordern kann **(Lizenzanalogie).**[40]

12   **aa) Die traditionelle Rechtsprechung des BGH: Beschränkung auf professionelle Darsteller.** Demgegenüber soll ein Anspruch auf Zahlung einer angemessenen Lizenzgebühr nach der traditionellen Auffassung des BGH sowohl nach Delikts- als auch nach Bereicherungsrecht nur gegeben sein, wenn die Erlaubnis zum Eingriff in das Recht am eigenen Bilde üblicherweise von der Zahlung eines Entgelts abhängig gemacht werde.[41] Die Anerkennung des vermögensrechtlichen Charakters des Rechts am eigenen Bilde bleibt demnach **auf professionelle Darsteller beschränkt,** wie insbesondere Modelle oder Prominente, die ihre Bildnisse zu vermarkten pflegen. Demgegenüber soll bei Personen, die ihre Bildnisse grundsätzlich nicht kommerziell nutzen, ein Schadensersatz nach Maßgabe des üblichen Entgelts ausgeschlossen sein, weil dem verletzten Recht die Nähe zu einem Immaterialgüterrecht fehle.[42]

13   Dem ist entgegenzuhalten, dass **die vermögensrechtliche Qualität des Rechts am eigenen Bilde** davon abhängt, ob es einen **objektiven Marktwert** besitzt. Es kommt deshalb darauf an, ob für vergleichbare Bildnisse von den Verwertern üblicherweise ein Entgelt gezahlt wird. Wer das Recht am eigenen Bilde unbefugt für kommerzielle Zwecke ausnutzt, zeigt damit, dass er ihm einen wirtschaftlichen Wert beimisst und kommerzialisiert es. An der damit geschaffenen vermögensrechtlichen Zuordnung muss sich der Verwerter festhalten lassen und hat einen der Nutzung entsprechenden Wertersatz zu leisten. Das Erfordernis einer „kommerziellen Präformierung"[43] iS einer bereits vorher erfolgten entgeltlichen Nutzung durch den Rechtsinhaber oder einer Bereitschaft hierzu ist deshalb abzulehnen. In der **Entscheidung „Rücktritt des Finanzministers"** hat der BGH ausgeführt, dass die Zahlung einer angemessenen Lizenzgebühr nicht davon abhängt, „ob der Abgebildete bereit und in der Lage gewesen wäre, die Abbildung gegen Zahlung einer angemessenen Lizenzgebühr zu gestatten".[44] Ob damit die Beschränkung auf professionelle Darsteller bzw. solche, bei denen der Eingriff in das Recht am eigenen Bilde üblicherweise von der Zahlung eines Entgelts abhängig gemacht wird,[45] aufgehoben wird, lässt sich der Entscheidung nicht mit letzter Eindeutigkeit entnehmen. Dafür spricht aber, dass der BGH zu Recht darauf hinweist, dass derjenige, der das Bildnis eines Dritten unberechtigt für kommerzielle Zwecke ausnutzt, damit zeigt, dass er ihm einen wirtschaftlichen Wert beimisst.[46] Diese Erwägung trifft auf Personen zu, die die kommerzielle Nutzung ihres Bildnisses nicht üblicherweise gegen Zahlung eines Entgelts gestatten. Hinzu kommt, dass der damalige Finanzminis-

---

[39] ZB BGH GRUR 1958, 408 – Herrenreiter.
[40] BGH GRUR 1979, 732 (734) – Fußballtor; BGH GRUR 2009, 1085 Rn. 34 – Wer wird Millionär?; BGH GRUR 2013, 196 Rn. 42 – Playboy am Sonntag mwN.
[41] Grundlegend BGH GRUR 1958, 408 (409) – Herrenreiter.
[42] So noch OLG Hamburg AfP 1995, 504.
[43] *Bötticher* AcP 158 (1959/1960), 385 (404).
[44] BGH GRUR 2007, 139 Rn. 12 – Rücktritt des Finanzministers.
[45] So BGH GRUR 1958, 408 (409) – Herrenreiter.
[46] BGH GRUR 2007, 139 Rn. 12 – Rücktritt des Finanzministers.

ter Lafontaine ungeachtet seiner großen Bekanntheit als Politiker nicht zu dem Kreis von Personen gehört, die ihre Popularität durch die Gestattung der Verwendung ihres Bildnisses in Werbeanzeigen zu vermarkten pflegen.

bb) Die BGH-Entscheidung „Rücktritt des Finanzministers": Abschied von der „Her- 14 **renreiter"-Doktrin. (1) „Herrenreiter"-Doktrin.** Verfehlt ist auch die sog. **„Herrenreiter"- Doktrin,** an der der BGH jahrzehntelang festgehalten hat. Danach soll bei Prominenten die Gewährung einer Lizenzanalogie davon abhängig sein, ob sie grundsätzlich oder im konkreten Einzelfall dazu bereit gewesen wären, iS eines fiktiven Lizenzvertrages sich unter bestimmten Voraussetzungen mit dem Eingriff einverstanden zu erklären.[47] Ein solches Erfordernis begegnet auch rechtspolitischen Bedenken, weil es zu Schutzdefiziten führen kann, obwohl gerade Persönlichkeitsrechte wie das Recht am eigenen Bild wegen ihrer starken Verletzungsempfindlichkeit in besonderer Weise eines Schutzes durch ein effektives Sanktionssystem bedürfen. Erklärt der Rechtsinhaber, er widersetze sich grundsätzlich einer kommerziellen Nutzung seines Bildnisses, so scheidet ein Anspruch auf Zahlung einer angemessenen Lizenzgebühr wegen der nach Ansicht der Rechtsprechung fehlenden Kommerzialisierung aus. Aber auch ein Schmerzensgeldanspruch kann scheitern, wenn die äußerst hoch gesetzte Schwelle einer erheblichen Eingriffsschwere nicht überschritten wird.[48]

(2) „Rücktritt des Finanzministers". In der Entscheidung „Rücktritt des Finanzministers" hat 15 sich der BGH unter bereicherungsrechtlichen Gesichtspunkten, die aber in gleicher Weise für die Schadensberechnung nach der Lizenzanalogie gelten, von der „Herrenreiter"-Doktrin verabschiedet, indem er klargestellt hat, dass der Anspruch auf Zahlung einer angemessenen Lizenzgebühr nicht davon abhängt, ob der Abgebildete bereit und in der Lage gewesen wäre, die Nutzung seines Bildnisses gegen eine entsprechende Zahlung zu gestatten. „Denn der Zahlungsanspruch fingiert nicht eine Zustimmung des Betroffenen, er stellt vielmehr den Ausgleich für einen rechtswidrigen Eingriff in eine dem Betroffenen ausschließlich zugewiesene Dispositionsbefugnis dar."[49] Im Rückblick auf die bisherige ständige Rechtsprechung nach der „Herrenreiter"-Doktrin wird in dem Urteil klargestellt: „Soweit sich die Rechtsprechung des BGH entnehmen lässt, dass ein Schadens- oder Bereicherungsausgleich auf der Grundlage einer angemessenen Lizenzgebühr ein grundsätzliches Einverständnis des Abgebildeten mit der Vermarktung seines Rechts am eigenen Bilde voraussetze,[50] wird daran nicht festgehalten".[51]

cc) Verhältnis zwischen Lizenzanalogie und „Schmerzensgeldanspruch". Als Konsequenz 16 aus den von der Rechtsprechung entwickelten Grundsätzen nach der sog. „Herrenreiter"-Doktrin konnten ein materieller **Schadensersatzanspruch nach Maßgabe der Lizenzanalogie und ein Schmerzensgeldanspruch nicht kumulativ,** sondern nur alternativ zugesprochen werden, weil sie sich in ihren Voraussetzungen gegenseitig ausschließen. Während die angemessene Lizenzgebühr quasi die Erteilung einer fiktiven Genehmigung voraussetzt, setzt der Schmerzensgeldanspruch gerade umgekehrt deren Verweigerung voraus. Diese Aufspaltung wird dem Charakter des Rechts am eigenen Bilde nicht gerecht, weil sich in ihm vermögensrechtliche und persönlichkeitsrechtliche Elemente verbinden und deshalb durch einen Eingriff beide Interessenkreise gleichermaßen berührt sein können. Demzufolge erscheint es gerechtfertigt, dass **gegebenenfalls beide Anspruchskategorien nebeneinander geltend gemacht werden können.**[52] Durch die in der Entscheidung „Rücktritt des Finanzministers" niedergelegten (neuen) Grundsätze und der damit verbundenen Abkehr von der „Herrenreiter"-Doktrin hat der BGH die bisherige Alternativität zwischen materiellem und immateriellem Schadensersatz beseitigt und den Weg für eine Kumulation beider Ansprüche frei gemacht. Dies ergibt sich daraus, dass in Abweichung von der bisherigen Rechtsprechung für den Anspruch auf Zahlung einer angemessenen Lizenzgebühr nicht länger an dem Erfordernis einer fingierten Zustimmung des Betroffenen festgehalten wird.[53]

b) Ausgleich nach Bereicherungsgrundsätzen. Unabhängig vom verschuldensabhängigen 17 Schadensersatzanspruch ist idR ein Zahlungsanspruch unter dem Gesichtspunkt der ungerechtfertigten Bereicherung gem. § 812 BGB gegeben, für den es **auf ein Verschulden des Verletzers nicht ankommt.**[54] Die unbefugte kommerzielle Nutzung eines Bildnisses stellt einen **Eingriff in den vermögensrechtlichen Zuweisungsgehalt des Rechts am eigenen Bilde** dar und begründet einen Anspruch aus Eingriffskondiktion auf Zahlung der üblichen Lizenzgebühr. Den Gegenstand der Bereicherung, also das durch den Eingriff rechtsgrundlos „Erlangte" iSd § 812 Abs. 1 S. 1 BGB, bil-

---

[47] So aber grundlegend BGH GRUR 1958, 408 (409) – Herrenreiter; vgl. differenzierend OLG München ZUM 2005, 164 (165).
[48] Vgl. dazu → Rn. 32 ff.
[49] BGH GRUR 2007, 139 Rn. 12 – Rücktritt des Finanzministers.
[50] Vgl. BGHZ 26, 349 (353) = GRUR 1958, 408 = NJW 1958, 827 – Herrenreiter; BGHZ 30, 7 (16 f.) = GRUR 1959, 430 = NJW 1959, 1269 – Caterina Valente; BGH GRUR 1979, 732 (734) = NJW 1979, 2205 – Fußballtor.
[51] BGH GRUR 1979, 732 (734) = NJW 1979, 2205 – Fußballtor.
[52] Vgl. dazu eingehend *Götting* S. 50 f., 55 f.; ebenso OLG München NJW-RR 1996, 539 (540).
[53] BGH GRUR 2007, 139 Rn. 12 – Rücktritt des Finanzministers.
[54] BGH GRUR 1979, 732 (734) – Fußballtor; BGH GRUR 1968, 652 – Ligaspieler; BGH GRUR 1992, 557 (558) – Talkmaster-Foto; BGH GRUR 2013, 196 Rn. 42 – Playboy am Sonntag.

det die Nutzung. Da die Herausgabe der Bereicherung in Natur unmöglich ist, hat der Rechtsverletzer als Bereicherungsschuldner dem Rechtsinhaber als Bereicherungsgläubiger Wertersatz gemäß § 818 Abs. 2 BGB zu leisten.[55] Voraussetzung hierfür ist, dass die in Frage stehende Nutzung überhaupt einen kommerziellen Wert besitzt. Wie bereits oben (→ Rn. 13) im Rahmen der Lizenzanalogie beim materiellen Schadensersatz ausführlich dargelegt, ist darauf abzustellen, ob die in Frage stehende Bildnisverwertung einen **Marktwert** besitzt. Wer ein Bildnis für kommerzielle Zwecke nutzt, gibt damit zu erkennen, dass er ihm einen Marktwert beimisst und muss sich hieran festhalten lassen.[56]

18   Subjektive Kriterien, die an die Eigenschaften und Absichten der Person des Rechtsinhabers anknüpfen, sind demgegenüber ohne Belang. Ob dieser sein Recht am eigenen Bilde bereits vorher kommerzialisiert hatte oder ob es kommerzialisierbar gewesen wäre, hat keinen Einfluss auf die Festlegung der durch die unbefugte Nutzung eingetretenen ungerechtfertigten Bereicherung.[57] Die Funktion der bereicherungsrechtlichen Eingriffskondiktion besteht nicht darin, eine Vermögensminderung beim Rechtsinhaber, sondern einen grundlosen Vermögenszuwachs beim Rechtsverletzer auszugleichen.[58] Es handelt sich nämlich um **„Bereicherungsrecht und nicht um Entreicherungsrecht".** Im Anwendungsbreich des § 23 Abs. 1 Nr. 4 KUG ist ein Bereicherungsausgleich ausgeschlossen. Mit Blick auf die Kunstfreiheit sind die Abwägungserfordernisse so komplex, dass ein solches Haftungsrisiko einen „chilling effect" hätte.[59]

19   **aa) „Herrenreiter"-Doktrin.** Aus diesem Grunde ist es verfehlt, dass der BGH in der jahrzehntelang geltenden „Herrenreiter"-Doktrin den Bereicherungsausgleich nach Maßgabe der Lizenzanalogie auf prominente oder professionelle Darsteller beschränkt hat, also auf Personen, die üblicherweise Veröffentlichungen ihrer Bildnisse für Werbezwecke „zumeist nur gegen eine nicht unerhebliche Vergütung" gestatten.[60] Abzulehnen ist auch die weitere Bedingung, dass der Abgebildete überhaupt bereit gewesen wäre, sich unter bestimmten Voraussetzungen mit dem Eingriff einverstanden zu erklären, also quasi die erfolgte unbefugte Verwertung seines Bildnisses zu genehmigen (Lizenzbereitschaft).[61] Bei einer solchen **quasi-vertraglichen Interpretation der angemessenen Lizenzgebühr** wird übersehen, dass die durch die unbefugte Benutzung eingetretene Bereicherung ein irreversibles Faktum darstellt. Deshalb sind auch für den hierfür zu leistenden Ausgleich die hypothetischen Möglichkeiten und Vorstellungen auf Seiten des Rechtsinhabers ohne Belang. Es ist unzutreffend, in dem Begehren auf Zahlung einer angemessenen Lizenzgebühr eine Genehmigung zu sehen, durch die ein „fiktiver Lizenzvertrag" zustande kommt. Vielmehr handelt es sich ausschließlich um eine **Berechnungsmethode zur Feststellung des Nutzungswerts** des Rechts am eigenen Bilde.[62]

20   Da der Anspruch auf Zahlung einer angemessenen Lizenzgebühr nicht auf eine nachträgliche „Legalisierung" des Bereicherungsvorganges zielt,[63] entbehrt auch die Argumentation des BGH in der „Herrenreiter"-Entscheidung,[64] in der die Ablehnung eines Bereicherungsanspruchs nach Maßgabe der Lizenzanalogie auf den **herabwürdigenden Charakter der Bildnisdarstellung** gestützt wird, einer tragfähigen Grundlage. Danach versage die Fiktion eines abgeschlossenen Lizenzvertrages insbesondere dann, wenn dem Rechtsinhaber aufgrund der Lizenzanalogie unterstellt werde, er hätte sich für viel Geld in einer ihm unwürdigen Art und Weise abbilden lassen, was als kränkend und damit als erneute Persönlichkeitsverletzung empfunden werden könnte.[65]

21   **bb) „Rücktritt des Finanzministers".** Wie bereits im Rahmen der Berechnung des Schadensersatzes nach Maßgabe der Lizenzanalogie ausführlich dargelegt wurde,[66] hat sich der BGH in der richtungsweisenden Entscheidung „Rücktritt des Finanzministers" von der „Herrenreiter"-Doktrin verabschiedet. Gerade auch unter bereicherungsrechtlichen Gesichtspunkten hat er sich von den bisher geltenden Grundsätzen distanziert und folgende Klarstellung vorgenommen: „Die unbefugte kommerzielle Nutzung eines Bildnisses stellt einen Eingriff in den vermögensrechtlichen Zuweisungsgehalt des Rechts am eigenen Bild wie auch des allgemeinen Persönlichkeitsrechts dar und begründet grundsätzlich – neben dem Verschulden voraussetzenden Schadensersatzanspruch – einen Anspruch aus Eingriffskondiktion auf Zahlung der üblichen Lizenzgebühr.[67] Bereicherungsgegenstand ist die Nutzung des Bildnisses. Da diese nicht herausgegeben werden kann, ist nach § 818 Abs. 2 BGB Wertersatz zu leisten. Wer das Bildnis eines Dritten unberechtigt für kommerzielle Zwecke ausnutzt,

---

[55] So jetzt auch BGH GRUR 2007, 139 Rn. 12 – Rücktritt des Finanzministers; → Rn. 21.
[56] So jetzt auch BGH GRUR 2007, 139 Rn. 12 – Rücktritt des Finanzministers; → Rn. 21.
[57] So jetzt auch BGH GRUR 2007, 139 Rn. 12 – Rücktritt des Finanzministers; → Rn. 21.
[58] So auch BGH GRUR 1956, 427 (430) – Paul Dahlke.
[59] *Lauber-Rönsberg* GRUR-Prax 2015, 495 (497) (Anm. zu LG Berlin ZUM 2014, 729 – Künstlerische Straßenfotografie.
[60] BGH GRUR 1956, 427 (429 f.) – Paul Dahlke; GRUR 1958, 408 (409) – Herrenreiter.
[61] So grundlegend BGH GRUR 1958, 408 (409) – Herrenreiter.
[62] Vgl. zum Vorstehenden eingehend *Götting* S. 54 ff.
[63] So zutreffend OLG München NJW-RR 1996, 539 (540); differenzierend OLG Hamburg ZUM 2005, 164 (167).
[64] GRUR 1958, 408 (409).
[65] BGH GRUR 1958, 408 (409) – Herrenreiter.
[66] → Rn. 15.
[67] Vgl. BGH GRUR 2000, 715 (716) = NJW-RR 2000, 1356 = WRP 2000, 754 – Der blaue Engel; ferner BVerfG GRUR 2006, 1049 = NJW 2006, 3409 = WRP 2006, 1361 Rn. 28, 31.

zeigt damit, dass er ihm einen wirtschaftlichen Wert beimisst. An der damit geschaffenen vermögens-rechtlichen Zuordnung muss sich der Verletzer festhalten lassen und einen der Nutzung entsprechen-den Wertersatz leisten. Dies gilt unabhängig davon, ob der Abgebildete bereit und in der Lage gewe-sen wäre, die Abbildung gegen Zahlung einer angemessenen Lizenzgebühr zu gestatten; denn der Zahlungsanspruch fingiert nicht eine Zustimmung des Betroffenen, er stellt vielmehr den Ausgleich für einen rechtswidrigen Eingriff in eine dem Betroffenen ausschließlich zugewiesene Dispositionsbe-fugnis dar."[68] Im Rückblick auf die bisher geltenden Grundsätze hat das Gericht darüber hinaus fest-gestellt: „Soweit sich der Rechtsprechung des BGH entnehmen lässt, dass ein Schadens- oder Berei-cherungsausgleich auf der Grundlage einer angemessenen Lizenzgebühr ein grundsätzliches Einver-ständnis des Abgebildeten mit der Vermarktung seines Rechts am eigenen Bilde voraussetze,[69] wird daran nicht festgehalten".[70]

cc) Kumulation von Bereicherungs- und Geldentschädigungsanspruch. Nachdem der 22
BGH von der quasi-vertraglichen Konstruktion einer fingierten Einwilligung des Betroffenen Abstand genommen hat, steht einer Kumulation des Bereicherungsanspruchs nach der Lizenzanalogie und eines Geldentschädigungsanspruchs grundsätzlich nichts im Wege. Beide Ansprüche können neben-einander zur Anwendung kommen, wenn sowohl materielle als auch in schwerwiegender Weise ideel-le Interessen des Rechtsinhabers beeinträchtigt werden.[71]

dd) Übertragung an eine Verwertungsgesellschaft. Die wirtschaftliche Verwertung von 23
Künstler-Bildnissen kann einer **Verwertungsgesellschaft übertragen** werden.[72] Da das Recht am eigenen Bild nicht mit „gegenständlicher" Wirkung übertragen werden kann, können jedoch Rechts-verletzungen von der Verwertungsgesellschaft nur im Wege der **Prozessstandschaft** geltend gemacht werden.[73]

ee) Mehrheit von Bereicherungsschuldnern. Sind **mehrere Bereicherungsschuldner** vor- 24
handen, so ist zu beachten, dass jeder nur für den Teil haftet, den er selbst auf Kosten des Ent-reicherten erlangt hat. „Für die Entschädigung, die dem Betroffenen für den unzulässigen Eingriff in sein Recht am eigenen Bild nach Bereicherungsgrundsätzen zusteht, haben mehrere an dem Ein-griff Beteiligte nicht als Gesamtschuldner, sondern nur wegen ihrer eigenen Bereicherung einzuste-hen".[74]

ff) Ansprüche bei Verletzung des postmortalen Bildnisschutzes. Im Zuge der Anerkennung 25
der[75] **Vererblichkeit der vermögenswerten Bestandteile des Persönlichkeitsrechts** und insbe-sondere auch des Rechts am eigenen Bilde hat der BGH ausgesprochen, dass auch den Erben im Falle einer Rechtsverletzung durch unautorisierte Verwertung des Bildnisses des Verstorbenen in der Wer-bung ein Schadensersatzanspruch zusteht, den sie nach einer der auch bei der Verletzung von Imma-terialgüterrechten anerkannten drei Berechnungsmethoden (konkret oder nach der Lizenzanalogie oder Herausgabe des Verletzergewinns) nach ihrer Wahl beziffern können. Die **Anerkennung eines postmortalen (immateriellen) Ausgleichs** auf der Grundlage von Art. 1 GG iVm § 823 Abs. 1 BGB, die das OLG München[76] im Falle der Veröffentlichung eines Nacktfotos einer Doppelgängerin von Marlene Dietrich befürwortet hat, steht im Widerspruch zur „Mephisto"-Rechtsprechung, wo-nach bei einer Verletzung des postmortalen allgemeinen Persönlichkeitsrechts den Wahrnehmungs-berechtigten lediglich Abwehransprüche, nicht aber Schadensersatzansprüche zuerkannt werden, weil ein Verstorbener keinen durch eine Geldzahlung auszugleichenden Schaden erleiden könne.[77] Der VI. Zivilsenat des BGH hat einen „postmortalen Schmerzensgeldanspruch" wegen der Darstellung eines Leichnams (zu Recht) abgelehnt.[78] Richtigerweise ist auch in diesen Fällen ein (materieller) Schadensersatz bzw. Bereicherungsanspruch der Erben wegen des Eingriffs in die vermögenswerten Bestandteile des Persönlichkeitsrechts gegeben.[79] Entsprechendes gilt auch für den Eingriff in das Abwehrrecht der Angehörigen (§ 22 S. 3, 4 KUG). Die **vermögenswerten Bestandteile des Per-sönlichkeitsrechts** stehen jedem Menschen von Geburt an zu. Sie sind „latent vorhanden" und können sich (ebenso wie das Urheberrecht) auch erst nach dem Tode manifestieren. Deshalb kommt es nicht darauf an, ob das Persönlichkeitsrecht des Betroffenen zu Lebzeiten wirtschaftlich verwertbar war. Es ist deshalb verfehlt, wenn der BGH das vom I. Zivilsenat inzwischen aufgegebene[80] Erforder-

---

[68] BGH GRUR 2007, 139 Rn. 12 – Rücktritt des Finanzministers.
[69] Vgl. BGHZ 26, 349 (353) = GRUR 1958, 408 = NJW 1958, 827 – Herrenreiter; BGHZ 30, 7 (16 f.) = GRUR 1959, 430 = NJW 1959, 1269 – Caterina Valente; BGH GRUR 1979, 732 (734) = NJW 1979, 2205 – Fußballtor.
[70] BGH GRUR 2007, 139 (140 f.) – Rücktritt des Finanzministers.
[71] Ebenso OLG München NJW-RR 1996, 539 (540).
[72] BGH GRUR 1987, 128 – NENA.
[73] Vgl. *Schricker* EWiR 1987, 79 (80).
[74] BGH GRUR 1979, 732 (734) 2. Ls. – Fußballtor.
[75] Nachträglich zu Unrecht auf 10 Jahre begrenzten, so BGH GRUR 2007, 168 3. Ls. – kinski-klaus.de.
[76] GRUR-RR 2002, 341 – Marlene Dietrich nackt.
[77] BGH 50, 133 (136 ff.) = GRUR 1968, 552 – Mephisto.
[78] BGH GRUR 2006, 252 (254) – Postmortaler Persönlichkeitsschutz.
[79] S. *Götting* GRUR 2004, 801 ff.; *Götting* FS Ullmann, 2006, 65 (74 ff.); sa *Neumeyer* AfP 2009, 465; aA BGH GRUR 2006, 252 (254) – Postmortaler Persönlichkeitsschutz.
[80] BGH GRUR 2007, 139 – Rücktritt des Finanzministers; → Rn. 21; BGH NJW 2012, 1728 Rn. 28.

nis einer „kommerziellen Präformierung"[81] „postmortal prolongiert".[82] Einer Kommerzialisierung lässt sich wirksam nur durch die Zuerkennung kommerzieller Ansprüche begegnen („Schutz vor Kommerzialisierung durch Kommerzialisierung").

26　**gg) Zur Höhe der angemessenen Lizenzgebühr.** Die Höhe der angemessenen Lizenzgebühr ist vom Gericht gem. § 287 ZPO nach freier Überzeugung zu ermitteln.[83] Ausgangspunkt für die Ermittlung sind die Angaben des Klägers über die von ihm für die Vergabe von Lizenzen erzielten Entgelte. Ferner sind zu berücksichtigen der **Bekanntheitsgrad des Abgebildeten** (Regionalgröße, Filmsternchen, Publikumsliebling einer Fernsehserie, Weltstar), die Art der Werbung und der Umfang der Verbreitung (Lokalpresse, Zeitschriften mit Millionenauflage, Fernsehwerbung). Gegebenenfalls kann ein **Sachverständiger** zu speziellen Branchengepflogenheiten und zum „Marktwert" des Abgebildeten gehört werden. „Die Berechnung der Bereicherung nach der entgangenen Lizenzgebühr darf nicht dazu führen, dass der Verletzte mehr erhält, als er bei ordnungsgemäßem Vorgehen des Eingreifenden erlangt hätte".[84] Ein „Strafzuschlag" für die unerlaubte Verwendung eines Bildnisses ist nach geltendem Recht unzulässig. De lege ferenda sollte hierüber aber nachgedacht werden, um den bisher unzureichenden Rechtsschutz zu verbessern. Zweit- und Drittverwertungen sind in der Regel geringer zu bewerten als eine Erstverwertung.[85] Bei der Berechnung der fiktiven Lizenzgebühr können nicht die in langfristigen überregionalen Werbeverträgen vereinbarten Honorare zugrunde gelegt werden, wenn es sich um eine einmalige, räumlich begrenzte werbemäßige Verwertung des Bildnisses auf einem Werbezettel handelt.[86]

27　**c) Lizenzanalogie bei Verletzung der Privatsphäre.** Die Grundsätze zum Bereicherungsausgleich nach der Lizenzanalogie aufgrund einer Eingriffskondiktion sind in erster Linie auf die unautorisierte Nutzung des Bildnisses Prominenter für Werbezwecke zugeschnitten. Wie bereits an anderer Stelle dargelegt,[87] sollte ein **Anspruch auf Zahlung einer angemessenen fiktiven Lizenz auch bei Verletzungen der Privatsphäre** gewährt werden. Angesichts der gängigen Praxis der Vermarktung von Homestories, Events, etc., durch Exklusivverträge, aufgrund deren Prominente den Medien gegen Zahlung hoher Geldbeträge Einblick in ihr Privatleben gewähren, ist nicht daran zu zweifeln, dass das Recht auf Privatsphäre auch einen vermögensrechtlichen Zuweisungsgehalt besitzt.[88] Ein naheliegender Einwand gegen die Anerkennung der Lizenzanalogie bei Eingriffen in das Recht auf Privatsphäre lautet, dass die Abgrenzung zwischen Erlaubtem und Unerlaubtem aufgrund der diffizilen Abwägung zwischen dem Persönlichkeitsschutz und dem Informationsinteresse der Öffentlichkeit eine solche Rechtsunsicherheit erzeugt, dass die Medien nicht in der Lage sind, die Rechtmäßigkeit ihres Verhaltens zuverlässig zu beurteilen.[89] Diese Argumentation ist zwar auf der Grundlage der bisherigen Rechtsprechungspraxis durchaus zutreffend, sie zeigt aber einmal mehr deren Defizite auf, weil es bisher an klaren und eindeutigen Kriterien fehlt, die einen effektiven Privatsphärenschutz gewährleisten. Dies lässt sich allerdings dadurch erreichen, dass die Rechtsprechung sich eindeutig und klar an der vom **EGMR in seinem Urteil „von Hannover/Bundesrepublik Deutschland Nr. 1"** zugrunde gelegten Leitlinie orientiert, wonach eine Einschränkung der Privatsphäre nur in Bezug auf Vorgänge gerechtfertigt ist, die das öffentliche Wirken von Persönlichkeiten, insbesondere in einem politischen Kontext betreffen. Dagegen sind Fotos und Artikel, deren einziger Zweck die Befriedigung der Neugierde eines bestimmen Leserkreises über Einzelheiten aus dem Privatleben ist, nicht als Beitrag zu einer Diskussion von allgemeinem gesellschaftlichen Interesse zu erachten und verdienen keine Privilegierung durch die grundrechtlich geschützte Informationsfreiheit.[90] Ohne die Zuerkennung eines kommerziellen Anspruchs nach Maßgabe der Lizenzanalogie, lässt sich der „Zwangskommerzialisierung" durch massive Eingriffe der Medien in das Recht der Privatsphäre Prominenter nicht wirksam Einhalt gebieten. Die maßgebende Formel lautet auch hier: „Schutz vor Kommerzialisierung durch Kommerzialisierung".

28　**d) Immaterieller Schaden (Geldentschädigung). aa) Grundsätze der Rechtsprechung.** Nach gefestigter Rechtsprechung „kann eine Person, deren Persönlichkeitsrecht in schwerer Weise schuldhaft verletzt worden ist, vom Schädiger einen Ausgleich in Geld für ihren immateriellen Schaden verlangen, wenn sich die erlittene Beeinträchtigung nicht in anderer Weise befriedigend ausgleichen lässt."[91] Nachdem der BGH den Anspruch auf Geldentschädigung in den Fällen einer schweren

---

[81] → Rn. 13 f.; *Götting* FS Ullmann, 2006, 65 (74 ff.).

[82] BGH GRUR 2006, 252 (254) – Postmortaler Persönlichkeitsschutz; s. zur Kritik *Götting* LMK 2006, 172015; im Ergebnis ebenso BGH NJW 2012, 1728 Rn. 28.

[83] BVerfG GRUR-RR 2009, 375 Rn. 21 f. – Fiktive Lizenzgebühr.

[84] BGH NJW 1992, 2084 (2085); OLG Hamburg Schulze OLGZ 113, 8 – Fotomodell; LG Frankfurt a. M. ZUM-RD 2009, 468 (470 f.); LG Hamburg ZUM-RD 2010, 625 (627 f.).

[85] Vgl. OLG Koblenz GRUR 1995, 771 (772) – Werbefoto; LG Hamburg AfP 1995, 526 (527).

[86] BVerfG GRUR-RR 2009, 375 Rn. 23 f. – fiktive Lizenzgebühr.

[87] → Rn. 25.

[88] S. zur Vertragspraxis Götting/Schertz/Seitz/*Bezzenberger* PersönlichkeitsR-HdB § 41.

[89] IdS OLG Hamburg ZUM 2009, 65 (67 f.).

[90] EGMR JZ 2004, 1015 Rn. 65; sa Götting/Schertz/Seitz/*Götting* PersönlichkeitsR-HdB § 40 Rn. 11; *Götting* FS Ullmann, 2006, 65 (72).

[91] BGH GRUR 1972, 97 (98) – Liebestropfen; BVerfG ZUM-RD 2009, 576 f.

Verletzung des Persönlichkeitsrechts zunächst aus einer Analogie zu § 847 BGB hergeleitet hatte,[92] ist er später dazu übergegangen, einen solchen Geldleistungsanspruch unter Durchbrechung des vom BGB gesetzten Regelungsrahmens unmittelbar auf die **rechtliche Grundlage von Art. 1 und 2 GG** zu stützen. Zu dieser Ausweitung hat sich die Rechtsprechung für befugt, aber auch gem. Art. 1 Abs. 3 GG verpflichtet gehalten, um den Wertungen der Art. 1, 2 Abs. 1 des Grundgesetzes im Bereich des Persönlichkeitsschutzes Rechnung zu tragen.[93]

bb) Anspruchsgrundlagen sind die § 823 Abs. 1, Abs. 2 BGB iVm §§ 22 und 23 Abs. 2 KUG **29** sowie Art. 1 und 2 Abs. 1 GG. Der BGH begrenzt den Anspruch aber auf Fälle, in denen die Schwere des Eingriffs oder des Verschuldens eine Genugtuung erfordert.[94]

Die Zubilligung einer Entschädigung in Geld für erlittene immaterielle Unbill durch einen Verstoß gegen den Persönlichkeitsschutz erfolgt idR mit **zwei Einschränkungen.** Der BGH hat diese Einschränkungen wie folgt präzisiert:

1. „Nur unter bestimmten erschwerenden Voraussetzungen [ist] das unabweisbare Bedürfnis anzuerkennen, dem Betroffenen wenigstens einen gewissen Ausgleich für ideelle Beeinträchtigungen durch Zuerkennung einer Geldentschädigung zu gewähren. Das ist nur dann der Fall, wenn die Verletzung als schwer anzusehen ist."
2. „Der in seinem Persönlichkeitsrecht in schwerer Weise schuldhaft Verletzte [kann] vom Schädiger eine Entschädigung in Geld für seinen immateriellen Schaden nur verlangen, wenn sich die erlittene Beeinträchtigung nicht in anderer Weise befriedigend ausgleichen lässt".[95] (unabweisbares Bedürfnis)

Danach hat also „der Geldersatzanspruch zurückzutreten, wenn die Verletzung auf andere Weise **30** hinreichend ausgeglichen werden kann, wozu je nach Sachlage insbesondere die – ebenfalls in Rechtsfortbildung – schon seit langem entwickelten negatorischen Ansprüche, besonders der Widerruf, ein angemessenes und geeignetes Mittel darstellen können".[96] Damit soll der Gefahr vorgebeugt werden, „dass unbedeutende Beeinträchtigung in unangemessener Weise ausgenutzt werden, um daran zu verdienen".[97] Allerdings schließt die Möglichkeit, auch gegen die Veröffentlichung eines Bildnisses eine Gegendarstellung zu erwirken, den Anspruch auf eine Geldentschädigung wegen der Verletzung des Rechts am eigenen Bilde nicht prinzipiell aus.[98]

cc) Zweck des Anspruchs. Bei Verletzungen des Rechts am eigenen Bild bleibt zu beachten, **31** dass wegen der Art und Weise der Verletzung ein Widerruf praktisch ausscheidet und dass der **Anspruch auf Geldentschädigung** kein gewöhnlicher Schadensersatzanspruch ist, „sondern ein Anspruch eigener Art mit einer doppelten Funktion: Er soll dem Geschädigten einen angemessenen Ausgleich für diejenigen Schäden bieten, die nicht vermögensrechtlicher Art sind, und zugleich dem Gedanken Rechnung tragen, dass der Schädiger dem Geschädigten Genugtuung schuldet für das, was er ihm angetan hat".[99] Anders als beim Schmerzensgeldanspruch steht bei dem Anspruch auf eine Geldentschädigung wegen Verletzung des Persönlichkeitsrechts der Gesichtspunkt der Genugtuung des Opfers im Vordergrund.[100] Außerdem soll der Rechtsbehelf der Prävention dienen.[101] Ein **postmortaler „Schmerzensgeldanspruch"** ist ausgeschlossen, weil ein Verstorbener keinen durch eine Geldzahlung auszugleichenden Schaden erleiden kann.[102]

dd) Beurteilung der Eingriffsschwere. Bei der Beurteilung der Schwere einer Verletzung darf **32** das Bild nicht unabhängig vom Text gesehen werden. „Ob ein derart **schwerer Eingriff** in den Eigenwert der Persönlichkeit anzunehmen ist, kann nur aufgrund der gesamten Umstände des Einzelfalls beurteilt werden".[103] Die Bildveröffentlichung muss daher stets **mit** dem Begleittext in ihrer Gesamtheit gewürdigt werden.[104]

ee) Zur Höhe der Entschädigung.[105] Bei der Bemessung der Höhe der Geldentschädigung darf **33** das Bild ebenfalls nicht unabhängig vom Text gesehen werden, zumal eine Geldentschädigung für

---

[92] BGH GRUR 1958, 408 (410) – Herrenreiter.
[93] BGH GRUR 1958, 408 (410) – Herrenreiter, mit zahlr. w. Nachw.; gebilligt von BVerfGE 34, 269 – Soraya; vgl. auch BGH GRUR 1996, 373 (374) – Caroline von Monaco.
[94] *Neumann-Duesberg* Anm. zu Schulze BGHZ 156, 10 = GRUR 1969, 301 – Spielgefährtin II.
[95] BGH GRUR 1972, 97 (98) – Liebestropfen; sa BGH Schulze GRUR 1970, 370 – Nachtigall; BGH GRUR 2010, 171 Rn. 11 – Roman Esra; sa BGH GRUR 2014, 693 – Sächsische Korruptionsaffäre; BVerfG AfP 2017, 228 – Kleines Luder vom Lerchenberg.
[96] BGH GRUR 1972, 97 (98) – Liebestropfen.
[97] BGH GRUR 1962, 105 (107) – Ginsengwurzel; OLG Stuttgart AfP 1981, 362 – Rudi Carell von seiner Frau verlassen.
[98] OLG Dresden ZUM-RD 2018, 339 (340).
[99] BGH BeckRS 1955, 30402368 1. Ls.; vgl. auch BGH GRUR 1963, 490 – Fernsehansagerin.
[100] BGH NJW 1995, 861 (865) – Erfundenes Exklusiv-Interview.
[101] BGH NJW 1995, 861 (865) – Erfundenes Exklusiv-Interview; vgl. auch BGH GRUR 1996, 373 (374) – Caroline von Monaco; OLG Hamburg NJW 1996, 2870 (2872 f.) – Caroline von Monaco.
[102] BGHZ 50, 133 (136 ff.) = GRUR 1968, 552 – Mephisto; BGH GRUR 2006, 252 (254) – Postmortaler Persönlichkeitsschutz; aA OLG München GRUR-RR 2002, 341 – Marlene Dietrich nackt; sa BGH GRUR 2014, 702 – Berichterstattung über trauernden Entertainer.
[103] BGH GRUR 1972, 97 (99 rSp.) – Liebestropfen.
[104] BGH GRUR 1965, 495 (496) – Wie uns die Anderen sehen; BGH GRUR 1958, 408 – Herrenreiter; BGH GRUR 1962, 211 (214) – Hochzeitsbild; BGH GRUR 1962, 324 – Doppelmörder.
[105] S. dazu auch die Übersicht bei Götting/Schertz/Seitz/*Müller* PersönlichkeitsR-HdB § 46 Rn. 44 f.

zugefügten immateriellen Schaden nur dann in Betracht kommt, wenn es sich um einen **schwerwiegenden** Eingriff handelt und die Beeinträchtigung des Betroffenen nicht in anderer Weise befriedigend ausgeglichen werden kann.[106] Im Sinne einer „Summenwirkung" kann eine wiederholte und hartnäckige Rechtsverletzung, die um eines wirtschaftlichen Vorteils willen erfolgt, auch dann als ein schwerwiegender Eingriff zu werten sein, der einen Anspruch auf eine Geldentschädigung rechtfertigt, wenn die einzelne Bildnisveröffentlichung jeweils für sich betrachtet nicht als schwerwiegend einzustufen ist.[107]

Bei der Festsetzung der Höhe der Entschädigung „dürfen grundsätzlich alle in Betracht kommenden Umstände des Falles berücksichtigt werden, darunter auch der Grad des Verschuldens des Verpflichteten und die wirtschaftlichen Verhältnisse beider Teile".[108] Die Höhe der Geldentschädigung darf die Pressefreiheit nicht unverhältnismäßig einschränken.[109] Im Einzelnen hat die Rechtsprechung im Rahmen der häufig vorgenommenen Schadensschätzung gem. § 287 ZPO eine Reihe weiterer Kriterien aufgestellt, die für die Bemessung der Höhe der Entschädigung eine Rolle spielen können.[110] Das OLG Dresden geht davon aus, dass die Untergrenze für eine Geldentschädigung in der Regel bei 2500 EUR liegt.

34   **(1) Persönlichkeit und Stellung des Verletzten.** Die gesellschaftliche Stellung des Verletzten, sein großer Bekanntenkreis und daher die besondere Gefahr, sich lächerlich zu machen[111] oder die besonders peinliche Art der Bildveröffentlichung.[112]

35   **(2) Art und Umfang der Verbreitung.** Hervorhebung des Namens, herabsetzender oder ehrverletzender Text, Eingriff in die Intimsphäre;[113] Auflage und Verbreitungsgebiet eines Mediums.[114]

36   **(3) Der Grad des Verschuldens.** Verwendung des Bildnisses ohne Rückfrage beim Bildlieferanten oder beim Abgebildeten. Fortsetzung der Verbreitung auch nach der Abmahnung.[115]

Für die Höhe der Entschädigung ist es gleichgültig, ob die Bildveröffentlichung aus Gewinnstreben in der Werbung erfolgt oder in einem Medium, um aus Sensationslust die Spalten zu füllen.[116] Bei der Bemessung einer Geldentschädigung, die im Falle einer schweren Verletzung des Persönlichkeitsrechts zu zahlen ist, kommt dem Präventionsgedanken besondere Bedeutung zu.[117] In Fällen einer rücksichtslosen Kommerzialisierung der Persönlichkeit, die vorsätzlich auf das Ziel der Auflagensteigerung und Gewinnerzielung gerichtet ist, gebietet der Gedanke der Prävention, die Gewinnerzielung als Bemessungsfaktor in die Entscheidung über die Höhe der Geldentschädigung einzubeziehen.[118] Dies bedeutet zwar nicht, dass eine „Gewinnabschöpfung" vorzunehmen ist, die Erzielung von Gewinn aus der Rechtsverletzung ist aber als Bemessungsfaktor bei der Entscheidung über die Höhe der Geldentschädigung zu berücksichtigen. Es muss gewährleistet werden, dass von der Höhe der Geldentschädigung ein echter „Hemmungseffekt" ausgeht.[119]

37   **(4) Einschränkende Kriterien.** Auch negative Umstände können für die Bemessung der Höhe eine Rolle spielen. So darf zB bei der Bewertung eines Schmerzensgeldes „nicht unberücksichtigt bleiben, ob sich der Geschädigte selbst der Gefahr ausgesetzt hat, dass über ihn auf persönlichkeitsverletzende Art in der Öffentlichkeit berichtet wird".[120] Das Bedürfnis für eine Geldentschädigung kann durch langes Zuwarten, jedenfalls bis an die Verjährungsgrenze heran, entfallen bzw. deutlich geringer werden, wenn hierfür kein vernünftiger Grund angegeben wird.[121] Es liegt eine Form der Selbstwiderlegung vor, weil der Betroffene zeigt, dass er offenbar über lange Zeit mit der Rechtsverletzung leben konnte.[122] In Betracht kommt auch eine Selbstwiderlegung der Dringlichkeit, wenn der Antragsteller die Frist für die Einlegung der Beschwerde gegen den die begehrte Prozesskostenhilfe zurückweisenden Beschluss bis zum letzten Tag ausgeschöpft hat.[123]

---

[106] BGH GRUR 1985, 398 (400) – Nacktfoto, mwN.

[107] BGH GRUR 1996, 227 (228) – Wiederholungsveröffentlichung; BGH GRUR 2005, 179 (181) – Tochter von Caroline von Hannover; OLG Köln NJW-RR 2017, 748 (750) – Hartnäckigkeit verneint.

[108] BGHZ 18, 149 2. Ls. = BeckRS 1955, 30402368.

[109] BGH BeckRS 2015, 10534 Rn. 29; OLG Köln BeckRS 2017, 133470.

[110] S. zum folgenden BGH GRUR 2010, 171 Rn. 1 – Roman Esra.

[111] ZB BGH GRUR 1958, 408 – Herrenreiter.

[112] ZB BGH GRUR 1962, 211 – Hochzeitsbild.

[113] ZB BGH GRUR 1962, 105 – Ginsengwurzel; BGH GRUR 1963, 490 – Fernsehansagerin; BGH GRUR 1972, 97 – Liebestropfen.

[114] ZB BGH GRUR 1963, 490 – Fernsehansagerin.

[115] ZB BGH GRUR 1962, 105 – Ginsengwurzel.

[116] Vgl. *Bußmann* Anm. zu BGH GRUR 1962, 105 (108) – Ginsengwurzel.

[117] BGH GRUR 1996, 373 – Caroline von Monaco.

[118] BGH NJW 1995, 861 (865) – Erfundenes Exklusiv-Interview, daran anschließend OLG Hamburg NJW 1996, 2870.

[119] BGH NJW 1995, 861 (865) – Erfundenes Exklusiv-Interview; BGH GRUR 1996, 373 (374 f.); ebenso OLG Hamburg AfP 2009 – Prinzessin Madeleine von Schweden: 400.000 EUR Geldentschädigung im Rahmen einer Gesamtwürdigung aufgrund einer rücksichtslosen Vermarktung der Persönlichkeitsrechte einer Betroffenen zum Zwecke der Auflagensteigerung und Gewinnerzielung mittels zahlreicher unwahrer Berichte.

[120] LG Köln AfP 1978, 149 – Fotomontage.

[121] OLG Köln ZUM-RD 2018, 347 (349); LG Berlin BeckRS 2009, 00130.

[122] OLG Köln ZUM-RD 2018, 347 (349), unter Hinweis auf *Wenzel*, Das Recht der Wort- und Bildberichterstattung, Kap. 14 Rn. 130.

[123] OLG Köln ZUM-RD 2016, 740.

ff) Klageantrag. Es ist zulässig und im Hinblick auf die Prozesskosten auch zweckmäßig, die 38
Höhe der Geldentschädigung in das Ermessen des Gerichts zu stellen. Ein unbezifferter Leistungs-
antrag ist zulässig, wenn der Kläger nicht nur den anspruchsbegründenden Sachverhalt darlegt, sondern auch die ungefähre Größenordnung des Anspruchs angibt.[124] Diese Angabe spielt nicht nur eine
Rolle für die Streitwertfestsetzung, wobei sich die Gerichte eher an der Untergrenze eines Betrages
„von … bis" orientieren.[125] Durch die Angabe einer Untergrenze (Mindestbetrag) wird das Ermessen
des Gerichts auch im Hinblick auf die Kostenentscheidung beeinflusst. Da die Gerichte nur vereinzelt
von der Möglichkeit des § 92 Abs. 2 ZPO Gebrauch machen,[126] ist das Kostenrisiko zu beachten.
Wird ein hoher Mindestbetrag angegeben, aber nur ein kleiner Betrag zugesprochen, treffen den Kläger uU die Prozesskosten für die teilweise Klageabweisung. „Unwesentlich" dürfte noch eine Fehleinschätzung von bis zu 20 % sein.[127] Der Einsatz von Entschädigungszahlungen für Persönlichkeitsverletzungen zur Begleichung von Prozesskosten ist grundsätzlich als zumutbar zu sehen.[128]

Die **Angabe eines Mindestbetrages** ist für die Verzinsung ohne Bedeutung: „Wird ein beziffer- 39
ter Mindestbetrag eingeklagt, im Übrigen aber die Höhe des Zahlungsanspruchs zulässigerweise in das
Ermessen des Gerichts gestellt, so können gem. § 291 BGB von der Klageerhebung an Prozesszinsen
für den gesamten zuerkannten Betrag und nicht nur von der bezifferten Mindestforderung verlangt
werden".[129]

Vorsicht ist geboten bei der Annahme einer **gesamtschuldnerischen Haftung** im Falle mehrerer 40
Verletzter oder verschiedener Verletzungen. „Nur dann, wenn mehrere Personen – sei es als Beteiligte
iSd. § 830 Abs. 1 Satz 2 BGB oder als Nebentäter iSd. § 840 Abs. 1 BGB – durch deliktisch zure-
chenbares Verhalten für **denselben** Schaden (oder Schadensteil) verantwortlich sind, besteht die für
eine Gesamtschuld erforderliche innere Verbundenheit der Schadensersatzanforderungen des Geschädigten, die die Täter zu einer Tilgungsgemeinschaft im Rahmen des Leistungsinteresses des Geschädigten zusammenfasst".[130] Das kann zB der Fall sein bei einem Verlag oder Herausgeber einer Zeitschrift und dem verantwortlichen Redakteur, die häufig als Gesamtschuldner in Anspruch genommen werden, nicht aber bei mehreren Verletzern, die – jeder für sich in verschiedenen Medien – unterschiedliche Schäden verursacht haben. Allenfalls kann für den Umfang des verursachten Schadens von
Bedeutung sein, ob und in welchem Maße das Interesse der durch eine spätere Fernsehsendung angesprochenen Personen durch eine vorausgegangene Veröffentlichung eines Fotos in einer Zeitschrift
bereits gemindert war.[131]

gg) Geldersatz für immateriellen Schaden bei Verletzung des Rechts am eigenen Bild 41
durch die Medien. Eine zum Geldersatz berechtigende schuldhafte Verletzung des Rechts am eigenen Bild „in schwerer Weise" liegt idR dann vor, wenn der Abgebildete entweder mit Ereignissen in
Verbindung gebracht wird, mit denen er überhaupt nichts zu tun hatte,[132] oder wenn der begleitende
Text geeignet ist, den Abgebildeten herabzusetzen oder sonst wie in den Augen seiner Mitbürger
lächerlich zu machen.[133]

hh) Beispiele zur Höhe des Geldersatzes. Bei hartnäckigen schwerwiegenden Persönlichkeits- 42
verletzungen haben die von der Rechtsprechung zuerkannten Beträge des Geldersatzes in der letzten
Zeit einen ganz erheblichen Umfang angenommen.[134] Spektakulär ist, dass Prinzessin Madeleine von
Schweden für insgesamt 86 Artikel mit einer Vielzahl von Unwahrheiten betreffend Hochzeits- und
Schwangerschaftsgerüchte mit begleitender Bildberichterstattung einen Betrag von 400 000 EUR
zugesprochen wurde.[135] Darüber hinaus wurden folgende Summen ausgeurteilt: 250 000 EUR für die
Veröffentlichung privater Fotos der Tochter von Caroline von Monaco;[136] 150 000 DM für Privatauf-
nahmen von Hera Lind am Strand;[137] 70 000 EUR wegen wiederholter Herabwürdigung einer Minderjährigen durch sexuelle Anspielungen in der Sendung „TV total".[138] Der bisher höchste Betrag
von 635 000 EUR wurde im Fall Kachelmann wegen einer Vielzahl schwerwiegender Persönlichkeitsverletzungen vom LG Köln[139] zugesprochen, aber vom OLG Köln[140] auf 395 000 EUR reduziert. Die Zuerkennung solch hoher Beträge bei Persönlichkeitsverletzungen erscheint unbefriedi-

---

[124] BGH NJW 1982, 340.
[125] AA OLG München NJW 1986, 3089.
[126] So zB OLG Frankfurt a. M. GRUR 1986, 614 – Ferienprospekt, s. vollst. Urteilstext.
[127] Dreier/Schulze/*Dreier/Specht* KUG §§ 33–50 Rn. 27.
[128] BGH AfP 2006, 240; Dreier/Schulze/*Dreier/Specht* KUG §§ 33–50 Rn. 27.
[129] BGH GRUR 1965, 495 – Wie uns die Anderen sehen.
[130] BGH GRUR 1985, 398 (400 rSp.) – Nacktfoto.
[131] Vgl. BGH GRUR 1985, 398 (400 rSp.) – Nacktfoto; sa BGH GRUR 1979, 732 (734) – Fußballtor.
[132] ZB BGH GRUR 1962, 324 – Doppelmörder.
[133] ZB BGH GRUR 1963, 490 – Fernsehansagerin; BGH GRUR 2014, 693 Rn. 38 ff. – Sächsische Korruptionsaffäre; OLG München NJW 1975, 1129 – Zwerg.
[134] S. die umfangreiche Aufstellung bei Wandtke/Bullinger/*Fricke* KUG § 22 Rn. 35; Dreier/Schulze/*Dreier/
Specht* KUG §§ 33–50 Rn. 24 ff.
[135] OLG Hamburg GRUR-RR 2009, 438; s. dazu *Neumeyer* AfP 2009, 465 ff.
[136] BGH GRUR 2005, 179 – Tochter von Caroline.
[137] LG Hamburg ZUM 2002, 68.
[138] OLG Hamm NJW 2004, 919 (922).
[139] LG Köln ZUM-RD 2016, 30.
[140] OLG Köln BeckRS 2016, 12714.

gend, wenn nicht gar ungerecht, wenn man sie ins Verhältnis zu dem vergleichsweise äußerst niedrigen Geldersatz im Falle von Körperverletzungen setzt. So etwa für die bleibenden Narben eines zweieinhalbjährigen Kindes, das von einem Hund ins Gesicht gebissen wurde, nicht mehr als 6000 EUR.[141] Dieses Ungleichgewicht lässt sich vermeiden, wenn man statt einer Kompensation für den „immateriellen Schaden" einen Schadensersatz wegen unerlaubter Handlung oder Bereicherungsanspruch unter dem Gesichtspunkt der **„Zwangskommerzialisierung"** anerkennt. Wer fortlaufend und hartnäckig erfundene Berichte über Prinzessin Madeleine von Schweden veröffentlicht der verleiht ihnen einen hohen kommerziellen Wert, an dem er sich bereichert. Auf die Frage, ob die Prinzessin überhaupt bereit gewesen wäre „wahre Interviews" zu geben, kommt es nach Aufgabe der „Herrenreiter-Doktrin"[142] in der Entscheidung „Rücktritt des Finanzministers"[143] nicht mehr an.[144] Zum Teil wird für eine Gewinnabschöpfung entsprechend der Schadensberechnungsmethode bei Verletzung von Immaterialgüterrechten eingetreten.[145] Dagegen spricht, dass die Zuordnung der Gewinnanteile, die kausal auf die Rechtsverletzung zurückzuführen sind größte Schwierigkeiten bereitet, wie auch die Erfahrungen im Bereich des Immaterialgüterrechts beweisen.[146]

IV. Internationales Privatrecht

43   Die **Rom II-VO** schließt gemäß Art. 1 Abs. 2 lit. g Persönlichkeitsverletzungen ausdrücklich von ihrem Anwendungsbereich aus.[147] Maßgebend für die Bestimmung des anwendbaren Rechts bei grenzüberschreitenden Sachverhalten ist deshalb weiterhin die Regelung des Art. 40 EGBGB. Die Regelung wird nicht durch § 3 Abs. 2 TMG verdrängt, da diese Bestimmung keine Kollisionsnorm enthält.[148] Nach Art. 40 EGBGB kann der Verletzte **zwischen dem Handlungs- oder Erfolgsort wählen.** Im Falle von Veröffentlichungen von Druckerzeugnissen ist Handlungsort der Verlagssitz als Ort der Verhaltenszentrale.[149] Erfolgsort ist jeder Ort, an dem das **Druckwerk bestimmungsgemäß verbreitet** wird.[150] Bei Veröffentlichungen im Internet ist im Falle von Pressedelikten der Handlungsort wiederum der Verlagssitz bzw. der Ort der Einspeisung der Information.[151] Erfolgsort ist jeder Ort, an dem eine Internetseite bestimmungsgemäß abgerufen werden kann.[152] Wo der Server steht, spielt keine Rolle.[153]

V. Gerichtsstand

1. Allgemeiner und deliktischer Gerichtsstand

44   Bei Verletzungen des Rechts am eigenen Bilde ist ebenso wie bei Eingriffen in das allgemeiner Persönlichkeitsrecht sowohl der **allgemeine Gerichtsstand,** der auf den Wohnsitz des Beklagten abstellt, (§§ 12 ff. ZPO) als auch der **besondere Gerichtsstand der unerlaubten Handlung** von § 32 ZPO bzw. Art. 7 Nr. 2 VO (EG) Nr. 1215/2012 vom 12.12.2012 über die gerichtliche Zuständigkeit und die Anerkennung und Vollstreckung von Entscheidung in Zivil- und Handelssachen[154] gegeben.[155] Bei Klagen, die sich gegen die Verletzung des Rechts am eigenen Bilde richten, besteht, anders als im Urheberrecht (§ 105 UrhG), **keine Zuständigkeitskonzentration.** Wenn es sich um eine Verbreitung ohne internationalen Bezug, aber mit überregionaler Ausdehnung handelt, hat der Kläger nach den Grundsätzen des **„fliegenden Gerichtsstands"** („forum shopping") die Möglichkeit, den ihm geeigneten Gerichtsstand frei zu wählen. Er kann sich insbesondere an die Gerichte wenden, die über einschlägige Erfahrung auf dem Gebiet von Persönlichkeitsrechtsverletzungen verfügen.[156] Für die Frage, ob getrennte **Abmahnungen** hinsichtlich der Verletzung des Persönlichkeitsrechts durch Wort- und Bildberichterstattung iSv § 15 Abs. 2 RVG, als gebührenrechtlich dieselben Angelegenheiten zu sehen sind, hat der BGH den Grundsatz aufgestellt, dass weisungsgemäß erbrachte anwaltliche Leistungen in der Regel ein und dieselbe Angelegenheit betreffen, wenn zwischen

---

[141] S. *Neumeyer* AfP 2009, 465.
[142] S. BGH GRUR 1958, 408 (409) – Herrenreiter.
[143] S. BGH GRUR 2007, 139 Rn. 12 – Rücktritt des Finanzministers.
[144] → Rn. 14 f.
[145] *Neumeyer* AfP 2009, 465 (469).
[146] IdS auch BGH GRUR 1996, 373 (374) – Caroline von Monaco.
[147] Zu den Gründen s. *Palandt/Thorn*, BGB, Rom II Art. 1 Rn. 15.
[148] BGH GRUR 2018, 642 Rn. 23, mwN.
[149] *Palandt/Thorn*, BGB, EGBGB Art. 40 Rn. 10, EuGH IPRax 1997, 111.
[150] BGH NJW 1996, 1182.
[151] OLG Hamburg AfP 2009, 595; *Palandt/Thorn*, BGB, EGBGB Art. 40 Rn. 10.
[152] *Dreier/Schulze/Dreier/Specht* KUG §§ 33–50 Rn. 30; BGH GRUR 2010, 461 Rn. 20 – The New York Times; BGH GRUR 2018, 642 Rn. 24.
[153] *Dreier/Schulze/Dreier/Specht* KUG §§ 33–50 Rn. 30.
[154] ABl. 2012 L 351, S. 7 (zuvor VO 44/2001 vom 22.12.2000 ABl. 2001 L 12, S. 1, die zum 1.3.2002 das EuGVÜ abgelöst hat).
[155] *Dreier/Schulze/Dreier/Specht* KUG §§ 33–50 Rn. 31.
[156] *Dreier/Schulze/Dreier/Specht* KUG §§ 33–50 Rn. 36.

ihnen ein innerer Zusammenhang besteht und sie sowohl inhaltlich als auch in der Zielsetzung so weitgehend übereinstimmen, dass von einem einheitlichen Rahmen der anwaltlichen Tätigkeit gesprochen werden kann.[157]

a) Presseerzeugnisse. Verletzungen des Persönlichkeitsrechts mittels Presseerzeugnissen sind dort 45 „begangen", wo das Presseerzeugnis erscheint oder wo es vertrieben wird, nicht jedoch unabhängig davon auch am Wohnort oder Aufenthaltsort des Betroffenen.[158] Ein **„Verbreiten"** kann allerdings nur angenommen werden, wenn der Inhalt der Zeitschrift dritten Personen **bestimmungsgemäß und nicht bloß zufällig zur Kenntnis** gebracht wird. Es reicht nicht aus, dass nur zufällig durch Dritte ein oder mehrere Exemplare in ein Gebiet gelangen, das von der Betriebsorganisation des Verlegers oder Herausgebers nicht erfasst wird und in das das Druckerzeugnis nicht regelmäßig geliefert wird, und so außerhalb des üblichen, von der Zeitschrift erreichten Gebietes Lesern zur Kenntnis kommt.[159] Ohne Belang ist es, ob und wo ein über den Verletzungserfolg hinausreichender Schaden oder weitere Schadensfolgen eingetreten sind.[160] Entsprechendes gilt auch für den **grenzüberschreitenden Verkehr** hinsichtlich der Begründung des internationalen Gerichtsstands. Hierfür genügt es nicht, dass insbesondere wegen der Sprachgrenzen bei im Wesentlichen nationalvertriebenen Zeitschriften einige Exemplare in die Hände Dritter gelangen.[161] Die Bestellung eines Exemplars auf Veranlassung des Betroffenen begründet den internationalen Gerichtsstand nicht, wenn die Verbreitung außerhalb des regelmäßigen Absatzgebietes nur ausnahmsweise aufgrund einer ausdrücklichen Bestellung vorgenommen worden ist.[162]

b) Internet. Die lange Zeit streitige Frage[163] unter welchen Voraussetzungen **außerhalb des** 46 **Anwendungsbereichs** der EuGVO eine internationale Zuständigkeit der deutschen Gerichte anzunehmen ist, hat der BGH wie folgt entschieden: „Die deutschen Gerichte sind zur Entscheidung über Klagen wegen Persönlichkeitsbeeinträchtigungen durch im Internet abrufbare Veröffentlichungen **international zuständig,** wenn die als rechtsverletzend beanstandeten Inhalte objektiv einen deutlichen Bezug zum Inland idS aufweisen, dass eine Kollision der widerstreitenden Interessen – Interesse des Klägers an der Achtung seines Persönlichkeitsrechts einerseits, Interesse des Beklagten an der Gestaltung seines Internetauftritts und einer Berichterstattung andererseits – nach den Umständen des konkreten Falls, insbesondere aufgrund des Inhalts der beanstandeten Meldung, im Inland tatsächlich eingetreten sein kann oder eintreten kann. Dies ist dann anzunehmen, wenn eine Kenntnisnahme von der beanstandeten Meldung nach den Umständen des konkreten Falls im Inland erheblich näher liegt, als aufgrund der bloßen Abrufbarkeit des Angebots der Fall wäre, und die vom Kläger behauptete Beeinträchtigung seines Persönlichkeitsrechts durch Kenntnisname von der Meldung (auch) im Inland eintreten würde."[164] Das Urteil betrifft zwar eine Wortberichterstattung. Die dort niedergelegten Grundsätze gelten aber selbstverständlich auch für Verletzungen des Rechts am eigenen Bild, da es sich dabei um eine spezielle gesetzlich normierte Ausprägung des allgemeinen Persönlichkeitsrechts handelt. Der für die internationale gerichtliche Zuständigkeit maßgebliche deutliche Inhaltsbezug ist allerdings nicht gegeben, wenn der von einer Persönlichkeitsrechtsverletzung Betroffene etwa seinen Wohnsitz im Inland hat, sich aber in fremder Sprache und Schrift gehaltene Berichte über Vorkommnisse im Ausland ganz überwiegend an Adressaten im Ausland richten.[165]

2. Gerichtsstand nach der EuGVO

Aufgrund einer Vorlage des BGH[166] hat der EuGH hinsichtlich der in Art. 7 Nr. 2 (früher Art. 5 47 Nr. 3) EuGVO geregelten internationalen Zuständigkeit bei Begehung einer unerlaubten Handlung wie folgt entschieden: „Im Falle der Geltendmachung einer Verletzung von Persönlichkeitsrechten durch Inhalte, die auf einer Website veröffentlicht worden sind, hat die Person, die sich in ihren Rechten verletzt fühlt, die **Möglichkeit, entweder bei den Gerichten des Mitgliedstaats, in dem der Urheber dieser Inhalte niedergelassen ist, oder bei den Gerichten des Mitgliedstaats, in dem sich der Mittelpunkt ihrer Interessen befindet, eine Haftungsklage auf Ersatz des gesamten entstandenen Schadens** zu erheben. Anstelle einer Haftungsklage auf Ersatz des gesamten entstandenen Schadens kann diese Person ihre Klage auch vor den Gerichten jedes Mitgliedstaats erheben, in dessen Hoheitsgebiet ein im Internet veröffentlichter Inhalt zugänglich ist oder war. Diese sind nur für die Entscheidung über den Schaden zuständig, der im Hoheitsgebiet des Mit-

---

[157] BGH GRUR-RR 2010, 269 Rn. 23.
[158] BGH GRUR 1978, 194 Ls. (195 f. – profil).
[159] BGH GRUR 1978, 194 (195) – profil.
[160] BGH GRUR 1978, 194 (195) – profil.
[161] Dreier/Schulze/*Dreier/Specht* KUG §§ 33–50 Rn. 32.
[162] Dreier/Schulze/*Dreier/Specht* KUG §§ 33–50 Rn. 32; BGH GRUR 1990, 677 – Postervertrieb; GRUR 1978, 194 (196) – profil; BGH GRUR 1980, 227 (229) – Monumenta Germaniae Historica.
[163] Dreier/Schulze/*Dreier/Specht* KUG §§ 33–50 Rn. 33.
[164] BGH GRUR 2010, 461 1. und 2. Ls. Rn. 20 – The New York Times; BGH GRUR 2018, 642 Rn. 17.
[165] BGH GRUR 2011, 558 Ls. Rn. 13 ff. – www.womanineurope.com.
[166] BGH GRUR 2010, 621 – www.rainbow.at.

gliedstaats des angerufenen Gerichts verursacht worden ist".[167] Der Ort, an dem eine Person den Mittelpunkt ihrer Interessen hat, entspricht im Allgemeinen ihrem gewöhnlichen Aufenthalt. Jedoch kann eine Person den Mittelpunkt ihrer Interessen auch in einem anderen Mitgliedstaat haben, in dem sie sich nicht gewöhnlich aufhält, sofern andere Indizien, wie die Ausübung einer beruflichen Tätigkeit, einen besonders engen Bezug zu diesem Staat herstellen können.[168]

3. Gerichtsstand nach dem LugÜ-I

48   Es spricht nichts dagegen, dass die oben genannten Grundsätze im Geltungsbereich des LugÜ-I Anwendung finden, was im Verhältnis zwischen EG- und EFTA-Staaten maßgebend ist.[169]

---

[167] EuGH GRUR-Int 2012, 47 1. Ls. Rn. 48 f. – eDate Advertising; so jetzt auch BGH GRUR 2012, 850 1. Ls. Rn. 15 ff. – www.rainbow.at II.
[168] EuGH GRUR-Int 2012, 47 Rn. 49 – eDate Advertising.
[169] OLG Frankfurt a. M. ZUM-RD 2011, 311; Dreier/Schulze/*Dreier/Specht* KUG §§ 33–50 Rn. 35.

Gesetz über die Wahrnehmung von Urheberrechten und verwandten Schutzrechten durch Verwertungsgesellschaften (Verwertungsgesellschaftengesetz – VGG)

Vom 24. Mai 2016 (BGBl. I S. 1190)

Geändert durch Art. 2 des Gesetzes zur verbesserten Durchsetzung des Anspruchs der Urheber und ausübenden Künstler auf angemessene Vergütung und zur Regelung von Fragen der Verlegerbeteiligung vom 20. Dezember 2016 (BGBl. I S. 3037), durch Art. 4 des Neunten Gesetzes zur Änderung des Gesetzes gegen Wettbewerbsbeschränkungen vom 1. Juni 2017 (BGBl. I S. 1416) und durch Art. 14 des Gesetzes zur Änderung des Bundesversorgungsgesetzes und anderer Vorschriften vom 17. Juli 2017 (BGBl. I S. 2541).

Einleitung zum VGG

Schrifttum: *Alich,* Neue Entwicklungen auf dem Gebiet der Lizenzierung von Musikrechten durch Verwertungsgesellschaften in Europa, GRUR-Int 2008, 996; *Becker,* Verwertungsgesellschaften als Träger öffentlicher und privater Aufgaben, FS Kreile (1994), S. 27; *Bing,* Die Verwertung von Urheberrechten, 2002; *Denga,* Legitimität und Krise urheberrechtlicher Verwertungsgesellschaften. Kollektive Rechtewahrnehmung zwischen Utilitarismus und Demokratie, 2015; *Dietz,* Das Urheberrecht in der Europäischen Gemeinschaft, 1978; *Drexl,* Collective Management of Copyrights and the EU Principle of Free Movement of Services after the OSA Judgment – in Favour of a More Balanced Approach, in: Purnhagen/Rott (Hrsg.), Varieties of European Law and Regulation – Liber Amicorum for Hanns Micklitz, 2014, S. 459; *Ficsor,* Collective Management of Copyright and Related Rights, 2002; *Fikentscher,* Urhebervertragsrecht und Kartellrecht, FS Schricker (1995), S. 149; *Goldmann,* Die kollektive Wahrnehmung musikalischer Rechte in den USA und Deutschland, 2001; *L Guibault/S. van Gompel,* Collective Management in the European Union, in: Gervais (Hrsg.), Collective Management of Copyright and Related Rights, 3. Aufl. 2016, 139; *Haertel,* Verwertungsgesellschaften und Verwertungsgesellschaftengesetz, UFITA 50 (1967), 7; *Hauptmann,* Der Zwangseinbehalt von Tantiemen der Urheber und ihre Verwendung für soziale und kulturelle Zwecke bei der GEMA und der VG Wort, UFITA 126 (1994), 149; *Häußer,* Praxis und Probleme der Aufsicht über Verwertungsgesellschaften, FuR 1980, 57; *Heine/Eisenberg,* Verwertungsgesellschaften im Binnenmarkt. Die kollektive Wahrnehmung von Urheberrechten nach der Dienstleistungsrichtlinie, GRUR-Int 2009, 277; *Heyde,* Die grenzüberschreitende Lizenzierung von Online-Musikrechten in Europa, 2011; *Himmelmann,* Die Aufsicht über die GEMA, in: Kreile/Becker/Riesenhuber (Hrsg.), Recht und Praxis der GEMA, 2. Aufl. 2008, 817; *Hoeren/Altemark,* Musikverwertungsgesellschaften und das Urheberrechtswahrnehmungsgesetz am Beispiel der CELAS, GRUR 2010, 16; *Holzmüller,* Wettbewerbsrechtliche Fragen der kollektiven Rechtewahrnehmung, in: Heker/Riesenhuber (Hrsg.), Recht und Praxis der GEMA, 3. Aufl. 2018, 37; *Kling,* Gebietsübergreifende Vergabe von Online-Rechten an Musikwerken, 2018; *Kreile,* Die Zusammenarbeit der Verwertungsgesellschaften unter der Aufsicht des Deutschen Patent- und Markenamtes, GRUR 1999, 885; *Kuntz-Hallstein,* Folgen eines „Brexit" für den Fortbestand von einheitlichen Rechten geistigen Eigentums, GRUR-Int 2017, 33; *Lerche,* Verwertungsgesellschaften als Unternehmen „sui generis", ZUM 2003, 34; *v. Lewinski,* Gedanken zur kollektiven Rechtewahrnehmung, FS Schricker (2005), S. 401; *Lichtenegger,* Verwertungsgesellschaften, Kartellverbot und Neue Medien, 2014; *Lüder,* First Experience With EU-wide Online Music Licensing, GRUR-Int 2007, 649; *Lux,* Verwertungsgesellschaften, Kartellrecht und 6. GWB-Novelle, WRP 1998, 31; *Melichar,* Die Wahrnehmung von Urheberrechten durch Verwertungsgesellschaften, 1983; *ders.,* Verleger und Verwertungsgesellschaften, UFITA 117 (1991), 5; *Menzel,* Die Aufsicht über die GEMA durch das Deutsche Patentamt. Ein Beispiel für die Aufsicht über Verwertungsgesellschaften, 1986; *Mestmäcker,* Gegenseitigkeitsverträge von Verwertungsgesellschaften im Binnenmarkt, WuW 2004, 754; *ders.,* Zur Anwendung von Kartellaufsicht und Fachaufsicht auf urheberrechtliche Verwertungsgesellschaften und ihre Mitglieder, FS Lukes (1989), S. 445; *ders.,* Zur Rechtsstellung urheberrechtlicher Verwertungsgesellschaften im europäischen Wettbewerbsrecht, FS Rittner (1991), S. 391; *Nérisson,* Last year at Marienbad: the ECJ „OSA" decision – milestones on the way to a European law of copyright and its management, EIPR 2015, 388; *Peifer,* Die Zukunft der kollektiven Wahrnehmung, GRUR 2015, 27; *Pickrahn,* Verwertungsgesellschaften nach deutschem und europäischem Kartellrecht, 1995; *Reinbothe,* Schlichtung im Urheberrecht, 1978; *ders.,* Rechtliche Rahmenbedingungen für Verwertungsgesellschaften im europäischen Binnenmarkt, FS Kreile (1990), S. 19; *ders.,* Die Harmonisierung des Rechts der Verwertungsgesellschaften in der Europäischen Union, FS Schulze (2017), S. 283; *ders.,* Das europäische Verwertungsgesellschaftenrecht. Zum Hintergrund und Inhalt der EU-Richtlinie, in: Wittmann (Hrsg.), Verwertungsgesellschaftengesetz 2016, 2018, 1; *Riesenhuber,* Die Auslegung und Kontrolle des Wahrnehmungsvertrages, 2004; *ders.,* Die Verwertungsgesellschaft i. S. v. § 1 UrhWahrnG, ZUM 2008, 625; *Riesenhuber/Rosenkranz,* Das deutsche Wahrnehmungsrecht 1903–1933, UFITA 2005, 467; *Schmidt/Riesenhuber/Mickler,* Geschichte der musikalischen Verwertungsgesellschaften in Deutschland, in: Heker/Riesenhuber (Hrsg.), Recht und Praxis der GEMA, 3. Aufl. 2018, 5; *Schwarze,* Urheberrechte und deren Verwaltung im Lichte des Europäischen Wettbewerbsrechts, ZUM 2003, 15; *Staats,* Umsetzung der EU-Richtlinie für Verwertungsgesellschaften in deutsches Recht – Umsetzungsbedarf aus Sicht der VG WORT, ZUM 2014, 470; *Stockmann,* Die Verwertungsgesellschaften und das nationale und europäische Kartellrecht, FS Kreile (1990), S. 25; *Streul,* Online Art, Weltweite Multi-Repertoirlizenzen an Werken der bildenden Kunst, FS Pfennig (2012), S. 511; *Strittmatter,* Tarife vor der urheberrechtlichen Schiedsstelle, 1994; *Thiele/Paudtke,* Rechtsbeziehungen der GEMA zu ausländischen Verwertungsgesellschaften, in: Heker/Riesenhuber (Hrsg.), Recht und Praxis der GEMA, 3. Aufl. 2018, 789; *Vogel,* Wahrnehmungsrecht und Verwertungsgesellschaften in der Bundesrepublik Deutschland – Eine Bestandsaufnahme im Hinblick auf die Harmonisierung des Urheberrechts in der Europäischen Gemeinschaft, GRUR 1993, 513; *ders.,* Zur Geschichte der kollektiven Verwertung von Sprachwerken, in: Becker (Hrsg.), Die Wahrnehmung von Urheberrechten an Sprachwerken, 1999, 17; *Wandtke,* Zur Entwicklung der Urheberrechtsgesellschaften in der DDR bis zur Wiedervereinigung Deutschlands, FS Kreile (1994), S. 789; *Weller,* Die kollektive Wahrnehmung von

Urheberrechten bei der Online-Nutzung von Musikwerken, 2015; *Wübbelt,* Die Zukunft der kollektiven Rechtewahrnehmung im Online-Musikbereich, 2015; *Wünschmann,* Clearingstelle für Multimedia-Produkte und europäisches Wettbewerbsrecht, ZUM 2000, 572.

Übersicht

I. Die historische Entwicklung bis 1965

1. Urheberrecht und kollektive Rechtewahrnehmung

1   Die **kollektive Wahrnehmung von Urheberrechten und verwandten Schutzrechten** ist schon seit über hundert Jahren fester Bestandteil des Urheberrechtsschutzes. Die Ausdehnung der kollektiven Wahrnehmung und damit auch die Entstehung von Verwertungsgesellschaften war ursprünglich eine **Folge der Weiterentwicklung des Urheberrechts**. Solange dem Urheber lediglich das Recht zustand, sein Werk zu vervielfältigen und zu verbreiten, konnte er es persönlich geltend machen und kontrollieren. Diese Möglichkeit der individuellen Wahrnehmung war weniger praktikabel hinsichtlich der Rechte, um die sich die urheberrechtlichen Befugnisse in den vergangenen 200 Jahren erweitert haben; dies gilt vor allem für das Recht der öffentlichen Aufführung von Werken: Das Aufführungsrecht an Bühnenwerken, erstmals geschützt in Frankreich im Jahre 1780, ließ sich am zweckmäßigsten kollektiv wahrnehmen.

2. Die Bildung von Verwertungsgesellschaften

2   Folgerichtig leitete die Gründung der ersten urheberrechtlichen Verwertungsorganisationen SACD (im Jahre 1829) und SACEM (im Jahre 1851) in Frankreich die Bildung urheberrechtlicher Verwertungsgesellschaften ein. Vor diesem historischen Hintergrund sind die Verwertungsgesellschaften ihrer Idee nach **Autorenkollektive,** die zwischen Urhebern und Verwertern vermitteln und die Gewähr für eine wirksame Kontrolle und Wahrnehmung der ihnen anvertrauten Rechte bieten. Aber auch für die Verwerter von Urheberrechten haben Verwertungsgesellschaften den praktischen Vorteil, dass dort Rechte in einer Hand vereinigt sind und gebündelt erworben werden können ohne zeitraubende rechtliche Auseinandersetzungen mit den einzelnen Urhebern oder Leistungsschutzberechtigten. Die Bildung von Verwertungsgesellschaften diente lange Zeit nur der kollektiven Wahrnehmung musikalischer Urheberrechte.

Auch **in Deutschland** bildete sich mit der „Gesellschaft Deutscher Tonsetzer" (GDT) und der   3 „Anstalt für musikalisches Aufführungsrecht" (AFMA) im Jahre 1903 die erste Verwertungsgesellschaft für den musikalischen Bereich, und zwar auf Initiative von Richard Strauss.[1] Dies war ermöglicht worden durch die Einführung des umfassenden Schutzes der öffentlichen Aufführung mit § 11 LUG vom 19.6.1901 (RGBl. S. 227). Dabei bestand der wesentliche Teil des Repertoires der ersten Verwertungsgesellschaft in derivativen Aufführungsrechten der Verleger.[2] Später, im Jahre 1909, trat die „Anstalt für mechanisch-musikalische Rechte GmbH" (AMMRE) hinzu, die die Interessen der Urheber und Verleger gegenüber der Schallplattenindustrie wahrnahm. Im Jahre 1915 wurde die „Genossenschaft zur Verwertung musikalischer Aufführungsrechte" (GEMA) gegründet; die österreichische Gesellschaft der Autoren, Komponisten und Musikverleger (AKM) bestand bereits seit dem Jahre 1897. Um den teilweise entstandenen Konkurrenzkampf zwischen diesen Organisationen beizulegen, schlossen sich 1930 GEMA, AKM und GDT zum Musikschutzverband (Verband zum Schutze musikalischer Aufführungsrechte für Deutschland) zusammen.

3. Die STAGMA-Gesetzgebung von 1933/1934

Durch das **Gesetz über die Vermittlung von Musikaufführungsrechten vom 4.7.1933**   4 (RGBl. I S. 452) wurde die Tätigkeit der Verwertungsgesellschaften bei der „Vermittlung von Rechten zur öffentlichen Aufführung von Werken der Tonkunst mit oder ohne Text (kleinen Rechten)" einer Genehmigungspflicht unterworfen. Ziel war es, nur eine einzige staatlich autorisierte Organisation – eine Monopol-Verwertungsgesellschaft – für die Verwertung von Musikaufführungsrechten zu schaffen. Im September 1933 vereinigten sich folgerichtig GEMA und GDT zur „Staatlich genehmigten Gesellschaft zur Verwertung musikalischer Urheberrechte" **(STAGMA),** einem rechtsfähigen wirtschaftlichen Verein. Der STAGMA wurde am 28.9.1933 durch Beschluss des preußischen Staatsministeriums nach § 22 BGB die Rechtsfähigkeit und durch die Verordnung zur Durchführung des Gesetzes über die Vermittlung von Musikaufführungsrechten vom 15.2.1934 (RGBl. I S. 100) das Monopol zur Vermittlung von Musikaufführungsrechten verliehen.

Diese STAGMA-Gesetzgebung von 1933/34 enthielt einen **Genehmigungszwang** für die Ver-   5 mittlung von Musikaufführungsrechten (§ 1 des Gesetzes), normierte das **gesetzliche Monopol** für die Verwertungsgesellschaft STAGMA (§ 1 der Durchführungsverordnung) und bestimmte, dass Polizei- und Verwaltungsbehörden der STAGMA bei ihren Kontrollaufgaben Verwaltungshilfe zu leisten hatten (§ 3 des Gesetzes). Ferner war in § 4 des Gesetzes in Verbindung mit § 2 der Durchführungsverordnung eine Bestimmung über die Errichtung einer **„paritätisch zusammengesetzten Schiedsstelle"** enthalten, die über „Art und Höhe der Tarife" zu entscheiden hatte, wenn zwischen STAGMA und Musikveranstalterverband darüber keine Einigung erzielt werden konnte.[3]

4. Verwertungsgesellschaften nach 1945

Nach 1945 wurde die STAGMA in **GEMA („Gesellschaft für musikalische Aufführungs-**   6 **und mechanische Vervielfältigungsrechte")** umbenannt und nahm unter Billigung der nach ihrem Sitz maßgebenden (britischen) Militärregierung ihre Tätigkeit wieder auf. Der Genehmigungszwang für die Tätigkeit und das gesetzliche Monopol dieser Verwertungsgesellschaft wurden durch die Kontrollratsgesetzgebung außer Kraft gesetzt. Die übrigen Bestimmungen der STAGMA-Gesetzgebung aber – vom BGH ausdrücklich als politisch neutral bezeichnet[4] – behielten zunächst weiter ihre Geltung.

Nach **Wegfall des rechtlichen Monopols** der STAGMA/GEMA bildeten sich ab Ende des   7 Zweiten Weltkriegs in Deutschland **andere Verwertungsgesellschaften** neben der GEMA, und zwar erstmalig im nicht-musikalischen Bereich. Die GEMA besteht als wirtschaftlicher Verein fort und ist die bedeutendste Verwertungsgesellschaft in Deutschland geblieben. Die nach 1945 gegründeten Verwertungsgesellschaften sind als wirtschaftlicher Verein oder als GmbH organisiert.[5]

---

[1] Zum deutschen Wahrnehmungsrecht von 1903 bis 1933 *Riesenhuber/Rosenkranz* UFITA 2005, 467; zur Geschichte der musikalischen Verwertungsgesellschaften in Deutschland *Schmidt/Riesenhuber/Mickler* in: Heker/Riesenhuber (Hrsg.), Recht und Praxis der GEMA, 5 ff.; zur Geschichte der kollektiven Wahrnehmung von Sprachwerken *Vogel* in: Becker (Hrsg.), Die Wahrnehmung von Urheberrechten an Sprachwerken, 1999, 17, jeweils mwN.

[2] *Melichar* UFITA 117 (1991), 5 (10) mwN.

[3] Vgl. *Strittmatter* S. 17 f.

[4] BGHZ 15, 338 (350 ff.) – Indeta.

[5] Zu den heute bestehenden Verwertungsgesellschaften → Rn. 40.

II. Das Urheberrechtswahrnehmungsgesetz (UrhWG) von 1965

1. Die Entstehung des UrhWG

8   Das Gesetz über die Wahrnehmung von Urheberrechten und verwandten Schutzrechten vom 9. September 1965[6] wurde zusammen mit und als Teil der Urheberrechtsreform von 1965 verabschiedet. Mit dem UrhWG wurde ein umfassender gesetzlicher Rahmen geschaffen für die Tätigkeit urheberrechtlicher Verwertungsgesellschaften, die Urheberrechte und verwandte Schutzrechte kollektiv wahrnehmen,

Das UrhWG knüpfte an die frühere STAGMA-Gesetzgebung[7] an. Wie bereits die STAGMA-Gesetzgebung zielte auch das UrhWG darauf ab, die **Möglichkeit staatlicher Kontrolle** über die Verwertungsgesellschaften zu gewährleisten. Da wesentliche Elemente des STAGMA-Gesetzes – nämlich der Genehmigungszwang für die Tätigkeit der Verwertungsgesellschaften und ihr gesetzliches Monopol – durch die Kontrollratsgesetzgebung außer Kraft gesetzt worden waren,[8] war nach dem Zweiten Weltkrieg diese Kontrolle nicht mehr auf gesetzlicher Grundlage möglich. Das UrhWG wurde deshalb als unmittelbarer Nachfolger der STAGMA-Gesetzgebung, aber auch unter Berufung auf Vorbilder im Ausland, frühzeitig vorbereitet.[9]

9   Daher ging der Gesetzgeber der Urheberrechtsreform von 1965 von dieser nach 1945 bestehenden Sachlage aus und sah eine gesetzliche Regelung des Rechts der Verwertungsgesellschaften als **untrennbaren Bestandteil der Urheberrechtsreform** an. Als entscheidend wurden dabei angesehen die als wichtig erkannte Treuhandstellung der Verwertungsgesellschaften, ihre marktbeherrschende Stellung und die neuen Aufgaben, die ihnen zusätzlich durch das Urheberrechtsgesetz vom 9.9.1965 zugewiesen wurden.[10]

2. Die Funktion von Verwertungsgesellschaften aus der Sicht des Gesetzgebers

10   Schon der Gesetzgeber des UrhWG stellte somit auf die **besondere Funktion von Verwertungsgesellschaften** ab: Den Verwertungsgesellschaften ist gemeinsam, dass sie von den Wahrnehmungsberechtigten urheberrechtliche Befugnisse durch Berechtigungsvertrag übertragen erhalten – meist bindend für mehrere Jahre – mit dem Auftrag, diese als Verwalter wahrzunehmen. Als eine Art Inkassostelle für urheberrechtliche Befugnisse schließen die Verwertungsgesellschaften in der Regel im eigenen Namen mit den Verwertern Einzel- oder Gesamtverträge[11] ab. Über die reine Inkassofunktion hinaus verwalten und verteilen sie die Erträge nach besonderen Kriterien. Sie haben damit die **Position eines Treuhänders;** in ihren Dispositionen sollten sie dabei nach der Vorstellung des Gesetzgebers weitgehend unabhängig sein, denn die Möglichkeiten der Berechtigten zur Kontrolle der Verwertungsgesellschaften über ihre Mitgliedschaftsrechte wurden wegen der hohen Gesamtzahl der Berechtigten/Mitglieder als naturgemäß begrenzt angesehen.[12]

11   Der Gesetzgeber der Urheberrechtsreform von 1965 ging außerdem davon aus, dass **Verwertungsgesellschaften ihrem Wesen nach marktbeherrschend** sind,[13] denn er stellte darauf ab, dass schon das urheberrechtliche Werk in seiner Eigenart unverwechselbar und nicht wirklich ersetzbar sei, damit Monopolcharakter habe und seinem Inhaber eine Monopolstellung verschaffe. Darüber hinaus erlange die Verwertungsgesellschaft auch ein „absolutes" Monopol dadurch, dass sie viele, wenn nicht alle gleichartigen Monopol-Rechte besitze und sich so sogar ein „Weltmonopol" in ihrer Hand bilden könne.[14] Diese Entwicklung wurde einerseits als zwangsläufig und für die Beteiligten als zweckmäßig und wünschenswert anerkannt, weil sie Verwaltungsaufwand erspare und eine effektive Wahrnehmung der Rechte gewährleiste.[15] Andererseits sollte dieser marktbeherrschenden Stellung durch Schaffung einer gesetzlichen Grundlage zur umfassenden staatlichen Aufsicht über die Verwertungsgesellschaften Rechnung getragen werden, damit diese ihre Position weder gegenüber den Verwertern noch gegenüber den Berechtigten missbrauchen könnten.[16]

12   Zugleich dokumentierte die Urheberrechtsreform von 1965, dass der Gesetzgeber die **nützliche Tätigkeit der Verwertungsgesellschaften** anerkannte und ihnen eine Schlüsselstellung im System des Urheberrechts einräumte; denn er hatte 1965 ihre wirtschaftliche und kulturelle Machtposition

---

[6] UrhWG, BGBl. I S. 1294.
[7] → Rn. 4–5.
[8] → Rn. 6.
[9] AmtlBegr. UrhWG BT-Drs. IV/271 S. 10.
[10] *Reinbothe* S. 9.
[11] → § 35 Rn. 3 ff.
[12] AmtlBegr. UrhWG BT-Drs. IV/271 S. 20; vgl. auch *Dietz,* Urheberrecht in der Europ. Gemeinschaft, Rn. 569 ff., der insoweit eine Nähe zu Gewerkschaften sieht; *Menzel* S. 10 ff.: Maklerfunktion.
[13] *Reinbothe* S. 6 mwN, S. 7 Fn. 40, 41.
[14] AmtlBegr. UrhWG BT-Drs. IV/271 S. 9, 17.
[15] AmtlBegr. UrhWG BT-Drs. IV/271 S. 11, 9; vgl. *Dietz,* Urheberrecht in der Europäischen Gemeinschaft, Rn. 566; *Lerche* ZUM 2003, 34 (36); zustimmend mit rechtsvergleichendem Ansatz *Goldmann* S. 119 ff.; ebenso aus internationaler Sicht *Ficsor* S. 131 ff., 160; aA *Bing* S. 186 ff.
[16] AmtlBegr. UrhWG BT-Drs. IV/271 S. 9 f.

bewusst verstärkt und ihre Bedeutung durch die Zuweisung neuer Aufgaben auch später weiter anwachsen lassen: Die Wahrnehmung der Rechte aus § 20b Abs. 1 UrhG (Kabelweitersendungsrecht), § 26 UrhG (Folgerecht an Werken der bildenden Kunst), § 27 UrhG (Vergütung für Vermietung und Verleihen), § 49 Abs. 1 UrhG (Zeitungsartikel und Rundfunkkommentare) und § 53 Abs. 5 aF UrhG (Geräteabgabe im Rahmen von Vervielfältigungen zum persönlichen Gebrauch) bzw. §§ 54 ff. nF UrhG steht nur den Verwertungsgesellschaften zu. Diese ihnen kraft Gesetzes übertragenen **ausschließlichen Befugnisse** haben die Einflussmöglichkeiten der Verwertungsgesellschaften noch erhöht und waren auch nach 1965 Anlass für die Gründung neuer Gesellschaften.

In ihrer **rechtlichen, gesellschaftlichen und sozialen Funktion** entlasten die Verwertungsgesellschaften also auch nach Meinung des Gesetzgebers den Staat von Aufgaben, die an sich dieser zu erfüllen hätte, um die Urheberrechte in ihrem Bestand zu sichern.[17] Die gesetzliche Abgrenzung der Rechte und Pflichten der Verwertungsgesellschaften durch das UrhWG von 1965 war deshalb für den Gesetzgeber nur konsequent.[18]

13

3. Der Inhalt des UrhWG von 1965

Wesentliche Elemente des UrhWG waren die **Erlaubnispflicht** für den Geschäftsbetrieb als Verwertungsgesellschaft in den §§ 1–5 UrhWG mit Bestimmungen über die Erlaubnispflicht und die Voraussetzungen für Erteilung und Versagung bzw. Widerruf der Erlaubnis; ferner die Vorschriften über die **Rechte und Pflichten der Verwertungsgesellschaften** gegenüber den Berechtigten und den Nutzern der Werke und Leistungen in den §§ 6–17 UrhWG, und hier insbesondere der Wahrnehmungszwang der Verwertungsgesellschaften gegenüber jedem Berechtigten zu „angemessenen Bedingungen" (§ 6 UrhWG), der Kontrahierungszwang gegenüber den Nutzern (§§ 11, 12 UrhWG), die Pflicht zur Aufstellung von Tarifen (§ 13 UrhWG) sowie die **Vorschriften über die Schiedsstelle** (§§ 14, 15 aF UrhWG) mit der hierzu erlassenen Schiedsstellenverordnung;[19] schließlich die Bestimmungen in den §§ 18–20 UrhWG zur Aufsicht über die Verwertungsgesellschaften. Von den Übergangs- und Schlussvorschriften (§§ 21–28 UrhWG) ist § 24 UrhWG zu erwähnen, der als § 102a GWB eine Ausnahmevorschrift in das Gesetz gegen Wettbewerbsbeschränkungen einfügte, die die Verwertungsgesellschaften teilweise und unter bestimmten Voraussetzungen **von der Anwendung des GWB freistellte**. Das Reichsgesetz vom 4.7.1933 in Verbindung mit der Durchführungsverordnung vom 15.2.1934 wurde durch § 26 UrhWG endgültig für unwirksam erklärt.

14

Durch das UrhWG wurden die Verwertungsgesellschaften somit **eingehend geregelten Pflichten** und einer **detaillierten staatlichen Aufsicht** unterworfen. Auch nach Auffassung der Aufsichtsbehörde stellte das UrhWG für den Bereich der kollektiven Wahrnehmung von Urheber- und Leistungsschutzrechten den Schutz der regelmäßig schwächeren Vertragspartei her; dies sei insbesondere für die Nebenrechte der Zweit- und Drittverwertung von Bedeutung, „die der Primärverwerter für die Verwirklichung seiner geschäftlichen Ziele nicht benötigt".[20] Das gesetzliche Monopol, das von 1933 bis 1945 staatlich angeordnet war, war zwar noch in den Referentenentwürfen vorgesehen, wurde aber wegen verfassungsrechtlicher Bedenken nicht in das UrhWG aufgenommen.[21] Ebensowenig übernahm das UrhWG die nach § 3 des Reichsgesetzes angeordnete Amtshilfe der Behörden über den Nachweis von Musikveranstaltungen.[22]

4. Verfassungsrechtliche Einwände gegen das UrhWG

Gegen das UrhWG und die Schiedsstellenverordnung waren **verfassungsrechtliche Bedenken** geltend gemacht worden. Die im Jahre 1966 erhobenen Verfassungsbeschwerden wurden aber später wieder zurückgenommen.

15

Dem Thema kommt heute nur noch historische Bedeutung zu, denn die Kritik an der Verfassungsmäßigkeit des UrhWG ist inzwischen verstummt.[23]

5. Die Novellierungen des UrhWG

Das UrhWG hat sich in den insgesamt mehr als fünfzig Jahren seiner Geltung bewährt und den von ihm angestrebten Zweck – Erleichterung für die Tätigkeit der Verwertungsgesellschaften einerseits, Vorschriften zum Schutz der Interessen von Wahrnehmungsberechtigten und Nutzern andererseits –

16

---

[17] *Reinbothe* S. 4 mwN; *Becker,* FS Kreile (1994), S. 27 (30).
[18] AmtlBegr. UrhWG BT-Drs. IV/271 S. 10.
[19] Verordnung über die Schiedsstelle nach dem Gesetz über die Wahrnehmung von Urheberrechten und verwandten Schutzrechten vom 18.12.1965, BGBl. I S. 2106; später ersetzt durch die UrheberschiedsV vom 20.12.1985 (BGBl. I S. 2543); → Rn. 16.
[20] DPA ZUM 1989, 506/508; kritisch *Hauptmann* UFITA 126 (1994), 149 mwN.
[21] AmtlBegr. UrhWG BT-Drs. IV/271 S. 11.
[22] → Rn. 5; zur Entwicklung in der DDR bis zur Wiedervereinigung *Wandtke,* FS Kreile (1994), S. 789; *Strittmatter* S. 30 ff.
[23] Vgl. 5. Aufl., Vor §§ 1 ff. UrhWG Rn. 11 mwN.

erreicht. Auch wenn das Grundkonzept des UrhWG stets beibehalten wurde, haben es zahlreiche Novellierungen[24] über die Jahrzehnte aktualisiert und damit dafür gesorgt, dass dieses Gesetz geänderten Anforderungen gerecht werden konnte.

Die Änderungen, die im Rahmen der **Urheberrechtsnovelle von 1985**[25] in das UrhWG aufgenommen wurden, konzentrierten sich vor allem auf eine Erweiterung der Aufgaben der Schiedsstelle nach den §§ 14 ff. UrhWG und die Beseitigung von Mängeln des Schiedsstellenverfahrens. In diesem Zusammenhang wurde auch das Verfahren vor der Schiedsstelle mit einer **neuen Urheberschiedsstellenverordnung**[26] neu geregelt. Daneben wurden den Verwertungsgesellschaften mit dieser Novelle die Geltendmachung von Auskunftsansprüchen durch Einführung einer gesetzlichen Vermutung ihrer Aktivlegitimation erleichtert und die Berechnungsgrundlage für die Tarife eingehender als bisher beschrieben.

17   Auch nach 1985 wurde das UrhWG mehrfach erneut geändert. Durch das **4. UrhGÄndG vom 8.5.1998**[27] wurde das UrhWG in **Umsetzung der Satelliten- und Kabel-RL**[28] um Vorschriften zur Behandlung der Außenseiter bei Kabelweitersendung ergänzt und die Zuständigkeit der Schiedsstelle auf die Gestaltung von Verträgen zwischen Sendeunternehmen und Kabelunternehmen erweitert. Außerdem wurde die kartellrechtliche Bereichsausnahme in § 102a GWB aF an die Rechtsprechung des EuGH angepasst und durch § 30 GWB ersetzt.

18   Eine Reihe von weiteren Änderungen des UrhWG ergab sich im Rahmen des **Gesetzes zur Regelung des Urheberrechts in der Informationsgesellschaft vom 10.9.2003,**[29] mit dem die **InfoSoc-RL**[30] in deutsches Recht umgesetzt wurde und u. a. die Aufsichtsbehörde die ausdrückliche Befugnisnorm erhielt, um einer ohne Erlaubnis tätigen Verwertungsgesellschaft die Fortführung ihres Geschäftsbetriebs untersagen und andere iRd. Aufsicht erforderliche Maßnahmen ergreifen zu können.

19   Im Rahmen des **Siebten Gesetzes zur Änderung des Gesetzes gegen Wettbewerbsbeschränkungen vom 7.7.2005**[31] wurde entsprechend der Verordnung (EG) Nr. 1/2003 vom 16.12. 2002 zur Durchführung der in Art. 81 und 82 des EG-Vertrages niedergelegten Wettbewerbsregeln § 30 GWB aufgehoben. Seitdem gibt es im deutschen Kartellrecht **keine gesetzliche Bereichsausnahme mehr** für Verwertungsgesellschaften.[32]

20   Durch das **Zweite Gesetz zur Regelung des Urheberrechts in der Informationsgesellschaft vom 26.10.2007,**[33] den sog. „Zweiten Korb", wurden weitere Änderungen in das UrhWG eingefügt. Sie sollten dazu dienen, die Mechanismen des UrhWG – insbesondere Gesamtverträge und das Verfahren vor der Schiedsstelle – für die Einigung der Parteien auf die **Vergütungssätze für Geräte und Speichermedien** iR. der Vergütungspflicht gem. den §§ 54 ff. UrhG (private Vervielfältigungen) besser nutzbar zu machen, nachdem die in der Anlage zu § 54d Abs. 1 aF UrhG enthaltenen gesetzlichen Vergütungssätze aufgehoben worden waren. Weitere Änderungen des UrhWG iR. des „Zweiten Korbs" betrafen die **Schiedsstelle**, und zwar die Erweiterung bzw. Klarstellung ihrer Zuständigkeit, ihre Zusammensetzung und die Bildung von Kammern sowie neue Verfahrensregeln, wie die Verpflichtung zur Einholung empirischer Untersuchungen für die Ermittlung der maßgeblichen Nutzung, die Anhörung der Verbraucherverbände und die Beschränkung der Verfahrensdauer auf ein Jahr.

21   Im Zuge der Umsetzung der Richtlinie 2012/28/EU über bestimmte zulässige Formen der Nutzung verwaister Werke vom 25.10.2012[34] durch das **Gesetz zur Nutzung verwaister und vergriffener Werke und einer weiteren Änderung des Urheberrechtsgesetzes vom 1.10.2013**[35] wurde auch das UrhWG um zusätzliche Bestimmungen ergänzt.

22   Einen eher technischen Aspekt betraf die letzte Änderung des UrhWG und der UrhSchiedsV: Durch die Art. 218 und 219 der **Zehnten Zuständigkeitsanpassungsverordnung vom 31.8. 2015**[36] wurden die neuen Bezeichnungen zweier Bundesministerien („Bundesministerium der Justiz und für Verbraucherschutz" sowie „Bundesministerium für Wirtschaft und Energie") in das UrhWG eingefügt.

---

[24] Dazu im Einzelnen → 5. Aufl. 2017, UrhWG Vor §§ 1 ff. Rn. 12 und 13.

[25] BGBl. I S. 1137.

[26] UrhSchiedsV vom 20.12.1985 (BGBl. I S. 2543).

[27] BGBl. I S. 902.

[28] Richtlinie 93/83/EWG zur Koordinierung bestimmter urheber- und leistungsschutzrechtlicher Vorschriften betreffend Satellitenrundfunk und Kabelweiterverbreitung vom 27.9.1993, ABl. EG L 248 S. 15; → Vor UrhG §§ 20 ff. Rn. 11.

[29] BGBl. I S. 1774.

[30] Richtlinie 2001/29/EG zur Harmonisierung bestimmter Aspekte des Urheberrechts und der verwandten Schutzrechte in der Informationsgesellschaft vom 22.5.2001, ABl. EG L 167 S. 10 (InfoSoc-RL).

[31] BGBl. I S. 1954.

[32] Zu den Wirkungen und zur Anwendung wettbewerbsrechtlicher Bestimmungen auf Verwertungsgesellschaften → Rn. 44–45.

[33] BGBl. I S. 2513.

[34] ABl. EU L 299 S. 5.

[35] BGBl. I S. 3728.

[36] BGBl. I S. 1474.

Das UrhWG und die UrhSchiedsV wurden zum 1.6.2016 außer Kraft gesetzt durch Art. 7 des VG- 23
Richtlinie-Umsetzungsgesetzes[37] und durch das Verwertungsgesellschaftengesetz (VGG)[38] ersetzt.
Anlass für den Erlass des VGG war somit die **Richtlinie 2014/26/EU über die kollektive Rechtewahrnehmung (VG-RL),**[39] mit der die kollektive Rechtewahrnehmung in der Europäischen
Union harmonisiert wurde.

III. Die europäische Harmonisierung des Rechts der Verwertungsgesellschaften

1. Vorarbeiten der Europäischen Kommission

a) Kollektive Rechtewahrnehmung und gemeinschaftsweite Lizenzierung. Seit langem 24
war durch Entscheidungen der Europäischen Kommission und des EuGH die Relevanz des Rechts
der Verwertungsgesellschaften für das Funktionieren des urheberrechtlichen Binnenmarktes belegt.
Schon seit Mitte der 1990er Jahre hatte die Kommission denn auch die Absicht geäußert, die kollektive Rechtewahrnehmung durch Verwertungsgesellschaften einer Harmonisierung durch die Gemeinschaftsgesetzgebung zuzuführen.[40] Grundlegend Stellung zu diesem Thema nahm die Kommission
zuerst in ihrer **Mitteilung von 2004** zur kollektiven Wahrnehmung von Urheberrechten und Leistungsschutzrechten im Binnenmarkt.[41] Diese Mitteilung war allerdings auf die Darstellung von Optionen beschränkt. Hinsichtlich der Funktion von Verwertungsgesellschaften war sie eher wertungsfrei
und ging insbesondere nicht von einer Privilegierung von Verwertungsgesellschaften gegenüber dem
Wettbewerbsrecht aus.

Danach konzentrierte sich die Kommission mehr auf das Thema der gemeinschaftsweiten Lizenzierung durch Verwertungsgesellschaften als **One-Stop-Shops** für das Territorium mehrerer bzw. aller
Mitgliedstaaten der EU. Bereits aus der Haltung der Kommission gegenüber der sogenannten „Simulcasting"-Vereinbarung und den Abkommen der Verwertungsgesellschaften von Santiago und Barcelona[42] konnte geschlossen werden, dass die Kommission der traditionellen territorialen Begrenzung der
kollektiven Wahrnehmung von Urheberrechten durch Verwertungsgesellschaften skeptisch gegenüberstand und sie unter den Bedingungen der Digitaltechnik generell für wettbewerbsfeindlich und
überholt hielt.[43]

b) Die Kommissionsempfehlung 2005/737/EG vom 18.10.2005. Diese Haltung der Kom- 25
mission schien sich zu bestätigen in einer Studie ihrer Dienststellen über eine Initiative der Gemeinschaft zur grenzüberschreitenden kollektiven Wahrnehmung von Urheberrechten[44] und wurde
schließlich vollends deutlich in ihrer **Empfehlung für die länderübergreifende kollektive Rechtewahrnehmung für Online-Musikdienste.**[45] Die Kommission verfolgte mit dieser Empfehlung
das Ziel, für die multiterritoriale Lizenzierung zu sorgen, die Tätigkeit von Verwertungsgesellschaften
in den freien länderübergreifenden Dienstleistungsverkehr einzubeziehen und sie „mit Rücksicht auf
die Einhaltung des Wettbewerbsrechts" zu einer rationelleren und transparenteren Arbeitsweise anzuhalten.[46] Die Empfehlung enthielt hierzu „rechtliche Rahmenbedingungen zur optimalen Wahrnehmung auf Gemeinschaftsebene" von Urheber- und verwandten Schutzrechten im Rahmen von Online-Musikdiensten. Diese Empfehlung ging offenbar von einem anderen Modell der kollektiven
Rechtewahrnehmung durch Verwertungsgesellschaften aus als die Gesetze in den meisten EU-Mitgliedstaaten; jedenfalls wurden die dort zugrundeliegenden Prinzipien, wie die Treuhandstellung der
Verwertungsgesellschaften, die in ihnen verkörperte Solidargemeinschaft der Berechtigten und der

---

[37] Gesetz zur Umsetzung der Richtlinie 2014/26/EU über die kollektive Wahrnehmung von Urheber- und verwandten Schutzrechten und die Vergabe von Mehrgebietslizenzen für Rechte an Musikwerken für die Online-Nutzung im Binnenmarkt sowie zur Änderung des Verfahrens betreffend die Geräte- und Speichermedienvergütung (VG-Richtlinie-Umsetzungsgesetz) vom 24.5.2016 (BGBl. I S. 1190).

[38] Gesetz über die Wahrnehmung von Urheberrechten und verwandten Schutzrechten durch Verwertungsgesellschaften (Verwertungsgesellschaftengesetz – VGG) vom 24.5.2016 (BGBl. I S. 1190); → Rn. 33–39.

[39] Richtlinie 2014/26/EU vom 26.2.2014 über die kollektive Wahrnehmung von Urheber- und verwandten Schutzrechten und die Vergabe von Mehrgebietslizenzen für Rechte an Musikwerken für die Online-Nutzung im Binnenmarkt, ABl. EU L 84 S. 72 (VG-RL); → Rn. 29–32.

[40] *Reinbothe*, FS Schulze (2017), S. 283 (284 f.) mwN.

[41] KOM(2004) 261 endg. vom 16.4.2004.

[42] Vgl. die Entscheidung der Europäischen Kommission vom 8.10.2002, 2003/300/EG, ABl. EG 2003 L 107 S. 58; *Holzmüller* in: Heker/Riesenhuber (Hrsg.), Recht und Praxis der GEMA, 37 (48); *L. Guibault/S. van Gompel* in: Gervais (Hrsg.), Collective Management of Copyright and Related Rights, 139 (161 f.) mwN.

[43] *Mestmäcker* WuW 2004, 754 mwN; *v. Lewinski*, FS Schricker (2005), S. 401 (404 ff.).

[44] Commission of the European Communities, Commission Staff Working Document – Study on a Community Initiative on the Cross-Border Collective Management of Copyright, 7.7.2005.

[45] Empfehlung der Kommission vom 18.10.2005 für die länderübergreifende kollektive Wahrnehmung von Urheberrechten und verwandten Schutzrechten, die für legale Online-Musikdienste benötigt werden (2005/737/EG), ABl. EU 2005 L 276/54 v. 21.10.2005; GRUR-Int 2006, 220.

[46] Erwägungsgründe (8), (9) und (10) der Kommissionsempfehlung vom 18.10.2005; vgl. *Lüder* GRUR-Int 2007, 649.

Nutzen ihrer faktischen Monopolstellung für alle Beteiligten, nicht erwähnt. Diese Empfehlung und der ihr zugrunde liegenden Ansatz der Europäischen Kommission wurden vielfach kritisiert.[47]

26 **c) Der Stellenwert von Wettbewerb und Dienstleistungsfreiheit.** Darüber hinaus stellte nur wenige Jahre später die wettbewerbsrechtliche Entscheidung der Europäischen Kommission im CI-SAC-Verfahren die bisher übliche Gestaltung der Gegenseitigkeitsverträge unter Verwertungsgesellschaften, und damit generell den Nutzen ihrer faktischen Monopolstellung im jeweiligen Territorium, in Frage.[48] Vieles sprach demnach dafür, dass die Europäische Kommission anstelle des bisher durchaus bewährten Systems der Aufteilung der Nutzermärkte zur „One-Stop-Shop"-Vergabe des Weltrepertoires einen Wettbewerb unter den Verwertungsgesellschaften um Rechteinhaber und Nutzer befürwortete. Im Übrigen war die Kommission der Auffassung, dass die Dienstleistungsrichtlinie[49] unbeschränkt auf die kollektive Rechtewahrnehmung Anwendung findet.[50]

Diesen Ansatz verfolgte die Europäischen Kommission über einige Zeit. Mittlerweile wurde er durch die Rechtsprechung relativiert: Der EuGH steht offenbar der Ansicht der Kommission, dass unter Verwertungsgesellschaften Wettbewerb herrschen sollte, eher skeptisch gegenüber und hielt ihr vor, sich nicht eingehend mit den verschiedenen Modellen der Gegenseitigkeitsvereinbarungen auseinandergesetzt zu haben.[51] Außerdem vertrat der EuGH die Auffassung, dass ein effizienter Schutz der Rechte des geistigen Eigentums auf hohem Schutzniveau am besten auf der Grundlage eines territorial aufgeteilten Schutzes, einschließlich von Verträgen über die gegenseitige Vertretung, gewährleistet werden kann, und erklärte die Dienstleistungsrichtlinie ausdrücklich für auf Verwertungsgesellschaften nicht anwendbar.[52]

27 **d) Die Veränderung des Marktverhaltens.** Diese Haltung der Europäischen Kommission, einschließlich ihrer Empfehlung von 2005, führte bereits zu erheblichen Veränderungen in den Märkten der kollektiven Rechtewahrnehmung: Um dem offensichtlich von der Kommission befürworteten Modell der gemeinschaftsweiten Lizenzierung durch einen One-stop-Shop (und zwar bezogen nicht auf das Weltrepertoire, sondern auf das EU-Territorium), außerhalb der bisher üblichen Gegenseitigkeitsverträge unter den Verwertungsgesellschaften, entgegenzukommen, bildeten sich **joint ventures der (großen) Verwertungsgesellschaften,** die im Auftrag bestimmter Rechtsinhaber grenzüberschreitende Lizenzen für Online-Rechte erteilten.[53] Zugleich hat dies eine **Rechtszersplitterung** bewirkt: Mehrere große Musikverlage haben die für die Online-Nutzung erforderlichen Rechte aufgeteilt und lassen sie getrennt wahrnehmen.

2. Der Richtlinienvorschlag von 2012

28 Am 11.7.2012 legte die Europäische Kommission ihren Richtlinienvorschlag zur Harmonisierung des Rechts der kollektiven Rechtewahrnehmung vor.[54] Mit diesem Vorschlag verfolgte die Kommission mit überaus detaillierten Bestimmungen erklärtermaßen ein zweifaches Ziel: Sie mahnte ausdrücklich an, dass die Effizienz, die Korrektheit, die Transparenz und die Rechenschaftspflichten der Verwertungsgesellschaften verbessert werden müssten. Außerdem sollte die Vergabe von Mehrgebietslizenzen durch Verwertungsgesellschaften für die Online-Nutzung von Urheberrechten an Musikwerken erleichtert werden, um eine **„Fragmentierung des EU-Marktes"**[55] zu verhindern. Dabei ging die Kommission nach wie vor davon aus, dass Verwertungsgesellschaften „in ihrer Eigenschaft als Erbringer von Dienstleistungen im Zusammenhang mit der kollektiven Rechtewahrnehmung" der Dienstleistungsrichtlinie 2006/123/EG[56] unterliegen.

3. Die Verwertungsgesellschaftenrichtlinie 2014/26/EU (VG-RL) vom 26.2.2014

29 **a) Die VG-RL als Kompromiss zwischen den EU-Gesetzgebungsinstitutionen.** Die VG-RL[57] wurde am 26.2.2014 nach mehr als 1½-jährigen Verhandlungen über den Kommissionsvor-

---

[47] Zur Kommissionsempfehlung und ihren Auswirkungen im Einzelnen → Vor §§ 59 ff. Rn. 3 f. mwN; zur Veränderung des Marktverhaltens → Rn. 27.

[48] Entscheidung der Europäischen Kommission vom 16.7.2008, COMP/38698 – CISAC; im Einzelnen → Rn. 45; *Alich* GRUR-Int 2008, 996 (997).

[49] Richtlinie 2006/123/EG vom 12. Dezember 2006 über Dienstleistungen im Binnenmarkt, ABl. 2006 L 376/36 v. 27.12.2006.

[50] So in einer Anleitung der Kommissionsdienststellen zur Umsetzung der Dienstleistungsrichtlinie: European Commission Handbook on the implementation of the Services Directive, Brüssel 2007; vgl. *Heine/Eisenberg* GRUR-Int 2009, 277 (279 ff.) mwN.

[51] EuGH Rs T-442/08 ZUM-RD 2013, 293 (insbes. Rn. 151 ff.) – CISAC; → Rn. 45.

[52] EuGH Rs C-351/12 GRUR 2014, 396 Rn. 64 f., 73, 76 – OSA; vgl. *Drexl* in: K. Purnhagen/P. Rott (Hrsg), Liber Amicorum for Hanns Micklitz, S. 459 (460) mwN; *Nérisson* EIPR 2015, 388 (392).

[53] Vgl. etwa Zusammenschlüsse wie die CELAS/SOLAR, SACEM/SDRM, P.E.D.L.; *Alich* GRUR-Int 2008, 996 (1000 ff.); *Heyde* S. 135 ff. u. S. 151 f.; *Wübbelt* S. 96 ff. mwN; *Weller* S. 114 f.; Dreier/Schulze/*Schulze* Vorbem. VGG Rn. 7 mwN.

[54] Richtlinienvorschlag COM(2012) 372 final vom 11.7.2012.

[55] Begründung des Richtlinienvorschlags, S. 3.

[56] → Fn. 49.

[57] → Fn. 39.

schlag verabschiedet. Inhaltlich weicht sie in mancher Hinsicht von diesem Vorschlag ab; viele Elemente wurden vom Rat und vom Europäischen Parlament abgeändert oder eingefügt. Damit ist die VG-RL das Ergebnis eines Kompromisses zwischen den gesetzgebenden Organen der EU. Der **Kompromisscharakter der VG-RL** kommt auch darin zum Ausdruck, dass sich, wie es auch schon in früheren Richtlinien zu beobachten war, viele Aussagen nicht in den Artikeln der VG-RL, sondern in den **Erwägungsgründen** finden, deren Anzahl sich dementsprechend von 44 (im Vorschlag der Kommission) auf nunmehr 58 (in der Richtlinie) erhöht hat. Die Erwägungsgründe spielen daher eine wichtige Rolle bei der Auslegung der Bestimmungen der VG-RL.

b) Die Ziele der VG-RL. Als Binnenmarktrichtlinie soll die VG-RL das **Funktionieren des** 30 **EU-Binnenmarktes** auch für die **grenzüberschreitende kollektive Rechtewahrnehmung** gewährleisten und eine **Diskriminierung** von nicht im Inland ansässigen Verwertungsgesellschaften und Rechtsinhabern verhindern.[58]

Ein erklärtes Ziel der VG-RL ist es daher, die teilweise stark voneinander abweichenden nationalen Regelungen im Bereich der kollektiven Rechtewahrnehmung zu vereinheitlichen.[59] Hierzu stellt die VG-RL hohe und detaillierte Anforderungen an die **interne Funktionsweise**, die **Transparenz** und das **Berichtswesen** von Verwertungsgesellschaften.[60] Außerdem sollen Rechtsinhaber EU-weit größtmögliche **Wahl- und Einflussmöglichkeiten** dazu erhalten, welcher Verwertungsgesellschaft sie welche Rechte zu welchen Bedingungen einräumen. Mit der Schaffung eines solchen verbindlichen **rechtlichen (Mindest-)[61] Rahmens** für die Tätigkeit von Verwertungsgesellschaften soll ein **level playing field** entstehen, das insbesondere die grenzüberschreitende kollektive Rechtewahrnehmung begünstigt.

Ein weiteres Ziel der VG-RL ist es, **Mehrgebietslizenzen für die Online-Nutzung von Musikwerken** zu ermöglichen, zu fördern und ihre Funktionsweise zu verbessern. Die Bestimmungen in Teil III der VG-RL knüpfen hierzu an die Kommissionsempfehlung von 2005[62] an, enthalten aber weit detailliertere Regelungen als diese und sind zudem (im Gegensatz zu dieser) verbindlich.

c) Schnittstellen mit Dienstleistungsfreiheit und Wettbewerbsrecht. In den Erwägungs- 31 gründen der VG-RL wird ausdrücklich festgestellt, dass die in den EU-Verträgen niedergelegten Grundfreiheiten von den Bestimmungen der VG-RL unberührt bleiben.[63] In der EU ansässige Verwertungsgesellschaften kommen also bei der Vertretung von in einem anderen Mitgliedstaat wohnhaften/ansässigen Rechtsinhabern oder bei der Vergabe von Lizenzen an in anderen Mitgliedstaaten wohnhafte/ansässige Nutzer in den Genuss der Grundfreiheiten des EU-Binnenmarktes, wie der hier vor allem einschlägigen **Dienstleistungsfreiheit gem. Art. 56 ff. AEUV.** Damit dürfte aber zugleich klar sein, dass die **VG-RL** *lex specialis* **zur Dienstleistungsrichtlinie** 2006/123/EG[64] ist und das in Art. 16 dieser Richtlinie statuierte Ursprungslandprinzip daher auf die kollektive Rechtewahrnehmung keine Anwendung findet.[65]

Ebenso wie die Dienstleistungsfreiheit bleibt auch die Anwendung des EU-Wettbewerbsrechts von den Bestimmungen der VG-RL unberührt.[66] Damit genießen Verwertungsgesellschaften durch die VG-RL **keine Privilegierung gegenüber dem Wettbewerbsrecht** gem. Art. 101 und 102 AEUV. Andererseits soll die VG-RL mit der Schaffung eines level playing fields in der EU die grenzüberschreitende kollektive Rechtewahrnehmung und damit im Ergebnis wohl auch den Wettbewerb unter Verwertungsgesellschaften fördern; sie schreibt einen solchen Wettbewerb aber nicht vor. Auch bleibt es den Mitgliedstaaten unbenommen, die Tätigkeit von Verwertungsgesellschaften von einer **vorherigen Zulassung** abhängig zu machen, solange die hierfür vorgesehenen Bedingungen „neutral" bleiben und mit dem Unionsrecht vereinbar sind.[67] Auf diese Weise kann im Wege einer ex ante-Kontrolle sichergestellt werden, dass Verwertungsgesellschaften über hinreichende wirtschaftliche Grundlagen für ihre Tätigkeit verfügen, und so lässt sich ein unlauterer Wettbewerb zum Schaden der Rechtsinhaber vermeiden.

d) Der Inhalt der VG-RL im Überblick. „Allgemeine Bestimmungen" in Titel I 32 **(Art. 1–3 VG-RL)**[68] enthalten eine Liste von Begriffsbestimmungen. In Art. 3 VG-RL werden insgesamt vierzehn Begriffe definiert, von der „Organisation für die kollektive Rechtewahrnehmung" bis zum Begriff „Online-Rechte an Musikwerken". Nach Art. 2 VG-RL bezieht sich der Geltungs-

---

[58] Vgl. Erwägungsgründe (4) ff. VG-RL.
[59] Vgl. Erwägungsgrund (5) VG-RL.
[60] Vgl. Erwägungsgründe (8) und (9) VG-RL; Art. 5 ff. VG-RL (Funktionsweise), Art. 18 ff. VG-RL (Transparenz- und Berichtspflichten).
[61] Erwägungsgrund (9) VG-RL.
[62] → Fn. 45.
[63] Erwägungsgrund (4) VG-RL; vgl. die noch anderslautenden Erwägungsgründe (3) und (8) S. 2 des Kommissionsvorschlags.
[64] → Fn. 49.
[65] → Rn. 26.
[66] Vgl. Erwägungsgründe (56) und (11) VG-RL.
[67] Vgl. Erwägungsgrund (50) S. 8 VG-RL.
[68] Zum Inhalt der VG-RL ausführlicher *Reinbothe* in: Wittmann (Hrsg.), Verwertungsgesellschaftengesetz 2016, S. 1 (17 ff.) mwN.

bereich der Richtlinie auf drei Gruppen von Organisationen: Verwertungsgesellschaften im engeren Sinne (in Art. 3a) VG-RL als „Organisation für die kollektive Rechtewahrnehmung" definiert), „unabhängige Verwertungseinrichtungen", die in Art. 3b) VG-RL definiert sind, und von einer Verwertungsgesellschaft abhängige Einrichtungen, die in Art. 2 Abs. 3 VG-RL genannt, aber nicht gesondert definiert werden.

Titel II zu den **„Organisationen für die kollektive Rechtewahrnehmung"** (**Art. 4–22 VG-RL**) enthält in Kapitel 1 (Art. 4–10 VG-RL) Vorschriften über die **„Vertretung der Rechtsinhaber und Mitgliedschaft und Organisation von Organisationen für die kollektive Rechtewahrnehmung".** Hier werden die Wahl- und Einflussmöglichkeiten der Rechtsinhaber besonders betont.[69] Hervorzuheben ist Art. 5 Abs. 2 S. 2 VG-RL, wonach Verwertungsgesellschaften einem Kontrahierungszwang gegenüber Rechtsinhabern unterliegen, falls sie die Wahrnehmung ihrer Rechte nicht aus „objektiv nachvollziehbaren Gründen" ablehnen können.

In Kapitel 2 (Art. 11–13 VG-RL) sind Bestimmungen über die **„Verwaltung der Einnahmen aus den Rechten"** enthalten.

Kapitel 3 (Art. 14–15 VG-RL) behandelt die **„Rechtewahrnehmung für andere Organisationen für die kollektive Rechtewahrnehmung"** mit Vorschriften zu Gegenseitigkeitsverträgen.

Kapitel 4 (Art. 16–17 VG-RL) regelt das **„Verhältnis zu den Nutzern".**

Kapitel 5 (Art. 18–22 VG-RL) dieses Titels II schließlich enthält **„Transparenz- und Berichtspflichten"** der Verwertungsgesellschaften, wobei für den jährlichen Transparenzbericht der auf Art. 22 Abs. 2 VG-RL bezogene mehrseitige **Anhang zur Richtlinie** zu beachten ist.

Titel III (**Art. 23–32 VG-RL**) zur **„Vergabe von Mehrgebietslizenzen für Online-Rechte an Musikwerken durch Organisationen für die kollektive Rechtewahrnehmung"** enthält elf umfangreiche Bestimmungen für diesen besonderen Bereich der Lizenzvergabe durch Verwertungsgesellschaften. Rechtfertigungen und Erläuterungen für diese Sonderregeln finden sich in den Erwägungsgründen.[70] Außerdem werden diese Regelungen in Titel III ergänzt durch Art. 38 VG-RL („Zusammenarbeit bei der Entwicklung von Mehrgebietslizenzen"), der sicherstellen soll, dass sich die Mitgliedstaaten und die Kommission fortlaufend über das Funktionieren dieser Bestimmungen von Titel III informieren.

Titel IV (**Art. 33–38 VG-RL**) zu **„Durchsetzungsmaßnahmen"** enthält Vorschriften über **Beschwerdeverfahren** in den Verwertungsgesellschaften für Rechtsinhaber und andere Verwertungsgesellschaften und über **„Alternative Streitbeilegungsverfahren"** für Rechtsinhaber und Nutzer gegenüber der Verwertungsgesellschaft.

Hinsichtlich der **Aufsicht über Verwertungsgesellschaften** folgt Art. 36 VG-RL („Einhaltung") dem **Sitzstaatsprinzip**.[71] Danach sind die Mitgliedstaaten ausdrücklich nur zur Überwachung von im Inland ansässigen Verwertungsgesellschaften zur Einhaltung der einschlägigen Bestimmungen des Sitzstaates verpflichtet. Dass die Aufsicht auch tatsächlich ausgeübt und unter den Mitgliedstaaten koordiniert wird, soll durch die Pflicht der Aufsichtsbehörden gem. Art. 39 VG-RL, die in ihrem Hoheitsgebiet ansässigen Verwertungsgesellschaften der Kommission zu **melden**, die **Berichtspflicht der Kommission** nach Art. 40 und die **Zusammenarbeit der Aufsichtsbehörden** nach den Art. 37, 38 und 41 VG-RL sichergestellt werden.

Titel V (**Art. 39–44 VG-RL**) enthält die bereits genannten und weitere Vorschriften zu **„Berichterstattung und Schlussbestimmungen".** Nach Art. 43 Abs. 1 musste die Richtlinie bis zum 10. April 2016 in das Recht der Mitgliedstaaten umgesetzt werden.

IV. Das Verwertungsgesellschaftengesetz (VGG) vom 24.5.2016

1. Der Gang des Gesetzgebungsverfahrens

33   Zwar entsprach das UrhWG einerseits bereits weitgehend den Vorgaben der VG-RL oder war doch zumindest damit kompatibel (Beispiele sind die Verpflichtungen der Verwertungsgesellschaften zur Aufstellung von Tarifen gem. § 13 Abs. 1 UrhWG, zum Wahrnehmungszwang gegenüber den Berechtigten gem. § 6 Abs. 1 UrhWG oder zur Rechnungslegung gem. § 9 UrhWG). Andererseits reguliert die VG-RL, zT. überaus detailliert, das gesamte Spektrum der Tätigkeit von Verwertungsgesellschaften und enthält hierzu zahlreiche Normbefehle. Aus diesem Grund entschloss sich der deutsche Gesetzgeber dazu, zur Umsetzung der VG-RL das UrhWG in einem Zuge durch ein **neues Gesetz** abzulösen und darin die EU-rechtlichen Vorgaben mit den bewährten Regelungen des geltenden Rechts zusammenzufassen und neu zu ordnen.[72]

Zur Vorbereitung des Umsetzungsgesetzes führte das Bundesministerium der Justiz und für Verbraucherschutz (BMJV) am 9.7.2014 eine Anhörung durch, in der die Grundlagen des UrhWG, wie die Erlaubnispflicht (§ 1 UrhWG), die Vorsorge- und Unterstützungseinrichtungen (§ 8 UrhWG),

---

[69] Vgl. Erwägungsgründe (19) ff. VG-RL.
[70] Erwägungsgründe (37) bis (48) VG-RL.
[71] *Staats* ZUM 2014, 470 (472); → Vor §§ 75 ff. Rn. 4.
[72] Zu diesem konzeptionellen Ansatz vgl. AmtlBegr. BT-Drs. 18/7223, S. 54 f.

der Abschlusszwang gegenüber Nutzern (§ 11 UrhWG) oder Gesamtverträge (§ 12 UrhWG), mit den Vorgaben der VG-RL abgeglichen und diskutiert wurden.[73]

Der Zeitraum zwischen der Vorlage des ersten Referentenentwurfs und der Verabschiedung des Richtlinien-Umsetzungsgesetzes mit dem neuen Verwertungsgesellschaftengesetz betrug weniger als ein Jahr: Der Referentenentwurf wurde am 9.6.2015 vorgelegt;[74] auf dieser Grundlage wurde der Regierungsentwurf am 11.11.2015 von der Bundesregierung beschlossen und dem Bundesrat am 18.12.2015 zugeleitet.[75] Am 28.4.2016 wurde das VG-Richtlinie-Umsetzungsgesetz[76] vom Bundestag verabschiedet. Durch Art. 7 dieses Gesetzes wurden das UrhWG und die UrhSchiedsV zum 1.6.2016 außer Kraft gesetzt und durch das **Verwertungsgesellschaftengesetz (VGG)**[77] ersetzt.

2. Der konzeptionelle Ansatz des VGG

a) Orientierung an der Struktur der VG-RL. Das VGG orientiert sich in seiner **Struktur** an 34
der VG-RL, zu deren Umsetzung es dient. Dies wird schon deutlich in Teil 1 („Gegenstand des Gesetzes; Begriffsbestimmungen"), der ähnlich Titel I VG-RL („Allgemeine Bestimmungen"), allerdings präziser als dieser, Begriffsbestimmungen enthält, die es bisher im UrhWG nicht gab. Damit folgt das VGG der nun immer häufiger in der EU-Urheberrechtsgesetzgebung üblichen Technik vorangestellter Definitionen. In ähnlicher Weise ist Teil 2 („Rechte und Pflichten der Verwertungsgesellschaft") mit seinen Bestimmungen betreffend das Innen- und Außenverhältnis sowie Gegenseitigkeitsvereinbarungen von Verwertungsgesellschaften an der Struktur von Titel II VG-RL („Organisationen für die kollektive Rechtewahrnehmung") ausgerichtet, differenziert dabei allerdings genauer zwischen den Unterkategorien. Besonders deutlich ist die Orientierung an der VG-RL in Teil 3 („Besondere Vorschriften für die gebietsübergreifende Vergabe von Online-Rechten an Musikwerken"), der zT wörtlich mit den entsprechenden Bestimmungen in Titel III VG-RL („Vergabe von Mehrgebietslizenzen für Online-Rechte an Musikwerken durch Organisationen für die kollektive Rechtewahrnehmung") übereinstimmt.

b) Bewahrung von Wertungen und Elementen des UrhWG und der UrhSchiedsV. 35
Zugleich übernimmt das VGG aber doch weitgehend die **Wertungen** des UrhWG und seine **grundlegenden Elemente**, wie etwa den Wahrnehmungszwang gegenüber den Berechtigten, den Abschlusszwang gegenüber den Nutzern mit der darauf bezogenen Hinterlegungspflicht, die Pflicht zur Aufstellung von Tarifen, die Erlaubnis- bzw. Anzeigepflicht, die Aufsicht und das Verfahren vor der Schiedsstelle. Auch die Verfahrensvorschriften wurden von der früheren UrhSchiedsV übernommen und in das VGG integriert.

c) Anpassung an die Vorgaben des EU-Binnenmarktes. Dem Ziel der VG-RL, das **Funk-** 36
tionieren des EU-Binnenmarktes auch für die kollektive Rechtewahrnehmung zu gewährleisten, eine **grenzüberschreitende kollektive Rechtewahrnehmung** allgemein und insbesondere bei der Vergabe von Online-Rechten an Musikwerken zu begünstigen[78] und eine **Diskriminierung** von nicht im Inland ansässigen Verwertungsgesellschaften und Rechtsinhabern zu verhindern,[79] trägt das VGG durch seine Bestimmungen zur Erlaubnispflicht und zur Aufsicht Rechnung.

Gem. § 77 Abs. 1 bedürfen einer **Erlaubnis für die Aufnahme der Geschäftätigkeit** solche Verwertungsgesellschaften, die in Deutschland oder außerhalb der EU oder des EWR ansässig sind und in Deutschland Rechte aus dem UrhG wahrnehmen. Dagegen bedürfen in einem anderen EU-Mitgliedstaat oder EWR-Vertragsstaat ansässige Verwertungsgesellschaften gem. § 77 Abs. 2 der Erlaubnis nur dann, wenn sie in Deutschland gesetzliche Vergütungsansprüche iSv. § 49 Abs. 1, Rechte der Kabelweitersendung iSv. § 50 oder Rechte an vergriffenen Werken iSv. § 51 wahrnehmen.[80]

Über die Erlaubnis und deren Widerruf entscheidet das Deutsche Patent- und Markenamt (DPMA) als **Aufsichtsbehörde**.[81] Im Übrigen unterliegen Verwertungsgesellschaften, die keiner Erlaubnis bedürfen, gem. § 82 unter bestimmten Voraussetzungen einer **Anzeigepflicht**.[82] Mit dieser Ausgestaltung der Erlaubnispflicht erfüllt das VGG die Vorgaben der VG-RL zum EU-Binnenmarkt und richtet zugleich die kollektive Rechtewahrnehmung in Deutschland an den schon bisher geltenden Bedingungen aus.

---

[73] Vgl. hierzu Stellungnahme der GRUR vom 18.9.2014, GRUR 2014, 1067.

[74] http://www.bmjv.de/SharedDocs/Downloads/DE/pdfs/Gesetze/RefE_Richtlinie_Umsetzungsgesetz.pdf?_blob=publicationFile.

[75] http://www.bmjv.de/SharedDocs/Gesetzgebungsverfahren/Dokumente/RegE_VG_Richtlinie_Umsetzungsgesetz.pdf?_blob=publicationFile&v=1; AmtlBegr. BT-Drs. 18/7223, S. 5.

[76] Gesetz zur Umsetzung der Richtlinie 2014/26/EU über die kollektive Wahrnehmung von Urheber- und verwandten Schutzrechten und die Vergabe von Mehrgebietslizenzen für Rechte an Musikwerken für die Online-Nutzung im Binnenmarkt sowie zur Änderung des Verfahrens betreffend die Geräte- und Speichermedienvergütung (VG-Richtlinie-Umsetzungsgesetz) vom 24.5.2016 (BGBl. I S. 1190).

[77] Gesetz über die Wahrnehmung von Urheberrechten und verwandten Schutzrechten durch Verwertungsgesellschaften (Verwertungsgesellschaftengesetz – VGG) vom 24.5.2016 (BGBl. I S. 1190).

[78] Vgl. Erwägungsgrund (38) VG-RL.

[79] Vgl. Erwägungsgründe (4) ff. VG-RL.

[80] Im Einzelnen → § 77 Rn. 3 ff.

[81] → § 75 Rn. 6.

[82] → § 82 Rn. 5 ff.

Demselben Ansatz folgen auch die **Bestimmungen des VGG zur Aufsicht.** Entsprechend den Vorgaben der VG-RL unterliegen Verwertungsgesellschaften gem. § 76 der Aufsicht durch das DPMA, wenn sie **im Inland tätig und hier oder außerhalb der EU/des EWR ansässig** sind. Dagegen sind Verwertungsgesellschaften, die im Inland tätig und **im EU- oder EWR-Ausland ansässig** sind, zwar auch der Aufsicht durch das DPMA unterworfen; Maßstab für die Aufsicht ist in diesem Falle gem. § 76 Abs. 2 aber nicht das VGG, sondern die Einhaltung der einschlägigen Bestimmungen des Sitzstaates.[83]

Mit diesen Bestimmungen zur Aufsicht geht das VGG zwar bewusst über die ausdrückliche Verpflichtung nur zur Überwachung von im Inland ansässigen Verwertungsgesellschaften gem. Art. 36 Abs. 1 VG-RL hinaus. Zugleich aber respektiert das VGG das Sitzstaatprinzip der VG-RL[84] und hält sich damit in dem von der VG-RL vorgegebenen Rahmen mit dem Gebot, in Bezug auf Maßnahmen für die Aufsicht „neutral" zu bleiben, „sofern diese mit dem Unionsrecht vereinbar sind und der uneingeschränkten Anwendung der VG-RL nicht entgegenstehen".[85]

37   **d) Zur Anwendung des Wettbewerbsrechts.** Wie schon aufgrund des bisherigen § 18 Abs. 3 UrhWG, entscheidet das DPMA als Aufsichtsbehörde über die Erlaubnis und deren Widerruf gem. § 81 Abs. 1 im **Einvernehmen mit dem Bundeskartellamt.**[86] Damit ist, wie von der VG-RL gefordert,[87] weiterhin sichergestellt, dass die Bestimmungen des EU-Wettbewerbsrechts (Art. 101, 102 AEUV), aber auch diejenigen des GWB (insbesondere §§ 1, 19 und 20 GWB) auf Verwertungsgesellschaften und ihre Tätigkeit Anwendung finden.[88]

3. Das VGG im Verhältnis zur VG-RL und zum UrhWG/zur UrhSchiedsV

38   **a) Überblick über den Inhalt des VGG.** Das VGG besteht aus sechs Teilen und ist mit seinen derzeit insgesamt 141 Bestimmungen weit umfangreicher als das bisherige UrhWG. Umfang und Inhalt des VGG gehen darauf zurück, dass hier die **Vorgaben der VG-RL** mit den Regelungen des bisherigen **UrhWG** und der **UrhSchiedsV** kombiniert werden. Dabei übernimmt das VGG auch die Änderungen, die im Laufe der Zeit am UrhWG und an der UrhSchiedsV vorgenommen wurden, um sie den Erfordernissen der Praxis anzupassen, und profitiert so von den praktischen Erfahrungen, die mit der Anwendung dieser Regelungen gemacht wurden.

Im Folgenden wird eine inhaltliche (in Unterabschnitt a), gefolgt von einer tabellarischen Übersicht (in Unterabschnitt b) über die Regelungen des VGG gegeben sowie darüber, auf welche Bestimmungen der VG-RL, des UrhWG und der UrhSchiedsV sie jeweils bezogen sind.

Das Verhältnis der Bestimmungen des VGG zu den Vorgaben der VG-RL und den bisherigen Regelungen des UrhWG ist von praktischer Bedeutung für die Auslegung des VGG: Soweit das VGG **Bestimmungen des UrhWG oder der UrhSchiedsV** übernimmt, kann auf deren **Auslegung durch Rechtsprechung und Literatur** Bezug genommen werden. Soweit das VGG **Vorgaben der VG-RL** umsetzt, sind deren Artikel und Erwägungsgründe auch für die Auslegung der Bestimmungen des VGG **einschlägig.** Ohnehin sind diese in beiden Fällen stets **Richtlinien-konform auszulegen.**

Teil 1 („Gegenstand des Gesetzes; Begriffsbestimmungen", §§ 1–8) enthält in den §§ 2–8 Definitionen für die Begriffe „Verwertungsgesellschaft", „abhängige Verwertungseinrichtung", „unabhängige Verwertungseinrichtung", „Rechtsinhaber", „Berechtigter", „Mitglieder" und „Nutzer". Alle diese Definitionen gehen auf die Vorgaben der VG-RL in deren Art. 3a), 2 Abs. 3, 3b), 3c), 7 Abs. 1, 3d) oder 3k) zurück.

Teil 2 („Rechte und Pflichten der Verwertungsgesellschaft") enthält in seinem **Abschnitt 1** Bestimmungen zum **„Innenverhältnis"** der Verwertungsgesellschaft zu ihren Berechtigten.

Unterabschnitt 1 („Rechtsinhaber, Berechtigte und Mitglieder") behandelt in den §§ 9–20 das Wahrnehmungsverhältnis, einschließlich des schon aus dem bisherigen § 6 UrhWG bekannten Wahrnehmungszwangs zu angemessenen Bedingungen (§ 9) sowie der bisher im UrhWG nicht ausdrücklich geregelten Möglichkeit zur Beendigung der Rechtswahrnehmung (§ 12) und der Bedingungen für die Mitgliedschaft (§ 13). Hier sind auch Verpflichtungen der Verwertungsgesellschaft zur elektronischen Kommunikation (§ 14) und Transparenz (§ 15) aufgeführt sowie zur Mitwirkung der Berechtigten (§ 16), zur Organisation und zu den Befugnissen der Mitgliederhauptversammlung (§§ 17–20). Diese überaus detaillierten Bestimmungen gab es im bisherigen UrhWG nicht; sie gehen zurück auf die Vorgaben in den Art. 4–8 VG-RL.

Unterabschnitt 2 („Geschäftsführung und Aufsicht") enthält in § 21 Bestimmungen zur Geschäftsführung der Verwertungsgesellschaft und in § 22 die Pflicht der Verwertungsgesellschaft zur Einrichtung eines Aufsichtsgremiums. Diese beiden Vorschriften gehen auf die Art. 10 bzw. 9 VG-RL zurück und setzen diese nahezu wortgleich um.

---

[83] Zu diesen Kategorien der Aufsicht → § 76 Rn. 4; → Vor §§ 75 ff. Rn. 10 f.
[84] → Rn. 32.
[85] Erwägungsgrund (50) S. 8 VG-RL.
[86] → § 81 Rn. 4 f.
[87] Vgl. Erwägungsgrund (11) VG-RL.
[88] Zur kartellrechtlichen Beurteilung von Verwertungsgesellschaften → Rn. 44–45.

Unterabschnitt 3 behandelt in den §§ 23–32 die „**Einnahmen aus den Rechten**". Diese Bestimmungen folgen im Wesentlichen und zT. sogar wörtlich den Vorgaben der Art. 11–13 VG-RL. Darüber hinaus sieht aber § 27 in Anknüpfung an § 7 S. 1 UrhWG die Aufstellung eines Verteilungsplans vor. Außerdem entspricht § 32 Abs. 1 der Verpflichtung des bisherigen § 7 S. 2 UrhWG zur Förderung kulturell bedeutender Werke und Leistungen, und enthält § 32 Abs. 2 eine dem bisherigen § 8 UrhWG entsprechende Sollvorschrift zur Einrichtung von Vorsorge- und Unterstützungseinrichtungen.

Unterabschnitt 4 enthält mit § 33 eine Bestimmung zu „**Beschwerdeverfahren**" und setzt Art. 33 VG-RL um. Im UrhWG war keine solche Vorschrift enthalten.

Abschnitt 2 von Teil 2 regelt das „**Außenverhältnis**" der Verwertungsgesellschaft zu Nutzern.

Unterabschnitt 1 („**Verträge und Tarife**") übernimmt in den §§ 34–40 zahlreiche Bestimmungen des UrhWG: Der Abschlusszwang gem. § 34 und die Hinterlegungspflicht gem. § 37 gehen auf § 11 UrhWG zurück, § 35 zu Gesamtverträgen auf § 12 UrhWG, § 38 zur Tarifaufstellung auf § 13 Abs. 1 UrhWG und § 40 zur Gestaltung der Tarife für Geräte und Speichermedien auf § 13a Abs. 1 UrhWG. § 39 zur Tarifgestaltung geht in seinen Abs. 1, 2 und 3 auf § 13 Abs. 3 UrhWG zurück; allerdings wurden in § 39 Abs. 2 Elemente aus Art. 16 Abs. 2 2. UA S. 2 VG-RL hinzugefügt, und § 39 Abs. 4 beruht insgesamt auf Art. 16 Abs. 2 2. UA S. 3 VG-RL. § 36 („Verhandlungen") hat kein Vorbild im UrhWG, sondern setzt Art. 16 Abs. 1 und Abs. 3 VG-RL um.

In **Unterabschnitt 2** („**Mitteilungspflichten**") wird mit § 41 zur „Auskunftspflicht der Nutzer" Art. 17 VG-RL umgesetzt. § 42 enthält Pflichten des Veranstalters gegenüber der Verwertungsgesellschaft und entspricht nahezu wörtlich § 13b UrhWG; in der VG-RL gibt es hierzu keine Vorgaben. § 43 („Elektronische Kommunikation") wiederum hat keinen Vorgänger im UrhWG, sondern setzt Art. 16 Abs. 4 VG-RL um.

In **Abschnitt 3** („**Besondere Vorschriften für die Wahrnehmung von Rechten auf Grundlage von Repräsentationsvereinbarungen**", §§ 44–47) werden die Vorgaben in Art. 14, 15 und 19 VG-RL umgesetzt. Das UrhWG enthielt zu Repräsentationsvereinbarungen oder Gegenseitigkeitsverträgen keine besonderen Regelungen.

Abschnitt 4 („**Vermutungen; Außenseiter bei Kabelweitersendung**") besteht aus den §§ 48–50. Sie betreffen die Aktivlegitimation von Verwertungsgesellschaften und entsprechen größtenteils wörtlich dem bisherigen § 13c UrhWG. In der VG-RL gibt es hierzu keine Vorgaben.

In **Abschnitt 5** („**Vergriffene Werke**", §§ 51–52a) entsprechen die §§ 51 und 52 den bisherigen §§ 13d und 13e UrhWG. § 52a („Datenschutz") wurde dem VGG 2017 nachträglich hinzugefügt.[89] Keine dieser Bestimmungen steht mit der VG-RL im Zusammenhang.

Abschnitt 6 enthält Bestimmungen zu „**Informationspflichten; Rechnungslegung und Transparenz**". **Unterabschnitt 1** enthält in den §§ 53–56 „**Informationspflichten**" der Verwertungsgesellschaften gegenüber Rechtsinhabern, Nutzern, anderen Verwertungsgesellschaften iRv. Repräsentationsvereinbarungen und der Allgemeinheit und setzt damit die Vorgaben der Art. 5 Abs. 8, 12 Abs. 1, 18, 20 und 21 VG-RL um. Das UrhWG enthielt hierzu lediglich die Auskunftspflicht nach § 10 UrhWG.

Unterabschnitt 2 zu „**Rechnungslegung und Transparenzbericht**" enthält mit den §§ 57 und 58 zwei Vorschriften zu diversen Informationspflichten der Verwertungsgesellschaften. Hierzu werden die Vorgaben in Art. 22 VG-RL kombiniert mit der bewährten Bestimmung des bisherigen § 9 UrhWG (Rechnungslegung und Prüfung). § 57 verpflichtet Verwertungsgesellschaften zur Vorlage eines Jahresabschlusses und eines Lageberichts und entspricht damit weitgehend dem bisherigen § 9 UrhWG, ergänzt um einige Elemente von Art. 22 VG-RL. § 58 enthält entsprechend Art. 22 VG-RL und dem Anhang zur VG-RL die Verpflichtung zur Vorlage eines jährlichen Transparenzberichts iVm. einer **Anlage,** die detaillierte Angaben zu dessen Inhalt macht.

Teil 3 enthält mit den insgesamt sechzehn §§ 59–74 „**Besondere Vorschriften für die gebietsübergreifende Vergabe von Online-Rechten an Musikwerken**" im Wege der kollektiven Rechtewahrnehmung. Diese Vorschriften beruhen auf den Vorgaben der VG-RL; im UrhWG wurde diese Thematik nicht behandelt Die §§ 59 ff. folgen weitgehend Struktur und Inhalt von Titel III (Art. 23 ff.) VG-RL und setzen diesen, zT. mit ähnlichem oder sogar identischem Wortlaut, um. In § 59 Abs. 2 und 3 werden außerdem die von der VG-RL vorgegebenen Definitionen für die Begriffe „Online-Rechte an Musikwerken (Art. 3 Buchst. n) VG-RL) und „Mehrgebietslizenz" (Art. 3 Buchst. m) VG-RL) umgesetzt.

Teil 4 („**Aufsicht**") regelt in den siebzehn §§ 75–91 nicht nur die Zuständigkeit für die Aufsicht über Verwertungsgesellschaften (§ 75), den Inhalt der Aufsicht (§ 76) und die Befugnisse der Aufsichtsbehörde (§§ 85, 86), sondern auch die Erlaubnispflicht, die Bedingungen für die Erteilung und Versagung einer Erlaubnis und deren Widerruf, die Anzeigepflicht, sowie die Folgen einer Wahrnehmungstätigkeit ohne erforderliche Erlaubnis oder Anzeige (§§ 77–84). Andere Vorschriften in diesem Teil betreffen das anzuwendende Verfahrensrecht (§ 89) und den Informationsaustausch unter den Aufsichtsbehörden verschiedener Mitgliedstaaten (§§ 86–88). Zur Aufsicht über abhängige und unab-

---

[89] Art. 14 des Gesetzes zur Änderung des Bundesversorgungsgesetzes und anderer Vorschriften vom 17. Juli 2017 (BGBl. I S. 2541).

hängige Verwertungseinrichtungen enthalten die §§ 90 und 91 besondere Vorschriften. Inhaltlich sind diese Vorschriften eng an die Bestimmungen des UrhWG angelehnt. Die bewährten Grundregeln der Aufsicht über Verwertungsgesellschaften werden beibehalten, zugleich aber um die Vorgaben der Art. 36 und 37 VG-RL ergänzt und in den §§ 90 und 91 an die neu eingeführten Begriffe angepasst.[90]

In **Teil 5 („Schiedsstelle und gerichtliche Geltendmachung")** ist **Abschnitt 1 („Schiedsstelle")** in vier Unterabschnitte unterteilt.

Unterabschnitt 1 enthält in den §§ 92–105 **„Allgemeine Verfahrensvorschriften"**, einschließlich der Bestimmungen zur Zuständigkeit der Schiedsstelle für das Verfahren vor der Schiedsstelle.

In **Unterabschnitt 2 („Besondere Verfahrensvorschriften", §§ 106–116)** sind weitere Verfahrensvorschriften mit besonderem Bezug zu einzelnen Zuständigkeitsbereichen der Schiedsstelle aufgeführt.

Unterabschnitt 3 regelt in den §§ 117–123 die **„Kosten sowie Entschädigung und Vergütung Dritter".**

In **Unterabschnitt 4 (§§ 124–127)** sind Bestimmungen zu **„Organisation und Beschlussfassung der Schiedsstelle"** enthalten.

Die in diesen Unterabschnitten enthaltenen Regelungen sind weitgehend identisch mit den bisherigen Bestimmungen des UrhWG und der **UrhSchiedsV** betreffend die Zuständigkeit der Schiedsstelle und die für das Schiedsstellenverfahren geltenden Verfahrensvorschriften. Sie ersetzen die bisherigen Regelungen im UrhWG und lassen die UrhSchiedsV ganz entfallen. Zugleich sind diese Bestimmungen auch mit den allgemein gehaltenen Vorgaben der Art. 34–36 VG-RL kompatibel und setzen diese um.[91]

Abschnitt 2 von Teil 5 über die **„Gerichtliche Geltendmachung"** regelt in den §§ 128–131 das Verhältnis zwischen dem Schiedsstellenverfahren und dem Verfahren vor den ordentlichen Gerichten, einschließlich des Rechtswegs, der Gerichtsbarkeit und des Gerichtsstandes. Diese Bestimmungen, ebenso wie der ihnen zugrunde liegende Grundsatz, dass das Schiedsstellenverfahren den Rechtsweg nicht ausschließt, entsprechen größtenteils den bisherigen §§ 16 und 17 UrhWG. Damit wird zugleich der Vorgabe in Art. 35 Abs. 2 VG-RL entsprochen.[92]

Teil 6 (§§ 132–139) enthält **„Übergangs- und Schlussvorschriften"** zur Anwendung des VGG und trägt damit der Notwendigkeit Rechnung, die bisher auf der Grundlage des UrhWG und der UrhSchiedsV bewährte Praxis der kollektiven Rechtewahrnehmung und der Aufsicht zu erhalten, den Beteiligten für den Übergang zum VGG eine ausreichende Zeitspanne zur Verfügung zu stellen und Rechtssicherheit darüber zu schaffen, ab wann die Bestimmungen des VGG auf laufende Verfahren vor der Schiedsstelle oder den Gerichten Anwendung finden.

b) Korrelationstabelle VGG – VG-RL – UrhWG/UrhSchiedsV

VGG	VG-RL	UrhWG/UrhSchiedsV
§ 1	Art. 1	-----
§ 2	Art. 3 Buchst. a)	§ 1 Abs. 4, § 1 Abs. 1 UrhWG
§ 3	Art. 2 Abs. 3	-----
§ 4	Art. 3 Buchst. b)	-----
§ 5	Art. 3 Buchst. c)	-----
§ 6	Art. 7	-----
§ 7	Art. 3 Buchst. d)	-----
§ 8	Art. 3 Buchst. k)	-----
§ 9	Art. 5 Abs. 2	§ 6 Abs. 1 UrhWG
§ 10	Art. 5 Abs. 7	-----
§ 11	Art. 5 Abs. 3	-----
§ 12	Art. 5 Abs. 4 und 5	-----
§ 13	Art. 6 Abs. 2	§ 6 Abs. 2 UrhWG
§ 14	Art. 6 Abs. 4, Art. 7 Abs. 1	-----
§ 15	Art. 6 Abs. 5	-----
§ 16	Art. 6 Abs. 3	-----
§ 17	Art. 8 Abs. 3, 5, 6, 8	-----
§ 18	Art. 8 Abs. 4	-----
§ 19	Art. 8 Abs. 2, 9, 10	-----
§ 20	Art. 7 Abs. 2	§ 6 Abs. 2 UrhWG
§ 21	Art. 10	§ 3 Abs. 2 Nr. 1 UrhWG
§ 22	Art. 9	-----
§ 23	Art. 11 Abs. 2, Art. 13 Abs. 1	-----

---

[90] Im Einzelnen → Vor §§ 75 ff. Rn. 12.
[91] → Vor §§ 92 ff. Rn. 18 ff.
[92] → Vor §§ 92 ff. Rn. 29.

VGG	VG-RL	UrhWG/UrhSchiedsV
§ 24	Art. 11 Abs. 3	-----
§ 25	Art. 11 Abs. 5	-----
§ 26	Art. 11 Abs. 4	-----
§ 27	Art. 13 Abs. 1	§ 7 S. 1 UrhWG
§ 27a	-----	-----
§ 28	Art. 13 Abs. 1 2.UA, Abs. 2	-----
§ 29	Art. 13 Abs. 3	-----
§ 30	Art. 13 Abs. 4, Abs. 5	-----
§ 31	Art. 12 Abs. 2, Abs. 3 1. UA	-----
§ 32	Art. 12 Abs. 4	§ 7 S. 2, § 8 UrhWG
§ 33	Art. 33	-----
§ 34	Art. 16 Abs. 2	§ 11 Abs. 1 UrhWG
§ 35	-----	§ 12 UrhWG
§ 36	Art. 16 Abs. 1, Abs. 3	-----
§ 37	-----	§ 11 Abs. 2 UrhWG
§ 38	-----	§ 13 Abs. 1 UrhWG
§ 39	Art. 16 Abs. 2 2. UA S. 2, 3	§ 13 Abs. 3 UrhWG
§ 40	-----	§ 13a Abs. 1 UrhWG
§ 41	Art. 17	-----
§ 42	-----	§ 13b UrhWG
§ 43	Art. 16 Abs. 4	-----
§ 44	Art. 3 Buchst. j), Art. 14	-----
§ 45	Art. 15 Abs. 1	-----
§ 46	Art. 15 Abs. 2, Abs. 3	-----
§ 47	Art. 19	-----
§ 48	-----	§ 13c Abs. 1 UrhWG
§ 49	-----	§ 13c Abs. 2 UrhWG
§ 50	-----	§ 13c Abs. 3, Abs. 4 UrhWG
§ 51	-----	§ 13d UrhWG
§ 52	-----	§ 13e UrhWG
§ 52a	-----	-----
§ 53	Art. 5 Abs. 8, Art. 12 Abs. 1	-----
§ 54	Art. 18	-----
§ 55	Art. 20	§ 10 UrhWG
§ 56	Art. 21	-----
§ 57	Art. 22	§ 9 UrhWG
§ 58	Art. 22 u. Anhang	-----
§ 59	Art. 3 Buchst. n) und m)	-----
§ 60	-----	-----
§ 61	Art. 24	-----
§ 62	Art. 25	-----
§ 63	Art. 26 Abs. 1	-----
§ 64	Art. 26 Abs. 2, Abs. 3	-----
§ 65	Art. 27 Abs. 1	-----
§ 66	Art. 27 Abs. 2	-----
§ 67	Art. 27 Abs. 3, Abs. 4, Abs. 5	-----
§ 68	Art. 28	-----
§ 69	Art. 29 Abs. 1 u. 3, Art. 30 Abs. 1 u. 2	-----
§ 70	Art. 30 Abs. 6	-----
§ 71	Art. 29 Abs. 2	-----
§ 72	Art. 31	-----
§ 73	Art. 30 Abs. 3, Abs. 4, Abs. 5	-----
§ 74	Art. 32	-----
§ 75	Art. 36 Abs. 1	§ 18 Abs. 1 UrhWG
§ 76	Art. 36 Abs. 1	§ 18 Abs. 2, § 19 Abs. 1 UrhWG
§ 77	-----	§ 1 Abs. 1 UrhWG
§ 78	-----	§ 2 UrhWG
§ 79	-----	§ 3 Abs. 1 UrhWG
§ 80	Art. 36 Abs. 3 1.UA	§ 4 Abs. 1 UrhWG
§ 81	-----	§ 18 Abs. 3 UrhWG
§ 82	-----	-----
§ 83	-----	§ 5 UrhWG
§ 84	-----	§ 1 Abs. 3 UrhWG

VGG	VG-RL	UrhWG/UrhSchiedsV
§ 85	Art. 36 Abs. 1, Abs. 3	§ 19 Abs. 2 bis 5 UrhWG
§ 86	Art. 37 Abs. 2 S. 1 u. Abs. 3	-----
§ 87	Art. 37 Abs. 1 u. Abs. 2 S. 2	-----
§ 88	Art. 36, 37	§ 20 UrhWG
§ 89	Art. 36 Abs. 2	§ 21 UrhWG
§ 90	Art. 2 Abs. 3	-----
§ 91	Art. 2 Abs. 4	-----
§ 92	Art. 35	§ 14 Abs. 1 UrhWG
§ 93	-----	§ 14 Abs. 5a UrhWG
§ 94	Art. 34 Abs. 2, 35 Abs. 2	-----
§ 95	-----	§ 10 S. 1 UrhSchiedsV
§ 96	-----	§ 10 S. 2 UrhSchiedsV
§ 97	-----	§ 14 Abs. 5 UrhWG;
		§ 1 Abs. 1 u. 2 UrhSchiedsV
§ 98	-----	§ 2 UrhSchiedsV
§ 99	-----	§ 3, § 4 UrhSchiedsV
§ 100	-----	§ 6 UrhSchiedsV
§ 101	-----	§ 7 UrhSchiedsV
§ 102	-----	§ 14 Abs. 6 UrhWG;
		§ 5 UrhSchiedsV
§ 103	-----	§ 14e UrhWG
§ 104	-----	§ 8 UrhSchiedsV
§ 105	-----	§ 14a Abs. 2 bis 4 UrhWG
§ 106	-----	§ 14c Abs. 2 UrhWG
§ 107	-----	-----
§ 108	-----	-----
§ 109	-----	§ 14b UrhWG
§ 110	-----	§ 14c Abs. 1 u. 3 UrhWG
§ 111	-----	§ 14d UrhWG
§ 112	-----	-----
§ 113	-----	-----
§ 114	-----	-----
§ 115	-----	-----
§ 116	-----	§ 14 Abs. 5b UrhWG
§ 117	-----	§ 13 Abs. 1 bis 5 UrhSchiedsV
§ 118	-----	§ 13 Abs. 6, u. 7 UrhSchiedsV
§ 119	-----	§ 13 Abs. 8 UrhSchiedsV
§ 120	-----	§ 13 Abs. 9 UrhSchiedsV
§ 121	-----	§ 14 UrhSchiedsV
§ 122	-----	§ 15 UrhSchiedsV
§ 123	-----	§ 12 UrhSchiedsV
§ 124	-----	§ 14 Abs. 2 u. 3 UrhWG
§ 125	-----	§ 14 Abs. 4 UrhWG
§ 126	-----	§ 14a Abs. 1 UrhWG
§ 127	-----	§ 9 UrhSchiedsV
§ 128	-----	§ 16 Abs. 1 bis 3 UrhWG
§ 129	-----	§ 16 Abs. 4 S. 1, 2, 6 UrhWG
§ 130	-----	§ 16 Abs. 4 S. 3 bis 5 UrhWG
§ 131	-----	§ 17 UrhWG
§ 132	-----	§ 23 UrhWG
§ 133	-----	-----
§ 134	-----	-----
§ 135	Art. 16, Art. 18	-----
§ 136	Art. 10 Abs. 2, Art. 9 Abs. 3	-----
§ 137	Art. 22	-----
§ 138	-----	-----
§ 139	-----	§ 26a, § 27 Abs. 2, 3 UrhWG
ANLAGE	Anhang (Art. 22 Abs. 2)	-----

4. Änderungen des VGG

Gem. Art. 7 des VG-Richtlinie-Umsetzungsgesetzes[93] ist das VGG am 1. Juni 2016 in Kraft getre- **39** ten.

Die erste Änderung des VGG betraf die Hinzufügung von **§ 27 Abs. 2** („Verteilungsplan") und von **§ 27a** („Einnahmen aus gesetzlichen Vergütungsansprüchen des Urhebers") durch **Art. 2 des Gesetzes** zur verbesserten Durchsetzung des Anspruchs der Urheber und ausübenden Künstler auf angemessene Vergütung und zur Regelung von Fragen der Verlegerbeteiligung **vom 20.12.2016.**[94] Gem. Art. 3 des Gesetzes traten diese Änderungen am 21.12.2016 in Kraft.

Eine weitere Änderung des VGG diente lediglich einer technischen Anpassung: Durch Art. 4 des Neunten Gesetzes zur Änderung des Gesetzes gegen Wettbewerbsbeschränkungen vom 1. Juni 2017[95] wurde in § 110 Abs. 2 S. 2 („Streitfälle über Gesamtverträge") der Hinweis auf § 90 Abs. 1 Satz 2 GWB durch die Angabe „§ 90 Abs. 1 Satz 4" ersetzt.

Die dritte Änderung des VGG betraf die **Einführung von § 52a** („Datenschutz") durch **Art. 14 des Gesetzes** zur Änderung des Bundesversorgungsgesetzes und anderer Vorschriften **vom 17.7.2017.**[96]

V. Bestehende Organisationen der kollektiven Rechtewahrnehmung

1. Verwertungsgesellschaften

Urheberrechtliche Verwertungsgesellschaften sind seit Jahrzehnten in Deutschland ansässig und tä- **40** tig. Sie entsprachen bereits der Definition der „Verwertungsgesellschaft" in § 1 Abs. 4 und Abs. 1 UrhWG, besaßen die Erlaubnis zum Geschäftsbetrieb gem. § 1 Abs. 1 UrhWG und unterlagen der Aufsicht nach den §§ 18 ff. UrhWG. Nach § 2 VGG werden Verwertungsgesellschaften ähnlich definiert wie bisher im UrhWG; allerdings ohne die dort aufgeführte Voraussetzung, dass Rechte wahrgenommen werden müssen, die sich „aus dem UrhG ergeben".[97] Diese bestehenden Verwertungsgesellschaften sind daher auch als **Verwertungsgesellschaften iSv. § 2** anzusehen und unterliegen damit der Aufsicht durch das DPMA gem. den §§ 76 ff.

In Deutschland gibt es heute **dreizehn Verwertungsgesellschaften** iSv. § 2, die für ihre Tätigkeit die Erlaubnis der Aufsichtsbehörde gem. § 77 Abs. 1, wie bereits nach dem bisherigen § 1 Abs. 4 und Abs. 1 UrhWG[98] besitzen.

Die älteste und größte Verwertungsgesellschaft ist die **GEMA.**[99] Sie nimmt die Rechte der Komponisten, Textdichter und Musikverlage an Werken der Musik wahr.[100]

Die Rechte der Wortautoren und ihrer Verleger nimmt die **VG WORT** in München wahr.[101] Diese Verwertungsgesellschaft wurde 1958 gegründet, nachdem ein erster Versuch zur Schaffung einer Verwertungsgesellschaft für Wortautoren mit dem Konkurs der „Gesellschaft zur Verwertung literarischer Urheberrechte" (GELU) im Jahre 1955 gescheitert war. In der VG Wort ging 1978 die „Verwertungsgesellschaft Wissenschaft GmbH" auf, die ihrerseits 1973 aus der früheren „Inkassostelle für urheberrechtliche Vervielfältigungsgebühren GmbH" – einer Einrichtung des Börsenvereins des Deutschen Buchhandels eV, Frankfurt/M, zur Wahrnehmung des Vergütungsanspruchs aus § 54 Abs. 2 UrhG aF für gewerbliche Kopien – hervorgegangen war.[102] Seither nimmt die VG Wort Rechte – insbesondere aus Bibliothekstantieme, Pressespiegelvergütung und öffentlicher Wiedergabe – für die in ihr vertretenen sechs Berufsgruppen wahr: (1) Autoren und Übersetzer schöngeistiger und dramatischer Literatur; (2) Journalisten, Autoren und Übersetzer von Sachliteratur; (3) Autoren und Übersetzer von wissenschaftlicher und Fachliteratur; (4) Verleger von schöngeistigen Werken und von Sachliteratur; (5) Bühnenverleger; (6) Verleger von wissenschaftlichen Werken und von Fachliteratur.[103]

Die Verwertungsgesellschaft **Bild-Kunst** rV[104] vertritt drei Berufsgruppen: (1) Bildende Künstler; (2) Fotografen, Bildjournalisten, Bildagenturen, Grafik-Designer und Foto-Designer; (3) Film, Fernsehen und Audiovision. Sie nimmt insbesondere Reproduktionsrechte (§§ 16, 17 UrhG), die Rechte aus der Bibliothekstantieme und der Vergütung für Pressespiegel sowie – für die bildenden Künstler – das Folgerecht, § 26 UrhG, wahr.[105]

---

[93] → Rn. 23.
[94] BGBl. I S. 3037; → § 27 Rn. 4 f.
[95] BGBl. I S. 1416; → § 110 Rn. 2.
[96] BGBl. I S. 2541; → § 52a Rn. 1.
[97] → § 2 Rn. 4 ff.
[98] Vgl. → 5. Aufl. 2017, UrhWG Vor §§ 1 ff. Rn. 14.
[99] Gesellschaft für musikalische Aufführungs- und mechanische Vervielfältigungsrechte rV, Bayreuther Str. 37, 10787 Berlin, und Rosenheimer Str. 11, 81667 München; www.gema.de.
[100] Satzung bei *Hillig,* Urheber- und Verlagsrecht, Beck'sche Textausgabe, 18. Aufl. 2019, Nr. 16.
[101] Verwertungsgesellschaft Wort rV, Untere Weidenstr. 5, 81543 München; www.vgwort.de.
[102] Vgl. *Melichar* S. 77 f.
[103] Satzung bei *Hillig,* Urheber- und Verlagsrecht, Beck'sche Textausgabe, 18. Aufl. 2019, Nr. 17.
[104] Weberstr. 61, 53113 Bonn; www.bildkunst.de.
[105] Satzung bei *Hillig,* Urheber- und Verlagsrecht, Beck'sche Textausgabe, 18. Aufl. 2019, Nr. 18.

Bedeutendste Verwertungsgesellschaft auf dem Gebiet der Leistungsschutzrechte ist die **GVL**.[106] Die GVL ist eine gemeinsame Gründung der Deutschen Orchestervereinigung eV, Hamburg, und der Deutschen Landesgruppe der IFPI eV (International Federation of Phonogram and Videogram Producers). Sie nimmt bei Sendung und öffentlicher Wiedergabe die Vergütungsansprüche wahr, die sich aus dem Urheberrechtsgesetz (§§ 73 ff., §§ 85 f. UrhG) für ausübende Künstler, Tonträgerhersteller, Videoproduzenten, Filmhersteller und Veranstalter iSv. § 81 UrhG ergeben oder auf Hersteller und Veranstalter übertragen sind. Dazu gehören auch die Rechte und Ansprüche von Filmurhebern an sog. Videoclips.[107]

Die **VG Musikedition** rV[108] – früher Interessengemeinschaft Musikwissenschaftlicher Herausgeber (Verfasser) und Verleger rV, IMHV – nimmt Reprographierechte an Werken der Musik für Verlage, Komponisten und Textdichter sowie die Leistungsschutzrechte aus den §§ 70, 71 UrhG an wissenschaftlichen Ausgaben und Ausgaben nachgelassener Werke für Musikverlage und musikwissenschaftliche Herausgeber wahr.[109]

Die **GÜFA**[110] nimmt für Hersteller und Rechtsinhaber von erotischen Filmen Vergütungsansprüche vor allem aus öffentlicher Vorführung und Wiedergabe wahr.[111]

Die **VFF**[112] – eine Gründung des Bundesverbandes Deutscher Fernsehproduzenten eV, München – nimmt für selbständige Filmhersteller, Sendeunternehmen und deren Werberundfunkgesellschaften vor allem Rechte aus öffentlicher Wiedergabe sowie aus Reproduktionen wahr.[113]

Ebenfalls mit Rechten an Filmen ist die **VGF**[114] befasst, die gemeinsam vom Verband der Filmverleiher eV, Wiesbaden, und dem Verband Deutscher Spielfilmproduzenten eV, München, zur Wahrnehmung von Rechten im Videobereich gegründet wurde.[115]

Die Verwertungsgesellschaft **AGICOA** Urheberrechtsschutz GmbH[116] wurde 1994 von der Aufsichtsbehörde zugelassen. Sie beschränkt ihre Tätigkeit auf die Wahrnehmung von Kabelweitersendungsrechten, vorwiegend von ausländischen Rechtsinhabern.[117]

Die **GWFF**[118] nimmt ebenfalls für Film-, Fernseh- und Videogrammhersteller sowie deren Rechtsnachfolger Vergütungsansprüche aus öffentlicher Vorführung und Wiedergabe sowie aus Reproduktion wahr.[119]

Die **VG Media** Gesellschaft zur Verwertung der Urheber- und Leistungsschutzrechte von Sendeunternehmen und Presseverlegern mbH[120] ist aus der 1997 gegründeten VG Satellit[121] hervorgegangen. Sie nimmt für Fernseh- und Hörfunksender Leistungsschutzrechte wahr, die sich aus dem Urheberrechtsgesetz ergeben, insbesondere aus Kabelweitersendung.[122]

Die **TWF Treuhandgesellschaft Werbefilm** mbH[123] wurde als Verwertungsgesellschaft im Februar 2008 gegründet. Sie nimmt Rechte von Werbefilmstellern gem. § 94 UrhG wahr.[124]

Die **GWVR** (Gesellschaft zur Wahrnehmung von Veranstalterrechten mbH)[125] wurde als bisher jüngste Verwertungsgesellschaft im September 2014 zugelassen. Sie nimmt die Leistungsschutzrechte der Veranstalter wahr, die ihnen § 81 UrhG für ihre unternehmerische Leistung gewährt, wie zB. die Rechte, Live-Mitschnitte von Festivals oder Konzerten im Internet öffentlich zugänglich zu machen oder bislang unveröffentlichte Aufnahmen im Rundfunk zu senden.[126]

Die **jährlichen Gesamteinnahmen** dieser Verwertungsgesellschaften betragen insgesamt über 2 Milliarden €. Davon entfallen die höchsten Aufkommen auf die GEMA (etwa 1074 Millionen €), die GVL (ca. 310 Millionen €), die VG Wort (etwa 296 Millionen €), die VG Bild-Kunst (über 130 Millionen €) und die VG Media (etwa 46 Millionen €). Die sechs Film-Verwertungsgesellschaften

---

[106] Gesellschaft zur Verwertung von Leistungsschutzrechten mbH, Podbielskiallee 64, 14195 Berlin; www.gvl.de.
[107] Gesellschaftsvertrag bei *Hillig*, Urheber- und Verlagsrecht, Beck'sche Textausgabe, 18. Aufl. 2019, Nr. 19.
[108] Friedrich-Ebert-Str. 104, 34119 Kassel; www.vg-musikedition.de.
[109] Satzung bei *Hillig*, Urheber- und Verlagsrecht, Beck'sche Textausgabe, 18. Aufl. 2019, Nr. 20.
[110] Gesellschaft zur Übernahme und Wahrnehmung von Filmaufführungsrechten m. b. H., Vautierstr. 72, 40235 Düsseldorf; www.guefa.de.
[111] Satzung bei *Hillig*, Urheber- und Verlagsrecht, Beck'sche Textausgabe, 18. Aufl. 2019, Nr. 21.
[112] Verwertungsgesellschaft der Film- und Fernsehproduzenten m. b. H., Briennerstr. 26, 80333 München; www.vff.org.
[113] Satzung bei *Hillig*, Urheber- und Verlagsrecht, Beck'sche Textausgabe, 18. Aufl. 2019, Nr. 22.
[114] Verwertungsgesellschaft für Nutzungsrechte an Filmwerken m. b. H., Beichstr. 8, 80802 München; Geschäftsstelle Berlin: Neue Schönhauser Str. 10, 10178 Berlin; www.vgf.de.
[115] Satzung bei *Hillig*, Urheber- und Verlagsrecht, Beck'sche Textausgabe, 18. Aufl. 2019, Nr. 23.
[116] AGICOA (Association de Gestion Internationale Collective des Oeuvres Audiovisuelles), Marstallstr. 8, 80539 München; www.agicoa-gmbH.de.
[117] Satzung bei *Hillig*, Urheber- und Verlagsrecht, Beck'sche Textausgabe, 18. Aufl. 2019, Nr. 24 a.
[118] Gesellschaft zur Wahrnehmung von Film- und Fernsehrechten m. b. H., Marstallstr. 8, 80539 München; www.gwff.de.
[119] Satzung bei *Hillig*, Urheber- und Verlagsrecht, Beck'sche Textausgabe, 18. Aufl. 2019, Nr. 24.
[120] Lennéstr. 5, 10785 Berlin; www.vgmedia.de.
[121] VG Satellit Gesellschaft zur Verwertung der Leistungsschutzrechte von Sendeunternehmen mbH.
[122] Satzung bei *Hillig*, Urheber- und Verlagsrecht, Beck'sche Textausgabe, 18. Aufl. 2019, Nr. 24 f.
[123] Oberanger 30, 80331 München; www.twf-gmbh.de.
[124] Satzung bei *Hillig*, Urheber- und Verlagsrecht, Beck'sche Textausgabe,18. Aufl. 2019, Nr. 24 g.
[125] Lenhartzstr. 15, 20249 Hamburg; www.gwvr.de.
[126] Gesellschaftsvertrag bei *Hillig*, Urheber- und Verlagsrecht, Beck'sche Textausgabe, 18. Aufl. 2019, Nr. 24h.

GWFF, VGF, VFF, GÜFA, AGICOA und TWF erzielen zusammen Einnahmen von etwa 198 Millionen €, und die VG Musikedition ca. 6,8 Millionen €.[127]

2. Abhängige Verwertungseinrichtungen

Wenn sich die Wahrnehmungstätigkeit einer Verwertungsgesellschaft auf Nutzungsvorgänge oder **41** Vergütungsansprüche bezieht, die verschiedene Werkarten zugleich betreffen, sind auch andere Verwertungsgesellschaften daran beteiligt. In solchen Fällen haben Verwertungsgesellschaften **Inkassostellen** gebildet, die die Vergütungen für einheitliche Nutzungsvorgänge, die verschiedene Werkarten und damit verschiedene Verwertungsgesellschaften zugleich betreffen, gemeinschaftlich für mehrere Verwertungsgesellschaften von den Nutzern kassieren. Diese Inkassostellen leiten die eingenommenen Vergütungen nach einem intern unter den beteiligten Verwertungsgesellschaften vereinbarten Verteilungsschlüssel an diese weiter; diese wiederum verteilen die Einnahmen anteilig an ihre Berechtigten, wie Urheber oder Leistungsschutzberechtigte. Inkassostellen handeln somit lediglich im Auftrag der beteiligten Verwertungsgesellschaften und haben keine eigene Treuhandfunktion gegenüber den Berechtigten.

Solche Inkassostellen sind die **ZPÜ,**[128] die **ZBT,**[129] die **ZFS,**[130] die **ZVV,**[131] die **ZWF,**[132] die **ARGE DRAMA,**[133] die **ARGE KABEL**[134] und die **Inkassostelle Kabelweitersendung.**[135] Da diese Einrichtungen Inkassostellen (bzw. im Falle der ARGE DRAMA Beratungsstellen) bestehender Verwertungsgesellschaften ohne eigene Treuhandfunktion sind, wurde auch schon früher kein Bedürfnis dafür gesehen, sie der Aufsicht oder dem Wahrnehmungszwang zu unterwerfen.[136]

Das UrhWG enthielt für derartige Inkassostellen keine Regelungen. In § 3 werden Inkassostellen und Tochtergesellschaften von Verwertungsgesellschaften in Umsetzung von Art. 2 Abs. 3 VG-RL nunmehr als **„abhängige Verwertungseinrichtung"** definiert.[137] Auf diese finden die Bestimmungen des VGG nur insoweit Anwendung, als sie selbst die „Tätigkeiten einer Verwertungsgesellschaft" ausüben. Hinsichtlich der Aufsicht ist § 90 lex specialis zu den §§ 76 ff. mit der Folge, dass solche Einrichtungen nur einer eingeschränkten Aufsicht und insbesondere nicht der Erlaubnispflicht unterliegen, wenn sie eine reine Inkasso- (oder Beratungs-)Funktion ausüben und nicht selbst wie eine (eigenständige) Verwertungsgesellschaft tätig sind.[138]

In jüngerer Zeit sind mehrere **One-Stop-Shop-Lizenzierungsstellen** entstanden, die europaweit Online-Rechte als joint ventures mehrerer Verwertungsgesellschaften **grenzüberschreitend** lizenzieren. Dazu gehören Gesellschaften wie etwa die P. E. D. L., die DEAL, die aus CELAS (Centralised European Licensing and Administration Service, eine Gemeinschaftsgründung der GEMA und der britischen Verwertungsgesellschaften MCPS und PRS) und PAECOL zusammengelegte SOLAR, die ARESA (eine Tochter der GEMA), die OLA (OnLineArt)[139] oder andere; der Markt für derartige

---

[127] Zahlen auf der Grundlage des Jahresberichts des Deutschen Patent- und Markenamts von 2018 (S. 51), der auf den Ertragszahlen des Haushaltjahres 2017 beruht.

[128] Zentralstelle für private Überspielungsrechte, gegründet 1966 ursprünglich von GEMA, VG Wort und GVL, und zuständig für das Inkasso von Vergütungsansprüchen aus der privaten Vervielfältigung gem. § 54 Abs. 1 UrhG; Loewenheim/*Melichar* § 46 Rn. 23.

[129] Zentralstelle Bibliothekstantieme, eingerichtet von GEMA, VG Wort und VG Bild-Kunst für das Inkasso der Bibliothekstantieme gem. § 27 Abs. 2 UrhG; Loewenheim/*Melichar* § 46 Rn. 24.

[130] Zentralstelle Fotokopieren an Schulen, gegründet von VG Wort, VG Bild-Kunst und VG Musikedition; Loewenheim/*Melichar* § 46 Rn. 26.

[131] Zentralstelle Videovermietung, gebildet von GEMA, GVL, GÜFA, GWFF, VGF, VG Wort und VG Bild-Kunst; Loewenheim/*Melichar* § 46 Rn. 25.

[132] Zentralstelle für die Wiedergabe von Film- und Fernsehwerken, eingerichtet von VG Bild-Kunst, GWFF und VGF; Loewenheim/*Melichar* § 46 Rn. 27.

[133] Gegründet von GEMA und VG Wort zur Beratung bei der Geltendmachung von Kabelweitersendungsrechten an Bühnenwerken, also ohne Inkassofunktion; Loewenheim/*Melichar* § 46 Rn. 30.

[134] Gegründet von VG Wort, VG Bild-Kunst und GVL für das Inkasso der Vergütungsansprüche gem. § 20b Abs. 2 UrhG; Loewenheim/*Melichar* § 46 Rn. 29.

[135] Diese auch als „Münchner Gruppe" bezeichnete Inkassostelle wurde gebildet von GEMA, VG Wort, GVL, VG Bild-Kunst, VGF, GWFF, VFF, AGICOA und Rundfunkunternehmen zur Wahrnehmung von Kabelweitersenderechten gegenüber Kabelnetzbetreibern; Loewenheim/*Melichar* § 46 Rn. 28; soweit derartige Gesellschaften als reine Innen-Gesellschaften angelegt sind, auf vertraglichen Zusammenschlüssen von Verwertungsgesellschaften beruhen und selbst keine eigene Lizenzierung vornehmen (etwa wie die ZVV, die ARGE Kabel oder die erwähnte „Münchner Gruppe"), wird angenommen, dass sie keine abhängigen Verwertungseinrichtungen sind, sondern aufgrund von Repräsentationsvereinbarungen gem. §§ 44 ff. tätig werden; Wandtke/Bullinger/*Gerlach* § 3 Rn. 3; Heine/Holzmüller/*Heine* § 3 Rn. 15.

[136] *Häußer* FuR 1980, 57 (60); *Melichar* S. 69 ff.; *Kreile* GRUR 1999, 885 (887 ff.); *Riesenhuber* ZUM 2008, 625 (638 f.) zur ZPÜ; aA *Haertel* UFITA 50 (1967), 7 (15) zur ZPÜ; differenzierend *Vogel* GRUR 1993, 513 (517); zur Zulässigkeit der Einschaltung von unabhängigen Inkassounternehmen durch die Verwertungsgesellschaften BGH GRUR 2009, 480 (481); Gesellschaftsverträge von ZWF, ZPÜ, ZVV, und ARGE DRAMA bei *Hillig*, Urheber- und Verlagsrecht, Beck'sche Textausgabe, 18. Aufl. 2019, Nr. 24b ff.

[137] AmtlBegr. BT-Drs. 18/7223 S. 72 f.

[138] → § 3 Rn. 4 ff.; → § 90 Rn. 2 ff.

[139] Internationaler One-Stop-Shop zur Lizenzierung des Rechts der öffentlichen Zugänglichmachung von Werken der bildenden Kunst zu einem einheitlichen Tarif; vgl. *Streul,* FS Pfennig (2012), 511.

Einrichtungen ist allerdings so in Bewegung, dass dies nur eine Momentaufnahme sein kann.[140] Auch derartige Einrichtungen werden als abhängige Verwertungseinrichtungen iSv. § 3 einzuordnen sein, denn sie dürften nur als der „verlängerte Arm" ihrer Muttergesellschaften, idR. ohne eigene Treuhandfunktion, fungieren.[141]

Bis Ende 2018 haben sieben abhängige Verwertungseinrichtungen ihre Tätigkeit bei der Aufsichtsbehörde angezeigt.[142]

3. Unabhängige Verwertungseinrichtungen

42   Außerdem können sich auch auf Gewinnerzielung ausgerichtete Verwertungseinrichtungen, die nicht von ihren Berechtigten abhängig sind, mit der kollektiven Rechtewahrnehmung befassen. Hierbei handelt es sich um Dienstleister, die in einem Wettbewerbsverhältnis zu den „klassischen" Verwertungsgesellschaften stehen können.

Solche Einrichtungen erfasst das VGG als **unabhängige Verwertungseinrichtungen iSv. § 4.** Als Beispiele für unabhängige Verwertungseinrichtungen mit Sitz in Deutschland werden etwa Proud Music GbR oder musicfoxUG genannt.[143]

Gem. § 4 finden auf unabhängige Verwertungseinrichtungen nur bestimmte Vorschriften des VGG Anwendung. Vor allem gelten für sie Informationspflichten, deren Einhaltung von der Aufsichtsbehörde überwacht wird.[144] Hinsichtlich der Aufsicht über solche Einrichtungen ist § 91 lex specialis zu den §§ 76 ff.; damit sind nur bestimmte Vorschriften des VGG auf sie anwendbar, und sie bedürfen keiner Erlaubnis für den Geschäftsbetrieb.[145]

Bis Ende 2018 haben zwei unabhängige Verwertungseinrichtungen ihre Tätigkeit bei der Aufsichtsbehörde angezeigt.[146]

4. Tätigkeitsbereiche und grenzüberschreitende Zusammenarbeit

43   Bei seiner Regelung der kollektiven Rechtewahrnehmung stellte das UrhWG auf in Deutschland tätige Verwertungsgesellschaften ab, die vom UrhG gewährte Rechte wahrnehmen. Um sicherzustellen, dass die Rechte der von ihnen betreuten Urheber und Leistungsschutzberechtigten auch im Ausland wahrgenommen werden, haben die einzelnen nationalen Verwertungsgesellschaften **Gegenseitigkeitsverträge mit einschlägigen Gesellschaften im Ausland** abgeschlossen, um ein möglichst lückenloses Netz internationaler Rechtewahrnehmung zu schaffen: Jede Verwertungsgesellschaft nimmt somit in ihrem Tätigkeitsbereich normalerweise auch die Rechte ausländischer Rechtsinhaber wahr und vergibt Nutzungsrechte auf ihren (nationalen) Markt beschränkt, und zwar im Idealfall am Weltrepertoire. Die eingezogenen Vergütungen werden unter den beteiligten Gesellschaften international erstattet bzw. verrechnet.

Solche Gegenseitigkeitsverträge sind nach wie vor ein unter Verwertungsgesellschaften übliches Geschäftsmodell. Sowohl in Art. 14, 15 und 19 VG-RL als auch im Teil 2 Abschnitt 3 des VGG (§§ 44 ff.) sind allgemeine Regeln für derartige **„Repräsentationsvereinbarungen"** enthalten.[147] Um dem Interesse der Nutzer an einer länderübergreifenden und gemeinschaftsweiten Nutzung entgegenzukommen, haben sich in jüngerer Zeit außerdem die genannten **One-Stop-Shop-Lizenzierungsstellen** gebildet, die für mehrere Verwertungsgesellschaften gemeinsam Online-Rechte für mehrere Territorien, also nicht nur beschränkt auf ein Gebiet, lizenzieren.[148] Für die gebietsübergreifende Vergabe von Online-Rechten an Musikwerken enthält Teil 3 des VGG (§§ 59 ff.) in Umsetzung von Titel III der VG-RL (Art. 23 ff.) besondere Regeln.[149] Für andere, hier nicht geregelte Bereiche bestehen weiterhin Gegenseitigkeitsverträge (Repräsentationsvereinbarungen) der oben beschriebenen Art.

Um ihre Tätigkeit besser koordinieren und die ihnen anvertrauten Rechte grenzüberschreitend wirksam durchsetzen zu können, haben sich nationale Gesellschaften zu **internationalen Dachverbänden** zusammengeschlossen.

Internationale Dachorganisationen der Verwertungsgesellschaften sind die 1926 errichtete CISAC (Confédération Internationale des Sociétés d'Auteurs et Compositeurs), das seit 1929 bestehende

---

[140] Vgl. *Kling* S. 101 ff., 155 f.
[141] So schon für die CELAS *Himmelmann* in: Kreile/Becker/Riesenhuber (Hrsg.), Recht und Praxis der GEMA, 817 (829 f.); aA *Alich* GRUR-Int 2008, 996 (1002 f.); *Hoeren/Altemark* GRUR 2010, 16 (21); *Heyde* S. 309 ff.; vgl. *Peifer* bei *Burner* ZUM 2014, 489 (490); vgl. *Staats* ZUM 2014, 470 (471 f.); ob Lizenzierungsstellen wie P.E.D.L. und DEAL als abhängige Verwertungseinrichtungen iSv. § 3 anzusehen sind, wird aber auch für fraglich gehalten, soweit sie keine eigene Rechtspersönlichkeit haben; vgl. *Kling* S. 155.
[142] Jahresbericht des Deutschen Patent- und Markenamts 2018, S. 50.
[143] *Kling* S. 268.
[144] → § 4 Rn. 4.
[145] → § 4 Rn. 5; → § 91 Rn. 2 ff.
[146] Jahresbericht des Deutschen Patent- und Markenamts 2018, S. 50.
[147] → § 44 Rn. 1 f.
[148] → Rn. 41.
[149] → Vor §§ 59 ff. Rn. 7 f.

BIEM (Bureau International de l'Edition Mécanique) und die IFFRO (International Federation of Reproduction Rights Organisations).[150]

5. Zur kartellrechtlichen Beurteilung von Verwertungsgesellschaften

a) Kartellrechtliche Beurteilung nach dem GWB. Verwertungsgesellschaften werden im kar- **44** tellrechtlichen Sinne als **marktbeherrschende Unternehmen** angesehen.[151] Im Übrigen wurde auch die Unternehmereigenschaft der Berechtigten vom BGH bestätigt.[152] Der Gesetzgeber des UrhWG ging davon aus, dass die Bestimmungen des GWB auf Verwertungsgesellschaften grundsätzlich anwendbar sind[153] und Verwertungsgesellschaften das Merkmal der Marktbeherrschung sogar wesensimmanent ist;[154] denn generell sprachen stets gute Gründe für die territorial zugeschnittenen Monopolstrukturen der kollektiven Wahrnehmung und gegen eine Konkurrenz unter Verwertungsgesellschaften. Diese Situation hat sich erst in jüngerer Zeit für Filmverwertungsgesellschaften,[155] aber auch durch die Bildung gebietsübergreifend tätiger, zT. potentiell konkurrierender Verwertungseinrichtungen, etwas relativiert.[156]

Da Verwertungsgesellschaften nach Meinung des Gesetzgebers für die praktische Durchsetzung urheberrechtlicher Ansprüche unerlässlich sind, wurde ihnen ursprünglich durch § 24 UrhWG iVm. § 102a GWB, ab der 6. UWG-Novelle fortgeschrieben in § 30 GWB,[157] ausdrücklich eine **kartellrechtliche Sonderstellung** eingeräumt. Danach waren Verwertungsgesellschaften vom Kartellverbot des § 1 GWB freigestellt, und zwar im Hinblick auf ihre Bildung und die Verträge und Beschlüsse, die zu ihrer Tätigkeit erforderlich waren. Im Rahmen der 7. GWB-Novelle von 2005[158] wurde diese **Bereichsausnahme für Verwertungsgesellschaften ersatzlos gestrichen.** Gleichzeitig stellte der Gesetzgeber klar, dass dies keine Änderung der Rechtslage bedeuten sollte, die Bildung von Verwertungsgesellschaften, ihre Stellung und Tätigkeiten also nicht *per se* als wettbewerbsbeschränkend einzustufen waren.[159]

Nach heutiger Rechtslage sind damit für die kartellrechtliche Beurteilung der Tätigkeit von Verwertungsgesellschaften nach dem GWB insbesondere die **§§ 1 (Verbot wettbewerbsbeschränkender Vereinbarungen), 19 und 20 (Missbrauchsaufsicht) GWB** einschlägig. Im Rahmen von § 1 GWB kartellrechtlich nicht zu beanstanden sind neben der Bildung von Verwertungsgesellschaften alle ihre Verträge und Beschlüsse, die für die treuhänderische Verwaltung und die gemeinsame Wahrnehmung der Rechte mit Berechtigten, anderen Verwertungsgesellschaften und Nutzern erforderlich sind.[160] Die Maßstäbe für den Missbrauch iSv. § 19 GWB oder für die Diskriminierung iSv. § 20 GWB müssen den besonderen Aufgaben der Verwertungsgesellschaften und ihrer durch das VGG (früher: das UrhWG) legitimierten Funktion gerecht werden; dabei sind die Wertungen des VGG und der VG-RL zu beachten. Ein Missbrauch oder eine Diskriminierung liegen daher nur dann vor, wenn sich das betreffende Verhalten nicht unmittelbar oder mittelbar objektiv notwendig aus dem durch das VGG legitimierten Wahrnehmungsvorgang ergibt oder durch ihn gerechtfertigt ist.[161] So liegt in der Geltendmachung eines gesetzlichen Anspruchs durch die Verwertungsgesellschaft oder in ihrem Antrag auf gerichtliche Festsetzung eines Gesamtvertrages kein Missbrauch einer marktbeherrschenden Stellung.[162]

Möglichen Überschneidungen der kartellrechtlichen Aufsicht nach dem GWB mit der Aufsicht nach den §§ 75 ff. VGG wird in § 81 – inhaltlich entsprechend dem bisherigen § 18 Abs. 3 UrhWG – Rechnung getragen. Damit wird zugleich auch die Kritik entschärft, die früher an der doppelten Aufsicht über Verwertungsgesellschaften – nach dem UrhWG und nach dem GWB – geübt wurde. Auch Banken und Versicherungen sind einer ähnlichen Doppelaufsicht unterworfen. Beide Aufsichtsarten haben im Übrigen eine unterschiedliche Zielrichtung: Die Aufsicht über Verwertungsgesellschaften nach dem VGG, wie nach dem bisherigen UrhWG, ist auf urheberrechtliche Tatbestände zugeschnitten; durch sie könnte ein kartellrechtswidriges Verhalten der Verwertungsgesellschaften

---

[150] *Melichar* S. 112 ff.; *Ficsor* S. 18 ff.; *Thiele/Paudtke* in: Heker/Riesenhuber (Hrsg.), Recht und Praxis der GEMA, 789 (795); *Wandtke/Bullinger/Gerlach* Vor §§ 1 ff. Rn. 21 ff.; detaillierte Literaturhinweise zu ausländischen Verwertungsgesellschaften gibt *Schack* Rn. 1322 ff.; vgl. den Überblick bei *Denga* S. 39 ff.; zur wettbewerbsrechtlichen Problematik von Gegenseitigkeitsverträgen aus der Sicht der Europäischen Kommission → Rn. 45.

[151] *Reinbothe* S. 7 mwN Fn. 40; *Pickrahn* S. 17 ff. mwN; *Riesenhuber* S. 127 mwN; vgl. bereits AmtlBegr. zum GWB BT-Drs. I/3462 S. 33.

[152] BGH ZUM 1989, 80 (83) – GEMA-Wertungsverfahren; *Stockmann,* FS Kreile (1990), S. 25 (35 f.); *Pickrahn* S. 28; *Lux* WRP 1998, 31 (32) mwN; *Goldmann* S. 216; *Riesenhuber* S. 24 ff., S. 127 mwN.

[153] Bericht des Rechtsausschusses zu BT-Drs. IV/3402 S. 4.

[154] AmtlBegr. UrhWG BT-Drs. IV/271 S. 9, 11, 12, 17; → Rn. 11.

[155] → Rn. 40.

[156] → Rn. 41 f.

[157] Sechstes Gesetz zur Änderung des Gesetzes gegen Wettbewerbsbeschränkungen v. 26.8.1998, BGBl. I S. 2546; vgl. AmtlBegr. zur 6. UWG-Novelle, BT-Drs. 13/9729, S. 54.

[158] Siebtes Gesetz zur Änderung des Gesetzes gegen Wettbewerbsbeschränkungen v. 7.7.2005, BGBl. I S. 1954.

[159] AmtlBegr. zur 7. UWG-Novelle, BT-Drs. 15/3640, S. 49/50; → 5. Aufl. 2017, UrhWG § 24 Rn. 8.

[160] AmtlBegr. zur 7. UWG-Novelle, BT-Drs. 15/3640, S. 49; → 5. Aufl. 2017, UrhWG § 24 Rn. 9.

[161] *Lux* WRP 1998, 31 (38) mwN; s. 5. Aufl., § 24 UrhWG Rn. 10.

[162] BGH GRUR 2017, 684 Rn. 50 – externe Festplatten; BGH GRUR 2017, 694 Rn. 64 – Gesamtvertrag PCs.

zumindest in anderen Bereichen nicht verhindert werden. Dabei werden die Eingriffsmöglichkeiten der Kartellbehörden als „vielfältiger" eingestuft als die des DPMA nach dem UrhWG; allerdings soll die „abstrakte" Kontrolle, etwa der Verteilungspläne, dem DPMA vorbehalten bleiben.[163]

45   **b) Kartellrechtliche Beurteilung nach europäischem Wettbewerbsrecht.** Soweit Verwertungsgesellschaften über eine marktbeherrschende Stellung auf einem wesentlichen Teil des Gemeinsamen Marktes[164] verfügen, unterliegen ihre Tätigkeit selbst und ihre Tarife, aber auch Aufsichtsmaßnahmen des DPMA, angenommene Einigungsvorschläge der Schiedsstelle und Entscheidungen der (nationalen) Gerichte betreffend Verwertungsgesellschaften seit jeher auch der Beurteilung nach den Wettbewerbsregeln des Gemeinschaftsrechts, also insbesondere der Art. 101 (Verbot wettbewerbsbeschränkender Vereinbarungen) und 102 (Missbrauchsverbot) AEUV.[165] Denn selbst wenn sich die Tätigkeit von Verwertungsgesellschaften flächendeckend (nur) auf das Bundesgebiet bezieht, dürfte dadurch regelmäßig der zwischenstaatliche Handel iSd. Art. 101 und 102 AEUV betroffen sein.[166] Umso mehr spricht für die Anwendbarkeit von Art. 102 AEUV, dass der Handel zwischen Mitgliedstaaten durch die Höhe der Gebühren einer Monopol-Verwertungsgesellschaft für Urheberrechte, die auch Rechte ausländischer Rechtsinhaber verwertet, beeinträchtigt werden kann.[167]

Der EuGH hatte bereits mehrfach Gelegenheit, sich zur Anwendung des europäischen Wettbewerbsrechts auf die Bildung und Tätigkeit von Verwertungsgesellschaften, einschließlich ihrer Gegenseitigkeitsverträge, zu äußern.[168] Da Verwertungsgesellschaften nach Meinung des EuGH keine Dienstleistungen im allgemeinen Interesse iSv. Art. 106 Abs. 2 AEUV erbringen und auch keine Gruppenfreistellung iSv. Art. 101 Abs. 3 AEUV zu ihren Gunsten erlassen wurde, ist **Art. 101 AEUV** grundsätzlich auf sie anwendbar.[169] Die Bildung und die Tätigkeit von Verwertungsgesellschaften sollen aber vom Kartellverbot nach Art. 101 AEUV freigestellt sein, soweit dabei die Grenzen des zur kollektiven Rechtewahrnehmung Erforderlichen nicht überschritten werden.[170]

Für die Anwendung des Missbrauchsverbots im europäischen Wettbewerbsrecht nach **Art. 102 AEUV** hat sich der EuGH ebenfalls an der Funktion der kollektiven Rechtewahrnehmung orientiert: Vergütungsmodelle einer (marktbeherrschenden) Verwertungsgesellschaft können dann nicht als missbräuchlich iSv. Art. 102 AEUV (bzw. der Vorgängerbestimmung Art. 82 EG-Vertrag) angesehen werden, wenn sie der üblichen Verwertung des Urheberrechts entsprechen, dabei Leistung und Gegenleistung zueinander in einem angemessenen Gleichgewicht stehen, dh. insbesondere die Vergütungen dem wirtschaftlichen Wert der erbrachten Leistungen entsprechen, und dem auf einheitlicher Grundlage vorgenommenen Vergleich mit denjenigen anderer Mitgliedstaaten standhalten.[171] Als einen **Missbrauch der marktbeherrschenden Stellung** einer Verwertungsgesellschaft hat der EuGH dagegen ihre Weigerung angesehen, die Rechte von EU-Ausländern wahrzunehmen.[172] Der EuGH sah die Urheber unnötig einschränkende Wahrnehmungsbedingungen[173] ebenso als missbräuchlich und damit wettbewerbswidrig an, wie von Nutzern verlangte überhöhte Nutzungsgebühren.[174] Als Verstoß gegen das Diskriminierungsverbot gem. Art. 102 Abs. 2 AEUV und damit missbräuchlich wurde auch ein Verhalten einer Verwertungsgesellschaft angesehen, das darauf gerichtet ist, durch die Forderung unterschiedlicher Nutzungsgebühren eine Verzerrung des Wettbewerbs zwischen Nutzern herbeizuführen, die ihre Vertragspartner sind; dabei besteht keine Spürbarkeits- oder De-minimis-Schwelle.[175] Für die Feststellung, ob die von der Verwertungsgesellschaft berechneten Tarife unangemessen sind iSv. Art. 102 Abs. 2 Buchst. a AEUV, kommt es darauf an, ob die Unterschiede in den Tarifen im Vergleich mit nach objektiven, geeigneten und überprüfbaren Kriterien ausgewählten Referenzmitgliedstaaten signifikant und anhaltend, und damit erheblich sind.[176]

In einem Fall von grundlegender Bedeutung hatte die **Europäische Kommission** es mit ihrer Entscheidung vom 16.7.2008 im Verfahren gegen den Dachverband der Verwertungsgesellschaften,

---

[163] → 5. Aufl. 2017, UrhWG § 24 Rn. 11 mwN; diese Diskussion dürfte heute mehr von historischem Interesse sein.
[164] EuGH GRUR-Int 2009, 316 (317) – Kanal 5.
[165] Vgl. *Fikentscher,* FS Schricker (1995), S. 149 (184 ff.); *Becker,* FS Kreile (1994), S. 27 (38 f.); *Mestmäcker,* FS Rittner (1991), S. 391; *Mestmäcker,* FS Lukes (1989), S. 445 (452 ff.); *Reinbothe,* FS Kreile (1990), S. 19; *Stockmann,* FS Kreile (1990), S. 25; *Pickrahn* S. 101 ff., jeweils mwN; zur Bewertung von Clearingstellen für Multimedia-Produkte nach europäischem Wettbewerbsrecht *Wünschmann* ZUM 2000, 572 mwN.
[166] AmtlBegr. zur 6. GWB-Novelle, BT-Drs. 13/9720, S. 54.
[167] EuGH GRUR 2017, 1100 Rn. 25 ff. – AKKA Lettische Autorenvereinigung.
[168] Vgl. *Schwarze* ZUM 2003, 15 (17 ff.); *Riesenhuber* S. 137 ff. mwN; *Holzmüller* in: Heker/Riesenhuber (Hrsg.), Recht und Praxis der GEMA, 37 ff. mwN; kritisch zum Ansatz des EuGH bei der wettbewerbsrechtlichen Beurteilung von Verwertungsgesellschaften bereits *Lerche* ZUM 2003, 34 (36).
[169] EuGH GRUR-Int 1983, 734 Rn. 29 ff. – GVL; entsprechend auch EuGH GRUR-Int 2014, 396 Rn. 81 – OSA; *Schack* Rn. 1316.
[170] EuGH GRUR-Int 1990, 622 (625) – Tournier.
[171] EuGH GRUR-Int 2009, 316 (317 f.) – Kanal 5; EuGH GRUR-Int 2014, 396 Rn. 87 f. – OSA; vgl. *Lichtenegger* S. 111 ff.
[172] EuGH GRUR-Int 1983, 734 Rn. 56 – GVL.
[173] EuGH GRUR-Int 1974, 342 Rn. 19 ff. – SABAM II.
[174] EuGH GRUR-Int 1990, 622 Rn. 34 ff., 38 – SACEM I.
[175] EuGH GRUR-Int 2018, 850 Rn. 22 ff. – MEO Services.
[176] EuGH GRUR 2017, 1100 Rn. 41 ff. – AKKA Lettische Autorenvereinigung.

CISAC,[177] den 24 betroffenen Verwertungsgesellschaften untersagt, die Urheber per **Gegenseitigkeitsklauseln zwischen den Gesellschaften (Mitgliedschaftsklauseln)** zu verpflichten, die für sie national zuständige Verwertungsgesellschaft zu wählen und die Urheber damit in ihrer freien Wahl zu beschränken. Außerdem hatte die Europäische Kommission mit derselben Entscheidung die von 17 Verwertungsgesellschaften vereinbarten **Gebietsbeschränkungen** verboten, wonach die betroffenen Gesellschaften daran gehindert waren, in anderen Territorien als ihrem eigenen (nationalen) Nutzungsrechte wahrzunehmen. Nach Auffassung der Kommission erfüllten diese Vereinbarungen den Tatbestand der **wettbewerbswidrigen abgestimmten Verhaltensweise,** denn sie führten zur Marktaufteilung und schlössen den Wettbewerb aus. Von diesen Verboten erhoffte sich die Europäische Kommission mehr Wettbewerb unter den Verwertungsgesellschaften zugunsten der Urheber (da sie nun die für sie effizienteste Verwertungsgesellschaft sollten wählen können), aber auch zu Gunsten der Nutzer, da diese nun Mehrgebietslizenzen für verschiedene Mitgliedstaaten sollten erwerben können.[178] Obwohl die Europäische Kommission mit dieser Entscheidung territoriale Beschränkungen iR. von Gegenseitigkeitsverträgen im Prinzip nicht verbot, wurde seinerzeit doch damit gerechnet, dass sich die bisher übliche Gestaltung von Gegenseitigkeitsverträgen aus kartellrechtlichen Gründen so nicht werde halten lassen.[179] Mit **Urteil vom 12.4.2013** hat der **EuGH** die erwähnte Entscheidung der Kommission von 2008 für nichtig erklärt, soweit die Kommission eine abgestimmte Verhaltensweise unter Verwertungsgesellschaften angenommen hatte.[180]

Mittlerweile ist der Markt für die kollektive Wahrnehmung von Rechten für Mehrgebietslizenzen in Bewegung geraten. Die immer wieder geforderte Bereichsausnahme von der Anwendung des Wettbewerbsrechts für Verwertungsgesellschaften[181] ist zwar weder in der VG-RL noch im VGG enthalten. Immerhin aber wird in Erwägungsgrund (11) der VG-RL anerkannt, dass die Zusammenarbeit unter Verwertungsgesellschaften „unter Einhaltung der in den Artikeln 101 und 102 des AEUV enthaltenen Wettbewerbsvorschriften" wünschenswert ist, und erklärt Art. 14 VG-RL Gegenseitigkeitsvereinbarungen zwischen Verwertungsgesellschaften für zulässig. Als Konsequenz hat das VGG in Umsetzung der VG-RL einen **rechtlichen Rahmen für Gegenseitigkeitsverträge** und für **Mehrgebietslizenzen** geschaffen. Damit dürfte auch die wettbewerbsrechtliche Problematik dieses Bereichs entschärft sein.

VI. Ausblick

Das VGG als Nachfolger des UrhWG und der UrhSchiedsV ist überaus umfangreich ausgefallen. **46** Viele der zahlreichen Bestimmungen des VGG sind allein der Umsetzung der VG-RL geschuldet; nach deutschem Wahrnehmungsrecht hätte es solch detaillierter Regelungen nicht bedurft. Insgesamt ist das neue Regelungswerk aber positiv zu bewerten.

Mit der VG-RL hat der **EU-Gesetzgeber** endlich zur kollektiven Rechtewahrnehmung Stellung bezogen. Auch im EU-Recht wird nun anerkannt, dass die **kollektive Wahrnehmung von Urheberrechten durch Verwertungsgesellschaften** für das Funktionieren des Urheberrechtsschutzes im Binnenmarkt unerlässlich und sie ein untrennbarer Bestandteil des urheberrechtlichen *acquis communautaire* ist. Dies kann als Bestätigung dafür gewertet werden, dass in der kollektiven Rechtewahrnehmung eine Art „Königsweg" zu sehen ist zwischen Zugangs- und Vergütungsinteressen – dem im digitalen Umfeld immanenten Konflikt also zwischen der Forderung nach möglichst freiem „access" und einer angemessenen wirtschaftlichen Beteiligung für die Schöpfer des kreativen „content".[182] Der EU-Gesetzgeber hat damit nach langjährigen Debatten **Rechtssicherheit** geschaffen; und dies häufig auch in deutlicher Abgrenzung zu früheren Auffassungen der Europäischen Kommission. Daneben hat auch der EuGH wiederholt die nützliche Funktion der kollektiven Rechtewahrnehmung bestätigt. Und schließlich geht auch die DSM-RL davon aus, dass die kollektive Rechtewahrnehmung nützlich und etablierte Praxis ist.[183]

Im VGG bleiben die bewährten Regeln des deutschen Wahrnehmungsrechts erhalten und werden behutsam mit den Geboten des EU-Binnenmarktes in Übereinstimmung gebracht. So wird das VGG nicht von der Dienstleistungsrichtlinie 2006/123/EG[184] überlagert, da die VG-RL hierzu *lex specialis* ist.[185] Auch ist das **VGG wettbewerbsneutral:** Wie bereits das UrhWG enthalten weder das VGG noch die VG-RL eine ausdrückliche Privilegierung der kollektiven Rechtewahrnehmung gegenüber dem Wettbewerbsrecht. Immerhin werden Gegenseitigkeitsverträge unter Verwertungsgesellschaften

---

[177] → Rn. 43.
[178] Entscheidung der Europäischen Kommission vom 16.7.2008, Verfahren nach Artikel 81 EG und Artikel 53 EWR-Abkommen (Sache COMP/C2/38 698 – CISAC).
[179] *Alich* GRUR 2008, 996 (997 f.); *Müller* ZUM 2009, 121 (129 ff.); *Heine/Eisenberg* GRUR-Int 2009, 277 (278 f.).
[180] EuGH ZUM-RD 2013, 293 (insbes. Rn. 151 ff.) – CISAC.
[181] *Goldmann* S. 232 ff.
[182] Vgl. *Peifer* GRUR 2015, 27 (28); zur Diskussion → 5. Aufl. 2017, UrhWG Vor §§ 1 ff. Rn. 16 mwN.
[183] Vgl. Art. 12 und 16 DSM-RL; → Rn. 45; EuGH GRUR 2018, 921 Rn. 28 ff. – SNB-REACT/Deepak Mehta – zu den Befugnissen von Verwertungsgesellschaften iRv. Art. 4 Buchst. c) Enforcement-RL.
[184] → Fn. 49.
[185] → Rn. 31.

ausdrücklich gebilligt und für sinnvoll erachtet. Ein **Wettbewerb unter Verwertungsgesellschaften** soll zwar offenbar von der VG-RL gefördert werden[186] und ist auch nach dem VGG nicht ausgeschlossen. Das VGG bietet aber mit seinen Vorschriften über die Erlaubnis- und Anzeigepflicht, das Verfahren vor der Schiedsstelle, die Gestaltung der Tarife für Geräte und Speichermedien oder die Aufsicht über Verwertungsgesellschaften die solide Grundlage dafür, dass ein solcher Wettbewerb nicht auf Kosten der Rechtsinhaber oder der Angemessenheit der Vergütung geht. Damit werden die in der Praxis bewährten Geschäftsmodelle der Verwertungsgesellschaften und anderer Verwertungseinrichtungen so weit wie möglich erhalten bleiben können.

Auch die detaillierten Bestimmungen des VGG zu den **Pflichten der Verwertungsgesellschaften** dürften keine übermäßige Bürde für die Praxis der in Deutschland tätigen Gesellschaften darstellen. Soweit die neuen Regeln nicht bereits zu Zeiten der Geltung des UrhWG der Praxis entsprachen, war es für die Gesellschaften unproblematisch, ihre Satzungen entsprechend anzupassen. Dagegen stellen die von der VG-RL zT fast wörtlich übernommenen Vorschriften der §§ 59 ff. VGG über die **gebietsübergreifende Lizenzierung von Online-Rechten an Musikwerken** weitgehend Neuland dar. Noch ist nicht ausgemacht, ob sich diese Regelungen bewähren. Schon jetzt aber wird von manchen ihre Anwendung auch auf die Vergabe von Online-Rechten an anderen Werken befürwortet.[187]

Ob mit den neuen Regelungen die Funktionsfähigkeit der kollektiven Rechtwahrnehmung gewährleistet werden kann, wird sich in erster Linie daran zeigen, wie die **Bestimmungen über die Aufsicht** angewendet werden und sich auswirken. Durch die Vorgaben der VG-RL sind diese Bestimmungen im Vergleich zum UrhWG weitaus komplexer geworden: Die neuen Elemente, wie die Unterscheidung zwischen Erlaubnis- und Anzeigepflicht, die unterschiedliche Behandlung von Verwertungsgesellschaften, abhängigen und unabhängigen Verwertungseinrichtungen, vor allem aber die Behandlung ausländischer Gesellschaften mit Sitz innerhalb oder außerhalb der EU/des EWR, werden es dem DPMA als deutscher Aufsichtsbehörde und den beteiligten ausländischen Aufsichtsbehörden nicht einfach machen, ihre Aufgaben zu erfüllen und damit zum Entstehen eines „level playing fields" der kollektiven Rechtewahrnehmung in Europa beizutragen. Hinzu kommt, dass sich neue Clearingstellen und Lizenzierungsorgane gebildet haben, deren Funktion von der Aufsicht eingeordnet und ggf. überwacht werden muss. Vor allem bei der grenzüberschreitenden Lizenzierung wird insoweit viel abhängen von der **Kooperation der zuständigen Aufsichtsbehörden** untereinander und dem Bericht der Europäischen Kommission, wie dies in Art. 37, 38, 40 und 41 VG-RL vorgesehen ist und auch praktiziert wird.[188] Noch mehr zur Komplexität beitragen dürfte im Übrigen der Austritt des Vereinigten Königreichs aus der Europäischen Union (**„Brexit"**); denn dann wären britische Verwertungsgesellschaften auch unter dem Gesichtspunkt der Aufsicht wie solche aus Drittländern zu behandeln.[189]

Insgesamt bewahrt also das VGG die Möglichkeit, die kollektive Rechtewahrnehmung auch weiterhin von nationalen Verwertungsgesellschaften auf der Grundlage des bereits bestehenden Netzes von Gegenseitigkeitsverträgen durchführen zu lassen. Nationale One-Stop-Shops für das Weltrepertoire kann und wird es also auch weiterhin geben. Daneben aber ermöglicht das VGG auch Mehrgebietslizenzen, und zwar nicht nur für die ausdrückliche geregelte Vergabe von Online-Rechten an Musikwerken. Ebenso ist das VGG offen für andere Geschäftsmodelle, wie die Bildung von Clearingstellen, Rechtsinformations- und Lizenzierungsdiensten mehrerer Verwertungsgesellschaften, und sorgt auch hier für die erforderliche Transparenz (§§ 53 ff.) und Aufsicht (§§ 76 ff., 90, 91). Darüber hinaus ist auch denkbar, dass der kollektiven Rechtewahrnehmung im Allgemeinen und den Verwertungsgesellschaften im Besonderen neue Aufgaben zuwachsen oder zugewiesen werden, wie etwa die Wahrnehmung von Rechten für neue, bisher unbekannte Nutzungsarten[190] oder Vergütungsansprüche iRv. Internetnutzungsvorgängen. Auch hierfür stellt das VGG sicher, dass die Rechte und die Wahlfreiheit der Rechtsinhaber, etwa iRd. §§ 9 ff., angemessen berücksichtigt werden. Der Erfolg dieser Regelungen wird von ihrer praxisgerechten und Richtlinien-konformen Auslegung abhängen.

---

[186] Dies insbesondere aufgrund der Wahlmöglichkeiten nach Art. 5 Abs. 2 iVm. Erwägungsgrund (19) VG-RL
[187] Vgl. Dreier/Schulze/*Schulze* Vorbem. VGG Rn. 34.
[188] Vgl. Jahresbericht des Deutschen Patent- und Markenamts von 2017, S. 51.
[189] Vgl. *Kuntz-Hallstein* GRUR-Int 2017, 33; → Vor §§ 75 ff. Rn. 10.
[190] Vgl. Dreier/Schulze/*Schulze* Vorbem. VGG Rn. 31.

Teil 1. Gegenstand des Gesetzes; Begriffsbestimmungen

Vorbemerkung

Teil 1 des VGG (§§ 1 bis 8) enthält in **§ 1** eine allgemeine Bestimmung zum **Anwendungsbe- 1 reich** des Gesetzes.

Definitionen sind in Teil 1 für die folgenden Begriffe aufgeführt: „Verwertungsgesellschaft" (§ 2), 2 „abhängige Verwertungseinrichtung" (§ 3), „unabhängige Verwertungseinrichtung" (§ 4), „Rechtsinhaber" (§ 5), „Berechtigter" (§ 6), „Mitglieder" (§ 7) und „Nutzer" (§ 8). Diese Definitionen knüpfen an die in Art. 3 VG-RL enthaltenen Begriffsbestimmungen an. Von den insgesamt vierzehn Begriffsbestimmungen in Art. 3 VG-RL setzt das VGG in diesem Teil 1 fünf um, fügt aber zugleich die zwei zusätzlichen Begriffe „abhängige Verwertungseinrichtung" und „Berechtigter" hinzu.

Weitere Legaldefinitionen, die ebenfalls auf die Begriffsbestimmungen in Art. 3 VG-RL zurück- 3 gehen, finden sich in § 13 (Statut, in Umsetzung von Art. 3 Buchst. e) VG-RL), § 23 (Einnahmen aus den Rechten, in Umsetzung von Art. 3 Buchst. h) VG-RL), § 31 Abs. 2 (Verwaltungskosten, in Umsetzung von Art. 3 Buchst. i) VG-RL) oder § 44 Abs. 1 (Repräsentationsvereinbarungen, in Umsetzung von Art. 3 Buchst. j) VG-RL).

Eine **besondere Bestimmung** zum Anwendungsbereich von **Teil 3** (§§ 59 bis 74, „Besondere 4 Vorschriften für die gebietsübergreifende Vergabe von Online-Rechten an Musikwerken") findet sich in § 59. Dort sind auch die Definitionen für die Begriffe „Online-Rechte" (§ 59 Abs. 2, in Umsetzung von Art. 3 Buchst. n) VG-RL) und „gebietsübergreifende Vergabe" (§ 59 Abs. 3, in Umsetzung von Art. 3 Buchst. m) VG-RL) enthalten.[1]

§ 1 Anwendungsbereich

Dieses Gesetz regelt die Wahrnehmung von Urheberrechten und verwandten Schutzrechten durch Verwertungsgesellschaften, abhängige und unabhängige Verwertungseinrichtungen.

Schrifttum: *Staudt/Hendel/Welp,* Der Berechtigungsvertrag, in: Heker/Riesenhuber (Hrsg.), Recht und Praxis der GEMA, 3. Aufl. 2018, S. 212.

Übersicht

I. Allgemeines

§ 1 beschreibt den **Anwendungsbereich des VGG.** Eine solche allgemeine Bestimmung war im 1 Vorgänger des VGG, dem UrhWG, nicht enthalten. EU-Richtlinien auf dem Gebiet des Urheberrechts werden dagegen regelmäßig von allgemeinen Bestimmungen eingeleitet, die ihren Anwendungsbereich feststellen, so auch die VG-RL, die das VGG ja umsetzen soll.[1]

§ 1 folgt dieser Systematik nicht nur schematisch, sondern auch, weil eine solche **Klarstellung** an dieser Stelle inhaltlich sinnvoll ist: Sie macht zunächst einmal deutlich, dass das VGG das Wahrnehmungsrecht insgesamt reformiert und das UrhWG ersetzt, damit also das **Recht der kollektiven Wahrnehmung abschließend regelt.**[2]

Dementsprechend wird in § 1 ausdrücklich festgestellt, dass das VGG entsprechend den Vorgaben der VG-RL für alle Organisationen der kollektive Rechtewahrnehmung jedweder Art gilt, also nicht nur für Verwertungsgesellschaften im engeren Sinne (in Art. 2 Abs. 2 und Art. 3 Buchst. a) VG-RL bezeichnet als „Organisationen für die kollektive Rechtewahrnehmung"), sondern zT. auch auf die Tätigkeit von abhängigen (gem. Art. 2 Abs. 3 VG-RL) und unabhängigen Verwertungseinrichtungen (so bezeichnet und definiert in Art. 3 Buchst. b) VG-RL) Anwendung findet; diese letzteren beiden Begriffe wurden von der VG-RL eingeführt, im UrhWG gab es sie nicht.

---

[1] → Vor §§ 59 ff. Rn. 7 f.
[1] Vgl. Art. 1 („Gegenstand") und Art. 2 („Geltungsbereich") VG-RL.
[2] Dazu, dass die Dienstleistungsrichtlinie 2006/123/EG auf die kollektive Rechtewahrnehmung keine Anwendung findet, → Einl. VGG Rn. 26, 31.

Die Bestimmungen des VGG enthalten **öffentlich-rechtliche Pflichten der Verwertungsgesellschaften,** die auch privatrechtliche Ansprüche, wie den Abschlusszwang gem. § 34, begründen können, aber auch **Pflichten der Nutzer,** wie deren Informations- und Auskunftspflichten gem. §§ 41 und 42.

II. Anwendungsbereich

1. Erfasste Organisationen der kollektiven Rechtewahrnehmung

2   § 1 stellt klar, für welche Einrichtungen das VGG gilt. Danach findet das VGG Anwendung auf **Verwertungsgesellschaften, abhängige** und **unabhängige Verwertungseinrichtungen.** Diese Begriffe werden in § 2 („Verwertungsgesellschaft"), § 3 („abhängige Verwertungseinrichtung") und § 4 („unabhängige Verwertungseinrichtung") definiert. Auf andere Einrichtungen findet das VGG keine Anwendung.

Grundsätzlich gilt das VGG gleichermaßen für **inländische und ausländische** Organisationen der kollektiven Rechtewahrnehmung; allerdings wird in den Bestimmungen zur Erlaubnispflicht gem. § 77 Abs. 2, zur Anzeigepflicht gem. § 82 Nr. 1 oder zu den Befugnissen der Aufsichtsbehörde gem. § 86 insoweit differenziert.

2. Wahrnehmung von Urheberrechten und verwandten Schutzrechten

3   Urheberrechte und verwandte Schutzrechte iSv. § 1 sind sowohl Nutzungsrechte als auch Einwilligungsrechte sowie Vergütungs- und Ausgleichsansprüche,[3] wie insbesondere die Ansprüche auf angemessene Vergütung aus gesetzlichen Vergütungsansprüchen, zB für die Privatkopie oder das Folgerecht, die das **UrhG** oder ein **ausländisches Gesetz** für urheberrechtlich geschützte Werke („Urheberrechte") oder Leistungen („verwandte Schutzrechte") gewährt. Grundsätzlich findet das VGG gem. § 1 also auch auf die kollektive Wahrnehmung von Urheber- und Leistungsschutzrechten Anwendung, die sich aus einem ausländischen Gesetz ergeben. Allerdings besteht in diesem Fall keine Erlaubnispflicht gem. § 77,[4] sondern für im Inland ansässige Gesellschaften eine Anzeigepflicht gem. § 82 Nr. 2,[5] und es können – abhängig davon, wo die Verwertungsgesellschaft ansässig ist – gem. § 76 Abs. 2 Besonderheiten bei der Aufsicht gelten.[6]

Gem. § 1 erfasst das VGG die **kollektive Wahrnehmung sämtlicher Rechte, die sich aus dem Urheberrecht ergeben,** also sowohl Zweitverwertungsrechte, die ihrer Natur nach – etwa weil zahlreiche Verwerter beteiligt sind – nur gemeinschaftlich wahrgenommen werden können[7] oder vom UrhG ohnehin zur Wahrnehmung den Verwertungsgesellschaften zugewiesen sind,[8] als auch Rechte und Ansprüche, die vom Rechtsinhaber an sich auch individuell wahrgenommen werden könnten, wie das mechanische Vervielfältigungsrecht gem. § 16 UrhG, das Senderecht gem. § 20 UrhG, das Recht der öffentlichen Zugänglichmachung der Musikurheber, Filmhersteller- oder Druckrechte, aber auch Urheberpersönlichkeitsrechte und Bearbeitungsrechte, soweit diese Verwertungsgesellschaften eingeräumt wurden und von ihnen wahrgenommen werden.[9]

Von der kollektiven Rechtewahrnehmung iSv. § 1 erfasst sind außerdem urheberrechtliche Ansprüche auf **Unterlassung, Auskunft, Schadensersatz** wegen Urheber- oder Leistungsschutzrechtsverletzung gem. § 97 UrhG, **Entschädigung** gem. § 101 UrhG oder **Bereicherung,** die eine Verwertungsgesellschaft gegenüber Nutzern geltend machen kann.[10]

Das Wahrnehmungsobjekt iSv. § 1 ist demnach weit gefasst; bewusst wird hier, wie schon im bisherigen § 1 Abs. 1 UrhWG, darauf verzichtet, bestimmte zur gemeinsamen Wahrnehmung durch Verwertungsgesellschaften ungeeignete Rechte[11] von der Anwendung des Gesetzes auszunehmen bzw. freizustellen.[12]

---

[3] AmtlBegr. BT-Drs. 18/7223, S. 71.
[4] → § 77 Rn. 4.
[5] → § 82 Rn. 7.
[6] → § 76 Rn. 4 ff.
[7] ZB. die Aufführungsrechte an Werken der Musik, § 19 Abs. 2 UrhG, die Vortragsrechte an Sprachwerken, § 19 Abs. 1 UrhG, und die Rechte und Ansprüche, die sich auf die öffentliche Wiedergabe von Schallplattenaufnahmen, § 21 UrhG, und von Rundfunksendungen, § 22 UrhG, beziehen.
[8] Das Recht der Kabelweitersendung, § 20b Abs. 1 u. 2 UrhG, das Folgerecht, § 26 Abs. 6 UrhG, die Vergütungsansprüche aus Vermietung und Verleihen, § 27 Abs. 3 UrhG, die Vergütung bei Zeitungsartikeln und Rundfunkkommentaren, § 49 Abs. 1 S. 3 UrhG, öffentliche Zugänglichmachung für Unterricht und Forschung, § 52a Abs. 4 UrhG, elektronische Leseplätze in Bibliotheken, § 52b S. 4 UrhG, Kopienversand auf Bestellung, § 53a Abs. 2 UrhG, und die Vergütung für Vervielfältigungen, § 54h Abs. 1 UrhG.
[9] Vgl. Dreier/Schulze/*Schulze* § 1 Rn. 4; zum Filmherstellungsrecht vgl. § 1 lit. i des GEMA-Berechtigungsvertrages; *Staudt/Welp* in: Heker/Riesenhuber (Hrsg.), 212 (286 ff.); zum Urheberpersönlichkeitsrecht vgl. § 1p des Wahrnehmungsvertrages der VG Bild-Kunst.
[10] Vgl. BGH GRUR 1983, 565 (566) – Tarifüberprüfung II.
[11] ZB das Recht zur bühnenmäßigen Aufführung dramatischer oder dramatisch-musikalischer Werke.
[12] AmtlBegr. UrhWG BT-Drs. IV/271 S. 14.

Keine Anwendung findet das VGG dagegen auf andere **Rechte, die sich nicht aus dem Urheberrecht ergeben,** wie etwa Titelrechte gem. § 5 Abs. 3 MarkenG, Namensrechte, allgemeine Persönlichkeits- oder Bildnisrechte,[13] selbst wenn diese im Einzelfall von einer Verwertungsgesellschaft wahrgenommen werden sollten.

3. Privatrechtliche Sachverhalte

Privatrechtliche Sachverhalte mit Auslandsberührung werden grundsätzlich nach den Regeln 4 des Internationalen Privatrechts zu beurteilen sein, wie etwa nach der Rom-I-Verordnung[14] und der Rom-II-Verordnung[15] für vertragliche bzw. außervertragliche Schuldverhältnisse innerhalb der EU; das VGG enthält keine sonderkollisionsrechtlichen Regelungen. Nach dem Willen des Gesetzgebers soll die sachgerechte Anwendung der einschlägigen kollisionsrechtlichen Bestimmungen und Prinzipien der Praxis überlassen bleiben.[16]

§ 2 Verwertungsgesellschaft

(1) Eine Verwertungsgesellschaft ist eine Organisation, die gesetzlich oder auf Grundlage einer vertraglichen Vereinbarung berechtigt ist und deren ausschließlicher oder hauptsächlicher Zweck es ist, für Rechnung mehrerer Rechtsinhaber Urheberrechte oder verwandte Schutzrechte zu deren kollektiven Nutzen wahrzunehmen, gleichviel, ob in eigenem oder fremdem Namen.

(2) Um eine Verwertungsgesellschaft zu sein, muss die Organisation darüber hinaus mindestens eine der folgenden Bedingungen erfüllen:

1. ihre Anteile werden von ihren Mitgliedern (§ 7) gehalten oder sie wird von ihren Mitgliedern beherrscht;

2. sie ist nicht auf Gewinnerzielung ausgerichtet.

Schrifttum: *Heyde,* Die grenzüberschreitende Lizenzierung von Online-Musikrechten in Europa, 2011; *Kling,* Gebietsübergreifende Vergabe von Online-Rechten an Musikwerken, 2018; *Müller,* Rechtewahrnehmung durch Verwertungsgesellschaften bei der Nutzung von Musikwerken im Internet, ZUM 2009, 121; *Riesenhuber,* Die Verwertungsgesellschaft i. S. v. § 1 UrhWahrnG, ZUM 2008, 625.

Übersicht

I. Allgemeines

1. Die Definition der Verwertungsgesellschaft in § 1 UrhWG

Im bisherigen § 1 UrhWG war die Erlaubnispflicht für Verwertungsgesellschaften mit deren Definition gekoppelt: § 1 Abs. 4 UrhWG enthielt eine **Legaldefinition für den Begriff der Verwertungsgesellschaft.** Danach war als Verwertungsgesellschaft anzusehen „eine juristische Person oder Personengemeinschaft", die „Nutzungsrechte, Einwilligungsrechte oder Vergütungsansprüche, die

---

[13] Dreier/Schulze/*Schulze* § 1 Rn. 2.

[14] Verordnung (EG) Nr. 593/2008 des Europäischen Parlaments und des Rates über das auf vertragliche Schuldverhältnisse anzuwendende Recht vom 17. Juni 2008.

[15] Verordnung (EG) Nr. 864/2007 des Europäischen Parlaments und des Rates über das auf außervertragliche Schuldverhältnisse anzuwendende Recht vom 11. Juli 2007.

[16] AmtlBegr. BT-Drs. 18/7223, S. 71; *Drexl* in: Münchner Kommentar zum BGB Bd. 11, 6. Aufl. 2015, IntImmGR Rn. 228 bis 231.

sich aus dem Urheberrechtsgesetz vom 9. September 1965 (BGBl. I S. 1273) ergeben, für Rechnung mehrerer Urheber oder Inhaber verwandter Schutzrechte zur gemeinsamen Auswertung wahrnimmt ... in eigenem oder fremdem Namen".

Wesentliche Merkmale einer Verwertungsgesellschaft waren nach dem UrhWG demnach die treuhänderische Verwaltung und Verwertung von Nutzungsrechten, Einwilligungsrechten und Vergütungsansprüchen aus dem UrhG im Namen mehrerer Urheber oder Leistungsschutzberechtigter. Voraussetzung war ferner, dass die Verwertungsgesellschaft diese Tätigkeit geschäftsmäßig und regelmäßig ausübte. Eine bestimmte Rechtsform für Verwertungsgesellschaften war nicht vorgeschrieben. Nach § 1 Abs. 4 UrhWG konnte auch eine natürliche Person Verwertungsgesellschaft sein.[1]

2. Die Vorgaben der VG-RL

2   Die VG-RL führt drei verschiedene Kategorien von Organisationen der kollektiven Rechtewahrnehmung ein:

(1) **„Organisationen für die kollektive Rechtewahrnehmung"** gem. Art. 3 Buchst. a), die gesetzliche oder vertragliche Vergütungsansprüche wahrnehmen, vorausgesetzt, sie stehen im Eigentum ihrer Mitglieder bzw. werden von diesen beherrscht (Art. 3 Buchst. a) i) VG-RL) und/oder sie sind nicht auf Gewinnerzielung ausgerichtet (Art. 3 Buchst. a) ii) VG-RL).[2]

(2) Die **„unabhängige Verwertungseinrichtung"** gem. Art. 3 Buchst. b) und Art. 2 Abs. 4, die sich von den „Organisationen für die kollektive Rechtewahrnehmung" dadurch unterscheidet, dass sie (a) nicht im Eigentum der Rechtsinhaber steht oder von diesen beherrscht wird (Art. 3 Buchst. b) i) VG-RL) und (b) auf Gewinnerzielung ausgerichtet (Art. 3 Buchst. b) ii) VG-RL) ist.

(3) Art. 2 Abs. 3 erfasst **andere Einrichtungen der kollektiven Rechtewahrnehmung,** die im Eigentum einer „Organisation für die kollektive Rechtewahrnehmung" stehen oder von einer solchen beherrscht werden. Eine besondere Bezeichnung für derartige Einrichtungen ist in der VG-RL nicht enthalten.

3. Die Umsetzung dieser Kategorien im VGG

3   Das VGG greift diese drei Kategorien auf und definiert die in der VG-RL so genannten „Organisationen für die kollektive Rechtewahrnehmung" als **„Verwertungsgesellschaft"** in § 2, die **„unabhängige Verwertungseinrichtung"** in § 4, und die in der VG-RL nicht mit einer gesonderten Bezeichnung versehenen, oben in → Rn. 2 unter (3) genannten Einrichtungen als **„abhängige Verwertungseinrichtung"** in § 3.

Von der **Einordnung einer Organisation** in eine dieser drei Kategorien hängt es ab, ob und gegebenenfalls welchen **Pflichten** sie **nach dem VGG** unterliegt. Unterschiede in der Behandlung der drei Kategorien gibt es insoweit insbesondere bei den Vorschriften über die Geschäftsführung (§ 21), im Außenverhältnis zu Nutzern (§ 36), bei den Informationspflichten (§§ 54 bis 56), bei der Geschäftserlaubnis und bei der Aufsicht (§§ 77 ff.).

Dabei ist das VGG entsprechend seinem Namen grundsätzlich auf Rechte und Pflichten der Verwertungsgesellschaften iSv. § 2 zugeschnitten. Soweit die Vorschriften des VGG auch auf die anderen, in § 3 und § 4 definierten Kategorien Anwendung finden, ist dies jeweils ausdrücklich im Gesetz vermerkt.

4. Zu Konzept und Inhalt von § 2

4   Die Definition der „Organisation für die kollektive Rechtewahrnehmung" als **„Verwertungsgesellschaft"** in § 2 ist **eng an § 1 UrhWG angelehnt.** Denn nach dem Willen des Gesetzgebers des VGG sollen Organisationen, die nach dem UrhWG als Verwertungsgesellschaften anzusehen waren, auch weiterhin als solche zu qualifizieren sein. Deshalb verzichtet das VGG darauf, den im UrhWG gebrauchten und bewährten Begriff der Verwertungsgesellschaft durch den von der VG-RL neu eingeführten Begriff der „Organisationen für die kollektive Rechtewahrnehmung" zu ersetzen.[3]

Die Begriffsbestimmung der „Verwertungsgesellschaft" in § 2 Abs. 1 VGG ist daher mit derjenigen im bisherigen § 1 UrhWG in wesentlichen Teilen identisch; die Auslegung dieses Begriffs in § 1 UrhWG kann damit in der Regel auch für § 2 VGG übernommen werden.

Abweichungen gegenüber der bisherigen Legaldefinition der Verwertungsgesellschaft in § 1 UrhWG ergeben sich in § 1 VGG vor allem in zweierlei Hinsicht: Anders als § 1 UrhWG setzt die Definition in § 1 VGG **nicht** voraus, dass die Verwertungsgesellschaft **Rechte aus dem deutschen UrhG** wahrnimmt. Dies hat zur Folge, dass sie auch solche in Deutschland ansässigen Verwertungsgesellschaften erfasst, die nur **Rechte in anderen Mitgliedstaaten der EU oder des EWR** wahrnehmen. Außerdem können **Vereinigungen von Verwertungsgesellschaften,** anders als noch im

---

[1] → 5. Aufl. 2017, UrhWG § 1 Rn. 3 ff.
[2] Der Richtlinienvorschlag der Kommission verwendete noch den Begriff der „Verwertungsgesellschaft"; Richtlinienvorschlag COM(2012) 372 final vom 11.7.2012.
[3] AmtlBegr. BT-Drs. 18/7223, S. 72; vgl. die Aufstellung der zurzeit dreizehn in Deutschland als Verwertungsgesellschaften tätigen Organisationen, → Einl. VGG Rn. 40.

UrhWG,[4] nun nicht mehr als Verwertungsgesellschaften iSv. § 2 gelten, sondern sind abhängige Verwertungseinrichtungen iSv. § 3 VGG.

II. Verwertungsgesellschaft

1. § 2 Abs. 1 – Definition der Verwertungsgesellschaft

a) **Wahrnehmung von Urheberrechten oder verwandten Schutzrechten.** Wie bisher ist wesentliche Voraussetzung für die Einstufung als Verwertungsgesellschaft die Wahrnehmung von Urheberrechten oder verwandten Schutzrechten. Darunter fallen alle urheberrechtlichen **Nutzungsrechte, Einwilligungsrechte** oder **Vergütungsansprüche.** Dies sind nicht nur Rechte und Ansprüche, die ihrer Natur nach – weil zahlreiche Verwerter beteiligt sind – nur gemeinschaftlich wahrgenommen werden können und der Verwertungsgesellschaft **auf Grundlage einer vertraglichen Vereinbarung** übertragen wurden[5] oder vom UrhG ohnehin zur Wahrnehmung den Verwertungsgesellschaften **gesetzlich zugewiesen** sind,[6] sondern auch solche Rechte und Ansprüche, die vom Rechtsinhaber an sich auch **individuell** wahrgenommen und vergeben werden könnten.[7] Auch Schadensersatzansprüche wegen Urheber- oder Leistungsschutzrechtsverletzung (§ 97 UrhG), Entschädigungsansprüche (§ 101 UrhG), Bereicherungsansprüche oder Ansprüche auf Unterlassung oder Auskunft gehören zu den Objekten der „Wahrnehmung" iSv. § 2 Abs. 1.

Die möglichen Wahrnehmungsobjekte – die Rechte und Ansprüche iSv. § 2 Abs. 1 – sind demnach weit gefasst; bewusst wird, wie schon in § 1 Abs. 1 UrhWG, auch darauf verzichtet, bestimmte zur gemeinsamen Wahrnehmung durch Verwertungsgesellschaften ungeeignete Rechte[8] von der Anwendung des Gesetzes auszunehmen bzw. freizustellen.[9]

Anders als noch im UrhWG ist es dagegen gem. § 2 Abs. 1 nicht mehr erforderlich, dass sich die kollektive Rechtewahrnehmung auf Rechte bezieht, die sich aus dem UrhG ergeben;[10] auch wenn eine im Inland ansässige Verwertungsgesellschaft **in anderen EU- oder EWR-Mitgliedstaaten geltende Rechte** in deren Territorium wahrnimmt, ist sie also Verwertungsgesellschaft iSv. § 2 und unterfällt damit grundsätzlich den Regeln des VGG.[11]

b) **Kollektive Rechtewahrnehmung als ausschließlicher oder hauptsächlicher Zweck.** Für ihre Einordnung als Verwertungsgesellschaft ist es gem. § 2 Abs. 1 ausreichend, wenn der hauptsächliche Zweck der Organisation darauf gerichtet ist, Urheberrechte oder verwandte Schutzrechte wahrzunehmen. Die **Verfolgung weiterer Zwecke** ist insoweit unschädlich und ändert nichts an der Einstufung als Verwertungsgesellschaft.

Andererseits wird eine nur gelegentliche oder kurzfristige kollektive Rechtewahrnehmung für die Einstufung als Verwertungsgesellschaft nicht ausreichen. Dies war bisher in § 1 Abs. 2 UrhWG ausdrücklich festgelegt, wird aber auf der Grundlage der hier genannten Bedingung („ausschließlicher oder hauptsächlicher Zweck") gleichermaßen für § 2 VGG gelten. Wie das UrhWG erfasst das VGG nur Verwertungsgesellschaften, deren **geschäftsmäßige und regelmäßige** Tätigkeit die kollektive Rechtewahrnehmung ist, nicht aber Gesellschaften, deren Geschäftsidee sich nicht auf eine solche Tätigkeit gründet, sondern die nur punktuell die urheberrechtlichen Interessen Dritter verfolgen;[12] denn bei nur gelegentlicher oder kurzfristiger kollektiver Rechtewahrnehmung wäre die Anwendung der für Verwertungsgesellschaften geltenden Verpflichtungen des VGG[13] nicht sinnvoll.[14] Wie schon im Rahmen der entsprechenden ausdrücklichen Ausnahme im früheren § 1 Abs. 2 UrhWG wird

---

[4] → 5. Aufl. 2017, UrhWG § 1 Rn. 8.

[5] ZB. die Aufführungsrechte an Werken der Musik, § 19 Abs. 2 UrhG, die Vortragsrechte an Sprachwerken, § 19 Abs. 1 UrhG, und die Rechte und Ansprüche, die sich auf die öffentliche Wiedergabe von Schallplattenaufnahmen, § 21 UrhG, und von Rundfunksendungen, § 22 UrhG, beziehen.

[6] Gesetzliche Vergütungsansprüche und damit gesetzliche Lizenzen bestehen für das Recht der Kabelweitersendung (§§ 20b Abs. 1 u. 2, 71 Abs. 1, 72 Abs. 1, 78 Abs. 4, 94 Abs. 4 UrhG), die Folgerecht (§ 26 Abs. 6 UrhG), die Vermietung und das Verleihen von Werken (§ 27 Abs. 3 UrhG) und Leistungen (§§ 71 Abs. 1, 72 Abs. 2, 77 Abs. 2, 85 Abs. 4, 87b Abs. 2, 94 Abs. 4 UrhG), Zeitungsartikel und Rundfunkkommentare (§ 49 Abs. 1 S. 3 UrhG), das mechanische Zugänglichmachung für Unterricht und Forschung (§ 52a Abs. 4 UrhG), elektronische Leseplätze in Bibliotheken (§ 52b S. 4 UrhG), den Kopienversand auf Bestellung (§ 53a Abs. 2 UrhG), für erlaubte Vervielfältigungen (§ 54h Abs. 1 UrhG iVm. §§ 54, 54a–54c, 54e–54h, 60h UrhG) und für die Einräumung von Nutzungsrechten an unbekannten Nutzungsarten in Altverträgen vor 2008 (§ 137l Abs. 5 UrhG).

[7] So das mechanische Vervielfältigungsrecht, § 16 UrhG, das Senderecht, § 20 UrhG, oder – für die Musikurheber – das Recht der öffentlichen Zugänglichmachung, § 19a UrhG; zur kollektiven Wahrnehmung von Rechten an Musikwerken bei der Online-Nutzung vgl. *Müller* ZUM 2009, 121.

[8] So das Recht zur bühnenmäßigen Aufführung dramatischer oder dramatisch-musikalischer Werke.

[9] AmtlBegr. UrhWG BT-Drs. IV/271 S. 14.

[10] → 5. Aufl. 2017, UrhWG § 1 Rn. 3 u. Fn. 10.

[11] AmtlBegr. BT-Drs. 18/7223, S. 72; → Rn. 10.

[12] Allerdings spricht eine nur gelegentliche gerichtliche Geltendmachung von Ansprüchen nicht per se gegen eine dauerhafte Tätigkeit als Verwertungsgesellschaft; OLG Köln ZUM 2007, 527.

[13] ZB. die umfassende Vervielfältigung gem. § 34, Informationspflichten gem. §§ 53 ff., Rechnungslegung und Transparenzbericht gem. §§ 57 f., Aufsicht einschließlich der Erlaubnispflicht gem. §§ 75 ff.

[14] So schon für § 1 Abs. 2 UrhWG OLG München OLG Report München 1994, 137; *Riesenhuber* ZUM 2008, 625 (637).

auch bei der Anwendung von § 2 Abs. 1 VGG die Gesellschaft die Beweispflicht dafür treffen, dass die kollektive Rechtewahrnehmung nicht ihr ausschließlicher oder hauptsächlicher Zweck und sie damit nicht als Verwertungsgesellschaft iSv. § 2 einzustufen ist.

7   **c) Für Rechnung mehrerer Rechtsinhaber.** Die Einstufung einer Organisation als Verwertungsgesellschaft setzt eine kollektive Wahrnehmung der genannten Ansprüche **für Rechnung mehrerer Rechtsinhaber**[15] (in § 1 Abs. 1 UrhWG: Urheber oder Inhaber verwandter Schutzrechte) voraus. Wer also als Agent oder Bevollmächtigter die **Rechte eines einzelnen Rechtsinhabers** wahrnimmt, ist für diese Tätigkeit nicht Verwertungsgesellschaft. Wenn eine Verwertungseinrichtung die **Rechte einzelner Verwertungsgesellschaften** wahrnimmt, ist sie nicht selbst Verwertungsgesellschaft iSv. § 2, sondern kann als abhängige Verwertungseinrichtung iSv. § 3 einzustufen sein.[16]

Mit dem Merkmal „**für Rechnung**" wird die **treuhänderische Verwaltung** der Rechte umschrieben. Die Notwendigkeit einer Regulierung der Verwertungsgesellschaften im VGG, wie früher schon im UrhWG, insbesondere die Erlaubnispflicht gem. § 77, besteht im Wesentlichen aufgrund dieser Treuhandstellung,[17] und zwar selbst dann, wenn ausnahmsweise solche Rechte treuhänderisch wahrgenommen werden, die vom Urheber oder sonstigen Rechtsinhaber ohne weiteres auch individuell selbst wahrgenommen werden könnten.[18] Denn dadurch, dass die Rechtsinhaber der Verwertungsgesellschaft mit ihren Rechten einen wesentlichen Teil ihres Vermögens anvertrauen, mit dem diese im Interesse und auf Kosten der Rechtsinhaber wirtschaftet, besteht ein besonderes Bedürfnis für eine Kontrolle der Tätigkeit von Verwertungsgesellschaften.[19] Dieses aus der Treuhandstellung der Verwertungsgesellschaften resultierende Kontrollbedürfnis erstreckt sich aber andererseits nicht auf Unternehmen – etwa Verlage –, die von mehreren Urhebern Rechte zur Auswertung auf eigene Rechnung erworben haben; selbst wenn sie die Rechte gemeinsam auswerten und damit nach außen wie eine Verwertungsgesellschaft auftreten.[20]

Unerheblich ist, ob die kollektive Rechtewahrnehmung durch die Verwertungsgesellschaft **in eigenem oder in fremdem Namen** erfolgt, solange die Rechte „**für Rechnung**" der **Rechtsinhaber** wahrgenommen werden, deren wirtschaftlicher Erfolg also den Rechtsinhabern zugutekommt. Die Amtliche Begründung weist darauf hin, dass die deutsche Sprachfassung der VG-RL („im Namen mehrerer Rechtsinhaber") insoweit missverständlich ist und diesen Grundsatz nicht hinreichend zum Ausdruck bringt.[21]

Eine Einstufung als Verwertungsgesellschaft setzt außerdem voraus, dass Rechte „für Rechtsinhaber" wahrgenommen werden; § 1 UrhWG enthielt stattdessen die Bezeichnung „für Urheber oder Inhaber verwandter Schutzrechte". Nach früherem Recht (§ 1 UrhWG) war umstritten, ob eine Gesellschaft, die ausschließlich für **Inhaber abgeleiteter Rechte** diese Rechte kollektiv wahrnimmt, Verwertungsgesellschaft ist.[22] Nachdem § 2 VGG aber statt der Begriffe „Urheber oder Inhaber verwandter Schutzrechte" nunmehr den Begriff „Rechtsinhaber" verwendet, dieser in § 5 weit definiert ist und auch Inhaber abgeleiteter Rechte erfasst,[23] dürfte sich der Streit erledigt haben mit der Folge, dass auch solche Organisationen Verwertungsgesellschaften sind, die **abgeleitete Rechte** wahrnehmen.

8   **d) Zu deren kollektiven(m) Nutzen.** Voraussetzung für die Einstufung als Verwertungsgesellschaft ist ferner die kollektive Rechtewahrnehmung für die Rechtsinhaber „**zu deren kollektiven Nutzen**". Dieser Begriff wurde zwar wörtlich aus Art. 3 Buchst. a) VG-RL übernommen, entspricht aber auch inhaltlich der „**gemeinsamen Auswertung**" in der bisherigen Definition des § 1 Abs. 1 UrhWG. Gemeint ist in beiden Fällen die **Wahrnehmung von einer Vielzahl von Rechten und Ansprüchen** – möglichst des jeweiligen Gesamtrepertoires – gegenüber den Nutzern. Dies geschieht regelmäßig auf der Grundlage pauschalierter oder doch einheitlicher Nutzungsbedingungen; daher ist eine Verwertungsgesellschaft gem. § 38 auch zur Aufstellung von Tarifen verpflichtet. Selbst wenn also die Verwertungsgesellschaft im Einzelfall zB. Vergütungsansprüche nur individuell geltend machen kann,[24] stellt doch die einheitlich ausgeübte Kontrolle, Verwaltung oder Geltendmachung von Auskunftsansprüchen eine Wahrnehmung von Rechten zum „kollektiven Nutzen" dar. Dieser Begriff umfasst also auch diese Fälle und ist insoweit nicht zu eng auszulegen.[25]

Die Voraussetzung der **kollektiven Nutzung** schafft neben der vorausgesetzten **Treuhandstellung**[26] eine weitere **Abgrenzung gegenüber Verlagen** und Bühnenvertrieben oder anderen Perso-

---

[15] Zum Begriff des Rechtsinhabers → § 5 Rn. 3 ff.

[16] → Einl. VGG Rn. 41; → § 3 Rn. 3; der frühere Streit über die Einordnung der CELAS GmbH (heute SOLAR Ltd.) als Verwertungsgesellschaft dürfte sich damit erledigt haben; vgl. *Heyde* S. 309 ff. mwN; *Kling* S. 143 ff.

[17] → Einl. VGG Rn. 10 ff.

[18] → Rn. 5.

[19] *Riesenhuber* ZUM 2008, 625 (627), zu § 1 UrhWG.

[20] AmtlBegr. UrhWG BT-Drs. IV/271 S. 14.

[21] AmtlBegr. BT-Drs. 18/7223, S. 72.

[22] Zum Meinungsstand s. 5. Aufl. 2017, UrhWG § 1 Rn. 6 mwN; Dreier/Schulze/*Schulze* § 2 Rn. 10.

[23] → § 5 Rn. 4.

[24] So etwa die VG Bild-Kunst beim Folgerecht, § 26 Abs. 6 UrhG.

[25] Vgl. *Ulmer*, Urheber- und Verlagsrecht, § 98 II 2, zum Begriff der „gemeinsamen Auswertung" in § 1 UrhWG.

[26] → Rn. 7.

nen, die Nutzungsvereinbarungen über die Rechte einzelner Urheber abschließen, die Rechte also individuell vergeben, und damit nicht als Verwertungsgesellschaft anzusehen sind.

e) Rechtsform. Eine bestimmte Rechtsform für Verwertungsgesellschaften wird in § 2 Abs. 1 **9** nicht vorgeschrieben; sie kann daher **frei gewählt werden.** Von den derzeit bestehenden Verwertungsgesellschaften sind vier wirtschaftliche Vereine und neun Gesellschaften mit beschränkter Haftung.[27]

Der noch in § 1 Abs. 4 UrhWG ausdrücklich für möglich gehaltene Fall,[28] dass auch eine **natürliche Person** als Verwertungsgesellschaft angesehen werden kann, ist in § 2 VGG nicht mehr vorgesehen. Es ist davon auszugehen, dass eine natürliche Person nicht als Verwertungsgesellschaft iSv. § 2 angesehen werden kann, da § 2 Abs. 1 in Übereinstimmung mit Art. 3 Buchst. b) VG-RL offensichtlich eine „Organisation" voraussetzt. Ohnehin dürfte eine natürliche Person nicht über die nach § 79 Abs. 1 Nr. 3 erforderliche wirtschaftliche Grundlage verfügen, die Voraussetzung für die Erteilung einer Geschäftserlaubnis ist.[29]

f) Inländische und ausländische Verwertungsgesellschaften. Für die Einordnung einer Organisation der kollektiven Rechtewahrnehmung als Verwertungsgesellschaft iSv. § 2 ist es unerheblich, ob sie **von Deutschen oder Ausländern betrieben** wird. Ebenso wenig kommt es darauf an, ob sie **Rechte aus dem UrhG oder aus ausländischem Urheberrecht** wahrnimmt.[30] Ohnehin kann eine Verwertungsgesellschaft auch länderübergreifend **Rechte für inländische oder ausländische Rechtsinhaber** wahrnehmen.

Unterschiede in der Behandlung können sich allerdings bei der Aufsicht gem. § 76 Abs. 2 und bei der Erlaubnispflicht gem. § 77 ergeben, je nachdem, ob eine von Ausländern betriebene Verwertungsgesellschaft ihren **Sitz innerhalb der EU oder des EWR** hat oder nicht.[31]

2. § 2 Abs. 2 – Bedingungen

Entsprechend den Vorgaben in Art. 3 Buchst. a) i) und ii) VG-RL führt § 2 in Abs. 2 **zwei weitere Voraussetzungen** für die Definition einer Organisation als Verwertungsgesellschaft ein. Diese Voraussetzungen wirken **alternativ,** dh. dass zumindest eine davon erfüllt sein muss. Die Formulierungen sind eng an diejenigen der VG-RL angelehnt.

a) § 2 Abs. 2 Nr. 1, Beherrschung durch Mitglieder. In § 2 Abs. 2 Nr. 1 wird abhängig von **12** der für den Betrieb einer Verwertungsgesellschaft jeweils gewählten Rechtsform gefordert, dass entweder ihre Anteile (also zB die Geschäftsanteile einer in der Rechtsform der GmbH oder eG betriebenen Verwertungsgesellschaft) von denjenigen Berechtigten gehalten werden, die als Mitglieder iSv. § 7 aufgenommen sind, oder dass sie (wenn die Verwertungsgesellschaft etwa als wirtschaftlicher Verein organisiert ist) von ihren Mitgliedern beherrscht werden muss.[32] Die Verwertungsgesellschaft muss also **in der Hand ihrer Mitglieder** sein. Wenn diese Bedingung erfüllt ist – was bei den in Deutschland bestehenden Verwertungsgesellschaften der Fall ist –, kann die Verwertungsgesellschaft auch auf Gewinnerzielung ausgerichtet sein.

b) § 2 Abs. 2 Nr. 2, keine Gewinnerzielungsabsicht. Eine Organisation der kollektiven **13** Rechtewahrnehmung ist dann mit **Gewinnerzielungsabsicht** tätig, wenn sie nicht sämtliche Einnahmen aus der Wahrnehmung der Rechte unmittelbar (im Wege der Ausschüttung der Einnahmen) oder mittelbar (durch eine Verwendung für soziale und kulturelle Zwecke) an die Berechtigten ausschüttet, sondern über die angemessenen Verwaltungskosten hinaus **Teile der Einnahmen für sich einbehält.**

Bereits nach dem bisherigen Recht des UrhWG konnten Verwertungsgesellschaften grundsätzlich mit Gewinnerzielungsabsicht tätig werden. Dass dies auch in Zukunft möglich ist, folgt im Umkehrschluss aus § 2 Abs. 2 Nr. 2 VGG und aus Art. 3 Buchst. a) ii) VG-RL; beide Bestimmungen sind insoweit identisch.

Allerdings darf gem. § 2 Abs. 2 Nr. 2 der Geschäftsbetrieb der Organisation dann nicht auf Gewinnerzielung ausgerichtet sein, wenn die **Voraussetzungen des § 2 Abs. 2 Nr. 1** nicht vorliegen, die Anteile also nicht von den als Mitglieder aufgenommenen Berechtigten gehalten werden oder sie nicht von den Mitgliedern beherrscht wird.

Nur dann also, wenn die Organisation entweder beide oder zumindest eine der in § 2 Abs. 2 Nr. 1 und 2 genannten Voraussetzungen erfüllt, ist sie **Verwertungsgesellschaft iSv. § 2;** wenn dies nicht der Fall ist (die Organisation also von ihren Mitgliedern nicht beherrscht wird und auf Gewinnerzielung ausgerichtet ist), kann sie nicht als Verwertungsgesellschaft, sondern muss als **unabhängige Verwertungseinrichtung iSv. § 4** eingestuft werden.

---

[27] → Einl. VGG Rn. 40.
[28] Vgl. → 5. Aufl. 2017, UrhWG § 1 Rn. 13.
[29] *Möhring/Nicolini/Freudenberg* § 2 Rn. 30; vgl. VGH München BlPMZ 1978, 261 (263).
[30] → Rn. 5.
[31] → § 76 Rn. 4; → Vor §§ 75 ff. Rn. 10 f.
[32] AmtlBegr. BT-Drs. 18/7223, S. 72.

§ 3 Abhängige Verwertungseinrichtung

(1) Eine abhängige Verwertungseinrichtung ist eine Organisation, deren Anteile zumindest indirekt oder teilweise von mindestens einer Verwertungsgesellschaft gehalten werden oder die zumindest indirekt oder teilweise von mindestens einer Verwertungsgesellschaft beherrscht wird.

(2) [1] Soweit die abhängige Verwertungseinrichtung Tätigkeiten einer Verwertungsgesellschaft ausübt, sind die für diese Tätigkeiten geltenden Bestimmungen dieses Gesetzes entsprechend anzuwenden. [2] Die Vorschriften über die Geschäftsführung in § 21 Absatz 1 und 2 gelten entsprechend, und zwar unabhängig davon, welche Tätigkeiten einer Verwertungsgesellschaft die abhängige Verwertungseinrichtung ausübt. [3] Für die Aufsicht ist § 90 maßgeblich.

Schrifttum: *Kling,* Gebietsübergreifende Vergabe von Online-Rechten an Musikwerken, 2018.

Übersicht

I. Allgemeines

1. Die Vorgaben der VG-RL

1 Während der Richtlinienvorschlag der Europäischen Kommission[1] nur den Begriff der „Verwertungsgesellschaften" verwendete und sich nur auf diese bezog, wird in der VG-RL differenziert zwischen Verwertungsgesellschaften (in Art. 3 Buchst. a) VG-RL definiert als **„Organisationen für die kollektive Rechtewahrnehmung"**) und **„unabhängigen Verwertungseinrichtungen"**, die in Art. 3 Buchst. b) VG-RL definiert sind.

Auch **andere von einer Verwertungsgesellschaft abhängige Verwertungseinrichtungen** werden von der VG-RL erfasst. Zwar werden sie in der VG-RL nicht gesondert definiert. Die VG-RL enthält aber in Art. 2 Abs. 3 iVm. Erwägungsgrund (17) eine etwas umständliche Beschreibung derartiger Einrichtungen sowie Vorgaben für deren Behandlung. **Art. 2 Abs. 3 VG-RL** bestimmt, dass die Richtlinie, neben den eigentlichen Organisationen der kollektiven Rechtewahrnehmung, auch auf solche Einrichtungen Anwendung findet, die sich „im Eigentum einer Organisation der kollektiven Rechtewahrnehmung befinden" oder von ihr beherrscht werden; dies aber nur, sofern diese Einrichtungen selbst eine Tätigkeit der kollektiven Rechtewahrnehmung ausüben, die, „würde sie von einer Organisation der kollektiven Rechtewahrnehmung ausgeführt, den Bestimmungen dieser Richtlinie unterläge". Wie **Erwägungsgrund (17) VG-RL** erläutert, geht es hierbei um **Tochtergesellschaften von Verwertungsgesellschaften** oder andere **von ihnen kontrollierte Einrichtungen,** die von der Verwertungsgesellschaft mit der Ausführung bestimmter Tätigkeiten, wie der „Fakturierung oder der Verteilung der Einnahmen" beauftragt wurden, also deren Aufgaben in ihrem Auftrag wahrnehmen. Auf solche Einrichtungen sollen demnach die Bestimmungen der VG-RL Anwendung finden, die auf die Verwertungsgesellschaft anwendbar wären, würde diese die betreffende Tätigkeit direkt ausüben.[2]

Mit dieser Bestimmung in Art. 2 Abs. 3 VG-RL soll offenbar eine **Rechtslücke vermieden** werden, die dadurch entstehen könnte, dass sich die Verwertungsgesellschaft durch **Auslagerung ihrer Tätigkeit** der kollektiven Rechtewahrnehmung an andere von ihr kontrollierte Einrichtungen der Anwendung der Richtlinie, insbesondere der Erlaubnis- und Kontrollpflichten, entzieht.

2. § 3

2 § 3 setzt Art. 2 Abs. 3 der VG-RL um, indem er den dort genannten Einrichtungen die Bezeichnung „abhängige Verwertungseinrichtung" gibt, sie in **§ 3 Abs. 1** definiert, und in **§ 3 Abs. 2 S. 1 und 2** bestimmt, in welchem Umfang das VGG auf sie Anwendung findet. Gem. **§ 3 Abs. 2 S. 3** ist für die Aufsicht über abhängige Verwertungseinrichtungen allein § 90 maßgeblich.

---

[1] Richtlinienvorschlag der Europäischen Kommission vom 11.7.2012, COM(2012) 372 final.
[2] Erwägungsgrund (17) S. 2 VG-RL.

Zweck von § 3 ist es somit sicherzustellen, dass die Vorgaben des VGG auch Anwendung finden auf **Ausgründungen** von Verwertungsgesellschaften, die Repertoires einzelner großer Rechtsinhaber wahrnehmen, aber auch auf **Tochtergesellschaften** oder so genannte **„Z-Gesellschaften"**, die bestimmte Ansprüche für mehrere Verwertungsgesellschaften gemeinsam wahrnehmen, soweit diese die gleichen Tätigkeiten ausüben wie Verwertungsgesellschaften.[3]

II. Abhängige Verwertungseinrichtung

1. § 3 Abs. 1 – Definition der abhängigen Verwertungseinrichtung

Die **Legaldefinition** der abhängigen Verwertungseinrichtung in § 3 Abs. 1 ist eng angelehnt an   **3** Art. 3 Abs. 3 der VG-RL, allerdings präziser formuliert als dieser, außerdem wird in § 3 Abs. 1 der in § 2 bereits definierte Begriff der Verwertungsgesellschaft verwendet.

Die Einstufung einer Einrichtung als abhängige Verwertungseinrichtung knüpft **alternativ** an **zwei Bedingungen** an: Das **Halten ihrer Anteile** von der, oder ihre **Beherrschung** durch die Verwertungsgesellschaft – und zwar jeweils zumindest indirekt oder teilweise. Dabei ersetzt diese letztere Formulierung (**„zumindest indirekt oder teilweise"**) die umständlichere des „direkt oder indirekt, vollständig oder teilweise" der VG-RL; inhaltlich bedeuten beide dasselbe.

Maßgeblich für die Beurteilung des Haltens von Anteilen oder der Beherrschung ist die Rechtsform, in der die abhängige Verwertungseinrichtung organisiert ist. Der Begriff des **Haltens von Anteilen** in § 3 Abs. 1 VGG ersetzt den insoweit unklaren des „Eigentums" in Art. 2 Abs. 3 der VG-RL; in der Tat kann unter Eigentum „indirekt oder teilweise" nur das Halten von (einigen) Anteilen, ggf. über eine Dachgesellschaft, verstanden werden. Ein typischer Fall in dieser Hinsicht dürfte das Halten von Gesellschafteranteilen an einer GmbH sein.[4]

Da weder die VG-RL[5] noch das VGG[6] eine bestimmte Rechtsform für Verwertungsgesellschaften vorschreiben, diese also auch in der Form des eingetragenen Vereins oder der Stiftung organisiert sein können, tritt in § 3 Abs. 1 alternativ neben das Erfordernis des Haltens von Anteilen (entsprechend dem „Eigentum" in Art. 2 Abs. 3 VG-RL) das Erfordernis des **„Beherrschens"**. Damit sollen alle Fälle erfasst werden, in denen die Kontrolle der Verwertungsgesellschaft über die abhängige Verwertungseinrichtung, entsprechend ihrer Organisationsform, anders als durch das Halten von Anteilen bewirkt wird.

In den meisten Fällen dürften abhängige Verwertungseinrichtungen nicht nur von einer, sondern von mehreren Verwertungsgesellschaften abhängig sein und kontrolliert werden. Diesem Umstand, der auch vom Gesetzgeber hervorgehoben wird,[7] trägt § 3 Abs. 1 mit der Formulierung **„mindestens einer"** (Verwertungsgesellschaft) Rechnung; Art. 2 Abs. 3 VG-RL spricht dagegen nur von „einer" (Organisation für die kollektive Rechtewahrnehmung).

Im Ergebnis werden diese Bedingungen in § 3 Abs. 1 also stets darauf hinauslaufen, dass nur dann von einer abhängigen Verwertungseinrichtung gesprochen werden kann, wenn diese von (einer) anderen Verwertungsgesellschaft(en) **effektiv kontrolliert** wird bzw. werden, sei es über das Halten von Anteilen an der Einrichtung oder über andere Kontrollmechanismen. Andernfalls kann es sich um unabhängige Verwertungseinrichtungen handeln.[8]

Für die Einstufung als abhängige Verwertungseinrichtung ist es unerheblich, ob sich deren kollektive Rechtewahrnehmung auf Rechte bezieht, die sich aus dem UrhG ergeben; auch wenn eine im Inland ansässige abhängige Verwertungseinrichtung **in anderen EU-Mitgliedstaaten oder EWR-Vertragsstaaten geltende Rechte** in deren Territorium wahrnimmt, ist sie also abhängige Verwertungseinrichtung iSv. § 3.[9]

Als Beispiele für abhängige Verwertungseinrichtungen iSv. § 3 sind **Ausgründungen von Verwertungsgesellschaften** zu nennen, die **One-Stop-Shop-Lizenzierungsstellen** für bestimmtes Repertoire sind, wie die aus CELAS und PAECOL zusammengelegte SOLAR Ltd.,[10] sogenannte **Z-Gesellschaften** als Inkassostellen von Verwertungsgesellschaften, wie die ZPÜ,[11] sowie **Tochtergesellschaften** einzelner Verwertungsgesellschaften, wie etwa die ARESA GmbH, eine Tochter der GEMA.[12]

---

[3] AmtlBegr. BT-Drs. 18/7223, S. 58, 59; als Beispiel für eine solche „Z-Gesellschaft" wird hier die ZPÜ angeführt.

[4] AmtlBegr. BT-Drs. 18/7223, S. 72, nennt hier die ARESA GmbH als Tochter der GEMA.

[5] Vgl. Erwägungsgrund (14) VG-RL.

[6] → § 2 Rn. 9.

[7] AmtlBegr. BTDrs. 18/7223, S. 58, weist auf die neun Verwertungsgesellschaften hin, die Träger der ZPÜ sind.

[8] Dazu → § 4.

[9] Vgl. § 2 Rn. 10 für Verwertungsgesellschaften.

[10] *Kling* S. 101 ff.; ob dagegen Lizenzierungsstellen wie P.E.D.L. oder DEAL als abhängige Verwertungseinrichtungen iSv. § 3 einzuordnen sind, kann fraglich sein, da sie keine eigene Rechtspersönlichkeit haben; vgl. *Kling* S. 155.

[11] → Einl. VGG Rn. 41; AmtlBegr. BTDrs. 18/7223, S. 72.

[12] AmtlBegr. BT-Drs. 18/7223, S. 72; *Kling* S. 266 f. weist darauf hin, dass es mehr als die in der AmtlBegr. genannten sieben abhängigen Verwertungseinrichtungen gibt; soweit derartige Gesellschaften als reine Innen-

2. § 3 Abs. 2 – Auf abhängige Verwertungseinrichtungen anwendbare Bestimmungen

4   **a) § 3 Abs. 2 S. 1, auf die Tätigkeit einer Verwertungsgesellschaft bezogene Bestimmungen. § 3 Abs. 2 S. 1** stellt klar, dass das VGG **nur insoweit** auf abhängige Verwertungseinrichtungen Anwendung findet, als diese **Tätigkeiten einer Verwertungsgesellschaft** ausüben. Dies entspricht inhaltlich der etwas umständlich anmutenden Formulierung des Art. 2 Abs. 3 VG-RL. Damit wird deutlich, dass das VGG nicht auf alle Gesellschaften Anwendung findet, die der Definition des § 3 Abs. 1 entsprechen. Der Gesetzgeber wollte sie nur dann vom Anwendungsbereich des VGG erfassen, wenn sie wie eine Verwertungsgesellschaft tätig werden, um zu verhindern, dass sich Verwertungsgesellschaften durch die Auslagerung ihrer Tätigkeit in eine Verwertungseinrichtung der Kontrolle und den Verpflichtungen des VGG zu entziehen.[13]

Als solche Tätigkeiten einer Verwertungsgesellschaft iSv. § 3 Abs. 2 S. 1 kommt das **gesamte Spektrum der kollektiven Rechtewahrnehmung** in Betracht, und zwar von der Lizenzierung und Vergabe von Nutzungsrechten über die Rechnungsstellung/Fakturierung und das Inkasso, also den Einzug von Vergütungsforderungen, bis zur Verteilung der Einnahmen aus den Rechten an die Rechtsinhaber.[14]

Soweit die abhängige Verwertungseinrichtung derartige Tätigkeiten ausübt, müssen daher auch die hierfür **einschlägigen Bestimmungen des VGG** auf sie entsprechend Anwendung finden. Welche Bestimmungen des VGG Anwendung finden, hängt davon ab, wie die abhängige Verwertungseinrichtung tätig wird. Befasst sie sich also mit der **Einziehung der Einnahmen aus den Rechten**, so gelten für sie die Vorgaben der §§ 23ff. Übernimmt sie die **Verteilung der Einnahmen aus den Rechten** an die Rechtsinhaber, so hat sie die §§ 27ff. zu beachten. Im **Verhältnis zu den Nutzern** gelten auch für sie die §§ 34ff. über die Tarifaufstellung, über den Abschlusszwang und Gesamtverträge; auch eine Inkassogesellschaft, die für die in ihr zusammengeschlossenen Verwertungsgesellschaften Ansprüche auf Zahlung der Geräte- und Speichermedienvergütung wahrnimmt, ist demnach in entsprechender Anwendung von § 35 zum Abschluss eines Gesamtvertrages verpflichtet.[15] Wenn eine abhängige Verwertungseinrichtung die **gebietsübergreifende Vergabe von Online-Rechten an Musikwerken** übernimmt, so gelten für sie die Bestimmungen von Teil 3 (§§ 59ff.). Auch die an eine bestimmte Tätigkeit geknüpften **Transparenzpflichten** gem. §§ 53ff. gelten für eine derartige Einrichtung. Und schließlich kann sie auch Partei in einem **Verfahren vor der Schiedsstelle** und in **Gerichtsverfahren** sein (Teil 5, §§ 92ff.).[16]

5   **b) § 3 Abs. 2 S. 2, andere entsprechend anwendbare Bestimmungen. § 3 Abs. 2 S. 2** präzisiert, dass bestimmte Vorschriften des VGG in jedem Fall auf abhängige Verwertungseinrichtungen entsprechend anwendbar sind, also unabhängig davon, welche der oben genannten Tätigkeiten sie im Einzelfall ausüben: So muss eine abhängige Verwertungseinrichtung im Interesse einer ordnungsgemäßen Geschäftsführung die in **§ 21 Abs. 1 und 2** genannten Vorkehrungen treffen, also dafür sorgen, dass die **vertretungsberechtigten Personen** ihre Aufgaben umsichtig und angemessen erfüllen und **Verfahren zur Vermeidung von Interessenkonflikten** bei diesen Personen festgelegt werden. Auch diese Bestimmungen gelten aber nur dann, wenn die abhängige Verwertungseinrichtung überhaupt eine wie auch immer geartete Tätigkeit einer Verwertungsgesellschaft der oben beschriebenen Art[17] ausübt; auf VGG-fremde Tätigkeiten[18] einer abhängigen Verwertungseinrichtung findet das VGG somit keine Anwendung.

6   **c) § 3 Abs. 2 S. 3, Sonderregeln für die Aufsicht. § 3 Abs. 2 S. 3** verweist für die **Aufsicht über abhängige Verwertungseinrichtungen** auf **§ 90.** § 90 enthält besondere aufsichtsrechtliche Vorschriften für derartige Einrichtungen betreffend deren Erlaubnispflicht (§ 77) und die Anzeigepflicht (§ 82) und ist damit hierfür lex specialis.[19]

§ 4 Unabhängige Verwertungseinrichtung

(1) **Eine unabhängige Verwertungseinrichtung ist eine Organisation, die über die Voraussetzungen einer Verwertungsgesellschaft gemäß § 2 Absatz 1 hinaus auch noch die folgenden Merkmale aufweist:**

Gesellschaften angelegt sind, auf vertraglichen Zusammenschlüssen von Verwertungsgesellschaften beruhen und selbst keine eigene Lizenzierung vornehmen (wie etwa die ZVV, die ARGE Kabel oder die sog. „Münchner Gruppe"), wird angenommen, dass sie keine abhängigen Verwertungseinrichtungen sind, sondern aufgrund von Repräsentationsvereinbarungen gem. §§ 44ff. tätig werden; → Einl. VGG Rn. 41; Wandtke/Bullinger/*Gerlach* § 3 Rn. 3; Heine/Holzmüller/*Heine* § 3 Rn. 15.
[13] Möhring/Nicolini/*Freudenberg* § 3 Rn. 5.
[14] AmtlBegr. BT-Drs. 18/7223, S. 72; vgl. Erwägungsgrund (17) VG-RL.
[15] BGH GRUR 2017, 161 Rn. 29 – Gesamtvertrag Speichermedien; BGH GRUR 2017, 694 Rn. 25 – Gesamtvertrag PCs; zu § 12 UrhWG vgl. BGH GRUR 2016, 792 Rn. 22 – Gesamtvertrag Unterhaltungselektronik.
[16] AmtlBegr. BT-Drs. 18/7223, S. 72.
[17] → Rn. 4.
[18] Möhring/Nicolini/*Freudenberg* § 3 Rn. 5.
[19] → § 90 Rn. 3ff.

1. **ihre Anteile werden weder direkt noch indirekt, weder vollständig noch teilweise von ihren Berechtigten (§ 6) gehalten oder die Verwertungseinrichtung wird weder direkt noch indirekt, weder vollständig noch teilweise von ihren Berechtigten beherrscht und**
2. **die Verwertungseinrichtung ist auf Gewinnerzielung ausgerichtet.**

(2) **Für die unabhängige Verwertungseinrichtung gelten die §§ 36, 54, 55 und 56 Absatz 1 Nummer 1 bis 4 und 7 bis 9 entsprechend. Für die Aufsicht ist § 91 maßgeblich.**

Schrifttum: *Kling,* Gebietsübergreifende Vergabe von Online-Rechten an Musikwerken, 2018.

Übersicht

I. Allgemeines

1. Die Vorgaben der VG-RL

Während der Richtlinienvorschlag der Europäischen Kommission[1] nur den Begriff der „Verwertungsgesellschaften" verwendete und sich nur auf diese bezog, differenziert die VG-RL zwischen Verwertungsgesellschaften (in Art. 3 Buchst. a) VG-RL definiert als **„Organisationen für die kollektive Rechtewahrnehmung"**) und **„unabhängigen Verwertungseinrichtungen"**, die in Art. 3 Buchst. b) VG-RL definiert sind.

Die Definition der unabhängigen Verwertungseinrichtung in Art. 3 Buchst. b) VG-RL wiederholt zunächst die Grundelemente einer „Organisation für die kollektive Rechtewahrnehmung" gem. Art. 3 Buchst. a) VG-RL, fügt aber in Art. 3 Buchst. b) i) und ii) noch zwei Elemente hinzu. Bei den **unabhängigen Verwertungseinrichtungen** handelt es sich demnach um Organisationen, die dieselbe Tätigkeit ausüben wie die in der VG-RL als „Organisationen für die kollektive Rechtewahrnehmung" bezeichneten Verwertungsgesellschaften – dieser Teil der Definition ist insoweit für beide Kategorien von Organisationen in der VG-RL identisch[2] –, aber im Gegensatz zu Verwertungsgesellschaften iSv. Art. 3 Buchst. a) VG-RL **nicht von den Rechtsinhabern kontrolliert** werden (also weder in deren Eigentum stehen noch von diesen beherrscht werden, **Art. 3 Buchst. b) i) VG-RL**) **und** auf Gewinnerzielung, also **rein kommerziell ausgerichtet** sind **(Art. 3 Buchst. b) ii) VG-RL).**[3]

In **Art. 2 Abs. 4 VG-RL** ist enumerativ aufgeführt, **welche Vorschriften der Richtlinie** auf solche unabhängigen Verwertungseinrichtungen **Anwendung** finden sollen. Dies sind im Wesentlichen **Informationspflichten,** und zwar im Zusammenhang mit der **Lizenzvergabe (Art. 16 Abs. 1 VG-RL),** die Informationspflichten gegenüber Rechtsinhabern über die **Wahrnehmung von Rechten (Art. 18 VG-RL),** gegenüber Rechtsinhabern, anderen Organisationen für die kollektive Rechtewahrnehmung und Nutzern **auf Anfrage (Art. 20 VG-RL),** und gegenüber der **Öffentlichkeit (Art. 21 Abs. 1 Buchst. a, b, c, e, f und g VG-RL),** Vorschriften betreffend die **Aufsicht (Art. 36 VG-RL),** sowie den **Schutz personenbezogener Daten (Art. 42 VG-RL).** Zur Begründung für die Anwendung dieser Bestimmungen auf unabhängige Verwertungseinrichtungen wird darauf hingewiesen, dass derartige Einrichtungen die gleichen Tätigkeiten der kollektiven Rechtewahrnehmung ausüben wie Verwertungsgesellschaften, und daher wie diese verpflichtet sein sollen, den von ihnen vertretenen Rechtsinhabern, den Nutzern und der Öffentlichkeit bestimmte Informationen zur Verfügung zu stellen.[4]

Daraus folgt zugleich, dass die VG-RL die unabhängigen Verwertungseinrichtungen unterscheidet von **Produzenten** und **Verlegern,** die Lizenzen entweder an ihren eigenen Rechten oder an Rechten vergeben, die ihnen auf der Grundlage individueller Verträge übertragen wurden, und die in jedem Fall im eigenen Interesse handeln. Daneben sind auch **Manager** und **Agenten** von Urhebern oder ausübenden Künstlern keine unabhängige Verwertungseinrichtung; vielmehr sind sie als Vermitt-

---

[1] Richtlinienvorschlag der Europäischen Kommission vom 11.7.2012, COM(2012) 372 final.
[2] → § 2 Rn. 4 ff.
[3] Vgl. Erwägungsgrund (15) S. 1 VG-RL.
[4] Vgl. Erwägungsgrund (15) S. 2 VG-RL.

ler tätig, nicht aber mit der Wahrnehmung von Rechten iSd. Festlegung von Tarifen, der Vergabe von Lizenzen oder der Einziehung von Vergütungen der Nutzer befasst.[5]

2. § 4

2   § 4 setzt Art. 3 Buchst. b) VG-RL um, indem er die unabhängige Verwertungseinrichtung in **§ 4 Abs. 1** definiert. Entsprechend Art. 2 Abs. 4 VG-RL legt **§ 4 Abs. 2 S. 1** fest, welche Vorschriften des VGG unabhängige Verwertungseinrichtungen zu beachten haben. Gem. **§ 4 Abs. 2 S. 2** ist für die Aufsicht über unabhängige Verwertungseinrichtungen allein § 91 maßgeblich.

II. Unabhängige Verwertungseinrichtung

1. § 4 Abs. 1 – Definition der unabhängigen Verwertungseinrichtung

3   **a) Tätigkeit einer Verwertungsgesellschaft. § 4 Abs. 1** enthält die **Legaldefinition** der unabhängigen Verwertungseinrichtung, die neu von der VG-RL eingeführte Kategorie von Organisationen der kollektiven Rechtewahrnehmung, die, anders als eine typische Verwertungsgesellschaft, rein kommerzielle Einrichtungen sind. § 4 Abs. 1 knüpft hierzu an die Definition der Verwertungsgesellschaft in § 2 an und fordert für unabhängige Verwertungseinrichtungen, dass sie die **Voraussetzungen einer Verwertungsgesellschaft iSv. § 2** erfüllen und damit grundsätzlich **dieselbe Tätigkeit** ausüben wie diese, es also ihr ausschließlicher oder hauptsächlicher Zweck sein muss, auf Grundlage einer vertraglichen Vereinbarung oder gesetzlicher Zuweisung Urheberrechte oder verwandte Schutzrechte für Rechnung mehrerer Rechtsinhaber zu deren kollektivem Nutzen in eigenem oder fremdem Namen wahrzunehmen. Hier wie dort ist es auch unerheblich, ob die Einrichtung Rechte wahrnimmt, die sich aus dem UrhG ergeben, oder solche in anderen EU-Mitgliedstaaten oder EWR-Vertragsstaaten auf der Grundlage des dortigen Rechts.[6]

Darüber hinaus muss eine mit kollektiver Rechtewahrnehmung befasste Organisation, um als unabhängige Verwertungseinrichtung iSv. § 4 angesehen zu werden, die beiden in § 4 Abs. 1 Nr. 1 und Nr. 2 genannten Bedingungen erfüllen.

4   **b) Art. 4 Abs. 1 Nr. 1, keine Beherrschung durch Berechtigte.** Nach der in § 4 Abs. 1 Nr. 1 genannten Bedingung unterscheidet sich eine unabhängige Verwertungseinrichtung von einer Verwertungsgesellschaft iSv. § 2 dadurch, dass sie **nicht** (weder direkt noch indirekt und weder vollständig noch teilweise), **von den Berechtigten kontrolliert** wird. Die Berechtigten sollen also weder Anteile halten an der unabhängigen Verwertungseinrichtung, noch diese auf andere Weise, dh. durch andere Kontrollmechanismen, auch nur indirekt oder teilweise beherrschen. Maßgeblich für die Beurteilung des **Haltens von Anteilen** oder der **Beherrschung** ist die Rechtsform, in der die unabhängige Verwertungseinrichtung organisiert ist. Typische Fälle dürften insoweit das Halten von Gesellschafteranteilen durch Berechtigte an einer als GmbH organisierten Verwertungseinrichtung sein oder Kontrollmechanismen, über die Berechtigte auf die Tätigkeit einer als eingetragener Verein organisierten Verwertungseinrichtung Einfluss nehmen können.[7] Die Bedingung des § 4 Abs. 1 Nr. 1 ist nur dann erfüllt, wenn die Berechtigten **keinerlei Kontrolle** über die Einrichtung ausüben, und sei sie auch nur **indirekt oder teilweise.**

Zu beachten ist, dass **§ 4 Abs. 1 Nr. 1** beim Merkmal der Kontrolle an die **„Berechtigten (§ 6)"** anknüpft, und nicht, wie § 2 Abs. 2 Nr. 1 beim Wesensmerkmal der „Beherrschung" bzw. des Haltens von Anteilen für Verwertungsgesellschaften, an die „Mitglieder (§ 7)". Der Begriff der Berechtigten iSv. § 6 ist enger als derjenige der Mitglieder iSv. § 7,[8] da letzterer auch als Mitglieder aufgenommene Einrichtungen erfasst, die Rechtsinhaber vertreten. Dies bedeutet, dass eine Organisation der kollektiven Rechtewahrnehmung auch dann als unabhängige Verwertungseinrichtung iSv. § 4 Abs. 1 angesehen wird, wenn sie zwar nicht von Berechtigten iSv. § 6, wohl aber **von als Mitglieder aufgenommenen Einrichtungen kontrolliert** wird, die Rechtsinhaber vertreten.

5   **c) Art. 4 Abs. 1 Nr. 2, Gewinnerzielungsabsicht.** Nach § 4 Abs. 1 Nr. 2 muss eine unabhängige Verwertungseinrichtung neben der fehlenden Kontrollmöglichkeit durch die Berechtigten (§ 4 Abs. 1 Nr. 1) **auch** eine gewinnorientierte Einrichtung, also auf **Gewinnerzielung** ausgerichtet sein. Diese beiden Merkmale müssen zugleich vorliegen, also **kumulativ** erfüllt sein.

Mit **Gewinnerzielungsabsicht** ist eine Organisation der kollektiven Rechtewahrnehmung dann tätig, wenn sie nicht sämtliche Einnahmen aus der Wahrnehmung der Rechte unmittelbar (im Wege der Ausschüttung der Einnahmen) oder mittelbar (durch eine Verwendung für soziale und kulturelle Zwecke) an die Berechtigten ausschüttet, sondern über die angemessenen Verwaltungskosten hinaus **Teile der Einnahmen für sich einbehält.**

---

[5] Vgl. Erwägungsgrund (16) VG-RL.
[6] → § 2 Rn. 5 ff.
[7] Zur Abgrenzung der Begriffe Anteilseignerschaft und Beherrschung → § 3 Rn. 3; vgl. AmtlBegr. BT-Drs. 18/7223, S. 72.
[8] Zum Begriff der „Mitglieder" → § 7 Rn. 4 ff.; zum Begriff der „Berechtigten" → § 6 Rn. 3 ff.

Nicht als unabhängige Verwertungseinrichtung angesehen werden können **Produzenten** von audiovisuellen Werken oder Tonträgern, **Sendeunternehmen** oder **Verleger,** da sie jeweils **im eigenen Interesse** (und nicht für Rechnung mehrerer Rechtsinhaber zu deren kollektivem Nutzen) Urheberrechte oder verwandte Schutzrechte verwerten. Dasselbe gilt für **Manager** und **Agenten** von Urhebern und ausübenden Künstlern, da sie nur mit der Vermittlung befasst sind, nicht aber mit der kollektiven Wahrnehmung von Rechten.[9]

2. § 4 Abs. 2 – Auf unabhängige Verwertungseinrichtungen anwendbare Bestimmungen

a) § 4 Abs. 2 S. 1, Pflichten unabhängiger Verwertungseinrichtungen. In Umsetzung von **6** Art. 2 Abs. 4 VG-RL bestimmt **§ 4 Abs. 2 S. 1** enumerativ und abschließend, welche Bestimmungen des VGG auf unabhängige Verwertungseinrichtungen Anwendung finden.[10] Danach gelten für sie **§ 36 (Verhandlungen über wahrgenommene Rechte), § 54 (Informationen für Berechtigte), § 55 (Informationen zu Werken und sonstigen Schutzgegenständen)** sowie **§ 56 Abs. 1 Nr. 1 bis 4 und 7 bis 9 (Informationen für die Allgemeinheit)** entsprechend. Dies bedeutet im Ergebnis, dass unabhängige Verwertungseinrichtungen nur bestimmten Vorgaben des VGG unterliegen; im Wesentlichen unterliegen sie bestimmten **Informationspflichten,** deren Einhaltung von der Aufsichtsbehörde überwacht wird.[11] Andere Bestimmungen des VGG, wie etwa Teil 3 (§§ 59ff., gebietsübergreifende Vergabe von Online-Rechten an Musikwerken) finden dagegen auf unabhängige Verwertungseinrichtungen keine Anwendung.[12]

b) § 4 Abs. 2 S. 2, Sonderregeln für die Aufsicht. § 4 Abs. 2 S. 2 verweist für die **Aufsicht 7 über unabhängige Verwertungseinrichtung** auf **§ 91.** Nach § 91 werden die Bestimmungen der §§ 75 (Aufsichtsbehörde), 76 (Inhalt der Aufsicht), 85 Abs. 1 bis 3 (Befugnisse der Aufsichtsbehörde) sowie die §§ 86 (Befugnisse der Aufsichtsbehörde bei Verwertungsgesellschaften mit Sitz in einem anderen EU-Mitgliedstaat oder EWR-Vertragsstaat) und 87 (Informationsaustausch mit Aufsichtsbehörden anderer EU-Mitgliedstaaten oder EWR-Vertragsstaaten) für auf unabhängige Verwertungseinrichtungen entsprechend anwendbar erklärt. Dagegen bedürfen unabhängige Verwertungseinrichtungen gem. § 91 keiner Erlaubnis für den Geschäftsbetrieb, unterliegen aber gem. § 91 Abs. 2 unter bestimmten Voraussetzungen einer **Anzeigepflicht.**[13]

§ 5 Rechtsinhaber

(1) **Rechtsinhaber im Sinne dieses Gesetzes ist jede natürliche oder juristische Person, die Inhaber eines Urheberrechts oder verwandten Schutzrechts ist oder die gesetzlich oder aufgrund eines Rechteverwertungsvertrags Anspruch auf einen Anteil an den Einnahmen aus diesen Rechten hat.**

(2) **Verwertungsgesellschaften sind keine Rechtsinhaber im Sinne dieses Gesetzes.**

Schrifttum: *Pflüger,* Gerechter Ausgleich und angemessene Vergütung, 2017; *Riesenhuber,* Urheber und Verleger in Verwertungsgesellschaften, ZUM 2018, 407; *v. Ungern-Sternberg,* Verwertungsgesellschaften und ihre Berechtigten, FS Büscher (2018), 265; *Ventroni,* Paukenschlag zur Verlegerbeteiligung: Aus für die Verteilungspraxis der GEMA?, ZUM 2017, 187.

Übersicht

---

[9] AmtlBegr. BT-Drs. 18/7223, S. 73; dies entspricht Erwägungsgrund (16) VG-RL; → Rn. 1; weitere Beispiele untersucht *Kling* S. 161 ff.; Wandtke/Bullinger/*Gerlach* § 4 Rn. 2 hält den Anwendungsbereich von § 4 für unklar; zu den bisher beim DPMA angezeigten unabhängigen Verwertungseinrichtungen s. DPMA Liste der Verwertungseinrichtungen auf www.dpma.de.
[10] Zum noch in ihrem Vorschlag für die VG-RL vorgesehenen offeneren Ansatz der Europäischen Kommission vgl. *Kling* S. 162.
[11] AmtlBegr. BT-Drs. 18/7223, S. 73.
[12] Hierzu kritisch *Kling* S. 172 ff.
[13] → § 91 Rn. 3 ff.

I. Allgemeines

1. Die Vorgaben der VG-RL

1   Neben einer ganzen Reihe von insgesamt vierzehn Definitionen enthält die VG-RL in **Art. 3 Buchst. c)** auch eine Definition des Begriffs **„Rechtsinhaber".** Dieser Begriff wird sowohl in den Artikeln als auch in den Erwägungsgründen der VG-RL naturgemäß häufig gebraucht, wie übrigens auch **in anderen EU-Richtlinien** auf dem Gebiet des Urheberrechts. Dort wird dieser Begriff allerdings nicht generell definiert.[1] Vereinzelt sind denn auch Zweifel aufgetreten, – so etwa im Rahmen der InfoSoc-RL 2001/29/EG[2] –, ob der Begriff „Rechtsinhaber" nur die originären Rechtsinhaber, oder auch deren Rechtsnachfolger, Inhaber abgetretener oder lizenzierter Rechte und Organisationen umfasst, die deren Rechte geltend machen.[3]

   Art. 3 Buchst. c) VG-RL stellt mit der Formulierung „jede natürliche oder juristische Person, die Inhaber eines Urheber- oder eines verwandten Schutzrechts ist" klar, dass der Begriff des Rechtsinhabers iR. der VG-RL grundsätzlich weit auszulegen ist und **nicht nur originäre Rechtsinhaber** umfasst; denn „Rechtsinhaber" iSv. Art. 3 Buchst. c) VG-RL ist jeder, der „Inhaber eines Urheber- oder eines verwandten Schutzrechts ist oder … aufgrund eines Rechteverwertungsvertrages oder gesetzlich Anspruch auf einen Anteil an den Einnahmen aus den Rechten hat". Allerdings wird in Art. 3 Buchst. c) VG-RL ausdrücklich festgestellt, dass „Organisationen für die kollektive Rechtewahrnehmung" nicht von diesem Begriff erfasst sind. Diese **Ausnahmebestimmung** war erforderlich, denn ohne sie wären auch diese Organisationen unter die weite Definition des Rechtsinhabers gefallen.

2. § 5

2   § 5 setzt Art. 3 Buchst. c) VG-RL um. Dabei enthält **§ 5 Abs. 1** die allgemeine (und weite) Definition des Begriffs **„Rechtsinhaber".** Dieser umfasst als **Oberbegriff** alle Inhaber urheberrechtlich geschützter Rechte. Daneben werden in den §§ 6 und 7 zwei weitere Untergruppen von Rechtsinhabern definiert: Soweit Rechtsinhaber in einem unmittelbaren Wahrnehmungsverhältnis zu einer Verwertungsgesellschaft, einer abhängigen oder einer unabhängigen Verwertungseinrichtung stehen, werden sie als **„Berechtigte"** iSv. § 6 bezeichnet und dort definiert.[4] Eine weitere Untergruppe von Rechtsinhabern stellen die **„Mitglieder"** iSv. § 7 dar. Dies sind Berechtigte iSv. § 6 oder bestimmte Einrichtungen, die von einer Verwertungsgesellschaft als Mitglied aufgenommen wurden.[5]

   Die in Art. 3 Buchst. c) VG-RL enthaltene Ausnahme von Organisationen für die kollektive Rechtewahrnehmung (in § 2 als Verwertungsgesellschaften definiert) ist in **§ 5 Abs. 2** gesondert aufgeführt.

II. Rechtsinhaber

1. § 5 Abs. 1 – Legaldefinition des Begriffs „Rechtsinhaber"

3   **a) Originäre Rechtsinhaber.** Art. 5 übernimmt nahezu wörtlich, wenn auch sprachlich gestrafft,[6] die Definition in Art. 3 Buchst. c) VG-RL und stellt außerdem klar, dass der Begriff „Rechtsinhaber" **nur im Sinne des VGG** gilt und hier nur für dieses definiert wird.

   Der Begriff ist weit gefasst und schließt alle **natürlichen oder juristischen Personen** mit ein, die Inhaber eines Urheberrechts oder verwandten Schutzrechts sind. Dies sind zunächst alle **originären Rechtsinhaber** (**Urheber** von Werken aller Art gem. §§ 2 ff. UrhG, natürliche Personen gem. § 7 UrhG) sowie **Leistungsschutzberechtigte** (natürliche oder juristische Personen), wie ausübende Künstler (§§ 73 ff. UrhG), Tonträgerhersteller (§ 85 UrhG), Filmhersteller (§§ 94 UrhG), Sendeunternehmen (§ 87 UrhG), Hersteller von Laufbildern (§ 95 UrhG), Presseverleger (§ 87f UrhG), Datenbankhersteller (§§ 87a ff. UrhG), Veranstalter (§ 81 UrhG), Lichtbildner (§ 72 UrhG), Inhaber

---

[1] In Art. 3 der VermietRL 2006/115/EG werden lediglich die Rechtsinhaber des Vermiet- und Verleihrechts aufgelistet; in den Art. 2 und 3 der InfoSoc-RL 2001/29/EG sind die Rechtsinhaber des Vervielfältigungsrechts bzw. des Rechts der öffentlichen Wiedergabe und des Zurverfügungstellens aufgeführt; Art. 4 der Enforcement-RL 2004/48/EG erwähnt die Rechtsinhaber als Nutznießer von Sanktionen und Rechtsbehelfen.
[2] Der BGH vertritt die Auffassung, dass der Begriff „Rechtsinhaber" iR. des Anspruchs auf „gerechten Ausgleich" gem. Art. 5 Abs. 2 Buchst. a) und b) InfoSoc-RL 2001/29/EG allein die originären Rechtsinhaber umfasst; BGH GRUR 2016, 596 Rn. 56 – Verlegeranteil, unter Berufung auf die „Rechtsprechung des EuGH"; vgl. EuGH GRUR 2016, 55 Rn. 44 ff. – Reprobel.
[3] In Art. 4 der Enforcement-RL 2004/48/EG sind solche Organisationen ausdrücklich neben den Rechtsinhabern erwähnt; in Art. 2 Nr. 8 der ProduktpiraterieVO (Verordnung (EU) Nr. 608/2013 vom 12. Juni 2013 zur Durchsetzung der Rechte geistigen Eigentums durch die Zollbehörden, ABl. EU L 181/15) wird der Begriff der Rechtsinhaber weit gefasst; und auch das WTO/TRIPs-Abkommen geht von einer weiten Definition dieses Begriffs aus: vgl. Art. 36/Fn. 9 und Art. 42/Fn. 11 des TRIPs-Abkommens.
[4] → § 6 Rn. 3 ff.
[5] → § 7 Rn. 4 ff.
[6] AmtlBegr. BT-Drs. 18/7223, S. 73.

nachgelassener Werke (§ 71 UrhG) und Herausgeber wissenschaftlicher Ausgaben (§ 70 UrhG). Rechtsinhaber iSv. § 5 Abs. 1 sind auch Miturheber sowie diejenigen, die durch gesetzliche oder gewillkürte Erbfolge **Rechtsnachfolger** der originären Rechtsinhaber werden.[7]

b) Inhaber abgeleiteter Rechte. Daneben können Rechtsinhaber iSv. § 5 Abs. 1 auch solche **4** natürlichen oder juristischen Personen sein, die gesetzlich oder auf vertraglicher Grundlage urheberrechtliche Ansprüche haben. Zu dieser Gruppe gehören **Lizenznehmer** und **Inhaber abgeleiteter Rechte**, wie Verlage, Produzenten von audiovisuellen Werken oder Tonträgern und Sendeunternehmen. Auch **Inhaber gesetzlicher Ansprüche,** etwa aus angemessener Vergütung, sind Rechtsinhaber iSv. § 5 Abs. 1, und zwar auch dann, wenn ihnen diese Ansprüche rechtmäßig abgetreten wurden. Zu beachten ist, dass gesetzliche Ansprüche des originären Rechtsinhabers, die im Voraus nur an eine Verwertungsgesellschaft abgetreten werden können,[8] nur nachträglich an andere abtretbar sind; denn gem. § 5 Abs. 2 sind Verwertungsgesellschaften keine Rechtsinhaber.[9]

Für die Eigenschaft des Rechtsinhabers genügt es, wenn, auf gesetzlicher oder vertraglicher Grundlage, jeweils nur Anspruch auf einen **Anteil an den Einnahmen aus den** oben genannten[10] **Rechten** besteht. Einnahmen aus den Rechten sind alle für die Rechtsinhaber aus der Wahrnehmung ihrer Rechte eingezogenen Beträge.[11]

c) Verlage als Inhaber abgeleiteter Rechte. Daraus folgt, dass auch **Verlage** von der Definition **5** der Rechtsinhaber gem. § 5 erfasst sind. Dies setzt aber stets voraus, dass sie im Einzelfall auch **Inhaber der betreffenden Rechte** sind. Zum Rechtsinhaber iSv. § 5 wird der Verleger, wenn der Verlagsvertrag als „Rechteverwertungsvertrag" iSv. Art. 3 Buchst. c) VG-RL seine Beteiligung an den Ausschüttungen der Verwertungsgesellschaft, also „einen Anteil an den Einnahmen aus den Rechten", vorsieht.[12] Auch Verlagen können also als Rechtsinhabern iSv. § 5 grundsätzlich alle Rechte zustehen, die Rechtsinhaber nach dem VGG gegenüber Verwertungsgesellschaften oder Nutzern[13] haben, sofern sie auch „Berechtigte" sind iSv. § 6.

Ob den Verlagen ein (eigener oder ihnen vom originären Rechtsinhaber abgetretener) Anspruch auf Beteiligung an der Verteilung der Einnahmen aus den Rechten, etwa auf die angemessene Vergütung für private Vervielfältigungen zusteht, ergibt sich aus den Bestimmungen des materiellen Rechts in Übereinstimmung mit der InfoSoc-RL 2001/29/EG bzw. aus vertraglichen Vereinbarungen, soweit diese nach dem UrhG und der InfoSoc-RL zulässig sind.[14] Was die Abtretung von Vergütungsansprüchen an Verlage angeht, so soll es zum Einen den Mitgliedstaaten nicht grundsätzlich untersagt sein, Dritten wie den Herausgebern bestimmte Rechte und Vorteile zu gewähren, unter der Voraussetzung, dass diese nicht die Rechte beeinträchtigen, die den Urhebern nach der InfoSoc-RL ausschließlich zugewiesen sind.[15] Zum Anderen lässt sich auch aus der Rechtsprechung des EuGH nicht ohne Weiteres ableiten, dass gesetzliche Vergütungsansprüche iRd. InfoSoc-RL generell nur originären Rechtsinhabern zustehen und nicht an Verlage abtretbar sind.[16] Im Übrigen betraf die vom BGH zitierte, auf die InfoSoc-RL bezogene Rechtsprechung nur die Ansprüche auf den „gerechten Ausgleich". Für mehr Rechtssicherheit dürften aber insoweit die nachträglich in das VGG eingefügten §§ 27 Abs. 2 und 27a[17] sorgen sowie Art. 16 der DSM-RL.[18] Im Ergebnis können daher Verlage als Rechtsinhaber iSv. § 5 auch an den Erlösen aus Ansprüchen auf angemessene Vergütung beteiligt werden.[19]

2. § 5 Abs. 2 – Keine Rechtsinhabereigenschaft von Verwertungsgesellschaften

Art. 5 Abs. 2 knüpft an den in § 2 definierten Begriff der Verwertungsgesellschaft an und stellt fest, **6** dass **Verwertungsgesellschaften** keine Rechtsinhaber iSd. VGG sind. Diese Klarstellung ist erforderlich, da die Definition des Begriffs der „Rechtsinhaber" in § 5 Abs. 1 – in voller Übereinstimmung mit Art. 3 Buchst. c) VG-RL – so weit gefasst ist, dass davon grundsätzlich auch Verwertungsgesellschaften erfasst wären; denn sie machen urheberrechtliche Ansprüche in eigenem oder fremdem Na-

---

[7] *Riesenhuber* ZUM 2018, 407 (408).
[8] Vgl. §§ 20b Abs. 2 S. 3, 27 Abs. 1 S. 3, 63a S. 2, 78 Abs. 3 S. 2 UrhG.
[9] *Möhring/Nicolini/Freudenberg* § 5 Rn. 7; → Rn. 6 f.
[10] → Rn. 3.
[11] Zur Definition des Begriffs der Einnahmen aus den Rechten s. Art. 3 Buchst. h) VG-RL; → § 23 Rn. 4.
[12] *Riesenhuber* ZUM 2018, 407 (408); *Ventroni* ZUM 2017, 187 (194); *Pflüger* S. 112 f., 249 f.; aA *v. Ungern-Sternberg* FS Büscher (2018), 265 (269).
[13] Vgl. Art. 16 Abs. 2 S. 3 VG-RL zur angemessenen Vergütung für die Nutzung der Rechte.
[14] So dürfte der Hinweis in der AmtlBegr. zu verstehen sein, dass § 5 die Frage unberührt lässt, ob Verleger als Rechtsinhaber an den Einnahmen der Verwertungsgesellschaft aus den Rechten zu beteiligen sind; vgl. AmtlBegr. BT-Drs. 18/7223, S. 73.
[15] EuGH GRUR 2017, 62 Rn. 48 – Soulier u. Doke/Premier ministre ua.
[16] So aber offenbar BGH GRUR 2016, 596 Rn. 56 – Verlegeranteil.
[17] → § 27 Rn. 12 ff.
[18] Richtlinie des Europäischen Parlaments und des Rates vom 17. April 2019 über das Urheberrecht und die verwandten Schutzrechte im digitalen Binnenmarkt und zur Änderung der Richtlinien 96/9/EG und 2001/29/EG, ABl. EU L 130/92 v. 17.5.2019 (DSM-RL).
[19] So auch *Wandtke/Bullinger/Gerlach* § 5 Rn. 4; *Heine/Holzmüller/Heine* § 5 Rn. 16 ff.

men geltend. Wie schon in der VG-RL bedurfte es daher auch im VGG einer ausdrücklichen Bestimmung, die dies ausschließt.

Dass überhaupt Verwertungsgesellschaften nicht als Rechtsinhaber iSd. VGG (und der VG-RL) gelten können, erklärt sich aus dem **Regelungszweck des VGG** und der VG-RL: In beiden werden das Wahrnehmungsrecht und die Rechte und Pflichten der Verwertungsgesellschaften geregelt in ihrem Verhältnis zu den Rechtsinhabern, deren Rechte sie wahrnehmen, zu Nutzern, anderen Verwertungsgesellschaften und der Öffentlichkeit. Schon nach der Struktur der VG-RL (Art. 3 Buchst. a) und b) VG-RL) und des VGG (§ 2) ist klar, dass die Rechtsinhaber den Verwertungsgesellschaften gegenüberstehen und sich ihrer Dienste bedienen. Damit können Verwertungsgesellschaften selbst weder in der VG-RL noch im VGG als Rechtsinhaber gelten und als solche behandelt werden.

7   Mit derselben Logik können aber auch **abhängige Verwertungseinrichtungen** iSv. § 3 und **unabhängige Verwertungseinrichtungen** iSv. § 4 VGG und Art. 3 Buchst. b) VG-RL nicht als Rechtsinhaber im Sinne der VG-RL oder des VGG angesehen werden, auch wenn dies weder in § 5 Abs. 2 VGG, noch in Art. 3 Buchst. c) VG-RL ausdrücklich klargestellt wird.

§ 6 Berechtigter

Berechtigter im Sinne dieses Gesetzes ist jeder Rechtsinhaber, der auf gesetzlicher oder vertraglicher Grundlage in einem unmittelbaren Wahrnehmungsverhältnis zu einer der in § 1 genannten Organisationen steht.

Übersicht

I. Allgemeines

1. Die Vorgaben der VG-RL

1   Was die Inhaber von Urheberrechten und verwandten Schutzrechten angeht, so gebraucht die VG-RL nur zwei Begriffe: **„Rechtsinhaber"**, definiert in Art. 3 Buchst. c) VG-RL, und **„Mitglieder"**, definiert in Art. 3 Buchst. d) VGR. Der Begriff „Rechtsinhaber" umfasst als Oberbegriff alle Inhaber von Urheberrechten und verwandten Schutzrechten. Eine Untergruppe der Rechtsinhaber sind nach Art. 3 Buchst. d) VG-RL die „Mitglieder". Dies sind (nur) solche Rechtsinhaber oder diese vertretende Einrichtungen, die gem. Art. 6 Abs. 2 VG-RL die Voraussetzungen für die Mitgliedschaft in einer Verwertungsgesellschaft erfüllen und von dieser als Mitglieder aufgenommen wurden.

Darüber hinaus kennt die VG-RL aber noch eine weitere Gruppe von Rechtsinhabern, die nicht Mitglied einer Verwertungsgesellschaft sind. In **Art. 7 Abs. 1 VG-RL** wird diese Gruppe beschrieben als **Rechtsinhaber, „die gesetzlich oder auf der Grundlage einer Abtretungs-, Lizenz- oder sonstigen vertraglichen Vereinbarung in einem unmittelbaren Rechtsverhältnis" zu einer Verwertungsgesellschaft stehen,** „jedoch nicht ihre Mitglieder sind".

Gem. Art. 7 Abs. 1 VG-RL sollen die Verwertungsgesellschaften bestimmte Vorschriften der Richtlinie nicht nur auf ihre Mitglieder, sondern auch auf diese Gruppe von Rechtsinhabern anwenden: Art. 6 Abs. 4 VG-RL (Kommunikation mit elektronischen Mitteln), Art. 20 VG-RL (zur Verfügung Stellen von Informationen), Art. 29 Abs. 2 VG-RL (Informationen über Verträge zur Vergabe von Mehrgebietslizenzen) und Art. 33 VG-RL (Beschwerdeverfahren gegenüber der Verwertungsgesellschaft).

Daneben ist es den Mitgliedstaaten nach **Art. 7 Abs. 2 der VG-RL** überlassen, auf diese Gruppe von Rechtsinhabern auch weitere Bestimmungen der Richtlinie anzuwenden, sie also insoweit weitgehend oder ganz den Mitgliedern (der Verwertungsgesellschaft) gleichzustellen.

Eine besondere Bezeichnung gibt die Richtlinie dieser Gruppe von Rechtsinhabern allerdings nicht und enthält für sie auch **keine eigene Definition.**

2. § 6

2   **§ 6** gibt der in Art. 7 Abs. 1 VG-RL genannten Gruppe von Rechtsinhabern, die ein besonderes Rechtsverhältnis zur Verwertungsgesellschaft haben, die Bezeichnung „Berechtigte". Die **Berechtig-**

ten iSv. § 6 stellen somit neben der Untergruppe der **Mitglieder (§ 7)** eine weitere Untergruppe des Oberbegriffs der **Rechtsinhaber (§ 5)** dar.

§ 6 enthält die **Legaldefinition** für den Begriff „Berechtigter" in enger Anlehnung an Art. 7 Abs. 1 VG-RL und das dort verwendete Kriterium des „unmittelbaren Rechtsverhältnisses". Auf dieser Grundlage macht das VGG von der in Art. 7 Abs. 2 VG-RL eröffneten Möglichkeit Gebrauch, über die in Art. 7 Abs. 1 VG-RL genannten Bestimmungen hinaus noch weitere, der effektiven Wahrnehmung der Rechte dienende Regelungen auf Rechtsinhaber anzuwenden, die mit der Verwertungsgesellschaft verbunden sind, ohne deren Mitglied zu sein.

II. Berechtigter

1. Begriff

a) Zur systematischen Einordnung. Die „Berechtigten" iSv. § 6 sind eine Untergruppe der 3 Rechtsinhaber. Rechtsinhaber sind nur dann Berechtigte, wenn sie zu einer der in § 1 genannten Organisationen in einem unmittelbaren Wahrnehmungsverhältnis stehen. Berechtigte sind also immer Rechtsinhaber, aber ein Rechtsinhaber wird nur unter den in § 6 genannten Bedingungen zum Berechtigten. Da Verwertungsgesellschaften nach der ausdrücklichen Vorgabe in § 5 Abs. 2 keine Rechtsinhaber iSd. VGG sind,[1] können sie auch nicht Berechtigte sein.

Der Begriff des „Berechtigten" ist somit enger als derjenige des „Rechtsinhabers", er ist aber weiter als der Begriff „Mitglieder". „Berechtigte" iSv. § 6 können daher zum einen die Mitglieder (§ 7) von Verwertungsgesellschaften sein, wie etwa die ordentlichen Vereinsmitglieder der GEMA, aber auch Nicht-Mitglieder, deren Rechte von der Verwertungsgesellschaft wahrgenommen werden. „Berechtigte" sind damit auch, entsprechend der Rechtsform der Verwertungsgesellschaft,[2] die mit einer als GmbH organisierten Verwertungsgesellschaft wie der GVL verbundenen Rechtsinhaber, die nicht Gesellschafter der GmbH sind.[3]

b) Organisationen iSv. § 1. Bedingung für die Behandlung eines Rechtsinhabers als Berechtigter 4 ist, dass er in einem unmittelbares Wahrnehmungsverhältnis zu einer der in **§ 1 genannten Organisationen** steht. Dies kann eine Verwertungsgesellschaft iSv. § 2,[4] eine abhängige Verwertungseinrichtung iSv. § 3[5] oder eine unabhängige Verwertungseinrichtung iSv. § 4 sein.[6]

c) Unmittelbares Wahrnehmungsverhältnis. Ein unmittelbares Wahrnehmungsverhältnis zwi- 5 schen dem Rechtsinhaber und der mit der kollektiven Rechtwahrnehmung befassten Organisation iSv. § 2, § 3 oder § 4 kann **auf gesetzlicher oder vertraglicher Grundlage** bestehen.

Die **vertragliche Grundlage** hierfür ist idR. ein **Wahrnehmungs- oder Berechtigungsvertrag**[7] zwischen dem Rechtsinhaber und der seine wahrnehmenden Gesellschaft. Ein unmittelbares (vertragliches) Wahrnehmungsverhältnis wird aber auch dadurch begründet, dass ein Bezugsberechtigter einzelne Werke oder sein womöglich einziges Werk bei einer Verwertungsgesellschaft zur Rechtewahrnehmung anmeldet; auch mit einer solchen Meldung akzeptiert der Rechtsinhaber die Regelungen der Verwertungsgesellschaft einschließlich ihrer Wahrnehmungsbedingungen.[8]

Gesetzliche Grundlage für ein unmittelbares Wahrnehmungsverhältnis kann eine **gesetzliche Fiktion** zugunsten der Verwertungsgesellschaft sein, wie etwa gem. § 50 betreffend die Rechtewahrnehmung für Außenseiter der Kabelweitersendung.[9] Voraussetzung ist aber, dass diese Fiktion unwiderleglich ist; denn eine widerlegbare Vermutung, wie gem. § 48 (Vermutung bei Auskunftsansprüchen),[10] § 49 (Vermutung bei gesetzlichen Vergütungsansprüchen)[11] und § 51 (Vergriffene Werke)[12] begründet kein unmittelbares Wahrnehmungsverhältnis im Wege der gesetzliche Fiktion.

Kein unmittelbares, sondern lediglich ein mittelbares **Wahrnehmungsverhältnis** iSv. § 6 wird begründet, wenn Rechtsinhaber nur mittelbar mit einer Verwertungsgesellschaft verbunden sind,[13] etwa über **Repräsentationsvereinbarungen** iSd. §§ 44 ff.[14] oder iSd. §§ 69 ff.[15] im Rahmen der gebietsübergreifenden Vergabe von Online-Rechten an Musikwerken mit der sie repräsentierenden Verwertungsgesellschaft. Dagegen bleiben diese Rechtsinhaber mit der repräsentierten Verwertungsgesellschaft durch ein unmittelbares Wahrnehmungsverhältnis verbunden.

---

[1] → § 5 Rn. 6 f.
[2] → § 2 Rn. 9.
[3] AmtlBegr. BT-Drs. 18/7223, S. 73 f.
[4] → § 2 Rn. 5 ff.
[5] → § 3 Rn. 3.
[6] → § 4 Rn. 3 ff.
[7] → § 9 Rn. 15 ff.
[8] Vgl. Dreier/Schulze/*Schulze* § 6 Rn. 2.
[9] → § 50 Rn. 3; AmtlBegr. BT-Drs. 18/7223, S. 73.
[10] → § 48 Rn. 7.
[11] → § 49 Rn. 3.
[12] → § 51 Rn. 19.
[13] AmtlBegr. BT-Drs. 18/7223, S. 73.
[14] → § 44 Rn. 3 ff.
[15] → § 69 Rn. 3 ff.

2. Auf Berechtigte anwendbare Bestimmungen

6   Art. 7 Abs. 2 VG-RL erlaubt es den nationalen Gesetzgebern der Mitgliedstaaten ausdrücklich, auch weitere als die in Art. 7 Abs. 1 VG-RL genannten Vorschriften auf die Gruppe der (dort nicht als solche bezeichneten) Berechtigten anzuwenden.[16] Von dieser Möglichkeit macht das VGG Gebrauch und gewährt Berechtigten ohne Mitgliedstatus idR, und soweit dies organisationsrechtlich zulässig ist, **dieselben Rechte wie Mitgliedern,** denn die Interessen der Berechtigten an der effektiven Wahrnehmung ihrer Rechte werden als ebenso schutzwürdig angesehen wie die Interessen der Mitglieder.[17]

Im Interesse der Berechtigten an einer effektiven Wahrnehmung ihrer Rechte erhalten sie daher auch ohne Mitgliedstatus gem. § 16 Einfluss auf die Entscheidungen der Verwertungsgesellschaft,[18] sowie besondere Mitwirkungsrechte gem. § 20 (Mitwirkung der Berechtigten, die nicht Mitglieder sind).[19] Außerdem stehen ihnen im Innenverhältnis zur Verwertungsgesellschaft die Rechte zu aus § 11 (Nutzungen für nicht kommerzielle Zwecke)[20] und § 12 (Beendigung der Rechtswahrnehmung; Entzug von Rechten).[21] Ausdrücklich erwähnt ist die **Berücksichtigung der Interessen von Berechtigten** auch in § 21 Abs. 2 S. 1 und Abs. 3 Nr. 3 (Geschäftsführung),[22] § 25 (Anlage der Einnahmen aus den Rechten),[23] § 29 (Feststellung der Berechtigten),[24] § 32 (Kulturelle Förderung; Vorsorge- und Unterstützungseinrichtungen),[25] § 62 (Informationen zu Musikwerken und Online-Rechten),[26] § 64 (Elektronische Übermittlung von Informationen),[27] § 72 (Zugang zur gebietsübergreifenden Vergabe von Online-Rechten an Musikwerken)[28] und § 135 (Informationspflichten der Verwertungsgesellschaft bei Inkrafttreten dieses Gesetzes).[29]

Nicht alle Berechtigten sind Mitglieder, wohl aber sind alle Mitglieder, jedenfalls grundsätzlich, Berechtigte. Soweit letzteres ausnahmsweise nicht der Fall ist, wie etwa bei Vereinigungen, die Rechtsinhaber vertreten und wohl Mitglied, nicht aber selbst Berechtigte einer Verwertungsgesellschaft sind iSv. § 6,[30] wird dies vom VGG ausdrücklich berücksichtigt.[31]

§ 7 Mitglieder

Mitglieder im Sinne dieses Gesetzes sind von der Verwertungsgesellschaft als Mitglieder aufgenommene

1. Berechtigte und

2. Einrichtungen, die Rechtsinhaber vertreten.

Schrifttum: *Nocker/Riemer/v. Steinau-Steinrück/Wohlgemuth,* Die Satzung der GEMA, in: Heker/Riesenhuber (Hrsg.), Recht und Praxis der GEMA, 3. Aufl. 2018, 53.

Übersicht

---

[16] Vgl. auch schon Erwägungsgrund (9) VG-RL, der es den Mitgliedstaaten grundsätzlich erlaubt, für Verwertungsgesellschaften auch strengere Vorschriften als die in der Richtlinie genannten festzulegen.

[17] AmtlBegr. BT-Drs. 18/7223, S. 74.

[18] → § 16 Rn. 4.

[19] → § 20 Rn. 4 ff.

[20] → § 11 Rn. 3 f.

[21] → § 12 Rn. 3 ff.

[22] → § 21 Rn. 5 f.

[23] → § 25 Rn. 3 ff.

[24] → § 29 Rn. 3 ff.

[25] → § 32 Rn. 4 ff.

[26] → § 62 Rn. 3.

[27] → § 64 Rn. 3.

[28] → § 72 Rn. 3 ff.

[29] → § 135 Rn. 2 ff.

[30] → § 7 Rn. 5.

[31] AmtlBegr. BT-Drs. 18/7223, S. 74.

I. Allgemeines

1. Die Vorgaben der VG-RL

In Anknüpfung an die Definition der „Rechtsinhaber" in Art. 3 Buchst. c) VG-RL definiert **1** **Art. 3 Buchst. d) VG-RL** den **Begriff des Mitglieds** und sieht hierfür **drei Kategorien** vor: Danach sind Mitglieder entweder (1) **Rechtsinhaber,** (2) **Einrichtungen,** die Rechtsinhaber vertreten, einschließlich anderer Verwertungsgesellschaften („Organisationen für die kollektive Rechtewahrnehmung"), oder (3) „**Vereinigungen von Rechtsinhabern,** die [jeweils] die Voraussetzungen für die Mitgliedschaft in der Organisation für die kollektive Rechtewahrnehmung erfüllen und von dieser aufgenommen werden".

Nicht alle Rechtsinhaber sind auch Mitglieder einer Verwertungsgesellschaft: Nach **Art. 6 Abs. 2 VG-RL** sind Verwertungsgesellschaften nur unter den dort genannten Bedingungen verpflichtet, Rechtsinhaber sowie Einrichtungen, die Rechtsinhaber vertreten, oder Vereinigungen von Rechtsinhabern als Mitglieder aufzunehmen; bei der Erfüllung dieser Bedingungen handelt es sich für alle der drei eingangs erwähnten Kategorien um die in Art. 3 Buchst. d) VG-RL angesprochenen „**Voraussetzungen für die Mitgliedschaft",** und damit um ein Kriterium für die Eigenschaft als „Mitglied".

Aus der Eigenschaft des „Mitglieds" folgen gem. Art. 6, 8, 29 Abs. 2 und 33 Abs. 1 und 2 VG-RL bestimmte **Rechte,** und vor allem die **Möglichkeit der Einflussnahme** auf die Geschäftstätigkeit der Verwertungsgesellschaft über die Mitgliederversammlung gem. Art. 8 VG-RL. Mitglieder, die der oben genannten zweiten Kategorie der „Einrichtungen" angehören, sollen zudem bestimmte Rechte aus Art. 13 Abs. 1 S. 2 und Art. 15 Abs. 3 S. 2 VG-RL haben.

2. Der Begriff der „Mitglieder" im UrhWG

Schon das **UrhWG** ging davon aus, dass es Berechtigte gibt, die von der Verwertungsgesellschaft **2** betreut werden, ohne zugleich deren Mitglied zu sein; dabei waren beide Begriffe im UrhWG nicht definiert. Die Bedingungen für die Mitgliedschaft konnten nach dem UrhWG in der Satzung der Verwertungsgesellschaft frei bestimmt werden; ein Anspruch auf Mitgliedschaft bestand nicht. Insoweit ging § 6 UrhWG als lex specialis § 20 GWB vor, der unter bestimmten Voraussetzungen einen Aufnahmezwang in Wirtschafts- und Berufsvereinigungen statuiert.[1]

3. § 7

§ 7 setzt Art. 3 Buchst. d) VG-RL um und definiert die Mitglieder als dritte Gruppe neben der **3** Gruppe der Rechtsinhaber (definiert in § 5) und den Berechtigten (definiert in § 6). Mitglieder iSv. § 7 sind als solche von der Verwertungsgesellschaft aufgenommene **Berechtigte (§ 7 Nr. 1)** und **Einrichtungen,** die Rechtsinhaber vertreten (**§ 7 Nr. 2**). Die **Bedingungen für die Mitgliedschaft** sowie die Verpflichtung, Berechtigte unter bestimmten Voraussetzungen als Mitglieder aufzunehmen, ergeben sich aus § 13.[2]

II. Mitglieder

1. Mitgliedschaft

§ 7 enthält die **Legaldefinition** für den Begriff der Mitglieder einer Verwertungsgesellschaft iSv. **4** § 2.[3]

Die Mitgliedschaft setzt die **Aufnahme als Mitglied** durch eine Verwertungsgesellschaft voraus. Verwertungsgesellschaften sind gem. § 13 nur verpflichtet, den in § 7 Nr. 1 und Nr. 2 Genannten die Mitgliedschaft unter bestimmten objektiven, transparenten und nichtdiskriminierenden Bedingungen zu gewähren.[4]

Der **Status der Mitgliedschaft** in einer Verwertungsgesellschaft bewirkt einen gegenüber den einfachen Berechtigten, die nicht Mitglieder sind, **erhöhten Einfluss auf die Tätigkeit der Gesellschaft.** Insbesondere stehen den Mitgliedern im Innenverhältnis zur Verwertungsgesellschaft gem. §§ 17 ff. besondere Mitwirkungs- und Stimmrechte zu. Der Status des Mitglieds wird daher regelmä-

---

[1] Vgl. → 5. Aufl. 2017, UrhWG § 6 Rn. 3, 11, 14 mwN.
[2] Vgl. AmtlBegr. BT-Drs. 18/7223, S. 75 f.; → § 13 Rn. 4 f.
[3] § 7 gilt für Verwertungsgesellschaften iSv. § 2 (zum Begriff → § 2 Rn. 5 ff.), ebenso aber auch für abhängige Verwertungseinrichtungen iSv. § 3, soweit diese die Tätigkeiten einer Verwertungsgesellschaft ausüben (zum Begriff → § 3 Rn. 3); für unabhängige Verwertungseinrichtungen dürfte § 7 keine Bedeutung haben, da die gem. § 4 auf diese anwendbaren Bestimmungen auf den Schutz der Berechtigten und nicht der Mitglieder abstellen; vgl. Heine/Holzmüller/*Heine* § 7 Rn. 10.
[4] → § 13 Rn. 4 f.

ßig vor allem für diejenigen Berechtigten sinnvoll sein und denen vorbehalten bleiben, die regelmäßig und in großem Umfang Werkschöpfer oder Erbringer schutzwürdiger Leistungen sind.[5]

Außerdem sind Mitglieder iSv. § 7 und ihre Stellung auch schon **Bedingung für das Bestehen einer Verwertungsgesellschaft:** Von einer Verwertungsgesellschaft iSv. § 2 kann nur dann gesprochen werden, wenn ihre Mitglieder Anteile an ihr halten oder sie beherrschen (§ 2 Abs. 2 Nr. 1); dies jedenfalls dann, wenn die Verwertungsgesellschaft auf Gewinnerzielung ausgerichtet ist.[6]

Eine Verwertungsgesellschaft kann ihre **Mitglieder in verschiedene Kategorien** aufteilen, etwa in unterschiedliche Arten von Rechtsinhabern, unter der Voraussetzung, dass diese bei den Entscheidungsprozessen innerhalb der Verwertungsgesellschaft ausgewogen und fair vertreten sind.[7] Außerdem können Verwertungsgesellschaften verschiedene Klassen von Mitgliedern vorsehen und hinsichtlich ihrer Teilnahme- und Stimmrechte differenzieren.[8]

2. § 7 Nr. 1, als Mitglieder aufgenommene Berechtigte

5   In § 7 Nr. 1 knüpft die Definition des Begriffs „Mitglieder" an die Kategorie der **Berechtigten iSv. § 6** an, die Rechtsinhaber iSv. § 5, dh. Inhaber eines Urheberrechts oder verwandten Schutzrechts sind oder gesetzlich oder aufgrund eines Rechteverwertungsvertrages Anspruch auf einen Anteil aus den Einnahmen aus den Rechten haben[9] und zur Verwertungsgesellschaft in einem unmittelbaren Wahrnehmungsverhältnis stehen.[10]

§ 7 Nr. 1 bestimmt, dass **Mitglieder** Berechtigte sind, die von der Verwertungsgesellschaft – bei Vorliegen der Voraussetzungen für die Mitgliedschaft gem. § 13 – als Mitglied aufgenommen wurden. Diese Mitglieder sind also eine **Untergruppe der Berechtigten,** deren Rechte von der Verwertungsgesellschaft wahrgenommen werden. Damit sind Mitglieder einer Verwertungsgesellschaft iSv. § 7 Nr. 1 idR. deren Berechtigte iSv. § 6; dagegen muss nicht jeder Berechtigte auch Mitglied sein.

Da den Verwertungsgesellschaften die Wahl ihrer **Rechtsform** überlassen bleibt, ist **der Begriff „Mitglieder" untechnisch zu verstehen** und umfasst unabhängig von der jeweiligen Rechtsform der Verwertungsgesellschaft alle Berechtigten, die in ihrem Verhältnis zur Verwertungsgesellschaft eine Stellung der aktiven Mitwirkungsmöglichkeit an deren Geschäften haben. Dies sind die **Vereinsmitglieder** einer als eingetragener Verein organisierten Verwertungsgesellschaften, zB der GEMA, oder die **Gesellschafter** einer als GmbH organisierten Verwertungsgesellschaft, zB der GVL.[11]

Besonderheiten sollen für Verwertungsgesellschaften gelten, die als **Stiftung** organisiert sind und daher keine Mitglieder haben: In diesen Fällen nimmt das Aufsichtsgremium die den Mitgliedern zustehenden Befugnisse in der Mitgliederhauptversammlung wahr.[12]

3. § 7 Nr. 2, als Mitglieder aufgenommene Einrichtungen, die Rechtsinhaber vertreten

6   **Einrichtungen, die Rechtsinhaber vertreten** (iSd. in Art. 3 Buchst. d) VG-RL genannten zweiten Kategorie), einschließlich anderer Verwertungsgesellschaften, Gewerkschaften oder Vereinigungen von Rechtsinhabern (iSv. Art. 3 Buchst. d), dritte Kategorie VG-RL) sind in der Regel nicht selbst Berechtigte iSv. § 6, deren Rechte von der Verwertungsgesellschaft wahrgenommen werden und die zu ihr in einem unmittelbaren Wahrnehmungsverhältnis stehen; sie fallen also nicht notwendigerweise unter § 7 Nr. 1. Außerdem bestimmt § 5 Abs. 2 ausdrücklich, dass Verwertungsgesellschaften nicht als Rechtsinhaber anzusehen sind; sie können daher auch nicht Berechtigte iSv. § 6 sein.[13]

Einrichtungen, die Rechtsinhaber vertreten, werden daher in **§ 7 Nr. 2** gesondert als mögliche Mitglieder aufgeführt, um auch ihnen die Möglichkeit zu geben, Mitglieder einer Verwertungsgesellschaft zu werden. Dies gilt auch für Einrichtungen, die Berechtigte vertreten, da diese eine Untergruppe der Rechtsinhaber sind.[14]

Die Amtliche Begründung nennt als Beispiele für Einrichtungen dieser Art bestimmte Gesellschafter der GVL, die Deutsche Orchestervereinigung e. V. (DOV) und den Bundesverband Musikindustrie e. V. (BVMI).[15]

---

[5] Diese bereits für das UrhWG geltenden Grundsätze dürften auch iRd. VGG Gültigkeit behalten; → 5. Aufl. 2017, § 6 UrhWG Rn. 14; zum Vergleich: Von den über 71 000 Mitgliedern der GEMA am 1.1.2018 waren 4185 ordentliche, 5874 außerordentliche und 61 062 angeschlossene Mitglieder; nach der GEMA-Satzung verfügen nur die ordentlichen Mitglieder über eine volle verbandsrechtliche Stellung; *Nocker/Riemer* in: Heker/Riesenhuber (Hrsg.), Recht und Praxis der GEMA, 53 (69 ff.); vgl. *Schack* Rn. 1308.

[6] → § 2 Rn. 11 ff.

[7] Vgl. § 22 Rn. 4; Art. 9 Abs. 2 und Erwägungsgrund (22) S. 3, 4 VG-RL.

[8] → § 19 Rn. 4; die GEMA unterscheidet zwischen ordentlichen, außerordentlichen und angeschlossenen Mitgliedern und gibt nur der ersten dieser Gruppen volle Teilnahme- und Stimmrechte; vgl. § 6 der GEMA-Satzung, bei *Hillig,* Urheber- und Verlagsrecht, Beck'sche Textausgabe, 18. Aufl. 2019, Nr. 16; *Nocker/Riemer,* in: Heker/Riesenhuber (Hrsg.), Recht und Praxis der GEMA, 53 (69 ff.).

[9] → § 5 Rn. 3 ff.

[10] → § 6 Rn. 4 f.

[11] AmtlBegr. BT-Drs. 18/7223, S. 74.

[12] → § 17 Rn. 3; vgl. Erwägungsgrund (23) S. 3 VG-RL.

[13] → § 6 Rn. 3.

[14] → § 6 Rn. 3.

[15] AmtlBegr. BT-Drs. 18/7223, S. 74.

§ 8 Nutzer

Nutzer im Sinne dieses Gesetzes ist jede natürliche oder juristische Person, die eine Handlung vornimmt, die der Erlaubnis des Rechtsinhabers bedarf, oder die zur Zahlung einer Vergütung an den Rechtsinhaber verpflichtet ist.

Übersicht

I. Allgemeines

1. Die Vorgaben der VG-RL

Der Begriff der Nutzer und der Nutzung ist von zentraler Bedeutung in der VG-RL, die ja die **1** Regelung der kollektiven Rechtewahrnehmung zum Ziel hat, daher an die Rechtewahrnehmung an eben dieser Nutzung von Urheber- und verwandten Schutzrechten anknüpft und das Verhältnis der Verwertungsgesellschaften nicht nur gegenüber den Rechtsinhabern, sondern auch gegenüber den Nutzern regelt. Dem Vorgang der **Nutzung** kommt somit entscheidende Bedeutung in der Systematik der VG-RL zu. Aber auch die **Nutzer** sind direkt angesprochen, etwa als Parteien alternativer Streitbeilegungsverfahren gem. Art. 34 ff. VG-RL oder als Verhandlungspartner der Verwertungsgesellschaften gem. Art. 16 VG-RL. Außerdem enthält Art. 17 VG-RL („Pflichten der Nutzer") ausdrücklich Informationspflichten der Nutzer gegenüber Verwertungsgesellschaften.

In **Art. 3 Buchst. k) VG-RL** wird der Begriff der Nutzer definiert. Danach ist „Nutzer" jede natürliche oder juristische Person, die eine Nutzungshandlung vornimmt, die „der Erlaubnis der Rechtsinhaber" bedarf (die also einem urheberrechtlichen Verbotsrecht unterliegt), und die „die Zahlung einer Vergütung oder eines Ausgleichs an die Rechtsinhaber" bedingt. Nutzer sind alle, die eine dieser Voraussetzungen erfüllen, und zwar **alternativ;** die Verbindung der Alternativen durch das Wort „und" in Art. 3 Buchst. k) VG-RL ist ein Redaktionsversehen.[1]

Allerdings sollen Nutzer, die „als Verbraucher handeln",[2] nach Art. 3 Buchst. k) VG-RL nicht als Nutzer iSd. VG-RL anzusehen sein. Diese letztere Ausnahme hat zur Folge, dass die genannten, für Nutzer vorgesehenen Rechte und Pflichten (wie etwa die Informationspflichten) nach der VG-RL nicht für Verbraucher gelten sollen, die Nutzungshandlungen vornehmen.

2. Der Begriff des Nutzers im UrhWG

Im **UrhWG** wurde der Begriff des Nutzers in § 11 UrhWG (Abschlusszwang der Verwertungsge- **2** sellschaft gegenüber den Nutzern, gekoppelt mit der Hinterlegungspflicht) verwendet. Eine Definition dieses Begriffs enthielt das UrhWG dagegen ebenso wenig, wie etwa andere Begriffe wie Mitglieder, Berechtigte oder Rechtsinhaber definiert wurden. Im Übrigen bezog sich das UrhWG auch an anderen Stellen auf Rechte und Pflichten von Nutzern, bezeichnete sie aber, abhängig vom jeweiligen Zusammenhang, als Personen, die nach dem UrhG geschützte Werke oder Leistungen nutzen (§ 12 UrhWG), als Veranstalter (§ 13b UrhWG) oder als (Verfahrens-)Beteiligte (zB. in §§ 14, 14a, 14e oder 16 UrhWG); denn wesentlich war in der Systematik des UrhWG stets der **Nutzungsvorgang,** nicht die Person des Nutzenden.

3. § 8

In Umsetzung von Art. 3 Buchst. k) VG-RL enthält § 8 die **Legaldefinition** für den Begriff des **3** Nutzers und definiert ihn für die Zwecke des VGG. Dabei ist § 8 allerdings in einem Punkt sprachlich klarer gefasst als die VG-RL und geht in einem anderen Punkt über die VG-RL hinaus:

§ 8 stellt unmissverständlich klar, dass Nutzer alternativ auch die **Schuldner gesetzlicher Vergütungsansprüche** sind und nicht nur eines Verbotsrechts, wie man aus der etwas missglückten Formu-

---

[1] Möhring/Nicolini/*Freudenberg* § 8 Rn. 5.
[2] Vgl. Erwägungsgrund (33) S. 2 VG-RL: „natürliche Personen, die nicht für Handels-, geschäftliche, handwerkliche oder sonstige berufliche Zwecke handeln".

lierung in Art. 3 Buchst. k) VG-RL „und die die Zahlung einer Vergütung oder eines Ausgleichs bedingen" schließen könnte.

Außerdem fehlt in § 8 ein Ausschluss der Verbraucher, wie ihn die VG-RL ausdrücklich vorsieht, so dass gem. § 8 auch **Verbraucher als Nutzer** iSd. VGG angesehen werden. Insoweit sieht § 8 also mehr Rechte für Verbraucher und, sozusagen spiegelbildlich, mehr Pflichten für Verwertungsgesellschaften vor als die VG-RL. Dies ist mit der VG-RL, die entsprechend ihrem Konzept als Mindestrichtlinie auch strengere Vorschriften für Verwertungsgesellschaften zulässt, auch vereinbar.[3]

II. Nutzer

1. Natürliche oder juristische Personen

4   Gem. § 8 umfasst der Begriff des „Nutzers" sowohl natürliche als auch juristische Personen, wie etwa Verlage oder Produzenten. Insoweit ist die Definition mit Art. 3 Buchst. k) VG-RL identisch.

2. Verbraucher als „Nutzer"

5   Anders als Art. 3 Buchst. k) VG-RL schließt § 8 VGG Verbraucher nicht aus dem Kreis der Nutzer aus und geht daher insoweit weiter als diese Bestimmung.[4] Auch **Verbraucher,** die urheberrechtlich relevante Handlungen in dem genannten Sinne vornehmen, insbesondere solche, die der Zustimmung der Rechtsinhaber bedürfen, werden daher vom VGG grundsätzlich als Nutzer iS. dieses Gesetzes angesehen.

3. Objekte der Nutzung

6   **a) Nutzung von Ausschließlichkeitsrechten oder gesetzlichen Vergütungsansprüchen.** Voraussetzung für die Einstufung als Nutzer ist, dass dieser eine urheberrechtlich relevante Handlung vornimmt. Dazu gehören zunächst **Handlungen, die der Erlaubnis des Rechtsinhabers bedürfen,** da dieser daran ausschließliche Rechte innehat. Dies sind die ausschließlichen Verwertungsrechte des Urhebers gem. den §§ 15 ff. UrhG, wie etwa das Vervielfältigungsrecht (§ 16 UrhG), das Verbreitungsrecht (§ 17 UrhG) oder das Recht der öffentlichen Zugänglichmachung (§ 19a UrhG), aber auch die ausschließlichen Verwertungsrechte der Inhaber verwandter Schutzrechte, wie gem. den §§ 71 Abs. 1 S. 1, 77 Abs. 1 und 2, 78 Abs. 1, 81 S. 1, 85 Abs. 1 S. 1, 87 Abs. 1, 87b Abs. 1 S. 1, 87f Abs. 1 S. 1, 94 Abs. 1 oder 95 UrhG.

7   **b) Nutzung von gesetzlichen Vergütungsansprüchen.** Urheberrechtlich relevante Nutzungshandlungen iSv. § 8 können alternativ[5] aber auch solche sein, die zwar gesetzlich erlaubt sind, für die aber **gesetzliche Vergütungs- oder Ausgleichsansprüche** bestehen. Auch die Schuldner derartiger gesetzlicher Ansprüche sind also „Nutzer" iSv. § 8. Beispiele hierfür sind die Schuldner der Vergütung aus dem Folgerecht (§ 26 UrhG), aus der Bibliothekantieme (§ 27 Abs. 2 UrhG), oder für Vervielfältigungen zum privaten Gebrauch (Privatkopievergütung, §§ 53 ff. UrhG), wie die Hersteller, Importeure und Händler von Geräten und Speichermedien iSd. §§ 54 und 54b UrhG.[6] Dieser Personenkreis der Nutzer entspricht der im UrhWG als „zur Zahlung von Vergütungen nach dem Urheberrechtsgesetz Verpflichtete" bezeichneten Gruppe.[7]

4. Rechte und Pflichten der Nutzer

8   Nutzer nach § 8 im klassischen Sinne sind vor allem die Verhandlungspartner der Verwertungsgesellschaften. Ihnen gegenüber bestehen **Pflichten der Verwertungsgesellschaften** beim Abschluss von Nutzungsverträgen gem. **§§ 34 ff.,** wie etwa der Abschlusszwang (§ 34) oder die Berücksichtigung religiöser, kultureller und sozialer Belange der Nutzer bei der Tarifaufstellung (§ 39 Abs. 3). Allerdings sind nach **§ 60 Abs. 2 S. 1** im Bereich der gebietsübergreifenden Vergabe von Online-Rechten an Musikwerken die Verpflichtungen gegenüber Nutzern nach den §§ 34 Abs. 1 S. 1, 35, 37 und 38 nicht anzuwenden; dies soll der Förderung des Wettbewerbs unter Verwertungsgesellschaften dienen.[8]

Wer als „Nutzer" iSv. § 8 gilt, hat außerdem verschiedene **Schutz- und Informationsrechte,** wie etwa aus **§ 43** (Zugang zu elektronischer Kommunikation) und **§ 55** (Informationen zu Werken und anderen Schutzgegenständen), überdies aber auch **Auskunfts- und Meldepflichten** gem. **§ 41** (Auskunft über die Nutzung) und **§ 42** (Meldepflicht der Veranstalter öffentlicher Wiedergaben).

Da auch Verbraucher Nutzer iSv. § 8 sein können, sollen grundsätzlich auch sie die betreffenden Schutz- und Informationsrechte nach dem VGG beanspruchen können.[9] Allerdings werden Verbrau-

---

[3] Vgl. Erwägungsgrund (9) VG-RL.
[4] Zur Zulässigkeit eines solchen weitergehenden Schutzes → Rn. 3.
[5] → Rn. 1 zum Redaktionsversehen im Text der VG-RL.
[6] BGH GRUR 2017, 161 Rn. 28 – Gesamtvertrag Speichermedien.
[7] So die Bezeichnung in § 12 UrhWG; → 5. Aufl. 2017, UrhWG § 12 Rn. 3.
[8] → § 60 Rn. 3.
[9] AmtlBegr. BT-Drs. 18/7223, S. 74.

cher als Nutznießer gesetzlicher Lizenzen, etwa iRv. gesetzlichen Vergütungsansprüchen, von § 41 nicht erfasst, da Anspruchsgegner des Auskunftsanspruchs nach § 41 nur Nutzer sind, denen Nutzungsrechte von der Verwertungsgesellschaft vertraglich eingeräumt wurden.[10]

Der Begriff der **Nutzervereinigung**, auf den in den §§ 35 und 36 im Zusammenhang mit Gesamtverträgen Bezug genommen wird, ist nicht gesondert definiert. Dieser Begriff beruht auf der Legaldefinition des Nutzers in § 8 und erfasst damit sowohl Vereinigungen, deren Mitglieder nach dem UrhG geschützte Werke oder Leistungen nutzen, als auch solche, deren Mitglieder zur Zahlung von Vergütungen oder eines Ausgleichs verpflichtet sind. Darunter fallen neben Verbänden des Hotel- und Gastronomiegewerbes (Nutzer öffentlicher Wiedergaben zB. von Musik) auch die Verbände der Hersteller, Importeure und Händler von Geräten und Speichermedien iSd. §§ 54 und 54b UrhG sowie der Betreiber von Ablichtungsgeräten iSd. § 54c UrhG.[11]

---

[10] → § 41 Rn. 4.
[11] AmtlBegr. BT-Drs. 18/7223, S. 84; BGH GRUR 2017, 694 Rn. 23 – Gesamtvertrag PCs.

Teil 2. Rechte und Pflichten der Verwertungsgesellschaft

Vorbemerkung

1   **Teil 2 des VGG** regelt in seinen sechs Abschnitten die Rechte und Pflichten der Verwertungsgesellschaften, und damit die Kernbereiche der kollektiven Rechtewahrnehmung.

2   **Abschnitt 1 von Teil 2 (§§ 9 bis 58)** behandelt das Innenverhältnis zwischen Verwertungsgesellschaften und Rechtsinhabern und ist in vier Unterabschnitte unterteilt. **Unterabschnitt 1 („Rechtsinhaber, Berechtigte und Mitglieder", §§ 9 bis 20)** enthält die Rechte dieser Personen aus dem Wahrnehmungsverhältnis, einschließlich des Wahrnehmungszwangs, der Bedingungen für die Mitgliedschaft und den Mitwirkungsmöglichkeiten an der Mitgliederhauptversammlung. **Unterabschnitt 2 (§§ 21 und 22)** enthält Bestimmungen zu „Geschäftsführung und Aufsicht", **Unterabschnitt 3** behandelt in den **§§ 23–32** die **„Einnahmen aus den Rechten".** Unterabschnitt 4 enthält mit § 33 eine Bestimmung zu **„Beschwerdeverfahren".**

3   **Abschnitt 2 von Teil 2 (§§ 34–43)** regelt das **„Außenverhältnis"** zwischen Verwertungsgesellschaft und Nutzern in zwei Unterabschnitten: **Unterabschnitt 1 („Verträge und Tarife", §§ 34–40)** und **Unterabschnitt 2 („Mitteilungspflichten", §§ 41–43).**

4   **Abschnitt 3 von Teil 2 (§§ 44–47)** enthält **„Besondere Vorschriften für die Wahrnehmung von Rechten auf Grundlage von Repräsentationsvereinbarungen".**

5   **Abschnitt 4 von Teil 2** enthält in den **§§ 48–50** Bestimmungen zu **„Vermutungen; Außenseiter bei Kabelweitersendung".**

6   **Abschnitt 5 von Teil 2** regelt in den **§§ 51–52a** den **„Vergriffene Werke".**

7   **Abschnitt 6 von Teil 2 (§§ 53–58)** enthält Bestimmungen zu **„Informationspflichten; Rechnungslegung und Transparenz",** unterteilt in **Unterabschnitt 1 (§§ 53–56, „Informationspflichten")** und **Unterabschnitt 2 (§§ 57 und 58, Rechnungslegung und Transparenz").**

Abschnitt 1. Innenverhältnis

Unterabschnitt 1. Rechtsinhaber, Berechtigte und Mitglieder

§ 9 Wahrnehmungszwang

(1) **Die Verwertungsgesellschaft ist verpflichtet, auf Verlangen des Rechtsinhabers Rechte seiner Wahl an Arten von Werken und sonstigen Schutzgegenständen seiner Wahl in Gebieten seiner Wahl wahrzunehmen, wenn**

1. **die Rechte, die Werke und sonstigen Schutzgegenstände sowie die Gebiete zum Tätigkeitsbereich der Verwertungsgesellschaft gehören und**
2. **der Wahrnehmung keine objektiven Gründe entgegenstehen.**

(2) **Die Bedingungen, zu denen die Verwertungsgesellschaft die Rechte des Berechtigten wahrnimmt (Wahrnehmungsbedingungen), müssen angemessen sein.**

Schrifttum: *Adolphsen/Mutz,* Das Google Book Settlement, GRUR-Int 2009, 789; *Augenstein,* Rechtliche Grundlagen des Verteilungsplans urheberrechtlicher Verwertungsgesellschaften, 2004; *Bezzenberger/Riesenhuber,* Die Rechtsprechung zum „Binnenrecht" der Verwertungsgesellschaften – dargestellt am Beispiel der GEMA, GRUR 2003, 1005; *Goldmann,* Die kollektive Wahrnehmung musikalischer Rechte in den USA und Deutschland, 2001; *Häußer,* Praxis und Probleme der Aufsicht über Verwertungsgesellschaften, FuR 1980, 57; *Haertel,* Verwertungsgesellschaften und Verwertungsgesellschaftengesetz, UFITA 50 (1967), 7; *Heker/Riemer,* Die Einbeziehung von Verteilungsplanänderungen in bestehende Wahrnehmungsverträge am Beispiel der GEMA – zur AGB-rechtlichen Zulässigkeit von dynamischen Bezugnahmeklauseln, FS Pfennig (2012), S. 419; *Hoeren,* AGB-rechtliche Fragen zum Wahrnehmungsvertrag der VG WORT, AfP 2001, 8; *Katzenberger,* Zwangsdigitalisierung urheberrechtlich geschützter Werke in den USA und in Deutschland: das Projekt Google Book Search und § 137l UrhG, GRUR-Int 2010, 563; *Krüger,* Zur Wahrnehmung des sog. Filmherstellungsrechts durch die GEMA, FS Reichardt (1990), S. 79; *Mauhs,* Der Wahrnehmungsvertrag, 1991; *Melichar,* Die Wahrnehmung von Urheberrechten durch Verwertungsgesellschaften, 1983; *Menzel,* Die Aufsicht über die GEMA durch das Deutsche Patentamt, 1986; *Meyer,* Verwertungsgesellschaften und ihre Kontrolle nach dem Urheberrechtswahrnehmungsgesetz, 2001; *Möhring/Lieberknecht,* Kartellrecht und Urheberrecht, UFITA 29 (1959), 269; *Müller,* Anmerkung zu BGH, Urteil vom 18. Dezember 2008 – I ZR 23/06, ZUM 2009, 293; *Nordemann,* Der Begriff der „angemessenen Bedingungen" in § 6 Absatz 1 Wahrnehmungsgesetz, GRUR-Int 1973, 306; *ders.,* Mängel der Staatsaufsicht über die deutschen Verwertungsgesellschaften?, GRUR 1992, 584; *Rehbinder,* Mängel der Staatsaufsicht über die deutschen Verwertungsgesellschaften, DVBl. 1992, 216; *Reinbothe,* Schlichtung im Urheberrecht, 1978; *Reischl,* Zum Umfang der Staatsaufsicht nach dem Urheberrechtswahrnehmungsgesetz, GEMA-Nachr. 1978 Nr. 108, S. 79; *Riesenhuber,* Beim Abschluß des Wahrnehmungsvertrages sind die Berechtigten Unternehmer im Sinne von § 14 BGB, ZUM 2002, 777; *ders.,* Die Auslegung und Kontrolle des Wahrnehmungsvertrages, 2004; *ders.,* Die Auslegung des Wahrnehmungsvertrages, GRUR 2005, 712; *ders.,* Die doppelte Vorausverfügung des Arbeitnehmer-Urhebers zu Gunsten von Verwertungsgesellschaft und Arbeitgeber, NZA 2004, 1363; *ders.,* Die Vermutungstatbestände des § 10 UrhG, GRUR

2003, 187; *ders.*, Auslegung und Kontrolle des Wahrnehmungsvertrages, in: Heker/Riesenhuber (Hrsg.), Recht und Praxis der GEMA, 3. Aufl. 2018, 163; *Samson,* Das neue Urheberrecht, UFITA 47 (1966), 1; *Schricker,* Zum neuen deutschen Urhebervertragsrecht, GRUR-Int 2002, 797; *G. Schulze,* Teil-Werknutzung, Bearbeitung und Werkverbindung bei Musikwerken – Grenzen des Wahrnehmungsumfangs der GEMA, ZUM 1993, 255; *Siebert,* Die Auslegung der Wahrnehmungsverträge unter Berücksichtigung der digitalen Technik, 2002; *Staats,* Aufführungsrecht und kollektive Wahrnehmung bei Werken der Musik, 2004; *Staudt/Hendel/Welp,* Der Berechtigungsvertrag, in: Heker/Riesenhuber (Hrsg.), Recht und Praxis der GEMA, 3. Aufl. 2018, 212; *v. Ungern-Sternberg,* Die Wahrnehmungspflicht der Verwertungsgesellschaften und die Urheberrechtskonventionen, GRUR-Int 1973, 61; *Vogel,* Wahrnehmungsrecht und Verwertungsgesellschaften in der Bundesrepublik Deutschland – Eine Bestandsaufnahme im Hinblick auf die Harmonisierung des Urheberrechts in der Europäischen Gemeinschaft, GRUR 1993, 513; *v. Welser,* Die Wahrnehmung urheberpersönlichkeitsrechtlicher Befugnisse durch Dritte, 2000.

Übersicht

I. Allgemeines

1. Regelungszweck

In Abschnitt 1 von Teil 2 des VGG behandelt Unterabschnitt 1 (§§ 9–20) das Verhältnis der Verwertungsgesellschaften zu den Rechtsinhabern, Berechtigten und Mitgliedern. **1**

Dabei kommt § 9 besondere Bedeutung zu. Nach § 9 sind Verwertungsgesellschaften verpflichtet, unter bestimmten Bedingungen die Rechte von Rechtsinhabern zu angemessenen Bedingungen wahrzunehmen. Diesem **Wahrnehmungs- oder Kontrahierungszwang nach innen** tritt an die Seite der Abschlusszwang nach § 34 und § 35 als Kontrahierungszwang nach außen, nämlich gegenüber den Nutzern. Verwertungsgesellschaften unterliegen damit nach dem VGG, wie schon nach dem UrhWG,[1] einem **doppelten Kontrahierungszwang.**

Grund für den Wahrnehmungszwang gem. § 9, wie nach dem bisherigen § 6 UrhWG, war und ist die besondere Stellung, die Verwertungsgesellschaften gegenüber Rechtsinhabern innehaben: Zahlreiche Vergütungs- und Auskunftsansprüche aus Rechten der Urheber und der Inhaber verwandter Schutzrechte können kraft Gesetzes nur von Verwertungsgesellschaften geltend gemacht werden, wie etwa gem. §§ 20b Abs. 1 S. 1 und Abs. 2 S. 3, 26 Abs. 6, 48, 49, 50, 54h Abs. 1 oder 79 Abs. 3 S. 2 UrhG.[2] Aber auch andere Nutzungsrechte, die im Prinzip auch individuell vergeben werden könnten, können effektiv nur im Wege der kollektiven Rechtewahrnehmung durch Verwertungsgesellschaften wahrgenommen werden, da die Nutzungsvorgänge nicht einzeln überwacht werden können oder die Ansprüche individuell nicht durchsetzbar sind.[3] Verwertungsgesellschaften haben daher in ihrem Tätigkeitsbereich idR. eine faktische Monopolstellung,[4] auch wenn ein Wettbewerb unter Verwertungsgesellschaften nach dem VGG nicht ausgeschlossen ist. Hätte die Verwertungsgesellschaft ein Recht auf Verweigerung der Wahrnehmung, so könnten daher Wettbewerbsnachteile und den Rechtsinhabern erheblicher wirtschaftlicher Schaden entstehen.[5] Denn wenn eine Verwertungsgesellschaft frei wäre, die Wahrnehmung der Rechte und Ansprüche einzelner Rechtsinhaber zu verweigern, könnten diese ihre Ansprüche gar nicht oder allenfalls nur sehr schwer geltend machen.

---

[1] Vgl. 5. Aufl. 2017, UrhWG § 6 Rn. 1.
[2] → § 2 Rn. 5.
[3] So das Vortrags- und Vorführungsrecht gem. § 19 Abs. 1 und Abs. 4 UrhG, das Senderecht gem. § 20 UrhG, oder die Wiedergaberechte gem. §§ 21 und 22 UrhG; dies wird auch von Erwägungsgrund (2) S. 3 VG-RL hervorgehoben.
[4] → Einl. VGG Rn. 44; *v. Ungern-Sternberg* GRUR-Int 1973, 61 (62) mwN; *Melichar* S. 34 f.
[5] So schon die AmtlBegr. zum UrhWG BT-Drs. IV/271 S. 15.

2. Die Vorgaben der VG-RL

2   Die VG-RL geht im Prinzip nicht von einer Monopolstellung der Verwertungsgesellschaften aus und lässt deren Wettbewerb untereinander zu. Dennoch sollen Verwertungsgesellschaften gegenüber Rechtsinhabern zur Wahrnehmung ihrer Rechte verpflichtet sein:

Nach **Art. 5 Abs. 2 S. 1 VG-RL** sollen Rechtsinhaber das Recht haben, eine Verwertungsgesellschaft („Organisation für die kollektive Rechtewahrnehmung") „ihrer Wahl mit der Wahrnehmung von Rechten, von Kategorien von Rechten oder von Arten von Werken und sonstigen Schutzgegenständen ihrer Wahl in den Gebieten ihrer Wahl ungeachtet des Mitgliedstaats der Staatsangehörigkeit, des Wohnsitzes oder der Niederlassung der Organisation für die kollektive Rechtewahrnehmung beziehungsweise des Rechtsinhabers zu beauftragen".

Gem. **Art. 5 Abs. 2 S. 2 VG-RL** soll die Verwertungsgesellschaft verpflichtet sein, solche Rechte, „die in ihren Tätigkeitsbereich fallen", wahrzunehmen, es sei denn, sie kann dies aus „objektiv nachvollziehbaren Gründen ablehnen".

3. § 9

3   In Anknüpfung an den bisherigen § 6 UrhWG verpflichtet § 9 Verwertungsgesellschaften dazu, innerhalb ihres Tätigkeitsbereichs für jeden Rechtsinhaber auf dessen Verlangen seine Rechte und Ansprüche zu angemessenen Bedingungen wahrzunehmen. Dabei ist es das erklärte Ziel des Gesetzgebers, mit § 9 im Interesse der Rechtsinhaber die ausdrücklich als grundlegend und bewährt bezeichnete Pflicht des Wahrnehmungszwangs von Verwertungsgesellschaften, wie sie bereits in § 6 UrhWG enthalten war, fortzuführen und unter Berücksichtigung der Richtlinienvorgaben weiter zu entwickeln.[6]

§ 9 setzt zugleich Art. 5 Abs. 2 VG-RL um und übernimmt daraus die **zusätzlichen Tatbestandsmerkmale** der Wahlmöglichkeit bei der Wahrnehmung in § 9 S. 1 („Rechte seiner Wahl an Arten von Werken und sonstigen Schutzgegenständen seiner Wahl"), der Beschränkung des Wahrnehmungszwangs auf den Tätigkeitsbereich der Verwertungsgesellschaft in § 9 S. 1 Nr. 1 und der einer Rechtewahrnehmung entgegenstehenden objektiven Gründe in § 9 S. 1 Nr. 2.

Der Wahrnehmungszwang gem. § 9 geht auch einzelvertraglichen Abmachungen vor.[7] Er begründet Pflichten der Verwertungsgesellschaften gegenüber den Rechtsinhabern, nicht aber ein Schuldverhältnis unter den Rechtsinhabern.[8] Der Wahrnehmungs- oder Berechtigungsvertrag, den der Rechtsinhaber mit der Verwertungsgesellschaft in Ausübung seines Wahrnehmungsanspruchs abschließt, stellt eine **treuhänderische Rechtsübertragung** dar; Rechtsinhaber bleibt der Berechtigte.[9]

Gem. **§ 53 Abs. 1 Nr. 1** hat die Verwertungsgesellschaft den Rechtsinhaber über die ihm nach § 9 zustehenden Rechte zu **informieren**, bevor sie seine Zustimmung zur Nutzung seiner Rechte einholt.[10] Diese Informationen müssen gem. **§ 56 Abs. 1 Nr. 2** auch auf der **Internetseite** der Verwertungsgesellschaft zur Verfügung stehen.[11] Nach **§ 53 Abs. 2** muss die Verwertungsgesellschaft die in § 9 genannten Rechte in ihr **Statut** bzw. in ihren Gesellschaftsvertrag oder in ihre **Wahrnehmungsbedingungen** aufnehmen.[12] Darüber beschließt gem. § 17 Abs. 1 S. 2 Nr. 1 bzw. Nr. 13 die Mitgliederhauptversammlung.

II. Wahrnehmungszwang

1. § 9 S. 1 – Tatbestandsmerkmale

4   **a) Auf Verlangen des Rechtsinhabers.** Der Wahrnehmungszwang nach § 9 gibt den Rechtsinhabern einen Anspruch auf eine wirksame Wahrnehmung ihrer Rechte und Ansprüche durch die Verwertungsgesellschaft. Voraussetzung für den Wahrnehmungszwang ist in jedem Fall, dass der Anspruchsteller **Rechtsinhaber iSv § 5,** also originärer Rechtsinhaber oder Inhaber abgeleiteter Rechte ist.[13] Ihm obliegt hierfür die Darlegungs- und Beweislast in dem Umfang, in dem dies zur wirksamen Wahrnehmung seiner Rechte gegenüber Nutzern und zur Rechtfertigung seiner Erlösbeteiligung gegenüber den anderen Wahrnehmungsberechtigten erforderlich ist. Die Vermutungstatbestände des § 10 UrhG finden daher im Verhältnis zwischen Urheber und Verwertungsgesellschaft iRv. § 9 keine Anwendung, da dies zu Lasten der anderen Wahrnehmungsberechtigten ginge.[14] Wer als

---

[6] AmtlBegr. BT-Drs. 18/7223, S. 74.
[7] Vgl. schon die Richtlinie des DPA für die Aufkommensverteilung und Verteilungsvereinbarung, ZUM 1989, 506 (508).
[8] BGH ZUM 2004, 921.
[9] Zum Wahrnehmungsvertrag → Rn. 15 ff.
[10] → § 53 Rn. 3.
[11] → § 56 Rn. 4.
[12] → § 53 Rn. 4.
[13] → § 5 Rn. 3 ff.
[14] *Riesenhuber* GRUR 2003, 187 (195 f.) zu § 6 UrhWG.

Rechtsinhaber die kollektive Wahrnehmung seiner Rechte begehrt, muss darüber hinaus darlegen und ggf. beweisen, dass die angemeldeten Werke für eine wirtschaftliche Verwertung in Betracht kommen und er auch in der Lage ist, gem. § 32 Abs. 1 förderungswürdige Werke zu schaffen.[15] Allein die Zugehörigkeit zu einer bestimmten Berufsgruppe kann die Rechtsinhaberschaft mit der Konsequenz des Wahrnehmungszwangs nicht begründen.[16]

Der Wahrnehmungszwang iSv § 9 kommt allen Rechtsinhabern zugute, unabhängig von ihrem Wohnsitz oder ihrer Staatsangehörigkeit; entsprechend den Vorgaben der VG-RL[17] sind die früher in § 6 Abs. 1 UrhWG enthaltenen Beschränkungen weggefallen.[18] Adressat des Wahrnehmungsbegehrens des Rechtsinhabers kann eine **Verwertungsgesellschaft iSv § 2**[19] sein, aber auch eine **abhängige Verwertungseinrichtung iSv § 3,**[20] soweit sie die Tätigkeit einer Verwertungsgesellschaft ausübt. Auf unabhängige Verwertungseinrichtungen iSv. § 4 ist § 9 dagegen gem. § 4 Abs. 2 nicht anwendbar.

b) Wahlmöglichkeiten bei der Wahrnehmung von Rechten. Entsprechend den Vorgaben in 5 Art. 5 Abs. 2 S. 1 und 2 VG-RL werden in **§ 9 S. 1** die Wahlmöglichkeiten des Rechtsinhabers bei der Rechteeinräumung besonders hervorgehoben. Der Rechtsinhaber soll bei der Wahl der Verwertungsgesellschaft, der Auswahl der wahrzunehmenden Rechte und der Bestimmung des Wahrnehmungsgebiets so flexibel wie möglich sein können.

Dazu kann er an einzelnen Rechten und nach Kategorien von Rechten seiner Wahl differenzieren (**„Rechte seiner Wahl"**). Er kann aber auch entscheiden, für welche **„Arten von Werken und sonstigen Schutzgegenständen"** er von der Verwertungsgesellschaft einzelne Rechte oder Kategorien von Rechten wahrnehmen lassen will. Insoweit kann er also zB. nach Sprachwerken, Musikwerken oder Filmwerken differenzieren.[21] Er kann aber auch Rechte nur für **bestimmte Nutzungsformen** vergeben, wie etwa die Sendung, die Filmvorführung oder die Vervielfältigung zur Verbreitung im Internet.[22]

Außerdem soll der Rechtsinhaber bestimmen können, in welchen Gebieten (**„in Gebieten seiner Wahl"**) die Verwertungsgesellschaft die von ihm genannten Rechte oder Kategorien von Rechten wahrnehmen soll. Art. 5 Abs. 2 S. 1 VG-RL präzisiert, was mit dieser Wahlmöglichkeit gemeint ist: Die Verwertungsgesellschaft ist zur kollektiven Rechtewahrnehmung verpflichtet, unabhängig von der Staatsangehörigkeit oder dem Wohnsitz des Rechtsinhabers, aber auch unabhängig davon, wo sie ihre Niederlassung hat.[23]

Diese weiten Wahlmöglichkeiten des Rechtsinhabers, und damit der Wahrnehmungszwang der Verwertungsgesellschaften, werden allerdings eingeschränkt durch § 9 S. 1 Nr. 1 (unten c) und Nr. 2 (unten d).

c) Beschränkung auf den Tätigkeitsbereich, § 9 S. 1 Nr. 1. Schon in der VG-RL wird darauf hingewiesen, dass die weitgehenden Wahlmöglichkeiten des Rechtsinhabers nicht so weit reichen 6 dürfen, dass etwa das **Gleichgewicht** zwischen diesen und der Fähigkeit der Verwertungsgesellschaften, die Rechte wirksam wahrnehmen zu können, in Frage gestellt wird. Dabei soll insbesondere berücksichtigt werden, welche Kategorien von Rechten die Verwertungsgesellschaft wahrnimmt und in welchem Zweig der „Kreativwirtschaft" sie tätig ist.[24] Entsprechend Art. 5 Abs. 2 S. 2 VG-RL stehen daher § 9 S. 1 Nr. 1 der Wahrnehmungszwang der Verwertungsgesellschaften und die Wahlmöglichkeiten des Rechtsinhabers unter der Bedingung, dass die Wahrnehmung der gewählten Rechte und Nutzungsformen, der jeweiligen Werke und sonstigen Schutzgegenstände sowie die gewählten Gebiete zum Tätigkeitsbereich der Verwertungsgesellschaft gehören.

Zunächst ist der **Tätigkeitsbereich** der Verwertungsgesellschaft, anders als noch in der Vorgängerbestimmung § 6 Abs. 1 UrhWG, **nicht begrenzt durch die Reichweite des UrhG** und die sich daraus ergebenden Ansprüche: Verwertungsgesellschaften iSv § 2 sind auch solche Organisationen der kollektiven Rechtewahrnehmung, die im Inland ansässig sind, aber in anderen EU- oder EWR-Mitgliedstaaten geltende Rechte in deren Territorium wahrnehmen.[25] Wenn die übrigen Voraussetzungen erfüllt sind, gilt der Wahrnehmungszwang gem. § 9 daher auch für solche Verwertungsgesellschaften.

Für die jeweilige Verwertungsgesellschaft ist der **Tätigkeitsbereich** ggf. bereits definiert durch den 7 Erlaubnisbescheid bzw. die Anzeige der Wahrnehmungstätigkeit (§§ 77 ff.). Vor allem aber ergibt er

---

[15] BGH GRUR 2002, 332 (334) – Klausurerfordernis; *Bezzenberger/Riesenhuber* GRUR 2003, 1005 (1007 ff.); *Dietz* ZUM 2003, 41 (jeweils zu § 6 UrhWG).
[16] BGH ZUM 2002, 821 (823) – Mischtonmeister (zu § 6 UrhWG).
[17] Vgl. Art. 5 Abs. 2 S. 1 und Erwägungsgrund (19) S. 1 VG-RL.
[18] Zu diesen Beschränkungen (Geltung des Wahrnehmungszwangs nur zugunsten Deutscher und Staatsangehöriger eines EU-Mitgliedstaats oder EWR-Vertragsstaats) vgl. → 5. Aufl. 2017, UrhWG § 6 Rn. 8 f.; zur Anwendung von § 9 auf Ausländer vgl. Dreier/Schulze/*Schulze* § 9 Rn. 20 ff.
[19] Zum Begriff der Verwertungsgesellschaft → § 2 Rn. 5 ff.
[20] Zum Begriff der abhängigen Verwertungseinrichtung → § 3 Rn. 3 ff.
[21] AmtlBegr. BT-Drs. 18/7223, S. 74.
[22] Vgl. Erwägungsgrund (19) S. 1 VG-RL.
[23] Zur Frage, auf welche Verwertungsgesellschaften das VGG Anwendung findet, vgl. → § 2 Rn. 5 ff.
[24] Vgl. Erwägungsgrund (19) S. 3 VG-RL.
[25] → § 2 Rn. 10; → Rn. 5.

sich aus ihrer **Satzung** bzw. – je nach Organisationsform – ihren **Gesellschaftsvertrag**. Um die dem Rechtsinhaber gem. § 9 S. 1 eingeräumten Wahlmöglichkeiten nicht leerlaufen zu lassen, muss die Verwertungsgesellschaft in ihrer Satzung oder ihrem Gesellschaftsvertrag ihren Tätigkeitsbereich, dh. **Umfang und Grenzen ihrer Wahrnehmungstätigkeit,** präzise bestimmen. Der Rechtsinhaber ist nur dann in der Lage, wirtschaftlich sinnvolle Rechte oder Rechtekategorien der Verwertungsgesellschaft zur Wahrnehmung zu übertragen und ihr auch ggf. einzelne Rechte oder Rechtekategorien wieder zu entziehen gem. § 12, wenn Satzung oder Gesellschaftsvertrag hinreichend zwischen den wahrgenommenen Rechten und Rechtekategorien differenzieren. Ein bloßer Hinweis auf Verwertungsrechte nach den §§ 15 ff. UrhG dürfte insoweit nicht ausreichen.[26]

Dabei ist die Verwertungsgesellschaft grundsätzlich frei, in ihrer Satzung oder ihrem Gesellschaftsvertrag Umfang und Grenzen ihrer Wahrnehmungstätigkeit **selbst zu bestimmen.** Sie kann also von keinem Rechtsinhaber mit Hilfe des Wahrnehmungszwangs gezwungen werden, Rechte für ihn wahrzunehmen, die sie nach ihrer Satzung und dem darauf beruhenden Wahrnehmungsvertrag auch für niemand anderen wahrnimmt. Dies darf allerdings nicht dazu führen, dass sich die Verwertungsgesellschaft dem Wahrnehmungszwang mit Hilfe ihrer Satzung entzieht, ihn also unterlaufen kann. Deshalb müssen auch die **Grenzen des Tätigkeitsbereichs** in der Satzung **objektiv definiert** sein.[27] Eine solche objektive Begrenzung ist die Beschränkung auf die Wahrnehmung von Rechten an bestimmten **Werkarten,** wie sie von jeder Verwertungsgesellschaft vorgenommen wird.[28] Objektiv ist auch die Beschränkung auf die Wahrnehmung bestimmter **Nutzungsarten.** So nimmt zB. die GEMA die sog. großen Rechte an musikdramatischen Werken, dh. die bühnenmäßige Aufführung und Sendung nicht oder nicht unmittelbar wahr;[29] sie werden individuell von Bühnenautoren oder Bühnenverlegern bzw. über die ARGE DRAMA geltend gemacht. Und auch die VG WORT nimmt im Inland nicht die sog. großen, sondern nur die sog. kleinen Senderechte wahr.[30] Eine Begrenzung des Tätigkeitsbereichs nach **subjektiven Kriterien,** die auf die Person des Rechtsinhabers abstellen, ist dagegen als Umgehung des Wahrnehmungszwangs **unzulässig.**[31]

8   Unabhängig davon kann ein Berechtigter selbst die mit der Wahrnehmung seiner Nutzungsrechte beauftragte Verwertungsgesellschaft auch mit der Wahrnehmung seiner damit im Zusammenhang stehenden **Urheberpersönlichkeitsrechte** beauftragen. Persönlichkeitsrechtliche und vermögensrechtliche Befugnisse müssen aber nicht in einer Hand liegen. Daher konnte der Berechtigte schon nach der früheren Rechtslage gem. § 6 UrhWG Nutzungsrechte, deren Ausübung Urheberpersönlichkeitsrechte in besonderer Weise berühren konnte, der Verwertungsgesellschaft unter der Bedingung seiner ausdrücklichen Zustimmung zur Wahrnehmung übertragen.[32] Nach der jetzt geltenden Rechtslage des VGG dürfte sich diese Möglichkeit für den Berechtigten bereits aus seiner Wahlmöglichkeit gem. § 9 und seinen Rechten gem. §§ 10 ff. ergeben.

9   **d) Der Rechtewahrnehmung entgegenstehende objektive Gründe, § 9 S. 1 Nr. 2.** Entsprechend Art. 5 Abs. 2 S. 2 VG-RL legt § 9 S. 1 Nr. 2 fest, dass kein Wahrnehmungszwang besteht, wenn der Rechtewahrnehmung objektive Gründe entgegenstehen.[33] In der Vorgängerbestimmung § 6 UrhWG war eine solche allgemeine **Ausnahme vom Wahrnehmungszwang** zwar nicht enthalten, stattdessen aber die Bedingung für den Wahrnehmungszwang, dass „eine wirksame Wahrnehmung der Rechte und Ansprüche anders nicht möglich ist".[34]

§ 9 S. 1 Nr. 2 stellt keine Bedingung für den Wahrnehmungszwang auf, sondern lässt aufgrund objektiver Gründe Ausnahmen davon zu. Der Wahrnehmungszwang gem. § 9 S. 1 ist also die Regel, das Vorliegen objektiver, der Rechtewahrnehmung durch die Verwertungsgesellschaft entgegenstehender Gründe gem. § 9 S. 1 Nr. 2 dagegen die Ausnahme. Als Ausnahme ist § 9 S. 1 Nr. 2 **grundsätzlich eng auszulegen.** Als „objektiv" können Ablehnungsgründe nur dann gelten, wenn sie anhand objektiver Kriterien nachweisbar dh., wie in Art. 5 Abs. 2 S. 2 VG-RL verlangt, „nachvollziehbar" sind.

Als **objektive Gründe,** die eine Ablehnung der kollektiven Rechtewahrnehmung rechtfertigen, kommen insbesondere folgende Sachverhalte in Betracht:

---

[26] AmtlBegr. BT-Drs. 18/7223, S. 74.
[27] Vgl. insoweit zu den Befugnissen der Mitgliederhauptversammlung § 17 Abs. 1 S. 2 Nr. 15; → § 17 Rn. 3 ff.; *Haertel* UFITA 50 (1967), 7 (17) zu § 6 UrhWG.
[28] Vgl. § 3 der Satzung der VG WORT: Sprachwerke; § 2 der Satzung der VG Bild-Kunst: Werke, „die nach § 2 Abs. 1 Ziff. 3–7, § 4 sowie § 72 UrhG geschützt werden"; § 2 des Gesellschaftsvertrags der GVL: „Wahrnehmung von Rechten und Ansprüchen, die sich aus dem Urheberrechtsgesetz für ausübende Künstler, ... Tonträgerhersteller ... ergeben ...".
[29] *Staudt/Hendel* in: Heker/Riesenhuber (Hrsg.), Recht und Praxis der GEMA, S. 212 (232 ff.).
[30] *Melichar* S. 22 f., 109 f.
[31] *Haertel* UFITA 50 1967, 7 (18) zu § 6 UrhWG.
[32] BGH GRUR 2010, 920 Rn. 26, 35 – Klingeltöne für Mobiltelefone II; BGH GRUR 2012, 1062 Rn. 15 – Elektronischer Programmführer; vgl. BGH ZUM 2014, 36 Rn. 25 – Beuys-Aktion; zur Wahrnehmung von Urheberpersönlichkeitsrechten durch Verwertungsgesellschaften vgl. *v. Welser* S. 118 ff.
[33] Nach Art. 5 Abs. 2 S. 2 VG-RL soll die Verwertungsgesellschaft befugt sein, die Wahrnehmung „aus objektiv nachvollziehbaren Gründen" abzulehnen; → Rn. 3.
[34] Vgl. → 5. Aufl. 2017, UrhWG § 6 Rn. 10.

– Der Antragsteller ist nicht Rechtsinhaber (dabei ist zu beachten, dass der Begriff des Rechtsinhabers in § 5 weit definiert ist und insbesondere auch Rechtsnachfolger, Zessionare und Inhaber abgeleiteter Rechte umfasst),[35] oder verfügt nicht über die einschlägigen Rechte;
– Das Werk oder der geschützte Gegenstand wurden nicht veröffentlicht, oder es fallen aus anderen Gründen keine Rechte an, die kollektiv wahrgenommen werden könnten;
– Die Rechte werden bereits von einer anderen Verwertungsgesellschaft wahrgenommen;
– Die Wahrnehmung der betreffenden Rechte fällt nicht in den Tätigkeitsbereich der Verwertungsgesellschaft (§ 9 S. 1 Nr. 1).

Kein objektiver Ablehnungsgrund iSv § 9 S. 1 Nr. 2 liegt dagegen vor, wenn eine wirksame Wahrnehmung der betreffenden Rechte und Ansprüche auch anders, also insbesondere individuell durch den Rechtsinhaber selbst oder durch eine andere Verwertungsgesellschaft, möglich ist; eine solche noch in § 6 Abs. 1 UrhWG enthaltene Bedingung für den Wahrnehmungszwang wurde gerade nicht in § 9 übernommen; sie wäre auch nicht kompatibel mit der in der VG-RL vorgegebenen Wahlmöglichkeit.

2. § 9 S. 2 – Wahrnehmung zu angemessenen Bedingungen

§ 9 S. 2 übernimmt von der Vorgängerbestimmung § 6 Abs. 1 UrhWG die Vorgabe, des Abschluss- **10** zwangs der Verwertungsgesellschaften zu **angemessenen Bedingungen.**[36]

In § 6 Abs. 1 UrhWG sollte damit nach dem Willen des Gesetzgebers zunächst nur klargestellt werden, dass der **Inhalt des Wahrnehmungsvertrages** nicht vom Berechtigten der Verwertungsgesellschaft vorgeschrieben werden kann, sondern **objektiven Maßstäben genügen** muss. Dabei ist der Begriff der „angemessenen Bedingungen" in § 9 S. 2, wie schon in § 6 Abs. 1 UrhWG, zu unterscheiden vom Begriff der „angemessenen Vergütung" in § 32 UrhG: § 9 S. 2 VGG geht als Sonderregel § 32 UrhG vor, da dieser nicht den Wahrnehmungsvertrag zwischen Rechtsinhaber und Verwertungsgesellschaft betrifft.[37]

Den Begriff der angemessenen Bedingungen, den das VGG auch in den anderen Fällen des Kontrahierungszwangs gegenüber Nutzern und deren Vereinigungen gem. §§ 34 und 35 verwendet, definiert das Gesetz nicht. Nach der Gesetzesbegründung des UrhWG, mit dem der Begriff damals eingeführt wurde, sollten die Bedingungen des Wahrnehmungsvertrages in der Regel dann als angemessen anzusehen sein, wenn sie den Wahrnehmungsbedingungen entsprechen, die die Verwertungsgesellschaft ihren Mitgliedern einräumt.[38] Daraus wird in der Literatur zum Teil der Schluss gezogen, die **Reichweite des Gebots der angemessenen Bedingungen,** und damit in der Konsequenz auch die ggf. erforderliche Angemessenheitskontrolle durch die Aufsichtsbehörde, erfasse nur die Wahrnehmungsverträge zwischen der Verwertungsgesellschaft und den **Berechtigten,** die nicht zugleich Mitglieder der Gesellschaft sind; die Angemessenheitskontrolle hinsichtlich der Rechtewahrnehmung für **Mitglieder** werde durch diese selbst im Rahmen der Vereinsautonomie ausgeübt.[39]

Dieser Schluss erscheint jedoch weder für § 6 UrhWG noch für die Nachfolgebestimmung des § 9 S. 2 gerechtfertigt. Der Wahrnehmungszwang der Verwertungsgesellschaften gemäß § 9 S. 1 besteht grundsätzlich gegenüber allen Rechtsinhabern, ohne Rücksicht darauf, ob sie zur Rechtewahrnehmung den Status von Mitgliedern der Gesellschaft erhalten oder nicht. Das Gebot der angemessenen Bedingungen ist in § 9 S. 2, wie in anderen gesetzlichen Vorschriften auch, notwendiges Korrelat des gesetzlich normierten Kontrahierungszwanges[40] sowie des Treuhandprinzips[41] und müsste selbst ohne ausdrückliche Erwähnung im Gesetz auf alle Adressaten des Kontrahierungszwangs Anwendung finden.

Da somit der Wahrnehmungszwang gegenüber allen Rechtsinhabern besteht, gilt das Gebot der angemessenen Bedingungen auch **gegenüber sämtlichen Rechtsinhabern.** Das Angemessenheitsgebot erfasst demnach die Rechtsverhältnisse der Verwertungsgesellschaften zu ihren Mitgliedern grundsätzlich ebenso wie diejenigen gegenüber den übrigen Berechtigten,[42] wobei in der Regel davon ausgegangen werden kann, dass die Verwertungsgesellschaft die Rechte und Ansprüche ihrer Mitglieder schon aufgrund von deren satzungsmäßigen Mitwirkungsrechten bei der Verwaltung zu

---

[35] → § 5 Rn. 4 f.; zur Diskussion über den Wahrnehmungszwang gegenüber Zessionaren nach § 6 UrhWG vgl. → 5. Aufl. 2017, UrhWG § 6 Rn. 11.
[36] Vgl. → 5. Aufl. 2017, UrhWG § 6 Rn. 11.
[37] *Schricker* GRUR-Int 2002, 797 (804) zu § 6 UrhWG.
[38] AmtlBegr. UrhWG BT-Drs. IV/271 S. 151.
[39] *Mestmäcker/Schulze* § 6 UrhWG Anm. 2; *Hübner/Stern* GEMA-Nachr. 1978 Nr. 108 S. 85 (93); *Reischl* GEMA-Nachr. 1978 Nr. 108 S. 79 (83); *Samson* UFITA 47 (1966), 1 (128); *Riesenhuber* S. 66; *Loewenheim/Melichar* § 47 Rn. 12, jeweils zum Begriff der Angemessenheit im UrhWG.
[40] Vgl. *Reinbothe* S. 40 f. mwN.
[41] → Einl. VGG Rn. 10; Richtlinie des DPA für die Aufkommensverteilung und Verteilungsvereinbarung, ZUM 1989, 506 (508).
[42] Wie hier Dreier/Schulze/*Schulze* § 9 Rn. 27; Fromm/Nordemann/*W. Nordemann/Wirtz*, 11. Aufl., § 6 UrhWG Rn. 8; *Häußer* FuR 1980, 57 (63 f.); DPA UFITA 81 (1978), 348 (358); *Menzel* S. 48 f.; *Mauhs* S. 49 ff.

angemessenen Bedingungen wahrnimmt; und ohnehin stellt das VGG Berechtigte nunmehr weitgehend den Mitgliedern gleich.[43]

11   Für die **Beurteilung der Angemessenheit** in Berechtigungsverträgen, Verteilungsplänen oder Satzungen gibt es keine konkrete Formel. Allgemein werden angemessene Bedingungen dann vorliegen, wenn eine **Äquivalenz von Leistung und Gegenleistung** erreicht ist, Rechte und Pflichten der Parteien zueinander also insgesamt, dh. auch bezüglich des **gesamten Inhalts** und der **Laufzeit** des Wahrnehmungsvertrages[44] in einem ausgewogenen Verhältnis stehen.[45] Die Bedingungen der Verwertungsgesellschaft für die Wahrnehmung ihr anvertrauter Rechte und Ansprüche von Berechtigten sind also dann als angemessen anzusehen, wenn sie Art und Umfang dieser Rechte und Ansprüche entsprechen und der Grundsatz der Verhältnismäßigkeit gewahrt ist.[46] Dabei ist in einer **typisierenden Betrachtungsweise** zu prüfen, ob die Vertragsbedingungen generell, dh unter Berücksichtigung der typischen Interessen der beteiligten Verkehrskreise als angemessen gelten können.[47] **Üblichkeit** allein ist noch kein hinreichendes Indiz für die Angemessenheit;[48] wohl aber umfasst der Grundsatz der angemessenen Bedingungen ein **Gleichbehandlungsgebot** aller gleichgelagerten Fälle.[49]

12   Auch die Pflichten der Verwertungsgesellschaften zur **Verwaltung und Verteilung der Einnahmen** aus der Rechtewahrnehmung sind Ausfluss des Gebots der angemessenen Bedingungen gem. § 9 S. 2. Die Art. 11–13 VG-RL enthalten hierzu besondere Bestimmungen. Diese Pflichten der Verwertungsgesellschaften werden in Unterabschnitt 3 des VGG (§§ 23–32) umgesetzt, wobei einzelne, wie etwa die Pflicht zur Aufstellung eines Verteilungsplans, besonders hervorzuheben sind.[50]

   Grundsätzlich gilt also, dass der Wahrnehmungsvertrag, die Verteilungspläne und die Satzung, auch was die Verteilung der Einnahmen angeht, angemessene Bedingungen enthalten müssen. Die Rechtsinhaber haben grundsätzlich einen Anspruch auf einen angemessenen Anteil an den Einnahmen der Verwertungsgesellschaft, der den Erlösen entspricht, die durch die Auswertung der Rechte erzielt werden. Dabei sind im vorgenannten Rahmen Pauschalierungen oder sonstige Vereinfachungen für die Berechnung der Vergütung zulässig und angemessen.[51]

13   Außerdem erstreckt sich das Gebot der angemessenen Bedingungen gem. § 9 S. 2 auch auf die Bedingungen für den Rechteentzug und die **Beendigung des Wahrnehmungsverhältnisses** durch den Berechtigten. Die VG-RL enthält hierzu besondere Vorschriften in Art. 5 Abs. 4 bis 6. Diese werden grundsätzlich in § 12 umgesetzt.[52] Allerdings enthält das VGG keine besondere Bestimmung zur Verpflichtung der Verwertungsgesellschaften aus Art. 5 Abs. 6 VG-RL, die Beendigung der Rechtewahrnehmung durch den Berechtigten nicht davon abhängig zu machen, dass eine andere Verwertungsgesellschaft mit der Wahrnehmung der entzogenen Rechte betraut wird – dies mit der Begründung, eine solche Bedingung sei ohnehin unangemessen iSv § 9 S. 2.[53]

14   § 60 Abs. 1 bestimmt, dass § 9 S. 2 im Rahmen der gebietsübergreifenden Vergabe von Online-Rechten an Musikwerken nach Teil 3 des VGG (§§ 59 ff.) im Verhältnis der Verwertungsgesellschaft zum Rechtsinhaber **nicht anzuwenden** ist.[54]

3. Der Wahrnehmungsvertrag

15   **a) Zustandekommen und Rechtsnatur.** Soweit urheberrechtliche Rechte oder Ansprüche nicht schon gesetzlich Verwertungsgesellschaften zur Wahrnehmung zugewiesen sind,[55] bedarf es zu ihrer kollektiven Wahrnehmung einer **vertraglichen Grundlage** zwischen dem Rechtsinhaber und der Verwertungsgesellschaft. Hierzu und in Ausübung seines Wahrnehmungsanspruchs gem. § 9 schließt der Rechtsinhaber mit der Verwertungsgesellschaft einen **Wahrnehmungs- oder Berechtigungsvertrag** zur Übertragung seiner Rechte ab. Ein Wahrnehmungsvertrag kommt auch dann zustande, wenn der Rechtsinhaber per einseitiger **Meldung** einzelne Werke, idR. mit Hilfe eines Meldeformulars, bei der Verwertungsgesellschaft zur Rechtewahrnehmung anmeldet; denn auch in diesem Fall akzeptiert der Rechtsinhaber die Wahrnehmungsbedingungen der Verwertungsgesellschaft. Für die **Modalitäten der Rechteeinräumung,** wie die Textform, gilt § 10.[56]

---

[43] → § 6 Rn. 6; → § 20 Rn. 4.

[44] → § 12 Rn. 3 ff.; *Nordemann* GRUR 1992, 584 (585); *Rehbinder* DVBl. 1992, 216 (218 f.).

[45] *Reinbothe* S. 42, 46.

[46] *Nordemann* GRUR-Int 1973, 306 (307); Fromm/Nordemann/*W. Nordemann/Wirtz*, 11. Aufl., § 6 UrhWG Rn. 9.

[47] BGH GRUR 2002, 332 (333) – Klausurerfordernis.

[48] LG Stuttgart Schulze LGZ 88, 13 – Puccini.

[49] *Reinbothe* S. 46; *Menzel* S. 49; vgl. *Möhring/Lieberknecht* UFITA 29 (1959), 312 mwN; *Rehbinder* DVBl. 1992, 216 (218 f.); *Nordemann* GRUR 1992, 584; *Mauhs* S. 51 ff.

[50] → § 26 Rn. 3 ff.; → § 27 Rn. 7 ff.

[51] BGH ZUM 1989, 80 (82) – GEMA-Wertungsverfahren; OLG München ZUM 2002, 747 (748); BGH GRUR 2005, 757 (759 ff.) – PRO-Verfahren.

[52] → § 12 Rn. 3 ff.

[53] AmtlBegr. BT-Drs. 18/7223, S. 75.

[54] → § 60 Rn. 3.

[55] → § 2 Rn. 5.

[56] → § 10 Rn. 3 ff.

Zur Rechtsnatur des Wahrnehmungsvertrages enthält das VGG keine Aussagen. Nach allgemeinen Grundsätzen stellt dieser Vertrag eine treuhänderische Rechtsübertragung dar.[57] Rechtsinhaber bleibt der Berechtigte.[58] Zwischen Verwertungsgesellschaft und Berechtigtem entsteht eine **schuldrechtliche treuhänderische Beziehung.**[59] Seiner **Rechtsnatur** nach ist der Wahrnehmungsvertrag ein urheberrechtlicher Nutzungsvertrag eigener Art mit Elementen des Auftrags, des Gesellschaftsvertrages, des Dienst- und vor allem des Geschäftsbesorgungsvertrages.[60] In der Praxis werden die Bestimmungen über die Geschäftsbesorgung (§§ 665–670, 672, 674, 675 BGB) für die Auslegung des Wahrnehmungsvertrages maßgeblich sein. Im Übrigen enthält der Wahrnehmungsvertrag regelmäßig die Einräumung des ausschließlichen Nutzungsrechts iSv § 31 Abs. 3 UrhG. Da die Verwertungsgesellschaft dieses Recht nur zur Wahrnehmung der Belange des Berechtigten eingeräumt erhält, kann sie nach § 35 Abs. 1 S. 2 UrhG ohne seine Zustimmung einfache Nutzungsrechte an nutzungswillige Verwerter weiter übertragen.[61] Die Weiterübertragung ausschließlicher Nutzungsrechte durch die Verwertungsgesellschaft verbietet sich dagegen schon im Hinblick auf den Abschlusszwang nach § 34, dem sie gegenüber allen potenziellen Nutzern unterliegt.

Die Regelungen des Wahrnehmungsvertrages sind **allgemeine Geschäftsbedingungen** iSv §§ 305 ff. BGB und unterliegen daher grundsätzlich der dort bestimmten Inhaltskontrolle.[62] Dabei ist davon auszugehen, dass auch der Verteilungsplan der Verwertungsgesellschaft einschließlich seiner Ausführungsbestimmungen Bestandteil des Wahrnehmungsvertrages ist und daher wie dieser überprüfbare allgemeine Geschäftsbedingungen enthält. Diese müssen dem **Transparenz- und Bestimmtheitsgebot** gem. § 307 Abs. 1 S. 2 BGB genügen. Für die Auslegung des Wahrnehmungsvertrages und des in diesen einbezogenen Verteilungsplans ist das Verständnis des Berechtigten maßgeblich; dabei sind die Regelungen nach ihrem objektiven und typischen Inhalt einheitlich auszulegen, also ohne Rücksicht auf Umstände, die nur einzelnen Beteiligten bekannt oder erkennbar sind.[63]

b) Der Umfang der Rechteeinräumung. Der Wahrnehmungsvertrag enthält auch die **Voraus-** 16 **einräumung bzw. -abtretung** künftig entstehender Wahrnehmungsrechte an solchen Werken, die der Berechtigte künftig noch schaffen wird.[64] Diese Vorausverfügung entspricht einem praktischen Bedürfnis, denn andernfalls müssten für jedes einzelne Werk neue Berechtigungsverträge abgeschlossen werden. Sie ist ohnehin vom Gesetz vorgesehen,[65] rechtlich nicht zu beanstanden[66] und liegt zusammen mit einer möglichst umfassenden Rechteübertragung auch im Funktionsinteresse der kollektiven Wahrnehmung an sich.[67] Allgemein gilt für die Einräumung von Nutzungsrechten auch im Verhältnis zwischen Verwertungsgesellschaft und Berechtigtem grundsätzlich der **Übertragungszweckgedanke,** der den Berechtigten vor allzu pauschaler Rechtsvergabe schützt.[68] So überträgt der Urheber der Verwertungsgesellschaft nur Rechte an den üblichen und vorhersehbaren Formen der Nutzung.[69] Im Übrigen ist der Wahrnehmungsvertrag im Hinblick auf die Folge des Kontrahierungszwangs der Verwertungsgesellschaft gegenüber Nutzern aus § 34 VGG zugunsten des Berechtigten grundsätzlich eng auszulegen;[70] auch scheidet ein gutgläubiger Rechtserwerb durch die Verwertungsgesellschaft deshalb aus.[71]

---

[57] → Rn. 3; → Einl. VGG Rn. 10.

[58] Zum Umfang der Prozessstandschaft der Verwertungsgesellschaft vgl. BVerfG ZUM 1988, 234 (235).

[59] *Augenstein* S. 74 f.; zur Auslegung des Vertrages *Riesenhuber* S. 37 ff.: *Riesenhuber* GRUR 2005, 712.

[60] BGH GRUR 1966, 567 (569) – GELU; BGH GRUR 1968, 321 (327) – Haselnuss; BGH GRUR 1982, 308 (309) – Kunsthändler; *Riesenhuber* S. 20 f.; *Schack* Rn. 1348; Wandtke/Bullinger/*Gerlach* § 9 Rn. 4; Heine/Holzmüller/*Holzmüller* § 10 Rn. 8.

[61] *Melichar* S. 62.

[62] Vgl. BGH GRUR 2002, 332 (333) – Klausurerfordernis; BGH GRUR 2005, 757 (759) – PRO-Verfahren; BGH GRUR 2006, 319 (321) – Alpensinfonie; BGH GRUR 2009, 395 (398 ff.) – Klingeltöne für Mobiltelefone; BGH GRUR 2010, 920 Rn. 23 – Klingeltöne für Mobiltelefone II; *Bezzenberger/Riesenhuber* GRUR 2003, 1005 (1008); einschränkend *Riesenhuber* ZUM 2002, 777; *Riesenhuber* in: Heker/Riesenhuber (Hrsg.), Recht und Praxis der GEMA, 163 (199).

[63] BGH GRUR 2013, 375 Rn. 13 f. – Missbrauch des Verteilungsplans; BGH GRUR 2016, 606 Rn. 17 ff. – Allgemeine Marktnachfrage; → § 27 Rn. 5.

[64] Vgl. §§ 2, 7 Wahrnehmungsvertrag der VG WORT; § 1 Berechtigungsvertrag der GEMA; *Melichar* S. 62 f., 142.

[65] Vgl. § 40 Abs. 1 UrhG und § 10 S. 2; zur Textform → § 10 Rn. 5.

[66] RGZ 140, 231; *v. Gamm* § 31 Rn. 7; Wandtke/Bullinger/*Gerlach* § 9 Rn. 5; Heine/Holzmüller/*Holzmüller* § 10 Rn. 22; *Schack* Rn. 1352, hält formularmäßige Vorausverfügungen für unangemessen.

[67] Vgl. *Riesenhuber* NZA 2004, 1363 (1365) mwN, auch zum Fall der Kollision mit der Abtretung von Rechten an den Arbeitgeber.

[68] BGH GRUR 1986, 62 (65 f.) – GEMA-Vermutung I; OLG Hamburg ZUM 1991, 90 (91); BGH GRUR 2000, 228 (229) – Musical-Gala; BGH GRUR 2010, 62 Rn. 16 – Nutzung von Musik für Werbezwecke – zur Auslegung von § 31 Abs. 5 UrhG; BGH GRUR 2013, 618 Rn. 31 – Internet-Videorecorder II; *Siebert* S. 55; differenzierend *Riesenhuber* GRUR 2005, 712 (714); *Russ* ZUM 1995, 32 mwN und Beispielen.

[69] Ablehnend daher zur Verwendung eines Musikwerkes bei Wahlkampfveranstaltungen politischer Parteien BGH GRUR-RR 2018, 61 Rn. 16 – Die Höhner.

[70] Vgl. LG München I GRUR 2005, 574 (575) – O Fortuna; aA im Ergebnis *Staats* ZUM 2005, 789; jeweils zu den entsprechenden Bestimmungen des UrhWG.

[71] *G. Schulze* ZUM 1993, 255 mwN u. Beispielen.

Für **noch nicht bekannte Nutzungsarten** findet seit dem 1.1.2008[72] auf Wahrnehmungsverträge § 31a UrhG Anwendung mit der Folge, dass Wahrnehmungsberechtigte auch ihre Rechte für unbekannte Nutzungsarten der Verwertungsgesellschaft einräumen können unter den in § 31a UrhG genannten Bedingungen, insbesondere der Schriftform und dem Widerrufsrecht.[73]

17 **c) Die Änderung des Wahrnehmungsvertrages.** Zur **nachträglichen Änderung** des Wahrnehmungsvertrages gibt es, abgesehen von den Bedingungen gem. § 10 für die Rechteeinräumung[74] und den Bestimmungen über die Beendigung der Rechtswahrnehmung und den Entzug von Rechten gem. § 12, keine ausdrückliche gesetzliche Vorgabe. Die Beschlussfassung der nach der Satzung zuständigen Organe der Verwertungsgesellschaft genügt zur Änderung nicht, sondern es ist grundsätzlich die ggf. stillschweigende Zustimmung des Wahrnehmungsberechtigten erforderlich.[75] Sogenannte **Einbeziehungsklauseln,** wonach spätere (einseitige) Änderungen des Berechtigungsvertrages bzw. der Satzung und Verteilungspläne der Verwertungsgesellschaft als vereinbart gelten sollen, wurden stets für bedenklich gehalten.[76]

Grundsätzlich gilt, dass der Berechtigungsvertrag als individualrechtliche Vereinbarung nicht einseitig durch die Verwertungsgesellschaft, auch nicht durch Beschluss ihrer Mitgliederversammlung, ohne Einverständnis des Berechtigten geändert werden kann, insbesondere dann, wenn es um eine Erweiterung der Rechteübertragung geht; eine entsprechende Satzungsbestimmung würde den Berechtigten unangemessen benachteiligen und wäre gem. § 307 Abs. 1 S. 1 BGB unwirksam. Wenn auf Grund der Satzung Schweigen des Berechtigten auf ein Angebot der Verwertungsgesellschaft zur Änderung des Berechtigungsvertrages als dessen Zustimmung gelten soll, so kann auch diese Fiktion nicht bloß auf Grund der Satzung Bestandteil des Berechtigungsvertrages werden, sondern muss zwischen Verwertungsgesellschaft und Berechtigtem auch tatsächlich vereinbart worden sein.[77] Die Praxis von Verwertungsgesellschaften, wonach die Zustimmung des Wahrnehmungsberechtigten zur Änderung des Berechtigungsvertrages als erteilt gilt, wenn er nicht innerhalb einer ihm gesetzten Frist ausdrücklich der ihm schriftlich mitgeteilten Ergänzung widersprochen hat, ist daher nur dann vom Berechtigungsvertrag gedeckt, wenn der Wahrnehmungsvertrag dies ausdrücklich vorsieht.

Sonderfälle wie der des „Google Book Settlement" lassen dem Umfang der Wahrnehmungsbefugnis durch die Verwertungsgesellschaft und der klaren Abgrenzung der Rechte ihrer Wahrnehmungsberechtigten besondere Bedeutung zukommen. Wenn, wie in diesem Fall, ein Nutzer mit neuem, potenziell weltübergreifendem Geschäftsmodell im Ausland Online-Rechte mit Wirkung auf die Nutzung oder auf Rechtsinhaber in Deutschland im Wege einer „Class Action" erwirbt oder erwerben möchte, kann es zweckmäßig sein, dass die (deutsche) Verwertungsgesellschaft die Interessen der Autoren und Verlage gemeinsam vertritt. Sie kann dies grundsätzlich aber nur, wenn ihre Wahrnehmungsberechtigten dem ausdrücklich zustimmen bzw. eine entsprechende Änderung in Wahrnehmungsvertrag und Inkassoauftrag wirksam vereinbart wird.[78]

18 **d) Laufzeit und Kündigung.** Da der Wahrnehmungsvertrag ein Geschäftsbesorgungsvertrag über Dienstleistungen ist,[79] finden für **Laufzeit und Kündigung** die Bestimmungen des Dienstvertrages Anwendung.

Die Möglichkeit der **Kündigung des Vertrages durch die Verwertungsgesellschaft** ist allerdings durch § 9 S. 1 faktisch wesentlich eingeschränkt; Wahrnehmungsverträge sehen daher regelmäßig besondere Klauseln über Kündigungsfristen sowie längere Laufzeiten vor.[80] Solche längeren Laufzeiten sind grundsätzlich zulässig.[81]

---

[72] Inkrafttreten des Zweiten Gesetzes zur Regelung des Urheberrechts in der Informationsgesellschaft vom 26.10.2007, BGBl. I S. 2513.

[73] *Riesenhuber* in: Heker/Riesenhuber (Hrsg.), Recht und Praxis der GEMA, 163 (180 ff.); Dreier/Schulze/*Schulze* § 31a UrhG Rn. 14 ff.

[74] → § 10 Rn. 4.

[75] LG Hamburg ZUM 2001, 711 mAnm *Schierholz*; BGH GRUR 2010, 920 Rn. 23 – Klingeltöne für Mobiltelefone II; *Bezzenberger/Riesenhuber* GRUR 2003, 1005 (1008).

[76] Vgl. *Mauhs* S. 157 ff.; *Vogel* GRUR 1993, 513 (526); *Goldmann* S. 299 f.; *Meyer* S. 87 ff.; *Schack* Rn. 1353.

[77] BGH GRUR 2009, 395 (400) – Klingeltöne für Mobiltelefone I mAnm *Schulze*; BGH GRUR-Int 2010, 1007 – Klingeltöne für Mobiltelefone II; BGH GRUR 2014, 769 Rn. 13 – Verrechnung ausgeschlossener Musikfolgen; zu den Konsequenzen für die Ausgestaltung der GEMA-Wahrnehmungsverträge zur Wahrnehmung der Rechte an Klingeltönen für Mobiltelefone vgl. *Müller* ZUM 2009, 293; ebenfalls im Zusammenhang mit der Ausgestaltung der GEMA-Wahrnehmungsverträge wird die automatische Einbeziehung von sog. Nebenbedingungen des Wahrnehmungsvertrages für zulässig gehalten von *Heker/Riemer*, FS Pfennig (2012), 419 (430); zur Änderung des Verteilungsplans → § 27 Rn. 6; auch die VG-RL geht davon aus, dass eine stillschweigende Zustimmung zur Auftragsänderung im Prinzip zulässig ist; Erwägungsgrund (19) S. 11 VG-RL.

[78] Vgl. *Adolphsen/Mutz* GRUR-Int 2009, 789 (798 f.); vgl. aber zur Parallele mit § 137l UrhG *Katzenberger* GRUR-Int 2010, 563.

[79] *Melichar* S. 62; → Rn. 15.

[80] § 10 des Berechtigungsvertrages der GEMA: Laufzeit auf unbeschränkte Dauer; vgl. *Hendel* in: Heker/Riesenhuber (Hrsg.), Recht und Praxis der GEMA, 212 (335 f.).

[81] Vgl. BGH GRUR 2002, 322 (333) – Klausurerfordernis; bis zur Geltung des VGG waren Wahrnehmungsverträge gem. § 309 Nr. 9 BGB ausdrücklich vom Klauselverbot ausgenommen; *Melichar* S. 64; *Mauhs* S. 75 ff.; diese Bereichsausnahme wurde durch die Einführung von § 12 überflüssig und aufgehoben; AmtlBegr. BT-Drs. 18/7223 S. 107.

Für die **Kündigung des Vertrages** (Beendigung der Rechtswahrnehmung) oder den **Entzug von Rechten durch den Berechtigten** gilt allerdings **§ 12 als lex specialis** mit der Folge, dass der Berechtigte innerhalb einer relativ kurzen Frist das Wahrnehmungsverhältnis insgesamt beenden oder der Verwertungsgesellschaft Rechte seiner Wahl entziehen kann.[82]

§ 10 Zustimmung zur Rechtswahrnehmung

[1]Nimmt eine Verwertungsgesellschaft auf Grundlage einer vertraglichen Vereinbarung mit dem Rechtsinhaber Urheberrechte oder verwandte Schutzrechte wahr, holt sie dessen Zustimmung zur Wahrnehmung für jedes einzelne Recht ein und dokumentiert diese. [2]Die Vereinbarung bedarf, auch soweit Rechte an künftigen Werken eingeräumt werden, der Textform.

Übersicht

I. Allgemeines

1. Die Vorgaben der VG-RL

Nach **Art. 5 Abs. 7 S. 1 VG-RL** muss der Rechtsinhaber der Verwertungsgesellschaft den Auftrag zur kollektiven Wahrnehmung seiner Rechte jeweils für jedes Recht oder jede Kategorie von Rechten oder jede Art von Werken und jeden sonstigen Schutzgegenstand **gesondert erteilen.** Zwar gebraucht die deutsche Sprachfassung der VG-RL für diese Pflicht zur detaillierten Zustimmung und Auftragserteilung das Wort „ausdrücklich", gemeint sein dürfte damit aber eher die gesonderte, also spezifische Zustimmung für jedes dieser Objekte der kollektiven Rechtswahrnehmung.[1] Nach **Art. 5 Abs. 7 S. 2 VG-RL** ist diese Zustimmung „zu **dokumentieren**".[2]   **1**

Diese Bestimmungen sind Teil des detaillierten und, mit seinen insgesamt acht Absätzen, umfangreichen Art. 5 VG-RL zum Thema „Rechte der Rechtsinhaber". Sie sollen den Rechtsinhaber gegen eine womöglich unbedachte oder zu weitgehende Rechtsübertragung an die Verwertungsgesellschaft schützen und die Wahlmöglichkeit untermauern, die er insoweit dem Art. 5 Abs. 2 VG-RL hat. Zugleich wird allerdings in den Erwägungsgründen der VG-RL klargestellt, dass der Rechtsinhaber, ganz im Sinne einer pragmatischen und effizienten Verwaltung seiner Rechte, nicht daran gehindert ist, entsprechend dem geltenden nationalen Recht spätere Vorschläge zur Änderung des Wahrnehmungsvertrages auch stillschweigend anzunehmen.[3]

2. § 10

Gem. **§ 10 S. 1** müssen Verwertungsgesellschaften von Rechtsinhabern, deren Rechte sie wahrnehmen, die **Zustimmung zur Wahrnehmung für jedes einzelne Recht** einholen und diese **dokumentieren.** Nach **§ 10 S. 2** bedürfen Wahrnehmungsvereinbarungen der **Textform.** § 10 setzt Art. 5 Abs. 7 VG-RL um, wurde aber straffer gefasst als die Richtlinienbestimmung. Obwohl dafür wohl zunächst sprachliche Gründe ausschlaggebend waren, erscheint dies auch inhaltlich gerechtfertigt, zumal das deutsche Wahrnehmungsrecht iVm. allgemeinen vertragsrechtlichen Grundsätzen den **Schutz des Berechtigten** bei der Einräumung von Rechten an die Verwertungsgesellschaft und der Änderung der Wahrnehmungsbedingungen immer schon gewährleistet hat und diese Grundsätze auch iRd. VGG Gültigkeit behalten.[4]   **2**

§ 53 Abs. 1 Nr. 1 verpflichtet die Verwertungsgesellschaft, den Rechtsinhaber über die ihm nach § 10 zustehenden Rechte zu **informieren,** bevor sie seine Zustimmung zur Wahrnehmung seiner Rechte einholt.[5] Diese Informationen müssen gem. **§ 56 Abs. 1 Nr. 2** auch auf der **Internetseite**

---

[82] → § 12 Rn. 3 ff.

[1] In der englischen Sprachfassung heißt es „specifically for each right …", in der französischen „spécifiquement pour chaque droit …"; vgl. AmtlBegr. BT-Drs. 18/7223, S. 75.

[2] Während die englische Sprachfassung hier präziser ist („Any such consent should be evidenced in documentary form", wird in der französischen lediglich die Schriftform verlangt („Ce consentement est constaté par écrit").

[3] Vgl. Erwägungsgrund (19) S. 11 VG-RL.

[4] → § 9 Rn. 15 ff., insbesondere zur Inhaltskontrolle und nachträglichen Änderung des Wahrnehmungsvertrages.

[5] → § 53 Rn. 3.

der Verwertungsgesellschaft zur Verfügung stehen.[6] **Nach § 53 Abs. 2** muss die Verwertungsgesellschaft die in § 10 genannten Rechte in ihr **Statut** bzw. ihren Gesellschaftsvertrag oder in ihre **Wahrnehmungsbedingungen** aufnehmen.[7] Darüber beschließt gem. § 17 Abs. 1 S. 2 Nr. 1 bzw. Nr. 13 die Mitgliederhauptversammlung.

II. Zustimmung zur Rechtswahrnehmung

1. § 10 S. 1 – Zustimmungserfordernis

3   **a) Vertragliche Vereinbarung.** § 10 ist Ausfluss der Wahlmöglichkeiten, die dem Rechtsinhaber von § 9 S. 1 auf der Grundlage von Art. 5 Abs. 2 VG-RL eingeräumt werden.[8] § 10 findet auf vertragliche Rechtsübertragungen (**„auf Grundlage einer vertraglichen Vereinbarung"**) an die Verwertungsgesellschaft Anwendung und knüpft damit an den in der VG-RL gebrauchten Begriff des Auftrags an. Vertragliche Vereinbarungen iSv. § 10 sind der **Wahrnehmungs- oder Berechtigungsvertrag,** mit dem der Rechtsinhaber der Verwertungsgesellschaft seine Rechte zur Wahrnehmung einräumt, aber auch die **einseitige Meldung** einzelner Werke bei der Verwertungsgesellschaft.[9]

§ 10 gilt für Wahrnehmungsvereinbarungen mit **Verwertungsgesellschaften iSv. § 2**[10] und mit **abhängigen Verwertungseinrichtungen iSv. § 3,** soweit diese Tätigkeiten einer Verwertungsgesellschaft ausüben.[11]

4   **b) Zustimmung für einzelne Rechte.** Gem. § 10 S. 1 sind Verwertungsgesellschaften verpflichtet, von Rechtsinhabern aller Art iSv. § 5 ihre Zustimmung zur kollektiven Rechtswahrnehmung **für jedes „einzelne" Recht** gesondert einzuholen. Eine pauschale Rechteeinräumung wäre nach Art. 5 Abs. 7 VG-RL auch nicht erlaubt.[12] Obwohl § 10 S. 1 nur von „Rechten" spricht, umfasst dieser Begriff entsprechend der Vorgabe von Art. 5 Abs. 7 VG-RL auch Kategorien von Rechten, Arten von Werken und sonstigen Schutzgegenständen und ggf. Nutzungsformen; auch diese müssen von den Rechtsinhabern jeweils bei der Erteilung der Zustimmung zum Wahrnehmungsauftrag angegeben werden.

Es entspricht idR. gängiger Praxis, dass Wahrnehmungsverträge alle einzelnen **Rechte** auflisten, die zur Wahrnehmung übertragen werden. Da darin meist auch die Rechte an allen bestehenden und künftigen Werken bzw. sonstigen Schutzgegenständen übertragen werden, dürfte sich aber eine Aufzählung der **Werke und Schutzgegenstände** im Einzelnen erübrigen.

Um schwerfällige Korrespondenz zu vermeiden und eine pragmatische Handhabung dieser Bestimmung zu ermöglichen, werden, wie bisher auch, **Formularverträge** zulässig bleiben, solange daraus hervorgeht, zur Übertragung welcher Rechte, Rechtekategorien, Werke oder Schutzgegenstände und ggf. für welche Nutzungsformen die Zustimmung gegeben wurde. Im Übrigen wird der bisher schon auf § 6 UrhWG angewandte Übertragungszweckgedanke auch iRv. § 10 seine Gültigkeit behalten.[13]

5   **c) Dokumentation.** Alle diese Angaben zu den übertragenen Rechten, Rechtekategorien oder Nutzungsformen hat die Verwertungsgesellschaft zu dokumentieren. Jede einzelne Zustimmung und ihr Umfang müssen also dokumentarisch belegt sein.[14] Dabei wird eine elektronische Dokumentation ausreichend sein, die den Berechtigten zugänglich sein sollte.[15]

2. § 10 S. 2 – Textform

6   § 10 S. 2 war im Regierungsentwurf nicht enthalten, sondern wurde erst im Gesetzgebungsverfahren durch den Ausschuss für Recht und Verbraucherschutz hinzugefügt. Nach Auffassung des Ausschusses konnte iRv. § 10 für Vereinbarungen, mit denen Rechtsinhaber Verwertungsgesellschaften mit der Wahrnehmung ihrer Rechte beauftragen (Wahrnehmungsverträge), abweichend von § 40 Abs. 1 UrhG, auf das **Schriftformerfordernis** verzichtet werden. Es erschien dem Ausschuss ausreichend, wenn für Wahrnehmungsverträge die **Textform iSv. § 126b BGB** gilt, denn dies diene – auch im Interesse der Rechtsinhaber – einer effizienteren Organisation des Geschäftsprozesses und der Kosteneinsparung bei der Verwertungsgesellschaft.[16]

Damit ist gem. § 10 S. 2 für jede Wahrnehmungsvereinbarung iSv. § 10 S. 1 die **Textform** erforderlich. Die Vereinbarung muss also eine lesbare, auf einem Datenträger abgegebene Erklärung sein,

---

[6] → § 56 Rn. 4.
[7] → § 53 Rn. 4.
[8] Vgl. § 9 Rn. 5; Erwägungsgrund (19) S. 9 ff. VG-RL.
[9] → § 9 Rn. 15.
[10] → § 2 Rn. 5 ff.
[11] → § 3 Rn. 3.
[12] Vgl. *Walter* Urheber- und Verwertungsgesellschaftenrecht '15, Art. 5 VG-RL Anm. 8.
[13] → § 9 Rn. 16.
[14] → Rn. 1 zur insoweit präziseren englischen Sprachfassung der VG-RL.
[15] → § 14 Rn. 3.
[16] Beschlussempfehlung und Bericht des Ausschusses für Recht und Verbraucherschutz, BT-Drs. 18/8268, S. 10.

die die Person des Erklärenden erkennen lässt. Ausdrücklich gilt dies auch für Vereinbarungen zur Einräumung der **Rechte an künftigen Werken**, findet aber ebenso Anwendung auf alle Vereinbarungen zur **Änderung des Wahrnehmungsvertrages.**[17]

Es ist den Vertragsparteien überlassen, ob sie, etwa zur besseren Beweisbarkeit, darüber hinaus die Schriftform iSv. § 126 BGB wählen und damit insbesondere die Unterzeichnung durch beide Vertragsparteien auf derselben Urkunde vorsehen gem. § 126 Abs. 2 BGB.[18]

§ 11 Nutzungen für nicht kommerzielle Zwecke

Die Verwertungsgesellschaft legt Bedingungen fest, zu denen der Berechtigte jedermann das Recht einräumen kann, seine Werke oder sonstigen Schutzgegenstände für nicht kommerzielle Zwecke zu nutzen, auch wenn er die entsprechenden Rechte daran der Verwertungsgesellschaft zur Wahrnehmung eingeräumt oder übertragen hat.

Schrifttum: *Staudt/Hendel/Welp,* Der Berechtigungsvertrag, in: Heker/Riesenhuber (Hrsg.), Recht und Praxis der GEMA, 3. Aufl. 2018, 212.

Übersicht

I. Allgemeines

1. Die Vorgaben der VG-RL

Nach **Art. 5 Abs. 3 VG-RL** sollen Rechtsinhaber das Recht haben, auch neben der kollektiven **1** Wahrnehmung ihrer Rechte durch eine Verwertungsgesellschaft selbst Lizenzen für die „nichtkommerzielle Nutzung von Rechten, von Kategorien von Rechten oder von Arten von Werken und sonstigen Schutzgegenständen ihrer Wahl zu vergeben". Berechtigte sollen also befugt sein, selbst im Rahmen eines laufenden Wahrnehmungsverhältnisses Nutzungsrechte für nicht kommerzielle Zwecke einzuräumen. Neben der weitgehenden Wahlmöglichkeit bei der Vergabe von Rechten an die Verwertungsgesellschaft und anderen Privilegien für Rechtsinhaber iRv. Art. 5 VG-RL ist Art. 5 Abs. 3 VG-RL ein weiterer Beleg für die große Flexibilität, die Rechtsinhabern gegenüber den Verwertungsgesellschaften von der VG-RL eingeräumt werden soll.

Aus **Art. 5 Abs. 8 iVm. Erwägungsgrund (19) S. 8 VG-RL** ergibt sich, dass die Verwertungsgesellschaft an die Ausübung dieses Rechts aus Art. 5 Abs. 3 VG-RL besondere Bedingungen knüpfen kann, diese Bedingungen festlegen und die Berechtigten darüber informieren muss. Dabei ist zu berücksichtigen, dass die Berechtigten zwar „leicht" von ihren Möglichkeiten sollen Gebrauch machen können,[1] diese Freiheit der Berechtigten, wie auch ihre anderen Freiheiten aufgrund von Art. 5 VG-RL, aber stets in einem ausgewogenen Verhältnis zur Funktionsfähigkeit der Verwertungsgesellschaft stehen muss.[2]

2. § 11

§ 11 setzt Art. 5 Abs. 3 VG-RL um, statuiert dabei aber nicht ausdrücklich das nach der Richtlinie **2** den Rechtsinhabern zu gewährende Recht, Nutzungsrechte zu nicht kommerziellen Zwecken einzuräumen, sondern legt fest, dass die Verwertungsgesellschaft Bedingungen für die Ausübung dieses Rechts aufzustellen hat.

Die auf die Ausübung des Rechts aus Art. 5 Abs. 3 VG-RL bezogene Pflicht der Verwertungsgesellschaften, gem. Art. 5 Abs. 8 VG-RL Rechtsinhaber über dieses Recht zu informieren, wird in § 11 nicht angesprochen, sondern ist, zusammen mit anderen Informationspflichten, in § 53 separat geregelt.[3]

---

[17] → § 9 Rn. 17.
[18] Dreier/Schulze/*Schulze* § 10 Rn. 3.
[1] Vgl. Erwägungsgrund (19) S. 9 VG-RL.
[2] Vgl. Erwägungsgrund (19) S. 3 VG-RL; zum Hintergrund der sog. Creative Common-Lizenzen kritisch Wandtke/Bullinger/*Gerlach* § 11 Rn. 1.
[3] → Rn. 6.

II. Nutzungen für nicht kommerzielle Zwecke

1. Rechteeinräumung für nicht kommerzielle Zwecke

3   Einfache Nutzungsrechte kann der Urheber ohnehin gem. §§ 32 Abs. 3 S. 3 und 32a Abs. 3 S. 3 UrhG jedermann unentgeltlich einräumen. Nach § 11 hat der Berechtigte darüber hinaus die Befugnis, „jedermann" Rechte zur Nutzung für nicht kommerzielle Zwecke einräumen zu können, auch wenn diese **Rechte bereits** (idR. exklusiv) **von einer Verwertungsgesellschaft für ihn wahrgenommen werden.** Dies schließt auch die Möglichkeit für den Berechtigten ein, seine Rechte für nicht kommerzielle Zwecke in urheberrechtlich relevanter Weise selbst zu nutzen.[4]

Die Verpflichtung aus § 11 gilt für **Verwertungsgesellschaften iSv. § 2**[5] und für **abhängige Verwertungseinrichtungen iSv. § 3,** sofern diese die Tätigkeiten einer Verwertungsgesellschaft ausüben.[6]

§ 11 kommt allen **Berechtigten** iSv. § 6[7] zugute, also allen Rechtsinhabern, die in einem unmittelbaren Wahrnehmungsverhältnis zur Verwertungsgesellschaft stehen.

§ 11 greift nicht, wenn die Nutzung bereits iRv. **gesetzlichen Schrankenregelungen** urheberrechtlich gestattet ist, denn hier ergeben sich die Berechtigung zur Nutzung und etwaige Vergütungsansprüche bereits aus dem Gesetz; insoweit verbleibt dem Berechtigten kein Spielraum für eine eigene Rechtseinräumung.[8]

2. Von der Verwertungsgesellschaft festzulegende Bedingungen

4   **a) Festlegung der Bedingungen im Voraus.** Die **Bedingungen** für die Ausübung der Befugnis der Berechtigten aus § 11 muss die Verwertungsgesellschaft **im Voraus festlegen.** Nach § 53 **Abs. 2** ist sie verpflichtet, die in § 11 genannten Rechte und die dafür geltenden Bedingungen in ihrem Statut bzw. ihrem Gesellschaftsvertrag oder in ihren Wahrnehmungsbedingungen zu nennen.[9] **Zuständig für die Festlegung** der Bedingungen iSv. § 11 ist gem. § 17 Abs. 1 S. 2 Nr. 1 bzw. Nr. 16 die Mitgliederhauptversammlung.

5   **b) Der Inhalt der Bedingungen.** Die Befugnis des Berechtigten aus § 11 erstreckt sich nur auf eine Lizenzierung zu nicht kommerziellen Zwecken. Der Begriff der **Nutzung zu nicht kommerziellen Zwecken** wird in § 11 nicht erläutert. Generell wird man davon ausgehen können, dass eine Nutzung dann nicht kommerzielle Zwecke hat, wenn sie **weder direkt noch indirekt Erwerbszwecken dient.** Dabei ist der Begriff des Erwerbszwecks weit auszulegen.[10]

Inhaltlich sind die Bedingungen für die Nutzung für nicht kommerzielle Zwecke so zu fassen, dass der Berechtigte möglichst flexibel ist und leicht von seiner Befugnis Gebrauch machen kann, andererseits aber die **wirksame und effiziente Rechtswahrnehmung** durch die Verwertungsgesellschaft nicht erschwert wird.[11] Die Eigenlizenzierung für nicht kommerzielle Zwecke sollte nicht mit der üblichen Lizenzierungspraxis der Verwertungsgesellschaften kollidieren.

Wenn man im Einklang mit der Konzeption des VGG, wie auch schon des UrhWG als seinem Vorgänger, davon ausgeht, dass Verwertungsgesellschaften als Treuhänder der Berechtigten fungieren und gewissermaßen als deren verlängerter Arm nur deren Interessen und nicht etwa Eigeninteressen verfolgen, wird man die **Befugnis** des Berechtigten zur nicht kommerziellen Lizenzierung **gem. § 11 eng auslegen** müssen; und dies muss auch in den Bedingungen für die Ausübung dieser Befugnis zum Ausdruck kommen. Denn jede Eigenlizenzierung durch einen Berechtigten, selbst wenn sie zu den hier ohnehin nicht definierten „nicht kommerziellen" Zwecken erfolgt, kann potenziell die Funktionsfähigkeit der Verwertungsgesellschaft zu seinen eigenen Lasten, aber auch zu Lasten anderer Berechtigter, die sich mit ihm im Rahmen der kollektiven Rechtswahrnehmung durch die Verwertungsgesellschaft in einer Solidargemeinschaft befinden, beeinträchtigen.

Um Beeinträchtigungen der Wahrnehmungsmöglichkeiten durch die Verwertungsgesellschaft zu vermeiden, kann daher zB eine **zeitliche Begrenzung** der Rechteeinräumung für nicht kommerzielle Zwecke, etwa für das Streaming im Rahmen einer Eigenwerbung, zulässig sein.[12] Auch wird die Verwertungsgesellschaft die Ausübung der Befugnisse aus § 11 mit einem bestimmten Verfahren, etwa einer Meldung, verbinden können, um möglichst große Transparenz herzustellen.[13]

---

[4] AmtlBegr. BT-Drs. 18/7223, S. 75.
[5] → § 2 Rn. 5 ff.
[6] → § 3 Rn. 3.
[7] → § 6 Rn. 3 ff.
[8] Möhring/Nicolini/*Freudenberg* § 11 Rn. 13.
[9] → § 53 Rn. 4.
[10] → § 52 UrhG Rn. 12 ff.; zur Auslegung des Begriffs in den Allgemeinen Geschäftsbedingungen der GEMA vgl. *Welp* in: Heker/Riesenhuber (Hrsg), Recht und Praxis der GEMA, S. 212 (314).
[11] AmtlBegr. BT-Drs. 18/7223, S. 75; → Rn. 1 zu den Vorgaben der VG-RL, insbesondere in Erwägungsgrund (19) S. 3 VG-RL; vgl. Heine/Holzmüller/*Holzmüller* § 11 Rn. 17 ff.
[12] Vgl. Möhring/Nicolini/*Freudenberg* § 11 Rn. 11.
[13] Zur GEMA-NK-Lizenz *Welp* in: Heker/Riesenhuber (Hrsg), Recht und Praxis der GEMA, S. 212 (312 ff.); kritisch Möhring/Nicolini/*Freudenberg* § 11 Rn. 4.

In jedem Fall sollten die **Bedingungen** für die nicht kommerzielle Nutzung möglichst **konkret gefasst** sein, um Missbräuche, etwa durch Versuche von Nutzern, die Tarife von Verwertungsgesellschaften zu unterlaufen, zu vermeiden.[14]

3. Informationspflichten

Die **Informationspflicht** der Verwertungsgesellschaft nach Art. 5 Abs. 8 VG-RL wird mit § 53 **6** umgesetzt: Nach **§ 53 Abs. 1 Nr. 1** muss die Verwertungsgesellschaft den Rechtsinhaber über die ihm aus § 11 zustehenden Rechte einschließlich der dort erwähnten Bedingungen **informieren,** bevor sie gem. § 10 seine Zustimmung zur kollektiven Wahrnehmung seiner Rechte einholt.[15] Außerdem muss die Verwertungsgesellschaft gem. **§ 56 Abs. 1 Nr. 2** über diese Befugnisse der Berechtigten auf ihrer **Internetseite** informieren.[16]

§ 12 Beendigung der Rechtswahrnehmung; Entzug von Rechten

(1) Die Verwertungsgesellschaft regelt in den Wahrnehmungsbedingungen, dass der Berechtigte unter Einhaltung einer angemessenen Frist von höchstens sechs Monaten das Wahrnehmungsverhältnis insgesamt beenden oder der Verwertungsgesellschaft Rechte seiner Wahl an Arten von Werken und sonstigen Schutzgegenständen seiner Wahl entziehen kann, und zwar jeweils für Gebiete seiner Wahl.

(2) Die Wahrnehmungsbedingungen können bestimmen, dass die Beendigung des Wahrnehmungsverhältnisses oder der Rechteentzug erst zum Ende des Geschäftsjahres wirksam werden.

(3) Die Verwertungsgesellschaft hat die Einnahmen aus den Rechten auch dann weiterhin nach den allgemeinen Vorschriften einzuziehen, zu verwalten und zu verteilen, wenn dem Berechtigten Einnahmen aus den Rechten zustehen

1. für Nutzungen aus einem Zeitraum, bevor das Wahrnehmungsverhältnis wirksam beendet oder der Rechteentzug wirksam war, oder

2. aus einem Nutzungsrecht, das die Verwertungsgesellschaft vergeben hat, bevor das Wahrnehmungsverhältnis wirksam beendet oder der Rechteentzug wirksam war.

Schrifttum: *Staudt/Hendel/Welp,* Der Berechtigungsvertrag, in: Heker/Riesenhuber (Hrsg.), Recht und Praxis der GEMA, 3. Aufl. 2018, 212.

Übersicht

I. Allgemeines

1. Die Vorgaben der VG-RL

Art. 5 Abs. 4 und 5 VG-RL behandeln die **Beendigung des Wahrnehmungsverhältnisses 1 durch den Berechtigten** und sein **Recht,** der Verwertungsgesellschaft seine **Rechte oder Rechtekategorien** ganz oder teilweise **wieder zu entziehen.** Auch diese Bestimmungen sollen nach dem Willen des EU-Gesetzgebers die Flexibilität und die möglichst große Unabhängigkeit der Rechtsinhaber gegenüber der Verwertungsgesellschaft unterstreichen. Den Berechtigten soll es „leicht" möglich sein, eine andere Verwertungsgesellschaft oder Einrichtung mit der Wahrnehmung ihrer Rechte zu betrauen, also die Verwertungsgesellschaft zu wechseln, oder ihre Rechte selbst wahrzunehmen.[1]

Allerdings weist die VG-RL darauf hin, dass auch dieses **Element der Flexibilität** der Berechtigten in einem ausgewogenen Verhältnis stehen muss zur **Funktionsfähigkeit der Verwertungsgesellschaft** und ihrer Fähigkeit, die Rechte wirksam wahrzunehmen.[2] Dem tragen **Art. 5 Abs. 4 S. 1 und 2 VG-RL** Rechnung, wonach die Verwertungsgesellschaften den Rechtsinhabern „eine **angemessene Frist von höchstens sechs Monaten"** für eine solche Beendigung des Wahrnehmungs-

---

[14] Dreier/Schulze/*Schulze* § 11 Rn. 3.
[15] → § 53 Rn. 3.
[16] → § 56 Rn. 4.
[1] Erwägungsgrund (19) S. 4 VG-RL.
[2] Erwägungsgrund (19) S. 3 VG-RL

verhältnisses oder einen Rechteentzug setzen und beschließen können, dass diese Maßnahmen nicht vor dem Ende des Geschäftsjahres wirksam werden. **Art. 5 Abs. 5 VG-RL** bestimmt, dass den Berechtigten ihre Rechte aus Erlösen, die bis zur Wirksamkeit der Beendigung des Wahrnehmungsverhältnisses/des Rechteentzugs oder aus einer davor bereits erteilten Lizenz erzielt wurden, verbleiben müssen; dabei handelt es sich um die Rechte aus Art. 12 (Abzüge), Art. 13 (Verteilung an die Rechtsinhaber), Art. 18 (Informationen an die Rechtsinhaber über die Wahrnehmung ihrer Rechte), Art. 20 (Informationen an Rechtsinhaber…auf Anfrage), Art. 28 (Ordnungsgemäße und unverzügliche Ausschüttung an die Rechtsinhaber) und Art. 33 (Beschwerdeverfahren).

In **Art. 5 Abs. 6 VG-RL** wird das Recht zur Beendigung des Wahrnehmungsverhältnisses und des Rechteentzugs noch einmal dahingehend präzisiert, dass es nicht davon abhängig gemacht werden darf, dass eine **andere Verwertungsgesellschaft** mit der Wahrnehmung der betreffenden Rechte betraut wird; auch dies ein Beleg dafür, wieviel dem EU-Gesetzgeber daran gelegen war, den Berechtigten die Möglichkeit zu geben, aus der kollektiven Wahrnehmung ihrer Rechte jederzeit ganz oder teilweise wieder auszusteigen.

Gem. **Art. 5 Abs. 8 S. 1 VG-RL** muss die Verwertungsgesellschaft die Rechtsinhaber vor deren Zustimmung zur kollektiven Wahrnehmung über ihre Rechte zur Beendigung des Wahrnehmungsverhältnisses/des Rechteentzugs **informieren. Art. 5 Abs. 8 S. 2 VG-RL** bestimmt, dass solche Berechtigten, die bereits eine Verwertungsgesellschaft beauftragt haben, von dieser über die genannten Rechte und die daran geknüpften Bedingungen bis zum 10. Oktober 2016 informiert werden sollen; die Information über die Internetseite der Verwertungsgesellschaft wird insoweit für ausreichend erachtet.[3]

2. § 12

2 § 12 setzt Art. 5 Abs. 4 und 5 VG-RL um, indem er den Verwertungsgesellschaften vorgibt, unter welchen **Bedingungen** sie das Recht auf Beendigung des Wahrnehmungsverhältnisses und auf Rechteentzug gewähren müssen, wann der Rechteentzug wirksam wird (**§ 12 Abs. 1 und 2**) und welche **Konsequenzen** dies für laufende Verwertungsvorgänge hat (**§ 12 Abs. 3**).

Art. 5 Abs. 6 VG-RL wird in § 12 nicht gesondert umgesetzt, da die dort für unzulässig erklärte Bedingung ohnehin gegen das **Gebot der angemessenen Bedingungen** gem. § 9 S. 2 verstoße und somit schon aus diesem Grund unzulässig wäre.[4]

Die auf die Rechte auf Beendigung des Wahrnehmungsverhältnisses oder auf Rechteentzug bezogenen **Informationspflichten** der Verwertungsgesellschaften gem. Art. 5 Abs. 8 S. 1 VG-RL (Information vor Zustimmung zur Rechtseinräumung) werden in § 12 nicht angesprochen, sondern sind zusammen mit anderen Informationspflichten in § 53 separat geregelt.[5]

II. Beendigung der Rechtswahrnehmung; Entzug von Rechten

1. § 12 Abs. 1 – Beendigung und Rechteentzug

3 Für die **Laufzeit und Kündigung von Wahrnehmungsverträgen** gelten grundsätzlich die Bestimmungen des Dienstvertrages; für ihre Auslegung findet insbesondere das Gebot der angemessenen Bedingungen gem. § 9 Abs. 2 Anwendung.[6] § 12 enthält besondere Regelungen über die Kündigung des Wahrnehmungsverhältnisses und den Entzug einzelner Rechte durch den Berechtigten. § 12 ist somit **lex specialis** im Verhältnis zu den genannten allgemeinen wahrnehmungsrechtlichen Grundsätzen für die Laufzeit oder die Kündigung von Wahrnehmungsverträgen und geht diesen vor.

§ 12 gilt für **Verwertungsgesellschaften iSv. § 2**[7] und für **abhängige Verwertungseinrichtungen iSv. § 3,** sofern diese die Tätigkeiten einer Verwertungsgesellschaft ausüben.[8] **Berechtigte** iSv. § 12 sind Rechtsinhaber, die mit einer solchen Gesellschaft in einem unmittelbaren Wahrnehmungsverhältnis stehen.[9]

Nach § 12 Abs. 1 ist die Verwertungsgesellschaft verpflichtet, als **Teil ihrer Wahrnehmungsbedingungen** dem Berechtigten das Recht einzuräumen, entweder das Wahrnehmungsverhältnis „insgesamt" zu beenden, dh. der Verwertungsgesellschaft den Wahrnehmungsauftrag vollständig zu entziehen, oder nach seiner Wahl (nur) bestimmte Rechte an Arten von (urheberrechtlich geschützten) Werken oder sonstigen Schutzgegenständen (an denen Leistungsschutzrechte bestehen), und zwar ggf. für Gebiete seiner Wahl, der Verwertungsgesellschaft zu entziehen; bei dieser letzteren Alternative des Rechteentzugs würden einzelne Rechte bei der Verwertungsgesellschaft verbleiben.

---

[3] Erwägungsgrund (19) S. 10 VG-RL.
[4] → Rn. 6.
[5] → Rn. 7.
[6] → § 9 Rn. 18 und 10 ff.
[7] → § 2 Rn. 5 ff.
[8] → § 3 Rn. 3 ff.
[9] → § 6 Rn. 3 ff.

Mit dem **Recht auf Kündigung oder partiellen Rechteentzug** nach § 12 Abs. 1 soll der Berechtigte sowohl die inhaltliche als auch die territoriale Reichweite des Wahrnehmungsmandats bestimmen und ggf. ändern können.[10] Damit soll ihm die Entscheidung darüber, welche Rechte er für welches Gebiet der Verwertungsgesellschaft einräumt, auch im Rahmen des laufenden Wahrnehmungsverhältnisses mit einer Verwertungsgesellschaft verbleiben. Allerdings sollte insbesondere beim Entzug einzelner Rechte darauf geachtet werden, dass das **Gleichgewicht** zwischen der **Freiheit der Rechtsinhaber,** über die Rechte an ihren Werken oder sonstigen Schutzgegenständen zu verfügen, und der **Fähigkeit der Verwertungsgesellschaft,** die ihr anvertrauten **Rechte wirksam wahrzunehmen,** gewahrt bleibt und nicht etwa ihre Funktionsfähigkeit durch den Rechteentzug beeinträchtigt wird. Wenn also bestimmte Kategorien von Rechten unter wirtschaftlichen Gesichtspunkten am effizientesten gemeinsam kollektiv wahrgenommen werden können, sollten die Rechte nicht aufgespalten werden.[11]

Gründe für einen solchen vollständigen oder teilweisen Rechteentzug **braucht der Berechtigte nicht anzugeben;** er kann auch jederzeit erfolgen, dh. grundsätzlich unabhängig von der in den Wahrnehmungsbedingungen vorgesehenen regulären Laufzeit des Wahrnehmungsvertrages oder der dort bestimmten regulären Kündigungsfrist.

Allerdings können die Wahrnehmungsbedingungen vorsehen, dass der Berechtigte bei Ausübung seiner Rechte aus § 12 Abs. 1 – und zwar sowohl für eine Beendigung des gesamten Wahrnehmungsverhältnisses als auch für den Entzug einzelner Rechte – gegenüber der Verwertungsgesellschaft eine **angemessene Frist** einhalten muss, die **nicht mehr als sechs Monate** betragen darf. Eine solche Frist dient der Rechtssicherheit und ermöglicht es der Verwertungsgesellschaft, die Rechtswahrnehmung im Interesse aller Berechtigten effizient und wirksam zu planen und durchzuführen.[12]

Wesentlich ist, dass die Frist angemessen ist; ob dies der Fall ist, hängt von den Umständen ab: In einzelnen Fällen kann nur eine kürzere Frist als die – ohnehin als Obergrenze vorgesehene – Frist von sechs Monaten angemessen sein, und sechs Monate wären unangemessen. Dies dürfte insbesondere im Bereich der Online-Nutzungen zutreffen, wo Berechtigungsverträge aus Gründen der Marktdynamik idR. kürzere Kündigungsfristen vorsehen.[13]

2. § 12 Abs. 2 – Wirksamwerden

Auch § 12 Abs. 2 dient dem Interesse der **Planungssicherheit der Verwertungsgesellschaft** für das laufende Geschäftsjahr. Danach können die Wahrnehmungsbedingungen der Verwertungsgesellschaft vorsehen, dass die Beendigung des Wahrnehmungsverhältnisses oder ein Rechteentzug iSv. § 12 Abs. 1 erst **zum Ende des laufenden Geschäftsjahres** wirksam werden. Eine solche Klausel entspricht der Vorgabe in Art. 5 Abs. 4 S. 2 VG-RL und ist auch für die ordentliche Kündigung von Wahrnehmungsverträgen üblich.[14]

4

3. § 12 Abs. 3 – Konsequenzen des Rechteentzugs für laufende Verwertungsverträge

§ 12 Abs. 3 regelt die Konsequenzen einer Beendigung des Wahrnehmungsverhältnisses und eines Rechteentzugs für die Verteilung von nach deren Wirksamwerden für den Berechtigten erzielten Einnahmen.

5

In zwei Fällen muss die Verwertungsgesellschaft für den Berechtigten erzielte Einnahmen **auch weiterhin,** dh. nachdem die Beendigung des Wahrnehmungsverhältnisses bzw. der Rechteentzug wirksam geworden sind, **verwalten** und an ihn **verteilen:**

– gem. **§ 12 Abs. 3 Nr. 1,** wenn es sich um Einnahmen für Nutzungen handelt, die in einem Zeitraum erfolgten, bevor die Kündigung/der Rechteentzug wirksam wurde; und

– gem. **§ 12 Abs. 3 Nr. 2,** wenn es sich um Einnahmen aus einem Nutzungsrecht handelt, für das die Verwertungsgesellschaft eine Lizenz erteilt hat, bevor die Kündigung/der Rechteentzug wirksam wurde.

Mit dieser Regelung sollen **Lücken in der Rechtewahrnehmung vermieden** werden: Wenn Nutzungsrechte vergeben wurden, bevor die Beendigung des Wahrnehmungsverhältnisses oder der Rechteentzug wirksam wurden, müssen die daraus erzielten Einnahmen eingezogen und verteilt werden, und zwar für den gesamten verbleibenden Nutzungszeitraum und ggf. auch über den Zeitpunkt der Wirksamkeit der Beendigung/des Rechteentzugs hinaus.

Aber auch der Schutz der Nutzer ist zu beachten: Kündigung und Rechteentzug durch den Berechtigten wirken nicht unmittelbar auf Lizenzverträge der Verwertungsgesellschaften mit Nutzern; bereits von der Verwertungsgesellschaft erteilte Lizenzen für die gekündigten Rechte behalten idR.

---

[10] Vgl. AmtlBegr. BT-Drs. 18/7223, S. 60 zu Art. 5 VG-RL.

[11] Vgl. Erwägungsgrund (19) S. 3, 4 VG-RL.

[12] Zum Gesichtspunkt des erforderlichen Gleichgewichts zwischen den Interessen des einzelnen Berechtigten und denjenigen der Verwertungsgesellschaft, → Rn. 1; Erwägungsgrund (19) S. 3 VG-RL.

[13] Vgl. § 10 Ziff. 2 des Berechtigungsvertrages der GEMA; *Hendel* in: Heker/Riesenhuber (Hrsg.), Recht und Praxis der GEMA, S. 212 (336 f.).

[14] Vgl. § 3a) der GEMA-Satzung, bei *Hillig,* Urheber- und Verlagsrecht, Beck'sche Textausgabe, 18. Aufl. 2019, Nr. 16: „… zum Ende eines jeden Kalenderjahres …".

ihre Gültigkeit für die Dauer des Lizenzzeitraums;[15] dabei sollte der Lizenzzeitraum allerdings auch nicht so lang bemessen sein, dass er die Ausübung des Kündigungsrechts unterläuft.[16] Ohnehin gilt für Verwertungsgesellschaften gem. § 34 der Abschlusszwang gegenüber Nutzern bis zum Zeitpunkt der Kündigung/des Rechteentzugs.

4. Keine weiteren Bedingungen

6 Die in § 12 genannten Bedingungen, von denen Verwertungsgesellschaften die Beendigung des Wahrnehmungsverhältnisses oder den Entzug einzelner Rechte abhängig machen können, sind abschließend. Eine Verwertungsgesellschaft oder abhängige Verwertungseinrichtung kann also die Ausübung der in § 12 Abs. 1 genannten Befugnisse durch den Berechtigten von **keinen anderen als den in § 12 Abs. 1, 2 und 3 genannten Bedingungen** abhängig machen. Andere Bedingungen, etwa dass der Berechtigte seine Rechte einer anderen Verwertungsgesellschaft zur Wahrnehmung überlassen muss und diese die Wahrnehmung seiner Rechte übernimmt, wären ein Verstoß gegen § 12. Die hier als Beispiel genannte Bedingung wäre auch schon deswegen unzulässig, weil sie gegen das Gebot der angemessenen Wahrnehmungsbedingungen gem. § 9 S. 2 verstoßen würde.[17]

5. Information der Rechtsinhaber

7 Nach **§ 53 Abs. 2** muss die Verwertungsgesellschaft die in § 12 genannten Befugnisse des Berechtigten in ihr Statut bzw. ihren Gesellschaftsvertrag oder in ihre **Wahrnehmungsbedingungen** aufnehmen.[18] Darüber beschließt gem. § 17 Abs. 1 S. 2 Nr. 1 bzw. Nr. 13 die Mitgliederhauptversammlung.

Die Befugnisse des Berechtigten aus § 12 sind Teil der Wahrnehmungsbedingungen, über die die Verwertungsgesellschaft gem. **§ 56 Abs. 1 Nr. 2** auf ihrer **Internetseite** informieren muss.[19]

Nach **§ 53 Abs. 1 Nr. 1** ist die Verwertungsgesellschaft im Übrigen verpflichtet, den Berechtigten über seine Rechte aus § 12 zu informieren, bevor sie gem. § 10 seine **Zustimmung** zur kollektiven Wahrnehmung seiner Rechte einholt.[20]

§ 13 Bedingungen für die Mitgliedschaft

(1) [1]Die Verwertungsgesellschaft regelt in der Satzung, im Gesellschaftsvertrag oder in sonstigen Gründungsbestimmungen (Statut), dass Berechtigte und Einrichtungen, die Rechtsinhaber vertreten, als Mitglieder aufzunehmen sind, wenn sie die Bedingungen für die Mitgliedschaft erfüllen. [2]Die Bedingungen müssen objektiv, transparent und nichtdiskriminierend sein und sind im Statut zu regeln.

(2) Lehnt eine Verwertungsgesellschaft einen Antrag auf Aufnahme als Mitglied ab, so sind dem Antragsteller die Gründe verständlich zu erläutern.

Schrifttum: *Mauhs,* Der Wahrnehmungsvertrag, 1991; *Melichar,* Verleger und Verwertungsgesellschaften, UFITA 117 (1991), 5; *Menzel,* Die Aufsicht über die GEMA durch das Deutsche Patentamt, 1986; *Mestmäcker,* Zur Anwendung von Kartellaufsicht und Fachaufsicht auf urheberrechtliche Verwertungsgesellschaften und ihre Mitglieder, FS Lukes (1989), S. 445; *Schulze,* Mitgliedsausschluß aus einem wirtschaftlichen Verein am Beispiel der GEMA, NJW 1991, 3264; *Vogel,* Wahrnehmungsrecht und Verwertungsgesellschaften der Bundesrepublik Deutschland – Eine Bestandsaufnahme im Hinblick auf die Harmonisierung des Urheberrechts in der Europäischen Gemeinschaft, GRUR 1993, 513.

Übersicht

---

[15] Heine/Holzmüller/*Holzmüller* § 12 Rn. 23 unter Hinweis auf § 33 UrhG; vgl. BGH ZUM 2009, 852 – Reifen Progressiv; BGH GRUR 2012, 916 – M2Trade.
[16] Vgl. Erwägungsgrund (19) S. 13 VG-RL.
[17] AmtlBegr. BT-Drs. 18/7223, S. 75; → § 9 Rn. 13.
[18] → § 53 Rn. 4.
[19] → § 56 Rn. 4.
[20] → § 53 Rn. 3.

I. Allgemeines

1. Die Vorgaben der VG-RL

Die VG-RL unterscheidet zwischen **Rechtsinhabern** iSv. Art. 3 Buchst. c), **Mitgliedern** iSv. **1** Art. 3 Buchst. d) und **berechtigten Nichtmitgliedern** iSv. Art. 7, enthält aber für die letztere Gruppe keine Definition. Art. 3 Buchst. b) und Art. 6 Abs. 2 VG-RL gehen davon aus, dass aus der Eigenschaft des „Mitglieds" bestimmte Rechte folgen, vor allem die Möglichkeit der Einflussnahme auf die Geschäftstätigkeit der Verwertungsgesellschaft über die Mitgliederversammlung gem. Art. 8. VG-RL.[1] Grundsätzlich wird zugleich aber in der VG-RL anerkannt, dass nicht alle Rechtsinhaber, deren Rechte von einer Verwertungsgesellschaft wahrgenommen werden, deren Mitglieder sind, und die Verwertungsgesellschaft auch nicht verpflichtet ist, jeden ihrer Berechtigten (sozusagen automatisch) als Mitglied aufzunehmen.[2]

Nach **Art. 6 Abs. 2 S. 1 VG-RL** sollen Verwertungsgesellschaften nur dann verpflichtet sein, „Rechtsinhaber und Einrichtungen, die Rechtsinhaber vertreten, einschließlich anderer Organisationen für die kollektive Rechtewahrnehmung und Vereinigungen von Rechtsinhabern" als Mitglieder aufzunehmen, wenn diese bestimmte Voraussetzungen erfüllen. Solche **Voraussetzungen für die Mitgliedschaft** müssen auf „**objektiven, transparenten und nichtdiskriminierenden Kriterien**" beruhen.

Nach **Art. 6 Abs. 2 S. 2 VG-RL** müssen diese Voraussetzungen in das **Statut** oder die **Mitgliedschaftsbedingungen** der Verwertungsgesellschaft aufgenommen und veröffentlicht werden; dabei versteht die VG-RL den Begriff des Statuts untechnisch und definiert ihn in Art. 3 Buchst. e) VG-RL als „Satzung, die Gründungsbestimmungen oder die Gründungsurkunden" einer Verwertungsgesellschaft.

Gem. **Art. 6 Abs. 2 S. 3 VG-RL** muss die Verwertungsgesellschaft bei Ablehnung eines Antrags auf Mitgliedschaft dem Rechtsinhaber „die Gründe für diese Entscheidung verständlich" erläutern.

2. Die Bestimmungen des UrhWG zur Mitgliedschaft

Nach dem **UrhWG** bestand zwar für alle Berechtigten ein Anspruch auf eine wirksame Wahrneh- **2** mung ihrer Rechte und Ansprüche durch die Verwertungsgesellschaft – nicht aber ein Anspruch darauf, von ihr als Mitglied aufgenommen zu werden. **§ 6 Abs. 2 UrhWG** unterschied zwischen Berechtigten, die die Verwertungsgesellschaft nicht als Mitglieder aufnimmt, und Mitgliedern, ging also davon aus, dass es Wahrnehmungsberechtigte gibt, die von der Verwertungsgesellschaft betreut werden, ohne zugleich deren Mitglieder zu sein. Die Verwertungsgesellschaft unterlag damit zwar dem Wahrnehmungszwang, konnte aber in ihrer Satzung die **Voraussetzungen für eine Mitgliedschaft** frei bestimmen.[3] § 6 UrhWG ging als lex specialis auch § 20 Abs. 6 GWB vor, der unter bestimmten Voraussetzungen einen Aufnahmeanspruch in Wirtschafts- oder Berufsvereinigungen statuiert.[4] Im Übrigen gab der Wahrnehmungszwang auch Zessionaren als Berechtigten keinen Anspruch auf Mitgliedschaft in der Verwertungsgesellschaft.[5]

Grund dafür, dass es nach dem UrhWG Verwertungsgesellschaften freigestellt war, Rechtsinhaber als Mitglieder aufzunehmen, war die Erwägung, dass vor allem den Urhebern und Leistungsschutzberechtigten mit regelmäßigem Repertoire, die das Fundament jeder Verwertungsgesellschaft bilden, **als Mitglieder ein besonderer Einfluss** auf die Verwertungsgesellschaft zusteht. Demgegenüber sollten die zahlenmäßig weit überwiegenden nur gelegentlichen Werkschöpfer und Erbringer schutzfähiger Leistungen nicht über den Mitgliederstatus überproportionalen Einfluss auf die Gesellschaft erhalten.[6] Die **berechtigten Nichtmitglieder** sollten also die Mitglieder nicht majorisieren können;[7] wohl aber mussten ihre **Interessen** bzgl. der Verwaltung ihrer Rechte und Ansprüche auch iRd. UrhWG **angemessen gewahrt** sein.[8]

3. § 13

Auch das **VGG** geht zwar davon aus, dass eine Verpflichtung der Verwertungsgesellschaft, alle **3** Rechtsinhaber als Mitglieder aufzunehmen, nicht sachgerecht wäre, und bestätigt insoweit im Prinzip die erwähnten Wertungen des UrhWG.[9] Anders als noch das UrhWG enthält nun aber **§ 13 Abs. 1**

---

[1] → § 7 Rn. 1.
[2] Vgl. Erwägungsgrund (20) S. 2 VG-RL.
[3] Vgl. AmtlBegr. UrhWG BT-Drs. IV/271 S. 16.
[4] *Mestmäcker/Schulze* Anm. 1; *Mestmäcker*, FS Lukes (1989), S. 445 (457 f.); aA *Menzel* S. 100 ff., 108 ff.; *Mauhs* S. 40 ff. u. offenbar *Vogel* GRUR 1993, 513 (519).
[5] Vgl. *Melichar* UFITA 117 (1991); *Dreier/Schulze/Schulze* § 6 UrhWG Rn. 19 f.; zur Rolle der Verlage in der Verwertungsgesellschaft → § 5 Rn. 5.
[6] Zum Zahlenverhältnis zwischen Mitgliedern und Nichtmitgliedern sowie zum Status der Mitgliedschaft → § 5 Rn. 4.
[7] AmtlBegr. UrhWG BT-Drs. IV/271 S. 16.
[8] Zum Ausschluss von Mitgliedern vgl. *Schulze* NJW 1991, 3264.
[9] AmtlBegr. BT-Drs. 18/7223, S. 75 f.

S. 1 entsprechend den Vorgaben in Art. 6 Abs. 2 VG-RL eine **Verpflichtung der Verwertungsgesellschaften**, Berechtigte und Einrichtungen, die Rechtsinhaber vertreten, dann als Mitglieder aufzunehmen, wenn **bestimmte Bedingungen** erfüllt sind.

Gem. **§ 13 Abs. 1 S. 2** ist die Verwertungsgesellschaft verpflichtet, diese Bedingungen, die objektiv, transparent und nichtdiskriminierend sein müssen, in ihr Statut aufnehmen.

§ 13 Abs. 2 bestimmt, dass jede Ablehnung eines Antrags auf Mitgliedschaft zu begründen ist.

Gegenüber dem UrhWG ist dies **kein Paradigmenwechsel,** denn nach wie vor kann die Mitgliedschaft von bestimmten Voraussetzungen abhängig gemacht werden. In aller Regel dürfte die gegenwärtige Praxis der Verwertungsgesellschaften auch bereits der neuen Rechtslage entsprechen. § 13 ist damit eher als Teil der weitgehenden Formalisierung durch die VG-RL und ihres Bemühens um mehr Harmonisierung und Transparenz zu werten, auch wenn die Bestimmung den Spielraum der Verwertungsgesellschaften gegenüber der bisherigen Rechtslage etwas mehr einengt.

II. Bedingungen für die Mitgliedschaft

1. § 13 Abs. 1 – Aufnahmepflicht

4   **a) § 13 Abs. 1 S. 1, Inhalt der Verpflichtung.** Die Mitgliedschaft in der Verwertungsgesellschaft ist ein wichtiges Kriterium für die Einflussmöglichkeiten in der Gesellschaft, denn Mitglieder haben insoweit grundsätzlich mehr Rechte als andere Berechtigte, die nicht Mitglieder sind. Allerdings wird der Unterschied relativiert durch die auch Berechtigten im VGG gewährten Mitwirkungsmöglichkeiten, insbesondere gem. §§ 16 und 20.[10]

§ 13 Abs. 1 S. 1 führt erstmalig die **Pflicht der Verwertungsgesellschaften**[11] ein, Berechtigte und Einrichtungen, die Rechtsinhaber vertreten, als Mitglieder aufzunehmen. Der Begriff der **Rechtsinhaber** wird in § 5 definiert. Dieser Begriff wird dort weit ausgelegt und umfasst ua. auch Inhaber abgeleiteter Rechte.[12]

Unter **Einrichtungen, die Rechtsinhaber vertreten,** sollen insbesondere andere Verwertungsgesellschaften oder Vereinigungen von Rechtsinhabern zu verstehen sein, also zB. Berufsverbände der Kreativen oder Verbände der Inhaber von Leistungsschutzrechten.[13] Eine Verpflichtung, neben Berechtigten zusätzlich auch (deren) Rechtsinhaberverbände als Mitglieder aufzunehmen, wird man daraus aber trotz des insoweit missverständlichen Wortlauts („und") nicht ableiten können.[14]

Die Pflicht der Verwertungsgesellschaft zur Aufnahme als Mitglied gilt nur für solche Rechtsinhaber oder Einrichtungen, die die Bedingungen für die Mitgliedschaft erfüllen. Sowohl die Aufnahmepflicht als solche, als auch die hierfür geltenden Bedingungen hat die Verwertungsgesellschaft in ihrem **Statut** festzulegen. Der Begriff des Statuts, den die VG-RL in Art. 3 Buchst. e) definiert, ist in § 13 wie in der VG-RL **untechnisch zu verstehen** und umfasst, entsprechend der **Definition in § 13,** je nach der Organisationsform der Verwertungsgesellschaft, die Satzung, den Gesellschaftervertrag oder sonstige Gründungsbestimmungen.[15] Dementsprechend ist ja auch der Begriff des **Mitglieds** untechnisch zu verstehen.[16]

5   **b) § 13 Abs. 1 S. 2, Bedingungen für die Mitgliedschaft.** Gem. **§ 13 Abs. 1 S. 2** hat die Verwertungsgesellschaft in der **Ausgestaltung der Bedingungen für die Mitgliedschaft,** die sie gem. § 13 Abs. 1 S. 1 festlegen kann, nicht vollkommen freie Hand. Vielmehr müssen die Bedingungen „objektiv, transparent und nichtdiskriminierend" sein. Diese Formulierungen wurden wörtlich von Art. 6 Abs. 2 S. 1 VG-RL übernommen. Bedingungen für die Mitgliedschaft werden insbesondere dann **objektiv** und **nichtdiskriminierend** sein, wenn sie an das **objektiv feststellbare Wahrnehmungsaufkommen** des Berechtigten anknüpfen, also an das (hohe) Volumen der für ihn erzielten Einkünfte und deren Regelmäßigkeit;[17] ein Berechtigter, der diese Voraussetzungen erfüllt, ist in besonderer Weise von den Entscheidungen der Verwertungsgesellschaft betroffen und sollte darauf als ihr Mitglied auch besonders großen Einfluss haben, denn derartige Aufkommen bilden das Fundament einer jeden Verwertungsgesellschaft.[18]

Dementsprechend ist es objektiv gerechtfertigt und stellt keine Diskriminierung dar, wenn Berechtigten mit geringem und unregelmäßigem Aufkommen der Status eines Mitglieds versagt wird; da

---

[10] → § 6 Rn. 6.

[11] § 13 gilt für Verwertungsgesellschaften iSv. § 2 (zum Begriff → § 2 Rn. 5 ff.), ebenso aber auch für abhängige Verwertungseinrichtungen iSv. § 3, sofern diese die Tätigkeiten einer Verwertungsgesellschaft ausüben (zum Begriff → § 3 Rn. 3).

[12] → § 5 Rn. 4.

[13] Zum Begriff → § 7 Rn. 6.

[14] AmtlBegr. BT-Drs. 18/7223, S. 76; Wandtke/Bullinger/*Gerlach* § 13 Rn. 5; Heine/Holzmüller/*Schmidt-Ott* § 13 Rn. 8: „Redaktionsversehen".

[15] Vgl. → § 2 Rn. 9 zur Rechtsform einer Verwertungsgesellschaft.

[16] → § 7 Rn. 5.

[17] Vgl. § 7 der Satzung der GEMA, bei *Hillig,* Urheber- und Verlagsrecht, Beck'sche Textausgabe, 18. Aufl. 2019, Nr. 16; § 3 Abs. 6 der Satzung der VG Wort, bei *Hillig,* Urheber- und Verlagsrecht, Beck'sche Textausgabe, 18. Aufl. 2019, Nr. 17.

[18] → Rn. 2 zu den insoweit übereinstimmenden Wertungen des UrhWG.

solche Berechtigten die Mehrheit darstellen, würden sie andernfalls die deutlich kleinere Zahl der Urheber und Leistungsschutzberechtigten mit großem und regelmäßigem Aufkommen majorisieren können.[19] Im Übrigen wird, entsprechend der bisherigen Praxis, auch nach der **Zugehörigkeit zu verschiedenen Berufsgruppen** differenziert werden können.[20] Objektive Bedingungen für die Mitgliedschaft sind auch solche, die schon gem. $\S$ 9 S. 1 Nr. 1 und 2 keinen Wahrnehmungszwang begründen, so etwa, dass die Rechte des Rechtsinhabers nicht in den Tätigkeitsbereich der Verwertungsgesellschaft fallen.[21] Wenn die Bedingungen für die Mitgliedschaft nicht mehr erfüllt sind, kann eine Rückstufung in eine Gruppe mit geringerem Status (wie etwa die der Berechtigten) erfolgen, wenn dies im Interesse der Verwertungsgesellschaft erforderlich ist.[22]

Dem Gebot der **Transparenz** der Bedingungen für die Mitgliedschaft soll dadurch Rechnung getragen werden, dass gem. $\S$ 13 Abs. 1 S. 2 auch diese Bedingungen im öffentlich zugänglichen Statut (Satzung oder Gesellschaftsvertrag) geregelt sein müssen.

2. $\S$ 13 Abs. 2 – Begründung der Ablehnung

$\S$ 13 Abs. 2 bestimmt, dass die **Gründe für die Ablehnung eines Antrags auf Mitgliedschaft** 6 in der Verwertungsgesellschaft **„verständlich zu erläutern"** sind. Diese Formulierung stimmt wörtlich mit der Vorgabe in Art. 6 Abs. 2 S. 2 VG-RL überein. Gemeint ist etwas an sich Selbstverständliches: Da gem. $\S$ 13 Abs. 1 ein Anspruch auf Mitgliedschaft besteht, wenn die von der Verwertungsgesellschaft dafür vorgesehenen Bedingungen erfüllt sind, ist die Ablehnung eines entsprechenden Antrags nur dann rechtmäßig, wenn sie hinreichend begründet ist. Dies, einschließlich der in $\S$ 33 Abs. 2 geregelten Möglichkeit, Rechtsmittel gegen die Ablehnung einzulegen,[23] war auch schon nach dem früheren Recht des UrhWG, das einen solchen Anspruch nicht vorsah, gängige Praxis.[24]

Über den Mehrwert des Begriffs „verständlich" (zu erläutern) mag man allerdings streiten. Es muss entscheidend sein, ob die Gründe für die Ablehnung objektiven Kriterien entsprechen; wenn dies der Fall ist, dürften sie auch verständlich sein.[25]

$\S$ 14 Elektronische Kommunikation

Die Verwertungsgesellschaft eröffnet allen Mitgliedern und Berechtigten einen Zugang für die elektronische Kommunikation.

Übersicht

I. Allgemeines

1. Die Vorgaben der VG-RL

Das Bemühen um die Verbesserung von **Transparenz** und **„good governance"** der Verwer- 1 tungsgesellschaften ist eines der zentralen Anliegen der VG-RL. Dabei spielen die **elektronische Kommunikation** zwischen Verwertungsgesellschaften und Berechtigten, ihre Information durch die Verwertungsgesellschaften über ihre Webseiten, aber auch gegenüber Nutzern und anderen Verwertungsgesellschaften, eine wichtige Rolle. Dies kommt in zahlreichen Bestimmungen der VG-RL zum Ausdruck.[1]

Im Rahmen der Beziehungen der Verwertungsgesellschaften mit den Berechtigten, und insbesondere der Mitgliedschaftsbedingungen, enthält **Art. 6 Abs. 4 VG-RL** das Gebot für Verwertungsge-

[19] AmtlBegr. BT-Drs. 18/7223, S. 76; zu den Zahlenverhältnissen → $\S$ 7 Rn. 4.
[20] Vgl. etwa $\S$ 6 Abs. 2 der Satzung der VG Bild-Kunst, bei *Hillig*, Urheber- und Verlagsrecht, Beck'sche Textausgabe, 18. Aufl. 2019, Nr. 18.
[21] Vgl. Erwägungsgrund (20) S. 2 VG-RL; → $\S$ 9 Rn. 6 ff.
[22] Vgl. BGHZ 55, 381 (384) – Ufa-Musikverlage.
[23] → $\S$ 33 Rn. 4.
[24] Vgl. $\S$ 8 Abs. 5 der Satzung der GEMA, bei *Hillig*, Urheber- und Verlagsrecht, Beck'sche Textausgabe, 18. Aufl. 2019, Nr. 16; $\S$ 3 Abs. 8 der Satzung der VG Wort, bei *Hillig*, Urheber- und Verlagsrecht, Beck'sche Textausgabe, 18. Aufl. 2019, Nr. 17.
[25] → $\S$ 9 Rn. 9 zum Begriff der objektiven (gem. Art. 5 Abs. 2 S. 2 VG-RL „objektiv nachvollziehbaren") Gründe für eine Ablehnung der Rechtewahrnehmung.
[1] Vgl. Art. 6 Abs. 4, 16 Abs. 4, 19 S. 1, 20 Abs. 1, 25 Abs. 1 oder 27 Abs. 2 VG-RL.

sellschaften, es ihren Mitgliedern zu erlauben, mit ihnen **„unter Verwendung elektronischer Kommunikationsmittel"** zu kommunizieren, und zwar auch zur „Ausübung von Mitgliedschaftsrechten". **Art. 7 Abs. 1 VG-RL** bestimmt, dass diese Möglichkeit auch für solche Berechtigten bestehen soll, die nicht Mitglieder der Verwertungsgesellschaft sind.

2. § 14

2   § 14 setzt diese beiden Bestimmungen der VG-RL um und bestimmt, dass der Zugang zur elektronischen Kommunikation mit der Verwertungsgesellschaft sowohl Mitgliedern (iSv. § 7) als auch Berechtigten (iSv. § 6) offenstehen muss. Wahrnehmungsrechtlich ist diese Verpflichtung der Verwertungsgesellschaften ein **Novum.**[2]

II. Elektronische Kommunikation

1. Zweck der Bestimmung

3   § 14 ist weit weniger explizit als die entsprechenden Bestimmungen der VG-RL, die ausdrücklich vom Kommunizieren über elektronische Kommunikationsmittel, auch zur Ausübung der Mitgliedschaftsrechte, sprechen.

   § 14 ist demgegenüber sehr weit gefasst. Die hier enthaltene Verpflichtung der Verwertungsgesellschaft,[3] allen Mitgliedern[4] und Berechtigten[5] „einen Zugang für die elektronische Kommunikation" zu „eröffnen", könnte in der Tat dahingehend missverstanden werden, dass die Verwertungsgesellschaft verpflichtet ist, als eine Art von Kommunikationsportal zu fungieren. Das kann aber nicht gemeint sein. Es geht vielmehr darum, dass die Mitglieder und Berechtigten ihre **Rechte** auch auf elektronischem Wege gegenüber der Verwertungsgesellschaft geltend machen, mit ihr (auch) so **kommunizieren** und ggf. auf sie **Einfluss nehmen** können. § 14 verpflichtet die Verwertungsgesellschaften dazu, dies ihren Mitgliedern und Berechtigten zu ermöglichen.

2. Inhalt der Bestimmung

4   Dies schließt die Möglichkeit ein, mit der Verwertungsgesellschaft über Email zu kommunizieren, etwa um neue Werke zu melden oder auf elektronischem Wege Informationen zu erhalten. § 14 ist somit als allgemeine **Rahmenbestimmung** zu verstehen, die den Verwertungsgesellschaften die Beachtung des Prinzips aufgibt, gegenüber ihren Berechtigten mit Hilfe elektronischer Kommunikationsmittel so **„nutzerfreundlich"** wie möglich zu sein und ihnen (auch) auf diesem Wege zur Verfügung zu stehen. Es ist den Verwertungsgesellschaften überlassen, Einzelheiten der elektronischen Kommunikation in ihrer Satzung zu regeln.

3. Andere Bestimmungen zur elektronischen Kommunikation

5   Dieser Verpflichtung der Verwertungsgesellschaft gem. § 14 entsprechen, sozusagen als Spiegelbild, Rechte ihrer Berechtigten. Einzelne spezifische solche **Rechte** der Berechtigten und **Pflichten** der Verwertungsgesellschaft in Bezug auf die elektronische Kommunikation werden im VGG auch jeweils **gesondert normiert.**[6] So ist auch die in Art. 6 Abs. 4 VG-RL ausdrücklich geforderte Möglichkeit der **elektronischen Ausübung von Stimmrechten** in § 14 nicht angesprochen, sondern wird in § 19 Abs. 3 umgesetzt.[7]

§ 15 Mitglieder- und Berechtigtenverzeichnis

Die Verwertungsgesellschaft führt ein aktuelles Mitglieder- und Berechtigtenverzeichnis.

Übersicht

---

[2] AmtlBegr. BT-Drs. 18/7223, S. 76.

[3] § 14 gilt für Verwertungsgesellschaften iSv. § 2 (zum Begriff → § 2 Rn. 5 ff.), ebenso aber auch für abhängige Verwertungseinrichtungen iSv. § 3, soweit diese Tätigkeiten einer Verwertungsgesellschaft ausüben (zum Begriff → § 3 Rn. 3).

[4] → § 7 Rn. 4 ff.

[5] → § 6 Rn. 3 ff.

[6] Vgl. § 55 Abs. 1 (Informationen zu Werken und sonstigen Schutzgegenständen); § 62 Abs. 1 (Informationen zu Musikwerken und Online-Rechten); § 64 (Elektronische Übermittlung von Informationen); vgl. auch im Verhältnis zu Nutzern § 66 (Elektronische Nutzungsmeldung).

[7] → § 19 Rn. 5.

I. Allgemeines

1. Die Vorgaben der VG-RL

Nach **Art. 6 Abs. 5 VG-RL** soll den Verwertungsgesellschaften aufgegeben werden, **Mitglieder-** **1**
verzeichnisse zu führen und diese **regelmäßig zu aktualisieren.** Auch diese Bestimmung ist als
Teil der Verpflichtung der Verwertungsgesellschaften zu sehen, in ihrem Verhältnis zu den Berechtigten **Transparenz** und **„good governance"** zu praktizieren und sich hierzu professionell zu organisieren.[1] Dieser Grundsatz kommt ebenso in anderen Bestimmungen der VG-RL zum Ausdruck und
wird auch im besonders umfangreichen Erwägungsgrund (19) VG-RL in zahlreichen Einzelheiten
angesprochen.

Zwar erstreckt sich die Verpflichtung der Verwertungsgesellschaften gem. Art. 6 Abs. 5 VG-RL
(anders etwa als diejenige gem. Art. 6 Abs. 4 VG-RL, ihren Mitgliedern die elektronische Kommunikation zu erlauben) nur auf das **Verzeichnis der Mitglieder** im engeren Sinne; Art. 6 Abs. 5 VG-
RL verpflichtet Verwertungsgesellschaften also nicht auch zum Führen von Berechtigtenverzeichnis-
sen. Gem. **Art. 7 Abs. 2 VG-RL** können die Mitgliedstaaten aber die Verpflichtung zum Führen
von Mitgliederverzeichnissen auch auf **Berechtigtenverzeichnisse** ausdehnen.

2. § 15

§ 15 setzt die Verpflichtung aus Art. 6 Abs. 5 VG-RL um und geht zugleich darüber hinaus: Nach **2**
§ 15 sind Verwertungsgesellschaften verpflichtet, sowohl aktuelle Mitglieder- als auch aktuelle Berechtigtenverzeichnisse zu führen.

II. Mitglieder- und Berechtigtenverzeichnisse

1. Zweck der Bestimmung

Nach § 15 sind Verwertungsgesellschaften verpflichtet, aktuelle Mitglieder- und Berechtigtenver- **3**
zeichnisse zu führen.

Zweck der Verpflichtung der Verwertungsgesellschaft[2] aus § 15 soll es insbesondere sein, mit Hilfe
dieser Verzeichnisse ihre **Mitglieder und Berechtigten ausfindig machen** zu können.[3] Aber
schon aus naheliegenden praktischen Gründen der ordnungsgemäßen Verwaltung einer jeden Verwertungsgesellschaft und angesichts der häufig sehr hohen Zahlen von Berechtigten und Mitgliedern[4]
dürfte es darüber hinaus im eigenen Interesse der Verwertungsgesellschaften liegen, Verzeichnisse
sämtlicher Mitglieder und Berechtigten zu führen; dies entspricht auch der gängigen Praxis.

2. Inhalt der Verzeichnisse

Die Verzeichnisse müssen alle Mitglieder und Berechtigten aufführen. Wer Mitglieder und Berech- **4**
tigte sind, wird in § 7 bzw. § 6 definiert.[5] Um die genannte Zwecke der Mitglieder- und Berechtigtenverzeichnisse erfüllen zu können, sollten diese neben den Namen ggf. auch Künstlernamen, Adressen und alle **weiteren Angaben** enthalten, die für die Verwertungsgesellschaft zur Erfüllung ihrer
Aufgaben relevant sind.[6] Dabei ist aus Gründen des Datenschutzes darauf zu achten, dass persönliche
Daten gegenüber Dritten zu schützen sind.

3. Aktualität der Verzeichnisse

Aus diesem Zusammenhang heraus versteht es sich von selbst, dass die Verzeichnisse nur dann ihren **5**
Zweck erfüllen können, wenn sie **regelmäßig aktualisiert** werden. § 15 verpflichtet die Verwertungsgesellschaften dementsprechend dazu, „aktuelle" Mitglieder- und Berechtigtenverzeichnisse zu
führen, sie also auf dem neuesten Stand zu halten.

---

[1] → § 14 Rn. 1.
[2] § 15 gilt für Verwertungsgesellschaften iSv. § 2 (zum Begriff → § 2 Rn. 5 ff.), ebenso aber auch für abhängige
Verwertungseinrichtungen iSv. § 3, soweit diese Tätigkeiten einer Verwertungsgesellschaft ausüben (zum Begriff →
§ 3 Rn. 3).
[3] AmtlBegr. BT-Drs. 18/7223, S. 76.
[4] Zu den Zahlen der GEMA → § 7 Rn. 4.
[5] → § 7 Rn. 4 ff.; § 6 Rn. 3 ff.
[6] Vgl. AmtlBegr. BT-Drs. 18/7223, S. 76.

§ 16 Grundsatz der Mitwirkung

[1]Die Verwertungsgesellschaft sieht in dem Statut angemessene und wirksame Verfahren der Mitwirkung von Mitgliedern und von Berechtigten an den Entscheidungen der Verwertungsgesellschaft vor. [2]Die verschiedenen Kategorien von Mitgliedern und Berechtigten, wie beispielsweise Urheber von Werken der Musik, Tonträgerhersteller oder ausübende Künstler, müssen dabei fair und ausgewogen vertreten sein.

Schrifttum: *Dördelmann,* Die gemeinsame Vertretung der Wahrnehmungsberechtigten, FS Paul W. Hertin (2000), S. 31; *Dünnwald,* Die Verpflichtung der Verwertungsgesellschaften zur Rechtswahrnehmung zu angemessenen Bedingungen, FS Kreile (1994), S. 161; *Häußer,* Praxis und Probleme der Aufsicht über Verwertungsgesellschaften, FuR 1980, 57; *Haertel,* Verwertungsgesellschaften und Verwertungsgesellschaftengesetz, UFITA 50 (1967), 7; *Hillig,* Zur Rechtsstellung des Beirates in der urheberrechtlichen Verwertungsgesellschaft, FS Kreile (1994), S. 295; *v. Lewinski,* Funktionen von Verwertungsgesellschaften im Zusammenhang mit dem Ausgleich von verschiedenen Interessen, in: Heker/Riesenhuber (Hrsg.), Recht und Praxis der GEMA, 3. Aufl. 2018, 21; *Menzel,* Die Aufsicht über die GEMA durch das Deutsche Patentamt, 1986; *Riesenhuber,* Urheber und Verleger in Verwertungsgesellschaften, ZUM 2018, 407; *v. Ungern-Sternberg,* Ausschüttungsansprüche von Berechtigten gegen ihre Verwertungsgesellschaft, ZGE 2017, 1; *ders.,* Verwertungsgesellschaften und ihre Berechtigten, FS Büscher (2018), 265.

I. Allgemeines

1. Die Vorgaben der VG-RL

1   Im Rahmen der Bestimmungen der VG-RL zum Verhältnis der Verwertungsgesellschaften zu ihren Mitgliedern kommt **Art. 6 Abs. 3 VG-RL** zentrale Bedeutung zu. Diese Bestimmung soll sicherstellen, dass die Verwertungsgesellschaften („Organisationen für die kollektive Rechtewahrnehmung") im besten kollektiven Interesse der Rechtsinhaber handeln, deren Rechte sie wahrnehmen, und dass die Mitglieder durch eine **wirksame Ausübung ihrer Mitgliedsrechte** an den Entscheidungsprozessen der Organisation mitwirken können. Dazu bestimmt **Art. 6 Abs. 3 S. 1 VG-RL,** dass in den Statuten[1] der Verwertungsgesellschaften **„angemessene, wirksame Verfahren"**[2] für die Mitwirkung aller Mitglieder am Entscheidungsfindungsprozess" vorzusehen sind.

Dabei geht die VG-RL davon aus, dass es in einer Verwertungsgesellschaft verschiedene Kategorien von Mitgliedern geben kann, die aus verschiedenen Arten von Rechtsinhabern bestehen; als Beispiele führt sie Produzenten und ausübende Künstler an. Hierzu bestimmt **Art. 6 Abs. 3 S. 2 VG-RL,**[3] dass diese **verschiedenen Kategorien** beim Entscheidungsfindungsprozess **„fair und ausgewogen"** vertreten sein müssen.[4]

Diese Maßstäbe werden auch in einer anderen Bestimmung der VG-RL erwähnt: Nach **Art. 8 Abs. 11 VG-RL** ist die Möglichkeit vorgesehen, **Delegierte** zu bestimmen, die die Befugnisse der Mitgliederhauptversammlung in einer Delegiertenversammlung ausüben. Auch in diesem Fall müssen eine **„angemessene und wirksame Mitwirkung der Mitglieder an dem Entscheidungsfindungsprozess"** der Verwertungsgesellschaft gewährleistet **(Art. 8 Abs. 11 Buchst. a) VG-RL)** und die verschiedenen Kategorien von Mitgliedern in der Delegiertenversammlung „fair und ausgewogen" vertreten sein **(Art. 8 Abs. 11 Buchst. b) VG-RL).**

Zwar gelten diese Pflichten der Verwertungsgesellschaften gem. Art. 6 Abs. 3 und Art. 8 Abs. 11 VG-RL nur für Mitglieder iSv. Art. 3 Buchst. d) VG-RL und nicht auch für Berechtigte, die nicht Mitglieder sind; denn Art. 7 Abs. 1 VG-RL erstreckt sie nicht auf solche Berechtigte ohne Mitgliederstatus. Gem. **Art. 7 Abs. 2 VG-RL** ist es aber den Mitgliedstaaten überlassen, auch weitere Bestimmungen der VG-RL, einschließlich der Pflichten der Verwertungsgesellschaften gem. Art. 6 Abs. 3 und Art. 8 Abs. 11 VG-RL, **auch auf Berechtigte** (Nichtmitglieder) anzuwenden.

---

[1] Vgl. die Definition in Art. 3 Buchst. c) VG-RL.
[2] Vgl. Erwägungsgrund (22) S. 2 VG-RL: „Mechanismen"; in der englischen Fassung der VG-RL heißt es in Art. 6 Abs. 3 „mechanisms", in Erwägungsgrund (22) „systems".
[3] Vgl. hierzu Erwägungsgrund (22) S. 4 VG-RL.
[4] Vgl. die englische Sprachfassung von Art. 6 Abs. 3 S. 2 VG-RL: „fair and balanced".

2. Die Mitwirkung von Mitgliedern und Berechtigten im UrhWG

Im **UrhWG** waren keine Vorschriften über die Mitwirkung der Mitglieder zur Wahrung ihrer Be- **2** lange gegenüber der Verwertungsgesellschaft enthalten. Das UrhWG ging davon aus, dass die Mitglieder aufgrund ihrer satzungsmäßigen Mitwirkungsrechte genügend Einfluss auf die Tätigkeit der Verwertungsgesellschaft und die Angemessenheit der Wahrnehmungsbedingungen haben.

Allerdings war in **§ 6 Abs. 2 S. 1 UrhWG** ausdrücklich bestimmt, dass die Verwertungsgesellschaft auch die Belange derjenigen Berechtigten, die nicht als ihre Mitglieder aufgenommen sind, angemessen zu wahren und hierzu eine gemeinsame Vertretung zu bilden hatte.[5]

§ 6 Abs. 2 S. 2 UrhWG gab den Verwertungsgesellschaften auf, in ihre Satzung Bestimmungen über die Wahl der Vertretung durch die Berechtigten und über die Befugnisse der Vertretung aufzunehmen. Damit war auch im UrhWG ein ähnlicher **Grundsatz der wirksamen und angemessenen Mitwirkung aller Berechtigten** zumindest indirekt, da ausdrücklich nur bezogen auf die Nichtmitglieder, enthalten.

3. § 16

§ 16 setzt Art. 6 Abs. 3 VG-RL um und übernimmt dabei nahezu wortgleich dessen Formulierun- **3** gen. Zusätzlich erstreckt § 16 das allgemeine Postulat der Mitwirkungsmechanismen über die **Mitglieder** hinaus auch auf alle **Berechtigten,** wie dies den Mitgliedstaaten gem. Art. 7 Abs. 2 VG-RL erlaubt ist.

Nach **§ 16 S. 1** sind Verwertungsgesellschaften verpflichtet, in ihrem Statut **angemessene und wirksame Verfahren der Mitwirkung** von Mitgliedern und Berechtigten an den Entscheidungen der Verwertungsgesellschaft vorzusehen.

Gem. **§ 16 S. 2** müssen in diesen Verfahren die **verschiedenen Kategorien** von Mitgliedern und Berechtigten **fair und ausgewogen vertreten** sein.

Diese allgemein gehaltene **Generalklausel** des § 16 wird in den §§ 17, 18, 19 und 20 weiter konkretisiert.

II. Grundsatz der Mitwirkung

1. § 16 S. 1 – Angemessene und wirksame Verfahren der Mitwirkung

§ 16 S. 1 enthält den **zentralen Grundsatz,** dass Mitglieder und Berechtigte durch angemessene **4** und wirksame Verfahren in der Lage sein müssen, an den Entscheidungen der Verwertungsgesellschaft[6] mitzuwirken.

Dieser Grundsatz gilt gleichermaßen für **Mitglieder** und **Berechtigte.** Dies entspricht dem Grundgedanken von § 6 Abs. 2 UrhWG, wonach Berechtigte, deren Rechte von der Verwertungsgesellschaft wahrgenommen werden, auch wenn sie nicht als deren Mitglieder aufgenommen sind, nicht vom Entscheidungsfindungsprozess ausgeschlossen werden sollten. Die Begriffe Mitglieder und Berechtigte sind in § 7 bzw. § 6 definiert.[7]

Die Verfahren und Mechanismen hat die Verwertungsgesellschaft in ihrem **Statut** niederzulegen. Die Bezeichnung Statut ist als untechnischer Oberbegriff zu verstehen und umfasst die Satzung, den Gesellschaftsvertrag und die anderen sonstigen Gründungsbestimmungen einer Verwertungsgesellschaft, entsprechend ihrer Organisationsform.[8]

Gem. **§ 16 S. 1** müssen die im Statut festgelegten **Verfahren,** die die Mitwirkung von Mitgliedern und Berechtigten sicherstellen sollen, **„angemessen und wirksam"** sein. Diese allgemein gefasste Formel ist als **Generalklausel** konzipiert.[9] Was unter solchen Verfahren zu verstehen ist, wird jeweils konkretisiert in den §§ 17 (Allgemeine Befugnisse der Mitgliederhauptversammlung), 18 (Befugnisse der Mitgliederhauptversammlung in Bezug auf die Organe), 19 (Durchführung der Mitgliederhauptversammlung; Vertretung) und 20 (Mitwirkung der Berechtigten, die nicht Mitglied sind); dort sind detaillierte Bestimmungen über die Funktionsweise, dh. die **Mechanismen der Mitwirkung** enthalten. Diese Verfahren und Mechanismen iSv. § 16 S. 1 sind dann angemessen und wirksam, wenn sie jeweils so ausgestaltet sind, dass die Berechtigten in ihrer Gesamtheit (Mitglieder und Nichtmitglieder) die Geschicke der Verwertungsgesellschaft entscheidend beeinflussen können.[10] Bei der Anwendung und Auslegung der konkreten Ausprägungen dieses Mitwirkungsprinzips in den §§ 17 bis 20 ist dieser Grundgedanke des § 16 S. 1 stets zu berücksichtigen.[11]

---

[5] Zu den Einzelheiten vgl. → 5. Aufl. 2017, UrhWG § 6 Rn. 15.
[6] § 16 gilt für Verwertungsgesellschaften iSv. § 2 (zum Begriff → § 2 Rn. 5 ff.), ebenso aber auch für abhängige Verwertungseinrichtungen iSv. § 3, soweit diese Tätigkeiten einer Verwertungsgesellschaft ausüben (zum Begriff → § 3 Rn. 3).
[7] → § 7 Rn. 4 ff.; § 6 Rn. 3 ff.
[8] Zur Definition des Begriffs „Statut" in § 13 Abs. 1, → § 13 Rn. 4; zur Rechtsform von Verwertungsgesellschaften, → § 2 Rn. 9.
[9] AmtlBegr. BT-Drs. 18/7223, S. 76.
[10] Zum UrhWG vgl. *Häußer* FuR 1980, 57 (66); *Haertel* UFITA 50 (1967), 7 (16).
[11] AmtlBegr. BT-Drs. 18/7223, S. 76.

Die Verfahren und Mechanismen der Mitwirkung können Verwertungsgesellschaften grundsätzlich privatautonom ausgestalten, müssen dabei aber die Grundsätze der Angemessenheit und Wirksamkeit gem. § 16 S. 1 in Umsetzung von Art. 6 und 7 VG-RL[12] ebenso beachten sowie das Gebot der fairen und ausgewogenen Vertretung der Kategorien gem. § 16 S. 2.

2. § 16 S. 2 – Faire und ausgewogene Vertretung der Kategorien

5   In § 16 S. 2 wird anerkannt, dass in einer Verwertungsgesellschaft nicht nur Mitglieder neben Berechtigten, sondern auch, entsprechend den unterschiedlichen Arten von Rechtsinhabern, **verschiedene Kategorien von Mitgliedern und Berechtigten** vertreten sein können. Als Beispiele für solche unterschiedlichen Kategorien werden Urheber von Musikwerken, Tonträgerhersteller und ausübende Künstler genannt.

§ 16 S. 2 verlangt, dass diese Kategorien „fair und ausgewogen" vertreten sein müssen. Dabei wird bei der Ausgestaltung der Mitwirkungsrechte durchaus zwischen verschiedenen Kategorien differenziert werden können; Voraussetzung ist aber stets, dass angemessene Unterscheidungskriterien zugrunde gelegt werden. Eine derartige **Differenzierung** kann insbesondere zwischen Mitgliedern und Berechtigten **hinsichtlich ihrer Mitwirkungsmöglichkeiten** angezeigt sein; sie wird auch schon in § 20 vorgenommen. Dies entspricht dem Gedanken, dass die zahlenmäßig dominierenden Berechtigten mit niedrigem Wahrnehmungsaufkommen diejenigen, die zwar zahlenmäßig in der Minderheit sind, aber mit ihrem regelmäßigen und hohen Aufkommen das Fundament der Verwertungsgesellschaft bilden, nicht sollen majorisieren können. Dieses schon bei der Festlegung von Mitgliedschaftsbedingungen wesentliche Prinzip ist daher auch bei der Festlegung der „fairen und ausgewogenen" Vertretung iSv. § 16 S. 2 zu berücksichtigen.[13]

Bei Verwertungsgesellschaften wie der GEMA und der VG Wort werden Mitwirkung und Vertretung auf der Grundlage eines **Berufsgruppensystems** organisiert. Danach werden Mitglieder Berufsgruppen, sog. Kurien, zugeordnet. Wichtige Entscheidungen der Verwertungsgesellschaft, wie etwa über Änderungen der Satzung, der Wahrnehmungsverträge oder des Verteilungsplans, bedürfen der Zustimmung aller Berufsgruppen, damit kleinere Berufsgruppen nicht von den größeren majorisiert werden können.[14]

§ 17 Allgemeine Befugnisse der Mitgliederhauptversammlung

(1) ¹**Die Mitgliederhauptversammlung ist das Organ, in dem die Mitglieder mitwirken und ihr Stimmrecht ausüben.** ²**Die Verwertungsgesellschaft regelt in dem Statut, dass die Mitgliederhauptversammlung mindestens beschließt über:**

1. **das Statut der Verwertungsgesellschaft (§ 13);**
2. **den jährlichen Transparenzbericht (§ 58);**
3. **die Bestellung und Abberufung des Abschlussprüfers oder die Mitgliedschaft in einem genossenschaftlichen Prüfungsverband;**
4. **Zusammenschlüsse und Bündnisse unter Beteiligung der Verwertungsgesellschaft, die Gründung von Tochtergesellschaften, die Übernahme anderer Organisationen und den Erwerb von Anteilen oder Rechten an anderen Organisationen durch die Verwertungsgesellschaft;**
5. **die Grundsätze des Risikomanagements;**
6. **den Verteilungsplan (§ 27);**
7. **die Verwendung der nicht verteilbaren Einnahmen aus den Rechten (§ 30);**
8. **die allgemeine Anlagepolitik in Bezug auf die Einnahmen aus den Rechten (§ 25);**
9. **die allgemeinen Grundsätze für die Abzüge von den Einnahmen aus den Rechten (§ 31 Absatz 1), einschließlich der allgemeinen Grundsätze für Abzüge zur Deckung der Verwaltungskosten (§ 31 Absatz 2) und gegebenenfalls der Abzüge für die Förderung kulturell bedeutender Werke und Leistungen und für die Einrichtung und den Betrieb von Vorsorge- und Unterstützungseinrichtungen (§ 32);**
10. **den Erwerb, den Verkauf und die Beleihung unbeweglicher Sachen;**
11. **die Aufnahme und die Vergabe von Darlehen sowie die Stellung von Darlehenssicherheiten;**
12. **den Abschluss, den Inhalt und die Beendigung von Repräsentationsvereinbarungen (§ 44);**
13. **die Wahrnehmungsbedingungen (§ 9 Satz 2);**
14. **die Tarife (§§ 38 bis 40);**
15. **die zum Tätigkeitsbereich gehörenden Rechte;**
16. **die Bedingungen, zu denen der Berechtigte jedermann das Recht einräumen kann, seine Werke oder sonstige Schutzgegenstände für nicht kommerzielle Zwecke zu nutzen (§ 11).**

---

¹² → § 20 Rn. 3.
¹³ AmtlBegr. BT-Drs. 18/7223, S. 76; → § 13 Rn. 5.
¹⁴ Zur Regelung bei der GEMA vgl. *Menzel* S. 59 f.; zur GVL vgl. *Dünnwald*, FS Kreile (1994), S. 161; *Hillig* FS Kreile (1994), S. 295; ausführlich zu GEMA, GVL und anderen Verwertungsgesellschaften *Dördelmann* FS Hertin (2000), S. 31 (39 ff.); *v. Lewinski* in: Heker/Riesenhuber (Hrsg.), Recht und Praxis der GEMA, 21 (26); *Riesenhuber* ZUM 2018, 407 (409 f.); Heine/Holzmüller/*Schmidt-Ott* § 16 Rn. 15 ff.; ablehnend *v. Ungern-Sternberg* ZGE 2017, 1 (11); *v. Ungern-Sternberg* FS Büscher (2018), 265 (277 ff.).

(2) **Die Mitgliederhauptversammlung kann beschließen, dass die Befugnisse nach Absatz 1 Satz 2 Nummer 3 bis 5 und 10 bis 14 dem Aufsichtsgremium nach § 22 übertragen werden.**

Übersicht

I. Allgemeines

1. Die Vorgaben der VG-RL

Art. 8 VG-RL behandelt die Mitgliederhauptversammlung als zentrales Entscheidungsorgan der **1** Verwertungsgesellschaft. In dieser besonders umfangreichen Bestimmung mit ihren insgesamt 13 Absätzen wird geregelt, worüber die Mitgliederhauptversammlung zu entscheiden hat (Entscheidungsbefugnisse).

Die **Mitgliederhauptversammlung** wird in **Art. 3 Buchst. f) VG-RL** als das Gremium der Verwertungsgesellschaft definiert, in dem die Mitglieder mitwirken und ihr Stimmrecht ausüben, und zwar unabhängig von dessen tatsächlicher Bezeichnung im Einzelfall entsprechend der Organisationsform der Verwertungsgesellschaft. Gem. **Art. 8 Abs. 12 VG-RL** können die Befugnisse der Mitgliederhauptversammlung bei solchen Verwertungsgesellschaften, die entsprechend ihrer Rechtsform keine Mitgliederhauptversammlung ausrichten können, dem Gremium übertragen werden, das die Aufsichtsbefugnisse wahrnimmt.[1]

Nach **Art. 8 VG-RL** soll die Mitgliederhauptversammlung über den Rahmen für die kollektive Rechtswahrnehmung beschließen.[2] Ihre Beschlüsse setzen die Pflichten der Verwertungsgesellschaft um, wie sie sich aus den anderen Bestimmungen der VG-RL ergeben.[3] Die Mitgliederhauptversammlung soll daher die folgenden **Entscheidungsbefugnisse** haben: Sie muss zuständig sein für die Beschlüsse über Satzungsänderungen (Art. 8 Abs. 3), über die Ernennung, Entlassung, Tätigkeit und Vergütung der Direktoren (Art. 8 Abs. 4), über die Verteilung und Verwaltung der Einnahmen und die Vermögensverwaltung (Art. 8 Abs. 5), über die Delegation bestimmter Entscheidungsbefugnisse (Art. 8 Abs. 6), die Bestellung und Entlassung des Abschlussprüfers und den jährlichen Transparenzbericht (Art. 8 Abs. 8), die Teilnehmer an der Mitgliederhauptversammlung und über die Stimmrechte (Art. 8 Abs. 9 und 11).

Dabei sind die Entscheidungsbefugnisse gem. **Art. 8 Abs. 5 VG-RL** als **Mindestbefugnisse** der Mitgliederhauptversammlung angelegt; die Mitgliedstaaten können gem. **Art. 8 Abs. 7 VG-RL** bestimmen, dass die Mitgliederhauptversammlung über die Verwendung der Einnahmen aus den Rechten und den Erträgen der Anlage der Einnahmen **noch weitergehende Entscheidungsbefugnisse** erhält.

Nach **Art. 8 Abs. 6 VG-RL** kann der Mitgliederhauptversammlung aber auch erlaubt werden, bestimmte Befugnisse per Beschluss oder in ihrem Statut dem Gremium zu übertragen, das gem. Art. 9 VG-RL die Aufsicht ausübt.

2. § 17

Die auf die Mitgliederhauptversammlung bezogenen Bestimmungen des VGG gehen allein auf die **2** Notwendigkeit zurück, die entsprechenden Regeln der VG-RL umzusetzen; das UrhWG enthielt hierzu keine Vorschriften.

Im **VGG** werden die Regelungen des Art. 8 VG-RL nicht in einer Vorschrift, sondern in den **§§ 17, 18 und 19** jeweils gesondert umgesetzt.

Zunächst regelt § 17 **die allgemeinen Befugnisse der Mitgliederhauptversammlung,** die sich aus Art. 8 Abs. 3, 5, 6 und 8 VG-RL ergeben.[4] Dazu enthält **§ 17 Abs. 1** eine Definition der Mitgliederhauptversammlung und einen Katalog der Materien, über die diese mindestens beschließen muss. **§ 17 Abs. 2** gestattet es der Mitgliederhauptversammlung, Beschlüsse über bestimmte Materien an das Aufsichtsgremium zu delegieren.

---

[1] Vgl. Erwägungsgrund (23) S. 3 und 4 VG-RL.
[2] Vgl. Erwägungsgrund (23) VG-RL.
[3] Vgl. insbesondere Kapitel 2 (Art. 11 bis 13) VG-RL zur Verteilung der Einnahmen aus den Rechten; Kapitel 5 (Art. 18 bis 22) VG-RL zu Transparenz und Berichtpflichten.
[4] → Rn. 3 ff.

Besondere Bestimmungen zur Mitgliederhauptversammlung sind in den §§ 18 und 19 aufgeführt: § 18 enthält die Befugnisse der Mitgliederhauptversammlung betreffend die Organe der Verwertungsgesellschaft entsprechend Art. 8 Abs. 4 VG-RL,[5] und in § 19 werden Art. 8 Abs. 2, 9 und 10 sowie Art. 6 Abs. 4 VG-RL (Durchführung der Mitgliederhauptversammlung und Ausübung von Mitgliedschaftsrechten) umgesetzt.[6]

II. Allgemeine Befugnisse der Mitgliederhauptversammlung

1. § 17 Abs. 1 – Begriff und Befugnisse

3   **a) Definition.** § 17 regelt die Mindestbefugnisse der Mitgliederhauptversammlung. Durch die Zuständigkeit der Mitgliederhauptversammlung für die Beschlussfassung über zentrale Aufgaben der Verwertungsgesellschaft, über diese Geschäfte von großer wirtschaftlicher Bedeutung und über ihre Organisationsstruktur soll eine **angemessene und wirksame Mitwirkung** der **Mitglieder**[7] an den Entscheidungsfindungsprozessen in der Verwertungsgesellschaft, wie auch deren größtmögliche **Transparenz,** gewährleistet werden.

Hierzu definiert **§ 17 Abs. 1 S. 1** in enger Anlehnung an Art. 3 Buchst. f) VG-RL die **Mitgliederhauptversammlung** als das Organ der Verwertungsgesellschaft,[8] in dem ihre Mitglieder an der Entscheidungsfindung mitwirken und ihr Stimmrecht ausüben. Wie schon der Begriff des Mitglieds gem. § 7,[9] ist auch der Begriff der Mitgliederhauptversammlung **untechnisch zu verstehen.** Je nach der Organisationsform der Verwertungsgesellschaft ist dies also die Mitgliederhauptversammlung (bei Vereinen), die Gesellschafterversammlung (bei einer als GmbH organisierten Verwertungsgesellschaft), bzw. die Generalversammlung oder Vertreterversammlung[10] bei Genossenschaften.[11]

4   **b) Gegenstände der Beschlussfassung.** Gem. **§ 17 Abs. 1 S. 2** muss im Statut[12] der Verwertungsgesellschaft geregelt werden, welche Befugnisse die Mitgliederhauptversammlung hat. **§ 17 Abs. 1 S. 2** sieht eine Reihe von Befugnissen vor, die die Mitgliederhauptversammlung „**mindestens**" haben muss; im Statut kann also bestimmt werden, dass die Verwertungsgesellschaft darüber hinaus auch über weitere Gegenstände entscheidet. Zu den Mindestbefugnissen der Mitgliederhauptversammlung gem. § 17 Abs. 1 S. 2 gehören die erstmalige und jede weitere Beschlussfassung über die folgenden Materien:
- Nach **Nr. 1** die Beschlussfassung über das Statut der Verwertungsgesellschaft iSv. § 13.[13]
- Nach **Nr. 2** der Beschluss über den jährlichen Transparenzbericht iSv. § 58.[14]
- Nach **Nr. 3** die Bestellung und Abberufung des Abschlussprüfers bzw. die Mitgliedschaft in einem genossenschaftlichen Prüfungsverband; diese letztere Formulierung berücksichtigt § 318 HGB über die Bestellung und Abberufung des Abschlussprüfers sowie rechtsformspezifische Besonderheiten von Genossenschaften.[15]
- Nach **Nr. 4** die Genehmigung von Zusammenschlüssen und Bündnissen unter Beteiligung der Verwertungsgesellschaft, die Gründung von Tochtergesellschaften, die Übernahme anderer Organisationen und der Erwerb von Anteilen oder Rechten an anderen Organisationen durch die Verwertungsgesellschaft.[16]
- Nach **Nr. 5** Beschlüsse über die Grundsätze des Risikomanagements.[17]
- Nach **Nr. 6** Beschlüsse über den Verteilungsplan iSv. § 27.[18] Hier geht allerdings das VGG, wie es Art. 8 Abs. 7 VG-RL den Mitgliedstaaten ausdrücklich gestattet, über die Mindestvorgaben der VG-RL, wonach die Mitgliederhauptversammlung nur über die „allgemeinen Grundsätze der Verteilung" entscheiden soll, hinaus.[19]
- Nach **Nr. 7** Beschlüsse über die Verwendung nicht verteilbarer Einnahmen aus den Rechten iSv. § 30.[20]

---

[5] → § 18 Rn. 3 ff.
[6] → § 19 Rn. 3 ff.
[7] Zum Begriff der Mitglieder → § 7 Rn. 4 ff.
[8] § 17 gilt für Verwertungsgesellschaften iSv. § 2 (zum Begriff → § 2 Rn. 5 ff.), ebenso aber auch für abhängige Verwertungseinrichtungen iSv. § 3, soweit diese Tätigkeiten einer Verwertungsgesellschaft ausüben (zum Begriff → § 3 Rn. 3).
[9] → § 7 Rn. 5.
[10] Gem. § 43a des GenG.
[11] AmtlBegr. BT-Drs. 18/7223, S. 76.
[12] Zum Begriff des Statuts, der ebenfalls, dh. wie derjenige der Mitgliederhauptversammlung, untechnisch zu verstehen ist, → § 13 Rn. 4.
[13] In Umsetzung von Art. 8 Abs. 3 VG-RL.
[14] In Umsetzung von Art. 8 Abs. 8 1. Unterabs. VG-RL.
[15] AmtlBegr. BT-Drs. 18/7223, S. 77; in Umsetzung von Art. 8 Abs. 8 1. Unterabs. VG-RL.
[16] In Umsetzung von Art. 8 Abs. 5 Buchst. h) VG-RL.
[17] In Umsetzung von Art. 8 Abs. 5 Buchst. f) VG-RL.
[18] In Umsetzung von Art. 8 Abs. 5 Buchst. a) VG-RL.
[19] Vgl. AmtlBegr. BT-Drs. 18/7223, S. 77.
[20] In Umsetzung von Art. 8 Abs. 5 Buchst. b) und e) VG-RL.

– Nach **Nr. 8** Beschlüsse über die allgemeine Anlagepolitik in Bezug auf die Einnahmen aus den Rechten iSv. § 25.[21]
– Nach **Nr. 9** Beschlüsse über die allgemeinen Grundsätze betreffend Abzüge von den Einnahmen gem. § 31 Abs. 1 (Angemessenheit und objektive Kriterien bei der Festlegung der Abzüge), gem. § 31 Abs. 2 (Berechnung von Verwaltungskosten) und gem. § 32 (Förderung kulturell bedeutender Werke und Leistungen, Vorsorge- und Unterstützungseinrichtungen).[22]
– Nach **Nr. 10** Beschlüsse über den Verkauf und die Beleihung unbeweglicher Sachen.[23]
– Nach **Nr. 11** Beschlüsse über die Aufnahme und Vergabe von Darlehen sowie die Stellung von Darlehenssicherheiten.[24]
– Nach **Nr. 12** Beschlüsse betreffend Abschluss, Inhalt und Beendigung von Repräsentationsvereinbarungen iSv. § 44.
– Nach **Nr. 13** Beschlüsse über die Wahrnehmungsbedingungen iSv. § 9 S. 2.
– Nach **Nr. 14** Beschlüsse über die Tarife iSv. §§ 38 bis 40.
– Nach **Nr. 15** Beschlüsse über die zum Tätigkeitsbereich gehörenden Rechte.[25]
– Nach **Nr. 16** Beschlüsse über Bedingungen für Nutzungen zu nicht kommerziellen Zwecken iSv. § 11.

c) Beschlussgegenstände von besonderer Bedeutung. Die in **§ 17 Abs. 1 S. 2 Nr. 1 bis 11** 5 genannten Beschlussgegenstände der Mitgliederhauptversammlung gehen auf Vorgaben der VG-RL zurück und setzen diese um.

Dagegen geht der in **§ 17 Abs. 1 S. 2 Nr. 12 bis 16** genannte Katalog der Befugnisse der Mitgliederhauptversammlung über die Vorgaben der VG-RL hinaus; denn in der VG-RL werden nur Beschlusskompetenzen aufgelistet, die die Mitgliederhauptversammlung **mindestens** haben muss. Diese Befugnisse der Mitgliederhauptversammlung gem. Nr. 12 bis 16 sind in § 17 Abs. 1 S. 2 ausdrücklich aufgeführt, da sie **für das Wahrnehmungsverhältnis von grundlegender Bedeutung** sind. So ist die Festlegung der Wahrnehmungsbedingungen für Rechtsinhaber gem. § 9 S. 2, der Tarife gem. §§ 38 bis 40 oder der zum Tätigkeitsbereich gehörenden Rechte entscheidend für den Umfang und die Bedingungen der kollektiven Rechtswahrnehmung – jedenfalls wichtig genug, um Entscheidungen darüber grundsätzlich der Mitgliederhauptversammlung vorzubehalten.[26]

2. § 17 Abs. 2 – Übertragung an das Aufsichtsgremium

Ein weiterer Beschlussgegenstand für die Mitgliederhauptversammlung ist in § 17 Abs. 2 genannt: 6 Danach kann die Mitgliederhauptversammlung beschließen, die in den **§ 17 Abs. 1 S. 2 Nr. 3 bis 5** (betreffend die Abschlussprüfung, Zusammenschlüsse und Risikomanagement) und **Nr. 10 bis 14** (betreffend Verfügungen über unbewegliche Sachen, Darlehen, Repräsentationsvereinbarungen, Wahrnehmungsbedingungen und Tarife) aufgeführten Befugnisse, die vor allem organisatorische Maßnahmen betreffen, dem in § 22 definierten, von der Verwertungsgesellschaft geschaffenen Aufsichtsgremium zu übertragen. Die Mitgliederhauptversammlung kann **alle oder einzelne** der in § 17 Abs. 2 genannten **Beschlussbefugnisse an das Aufsichtsgremium delegieren.**

Diese Möglichkeit der Delegation gem. § 17 Abs. 2 macht vom Grundgedanken der in Art. 8 Abs. 6 VG-RL enthaltenen Option[27] Gebrauch, geht aber noch darüber hinaus: Nach dem Willen des Gesetzgebers sollen auch die in § 17 Abs. 1 S. 2 Nr. 12 bis 14 zusätzlich genannten Beschlusskompetenzen an das Aufsichtsgremium iSv. § 22 delegiert werden können, da Beschlüsse über diese Angelegenheiten häufiger anfallen können als die Mitgliederhauptversammlung tagt.

Ein solcher Beschluss über die Delegation von Befugnissen der Mitgliederhauptversammlung ist natürlich nur dann möglich, wenn das Aufsichtsgremium entsprechend der Rechtsform der Verwertungsgesellschaft überhaupt befugt ist, über einzelne Materien zu entscheiden. In jedem Fall sind bei der Delegation gem. § 17 Abs. 2 die für die Rechtsform der Verwertungsgesellschaft **spezifischen Vorgaben zu beachten,** etwa gem. § 49 GewO.[28]

§ 18 Befugnisse der Mitgliederhauptversammlung in Bezug auf die Organe

(1) **Die Verwertungsgesellschaft regelt in dem Statut, dass die Mitgliederhauptversammlung beschließt über die Ernennung und Entlassung sowie über die Vergütung und sonstigen Leistungen**

1. **der Personen, die kraft Gesetzes oder nach dem Statut zur Vertretung der Verwertungsgesellschaft berechtigt sind,**

---

[21] In Umsetzung von Art. 8 Abs. 5 Buchst. c) VG-RL.
[22] In Umsetzung von Art. 8 Abs. 5 Buchst. d) VG-RL.
[23] In Umsetzung von Art. 8 Abs. 5 Buchst. g) VG-RL.
[24] In Umsetzung von Art. 8 Abs. 5 Buchst. i) VG-RL.
[25] Zum Tätigkeitsbereich einer Verwertungsgesellschaft → § 9 Rn. 6 ff.
[26] AmtlBegr. BT-Drs. 18/7223, S. 77.
[27] → Rn. 1.
[28] AmtlBegr. BT-Drs. 18/7223, S. 77.

2. der Mitglieder des Aufsichtsrats,

3. der Mitglieder des Verwaltungsrats,

4. der Mitglieder des Aufsichtsgremiums (§ 22), sofern dessen Befugnisse nicht von dem Aufsichts- oder Verwaltungsrat wahrgenommen werden.

(2) **Die Mitgliederhauptversammlung kann beschließen, dass die Befugnisse nach Absatz 1 hinsichtlich der Personen, die kraft Gesetzes oder nach dem Statut zur Vertretung berechtigt sind, dem Aufsichtsrat oder dem Aufsichtsgremium nach § 22 übertragen werden.**

Übersicht

I. Allgemeines

1. Die Vorgaben der VG-RL

1   **Art. 8 VG-RL** regelt die Entscheidungsbefugnisse und die Durchführung der Mitgliederhauptversammlung als zentrales Organ der Verwertungsgesellschaft. Dabei ergeben sich die allgemeinen Befugnisse der Mitgliederhauptversammlung aus Art. 8 Abs. 3, 5, 6 und 8 VG-RL.[1] Regeln zur Durchführung der Mitgliederhauptversammlung finden sich in Art. 8 Abs. 2, 9 und 10 VG-RL.

Die Befugnisse der Mitgliederhauptversammlung in Bezug auf die Organe der Verwertungsgesellschaft sind in Art. 8 Abs. 4 VG-RL aufgeführt. **Art. 8 Abs. 4 VG-RL** bestimmt, dass die Mitgliederhauptversammlung über die Ernennung, Entlassung, Aufgabenerfüllung, Vergütungen und sonstigen Zuwendungen der Direktoren zu befinden hat **(Art. 8 Abs. 4 1. Unterabs. VG-RL)**.

Dagegen soll bei einer **„dualistisch strukturierten"**, also auf der Grundlage von Vorstand und Aufsichtsrat organisierten Verwertungsgesellschaft, die Mitgliederhauptversammlung über die Ernennung, Entlassung, Aufgabenerfüllung, Vergütungen und sonstigen Zuwendungen von Mitgliedern des Leitungsorgans, dh. der Geschäftsführung, dann nicht entscheiden, wenn die Entscheidungsbefugnis dem Aufsichtsorgan übertragen wurde **(Art. 8 Abs. 4 2. Unterabs. VG-RL)**.

Auch iRv. Art. 8 Abs. 4 VG-RL ist der **Begriff der Mitgliederhauptversammlung** gem. Art. 3 Buchst. f) VG-RL untechnisch zu verstehen als das Gremium der Verwertungsgesellschaft, in dem die Mitglieder mitwirken und ihr Stimmrecht ausüben, und zwar unabhängig von dessen tatsächlicher Bezeichnung im Einzelfall entsprechend der Organisationsform der Verwertungsgesellschaft.[2]

Der **Begriff des Direktors** wird in Art. 3 Buchst. g) VG-RL ebenfalls untechnisch definiert als das Mitglied des Verwaltungsorgans bzw. des Leitungs- oder Aufsichtsorgans der Verwertungsgesellschaft mit entsprechender Entscheidungsbefugnis.

Des Weiteren kann der Mitgliederhauptversammlung gem. Art. 9 Abs. 4a) iVm. Art. 8 Abs. 4 VG-RL auch erlaubt werden, ihre dort genannten **Befugnisse auf das Aufsichtsgremium** der Verwertungsgesellschaft iSv. Art. 9 zu **übertragen.**

2. § 18

2   Das VGG setzt Art. 8 VG-RL in drei verschiedenen Bestimmungen um.[3] Die **Befugnisse der Mitgliederhauptversammlung** betreffend die **Organe der Verwertungsgesellschaft** entsprechend Art. 8 Abs. 4 der VG-RL werden in § 18 umgesetzt.

§ 18 Abs. 1 enthält in Umsetzung von Art. 8 Abs. 4 1. Unterabs. VG-RL die Befugnisse der Mitgliederhauptversammlung in Bezug auf die **Behandlung der vertretungsberechtigten Personen (§ 18 Abs. 1 Nr. 1)**, der **Mitglieder des Aufsichtsrats (§ 18 Abs. 1 Nr. 2)**, der **Mitglieder des Verwaltungsrats (§ 18 Abs. 1 Nr. 3)** und der **Mitglieder des Aufsichtsgremiums** iSv. § 22, sofern dessen Befugnisse nicht vom Aufsichts- oder Verwaltungsrat wahrgenommen werden **(§ 18 Abs. 1 Nr. 4)**.

Gem. **§ 18 Abs. 2** in Umsetzung von Art. 8 Abs. 4 2. Unterabs. VG-RL kann die Mitgliederhauptversammlung die **Beschlussbefugnisse** in Bezug auf die Behandlung der vertretungsberechtigten Personen gem. § 18 Abs. 1 Nr. 1 an den Aufsichtsrat oder das Aufsichtsgremium iSv. § 22 **übertragen.**

---

[1] → § 17 Rn. 1.
[2] Vgl. Erwägungsgrund (23) S. 3 VG-RL.
[3] → § 17 Rn. 2.

II. Befugnisse der Mitgliederhauptversammlung in Bezug auf die Organe

1. § 18 Abs. 1 – Regelung der Beschlussbefugnisse

a) Zweck der Bestimmung. Ziel von § 18 ist es sicherzustellen, dass die Mitgliederhauptver- 3
sammlung als „Souverän der Verwertungsgesellschaft" über die beiden Personenkreise entscheidet, die
(a) für die Verwertungsgesellschaft handeln **(Vertretung)** und die (b) diese handelnden Personen
überwachen **(Aufsicht).**[4] Hierzu regelt § 18 Abs. 1 die Beschlussbefugnisse der Mitgliederhauptversammlung in Bezug auf die Organe der Verwertungsgesellschaft[5] und schreibt vor, dass diese Befugnisse im Statut der Verwertungsgesellschaft geregelt sein müssen.

Die **Mitgliederhauptversammlung** wird in § 17 Abs. 1 S. 1 in enger Anlehnung an Art. 3
Buchst. f) VG-RL untechnisch als das Organ der Verwertungsgesellschaft definiert, in dem ihre Mitglieder an der Entscheidungsfindung mitwirken und ihr Stimmrecht ausüben.[6]

Der Begriff des **Statuts** ist, wie derjenige der Mitgliederhauptversammlung, auch in § 18 Abs. 1 1.
HS. und Nr. 1 untechnisch zu verstehen.[7]

b) Relevanter Personenkreis. Nach § 18 Abs. 1 sind die Verwertungsgesellschaften verpflichtet, 4
in ihrem Statut die Entscheidungsbefugnis der Mitgliederhauptversammlung zu regeln über die **Ernennung, Entlassung, Vergütung und sonstigen Leistungen** (der dort genannten Personen).
Damit sind alle auf diese bezogenen Personal- und Managemententscheidungen gemeint.

Zum insoweit relevanten Personenkreis gehören die kraft Gesetzes oder nach dem Statut der Verwertungsgesellschaft **zu ihrer Vertretung berechtigten Personen (§ 18 Abs. 1 Nr. 1),** die **Mitglieder des Aufsichtsrats (§ 18 Abs. 1 Nr. 2)** und die **Mitglieder des Verwaltungsrats (§ 18
Abs. 1 Nr. 3).** Dabei sind die Begriffe „Aufsichtsrat" und „Verwaltungsrat" untechnisch zu verstehen; gemeint sind jeweils die gesellschaftsrechtlichen Aufsichtsgremien. Der genannte Kreis von Personen erfasst somit alle Entscheidungsträger der Gesellschaft. Er entspricht den in Art. 8 Abs. 4 1.
Unterabs. VG-RL genannten und in Art. 3 Buchst. g) i) und ii) VG-RL definierten „Direktoren",
schließt also Geschäftsführer/Vorstand, Aufsichtsrats- und Verwaltungsratsmitglieder mit ein.

Aus § 17 Abs. 2 ergibt sich, dass die Verwertungsgesellschaft bestimmte Befugnisse der Mitgliederhauptversammlung auch ihrem Aufsichtsgremium iSv. § 22 übertragen kann. Das Aufsichtsgremium
der Verwertungsgesellschaft muss aber nicht zwangsläufig ihr Aufsichtsrat iSd. Gesellschaftsrechts oder
ihr Verwaltungsrat sein.[8] Die AmtlBegr. gibt zu bedenken, dass die VG-RL keine Regelungen darüber enthält, wer in diesem Fall die Mitglieder des Aufsichtsgremiums wählt, entlässt oder deren Vergütung festsetzt.[9] **§ 18 Abs. 1 Nr. 4** sucht diese potentielle Lücke zu schließen und bestimmt, dass
dann, wenn die Befugnisse des Aufsichtsgremiums iSv. § 22 nicht vom Aufsichts- oder Verwaltungsrat
der Verwertungsgesellschaft wahrgenommen werden, die Mitgliederhauptversammlung auch über die
Ernennung, Entlassung, Vergütung und sonstigen Leistungen der Mitglieder des Aufsichtsgremiums
entscheidet.

Eine besondere Verpflichtung für die Mitgliederhauptversammlung, auch die **allgemeine Aufgabenerfüllung** durch die Direktoren zu überwachen, wie dies in Art. 8 Abs. 4 1. Unterabs. VG-RL verlangt wird, enthält § 18 Abs. 1 nicht. Man wird aber davon ausgehen können, dass die Mitgliederhauptversammlung diese Überwachung bereits bewirkt durch ihre Befugnis zur Ernennung und Entlassung
der in § 18 Abs. 1 genannten Personen, durch die Entgegennahme der Erklärungen des Geschäftsfüh-
rers/Vorstandes gem. § 23 Abs. 3 und über den Bericht des Aufsichtsgremiums gem. § 22 Abs. 4.[10]

2. § 18 Abs. 2 – Übertragung an das Aufsichtsgremium

§ 18 Abs. 2 greift den Gedanken des Art. 8 Abs. 4 2. Unterabs. VG-RL auf und bestimmt, dass die 5
Mitgliederhauptversammlung beschließen kann, die Entscheidungsbefugnisse gem. § 18 Abs. 1 Nr. 1
(Ernennung, Entlassung und Vergütung sowie sonstige Leistungen der kraft Gesetzes oder nach dem
Statut vertretungsberechtigten Personen) dem **Aufsichtsrat** zu übertragen. Dies ist sinnvoll, da Be-
schlüsse über diese Angelegenheiten häufiger anfallen können, als die Mitgliederhauptversammlung
tagt, und dürfte bei „dualistisch strukturierten" Verwertungsgesellschaften[11] ohnehin der Normalfall
sein. Darüber hinaus kann die Mitgliederhauptversammlung diese Befugnisse gem. § 18 Abs. 2 aber
auch „dem **Aufsichtsgremium nach § 22**" übertragen; insoweit geht die Bestimmung über die
Vorgaben des Art. 8 Abs. 4 2. Unterabs. VG-RL hinaus. Relevant ist dies allerdings nur, wenn das
Aufsichtsgremium nicht ohnehin dem Aufsichtsrat entspricht.[12]

---

[4] AmtlBegr. BT-Drs. 18/7223, S. 77.
[5] § 18 gilt für Verwertungsgesellschaften iSv. § 2 (zum Begriff → § 2 Rn. 5 ff.), ebenso aber auch für abhängige
Verwertungseinrichtungen iSv. § 3, soweit diese Tätigkeiten einer Verwertungsgesellschaft ausüben (zum Begriff →
§ 3 Rn. 3).
[6] → § 17 Rn. 3.
[7] → § 13 Rn. 4.
[8] → § 22 Rn. 3.
[9] AmtlBegr. BT-Drs. 18/7223, S. 77.
[10] AmtlBegr. BT-Drs. 18/7223, S. 77.
[11] Zu diesem Begriff → Rn. 1.
[12] AmtlBegr. BT-Drs. 18/7223, S. 77.

§ 19 Durchführung der Mitgliederhauptversammlung; Vertretung

(1) **Die Mitgliederhauptversammlung ist mindestens einmal jährlich einzuberufen.**

(2) **Alle Mitglieder der Verwertungsgesellschaft sind sowohl zur Teilnahme an der Mitgliederhauptversammlung als auch zur Abstimmung berechtigt.**

(3) **[1]Die Verwertungsgesellschaft regelt in dem Statut die Voraussetzungen, unter denen die Mitglieder an der Mitgliederhauptversammlung zusätzlich auch ohne Anwesenheit vor Ort und ohne einen Vertreter teilnehmen können und ihr Stimmrecht im Wege elektronischer Kommunikation ausüben können. [2]Die Verwertungsgesellschaft kann die elektronische Ausübung weiterer Mitgliedschaftsrechte zulassen.**

(4) **[1]Jedes Mitglied muss nach Gesetz oder nach dem Statut berechtigt sein, seine Rechte in der Mitgliederhauptversammlung auch durch einen Vertreter ausüben zu lassen, sofern die Vertretung nicht zu einem Interessenkonflikt führt. [2]Ein Interessenkonflikt liegt insbesondere darin, dass derselbe Vertreter Mitglieder verschiedener im Statut festgelegter Kategorien vertritt. [3]Die Verwertungsgesellschaft kann in dem Statut die Anzahl der durch denselben Vertreter vertretenen Mitglieder beschränken, wobei diese Anzahl zehn nicht unterschreiten darf. [4]Eine Vollmacht zur Vertretung eines Mitglieds in einer Mitgliederhauptversammlung ist nur wirksam, wenn sie auf die Vertretung des Mitglieds in dieser Mitgliederhauptversammlung beschränkt ist. [5]Der Vertreter ist verpflichtet, entsprechend den Anweisungen des Mitglieds abzustimmen, das ihn bestellt hat.**

Schrifttum: *Nocker/Riemer/v. Steinau-Steinrück/Wohlgemuth,* Die Satzung der GEMA, in: Heker/Riesenhuber (Hrsg.), Recht und Praxis der GEMA, 3. Aufl. 2018, S. 53.

Übersicht

I. Allgemeines

1. Die Vorgaben der VG-RL

1   Zur **Durchführung der Mitgliederhauptversammlung,** einschließlich der Ausübung der Stimmrechte, enthält die VG-RL verschiedene Bestimmungen: **Art. 6 Abs. 4 iVm. Erwägungsgrund (23) S. 10 VG-RL** gibt den Verwertungsgesellschaften auf, es ihren Mitgliedern zu erlauben, ihre **Stimmrechte mit Hilfe elektronischer Kommunikationsmittel** auszuüben. Nach **Art. 8 Abs. 2 iVm. Erwägungsgrund (22) S. 6 VG-RL** muss die **Mitgliederhauptversammlung mindestens einmal jährlich** zusammengerufen werden. **Art. 8 Abs. 9 1. Unterabs. S. 1 VG-RL** enthält den allgemeinen Grundsatz, dass alle Mitglieder einer Verwertungsgesellschaft zur **Teilnahme** an der Mitgliederhauptversammlung berechtigt und **stimmberechtigt** sein müssen; wobei gem. Art. 8 Abs. 9 1. Unterabs. S. 2 und 2. Unterabs. VG-RL unter bestimmten Bedingungen[1] nach der Dauer der Mitgliedschaft **(Art. 8 Abs. 9 1. Unterabs. S. 2b) VG-RL)** und den Erträgen der einzelnen Mitglieder **(Art. 8 Abs. 9 1. Unterabs. S. 2a) VG-RL)** differenziert werden kann. **Art. 8 Abs. 10 1. Unterabs. VG-RL** bestimmt, dass jedes Mitglied einer Verwertungsgesellschaft unter bestimmten Voraussetzungen einen **Vertreter** bestellen und sich von ihm in der Mitgliederhauptversammlung, **auch zur Ausübung der Stimmrechte,** vertreten lassen kann, sofern dies nicht zu einem **Interessenkonflikt** führt; ein Interessenkonflikt soll zB dann vorliegen, „wenn das Mitglied und sein Vertreter zu verschiedenen Kategorien von Rechtsinhabern innerhalb der Organisation für die kollektive Rechtewahrnehmung gehören". **Art. 8 Abs. 10 2. Unterabs. VG-RL** lässt zu, diese Vertretungsbefugnis in gewissem Umfang einzuschränken. Die **Rechte und Pflichten derartiger Vertreter** von Mitgliedern sind in **Art. 8 Abs. 10 3. Unterabs. VG-RL** geregelt.

---

[1] Gem. Erwägungsgrund (23) S. 2 VG-RL sind Beschränkungen dieser Mitgliedschaftsrechte zwar zulässig, müssen aber „fair und verhältnismäßig" sein.

Alle diese Bestimmungen sind als Ausfluss des Anliegens der VG-RL zu verstehen, die **aktive Teilnahme der Mitglieder an der Mitgliederhauptversammlung** zu unterstützen und ihnen die Ausübung ihrer Stimmrechte zu erleichtern, so dass sie „angemessen und wirksam" am Entscheidungsprozess mitwirken können – dies verstanden als Garant dafür, dass sich die Rechtsinhaber frei für eine, womöglich auch in einem anderen Mitgliedstaat ansässige, Verwertungsgesellschaft entscheiden können und in jedem Fall genügend Einfluss auf sie haben.[2]

2. § 19

§ 19 enthält diese von der VG-RL aufgestellten **Grundsätze, nach denen die Mitglieder-** 2 **hauptversammlung durchzuführen ist,** und ist die konkrete Ausprägung des allgemeinen, in § 16 niedergelegten Prinzips, dass Mitglieder und Berechtigte am Entscheidungsprozess der Verwertungsgesellschaft angemessen und wirksam müssen mitwirken können.[3] Damit tritt § 19 als dritte Vorschrift betreffend die Mitgliederhauptversammlung neben § 17 (der die **allgemeinen Befugnisse** der Mitgliederhauptversammlung regelt) und § 18 (der die Befugnisse der Mitgliederhauptversammlung hinsichtlich der **Organe** einer Verwertungsgesellschaft zum Inhalt hat). Regelungen zur Mitgliederhauptversammlung, wie sie in den §§ 17, 18 und 19 enthalten sind, gab es im UrhWG nicht.

Die Postulate der VG-RL zur **Häufigkeit der Mitgliederhauptversammlung** werden in **§ 19 Abs. 1,** zu allgemeinen **Rechten der Mitglieder** in der Mitgliederhauptversammlung in **§ 19 Abs. 2,** zur **elektronischen Ausübung von Stimmrechten** in **§ 19 Abs. 3** und zu den Voraussetzungen und Grenzen der Ausübung der Mitgliedschaftsrechte in der Mitgliederhauptversammlung **durch einen Vertreter** in **§ 19 Abs. 4** umgesetzt.

II. Durchführung der Mitgliederhauptversammlung; Vertretung

1. § 19 Abs. 1 – Häufigkeit der Mitgliederhauptversammlung

§ 19 Abs. 1 entspricht nahezu wörtlich der Vorgabe in Art. 8 Abs. 2 VG-RL. Danach muss die 3 Mitgliederhauptversammlung, die hier wie an anderen Stellen des VGG untechnisch als das Organ der Entscheidungsfindung einer Verwertungsgesellschaft[4] zu verstehen ist,[5] **mindestens einmal im Jahr einberufen** werden und stattfinden. Dies entspricht auch der gängigen Praxis der Verwertungsgesellschaften in Deutschland.[6] Im Übrigen bleibt es Verwertungsgesellschaften unbenommen, reguläre oder außerordentliche Mitgliederhauptversammlungen auch mehrmals im Jahr einzuberufen, wenn dafür ein Anlass gegeben ist.

2. § 19 Abs. 2 – Berechtigung zur Teilnahme und Abstimmung

§ 19 Abs. 2 statuiert, gewissermaßen als **Grundrecht der Mitglieder**[7] einer Verwertungsgesell- 4 schaft, deren Recht, an der Mitgliederhauptversammlung **teilnehmen** zu können und dort **stimmberechtigt** zu sein. Dieser Grundsatz ist auch in den Statuten der derzeit in Deutschland tätigen Verwertungsgesellschaften enthalten.[8]

§ 19 Abs. 2 greift die in Art. 8 Abs. 9 1. Unterabs. S. 2 und 2. Unterabs. VG-RL enthaltene Möglichkeit, **hinsichtlich der Teilnahme- und Stimmrechte der Mitglieder** nach der Dauer ihrer Mitgliedschaft und ihrem Anteil an den Einnahmen **zu differenzieren,** nicht ausdrücklich auf: Nach dem Wortlaut von § 19 Abs. 2 sollen die Teilnahme- und Abstimmungsrechte „allen" Mitgliedern zustehen. Aber auch wenn eine solche ausdrückliche Regelung ist § 19 Abs. 2 Richtlinien-konform,[9] und entsprechend der Praxis von Verwertungsgesellschaften[10] so auszulegen, dass hinsichtlich der besagten Rechte ähnlich wie in Art. 8 Abs. 9 VG-RL vorgesehen differenziert werden kann.

---

[2] Vgl. Erwägungsgründe (22) S. 6 und (23) S. 10 ff. VG-RL.

[3] → § 16 Rn. 4.

[4] § 19 gilt für Verwertungsgesellschaften iSv. § 2 (zum Begriff → § 2 Rn. 5 ff.), ebenso aber auch für abhängige Verwertungseinrichtungen iSv. § 3, soweit diese Tätigkeiten einer Verwertungsgesellschaft ausüben (zum Begriff → § 3 Rn. 3).

[5] Zum Begriff der Mitgliederhauptversammlung → § 17 Rn. 3; Erwägungsgrund (23) S. 3 f. VG-RL.

[6] Vgl. § 10 der Satzung der GEMA; § 6 der Satzung der VG Wort; § 8 der Satzung der VG Bild-Kunst; jeweils bei *Hillig,* Urheber- und Verlagsrecht, Beck'sche Textausgabe, 18. Aufl. 2019, Nr. 16, 17, 18.

[7] Zum Begriff der Mitglieder → § 7 Rn. 4 ff.

[8] Vgl. § 10 Nr. 2, Nr. 7 der Satzung der GEMA; § 7 Abs. 4 der Satzung der VG Wort; § 8 Abs. 6b) der Satzung der VG Bild-Kunst; jeweils bei *Hillig,* Urheber- und Verlagsrecht, Beck'sche Textausgabe, 18. Aufl. 2019, Nr. 16, 17, 18.

[9] → Rn. 1; Erwägungsgrund (23) S. 2 VG-RL.

[10] Vgl. insoweit § 10 Nr. 2 u. Nr. 7 der Satzung der GEMA (bei *Hillig,* Urheber- und Verlagsrecht, Beck'sche Textausgabe, 18. Aufl. 2019, Nr. 16), wonach das Stimmrecht nur „ordentlichen" Mitgliedern zusteht; zu den unterschiedlichen Kategorien von GEMA-Mitgliedern (ordentliche, außerordentliche, angeschlossene Mitglieder) *Nocker/Riemer,* in Heker/Riesenhuber (Hrsg.), Recht und Praxis der GEMA, S. 53 (69 ff.); zum Berufsgruppensystem → § 16 Rn. 5 mwN.

3. § 19 Abs. 3 – Teilnahme im Wege elektronischer Kommunikation

5   § 19 Abs. 3 regelt die Möglichkeit, **Stimmrechte auch bei Abwesenheit** von der Mitglieder-hauptversammlung auszuüben; ein Fall, der insbesondere dann praktisch relevant werden kann, wenn ein Mitglied nicht in der Region oder in dem Mitgliedstaat wohnhaft ist, in dem die Verwertungsge-sellschaft ihren Sitz hat. Zugleich kommt diese Möglichkeit der Befugnis der Rechtsinhaber zugute, ihre Rechte einer Verwertungsgesellschaft ihrer Wahl zur Wahrnehmung zu übertragen.

§ 19 Abs. 3 findet nicht nur auf Mitglieder iSv. § 7, sondern gem. **§ 20 Abs. 3** auch auf **Delegier-te der Berechtigten**[11] **(Nichtmitglieder)** Anwendung,[12] da Nichtmitglieder nur durch von ihnen gewählte Delegierte an der Mitgliederhauptversammlung teilnehmen und daran mitwirken können. Gem. § 20 Abs. 2 Nr. 3 müssen auch solche Delegierten zur Teilnahme an der Mitgliederhaupt-sammlung berechtigt und dort gem. § 20 Abs. 2 Nr. 4 für bestimmte Beschlussgegenstände stimmbe-rechtigt sein.[13]

Nach **§ 19 Abs. 3 S. 1** muss das Statut[14] der Verwertungsgesellschaft vorsehen, dass die Mitglieder auch dann an der Mitgliederhauptversammlung **teilnehmen** können, wenn sie dort **nicht selbst anwesend** sind **und auch keinen Vertreter bestimmt** haben; die Möglichkeit, einen Vertreter zu bestellen, ist in § 19 Abs. 4 gesondert geregelt.[15]

Eine Teilnahme an der Mitgliederhauptversammlung ohne persönliche Anwesenheit und ohne Ver-treter war bisher nach dem UrhWG nicht möglich. Sie soll nun **im Wege elektronischer Kom-munikation,** und zwar etwa dadurch ermöglicht werden, dass die Mitgliederhauptversammlung auf der Internet-Seite der Verwertungsgesellschaft direkt, also live in Echtzeit, übertragen wird. Dabei wird es sich aber nicht um eine öffentliche Übertragung handeln können; vielmehr wird es zum Schutz der Mitglieder und der Verwertungsgesellschaft erforderlich sein, dass die Übertragung nur einem geschützten Mitgliederkreis zugänglich ist, zB über ein durch Zugangscode gesichertes Inter-net.[16] Dieses Teilnahmerecht ist ein **elektronisches Zugangsrecht,** umfasst aber nicht Rede-, Auskunfts- und Antragsrechte.[17]

Über die bloße **Teilnahme** hinaus muss die Verwertungsgesellschaft es ihren Mitgliedern gem. **§ 19 Abs. 3 S. 1** ermöglichen, sich aktiv an der Mitgliederhauptversammlung zu beteiligen durch **Ausübung ihrer Stimmrechte im Wege elektronischer Kommunikation.** Obwohl eine solche elektronische Ausübung von Stimmrechten in der Mitgliederhauptversammlung zu den aus-drücklichen Vorgaben der VG-RL gehört,[18] wird sie von den Verwertungsgesellschaften angesichts des immanenten Missbrauchspotentials durchaus kritisch gesehen.[19]

Durch das Wort **„zusätzlich",** das im Laufe des Gesetzgebungsverfahrens in § 19 Abs. 3 S. 1 ein-gefügt wurde, soll klargestellt werden, dass die elektronische Stimmrechtsausübung zusätzlich zur Mit-gliederhauptversammlung in Form der bislang üblichen Präsenzveranstaltung zu ermöglichen ist. Es wird also nicht verlangt, dass Mitgliederhauptversammlungen künftig nur noch elektronisch, dh. vir-tuell, durchzuführen sind. Die Möglichkeit der elektronischen Stimmrechtsabgabe ist also ein den Verwertungsgesellschaften auferlegtes **Zusatzangebot an die Mitglieder und Berechtigten;** sie sollen auch künftig persönlich an der Mitgliederhauptversammlung teilnehmen können. Diese zusätz-liche Möglichkeit soll die aktive Beteiligung aller Mitglieder und Berechtigten an den Entscheidungen der Verwertungsgesellschaft fördern und die Anzahl der aktiv Mitwirkenden erhöhen, um die Ent-scheidungen so auf eine möglichst breite Basis zu stellen.[20]

Nach **§ 19 Abs. 3 S. 1** haben die Verwertungsgesellschaften die **Voraussetzungen** sowohl für die Teilnahme an, als auch für die Ausübung von Stimmrechten in der Mitgliederhauptversammlung in ihrem Statut zu regeln. Dabei werden sie insbesondere Bedingungen vorsehen müssen, die **Missbräu-che ausschließen.**

Nach Auffassung des Gesetzgebers soll den Verwertungsgesellschaften insoweit ein gewisser Spiel-raum verbleiben, um die elektronische Stimmrechtsausübung praktikabel und wirtschaftlich zu ma-chen, zugleich aber ihre rechtssichere Durchführung zu gewährleisten; denn des Risikos praktischer Schwierigkeiten und technischer Störungen war man sich durchaus bewusst.[21] Die Verwertungsgesell-schaften werden daher **Vorkehrungen gegen technisches Versagen** treffen und **dessen Folgen regeln** müssen.[22] So kann als Folge technischer Störungen bei in der Rechtsform einer GmbH orga-

---

[11] Zum Begriff der Berechtigten → § 6 Rn. 3 ff.
[12] → § 20 Rn. 7.
[13] → § 20 Rn. 6.
[14] Zum auch hier untechnisch zu verstehenden Begriff des Statuts → § 13 Rn. 4.
[15] → Rn. 6.
[16] AmtlBegr. BT-Drs. 18/7223, S. 77 f.
[17] Vgl. § 8 Abs. 6c) der Satzung der VG Bild-Kunst, bei *Hillig,* Urheber- und Verlagsrecht, Beck'sche Textausga-be, 18. Aufl. 2019, Nr. 18.
[18] Vgl. Art. 6 Abs. 4 und Erwägungsgrund (23) S. 10 VG-RL.
[19] Vgl. Anhörung im Ausschuss für Recht und Verbraucherschutz, Protokoll Nr. 18/88 vom 17.2.2016, S. 17 (Anm. Holzmüller); kritisch auch Wandtke/Bullinger/*Gerlach* § 19 Rn. 1.
[20] Beschlussempfehlung und Bericht des Ausschusses für Recht und Verbraucherschutz, BT-Drs. 18/8268, S. 11.
[21] Beschlussempfehlung und Bericht des Ausschusses für Recht und Verbraucherschutz, BT-Drs. 18/8268, S. 11.
[22] AmtlBegr. BT-Drs. 18/7223, S. 78.

nisierten Verwertungsgesellschaften an eine entsprechende Anwendung aktienrechtlicher Bestimmungen (§ 243 Abs. 3 Nr. 1 AktG) gedacht werden, die eine Anfechtbarkeit von Beschlüssen nur bei grober Fahrlässigkeit oder Vorsatz vorsehen, soweit nicht Besonderheiten des GmbH-Rechts entgegenstehen. In anderer Rechtsform organisierte Verwertungsgesellschaften sollen die Folgen technischer Störungen bei elektronischer Stimmrechtsausübung in ihren Statuten regeln und sich hierbei an den Wertungen des Aktienrechts orientieren können.[23]

Insgesamt müssen diese von den Verwertungsgesellschaft aufgestellten Voraussetzungen den allgemeinen Grundsätzen der angemessenen und wirksamen Mitwirkung gem. § 16[24] entsprechen, dürfen also den Mitgliedern die Ausübung ihrer Rechte nicht über Gebühr erschweren.

Während die Verwertungsgesellschaft ihren Mitgliedern die elektronische Stimmabgabe ermöglichen muss, kann sie gem. **§ 19 Abs. 3 S. 2** darüber hinaus auch die **elektronische Ausübung weiterer Mitgliedschaftsrechte** zulassen, ist hierzu allerdings nicht verpflichtet.

4. § 19 Abs. 4 – Ausübung der Teilnahmerechte durch Vertreter

a) § 19 Abs. 4 S. 1, Berechtigung zur Bestellung eines Vertreters. In Umsetzung von Art. 8 **6** Abs. 10 iVm. Erwägungsgrund (23) S. 10 ff. VG-RL regelt § 19 Abs. 4 die Möglichkeit der Mitglieder, in der Mitgliederhauptversammlung **durch Vertreter repräsentiert zu werden,** und deren Modalitäten.

Wie in Art. 8 Abs. 10 1. Unterabs. VG-RL vorgesehen, müssen Mitglieder gem. **§ 19 Abs. 4 S. 1** grundsätzlich gesetzlich oder aufgrund des Statuts der Verwertungsgesellschaft die Möglichkeit haben, ihre Rechte in der Mitgliederhauptversammlung, einschließlich der Stimmrechte,[25] auch **durch einen Vertreter** ausüben zu lassen. Die Bestellung des Vertreters darf allerdings nicht zu einem Interessenkonflikt führen. Weitergehende gesetzliche Vorgaben, die mit der jeweiligen Rechtsform der Verwertungsgesellschaft zusammenhängen, bleiben unberührt.[26]

b) § 19 Abs. 4 S. 2, Interessenkonflikt. Die Bedingung, dass die Bestellung eines Vertreters **7** nicht zu einem Interessenkonflikt führen darf, ist bereits in § 19 Abs. 4 S. 1 festgelegt. **§ 19 Abs. 4 S. 2** wurde aufgrund der Beschlussempfehlung des Ausschusses für Recht und Verbraucherschutz in das Gesetzgebungsverfahren eingefügt. Diese Bestimmung, die inhaltlich Art. 8 Abs. 10 1. Unterabs. VG-RL entspricht, nennt als ein **nicht abschließendes Beispiel für einen Interessenkonflikt** den Fall, dass ein Vertreter Mitglieder verschiedener im Statut festgelegter Kategorien von Rechtsinhabern vertritt. Ein Vertreter sollte daher nur Mitglieder derselben Kategorie von Rechtsinhabern vertreten und für diese abstimmen können,[27] nicht aber etwa Mitglieder in unterschiedlichen Berufsgruppen, die möglicherweise auch unterschiedliche Interessen verfolgen.[28] Aufgrund derselben Überlegung läge ein Interessenkonflikt auch dann vor, wenn der Vertreter selbst einer anderen Kategorie von Rechtsinhabern angehört als das von ihm vertretene Mitglied.

c) § 19 Abs. 4 S. 3, Anzahl der vertretenen Mitglieder. Nach § 19 Abs. 4 S. 3 kann die **8** Verwertungsgesellschaft in ihrem Statut die Anzahl der zu vertretenden Mitglieder je Vertreter beschränken; verpflichtet ist sie hierzu aber nicht. Mit dieser **Möglichkeit der Beschränkung,** die Art. 8 Abs. 10 2. Unterabs. VG-RL entspricht, soll die Verwertungsgesellschaft der Gefahr begegnen können, dass sich in der Hand einzelner Vertreter eine erhebliche Zahl von Stimmen vereinigt und damit der demokratische Meinungsbildungsprozess in der Mitgliederhauptversammlung ungebührlich beeinflusst oder sogar untergraben werden kann. Allerdings soll die Zahl der vertretenen Mitglieder pro Vertreter **nicht auf weniger als zehn beschränkt** werden können, damit sichergestellt bleibt, dass jedes Mitglied ein anderes Mitglied zu seinem Vertreter bestellen kann und nicht etwa gezwungen ist, auf Außenstehende auszuweichen.[29] In jedem Fall darf durch eine Beschränkung der Anzahl der vertretenden Mitglieder die angemessene und wirksame Mitwirkung der Mitglieder an den Entscheidungen der Verwertungsgesellschaft nicht beeinträchtigt werden.[30]

d) § 19 Abs. 4 S. 4, Beschränkung der Vollmacht auf eine Mitgliederhauptversammlung. § 19 Abs. 4 S. 4 bestimmt entsprechend der Vorgabe in Art. 8 Abs. 10 3. Unterabs. S. 1 VG-RL, dass die Vollmacht zur Vertretung eines Mitglieds jeweils nur auf die **Vertretung des Mitglieds in dieser Mitgliederhauptversammlung** beschränkt ist. Ein Vertreter kann also jeweils nur für eine einzige Mitgliederhauptversammlung bestellt werden. Die Erteilung einer Generalvollmacht für weitere Mitgliederhauptversammlungen wäre unwirksam. Damit soll gewährleistet werden, dass einem **9**

---

[23] Beschlussempfehlung und Bericht des Ausschusses für Recht und Verbraucherschutz, BT-Drs. 18/8268, S. 11; Möhring/Nicolini/*Freudenberg* § 19 Rn. 12.

[24] → § 16 Rn. 4.

[25] AA Wandtke/Bullinger/*Gerlach* § 19 Rn. 4.

[26] Vgl. § 43 Abs. 5 S. 2 und 3 GenG; AmtlBegr. BT-Drs. 18/7223, S. 78.

[27] Vgl. § 10 Nr. 7 der Satzung der GEMA, bei *Hillig,* Urheber- und Verlagsrecht, Beck'sche Textausgabe, 18. Aufl. 2019, Nr. 16.

[28] Beschlussempfehlung und Bericht des Ausschusses für Recht und Verbraucherschutz, BT-Drs. 18/8268, S. 11.

[29] AmtlBegr. BT-Drs. 18/7223, S. 78.

[30] Vgl. Erwägungsgrund (23) S. 12 VG-RL.

Mitglied für jede Mitgliederhauptversammlung die Entscheidung darüber verbleibt, ob es überhaupt einen Vertreter bestellt und wen es ggf. als Vertreter auswählt.

10   **e) § 19 Abs. 4 S. 5, Weisungsgebundenheit des Vertreters.** Nach **§ 19 Abs. 4 S. 5** ist der Vertreter verpflichtet, entsprechend den **Anweisungen des Mitglieds,** das ihn bestellt hat, zu handeln und abzustimmen. Diese Bestimmung entspricht der Vorgabe in Art. 8 Abs. 10 3. Unterabs. S. 3 VG-RL. Da diese im Grundsatz selbstverständliche Verpflichtung im Innenverhältnis zwischen dem Mitglied und seinem Vertreter gilt, ist sie nicht Gegenstand der Kontrolle durch die Aufsichtsbehörde.[31]

§ 20 Mitwirkung der Berechtigten, die nicht Mitglied sind

(1) **Die Berechtigten, die nicht Mitglied sind, wählen mindestens alle vier Jahre aus ihrer Mitte Delegierte.**

(2) **In dem Statut der Verwertungsgesellschaft ist mindestens zu regeln:**

1. **die Anzahl und Zusammensetzung der Delegierten;**
2. **das Verfahren zur Wahl der Delegierten;**
3. **dass die Delegierten zur Teilnahme an der Mitgliederhauptversammlung berechtigt sind;**
4. **dass die Delegierten stimmberechtigt mindestens an Entscheidungen über die in § 17 Absatz 1 Satz 2 Nummer 6 bis 9 und 12 bis 16, Absatz 2 sowie die in § 18 genannten Angelegenheiten, mit Ausnahme der Entscheidungen über die Ernennung und Entlassung der in § 18 Absatz 1 genannten Personen, mitwirken können und**
5. **dass die Delegierten an Entscheidungen der Mitgliederhauptversammlung, an denen sie nicht stimmberechtigt mitwirken, jedenfalls beratend mitwirken können.**

(3) **Für die Mitwirkung der Delegierten an der Mitgliederhauptversammlung gilt § 19 Absatz 3 entsprechend.**

Schrifttum: *Denga,* Legitimität und Krise urheberrechtlicher Verwertungsgesellschaften. Kollektive Rechtewahrnehmung zwischen Utilitarismus und Demokratie, 2015; *Dördelmann,* Die gemeinsame Vertretung der Wahrnehmungsberechtigten, FS Paul W. Hertin (2000), S. 31; *Dünnwald,* Die Verpflichtung der Verwertungsgesellschaften zur Rechtswahrnehmung zu angemessenen Bedingungen, FS Kreile (1994), S. 161; *Häußer,* Praxis und Probleme der Aufsicht über Verwertungsgesellschaften, FuR 1980, 57; *Haertel,* Verwertungsgesellschaften und Verwertungsgesellschaftengesetz, UFITA 50 (1967), 7; *Hillig,* Zur Rechtsstellung des Beirates in der urheberrechtlichen Verwertungsgesellschaft, FS Kreile (1994), S. 295; *Menzel,* Die Aufsicht über die GEMA durch das Deutsche Patentamt, 1986; *Riesenhuber,* Urheber und Verleger in Verwertungsgesellschaften, ZUM 2018, 407; *v. Ungern-Sternberg,* Verwertungsgesellschaften und ihre Berechtigten, FS Büscher (2018), 265.

Übersicht

I. Allgemeines

1. Die Vorgaben der VG-RL

1   Nach **Art. 7 Abs. 1 VG-RL** müssen bestimmte Vorschriften der Richtlinie[1] nicht nur für Mitglieder der Verwertungsgesellschaft iSv. Art. 3 Buchst. d) VG-RL, sondern auch für andere gesetzlich oder auf der Grundlage einer Abtretungs-, Lizenz- oder sonstigen vertraglichen Vereinbarung **Berechtigte** gelten, die selbst nicht Mitglieder sind. Gem. **Art. 7 Abs. 2 VG-RL** können die Mitgliedstaaten auch weitere Bestimmungen der VG-RL auf solche Berechtigten (Nichtmitglieder) anwenden, sie also insoweit weitgehend oder ganz den Mitgliedern der Verwertungsgesellschaft gleichstellen. Mit diesen Bestimmungen der VG-RL soll sichergestellt werden, dass auch **Berechtigte, die nicht Mitglieder sind,** zumindest einen gewissen Schutz genießen und **am Entscheidungsprozess der Verwertungsgesellschaft mitwirken** können.[2]

---

[31] AmtlBegr. BT-Drs. 18/7223, S. 78.

[1] Art. 6 Abs. 4 (Kommunikation und Ausübung der Mitgliedschaftsrechte mit elektronischen Mitteln), Art. 20 (Zurverfügungstellen von Informationen), Art. 29 Abs. 2 (Informationen über Verträge zur Vergabe von Mehrgebietslizenzen) und Art. 33 (Beschwerdeverfahren gegenüber der Verwertungsgesellschaft) VG-RL.

[2] Vgl. Erwägungsgrund (21) VG-RL.

Außerdem enthält **Art. 8 Abs. 11 VG-RL** Grundsätze zur Bestimmung und den **Befugnissen von Delegierten** in einer Delegiertenversammlung, die zwar für Mitglieder gelten,[3] gem. Art. 7 Abs. 2 VG-RL aber auch auf Delegierte (Nichtmitglieder) angewandt werden können. Auch in diesem Fall müssen die **angemessene und wirksame Mitwirkung** und die **faire und ausgewogene Vertretung** der verschiedenen Kategorien von Rechtsinhabern sichergestellt werden. Für derartige Delegiertenversammlungen sollen die für die Mitgliederhauptversammlung vorgesehenen Bestimmungen von Art. 8 Abs. 2 bis 10 VG-RL entsprechend gelten.

2. Bestimmungen zur Mitwirkung von Berechtigten im UrhWG

Im **UrhWG** waren zwar keine Vorschriften über die Mitwirkung der Mitglieder zur Wahrung ihrer 2 Belange genüber der Verwertungsgesellschaft enthalten. Das UrhWG ging davon aus, dass die Mitglieder aufgrund ihrer satzungsmäßigen Mitwirkungsrechte genügend Einfluss auf die Tätigkeit der Verwertungsgesellschaft und die Angemessenheit der Wahrnehmungsbedingungen haben.

Allerdings war in **§ 6 Abs. 2 S. 1 UrhWG** ausdrücklich bestimmt, dass die Verwertungsgesellschaft auch die Belange derjenigen Berechtigten, die nicht als ihre Mitglieder aufgenommen sind, angemessen zu wahren und hierzu eine gemeinsame Vertretung zu bilden hatte.[4] **§ 6 Abs. 2 S. 2 UrhWG** gab den Verwertungsgesellschaften außerdem auf, in ihre Satzung Bestimmungen über die Wahl der Vertretung durch die Berechtigten und über die Befugnisse der Vertretung aufzunehmen.

3. § 20

Im **VGG** ist der **allgemeine Grundsatz,** dass Berechtigte (Nichtmitglieder) wie die Mitglieder in 3 der Lage sein müssen, an den Entscheidungen der Verwertungsgesellschaft mitzuwirken, bereits in **§ 16** enthalten.[5] § 20 konkretisiert diesen allgemeinen Grundsatz für die Berechtigten (Nichtmitglieder) dahingehend, dass diese Delegierte müssen wählen können, die für sie an der Mitgliederhauptversammlung teilnahmeberechtigt und dort in bestimmtem Umfang auch stimmberechtigt sind. Damit wird Art. 7 Abs. 2 VG-RL in § 20 durch ein Delegiertenmodell umgesetzt, das auf dem Ansatz von § 6 Abs. 2 UrhWG beruht und diesen unter Berücksichtigung der Richtlinienvorgaben weiterentwickelt.

§ 20 Abs. 1 bestimmt den **Turnus für die Wahl der Delegierten** und ist an Art. 8 Abs. 11 VG-RL angelehnt.

§ 20 Abs. 2 regelt die **Anzahl und Zusammensetzung der Delegierten** (§ 20 Abs. 2 Nr. 1), das **Verfahren zur Wahl der Delegierten** (§ 20 Abs. 2 Nr. 2), das **Teilnahmerecht der Delegierten** an der Mitgliederhauptversammlung (§ 20 Abs. 2 Nr. 3), die **Bereiche,** für die die Delegierten in der Mitgliederhauptversammlung stimmberechtigt sind (§ 20 Abs. 2 Nr. 4), und deren Befugnisse der beratenden Mitwirkung in anderen Bereichen (§ 20 Abs. 2 Nr. 5).

§ 20 Abs. 3 regelt die Mitwirkung der Delegierten an der Mitgliederhauptversammlung im Wege der **elektronischen Stimmrechtsausübung** durch entsprechende Anwendung von § 19 Abs. 3.

II. Mitwirkung der Berechtigten, die nicht Mitglieder sind

1. Zweck der Regelung

Der Grundsatz, dass die **Berechtigten (Mitglieder und Nichtmitglieder)** an den Entscheidungen der Verwertungsgesellschaft **maßgeblich müssen mitwirken können,** ist bereits in § 16 niedergelegt und entspricht dem früher in § 6 Abs. 2 UrhWG enthaltenen Prinzip.[6] Denn in § 6 Abs. 2 UrhWG waren bereits Vorschriften zum Schutz und zur Mitwirkung der Berechtigten am Entscheidungsprozess der Verwertungsgesellschaft enthalten.[7]

Zwar wurde den Verwertungsgesellschaften im UrhWG bei der Ausgestaltung der Mitwirkungsrechte, und insbesondere der gemeinsamen Vertretung der wahrnehmungsberechtigten Nichtmitglieder, ein weiter Ermessensspielraum zugestanden,[8] soweit damit ein echter Einfluss auch der Nichtmitglieder auf die Willensbildung und auf die Entscheidungsprozesse der Verwertungsgesellschaft in personeller und sachlicher Hinsicht erreicht wurde. Allerdings enthielt bereits das UrhWG die Verpflichtung der Verwertungsgesellschaften, eine gemeinsame Vertretung der wahrnehmungsberechtigten Nichtmitglieder zu bilden. Als denkbar und ausreichend iSv. § 6 Abs. 2 S. 1 UrhWG wurde es

---

[3] → § 16 Rn. 1.
[4] Zu den Einzelheiten vgl. → 5. Aufl. 2017, UrhWG § 6 Rn. 15.
[5] → § 16 Rn. 4.
[6] → § 16 Rn. 4 f.; für das UrhWG vgl. *Häußer* FuR 1980, 57 (66); *Haertel* UFITA 50 (1967), 7 (16); zur Regelung bei der GEMA vgl. *Menzel* S. 59 f.; zur GVL vgl. *Dünnwald* FS Kreile (1994), S. 161; *Hillig* FS Kreile (1994), S. 295; ausführlich zu GEMA, GVL und anderen Verwertungsgesellschaften *Dördelmann* FS Hertin (2000), S. 31 (39 ff.); *Riesenhuber* ZUM 2018, 407 (409 ff.); ablehnend zu den Berufsgruppensystemen von GEMA und VG Wort *v. Ungern-Sternberg* FS Büscher (2018), 265 (277 ff.).
[7] → Rn. 2.
[8] Zur praktischen Umsetzung von § 6 Abs. 2 UrhWG bei verschiedenen Verwertungsgesellschaften vgl. *Dördelmann* FS Hertin (2000), S. 31 (39 ff.); *Denga* S. 129 ff. mwN.

angesehen, wenn die Nichtmitglieder aus ihrer Mitte Delegierte in die Mitgliederhauptversammlung entsenden, die dort eigenes Stimmrecht hatten.[9]

§ 20 folgt diesem im bisherigen § 6 Abs. 2 UrhWG und in § 16 gewählten Ansatz im Einklang mit Art. 7 Abs. 2 VG-RL, wählt für die Wahrung der Belange der Berechtigten (Nichtmitglieder) und ihre Mitwirkung an den Entscheidungen der Mitgliederhauptversammlung das schon bisher praktizierte **Delegiertenmodell** und schreibt, anders als noch § 6 Abs. 2 UrhWG, den Verwertungsgesellschaften[10] die Regelung von dessen Einzelheiten vor.

2. § 20 Abs. 1 – Wahlzeitraum der Delegierten

5 Nach § 20 Abs. 1 müssen die Berechtigten ihre Delegierten für einen **Zeitraum von höchstens vier Jahren** bestimmen, dh. aus ihrer Mitte wählen können. Spätestens alle vier Jahre müssen also die Delegierten neu gewählt werden, um eine kontinuierliche, wirksame Kontrolle der Berechtigten über die Tätigkeit und den Einfluss ihrer Delegierten zu gewährleisten. Diesem Zweck der Bestimmung entspricht es, dass die **Wiederwahl von Delegierten** zulässig sein dürfte.[11] Von diesen Delegierten zu unterscheiden sind die Vertreter der Mitglieder, die gem. § 19 Abs. 4 S. 4 jeweils nur für eine Mitgliederhauptversammlung bestimmt werden können.[12]

3. § 20 Abs. 2 – Regelungen im Statut

6 § 20 Abs. 2 schreibt den Verwertungsgesellschaften vor, einzelne Grundsätze betreffend die Bestimmung und die Befugnisse der Delegierten der Berechtigten (Nichtmitglieder) in ihrem Statut[13] zu regeln. Die Ausgestaltung im Einzelnen dieser Grundsätze, die Ausfluss von § 16 sind, muss jeweils den **in § 16 niedergelegten Maßstäben** genügen,[14] also die „angemessene und wirksame" Mitwirkung der Berechtigten an den Entscheidungen der Verwertungsgesellschaft und eine „faire und ausgewogene" Vertretung der verschiedenen Kategorien von Berechtigten gewährleisten. Dies entspricht auch den Vorgaben von Art. 8 Abs. 11 VG-RL.[15] In diesem Rahmen können Verwertungsgesellschaften auch über die Vorgaben von § 20 Abs. 2 hinausgehen, da diese **Mindestregelungen** sind.

Nach **§ 20 Abs. 2 Nr. 1** muss daher das Statut die **Anzahl der Delegierten** sowie deren Zusammensetzung festlegen, also bestimmen, wie sich die Delegierten, etwa hinsichtlich der Repräsentanz der einzelnen Berufsgruppen, zusammensetzen; die **Zusammensetzung der Delegierten** muss eine faire und ausgewogene Vertretung der verschiedenen Berufsgruppen iSv. § 16 gewährleisten. Hierzu kann auch die Wahl von Vertretern erforderlich sein, um sicherzustellen, dass eine wirksame Mitwirkung der Berechtigten an der Entscheidungsfindung auch dann gewährleistet ist, wenn ein einzelner Delegierter seine Aufgaben einmal nicht selbst wahrnehmen kann.[16] Bei der Bestimmung der Anzahl der Delegierten werden Verwertungsgesellschaften auch darauf zu achten haben, dass diese Anzahl in vernünftiger Relation zur Zahl der Mitglieder steht und geringer ist als diese, damit die Mitglieder nicht durch die Delegierten der Berechtigten (Nichtmitglieder) majorisiert werden können.[17]

Nach **§ 20 Abs. 2 Nr. 2** müssen Verwertungsgesellschaften in ihrem Statut das **Wahlverfahren** zur Bestimmung der Delegierten festlegen. Bei der näheren Ausgestaltung des Verfahrens zur Wahl der Delegierten ist inhaltlich wiederum der Maßstab des § 16 zu beachten.[18]

Nach **§ 20 Abs. 2 Nr. 3** muss im Statut der Verwertungsgesellschaft festgelegt sein, dass die Delegierten zur **Teilnahme an der Mitgliederhauptversammlung** berechtigt sind. Dieses Teilnahmerecht der Delegierten ermöglicht es den Berechtigten, über ihre Delegierten am Entscheidungsprozess der Verwertungsgesellschaft mitzuwirken.[19]

§ 20 Abs. 2 Nr. 4 regelt das **Stimmrecht der Delegierten** von Berechtigten (Nichtmitgliedern). Dabei wird in der Bestimmung bewusst offengelassen, **in welchem Gremium** dieses Stimmrecht ausgeübt werden kann; dies kann demnach vom Statut der Verwertungsgesellschaft bestimmt werden. Als Gremium, in dem das Stimmrecht der Delegierten ausgeübt werden kann, kann die Verwertungsgesellschaft die Mitgliederhauptversammlung bestimmen; in diesem Fall können die Dele-

---

[9] UrhWG AmtlBegr. BT-Drs. IV/271 S. 16; zu den Einzelheiten vgl. → 5. Aufl. 2017, UrhWG § 6 Rn. 15.

[10] § 20 gilt für Verwertungsgesellschaften iSv. § 2 (zum Begriff → § 2 Rn. 5 ff.), ebenso aber auch für abhängige Verwertungseinrichtungen iSv. § 3, soweit diese Tätigkeiten einer Verwertungsgesellschaft ausüben (zum Begriff → § 3 Rn. 3).

[11] Vgl. § 9 Abs. 3 der Satzung der VG Wort, bei *Hillig*, Urheber- und Verlagsrecht, Beck'sche Textausgabe, 18. Aufl. 2019, Nr. 17.

[12] → § 19 Rn. 9.

[13] Zum Begriff des Statuts, der hier wie in anderen Bestimmungen des VGG als untechnischer Oberbegriff zu verstehen ist, → § 13 Rn. 4.

[14] → § 16 Rn. 4 f.

[15] Vgl. → § 16 Rn. 1.

[16] AmtlBegr. BT-Drs. 18/7223, S. 78; zur Möglichkeit der elektronischen Stimmabgabe → Rn. 7.

[17] → § 16 Rn. 5 zur Differenzierung zwischen Mitgliedern und Berechtigten.

[18] → § 16 Rn. 4 f.

[19] Zum Teilnahmerecht als „Grundrecht" der Mitglieder eine Verwertungsgesellschaft → § 19 Rn. 4; zum Grundsatz der Mitwirkung → § 16 Rn. 4 f.

gierten am Entscheidungsprozess **unmittelbar in der Mitgliederhauptversammlung mitwirken.** Die Verwertungsgesellschaft ist hierzu aber nicht verpflichtet, sondern kann in ihrem Statut stattdessen festlegen, dass die stimmberechtigte Mitwirkung der Delegierten in einem anderen statuarisch festgelegten Gremium erfolgt. Voraussetzung ist, dass auch bei dieser Konstellation eine „angemessene und wirksame" (wenn auch in diesen Fällen **mittelbare**) Mitwirkung der Berechtigten gewährleistet ist, der Maßstab des § 16 also eingehalten wird. Daraus folgt auch, dass die Mitgliederhauptversammlung in diesen Fällen die Entscheidungen des betreffenden Gremiums bei ihrer abschließenden Beschlussfassung zu beachten hat.[20]

Inhaltlich muss sich die stimmberechtigte Mitwirkung der Delegierten mindestens beziehen auf den Verteilungsplan, die Verwendung der und Abzüge von den Einnahmen aus den Rechten (§ 17 Abs. 1 S. 2 Nr. 6 bis 9), auf Repräsentationsvereinbarungen, Wahrnehmungsbedingungen und Tarife (§ 17 Abs. 1 S. 2 Nr. 12 bis 16) und auf die Übertragung bestimmter Befugnisse auf das Aufsichtsgremium gem. § 22 (§ 17 Abs. 2). Auf Entscheidungen über die Ernennung und Entlassung der in § 18 Abs. 1 genannten Personen bezieht sich die stimmberechtigte Mitwirkung der Delegierten dagegen nicht, da derartige Entscheidungen, abhängig von der jeweiligen Rechtsform der Verwertungsgesellschaft, ausschließlich den Mitgliedern zustehen können.[21]

Die in § 20 Abs. 2 Nr. 4 genannten Gegenstände der stimmberechtigten Mitwirkung der Delegierten stellen einen **Mindestkatalog** dar („mindestens"). Im Statut der Verwertungsgesellschaft kann also darüber hinaus die Mitwirkung der Delegierten bei weiteren Beschlussgegenständen vorgesehen werden, soweit die Rechtsform der Verwertungsgesellschaft dies zulässt.

Delegierte müssen demnach an vielen Entscheidungen der Verwertungsgesellschaft stimmberechtigt mitwirken können, aber eben nicht an allen, etwa aus Gründen der von der Verwertungsgesellschaft gewählten Rechtsform.[22] **§ 20 Abs. 2 Nr. 5** bestimmt, dass die Delegierten der Berechtigten (Nichtmitglieder) in solchen Fällen, in denen sie nicht stimmberechtigt sind, jedenfalls beratend mitwirken können.

4. § 20 Abs. 3 – Mitwirkung der Delegierten im Wege der elektronischen Kommunikation

Damit die Delegierten ihre stimmberechtigten Mitwirkungsrechte auch dann wirksam wahrnehmen können, wenn sie im Einzelfall nicht selbst anwesend sein können und keinen Vertreter bestellt haben, kann auch die **Ausübung von Stimmrechten im Wege elektronischer Kommunikation** erforderlich sein. Um dies zu ermöglichen, soll nach § 20 Abs. 3 auf die Mitwirkung der Delegierten in der Mitgliederhauptversammlung § 19 Abs. 3 entsprechende Anwendung finden, also **auch Delegierten** eine elektronische Teilnahme und Stimmabgabe[23] möglich sein.

7

Allerdings ist in § 20 nicht vorgesehen, dass **Delegierte überhaupt einen Vertreter bestellen können,** der für sie an der Mitgliederhauptversammlung teilnimmt und ihre Stimmrechte ausübt; denn § 19 Abs. 4 wird nicht für entsprechend anwendbar erklärt. Dennoch wird man die Bestellung von Vertretern auch für Delegierte iSv. § 20 zulassen müssen, denn nur so kann eine wirksame Mitwirkung von Berechtigten (Nichtmitgliedern) an den Entscheidungen der Verwertungsgesellschaft sichergestellt und damit dem Postulat von § 16 Genüge getan werden.[24] Im Übrigen ist die entsprechende Anwendung von § 19 Abs. 3 und damit die Teilnahme von Delegierten an der Mitgliederhauptversammlung und ihre Stimmabgabe im Wege der elektronischen Kommunikation darauf zugeschnitten, dass sie weder „vor Ort anwesend" sind noch einen Vertreter haben, setzt also voraus, dass im Prinzip ein Vertreter bestellt werden kann.

Unterabschnitt 2. Geschäftsführung und Aufsicht

In Abschnitt 1 von Teil 2 des VGG betreffend das Verhältnis zwischen Verwertungsgesellschaften und Rechtsinhabern enthält Unterabschnitt 2 in den §§ 21 und 22 Bestimmungen zur Geschäftsführung von Verwertungsgesellschaften und der darauf bezogenen internen Aufsicht.

§ 21 Geschäftsführung

(1) **Die Verwertungsgesellschaft trifft Vorkehrungen dafür, dass die Personen, die kraft Gesetzes oder nach dem Statut zur Vertretung der Verwertungsgesellschaft berechtigt sind, ihre Aufgaben solide, umsichtig und angemessen erfüllen.**

---

[20] AmtlBegr. BT-Drs. 18/7223, S. 78.
[21] AmtlBegr. BT-Drs. 18/7223, S. 79.
[22] Vgl. die oben genannten Entscheidungen über die Ernennung und Entlassung der in § 18 Abs. 1 genannten Personen.
[23] Zu Einzelheiten → § 19 Rn. 5.
[24] Wie hier Möhring/Nicolini/*Freudenberg* § 20 Rn. 19; aA Heine/Holzmüller/Schmidt-Ott § 20 Rn. 14 f.; nach Dreier/Schulze/*Schulze* § 20 Rn. 10 sollten zugleich mit den Delegierten auch deren Vertreter gewählt werden.

(2) [1]Damit Interessenkonflikte von Personen, die kraft Gesetzes oder nach dem Statut zur Vertretung der Verwertungsgesellschaft berechtigt sind, erkannt und vermieden werden, legt die Verwertungsgesellschaft Verfahren fest und wendet diese an, um Nachteile für Mitglieder und Berechtigte zu verhindern. [2]Dabei legt die Verwertungsgesellschaft auch fest, dass unvermeidbare Interessenkonflikte offenzulegen, zu überwachen und baldmöglichst zu beenden sind.

(3) Die Personen, die kraft Gesetzes oder nach dem Statut zur Vertretung der Verwertungsgesellschaft berechtigt sind, geben gegenüber der Mitgliederhauptversammlung mindestens einmal jährlich eine persönliche Erklärung mit folgendem Inhalt ab:

1. ihren Beteiligungen an der Verwertungsgesellschaft,
2. der Höhe ihrer Vergütung und sonstigen Leistungen, die von der Verwertungsgesellschaft im abgelaufenen Geschäftsjahr bezogen wurden,
3. der Höhe der Beträge, die sie in der Eigenschaft als Berechtigter (§ 6) von der Verwertungsgesellschaft im abgelaufenen Geschäftsjahr erhalten haben und
4. Art und Umfang eines tatsächlichen oder möglichen Konflikts zwischen ihren persönlichen Interessen und den Interessen der Verwertungsgesellschaft oder zwischen ihren Pflichten gegenüber der Verwertungsgesellschaft und ihren Pflichten gegenüber einer anderen natürlichen oder juristischen Person.

(4) Für die Zwecke der persönlichen Erklärung über die Höhe der in Absatz 3 Nummer 3 genannten Beträge kann die Verwertungsgesellschaft angemessene Stufen festlegen.

Übersicht

I. Allgemeines

1. Die Vorgaben der VG-RL

1 Zu den Regeln über die mit der Geschäftsführung der Verwertungsgesellschaften betrauten Personen enthält Art. 10 VG-RL umfangreiche Vorgaben. Damit soll insbesondere sichergestellt werden, dass die Geschäftsführung der Verwertungsgesellschaft unabhängig ist und ihre Interessen nicht mit denjenigen der Rechtsinhaber kollidieren.[1]

Nach **Art. 10 Abs. 1 VG-RL** sollen Verwertungsgesellschaften daher dafür sorgen müssen, dass die Personen, die ihre Geschäfte führen, ihre **Aufgaben** „solide, umsichtig und angemessen unter Verwendung solider Verwaltungs- und Rechnungslegungsverfahren und interner Kontrollmechanismen **erfüllen**".

Art. 10 Abs. 2 1. Unterabs. VG-RL verlangt, dass Verwertungsgesellschaften **Verfahren** zur Vermeidung, Erkennung, Ausräumung, Überwachung und Offenlegung von **Interessenkonflikten** „festlegen und anwenden", um zu verhindern, „dass sich diese Interessenkonflikte nachteilig auf die kollektiven Interessen" der von der Verwertungsgesellschaft vertretenen Rechtsinhaber auswirken. Zu den hierzu erforderlichen Verfahren gehört gem. **Art. 10 Abs. 2 2. Unterabs. VG-RL** die „jährliche Abgabe einer individuellen Erklärung" der geschäftsführenden Personen gegenüber der Mitgliederhauptversammlung mit Angaben zu **Beteiligungen** an der Verwertungsgesellschaft (Art. 10 Abs. 2 2. Unterabs. Buchst. a) VG-RL), zu von der Verwertungsgesellschaft bezogenen **Vergütungen** (Art. 10 Abs. 2 2. Unterabs. Buchst. b) VG-RL), zu den von der Verwertungsgesellschaft in der Eigenschaft **als Rechtsinhaber erhaltenen Beträgen** (Art. 10 Abs. 2 2. Unterabs. Buchst. c) VG-RL), sowie „zu einem etwaigen tatsächlichen oder möglichen **Konflikt**" zwischen den persönlichen Interessen des Geschäftsführers und den Interessen der Verwertungsgesellschaft oder Dritter (Art. 10 Abs. 2 2. Unterabs. Buchst. d) VG-RL).

2. Auf die Geschäftsführung bezogene Bestimmungen des UrhWG

2 Das **UrhWG** enthielt keine ausdrücklichen Vorgaben zum Verhalten der geschäftsführenden Personen einer Verwertungsgesellschaft. Allerdings wurde vorausgesetzt, dass diese die für die Ausübung der geschäftsführenden Tätigkeit erforderliche **Zuverlässigkeit** besitzen; war dies nicht der Fall, so konn-

---

[1] Vgl. Erwägungsgrund (25) S. 1 und 2 VG-RL.

te der Verwertungsgesellschaft gem. § 3 Abs. 1 Nr. 2 UrhWG schon von vornherein die Erlaubnis versagt oder der betroffenen Person gem. § 19 Abs. 5 UrhWG die Tätigkeit untersagt werden.[2]

3. § 21

In § 21 werden die Vorgaben von Art. 10 VG-RL nahezu wörtlich umgesetzt. **§ 21 Abs. 1** enthält **3** die allgemeine Regel der umsichtigen und angemessenen Geschäftsführung. **§ 21 Abs. 2** regelt die Vermeidung und Handhabung von Interessenkonflikten, und in **§ 21 Abs. 3** sind Bestimmungen über die Pflicht zur Abgabe und den Inhalt der jährlichen persönlichen Erklärung der Geschäftsführung enthalten. **§ 21 Abs. 4** bezieht sich auf die Erklärung über die Höhe der Einnahmen des Geschäftsführers als Berechtigtem gem. § 21 Abs. 3 Nr. 3 und erlaubt dabei die Festlegung angemessener Stufen.

II. Geschäftsführung

1. § 21 Abs. 1 – Pflichten der Geschäftsführung

§ 21 Abs. 1 regelt als Generalklausel die **grundlegenden Pflichten,** die die Geschäftsführung ei- **4** ner **Verwertungsgesellschaft**[3] hat. Auch auf **abhängige Verwertungseinrichtungen** iSv. § 3[4] ist § 21 anzuwenden, sofern sie die Tätigkeiten einer Verwertungsgesellschaft ausüben. § 3 Abs. 2 S. 2 präzisiert, dass dies unabhängig davon gilt, welchen Tätigkeiten einer Verwertungsgesellschaft sie nachgehen. Voraussetzung für die Anwendung von § 21 auf eine abhängige Verwertungseinrichtung ist also, dass diese überhaupt eine wie auch immer geartete Tätigkeit einer Verwertungsgesellschaft iSv. § 2 ausübt; auf VG-fremde Tätigkeiten einer solchen Einrichtung findet § 21 somit keine Anwendung.[5]

Geschäftsführer sind die Personen, die kraft Gesetzes oder nach dem Statut[6] der Verwertungsgesellschaft zu ihrer Vertretung berechtigt sind, wie etwa bei als eingetragenen Vereinen organisierten Verwertungsgesellschaften der **Vorstand**[7] oder bei einer GmbH die **Geschäftsführer.**[8]

Was unter den „**Vorkehrungen**" zu verstehen ist, die die Verwertungsgesellschaften gem. § 21 Abs. 1 dafür treffen müssen, dass die geschäftsführenden Personen ihre Aufgaben „solide, umsichtig und angemessen" erfüllen, wird im Gesetz nicht gesagt. Man wird aber davon ausgehen können, dass es sich hierbei um die Festlegung der in Art. 10 Abs. 1 VG-RL genannten internen Verwaltungs- und Rechnungslegungspflichten der Geschäftsführung handelt, deren Einhaltung die Verwertungsgesellschaft durch interne Kontrollmechanismen zu überwachen hat.

Mit der Forderung, dass die Geschäftsführung der Verwertungsgesellschaft ihre Aufgaben „**solide, umsichtig und angemessen**" erfüllen muss, übernimmt § 21 Abs. 1 wörtlich die Formulierungen in Art. 10 Abs. 1 VG-RL. Auch unter Berücksichtigung der anderen Sprachfassungen der VG-RL[9] ergibt sich daraus die Pflicht zur ordnungsgemäßen und gründlichen Geschäftsführung unter **Einhaltung der üblichen Sorgfaltspflichten** bei der Verwaltung der treuhänderisch anvertrauten Rechte, der Verteilung der daraus erzielten Einnahmen sowie der Umsetzung der Beschlüsse der Mitgliederhauptversammlung. Angemessen ist die Geschäftsführung insbesondere dann, wenn sie unter Berücksichtigung der gesetzlichen Vorgaben prioritär das kollektive Interesse der Berechtigten an einem hohen Einnahmeaufkommen und dessen gerechter Ausschüttung bei möglichst niedrigen Verwaltungskosten verfolgt.[10]

2. § 21 Abs. 2 – Interessenkonflikte

Nach **§ 21 Abs. 2 S. 1** muss die Verwertungsgesellschaft Verfahren festlegen und anwenden, damit **5** auf Seiten der geschäftsführenden Personen Interessenkonflikte erkannt und vermieden werden, um Nachteile für Mitglieder und Berechtigte zu vermeiden. Auch die Formulierung dieser Bestimmung wurde weitgehend, wenn auch nicht in allen Einzelheiten, von Art. 10 Abs. 2 1. Unterabs. VG-RL übernommen.

---

[2] Was unter persönlicher Unzuverlässigkeit zu verstehen ist, war im UrhWG nicht definiert; vgl. → 5. Aufl. 2017, UrhWG § 3 Rn. 7 ff., UrhWG § 19 Rn. 7.

[3] Zum Begriff der Verwertungsgesellschaft → § 2 Rn. 5 ff.

[4] Zum Begriff → § 3 Rn. 3.

[5] → § 3 Rn. 5.

[6] Der Begriff des Statuts ist hier, wie auch sonst im VGG, untechnisch zu verstehen; vgl. § 13 Rn. 4.

[7] Vgl. § 14 der Satzung der GEMA, bei *Hillig,* Urheber- und Verlagsrecht, Beck'sche Textausgabe, 18. Aufl. 2019, Nr. 16; § 13 der Satzung der VG Wort, bei *Hillig,* Urheber- und Verlagsrecht, Beck'sche Textausgabe, 18. Aufl. 2019, Nr. 17.

[8] Vgl. § 10 des Gesellschaftsvertrages der GVL, bei *Hillig,* Urheber- und Verlagsrecht, Beck'sche Textausgabe, 18. Aufl. 2019, Nr. 19.

[9] Vgl. die englische Sprachfassung von Art. 10 Abs. 1 VG-RL: „in a sound, prudent and appropriate manner".

[10] Die AmtlBegr. BT-Drs. 18/7223, S. 79, geht davon aus, dass die Geschäftsführung dann solide, umsichtig und angemessen ausgeübt wird, wenn solide Verwaltungs- und Rechnungslegungsverfahren sowie interne Kontrollmechanismen angewendet werden.

Bei den hier genannten **Verfahren**[11] wird es sich vor allem um im Statut der Verwertungsgesellschaft geregelte Pflichten der Geschäftsführung zur Offenlegung und Transparenz handeln. Zwar kommt dabei der in § 21 Abs. 3 genannten jährlichen Erklärung besondere Bedeutung zu;[12] darüber hinaus wird die Verwertungsgesellschaft aber Geschäftsführer dazu verpflichten müssen, schon vor Aufnahme ihrer Tätigkeit mögliche Interessenkonflikte offenzulegen.[13]

Nach § 21 Abs. 2 S. 1 muss die Verwertungsgesellschaft also **das geeignete Instrumentarium** dafür zur Verfügung stellen, dass Interessenkonflikte zunächst überhaupt **erkannt** werden können. Darüber hinaus müssen es die genannten Verfahren aber auch ermöglichen, solche Interessenkonflikte, die Mitglieder oder Berechtigte benachteiligen könnten, möglichst ganz zu **vermeiden**.

Auch die VG-RL definiert nicht, was unter **Interessenkonflikten** zu verstehen ist, spricht in diesem Zusammenhang aber etwas präziser von Interessenkonflikten mit nachteiligen Auswirkungen auf die kollektiven Interessen der von der Verwertungsgesellschaft vertretenen Rechtsinhaber, die vermeidbar sein müssen. Interessenkonflikte iSv. § 21 Abs. 2 können also dann auftreten, wenn die Geschäftsführung im Zusammenhang mit der Tätigkeit der Verwertungsgesellschaft eigene Interessen hat, die mit den Interessen der Verwertungsgesellschaft und der von ihr betreuten Berechtigten kollidieren und zu für diese nachteiligen Entscheidungen führen können. Die **kollektiven Interessen der Rechtsinhaber** sollten also der Maßstab dafür sein, ob Interessenkonflikte überhaupt (zunächst) toleriert werden können.

§ 21 Abs. 2 S. 2 geht davon aus, dass es auch „unvermeidbare Interessenkonflikte" gibt, und bestimmt, dass diese immerhin offenzulegen, zu überwachen und ebenfalls baldmöglichst zu beenden sind. Im Ergebnis **dürfen Interessenkonflikte also nicht fortbestehen**, selbst wenn sie nicht von vornherein vermeidbar waren. Beendet werden können derartige Interessenkonflikte, je nach Lage des Falles, zB. dadurch, dass der Geschäftsführer seine für den Interessenkonflikt ursächlichen Beteiligungen abgibt oder ggf. sein Amt ganz niederlegt.

3. § 21 Abs. 3 – Persönliche Erklärung des Vertretungsberechtigten

6   **§ 21 Abs. 3** enthält detaillierte Regelungen über die Pflicht zur Abgabe und den Inhalt der jährlichen persönlichen Erklärung der Geschäftsführung. Auch diese Erklärung ist als Teil der von der Verwertungsgesellschaft festzulegenden Verfahren zur Erkennung und Vermeidung von Interessenkonflikten gem. § 21 Abs. 2 zu sehen und soll für größtmögliche Transparenz und Offenlegung sorgen.

Danach haben Geschäftsführer[14] **mindestens einmal pro Jahr** gegenüber der Mitgliederhauptversammlung eine persönliche Erklärung abzugeben, die über bestimmte persönliche Verhältnisse mit Bezug zur Verwertungsgesellschaft Auskunft gibt. § 21 Abs. 3 listet hierzu vier **Elemente von solchen persönlichen Verhältnissen** auf.

Die in **§ 21 Abs. 3 Nr. 1 bis 3** genannten Informationen betreffen **finanzielle Eigeninteressen der Geschäftsführung mit Bezug zur Verwertungsgesellschaft:**
– **Nr. 1** nennt **Beteiligungen** der Geschäftsführung an der Verwertungsgesellschaft;
– **Nr. 2** nennt die Höhe der von der Verwertungsgesellschaft im abgelaufenen Geschäftsjahr bezogenen **Vergütungen** und sonstigen Leistungen (also der Vergütung für die Tätigkeit als Geschäftsführer, einschließlich der Versorgungsbezüge oder Sachleistungen);[15] und
– **Nr. 3** nennt die Höhe der **Einnahmen,** die der Geschäftsführer als Wahrnehmungsberechtigter iSv. § 6 im abgelaufenen Geschäftsjahr von der Verwertungsgesellschaft erhalten hat. Für den Inhalt der Erklärung zu diesem letzteren Punkt enthält § 21 Abs. 4 eine besondere Regelung, die nicht von der VG-RL vorgegeben ist.[16]

Die Informationen gem. **§ 21 Abs. 3 Nr. 4** betreffen tatsächliche oder mögliche **Konflikte** zwischen (1) den **persönlichen Interessen der Geschäftsführung** und den Interessen der Verwertungsgesellschaft oder (2) zwischen den **Pflichten,** die die Geschäftsführung gegenüber der Verwertungsgesellschaft, und solchen, die sie **gegenüber Dritten** („einer anderen natürlichen oder juristischen Person") hat. Diese letztere Konstellation kann etwa den Fall betreffen, dass ein Geschäftsführer der Verwertungsgesellschaft auch zur Vertretung eines (anderen) Berechtigten befugt ist, wie etwa des Geschäftsführers eines Verlages, der Berechtigter der Verwertungsgesellschaft ist. Dieser Umstand müsste also auch in der jährlichen Erklärung offengelegt werden, damit Interessenkonflikte erkannt und vermieden werden können.[17]

In der VG-RL wird auch die Möglichkeit angesprochen, den Verwertungsgesellschaften die Veröffentlichung der jährlichen Erklärungen oder deren Übermittlung an staatliche Stellen vorzuschreiben.[18] § 21 Abs. 3 sieht dies aber nicht vor.

---

[11] In der englischen Sprachfassung von Art. 10 Abs. 2 VG-RL: „procedures".
[12] → Rn. 6.
[13] So die Forderung von Erwägungsgrund (25) S. 1 VG-RL.
[14] Zum Begriff → Rn. 4.
[15] AmtlBegr. BT-Drs. 18/7223, S. 79.
[16] → Rn. 7.
[17] AmtlBegr. BT-Drs. 18/7223, S. 79.
[18] Erwägungsgrund (25) S. 3 VG-RL.

Nach § 136 mussten die in § 21 Abs. 3 genannten Erklärungen **erstmalig** für Geschäftsjahre abgegeben werden, die nach dem 31. Dezember 2015 begannen.

4. § 21 Abs. 4 – Staffelung von als Wahrnehmungsberechtigter erzielten Einnahmen

§ 21 Abs. 4 enthält eine besondere Regelung für die jährliche Erklärung, die der Geschäftsführer 7 gem. § 21 Abs. 3 Nr. 3 über die Höhe der Einnahmen abgeben muss, die er als selbst Wahrnehmungsberechtigter iSv. § 6 im abgelaufenen Geschäftsjahr von der Verwertungsgesellschaft erhalten hat. Die VG-RL enthält keine § 21 Abs. 4 entsprechende Regelung.

Für diese Erklärung kann die Verwertungsgesellschaft **„angemessene Stufen festlegen",** ist hierzu aber nicht verpflichtet. Die Einnahmen, die der Geschäftsführer in seiner Eigenschaft als Berechtigter von der Verwertungsgesellschaft erhält, können im Verhältnis zu seiner Vergütung für die Tätigkeit als Geschäftsführer, seine Haupttätigkeit also, als **Einnahmen aus einer Nebentätigkeit** eingestuft werden. Die Möglichkeit, insoweit angemessene Stufen festzulegen, orientiert sich an der **Staffelung von Einkünften,** wie sie etwa den für Abgeordnete des Deutschen Bundestages geltenden Regelungen über Angaben zu ihren Einkünften aus Nebentätigkeit zu entnehmen ist. Die zehn Stufen, die danach für Nebeneinkünfte von Abgeordneten gelten,[19] sollen auch für die Einnahmen der Geschäftsführer iSv. § 21 Abs. 3 Nr. 3 grundsätzlich angemessen sein.[20]

§ 22 Aufsichtsgremium

(1) **Die Verwertungsgesellschaft verfügt über ein Gremium, das mit der kontinuierlichen Überwachung derjenigen Personen betraut ist, die kraft Gesetzes oder nach dem Statut zur Vertretung der Verwertungsgesellschaft berechtigt sind (Aufsichtsgremium).**

(2) **In dem Aufsichtsgremium müssen die verschiedenen Kategorien von Mitgliedern fair und ausgewogen vertreten sein.**

(3) **Das Aufsichtsgremium hat mindestens folgende Befugnisse und Aufgaben:**

1. **die Befugnisse, die ihm von der Mitgliederhauptversammlung übertragen werden;**
2. **die Tätigkeit und die Aufgabenerfüllung derjenigen Personen zu überwachen, die kraft Gesetzes oder nach dem Statut zur Vertretung der Verwertungsgesellschaft berechtigt sind;**
3. **die Tätigkeit und die Aufgabenerfüllung derjenigen Personen zu überwachen, die kraft Gesetzes oder nach dem Statut zur Vertretung einer von der Verwertungsgesellschaft abhängigen Verwertungseinrichtung berechtigt sind, soweit die abhängige Verwertungseinrichtung Tätigkeiten einer Verwertungsgesellschaft ausübt.**

(4) **Das Aufsichtsgremium tritt regelmäßig zusammen und berichtet der Mitgliederhauptversammlung mindestens einmal im Jahr über seine Tätigkeit.**

(5) **[1] Die Mitglieder des Aufsichtsgremiums geben mindestens einmal jährlich gegenüber der Mitgliederhauptversammlung eine Erklärung nach § 21 Absatz 3 ab. [2] § 21 Absatz 4 gilt entsprechend.**

Übersicht

I. Allgemeines

1. Die Vorgaben der VG-RL

Ausgehend von dem Grundsatz, dass die Mitglieder einer Verwertungsgesellschaft die Möglichkeit 1 haben sollten, sich an der fortlaufenden Überwachung der Geschäftsführung zu beteiligen,[1] enthält Art. 9 VG-RL detaillierte Bestimmungen zur **internen Aufsichtsfunktion.**

---

[19] Vgl. Stufe 1: Monatliche Einkünfte von 1000 bis 3500 EURO; Stufe 2: Monatliche Einkünfte bis 7500 EURO; Stufe 3: Monatliche Einkünfte bis 15 000 EURO; zu den 10 Stufen für Nebeneinkünfte von Abgeordneten des Deutschen Bundestages vgl. die Verhaltensregeln für Abgeordnete (Bestandteil der Geschäftsordnung des Deutschen Bundestages).

[20] AmtlBegr. BT-Drs. 18/7223, S. 79.

[1] Erwägungsgrund (24) S. 1 VG-RL.

Art. 9 Abs. 1 VG-RL fordert, dass die Verwertungsgesellschaft über ein **Gremium** zu verfügen hat, das die Geschäftsführung kontinuierlich überwacht. Nach **Art. 9 Abs. 2 VG-RL** muss eine „**faire und ausgewogene Vertretung der verschiedenen Mitgliederkategorien**" der Verwertungsgesellschaft in diesem Gremium sichergestellt sein. **Art. 9 Abs. 3 VG-RL** bestimmt, dass jede Person, die die Aufsichtsfunktion wahrnimmt, gegenüber der Mitgliederhauptversammlung jährlich eine **individuelle Erklärung über Interessenkonflikte** mit den in Art. 10 Abs. 2 2. Unterabs. VG-RL genannten Angaben[2] abzugeben hat. **Art. 9 Abs. 4 VG-RL** verlangt, dass das Aufsichtsgremium „**regelmäßig**" zusammentreten und mindestens über die ihm von der Mitgliederhauptversammlung insbesondere gem. Art. 8 Abs. 4 und 6 VG-RL übertragenen **Befugnisse** (Ernennung, Entlassung und Vergütung der Direktoren)[3] verfügen muss sowie die Tätigkeit und Aufgabenerfüllung der Geschäftsführung, einschließlich der Umsetzung der Beschlüsse der Mitgliederhauptversammlung (und insbesondere betreffend die Verteilung der Einnahmen), zu **überwachen** hat. Nach **Art. 9 Abs. 5 VG-RL** soll das Aufsichtsgremium der Mitgliederhauptversammlung mindestens einmal im Jahr über die Ausübung seiner Tätigkeit **berichten**.

2. § 22

2 Im UrhWG waren keine Regelungen über ein solches Aufsichtsgremium enthalten. § 22 setzt die Bestimmungen des Art. 9 VG-RL nahezu wörtlich um; Inhalt und Struktur von § 22 entsprechen weitgehend Art. 9 VG-RL.

§ 22 **Abs. 1** schreibt die Einsetzung des Aufsichtsgremiums vor; nach § 22 **Abs. 2** müssen die verschiedenen Kategorien von Mitgliedern darin „fair und ausgewogen" vertreten sein; § 22 **Abs. 3** beschreibt die Befugnisse und Aufgaben des Aufsichtsgremiums; § 22 **Abs. 4** regelt, dass das Aufsichtsgremium regelmäßig zusammentreten muss, sowie seine Berichtspflicht gegenüber der Mitgliederhauptversammlung; und § 22 **Abs. 5** schreibt den Mitgliedern des Aufsichtsgremiums die Abgabe einer Erklärung zu etwaigen Interessenkonflikten vor.

II. Aufsichtsgremium

1. § 22 Abs. 1 – Definition des Aufsichtsgremiums

3 § 22 **Abs. 1** verpflichtet die Verwertungsgesellschaft,[4] ein Aufsichtsgremium einzurichten. Nach der in § 22 Abs. 1 enthaltenen **Legaldefinition** ist dies ein Gremium, das mit der kontinuierlichen Überwachung der kraft Gesetzes oder nach dem Statut[5] der Verwertungsgesellschaft geschäftsführenden Personen betraut ist.[6]

Im Einklang mit der VG-RL[7] schreibt § 22 Abs. 1 **nicht** vor, dass ein **spezielles Gremium** eingerichtet werden muss: Je nach der Organisationsstruktur der Verwertungsgesellschaft können auch die Mitglieder eines ohnehin eingerichteten **Aufsichtsrats** (etwa bei einer als GmbH organisierten Verwertungsgesellschaft) oder eines **anderen Gremiums** mit den Aufgaben des Aufsichtsgremiums betraut werden. Dies können auch Dritte sein, etwa **Personen mit einschlägiger Fachkompetenz,** wie Rechtsinhaber, die die Voraussetzungen für die Mitgliedschaft in der Verwertungsgesellschaft nicht erfüllen, oder die von einer anderen Gesellschaft vertreten werden, die der Verwertungsgesellschaft als Mitglied angehört.[8] Entscheidend ist stets, dass die Mitglieder des Aufsichtsgremiums **von der Geschäftsführung unabhängig** sind und nicht etwa selbst der Geschäftsführung angehören, da sie in diesem Fall ihre Aufsichtsfunktion nicht wahrnehmen könnten.[9]

Welche Befugnisse und Aufgaben das Aufsichtsgremium (mindestens) haben soll, ist in § 22 Abs. 3 angegeben.[10]

2. § 22 Abs. 2 – Vertretung der Kategorien von Mitgliedern im Aufsichtsgremium

4 § 22 **Abs. 2** verlangt, dass die verschiedenen Kategorien von Mitgliedern im Aufsichtsgremium fair und ausgewogen vertreten sein müssen. Diese Bestimmung entspricht nahezu wörtlich Art. 9 Abs. 2 VG-RL.

---

[2] In Art. 10 Abs. 2 2. Unterabs. VG-RL erfasst sind finanzielle Eigeninteressen und andere Interessenkonflikte des Geschäftsführers; vgl. § 21 Rn. 1.
[3] → § 18 Rn. 1.
[4] § 22 gilt für Verwertungsgesellschaften iSv. § 2 (zum Begriff → § 2 Rn. 5 ff.); zur Anwendung von § 22 auf abhängige Verwertungseinrichtungen iSv. § 3 → Rn. 5.
[5] Der Begriff des Statuts ist hier, wie auch sonst im VGG, untechnisch zu verstehen; vgl. § 13 Rn. 4.
[6] Zum Begriff der Geschäftsführung → § 21 Rn. 4.
[7] Vgl. Erwägungsgrund (24) S. 3 VG-RL.
[8] Vgl. Erwägungsgrund (24) S. 4 VG-RL.
[9] AmtlBegr. BT-Drs. 18/7223, S. 79; Erwägungsgrund (24) S. 3 VG-RL hält daher insoweit auch die „Direktoren des Verwaltungsorgans, die nicht mit der Geschäftsführung" der Verwertungsgesellschaft betraut sind, für geeignet.
[10] → Rn. 5.

Dass es in einer Verwertungsgesellschaft **verschiedene Kategorien von Mitgliedern** geben kann, wird bereits in § 16 S. 1 anerkannt. Als Beispiele für solche unterschiedlichen Kategorien werden dort Urheber von Musikwerken, Tonträgerhersteller und ausübende Künstler genannt.[11]

Nach § 22 Abs. 2 müssen diese Kategorien im Aufsichtsgremium **"fair und ausgewogen"** vertreten sein. Dies bedeutet, das zwar grundsätzlich alle Kategorien von Mitgliedern im Aufsichtsgremium vertreten sein sollten, um sich an der Überwachung der Geschäftsführung beteiligen zu können.[12] Bei der Ausgestaltung der Mitwirkungsrechte wird aber zwischen den verschiedenen Kategorien und entsprechend ihrem Anteil an den Einnahmen differenziert werden können, soweit angemessene Unterscheidungskriterien zugrunde gelegt werden. Dies entspricht dem auch gem. § 16 für das Verhältnis zwischen Mitgliedern und Berechtigten[13] geltenden Gedanken, dass die zahlenmäßig dominierenden Mitglieder mit niedrigem Wahrnehmungsaufkommen diejenigen, die zwar zahlenmäßig in der Minderheit sind, aber mit ihrem regelmäßigen und hohen Aufkommen das Fundament der Verwertungsgesellschaft bilden, auch im Aufsichtsgremium nicht sollen majorisieren können. Dieses schon bei der Festlegung von Mitgliedschaftsbedingungen zu berücksichtigende Prinzip ist daher auch bei der Festlegung der "fairen und ausgewogenen" Vertretung iSv. § 22 Abs. 2 zu beachten.[14]

3. § 22 Abs. 3 – Aufgaben und Befugnisse des Aufsichtsgremiums

§ 22 Abs. 3 schreibt vor, welche Befugnisse und Aufgaben das Aufsichtsgremium haben muss, und   **5** zwar **"mindestens"**; ihm können also über die in § 22 Abs. 3 Nr. 1 bis 3 genannten hinaus auch andere Aufgaben übertragen werden.

Nach **§ 22 Abs. 3 Nr. 1** hat das Aufsichtsgremium die Befugnisse, die ihm **von der Mitgliederhauptversammlung übertragen** werden. Dabei handelt es sich um die in § 17 Abs. 2 genannten Befugnisse der Mitgliederhauptversammlung gem. § 17 Abs. 1 S. 2 Nr. 3 bis 5 (betreffend die Abschlussprüfung, Zusammenschlüsse und Risikomanagement) und § 17 Abs. 1 S. 2 Nr. 10 bis 14 (betreffend Verfügungen über unbewegliche Sachen, Darlehen, Repräsentationsvereinbarungen, Wahrnehmungsbedingungen und Tarife), von denen sie alle oder einzelne an das Aufsichtsgremium delegieren kann. Wenn das Aufsichtsgremium aus rechtsformspezifischen Gründen über einzelne Befugnisse nicht entscheiden kann, können ihm von der Verwertungsgesellschaft allerdings auch keine Entscheidungsbefugnisse übertragen werden.[15]

Nach **§ 22 Abs. 3 Nr. 2** muss das Aufsichtsgremium die **Tätigkeit und Aufgabenerfüllung der Geschäftsführung** der Verwertungsgesellschaft, also der zur Vertretung der Verwertungsgesellschaft berechtigten Personen,[16] überwachen. Das Aufsichtsgremium muss also insbesondere überwachen, ob die Geschäftsführung ihre in § 21 genannten Pflichten[17] erfüllt. Obwohl dies in § 22 nicht ausdrücklich erwähnt wird, gehört zu den Pflichten der Geschäftsführung, deren Erfüllung das Aufsichtsgremium zu überwachen hat, auch die Umsetzung der Beschlüsse der Mitgliederhauptversammlung.[18]

Gem. **§ 22 Abs. 3 Nr. 3** erstreckt sich die Überwachungspflicht des Aufsichtsgremiums auch auf die Geschäftsführung der von der Verwertungsgesellschaft **abhängigen Verwertungseinrichtung iSv. § 3.**[19] Gem. § 3 Abs. 2 S. 1 ist § 22 schon generell auch auf abhängige Verwertungseinrichtungen entsprechend anzuwenden, sofern sie die Tätigkeiten einer Verwertungsgesellschaft ausüben. Dabei präzisiert § 3 Abs. 2 S. 2, dass die in § 21 Abs. 1 und 2 genannten Pflichten auch dann auf die Geschäftsführung abhängiger Verwertungseinrichtungen anzuwenden sind, soweit diese auch nur eine der wie immer gearteten Tätigkeiten einer Verwertungsgesellschaft ausüben.[20] Darüber hinaus hat nach § 22 Abs. 2 Nr. 3 auch das Aufsichtsgremium der Verwertungsgesellschaft selbst die Tätigkeit und die Aufgabenerfüllung der Geschäftsführung der von ihr abhängigen Verwertungseinrichtung zu überwachen, soweit diese die Tätigkeit einer Verwertungsgesellschaft ausübt. Bei einer von mehreren Verwertungsgesellschaften abhängigen Verwertungseinrichtung dürfte für die Überwachung die geschäftsführende Verwertungsgesellschaft zuständig sein, wie im Falle der ZPÜ die GEMA.[21]

4. § 22 Abs. 4 – Zusammentreten und Berichtspflicht

§ 22 Abs. 4 bestimmt, dass das Aufsichtsgremium **regelmäßig zusammentreten** muss, und   **6** übernimmt damit die Formulierung in Art. 9 Abs. 4 VG-RL. Das Aufsichtsgremium muss der Mitgliederhauptversammlung einmal im Jahr **über seine Tätigkeit berichten;** es wird also gut beraten

---

[11] → § 16 Rn. 5.
[12] Vgl. Erwägungsgrund (24) S. 1 VG-RL.
[13] → § 16 Rn. 5.
[14] AmtlBegr. BT-Drs. 18/7223, S. 76; → § 13 Rn. 5.
[15] → § 17 Rn. 6; AmtlBegr. BT-Drs. 18/7223, S. 77.
[16] Zum Begriff der Geschäftsführung und der kraft Gesetzes oder nach dem Statut zur Vertretung berechtigten Personen → § 21 Rn. 4.
[17] → § 21 Rn. 4 ff.
[18] Vgl. AmtlBegr. BT-Drs. 18/7223, S. 79.
[19] Zum Begriff der abhängigen Verwertungseinrichtung → § 3 Rn. 3.
[20] → § 21 Rn. 4; AmtlBegr. BT-Drs. 18/7223, S. 79.
[21] So auch Wandtke/Bullinger/*Gerlach* § 22 Rn. 4; Heine/Holzmüller/*Schmidt-Ott* § 22 Rn. 19.

sein, vor Abgabe dieses Berichts, also mindestens einmal im Jahr, auch zusammenzutreten, selbst wenn es gem. § 22 Abs. 4 hierzu nicht ausdrücklich verpflichtet ist.

5. § 22 Abs. 5 – Erklärung gegenüber der Mitgliederhauptversammlung

7   Nach Art. 9 Abs. 3 VG-RL hat jede Person, die die Aufsichtsfunktion wahrnimmt, gegenüber der Mitgliederhauptversammlung jährlich eine individuelle **Erklärung über Interessenkonflikte** abzugeben.[22] **§ 22 Abs. 5 S. 1** knüpft daran an und verpflichtet die Mitglieder des Aufsichtsgremiums dazu, mindestens einmal jährlich eine Erklärung mit dem in § 21 Abs. 3 genannten Inhalt[23] abzugeben; und zwar gem. § 136 erstmalig für Geschäftsjahre, die nach dem 31. Dezember 2015 begannen.

Gem. **§ 22 Abs. 5 S. 2** soll § 21 Abs. 4 entsprechend gelten: Auch für die Erklärung der Mitglieder des Aufsichtsgremiums betreffend ihre Einnahmen als Berechtigte gem. § 21 Abs. 3 Nr. 3 kann die Verwertungsgesellschaft daher **angemessene Stufen** festlegen, also eine Staffelung der betreffenden Beträge zulassen.[24]

Unterabschnitt 3. Einnahmen aus den Rechten

Vorbemerkung

1   Das **VGG** setzt in seinem **Unterabschnitt 3 („Einnahmen aus den Rechten")** die Art. 11 bis 13 der VG-RL und die Legaldefinition in Art. 3 Buchst. h) VG-RL um und enthält, neben der Generalklausel in § 23 S. 1, insbesondere zur Verteilung der Einnahmen in den §§ 24 ff. weitaus detailliertere Regelungen, als sie noch im UrhWG enthalten waren.

Die insgesamt zehn Bestimmungen dieses Unterabschnitts 3 des VGG (§§ 23 bis 32) folgen zwar im Wesentlichen, und zT. sogar wörtlich, den Vorgaben der VG-RL, knüpfen aber in zwei Punkten auch ausdrücklich an das UrhWG an: § 27 („Verteilungsplan") greift die Pflicht zur Aufstellung eines Verteilungsplans gem. § 7 S. 1 UrhWG auf, und § 32 entspricht in Abs 1 der Verpflichtung des § 7 S. 2 UrhWG zur Förderung kulturell bedeutender Werke und Leistungen und enthält in Abs. 2 eine dem bisherigen § 8 UrhWG entsprechende Sollvorschrift zur Einrichtung von Vorsorge- und Unterstützungseinrichtungen.

§ 23 Einziehung, Verwaltung und Verteilung der Einnahmen aus den Rechten

[1]Die Verwertungsgesellschaft hat die Einnahmen aus den Rechten, einschließlich der Einnahmen aus den Rechten, die sie auf Grundlage einer Repräsentationsvereinbarung (§ 44) wahrnimmt, nach Maßgabe dieses Unterabschnitts mit der gebotenen Sorgfalt einzuziehen, zu verwalten und zu verteilen, soweit dieses Gesetz nichts anderes bestimmt. [2]Zu den Einnahmen aus den Rechten im Sinne dieses Gesetzes zählen auch die Erträge aus der Anlage dieser Einnahmen.

Übersicht

I. Allgemeines

1. Die Vorgaben der VG-RL

1   Die **VG-RL** enthält in ihrem Kapitel 2 zur „Verteilung der Einnahmen aus den Rechten" (Art. 11 bis 13 iVm. den Erwägungsgründen (26) bis (29) VG-RL) umfangreiche Vorschriften über die **Einziehung, Verwaltung und Verteilung der Einnahmen** aus der kollektiven Rechtewahrnehmung, einschließlich der Buchführung, der Anlage der Einnahmen, der Abzüge für Verwaltungskosten, der Abzüge für soziale, kulturelle oder Bildungsleistungen, der zu wahrenden Fristen und der Verwendung nicht verteilbarer Beträge.

---

[22] → Rn. 1.
[23] → § 21 Rn. 6.
[24] → § 21 Rn. 7.

Nach der **Definition in Art. 3 Buchst. h) VG-RL** sind „Einnahmen aus den Rechten" alle Beträge, die für die Rechtsinhaber aus einem ausschließlichen Recht oder aus einem Ausgleichs- oder Vergütungsanspruch eingezogen wurden.

Die **grundlegenden Prinzipen** für die **Einziehung und Verwaltung der Einnahmen** sind in **Art. 11 Abs. 2 VG-RL**, diejenigen für die **Verteilung der Einnahmen** sind in **Art. 13 Abs. 1 VG-RL** genannt: Nach Art. 11 Abs. 2 VG-RL müssen die Verwertungsgesellschaften bei der Einziehung und Verwaltung „mit der gebotenen Sorgfalt" vorgehen.[1] Gem. Art. 13 Abs. 1 VG-RL sollen sie die den Rechtsinhabern zustehenden Beträge „regelmäßig, sorgfältig und korrekt verteilen und ausschütten". Diese allgemeinen Prinzipien werden in den übrigen Bestimmungen der Art. 11 bis 13 VG-RL teilweise konkretisiert.

2. Bestimmungen im UrhWG

Das **UrhWG** enthielt keine besondere Regelung zur Einziehung und Verwaltung der Einnahmen. **2** Zu deren Verteilung enthielt **§ 7 UrhWG** eine Bestimmung, die direkt mit den Grundsätzen zur „Verteilung der Einnahmen" befasst war. Sie beschränkte sich auf die Verpflichtung der Verwertungsgesellschaften zur Aufstellung und **Aufnahme in die Satzung (§ 7 S. 2 UrhWG)** von festen Regeln in Gestalt eines **Verteilungsplans,** der ein „willkürliches Vorgehen bei der Verteilung ausschließen" sollte **(§ 7 S. 1 UrhWG)**. Außer diesem **Willkürverbot** und der Forderung, der Verteilungsplan solle „dem Grundsatz entsprechen, dass **kulturell bedeutende Werke und Leistungen zu fördern** sind" **(§ 7 S. 2 UrhWG),** gab es im UrhWG somit keine ausdrücklichen inhaltlichen Vorgaben für die Verwaltung und Verteilung der Einnahmen; Kriterien für die angemessene und leistungsgerechte Ausschüttung des Aufkommens wurden in der Folge von Rechtsprechung und Literatur entwickelt.[2] Zumindest einen indirekten Einfluss auf die Verteilung der Einnahmen hatte aber auch § 8 UrhWG, wonach die Verwertungsgesellschaften, nach dem Vorbild der GEMA-Sozialkasse,[3] „Vorsorge- und Unterstützungseinrichtungen für die Inhaber der von ihnen wahrgenommenen Rechte und Ansprüche einrichten" sollten.

3. § 23

Als erste der insgesamt zehn Bestimmungen von Teil 2, Abschnitt 1, Unterabschnitt 3 des VGG zu **3** den Einnahmen aus den Rechten (§§ 23 bis 32) setzt **§ 23** die Vorgaben der VG-RL in enger Anlehnung an deren Wortlaut um.

§ 23 S. 1 enthält hierzu aber nur grundlegende Prinzipien, dh. eine **Legaldefinition** des Begriffs der Einnahmen aus den Rechten (entsprechend Art. 3 Buchst. h) VG-RL) und einen **allgemeinen Programmsatz**[4] für die Einziehung und Verwaltung (entsprechend Art. 11 Abs. 2 VG-RL) sowie für die Verteilung (entsprechend Art. 13 Abs. 1 VG-RL) der Einnahmen.

§ 23 S. 2 ergänzt die Legaldefinition der Einnahmen aus den Rechten in § 23 S. 1 um die Feststellung, dass dazu auch die **Erträge aus der Anlage der Einnahmen** gehören.

Konkretere Verpflichtungen der Verwertungsgesellschaften in Bezug auf die Einziehung, Verwaltung und Verteilung der Einnahmen ergeben sich aus den folgenden Bestimmungen dieses Unterabschnitts 3 (§§ 24 ff.).

II. Einziehung, Verwaltung und Verteilung der Einnahmen aus den Rechten

1. Einnahmen aus den Rechten

§ 23 S. 1 bezieht sich auf die „Einnahmen aus den Rechten". Damit sind alle für die Rechtsinha- **4** ber in Wahrnehmung ihrer Rechte eingezogenen Beträge gemeint. Der Begriff der **Rechte,** aus deren Wahrnehmung Einnahmen erzielt werden, umfasst ausschließliche Rechte, Vergütungs- und Ausgleichsansprüche,[5] einschließlich etwaiger Schadensersatzansprüche und Verzugszinsen. Dies sind sowohl Rechte, die der Verwertungsgesellschaft von den Berechtigten auf der Grundlage eines **Wahrnehmungsvertrages**[6] treuhänderisch zur kollektiven Wahrnehmung übertragen wurden, als auch solche, die die Verwertungsgesellschaft[7] aufgrund **gesetzlicher Vergütungsansprüche** wahrnimmt.

Außerdem sind Einnahmen iSv. § 23 S. 1 auch Einnahmen aus solchen Rechten, die von der Verwertungsgesellschaft **„auf Grundlage einer Repräsentationsvereinbarung"** iSv. § 44 wahrge-

---

[1] Nach Erwägungsgrund (26) S. 3 VG-RL ist es „wichtig, dass eine … [Verwertungsgesellschaft] bei der Einziehung, Verwaltung und Verteilung dieser Einnahmen äußerste Sorgfalt walten lässt".
[2] Vgl. → 5. Aufl. 2017, UrhWG § 7 Rn. 2 ff.; → § 27 Rn. 8 ff.
[3] → 5. Aufl. 2017, UrhWG § 8 Rn. 1.
[4] AmtlBegr. BT-Drs. 18/7223, S. 79.
[5] AmtlBegr. BT-Drs. 18/7223, S. 80.
[6] Zum Wahrnehmungs- oder Berechtigungsvertrag → § 9 Rn. 15 ff.
[7] § 23 gilt für Verwertungsgesellschaften iSv. § 2 (zum Begriff → § 2 Rn. 5 ff.), ebenso aber auch für abhängige Verwertungseinrichtungen iSv. § 3, soweit diese Tätigkeiten einer Verwertungsgesellschaft ausüben (zum Begriff → § 3 Rn. 3).

nommen werden, die ihr also von einer anderen Verwertungsgesellschaft zur Wahrnehmung übertragen wurden. Auch im Rahmen von Repräsentationsvereinbarungen gelten also grundsätzlich die allgemeinen Vorschriften gem. § 23 und die einzelnen Verpflichtungen gem. §§ 24 ff. für die Einziehung, Verwaltung und Verteilung von Einnahmen.[8]

§ 23 S. 2 stellt klar, dass zu den Einnahmen aus den Rechten auch die Erträge gehören, die die Verwertungsgesellschaft ggf. aus der **Anlage dieser Einnahmen** erzielt. Dass Verwertungsgesellschaften Einnahmen anlegen können, ergibt sich bereits aus § 17 Abs. 1 S. 2 Nr. 8. Die Bildung von Anlagen kann erforderlich sein, etwa um nachträglich gemeldete Ansprüche bedienen oder Freistellungen gegenüber Dritten durchführen zu können. Bei der Anlage der Einnahmen treffen die Verwertungsgesellschaften gem. § 25 besondere Sorgfaltspflichten.[9]

2. Das Postulat der gebotenen Sorgfalt

5   Nach **§ 23 S. 1** hat die Einziehung, Verwaltung und Verteilung der Einnahmen „**nach Maßgabe dieses Unterabschnitts mit der gebotenen Sorgfalt**" zu erfolgen.

Dieser Hinweis auf den gesamten Unterabschnitt 3, dem § 23 voransteht, besagt, dass sich der **Inhalt der Sorgfaltspflichten** der Verwertungsgesellschaften im Einzelnen, also zB. bezüglich getrennter Kontenführung (§ 24), der Verwendung der Einnahmen (§ 26), des Verteilungsplans (§ 27) oder der Abzüge (§ 31), aus den nachfolgenden Bestimmungen der §§ 24 ff. ergibt: Diese in den §§ 24 ff. aufgeführten Pflichten der Verwertungsgesellschaft konkretisieren also den in § 23 genannten **allgemeinen Grundsatz der „gebotenen Sorgfalt".**[10]

Auch wenn es sich dabei nur um ein **allgemeines Grundprinzip** handelt, sollte es zur Auslegung der konkreten Vorgaben in den §§ 24 ff. herangezogen werden. Die Anwendung des Grundsatzes der gebotenen Sorgfalt hat sich an der Treuhandfunktion[11] der Verwertungsgesellschaft zu orientieren: In jedem Fall muss sichergestellt sein, dass die Einziehung, Verwaltung und Verteilung der Einnahmen aus der kollektiven Wahrnehmung in einer Weise erfolgt, dass **die Einnahmen aus ihren Rechten „letztlich"**[12] **den Rechtsinhabern zukommen** und sie an der Ausschüttung des Aufkommens der Verwertungsgesellschaft angemessen und entsprechend ihrer Leistung beteiligt sind.[13]

§ 24 Getrennte Konten

Die Verwertungsgesellschaft weist in der Buchführung getrennt aus:

1. die Einnahmen aus den Rechten,

2. ihr eigenes Vermögen, die Erträge aus dem eigenen Vermögen sowie die Einnahmen zur Deckung der Verwaltungskosten und aus sonstiger Tätigkeit.

Übersicht

I. Allgemeines

1. Die Vorgaben der VG-RL

1   Nach **Art. 11 Abs. 3 VG-RL** sollen Verwertungsgesellschaften „getrennt Buch" führen[1] über (1) „die Einnahmen aus den Rechten und die Erträge aus der Anlage dieser Einnahmen" einerseits (Art. 11 Abs. 3 Buchst. a) VG-RL) und andererseits (2) „ihr eigenes Vermögen", einschließlich der „Erträge aus diesem Vermögen, aus den Verwaltungskosten und aus sonstiger Tätigkeit" (Art. 11 Abs. 3 Buchst. b) VG-RL). Nach Erwägungsgrund (27) S. 1 VG-RL sollen diese beiden Posten „in den Büchern getrennt ... geführt werden".[2]

---

[8] AmtlBegr. BT-Drs. 18/7223, S. 80; zum Begriff der Repräsentationsvereinbarung → § 44 Rn. 4.

[9] → § 25 Rn. 3 ff.

[10] Dieser Begriff der „gebotenen Sorgfalt" wird auch in Art. 11 Abs. 2 VG-RL gebraucht (in der englischen Sprachfassung: „diligent"); Erwägungsgrund (26) S. 3 VG-RL spricht sogar von „äußerster Sorgfalt" (in der englischen Sprachfassung: „utmost diligence").

[11] AmtlBegr. BT-Drs. 18/7223, S. 80.

[12] So wörtlich Erwägungsgrund (26) S. 2 VG-RL.

[13] Zu den entsprechenden Anforderungen an den Verteilungsplan → § 27 Rn. 3 ff.

[1] Vgl. die englische Sprachfassung von Art. 11 Abs. 3 VG-RL: „... shall keep separate in its accounts".

[2] Vgl. die englische Sprachfassung von Erwägungsgrund (27) S. 1 VG-RL: „Accounts ... should be kept separately ...".

Zweck dieser Bestimmungen ist es sicherzustellen, dass die treuhänderische Verwaltung der Einnahmen aus den Rechten **transparent und nachvollziehbar** durchgeführt und nicht mit der Verwaltung anderer finanzieller Posten der Verwertungsgesellschaft vermischt wird.

2. § 24

§ 24 VGG setzt Art. 11 Abs. 3 VG-RL um und folgt dabei auch dessen Struktur. Gem. § 24 sind **2** die Verwertungsgesellschaften verpflichtet, bei der Kontoführung zwischen den Einnahmen aus den Rechten (**§ 24 Nr. 1**) und sonstigen Einnahmen (**§ 24 Nr. 2**) zu differenzieren.

II. Getrennte Konten

1. Getrennte Ausweisung in der Buchführung

Nach § 24 müssen Verwertungsgesellschaften[3] die Einnahmen aus den Rechten (§ 24 Nr. 1) und **3** ihr eigenes Vermögen und sonstige Einnahmen (§ 24 Nr. 2) **in der Buchführung getrennt ausweisen.** Eine Verpflichtung zur getrennten Buchführung, wie es die Formulierung in Art. 11 Abs. 3 VG-RL naheliegen könnte, ergibt sich daraus nicht. Es genügt, wenn die Verwertungsgesellschaft bei der Kontoführung die beiden Posten unterscheidet.[4]

2. Einnahmen

Die **Einnahmen aus den Rechten iSv. § 24 Nr. 1** sind alle Einnahmen, die die Verwertungsge- **4** sellschaft aus der Wahrnehmung von ausschließlichen Rechten, Vergütungs- oder Ausgleichsansprüchen erzielt. Dazu gehören auch Einnahmen aus solchen Rechten, die sie auf der Grundlage einer Repräsentationsvereinbarung iSv. § 44 wahrnimmt, sowie die Erträge, die die Verwertungsgesellschaft ggf. aus der Anlage der Einnahmen erzielt.[5]

3. Eigenes Vermögen, eigene Einnahmen

Gem. **§ 24 Nr. 2** hat die Verwertungsgesellschaft ihr **eigenes Vermögen,** ihre **eigenen Erträge** **5** sowie sonstige **andere Einnahmen** in ihrer Kontoführung getrennt auszuweisen. Zum eigenen Vermögen einer Verwertungsgesellschaft können etwa Immobilien gehören (falls es sich dabei nicht um die Anlage von Einnahmen iSv. § 24 Nr. 1 handelt). Auch die aus diesem Vermögen erzielten Erträge sind in der Buchführung getrennt auszuweisen.

Eigene Einnahmen der Verwertungsgesellschaft sind aber auch die **Abzüge** von den Einnahmen, die sie gem. § 26 Nr. 3 **zur Deckung ihrer Verwaltungskosten** vornimmt.[6] Auch dies sind Einnahmen, die sie daher in ihrer Buchführung getrennt auszuweisen hat. Gleiches gilt für Einnahmen aus sonstiger Tätigkeit und für die Abzüge, die die Verwertungsgesellschaft gem. § 26 Nr. 4 zur Förderung kulturell bedeutender Werke und Leistungen und für die Einrichtung und den Betrieb von Vorsorge- und Unterstützungseinrichtungen vornimmt.[7] Dies entspricht auch der Forderung der VG-RL an die Verwertungsgesellschaften, bei der Verwendung der Einnahmen aus den Rechten größtmögliche Transparenz zu gewährleisten.[8]

§ 25 Anlage der Einnahmen aus den Rechten

(1) [1]**Legt die Verwertungsgesellschaft die Einnahmen aus den Rechten an, so erfolgt dies im ausschließlichen und besten Interesse der Berechtigten.** [2]**Die Verwertungsgesellschaft stellt für die Zwecke der Anlage der Einnahmen aus den Rechten eine Richtlinie auf (Anlagerichtlinie) und beachtet diese bei der Anlage.**

(2) **Die Anlagerichtlinie muss**

1. **der allgemeinen Anlagepolitik (§ 17 Absatz 1 Satz 2 Nummer 8) und den Grundsätzen des Risikomanagements (§ 17 Absatz 1 Satz 2 Nummer 5) entsprechen;**
2. **gewährleisten, dass die Anlage in den in § 1807 Absatz 1 des Bürgerlichen Gesetzbuchs genannten Anlageformen oder in anderen Anlageformen unter Beachtung der Grundsätze einer wirtschaftlichen Vermögensverwaltung gemäß § 1811 Satz 2 des Bürgerlichen Gesetzbuchs erfolgt;**

---

[3] § 24 gilt für Verwertungsgesellschaften iSv. § 2 (zum Begriff → § 2 Rn. 5 ff.), ebenso aber auch für abhängige Verwertungseinrichtungen iSv. § 3, soweit diese Tätigkeiten einer Verwertungsgesellschaft ausüben (zum Begriff → § 3 Rn. 3).

[4] AmtlBegr. BT-Drs. 18/7223, S. 80, unter Hinweis auf die unterschiedlichen Formulierungen in Art. 11 Abs. 3 und Erwägungsgrund (27) S. 1 VG-RL und auf deren englische Sprachfassung.

[5] Zum Begriff der Einnahmen aus den Rechten → § 23 Rn. 4; zu den Regeln betreffend die Anlage von Einnahmen aus den Rechten vgl. § 25.

[6] AmtlBegr. BT-Drs. 18/7223, S. 80.

[7] Wie hier Dreier/Schulze/*Schulze* § 24 Rn. 3; aA Heine/Holzmüller/*Riemer* § 24 Rn. 15.

[8] Vgl. Erwägungsgrund (28) S. 2 und 3 VG-RL.

3. gewährleisten, dass die Anlagen in angemessener Weise so gestreut werden, dass eine zu große Abhängigkeit von einem bestimmten Vermögenswert und eine Risikokonzentration im
Portfolio insgesamt vermieden werden.

(3) Die Verwertungsgesellschaft lässt die Vereinbarkeit der Anlagerichtlinie und jeder Änderung der Anlagerichtlinie mit den Vorgaben nach Absatz 2 durch einen Wirtschaftsprüfer oder
eine Wirtschaftsprüfungsgesellschaft unverzüglich prüfen und bestätigen.

Übersicht

I. Allgemeines

1. Die Vorgaben der VG-RL

1   Nach **Art. 8 Abs. 5 Buchst. c) VG-RL** unterliegt „die allgemeine Anlagepolitik" einer Verwertungsgesellschaft „in Bezug auf die Einnahmen aus den Rechten und etwaige Erträge aus der Anlage
von Einnahmen aus den Rechten" dem Beschluss der Mitgliederhauptversammlung.[1] Daraus wird
deutlich, dass für Verwertungsgesellschaften derartige Anlagen möglich und üblich sind.
    Art. 11 Abs. 5 VG-RL enthält genauere Vorgaben dazu, was Verwertungsgesellschaften bei der
Anlage der Einnahmen aus den Rechten oder der Erträge aus diesen Anlagen zu beachten haben.
Dabei gilt als **allgemeine Regel,** dass Anlagen stets „im besten Interesse" der von der Verwertungsgesellschaft repräsentierten Rechtsinhaber und „im Einklang mit der **allgemeinen Anlagepolitik**
und den **Grundsätzen für das Risikomanagement** im Sinne des Artikels 8 Absatz 5 Buchstaben c
und f" erfolgen müssen. In Art. 11 Abs. 5 Buchst. a) bis c) VG-RL sind weitere Vorgaben enthalten:
Gem. **Art. 11 Abs. 5 Buchst. a) VG-RL** muss die Verwertungsgesellschaft im Falle eines Interessenkonflikts dafür sorgen, dass die „**Anlage einzig und allein im Interesse dieses Rechtsinhabers** erfolgt"; gem. **Art. 11 Abs. 5 Buchst. b) VG-RL** sind die Vermögenswerte so anzulegen, dass
„die **Sicherheit, Qualität, Liquidität und Rentabilität des Portfolios** insgesamt gewährleistet
ist"; und gem. **Art. 11 Abs. 5 Buchst. c) VG-RL** sind die Anlagen „in angemessener Weise so zu
streuen,** dass eine übermäßige Abhängigkeit von einem bestimmten Vermögenswert und eine **Risikokonzentration im Portfolio insgesamt vermieden** werden".
    Diese Bestimmungen werden in **Erwägungsgrund (27) VG-RL** bekräftigt und ergänzt durch
weitere Orientierungen für die Anlagepolitik von Verwertungsgesellschaften. Auch hier wird darauf
hingewiesen, dass die Anlagepolitik darauf ausgerichtet sein muss, „die **Rechte der Rechtsinhaber
bestmöglich zu schützen"** und sicherzustellen, dass ihnen das Aufkommen aus der Verwertung
ihrer Rechte zufließt. Bei der Tätigung und Verwaltung von Anlagen sind die Verwertungsgesellschaften daher **„zu umsichtigem Handeln" verpflichtet** und müssen „sich für die **sicherste und
zugleich rentabelste Anlagepolitik"** entscheiden. Dabei sollen sie solche Anlageformen wählen
können, die „in Bezug auf die genaue Art und Dauer der Risikoexposition der angelegten Einnahmen angemessen" sind und durch die die den Rechtsinhabern geschuldeten Einnahmen „nicht
übermäßig gefährdet werden".
    Zugleich wird in den Erwägungsgründen der VG-RL bestätigt, dass die Mitgliedstaaten auch noch
strengere Vorschriften für die Anlage von Einnahmen aus den Rechten erlassen können, bis hin zu
einem Verbot solcher Anlagen.[2]

2. § 25

2   § 25 enthält, in Umsetzung von Art. 11 Abs. 5 VG-RL, Vorgaben zur Anlage von Einnahmen aus
den Rechten. Dabei ist § 25 insgesamt eng an die Formulierungen in Art. 11 Abs. 5 VG-RL angelehnt.

---

[1] → § 17 Rn. 1.
[2] Erwägungsgründe (27) S. 2 und (23) S. 7 VG-RL.

§ 25 Abs. 1 S. 1 verpflichtet die Verwertungsgesellschaften, entsprechend Art. 11 Abs. 5 S. 1 und Buchst. a) VG-RL, **Anlagen im ausschließlichen und besten Interesse der Berechtigten** vorzunehmen. Gem. **§ 25 Abs. 1 S. 2** hat die Verwertungsgesellschaft außerdem für die Zwecke der Anlage eine **Anlagerichtlinie** aufzustellen und zu beachten. In **§ 25 Abs. 2 Nr. 1 bis 3** ist im Einzelnen aufgeführt, welche Grundsätze die Anlagerichtlinie enthalten muss. Nach **§ 25 Abs. 3** ist die Verwertungsgesellschaft verpflichtet, jede Anlagerichtlinie und jede Änderung einer solchen unverzüglich von einem **Wirtschaftsprüfer** daraufhin überprüfen zu lassen, ob sie mit den Vorgaben in § 25 Abs. 2 vereinbar ist.

Die Verpflichtung zur Aufstellung einer Anlagerichtlinie, aber auch einzelne der Anforderungen an deren Inhalt in § 25 Abs. 2, wurden im Laufe des Gesetzgebungsverfahrens auf Vorschlag des Ausschusses für Recht und Verbraucherschutz hinzugefügt. Dabei war es die Absicht des Gesetzgebers, Verwertungsgesellschaften bei der Anlage von Einnahmen aus den Rechten einen **vergleichbaren Spielraum** einzuräumen, wie ihn der **Vormund bei der Sorge für das Mündel** hat.[3] Nach § 25 Nr. 2 des Regierungsentwurfs sollten den Verwertungsgesellschaften dagegen, über die Regeln der VG-RL hinausgehend, zulässige Anlageformen vorgegeben, ihr Spielraum bei solchen Anlagen also auch hinsichtlich der Anlageform eingeschränkt werden.

II. Anlage der Einnahmen aus den Rechten

1. § 25 Abs. 1 – Grundsätze, Anlagerichtlinie

a) § 25 Abs. 1 S. 1, Interesse der Berechtigten. Allgemein gehen die Vorgaben des § 25 zur 3 Anlage der Einnahmen aus den Rechten[4] von dem Gedanken aus, dass die Verwertungsgesellschaften[5] grundsätzlich dazu verpflichtet sind, die Einnahmen als **treuhänderisch gebundenes Fremdvermögen** so schnell wie möglich entsprechend den Fristen gem. § 28 an die Berechtigten zu verteilen, denen sie zustehen; ein Bedarf für langfristige Anlagen wird daher grundsätzlich nicht gesehen.[6]

Die Bildung von Anlagen kann erforderlich sein, etwa um nachträglich gemeldete Ansprüche bedienen oder Freistellungen gegenüber Dritten durchführen zu können. Soweit in diesem Rahmen Anlagen der Einnahmen aus den Rechten gebildet werden müssen, stehen sie im **Spannungsverhältnis** zwischen dem Bestreben, aus der Anlage die bestmöglichen Erträge zu erzielen, und der Notwendigkeit, das Verlustrisiko möglichst gering zu halten. Die in § 25 enthaltenen Vorgaben sollen die Verwertungsgesellschaften dazu anhalten, diese Ziele zu einem nach den konkreten Umständen des Einzelfalls **angemessenen Ausgleich** zu bringen. Als vorrangige Anlageziele sind dabei vor allem die **Anlagesicherheit**, aber auch eine **größtmögliche Rentabilität** anzusehen, da die anzulegenden Beträge treuhänderisch gebundenes Fremdvermögen sind, das den Berechtigten zusteht.[7]

§ 25 Abs. 1 S. 1 bestimmt daher, dass die Anlage von Einnahmen aus den Rechten **im ausschließlichen und besten Interesse der Berechtigten** zu erfolgen hat. Dies entspricht den Vorgaben in Art. 11 Abs. 5 Buchst. a) und Erwägungsgrund (27) S. 3 VG-RL, ergibt sich aber auch schon aus der erwähnten Natur der Einnahmen als treuhänderisch gebundenes Fremdvermögen.

b) § 25 Abs. 1 S. 2, Anlagerichtlinie. Gem. § 17 Abs. 1 S. 2 Nr. 8 sind Entscheidungen über 4 die allgemeine Anlagepolitik in Bezug auf Einnahmen aus den Rechten der Mitgliederhauptversammlung vorbehalten. Die Verpflichtung der Verwertungsgesellschaften zur Aufstellung einer Anlagerichtlinie, die Grundsätze für die Anlage der Einnahmen aus den Rechten enthält, dient der **Konkretisierung der Anlagepolitik** und zugleich der **Transparenz**: Eine solche Richtlinie macht die Anlagepolitik vorhersehbar; zugleich enthält sie die Maßstäbe für deren Überprüfung. Daraus folgt zugleich, dass die Anlagerichtlinie **im Voraus aufgestellt und überprüft werden muss.**[8]

2. § 25 Abs. 2 – Inhalt der Anlagerichtlinie

a) § 25 Abs. 2 Nr. 1, Grundsätze allgemeiner Anlagepolitik und des Risikomanagements. 5 Zum Inhalt der Anlagerichtlinie schreibt § 25 Abs. 2 Nr. 1 den Verwertungsgesellschaften vor, bei der Anlage von Einnahmen aus den Rechten zwei Prinzipien zu beachten, nämlich die „**allgemeine Anlagepolitik**" und die „**Grundsätze für das Risikomanagement**". Über die Ausgestaltung dieser beiden Prinzipien, die wörtlich aus Art. 11 Abs. 5 S. 1 VG-RL übernommen wurden, entscheidet die Mitgliederhauptversammlung gem. § 17 Abs. 1 S. 2 Nr. 5 und 8 und macht der Geschäftsführung[9] der Verwertungsgesellschaft also insoweit konkrete Vorgaben. Diese sollten sich an den

---

[3] Beschlussempfehlung und Bericht des Ausschusses für Recht und Verbraucherschutz, BT-Drs. 18/8268, S. 11 f.
[4] Zum Begriff der Einnahmen aus den Rechten → § 23 Rn. 4.
[5] § 25 gilt für Verwertungsgesellschaften iSv. § 2 (zum Begriff → § 2 Rn. 5 ff.), ebenso aber auch für abhängige Verwertungseinrichtungen iSv. § 3, soweit diese Tätigkeiten einer Verwertungsgesellschaft ausüben (zum Begriff → § 3 Rn. 3).
[6] AmtlBegr. BT-Drs. 18/7223, S. 80.
[7] AmtlBegr. BT-Drs. 18/7223, S. 80; dies entspricht dem Hinweis in Erwägungsgrund (27) VG-RL auf die „sicherste und zugleich rentabelste Anlagepolitik".
[8] → Rn. 8.
[9] Zum Begriff der Geschäftsführung → § 21 Rn. 4.

oben genannten Überlegungen orientieren und als vorrangiges Anlageziel die Anlagesicherheit, und außerdem auch die Rentabilität, im Auge haben.

6   **b) § 25 Abs. 2 Nr. 2, Mündelsichere Anlageformen.** Mit der Vorgabe in § 25 Abs. 2 Nr. 2, dass die Anlage in den in § 1807 Abs. 1 BGB genannten Anlageformen zu erfolgen hat oder in anderen Anlageformen, die die Grundsätze einer wirtschaftlichen Vermögensverwaltung gem. § 1811 S. 2 BGB beachten, werden Verwertungsgesellschaften verpflichtet, eine der im BGB genannten **Anlageformen für das Vermögen eines Mündels zu wählen.**

Bei den **in § 1807 Abs. 1 BGB genannten Anlageformen** handelt es sich um die besonders risikogeschützten Anlageformen, wie sie für die Anlegung von Mündelgeld iSv. § 1806 BGB vorgesehen sind, also etwa festverzinsliche öffentliche Anleihen, sichere Rentenschulden oder sichere Grundschulden. Im Ergebnis sollen damit die Einnahmen aus den Rechten wie Mündelgelder behandelt werden; auch dies erklärt sich aus der bereits erwähnten Natur dieser Einnahmen als treuhänderisch gebundenes Fremdvermögen.

Aber auch **andere Anlageformen** sind zulässig, sofern sie entsprechend **§ 1811 S. 2 BGB** die Grundsätze einer wirtschaftlichen Vermögensverwaltung beachten. Dies war im Regierungsentwurf, der offenbar keinen Bedarf für weitere Anlageformen sah,[10] noch nicht vorgesehen, sondern wurde auf Empfehlung des Ausschusses für Recht und Verbraucherschutz in § 25 eingefügt. Tatsächlich gibt es keinen Grund, Verwertungsgesellschaften diese Möglichkeit, die ja auch für die Verwaltung des Vermögens eines Mündels zulässig ist, zu versagen.

7   **c) § 25 Abs. 2 Nr. 3, Streuung der Anlagen.** § 25 Abs. 2 Nr. 3 gibt den Verwertungsgesellschaften auf, die **Anlagen in angemessener Weise zu streuen.** Damit soll insgesamt vermieden werden, dass eine zu große Abhängigkeit von einem bestimmten Vermögenswert und eine zu hohe Risikokonzentration im Portfolio entsteht. Diese Bestimmung übernimmt nahezu wörtlich Art. 11 Abs. 5 Buchst. c) VG-RL. Auch sie entspricht dem Prinzip, dass bei der Anlage von Einnahmen aus den Rechten die Anlagesicherheit oberste Priorität haben muss.[11]

3. § 25 Abs. 3 – Überprüfung der Anlagerichtlinie

8   Gem. § 25 Abs. 3 muss die Anlagerichtlinie, zu deren Aufstellung die Verwertungsgesellschaft nach § 25 Abs. 1 S. 2 verpflichtet ist, **unverzüglich,** dh. ohne schuldhaftes Zögern,[12] von einem Wirtschaftsprüfer **überprüft werden.** Mit dieser Verpflichtung, die ebenfalls auf Empfehlung des Ausschusses für Recht und Verbraucherschutz in § 25 eingefügt wurde,[13] soll sichergestellt werden, dass jede Anlagerichtlinie sofort nach ihrer erstmaligen Aufstellung, aber auch bei jeder Änderung, von professionellen Gutachtern auf ihre Nachhaltigkeit und insbesondere darauf überprüft wird, ob sie die in § 25 Abs. 2 festgelegten Grundsätze beachtet. Folglich muss nicht nur jede einzelne Anlage den Maßstäben der Anlagerichtlinie genügen, sondern sie kann überhaupt erst vorgenommen werden, nachdem die Anlagerichtlinie gem. § 25 Abs. 3 überprüft und genehmigt wurde.

Diese Verpflichtung der Verwertungsgesellschaft aus § 25 Abs. 3 bezieht sich nur auf die Überprüfung der Anlagerichtlinie und besteht unabhängig von den für Jahresabschluss und Lagebericht geltenden Prüfungspflichten.[14]

§ 26 Verwendung der Einnahmen aus den Rechten

Die Verwertungsgesellschaft darf die Einnahmen aus den Rechten nur zu folgenden Zwecken verwenden:

1. **zur Verteilung an die Berechtigten (§ 27) und an andere Verwertungsgesellschaften im Rahmen von Repräsentationsvereinbarungen (§ 46);**
2. **gemäß einem nach § 17 Absatz 1 Satz 2 Nummer 7 gefassten Beschluss, soweit die Einnahmen aus den Rechten nicht verteilbar sind;**
3. **gemäß einem nach § 17 Absatz 1 Satz 2 Nummer 9 gefassten Beschluss über Abzüge zur Deckung der Verwaltungskosten;**
4. **gemäß einem nach § 17 Absatz 1 Satz 2 Nummer 9 gefassten Beschluss über Abzüge zur Förderung kulturell bedeutender Werke und Leistungen und für die Einrichtung und den Betrieb von Vorsorge- und Unterstützungseinrichtungen (§ 32).**

---

[10] Vgl. AmtlBegr. BT-Drs. 18/7223, S. 80.
[11] Vgl. hierzu auch Erwägungsgrund (27) S. 4 VG-RL.
[12] Vgl. § 121 Abs. 1 S. 1 BGB.
[13] Beschlussempfehlung und Bericht des Ausschusses für Recht und Verbraucherschutz, BT-Drs. 18/8268, S. 12.
[14] → § 57 Rn. 5 ff.

I. Allgemeines

1. Die Vorgaben der VG-RL

Art. 11 Abs. 4 VG-RL bestimmt, dass Verwertungsgesellschaften Einnahmen aus den Rechten **1** und Erträge aus den Anlagen **in der Regel nur zur Verteilung an die Rechtsinhaber** verwenden dürfen. Ausdrücklich von dieser Regel **ausgenommen** sind nur die Beträge, die die Verwertungsgesellschaften aufgrund eines Beschlusses der Mitgliederhauptversammlung gem. **Art. 8 Abs. 5 Buchst. d) VG-RL** für ihre **Verwaltungskosten** einbehalten oder verrechnen, sowie solche Einnahmen aus den Rechten und Erträge aus den Anlagen dieser Einnahmen, die sie gemäß einem **Beschluss der Mitgliederhauptversammlung** gem. **Art. 8 Abs. 5 VG-RL** für dessen Ausführung verwenden dürfen. Ausnahmen von der grundsätzlichen Pflicht, alle Einnahmen aus den Rechten an die Berechtigten zu verteilen, erlaubt die VG-RL demnach, neben den von der Mitgliederhauptversammlung genehmigten Verwaltungskosten, vor allem für nicht verteilbare Beträge (Art. 8 Abs. 5 Buchst. e) VG-RL) oder andere Verwendungszwecke iRv. Art. 8 Abs. 5 VG-RL, soweit diese von der Mitgliederhauptversammlung genehmigt wurden.[1]

2. § 26

In Umsetzung von Art. 11 Abs. 4 VG-RL, wenn auch noch etwas präziser als dieser, gibt § 26 an, **2** für welche Zwecke eine Verwertungsgesellschaft die aus der kollektiven Rechtewahrnehmung erzielten Einnahmen verwenden darf, und eröffnet hierfür in einer **abschließenden Aufzählung** insgesamt vier Möglichkeiten: **§ 26 Nr. 1** nennt als zulässigen Verwendungszweck die direkte (§ 27) oder indirekte (und zwar über andere Verwertungsgesellschaften iRv. Repräsentationsvereinbarungen gem. § 46) **Verteilung an die Berechtigten;** gem. **§ 26 Nr. 2** betrifft ein weiterer zulässiger Verwendungszweck die **Verwendung nicht verteilbarer Beträge** iSv. § 30; **§ 26 Nr. 3** erlaubt den **Abzug von Verwaltungskosten** iSv. § 31; und **§ 26 Nr. 4** erlaubt die Verwendung der Einnahmen für **Abzüge** zur Förderung kulturell bedeutender Werke und Leistungen und für den Betrieb von Vorsorge- und Unterstützungseinrichtungen iSv. § 32.

II. Verwendung der Einnahmen aus den Rechten

1. Grundsätze der Verteilung der Einnahmen

§ 26 basiert auf dem Prinzip, dass Verwertungsgesellschaften[2] grundsätzlich alle aus der kollektiven **3** Rechtewahrnehmung erzielten Einnahmen aus den Rechten[3] ungeschmälert den Berechtigten iSv. § 6[4] als Treugebern der Rechte zukommen lassen müssen. Um dies sicherzustellen und um zu gewährleisten, dass die Verwendung dieser Einnahmen nicht in das Belieben der Verwertungsgesellschaften als Treuhändern gestellt ist, enthält § 26 Vorgaben über die **zulässigen Verwendungszwecke.**[5] Diese Vorgaben sind **abschließend;** eine **Verwendung** der Einnahmen **für andere Zwecke** als einen der in § 26 Nr. 1 bis 4 genannten ist den Verwertungsgesellschaften also **nicht erlaubt.** Davon unberührt bleibt die Möglichkeit der Verwertungsgesellschaft, bis zur Verteilung an die Berechtigten unter den in § 25 genannten Voraussetzungen aus den Einnahmen Anlagen zu bilden.[6]

Zu beachten ist, dass die in § 26 Nr. 1 bis 4 normierten zulässigen Verwendungszwecke jeweils mit den entsprechenden Entscheidungskompetenzen der Mitgliederhauptversammlung[7] gekoppelt sind.

---

[1] Die englische Sprachfassung von Art. 11 Abs. 4 VG-RL erscheint hier etwas deutlicher: „. . . to use the rights revenue or any income arising from the investment of rights revenue in compliance with a decision taken in accordance with Article 8(5)".
[2] § 26 gilt für Verwertungsgesellschaften iSv. § 2 (zum Begriff → § 2 Rn. 5 ff.), ebenso aber auch für abhängige Verwertungseinrichtungen iSv. § 3, soweit diese Tätigkeiten einer Verwertungsgesellschaft ausüben (zum Begriff → § 3 Rn. 3).
[3] Zum Begriff der Einnahmen aus den Rechten → § 23 Rn. 4.
[4] Zum Begriff des Berechtigten → § 6 Rn. 3 ff.
[5] AmtlBegr. BT-Drs. 18/7223, S. 80.
[6] Zu den Voraussetzungen → § 25 Rn. 3 ff.
[7] Zum Begriff der Mitgliederhauptversammlung → § 17 Rn. 3.

Damit soll gewährleistet werden, dass die **Mitgliederhauptversammlung** als „Souverän" der Verwertungsgesellschaft in jedem Fall die **Entscheidungshoheit über die Verwendung der Einnahmen aus den Rechten** hat.[8]

2. § 26 Nr. 1 – Verteilung an die Berechtigten

4   § 26 Nr. 1 nennt als **primären Verwendungszweck** für die Einnahmen aus den Rechten die **Verteilung an die Berechtigten.** Dies entspricht dem oben genannten aus der Treuhandstellung der Verwertungsgesellschaften folgenden Prinzip, dass die Einnahmen grundsätzlich den Berechtigten zustehen. Angaben dazu, nach welchen Regeln diese Verteilung vorgenommen werden soll, enthält § 27 zum **Verteilungsplan,**[9] über den gem. § 17 Abs. 1 S. 2 Nr. 6 allein die Mitgliederhauptversammlung zu entscheiden hat.[10]

Neben der (direkten) Verteilung an die Berechtigten erlaubt § 26 Nr. 1 ausdrücklich auch die Verteilung der Einnahmen an andere Verwertungsgesellschaften auf der Basis von mit diesen abgeschlossenen **Repräsentationsvereinbarungen** iSv. § 46. Zwar stellt auch dies im Ergebnis eine, wenn auch indirekte, Verteilung von Einnahmen an Berechtigte dar; der klarstellende Hinweis auf andere Verwertungsgesellschaften als potenzielle Empfänger der Einnahmen ist aber geboten, da Verwertungsgesellschaften selbst keine Rechtsinhaber iSv. § 5 sind und auch nicht den Status von Berechtigten iSv. § 6 erlangen können.[11] Auch über den Abschluss, den Inhalt und die Beendigung von Repräsentationsvereinbarungen entscheidet gem. § 17 Abs. 1 S, 2 Nr. 12 die Mitgliederhauptversammlung. Gem. § 17 Abs. 2 kann sie diese Beschlusskompetenz allerdings an das Aufsichtsgremium iSv. § 22 übertragen.[12]

3. § 26 Nr. 2 – Verwendung nicht verteilbarer Einnahmen

5   § 26 Nr. 2 erlaubt es, die Einnahmen aus den Rechten dann und in dem Maße nicht zur Verteilung an die Berechtigten zu verwenden, wenn und soweit sie **nicht verteilbar** sind. Dies unterliegt zwei Bedingungen: (1) Die betreffenden Einnahmen müssen als nicht verteilbar gelten; die **Voraussetzungen hierfür** sind **in § 30** genannt. (2) Über die Verwendung der nicht verteilbaren Einnahmen aus den Rechten muss die **Mitgliederhauptversammlung** gem. § 17 Abs. 1 S. 2 Nr. 7 entscheiden; diese Beschlusskompetenz wird von § 17 Abs. 2 nicht erfasst, steht also allein der Mitgliederhauptversammlung zu und kann nicht auf das Aufsichtsgremium iSv. § 22 übertragen werden.[13]

4. § 26 Nr. 3 – Abzüge zur Deckung von Verwaltungskosten

6   § 26 Nr. 3 gestattet es den Verwertungsgesellschaften, zur Deckung ihrer Verwaltungskosten Abzüge von den zu verteilenden Einnahmen vorzunehmen, sie also in der Höhe dieser Abzüge nicht an die Berechtigten auszuschütten. Was unter **Verwaltungskosten** zu verstehen ist, und in welcher Höhe **Abzüge zur Deckung der Verwaltungskosten** gestattet sind, ergibt sich aus § 31.[14] Auch über die Abzüge zur Deckung der Verwaltungskosten muss gem. § 17 Abs. 1 S. 2 Nr. 9 ein **Beschluss der Mitgliederhauptversammlung** vorliegen; diese Beschlusskompetenz kann nicht auf das Aufsichtsgremium übertragen werden, da sie von § 17 Abs. 2 nicht erfasst ist.[15]

5. § 26 Nr. 4 – Abzüge für kulturelle und soziale Zwecke

7   Nach § 26 Nr. 4 ist es den Verwertungsgesellschaften auch gestattet, zur **Förderung kulturell bedeutender Werke und Leistungen** und für die Einrichtung und den Betrieb von **Vorsorge- und Unterstützungseinrichtungen** Abzüge von den zu verteilenden Einnahmen vorzunehmen, sie also in der Höhe dieser Abzüge nicht direkt an die Berechtigten auszuschütten. Die Verwendung der **Abzüge für diese Zwecke** ergibt sich aus **§ 32.**[16] Die Entscheidung über die Grundsätze für diese Abzüge iSv. § 32 trifft ebenfalls gem. § 17 Abs. 1 S. 2 Nr. 9 die Mitgliederhauptversammlung; auch diese Beschlusskompetenz steht allein der Mitgliederhauptversammlung zu und kann nicht auf das Aufsichtsgremium übertragen werden, da sie von § 17 Abs. 2 nicht erfasst ist.[17]

---

[8] AmtlBegr. BT-Drs. 18/7223, S. 81.
[9] → § 27 Rn. 6 ff.
[10] Diese Beschlusskompetenz kann gem. § 17 Abs. 2 nicht auf das Aufsichtsgremium übertragen werden; → § 17 Rn. 6.
[11] AmtlBegr. BT-Drs. 18/7223, S. 81; diese Klarstellung ist in Art. 11 Abs. 4 VG-RL entbehrlich, da dort allgemein von der „Verteilung an die Rechtsinhaber" gesprochen wird.
[12] → § 17 Rn. 6.
[13] Vgl. → § 17 Rn. 6.
[14] → § 31 Rn. 4.
[15] Vgl. → § 17 Rn. 6.
[16] → § 32 Rn. 4 ff.
[17] Vgl. → § 17 Rn. 6.

§ 27 Verteilungsplan

(1) **Die Verwertungsgesellschaft stellt feste Regeln auf, die ein willkürliches Vorgehen bei der Verteilung der Einnahmen aus den Rechten ausschließen (Verteilungsplan).**

(2) **Nimmt die Verwertungsgesellschaft Rechte für mehrere Rechtsinhaber gemeinsam wahr, kann sie im Verteilungsplan regeln, dass die Einnahmen aus der Wahrnehmung dieser Rechte unabhängig davon, wer die Rechte eingebracht hat, nach festen Anteilen verteilt werden.**

Schrifttum: *Augenstein,* Rechtliche Grundlagen des Verteilungsplans urheberrechtlicher Verwertungsgesellschaften, 2004; *Bezzenberger/Riesenhuber,* Die Rechtsprechung zum „Binnenrecht" der Verwertungsgesellschaften – dargestellt am Beispiel der GEMA, GRUR 2003, 1005; *Conrad/Berberich,* Vier Urteile und ein Todesfall. Zur Wiederbelebung der Verlegerbeteiligung aus dem Geist der Treuhand, GRUR 2016, 648; *Denga,* Legitimität und Krise urheberrechtlicher Verwertungsgesellschaften. Kollektive Rechtewahrnehmung zwischen Utilitarismus und Demokratie, 2015; *Dreier,* Die Schlacht ist geschlagen – ein Überblick zum Ergebnis des Copyright Package der EU-Kommission, GRUR 2019, 771; *Flechsig,* Verteilungspläne von Verwertungsgesellschaften, ZUM 2013, 745; *Häußer,* Praxis und Probleme der Aufsicht über Verwertungsgesellschaften, FuR 1980, 57; *ders.,* Die Verteilung der im Rahmen der Wahrnehmung von Urheberrechten und Leistungsschutzrechten erzielten Einnahmen an Ausländer, FS Kreile (1994), S. 281; *Heker/Riemer,* Die Einbeziehung von Verteilungsplanänderungen in bestehende Wahrnehmungsverträge am Beispiel der GEMA – zur AGB-rechtlichen Zulässigkeit von dynamischen Bezugnahmeklauseln, FS Pfennig (2012), S. 419; *Hertin,* Die Subventionierung der E-Musik durch Einkünfte aus anderen Sparten der Musikverwertung. Das GEMA-Verteilungssystem auf dem Prüfstand, GRUR 2013, 469; *ders.,* Die Rechtsprechung zum Umgang der GEMA mit der Tantiemeverteilung im Live-Bereich – Eine lange Geschichte von Selbstbedienung und deren prozessualer Aufarbeitung, ZUM 2015, 211; *Katzenberger/Nérisson,* Kulturförderung, Solidarität und Verteilungsgerechtigkeit in Recht und Praxis urheberrechtlicher Verwertungsgesellschaften, GRUR-Int 2011, 283; *Koch/Druschel,* Entspricht die Bestimmung der angemessenen Vergütung nach §§ 54, 54a UrhG dem urheberrechtlichen Konzept des gerechten Ausgleichs?, GRUR 2015, 957; *Kraßer,* Die Beteiligung von Verlegern an Vergütungen für gesetzlich zugelassene Vervielfältigungen verlegter Werke, GRUR 2016, 129; *Melichar,* Die Wahrnehmung von Urheberrechten durch Verwertungsgesellschaften, 1983; *ders.,* Verleger und Verwertungsgesellschaften, UFITA 117 (1991), 5; *ders.,* § 63a UrhG – die Chronik einer Panne, FS Wandtke (2013), S. 243; *Menzel,* Die Aufsicht über die GEMA durch das Deutsche Patentamt, 1986; *Müller,* Die Beteiligung von Print- und Musikverlegern an den Ausschüttungen von VG WORT und GEMA, ZUM 2014, 781; *Nordemann,* Der Begriff der „angemessenen Bedingungen" in § 6 Abs. 1 Wahrnehmungsgesetz, GRUR-Int 1973, 306; *Peifer,* Anmerkung zu BGH, Urteil vom 21. April 2016 – I ZR 198/13 – Verlegeranteil, ZUM 2016, 650; *Pfennig,* Umsetzung der EU-Richtlinie für Verwertungsgesellschaften in deutsches Recht – Umsetzungsbedarf aus Sicht der Urheber, ZUM 2014, 484; *Pflüger,* Gerechter Ausgleich und angemessene Vergütung, 2017; *Reber,* Aktuelle Fragen zu Recht und Praxis der Verwertungsgesellschaften, GRUR 2000, 203; *Reinbothe,* Der „gerechte Ausgleich" im Europäischen Urheberrecht, in: Riesenhuber (Hrsg.), „Angemessenheit" im Urheberrecht, 2013, 141; *ders.,* „Angemessene Vergütung" oder (nur noch) „gerechter Ausgleich"?, GRUR-Prax 2015, 454; *Riesenhuber,* Die Auslegung und Kontrolle des Wahrnehmungsvertrages, 2004; *ders.,* Tantiemeansprüche der Berechtigten gegenüber Verwertungsgesellschaften, ZUM 2005, 136; *ders.,* Priorität als Verteilungsprinzip?, ZUM 2012, 746; *ders.,* Autonomie und Beurteilungsspielräume der Verwertungsgesellschaft, GRUR 2014, 443; *ders.,* Die Kontrolle des Verteilungsplans im Lichte unionsrechtlicher Vorgaben. Zugleich eine Besprechung des BGH-Urteils zur Verlegerbeteiligung, ZUM 2016, 613; *ders.,* Die Wertung, in: Heker/Riesenhuber (Hrsg.), Recht und Praxis der GEMA, 3. Aufl. 2018, 550; *ders.,* Verlegerbeteiligung in Verwertungsgesellschaften, FS Schulze (2017), 295; *Rosenkranz,* Anmerkung zu EuGH, Urteil vom 12. November 2015 – C-572/13 – Reprobel, ZUM 2016, 160; *Schulze,* Das Urhebervertragsrecht nach Erlass der EU-Richtlinie über das Urheberrecht im digitalen Binnenmarkt, GRUR 2019, 682; *Schunke,* Die Verteilungspraxis der Verwertungsgesellschaften auf dem Prüfstand, ZUM 2015, 37; *Seibt/Wiechmann,* Probleme der urheberrechtlichen Verwertungsgemeinschaft bei der Werkverbindung, GRUR 1995, 562; *Staats,* Umsetzung der EU-Richtlinie für Verwertungsgesellschaften in deutsches Recht – Umsetzungsbedarf aus Sicht der VG WORT, ZUM 2014, 470; *Stieper,* Ein angemessener Interessenausgleich im Verhältnis von Kreativen zu Rechtsinhabern und Verwertungsgesellschaften?, ZUM 2019, 393; *v. Ungern-Sternberg,* Die Rechtsprechung des EuGH und des BGH zum Urheberrecht und zu den verwandten Schutzrechten im Jahre 2013, GRUR 2014, 209; *ders.,* Die Rechtsprechung des EuGH und des BGH zum Urheberrecht und zu den verwandten Schutzrechten im Jahre 2014, GRUR 2015, 205; *ders.,* Zur Beteiligung der Verleger an der Gerätevergütung. Beendigung der Diskussion über die Rechtslage durch das EuGH-Urteil „Hewlett-Packard/Reprobel", GRUR 2016, 38; *ders.,* Die Rechtsprechung des EuGH und des BGH zum Urheberrecht und zu den verwandten Schutzrechten im Jahre 2015, GRUR 2016, 321; *ders.,* Die Rechtsprechung des EuGH und des BGH zum Urheberrecht und zu den verwandten Schutzrechten im Jahr 2016, GRUR 2017, 217; *ders.,* Die Rechtsprechung des EuGH und des BGH zum Urheberrecht und zu den verwandten Schutzrechten im Jahr 2018, GRUR 2019, 1; *Ventroni,* Paukenschlag zur Verlegerbeteiligung: Aus für die Verteilungspraxis der GEMA?, ZUM 2017, 187; *Vogel,* Wahrnehmungsrecht und Verwertungsgesellschaften in der Bundesrepublik Deutschland – Eine Bestandsaufnahme im Hinblick auf die Harmonisierung des Urheberrechts in der Europäischen Gemeinschaft, GRUR 1993, 513; *Wiesemann,* Die urheberrechtliche Pauschal- und Individualvergütung für Privatkopien im Lichte technischer Schutzmaßnahmen unter besonderer Berücksichtigung der Verwertungsgesellschaften, 2007.

Übersicht

I. Allgemeines

1. Die Vorgaben der VG-RL

1   Zur Verteilung der Einnahmen aus den Rechten beschränkt sich **Art. 13 Abs. 1 1. Unterabs. VG-RL** auf die allgemein gehaltene Forderung, dass die Verwertungsgesellschaften die den Rechtsinhabern zustehenden Beträge **„regelmäßig, sorgfältig und korrekt verteilen und ausschütten"** müssen; dabei sollen sie „äußerste Sorgfalt walten" lassen.[1] Außerdem enthält Art. 11 Abs. 2 VG-RL zur Einziehung und Verwaltung der Einnahmen die ebenfalls allgemein gehaltene Forderung der „gebotenen Sorgfalt".[2] Die Mitgliederhauptversammlung[3] soll gem. Art. 8 Abs. 5 Buchst. a) VG-RL allgemeine Grundsätze für die Verteilung beschließen. Genaue inhaltliche Kriterien für diese Grundsätze sind in der VG-RL selbst nicht vorgegeben. Sie können vom nationalen Gesetzgeber bestimmt werden: Nach Art. 8 Abs. 7 VG-RL bleibt es den Mitgliedstaaten überlassen, „detailliertere Bedingungen für die Verwendung der Einnahmen" festzulegen.

2. Die Bestimmungen des UrhWG

2   **§ 7 S. 1 UrhWG** verpflichtete die Verwertungsgesellschaften dazu, „die Einnahmen aus ihrer Tätigkeit nach festen Regeln (Verteilungsplan) aufzuteilen, die ein willkürliches Vorgehen bei der Verteilung ausschließen". Gem. § 7 S. 2 UrhWG sollte der Verteilungsplan außerdem „dem Grundsatz entsprechen, dass kulturell bedeutende Werke und Leistungen zu fördern sind". Insoweit enthielt das UrhWG also bereits **inhaltliche Kriterien für die Verteilung der Einnahmen,** sorgte zugleich aber auch für deren **Transparenz:** Nach § 7 S. 3 UrhWG waren „die Grundsätze des Verteilungsplans in die Satzung der Verwertungsgesellschaft aufzunehmen".[4]

    Genauere Kriterien für den Inhalt des Verteilungsplans gem. § 7 S. 1 UrhWG im Sinne einer angemessenen und leistungsgerechten Ausschüttung des Aufkommens wurden in der Folge von Rechtsprechung und Literatur entwickelt.[5]

3. § 27

3   **a) § 27 Abs. 1. § 27 Abs. 1** setzt die allgemeinen Grundsätze von Art. 13 Abs. 1 VG-RL zur Verteilung der Einnahmen um, wird dabei aber konkreter als die VG-RL. Nahezu wörtlich übernimmt § 27 Abs. 1 die Vorschrift des **§ 7 S. 1 UrhWG** und schreibt den Verwertungsgesellschaften – wie die bisherige Regelung im UrhWG – die **Aufstellung eines Verteilungsplans** vor, der so gestaltet sein muss, dass ein **willkürliches Vorgehen bei der Verteilung ausgeschlossen** ist. Der Gesetzgeber hat ausdrücklich anerkannt, dass sich diese Pflicht zur Aufstellung eines Verteilungsplans in der Praxis bewährt hat und als zentraler Grundsatz für die Verteilung der Einnahmen aus den Rechten beibehalten werden sollte.[6] § 27 Abs. 1 kann somit entsprechend den für den bisherigen § 7 S. 1 UrhWG entwickelten Grundsätzen ausgelegt werden.

    Über den Verteilungsplan entscheidet gem. § 17 Abs. 1 S. 2 Nr. 6 allein die **Mitgliederhauptversammlung.**[7] Diese Beschlusskompetenz kann nicht an das Aufsichtsgremium iSv. § 22 übertragen werden, da sie nicht von § 17 Abs. 2 erfasst ist.[8]

    Nicht in § 27 übernommen wurde die Bestimmung des bisherigen **§ 7 S. 3 UrhWG,** wonach die **Grundsätze des Verteilungsplans in die Satzung** der Verwertungsgesellschaft aufgenommen

---

[1] Erwägungsgrund (26) S. 3 VG-RL; nach Erwägungsgrund (26) S. 4 VG-RL setzt dies voraus, dass die Verwertungsgesellschaften über Mitglieder, Lizenzen und Nutzung genau Buch führen.
[2] → § 23 Rn. 1.
[3] Zum Begriff der Mitgliederhauptversammlung in der VG-RL → § 17 Rn. 1.
[4] Zum Zweck dieser Bestimmung vgl. → 5. Aufl. 2017, UrhWG § 7 Rn. 8f.
[5] Vgl. → 5. Aufl. 2017, UrhWG § 7 Rn. 2ff.
[6] AmtlBegr. BT-Drs. 18/7223 S. 81.
[7] Zum Begriff der Mitgliederhauptversammlung → § 17 Rn. 3.
[8] → § 17 Rn. 6.

werden mussten. Dass zumindest die Grundsätze des Verteilungsplans Bestandteil der Satzung sind, entspricht allerdings idR. ohnehin der Praxis von Verwertungsgesellschaften.[9]

Die früher in **§ 7 S. 2 UrhWG** enthaltene Forderung, **kulturell bedeutende Werke und Leistungen** zu fördern, wurde dagegen in das VGG übernommen; allerdings nicht in § 27, sondern in **§ 32 Abs. 1.**[10]

b) § 27 Abs. 2. § 27 Abs. 2 enthält eine Bestimmung zur Regelung im Verteilungsplan betref- **4** fend die Verteilung der Einnahmen aus der Wahrnehmung von Rechten an mehrere Rechtsinhaber gemeinsam. § 27 Abs. 2 steht in engem Zusammenhang mit § 27a und ist ebenso wie dieser neu im Vergleich zum UrhWG. Diese beiden Bestimmungen waren weder im Regierungsentwurf des VGG noch ursprünglich im VGG selbst enthalten, als es am 1.6.2016 in Kraft trat. Sie wurden dem VGG erst später hinzugefügt als Reaktion des Gesetzgebers auf eine langjährige Kontroverse und die jüngere Rechtsprechung des EuGH und des BGH betreffend die Verlegerbeteiligung.[11] **§ 27 Abs.** 2 wurde zusammen mit § 27a als Teil des Gesetzes vom 20. Dezember 2016[12] verabschiedet und in das VGG eingefügt als eine der ersten Änderungen nach Inkrafttreten des VGG.

§ 27 Abs. 2 erlaubt es einer Verwertungsgesellschaft, die Rechte für mehrere Rechtsinhaber gemeinsam wahrnimmt, in ihrem Verteilungsplan zu regeln, dass die Einnahmen aus der Wahrnehmung dieser Rechte nach festen Anteilen verteilt werden, und zwar unabhängig davon, wer die Rechte eingebracht hat. Dabei war § 27 Abs. 2 seinerzeit als **Übergangsregelung** gedacht und sollte im Ergebnis bewirken, dass Verleger „nach den engen Maßgaben des derzeit noch gültigen Unionsrechts" **weiter** an den Einnahmen aus diesen Rechten **beteiligt** werden können.[13] Diese Bestimmung ist nunmehr an der DSM-RL zu messen.

II. Verteilungsplan

1. § 27 Abs. 1 – Verteilungsplan

a) Pflicht zur Aufstellung eines Verteilungsplans. § 27 Abs. 1 enthält den **zentralen 5 Grundsatz** für die Verteilung der Einnahmen aus den Rechten:[14] Das Gebot zur Aufstellung eines Verteilungsplans gem. § 27 Abs. 1 konkretisiert die allgemeinen gem. § 23 bei der Verteilung der Einnahmen zu beachtenden Prinzipien. Der Verteilungsplan wird in § 27 Abs. 1 definiert als „feste Regeln", „die ein willkürliches Vorgehen bei der Verteilung der Einnahmen aus den Rechten ausschließen". Der Verteilungsplan muss Angaben dazu enthalten, nach welchen Regeln die Verteilung der Einnahmen aus den Rechten vorgenommen werden soll. Über die Aufstellung des Verteilungsplans hat gem. § 17 Abs. 1 S. 2 Nr. 6 die Mitgliederhauptversammlung[15] zu entscheiden.[16]

Gem. § 27 Abs. 1 hat jede **Verwertungsgesellschaft iSv. § 2**[17] die Pflicht zur Aufstellung eines Verteilungsplans. Diese Pflicht trifft auch **abhängige Verwertungseinrichtungen iSv. § 3**,[18] soweit sie Tätigkeiten einer Verwertungsgesellschaft ausüben.[19]

Nach der **Legaldefinition** in § 27 Abs. 1 sind **Verteilungspläne** feste Regeln zur Verteilung der Einnahmen auf die Berechtigten (Mitglieder und Nichtmitglieder) entsprechend deren Anteil am von der Verwertungsgesellschaft erwirtschafteten Gesamtertrag. Die Verteilungspläne regeln also die Herausgabe des Erlangten iSv § 667 BGB[20] und sind in der Regel fester **Bestandteil des Wahrnehmungsvertrages.** Daraus folgt, dass sie wie dieser als allgemeine Geschäftsbedingungen einzuordnen sind, die der Inhaltskontrolle gem. § 307 BGB unterliegen, und zwar unabhängig davon, ob alle Wahrnehmungsberechtigten Unternehmer iSv. § 14 BGB sind.[21] Dabei wurden iRv. § 7 UrhWG **Änderungen des Verteilungsplans** (auf der Grundlage eines dynamischen Verweises im Wahrneh-

---

[9] Vgl. § 17 der Satzung der GEMA (bei *Hillig,* Urheber- und Verlagsrecht, Beck'sche Textausgabe, 18. Aufl. 2019, Nr. 16); § 10 der Satzung der VG Wort (bei *Hillig,* Urheber- und Verlagsrecht, Beck'sche Textausgabe, 18. Aufl. 2019, Nr. 17).

[10] → § 32 Rn. 4.

[11] Zu dieser Kontroverse → Rn. 11.

[12] Gesetz vom 20. Dezember 2016 zur verbesserten Durchsetzung des Anspruchs der Urheber und ausübenden Künstler auf angemessene Vergütung und zur Regelung von Fragen der Verlegerbeteiligung (BGBl. I S. 3037).

[13] Zu den § 27 Abs. 2 zugrunde liegenden Überlegungen s. Beschlussempfehlung und Bericht des Ausschusses für Recht und Verbraucherschutz, BT-Drs. 18/10637, S. 20; im Einzelnen → Rn. 12 ff.

[14] Zum Begriff der Einnahmen aus den Rechten → § 23 Rn. 4.

[15] Zum Begriff der Mitgliederhauptversammlung → § 17 Rn. 3.

[16] Diese Beschlusskompetenz kann gem. § 17 Abs. 2 nicht auf das Aufsichtsgremium übertragen werden; → § 17 Rn. 6.

[17] Zum Begriff der Verwertungsgesellschaft → § 2 Rn. 5 ff.

[18] Zum Begriff der abhängigen Verwertungseinrichtung → § 3 Rn. 3.

[19] Gem. § 3 Abs. 2 S. 1; → § 3 Rn. 4.

[20] *Riesenhuber* S. 21.

[21] BGH GRUR 2013, 375 Rn. 13 f. – Missbrauch des Verteilungsplans; BGH GRUR 2016, 606 Rn. 17 f. – Allgemeine Marktnachfrage; aA *Flechsig* ZUM 2013, 745 (751 f.).

mungsvertrag zur einseitigen Änderung der Verteilungspläne durch Beschluss der Mitgliederversammlung) im Interesse aller Beteiligten für zulässig gehalten.[22]

Die Pflicht zur Aufstellung von Verteilungsplänen gem. § 27 Abs. 1 ist, entsprechend der Vorgängerbestimmung § 7 S. 1 UrhWG, Konsequenz der **Treuhandstellung der Verwertungsgesellschaften** gegenüber den Berechtigten und soll gewährleisten, dass die Verwertungsgesellschaften die Einnahmen aus der Wahrnehmung der ihnen anvertrauten Rechte und Ansprüche **gerecht verteilen**.[23] Durch die Aufstellung des Verteilungsplans übt die Verwertungsgesellschaft ihr Leistungsbestimmungsrecht gem. § 315 BGB aus. Der Verteilungsplan muss und kann nicht alle Modalitäten der verwaltungsmäßigen Abwicklung der Erlösverteilung enthalten, wohl aber als solche Elemente der Berechnung der Verteilung, die entscheidenden Einfluss darauf haben, in welchem Umfang bestimmte Nutzungsvorgänge bei der Erlösverteilung berücksichtigt werden.[24]

6   **b) Die inhaltliche Ausgestaltung des Verteilungsplans. (1) Gebot der Klarheit und Transparenz.** Der Verteilungsplan muss inhaltlich so gestaltet sein, dass er nach seinem Wortlaut ein willkürliches Vorgehen bei der späteren Verteilung ausschließt. Er muss demnach so konkret gefasst sein, dass er **die Verteilung hinreichend vorbestimmt** und sich schon an ihm deren Ablauf absehen und beurteilen lässt. Dabei wird § 27 Abs. 1 der Anwendung von Korrekturfaktoren bei der Ausschüttung der Einnahmen in bestimmten Grenzen zwar nicht entgegenstehen; insgesamt müssen aber die Regeln des Verteilungsplans dem **Transparenzgebot** gem. § 307 Abs. 1 S. 2 BGB genügen, das auch das Bestimmtheitsgebot einschließt. Für die Auslegung des Verteilungsplans ist dabei das Verständnis des Berechtigten maßgeblich.[25]

7   **(2) Der Inhalt des Willkürverbots.** Der Verteilungsplan unterliegt gem. § 27 Abs. 1 dem **Willkürverbot**. Der Verwertungsgesellschaft kommt beim Aufstellen und Ändern der Regeln des Verteilungsplans innerhalb der Grenzen des erwähnten Transparenz- und Bestimmtheitsgebots und der Willkür ein **weiter Ermessensspielraum** zu.[26] Der Inhalt des Willkürverbots leitet sich aus Art. 3 GG ab. Danach liegt Willkür dann vor, wenn ohne zureichenden sachlichen Grund „wesentlich Gleiches ungleich" oder „wesentlich Ungleiches gleich" behandelt wird,[27] sich also ein vernünftiger, sich aus der Sache ergebender sonstwie sachlich einleuchtender Grund für die Differenzierung oder Gleichbehandlung nicht finden lässt.[28] Angewandt auf die Verteilung des Einnahmeaufkommens gem. § 27 Abs. 1 bedeutet dies, dass der Verteilungsplan die Berechtigten bei der Einnahmezuteilung zwar nicht etwa grundsätzlich gleich behandeln, aber für ihre unterschiedliche Behandlung objektive, nicht diskriminierende und sachliche Gründe aufweisen muss. Der Verteilungsplan wird daher insbesondere nach Werkarten und Nutzungsarten differenzieren müssen,[29] kann aber Pauschalierungen und sonstige Vereinfachungen enthalten.[30]

8   **(3) Das Willkürverbot als Gegenstand der Aufsicht.** Die Verwertungsgesellschaften haben das Willkürverbot bzgl. des Verteilungsplans im Verhältnis zu allen Berechtigten, gegenüber Nichtmitgliedern wie gegenüber Mitgliedern, zu beachten. Als zwingende Vorschrift unterliegt die Beachtung des Willkürverbots bei der Aufstellung von Verteilungsplänen gem. § 27 Abs. 1, wie schon gem. der Vorgängerbestimmung § 7 S. 1 UrhWG, der Aufsicht nach den §§ 75 ff., die eine „abstrakte Kontrolle" auf „willkürliches Vorgehen" zum Inhalt hat;[31] der Verteilungsplan ist also insoweit von der Aufsichtsbehörde überprüfbar. Diese **Aufsicht über den Verteilungsplan** kann deshalb auch die Vereinsautonomie und einzelvertragliche Abmachungen[32] überlagern: Selbst wenn der Verteilungsplan durch die Mitgliederhauptversammlung gem. § 17 Abs. 1 S. 2 Nr. 6 ordnungsgemäß beschlossen worden ist, kann die Aufsichtsbehörde ihn nach § 27 Abs. 1 überprüfen und bei Verstoß gegen das Willkürverbot Abänderung verlangen.

Während § 27 Abs. 1 hinsichtlich der Verteilungspläne lediglich eine **Willkürkontrolle** durch die Aufsichtsbehörde vorsieht, unterliegen die Wahrnehmungsbedingungen, die die Verwertungsgesellschaft den Berechtigten einräumt, insgesamt gemäß § 9 S. 2 einer – weitergehenden – **Angemessen-**

---

[22] Vgl. BGH GRUR 2014, 769 Rn. 13 – Verrechnung ausgeschlossener Musikfolgen; einschränkend v. Ungern-Sternberg GRUR 2015, 205 (220); vgl. *Heker/Riemer*, FS Pfennig (2012), S. 419 (432 ff.); dies im Gegensatz zur Änderung des Berechtigungsvertrages als individualrechtliche Vereinbarung → § 9 Rn. 16.

[23] → § 2 Rn. 6 f.; zur Treuhandstellung der Verwertungsgesellschaften → Einl. VGG Rn. 10 ff.; für das UrhWG AmtlBegr. BT-Drs. IV/271 S. 16.

[24] BGH GRUR 2005, 757 (760) – PRO-Verfahren; BGH GRUR 2016, 606 Rn. 54 – Allgemeine Marktnachfrage.

[25] BGH GRUR 2013, 375 Rn. 40 – Missbrauch des Verteilungsplans; BGH GRUR 2016, 606 Rn. 19 ff. – Allgemeine Marktnachfrage; → § 9 Rn. 15; aA *Ventroni* ZUM 2017, 187 (190).

[26] BGH GRUR 2014, 479 Rn. 24 f. (u. Rn. 14 f. zum Haftungsumfang der Verwertungsgesellschaft bei vermeidbarem Rechtsirrtum) – Verrechnung von Musik in Werbefilmen; BGH GRUR 2016, 606 Rn. 37 – Allgemeine Marktnachfrage.

[27] BVerfGE 4, 144 (155); st. Rspr.

[28] BVerfGE 1, 14 (52).

[29] Vgl. zum Verteilungsplan der VG Wort *Melichar* S. 147 ff.

[30] BGH ZUM 1989, 80 (82) – GEMA-Wertungsverfahren; im Einzelnen → Rn. 10.

[31] BGH ZUM 1989, 80 (84) – GEMA-Wertungsverfahren (zu § 7 und §§ 18, 19 UrhWG).

[32] Vgl. Richtlinie des DPA für die Aufkommensverteilung und Verteilungsvereinbarung, ZUM 1989, 506 (508).

heitskontrolle.[33] Diese Konstellation entspricht dem Verhältnis der Vorgängerbestimmung des § 7 S. 1 UrhWG zu § 6 Abs. 1 UrhWG (dem Vorgänger von § 9 S. 2 VGG).[34] Zum Teil wurde daher iRv. § 7 S. 1 UrhWG angenommen, dass die Angemessenheitskontrolle nach § 6 Abs. 1 UrhWG durch die Aufsichtsbehörde auch die Verteilungspläne erfasste, die ja selbst entscheidender Bestandteil der Wahrnehmungsbedingungen sind und das Angemessenheitsgebot (früher des § 6 UrhWG, heute des § 9 S. 2 VGG) konkretisieren.[35] Würde man diese Argumentation auf § 27 Abs. 1 anwenden, hätte dies zur Folge, dass die Aufsichtsbehörde iSv. § 75 im Detail überwachen müsste, ob die einzelnen Regeln der Verteilungspläne „angemessene Bedingungen" darstellen, sich also nicht nur im Rahmen des Willkürverbots bewegen, sondern zu den Rechten und Ansprüchen der Berechtigten im Einzelnen in einem ausgewogenen Verhältnis stehen.[36]

Dieser Auffassung steht der eindeutige (insoweit mit der Vorgängerbestimmung § 7 S. 1 UrhWG übereinstimmende) Wortlaut von § 27 Abs. 1 entgegen. Außerdem würde eine eingehende Angemessenheitskontrolle jedes Verteilungsplans die Aufsichtsbehörde überfordern und ihr eine geradezu dirigistische Bevormundung in der Bewertung kultureller Werke ermöglichen. Die zahlreichen Einzelbeispiele bei *Vogel*[37] belegen, welche Last der Aufsichtsbehörde damit aufgebürdet würde. Auch wenn Angemessenheits- und Willkürkontrolle bei Verteilungsplänen in der Praxis häufig auf dasselbe Ergebnis hinauslaufen werden, ist deshalb doch davon auszugehen, dass hinsichtlich der Verteilungspläne die Angemessenheitskontrolle der Aufsichtsbehörde auf die Einhaltung des Willkürverbots beschränkt bleibt.[38]

§ 27 Abs. 1 geht daher in Bezug auf die Verteilungspläne und deren Kontrolle durch die Aufsichtsbehörde § 9 S. 2 vor. In der Praxis dürfte dieser Unterschied allerdings begrenzte Auswirkungen haben und das Willkürverbot idR. auf ein Verbot offensichtlich unangemessener Verteilungspläne hinauslaufen.[39]

(4) Das Gebot der leistungsgerechten Ausschüttung. Als zentraler Grundsatz[40] stellt § 27 Abs. 1, wie schon die Vorgängerbestimmung des § 7 S. 1 UrhWG, auf Regeln für den Verteilungsplan als Grundlage für eine dem Willkürverbot entsprechende Verteilung der Einnahmen ab und soll damit im Ergebnis die korrekte und leistungsgerechte Ausschüttung der den Rechtsinhabern zustehenden Beträge gewährleisten; das entspricht auch den Vorgaben der VG-RL[41]

Grundsätzlich gilt, dass die Wahrnehmungsberechtigten beanspruchen können, mit dem Anteil an den Einnahmen der Verwertungsgesellschaft beteiligt zu werden, der den von ihr durch die Auswertung der Rechte erzielten Erlösen entspricht.[42] Aus Sinn und Zweck des Wahrnehmungsvertrages folgt, dass der Verwertungsgesellschaft bei der Verteilung der Einnahmen aufgrund des Verteilungsplans ein Leistungsbestimmungsrecht iSv. § 315 BGB zukommt, das sie nach billigem Ermessen und willkürfrei auszuüben hat.[43] Bei der Verteilung der Einnahmen nach diesen Grundsätzen ist nicht nur ein einziges Ergebnis „richtig" und angemessen. Für die Verteilung der Einnahmen muss die Verwertungsgesellschaft die Berechnungsmethoden verwenden, die zur **Ausschüttung eines möglichst leistungsgerechten Anteils** an den Einzelnen, also zu möglichst gerechten und damit angemessenen Ergebnissen führen. Die Berechnungsmethoden sind auch, soweit möglich, sinnvoll weiterzuentwickeln und zu verbessern. Dabei sind Schätzungen, gewisse Vereinfachungen, und insbesondere **Typisierungen und Pauschalierungen,** die die Umstände des Einzelfalls nur bedingt berücksichtigen können, in gewissem Umfang unvermeidlich, jedenfalls soweit die Nutzungsvorgänge nur mit unverhältnismäßig hohem Aufwand individuell erfasst werden können;[44] das Streben nach größtmöglicher Einzelfallgerechtigkeit bei der Verteilung der Einnahmen ist durch die Verpflichtung der Verwertungsgesellschaft relativiert, ihren Verwaltungsaufwand in einem angemessenen Verhältnis zu ihren

9

---

[33] → § 9 Rn. 10.

[34] Vgl. → 5. Aufl. 2017, UrhWG § 7 Rn. 5.

[35] *Nordemann* GRUR-Int 1973, 306 (308); Fromm/Nordemann/*W. Nordemann/Wirtz*, 11. Aufl., UrhWG § 7 Rn. 5; *Vogel* GRUR 1993, 513 (521); Dreier/Schulze/*Schulze* § 27 Rn. 5 gehen davon aus, dass „willkürfrei zwangsläufig auch angemessen" sein müsse; Heidelberger Kommentar/*Zeisberg* UrhWG § 7 Rn. 5; *Wiesemann* S. 71 f.; ähnlich *Schunke* ZUM 2015, 37 (42).

[36] → § 9 Rn. 11.

[37] *Vogel* GRUR 1993, 513 (522 ff.).

[38] *Häußer* FuR 1980, 57 (68); *Mestmäcker/Schulze* UrhWG § 7 Anm. 1; *Menzel* S. 52; *Melichar* UFITA 117 (1991), 5 (15 f.); Wandtke/Bullinger/*Gerlach* § 27 Rn. 5; *Riesenhuber* S. 78 ff. mwN; den „ausserordentlich weiten Spielraum" bei der Verteilung der Einnahmen betont BGH GRUR 2014, 479 Rn. 25 – Verrechnung von Musik in Werbefilmen; einschränkend *v. Ungern-Sternberg* GRUR 2015, 205 (220).

[39] So auch im Ergebnis schon die Richtlinie des DPA für die Aufkommensverteilung und Verteilungsvereinbarung, ZUM 1989, 506 (508 f.); *Häußer*, FS Kreile (1994), S. 281 (285); *Flechsig* ZUM 2013, 745 (748); ähnlich auch *Reber* GRUR 2000, 203 (208 f.); *Augenstein* S. 58 ff.; *Schack* Rn. 1335, die das Angemessenheitsgebot als allgemeinen und daher als auch die Verteilungspläne erfassenden Grundsatz verstehen.

[40] AmtlBegr. BT-Drs. 18/7223 S. 81.

[41] Vgl. Art. 13 Abs. 1 VG-RL: „… die den Rechtsinhabern zustehenden Beträge … regelmäßig, sorgfältig und korrekt verteilen und ausschütten"; AmtlBegr. BT-Drs. 18/7223 S. 81.

[42] BGH ZUM-RD 2012, 514 Rn. 11 – Delcantos Hits.

[43] Zum Wahrnehmungsvertrag → § 9 Rn. 15 ff.

[44] BVerfG ZUM 1997, 555; BGH GRUR 2013, 1220 Rn. 76 – Gesamtvertrag Hochschul-Intranet; BGH GRUR 2014, 479 Rn. 22 ff. – Verrechnung von Musik in Werbefilmen; *Augenstein* S. 58 ff.

Einnahmen zu halten. Auch sind betriebswirtschaftliche Überlegungen und **die Interessen aller vertretenen Berechtigten** mit einzubeziehen.[45] Deshalb ist die Verwertungsgesellschaft im Interesse aller Berechtigten an einer möglichst leistungsgerechten Ausschüttung auch gehalten, unzureichend belegte Meldungen zurückzuweisen oder zurückzustellen[46] und die Ausschüttung auch regelmäßig vom Einhalten von Meldefristen abhängig zu machen.[47]

10   **(5) Einzelfragen.** Als nach dem Maßstab des Willkürverbots nicht zu beanstanden wurden bereits im Zusammenhang mit § 7 S. 1 UrhWG die kurzen **Ausschlussfristen** für die Geltendmachung von Ansprüchen gegenüber Verwertungsgesellschaft gewertet mit dem Argument, die zwischen Verwertungsgesellschaft und Berechtigtem vereinbarte Verkürzung der gesetzlichen Verjährungsfrist in Gestalt kurzer Meldefristen für Rechte und Ansprüche sei sachlich gerechtfertigt, um der Verwertungsgesellschaft eine möglichst kurzfristige Ausschüttung der Einnahmen an die Berechtigten ohne hohe Verwaltungskosten zu ermöglichen.[48] Die Verwertungsgesellschaft kann auch **Belege für die Berechtigung einer Meldung** verlangen und unzureichend belegte Meldungen zurückweisen; in Fällen, in denen ein Missbrauch von Seiten des Meldenden naheliegen, kann sie zusätzliche Belege und Nachweise verlangen.[49] Wurden unzureichend belegte oder unglaubwürdige Meldungen von der Verrechnung zurückgestellt oder ausgeschlossen, ist der Berechtigte nicht gehindert, seinen Anspruch auf Beteiligung am Vergütungsaufkommen und die Anspruchsvoraussetzungen ggf. gerichtlich klären zu lassen.[50]

Als nicht willkürlich und das Gebot der leistungsgerechten Ausschüttung respektierend ist auch die Praxis der Verwertungsgesellschaften anzusehen, **pauschalierte Berechnungen nach Punktebewertungssystemen** in solchen Nutzungsbereichen vorzunehmen, in denen der einzelne Nutzungsvorgang und die Nutzungsfrequenz nicht konkret kontrolliert werden können.[51] Dementsprechend wurde als angemessene Ausübung des Leistungsbestimmungsrechts der Verwertungsgesellschaft gem. § 315 BGB ein Verfahren angesehen, wonach die **Aufführungshäufigkeit von Werken** auf der Grundlage von Programmangaben und einer Hochrechnung auf Grund von Aufführungsorten und -zeiten berechnet wurde.[52] Da sich ein Einzelnachweis über Verleihvorgänge iR. von § 27 Abs. 2 UrhG wegen des damit verbundenen ungeheuren Aufwandes meist verbietet, dürfte es auch mit § 27 Abs. 1 VGG vereinbar sein, die **Verleihhäufigkeit** aus dem Vorhandensein des betreffenden Buches in einer Mindestzahl von öffentlichen Bibliotheken zu schließen.[53] Andererseits wird die Erfassung von Verleihvorgängen durch die zunehmende elektronische Ausleihverbuchung erleichtert werden.[54]

Die Regelung im Verteilungsplan einer Verwertungsgesellschaft, wonach nur (Wort-)Beiträge von mindestens zwei Schreibmaschinenseiten **meldefähig** sind, ist unter wirtschaftlichen Gesichtspunkten gerechtfertigt und damit weder willkürlich noch unangemessen.[55] Weitere Einzelfragen betreffen die Behandlung der Urheber verbundener Werke oder die Quoten der Verteilungspläne.[56]

Vielfach diskutiert wurde das von der **GEMA** auf die Verteilung der Einkünfte angewandte **Wertungsverfahren.** Danach werden in einem mehrstufigen Verfahren zusätzlich zur Häufigkeit der Aufführung eines Werkes auch andere Faktoren, wie zB. die Art des Werkes (sog. E- oder U-Musik), das Gesamtschaffen oder die künstlerische Persönlichkeit des Urhebers bewertet und für die Verteilung der Einnahmen berücksichtigt.[57] Die Begründung für dieses Wertungsverfahren wird im Auftrag der Verwertungsgesellschaft gesehen, über die leistungsorientierte Ausschüttung der Einnahmen aufgrund des Verteilungsplans hinaus kulturell bedeutende Werke zu fördern.[58]

---

[45] OLG München ZUM 2002, 747 (748); BGH GRUR 2005, 757 (759 ff.) – PRO-Verfahren; BGH GRUR 2002, 332 (335) – Klausurerfordernis; zum Wirtschaftlichkeitsgebot der treuhänderischen Mittelverwaltung durch die Verwertungsgesellschaft vgl. BGH GRUR 2014, 769 Rn. 21 – Verrechnung ausgeschlossener Musikfolgen.

[46] BGH GRUR 2013, 375 Rn. 22 – Missbrauch des Verteilungsplans.

[47] BGH GRUR 2004, 767 (768) – Verteilung des Vergütungsaufkommens; ausführlich *Riesenhuber* ZUM 2005, 136.

[48] *Häußer* FuR 1980, 57 (68 f.); vgl. BGH GRUR 2004, 767 (768) – Verteilung des Vergütungsaufkommens; zu Ausschlussfristen, Verjährung und Verwirkung vgl. *Bezzenberger/Riesenhuber* GRUR 2003, 1005 (1009 f. mwN).

[49] BGH GRUR 2004, 767 (768 f.) – Verteilung des Vergütungsaufkommens.

[50] BGH GRUR 2014, 769 Rn. 35 – Verrechnung ausgeschlossener Musikfolgen.

[51] Vgl. BGH GRUR 1966, 567 (569) – GELU; *Melichar* S. 65.

[52] BGH GRUR 2005, 757 – PRO-Verfahren.

[53] OLG Hamburg ZUM 2003, 501 (502) (für § 7 S. 1 UrhWG).

[54] Vgl. Ziff. 3 der Zusatzvereinbarung zum Gesamtvertrag über die Bibliothekstantieme (bei *Hillig,* Urheber- und Verlagsrecht, Beck'sche Textausgabe, 18. Aufl. 2019, Nr. 17a).

[55] OLG München ZUM 2002, 747 (für § 7 S. 1 UrhWG).

[56] Zur Anwendung der Verteilungspläne auf Urheber verbundener Werke vgl. *Seibt/Wiechmann* GRUR 1995, 562; zur Forderung, Urheber und ausübende Künstler in den Quoten der Verteilungspläne grundsätzlich gegenüber anderen Rechtsinhabern zu begünstigen vgl. *Reber* GRUR 2000, 203 (209 ff.); zu weiteren Beispielen vgl. *Vogel* GRUR 1993, 513 (522 ff.).

[57] Zum Wertungsverfahren der GEMA *Riesenhuber* in: Heker/Riesenhuber (Hrsg.), Recht und Praxis der GEMA, 550 ff.; vgl. BGH ZUM 1989, 80 – GEMA-Wertungsverfahren – mit ausführlicher Erörterung kartellrechtlicher Gesichtspunkte; umfassend zur Rechtsprechung betreffend die Verteilungspläne der GEMA *Hertin* ZUM 2015, 211; zur Anwendung des Willkürverbots gem. § 7 S. 1 UrhWG und des Transparenzgebots gem. § 307 BGB auf die Unterscheidung zwischen E- und U-Musik in den Verteilungsplänen der GEMA *Riesenhuber* GRUR 2014, 443; kritisch *Katzenberger/Nérisson* GRUR-Int 2011, 283 (286 ff.); *Hertin* GRUR 2013, 469 (475).

[58] Dreier/Schulze/*Schulze* § 27 Rn. 14 mwN.

2. § 27 Abs. 2 – Verteilung der Einnahmen an mehrere Rechtsinhaber

a) Hintergrund: Die Kontroverse über die Verlegerbeteiligung. Seit geraumer Zeit wurde 11 die Frage kontrovers diskutiert, ob die aufgrund der Satzungen und Verteilungspläne der VG Wort oder der GEMA gängige Praxis der bis zu 50%igen **Beteiligung der Verleger** an den Einnahmen der Verwertungsgesellschaften gegen das Willkürverbot nach dem bisherigen § 7 S. 1 UrhWG verstieß. Strittig war, ob die dieser Praxis zugrunde liegenden Bestimmungen der Satzung und/oder des Verteilungsplans nicht zumindest dann als **willkürlich** und damit unwirksam anzusehen waren, wenn der Urheber seine gesetzlichen Vergütungsansprüche, etwa aus § 54 UrhG, der Verwertungsgesellschaft zur Wahrnehmung überlassen hatte, bevor er für seine Werke Verlagsverträge abgeschlossen und dem Verleger diese Ansprüche abgetreten hatte.

Die Befürworter der Zulässigkeit einer derartigen Verlegerbeteiligung qua Satzung/Verteilungsplan sehen Urheber und Verleger seit jeher in einer Solidargemeinschaft, verweisen auf die zB. in der GEMA seit 1903 und in der VG Wort seit 1958 gängige Praxis als Gewohnheitsrecht, beziehen sich auf die entsprechenden Wertungen des Gesetzgebers in § 63a UrhG,[59] rechtfertigen die Verlegerbeteiligung mit dem Leistungsprinzip[60] oder hielten sie iRv. § 7 S. 1 UrhWG sogar für geboten.[61]

Dem steht die Auffassung gegenüber, dass eine Beteiligung der Verleger an den Einnahmen der Verwertungsgesellschaft lediglich auf der Grundlage von abgeleiteten Rechten – und damit eine Sonderstellung – nicht gerechtfertigt sei, da Verleger gegenüber der Verwertungsgesellschaft nicht im Interesse der Urheber tätig würden und mit einem eigenen Anteil lediglich den Anteil der Urheber an den Einnahmen verminderten; damit sei die Einnahmeverteilung auch nicht mehr leistungsgerecht und eben als willkürlich einzustufen.[62]

Außerdem wurde angenommen, dass eine Beteiligung der Verleger an gesetzlichen Vergütungsansprüchen gegen **Unionsrecht** verstoße. Begründet wurde dies mit dem Hinweis auf die Rechtsprechung des EuGH, wonach gem. **Art. 5 Abs. 2 Buchst. b) InfoSoc-RL** die Vergütungsansprüche des „gerechten Ausgleichs" unmittelbar oder mittelbar, aber jedenfalls zu 100%, allein den originären Rechtsinhabern zukommen müssten, nicht verzichtbar seien und keiner Abtretungsvermutung unterliegen dürften.[63] Und schließlich wurde dem „Reprobel"-Urteil des EuGH entnommen, dass die Ausschüttung der Einnahmen der Verwertungsgesellschaften an die Urheber generell nicht durch eine Verlegerbeteiligung geschmälert werden dürfe.[64] Hiergegen wurde eingewandt, aus der InfoSoc-RL, einschließlich ihrer Bestimmungen zum „gerechten Ausgleich", lasse sich nicht ableiten, dass die dort genannten „Rechtsinhaber" ihre Ansprüche nicht abtreten, oder zumindest doch iRd. kollektiven Wahrnehmung etwa die Verlage daran teilhaben lassen können, denn die Richtlinie stelle ihrer Natur nach eine **Mindestharmonisierung** dar: Die InfoSoc-RL stelle es laut ihrem Erwägungsgrund (36) den Mitgliedstaaten frei, auch andere in der Richtlinie genannte Ausnahmen von der Zahlung eines gerechten Ausgleichs abhängig zu machen, erlaube es ihnen aber ebenso, (auch abtretbare, vgl. § 63a UrhG) Ansprüche der Rechtsinhaber auf angemessene Vergütung vorzusehen, die über die – als Mindestrecht konzipierten – Ansprüche auf einen „gerechten Ausgleich" hinausgehen.[65] Aus dem EU-Recht dürfte sich demnach schon bisher ein generelles Verbot der Beteiligung von Verlegern an den Einnahmen der Urheber aus gesetzlichen Vergütungsansprüchen nicht ohne Weiteres ableiten lassen, zumal **Art. 3 Buchst. c) VG-RL** den Begriff der Rechtsinhaber im hier relevanten Umfeld der

---

[59] Vgl. *Melichar* UFITA 117 1991, 5 (9): „Cohabitation" von Autoren und Verlegern in Verwertungsgesellschaften; Überblick bei *Loewenheim/Melichar* § 47 Rn. 5; für die gesetzlichen Vergütungsansprüche gem. § 63a UrhG und zur Chronik des Streits vgl. *Melichar,* FS Wandtke (2013), S. 243 mwN; *Riesenhuber* ZUM 2012, 746; *Dreier/Schulze/Schulze* § 63a UrhG Rn. 12; ähnlich auch die Begründung im Regierungsentwurf zu § 63a UrhG, AmtlBegr. BT-Drs. 16/1828 S. 32, wonach eine Verlegerbeteiligung für wünschenswert gehalten und sichergestellt werden sollte.

[60] *Müller* ZUM 2014, 781; aA *v. Ungern-Sternberg* GRUR 2015, 205 (219 u. Fn. 245).

[61] *Denga* S. 179 ff. begründet dies mit einem „ganzheitlichen Systemansatz"; dagegen *Flechsig* ZUM 2015, 355 (356); positiv zur Verlegerbeteiligung auch schon *Vogel* GRUR 1993, 513 ff.; DPA UFITA 81 (1978), 348; vgl. auch DPA ZUM 1989, 506.

[62] Vgl. *Schack* Rn. 1310; Fromm/Nordemann/*W. Nordemann/Wirtz,* 11. Aufl., UrhWG § 7 Rn. 10; *v. Ungern-Sternberg* GRUR 2014, 209 (223, Fn. 250 ff.); *v. Ungern-Sternberg* GRUR 2015, 205 (219); vgl. auch *Schunke* ZUM 2015, 37.

[63] Vgl. EuGH Rs. C-521/11 GRUR-Int 2013, 949 Rn. 48, 54 – Amazon; EuGH Rs. C-277/10 GRUR Int. 2012, 341 Rn. 96 ff., 105, 108 – Luksan; *v. Ungern-Sternberg* GRUR 2014, 209 (223 Fn. 250 ff. mwN; *v. Ungern-Sternberg* GRUR 2015, 205 (219) (214 u. Fn. 160 zum seinerzeit noch beim EuGH anhängigen Verfahren „Reprobel" Rs. C-572/13).

[64] EuGH Rs. C-572/13 GRUR-Int 2016, 28 – Reprobel; *v. Ungern-Sternberg* GRUR 2016, 38; *v. Ungern-Sternberg* GRUR 2016, 321 (329 f.); aA *Kraßer* GRUR 2016, 129; kritisch auch *Rosenkranz* ZUM 2016, 160.

[65] Hierzu und zum Begriff des „gerechten Ausgleichs" vgl. *Reinbothe* in Riesenhuber (Hrsg.), Die „Angemessenheit" im Urheberrecht, 2013, 141; *Reinbothe* GRUR-Prax 2015, 454; vgl. hierzu anderes ergibt sich aus EuGH GRUR 2014, 360 Rn. 33 ff. – Svensson –, da dort eine Vollharmonisierung nur für Art. 3 der InfoSoc-RL (Recht der öffentlichen Wiedergabe) angenommen wird; aA offenbar *v. Ungern-Sternberg* GRUR 2015, 205 (207); ähnlich *Koch/Druschel* GRUR 2015, 957 (969 f.), die den Begriff des „gerechten Ausgleichs" als Obergrenze für gesetzliche Vergütungsansprüche ansehen wollen; der EuGH geht in seiner Entscheidung „Reprobel" auf diese Gesichtspunkte nicht ein und setzt offenbar, entsprechend der überaus eng gefassten Vorlagefrage des belgischen Gerichts, den Begriff des „gerechten Ausgleichs" in der InfoSoc-RL 2001/29/EG mit dem Begriff der „Vergütung" im belgischen URG gleich; EuGH GRUR-Int 2016, 28 Rn. 44 ff. – Reprobel.

kollektiven Rechtewahrnehmung sehr weit fasst. Es wurde daher auch angenommen, dass die Stärkung der Rechte der Wahrnehmungsberechtigten und die weite Definition des Begriffs „Rechtsinhaber" sowohl in Art. 3 Buchst. c) VG-RL als auch in den §§ 5 und 9 VGG iVm. § 27 Abs. 1 VGG, der nahezu wörtlich den bisherigen § 7 S. 1 UrhWG übernimmt,[66] dazu führt, dass eine privatrechtlich vereinbarte Aufteilung der Erlöse zumindest in Zukunft nicht mehr zu beanstanden sei.[67] Vor diesem Hintergrund dürfte die Bedeutung der „Reprobel"-Entscheidung des EuGH[68] für die Beteiligung der Verleger zu relativieren sein.

Durch das **Urteil des BGH v. 21.4.2016**[69] wurde dieser Streit über die Beurteilung der Verlegerbeteiligung iRd. Willkürverbots des bisherigen § 7 S. 1 UrhWG entschieden. Danach war es mit § 7 S. 1 UrhWG nicht vereinbar und stellte einen Verstoß gegen das dort niedergelegte **Willkürverbot** dar, wenn Verlegern nach der Satzung der Verwertungsgesellschaft ein ihrer verlegerischen Leistung entsprechender Anteil am Ertrag zusteht und sie nach dem Verteilungsplan der Verwertungsgesellschaft einen pauschalen Anteil an der Verteilungssumme erhalten, unabhängig davon, ob und inwieweit die Einnahmen der Verwertungsgesellschaft auf der Wahrnehmung der ihr von Verlegern eingeräumten Rechte oder übertragenen Ansprüche beruhen. Nach Auffassung des BGH sind Verlage Nichtberechtigte ohne eigene (originäre) Urheber- oder Leistungsschutzrechte. Daher handelte die Verwertungsgesellschaft entgegen ihrer Treuhandfunktion und damit **willkürlich iSv. § 7 S. 1 UrhWG,** wenn sie diese **Nichtberechtigten an der Verteilung der Erlöse aus gesetzlichen Vergütungsansprüchen beteiligte.** Dabei stützte sich der BGH ausdrücklich auch auf Vorgaben des Unionsrechts, wonach nach seinem Verständnis eine Beteiligung von Verlagen durch Abtretung von gesetzlichen Vergütungsansprüchen unzulässig ist.[70] Eine **Verlegerbeteiligung** an gesetzlichen Vergütungsansprüchen sollte laut BGH aber dann **möglich** sein, wenn die Urheber den Verlagen gesetzliche Vergütungsansprüche nach der Entstehung dieser Ansprüche abgetreten und Urheber und Verlage diese einer Verwertungsgesellschaft zur gemeinsamen Wahrnehmung eingeräumt haben; sofern die Urheber diese Ansprüche nicht bereits Dritten übertragen haben.[71] Damit warf die Entscheidung des BGH neues Licht auf die Reichweite und die Maßstäbe des Willkürverbots gem. dem bisherigen § 7 S. 1 UrhWG, insbesondere im Verhältnis zu privatrechtlichen Vereinbarungen unter den Beteiligten und zu den Vorgaben des Unionsrechts.

Ob dieselben Grundsätze auf die Beteiligung der Musikverleger an den Einnahmen der GEMA anwendbar sind, ist umstritten und noch nicht gerichtlich abschließend geklärt.[72]

12   **b) § 27 Abs. 2 als Antwort des Gesetzgebers.** Als Folge dieser Entscheidungen wurde unter verfassungsrechtlichen und unionsrechtlichen Gesichtspunkten weiterer **Klärungsbedarf** für die Zukunft gesehen, und zwar auch **de lege ferenda,** zumal der bisherige § 7 S. 1 UrhWG nahezu wörtlich in § 27 Abs. 1 VGG übernommen wurde.[73]

Im Bundestag wurde die Beteiligung von Verlegern an den Einnahmen von Verwertungsgesellschaften denn auch schon im Laufe des Gesetzgebungsverfahrens zum VGG thematisiert.[74] Nach der Auffassung des Bundestages hatte sich die **jahrelange Praxis deutscher Verwertungsgesellschaften,** insbesondere die Einnahmen aus gesetzlichen Vergütungsansprüchen nach den Bestimmungen ihrer Verteilungspläne anteilig an Urheber und Verleger auszuschütten, als Ausdruck von deren engem Zusammenwirken bei der Entstehung urheberrechtlich geschützter Werke bewährt. Sowohl die Entscheidung des EuGH im Verfahren „Reprobel"[75] als auch das Urteil des BGH zur Verlegerbeteiligung[76] lösten im Bundestag die Sorge aus, ob die derzeitige Praxis auch in Zukunft noch beibehalten werden könne. Vor diesem Hintergrund wurde die Europäische Kommission um Vorlage eines Gesetzgebungsvorschlags gebeten, „auf dessen Grundlage Verleger europaweit entsprechend der bisher in den Mitgliedstaaten häufig geübten Praxis an den bestehenden gesetzlichen Vergütungsansprüchen der Urheber beteiligt werden können". Außerdem sollten auch auf nationaler Ebene „alle verfügbaren Möglichkeiten genutzt" und ggf. zeitnah Gesetzesvorschläge vorgelegt werden, „um die **gemeinsame Rechtewahrnehmung von Autoren und Verlegern** in gemeinsamen Verwertungsgesellschaften für die Zukunft weiter zu ermöglichen".[77]

---

[66] → Rn. 3.
[67] Vgl. *Pfennig* ZUM 2014, 484 (487); *Staats* ZUM 2014, 470; *Müller* ZUM 2014, 781 (789); aA *v. Ungern-Sternberg* GRUR 2015, 205 (219).
[68] EuGH GRUR-Int 2016, 28 – Reprobel.
[69] BGH GRUR 2016, 596 – Verlegeranteil; eine gegen diese Entscheidung erhobene Verfassungsbeschwerde wurde nicht zur Entscheidung angenommen; BVerfG GRUR 2018, 829.
[70] BGH GRUR 2016, 596 – Verlegeranteil – Rn. 30 ff. u. Rn. 42 ff. zur Auslegung der Vorgaben des Unionsrechts in der Rechtsprechung des EuGH; zur Kritik an dieser Auslegung vgl. *Stieper* ZUM 2019, 393 (398).
[71] BGH GRUR 2016, 596 Rn. 76 ff., 82 – Verlegeranteil.
[72] Vgl. bejahend KG ZUM 2017, 160 (163 ff.) (nicht rechtskräftig); verneinend *Ventroni* ZUM 2017, 187.
[73] Vgl. *Peifer* ZUM 2016, 650; kritisch zum Urteil des BGH *Riesenhuber* ZUM 2016, 613; *Conrad/Berberich* GRUR 2016, 648, jeweils mwN.
[74] Vgl. Beschlussempfehlung und Bericht des Ausschusses für Recht und Verbraucherschutz BT-Drs. 18/8268 S. 5.
[75] EuGH Rs. C-572/13 GRUR-Int 2016, 28 – Reprobel.
[76] BGH GRUR 2016, 596 – Verlegeranteil.
[77] Beschlussempfehlung und Bericht des Ausschusses für Recht und Verbraucherschutz, BT-Drs. 18/8268, S. 5 f.

Die Zeit bis zur Verabschiedung des VGG reichte nicht aus, um entsprechende Bestimmungen vorzulegen, zu beraten und in das VGG einzufügen. Stattdessen wurden sie in die parlamentarischen Beratungen zur Reform des Urhebervertragsrechts aufgenommen, die seit Vorlage des darauf bezogenen Regierungsentwurfs[78] im Gange waren. Dabei war das Thema der Verlegerbeteiligung auch Gegenstand einer öffentlichen Anhörung am 6. Juli 2016.[79] **§ 27 Abs. 2 und § 27a** wurden als Teil des Gesetzes vom 20. Dezember 2016[80] verabschiedet und in das VGG eingefügt. Beide Bestimmungen sind gem. Art. 3 S. 2 dieses Gesetzes **am 24. Dezember 2016 in Kraft getreten.**

c) Zweck der Vorschrift. § 27 Abs. 2 ist zugeschnitten auf die **Verlegerbeteiligung** an den 13 Einnahmen der Verwertungsgesellschaften. Dazu enthält die Bestimmung eine besondere Regelung für die Ausgestaltung des Verteilungsplans iSv. § 27 Abs. 1 für den Fall, dass in eine Verwertungsgesellschaft Rechte **zur gemeinsamen Wahrnehmung im Interesse mehrerer Rechtsinhaber** eingebracht worden sind. Ausgangspunkt war für den Gesetzgeber die hierfür typische Fallkonstellation, dass die mit der Verwertungsgesellschaft abgeschlossenen **Wahrnehmungsverträge** sowohl der Urheber als auch der Verleger oder auch die **Verlagsverträge** zwischen Urhebern und Verlegern eine Rechteeinräumung an die Verwertungsgesellschaft zur gemeinsamen Wahrnehmung vorsehen. Dabei soll es regelmäßig dem Willen der Beteiligten entsprechen, dass die Verteilung ihrer Einnahmen innerhalb der gemeinschaftlichen Verwertungsgesellschaft vereinfacht wird und nicht im Einzelfall darauf abgestellt wird, ob jeweils der originäre oder der derivative Rechtsinhaber das Recht zur gemeinsamen Wahrnehmung eingebracht hat.[81]

Seiner Natur nach war § 27 Abs. 2 bei seiner Verabschiedung als **Übergangsregelung** konzipiert: Der Gesetzgeber ging davon aus, dass nach derzeit geltendem Unionsrecht in der Auslegung durch den BGH Urheber ihre Rechte zur gemeinsamen Wahrnehmung (also auch zugunsten des Verlegers) nur im Nachhinein wirksam in die Verwertungsgesellschaft einbringen konnten und insbesondere die Abtretung von gesetzlichen Vergütungsansprüchen des Urhebers an den Verleger nur eingeschränkt möglich war. Hier sollte § 27 Abs. 2 Abhilfe schaffen und, zusammen mit § 27a, Korrekturen und Klarstellungen bewirken. Denn der Gesetzgeber erwartete, dass die neue **Richtlinie über das Urheberrecht im digitalen Binnenmarkt** auf der Grundlage des Richtlinienvorschlags der Kommission eine Regelung für den Erhalt der Verlegerbeteiligung an gesetzlichen Vergütungsansprüchen enthalten und damit die erwähnte Rechtsprechung des EuGH zur Auslegung der Regelungen zum „gerechten Ausgleich" in Art. 5 Abs. 2 Buchst. a) und b) der InfoSoc-RL 2001/29/EG korrigieren werde,[82] so dass in Zukunft eine Vorausabtretung möglich sein würde.[83]

Nach Art. 16 DSM-RL kann nunmehr das nationale Recht bestimmen, dass die Übertragung eines Rechts oder die Erteilung einer Lizenz durch den Urheber an den Verleger „eine hinreichende Rechtsgrundlage" für die Beteiligung des Verlegers am Ausgleich für die jeweilige Nutzung des Werks im Rahmen einer Ausnahme oder Beschränkung für das übertragene oder lizenzierte Recht darstellt. Diese Bestimmung soll es den Mitgliedstaaten gestatten, ihre „Regelungen zur Aufteilung der Ausgleichsleistung zwischen Urhebern und Verlagen … beizubehalten" und damit im Ergebnis „die übliche Praxis in diesem Bereich wahren".[84] Unter der Voraussetzung, dass dem Verlag vom Urheber ein Recht übertragen oder eine Lizenz erteilt wurde, sollen Mitgliedstaaten damit „frei festlegen können, wie die Verlage ihre Ansprüche auf eine Ausgleichzahlung oder Vergütung zu begründen haben, sowie die Bedingungen" für deren Aufteilung zwischen Urhebern und Verlegern.[85] Damit dürfte Art. 16 DSM-RL die bisher bestehenden Unklarheiten beseitigt haben und dürfte jedenfalls bei gemeinsamer Wahrnehmung der Rechte mehrerer Rechtsinhaber eine Verteilung nach festen Anteilen, unabhängig davon, wer die Rechte eingeräumt hat, gestatten.[86]

d) Regelungsinhalt. (1) Allgemeines. § 27 Abs. 2 findet Anwendung auf **Verwertungsgesell-** 14 **schaften iSv. § 2**[87] und auf **abhängige Verwertungseinrichtungen iSv. § 3,**[88] soweit diese Tätigkeiten einer Verwertungsgesellschaft ausüben.[89] Voraussetzung für die Anwendung von § 27 Abs. 2

---

[78] RegE eines Gesetzes zur verbesserten Durchsetzung des Anspruchs der Urheber und ausübenden Künstler auf angemessene Vergütung, BT-Drs. 18/8625.

[79] Vgl. Beschlussempfehlung und Bericht des Ausschusses für Recht und Verbraucherschutz (6. Ausschuss), BT-Drs. 18/10637 S. 17 f.

[80] Gesetz vom 20. Dezember 2016 zur verbesserten Durchsetzung des Anspruchs der Urheber und ausübenden Künstler auf angemessene Vergütung und zur Regelung von Fragen der Verlegerbeteiligung (BGBl. I S. 3037).

[81] Beschlussempfehlung und Bericht des Ausschusses für Recht und Verbraucherschutz BT-Drs. 18/10637 S. 24.

[82] Vgl. Art. 12 und Erwägungsgrund (36) des Vorschlags für eine Richtlinie des Europäischen Parlaments und des Rates über das Urheberrecht im digitalen Binnenmarkt vom 14.9.2016, COM(2016) 593 final.

[83] Beschlussempfehlung und Bericht des Ausschusses für Recht und Verbraucherschutz BT-Drs. 18/10637 S. 25.

[84] Erwägungsgrund (60) S. 4, 6 DSM-RL.

[85] Erwägungsgrund (60) S. 10 DSM-RL.

[86] So wohl auch *Stieper* ZUM 2019, 393 (399) unter Hinweis auf EuGH GRUR 2017, 62 Rn. 48 – Soulier u. Doke/Premier ministre; *Schulze* GRUR 2019, 682 (683); *Dreier* GRUR 2019, 771 (775).

[87] Zum Begriff der Verwertungsgesellschaft → § 2 Rn. 5 ff.

[88] Zum Begriff der abhängigen Verwertungseinrichtung → § 3 Rn. 3.

[89] Gem. § 3 Abs. 2 S. 1; → § 3 Rn. 4.

ist, dass die betreffende Gesellschaft jeweils Rechte für mehrere Rechtsinhaber gemeinsam wahrnimmt.

§ 27 Abs. 2 enthält einen allgemeinen Grundsatz und gilt für **Verbotsrechte** von Urhebern und Leistungsschutzberechtigten ebenso wie für deren **gesetzliche Vergütungsansprüche.** Voraussetzung ist stets, dass diese Rechte bzw. Ansprüche auch tatsächlich **wirksam** in die Verwertungsgesellschaft **eingebracht** worden sind.

15 **(2) Einbringung der Rechte. Nutzungsrechte** an seinen bestehenden und künftigen Werken räumt der Urheber der Verwertungsgesellschaft idR. durch Wahrnehmungs- oder Berechtigungsvertrag ein. Dieselben Rechte kann er danach, entsprechend dem Prinzip der Priorität, wonach zivilrechtlich nur die erste Verfügung über ein Recht wirksam ist, nicht mehr an einen Verleger oder anderen Dritten zur kollektiven Rechtewahrnehmung abtreten. Verleger und andere Inhaber abgeleiteter Rechte können diese daher nur dann ihrerseits der Verwertungsgesellschaft übertragen, wenn ihnen diese Rechte von einem Urheber übertragen wurden, der sie selbst keiner Verwertungsgesellschaft übertragen hat.

Gesetzliche Vergütungsansprüche kann der Urheber dagegen im Voraus nur an eine Verwertungsgesellschaft abtreten. Gem. § 63a S. 2 UrhG kann er sie an einen Verleger zusammen mit der Einräumung des Verlagsrechts nur dann abtreten, wenn dieser sie durch eine Verwertungsgesellschaft wahrnehmen lässt, die Rechte von Urhebern und Verlegern gemeinsam wahrnimmt.

16 **(3) Zur gemeinsamen Rechtewahrnehmung. § 27 Abs. 2** setzt voraus, dass die Rechte **zur gemeinsamen Wahrnehmung** im Interesse mehrerer Rechtsinhaber, und nicht nur im Alleininteresse des originären Rechtsinhabers, in eine Verwertungsgesellschaft eingebracht wurden, die Rechte für mehrere Rechtsinhaber gemeinsam wahrnimmt. Hierzu ist es nicht erforderlich, dass diese (mehreren) Rechtsinhaber die Rechte vor Einbringung in die Verwertungsgesellschaft gemeinsam innehatten;[90] vielmehr muss die ausdrückliche Zustimmung des Urhebers als originärem Rechtsinhaber zur Beteiligung des derivativen Rechtsinhabers an den Einnahmen vorliegen. Hier sind zwei Fälle denkbar:

Wenn es sich um **Nutzungsrechte** handelt, können der Urheber und der Inhaber der von ihm abgeleiteten Rechte vereinbaren, dass die Verwertungsgesellschaft die Rechte für beide gemeinsam wahrnimmt. Hierzu können beide den gleichen Wahrnehmungsvertrag mit der Verwertungsgesellschaft abschließen, oder es kann der Urheber dem Inhaber abgeleiteter Rechte die Rechte zur gemeinsamen Einbringung in die Verwertungsgesellschaft einräumen.

Auch **gesetzliche Vergütungsansprüche** kann der Urheber zur gemeinsamen Wahrnehmung mit dem Verleger in die Verwertungsgesellschaft einbringen. Erforderlich ist insoweit die Zustimmung des Urhebers zur Beteiligung des Verlegers an den Einnahmen aus den gesetzlichen Vergütungsansprüchen iSv. § 63a S. 1 UrhG. Diese Zustimmung kann gem. **§ 27a Abs. 1** nicht im Voraus, sondern erst nach der Veröffentlichung des Werkes oder mit seiner Anmeldung bei der Verwertungsgesellschaft gegeben werden.

17 **(4) Wirkung.** Mit § 27 Abs. 2 hat der Gesetzgeber die Möglichkeiten für eine Verlegerbeteiligung nunmehr ausdrücklich geregelt und damit der Empfehlung der Rechtsprechung entsprochen.[91] Unter den genannten Voraussetzungen haben die Gesellschaften nach § 27 Abs. 2 die Befugnis, im Verteilungsplan iSv. § 27 Abs. 1 die Verteilung der Einnahmen aus diesen Rechten[92] und Vergütungsansprüchen **nach festen Anteilen** vorzusehen. Darunter ist eine Aufteilung nach im Verteilungsplan festgelegten Prozentsätzen zu verstehen. Die Prozentsätze können nach § 27 Abs. 2 festgelegt werden **unabhängig davon, welcher der beteiligten Rechtsinhaber** das Recht im Einzelfall wirksam in die Verwertungsgesellschaft eingebracht hat. Mit dieser vom Gesetz eingeräumten Möglichkeit wird klargestellt, dass die Verteilung der Einnahmen innerhalb von gemeinsamen Verwertungsgesellschaften originärer und derivativer Rechtsinhaber, wie etwa von Urhebern und Verlegern, nicht danach erfolgen muss, wer die jeweiligen Rechte in die Verwertungsgesellschaft eingebracht hat.[93]

Die **Festlegung** der Verteilung der Einnahmen nach festen Anteilen im Verteilungsplan ist durch die für den Verteilungsplan zuständigen Gremien der Verwertungsgesellschaften – gem. § 17 Abs. 1 S. 2 Nr. 6 die **Mitgliederhauptversammlung**[94] – zu beschließen.

Inhaltlich müssen bei der Festlegung der Anteile das **Willkürverbot gem. § 27 Abs. 1**[95] beachtet und die typische Leistung der Beteiligten bei der Schöpfung und Vermarktung abgebildet werden.[96]

---

[90] *Riesenhuber* FS Schulze (2017), 295 (301); aA *v. Ungern-Sternberg* GRUR 2017, 217 (234).
[91] BGH GRUR 2016, 596 Rn. 69 – Verlegeranteil.
[92] Zum Begriff der Einnahmen aus den Rechten → § 23 Rn. 4.
[93] Vgl. *v. Ungern-Sternberg* GRUR 2017, 217 (234), der § 27 Abs. 2 für unionsrechtswidrig hält, wenn er so ausgelegt wird, dass die Verwertungsgesellschaft aufgrund einer privatrechtlichen Absprache zwischen Urheber und Verleger Einnahmen an beide ausschütten muss; *v. Ungern-Sternberg* GRUR 2019, 1 (10) hält die Verteilungspraxis der GEMA für mit § 27 Abs. 2 unvereinbar.
[94] → § 17 Rn. 4.
[95] Zum Inhalt des Willkürverbots → Rn. 7 ff.
[96] Beschlussempfehlung und Bericht des Ausschusses für Recht und Verbraucherschutz BT-Drs. 18/10637 S. 25.

§ 27a Einnahmen aus gesetzlichen Vergütungsansprüchen des Urhebers

(1) **Nach der Veröffentlichung eines verlegten Werks oder mit der Anmeldung des Werks bei der Verwertungsgesellschaft kann der Urheber gegenüber der Verwertungsgesellschaft zustimmen, dass der Verleger an den Einnahmen aus den in § 63a Satz 1 des Urheberrechtsgesetzes genannten gesetzlichen Vergütungsansprüchen beteiligt wird.**

(2) **Die Verwertungsgesellschaft legt die Höhe des Verlegeranteils nach Absatz 1 fest.**

Schrifttum: *Peifer*, Die Urhebervertragsrechtsreform 2016, GRUR-Prax 2017, 1; *Reinbothe*, Die angemessene Vergütung im Urheberrecht der Europäischen Union – Der Versuch einer Bestandsaufnahme, FS Walter (2018), S. 101; *Riesenhuber*, Verlegerbeteiligung in Verwertungsgesellschaften, FS Schulze (2017), 295; *Ventroni*, Paukenschlag zur Verlegerbeteiligung: Aus für die Verteilungspraxis der GEMA?, ZUM 2017, 187; *v. Ungern-Sternberg*, Die Rechtsprechung des EuGH und des BGH zum Urheberrecht und zu den verwandten Schutzrechten im Jahr 2016, GRUR 2017, 217.

Übersicht

I. Allgemeines

1. Hintergrund

§ 27a steht in engem **Zusammenhang mit § 27 Abs. 2.** Beide Bestimmungen wurden als eine **1** der ersten Änderungen nach Inkrafttreten des VGG auf Initiative des Ausschusses für Recht und Verbraucherschutz im Rahmen des Gesetzgebungsverfahrens für das Gesetz zur verbesserten Durchsetzung des Anspruchs der Urheber und ausübenden Künstler auf angemessene Vergütung in das VGG eingefügt mit dem Ziel sicherzustellen, dass Verleger „nach der engen Maßstäben des derzeit noch gültigen Unionsrechts" weiter an der Verteilung der Einnahmen innerhalb gemeinsamer Verwertungsgesellschaften von originären und derivativen Rechtsinhabern beteiligt sind, und zwar unabhängig davon, wer die jeweiligen Rechte im Einzelfall wirksam in die Verwertungsgesellschaft eingebracht hat.[1]

Hintergrund war das Bestreben des Gesetzgebers, durch eine **Übergangsregelung** die **Verlegerbeteiligung** auf eine klare gesetzliche Grundlage zu stellen.[2] § 27a wurde somit zusammen mit § 27 Abs. 2 als Teil des Gesetzes vom 20. Dezember 2016[3] verabschiedet und in das VGG eingefügt. Beide Bestimmungen sind gem. Art. 3 S. 2 dieses Gesetzes **am 24. Dezember 2016 in Kraft getreten.**

2. § 27a

§ 27a enthält eine **Sonderregelung für die Verlegerbeteiligung an gesetzlichen Vergü-** **2** **tungsansprüchen.** Nach den Vorgaben des Unionsrechts, jedenfalls in seiner Auslegung durch den BGH, soll eine Abtretung von gesetzlichen Vergütungsansprüchen des Urhebers an den Verleger nur eingeschränkt, nämlich nur im Nachhinein, möglich sein. § 63a S. 1 UrhG ist danach so auszulegen, dass Urheber und Verleger keine Vorausabtretung von gesetzlichen Vergütungsansprüchen zu Gunsten des Verlegers vereinbaren können.[4]

§ 27a stellt klar, dass der Urheber anstelle einer nachträglichen Abtretung auch die Möglichkeit hat, der Beteiligung des Verlegers an Einnahmen aus bereits wirksam in die Verwertungsgesellschaft eingebrachten gesetzlichen Vergütungsansprüchen unter bestimmten Bedingungen nachträglich zuzustimmen.

Nach **§ 27a Abs. 1** kann der Urheber **der Verwertungsgesellschaft seine Zustimmung** dazu erklären, dass der Verleger an den Einnahmen aus gesetzlichen Vergütungsansprüchen iSv. § 63a S. 1 UrhG beteiligt wird. Für den **Zeitpunkt, ab dem die Zustimmung erteilt werden kann,** stellt § 27a Abs. 1 nicht auf den – ohnehin nur schwer bestimmbaren –Moment der Entstehung des gesetz-

---

[1] Beschlussempfehlung und Bericht des Ausschusses für Recht und Verbraucherschutz, BT-Drs. 18/10637, S. 25.
[2] Zur diesbezüglichen Kontroverse und zu den Entscheidungen von EuGH und BGH, → § 27 Rn. 11 ff.
[3] Gesetz vom 20. Dezember 2016 zur verbesserten Durchsetzung des Anspruchs der Urheber und ausübenden Künstler auf angemessene Vergütung und zur Regelung von Fragen der Verlegerbeteiligung (BGBl. I S. 3037).
[4] BGH GRUR 2016, 596 Rn. 79 f. – Verlegeranteil.

lichen Vergütungsanspruch[5] ab, sondern alternativ auf die Veröffentlichung des Werkes oder seine Anmeldung bei der Verwertungsgesellschaft.

§ 27a Abs. 2 bestimmt, dass die Verwertungsgesellschaft bei gem. § 27a Abs. 1 erteilter Zustimmung des Urhebers die **Höhe des Verlegeranteils** festlegt.

II. Einnahmen aus gesetzlichen Vergütungsansprüchen des Urhebers

1. § 27a Abs. 1 – Zustimmung des Urhebers

3   **a) Anwendungsbereich.** § 27a findet Anwendung auf **Verwertungsgesellschaften iSv. § 2**[6] und auf **abhängige Verwertungseinrichtungen iSv. § 3,**[7] soweit diese Tätigkeiten einer Verwertungsgesellschaft ausüben.[8]

§ 27a Abs. 1 gilt nur für die Zustimmung des Urhebers zu einer Beteiligung des Verlegers an den Einnahmen aus den **gesetzlichen Vergütungsansprüchen iSv. § 63a S. 1 UrhG,** die dem Urheber gem. § 44a bis 63 UrhG zustehen.

4   **b) Zeitpunkt der Zustimmung.** § 27a Abs. 1 gibt dem Urheber die Möglichkeit einer Beteiligung des Verlegers an den bereits wirksam in die Verwertungsgesellschaft eingebrachten gesetzlichen Vergütungsansprüchen zuzustimmen. Hinsichtlich des Zeitpunkts der Zustimmung hat der Urheber gem. § 27a Abs. 1 zwei Alternativen:

(1) Die Zustimmung kann entweder dann erteilt werden, wenn das betreffende Werk **verlegt und bereits veröffentlicht** wurde. Von einem **verlegten Werk** kann entsprechend § 1 VerlG dann gesprochen werden, wenn darüber ein Verlagsvertrag abgeschlossen wurde, der den Verleger verpflichtet, das Werk zu vervielfältigen und zu verbreiten. Dabei ist es unerheblich, ob tatsächlich schon Vervielfältigungsstücke hergestellt und verbreitet wurden, zumal dies zunehmend auf Abruf geschieht.[9] Die für den Zeitpunkt der Zustimmung relevante **Veröffentlichung des Werks** ist dann gegeben, wenn es iSv. § 6 Abs. 1 UrhG mit Zustimmung des Berechtigten der Öffentlichkeit zugänglich gemacht wurde, sei es in körperlicher oder unkörperlicher Form.[10]

(2) Alternativ kann die Zustimmung auch „**mit der Anmeldung des Werks bei der Verwertungsgesellschaft**" erteilt werden. Diese Alternative hat sich aus der Sicht des Gesetzgebers insbesondere im Musikbereich in der Praxis bewährt.[11] Dabei dürfte es einem praktischen Bedürfnis entsprechen, wenn die Zustimmung nicht erst nach der Anmeldung, sondern zeitgleich zusammen mit ihr erteilt wird.

5   **c) Zustimmung gegenüber der Verwertungsgesellschaft.** In jedem Fall muss der Urheber „gegenüber der Verwertungsgesellschaft zustimmen", seine Zustimmung also ihr gegenüber erteilen. Dies kann auch mit Hilfe formularmäßig vorbereiteter Erklärungen geschehen, etwa durch einen Hinweis im Text der Anmeldung. Die Zustimmung muss der Verwertungsgesellschaft **für jedes Werk** erklärt werden. Der Verleger ist dagegen nicht Adressat der Zustimmungserklärung und hat darauf auch keinen Einfluss.[12]

2. § 27a Abs. 2 – Die Höhe des Verlegeranteils

6   Gem. § 27a Abs. 2 muss die Verwertungsgesellschaft, wenn der Urheber seine Zustimmung zur Verlegerbeteiligung iSv. § 27a Abs. 1 erteilt hat, die Höhe des Verlegeranteils festlegen. Der Gesetzgeber ging davon aus, dass die **Beteiligungsquote der Verleger** im Rahmen des Verteilungsplans festgelegt wird. Die Festlegung der Verteilung der Einnahmen nach festen Anteilen, einschließlich der Beteiligungsquote der Verleger, im Verteilungsplan ist durch die für den Verteilungsplan zuständigen Gremien der Verwertungsgesellschaft – gem. § 17 Abs. 1 S. 2 Nr. 6 die **Mitgliederhauptversammlung**[13] – zu beschließen. Dies soll gewährleisten, dass die Urheber bzw. ihre Vertreter an der Entscheidung über die Höhe des Verlegeranteils wie nach bisheriger Praxis gleichberechtigt mitwirken.[14]

Inhaltlich müssen auch bei der Festlegung der Beteiligungsquote der Verleger im Verteilungsplan das **Willkürverbot** gem. § 27 Abs. 1[15] beachtet und die Leistung (der Urheber) bei der Schöpfung und (der Verleger) bei der Vermarktung abgebildet werden.[16]

---

[5] Vgl. *Riesenhuber* FS Schulze (2017), 295 (302 f.).
[6] Zum Begriff der Verwertungsgesellschaft → § 2 Rn. 5 ff.
[7] Zum Begriff der abhängigen Verwertungseinrichtung → § 3 Rn. 3.
[8] Gem. § 3 Abs. 2 S. 1; → § 3 Rn. 4.
[9] *Riesenhuber* FS Schulze (2017), 295 (302).
[10] Vgl. → UrhG § 6 Rn. 6 ff.
[11] Beschlussempfehlung und Bericht des Ausschusses für Recht und Verbraucherschutz, BT-Drs. 18/10637, S. 25.
[12] *Riesenhuber* FS Schulze (2017), 295 (303).
[13] → § 17 Rn. 4.
[14] Beschlussempfehlung und Bericht des Ausschusses für Recht und Verbraucherschutz, BT-Drs. 18/10637, S. 25.
[15] Zum Inhalt des Willkürverbots → § 27 Rn. 7 ff.
[16] → § 27 Rn. 14.

3. Bewertung

Das den §§ 27 Abs. 2 und 27a zugrunde liegende Konzept und seine Ausgestaltung werden meist **7** positiv bewertet, haben aber auch Kritik erfahren.[17] Dabei werden die Absichten des Gesetzgebers, die Rechtslage in praxistauglicher Weise klarzustellen, die Rechtsprechung zu korrigieren und damit den Verlegeranteil im Ergebnis zu sichern, mehrheitlich begrüßt. Kritisch kommentiert wird aber neben der umständlichen Konstruktion der Bestimmungen, dass Regelungen zur Abtretbarkeit eher im materiellen Urheberrecht getroffen werden sollten,[18] es nach wie vor keine Gewähr dafür gibt, dass die Urheber eine angemessene Beteiligungsquote für Verleger auch in der Mitgliederhauptversammlung werden durchsetzen können,[19] und dass die Bestimmungen im Musiksektor nur schwer anwendbar sind.[20]

Tatsächlich lässt sich schon bezweifeln, ob sich aus der Rechtsprechung des EuGH, die sich ja auf den „gerechten Ausgleich" iSv. Art. 5 Abs. 2 Buchst. a) und b) der InfoSoc-RL 2001/29/EG bezog, abgeleitet werden kann, dass die Ansprüche der originären Rechtsinhaber auf angemessene Vergütung aus gesetzlichen Vergütungsansprüchen generell nicht abtretbar sind. Eine Klarstellung durch den EU-Gesetzgeber ist mittlerweile mit Art. 16 DSM-RL erfolgt, auch wenn terminologisch auch dort nicht klar unterschieden wurde zwischen dem „gerechten Ausgleich" und der „angemessenen Vergütung".[21]

§ 28 Verteilungsfrist

(1) **Die Verwertungsgesellschaft bestimmt im Verteilungsplan oder in den Wahrnehmungsbedingungen Fristen, binnen derer die Einnahmen aus den Rechten verteilt werden.**

(2) **Die Verwertungsgesellschaft bestimmt die Fristen so, dass die Einnahmen aus den Rechten spätestens neun Monate nach Ablauf des Geschäftsjahrs, in dem sie eingezogen wurden, verteilt werden.**

(3) **Die Verwertungsgesellschaft kann vorsehen, dass eine Frist nicht abläuft, solange die Verwertungsgesellschaft aus sachlichen Gründen an der Durchführung der Verteilung gehindert ist.**

(4) **Einnahmen aus den Rechten, die nicht innerhalb der Fristen ausgeschüttet werden, weil der Berechtigte nicht festgestellt oder ausfindig gemacht werden kann, weist die Verwertungsgesellschaft in der Buchführung getrennt aus.**

Übersicht

I. Allgemeines

1. Die Vorgaben der VG-RL

Neben dem allgemeinen Grundsatz, dass Verwertungsgesellschaften die Einnahmen aus den Rech- **1** ten regelmäßig, sorgfältig und korrekt verteilen und ausschütten müssen (Art. 13 Abs. 1 1. Unterabs. VG-RL),[1] bestimmen Art. 13 Abs. 1 2. Unterabs. und Art. 13 Abs. 2 VG-RL, dass dies „rechtzeitig"[2] und innerhalb bestimmter Fristen erfolgen muss.

Gem. **Art. 13 Abs. 1 2. Unterabs. VG-RL** gilt als **Regel,** dass die den Rechtsinhabern zustehenden Beträge von den Verwertungsgesellschaften bzw. Einrichtungen zur Vertretung von Rechtsinhabern, die Mitglieder einer Verwertungsgesellschaft sind, „**so schnell wie möglich, jedoch spätestens neun Monate nach Ablauf des Geschäftsjahrs,** in dem sie eingezogen wurden, verteilt und an die Rechtsinhaber" ausgeschüttet werden. Dies soll als **Ausnahme** von dieser Regel nur dann

---

[17] Vgl. *v. Ungern-Sternberg* GRUR 2017, 217 (234), der § 27a für unionsrechtswidrig hält, da er darauf abziele, dass der Urheber auf einen wesentlichen Teil der Vergütung verzichtet, obwohl gesetzliche Vergütungsansprüche nach Art. 5 Abs. 2 Buchst. a) und b) InfoSoc-RL unverzichtbar und nicht abtretbar seien.

[18] Vgl. Möhring/Nicolini/*Freudenberg* § 27a Rn. 2; *Peifer* GRUR-PRAX 2017, 1 (3).

[19] Vgl. Dreier/Schulze/*Schulze* § 27a Rn. 8 mit Überlegungen de lege ferenda.

[20] Vgl. KG ZUM 2017, 160 (n. rechtskr.); kritisch *Ventroni* ZUM 2017, 187.

[21] Vgl. *Reinbothe* FS Walter (2018), S. 101 (116 ff.); → § 27 Rn. 13 mwN.

[1] → § 27 Rn. 1.

[2] So Erwägungsgrund (29) S. 1 VG-RL.

nicht gelten, wenn die Wahrung dieser Frist aus **objektiven Gründen** nicht möglich ist. Beispielhaft („insbesondere") werden als derartige objektive Gründe vier Fallgruppen, und zwar Verzögerungen im Zusammenhang mit **Meldungen von Nutzern**, der **Feststellung der Rechte**, der **Feststellung der Rechtsinhaber** oder der **Zuordnung von Angaben** über Werke und andere Schutzgegenstände zu dem jeweiligen Rechtsinhaber genannt.

Art. **13 Abs. 2 VG-RL** betrifft den Fall, dass die Beträge nicht innerhalb der in Art. 13 Abs. 1 2. Unterabs. VG-RL genannten Frist von neun Monaten verteilt werden, „da die betreffenden **Rechtsinhaber nicht ermittelt oder ausfindig gemacht werden können**". Diese Begriffe werden auch in der Verwaiste Werke-RL[3] verwendet. Sie sprechen zwei verschiedene Konstellationen an. In dem Fall, dass ein Rechtsinhaber **nicht ausfindig gemacht werden kann,** wird es sich um den bezugsberechtigten Rechtsinhaber einer Verwertungsgesellschaft handeln, der mit dieser einen Wahrnehmungsvertrag abgeschlossen hat, dessen Spur sich aber, etwa wegen Änderung seiner Adresse oder im Todesfall bei Ungewissheit über seine Erben oder deren Aufenthaltsort, verloren hat. Wenn ein Rechtsinhaber **nicht ermittelt werden kann,** so wird dies Fälle betreffen, in denen die Verwertungsgesellschaft im Wege der zwingenden kollektiven Wahrnehmung und/oder aufgrund von gesetzlichen Vermutungen in Bezug auf die Vertretung oder Übertragung der Verwertung tätig wird oder iRv. erweiterten kollektiven Lizenzen Rechte verwaltet.[4] In diesen Fällen sind der Verwertungsgesellschaft nicht alle Rechtsinhaber, für die sie tätig wird, bekannt, müssen also erst ermittelt werden.

Wenn die betreffenden Rechtsinhaber nicht ermittelt bzw. ausfindig gemacht werden können, und keine der in Art. 13 Abs. 1 VG-RL genannten zulässigen Ausnahmen anwendbar ist, bestimmt **Art. 13 Abs. 2 VG-RL,** dass die fraglichen **Beträge in der Buchführung der Verwertungsgesellschaft getrennt erfasst** werden müssen. Die weiteren Rechtsfolgen, insbesondere betreffend die Verwendung nicht verteilbarer Beträge, sind in Art. 13 Abs. 3 bis 6 VG-RL geregelt.

2. § 28

2   **§ 28 VGG** setzt Art. 13 Abs. 1 2. Unterabs. und Art 13 Abs. 2 VG-RL um, indem er den Verwertungsgesellschaften vorschreibt, bestimmte **Fristen für die Verteilung** der Einnahmen vorzusehen (§ 28 Abs. 1 und 2). Der **Ablauf dieser Fristen** soll dann gehemmt sein können, wenn **sachliche Gründe** die Verteilung verhindert haben (§ 28 Abs. 3). Einnahmen, die nicht fristgerecht ausgeschüttet werden konnten, da die Berechtigten nicht zu ermitteln waren, muss die Verwertungsgesellschaft in ihrer **Buchführung getrennt** ausweisen (§ 28 Abs. 4).

II. Verteilungsfrist

1. § 28 Abs. 1 – Bestimmung von festen Verteilungsfristen

3   Gem. § 28 Abs. 1 sind Verwertungsgesellschaften[5] verpflichtet, **feste Fristen** für die Verteilung der Einnahmen aus den Rechten[6] vorzusehen.

Diese Fristen können **im Verteilungsplan** enthalten sein. Ohnehin muss der Verteilungsplan, zu dessen Aufstellung durch Beschluss der Mitgliederhauptversammlung (§ 17 Abs. 1 S. 2 Nr. 6) die Verwertungsgesellschaft gem. § 27 Abs. 1 verpflichtet ist, feste Regeln zur Verteilung der Einnahmen an die Berechtigten enthalten.[7] Es bietet sich daher an, darin auch die Fristen für die Verteilung der Einnahmen zu nennen.

Stattdessen lässt § 28 aber auch zu, die Verteilungsfrist **in den Wahrnehmungsbedingungen** zu bestimmen. Diese befinden sich in jedem Fall im Wahrnehmungsvertrag,[8] daneben aber auch im Statut[9] der Verwertungsgesellschaft.

2. § 28 Abs. 2 – Höchstfrist von neun Monaten

4   Während in § 28 Abs. 1 das Prinzip der Bestimmung von Verteilungsfristen festgelegt ist, bestimmt § 28 Abs. 2 die **Höchstfrist**; sie ist von Art. 13 Abs. 1 2. Unterabs. VG-RL vorgegeben. Danach sind die Einnahmen aus den Rechten **spätestens neun Monate** nach Ablauf des Geschäftsjahres, in dem sie eingezogen wurden, zu verteilen. Dies entspricht der Praxis der Verwertungsgesellschaften: Ihr

---

[3] Richtlinie 2012/28/EU vom 25. Oktober 2012 über bestimmte zulässige Formen der Nutzung verwaister Werke, ABl. EU L 299/5 v. 27.10.2012.
[4] *Walter,* Urheber- und Verwertungsgesellschaftenrecht '15, Art. 13 VG-RL Anm. 2.3 f.
[5] § 28 gilt für Verwertungsgesellschaften iSv. § 2 (zum Begriff → § 2 Rn. 5 ff.), ebenso aber auch für abhängige Verwertungseinrichtungen iSv. § 3, soweit diese Tätigkeiten einer Verwertungsgesellschaft ausüben (zum Begriff → § 3 Rn. 3); die in Art. 13 Abs. 1 2. Unterabs. VG-RL genannte Alternative, die Verteilung über Einrichtungen, die Rechtsinhaber vertreten, vorzunehmen, wird in § 28 nicht aufgegriffen; vgl. AmtlBegr. BT-Drs. 18/7223, S. 81.
[6] Zum Begriff der Einnahmen aus den Rechten → § 23 Rn. 4.
[7] Zur Definition und zum Inhalt des Verteilungsplans → § 27 Rn. 5 ff.
[8] Zum Wahrnehmungsvertrag → § 9 Rn. 15 ff.
[9] Die AmtlBegr. BT-Drs. 18/7223, S. 81, geht offenbar davon aus, dass die Fristen im Statut zu regeln sind; der Begriff des Statuts ist hier, wie auch sonst im VGG, untechnisch zu verstehen; vgl. → § 13 Rn. 4.

Geschäftsjahr entspricht idR. dem Kalenderjahr.[10] Sie legen ihre Hauptabrechnung meist jeweils zur Mitte des Jahres für das vorausgegangene Kalenderjahr vor.

Für die Verteilung von Einnahmen, die die Verwertungsgesellschaft auf der Grundlage von Repräsentationsvereinbarungen mit anderen Verwertungsgesellschaften erzielt, gilt gem. § 46 Abs. 3 eine Frist von sechs Monaten.[11]

3. § 28 Abs. 3 – Fristaussetzung bei Verhinderung an der Verteilung aus sachlichen Gründen

Als Ausnahme von der Regel, dass die Einnahmen spätestens neun Monate nach dem jeweiligen 5 Geschäftsjahr verteilt werden müssen (§ 28 Abs. 1 und 2), können Verwertungsgesellschaften gem. § 28 Abs. 3 vorsehen, dass die **Verteilungsfrist nicht abläuft,** solange sie aus sachlichen Gründen an der Verteilung der Einnahmen gehindert sind.

Zwar sind Verwertungsgesellschaften nach dem Wortlaut von § 28 (**„kann vorsehen"**) hierzu nicht verpflichtet. Da sie aber schon aufgrund ihrer Treuhandstellung bei der Einnahmeverteilung auch die kollektiven Interessen aller Berechtigten zu berücksichtigen haben,[12] dürften Verwertungsgesellschaften sogar gehalten sein, bei Vorliegen sachlicher Gründe die Verteilung tatsächlich auszusetzen.

Welche **sachlichen Gründe** eine Verzögerung bei der Verteilung der Einnahmen rechtfertigen können, wird in § 28 nicht erläutert. Dagegen werden in Art. 13 Abs. 1 2. Unterabs. VG-RL für solche sachlichen Gründe[13] beispielhaft („insbesondere") vier Fallgruppen genannt.[14]

Entscheidend dürfte bei der Bestimmung der „sachlichen Gründe" stets sein, dass sich diese **außerhalb des Einflussbereichs der Verwertungsgesellschaft** befinden; denn nur solche können eine Verzögerung bei der Ausschüttung und Verteilung der den Rechtsinhabern zustehenden Beträge rechtfertigen.[15] Kein die Verzögerung rechtfertigender sachlicher Grund läge daher zB. dann vor, wenn eine fristgerechte Verteilung nicht möglich ist, weil die Verwertungsgesellschaft die Einnahmen mit einer festen Laufzeit angelegt hat; denn die Verantwortung hierfür läge allein bei ihr.[16] Wohl aber können Verzögerungen aus sachlichen Gründen, die außerhalb der Sphäre der Verwertungsgesellschaft liegen, gerechtfertigt sein, wenn ihre Ursachen im Zusammenhang stehen mit **Meldungen der Nutzer,** mit der **Feststellung der Rechte,** mit der **Feststellung der Berechtigten** oder mit der **Zuordnung von Angaben** über Werke oder sonstige Schutzgegenstände zu dem jeweiligen Rechtsinhaber. Über diese vier, bereits in der VG-RL genannten, Fallgruppen hinaus sind aber auch weitere sachliche Gründe denkbar. So dürfte es auch dann gerechtfertigt sein, die Verteilungsfrist nicht einzuhalten und Ausschüttungen zu bündeln, wenn so **geringe Einnahmen** angefallen sind, dass deren fristgerechte Verteilung in keinem angemessenen Verhältnis zu den dafür anfallenden Kosten stünde.[17]

4. § 28 Abs. 4 – Getrennte Ausweisung nicht fristgerecht verteilbarer Beträge

Wie im Zusammenhang mit § 28 Abs. 3 erwähnt, kann ein sachlicher Grund, der die nicht fristge- 6 rechte Verteilung der Einnahmen rechtfertigt, dann vorliegen, wenn der betreffende **Berechtigte nicht festgestellt oder ausfindig gemacht werden** kann.[18] § 28 Abs. 4 knüpft an diese Konstellation an, verwendet dieselben bzw. gleichbedeutende Begriffe wie Art. 13 Abs. 2 VG-RL und enthält hierfür, entsprechend der Vorgabe der Richtlinienbestimmung, eine besondere Regelung. Danach sind die auf einen solchen Fall bezogenen Einnahmen **in der Buchführung getrennt auszuweisen.**

Die getrennte Auflistung solcher Beträge in der Buchführung sorgt für Transparenz und erleichtert die **Dokumentation und Zuordnung der Beträge.**[19] Diese Verpflichtung nach § 28 Abs. 4 ist im Zusammenhang zu sehen mit den umfangreichen Vorgaben der VG-RL betreffend nicht verteilbare Beträge (Art. 13 Abs. 2 bis 6 VG-RL) und den entsprechend detaillierten Bestimmungen der **§§ 29 und 30** zur Feststellung der Berechtigten und der Verwendung nicht verteilbarer Einnahmen. Die separate Ausweisung der nicht fristgerecht verteilbaren Beträge in der Buchführung reduziert den Aufwand für die Verwertungsgesellschaften, den dort genannten Verpflichtungen nachzukommen.

---

[10] Vgl. § 4 der Satzung der GEMA (bei *Hillig,* Urheber- und Verlagsrecht, Beck'sche Textausgabe, 18. Aufl. 2019, Nr. 16); § 16 der Satzung der VG Wort (bei *Hillig,* Urheber- und Verlagsrecht, Beck'sche Textausgabe, 18. Aufl. 2019, Nr. 17).

[11] → § 46 Rn. 5.

[12] → § 27 Rn. 9 f.

[13] Die VG-RL spricht in Art. 13 Abs. 1 2. Unterabs. und Erwägungsgrund (29) S. 2 von „objektiven Gründen" (in der englischen Sprachfassung: „objective reasons"); inhaltlich ist zu den in § 27 VGG genannten „sachlichen Gründen" kein Unterschied erkennbar.

[14] → Rn. 1.

[15] So ausdrücklich Erwägungsgrund (29) S. 2 VG-RL.

[16] Erwägungsgrund (29) S. 3 VG-RL; AmtlBegr. BT-Drs. 18/7223, S. 81.

[17] AmtlBegr. BT-Drs. 18/7223, S. 81; zur kollektiven Verantwortung der Verwertungsgesellschaft gegenüber allen Berechtigten → § 27 Rn. 9 f.

[18] Auch die VG-RL unterscheidet zwischen der Ermittlung (das VGG verwendet stattdessen durchweg den Begriff „Feststellung", der aber dieselbe Bedeutung hat) und dem Auffindigmachen; zur Bedeutung dieser Begriffe → Rn. 1.

[19] AmtlBegr. BT-Drs. 18/7223, S. 81.

§ 29 Feststellung der Berechtigten

(1) **Können Einnahmen aus den Rechten nicht innerhalb der Verteilungsfrist (§ 28) verteilt werden, weil ein Berechtigter nicht festgestellt oder ausfindig gemacht werden kann, trifft die Verwertungsgesellschaft angemessene Maßnahmen, um den Berechtigten festzustellen oder ausfindig zu machen.**

(2) **Insbesondere stellt die Verwertungsgesellschaft ihren Mitgliedern, ihren Berechtigten und allen Verwertungsgesellschaften, für die sie im Rahmen einer Repräsentationsvereinbarung Rechte wahrnimmt, spätestens drei Monate nach Ablauf der Verteilungsfrist (§ 28), soweit verfügbar, folgende Angaben über die Werke und sonstigen Schutzgegenstände, deren Berechtigte nicht festgestellt oder ausfindig gemacht werden konnten, zur Verfügung:**

1. den Titel des Werks oder sonstigen Schutzgegenstands,

2. den Namen des Berechtigten, der nicht festgestellt oder ausfindig gemacht werden kann,

3. den Namen des betreffenden Verlegers oder Herstellers und

4. alle sonstigen erforderlichen Informationen, die zur Feststellung des Berechtigten beitragen könnten.

(3) **Die Verwertungsgesellschaft veröffentlicht die Angaben nach Absatz 2 spätestens ein Jahr nach Ablauf der Dreimonatsfrist, wenn der Berechtigte nicht inzwischen festgestellt oder ausfindig gemacht werden konnte.**

Übersicht

I. Allgemeines

1. Die Vorgaben der VG-RL

1   Damit die den Rechtsinhabern zustehenden Beträge angemessen und wirksam verteilt werden können, verlangt die VG-RL, dass Verwertungsgesellschaften „dem Sorgfaltsgebot und dem Grundsatz von Treu und Glauben entsprechende angemessene Maßnahmen ergreifen, **um die Rechtsinhaber zu ermitteln und ausfindig zu machen**".[1] Zu dieser Verpflichtung der Ermittlung von Rechtsinhabern enthält **Art. 13 Abs. 3 VG-RL** umfangreiche und überaus detaillierte Vorgaben. Dass diesem Thema in der VG-RL solche Bedeutung beigemessen wird, lässt sich nur daraus erklären, dass in einer Reihe von Fällen Einnahmen von den Verwertungsgesellschaften nicht ausgeschüttet wurden mit der Begründung, die Rechtsinhaber seien nicht zu ermitteln.[2]

Art. 13 Abs. 3 VG-RL regelt, was die Verwertungsgesellschaften zu tun haben, um die Berechtigten zu ermitteln: Spätestens **drei Monate** nach Ablauf der neunmonatigen Frist gem. Art. 13 Abs. 1 2. Unterabs. VG-RL müssen sie „**Angaben** über Werke und sonstige Schutzgegenstände, deren Rechtsinhaber nicht ermittelt oder ausfindig gemacht werden konnten", den von ihnen vertretenen Rechtsinhabern **(Art. 13 Abs. 3 1. Unterabs. Buchst. a) VG-RL)** und allen Verwertungsgesellschaften, mit denen sie Repräsentationsvereinbarungen geschlossen haben **(Art. 13 Abs. 3 1. Unterabs. Buchst. b) VG-RL),** zur Verfügung stellen. Diese Angaben müssen gem. **Art. 13 Abs. 3 2. Unterabs. Buchst. a) bis d) VG-RL** den Titel des Werks oder anderen Schutzgegenstands, den Namen des gesuchten Rechtsinhabers, den Namen des betreffenden Verlegers oder Produzenten und alle sonstigen relevanten verfügbaren Informationen enthalten, die zur Ermittlung des Rechtsinhabers hilfreich sein könnten.

Gem. **Art. 13 Abs. 3 3. Unterabs. VG-RL** müssen Verwertungsgesellschaften zur Ermittlung des Rechtsinhabers außerdem ihr Mitgliederverzeichnis iSv. Art. 6 Abs. 5 VG-RL und „andere leicht verfügbare Aufzeichnungen" überprüfen. Wenn alle diese Schritte keinen Erfolg haben, muss die Verwertungsgesellschaft diese Angaben spätestens ein Jahr nach Ablauf der in Art. 13 Abs. 3 1. Unterabs. VG-RL genannten Dreimonatsfrist **veröffentlichen.**

Insgesamt sind diese Vorgaben weniger streng als die Anforderungen an die „sorgfältige Suche" iSv. Art. 3 der Verwaiste-Werke-RL 2012/28/EU, da die Berechtigten in den von Art. 13 Abs. 3 bis 6 VG-RL geregelten Fällen mit der Verwertungsgesellschaft durch einen Wahrnehmungsvertrag verbunden sind oder sich doch in deren Umfeld befinden.[3]

---

[1] Erwägungsgrund (29) S. 5 VG-RL; zu diesen Begriffen und ihrer unterschiedlichen Bedeutung → § 28 Rn. 1.
[2] Vgl. Vorschlag für eine Richtlinie des Europäischen Parlaments und des Rates über kollektive Wahrnehmung von Urheber- und verwandten Schutzrechten und die Vergabe von Mehrgebietslizenzen für die Online-Nutzung von Rechten an Musikwerken im Binnenmarkt, COM(2012) 372 final v. 11.7.2012, 1.1. (S. 2 f.).
[3] Vgl. *Walter,* Urheber- und Verwertungsgesellschaftenrecht '15, Art. 13 VG-RL Anm. 2.2.

2. § 29

§ 29 setzt Art. 13 Abs. 3 VG-RL in enger Anlehnung an dessen Wortlaut, wenn auch in etwas ge-   2
straffterer Form, um. Nach **§ 29 Abs. 1** hat die Verwertungsgesellschaft **„angemessene Maßnah-**
men" zu ergreifen, um den Berechtigten festzustellen oder ausfindig zu machen, wenn dies innerhalb
der Verteilungsfrist gem. § 28 nicht gelungen ist und seine Einnahmen daher nicht an ihn verteilt
werden konnten. **§ 29 Abs. 2** präzisiert die „angemessenen Maßnahmen" durch die **Pflicht zur**
Weitergabe, spätestens drei Monate nach Ablauf der Verteilungsfrist des § 28, **von Angaben** über
die relevanten Daten, wie Werktitel und Name des betreffenden Berechtigten und des Verlegers oder
Herstellers, an Mitglieder, Berechtigte und ggf. andere Verwertungsgesellschaften, für die iRv. Repräsentationsvereinbarungen Rechte wahrgenommen werden. **§ 29 Abs. 3** verpflichtet die Verwertungsgesellschaften zur **Veröffentlichung dieser Angaben** spätestens ein Jahr nach Ablauf der
Dreimonatsfrist von § 29 Abs. 2, wenn der Berechtigte nicht inzwischen ausfindig gemacht werden
konnte.

II. Feststellung der Berechtigten

1. § 29 Abs. 1 – Angemessene Maßnahmen

§ 29 betrifft den Fall, dass Einnahmen aus den Rechten[4] nicht innerhalb der in § 28 Abs. 2 ge-   3
nannten Frist von neun Monaten nach Ablauf des Geschäftsjahres, in dem sie erzielt wurden, an den
Berechtigten verteilt werden konnten, weil es der Verwertungsgesellschaft[5] nicht gelang, diesen festzustellen oder ausfindig zu machen.[6]

In einer solchen Situation muss die Verwertungsgesellschaft **besondere Pflichten** erfüllen, bevor
sie die betreffenden Beträge als nicht verteilbare Einnahmen iSv. § 30 behandeln kann: Gem. **§ 28**
Abs. 4 ist sie zunächst verpflichtet, die betreffenden Beträge in ihrer **Buchführung getrennt** auszuweisen.[7] Darüber hinaus muss sie sich aber auch selbst aktiv um die Feststellung des Berechtigten
bemühen. § 29 Abs. 1 enthält hierzu, gewissermaßen als **Programmsatz,** die allgemeine Verpflichtung für die Verwertungsgesellschaft, zu diesem Zweck **„angemessene Maßnahmen"** zu treffen.

Während Art. 13 Abs. 3 1. Unterabs. VG-RL den Verwertungsgesellschaften vorschreibt, zur Feststellung der Berechtigten „alle notwendigen Schritte" zu ergreifen, wird der Begriff der „angemessenen Maßnahmen" nur in einem Erwägungsgrund benutzt.[8] Danach müssen diese Maßnahmen „dem
Sorgfaltsgebot und dem Grundsatz von Treu und Glauben" entsprechen. Von der Verwertungsgesellschaft wird also auch iRv. § 29 erwartet, dass sie sich um die Feststellung des Berechtigten **ernsthaft**
bemüht. Andererseits konzentriert sich dieses Bemühen auf die Wahrnehmungsberechtigten und das
Umfeld der Verwertungsgesellschaft, ist also spezifischer als die weiter angelegte „sorgfältige Suche"
nach dem Rechtsinhaber iSv. § 61a UrhG. § 29 dürfte daher den Bestimmungen der §§ 61 ff. UrhG
vorgehen.[9]

Dass die Verwertungsgesellschaft in einem **ersten Schritt** bereits ihr Mitglieder- und **Berechtig-**
tenverzeichnis iSv. § 15 und alle übrigen leicht verfügbaren Aufzeichnungen betreffend den fraglichen Berechtigten überprüft haben muss, erscheint selbstverständlich, da diese Kontrolle ohnehin
jeder Verteilung vorausgeht. Aufgrund dieser Überprüfung wird die Verwertungsgesellschaft ja gerade
erkannt haben, dass der Berechtigte nicht ohne Weiteres feststellbar ist. Eine Pflicht zur erneuten
Überprüfung dieser Daten, wie sie Art. 13 Abs. 3 3. Unterabs. VG-RL vorgibt, ist daher in § 29
nicht enthalten.[10]

Andererseits kann von der Verwertungsgesellschaft nicht erwartet werden – da mit unverhältnismäßigem, das Kollektiv der Berechtigten mit unnötigen Kosten belastendem Aufwand verbunden –,
Daten zu ermitteln, deren Mitteilung in der Sphäre des Berechtigten liegen, wie etwa die Änderung
seiner Adresse.

2. § 29 Abs. 2 – Weitergabe von Angaben über nicht feststellbare Berechtigte

§ 29 Abs. 2 nennt **konkrete Beispiele** dafür, welche Maßnahmen die Verwertungsgesellschaft zur   4
Feststellung des bisher nicht ermittelten Berechtigten treffen muss. Dieses sind nur Beispiele, wie sich
aus dem einleitenden Wort „insbesondere" ergibt; Verwertungsgesellschaften können und sollten also
auch andere als die hier genannten Maßnahmen ergreifen, soweit diese sachdienlich und mit
vertretbarem Aufwand durchführbar sind.

---

[4] Zum Begriff der Einnahmen aus den Rechten → § 23 Rn. 4.
[5] § 29 gilt für Verwertungsgesellschaften iSv. § 2 (zum Begriff → § 2 Rn. 5 ff.), ebenso aber auch für abhängige
Verwertungseinrichtungen iSv. § 3, soweit diese Tätigkeiten einer Verwertungsgesellschaft ausüben (zum Begriff →
§ 3 Rn. 3).
[6] Zu diesen Begriffen und ihrer unterschiedlichen Bedeutung → § 28 Rn. 1 und 6.
[7] → § 28 Rn. 6.
[8] Erwägungsgrund (29) S. 5 VG-RL.
[9] So für das Verhältnis der Verwaiste-Werke-RL 2012/28/EU zur VG-RL *Walter,* Urheber- und Verwertungsgesellschaftenrecht '15, Art. 13 VG-RL Anm. 2.4.
[10] AmtlBegr. BT-Drs. 18/7223, S. 81 f.

Nach erfolglosen internen Ermittlungen muss sich die Verwertungsgesellschaft in einem **zweiten Schritt** darum bemühen, die fehlenden Daten über Dritte zu ermitteln. Gem. § 29 Abs. 2 muss sie hierzu bestimmten Adressaten **Angaben** über die Werke und sonstigen Schutzgegenstände, deren Berechtigte nicht festgestellt werden konnten, **zur Verfügung stellen.** Diese Angaben müssen zumindest aus **vier Elementen der Information** bestehen: Dem **Titel** des Werks oder des sonstigen Schutzgegenstands (**§ 29 Abs. 2 Nr. 1**), dem **Namen des** bisher nicht festgestellten **Berechtigten** (**§ 29 Abs. 2 Nr. 2**), dem **Namen des Verlegers oder Herstellers** (**§ 29 Abs. 2 Nr. 3**) und **allen sonstigen erforderlichen,** dh. sachdienlichen, **Informationen,** die zur Feststellung des Berechtigten beitragen können (**§ 29 Abs. 2 Nr. 4**).

Dabei gilt, dass diese Informationen nur insoweit zur Verfügung gestellt werden müssen, als sie auch **verfügbar** sind, sich also im Besitz der Verwertungsgesellschaft befinden und nicht etwa Gründe des Datenschutzes entgegenstehen.

Als **Adressaten,** denen diese Angaben zur Verfügung gestellt werden müssen, werden die Mitglieder[11] und Berechtigten[12] der Verwertungsgesellschaft genannt sowie alle anderen Verwertungsgesellschaften, für die sie auf der Grundlage von Repräsentationsvereinbarungen iSv. § 44 (Gegenseitigkeitsverträgen) Rechte wahrnimmt.

Diese Informationen müssen den genannten Adressaten innerhalb einer **Frist von drei Monaten** nach Ablauf der in § 28 genannten Verteilungsfrist zur Verfügung gestellt werden. Da die Verteilungsfrist gem. § 28 Abs. 2 spätestens neun Monate nach Ablauf des Geschäftsjahres abläuft,[13] bewirkt die Dreimonatsfrist des § 29 Abs. 2, dass dies idR. vor Ende des auf das Geschäftsjahr folgenden Jahres geschehen muss.

Auf welche Weise die betreffenden Informationen den genannten Adressaten zur Verfügung gestellt werden müssen, ist in § 29 Abs. 2 nicht bestimmt. Man wird schon aus Kostengründen davon ausgehen können, dass dies in den Grenzen des datenschutzrechtlich Zulässigen[14] auf der (ggf. zugangsgeschützten) **Webseite** der Verwertungsgesellschaft geschehen kann und eine individuelle Zusendung nicht erforderlich ist. Auch in diesem Fall aber müssten die Adressaten in geeigneter Weise darauf aufmerksam gemacht werden.[15]

3. § 29 Abs. 3 – Veröffentlichung der Angaben

5   Für den Fall, dass die Verwertungsgesellschaft trotz „angemessener Maßnahmen" iSv. § 29 Abs. 1, und obwohl sie die Informationen gem. § 29 Abs. 2 den dort genannten Adressaten zur Verfügung gestellt hat, den Berechtigten nicht feststellen oder ausfindig machen konnte, schreibt ihr § 29 Abs. 3 vor, in einem **dritten Schritt** diese **Informationen zu veröffentlichen.** Sie muss dies **innerhalb von einem Jahr** nach Ablauf der Dreimonatsfrist gem. § 29 Abs. 2 tun. Die Veröffentlichung muss also spätestens im zweiten auf das Geschäftsjahr folgende Jahr erfolgen.

§ 29 Abs. 3 schreibt nicht vor, **auf welche Weise** diese **Veröffentlichung** zu erfolgen hat. Da das VGG, ebenso wie die VG-RL, auch an anderer Stelle die elektronische Kommunikation zulässt oder sogar bevorzugt,[16] wird man davon ausgehen können, dass die **Veröffentlichung auf der Webseite** der Verwertungsgesellschaft ausreicht, zumal dies kostensparend ist. Dabei wird es sachdienlich sein, die so veröffentlichten Informationen nicht nur dem inneren Kreis der von der Verwertungsgesellschaft vertretenen Berechtigten, sondern der Allgemeinheit zugänglich zu machen.[17] Allerdings sind auch dabei datenschutzrechtliche Vorgaben zu beachten.[18]

§ 30 Nicht verteilbare Einnahmen aus den Rechten

(1) **Einnahmen aus den Rechten gelten als nicht verteilbar, wenn der Berechtigte nicht innerhalb von drei Jahren nach Ablauf des Geschäftsjahres, in dem die Einnahmen aus den Rechten eingezogen wurden, festgestellt oder ausfindig gemacht werden konnte und die Verwertungsgesellschaft die erforderlichen Maßnahmen nach § 29 ergriffen hat.**

(2) **Die Verwertungsgesellschaft stellt allgemeine Regeln über die Verwendung der nicht verteilbaren Einnahmen aus den Rechten auf.**

(3) **Die Ansprüche des Berechtigten aus dem Wahrnehmungsverhältnis bleiben unberührt.**

Schrifttum: *Becker,* Verwertungsgesellschaften als Träger öffentlicher und privater Aufgaben, FS Kreile (1994), S. 27; *Reinbothe,* Schlichtung im Urheberrecht, 1978.

---

[11] Zum Begriff der Mitglieder → § 7 Rn. 4.
[12] Zum Begriff des Berechtigten → § 6 Rn. 3.
[13] → § 28 Rn. 4.
[14] AmtlBegr. BT-Drs. 18/7223, S. 82.
[15] Enger wohl insoweit *Walter,* Urheber- und Verwertungsgesellschaftenrecht '15, Art. 13 VG-RL Anm. 2.1.
[16] → § 14 Rn. 3; § 19 Rn. 5.
[17] *Walter,* Urheber- und Verwertungsgesellschaftenrecht '15, Art. 13 VG-RL Anm. 2.2.
[18] AmtlBegr. BT-Drs. 18/7223, S. 82.

I. Allgemeines

1. Die Vorgaben der VG-RL

Art. 13 Abs. 4 und 5 VG-RL sind, wie schon die Abs. 2 und 3, der Behandlung von Einnahmen **1** aus den Rechten gewidmet, die nicht innerhalb der in Art. 13 Abs. 1 2. Unterabs. VG-RL normierten Verteilungsfrist von neun Monaten nach Ablauf des Geschäftsjahres verteilt werden konnten. Führen die Maßnahmen gem. Art. 13 Abs. 2 und 3 VG-RL über einen Zeitraum von **drei Jahren** nach dem Ablauf des Geschäftsjahres, in dem die Einnahmen aus den Rechten erzielt wurden, nicht zur Ermittlung bzw. zum Auffinden des Berechtigten und bleiben somit erfolglos, „so **gelten diese Beträge als nicht verteilbar**", **Art. 13 Abs. 4 VG-RL**.

In **Art. 13 Abs. 5 VG-RL** ist bestimmt, dass über die **Verwendung** dieser nicht verteilbaren Beträge die Mitgliederhauptversammlung der Verwertungsgesellschaft zu beschließen hat; und dies „im Einklang mit Artikel 8 Absatz 5 Buchstabe b", also den allgemeinen Grundsätzen für die Verwendung nicht verteilbarer Beträge, die Verwertungsgesellschaften ohnehin in ihrer Mitgliederhauptversammlung aufzustellen haben.

Trotzdem sollen die **Ansprüche des Berechtigten auch nach Ablauf der dreijährigen Frist** und der ggf. anderweitigen Verwendung der ihm zustehenden Beträge bestehen bleiben und nicht erlöschen: Gem. **Art. 13 Abs. 5 VG-RL** soll der Berechtigte auch danach das Recht behalten, die ihm zustehenden Beträge von der Verwertungsgesellschaft zu beanspruchen, wenn auch „im Einklang mit den rechtlichen Bestimmungen der Mitgliedstaaten über die Verjährung von Ansprüchen". Eine Verjährungsfrist für derartige Ansprüche wird demnach von der VG-RL nicht vorgegeben, sondern ist auf nationaler Ebene zu bestimmen. Die in Art. 13 Abs. 4 VG-RL bestimmte Dreijahresfrist ist also nicht etwa eine harmonisierte Verjährungsfrist, sondern stellt nur eine zeitliche Grenze dar, ab derer die Verwertungsgesellschaften derartige für nicht verteilbar erklärte Beträge vorläufig anders verwenden dürfen.[1]

2. § 30

§ 30 regelt, in Umsetzung von Art. 13 Abs. 4 und 5 VG-RL, den Umgang mit den Einnahmen aus **2** den Rechten für den Fall, dass der betreffende Berechtigte nicht festgestellt oder ausfindig gemacht werden konnte. **§ 30 Abs. 1** bestimmt, wann und unter welchen **Bedingungen** Einnahmen aus den Rechten als nicht verteilbar gelten. **§ 30 Abs. 2** schreibt den Verwertungsgesellschaften die **Aufstellung allgemeiner Regeln** über die Verwendung nicht verteilbarer Einnahmen vor. Nach **§ 30 Abs. 3** sollen **Ansprüche des Berechtigten** aus dem Wahrnehmungsverhältnis unberührt bleiben.

II. Nicht verteilbare Einnahmen aus den Rechten

1. § 30 Abs. 1 – Bedingungen

§ 30 Abs. 1 setzt Art. 13 Abs. 4 VG-RL um und regelt wie dieser die Bedingungen dafür, nicht **3** ausgeschüttete Einnahmen aus den Rechten[2] als unverteilbar einzustufen. Die Bestimmung steht damit in einer **chronologischen Sequenz** zu den in § 28 Abs. 4 und § 29 enthaltenen Verpflichtungen der Verwertungsgesellschaften,[3] einen Berechtigten festzustellen oder ausfindig zu machen,[4] dessen Einnahmen aus den Rechten nicht innerhalb von neun Monaten nach Ablauf des Geschäftsjahres, in dem sie eingezogen wurden, an ihn ausgeschüttet werden konnten, weil er oder sein Aufenthaltsort nicht bekannt waren: Am Anfang steht in diesen Fällen die **getrennte Ausweisung in der Buchführung** der Verwertungsgesellschaft **gem. § 28 Abs. 4;**[5] darauf müssen **angemessene Maßnahmen** der Verwertungsgesellschaft folgen **gem. § 29 Abs. 1** (nochmalige Überprüfung der ihr zu-

---

[1] *Walter*, Urheber- und Verwertungsgesellschaftenrecht '15, Art. 13 VG-RL Anm. 2.3.
[2] Zum Begriff der Einnahmen aus den Rechten → § 23 Rn. 4.
[3] § 30 gilt für Verwertungsgesellschaften iSv. § 2 (zum Begriff → § 2 Rn. 5 ff.), ebenso aber auch für abhängige Verwertungseinrichtungen iSv. § 3, soweit diese Tätigkeiten einer Verwertungsgesellschaft ausüben (zum Begriff → § 3 Rn. 3).
[4] Zu diesen Begriffen → § 28 Rn. 1 und 6.
[5] → § 28 Rn. 6.

gänglichen Daten und des Mitgliederverzeichnisses)[6] und **gem. § 29 Abs. 2** (Weitergabe der relevanten Angaben)[7] sowie, wenn diese Maßnahmen keinen Erfolg haben, die **Veröffentlichung** dieser Angaben **gem. § 29 Abs. 3**.[8] Wenn alle diese Bemühungen, den Berechtigten festzustellen oder ausfindig zu machen, erfolglos bleiben, bestimmt § 30 Abs. 1 die Konsequenz: Die Einnahmen aus den Rechten **gelten als nicht verteilbar.**

Diese Konsequenz ist von **zwei Bedingungen** abhängig. Voraussetzung ist erstens, dass die Verwertungsgesellschaft **alle erforderlichen Maßnahmen** iSv. § 29 auch tatsächlich ergriffen hat. Zweite Voraussetzung ist, dass der Berechtigte trotz dieser Maßnahmen auch **drei Jahre nach Ablauf des Geschäftsjahres,** in dem die ihn betreffenden Einnahmen aus den Rechten eingezogen wurden, noch nicht festgestellt oder ausfindig gemacht werden konnte. Erst dann und nach Ablauf dieser Dreijahresfrist gelten die betreffenden Einnahmen als nicht verteilbar.

2. § 30 Abs. 2 – Aufstellung von allgemeinen Regeln

4   In Umsetzung von Art. 13 Abs. 5 VG-RL spricht § 30 Abs. 2 die **Verwendung nicht verteilbarer Beträge** an. Im Ergebnis soll erreicht werden, dass die Verwertungsgesellschaft diese Beträge nicht anhäuft, sondern zugunsten der (anderen) Berechtigten verwendet. Das Gesetz enthält zur Verwendung keine besonderen Vorgaben, sondern überlässt dies im Einzelnen den Verwertungsgesellschaften.

Allerdings verpflichtet § 30 Abs. 2 die Verwertungsgesellschaften dazu, zur Verwendung derartiger nicht verteilbarer Beträge **„allgemeine Regeln"** aufzustellen. Diese Regeln müssen gem. § 17 Abs. 1 S. 2 Nr. 7 von der Mitgliederhauptversammlung[9] beschlossen werden. Die Beschlusskompetenz für diese Regeln liegt allein bei der Mitgliederhauptversammlung und kann nicht dem Aufsichtsgremium übertragen werden;[10] denn es ist wichtig, dass die Mitglieder selbst darüber entscheiden.[11] Die Verwertungsgesellschaft muss sich also ein **Regelwerk** geben, das über die **Verwendung nicht verteilbarer Beträge** bestimmt und eine **Gleichbehandlung aller Einzelfälle** gewährleistet.

Die **inhaltliche Gestaltung dieser Regeln** überlässt § 30 Abs. 2 den Verwertungsgesellschaften, die damit über einigen Spielraum verfügen. Insbesondere greift § 30 Abs. 2 nicht die in Art. 13 Abs. 6 VG-RL vorgesehene Möglichkeit auf, die zulässigen Verwendungen der nicht verteilbaren Beträge einzuschränken oder festzulegen, dass sie etwa „gesondert und unabhängig zur Finanzierung von sozialen, kulturellen oder Bildungsleistungen zugunsten von Rechtsinhabern verwendet werden". Die Verfolgung dieser letzteren Zwecke wird den Verwertungsgesellschaften in § 32 ohnehin gesondert empfohlen, allerdings nicht verbunden mit der Verwendung nicht verteilbarer Beträge.[12]

Die allgemeinen Regeln zur Verwendung nicht verteilbarer Beträge sollten inhaltlich so gestaltet sein, dass sie dem Charakter der Verwertungsgesellschaft als Treuhänder und Solidargemeinschaft[13] aller Berechtigten gerecht werden und jede **Diskriminierung ausschließen.** Im Ergebnis werden die Verwertungsgesellschaften bei der Gestaltung dieser Regeln also darauf zu achten haben, dass die fraglichen Beträge **im kollektiven Interesse aller Berechtigten** verwendet und verteilt werden und ihnen allen direkt oder indirekt zugutekommen.

3. § 30 Abs. 3 – Fortgeltung der Ansprüche

5   § 30 Abs. 3 setzt Art. 13 Abs. 5 2. Hs. VG-RL um.[14] Trotz der anderweitigen Verwendung der als nicht verteilbar eingestuften Einnahmen aus den Rechten auf der Grundlage der allgemeinen Regeln, die die Verwertungsgesellschaft gem. § 30 Abs. 2 aufgestellt hat, sollen gem. § 30 Abs. 3 die **Ansprüche des Wahrnehmungsberechtigten aus dem Wahrnehmungsverhältnis unberührt** bleiben. Das bedeutet, dass der Berechtigte grundsätzlich auch nach der (anderweitigen) Verwendung der für seine Werke oder Leistungen erzielten Einnahmen seinen Anspruch auf Auszahlung der Einnahmen gegen die Verwertungsgesellschaft behält.

Diesem Anspruch können aber andere Bestimmungen, insbesondere solche des Wahrnehmungsvertrages, etwa in Gestalt von Meldefristen,[15] oder **Verjährungsregeln,**[16] entgegenstehen. Dabei ist zu beachten, dass die Dreijahresfrist gem. § 30 Abs. 1 keine Verjährungsfrist darstellt, sondern nur den Zeitraum markiert, nach dessen Ablauf die betreffenden Beträge als nicht verteilbar gelten und anderweitig verwendet werden dürfen.[17]

§ 30 Abs. 3 dürfte damit nur dann relevant werden, wenn die **Dreijahresfrist gem. § 30 Abs. 1** kürzer ist als die auf die Ansprüche des Berechtigten anwendbare allgemeine **Verjährungsfrist,** seine

---

[6] → § 29 Rn. 3.
[7] → § 29 Rn. 4.
[8] → § 29 Rn. 5.
[9] Zum Begriff der Mitgliederhauptversammlung → § 17 Rn. 3.
[10] → § 17 Rn. 6.
[11] Vgl. Erwägungsgrund (29) S. 6 VG-RL.
[12] → § 32 Rn. 4 ff.
[13] → Einl. VGG Rn. 10 ff.; *Reinbothe* S. 4 mwN; *Becker*, FS Kreile (1994), S. 27 (30).
[14] AmtlBegr. BT-Drs. 18/7223, S. 82.
[15] → § 27 Rn. 10.
[16] Etwa gem. §§ 194 ff. BGB.
[17] *Walter*, Urheber- und Verwertungsgesellschaftenrecht '15, Art. 13 VG-RL Anm. 2.3.

Ansprüche somit nach Ablauf der Dreijahresfrist gem. § 30 Abs. 1 noch nicht verjährt sind. Meldet sich also der bisher nicht festgestellte oder ausfindig gemachte Berechtigte nach Ablauf der in § 30 Abs. 1 bestimmten Dreijahresfrist, aber innerhalb der auf seine Ansprüche anwendbaren (längeren) Verjährungsfrist, so kann er die auf ihn entfallenden Beträge im Prinzip auch dann noch in Anspruch nehmen, wenn diese bereits als unverteilbar eingestuft und anderweitig verwendet wurden.

Um eine solche Situation zu vermeiden, werden Verwertungsgesellschaften in den Wahrnehmungsbedingungen verlangen können, dass Ansprüche nur innerhalb der in § 30 Abs. 1 genannten Frist geltend zu machen sind.[18]

§ 31 Abzüge von den Einnahmen aus den Rechten

(1) **Abzüge von den Einnahmen aus den Rechten müssen im Verhältnis zu den Leistungen der Verwertungsgesellschaft an die Berechtigten angemessen sein und anhand von objektiven Kriterien festgelegt werden.**

(2) **Soweit die Verwertungsgesellschaft zur Deckung der Kosten, die ihr für die Wahrnehmung von Urheberrechten und verwandten Schutzrechten entstehen (Verwaltungskosten), Abzüge von den Einnahmen aus den Rechten vornimmt, dürfen die Abzüge die gerechtfertigten und belegten Verwaltungskosten nicht übersteigen.**

Übersicht

I. Allgemeines

1. Die Vorgaben der VG-RL

Art. 12 VG-RL befasst sich mit **Abzügen** für Verwaltungskosten und andere Zwecke, die Verwertungsgesellschaften von den Einnahmen aus den Rechten oder anderen Erträgen vor deren Verteilung an die Rechtsinhaber vornehmen können. Der Begriff der Verwaltungskosten wird in **Art. 3 Buchst. i) VG-RL** definiert als der zur Deckung der Kosten für die kollektive Rechtewahrnehmung der Verwertungsgesellschaft erhobene, abgezogene oder verrechnete Betrag. **1**

Gem. **Art. 12 Abs. 1 VG-RL** müssen Verwertungsgesellschaften die Rechtsinhaber, bevor sie deren Zustimmung zur Rechtewahrnehmung einholen, über solche Abzüge **aufklären**.[1] Art. 12 **Abs. 2 VG-RL** bestimmt, dass alle Abzüge im Verhältnis zu den Leistungen, die die Verwertungsgesellschaft gegenüber den Rechtsinhabern erbringt, „angemessen sein" und „anhand von **objektiven Kriterien** festgelegt werden" müssen. Nach **Art. 12 Abs. 3 1. Unterabs. VG-RL** dürfen die **Verwaltungskosten** die „gerechtfertigten und belegten Kosten", die der Verwertungsgesellschaft durch die Rechtewahrnehmung entstehen, nicht übersteigen. Gem. **Art. 12 Abs. 3 2. Unterabs. VG-RL** unterliegen die Abzüge für Verwaltungskosten, aber auch für andere Zwecke, den Grundsätzen der (ordnungsgemäßen) **Verwendung** und der **Transparenz**.[2] Und schließlich sollen gem. **Art. 12 Abs. 4 VG-RL** soziale, kulturelle oder Bildungsleistungen, die durch Abzüge finanziert werden, auf der Grundlage fairer Kriterien bereitgestellt werden.

2. § 31

§ 31 VGG greift von diesen Vorgaben der VG-RL zwei heraus und setzt sie um. **§ 31 Abs. 1** be- **2** stimmt nahezu wortgleich mit Art. 12 Abs. 2 VG-RL, dass Abzüge im Verhältnis zu den Leistungen **angemessen** sein und anhand von **objektiven Kriterien** festgelegt werden müssen. **§ 31 Abs. 2** enthält die **Legaldefinition** für den Begriff der Verwaltungskosten und bestimmt wie Art. 12 Abs. 3 1. Unterabs. VG-RL, dass Abzüge für Verwaltungskosten die **gerechtfertigten und belegten Verwaltungskosten** nicht übersteigen dürfen. Art. 12 Abs. 4 VG-RL wird dagegen in § 32 Abs. 3 separat umgesetzt.

---

[18] Wandtke/Bullinger/*Gerlach* § 30 Rn. 3; Heine/Holzmüller/*Riemer* § 30 Rn. 14.

[1] Da die Abzüge im Einzelnen aber kaum im Voraus bestimmbar sind, spricht Erwägungsgrund (28) S. 2 VG-RL insoweit nur von der Offenlegung der „Regeln, nach denen solche Abzüge erfolgen", gegenüber den Rechtsinhabern; *Walter*, Urheber- und Verwertungsgesellschaftenrecht '15, Art. 12 VG-RL Anm. 4.

[2] Vgl. auch Erwägungsgrund (28) S. 1 VG-RL, wonach Entscheidungen über Abzüge für andere Zwecke als Verwaltungskosten grundsätzlich von den Mitgliedern getroffen werden sollten.

II. Abzüge von den Einnahmen aus den Rechten

1. § 31 Abs. 1 – Die Festlegung von Abzügen

3 § 31 Abs. 1 setzt **allgemeine Maßstäbe für Abzüge (Kürzungen) aller Art,** die Verwertungsgesellschaften[3] von den Einnahmen aus den Rechten[4] vor deren Verteilung an die Berechtigten vornehmen. Abzüge werden üblicherweise insbesondere zur Deckung der Verwaltungskosten der Verwertungsgesellschaft vorgenommen, die Auszahlungen an die Berechtigten also entsprechend gekürzt.[5] Um bei der Auszahlung der Einnahmen berechnete Abzüge iSv. § 31 handelt es sich aber auch dann, wenn der Berechtigte zur Wahrnehmung seiner Rechte gesonderte Zahlungen an die Verwertungsgesellschaft leisten muss oder Verrechnungen hinzunehmen hat. Denn es ist inhaltlich kein Unterschied, ob die Verwertungsgesellschaft bei der Auszahlung **Abzüge (Kürzungen)** vornimmt, dem Berechtigten ihre **Leistungen gesondert in Rechnung stellt** oder hierfür eine Verrechnung vornimmt.[6]

Abzüge müssen im Verhältnis zu den Leistungen, die die Verwertungsgesellschaft an die Berechtigten erbringt, **angemessen** sein. Die Abzüge dürfen demnach nicht überproportional hoch sein: Nicht nur dürfen sie den Wert der Leistungen der Verwertungsgesellschaft an die Berechtigten selbst nicht etwa übersteigen, sondern sie sollten in aller Regel auch deutlich geringer sein als diese.

Alle Abzüge müssen ferner anhand **objektiver Kriterien** festgelegt werden. Die Objektivität der Kriterien sollte zum einen dadurch gewährleistet sein, dass es die **Mitgliederhauptversammlung**[7] ist, die gem. § 17 Abs. 1 S. 2 Nr. 9 zwingend über die allgemeinen Grundsätze für die Abzüge zu entscheiden hat. Diese Entscheidungsbefugnis kann auch nicht an das Aufsichtsgremium abgetreten werden.[8] Objektiv sind die von der Mitgliederhauptversammlung festgelegten Grundsätze für die Abzüge vor allem dann, wenn sie **diskriminierungsfrei** für alle Berechtigten gelten und an **Umstände und Anforderungen anknüpfen, die objektiv bestimmbar sind.** Dies gilt etwa für die Vergabe von Stipendien, kulturelle oder soziale Leistungen,[9] die gem. § 32 Abs. 3 auf fairen Kriterien beruhen müssen,[10] aber auch für die Maßstäbe betreffend die Abzüge für Verwaltungskosten. iSv. § 31 Abs. 2.

Gem. § 56 Abs. 1 Nr. 8 und 9 sind Verwertungsgesellschaften verpflichtet, **Informationen** über Abzüge für Verwaltungskosten und sonstige Kosten auf ihrer Internetseite zu **veröffentlichen.**[11]

2. § 31 Abs. 2 – Abzüge für Verwaltungskosten

4 Abzüge von der Auszahlung der Einnahmen für Verwaltungskosten sind gem. § 26 Nr. 3 zulässig auf der Grundlage eines Beschlusses der Mitgliederhauptversammlung iSv. § 17 Abs. 1 S. 2 Nr. 9.[12] Die allgemeine Regel des § 31 Abs. 1 gilt für Abzüge (Kürzungen) aller Art, auch solche betreffend die Verwaltungskosten der Verwertungsgesellschaft. Auch Verwaltungskosten müssen daher **angemessen** und **anhand von objektiven Kriterien festgelegt** sein.

Darüber hinaus enthält § 31 Abs. 2 zunächst eine **Legaldefinition** des Begriffs der Verwaltungskosten: Danach sind **Verwaltungskosten** solche Kosten, die der Verwertungsgesellschaft für die Wahrnehmung von Urheberrechten und verwandten Schutzrechten entstehen. Insbesondere betreffen sie im Verhältnis zu den Berechtigten die **Verwaltung der Rechte** und die **Buchführung,** und im Verhältnis zu den Nutzern die **Kontrolle** und ggf. die **Rechtsdurchsetzung.**

Für Abzüge zur Deckung solcher Verwaltungskosten bestimmt § 31 Abs. 2 außerdem weitere Kriterien, die die in § 31 Abs. 1 genannten ergänzen.

Danach gilt für Abzüge betreffend Verwaltungskosten, dass diese die gerechtfertigten und belegten Verwaltungskosten nicht übersteigen dürfen. Die Entscheidung darüber, welche Verwaltungskosten im Einzelnen **gerechtfertigt** sind, liegt vorrangig in der Kompetenz der Verwertungsgesellschaft und damit – über die Beschlüsse der Mitgliederhauptversammlung gem. § 17 Abs. 1 S. 2 Nr. 9 – bei den Berechtigten selbst.[13] Da der Kontrollaufwand für die Verwaltung, dh. die Überwachung und Durchsetzung einzelner Rechte, unterschiedlich aufwendig sein kann, können zB – abhängig vom Marktsegment, in dem die Verwertungsgesellschaft tätig ist – auch die Verwaltungskosten und damit die Abzüge unterschiedlich hoch sein und berechnet werden.[14] Dabei wird die Verwertungsgesellschaft in

---

[3] § 31 gilt für Verwertungsgesellschaften iSv. § 2 (zum Begriff → § 2 Rn. 5 ff.), ebenso aber auch für abhängige Verwertungseinrichtungen iSv. § 3, soweit diese Tätigkeiten einer Verwertungsgesellschaft ausüben (zum Begriff → § 3 Rn. 3).
[4] Zum Begriff der Einnahmen aus den Rechten → § 23 Rn. 4.
[5] Zu den Verwaltungskosten und ihrer Berechnung → Rn. 4.
[6] AmtlBegr. BT-Drs. 18/7223, S. 82.
[7] Zum Begriff der Mitgliederhauptversammlung → § 17 Rn. 3.
[8] → § 17 Rn. 6.
[9] Vgl. Erwägungsgrund (28) S. 2 und 3 VG-RL.
[10] → § 32 Rn. 6.
[11] → § 56 Rn. 4.
[12] → § 17 Rn. 4.
[13] AmtlBegr. BT-Drs. 18/7223, S. 82.
[14] Zum Kontrollaufwand der GEMA vgl. Heine/Holzmüller/*Riemer* § 31 Rn. 28.

gewissem Rahmen pauschalieren und typisieren können, damit die Abzüge in einem angemessenen Verhältnis zur Ausschüttung an die Berechtigten bleiben.[15]

Dass die Verwaltungskosten überdies auch **angemessen** sein müssen im Verhältnis zu den Leistungen, die die Verwertungsgesellschaft an die Berechtigten erbringt, ergibt sich bereits aus § 31 Abs. 1.

In jedem Fall aber müssen die Verwaltungskosten **belegt** sein; sie können also nicht als Pauschale berechnet werden. Ihre Berechnung und ihr Nachweis als Betriebsausgaben müssen den **Grundsätzen ordnungsgemäßer Buchführung** entsprechen. Die Abzüge für Verwaltungskosten dürfen die so belegten **Kosten nicht übersteigen**.

Die in § 31 Abs. 2 genannten Anforderungen an Abzüge für die Verwaltungskosten der Verwertungsgesellschaften stellen allgemeine Regeln dar, die auch an anderer Stelle, insbesondere iRv. Repräsentationsvereinbarungen gem. §§ 45 und 73 Abs. 3, zu berücksichtigen sind.[16]

§ 32 Kulturelle Förderung; Vorsorge- und Unterstützungseinrichtungen

(1) **Die Verwertungsgesellschaft soll kulturell bedeutende Werke und Leistungen fördern.**

(2) **Die Verwertungsgesellschaft soll Vorsorge- und Unterstützungseinrichtungen für ihre Berechtigten einrichten.**

(3) **Werden kulturelle Förderungen und Vorsorge- und Unterstützungseinrichtungen durch Abzüge von den Einnahmen aus den Rechten finanziert, so hat die Verwertungsgesellschaft die kulturellen Förderungen und die Leistungen der Vorsorge- und Unterstützungseinrichtungen nach festen Regeln, die auf fairen Kriterien beruhen, zu erbringen.**

Schrifttum: *Augenstein*, Rechtliche Grundlagen des Verteilungsplans urheberrechtlicher Verwertungsgesellschaften, 2004; *Bartels*, Die Abzüge der Verwertungsgesellschaften für soziale und kulturelle Zwecke, UFITA 2006/II, 325; *Becker*, Verwertungsgesellschaften als Träger öffentlicher und privater Aufgaben, FS Kreile (1994), S. 27; *Bezzenberger/Riesenhuber*, Die Rechtsprechung zum „Binnenrecht" der Verwertungsgesellschaften – dargestellt am Beispiel der GEMA, GRUR 2003, 1005; *Ficsor*, Collective Management of Copyright and Related Rights, 2002; *Goldmann*, Die kollektive Wahrnehmung musikalischer Rechte in den USA und Deutschland, 2001; *Hauptmann*, Der Zwangseinbehalt von Tantiemen der Urheber und ihre Verwendung für soziale und kulturelle Zwecke bei der GEMA und der VG Wort, UFITA 126 (1994), 149; *Häußer*, Praxis und Probleme der Aufsicht über Verwertungsgesellschaften, FuR 1980, 57; *ders.*, Die Verteilung der im Rahmen von Urheberrechten und Leistungsschutzrechten erzielten Einnahmen an Ausländer, FS Kreile (1994), S. 281; *Hertin*, Die Subventionierung der E-Musik durch Einkünfte aus anderen Sparten der Musikverwertung. Das GEMA-Verteilungssystem auf dem Prüfstand, GRUR 2013, 469; *Himmelmann*, Die Aufsicht über die GEMA, in: Kreile/Becker/Riesenhuber (Hrsg.), Recht und Praxis der GEMA, 2. Aufl. 2008, 817; *Katzenberger/Nérisson*, Kulturförderung, Solidarität und Verteilungsgerechtigkeit in Recht und Praxis urheberrechtlicher Verwertungsgesellschaften, GRUR-Int 2011, 283; *Kreile*, Rechtsdurchsetzung und Rechtverwaltung durch Verwertungsgesellschaften in der Informationsgesellschaft, FS Thurow (1999), 135; *Leisner*, Urheberrechtsverwertung und Verfassungsrecht, UFITA 48 (1966), 46; *Lerche*, Rechtsfragen der Verwirklichung kultureller und sozialer Aufgaben bei der kollektiven Wahrnehmung von Urheberrechten, insbesondere im Hinblick auf den sogen. 10%-Abzug der GEMA, GEMA-Jahrbuch 1997/98, S. 80; *Melichar*, Die Wahrnehmung von Urheberrechten durch Verwertungsgesellschaften, 1983; *ders.*, Der Abzug für soziale und kulturelle Zwecke durch Verwertungsgesellschaften im Lichte des internationalen Urheberrechts, FS Kreile (1990), S. 47; *ders.*, Zur Sozialbindung des Urheberrechts, in: Adrian/Nordemann/Wandtke (Hrsg.) Josef Kohler und der Schutz des geistigen Eigentums in Europa, 1996, S. 101; *Menzel*, Die Aufsicht über die GEMA durch das Deutsche Patentamt, 1986; *Reischl*, Zum Umfang der Staatsaufsicht nach dem Urheberrechtswahrnehmungsgesetz, GEMA-Nachr. 1978 Nr. 108, S. 79; *Riesenhuber*, Autonomie und Beurteilungsspielräume der Verwertungsgesellschaft, GRUR 2014, 443; *ders.*, Die Wertung, in: Heker/Riesenhuber (Hrsg.), Recht und Praxis der GEMA, 3. Aufl. 2018, 550; *ders.*, Die Sozialkasse, in: Heker/Riesenhuber (Hrsg.), Recht und Praxis der GEMA, 3. Aufl. 2018, 626; *Vogel*, Wahrnehmungsrecht und Verwertungsgesellschaften in der Bundesrepublik Deutschland – Eine Bestandsaufnahme im Hinblick auf die Harmonisierung des Urheberrechts in der Europäischen Gemeinschaft, GRUR 1993, 513; *Winghardt*, Gemeinschaftsrechtliches Diskriminierungsverbot und Inländerbehandlungsverbot und ihre Bedeutung für urheberrechtliche Vergütungsansprüche innerhalb der Staaten der Europäischen Union, 2001; *ders.*, Gemeinschaftsrechtliches Diskriminierungsverbot und Inländerbehandlungsgrundsatz unter dem Blickwinkel der kollektiven Wahrnehmung urheberrechtlicher Ansprüche, GRUR-Int 2001, 993.

Übersicht

---

[15] → § 27 Rn. 9; *Walter*, Urheber- und Verwertungsgesellschaftenrecht '15, Art. 12 VG-RL Anm. 4; Dreier/Schulze/*Schulze* § 31 Rn. 3.
[16] AmtlBegr. BT-Drs. 18/7223, S. 82.

I. Allgemeines

1. Die Vorgaben der VG-RL

1   Im Richtlinienvorschlag der Kommission[1] war die Forderung, dass Verwertungsgesellschaften die Kultur fördern oder bestimmte soziale, kulturelle oder Bildungsaufgaben erfüllen sollten, noch nicht enthalten. Immerhin wurde dort zumindest indirekt anerkannt, dass sie dies in vielen Fällen tun, denn daraus wurden Ansprüche der Rechtsinhaber abgeleitet: In **Art. 11 Abs. 2 des Richtlinienvorschlags** war bestimmt, dass Rechtsinhaber, wenn Verwertungsgesellschaften soziale, kulturelle oder Bildungsleistungen durch Abzüge von den Einnahmen finanzieren, Anspruch auf bestimmte Leistungen haben sollten.

     In der VG-RL wird nunmehr immerhin in den Erwägungsgründen grundsätzlich anerkannt, dass Verwertungsgesellschaften als „**Förderer der Vielfalt kultureller Ausdrucksformen** eine wichtige Rolle" spielen und dies auch weiterhin tun sollten, indem sie „im Interesse der Rechtsinhaber und der Öffentlichkeit soziale, kulturelle oder Bildungsleistungen erbringen".[2] **Art. 12 Abs. 4 VG-RL** trifft hierzu allerdings keine Aussage. Stattdessen findet sich in dieser Bestimmung der Hinweis auf derartige soziale und kulturelle Leistungen der Verwertungsgesellschaften nur im Zusammenhang mit Abzügen von den Einnahmen aus den Rechten: Art. 12 Abs. 4 VG-RL bestimmt, dass **soziale, kulturelle oder Bildungsleistungen,** die durch Abzüge von den Einnahmen finanziert werden, „auf der Grundlage **fairer Kriterien,** insbesondere im Hinblick auf den Zugang zu solchen Leistungen und deren Umfang, bereitgestellt" werden müssen. Zur Frage aber, welche Arten von derartigen Leistungen sinnvoll sind und wie die Verwertungsgesellschaften diese erbringen sollen, ist in der VG-RL nichts gesagt. Offensichtlich werden diese Wertung und die Ausgestaltung im Einzelnen dem nationalen Gesetzgeber überlassen, der hierbei einen weiten Spielraum hat.[3]

2. Die Bestimmungen des UrhWG

2   Im **UrhWG** war die kulturfördernde Funktion der Verwertungsgesellschaften an zwei Stellen festgeschrieben. Im Zusammenhang mit der Verteilung der Einnahmen gab die Soll-Vorschrift des **§ 7 S. 2 UrhWG** den Verwertungsgesellschaften vor, im Verteilungsplan den Grundsatz zu berücksichtigen, dass „**kulturell bedeutende Werke und Leistungen zu fördern** sind". Als weitere Soll-Vorschrift enthielt **§ 8 UrhWG** die Maßgabe, dass die Verwertungsgesellschaft „**Vorsorge- und Unterstützungseinrichtungen** für die Inhaber der von ihr wahrgenommenen Rechte und Ansprüche einrichten" soll. Eine dem Art. 12 Abs. 4 VG-RL entsprechende Regelung, die auf die Verteilung von sozialen, kulturellen oder Bildungsleistungen abhebt, war im UrhWG nicht enthalten.

3. § 32

3   § 32 Abs. 1 und Abs. 2 beruhen somit nicht auf der VG-RL, sondern greifen bewährte Bestimmungen des UrhWG auf. **§ 32 Abs. 1** enthält eine Sollvorschrift zur Förderung kulturell bedeutender Werke und Leistungen, die an § 7 S. 2 UrhWG orientiert ist, allerdings nicht mehr, wie dieser, an den Verteilungsplan anknüpft. **§ 32 Abs. 2,** wonach die Verwertungsgesellschaft Vorsorge- und Unterstützungseinrichtungen für ihre Berechtigten einrichten sollen, stimmt sogar nahezu wörtlich mit § 8 UrhWG überein. Zur Interpretation beider Bestimmungen können daher weitgehend die Rechtsprechung und Literatur zu § 7 S. 2 bzw. § 8 UrhWG herangezogen werden.

     § 32 Abs. 3 dagegen hat im UrhWG kein Vorbild, sondern setzt Art. 12 Abs. 4 VG-RL um und bestimmt, dass Verwertungsgesellschaften kulturelle Förderungen und Leistungen der Vorsorge- und Unterstützungseinrichtungen, die sie von den Einnahmen aus den Rechten finanzieren, nach festen Regeln zu erbringen haben, die auf fairen Kriterien beruhen.

II. Kulturelle Förderung; Vorsorge- und Unterstützungseinrichtungen

1. § 32 Abs. 1 – Förderung kulturell bedeutender Werke und Leistungen

4   Für § 32 Abs. 1 gibt es, abgesehen von allgemeinen Hinweisen in einem Erwägungsgrund, keine Vorgabe der VG-RL.[4] Inhaltlich ist § 32 Abs. 1 an § 7 S. 2 UrhWG orientiert. Während § 7 S. 2 UrhWG jedoch an den Verteilungsplan anknüpfte, indem er den Verwertungsgesellschaften aufgab, dass dieser dem Grundsatz der Förderung kulturell bedeutender Werke und Leistungen entsprechen

---

[1] Vorschlag für eine Richtlinie des Europäischen Parlaments und des Rates über kollektive Wahrnehmung von Urheber- und verwandten Schutzrechten und die Vergabe von Mehrgebietslizenzen für die Online-Nutzung von Rechten an Musikwerken im Binnenmarkt, COM(2012) 372 final v. 11.7.2012.
[2] Erwägungsgrund (3) S. 2 VG-RL.
[3] *Walter,* Urheber- und Verwertungsgesellschaftenrecht '15, Art. 12 VG-RL Anm. 3.
[4] Vgl. Erwägungsgrund (3) S. 2 VG-RL.

solle, sollen Verwertungsgesellschaften[5] nach § 32 Abs. 1 auch **unabhängig vom Verteilungsplan** werk- und leistungsbezogene Förderungen vornehmen.[6]

Im Referentenentwurf zum VGG[7] war § 32 Abs. 1 noch als Kann-Vorschrift ausgestaltet mit der Begründung, angesichts des zunehmenden Wettbewerbs unter den europäischen Verwertungsgesellschaften solle es den Verwertungsgesellschaften und ihren Berechtigten im Rahmen der ihnen gem. § 17 Abs. 1 S. 2 Nr. 9 zugewiesenen Entscheidung über Abzüge für kulturelle und soziale Leistungen künftig selbst überlassen bleiben, ob sie entsprechende Aktivitäten entfalten wollen.

§ 32 Abs. 1 enthält nunmehr allgemein das Postulat an die Verwertungsgesellschaften, **kulturell bedeutende Werke und Leistungen zu fördern.** Zwischen Mitgliedern und Berechtigten wird dabei nicht differenziert. § 32 Abs. 1 ist wie § 7 S. 2 UrhWG eine **Soll-Vorschrift** und keine Verpflichtung.[8] Die Durchsetzung dieser Bestimmung unterliegt daher nicht der Aufsicht gem. §§ 75 ff. und ist auch nicht relevant für Erteilung, Versagung oder Widerruf der Erlaubnis nach §§ 77 ff.[9]

Auch wenn § 32 Abs. 1 nicht erzwingbar ist, enthält er doch mehr als eine bloße unverbindliche Empfehlung. Er richtet an die Verwertungsgesellschaften grundsätzlich eine Forderung, deren Erfüllung Sache der Verwertungsgesellschaft, kontrolliert durch ihre Wahrnehmungsberechtigten, bleibt.[10] Es ist damit der Verwertungsgesellschaft selbst überlassen, ob sie in jedem Einzelfall und wie sie gegebenenfalls der Aufforderung des § 32 Abs. 1 nachkommt; ihr kommt insoweit ein **weiter Ermessensspielraum** zu, der sich auch daran orientieren wird, welche Kategorien von Rechtsinhabern sie vertritt. Die Förderung kann geschehen etwa im Wege der Begabtenförderung oder durch begünstigte Ausschüttung von Einnahmen an einzelne förderungswürdige Werkkategorien, zB. ernste Musik, mit Hilfe eines Punktesystems oder eines Wertungsverfahrens.[11] Zwar wird die Erbringung von **Bildungsleistungen** durch Verwertungsgesellschaften, wie sie Art. 12 Abs. 4 VG-RL erwähnt, von § 32 Abs. 1 nicht erfasst; Verwertungsgesellschaften werden sich auch hierfür engagieren können, haben aber dabei stets zu beachten, dass sie die ihr aufgrund ihrer Treuhandstellung anvertrauten Einnahmen der Berechtigten sachgerecht und sinnvoll verwenden und die Vorgaben nach § 32 Abs., 3 einhalten.[12]

2. § 32 Abs. 2 – Vorsorge- und Unterstützungseinrichtungen

Nach § 32 Abs. 2 sollen Verwertungsgesellschaften **Vorsorge- und Unterstützungseinrichtun-** 5 **gen** für ihre Berechtigten einrichten. Auch für diese Bestimmung gibt es, abgesehen vom Hinweis in einem Erwägungsgrund, keine Vorgaben in der VG-RL.[13] Inhaltlich entspricht sie § 8 UrhWG.

Vorbild für § 8 UrhWG war seinerzeit die GEMA-Sozialkasse. Entsprechend der GEMA-Sozialkasse soll der Zweck von Vorsorge- und Unterstützungseinrichtungen vor allem die Altersversorgung der Urheber und Leistungsschutzberechtigten, die Unterstützung in Notfällen und das Auffangen sozialer Härten sein.[14] Vor dem Hintergrund der Treuhand- und Solidarfunktion der Verwertungsgesellschaften werden ihre Sozialeinrichtungen als „berufsständische Organisationen" im sozialversicherungsrechtlichen Sinne angesehen.[15] Die Einrichtung von Vorsorge- und Unterstützungseinrichtungen iSv. § 32 Abs. 2 ist daher mehr als eine „liebgewordene Praxis", deren Vereinbarkeit mit der Treuhandstellung der Verwertungsgesellschaften etwa frei zur Diskussion gestellt werden könnte.[16] Sie

---

[5] § 32 gilt für Verwertungsgesellschaften iSv. § 2 (zum Begriff → § 2 Rn. 5 ff.), ebenso aber auch für abhängige Verwertungseinrichtungen iSv. § 3, soweit diese Tätigkeiten einer Verwertungsgesellschaft ausüben (zum Begriff → § 3 Rn. 3).

[6] AmtlBegr. BT-Drs. 18/7223, S. 83; zur derzeitigen Förderungspraxis der deutschen Verwertungsgesellschaften Heine/Holzmüller/*Riemer* § 32 Rn. 48 ff.

[7] Referentenentwurf des Bundesministeriums der Justiz und für Verbraucherschutz. Entwurf eines Gesetzes zur Umsetzung der Richtlinie 2014/26/EU über die kollektive Wahrnehmung von Urheber- und verwandten Schutzrechten und die Vergabe von Mehrgebietslizenzen für Rechte an Musikwerken für die Online-Nutzung im Binnenmarkt sowie zur Änderung des Verfahrens betreffend die Geräte- und Speichermedienvergütung (VG-Richtlinie-Umsetzungsgesetz) vom 9.6.2015, S. 98.

[8] § 7 S. 2 UrhWG war ursprünglich sogar als zwingende Vorschrift konzipiert; → 5. Aufl. 2017, UrhWG § 7 Rn. 10 mwN.

[9] So die hM; → § 76 Rn. 5; Heine/Holzmüller/*Riemer* § 32 Rn. 13; Möhring/Nicolini/*Freudenberg* § 32 Rn. 6; für § 7 S. 2 UrhWG: Fromm/Nordemann/*W. Nordemann/Wirtz,* 11. Aufl., UrhWG § 7 Rn. 2; *Mestmäcker/Schulze* UrhWG § 7 Anm. 3; *Reischl* GEMA-Nachr. 1978 Nr. 108 S. 79 (83); aA *Leisner* UFITA 48 (1966), 46 (57).

[10] *Lerche* GEMA-Jb. 1997/98, S. 80 (108 ff.); Loewenheim/*Melichar* § 47 Rn. 36 mwN (jeweils zu § 7 S. 2 UrhWG).

[11] Zum Wertungsverfahren der GEMA *Riesenhuber* in: Heker/Riesenhuber (Hrsg.), Recht und Praxis der GEMA, 550 ff.; vgl. schon BGH ZUM 1989, 80 – GEMA-Wertungsverfahren; zur Unterscheidung zwischen E- und U-Musik in den Verteilungsplänen der GEMA *Riesenhuber* GRUR 2014, 443; *Hertin* GRUR 2013, 469 (475); *Melichar* S. 44; Loewenheim/*Melichar* § 47 Rn. 37; *Menzel* S. 20; zur „Solidargemeinschaft" der GEMA vgl. *Lerche* GEMA-Jb. 1997/98, S. 80 (89 ff.); *Bezzenberger/Riesenhuber* GRUR 2003, 1005 (1012 ff.); kritisch, und umfassend zur konventions- und EU-rechtlichen Beurteilung der Förderungspraxis der Verwertungsgesellschaften *Katzenberger/Nérisson* GRUR-Int 2011, 283 (286 ff.).

[12] → Rn. 6.

[13] Vgl. Erwägungsgrund (3) S. 2 VG-RL.

[14] *Kreile,* FS Thurow (1999), S. 135 (144 ff.); *Riesenhuber* in: Heker/Riesenhuber (Hrsg.), Recht und Praxis der GEMA, 626 (632); vgl. für die VG Wort *Melichar* S. 123 f.; Überblick bei *Vogel* GRUR 1993, 513 (524 f.).

[15] Sozialgericht Hamburg ZUM 2004, 164 (166).

[16] So aber *Schack* Rn. 1373 mwN; kritisch auch schon *Hauptmann* UFITA 126 (1994), 149.

entspricht dem Gebot der „horizontalen Sozialbindung", das früher den §§ 6–9 UrhWG und heute den §§ 9 ff. VGG zugrunde liegt.[17] Auch auf internationaler Ebene wird die Einrichtung von Sozial- und Kulturfonds durch Verwertungsgesellschaften allgemein empfohlen.[18] Abzüge für Sozial- und Kulturfonds durch Verwertungsgesellschaften sind grundsätzlich mit Art. 18 AEUV (früher Art. 12 EGV) vereinbar, soweit sie in einem gewissen Rahmen bleiben.[19] Auch der EuGH hat Abzüge für „soziale und kulturelle Einrichtungen" von der Auszahlung des „gerechten Ausgleichs" gem. Art. 5 Abs. 2 Buchst. b) der InfoSoc-RL 2001/29/EG für zulässig erachtet, sofern diese im Ergebnis den Berechtigten tatsächlich zugutekommen und diskriminierungsfrei verwendet werden.[20] Vom Inländerbehandlungsgrundsatz, wie er in Art. 5 RBÜ bzw. Art. 3 des WTO/TRIPs-Abkommens normiert ist, werden sie als freiwillige Pauschalzuwendungen nicht erfasst.[21]

Bereits der Gesetzgeber des UrhWG zählte die Einrichtung von Vorsorge- und Unterstützungseinrichtungen eindeutig zu den „Aufgaben" der Verwertungsgesellschaften.[22] Dennoch ist § 32 Abs. 2, wie schon die Vorgängerbestimmung des § 8 UrhWG, nur als **Soll-Vorschrift** ausgestaltet und keine Verpflichtung. Die Schaffung solcher Einrichtungen kann also nicht von der Aufsichtsbehörde (§ 75) erzwungen werden und ist auch nicht allein entscheidend für die Erteilung, die Versagung oder den Widerruf der Erlaubnis nach den §§ 77 ff.[23] Dennoch ist § 32 Abs. 2 mehr als eine bloße „Kann"-Vorschrift oder Empfehlung: § 32 Abs. 2 stellt, wie schon die Vorgängerbestimmung § 8 UrhWG, eine **Regel** auf, **die nicht generell und grundlos missachtet werden darf.**[24]

Aufsichtsrechtlich anders als die Einrichtung von Vorsorge- und Unterstützungseinrichtungen dürfte die **Überwachung der Verwaltung** bestehender derartiger Einrichtungen zu beurteilen sein. Die Verwaltung von einmal geschaffenen Vorsorge- und Unterstützungseinrichtungen ist Teil der Treuhandtätigkeit der Verwertungsgesellschaft, da diese Einrichtungen ja regelmäßig von den durch die Wahrnehmungstätigkeit erzielten Einnahmen gespeist werden.[25] Diese Verwaltung sollte daher konsequent auch der Aufsicht darüber unterliegen, ob dabei gegen die Belange der Wahrnehmungsberechtigten verstoßen wird. Dabei kann es keinen Unterschied machen, in welcher Form die Vorsorge- und Unterstützungseinrichtungen im Einzelfall organisiert sind, insbesondere, ob sie etwa in die Verwertungsgesellschaft integriert oder rechtlich selbständig, dh. aus ihr ausgegliedert sind.[26] Die Notwendigkeit der **Aufsicht über bestehende Vorsorge- und Unterstützungseinrichtungen** iSv. § 32 Abs. 2 korrespondiert mit der Aufsicht über die Einhaltung von angemessenen Wahrnehmungsbedingungen nach § 9 S. 2, die ja sicherstellen soll, dass die Wahrnehmung insgesamt – und damit auch die Verwaltung und Verwendung der von der Verwertungsgesellschaft erzielten Einnahmen – zu angemessenen Bedingungen erfolgt.[27]

Gesetzliche Maßstäbe für die Verwaltung von Vorsorge- und Unterstützungseinrichtungen sind in § 32 Abs. 2 nicht enthalten; dies war auch bei § 8 UrhWG nicht der Fall. Da solche Einrichtungen regelmäßig aus Abzügen von den Einnahmen aus den Rechten finanziert werden dürften, gilt für diese **Abzüge** das **Angemessenheitsgebot gem. § 31 Abs. 1.**[28] Aus der Sicht der Rechtsinhaber wird daher darauf zu achten sein, dass die Verwaltung und Verteilung der Mittel dem Gebot der angemessenen Bedingungen gem. § 9 S. 6 entspricht und der Gesamtaufwand einen bestimmten Prozentsatz des Gesamteinnahmeaufkommens – in der Regel deutlich unter 50% – nicht übersteigt[29] und die Last der Sozialabzüge gerecht verteilt ist.[30]

---

[17] Vgl. Loewenheim/*Melichar* § 47 Rn. 42 ff.; *Melichar* in: Adrian/Nordemann/Wandtke (Hrsg.), S. 101/108; *Lerche* GEMA-Jb. 1997/98, S. 80 (102 ff.).

[18] Vgl. *Melichar*, FS Kreile (1990), S. 47 (49); International Bureau of WIPO, Collective Administration of Copyright and Neighboring Rights, Copyright 1989, 309; *Lerche* GEMA-Jb. 1997/98, S. 80 (93 f.) zum CISAC-Standardvertrag; deutlich zurückhaltender dagegen *Ficsor* S. 149 ff.

[19] *Winghardt* S. 366.

[20] EuGH GRUR-Int 2013, 949 Rn. 50 ff. – Amazon; EuGH ZUM 2013, 780 Rn. 53 – Austro Mechana.

[21] *Winghardt* S. 165 ff.; vgl. auch *Häußer*, FS Kreile (1994), S. 281; *Augenstein* S. 147 ff.; aA *Goldmann* S. 354 ff., 361 f.; differenzierend und umfassend zur konventions- und EU-rechtlichen Beurteilung *Katzenberger/Nérisson* GRUR-Int 2011, 283 mwN.

[22] AmtlBegr. BT-Drs. IV/271 S. 16.

[23] HM für § 8 UrhWG; Fromm/Nordemann/*W. Nordemann/Wirtz*, 11 Aufl., UrhWG § 8 Rn. 1 bezeichnen § 8 UrhWG als „Kannvorschrift"; *Mestmäcker/Schulze* UrhWG § 8 Anm. 1; aA *Becker*, FS Kreile (1994), S. 27, der § 8 UrhWG in eine zwingende Vorschrift umdeutet, ausgehend von der Annahme, dass Verwertungsgesellschaften staatliche Aufgaben wahrnehmen.

[24] *Häußer*, FS Kreile (1994), S. 281 (285); *Lerche* GEMA-Jb. 1997/98, S. 80 (111); Heine/Holzmüller/*Riemer* § 32 Rn. 14 f.; Wandtke/Bullinger/*Gerlach* § 32 Rn. 2.

[25] *Häußer* FuR 1980, 57 (67); *Menzel* S. 11; aA *Mestmäcker/Schulze* § 8 UrhWG Anm. 2.

[26] *Häußer* FuR 1980, 57 (67 f.); *Menzel* S. 53 f.; *Himmelmann* in: Kreile/Becker/Riesenhuber (Hrsg.), Recht und Praxis der GEMA, 817 (857).

[27] → § 9 Rn. 12.

[28] AmtlBegr. BT-Drs. 18/7223, S. 83; → § 31 Rn. 3.

[29] Vgl. *Himmelmann* in: Kreile/Becker/Riesenhuber (Hrsg.), Recht und Praxis der GEMA, 817 (857 f.); Fromm/Nordemann/*W. Nordemann/Wirtz*, 11. Aufl., UrhWG § 8 Rn. 2; *Melichar* S. 123 f.; *Melichar*, FS Kreile (1990), S. 47; *Menzel* S. 53; nach *Ficsor* S. 149 ff., 151: unter 10 %; *Winghardt* GRUR-Int 2001, 993 (1007): 20 % als Grenze; zum internationalen Vergleich und der Praxis vgl. *Katzenberger/Nérisson* GRUR-Int 2011, 283.

[30] Vgl. *Hauptmann* UFITA 126 (1994), 149; zum 10%igen Abzug der GEMA ausführlich Lerche GEMA-Jb. 1997/98, S. 80; *Bartels* UFITA 2006/II, 325.

3. § 32 Abs. 3 – Erbringung der Leistungen nach festen Regeln

Aus der Sicht der potenziell Begünstigten ist § 32 Abs. 3 zu beachten. Anders als § 32 Abs. 1 und 2 **6** beruht § 32 Abs. 3 auf den **Vorgaben der VG-RL in Art. 12 Abs. 4** und setzt diese um. § 32 Abs. 3 findet sowohl auf kulturelle Förderungen iSv. § 32 Abs. 1 als auch auf Vorsorge- und Unterstützungseinrichtungen iSv. § 32 Abs. 2 Anwendung. Wenn solche Leistungen durch Abzüge von den Einnahmen aus den Rechten finanziert werden, müssen die Verwertungsgesellschaften sie nach festen Regeln, die auf fairen Kriterien beruhen, erbringen. § 32 Abs. 3 ist damit von Bedeutung sowohl für die durch die Leistungen potenziell Begünstigten als auch für die Berechtigten, von deren Einnahmen die Leistungen finanziert werden.

Nach Art. 12 Abs. 4 VG-RL gilt diese Verpflichtung der Verwertungsgesellschaften auch dann, wenn sie „**Bildungsleistungen**" erbringen. Ob Verwertungsgesellschaften iRv. § 32 Abs. 1 und 2 die Bildung fördern sollen und damit § 32 Abs. 3 auch für die Erbringung der darauf gerichteten Leistungen gilt, wird von deren kulturellem oder sozialem Wert im Einzelfall abhängen.[31]

Die Verpflichtung zur Aufstellung **fester Regeln** ergibt sich bereits aus § 17 Abs. 1 S. 2 Nr. 9, der hierfür die ausschließliche Zuständigkeit der **Mitgliederhauptversammlung**[32] begründet und damit den Einfluss der Berechtigten gewährleistet; diese Beschlusszuständigkeit kann nicht auf das Aufsichtsgremium übertragen werden.[33]

Auf **fairen Kriterien** beruhen diese Regeln insbesondere dann, wenn sie den Kreis der Begünstigten nach objektiven Maßstäben festlegen, also für den Zugang zu den Leistungen wie auch für deren Umfang objektive diskriminierungsfreie Kriterien bestehen, nach denen im Einzelfall in nachprüfbarer und transparenter Weise entschieden wird.

Unterabschnitt 4. Beschwerdeverfahren

§ 33 Beschwerdeverfahren

(1) Die Verwertungsgesellschaft regelt wirksame und zügige Beschwerdeverfahren.

(2) Als Gegenstand einer Beschwerde sind dabei insbesondere zu benennen:
1. die Aufnahme und die Beendigung der Rechtewahrnehmung oder der Entzug von Rechten,
2. die Bedingungen für die Mitgliedschaft und die Wahrnehmungsbedingungen,
3. die Einziehung, Verwaltung und Verteilung der Einnahmen aus den Rechten,
4. die Abzüge von den Einnahmen aus den Rechten.

(3) Die Verwertungsgesellschaft entscheidet über Beschwerden in Textform. Soweit die Verwertungsgesellschaft der Beschwerde nicht abhilft, hat sie dies zu begründen.

Schrifttum: *Nocker/Riemer/v. Steinau-Steinrück/Wohlgemuth,* Die Satzung der GEMA, in: Heker/Riesenhuber (Hrsg.), Recht und Praxis der GEMA, 3. Aufl. 2018, 53.

Übersicht

I. Allgemeines

1. Die Vorgaben der VG-RL

Im Rahmen der in Kapitel IV der VG-RL aufgeführten **Durchsetzungsmaßnahmen** regelt **1** Art. 33 VG-RL die „**Beschwerdeverfahren**". Nach **Art. 33 Abs. 1 VG-RL** sollen die Verwertungsgesellschaften verpflichtet sein, ihren Mitgliedern und Verwertungsgesellschaften, in deren Auftrag sie im Rahmen einer Repräsentationsvereinbarung Rechte wahrnehmen, „wirksame und zügige **Verfahren für die Bearbeitung von Beschwerden** zur Verfügung zu stellen". Beispielhaft wird aufgezählt, für welche Beschwerdegegenstände („insbesondere") solche Verfahren bereitgestellt werden sollen: Für Beschwerden betreffend den Abschluss und die Beendigung des Wahrnehmungsvertrages, die Entziehung von Rechten, die Mitgliedschaftsbedingungen, oder die Einziehung der den Rechtsinhabern zustehenden Beträge, die Abzüge und die Verteilung.

---

[31] Dreier/Schulze/*Schulze* § 32 Rn. 2.
[32] Zum Begriff der Mitgliederhauptversammlung → § 17 Rn. 3.
[33] → § 17 Rn. 6.

Art. 33 Abs. 2 VG-RL bestimmt, dass Verwertungsgesellschaften auf **Beschwerden ihrer Mitglieder** oder **anderer Verwertungsgesellschaften,** in deren Auftrag sie im Rahmen einer Repräsentationsvereinbarung Rechte wahrnehmen, **schriftlich reagieren** und einen **ablehnenden Bescheid begründen** müssen.

Die Verwertungsgesellschaften sollen also für diesen Kreis von Betroffenen **interne Beschwerdeverfahren** zur Verfügung stellen. Aber auch alle anderen von der Verwertungsgesellschaft unmittelbar vertretenen Berechtigten sollen Beschwerde einreichen können.[1] Gem. **Art. 35 Abs. 2 VG-RL** soll das Recht der Streitparteien, ihre **Rechte gerichtlich geltend zu machen** und durchzusetzen, von einem Beschwerdeverfahren iSv. § 33 unberührt bleiben.

2. § 33

2   § 33 ist die einzige Bestimmung in Unterabschnitt 4 („Beschwerdeverfahren") des Abschnitts 1 („Innenverhältnis") von Teil 2 („Rechte und Pflichten der Verwertungsgesellschaft") und setzt Art. 33 VG-RL um. Im UrhWG war eine derartige Vorschrift nicht enthalten. Allerdings stellen Verwertungsgesellschaften interne Beschwerdeverfahren idR. bereits zur Verfügung.[2] **§ 33 Abs. 1** enthält die **allgemeine Pflicht** für Verwertungsgesellschaften, wirksame und zügige Beschwerdeverfahren zur Verfügung zu stellen. **§ 33 Abs. 2** zählt in den Nr. 1 bis 4 **Fallbeispiele für Beschwerdegegenstände** auf. Beide Bestimmungen gehen auf Art. 33 Abs. 2 VG-RL zurück. **§ 33 Abs. 3** bestimmt in Umsetzung von Art. 33 Abs. 2 VG-RL, dass über **Beschwerden** in Textform zu entscheiden und eine Ablehnung zu begründen ist.

II. Beschwerdeverfahren

1. § 33 Abs. 1 – Wirksame und zügige Beschwerdeverfahren

3   § 33 Abs. 1 verpflichtet die Verwertungsgesellschaften,[3] **„wirksame und zügige Beschwerdeverfahren"** zur Verfügung zu stellen. Diese Wortwahl ist identisch mit der Vorgabe des Art. 33 Abs. 1 VG-RL. **Zügig** ist ein Beschwerdeverfahren insbesondere dann, wenn Beschwerden unverzüglich, also ohne schuldhaftes Zögern iSv. § 121 Abs. 1 S. 1 BGB, nachgegangen und das Verfahren ebenso unverzüglich durchgeführt wird. Die **Wirksamkeit** des Verfahrens wird dadurch gewährleistet, dass das damit befasste Gremium fachkundig und neutral zusammengesetzt ist, auf der Grundlage einer Geschäftsordnung und mit Hilfe transparenter Kriterien entscheidet, und der Rechtsweg zur Überprüfung des Ergebnisses offensteht.[4]

Anders als in der VG-RL wird in § 33 Abs. 1 nicht bestimmt, wem solche Beschwerdeverfahren zur Verfügung gestellt werden müssen. Aus der Liste der Beschwerdegegenstände in § 33 Abs. 2 ergibt sich aber, dass diese Verfahren grundsätzlich zugunsten der wahrnehmungsberechtigten Rechtsinhaber durchzuführen sind. Sie müssen daher den **Berechtigten** und **Mitgliedern** der Verwertungsgesellschaft offenstehen, aber auch **anderen Verwertungsgesellschaften,** für die Rechte im Rahmen einer Repräsentationsvereinbarung wahrgenommen werden. Die Beschwerdeverfahren müssen darüber hinaus auch solchen **Rechtsinhabern** zur Verfügung stehen, die noch keine Berechtigten sind, wenn der Beschwerdegegenstand die Aufnahme der Rechtewahrnehmung ist.

Zugunsten von **Nutzern** brauchen Verwertungsgesellschaften dagegen keine Beschwerdeverfahren bereitzustellen.[5] Nutzern dürfte idR. das Verfahren vor der Schiedsstelle gem. §§ 92 ff. zur Verfügung stehen.

Die Regelungen über das Beschwerdeverfahren sind in das Statut[6] der Verwertungsgesellschaft, in die Wahrnehmungsbedingungen oder in den Verteilungsplan aufzunehmen. Darüber hat jeweils die **Mitgliederhauptversammlung**[7] gem. § 17 Abs. 1 S, 2 Nr. 1, 6 bzw. 13 zu entscheiden.[8]

2. § 33 Abs. 2 – Beschwerdegegenstände

4   In § 33 Abs. 2 Nr. 1 bis 4 sind **Beschwerdegegenstände** aufgelistet, die Gegenstand eines Beschwerdeverfahrens sind. Diese Liste ist nicht abschließend; Gegenstand von Beschwerden können

---

[1] Erwägungsgrund (49) S. 3 VG-RL; *Walter* hält auch ein unmittelbares Beschwerderecht von denjenigen Berechtigten für gegeben, deren Rechte von einer anderen Verwertungsgesellschaft im Wege von Repräsentationsvereinbarungen eingebracht wurden; *Walter,* Urheber- und Verwertungsgesellschaftenrecht '15, Art. 33 VG-RL Anm. 1.
[2] Zum Beschwerdeausschuss der GEMA vgl. Nocker/Riemer/*v. Steinau-Steinrück/Wohlgemuth* in: Heker/Riesenhuber (Hrsg.), Recht und Praxis der GEMA, 55 (147 ff.).
[3] § 33 gilt für Verwertungsgesellschaften iSv. § 2 (zum Begriff → § 2 Rn. 5 ff.), ebenso aber auch für abhängige Verwertungseinrichtungen iSv. § 3, soweit diese Tätigkeiten einer Verwertungsgesellschaft ausüben (zum Begriff → § 3 Rn. 3).
[4] Zu den Verfahrensregeln und Fristen für den GEMA-Beschwerdeausschuss vgl. Nocker/Riemer/*v. Steinau-Steinrück/Wohlgemuth* in: Heker/Riesenhuber (Hrsg.), Recht und Praxis der GEMA, 53 (149 ff.).
[5] AmtlBegr. BT-Drs. 18/7223, S. 83.
[6] Zum Begriff des Statuts → § 13 Rn. 4.
[7] Zum Begriff der Mitgliederhauptversammlung → § 17 Rn. 3.
[8] AmtlBegr. BT-Drs. 18/7223, S. 83; → § 17 Rn. 4.

daher auch andere, nicht ausdrücklich hier genannte Angelegenheiten aus dem Wahrnehmungsverhältnis oder einer Repräsentationsvereinbarung sein,[9]

Ausdrücklich als Gegenstände genannt, für die das Beschwerdeverfahren zur Verfügung stehen muss, sind in § 33 Abs. 2 die **Aufnahme und die Beendigung der Rechtewahrnehmung** oder der **Entzug von Rechten** (§ 33 Abs. 2 Nr. 1).[10] die **Bedingungen für die Mitgliedschaft** und die **Wahrnehmungsbedingungen** (§ 33 Abs. 2 Nr. 2),[11] die **Einziehung, Verwaltung und Verteilung der Einnahmen** aus den Rechten (§ 33 Abs. 2 Nr. 3)[12] und die **Abzüge von den Einnahmen** aus den Rechten (§ 33 Abs. 2 Nr. 4).[13]

3. § 33 Abs. 3 – Die Entscheidung im Beschwerdeverfahren

§ 33 Abs. 3 setzt Art. 13 Abs. 2 VG-RL um und bestimmt, dass über Beschwerden iRd. Beschwer- **5** deverfahrens schriftlich entschieden werden muss. Die Bestimmung verwendet hierfür den Begriff **„in Textform"** entsprechend der Definition gem. § 126b BGB.[14] Die Entscheidung muss demnach lesbar und auf einem Datenträger abgegeben werden und die Person des Erklärenden erkennen lassen. Außerdem müssen die Beschwerde **ablehnende Bescheide begründet** werden.

Abschnitt 2. Außenverhältnis

Unterabschnitt 1. Verträge und Tarife

Vorbemerkung

In Teil 2 des VGG („Rechte und Pflichten der Verwertungsgesellschaft") regelt Abschnitt 2 (§§ 34– **1** 43) das „Außenverhältnis" zwischen Verwertungsgesellschaften und Nutzern in zwei Unterabschnitten: **Unterabschnitt 1** behandelt in den §§ 34–40 **„Verträge und Tarife"**, und **Unterabschnitt 2** (§§ 41–43) enthält **„Mitteilungspflichten"**.

§ 34 Abschlusszwang

(1) [1]**Die Verwertungsgesellschaft ist verpflichtet, aufgrund der von ihr wahrgenommenen Rechte jedermann auf Verlangen zu angemessenen Bedingungen Nutzungsrechte einzuräumen.** [2]**Die Bedingungen müssen insbesondere objektiv und nichtdiskriminierend sein und eine angemessene Vergütung vorsehen.**

(2) [1]**Die Verwertungsgesellschaft verstößt nicht bereits deshalb gegen ihre Verpflichtung zur Nichtdiskriminierung, weil sie die zwischen ihr und dem Anbieter eines neuartigen Online-Dienstes vereinbarten Bedingungen nicht auch einem anderen Anbieter eines gleichartigen neuartigen Online-Dienstes gewährt.** [2]**Neuartig ist ein Online-Dienst, der seit weniger als drei Jahren der Öffentlichkeit in der Europäischen Union oder einem anderen Vertragsstaat des Abkommens über den Europäischen Wirtschaftsraum zur Verfügung steht.**

Schrifttum: *Ackermann,* Die Angemessenheit im allgemeinen Privat- und Wirtschaftsrecht, in: Riesenhuber (Hrsg.), Die „Angemessenheit" im Urheberrecht, 2013, 9; *Banck,* Der Kontrahierungszwang der Verwertungsgesellschaften gemäß § 11 UrhWG und seine Ausnahmen, 2012; *Becker,* Verwertungsgesellschaften als Träger öffentlicher und privater Aufgaben, FS Kreile (1994), S. 27; *Dördelmann,* Gedanken zur Zukunft der Staatsaufsicht über Verwertungsgesellschaften, GRUR 1999, 890; *v. Gamm,* Die Tariffestsetzung durch die urheberrechtlichen Verwertungsgesellschaften, FS Nirk (1992), S. 314; *Grünberger,* Die Entwicklung des Urheberrechts im Jahr 2018, ZUM 2019, 281; *Häußer,* Praxis und Probleme der Aufsicht über Verwertungsgesellschaften, FuR 1980, 57; *Held,* Fragen der kartellrechtlichen Mißbrauchsaufsicht über Verwertungsgesellschaften, FuR 1980, 71; *Himmelmann,* Die Aufsicht über die GEMA, in: Kreile/Becker/Riesenhuber (Hrsg.), Recht und Praxis der GEMA, 2. Aufl. 2008, 817; *Melichar,* Die Wahrnehmung von Urheberrechten durch Verwertungsgesellschaften, 1983; *Menzel,* Die Aufsicht über die GEMA durch das Deutsche Patentamt, 1986; *Müller,* Festlegung und Inkasso von Vergütungen für die private Vervielfältigung auf der Grundlage des „Zweiten Korbs", ZUM 2007, 777; *ders.,* Anmerkung zu BGH, Urteil vom 18. Dezember 2008 – I ZR 23/06, ZUM 2009, 293; *Reber,* Die Redlichkeit der Vergütung (§ 32 UrhG) im Film- und Fernsehbereich, GRUR 2003, 393; *Reimer,* Schiedsstellen im Urheberrecht, GRUR-Int 1982, 215; *Reinbothe,* Schlichtung im Urheberrecht, 1978; *Riesenhuber,* Die Rechtsbeziehungen der GEMA zu den Nutzern, in: Heker/Riesenhuber (Hrsg.), Recht und Praxis der GEMA, 3. Aufl. 2018, 641; *Schricker,* Zum neuen deutschen Urhebervertragsrecht, GRUR-Int 2002, 797; *Schubert,* Abschlusszwang und Anschlussnutzung: Kollektivwahrnehmungsrechtliche Grenzen beim Schutz gegen Framing und deren Folgen – Anmerkung zu KG, Urteil vom 18.6.2018 – 24 U 146/17, ZUM 2018, 726; *Schulze,* Tarife und Gesamtverträge der Verwertungsgesellschaf-

---

[9] AmtlBegr. BT-Drs. 18/7223, S. 83.
[10] Maßstäbe sind insoweit insbesondere die Verpflichtungen der Verwertungsgesellschaft gem. §§ 9 S. 1, 11 und 12.
[11] Maßstäbe sind insoweit insbesondere die Verpflichtungen der Verwertungsgesellschaft gem. §§ 13 und 9 S. 2.
[12] Maßstäbe sind insoweit die Verpflichtungen der Verwertungsgesellschaft gem. §§ 23 ff.
[13] Maßstäbe sind insoweit die Verpflichtungen der Verwertungsgesellschaft aus § 31.
[14] Vgl. AmtlBegr. BT-Drs. 18/7223, S. 83

ten, UFITA 80 (1977), 151; *Schulze,* Teil-Werknutzung, Bearbeitung und Werkverbindung bei Musikwerken – Grenzen des Wahrnehmungsumfangs der GEMA, ZUM 1993, 255; *Spohn,* Das zweistufige Verfahren im Bereich der Lizenzierung von Musikwerken, GRUR 2012, 780; *Stockmann,* Die Verwertungsgesellschaften und das nationale und europäische Kartellrecht, FS Kreile (1990), S. 25.

Übersicht

I. Allgemeines

1. Die Vorgaben der VG-RL

1 In Kapitel 4 der VG-RL zum „Verhältnis zu den Nutzern" enthält Art. 16 zentrale, wenn auch nur allgemein gehaltene Bestimmungen über die Lizenzvergabe durch die Verwertungsgesellschaften an die Nutzer.

Art. 16 VG-RL normiert hierzu **keinen Abschlusszwang**, sondern schreibt Verwertungsgesellschaften und Nutzern lediglich vor, nach „Treu und Glauben über die Lizenzierung von Nutzungsrechten" zu verhandeln (Art. 16 Abs. 1 VG-RL). Außerdem müssen die **Lizenzbedingungen** auf **„objektive und diskriminierungsfreie Kriterien"** gestützt werden (Art. 16 Abs. 2 1. Unterabs. S. 1 VG-RL).[1] Zum Inhalt der Lizenzbedingungen enthält Art. 16 VG-RL einige weitere allgemeine Hinweise: Gem. Art. 16 Abs. 2 2. Unterabs. S. 1 VG-RL sollen die Rechtsinhaber „eine **angemessene Vergütung** für die Nutzung ihrer Rechte" erhalten. Ergänzend bestimmt Art. 16 Abs. 2 2. Unterabs. S. 2 VG-RL, dass die Tarife der Verwertungsgesellschaften „in einem angemessenen Verhältnis unter anderem zu dem **wirtschaftlichen Wert der Nutzung** der Rechte unter Berücksichtigung der Art und des Umfangs der Nutzung" sowie „zu dem **wirtschaftlichen Wert der erbrachten Leistungen**" stehen sollen.

Art. 16 Abs. 2 1. Unterabs. S. 2 VG-RL bestimmt, dass die Verwertungsgesellschaft bei der Lizenzvergabe nicht verpflichtet ist, bei ihrer Lizenzvergabe solche **Lizenzbedingungen als Präzedenzfall** für andere Online-Dienste heranzuziehen, die sie einem Nutzer für „**neuartige Online-Dienste,** die seit weniger als drei Jahren der Öffentlichkeit in der Union zur Verfügung stehen", gewährt hat. Damit sollen Verwertungsgesellschaften offenbar in die Lage versetzt werden, innovativen Online-Diensten bei den Lizenzbedingungen entgegenzukommen, ohne Gefahr zu laufen, dass ihnen diese Bedingungen später bei der Lizenzvergabe an andere Online-Dienste (wenn sich mehr derartige Dienste etabliert haben) als Präzedenzfall entgegengehalten werden können.[2]

2. Der Abschlusszwang im UrhWG

2 Im UrhWG war die zentrale Bestimmung zum Verhältnis der Verwertungsgesellschaften zu den Nutzern der in **§ 11 Abs. 1 UrhWG** normierte **Abschlusszwang,** der die Verwertungsgesellschaft dazu verpflichtete, „auf Grund der von ihr wahrgenommenen Rechte jedermann auf Verlangen **zu angemessenen Bedingungen** Nutzungsrechte einzuräumen". Der Gesetzgeber sah diesen Abschlusszwang als notwendige Folge der faktischen oder doch zumindest relativen Monopolstellung der Verwertungsgesellschaften. Dabei sollte berücksichtigt werden, dass der Nutzer nicht beliebig auf andere Werke ausweichen kann oder will, selbst wenn in einem Tätigkeitsbereich mehrere Verwertungsgesellschaften bestehen.[3] Auch bei einer nur relativen Monopolstellung wurde daher der Abschlusszwang gem. § 11 UrhWG damit begründet und gerechtfertigt, dass die Verwertungsgesellschaft, obwohl nicht als einzige in dem betreffenden Bereich tätig, doch eine Reihe von Rechten und Ansprüchen gebündelt verwaltet. Hier abgewiesen zu werden, ist dem Nutzer also weit weniger zuzumuten als die Abweisung durch den einzelnen Rechtsinhaber, der mit gutem Grund grundsätzlich

---

[1] *Gem.* Erwägungsgrund (11) VG-RL sollen die Lizenzbedingungen iRv. Repräsentationsvereinbarungen überdies gleich und transparent sein.
[2] Die Zielrichtung dieser Bestimmung wird erläutert in Erwägungsgrund (32) VG-RL; *Walter,* Urheber- und Verwertungsgesellschaftenrecht '15, Art. 16 VG-RL Anm. 2.
[3] AmtlBegr. UrhWG BT-Drs. IV/271 S. 17.

nicht einem Abschlusszwang unterworfen ist, obwohl sein Werk oder seine Leistung für sich auch Monopolcharakter hat.[4]

Nach dem UrhWG unterlagen Verwertungsgesellschaften damit einem **doppelten Kontrahierungszwang:** Gegenüber den Rechtsinhabern gem. § 6 UrhWG und gegenüber den Nutzern gem. § 11 UrhWG. Der Abschlusszwang gegenüber den Nutzern gem. § 11 Abs. 1 UrhWG war ggf. gekoppelt mit der Pflicht des Nutzers zur **Zahlung unter Vorbehalt** oder **Hinterlegung:** Gem. § 11 Abs. 2 UrhWG galten die Nutzungsrechte als eingeräumt, wenn Verhandlungen über die zu zahlende Nutzungsvergütung gescheitert waren und die von der Verwertungsgesellschaft geforderte Vergütung vom Nutzer vor der Nutzung an die Verwertungsgesellschaft ggf. unter Vorbehalt gezahlt oder zu ihren Gunsten hinterlegt worden war.[5]

3. Der Abschlusszwang gem. § 34

§ 34 Abs. 1 S. 1 übernimmt das Instrument des **Abschlusszwangs zu angemessenen Bedin-** 3 **gungen** aus § 11 Abs. 1 UrhWG und ist mit diesem wortgleich. Insoweit kann daher die Rechtsprechung und Literatur zu § 11 Abs. 1 UrhWG zur Auslegung von § 34 VGG herangezogen werden. In Umsetzung von Art. 16 Abs. 2 1. Unterabs. S. 1 und Abs. 2 2. Unterabs. S. 1 VG-RL ergänzt **§ 34 Abs. 1 S. 2** das Gebot der angemessenen Bedingungen, indem er bestimmt, dass die Bedingungen „insbesondere **objektiv** und **nichtdiskriminierend** sein und eine **angemessene Vergütung** vorsehen" müssen. **§ 34 Abs. 2** erlaubt Verwertungsgesellschaften, in Umsetzung von Art. 16 Abs. 2 1. Unterabs. S. 2 VG-RL, ausnahmsweise eine Differenzierung hinsichtlich der Bedingungen, die sie Anbietern von **neuartigen Online-Diensten** einräumen. Die früher in § 11 Abs. 2 UrhWG bestimmte **Pflicht zur Hinterlegung oder Zahlung unter Vorbehalt** ist nunmehr in **§ 37 VGG** enthalten.

Flankierend zum Abschlusszwang gem. § 34 enthält **§ 36** das Gebot für die Verwertungsgesellschaften, die Einräumung von Nutzungsrechten konstruktiv und zügig zu betreiben.[6]

II. Abschlusszwang

1. § 34 Abs. 1 – Abschlusszwang zu angemessenen Bedingungen

a) Kontrahierungszwang. Verwertungsgesellschaften unterliegen im VGG, wie schon im 4 UrhWG, einem **doppelten Kontrahierungszwang:** Gegenüber den Rechtsinhabern nach § 9 S. 2, und gegenüber den Nutzern nach § 34. Darüber hinaus ist auf Verwertungsgesellschaften, die in der Regel marktbeherrschende Unternehmen sind,[7] § 20 GWB anzuwenden. Danach unterliegen sie auch auf Grund dieser Vorschrift einem Kontrahierungszwang zu nichtdiskriminierenden Bedingungen.[8] Grundsätzlich sind § 34 VGG und § 20 GWB nebeneinander anwendbar,[9] und zwar auch soweit es um die Rechtsfolgen Diskriminierungsverbot und Kontrahierungszwang geht.[10]

Der Abschluss- oder Kontrahierungszwang der Verwertungsgesellschaft[11] gegenüber den Nutzern gem. § 34 Abs. 1 S. 1 entspricht wörtlich der Vorgängerbestimmung des § 11 Abs. 1 UrhWG, übernimmt das **schon im UrhWG bewährte Instrument** und kann daher entsprechend ausgelegt werden.[12] In der VG-RL ist ein solcher Abschlusszwang nicht vorgesehen; die VG-RL verhindert aber auch nicht dessen Einführung oder Beibehaltung.[13]

Der Abschlusszwang gem. § 34 besteht **gegenüber jedermann,** also gegenüber jedem potenziellen Nutzer. Daraus ergibt sich zugleich, dass nur Anspruch auf Einräumung eines einfachen Nutzungsrechts iSv. § 31 Abs. 2 UrhG besteht. Der Abschlusszwang gilt für die Verwertungsgesellschaft auch dann, wenn sie für eine bestimmte Nutzungsart keinen Tarif aufgestellt hat.[14]

b) Angemessene Bedingungen. Der Abschlusszwang besteht gem. **§ 34 Abs. 1 S. 1** wie bisher 5 zu angemessenen Bedingungen, dh. die Nutzungsverträge, zu deren Abschluss die Verwertungsgesellschaft verpflichtet ist, müssen **angemessene Bedingungen** enthalten. Beim bereits abgeschlossenen

---

[4] → 5. Aufl. 2017, UrhWG § 11 Rn. 1.
[5] → 5. Aufl. 2017, UrhWG § 11 Rn. 9.
[6] → § 36 Rn. 6.
[7] → Einl. VGG Rn. 44 f.
[8] *Reinbothe* S. 164 ff. mwN; *Menzel* S. 99 f.
[9] → 5. Aufl. 2017, UrhWG § 24 Rn. 10; *Banck* S. 92 f. (jeweils zu § 11 UrhWG).
[10] *Held* FuR 1980, 71 (77); *Menzel* S. 108, 110; vgl. *Stockmann* FS Kreile (1990), S. 25; BGH ZUM 1989, 80 – GEMA-Wertungsverfahren – jeweils mwN; vgl. BGH GRUR 2012, 1062 Rn. 30 – Elektronischer Programmführer.
[11] § 34 gilt für Verwertungsgesellschaften iSv. § 2 (zum Begriff → § 2 Rn. 5 ff.), ebenso aber auch für abhängige Verwertungseinrichtungen iSv. § 3, soweit diese Tätigkeiten einer Verwertungsgesellschaft ausüben (zum Begriff → § 3 Rn. 3).
[12] Vgl. AmtlBegr. BT-Drs. 18/7223, S. 83.
[13] Vgl. Erwägungsgrund (9) S. 2 VG-RL, wonach die Mitgliedstaaten nicht daran gehindert sind, für die in ihrem Hoheitsgebiet ansässigen Verwertungsgesellschaften „strengere Vorschriften als die in Teil II dieser Richtlinie genannten beizubehalten oder festzulegen, soweit diese mit dem Unionsrecht vereinbar sind".
[14] BGH GRUR 2012, 715 Rn. 12 – Bochumer Weihnachtsmarkt.

Einzelvertrag scheidet dagegen eine Überprüfung der Angemessenheit grundsätzlich aus,[15] solange er nicht gekündigt ist.[16]

Der Begriff der angemessenen Bedingungen findet sich als Generalklausel überall dort, wo Interessen und Umstände koordiniert werden sollen, deren in jedem Einzelfall neu auftretende Vielschichtigkeit gesetzlich nicht erfassbar ist.[17] Im VGG wird dieser Begriff außer in § 34 noch in § 9 S. 2 und § 35 verwandt.[18]

Der Begriff der angemessenen Bedingungen in § 34 ist weiter als der Begriff der „angemessenen Vergütung" für Nutzungsrechte gem. § 32 UrhG, der auf die individuelle Vergütungskontrolle beschränkt ist.[19] Über die Angemessenheit der Vergütung hinaus setzt der Abschlusszwang nach § 34 voraus, dass auch alle übrigen (Nutzungs-)Bedingungen angemessen sind. Wäre die Rechtseinräumung in sonstiger Weise mit unangemessenen Bedingungen der Nutzerseite verbunden, besteht also kein Abschlusszwang. Andererseits darf auch die Verwertungsgesellschaft keine unangemessenen Bedingungen für die Lizenzerteilung stellen.[20]

Allgemein kann sich die Angemessenheit der Vertragsbedingungen im Rahmen eines Nutzungsvertrages nach § 34 nur aus der **Relation von Leistung und Gegenleistung** ergeben: Rechte und Pflichten der Parteien – Nutzer und Verwertungsgesellschaft – müssen zueinander in einem ausgewogenen Verhältnis stehen.

In **§ 34 Abs. 1 S. 2** wird der Begriff der angemessenen Bedingungen, entsprechend den Vorgaben in Art. 16 Abs. 2 VG-RL, außerdem dahingehend präzisiert, dass beispielhaft („insbesondere") drei wesentliche Parameter für den Inhalt dieses Begriffs genannt werden: Angemessene Bedingungen müssen insbesondere **objektiv** und **nichtdiskriminierend** sein und eine **angemessene Vergütung** vorsehen.

Wenn § 34 Abs. 1 S. 2 ausdrücklich bestimmt, dass die (angemessenen) Bedingungen **objektiv** sein müssen, so wird es hier vor allem darum gehen, dass die Nutzungsbedingungen, und insbesondere die Tarife, **an objektive Kriterien anknüpfen** müssen;[21] dies ist im Grunde eine Selbstverständlichkeit und gängige Praxis.

Dass die Bedingungen **nichtdiskriminierend** sein müssen, ist ebenfalls ausdrücklich in § 34 Abs. 1 S. 2 festgelegt. Aber auch schon aus den genannten allgemeinen Maßstäben für die Angemessenheit der Vertragsbedingungen ergibt sich, dass alle gleichgelagerten Fälle gleich zu behandeln sind. Der Grundsatz der angemessenen Bedingungen umfasst deshalb natürlicherweise das **Gleichbehandlungsgebot.**[22] Eine **Ausnahme** vom Gebot der Nichtdiskriminierung ist für bestimmte Sonderfälle in **§ 34 Abs. 2** normiert.[23]

Auch die **angemessene Vergütung** wird in § 34 Abs. 1 S. 2 ausdrücklich genannt. Die angemessene Vergütung für die Nutzung ist für die Angemessenheit der Vertragsbedingungen natürlich ein wesentlicher – wenn auch nicht der einzige – Faktor. **Maßstab** für die Angemessenheit der Nutzungsvergütung ist vor allem eine **angemessene finanzielle Beteiligung** des Urhebers und Leistungsschutzberechtigten an der wirtschaftlichen Nutzung seines Werkes oder seiner Leistung; er muss **an den geldwerten Vorteilen der Nutzung** entsprechend beteiligt sein.[24] Bezugsgröße für die Vergütung ist dabei grundsätzlich der wirtschaftliche Erfolg des Verwerters. Diesen Maßstab wählt auch § 39 Abs. 1 für die Tarifgestaltung.[25] Die Höhe der Nutzungsvergütung muss außerdem so bemessen sein, dass die Verwertungsgesellschaft die finanziellen Möglichkeiten zur ordnungsgemäßen Erfüllung ihrer Aufgaben erhält. Daher ist neben dem an den Berechtigten weiterzuleitenden Anteil an der Nutzungsvergütung auch der Aufwand der Verwertungsgesellschaft für ihre anderen Aufgaben – etwa den Unterhalt von Vorsorge- und Unterstützungseinrichtungen, § 32 Abs. 2 – zu berücksichtigen.[26]

---

[15] v. Gamm, FS Nirk (1992), S. 314 (317); Becker, FS Kreile (1994), S. 27 (46).
[16] Zur Kündigung → Rn. 6; zur Befassung der Schiedsstelle → § 92 Rn. 4.
[17] Vgl. Reinbothe S. 40 ff.
[18] → § 9 Rn. 10 ff.
[19] Für § 11 UrhWG vgl. Schricker GRUR-Int 2002, 797 (803 f.).
[20] BGH GRUR 2009, 1052 (1053) – Seeing is Believing; → Rn. 7 zu den Ausnahmen vom Abschlusszwang.
[21] Vgl. Erwägungsgrund (31) S. 2 VG-RL.
[22] Reinbothe S. 46 mwN; das Gebot der gleichen Behandlung gleicher Unternehmen hat eine weitere Grundlage in § 20 Abs. 1 GWB; → Einl. VGG Rn. 44.
[23] → Rn. 9.
[24] BGH GRUR 1982, 102 (103) – Masterbänder – mwN; OLG München GRUR 1983, 578 (580) – Musiknutzung bei Video-Kassetten; vgl. BGH GRUR 1986, 376 (378) – Filmmusik; BGH GRUR 2001, 1139 (1142) – Gesamtvertrag privater Rundfunk; BGH GRUR 2011, 720 Rn. 31 – Multimediashow; BGH GRUR 2012, 711 Rn. 20 – Barmen Live; BGH GRUR 2012, 715 Rn. 26 – Bochumer Weihnachtsmarkt; BGH GRUR 2013, 717 Rn. 25 – Covermount; vgl. EuGH GRUR 2003, 325 (327) – SENA/NOS; EuGH GRUR-Int 2009, 316 (317) – Kanal 5; zur Angemessenheit der Vergütung nach der Reform des Urhebervertragsrechts und iRv. § 32 UrhG Reber GRUR 2003, 393; zu den privat- und wirtschaftsrechtlichen Grundlagen vgl. Ackermann in: Riesenhuber (Hrsg.), Die Angemessenheit im Urheberrecht, 2013, 9.
[25] Zur Berechnung der Tarife vgl. im Einzelnen → § 39 Rn. 4 ff.; dieses Prinzip ist auch in Art. 16 Abs. 2 VG-RL enthalten; → Rn. 1.
[26] KG GRUR 1978, 247 (248) – Verwertungsgesellschaft.

Als nicht eindeutig geklärt gelten kann die Frage, ob sich die Angemessenheit der Bedingungen hinsichtlich der Vergütung nach den gemäß § 38 von den Verwertungsgesellschaften aufzustellenden **Tarifen** beurteilt. Zum Teil wurde für § 11 Abs. 1 UrhWG, die Vorgängerbestimmung von § 34 VGG, generell angenommen, dass sich die angemessene Vergütung gemäß § 11 Abs. 1 UrhWG an den Tarifen auszurichten habe und sich nach ihnen beurteile,[27] da die Tarife ihrerseits angemessen sein müssen und von der Aufsichtsbehörde überprüft werden. Auch wurde den Tarifen zugebilligt, dass sie „prima facie" angemessen und deshalb für die Berechnung einer angemessenen Vergütung im Rahmen von § 11 UrhWG geeignet seien.[28] Andererseits wurde vertreten, dass keinerlei gesetzliche Vermutung für die Angemessenheit der Tarife spreche, da diese selbst in vollem Umfang **gerichtlich überprüfbar** sind;[29] danach könne allenfalls davon ausgegangen werden, dass die Tarife iSv. § 13 UrhWG (heute § 38 VGG) im Hinblick auf die Staatsaufsicht nicht völlig unangemessen seien. Diese Auffassung wird gestützt von dem Hinweis, dass die Aufsichtsbehörde (§ 75) zutreffende Aussagen zur Angemessenheit der Tarife nur bei einem groben Missverhältnis von Leistung und Gegenleistung machen kann.[30]

Bei der Beurteilung der Frage, welche Vergütung im Rahmen eines Nutzungsvertrages nach § 34 angemessen ist, kann deshalb zwar zunächst von den Tarifen der Verwertungsgesellschaft ausgegangen werden; dies umso mehr, als § 39 – entsprechend seiner Vorgängerbestimmung § 13 Abs. 3 UrhWG – Kriterien für die Aufstellung der Tarife enthält.[31] Heranzuziehen ist derjenige Tarif, der nach seinen Merkmalen der im Einzelfall vorliegenden Art und Weise und dem Umfang der Nutzung möglichst nahe kommt.[32] Wird dieser Tarif vereinbart, findet keine Überprüfung seiner Angemessenheit mehr statt.[33] Kommt dagegen keine Einigung durch Anwendung eines bestimmten Tarifs zustande, so muss die angemessene Vergütung unabhängig davon – ggf. auf dem dafür vorgesehenen Rechtsweg[34] – bestimmt werden; Die Tarife sind in diesem Fall nicht Indiz oder Auslegungskriterium für die angemessene Vergütung. Auch die **Üblichkeit** einer Vergütung ist allein noch kein Indiz für deren Angemessenheit.[35] Zwar können die bereits früher in einem Gesamtvertrag vereinbarten Vergütungssätze als Orientierungsmaßstab für die Angemessenheit gelten, zumal sie gem. § 38 S. 2 wie Tarife zu behandeln sind; allerdings müssen sie ggf. an geänderte Umstände, insbesondere was die Art der Nutzung angeht, angepasst werden.[36]

Die Beweislast für die Angemessenheit des Tarifs trifft grundsätzlich die Verwertungsgesellschaft, wie den Gläubiger in allen Fällen, in denen er im Zivilrecht selbst die Höhe der Vergütung entsprechend der Üblichkeit bestimmen kann,[37] die Beweislast für die Billigkeit der getroffenen Bestimmung trifft.[38] Dabei ist davon auszugehen, dass die Verwertungsgesellschaft die Berechtigung insbesondere von schon länger geltenden und in der Praxis anerkannten Tarifen nicht in allen Einzelheiten nachweisen muss; in solchen Fällen muss der Nutzer die Angemessenheit des Tarifs substantiiert widerlegen.[39]

c) Kündigung des Nutzungsvertrages. Nutzungsverträge mit **kurzer Laufzeit** binden Verwer- **6** tungsgesellschaft und Nutzer im Umfang der vereinbarten Nutzung und können in der Regel nicht gekündigt werden. Da die Nutzung hier nur von kurzer Dauer ist, besteht auch kein Bedürfnis für eine Kündigungsmöglichkeit. Dagegen können Einzelnutzungsverträge mit **längerer Laufzeit** grundsätzlich durch ordentliche Kündigung beendet werden. Bei Fortsetzung der Werknutzung nach einer solchen Kündigung findet § 37 Anwendung. Bei langfristigen Verträgen ohne Kündigungsklausel kommt auch eine Kündigung aus wichtigem Grund in Betracht;[40] dabei ist der Wunsch nach Ta-

---

[27] BGH GRUR 1983, 565 (566) – Tarifüberprüfung II –, allerdings mit dem Hinweis auf die gerichtliche Überprüfbarkeit des angemessenen Tarifs; BGH GRUR 1974, 35 (36) – Musikautomat; *Reichard* Anm. zu Schulze KGZ 64, 9 f. mwN; *Schulze* UFITA 80 (1977), 151 (152).

[28] Fromm/Nordemann/*W. Nordemann/Wirtz*, 11. Aufl., UrhWG § 13 Rn. 4; ähnlich *Menzel* S. 63 f.

[29] BGH GRUR 1986, 376 (377 f.) – Filmmusik; OLG München GRUR 1983, 578 (579 f.) – Musiknutzung bei Video-Kassetten – unter Berufung auf BGH GRUR 1974, 35 (78) – Musikautomat; *Reimer* GRUR 1982, 215 (217).

[30] *Häußer* FuR 1980, 57 (66); *Menzel* S. 65.

[31] Vgl. AmtlBegr. BT-Drs. 18/7223, S. 85.

[32] BGH GRUR 1983, 565 (567) – Tarifüberprüfung II; BGH GRUR 1976, 35 (36) – Bar-Filmmusik; BGH GRUR 2012, 711 Rn. 15 – Barmen Live; BGH GRUR 2012, 715 Rn. 17 – Bochumer Weihnachtsmarkt.

[33] BGH GRUR 1984, 52 (54) – Tarifüberprüfung I; *Ullmann* Anm. zu BGH – Tarifüberprüfung II – GRUR 1983, 568.

[34] → Rn. 8.

[35] *Reinbothe* S. 45 mwN; zur Tarifgestaltung im Einzelnen → § 39 Rn. 5 ff.

[36] So im Zusammenhang mit § 13 Abs. 1 S. 2 UrhWG, dem Vorgänger von § 38 S. 2 VGG, *Müller* ZUM 2007, 777 (790); BGH GRUR 2011, 720 Rn. 20 – Multimediashow; BGH GRUR 2013, 1220 Rn. 20 – Gesamtvertrag Hochschul-Intranet.

[37] §§ 612 Abs. 2, 632 Abs. 1 BGB.

[38] KG GRUR 1978, 247 – Verwertungsgesellschaft; aA *Melichar* S. 39.

[39] So auch Wandtke/Bullinger/*Gerlach* § 34 Rn. 7; Dreier/Schulze/*Schulze* § 34 Rn. 13; wie hier für den Fall, dass die Abänderung der gem. § 27 UrhWG (der Übergangsregelung zum Zweiten Gesetz zur Regelung des Urheberrechts in der Informationsgesellschaft v. 26.10.2007) als Tarife weitergeltenden Vergütungssätze eines Gesamtvertrages begehrt wurde, BGH GRUR 2013, 1037 Rn. 41 – Weitergeltung als Tarif.

[40] Vgl. BGH GRUR 1990, 443 (444) – Musikverleger IV.

rifänderung aber nicht als wichtiger Grund anzusehen, der zur (außerordentlichen) Kündigung berechtigen würde.[41]

7   **d) Ausnahmen vom Abschlusszwang.** Das Gesetz sieht **keinerlei Ausnahmen** vom Abschlusszwang in § 34 vor. Für die Vorgängerbestimmung § 11 UrhWG wurde die Ansicht vertreten, dass sich die Verwertungsgesellschaft trotz des eindeutigen Gesetzeswortlauts im Einzelfall unter **Berufung auf berechtigte Interessen** dem Abschlusszwang entziehen könne, weil § 11 UrhWG lediglich eine missbräuchliche Ausnutzung der Monopolstellung der Verwertungsgesellschaft zum Nachteil der Allgemeinheit verhindern wolle.[42] Dem steht zwar heute (§ 34 VGG) wie damals (§ 11 UrhWG) zunächst einmal der Wortlaut der Bestimmung entgegen. Und der Abschlusszwang trifft die Verwertungsgesellschaft nicht nur wegen ihrer Monopolstellung, sondern auch deshalb, weil die Rechte und Ansprüche in ihrer Hand zum Wirtschaftsgut geworden sind, das der Allgemeinheit zugänglich sein muss.[43]

Wenn aber im Einzelfall nicht nur eine missbräuchliche Ausnutzung der (womöglich nur relativen) Monopolstellung durch die Verwertungsgesellschaft ausscheidet, sondern die Verwertungsgesellschaft dem Verlangen auf Einräumung von Nutzungsrechten darüber hinaus auch noch vorrangige berechtigte Interessen entgegenhalten kann, kann ausnahmsweise kein Abschlusszwang bestehen. In solchen Einzelfällen wird zu prüfen sein, ob die Weigerung der Verwertungsgesellschaft eine unbillige Behinderung darstellt oder dadurch gerechtfertigt ist, dass die Nutzungsbedingungen insgesamt nicht angemessen sind. Voraussetzung ist stets eine **Abwägung der Interessen** aller Beteiligten unter Berücksichtigung des Zwecks des Abschlusszwangs gem. § 34.[44]

Im Ergebnis wird daher zu differenzieren sein: Zum einen ist der Abschlusszwang inhaltlich ohnehin dadurch beschränkt, dass er sich nur auf die vom Berechtigten **in die Verwertungsgesellschaft eingebrachten Rechte** bezieht.[45] Nicht alle Rechte befinden sich bei der Verwertungsgesellschaft, und der Berechtigungsvertrag ist gerade im Hinblick auf den Abschlusszwang der Verwertungsgesellschaft restriktiv auszulegen. Wenn etwa Urheberpersönlichkeitsrechte durch die Nutzung tangiert werden, kann die Verwertungsgesellschaft grundsätzlich nicht verpflichtet sein, diese zu gestatten, da sie über die relevanten Rechte nicht verfügt.[46] Auch ist ein gutgläubiger Erwerb von Rechten durch die Verwertungsgesellschaft ausgeschlossen.[47] Will der Berechtigte den Abschlusszwang verhindern, so kann er ohnehin auf eine Wahrnehmung durch die Verwertungsgesellschaft verzichten, die Rechtseinräumung mit Rückrufsregelungen oder einem speziellen Zustimmungsvorbehalt verbinden,[48] bzw. der Verwertungsgesellschaft die Wahrnehmung entziehen; allerdings wäre der Ausschluss eines einzelnen Nutzungsinteressenten im Wege der spontanen Kündigung durch den Berechtigten ein missbräuchliches Unterlaufen des Abschlusszwangs; ohnehin sind insoweit die Kündigungsfristen gem. § 12 zu beachten.[49]

Darüber hinaus wird eine **Ausnahme vom Abschlusszwang durch Berufung auf berechtigte Interessen** zulässig sein, wenn im Einzelfall das Interesse der Verwertungsgesellschaft bzw. des Rechtsinhabers unter Berücksichtigung der Belange des Nutzers als vorrangig anzusehen ist.[50] So wurde eine Ausnahme vom Abschlusszwang aufgrund vorrangiger berechtigter Interessen der Rechtsinhaber für die Einzelproduktion nachgemalter Bilder angenommen, für die die erforderliche vorherige Zustimmung nicht vorlag.[51] Eine weitere Ausnahme vom Abschlusszwang betrifft Fälle, in denen die Nutzung erkennbar eine schwere Verletzung von Urheberpersönlichkeitsrechten zur Folge hätte oder die Lizenzerteilung über die der Verwertungsgesellschaft im Berechtigungsvertrag eingeräumte

---

[41] *v. Gamm,* FS Nirk (1992), S. 314 (318f.).

[42] Fromm/Nordemann/*W. Nordemann/Wirtz,* 11. Aufl., UrhWG § 11 Rn. 3.

[43] → Rn. 2.

[44] BGH GRUR 2009, 1052 (1053) – Seeing is Believing; *Banck* S. 103f. (jeweils zu § 11 UrhWG).

[45] Vgl. Schiedsstelle ZUM-RD 2004, 559 zu einem Abschlussbegehren betreffend die Nutzung im Ausland.

[46] BGH GRUR 2009, 395 (397ff.) – Klingeltöne für Mobiltelefone – erkennt zwar an, dass Urheberpersönlichkeitsrechte durch die Nutzung von Musik als Handyklingelton tangiert werden, stellt aber im Ergebnis auf den Umfang der Rechtsübertragung durch den Berechtigten an die Verwertungsgesellschaft ab und geht davon aus, dass das Recht zur Nutzung von Werken als Klingelton, wenn es der Verwertungsgesellschaft ohne Einschränkungen und Vorbehalte eingeräumt worden ist, die Rechte zur Vervielfältigung (§ 16 UrhG), zur öffentlichen Zugänglichmachung (§ 19a UrhG), der Gestattung von Entstellungen und anderen Beeinträchtigungen (§ 14 UrhG) sowie das Recht aus § 23 S. 1 UrhG umfasst, die Verwertung von bearbeiteten oder anders umgestalteten Musikwerken als Klingelton zu gestatten; kritisch hierzu die Anm. von *Schulze* GRUR 2009, 400 (401f.); *Müller* ZUM 2009, 293 (296); vgl. auch die Anm. zum BGH-Urteil von *Prill* CR 2009, 239; umfassend zur Übertragung der Rechte an Klingeltönen und der aufsichtsrechtlichen Praxis iRd. UrhWG *Himmelmann* in: Kreile/Becker/Riesenhuber (Hrsg.), Recht und Praxis der GEMA, 817 (862ff.); zum Umfang der Rechtseinräumung und der erforderlichen Einwilligung des Berechtigten vgl. BGH GRUR 2010, 1007 Rn. 33ff. – Klingeltöne für Mobiltelefone II; BGH GRUR 2012, 1062 Rn. 15 – Elektronischer Programmführer; → § 9 Rn. 7; zum zweistufigen Lizenzverfahren bei Musikwerken vgl. *Spohn* GRUR 2012, 780.

[47] Vgl. → § 9 Rn. 16; *G. Schulze* ZUM 1993, 255 (258ff.).

[48] Vgl. *Dördelmann* GRUR 1999, 890 (893); BGH GRUR 2010, 1007 Rn. 33ff. – Klingeltöne für Mobiltelefone II; BGH GRUR 2012, 1062 Rn. 15 – Elektronischer Programmführer.

[49] OLG München ZUM 1994, 303 (306); zur Kündigungsfrist → § 12 Rn. 3ff.

[50] Fromm/Nordemann/*W. Nordemann/Wirtz,* 11. Aufl., UrhWG § 11 Rn. 3: „notorische Rechtsbrecher"; vgl. OLG München ZUM 1994, 303 (306).

[51] OLG Hamburg NJW-RR 1999, 1133 (1136) – nachgemalte Gemälde.

Wahrnehmungsbefugnis hinausginge, also gegen die berechtigten Interessen des Rechtsinhabers verstoßen würde.[52] Des Weiteren wäre es missbräuchlich, von der Verwertungsgesellschaft zu verlangen, die Nutzung von Rechten einzuräumen, wenn dies die Gefahr weiterer Rechtsverletzungen zu Lasten des Wahrnehmungsberechtigten objektiv erhöhen würde.[53] Andererseits soll eine Verwertungsgesellschaft die Implementierung von **technischen Schutzmaßnahmen** nur dann zur **Bedingung** für die **Lizenzerteilung** machen können, wenn durch die Schutzmaßnahmen Rechte geschützt werden, nicht etwa nur die Interessen der Rechtsinhaber. Für Akte des „Framing" wurde angenommen, dass diese zwar die Interessen der Urheber, aber nicht deren Rechte berühren, da sie nicht in das Recht der öffentlichen Wiedergabe eingreifen.[54] In diesen engen, von der Interessenabwägung zwischen Nutzern und Rechtsinhabern bestimmten Grenzen der Billigkeit sind also Ausnahmen vom Abschlusszwang gerechtfertigt.[55]

e) Rechtsweg. Grundsätzlich sind für Streitigkeiten über den Abschlusszwang nach § 34 Abs. 1 **8** die ordentlichen Gerichte zuständig. Vor Klageerhebung **kann** von jedem Beteiligten die **Schiedsstelle** angerufen werden (§ 92 Abs. 1 Nr. 1). Ein Verfahren vor der Schiedsstelle **muss** dagegen gem. **§ 128 Abs. 2 S. 1** der Klage vor den ordentlichen Gerichten vorausgehen (als von Amts wegen zu berücksichtigende Prozessvoraussetzung), wenn die Streitigkeit aus § 34 die Anwendbarkeit oder Angemessenheit des Tarifs betrifft.[56]

Stellt sich bei Streitfällen im Rahmen von § 34 erst **im Laufe des Rechtsstreits** vor dem ordentlichen Gericht heraus, dass Anwendbarkeit oder Angemessenheit des Tarifs im Streit sind, so gelten **§ 128 Abs. 2 S. 2 und 3:** Die Parteien erhalten vom Gericht durch Aussetzen des Rechtsstreits Gelegenheit zur Anrufung der Schiedsstelle. Weist die Partei, die die Anwendbarkeit oder Angemessenheit des Tarifs bestreitet, nicht innerhalb von zwei Monaten nach Aussetzung nach, dass sie die Schiedsstelle angerufen hat, so wird der Rechtsstreit vor dem ordentlichen Gericht fortgesetzt und der von der Verwertungsgesellschaft für das Nutzungsverhältnis zugrunde gelegte Tarif als anwendbar und angemessen zugestanden.

Bei Streitigkeiten, die sich nicht auf den Abschlusszwang selbst beziehen, sondern allein auf **§ 37,** also auf die **Zahlung unter Vorbehalt/Hinterlegung** der von der Verwertungsgesellschaft geforderten Lizenzgebühren, ist das Schiedsstellenverfahren dagegen idR. nicht Prozessvoraussetzung.[57]

Im Wege der einstweiligen Verfügung kann der Nutzer seinen Anspruch aus § 34 nur ausnahmsweise durchsetzen, nämlich nur dann, wenn ihm aus der Abschlussverweigerung schwerwiegende finanzielle Nachteile drohen, die im Hauptsacheverfahren nicht mehr kompensiert werden können.[58]

2. § 34 Abs. 2 – Sonderregelung für neuartige Online-Dienste

§ 34 Abs. 2 enthält, in Umsetzung von Art. 16 Abs. 2 1. Unterabs. S. 2 VG-RL, eine weitere Prä- **9** zisierung des Begriffs der angemessenen Bedingungen iSv. § 34 Abs. 1 S. 1 mit besonderem Bezug auf das in § 34 Abs. 1 S. 2 genannte Merkmal der **Nichtdiskriminierung.** Nach seiner Systematik normiert § 34 Abs. 2 eine **Ausnahm**e von dem Grundsatz, dass die Bedingungen des Nutzungsvertrages „insbesondere" nur dann angemessen sind, wenn sie nichtdiskriminierend sind, angemessene Bedingungen also vor allem nicht diskriminierend sein dürfen.

Zweck dieser Bestimmung ist es, innovative Online-Dienste zu fördern. Insbesondere im Online-Bereich werden Verwertungsgesellschaften immer wieder gefordert sein, ihr Repertoire zur Nutzung völlig neuer Nutzungsformen und innovativer Geschäftsmodelle zu lizenzieren. In solchen Fällen sollen sie über den nötigen Spielraum verfügen, um **schnell und flexibel auf den Einzelfall zugeschnittene Lizenzen vergeben** und den Nutzern in Bezug auf die Tarife entgegenkommen zu können, ohne befürchten zu müssen, dass diese Nutzungsbedingungen als Präzedenzfall für die Verhandlungen mit anderen, gleichartigen neuen Online-Diensten angesehen werden könnten; dies auch deshalb, damit sich ein Umfeld für die Entwicklung solcher Lizenzen entwickeln kann.[59]

Gem. **§ 34 Abs. 2 S. 1** liegen deshalb eine Diskriminierung und damit unangemessene Bedingungen nicht schon deshalb vor, weil die Verwertungsgesellschaft etwa die zwischen ihr und dem Anbieter eines **neuartigen Online-Dienstes** vereinbarten Bedingungen nicht auch einem anderen Anbieter eines gleichartigen Dienstes gewährt. Die Verwertungsgesellschaft soll insoweit also differenzieren, dh. die Anbieter durchaus gleichartiger Dienste unterschiedlich behandeln dürfen und ist nicht an die

---

[52] *Riesenhuber* in: Heker/Riesenhuber (Hrsg.), Recht und Praxis der GEMA, 641 (654).
[53] BGH GRUR 2009, 1052 (1053) – Seeing is Believing; vgl. BGH GRUR 2006, 319 (322) – Alpensinfonie – zum Fall der fehlenden Einwilligung des Berechtigten zur Filmaufzeichnung; zum besonders gelagerten Fall des sog. „Google Book Settlement" → § 9 Rn. 17.
[54] KG ZUM 2018, 722 (724 ff.) – n. rechtskr.; aA *Grünberger* ZUM 2019, 281 (307); kritisch auch *Schubert* ZUM 2018, 726.
[55] Zu den verschiedenen Fallgruppen ausführlich *Banck* S. 111 ff.
[56] → § 128 Rn. 6; zum Inhalt des Einigungsvorschlags der Schiedsstelle in diesen Fällen → § 109 Rn. 4.
[57] → § 37 Rn. 6.
[58] LG München I ZUM 2004, 79 (81).
[59] AmtlBegr. BT-Drs. 18/7223, S. 83; vgl. Erwägungsgrund (32) VG-RL; *Walter,* Urheber- und Verwertungsgesellschaftenrecht '15, Art. 16 VG-RL Anm. 2, befürwortet die Anwendung dieser Ausnahme vom Diskriminierungsverbot auch auf andere innovative Dienste als Online-Dienste.

früher gewährten Bedingungen als **Präzedenzfall** gebunden. Für die Beurteilung der Frage, welche Dienste „gleichartig" sind, wird es auf den Einzelfall ankommen; bei innovativen, und damit neuartigen Diensten oder Geschäftsmodellen können an deren Gleichartigkeit ohnehin keine allzu strengen Maßstäbe angelegt werden.[60]

Entsprechend ihrer genannten Zielrichtung ist die Regelung auf neuartige Online-Dienste beschränkt. **Online-Dienste** sind alle Dienste, die über das Internet zugänglich sind und genutzt oder konsumiert werden können.[61] Nach der Legaldefinition in **§ 34 Abs. 2 S. 2** gilt ein Online-Dienst dann als **neuartig,** wenn er seit weniger als drei Jahren der Öffentlichkeit innerhalb der EU oder des EWR zur Verfügung steht. Im Ergebnis ist damit die in § 34 Abs. 2 enthaltene Ausnahme vom Grundsatz der Nichtdiskriminierung zeitlich befristet.

Die Pflicht der Verwertungsgesellschaften zur **Aufstellung von Tarifen** gem. **§ 38** bleibt von § 34 Abs. 2 aber unberührt.[62]

§ 35 Gesamtverträge

(1) **Die Verwertungsgesellschaft ist verpflichtet, über die von ihr wahrgenommenen Rechte mit Nutzervereinigungen einen Gesamtvertrag zu angemessenen Bedingungen abzuschließen, es sei denn, der Verwertungsgesellschaft ist der Abschluss des Gesamtvertrags nicht zuzumuten, insbesondere weil die Nutzervereinigung eine zu geringe Mitgliederzahl hat.**

(2) **[1]Erfordert eine Nutzung die Rechte von mehr als einer Verwertungsgesellschaft, so sind die beteiligten Verwertungsgesellschaften auf Verlangen einer Nutzervereinigung verpflichtet, gemeinsam einen Gesamtvertrag mit ihr abzuschließen, es sei denn, einzelnen oder allen beteiligten Verwertungsgesellschaften gemeinsam ist dies nicht zuzumuten im Sinne des Absatzes 1. [2]Ist der Abschluss eines gemeinsamen Gesamtvertrags einzelnen beteiligten Verwertungsgesellschaften nicht zuzumuten, besteht der Anspruch der Nutzervereinigung gegen die übrigen beteiligten Verwertungsgesellschaften fort. [3]Auf Verlangen der Nutzervereinigung ist in dem Gesamtvertrag eine zentrale Stelle zu benennen. [4]Die zentrale Stelle ist zuständig für die Durchführung des Gesamtvertrags und sämtlicher Verträge über die Nutzung, die Gegenstand des Gesamtvertrags ist, einschließlich der Abrechnung und der Einziehung der Vergütung.**

Schrifttum: *Becker,* Verwertungsgesellschaften als Träger öffentlicher und privater Aufgaben, FS Kreile (1994), S. 27; *v. Gamm,* Die Tariffestsetzung durch die urheberrechtlichen Verwertungsgesellschaften, FS Nirk (1992), S. 314; *Himmelmann,* Die Aufsicht über die GEMA, in: Kreile/Becker/Riesenhuber (Hrsg.), Recht und Praxis der GEMA, 2. Aufl. 2008, 817; *Kling,* Gebietsübergreifende Vergabe von Online-Rechten an Musikwerken, 2018; *Melichar,* Die Wahrnehmung von Urheberrechten durch Verwertungsgesellschaften, 1983; *Menzel,* Die Aufsicht über die GEMA durch das Deutsche Patentamt, 1986; *Reinbothe,* Schlichtung im Urheberrecht, 1978; *Schulze,* Die ersten Erfahrungen mit der neuen deutschen Urheberrechtsgesetzgebung, UFITA 50 (1967), 476; *ders.,* Tarife und Gesamtverträge der Verwertungsgesellschaften, UFITA 80 (1977), 151; *ders.,* Stellungnahme zum deutschen Referentenentwurf für eine Urheberrechtsnovelle, FuR 1981, 25; *Strittmatter,* Tarife vor der urheberrechtlichen Schiedsstelle, 1994.

Übersicht

I. Allgemeines

1. Der Hintergrund: § 12 UrhWG

1   Nach § 12 UrhWG waren die Verwertungsgesellschaften verpflichtet, mit Vereinigungen von Nutzern oder von zur Zahlung von Vergütung Verpflichteten **zu angemessenen Bedingungen Gesamtverträge abzuschließen.** § 12 UrhWG war damit, neben dem Wahrnehmungszwang gem. § 6 und dem Abschlusszwang gem. § 11, der dritte Fall von Kontrahierungszwang, dem die Verwertungs-

---

[60] Die VG-RL spricht nur von „anderen" Online-Diensten bzw. „weiteren" Lizenzen und verwendet das Merkmal der Gleichartigkeit nicht; vgl. Art. 16 Abs. 2 1. Unterabs. S. 2 und Erwägungsgrund (32) S. 2 VG-RL.
[61] → § 59 Rn. 5.
[62] AmtlBegr. BT-Drs. 18/7223, S. 83.

gesellschaften nach dem UrhWG unterworfen waren. Bei der Verpflichtung zum Abschluss von Gesamtverträgen nach § 12 UrhWG hatte sich der Gesetzgeber am Vorbild der Gesamtverträge orientiert, die die GEMA „im großen Umfang" ua. mit der Vereinigung der Musikveranstalter abgeschlossen hat.[1]

§ 12 UrhWG machte daher etwas zur Pflicht, was ohnehin ständige Übung ist. Als Gegengewicht zur Monopolstellung der Verwertungsgesellschaften sollte diese Bestimmung Diskriminierung verhindern bzw. die Gleichbehandlung der am Abschluss von Gesamtverträgen interessierten Nutzervereinigungen gewährleisten.[2]

2. Das Konzept von § 35

§ 35 übernimmt das **in der Praxis bewährte Instrument**[3] des § 12 UrhWG, dh. die Verpflichtung der Verwertungsgesellschaften, mit Nutzervereinigungen Gesamtverträge zu angemessenen Bedingungen abzuschließen. Diese Verpflichtung gilt für **Verwertungsgesellschaften iSv. § 2,**[4] aber auch für **abhängige Verwertungseinrichtungen iSv. § 3,**[5] soweit sie Tätigkeiten einer Verwertungsgesellschaft ausüben, also insbesondere für Inkassogesellschaften.[6] Dagegen sind Nutzervereinigungen, anders als Verwertungsgesellschaften, nicht zum Abschluss eines Gesamtvertrages verpflichtet.[7]   **2**

§ 35 basiert allein auf § 12 UrhWG und entspricht weitgehend dessen Wortlaut; in der VG-RL ist eine derartige Bestimmung nicht enthalten.

Im Regierungsentwurf zum VGG war noch ein **zweiter Absatz von § 35** enthalten, der Verwertungsgesellschaften verpflichten sollte, auf Verlangen einer Nutzervereinigung gemeinsam einen Gesamtvertrag abzuschließen, wenn eine Nutzung die Rechte von mehr als einer Verwertungsgesellschaft erfordert.[8] Da dieser Vorschlag im Gesetzgebungsverfahren auf erheblichen Widerstand stieß,[9] wurde er auf Empfehlung des Ausschusses für Recht und Verbraucherschutz ersatzlos gestrichen.[10]

II. Gesamtverträge

1. Gesamtverträge: Wesen und Vorteile

Gesamtverträge sind **Rahmenvereinbarungen,** die zwischen den **Verwertungsgesellschaften**[11]   **3** und **Vereinigungen** abgeschlossen werden, in denen einzelne Nutzer zusammengeschlossen sind. In den Gesamtverträgen werden allgemein die wesentlichen Bedingungen vereinbart, zu denen dann später die eigentliche Nutzungserlaubnis von der Verwertungsgesellschaft den Verbandsmitgliedern (Nutzern) in **Einzelverträgen** mit diesen erteilt wird. Die Gesamtverträge legen den Vertragsinhalt der Einzelverträge also im Wesentlichen fest. Die Einzelverträge regeln nur noch die Besonderheiten des Einzelfalls, die über die im Gesamtvertrag vorgegebenen Rahmenbedingungen hinausgehen.[12] Die Einzelnutzer können Werknutzer sein oder nach dem UrhG zur Zahlung von Vergütung Verpflichtete.[13]

Der Abschluss von Gesamtverträgen ist für Verwertungsgesellschaften wie für Nutzervereinigungen gleichermaßen vorteilhaft. Der **Vorteil** für die Nutzervereinigungen und ihre Mitglieder liegt darin, dass der Gesamtvertrag regelmäßig **niedrigere Vergütungssätze** (mit Abschlägen bis etwa 20 %) enthält, als sie die allgemein geltenden Einzelnutzungstarife aufweisen.[14] Für die Verwertungsgesellschaften besteht der Vorteil in der **Verwaltungsvereinfachung.** Da die Nutzungstarife und andere Bedingungen bereits im Gesamtvertrag festgelegt sind, können die Einzelverträge ohne zeitraubende Vertragsverhandlungen mit den potenziellen Nutzern geschlossen werden. Als Gegenleistung für die Vorzugssätze bei der Vergütung leisten außerdem die Nutzervereinigungen den Verwertungsgesell-

---

[1] AmtlBegr. UrhWG BT-Drs. IV/271 S. 17; *Becker,* FS Kreile (1994), S. 27 (45) spricht von ca. 343 Gesamtverträgen, die die GEMA schon damals abgeschlossen hatte; vgl. *Himmelmann* in: Kreile/Becke/Riesenhuber (Hrsg.), Recht und Praxis der GEMA, S. 817 (870).
[2] → 5. Aufl. 2017, UrhWG § 12 Rn. 1 sowie Rn. 2 mwN zu den vereinzelt geäußerten verfassungsmäßigen Bedenken gegenüber § 12 UrhWG.
[3] AmtlBegr. BT-Drs. 18/7223, S. 83.
[4] Zum Begriff der Verwertungsgesellschaft → § 2 Rn. 5 ff.
[5] Zum Begriff der abhängigen Verwertungseinrichtung → § 3 Rn. 3.
[6] BGH GRUR 2017, 161 Rn. 29 – Gesamtvertrag Speichermedien; BGH GRUR 2017, 694 Rn. 25 – Gesamtvertrag PCs; BGH GRUR-RR 2017, 486 Rn. 27 – USB-Stick.
[7] BGH GRUR 2017, 684 Rn. 78 – externe Festplatten.
[8] AmtlBegr. BT-Drs. 18/7223, S. 84.
[9] *Kling* S. 131 mwN.
[10] Beschlussempfehlung und Bericht des Ausschusses für Recht und Verbraucherschutz, BT-Drs. 18/8268, S. 4.
[11] § 35 gilt für Verwertungsgesellschaften iSv. § 2, ebenso aber auch für abhängige Verwertungseinrichtungen iSv. § 3, soweit diese Tätigkeiten einer Verwertungsgesellschaft ausüben (zu den Begriffen → Rn. 2).
[12] Vgl. OLG München ZUM 1986, 157.
[13] Vgl. §§ 53, 54 ff. UrhG; → Rn. 5.
[14] Vgl. OLG München ZUM 2003, 319 (323); Loewenheim/*Melichar* § 48 Rn. 42; *Melichar* S. 85; *Menzel* S. 21 f.

schaften meist Hilfestellung bei der Abwicklung und Kontrolle der Einzelnutzungsvorgänge:[15] Sie stellen zB den Verwertungsgesellschaften Verzeichnisse ihrer Mitglieder zur Verfügung oder halten ihre Mitglieder zur Einhaltung der Verpflichtungen gegenüber der Verwertungsgesellschaft an.[16]

2. Gesamtverträge: Rechtsnatur und Bindungswirkung

4   Die **Rechtsnatur** und die Bindungswirkung der Gesamtverträge sind im VGG, wie schon im UrhWG, nicht definiert. Der Gesamtvertrag wurde schon früher als **Rahmenvertrag** bezeichnet,[17] sein Vertragstypus vom Gesetzgeber aber nicht erläutert. Der Gesamtvertrag regelt selbst keine Nutzungsvorgänge, sondern setzt zur Vorbereitung der Einzelverträge schuldrechtlich Normen. Er ist damit eine schuldrechtliche Standardisierungsvereinbarung, die Ähnlichkeit zu arbeits- oder sozialrechtlichen Kollektivvereinbarungen aufweist.[18] Als Normenvertrag mit lediglich schuldrechtlicher Wirkung ist er ein Rahmenvertrag.[19]

In der Praxis werden zT. auch solche Verträge als Gesamtverträge bezeichnet, die zwischen einer Verwertungsgesellschaft und einem **Zusammenschluss von Verwertern** abgeschlossen werden, der selbst die Nutzungsvorgänge (Lizenzerteilung, Vergütung usw.) vornimmt und abwickelt, ohne dass es der Einzelverträge bedarf. Solche Verträge sind jedoch Nutzungsvereinbarungen nach § 34 und trotz ihrer Bezeichnung keine Gesamtverträge iSv. § 35.[20]

Der Gesamtvertrag **bindet** nur die an ihm beteiligten Vertragsparteien, also Verwertungsgesellschaft und Nutzervereinigung. Eine normative Drittwirkung auf die Mitglieder der Nutzervereinigung hat er nicht.[21] Unmittelbare **rechtliche Wirkung** für die Einzelnutzer kann der Gesamtvertrag nur entfalten, wenn sich die Einzelnutzer – die Mitglieder der Nutzervereinigung – ihm unterwerfen. Solange sich die Einzelmitglieder der Nutzervereinigung nicht den Bedingungen des Gesamtvertrages unterworfen haben, können sie weiterhin die Angemessenheit der Tarife bestreiten und versuchen, einen individuellen Nutzungsvertrag durchzusetzen.[22] Allerdings bilden die Vergütungssätze des Gesamtvertrages einen gewichtigen Anhaltspunkt für die Angemessenheit der Vergütung.[23] Im Übrigen ist es der Verwertungsgesellschaft nicht verwehrt, Einzelnutzern vorzugehen, die sich nicht dem Gesamtvertrag angeschlossen bzw. ihn nicht anerkannt haben;[24] denn die Verpflichtung zur Zahlung einer Vergütung ergibt sich, ebenso wie deren Höhe, nicht aus dem Gesamtvertrag, sondern aus dem Gesetz.[25] Den Nutzervereinigungen obliegt es deshalb, gegenüber ihren Mitgliedern darauf hinzuwirken, dass diese die im Gesamtvertrag vereinbarten Bedingungen anerkennen. Nur so ist – will man die Gesamtvertragsregelungen nicht bloße Richtlinien bleiben lassen und auf ihre faktische Anwendung vertrauen – ihre Geltung in jedem Einzelfall rechtlich zu sichern. Dies kann durch inneres Verbandsrecht der Nutzervereinigung erfolgen. Im Übrigen wird die freiwillige Annahme der Gesamtvertragsbedingungen durch Annahmevereinbarung oder Anwendung im Einzelnutzungsvertrag ihre faktische Drittwirkung herbeiführen; denn es liegt im Interesse aller Beteiligten, aus den (günstigeren) Bedingungen des Gesamtvertrages Nutzen zu ziehen.

Für das Verhältnis zwischen einem gültigen Gesamtvertrag und der Veröffentlichung eines **neuen Tarifs** durch die Verwertungsgesellschaft gem. § 38 ist entscheidend, ob dieser Tarif den im Gesamtvertrag geregelten Nutzungstatbestand erfasst. Ist dies der Fall, so ist der neue Tarif als Angebot zur Änderung des Gesamtvertrages anzusehen, nicht aber als (Teil-)Kündigung des Gesamtvertrages. Erfasst der neue Tarif einen anderen Nutzungstatbestand, so kann die Nutzervereinigung hierüber den Abschluss eines weiteren Gesamtvertrages verlangen.[26]

3. Nutzervereinigungen

5   Der Begriff der Nutzervereinigung beruht auf der Legaldefinition des Nutzers gem. § 8 und erfasst daher sowohl Vereinigungen, deren Mitglieder urheberrechtlich geschützte Werke oder Leistungen nutzen, als auch solche, deren Mitglieder zur Zahlung von Vergütungen oder eines Ausgleichs verpflichtet sind.[27] Unter die erstere Gruppe fallen Verbände des Hotel- und Gastronomiegewerbes als

---

[15] BGH GRUR 1974, 35 (37) – Musikautomat; Schiedsstelle ZUM 1989, 314 (315); BGH GRUR 2011, 61 Rn. 11 – Gesamtvertrag Musikabrufdienste; BGH GRUR 2013, 1037 Rn. 20 – Weitergeltung als Tarif.
[16] *Mestmäcker/Schulze* § 12 UrhWG Anm. 1.
[17] So für § 12 UrhWG AmtlBegr. UrhWG BT-Drs. IV/271 S. 17.
[18] *Reinbothe* S. 24 ff., 27.
[19] *Reinbothe* S. 28; OLG München ZUM 1986, 157; *Strittmatter* S. 40: „Zweiseitiger Rahmenvertrag mit einseitigem Drittforderungsrecht".
[20] *Melichar* S. 41: „Echte Gesamtverträge" im Gegensatz zu „unechten Gesamtverträgen" (iSv. § 12 UrhWG); Loewenheim/*Melichar* § 48 Rn. 38; Wandtke/Bullinger/*Gerlach* § 35 Rn. 5, jeweils mit Beispielen.
[21] BGH GRUR 2017, 684 Rn. 27 – externe Festplatten; Beschluss der Schiedsstelle ZUM 1987, 183 (184); vgl. zu den entsprechenden Überlegungen schon im Gesetzgebungsgang des UrhWG *Reinbothe* S. 26.
[22] VGl. OLG München GRUR 1990, 358 (359) – Doppelmitgliedschaft.
[23] BGH GRUR 2017, 702 Rn. 109 – PC mit Festplatte I.
[24] BGH ZUM 1988, 575 (577) – Kopierwerk; *Strittmatter* S. 37 ff.
[25] BGH GRUR 2017, 684 Rn. 27 – externe Festplatte.
[26] *v. Gamm* FS Nirk (1992), S. 314 (319).
[27] → § 8 Rn. 4 ff.

Nutzer öffentlicher Wiedergaben, zB. von Musik. Zur letzteren Gruppe von Vereinigungen gehören die Hersteller, Importeure und Händler von Geräten und Speichermedien iSd. §§ 54 und 54b UrhG sowie Betreiber von Ablichtungsgeräten iSd. § 54c UrhG.[28]

Anspruch auf Abschluss eines Gesamtvertrages haben sowohl **inländische** als auch **ausländische Nutzervereinigungen.** Voraussetzung ist aber stets, dass die Verwertungsgesellschaft die betreffenden Rechte auch wahrnimmt.[29] Dabei wird es sich in aller Regel um die Nutzung von Rechten in Deutschland, also im Geltungsbereich des VGG, handeln.[30] Es ist der Verwertungsgesellschaft aber freigestellt, Gesamtverträge für Nutzungen im Ausland abzuschließen, sofern sie über die entsprechenden Rechte verfügt und dies nach ihrer Satzung[31] und aufgrund ihrer internen Beschlussfassung möglich ist.[32]

Es gibt **Nutzervereinigungen,** deren einziger oder **Hauptzweck** es ist, mit einer Verwertungsgesellschaft Gesamtverträge iSv. § 35 abzuschließen; dazu gehört etwa die Bundesvereinigung der Musikveranstalter. Die Mehrzahl der Gesamtverträge wird aber zwischen Verwertungsgesellschaften und solchen Vereinigungen abgeschlossen, die diese Aufgabe **nur nebenbei** – und gemessen am eigentlichen Ziel der Vereinigung als atypische Betätigung – für ihre Mitglieder wahrnehmen. Hierzu zählen zB. die politischen Parteien, mit denen die GEMA, oder die Bundesregierung, mit der die VG Wort Gesamtverträge abgeschlossen hat.[33]

4. Angemessene Bedingungen

§ 35 verpflichtet die Verwertungsgesellschaften nicht schlechthin zum Abschluss von Gesamtverträgen, sondern nur unter der Voraussetzung, dass diese angemessene Bedingungen enthalten. Auch dort, wo das VGG an anderen Stellen den Verwertungsgesellschaften einen Kontrahierungszwang vorschreibt (§ 34, § 9 S. 2), relativiert es ihn durch das Gebot der angemessenen Bedingungen. Wann die Bedingungen eines Gesamtvertrages als angemessen anzusehen sind, definiert § 35 genauso wenig wie § 9 S. 2 für den Wahrnehmungszwang oder § 34 für den Nutzungsvertrag. Allerdings wird der Begriff in § 34 Abs. 1 S. 2 immerhin dahingehend präzisiert, dass angemessene Bedingungen insbesondere objektiv und nichtdiskriminierend sein und eine angemessene Vergütung vorsehen müssen.[34]

Ebenso wie der Nutzungsvertrag nach § 34 ist der Gesamtvertrag nach § 35 auf die Festlegung von Nutzungsbedingungen gerichtet, wenn auch als Rahmenvertrag. Der Begriff der angemessenen Bedingungen ist daher für § 35 grundsätzlich ähnlich auszulegen wie in § 34.[35] Auch die Bedingungen des Gesamtvertrages sind somit nur angemessen, wenn Leistung und Gegenleistung, also **Rechte und Pflichten** der Verwertungsgesellschaft auf der einen und der Nutzungsvereinigung sowie der Einzelnutzer auf der anderen Seite zueinander in einem **ausgewogenen Verhältnis** stehen. Insbesondere muss die vorgesehene Vergütung so bemessen sein, dass die Berechtigten eine angemessene Beteiligung an der wirtschaftlichen Nutzung ihrer Werke erhalten und die Verwertungsgesellschaft finanziell in die Lage versetzt wird, ihre Aufgaben zu erfüllen. Auch die in Gesamtverträgen enthaltenen Bedingungen sind dementsprechend insbesondere auf **objektive Kriterien** zu stützen, müssen alle gleichgelagerten Fälle gleich behandeln **(Diskriminierungsverbot)** und eine **angemessene Vergütung** vorsehen; auch wenn diese in § 34 Abs. 1 genannten Elemente nicht auch ausdrücklich in § 35 Abs. 1 erwähnt sind.[36]

Ein besonderer Faktor für die Angemessenheit der Bedingungen von Gesamtverträgen ist abweichend von § 34 das Verhältnis zwischen den von der Verwertungsgesellschaft im Gesamtvertrag gewährten **Vorzugsbedingungen (Tarifnachlass)** und der von der Nutzervereinigung als **Gegenleistung** hierfür gewährten **Hilfestellung** bei der Abwicklung und Kontrolle der Einzelnutzungsverträge.[37] Auch insoweit müssen im Gesamtvertrag Leistung und Gegenleistung in einem angemessenen Verhältnis zueinander stehen. Insbesondere muss der von der Verwertungsgesellschaft gewährte Tarifnachlass (Gesamtvertragsrabatt) mit Art und Umfang der von der Nutzervereinigung erbrachten Gegenleistung (Vertragshilfe) korrelieren.[38] Für die Ermittlung der Angemessenheit sind auch das Verhältnis zwischen Gesamtvertragsrabatt und Vergütungssätzen sowie die Vermarktungskosten zu berücksichtigen.[39]

6

---

[28] AmtlBegr. BT-Drs. 18/7223, S. 84; BGH GRUR 2017, 161 Rn. 28 – Gesamtvertrag Speichermedien.

[29] Vgl. BGH GRUR 2015, 61 Rn. 99 – Gesamtvertrag Tanzschulkurse.

[30] Gem. § 12 UrhWG bestand deshalb der Kontrahierungszwang für Gesamtverträge ausdrücklich nur, soweit die Mitglieder der Nutzervereinigung „nach dem Urheberrechtsgesetz geschützte Werke oder Leistungen nutzen oder zur Zahlung von Vergütungen nach dem Urheberrechtsgesetz verpflichtet sind".

[31] Zu den Begriffen Satzung und Statut → § 13 Rn. 4.

[32] OLG München ZUM 2006, 466 (471 ff.); Fromm/Nordemann/*W. Nordemann/Wirtz,* 11. Aufl., UrhWG § 12 Rn. 5.

[33] *Reinbothe* S. 23.

[34] → § 34 Rn. 5.

[35] → § 34 Rn. 5; *Reinbothe* S. 40 ff., 46.

[36] AmtlBegr. BT-Drs. 18/7223, S. 84.

[37] → Rn. 3.

[38] AmtlBegr. BT-Drs. 18/7223, S. 84.

[39] Vgl. OLG München ZUM 2003, 319 (322 ff.); OLG München ZUM-RD 2002, 474 (477 ff.); BGH GRUR 2001, 1139 (1143 ff.) – Gesamtvertrag privater Rundfunk; → Rn. 7 zur Zumutbarkeit.

Wenn die Gesamtvertragsparteien die Bedingungen des Gesamtvertrages für nicht mehr angemessen halten, können sie diesen entsprechend den im Gesamtvertrag vereinbarten Bedingungen **kündigen** oder eine Änderung des Gesamtvertrages verlangen.[40] Die Verwertungsgesellschaft kann auch den im Gesamtvertrag vereinbarten Tarif ändern, muss dabei aber die Bedingungen von § 39 und – wenn es sich um Tarife für Geräte und Speichermedien handelt – § 40 beachten.[41]

5. Zumutbarkeit

7 In seinem letzten Halbsatz enthält § 35 Abs. 1 zugunsten der Verwertungsgesellschaften eine allgemeine **Ausnahme vom Abschlusszwang:** Es besteht kein Abschlusszwang, wenn der Verwertungsgesellschaft der **Abschluss eines Gesamtvertrages nicht zuzumuten** ist, insbesondere weil die Nutzervereinigung eine **zu geringe Mitgliederzahl** hat.[42] Als zu klein in diesem Sinne wurde eine Nutzervereinigung mit nur 6 Mitgliedern angesehen, selbst wenn diese Mitglieder angeblich alle einschlägigen Nutzer in dem betreffenden Bereich darstellen.[43] Selbst 21 Mitglieder stellen eine zu geringe Anzahl dar, wenn ihnen der Beitritt zum Gesamtvertrag freigestellt ist und mit dem Abschluss von nur wenigen Einzelnutzungsvereinbarungen gerechnet werden muss.[44] Dass mit einer anderen Nutzervereinigung mit mehr Mitgliedern als der den Abschluss eines Gesamtvertrages begehrenden bereits ein Gesamtvertrag besteht, begründet für sich nicht die Unzumutbarkeit für den (zweiten) Gesamtvertrag.[45] Andererseits wurde die Unzumutbarkeit auch in einem Fall angenommen, in dem die Nutzervereinigung zwar über mehr als 300 Mitglieder verfügte, von diesen aber nur 13 selbst nutzen wollten, der überwiegende Teil dagegen die Rechtseinräumung nur begehrte, um die Rechte auf Dritte weiterzuübertragen.[46] Dagegen ist der Marktanteil der von der Nutzervereinigung vertretenen Nutzer für die Beurteilung der Unzumutbarkeit unerheblich, da der Mehrwert des Gesamtvertrages für die Verwertungsgesellschaft (die Verwaltungsvereinfachung) nicht vom Marktanteil, sondern von der Anzahl der Nutzer und der Nutzungsvorgänge abhängt.[47]

Die zu geringe Mitgliederzahl einer Nutzervereinigung ist nur beispielhaft aufgeführt (**„insbesondere"**), und damit ein Unterfall, keineswegs aber einziger oder abschließender Fall der Unzumutbarkeit. Allgemein ist die Verwertungsgesellschaft also nicht zum Abschluss eines Gesamtvertrages verpflichtet, wenn ihr dies – auch **aus anderen Gründen – unzumutbar** ist. Dies wird vor allem immer dann der Fall sein, wenn der von der Verwertungsgesellschaft erbrachten gesamtvertragstypischen Leistung – finanzielle Vergünstigung durch Vorzugstarif – nicht diejenigen Vorteile gegenüberstehen, die eine solche Vergünstigung rechtfertigen (Hilfestellung bei der Abwicklung und Kontrolle von Einzelverträgen, Verwaltungsvereinfachung),[48] die Zweckbestimmung des Gesamtvertrages also nicht erfüllbar ist.[49] Zur Ermittlung der Unzumutbarkeit muss deshalb eine **Abwägung der Interessen von Verwertungsgesellschaft und Nutzervereinigung** im Einzelfall vorgenommen werden. Als unzumutbar wurde der Abschluss eines Gesamtvertrages auch angesehen, wenn im Gesamtvertrag offen bleibt, ob und welche Nutzer sich an der im Gesamtvertrag getroffenen Rahmenregelung beteiligen.[50]

Die Unzumutbarkeit wirkt als Ausnahme vom Abschlusszwang zugunsten der Verwertungsgesellschaft. Ihr obliegt daher die **Beweislast** für das Vorliegen der Unzumutbarkeit und der sie begründenden Umstände.

6. Rechtsweg

8 Bestehen Streitigkeiten über Abschluss oder Änderung eines Gesamtvertrages, so kann jeder Beteiligte die **Schiedsstelle** anrufen (§ 92 Abs. 1 Nr. 1). Zwingend vorgeschrieben ist die Anrufung der Schiedsstelle vor Erhebung einer **Klage**, die auf Abschluss oder Änderung eines Gesamtvertrages gerichtet ist (§ 128 Abs. 1). Das Schiedsstellenverfahren ist in diesem Fall von Amts wegen zu berücksichtigende Prozessvoraussetzung.[51] Ausnahmen gelten für die Anträge auf Anordnung eines Arrestes oder einer einstweiligen Verfügung (§ 128 Abs. 3).

Die Entscheidung der Schiedsstelle enthält einen **Einigungsvorschlag** über den Inhalt des Gesamtvertrages mit Wirkung frühestens ab 1. Januar des Jahres der Antragstellung.[52] Nach der Durchführung des obligatorischen Schiedsstellenverfahrens ist für Streitigkeiten über Abschluss oder Ände-

---

[40] Zum Rechtsweg → Rn. 8.
[41] Zum Verhältnis zwischen einem gültigen Gesamtvertrag und der Veröffentlichung eines neuen Tarifs → Rn. 4.
[42] § 12 UrhWG enthielt eine gleichlautende Bestimmung.
[43] OLG München Schulze OLGZ 216 mAnm *Nordemann; Schiedsstelle* ZUM 1989, 314 (315); *Melichar* S. 40; *Mestmäcker/Schulze* § 12 UrhWG Anm. 2.
[44] Vgl. *v. Gamm* FS Nirk (1992), S. 314 (316) mwN.
[45] OLG München GRUR 1990, 358 – Doppelmitgliedschaft; *Strittmatter* S. 180 f. mwN.
[46] Vgl. BGH GRUR 2011, 61 Rn. 29 f. – Gesamtvertrag Musikabrufdienste.
[47] BGH GRUR 2011, 61 Rn. 12 ff. – Gesamtvertrag Musikabrufdienste.
[48] → Rn. 3.
[49] OLG München Schulze OLGZ 216; Schulze UFITA 80 (1977), 151 (153).
[50] *Mestmäcker/Schulze* § 12 UrhWG Anm. 2 mwN.
[51] Zu § 14 UrhWG vgl. AmtlBegr. BT-Drs. 10/837 S. 24.
[52] Einzelheiten → § 110 Rn. 3 ff.

rung eines Gesamtvertrages gem. § 129 Abs. 1 ausschließlich das für den Sitz der Schiedsstelle zuständige Oberlandesgericht München im ersten Rechtszug zuständig. Gem. § 130 S. 1 setzt es den Inhalt des Gesamtvertrages fest und ersetzt damit eine entsprechende Vereinbarung der Beteiligten.[53] Die Entscheidung des Oberlandesgerichts kann gem. § 129 Abs. 3 mit der Revision angefochten werden.[54]

7. Tarifwirkung

Wegen der überregionalen Bedeutung von Gesamtverträgen gelten die in ihnen vereinbarten Vergütungssätze **kraft Gesetzes als Tarife** (§ 38 S. 2). Sie müssen deshalb von der Verwertungsgesellschaft, ebenso wie die von ihr einseitig aufgestellten Einzelnutzungstarife auch, **veröffentlicht** werden (§ 56 Abs. 1 Nr. 4, 5). Dass die Nutzervereinigungen etwa eine Beteiligungspflicht an den Veröffentlichungskosten für Gesamtvertragsvergütungssätze treffen sollte,[55] ist im Gesetz nicht vorgesehen.[56]   **9**

§ 36 Verhandlungen

(1) ¹**Verwertungsgesellschaft und Nutzer oder Nutzervereinigung verhandeln nach Treu und Glauben über die von der Verwertungsgesellschaft wahrgenommenen Rechte. ²Die Beteiligten stellen sich gegenseitig alle für die Verhandlungen notwendigen Informationen zur Verfügung.**

(2) ¹**Die Verwertungsgesellschaft antwortet unverzüglich auf Anfragen des Nutzers oder der Nutzervereinigung und teilt mit, welche Angaben sie für ein Vertragsangebot benötigt. ²Sie unterbreitet dem Nutzer unverzüglich nach Eingang aller erforderlichen Informationen ein Angebot über die Einräumung der von ihr wahrgenommenen Rechte oder gibt eine begründete Erklärung ab, warum sie kein solches Angebot unterbreitet.**

Übersicht

I. Allgemeines

1. Die Vorgaben der VG-RL

Art. 16 VG-RL enthält einige allgemeine Grundsätze für die Lizenzvergabe der Verwertungsgesellschaften an die Nutzer. Während **Art. 16 Abs. 2 VG-RL** Hinweise auf den **Inhalt der Lizenzbedingungen** gibt, regeln die übrigen Absätze von Art. 16 VG-RL **Aspekte der Verhandlungen** über die Nutzungsrechte: Nach **Art. 16 Abs. 1 VG-RL** sollen Verwertungsgesellschaften und Nutzer „nach Treu und Glauben über die Lizenzierung von Nutzungsrechten verhandeln" und sich „gegenseitig alle notwendigen Informationen zur Verfügung" stellen. **Art. 16 Abs. 3 VG-RL** befasst sich mit der Abwicklung von Lizenzanfragen und enthält Regeln dazu, wie Verwertungsgesellschaften auf Lizenzanfragen von Nutzern zu reagieren haben.[1] Und schließlich soll nach **Art. 16 Abs. 4 VG-RL** Nutzern die Verwendung elektronischer Kommunikationsmittel auch für Meldungen über den Gebrauch der Lizenz erlaubt werden.   **1**

2. § 36

Im VGG werden die Vorgaben des Art. 16 VG-RL an unterschiedlichen Stellen umgesetzt. Die Richtlinienbestimmungen zum Inhalt der Lizenzbedingungen gem. Art. 16 Abs. 2 VG-RL finden sich in den §§ 34 (Abschlusszwang)[2] und 39 (Tarifgestaltung).[3] In § 43 (Elektronische Kommunikation) wird Art. 16 Abs. 4 VG-RL umgesetzt.[4]   **2**

---

[53] Im Einzelnen → § 130 Rn. 3 f.
[54] → § 129 Rn. 6; vgl. BGH GRUR 1987, 632 (634) – Symphonie d'Amour.
[55] So *Schulze* FuR 1981, 25 (26).
[56] Dies galt bereits für das UrhWG; vgl. → 5. Aufl. 2017, UrhWG § 13 Rn. 5; auch in § 56 VGG ist, anders als in § 55 Abs. 3 betreffend Informationen zu Werken oder anderen Schutzgegenständen, keine Kostenbeteiligung vorgesehen.
[1] Nach Erwägungsgrund (31) S. 4 VG-RL müssen Verwertungsgesellschaften „unverzüglich auf Lizenzanfragen von Nutzern reagieren".
[2] → § 34 Rn. 3.
[3] → § 39 Rn. 3 ff.
[4] → § 43 Rn. 3 ff.

§ 36 befasst sich ausschließlich mit den Aspekten der **Verhandlungen über Lizenzen** (§ 36 Abs. 1) und der **Behandlung von Lizenzanfragen** (§ 36 Abs. 2). Damit setzt diese Bestimmung Art. 16 Abs. 1 bzw. Art. 16 Abs. 3 VG-RL um. Im UrhWG waren keine derartigen Bestimmungen enthalten.

In Umsetzung von Art. 16 Abs. 1 VG-RL enthält § 36 Abs. 1 **Pflichten für beide Parteien,** Verwertungsgesellschaft und Nutzer. **§ 36 Abs. 1 S. 1** gibt Verwertungsgesellschaft und Nutzer auf, nach Treu und Glauben über die von der Verwertungsgesellschaft wahrgenommenen Rechte zu verhandeln. **§ 36 Abs. 1 S. 2** verpflichtet diese beiden „Beteiligten", sich gegenseitig alle für die Verhandlungen notwendigen Informationen zur Verfügung zu stellen.

Dagegen betrifft § 36 Abs. 2, in Umsetzung von Art. 16 Abs. 3 VG-RL, nur **Pflichten der Verwertungsgesellschaft.** Gem. **§ 36 Abs. 2 S. 1** muss die Verwertungsgesellschaft unverzüglich auf Lizenzanfragen antworten und mitteilen, welche Angaben sie für ein Vertragsangebot benötigt. **§ 36 Abs. 2 S. 2** verpflichtet die Verwertungsgesellschaft dazu, dem Nutzer unverzüglich nach Eingang aller erforderlichen Informationen ein Lizenzangebot über die von ihr wahrgenommenen Rechte zu unterbreiten oder, alternativ, eine begründete Erklärung abzugeben, warum sie kein solches Angebot unterbreitet.

II. Verhandlungen

1. § 36 Abs. 1 – Verhandlungsführung

3 **a) Verhandlungspflicht.** § 36 Abs. 1 betrifft Verhandlungen zwischen einer Verwertungsgesellschaft auf der einen und einem Nutzer oder einer Nutzervereinigung auf der anderen Seite. § 36 gilt für **Verwertungsgesellschaften iSv. § 2,**[5] ebenso aber auch für **abhängige Verwertungseinrichtungen iSv. § 3,**[6] sofern diese die Tätigkeiten einer Verwertungsgesellschaft ausüben. Gem. § 4 Abs. 2 ist § 36 aber auch auf **unabhängige Verwertungseinrichtungen iSv. § 4**[7] entsprechend anzuwenden. Der Begriff **„Nutzer"** wird in § 8 definiert und erfasst auch Schuldner von Vergütungsansprüchen.[8] Folgerichtig erstreckt sich der Anwendungsbereich von § 36 Abs. 1 über Verhandlungen betreffend **vertragliche Lizenzen,** und damit über Art. 16 Abs. 1 der VG-RL, hinaus auch auf Verhandlungen über (gesetzliche) **Vergütungs- und Ausgleichsansprüche.**[9]

Gem. **§ 36 Abs. 1 S. 1** müssen Verhandlungen über alle diese Rechte von beiden Parteien **„nach Treu und Glauben"** geführt werden. Darunter wird man allgemein, entsprechend gewissermaßen einem Gebot des „fair play", zu verstehen haben, dass beide Parteien bei den Verhandlungen sowohl inhaltlich als auch zeitlich einen konstruktiven Ansatz verfolgen,[10] also zügig verhandeln und ein tragfähiges Ergebnis anstreben müssen.

4 **b) Informationspflichten.** Zur zügigen und konstruktiven Verhandlung ist es auch und insbesondere unerlässlich, dass beiden Parteien Informationen über alle Einzelheiten der Art und des Umfangs der Nutzung sowie über die anzuwendenden Kriterien vorliegen. Hierzu enthält **§ 36 Abs. 1 S. 2** das Gebot für beide Verhandlungsparteien, sich gegenseitig **alle Informationen** zur Verfügung zu stellen, die „für die Verhandlungen" notwendig sind. Abgesehen von dem hier als Zitat gekennzeichneten klarstellenden Einschub stimmt diese Bestimmung nahezu wörtlich mit der Vorgabe in Art. 16 Abs. 1 VG-RL überein. Zum **gegenseitigen Informationsaustausch** gehört, dass **Nutzer und Nutzervereinigungen** der Verwertungsgesellschaft die Umstände der beabsichtigten Nutzung mitteilen müssen, insbesondere also, welche Werke oder Leistungen sie auf welche Weise für welchen Zeitraum nutzen wollen. **Verwertungsgesellschaften** müssen ihrerseits die Nutzer über ihr Repertoire an Werken oder Leistungen sowie über die von ihnen wahrgenommenen Rechte informieren.

2. § 36 Abs. 2 – Reaktion der Verwertungsgesellschaften auf Nutzeranfragen

5 **a) Unverzügliche Antwort.** Anders als § 36 Abs. 1 enthält § 36 Abs. 2 nur Verpflichtungen der Verwertungsgesellschaften und regelt, wie diese auf Lizenzanfragen zu reagieren haben. Nach **§ 36 Abs. 2 S. 1** muss die Verwertungsgesellschaft auf solche Anfragen des Nutzers oder der Nutzervereinigung unverzüglich **antworten** und **mitteilen,** welche Angaben sie für ein Vertragsangebot benötigt. In dieser Phase muss die Verwertungsgesellschaft also zunächst nur reagieren („antwortet") und die zur Abgabe eines Angebots auf Einräumung der Nutzungsrechte erforderlichen Informationen angeben („teilt mit"). **„Unverzüglich"** bedeutet auch hier nicht notwendigerweise „sofort", sondern ohne schuldhaftes Zögern.[11]

---

[5] Zum Begriff der Verwertungsgesellschaft → § 2 Rn. 5 ff.
[6] Zum Begriff der abhängigen Verwertungseinrichtung → § 3 Rn. 3.
[7] Zum Begriff der unabhängigen Verwertungseinrichtung → § 4 Rn. 3 ff.
[8] → § 8 Rn. 6 f.
[9] AmtlBegr. BT-Drs. 18/7223, S. 84 f.
[10] Vgl. die englische Sprachfassung von Art. 16 Abs. 1 VG-RL: „… conduct negotiations … in good faith".
[11] Vgl. § 121 Abs. 1 S. 1 BGB; in der englischen Sprachfassung von Art. 16 Abs. 3 VG-RL wird für den deutschen Begriff „unverzüglich" der Ausdruck „without undue delay" verwendet.

b) Angebot. § 36 Abs. 2 S. 2 bezieht sich auf die nächste Phase – dh. **nach Eingang aller** von 6
ihr als erforderlich bezeichneten **Angaben** vom Nutzer oder der Nutzervereinigung – und bestimmt,
dass die Verwertungsgesellschaft dann **unverzüglich ein Angebot** über die Einräumung der von ihr
wahrgenommenen Rechte unterbreiten muss. Für die Auslegung des Begriffs „unverzüglich" gilt das
oben Gesagte.[12] Voraussetzung ist aber, dass der Verwertungsgesellschaft vom Nutzer alle erforderlichen Informationen iSv. § 36 Abs. 1 S. 2 übermittelt wurden. Dabei sollte die Verwertungsgesellschaft
Nutzern Gelegenheit geben, eventuell fehlende Informationen nachzureichen.

Im Übrigen kann die Verwertungsgesellschaft nur dann ein entsprechendes Angebot machen, wenn
sie auch über die Rechte verfügt, es sich also um **„von ihr wahrgenommene Rechte"** handelt.
Wenn dies nicht der Fall ist, oder sie **aus anderen Gründen**[13] kein Vertragsangebot machen kann,
muss sie dies dem Nutzer bzw. der Nutzervereinigung erklären und die **Gründe** dafür **angeben,** dass
sie kein Angebot unterbreitet.

Diese Pflichten der Verwertungsgesellschaft aus § 36 Abs. 2 machen deutlich, dass sie die Einräumung von Nutzungsrechten **konstruktiv und zügig** betreiben soll.[14] Im Ergebnis wirkt § 36 Abs. 2
daher **flankierend zum Abschlusszwang** der Verwertungsgesellschaften gem. § 34: Ein Vertragsangebot an Nutzer mit der Folge einer zügigen Lizenzvergabe[15] soll die Regel sein, dessen Verweigerung aber die Ausnahme bleiben, die im Einzelnen zu begründen ist.

§ 37 Hinterlegung; Zahlung unter Vorbehalt

**Kommt eine Einigung über die Höhe der Vergütung für die Einräumung von Nutzungsrech-
ten nicht zustande, so gelten die Nutzungsrechte als eingeräumt, wenn die Vergütung**

**1. in Höhe des vom Nutzer anerkannten Betrages an die Verwertungsgesellschaft gezahlt wor-
den ist und**

**2. in Höhe der darüber hinausgehenden Forderung der Verwertungsgesellschaft unter Vorbehalt
an die Verwertungsgesellschaft gezahlt oder zu ihren Gunsten hinterlegt worden ist.**

Schrifttum: *Gerlach,* Ausübende Künstler als Kreative 2. Klasse?, ZUM 2008, 372; *Kröber,* Anspruch von Verwertungsgesellschaften auf Hinterlegung?, ZUM 1997, 927; *Müller,* Verbesserung des gesetzlichen Instrumentariums
zur Durchsetzung von Vergütungsansprüchen für private Vervielfältigung, ZUM 2008, 377; *Riesenhuber,* Die
Rechtsbeziehungen der GEMA zu den Nutzern, in: Heker/Riesenhuber (Hrsg.), Recht und Praxis der GEMA,
3. Aufl. 2018, 641; *Schubert,* Erwerb von Nutzungsrechten: Aktuelle Rechtsprechung zu § 37 VGG, GRUR-Prax
2018, 344; *v. Ungern-Sternberg,* Zur Durchführung des Verfahrens vor der Schiedsstelle nach dem Urheberrechtswahrnehmungsgesetz als Prozessvoraussetzung, FS Schricker (2005), 567.

Übersicht

I. Allgemeines

§ 37 als Nachfolger von § 11 Abs. 2 UrhWG. § 37 übernimmt die schon in § 11 Abs. 2 1
UrhWG enthaltene bewährte Möglichkeit[1] für Nutzer, durch Hinterlegung oder Zahlung unter Vorbehalt trotz noch streitiger Höhe der Vergütung bereits mit der Nutzung beginnen zu können. Diese
Bestimmung ist ein Korrelat zum Abschlusszwang, dem Verwertungsgesellschaften gegenüber Nutzern gem. § 34 unterworfen sind.[2]

Die VG-RL kennt weder einen Abschlusszwang der Verwertungsgesellschaften gegenüber Nutzern
iSv. § 34,[3] noch die in § 37 normierte Möglichkeit der Hinterlegung oder Zahlung unter Vorbehalt.

§ 37 ist im Wortlaut identisch mit § 11 Abs. 2 UrhWG. Zur Auslegung von § 37 können daher im
Folgenden die Rechtsprechung und Literatur zu § 11 Abs. 2 UrhWG herangezogen werden.

---

[12] → Rn. 5.
[13] Vgl. hierzu die Ausnahmen vom Abschlusszwang gem. § 34; → § 34 Rn. 7.
[14] AmtlBegr. BT-Drs. 18/7223, S. 85.
[15] Vgl. Erwägungsgrund (31) VG-RL.
[1] AmtlBegr. BT-Drs. 18/7223, S. 85.
[2] → § 34 Rn. 3; zum Hintergrund im bisherigen § 11 Abs. 2 UrhWG vgl. → 5. Aufl. 2017, UrhWG
§ 11 Rn. 9 ff.
[3] → § 34 Rn. 1.

II. Hinterlegung; Zahlung unter Vorbehalt

1. Zweck der Bestimmung

2   § 37 bewirkt, dass die Nutzungsrechte dem Nutzer gesetzlich eingeräumt oder ihm die Einwilligungsrechte **kraft Gesetzes** erteilt werden, wenn (1) **Verhandlungen** über die zu zahlende Vergütung zwischen Verwertungsgesellschaft[4] und Nutzer[5] geführt wurden, aber noch nicht zu einer Einigung geführt haben, (2) **vor der Nutzung** die Vergütung in Höhe des vom Nutzer **anerkannten Betrages** an die Verwertungsgesellschaft **gezahlt** worden ist (**§ 37 Nr. 1**) und (3) die Vergütung in Höhe der darüber hinausgehenden Forderung der Verwertungsgesellschaft an diese **unter Vorbehalt gezahlt** oder **zu ihren Gunsten hinterlegt** worden ist (**§ 37 Nr. 2**).[6] Wenn die Voraussetzungen zu (1) bis (3) vorliegen, ist die Nutzung also berechtigt und kann erfolgen, obwohl keine Einigung über die Höhe der Vergütung erzielt wurde.

   Die Bestimmung des § 37 wirkt damit **flankierend zum Kontrahierungszwang gem. § 34** und dient vor allem dem Schutz des Verwerters,[7] denn sie soll verhindern, dass sich die Verwertungsgesellschaft durch Hinauszögern der Rechtseinräumung oder durch unangemessen hohe Forderungen dem Kontrahierungszwang faktisch entzieht.[8] Dabei sollte aber nicht übersehen werden, dass § 37, wie schon die Vorgängerbestimmung § 11 Abs. 2 UrhWG, durchaus auch im Interesse der von der Verwertungsgesellschaft vertretenen Rechtsinhaber ist, da Zahlung unter Vorbehalt oder Hinterlegung ihnen zumindest einen Teil der Vergütung sichern.

2. Anwendungsbereich

3   § 37 gilt für die Einräumung von Nutzungsrechten, nicht aber für **gesetzliche Vergütungsansprüche**. Mit dem Argument, die Pflicht zur Zahlung unter Vorbehalt bzw. zur Hinterlegung diene auch dem Schutz der Verwertungsgesellschaft, insbesondere gegen die Insolvenz des Nutzers, wurde zwar de lege ferenda eine Ausdehnung des Anwendungsbereichs der Vorgängerbestimmung § 11 Abs. 2 UrhWG auf gesetzliche Vergütungsansprüche befürwortet. Dies wurde mit der überaus langen Verfahrensdauer von Rechtsstreitigkeiten über die Höhe der gesetzlichen Vergütung, drohender Verjährung der Ansprüche, und dem Insolvenzrisiko auf der Nutzerseite begründet.[9] § 37 ist dieser Überlegung aber nicht gefolgt und hat den Wortlaut von § 11 Abs. 2 UrhWG beibehalten.

3. Der unter Vorbehalt zu zahlende/zu hinterlegende Betrag

4   Während noch eine frühere Fassung von § 11 Abs. 2 UrhWG nach ihrem Wortlaut davon auszugehen schien, dass die Zahlung unter Vorbehalt ebenso wie die Hinterlegung die gesamte von der Verwertungsgesellschaft geforderte Vergütung umfasst, hat die letzte, seit 2003 geltende Fassung von § 11 Abs. 2 UrhWG diese Zweifel beseitigt.[10]

   Ebenso wie diese Vorgängerbestimmung in ihrer neuesten Fassung stellt nun der mit dieser wortgleiche § 37 klar, dass die vom Nutzer angebotene Nutzungsvergütung, dh. der von ihm **„anerkannte Betrag"** iSv. **§ 37 Nr. 1**, den **unstreitigen Sockelbetrag** darstellt, den dieser vorbehaltlos an die Verwertungsgesellschaft zu zahlen hat. Dabei ist es ausschließlich dem Nutzer überlassen, welchen Betrag er als Sockelbetrag anerkennt. Seine Entscheidung über die Höhe des Sockelbetrages ist also autonom und unterliegt auch nicht der gerichtlichen Rechtsmissbrauchskontrolle.[11]

   Lediglich der strittige Betrag der Nutzungsvergütung – die „darüber", dh. über diesen anerkannten Sockelbetrag „hinausgehende Forderung der Verwertungsgesellschaft" – ist gem. **§ 37 Nr. 2 unter Vorbehalt** an die Verwertungsgesellschaft **zu bezahlen** oder zu ihren Gunsten **zu hinterlegen**.

4. Rechtsfolgen

5   Ohne diese beiden Zahlungen – Zahlung des vom Nutzer anerkannten Betrages (§ 37 Nr. 1) sowie Zahlung unter Vorbehalt oder Hinterlegung des restlichen Betrages (§ 37 Nr. 2) – kommt bei streitiger Vergütungshöhe ein gesetzlicher Rechtsübergang nicht zustande, und die Wirkungen einer unberechtigt vorgenommenen Nutzung treten ein (Unterlassungsanspruch, Schadensersatz, angemessene

---

[4] § 37 gilt für Verwertungsgesellschaften iSv. § 2 (zum Begriff → § 2 Rn. 5 ff.), ebenso aber auch für abhängige Verwertungseinrichtungen iSv. § 3, soweit diese Tätigkeiten einer Verwertungsgesellschaft ausüben (zum Begriff → § 3 Rn. 3).

[5] Der Begriff der Nutzer wird in § 8 definiert; → § 8 Rn. 4 ff.

[6] LG Berlin ZUM 1985, 222 (223); LG München I ZUM 1985,224 (225) – jeweils zu § 11 Abs. 2 UrhWG.

[7] BGH GRUR 2000, 872 (874 f.) – Schiedsstellenanrufung (zu § 11 Abs. 2 UrhWG).

[8] AmtlBegr. UrhWG BT-Drs. IV/271 S. 17.

[9] *Müller* ZUM 2008, 377; *Gerlach* ZUM 2008, 372 (373); vgl. Schlussbericht der Enquete-Kommission „Kultur in Deutschland", BT-Drs. 16/2000, S. 282, 285; vgl. Stellungnahme der GRUR zur Umsetzung der VG-RL in deutsches Recht, GRUR 2014, 1067 (1069 f.).

[10] Zu § 11 Abs. 2 UrhWG nF vgl. AmtlBegr. BT-Drs. 15/38 S. 29 f.; zum Hintergrund → 5. Aufl. 2017, UrhWG § 11 Rn. 10 mwN.

[11] LG Berlin ZUM 2018, 548 (550) – n. rechtskr.; zustimmend *Schubert* GRUR-Prax 2018, 344 (345 f.).

Lizenzgebühr).[12] Inhalt des Schadensersatzanspruchs ist, dass die Verwertungsgesellschaft verlangen kann, so gestellt zu werden, wie sie stünde, wenn der Nutzer rechtmäßig gehandelt hätte; danach ginge der **Schadensersatzanspruch** der Verwertungsgesellschaft auf Zahlung des anerkannten Betrages gem. § 37 Nr. 1 sowie Zahlung unter Vorbehalt bzw. Hinterlegung des darüber hinausgehenden Betrages der Lizenzgebühren gem. § 37 Nr. 2.[13] Geht man aber davon aus, dass Zweck des § 37 vor allem der Schutz des Nutzers ist und keine Vermögensposition der Verwertungsgesellschaft begründen soll, so kann er nicht Inhalt von Schadensersatzansprüchen wegen unerlaubter Nutzung sein; denn mit der Hinterlegung oder Zahlung unter Vorbehalt würde die unerlaubte Nutzung gewissermaßen nachträglich legitimiert.[14] Zwar ist zuzugeben, dass der Verwertungsgesellschaft in der Praxis häufig mit der Zahlung unter Vorbehalt oder Hinterlegung am meisten gedient ist. Rechtlich ist aber die Nutzung ohne die vorherige Zahlung oder Hinterlegung gem. § 37 eine Urheberrechtsverletzung; der Verwertungsgesellschaft stehen daher die üblichen Ansprüche auf Unterlassung und Schadensersatz zu.[15]

Auch die Hinterlegung oder **Zahlung einer geringeren** als der von der Verwertungsgesellschaft geforderten **Nutzungsvergütung** unter Vorbehalt kann im Rahmen von § 37 Nr. 2 für eine gesetzliche Rechtseinräumung nicht ausreichen, sondern wirkt wie eine unberechtigte Nutzung.[16]

Für die Hinterlegung gelten grundsätzlich die §§ 372 ff. BGB. Für die öffentlich-rechtliche Seite der Hinterlegung gelten die Hinterlegungsgesetze der Länder.[17]

5. Rechtsweg

Bei Streitigkeiten über den Abschlusszwang gem. § 34 Abs. 1 muss ein Verfahren vor der Schiedsstelle der Klage vor den ordentlichen Gerichten vorausgehen, wenn die Anwendbarkeit oder Angemessenheit des Tarifs im Streit ist.[18] Dagegen ist das **Schiedsstellenverfahren** in der Regel **nicht Prozessvoraussetzung** bei Streitigkeiten, die sich tatsächlich allein auf § 37, also auf die Zahlung unter Vorbehalt/Hinterlegung des vom Nutzer nicht anerkannten Teils der von der Verwertungsgesellschaft geforderten Lizenzgebühren beziehen. Dies ist sachgerecht, denn die Zahlung unter Vorbehalt oder Hinterlegung gem. § 37 soll dem Streit über die Anwendbarkeit oder Angemessenheit des Tarifs gerade nicht vorgreifen und unabhängig davon dem Nutzer die Nutzung ermöglichen. Streitigkeiten über § 37 ein – oft langwieriges – Schiedsstellenverfahren vorangehen zu lassen, dürfte daher dem Zweck dieser Bestimmung zuwiderlaufen.

Das Verfahren vor der Schiedsstelle soll allerdings dann Prozessvoraussetzung sein, wenn der **im Rahmen einer Schadensersatzklage** geltend gemachte Anspruch auf Zahlung unter Vorbehalt der Nachprüfung durch die Schiedsstelle oder auf Hinterlegung iSv. § 37 gerichtet ist, da es bei Schadensersatzklagen der Verwertungsgesellschaften auf die Anwendbarkeit oder Angemessenheit des Tarifs ankommt.[19]

6

§ 38 Tarifaufstellung

[1] **Die Verwertungsgesellschaft stellt Tarife auf über die Vergütung, die sie aufgrund der von ihr wahrgenommenen Rechte fordert.** [2] **Soweit Gesamtverträge abgeschlossen sind, gelten die dort vereinbarten Vergütungssätze als Tarife.**

Schrifttum: *Dördelmann,* Gedanken zur Zukunft der Staatsaufsicht über Verwertungsgesellschaften, GRUR 1999, 890; *v. Gamm,* Die Tariffestsetzung durch die urheberrechtlichen Verwertungsgesellschaften, FS Nirk (1992), S. 314; *Pietzko,* GEMA-Tarife auf dem Prüfstand, FS Hertin (2000), S. 171; *Reinbothe,* Schlichtung im Urheberrecht, 1978.

Übersicht

[12] Vgl. BGH GRUR 2011, 720 Rn. 19 – Multimediashow; BGH GRUR 2012, 715 Rn. 16 – Bochumer Weihnachtsmarkt.
[13] Vgl. *Kröber* ZUM 1997, 927.
[14] BGH GRUR 2000, 872 (874) – Schiedsstellenanrufung; ablehnend Wandtke/Bullinger/*Gerlach* § 37 Rn. 3; Loewenheim/*Melichar* § 48 Rn. 16.
[15] Wie hier im Ergebnis Dreier/Schulze/*Schulze* § 37 Rn. 10.
[16] BGH GRUR 1974, 35 (38) – Musikautomat; BGH GRUR 1983, 565 (566) – Tarifüberprüfung II (jeweils zu § 11 Abs. 2 UrhWG).
[17] Vgl. *Riesenhuber,* in: Heker/Riesenhuber (Hrsg.), Recht und Praxis der GEMA, 641 (658).
[18] → § 34 Rn. 8.
[19] So für § 11 Abs. 2 UrhWG BGH GRUR 2000, 872 (874) – Schiedsstellenanrufung; v. Ungern-Sternberg FS Schricker (2005), S. 567 (574 f.); → § 128 Rn. 6; aA *Riesenhuber,* in: Heker/Riesenhuber (Hrsg.), Recht und Praxis der GEMA, 641 (659 f.); Dreier/Schulze/*Schulze* § 37 Rn. 10; Möhring/Nicolini/*Freudenberg* § 37 Rn. 13.

I. Allgemeines

1. Bestimmungen zu Tarifen in der VG-RL

1   Art. 16 Abs. 2 2. Unterabs. S. 2 VG-RL enthält Angaben dazu, welchen **Inhalt** Tarife der Verwertungsgesellschaften haben, insbesondere, dass sie in einem **angemessenen Verhältnis zum wirtschaftlichen Wert der Nutzung** stehen sollen. Gem. Art. 16 Abs. 2 2. Unterabs. S. 3 VG-RL sollen außerdem die **Nutzer** über die der Tarifaufstellung zugrunde liegenden Kriterien **informiert** werden. Die VG-RL geht also davon aus, dass Verwertungsgesellschaften Tarife für die Nutzung der von ihnen wahrgenommenen Rechte aufstellen. Die VG-RL sieht aber **keine Pflicht zur Aufstellung von Tarifen** vor.

2. Bestimmungen zu Tarifen im UrhWG

2   Das UrhWG enthielt mehrere Bestimmungen über Tarife. Eine zentrale Stellung nahm dabei **§ 13 UrhWG** ein, der die Verwertungsgesellschaften verpflichtete, **Tarife aufzustellen** (§ 13 Abs. 1 UrhWG) und **zu veröffentlichen** (§ 13 Abs. 2 UrhWG), sowie **allgemeine Regeln über deren Inhalt** enthielt (§ 13 Abs. 3 UrhWG).[1]

3. Bestimmungen zu Tarifen im VGG; § 38

3   Das VGG enthält zu den Tarifen der Verwertungsgesellschaften drei zentrale Bestimmungen: **§ 38** schreibt Verwertungsgesellschaften vor, **Tarife aufzustellen**, **§ 39** enthält **Regeln zur Tarifgestaltung**, und **§ 40** regelt die **Gestaltung der Tarife für Geräte und Speichermedien**. Die Veröffentlichung von Tarifen wird in **§ 56 Abs. 1 Nr. 4** vorgeschrieben. Außerdem sind Verwertungsgesellschaften gem. **§ 88 Abs. 2 Nr. 2** verpflichtet, ihre Tarife **der Aufsichtsbehörde mitzuteilen.**

Die VG-RL enthält zur Pflicht der Tarifaufstellung, und damit zu § 38 keine Vorgaben. **§ 38 S. 1** verpflichtet Verwertungsgesellschaften zur Aufstellung von Tarifen für die Nutzung der von ihnen wahrgenommenen Rechte. Nach **§ 38 S. 2** gelten die in Gesamtverträgen vereinbarten Vergütungssätze als Tarife.

§ 38 übernimmt somit § 13 Abs. 1 UrhWG und ist im Wortlaut mit diesem identisch. Zur Auslegung von § 38 können daher im Folgenden die Rechtsprechung und Literatur zu § 13 Abs. 1 UrhWG herangezogen werden.

II. Tarifaufstellung

1. § 38 S. 1 – Aufstellung von Tarifen

4   **a) Tarife.** Tarife sind Preislisten, dh. Angebote der Verwertungsgesellschaften an potenzielle Nutzer zur einvernehmlichen Regelung der Vergütungshöhe.[2] Tarife können auch rückwirkend anwendbar sein, soweit für den zurückliegenden Zeitraum eine Vergütungspflicht besteht.[3]

5   **b) Pflicht zur Aufstellung von Tarifen.** Nach § 38 S. 1 sind die Verwertungsgesellschaften[4] **zur Aufstellung von Tarifen** über die von ihnen geforderten Vergütungen **verpflichtet.** Damit soll sichergestellt werden, dass die Verwertungsgesellschaften alle gleich gelagerten Nutzungsvorgänge im Interesse der Allgemeinheit gleichbehandeln und abrechnen. Bei der Tarifaufstellung ist daher der **Gleichbehandlungsgrundsatz** zu beachten:[5] Gleich gelagerte Fälle sind in den Tarifen gleich zu behandeln. Das Gebot der gleichartigen Behandlung gleichartiger Unternehmen findet seine allgemeine Grundlage in § 20 Abs. 1 GWB.[6]

---

[1] → 5. Aufl. 2017, UrhWG § 13 Rn. 1 ff.
[2] OLG München GRUR-RR 2016, 1 (3) – Speicherkarten; BGH ZUM-RD 2017, 520 Rn. 23 f.
[3] Vgl. BGH GRUR 2017, 684 Rn. 30, 33 – externe Festplatten; BGH ZUM 2017, 838 Rn. 24 ff. – externe DVD-Brenner.
[4] § 38 gilt für Verwertungsgesellschaften iSv. § 2 (zum Begriff → § 2 Rn. 5 ff.), ebenso aber auch für abhängige Verwertungseinrichtungen iSv. § 3, soweit diese Tätigkeiten einer Verwertungsgesellschaft ausüben (zum Begriff → § 3 Rn. 3); BGH GRUR-RR 2017, 486 Rn. 27 – USB-Stick.
[5] Schiedsstelle ZUM 1987, 187 (189).
[6] Vgl. OLG München ZUM-RD 2003, 464 (466).

Die Tarife ermöglichen es außerdem den Verwertungsgesellschaften, die Nutzungsrechte zu vergeben, ohne in jedem Einzelfall über Art und Höhe der Vergütung neu verhandeln zu müssen. Vorbild für den Gesetzgeber war schon für die gleichlautende Vorgängerbestimmung (§ 13 Abs. 1 UrhWG) die GEMA mit ihrem umfassenden Tarifwerk.[7] Allein die GEMA hat über 80 Tarife aufgestellt.[8] Allerdings verpflichtet § 38 S. 1 die Verwertungsgesellschaften nicht, gesonderte Tarife für jede nur mögliche Fallgestaltung vorzusehen.[9] Eine **abgestufte Tarifgestaltung,** die für verschiedene Werke oder Leistungen unterschiedliche Tarife vorsieht, ist aber möglich.[10] Im Übrigen sind die Tarife stets an geänderte Umstände betreffend die Nutzung anzupassen.[11]

c) Sonderregeln für gesetzliche Tarife. Die Verwertungsgesellschaften sind nicht zur Aufstellung von Tarifen verpflichtet, soweit deren Höhe vom Gesetzgeber in Form von **gesetzlichen Tarifen** bestimmt ist. Gesetzliche Tarife bestehen für das Folgerecht (§ 26 Abs. 1 UrhG), das die Vergütung als Prozentsatz vom Veräußerungserlös definiert. **6**

Bis 2007 bestanden gesetzliche Tarife auch für die Geräte- und Speichermedienabgabe, für die die Vergütungssätze in der Anlage zu § 54d UrhG aF konkret festgelegt waren.[12] Seit 2008 sollten die Verwertungsgesellschaften gem. § 13a UrhWG die Tarife mit den zur Zahlung der Vergütung für Geräte und Speichermedien nach § 54 UrhG Verpflichteten in Gesamtverträgen festlegen und ggf. selbst aufstellen können; somit handelte es sich hierbei nicht mehr um gesetzliche Tarife.[13] Diesem Ansatz folgt auch § 40 (Gestaltung der Tarife für Geräte und Speichermedien), der besondere Regeln für die Aufstellung und Gestaltung der Tarife für Geräte und Speichermedien enthält. § 40 ergänzt daher § 38 (Tarifaufstellung) und geht als lex specialis § 39 (Tarifgestaltung) vor.[14]

d) Der rechtliche Charakter von Tarifen. Nach ihrem rechtlichen Charakter sind die von den Verwertungsgesellschaften nach § 38 aufgestellten Tarife nicht bindende Normen. Sie stellen lediglich das von den Verwertungsgesellschaft bindend abgegebene **Tarifangebot** dar. Die Tarife haben damit nur die Funktion, die von den Verwertungsgesellschaften geforderten Vergütungssätze als eine Art Preisliste für die Nutzer zusammenzustellen und offenzulegen.[15] Akzeptiert ein Nutzer den Tarif nicht, so kann er die Vergütungssätze im Rahmen von § 34 frei verhandeln.[16] **7**

In diesem Rahmen ist die Angemessenheit von Tarifen gerichtlich nachprüfbar. Die Vergütungspflicht besteht unabhängig von der Aufstellung von Tarifen bereits kraft Gesetzes.[17]

e) Tarifaufsicht. In Bezug auf Tarife unterliegen Verwertungsgesellschaften mehreren Verpflichtungen. Gem. § 38 S. 1 sind sie verpflichtet, **Tarife aufzustellen.** Aus § 56 Abs. 1 Nr. 4 ergibt sich die Pflicht, diese auf ihren Internetseiten **zu veröffentlichen** und die Veröffentlichung jeweils auf dem neuesten Stand zu halten (§ 56 Abs. 2). Gleiches gilt für die Veröffentlichung der Gesamtvertragstarife gem. § 56 Abs. 1 Nr. 5 (es sei denn, außerhalb des Gesamtvertrages ist bereits ein Einzeltarif für die gleiche Nutzung bekanntgemacht worden).[18] Grundsätze für die Gestaltung und den Inhalt der Tarife sind in § 39 enthalten. Gem. § 88 Abs. 2 Nr. 2 müssen Verwertungsgesellschaften die Tarife und jede Tarifänderung unverzüglich der **Aufsichtsbehörde** (§ 75) übermitteln. Dagegen hat der Werknutzer gegenüber der Verwertungsgesellschaft keinen Anspruch auf Aufstellung eines Tarifs. Auch wenn die Verwertungsgesellschaft keinen Tarif aufgestellt (und damit ggf. ihre Pflichten aus § 38 verletzt) hat, ist sie nicht daran gehindert, für die von ihr wahrgenommenen Rechte eine Vergütung zu fordern.[19] **8**

Es obliegt der Aufsichtsbehörde, die Einhaltung dieser Verpflichtungen zu überwachen und die Tarife daraufhin zu überprüfen, ob sie den gesetzlichen Anforderungen entsprechen; erzwingen kann die Aufsichtsbehörde dabei allerdings nur die Einhaltung der Verpflichtungen aus § 38 (Tarifaufstellung), § 56 Abs. 1 Nr. 4 (Veröffentlichung von Tarifen), § 39 Abs. 2 (Anteil der Werknutzung am Gesamtumfang des Verwertungsvorgangs, wirtschaftlicher Wert der Leistungen) und § 39 Abs. 4 (Information der betroffenen Nutzer).[20]

---

[7] AmtlBegr. UrhWG BT-Drs. IV/271 S. 17.

[8] Vgl. www.gema.de; Hinweise auf die Fundstellen der Tarife gibt auch Hillig, Urheber- und Verlagsrecht, Beck'sche Textausgabe, 18. Aufl. 2019, jeweils am Ende der Nr. 16 ff.; zur Beurteilung der GEMA-Tarife ausführlich *Pietzko,* FS Hertin (2000), S. 171.

[9] *v. Gamm,* FS Nirk (1992), S. 314 (317); zu § 13 Abs. 1 UrhWG.

[10] *Dördelmann* GRUR 1999, 890 (893).

[11] Vgl. BGH GRUR 2004, 669 (671 f.) – Musikmehrkanaldienst; BGH GRUR 2011, 720 Rn. 20 – Multimediashow.

[12] Zur Rechtslage vor 2007 → 5. Aufl. 2017, UrhWG § 13 Rn. 1; Loewenheim/Melichar § 48 Rn. 26.

[13] Im Einzelnen → 5. Aufl. 2017, UrhWG § 13a Rn. 1.

[14] Vgl. für das dem entsprechende Verhältnis von § 13a UrhWG (Tarife für Geräte und Speichermedien; Transparenz) zu § 13 UrhWG (Tarife) 5. Aufl., UrhWG § 13a Rn. 2; im Einzelnen zur Gestaltung der Tarife für Geräte und Speichermedien nach § 40 → § 40 Rn. 8 ff.

[15] *Reinbothe* S. 30.

[16] Wie hier BVerfG GRUR 1997, 123 (124) – Kopierladen I.

[17] BGH GRUR 2017, 684 Rn. 26, 30 – externe Festplatten; BGH GRUR-RR 2017, 486 Rn. 40 – USB-Stick.

[18] Vgl. Dreier/Schulze/*Schulze* § 38 Rn. 9.

[19] Vgl. BGH GRUR 2012, 715 Rn. 19 – Bochumer Weihnachtsmarkt.

[20] → § 76 Rn. 5.

2. § 38 S. 2 – Geltung von Gesamtvertragsvergütungssätzen als Tarif

9   Nach § 38 S. 2 gelten die **Gesamtvertrags-Vergütungssätze**, die im Rahmen eines Gesamtvertrages iSv. § 35 zwischen einer Verwertungsgesellschaft und einer Nutzervereinigung vereinbart worden sind, **ebenfalls als Tarife**. Allerdings binden sie nur die Gesamtvertragsparteien;[21] denn die Analogie zu den Tarifen gem. § 38 S. 2 kann nicht bedeuten, dass damit die Gesamtvertrags-Vergütungssätze von den Verwertungsgesellschaften bindend abgegebene Tarifangebote gegenüber potenziellen Nutzern darstellen, also allgemein gültige Tarife iSv § 38 S. 1 werden. Diese Analogie bezog sich in der gleichlautenden Vorgängerbestimmung (§ 13 Abs. 1 S. 2 UrhWG) im Wesentlichen nur auf die Pflicht zur Veröffentlichung, die in § 13 Abs. 2 UrhWG gesondert normiert war.[22] Auch wenn sie insoweit wie Tarife zu behandeln sind, gelten die Gesamtvertrags-Vergütungssätze also nur für die Mitglieder der Nutzervereinigung, die den jeweiligen Gesamtvertrag mit der Verwertungsgesellschaft abgeschlossen hat; für Außenseiter gilt der Normaltarif außerhalb des Gesamtvertrages.[23]

Aus der Natur des Gesamtvertrages folgt, dass die in ihm vereinbarten Vergütungssätze günstiger sind als die Normaltarife der Verwertungsgesellschaft.[24] Dies ist gerechtfertigt und auch kartellrechtlich nicht zu beanstanden.[25] Allerdings bieten vergleichbare Regelungen in einem Gesamtvertrag in der Regel einen gewichtigen Anhaltspunkt für die Angemessenheit der geforderten Vergütung.[26]

§ 39 Tarifgestaltung

(1) ¹Berechnungsgrundlage für die Tarife sollen in der Regel die geldwerten Vorteile sein, die durch die Verwertung erzielt werden. ²Die Tarife können sich auch auf andere Berechnungsgrundlagen stützen, wenn diese ausreichende, mit einem wirtschaftlich vertretbaren Aufwand zu erfassende Anhaltspunkte für die durch die Verwertung erzielten Vorteile ergeben.

(2) Bei der Tarifgestaltung ist auf den Anteil der Werknutzung am Gesamtumfang des Verwertungsvorgangs und auf den wirtschaftlichen Wert der von der Verwertungsgesellschaft erbrachten Leistungen angemessen Rücksicht zu nehmen.

(3) Die Verwertungsgesellschaft soll bei der Tarifgestaltung und bei der Einziehung der tariflichen Vergütung auf religiöse, kulturelle und soziale Belange der Nutzer, einschließlich der Belange der Jugendhilfe, angemessen Rücksicht nehmen.

(4) Die Verwertungsgesellschaft informiert die betroffenen Nutzer über die Kriterien, die der Tarifaufstellung zugrunde liegen.

Schrifttum: *Becker*, Verwertungsgesellschaften als Träger öffentlicher und privater Aufgaben, FS Kreile (1994), S. 27; *Bullinger*, Tonträgermusik im Hörfunk, ZUM 2001, 1; *Flechsig*, Inhalt der Evidenzkontrolle durch das DPMA, GRUR-Prax 2017, 160; *Kreile*, Kein Freibrief – Inhalt und Grenzen der Staatsaufsicht über Verwertungsgesellschaften, ZUM 2018, 13; *Kreile/Becker*, Multimedia und die Praxis der Lizenzierung von Urheberrechten, GRUR-Int 1996, 677; *Nordemann*, Die Urheberrechtsreform 1985, GRUR 1985, 837; *Podszun*, Freibrief für Verwertungsgesellschaften?, ZUM 2017, 732; *Reinbothe*, Beschränkungen und Ausnahmen von den Rechten im WIPO-Urheberrechtsvertrag, FS Dittrich (2000), S. 251; *Schricker*, Zum Begriff der angemessenen Vergütung im Urheberrecht – 10% vom Umsatz als Maßstab?, GRUR 2002, 737; *Strittmatter*, Tarife vor der urheberrechtlichen Schiedsstelle, 1994; *v. Ungern-Sternberg*, Zur Durchführung des Verfahrens vor der Schiedsstelle nach dem Urheberrechtswahrnehmungsgesetz als Prozessvoraussetzung, FS Schricker (2005), 567; *Wandtke*, Anmerkung zu BGH, Urteile vom 18. Juni 2014 – I ZR 214/12, I ZR 215/12 – Gesamtvertrag Tanzschulkurse, ZUM 2015, 152.

Übersicht

---

[21] OLG München MMR 2010, 482 (483).
[22] → 5. Aufl. 2017, UrhWG § 13 Rn. 4 f.
[23] BGH GRUR 1974, 35 (37) – Musikautomat.
[24] → § 35 Rn. 3 mwN.
[25] *Mestmäcker/Schulze* § 13 UrhWG Anm. 1.
[26] BGH GRUR-RR 2017, 486 Rn. 29 – USB-Stick; BGH ZUM 2017, 839 Rn. 38 – externe DVD-Brenner.

I. Allgemeines

1. Die Vorgaben der VG-RL zur Tarifgestaltung

Zwar verpflichtet die VG-RL selbst die Verwertungsgesellschaften nicht dazu, Tarife aufzustellen, **1** geht aber offensichtlich davon aus, dass sie dies tun,[1] und enthält Hinweise zum Inhalt und zur Gestaltung von solchen Tarifen: Gem. **Art. 16 Abs. 2 2. Unterabs. S. 2 VG-RL** müssen Tarife „in einem angemessenen Verhältnis „unter anderem zu dem **wirtschaftlichen Wert der Nutzung** der Rechte unter Berücksichtigung der Art und des Umfangs der Nutzung" sowie „zu dem **wirtschaftlichen Wert** der von der" Verwertungsgesellschaft „erbrachten **Leistungen**" stehen. Nach Erwägungsgrund (31) S. 2 VG-RL sollen die Tarife „anhand objektiver und diskriminierungsfreier Kriterien festgelegt werden". Außerdem ist in **Art. 16 Abs. 2 2. Unterabs. S. 3 VG-RL** bestimmt, dass die Verwertungsgesellschaften die „betroffenen Nutzer über die **der Tarifaufstellung zugrunde liegenden Kriterien**" zu informieren haben.

Diese Grundsätze sollen auf alle Tarife Anwendung finden, dh. sowohl auf die Tarife für die Nutzung ausschließlicher Rechte als auch auf solche für gesetzliche Vergütungsansprüche.

2. Bestimmungen des UrhWG zu Tarifen und zur Tarifgestaltung

Das UrhWG verpflichtete die Verwertungsgesellschaften zur Aufstellung von Tarifen (§ 13 Abs. 1 **2** UrhWG) und zu deren Veröffentlichung (§ 13 Abs. 2 UrhWG).[2] Allgemeine Bestimmungen zur Tarifgestaltung waren in § 13 Abs. 3 UrhWG enthalten, und besondere Bestimmungen betreffend Tarife für Geräte und Speichermedien in § 13a UrhWG.[3]

Nach **§ 13 Abs. 3 S. 1 UrhWG** sollten **Berechnungsgrundlage für die Tarife** „in der Regel die **geldwerten Vorteile**" sein, „die durch die Verwertung erzielt werden", sie konnten sich aber nach **§ 13 Abs. 3 S. 2 UrhWG** unter bestimmten Voraussetzungen auch auf **andere Berechnungsgrundlagen** stützen. Gem. **§ 13 Abs. 3 S. 3 UrhWG** war bei der Tarifgestaltung „auf den **Anteil der Werknutzung** am Gesamtumfang des Verwertungsvorganges angemessen Rücksicht zu nehmen". Und schließlich hatte die Verwertungsgesellschaft gem. **§ 13 Abs. 3 S. 4 UrhWG** bei Tarifgestaltung und Einziehung der tariflichen Vergütung „auf **religiöse, kulturelle und soziale Belange** der Nutzer einschließlich der Belange der **Jugendpflege** angemessene Rücksicht zu nehmen".[4]

3. § 39

§ 39 enthält **allgemeine Grundsätze zur Tarifgestaltung** und gilt für Verwertungsgesellschaften **3** iSv. § 2,[5] ebenso aber auch für abhängige Verwertungseinrichtungen iSv. § 3,[6] soweit diese Tätigkeiten einer Verwertungsgesellschaft ausüben. Diese Bestimmung übernimmt in ihren Abs. 1, 2 und 3 nahezu wortgleich § 13 Abs. 3 UrhWG. In Umsetzung der VG-RL wurde außerdem in § 39 Abs. 2 ein Element aus Art. 16 Abs. 2 2. Unterabs. S. 2 VG-RL hinzugefügt. § 39 Abs. 4 beruht dagegen allein auf Art. 16 Abs. 2 2. Unterabs. S. 3 VG-RL, hat also keinen Vorgänger im UrhWG.

§ 39 Abs. 1 bestimmt, entsprechend dem Wortlaut von § 13 Abs. 3 S. 1 und 2 UrhWG, als **Soll-Vorschrift** den geldwerten Vorteil als Grundregel zur Berechnungsgrundlage für die Tarife (§ 39 Abs. 1 S. 1), lässt aber als Ausnahme auch andere Berechnungsgrundlagen zu (§ 39 Abs. 1 S. 2).

§ 39 Abs. 2, wonach die Tarife auf den Anteil der Werknutzung am Gesamtumfang des Verwertungsvorgangs angemessen Rücksicht nehmen müssen, ist dagegen für Verwertungsgesellschaften **obligatorisch** und entspricht § 13 Abs. 3 S. 3 UrhWG. In Umsetzung von Art. 16 Abs. 2 2. Unterabs. S. 2 VG-RL wurde hierbei auch der „wirtschaftliche Wert der von der Verwertungsgesellschaft erbrachten Leistungen" zu berücksichtigen ist.

§ 39 Abs. 3, wiederum eine **Soll-Vorschrift,** bestimmt, dass bei der Tarifgestaltung auf gewisse Belange der Nutzer angemessen Rücksicht genommen werden soll. Diese Bestimmung ist, bis auf drei sprachliche Anpassungen, wortgleich mit § 13 Abs. 3 S. 4 UrhWG.

§ 39 Abs. 4, der die Verwertungsgesellschaften zur Information der Nutzer über die Kriterien der Tarifgestaltung **verpflichtet,** hat dagegen seinen Ursprung allein in Art. 16 Abs. 2 2. Unterabs. S. 3 VG-RL und setzt diesen um.

Soweit § 39 VGG mit den Bestimmungen von § 13 Abs. 3 UrhWG übereinstimmt, werden im Folgenden die darauf bezogene Rechtsprechung und Literatur zur Auslegung herangezogen.

Die Berechnung der **Tarife für Geräte und Speichermedien** iR. der Pauschalvergütung für private Vervielfältigungen gem. §§ 54ff. UrhG richtet sich nicht nach § 39. Insoweit ist vielmehr § 40 lex specialis und geht § 39 vor.[7]

---

[1] → § 38 Rn. 1.
[2] → § 38 Rn. 2.
[3] Im Einzelnen → § 40 Rn. 3.
[4] Zu § 13 Abs. 3 UrhWG → 5. Aufl. 2017, UrhWG § 13 Rn. 7ff.
[5] Zum Begriff → § 2 Rn. 5ff.
[6] Zum Begriff → § 3 Rn. 3.
[7] → § 40 Rn. 6.

II. Tarifgestaltung

1. § 39 Abs. 1 – Berechnungsgrundlage für die Tarife

4   **a) Allgemeine Grundsätze.** Die allgemeinen und fundamentalen Grundsätze für die Gestaltung und den Inhalt der Tarife, wie sie in § 39 Abs. 1 bis 3 VGG aufgeführt sind (und nahezu gleichlautend in § 13 Abs. 3 UrhWG enthalten waren), sind in ihrer Substanz eng verbunden mit dem Prinzip der angemessenen (Nutzungs-)Bedingungen gem. §§ 34 und 35.

Da die Verpflichtung zur Tarifaufstellung am Grundsatz der Gleichbehandlung anknüpft,[8] gilt allgemein, dass Tarife eine „innere Logik" und ein „nachvollziehbares Berechnungsschema" aufweisen müssen.[9] Dabei wurden gewisse Pauschalierungen, zB auch Mindestvergütungsregelungen, stets für zulässig gehalten;[10] auch wurde anerkannt, dass die dabei möglicherweise auftretenden Härten in bestimmtem Umfang als „systemimmanent" hinzunehmen sind.[11]

5   **b) § 39 Abs. 1 S. 1, geldwerte Vorteile.** Nach **§ 39 Abs. 1 S. 1** sollen **Berechnungsgrundlage für die Tarife** in der Regel die **„geldwerten Vorteile"** der Nutzung sein. Dies ist nichts anderes als eine gesetzliche Festlegung und Konkretisierung des urheberrechtlichen Grundgedankens, wonach der Urheber angemessen am wirtschaftlichen Nutzen seines Werkes zu beteiligen ist.[12] Der auch von Art. 16 Abs. 2 12 Unterabs. S. 2 VG-RL als Berechnungsgrundlage genannte **wirtschaftliche Wert der Nutzung** entspricht regelmäßig dem geldwerten Vorteil.[13] Maßstab für diesen wirtschaftlichen Nutzen kann erkennbar nur der wirtschaftliche Erfolg des Verwerters sein, soweit er in unmittelbarem Zusammenhang mit der Nutzung eines bestimmten Werkes steht.

Entscheidend dürfte deshalb nicht der Gewinn des Verwerters sein – dieser hängt von zahlreichen, nicht mit dem Werk zusammenhängenden Faktoren ab –, sondern der **Umsatz,** den er mit dem Werk erzielt.[14] Die Anknüpfung am Umsatz folgt aus der Notwendigkeit, den Urheber nicht auf eine Position zurückzudrängen, die ihn am wirtschaftlichen Risiko des Nutzers beteiligen würde; denn dieses Risiko fällt in den Bereich des Nutzers und kann dem Rechtsinhaber nicht aufgebürdet werden.[15] Dabei dürfte zwar ein **Urheberanteil von 10 %** der Bruttoeinnahmen in der Praxis üblich sein; dieser Betrag hat seinen Ursprung im Verlagswesen, kann allerdings selbst dort nicht generell als angemessen angesehen werden. Auch stellt eine pauschalierte Beteiligung des Urhebers in Höhe von 10 % an den Bruttoeinnahmen des Verwerters keine angemessene Vergütung dar, da sie den Besonderheiten der wirtschaftlichen Verwertungsvorgänge nicht ausreichend Rechnung tragen würde.[16] Höher als 10 % sollte die Prozentbeteiligung jedenfalls im „digitalen Zeitalter" im Falle der Werknutzung in unkörperlicher Form ausfallen, wo die materielle (Kosten-)Komponente im Ertrag des Werknutzers nur eine geringe Rolle spielt.[17] Andererseits darf der Grundsatz der angemessenen Beteiligung des Urhebers an der wirtschaftlichen Nutzung seines Werkes auch nicht so weit gehen, dass er zu Lasten des Nutzers in einem unangemessenen Verhältnis überschritten wird.[18]

In Fällen, in denen mit der wirtschaftlichen Nutzung der Werke keine geldwerten Vorteile oder eine so geringe Vergütung erzielt werden, dass eine prozentuale Beteiligung am Umsatz unzureichend wäre, ist der Rechtsinhaber ggf. durch eine **Mindestvergütungsregelung,** die zu den vom Verwer-

---

[8] → § 38 Rn. 5.

[9] Schiedsstelle ZUM 1987, 187 (189).

[10] BGH GRUR 1988, 373 (376) – Schallplattenimport III; im Einzelnen → Rn. 5.

[11] Schiedsstelle ZUM 1990, 259 (260); Schiedsstelle ZUM 2007, 587 (589).

[12] BGH GRUR 1986, 376 (378) – Filmmusik; vgl. BGH GRUR 1982, 102 (103) – Masterbänder – mwN; BGH GRUR 1985, 131 (132) – Zeitschriftenauslage beim Friseur; OLG München GRUR 1983, 578 (580) – Musiknutzung bei Videokassetten; BGH GRUR 2001, 1139 (1142) – Gesamtvertrag privater Rundfunk; OLG München ZUM-RD 2003, 464 (472); BGH GRUR 2011, 720 Rn. 31 – Multimediashow; BGH GRUR 2012, 711 Rn. 20 – Barmen Live; BGH GRUR 2012, 715 Rn. 26 – Bochumer Weihnachtsmarkt; BGH GRUR 2013, 717 Rn. 25 – Covermount; BGH GRUR 2015, 61 Rn. 64 – Gesamtvertrag Tanzschulkurse; vgl. *Strittmatter* S. 103 ff.; zu Werbeaufträgen, Pay-Programm-Zahlungen und Rundfunkgebühren als geldwerte Vorteile vgl. *Bullinger* ZUM 2001, 1 (9 ff.).

[13] AmtlBegr. BT-Drs. 18/7223, S. 85; vgl. auch Erwägungsgrund (31) S. 3 VG-RL, wonach die Vergütungen „in einem vernünftigen Verhältnis zu dem wirtschaftlichen Wert stehen" sollen, „den die Nutzung der Rechte in einem bestimmten Zusammenhang hat".

[14] So auch *Nordemann* GRUR 1985, 837 (842); vgl. BGH GRUR 1986, 376 (378) – Filmmusik – zum Detailverkaufspreis als Berechnungsgrundlage für das Autorenhonorar; OLG München ZUM-RD 2003, 464 (472); ständige Spruchpraxis der Schiedsstelle ZUM 1987, 183 (185); ZUM 1987, 187 (189); ZUM 1988, 471 (478); ZUM 1989, 207; ZUM 1989, 462; ZUM 1989, 533 (535); ZUM 2005, 670 (680); ZUM 2010, 546 (552); ZUM 2010, 916 (924); vgl. auch BGH GRUR 2012, 496 Rn. 33 – Das Boot.

[15] Schiedsstelle ZUM 1989, 533 (535); BGH GRUR 2013, 717 Rn. 42 – Covermount.

[16] BGH GRUR 2017, 161 Rn. 85 – Gesamtvertrag Speichermedien.

[17] Vgl. *Becker*, FS Kreile (1994), S. 27 (47) mwN; kritisch zum Grundsatz der Prozentbeteiligung im „digitalen Zeitalter" *Kreile/Becker* GRUR-Int 1996, 677 (681 ff.); ebenso *Schricker* GRUR 2002, 737 (739 ff.); einschränkend Schiedsstelle ZUM 2007, 243 (246); vgl. auch BGH GRUR 2015, 61 Rn. 66 – Gesamtvertrag Tanzschulkurse, der die Angemessenheit der Vergütung für ausübende Künstler als prozentuale Funktion der Vergütung für Urheber bemisst; hierzu kritisch *Wandtke* ZUM 2015, 152 (154).

[18] BGH GRUR 2013, 717 Rn. 40 mwN – Covermount; dies gilt zB. dann, wenn der Verwerter für einen Nutzungsvorgang mehrere Vergütungen schuldet; BGH GRUR 2015, 61 Rn. 65 – Gesamtvertrag Tanzschulkurse mAnm *Wandtke* ZUM 2015, 152.

ter zu tragenden Lasten in einem angemessenen Verhältnis steht und diesen nicht unangemessen benachteiligt, vor einer Entwertung seiner Rechte zu schützen.[19] Auch eine messbare Ersparnis kann geldwerter Vorteil sein. Andererseits wirkt es sich bei der Berechnung der Tarife anspruchsmindernd aus, wenn die geldwerten Vorteile als wirtschaftlicher Nutzen des Verwerters durch **Vergütungsansprüche Dritter** gemindert sind.[20] Auch ist zu berücksichtigen, ob der Tarif eine Zweitverwertung betrifft: In diesem Fall dürfen die Auswirkungen der zu vergütenden Nutzung auf die Primärverwertung nicht außer Acht gelassen werden. Entsprechend den Kriterien des sog. Drei-Stufen-Tests[21] darf die Primärverwertung durch die Zweitverwertung nur so wenig wie möglich beeinträchtigt werden. Etwaige Einbußen bei der Primärverwertung sind im Tarif für die Zweitverwertung so weit wie möglich zu kompensieren.[22]

Ohnehin müssen die Verwertungsgesellschaften entsprechend dem Abschlusszwang nach § 34 ihre Tarife inhaltlich so gestalten, dass sie angemessene Bedingungen iSv § 34 Abs. 1 enthalten. § 39 Abs. 1 S. 1 weist also auf die Gesichtspunkte hin, die Aufsichtsbehörde, Schiedsstelle, Gerichte und alle Beteiligten bei der Ermittlung angemessener Nutzungsbedingungen stets zu berücksichtigen haben[23] und enthält damit in der Substanz im Grunde nichts Neues. Im Übrigen ist er **als Soll-Vorschrift ausgestaltet** und enthält lediglich eine Regel, von der – jedenfalls theoretisch – in begründeten Fällen abgewichen werden kann. Dadurch scheinen die Bedeutung und der praktische Nutzen dieser Vorschrift relativiert zu sein. Im Ergebnis ist allerdings *Strittmatter* zuzustimmen, dass der (früher in § 13 Abs. 3 S. 1 UrhWG enthaltene) Grundsatz des § 39 Abs. 1 S. 1 aufgrund allgemeiner Erwägungen zwingend ist, auch wenn er als Sollvorschrift ausformuliert wurde.[24]

c) § 39 Abs. 1 S. 2, andere Berechnungsgrundlagen. § 39 Abs. 1 S. 2 berücksichtigt die   6
Fälle, in denen die Nutzung des Werkes **andere als geldwerte Vorteile** für den Nutzer bringt, sich also nicht unmittelbar in einer Steigerung seines Umsatzes oder in einer Ersparnis niederschlagen kann. Darunter fällt zB. die Nutzung von geschützten Musikwerken in Gottesdiensten, aber auch die urheberrechtlich relevante Nutzung von geschützten Werken im Unterricht (öffentlicher) Schulen oder die Vergütung für Pressespiegel in Behörden.

In diesen Fällen wird sich die angemessene Vergütung, und damit der Tarif, abweichend von der in § 39 Abs. 1 S. 1 genannten Regel nicht an – hier ohnehin nicht messbaren – geldwerten Vorteil ausrichten können, sondern **an anderen Vorteilen als Berechnungsgrundlage**, soweit diese überhaupt konkret und mit wirtschaftlich vertretbarem Aufwand[25] zu ermitteln sind. Denkbar ist es, in diesem Zusammenhang an den ideellen Wert des Werkgenusses anzuknüpfen oder an eine (hypothetische) Einbuße für den Berechtigten, soweit dessen Werke ohne die fragliche Nutzung noch mehr Absatz gefunden hätten. Ein Anhaltspunkt für andere als geldwerte, also ideelle, Vorteile können auch die Bedeutung der Nutzung für den Verwerter sein sowie der Wert, den sie hätte, wenn sie entgeltlich erbracht worden wäre.[26] Auch wenn sich die geldwerten Vorteile mit wirtschaftlich vertretbarem Aufwand nicht erfassen lassen, kann für die Berechnung der Tarife auf andere Kriterien mit Aussagekraft zurückgegriffen werden, wie etwa die Zuschauerzahl, die Raumgröße oder die beschallte Gesamtfläche.[27] Ebenso wie § 39 Abs. 1 S. 1 (Soll-Vorschrift) kann auch die Einhaltung der **Kann-Vorschrift** in S. 2 weder von der Aufsichtsbehörde noch gerichtlich erzwungen werden. Im Verhältnis zwischen § 39 Abs. 1 S. 1 und S. 2 hat S. 1[28] den Vorrang; von der Regel des S. 1 sollte nur in begründeten Fällen abgewichen werden.[29]

2. § 39 Abs. 2 – Relation der Werknutzung zum Gesamtumfang der Nutzung und zu erbrachten Leistungen

§ 39 Abs. 2 ist als einzige Bestimmung im Rahmen der Tarifgestaltungsvorschriften des § 39[30]   7
nicht als Soll- oder Kann-Vorschrift ausgestaltet und gibt den Verwertungsgesellschaften **zwingend** auf, bei der Tarifgestaltung den **Anteil der Werknutzung am Gesamtumfang des Verwertungs-**

---

[19] StRspr.; vgl. BGH GRUR 1988, 373 (376) – Schallplattenimport III – zum berechtigten „Ramschgeschäft"; BGH GRUR 2011, 720 Rn. 31 – Multimediashow; BGH GRUR 2012, 711 Rn. 20 – Barmen Live; BGH GRUR 2012, 715 Rn. 26 – Bochumer Weihnachtsmarkt; BGH GRUR 2013, 717 Rn. 26 – Covermount; vgl. auch *Strittmatter* S. 136 ff.
[20] BGH ZUM 2003, 225 (228) – Sender Felsberg; vgl. EuGH GRUR 2006, 50 – Lagardière.
[21] Vgl. Art. 5 Abs. 5 der InfoSoc-RL 2001/29/EG; Art. 10 Abs. 2 WCT; Art. 16 Abs. 2 WPPT; *Reinbothe*, FS Dittrich (2000), S. 251.
[22] BGH GRUR 2004, 669 (671) – Musikmehrkanaldienst.
[23] → § 34 Rn. 5.
[24] *Strittmatter* S. 130 ff. mwN (zum gleichlautenden § 13 Abs. 3 S. 1 UrhWG).
[25] Schiedsstelle ZUM 1990, 259 (260).
[26] Dreier/Schulze/*Schulze* § 39 Rn. 8 mwN; Fromm/Nordemann/*W. Nordemann/Wirtz*, 11. Aufl., UrhWG § 13 Rn. 11.
[27] BGH GRUR 2012, 711 Rn. 8 ff., 24 – Barmen Live; BGH GRUR 2012, 715 Rn. 30 – Bochumer Weihnachtsmarkt.
[28] → Rn. 5.
[29] Schiedsstelle ZUM 1990, 259 (260); *Strittmatter* S. 132; *Strittmatter* S. 130 ff. zur Bindungswirkung des (mit § 39 Abs. 1 S. 2 gleichlautenden) § 13 Abs. 3 S. 2 UrhWG.
[30] Zu § 39 Abs. 4, der keine Tarifgestaltungsvorschrift im engeren Sinne ist, → Rn. 9.

vorganges angemessen zu berücksichtigen. Die Vergütung für die zur Verfügung gestellten Rechte darf also nicht in einem Missverhältnis stehen zu Art und Gesamtumfang des Vorgangs (zB der Veranstaltung), in dessen Rahmen die Nutzung des Werkes stattfindet. So wird zB die Nutzung eines geschützten Musikwerkes durch eine Amateurkapelle beim „Verwertungsvorgang" Tanzveranstaltung des örtlichen Karnevalsvereins mit 100 Teilnehmern tariflich anders zu beurteilen sein als die Aufführung desselben Werkes beim „Verwertungsvorgang" Kurkonzert oder Presseball mit mehreren tausend Zuhörern.

§ 39 Abs. 2 besagt dagegen nicht, dass etwa schon die Tarife darauf Rücksicht nehmen müssen, in welchem Umfang von den von der Verwertungsgesellschaft zur Verfügung gestellten Rechten **im Einzelfall tatsächlich Gebrauch gemacht** worden ist, wie viele geschützte Musikwerke also im Rahmen einer Musikveranstaltung tatsächlich gespielt werden; denn dies im Einzelfall festzustellen und nachzuprüfen würde die Verwertungsgesellschaft mit übermäßigen Erfassungs- und Kontrollkosten belasten.[31]

Bei gleichwertiger Verwertung mehrerer schöpferischer Beiträge (zB der Videoverwertung von Filmen) gebietet § 39 Abs. 2 zu berücksichtigen, welches Gewicht dabei der einzelne Beitrag im Verhältnis zu anderen hat (zB Filmmusik im Verhältnis zu sonstigen benutzten Werken und zum Filmurheberrecht).

Darüber hinaus muss die Verwertungsgesellschaft bei der Tarifgestaltung gem. § 39 Abs. 2 auch **auf den wirtschaftlichen Wert der von ihr erbrachten Leistungen** Rücksicht nehmen. Diese Verpflichtung war nicht in der ansonsten gleichlautenden Vorschrift des § 13 Abs. 3 S. 3 UrhWG enthalten; sie geht auf Art. 16 Abs. 2 2. Unterabs. S. 2 VG-RL zurück und setzt diese Bestimmung um. Eine von der Verwertungsgesellschaft den Nutzern erbrachte **Leistung** kann zB die Freistellung der Nutzer von einer Inanspruchnahme gegebenenfalls nicht vertretener Rechtsinhaber durch die Verwertungsgesellschaft sein.[32] Der wirtschaftliche Wert einer solchen von der Verwertungsgesellschaften erbrachten Leistung muss also in einem angemessenen Verhältnis stehen zum wirtschaftlichen Wert der Nutzung (dem geldwerten Vorteil für den Nutzer) der bereits gem. § 39 Abs. 1 S. 1 Berechnungsgrundlage für die Tarife sein soll.[33]

3. § 39 Abs. 3 – Berücksichtigung religiöser, kultureller und sozialer Belange

8 § 39 Abs. 3 ist **Soll-Vorschrift,** also nicht erzwingbar,[34] und entspricht nahezu wörtlich § 13 Abs. 3 S. 4 UrhWG. Die VG-RL steht der Beibehaltung dieser Bestimmung nicht entgegen, denn Art. 16 Abs. 2 2. Unterabs. S. 2 VG-RL enthält keine abschließenden Vorgaben für die Berechnung der Tarife aufgrund wirtschaftlicher Gesichtspunkte („unter anderem").[35] Gegenüber der Vorgängerbestimmung neu ist in § 39 Abs. 3 der Begriff der **„Nutzer"** (früher: der „zur Zahlung der Vergütung Verpflichteten"); der Begriff der **„Jugendhilfe"** hat den früheren Begriff „Jugendpflege" ersetzt;[36] und statt des bisherigen, auf einem redaktionellen Versehen beruhenden Ausdrucks „angemessene Rücksicht"[37] heißt es nun korrekt **„angemessen Rücksicht".** Inhaltlich ist § 39 Abs. 3 aber mit § 13 Abs. 3 S. 4 UrhWG identisch.

Die nach § 39 Abs. 3 den Verwertungsgesellschaften bei der Tarifgestaltung und Einziehung der tariflichen Vergütung empfohlene angemessene Rücksichtnahme auf religiöse, kulturelle und soziale Belange der Nutzer, einschließlich solcher der Jugendhilfe, **soll die Verwertungsgesellschaften in diesem Umfeld zur Zurückhaltung anhalten,** insbesondere in den Bereichen, in denen den Urhebern durch Änderungen des UrhG neue Rechte dort gewährt wurden, wo früher Ausnahmen und Einschränkungen des Urheberrechts zugunsten der Allgemeinheit bestanden hatten.[38]

Ein Indiz für die genannten Belange und damit für die Anwendung von § 39 Abs. 3 dürfte vorliegen, wenn ein Nutzungsvorgang keine – oder zumindest nicht als Hauptzweck – wirtschaftlichen Ziele verfolgt. Dies, und damit die Anwendbarkeit des bisherigen § 13 Abs. 3 UrhWG, wurde etwa für das Aufstellen von Musikautomaten verneint[39] Die angemessene Rücksichtnahme kann in einem besonderen Tarif, einem Nachlass oder anderen Vergünstigungen bestehen – und dies wird von den Verwertungsgesellschaften auch praktiziert.

4. § 39 Abs. 4 – Information der betroffenen Nutzer

9 § 39 Abs. 4 ist genau genommen keine Tarifgestaltungsvorschrift, sondern enthält eine mit der Tarifgestaltung zusammenhängende, aber selbständige **Verpflichtung der Verwertungsgesellschaften**

---

[31] Vgl. Antwort auf die Kleine Anfrage, BTDrs. 10/2700 S. 6 (Frage 14).
[32] AmtlBegr. BT-Drs. 18/7223, S. 85.
[33] Vgl. Art. 16 Abs. 2 2. Unterabs. S. 2 VG-RL.
[34] Schulze BGHZ 216, 9 (für die entsprechende Bestimmung des UrhWG).
[35] AmtlBegr. BT-Drs. 18/7223, S. 85.
[36] In Anpassung an die aktuelle Terminologie des Achten Buches des Sozialgesetzbuchs – Kinder- und Jugendhilfe; AmtlBegr. BT-Drs. 18/7223, S. 85.
[37] Vgl. → 5. Aufl. 2017, UrhWG § 13 Rn. 10.
[38] AmtlBegr. UrhWG BTDrs. IV/271 S. 18.
[39] BGH GRUR 1974, 35 (38) – Musikautomat – mAnm *Reimer*.

zur Information der Nutzer.[40] Diese Bestimmung setzt Art. 16 Abs. 2 2. Unterabs. S. 3 VG-RL um und ist mit dessen Wortlaut weitgehend identisch.

Nach § 39 Abs. 4 sind Verwertungsgesellschaften verpflichtet, allen betroffenen, dh. potenziell an der Nutzung interessierten Nutzern nicht nur die Tarife selbst, also sozusagen den „Endpreis", zu nennen, sondern auch die Kriterien, die dem jeweiligen Tarif zugrunde liegen.[41] Dies entspricht dem allgemeinen Gebot der Transparenz, versetzt aber auch Nutzer in die Lage nachzuvollziehen, dass die Tarife anhand objektiver und diskriminierungsfreier Kriterien festgelegt wurden, wie dies auch die VG-RL fordert.[42] Die **den Tarifen zugrundeliegenden Kriterien** werden in aller Regel bereits aus den Tarifen selbst ersichtlich sein. Wenn Tarife zB. auf Gesamtverträgen beruhen, können aber ausnahmsweise zusätzliche Erläuterungen angebracht sein.[43]

5. Aufsicht über die Tarifgestaltung

Ebenso wie es der Aufsichtsbehörde[44] obliegt, die Einhaltung der anderen auf Tarife bezogenen 10 Verpflichtungen der Verwertungsgesellschaften, also insbesondere die Pflicht zur Aufstellung und Veröffentlichung von Tarifen, zu überwachen und ggf. zu erzwingen,[45] hat sie die Tarife daraufhin zu überprüfen, ob sie den **inhaltlichen Anforderungen von § 39** entsprechen; erzwingen kann die Aufsichtsbehörde dabei allerdings nur die Einhaltung von § 39 Abs. 2 (Relation der Werknutzung) und Abs. 4 (Information der betroffenen Nutzer), da nur diese Bestimmungen Verpflichtungen der Verwertungsgesellschaften enthalten.[46]

Da die Tarife **angemessene Bedingungen iSv. § 34** darstellen müssen, überprüft die Aufsichtsbehörde die Tarife grundsätzlich auch auf ihre Angemessenheit. Dabei wird es sich jedoch nur um eine Evidenzkontrolle handeln können, die sich auf die Beanstandung evidenter Fälle von grob unangemessenen Tarifen beschränkt. Denn eine detaillierte Angemessenheitsüberprüfung ist primär der dafür eigens geschaffenen Schiedsstelle und dem nachfolgenden Rechtsweg zu den ordentlichen Gerichten vorbehalten; sie kann von der Aufsichtsbehörde angesichts des idR. überaus komplexen Tarifwerks der Verwertungsgesellschaften schon aus praktischen Gründen kaum geleistet werden.[47] Auch wenn sie hierzu nicht verpflichtet ist, kann die Aufsichtsbehörde daher allenfalls im Rahmen ihrer Möglichkeiten auch eine vertiefte Überprüfung der Tarife vornehmen.[48] Eine Überprüfung der Tarife durch die Aufsichtsbehörde stellt aber jedenfalls ohnehin kein „Gütesiegel" dar;[49] sie präjudiziert nicht eine Überprüfung der Angemessenheit durch die Gerichte oder die Schiedsstelle.[50]

6. Gerichtliche Überprüfung von Tarifen

Hält der Nutzer einen Tarif für nicht angemessen oder nicht anwendbar, so hat er die Möglichkeit, 11 zunächst nur nach Hinterlegung oder Zahlung unter Vorbehalt der tariflichen Vergütung[51] das Werk zu nutzen. Für die gerichtliche Überprüfung der Anwendbarkeit und Angemessenheit von Tarifen durch Klage des Nutzers auf Einräumung der Nutzung zu angemessenen Bedingungen sind die ordentlichen Gerichte zuständig. Dem Verfahren vor den ordentlichen Gerichten muss jedoch (als von Amts wegen zu berücksichtigende Prozessvoraussetzung) für diesen Fall grundsätzlich ein Verfahren vor der Schiedsstelle nach §§ 92 ff. vorausgehen, § 128 Abs. 1.[52] Die Beweislast für die Angemessenheit des Tarifs trifft grundsätzlich die Verwertungsgesellschaft.[53]

Anders als bei der Festsetzung eines Gesamtvertrages gem. §§ 35, 130[54] obliegt dem Gericht zwar iR. der Tarifüberprüfung gem. § 34 nicht die gestaltende Festsetzung des Tarifs. Es hat aber die Möglichkeit, bei der Überprüfung der Angemessenheit des Tarifs einzelne Parameter, wie etwa die Vergütungshöhe, anzupassen.[55]

---

[40] Der Begriff der Nutzer wird in § 8 definiert; → § 8 Rn. 4 ff.
[41] *Walter,* Urheber- und Verwertungsgesellschaftenrecht '15, Art. 16 VG-RL Anm. 4.
[42] Vgl. Erwägungsgrund (31) S. 2 VG-RL.
[43] Vgl. *Walter,* Urheber- und Verwertungsgesellschaftenrecht '15, Art. 16 VG-RL Anm. 4.
[44] Gem. § 75 das DPMA; → § 75 Rn. 6.
[45] → § 38 Rn. 8.
[46] → Rn. 7 und 9.
[47] Vgl. VG München ZUM 2017, 779 (782 f.) – n. rechtskr.; *Kreile* ZUM 2018, 13 (15 ff.) mit Hinweis darauf, dass die Aufsicht keine Fachaufsicht sei; *Flechsig* GRUR-Prax 2017, 160 (161); Dreier/Schulze/*Schulze* § 39 Rn. 28; aA *Podszun* ZUM 2017, 732.
[48] *Möhring/Nicolini/Freudenberg* § 39 Rn. 27.
[49] Vgl. *v. Ungern-Sternberg,* FS Schricker (2005), S. 567 (568).
[50] → § 34 Rn. 5, 8.
[51] → § 37 Rn. 3 ff.
[52] → § 34 Rn. 8.
[53] → § 34 Rn. 5.
[54] → § 130 Rn. 3 f.
[55] BGH GRUR 2004, 669 (671 f.) – Musikmehrkanaldienst.

§ 40 Gestaltung der Tarife für Geräte und Speichermedien

(1) [1]Die Höhe der Vergütung für Geräte und Speichermedien bestimmt sich nach § 54a des Urheberrechtsgesetzes. Die Verwertungsgesellschaften stellen hierfür Tarife auf Grundlage einer empirischen Untersuchung aus einem Verfahren gemäß § 93 auf. [2]§ 38 Satz 2 bleibt unberührt.

(2) Die Pflicht zur Tarifaufstellung entfällt, wenn zu erwarten ist, dass der dafür erforderliche wirtschaftliche Aufwand außer Verhältnis zu den zu erwartenden Einnahmen stehen würde.

Schrifttum: *Czychowski,* „Wenn der dritte Korb aufgemacht wird" – Das zweite Gesetz zur Regelung des Urheberrechts in der Informationsgesellschaft, GRUR 2008, 586; *Müller,* Verbesserung des gesetzlichen Instrumentariums zur Durchsetzung von Vergütungsansprüchen für private Vervielfältigung, ZUM 2008, 377.

Übersicht

I. Allgemeines

1. Die Vorgaben der VG-RL zur Tarifgestaltung

1   Die **Vorgaben der VG-RL** zum Inhalt von Tarifen der Verwertungsgesellschaften beschränken sich auf allgemeine Grundsätze. So müssen Tarife gem. **Art. 16 Abs. 2 1. Unterabs. S. 1 VG-RL** aufgrund **objektiver und diskriminierungsfreier Kriterien** festgelegt werden, und nach **Art. 16 Abs. 2 2. Unterabs. S. 2 VG-RL** müssen sie „in einem angemessenen Verhältnis unter anderem zu dem **wirtschaftlichen Wert der Nutzung** ... sowie zu dem **wirtschaftlichen Wert** der von der [Verwertungsgesellschaft] **erbrachten Leistungen**" stehen. Diese Grundsätze finden sowohl auf Tarife für **ausschließliche Rechte** als auch auf solche für **Vergütungsansprüche** Anwendung.[1]

2. Die Bestimmungen des UrhWG betreffend Tarife für Geräte und Speichermedien

2   **a) Das System zur Festsetzung der Vergütung im UrhWG bis 2007.** Die Regelungen des UrhG über Vervielfältigungen zum privaten Gebrauch und andere Schrankenbestimmungen mit Vergütungspflicht und die darauf bezogenen Bestimmungen des UrhWG wurden mit der Urheberrechtsreform von 1965 eingeführt. Seitdem wurden sie laufend an die fortschreitende technische Entwicklung und den Wandel der Nutzungsgewohnheiten angepasst. Bis zum Jahre 2007 hatte sich der für die Geräte- und Speichermedienvergütung[2] anzuwendende **Tarif** aus der Anlage zu § 54d Abs. 1 UrhG a. F. ergeben, war somit **gesetzlich festgelegt**.[3]

3   **b) Die Rechtslage im UrhWG nach 2008.** Da sich diese Regelung aber angesichts der zunehmenden Digitalisierung und Vernetzung als nicht zeitgemäß erwies, wurde mit dem Zweiten Gesetz zur Regelung des Urheberrechts in der Informationsgesellschaft vom 26.10.2007 (BGBl. I S. 2513), dem sogenannten **„Zweiten Korb",** ab 1. Januar 2008 eine einschneidende Änderung eingeführt. Statt die Höhe der Tarife für die Geräte- und Speichermedienvergütung gesetzlich vorzuschreiben, schuf die Neuregelung die Möglichkeit für die beteiligten Kreise, die **Höhe der Vergütung** flexibel und **im partnerschaftlichen Zusammenwirken zu ermitteln** und dabei ihre besondere Sachnähe und Kompetenz einzubringen.[4]

Hierzu wurden im UrhG die gesetzlichen Tarife in der Anlage zu § 54d Abs. 1 UrhG a. F. gestrichen. Außerdem wurden ausdrückliche Kriterien für die Bemessung der Vergütungshöhe in § 54a

---

[1] Vgl. Erwägungsgrund (31) S. 2 und 3 VG-RL; → § 39 Rn. 1.
[2] Zu den Begriffen der Geräte und Speichermedien → UrhG § 54 Rn. 23 ff.
[3] Vgl. → UrhG § 54a Rn. 1 ff.
[4] AmtlBegr. UrhWG-Novelle BT-Drs. 16/1828, S. 34.

UrhG aufgenommen, die zT. im früheren § 13 Abs. 4 UrhWG a. F. enthalten waren.[5] **§ 54a UrhG** enthält damit seitdem nur noch die **Kriterien für die Bestimmung der Vergütungshöhe;** die Höhe der Vergütung selbst ist dagegen im UrhG nicht mehr gesetzlich festgelegt.

Flankierend hierzu enthielt das **UrhWG** Vorschriften zur Aufstellung von Tarifen (**Tarifaufstellungspflicht**) und zur Berechnung der Tarife (**Tarifgestaltung**). Nach § 13 Abs. 1 und Abs. 2 UrhWG waren die Verwertungsgesellschaften dazu verpflichtet, Tarife aufzustellen und zu veröffentlichen.[6] Diese Tarifaufstellungspflicht bestand für Tarife aller Art, also grundsätzlich auch für solche betreffend die Geräte- und Speichermedienvergütung. Allgemeine Bestimmungen zur Tarifgestaltung waren in § 13 Abs. 3 UrhWG enthalten.[7]

Mit **§ 13a UrhWG** galt seit 2008 eine Sonderregelung für die Aufstellung und Berechnung der **Tarife für die Geräte- und Speichermedienvergütung,** die als lex specialis den allgemeinen Vorgaben für die Berechnung der Tarife gem. § 13 Abs. 3 UrhWG vorging[8] und besondere **Mechanismen für die Bestimmung der Vergütungshöhe** festlegte.[9]

Gem. **§ 13a Abs. 1 S. 1 UrhWG** bestimmte sich die **Berechnung der Höhe der Tarife** für die Geräte- und Speichermedienvergütung nach § 54a UrhG.[10] Festgelegt werden konnte die Vergütung entweder durch Gesamtvertrag zwischen Verwertungsgesellschaften und Nutzerverbänden oder durch von den Verwertungsgesellschaften (einseitig) aufzustellende Tarife.

Dabei war das **Verfahren für die Festlegung der Tarife** für die Geräte- und Speichermedienvergütung **im Prinzip an den Abschluss von Gesamtverträgen gekoppelt:** Gem. **§ 13a Abs. 1 S. 2 UrhWG** waren die Verwertungsgesellschaften verpflichtet, vor **Aufstellung** dieser Tarife zunächst mit den betroffenen Verbänden der Vergütungsschuldner **Verhandlungen** über die angemessene **Vergütungshöhe** und den **Abschluss von Gesamtverträgen** zu führen.[11] Vorrang vor der einseitigen Tarifaufstellung hatte also der Versuch, einen Gesamtvertrag mit den jeweiligen Verbänden abzuschließen. Bei Zustandekommen eines Gesamtvertrages galten die darin vereinbarten Vergütungssätze gem. § 13 Abs. 1 S. 2 UrhWG als Tarife.

Scheiterten dagegen diese Gesamtvertragsverhandlungen, so war die Verwertungsgesellschaft nach **§ 13a Abs. 1 S. 3 UrhWG** verpflichtet, **vor der Aufstellung von Tarifen** für die Geräte- und Speichermedienvergütung zunächst iR. eines vor der **Schiedsstelle** geführten **Gesamtvertragsverfahrens** eine **empirische Untersuchung gem. § 14 Abs. 5a UrhWG** über die maßgebliche Nutzung der jeweiligen Kategorie von Geräten oder Speichermedien durchführen zu lassen, die Feststellungen dazu enthielt, in welchem Umfang das betreffende Gerät oder Speichermedium zur Anfertigung vergütungspflichtiger Vervielfältigungen verwendet wurde.[12] Da diese empirische Untersuchung nur von der Schiedsstelle in Auftrag gegeben werden konnte, mussten Verwertungsgesellschaften bei gescheiterten Gesamtvertragsverhandlungen also zunächst ein **Schiedsstellenverfahren** betreiben, bevor sie einen Tarif für die Geräte- und Speichermedienvergütung aufstellen konnten.

Kam es im Schiedsstellenverfahren nicht zu einer Einigung zwischen der Verwertungsgesellschaft und dem Verband der Vergütungsschuldner, so konnte die Verwertungsgesellschaft die **Ergebnisse der empirischen Untersuchung** aus dem Schiedsstellenverfahren zur **Aufstellung eines Tarifs** heranziehen. Allerdings kam es in der Praxis auch vor, dass die Parteien nach dem erfolglosen Abschluss des Schiedsstellenverfahrens versuchten, in einem **gerichtlichen Verfahren** zu einem Gesamtvertrag zu gelangen. Gegebenenfalls setzte in einem solchen Fall das gem. § 16 Abs. 4 S. 1 UrhWG für die Entscheidung über Ansprüche auf Abschluss oder Änderung eines Gesamtvertrages ausschließlich zuständige OLG München den Inhalt des Gesamtvertrages, insbesondere die Art und Höhe der Vergütung, nach billigem Ermessen fest.[13]

Ergänzend hierzu war **§ 13a Abs. 2 UrhWG** um **Transparenz** bemüht: Die Verwertungsgesellschaften mussten ihre Partner aus Gesamtverträgen über ihre Einnahmen aus der Pauschalvergütung und deren Verwendung nach Empfängergruppen unterrichten.[14]

c) Defizite des Systems zur Festsetzung der Vergütung im UrhWG. Das im Jahre 2008 **4** eingeführte, an den Abschluss von Gesamtverträgen gekoppelte Verfahren zur Aufstellung von Tarifen für die Geräte- und Speichermedienvergütung erwies sich in der Praxis als zu umständlich und langwierig.[15]

Denn die Pflicht zur Durchführung von Gesamtvertragsverhandlungen vor Aufstellung eines Tarifs gem. § 13a Abs. 1 S. 2 UrhWG führte in der Regel nicht zu einer Einigung, sondern lediglich zu

---

[5] Vgl. hierzu → 3. Aufl. 2006, UrhWG § 13 Rn. 11.
[6] → § 38 Rn. 2.
[7] → § 39 Rn. 2.
[8] Vgl. → 5. Aufl. 2017, UrhWG § 13a Rn. 2.
[9] Zum Ganzen *Czychowski* GRUR 2008, 586 (590); kritisch zu den mit dem Verfahren nach § 13a Abs. 1 S. 2 und 3 UrhWG verbundenen Verzögerungen schon damals mit Vorschlägen de lege ferenda *Müller* ZUM 2008, 377.
[10] Vgl. → 5. Aufl. 2017, UrhWG § 13a Rn. 3.
[11] Vgl. → 5. Aufl. 2017, UrhWG § 13a Rn. 4.
[12] Zu den Voraussetzungen und Einzelheiten dieses Verfahrens → 5. Aufl. 2017, UrhWG § 13a Rn. 5.
[13] Vgl. AmtlBegr. BT-Drs. 18/7223, S. 64 f.
[14] Vgl. → 5. Aufl. 2017, UrhWG § 13a Rn. 6.
[15] Zu dieser Bewertung vgl. AmtlBegr. BT-Drs. 18/7223, S. 65.

deutlichen Verzögerungen des Verfahrens. Entgegen den mit diesem Verfahren verbundenen Erwartungen führten die obligatorischen Verhandlungen in weiten Bereichen **nicht zu einvernehmlichen Lösungen.** Weitere Verzögerungen ergaben sich aus der Notwendigkeit, gem. § 13a Abs. 1 S. 3 iVm. § 14 Abs. 5a UrhWG beim Scheitern der Gesamtvertragsverhandlungen für die Tarifaufstellung eine **empirische Untersuchung** über die Nutzung des jeweiligen Geräte- oder Speichermedientyps durchzuführen, die zwingend iR. eines vor der Schiedsstelle geführten **Gesamtvertragsverfahrens** in Auftrag gegeben werden musste; denn Verwertungsgesellschaften waren aufgrund dieser Regelung gezwungen, selbst dann ein Gesamtvertragsverfahren vor der Schiedsstelle zu führen, wenn der Verlauf der bisherigen Verhandlungen wenig Anlass zu der Annahme gegeben hatte, dass vor der Schiedsstelle eine erfolgreiche Einigung erreichbar sein würde.

Im Ergebnis verging oft erhebliche Zeit zwischen dem Inverkehrbringen der Geräte oder Medien, und damit der Entstehung des Vergütungsanspruchs, und dem Zeitpunkt, in dem die Inhaber der Vergütungsansprüche die ihnen zustehenden Zahlungen erhielten. Daraus resultierten nicht nur **Nachteile** für die betroffenen **Rechtsinhaber,** sondern auch für die **Geräte- und Speichermedienunternehmen,** da der von ihnen letztlich geschuldete Vergütungsbetrag über Jahre hinweg nicht absehbar blieb.[16]

3. Die Reform der Tarifgestaltung für Geräte und Speichermedien im VGG

5   **a) Grundzüge und wesentliche Elemente des Reformkonzepts.** Das Hauptanliegen bei der Neugestaltung des Verfahrens zur Ermittlung der Vergütungshöhe für Geräte und Speichermedien iR. des VGG war es, als Reaktion auf die oben dargestellten Defizite der bisherigen Regelung im UrhWG,[17] dieses **effizienter** und **schneller** auszugestalten.

Beibehalten wurde der Grundsatz, dass sich die Höhe der Geräte- und Speichermedienvergütung nach § 54a UrhG bestimmt. Beibehalten wurde auch das bereits der bisherigen Regelung im UrhWG zugrunde liegende Konzept, die Beteiligten die Vergütungshöhe **in weitgehender Selbstregulierung** selbst bestimmen zu lassen.[18] Nach wie vor können und sollten die Beteiligten daher **einvernehmliche Verhandlungslösungen** anstreben. Und **auch zukünftig** können die Verbände der Geräte- und Speichermedienunternehmen gem. § 35 den **Abschluss eines Gesamtvertrages** zu angemessenen Bedingungen verlangen, es sei denn, dies ist den Verwertungsgesellschaften nicht zumutbar.[19] Wenn es zum Abschluss eines Gesamtvertrages kommt, gelten die darin **vereinbarten Vergütungssätze** gem. § 38 S. 2 als **Tarife.**

Auch weiterhin besteht die Möglichkeit, bei Streitfällen betreffend die Vergütungspflicht für Geräte und Speichermedien nach § 54 UrhG oder betreffend den Abschluss oder die Änderung eines Gesamtvertrages auf dem Gebiet der Schiedsstelle anzurufen (§ 92 Abs. 1 Nr. 2 und Nr. 3).[20]

Eine wesentliche **Änderung des Verfahrens** zur Festlegung der Vergütungshöhe gegenüber dem bisherigen Verfahren nach dem UrhWG besteht darin, dass es künftig von der Durchführung eines Gesamtvertragsverfahrens abgekoppelt ist: Entsprechend dem für sonstige Tarife gem. § 38 geltenden Verfahren können Verwertungsgesellschaften gem. **§ 40 Abs. 1** auch die **Tarife** für die Geräte- und Speichermedienvergütung **ohne vorherige Gesamtvertragsverhandlungen** (einseitig) aufstellen. Es wird erwartet, dass Verwertungsgesellschaften diesen Weg vor allem dann wählen, wenn frühzeitig absehbar ist, dass eine vertragliche Einigung nicht zustande kommen wird.[21]

Voraussetzung für die (einseitige) Tarifaufstellung bleibt aber eine **empirische Untersuchung** zur Ermittlung der maßgeblichen Nutzung von Geräten und Speichermedien. Eine solche empirische Untersuchung wird wie bisher von der **Schiedsstelle** durchgeführt bzw. von ihr in Auftrag gegeben. Im Gegensatz zur bisherigen Regelung im UrhWG muss die empirische Untersuchung aber nicht iR. eines Gesamtvertragsverfahrens durchgeführt werden, sondern es wird hierfür gem. **§ 93** ein **neues, selbständiges Schiedsstellenverfahren** zur Verfügung gestellt.

Gem. **§ 112** haben die Verbände der Geräte- und Speichermedienindustrie die Möglichkeit, an diesem selbständigen Schiedsstellenverfahren durch **Informationspflichten und Beteiligungsrechte** beteiligt zu sein. Gem. **§ 116,** im Wesentlichen entsprechend der bisherigen Regelung gem. § 14 Abs. 5b UrhWG,[22] ist auch eine angemessene **Beteiligung der Verbraucherverbände** am Schiedsstellenverfahren vorgesehen, da die Verbraucher als Endabnehmer die Geräte und Speichermedien für erlaubte Vervielfältigungen nutzen und die Vergütung mittelbar durch einen Aufschlag auf die Endkundenpreise auch finanzieren. Außerdem ist das **Ergebnis der empirischen Untersuchung** gem. **§ 115** auch in anderen Schiedsstellenverfahren und gem. **§ 129 Abs. 2 S. 2** auch in gerichtlichen Verfahren **verwertbar;** damit sollten mehrfache Untersuchungen im Interesse einer besseren Verfahrensökonomie vermieden werden.[23] Eine weiteres Element des Reformkonzepts ist die neu einge-

---

[16] AmtlBegr. BT-Drs. 18/7223, S. 65.
[17] → Rn. 4.
[18] AmtlBegr. UrhWG-Novelle BT-Drs. 16/1828, S. 1.
[19] → § 35 Rn. 7.
[20] → § 92 Rn. 4.
[21] AmtlBegr. BT-Drs. 18/7223, S. 66.
[22] Zum Hintergrund vgl. → 5. Aufl. 2017, UrhWG § 14 Rn. 11 mwN.
[23] AmtlBegr. BT-Drs. 18/7223, S. 66.

führte Befugnis der Schiedsstelle, im Rahmen von Verfahren gem. § 92 Abs. 1 Nr. 2 über die Vergütungspflicht für Geräte und Speichermedien nach **§ 107 Sicherheitsleistung** anzuordnen, um bei längerer Verfahrensdauer die Vergütungsansprüche der Rechtsinhaber zu sichern.[24]

b) § 40. § 40 enthält eine besondere Vorschrift für die Gestaltung der Tarife für Geräte und Spei- 6
chermedien, die der allgemeinen Bestimmung des **§ 39 als lex specialis vorgeht.** Insoweit übernimmt § 40 also das Konzept des bisherigen § 13a UrhWG in seinem Verhältnis zum bisherigen § 13 Abs. 3 UrhWG.

§ 40 Abs. 1 S. 1 ist in seinem Wortlaut identisch mit dem bisherigen § 13a Abs. 3 S. 1 UrhWG und legt fest, dass sich die **Höhe der Vergütung** für Geräte und Speichermedien nach **§ 54a UrhG** bestimmt.

§ 40 Abs. 1 S. 2 iVm. § 38 S. 1 verpflichtet die Verwertungsgesellschaften zur Aufstellung von Tarifen über die Höhe der Vergütung für Geräte und Speichermedien; in dieser Hinsicht ist die Bestimmung inhaltsgleich mit dem bisherigen § 13a Abs. 1 S. 2 UrhWG iVm. § 13 Abs. 1 S. 1 UrhWG. Dagegen weicht **§ 40 Abs. 1 S. 2** insoweit von der bisherigen Regelung im UrhWG ab, als die Verwertungsgesellschaften nun nicht mehr verpflichtet sind, vor Aufstellung dieser Tarife Gesamtvertragsverhandlungen durchzuführen und bei deren Scheitern empirische Untersuchungen iR. eines Gesamtvertragsverfahrens vor der Schiedsstelle erstellen zu lassen. Stattdessen verpflichtet **§ 40 Abs. 1 S. 2** die Verwertungsgesellschaft, **vor der Aufstellung von Tarifen** für die Höhe der Vergütung für Geräte und Speichermedien gem. **§ 93** eine **empirische Untersuchung** durch die Schiedsstelle zur Ermittlung der nach § 54a UrhG maßgeblichen Nutzung durchführen zu lassen; anders als noch im bisherigen § 13a Abs. 1 S. 2 und 3 UrhWG also iR. des neuen, selbständigen Verfahrens vor der Schiedsstelle gem. § 93, und nicht iR. eines Gesamtvertragsverfahrens.

Gem. § 139 Abs. 2 konnten Verwertungsgesellschaften Tarife auch auf der Grundlage empirischer Untersuchungen aufstellen, die vor dem 1. Juni 2016 noch nach altem Recht durchgeführt wurden, sofern die Ergebnisse der Untersuchung den Anforderungen von § 114 Abs. 1 S. 1 entsprachen.

Gem. **§ 40 Abs. 1 S. 3** bleibt § 38 S. 2 unberührt: Die Vergütungen für Geräte und Speichermedien können also **nach wie vor in Gesamtverträgen** vereinbart werden und gelten dann als Tarife.

§ 40 Abs. 2 erlaubt es den Verwertungsgesellschaften, von der Aufstellung eines Tarifs für Geräte und Speichermedien abzusehen, wenn der dafür erforderliche **wirtschaftliche Aufwand „außer Verhältnis zu den zu erwartenden Einnahmen** stehen würde". Im UrhWG gab es keine entsprechende Bestimmung.

Die bisherige Unterrichtungspflicht der Verwertungsgesellschaften gem. § 13a Abs. 2 UrhWG wurde nicht in § 40 übernommen, da ihre **Transparenzpflichten** nunmehr in § 58 zentral geregelt sind.[25]

II. Gestaltung der Tarife für Geräte und Speichermedien

1. § 40 Abs. 1 – Pflicht zur Aufstellung von Tarifen

a) Anwendungsbereich. Ebenso wie die Bestimmungen in den §§ 38 ff. gilt § 40 für **Verwer- 7
tungsgesellschaften** iSv. § 2.[26] § 40 gilt auch für **abhängige Verwertungseinrichtungen** iSv. § 3,[27] soweit sie gem. § 3 Abs. 2 S. 1 Tätigkeiten einer Verwertungsgesellschaft ausüben, nicht dagegen für **unabhängige Verwertungseinrichtungen** iSv. § 4,[28] da § 4 Abs. 2 nicht auf die §§ 38 ff. Bezug nimmt.

In Anknüpfung an § 38, der die Verwertungsgesellschaften zur Aufstellung von Tarifen, an § 56 Abs. 1 Nr. 4, der sie zu deren Veröffentlichung verpflichtet, und an § 39, der allgemeine Kriterien für die Tarifgestaltung aufstellt, enthält **§ 40 Bedingungen,** die die Verwertungsgesellschaften **vor der Aufstellung der Vergütungstarife für Geräte und Speichermedien** iRv. § 54 UrhG zu beachten haben. Insoweit ergänzt § 40 die Bestimmungen in den §§ 38 und 56 Abs. 1 Nr. 4. Außerdem verweist § 40 hinsichtlich der Kriterien für die Höhe der Vergütung auf § 54a UrhG, ist also iVm. § 54a UrhG **lex specialis zu § 38.** In der Tat passen die allgemeinen Kriterien der Tarifgestaltung für Nutzer in § 38 nicht auf die Vergütung für Geräte und Speichermedien gem. § 54 UrhG, die einen engen Bezug zur Informationstechnologie aufweist, und deren Schuldner idR. selbst nicht Nutzer sind.

Wie iRv. § 34, § 35 und § 38 besteht die Vergütungspflicht unabhängig von der Pflicht zur Aufstellung von Tarifen gem. § 40 bereits kraft Gesetzes.[29] Es ändert sich iRv. § 40 auch nichts an der Rechtsnatur von Tarifen.[30] Auch ist eine **rückwirkende** Geltendmachung und Durchsetzung eines

---

[24] → Vor §§ 92 ff. Rn. 26; → § 107 Rn. 3.
[25] AmtlBegr. BT-Drs. 18/7223, S. 86.
[26] Zum Begriff der Verwertungsgesellschaft → § 2 Rn. 5 ff.
[27] Zum Begriff der abhängigen Verwertungseinrichtung → § 3 Rn. 3.
[28] Zum Begriff der unabhängigen Verwertungseinrichtung → § 4 Rn. 3.
[29] → § 38 Rn. 7; BGH GRUR 2017, 684 Rn. 30 – externe Festplatten; BGH GRUR-RR 2017, 486 Rn. 38 ff. – USB-Stick; BGH ZUM 2017, 839 Rn. 21 – externe DVD-Brenner.
[30] → § 38 Rn. 7.

Vergütungsanspruchs und Anwendung von Tarifen iRv. § 40 grundsätzlich nicht ausgeschlossen, wenn die Hersteller, Importeure oder Händler damit rechnen mussten, dass die Geräte oder Speichermedien vergütungspflichtig sind.[31]

8   **b) § 40 Abs. 1 S. 1, Verweis auf § 54a UrhG. § 40 Abs. 1 S. 1** stellt klar, wie schon die wortgleiche Vorgängerbestimmung § 13a Abs. 1 S. 1 UrhWG, dass sich die Höhe der Vergütung für Geräte und Speichermedien nach § 54a UrhG bestimmt.[32]

Als Ersatz für die Streichung der gesetzlichen Tarife in der Anlage zu § 54d Abs. 1 UrhG aF durch den sogenannten „Zweiten Korb" wurden ausdrückliche **Kriterien für die Bemessung der Vergütungshöhe** in § 54a UrhG aufgenommen. Die Höhe der Vergütung selbst ist seitdem im UrhG nicht mehr gesetzlich festgelegt. Im UrhWG war vorgesehen, dass die Vergütung von den Beteiligten **in weitgehender Selbstregulierung**[33] und auf der Grundlage der hierfür vorgesehenen Mechanismen selbst festgelegt werden sollte.[34]

§ 40 folgt dieser Konzeption. Aufgrund von **§ 40 Abs. 1 S. 1** ändert sich im Prinzip nichts an der grundsätzlichen **Verpflichtung** der Verwertungsgesellschaft **zur Aufstellung von Tarifen** gem. § 38 **auch für die Geräte- und Speichermedienvergütung.** Zugleich wird aber klargestellt, dass § 40 iVm. § 54a UrhG als lex specialis zu § 38 dessen allgemeine Bestimmungen über die Berechnung und Gestaltung von Tarifen in diesem Sonderbereich verdrängt und daher hier allein **die in § 54a UrhG aufgeführten Kriterien für die Berechnung der Vergütung und deren Angemessenheit** einschlägig sind.

Aus **§ 40 Abs. 1 S. 1** wird außerdem deutlich, dass sich die Bestimmungen des VGG, was die Pauschalvergütung für Geräte und Speichermedien angeht, auf das **Verfahren bei der Ermittlung der Vergütungshöhe** konzentrieren. Dementsprechend wurde auch die früher in § 13 Abs. 4 UrhWG a. F. enthaltene Vorschrift, die das Verhältnis der Pauschalvergütung zu technischen Schutzmaßnahmen iSv. § 95 UrhG ansprach, inhaltlich in § 54a Abs. 1 UrhG integriert.[35]

9   **c) § 40 Abs. 1 S. 2, Aufstellung der Tarife auf der Grundlage einer empirischen Untersuchung.** Das Verfahren zur Aufstellung von Tarifen über die Vergütung für Geräte und Speichermedien hat sich im Vergleich zur Vorgängerbestimmung (§ 13a Abs. 1 S. 2 und 3 UrhWG) in mehrfacher Hinsicht geändert.

Zwar bleiben Verwertungsgesellschaften **zur Aufstellung von Tarifen über die Höhe der Vergütung für Geräte und Speichermedien verpflichtet.** Nach § 40 Abs. 1 S. 2 **entfällt** aber **die Verhandlungspflicht:** Es bleibt der Verwertungsgesellschaft und den betroffenen Verbänden unbenommen, auf freiwilliger Basis über den Abschluss von Gesamtverträgen in diesem Bereich zu verhandeln. Die Verwertungsgesellschaft ist nicht mehr verpflichtet – wie noch nach dem bisherigen § 13a Abs. 1 S. 2 und 3 UrhWG –, vor der Aufstellung dieser Tarife mit den Verbänden der Vergütungsschuldner **Verhandlungen** über den Abschluss eines Gesamtvertrages zu führen und bei einem Scheitern dieser Verhandlungen iR. eines komplexen **Gesamtvertragsverfahrens** vor der Schiedsstelle empirische Untersuchungen über die nach § 54a UrhG maßgebliche Nutzung erstellen zu lassen.

§ 40 Abs. 1 S. 2 verpflichtet die Verwertungsgesellschaften, Tarife über die Vergütung für Geräte und Speichermedien aufzustellen, allerdings zwingend **auf der Grundlage einer empirischen Untersuchung. Vor der Aufstellung dieser Tarife** muss also eine empirische Untersuchung durchgeführt werden, und zwar nicht mehr wie früher nach § 13a Abs. 1 S. 3 UrhWG iR. eines Gesamtvertragsverfahrens, sondern nach dem **selbständigen Verfahren gem. § 93.** Für die empirische Untersuchung nach dem neuartigen Verfahren gem. § 93, das allein der Einholung einer empirischen Untersuchung dient, ist die Schiedsstelle zuständig. Zweck dieses obligatorischen Verfahrens ist es, die Sachkompetenz der Schiedsstelle frühzeitig nutzbar zu machen und die Akzeptanz der auf dieser Grundlage aufgestellten Tarife zu erhöhen.[36]

Empirische Untersuchungen iSv. § 93 sind Gutachten der Marktforschung, die den Tarifen zu mehr Transparenz und Akzeptanz verhelfen sollen.[37] Eine empirische Untersuchung iRv. § 40 Abs. 1 S. 2 iVm. § 93 bezieht sich (nur) auf die nach § 54a Abs. 1 UrhG **maßgebliche Nutzung.** Empirisch muss also festgestellt werden, (1) in welchem Maß die betreffenden „Geräte und Speichermedien als Typen tatsächlich für Vervielfältigungen nach § 53 Abs. 1 bis 3 [UrhG] genutzt werden" (§ 54a Abs. 1 S. 1 UrhG), und (2) „inwieweit technische Schutzmaßnahmen nach § 95a UrhG auf die betreffenden Werke angewendet werden" (§ 54a Abs. 1 S. 2 UrhG).[38]

---

[31] BGH GRUR 2017, 684 Rn. 33 ff. – externe Festplatten; BGH GRUR-RR 2017, 486 Rn. 36 – USB-Stick; BGH ZUM 2017, 839 Rn. 24 – externe DVD-Brenner.
[32] AmtlBegr. BT-Drs. 18/7223, S. 85.
[33] AmtlBegr. UrhWG-Novelle BT-Drs. 16/1828, S. 1.
[34] → Rn. 3.
[35] AmtlBegr. UrhWG-Novelle BT-Drs. 16/1828, S. 63, 75; bezogen auf § 13a UrhWG.
[36] AmtlBegr. BT-Drs. 18/7223, S. 85; → § 93 Rn. 4 ff.
[37] Der Begriff der empirischen Untersuchung fand sich bereits in § 14 Abs. 5a UrhWG; AmtlBegr. BTDrs. 16/1828, S. 75 (bezogen auf § 14 Abs. 5a UrhWG).
[38] → § 93 Rn. 7.

Die **Pflicht zur Einholung empirischer Untersuchungen** besteht für die Verwertungsgesellschaft, wenn sie die Vergütungshöhe (einseitig) in **Tarifen** festlegt. Diese Pflicht entfällt daher, wenn sich die Beteiligten in einem Gesamtvertrag über die Vergütungssätze für die Geräte- und Speichermedienvergütung einigen, die dann gem. § 38 S. 2 als Tarife gelten,[39] oder wenn unter den in § 40 Abs. 2 genannten Voraussetzungen ausnahmsweise keine Pflicht zur Tarifaufstellung besteht.[40]

d) § 40 Abs. 1 S. 3, Gesamtvertragsvergütung als Tarif. Nach **§ 40 Abs. 1 S. 3** bleibt § 38 **10** S. 2 von der Verpflichtung der Verwertungsgesellschaft gem. § 40 Abs. 1 S. 2, vor Aufstellung der Tarife über die Höhe der Vergütung für Geräte und Speichermedien empirische Untersuchungen iSv. § 93 einzuholen, unberührt.

§ 40 Abs. 1 S. 3 stellt damit klar, dass **§ 38 S. 2 (Gesamtverträge mit Tarifwirkung)** auch für den Bereich der Geräte- und Speichermedienvergütung gilt. Es steht den Beteiligten also weiterhin frei, auch **ohne vorherige empirische Untersuchung** nach § 93 einen Gesamtvertrag über die Geräte- und Speichermedienvergütung abzuschließen mit der Folge, dass die dort vereinbarten Vergütungssätze als Tarife gelten.[41] Der Abschluss von Gesamtverträgen dürfte in diesem Bereich auch nach wie vor als der wünschenswerte Normalfall angesehen werden.[42] Auch kann davon ausgegangen werden, dass die in einem Gesamtvertrag vereinbarte Vergütung eher der angemessenen Vergütung iSv. § 54a UrhG entspricht als eine Vergütung, die auf der Grundlage empirischer Untersuchungen errechnet wurde.[43]

Im Übrigen sind **Verwertungsgesellschaften** gem. § 35 ohnehin **verpflichtet,** mit Nutzervereinigungen **Gesamtverträge** zu angemessenen Bedingungen abzuschließen. Diese Verpflichtung bleibt von § 40 Abs. 1 unberührt.

2. § 40 Abs. 2 – Ausnahme von der Pflicht zur Tarifaufstellung

Die Pflicht der Verwertungsgesellschaften zur Aufstellung von Tarifen über die Höhe der Vergü **11** tung für Geräte und Speichermedien ist gem. § 40 Abs. 1 S. 2 iVm. § 38 die Regel. Ausnahmsweise erlaubt es **§ 40 Abs. 2** den Verwertungsgesellschaften, von der Tarifaufstellung abzusehen, wenn der dafür erforderliche **wirtschaftliche Aufwand** außer Verhältnis zu den zu erwartenden Einnahmen stehen würde, und damit **unverhältnismäßig** wäre.

Die Anwendung von § 40 Abs. 2 setzt in jedem Fall eine **Abwägung der (wirtschaftlichen) Interessen** voraus. Mit wirtschaftlichem Aufwand verbunden ist insbesondere die nach § 40 Abs. 1 S. 2 erforderliche **empirische Untersuchung.** Wenn etwa bestimmte Geräte und Speichermedien in nur geringer Stückzahl auf dem Markt angeboten oder in nur geringem Umfang für relevante Vervielfältigungen genutzt werden, kann die Verwertungsgesellschaft nur mit **geringen Einnahmen** aus der Vergütung rechnen. In solchen Fällen wäre es unwirtschaftlich, Tarife auf der Grundlage einer empirischen Untersuchung aufzustellen, denn der hierfür erforderliche Aufwand stünde außer Verhältnis zu den zu erwartenden Einnahmen.[44] Die Abwägung der beteiligten wirtschaftlichen Interessen wird in solchen Fällen dazu führen, dass die Pflicht der Verwertungsgesellschaften zur Aufstellung gesonderter Tarife entfällt.[45]

Unterabschnitt 2. Mitteilungspflichten

§ 41 Auskunftspflicht der Nutzer

(1) [1]Die **Verwertungsgesellschaft kann von dem Nutzer Auskunft über die Nutzung derjenigen Werke und sonstiger Schutzgegenstände verlangen, an denen sie dem Nutzer die Nutzungsrechte eingeräumt hat, soweit die Auskunft für die Einziehung der Einnahmen aus den Rechten oder für deren Verteilung erforderlich ist.** [2]Dies **gilt nicht, soweit dem Nutzer die Erteilung der Auskunft nur mit unangemessen hohem Aufwand möglich ist.**

(2) **Die Verwertungsgesellschaft vereinbart mit dem Nutzer in den Nutzungsverträgen angemessene Regelungen über die Erteilung der Auskunft.**

(3) **Hinsichtlich des Formats von Meldungen sollen die Verwertungsgesellschaft und der Nutzer branchenübliche Standards berücksichtigen.**

---

[39] → Rn. 10.
[40] → Rn. 11.
[41] AmtlBegr. BT-Drs. 18/7223, S. 86.
[42] Vgl. → 5. Aufl. 2017, UrhWG § 13a Rn. 3.
[43] BGH GRUR 2017, 694 Rn. 60 – Gesamtvertrag PCs.
[44] AmtlBegr. BT-Drs. 18/7223, S. 86.
[45] Aufgrund ähnlicher Erwägungen kann auch der Abschluss eines Gesamtvertrages für die Verwertungsgesellschaft unzumutbar sein; → § 35 Rn. 7.

Übersicht

I. Allgemeines

1. Die Vorgaben der VG-RL zur Auskunftspflicht der Nutzer

1   **Art. 17 VG-RL** verpflichtet die Mitgliedstaaten, gesetzlich festzulegen, dass Verwertungsgesellschaften gegenüber Nutzern der von ihnen repräsentierten Rechte Auskunftsansprüche über deren Nutzung zustehen. Im Richtlinienvorschlag der Europäischen Kommission[1] war eine derartige Verpflichtung der Nutzer noch nicht vorgesehen; Art. 17 wurde im Laufe der Verhandlungen im Europäischen Parlament und im Rat zur Richtlinie hinzugefügt. Art. 17 **VG-RL** erfasst nur Nutzer iSv Art. 3 Buchst. k VG-RL, also **nur kommerzielle Nutzer,** nicht aber Verbraucher, die ja nach dieser Begriffsbestimmung ausdrücklich nicht als Nutzer gelten sollen. Erwägungsgrund (33) S. 2 VG-RL bestätigt, dass die Informationspflicht nach Art. 17 VG-RL auf Nutzer beschränkt sein soll, die „für Handels-, geschäftliche, handwerkliche oder sonstige berufliche Zwecke handeln", also **nicht für Verbraucher** als natürliche (Privat-)Personen gilt.

Gem. **Art. 17 S. 1 VG-RL** sind die Auskunftsansprüche der Verwertungsgesellschaften auf die den Nutzern **verfügbaren** und **einschlägigen Informationen** beschränkt. Voraussetzung ist, dass die betreffenden Informationen „für die Verteilung und Ausschüttung der den Rechtsinhabern zustehenden Beträge **benötigt** werden". In Erwägungsgrund (33) S. 3 VG-RL wird dementsprechend präzisiert, dass die Auskunftsansprüche auf **sinnvolle, notwendige** und **den Nutzern zur Verfügung stehende Auskünfte** beschränkt sein sollen, die von den Verwertungsgesellschaften auch **tatsächlich benötigt** werden, damit sie ihre Funktionen und Aufgaben erfüllen können. Dabei soll auch die „besondere Lage" von solchen Nutzern zu berücksichtigen sein, die als kleine oder mittlere Unternehmen einzustufen sind. Die Informationen sollen „innerhalb von vereinbarten oder bereits festgelegten **Fristen** und in vereinbarten oder bereits festgelegten **Formaten**" übermittelt werden; diese können also nach Wahl der nationalen Gesetzgebers gesetzlich festgelegt oder der Vereinbarung zwischen den Beteiligten überlassen werden. Nach Erwägungsgrund (33) S. 5 VG-RL sollen die Fristen dabei so bemessen sein, dass die Verwertungsgesellschaften die Termine für die Verteilung der den Rechtsinhabern zustehenden Beträge einhalten können.

Gem. **Art. 17 S. 2 VG-RL** sollen Verwertungsgesellschaften und Nutzer außerdem bei der Übermittlung dieser Informationen „nach Möglichkeit **unverbindliche branchenübliche Standards**" berücksichtigen. Hier werden wohl insbesondere solche Standards gemeint sein, die zur elektronischen Weiterübermittlung und Nutzung der Informationen geeignet sind.[2]

Im Übrigen ergibt sich aus Erwägungsgrund (33) S. 5 VG-RL, dass **nationale Rechtsvorschriften über Auskunftsansprüche** von Art. 17 VG-RL unberührt bleiben. Auch sollen nationale Gesetzgeber nach Erwägungsgrund (33) S. 6 VG-RL weiterhin das Recht haben, die in ihrem Hoheitsgebiet ansässigen Verwertungsgesellschaften dazu zu verpflichten, **Sammelrechnungen** auszustellen.

2. Bestimmungen des UrhWG betreffend Auskunftspflichten der Nutzer

2   Eine allgemeine Pflicht der Nutzer zur Auskunftserteilung an die Verwertungsgesellschaften iSv Art. 17 VG-RL war im UrhWG nicht enthalten. Nach **§ 13b Abs. 2 UrhWG** bestanden lediglich bestimmte **Auskunftspflichten der Veranstalter** nach der Veranstaltung, und nach **§ 13b Abs. 3 UrhWG** waren **Sendeunternehmen** unter bestimmten Voraussetzungen zu Auskünften über Funksendungen verpflichtet. Diese Bestimmungen werden in § 42 VGG aufgegriffen.

3. § 41

3   § 41 setzt Art. 17 VG-RL um.

Der **Grundsatz des Auskunftsanspruchs** der Verwertungsgesellschaften gegenüber den Nutzern ist in § 41 Abs. 1 enthalten; er enthält **zwei Einschränkungen:** Nach **§ 41 Abs. 1 S. 1** besteht der

---

[1] Vorschlag für eine Richtlinie des Europäischen Parlaments und des Rates über kollektive Wahrnehmung von Urheber- und verwandten Schutzrechten und die Vergabe von Mehrgebietslizenzen für die Online-Nutzung von Rechten an Musikwerken im Binnenmarkt, COM(2012) 372 final vom 11.7.2012.
[2] *Walter,* Urheber- und Verwertungsgesellschaftenrecht '15, VG-RL Art. 17 Anm. 1.

Auskunftsanspruch nur unter der Voraussetzung, dass die Auskunft **für die Einziehung und Verteilung der Einnahmen aus den Rechten erforderlich** ist. Und nach § 41 Abs. 1 S. 2 besteht kein Auskunftsanspruch, wenn die Erteilung der Auskunft nur mit „**unangemessen hohem Aufwand**" möglich ist.

Nach § 41 Abs. 2 müssen die Verwertungsgesellschaften angemessene Regelungen über die Erteilung der Auskunft in ihren Nutzungsverträgen mit den Nutzern **vereinbaren.**

§ 41 Abs. 3 bestimmt entsprechend der Vorgabe in Art. 17 S. 2 VG-RL, dass die Beteiligten, also Verwertungsgesellschaften und Nutzer, hinsichtlich des **Formats** der Auskunft „branchenübliche Standards" berücksichtigen sollen.

Davon unabhängig ist die **Meldepflicht des Veranstalters.** Die entsprechende Verpflichtung nach dem bisherigen § 13b UrhWG findet sich jetzt in § **42.**

II. Auskunftspflicht der Nutzer

1. § 41 Abs. 1 – Allgemeiner Auskunftsanspruch gegenüber Nutzern

a) § 41 Abs. 1 S. 1, Anspruch auf erforderliche Auskunft. Nach **§ 41 Abs. 1 S. 1** haben 4
Verwertungsgesellschaften[3] gegenüber Nutzern von urheberrechtlich geschützten Werken und sonstigen Schutzgegenständen im Rahmen bestehender Nutzungsverträge einen Anspruch auf Auskunft über deren Nutzung. Von diesem **allgemeinen Auskunftsanspruch** bleiben Auskunftsansprüche, die Verwertungsgesellschaften in anderen Fällen und aufgrund anderer Bestimmungen zustehen – etwa im Rahmen der §§ 54 ff. UrhG, insbesondere § 54f UrhG iVm § 54h Abs. 1 UrhG, oder bei Urheberrechtsverletzungen – unberührt.[4]

Der Ansprüche der Verwertungsgesellschaften gem. § 41 richten sich gegen Nutzer. Zwar ist der **Begriff der „Nutzer"** in § 8 VGG weiter definiert als in Art. 3 Buchst. k) VG-RL und umfasst ausdrücklich auch Verbraucher, damit auch sie, anders als nach dem VGG, die zugunsten von Nutzern geltenden Schutz- und Informationsrechte nach dem VGG beanspruchen können.[5] Andererseits richten sich die Auskunftsansprüche nach § 41, wie schon gem. Art. 17 VG-RL, gegen **kommerzielle Nutzer**. Hier sind die Nutzer Anspruchsgegner, und die gegen sie gerichteten Auskunftsansprüche nach § 41 beziehen sich nur auf **vertraglich eingeräumte Nutzungsrechte.** Damit könnten **Verbraucher** überhaupt nur dann und insoweit Anspruchsgegner des Auskunftsanspruchs iSv § 41 sein, als ihnen Nutzungsrechte von der Verwertungsgesellschaft vertraglich eingeräumt wurden; ein eher theoretischer Fall. Verbraucher als Nutznießer gesetzlicher Lizenzen, etwa iRv gesetzlichen Vergütungsansprüchen, werden daher von § 41 nicht erfasst.

Der Auskunftsanspruch besteht nur bezüglich solcher Werke und sonstiger Schutzgegenstände, an denen die Verwertungsgesellschaft die **Nutzungsrechte** tatsächlich innehat und diese an den betreffenden Nutzer vergeben hat. Für die Anwendung der Vermutungsregel nach § 48 besteht daher im Rahmen des Auskunftsanspruchs gem. § 41 kein Raum.[6]

Voraussetzung für den Auskunftsanspruch ist ferner, dass die Verwertungsgesellschaft die Auskunft für die **Einziehung** der Einnahmen aus den Rechten **oder** für deren **Verteilung** benötigt, die Auskunft hierfür also „**erforderlich**" ist. Die Auskünfte müssen demnach zunächst überhaupt einschlägig, dh für die Verwertungsgesellschaft bei der Ausübung ihrer Funktionen relevant sein. Dabei genügt es, wenn die Auskünfte entweder für die Einziehung oder für die Verteilung der Einnahmen benötigt werden. Nach Art. 17 S. 1 VG-RL müssen zwar die Auskünfte „für die Einziehung der Einnahmen aus den Rechten *und* für die Verteilung und Ausschüttung" benötigt werden. Dieser Unterschied in der Formulierung dürfte aber nicht relevant sein: Schon aus Erwägungsgrund (33) VG-RL geht hervor, dass die Auskünfte dazu dienen, dass die Verwertungsgesellschaft (alle) ihre Funktionen soll erfüllen können. Damit wird es ausreichen, dass die Auskünfte alternativ entweder für die Einziehung oder für die Verteilung der Einnahmen erforderlich sind.

b) § 41 Abs. 1 S. 2, Einschränkung des Auskunftsanspruchs. § 41 Abs. 1 S. 2 bestimmt, 5
dass kein Auskunftsanspruch besteht, wenn die Erteilung der Auskünfte dem Nutzer nur mit **unangemessen hohem Aufwand** möglich wäre. Dies ist zunächst dann der Fall, wenn dem Nutzer die Auskünfte nicht zur Verfügung stehen und er sie sich selbst nur mit großem Aufwand beschaffen kann. Aber auch in anderen Fällen kann es nicht sinnvoll und damit dem Nutzer nicht zumutbar sein, Informationen mit hohem Aufwand zusammenzutragen und aufzubereiten, insbesondere wenn dieser in keinem **angemessenen Verhältnis zum Nutzungsvorgang** und **zur Höhe der Einnahmen** steht.[7]

---

[3] § 41 gilt für Verwertungsgesellschaften iSv § 2 (zum Begriff → § 2 Rn. 5 ff.), ebenso aber auch für abhängige Verwertungseinrichtungen iSv. § 3, soweit diese Tätigkeiten einer Verwertungsgesellschaft ausüben (zum Begriff → § 3 Rn. 3).

[4] AmtlBegr. BT-Drs. 18/7223, 86.

[5] AmtlBegr. BT-Drs. 18/7223, 74.

[6] AmtlBegr. BT-Drs. 18/7223, 86.

[7] Vgl. hierzu die Hinweise darauf, dass die Auskunftserteilung „sinnvoll" sein muss und in diesem Zusammenhang auch die Lage kleiner und mittlerer Unternehmen zu berücksichtigen ist, in Erwägungsgrund (33) S. 3 VG-RL.

2. § 41 Abs. 2 – Regelungen über die Erteilung der Auskunft

6   **§ 42 Abs. 2** gibt den Verwertungsgesellschaften auf, mit den Nutzern in den Nutzungsverträgen **angemessene Regelungen** über die Erteilung der Auskunft zu **vereinbaren.** Da ohnehin zwischen Verwertungsgesellschaften auf der einen und Nutzern auf der anderen Seite Nutzungsvereinbarungen bestehen und sich die Auskunft nur darauf bezieht, bietet es sich an, in diesen auch die Erteilung der für die Verwertungsgesellschaft erforderlichen Auskünfte zu regeln. Damit lassen sich spätere Streitigkeiten über Umfang und Format von Auskünften vermeiden.[8]

Dem in § 41 Abs. 2 statuierten **Gebot der Angemessenheit** entsprechen die vereinbarten Regeln dann, wenn die in § 41 Abs. 1 genannten Parameter (Erforderlichkeit und Relevanz der Informationen, angemessener Aufwand bei der Auskunftserteilung) berücksichtigt sind.

3. § 41 Abs. 3 – Berücksichtigung branchenüblicher Standards

7   **Art. 41 Abs. 3** ist eng an den Wortlaut von Art. 17 S. 2 VG-RL angelehnt. Anders als die beiden ersten Absätze von § 41 enthält diese Bestimmung eine **Soll-Vorschrift.** Danach sollen die Beteiligten – Verwertungsgesellschaft und Nutzer – hinsichtlich des Formats der Meldung branchenübliche Standards berücksichtigen. Unter dem Begriff der „**Meldung**" im Sinne dieser Bestimmung ist die Auskunftserteilung zu verstehen. Hier geht es darum, dass die **Informationsübermittlung möglichst effizient** und kompatibel gestaltet werden, auf Seiten beider Beteiligten also den Standards der (in aller Regel elektronischen) Datenübermittlung[9] entsprechen soll. Damit soll der für die Übermittlung erforderliche Aufwand in Grenzen gehalten werden.

§ 42 Meldepflicht der Nutzer

(1) **Veranstalter von öffentlichen Wiedergaben urheberrechtlich geschützter Werke haben vor der Veranstaltung die Einwilligung der Verwertungsgesellschaft einzuholen, welche die Nutzungsrechte an diesen Werken wahrnimmt.**

(2) [1]**Nach der Veranstaltung hat der Veranstalter der Verwertungsgesellschaft eine Aufstellung über die bei der Veranstaltung genutzten Werke zu übersenden.** [2]**Dies gilt nicht für**

1. die Wiedergabe eines Werkes mittels Tonträger,

2. die Wiedergabe von Funksendungen eines Werkes sowie

3. Veranstaltungen, auf denen in der Regel nicht geschützte oder nur unwesentlich bearbeitete nicht geschützte Werke der Musik aufgeführt werden.

(3) **Soweit für die Verteilung von Einnahmen aus der Wahrnehmung von Rechten zur Wiedergabe von Funksendungen Auskünfte der Sendeunternehmen erforderlich sind, die die Funksendungen veranstaltet haben, erteilen diese Sendeunternehmen der Verwertungsgesellschaft die Auskünfte gegen Erstattung der Unkosten.**

Schrifttum: *Hillig,* Die Urheberrechtsnovelle 1985, UFITA 102 (1986), 11; *Melichar,* Die Wahrnehmung von Urheberrechten durch Verwertungsgesellschaften, 1983; *Nordemann,* Die Urheberrechtsreform 1985, GRUR 1985, 837; *Peifer,* Umsetzung der EU-Richtlinie für Verwertungsgesellschaften in deutsches Recht – Umsetzungsbedarf aus wissenschaftlicher Sicht, ZUM 2014, 453.

Übersicht

---

[8] AmtlBegr. BT-Drs. 18/7223, 86.
[9] Zum Erfordernis der elektronischen Übermittlung von Daten vgl. § 43 (elektronische Kommunikation mit Nutzern) sowie § 55 Abs. 1 (elektronische Kommunikation mit Rechtsinhabern, anderen Verwertungsgesellschaften und Nutzern iRv. Repräsentationsvereinbarungen) und § 64 (elektronische Kommunikation mit Berechtigten).

I. Allgemeines

§ 42 enthält **Pflichten der Veranstalter** von öffentlichen Wiedergaben urheberrechtlich ge- 1
schützter Werke sowie von Sendeunternehmen gegenüber den Verwertungsgesellschaften. Diese Bestimmung greift weitgehend **§ 13b UrhWG** auf, der ursprünglich mit der Urheberrechtsnovelle von
1985 eingefügt wurde, und zwar seinerzeit als § 13a UrhWG.[1]

§ 42 Abs. 1 verpflichtet die Veranstalter, **vor der Veranstaltung** die Einwilligung der Verwertungsgesellschaft einzuholen, die die erforderlichen Nutzungsrechte wahrnimmt; diese Bestimmung
entspricht wörtlich § 13b Abs. 1 UrhWG.

Nach **§ 42 Abs. 2** muss der Veranstalter der Verwertungsgesellschaft **nach der Veranstaltung** die
Aufstellung über die dort genutzten Werke übermitteln, außer in den in § 42 Abs. 2 Nr. 1–3 genannten Fällen. Damit stimmt § 42 Abs. 2 inhaltlich mit § 13b Abs. 2 UrhWG überein, ist allerdings übersichtlicher strukturiert als die Vorgängervorschrift und behebt in § 42 Abs. 2 Nr. 3 ein „Redaktionsversehen", das im Text von § 13b Abs. 2 S. 2 letzter Hs. UrhWG enthalten war.[2]

§ 42 Abs. 3 entspricht, bis auf eine redaktionelle Anpassung, § 13b Abs. 3 UrhWG. Danach müssen auch Sendeunternehmen, die Funksendungen veranstaltet haben, der Verwertungsgesellschaft
darüber gegen Erstattung der Unkosten Auskünfte erteilen, sofern diese für die Verteilung der Einnahmen erforderlich sind.

In der **VG–RL** gibt es zur Meldepflicht der Nutzer, abgesehen von der allgemeinen Verpflichtung
der kommerziellen Nutzer gem. Art. 17 VG-RL, der Verwertungsgesellschaft „die ihnen verfügbaren
einschlägigen Informationen über die Nutzung" zur Verfügung zu stellen,[3] keine Vorgaben.

II. Meldepflicht der Nutzer

1. § 42 Abs. 1 – Meldepflicht des Veranstalters vor der Veranstaltung

a) Veranstalter. Trotz des allgemein gefassten Titels von § 42 („Meldepflicht der Nutzer") behan- 2
deln § 42 Abs. 1 und 2 lediglich die Pflichten von Veranstaltern gegenüber der Verwertungsgesellschaft[4] vor (§ 42 Abs. 1) und nach (§ 42 Abs. 2) einer Veranstaltung.

Veranstalter iSv. § 42 ist, wer die Veranstaltung angeordnet und durch seine Tätigkeit ins Werk
gesetzt hat, und wer für die Veranstaltung organisatorisch und finanziell verantwortlich ist.[5] Für die
Stellung als Veranstalter spricht auch die Möglichkeit, etwa auf die Auswahl der aufzuführenden Stücke einzuwirken.[6] Aber selbst derjenige, der eine solche Einflussmöglichkeit nicht hat, aber dessen
organisatorische Beiträge zur Veranstaltung nach ihrer Art, ihrem Umfang und ihrem Gewicht bedeutsam sind und über die für die Veranstaltung erforderlichen äußeren und technischen Vorkehrungen hinausgehen, wird als Veranstalter angesehen. Anhaltspunkte sind dabei die Beauftragung des
ausübenden Künstlers, die Beteiligung am wirtschaftlichen Erfolg der Veranstaltung, deren Bewerbung, der Kartenverkauf oder die Bewirtung der Gäste.[7]

b) Öffentliche Wiedergaben. Nach **§ 42 Abs. 1** sind die Veranstalter von **öffentlichen Wie-** 3
dergaben urheberrechtlich geschützter Werke verpflichtet, **vor der Veranstaltung** hierzu die (vorherige) Einwilligung der zuständigen Verwertungsgesellschaft einzuholen. Der Begriff der öffentlichen
Wiedergabe ist definiert in § 15 Abs. 2 und Abs. 3 UrhG. Danach umfasst das Recht der öffentlichen
Wiedergabe insbesondere die Rechte aus § 19 UrhG (Vortrags-, Aufführungs- und Vorführungsrecht), aus § 20 UrhG (Senderecht), aus § 21 UrhG (Wiedergabe durch Bild- oder Tonträger) und
§ 22 UrhG (Wiedergabe von Funksendungen).[8]

c) Erfordernis der vorherigen Einwilligung. Das Recht der öffentlichen Wiedergabe ist ohne- 4
hin und unabhängig von § 42 gemäß § 15 Abs. 2 UrhG dem Urheber vorbehalten; die öffentliche
Wiedergabe ist also stets nur mit seiner Einwilligung zulässig. Der Gesetzgeber geht in § 42 Abs. 1,
wie schon in § 13b Abs. 1 UrhWG, zutreffend davon aus, dass in der Praxis die Nutzungsrechte für
öffentliche Wiedergaben von den Verwertungsgesellschaften, und von den Urhebern selbst oder
von Verlagen, wahrgenommen werden.[9] Da es somit ohnehin zur öffentlichen Wiedergabe der Einwilligung der Verwertungsgesellschaft bedarf, stellt § 42 Abs. 1 nur die Hervorhebung und Klarstellung einer **allgemeinen urheberrechtlichen Verpflichtung** dar. Damit soll sichergestellt werden,

---

[1] Zum Hintergrund → 5. Aufl. 2017, UrhWG § 13b Rn. 1.
[2] AmtlBegr. BT-Drs. 18/7223, 86; → Rn. 8.
[3] → § 41 Rn. 1; vgl. *Peifer* ZUM 2014, 453 (461).
[4] § 42 gilt für Verwertungsgesellschaften iSv. § 2 (zum Begriff → § 2 Rn. 5 ff.), ebenso aber auch für abhängige
Verwertungseinrichtungen iSv. § 3, soweit diese Tätigkeiten einer Verwertungsgesellschaft ausüben (zum Begriff
→ § 3 Rn. 3).
[5] BGH GRUR 1972, 141 (142) – Konzertveranstalter.
[6] Vgl. → UrhG § 52 Rn. 5 mwN.
[7] BGH ZUM 2015, 811 Rn. 16 ff. – Trassenfieber.
[8] AA Wandtke/Bullinger/*Gerlach* § 42 Rn. 2, der § 42 für auf das Senderecht und das Recht der Zugänglichmachung nicht anwendbar hält.
[9] Vgl. *Melichar* S. 23.

dass die Einholung der Einwilligung von den Veranstaltern nicht übersehen wird, zumal das VGG ebenso wie das UrhWG, anders als die STAGMA-Gesetzgebung von 1933/34 in deren § 3,[10] den Verwertungsgesellschaften keine Verwaltungshilfe zur Überwachung der öffentlichen Wiedergabe gewährt.[11]

Darüber hinaus sollte der Veranstalter die Verwertungsgesellschaft auch dann über die Veranstaltung informieren, wenn die betreffende Nutzung privilegiert und daher ohne Einwilligung zulässig ist, wie etwa bei der öffentlichen Wiedergabe ohne Erwerbszweck (§ 52 UrhG), in den Fällen der §§ 52a, 52b und 53a UrhG oder im Rahmen der nach den §§ 60a–60f UrhG privilegierten Nutzungsvorgänge.[12]

5   **d) Angaben bei Einholung der Einwilligung.** Die Pflicht zur **Einholung der Einwilligung vor der Veranstaltung** umfasst zunächst die Anzeige des Veranstalters an die Verwertungsgesellschaft darüber, dass überhaupt eine Veranstaltung stattfindet. Die Anzeige ist aber nur dann ordnungsgemäß mit der Folge, dass die Verwertungsgesellschaft nach § 34 zur Einräumung der Nutzungsrechte verpflichtet wird, wenn der Veranstalter dabei **die Angaben** macht, die **zur Ermittlung der anzuwendenden Tarif- und Vergütungssätze erforderlich** sind.[13] Dazu gehören insbesondere Angaben über die Art der Veranstaltung, die Größe des Veranstaltungsraumes oder die Höhe der Eintrittsgelder.[14] Der hierdurch dem Veranstalter entstehende Verwaltungsaufwand ist dadurch gerechtfertigt, dass er zur Ermittlung des auch im Interesse des Veranstalters angemessenen Tarifs beiträgt.[15] Nicht dagegen muss schon bei Einholung der Einwilligung angegeben werden, welches Werk im Einzelnen tatsächlich benutzt werden wird.

2. § 42 Abs. 2 – Programmpflicht nach der Veranstaltung

6   **a) § 42 Abs. 2 S. 1, Inhalt der Programmpflicht.** Nach **§ 42 Abs. 2 S. 1** ist der Veranstalter verpflichtet, der Verwertungsgesellschaft **nach der Veranstaltung** eine Aufstellung über die benutzten Werke zu übersenden. Diese **„Programmpflicht"**[16] soll der Verwertungsgesellschaft eine gerechte Verteilung der durch die Rechte der öffentlichen Wiedergabe erzielten Einnahmen unter den Berechtigten ermöglichen.[17]

7   **b) § 42 Abs. 2 S. 2 Nr. 1 und 2, Ausnahmen von der Programmpflicht.** Nach § 42 Abs. 2 S. 2 Nr. 1 und 2 ist der Veranstalter von der Verpflichtung zur Übersendung der Aufstellung über die benutzten Werke befreit, wenn bei der Veranstaltung Werke **mittels Tonträger (Nr. 1)** oder **durch Funksendung (Nr. 2)** wiedergegeben werden. In diesen Fällen bedarf die Verwertungsgesellschaft der Programmausfüllung durch den Veranstalter nicht, da sich hinreichende Anhaltspunkte für die Verteilung der erzielten Einnahmen bereits aus dem Schallplattenumsatz und den Rundfunkprogrammen ergeben.[18] Die Anknüpfung an den Schallplattenumsatz und an den Sendevorgang dient der Verminderung des Verwaltungsaufwands des Veranstalters. Sie entspricht dem Umstand, dass sich die Verteilungspläne der Verwertungsgesellschaften bei der öffentlichen Wiedergabe von Funksendungen wie bei allen anderen Nutzungsarten, bei denen der genaue Umfang der Nutzung nicht feststellbar ist, ohnehin an der objektiven Möglichkeit der Nutzung ausrichten.[19]

8   **c) § 42 Abs. 2 S. 2 Nr. 3, besondere Ausnahme von der Programmpflicht.** Nach **§ 42 Abs. 2 S. 2 Nr. 3** soll die Programmpflicht ferner auch dann entfallen, wenn es sich um öffentliche Wiedergaben auf Veranstaltungen handelt, auf denen **in der Regel nicht geschützte oder nur unwesentlich bearbeitete nicht geschützte Werke der Musik** aufgeführt werden. Wie schon ihr Vorgänger (§ 13b Abs. 2 S. 2 UrhWG, der im Rahmen der Urheberrechtsnovelle von 1985 im laufenden Gesetzgebungsverfahren auf Initiative des Rechtsausschusses des Deutschen Bundestages in das Gesetz eingefügt worden war), soll diese Bestimmung klarstellen, dass die für die öffentliche Wiedergabe urheberrechtlich geschützter Werke vorgesehene Programmpflicht nach § 42 Abs. 2 S. 1 auch für solche Veranstalter keine Anwendung findet, die **ganz oder doch überwiegend gemeinfreie Werke wiedergeben.**[20] § 13b Abs. 2 S. 2 UrhWG knüpfte seinerzeit an die Neufassung von § 3 S. 2

---

[10] → Einl. VGG Rn. 4 f.

[11] AmtlBegr. UrhWG BT-Drs. IV/271, 18; zur Reichweite der Kontroll- und Überwachungsmaßnahmen von Verwertungsgesellschaften im Rahmen von § 54g aF UrhG vgl. BGH GRUR 2004, 420 – Kontrollbesuch; gem. § 54g nF UrhG ist dem Urheber unter bestimmten Voraussetzungen der Kontrollbesuch zu gestatten; vgl. BVerfG NJW 2008, 2426.

[12] Dreier/Schulze/*Schulze* § 42 Rn. 5 f.; Fromm/Nordemann/*W. Nordemann/Wirtz,* 11. Aufl., UrhWG § 13b Rn. 3.

[13] BGH Schulze BGHZ 192, 12.

[14] Vgl. LG Erfurt ZUM-RD 1997, 25 (26); Mestmäcker/*Schulze* UrhWG § 13b Anm. 1; Fromm/Nordemann/*W. Nordemann/Wirtz,* 11. Aufl., UrhWG § 13b Rn. 2.

[15] Vgl. Antwort der Bundesregierung auf die Anfrage des Abgeordneten Stockleben, BT-Drs. 10/408; GRUR 1983, 639.

[16] *Melichar* S. 43.

[17] AmtlBegr. UrhWG BT-Drs. IV/271, 19.

[18] AmtlBegr. UrhWG BT-Drs. IV/271, 19.

[19] *Melichar* S. 43.

[20] Bericht des Rechtsausschusses, BT-Drs. 10/3360, 21; in § 13b Abs. 2 S. 2 letzter Hs. UrhWG war allerdings aufgrund eines Redaktionsversehens im Passus „nur unwesentlich bearbeitete Werke der Musik" der in § 3 S. 2

UrhG an, die die „nur unwesentliche Bearbeitung eines nicht geschützten Werkes der Musik" vom Urheberrechtsschutz ausnimmt. Gegen § 13b Abs. 2 S. 2 UrhWG wurden allerdings schon unmittelbar nach seinem Inkrafttreten verfassungsrechtliche Bedenken geäußert, weil er ohne erkennbaren Grund nach seinem Wortlaut eine Programmpflicht des Veranstalters auch in den Fällen ausschloss, in denen lediglich „in der Regel", nicht aber ausnahmslos, urheberrechtlich nicht geschützte Werke wiedergegeben werden.[21]

Grundsätzlich ist zu unterscheiden: Bei Veranstaltungen, auf denen „in der Regel nicht geschützte Werke oder nur unwesentlich bearbeitete nicht geschützte Werke der Musik" wiedergegeben werden, ist der Veranstalter nicht von seiner Pflicht befreit, nach § 42 Abs. 1 die **(vorherige) Einwilligung** der Verwertungsgesellschaft einzuholen; denn die Bestimmung des § 42 Abs. 2 S. 2 Nr. 3 enthält lediglich eine Ausnahme von der Mitteilungspflicht nach der Veranstaltung (Programmpflicht). Immer dann also, wenn überhaupt die öffentliche Wiedergabe auch nur eines urheberrechtlich geschützten Werkes – selbst als Ausnahme im Rahmen der Gesamtveranstaltung – in Frage kommt, muss der Veranstalter nach § 42 Abs. 1 eine Einwilligung einholen. Keine Einwilligung braucht er nur dann – dies schon nach allgemeinen urheberrechtlichen Grundätzen –, wenn auf der Veranstaltung ausnahmslos nicht geschützte Werke wiedergegeben werden; ob unwesentliche Bearbeitungen geschützte Werke sind, beurteilt sich nach § 3 UrhG.

Dagegen entfällt nach dem Wortlaut des § 42 Abs. 2 Nr. 3 die für den Verteilungsplan der Verwertungsgesellschaften bedeutsame **Programmpflicht** des Veranstalters **nach der Veranstaltung,** wenn „in der Regel nicht geschützte oder nur unwesentlich bearbeitete nicht geschützte Werke der Musik aufgeführt" wurden. Diese Bestimmung kann nur relevant werden, wenn die Veranstaltung – wohl als Ausnahme – auch die Wiedergabe geschützter Werke umfasste. Denn andernfalls bestehen ohnehin weder das (vorherige) Einwilligungserfordernis noch eine (nachträgliche) Programmpflicht. Damit aber erscheint die Bestimmung in der Tat nicht geglückt, da sie mit der Verwendung des Begriffs „in der Regel" sprachlich zu unbestimmt gefasst ist. Eine Rechtfertigung für diese Einschränkung der Befugnisse der Verwertungsgesellschaften ist nicht ersichtlich.[22]

3. § 42 Abs. 3 – Programmpflicht von Sendeunternehmen

Haben **öffentliche Wiedergaben von Funksendungen** stattgefunden, so kann die Verwertungs- 9 gesellschaft gem. § 42 Abs. 3 gegen Unkostenerstattung **Auskünfte** von dem betreffenden Sendeunternehmen verlangen, soweit dies für die Einnahmeverteilung erforderlich ist. Diese Bestimmung soll sicherstellen, dass die Verwertungsgesellschaft auch dann die für den Verteilungsplan erforderlichen Auskünfte erhält, wenn einerseits nach § 42 Abs. 2 S. 2 Nr. 2 der Veranstalter der öffentlichen Wiedergabe von Funksendungen keiner Programmpflicht unterliegt, andererseits aber die Verwertungsgesellschaft nicht selbst die Senderechte wahrnimmt, also nicht schon ohnehin aufgrund der Senderechte vom Sendeunternehmen entsprechende Auskünfte bekommt.[23]

§ 43 Elektronische Kommunikation

Die Verwertungsgesellschaft eröffnet allen Nutzern einen Zugang für die elektronische Kommunikation, einschließlich zur Meldung über die Nutzung der Rechte.

Übersicht

UrhG enthaltene Zusatz „nicht geschützte" weggelassen worden. Dieser Fehler wurde in § 42 Abs. 2 Nr. 3 behoben: Der genannte Zusatz wurde dort wieder eingefügt; vgl. BegrRegE BT-Drs. 18/7223, 86.

[21] *Nordemann* GRUR 1985, 837 (838); vgl. *Hillig* UFITA 102 1986, 11 (14, 30).

[22] *Wandtke/Bullinger/Gerlach* § 42 Rn. 7; *Schack* Rn. 1362; vgl. zu § 13b Abs. 2 S. 2 UrhWG, in dessen Wortlaut noch das genannte Redaktionsversehen enthalten war, *Nordemann* GRUR 1985, 837 (838).

[23] Bericht des Rechtsausschusses zu BT-Drs. IV/3402, 3; KG GRUR-RR 2011, 354 (358) – Musik für Werbespots; kritisch zur Kostenerstattung Dreier/Schulze/*Schulze* § 42 Rn. 13.

I. Allgemeines

1. Die Vorgaben der VG-RL

1   Eines der zentralen Anliegen der VG-RL ist die Verbesserung der Transparenz und der „good governance" von Verwertungsgesellschaften. Die **elektronische Kommunikation** zwischen Verwertungsgesellschaften auf der einen und Berechtigten, Nutzern und anderen Verwertungsgesellschaften auf der anderen Seite und ihre Information durch die Verwertungsgesellschaften über deren Webseiten spielen dabei eine zentrale Rolle. Dies kommt in verschiedenen Bestimmungen der VG-RL zum Ausdruck.[1]

Im Rahmen der Beziehungen zwischen Verwertungsgesellschaften und **Nutzern** enthält **Art. 16 Abs. 4 VG-RL** die Verpflichtung der Verwertungsgesellschaften, den Nutzern für die Kommunikation mit ihnen, gegebenenfalls auch für ihre Meldungen über den Gebrauch der Lizenz, die Verwendung „elektronischer Kommunikationsmittel" zu erlauben.

Im UrhWG gab es derartige Bestimmungen nicht; wahrnehmungsrechtlich stellen sie ein Novum dar.[2]

2. § 43 VGG

2   § 43 setzt Art. 16 Abs. 4 VG-RL um, indem er Verwertungsgesellschaften dazu verpflichtet, „allen Nutzern einen Zugang für die elektronische Kommunikation" zu eröffnen, und zwar auch „zur Meldung über die Nutzung der Rechte". Die Bestimmung ist damit für Nutzer das Gegenstück zu § 14, der die elektronische Kommunikation der Verwertungsgesellschaft mit Mitgliedern und Berechtigten betrifft. Beide Bestimmungen haben denn auch denselben Titel („Elektronische Kommunikation").

II. Elektronische Kommunikation

1. Elektronische Kommunikation mit Nutzern

3   § 43 schließt Unterabschnitt 2 zu den „Mitteilungspflichten" ab und steht im Zusammenhang mit den hier genannten **Verpflichtungen der Nutzer.** Die Bestimmung enthält die Verpflichtung der Verwertungsgesellschaften,[3] Nutzern Zugang zur elektronischen Kommunikation zu verschaffen. Systematisch ist § 43 damit ein Korrelat der Verpflichtungen der Nutzer nach den §§ 41 und 42 und soll ihnen deren Erfüllung erleichtern:

Der Zugang für die **elektronische Kommunikation** ist als **dynamischer Begriff** zu verstehen, der in Anpassung an die jeweils aktuell verfügbare Technologie nicht nur die Erreichbarkeit über Email, sondern auch Online-Portale, elektronische Formulare oder Datenbanken umfasst.

2. Elektronische Kommunikation bei Auskunftsanspruch gem. § 41

4   Zum einen müssen die Verwertungsgesellschaften Nutzer in die Lage versetzen, **Auskünfte über die Nutzung,** zu denen sie gem. **§ 41** gegenüber den Verwertungsgesellschaften verpflichtet sind, auf elektronischem Wege zu übermitteln. Ohnehin sollen Verwertungsgesellschaften und Nutzer gem. § 41 Abs. 3 bei der Übermittlung solcher Auskünfte „branchenübliche Standards" berücksichtigen; dabei wird es sich in der Regel um die Standards der elektronischen Datenübermittlung handeln.[4]

3. Elektronische Kommunikation bei Melde- und Programmpflicht gem. § 42

5   Zum anderen müssen die Mittel der elektronischen Kommunikation den Nutzern und Veranstaltern aber auch für die Erfüllung ihrer Meldepflicht nach **§ 42** zur Verfügung stehen, um die **Einwilligung** der Verwertungsgesellschaft zur Nutzung vor der Veranstaltung einzuholen (§ 42 Abs. 1),[5] um der **Programmpflicht** nach der Veranstaltung nachzukommen (§ 42 Abs. 2),[6] oder um **Auskünfte über Funksendungen** iSv. § 42 Abs. 3 zu erteilen.[7]

4. Elektronische Kommunikation im Rahmen von Online-Musikdiensten

6   Auch die Vergabe von Online-Musikrechten an Musikwerken soll mit Hilfe der elektronischen Kommunikation erleichtert werden. Zur Verpflichtung der Verwertungsgesellschaften, **Meldeme-**

---

[1] So etwa in Art. 6 Abs. 4, 16 Abs. 4, 19 S. 1, 20 Abs. 1, 25 oder 27 Abs. 2 VG-RL.

[2] Vgl. AmtlBegr. BT-Drs. 18/7223, 76 betreffend die elektronische Kommunikation zwischen Verwertungsgesellschaften und Berechtigten.

[3] § 43 gilt für Verwertungsgesellschaften iSv. § 2 (zum Begriff → § 2 Rn. 5 ff.), ebenso aber auch für abhängige Verwertungseinrichtungen iSv. § 3, soweit diese Tätigkeiten einer Verwertungsgesellschaft ausüben (zum Begriff → § 3 Rn. 3).

[4] → § 41 Rn. 7.

[5] → § 42 Rn. 2 ff.

[6] → § 42 Rn. 6 ff.

[7] → § 42 Rn. 9.

thoden für die **Anbieter von Online-Musikdiensten** anzubieten, die den Standards und Praktiken für den elektronischen Datenaustausch entsprechen, enthält § 66 eine besondere Vorschrift.

Abschnitt 3. Besondere Vorschriften für die Wahrnehmung von Rechten auf Grundlage von Repräsentationsvereinbarungen

Vorbemerkung

In Teil 2 des VGG („Rechte und Pflichten der Verwertungsgesellschaft") folgt auf Abschnitt 1 **1** („Innenverhältnis", §§ 9–33) und Abschnitt 2 („Außenverhältnis", §§ 34–43) Abschnitt 3 (§§ 44–47), der besondere Vorschriften für die Wahrnehmung von Rechten auf der Grundlage von Repräsentationsvereinbarungen enthält.

§ 44 Repräsentationsvereinbarung; Diskriminierungsverbot

Beauftragt eine Verwertungsgesellschaft eine andere Verwertungsgesellschaft, die von ihr wahrgenommenen Rechte wahrzunehmen (Repräsentationsvereinbarung), so darf die beauftragte Verwertungsgesellschaft die Rechtsinhaber, deren Rechte sie auf Grundlage der Repräsentationsvereinbarung wahrnimmt, nicht diskriminieren.

Schrifttum: *Alich,* Neue Entwicklungen auf dem Gebiet der Lizenzierung von Musikrechten durch Verwertungsgesellschaften in Europa, GRUR-Int 2008, 996; *Guibault,* Collective Rights Management Directive, in: Stamatoudi/Torremans (Hrsg.), European Copyright Law, 2014, 696; *Peifer,* Umsetzung der EU-Richtlinie für Verwertungsgesellschaften in deutsches Recht. Umsetzungsbedarf aus wissenschaftlicher Sicht, ZUM 2014, 453.

Übersicht

I. Allgemeines

1. Die Vorgaben der VG-RL

Der Begriff der **„Repräsentationsvereinbarung"** wird in **Art. 3 Buchst. j) VG-RL** definiert. **1** Danach fällt unter diesen Begriff jede Vereinbarung zwischen Verwertungsgesellschaften, in der die eine die andere damit „beauftragt, die von ihr vertretenen Rechte wahrzunehmen", und zwar einschließlich der Verträge im Zusammenhang mit der kollektiven Rechtewahrnehmung zur Vergabe von Mehrgebietslizenzen iSv Art. 29 und 30 VG-RL.

Nach **Erwägungsgrund (30) VG-RL** sollten Verwertungsgesellschaften in der Lage sein, im Rahmen von Repräsentationsvereinbarungen mit anderen Gesellschaften Rechte wahrzunehmen und die Einnahmen aus deren Vergütung einzuziehen. Die Richtlinie bewertet solche Repräsentationsvereinbarungen grundsätzlich positiv und geht in **Erwägungsgrund (11) VG-RL** davon aus, dass sie „die Verfahren zur Lizenzvergabe an die Nutzer zu gleichen, diskriminierungsfreien und transparenten Bedingungen erleichtern, auch im Hinblick auf die gemeinsame Fakturierung", verbessern und vereinfachen, insbesondere um Mehrgebietslizenzen auch für andere Bereiche als die in Titel III der Richtlinie (Online-Rechte für Musikwerke) geregelten zu erteilen. Dabei wird ausdrücklich darauf hingewiesen, dass Repräsentationsvereinbarungen die wettbewerbsrechtlichen Bestimmungen der Art. 101 und 102 AEUV einzuhalten haben.[1]

Die Europäische Kommission hatte sich in ihrem **Richtlinienvorschlag von 2012**[2] noch sehr viel zurückhaltender zu Repräsentationsvereinbarungen zwischen Verwertungsgesellschaften geäußert. Er-

---

[1] Nach Auffassung von *Walter,* Urheber- und Verwertungsgesellschaftenrecht '15, VG-RL Art. 14 Anm. 2, wären danach Repräsentationsvereinbarungen auf die Erteilung nicht-ausschließlicher Lizenzen beschränkt; vgl. auch *Walter,* Urheber- und Verwertungsgesellschaftenrecht '15, Vorb. VerwGesG 2006 Anm. 4.6 mwN; dies ist allerdings nur in Art. 29 Abs. 1 VG-RL für Online-Rechte an Musikwerken ausdrücklich festgeschrieben.

[2] Vorschlag für eine Richtlinie des Europäischen Parlaments und des Rates über kollektive Wahrnehmung von Urheber- und verwandten Schutzrechten und die Vergabe von Mehrgebietslizenzen für die Online-Nutzung von Rechten an Musikwerken im Binnenmarkt, COM(2012) 372 final vom 11.7.2012.

wägungsgrund (17) des Richtlinienvorschlags konstatierte hierzu lediglich, dass Verwertungsgesellschaften „im Rahmen von Vertretungsvereinbarungen mit anderen Gesellschaften Rechte wahrnehmen und die Einnahmen aus deren Verwertung (‚Einnahmen aus den Rechten') einziehen" können. Art. 13 und 14 des Richtlinienvorschlags enthielten für solche Vertretungsverträge ein Diskriminierungsverbot und Regeln für Abzüge und Zahlungen. Aussagen über die Nützlichkeit solcher Vertretungsvereinbarungen waren dem Richtlinienvorschlag aber nicht zu entnehmen, denn er setzte offenbar eher darauf, dass jede Verwertungsgesellschaft selbst ihre Tätigkeit länderübergreifend erbringen sollte, zumal diese von der Kommission als Dienstleistung iSd Dienstleistungsrichtlinie[3] angesehen und deren uneingeschränkte Anwendbarkeit auf die kollektive Rechtewahrnehmung befürwortet wurde.[4] Aus der Sicht der Kommission erscheint dies konsequent. Nicht nur hatte sie schon seit einiger Zeit den sog. Typ-B-Gegenseitigkeitsverträgen kritisch gegenübergestanden, wonach die Ausschüttung der Einnahmen aus den Rechten jeweils an die eigenen Berechtigten erfolgt, aus praktischen Gründen also kein Transfer stattfindet.[5] Auch in ihrer CISAC-Entscheidung von 2008 hatte die Kommission die bisher übliche Gestaltung der Gegenseitigkeitsverträge unter Verwertungsgesellschaften zur kollektiven Rechtewahrnehmung, und damit generell den Nutzen einer faktischen Monopolstellung von Verwertungsgesellschaften, in Frage gestellt. Insbesondere hatte sie die ausschließliche Rechtseinräumung und die Beschränkung des Tätigkeitsbereichs der beteiligten Verwertungsgesellschaften auf ihr jeweiliges Territorium in den Gegenseitigkeitsverträgen als wettbewerbswidrig eingestuft.[6]

Dagegen sieht die **VG-RL Repräsentationsvereinbarungen** als **nützlich** an, möchte sie erleichtern und geht damit ersichtlich einen anderen Weg, als es noch von der Kommission vorgeschlagen worden war. Mit diesem konstruktiven Ansatz dürften sowohl Gebietsbeschränkungs- als auch Ausschließlichkeitsklauseln in Repräsentationsvereinbarungen zumindest insoweit von der VG-RL gedeckt sein, als sie im Interesse der Rechtsinhaber und der Nutzer mit der Ausübung der Funktion der Verwertungsgesellschaften begründet werden können und daher mit dem Diskriminierungsverbot gem. Art. 14 VG-RL vereinbar sind.[7]

Die allgemeinen Bedingungen für Repräsentationsvereinbarungen zwischen Verwertungsgesellschaften sind in Teil II Kapitel 3 der VG-RL (Art. 14 und 15 VG-RL) geregelt. Bestimmungen zu den Informationspflichten der beauftragten Verwertungsgesellschaft iRv. Repräsentationsvereinbarungen enthält Art. 19 VG-RL (Teil II Kapitel 5). Für Repräsentationsvereinbarungen betreffend Mehrgebietslizenzen für Online-Rechte an Musikwerken enthalten die Art. 23 ff. VG-RL besondere Bestimmungen.

Art. 14 VG-RL enthält ein **Verbot der Diskriminierung** von Rechtsinhabern, die aufgrund einer Repräsentationsvereinbarung vertreten werden, gegenüber den eigenen Rechtsinhabern der beauftragten Verwertungsgesellschaft, „insbesondere" hinsichtlich der anwendbaren **Tarife**, der **Verwaltungskosten** und der **Bedingungen für die Einziehung** der Einnahmen und die **Verteilung** der den Rechtsinhabern zustehenden Beträge. Zum Schutz der Rechtsinhaber darf also eine Verwertungsgesellschaft keinen Unterschied machen zwischen Rechten, die sie mittelbar aufgrund einer Repräsentationsvereinbarung, und solchen, die sie unmittelbar für ihre eigenen Rechtsinhaber wahrnimmt.[8] Dieses Diskriminierungsverbot soll sich auch auf den **Zeitpunkt der Ausschüttung** der Einnahmen an die Rechtsinhaber beziehen; auch insoweit soll die beauftragte Verwertungsgesellschaft grundsätzlich keinen Unterschied machen dürfen zwischen ihren eigenen und den anderen Rechtsinhabern, für die sie die Rechte mittelbar wahrnimmt.[9]

Art. 15 VG-RL enthält besondere und detaillierte Bestimmungen für **Abzüge** und **Zahlungen** im Zusammenhang mit Repräsentationsvereinbarungen.[10]

Art. 19 VG-RL bestimmt Informationspflichten der beauftragten Verwertungsgesellschaft iRv Repräsentationsvereinbarungen.[11]

2. § 44

2   Das UrhWG enthielt zu Repräsentationsvereinbarungen oder Gegenseitigkeitsverträgen keine besonderen Regelungen.

---

[3] Richtlinie 2006/123/EG des Europäischen Parlaments und des Rates vom 12.12.2006 über Dienstleistungen im Binnenmarkt, ABl. L 376/36.

[4] Vgl. Erwägungsgrund (3) des Kommissionsvorschlags.

[5] Vgl. das Dokument der Europäischen Kommission: European Commission Staff Working Document – Study on a Community Initiative on the Cross-Border Collective Management of Copyright, 7.7.2005, S. 12.

[6] Entscheidung der Europäischen Kommission vom 16.7.2008 – COMP/38698 – CISAC; *Alich* GRUR-Int 2008, 996 (997); allerdings wurde die Entscheidung der Kommission im CISAC-Verfahren mittlerweile durch den EuGH teilweise wieder aufgehoben, EuGH ZUM-RD 2013, 293 Rn. 139 ff. – CISAC.

[7] Differenzierend insoweit *Walter*, Urheber- und Verwertungsgesellschaftenrecht '15, Vorb. VerwGesG 2006 Anm. 4.6.

[8] Vgl. Erwägungsgrund (30) S. 2 VG-RL.

[9] Erwägungsgrund (30) S. 4 VG-RL.

[10] → § 45 Rn. 1; → § 46 Rn. 1.

[11] → § 47 Rn. 1.

Die Vorgaben der VG-RL in Art. 14 und 15 zu Repräsentationsvereinbarungen zwischen Verwertungsgesellschaften werden in Abschnitt 3 (§§ 44–46) von Teil 2 („Rechte und Pflichten der Verwertungsgesellschaft") des VGG umgesetzt.

§ 44 enthält hierzu eine **Definition** des Begriffs der Repräsentationsvereinbarung entsprechend Art. 3 Buchst. j) VG-RL und statuiert in **Umsetzung von Art. 14 VG-RL** ein **allgemeines Verbot der Diskriminierung** von Rechtsinhabern der beauftragenden Verwertungsgesellschaft.

II. Repräsentationsvereinbarung; Diskriminierungsverbot

1. Zielrichtung und Terminologie

Schon bisher haben Verwertungsgesellschaften[12] bei der kollektiven Rechtewahrnehmung miteinander und mit anderen Organisationen kooperiert, um die Vergabe und Verwaltung von Rechten möglichst pragmatisch, praxisgerecht und kostengünstig abzuwickeln. Dies ist besonders relevant im Verhältnis zu ausländischen Verwertungsgesellschaften. Diese **Kooperation soll auch in Zukunft möglich bleiben,** auch und insbesondere, um gebietsübergreifend Rechte auch außerhalb des Online-Musikbereichs vergeben zu können.[13] **3**

In der wahrnehmungsrechtlichen Praxis spielt die grenzüberschreitende Zusammenarbeit von Verwertungsgesellschaften, die im gleichen Tätigkeitsbereich agieren, auf der Grundlage von Gegenseitigkeitsvereinbarungen seit jeher eine wichtige Rolle. Das VGG ersetzt nun den bisher üblichen Begriff der „**Gegenseitigkeitsverträge**" durch den weiteren Begriff der „**Repräsentationsvereinbarungen**" und übernimmt damit die Terminologie der VG-RL. Dies geschieht bewußt, denn mit dieser Terminologie soll die Zusammenarbeit von Verwertungsgesellschaften in Zukunft auch in den Bereichen erfaßt werden, in denen ihre Tätigkeitsbereiche nicht identisch sind. Gedacht ist dabei auch an die **Kooperation** zwischen Verwertungsgesellschaften **in Teilbereichen,** wie der Einziehung der Einnahmen aus den Rechten. Auch rein nationale Inkassovereinbarungen gelten demnach als Repräsentationsvereinbarungen iSd. §§ 44 ff. mit der Folge, dass diese Bestimmungen auch auf sie Anwendung finden.[14]

2. Die Definition des Begriffs der „Repräsentationsvereinbarung"

§ 44 übernimmt weitgehend die in Art. 3 Buchst. j) VG-RL enthaltene Definition. Nach der **Legaldefinition** des § 44 liegt eine Repräsentationsvereinbarung immer dann vor, wenn eine Verwertungsgesellschaft eine andere mit der Wahrnehmung der von ihr wahrgenommenen (in Art. 3 Buchst. j) VG-RL: vertretenen) Rechte beauftragt. Damit sind auch Vereinbarungen zur gebietsübergreifenden Vergabe von Online-Rechten an Musikwerken iSv. Teil 3 des VGG (§§ 59 ff.) Repräsentationsvereinbarungen und von der Definition erfaßt. **4**

Die **Art oder Form der Beauftragung** sind unerheblich; unabhängig von der rechtlichen Ausgestaltung des Auftrags im Einzelfall sollen alle entsprechenden Kooperationsvereinbarungen erfaßt werden.[15]

3. Der Inhalt des Diskriminierungsverbots

§ 44 enthält ein **allgemeines Diskriminierungsverbot** zum Schutz der Rechtsinhaber, deren Rechte von einer von ihrer „eigenen", sie normalerweise vertretenden Gesellschaft beauftragten Verwertungsgesellschaft wahrgenommen werden. Nach diesem zentralen Grundsatz darf die beauftragte Verwertungsgesellschaft im Prinzip keinen Unterschied machen zwischen den von ihr im Rahmen einer Repräsentationsvereinbarung wahrgenommenen Rechten (der einer anderen, der beauftragenden Verwertungsgesellschaft angehörigen Rechtsinhaber) und den Rechten, die sie unmittelbar für ihre eigenen Berechtigten wahrnimmt. **5**

Auch wenn § 44 die in Art. 14 iVm. Erwägungsgrund (30) VG-RL ausdrücklich genannten Elemente der gebotenen Gleichbehandlung nicht gesondert aufführt, sind diese iRv. § 44 zu berücksichtigen. Der **Gleichbehandlungsgrundsatz** gem. § 44 findet daher Anwendung auf die anwendbaren **Tarife,** die **Verwaltungskosten** und die **Bedingungen für die Einziehung der Einnahmen** sowie auf die **Verteilung** der den Rechtsinhabern zustehenden Beträge.[16] Daneben gilt er aber auch allgemein für das Tätigwerden der Verwertungsgesellschaft und den Zugang zu ihr, sowie für den Zeitpunkt der Ausschüttung der aus der Wahrnehmung der Rechte erzielten Einnahmen und für

---

[12] § 44 gilt für Verwertungsgesellschaften iSv. § 2 (zum Begriff → § 2 Rn. 5 ff.), ebenso aber auch für abhängige Verwertungseinrichtungen iSv. § 3, soweit diese Tätigkeiten einer Verwertungsgesellschaft ausüben (zum Begriff → § 3 Rn. 3).

[13] AmtlBegr. BT-Drs. 18/7223, 86.

[14] AmtlBegr. BT-Drs. 18/7223, 87.

[15] AmtlBegr. BT-Drs. 18/7223, 87.

[16] → Rn. 1; AmtlBegr. BT-Drs. 18/7223, 87.

Abzüge jeglicher Art.[17] Besondere Regeln über die Gleichbehandlung bezüglich der Abzüge, des Verteilungsplans und der Verteilungsfristen sind in den §§ 45 und 46 enthalten.

Das Diskriminierungsverbot gem. § 44 erlaubt keine unterschiedliche Behandlung ohne sachlichen Grund.[18] Eine Diskriminierung liegt grundsätzlich nur dann vor, wenn ohne sachlichen Grund „wesentlich Gleiches ungleich" oder „wesentlich Ungleiches gleich" behandelt wird.[19] Im Rahmen von Repräsentationsvereinbarungen darf die beauftragte Verwertungsgesellschaft nach § 44 daher nur dann und **ausnahmsweise** die Rechtsinhaber der beauftragenden Verwertungsgesellschaft anders behandeln als ihre „eigenen", wenn hierfür ein **triftiger sachlicher Grund** besteht. Fraglich ist, ob, gemessen an diesem Maßstab, in Zukunft Gegenseitigkeitsvereinbarungen zwischen Verwertungsgesellschaften zulässig sind, in denen die Ausschüttung der Einnahmen aus den Rechten jeweils an die eigenen Berechtigten erfolgt, aus praktischen Gründen also kein Transfer stattfindet (sog. **Typ-B-Verträge**).[20]

§ 45 Abzüge

Die beauftragte Verwertungsgesellschaft darf von den Einnahmen aus den Rechten, die sie auf Grundlage einer Repräsentationsvereinbarung wahrnimmt, andere Abzüge als zur Deckung der Verwaltungskosten nur vornehmen, soweit die beauftragende Verwertungsgesellschaft ausdrücklich zugestimmt hat.

Schrifttum: *Guibault,* Collective Rights Management Directive, in: Stamatoudi/Torremans (Hrsg.), European Copyright Law, 2014, 696; *Peifer,* Umsetzung der EU-Richtlinie für Verwertungsgesellschaften in deutsches Recht. Umsetzungsbedarf aus wissenschaftlicher Sicht, ZUM 2014, 453.

Übersicht

I. Allgemeines

1. Die Vorgaben der VG-RL

1   Art. 14 und 15 in Teil II Kapitel 3 der VG-RL enthalten allgemeine Bedingungen für Repräsentationsvereinbarungen zwischen Verwertungsgesellschaften. Vor allem bei der grenzüberschreitenden kollektiven Rechtewahrnehmung kommt solchen Vereinbarungen besondere Bedeutung zu. Der Begriff der **Repräsentationsvereinbarung** wird in **Art. 3 Buchst. j) VG-RL** definiert. Zielrichtung und Inhalt von **Art. 14 und 15 VG-RL** werden in den **Erwägungsgründen (30) und (11) VG-RL** erläutert.[1] Bestimmungen zu den Informationspflichten der beauftragten Verwertungsgesellschaft iRv. Repräsentationsvereinbarungen enthält **Art. 19 VG-RL** (Teil II Kapitel 5). Für Repräsentationsvereinbarungen betreffend Mehrgebietslizenzen für Online-Rechte an Musikwerken enthalten die Art. 23 ff. VG-RL besondere Regelungen.

Art. 14 VG-RL statuiert ein allgemeines **Verbot der Diskriminierung** von Rechtsinhabern der beauftragenden Verwertungsgesellschaft im Verhältnis zu den (eigenen) Rechtsinhabern der beauftragten Verwertungsgesellschaft.[2]

Art. 15 VG-RL ergänzt Art. 14 VG-RL um besondere Bestimmungen betreffend **Abzüge** und **Zahlungen** im Zusammenhang mit Repräsentationsvereinbarungen. Dabei betreffen Art. 15 Abs. 1 und 2 VG-RL die Modalitäten und Bedingungen der Auszahlung der Einnahmen, während Art. 15 Abs. 3 VG-RL hierzu Fristen enthält.

Nach **Art. 15 Abs. 1 VG-RL** muss die beauftragte Verwertungsgesellschaft grundsätzlich alle Einnahmen aus den Rechten, die ihr aus einer Repräsentationsvereinbarung zufließen, aber auch alle Erträge „aus den Anlagen dieser Einnahmen", an die beauftragende Verwertungsgesellschaft und da-

---

[17] Vgl. *Walter,* Urheber- und Verwertungsgesellschaftenrecht '15, VG-RL Art. 14 Anm. 3; zum Begriff der Einnahmen aus den Rechten → § 23 Rn. 4.

[18] AmtlBegr. BT-Drs. 18/7223, 87.

[19] BVerfGE 4, 144 (155); stRspr.

[20] Verneinend auf der Grundlage von Art. 14 VG-RL *Walter,* Urheber- und Verwertungsgesellschaftenrecht '15, VG-RL Art. 14 Anm. 4; *Guibault* in Stamatoudi/Torremans (Hrsg.), European Copyright Law, 696 (Rn. 14.52); bejahend Wandtke/Bullinger/*Gerlach* Vor §§ 44 ff. Rn. 1; *Peifer* ZUM 2014, 453 (464).

[1] Zum Ganzen → § 44 Rn. 1.

[2] Zum Inhalt von Art. 14 VG-RL → § 44 Rn. 1.

mit an deren Rechtsinhaber abführen. Abzüge können gem. Art. 15 Abs. 1 VG-RL ausschließlich für **Verwaltungskosten**[3] gemacht werden, es sei denn, die beauftragende Verwertungsgesellschaft hat Abzügen für andere Zwecke ausdrücklich zugestimmt.[4]

Nach **Art. 15 Abs. 2 VG-RL** muss die beauftragte Verwertungsgesellschaft die der beauftragenden Verwertungsgesellschaft zustehenden Einnahmen „regelmäßig, sorgfältig und korrekt" verteilen und an diese ausschütten.

Art. 15 Abs. 3 VG-RL regelt den Zeitpunkt und enthält Fristen für die Verteilung und Ausschüttung der den Rechtsinhabern zustehenden Beträge.

2. § 45

Das UrhWG enthielt zu Repräsentationsvereinbarungen oder Gegenseitigkeitsverträgen keine be- 2 sonderen Regelungen.

Die Vorgaben der VG-RL in Art. 14, 15 und 19 VG-RL zu Repräsentationsvereinbarungen zwischen Verwertungsgesellschaften werden in Abschnitt 3 (§§ 44–47) von Teil 2 („Rechte und Pflichten der Verwertungsgesellschaft") des VGG umgesetzt. Hierzu enthält § 44 die Legaldefinition des Begriffs der Repräsentationsvereinbarung und, in Umsetzung von Art. 14 VG-RL, ein allgemeines Diskriminierungsverbot.[5]

§ 45 regelt, **welche Abzüge** an den Einnahmen von den Rechten die beauftragte Verwertungsgesellschaft vornehmen kann und setzt damit **Art. 15 Abs. 1 VG-RL** um.

II. Abzüge

1. Repräsentationsvereinbarungen; Einnahmen aus den Rechten

Nach § 45 kann die beauftragte Verwertungsgesellschaft[6] von den Einnahmen aus den Rechten, die 3 sie auf der Grundlage einer Repräsentationsvereinbarung wahrnimmt, grundsätzlich nur Abzüge zur Deckung ihrer Verwaltungskosten vornehmen.

Was unter **Repräsentationsvereinbarungen** zu verstehen ist, ergibt sich aus § 44, der die Legaldefinition dieses Begriffs enthält.[7]

Betreffend die **Einnahmen aus den Rechten**[8] ist festzuhalten, dass auch im Rahmen von Repräsentationsvereinbarungen die allgemeinen Vorschriften gem. **§ 23** und die einzelnen Verpflichtungen gem. **§§ 24 ff.** für die Einziehung, Verwaltung und Verteilung von Einnahmen aus den Rechten gelten. Außerdem bestimmt § 23 S. 2 ausdrücklich, dass zu den Einnahmen aus den Rechten auch die Erträge gehören, die die Verwertungsgesellschaft ggf. aus der **Anlage dieser Einnahmen** erzielt.[9] Dieser Grundsatz und die entsprechende Vorgabe in Art. 15 Abs. 1 VG-RL brauchten daher in § 45 nicht gesondert erwähnt zu werden.

Ob, gemessen am Maßstab der §§ 23 ff. und insbesondere von § 26, in Zukunft Gegenseitigkeitsvereinbarungen zwischen Verwertungsgesellschaften zulässig sind, in denen die Ausschüttung der Einnahmen aus den Rechten jeweils an die eigenen Berechtigten erfolgt, aus praktischen Gründen also kein Transfer stattfindet (sog. **Typ-B-Verträge**), erscheint fraglich.[10]

2. Zulässige Abzüge

Abzüge zur Deckung von Verwaltungskosten sind den beauftragten Verwertungsgesellschaften 4 gem. Art. 15 Abs. 1 VG-RL ausdrücklich erlaubt; andere Abzüge aber nur, soweit die beauftragende Verwertungsgesellschaft ausdrücklich zugestimmt hat. Dieser Grundsatz wird in § 45 wiederholt. Über § 45 hinaus sind in diesem Zusammenhang noch andere Bestimmungen des VGG einschlägig: Zum Begriff der **Verwaltungskosten** enthält **§ 31 Abs. 2** eine Legaldefinition und bestimmt, dass Verwaltungskosten stets gerechtfertigt und belegt sein müssen.[11] Dies gilt auch für Verwaltungskosten,

---

[3] Zur Definition und Verwendung des Begriffs der Verwaltungskosten in der VG-RL vgl. Art. 3 Buchst. i und Art. 12 Abs. 3 VG-RL; → § 31 Rn. 1.

[4] So werden iRv. Repräsentationsvereinbarungen etwa Abzüge für soziale, kulturelle oder Bildungsleistungen iSv. Art. 12 Abs. 4 VG-RL nach Art. 15 Abs. 1 VG-RL nur mit ausdrücklicher Erlaubnis der auftraggebenden Verwertungsgesellschaft zulässig sein; vgl. *Walter,* Urheber- und Verwertungsgesellschaftenrecht '15, VG-RL Art. 15 Anm. 1.

[5] → § 44 Rn. 3 ff.

[6] § 45 gilt für Verwertungsgesellschaften iSv. § 2 (zum Begriff → § 2 Rn. 5 ff.), ebenso aber auch für abhängige Verwertungseinrichtungen iSv. § 3, soweit diese Tätigkeiten einer Verwertungsgesellschaft ausüben (zum Begriff → § 3 Rn. 3).

[7] → § 44 Rn. 4.

[8] Zum Begriff der Einnahmen aus den Rechten → § 23 Rn. 4.

[9] → § 23 Rn. 4.

[10] Verneinend schon auf der Grundlage von Art. 14 VG-RL *Walter,* Urheber- und Verwertungsgesellschaftenrecht '15, VG-RL Art. 14 Anm. 4; *Guibault* in Stamatoudi/Torremans (Hrsg.), European Copyright Law, 696 (Rn. 14.52); bejahend Wandtke/Bullinger/ *Gerlach* Vor §§ 44 ff. Rn. 1; *Peifer* ZUM 2014, 453 (464).

[11] → § 31 Rn. 4.

die iRv. Repräsentationsvereinbarungen geltend gemacht und von den Ausschüttungsbeträgen abgezogen werden.

Außerdem gilt allgemein auch iRv. Repräsentationsvereinbarungen, dass jegliche **Abzüge** gem. **§ 31 Abs. 1** angemessen sein und anhand von objektiven Kriterien festgelegt werden müssen.[12]

Dies ergibt folgendes Bild: Grundsätzlich sind der beauftragten Verwertungsgesellschaft iRv. Repräsentationsvereinbarungen gem. § 45 **keine anderen Abzüge als die Verwaltungskosten** erlaubt, und dies auch nur in den von § 31 Abs. 2 gezogenen Grenzen. **Abzüge anderer Art,** etwa **für soziale oder kulturelle Zwecke,** sind nur zulässig, soweit die beauftragende Verwertungsgesellschaft ausdrücklich zugestimmt hat. Selbst wenn dies der Fall ist, müssen diese (anderen) Abzüge aber auch den allgemeinen Maßstäben von § 31 Abs. 1 (Angemessenheit, Festlegung anhand von objektiven Kriterien) genügen sowie besondere Vorgaben, etwa gem. § 32 Abs. 3 für Abzüge zur kulturellen Förderung, beachten.[13]

§ 46 Verteilung

(1) [1]Für die Verteilung der Einnahmen aus den Rechten, die die beauftragte Verwertungsgesellschaft auf Grundlage einer Repräsentationsvereinbarung wahrnimmt, ist der Verteilungsplan der beauftragten Verwertungsgesellschaft maßgeblich, soweit die Verwertungsgesellschaften in der Repräsentationsvereinbarung keine abweichenden Vereinbarungen treffen. [2]Abweichende Vereinbarungen in der Repräsentationsvereinbarung müssen ein willkürliches Vorgehen bei der Verteilung ausschließen.

(2) Von den Vorschriften über die Verteilungsfrist (§ 28) kann in der Repräsentationsvereinbarung nicht zum Nachteil der beauftragenden Verwertungsgesellschaft abgewichen werden.

(3) Bezieht sich die Repräsentationsvereinbarung auf Rechte und Werke oder sonstige Schutzgegenstände, die zum Tätigkeitsbereich beider Verwertungsgesellschaften zählen, so hat die beauftragende Verwertungsgesellschaft die Verteilungsfrist (§ 28) so zu bestimmen, dass die Einnahmen aus den Rechten spätestens sechs Monate nach Erhalt an die von ihr vertretenen Berechtigten verteilt werden.

Übersicht

I. Allgemeines

1. Die Vorgaben der VG-RL

1   Allgemeine Bedingungen für die kollektive Rechtewahrnehmung iRv. Repräsentationsvereinbarungen zwischen Verwertungsgesellschaften sind in Teil II Kapitel 3 **(Art. 14 und 15)** iVm. den **Erwägungsgründen (30) und (11) VG-RL** enthalten. Bestimmungen zu den Informationspflichten der beauftragten Verwertungsgesellschaft iRv. Repräsentationsvereinbarungen enthält **Art. 19 VG-RL** (Teil II Kapitel 5). Der Begriff der **Repräsentationsvereinbarung** wird in **Art. 3 Buchst. j) VG-RL** definiert.[1] Für Repräsentationsvereinbarungen betreffend Mehrgebietslizenzen für Online-Rechte an Musikwerken enthalten die **Art. 23 ff. VG-RL** besondere Regelungen.

Art. 14 VG-RL statuiert ein allgemeines **Verbot der Diskriminierung** von Rechtsinhabern der beauftragenden Verwertungsgesellschaft im Verhältnis zu den (eigenen) Rechtsinhabern der beauftragten Verwertungsgesellschaft.[2]

Nach **Art. 15 Abs. 1 VG-RL** muss die beauftragte Verwertungsgesellschaft grundsätzlich alle Einnahmen aus den Rechten, die ihr aus einer Repräsentationsvereinbarung zufließen, aber auch alle Erträge „aus den Anlagen dieser Einnahmen", an die beauftragende Verwertungsgesellschaft und damit an deren Rechtsinhaber abführen; sie kann hiervon grundsätzlich keine anderen Beträge als die Verwaltungskosten abziehen, es sei denn, die beauftragende Verwertungsgesellschaft hat Abzügen für andere Zwecke ausdrücklich zugestimmt.[3]

---

[12] Im Einzelnen → § 31 Rn. 3.
[13] Vgl. → § 32 Rn. 5.
[1] Zum Ganzen → § 44 Rn. 1.
[2] Zum Inhalt von Art. 14 VG-RL → § 44 Rn. 1.
[3] Zum Inhalt von Art. 15 Abs. 1 VG-RL → § 45 Rn. 1.

Nach **Art. 15 Abs. 2 VG-RL** muss die beauftragte Verwertungsgesellschaft die der beauftragenden Verwertungsgesellschaft zustehenden Einnahmen „regelmäßig, sorgfältig und korrekt" verteilen und an diese ausschütten.

Art. 15 Abs. 3 VG-RL regelt den Zeitpunkt und enthält Fristen für die Verteilung und Ausschüttung der den Rechtsinhabern zustehenden Beträge.

Nach **Art. 15 Abs. 3 UAbs. 1** hat die beauftragte Verwertungsgesellschaft die Einnahmen „so schnell wie möglich" **an die beauftragende Gesellschaft** zu verteilen und auszuschütten, „spätestens jedoch **neun Monate nach Ablauf des Geschäftsjahres**", „in dem die Einnahmen aus den Rechten eingezogen wurden". Dies gilt nur dann nicht, wenn es „aus objektiven Gründen, insbesondere im Zusammenhang mit Meldungen von Nutzern, der Feststellung der Rechte, Rechtsinhabern oder der Zuordnung von Angaben über Werke und andere Schutzgegenstände zu dem jeweiligen Rechtsinhaber nicht möglich" war, diese Frist zu wahren; alle diese also Umstände, die außerhalb des Einflussbereichs der beauftragten Verwertungsgesellschaft liegen.

Nach **Art. 15 Abs. 3 UAbs. 2** muss die beauftragende Verwertungsgesellschaft (oder ihre Mitglieder, wenn es sich um Einrichtungen zur Vertretung von Rechtsinhabern handelt) diese Beträge ihrerseits „so schnell wie möglich", „spätestens jedoch **sechs Monate nach Erhalt an die Rechtsinhaber**" verteilen und ausschütten. Auch diese Frist muss nur dann nicht eingehalten werden, wenn dies „aus objektiven Gründen, insbesondere im Zusammenhang mit Meldungen von Nutzern, der Feststellung der Rechte, Rechtsinhabern oder der Zuordnung von Angaben über Werke und andere Schutzgegenstände zu dem jeweiligen Rechtsinhaber nicht möglich" war; also aus Umständen, die außerhalb des Einflussbereichs der beauftragenden Verwertungsgesellschaft liegen.

2. § 46

Das UrhWG enthielt zu Repräsentationsvereinbarungen oder Gegenseitigkeitsverträgen keine besonderen Regelungen. § 7 UrhWG zur Verteilung der Einnahmen fand grundsätzlich auch auf die Verteilung der Einnahmen iRv. Gegenseitigkeitsvereinbarungen Anwendung. **2**

Die Vorgaben der VG-RL in Art. 14, 15 und 19 VG-RL zu Repräsentationsvereinbarungen zwischen Verwertungsgesellschaften werden in Abschnitt 3 (§§ 44–47) von Teil 2 („Rechte und Pflichten der Verwertungsgesellschaft") des VGG umgesetzt. Hierzu enthält § 44 die Legaldefinition des Begriffs der Repräsentationsvereinbarung und, in Umsetzung von Art. 14 VG-RL, ein allgemeines Diskriminierungsverbot.[4] § 45 setzt Art. 15 Abs. 1 VG-RL um und regelt, welche Abzüge an den Einnahmen von den Rechten die beauftragte Verwertungsgesellschaft vornehmen kann.[5] Die besonderen Informationspflichten iRv. Repräsentationsvereinbarungen nach Art. 19 VG-RL werden in § 47 umgesetzt.[6]

§ 46 Abs. 1 S. 1 setzt den **Grundsatz der regelmäßigen, sorgfältigen und korrekten Verteilung der Einnahmen** an die beauftragende Verwertungsgesellschaft[7] um, der in Art. 15 Abs. 2 VG-RL enthalten ist, und stellt hierzu auf den **Verteilungsplan** der beauftragten Verwertungsgesellschaft ab.

§ 46 Abs. 1 S. 2 enthält den allgemeinen Grundsatz, dass der beauftragten Verwertungsgesellschaft bei der Verteilung der Einnahmen ein **willkürliches Vorgehen untersagt** ist, und setzt damit Art. 15 Abs. 3 UAbs. 1 VG-RL um.

Ergänzend knüpft **§ 46 Abs. 2** an die bereits in § 28 genannte **neunmonatige Verteilungsfrist** an und bestimmt, das von dieser in der Repräsentationsvereinbarung nicht zum Nachteil der beauftragenden Verwertungsgesellschaft abgewichen werden kann.

§ 46 Abs. 3 setzt Art. 15 Abs. 3 UAbs. 2 VG-RL um, indem er der beauftragenden Verwertungsgesellschaft eine **Frist von sechs Monaten** nach Erhalt der Einnahmen für deren **Verteilung an ihre Berechtigten** setzt, sofern die aufgrund einer Repräsentationsvereinbarung wahrgenommenen Rechte zum Tätigkeitsbereich beider Verwertungsgesellschaften gehören.

II. Verteilung

1. § 46 Abs. 1 – Korrekte Verteilung anhand des Verteilungsplans

Auch in § 46 geht es um den Umgang mit den **Einnahmen aus den Rechten**[8] im Rahmen von **3** **Repräsentationsvereinbarungen**.[9] § 46 ergänzt insoweit das allgemeine Diskriminierungsverbot gem. § 44 und die Regelungen über Abzüge gem. § 45 um Bestimmungen betreffend die **Verteilung**

---

[4] → § 44 Rn. 3 ff.

[5] → § 45 Rn. 3 f.

[6] → § 47 Rn. 3 ff.

[7] § 46 gilt für Verwertungsgesellschaften iSv. § 2 (zum Begriff → § 2 Rn. 5 ff.), ebenso aber auch für abhängige Verwertungseinrichtungen iSv. § 3, soweit diese Tätigkeiten einer Verwertungsgesellschaft ausüben (zum Begriff → § 3 Rn. 3).

[8] Zum Begriff der Einnahmen aus den Rechten → § 23 Rn. 4.

[9] Zum Begriff der Repräsentationsvereinbarung → § 44 Rn. 4.

der Einnahmen. In § 46 wird der Zusammenhang mit den allgemeinen Bestimmungen des VGG betreffend die Behandlung von Einnahmen aus den Rechten besonders deutlich. Denn festzuhalten ist, dass auch im Rahmen von Repräsentationsvereinbarungen grundsätzlich die allgemeinen Vorschriften gem. § 23 und die einzelnen Verpflichtungen gem. §§ 24 ff. für die Einziehung, Verwaltung und Verteilung von Einnahmen aus den Rechten gelten.[10]

§ 46 Abs. 1 bezieht sich auf die Verteilung der Einnahmen von der beauftragten Verwertungsgesellschaft an die beauftragende Gesellschaft.

§ 46 Abs. 1 S. 1 setzt die Vorgaben in Art. 15 Abs. 2 VG-RL um, wiederholt diese aber nicht ausdrücklich. Anstelle des in der Richtlinie genannten Grundsatzes, dass die Verteilung „regelmäßig, sorgfältig und korrekt" zu erfolgen hat, bestimmt § 46 Abs. 1 S. 1, dass für die Verteilung der Einnahmen an die beauftragende Gesellschaft der **Verteilungsplan** der beauftragten Verwertungsgesellschaft maßgeblich ist. Damit soll klargestellt werden, das auch im Rahmen von Repräsentationsvereinbarungen die Einnahmen zwischen den beteiligten Verwertungsgesellschaften grundsätzlich nach festen Regeln zu verteilen sind, und zwar **auf der Grundlage des Verteilungsplans der beauftragten Gesellschaft.**[11]

Den **Begriff des Verteilungsplans** definiert § 27 als „feste Regeln", „die ein willkürliches Vorgehen bei der Verteilung der Einnahmen aus den Rechten ausschließen". Indem er den Verwertungsgesellschaften die Aufstellung eines Verteilungsplans vorschreibt, setzt § 27 in Anknüpfung an § 7 S. 1 UrhWG bereits den in Art. 13 Abs. 1 UAbs. 1 VG-RL enthaltenen allgemeinen Grundsatz um, dass die Verwertungsgesellschaften die den Rechtsinhabern zustehenden Beträge „regelmäßig, sorgfältig und korrekt verteilen und ausschütten" müssen.[12]

Da die beauftragte Verwertungsgesellschaft als solche gem. § 27 ohnehin verpflichtet ist, einen Verteilungsplan aufzustellen, stellt § 46 Abs. 1 S. 1 klar, dass dieser Verteilungsplan grundsätzlich auch **maßgeblich** ist, also Regeln enthalten muss, für die Verteilung der iRv. Repräsentationsvereinbarungen für eine andere Verwertungsgesellschaft eingenommenen Beträge an diese. Inhaltlich muss also im Verteilungsplan, auch in Bezug auf die Verteilung der Einnahmen von der beauftragten an die beauftragende Verwertungsgesellschaft, das **Willkürverbot** beachtet werden.[13]

Nach **§ 46 Abs. 1 S. 1 letzter Hs.** können die beteiligten Verwertungsgesellschaft aber **vom Verteilungsplan abweichende Vereinbarungen** treffen. Damit sollen Verwertungsgesellschaften, da der Begriff der Repräsentationsvereinbarung weit gefasst ist und sowohl grenzüberschreitende Gegenseitigkeitsverträge zwischen Verwertungsgesellschaften als auch nationale Inkassovereinbarungen umfasst,[14] den Besonderheiten dieser Verträge durch individuelle Vereinbarungen über die Verteilung Rechnung tragen können. Diese Variante wird insbesondere dann zum Tragen kommen, wenn die beauftragte Verwertungsgesellschaft als Inkassogesellschaft fungiert und andere Gruppen von Berechtigten vertritt als die beauftragende(n) Verwertungsgesellschaft(en).[15]

Allerdings wird diese Flexibilität der Verwertungsgesellschaften dadurch eingeschränkt, dass gem. **§ 46 Abs. 1 S. 2** derartige vom Verteilungsplan abweichende Vereinbarungen ein **willkürliches Vorgehen bei der Verteilung** ausschließen müssen. Das ohnehin für den Verteilungsplan in § 27 statuierte Willkürverbot gilt also auch für die hier genannten und nach § 46 Abs. 1 S. 1 erlaubten abweichenden Vereinbarungen.

2. § 46 Abs. 2 – Kein Abweichen von der Verteilungsfrist

4 §46 Abs. 2 bezieht sich auf die **Frist für die Verteilung** der Einnahmen von der beauftragten **an die beauftragende Verwertungsgesellschaft** iRv Repräsentationsvereinbarungen. Grundsätzlich gilt auch für diese Verteilungsfrist § 28, wonach die Verwertungsgesellschaft im Verteilungsplan Verteilungsfristen bestimmen muss (§ 28 Abs. 1), und die Einnahmen aus den Rechten **spätestens neun Monate nach Ablauf des Geschäftsjahres,** in dem sie eingezogen wurden, (hier: an die beauftragende Verwertungsgesellschaft) verteilt werden müssen (§ 28 Abs. 2), es sei denn, dass dies aus sachlichen Gründen nicht möglich ist (§ 28 Abs. 3).[16] Die in Art. 15 Abs. 3 UAbs. 1 VG-RL genannten Fristen (spätestens neun Monate nach Ablauf des Geschäftsjahres) einschließlich der davon vorgesehenen Ausnahmen ergeben sich daher bereits aus der Bezugnahme auf § 28 und mussten nicht gesondert in § 46 umgesetzt werden.

§ 46 Abs. 2 bestimmt außerdem, dass in der Repräsentationsvereinbarung von der Verteilungsfrist gem. § 28 **nicht zum Nachteil der beauftragenden Verwertungsgesellschaft abgewichen** werden darf. Daraus ergibt sich zwar zunächst, dass in der Repräsentationsvereinbarung grundsätzlich eine andere als die neunmonatige Frist gem. § 28 Abs. 2 vereinbart werden kann. Eine Vereinbarung

---

[10] Zur Beurteilung von sog. Typ-B-Verträgen am Maßstab der §§ 23 ff. und insbesondere von § 26 → § 44 Rn. 5; → § 45 Rn. 3 mwN.

[11] AmtlBegr. BT-Drs. 18/7223, 87.

[12] Zur Legaldefinition des Verteilungsplans und zu seinem Inhalt → § 27 Rn. 5 ff.

[13] → § 27 Rn. 7.

[14] → § 44 Rn. 3.

[15] AmtlBegr. BT-Drs. 18/7223, 87; Wandtke/Bullinger/*Gerlach* § 46 Rn. 1; Heine/Holzmüller/*Heine* § 46 Rn. 9.

[16] → § 28 Rn. 3 ff.

über die Frist dürfte aber nur dann nicht nachteilig für die beauftragende Verwertungsgesellschaft sein, wenn die Frist kürzer ist als neun Monate. Nur dann wird sie auch den Vorgaben der Richtlinie gerecht, die die **Neunmonatsfrist als Höchstfrist** statuiert und deren Verlängerung durch Vereinbarung zwischen den beteiligten Verwertungsgesellschaften nicht vorsieht.[17]

3. § 46 Abs. 3 – Sechsmonatige Verteilungsfrist

§ 46 Abs. 3 bezieht sich auf die **Frist für die Verteilung** der Einnahmen von der beauftragenden 5
Verwertungsgesellschaft **an die von ihr vertretenen Berechtigten** iRv. Repräsentationsvereinbarungen. Dabei wird die Frist von neun Monaten, wie sie in **§ 28 Abs. 2** grundsätzlich für die Verteilung der Einnahmen an die Berechtigten vorgesehen ist, iRv. Repräsentationsvereinbarungen auf **sechs Monate** verkürzt.

Fristbeginn ist der **Erhalt der Einnahmen,** dh. der Zeitpunkt, in dem die beauftragende Verwertungsgesellschaft die Einnahmen von der beauftragten Verwertungsgesellschaft erhält.

Die Sechsmonatsfrist für die Verteilung an die Berechtigten gilt aber nur, wenn die Einnahmen über eine Repräsentationsvereinbarung erzielt wurden zwischen **Verwertungsgesellschaften desselben Tätigkeitsbereichs,** zu deren Tätigkeitsbereich also die kollektive Wahrnehmung von Rechten derselben Kategorie von Werken oder sonstigen Schutzgegenständen gehört. Die Verteilungsfrist von sechs Monaten gilt demnach nicht iRv. Gegenseitigkeitsverträgen zwischen Verwertungsgesellschaften, deren Tätigkeitsbereiche nicht identisch sind, wie insbesondere iRv. nationalen Inkassovereinbarungen. Diese Differenzierung entspricht der Vorgabe in Art. 15 Abs. 3 UAbs. 2 VG-RL, die ja nur für Repräsentationsvereinbarungen iSv. Art. 3 Buchst. j) VG-RL gilt.

Auch für die Sechsmonatsfrist gem. § 46 Abs. 3 gilt im Übrigen **§ 28,** wonach die (hier: beauftragende) Verwertungsgesellschaft diese **Verteilungsfrist im Verteilungsplan bestimmen** muss (§ 28 Abs. 1), die Einnahmen aus den Rechten allerdings **spätestens sechs Monate nach Erhalt** (von der beauftragten Verwertungsgesellschaft) an die Berechtigten verteilt werden müssen (insoweit abweichend von § 28 Abs. 2), es sei denn, dass dies **aus sachlichen Gründen nicht möglich** ist (§ 28 Abs. 3), und nicht innerhalb der Frist verteilbare Einnahmen **in der Buchführung getrennt auszuweisen** sind (§ 28 Abs. 4).[18]

Die in Art. 15 Abs. 3 UAbs. 2 VG-RL angesprochene Variante, dass die Verteilung der Einnahmen an die Berechtigten statt von der beauftragenden Verwertungsgesellschaft von ihren Mitgliedern vorgenommen werden kann, wenn es sich dabei um Einrichtungen handelt, die Rechtsinhaber vertreten, wird von § 46 Abs. 3 nicht aufgegriffen.[19]

§ 47 Informationspflichten

Die beauftragte Verwertungsgesellschaft informiert spätestens zwölf Monate nach Ablauf eines jeden Geschäftsjahres die Verwertungsgesellschaften, für die sie in diesem Geschäftsjahr auf Grundlage einer Repräsentationsvereinbarung Rechte wahrgenommen hat, elektronisch mindestens über:

1. **die in diesem Geschäftsjahr der beauftragenden Verwertungsgesellschaft zugewiesenen Einnahmen aus denjenigen Rechten, die von der Repräsentationsvereinbarung umfasst sind, aufgeschlüsselt nach Kategorie der Rechte und Art der Nutzung;**
2. **die in diesem Geschäftsjahr an die beauftragende Verwertungsgesellschaft ausgeschütteten Einnahmen aus denjenigen Rechten, die von der Repräsentationsvereinbarung umfasst sind, aufgeschlüsselt nach Kategorie der Rechte und Art der Nutzung;**
3. **sämtliche der beauftragenden Verwertungsgesellschaft zugewiesenen, aber noch nicht ausgeschütteten Einnahmen aus den Rechten;**
4. **die in diesem Geschäftsjahr zur Deckung der Verwaltungskosten vorgenommenen Abzüge von den Einnahmen aus den Rechten;**
5. **die in diesem Geschäftsjahr für andere Zwecke als zur Deckung der Verwaltungskosten vorgenommenen Abzüge aus den Einnahmen von den Rechten;**
6. **Informationen zu den mit Nutzern abgeschlossenen Verträgen sowie zu Vertragsanfragen von Nutzern, die abgelehnt wurden, soweit sich die Verträge und Vertragsanfragen auf Werke und andere Schutzgegenstände beziehen, die von der Repräsentationsvereinbarung umfasst sind, und**
7. **die Beschlüsse der Mitgliederhauptversammlung, sofern die Beschlüsse für die Wahrnehmung der unter die Repräsentationsvereinbarung fallenden Rechte maßgeblich sind.**

---

[17] Vgl. Erwägungsgrund (30) S. 4 VG-RL, der davon ausgeht, dass die Verteilung an die beauftragenden Verwertungsgesellschaft „spätestens zu demselben Zeitpunkt" erfolgt, in dem die beauftragten Verwertungsgesellschaften die „Ausschüttung an ihre eigenen Mitglieder und sonstige Rechtsinhaber, die sie vertreten, vornehmen".
[18] → § 28 Rn. 3 ff.
[19] AmtlBegr. BT-Drs. 18/7223, 87.

I. Allgemeines

1. Die Vorgaben der VG-RL

1   Bedingungen für die kollektive Rechtewahrnehmung iRv. Repräsentationsvereinbarungen zwischen Verwertungsgesellschaften sind in Teil II Kapitel 3 („Rechtewahrnehmung für andere Organisationen für die kollektive Rechtewahrnehmung", **Art. 14 und 15**) iVm. den **Erwägungsgründen (30) und (11) VG-RL** enthalten. Der Begriff der **Repräsentationsvereinbarung** wird in **Art. 3 Buchst. j) VG-RL** definiert.[1] Für Repräsentationsvereinbarungen betreffend Mehrgebietslizenzen für Online-Rechte an Musikwerken enthalten die **Art. 23 ff. VG-RL** besondere Regelungen.

Obwohl die **Informationspflichten der beauftragten Verwertungsgesellschaft** iRv. Repräsentationsvereinbarungen in engem Zusammenhang stehen zu Art. 14 und 15 in Teil II Kapitel 3 der VG-RL, sind diese in **Art. 19 VG-RL** enthalten und zusammen mit anderen Regeln in Teil II Kapitel 5 („Transparenz und Berichtspflichten") aufgeführt. In diesem Kapitel werden Verwertungsgesellschaften besonderen Transparenzpflichten unterworfen. **Erwägungsgrund (34) S. 3 VG-RL** hebt hervor, dass Informationspflichten iRv. Repräsentationsvereinbarungen gleichermaßen für die beauftragte gegenüber der beauftragenden Verwertungsgesellschaft bestehen und auch die Weitergabe von Finanzdaten umfassen sollen.

Nach **Art. 19 VG-RL** muss die beauftragte Verwertungsgesellschaft der beauftragenden für den relevanten Zeitraum, in dem sie auf der Grundlage einer Repräsentationsvereinbarung, also in ihrem Auftrag, Rechte ihrer Berechtigten wahrnimmt, **„mindestens einmal jährlich"** bestimmte Informationen zur Verfügung stellen. Die Übermittlung der Informationen muss **„elektronisch"** erfolgen.

Dazu, welche **Informationen „mindestens"** übermittelt werden müssen, enthalten **Art. 19 Buchst. a)–e) VG-RL** detaillierte Angaben. Danach müssen mindestens übermittelt werden Informationen: über die „zugewiesenen **Einnahmen aus Rechten"**, über **ausgeschüttete Beträge** – aufgeschlüsselt nach den Kategorien der wahrgenommenen Rechte und der Art der Nutzung – und über „sonstige zugewiesene, noch ausstehende Einnahmen aus Rechten für jedweden Zeitraum" **(Art. 19 Buchst. a))**; über die **für Verwaltungskosten vorgenommenen Abzüge (Art. 19 Buchst. b))**; über **für andere Zwecke als Verwaltungskosten vorgenommene Abzüge** iSv. Art. 15[2] **(Art. 19 Buchst. c))**; über **vergebene und verweigerte Lizenzen** in Bezug auf von der Repräsentationsvereinbarung umfasste Werke und andere Schutzgegenstände **(Art. 19 Buchst. d))**; und über **Beschlüsse der Mitgliederhauptversammlung**,[3] „sofern sie für die Wahrnehmung der unter die Repräsentationsvereinbarung fallenden Rechte maßgeblich sind" **(Art. 19 Buchst. e))**.

2. § 47

2   Das UrhWG enthielt weder allgemein zu Repräsentationsvereinbarungen oder Gegenseitigkeitsverträgen, noch zu Informationspflichten der beauftragten gegenüber der beauftragenden Verwertungsgesellschaft besondere Regelungen.

Die Vorgaben der VG-RL in Art. 14, 15 und 19 VG-RL zu Repräsentationsvereinbarungen zwischen Verwertungsgesellschaften werden in Abschnitt 3 (§§ 44–47) von Teil 2 („Rechte und Pflichten der Verwertungsgesellschaft") des VGG umgesetzt. Hierzu enthält § 44 die Legaldefinition des Begriffs der Repräsentationsvereinbarung und, in Umsetzung von Art. 14 VG-RL, ein allgemeines Diskriminierungsverbot.[4] § 45 setzt Art. 15 Abs. 1 VG-RL um und regelt, welche Abzüge die beauftragte Verwertungsgesellschaft an den Einnahmen von den Rechten vornehmen kann.[5] § 46 setzt Art. 15 Abs. 2 und 3 VG-RL um und enthält Bestimmungen über die Bedingungen und Fristen der Verteilung der Einnahmen zwischen den beteiligten Verwertungsgesellschaften und an die Rechtsinhaber.[6]

In **§ 47** werden die besonderen Informationspflichten iRv. Repräsentationsvereinbarungen nach Art. 19 VG-RL umgesetzt. § 47 übernimmt die Vorgaben von Art. 19 VG-RL in weiten Teilen

---

[1] Zum Ganzen → § 44 Rn. 1.
[2] Nach Art. 15 Abs. 1 VG-RL setzen solche „anderen" Abzüge iRv. Repräsentationsvereinbarungen die Zustimmung der beauftragenden Verwertungsgesellschaft voraus; → § 45 Rn. 1.
[3] Zum Inhalt der Beschlüsse der Mitgliederhauptversammlung gem. Art. 8 VG-RL → § 17 Rn. 1.
[4] → § 44 Rn. 3 ff.
[5] → § 45 Rn. 3 f.
[6] → § 46 Rn. 3 ff.

wörtlich, allerdings mit Anpassungen in der Struktur und in sprachlicher Hinsicht. So wurde insbesondere der kompakte und dort recht umständlich formulierte Inhalt von Art. 19 Buchst. a) VG-RL untergliedert. § 47 gibt der beauftragten Verwertungsgesellschaft auf, die beauftragenden Verwertungsgesellschaften spätestens zwölf Monate nach Ablauf eines jeden Geschäftsjahres elektronisch zu informieren über zugewiesene Einnahmen (§ 47 Nr. 1–3) über Abzüge (§ 47 Nr. 4 und 5), über Verträge mit und Vertragsanfragen von Nutzern (§ 47 Nr. 6) und über relevante Beschlüsse der Mitgliederhauptversammlung (§ 47 Nr. 7). § 47 Nr. 1–3 gehen auf Art. 19 Buchst. a) VG-RL zurück, und § 47 Nr. 4–7 entsprechen inhaltlich Art. 19 Buchst. b)–e) VG-RL.

II. Informationspflichten

1. Fristgerechte Übermittlung von Informationen

Auch § 47 findet, ebenso wie die §§ 44–46, nur im Rahmen von **Repräsentationsvereinbarun-** 3 **gen**[7] Anwendung. Während allerdings die §§ 44–46 Bestimmungen über den Inhalt von Repräsentationsvereinbarungen und die Verteilung der Einnahmen aus den Rechten enthalten, regelt § 47 lediglich die **Informationspflichten der beauftragten Verwertungsgesellschaft**[8] gegenüber der (oder den) beauftragenden Gesellschaft(en) iRv. Repräsentationsvereinbarungen.

Informationsschuldner ist die beauftragte Verwertungsgesellschaft. Sie hat die relevanten Informationen jeder Verwertungsgesellschaft zu übermitteln, für die sie in einem bestimmten Geschäftsjahr auf der Grundlage einer Repräsentationsvereinbarung Rechte wahrnimmt.

Um welche Informationen es sich **mindestens** handeln muss, ist in § 47 Nr. 1–7 näher bestimmt. Aus dieser Formulierung folgt zugleich, dass im Einzelfall auch noch andere, über diese Mindestliste hinausgehende Informationen erforderlich sein können, um die Tätigkeit der beteiligten Verwertungsgesellschaften im Interesse der Rechtsinhaber zu erleichtern.[9] Dies kann im Einzelnen in der Repräsentationsvereinbarung vereinbart werden.

§ 47 bestimmt zum **Zeitpunkt der Informationsübermittlung,** dass die Informationen spätestens **zwölf Monate nach Ablauf eines jeden Geschäftsjahres** erteilt werden müssen. Diese Formulierung ist präziser als die von der VG-RL gewählte („einmal jährlich") und knüpft an die übliche Praxis der kollektiven Rechtewahrnehmung an, nach Geschäftsjahren abzurechnen.

§ 47 bestimmt ausdrücklich, dass die betreffenden Informationen **elektronisch übermittelt werden** müssen. Bereits im Verhältnis der Verwertungsgesellschaften zu Berechtigten[10] und Nutzern[11] schreibt das VGG die elektronische Kommunikation vor, und auch die VG-RL enthält entsprechende Vorgaben in Art. 19 und in einer Reihe anderer Bestimmungen.[12] Es erscheint daher nur konsequent, dass auch im Verhältnis zwischen Verwertungsgesellschaften iRv. Repräsentationsvereinbarungen die Übermittlung von Informationen auf elektronischem Wege erfolgen muss.[13]

2. § 47 Nr. 1–7 – Mindestelemente der Information

Nach § 47 Nr. 1 müssen die Informationen Angaben enthalten über die **Einnahmen aus den** 4 **Rechten,**[14] die Gegenstand der Repräsentationsvereinbarung sind, von der beauftragten Verwertungsgesellschaft im betreffenden **Geschäftsjahr** erzielt und der beauftragenden Verwertungsgesellschaft **zugewiesen** wurden, also für diese bestimmt sind. Dabei müssen die (zugewiesenen) Einnahmen jeweils nach der Kategorie der Rechte und nach der Art der Nutzung aufgeschlüsselt sein.

§ 47 Nr. 2 bestimmt, dass die Informationen Angaben enthalten müssen über die **Einnahmen aus den Rechten,** die Gegenstand der Repräsentationsvereinbarung sind, von der beauftragten Verwertungsgesellschaft im betreffenden **Geschäftsjahr** erzielt und der beauftragenden Verwertungsgesellschaft bereits **ausgeschüttet** wurden. Auch hier müssen die (ausgeschütteten) Einnahmen jeweils nach der Kategorie der Rechte und nach der Art der Nutzung aufgeschlüsselt sein.

Nach § 47 Nr. 3 müssen die Informationen ferner Angaben enthalten über sämtliche **Einnahmen aus den Rechten,** die der beauftragenden Verwertungsgesellschaft **zugewiesen aber noch nicht ausgeschüttet** wurden.

§ 47 Nr. 4 bestimmt, dass die Informationen Angaben enthalten müssen über **Abzüge** von den Einnahmen aus den Rechten, die im betreffenden Geschäftsjahr **zur Deckung der Verwaltungskosten**[15] vorgenommen wurden.

---

[7] Zum Begriff der Repräsentationsvereinbarung → § 44 Rn. 4.
[8] § 47 gilt für Verwertungsgesellschaften iSv. § 2 (zum Begriff → § 2 Rn. 5 ff.), ebenso aber auch für abhängige Verwertungseinrichtungen iSv. § 3, soweit diese Tätigkeiten einer Verwertungsgesellschaft ausüben (zum Begriff → § 3 Rn. 3).
[9] Vgl. Erwägungsgrund (34) S. 3 VG-RL: „... hinreichend zu informieren, wozu auch die Weitergabe von Finanzdaten gehört".
[10] → § 14 Rn. 3.
[11] → § 43 Rn. 3 ff.
[12] Vgl. Art. 6 Abs. 4, 16 Abs. 4, 20 Abs. 1, 25 oder 27 Abs. 2 VG-RL.
[13] Zum Begriff der elektronischen Kommunikation als dynamisches Konzept → § 43 Rn. 3.
[14] Zum Begriff der Einnahmen aus den Rechten → § 23 Rn. 4.
[15] Zu den erlaubten Abzügen zur Deckung von Verwaltungskosten → § 45 Rn. 4.

Nach **§ 47 Nr. 5** müssen die Informationen Angaben enthalten über **Abzüge** von den Einnahmen aus den Rechten, die im betreffenden Geschäftsjahr **für andere Zwecke** als zur Deckung der Verwaltungskosten vorgenommen wurden. Solche Abzüge sind in den von den **§§ 31 und 45** gesteckten Grenzen erlaubt.[16]

§ 47 Nr. 6 bezieht sich auf von der beauftragten Verwertungsgesellschaft **mit Nutzern abgeschlossene Verträge** und von ihr **abgelehnte Vertragsanfragen von Nutzern.** Soweit sich diese Vorgänge auf Werke und andere Schutzgegenstände beziehen, die Gegenstand der Repräsentationsvereinbarung sind, muss die beauftragte Verwertungsgesellschaft die beauftragende Gesellschaft auch hierüber informieren, und zwar unabhängig davon, auf welches Geschäftsjahr sich die Vorgänge beziehen.

Nach **§ 47 Nr. 7** müssen die Informationen ferner Angaben enthalten über solche **Beschlüsse der Mitgliederhauptversammlung**[17] der beauftragten Verwertungsgesellschaft, die für die Wahrnehmung der unter die Repräsentationsvereinbarung fallenden Rechte maßgeblich sind. Hier dürften insbesondere solche Beschlüsse der Mitgliederhauptversammlung der beauftragten Verwertungsgesellschaft auch für die beauftragende Gesellschaft von Bedeutung sein, die sich auf den Verteilungsplan (§ 17 Abs. 1 Nr. 6), die allgemeinen Grundsätze für Abzüge von den Einnahmen (§ 17 Abs. 1 Nr. 9), oder Repräsentationsverträge (§ 17 Abs. 1 Nr. 12) beziehen.[18]

Abschnitt 4. Vermutungen; Außenseiter bei Kabelweitersendung

Vorbemerkung

1 In Teil 2 („Rechte und Pflichten der Verwertungsgesellschaft") besteht Abschnitt 4 („Vermutungen; Außenseiter bei Kabelweitersendung") aus den §§ 48, 49 und 50. Diese drei Bestimmungen betreffend die Aktivlegitimation von Verwertungsgesellschaften beruhen auf § 13c UrhWG und übernehmen größtenteils wörtlich dessen Wortlaut: **§ 13c Abs. 1 und 2 UrhWG** enthielten Regeln über die **Vermutung der Sachbefugnis** von Verwertungsgesellschaften, die nunmehr in den **§§ 48 („Vermutung bei Auskunftsansprüchen")** und **49 („Vermutung bei gesetzlichen Vergütungsansprüchen") VGG** aufgeführt sind. Besondere Bestimmungen über **Außenseiter bei Kabelweitersendung** waren in **§ 13c Abs. 3 und 4 UrhWG** enthalten; sie sind nunmehr in **§ 50 VGG** aufgeführt.

§ 48 Vermutung bei Auskunftsansprüchen

Macht die Verwertungsgesellschaft einen Auskunftsanspruch geltend, der nur durch eine Verwertungsgesellschaft geltend gemacht werden kann, so wird vermutet, dass sie die Rechte aller Rechtsinhaber wahrnimmt.

Schrifttum: *Katzenberger,* Prozessuale Hilfen bei der Durchsetzung von Rechten der urheberrechtlichen Verwertungsgesellschaften, FuR 1981, 236; *Melichar,* Die Wahrnehmung von Urheberrechten durch Verwertungsgesellschaften, 1983; *Scheuermann/Strittmatter,* Die Vergütungspflicht nach § 27 UrhG für das Vermieten/Verleihen von Bildtonträgern in Videotheken, ZUM 1990, 218; *dies.,* Die Angemessenheit der Vergütung nach § 27 UrhG für das Vermieten/Verleihen von Bildtonträgern in Videotheken, ZUM 1990, 338; *Schneider,* GEMA-Vermutung, Werkbegriff und das Problem sogenannter „GEMA-freier Musik", GRUR 1986, 657.

Übersicht

---

[16] → § 45 Rn. 4.
[17] Zum Begriff der Mitgliederhauptversammlung → § 17 Rn. 3.
[18] → § 17 Rn. 3 ff.

I. Allgemeines

1. Die Vermutungsregeln der §§ 48 und 49

In den §§ 48 und 49 werden die **Vermutungsregeln** übernommen, die **bisher in § 13c Abs. 1** **1** **und 2 UrhWG**[1] enthalten waren: **§ 48** enthält die Vermutung der Aktivlegitimation der Verwertungsgesellschaft bei Auskunftsansprüchen, die nur durch eine Verwertungsgesellschaft geltend gemacht werden können, und gem. **§ 49** wird vermutet, dass eine Verwertungsgesellschaft, die bestimmte gesetzliche Vergütungsansprüche geltend macht, die Rechte aller Rechtsinhaber wahrnimmt.

Die VG-RL enthält zum in diesen Bestimmungen behandelten Thema der Vermutung der Aktivlegitimation von Verwertungsgesellschaften keine Vorgaben. Aber auch die Enforcement-RL 2004/48/EG[2] enthält keine derartigen Vermutungsregeln, auch wenn sie den Verwertungsgesellschaften bei der Rechtsdurchsetzung eine besondere Rolle zubilligt.[3]

2. Die Hintergrund der Vermutungsregeln in §§ 48 und 49

a) Der Zweck der Vermutungsregeln. Zweck der Vermutungsregeln in §§ 48 und 49, die **2** aus § 13c Abs. 1 und 2 UrhWG übernommen wurden, war es ursprünglich, den Verwertungsgesellschaften iRd. UrhWG die **prozessuale Durchsetzung bestimmter Rechte** zu erleichtern und Obstruktionsversuchen vorzubeugen. Den Verwertungsgesellschaften ist es kaum möglich, bei der Wahrnehmung urheberrechtlicher Ansprüche in jedem Einzelfall die anspruchsbegründenden Tatsachen zu beweisen: Einerseits betreut eine Verwertungsgesellschaft in der Regel eine große Zahl urheberrechtlich geschützter Werke und Leistungen von zahlreichen Berechtigten; andererseits finden bei zahllosen Nutzern einzelne Verwertungsakte statt. Nur mit erheblichem Aufwand kann eine Verwertungsgesellschaft daher in jedem Einzelfall ihre Berechtigung sowie die Verwertung urheberrechtlich geschützter Werke durch die Nutzer nachweisen.[4]

b) Die Entwicklung von Vermutungsregeln durch die Rechtsprechung. Damit die Durch- **3** setzung urheberrechtlicher Ansprüche durch die Verwertungsgesellschaften dennoch nicht behindert wird oder gar durch Obstruktion der Nutzer leerläuft,[5] hat die **Rechtsprechung** den Verwertungsgesellschaften schon seit Jahrzehnten **prozessuale Erleichterungen** zugebilligt; insbesondere hat sie Anscheinsbeweise zugunsten der GEMA zugelassen (sog. **GEMA-Vermutung**). So spricht etwa eine Vermutung für die Aktivlegitimation der GEMA und die Benutzung geschützter Werke bei allen öffentlichen Aufführungen von Tanz- und Unterhaltungsmusik, bei der öffentlichen Wiedergabe von Musik in Hörfunk- oder Fernsehsendungen oder von Schallplattenmusik in Gaststätten,[6] aber auch unter bestimmten Voraussetzungen bei der (mechanischen) Vervielfältigung und Verbreitung.[7]

c) Differenzierung nach der Art des Anspruchs. Für die Gewährung der prozessualen Ver- **4** günstigung des Anscheinsbeweises **differenziert die Rechtsprechung** nach der Art der Werknutzung, nach der **Art des urheberrechtlichen Anspruchs** (zB. Auskunfts- oder Vergütungsanspruch) sowie danach, um **welche Verwertungsgesellschaft** es sich handelt. So wurde auch der GEMA die sog. GEMA-Vermutung nicht für alle von ihr wahrgenommenen Rechte gewährt[8] oder für alle Nutzungsarten und Veranstaltungen.[9] Andererseits wurde die Verpflichtung zur Erteilung von „**Grund-auskünften**" auch aus § 242 BGB abgeleitet.[10]

Zurückhaltender mit der Zulassung des Anscheinsbeweises war die Rechtsprechung bei anderen Verwertungsgesellschaften. Zwar haben die etablierten Verwertungsgesellschaften VG Wort, GVL oder VG Bild-Kunst ebenso wie die GEMA für ihren Tätigkeitsbereich eine faktische Monopolstellung; da sie aber auch Rechte betreuen, die individuell wahrgenommen werden können, geht die Rechtsprechung bei diesen Verwertungsgesellschaften nicht immer von einer lückenlosen Rechtewahrnehmung aus. So wurde die Aktivlegitimation der VG Wort selbst für Auskunftsklagen von der

---

[1] Zur Entstehungsgeschichte dieser Bestimmungen vgl. → 5. Aufl. 2017, UrhWG § 13c Rn. 1 f.
[2] Richtlinie 2004/48/EG des Europäischen Parlaments und des Rates vom 29.4.2004 zur Durchsetzung der Rechte des geistigen Eigentums, ABl. L 195/16.
[3] Nach Art. 4 Buchst. c) Enforcement-RL sollen auch Verwertungsgesellschaften befugt sein, bestimmte Maßnahmen, Verfahren und Rechtsbehelfe zu beantragen.
[4] AmtlBegr. BT-Drs. 10/837, 23 (zu § 13b, dem späteren § 13c Abs. 1 und 2 UrhWG); vgl. *Katzenberger* FuR 1981, 236 (237).
[5] *Katzenberger* FuR 1981, 236 (238).
[6] StRspr: BGHZ 17, 376 (378) – Betriebsfeiern – mwN; BGH GRUR 1961, 97 (98) – Sportheim; BGH GRUR 1974, 35 (39) – Musikautomat.
[7] BGH UFITA 40 (1963), 362 (365) – Tonbänder-Werbung; BGH GRUR 1964, 94 (95) – Tonbandgeräte-Händler; BGH GRUR 1986, 66 (68) – GEMA-Vermutung II; vgl. *Katzenberger* FuR 1981, 236 (239 f.); *Melichar* S. 45 ff.; Loewenheim/*Melichar* § 48 Rn. 22.
[8] OLG München GRUR 1983, 571 – Spielfilm-Videogramme; BGH GRUR 1986, 62 (63) – GEMA-Vermutung I; BGH GRUR 1987, 296 (297) – GEMA-Vermutung IV.
[9] Vgl. OLG Hamm GRUR 1983, 575 (576) – Musikuntermalung bei Pornokassetten; dagegen aber OLG München GRUR 1984, 122 (123) – Sex- und Pornofilme; BGH GRUR 1986, 66 (68) – GEMA-Vermutung II; vgl. LG Berlin UFITA 21 (1956), 253 (254); *Schneider* GRUR 1986, 657 (663).
[10] BGH ZUM 1988, 575 (576) – Kopierwerk – zur Videozweitauswertung.

Rechtsprechung nicht stets vermutet.[11] Auch der VG Bild-Kunst wurde der Anscheinsbeweis zur Darlegung der Aktivlegitimation bei Auskunftsansprüchen, vor allem zur Durchsetzung des Folgerechts nach § 26 UrhG, nicht ausnahmslos zugebilligt.[12] Andererseits wurde anerkannt, dass die Vermutung der Sachbefugnis für Auskunftsansprüche auch Inkassostellen zugutekommt, die als „verlängerter Arm" der Verwertungsgesellschaften deren Rechte im eigenen Namen wahrnehmen.[13]

5 **d) Die gesetzliche Regelung als Fortbildung der Rechtsprechung.** Diese Rechtsprechung hat eine tatsächliche Vermutung zugunsten der Verwertungsgesellschaften entwickelt, basierend auf deren tatsächlicher Monopolstellung. Die Regelung in § 13c Abs. 1 und 2 UrhWG, nunmehr **§§ 48 und 49 VGG,** war also eine **Weiterentwicklung dieser Rechtsprechung zur Vermutung der Aktivlegitimation** mit dem Ziel, die Durchsetzung urheberrechtlicher Vergütungsansprüche durch die Verwertungsgesellschaften zu erleichtern.[14] Die §§ 48 und 49 stellen somit eine gesetzliche Vermutung im Sinne des § 292 ZPO auf, die eine faktische Monopolstellung nicht voraussetzt,[15] und bewirken eine Umkehr der Beweislast. Die Vorschriften haben damit rein **verfahrensrechtliche Bedeutung** und können nicht rechtsbegründend für den materiellrechtlichen Anspruch wirken.[16] Die Vorgängerbestimmungen der §§ 48 und 49 VGG, § 13c Abs. 1 und 2 UrhWG, wurden auch als anwendbar angesehen auf vor ihrem Inkrafttreten anhängige Verfahren und entstandene Ansprüche.[17]

Gesetzlich fortgeschrieben wird die Vermutung aber nur für zwei Bereiche: Nach § 48 wird die Aktivlegitimation der Verwertungsgesellschaft für die **Geltendmachung von Auskunftsansprüchen** vermutet, wenn diese nur durch eine Verwertungsgesellschaft geltend gemacht werden können. Nach § 49 wird die Aktivlegitimation der Verwertungsgesellschaft für die **Geltendmachung bestimmter gesetzlicher Vergütungsansprüche** vermutet.[18]

Im Übrigen bleibt die Rechtsprechung zur prozessualen Erleichterung der Durchsetzung von Rechten durch Verwertungsgesellschaften unberührt. Demnach stellen §§ 48 und 49 auch keine für die Rechtsprechung abschließenden Regelungen dar.

II. Vermutung bei Auskunftsansprüchen

1. Die Voraussetzungen für die gesetzliche Vermutung

6 § 48 ist in seinem Wortlaut fast identisch mit § 13c Abs. 1 UrhWG. Es wurde lediglich die Bezeichnung (aller) „Berechtigten" durch den Begriff (aller) **„Rechtsinhaber"** ersetzt, der in **§ 5** definiert ist.[19]

§ 48 bestimmt, dass unter bestimmten Voraussetzungen die Aktivlegitimation der Verwertungsgesellschaft vermutet wird, wenn sie **Auskunftsansprüche** geltend macht. Die Vermutung der Rechtsinhaberschaft der Verwertungsgesellschaft nach § 48 gilt für die Geltendmachung eines Auskunftsanspruchs durch eine **Verwertungsgesellschaft iSv. § 2,**[20] entsprechend aber auch durch **abhängige Verwertungseinrichtungen iSv. § 3,**[21] soweit diese Tätigkeiten einer Verwertungsgesellschaft ausüben. Unabhängigen Verwertungseinrichtungen iSv. § 4 kommt die Vermutung der Aktivlegitimation gem. § 48 dagegen nicht zugute.[22]

§ 48 gilt gleichermaßen für inländische wie für solche **ausländische Verwertungsgesellschaften,** die ihren Sitz in einem anderen Mitgliedstaat der Europäischen Union oder in einem anderen Vertragsstaat des EWR haben. Dabei ist zu beachten, dass solchen Verwertungsgesellschaften mit Sitz in einem anderen EU- oder EWR-Staat die Vermutung bei Auskunftsansprüchen iSv. § 48 im Rahmen der Wahrnehmung von Nutzungsrechten auch dann zugute kommt, wenn sie nicht über eine Erlaubnis zur Geschäftstätigkeit durch die Aufsichtsbehörde gem. § 77 verfügen, da sie dieser nach § 77 nicht bedürfen. Soweit solche Verwertungsgesellschaften Auskunftsansprüche im Rahmen der in § 77 Abs. 2 genannten gesetzlichen Vergütungsansprüche verfolgen, bedürfen auch sie für deren Geltend-

---

[11] Vgl. OLG Köln GUR 1980, 913 – Presseschau CN; zubilligend aber OLG München GRUR 1980, 234 – Tagespressedienst; OLG München ZUM 2000, 243 – Mediaspiegel.
[12] *Katzenberger* FuR 1981, 236 (242 ff.) mwN; für eine generelle Anwendung der Vermutung auch auf VG Wort, VG Bild-Kunst und GVL Loewenheim/*Melichar* § 48 Rn. 24.
[13] Schiedsstelle ZUM 2007, 946 (947).
[14] AmtlBegr. BT-Drs. 10/837, 22 (zu § 13b, dem späteren § 13c Abs. 1 und 2 UrhWG).
[15] BGH ZUM 1990, 32 (34) – Gesetzliche Vermutung; BGH GRUR 1991, 595 (596) – Gesetzliche Vermutung II (jeweils zu § 13b, dem späteren § 13c UrhWG).
[16] BGH ZUM 1990, 32 (34) – Gesetzliche Vermutung; Dreier/Schulze/*Schulze* § 48 Rn. 15; Wandtke/Bullinger/*Gerlach* § 48 Rn. 3; aA *Scheuermann*/*Strittmatter* ZUM 1990, 338 (346 f.).
[17] *Scheuermann*/*Strittmatter* ZUM 1990, 218 (227); BGH ZUM 1990, 32 (34) – Gesetzliche Vermutung; BGH GRUR 1991, 595 (596) – Gesetzliche Vermutung II.
[18] Zu § 49 im Einzelnen → § 49 Rn. 2 ff.
[19] Zum Begriff der Rechtsinhaber → § 5 Rn. 3 ff.
[20] Zum Begriff der Verwertungsgesellschaft → § 2 Rn. 5 ff.
[21] Zum Begriff der abhängigen Verwertungseinrichtung → § 3 Rn. 3.
[22] Zum Begriff der unabhängigen Verwertungseinrichtung und den auf sie anwendbaren Bestimmungen des VGG → § 4 Rn. 3 ff.

machung einer Erlaubnis;[23] § 48 kommt ihnen in diesem Rahmen nur zugute, wenn sie eine solche Erlaubnis haben.

§ 48 gilt außerdem nur für Auskunftsansprüche, die **nur durch eine Verwertungsgesellschaft geltend gemacht werden können**. Damit bezieht sich die Vorschrift nur auf solche Auskunftsansprüche, die gesetzlich den Verwertungsgesellschaften zugewiesen und ihnen vorbehalten sind. Dies sind zunächst die ausdrücklichen **gesetzlichen Auskunftsansprüche** nach § 26 Abs. 5 iVm. Abs. 3 und nach § 54f iVm. § 54h Abs. 1 UrhG.

Daneben gilt § 48 aber auch für die Fälle, in denen Vergütungsansprüche nach dem Gesetz nur von Verwertungsgesellschaften geltend gemacht werden können, und damit allein den Verwertungsgesellschaften auch ohne ausdrückliche Erwähnung im Gesetz als **Hilfsanspruch zum Vergütungsanspruch** ein Anspruch auf Auskunftserteilung über alle zur Erhebung und Berechnung der Vergütung erheblichen Tatsachen zusteht:[24] § 27 Abs. 1 und § 49 Abs. 1 UrhG.

Der Umstand, dass (möglicherweise) **mehrere Verwertungsgesellschaften** für die Wahrnehmung von Vergütungsansprüchen zuständig sind, steht dem Eingreifen der in § 48 bestimmten Vermutung nicht entgegen. Die durch § 48 begründete gesetzliche Vermutung der Aktivlegitimation für die Geltendmachung eines Auskunftsanspruchs gilt daher auch dann, wenn auf dem betreffenden Gebiet mehrere Verwertungsgesellschaften parallel tätig sind; denn dem zur Auskunft Verpflichteten ist es zuzumuten, die inhaltlich identische Auskunft erforderlichenfalls mehreren Verwertungsgesellschaften zu erteilen. Auch ist es nicht erforderlich, dass sämtliche Verwertungsgesellschaften die von ihnen wahrgenommenen Auskunftsansprüche gemeinsam geltend machen.[25]

2. Die Wirkung der gesetzlichen Vermutung

§ 48 stellt die **gesetzliche Vermutung** auf, dass jede Verwertungsgesellschaft, die einen Auskunftsanspruch nach den §§ 26 oder 54f UrhG geltend macht, über die fraglichen Rechte aller Rechtsinhaber verfügt. Damit steht ihr **prima facie die Aktivlegitimation** zur Geltendmachung dieser Auskunftsansprüche zu, ohne dass sie im Einzelfall nachweisen muss, welche Urheber oder Leistungsschutzberechtigten wirklich von ihr vertreten werden oder ob Werke der von ihr vertretenen Berechtigten jeweils auch genutzt werden.

Die gesetzliche Vermutung der Aktivlegitimation in § 48 **kann widerlegt werden**.[26] Der Nachweis der Aktivlegitimation wird daher nicht ersetzt, sondern nur erleichtert. Er kann vom Beklagten bzw. Anspruchsgegner des Auskunftsanspruchs im Einzelfall durch detaillierten Gegenbeweis entkräftet werden; pauschaliertes Bestreiten reicht nicht aus.[27]

Zu beachten ist, dass § 48 bei grundsätzlich bestehendem Auskunftsanspruch lediglich eine Vermutung für die Aktivlegitimation der Verwertungsgesellschaft aufstellt; die **Voraussetzungen des Auskunftsanspruchs** selbst werden in dieser Bestimmung ebenso wenig geregelt wie **Inhalt und Umfang der Auskunftspflicht**.[28]

7

§ 49 Vermutung bei gesetzlichen Vergütungsansprüchen

(1) Macht die Verwertungsgesellschaft einen Vergütungsanspruch nach § 27, § 54 Absatz 1, § 54c Absatz 1, § 77 Absatz 2, § 85 Absatz 4, § 94 Absatz 4 oder § 137l Absatz 5 des Urheberrechtsgesetzes geltend, so wird vermutet, dass sie die Rechte aller Rechtsinhaber wahrnimmt.

(2) Ist mehr als eine Verwertungsgesellschaft zur Geltendmachung des Anspruchs berechtigt, so gilt die Vermutung nur, wenn der Anspruch von allen berechtigten Verwertungsgesellschaften gemeinsam geltend gemacht wird.

(3) Soweit die Verwertungsgesellschaft Zahlungen auch für die Rechtsinhaber erhält, deren Rechte sie nicht wahrnimmt, hat sie den Nutzer von den Vergütungsansprüchen dieser Rechtsinhaber freizustellen.

Schrifttum: *Katzenberger,* Prozessuale Hilfen bei der Durchsetzung von Rechten der urheberrechtlichen Verwertungsgesellschaften, FuR 1981, 236; *Möller,* Die Urheberrechtsnovelle '85: Entstehungsgeschichte und verfassungs-

---

[23] → § 77 Rn. 5 f.

[24] Zum Auskunftsanspruch als gewohnheitsrechtlich anerkanntem Hilfsanspruch zur Schadensberechnung vgl. BGH GRUR 1980, 227 (232) – Momenta Germaniae Historica; BGH NJW 1981, 1733; GRUR 1982, 102 (104) – Masterbänder; OLG Köln GRUR 1983, 568 (569) – Video-Kopieranstalt – jeweils mwN; OLG München GRUR 1984, 122 (123) – Sex- und Pornofilme; BGH GRUR 1986, 62 (63) – GEMA-Vermutung I; BGH GRUR 1986, 66 (67) – GEMA-Vermutung II; BGH ZUM 1987, 244 (246); OLG Köln UFITA 100 (1985), 271 (272).

[25] BGH GRUR 2017, 716 Rn. 25 – PC mit Festplatte II; Dreier/Schulze/*Schulze* § 48 Rn. 15; davon zu unterscheiden ist die Vermutung der Aktivlegitimation bei der Geltendmachung von gesetzlichen Vergütungsansprüchen gem. § 49 Abs. 2; → § 49 Rn. 4.

[26] AmtlBegr. BT-Drs. 10/837, 23 (zu § 13b, dem späteren § 13c Abs. 1 und 2 UrhWG).

[27] BGH ZUM 1990, 32 (34) – Gesetzliche Vermutung; BGH GRUR 1991, 595 (596) – Gesetzliche Vermutung II.

[28] Vgl. dazu BGH GRUR 1986, 62 (64) – GEMA-Vermutung I – und GRUR 1986, 66 (69) – GEMA-Vermutung II; → Rn. 5.

rechtliche Grundlagen, 1986; *Scheuermann/Strittmatter*, Die Vergütungspflicht nach § 27 UrhG für das Vermieten/ Verleihen von Bildtonträgern in Videotheken, ZUM 1990, 218; *Staats*, Kollektive Lizenzvergabe mit erweiterter Wirkung nach Art. 12 der DSM-Richtlinie – eine sinnvolle Lösung für Deutschland?, ZUM 2019, 703.

Übersicht

I. Allgemeines

1. Hintergrund

1   § 49 ist neben § 48 und § 50 die zweite der drei Bestimmungen in Teil II Abschnitt 4 des VGG, die allein[1] auf § 13c UrhWG beruhen und mit diesem größtenteils wörtlich übereinstimmen.

§ 49 übernimmt **§ 13c Abs. 2 UrhWG:**[2] Gem. **§ 49 Abs. 1** wird entsprechend § 13c Abs. 2 S. 1 UrhWG vermutet, dass eine Verwertungsgesellschaft, die die hier aufgeführten gesetzlichen Vergütungsansprüche des UrhG geltend macht, die Rechte aller Rechtsinhaber wahrnimmt. **§ 49 Abs. 2** bestimmt, dass diese Vermutung, wenn mehr als nur eine Verwertungsgesellschaft zur Geltendmachung des Anspruchs berechtigt ist, nur gilt, wenn der Anspruch von allen berechtigten Verwertungsgesellschaften gemeinsam geltend gemacht wird; diese Bestimmung entspricht dem bisherigen § 13c Abs. 2 S. 2 UrhWG. Entsprechend dem bisherigen § 13c Anbs. 2 S. 3 verpflichtet **§ 49 Abs. 3** eine Verwertungsgesellschaft, die Zahlungen auch für Rechtsinhaber erhält, deren Rechte sie nicht wahrnimmt, den Nutzer von den Vergütungsansprüchen dieser Rechtsinhaber freizustellen.

Zum Hintergrund von Teil II Abschnitt 4 des VGG und zu Zweck und Einordnung der in den §§ 48 und 49 enthaltenen Regeln zur Vermutung der Sachbefugnis gilt das oben iRv. § 48 (Vermutung bei Auskunftsansprüchen) Gesagte.[3]

2. Zum Anwendungsbereich von § 49

2   § 13c Abs. 2 UrhWG, die Vorgängerbestimmung von § 49, war eine **Weiterentwicklung der Rechtsprechung zur Vermutung der Aktivlegitimation** mit dem Ziel, die Durchsetzung gesetzlicher Vergütungsansprüche durch die Verwertungsgesellschaften zu erleichtern.[4] Dementsprechend schreibt auch § 49 die Vermutung insoweit gesetzlich fort, als danach die Aktivlegitimation der Verwertungsgesellschaft für die Geltendmachung bestimmter **gesetzlicher Vergütungsansprüche** vermutet wird. § 49 stellt somit eine gesetzliche Vermutung im Sinne des § 292 ZPO auf, die eine faktische Monopolstellung nicht voraussetzt,[5] und bewirkt eine Umkehr der Beweislast. Die Vorschrift hat damit rein **verfahrensrechtliche Bedeutung** und kann nicht rechtsbegründend für den materiellrechtlichen Anspruch wirken.[6] Die Vorgängerbestimmung von § 49 VGG, § 13c Abs. 2 UrhWG, wurde auch als anwendbar angesehen auf vor ihrem Inkrafttreten anhängige Verfahren und entstandene Ansprüche.[7]

Die aus § 49 resultierende bevorzugte prozessuale Stellung der Verwertungsgesellschaften ist, wie dies schon für die Vorgängerbestimmung § 13c Abs. 2 UrhWG entschieden wurde, verfassungsgemäß und insbesondere mit Blick auf ihre Auskunftspflichten gem. § 55 (entsprechend weitgehend früher § 10 UrhWG) auch angemessen.[8]

Im Übrigen stellt § 49 keine für die Rechtsprechung abschließende Regelung dar. Die Rechtsprechung zur prozessualen Erleichterung der Durchsetzung von Rechten durch Verwertungsgesellschaften bleibt davon unberührt.

---

[1] Die VG-RL enthält zum in diesen Bestimmungen behandelten Thema der Aktivlegitimation von Verwertungsgesellschaften keine Vorgaben.

[2] Zur Entstehungsgeschichte dieser Bestimmung → § 48 Rn. 3 ff.; vgl. → 5. Aufl. 2017, UrhWG § 13c Rn. 1 f.

[3] → § 48 Rn. 1 ff.

[4] AmtlBegr. BT-Drs. 10/837, 22 (zu § 13b, dem späteren § 13c UrhWG).

[5] BGH ZUM 1990, 32 (34) – Gesetzliche Vermutung; BGH GRUR 1991, 595 (596) – Gesetzliche Vermutung II (jeweils zu § 13b, dem späteren § 13c UrhWG).

[6] BGH ZUM 1990, 32 (34) – Gesetzliche Vermutung; Dreier/Schulze/*Schulze* § 49 Rn. 3; Wandtke/Bullinger/*Gerlach* § 49 Rn. 3; aA *Scheuermann/Strittmatter* ZUM 1990, 338 (346 f.).

[7] *Scheuermann/Strittmatter* ZUM 1990, 218 (227); BGH ZUM 1990, 32 (34) – Gesetzliche Vermutung; BGH GRUR 1991, 595 (596) – Gesetzliche Vermutung II.

[8] BVerfG GRUR 2001, 48 – Gesetzliche Vermutung.

II. Vermutung bei gesetzlichen Vergütungsansprüchen

1. § 49 Abs. 1 – Vermutung der Aktivlegitimation

§ 49 Abs. 1 ist in seinem Wortlaut fast identisch mit § 13c Abs. 2 S. 1 UrhWG. Es wurde ledig- **3** lich die Bezeichnung (aller) „Berechtigten" durch den Begriff (aller) **„Rechtsinhaber"** ersetzt, der in § 5 definiert ist.[9]

Nach § 49 Abs. 1 gilt die Vermutung der Rechtsinhaberschaft für die Geltendmachung bestimmter gesetzlicher Vergütungsansprüche für eine **Verwertungsgesellschaft iSv. § 2,**[10] entsprechend aber auch für **abhängige Verwertungseinrichtungen iSv. § 3,**[11] soweit diese Tätigkeiten einer Verwertungsgesellschaft ausüben. Unabhängigen Verwertungseinrichtungen iSv. § 4 kommt die Vermutung der Aktivlegitimation gem. § 49 Abs. 1 dagegen nicht zugute.[12]

§ 49 Abs. 1 gilt gleichermaßen für inländische Verwertungsgesellschaften wie für solche, die ihren Sitz in einem anderen Mitgliedstaat der Europäischen Union oder in einem anderen Vertragsstaat des EWR haben. Allerdings können solche **Verwertungsgesellschaften mit Sitz im EU- oder EWR-Ausland** die in § 49 Abs. 1 genannten Vergütungsansprüche nur dann geltend machen, wenn sie gem. § 77 Abs. 2 Nr. 1 über eine Erlaubnis zur Geschäftstätigkeit durch die Aufsichtsbehörde verfügen.[13]

§ 49 Abs. 1 bestimmt die Vermutung der Rechtsinhaberschaft für die Geltendmachung der **gesetzlichen Vergütungsansprüche** nach § 27 UrhG (Vergütung für Vermietung und Verleihen), § 54 Abs. 1 (Vergütungspflicht für Vervielfältigungen gem. § 53 Abs. 1–3) und § 54c Abs. 1 UrhG (Vergütungspflicht des Betreibers von Ablichtungsgeräten). Der zusätzliche Hinweis auf § 77 Abs. 2, § 85 Abs. 4 und § 94 Abs. 4 UrhG[14] stellt klar, dass die Vermutung der Aktivlegitimation auch für die von Verwertungsgesellschaften wahrgenommenen gesetzlichen Vergütungsansprüche der ausübenden Künstler, der Tonträgerhersteller und der Filmhersteller gilt. Außerdem findet die Vermutung der Aktivlegitimation gem. § 49 Abs. 1 Anwendung auf den verwertungsgesellschaftspflichtigen Vergütungsanspruch für zum Zeitpunkt des Vertragsschlusses noch unbekannte Nutzungsarten gem. **§ 137l Abs. 5 UrhG.**[15]

Diese gesetzliche Vermutung der Aktivlegitimation kommt den Verwertungsgesellschaften also nur zugute bei **Vergütungsansprüchen,** die nach dem Gesetz **allein von Verwertungsgesellschaften** geltend gemacht werden können, und erfasst von diesen wiederum insbesondere solche, bei denen üblicherweise der einzelne Nutzungsvorgang (Vermietung, Verleihen, Vervielfältigung) nicht erfasst wird; denn hier ist die Verwertungsgesellschaft somit auch nicht in der Lage, ihre Rechtsinhaberschaft beim einzelnen Nutzungsvorgang nachzuweisen.[16] Abgesehen von § 137l Abs. 5 UrhG ist den in § 49 Abs. 1 genannten Vergütungsansprüchen gemeinsam, dass ihre tatsächliche Erfassung durch die fehlende Lizenzpflicht erschwert ist.[17] Die gesetzliche Vermutung gilt auch dann, wenn die gesetzlichen Vergütungsansprüche zum Gegenstand eines Vertrages gemacht worden sind.[18] Etwas anders gelagert ist der Fall des Vergütungsanspruchs gem. § 137l Abs. 5 UrhG. Dieser Anspruch wurde verwertungsgesellschaftspflichtig ausgestaltet, um Streitigkeiten darüber zu vermeiden, ob ein Urheber im Einzelfall auffindbar ist, und um in jedem Fall für die Nutzung eines Werkes in einer neuen Nutzungsart die Zahlung einer angemessenen Vergütung zu gewährleisten.[19] Dieser Anspruch würde ohne die Vermutung der Aktivlegitimation der Verwertungsgesellschaft leerlaufen.

Nach § 49 Abs. 1 steht einer Verwertungsgesellschaft, die Vergütungsansprüche gem. § 27, § 54 Abs. 1, § 54c Abs. 1, § 77 Abs. 2, § 85 Abs. 4, § 94 Abs. 4 oder § 137l Abs. 5 UrhG geltend macht, **prima facie die Aktivlegitimation** unabhängig davon zu, ob es sich um inländische oder ausländische Werke bzw. Produktionen handelt.[20] Die Verwertungsgesellschaft muss also nicht im Einzelfall nachweisen, welche Urheber oder Leistungsschutzberechtigten wirklich von ihr vertreten werden oder ob Werke der von ihr vertretenen Berechtigten jeweils auch genutzt werden.

Wie schon bei § 48[21] gilt auch bei § 49 Abs. 1, dass die **gesetzliche Vermutung widerlegbar** ist. Die auf Vergütung in Anspruch genommenen Nutzer können also die gesetzliche Vermutung der

---

[9] Zum Begriff der Rechtsinhaber → § 5 Rn. 3 ff.

[10] Zum Begriff der Verwertungsgesellschaft → § 2 Rn. 5 ff.

[11] Zum Begriff der abhängigen Verwertungseinrichtung → § 3 Rn. 3.

[12] Zum Begriff der unabhängigen Verwertungseinrichtung und den auf sie anwendbaren Bestimmungen des VGG → § 4 Rn. 3 ff.

[13] AmtlBegr. BT-Drs. 18/7223, 88; → § 77 Rn. 5 f.; inländische Verwertungsgesellschaften unterliegen gem. § 77 Abs. 1 ohnehin der Erlaubnispflicht.

[14] Eingefügt in § 13c UrhWG im Jahre 1995 und angepasst 2007; vgl. → 5. Aufl. 2017, UrhWG § 13c Rn. 4.

[15] Beschlussempfehlung und Bericht des Rechtsausschusses, BT-Drs. 16/5939, 86 (zur Änderung von § 13c UrhWG).

[16] AmtlBegr. BT-Drs. 10/837, 23 (zu § 13b, dem späteren § 13c Abs. 2 UrhWG).

[17] BGH ZUM 1990, 32 (33) – Gesetzliche Vermutung (zur Vorgängerbestimmung im UrhWG).

[18] BGH GRUR 1991, 595 (596) – Gesetzliche Vermutung II; LG Oldenburg GRUR 1996, 487 (488) (jeweils zur Vorgängerbestimmung im UrhWG).

[19] Beschlussempfehlung und Bericht des Rechtsausschusses, BT-Drs. 16/5393, 85 (zur Änderung von § 13c UrhWG).

[20] BGH ZUM 1990, 32 (33) – Gesetzliche Vermutung; BGH GRUR 1991, 595 (596) – Gesetzliche Vermutung II (jeweils zur Vorgängerbestimmung im UrhWG); zur Geltendmachung durch ausländische Verwertungsgesellschaften → Rn. 2.

[21] → § 48 Rn. 7.

Aktivlegitimation der Verwertungsgesellschaft durch substantiiertes Gegenvorbringen ausräumen und durch diesen Gegenbeweis die Verwertungsgesellschaft dazu zwingen, ihre Aktivlegitimation – also ihre Rechtsinhaberschaft im Einzelfall – uneingeschränkt nachzuweisen.[22]

Von § 49 Abs. 1 unberührt bleibt die von der Rechtsprechung früher schon in anderen Fällen bei der Geltendmachung von Vergütungsansprüchen anerkannte Vermutung der Sachbefugnis der Verwertungsgesellschaften.[23] Außerdem gilt auch für § 49 Abs. 2, dass die Vermutung **nicht rechtsbegründend** für die Vergütungspflicht, den materiellrechtlichen Anspruch, wirkt.[24]

Im Übrigen bleibt die Rechtsprechung zur prozessualen Erleichterung der Durchsetzung von Rechten durch Verwertungsgesellschaften unberührt. Demnach stellt § 49 Abs. 1 auch **keine für die Rechtsprechung abschließende Regelung** dar. So wurde die Sachbefugnis der Verwertungsgesellschaft über die in § 13c Abs. 2 UrhWG, dem Vorgänger von § 49, ausdrücklich aufgeführten gesetzlichen Vergütungsansprüche hinaus für die Geltendmachung des Vergütungsanspruchs gem. § 49 Abs. 1 UrhG vermutet für den Fall, dass ihr durch das Verhalten des Verwerters die Darlegung ihrer Sachbefugnis im Einzelnen erschwert wurde.[25] Dagegen hielt die Schiedsstelle § 13c Abs. 2 UrhWG wegen seines Charakters als Ausnahmevorschrift über seinen ausdrücklichen Anwendungsbereich hinaus nicht für analogiefähig;[26] für die Schiedsstelle ist dem zuzustimmen, da diese kein Gericht ist.[27]

2. § 49 Abs. 2 – Geltung der Vermutung bei mehreren berechtigten Verwertungsgesellschaften

4   Bis auf eine grammatikalische Anpassung ist § 49 Abs. 2 im Wortlaut identisch mit **§ 13c Abs. 2 S. 2 UrhWG.** Wie schon diese Vorgängerbestimmung regelt § 49 Abs. 2 den Fall der **mehrfachen Inanspruchnahme des Nutzers** und bestimmt, dass, wenn mehr als eine Verwertungsgesellschaft zur Geltendmachung der (gesetzlichen) Vergütungsansprüche berechtigt ist, die Vermutung der Aktivlegitimation gem. § 49 Abs. 1 nur dann gilt, wenn der Anspruch von allen berechtigten Verwertungsgesellschaften gemeinsam geltend gemacht wird.

Hintergrund für diese Bestimmung ist die Überlegung, dass der Vorteil, den die Verwertungsgesellschaft durch die gesetzliche Vermutung ihrer Aktivlegitimation zur Geltendmachung der in § 49 Abs. 1 genannten Vergütungsansprüche genießt, sich **nicht** so **zu Lasten des Nutzers** auswirken darf, dass dieser ohne Nachweis der Rechtsinhaberschaft mehrfach für denselben Nutzungsvorgang zur Vergütung in Anspruch genommen wird;[28] etwa weil mehrere Verwertungsgesellschaften parallel zur Geltendmachung des Vergütungsanspruchs berechtigt sind. Parallel tätige Verwertungsgesellschaften sind solche, die Vergütungsansprüche von Berechtigten derselben Kategorie wahrnehmen.[29] Sind deshalb mehrere Verwertungsgesellschaften zur Geltendmachung des Vergütungsanspruchs für Rechtsinhaber derselben Kategorie berechtigt, so können sie nach § 49 Abs. 2 die gesetzliche Vermutung der Aktivlegitimation gem. § 49 Abs. 1 nur dann in Anspruch nehmen, wenn sie den Anspruch gemeinsam geltend machen.

3. § 49 Abs. 3 – Freistellungsverpflichtung

5   § 49 Abs. 3 ist in seinem Wortlaut identisch mit **§ 13c Abs. 2 S. 3 UrhWG,** bis auf zwei Änderungen: Die Bezeichnung „Berechtigte" wurde durch den Begriff **„Rechtsinhaber"** ersetzt, der in § 5 definiert ist;[30] und der Begriff der „zur Zahlung Verpflichteten" wurde durch den Begriff **„Nutzer"** ersetzt, der in § 8 definiert ist.[31]

§ 49 Abs. 3 dient, wie schon § 49 Abs. 2, der Vermeidung einer **mehrfachen Inanspruchnahme des Nutzers.** Hierzu sieht § 49 Abs. 3 vor, dass die Verwertungsgesellschaft, die Zahlungen aus den in § 49 Abs. 1 genannten (gesetzlichen) Vergütungsansprüchen auch für Berechtigte erhält, deren Rechte sie nicht wahrnimmt, den zahlenden Nutzer von den Ansprüchen dieser Berechtigten freistellen muss.[32] Ein mehrfach in Anspruch genommener Nutzer erhält so einen Regressanspruch gegen die Verwertungsgesellschaft.

Diese **Freistellungsverpflichtung** gilt für alle in § 49 Abs. 1 genannten Vergütungsansprüche, die nur durch eine Verwertungsgesellschaft wahrgenommen werden können. Wenn eine Verwertungsgesellschaft für sich in Anspruch nimmt, einen anderen Vergütungsanspruch umfassend wahrzunehmen,

---

[22] BGH ZUM 1990, 32 (34) – Gesetzliche Vermutung; BGH GRUR 1991, 595 (596) – Gesetzliche Vermutung II; vgl. *Katzenberger* FuR 1981, 236 (248).
[23] AmtlBegr. BT-Drs. 10/837, 23 (zu § 13b, dem späteren § 13c Abs. 2 UrhWG); *Katzenberger* FuR 1981, 236 (241, 247 f.) mwN.
[24] BHG ZUM 1990, 32 (34) – Gesetzliche Vermutung; → Rn. 2 und → § 48 Rn. 7.
[25] OLG München ZUM 2000, 243 (245 f.) – Mediaspiegel.
[26] Schiedsstelle ZUM 2005, 257 (262) – zum früheren § 13b UrhWG.
[27] Vgl. → Vor §§ 92 ff. Rn. 20; im Übrigen wird befürwortet, iRd. Umsetzung von Art. 12 DSM-RL die Vermutung der Aktivlegitimation gem. § 49 Abs. 1 de lege ferenda auf alle gesetzlichen Vergütungsansprüche auszudehnen, *Staats* ZUM 2019, 703 (711).
[28] *Möller* S. 58.
[29] HM; Fromm/Nordemann/*W. Nordemann/Wirtz,* 11. Aufl., UrhWG § 13c Rn. 4; Dreier/Schulze/*Schulze* § 49 Rn. 5; Wandtke/Bullinger/*Gerlach* § 49 Rn. 2.
[30] Zum Begriff der Rechtsinhaber → § 5 Rn. 3 ff.
[31] Zum Begriff der Nutzer → § 8 Rn. 4 ff.
[32] AmtlBegr. BT-Drs. 10/837, 23 (zu § 13b, dem späteren § 13c Abs. 2 UrhWG).

wird es über die in § 49 Abs. 3 genannte Verpflichtung hinaus angemessen sein, dass sie ggf. die **vertragliche Verpflichtung** übernimmt, die Mitglieder einer Nutzervereinigung von Vergütungsansprüchen des Berechtigten freizustellen, wenn sie von diesen Mitgliedern Zahlungen für Berechtigte erhält, deren Rechte sie tatsächlich nicht wahrnimmt.[33]

§ 50 Außenseiter bei Kabelweitersendung

(1) [1]Hat ein Rechtsinhaber die Wahrnehmung seines Rechts der Kabelweitersendung im Sinne des § 20b Absatz 1 Satz 1 des Urheberrechtsgesetzes keiner Verwertungsgesellschaft übertragen, so gilt die Verwertungsgesellschaft, die Rechte dieser Art wahrnimmt und der eine Erlaubnis (§ 77) erteilt wurde, als berechtigt, seine Rechte wahrzunehmen. [2]Kommen dafür mehrere Verwertungsgesellschaften in Betracht, so gelten sie gemeinsam als berechtigt; wählt der Rechtsinhaber eine von ihnen aus, so gilt nur diese als berechtigt. [3]Die Sätze 1 und 2 gelten nicht für Rechte, die das Sendeunternehmen innehat, dessen Sendung weitergesendet wird.

(2) [1]Hat die Verwertungsgesellschaft, die nach Absatz 1 als berechtigt gilt, eine Vereinbarung über die Kabelweitersendung getroffen, so hat der Rechtsinhaber im Verhältnis zu dieser Verwertungsgesellschaft die gleichen Rechte und Pflichten, wie wenn er ihr seine Rechte zur Wahrnehmung übertragen hätte. [2]Seine Ansprüche verjähren in drei Jahren von dem Zeitpunkt an, in dem die Verwertungsgesellschaft nach dem Verteilungsplan oder den Wahrnehmungsbedingungen die Abrechnung der Kabelweitersendung vorzunehmen hat; die Verwertungsgesellschaft kann ihm eine Verkürzung durch Meldefristen oder auf ähnliche Weise nicht entgegenhalten.

Schrifttum: *Dreier*, Die Umsetzung der Richtlinie zum Satellitenrundfunk und zur Kabelweiterleitung, ZUM 1995, 458.

Übersicht

I. Allgemeines

1. Hintergrund

§ 50 ist nach § 48 und § 49 die dritte der drei Bestimmungen in Teil II Abschnitt 4 des VGG, die **1** allein[1] auf § 13c UrhWG beruhen und mit diesem größtenteils wörtlich übereinstimmen. § 50 übernimmt **§ 13c Abs. 3 und 4 UrhWG.**[2] Fast wortgleich mit diesen Vorgängerbestimmungen enthält § 50 besondere Bestimmungen für die Behandlung von Außenseitern bei Kabelweitersendung im Zusammenhang mit der kollektiven Wahrnehmung des Rechts der Kabelweitersendung iSd. § 20b Abs. 1 S. 1 UrhG.

2. Zum Anwendungsbereich von § 50

§ 13c Abs. 3 und 4 UrhWG betreffend die Behandlung der **Außenseiter bei Kabelweitersen-** **2** **dung,** die Vorgängerbestimmungen von § 50, wurden durch Art. 2 des 4. UrhGÄndG vom 8.5.1998 in das UrhWG eingefügt. Grund hierfür war die Umsetzung der Vorschriften der **Satelliten- und Kabel-RL.**[3] Wie schon § 13c Abs. 3 und 4 UrhWG knüpfen § 50 Abs. 1 und 2 unmittelbar an das Recht der Kabelweitersendung an, das in Umsetzung von Art. 8 ff. der SatKabelRL in § 20b UrhG definiert und ausgestaltet ist und Urhebern, ausübenden Künstlern (vgl. § 78 Abs. 4 UrhG) und Filmherstellern (vgl. § 94 Abs. 4 UrhG) gewährt wird. Nach § 20b UrhG wird das Recht der Kabelweitersendung grundsätzlich der Ausübung durch eine Verwertungsgesellschaft unterworfen. Von dieser Verwertungsgesellschaftpflicht sind lediglich Urheberpersönlichkeitsrechte und solche Rechte der Kabelweitersendung ausgenommen, die ein Sendeunternehmen in Bezug auf seine eigenen Sendungen geltend macht.[4]

---

[33] Zur vertraglichen Übernahme einer Freistellungsverpflichtung als „gesetzliches Leitbild", vgl. BGH GRUR 2015, 61 Rn. 71 f. – Gesamtvertrag Tanzschulkurse.
[1] Die VG-RL enthält zum in diesen Bestimmungen behandelten Thema der Aktivlegitimation von Verwertungsgesellschaften und der Behandlung von Außenseitern bei Kabelweitersendung keine Vorgaben.
[2] Zur Entstehungsgeschichte of § 13c UrhWG → § 48 Rn. 3 ff.; → 5. Aufl. 2017, UrhWG § 13c Rn. 1 f.
[3] Richtlinie 93/83/EWG vom 27.9.1993 zur Koordinierung bestimmter urheber- und leistungsschutzrechtlicher Vorschriften betreffend Satellitenrundfunk und Kabelweiterverbreitung, ABl. L 248/15 (im Folgenden SatKabelRL); zur SatKabelRL → UrhG Vor §§ 20 ff. Rn. 11.
[4] → UrhG § 20b Rn. 30, 33; vgl. Erwägungsgrund (28) der SatKabelRL.

§ 50 Abs. 1 und 2 setzen demnach Art. 9 Abs. 2 der SatKabelRL um und sind ebenso wie dieser Konsequenz der Verwertungsgesellschaftenpflicht: § 50 regelt den Fall, dass ein Rechtsinhaber die Wahrnehmung seines Kabelweitersendungsrechts keiner Verwertungsgesellschaft übertragen hat, bindet also die Außenseiter in die Rechtswahrnehmung ein.[5] Dabei regelt **§ 50 Abs. 1** das **Außenverhältnis der Verwertungsgesellschaften gegenüber den Nutzern, § 50 Abs. 2** dagegen das **Innenverhältnis des Außenseiters gegenüber der Verwertungsgesellschaft.** Zu beachten ist, dass § 50, anders als § 48 und § 49, keine widerlegbare Vermutung aufstellt; vielmehr fingiert § 50 die Berechtigung der Verwertungsgesellschaft. Diese **Berechtigungsfiktion** des § 50 ist **unwiderleglich.**

Im Zweifelsfall ist § 50, wie früher § 13c Abs. 3 und 4 UrhWG, unter Heranziehung der SatKabelRL einschließlich ihrer Erwägungsgründe[6] auszulegen.[7]

II. Außenseiter bei Kabelweitersendung

1. § 50 Abs. 1 – Berechtigungsfiktion gegenüber Nutzern

3   § 50 Abs. 1 ist in seinem Wortlaut identisch mit **§ 13c Abs. 3 UrhWG,** bis auf den Zusatz „der eine Erlaubnis (§ 77) erteilt wurde" in § 50 Abs. 1 S. 1.

Nach § 50 Abs. 1 gilt die Fiktion der Rechtsinhaberschaft für die Geltendmachung des Rechts der Kabelweitersendung iSd. § 20b Abs. 1 S. 1 UrhG für eine **Verwertungsgesellschaft iSv. § 2,**[8] entsprechend aber auch für **abhängige Verwertungseinrichtungen iSv. § 3,**[9] soweit diese Tätigkeiten einer Verwertungsgesellschaft ausüben. Unabhängigen Verwertungseinrichtungen iSv. § 4 kommt die Fiktion gem. § 50 dagegen nicht zugute.[10]

§ 50 Abs. 1 stellt ausdrücklich klar, dass § 50 nur für Verwertungsgesellschaften gilt, denen „**eine Erlaubnis (§ 77) erteilt** wurde". § 50 Abs. 1 gilt also in jedem Fall für **inländische Verwertungsgesellschaften** (die gem. § 77 Abs. 1 für ihre Geschäftstätigkeit immer einer Erlaubnis der Aufsichtsbehörde bedürfen). Auch **ausländischen Verwertungsgesellschaften,** die ihren Sitz in einem anderen Mitgliedstaat der Europäischen Union oder in einem anderen Vertragsstaat des EWR haben, kommt § 50 Abs. 1 zugute, aber nur dann, wenn sie gem. **§ 77 Abs. 2 Nr. 2** über eine Erlaubnis zur Geschäftstätigkeit durch die Aufsichtsbehörde verfügen.[11]

§ 50 Abs. 1 enthält eine **Berechtigungsfiktion:** Nach § 20b Abs. 1 UrhG ist das Recht der Kabelweitersendung, das Urhebern nach dieser Vorschrift, ausübenden Künstlern gem. § 78 Abs. 4 UrhG und Filmherstellern gem. § 94 Abs. 4 UrhG zusteht, verwertungsgesellschaftenpflichtig. § 50 Abs. 1 fingiert die umfassende Rechtsinhaberschaft der Verwertungsgesellschaft für die Fälle, in denen Rechtsinhaber die Wahrnehmung ihrer Rechte keiner Verwertungsgesellschaft übertragen haben. Solche nicht organisierten Rechtsinhaber (Außenseiter) können gem. § 20b Abs. 1 UrhG ihr Verbotsrecht ohnehin nicht individuell ausüben. Damit der Erwerb der erforderlichen Rechte und die Weitersendung nicht behindert werden, ist gesetzlich bestimmt, dass die Verwertungsgesellschaft, die Rechte dieser Art wahrnimmt, auch für die Wahrnehmung der Rechte der Außenseiter aktiv legitimiert ist.

§ 50 Abs. 1 S. 1 setzt Art. 9 Abs. 2 S. 1 der SatKabelRL[12] um und ist mit dieser Bestimmung der SatKabelRL nahezu identisch. Hier wie dort wird die Verwertungsgesellschaft, die Kabelweitersenderechte wahrnimmt, kraft **gesetzlicher Fiktion** („... gilt ... als berechtigt") in die Lage versetzt, auch Rechte von ihr nicht angeschlossenen Rechtsinhabern wahrzunehmen. Während die Richtlinienvorschrift den Begriff „bevollmächtigt" gebraucht, spricht § 50 wie das gesamte VGG von der Berechtigung zur Wahrnehmung der Rechte, da Verwertungsgesellschaften in Deutschland Rechte treuhänderisch und in eigenem Namen wahrnehmen.[13] Die Rechtsinhaber des Kabelweitersendungsrechts iSv. § 50 Abs. 1 S. 1 sind Urheber, ausübende Künstler und Filmhersteller.

§ 50 Abs. 1 S. 2 regelt den auch von Art. 9 Abs. 2 S. 2 der SatKabelRL angesprochenen Fall, dass mehr als eine Verwertungsgesellschaft Kabelweitersendungsrechte wahrnehmen, geht aber über den Regelungsinhalt der Richtlinienvorschrift hinaus. Zunächst hat der Rechtsinhaber bei einer solchen Konstellation schon gem. § 9 (Wahrnehmungszwang) das Recht, die ihm genehme Verwertungsgesellschaft frei auszuwählen. Trifft der Rechtsinhaber seine Wahl, so gilt nur die von ihm **gewählte Verwertungsgesellschaft** als zur Wahrnehmung seiner Rechte berechtigt. Diese Wahl kann durch Abschluss eines Wahrnehmungsvertrages getroffen werden. Auf den Abschluss eines Wahrnehmungsvertrages kommt es dabei aber nicht an; eine einseitige Erklärung des Rechtsinhabers genügt und

---

[5] AmtlBegr. BT-Drs. 13/4796, 10 (zur Änderung von § 13c UrhWG durch das 4. UrhGÄndG von 1998).
[6] Insbes. Art. 9 Abs. 2 und Erwägungsgrund (28) der SatKabelRL.
[7] Vgl. *Dreier* ZUM 1995, 458 (462).
[8] Zum Begriff der Verwertungsgesellschaft → § 2 Rn. 5 ff.
[9] Zum Begriff der abhängigen Verwertungseinrichtung → § 3 Rn. 3.
[10] Zum Begriff der unabhängigen Verwertungseinrichtung und den auf sie anwendbaren Bestimmungen des VGG → § 4 Rn. 3 ff.
[11] AmtlBegr. BT-Drs. 18/7223, 88; → § 77 Rn. 5 f.
[12] → Rn. 2.
[13] AmtlBegr. BT-Drs. 13/4796, 16 (zur Änderung von § 13c UrhWG durch das 4. UrhGÄndG von 1998); → Einl. VGG Rn. 10; → § 9 Rn. 4.

schreibt seine Auswahl fest.[14] Solange der Rechtsinhaber seine Wahl nicht getroffen hat, gelten alle derartige Rechte wahrnehmenden Verwertungsgesellschaften **gemeinsam** als berechtigt.

§ 50 Abs. 1 S. 3 enthält die Klarstellung, dass die in diesem Absatz geregelte Berechtigungsfiktion nicht für Kabelweitersendungsrechte gilt, die ein Sendeunternehmen in Bezug auf seine **eigenen Sendungen** geltend macht. Diese Rechte sind entsprechend Art. 10 der SatKabelRL durch § 20b Abs. 1 S. 2 UrhG bereits von der Verwertungsgesellschaftenpflicht ausgenommen.[15]

Die **Berechtigungsfiktion des § 50 Abs. 1** ist – im Gegensatz zu den Vermutungsregelungen in §§ 48 und 49 – **unwiderleglich**.[16]

2. § 50 Abs. 2 – Verhältnis des Außenseiters zur Verwertungsgesellschaft

§ 50 Abs. 2 ist in seinem Wortlaut nahezu identisch mit **§ 13c Abs. 4 UrhWG**. Die einzige Än-   4 derung betrifft § 50 Abs. 2 S. 2: Hier hat die Formulierung „nach dem Verteilungsplan oder den Wahrnehmungsbedingungen" den in § 13c Abs. 4 UrhWG verwendeten Begriff „satzungsgemäß" ersetzt. Dies ändert inhaltlich nichts, denn der iRv. § 50 Abs. 2 S. 2 relevante Abrechnungszeitpunkt ist in jedem Fall im Verteilungsplan, der idR. Teil der Satzung ist, oder in den Wahrnehmungsbedingungen bestimmt.[17]

§ 50 Abs. 2 behandelt in Umsetzung von **Art. 9 Abs. 2 S. 3 der SatKabelRL** das **Innenverhältnis** des Außenseiters zu der Verwertungsgesellschaft, die nach § 50 Abs. 1 als berechtigt gilt.

Nach **§ 50 Abs. 2 S. 1** muss die Verwertungsgesellschaft, die eine Vereinbarung über die Kabelweitersendung getroffen hat und dabei über die Berechtigungsfiktion des § 50 Abs. 1 auch die Rechte eines Außenseiter-Rechtsinhabers vertreten hat, diesen **wie einen** durch Wahrnehmungsvertrag mit ihr verbundenen **Wahrnehmungsberechtigten behandeln** (Grundsatz der Gleichbehandlung).

Nach Art. 9 Abs. 2 S. 3 Hs. 2 der SatKabelRL muss der Außenseiter-Rechtsinhaber seine Rechte gegenüber der Verwertungsgesellschaft mindestens bis zu drei Jahren gerechnet ab dem Zeitpunkt der Kabelweitersendung geltend machen können. **§ 50 Abs. 2 S. 2 Hs. 1** gibt ihm diese Möglichkeit noch länger. Danach **verjähren die Rechte des Außenseiter-Rechtsinhabers** spätestens drei Jahre nach dem im Verteilungsplan oder in den Wahrnehmungsbedingungen der Verwertungsgesellschaft bestimmten Abrechnungszeitpunkt. Ohne eine solche Vorschrift hätte die Verwertungsgesellschaft noch während der allgemeinen Verjährungsfrist von (früher) 30 Jahren Ansprüche des Außenseiters gewärtigen müssen.

Nach **§ 50 Abs. 2 S. 2 Hs. 2** hat die Verwertungsgesellschaft nicht die Möglichkeit, die Verjährungsfrist von drei Jahren durch kürzere Meldefristen oder „auf ähnliche Weise", dh. durch Beschränkungen im Verteilungsplan, **einseitig zu verkürzen.** Diese Bestimmung entspricht dem Schutzcharakter von § 50 Abs. 2 zugunsten des Außenseiters. Andererseits können vertragliche Bestimmungen oder Bestimmungen im Verteilungsplan dann vorgehen, wenn der Außenseiter nachträglich mit der Verwertungsgesellschaft einen Wahrnehmungsvertrag abschließt.[18]

§ 51 Vergriffene Werke

(1) Es wird vermutet, dass eine Verwertungsgesellschaft, die Rechte der Vervielfältigung (§ 16 des Urheberrechtsgesetzes) und der öffentlichen Zugänglichmachung (§ 19a des Urheberrechtsgesetzes) an vergriffenen Werken wahrnimmt und der eine Erlaubnis (§ 77) erteilt wurde, berechtigt ist, für ihren Tätigkeitsbereich Nutzern diese Rechte auch an Werken derjenigen Rechtsinhaber einzuräumen, die die Verwertungsgesellschaft nicht mit der Wahrnehmung ihrer Rechte beauftragt haben, wenn

1. es sich um vergriffene Werke handelt, die vor dem 1. Januar 1966 in Büchern, Fachzeitschriften, Zeitungen, Zeitschriften oder in anderen Schriften veröffentlicht wurden,
2. sich die Werke im Bestand von öffentlich zugänglichen Bibliotheken, Bildungseinrichtungen, Museen, Archiven und von im Bereich des Film- oder Tonerbes tätigen Einrichtungen befinden,
3. die Vervielfältigung und die öffentliche Zugänglichmachung nicht gewerblichen Zwecken dient,
4. die Werke auf Antrag der Verwertungsgesellschaft in das Register vergriffener Werke (§ 52) eingetragen worden sind und
5. die Rechtsinhaber nicht innerhalb von sechs Wochen nach Bekanntmachung der Eintragung gegenüber dem Register ihren Widerspruch gegen die beabsichtigte Wahrnehmung ihrer Rechte durch die Verwertungsgesellschaft erklärt haben.

(2) Rechtsinhaber können der Wahrnehmung ihrer Rechte durch die Verwertungsgesellschaft jederzeit widersprechen.

---

[14] AmtlBegr. BT-Drs. 13/4796, 16 (zur Änderung von § 13c UrhWG durch das 4. UrhGÄndG von 1998).

[15] → UrhG § 20b Rn. 33.

[16] AmtlBegr. BT-Drs. 13/4796, 16 (zur Änderung von § 13c UrhWG durch das 4. UrhGÄndG von 1998).

[17] Zu Definition und Inhalt des Verteilungsplans → § 27 Rn. 6ff.; zu den Wahrnehmungsbedingungen → § 9 Rn. 10ff.

[18] AmtlBegr. BT-Drs. 13/4796, 16 (zur Änderung von § 13c UrhWG durch das 4. UrhGÄndG von 1998).

(3) **Ist mehr als eine Verwertungsgesellschaft zur Wahrnehmung der Rechte gemäß Absatz 1 berechtigt, so gilt die Vermutung nach Absatz 1 nur, wenn die Rechte von allen Verwertungsgesellschaften gemeinsam wahrgenommen werden.**

(4) **Soweit die Verwertungsgesellschaft Zahlungen auch für Rechtsinhaber erhält, die die Verwertungsgesellschaft nicht mit der Wahrnehmung ihrer Rechte beauftragt haben, stellt sie den Nutzer von Ansprüchen dieser Rechtsinhaber frei. Wird vermutet, dass eine Verwertungsgesellschaft nach den Absätzen 1 und 2 zur Rechtewahrnehmung berechtigt ist, so hat ein Rechtsinhaber im Verhältnis zur Verwertungsgesellschaft die gleichen Rechte und Pflichten wie bei einer Übertragung der Rechte zur Wahrnehmung.**

Schrifttum: *De la Durantaye,* Ein Heim für Waisenkinder – Die Regelungsvorschläge zu verwaisten Werken in Deutschland und der EU aus rechtsvergleichender Sicht, ZUM 2011, 777; *dies,* Der Regierungsentwurf eines Gesetzes zur Nutzung verwaister und vergriffener Werke, ZUM 2013, 437; *Henke,* Europäische Regelungen über die Nutzung vergriffener Werke, ZUM 2019, 400; *Hilty/Köklü/Nérisson/Hartmann/Trumpke,* Stellungnahme des Max-Planck-Instituts für Immaterialgüter- und Wettbewerbsrecht zur Anfrage des Bundesministeriums der Justiz vom 15. März 2013, abrufbar unter: http://www.ip.mpg.de/files/pdf2/Stellungnahme-BMJ-UrhG_2013-3-15-def1.pdf; *Klass,* Die deutsche Gesetzesnovelle zur „Nutzung verwaister und vergriffener Werke und einer weiteren Änderung des Urheberrechtsgesetzes" im Kontext der Retrodigitalisierung in Europa, GRUR-Int 2013, 881; *Peifer,* Die gesetzliche Regelung über verwaiste und vergriffene Werke – Hilfe für verborgene Kulturschätze, NJW 2014, 6; *Schierholz,* Verwaiste Werke – die Lösung für Probleme der Massendigitalisierung, FS Pfennig (2012), S. 319; *Spindler,* Die Orphan-Works-Richtlinie und der jüngste Referentenentwurf zur Änderung des Urheberrechts, ZUM 2013, 349; *Staats,* in: Peifer (Hrsg.), Kollektives Rechtemanagement im Zeitalter von Google und Youtube, München 2011, S. 93, 102; *ders.,* Regelungen für verwaiste und vergriffene Werke – Stellungnahme zum Gesetzentwurf der Bundesregierung, ZUM 2013, 446; s. ferner die Angaben bei § 61; *Talhoff,* Die Nutzung verwaister und vergriffener Werke im Urheberrecht, 2016; *Talke,* Verwaiste und vergriffene Werke, K & R 2014, 18; *Wandtke,* Grundsätze der Richtlinie über das Urheberrecht im digitalen Binnenmarkt, NJW 2019, 1841.

Übersicht

I. Zweck der Regelung; Europarechtswidrigkeit

1   Die Regelungen der §§ 51, 52[1] zu den vergriffenen Werken stellen quasi das Pendant zu den Regelungen über verwaiste Werke in §§ 61–61c UrhG dar. Im Gegensatz zu den Normen über verwaiste Werke gehen die Regeln über vergriffene Werke nicht auf die Verwaiste-Werke-RL zurück, sondern sind bisher originär nationales Recht. Die Verwaiste-Werke-RL stellte dabei schon ausdrücklich in Erwägungsgrund 4 klar, dass die Mitgliedstaaten selbst Regelungen für vergriffene Werke treffen können. Von dieser Möglichkeit machte auch der deutsche Gesetzgeber Gebrauch. Allein die Einführung von Schranken für verwaise Werke hätte viele der Probleme, die in den digitalen Zugänglichmachen des kulturellen Erbes liegen, nicht gelöst, da oftmals die Rechteinhaber (insbesondere Verlage und deren Rechtsnachfolger) bekannt sind, aber entweder die Fiktion des § 137l UrhG nicht eingreift, da die Werke vor 1966 erschienen sind, oder die Rechteinhaber nicht mehr die Werke publizieren oder öffentlich zugänglich machen (wollen). Diese sog. vergriffenen Werke (auch → Rn. 5) gehören aber auch zum kulturellen Erbe, für das ein öffentliches Interesse an einem (digitalen) Zugang besteht. Im Gegensatz zu den Regelungen zu den verwaisten Werken, für die eine sorgfältige Recherche erforderlich ist, damit die Schranke der §§ 61 ff. UrhG eingreifen kann, sind bei den ver-

---

[1] Zuvor §§ 13d, 13e UrhWG aF.

griffenen Werken die Rechteinhaber bekannt; demgemäß wählte der deutsche Gesetzgeber den Ansatz der „**extended collective licenses**" wie sie im skandinavischen Raum sowohl verwaiste als auch vergriffene Werke verbreitet sind und den Verwertungsgesellschaften die Wahrnehmung der Rechte der Urheber überantworten, während gleichzeitig die kulturellen Einrichtungen die Werke digitalisieren und der Öffentlichkeit zugänglich machen können (näher dazu → § 61 Rn. 19). Daher ist es nicht verwunderlich, dass beide Regelungen – §§ 61–61c UrhG und §§ 51, 52 – in vielen Bereichen parallel ausgestaltet, so dass die Tatbestände in gleicher Weise auszulegen sind.

Mit der Richtlinie über das Urheberrecht und die verwandten Schutzrechte im digitalen Binnenmarkt (DSM-RL)[2] wurden jüngst die Weichen für eine einheitliche europäische Lösung gestellt. Bereits im September 2016 legte die EU-Kommission einen entsprechenden Entwurf vor, der eine Ergänzung der Schranken des Art. 5 InfoSoc-RL für vergriffene Werke im Rahmen der Art. 7–9 des Vorschlags vorsah, indem eine dem § 51 vergleichbare Regelung der kollektiven Lizenzierung geschaffen werden sollte, begleitet von Schranken und Widerspruchsrechten für Autoren.[3] Die beabsichtigten Neuerungen fanden nunmehr mit nur geringen Abweichungen (im Wesentlichen hinsichtlich der zu unternehmenden Informationsmaßnahmen) Einzug in die endgültige Fassung der DSM-RL (s. Art. 8–11 DSM-RL).[4] Die Vorschriften der DSM-RL zielen dabei in erster Linie auf die Schaffung eines einheitlichen Rechtsrahmens zugunsten der Digitalisierung des Kulturerbes ab[5] und orientieren sich dabei an den bisherigen Vorschriften der Mitgliedstaaten, aber auch der Praxis der Verwertungsgesellschaften.[6] Im Vergleich zum schon bestehenden § 51 wird sich aus der DSM-RL allerdings eine deutliche Erweiterung der enthaltenen Nutzungsrechte ergeben: Neben den bereits jetzt erfassten Rechten der Vervielfältigung (§ 16 UrhG) und öffentlichen Zugänglichmachung (§ 19a UrhG) (→ Rn. 2) erfasst Art. 8 DSM-RL auch das Recht der öffentliche Wiedergabe sowie das Verbreitungsrecht.

Nach § 51 nehmen Verwertungsgesellschaften die Rechte der Vervielfältigung (§ 16 UrhG) und **2** der öffentlichen Zugänglichmachung (§ 19a UrhG) für vergriffene Werke wahr, indem eine **gesetzliche Vermutung** eingreift, auch für Rechte von Außenseitern, die ihr keine Rechte eingeräumt haben. Allerdings gilt diese Vermutung nur für Schriften bzw. den „Printbereich", vorausgesetzt, dass die Werke in einem Register vergriffener Werke beim DPMA eingetragen werden.

Da die gleichen Einrichtungen wie in § 61 UrhG aus kultur- und bildungspolitischen Gründen auch **3** von § 51 privilegiert werden, können diese für Werke vor 1966 (nicht danach!) **wählen,** ob sie bei verwaisten Werken eine sorgfältige Recherche durchführen wollen oder stattdessen eine Lizenz mit einer Verwertungsgesellschaft über § 51 abschließen,[7] sodass die Feststellung genügt, ob ein Werk vergriffen ist, was erheblich geringere Kosten verursacht.[8] Diese Lösung versagt jedoch für verwaiste Werke für die Zeit nach 1966 ebenso wie für Werke, die keine Schriften sind oder in diesen enthalten sind.

Ob die Regelung des § 51 mit den europarechtlichen Vorgaben der InfoSoc-RL vereinbar ist, er- **3a** scheint allerdings nach dem Urteil des **EuGH** in der Rechtssache **Soulier u. Doke/Premier ministre** mehr als zweifelhaft. Der EuGH hatte eine französische Regelung zu vergriffenen Werken, die dem deutschen Ansatz ähnelt, für mit der InfoSoc-RL nicht vereinbar erklärt. Art. L 134-1 ff. des Code de la propriété intellectuelle sahen vor, dass vergriffene Werke, die vor 2001 veröffentlicht wurden, in eine Datenbank eingetragen werden. Widerspricht der Urheber nicht innerhalb von 6 Monaten, konnten die Verwertungsgesellschaften die Rechte, insbesondere der digitalen Vervielfältigung und öffentlichen Zugänglichmachung, an Dritte übertragen. Da Art. 5 der InfoSoc-RL keine Ausnahmen bzw. Schranken für vergriffene Werke vorsieht,[9] kann der Ansatz der kollektiven Lizenzierung nur auf die Annahme einer impliziten Zustimmung des Urhebers gestützt werden, in Gestalt des fehlenden Widerspruchs. Der EuGH lässt zwar grundsätzlich auch eine implizite Zustimmung zu,[10] stellt hieran jedoch hohe Anforderungen.[11] So führt das Gericht aus:

„(38) Insbesondere muss jeder Urheber über die künftige Nutzung seines Werks durch einen Dritten und darüber, mit welchen Mitteln er die Nutzung untersagen kann, sofern er dies wünscht, tatsächlich informiert werden. (39) Denn ohne tatsächliche vorherige Information über diese künftige Nutzung ist der Urheber nicht in der Lage, zu ihr Stellung zu nehmen und sie demnach gegebenenfalls zu untersagen, so dass schon das Vorliegen seiner impliziten Zustimmung hierzu rein hypothetisch bleibt. (40) Wenn die tatsächliche Information der Urheber über die geplante Nutzung ihrer Werke und die Mittel, die ihnen für die Untersagung der Nutzung zur Verfügung stehen, nicht gewährleistet ist, ist es ihnen demzufolge faktisch nicht möglich, irgendeine Stellungnahme zu einer solchen Nutzung abzugeben."

---

[2] Richtlinie (EU) 2019/790 des Europäischen Parlaments und des Rates vom 17.4.2019 über das Urheberrecht und die verwandten Schutzrechte im digitalen Binnenmarkt und zur Änderung der Richtlinien 96/9/EG und 2001/29/EG, ABl. 2019 L 130/92.

[3] COM (2016) 593 final; hierzu auch Heine/Holzmüller/*de la Durantaye/Kuschel,* Verwertungsgesellschaftengesetz, § 51 Rn. 5.

[4] Ausf. Wandtke NJW 2019, 1841 (1843).

[5] Erwgr. 30 DSM-RL; *Henke* ZUM 2019, 400 (402).

[6] *Henke* ZUM 2019, 400 (401).

[7] Begr. RegE BT-Drs. 17/13423, 18.

[8] *Spindler* ZUM 2013, 349 (357); *Staats* ZUM 2013, 446 (453 f.).

[9] EuGH GRUR 2017, 62 Rn. 26 ff. – Soulier u. Doke/Premiere ministre ua.

[10] EuGH GRUR 2017, 62 Rn. 35 – Soulier u. Doke/Premiere ministre ua.

[11] EuGH GRUR 2017, 62 Rn. 37 – Soulier u. Doke/Premiere ministre ua.

Daher muss jeder Urheber individuell über die künftige Nutzung seines Werkes und darüber, mit welchen Mitteln er diese gegebenenfalls untersagen könne, tatsächlich informiert werden.[12] Allein der fehlende Widerspruch bei Eintrag in eine öffentlich zugängliche Datenbank sei nicht der Ausdruck ihrer impliziten Zustimmung.[13]

Zwar unterscheidet sich die deutsche Regelung insoweit von dem französischen Ansatz, dass der Widerspruch jederzeit eingelegt werden kann und nicht nach 6 Monaten verfristet ist. Auch ist der Anwendungsbereich wesentlich enger, indem nur Werke vor 1966 erfasst werden und auch keine gewerbliche Nutzung zugelassen ist. Eine tatsächliche und individuelle Information der Urheber über die geplante Nutzung ihrer Werke und die Mittel, die ihnen für die Untersagung zur Verfügung stehen (→ Rn. 1), sieht aber auch § 51 nicht vor.[14] Im Gegensatz zu den Regelungen zu den verwaisten Werken besteht bei den vergriffenen Werken gerade keine Recherchepflicht. Eine solche würde den Ansatz der „extended collective licenses" auch infrage stellen.[15] Allein das zeitlich unbefristete Widerspruchsrecht der deutschen Regelung vermag die fehlende individuelle Information des Urhebers aber nicht zu ersetzen, so dass die Anforderungen des EuGH an die Annahme der impliziten Zustimmung nicht genügt wird. § 51 VVG dürfte daher derzeit (→ Rn. 5a) **europarechtswidrig** sein.[16]

II. Entwicklungsgeschichte

4   Im Zuge der Schaffung der europäischen Bibliothek Europeana und der Deutschen Digitalen Bibliothek hatte die Arbeitsgemeinschaft Digitale Bibliotheken der Deutschen Literaturkonferenz eV als Gremium von Autorenverbänden, Verlagen, Verwertungsgesellschaften (VG Wort und VG Bild-Kunst) sowie Bibliotheken bereits in 2009 Vorschläge erarbeitet,[17] wie mit den vergriffenen Werken umgegangen werden kann.[18] Diese Vorschläge fanden Eingang in einem Gesetzesentwurf der SPD,[19] der im Bundestag aber abgelehnt wurde.[20] Parallel dazu fanden auf europäischer Ebene im Rahmen der Initiativen zu den verwaisten Werke auch über die vergriffenen Werke am 20.9.2011 im Memorandum of Understanding „Key Principles on the Digitisation and Making Available of Out-of-Commerce Works"[21] von europäischen Verbänden der Autoren, Verlage und Bibliotheken sowie den europäischen Dachorganisationen der Verwertungsgesellschaften im Text- und Bildbereich Verständigungen, wie mit den vergriffenen Werken umzugehen ist, statt. Im Zuge der Umsetzung der Verwaiste-Werke-RL nahm das Bundesjustizministerium auch die Anregungen zu vergriffenen Werken im Rahmen des Referentenentwurfs für ein Gesetz zur Einführung einer Regelung zur Nutzung verwaister Werke und weiterer Änderungen des Urheberrechtsgesetzes und des Urheberrechtswahrnehmungsgesetzes auf,[22] der weitgehend wortgleich schließlich im Regierungsentwurf übernommen wurde.[23] Im parlamentarischen Verfahren erfuhr der Regierungsentwurf nur wenige Änderungen.[24] Von Seiten des Bundesrates wurden keine Einwände erhoben,[25] so dass das Gesetz am 1.1.2014 in Kraft trat, bezüglich der vergriffenen Werke wegen der erforderlichen Schaffung der Infrastrukturen beim DPMA aber erst zum 1.4.2014 (Art. 3). Zuletzt wurde die Regelung des § 13d WahrnG aF weitgehend unverändert in § 51 übernommen, welcher seit dem 1.6.2016 Geltung entfaltet. Lediglich die Bezugnahme auf „Dritte" wurde in Abs. 1, aus Gründen der Einheitlichkeit, durch den Begriff des „Nutzers" ersetzt.[26] Dieser ist nunmehr in § 8 legaldefiniert. Zudem erfolgte eine Ergänzung in Bezug auf § 77 Abs. 2 Nr. 3. Hiernach bedarf eine Verwertungsgesellschaft mit Sitz in einem anderen Mitgliedstaat der Europäischen Union oder anderen Vertragsstaat des Abkommens über den Europäischen Wirtschaftsraum einer Erlaubnis, wenn sie die Ansprüche an vergriffenen Werken wahrnehmen will. Daher gilt die Vermutung der Wahrnehmungsberechtigung nach Abs. 1 auch nur für diejenigen Verwertungs-

---

[12] EuGH GRUR 2017, 62 Rn. 38 – Soulier u. Doke/Premiere ministre ua.

[13] EuGH GRUR 2017, 62 Rn. 42 f. – Soulier u. Doke/Premiere ministre ua.

[14] Ebenso Dreier/Schulze/*Schulze* VGG § 51 Rn. 2.

[15] Dreier/Schulze/*Schulze* VGG § 51 Rn. 2.

[16] Anders wohl Dreier/Schulze/*Schulze* VGG § 51 Rn. 2 unter Hinweis auf den engeren Anwendungsbereich und die nur für kulturelle Zwecke bestehende Verwertungsbefugnis; nach Ansicht von Heine/Holzmüller/*de la Durantaye/Kuschel,* Verwertungsgesellschaftengesetz, § 51 Rn. 9 steht § 51 zumindest auf „wackeligen Beinen".

[17] Abrufbar unter: http://irights.info/2009/10/28/deutsche-literaturkonferenz-vorschlag-zu-verwaisten-werken/1573; dazu auch *Klass* GRUR-Int 2013, 881 (883).

[18] S. zur Entwicklung *Schierholz* FS Pfennig, 2012, 319 (329); ferner *Staats* in Peifer, Kollektives Rechtemanagement im Zeitalter von Google und Youtube, 2011, S. 93, 102; Wandtke/Bullinger/*Staats* VGG § 51 Rn. 1.

[19] Gesetz BT-Drs. 17/3991.

[20] 250. Sitzung des Deutschen Bundestages vom 27.6.2013, Stenographischer Bericht, BT-Prot. 17/250, S. 32223 B.

[21] Abrufbar unter: http://europa.eu/rapid/press-release_MEMO-11-619_en.htm?locale=en.

[22] Abrufbar unter: www.urheberrecht.org.

[23] Gesetzentwurf zur Nutzung verwaister und vergriffener Werke und einer weiteren Änderung des Urheberrechtsgesetzes BT-Drs. 17/13423.

[24] Bericht des Rechtsausschusses BT-Drs. 17/14217, 4 ff. sowie dessen Beschlussempfehlung des Rechtsausschusses BT-Drs. 17/14194, 5.

[25] BR-Drs. 643/13.

[26] BT-Drs. 18/7223, 88.

gesellschaften, denen eine Erlaubnis erteilt wurde und die insoweit zur Wahrnehmung berechtigt sind.[27] Auch Abs. 3 wurde entsprechend angepasst. Schließlich verweist § 51 Abs. 1 Nr. 4 nunmehr auf § 52, statt auf den entsprechenden § 13e WahrnG aF. Daher gelten die Erwägungen des Gesetzgebers zu der in Umsetzung der RL 2012/28/EU erfolgten Einführung des § 13d WahrnG aF weiterhin.[28]

III. Vergriffene Werke und erfasste Rechte

Im Gegensatz zu verwaisten Werken, deren Rechteinhaber nicht mehr feststellbar sind, sind vergrif- **5** fene Werke lediglich solche urheberrechtlich geschützten Werke, die nicht mehr lieferbar sind, ohne dass die Rechteinhaber notwendigerweise unbekannt wären.[29] Als Präzisierung kann die vom Memorandum of Understanding verwendete Begriffsklärung des „out-of commerce work" herangezogen werden: „For the purpose of the dialogue on out-of-commerce works, a work is out of commerce when the whole work, in all its versions and manifestations is no longer commercially available in customary channels of commerce, regardless of the existence of tangible copies of the work in libraries and among the public (including through second hand bookshops or antiquarian bookshops)."[30]

Wie in § 61 werden nur die Verwertungsrechte der Vervielfältigung (§ 16 UrhG) und der öffentli- **6** chen Zugänglichmachung (§ 19a UrhG) von § 51 bzw. der Vermutungswirkung erfasst.

IV. Voraussetzungen für die gesetzliche Vermutung (§ 51 Abs. 1)

1. Fortführung kollektiver Rechtewahrnehmung

Die Vermutungswirkung nach § 51 kann nur dann eingreifen, wenn die Verwertungsgesellschaften be- **7** reits zuvor die Vervielfältigungsrechte und die Rechte der öffentlichen Zugänglichmachung für vergriffene Werke wahrgenommen haben; eine generelle Wahrnehmung dieser Verwertungsrechte genügt nicht, es muss sich gerade um die bestehende Wahrnehmung der Rechte für vergriffene Werke gehandelt haben, was sich allerdings erst aus einem Vergleich mit dem vorherigen § 13d Abs. 1-RefE[31] ergibt.[32] Auch wenn der Wille des Gesetzgebers insofern eindeutig ist, schlägt sich dies jedoch nicht im Wortlaut nieder, der keine entsprechende Beschränkung enthält. Zudem sind hier verfassungsrechtliche Zweifel angebracht, da neuen Verwertungsgesellschaften damit die Möglichkeit der Rechtewahrnehmung genommen wäre und es sich faktisch um eine Lex-VG Wort und Lex-VG Bild Kunst handeln würde, da nur diese Verwertungsgesellschaften – soweit ersichtlich – vor der Reform die Rechte für vergriffene Werke bereits wahrgenommen hatten. Das Gesetz erweitert damit quasi ex post eine Praxis der Verwertungsgesellschaften[33] auf Außenseiter. Bei der Rechtewahrnehmung müssen jedoch die Anforderungen des VGG erfüllt werden. Die Verwertungsgesellschaft muss daher insbesondere die nach § 77 Abs. 1 und § 77 Abs. 2 Nr. 3 verlangte Erlaubnis besitzen. Für eine Liste der aktuell wahrnehmungsberechtigten VG, s. Heine/Holzmüller/*de la Durantaye*/*Kuschel,* Verwertungsgesellschaftengesetz, § 51 Rn. 9.

2. Vergriffene Werke vor dem 1.1.1966 in Schriften veröffentlicht (§ 51 Abs. 1 Nr. 1)

Ferner muss es sich gem. § 51 Abs. 1 Nr. 1 um vergriffene Werke handeln, die in Schriften vor **8** dem 1.1.1966 erschienen sind, insbesondere in Büchern, Fachzeitschriften, Zeitungen oder Zeitschriften – was zum einen dem Inkrafttreten des UrhG 1965 entspricht und zum anderen an die Regelungen in den Wahrnehmungsverträgen der VG Wort und der VG Bild-Kunst anknüpft.[34] Nur Schriften werden erfasst,[35] nicht dagegen andere Werke, wie etwa die in § 61 genannten Filmwerke oder Tonträger – was ein entscheidendes Manko der Vorschrift darstellt.[36] Die Beschränkung auf Schriften bedeutet aber nicht, dass die „embedded works" bzw. die in Schriftwerken integrierten anderen Werkkategorien wie Lichtbilder etc nicht erfasst würden; diese unterfallen vielmehr genauso wie in § 61 Abs. 2 Nr. 1 UrhG (→ § 61 Rn. 12) der gesetzlichen Vermutungswirkung.[37]

---

[27] BT-Drs. 18/7223, 88.
[28] Vgl. BeckOK UrhR/*Freudenberg* VGG § 51 Rn. 1.
[29] Begr. RegE BT-Drs. 17/13423, 18; kritisch hierzu: *Talke* K & R 2014, 18 (20).
[30] http://www.eblida.org/Experts%20Groups%20papers/EGIL-papers/MoU-OOC.pdf, S. 2.
[31] Abrufbar unter: http://blog.die-linke.de/digitalelinke/wp-content/uploads/Ref.Entwurf.pdf, S. 7 aE, f.
[32] Daher in diese Richtung Wandtke/Bullinger/*Staats* VGG § 51 Rn. 5; Dreier/Schulze/*Schulze* VGG § 51 Rn. 10.
[33] § 1 Nr. 32 Wahrnehmungsvertrag-VG WORT, abrufbar unter: https://www.vgwort.de/fileadmin/pdf/wahrnehmungsvertrag/WV_Muster_Verlag.pdf; § 1 Nr. 1q Wahrnehmungsvertrag-VG Bild-Kunst, abrufbar unter: http://www.touring-artists.info/fileadmin/user_upload/Urheberrecht_ShortCuts/Muster_Wahrnehmungsvertrag_BG_I-II_VGBK.pdf; näher dazu *Staats* ZUM 2013, 446 (451), Dreier/Schulze/*Schulze* VGG § 51 Rn. 8.
[34] Krit. aus rechtsvergleichender Perspektive sowie aufgrund des weiterreichenden Memorandums of Understanding (→ Rn. 4 f.) zu den temporären und inhaltlichen Begrenzungen des Anwendungsbereichs der Vorschrift *Hilty*/*Köklü*/*Nérisson*/*Hartmann*/*Trumpke,* Stellungnahme des Max-Planck-Instituts für Immaterialgüter- und Wettbewerbsrecht, Rn. 66.
[35] Begr. RegE BT-Drs. 17/13423, 18.
[36] GRUR-Stellungnahme GRUR 2013, 480 (481); *Spindler* ZUM 2013, 349 (356 f.); *Peifer* NJW 2014, 6 (10).
[37] Wandtke/Bullinger/*Staats* VGG § 51 Rn. 8; Dreier/Schulze/*Schulze* VGG § 51 Rn. 12.

9   Das Schriftwerk selbst muss vergriffen sein, nicht die jeweils in ihm enthaltene Werkkategorie; bereits eine Neuauflage, die noch lieferbar ist, führt dazu, dass es sich nicht mehr um ein vergriffenes Werk handelt.[38] Ob ein Werk tatsächlich vergriffen ist, muss durch eine sorgfältige Recherche in entsprechenden Quellen geprüft werden, für Bücher[39] etwa im Verzeichnis lieferbarer Bücher (VLB).[40] Für in Schriften (bzw. Büchern) eingebettete Werke genügt ebenfalls eine Recherche in den für Schriften relevanten Quellen.[41] Allerdings ist die sorgfältige Recherche nicht wie in § 61 UrhG per se mit der Vermutungswirkung gekoppelt; vielmehr greift die Vermutungswirkung auch ohne eine solche Recherche ein, sofern das Werk tatsächlich vergriffen ist, maßgeblich ist daher nur der objektive Tatbestand des „Vergriffenseins". Die sorgfältige Recherche vermag aber die Verwertungsgesellschaft von dem Vorwurf der Urheberrechtsverletzung zu entlasten (zur Verantwortlichkeit der Einrichtungen → Rn. 21).

10   Ferner muss es sich um Werke handeln, die in Deutschland erschienen und hier vergriffen sind. Zwar würde die parallele Ausgestaltung zu den verwaisten Werken ein EU-weites Verständnis nahe legen; jedoch stehen dem zum einen der Territorialitätsgrundsatz bei nicht-harmonisiertem Recht entgegen, zudem die Beschränkung der (gesetzlich vorgesehenen) Tätigkeit der Verwertungsgesellschaften auf das Inland,[42] sofern nicht Gegenseitigkeitsverträge für ausländische Verwertungsgesellschaften bestehen. Die Regelung gilt daher nicht für vergriffene ausländische Werke.[43] Davon zu unterscheiden sind deutsche Übersetzungen von ausländischen Werken, die in Deutschland (nicht Schweiz oder Österreich) erst erschienen sind.[44]

3. Bestandsinhalte von privilegierten Einrichtungen (§ 51 Abs. 1 Nr. 2)

11   Wie in § 61 Abs. 2 UrhG muss es sich um vergriffene Werke im Bestand von öffentlich zugänglichen Bibliotheken, Bildungseinrichtungen, Museen, Archiven und von im Bereich des Film- oder Tonerbes tätigen Einrichtungen handeln (dazu → § 61 Rn. 19). Stets muss es sich jedoch um Schriften handeln, auch bei den Archiven, die im Bereich des Film- und Tonerbes tätig sind.

4. Verfolgung nicht gewerblicher Zwecke (§ 51 Abs. 1 Nr. 3)

12   Ferner dürfen die Verwertungsrechte nur zu nicht gewerblichen Zwecken dienen,[45] was sich wiederum mit § 61 Abs. 5 deckt. Es ist nicht ersichtlich, dass der Gesetzgeber gerade aufgrund der Parallelität zwischen beiden Regelungen hier von unterschiedlichen Maßstäben ausging.[46] Entgelte und Gebühren können daher von der Einrichtung verlangt werden, solange damit nur die Kosten der Digitalisierung und des Zugangs gedeckt werden sollen (näher → § 61 Rn. 32 f.). Unbeschadet davon bleibt die Möglichkeit für Verwertungsgesellschaften, über ihre Wahrnehmungsverträge sich auch die Rechte für vergriffene Werke für gewerbliche Zwecke einräumen zu lassen und dann dementsprechend zu lizenzieren – was dann allerdings außerhalb der Vermutungswirkung von § 51 liegt.[47]

5. Eintragung in das Register vergriffener Werke (§ 51 Abs. 1 Nr. 4)

13   Zudem müssen die erfassten Werke in das Register vergriffener Werke beim DPMA (§ 52[48] und die entsprechende VergrWerkeRegV)[49] eingetragen worden sein, das bislang ohne Vorbild ist;[50] die Antragstellung allein genügt nach dem Wortlaut nicht. Antragsberechtigt sind nach dem Gesetz allein die Verwertungsgesellschaften. Damit wird den Rechteinhabern ohne unzumutbare Recherche ermöglicht, den Status ihres Werkes einzusehen und ggf. Widerspruch zu erheben.[51]

---

[38] Wandtke/Bullinger/*Staats* VGG § 51 Rn. 8; Dreier/Schulze/*Schulze* VGG § 51 Rn. 17.

[39] *Spindler* ZUM 2013, 349 (357); zust. Wandtke/Bullinger/*Staats* VGG § 51 Rn. 10; Dreier/Schulze/*Schulze* VGG § 51 Rn. 17.

[40] www.vlb.de.

[41] Anders offenbar Wandtke/Bullinger/*Staats* VGG § 51 Rn. 10, der hier für Lösungen zwischen den betroffenen Rechtsinhabern, den privilegierten Einrichtungen und den Verwertungsgesellschaften plädiert – ohne dass ersichtlich wäre, warum dies gerade bei den „embedded works" erforderlich ist, da für sie genau die gleiche Vermutungswirkung eingreift, s. zur parallelen Fragen der sorgfältigen Recherche nach § 61a dort → § 61a Rn. 4.

[42] Letzteres betont vor allem Wandtke/Bullinger/*Staats* VGG § 51 Rn. 9, ferner mit dem Hinweis auf das Memorandum of Understanding Nr. 2.4, Rn. 1.

[43] *Spindler* ZUM 2013, 349 (357); GRUR-Stellungnahme GRUR 2013, 480 (481); Wandtke/Bullinger/*Staats* VGG § 51 Rn. 9.

[44] GRUR-Stellungnahme GRUR 2013, 480 (481); ebenso Wandtke/Bullinger/*Staats* VGG § 51 Rn. 9; Dreier/Schulze/*Schulze* VGG § 51 Rn. 15, der sogar fremdsprachige Werke in den Anwendungsbereich fallen lassen möchte.

[45] Krit. aus teleologischen und rechtsvergleichenden Erwägungen mit dem französischen Recht sowie dem Memorandum of Understanding (→ Rn. 4 f.) *Hilty/Köklü/Nérisson/Hartmann/Trumpke*, Stellungnahme des Max-Planck-Instituts für Immaterialgüter- und Wettbewerbsrecht, Rn. 67.

[46] Ähnlich Wandtke/Bullinger/*Staats* VGG § 51 Rn. 12; anders offenbar *de la Durantaye* ZUM 2013, 437 (444).

[47] S. dazu Wandtke/Bullinger/*Staats* VGG § 51 Rn. 13; Dreier/Schulze/*Schulze* VGG § 51 Rn. 22.

[48] Zuvor § 13e UrhWG aF.

[49] Verordnung über das Register vergriffener Werke vom 10.4.2014 (BGBl. I S. 346).

[50] Wandtke/Bullinger/*Staats* VGG § 51 Rn. 14; Dreier/Schulze/*Schulze* VGG § 51 Rn. 23; s. auch zur Kritik *Spindler* ZUM 2013, 349 (356 f.).

[51] S. auch Begr. RegE BT-Drs. 17/13423, 18.

6. Fehlender Widerspruch der Rechtsinhaber innerhalb von sechs Wochen (§ 51 Abs. 1 Nr. 5)

Schließlich darf nicht innerhalb von sechs Wochen nach Bekanntmachung der Eintragung in das 14 Register beim DPMA der Rechteinhaber Widerspruch gegen die Wahrnehmung der Rechte eingelegt haben. Die Gründe für den Widerspruch sind unerheblich. Allerdings muss der Widerspruch so spezifiziert sein, dass das DPMA (oder die Verwertungsgesellschaft) ohne weiteres dem Widerspruchsführer vergriffene Werke zuordnen kann;[52] Gleiches gilt etwa bei häufigen Namen (Müller, Schmidt).

Da dem Urheber auch bei völliger bzw. ausschließlicher Einräumung der Nutzungs- und Verwer- 15 tungsrechte stets die persönlichkeitsrechtlichen Befugnisse verbleiben, kann er jederzeit auch neben dem Verwerter (Verlag) den Widerspruch erklären. Erhebt nur der Verlag den Widerspruch, kann sich der Urheber nicht dagegen wehren, da auch die kommerziellen Verwertungsinteressen betroffen sind.[53] Voraussetzung für den Widerspruch durch den Verlag ist allerdings stets ein bestehender (und nicht etwa nach § 29 Abs. 1 VerlG beendeter) Verlagsvertrag und fehlender Rückruf nach § 41 UrhG.

Die Vermutungswirkung tritt erst mit Ablauf der Frist ein. Sie wird entsprechend den allgemeinen 16 Bestimmungen nach §§ 186 ff. BGB ab der Bekanntmachung durch das DPMA berechnet; allein die Eintragung genügt nicht.

Der Widerspruch kann sowohl dem DPMA als auch der Verwertungsgesellschaft gegenüber erklärt 17 werden,[54] die den Widerspruch dann an das DPMA unverzüglich weiterzuleiten hat.

V. Rechtsfolgen

1. Die Vermutungswirkung

Alle Voraussetzungen des § 51 Abs. 1, insbesondere der Fristablauf von 6 Wochen nach Bekannt- 18 machung, müssen erfüllt sein, damit die Vermutungswirkung eintritt. Ebenso muss das Werk objektiv betrachtet vergriffen sein. Dann greift die Vermutungswirkung auch für sog. „Außenseiter" ein, mithin für Urheber bzw. Rechteinhaber, die keinen Wahrnehmungsvertrag mit einer Verwertungsgesellschaft geschlossen haben.

Umstritten ist allerdings die Frage, ob es sich um eine widerlegliche oder unwiderlegliche Vermu- 19 tung handelt. Der Gesetzgeber ging offenbar von einer widerleglichen Vermutung aus,[55] während andere eine gesetzliche Fiktion annehmen.[56] Entscheidend ist die Frage, ob ein Widerspruch zu einer Aufhebung der Vermutungswirkung ex tunc oder ex nunc führt. Da der Gesetzgeber ausdrücklich ein Register eingeführt hat, die Vermutungswirkung erst 6 Wochen nach Bekanntmachung eintritt und zudem der Rechteinhaber später noch seinen Widerspruch erklären kann, sprechen die besseren Gründe für eine Wirkung nur ex nunc und damit für eine (temporäre) gesetzliche Fiktion.[57] Dies würde zu einer potenziellen Urheberrechtsverletzung führen, wodurch der Ansatz der „extended collective licenses" abermals geschmälert wäre. Andernfalls wäre der Sinn und Zweck des Registers und des später möglichen Widerspruchs nicht ersichtlich, da dem Register gerade eine Art Publizitätsfunktion innewohnt. Vergleichbar anderen Registern (etwa § 15 HGB) kann die Publizitätswirkung nicht für die Vergangenheit beseitigt werden.

2. Lizenzierung durch Verwertungsgesellschaften

Besteht die Vermutungswirkung, richten sich die Lizenzierungen durch die Verwertungsgesellschaf- 20 ten nach den allgemeinen Bestimmungen des VGG. Nach § 34 sind die Verwertungsgesellschaften demnach zur Erteilung einer einfachen Lizenz nach angemessenen Bedingungen verpflichtet, ebenso zur Aufstellung von Tarifen (§ 38) und Abschluss von Gesamtverträgen (§ 35). Können Einnahmen keinem Rechtsinhaber zugeordnet werden (verwaiste Werke), werden sie nach der Praxis der Verwertungsgesellschaften der allgemeinen Ausschüttung zugeführt[58] – was nichts daran ändert, dass die Verwertungsgesellschaften die Einnahmen dann dem wahren Rechtsinhaber ausschütten müssen, wenn dieser sich meldet.

---

[52] Ähnlich Wandtke/Bullinger/*Staats* VGG § 51 Rn. 17.

[53] Abl. zum Widerspruchsrecht der Verleger de lege ferenda Stellungnahme des Max-Planck-Instituts für Immaterialgüter- und Wettbewerbsrecht v. 15.3.2013, Rn. 69, abrufbar unter: https://www.ip.mpg.de/fileadmin/ipmpg/content/stellungnahmen/stellungnahme-bmj-urhg_2013-3-15-def1_01.pdf; *de la Durantaye* ZUM 2013, 437 (444); *Klass* GRUR-Int 2013, 881 (892).

[54] Begr. RegE BT-Drs. 17/13423, 18.

[55] Begr. RegE BT-Drs. 17/13423, 18; so auch Fromm/*Nordemann* UrhG § 60c Rn. 8, allerdings ohne nähere Erörterung.

[56] *De la Durantaye* ZUM 2013, 437 (443); ähnlich auch: *Talke* K & R 2014, 18 (20).

[57] Überzeugend Wandtke/Bullinger/*Staats* UrhWG § 13d Rn. 18; Dreier/Schulze/*Schulze* VGG § 51 Rn. 30; Holzmüller/*de la Durantaye/Kuschel,* Verwertungsgesellschaftengesetz, § 51 Rn. 31; aA BeckOK UrhR/*Freudenberg* VGG § 51 Rn. 20a, nach welchem es der Verwertungsgesellschaft allerdings unbenommen bleibt, dem Urheber nachzuweisen, dass er vor Ablauf der Widerspruchsfrist Kenntnis von der beabsichtigten Nutzung hatte.

[58] Wandtke/Bullinger/*Staats* VGG § 51 Rn. 5; krit. *de la Durantaye* ZUM 2013, 437 (443 f.).

3. Auswirkungen auf die Verantwortlichkeit der Einrichtungen und der Verwertungsgesellschaften

21   Die Vermutungswirkung zeitigt auch gegenüber den begünstigten Einrichtungen eine entlastende Wirkung im Hinblick auf § 97 UrhG, da zumindest kein schuldhaftes Handeln der Einrichtungen bei Abschluss eines Lizenzvertrages mit den Verwertungsgesellschaften angenommen werden kann. Stellt sich ex post heraus, dass die Voraussetzungen der Vermutungswirkung nicht vorlagen, besteht zwar trotz der Annahme der unwiderleglichen Vermutung keine Berechtigung der Verwertungsgesellschaften, so dass im Prinzip die Einrichtungen entsprechende Urheberrechtsverletzungen begangen haben. Doch wird es auch hier an einem schuldhaften Handeln der Einrichtungen fehlen. Zudem können sie die Verwertungsgesellschaften in Regress nehmen, insbesondere wenn diese fahrlässigerweise den Status eines Werkes als „vergriffen" angesehen haben.

VI. Widerspruchsrecht (Abs. 1 Nr. 5)

22   Auch wenn die Frist nach § 51 Abs. 1 Nr. 5 verstrichen ist, können die Rechtsinhaber mit Wirkung für die Zukunft (→ Rn. 15) jederzeit (und ohne Fristbindung) der Wahrnehmung ihrer Rechte durch die Verwertungsgesellschaften widersprechen.[59] Das Widerspruchsrecht besteht mit der Wahrnehmung der Rechte durch die Verwertungsgesellschaft,[60] was sich aus dem Wortlaut des § 51 Abs. 2 im Gegensatz zu § 51 Abs. 1 Nr. 5 ergibt. Denn der Rechteinhaber widerspricht der Wahrnehmung der Rechte, nicht der Eintragung, anders als in § 51 Abs. 1 Nr. 5. Dementsprechend ist auch der Widerspruch den wahrnehmenden Verwertungsgesellschaften gegenüber zu erklären.[61]

23   Das Gesetz sieht keine Karenzfrist für die Verwertungsgesellschaften vor, ebenso wenig für die privilegierten Einrichtungen; diese müssen daher unverzüglich, dh ohne schuldhaftes Zögern die Verwertung einstellen.[62]

24   Wie bei § 51 Abs. 1 Nr. 5 ist der Widerspruch nicht formgebunden, kann also auch in Textform (§ 126b BGB) eingelegt werden; er muss aber so viele Angaben enthalten, dass man den Rechteinhaber und die betroffenen Werke zweifelsfrei identifizieren kann.[63]

VII. Mehrere Verwertungsgesellschaften (§ 51 Abs. 3)

25   Nehmen mehrere Verwertungsgesellschaften die Rechte wahr (was aufgrund der angenommenen Bestandsfortschreibung nur die VG Wort und die VG Bild-Kunst sein können, → Rn. 7), greift die Vermutungswirkung nur bei gemeinsamer Wahrnehmung der Rechte ein. Sinn und Zweck der Regelung ist wie bei ihrem Vorbild § 13c Abs. 2 S. 2 UrhWG aF der Schutz des Vergütungsschuldners.[64] Es muss sich jedoch um dieselben Bereiche handeln, in denen die Verwertungsgesellschaften tätig sind.[65]

VIII. Außenseiter (§ 51 Abs. 4)

1. Freistellung (§ 51 Abs. 4 S. 1)

26   § 51 Abs. 4 S. 1 erfasst die sog. Außenseiter, die keinen Wahrnehmungsvertrag mit einer Verwertungsgesellschaft abgeschlossen haben, und auf die sich gerade die gesetzliche Vermutungswirkung bezieht, um eine breitflächige Digitalisierung zu ermöglichen. Dabei ist zu unterscheiden, ob eine Vermutungswirkung für die Verwertungsgesellschaft eingreift, oder ob sie lediglich Zahlungen für die Außenseiter etwa aufgrund einer in der Praxis üblichen Freistellungserklärung erhält. Nach Satz 1 kommt es für den Freistellungsanspruch nur darauf an, dass die Verwertungsgesellschaft Zahlungen erhält, nicht darauf, dass die Vermutungswirkung nach § 51 Abs. 1 eingreift;[66] dies ergibt sich aus einem Vergleich mit S. 2, der explizit auf das Eingreifen der Vermutungswirkung abstellt. Damit erfasst § 51 Abs. 4 S. 1 letztlich alle diejenigen Außenseiter, die nicht unter den Tatbestand des § 51 Abs. 1, 2 fallen, mithin etwa Filmwerke, Werke nach dem 1.1.1966. Allerdings wird nach der Praxis der deutschen Verwertungsgesellschaften zu Recht darauf hingewiesen, dass dies eher theoretische Fälle sind.[67]

---

[59] Beschlussempfehlung des Rechtsausschusses BT-Drs. 17/14194, 5; hierzu: Dreier/Schulze/*Schulze* VGG § 51 Rn. 33.

[60] Wandtke/Bullinger/*Staats* VGG § 51 Rn. 19.

[61] Zutr. Wandtke/Bullinger/*Staats* VGG § 51 Rn. 20; Dreier/Schulze/*Schulze* VGG § 51 Rn. 35.

[62] Anders ohne Rechtsgrundlage jedoch Wandtke/Bullinger/*Staats* VGG § 51 Rn. 21: erst nach Ablauf einer angemessenen Frist (ohne diese jedoch zu präzisieren); Dreier/Schulze/*Schulze* VGG § 51 Rn. 38, der eine Einzelberechtigung zur Bestimmung der angemessenen Frist fordert.

[63] Ebenso Wandtke/Bullinger/*Staats* (4. Aufl.) UrhWG § 13d Rn. 22.

[64] → § 13c Rn. 10.

[65] S. dazu Wandtke/Bullinger/*Staats* VGG § 51 Rn. 23; Dreier/Schulze/*Schulze* VGG § 51 Rn. 39.

[66] Wandtke/Bullinger/*Staats* VGG § 51 Rn. 24.

[67] Wandtke/Bullinger/*Staats* VGG § 51 Rn. 25 (als Vertreter der VG Wort).

2. Rechte und Pflichten von Außenseitern (§ 51 Abs. 4 S. 2)

Die Vorschrift des § 51 Abs. 4 S. 2 wurde erst im parlamentarischen Verfahren eingefügt[68] und fin- **27** det ihr Vorbild in Art. 9 Abs. 2 S. 3 Satelliten- und Kabelrichtlinie.[69] Sie stellt Außenseiter, für die die Vermutungswirkung eingreift, hinsichtlich aller Rechte, aber auch Pflichten der normalen Vertragspartner der Verwertungsgesellschaften gleich, mithin auch den Verteilungs- und Ausschüttungsplänen[70] – nicht dagegen etwa der Mitgliedschaftsrechte. Die Ansprüche auf Ausschüttung richten sich nach den sonst auch für Verwertungsgesellschaften geltenden Fristen.

Allerdings fehlt eine dem § 13c Abs. 4 S. 2 aF. entsprechende objektive Verjährungsfrist von drei **28** Jahren, so dass es an sich auf die normalen Verjährungsregeln gem. §§ 195, 199 BGB ankäme, wonach der Anspruch erst ab Kenntnis oder Kennenmüssen des Gläubigers verjährt.[71] Dies dürfte indes ein Redaktionsversehen des Gesetzgebers angesichts des sonst gleichlaufenden Inhalts der Normen sein, so dass die Verjährung objektiv mit dem Zeitpunkt der Abrechnung beginnt.

IX. Rechtspolitischer Ausblick

Die Regelungen über verwaiste Werke und vergriffene Werke können nur der Anfang von weite- **29** ren umfassenden Regelungen sein. Denn um breitflächig eine Retrodigitalisierung zu ermöglichen, bedarf es einer Ausdehnung der Tatbestände, bei § 51 auch auf Werke nach 1966, da trotz § 137l UrhG nicht alle Verlage eine Retrodigitalisierung durchführen.[72] Ebenso muss in sachlicher Hinsicht gerade für § 51 der Anwendungsbereich auf andere Werke als nur Schriften ausgedehnt werden. Mit Art. 8 DSM-RL hat der europäische Gesetzgeber diesbezüglich gute Vorarbeit geleistet: Erstens umfasst Art. 8 DSM-RL nicht nur den Printbereich, sondern alle Werksarten und sonstigen Schutzgegenstände, zweitens erfolgt eine Ausdehnung der umfassten Nutzungsrechte auf das Verbreitungsrecht und das Recht der öffentlichen Wiedergabe.[73] Die entsprechende Umsetzung des deutschen Gesetzgebers bleibt daher abzuwarten.

§ 52 Register vergriffener Werke; Verordnungsermächtigung

(1) **Das Register vergriffener Werke wird beim Deutschen Patent- und Markenamt geführt. Das Register enthält die folgenden Angaben:**

1. **Titel des Werkes,**
2. **Bezeichnung des Urhebers,**
3. **Verlag, von dem das Werk veröffentlicht worden ist,**
4. **Datum der Veröffentlichung des Werkes,**
5. **Bezeichnung der Verwertungsgesellschaft, die den Antrag nach § 51 Absatz 1 Nummer 4 gestellt hat, und**
6. **Angabe, ob der Rechtsinhaber der Wahrnehmung seiner Rechte durch die Verwertungsgesellschaft widersprochen hat.**

(2) **Das Deutsche Patent- und Markenamt bewirkt die Eintragungen, ohne die Berechtigung des Antragstellers oder die Richtigkeit der zur Eintragung angemeldeten Tatsachen zu prüfen. Die Kosten für die Eintragung sind im Voraus zu entrichten.**

(3) **Die Eintragungen werden auf der Internetseite des Deutschen Patent- und Markenamtes www.dpma.de bekannt gemacht.**

(4) **Die Einsicht in das Register steht jeder Person über die Internetseite des Deutschen Patent- und Markenamtes www.dpma.de frei.**

(5) **Das Bundesministerium der Justiz und für Verbraucherschutz wird ermächtigt, durch Rechtsverordnung ohne Zustimmung des Bundesrates**

1. **Bestimmungen über die Form des Antrags auf Eintragung in das Register sowie über die Führung des Registers zu erlassen,**
2. **zur Deckung des Verwaltungsaufwands für die Eintragung die Erhebung von Gebühren und Auslagen anzuordnen sowie Bestimmungen über den Kostenschuldner, die Fälligkeit von Kosten, die Kostenvorschusspflicht, über Kostenbefreiungen, über die Verjährung, das Kostenfestsetzungsverfahren und die Rechtsbehelfe gegen die Kostenfestsetzung zu treffen.**

Verordnung über das Register vergriffener Werke (VergWerkeRegV).[1]

---

[68] Beschlussempfehlung des Rechtsausschusses des Deutschen Bundestages BT-Drs. 17/14194, 5; s. zuvor *de la Durantaye* ZUM 2013, 437 (445); *Staats* ZUM 2013, 446 (453).
[69] S. die Kommentierung von *Reinbothe* UrhWG § 13c Rn. 5.
[70] Wandtke/Bullinger/*Staats* VGG § 51 Rn. 26; Dreier/Schulze/*Schulze* VGG § 51 Rn. 41.
[71] Dies dürfte Wandtke/Bullinger/*Staats* UrhWG § 13d Rn. 26 übersehen, wenn er meint, dass § 195 BGB zum gleichen Ergebnis führen würde.
[72] Für sachgerecht halten dies jedoch *Schierholz* FS Pfennig, 2012, 319 (329) und *Staats* ZUM 2013, 446 (451), der allerdings für eine Art „moving wall" anstelle starrer Fristen plädiert.
[73] Wandtke/Bullinger/*Staats* VGG § 51 Rn. 6; *Wandtke* NJW 2019, 1841 (1843).
[1] Vom 10.4.2014, BGBl. I S. 346. Die Verordnung wurde durch Artikel 2 des Gesetzes vom 24.5.2016 (BGBl. I S. 1190) geändert.

§ 1 Antragstellung

(1) Der Antrag auf Eintragung von Werken in das Register vergriffener Werke nach § 51 Absatz 1 Nummer 4 des Verwertungsgesellschaftengesetzes muss die Angaben nach § 52 Absatz 1 Satz 2 Nummer 1 bis 5 des Verwertungsgesellschaftengesetzes enthalten.

(2) Die Verwertungsgesellschaft reicht den Antrag elektronisch über die vom Deutschen Patent- und Markenamt zur Verfügung gestellte Schnittstelle ein.

§ 2 Kosten

(1) Für jede Eintragung in das Register wird eine Gebühr in Höhe von 1 Euro erhoben.

(2) Zur Zahlung der Eintragungsgebühren ist ein gültiges SEPA-Basislastschriftmandat zu Gunsten der zuständigen Bundeskasse für das Deutsche Patent- und Markenamt zu erteilen. Mit dem SEPA-Basislastschriftmandat sind Angaben zum Verwendungszweck einzureichen. Das SEPA-Basislastschriftmandat soll für eine Vielzahl von Einzügen verwendet werden.

(3) Als Zahlungstag gilt der Tag des Eingangs des SEPA-Basislastschriftmandats samt Angaben zum Verwendungszweck beim Deutschen Patent- und Markenamt. Wird das SEPA-Basislastschriftmandat durch Telefax übermittelt, ist das Original innerhalb einer Frist von einem Monat nach Eingang des Telefax nachzureichen. Andernfalls gilt als Zahlungstag der Tag des Eingangs des Originals.

(4) Das Deutsche Patent- und Markenamt teilt den Verwertungsgesellschaften den Gesamtbetrag der auf sie entfallenden Eintragungsgebühren für jeden Kalendermonat mit und zieht diesen Betrag aufgrund des SEPA-Basislastschriftmandats ein.

(5) Die §§ 5, 6 Absatz 1, § 8 Absatz 2, § 10 Absatz 1, § 12 Absatz 1 und 4 sowie § 13 der DPMA-Verwaltungskostenverordnung sind entsprechend anzuwenden.

§ 3 Inkrafttreten

Diese Verordnung tritt am Tag nach der Verkündung in Kraft.

Schrifttum: s. die Angaben zu § 51.

Übersicht

I. Zweck der Regelung

1   § 52[1] formt die Stellung des neuen beim Deutschen Patent- und Markenamt zu führenden Registers vergriffener Werke aus, das ohne Vorbild ist. Die Regelung ergänzt daher § 51, ohne das Register könnten die Vermutungswirkungen des § 51 Abs. 1 nicht eingreifen. Da es sich um eine nationale Regelung handelt, entfällt eine Weiterleitung der Angaben an das HABM, wie § 61a Abs. 4 es vorsieht im Bereich verwaister Werke.

II. Das Register vergriffener Werke

2   Das Register wird durch das DPMA **geführt,** eine Delegation ist nicht vorgesehen.

3   Die **eintragungspflichtigen Angaben** werden durch § 52 Abs. 1 S. 2 abschließend und korrespondierend zu § 51 Abs. 1 aufgeführt, den Titel des Werkes (Nr. 1), die Bezeichnung des Urhebers (Nr. 2), des Verlages (Nr. 3), des Veröffentlichungsdatums (Nr. 4 sowie die antragstellende Verwertungsgesellschaft Nr. 5) und ob der Rechteinhaber widersprochen hat. Bis auf den Widerspruch muss die antragstellende Verwertungsgesellschaft die entsprechenden Informationen im Antrag zur Verfügung stellen. In der Praxis müssen automatisierte Verfahren zwischen den Verwertungsgesellschaften und den privilegierten Einrichtungen eingerichtet werden.[2]

---

[1] Zuvor §§ 13e UrhWG aF.
[2] S. dazu Wandtke/Bullinger/*Staats* VGG § 52 Rn. 3; *Talke* K & R 2014, 18 (21).

III. Kosten und Verfahren

Eine **inhaltliche Prüfung** findet durch das DPMA nach § 52 Abs. 2 S. 1 nicht statt, weder hin- **4** sichtlich der angemeldeten Inhalte noch der Befugnis zur Antragstellung. Auch eine Schlüssigkeitsprüfung scheidet angesichts des klaren Wortlauts von § 52 Abs. 2 S. 1 aus.[3]

Nach § 52 Abs. 2 S. 2 kann das DPMA **Kosten** im Sinne von Gebühren und Auslagen vor der **5** Eintragung verlangen. Wer **Kostenschuldner** ist, lässt das Gesetz ebenso wie die VergWerkeRegV offen; lediglich aus § 2 Abs. 4 VergWerkeRegV lässt sich mittelbar entnehmen, dass die antragstellenden Verwertungsgesellschaften die Gebühren und Auslagen zu tragen haben.[4] Die Verwertungsgesellschaften können die Kosten auf die Einrichtungen überwälzen.[5] Die VergWerkeRegV regelt technische Einzelheiten der Kostenerhebung bzw. -tragung.

IV. Bekanntmachung (§ 52 Abs. 3)

Das Register und seine Eintragungen wird nach § 52 Abs. 3 ausschließlich über die Internetseite **6** des DPMA bekanntgemacht; ein Bekanntmachung in einem Amtsblatt ist nicht vorgesehen. Sie stehen jedermann zur **Einsicht** zur Verfügung, ohne dass es eines Registrierungs- oder Zulassungsverfahrens bedürfte.

V. Einsichtnahme (§ 52 Abs. 4)

Die Einsichtnahme in das Register erfolgt nur über die Internetseite des DPMA. Eine unmittelbare **7** Akteneinsichtnahme sieht das VGG nicht vor; allerdings kann hier das InformationsfreiheitsG Anwendung finden, da nicht ersichtlich ist, warum das VGG abschließenden Charakter haben sollte, etwa hinsichtlich der Vollständigkeit der Antragsunterlagen etc.

§ 52a Datenschutz

Soweit personenbezogene Daten im Register vergriffener Werke enthalten sind, bestehen nicht

1. das Recht auf Auskunft gemäß Artikel 15 Absatz 1 Buchstabe c der Verordnung (EU) 2016/679 des Europäischen Parlaments und des Rates vom 27. April 2016 zum Schutz natürlicher Personen bei der Verarbeitung personenbezogener Daten, zum freien Datenverkehr und zur Aufhebung der Richtlinie 95/46/EG (Datenschutz-Grundverordnung) (ABl. L 119 vom 4.5.2016, S. 1; L 314 vom 22.11.2016, S. 72),

2. die Mitteilungspflicht gemäß Artikel 19 Satz 2 der Verordnung (EU) 2016/679 und

3. das Recht auf Widerspruch gemäß Artikel 21 Absatz 1 der Verordnung (EU) 2016/679.

Das Recht auf Erhalt einer Kopie nach Artikel 15 Absatz 3 der Verordnung (EU) 2016/679 wird dadurch erfüllt, dass die betroffene Person Einsicht in das Register vergriffener Werke des Deutschen Patent- und Markenamtes nehmen kann.

Übersicht

I. Hintergrund und Normzweck

1. § 52a sieht **Ausnahmen von den Betroffenenrechten der Datenschutz-Grundverord- 1 nung** (EU) 2016/679 (DS-GVO) vor. Die Regelung wurde durch das Gesetz zur Änderung des Bundesversorgungsgesetzes und anderer Vorschriften vom 17.7.2017[1] auf der Grundlage einer Beschlussempfehlung des Ausschusses für Arbeit und Soziales[2] eingeführt und ist zusammen mit der DS-GVO am 25.5.2018 in Kraft getreten.[3*]

---

[3] Wandtke/Bullinger/*Staats* VGG § 52 Rn. 4; Dreier/Schulze/*Schulze* VGG § 52 Rn. 11.

[4] Ebenso Heine/Holzmüller/*de la Durantaye/Kuschel,* Verwertungsgesellschaftengesetz, § 52 Rn. 21; Krit. dazu wegen der treuhänderischen Stellung aus Sicht der Verwertungsgesellschaften Wandtke/Bullinger/*Staats* VGG § 52 Rn. 4.

[5] Begr. RegE BT-Drs. 17/13423, 18; Wandtke/Bullinger/*Staats* VGG § 52 Rn. 4; Dreier/Schulze/*Schulze* VGG § 52 Rn. 12.

[1] BGBl. I S. 2541.

[2] BT-Drs. 18/12611.

[3*] Art. 31 Abs. 4 Gesetz zur Änderung des Bundesversorgungsgesetzes und anderer Vorschriften vom 17.7.2017, Art. 99 Abs. 2 DS-GVO.

2   **2.** Das Register vergriffener Werke, auf welches sich § 52a bezieht, enthält nach § 52 Abs. 2 S. 1 Nr. 1 – 5 iVm § 2 VergWerkeRegV[4] den Titel des Werkes, den Namen bzw. Bezeichnung des Urhebers, Verlag, von dem das Werk veröffentlicht worden ist, und das Datum der Veröffentlichung des Werkes. Diese Angaben stellen zwar weniger personenbezogene Daten als bei verwaisten Werken dar, sind aber aufgrund der Identifizierung immer noch eine Verarbeitung personenbezogener Daten gem. Art. 4 Nr. 1 DS-GVO, Art. 4 Nr. 2 DS-GVO dar, für welche die datenschutzrechtlichen Vorgaben der DS-GVO, einschließlich der Rechte der Betroffenen nach Art. 12 ff. DS-GVO, gelten.

3   **3.** Zu diesen Rechten begründet § 52a jedoch Ausnahmen, welche sich wiederum auf Art. 23 Abs. 1 lit. e DS-GVO stützen. Hiernach sind Beschränkungen zulässig, sofern sie dem Schutz sonstiger wichtiger Ziele des allgemeinen öffentlichen Interesses dienen, was beim Register vergriffener Werke jedoch in allgemeiner kultureller und wirtschaftlicher Hinsicht der Fall ist, da die Verfügbarkeit vergriffener Werke verbessert wird.[5]

II. Einschränkungen nach § 52a S. 1 Nr. 1–3

4   **1.** Gem. 15 Abs. 1 DS-GVO hat die von einer Datenverarbeitung personenbezogener Daten betroffene Person das Recht, vom Verantwortlichen eine Bestätigung darüber zu verlangen, ob die sie betreffenden personenbezogenen Daten verarbeitet werden. Ist dies der Fall, hat sie zudem ein Auskunftsrecht über diese Daten und weitere Informationen, welches sich aus Artikel 15 Abs. 1 lit. c DS-GVO ergibt, insbesondere auch hinsichtlich der Empfänger oder Kategorien von Empfängern, gegenüber denen die personenbezogenen Daten offengelegt worden sind, zB solche in Drittländern oder bei internationalen Organisationen. Dieses Auskunftsrecht wird nach **§ 52a S. 1 Nr. 1** abbedungen, soweit personenbezogene Daten im Register vergriffener Werke enthalten sind.

5   **2.** Nach Art. 19 S. 1 DS-GVO hat der für die Verarbeitung personenbezogener Daten Verantwortliche zudem grundsätzlich die Pflicht, allen Empfängern, denen personenbezogenen Daten offengelegt wurden, jede Berichtigung oder Löschung der personenbezogenen Daten oder eine Einschränkung der Verarbeitung mitzuteilen. Zudem ist die betroffene Person grundsätzlich über diese Empfänger zu unterrichten, wenn sie dies verlangt, Art. 19 S. 2 DS-GVO. Soweit personenbezogene Daten jedoch im Register vergriffener Werke enthalten sind, besteht die Mitteilungspflicht nach Art. 19 S. 2 DS-GVO nicht, **§ 52a S. 1 Nr. 2,** so dass keinerlei Weiterleitungs- oder Informationspflichten bestehen.

6   **3.** Schließlich gewährt Art. 21 Abs. 1 DS-GVO der von der Datenverarbeitung betroffenen Person das Recht auf Widerspruch gegen die Verarbeitung der sie betreffenden personenbezogenen Daten. Nach **§ 52a S. 1 Nr. 3** entfällt dieses jedoch dann, wenn die Datenverarbeitung durch das Deutsche Patent- und Markenamt im Zusammenhang mit dem Register vergriffener Werke erfolgt, die durch Art. 6 Abs. 1e) und f) der DS-GVO gerechtfertigt ist.[6]

III. Einschränkung nach § 52a S. 2

7   Gem. Art. 15 Abs. 3 DS-GVO ist der verantwortliche Datenverarbeiter grundsätzlich verpflichtet, seiner Auskunftspflicht nach Art. 15 Abs. 1 DS-GVO dadurch nachzukommen, dass er eine Kopie der personenbezogenen Daten, welche Gegenstand der Verarbeitung sind, zur Verfügung stellt. Nach **§ 52a S. 2** wird diese Verpflichtung ausnahmsweise dadurch erfüllt, dass die betroffene Person Einsicht in das Register vergriffener Werke des Deutschen Patent- und Markenamtes nehmen kann.

Abschnitt 6. Informationspflichten; Rechnungslegung und Transparenzbericht

Vorbemerkung

1   Im **6. und letzten Abschnitt** zu „Informationspflichten; Rechnungslegung und Transparenzbericht" **von Teil 2 des VGG** („Rechte und Pflichten der Verwertungsgesellschaft") sind Informationspflichten der Verwertungsgesellschaft in **Unterabschnitt 1 (§§ 53–56)** geregelt. Hier betrifft § 53 Informationen gegenüber Rechtsinhabern. § 54 regelt Informationen für Berechtigte. § 55 gibt den Verwertungsgesellschaften auf, iR. von Repräsentationsvereinbarungen Rechtsinhaber, beauftragende Verwertungsgesellschaften und Nutzer über Werke und sonstige Schutzgegenstände zu infor-

---

[4] Verordnung über das Register vergriffener Werke vom 10.4.2014 (BGBl. I S. 346), die durch Artikel 2 des Gesetzes vom 24.4.2016 (BGBl. I S. 1190) geändert worden ist.

[5] BT-Drs. 18/12611, S. 72; s. auch BeckOK UrhR/*Freudenberg* VGG § 52a Rn. 5.

[6] Dreier/Schulze/*Dreier* UrhG § 138a Rn. 2.

mieren, und nach § 56 trifft Verwertungsgesellschaften eine Informationspflicht gegenüber der Allgemeinheit. Die Bestimmungen in den §§ 53, 54 und 56 gehen auf Vorgaben der VG-RL zurück. Dies gilt zwar auch für § 55; eine Vorschrift zur Auskunftspflicht der Verwertungsgesellschaften über die von ihr wahrgenommenen Rechte war aber auch schon in § 10 UrhWG enthalten.

Unterabschnitt 2 enthält zwei Bestimmungen: **§ 57** zu Jahresabschluss und Lagebericht, und § 58 zum jährlichen Transparenzbericht. Auch sie setzen Vorgaben der VG-RL um, allerdings beruht § 57 weitgehend auf § 9 UrhWG.

Unterabschnitt 1. Informationspflichten

§ 53 Information der Rechtsinhaber vor Zustimmung zur Wahrnehmung

(1) **Bevor die Verwertungsgesellschaft die Zustimmung des Rechtsinhabers zur Wahrnehmung seiner Rechte einholt, informiert sie den Rechtsinhaber über:**

1. **die ihm nach den §§ 9 bis 12 zustehenden Rechte einschließlich der in § 11 genannten Bedingungen sowie**
2. **die Abzüge von den Einnahmen aus den Rechten, einschließlich der Abzüge zur Deckung der Verwaltungskosten.**

(2) **Die Verwertungsgesellschaft führt die Rechte nach den §§ 9 bis 12 in dem Statut oder in den Wahrnehmungsbedingungen auf.**

Übersicht

I. Allgemeines

1. Die Vorgaben der VG-RL

In Titel II Kapitel 5 der VG-RL („Transparenz und Berichtspflichten") sind verschiedene **allge-** **1** **meine Informationspflichten** der Verwertungsgesellschaft aufgeführt, und zwar solche gegenüber den Rechtsinhabern (Art. 18 VG-RL), gegenüber anderen Verwertungsgesellschaften iRv. Repräsentationsvereinbarungen (Art. 19), gegenüber diesen, den Rechtsinhabern und den Nutzern (Art. 20), sowie gegenüber der Allgemeinheit (Art. 21). In demselben Zusammenhang sind Verwertungsgesellschaften auch zur Vorlage eines jährlichen Transparenzberichts verpflichtet (Art. 22). Weitere spezifische Informationspflichten enthält Titel III der VG-RL im Zusammenhang mit Mehrgebietslizenzen für die Online-Nutzung von Musikwerken in Art. 23 ff. VG-RL.

Besondere Informationspflichten treffen Verwertungsgesellschaften über diese allgemeinen Informationspflichten hinaus nach Art. 5 Abs. 8 S. 1 VG-RL. Diese besonderen Informationspflichten stehen im Zusammenhang mit den Rechten der Rechtsinhaber gem. Art. 5 Abs. 1–7 VG-RL. Sie sollen nach **Erwägungsgrund (19) S. 9 VG-RL** dazu dienen, die Rechtsinhaber über ihre Wahlmöglichkeiten aufzuklären, damit sie „möglichst leicht davon Gebrauch machen können": Nach **Art. 5 Abs. 8 S. 1 VG-RL** müssen Verwertungsgesellschaften die Rechtsinhaber **vor deren Zustimmung** zur kollektiven Rechtewahrnehmung über die ihnen nach Art. 5 Abs. 1–7 VG-RL zustehenden Rechte informieren. Bei diesen Rechten handelt es sich insbesondere um das Recht, von der Verwertungsgesellschaft die Wahrnehmung der Rechte zu verlangen;[1] das Recht, selbst Lizenzen für die nicht-kommerzielle Nutzung zu vergeben einschließlich der hierfür geltenden Bedingungen;[2] und das Recht, die kollektive Rechtewahrnehmung zu beenden oder der Verwertungsgesellschaft bestimmte Rechte oder Kategorien von Rechten wieder zu entziehen.[3]

Nach **Art. 5 Abs. 8 S. 2 VG-RL** müssen Verwertungsgesellschaften die Rechtsinhaber, von denen sie **bereits beauftragt wurden,** bis zum 10.10.2016 über diese genannten, ihnen nach Art. 5 Abs. 1–7 **VG-RL** zustehenden Rechte **informieren.** Dabei dürfte die Veröffentlichung dieser Informationen auf der „Internetseite" der Verwertungsgesellschaft ausreichend sein.[4]

---

[1] Zum Wahrnehmungszwang der Verwertungsgesellschaften nach Art. 5 Abs. 2 VG-RL → § 9 Rn. 2.
[2] Zu Art. 5 Abs. 3 VG-RL → § 11 Rn. 1.
[3] Zu Art. 5 Abs. 4 VG-RL → § 12 Rn. 1.
[4] Vgl. Erwägungsgrund (19) S. 10 VG-RL.

Eine weitere **besondere Informationspflicht** der Verwertungsgesellschaften ist in **Art. 12 Abs. 1 VG-RL** enthalten. Danach müssen Verwertungsgesellschaften die Rechtsinhaber, **vor deren Zustimmung** zur kollektiven Rechtewahrnehmung über **Abzüge** von den Einnahmen aus den Rechten und von Erträgen aus den Anlagen dieser Einnahmen für Verwaltungskosten und andere Abzüge informieren.[5] In **Erwägungsgrund (28) S. 2 VG-RL** wird präzisiert, dass die Verwertungsgesellschaft ihre für solche Abzüge geltenden Regeln „gegenüber den Rechtsinhabern offenlegen" muss.

2. § 53

2 Teil 2 (Rechte und Pflichten der Verwertungsgesellschaft") Abschnitt 6 („Informationspflichten, Rechnungslegung und Transparenzbericht") Unterabschnitt 1 („Informationspflichten") des VGG fasst in den §§ 53–56 die Informationspflichten der Verwertungsgesellschaften zusammen und setzt damit die Vorgaben der Art. 5 Abs. 8, 12 Abs. 1, 18, 20 und 21 VG-RL um.[6]

§ 53 setzt die Informationspflichten der Verwertungsgesellschaften gegenüber Rechtsinhabern nach den **Art. 5 Abs. 8** und **12 Abs. 1 VG-RL** um. Das UrhWG enthielt hierzu keine Regelungen.

In Umsetzung von Art. 5 Abs. 8 VG-RL enthält **§ 53 Abs. 1 Nr. 1** die Verpflichtung der Verwertungsgesellschaften, Rechtsinhaber vor ihrer Zustimmung zur Rechtewahrnehmung über bestimmte **Rechte und Regeln** zu informieren.

Nach **§ 53 Abs. 1 Nr. 2**, der Art. 12 Abs. 1 VG-RL umsetzt, müssen die Verwertungsgesellschaften die Rechtsinhaber vor ihrer Zustimmung zur Wahrnehmung ihrer Rechte über die **Abzüge von den Einnahmen aus den Rechten,** einschließlich der Abzüge zur Deckung der Verwaltungskosten, informieren.

§ 53 Abs. 2 bestimmt, dass die Verwertungsgesellschaften die in den §§ 9–12 genannten Rechte der Rechtsinhaber in ihren **Statuten** oder in den **Wahrnehmungsbedingungen** aufführen müssen. Diese Bestimmung geht auf Art. 5 Abs. 1 VG-RL zurück.

II. Information der Rechtsinhaber vor Zustimmung zur Wahrnehmung

1. § 53 Abs. 1 – Informationspflicht

3 **a) Anwendungsbereich. § 53 Abs. 1** bestimmt, welche Informationen die Verwertungsgesellschaft dem Rechtsinhaber zur Verfügung stellen muss, bevor sie seine Zustimmung zur Wahrnehmung seiner Rechte einholt. § 53 Abs. 1 knüpft an die Verpflichtung der Verwertungsgesellschaft gem. **§ 10** an, zur kollektiven Rechtewahrnehmung auf vertraglicher Grundlage für jedes einzelne Recht, Kategorien von Rechten und Arten von Werken und sonstigen Schutzgegenständen die Zustimmung des Rechtsinhabers gesondert einzuholen.[7] Damit ist § 53 Abs. 1 wie **§ 10 Ausfluss der Wahlmöglichkeiten,** die den Rechtsinhabern von § 9 S. 1 auf der Grundlage von Art. 5 Abs. 2 VG-RL eingeräumt werden.[8]

Die Informationsverpflichtungen gem. § 53 Abs. 1 betreffen die Einräumung von Rechten auf vertraglicher Grundlage durch **Rechtsinhaber** aller Art iSv. § 5.[9] Diese Pflichten treffen **Verwertungsgesellschaften** iSv. § 2,[10] aber auch **abhängige Verwertungseinrichtungen** iSv. § 3,[11] soweit diese Tätigkeiten einer Verwertungsgesellschaft ausüben. Für **unabhängige Verwertungseinrichtungen** iSv. § 4 gelten die Informationspflichten gem. § 53 Abs. 1 dagegen nicht.[12]

4 **b) § 53 Abs. 1 Nr. 1, Informationen über Rechte und Nutzungsbedingungen. § 53 Abs. 1 Nr. 1** bestimmt, dass die Verwertungsgesellschaften die Rechtsinhaber vor ihrer Zustimmung zur Wahrnehmung ihrer Rechte über die ihnen nach den §§ 9–12[13] zustehenden Rechte einschließlich der in § 11 (Nutzungen für nicht kommerzielle Zwecke) genannten Bedingungen informieren müssen. **Zweck** dieser Bestimmung ist es, den Rechtsinhabern vorab ein möglichst umfassendes Bild über ihre Rechte und die Wahrnehmungsbedingungen zu geben – vom Wahrnehmungszwang der Verwertungsgesellschaften über das Erfordernis der ausdrücklichen und schriftlichen Zustimmung zur Einräumung der Rechte, die Möglichkeit der (eigenen) Nutzung für nicht kommerzielle Zwecke trotz Rechteeinräumung an die Verwertungsgesellschaft, bis hin zu den Bedingungen für die Beendi-

---

[5] Zu Art. 12 Abs. 1 VG-RL → § 31 Rn. 1.

[6] Zur Umsetzung der Informationspflichten gegenüber anderen Verwertungsgesellschaften iRv. Repräsentationsvereinbarungen gem. Art. 19 VG-RL → § 47 Rn. 3 f.; zur Umsetzung der Transparenzpflichten aus Art. 22 VG-RL s. §§ 57 und 58.

[7] → § 10 Rn. 3 ff.

[8] → § 9 Rn. 5.

[9] Zum Begriff des Rechtsinhabers → § 5 Rn. 3 ff.

[10] Zum Begriff der Verwertungsgesellschaft → § 2 Rn. 5 ff.

[11] Zum Begriff der abhängigen Verwertungseinrichtung → § 3 Rn. 3.

[12] Zum Begriff der unabhängigen Verwertungseinrichtung und den auf sie anwendbaren Bestimmungen des VGG → § 4 Rn. 3 ff.

[13] § 9: Wahrnehmungszwang; § 10: Zustimmung zur Rechtswahrnehmung; § 11: Nutzungen für nicht kommerzielle Zwecke; § 12: Beendigung der Rechtswahrnehmung; Entzug von Rechten.

gung der Rechtswahrnehmung und den Entzug von Rechten. Denn nur bei gründlicher Kenntnis und im vollen Bewusstsein dieser Rechte und Bedingungen kann der Rechtsinhaber von den ihm im VGG eingeräumten **Wahlmöglichkeiten** wirksam Gebrauch machen.

Die **Wahl der Mittel,** um der Informationsverpflichtung nachzukommen, ist grundsätzlich der Verwertungsgesellschaft überlassen, solange die Übermittlung der Informationen **effizient** ist, also die Rechtsinhaber erreicht, und die Informationen ihrem Inhalt nach **vollständig** sind. Hierzu kann der Hinweis auf die **Satzung** oder die **Wahrnehmungsbedingungen** ausreichend sein, da darin gem. § 53 Abs. 2[14] die in den §§ 9–12 genannten Rechte niedergelegt sein müssen, aber auch die Auflistung der relevanten Informationen in einer Informationsbroschüre.[15]

c) **§ 53 Abs. 1 Nr. 2, Informationen über Abzüge. § 53 Abs. 1 Nr. 2** bestimmt, dass die **5** Verwertungsgesellschaften die Rechtsinhaber vor ihrer Zustimmung zur Wahrnehmung ihrer Rechte auch darüber informieren müssen, welche **Abzüge von den Einnahmen aus den Rechten**[16] vorgenommen werden. Zu derartigen Abzügen gehören solche für kulturelle und soziale Zwecke iSv. § 32, vor allem aber Abzüge zur Deckung der **Verwaltungskosten** der Verwertungsgesellschaft iSv. § 31 Abs. 2; diese letzteren sind daher in § 53 Abs. 1 Nr. 2 ausdrücklich genannt. Vorgaben zu den Kriterien für die Rechtmäßigkeit und Zulässigkeit von Abzügen sind in § 31 enthalten.[17]

Dass der Rechtsinhaber vor seiner Zustimmung zur kollektiven Wahrnehmung seiner Rechte Informationen über die Abzüge erhält, die die Verwertungsgesellschaft von der Ausschüttung der von seinen Rechten erzielten Einnahmen einbehält, erscheint besonders wichtig, da diese Abzüge direkten Einfluss auf seine **Nettoeinkünfte** haben. Auch kann die Höhe der Abzüge für Verwaltungskosten ein Hinweis auf die **Effizienz** der kollektiven Rechtewahrnehmung der betreffenden Verwertungsgesellschaft sein. Auf der Grundlage dieser Informationen kann der Rechtsinhaber seine Wahlmöglichkeit wirksam ausüben und eine informierte Entscheidung darüber treffen, welcher Verwertungsgesellschaft er seine Rechte zur Wahrnehmung anvertrauen möchte.

Auch in Bezug auf die in § 53 Abs. 1 Nr. 2 genannten Informationsverpflichtungen gilt, dass die **Wahl der Mittel,** um diesen Verpflichtungen nachzukommen, grundsätzlich der Verwertungsgesellschaft überlassen ist, solange die Übermittlung der Informationen **effizient** ist, also die Rechtsinhaber erreicht, und die Informationen ihrem Inhalt nach **vollständig** sind. Die hier genannten Informationen über Abzüge kann die Verwertungsgesellschaft mit einem Hinweis auf die **Satzung** oder die **Wahrnehmungsbedingungen** erteilen, soweit dort sämtliche Abzüge niedergelegt sind; sie kann Rechtsinhaber aber auch auf den **aktuellen jährlichen Transparenzbericht iSv. § 58** hinweisen, der ebenfalls Angaben über die Abzüge enthalten muss.[18]

2. § 53 Abs. 2 – Angaben im Statut

Nach **§ 53 Abs. 2** sind Verwertungsgesellschaften verpflichtet, die **Rechte,** die den Rechtsinha- **6** bern gem. den §§ 9–12 zustehen – Wahrnehmungszwang der Verwertungsgesellschaft (§ 9), Erfordernis der ausdrücklichen und schriftlichen Zustimmung zur Einräumung der Rechte (§ 10), Möglichkeit der (eigenen) Nutzung für nicht kommerzielle Zwecke trotz Rechteeinräumung an die Verwertungsgesellschaft (§ 11), Beendigung der Rechtswahrnehmung und Entzug von Rechten (§ 12) –, in ihrem Statut oder ihren Wahrnehmungsbedingungen **aufzuführen.** Dies bietet sich schon aus praktischen Gründen ohnehin an, wird aber von § 53 Abs. 2 „ergänzend" auch gesetzlich vorgeschrieben.[19]

Der Begriff des **Statuts** ist hier untechnisch zu verstehen.[20] Die in § 53 Abs. 2 als Alternative genannte Möglichkeit, diese Rechte in den **Wahrnehmungsbedingungen** aufzuführen, geht über die Vorgabe in der VG-RL hinaus. Art. 5 Abs. 1 VG-RL, auf den § 53 Abs. 2 zurückgeht, spricht insoweit von „Mitgliedschaftsbedingungen". Dies erscheint aber als zu eng und würde den Normzweck nicht erreichen: Die genannten Rechte stehen auch solchen Rechtsinhabern zu, die nicht Mitglieder sind; auch sie sollten daher bereits vor Begründung des Wahrnehmungsverhältnisses über ihre Rechte in den für sie einschlägigen Wahrnehmungsbedingungen informiert werden.[21] Die in § 53 Abs. 2 gewählte Formulierung kommt also den Interessen aller Rechtsinhaber entgegen.

§ 54 Informationen für Berechtigte

Die Verwertungsgesellschaft informiert spätestens zwölf Monate nach Ablauf eines jeden Geschäftsjahres alle Berechtigten, an die sie in diesem Geschäftsjahr Einnahmen aus den Rechten verteilt hat, mindestens über:

---

[14] → Rn. 6.
[15] AmtlBegr. BT-Drs. 18/7223, 88.
[16] Zum Begriff der Einnahmen aus den Rechten → § 23 Rn. 4.
[17] Im Einzelnen → § 31 Rn. 3 f.
[18] AmtlBegr. BT-Drs. 18/7223, 88; → § 58 Rn. 11.
[19] AmtlBegr. BT-Drs. 18/7223, 88.
[20] → § 13 Rn. 4.
[21] AmtlBegr. BT-Drs. 18/7223, 88.

1. alle Kontaktdaten, die von der Verwertungsgesellschaft mit Zustimmung des Berechtigten dazu verwendet werden können, den Berechtigten festzustellen und ausfindig zu machen,
2. die in diesem Geschäftsjahr dem Berechtigten zugewiesenen Einnahmen aus den Rechten,
3. die in diesem Geschäftsjahr an den Berechtigten ausgeschütteten Einnahmen aus den Rechten nach Kategorien der wahrgenommenen Rechte und Art der Nutzungen,
4. den Zeitraum, in dem die Nutzungen, für die Einnahmen aus den Rechten an den Berechtigten verteilt wurden, stattgefunden haben, sofern nicht sachliche Gründe im Zusammenhang mit Meldungen von Nutzern die Verwertungsgesellschaft daran hindern, diese Angaben zur Verfügung zu stellen,
5. die in diesem Geschäftsjahr zur Deckung der Verwaltungskosten vorgenommenen Abzüge von den Einnahmen aus den Rechten,
6. die in diesem Geschäftsjahr für andere Zwecke als zur Deckung der Verwaltungskosten vorgenommenen Abzüge von den Einnahmen aus den Rechten, einschließlich gegebenenfalls vorgenommener Abzüge zur Förderung kulturell bedeutender Werke und Leistungen und für die Einrichtung und den Betrieb von Vorsorge- und Unterstützungseinrichtungen und
7. sämtliche dem Berechtigten zugewiesenen, aber noch nicht ausgeschütteten Einnahmen aus den Rechten.

Übersicht

I. Allgemeines

1. Die Vorgaben der VG-RL

1   In Titel II Kapitel 5 der VG-RL („Transparenz und Berichtspflichten") sind verschiedene **allgemeine Informationspflichten** der Verwertungsgesellschaft aufgeführt, und zwar solche gegenüber den Rechtsinhabern (Art. 18 VG-RL), gegenüber anderen Verwertungsgesellschaften iRv. Repräsentationsvereinbarungen (Art. 19), gegenüber diesen, den Rechtsinhabern und den Nutzern (Art. 20), sowie gegenüber der Allgemeinheit (Art. 21). In demselben Zusammenhang sind Verwertungsgesellschaften auch zur Vorlage eines jährlichen Transparenzberichts verpflichtet (Art. 22).[1]

Art. 18 VG-RL behandelt die Transparenzpflicht[2] der Verwertungsgesellschaften im Innenverhältnis zu den von ihnen vertretenen Rechtsinhabern, und zwar im Zusammenhang mit der **Verteilung der Einnahmen aus den Rechten.**[3] Die in Art. 18 VG-RL aufgeführten Informationspflichten gelten unbeschadet der besonderen Bestimmungen in Art. 19 VG-RL (Informationspflichten iRv. Repräsentationsvereinbarungen) und in Art. 28 ff. VG-RL (Informationspflichten iRv. Mehrgebietslizenzen).

Nach **Art. 18 Abs. 1 VG-RL** müssen Verwertungsgesellschaften „mindestens einmal jährlich" jedem Rechtsinhaber, dem sie „im Berichtszeitraum" Einnahmen aus den Rechten zugewiesen oder ausgeschüttet haben, mindestens diejenigen Informationen zur Verfügung stellen, die in **Art. 18 Abs. 1 Buchst. a)–g) VG-RL** aufgeführt sind. Zu diesen Informationen zählen: **Kontaktdaten** zur Ermittlung des Rechtsinhabers (Buchst. a)), die dem Rechtsinhaber **zugewiesenen Einnahmen** aus den Rechten (Buchst. b)), die an den Rechtsinhaber **ausgeschütteten Beträge** „nach Kategorien der wahrgenommenen Rechte und Nutzungsarten" (Buchst. c),[4] der **Zeitraum,** in dem die Nutzungen stattgefunden haben, für die dem Rechtsinhaber Einnahmen zugewiesen oder ausgeschüttet wurden, sofern die Verwertungsgesellschaft nicht aus objektiven Gründen im Zusammenhang mit Meldungen von Nutzern daran gehindert war, diese Informationen zur Verfügung zu stellen (Buchst. d)), die **Abzüge für Verwaltungskosten** (Buchst. e)), die **Abzüge für andere Zwecke** einschließlich der „durch das nationale Recht vorgeschriebenen Abzüge für die Bereitstellung von sozialen, kultu-

---

[1] Besondere Informationspflichten treffen die Verwertungsgesellschaften nach Art. 5 Abs. 8 und Art. 12 Abs. 1 VG-RL; dazu → § 53 Rn. 1; zu den spezifischen Informationspflichten in Titel III der VG-RL (Vergabe von Mehrgebietslizenzen für Online-Rechte an Musikwerken) → § 62 Rn. 1.

[2] Vgl. Erwägungsgrund (34) S. 2 VG-RL.

[3] Für die VG-RL wird der Begriff der „Einnahmen aus den Rechten" in Art. 3 Buchst. h) VG-RL definiert.

[4] Unter die Berichtspflichten nach Buchst. b) und c) dürften auch Informationen über Erträge aus den Anlagen der Einnahmen aus den Rechten fallen, da auch diese gem. Art. 11 Abs. 4 VG-RL grundsätzlich an die Rechtsinhaber verteilt werden müssen; vgl. *Walter,* Urheber- und Verwertungsgesellschaftenrecht '15, VG-RL Art. 18 Anm. 2.

rellen oder Bildungsleistungen" (Buchst. f)),[5] und „dem Rechtsinhaber zugewiesene **noch ausstehende Einnahmen** aus den Rechten für jedweden Zeitraum" (Buchst. g)).

Art. 18 Abs. 2 S. 1 VG-RL bestimmt, dass Verwertungsgesellschaften, deren Mitglieder **Einrichtungen** sind, die für die **Verteilung der Einnahmen aus den Rechten** an die Rechtsinhaber verantwortlich sind, diesen Einrichtungen die in Art. 18 Abs. 1 VG-RL genannten Informationen zur Verfügung stellen müssen. Nach **Art. 18 Abs. 2 S. 2** trifft diese Einrichtungen ihrerseits auch die in Art. 18 Abs. 1 genannte Berichtspflicht gegenüber den Rechtsinhabern.

2. § 54

Teil 2 (Rechte und Pflichten der Verwertungsgesellschaft") Abschnitt 6 („Informationspflichten, Rechnungslegung und Transparenzbericht") Unterabschnitt 1 („Informationspflichten") des VGG fasst in den §§ 53–56 verschiedene Informationspflichten der Verwertungsgesellschaften zusammen und setzt damit die Vorgaben der Art. 5 Abs. 8, 12 Abs. 1, 18, 20 und 21 VG-RL um.[6]

§ 54 enthält Informationspflichten der Verwertungsgesellschaften gegenüber den Berechtigten im Zusammenhang mit der Verteilung der Einnahmen und setzt damit Art. 18 VG-RL um. Das UrhWG enthielt hierzu keine Regelungen.

§ 54 **Nr. 1–7** enthalten alle Elemente der Berichtspflicht der Verwertungsgesellschaften, die in Art. 18 Abs. 1 Buchst. a)–g) VG-RL aufgeführt sind; teilweise wurden die Formulierungen wörtlich übernommen. Wie Art. 18 Abs. 1 VG-RL bestimmt auch § 54, dass Verwertungsgesellschaften die Berechtigten **„mindestens"** über die genannten Elemente informieren müssen. Für die Berichtspflicht setzt § 54 eine Frist von **„spätestens zwölf Monate nach Ablauf eines jeden Geschäftsjahres"**.

Eine besondere Bestimmung zur Umsetzung von Art. 18 Abs. 2 VG-RL ist im VGG nicht enthalten, da das Gesetz die Verteilung von Einnahmen aus den Rechten an Einrichtungen, die dann für die Verteilung an die Rechtsinhaber zuständig sind, nicht vorsieht.[7]

II. Informationen für Berechtigte

1. Informationspflicht

§ 54 enthält Informationspflichten der Verwertungsgesellschaften gegenüber den Berechtigten, deren Rechte sie wahrnimmt, im Zusammenhang mit der Verteilung der **Einnahmen aus den Rechten**.[8] § 54 betrifft alle Fälle, in denen solche Einnahmen an die Berechtigten **„verteilt"** wurden. Aus den in § 54 Nr. 1–7 genannten Elementen der Information ergibt sich, dass damit Einnahmen gemeint sind, die an die Berechtigten ausgeschüttet oder ihnen doch zumindest zugewiesen wurden.[9] Die Informationspflicht entfällt daher, wenn im Berichtszeitraum für den jeweiligen Berechtigten keine Einnahmen erzielt wurden.

Die Informationspflichten gelten gegenüber **Berechtigten** iSv. § 6.[10] Sie treffen **Verwertungsgesellschaften** iSv. § 2,[11] aber auch **abhängige Verwertungseinrichtungen** iSv. § 3,[12] soweit diese Tätigkeiten einer Verwertungsgesellschaft ausüben. Nach § 4 Abs. 2 gelten die Informationspflichten gem. § 54 für **unabhängige Verwertungseinrichtungen** iSv. § 4 entsprechend.[13]

§ 54 stellt grundsätzlich auf das **Geschäftsjahr** (Art. 18 Abs. 1 VG-RL: „Berichtszeitraum") der Verwertungsgesellschaft ab, in dem sie Einnahmen aus den Rechten an die Berechtigten verteilt hat. **Spätestens zwölf Monate nach Ablauf** eines jeden solchen Geschäftsjahres muss die Verwertungsgesellschaft ihrer Informationspflicht gem. § 54 nachkommen. Dies entspricht der Vorgabe in Art. 18 Abs. 1 VG-RL („einmal jährlich"), ist aber konkreter gefasst als diese.[14]

---

[5] Zu beachten ist, dass Art. 18 Abs. 1 Buchst. f) VG-RL in der deutschsprachigen Fassung fälschlich von den „durch das nationale Recht vorgeschriebenen" Abzügen für derartige Zwecke spricht; die englische Sprachfassung ist korrekt („… those that may be required by national law").

[6] Zur Umsetzung der Informationspflichten gegenüber anderen Verwertungsgesellschaften iRv. Repräsentationsvereinbarungen gem. Art. 19 VG-RL → § 47 Rn. 3 f.; zur Umsetzung der Transparenzpflichten aus Art. 22 VG-RL s. §§ 57 und 58; zur Umsetzung der spezifischen Berichtspflichten im Zusammenhang mit Mehrgebietslizenzen → § 68 Rn. 3.

[7] AmtlBegr. BT-Drs. 18/7223, 89; → § 26 Rn. 3.

[8] Zum Begriff der Einnahmen aus den Rechten → § 23 Rn. 4; zu den Einnahmen gehören gem. § 23 S. 2 auch die aus der Anlage dieser Einnahmen erzielten Erträge.

[9] AmtlBegr. BT-Drs. 18/7223, 89.

[10] Zum Begriff des Berechtigten → § 6 Rn. 3 ff.

[11] Zum Begriff der Verwertungsgesellschaft → § 2 Rn. 5 ff.

[12] Zum Begriff der abhängigen Verwertungseinrichtung → § 3 Rn. 3.

[13] Zum Begriff der unabhängigen Verwertungseinrichtung und den auf sie anwendbaren Bestimmungen des VGG → § 4 Rn. 3 ff.

[14] Vgl. AmtlBegr. BT-Drs. 18/7223, 89.

2. Die Mindestelemente der Information

4   Entsprechend der Vorgabe in Art. 18 Abs. 1 Buchst. a)–g) VG-RL sind in § 54 Nr. 1–7 die Elemente aufgelistet, über die Verwertungsgesellschaften Berechtigte im Zusammenhang mit der Verteilung der Einnahmen aus den Rechten informieren müssen – und zwar **„mindestens"**; die in § 54 aufgeführten Informationselemente stellen also einen gesetzlich festgelegten Mindestkatalog dar, über den Verwertungsgesellschaften im Interesse größtmöglicher Transparenz gegenüber ihren Berechtigten hinausgehen können und ggf. sollten.

Es ist grundsätzlich der Verwertungsgesellschaft überlassen, wie sie dieser Berichtspflicht nachkommt, solange sie die entsprechenden Angaben effizient und vollständig übermittelt. Diese Informationen müssen den Berechtigten unentgeltlich übermittelt werden; anders als in § 55 Abs. 3 ist eine Kostenerstattung iRv. § 54 schon von vornherein nicht vorgesehen.[15]

§ 54 Nr. 1 stimmt mit Art. 18 Abs. 1 Buchst. a) VG-RL wörtlich überein. Er nennt als obligatorisches Informationselement **Kontaktdaten,** die – allerdings nur mit seiner Zustimmung – dazu verwendet werden können, den Berechtigten festzustellen und ausfindig zu machen. Darunter sind persönliche Daten des Berechtigten, wie etwa seine Anschrift, zu verstehen, die zu seiner Identifizierung erforderlich sind.

§ 54 Nr. 2 stimmt wörtlich überein mit Art. 18 Abs. 1 Buchst. b) VG-RL. Verwertungsgesellschaften sind danach verpflichtet, die Berechtigten über ihnen **zugewiesene Einnahmen aus den Rechten** zu informieren.

§ 54 Nr. 3 verpflichtet die Verwertungsgesellschaften, die Berechtigten über an sie **ausgeschüttete Einnahmen aus den Rechten** zu informieren, und zwar aufgeschlüsselt nach Kategorien der wahrgenommenen Rechte und Art der Nutzungen. Diese Bestimmung entspricht inhaltlich Art. 18 Abs. 1 Buchst. c) VG-RL, stellt aber anders und insoweit präziser als dieser auf das Geschäftsjahr ab, in dem die Einnahmen aus den Rechten erzielt wurden.

Nach **§ 54 Nr. 4** müssen Verwertungsgesellschaften Berechtigte über den **Zeitraum** informieren, in dem die **Nutzungen** stattgefunden haben, für die Einnahmen aus den Rechten (Art. 18 Abs. 1 Buchst. d) VG-RL: „Vergütungen") an sie verteilt wurden. Von dieser Pflicht sind Verwertungsgesellschaften befreit, wenn sie **„sachliche Gründe** im Zusammenhang mit Meldungen von Nutzern" daran hindern, diese Informationen zur Verfügung zu stellen. Wie auch an anderen Stellen ersetzt § 54 Nr. 4 den in der VG-RL gebrauchten Begriff der „objektiven Gründe" durch den der „sachlichen Gründe".[16] Sachliche Gründe sind solche, die außerhalb des Einflussbereichs der Verwertungsgesellschaft liegen und damit die Ausnahme von der Informationspflicht rechtfertigen können.[17]

§ 54 Nr. 5 bestimmt, dass Verwertungsgesellschaften die Berechtigten über zur Deckung von **Verwaltungskosten** vorgenommene **Abzüge**[18] von den Einnahmen aus den Rechten informieren müssen; wiederum, präziser als die Vorgabe in Art. 18 Abs. 1 Buchst. e) VG-RL, bezogen auf die entsprechenden Abzüge von den Einnahmen aus den Rechten „in diesem Geschäftsjahr".

§ 54 Nr. 6 verpflichtet Verwertungsgesellschaften, die Berechtigten auch über **andere** als zur Deckung von Verwaltungskosten (§ 54 Nr. 5) vorgenommene **Abzüge** von den Einnahmen aus den Rechten zu informieren. Ausdrücklich erwähnt wird hier, dass es sich dabei „gegebenenfalls" um Abzüge zur Förderung kulturell bedeutender Werke und Leistungen und für die Einrichtung und den Betrieb von Vorsorge- und Unterstützungseinrichtungen handeln kann. § 54 Nr. 6 übernimmt damit die Vorgabe in Art. 18 Abs. 1 Buchst. f), allerdings in präziserer und an die im VGG gebrauchte Terminologie angepasster Formulierung.[19]

§ 54 Nr. 7 bestimmt, dass Verwertungsgesellschaften Berechtigte über **sämtliche ihnen zugewiesene,** aber noch nicht an sie ausgeschüttete **Einnahmen** aus den Rechten informieren müssen. Diese Verpflichtung ist nicht auf ein bestimmtes Geschäftsjahr bezogen, soll also Einnahmen aus den Rechten „für jedweden Zeitraum" erfassen, wie die Vorgabe in Art. 18 Abs. 1 Buchst. g) VG-RL hervorhebt. Dabei kann es sich etwa um Einnahmen handeln, die zugewiesen, aber noch nicht ausgeschüttet wurden, weil daraus aus faktischen oder rechtlichen Gründen Rückstellungen gebildet werden mussten.[20]

§ 55 Informationen zu Werken und sonstigen Schutzgegenständen

(1) **Die Verwertungsgesellschaft informiert die Rechtsinhaber, die Verwertungsgesellschaften, für die sie auf der Grundlage einer Repräsentationsvereinbarung Rechte wahrnimmt, und die Nutzer jeweils auf hinreichend begründete Anfrage unverzüglich und elektronisch mindestens über:**

---

[15] Wandtke/Bullinger/*Gerlach* § 54 Rn. 7.

[16] Vgl. Art. 13 Abs. 1 UAbs. 2 und Art. 15 Abs. 3 VG-RL im Vergleich zu § 28 Abs. 3 und § 46 Abs. 2 VGG.

[17] Vgl. → § 28 Rn. 5.

[18] Dazu, welche Abzüge für Verwaltungskosten gerechtfertigt sind, → § 31 Rn. 4.

[19] → § 32 Rn. 4f. mwN zu den auf derartige Abzüge anwendbaren Kriterien; dass § 54 Nr. 6 nur von Abzügen für kulturelle Zwecke spricht, die „gegebenenfalls" vorgenommen wurden, erklärt sich aus dem Konzept von § 32 Abs. 1 und 2 als (nicht bindende) Sollvorschriften.

[20] Vgl. *Walter,* Urheber- und Verwertungsgesellschaftenrecht '15, VG-RL Art. 18 Anm. 1.

1. **die Werke oder sonstigen Schutzgegenstände sowie die Rechte, die sie unmittelbar oder auf Grundlage von Repräsentationsvereinbarungen wahrnimmt, und die jeweils umfassten Gebiete oder**

2. **die Arten von Werken oder sonstigen Schutzgegenständen sowie die Rechte, die sie unmittelbar oder auf Grundlage einer Repräsentationsvereinbarung wahrnimmt, und die jeweils umfassten Gebiete, wenn aufgrund des Tätigkeitsbereichs der Verwertungsgesellschaft Werke und sonstige Schutzgegenstände nicht bestimmt werden können.**

(2) **Die Verwertungsgesellschaft darf, soweit dies erforderlich ist, angemessene Maßnahmen ergreifen, um die Richtigkeit und Integrität der Informationen zu schützen, um ihre Weiterverwendung zu kontrollieren und um wirtschaftlich sensible Informationen zu schützen.**

(3) **Die Verwertungsgesellschaft kann die Erteilung der Informationen von der Erstattung der damit verbundenen Kosten abhängig machen, soweit dies angemessen ist.**

Schrifttum: *Häußer,* Praxis und Probleme der Aufsicht über Verwertungsgesellschaften, FuR 1980, 57; *Himmelmann,* Die Aufsicht über die GEMA, in: Kreile/Becker/Riesenhuber (Hrsg.), Recht und Praxis der GEMA, 2. Aufl. 2008, 817; *Kreile/Becker,* Multimedia und die Praxis der Lizenzierung von Urheberrechten, GRUR-Int 1996, 677; *Melichar,* Die Wahrnehmung von Urheberrechten durch Verwertungsgesellschaften, 1983; *Poll,* CELAS, PEDL & Co.: Metamorphose oder Anfang vom Ende der kollektiven Wahrnehmung von Musik-Online-Rechten in Europa?, ZUM 2008, 500.

Übersicht

I. Allgemeines

1. Die Vorgaben der VG-RL

In Titel II Kapitel 5 der VG-RL („Transparenz und Berichtspflichten") sind verschiedene **allgemeine Informationspflichten** der Verwertungsgesellschaft aufgeführt, und zwar solche gegenüber den Rechtsinhabern (Art. 18 VG-RL), gegenüber anderen Verwertungsgesellschaften iRv. Repräsentationsvereinbarungen (Art. 19), gegenüber diesen, den Rechtsinhabern und den Nutzern (Art. 20), sowie gegenüber der Allgemeinheit (Art. 21). In demselben Zusammenhang sind Verwertungsgesellschaften auch zur Vorlage eines jährlichen Transparenzberichts verpflichtet (Art. 22). **1**

Art. 20 VG-RL behandelt den Zugang zu Informationen über den **Tätigkeitsbereich** der Verwertungsgesellschaft und über die **Werke** oder **sonstigen Schutzgegenstände,** die sie repräsentiert.[1] Die in Art. 20 VG-RL aufgeführten Informationspflichten gelten unbeschadet der Bestimmungen in Art. 19 VG-RL (Informationspflichten iRv. Repräsentationsvereinbarungen im Zusammenhang mit der Verteilung der Einnahmen aus den Rechten)[2] und in Art. 25 VG-RL (Informationspflichten iRv. Mehrgebietslizenzen).[3] Erwähnenswert ist in diesem Zusammenhang, dass **Art. 25 Abs. 2 VG-RL** iRv. Mehrgebietslizenzen für Verwertungsgesellschaften ausdrücklich die Möglichkeit vorsieht, erforderlichenfalls angemessene Maßnahmen zu treffen, um die Korrektheit und Integrität der Daten zu schützen und ihre Weiterverwendung zu kontrollieren, sowie zum Schutz wirtschaftlich sensibler Informationen;[4] eine entsprechende Vorschrift ist in Art. 20 VG-RL nicht enthalten.

Die **Informationspflichten** nach **Art. 20 VG-RL**[5] treffen Verwertungsgesellschaften,[6] gem. Art. 2 Abs. 4 VG-RL aber auch unabhängige Verwertungseinrichtungen[7] sowie gem. Art. 2 Abs. 3 VG-RL abhängige Verwertungseinrichtungen iS. dieser Bestimmung, wenn sie die Tätigkeit einer Verwertungsgesellschaft ausüben.

---

[1] Vgl. Erwägungsgrund (35) S. 1 VG-RL.

[2] Zu diesen auf die Einnahmen bezogenen Informationspflichten gegenüber anderen Verwertungsgesellschaften iRv. Repräsentationsvereinbarungen gem. Art. 19 VG-RL → § 47 Rn. 1.

[3] Zu den Informationspflichten iRv. Mehrgebietslizenzen gem. Art. 25 VG-RL → § 62 Rn. 1.

[4] Vgl. hierzu Erwägungsgrund (41) S. 7 VG-RL.

[5] Die deutschsprachige Fassung bezeichnet den gesamten Art. 20 VG-RL fälschlich als „Artikel 20 (1)", obwohl diese Bestimmung nur aus einem Absatz besteht.

[6] Der Begriff der Verwertungsgesellschaft wird als „Organisation für die kollektive Rechtewahrnehmung" definiert in Art. 3 Buchst. a) VG-RL.

[7] Der Begriff der „unabhängigen Verwertungseinrichtung" wird definiert in Art. 3 Buchst. b) VG-RL.

Die **Adressaten,** denen die **Informationen** zur Verfügung gestellt werden müssen, sind gem. Art. 20 VG-RL andere Verwertungsgesellschaften iRv. Repräsentationsvereinbarungen [8] sowie Rechtsinhaber[9] und Nutzer.[10]

Inhaltlich müssen sich diese **Informationen** beziehen auf **mindestens** (1) Werke oder sonstige Schutzgegenstände, die die Verwertungsgesellschaft repräsentiert, die von ihr wahrgenommenen Rechte und die umfassten Lizenzgebiete **(Art. 20 Buchst. a) VG-RL)** oder (2), wenn sich die von der Verwertungsgesellschaft repräsentierten Werke oder sonstige Schutzgegenstände aufgrund ihres Tätigkeitsbereichs nicht bestimmen lassen, auf die von ihr repräsentierten Arten von Werken oder sonstigen Schutzgegenständen, die von ihr wahrgenommenen Rechte und umfassten Lizenzgebiete **(Art. 20 Buchst. b) VG-RL)**; diese Alternative dürfte Fälle betreffen, in denen die Verwertungsgesellschaft verwertungsgesellschaftenpflichtige Vergütungsansprüche wahrnimmt, sie also die Werke oder sonstigen Schutzgegenstände nicht aktiv „repräsentiert".[11]

Die betreffenden Informationen müssen nur auf **hinreichend begründete Anfrage** hin, in jedem Fall aber **elektronisch,** zur Verfügung gestellt werden. Ob und in welcher Höhe für die Erteilung der Informationen Gebühren verlangt werden können, ist in Art. 20 VG-RL nicht bestimmt. Regelungen darüber bleiben dem nationalen Recht überlassen.[12]

2. Die Bestimmungen des UrhWG zur Auskunftspflicht

2   Auch nach dem UrhWG trafen Verwertungsgesellschaften bestimmte Auskunftspflichten: Nach **§ 10 UrhWG** waren Verwertungsgesellschaften verpflichtet, in bestimmtem Umfang und unter bestimmten Voraussetzungen **Auskunft** über das von ihnen **wahrgenommene Repertoire** zu erteilen. Dieser gegen die Verwertungsgesellschaft gerichtete Auskunftsanspruch sollte den Verwertern der Werke und Rechte ermöglichen zu erfahren, von welcher Verwertungsgesellschaft sie die Erlaubnis zur Nutzung einholen mussten. Der Gesetzgeber hatte dies insbesondere in dem – damals weitgehend nur theoretischen – Fall für wichtig erachtet, dass für eine Gattung von Werken oder geschützten Leistungen mehrere Verwertungsgesellschaften nebeneinander bestehen.[13] Daneben wurde die Geltendmachung des Auskunftsanspruchs auch für die Verwertungsgesellschaft selbst für nützlich gehalten, da sie damit frühzeitig Kenntnis von einer beabsichtigten Inanspruchnahme ihres Repertoires erhielt.[14] § 10 UrhWG diente somit der **Transparenz** und sollte die **rechtmäßige Nutzung erleichtern.**

Grundsätzlich traf die Auskunftspflicht nach § 10 UrhWG nur **(zugelassene) Verwertungsgesellschaften** mit Erlaubnis zum Geschäftsbetrieb gem. § 1 UrhWG.[15] Aus praktischen Erwägungen wurde befürwortet, § 10 UrhWG analog auch anzuwenden auf gemeinsame Lizenzierungsplattformen.[16]

Der Auskunftsanspruch aus § 10 UrhWG stand grundsätzlich **jedermann,** einschließlich jedes potenziellen Verwerters, gegen die Verwertungsgesellschaft zu.

Allerdings war der **Inhalt der Auskunftspflicht** gem. § 10 UrhWG **begrenzt:** Die Auskunftspflicht der Verwertungsgesellschaft war auf Informationen darüber beschränkt, ob sie für **ein bestimmtes Werk** Nutzungs- oder Einwilligungsrechte wahrnimmt. Auskunft war ferner nur zu erteilen darüber, ob die Verwertungsgesellschaft **bestimmte Einwilligungsrechte** oder **Vergütungsansprüche** für einen Urheber oder Leistungsschutzberechtigten wahrnimmt.

Bedingung für einen Anspruch auf Auskunft gem. § 10 UrhWG war, dass das Auskunftsverlangen **schriftlich** gestellt wurde (§ 126 Abs. 1 BGB).[17]

Es wurde allgemein erwartet, dass der Auskunftspflicht gem. § 10 UrhWG im Rahmen der digitalen Nutzung von Urheberrechten in der sogenannten Informationsgesellschaft erhöhte praktische Bedeutung zukomme, da im schnelllebigen Nutzungsumfeld der digitalen Dienste Transparenz hinsichtlich der benötigten Rechte besonders wichtig ist.[18] Die Nachfrage schien allerdings in der Praxis gering geblieben zu sein.[19]

---

[8] Der Begriff der Repräsentationsvereinbarung wird definiert in Art. 3 Buchst. j) VG-RL.

[9] Der Begriff der Rechtsinhaber wird definiert in Art. 3 Buchst. c) VG-RL; → § 5 Rn. 1.

[10] Nach der Definition in Art. 3 Buchst. k) VG-RL sind Nutzer iSd. VG-RL natürliche oder juristische Personen, die die Erlaubnis der Rechtsinhaber bedürfen und zur Zahlung einer Vergütung verpflichtet sind, unabhängig davon, ob sie auf Gewinnerzielung ausgerichtet sind; Verbraucher werden ausdrücklich nicht als Nutzer iSd. VG-RL angesehen; → § 8 Rn. 1; vgl. *Walter,* Urheber- und Verwertungsgesellschaftenrecht '15, VG-RL Art. 20 Anm. 1.

[11] Walter, Urheber- und Verwertungsgesellschaftenrecht '15, VG-RL Art. 20 Anm. 2.

[12] Erwägungsgrund (35) S. 2 VG-RL.

[13] AmtlBegr. UrhWG BT-Drs. IV/271, 16.

[14] *Häußer* FuR 1980, 57 (66).

[15] Vgl. → 5. Aufl. 2017, UrhWG § 1 Rn. 1 ff.

[16] So zur CELAS *Poll* ZUM 2008, 500 (506).

[17] Zu den Bedingungen und zur inhaltlichen Reichweite der Auskunftspflicht der Verwertungsgesellschaften gem. § 10 UrhWG s. im Einzelnen → 5. Aufl. 2017, UrhWG § 10 Rn. 3 ff.

[18] Vgl. *Kreile/Becker* GRUR-Int 1996, 677.

[19] Vgl. *Himmelmann* in Kreile/Becker/Riesenhuber (Hrsg.), Recht und Praxis der GEMA, 817 (859) zur Clearingstelle Multimedia CMMV.

3. § 55

Teil 2 (Rechte und Pflichten der Verwertungsgesellschaft") Abschnitt 6 („Informationspflichten, **3** Rechnungslegung und Transparenzbericht") Unterabschnitt 1 („Informationspflichten") des VGG führt in den §§ 53–56 verschiedene Informationspflichten der Verwertungsgesellschaften auf und setzt damit die Vorgaben der Art. 5 Abs. 8, 12 Abs. 1, 18, 20 und 21 VG-RL um.[20]

§ 55 verpflichtet Verwertungsgesellschaften zur **Transparenz** bezüglich des von ihnen vertretenen **Repertoires.**

§ 55 Abs. 1 enthält dazu Informationspflichten der Verwertungsgesellschaft gegenüber Rechtsinhabern, Nutzern und, im Rahmen von Repräsentationsvereinbarungen, anderen Verwertungsgesellschaften über die von ihr wahrgenommenen Werke oder sonstigen Schutzgegenstände und Rechte. Damit setzt § 55 Abs. 1 die Vorgaben in **Art. 20 VG-RL** um; und zwar in enger Anlehnung an dessen Wortlaut. Zugleich entspricht § 55 Abs. 1 in seinem Kern weitgehend **§ 10 UrhWG,** ist allerdings nicht auf Informationen zu bestimmten Werken beschränkt. Zur Auslegung von § 55 Abs. 1 können daher die Materialien, die Rechtsprechung und die Literatur zu § 10 UrhWG teilweise mit herangezogen werden.

§ 55 Abs. 2 greift, größtenteils wortgleich, **Art. 25 Abs. 2 VG-RL** auf und erlaubt es der Verwertungsgesellschaft, angemessene Maßnahmen zum Schutz der Richtigkeit und Integrität der erteilten Auskünfte und wirtschaftlich sensibler Informationen zu treffen und die Weiterverwendung zu kontrollieren.

§ 55 Abs. 3 spricht die nach Erwägungsgrund (35) S. 2 VG-RL dem nationalen Gesetzgeber überlassene Frage der **Kostenerstattung** an und bestimmt, dass die Verwertungsgesellschaft die Erteilung der Informationen von der Erstattung der damit verbundenen Kosten abhängig machen kann, „soweit dies **angemessen** ist".

Die iRd. §§ 48 und 49 geltende gesetzliche Vermutung dahingehend, dass die Verwertungsgesellschaft grundsätzlich die Rechte aller Berechtigten wahrnimmt, hat eine andere Zielrichtung als § 55 und entbindet die Verwertungsgesellschaft nicht von ihren Informationspflichten nach § 55 Abs. 1. Die §§ 48 und 49 enthalten lediglich die (widerlegbare) Vermutung der Aktivlegitimation der Verwertungsgesellschaft zur Geltendmachung bestimmter Auskunfts- und Vergütungsansprüche.[21]

II. Informationen zu Werken und sonstigen Schutzgegenständen

1. § 55 Abs. 1 – Informationspflicht

a) Allgemeines. § 55 Abs. 1 verpflichtet Verwertungsgesellschaften zur Auskunft über die von **4** ihnen wahrgenommenen Werke oder sonstigen Schutzgegenstände und Rechte. Wie schon die Auskunftspflicht gem. § 10 UrhWG, dient dies dem Interesse aller Beteiligten zu erfahren, welches Repertoire von der Verwertungsgesellschaft wahrgenommen wird. Es liegt aber auch im Interesse der Verwertungsgesellschaften, frühzeitig zu erfahren, wer an der Wahrnehmung seiner Rechte durch sie oder an der Inanspruchnahme ihres Repertoires interessiert ist.

Die Informationspflichten gem. § 55 Abs. 1 gelten für **Verwertungsgesellschaften** iSv. § 2,[22] aber auch für **abhängige Verwertungseinrichtungen** iSv. § 3,[23] soweit diese Tätigkeiten einer Verwertungsgesellschaft ausüben. Nach § 4 Abs. 2 gelten die Informationspflichten gem. § 55 entsprechend auch für **unabhängige Verwertungseinrichtungen** iSv. § 4.[24]

Zur Information verpflichtet sind solche Gesellschaften gem. § 55 Abs. 1 gegenüber **Rechtsinhabern,**[25] gegenüber anderen (beauftragenden) Verwertungsgesellschaften, für die beauftragte Verwertungsgesellschaften auf der Grundlage einer **Repräsentationsvereinbarung** Rechte wahrnehmen,[26] und gegenüber **Nutzern.** Der Begriff der Nutzer wird in § 8 weiter definiert als in der VG-RL und umfasst auch Endverbraucher. Daher können auch Nutzer, die als Verbraucher handeln, die in § 55 genannten Informationen abfragen.[27] Damit ist der Kreis der Anspruchsberechtigten gem. § 55 Abs. 1 enger gefasst als in § 10 UrhWG, der die Verwertungsgesellschaften dazu verpflichtete, „jedermann" Auskünfte zu erteilen.[28]

---

[20] Zur Umsetzung der Informationspflichten gegenüber anderen Verwertungsgesellschaften iRv. Repräsentationsvereinbarungen gem. Art. 19 VG-RL → § 47 Rn. 3 ff.; zur Umsetzung der Verpflichtung zu Informationen an die Öffentlichkeit gem. Art. 21 VG-RL → § 56 Rn. 2; zur Umsetzung der Transparenzpflichten aus Art. 22 VG-RL s. §§ 57 und 58; zur Umsetzung der spezifischen Berichtspflichten im Zusammenhang mit Mehrgebietslizenzen gem. § 25 VG-RL → § 68 Rn. 3 f.

[21] → § 48 Rn. 2 ff.; AmtlBegr. BT-Drs. 10/837, 22, 23 (zu § 13b, dem späteren § 13c Abs. 1 und 2 UrhWG).

[22] Zum Begriff der Verwertungsgesellschaft → § 2 Rn. 5 ff.

[23] Zum Begriff der abhängigen Verwertungseinrichtung → § 3 Rn. 3.

[24] Zum Begriff der unabhängigen Verwertungseinrichtung und den auf sie anwendbaren Bestimmungen des VGG → § 4 Rn. 3 ff.

[25] Zum Begriff des Rechtsinhaber → § 5 Rn. 2 ff.

[26] Zum Begriff der Repräsentationsvereinbarung → § 44 Rn. 4.

[27] Zur Definition der „Nutzer" in Art. 3 Buchst. k) VG-RL, die Verbraucher ausdrücklich ausschließt, → Rn. 1; zum Begriff der Nutzer iSd. VGG → § 8 Rn. 4 ff.; vgl. AmtlBegr. BT-Drs. 18/7223, 74.

[28] → 5. Aufl. 2017, UrhWG § 10 Rn. 3.

Die Informationspflicht gem. § 55 Abs. 1 ist außerdem dadurch eingeschränkt, dass sie eine **„hinreichend begründete Anfrage"** voraussetzt. Diese Bedingung wurde wörtlich von Art. 20 S. 1 VG-RL übernommen. Damit soll nicht nur klargestellt werden, dass schikanöse Anfragen, mit denen Verwertungsgesellschaften lediglich geschädigt werden sollen, nicht beantwortet werden müssen;[29] diese Bedingung soll auch dazu dienen sicherzustellen, dass die Anfrage für den Geschäftsbetrieb der Gesellschaft tatsächlich relevant ist und diesen nicht unangemessen beeinträchtigt, etwa im Falle von Auskunftsersuchen von Verbrauchern.[30] Anders als noch in § 10 UrhWG[31] ist für die Anfrage **keine Schriftform erforderlich.**

§ 55 Abs. 1 bestimmt ausdrücklich, dass die betreffenden Informationen **elektronisch** übermittelt werden müssen. Bereits an anderen Stellen und in anderem Zusammenhang schreibt das VGG im Verhältnis der Verwertungsgesellschaften zu Berechtigten[32] und Nutzern[33] die elektronische Kommunikation vor, und auch die VG-RL enthält entsprechende Vorgaben in einer Reihe von Bestimmungen.[34] Es entspricht der Vorgabe in Art. 20 VG-RL und erscheint daher nur konsequent, dass auch im Rahmen von § 55 Abs. 1 die Übermittlung von Informationen über das wahrgenommene Repertoire auf elektronischem Wege erfolgen muss. Dieser Weg entspricht dem Gebot, alle Beteiligten in die Lage zu versetzen, die Informationen einfach, dh. ohne zu große eigene Umstände, zu erlangen.[35]

Falls die Anfrage dementsprechend hinreichend begründet ist, muss die Verwertungsgesellschaft die Informationen gem. § 55 Abs. 1 **unverzüglich** erteilen, also ohne schuldhaftes Zögern ihrerseits.[36] Diese Maßgabe war weder in § 10 UrhWG enthalten, noch ist sie von Art. 20 VG-RL vorgegeben. In der Tat liegt es aber im Interesse aller Beteiligten, einschließlich der Verwertungsgesellschaft selbst, die Informationen so schnell wie möglich zur Verfügung zu stellen.

5   **b) Der Inhalt der Informationspflicht.** Der **Inhalt der Informationsverpflichtung** ist in § 55 Abs. 1 Nr. 1 und 2 näher bestimmt; und zwar **„mindestens":** Die hier genannten Informationselemente stellen einen gesetzlich festgelegten Mindestkatalog dar, über den Verwertungsgesellschaften im Interesse größtmöglicher Transparenz gegenüber den in § 55 Abs. 1 genannten Adressaten hinausgehen können und ggf. sollten.

§ 55 Abs. 1 Nr. 1 entspricht weitgehend der Vorgabe in Art. 20 Buchst. a) VG-RL und der bisherigen Rechtslage gem. § 10 UrhWG, ist allerdings nicht auf Informationen zu bestimmten Werken beschränkt. Gem. § 55 Abs. 1 Nr. 1 kann Auskunft verlangt werden darüber, für welche **Werke oder sonstigen Schutzgegenstände** die Verwertungsgesellschaft Nutzungs- oder Einwilligungsrechte wahrnimmt. Dabei können auch mehrere Einzelanfragen verbunden werden.[37] Auskunft ist ferner zu erteilen darüber, welche **Rechte** (Einwilligungsrechte oder Vergütungsansprüche) die Verwertungsgesellschaft wahrnimmt. Die Auskunft muss sich sowohl auf solche Werke oder sonstigen Schutzgegenstände und Rechte erstrecken, die die Verwertungsgesellschaft **unmittelbar,** also für die von ihr vertretenen Berechtigten, wahrnimmt, als auch auf solche, die sie **mittelbar** als von einer anderen Verwertungsgesellschaft beauftragte Verwertungsgesellschaft auf der Grundlage einer Repräsentationsvereinbarung[38] für die Berechtigten der beauftragenden Gesellschaft wahrnimmt.[39]

Zur Informationspflicht gem. § 55 Abs. 1 Nr. 1 gehört auch die Auskunft über die **„jeweils umfassten Gebiete".** Art. 20 Buchst. a) VG-RL verwendet hierfür den Begriff der „umfassten Lizenzgebiete". Gemeint ist in beiden Fällen der geographische Tätigkeitsbereich der Verwertungsgesellschaft, das Gebiet also, für das sie Lizenzen erteilen kann bzw. Rechte aus gesetzlichen Vergütungsansprüchen wahrnimmt.

Eine **weitergehende Informationspflicht** besteht aus § 55 Abs. 1 Nr. 1 nicht. Die Verwertungsgesellschaft ist daher aus § 55 Abs. 1 Nr. 1 zB. nicht zur Auskunft darüber verpflichtet, welche Rechte ein Urheber oder Leistungsschutzberechtigter insgesamt von ihr wahrnehmen lässt, ob und wie er sie an die Verwertungsgesellschaft übertragen hat (Nachweis der Berechtigung) oder welche Schutzdauer das Werk oder der sonstige Schutzgegenstand aufweist und wie viele Berechtigte jeweils an ihm partizipieren. Soweit Verwertungsgesellschaften regelmäßig Verzeichnisse sämtlicher von ihnen betreuten Wahrnehmungsberechtigten herausgeben, dürfte die Vorlage derartiger Verzeichnisse der Informationsverpflichtung nach § 55 Abs. 1 Nr. 1 inhaltlich meist genügen;[40] dies gilt jedenfalls dann, wenn

---

[29] Vgl. § 226 BGB.
[30] AmtlBegr. BT-Drs. 18/7223, 89.
[31] § 10 UrhWG: „auf schriftliches Verlangen"; → 5. Aufl. 2017, UrhWG § 10 Rn. 4.
[32] → § 14 Rn. 3 f.
[33] → § 43 Rn. 3 ff.
[34] Vgl. Art. 6 Abs. 4, 16 Abs. 4, 19, 20, 25 oder 27 Abs. 2 VG-RL.
[35] Zu § 10 UrhWG vgl. AmtlBegr. UrhWG BT-Drs. IV/271, 17.
[36] Vgl. § 121 Abs. 1 S. 1 BGB.
[37] Einschränkend offenbar Fromm/Nordemann/*W. Nordemann/Wirtz*, 11. Aufl., UrhWG § 10 Rn. 2 (bezogen auf § 10 UrhWG).
[38] Zum Begriff und zur Konstellation der Repräsentationsvereinbarung → § 44 Rn. 3 f.
[39] Vgl. *Walter*, Urheber- und Verwertungsgesellschaftenrecht '15, VG-RL Art. 20 Anm. 1.
[40] Melichar S. 44 (zu § 10 UrhWG); vgl. OLG Köln GRUR 1980, 913 ff. – Presseschau CN -, das diese Verzeichnisse für den Nachweis der Aktivlegitimation der Verwertungsgesellschaft im Rahmen eines Auskunftsverlangens gem. § 10 UrhWG genügen ließ.

der um Auskunft Ersuchende aus diesem Verzeichnis ohne größere Mühe die gewünschten Daten entnehmen kann, so dass dem Transparenzgebot des § 55 Abs. 1 genüge getan ist.[41]

§ 55 Abs. 1 Nr. 2 entspricht weitgehend der Vorgabe in Art. 20 Buchst. b) VG-RL. Für den Fall, dass die Verwertungsgesellschaft aufgrund ihres Tätigkeitsbereichs Werke oder sonstige Schutzgegenstände nicht konkret bestimmen kann, ist sie gem. § 55 Abs. 1 Nr. 2 verpflichtet, statt der Werke oder sonstigen Schutzgegenstände selbst die **Arten von Werken oder sonstigen Schutzgegenständen** zu benennen, die sie vertritt. Ein solcher Fall liegt vor, wenn eine Verwertungsgesellschaft nicht von den Berechtigten oder einer anderen Verwertungsgesellschaft mit der Wahrnehmung der betreffenden Rechte betraut wurde, sondern sie aufgrund gesetzlicher Vorschriften, etwa einer Verwertungsgesellschaftspflicht, tätig wird.[42] Im Übrigen entspricht der Inhalt der Informationspflicht gem. § 55 Abs. 1 Nr. 2 dem oben zu § 55 Abs. 1 Nr. 1 Gesagten.

Die Verpflichtung der Verwertungsgesellschaften zur Information über Werke, sonstige Schutzgegenstände und von ihr vertretene Rechte gem. § 55 Abs. 1 ist Ausfluss des Transparenzgebots. Im Verhältnis zu Nutzern dient sie auch dazu, die rechtmäßige Nutzung zu erleichtern und das **Risiko einer Rechtsverletzung** zu vermindern. Wer sich als potenzieller Nutzer der Informationspflicht der Verwertungsgesellschaft gem. § 55 Abs. 1 nicht bedient, sich also nicht um die entsprechende Auskunft bemüht, trägt daher grundsätzlich ein erhöhtes Risiko der Rechtsverletzung.[43] Aber selbst dann, wenn ein Nutzer von der Verwertungsgesellschaft die Auskunft erhalten hat, dass sie die betreffenden Rechte nicht wahrnimmt, trägt er das Risiko der Rechtsverletzung; denn er hatte damit rechnen müssen, dass die Rechte vom Rechtsinhaber selbst oder von einem Dritten wahrgenommen wurden.[44] Das Vorbringen eines Nutzers, dass die genutzten Werke gemeinfrei seien, wird die Verwertungsgesellschaft ohnehin substantiiert bestreiten müssen.[45]

2. § 55 Abs. 2 – Angemessene Schutzmaßnahmen

§ 55 Abs. 2 erlaubt es der Verwertungsgesellschaft, durch angemessene Maßnahmen die Richtig- **6** keit und Integrität der gem. § 55 Abs. 1 zu übermittelnden Informationen zu schützen, ihre Weiterverarbeitung zu kontrollieren, und wirtschaftlich sensible Informationen zu schützen. § 55 Abs. 2 ist nahezu wortgleich mit Art. 25 Abs. 2 VG-RL und wurde nicht nur in § 62 Abs. 2 (der Art. 25 Abs. 2 VG-RL umsetzt) übernommen, sondern auch in § 55 Abs. 2, obwohl der von § 55 umgesetzte Art. 20 VG-RL eine solche Bestimmung nicht enthält.

§ 55 Abs. 2 verfolgt einen **dreifachen Zweck:** (1) Es soll den Verwertungsgesellschaften ermöglicht werden, die genannten Informationen jeweils auf dem neuesten Stand zu halten und zu gewährleisten, dass sie **korrekt und vollständig** sind;[46] (2) Verwertungsgesellschaften sollen außerdem die **Weiterverwendung**[47] kontrollieren dürfen; und (3) sollen Verwertungsgesellschaften „wirtschaftlich sensible Daten"[48] schützen dürfen.

Hier wird es also in erster Linie darum gehen, dass Verwertungsgesellschaften ihren Informationsverpflichtungen gem. § 55 Abs. 1 durch die Übermittlung korrekter und aktueller Daten nachkommen. Da es sich im Einzelfall um sensible Daten handeln kann – etwa wenn Anonymität, vertrauliche wirtschaftliche oder Steuerdaten oder vertrauliche vertragliche Strukturen im Spiel sind –, müssen Verwertungsgesellschaften auch deren Schutz gewährleisten können, etwa indem sie die Weitergabe der Daten an Dritte durch technische Schutzmaßnahmen kontrollieren.

Der **Schutz persönlicher Daten** ist in § 55 Abs. 2 nicht angesprochen und wird auch in Art. 25 Abs. 2 VG-RL nicht erwähnt; im Richtlinienvorschlag der Kommission war der „Schutz personenbezogener Daten" als Schutzzweck noch enthalten.[49] Man wird aber ohne Weiteres davon ausgehen können, dass Verwertungsgesellschaften iRd. Informationsübermittlung gem. § 55 Abs. 1 ohnehin verpflichtet sind, den Schutz personenbezogener Daten zu gewährleisten.[50]

Verwertungsgesellschaften sollen iRv. § 55 Abs. 2 zu den genannten Schutzzwecken **„angemessene Maßnahmen"** ergreifen können, „soweit dies **erforderlich** ist". Angemessen und erforderlich sind die Maßnahmen insbesondere dann, wenn ohne sie zumindest einer der in § 55 Abs. 2 genannten Schutzzwecke gefährdet wäre und sie den Zweck der Informationsübermittlung und damit die

---

[41] So zu § 10 UrhWG AmtlBegr. UrhWG BT-Drs. IV/271, 17.
[42] *Walter,* Urheber- und Verwertungsgesellschaftenrecht '15, VG-RL Art. 20 Anm. 2.
[43] BGH GRUR 1988, 373 (375) – Schallplattenimport III (zu § 10 UrhWG).
[44] BGH GRUR 2013, 717 Rn. 49 – Covermount (zu § 10 UrhWG).
[45] So iRv. § 10 UrhWG: AG Oldenburg NJW-RR 1999, 196 (197).
[46] In Art. 25 Abs. 2 VG-RL: „Korrektheit und Integrität", in Erwägungsgrund (41) S. 7 VG-RL: „Richtigkeit und Vollständigkeit"; in der englischen Sprachfassung von Art. 25 Abs. 2 und Erwägungsgrund (41) S. 7 VG-RL: „accuracy and integrity".
[47] In der englischen Sprachfassung von Art. 25 Abs. 2 und Erwägungsgrund (41) S. 7 VG-RL: „reuse".
[48] In der englischen Sprachfassung von Art. 25 Abs. 2 und Erwägungsgrund (41) S. 7 VG-RL: „commercially sensitive information".
[49] Vgl. Art. 23 Abs. 2 des Richtlinienvorschlags der Kommission, COM(2012) 372 final vom 11.7.2012.
[50] Laut Erwägungsgrund (52) S. 1 VG-RL müssen Verwertungsgesellschaften „das Recht auf Achtung des Privat- und Familienlebens und auf Schutz der personenbezogenen Daten von Rechtsinhabern, Mitgliedern, Nutzern und sonstigen Personen, deren personenbezogene Daten sie verarbeiten, wahren".

Verpflichtung der Verwertungsgesellschaften gem. § 55 Abs. 1 nicht beeinträchtigen oder gar untergraben.

3. § 55 Abs. 3 – Kostenerstattung

7 **§ 55 Abs. 3** enthält, anders als noch die Vorgängerbestimmung § 10 UrhWG, eine ausdrückliche Regelung zur Kostenerstattung iRd. Informationsverpflichtung nach § 55 Abs. 1. Nach § 55 Abs. 3 kann die Verwertungsgesellschaft die Erteilung der in § 55 Abs. 1 genannten Informationen von der Erstattung der damit verbundenen Kosten abhängig machen, „soweit dies **angemessen** ist".

Dies bedeutet im Ergebnis, dass die für § 10 UrhWG geltenden Grundsätze beibehalten wurden und die Informationen **grundsätzlich kostenlos** zu erteilen sind.[51] Da Verwertungsgesellschaften andererseits im Rahmen ihrer Informationsverpflichtung nicht mit unzumutbaren Kosten belastet werden sollten,[52] kann dieser Grundsatz der Kostenfreiheit nicht ausnahmslos gelten. Während Einzelinformationen, die auf bestimmte Werke oder Schutzgegenstände beschränkt sind, kostenlos zu erteilen sind, dürfte es für die Verwertungsgesellschaft deshalb gem. § 55 Abs. 3 angemessen sein, kostendeckende Bearbeitungsgebühren zu erheben, wenn ihr etwa ganze Werkkataloge zur Auskunft vorgelegt werden, die Auskunftserteilung also mit besonders zeitaufwändigen Ermittlungen verbunden ist.[53] Dies entspricht der heutigen Praxis der Verwertungsgesellschaften und wurde von der Aufsichtsbehörde bisher auch stets akzeptiert.[54]

Allerdings wird man davon ausgehen können, dass die Informationserteilung, da sie gem. § 55 Abs. 1 zwingend auf elektronischem Wege erfolgen muss, mit immer weniger Kosten verbunden und es den Verwertungsgesellschaften daher in aller Regel zumutbar ist, diese selbst zu tragen.

§ 56 Informationen für die Allgemeinheit

(1) **Die Verwertungsgesellschaft veröffentlicht mindestens die folgenden Informationen auf ihrer Internetseite:**
1. **das Statut,**
2. **die Wahrnehmungsbedingungen, einschließlich der Bedingungen für die Beendigung des Wahrnehmungsverhältnisses und den Entzug von Rechten,**
3. **die Standardnutzungsverträge,**
4. **die Tarife und die Standardvergütungssätze, jeweils einschließlich Ermäßigungen,**
5. **die von ihr geschlossenen Gesamtverträge,**
6. **eine Liste der Personen, die kraft Gesetzes oder nach dem Statut zur Vertretung der Verwertungsgesellschaft berechtigt sind,**
7. **den Verteilungsplan,**
8. **die allgemeinen Grundsätze für die zur Deckung der Verwaltungskosten vorgenommenen Abzüge von den Einnahmen aus den Rechten,**
9. **die allgemeinen Grundsätze für die für andere Zwecke als zur Deckung der Verwaltungskosten vorgenommenen Abzüge von den Einnahmen aus den Rechten, einschließlich gegebenenfalls vorgenommener Abzüge zur Förderung kulturell bedeutender Werke und Leistungen und für die Einrichtung und den Betrieb von Vorsorge- und Unterstützungseinrichtungen,**
10. **die allgemeinen Grundsätze für die Verwendung der nicht verteilbaren Einnahmen aus den Rechten,**
11. **eine Aufstellung der von ihr geschlossenen Repräsentationsvereinbarungen und die Namen der Verwertungsgesellschaften, mit denen die Verträge geschlossen wurden,**
12. **die Regelungen zum Beschwerdeverfahren nach § 33 sowie die Angabe, in welchen Streitfällen die Schiedsstelle nach den §§ 92 bis 94 angerufen werden kann,**
13. **die Regelungen gemäß § 63 zur Berichtigung der Daten, auf die in § 61 Absatz 2 Bezug genommen wird, und zur Berichtigung der Informationen nach § 62 Absatz 1.**

(2) **Die Verwertungsgesellschaft hält die Informationen auf dem aktuellen Stand.**

Übersicht

---

[51] So auch schon für § 10 UrhWG AmtlBegr. UrhWG BT-Drs. IV/271, 16 f.; im Referentenentwurf zum VGG war noch vorgesehen, dass die Informationsübermittlung „kostenlos und elektronisch" zu erfolgen hatte.
[52] So für § 10 UrhWG AmtlBegr. UrhWG BT-Drs. IV/271, 17.
[53] AmtlBegr. BT-Drs. 18/7223, 89.
[54] Wohl hM für § 10 UrhWG: *Melichar* S. 45; *Mestmäcker/Schulze* UrhWG § 10 Anm. 3; *Häußer* FuR 1980, 57 (66); nach Fromm/Nordemann/*W. Nordemann/Wirtz,* 11. Aufl., UrhWG § 10 Rn. 2 fielen solche Anfragen ohnehin nicht unter § 10 UrhWG, da dieser auf Einzelanfragen beschränkt sei.

I. Allgemeines

1. Die Vorgaben der VG-RL

In Titel II Kapitel 5 der VG-RL („Transparenz und Berichtspflichten") sind verschiedene **allge-** **1**
meine Informationspflichten der Verwertungsgesellschaft aufgeführt, und zwar solche gegenüber
den Rechtsinhabern (Art. 18 VG-RL), gegenüber anderen Verwertungsgesellschaften iRv. Repräsentationsvereinbarungen (Art. 19 VG-RL), gegenüber diesen, den Rechtsinhabern und den Nutzern
(Art. 20 VG-RL), sowie gegenüber der Allgemeinheit (Art. 21 VG-RL). In demselben Zusammenhang sind Verwertungsgesellschaften auch zur Vorlage eines jährlichen Transparenzberichts verpflichtet
(Art. 22 VG-RL).

Art. 21 VG-RL flankiert die in den Art. 18–20 VG-RL aufgeführten Informationspflichten und
verpflichtet Verwertungsgesellschaften darüber hinaus, Informationen darüber zu veröffentlichen, wie
sie organisiert sind und wie und unter welchen Bedingungen sie ihre Tätigkeit ausüben.[1]

Art. 21 Abs. 1 Buchst. a)–j) VG-RL listen einen Katalog von Informationen auf, die Verwertungsgesellschaften hierzu **„mindestens"** veröffentlichen müssen. Dazu gehören das Statut
(Buchst. a));[2] die Mitgliedschafts- und Wahrnehmungsbedingungen **(Buchst. b));** die Standardlizenzverträge und Tarife **(Buchst. c));** die Liste der gem. Art. 10 VG-RL mit der Geschäftsführung
betrauten Personen **(Buchst. d));** die allgemeinen Grundsätze für die Verteilung der den Rechtsinhabern zustehenden Einnahmen **(Buchst. e));**[3] für die Verwaltungskosten **(Buchst. f));**[4] und für
Abzüge, die nicht Verwaltungskosten betreffen **(Buchst. g));** eine Aufstellung der Repräsentationsvereinbarungen[5] und der daran beteiligten Verwertungsgesellschaften **(Buchst. h));** die allgemeinen
Grundsätze für die Verwendung der nicht verteilbaren Beträge **(Buchst. i));** und die verfügbaren
Beschwerde- und Streitbeilegungsverfahren gem. Art. 33, 34 und 35 VG-RL **(Buchst. j)).**

Die **Veröffentlichungspflichten** nach **Art. 21 VG-RL** treffen **Verwertungsgesellschaften,**[6]
sowie gem. Art. 2 Abs. 3 VG-RL **abhängige Verwertungseinrichtungen** iS. dieser Bestimmung,
wenn sie die Tätigkeit einer Verwertungsgesellschaft ausüben. **Unabhängige Verwertungseinrichtungen**[7] sind gem. Art. 2 Abs. 4 VG-RL nicht zur Veröffentlichung des gesamten in Art. 21 Abs. 1
Buchst. a)–j) VG-RL aufgeführten Katalogs von Informationen verpflichtet, sondern nur zur Veröffentlichung der in **Buchst. a)–c)** und **e)–g)** genannten Informationen.

Art. 21 Abs. 2 VG-RL schreibt vor, auf welche Weise die Veröffentlichung der in Art. 21 Abs. 1
genannten Informationen vorgenommen werden muss: Sämtliche Informationen müssen auf der
Webseite der Verwertungsgesellschaft veröffentlicht werden. Implizit sind Verwertungsgesellschaften
daher nach der VG-RL dazu verpflichtet, eine Webseite zu unterhalten. Außerdem müssen sie die
Informationen gem. Art. 21 Abs. 2 VG-RL jeweils **„auf dem aktuellen Stand"** halten, also fortlaufend aktualisieren. Dieser letztere Hinweis erscheint allerdings im Grunde überflüssig: Dass elektronische Informationen und die Webseite auf dem neuesten Stand gehalten werden, ist eine Voraussetzung dafür, dass der Zweck der korrekten Übermittlung von Informationen erreicht wird.

2. § 56

Teil 2 (Rechte und Pflichten der Verwertungsgesellschaft") Abschnitt 6 („Informationspflichten, **2**
Rechnungslegung und Transparenzbericht") Unterabschnitt 1 („Informationspflichten") des VGG
führt in den §§ 53–56 verschiedene Informationspflichten der Verwertungsgesellschaften auf und setzt
damit die Vorgaben der Art. 5 Abs. 8, 12 Abs. 1, 18, 20 und 21 VG-RL um.[8]

---

[1] Vgl. Erwägungsgrund (35) S. 3 VG-RL.
[2] Der Begriff des Statuts wird definiert in Art. 3 Buchst. e) VG-RL.
[3] Der Begriff der Einnahmen aus den Rechten wird definiert in Art. 3 Buchst. h) VG-RL.
[4] Der Begriff der Verwaltungskosten wird definiert in Art. 3 Buchst. i) VG-RL.
[5] Der Begriff der Repräsentationsvereinbarung wird definiert in Art. 3 Buchst. j) VG-RL.
[6] Der Begriff der Verwertungsgesellschaft wird als „Organisation für die kollektive Rechtewahrnehmung" definiert in Art. 3 Buchst. a) VG-RL.
[7] Der Begriff der „unabhängigen Verwertungseinrichtung" wird definiert in Art. 3 Buchst. b) VG-RL.
[8] Zur Umsetzung der Informationspflichten gegenüber Berechtigten gem. Art. 18 VG-RL → § 54 Rn. 3 f.; zur
Umsetzung der Informationspflichten gegenüber anderen Verwertungsgesellschaften iRv. Repräsentationsvereinbarungen gem. Art. 19 VG-RL → § 47 Rn. 3 ff.; zur Umsetzung der Verpflichtung zu Informationen über das Repertoire gem. Art. 20 VG-RL → § 55 Rn. 3 ff.; zur Umsetzung der Transparenzpflichten aus Art. 22 VG-RL s.
§§ 57 und 58; zur Umsetzung der spezifischen Berichtspflichten im Zusammenhang mit Mehrgebietslizenzen gem.
§ 25 VG-RL → § 68 Rn. 3 f.

§ 56 verpflichtet als letzte Bestimmung dieses Unterabschnitts 1 („Informationspflichten") Verwertungsgesellschaften zur **Veröffentlichung** bestimmter Informationen auf ihrer Internetseite. § 56 setzt damit Art. 21 VG-RL um. Das UrhWG enthielt hierzu keine Regelungen.

§ 56 Abs. 1 Nr. 1–13 enthalten alle in Art. 21 Abs. 1 Buchst. a)–j) VG-RL aufgeführten Elemente, zu deren Veröffentlichung die Verwertungsgesellschaften nach diesen Bestimmungen verpflichtet sind; teilweise wurden die Formulierungen der VG-RL übernommen, allerdings jeweils angepasst an die Terminologie des VGG. Über die Vorgaben der VG-RL hinaus bestimmt § 56 Abs. 1 Nr. 5 die Veröffentlichungspflicht für Gesamtverträge, und verpflichtet § 56 Abs. 1 Nr. 13 Verwertungsgesellschaften zur Veröffentlichung ihrer Regelungen iSv. § 63 betreffend die Berichtigung und Aktualisierung von Daten und Informationen im Zusammenhang mit der Vergabe von Online-Rechten an Musikwerken.

Wie Art. 21 Abs. 1 VG-RL bestimmt auch § 56 Abs. 1, dass Verwertungsgesellschaften **„mindestens"** die in den Nr. 1–13 genannten Elemente veröffentlichen müssen, und schreibt ihnen in Umsetzung von Art. 21 Abs. 2 VG-RL vor, dass dies **„auf ihrer Internetseite"** zu geschehen hat.

§ 56 Abs. 2 verpflichtet die Verwertungsgesellschaft entsprechend Art. 21 Abs. 2 VG-RL dazu, die Informationen **„auf dem aktuellen Stand"** zu halten.

II. Informationen für die Allgemeinheit

1. § 56 Abs. 1 – Informationen auf der Internetseite

3   **a) Allgemeines.** § 56 Abs. 1 verpflichtet Verwertungsgesellschaften im Interesse **größtmöglicher Transparenz** dazu, alle im Zusammenhang mit der Rechtewahrnehmung relevanten Informationen der Allgemeinheit zugänglich zu veröffentlichen. Mit dieser Veröffentlichungspflicht flankiert § 56 die in den §§ 53–55 enthaltenen, jeweils an bestimmte Adressaten gerichteten Informationspflichten.

Die **Elemente der Veröffentlichungspflicht** sind in § 56 Abs. 1 Nr. 1–13 näher bestimmt; und zwar **„mindestens"**: Die hier genannten Informationselemente stellen einen gesetzlich festgelegten Mindestkatalog dar, über den Verwertungsgesellschaften im Interesse größtmöglicher Transparenz gegenüber der Allgemeinheit hinausgehen können und ggf. sollten.

4   **b) Art der Informationen.** § 56 Abs. 1 Nr. 1 entspricht wörtlich Art. 21 Abs. 1 Buchst. a) VG-RL und bestimmt als erstes obligatorisches Element der Veröffentlichung das **Statut** der Verwertungsgesellschaft. Der Begriff des Statuts, den die VG-RL in Art. 3 Buchst. e) VG-RL definiert, ist dort wie in § 56 Abs. 1 Nr. 1 untechnisch zu verstehen und umfasst, entsprechend der Legaldefinition in § 13, je nach der Organisationsform der Verwertungsgesellschaft die Satzung, den Gesellschaftsvertrag oder sonstige Gründungsbestimmungen.[9] Da im Statut gem. § 13 Abs. 1 S. 1 jeweils auch die Voraussetzungen für die Mitgliedschaft zu regeln sind, setzt § 56 Abs. 1 Nr. 1 auch Art. 6 Abs. 2 S. 2 VG-RL um, der bestimmt, dass die Voraussetzungen für die Mitgliedschaft zu veröffentlichen sind.[10]

§ 56 Abs. 1 Nr. 2 bestimmt, dass auch die **Wahrnehmungsbedingungen,** einschließlich der Bedingungen für die Beendigung des Wahrnehmungsverhältnisses und den Entzug von Rechten, zu veröffentlichen sind. Diese Bestimmung entspricht inhaltlich Art. 21 Abs. 1 Buchst. b) VG-RL, ist aber präziser gefasst: Die Richtlinienbestimmung verwendet die engeren Begriffe der „Mitgliedschaftsbedingungen" und der „Beendigung des Wahrnehmungsauftrags". Von § 56 Abs. 1 Nr. 2 sind alle der in den §§ 10–12 genannten Regelungen erfasst.

§ 56 Abs. 1 Nr. 3 verpflichtet Verwertungsgesellschaften zur Veröffentlichung ihrer **Standardnutzungsverträge.** Dies sind die üblichen Standardvereinbarungen, die Verwertungsgesellschaften mit Einzelnutzern abschließen. Dieses Element entspricht dem in Art. 21 Abs. 1 Buchst. c) VG-RL verwendeten Begriff der „Standardlizenzverträge".

§ 56 Abs. 1 Nr. 4 bestimmt, dass die **Tarife und die Standardvergütungssätze,** und zwar einschließlich von Ermäßigungen, veröffentlicht werden müssen. Inhaltlich entspricht dies dem zweiten in Art. 21 Abs. 1 Buchst. c) VG-RL genannten Element der „Standardtarife". Zur Aufstellung und Gestaltung von Tarifen enthalten die §§ 38 ff. umfassende Regelungen.[11] Zugleich flankiert § 56 Abs. 1 Nr. 4 mit der Erwähnung der Standardvergütungssätze § 60 Abs. 2, denn er stellt sicher, dass die Verwertungsgesellschaft auch iRd. gebietsüberschreitenden Vergabe von Online-Rechten an Musikwerken den von der VG-RL gebotenen Transparenzanforderungen entspricht: Selbst wenn insoweit keine Pflicht zur Tarifaufstellung besteht, ist die Verwertungsgesellschaft verpflichtet, ihre Standardvergütungssätze zu veröffentlichen.[12]

§ 56 Abs. 1 Nr. 5 verpflichtet Verwertungsgesellschaften zur Veröffentlichung der von ihnen abgeschlossenen **Gesamtverträge.**[13] Eine solche Bestimmung ist in Art. 21 Abs. 1 VG-RL nicht ent-

---

[9] Zum Begriff des Statuts → § 13 Rn. 4; zur Rechtsform einer Verwertungsgesellschaft → § 2 Rn. 9.
[10] AmtlBegr. BT-Drs. 18/7223, 89.
[11] → § 38 Rn. 3 ff.
[12] AmtlBegr. BT-Drs. 18/7223, 89.
[13] Zu Gesamtverträgen → § 35 Rn. 3 ff.

halten, wie ja überhaupt die VG-RL Gesamtverträge nicht erwähnt. Da die in Gesamtverträgen vereinbarten Vergütungssätze kraft Gesetzes als Tarife gelten, ist ihre Veröffentlichung ebenso geboten wie die der Tarife.[14]

§ 56 Abs. 1 Nr. 6 verpflichtet Verwertungsgesellschaften zur Veröffentlichung einer **Liste von vertretungsberechtigten Personen,** also von solchen Personen, die kraft Gesetzes oder nach dem Statut zur Vertretung der Verwertungsgesellschaft berechtigt sind. Diese Bestimmung entspricht inhaltlich Art. 21 Abs. 1 Buchst. d) VG-RL, der seinerseits auf Art. 10 VG-RL („Pflichten der die Geschäfte der Organisation für die kollektive Wahrnehmung führenden Personen") verweist. In Umsetzung von Art. 10 VG-RL enthält § 21 umfangreiche Vorschriften zur Geschäftsführung einer Verwertungsgesellschaft (zu den vertretungsberechtigten Personen).[15]

§ 56 Abs. 1 Nr. 7 bestimmt, dass Verwertungsgesellschaften ihren **Verteilungsplan** veröffentlichen müssen. Die entsprechende Bestimmung in Art. 21 Abs. 1 Buchst. e) VG-RL nennt hier zwar nur „allgemeine Grundsätze für die Verteilung der den Rechtsinhabern zustehenden Beträge". § 56 Abs. 1 Nr. 7 geht aber über diese Vorgabe hinaus und verwendet stattdessen den in § 27 definierten Begriff des Verteilungsplans, der inhaltlich die Vorgabe der VG-RL mit umfasst, aber – als ein zentrales Element für die Verteilung der Einnahmen aus den Rechten – weit präzisere Regeln enthält.[16]

§ 56 Abs. 1 Nr. 8 verpflichtet Verwertungsgesellschaften zur Veröffentlichung der allgemeinen Grundsätze betreffend die **Abzüge für Verwaltungskosten** („für die zur Deckung von Verwaltungskosten vorgenommenen Abzüge von den Einnahmen aus den Rechten"). Inhaltlich entspricht diese Bestimmung Art. 21 Abs. 1 Buchst. f) VG-RL, ist aber präziser gefasst, indem sie ausdrücklich auf die Einnahmen aus den Rechten[17] Bezug nimmt und die Verwaltungskosten[18] korrekterweise als Abzüge von diesen Einnahmen bezeichnet. Damit wird die Kohärenz der im VGG verwendeten Begriffe gewahrt.

§ 56 Abs. 1 Nr. 9 bestimmt, dass Verwertungsgesellschaften ihre allgemeinen Grundsätze auch für **andere Abzüge** von den Einnahmen aus den Rechten als solche zur Deckung der Verwaltungskosten veröffentlichen müssen, einschließlich gegebenenfalls vorgenommener Abzüge für kulturelle oder soziale Zwecke. Damit wird Art. 21 Abs. 1 Buchst. g) VG-RL umgesetzt. Auch hier aber gilt, dass § 56 Abs. 1 Nr. 9 weit präziser gefasst ist als die Vorgabe der VG-RL. Die Formulierung in § 56 Abs. 1 Nr. 9 knüpft außerdem, ähnlich wie bereits § 56 Abs. 1 Nr. 8, an die im VGG gebrauchte und definierte Terminologie an; und zwar an § 23 (Einnahmen aus den Rechten), § 31 (Abzüge von den Einnahmen aus den Rechten)[19] und § 32 (Kulturelle Förderung; Vorsorge- und Unterstützungseinrichtungen).[20]

§ 56 Abs. 1 Nr. 10, der inhaltlich Art. 21 Abs. 1 Buchst. i) VG-RL entspricht, verpflichtet Verwertungsgesellschaften, die allgemeinen Grundsätze für die **Verwendung der nicht verteilbaren Einnahmen aus den Rechten** zu veröffentlichen; auch diese Bestimmung ist präziser gefasst als die Vorgabe in der VG-RL, denn sie knüpft ausdrücklich an den Begriff der nicht verteilbaren Einnahmen aus den Rechten an und bezieht sich damit auf § 30, der die hierfür einschlägigen Vorschriften enthält.[21]

§ 56 Abs. 1 Nr. 11 verpflichtet Verwertungsgesellschaften zur Veröffentlichung einer Aufstellung der von ihnen geschlossenen **Repräsentationsvereinbarungen**[22] und der **Namen** der Verwertungsgesellschaften, mit denen die Verträge geschlossen wurden. Bis auf den in der VG-RL nicht gebrauchten Begriff der Verwertungsgesellschaft stimmt § 56 Abs. 1 Nr. 11 wörtlich mit Art. 21 Abs. 1 Buchst. h) VG-RL überein. Repräsentationsvereinbarungen kommt nach dem Willen des Gesetzgebers insbesondere, aber nicht nur, iR. der gebietsüberschreitenden kollektiven Rechtewahrnehmung besondere Bedeutung zu. Da von ihnen erwartet wird, dass sie die Verfahren zur Lizenzvergabe zu gleichen, diskriminierungsfreien und transparenten Bedingungen erleichtern,[23] muss auch hier größtmögliche Transparenz gewährleistet sein; diesem Zweck dient die Veröffentlichung der Liste dieser Vereinbarungen und der daran beteiligten Verwertungsgesellschaften. Eine Veröffentlichung des Inhalts von Repräsentationsvereinbarungen ist in § 56 Abs. 1 Nr. 11 nicht verlangt.

§ 56 Abs. 1 Nr. 12 greift Art. 21 Abs. 1 Buchst. j) VG-RL auf und bestimmt, dass Verwertungsgesellschaften die **Regelungen zum Beschwerdeverfahren** nach § 33 sowie die **Angabe der Streitfälle,** in denen die Schiedsstelle nach den §§ 92–94 angerufen werden kann, veröffentlichen müssen. Auch § 56 Abs. 1 Nr. 12 erscheint damit präziser als die Richtlinienbestimmung, die lediglich von „verfügbaren Beschwerde- und Streitbeilegungsverfahren" gemäß den Artikeln 33 (Beschwerdeverfahren), 34 (Alternative Streitbeilegungsverfahren) und 35 (Streitbeilegung) spricht. Dabei

---

[14] → § 38 Rn. 9; AmtlBegr. BT-Drs. 18/7223, 89.
[15] → § 21 Rn. 4 ff.
[16] Zum Verteilungsplan → § 27 Rn. 5 ff.
[17] Zum Begriff der Einnahmen aus den Rechten → § 23 Rn. 4.
[18] Zur Legaldefinition des Begriffs der Verwaltungskosten → § 31 Rn. 4.
[19] → § 31 Rn. 3.
[20] → § 32 Rn. 4 ff.
[21] → § 30 Rn. 3 ff.
[22] Zur Zielrichtung und zur Terminologie von Repräsentationsvereinbarungen → § 44 Rn. 3.
[23] Vgl. Erwägungsgründe (11) und (30) VG-RL.

folgt § 33 weitgehend der Vorgabe in Art. 33 VG–RL.[24] Die Ausgestaltung des Schiedsstellenverfahrens in den §§ 92–94 ist dagegen aus guten Gründen detaillierter als die VG-RL; sie folgt in ihrer Struktur dem UrhWG.[25] Es ist nur folgerichtig und dient der Transparenz für alle Beteiligten, dass Verwertungsgesellschaften ihre entsprechenden Regelungen veröffentlichen müssen.

§ 56 Abs. 1 Nr. 13 verpflichtet Verwertungsgesellschaften zur Veröffentlichung der **Regelungen,** die sie gem. § 63 für die **Berichtigung und Aktualisierung von Daten und Informationen** im Zusammenhang mit der Online-Nutzung von Musikwerken vorsehen. Eine solche Bestimmung ist in Art. 21 Abs. 1 VG-RL nicht enthalten. Es erscheint aber sinnvoll, die Verwertungsgesellschaften zu verpflichten, auch die genannten Regelungen zu veröffentlichen, da diese damit transparenter und für die Beteiligten verständlicher und akzeptabler werden können.

Zwischen den Elementen dieses Katalogs in § 56 Abs. 1 Nr. 1–13 kann und wird es **Überschneidungen** geben, denn einige der genannten Informationen werden sich ohnehin im Statut und/oder im Verteilungsplan der Verwertungsgesellschaft finden. Dies gilt aber auch bereits für die Vorgaben in Art. 21 Abs. 1 Buchst. a)–j) VG-RL und dürfte der Nützlichkeit der Veröffentlichung keinen Abbruch tun.

5   c) **Anwendungsbereich.** Die **Veröffentlichungspflichten gem. § 56 Abs. 1** gelten für **Verwertungsgesellschaften** iSv. § 2,[26] aber auch für **abhängige Verwertungseinrichtungen** iSv. § 3,[27] soweit diese Tätigkeiten einer Verwertungsgesellschaft ausüben. Nach § 4 Abs. 2 gelten die Veröffentlichungspflichten gem. § 56 entsprechend auch für **unabhängige Verwertungseinrichtungen** iSv. § 4,[28] allerdings nur **eingeschränkt:** Den Vorgaben von Art. 2 Abs. 4 VG-RL folgend bestimmt § 4 Abs. 2, dass unabhängige Verwertungseinrichtungen lediglich die in § 56 Abs. 1 Nr. 1–4 und 7–9 genannten Informationen veröffentlichen müssen, nicht aber Gesamtverträge (Nr. 5), die Liste der geschäftsführenden Personen (Nr. 6), die allgemeinen Grundsätze betreffend die Verwendung nicht verteilbarer Einnahmen (Nr. 10), die Informationen betreffend Repräsentationsvereinbarungen (Nr. 11), die Regelungen betreffend Beschwerde- und Schiedsstellenverfahren (Nr. 12) und die Regelungen iSv. § 63 betreffend die Berichtigung und Aktualisierung von Daten und Informationen im Zusammenhang mit der Vergabe von Online-Rechten an Musikwerken (Nr. 13).

6   d) **Internetseite.** In § 56 Abs. 1 ist bestimmt, dass Verwertungsgesellschaften die in Nr. 1–13 genannten Informationen „**auf ihrer Internetseite**" veröffentlichen müssen. Dies entspricht inhaltlich der ausdrücklichen Vorgabe in Art. 21 Abs. 2 VG-RL („auf ihrer öffentlichen Webseite"). Implizit ist damit klar, dass jede Verwertungsgesellschaft auch eine eigene Webseite haben muss, auf der die Angaben veröffentlicht werden können. Zugleich wird einmal mehr deutlich, dass im VGG wie in der VG-RL die elektronische Kommunikation als Standard vorgeschrieben wird.[29]

2. § 56 Abs. 2 – Aktualisierung

7   § 56 Abs. 2 verpflichtet die Verwertungsgesellschaft, die in § 56 Abs. 1 Nr. 1–13 genannten Informationen **auf dem aktuellen Stand** zu halten. Diese Verpflichtung entspricht der Vorgabe in Art. 21 Abs. 2 VG-RL und bedeutet, dass Verwertungsgesellschaften ihre Internetseite fortlaufend aktualisieren müssen. Die Internetseite muss also jederzeit auf dem neuesten Stand sein, damit sie für alle Beteiligten eine **korrekte und verlässliche Informationsquelle** darstellt. Dies dürfte für die Verwertungsgesellschaft auch nicht mit übergroßen Schwierigkeiten verbunden sein, da sich die in § 56 Abs. 1 genannten Informationen, wie insbesondere das Statut oder der Verteilungsplan, idR. nicht kurzfristig ändern werden.

Unterabschnitt 2. Rechnungslegung und Transparenzbericht

§ 57 Jahresabschluss und Lagebericht

(1) [1]**Die Verwertungsgesellschaft hat, auch wenn sie nicht in der Rechtsform einer Kapitalgesellschaft betrieben wird, einen aus Bilanz, Gewinn- und Verlustrechnung, Kapitalflussrechnung und Anhang bestehenden Jahresabschluss und einen Lagebericht nach den für große Kapitalgesellschaften geltenden Bestimmungen des Handelsgesetzbuchs aufzustellen, prüfen zu lassen und offenzulegen.** [2]**Die Offenlegung ist spätestens zum Ablauf von acht Monaten nach dem Schluss des Geschäftsjahres zu bewirken.** [3]**Der Bestätigungsvermerk ist mit seinem vollen Wortlaut wiederzugeben.**

---

[24] → § 33 Rn. 3 ff.
[25] Zum Schiedsstellenverfahren → Vor §§ 92 ff. Rn. 20 ff.
[26] Zum Begriff der Verwertungsgesellschaft → § 2 Rn. 5 ff.
[27] Zum Begriff der abhängigen Verwertungseinrichtung → § 3 Rn. 3.
[28] Zum Begriff der unabhängigen Verwertungseinrichtung und den auf sie anwendbaren Bestimmungen des VGG → § 4 Rn. 3 ff.
[29] Dazu → § 55 Rn. 4 mit weiteren Angaben.

(2) [1] Die Prüfung des Jahresabschlusses umfasst auch die Prüfung, ob die Pflichten nach den §§ 24 und 28 Absatz 4 erfüllt und die Wertansätze und die Zuordnung der Konten unter Beachtung des Grundsatzes der Stetigkeit sachgerecht und nachvollziehbar erfolgt sind, sowie die Prüfung, ob bei der Anlage der Einnahmen aus den Rechten die Anlagerichtlinie beachtet worden ist (§ 25 Absatz 1 Satz 2). [2] Das Ergebnis ist in den Prüfungsbericht aufzunehmen.

(3) Weiter gehende gesetzliche Vorschriften über die Rechnungslegung und Prüfung bleiben unberührt.

Schrifttum: *Riesenhuber,* Transparenz der Wahrnehmungstätigkeit – Die Pflicht der Verwertungsgesellschaft zu Rechnungslegung, Publizität und zur Information ihrer Berechtigten, ZUM 2004, 417; *ders.,* Die Verwertungsgesellschaften i. S. v. § 1 UrhWahrnG, ZUM 2008, 625.

I. Allgemeines

1. Die Vorgaben der VG-RL

In Titel II Kapitel 5 der VG-RL („Transparenz und Berichtspflichten") sind verschiedene **allgemeine Informationspflichten** der Verwertungsgesellschaft aufgeführt, und zwar solche gegenüber den Rechtsinhabern (Art. 18 VG-RL), gegenüber anderen Verwertungsgesellschaften iRv. Repräsentationsvereinbarungen (Art. 19 VG-RL), gegenüber diesen, den Rechtsinhabern und den Nutzern (Art. 20 VG-RL), sowie gegenüber der Allgemeinheit (Art. 21 VG-RL). Darüber hinaus sind Verwertungsgesellschaften zur Vorlage und Veröffentlichung eines jährlichen Transparenzberichts verpflichtet (Art. 22 VG-RL). **1**

Art. 22 VG-RL enthält nähere Bestimmungen zum **jährlichen Transparenzbericht** und verweist zu dessen Inhalt auf die im Anhang zur VG-RL aufgeführten Angaben.[1] Dagegen enthält die VG-RL keine ausdrücklichen und gesonderten Vorgaben für den **Jahresabschluss** und den **Lagebericht.** Es bleibt dem nationalen Gesetzgeber aber unbenommen, Verwertungsgesellschaften über die Erstellung eines jährlichen Transparenzbericht hinaus zur Vorlage weiterer Berichte, wie etwa eines Jahresabschlusses, zu verpflichten und sie diese Berichte ggf., zusammenfassen zu lassen.[2]

2. Die Bestimmungen des § 9 UrhWG zur Rechnungslegung und Prüfung

Als Konsequenz ihrer Treuhandstellung traf Verwertungsgesellschaften bereits nach § 9 UrhWG[3] die Pflicht zur umfassenden Rechnungslegung und Prüfung, um der Allgemeinheit und den Berechtigten einen Überblick über die Geschäftsführung zu ermöglichen.[4] Inhaltlich entsprach diese Pflicht gem. § 9 UrhWG den Vorschriften des HGB.[5] **2**

Vorgeschrieben waren gem. § 9 UrhWG ein **Jahresabschluss** und ein **Lagebericht.** Der Jahresabschluss hatte nach § 9 Abs. 1 UrhWG die Jahresbilanz, die Gewinn- und Verlustrechnung und den Anhang (Erläuterung) zu umfassen; außerdem war ein Lagebericht zu erstellen. Diese Bezeichnungen entsprachen in § 9 Abs. 1 UrhWG seit 1986 dem Gesellschaftsrecht – früher hieß es in § 9 Abs. 1 UrhWG „Aufwands- und Erfolgsrechnung" –, wurden aber auf Verwertungsgesellschaften wegen ihrer treuhänderischen, normalerweise nicht auf Gewinnerzielung gerichteten Tätigkeit häufig als im

---

[1] Zu den einzelnen Vorgaben in Art. 22 VG-RL → § 58 Rn. 1 ff.
[2] Erwägungsgrund (36) S. 3 VG-RL.
[3] Zur Entstehungsgeschichte von § 9 UrhWG vgl. → 5. Aufl. 2017, UrhWG § 9 Rn. 1 f.
[4] AmtlBegr. UrhWG BT-Drs. IV/271, 16.
[5] Vgl. im Einzelnen *Riesenhuber* ZUM 2004, 417 (418).

Grunde nicht passend angesehen.[6] Jahresabschluss und Lagebericht mussten klar und übersichtlich sein, den Grundsätzen ordnungsgemäßer Buchführung entsprechen (§ 9 Abs. 2 UrhWG) bzw. ein den tatsächlichen Verhältnissen entsprechendes Bild vermitteln (§ 9 Abs. 3 UrhWG) und umfassend sein, also auch zB. die Verwaltung von Vorsorge- und Unterstützungseinrichtungen erfassen.

Gem. § 9 Abs. 4 und 5 UrhWG waren Verwertungsgesellschaften auch, entsprechend dem Gesellschaftsrecht, zur **Abschlussprüfung** und zur **Publizität** des Jahresabschlusses und des Lageberichts verpflichtet.[7]

Daneben konnten, abhängig von der Organisationsform der Verwertungsgesellschaft, auch weitergehende Bilanzvorschriften zur Anwendung kommen. Im Übrigen blieben anderweitige Informationsverpflichtungen der Verwertungsgesellschaften, zB. nach Vereinsrecht oder GmbHG, von § 9 UrhWG unberührt.[8]

3. Die Verpflichtungen zur Rechnungslegung und zum Transparenzbericht im VGG (§§ 57 und 58)

3   In Teil 2 des VGG („Rechte und Pflichten der Verwertungsgesellschaften") ist Abschnitt 6 den Themen „Informationspflichten; Rechnungslegung und Transparenzbericht" gewidmet. Hierzu befasst sich **Unterabschnitt 1** (§§ 53–56) mit **diversen Informationspflichten** der Verwertungsgesellschaften.

Die Pflichten der Verwertungsgesellschaften zur Rechnungslegung und zur Vorlage eines Transparenzberichts sind in **Unterabschnitt 2 („Rechnungslegung und Transparenzbericht", §§ 57 und 58)** enthalten. In diesem Unterabschnitt 2 werden die Vorgaben von Art. 22 VG-RL, der abschließenden Bestimmung von Titel II Kapitel 5 der VG-RL („Transparenz und Berichtspflichten"), umgesetzt. Hierzu werden die Vorgaben der VG-RL kombiniert mit der bewährten Bestimmung des § 9 UrhWG. Nach dem VGG sind Verwertungsgesellschaften sowohl zur Vorlage eines Jahresabschlusses und eines Lageberichts (§ 57), als auch zur Erstellung eines jährlichen Transparenzberichts (§ 58) verpflichtet:

§ 57 entspricht weitgehend dem bisherigen § 9 UrhWG, der Verwertungsgesellschaften zur Vorlage eines Jahresabschlusses und eines Lageberichts verpflichtete, ergänzt um einige Elemente von Art. 22 VG-RL.

§ 58 enthält entsprechend Art. 22 VG-RL und dem Anhang zur VG-RL die Verpflichtung zur Vorlage eines jährlichen Transparenzberichts iVm. einer Anlage, die detaillierte Angaben zu dessen Inhalt macht.[9]

4. § 57

4   **§ 57 Abs. 1 S. 1** verpflichtet Verwertungsgesellschaften, auch wenn sie nicht in der Rechtsform einer Kapitalgesellschaft betrieben werden, einen **Jahresabschluss** (bestehend aus Bilanz, Gewinn- und Verlustrechnung, Kapitalflussrechnung und Anhang) und einen **Lagebericht** „nach den für große Kapitalgesellschaften geltenden Bestimmungen des Handelsgesetzbuchs" aufzustellen, prüfen zu lassen und offenzulegen. Damit wird im Wesentlichen der Regelungsinhalt des früheren § 9 Abs. 1 UrhWG übernommen. Zugleich setzt § 57 Abs. 1 S. 1 Art. 22 Abs. 4 UAbs. 3 VG-RL und die dort genannten Bestimmungen des Anhangs zur VG-RL um.

§ 57 Abs. 1 S. 2 bestimmt, dass die **Offenlegung** von Jahresabschluss und Lagebericht spätestens zum Ablauf von **acht Monaten nach dem Schluss des Geschäftsjahres** zu bewirken ist. Diese Frist ist identisch mit § 9 Abs. 6 S. 1 UrhWG und entspricht auch der Vorgabe in Art. 22 Abs. 1 VG-RL.

Nach **§ 57 Abs. 1 S. 3** ist der **Bestätigungsvermerk** im Jahresabschluss und im Lagebericht mit seinem vollen Wortlaut wiederzugeben. Diese Bestimmung entspricht § 9 Abs. 6 S. 2 UrhWG und setzt die Vorgabe in Art. 22 Abs. 4 UAbs. 2 VG-RL um.

§ 57 Abs. 2 S. 1 enthält nähere Angaben zum **Inhalt der Prüfung von Jahresabschluss und Lagebericht.** Diese sind angelehnt an Bestimmungen des Energiewirtschaftsgesetzes (EnWG)[10] und des Versicherungsaufsichtsgesetzes (VAG).[11] Vorgeschrieben wird insbesondere die Überprüfung der getrennten Kontoführung gem. den §§ 24, 28 Abs. 4, der Wertansätze, der Zuordnung der Konten und der Einhaltung der Anlagerichtlinie gem. § 25 Abs. 1 S. 2. § 9 Abs. 4 und 5 UrhWG waren, was den Inhalt der Prüfung angeht, weit weniger ausführlich, und die Vorgaben in Art. 22 Abs. 4 UAbs. 3 VG-RL konzentrieren sich insoweit darauf, auf bestimmte im Anhang zur VG-RL aufgeführte Rechnungslegungsinformationen zu verweisen.

---

[6] Vgl. Bericht des Rechtsausschusses zu BT-Drs. IV/3402, 3; zur schon nach dem UrhWG zulässigen Gewinnerzielungsabsicht von Verwertungsgesellschaften *Riesenhuber* ZUM 2008, 625.

[7] Vgl. § 325 HGB.

[8] *Riesenhuber* ZUM 2004, 417 (419 ff.).

[9] Im Einzelnen → § 58 Rn. 10 ff.

[10] Energiewirtschaftsgesetz (Gesetz über die Elektrizitäts- und Gasversorgung) v. 7.7.2005 (BGBl. I S. 1970, ber. S. 3621).

[11] Versicherungsaufsichtsgesetz in der ab 1.1.2016 geltenden Fassung (BGBl. I S. 434 v. 10.4.2015).

Nach **§ 57 Abs. 2 S. 2** ist das Ergebnis der Prüfung in den **Prüfungsbericht** aufzunehmen. Diese Bestimmung setzt Art. 22 Abs. 4 UAbs. 2 VG-RL um.

§ 57 Abs. 3 bestimmt, dass weiter gehende gesetzliche Vorschriften über die Rechnungslegung und Prüfung unberührt bleiben. Diese Bestimmung entspricht wörtlich § 9 Abs. 3 UrhWG.

Gem. § 137 Abs. 1 war § 57 erstmals auf Geschäftsjahre anzuwenden, die nach dem 31.12.2015 begannen.

II. Jahresabschluss und Lagebericht

1. § 57 Abs. 1 – Verpflichtung zur Vorlage von Jahresabschluss und Lagebericht

a) Allgemeines. § 57 Abs. 1 verpflichtet Verwertungsgesellschaften dazu, einen Jahresabschluss **5** und einen Lagebericht zu erstellen, beide prüfen zu lassen und offenzulegen.

Jahresabschluss, Lagebericht, Prüfungsbericht (§ 57) und jährlicher Transparenzbericht (§ 58) sind **der Aufsichtsbehörde** (§ 75) gem. § 88 Abs. 2 Nr. 7 unverzüglich abschriftlich **zu übermitteln.**[12]

Die Pflichten gem. § 57 Abs. 1 gelten für **Verwertungsgesellschaften** iSv. § 2,[13] aber auch für **abhängige Verwertungseinrichtungen** iSv. § 3,[14] soweit diese Tätigkeiten einer Verwertungsgesellschaft ausüben. § 57 Abs. 1 S. 1 stellt klar, dass, auch wenn die Verwertungsgesellschaft oder abhängige Verwertungseinrichtung „nicht in der Rechtsform einer Kapitalgesellschaft betrieben" wird – wie etwa die GEMA oder die VG Wort als eingetragene Vereine –, § 57 auf sie Anwendung findet. Die Pflichten gem. § 57 gelten also **unabhängig von der Rechtsform** der Verwertungsgesellschaft oder abhängigen Verwertungseinrichtung.

Für **unabhängige Verwertungseinrichtungen** iSv. § 4[15] gelten diese Pflichten dagegen nicht, da § 4 Abs. 2 nicht auf § 57 verweist.

b) Jahresabschluss. Der Begriff des Jahresabschlusses in **§ 57 Abs. 1 S. 1** geht auf § 9 UrhWG **6** zurück. Der **Jahresabschluss** ist wesentlicher Bestandteil des jährlichen Transparenzberichts, zu dessen Vorlage Verwertungsgesellschaften gem. § 58 verpflichtet sind. Nach § 57 Abs. 1 S. 1 muss der Jahresabschluss aus der Bilanz, der Gewinn- und Verlustrechnung, der Kapitalflussrechnung und dem Anhang[16] bestehen. Der Jahresabschluss ist also die **ausführliche Rechnungslegung** der Verwertungsgesellschaft über ihre Tätigkeit. § 57 Abs. 1 S. 1 wirkt damit konstitutiv, denn nicht alle Verwertungsgesellschaften sind bereits aufgrund besonderer Vorgaben, etwa im Zusammenhang mit ihrer Rechtsform, zu einer solchen umfangreichen Rechnungslegung verpflichtet.[17]

Die Vorgaben zum **Inhalt des Jahresabschlusses**, wie etwa die Begriffe der **Bilanz** oder der **Gewinn- und Verlustrechnung**, mögen den Besonderheiten der Tätigkeit von Verwertungsgesellschaften und ihrer Treuhandstellung nicht wirklich gerecht werden;[18] sie verwenden aber bewußt die für Kapitalgesellschaften geltenden Vorschriften über die Rechnungslegung nach dem HGB, um alle Verwertungsgesellschaften ohne größenabhängige Erleichterungen und ohne Rücksicht auf ihre Bilanzsumme, ihren Nettoumsatz oder ihre Beschäftigtenzahl im Interesse aller Beteiligten den gleichen strengen Transparenzregeln zu unterwerfen.[19] Vor demselben Hintergrund sind auch **Kapitalflussrechnungen** im Jahresabschluss aufzuführen, zumal diese nach Art. 22 Abs. 2 VG-RL iVm. Nummer 1 Buchst. a) des Anhangs zur VG-RL[20] Bestandteil des jährlichen Transparenzberichts sein müssen.

c) Lagebericht. Auch der Begriff des **Lageberichts** gem. **§ 57 Abs. 1 S. 1** wurde bereits in § 9 **7** UrhWG verwendet. Im Lagebericht sind der Geschäftsverlauf und die Lage der Verwertungsgesellschaft so darzustellen, dass ein den tatsächlichen Verhältnissen entsprechendes Bild vermittelt wird, und zwar einschließlich der Perspektiven für die Zukunft.[21]

d) Prüfung und Offenlegung. Gem. **§ 57 Abs. 1 S. 1** sind Verwertungsgesellschaften verpflich- **8** tet, den Jahresabschluss und den Lagebericht **prüfen zu lassen** und **offenzulegen**. Hinweise zum Inhalt der Prüfung sind in § 57 Abs. 2 enthalten.[22] Für die Qualifikation des Abschlussprüfers, zu der früher in § 9 Abs. 4 und 5 UrhWG Einzelheiten enthalten waren, gilt die Richtlinie 2006/43/EG, auf die in Art. 22 Abs. 4 UAbs. 1 VG-RL verwiesen wird.[23]

---

[12] Dies gilt gem. § 88 Abs. 3 nicht für Verwertungsgesellschaften, die ihren Sitz in einem anderen Mitgliedstaat der Europäischen Union oder anderen Vertragsstaat des EWR haben; → § 88 Rn. 7.

[13] Zum Begriff der Verwertungsgesellschaft → § 2 Rn. 5 ff.

[14] Zum Begriff der abhängigen Verwertungseinrichtung → § 3 Rn. 3.

[15] Zum Begriff der unabhängigen Verwertungseinrichtung und der auf sie anwendbaren Bestimmungen des VGG → § 4 Rn. 3 ff.

[16] Entsprechend § 9 Abs. 2 S. 2 UrhWG sollte der Anhang Erläuterungen zur Bilanz und zur Gewinn- und Verlustrechnung enthalten.

[17] AmtlBegr. BT-Drs. 18/7223, 90.

[18] Zur Kritik an diesen auch schon früher in § 9 UrhWG gebrauchten Begriffen → Rn. 2 mwN.

[19] AmtlBegr. BT-Drs. 18/7223, 90.

[20] Vgl. Nummer 1 Buchst. a) des Anhangs zur VG-RL: „Cashflow-Rechnung"; zu Art. 22 Abs. 2 VG-RL → § 58 Rn. 3.

[21] Vgl. die entsprechende Vorgabe im bisherigen § 9 Abs. 3 UrhWG.

[22] → Rn. 11 ff.

[23] Zu Art. 22 Abs. 4 VG-RL → § 58 Rn. 5.

§ 57 Abs. 1 S. 1 enthält keine Angaben dazu, wie der Jahresabschluss und der Lagebericht **offenzulegen** sind. § 9 UrhWG, dem § 57 in weiten Teilen entspricht, schrieb gem. § 9 Abs. 6 S. 1 UrhWG die Veröffentlichung im Bundesanzeiger vor. Entsprechend der Vorgabe in Art. 22 Abs. 1 UAbs. 2 VG-RL sind Verwertungsgesellschaften gem. § 58 Abs. 4 S. 1 nun verpflichtet, den jährlichen Transparenzbericht auf ihrer **Internetseite** zu veröffentlichen, wie sie dies ja auch bereits gem. § 56 Abs. 1 in Bezug auf die in dieser Bestimmung genannten Informationen tun müssen. Dies bewirkt die Offenlegung.

Implizit ist damit klar, dass jede Verwertungsgesellschaft auch eine eigene Webseite haben muss, auf der die Angaben veröffentlicht werden können. Zugleich wird einmal mehr deutlich, dass im VGG wie in der VG-RL die elektronische Kommunikation als Standard vorgeschrieben wird.[24]

9   **e) Frist zur Offenlegung.** § 57 Abs. 1 S. 2 bestimmt die **Frist zur Offenlegung** von Jahresabschluss und Lagebericht: Beide müssen danach spätestens zum Ablauf von **acht Monaten nach dem Schluss des Geschäftsjahres** auf der Internetseite der Verwertungsgesellschaft veröffentlicht werden. Diese Frist entspricht § 9 Abs. 6 S. 1 UrhWG und der Vorgabe in Art. 22 Abs. 1 VG-RL.[25] Die Frist von acht Monaten nach Ablauf des Geschäftsjahres liegt somit noch vor der neunmonatigen Frist für die Verteilung der Einnahmen gem. § 28 Abs. 2.[26]

10   **f) Bestätigungsvermerk.** § 57 Abs. 1 S. 3 bestimmt, dass der **Bestätigungsvermerk** im Jahresabschluss und im Lagebericht mit seinem vollen Wortlaut wiederzugeben ist. Gemeint ist der Bestätigungsvermerk als Abschluss der Prüfung. Er ist vollständig wiederzugeben, also einschließlich etwaiger Beanstandungen. Diese Bestimmung entspricht § 9 Abs. 6 S. 2 UrhWG[27] und setzt die Vorgabe in Art. 22 Abs. 4 UAbs. 2 VG-RL um.[28]

2. § 57 Abs. 2 – Prüfung

11   **a) Inhalt der Prüfung.** Zum **Inhalt und Objekt der Prüfung** enthält § 9 Abs. 4 UrhWG lediglich den Hinweis, dass sich diese auf den Jahresabschluss „unter Einbeziehung der Buchführung und des Lageberichts" erstrecken müsse. Aus Art. 22 Abs. 4 UAbs. 3 VG-RL ergibt sich immerhin, dass die Prüfung die im Transparenzbericht enthaltenen „Rechnungslegungsinformationen" gem. Nummer 1 Buchst. a) (Bilanz, Aufstellung der Erträge und Aufwendungen, Cashflow-Rechnung) und die in Nummer 1 Buchst. g) und h) (für soziale, kulturelle und Bildungsleistungen abgezogene Beträge) sowie Nummer 2 des **Anhangs zur VG-RL** genannten Finanzinformationen erfassen muss.

12   **b) Objekt der Prüfung.** Auch § 57 Abs. 2 S. 1 enthält keine abschließenden Hinweise darauf, worauf sich die Prüfung von Jahresabschluss und Lagebericht im Einzelnen erstrecken muss. Allerdings greift § 57 Abs. 2 S. 1 ausdrücklich einzelne Punkte heraus, auf die sich die Prüfung „auch" – und wohl vor allem – beziehen muss. Geprüft werden soll danach die Erfüllung der Pflichten der Verwertungsgesellschaften zur **getrennten Kontoführung** gem. den §§ 24 (Getrennte Konten) und 28 Abs. 4 (in der Buchführung getrennte Ausweisung von Einnahmen, die nicht innerhalb der Frist ausgeschüttet werden konnten). Außerdem muss die Prüfung erfassen, ob die **Wertansätze** und die **Zuordnung der Konten** unter Beachtung des Grundsatzes der Stetigkeit sachgerecht und nachvollziehbar erfolgt sind.

Besonders hervorgehoben wird auch die Notwendigkeit der Prüfung, ob bei der Anlage der Einnahmen aus den Rechten die **Anlagerichtlinie** beachtet worden ist. Dieser letztere Hinweis auf die Anlagerichtlinie war im Regierungsentwurf noch nicht enthalten; er wurde im Gesetzgebungsverfahren als Korrelat der Pflicht der Verwertungsgesellschaften zur Aufstellung einer Anlagerichtlinie gem. § 25 Abs. 1 S. 2 eingeführt.[29] Danach soll insbesondere überprüft werden, ob die Verwertungsgesellschaft hinreichende Vorkehrungen zur Einhaltung der Anlagerichtlinie getroffen hat; Gegenstand der Prüfung soll aber nicht die Vereinbarkeit jeder einzelnen Anlageentscheidung mit der Anlagerichtlinie sein, sondern lediglich die generelle Berücksichtigung der Anlagerichtlinie bei den Anlageentscheidungen.[30]

Diese weite Fassung des Prüfungsauftrags des Abschlussprüfers gem. § 57 Abs. 2 S. 1 ist an Bestimmungen des Energiewirtschaftsgesetzes **(EnWG)**[31] und des Versicherungsaufsichtsgesetzes **(VAG)**[32] angelehnt; vergleichbare Regelungen finden sich in § 6b Abs. 5 S. 1 iVm. Abs. 3 S. 4 EnWG für die Prüfung der getrennten Kontoführung und in § 57 Abs. 1 S. 1 Nr. 4 VAG für die Prüfung des Vor-

---

[24] Dazu → § 55 Rn. 4 mit weiteren Angaben.

[25] Zu Art. 22 Abs. 2 VG-RL → § 58 Rn. 2.

[26] → § 28 Rn. 4.

[27] § 9 Abs. 6 S. 2 UrhWG: „der volle Wortlaut".

[28] Art. 22 Abs. 4 UAbs. 2 VG-RL: „Der Bestätigungsvermerk und etwaige Beanstandungen sind im jährlichen Transparenzbericht vollständig wiederzugeben"; → § 58 Rn. 5.

[29] Zur Änderung von § 25 Abs. 1 S. 2 im Gesetzgebungsverfahren → § 25 Rn. 2.

[30] Vgl. *Beschlussempfehlung und Bericht des Ausschusses für Recht und Verbraucherschutz*, BT-Drs. 18/8268, 12.

[31] Energiewirtschaftsgesetz (Gesetz über die Elektrizitäts- und Gasversorgung) v. 7.7.2005 (BGBl. I S. 1970, ber. S. 3621).

[32] Versicherungsaufsichtsgesetz in der ab 1.1.2016 geltenden Fassung (BGBl. I S. 434 v. 10.4.2015).

handenseins bestimmter Risikominderungstechniken. Diese Regelung entspricht § 35 Abs. 1 S. 1 Nr. 3 VAG.[33]

c) Aufnahme im Prüfungsbericht. Nach **§ 57 Abs. 2 S. 2** ist das Ergebnis der Prüfung in den **13** Prüfungsbericht aufzunehmen. Diese Bestimmung entspricht wörtlich § 35 Abs. 1 S. 2 VAG.

3. § 57 Abs. 3 – Weitergehende Pflichten der Rechnungslegung und Prüfung

§ 57 Abs. 3 bestimmt, dass weiter gehende gesetzliche Vorschriften über die Rechnungslegung **14** und Prüfung unberührt bleiben. Diese Bestimmung entspricht wörtlich § 9 Abs. 3 UrhWG. In der Tat können abhängig von der Organisationsform der Verwertungsgesellschaft auch weiter gehende Bilanzvorschriften zur Anwendung kommen. Auch anderweitige Informationsverpflichtungen der Verwertungsgesellschaften, zB. nach Vereinsrecht oder GmbHG, bleiben unberührt.[34]

§ 58 Jährlicher Transparenzbericht

(1) **Die Verwertungsgesellschaft erstellt spätestens acht Monate nach dem Schluss des Geschäftsjahres einen Transparenzbericht (jährlicher Transparenzbericht) für dieses Geschäftsjahr.**

(2) **Der jährliche Transparenzbericht muss mindestens die in der Anlage aufgeführten Angaben enthalten.**

(3) **[1]Die Finanzinformationen nach Nummer 1 Buchstabe g der Anlage sowie der Inhalt des gesonderten Berichts nach Nummer 1 Buchstabe h der Anlage sind einer prüferischen Durchsicht durch einen Abschlussprüfer zu unterziehen. [2]Die Vorschriften über die Bestellung des Abschlussprüfers sind auf die prüferische Durchsicht entsprechend anzuwenden. [3]Der Abschlussprüfer fasst das Ergebnis der prüferischen Durchsicht in einer Bescheinigung zum jährlichen Transparenzbericht zusammen.**

(4) **[1]Die Verwertungsgesellschaft veröffentlicht innerhalb der Frist nach Absatz 1 den jährlichen Transparenzbericht einschließlich des Bestätigungsvermerks über den Jahresabschluss und der Bescheinigung zum jährlichen Transparenzbericht nach Absatz 3 oder etwaiger Beanstandungen, jeweils im vollen Wortlaut, auf ihrer Internetseite. [2]Der jährliche Transparenzbericht muss dort mindestens fünf Jahre lang öffentlich zugänglich bleiben.**

Schrifttum: *Riesenhuber,* Transparenz der Wahrnehmungstätigkeit – Die Pflicht der Verwertungsgesellschaft zu Rechnungslegung, Publizität und zur Information ihrer Berechtigten, ZUM 2004, 417.

Übersicht

I. Allgemeines

1. Die Vorgaben der VG-RL

a) Zu Art. 22 VG-RL. In Titel II Kapitel 5 der VG-RL („Transparenz und Berichtspflichten") **1** sind verschiedene **allgemeine Informationspflichten** der Verwertungsgesellschaft aufgeführt, und zwar solche gegenüber den Rechtsinhabern (Art. 18 VG-RL), gegenüber anderen Verwertungsgesellschaften iRv. Repräsentationsvereinbarungen (Art. 19 VG-RL), gegenüber diesen, den Rechtsinhabern und den Nutzern (Art. 20 VG-RL), sowie gegenüber der Allgemeinheit (Art. 21 VG-RL). Darüber hinaus sind Verwertungsgesellschaften zur Vorlage und Veröffentlichung eines jährlichen Transparenzberichts verpflichtet (Art. 22 VG-RL).

---

[33] AmtlBegr. BT-Drs. 18/7223, 90.
[34] So zu § 9 UrhWG *Riesenhuber* ZUM 2004, 417 (419 ff.).

Art. 22 VG-RL ist die abschließende Bestimmung von Teil II Kapitel 5 der VG-RL. Sie ist von wesentlicher Bedeutung für die Transparenz von Verwertungsgesellschaften, vor allem gegenüber Rechtsinhabern; denn auf der Grundlage des von Art. 22 VG-RL vorgeschriebenen **jährlichen Transparenzberichts**, der auf die spezifische Tätigkeit der Verwertungsgesellschaft bezogen ist und vergleichbare geprüfte Finanzdaten enthalten muss, sollen Rechtsinhaber in die Lage versetzt werden, die Leistungen von Verwertungsgesellschaften zu überwachen und miteinander zu vergleichen.[1]

2 **b) Art. 22 Abs. 1 VG-RL.** Nach **Art. 22 Abs. 1 UAbs. 1 VG-RL** sind Verwertungsgesellschaften verpflichtet, spätestens **acht Monate** nach Ablauf eines jeden Geschäftsjahres einen **jährlichen Transparenzbericht** zu erstellen. Dieser Bericht muss also noch vor Ablauf der Frist gem. Art. 13 Abs. 1 UAbs. 1 VG-RL für die Verteilung der Einnahmen von maximal neun Monaten nach Ablauf des Geschäftsjahres, in dem sie erzielt wurden, vorgelegt werden.[2]

Nach **Art. 22 Abs. 1 UAbs. 2 VG-RL** müssen die Verwertungsgesellschaften diesen Transparenzbericht auf ihrer Webseite – deren Existenz, wie bereits in Art. 21 Abs. 2 VG-RL, vorausgesetzt wird – **veröffentlichen** und dafür sorgen, dass er dort mindestens **fünf Jahre zugänglich** bleibt.[3]

3 **c) Art. 22 Abs. 2 VG-RL – Der Anhang zur VG-RL.** Art. 22 Abs. 2 VG-RL bestimmt zum **Inhalt** des Transparenzberichts, dass er mindestens die im **Anhang zur VG-RL** aufgeführten Angaben enthalten muss. Der Anhang zur VG-RL enthält die folgenden detaillierten Hinweise, aufgelistet in drei Nummern.

Nummer 1 des Anhangs listet auf: Jahresabschlüsse **(Buchst. a))**; Tätigkeitsbericht **(Buchst. b))**; Angaben zur Ablehnung von Lizenzanfragen nach Art. 16 Abs. 3 VG-RL **(Buchst. c))**; Beschreibung der Rechtsform und Organisationsstruktur **(Buchst. d))**; Angaben zu Einrichtungen, die sich im Eigentum der Verwertungsgesellschaft befinden oder von ihr beherrscht werden **(Buchst. e))**; Angaben zum Gesamtbetrag der an die Geschäftsführung iSv. Art. 10 VG-RL und an Aufsichtspersonen iSv. Art. 9 Abs. 3 VG-RL gezahlten Vergütungen und Leistungen **(Buchst. f))**; die unter Nummer 2 des Anhangs aufgeführten Finanzinformationen **(Buchst. g))**; sowie einen gesonderten Jahresbericht über die Beträge, die für soziale, kulturelle und Bildungseinrichtungen von den Einnahmen abgezogen wurden, mit den in Nummer 3 des Anhangs genannten Informationen **(Buchst. h))**.

Nummer 2 des Anhangs listet auf: Finanzinformationen über die Einnahmen aus den Rechten, aufgeschlüsselt nach Kategorien der Rechte und Art der Nutzung **(Buchst. a))**; Finanzinformationen zu den Kosten der Rechteverwaltung und sonstigen von der Verwertungsgesellschaft erbrachten Leistungen, einschließlich aller Betriebskosten und finanziellen Aufwendungen, der Berechnungsmethoden, der Mittel zur Deckung der Kosten und der prozentualen Anteile an den Einnahmen **(Buchst. b) i–vi)**; Finanzinformationen zu den den Rechtsinhabern geschuldeten Beträgen, einschließlich der Gesamtsummen der jeweils nach Kategorie der Rechte und Art der Nutzung aufgeschlüsselten eingezogenen, zugewiesenen und ausgeschütteten Beträge, der Periodizität der Zahlungen, der Gründe für Zahlungsverzögerungen und der Gesamtsumme der nicht verteilbaren Beträge mit einer Erläuterung zu ihrer Verwendung **(Buchst. c) i–vii)**; sowie Angaben zu den Beziehungen zu anderen Verwertungsgesellschaften, und zwar mindestens mit einer Beschreibung der von anderen Verwertungsgesellschaften erhaltenen oder an sie ausgezahlten Beträge, der Verwaltungskosten und sonstigen Abzüge von von anderen Verwertungsgesellschaften geschuldeten Einnahmen oder an sie gezahlten Beträgen und der an Rechtsinhaber direkt ausgeschütteten Beträge, jeweils aufgeschlüsselt nach Kategorie der Rechte, Art der Nutzung und betroffener Verwertungsgesellschaft **(Buchst. d) i–iv)**.

Nummer 3 des Anhangs listet auf: Angaben zu den im Geschäftsjahr für soziale, kulturelle oder Bildungsleistungen abgezogenen Beträgen, aufgeschlüsselt nach dem Verwendungszweck, für jeden einzelnen Verwendungszweck nach der Kategorie der wahrgenommenen Rechte und der Art der Nutzung **(Buchst. a))**; und eine Erläuterung der Verwendung dieser Beträge, aufgeschlüsselt nach dem Verwendungszweck, einschließlich der Kosten für die Verwaltung der betreffenden Abzüge und der Verwendung der Beträge für die genannten Zwecke **(Buchst. b))**.

4 **d) Art. 22 Abs. 3 VG-RL.** Art. 22 Abs. 3 VG-RL gibt den Verwertungsgesellschaften auf, einen **gesonderten Bericht** über die Beträge vorzulegen, die für **soziale, kulturelle und Bildungsleistungen** einbehalten wurden; dieser gesonderte Bericht sollte als Teil des jährlichen Transparenzberichts nach den für diesen gem. Art. 22 Abs. 1 UAbs. 1 VG-RL geltenden Regeln vorgelegt und veröffentlicht werden[4] und die in **Nummer 3 des Anhangs** aufgeführten Angaben enthalten, und zwar: die im Geschäftsjahr für die genannten Zwecke abgezogenen Beträge, jeweils aufgeschlüsselt nach ihrem Verwendungszweck, für jeden einzelnen Verwendungszweck nach der Kategorie der wahrgenommenen Rechte und der Art der Nutzung **(Buchst. a))**; sowie eine Erläuterung der Verwendung dieser Beträge, aufgeschlüsselt nach dem Verwendungszweck, einschließlich der Kosten für die Verwaltung dieser Abzüge und der gesonderten Beträge, die für die genannten Zwecke verwendet wurden **(Buchst. b))**.

---

[1] Vgl. Erwägungsgrund (36) S. 1 VG-RL.
[2] → § 28 Rn. 1.
[3] Zur Internetseite der Verwertungsgesellschaft vgl. → § 56 Rn. 6.
[4] Vgl. Erwägungsgrund (36) S. 2 VG-RL.

e) Art. 22 Abs. 4 VG-RL. Art. 22 Abs. 4 VG-RL enthält Bestimmungen über die **Prüfung** 5 **des jährlichen Transparenzberichts.** Danach müssen die im Bericht enthaltenen Rechnungslegungsinformationen von im Einklang mit der Richtlinie 2006/43/EG[5] zugelassenen Abschlussprüfern geprüft werden **(Art. 22 Abs. 4 UAbs. 1 VG-RL).** Deren Bestätigungsvermerk und etwaige Beanstandungen sind im jährlichen Transparenzbericht vollständig wiederzugeben **(Art. 22 Abs. 4 UAbs. 2 VG-RL).** Nach **Art. 22 Abs. 4 UAbs. 3 VG-RL** müssen die **Rechnungslegungsinformationen** folgende Angaben enthalten: Die Jahresabschlüsse gem. **Nummer 1 Buchst. a) des Anhangs** (darunter die Bilanz oder eine Vermögensübersicht, die Aufstellung der Erträge und Aufwendungen des Geschäftsjahres und eine Cashflow-Rechnung) sowie sonstige Finanzinformationen gem. **Nummer 1 Buchst. g) des Anhangs** (Finanzinformationen iSv. Nummer 2 des Anhangs), **Nummer 1 Buchst. h) des Anhangs** (den gesonderten Bericht über die für soziale, kulturelle und Bildungsleistungen abgezogenen und gem. Nummer 3 des Anhangs aufgeschlüsselten Beträge) und **Nummer 2 des Anhangs** (darunter Finanzinformationen über die Einnahmen, die Kosten, die Abzüge, die Gesamtsumme der an die Rechtsinhaber zugewiesenen und ausgeschütteten Beträge, sowie erhaltene oder gezahlte Beträge und Abzüge für Verwaltungskosten und andere Zwecke iRv. Vereinbarungen zwischen Verwertungsgesellschaften).

f) Detaillierte Vorgaben für Verwertungsgesellschaften und abhängige Verwertungsein- 6 **richtungen.** Art. 22 VG-RL und der Anhang zur VG-RL enthalten demnach **überaus detaillierte Vorgaben** für den Inhalt des jährlichen Transparenzberichts.[6] Dieser Regulierungseifer belegt, dass die genannten Bestimmungen an als solche erkannten Defiziten auf Seiten bestimmter Verwertungsgesellschaften in der Europäischen Union ausgerichtet sind.[7] Im Übrigen dürfte es den Verwertungsgesellschaften überlassen bleiben, ob sie alle diese Informationen **in einem Dokument** zusammenfassen, zB. im Rahmen ihres Jahresabschlusses, oder in Form getrennter Berichte vorlegen.[8]

Die **Pflicht** nach **Art. 22 VG-RL** zur Vorlage eines jährlichen Transparenzberichts trifft **Verwertungsgesellschaften,**[9] und zwar „ungeachtet ihrer Rechtsform",[10] sowie gem. Art. 2 Abs. 3 VG-RL **abhängige Verwertungseinrichtungen** iS. dieser Bestimmung, wenn sie die Tätigkeit einer Verwertungsgesellschaft ausüben. Dagegen sind **unabhängige Verwertungseinrichtungen**[11] nicht gem. Art. 2 Abs. 4 VG-RL zur Vorlage eines jährlichen Transparenzberichts verpflichtet.

2. Die Bestimmungen des § 9 UrhWG zur Rechnungslegung und zur Prüfung

Als Konsequenz ihrer Treuhandstellung traf Verwertungsgesellschaften bereits nach § 9 UrhWG[12] 7 die Pflicht zur umfassenden Rechnungslegung und Prüfung, um der Allgemeinheit und den Berechtigten einen Überblick über die Geschäftsführung zu ermöglichen.[13] Inhaltlich entsprach diese Pflicht gem. § 9 UrhWG den Vorschriften des HGB.[14]

Vorgeschrieben waren den Verwertungsgesellschaften im UrhWG aber lediglich ein Jahresabschluss und ein Lagebericht, nicht aber die Aufstellung eines jährlichen Transparenzberichts.

3. Die Verpflichtungen zur Rechnungslegung und zum Transparenzbericht im VGG (§§ 57 und 58)

In den §§ 57 und 58, den beiden Bestimmungen in Unterabschnitt 2 („Rechnungslegung und 8 Transparenzbericht") von Teil 2 („Rechte und Pflichten der Verwertungsgesellschaften"), Abschnitt 6 („Informationspflichten; Rechnungslegung und Transparenzbericht") sind die Pflichten der Verwertungsgesellschaften zur Rechnungslegung und zur Vorlage eines Transparenzberichts enthalten:

§ 57 entspricht weitgehend dem bisherigen § 9 UrhWG, der Verwertungsgesellschaften zur Vorlage eines Jahresabschlusses und eines Lageberichts verpflichtete, ergänzt um einige Elemente von Art. 22 VG-RL.[15]

§ 58 enthält dagegen die Verpflichtung zur Aufstellung und Veröffentlichung eines **jährlichen** **Transparenzberichts** iVm. einem **Anhang,** der detaillierte Angaben zu dessen Inhalt macht.[16] Damit dient vor allem § 58 VGG der Umsetzung von Art. 22 VG-RL und dem Anhang zur VG-RL;

[5] Richtlinie 2006/43/EG vom 17.5.2006 über Abschlussprüfungen von Jahresabschlüssen und konsolidierten Abschlüssen, zur Änderung der Richtlinien 78/660/EWG und 83/349/EWG und zur Aufhebung der Richtlinie 84/253/EWG, ABl. L 157/87.
[6] Bis auf einige sprachliche Präzisierungen entspricht der Anhang weitgehend Anhang I des Kommissionsvorschlags; COM(2012) 372 final vom 11.7.2012, S. 48 ff.
[7] Vgl. den Kommissionsvorschlag, COM(2012) 372 final vom 11.7.2012, S. 2 f.
[8] So Erwägungsgrund (36) S. 3 VG-RL.
[9] Der Begriff der Verwertungsgesellschaft wird als „Organisation für die kollektive Rechtewahrnehmung" definiert in Art. 3 Buchst. a) VG-RL.
[10] Art. 22 Abs. 1 UAbs. 1 VG-RL.
[11] Der Begriff der „unabhängigen Verwertungseinrichtung" wird definiert in Art. 3 Buchst. b) VG-RL.
[12] Zu § 9 UrhWG → § 57 Rn. 2; → 5. Aufl. 2017, UrhWG § 9 Rn. 1 f.
[13] AmtlBegr. UrhWG BT-Drs. IV/271, 16.
[14] Vgl. im Einzelnen *Riesenhuber* ZUM 2004, 417 (418).
[15] Zu § 57 im Einzelnen → § 57 Rn. 5 ff.
[16] Im Einzelnen → Rn. 10 ff.

eine entsprechende Verpflichtung (zur Aufstellung eines solchen Transparenzberichts) war bisher im UrhWG nicht enthalten.[17]

4. § 58

9   **§ 58 Abs. 1** bestimmt eine **Frist von acht Monaten** für die Erstellung des Transparenzberichts und setzt damit Art. 22 Abs. 1 VG-RL um.

     § 58 Abs. 2 verweist zum **Inhalt** des Transparenzberichts auf die in der **Anlage zu § 58 Abs. 2** „Inhalt des jährlichen Transparenzberichts" aufgeführten Angaben; damit wird Art. 22 Abs. 2 VG-RL nahezu wortgleich umgesetzt.

     § 58 Abs. 3 setzt Art. 22 Abs. 4 VG-RL um, indem er Verwertungsgesellschaften aufgibt, die im Transparenzbericht enthaltenen Finanzinformationen der **Prüfung** durch einen Abschlussprüfer unterziehen zu lassen.

     § 58 Abs. 4 enthält Bestimmungen zur **Veröffentlichung** des jährlichen Transparenzberichts. Damit werden Art. 22 Abs. 1 und Abs. 4 UAbs. 2 VG-RL umgesetzt.

     Gem. § 137 Abs. 1 war § 58 erstmals auf Geschäftsjahre anzuwenden, die nach dem 31.12.2015 begannen.

II. Jährlicher Transparenzbericht

1. § 58 Abs. 1 – Transparenzbericht

10   **§ 58 Abs. 1** verpflichtet Verwertungsgesellschaften dazu, spätestens acht Monate nach dem Schluss des Geschäftsjahres einen jährlichen Transparenzbericht für dieses Geschäftsjahr vorzulegen. Wie der Lagebericht und der Prüfungsbericht iSv § 57, so ist auch der jährliche Transparenzbericht **der Aufsichtsbehörde** (§ 75) gem. § 88 Abs. 2 Nr. 7 unverzüglich abschriftlich **zu übermitteln.**[18]

     Die Pflichten gem. § 58 gelten für **Verwertungsgesellschaften** iSv. § 2,[19] aber auch für **abhängige Verwertungseinrichtungen** iSv. § 3,[20] soweit diese Tätigkeiten einer Verwertungsgesellschaft ausüben. Dies gilt jeweils **unabhängig von der Rechtsform** der Verwertungsgesellschaft oder abhängigen Verwertungseinrichtung.[21]

     Für **unabhängige Verwertungseinrichtungen** iSv. § 4[22] gelten diese Pflichten dagegen nicht, da § 4 Abs. 2 nicht auf § 58 verweist.

     § 58 Abs. 1 bestimmt eine Frist von spätestens **acht Monaten nach dem Schluss des Geschäftsjahres** für die Erstellung des jährlichen Transparenzberichts. Dieselbe Frist gilt gem. § 57 Abs. 1 für den Jahresabschluss und den Lagebericht. Diese Frist entspricht auch § 9 Abs. 6 S. 1 UrhWG und der Vorgabe in Art. 22 Abs. 1 VG-RL. Die Frist von acht Monaten nach Ablauf des Geschäftsjahres liegt somit noch vor der neunmonatigen Frist für die Verteilung der Einnahmen gem. § 28 Abs. 2.[23]

2. § 58 Abs. 2 – Inhalt des Transparenzberichts; Anlage

11   Zum **Inhalt** des jährlichen Transparenzberichts enthält § 58 keine Angaben, sondern verweist in **§ 58 Abs. 2** auf die **Anlage** zum VGG. Damit verfährt § 58 Abs. 2 genauso wie Art. 22 Abs., 2 VG-RL, der insoweit ebenfalls auf einen separaten Anhang (zur VG-RL) verweist. Demgegenüber enthält § 57 Abs. 2 bereits ausdrückliche Angaben zum Inhalt des Jahresabschlusses und des Lageberichts.[24]

     Die detaillierten Bestimmungen in der **Anlage „Inhalt des jährlichen Transparenzberichts"**[25] verfolgen ein **zweifaches Ziel:** Zum einen sollen damit die Rechtsinhaber und Berechtigten in die Lage versetzt werden, die Tätigkeiten der Verwertungsgesellschaft nachzuvollziehen und zu überprüfen. Zum anderen soll mit solchen detaillierten jährlichen Transparenzberichten eine europaweit möglichst **einheitliche Datengrundlage** entstehen, mit deren Hilfe Verwertungsgesellschaften in der Europäischen Union vergleichbar werden. Der jährliche Transparenzbericht soll daher Aufschluss geben über die Einnahmen der Verwertungsgesellschaft aus den Rechten, über die Kosten ihrer Rechtewahrnehmung, über die den Berechtigten zustehenden Beträge, über die Abzüge für soziale und kulturelle Leistungen, sowie über Beziehungen der Verwertungsgesellschaften untereinander.

     Inhaltlich übernimmt die **Anlage „Inhalt des jährlichen Transparenzberichts"** redaktionell bearbeitet den Anhang der VG-RL.

---

[17] AmtlBegr. BT-Drs. 18/7223, 90.

[18] Dies gilt gem. § 88 Abs. 3 nicht für Verwertungsgesellschaften, die ihren Sitz in einem anderen Mitgliedstaat der Europäischen Union oder anderen Vertragsstaat des EWR haben; → § 88 Rn. 7.

[19] Zum Begriff der Verwertungsgesellschaft → § 2 Rn. 5 ff.

[20] Zum Begriff der abhängigen Verwertungseinrichtung → § 3 Rn. 3.

[21] AmtlBegr. BT-Drs. 18/7223, 90.

[22] Zum Begriff der unabhängigen Verwertungseinrichtung und den auf sie anwendbaren Bestimmungen des VGG → § 4 Rn. 3 ff.

[23] → § 28 Rn. 4.

[24] → § 57 Rn. 11 f.

[25] Zum Folgenden AmtlBegr. BT-Drs. 18/7223, 106 f.

Nummer 1 Buchst. e), g) und h) der Anlage konkretisieren die Vorgaben der VG-RL insbesondere dahingehend, dass die entsprechenden Angaben der Verwertungsgesellschaft nicht nur ihre eigene unmittelbare Wahrnehmungstätigkeit, sondern auch die Tätigkeit etwaiger von ihr **abhängiger Verwertungseinrichtungen** iSv. § 3[26] erfassen müssen. Zweck dieser Bestimmungen ist es sicherzustellen, dass sich die Verwertungsgesellschaft nicht etwa dadurch ihrer Berichtspflicht entziehen kann, dass sie Tätigkeiten auf Tochterunternehmen auslagert.

Nummer 2 (Angaben über Finanzinformationen) schreibt vor, dass der jährliche Transparenzbericht Angaben über die Einnahmen aus den Rechten (Buchst. a)), über die Kosten der Rechtewahrnehmung einschließlich der Abzüge (Buchst. b)), über die den Berechtigten zustehenden Beträge (Buchst. c)) und über die Beziehungen zu anderen Verwertungsgesellschaften (Buchst. d)) enthalten muss. Nach **Nummer 3** muss ein gesonderter Bericht betreffend soziale und kulturelle Leistungen erstellt werden. In Nummer 2 und Nummer 3 ist bestimmt, dass die Angaben jeweils grundsätzlich nach den verschiedenen **Kategorien der wahrgenommenen Rechte** und zT auch nach den verschiedenen **Arten der Nutzung** der Rechte aufzuschlüsseln sind. Eine derartige Differenzierung wird auch in anderen Bestimmungen des VGG vorgeschrieben.[27] Um eine möglichst weitgehende Vergleichbarkeit der Verwertungsgesellschaften in der Europäischen Union zu gewährleisten, muss diese Differenzierung jeweils **hinreichend aussagekräftig** sein – etwa indem die Verwertungsgesellschaft hinsichtlich der von ihr wahrgenommenen Verwertungsrechte differenziert.

Außerdem hat die Verwertungsgesellschaft die von ihr wahrgenommenen Vergütungsansprüche **weiter aufzuschlüsseln,** soweit dies angesichts ihres spezifischen Tätigkeitsbereichs zum Zwecke der Vergleichbarkeit erforderlich ist. Soweit sich aus dem UrhG die Notwendigkeit einer Differenzierung nach der Art der Nutzung ergibt, hat die Verwertungsgesellschaft zusätzlich alle abgrenzbaren, wirtschaftlich-technisch als einheitlich und selbständig erscheinenden Verwertungsformen (etwa die Sendung im Fernseh- oder Hörfunk oder im Internet, oder die öffentliche Zugänglichmachung zum Zwecke des Streamings oder des Downloads) aufzuschlüsseln. Vor allem im Zusammenhang mit der Differenzierung nach Art der Nutzung muss die Verwertungsgesellschaft ihre Angaben auch hinsichtlich der von ihr wahrgenommenen Vergütungsansprüche (zB für die Vervielfältigung zum privaten Gebrauch, § 53 Abs. 1 UrhG, zur Veranschaulichung des Unterrichts in Schulen, § 53 Abs. 3 UrhG, oder zum Zwecke des Kopienversands, § 53a UrhG) aufschlüsseln.

Da Verwertungsgesellschaften gem. Nummer 1 Buchst. h) iVm. Nummer 3 der Anlage „Inhalt des jährlichen Transparenzberichts" bereits verpflichtet sind, einen gesonderten **Bericht** über die Beträge vorzulegen, die für **soziale, kulturelle und Bildungsleistungen** einbehalten wurden, hat der Gesetzgeber darauf verzichtet, in § 58 ausdrücklich die entsprechende in Art. 22 Abs. 3 VG-RL separat enthaltene Verpflichtung aufzunehmen und damit gesondert umzusetzen.[28]

Nach § 58 Abs. 2 muss der jährliche Transparenzbericht **„mindestens"** die in der Anlage genannten Angaben enthalten, kann also darüber hinausgehen.

3. § 58 Abs. 3 – Prüfung

§ 58 Abs. 3 setzt die detaillierten Vorgaben zur **Prüfung** des jährlichen Transparenzberichts um, 12 die in Art. 22 Abs. 4 VG-RL enthalten sind.[29]

Gem. **§ 58 Abs. 3 S. 1** sind die im jährlichen Transparenzbericht enthaltenen Rechnungslegungsinformationen, dh. der Jahresabschluss und die Finanzinformationen gem. Nummer 1 Buchst. g) der Anlage sowie der Inhalt des gesonderten Berichts gem. Nummer 1 Buchst. h) iVm. Nummer 3 der Anlage von einer oder mehreren Personen, zu prüfen, die im Einklang mit der Richtlinie 2006/43/EG[30] die Qualifikation zur Abschlussprüfung haben und gesetzlich zur Abschlussprüfung zugelassen sind. Für den Jahresabschluss iSv. § 57 ergibt sich diese Pflicht bereits aus § 57 Abs. 1 S. 1.[31]

Die Prüfung besteht in einer **prüferischen Durchsicht.** Als Modell hierfür soll § 37w Abs. 5 WpHG dienen.[32]

§ **58 Abs. 3 S. 2** wurde wörtlich aus § 37w Abs. 5 S. 2 WpHG übernommen.

Gem. **§ 58 Abs. 3 S. 3** hat der Abschlussprüfer das Ergebnis der prüferischen Durchsicht in einer **Bescheinigung** zum jährlichen Transparenzbericht zusammenzufassen.

4. § 58 Abs. 4 – Veröffentlichung

§ **58 Abs. 4 S. 1** setzt Art. 22 Abs. 1 UAbs. 2 VG-RL um, indem er vorschreibt, dass der jährliche 13 Transparenzbericht innerhalb der in § 58 Abs. 1 genannten Frist von spätestens **acht Monaten** nach dem Schluss des Geschäftsjahres **veröffentlicht** werden muss.

---

[26] Zum Begriff der abhängigen Verwertungseinrichtung → § 3 Rn. 3.
[27] Vgl. § 47 Nr. 1 und 2; § 54 Nr. 3.
[28] AmtlBegr. BT-Drs. 18/7223, 90.
[29] Zu Art. 22 Abs. 4 VG-RL → Rn. 5.
[30] Richtlinie 2006/43/EG vom 17.5.2006 über Abschlussprüfungen von Jahresabschlüssen und konsolidierten Abschlüssen, zur Änderung der Richtlinien 78/660/EWG und 83/349/EWG und zur Aufhebung der Richtlinie 84/253/EWG, ABl. L 157/87.
[31] → § 57 Rn. 8, 12.
[32] AmtlBegr. BT-Drs. 18/7223, 90.

Als Teil des jährlichen Transparenzberichts müssen auch der **Bestätigungsvermerk** über den Jahresabschluss iSv. § 57 Abs. 1 S. 3,[33] die **Bescheinigung** zum jährlichen Transparenzbericht gem. § 58 Abs. 3 S. 3 und **etwaige Beanstandungen** veröffentlicht werden, und zwar entsprechend Art. 22 Abs. 4 UAbs. 2 VG-RL jeweils **im vollen Wortlaut.**[34]

Gem. **§ 58 Abs. 4 S. 1** muss die Veröffentlichung **auf der Internetseite** der Verwertungsgesellschaft erfolgen. Dies ist konsequent, da Verwertungsgesellschaften ja auch bereits gem. § 56 Abs. 1 verpflichtet sind, die in dieser Bestimmung genannten Informationen „auf ihrer Internetseite" zu veröffentlichen.

Gem. **§ 58 Abs. 4 S. 2** muss der jährliche Transparenzbericht **mindestens fünf Jahre** lang auf der Internetseite öffentlich zugänglich bleiben. Implizit ist damit klar, dass jede Verwertungsgesellschaft auch eine eigene Webseite haben muss, auf der die Angaben veröffentlicht werden können, diese laufend aktualisieren, aber eben auch ältere Informationen vorhalten muss. Einmal mehr wird damit deutlich, dass im VGG wie in der VG-RL die elektronische Kommunikation als Standard vorgeschrieben wird.[35]

---

[33] → § 57 Rn. 10.
[34] Art. 22 Abs. 4 UAbs. 2 VG-RL: „vollständig"; in der englischen Sprachfassung: „shall be reproduced in full".
[35] Zur elektronischen Kommunikation → § 55 Rn. 4 mit weiteren Angaben; zur Internetseite → § 56 Rn. 6.

Teil 3. Besondere Vorschriften für die gebietsübergreifende Vergabe von Online-Rechten an Musikwerken

Vorbemerkung

Schrifttum: *Drexl,* Das Recht der Verwertungsgesellschaften in Deutschland nach Erlass der Kommissionsempfehlung über die kollektive Verwertung von Online-Musikrechten, in: Hilty/Geiger, Impulse für eine europäische Harmonisierung des Urheberrechts – Urheberrecht im deutsch-französischen Dialog, 2007, S. 369; *Gaster,* Das urheberrechtliche Territorialitätsprinzip aus Sicht des europäischen Gemeinschaftsrechts, ZUM 2008, 8; *Gilliéron,* Collecting Societies and the Digital Environment, IIC 2006, 939; *Gotzen,* A New Perspective for the Management of Copyright and Competition Law in the Internal Market, FS Schricker (2005), S. 299; *Guibault/van Gompel,* Collective Management in the European Union, in: Gervais (Hrsg.), Collective Management of Copyright and Related Rights, 3. Aufl. 2016, S. 139; *Heyde,* Die grenzüberschreitende Lizenzierung von Online-Musikrechten in Europa, 2011; *Kling,* Gebietsübergreifende Vergabe von Online-Rechten an Musikwerken, 2018; *Kreile/Becker,* Das Internet und digitales Rechtemanagement aus Sicht der GEMA, in: Handbuch der Musikwirtschaft, 6. Aufl. 2003, 632; *v. Lewinski,* Gedanken zur kollektiven Rechtewahrnehmung, FS Schricker (2005), S. 401; *Lüder,* First Experience with EU-wide Online Music Licensing, GRUR-Int 2007, 649; *Mestmäcker,* Gegenseitigkeitsverträge von Verwertungsgesellschaften im Binnenmarkt, WuW 2004, 754; *ders.,* in: Kreile/Becker/Riesenhuber (Hrsg.), Recht und Praxis der GEMA, 2. Aufl. 2008, 75; *Müller,* Rechtewahrnehmung durch Verwertungsgesellschaften bei der Nutzung von Musikwerken im Internet, ZUM 2009, 121; *ders.,* Die Rechtsinhaberschaft an Musikwerken bei Online-Nutzungen, ZUM 2011, 13; *Poll,* CELAS, PEDL & Co: Metamorphose oder Anfang vom Ende der kollektiven Wahrnehmung von Musik-Online-Rechten in Europa?, ZUM 2008, 500; *Riesenhuber,* Transparenz der Wahrnehmungstätigkeit – Die Pflicht der Verwertungsgesellschaft zu Rechnungslegung, Publizität und zur Information ihrer Berechtigten, ZUM 2004, 417; *ders.,* Die Verwertungsgesellschaften i. S. v. § 1 UrhWahrnG, ZUM 2008, 625; *Schmidt,* Die kollektive Wahrnehmung der Online-Musikrechte im Europäischen Binnenmarkt, ZUM 2005, 783; *Weller,* Die kollektive Wahrnehmung von Urheberrechten bei der Online-Nutzung von Musikwerken, 2015; *Wübbelt,* Die Zukunft der kollektiven Rechtewahrnehmung im Online-Musikbereich, 2015.

Übersicht

I. Die Vorgaben der VG-RL

1. Allgemeines

Teil 3 des VGG enthält mit den §§ 59–74 besondere Bestimmungen für die gebietsübergreifende **1** Vergabe von Nutzungsrechten, die benötigt werden, um einen Musikdienst im Internet zu betreiben (Online-Rechte an Musikwerken). Derartige Musikdienste sind Online-Dienste wie iTunes, spotify oder deezer, die im Internet Musikstücke zum Herunterladen (downloading) oder zum Anhören (streaming) anbieten. Teil 3 mit den §§ 59 ff. VGG ist ein **Novum im deutschen Wahrnehmungsrecht.** Dieser Teil des VGG geht allein zurück auf die **Vorgaben in Titel III (Art. 23–32) der VG-RL** zur „Vergabe von Mehrgebietslizenzen für Online-Rechte an Musikwerken durch Organisationen für die kollektive Rechtewahrnehmung".

2. Die Initiativen der Europäischen Kommission

a) Der verfolgte Ansatz. Diese Bestimmungen der VG-RL sind das Ergebnis langjähriger Be- **2** mühungen des europäischen Gesetzgebers um die **Harmonisierung der kollektiven Wahrnehmung** von Urheberrechten und Leistungsschutzrechten im EU-Binnenmarkt, und insbesondere der Initiativen der Europäischen Kommission.[1] Die Kommission hatte sich in diesem Zusammenhang

---

[1] Vgl. hierzu die Mitteilung der Europäischen Kommission „Die Wahrnehmung von Urheberrechten und verwandten Schutzrechten im Binnenmarkt", KOM(2004) 261 endg. vom 16.4.2004.

schon vor mehr als zehn Jahren auf das Thema der gemeinschaftsweiten Lizenzierung durch Verwertungsgesellschaften als **One-Stop-Shops** für das Territorium mehrerer bzw. aller Mitgliedstaaten der EU konzentriert. Aus der Haltung der Kommission gegenüber der sogenannten „Simulcasting"-Vereinbarung und den Abkommen der Verwertungsgesellschaften von Santiago und Barcelona[2] konnte bereits geschlossen werden, dass sie der traditionellen territorialen Begrenzung der kollektiven Wahrnehmung von Urheberrechten durch Verwertungsgesellschaften auf der Grundlage von Gegenseitigkeitsverträgen mit anderen Verwertungsgesellschaften skeptisch gegenüberstand und sie unter den Bedingungen der Digitaltechnik generell für wettbewerbsfeindlich und überholt hielt.[3]

3   **b) Die Kommissionsempfehlung 2005/737/EG vom 18.10.2005.** Diese Tendenz bestätigte sich in einer von den Dienststellen der Kommission vorgelegten Studie über eine Initiative der Gemeinschaft zur grenzüberschreitenden kollektiven Wahrnehmung von Urheberrechten.[4] Die Haltung der Kommission mündete schließlich in ihrer **Empfehlung für die länderübergreifende kollektive Rechtewahrnehmung für Online-Musikdienste.**[5] Ausdrücklich verfolgte diese Empfehlung das Ziel, für die multiterritoriale Lizenzierung zu sorgen, die Tätigkeit von Verwertungsgesellschaften in den freien länderübergreifenden Dienstleistungsverkehr einzubeziehen und sie „mit Rücksicht auf die Einhaltung des Wettbewerbsrechts" zu einer rationelleren und transparenteren Arbeitsweise anzuhalten.[6] Für den Online-Bereich sollten Verwertungsgesellschaften in der Europäischen Union künftig in einen Wettbewerb um die Inhaber von Musikrechten treten; Rechtsinhaber sollten die Wahl haben, für welche Online-Rechte und für welche Länder sie einer einzelnen Verwertungsgesellschaft den Wahrnehmungsauftrag erteilen. Im Ergebnis sollten so nach Vorstellung der Kommission wohl wenige große Verwertungsgesellschaften entstehen, von denen die Anbieter von Online-Musikdiensten die zu deren Betrieb erforderlichen Online-Rechte gebündelt und gebietsübergreifend sollten erwerben können.[7]

Die Empfehlung enthielt hierzu „**rechtliche Rahmenbedingungen**" zur optimalen Wahrnehmung auf Gemeinschaftsebene" von Urheber- und verwandten Schutzrechten im Rahmen von Online-Musikdiensten. Sie stellte eine Reihe von Grundsätzen auf im Verhältnis zwischen Verwertungsgesellschaften und Rechtsinhabern (wie etwa die Möglichkeit der Rechtsinhaber zu bestimmen, für welche Rechte und für welches Territorium sie welcher Verwertungsgesellschaft ihre Rechte zur Wahrnehmung anvertrauen, oder die gerechte Verteilung der Einnahmen und Abzüge), statuierte ein Diskriminierungsverbot gegenüber Rechtsinhabern und Nutzern, und enthielt Informations- und Rechenschaftspflichten der Verwertungsgesellschaften.

Diese Kommissionsempfehlung ging offenbar von einem anderen Modell der kollektiven Rechtewahrnehmung durch Verwertungsgesellschaften aus als die Gesetze in den meisten EU-Mitgliedstaaten; jedenfalls wurden die dort zugrundeliegenden Prinzipien, wie die Treuhandstellung der Verwertungsgesellschaften, die in ihnen verkörperte Solidargemeinschaft der Berechtigten und der Nutzen ihrer faktischen Monopolstellung und der Gegenseitigkeitsverträge zwischen Verwertungsgesellschaften für alle Beteiligten, nicht erwähnt. Wohl aus diesen Gründen äußerte sich auch das Europäische Parlament ausgesprochen kritisch zum dieser Empfehlung zugrunde liegenden Ansatz der Europäischen Kommission.[8] Insgesamt wurde die Kommissionsempfehlung **überwiegend kritisch** beurteilt.[9]

4   **c) Die Auswirkungen der Kommissionsempfehlung von 2005.** Auch wenn der Kommissionsempfehlung entsprechend ihrer Rechtsnatur naturgemäß keine rechtliche Bindungswirkung zukam, hat sie doch zu **erheblichen Marktverschiebungen** geführt:[10] Vor der Empfehlung von 2005

---

[2] Vgl. die Entscheidung der Europäischen Kommission vom 8.10.2002, 2003/300/EG, ABl. 2003 L 107, S. 58; *Kreile/Becker* in Handbuch der Musikwirtschaft, S. 632, 638 f.; *Gotzen* FS Schricker (2005), 299; *Mestmäcker* in Kreile/Becker/Riesenhuber (Hrsg.), Recht und Praxis der GEMA, 75 (76 ff.); *Guibault/van Gompel* S. 139, 161 f. mwN.
[3] Dagegen *Mestmäcker* WuW 2004, 754 mwN; *v. Lewinski* FS Schricker (2005), 401 (404 ff.).
[4] Commission of the European Communities, Commission Staff Working Document – Study on a Community Initiative on the Cross-Border Collective Management of Copyright, 7.7.2005.
[5] Empfehlung der Kommission vom 18.10.2005 für die länderübergreifende kollektive Wahrnehmung von Urheberrechten und verwandten Schutzrechten, die für legale Online-Musikdienste benötigt werden (2005/737/EG), ABl. L 276/54; zur Studie vgl. *Schmidt* ZUM 2005, 783; zur Empfehlung *Lüder* GRUR-Int 2007, 649; *Weller* S. 81 ff.
[6] So die Erwägungsgründe (8), (9) und (10) der Kommissionsempfehlung; vgl. *Lüder* GRUR-Int 2007, 649.
[7] Vgl. *Weller* S. 84 f. mwN; *Kling* S. 98 f.; vgl. auch das Kommissionsdokument zur Folgenabschätzung (impact assessment reforming cross-border collective management for copyright and related rights for legitimate online music services) vom 11.10.2005.
[8] Vgl. Entschließung des Europäischen Parlaments vom 13.3.2007, ABl. 2007 C 301 E, S. 64.
[9] Vgl. die Stellungnahme des Max-Planck-Instituts GRUR-Int 2006, 222; Schlussbericht der Enquete-Kommission „Kultur in Deutschland", BT-Drs. 16/7000, 279; *Gaster* ZUM 2006, 8 (12 ff.) auf der Grundlage des Territorialitätsprinzips; *Gilliéron* IIC 2006, 939 (948 ff.); *Poll* ZUM 2008, 500 (503 ff.) kritisiert den „vollständigen Systemwechsel" und den „Kannibalisierungseffekt" der Empfehlung; *Weller* S. 84 ff. mwN; *Wübbelt* S. 92 ff. mwN; *Kling* S. 100 ff. mwN; Dreier/Schulze/*Schulze* Vor VGG Rn. 7.
[10] Zu den Auswirkungen der Empfehlung *Müller* ZUM 2009, 121 (125 ff.); *Müller* ZUM 2011, 13; *Heyde* S. 107 ff.; *Guibault/van Gompel* S. 142; *Drexl* in Hilty/Geiger, 369 (370); *Weller* S. 99 ff. mwN; *Wübbelt* S. 96 ff. mwN; *Kling* S. 99 ff.: Ein „Wendepunkt in der Rechtewahrnehmungspraxis der EU-Verwertungsgesellschaften im Bereich der Online-Verwertung von Musik"; AmtlBegr. BT-Drs. 18/7223, 61.

waren Verwertungsgesellschaften in der Europäischen Union, die Online-Rechte an Musikwerken vergaben, Teile eines praktisch lückenlosen Systems von Gegenseitigkeitsverträgen, so dass die Anbieter von Online-Musikdiensten die dafür erforderlichen Rechte für das Weltmusikrepertoire jeweils von den nationalen Verwertungsgesellschaften erwerben konnten, allerdings beschränkt auf das Territorium, in dem sie ansässig waren. In Folge der Kommissionsempfehlung entzogen vor allem große US-amerikanische Musikverlage den Verwertungsgesellschaften in der Europäischen Union diejenigen zum Betrieb von Online-Musikdiensten erforderlichen Rechte, über die sie selbst verfügen konnten, und übertrugen sie entweder vollständig einzelnen Verwertungsgesellschaften bzw. deren Lizenzierungsstellen oder räumten sie mehreren Verwertungsgesellschaften parallel zur gebietsübergreifenden Rechtewahrnehmung ein.[11]

Als Konsequenz war das Weltmusikrepertoire in mehrere Kataloge aufgeteilt, die von unterschiedlichen Einrichtungen, wie Verwertungsgesellschaften, Kooperationen oder Lizenzierungsstellen, verwaltet wurden. Während Anbieter von Online-Musikdiensten die Rechte für bestimmte Teile des Musikrepertoires, wie vor allem das anglo-amerikanische, bei bestimmten Verwertungsgesellschaften oder gesonderten Lizenzierungsstellen erwerben konnten, bedurften sie für andere Teile des Weltrepertoires eines Bündels von jeweils national beschränkten Lizenzen von weiteren Verwertungsgesellschaften. Kaum eine europäische Verwertungsgesellschaft war in der Lage, den Anbietern von Online-Musikdiensten die erforderlichen Rechte am gesamten Weltrepertoire gebündelt anzubieten. Aufgrund dieser **Rechtezersplitterung** war der Erwerb der von Anbietern von Online-Musikdiensten benötigten Rechte unübersichtlich, kompliziert und kostspielig geworden und mit großem Aufwand verbunden.[12]

3. Titel III der VG-RL

a) Der Richtlinienvorschlag von 2012. Auf diese Situation reagierte der **Richtlinienvorschlag** 5 der Europäischen Kommission vom 11.7.2012 zur kollektiven Rechtewahrnehmung[13] – wenn auch nur mit der knappen Begründung, da die Empfehlung von 2005 keine Bindungswirkung gehabt habe, sei „ihre Umsetzung freiwillig und im Ergebnis unbefriedigend" gewesen.[14] Titel III des Richtlinienvorschlags („Vergabe von Mehrgebietslizenzen für Online-Rechte an Musikwerken durch Verwertungsgesellschaften") enthielt hierzu neun einzelne Regelungsrahmen von dreizehn besonderen Vorschriften.

b) Art. 23 ff. VG-RL zur Mehrgebietslizenzierung von Online-Rechten an Musikwer- 6 **ken.** In der VG-RL nimmt der Regelungsrahmen für Mehrgebietslizenzen im gesonderten Titel III („Vergabe von Mehrgebietslizenzen für Online-Rechte an Musikwerken durch Organisationen für die kollektive Rechtewahrnehmung") und seinen insgesamt elf umfangreichen Artikeln besonders breiten Raum ein. Zur **Begründung** für diese komplexen Regelungen führen die Erwägungsgründe der VG-RL an, dass der Erwerb von Rechten für die Online-Nutzung von Musikwerken kompliziert sei,[15] die „Vielschichtigkeit und das Ausmaß der Probleme im Zusammenhang mit der kollektiven Rechtewahrnehmung in Europa" die Fragmentierung des Binnenmarktes befördert habe und dies „in krassem Widerspruch zu der schnell wachsenden Nachfrage seitens der Verbraucher" nach länderübergreifenden, innovativen digitalen Dienstleistungen stehe.[16] Die Kommissionsempfehlung 2005/737/EG habe „nicht genügt, um der Einräumung von Mehrgebietslizenzen für Online-Rechte an Musikwerken zum Durchbruch zu verhelfen und die damit zusammenhängenden spezifischen Probleme anzugehen".[17]

Inhaltlich entsprechen die Bestimmungen der VG-RL weitgehend den Vorgaben des Kommissionsvorschlags, sind aber straffer und präziser gefasst als dieser. Vorab werden die Begriffe „Mehrgebietslizenz" in Art. 3 Buchst. m) VG-RL und „Online-Rechte an Musikwerken" in Art. 3 Buchst. n) VG-RL definiert. Nach **Titel III (Art. 23–32) VG-RL** soll die gebietsübergreifende Vergabe von Online-Rechten durch Verwertungsgesellschaften künftig davon abhängig sein, dass diese **spezifische Voraussetzungen** erfüllen. Im Ergebnis soll damit erreicht werden, dass die Vergabe von Online-Musikrechten auf diejenigen Verwertungsgesellschaften konzentriert wird, die in der Lage sind, Online-Rechte effizient und mit Hilfe digitaler Identifizierung zu verwalten. Durch eine solche **Bündelung von Musikrepertoires und Rechten** sollen der Lizenzierungsprozess erleichtert und die Zahl der Lizenzen verringert werden.[18]

---

[11] Zu dieser Entwicklung anhand einzelner Beispiele, wie der CELAS oder der PAECOL, und zu joint ventures wie der sog. ARMONIA-Initiative, *Wübbelt* S. 96 ff. mwN; *Kling* S. 102 ff.

[12] So auch die Wertung im Regierungsentwurf des VGG, AmtlBegr. BT-Drs. 18/7223, 61 f.

[13] Vorschlag für eine Richtlinie des Europäischen Parlaments und des Rates über kollektive Wahrnehmung von Urheber- und verwandten Schutzrechten und die Vergabe von Mehrgebietslizenzen für die Online-Nutzung von Rechten an Musikwerken im Binnenmarkt, COM(2012) 372 final vom 11.7.2012.

[14] So die Begründung des Richtlinienvorschlags, I.3. (S. 5).

[15] Erwägungsgrund (37) VG-RL.

[16] Erwägungsgrund (38) VG-RL.

[17] Erwägungsgrund (39) VG-RL; kritisch zu diesen Begründungen *Walter,* Urheber- und Verwertungsgesellschaftenrecht ’15, VG-RL Art. 23 Anm. 2.

[18] Erwägungsgrund (40) S. 6 VG-RL; Erwägungsgrund (44) S. 1, 2 VG-RL.

Hierzu enthält zunächst **Art. 23 VG-RL** eine allgemeine Bestimmung zum Geltungsbereich von Titel III für die „Vergabe von Mehrgebietslizenzen im Binnenmarkt".[19] **Art. 24 VG-RL** bestimmt, dass Verwertungsgesellschaften, die mit der Vergabe von Mehrgebietslizenzen befasst sind, bestimmte Voraussetzungen erfüllen müssen. Nach **Art. 25 VG-RL** sind solche Verwertungsgesellschaften verpflichtet, den Anbietern von Online-Diensten, den Rechtsinhabern und anderen Verwertungsgesellschaften Informationen über das Repertoire, die von ihnen vertretenen Rechte und das Lizenzgebiet zur Verfügung zu stellen. Ergänzend bestimmt **Art. 26 VG-RL** Einzelheiten zur Korrektur der Informationsdaten und ihrer (elektronischen) Übermittlung. **Art. 27 VG-RL** regelt die Meldung und Rechnungstellung für die Nutzung, und **Art. 28 VG-RL** die „ordnungsgemäße und unverzügliche" Ausschüttung an die Rechtsinhaber.

Eine Schlüsselregelung dieses Titels III der VG-RL stellt das sogenannte **„Passport"-Regime** in den **Art. 29 und 30 VG-RL** dar, wonach Verwertungsgesellschaften, die nicht in der Lage oder bereit sind, multiterritoriale Lizenzen an dem von ihnen wahrgenommenen Repertoire direkt zu vergeben, andere Verwertungsgesellschaften beauftragen können, dieses Repertoire zur Vergabe multiterritorialer Lizenzen zu vertreten. Dabei ist die andere Verwertungsgesellschaft gem. Art. 30 VG-RL einem Kontrahierungszwang unterworfen, kann also die Wahrnehmung grundsätzlich nicht verweigern. Art. 29 VG-RL schreibt vor, dass solche Repräsentationsvereinbarungen auf nicht-exklusiver Basis geschlossen werden müssen.

Außerdem regelt **Art. 31 VG-RL** den Entzug von Rechten, und **Art. 32 VG-RL** enthält Ausnahmen für Online-Rechte an Musikwerken für Hörfunk- und Fernsehprogramme. Im Übrigen ist gem. Art. 34 Abs. 2 VG-RL für Streitfälle in diesem Bereich ein besonderes Streitbeilegungsverfahren vorzusehen.

Diese Bestimmungen in Titel III der VG-RL werden ergänzt durch **Art. 38 VG-RL** („Zusammenarbeit bei der Entwicklung von Mehrgebietslizenzen"), der sicherstellen soll, dass sich die Mitgliedstaaten und die Kommission fortlaufend über das Funktionieren dieser Bestimmungen des Titels III der Richtlinie gegenseitig informieren und hierzu Berichte vorlegen.

Dieser gesamte der VG-RL vorgegebene Regelungsrahmen für Mehrgebietslizenzen beruht auf dem **Grundsatz der Freiwilligkeit:** Verwertungsgesellschaften werden zur gebündelten Vergabe von Mehrgebietslizenzen „ermuntert", sind hierzu aber grundsätzlich nicht verpflichtet.[20] In jedem Fall aber unterliegen Verwertungsgesellschaften, die in diesem Bereich tätig werden, besonderen Qualitätsanforderungen.

Im Übrigen gelten die Bestimmungen dieses Titels III der VG-RL gem. Art. 2 Abs. 2 und Art. 23 VG-RL nur für solche Verwertungsgesellschaften, die ihren **Sitz** in einem **EU-Mitgliedstaat** oder einem **Vertragsstaat des EWR** haben. Dem nationalen Gesetzgeber steht es aber frei, diese Regeln auch auf im Inland tätige Verwertungsgesellschaften anzuwenden, die ihren Sitz außerhalb der Europäischen Union bzw. des EWR haben.[21]

Mit diesem Regelungsrahmen für die Vergabe von Mehrgebietslizenzen an Online-Rechten im Musikbereich sollen die Zahl der **Geschäftsvorgänge** und die **Transaktionskosten** reduziert werden. Davon verspricht sich die VG-RL das Entstehen **neuer Online-Dienste** und eine Bereicherung der **kulturellen Vielfalt.**[22] Gefördert werden soll wohl auch der **Wettbewerb** zwischen Verwertungsgesellschaften. Im Übrigen soll damit der Wandel hin zu wenigen **großen und effizienten Verwertungsgesellschaften** begünstigt werden, von denen Anbieter von Online-Musikdiensten die erforderlichen Rechte gebündelt und gebietsübergreifend erwerben können.[23]

Die VG-RL betritt mit diesen umfangreichen und komplexen Sonderregeln gesetzgeberisches Neuland; ihre Auswirkungen im internationalen System der Gegenseitigkeitsverträge dürften als nicht gesichert gelten, und ihre Praxistauglichkeit und ihr Mehrwert bleiben **umstritten.**[24]

II. Teil 3 des VGG (§§ 59–74)

1. Zur Struktur der §§ 59 ff.

7   Die insgesamt sechzehn Vorschriften der §§ 59–74 in Teil 3 des VGG enthalten das **Regelungsregime**[25] für die gebietsübergreifende Vergabe von Online-Rechten an Musikwerken im Wege der kollektiven Rechtewahrnehmung. Diese Vorschriften beruhen nahezu ausschließlich auf den Vorgaben der VG-RL; im UrhWG wurde diese Thematik nicht behandelt. Die §§ 59 ff. folgen weitgehend

---

[19] Im Einzelnen → § 59 Rn. 1 f.

[20] Erwägungsgrund (44) S. 3 VG-RL; dies gilt unbeschadet des Wahrnehmungszwangs gem. Art. 30 VG-RL (so.).

[21] Vgl. Erwägungsgrund (10) VG-RL.

[22] Vgl. Erwägungsgrund (44) VG-RL.

[23] Vgl. Begründung des Kommissionsvorschlags, 2.3. (S. 7); *Guibault/van Gompel* S. 169 mwN; AmtlBegr. BT-Drs. 18/7223, 62.

[24] Kritisch *Walter,* Urheber- und Verwertungsgesellschaftenrecht '15, VG-RL Art. 23 Anm. 1 ff. mwN; *Wübbelt* S. 157 ff. mwN; Zweifel an der Wirksamkeit dieser Bestimmungen äußern auch *Guibault/van Gompel* S. 171 mwN.

[25] AmtlBegr. BT-Drs. 18/7223, 63.

der **Struktur von Titel III (Art. 23 ff.)** VG-RL und setzen ihn, zT. mit ähnlichem oder sogar identischem Wortlaut, inhaltlich um. In § 23 Abs. 2 und 3 werden außerdem die von der VG-RL vorgegebenen **Definitionen** für die Begriffe „Online-Rechte an Musikwerken" (Art. 3 Buchst. n) VG-RL) und „Mehrgebietslizenz" (Art. 3 Buchst. m) VG-RL) umgesetzt.

In der folgenden Kommentierung wird jeweils angegeben, welche Richtlinienvorschrift von den §§ 59 ff. umgesetzt wird. Auch die Erwägungsgründe der VG-RL sind daher von besonderer Bedeutung für die Auslegung dieser Bestimmungen.

2. Der Anwendungsbereich der §§ 59 ff.

Der Anwendungsbereich von Teil 3 (§§ 59 ff.) wird in § 59 beschrieben. Danach ist Teil 3 nur auf **8** die gebietsübergreifende Vergabe von Online-Rechten an Musikwerken anzuwenden.[26] Ausnahmen vom Anwendungsbereich sind in § 74 (für Hörfunk- und Fernsehprogramme)[27] und in § 60 aufgeführt: Gem. **§ 60** gelten bestimmte allgemeine Vorschriften des VGG, die nicht der Umsetzung der VG-RL dienen und von ihr nicht geboten sind, wie § 9 S. 2 (Wahrnehmungszwang gegenüber Rechtsinhabern zu angemessenen Bedingungen), § 34 Abs. 1 S. 1 (Abschlusszwang gegenüber Nutzern zu angemessenen Bedingungen), § 35 (Abschlusszwang betreffend Gesamtverträge), § 37 (Hinterlegung und Zahlung unter Vorbehalt iR. des Abschlusszwangs) und § 38 (Tarifaufstellungspflicht), bei der gebietsübergreifenden Vergabe von Online-Rechten an Musikwerken nicht. Diese Bestimmungen gehen auf das UrhWG zurück, das in Deutschland tätige Verwertungsgesellschaften seit jeher relativ strengen Regeln unterworfen hat. Mit der Nichtanwendung dieser Bestimmungen im Bereich der Online-Musikdienste soll sichergestellt werden, dass deutsche Verwertungsgesellschaften bei der grenzübergreifenden Vergabe von Online-Rechten an Musikwerken nicht im Markt mit einem **Wettbewerbsnachteil** behaftet sind und sich im Wettbewerb mit in der EU oder im EWR ansässigen Verwertungsgesellschaften, die dort möglicherweise weniger strengen Regeln unterliegen, und anderen Einrichtungen in diesem Bereich der kollektiven Rechtewahrnehmung ohne ein solches Handicap behaupten können.[28]

3. Zum Inhalt der §§ 59 ff.

Teil 3 (§§ 59 ff.) beruht auf dem Konzept, dass Online-Rechte an Musikwerken gebündelt wahrge- **9** nommen werden sollen. Hierzu sollen Verwertungsgesellschaften, die Online-Rechte an Musikwerken vergeben wollen, gem. **§§ 61 ff. besondere Qualifikationen** erfüllen müssen. Verwertungsgesellschaften, die diese Qualifikationen aufweisen und dementsprechend tätig sind, sind gem. **§ 69** unter bestimmten Voraussetzungen verpflichtet, auf deren entsprechende Anfrage hin auch die Repertoires von Verwertungsgesellschaften wahrzunehmen, die selbst nicht die genannten Qualifikationen erfüllen. Dies entspricht weitgehend dem von der VG-RL vorgegebenen sog. **„Passport"-Regime**.[29]

Die so beauftragte Verwertungsgesellschaft muss gem. § 73 für die beauftragende Gesellschaft in gleicher Weise tätig werden wie für ihre eigenen, von ihr direkt wahrgenommenen Rechte. Verwertungsgesellschaften, die gebietsübergreifend Online-Rechte an Musikwerken wahrnehmen, haben besondere **Informationspflichten** nach §§ 62–64, 70 und 71. Sie müssen gem. §§ 65 und 66 die **Nutzungen überwachen**, gem. § 67 gegenüber den Anbietern von Online-Diensten **abrechnen** und gem. § 68 die **Einnahmen verteilen**.

Andererseits muss eine Verwertungsgesellschaft, die weder selbst noch über Repräsentationsvereinbarungen gebietsübergreifend Online-Rechte an Musikwerken vergibt, es gem. § 72 den Berechtigten ermöglichen, ihre Online-Rechte anderweitig zu vergeben.[30]

Im Übrigen steht gem. § 94 für Streitigkeiten, über die gebietsübergreifende Vergabe von Online-Rechten an Musikwerken das **Verfahren vor der Schiedsstelle** zur Verfügung.[31]

§ 59 Anwendungsbereich

(1) **Die besonderen Vorschriften dieses Teils gelten für die gebietsübergreifende Vergabe von Online-Rechten an Musikwerken durch Verwertungsgesellschaften.**

(2) **Online-Rechte im Sinne dieses Gesetzes sind die Rechte, die für die Bereitstellung eines Online-Dienstes erforderlich sind, und die dem Urheber nach den Artikeln 2 und 3 der Richtlinie 2001/29/EG des Europäischen Parlaments und des Rates vom 22. Mai 2001 zur Harmonisierung bestimmter Aspekte des Urheberrechts und der verwandten Schutzrechte in der Informationsgesellschaft (ABl. L 167 vom 22.6.2001, S. 10) zustehen.**

---

[26] Im Einzelnen zum Anwendungsbereich → § 59 Rn. 4 ff.
[27] → § 74 Rn. 3 f.
[28] AmtlBegr. BT-Drs. 18/7223, 63; → § 60 Rn. 2 ff.
[29] → Rn. 6.
[30] → § 72 Rn. 3 ff.
[31] → § 94 Rn. 3 ff.

(3) **Gebietsübergreifend im Sinne dieses Gesetzes ist eine Vergabe, wenn sie das Gebiet von mehr als einem Mitgliedstaat der Europäischen Union oder anderen Vertragsstaat des Abkommens über den Europäischen Wirtschaftsraum umfasst.**

Übersicht

I. Allgemeines

1. Die Vorgaben der VG-RL

1   **a) Der Anwendungsbereich von Titel III der VG-RL.** Die Bestimmungen in Titel III (Art. 23–32) der VG-RL enthalten einen besonderen Regelungsrahmen für die „Vergabe von Mehrgebietslizenzen für Online-Rechte an Musikwerken durch Organisationen für die kollektive Rechtewahrnehmung". Damit soll in diesem Bereich die **freiwillige Bündelung von Musikrepertoires und Rechten** erleichtert und die Zahl der von den Nutzern für einen „gebietsübergreifenden Multirepertoiredienst" benötigten Lizenzen verringert werden.[1]

Art. 23 VG-RL, der diesen Titel III einleitet, enthält lediglich die allgemeine Verpflichtung der Mitgliedstaaten sicherzustellen, dass die in ihrem Hoheitsgebiet ansässigen Verwertungsgesellschaften bei der Vergabe von Mehrgebietslizenzen für Online-Rechte an Musikwerken die Bestimmungen dieses Titels beachten. Ähnliche Bestimmungen gibt es an anderen Stellen der VG-RL, wie etwa in Art. 6 Abs. 1 VG-RL oder Art. 8 Abs. 1 VG-RL. An sich ist der Mehrwert solcher Bestimmungen, wie auch von Art. 23 VG-RL, begrenzt, denn ohnehin ist die Richtlinie an die Mitgliedstaaten gerichtet, die bereits gem. Art. 43 VG-RL wie auch aufgrund der allgemeinen Regeln des Unionsrechts verpflichtet sind, diese Bestimmungen umzusetzen. Außerdem bestimmt auch schon Art. 1 S. 2 VG-RL, dass die Bestimmungen von Titel III zu den „Anforderungen" gehören, denen die kollektive Rechtewahrnehmung genügen muss.[2] Art. 23 VG-RL ist daher als einleitende Bestimmung zu Titel III der VG-RL zu verstehen, die den **Anwendungsbereich** dieses Titels umschreibt.

Gem. Art. 23 VG-RL gelten die Bestimmungen von Titel III der VG-RL für **Verwertungsgesellschaften,**[3] und zwar ungeachtet ihrer Rechtsform,[4] gem. Art. 2 Abs. 3 VG-RL aber auch für **abhängige Verwertungseinrichtungen** iS. dieser Bestimmung, sofern sie die Tätigkeit einer Verwertungsgesellschaft ausüben. Dagegen gilt Titel III nicht für **unabhängige Verwertungseinrichtungen,**[5] da Art. 2 Abs. 4 VG-RL nicht auf die in Titel III aufgeführten Bestimmungen (Art. 23–32 VG-RL) verweist.[6]

Voraussetzung für die Anwendung der Art. 23 ff. VG-RL ist ferner, dass die betreffenden Verwertungsgesellschaften oder abhängigen Verwertungseinrichtungen im Hoheitsgebiet eines Mitgliedstaates **„ansässig"** sind, also in einem Mitgliedstaat der Europäischen Union oder einem Vertragsstaat des EWR ihren Sitz haben.[7] Allerdings stellt es die VG-RL den Mitgliedstaaten frei, über diese Bedingung hinauszugehen, also ihre Bestimmungen, einschließlich der Art. 23 ff., auch auf solche Verwertungsgesellschaften anzuwenden, die ihren Sitz außerhalb der EU oder des EWR haben, aber in dem betreffenden Mitglied- bzw. Vertragsstaat tätig sind.[8]

2   **b) Definitionen.** Nach Art. 23 VG-RL gelten die Bestimmungen von Titel III VG-RL nur für „Mehrgebietslizenzen" und „Online-Rechte an Musikwerken". Diese Begriffe werden in Art. 3 Buchst. m) VG-RL und Art. 3 Buchst. n) VG-RL definiert:

Nach **Art. 3 Buchst. m) VG-RL** soll unter **„Mehrgebietslizenz"** eine Lizenz zu verstehen sein, die sich „auf das Hoheitsgebiet von mehr als einem Mitgliedstaat" erstreckt. Damit sind also aus-

---

[1] Vgl. Erwägungsgrund (40) S. 6 VG-RL; das Element der Freiwilligkeit wird wiederholt betont in Erwägungsgrund (44) VG-RL; → Vor §§ 59 ff. Rn. 6.

[2] *Walter,* Urheber- und Verwertungsgesellschaftenrecht '15, VG-RL Art. 23 Anm. 1, hält Art. 23 VG-RL daher für überflüssig.

[3] Der Begriff der Verwertungsgesellschaft wird als „Organisation für die kollektive Rechtewahrnehmung" definiert in Art. 3 Buchst. a) VG-RL.

[4] Vgl. Erwägungsgrund (14) VG-RL.

[5] Der Begriff der „unabhängigen Verwertungseinrichtung" wird definiert in Art. 3 Buchst. b) VG-RL.

[6] → § 4 Rn. 1.

[7] Dies ergibt sich auch bereits aus dem in Art. 2 Abs. 2 VG-RL umschriebenen Geltungsbereich der VG-RL.

[8] Erwägungsgrund (10) VG-RL.

schließlich solche Lizenzen gemeint, die **für mehrere Staaten** im Gebiet der Europäischen Union und/oder des EWR gelten.

Nach **Art. 3 Buchst. n) VG-RL** werden „**Online-Rechte an Musikwerken**" als solche dem Urheber gem. Art. 2 und 3 der InfoSoc-RL 2001/29/EG zustehende Rechte an Musikwerken definiert, die für die Bereitstellung eines Online-Dienstes erforderlich sind. Für erforderlich und damit in diesem Zusammenhang relevant hält die VG-RL also vor allem das **Vervielfältigungsrecht** (Art. 2 InfoSoc-RL) und das Recht auf öffentliche Wiedergabe von Musikwerken, das das **Recht der öffentlichen Zugänglichmachung** miteinschließt (Art. 3 InfoSoc-RL);[9] soweit andere Rechte erforderlich sind, dürften diese aber ebenfalls erfasst sein. Da die VG-RL in diesem Zusammenhang nur von den Rechten der Urheber und von Musikwerken spricht, sind Lizenzen betreffend Leistungsschutzrechte, wie die Rechte ausübender Künstler, Tonträger- oder Filmhersteller, von der Definition nicht erfasst. Andererseits wird man trotz des Begriffs der „Musikwerke" nachweislich der Erwägungsgründe davon ausgehen können, dass davon auch die **mit Musikwerken verbundenen Sprachwerke** („Liedtexte") gemeint sind.[10] Da dieselben Regeln für die Lizenzierung aller Musikwerke gelten sollen, ist es auch unerheblich, ob die genannten Musikwerke **Bestandteil** audiovisueller Werke oder von Tonträgerproduktionen sind.[11] Online-Dienste, „die den Zugang zu Musikwerken nur in Form von **Notenblättern** anbieten", sollen dagegen von den Regeln des Titel III (Art. 23 ff.) VG-RL nicht erfasst werden,[12] da sie sich nicht auf digitale Nutzungsmodelle wie downloading oder streaming beziehen.[13]

2. § 59

§ 59 enthält einleitende Bestimmungen, die generell in diesem Teil 3 des VGG Anwendung finden. **3** Damit werden Art. 23 VG-RL, zugleich aber auch die in Art. 3 Buchst. m) und n) VG-RL enthaltenen Definitionen umgesetzt.

§ 59 Abs. 1 umschreibt den Geltungsbereich von Teil 3 des VGG, indem er bestimmt, dass die besonderen Vorschriften dieses Teils für die gebietsübergreifende Vergabe von Online-Rechten an Musikwerken gelten.

§ 59 Abs. 2 enthält die Definition der „Online-Rechte" iSd. VGG und setzt damit die Definition in Art. 3 Buchst. n) VG-RL („Online-Rechte an Musikwerken") um.

§ 59 Abs. 3 setzt die Definition in Art. 3 Buchst. m) VG-RL um, wählt allerdings anstelle des dort definierten Begriffs der „Mehrgebietslizenz" den Terminus „gebietsübergreifende Vergabe" iSd. VGG.

II. Anwendungsbereich

1. § 59 Abs. 1 – Anwendungsbereich

§ 59 Abs. 1 betrifft den **Geltungsbereich von Teil 3** (§§ 59–32) VGG. Nach § 59 Abs. 1 müssen **4** Verwertungsgesellschaften, die gebietsübergreifend Online-Rechte an Musikwerken vergeben, die **besonderen Vorschriften** dieses Teils beachten. Soweit dieser Teil 3 keine besonderen Vorschriften enthält, gelten die **allgemeinen Bestimmungen** des VGG, falls deren Anwendbarkeit auf den Bereich der gebietsübergreifenden Vergabe von Online-Rechten an Musikwerken nicht ausdrücklich gem. **§ 60** ausgeschlossen wurde.[14]

Die in diesem Teil 3 enthaltenen besonderen Bestimmungen gelten für **Verwertungsgesellschaften** iSv. **§ 2**,[15] aber auch für **abhängige Verwertungseinrichtungen** iSv. **§ 3**,[16] soweit diese Tätigkeiten einer Verwertungsgesellschaft ausüben. Dies gilt jeweils **unabhängig von der Rechtsform** der Verwertungsgesellschaft oder abhängigen Verwertungseinrichtung.[17]

Für **unabhängige Verwertungseinrichtungen** iSv. § 4[18] gelten die in Teil 3 VGG normierten Pflichten dagegen nicht, da § 4 Abs. 2 nicht auf die §§ 59 ff. verweist.[19]

2. § 59 Abs. 2 – Online-Rechte

§ 59 Abs. 2 definiert den Begriff der **Online-Rechte**. Wie für andere Begriffe auch[20] folgt das **5** VGG nicht der Systematik der VG-RL, die in Art. 3 VG-RL eine separate Liste von Begriffsbestim-

---

[9] Erwägungsgrund (37) S. 3 VG-RL.
[10] Erwägungsgrund (40) S. 2 VG-RL.
[11] Erwägungsgrund (40) S. 3 VG-RL; *Walter,* Urheber- und Verwertungsgesellschaftenrecht '15, VG-RL Art. 3 Anm. 2.11.
[12] Erwägungsgrund (40) S. 4 VG-RL.
[13] → Vor §§ 59 ff. Rn. 1.
[14] AmtlBegr. BT-Drs. 18/7223, 90; → § 60 Rn. 2.
[15] Zum Begriff der Verwertungsgesellschaft → § 2 Rn. 5 ff.
[16] Zum Begriff der abhängigen Verwertungseinrichtung → § 3 Rn. 3.
[17] Vgl. Erwägungsgrund (14) VG-RL; AmtlBegr. BT-Drs. 18/7223, 90 (zu § 58).
[18] Zum Begriff der unabhängigen Verwertungseinrichtung und den auf sie anwendbaren Bestimmungen des VGG → § 4 Rn. 3 ff.
[19] → § 4 Rn. 6.

mungen enthält, sondern integriert die hier relevanten Definitionen in § 59 als die für den Anwendungsbereich von Teil 3 maßgebliche Vorschrift.

Inhaltlich übernimmt § 59 Abs. 2 für die Definition des Begriffs der Online-Rechte nahezu wortgleich die Bestimmung des Begriffs **„Online-Rechte an Musikwerken"** in Art. 3 Buchst. n) VG-RL; lediglich der Satzbau wurde umgestellt. Auf den Zusatz „an Musikwerken" konnte in § 59 Abs. 2 verzichtet werden, da dieser bereits in § 59 Abs. 1 enthalten ist.

Durch die ausdrückliche Bezugnahme auf die Art. 2 und 3 der InfoSoc-RL, die auch in Art. 3 Buchst. n) VG-RL enthalten ist, wird klar, dass die §§ 59 ff. nicht nur für interaktive **On-Demand-Dienste,** sondern auch für (Online-)**Sendungen** gelten, also insbesondere für das Webcasting von Sendungen im Internet und das Simulcasting (parallele, dh. zeitgleiche konventionelle Sendung und Sendung im Internet); dies entspricht dem Umfang der in Art. 3 InfoSoc-RL enthaltenen Rechte der öffentlichen Wiedergabe und der öffentlichen Zugänglichmachung.[21]

Im Übrigen wird man Richtlinien-konform davon ausgehen müssen, dass vom Begriff der Online-Dienste (an Musikwerken) auch die Rechte an mit Musikwerken verbundenen **Sprachwerken** („Liedtexte") erfasst sind, die Regelungen in Teil 3 also auch auf diese Anwendung finden.[22] Auch ist es für die Anwendung der Bestimmungen von Teil 3 unerheblich, ob Musikwerke **Bestandteil audiovisueller Werke** oder von Tonträgerproduktionen sind.[23] Online-Dienste, „die den Zugang zu Musikwerken nur in Form von **Notenblättern** anbieten", dürften dagegen von den Regeln der §§ 59 ff. ebenso wenig erfasst werden wie von Titel III der VG-RL,[24] da sie sich nicht auf digitale Nutzungsmodelle wie downloading oder streaming beziehen.[25]

Da die Reichweite der §§ 59 ff. eng an Titel III (Art. 23 ff.) der VG-RL ausgerichtet ist und die VG-RL in diesem Zusammenhang nur von den Rechten der Urheber und von Musikwerken spricht, dürften Lizenzen betreffend **Leistungsschutzrechte,** wie die Rechte ausübender Künstler, Tonträger- oder Filmhersteller, von der Definition der „Online-Rechte" in § 59 Abs. 2 nicht erfasst sein.[26] Im Übrigen gelten die §§ 59 ff. natürlich nur für die Vergabe solcher Online-Rechte an Musikwerken, die überhaupt von Verwertungsgesellschaften wahrgenommen werden, und nicht etwa von Musikverlagen.[27]

3. § 59 Abs. 3 – Gebietsübergreifende Vergabe

6   § 59 Abs. 3 definiert den Begriff der **gebietsübergreifenden Vergabe** (von Rechten). Dieser Begriff wird sowohl im Titel von Teil 3 als auch in den §§ 59 ff. anstelle des in Titel III und in den Art. 23 ff. VG-RL verwendeten und in Art. 3 Buchst. m) VG-RL definierten Begriffs der „Mehrgebietslizenz" gebraucht. Eine inhaltliche Änderung ist damit nicht verbunden, beide Begriffe bedeuten also dasselbe.[28]

Die Definition in § 59 Abs. 3 entspricht inhaltlich somit derjenigen für die Mehrgebietslizenz in Art. 3 Buchst. m) VG-RL, ist aber präziser formuliert als diese.[29] Nach § 59 Abs. 3 liegt eine gebietsübergreifende Vergabe von Online-Rechten an Musikwerken dann vor, wenn die Lizenz auf dem Territorium von mehr als einem **Mitgliedstaat der EU** und/oder von mehr als einem **Vertragsstaat des EWR** gelten soll. Nur auf solche multiterritorialen Lizenzen also soll das besondere Regelungsregime der §§ 59 ff. Anwendung finden.

§ 60 Nicht anwendbare Vorschriften

(1) **Im Verhältnis zum Rechtsinhaber ist § 9 Satz 2 nicht anzuwenden.**

(2) [1]**Im Verhältnis zum Nutzer sind § 34 Absatz 1 Satz 1 sowie die §§ 35, 37 und 38 nicht anzuwenden.** [2]**Für die Vergütung, die die Verwertungsgesellschaft aufgrund der von ihr wahrgenommenen Rechte fordert, gilt § 39 entsprechend.**

Schrifttum: *Wübbelt,* Die Zukunft der kollektiven Rechtewahrnehmung im Online-Musikbereich, 2015.

---

[20] Vgl. etwa §§ 2–8, § 9 S. 2, § 13 Abs. 1, § 17 Abs. 1 S. 1, § 22 Abs. 1, oder § 27.

[21] AmtlBegr. BT-Drs. 18/7223, 91; → Rn. 2 für die Reichweite der Definition in Art. 3 Buchst. n) VG-RL.

[22] Erwägungsgrund (40) S. 2 VG-RL; → Rn. 2.

[23] Erwägungsgrund (40) S. 3 VGR; *Walter,* Urheber- und Verwertungsgesellschaftenrecht '15, VG-RL Art. 3 Anm. 2.11; → Rn. 2.

[24] Erwägungsgrund (40) S. 4 VG-RL; → Rn. 2.

[25] → Vor §§ 59 ff. Rn. 1.

[26] → Rn. 2.

[27] Vgl. Dreier/Schulze/*Schulze* § 59 Rn. 4.

[28] AmtlBegr. BT-Drs. 18/7223, 91.

[29] Art. 3 Buchst. m) VG-RL: „… eine Lizenz, die sich auf das Hoheitsgebiet von mehr als einem Mitgliedstaat erstreckt".

I. Allgemeines

1. Die Vorgaben der VG-RL

Titel III (Art. 23–32) VG-RL soll mit seinem komplexen Regelungsrahmen EU-weit gleiche **1** Bedingungen und damit ein „**level playing field**" schaffen für die Vergabe von Online-Rechten an Musikwerken. Ziel der VG-RL ist es dabei auch, den fairen Wettbewerb unter Verwertungsgesellschaften zu fördern.[1] Auf diesem Markt der Online-Musikrechte konkurrieren europäische Verwertungsgesellschaften und sonstige Einrichtungen besonders intensiv um Rechtsinhaber und Anbieter von Online-Musikdiensten.

Die VG-RL hindert die nationalen Gesetzgeber grundsätzlich nicht daran, **strengere Vorschriften** als die in Titel II („Organisationen für die kollektive Rechtewahrnehmung", Art. 4–22) VG-RL aufgeführten beizubehalten oder festzulegen, also über die in der VG-RL genannten Verpflichtungen hinauszugehen, sofern dies mit dem Unionsrecht vereinbar ist.[2] Dies hat folgende **Konsequenz:** Der nationale Gesetzgeber ist zwar verpflichtet, die in der VG-RL genannten Vorgaben umzusetzen und ohne Diskriminierung auf alle in der Europäischen Union oder im EWR ansässigen Beteiligten, wie Rechtsinhaber, Verwertungsgesellschaften und Nutzer, anzuwenden.[3] Darüber hinausgehende Bestimmungen des nationalen Rechts unterliegen dagegen nur der allgemeinen Verpflichtung, Unionsrecht zu respektieren, und sind von der Richtlinien-Disziplin nicht erfasst. In diesem Rahmen ist der nationale Gesetzgeber also frei, zumindest für im Inland ansässige Verwertungsgesellschaften weitergehende Verpflichtungen festzulegen.[4] Mit derselben Logik ist es ihm dann aber **nicht verwehrt,** derartige Vorschriften des nationalen Rechts, die über die VG-RL hinausgehen, auf bestimmte in der VG-RL geregelte Bereiche, wie etwa die Regeln für die Vergabe von Mehrgebietslizenzen gem. Art. 23 ff. VG-RL, **nicht anzuwenden.**

2. § 60

Diese Möglichkeit wird von § 60 ausgeschöpft. § 60 statuiert also **Ausnahmen vom Anwen-** **2** **dungsbereich der §§ 59 ff.** und knüpft an § 59 an: Während § 59 Abs. 1 in Umsetzung von Art. 23 VG-RL den Anwendungsbereich der §§ 59 ff. umschreibt und davon ausgeht, dass auch in diesem Bereich die allgemeinen Bestimmungen des VGG grundsätzlich Anwendung finden, werden in § 60 bestimmte Vorschriften des VGG, die über die Vorgaben der VG-RL hinausgehen, von der Anwendung der §§ 59 ff. ausgenommen. Damit soll den besonderen Bedingungen auf dem Markt für Online-Rechte an Musikwerken Rechnung getragen werden. Wenn bestimmte Vorschriften des VGG, die über die Vorgaben der VG-RL hinausgehen, auch im Zusammenhang mit der gebietsübergreifenden Vergabe von Online-Rechten an Musikwerken anwendbar wären, könnte dies zu **Wettbewerbsnachteilen** für die in Deutschland ansässigen Verwertungsgesellschaften gegenüber solchen Verwertungsgesellschaften führen, die in demselben Marktsegment tätig, aber in anderen EU-Mitgliedstaaten oder Vertragsstaaten des EWR ansässig sind und dort möglicherweise weniger strengen Regeln unterliegen.[5] Die in § 60 enthaltene Liste der nicht anwendbaren Vorschriften ist abschließend; alle anderen Bestimmungen des VGG bleiben also auch im Rahmen von Teil 3 (§§ 59–74) grundsätzlich anwendbar.

§ 60 Abs. 1 bestimmt, dass im Verhältnis der Verwertungsgesellschaft zum Rechtsinhaber **§ 9 S. 2** (angemessene Wahrnehmungsbedingungen) auf Mehrgebietslizenzen iSd. §§ 59 ff. keine Anwendung findet.

§ 60 Abs. 2 S. 1 nimmt Verwertungsgesellschaften, die gebietsübergreifend Online-Rechte an Musikwerken vergeben, vom Abschlusszwang gegenüber Nutzern zu angemessenen Bedingungen

---

[1] Vgl. Erwägungsgründe (19) und (31) VG-RL; → Vor §§ 59 ff. Rn. 6.
[2] Erwägungsgrund (9) VG-RL.
[3] Vgl. Erwägungsgrund (4) VG-RL.
[4] Insbesondere im Hinblick auf das Diskriminierungsverbot ist kein Grund ersichtlich, warum dies nicht auch für zwar nicht im Inland ansässige, aber hier tätige Verwertungsgesellschaften möglich sein sollte; aA offenbar *Wübbelt* S. 189 mwN, der davon ausgeht, dass es den Mitgliedstaaten generell verwehrt ist, ausländische Verwertungsgesellschaften mit Sitz in der EU oder im EWR strengeren als den in der VG-RL enthaltenen Regeln zu unterwerfen.
[5] AmtlBegr. BT-Drs. 18/7223, 63, 91.

(§ 34 Abs. 1 S. 1), von der Verpflichtung zum Abschluss von Gesamtverträgen **(§ 35),** von der Möglichkeit der Hinterlegung bzw. Zahlung unter Vorbehalt **(§ 37)** und von der Tarifaufstellungspflicht **(§ 38)** aus.

§ 60 Abs. 2 S. 2 bestimmt allerdings, dass die allgemeinen Grundsätze für die Tarifgestaltung **(§ 39)** auch im Bereich der gebietsübergreifenden Vergabe von Online-Rechten an Musikwerken entsprechend anwendbar sind.

II. Nicht anwendbare Vorschriften

1. § 60 Abs. 1 – Ausnahme von § 9 S. 2 im Verhältnis zu Rechtsinhabern

3 **§ 60 Abs. 1** betrifft das **Verhältnis der Verwertungsgesellschaften**[6] **zu Rechtsinhabern**[7] und erklärt hier **§ 9 S. 2** für nicht anwendbar. Damit sind Verwertungsgesellschaften gegenüber Rechtsinhabern zwar weiterhin zum Abschlusszwang gem. § 9 S. 1 verpflichtet, nicht aber dazu, ihnen auch **angemessene Wahrnehmungsbedingungen** zu gewähren. Dies soll es den Verwertungsgesellschaften ermöglichen, im direkten Wettbewerb mit in anderen EU-Mitgliedstaaten oder EWR-Vertragsstaaten ansässigen Verwertungsgesellschaften und sonstigen Einrichtungen mit flexiblen, **auf den Einzelfall zugeschnittenen Wahrnehmungsbedingungen** in die Verhandlungen insbesondere mit solchen Rechtsinhabern einzutreten, die über ein besonders attraktives Repertoire verfügen.[8]

Weiterhin gilt dagegen auch iRd. §§ 59 ff. die allgemeine Verpflichtung der Verwertungsgesellschaften gegenüber den Rechtsinhabern zum ordnungsgemäßen Umgang mit den Einnahmen und deren gerechter Verteilung in Anwendung der gebotenen Sorgfalt. Diese Verpflichtung ergibt sich aus den §§ 23 ff. in Umsetzung der Art. 11 ff. VG-RL.[9]

2. § 60 Abs. 2 – Ausnahmen im Verhältnis zu Nutzern

4 a) **§ 60 Abs. 2 S. 1, Ausnahme von §§ 34 Abs. 1 S. 1, 35, 37 und 38. § 60 Abs. 2 S. 1** betrifft das **Verhältnis der Verwertungsgesellschaften zu Nutzern**[10] und erklärt hier § 34 Abs. 1 S. 1 und die §§ 35, 37 und 38 für nicht anwendbar.

Demnach sind Verwertungsgesellschaften bei der Vergabe von Mehrgebietslizenzen iSd. §§ 59 ff. keinem **Abschlusszwang zu angemessenen Bedingungen** gem. **§ 34 Abs. 1 S. 1**[11] unterworfen.

Da der Abschlusszwang gem. § 34 Abs. 1 S. 1 iRd. §§ 59 ff. nicht gilt, findet auch die damit verbundene, den Abschlusszwang flankierende Möglichkeit der **Hinterlegung oder Zahlung unter Vorbehalt** der geforderten Nutzungsvergütung[12] gem. **§ 37** keine Anwendung.

Die Verwertungsgesellschaften bleiben aber gem. **§ 34 Abs. 1 S. 2** verpflichtet, auch für die gebietsübergreifende Vergabe von Online-Rechten an Musikwerken **objektive und nichtdiskriminierende Nutzungsbedingungen** und eine angemessene Vergütung vorzusehen.[13] Im Übrigen sind Verwertungsgesellschaften und Nutzer auch bei der gebietsübergreifenden Vergabe von Online-Rechten an Musikwerken iSd. §§ 59 ff. gem. **§ 36** verpflichtet, nach **Treu und Glauben** über die von der Verwertungsgesellschaft wahrgenommenen Rechte zu verhandeln.

Auch die Verpflichtung zum Abschluss von **Gesamtverträgen** gem. **§ 35**[14] findet auf die gebietsübergreifende Vergabe von Online-Rechten an Musikwerken iSd. §§ 59 ff. keine Anwendung; dies ebenfalls, um den Verwertungsgesellschaften die Vereinbarung flexibler, auf den jeweiligen Einzelfall zugeschnittener Wahrnehmungsbedingungen zu ermöglichen.[15]

Aus demselben Grund sind Verwertungsgesellschaften in diesem Rahmen auch nicht zur **Aufstellung von Tarifen** verpflichtet, **§ 38** gilt also hier auch nicht. Da Verwertungsgesellschaften bei der gebietsübergreifenden Vergabe von Online-Rechten an Musikwerken iSd. §§ 59 ff. ohnehin gem. **§ 60 Abs. 2 S. 1** keine Verpflichtung zum Abschluss von Gesamtverträgen trifft, findet auch **§ 38 S. 2**, wonach die in Gesamtverträgen vereinbarten **Vergütungssätze als Tarife** gelten,[16] keine Anwendung.

5 b) **§ 60 Abs. 2 S. 2, entsprechende Geltung von § 39. § 60 Abs. 2 S. 2** bestimmt, dass im Bereich der gebietsübergreifenden Vergabe von Online-Rechten an Musikwerken iSd. §§ 59 ff., auch wenn hier keine Pflicht zur Aufstellung von Tarifen besteht, für die Festlegung der Vergütung die allgemeinen **Grundsätze für die Gestaltung von Tarifen** gem. **§ 39** entsprechend gelten. Wichtig sind in diesem Zusammenhang insbesondere die Grundsätze zur Berechnungsgrundlage für die Tarife

---

[6] Zum hier gebrauchten Begriff der Verwertungsgesellschaft → § 59 Rn. 4.
[7] Zum Begriff der Rechtsinhaber → § 5 Rn. 3 ff.
[8] AmtlBegr. BT-Drs. 18/7223, 91.
[9] → § 23 Rn. 5.
[10] Zum Begriff der Nutzer → § 8 Rn. 4 ff.
[11] → § 34 Rn. 4 ff.
[12] → § 37 Rn. 2.
[13] → § 34 Rn. 5; vgl. Art. 16 Abs. 2 VG-RL.
[14] → § 35 Rn. 3 ff.
[15] AmtlBegr. BT-Drs. 18/7223, 91.
[16] → § 38 Rn. 9.

(geldwerter Vorteil als Regel, § 39 Abs. 1 S. 1), die angemessene Rücksicht auf den Anteil an der Werknutzung und den wirtschaftlichen Wert der von den Verwertungsgesellschaften erbrachten Leistungen (§ 39 Abs. 2), die Berücksichtigung religiöser, kultureller und sozialer Belange (§ 39 Abs. 3), sowie die Pflicht der Verwertungsgesellschaften, die Nutzer über die der Vergütungsberechnung zugrunde liegenden Kriterien zu informieren (§ 39 Abs. 4).[17]

§ 61 Besondere Anforderungen an Verwertungsgesellschaften

(1) **Die Verwertungsgesellschaft muss über ausreichende Kapazitäten verfügen, um die Daten, die für die Verwaltung von gebietsübergreifend vergebenen Online-Rechten an Musikwerken erforderlich sind, effizient und transparent elektronisch verarbeiten zu können.**

(2) **Die Verwertungsgesellschaft muss insbesondere**

1. **jedes Musikwerk, an dem sie Online-Rechte wahrnimmt, korrekt bestimmen können;**
2. **für jedes Musikwerk und jeden Teil eines Musikwerks, an dem sie Online-Rechte wahrnimmt, die Online-Rechte, und zwar vollständig oder teilweise und in Bezug auf jedes umfasste Gebiet, sowie den zugehörigen Rechtsinhaber bestimmen können;**
3. **eindeutige Kennungen verwenden, um Rechtsinhaber und Musikwerke zu bestimmen, unter möglichst weitgehender Berücksichtigung der freiwilligen branchenüblichen Standards und Praktiken, die auf internationaler Ebene entwickelt wurden;**
4. **geeignete Mittel verwenden, um Unstimmigkeiten in den Daten anderer Verwertungsgesellschaften, die gebietsübergreifend Online-Rechte an Musikwerken vergeben, unverzüglich und wirksam erkennen und klären zu können.**

Übersicht

I. Allgemeines

1. Die Vorgaben der VG-RL

Art. 24 VG-RL stellt Mindestanforderungen an die Kapazitäten der Verwertungsgesellschaften zur **1** elektronischen Datenverarbeitung auf. Nur solche Verwertungsgesellschaften, die diese Mindestanforderungen erfüllen, sollen Mehrgebietslizenzen für Online-Rechte an Musikwerken vergeben können.[1]

Nach **Art. 24 Abs. 1 VG-RL** müssen in diesem Bereich tätige Verwertungsgesellschaften über **„ausreichende Kapazitäten zur effizienten und transparenten elektronischen Verarbeitung"** der für Mehrgebietslizenzen erforderlichen Daten verfügen. **Beispielhaft** („darunter") werden hierzu **vier Gruppen von Daten** genannt, die die Verwertungsgesellschaft elektronisch verarbeiten können muss: (1) Daten zur Bestimmung des Repertoires und zur Überwachung seiner Nutzung, (2) Daten zur Ausstellung von Rechnungen, (3) Daten zur Einziehung von Einnahmen und (4) solche zur Verteilung der den Rechtsinhabern zustehenden Beträge. Dabei soll es Verwertungsgesellschaften zur Steigerung der Effizienz ihrer elektronischen Datenverarbeitung und der Wirtschaftlichkeit ihrer Datenverwaltungssysteme auch erlaubt sein, Dienstleistungen im Zusammenhang mit der Erteilung von Mehrgebietslizenzen für Online-Rechte an Musikwerken **auszulagern,** diese **zusammenzulegen** oder gemeinsam **„Back-Office"-Kapazitäten** zu nutzen.[2]

Art. 24 Abs. 2 VG-RL zählt in Buchst. a)–d) weitere, spezifische Mindestanforderungen an die Kapazitäten von Verwertungsgesellschaften auf. Da hier ausdrücklich auf „die Zwecke des Absatzes 1" Bezug genommen wird, beziehen sich auch die in Art. 24 Abs. 2 VG-RL genannten Voraussetzungen auf Kapazitäten der elektronischen Datenverarbeitung.

Nach **Art. 24 Abs. 2 Buchst. a) VG-RL** müssen Verwertungsgesellschaften über die Fähigkeit zur korrekten Bestimmung der **einzelnen Musikwerke** verfügen, die sie repräsentieren dürfen, und zwar „vollständig oder teilweise". Dieser letztere Zusatz dürfte sich auf die Rechte an Musikwerken und ggf. an Teilen davon beziehen, die eine Verwertungsgesellschaft – eben ganz oder teilweise – wahrnimmt.[3]

---

[17] → § 39 Rn. 4 ff.; AmtlBegr. BT-Drs. 18/7223, 91.
[1] Vgl. Erwägungsgrund (40) S. 5: „Mindestanforderungen an die Qualität der … länderübergreifenden Leistungen".
[2] Erwägungsgrund (43) S. 6, 7 VG-RL.
[3] Vgl. Erwägungsgrund (42) S. 2 VG-RL; *Walter,* Urheber- und Verwertungsgesellschaftenrecht '15, VG-RL Art. 24 Anm. 3 vermutet, dass damit die verschiedenen beteiligten Rechtsinhaber gemeint sind.

Nach **Art. 24 Abs. 2 Buchst. b) VG-RL** müssen Verwertungsgesellschaften über die Fähigkeit verfügen, für jedes Musikwerk oder Teil davon vollständig oder teilweise und in Bezug auf jedes Gebiet die **Rechte** und die dazugehörigen **Rechtsinhaber** zu bestimmen.

Nach **Art. 24 Abs. 2 Buchst. c) VG-RL** müssen Verwertungsgesellschaften, unter möglichst weitgehender Berücksichtigung freiwilliger branchenüblicher, auf internationaler oder Unionsebene entwickelter Standards und Praktiken, „**eindeutige Kennungen**" verwenden, um Rechtsinhaber und Musikwerke zu bestimmen.

Nach **Art. 24 Abs. 2 Buchst. d) VG-RL** müssen Verwertungsgesellschaften geeignete Mittel verwenden, um Unstimmigkeiten bei Daten, die sich im Besitz anderer mit der Vergabe von Mehrgebietslizenzen befasster Verwertungsgesellschaften befinden, rasch und wirksam zu erkennen und zu beheben. Auf elektronischem Wege muss also ein **wirksamer Datenabgleich** zwischen Verwertungsgesellschaften möglich sein.

Dass Verwertungsgesellschaften über die in **Art. 24 Abs. 1 und 2 VG-RL** geforderten Kapazitäten verfügen, erscheint zumindest aus deutscher Sicht selbstverständlich und dürfte der **gängigen Praxis** entsprechen.[4] Im Übrigen sind bei der elektronischen Datenverarbeitung, insbesondere bei der Überwachung der Nutzung von Lizenzen, auch stets die Anforderungen des **Datenschutze**s zu beachten, wie auch in der VG-RL hervorgehoben wird.[5]

2. § 61

2 § 61 setzt Art. 24 VG-RL um.

§ 61 Abs. 1 übernimmt fast wörtlich Art. 24 Abs. 1 VG-RL und die darin genannten **Mindestanforderungen an die Kapazitäten** von Verwertungsgesellschaften für die elektronische Verarbeitung von Verwaltungsdaten. Die beispielhafte Aufzählung von in diesem Zusammenhang relevanten Datengruppen in Art. 24 Abs. 1 VG-RL übernimmt § 61 Abs. 1 dagegen nicht.

§ 61 Abs. 2 ist ebenfalls eng an Art. 24 Abs. 2 VG-RL angelehnt und listet die dort in Buchst. a)–d) genannten Mindestanforderungen an Verwertungsgesellschaften für die elektronische Datenverwaltung in den Nr. 1–4 auf.

II. Besondere Anforderungen an Verwertungsgesellschaften

1. § 61 Abs. 1 – Ausreichende Kapazitäten der elektronischen Datenverarbeitung

3 § 61 Abs. 1 enthält den in Art. 24 Abs. 1 VG-RL festgelegten Grundsatz, dass Verwertungsgesellschaften[6] über **ausreichende Kapazitäten zur effizienten und transparenten elektronischen Verarbeitung der Daten** verfügen müssen, die für die Verwaltung der gebietsübergreifend vergebenen Online-Rechte an Musikwerken erforderlich sind. Auch hier wieder wird deutlich, welche Bedeutung das VGG und die VG-RL der elektronischen Verwaltung und Übermittlung von Daten beimessen, und dass die elektronische Kommunikation als Standard vorgeschrieben wird.[7]

Auch wenn dies in § 61 Abs. 1, anders als in Art. 24 Abs. 1 VG-RL, nicht ausdrücklich erwähnt wird, soll dabei unter der „**Verwaltung**" von Rechten iSv. § 61 Abs. 1 etwa die Bestimmung des Repertoires und die Überwachung von dessen Nutzung, die Ausstellung von Rechnungen, die Einziehung der Einnahmen aus den Rechten[8] und die Verteilung der Einnahmen zu verstehen sein.[9]

2. § 61 Abs. 2 – Spezifische Kapazitäten der elektronischen Datenverarbeitung

4 § 61 Abs. 2 konkretisiert den in § 61 Abs. 1 enthaltenen Grundsatz und führt vier Bereiche auf, in denen die Verwertungsgesellschaft über die in § 61 Abs. 1 genannten Kapazitäten zur effizienten und transparenten elektronischen Verarbeitung von Daten verfügen muss. Entsprechend der Richtlinien-Vorgabe enthalten § 61 Abs. 2 Nr. 1–4 **keine abschließende Liste,** sondern nennen nur solche Bereiche, in denen die geforderten Kapazitäten mindestens („insbesondere") vorliegen müssen.

Nach **§ 61 Abs. 2 Nr. 1** muss die Verwertungsgesellschaft **jedes Musikwerk,** an dem sie Online-Rechte wahrnimmt, **korrekt bestimmen können** – und zwar effizient und transparent auf elektronischem Wege.

Nach **§ 61 Abs. 2 Nr. 2** muss die Verwertungsgesellschaft in der Lage sein, für jedes Musikwerk und jeden Teil eines Musikwerks, an dem sie Online-Rechte wahrnimmt, diese **Rechte vollständig oder teilweise** und in Bezug auf jedes Gebiet sowie die dazugehörigen **Rechtsinhaber** zu bestimmen. Der Zusatz „vollständig oder teilweise" dürfte sich auf die Rechte an Musikwerken und ggf. an Teilen davon beziehen, die eine Verwertungsgesellschaft – eben ganz oder teilweise – wahrnimmt.[10]

---

[4] Ähnlich *Walter,* Urheber- und Verwertungsgesellschaftenrecht '15, VG-RL Art. 24 Anm. 1.
[5] Erwägungsgrund (43) S. 2 VG-RL.
[6] Zum hier gebrauchten Begriff der Verwertungsgesellschaft → § 59 Rn. 4.
[7] → § 55 Rn. 4 mit weiteren Angaben.
[8] Zum Begriff der Einnahmen aus den Rechten → § 23 Rn. 4.
[9] AmtlBegr. BT-Drs. 18/7223, 91.
[10] Vgl. Art. 24 Abs. 2 Buchst. a) iVm. Erwägungsgrund (42) S. 2 VG-RL; → Rn. 1.

Nach **§ 61 Abs. 2 Nr. 3** muss die Verwertungsgesellschaft unter möglichst weitgehender Berücksichtigung der freiwilligen branchenüblichen, auf internationaler Ebene entwickelten Standards und Praktiken, **„eindeutige Kennungen"** verwenden, um Rechtsinhaber und Musikwerke zu bestimmen. Im Bereich der Musikurheberrechte sind branchenübliche Standards zur Kennung von Werken die internationale Werk-Identifikation der ISWC (International Standard Musical Work Code) und zur Kennung der Rechtsinhaber die IPI (International Parties Information).[11]

Nach **§ 61 Abs. 2 Nr. 4** muss die Verwertungsgesellschaft geeignete Mittel verwenden, um **Unstimmigkeiten** in den Daten anderer mit der Vergabe von Mehrgebietslizenzen befasster Verwertungsgesellschaften **„unverzüglich**[12] **und wirksam erkennen und klären zu können"**. Auch diese Anforderung entspricht der Vorgabe der VG-RL[13] und soll, wie dort auch, einen **wirksamen Datenabgleich** zwischen Verwertungsgesellschaften auf elektronischem Wege ermöglichen.

Wie bereits für Art. 24 VG-RL gilt auch für den damit nahezu inhaltsgleichen § 61, dass die dort geforderten Kapazitäten der Verwertungsgesellschaften zumindest aus deutscher Sicht selbstverständlich sein und der **gängigen Praxis** entsprechen dürften. Außerdem gilt auch hier, dass bei der elektronischen Datenverarbeitung, insbesondere bei der Überwachung der Nutzung von Lizenzen, stets die Anforderungen des **Datenschutze**s zu beachten sind.[14]

§ 62 Informationen zu Musikwerken und Online-Rechten

(1) **Die Verwertungsgesellschaft informiert auf hinreichend begründete Anfrage Anbieter von Online-Diensten, Berechtigte, Rechtsinhaber, deren Rechte sie auf Grundlage einer Repräsentationsvereinbarung wahrnimmt, und andere Verwertungsgesellschaften elektronisch über:**

1. die Musikwerke, an denen sie aktuell Online-Rechte wahrnimmt,
2. die aktuell vollständig oder teilweise von ihr wahrgenommen Online-Rechte und
3. die aktuell von der Wahrnehmung umfassten Gebiete.

(2) **Die Verwertungsgesellschaft darf, soweit dies erforderlich ist, angemessene Maßnahmen ergreifen, um die Richtigkeit und Integrität der Daten zu schützen, um ihre Weiterverwendung zu kontrollieren und um wirtschaftlich sensible Informationen zu schützen.**

Übersicht

I. Allgemeines

1. Die Vorgaben der VG-RL

Art. 25 VG-RL enthält besondere Informationspflichten von mit der Vergabe von Mehrgebietslizenzen für Online-Rechte an Musikwerken befassten Verwertungsgesellschaften. Art. 25 VG-RL tritt damit als **Sonderregel** neben die allgemeinen Informationspflichten gem. **Art. 20 VG-RL**[1] und die Informationspflichten iRv. Repräsentationsvereinbarungen gem. **Art. 19 VG-RL.**[2] **1**

Nach **Art. 25 Abs. 1 S. 1 VG-RL** sind Verwertungsgesellschaften, die Mehrgebietslizenzen für Online-Rechte an Musikwerken vergeben, verpflichtet, den Anbietern von Online-Diensten, den Rechtsinhabern und anderen Verwertungsgesellschaften auf deren **begründete Anfrage** hin **auf elektronischem Wege** aktuelle **Informationen** zu übermitteln, anhand derer das Online-Musikrepertoire, das sie repräsentieren, bestimmt werden kann.

Art. 25 Abs. 1 S. 2 Buchst. a)–c) VG-RL bestimmen, welchen Inhalt diese Informationen umfassen müssen, nämlich gem. Buchst. a) die repräsentierten Musikwerke, gem. Buchst. b) die vollständig oder teilweise repräsentierten Rechte, und gem. Buchst. c) die umfassten Lizenzgebiete.

Art. 25 Abs. 2 VG-RL enthält eine **Schutzklausel:** Verwertungsgesellschaften können bei der Erfüllung ihrer Informationspflichten gem. Art. 25 VG-RL „erforderlichenfalls angemessene Maß-

---

[11] Vgl. Heine/Holzmüller/*Welp* § 61 Rn. 13 f.
[12] Dh. ohne schuldhaftes Zögern von Seiten der Verwertungsgesellschaft iSv. § 121 Abs. 1 S. 1 BGB; in Art. 24 Abs. 2 Buchst. b) VG-RL wird hier der Begriff „rasch" verwendet, und in der englischen Fassung dieser Bestimmung „in a timely manner".
[13] Art. 24 Abs. 2 Buchst. d) VG-RL.
[14] Vgl. Erwägungsgrund (43) S. 2 VG-RL; → Rn. 1.
[1] → § 55 Rn. 1.
[2] → § 47 Rn. 1.

nahmen" ergreifen „zum Schutz der Korrektheit und Integrität der Daten, zur Kontrolle ihrer Weiterverwendung und zum Schutz wirtschaftlich sensibler Informationen". Darüber hinaus werden sie in diesem Zusammenhang aber entsprechend den Vorgaben des Datenschutzes auch geeignete Maßnahmen zum Schutz personenbezogener Daten von Rechtsinhabern, Nutzern oder anderen betroffenen Personen treffen können oder sogar müssen.[3]

Art. 25 VG-RL entspricht damit zwar weitgehend den allgemeinen Informationspflichten der Verwertungsgesellschaften gem. Art. 20 VG-RL zur Information von Rechtsinhabern, anderen Verwertungsgesellschaften und Nutzern über das wahrgenommene Repertoire,[4] enthält aber darüber hinausgehend in Art. 25 Abs. 2 VG-RL besondere Bestimmungen für den Schutz der Korrektheit und Integrität der Daten und den Schutz wirtschaftlich sensibler Informationen. Anderseits enthält Art. 25 VG-RL keine Ausweichklausel der Art, wie sie Art. 20 Buchst. b) VG-RL vorsieht, wonach die Informationspflicht auf die Art der Werke und Schutzgegenstände beschränkt werden kann, falls diese nicht im Einzelnen bestimmbar sind.[5]

2. § 62

2 § 62 setzt Art. 25 VG-RL um.

§ 62 Abs. 1 bestimmt **Inhalt** und **Modus** der **Informationspflichten** der Verwertungsgesellschaft gegenüber Anbietern von Online-Diensten, Berechtigten, Rechtsinhabern und anderen Verwertungsgesellschaften und übernimmt hierzu, abgesehen von einigen Präzisierungen, fast wörtlich die Vorgaben in Art. 25 Abs. 1 VG-RL. Der in Art. 25 Abs. 1 S. 2 Buchst. a)–c) VG-RL näher bezeichnete Inhalt dieser Informationspflichten ist in **§ 62 Abs. 1 Nr. 1–3** aufgeführt.

§ 62 Abs. 2 ist nahezu wortgleich mit Art. 25 Abs. 2 VG-RL. Diese Bestimmung gibt Verwertungsgesellschaften in Gestalt einer **Schutzklausel** die Möglichkeit, iRd. Informationserteilung die übermittelten Daten gegen Missbrauch zu schützen.

II. Informationen zu Musikwerken und Online-Rechten

1. § 62 Abs. 1 – Verpflichtung zur elektronischen Information

3 **§ 62 Abs. 1** enthält die in Art. 25 Abs. 1 VG-RL festgelegten Verpflichtungen der Verwertungsgesellschaften,[6] die gebietsübergreifend Online-Rechte an Musikwerken vergeben, zur Erteilung von **Informationen** über von ihnen repräsentierte **Musikwerke** und **Online-Rechte**. Der Verfügbarkeit von korrekten und vollständigen Informationen über Musikwerke, über von der Verwertungsgesellschaft repräsentierte Rechtsinhaber und über von ihr wahrgenommene Rechte wird schon in der VG-RL sowohl für eine effektive und transparente Lizenzvergabe als auch für alle anderen Maßnahmen der kollektiven Rechtewahrnehmung in diesem Bereich große Bedeutung beigemessen.[7]

Als **Adressaten** der Informationspflichten der Verwertungsgesellschaft werden in § 62 Abs. 1 genannt: die Anbieter von Online-Diensten,[8] Berechtigte,[9] Rechtsinhaber,[10] deren Rechte die Verwertungsgesellschaft auf der Grundlage einer Repräsentationsvereinbarung[11] wahrnimmt, sowie andere Verwertungsgesellschaften.[12] Damit sollen diese Adressaten in die Lage versetzt werden, das von der Verwertungsgesellschaft wahrgenommene Musikrepertoire bestimmen zu können.[13]

Gegenüber den genannten Adressaten ist die Verwertungsgesellschaft aber nur dann zur Übermittlung von Informationen verpflichtet, wenn diese eine **hinreichend begründete Anfrage** an die Verwertungsgesellschaft richten. Dieselbe Bedingung findet sich auch in § 55 Abs. 1 betreffend die Informationspflicht zu Werken und sonstigen Schutzgegenständen; sie wurde wörtlich von Art. 25 Abs. 1 S. 1 VG-RL bzw. Art. 20 S. 1 VG-RL übernommen. Mit dieser Bedingung soll nicht nur klargestellt werden, dass schikanöse Anfragen, mit denen Verwertungsgesellschaften lediglich geschädigt werden sollen, nicht beantwortet werden müssen;[14] sie soll auch dazu dienen sicherzustellen, dass die Anfrage für die potentielle Lizenzerteilung und den Geschäftsbetrieb der Verwertungsgesellschaft tatsächlich relevant ist und diesen nicht unangemessen beeinträchtigt.[15]

---

[3] Vgl. Erwägungsgrund (52) VG-RL.

[4] → § 55 Rn. 1.

[5] Vgl. → § 55 Rn. 5.

[6] Zum hier gebrauchten Begriff der Verwertungsgesellschaft → § 59 Rn. 4.

[7] Vgl. Erwägungsgrund (41) S. 1 VG-RL.

[8] Diese sind Nutzer iSv. § 8; → § 8 Rn. 4 ff.; zum Begriff der Online-Rechte → § 59 Rn. 5.

[9] Berechtigte sind Rechtsinhaber, die in einem unmittelbaren Wahrnehmungsverhältnis zur Verwertungsgesellschaft stehen; → § 6 Rn. 5.

[10] Der Begriff des Rechtsinhabers ist im VGG weit gefasst; → § 5 Rn. 3 ff.

[11] Zum Begriff der Repräsentationsvereinbarung → § 44 Rn. 4; die allgemeinen Informationspflichten gem. § 62 betreffend Musikwerke und Online-Rechte bestehen unbeschadet der besonderen Informationspflichten, denen Verwertungsgesellschaften → § 47 iRv. Repräsentationsvereinbarungen unterliegen; → § 47 Rn. 3 f.

[12] Zum hier gebrauchten Begriff der Verwertungsgesellschaft → § 59 Rn. 4.

[13] AmtlBegr. BT-Drs. 18/7223, 91.

[14] Vgl. § 226 BGB.

[15] Vgl. → § 55 Rn. 4; AmtlBegr. BT-Drs. 18/7223, 89.

Gem. § 62 Abs. 1 müssen die betreffenden Informationen **elektronisch** übermittelt werden. Bereits an anderen Stellen und in anderem Zusammenhang schreibt das VGG im Verhältnis der Verwertungsgesellschaften zu Berechtigten[16] und Nutzern[17] die elektronische Kommunikation vor, und auch die VG-RL enthält entsprechende Vorgaben in einer Reihe von Bestimmungen.[18] Es entspricht der Vorgabe in Art. 25 Abs. 1 S. 1 VG-RL und erscheint daher nur konsequent, dass auch im Rahmen von § 62 Abs. 1 die Übermittlung der Informationen über Musikwerke und Online-Rechte auf elektronischem Wege, also etwa über Online-Datenbanken, erfolgen muss. Dieser Weg entspricht dem Gebot, alle Beteiligten in die Lage zu versetzen, die Informationen einfach, dh. ohne zu große eigene Umstände, zu erlangen.[19]

In **§ 62 Abs. 1 Nr. 1–3** wird bestimmt, welchen **Inhalt** die betreffenden Informationen haben müssen. Die allgemeine Informationspflicht der Verwertungsgesellschaften gem. § 55 Abs. 1 bezieht sich auf Werke, sonstige Schutzgegenstände oder Rechte bzw. auf deren „Arten", falls die Verwertungsgesellschaft diese nicht konkret bestimmen kann.[20] Dagegen muss eine Verwertungsgesellschaft, die gebietsübergreifend Online-Rechte an Musikwerken wahrnimmt, den genannten Adressaten stets konkrete Informationen erteilen, anhand derer ihr aktuelles, also zur Zeit geltendes[21] Online-Musikrepertoire bestimmt werden kann:

Gem. **§ 62 Abs. 1 Nr.** 1 muss sie hierzu über **Musikwerke** informieren, an denen sie „aktuell", dh. derzeit, Online-Rechte wahrnimmt, die sich also in ihrem aktiven Repertoire befinden und an denen sie Lizenzen erteilen kann.

Gem. **§ 62 Abs. 1 Nr. 2** muss sie über die derzeit („aktuell") **vollständig oder teilweise** von ihr wahrgenommenen **Online-Rechte** informieren. Der Zusatz „vollständig oder teilweise", der sich auch in § 61 Abs. Nr. 2 findet und aus Art. 24 Abs. 2 Buchst. a) und Art. 25 Abs. 1 S. 2 Buchst. b) VG-RL übernommen wurde, dürfte sich auf die Rechte an Musikwerken und ggf. an Teilen davon beziehen, die eine Verwertungsgesellschaft eben ganz oder teilweise wahrnimmt. Dieser Zusatz soll offenbar größtmöglicher Transparenz über den Umfang der tatsächlich einräumbaren Lizenz dienen.[22]

Gem. **§ 62 Abs. 1 Nr. 3** muss die Verwertungsgesellschaft auch über die derzeit („aktuell") von ihrer Rechtewahrnehmung **umfassten Gebiete** informieren. Dieses Element der Information ist gerade für die Vergabe von Mehrgebietslizenzen von entscheidender Bedeutung, denn ein Anbieter von Online-Diensten muss wissen, von welcher Verwertungsgesellschaft er Lizenzen für welche Gebiete erwerben kann.

2. § 62 Abs. 2 – Angemessene Maßnahmen zum Schutz der Informationen

§ 62 Abs. 2 erlaubt es der Verwertungsgesellschaft, durch angemessene Maßnahmen die Richtigkeit und Integrität der gem. § 62 Abs. 1 zu übermittelnden Informationen zu gewährleisten, ihre Weiterverarbeitung zu kontrollieren, und wirtschaftlich sensible Informationen zu schützen. § 62 Abs. 2 ist nahezu wortgleich mit Art. 25 Abs. 2 VG-RL und wurde nicht nur in § 62 Abs. 2 (der Art. 25 Abs. 2 VG-RL umsetzt) übernommen, sondern auch in § 55 Abs. 2, obwohl der von § 55 umgesetzte Art. 20 VG-RL eine solche Bestimmung nicht enthält.[23]

§ 62 Abs. 2 verfolgt einen **dreifachen Zweck:** (1) Es soll den Verwertungsgesellschaften ermöglicht werden, die genannten Informationen jeweils auf dem neuesten Stand zu halten und zu gewährleisten, dass sie **korrekt und vollständig** sind;[24] (2) Verwertungsgesellschaften sollen außerdem die **Weiterverwendung** dieser Informationen[25] kontrollieren dürfen; und (3) sollen Verwertungsgesellschaften „wirtschaftlich sensible Daten"[26] schützen dürfen. Hier wird es also in erster Linie darum gehen, dass Verwertungsgesellschaften ihren Informationsverpflichtungen gem. § 62 Abs. 1 durch die Übermittlung korrekter und aktueller Daten nachkommen. Da es sich im Einzelfall um sensible Daten handeln kann – etwa wenn Anonymität, vertrauliche wirtschaftliche oder Steuerdaten oder vertrauliche vertragliche Strukturen im Spiel sind –, müssen Verwertungsgesellschaften auch deren Schutz gewährleisten können, etwa indem sie die Weitergabe der Daten an Dritte durch technische Schutzmaßnahmen kontrollieren.

Der **Schutz persönlicher Daten** ist in § 62 Abs. 2 nicht angesprochen und wird auch in Art. 25 Abs. 2 VG-RL nicht erwähnt; im Richtlinienvorschlag der Kommission war der „Schutz personenbe-

---

[16] → § 14 Rn. 3 ff.
[17] → § 43 Rn. 3 ff.
[18] Vgl. Art. 6 Abs. 4, 16 Abs. 4, 19, 20, 25 oder 27 Abs. 2 VG-RL.
[19] → § 55 Rn. 4; vgl. schon zu § 10 UrhWG AmtlBegr. UrhWG BT-Drs. IV/271, 17.
[20] → § 55 Rn. 5.
[21] Gem. Art. 25 Abs. 1 S. 1 VG-RL müssen jeweils „aktuelle Informationen" übermittelt werden, die auf dem neuesten Stand sind; vgl. Erwägungsgrund (42) S. 1 VG-RL.
[22] Vgl. Erwägungsgrund (42) S. 2 VG-RL.
[23] → § 55 Rn. 6.
[24] In Art. 25 Abs. 2 VG-RL: „Korrektheit und Integrität", in Erwägungsgrund (41) S. 7 VG-RL: „Richtigkeit und Vollständigkeit"; in der englischen Sprachfassung von Art. 25 Abs. 2 und Erwägungsgrund (41) S. 7 VG-RL: „accuracy and integrity".
[25] In der englischen Sprachfassung von Art. 25 Abs. 2 und Erwägungsgrund (41) S. 7 VG-RL: „reuse".
[26] In der englischen Sprachfassung von Art. 25 Abs. 2 und Erwägungsgrund (41) S. 7 VG-RL: „commercially sensitive information".

zogener Daten" als Schutzzweck noch enthalten.[27] Man wird aber ohne Weiteres davon ausgehen können, dass Verwertungsgesellschaften iRd. Informationsübermittlung gem. § 62 Abs. 1 ohnehin verpflichtet sind, den Schutz personenbezogener Daten zu gewährleisten.[28]

Verwertungsgesellschaften sollen iRv. § 62 Abs. 2 zu den genannten Schutzzwecken **„angemessene Maßnahmen"** ergreifen können, „soweit dies **erforderlich** ist". Angemessen und erforderlich sind die Maßnahmen insbesondere dann, wenn ohne sie zumindest einer der in § 62 Abs. 2 genannten Schutzzwecke gefährdet wäre und sie den Zweck der Informationsübermittlung und damit die Verpflichtung der Verwertungsgesellschaften gem. § 62 Abs. 1 nicht beeinträchtigen oder gar untergraben.

§ 63 Berichtigung der Informationen

(1) **Die Verwertungsgesellschaft verfügt über Regelungen, wonach Anbieter von Online-Diensten, Rechtsinhaber und andere Verwertungsgesellschaften die Berichtigung der Daten, auf die in § 61 Absatz 2 Bezug genommen wird, und die Berichtigung der Informationen nach § 62 Absatz 1 beantragen können.**

(2) **Ist ein Antrag begründet, berichtigt die Verwertungsgesellschaft die Daten oder die Informationen unverzüglich.**

Übersicht

I. Allgemeines

1. Die Vorgaben der VG-RL

1 Die in **Art. 24 Abs. 2 VG-RL** genannten **Daten** und die **Informationspflichten,** denen Verwertungsgesellschaften gem. **Art. 25 VG-RL** unterliegen, wären nicht operationell, und die betreffenden Informationen über gebietsübergreifende Repertoires (Musikwerke, Rechtsinhaber, Verwertungsgebiete) würden ihren Wert verlieren, wenn diese Daten und Informationen nicht jeweils auf dem neuesten Stand, korrekt und vollständig wären.[1] Es versteht sich daher von selbst, dass Verwertungsgesellschaften iRd. VG-RL gehalten sind, ihre Daten von sich aus kontinuierlich und ohne Verzögerung zu aktualisieren.[2]

Art. 26 VG-RL enthält darüber hinaus flankierende Bestimmungen, die die Korrektheit und Aktualität dieser von den Verwertungsgesellschaften bereit zu haltenden Daten iSv. Art. 24 Abs. 2 VG-RL und Informationen iSv. Art. 25 VG-RL gewährleisten sollen: Gem. **Art. 26 Abs. 1 VG-RL** müssen Verwertungsgesellschaften über Regelungen verfügen, die es den **Rechtsinhabern, anderen Verwertungsgesellschaften** und **Anbietern von Online-Diensten** ermöglichen, die **Korrektur** der in Art. 24 Abs. 2 genannten Daten und der nach Art. 25 vorzulegenden Informationen zu beantragen und im Ergebnis zu bewirken.

Gem. **Art. 26 Abs. 1 S. 1 VG-RL** ist hierfür Voraussetzung, dass die Antragsteller **„Grund zu der Annahme"** haben, dass die betreffenden Daten oder Informationen nicht korrekt sind.

Ist die Beanstandung **„hinreichend begründet",** so muss die betreffende Verwertungsgesellschaft gem. **Art. 26 Abs. 1 S. 2 VG-RL** dafür sorgen, dass die „Daten oder Informationen **unverzüglich berichtigt** werden".

2. § 63

2 § 63 setzt Art. 26 Abs. 1 VG-RL um.

§ 63 Abs. 1 übernimmt mit wenigen sprachlichen Anpassungen den Inhalt von Art. 26 Abs. 1 S. 1 VG-RL und bestimmt, dass Verwertungsgesellschaften über Regelungen verfügen müssen, die es Anbietern von Online-Diensten, Rechtsinhabern und anderen Verwertungsgesellschaften ermöglicht,

---

[27] Vgl. Art. 23 Abs. 2 des Richtlinienvorschlags der Kommission, COM(2012) 372 final vom 11.7.2012.
[28] Laut Erwägungsgrund (52) S. 1 VG-RL müssen Verwertungsgesellschaften „das Recht auf Achtung des Privat- und Familienlebens und auf Schutz der personenbezogenen Daten von Rechtsinhabern, Mitgliedern, Nutzern und sonstigen Personen, deren personenbezogene Daten sie verarbeiten, wahren".
[1] → § 62 Rn. 4.
[2] Vgl. Erwägungsgrund (42) S. 1–3 VG-RL.

die **Berichtigung** der in § 61 Abs. 2 genannten Daten sowie der nach § 62 Abs. 1 auf Anfrage zu übermittelnden Informationen **zu beantragen.**

§ 63 Abs. 2 entspricht fast wörtlich Art. 26 Abs. 1 S. 2 VG-RL: Ist ein solcher Antrag iSv. § 63 Abs. 1 **begründet,** muss die Verwertungsgesellschaft die Daten oder die Informationen **unverzüglich berichtigen.**

II. Berichtigung der Informationen

1. § 63 Abs. 1 – Regelungen für Anträge auf Berichtigung von Informationen

§ 63 Abs. 1 ist ebenso wie der dieser Bestimmung zugrunde liegende Art. 26 Abs. 1 VG-RL Aus- **3** fluss der Überlegung, dass der Korrektheit, Aktualität und Verfügbarkeit von Daten und Informationen über Musikwerke, über von der Verwertungsgesellschaft repräsentierte Rechtsinhaber, über von ihr wahrgenommene Rechte und über ihr Lizenzgebiet sowohl für eine effektive und transparente Lizenzvergabe als auch für alle anderen Maßnahmen der kollektiven Rechtewahrnehmung iRd. gebietsübergreifenden Vergabe von Online-Rechten entscheidende Bedeutung zukommt.[3]

Dafür zu sorgen, dass sich diese Daten und Informationen jeweils auf dem neuesten Stand befinden, ist in erster Linie **Aufgabe der Verwertungsgesellschaften selbst.** Darüber hinaus sollen sie aber auch verpflichtet sein, Hinweisen von außen auf fehlerhafte Daten nachzugehen.

Hierzu enthält § 63 Abs. 1, entsprechend Art. 26 Abs. 1 VG-RL, die Verpflichtung der **Verwertungsgesellschaften,**[4] die gebietsübergreifend Online-Rechte an Musikwerken vergeben, **Regelungen** zur Verfügung zu stellen, die es den Anbietern von Online-Diensten, Rechtsinhabern und anderen Verwertungsgesellschaften ermöglichen, die **Berichtigung** der in § 61 Abs. 2 genannten Daten (betreffend insbesondere Musikwerke, Rechte, Lizenzgebiet und Rechtsinhaber)[5] und der nach § 62 vorzulegenden Informationen (über Musikwerke, Online-Rechte und das Lizenzgebiet)[6] zu beantragen.

Über die **Art der Regelung** und das Verfahren sagt § 63 Abs. 1 nichts. Die Wahl der geeigneten Regelung und des Verfahrens wird insoweit der Verwertungsgesellschaft überlassen bleiben, solange daraus ihre Verpflichtung erwächst, begründeten Hinweisen nachzugehen und die entsprechenden Korrekturen vorzunehmen. Gem. **§ 56 Abs. 1 Nr. 13** muss die Verwertungsgesellschaft ihre Regelung auf ihrer Internetseite **veröffentlichen.**[7]

Als **Antragsteller,** die die Berichtigung der Daten iSv. § 61 Abs. 2 und der Informationen iSv. § 62 Abs. 1 beantragen können, werden in § 63 Abs. 1 genannt: die Anbieter von Online-Diensten,[8] Rechtsinhaber,[9] sowie andere Verwertungsgesellschaften. Obwohl sie hier – im Gegensatz zu § 62 Abs. 1 – nicht ausdrücklich genannt sind, dürften auch Berechtigte[10] antragsberechtigt sein iSv. § 63 Abs. 1, da sie vom Oberbegriff der Rechtsinhaber miterfasst sind.

2. § 63 Abs. 2 – Pflicht zur Berichtigung der Daten

§ 63 Abs. 2 bestimmt die Rechtsfolge eines berechtigten Fehlerhinweises: Ist der Antrag gem. **4** § 63 Abs. 1 begründet, ist die Verwertungsgesellschaft verpflichtet, die Daten oder Informationen unverzüglich zu berichtigen.

Begründet ist der Antrag dann, wenn die beanstandeten Daten oder Informationen tatsächlich **objektiv unzutreffend** sind. Zu Recht ist der Gesetzgeber nicht der insoweit missverständlichen Sprache der VG-RL gefolgt, wonach es für eine Berichtigung ausreichend sein soll, dass eine Beanstandung „hinreichend begründet" ist.[11]

Falls der Antrag dementsprechend begründet ist, die beanstandeten Daten oder Informationen also objektiv unzutreffend sind, muss die Verwertungsgesellschaft diese **unverzüglich** berichtigen, also ohne schuldhaftes Zögern ihrerseits.[12] In der Tat dürfte es im Interesse aller Beteiligten, vor allem aber in dem der Verwertungsgesellschaft selbst liegen, fehlerhafte Daten oder Informationen so schnell wie möglich zu berichtigen.

Die Einhaltung der in § 63 Abs. 1 (zum Bestehen von Regelungen) und § 63 Abs. 2 (Berichtigung unrichtiger Daten) genannten Pflichten der Verwertungsgesellschaft unterliegt der Aufsicht.[13]

---

[3] Vgl. Erwägungsgrund (41) S. 1 VG-RL.
[4] Zum hier gebrauchten Begriff der Verwertungsgesellschaft → § 59 Rn. 4.
[5] → § 61 Rn. 4.
[6] → § 62 Rn. 3.
[7] → § 56 Rn. 4 f.
[8] Diese sind Nutzer iSv. § 8; → § 8 Rn. 4 ff.; zum Begriff der Online-Rechte → § 59 Rn. 5.
[9] Der Begriff des Rechtsinhabers ist im VGG weit gefasst; → § 5 Rn. 3 ff.
[10] Berechtigte sind Rechtsinhaber, die in einem unmittelbaren Wahrnehmungsverhältnis zur Verwertungsgesellschaft stehen; → § 6 Rn. 5.
[11] In der englischen Sprachversion der VG-RL heisst es: „sufficiently substantiated"; tatsächlich wird aber eine „Berichtigung" nur von objektiv „unrichtigen" Daten oder Informationen verlangt werden können.
[12] Vgl. § 121 Abs. 1 S. 1 BGB; die englische Sprachversion der VG-RL verwendet den weniger präzisen Begriff „without undue delay".
[13] → § 76 Rn. 5.

§ 64 Elektronische Übermittlung von Informationen

(1) [1]Die Verwertungsgesellschaft ermöglicht jedem Berechtigten, elektronisch Informationen zu seinen Musikwerken und zu Online-Rechten an diesen Werken sowie zu den Gebieten zu übermitteln, für die er die Verwertungsgesellschaft mit der Wahrnehmung beauftragt hat. [2]Dabei berücksichtigen die Verwertungsgesellschaft und die Berechtigten so weit wie möglich die freiwilligen branchenüblichen Standards und Praktiken für den Datenaustausch, die auf internationaler Ebene entwickelt wurden.

(2) Im Rahmen von Repräsentationsvereinbarungen gilt Absatz 1 auch für die Berechtigten der beauftragenden Verwertungsgesellschaft, soweit die Verwertungsgesellschaften keine abweichende Vereinbarung treffen.

Übersicht

I. Allgemeines

1. Die Vorgaben der VG-RL

1   **Art. 26 VG-RL** enthält Bestimmungen, die die Aktualität, Korrektheit und ggf. Korrektur der Daten iSv. Art. 24 Abs. 2 VG-RL und der Informationen iSv. Art. 25 VG-RL gewährleisten sollen, zu deren (elektronischer) Übermittlung Verwertungsgesellschaften gem. **Art. 25 VG-RL** unter den dort genannten Voraussetzungen verpflichtet sind. Art. 26 VG-RL flankiert also die in Art. 25 VG-RL statuierten Informationspflichten.

Hierzu bestimmt **Art. 26 Abs. 1 VG-RL,** dass Verwertungsgesellschaften über **Regelungen** verfügen müssen, die es den Rechtsinhabern, anderen Verwertungsgesellschaften und Anbietern von Online-Diensten ermöglichen, die **Korrektur** der betreffenden Daten und Informationen **zu beantragen.**[1]

Art. 26 Abs. 2 VG-RL ergänzt die in Art. 26 Abs. 1 VG-RL enthaltene Grundregel durch Bestimmungen, die eine strukturierte Übermittlung der betreffenden Informationen unter Einsatz elektronischer Datenverarbeitungssysteme **durch die Rechtsinhaber** gewährleisten sollen. Damit soll der Bedeutung automatisierter Informationssysteme für die rasche und effiziente Verarbeitung der jeweiligen Daten Rechnung getragen werden:[2]

Nach **Art. 26 Abs. 2 S. 1 VG-RL** sind Verwertungsgesellschaften verpflichtet, es den Rechtsinhabern, die ihnen Online-Rechte an Musikwerken gem. Art. 31 VG-RL zur Wahrnehmung übertragen haben (also ihren Berechtigten), zu ermöglichen, der Verwertungsgesellschaft Informationen zu ihren Musikwerken, zu ihren daran bestehenden Rechten und zu den von der Rechtewahrnehmung erfassten Gebieten **auf elektronischem Wege** zu übermitteln.

Nach **Art. 26 Abs. 2 S. 2 VG-RL** haben Verwertungsgesellschaften und Rechtsinhaber dabei „so weit wie möglich **freiwillige branchenübliche Standards und Praktiken für den Datenaustausch"** zu berücksichtigen, die auf internationaler oder Unionsebene entwickelt wurden und dazu dienen, (1) das jeweilige Musikwerk oder Teile davon, (2) die Online-Rechte („vollständig oder teilweise")[3] und (3) die Gebiete, für die die Rechtsinhaber der jeweiligen Verwertungsgesellschaft den Wahrnehmungsauftrag erteilt haben, anzugeben.[4]

Nach **Art. 26 Abs. 3 VG-RL** gelten die Vorgaben des Art. 26 Abs. 2 VG-RL (Datenübermittlung auf elektronischem Wege unter Berücksichtigung branchenüblicher Standards und Praktiken) **auch iRv. Vereinbarungen zwischen Verwertungsgesellschaften** zur Wahrnehmung von Online-Rechten an Musikwerken **gem. Art. 29 und 30 VG-RL,** und zwar im Verhältnis zwischen den Berechtigten der beauftragenden Verwertungsgesellschaft und der beauftragten Verwertungsgesell-

---

[1] Zu den in Art. 26 Abs. 1 VG-RL bestimmten Voraussetzungen → § 63 Rn. 1.

[2] Vgl. Erwägungsgrund (42) S. 5 VG-RL.

[3] Der Zusatz „vollständig oder teilweise", der sich auch an anderen Stellen der VG-RL findet (Art. 24 Abs. 2 Buchst. a) und Art. 25 Abs. 1 S. 2 Buchst. b) VG-RL), dürfte dahingehend zu verstehen sein, dass damit die Auskünfte über Rechte an Musikwerken oder ggf. an Teilen davon gemeint sind, die eine Verwertungsgesellschaft – eben ganz oder teilweise – wahrnimmt; → § 61 Rn. 4, → § 62 Rn. 3; vgl. Erwägungsgrund (42) S. 2 VG-RL; *Walter,* Urheber- und Verwertungsgesellschaftenrecht '15, VG-RL Art. 26 Anm. 2: Auskünfte über unterschiedliche „Rechtsschichten".

[4] In der Nutzung branchenüblicher Standards sieht die VG-RL eine wichtige Voraussetzung für den effizienten Datenaustausch zwischen Verwertungsgesellschaften und Nutzern; Erwägungsgrund (43) S. 1 VG-RL.

schaft. Allerdings gilt dies nicht, soweit die beteiligten Verwertungsgesellschaften (also beauftragende und beauftragte) **anderslautende Vereinbarungen** getroffen haben.

2. § 64

§ 64 setzt Art. 26 Abs. 2 und Abs. 3 VG-RL um. 2

§ 64 Abs. 1 S. 1 stimmt inhaltlich weitgehend mit Art. 26 Abs. 2 S. 1 VG-RL überein. Danach müssen Verwertungsgesellschaften es jedem Berechtigten ermöglichen, **Informationen** zu seinen Musikwerken, zu daran bestehenden Online-Rechten und zu den von ihm bestimmten Wahrnehmungsgebieten **elektronisch zu übermitteln.**

§ 64 Abs. 1 S. 2 enthält entsprechend Art. 26 Abs. 2 S. 2 VG-RL die Verpflichtung von Verwertungsgesellschaften und Berechtigten, bei der Informationsübermittlung gem. § 64 Abs. 1 S. 1 „so weit wie möglich die **freiwilligen branchenüblichen Standards und Praktiken für den Datenaustausch**", die auf internationaler Ebene entwickelt wurden, zu berücksichtigen. Der auf die Online-Rechte bezogene Zusatz „vollständig oder teilweise" sowie der Hinweis auf die auf „Unionsebene" entwickelten Standards und Praktiken in Art. 26 Abs. 2 S. 2 VG-RL waren allerdings entbehrlich und wurden in § 64 Abs. 1 S. 2 nicht übernommen.

§ 64 Abs. 2 entspricht inhaltlich Art. 26 Abs. 3 VG-RL, ist aber sprachlich weitaus straffer gefasst als dieser. Danach gilt iRv. Repräsentationsvereinbarungen für die gebietsübergreifende Vergabe von Online-Rechten an Musikwerken § 64 Abs. 1 auch für die **Berechtigten der beauftragenden Verwertungsgesellschaft,** soweit die Verwertungsgesellschaften keine abweichende Vereinbarung treffen.

II. Elektronische Übermittlung von Informationen

1. § 64 Abs. 1 – Ermöglichung elektronischer Informationsübermittlung

§ 64 ergänzt die Verpflichtung der Verwertungsgesellschaften zur Übermittlung von Informationen 3
gem. § 62 und zur Regelung des Verfahrens für die Berichtigung ihrer Daten und Informationen gem. § 63 durch Bestimmungen über den **Modus der Datenübermittlung.** Dabei folgt § 64 fast wörtlich den Vorgaben in Art. 26 Abs. 2 und 3 VG-RL und macht die strukturierte Übermittlung der betreffenden Informationen unter Einsatz elektronischer Datenverarbeitungssysteme zur Regel.[5]

Nach **§ 64 Abs. 1 S. 1** ist die **Verwertungsgesellschaft**[6] verpflichtet, jedem ihrer **Berechtigten**[7] die **elektronische Übermittlung von Informationen** zu ermöglichen.

Bereits an anderen Stellen und in anderem Zusammenhang schreibt das VGG im Verhältnis der Verwertungsgesellschaften zu Berechtigten,[8] Nutzern[9] oder anderen Verwertungsgesellschaften[10] die **elektronische Kommunikation** vor, und auch die VG-RL enthält entsprechende Vorgaben in einer Reihe von Bestimmungen.[11] Es entspricht Art. 26 Abs. 2 S. 1 VG-RL und erscheint daher nur konsequent, dass auch im Rahmen von § 64 Abs. 1 Berechtigte von ihrer Verwertungsgesellschaft in die Lage versetzt werden müssen, ihr Informationen auf elektronischem Wege zu übermitteln. Dieser Weg entspricht dem oben erwähnten allgemeinen Gebot, Informationen rasch und strukturiert zu übermitteln und verarbeiten zu können und den dafür erforderlichen Aufwand in Grenzen zu halten.[12]

Inhaltlich bezieht sich die elektronische Datenübermittlung gem. § 64 Abs. 1 S. 1 auf Informationen des Berechtigten (1) zu seinen **Musikwerken,** (2) zu **Online-Rechten** an diesen Werken[13] und (3) zu den **Gebieten,** für die er die Verwertungsgesellschaft mit der Rechtewahrnehmung beauftragt hat. Dies sind diejenigen Daten, die für die gebietsübergreifende kollektive Wahrnehmung von Online-Rechten an Musikwerken von besonderer Bedeutung sind, und über die Verwertungsgesellschaften gem. § 62 die Anbieter von Online-Diensten, Berechtigte, bestimmte Rechtsinhaber und andere Verwertungsgesellschaften auf Anfrage informieren müssen. Es erscheint wichtig, dass insoweit auch

---

[5] Vgl. Erwägungsgrund (42) S. 5 VG-RL.
[6] Zum hier gebrauchten Begriff der Verwertungsgesellschaft → § 59 Rn. 4.
[7] Berechtigte sind Rechtsinhaber, die in einem unmittelbaren Wahrnehmungsverhältnis zur Verwertungsgesellschaft stehen; → § 6 Rn. 5.
[8] → § 14 Rn. 3 ff.
[9] → § 43 Rn. 3 ff.
[10] → § 47 Rn. 3 ff.
[11] Vgl. Art. 6 Abs. 4, 16 Abs. 4, 19, 20, 25 oder 27 Abs. 2 VG-RL.
[12] Vgl. Erwägungsgrund (42) S. 5 VG-RL.
[13] Für die Rechte gilt dies „vollständig oder teilweise", obwohl darauf in § 64 nicht ausdrücklich hingewiesen wird; der in Art. 26 Abs. 2 S. 2 VG-RL enthaltene Zusatz „vollständig oder teilweise", der sich auch an anderen Stellen der VG-RL findet (Art. 24 Abs. 2 Buchst. a) und Art. 25 Abs. 1 S. 2 Buchst. b) VG-RL), dürfte dahingehend zu verstehen sein, dass damit die Auskünfte über Rechte an Musikwerken oder ggf. an Teilen davon gemeint sind, die eine Verwertungsgesellschaft – ganz oder teilweise – wahrnimmt; → § 61 Rn. 4; → § 62 Rn. 3; vgl. Erwägungsgrund (42) S. 2 VG-RL; *Walter,* Urheber- und Verwertungsgesellschaftenrecht '15, VG-RL Art. 26 Anm. 2: Auskünfte über unterschiedliche „Rechtsschichten"; ein entsprechender Zusatz in § 64 Abs. 1 erscheint entbehrlich.

die Berechtigten selbst auf elektronischem Wege, und damit so schnell und effizient wie möglich, durch ihre Informationen zur nötigen Aktualität und Transparenz beitragen, zumal sie gem. §§ 9 ff. hinsichtlich der Rechteeinräumung und des Entzugs ihrer Rechte über erhebliche Flexibilität verfügen.[14]

Gem. **§ 64 Abs. 1 S. 2** müssen sowohl der von der Verwertungsgesellschaft den Berechtigten zur Verfügung gestellte Weg der elektronischen Informationsübermittlung als auch die Übermittlung der Informationen selbst durch die Berechtigten „so weit wie möglich die **freiwilligen branchenüblichen Standards und Praktiken für den Datenaustausch**" berücksichtigen, die auf internationaler Ebene entwickelt wurden. Dies ist vor allem das von der CISAC entwickelte Common Works Registration Format (CWR). Dieser Hinweis auf die Verwendung von internationalen Standards für den Datenaustausch soll offenbar dazu dienen, den Datenaustausch im Interesse aller (ggf. auch ausländischen) Beteiligten möglichst kompatibel und damit effizient auszugestalten.[15] Auch dies soll dazu beitragen, dass der für die Datenübermittlung erforderliche Aufwand in Grenzen gehalten wird. In seiner Wirkung deutlich eingeschränkt ist der Hinweis allerdings durch den Zusatz **„so weit wie möglich"** und dadurch, dass die besondere Betonung auf der **Freiwilligkeit** der betreffenden Standards und Praktiken und ihrer Ausarbeitung auf internationaler Ebene liegt. Ob die Verwertungsgesellschaft Werkanmeldungen in vom Standard abweichenden Formaten verweigern kann, erscheint daher fraglich.[16] Ohnehin werden Informationen und Anmeldungen betreffend kleinere Mengen von Werken auch über webbasierte Portale übermittelt werden können.

2. § 64 Abs. 2 – Elektronische Informationsübermittlung iRv. Repräsentationsvereinbarungen

4 **§ 64 Abs. 2** folgt der Vorgabe von Art: 26 Abs. 3 VG-RL und bestimmt, dass die Verpflichtung der Verwertungsgesellschaften gem. § 64 Abs. 1 auch iRv. Repräsentationsvereinbarungen gilt.

Unter **Repräsentationsvereinbarungen** iSv. § 64 Abs. 2 sind nicht allgemeine Vereinbarungen zwischen Verwertungsgesellschaften zu verstehen, in denen die beauftragende Gesellschaft die beauftragte mit der Wahrnehmung der von der ersteren wahrgenommenen Rechte beauftragt iSd. §§ 44 ff.,[17] sondern nur solche Vereinbarungen zwischen Verwertungsgesellschaften, die gem. §§ 69 ff. zum Zwecke der gebietsübergreifenden Vergabe von Online-Rechten an Musikwerken abgeschlossen wurden. Art. 26 Abs. 3 VG-RL bezieht sich hierzu lediglich auf Art. 29 und 30 VG-RL, ohne den Begriff der Gegenseitigkeitsvereinbarung zu gebrauchen; inhaltlich ist dies aber kein Unterschied zu § 64 Abs. 2.

Nach § 64 Abs. 2 muss daher auch die iR. einer Repräsentationsvereinbarung iSd. §§ 69 ff. beauftragte Verwertungsgesellschaft den Berechtigten der beauftragenden Gesellschaft die **elektronische Informationsübermittlung** ermöglichen. Dem Berechtigten muss es also möglich sein, **der beauftragten Verwertungsgesellschaft** elektronisch Informationen zu übermitteln über (1) seine **Musikwerke,** (2) die **Online-Rechte** an diesen Werken und (3) die **Gebiete,** für die er „seiner", also der beauftragenden Verwertungsgesellschaft, Online-Rechte an Musikwerken zur Wahrnehmung eingeräumt hat. Dagegen ergibt sich die Verpflichtung einer jeden Verwertungsgesellschaft, „ihren" Berechtigten den genannten elektronischen Übermittlungsmodus zu ermöglichen, bereits aus § 64 Abs. 1.

Auch iRv. § 64 Abs. 2 ist § 64 Abs. 1 S. 2 zu beachten: Sowohl der von der beauftragten Verwertungsgesellschaft den Berechtigten (der beauftragenden Gesellschaft) zur Verfügung gestellte Weg der elektronischen Informationsübermittlung als auch die Übermittlung der Informationen selbst durch diese Berechtigten an die beauftragte Verwertungsgesellschaft müssen „so weit wie möglich die **freiwilligen branchenüblichen Standards und Praktiken für den Datenaustausch**", die auf internationaler Ebene entwickelt wurden, berücksichtigen.

Zu beachten ist auch in diesem Rahmen, dass diese Verpflichtung in ihrer Wirkung deutlich eingeschränkt ist durch den Zusatz **„so weit wie möglich"** und durch den Hinweis auf die **Freiwilligkeit** der betreffenden Standards und Praktiken sowie deren Ausarbeitung auf internationaler Ebene.[18]

Entsprechend Art. 26 Abs. 3 VG-RL findet § 64 Abs. 1 auf die genannten Repräsentationsvereinbarungen iSv. § 64 Abs. 2 keine Anwendung, soweit die beteiligten Verwertungsgesellschaften (also beauftragende und beauftragte) eine **abweichende Vereinbarung** getroffen haben.

§ 65 Überwachung von Nutzungen

Die Verwertungsgesellschaft überwacht die Nutzung von Musikwerken durch den Anbieter eines Online-Dienstes, soweit sie an diesen Online-Rechte für die Musikwerke gebietsübergreifend vergeben hat.

---

[14] → § 9 Rn. 5.
[15] Vgl. Erwägungsgrund (43) S. 1 VG-RL; AmtlBegr. BT-Drs. 18/7223, 92; → Rn. 1.
[16] So aber Heine/Holzmüller/*Gerlach* § 64 Rn. 6.
[17] → § 44 Rn. 4.
[18] → Rn. 3.

I. Allgemeines

1. Die Vorgaben der VG-RL

Art. 27 VG-RL („Korrekte und zügige Meldung und Rechnungsstellung") bezieht sich auf das **1** Verhältnis der mit der gebietsübergreifenden Vergabe von Online-Rechten an Musikwerken befassten Verwertungsgesellschaften zu den **Nutzern** (den Anbietern von Online-Diensten). Hierzu enthält Art. 27 VG-RL Bestimmungen über die Überwachung der Nutzung, die Meldung durch die Nutzer, die Abrechnung der Verwertungsgesellschaften mit den Nutzern und die Möglichkeit der Beanstandung von Rechnungen durch Nutzer.

Art. 27 Abs. 1 VG-RL verlangt, dass Verwertungsgesellschaften bei der Vergabe von Mehrgebietslizenzen für Online-Rechte an Musikwerken die **Nutzung** der von ihnen repräsentierten Rechte an Musikwerken durch Anbieter von Online-Diensten, denen sie eine Mehrgebietslizenz erteilt haben, **„überwachen".** Dies bedeutet, dass sie nicht nur die tatsächliche Nutzung der von der Lizenz erfassten Werke verfolgen, sondern auch in der Lage sein müssen, die Meldungen über deren Nutzung zu verarbeiten und entsprechende Rechnungen auszustellen.[1] Bei der Überwachung müssen die Grundrechte, einschließlich des Rechts auf Achtung des Privat- und Familienlebens und des Rechts auf den Schutz personenbezogener Daten gewahrt bleiben.[2]

2. § 65

Der Gesetzgeber des VGG hat die Bestimmungen von Art. 27 VG-RL in mehreren, separaten Vor- **2** schriften umgesetzt: § 65 setzt Art. 27 Abs. 1 VG-RL um, § 66 setzt Art. 27 Abs. 2 VG-RL um, und die Umsetzung von Art. 27 Abs. 3–5 VG-RL findet sich in § 67.

Nach § 65, der inhaltlich Art. 27 Abs. 1 VG-RL entspricht, sind Verwertungsgesellschaften verpflichtet, die **Nutzung von Musikwerken zu überwachen,** für die sie gebietsübergreifend Online-Rechte vergeben haben.

II. Überwachung von Nutzungen

§ 65 bestimmt, dass die **Verwertungsgesellschaft**[3] die Nutzung von Musikwerken durch den An- **3** bieter eines Online-Dienstes überwachen muss, soweit sie an diesen Online-Rechte für die Musikwerke gebietsübergreifend vergeben hat.

Der **Anbieter eines Online-Dienstes** ist ein Nutzer von Online-Rechten, wie sie in § 59 Abs. 2 definiert sind.[4]

Die Verpflichtung der Verwertungsgesellschaft zur Überwachung der Nutzung besteht gem. § 65, „soweit" sie an den betreffenden Anbieter eines Online-Dienstes von ihr repräsentierte Online-Rechte gebietsübergreifend vergeben hat; der Begriff **„gebietsübergreifend"** wird in § 59 Abs. 3 definiert.[5] Entsprechend der Vorgabe in Art. 27 Abs. 1 VG-RL enthält § 65 keine allgemeine Verpflichtung zur Überwachung jeglicher, auch unerlaubter, Nutzung von Musikwerken im Online-Bereich, sondern ist auf die **Überwachung der Nutzung von erteilten Lizenzen,** dh. ob die Art der Nutzung dem Umfang der Lizenz entspricht und alle nutzungsrelevanten Daten korrekt angegeben wurden, beschränkt.[6] Dies soll die Verwertungsgesellschaft aber nicht daran hindern, im Anwendungsbereich von Teil 3 (§§ 59 ff.) Rechtsverletzungen auch dort zu verfolgen, wo sie keine Nutzungsrechte vergeben hat.[7]

Im Übrigen gilt auch für die Überwachung der Nutzung iRv. § 65, dass dabei die **Grundrechte,** einschließlich des Rechts auf Achtung des Privat- und Familienlebens und des Rechts auf den Schutz personenbezogener Daten, gewahrt bleiben müssen.[8]

---

[1] Vgl. Richtlinien-Vorschlag der Kommission, COM(2012) 372 final vom 11.7.2012, 3.4.3. (S. 11).
[2] Erwägungsgrund (43) S. 2 VG-RL.
[3] Zum hier gebrauchten Begriff der Verwertungsgesellschaft → § 59 Rn. 4.
[4] → § 59 Rn. 5.
[5] → § 59 Rn. 6.
[6] Vgl. Erwägungsgrund (43) S. 2 VG-RL.
[7] AmtlBegr. BT-Drs. 18/7223, 92.
[8] → Rn. 1.

§ 66 Elektronische Nutzungsmeldung

(1) ¹Die Verwertungsgesellschaft ermöglicht dem Anbieter eines Online-Dienstes, elektronisch die Nutzung von Musikwerken zu melden. ²Sie bietet dabei mindestens eine Meldemethode an, die freiwilligen branchenüblichen und auf internationaler Ebene entwickelten Standards und Praktiken für den elektronischen Datenaustausch entspricht.

(2) Die Verwertungsgesellschaft kann eine Meldung ablehnen, wenn sie nicht einer nach Absatz 1 Satz 2 angebotenen Meldemethode entspricht.

Übersicht

I. Allgemeines

1. Die Vorgaben der VG-RL

1　Art. 27 VG-RL („Korrekte und zügige Meldung und Rechnungsstellung") bezieht sich auf das Verhältnis der mit der gebietsübergreifenden Vergabe von Online-Rechten an Musikwerken befassten Verwertungsgesellschaften zu den **Nutzern** (den Anbietern von Online-Diensten). Hierzu enthält Art. 27 VG-RL Bestimmungen über die Überwachung der Nutzung, die Meldung durch die Nutzer, die Abrechnung der Verwertungsgesellschaften mit den Nutzern und die Möglichkeit der Beanstandung von Rechnungen durch Nutzer.

Nach Art. 27 Abs. 1 VG-RL sind Verwertungsgesellschaften zur Überwachung der Nutzung von Lizenzen verpflichtet.[1]

Art. 27 Abs. 2 S. 1 VG-RL bestimmt, dass Verwertungsgesellschaften Anbietern von Online-Diensten die Möglichkeit geben müssen, die Online-Nutzung von Musikwerken **auf elektronischem Wege zu melden.** Die Anbieter von Online-Diensten müssen ihrerseits die Nutzung dieser Werke **korrekt melden,** und zwar „genau und zeitnah".[2]

Gem. **Art. 27 Abs. 2 S. 2 VG-RL** müssen Verwertungsgesellschaften dazu „mindestens eine **Meldemethode**" anbieten, die auf freiwilligen, auf internationaler oder Unionsebene entwickelten branchenüblichen Standards und Praktiken für den elektronischen Datenaustausch beruht.

Art. **27 Abs. 2 S. 3 VG-RL** erlaubt es Verwertungsgesellschaften, eine Meldung im nutzereigenen, dh. im Format des Anbieters von Online-Diensten **abzulehnen,** wenn sie die Meldung nach einem **branchenüblichen Standard für den elektronischen Datenaustausch** zulassen.[3]

Auch iRv. Art. 27 Abs. 2 VG-RL wird also der Verwendung branchenüblicher Standards für die Musiknutzung und hier insbesondere die Meldungen über die Inanspruchnahme der Rechte große Bedeutung beigemessen; dies mit dem Ziel, den Datenaustausch so effizient wie möglich zu gestalten.[4]

2. § 66

2　Der Gesetzgeber des VGG hat die Bestimmungen von Art. 27 VG-RL in mehreren separaten Vorschriften umgesetzt: § 65 setzt Art. 27 Abs. 1 VG-RL um, § 66 setzt Art. 27 Abs. 2 VG-RL um, und die Umsetzung von Art. 27 Abs. 3–5 VG-RL findet sich in § 67.

§ 66 beruht daher inhaltlich auf Art. 27 Abs. 2 VG-RL.

§ 66 Abs. 1 S. 1 verpflichtet Verwertungsgesellschaften (entsprechend Art. 27 Abs. 2 S. 1 VG-RL) dazu, dem Anbieter eines Online-Dienstes die **elektronische Meldung** der Nutzung von Musikwerken **zu ermöglichen.**

Nach **§ 66 Abs. 1 S. 2** hat die Verwertungsgesellschaft (entsprechend Art. 27 Abs. 2 S. 2 VG-RL) solchen Anbietern von Online-Diensten hierzu mindestens eine **Meldemethode anzubieten,** die freiwilligen **branchenüblichen** und auf internationaler Ebene entwickelten **Standards und Praktiken** für den elektronischen Datenaustausch entspricht.

Gem. **§ 66 Abs. 2** kann die Verwertungsgesellschaft (entsprechend Art. 27 Abs. 2 S. 3 VG-RL) eine **Meldung ablehnen,** wenn diese nicht einer branchenüblichen Meldemethode iSv. § 66 Abs. 1 S. 2 entspricht.

---

[1] → § 65 Rn. 1.
[2] Erwägungsgrund (43) S. 4 VG-RL.
[3] Erwägungsgrund (43) S. 5 VG-RL.
[4] Vgl. Erwägungsgrund (43) S. 1 VG-RL; → § 64 Rn. 1.

II. Elektronische Nutzungsmeldung

1. § 66 Abs. 1 – Ermöglichung elektronischer Nutzungsmeldungen

§ 66 enthält Bestimmungen über den Modus der Nutzungsmeldungen durch die Anbieter von **3** Online-Diensten.

§ 66 Abs. 1 S. 1 bestimmt entsprechend Art. 27 Abs. 2 S. 1 VG-RL, dass die **Verwertungsgesellschaft**[5] es dem Anbieter eines Online-Dienstes ermöglichen muss, die Nutzung von Musikwerken **elektronisch zu melden**.

Der **Anbieter eines Online-Dienstes** ist ein Nutzer von Online-Rechten, wie sie in § 59 Abs. 2 definiert sind.[6]

Zwar enthält § 66, im Gegensatz zu Art. 27 Abs. 2 S. 1 VG-RL, keine ausdrückliche Verpflichtung der Anbieter von Online-Diensten, die Nutzung der Verwertungsgesellschaft zu melden.[7] Dennoch wird der Vorgabe der VG-RL entsprochen: Eine **allgemeine Auskunftspflicht** der Nutzer ergibt sich nämlich unter bestimmten Voraussetzungen bereits aus **§ 41 Abs. 1.** Nach § 41 Abs. 2 müssen Verwertungsgesellschaften und Nutzer hierzu in den Nutzungsverträgen angemessene Regelungen über die Erteilung von Auskünften über die Nutzung vereinbaren, und gem. § 41 Abs. 3 sind hinsichtlich des Formats der Meldungen branchenübliche Standards zu berücksichtigen. Diese Bestimmungen gelten auch für Nutzungsverträge über die gebietsübergreifende Vergabe von Online-Rechten an Musikwerken iSd. §§ 59 ff.; auch in diesem Rahmen müssen Verwertungsgesellschaften und Nutzer also gem. § 41 Abs. 2 angemessene Regelungen über Nutzungsmeldungen treffen,[8] und sollten Meldungen von Nutzern bereits gem. § 41 Abs. 3 den Standards der (in aller Regel elektronischen) Datenübermittlung entsprechen.[9] Die Regelung in § 66 Abs. 1 S. 1, wonach die Verwertungsgesellschaft es dem Anbieter eines Online-Dienstes ermöglichen muss, die Nutzung von Musikwerken elektronisch zu melden, **ergänzt also insoweit § 41.**[10]

Dass die Verwertungsgesellschaft gem. § 66 Abs. 1 S. 1 **elektronische Meldungen** ermöglichen muss, ist konsequent und entspricht dem Ansatz des VGG und der VG-RL. Bereits an anderen Stellen und in anderem Zusammenhang schreibt das VGG im Verhältnis der Verwertungsgesellschaften zu Berechtigten,[11] Nutzern[12] oder anderen Verwertungsgesellschaften[13] die elektronische Kommunikation vor, und auch die VG-RL enthält entsprechende Vorgaben in einer Reihe von Bestimmungen.[14] Es entspricht Art. 27 Abs. 2 S. 1 VG-RL und erscheint daher nur konsequent, dass auch im Rahmen von § 66 Abs. 1 Anbieter von Online-Diensten von der Verwertungsgesellschaft in die Lage versetzt werden müssen, ihre Meldungen auf elektronischem Wege zu übermitteln. Eine entsprechende allgemeine Verpflichtung der Verwertungsgesellschaft gegenüber Nutzern findet sich bereits in § 43. Dieser Weg entspricht dem allgemeinen Gebot, Informationen rasch und strukturiert an die Verwertungsgesellschaft zu übermitteln und von dieser verarbeiten zu lassen und den dafür erforderlichen Aufwand in Grenzen zu halten.[15]

§ 66 Abs. 1 S. 2 wiederum ergänzt § 66 Abs. 1 S. 1, indem er die Verwertungsgesellschaft dazu verpflichtet, für die Zwecke der danach zu ermöglichenden elektronischen Meldung ("dabei") mindestens eine **Meldemethode** anzubieten, die freiwilligen **branchenüblichen** auf international oder internationaler Ebene entwickelten **Standards und Praktiken** für den elektronischen Datenaustausch entspricht. Eine ähnliche Formulierung findet sich auch in § 64, dort betreffend den Datenaustausch zwischen der Verwertungsgesellschaft und ihren Berechtigten, allerdings in abgeschwächter Form.[16] § 66 Abs. 1 S. 2 enthält demgegenüber eine Verpflichtung der Verwertungsgesellschaft und geht insoweit über § 64 Abs. 1 S. 2 ("berücksichtigen so weit wie möglich"), aber auch über § 41 Abs. 3 ("sollen … berücksichtigen") hinaus. Der in der Praxis übliche Branchenstandard ist das sog. DDEX-(Digital Data Exchange)Format, das von den beteiligten Kreisen entwickelt wurde.[17]

Die Verpflichtung zur Verwendung von internationalen Standards für die Datenübermittlung gem. § 66 Abs. 1 S. 2 soll dazu dienen, diese und die Meldungen der Anbieter von Online-Diensten im Interesse aller (ggf. auch ausländischen) Beteiligten kompatibel und damit effizient auszugestalten,[18] und dazu beitragen, dass der mit der Meldung verbundene Aufwand in Grenzen gehalten wird. Wie schon für § 64 wird auch für § 66 Abs. 1 S. 2 die **Freiwilligkeit** der betreffenden Standards und

---

[5] Zum hier gebrauchten Begriff der Verwertungsgesellschaft → § 59 Rn. 4.
[6] → § 59 Rn. 5.
[7] → Rn. 1.
[8] → § 41 Rn. 6.
[9] → § 41 Rn. 7.
[10] AmtlBegr. BT-Drs. 18/7223, 92.
[11] → § 14 Rn. 3 ff.; im Zusammenhang mit der Vergabe von Online-Rechten an Musikwerken → § 64 Rn. 3.
[12] → § 43 Rn. 3 ff.
[13] → § 47 Rn. 3 ff.
[14] Vgl. Art. 6 Abs. 4, 16 Abs. 4, 19, 20, 25 oder 27 Abs. 2 VG-RL.
[15] Vgl. Erwägungsgrund (42) S. 5 VG-RL.
[16] → § 64 Rn. 3.
[17] Heine/Holzmüller/*Welp* § 66 Rn. 6 mwN.
[18] Vgl. Erwägungsgrund (43) S. 1 u. 4 VG-RL; AmtlBegr. BT-Drs. 18/7223, 92 (zu § 64); → § 64 Rn. 1.

Praktiken und ihrer Ausarbeitung auf internationaler Ebene im Gesetz, wie schon in der VG-RL, ausdrücklich betont.

2. § 66 Abs. 2 – Möglichkeit der Ablehnung von nutzereigenen Meldemethoden

4   **§ 66 Abs. 2** folgt der Vorgabe von Art: 27 Abs. 2 S. 3 VG-RL und bestimmt, dass die Verwertungsgesellschaft befugt ist, **Meldungen von Anbietern von Online-Diensten abzulehnen,** wenn diese Meldungen nicht einer branchenüblichen Meldemethode iSv. § 66 Abs. 1 S. 2 entspricht. Da Verwertungsgesellschaften ohnehin gem. § 66 Abs. 1 S. 2 verpflichtet sind, den Anbietern von Online-Diensten mindestens eine weithin anerkannte branchenübliche (elektronische) Meldemethode anzubieten,[19] ist es nur recht und billig, dass Verwertungsgesellschaften nicht dazu gezwungen werden können, Meldungen in anderen, nutzereigenen Formaten zu akzeptieren.[20]

§ 67 Abrechnung gegenüber Anbietern von Online-Diensten

(1) **Die Verwertungsgesellschaft rechnet gegenüber dem Anbieter eines Online-Dienstes nach dessen Meldung der tatsächlichen Nutzung der Musikwerke unverzüglich ab, es sei denn, dies ist aus Gründen, die dem Anbieter des Online-Dienstes zuzurechnen sind, nicht möglich.**

(2) **[1]Die Verwertungsgesellschaft rechnet elektronisch ab. [2]Sie bietet dabei mindestens ein Abrechnungsformat an, das freiwilligen branchenüblichen und auf internationaler Ebene entwickelten Standards und Praktiken entspricht.**

(3) **Der Anbieter eines Online-Dienstes kann die Annahme einer Abrechnung aufgrund ihres Formats nicht ablehnen, wenn die Abrechnung einem nach Absatz 2 Satz 2 angebotenen Abrechnungsformat entspricht.**

(4) **Bei der Abrechnung sind auf Grundlage der Daten nach § 61 Absatz 2 die Werke und Online-Rechte sowie deren tatsächliche Nutzung anzugeben, soweit dies auf der Grundlage der Meldung möglich ist.**

(5) **Die Verwertungsgesellschaft sieht geeignete Regelungen vor, nach denen der Anbieter eines Online-Dienstes die Abrechnung beanstanden kann.**

Übersicht

I. Allgemeines

1. Die Vorgaben der VG-RL

1   **Art. 27 VG-RL** („Korrekte und zügige Meldung und Rechnungsstellung") bezieht sich auf das Verhältnis der mit der gebietsübergreifenden Vergabe von Online-Rechten an Musikwerken befassten Verwertungsgesellschaften zu den **Nutzern** (den Anbietern von Online-Diensten). Hierzu enthält Art. 27 VG-RL Bestimmungen über die Überwachung der Nutzung, die Meldung durch die Nutzer, die Abrechnung der Verwertungsgesellschaften mit den Nutzern und die Möglichkeit der Beanstandung von Rechnungen durch Nutzer.

Nach Art. 27 Abs. 1 VG-RL sind Verwertungsgesellschaften zur **Überwachung** der Nutzung von Lizenzen verpflichtet.[1] Art. 27 Abs. 2 VG-RL enthält Bestimmungen betreffend die **Meldungen** der Anbieter von Online-Diensten über die Nutzung von Werken.[2]

Art. **27 Abs. 3 VG-RL** betrifft die **Abrechnung** der Verwertungsgesellschaften gegenüber den Anbietern von Online-Diensten.

Nach **Art. 27 Abs. 3 S. 1 VG-RL** muss diese Abrechnung **elektronisch** erfolgen.

Art. 27 Abs. 3 S. 2 VG-RL bestimmt, dass Verwertungsgesellschaften für diese elektronische Abrechnung mindestens ein **Format** anbieten müssen, das „auf freiwilligen, auf internationaler oder Unionsebene entwickelten, **branchenüblichen Standards oder Praktiken** beruht".

---

[19] → Rn. 3.
[20] Vgl. Erwägungsgrund (43) S. 5 VG-RL.
[1] → § 65 Rn. 1.
[2] → § 66 Rn. 1.

Art. 27 Abs. 3 S. 3 VG-RL gibt an, was auf der Abrechnung **angegeben** werden muss: Darauf müssen **Werke** und **Rechte,** die vollständig oder teilweise Gegenstand der Lizenz sind, entsprechend den in Art. 24 Abs. 2 VG-RL genannten Daten (betreffend Musikwerke, Rechte, Rechtsinhaber und von der Wahrnehmung umfasstes Gebiet), sowie deren **tatsächliche Nutzung** genannt werden, soweit dies auf der Grundlage der von den Anbietern von Online-Diensten gemachten Angaben und deren Format möglich ist. Trotz dieser Verpflichtung zur Angabe der tatsächlichen Nutzung dürften aber, soweit dies gerechtfertigt ist, pauschale Abmachungen zwischen Verwertungsgesellschaften und Anbietern von Online-Diensten von der VG-RL erlaubt sein.[3]

Nach **Art. 27 Abs. 3 S. 4 VG-RL** können Anbieter von Online-Diensten die Annahme einer Abrechnung **„aufgrund ihres Formats nicht verweigern",** wenn die Verwertungsgesellschaft einen **branchenüblichen Standard** verwendet.

Art. 27 Abs. 4 VG-RL ergänzt Art. 27 Abs. 3 um den zeitlichen Faktor: Verwertungsgesellschaften müssen danach gegenüber den Anbietern von Online-Diensten „**nach Meldung** der tatsächlichen Nutzung von Online-Rechten an Musikwerken **unverzüglich" abrechnen,** es sei denn, dies ist aus Gründen, die der Anbieter des Online-Dienstes zu verantworten hat, nicht möglich.

Nach **Art. 27 Abs. 5 VG-RL** müssen Verwertungsgesellschaften „zugunsten von Anbietern von Online-Diensten über geeignete **Regelungen für Rechnungsbeanstandungen"** von Seiten dieser Nutzer verfügen, darunter ausdrücklich auch für solche Fälle, in denen ein Anbieter von Online-Diensten „von einer oder mehreren" Verwertungsgesellschaften „Rechnungen für dieselben Online-Nutzungsrechte an ein- und demselben Musikwerk erhält". Dieser ausdrückliche Hinweis auf die Möglichkeit der parallelen Rechnungsstellung durch mehrere Verwertungsgesellschaften erscheint geboten, weil gem. Art. 29 Abs. 1 VG-RL Repräsentationsvereinbarungen zur Vergabe von Mehrgebietslizenzen nicht-exklusiver Natur sein müssen, ausschließliche Lizenzen also hier nicht zugelassen und damit Fälle denkbar sind, in denen dieselben Online-Rechte von mehr als einer Verwertungsgesellschaft wahrgenommen werden, etwa iRv. gebündelten Repertoire-Katalogen.[4]

2. § 67

Der Gesetzgeber des VGG hat die Bestimmungen von Art. 27 VG-RL in mehreren separaten Vorschriften umgesetzt: § 65 setzt Art. 27 Abs. 1 VG-RL um, und mit § 66 wird Art. 27 Abs. 2 VG-RL umgesetzt.

§ 67 enthält Bestimmungen über die Abrechnung der Nutzung von Musikwerken durch die Verwertungsgesellschaft mit den Anbietern von Online-Diensten. Damit werden Art. 27 Abs. 3–5 VG-RL umgesetzt. Die Formulierungen in § 67 sind nahezu wortgleich mit denen von Art. 27 Abs. 3–5 VG-RL, allerdings sind sie gestraffter als diese und folgen nicht genau deren Reihenfolge.

§ 67 Abs. 1 verpflichtet Verwertungsgesellschaften (entsprechend Art. 27 Abs. 4 VG-RL) dazu, gegenüber dem Anbieter eines Online-Dienstes nach dessen Meldung der tatsächlichen Nutzung der Musikwerke **unverzüglich abzurechnen,** es sei denn, dies ist aus Gründen, die diesem Anbieter selbst zuzurechnen sind, nicht möglich.

Nach **§ 67 Abs. 2 S. 1** müssen Verwertungsgesellschaften **elektronisch abrechnen** (dies entspricht Art. 27 Abs. 3 S. 1 VG-RL). Gem. **§ 67 Abs. 2 S. 2** müssen sie dabei (entsprechend Art. 27 Abs. 3 S. 2 VG-RL) mindestens ein **Format** anbieten, das „freiwilligen branchenüblichen und auf internationaler Ebene entwickelten Standards und Praktiken entspricht".

§ 67 Abs. 3 bestimmt (entsprechend Art. 27 Abs. 3 S. 4 VG-RL), dass der Anbieter eines Online-Dienstes die Annahme der Abrechnung aufgrund ihres Formats **nicht ablehnen** kann, wenn die Abrechnung einem nach § 67 Abs. 2 S. 2 angebotenen Abrechnungsformat entspricht.

§ 67 Abs. 4 verpflichtet Verwertungsgesellschaften (entsprechend Art. 27 Abs. 3 S. 3 VG-RL) dazu, bei der Abrechnung anhand der Daten nach § 61 Abs. 2 (Musikwerke, Online-Rechte, Rechtsinhaber und von der Rechtewahrnehmung umfasste Gebiete) **Werke** und **Online-Rechte** sowie deren **tatsächliche Nutzung anzugeben,** soweit dies auf der Grundlage der Meldung möglich ist.

Nach **§ 67 Abs. 5** müssen Verwertungsgesellschaften (entsprechend Art. 27 Abs. 5 VG-RL, allerdings ohne den dort enthaltenen ausdrücklichen Hinweis auf Fälle der Parallellizenzierung durch mehrere Verwertungsgesellschaften)[5] geeignete Regelungen für die **Beanstandung der Abrechnung** durch den Anbieter eines Online-Dienstes vorsehen.

2

---

[3] So auch *Walter,* Urheber- und Verwertungsgesellschaftenrecht '15, VG-RL Art. 27 Anm. 1 ff.

[4] → § 69 Rn. 5; vgl. *Walter,* Urheber- und Verwertungsgesellschaftenrecht '15, VG-RL Art. 27 Anm. 3, mit Hinweis auf das „fragwürdige Konzept" der VG-RL; nach der Auffassung von *Walter,* Urheber- und Verwertungsgesellschaftenrecht '15, VG-RL Art. 14 Anm. 2, sind Repräsentationsvereinbarungen offenbar generell auf die Erteilung nicht-ausschließlicher Lizenzen beschränkt.

[5] → Rn. 1.

II. Abrechnung gegenüber Anbietern von Online-Diensten

1. § 67 Abs. 1 – Pflicht zur unverzüglichen Abrechnung

3 § 67 Abs. 1 verpflichtet **Verwertungsgesellschaften**[6] entsprechend der Vorgabe in At. 27 Abs. 4 VG-RL, gegenüber dem Anbieter eines Online-Dienstes **unverzüglich abzurechnen.**

Der **Anbieter eines Online-Dienstes** ist ein Nutzer von Online-Rechten, wie sie in § 59 Abs. 2 definiert sind.[7]

Die Verpflichtung der Verwertungsgesellschaft zur unverzüglichen Abrechnung setzt die **Meldung der tatsächlichen Nutzung der Musikwerke** durch den betreffenden Anbieter des Online-Dienstes voraus. Zu dieser Meldung ist er gem. § 41 und der aufgrund dieser Bestimmung mit der Verwertungsgesellschaft zu treffenden Regelung verpflichtet.[8] Die Information von Seiten des Nutzers über die tatsächliche Nutzung hat so **genau** („tatsächliche Nutzung") und so **zeitnah** zu erfolgen, dass die Verwertungsgesellschaft in die Lage versetzt wird, ihrer Verpflichtung aus § 67 Abs. 1 nachzukommen.[9] Die Abrechnung aufgrund von angemessenen Pauschalvereinbarungen zwischen Verwertungsgesellschaften und Anbietern von Online-Diensten dürfte damit aber möglich sein.[10]

Die Verwertungsgesellschaft muss **unverzüglich** gegenüber dem Anbieter eines Online-Dienstes abrechnen, also ohne schuldhaftes Zögern ihrerseits.[11] In der Tat dürfte es im Interesse aller Beteiligten, vor allem aber in dem der Verwertungsgesellschaft selbst und ihrer Berechtigten liegen, die Abrechnung dem Nutzer so schnell wie möglich zu übermitteln.

Die Verwertungsgesellschaft ist ausnahmsweise **von dieser Verpflichtung** aus § 67 Abs. 1 **entbunden,** wenn sie ihr aus Gründen, die dem Anbieter des Online-Dienstes zuzurechnen sind, nicht nachkommen kann. Zu solchen Gründen wird vor allem das Fehlen einer präzisen und raschen Meldung des Anbieters gehören. Andererseits darf dies aber nicht dazu führen, dass ein Anbieter von Online-Diensten die Abrechnung durch seine eigene Untätigkeit regelrecht blockieren kann; in solchen Fällen wird die Verwertungsgesellschaft im Interesse ihrer Berechtigten gehalten sein, die Abrechnung aufgrund der ihr bekannten Nutzungsdaten – zumindest vorläufig – zu erstellen.

2. § 67 Abs. 2 – Elektronische Abrechnung im branchenüblichen Format

4 § 67 Abs. 2 S. 1 folgt der Vorgabe von Art: 27 Abs. 3 S. 1 VG-RL und verpflichtet die Verwertungsgesellschaft zur **elektronischen** Abrechnung.

Diese Verpflichtung der Verwertungsgesellschaft ist das Gegenstück zur elektronischen Meldung der Nutzung von Musikwerken durch die Anbieter von Online-Diensten, die diesen von den Verwertungsgesellschaften gem. § 66 Abs. 1 ermöglicht werden muss.[12] Den elektronischen Übermittlungsmodus auch der Abrechnung vorzuschreiben, ist konsequent und entspricht dem Ansatz des VGG und der VG-RL. Bereits an anderen Stellen und in anderem Zusammenhang schreibt das VGG im Verhältnis der Verwertungsgesellschaften zu Berechtigten,[13] Nutzern[14] oder anderen Verwertungsgesellschaften[15] die elektronische Kommunikation vor oder empfiehlt sie doch zumindest, und auch die VG-RL enthält entsprechende Vorgaben in einer Reihe von Bestimmungen.[16] Entsprechend Art. 27 Abs. 3 S. 1 VG-RL erscheint es daher nur konsequent, dass auch im Rahmen von § 67 Abs. 2 Verwertungsgesellschaften gegenüber den Anbietern von Online-Diensten elektronisch abrechnen müssen. Dies entspricht dem allgemeinen Gebot, Informationen rasch und strukturiert zwischen den Beteiligten zu übermitteln und von den Verwertungsgesellschaften verarbeiten zu lassen.[17]

§ 67 Abs. 2 S. 2 wiederum ergänzt § 67 Abs. 2 S. 1, indem er die Verwertungsgesellschaft dazu verpflichtet, für die Zwecke der elektronischen Abrechnung („dabei") den Anbietern von Online-Diensten mindestens ein **Abrechnungsformat** anzubieten, das freiwilligen **branchenüblichen** und auf internationaler Ebene entwickelten **Standards und Praktiken** entspricht. Ähnlich oder entsprechend formulierte Vorgaben finden sich auch in § 64, dort betreffend den Datenaustausch zwischen der Verwertungsgesellschaft und ihren Berechtigten,[18] sowie in § 66 Abs. 1 S. 2, dort betreffend die den Anbietern von Online-Diensten anzubietende Meldemethode und ebenfalls in Form einer Verpflichtung.[19] In der Praxis erfolgt die elektronische Abrechnung im CCID-(Claim Confirma-

---

[6] Zum hier gebrauchten Begriff der Verwertungsgesellschaft → § 59 Rn. 4.
[7] → § 59 Rn. 5.
[8] → § 66 Rn. 3.
[9] Vgl. Erwägungsgrund (43) S. 4 VG-RL.
[10] → § 41 Rn. 6.
[11] Vgl. § 121 Abs. 1 S. 1 BGB; die englische Sprachfassung von Art. 27 Abs. 4 VG-RL verwendet den weniger präzisen Begriff „without delay".
[12] → § 66 Rn. 3.
[13] → § 14 Rn. 3 ff.; im Zusammenhang mit der Vergabe von Online-Rechten an Musikwerken → § 64 Rn. 3.
[14] → § 43 Rn. 3 ff.; im Zusammenhang mit der Vergabe von Online-Rechten an Musikwerken → § 66 Rn. 3.
[15] → § 47 Rn. 3 ff.
[16] Vgl. Art. 6 Abs. 4, 16 Abs. 4, 19, 20, 25 oder 27 Abs. 2 und 3 VG-RL.
[17] Vgl. Erwägungsgründe (42) S. 5 und (43) S. 3 VG-RL.
[18] → § 64 Rn. 3.
[19] → § 66 Rn. 3.

tion & Invoice Details)Format in Zusammenarbeit zwischen Verwertungsgesellschaft und Online-Dienst.[20]

In allen diesen Fällen soll der Hinweis auf die Verwendung von internationalen Standards für die Datenübermittlung dazu dienen, diese, und im Falle von § 67 die Abrechnung gegenüber den Anbietern von Online-Diensten, im Interesse aller (ggf. auch ausländischen) Beteiligten möglichst kompatibel und damit effizient auszugestalten.[21] Auch soll dies dazu beitragen, dass der mit der Abrechnung verbundene Aufwand in Grenzen gehalten wird. Wie schon für § 64 und § 66 Abs. 1 S. 2 wird auch in § 67 Abs. 2 S. 2 die **Freiwilligkeit** der betreffenden Standards und Praktiken und ihrer Ausarbeitung auf internationaler Ebene im Gesetz, wie schon in der VG-RL, ausdrücklich betont.

3. § 67 Abs. 3 – Keine Möglichkeit der Ablehnung aufgrund des branchenüblichen Formats

§ 67 Abs. 3 folgt der Vorgabe von Art: 27 Abs. 3 S. 4 VG-RL und bezieht sich auf das gem. § 67   5
Abs. 2 vorgeschriebene elektronische Format der Abrechnung. Danach kann der Anbieter eines Online-Dienstes die Annahme der Abrechnung nicht etwa aufgrund ihres Formats ablehnen, wenn es sich hierbei um ein nach § 67 Abs. 2 S. 2 angebotenes branchenübliches Abrechnungsformat handelt.

Diese Bestimmung folgt derselben Logik wie diejenige betreffend die Methode für die elektronische Nutzungsmeldung gem. § 66 Abs. 2:[22] Da Verwertungsgesellschaften gem. § 67 Abs. 2 S. 2 verpflichtet sind, den Anbietern von Online-Diensten mindestens ein weithin anerkanntes branchenübliches (elektronisches) Abrechnungsformat anzubieten,[23] ist es nur konsequent, dass es Anbietern von Online-Diensten nicht gestattet sein kann, Abrechnungen aufgrund eines solchen Formats abzulehnen.

4. § 67 Abs. 4 – Konkrete Angaben bei der Abrechnung

§ 67 Abs. 4 folgt der Vorgabe von Art. 27 Abs. 3 S. 3 VG-RL und bestimmt, dass die Verwer-   6
tungsgesellschaft bei der Abrechnung auf der Grundlage der in § 61 Abs. 2 genannten Daten (also betreffend Musikwerke, Online-Rechte, Rechtsinhaber und von der Wahrnehmung umfasstes Gebiet) die tatsächliche Nutzung angeben muss, soweit ihr dies auf der Grundlage der Meldung möglich ist.

In der Abrechnung muss also die **tatsächliche Nutzung** angegeben werden, und zwar bezogen auf das jeweilige **Musikwerk** (§ 61 Abs. 2 Nr. 1), die **Online-Rechte**, die betroffenen von der Verwertungsgesellschaft vertretenen **Rechtsinhaber** (ihre Berechtigten) sowie jedes von ihr umfasste **Lizenzgebiet** (§ 61 Abs. 2 Nr. 2).[24] Auch wenn die Verwertungsgesellschaft demnach grundsätzlich aufgrund der tatsächlichen Nutzung abzurechnen hat, werden pauschale Abmachungen zwischen Verwertungsgesellschaften und Anbietern von Online-Diensten über die Grundlagen der Abrechnung zulässig sein.[25]

Ohnehin trifft die Verwertungsgesellschaft diese Verpflichtung nur insoweit, als ihr eine solche **detaillierte Abrechnung** auf der Grundlage der Meldung des Nutzers (des Anbieters von Online-Diensten) überhaupt **möglich** ist. Denn die Qualität der Abrechnung der Verwertungsgesellschaft hängt von der Qualität der Meldung der tatsächlichen Nutzung der Musikwerke durch den betreffenden Anbieter des Online-Dienstes ab, zu der er gem. § 41 und der aufgrund dieser Bestimmung mit der Verwertungsgesellschaft zu treffenden Regelung verpflichtet ist.[26] Dabei wird die Verwertungsgesellschaft unvollständige oder unrichtige Meldungen beanstanden können und im Interesse ihrer Berechtigten im Rahmen ihrer Möglichkeiten auch müssen.

5. § 67 Abs. 5 – Regelungen für die Beanstandung der Abrechnung

§ 67 Abs. 5 bestimmt entsprechend der Vorgabe von Art. 27 Abs. 5 VG-RL, dass die Verwer-   7
tungsgesellschaft geeignete **Regelungen für die Beanstandung der Abrechnung** durch den Anbieter von Online-Diensten vorsehen muss.

Diese Verpflichtung ist die folgerichtige Konsequenz des Zusammenwirkens von Verwertungsgesellschaften und Nutzern bei der Abrechnung: Die Anbieter von Online-Diensten sind verpflichtet, die Nutzungsvorgänge der Verwertungsgesellschaft zügig und vollständig zu melden,[27] und die Verwertungsgesellschaft hat ihnen auf dieser Grundlage gem. § 67 Abs. 1 unverzüglich die Abrechnung zu erstellen.[28] Im Interesse einer raschen, effizienten und korrekten Abwicklung dieser Vorgänge[29]

---

[20] Vgl. Heine/Holzmüller/*Welp* § 67 Rn. 7.
[21] Vgl. Erwägungsgrund (43) S. 1 u. 4 VG-RL; BegrRegE BT-Drs. 18/7223, 92 (zu § 64); → § 64 Rn. 1.
[22] Vgl. → § 66 Rn. 4.
[23] → Rn. 4.
[24] → § 61 Rn. 4.
[25] → Rn. 1 mit Hinweis auf *Walter*, Urheber- und Verwertungsgesellschaftenrecht '15, VG-RL Art. 27 Anm. 1 ff.
[26] → Rn. 3; → § 66 Rn. 3.
[27] → Rn. 6.
[28] → Rn. 3.
[29] Vgl. Erwägungsgrund (43) S. 3 ff. VG-RL.

müssen Anbieter von Online-Diensten in die Lage versetzt werden, gegenüber der Verwertungsgesellschaft etwaige Beanstandungen der Abrechnung umgehend und aufgrund eines **objektiven und transparenten Verfahrens** vorbringen zu können. Solche Verfahren sind mit den in § 67 Abs. 5 angesprochenen Regelungen gemeint. Das Verfahren muss **Beanstandungen der Abrechnung auf jedweder Grundlage** ermöglichen. Dazu zählen natürlich auch Beanstandungen in solchen Fällen, in denen der Anbieter eines Online-Dienstes von einer oder mehreren Verwertungsgesellschaften **Rechnungen für identische Nutzungen** im Hinblick auf dieselben Online-Rechte an ein- und demselben Musikwerk erhält; ohne dass dies, anders als in Art. 27 Abs. 5 VG-RL, in § 67 Abs. 5 ausdrücklich hätte erwähnt werden müssen.

§ 68 Verteilung der Einnahmen aus den Rechten; Informationen

(1) Die Verwertungsgesellschaft verteilt die Einnahmen aus der gebietsübergreifenden Vergabe von Online-Rechten an Musikwerken nach deren Einziehung unverzüglich nach Maßgabe des Verteilungsplans an die Berechtigten, es sei denn, dies ist aus Gründen, die dem Anbieter eines Online-Dienstes zuzurechnen sind, nicht möglich.

(2) Bei jeder Ausschüttung informiert die Verwertungsgesellschaft den Berechtigten mindestens über:

1. den Zeitraum der Nutzungen, für die dem Berechtigten eine Vergütung zusteht, sowie die Gebiete, in denen seine Musikwerke genutzt wurden;
2. die eingezogenen Beträge, die Abzüge sowie die von der Verwertungsgesellschaft verteilten Beträge, für jedes Online-Recht an einem Musikwerk, mit dessen Wahrnehmung der Berechtigte die Verwertungsgesellschaft beauftragt hat;
3. die für den Berechtigten eingezogenen Beträge, die Abzüge sowie die von der Verwertungsgesellschaft verteilten Beträge, aufgeschlüsselt nach den einzelnen Anbietern eines Online-Dienstes.

(3) ¹Im Rahmen von Repräsentationsvereinbarungen gelten die Absätze 1 und 2 für die Verteilung an die beauftragende Verwertungsgesellschaft entsprechend. ²Die beauftragende Verwertungsgesellschaft ist für die Verteilung der Beträge und die Weiterleitung der Informationen an ihre Berechtigten verantwortlich, soweit die Verwertungsgesellschaften keine abweichende Vereinbarung treffen.

Übersicht

I. Allgemeines

1. Die Vorgaben der VG-RL

1   Art. 28 VG-RL („Ordnungsgemäße und unverzügliche Ausschüttung an die Rechtsinhaber") regelt die **Ausschüttung durch Verwertungsgesellschaften an die Rechtsinhaber** der diesen aus Mehrgebietslizenzen für Online-Rechte an Musikwerken zustehenden Einnahmen. Damit tritt diese Bestimmung als Sonderregel für Einnahmen aus Mehrgebietslizenzen neben die allgemeine Verpflichtungen der Verwertungsgesellschaften gem. Art. 13 VG-RL zur regelmäßigen, sorgfältigen und korrekten Verteilung und Ausschüttung der Einnahmen an die Berechtigten[1] sowie gem. Art. 18 VG-RL zur Information der Rechtsinhaber.[2]

Art. 28 Abs. 1 VG-RL enthält die **Grundregel,** wonach Verwertungsgesellschaften, die Mehrgebietslizenzen für Online-Rechte an Musikwerken vergeben, „die den Rechtsinhabern aus solchen Lizenzen zustehenden Beträge **korrekt und unverzüglich nach Meldung der tatsächlichen Nutzung des Werkes verteilen"**[3] müssen, es sei denn, dies ist aus Gründen, die der Anbieter eines Online-Dienstes zu verantworten hat, nicht möglich. Dies setzt voraus, dass die Anbieter von Online-

---

³⁰ AmtlBegr. BT-Drs. 18/7223, 92; → Rn. 1.
¹ → § 23 Rn. 1.
² → § 54 Rn. 1.
³ Statt des Begriffs „unverzüglich" verwendet Erwägungsgrund (43) S. 3 VG-RL den Begriff „sofort"; die englische Sprachfassung der VG-RL verwendet sowohl in Art. 28 VG-RL als auch in Erwägungsgrund (43) S. 3 VG-RL den Begriff „without delay".

Diensten ihrer Verpflichtung, die Nutzung der Werke jeweils korrekt, genau und zeitnah zu melden, nachgekommen sind.[4]

Art. 28 Abs. 2 VG-RL bestimmt, welche **Angaben** Verwertungsgesellschaften den Rechtsinhabern mit jeder Zahlung nach Art. 28 Abs. 1 VG-RL **mindestens übermitteln** müssen, nämlich gem. **Art. 28 Abs. 2 Buchst. a) VG-RL** den **Zeitraum der Nutzung,** für die den Rechtsinhabern eine Vergütung zusteht, sowie die **Gebiete,** in denen ihre Rechte genutzt wurden; gem. **Art. 28 Abs. 2 Buchst. b) VG-RL** die **eingezogenen Beträge,** die **Abzüge** sowie die von der Verwertungsgesellschaft **verteilten Beträge,** und zwar **für jedes Online-Recht** an einem Musikwerk, mit dessen vollständiger oder teilweiser Repräsentation der Rechtsinhaber die jeweilige Verwertungsgesellschaft beauftragt hat; gem. **Art. 28 Abs. 2 Buchst. c) VG-RL** die für die Rechtsinhaber **eingezogenen Beträge,** die **Abzüge** sowie die von der Verwertungsgesellschaft **verteilten Beträge,** und zwar in Bezug auf **jeden Anbieter eines Online-Dienstes.** Auch Art. 28 VG-RL stellt demnach auf eine Verteilung der Einnahmen bezogen auf jedes Werk und jeden Nutzungsvorgang ab. In berechtigten Fällen dürften aber hiervon Ausnahmen zulässig sein, insbesondere iRv. Pauschalvereinbarungen.[5]

Art. 28 Abs. 3 VG-RL enthält Sonderregeln für den in Art. 29 und 30 VG-RL geregelten Fall, dass eine Verwertungsgesellschaft eine andere damit beauftragt hat, Mehrgebietslizenzen für die ihr (der beauftragenden Verwertungsgesellschaft) anvertrauten Online-Rechte an Musikwerken zu vergeben. Im Falle einer solchen **Repräsentationsvereinbarung** trifft die **beauftragte Verwertungsgesellschaft gem. Art. 28 Abs. 3 S. 1 VG-RL** die Pflicht aus Art. 28 Abs. 1 VG-RL, die Einnahmen korrekt und unverzüglich nach Meldung an die beauftragende Gesellschaft zu verteilen und ihr die in Art. 28 Abs. 2 VG-RL genannten Informationen zu übermitteln. Nach **Art. 28 Abs. 3 S. 2 VG-RL** ist die **beauftragende Verwertungsgesellschaft** für die **nachfolgende Verteilung** der Beträge und die **Weiterleitung** der Informationen an ihre Berechtigten verantwortlich, soweit zwischen beiden Verwertungsgesellschaften nichts anderes vereinbart ist.

2. § 68

Die Bestimmungen von Art. 28 VG-RL zur Ausschüttung der Einnahmen an die Rechtsinhaber 2 werden in § 68 umgesetzt, wobei § 68 nicht an die „Rechtsinhaber", sondern an die „Berechtigten" anknüpft.

§ 68 Abs. 1 entspricht inhaltlich weitgehend Art. 28 Abs. 1 VG-RL und bestimmt, dass die Einnahmen aus der gebietsübergreifenden Vergabe von Online-Rechten an Musikwerken „nach deren Einziehung" (Art. 28 Abs. 1 VG-RL: „nach Meldung der tatsächlichen Nutzung") **unverzüglich an die Berechtigten verteilt** werden müssen, es sei denn, dies ist aus dem Anbieter eines Online-Dienstes zuzurechnenden Gründen nicht möglich. Anders als Art. 28 Abs. 1 VG-RL verlangt § 68 Abs. 1 nicht die „korrekte" Verteilung, sondern verweist insoweit auf den Verteilungsplan der Verwertungsgesellschaft.

§ 68 Abs. 2, der Art. 28 Abs. 2 VG-RL umsetzt und mit diesem nahezu identisch ist, enthält Angaben zum **Inhalt der Informationen,** die die Verwertungsgesellschaft den Berechtigten bei jeder Ausschüttung „mindestens" übermitteln muss (Zeitraum der Nutzungen und Nutzungsgebiet, § 68 Abs. 2 Nr. 1; eingezogene und verteilte Beträge und Abzüge für jedes von der Wahrnehmung erfasste Online-Recht, § 68 Abs. 2 Nr. 2; eingezogene und verteilte Beträge und Abzüge, aufgeschlüsselt nach den einzelnen Anbietern eines Online-Dienstes, § 68 Abs. 2 Nr. 3).

§ 68 Abs. 3 S. 1 bestimmt in Umsetzung von Art. 28 Abs. 3 S. 1 VG-RL und eng angelehnt an dessen Wortlaut, dass iRv. **Repräsentationsvereinbarungen** § 68 Abs. 1 und 2 „für die Verteilung der Einnahmen an die beauftragende Verwertungsgesellschaft **entsprechend"** gelten. **§ 68 Abs. 3 S. 2** setzt Art. 28 Abs. 3 S. 2 VG-RL mit gleichem Inhalt aber gestrafftem Wortlaut um und bestimmt, dass iRv. Repräsentationsvereinbarungen die beauftragende Verwertungsgesellschaft für die Verteilung der Einnahmen und die Weiterleitung der betreffenden Informationen an ihre Berechtigten verantwortlich ist, dabei aber abweichende Vereinbarungen zwischen den beteiligten Verwertungsgesellschaften zulässig sind.

II. Verteilung der Einnahmen aus den Rechten; Informationen

1. § 68 Abs. 1 – Pflicht zur unverzüglichen Verteilung

§ 68 Abs. 1 enthält entsprechend der Vorgabe in Art. 28 Abs. 1 VG-RL den Grundsatz, dass **Ver-** 3 **wertungsgesellschaften**[6] die Einnahmen aus der gebietsübergreifenden Vergabe von Online-Rechten an Musikwerken nach deren Einziehung unverzüglich an die Berechtigten verteilen müssen. Dabei knüpft § 68 richtigerweise nicht an den weiten Begriff der Rechtsinhaber an wie Art. 28 VG-RL, sondern an den engeren der **Berechtigten,**[7] denn verteilt werden die Einnahmen nur an diese.

---

[4] → § 66 Rn. 1; Erwägungsgrund (43) S. 4 VG-RL.
[5] So *Walter,* Urheber- und Verwertungsgesellschaftenrecht '15, VG-RL Art. 28 Anm. 1.
[6] Zum hier gebrauchten Begriff der Verwertungsgesellschaft → § 59 Rn. 4.
[7] Zum Begriff des Berechtigten → § 6 Rn. 3 ff.

Der **Anbieter eines Online-Dienstes** ist ein Nutzer von Online-Rechten, wie sie in § 59 Abs. 2 definiert sind.[8]

Der Begriff der **„gebietsübergreifenden Vergabe"** wird in § 59 Abs. 3 definiert.[9]

Die **Verteilung der Einnahmen**[10] an die Berechtigten setzt die vorherige **Abrechnung von Nutzungen** gegenüber den Anbietern von Online-Diensten gem. § 67[11] und den **Eingang der abgerechneten Vergütung** bei der Verwertungsgesellschaft voraus; denn diese kann nicht zur Verteilung von Einnahmen verpflichtet sein, die ihr nicht zugeflossen sind. § 68 Abs. 1 knüpft daher hinsichtlich der unverzüglichen Verteilung nicht an „die Meldung der tatsächlichen Nutzung des Werkes" an, wie dies in Art. 28 Abs. 1 VG-RL vorgesehen ist, sondern mit dem Begriff **„nach deren Einziehung"** an den Eingang der für die tatsächliche Nutzung vom Anbieter des Online-Dienstes zu zahlenden Vergütung bei der Verwertungsgesellschaft. Wenn sich nämlich der Eingang der Vergütung bei der Verwertungsgesellschaft, trotz ordnungsgemäßer Abrechnung ihrerseits iSv. § 67, aus Gründen verzögert, die in der Person des Anbieters eines Online-Dienstes liegen, so hat dies die Verwertungsgesellschaft idR. nicht zu vertreten, sofern sie ihren Pflichten aus dem Treuhandverhältnis mit ihren Berechtigten zur Durchsetzung der Ansprüche ordnungsgemäß nachkommt.[12]

Die Verwertungsgesellschaft muss die Einnahmen aus der gebietsübergreifenden Vergabe von Online-Rechten an Musikwerken **unverzüglich** an die Berechtigten verteilen, also ohne schuldhaftes Zögern ihrerseits.[13] In der Tat entspricht es den allgemeinen Verpflichtungen der Verwertungsgesellschaften aus ihrem Treuhandverhältnis gegenüber ihren Berechtigten, aber auch den Vorgaben des VGG[14] und der VG-RL,[15] die Einnahmen aus den Rechten so schnell wie möglich an die Berechtigten zu verteilen. Dabei ist es üblich und gerechtfertigt, die Ausschüttungen entsprechend den Geschäftspraktiken der Verwertungsgesellschaft und der Natur der kollektiven Rechtewahrnehmung zeitlich zu bündeln.

Die Einnahmen aus den Rechten sind gem. § 68 Abs. 1 **„nach Maßgabe des Verteilungsplans"** an die Berechtigten zu verteilen. Nach der Vorgabe in Art. 13 Abs. 1 VG-RL müssen Einnahmen aus den Rechten grundsätzlich „regelmäßig, sorgfältig und korrekt" verteilt und ausgeschüttet werden. Für den besonderen Bereich der Vergabe von Mehrgebietslizenzen für Online-Rechte an Musikwerken bestimmt Art. 28 Abs. 1 VG-RL, dass die Einnahmen an die Rechtsinhaber „korrekt" verteilt werden müssen. Das VGG verweist dagegen für beide Fälle auf den Verteilungsplan: Die Pflicht der Verwertungsgesellschaften zur Aufstellung eines Verteilungsplans gem. § 27 stellt den zentralen Grundsatz für die Verteilung der Einnahmen aus den Rechten dar und konkretisiert die allgemeinen, gem. § 23 bei der Verteilung der Einnahmen aus den Rechten zu beachtenden Prinzipien.[16] Auch iRv. § 68 bei der gebietsübergreifenden Vergabe von Online-Rechten an Musikwerken gelten also die §§ 23 ff., und muss der Verteilungsplan die **Maßstäbe und Grundsätze für die korrekte Verteilung der Einnahmen aus den Rechten** liefern.

Gem. **§ 68 Abs. 1 letzter Hs.** ist die Verwertungsgesellschaft **von ihrer Verpflichtung** aus § 68 Abs. 1 zur unverzüglichen Verteilung der Einnahmen aus den Rechten **entbunden,** wenn ihr dies aus Gründen, die dem Anbieter des Online-Dienstes zuzurechnen sind, **nicht möglich** ist. Dies betrifft insbesondere den oben beschriebenen Fall, dass sich trotz ordnungsgemäßer Abrechnung seitens der Verwertungsgesellschaft der Eingang der Vergütung bei ihr aus Gründen, die vom Nutzer zu vertreten sind, verzögert.

2. § 68 Abs. 2 – Bei der Ausschüttung zu übermittelnde Informationen

4 **§ 68 Abs. 2 Nr. 1–3** entspricht, wenn man von der Anknüpfung an die Berechtigten anstelle der Rechtsinhaber absieht,[17] nahezu wortgleich den Vorgaben von Art. 28 Abs. 2 Buchst. a)–c) VG-RL.

Die Verwertungsgesellschaft[18] ist danach verpflichtet, den Berechtigten **bei jeder Ausschüttung** bestimmte **Informationen** zu erteilen. Diese Informationspflichten treten neben die allgemeinen Verpflichtungen gem. §§ 54 ff., den Berechtigten umfangreiche Informationen zu erteilen, wie etwa über die Einnahmen aus den Rechten, die Nutzungszeiträume oder die Abzüge für Verwaltungskosten.[19]

Auch § 68 Abs. 2 ist Ausfluss der von der VG-RL verfolgten Absicht, **größtmögliche Transparenz** der Verwertungsgesellschaft im Verhältnis zu ihren Berechtigten zu gewährleisten, und zwar

---

[8] → § 59 Rn. 5.
[9] → § 59 Rn. 6.
[10] Zum Begriff der Einnahmen aus den Rechten → § 23 Rn. 4.
[11] → § 67 Rn. 3.
[12] AmtlBegr. BT-Drs. 18/7223, 92.
[13] Vgl. § 121 Abs. 1 S. 1 BGB; die englische Sprachfassung von Art. 28 Abs. 1 VG-RL verwendet den weniger präzisen Begriff „without delay".
[14] Vgl. → § 28 Rn. 3 ff.
[15] Vgl. Art. 13 VG-RL; → § 28 Rn. 1.
[16] → § 27 Rn. 5 ff.
[17] → Rn. 3.
[18] Zum hier gebrauchten Begriff der Verwertungsgesellschaft → Rn. 3.
[19] → § 54 Rn. 3 f.

bezogen auf ihre Tätigkeit und die Nutzungsvorgänge. Diese Transparenz soll auch als Grundlage für die Wahlmöglichkeiten der Rechtsinhaber[20] dienen.

In § 68 Abs. 2 Nr. 1–3 sind die Elemente aufgelistet, über die die Verwertungsgesellschaft Berechtigte im Zusammenhang mit der Verteilung der Einnahmen bei jeder Ausschüttung informieren muss – und zwar „**mindestens**"; die in § 68 Abs. 2 Nr. 1–3 aufgeführten Informationselemente stellen also nur einen gesetzlich festgelegten Mindestkatalog dar, über den die Verwertungsgesellschaft im Interesse größtmöglicher Transparenz gegenüber ihren Berechtigten hinausgehen kann.

§ 68 Abs. 2 Nr. 1 bestimmt, dass dem Berechtigten bei der jeweiligen Ausschüttung mitgeteilt werden muss, auf welchen **Nutzungszeitraum** und auf welche **Nutzungsgebiete** sich der Betrag der Ausschüttung bezieht. Zur Information über den Nutzungszeitraum sind Verwertungsgesellschaften ohnehin gem. § 54 Nr. 4[21] verpflichtet; dagegen ist die Information über das Nutzungsgebiet nur iRv. Mehrgebietslizenzen iSv. § 59 Abs. 3[22] relevant.

Nach **§ 68 Abs. 2 Nr. 2** muss die Verwertungsgesellschaft den Berechtigten **für jedes Online-Recht** an einem Musikwerk, das sie für ihn wahrnimmt, auch informieren über die **eingezogenen und verteilten Beträge** sowie über die **Abzüge,** die sie daran vorgenommen hat. Schon generell sind Verwertungsgesellschaften gem. § 54 Nr. 2, 3, 5 und 6 verpflichtet, die Berechtigten über die ihnen zugewiesenen und an sie ausgeschütteten Einnahmebeträge sowie über die Abzüge zu informieren. Die Besonderheit von § 68 Abs. 2 Nr. 2 besteht darin, dass den Berechtigten diese Informationen **bezogen auf jedes Online-Recht** erteilt werden müssen.

§ 68 Abs. 2 Nr. 3 bestimmt darüber hinaus, dass die Verwertungsgesellschaft die Informationen über die **eingezogenen und verteilten Beträge** sowie über die **Abzüge,** die sie daran vorgenommen hat, auch nach den **einzelnen Anbietern eines Online-Dienstes** aufschlüsseln muss.

Bei jeder Ausschüttung muss die Verwertungsgesellschaft dem Berechtigten also angeben, in welchem Nutzungszeitraum, in welchem Nutzungsgebiet und für welches Online-Recht die Einnahmen erzielt wurden und von welchem Anbieter eines Online-Dienstes diese Einnahmen stammen. Mit diesen **detaillierten Informationspflichten** soll die gebietsübergreifende kollektive Rechtewahrnehmung von Online-Rechten an Musikwerken offenbar für den Berechtigten so transparent werden, dass er anhand dieser Informationen die Effizienz der betreffenden Verwertungsgesellschaft überprüfen kann; auch dies ein Beitrag dazu, dem Berechtigten seine erwähnte Wahlmöglichkeit zu gewährleisten. Andererseits dürfte klar sein, dass die Verwertungsgesellschaft diesen umfangreichen Informationspflichten nur dann nachkommen kann, wenn ihr der betreffende Anbieter eines Online-Dienstes seinerseits die erforderlichen Daten übermittelt und insbesondere die tatsächliche Nutzung der Musikwerke korrekt gemeldet hat.[23]

3. § 68 Abs. 3 – Verteilung an die beauftragende Verwertungsgesellschaft

§ 68 Abs. 3 folgt inhaltlich der Vorgabe von Art: 28 Abs. 3 VG-RL, ist aber sprachlich weitaus gestraffter als die Richtlinienbestimmung. § 68 Abs. 3 regelt die Pflichten der Verwertungsgesellschaft[24] zur Verteilung der Einnahmen und zur Erteilung von auf die Einnahmen bezogenen Informationen an die Berechtigten iRv. **Repräsentationsvereinbarungen**[25] zwischen Verwertungsgesellschaften zur gebietsübergreifenden Vergabe von Online-Rechten an Musikwerken.

Nach **§ 68 Abs. 3 S. 1,** der Art. 28 Abs. 3 S. 1 VG-RL umsetzt, gelten § 68 Abs. 1 und 2 „für die Verteilung an die beauftragende Verwertungsgesellschaft entsprechend". Damit treffen die Pflichten zur Verteilung der Einnahmen gem. § 68 Abs. 1 und zur Erteilung bestimmter Informationen gem. § 68 Abs. 2 die beauftragte gegenüber der beauftragenden Verwertungsgesellschaft; die **beauftragte Verwertungsgesellschaft** ist demnach verpflichtet, die Einnahmen gem. § 68 Abs. 1 – also unverzüglich und nach Maßgabe des Verteilungsplans – **an die beauftragende Verwertungsgesellschaft** zu verteilen und ihr gem. § 68 Abs. 2 „mindestens" die dort aufgelisteten Informationen – dh. in welchem Nutzungszeitraum, in welchem Nutzungsgebiet und für welches Online-Recht die Einnahmen erzielt wurden und von welchem Anbieter eines Online-Dienstes diese Einnahmen stammen – zu übermitteln. Zur Auslegung dieser Verpflichtungen gilt das oben zu § 68 Abs. 1 und 2 Gesagte entsprechend.[26]

§ 68 Abs. 3 S. 2 setzt Art. 28 Abs. 3 S. 2 VG-RL um und regelt die **Verteilung** der Einnahmen gem. § 68 Abs. 1 und die **Weiterleitung** der diese betreffenden Informationen iSv. § 68 Abs. 2 **an die Berechtigten** iRd. genannten Repräsentationsvereinbarungen: Hat die beauftragende Verwertungsgesellschaft die ihre Berechtigten betreffenden Einnahmen und Informationen gem. § 68 Abs. 3

---

[20] → § 53 Rn. 3.
[21] → § 54 Rn. 4.
[22] → § 59 Rn. 6.
[23] → § 66 Rn. 3.
[24] Zum hier gebrauchten Begriff der Verwertungsgesellschaft → Rn. 3.
[25] Zum Begriff der Repräsentationsvereinbarung → § 44 Rn. 3 f.; für Repräsentationsvereinbarungen zur gebietsübergreifenden Vergabe von Online-Rechten an Musikwerken gelten gem. § 69 besondere Regeln; → § 69 Rn. 5.
[26] → Rn. 3 und 4.

S. 1 von der beauftragten Verwertungsgesellschaft erhalten, so ist grundsätzlich sie, also die **beauftragende Verwertungsgesellschaft,** verpflichtet, diese Einnahmen und darauf bezogenen Informationen **an ihre Berechtigten** weiterzuleiten.

Dabei lässt es **§ 68 Abs. 3 S. 2 letzter Hs.** aber ausdrücklich zu, dass die betroffenen Verwertungsgesellschaften **abweichende Vereinbarungen** treffen, also etwa vereinbaren, dass die beauftragte Verwertungsgesellschaft die Einnahmen und darauf bezogenen Informationen direkt den Berechtigten der beauftragenden Gesellschaft übermittelt, oder dass die betreffenden Dienstleistungen zur höheren Effizienz ausgelagert werden.[27]

§ 69 Repräsentationszwang

(1) [1]Eine Verwertungsgesellschaft, die bereits gebietsübergreifend Online-Rechte an Musikwerken für mindestens eine andere Verwertungsgesellschaft vergibt oder anbietet, ist verpflichtet, auf Verlangen einer Verwertungsgesellschaft, die selbst keine gebietsübergreifenden Online-Rechte an ihren Musikwerken vergibt oder anbietet, eine Repräsentationsvereinbarung abzuschließen. [2]Die Verpflichtung besteht nur hinsichtlich der Kategorie von Online-Rechten an Musikwerken, die die Verwertungsgesellschaft bereits gebietsübergreifend vergibt.

(2) Die Verwertungsgesellschaft antwortet auf ein Verlangen nach Absatz 1 schriftlich und unverzüglich und teilt dabei die zentralen Bedingungen mit, zu denen sie gebietsübergreifend Online-Rechte an Musikwerken vergibt oder anbietet.

(3) Repräsentationsvereinbarungen, in denen eine Verwertungsgesellschaft mit der exklusiven gebietsübergreifenden Vergabe von Online-Rechten an Musikwerken beauftragt wird, sind unzulässig.

Schrifttum: *Kling,* Gebietsübergreifende Vergabe von Online-Rechten an Musikwerken, 2018; *Wübbelt,* Die Zukunft der kollektiven Rechtewahrnehmung im Online-Musikbereich, 2015.

Übersicht

I. Allgemeines

1. Die Vorgaben der VG-RL

1   a) Die „Passport"-Regeln in Art. 29 und 30 VG-RL. Art. 29 VG-RL („Verträge zwischen Organisationen für die kollektive Rechtewahrnehmung zur Vergabe von Mehrgebietslizenzen") und **Art. 30 VG-RL** („Pflicht zur Repräsentation anderer Organisationen für die kollektive Rechtewahrnehmung bei der Mehrgebietslizenzierung") enthalten **zentrale Bestimmungen** für die Vergabe von Mehrgebietslizenzen für Online-Rechte an Musikwerken durch Verwertungsgesellschaften.

Diese Bestimmungen regeln den Inhalt von **Repräsentationsvereinbarungen** zwischen Verwertungsgesellschaften in diesem Bereich sowie bestimmte besondere, damit verbundene Pflichten der beiden beteiligten Gesellschaften. Nach der VG-RL sollen derartige Repräsentationsvereinbarungen auf freiwilliger Basis gefördert und Verwertungsgesellschaften, die selbst nicht in der Lage oder bereit sind, multiterritoriale Lizenzen zu vergeben, zu deren Abschluss ermuntert werden.[1] Außerdem unterwirft die VG-RL Verwertungsgesellschaften, die bereits Mehrgebietslizenzen an Online-Musikdienste vergeben, ausdrücklich einem **Kontrahierungszwang** gegenüber anderen Verwertungsgesellschaften zur Wahrnehmung der von diesen vertretenen Rechte. Mit diesen Regelungen und dem damit verfolgten Passport-Ansatz[2] soll eine **Bündelung verschiedener Musikrepertoires** erreicht werden. Hiervon verspricht sich die VG-RL eine Erleichterung des Lizenzierungsprozesses, die „Erschließung sämtlicher Repertoires für den Zugang zum Markt für Mehrgebietslizenzen", als Folge davon eine Förderung der kulturellen Vielfalt,[3] das Entstehen neuer Online-Dienste und eine Senkung der Transaktionskosten.[4]

---

[27] Vgl. Erwägungsgrund (43) S. 6, 7 VG-RL.
[1] Erwägungsgrund (44) S. 3 VG-RL.
[2] *Wübbelt* S. 154 f.
[3] Erwägungsgrund (44) S. 1 VG-RL.
[4] Erwägungsgrund (44) S. 2 VG-RL.

b) Art. 29 VG-RL. Art. 29 Abs. 1 S. 1 VG-RL bestimmt, dass Repräsentationsvereinbarungen zwischen Verwertungsgesellschaften, die die Wahrnehmung von Mehrgebietslizenzen für Online-Rechte an Musikwerken zum Gegenstand haben, **„nicht-exklusiver Natur"** sein müssen. Gem. **Art. 29 Abs. 1 S. 2 VG-RL** ist die beauftragte Verwertungsgesellschaft verpflichtet, diese Online-Rechte **„diskriminierungsfrei"** wahrzunehmen.

Das Verbot von Exklusivabreden wird damit begründet, dass diese die **Wahlmöglichkeiten** von Nutzern, die an einer Mehrgebietslizenz interessiert sind, aber auch von Verwertungsgesellschaften, die eine andere mit der gebietsübergreifenden Wahrnehmung ihres Repertoires beauftragen wollen, einschränken würde.[5] Nach dieser Bestimmung kann also eine Verwertungsgesellschaft, die selbst für ihr eigenes Repertoire keine Mehrgebietslizenzen vergibt, andere Verwertungsgesellschaften mit der Wahrnehmung ihres Repertoires beauftragen – und zwar nicht nur eine, sondern parallel mehrere in Bezug auf dasselbe Repertoire. Die von der VG-RL gewollte Konsequenz ist, dass Anbieter von Online-Diensten zwischen mehreren Angeboten vergleichen und das für sie günstigste auswählen können.[6]

Art. 29 Abs. 2 VG-RL ergänzt Art. 29 Abs. 1 VG-RL durch die Bestimmung, dass die im Rahmen einer Repräsentationsvereinbarung beauftragende Verwertungsgesellschaft **„ihre Mitglieder"** über die **zentralen Bedingungen** dieser Vereinbarung, wie deren Kosten und die von der beauftragten Verwertungsgesellschaft erbrachten Leistungen, **informieren** muss.

Nach **Art. 29 Abs. 3 VG-RL** muss die beauftragte Verwertungsgesellschaft **die beauftragende Verwertungsgesellschaft** über die **zentralen Bedingungen** für die Vergabe von Lizenzen an Anbieter von Online-Diensten **informieren,** wie die Art der Verwertung, sämtliche die Vergütung betreffenden oder sich auf diese auswirkenden Bestimmungen, die Geltungsdauer der Lizenz, die Rechnungsperioden und die Gebiete, für die die Lizenz gilt.

c) Art. 30 VG-RL. Art. 30 Abs. 1 VG-RL schreibt einen **Kontrahierungszwang** vor: Verwertungsgesellschaften, die bereits Mehrgebietslizenzen für Online-Rechte an Musikwerken aus dem Repertoire einer oder mehrerer anderer Verwertungsgesellschaften vergeben oder anbieten, müssen den Antrag jeder Verwertungsgesellschaft, die selbst keine Mehrgebietslizenzen für Online-Rechte ihres eigenen Repertoires vergibt oder anbietet, mit ihr eine Repräsentationsvereinbarung über die Repräsentation dieser Rechte abzuschließen, annehmen. Damit aus diesem Kontrahierungszwang keine unverhältnismäßige oder über das erforderliche Maß hinausgehende Verpflichtung erwächst, setzt er voraus, dass sich die Anfrage auf Online-Rechte bezieht, die die betreffende Verwertungsgesellschaft selbst repräsentiert.[7] Der Kontrahierungszwang gilt nur für Verwertungsgesellschaften, die Repertoires mehrerer Gesellschaften **bündeln,** nicht aber für solche, die lediglich für ihr eigenes Repertoire Mehrgebietslizenzen erteilen,[8] oder die Rechte an denselben Werken bündeln, um das Recht der Vervielfältigung und das Recht der öffentlichen Wiedergabe (Recht der öffentlichen Zugänglichmachung) an diesen Werke zusammen vergeben zu können.[9]

Art. 30 Abs. 2 VG-RL bestimmt, dass die Verwertungsgesellschaft, an die der Repräsentationsantrag gerichtet wurde, der antragenden Verwertungsgesellschaft **„schriftlich und unverzüglich"** antworten muss.

Art. 30 Abs. 3 VG-RL enthält ein Verbot der Diskriminierung hinsichtlich der Rechtewahrnehmung: Die angefragte Verwertungsgesellschaft, an die der Antrag gerichtet wurde, ist verpflichtet, das von der anfragenden Verwertungsgesellschaft repräsentierte Repertoire **zu denselben Bedingungen** wahrzunehmen wie ihr eigenes. Damit sollen die Interessen der Rechtsinhaber geschützt und kleinen und weniger bekannten Repertoires der Zugang zum Binnenmarkt zu denselben Bedingungen ermöglicht werden.[10]

Art. 30 Abs. 4 VG-RL bestimmt, dass die beauftragte Verwertungsgesellschaft das von der beauftragenden Gesellschaft repräsentierte Repertoire **in alle Angebote aufnehmen** muss, die sie an Anbieter von Online-Diensten richtet.

Art. 30 Abs. 5 VG-RL bestimmt, dass die **Verwaltungskosten,** die die beauftragte von der beauftragenden Verwertungsgesellschaft für die erbrachten Leistungen, also für die Wahrnehmung von deren Repertoire, verlangt, die Kosten nicht übersteigen dürfen, die ihr hierfür „vernünftigerweise entstanden" sind, also nur so viel betragen dürfen, wie erforderlich ist, um die „erforderlichen und angemessenen Investitionen wieder einzubringen".[11]

Nach **Art. 30 Abs. 6 S. 1 VG-RL** muss die beauftragende der beauftragten Verwertungsgesellschaft alle für die Vergabe von Mehrgebietslizenzen **erforderlichen Informationen** über ihr eigenes Musikrepertoire zur Verfügung stellen. **Art. 30 Abs. 6 S. 2 VG-RL** bestimmt, dass wenn diese Informationen **unzureichend** sind oder in einer solchen Form vorgelegt wurden, dass die beauftragte

---

[5] Erwägungsgrund (44) S. 4 f. VG-RL.
[6] Kritisch zum damit bewirkten Wettbewerb über die Lizenzbedingungen, insbesondere die Höhe der Vergütung und die Abzüge, *Walter,* Urheber- und Verwertungsgesellschaftenrecht '15, VG-RL Art. 29 Anm. 1 ff.
[7] Erwägungsgrund (46) S. 2 VG-RL.
[8] Erwägungsgrund (46) S. 3 VG-RL.
[9] Erwägungsgrund (46) S. 4 VG-RL.
[10] Erwägungsgrund (46) S. 5 VG-RL.
[11] Erwägungsgrund (46) S. 6 VG-RL.

Verwertungsgesellschaft ihre Verpflichtungen nicht erfüllen kann, diese berechtigt ist, die vernünftigerweise für die Erfüllung ihrer Verpflichtungen erforderlichen **Kosten** in Rechnung zu stellen oder diejenigen Werke von der Wahrnehmung auszuschließen, zu denen keine ausreichenden oder verwendbaren Informationen vorgelegt wurden.

2. § 69

2   Die §§ 69, 70, 71 und 73 folgen dem Inhalt, nicht aber der Struktur der Art. 29 und 30 VG-RL. Die zentralen Bestimmungen zum **Repräsentationszwang** und zu seinen **Bedingungen** sind in § 69 enthalten.

Eingangs statuiert **§ 69 Abs. 1** den **Kontrahierungszwang** für Verwertungsgesellschaften, die bereits gebietsübergreifend Online-Rechte an Musikwerken für mindestens eine andere Verwertungsgesellschaft vergeben, und setzt damit im Wesentlichen inhaltsgleich **Art. 30 Abs. 1 VG-RL** um.

§ 69 Abs. 2 verpflichtet diese Verwertungsgesellschaften, Repräsentationsverlangen **schriftlich und unverzüglich zu beantworten** und dabei die **zentralen Bedingungen** mitzuteilen, zu denen sie gebietsübergreifend Online-Rechte an Musikwerken vergeben oder anbieten. Damit setzt § 69 Abs. 2 sowohl **Art. 30 Abs. 2** als auch **Art. 29 Abs. 3 VG-RL** um.

§ 69 Abs. 3 bestimmt, dass Repräsentationsvereinbarungen, in denen eine Verwertungsgesellschaft mit der exklusiven gebietsübergreifenden Vergabe von Online-Rechten an Musikwerken beauftragt wird, unzulässig sind, Repräsentationsvereinbarungen also stets **nicht-exklusiver Natur** sein müssen. Damit wird **Art. 29 Abs. 1 S. 1 VG-RL** umgesetzt.

II. Repräsentationszwang

1. § 69 Abs. 1 – Repräsentationszwang

3   **§ 69 Abs. 1** enthält die „Kernbestimmung von Teil 3".[12] Entsprechend der Vorgabe in Art. 30 Abs. 1 VG-RL unterliegt eine **Verwertungsgesellschaft**,[13] die bereits gebietsübergreifend Online-Rechte an Musikwerken für mindestens eine andere Verwertungsgesellschaft vergibt, einer **Repräsentationspflicht:** Sie ist verpflichtet, auf Verlangen einer Verwertungsgesellschaft, die selbst keine gebietsübergreifenden Online-Rechte an ihren Musikwerken vergibt oder anbietet, auch deren Repertoire wahrzunehmen.

Wie bereits für die zugrundeliegende entsprechende Bestimmung der VG-RL hervorgehoben wird, soll dieser Kontrahierungszwang die **Bündelung von Musik-Repertoires** fördern.[14] Denn Verwertungsgesellschaften, die selbst nicht Willens oder in der Lage sind, für ihr eigenes Repertoire Online-Rechte an Musikwerken gebietsübergreifend zu vergeben, können andere Verwertungsgesellschaften, die bereits auf diesem Markt tätig sind, mit der Wahrnehmung ihres Repertoires beauftragen, und diese sind verpflichtet, den Auftrag anzunehmen. Davon verspricht sich der Gesetzgeber eine erleichterte Rechteklärung, eine Senkung der Transaktionskosten und das Entstehen neuer Online-Dienste.[15]

Die Repräsentationspflicht gem. **§ 69 Abs. 1 S. 1** trifft eine Verwertungsgesellschaft nur dann, wenn sie bereits gebietsübergreifend Online-Rechte an Musikwerken **für mindestens eine andere Verwertungsgesellschaft** vergibt oder anbietet. Der Begriff der **Online-Rechte** ist in § 59 Abs. 2,[16] und der Begriff der **„gebietsübergreifenden Vergabe"** wird in § 59 Abs. 3 definiert.[17] Die Repräsentationspflicht gilt demnach nicht für Verwertungsgesellschaften, die gebietsübergreifende Lizenzen für Online-Musikrechte nur für ihr eigenes Repertoire vergeben.[18]

Eine Verwertungsgesellschaft ist auch dann nicht „für eine andere Verwertungsgesellschaft" tätig iSv. § 69 Abs. 1 S. 1 und damit ebenfalls nicht der Repräsentationspflicht unterworfen, wenn sie lediglich die Rechte an denselben Werken gebündelt wahrnimmt, etwa um das Vervielfältigungsrecht und das Recht der öffentlichen Wiedergabe (Recht der öffentlichen Zugänglichmachung) an diesen Werken zusammen zu vergeben.[19]

§ 69 Abs. 1 S. 2 bestimmt entsprechend Art. 30 Abs. 1 VG-RL, dass sich die Repräsentationspflicht nur auf solche **Kategorien von Online-Rechten** an Musikwerken bezieht, die die Verwertungsgesellschaft bereits gebietsübergreifend wahrnimmt. Die Verwertungsgesellschaft muss also nur solche Anfragen annehmen, die sich auf die Art der von ihr selbst repräsentierten Online-Rechte beschränken.[20]

---

[12] AmtlBegr. BT-Drs. 18/7223, 92.
[13] Zum hier gebrauchten Begriff der Verwertungsgesellschaft → § 59 Rn. 4.
[14] → Rn. 1; Erwägungsgrund (44) VG-RL.
[15] AmtlBegr. BT-Drs. 18/7223, 92 f.
[16] → § 59 Rn. 5.
[17] → § 59 Rn. 6.
[18] Vgl. Erwägungsgrund (46) S. 3 VG-RL; → Rn. 1 (zu Art. 30 Abs. 1 VG-RL).
[19] Vgl. Erwägungsgrund (46) S. 4 VG-RL; → Rn. 1 (zu Art. 30 Abs. 1 VG-RL).
[20] Vgl. Erwägungsgrund (46) S. 2 VG-RL; → Rn. 1 (zu Art. 30 Abs. 1 VG-RL).

Dagegen steht der Repräsentationspflicht solcher bereits auf dem Markt für gebietsübergreifende Online-Rechte an Musikwerken tätigen Verwertungsgesellschaften keine Verpflichtung einer Verwertungsgesellschaft gegenüber, diese Repräsentationspflicht auch einzufordern, dh. ihre Rechte zur Bündelung an solche Gesellschaften zu vergeben. Jede Verwertungsgesellschaft kann also die genannten Rechte grundsätzlich auch selbst wahrnehmen.

2. § 69 Abs. 2 – Reaktion auf Repräsentationsanfragen

§ 69 Abs. 2 regelt, wie die der Repräsentationspflicht nach § 69 Abs. 1 unterworfene Verwer- 4
tungsgesellschaft auf den Antrag einer anderen Verwertungsgesellschaft auf Abschluss einer Repräsentationsvereinbarung formal zu reagieren hat.

Die der Repräsentationspflicht unterworfene Verwertungsgesellschaft[21] ist verpflichtet, auf das Repräsentationsverlangen iSv. § 69 Abs. 1 S. 1 **schriftlich** und **unverzüglich** zu antworten. Diese Formulierung folgt wörtlich der Vorgabe in Art. 30 Abs. 2 VG–RL. Eine mündliche Antwort reicht also nicht aus, dagegen dürften auch elektronische Schriftformen, wie Email, SMS oder Fax als „schriftlich" zu qualifizieren sein.[22] Die Antwort muss **unverzüglich** erteilt werden, also nach deutschem Rechtsverständnis ohne schuldhaftes Zögern der Verwertungsgesellschaft, bei der der Antrag einging.[23]

Außerdem muss die angefragte Verwertungsgesellschaft zusammen mit ihrer Antwort der anfragenden Gesellschaft die **zentralen Bedingungen** mitteilen, zu denen sie (die angefragte Verwertungsgesellschaft) gebietsübergreifend Online-Rechte an Musikwerken vergibt. Im dieser Bestimmung zugrunde liegenden Art. 29 Abs. 3 VG–RL wird beispielhaft aufgezählt, um welche Bedingungen es sich dabei handelt.[24] Obwohl § 69 Abs. 2 keine derartige Aufzählung enthält, wird man entsprechend Art. 29 Abs. 3 VG–RL davon ausgehen können, dass die angefragte Verwertungsgesellschaft insbesondere die Art der Verwertung, die Bestimmungen zur Vergütung, die Geltungsdauer von Verträgen mit Anbietern von Online-Diensten, die Rechnungsperioden und die von der Vergabe der Rechte umfassten Gebiete als „zentrale Bedingungen" der anfragenden Verwertungsgesellschaft mitteilen muss.[25]

3. § 69 Abs. 3 – Verbot exklusiver Repräsentationsvereinbarungen

§ 69 Abs. 3 folgt inhaltlich der Vorgabe von Art. 29 Abs. 1 VG–RL und bestimmt, dass **Exklusiv-** 5
abreden in Repräsentationsvereinbarungen über die gebietsübergreifende Vergabe von Online-Rechten an Musikwerken **unzulässig** sind. Repräsentationsvereinbarungen zwischen Verwertungsgesellschaften[26] dürfen also in diesem Bereich nur auf nicht-exklusiver Basis abgeschlossen werden.

Mit diesem Verbot der Exklusivabreden soll erreicht werden, dass sowohl den Nutzern, die Online-Rechte erwerben wollen, als auch Verwertungsgesellschaften, die gebietsübergreifende Wahrnehmungsleistungen für ihr Repertoire suchen, die **Wahlmöglichkeiten** erhalten bleiben.[27] Obwohl aus dem Verbot von Exklusivabreden gem. § 69 Abs. 3 keine Verpflichtung für eine Verwertungsgesellschaft resultiert, mehrere Verwertungsgesellschaften zugleich mit der gebietsübergreifenden Vergabe von Online-Rechten an Musikwerken zu betrauen, dürften Nutzern die besagten Wahlmöglichkeiten nur dann zur Verfügung stehen, wenn genau dies geschieht: Nur wenn eine Verwertungsgesellschaft, die für ihr eigenes Repertoire selbst keine gebietsübergreifenden Lizenzen vergibt, mehrere andere Verwertungsgesellschaften mit der (nicht-exklusiven) Wahrnehmung dieser Rechte beauftragt, können sich Anbieter von Online-Diensten für die Lizenzierung desselben Repertoires an mehrere Verwertungsgesellschaften wenden und das für sie günstigste Angebot auswählen.[28]

Im Übrigen gilt, dass die beauftragte Verwertungsgesellschaft bei der Wahrnehmung von Online-Rechten an Musikwerken im Auftrag einer anderen Verwertungsgesellschaft deren Rechtsinhaber nicht diskriminieren darf. Denn iRv. Repräsentationsvereinbarungen gilt ein allgemeines **Diskriminierungsverbot:** Aus § 44 ergibt sich, dass die beauftragte Verwertungsgesellschaft die Rechtsinhaber, deren Rechte sie auf der Grundlage der Repräsentationsvereinbarung für die beauftragende Verwertungsgesellschaft wahrnimmt, nicht diskriminieren darf.[29] Dieses Diskriminierungsverbot findet auch auf Repräsentationsvereinbarungen zur gebietsübergreifenden Vergabe von Online-Rechten an Musikwerken Anwendung. Einer gesonderten Umsetzung von Art. 29 Abs. 1 S. 2 VG–RL, in dem dieses Diskriminierungsverbot noch einmal ausdrücklich, und zwar zusätzlich zum generellen Diskri-

---

[21] Zum hier gebrauchten Begriff der Verwertungsgesellschaft → Rn. 3.
[22] Vgl. § 126 Abs. 3 BGB.
[23] Vgl. § 121 Abs. 1 S. 1 BGB; die englische Sprachfassung von Art. 30 Abs. 1 VG–RL verwendet den weniger präzisen Begriff „without undue delay".
[24] → Rn. 1 (zu Art. 29 Abs. 3 VG–RL).
[25] AmtlBegr. BT-Drs. 18/7223, 93; → Rn. 1 (zu Art. 29 Abs. 3 VG–RL).
[26] Zum hier gebrauchten Begriff der Verwertungsgesellschaft → Rn. 3.
[27] AmtlBegr. BT-Drs. 18/7223, 93; vgl. bereits Erwägungsgrund (44) S. 4 f. VG–RL.
[28] Kritisch *Walter,* Urheber- und Verwertungsgesellschaftenrecht '15, VG–RL Art. 29 Anm. 1 ff., mit Hinweis auf die Problematik einer konkurrierenden Rechteeinräumung und die negativen Effekte eines Wettbewerbs unter Verwertungsgesellschaften; kritisch auch *Kling* S. 200 f. unter Hinweis auf ein erhöhtes Risiko der Repertoirefragmentierung; Wandtke/Bullinger/*Gerlach* § 69 Rn. 5 mwN; *Wübbelt* S. 166.
[29] Zum Inhalt des Diskriminierungsverbots → § 44 Rn. 5.

minierungsverbot gem. Art. 14 VG-RL,[30] für Repräsentationsvereinbarungen zur Vergabe von Mehrgebietslizenzen statuiert wird, bedurfte es daher nicht.[31]

§ 70 Informationen der beauftragenden Verwertungsgesellschaft

(1) **Die beauftragende Verwertungsgesellschaft stellt der beauftragten Verwertungsgesellschaft
diejenigen Informationen über ihre Musikwerke zur Verfügung, die für die gebietsübergreifende Vergabe von Online-Rechten erforderlich sind.**

(2) **Sind die Informationen nach Absatz 1 unzureichend oder stellt die beauftragende Verwertungsgesellschaft die Informationen in einer Weise zur Verfügung, dass die beauftragte Verwertungsgesellschaft die Anforderungen dieses Teils nicht erfüllen kann, so ist die beauftragte Verwertungsgesellschaft berechtigt,**

1. **der beauftragenden Verwertungsgesellschaft die Kosten in Rechnung zu stellen, die für die
Erfüllung der Anforderungen vernünftigerweise entstanden sind, oder**
2. **diejenigen Werke von der Wahrnehmung auszuschließen, zu denen nur unzureichende oder
nicht verwendbare Informationen vorliegen.**

Übersicht

I. Allgemeines

1. Die Vorgaben der VG-RL

1   **a) Die „Passport"-Regeln in Art. 29 und 30 VG-RL. Art. 29 VG-RL** („Verträge zwischen
Organisationen für die kollektive Rechtewahrnehmung zur Vergabe von Mehrgebietslizenzen") und
Art. 30 VG-RL („Pflicht zur Repräsentation anderer Organisationen für die kollektive Rechtewahr-
nehmung bei der Mehrgebietslizenzierung") enthalten **zentrale Bestimmungen** für die Vergabe von
Mehrgebietslizenzen für Online-Rechte an Musikwerken durch Verwertungsgesellschaften.
Der Zweck dieser Regelungen sowie der Inhalt von Art. 29 und 30 VG-RL wurden im Einzelnen
im Zusammenhang mit § 69 dargelegt.[1]

b) Art. 30 VG-RL. Art. 30 VG-RL enthält in Abs. 1–5 Pflichten der angefragten bzw. beauftragten Verwertungsgesellschaft iRv. Repräsentationsanfragen und -vereinbarungen: Art. 30 Abs. 1
VG-RL regelt den **Repräsentationszwang**: Art. 30 Abs. 2 VG-RL schreibt der angefragten Verwertungsgesellschaft vor, Repräsentationsanträge **schriftlich und unverzüglich zu beantworten;**
Art. 30 Abs. 3 VG-RL verpflichtet die angefragte Verwertungsgesellschaft, das von der anfragenden
Verwertungsgesellschaft repräsentierte Repertoire **zu denselben Bedingungen** wahrzunehmen wie
ihr eigenes; nach Art. 30 Abs. 4 VG-RL müssen beauftragte Verwertungsgesellschaften das von der
beauftragenden Gesellschaft repräsentierte Repertoire **in alle Angebote aufnehmen,** die sie an
Anbieter von Online-Diensten richten; und Art. 30 Abs. 5 VG-RL regelt die Erstattung der durch die
Wahrnehmung des Repertoires der beauftragenden Verwertungsgesellschaft entstandenen **Kosten.**[2]
Art. 30 Abs. 6 VG-RL enthält in demselben Zusammenhang **Pflichten der beauftragenden
Verwertungsgesellschaft:**
Nach **Art. 30 Abs. 6 S. 1 VG-RL** muss die beauftragende der beauftragten Verwertungsgesell-
schaft alle für die Vergabe von Mehrgebietslizenzen **erforderlichen Informationen** über ihr eigenes
Musikrepertoire zur Verfügung stellen.
Art. 30 Abs. 6 S. 2 VG-RL bestimmt, dass, wenn diese Informationen **unzureichend** sind oder
in einer solchen **Form** vorgelegt wurden, dass die beauftragte Verwertungsgesellschaft ihre Verpflichtungen nicht erfüllen kann, diese berechtigt ist, die vernünftigerweise für die Erfüllung ihrer Verpflichtungen erforderlichen **Kosten** in Rechnung zu stellen oder diejenigen Werke von der Wahrnehmung auszuschließen, zu denen keine ausreichenden oder verwendbaren Informationen vorgelegt
wurden.

---

[30] → § 44 Rn. 1.
[31] AmtlBegr. BT-Drs. 18/7223, 93.
[1] → § 69 Rn. 1.
[2] Zu diesen Bestimmungen im Einzelnen → § 69 Rn. 1.

2. § 70

Die §§ 69, 70, 71 und 73 folgen dem Inhalt, nicht aber der Struktur der Art. 29 und 30 VG-RL. **2** Die Bestimmungen zur Repräsentationspflicht und zu ihren Bedingungen sind in § 69 enthalten.[3] § 70 ergänzt die Repräsentationspflicht gem. § 69 und regelt in Umsetzung von Art. 30 Abs. 6 VG-RL Informationspflichten der beauftragenden Verwertungsgesellschaft gegenüber der beauftragten Gesellschaft.[4]

§ 70 Abs. 1 entspricht inhaltlich Art. 30 Abs. 6 S. 1 VG-RL und bestimmt, dass die beauftragende Verwertungsgesellschaft der beauftragten diejenigen Informationen über ihre Musikwerke zur Verfügung stellen muss, die für die gebietsübergreifende Vergabe von Online-Rechten erforderlich sind.

§ 70 Abs. 2 stimmt inhaltlich mit Art. 30 Abs. 6 S. 2 VG-RL überein. Dabei ist § 70 Abs. 2 in zwei Unterziffern untergliedert und damit sprachlich klarer als die Richtlinienvorgabe. Wenn die **Informationen,** zu deren Übermittlung die beauftragende Verwertungsgesellschaft gem. § 70 Abs. 1 verpflichtet ist, **unzureichend** sind oder in einer Weise zur Verfügung gestellt werden, dass die beauftragte Verwertungsgesellschaft die Anforderungen dieses Teils, also ihre Verpflichtungen aus den §§ 59 ff., nicht erfüllen kann, so ist sie (die beauftragte Verwertungsgesellschaft) berechtigt, entweder der beauftragenden Verwertungsgesellschaft die **Kosten in Rechnung zu stellen,** die für die Erfüllung der Anforderungen „vernünftigerweise" entstanden sind **(§ 70 Abs. 2 Nr. 1),** oder diejenigen **Werke von der Wahrnehmung auszuschließen,** zu denen ihr nur unzureichende oder nicht verwendbare Informationen vorliegen **(§ 70 Abs. 2 Nr. 2).**

II. Informationen der beauftragenden Verwertungsgesellschaft

1. § 70 Abs. 1 – Übermittlung der erforderlichen Informationen

§ 70 Abs. 1 enthält Bestimmungen zu den Informationspflichten der beauftragenden gegenüber der **3** beauftragten **Verwertungsgesellschaft,**[5] entsprechend der Vorgabe in Art. 30 Abs. 6 S. 1 VG-RL.

Die Informationspflicht gem. **§ 70 Abs. 1** bezieht sich auf diejenigen Informationen, die die beauftragte Verwertungsgesellschaft für die gebietsübergreifende Vergabe[6] von Online-Rechten an Musikwerken,[7] und iRd. Repräsentationsvereinbarung für die Wahrnehmung der von der beauftragenden Verwertungsgesellschaft gehaltenen Rechte benötigt. Diese **„Informationen über ihre Musikwerke"** betreffen also das Repertoire der beauftragenden Verwertungsgesellschaft und die Rechte, die sie daran hält, einschließlich der von der Wahrnehmung dieser Rechte umfassten Gebiete. Inhaltlich müssen die Informationen **die in § 62 Abs. 1 genannten Daten**[8] umfassen, also Informationen über die Musikwerke, an denen die beauftragende Verwertungsgesellschaft aktuell Online-Rechte wahrnimmt (§ 62 Abs. 1 Nr. 1), die aktuell von ihr wahrgenommenen Online-Rechte (§ 62 Abs. 1 Nr. 2) und die aktuell von ihrer Rechtewahrnehmung umfassten Gebiete (§ 62 Abs. 1 Nr. 3); denn diese Daten benötigt die beauftragte Verwertungsgesellschaft für die Vergabe von Lizenzen an Anbieter von Online-Diensten. Alle diese Informationen muss die beauftragende der beauftragten Verwertungsgesellschaft demnach so vollständig übermitteln, dass diese ihren Verpflichtungen aus den §§ 62 ff. nachkommen kann.

2. § 70 Abs. 2 – Unzureichende oder nicht verwendbare Informationen

§ 70 Abs. 2 regelt in Umsetzung von Art. 30 Abs. 6 S. 2 VG-RL den Fall, dass die von der beauf- **4** tragenden Verwertungsgesellschaft[9] an die beauftragte Gesellschaft übermittelten Informationen iSv. § 70 Abs. 1 unzureichend oder nicht verwendbar sind.

„Unzureichend" sind die Informationen insbesondere dann, wenn sie nicht alle diejenigen Elemente enthalten, die die beauftragte Verwertungsgesellschaft zur gebietsübergreifenden Vergabe von Online-Rechten an Musikwerken benötigt, also alle in § 62 Abs. 1 genannten Daten.

„In einer Weise zur Verfügung" gestellt, dass die beauftragte Verwertungsgesellschaft „die **Anforderungen** dieses Teils **nicht erfüllen** kann", sind die Informationen dann, wenn sie aufgrund ihres Formats[10] von der beauftragten Verwertungsgesellschaft nicht effizient und zügig verarbeitet und verwendet werden können. Dies wird insbesondere dann der Fall sein, wenn ihr die Informationen nicht auf elektronischem Wege übermittelt werden. Da gem. § 62 Abs. 1 die dort genannten Informationen **elektronisch** übermittelt werden müssen,[11] erscheint es nur konsequent, dass auch im Rahmen von § 70 Abs. 1 die Übermittlung der Informationen über Musikwerke und Online-Rechte

---

[3] → § 69 Rn. 2.
[4] AmtlBegr. BT-Drs. 18/7223, 93.
[5] Zum hier gebrauchten Begriff der Verwertungsgesellschaft → § 59 Rn. 4.
[6] Zum Begriff der „gebietsübergreifenden Vergabe" gem. § 59 Abs. 3 → § 59 Rn. 6.
[7] Zum Begriff der „Online-Rechte" gem. § 59 Abs. 2 → § 59 Rn. 5.
[8] → § 62 Rn. 3.
[9] Zum hier gebrauchten Begriff der Verwertungsgesellschaft → Rn. 3.
[10] Art. 30 Abs. 6 S. 2 VG-RL spricht insoweit von der „Form", in der die Informationen vorgelegt werden.
[11] → § 62 Rn. 3.

auf elektronischem Wege erfolgen sollte. Denn wenn die Informationen auf andere Weise zur Verfügung gestellt werden, besteht das Risiko, dass die beauftragte Verwertungsgesellschaft damit nicht effizient arbeiten kann.

Wenn die Informationen nach diesen Maßstäben unzureichend oder wegen ihrer Form nicht verwendbar sind, kann die beauftragte Verwertungsgesellschaft zwischen zwei Alternativen wählen:

Nach **§ 70 Abs. 2 Nr. 1** ist die beauftragte Verwertungsgesellschaft berechtigt, der beauftragenden die **Kosten** in Rechnung zu stellen, die für die Erfüllung der Anforderungen vernünftigerweise entstanden sind. Dabei handelt es um zusätzliche Kosten, die über die üblichen Verwaltungskosten iSv. § 73 Abs. 3[12] hinaus entstehen. Solche zusätzlichen Kosten können der beauftragten Verwertungsgesellschaft etwa dadurch entstehen, dass im Falle von im oben beschriebenen Sinne unzureichenden oder unvollständigen Informationen Rückfragen bei der beauftragenden Verwertungsgesellschaft erforderlich werden, oder dass sie die Informationen wenn möglich selbst ergänzt, um den Anbietern von Online-Diensten alle gem. § 62 Abs. 1 relevanten Daten übermitteln zu können. Zusätzliche Kosten können auch dann entstehen, wenn die Informationen wegen ihres Formats nicht verwendbar sind und die beauftragte Verwertungsgesellschaft bei der beauftragenden Gesellschaft hierzu nachfragen und Nachbesserung verlangen muss, oder wenn sie die Form möglicherweise selbst korrigiert.

Die hierfür angefallenen Kosten kann die beauftragte Verwertungsgesellschaft der beauftragenden **in Rechnung stellen,** sie also von den an die letztere gem. § 68 Abs. 2 weiterzuleitenden Einnahmen abziehen.[13]

Allerdings können nur solche Kosten in Rechnung gestellt werden, die **vernünftigerweise entstanden** sind. Diese Formulierung entspricht derjenigen in Art. 30 Abs. 6 S. 2 VG-RL.[14] Nach dem Richtlinienvorschlag der Kommission sollte die beauftragte Verwertungsgesellschaft berechtigt sein, einen „angemessenen Betrag" für die Erfüllung der Anforderungen in Rechnung zu stellen.[15] Inhaltlich dürfte hier kein Unterschied bestehen. Nur wenn die Kosten demnach ein Maß nicht überschreiten, das in angemessenem Verhältnis zu den zu erzielenden Einnahmen steht und insbesondere gegenüber den Rechtsinhabern vertretbar ist, können sie der beauftragenden Verwertungsgesellschaft in Rechnung gestellt werden.

Gem. **§ 70 Abs. 2 Nr. 2** kann die beauftragte Verwertungsgesellschaft in diesen Fällen, statt die Kosten in Rechnung zu stellen, diejenigen **Werke vom Wahrnehmungsauftrag ausschließen,** zu denen ihr nur unzureichende oder nicht verwendbare Informationen vorliegen. Die beauftragte Verwertungsgesellschaft hat in diesen Fällen also die Wahl zwischen den in § 70 Abs. 2 Nr. 1 (Kostenerstattung) und § 70 Abs. 2 Nr. 2 (Ausschluss von der Wahrnehmung) genannten Optionen. Die letztere Option wird insbesondere dann als ultima ratio zum Tragen kommen, wenn die beauftragte Verwertungsgesellschaft aufgrund der unzureichenden oder nicht verwendbaren Informationen von Seiten der beauftragenden Verwertungsgesellschaft ihre Aufgaben nicht mit vertretbarem Aufwand, dh. nur mit iSv. § 70 Abs. 2 Nr. 1 unverhältnismäßig hohen Kosten, erfüllen könnte.

§ 71 Informationen der Mitglieder und Berechtigten bei Repräsentation

Die beauftragende Verwertungsgesellschaft informiert ihre Mitglieder und ihre Berechtigten über die zentralen Bedingungen der von ihr abgeschlossenen Repräsentationsvereinbarungen.

Übersicht

I. Allgemeines

1. Die Vorgaben der VG-RL

1   a) Die „Passport"-Regeln in Art. 29 und 30 VG-RL. Art. 29 VG-RL („Verträge zwischen Organisationen für die kollektive Rechtewahrnehmung zur Vergabe von Mehrgebietslizenzen") und **Art. 30 VG-RL** („Pflicht zur Repräsentation anderer Organisationen für die kollektive Rechtewahrnehmung bei der Mehrgebietslizenzierung") enthalten **zentrale Bestimmungen** für die Vergabe von Mehrgebietslizenzen für Online-Rechte an Musikwerken durch Verwertungsgesellschaften.

---

[12] → § 73 Rn. 5.
[13] → § 68 Rn. 5.
[14] Art. 30 Abs. 6 S. 2 VG-RL: „… die vernünftigerweise für die Erfüllung der Anforderungen anfallenden Kosten …"; die englische Sprachfassung dieser Bestimmung lautet: „… the costs reasonably incurred in meeting such requirements …".
[15] Art. 29 Abs. 3 des Richtlinienvorschlags vom 11.7.2012, COM(2012) 372 final.

Der Zweck und der Inhalt von Art. 29 und 30 VG-RL wurden im Einzelnen im Zusammenhang mit § 69 dargelegt.[1]

b) Art. 29 VG-RL. Art. 29 Abs. 1 S. 1 VG-RL enthält das Verbot von Exklusivabreden in Repräsentationsvereinbarungen zwischen Verwertungsgesellschaften zur Wahrnehmung von Mehrgebietslizenzen für Online-Rechte an Musikwerken, und Art. 29 Abs. 1 S. 2 VG-RL verpflichtet die beauftragte Verwertungsgesellschaft, diese Online-Rechte „diskriminierungsfrei" wahrzunehmen.[2] Art. **29 Abs. 2 VG-RL** ergänzt diese Regeln in Art. 29 Abs. 1 VG-RL durch die Bestimmung, dass die im Rahmen einer Repräsentationsvereinbarung **beauftragende Verwertungsgesellschaft „ihre Mitglieder"** über die **zentralen Bedingungen** dieser Vereinbarung, „darunter die Laufzeit der Vereinbarung und die Kosten" für die von der beauftragten Verwertungsgesellschaft „erbrachten Leistungen", **informieren** muss.

Dagegen richtet sich die Informationspflicht nach **Art. 29 Abs. 3 VG-RL** an die beauftragte Verwertungsgesellschaft. Sie muss die beauftragende Verwertungsgesellschaft über die zentralen Bedingungen für die Vergabe von Lizenzen an Anbieter von Online-Diensten informieren, wie die Art der Verwertung, sämtliche die Vergütung betreffenden oder sich auf diese auswirkenden Bestimmungen, die Geltungsdauer der Lizenz, die Rechnungsperioden und die Gebiete, für die die Lizenz gilt.[3]

2. § 71

Die §§ 69, 70, 71 und 73 folgen dem Inhalt, nicht aber der Struktur der Art. 29 und 30 VG-RL. **2** Die Bestimmungen zur Repräsentationspflicht und zu ihren Bedingungen sind in § 69 enthalten, der Art. 30 Abs. 1 und 2 VG-RL sowie Art. 29 Abs. 1 und 3 VG-RL umsetzt.[4] § 70 ergänzt die Repräsentationspflicht gem. § 69 und regelt in Umsetzung von Art. 30 Abs. 6 VG-RL Informationspflichten der beauftragenden gegenüber der beauftragten Verwertungsgesellschaft.[5]

§ 71 setzt **Art. 29 Abs. 2 VG-RL** um und verpflichtet die beauftragende Verwertungsgesellschaft, ihre Mitglieder und Berechtigten **über die zentralen Bedingungen** der von ihr abgeschlossenen Repräsentationsvereinbarungen **zu informieren.**

II. Informationen der Mitglieder und Berechtigten bei Repräsentation

§ 71 statuiert, entsprechend der Vorgabe in Art. 29 Abs. 3 VG-RL, besondere Informationspflich- **3** ten der beauftragenden **Verwertungsgesellschaft**[6] iRv Repräsentationsvereinbarungen zur gebietsübergreifenden Vergabe von Online-Rechten an Musikwerken **gegenüber ihren Mitgliedern und Berechtigten.**

Gem. **§ 71** besteht die Informationspflicht der beauftragenden Verwertungsgesellschaft gegenüber deren Mitgliedern und Berechtigten. **Berechtigte** sind alle Rechtsinhaber, die in einem unmittelbaren Wahrnehmungsverhältnis zur beauftragenden Verwertungsgesellschaft stehen.[7] Die Richtlinienvorgabe in Art. 29 Abs. 2 VG-RL statuiert die Informationspflicht der beauftragenden Verwertungsgesellschaft dagegen nur gegenüber ihren „Mitgliedern", ist also insoweit enger als § 71. Der Begriff der **„Mitglieder"** ist auch in § 71 untechnisch zu verstehen und umfasst alle Berechtigten, die im Verhältnis zur beauftragenden Verwertungsgesellschaft eine aktive Mitwirkungsmöglichkeit an deren Geschäften haben.[8]

Inhaltlich bezieht sich die **Informationspflicht** der beauftragenden Verwertungsgesellschaft auf die **zentralen Bedingungen** der von ihr mit der beauftragten Verwertungsgesellschaft abgeschlossenen Repräsentationsvereinbarung. Im dieser Bestimmung zugrunde liegenden Art. 29 Abs. 2 VG-RL wird beispielhaft aufgezählt, um welche Bedingungen es sich dabei handelt.[9] Obwohl § 71 keine derartige Aufzählung enthält, wird man entsprechend Art. 29 Abs. 2 VG-RL davon ausgehen können, dass die beauftragende Verwertungsgesellschaft ihren Mitgliedern und Berechtigten insbesondere die Laufzeit der Repräsentationsvereinbarung und die Kosten für die Leistungen, die von der beauftragten Verwertungsgesellschaft erbracht werden, mitteilen muss, denn dies sind „zentrale Bedingungen" der Repräsentationsvereinbarung.[10]

Die besonderen Informationspflichten von beauftragenden Verwertungsgesellschaften gem. § 71 gegenüber ihren Mitgliedern und Berechtigten iRv Repräsentationsvereinbarungen zur gebietsübergreifenden Vergabe von Online-Rechten an Musikwerken gelten neben den allgemeinen **Informa-**

---

[1] → § 69 Rn. 1.
[2] Im Einzelnen → § 69 Rn. 1, I.1.b) (zu Art. 29 Abs. 1 VG-RL).
[3] → § 69 Rn. 1, I.1.b) (zu Art. 29 Abs. 3 VG-RL).
[4] → § 69 Rn. 2.
[5] → § 70 Rn. 2.
[6] Zum hier gebrauchten Begriff der Verwertungsgesellschaft → § 59 Rn. 4.
[7] Zum Begriff des Berechtigten → § 6 Rn. 3 ff.
[8] Zum Begriff der Mitglieder → § 7 Rn. 4 ff.
[9] → Rn. 1 (zu Art. 29 Abs. 2 VG-RL).
[10] AmtlBegr. BT-Drs. 18/7223, 93; → Rn. 1 (zu Art. 29 Abs. 2 VG-RL).

tionspflichten gem. §§ 53 ff., denen alle Verwertungsgesellschaften gegenüber ihren Berechtigten unterliegen.[11]

§ 72 Zugang zur gebietsübergreifenden Vergabe von Online-Rechten an Musikwerken

[1]**Eine Verwertungsgesellschaft, die bis zum 10. April 2017 Online-Rechte an Musikwerken gebietsübergreifend weder vergibt noch anbietet und auch keine Repräsentationsvereinbarung nach § 69 abgeschlossen hat, ermöglicht es dem Berechtigten, seine Online-Rechte gebietsübergreifend anderweitig zu vergeben.** [2]**Die Verwertungsgesellschaft ist dabei verpflichtet, auf Verlangen des Berechtigten Online-Rechte an Musikwerken weiterhin zur Vergabe in einzelnen Gebieten wahrzunehmen.**

Schrifttum: *Kling,* Gebietsübergreifende Vergabe von Online-Rechten an Musikwerken, 2018.

Übersicht

I. Allgemeines

1. Die Vorgaben der VG-RL

1   **a) Die Zielrichtung.** Die Bestimmungen in Titel III der VG-RL (Art. 23 ff.) sollen sicherstellen, dass für „Musikanbieter, die im Interesse der kulturellen Vielfalt und der Verbraucher ein möglichst großes Musikrepertoire für ganz Europa bereitstellen möchten, Musikrepertoires leicht zusammengeführt werden können".[1] Hierzu enthalten insbesondere die „Passport"-Regeln der **Art. 29 VG-RL** („Verträge zwischen Organisationen für die kollektive Rechtewahrnehmung zur Vergabe von Mehrgebietslizenzen") und **Art. 30 VG-RL** („Pflicht zur Repräsentation anderer Organisationen für die kollektive Rechtewahrnehmung bei der Mehrgebietslizenzierung") die zentralen Bestimmungen für die Vergabe von Mehrgebietslizenzen für Online-Rechte an Musikwerken durch Verwertungsgesellschaften. Der Zweck und der Inhalt von Art. 29 und 30 VG-RL wurden im Einzelnen im Zusammenhang mit § 69 dargelegt.[2]

Wenn aber trotz dieser Regeln zur Erleichterung der Vergabe von Mehrgebietslizenzen eine mit der Wahrnehmung von Online-Rechten betraute Verwertungsgesellschaft weder selbst entsprechende Mehrgebietslizenzen erteilt oder anbietet noch eine andere Verwertungsgesellschaft über Repräsentationsvereinbarungen iSv. Art. 29 und 30 VG-RL damit beauftragen will, so sieht die Richtlinie die **Gefahr,** dass diese Vorschriften „ihren **Zweck verfehlen** oder ins Leere laufen".[3]

b) Art. 31 VG-RL. Dieser Gefahr soll mit **Art. 31 VG-RL** („Zugang zur Mehrgebietslizenzierung") dadurch begegnet werden, dass Rechtsinhaber bei Untätigkeit ihrer Verwertungsgesellschaft wieder selbst für die Vergabe von Mehrgebietslizenzen sorgen können: Gem. Art. 31 VG-RL können Rechtsinhaber, die eine Verwertungsgesellschaft mit der Wahrnehmung ihrer Online-Rechte an Musikwerken betraut haben, „dieser die Online-Rechte an Musikwerken zum Zwecke der Vergabe von Mehrgebietslizenzen **für alle Gebiete** wieder **entziehen,** ohne ihr auch die Online-Rechte an Musikwerken für die Vergabe von Eingebietslizenzen zu entziehen", um selbst, über einen oder mehrere bevollmächtigte Dritte oder über eine andere Verwertungsgesellschaft, die die Anforderungen von Titel III VG-RL (Art. 23 ff. VG-RL) erfüllt, entsprechende Mehrgebietslizenzen erteilen zu können. **Voraussetzung** ist, dass die von den Rechtsinhabern mit der Wahrnehmung ihrer Online-Rechte betraute Verwertungsgesellschaft bis zum **10.4.2017** keine solche Mehrgebietslizenzen vergibt oder anbietet und keiner anderen Verwertungsgesellschaft durch den Abschluss einer Repräsentationsvereinbarung iSd. Art. 29 und 30 VG-RL erlaubt, diese Rechte zu repräsentieren.

Die Rechtsinhaber sollen hierzu ihrer ursprünglich beauftragten Verwertungsgesellschaft die ihr übertragenen Rechte jeweils nur **soweit entziehen** können, wie dies für die Vergabe von **Mehrge-**

---

[11] Vgl. etwa → § 54 Rn. 3 f.; → § 55 Rn. 5.
[1] So schon die Begründung des Vorschlags der Europäischen Kommission für die VG-RL, COM(2012) 372 final vom 11.7.2012, 3.4.3. (S. 12).
[2] → § 69 Rn. 1.
[3] Erwägungsgrund (47) S. 1 VG-RL.

bietslizenzen für die Online-Nutzung **erforderlich** ist; dieser Rechterückruf soll die für die Vergabe von **Eingebietslizenzen** erforderlichen Rechte dagegen nicht berühren.[4]

Seiner Natur nach ist Art. 31 VG-RL eine **vertragsrechtliche Bestimmung.** Von dieser Regelung unberührt bleiben im Übrigen auch die allgemeinen Bestimmungen zur Beendigung des Wahrnehmungsauftrags und zum Rückruf von Rechten gem. Art. 5 Abs. 4 VG-RL.[5]

Der Entzug der Rechte gem. Art. 31 VG-RL kann erst ab dem 10.4.2017 erfolgen. Diese **Sperrfrist** des 10.4.2017 läuft damit genau ein Jahr nach der Frist für die Umsetzung der VG-RL in nationales Recht gem. Art. 43 Abs. 1 VG-RL ab. Die Sperrfrist verfolgt den Zweck, den Verwertungsgesellschaften Zeit zu geben, sich auf diese Neuregelung einzustellen und ggf. geeignete Maßnahmen zu ergreifen.[6]

2. § 72

Die §§ 69, 70, 71 und 73 zur Repräsentationspflicht, ihren Voraussetzungen, ihrem Inhalt und den daraus resultierenden Verpflichtungen der Beteiligten folgen inhaltlich den Art. 29 und 30 VG-RL und setzen diese um. Dabei werden Art. 30 Abs. 1 und 2 VG-RL sowie Art. 29 Abs. 1 und 3 VG-RL in § 69 umgesetzt,[7] § 70 setzt Art. 30 Abs. 6 VG-RL um,[8] § 71 setzt Art. 29 Abs. 2 VG-RL[9] um, und mit § 73 werden Art. 30 Abs. 3–5 VG-RL umgesetzt.[10] **2**

§ 72 dagegen enthält die vertragsrechtliche Regelung des **Art. 31 VG-RL** und setzt diesen um. Inhaltlich ist § 72 weitgehend mit der Richtlinienbestimmung identisch, teilt diese aber in zwei Sätze auf und ist damit sprachlich klarer gefasst. Außerdem knüpft § 72 nicht an den Begriff der Rechtsinhaber, sondern an den der Berechtigten an.

§ 72 S. 1 verpflichtet eine Verwertungsgesellschaft, die bis zum 10.4.2017 Online-Rechte an Musikwerken weder vergeben noch angeboten und auch „keine Repräsentationsvereinbarung nach § 69 abgeschlossen" hat, es dem betroffenen Berechtigten **zu ermöglichen,** seine Online-Rechte **gebietsübergreifend anderweitig zu vergeben.**

Gem. **§ 72 S. 2** bleibt die Verwertungsgesellschaft dabei aber **verpflichtet,** auf Verlangen des Berechtigten Online-Rechte an Musikwerken weiterhin zur Vergabe **in einzelnen Gebieten** wahrzunehmen.

II. Zugang zur gebietsübergreifenden Vergabe von Online-Rechten an Musikwerken

1. Anderweitige Rechtevergabe

§ 72 verpflichtet **Verwertungsgesellschaften,**[11] entsprechend der Vorgabe in Art. 31 VG-RL, es **3** ihren Berechtigten unter bestimmten Voraussetzungen zu **ermöglichen,** seine Online-Rechte an Musikwerken **anderweitig zu verwerten,** wenn seine Verwertungsgesellschaft diese Rechte weder selbst vergibt noch eine andere Verwertungsgesellschaft damit beauftragt.[12]

Dabei besteht die Verpflichtung der Verwertungsgesellschaft gem. **§ 72** gegenüber ihren Berechtigten. § 72 knüpft richtigerweise nicht an den weiten Begriff der Rechtsinhaber an wie Art. 31 VG-RL, sondern an den engeren der **Berechtigten,**[13] da nur diese in einem unmittelbaren Wahrnehmungsverhältnis zur Verwertungsgesellschaft stehen und damit hier betroffen sind.

Die Verpflichtung, dem Berechtigten die anderweitige Rechtevergabe zu ermöglichen, bezieht sich nur auf die **gebietsübergreifende Vergabe**[14] von **Online-Rechten an Musikwerken**[15] und stellt eine vertragsrechtliche Sonderregel für diesen Bereich auf. Zwar bleibt die Möglichkeit des Berechtigten gem. **§ 12,** die Rechtewahrnehmung durch die Verwertungsgesellschaft zu beenden und der Verwertungsgesellschaft seine Rechte zu entziehen,[16] unter den dort genannten Bedingungen grundsätzlich unberührt. § 72 ist aber dann lex specialis im Verhältnis zu § 12, wenn ausschließlich Mehrgebietslizenzen an Online-Rechten betroffen sind und der Berechtigte eine Vergabe von Mehrgebietslizenzen aus einer Hand wünscht.[17]

---

[4] Erwägungsgrund (47) S. 2 VG-RL.
[5] → § 12 Rn. 1.
[6] *Walter,* Urheber- und Verwertungsgesellschaftenrecht '15, VG-RL Art. 31 Anm. 2.
[7] → § 69 Rn. 2.
[8] → § 70 Rn. 2.
[9] → § 71 Rn. 2.
[10] → § 73 Rn. 2.
[11] Zum hier gebrauchten Begriff der Verwertungsgesellschaft → § 59 Rn. 4.
[12] AmtlBegr. BT-Drs. 18/7223, 93.
[13] Zum Begriff des Berechtigten → § 6 Rn. 3 ff.
[14] Zum Begriff der „gebietsübergreifenden Vergabe" gem. § 59 Abs. 3 → § 59 Rn. 6.
[15] Zum Begriff der „Online-Rechte" gem. § 59 Abs. 2 → § 59 Rn. 5.
[16] → § 12 Rn. 3 ff.
[17] *Kling* S. 213 f.

2. § 72 S. 1 – Ermöglichung des Rechteentzugs

4   Gem. **§ 72 S. 1** muss die Verwertungsgesellschaft es dem Berechtigten **ermöglichen,** ihr die gebietsübergreifende Vergabe seiner Online-Rechte zu entziehen und diese anderweitig zu vergeben. Der Berechtigte ist also nicht verpflichtet, von dieser Möglichkeit auch Gebrauch zu machen.

Die besondere Verpflichtung gem. § 72 S. 1 besteht erst **seit dem 10.4.2017** (ein Jahr nach Ablauf der Umsetzungsfrist der Richtlinie gem. Art. 43 Abs. 1 VG-RL); vorher musste die Verwertungsgesellschaft dem Berechtigten die besagte Möglichkeit nicht einräumen.

Voraussetzung für ihre Verpflichtung aus § 72 S. 1 ist, dass die Verwertungsgesellschaft die Online-Rechte an Musikwerken ihres Berechtigten **weder vergeben noch angeboten** und auch **keine andere Verwertungsgesellschaft** iR einer Repräsentationsvereinbarung nach § 69 damit **beauftragt** hat. Die Verwertungsgesellschaft muss die anderweitige Vergabe der Online-Rechte nur dann ermöglichen, wenn sie die betreffenden Rechte nicht selbst auf den Markt gebracht hat, und wenn sie die Vorschriften über die gebietsübergreifende Vergabe von Online-Rechten an Musikwerken nicht genutzt hat, diese also durch die Untätigkeit der Verwertungsgesellschaft praktisch leerlaufen.[18] Im Übrigen dürfte ein Rechteentzug iRv. § 72 S. 1 nur insoweit in Betracht kommen, wie dies für die Vergabe von gebietsübergreifenden (Mehrgebiets-)Lizenzen für die Online-Nutzung auch tatsächlich erforderlich ist;[19] denn die Fähigkeit der Verwertungsgesellschaft, die ihr anvertrauten Rechte kollektiv wirksam wahrnehmen zu können, sollte so weit wie möglich gewahrt bleiben.[20]

Die Verpflichtung der Verwertungsgesellschaft, es ihrem Berechtigten zu ermöglichen, seine Online-Rechte **anderweitig zu vergeben,** geht über die bloße Einräumung eines Rückrufsrechts hinaus. Auf welche Weise die Verwertungsgesellschaft dies dem Berechtigten ermöglichen und welche **Mechanismen** sie hierfür vorsehen soll, ist im Gesetz nicht geregelt. Die Amtliche Begründung beruft sich hierzu auf die Vielzahl von denkbaren Fallgestaltungen und geht davon aus, dass in Abreden zwischen der Verwertungsgesellschaft und dem Berechtigten Vereinbarungen dazu getroffen werden, wie ihm die anderweitige Vergabe seiner Rechte ermöglicht wird.[21] Diese Abreden müssen jeweils dem generellen Gebot der Angemessenheit der Wahrnehmungsbedingungen genügen, auch wenn § 9 S. 2 gem. § 60 Abs. 1 im Verhältnis zum Rechtsinhaber nicht anzuwenden ist.[22]

3. § 72 S. 2 – Wahrnehmungspflicht für einzelne Gebiete

5   **§ 72 S. 2** gibt der Verwertungsgesellschaft entsprechend der Vorgabe in Art. 31 VG-RL[23] auf, für den Berechtigten seine Online-Rechte an Musikwerken zur Vergabe in einzelnen Gebieten weiterhin wahrzunehmen – wenn der Berechtigte dies verlangt. Nach **Wahl des Berechtigten** unterliegt die Verwertungsgesellschaft daher weiterhin für **mono-territoriale Lizenzen** dem Wahrnehmungszwang zu angemessenen Bedingungen gem. § 9,[24] auch wenn der Berechtigte bezüglich gebietsübergreifender Lizenzen von seinem Recht gem. § 72 S. 1 Gebrauch macht.

Daneben bleibt das Recht des Berechtigten gem. **§ 12,** iRd. Eingebietslizenzierung die Rechtewahrnehmung durch die Verwertungsgesellschaft zu beenden und ihr seine Rechte zu entziehen,[25] unter den dort genannten Bedingungen unberührt.

§ 73 Wahrnehmung bei Repräsentation

(1) **Die beauftragte Verwertungsgesellschaft nimmt die Online-Rechte an den Musikwerken der beauftragenden Verwertungsgesellschaft zu denselben Bedingungen wahr, wie die Online-Rechte ihrer Berechtigten.**

(2) **Die beauftragte Verwertungsgesellschaft nimmt die Musikwerke der beauftragenden Verwertungsgesellschaft in alle Angebote auf, die sie an den Anbieter eines Online-Dienstes richtet.**

(3) **Verwaltungskosten dürfen die Kosten nicht übersteigen, die der beauftragten Verwertungsgesellschaft vernünftigerweise entstanden sind.**

Übersicht

---

[18] Vgl. Erwägungsgrund (47) S. 1 VG-RL.
[19] Vgl. Erwägungsgrund (47) S. 2 VG-RL; *Kling* S. 213.
[20] Vgl. Erwägungsgrund (19) S. 3 VG-RL.
[21] AmtlBegr. BT-Drs. 18/7223, 93.
[22] AmtlBegr. BT-Drs. 18/7223, 93; → § 9 Rn. 14.
[23] Art. 31 VG-RL: „... ohne ihr auch die Online-Rechte an Musikwerken für die Vergabe von Eingebietslizenzen zu entziehen ..."; in der englischen Sprachfassung: „... without having to withdraw the online rights in musical works for the purposes of mono-territorial licensing ...".
[24] → § 9 Rn. 4 ff.
[25] → § 12 Rn. 3 ff.

I. Allgemeines

1. Die Vorgaben der VG-RL

a) Die „Passport"-Regeln in Art. 29 und 30 VG-RL. Art. 29 VG-RL („Verträge zwischen **1** Organisationen für die kollektive Rechtewahrnehmung zur Vergabe von Mehrgebietslizenzen") und **Art. 30 VG-RL** („Pflicht zur Repräsentation anderer Organisationen für die kollektive Rechtewahrnehmung bei der Mehrgebietslizenzierung") enthalten **zentrale Bestimmungen** für die Vergabe von Mehrgebietslizenzen für Online-Rechte an Musikwerken durch Verwertungsgesellschaften.

Der Zweck und der Inhalt von Art. 29 und 30 VG-RL wurden im Einzelnen im Zusammenhang mit § 69 dargelegt.[1]

b) Art. 30 VG-RL. Art. 30 VG-RL enthält in Abs. 1–5 Pflichten der angefragten bzw. beauftragten Verwertungsgesellschaft iRv. Repräsentationsanfragen und -vereinbarungen:

Art. 30 Abs. 1 VG-RL regelt den Repräsentationszwang, und **Art. 30 Abs. 2 VG-RL** schreibt der angefragten Verwertungsgesellschaft vor, Repräsentationsanträge schriftlich und unverzüglich zu beantworten.[2]

Art. 30 Abs. 3 VG-RL enthält ein Verbot der Diskriminierung hinsichtlich der Rechtewahrnehmung: Die angefragte Verwertungsgesellschaft, an die der Antrag gerichtet wurde, ist verpflichtet, das von der anfragenden Verwertungsgesellschaft repräsentierte Repertoire **zu denselben Bedingungen** wahrzunehmen wie ihr eigenes. Damit sollen die Interessen der Rechtsinhaber geschützt und kleinen und weniger bekannten Repertoires der Zugang zum Binnenmarkt zu denselben Bedingungen ermöglicht werden.[3]

Art. 30 Abs. 4 VG-RL bestimmt, dass die beauftragte Verwertungsgesellschaft das von der beauftragenden Gesellschaft repräsentierte Repertoire **in alle Angebote aufnehmen** muss, die sie an Anbieter von Online-Diensten richtet.

Art. 30 Abs. 5 VG-RL bestimmt, dass die **Verwaltungskosten,** die die beauftragte von der beauftragenden Verwertungsgesellschaft für die erbrachten Leistungen, dh. für die Wahrnehmung von deren Repertoire, verlangt, die Kosten nicht übersteigen dürfen, die ihr hierfür „vernünftigerweise entstanden" sind. Die Verwaltungskosten dürfen also nur so viel betragen, wie erforderlich ist, um die „erforderlichen und angemessenen Investitionen wieder einzubringen".[4]

Art. 30 Abs. 6 VG-RL enthält in demselben Zusammenhang Informationspflichten der beauftragenden gegenüber der beauftragten Verwertungsgesellschaft.[5]

2. § 73

Die §§ 69, 70, 71 und 73 folgen dem Inhalt, nicht aber der Struktur der Art. 29 und 30 VG-RL. **2** Die Bestimmungen zur Repräsentationspflicht und zu ihren Bedingungen sind in § 69 enthalten, der Art. 30 Abs. 1 und 2 VG-RL sowie Art. 29 Abs. 1 und 3 VG-RL umsetzt.[6] § 70 ergänzt die Repräsentationspflicht gem. § 69 und regelt in Umsetzung von Art. 30 Abs. 6 VG-RL Informationspflichten der beauftragenden gegenüber der beauftragten Verwertungsgesellschaft.[7] § 71 setzt Art. 29 Abs. 2 VG-RL um, indem er die beauftragende Verwertungsgesellschaft verpflichtet, ihre Mitglieder und Berechtigten über die zentralen Bedingungen der von ihr abgeschlossenen Repräsentationsvereinbarungen zu informieren.[8]

§ 73, der Regeln betreffend die Wahrnehmungsbedingungen der beauftragten Verwertungsgesellschaft enthält, entspricht inhaltlich **Art. 30 Abs. 3–5 VG-RL** und setzt diese Bestimmungen mit nahezu identischem Wortlaut um. Mit diesen Regelungen soll sichergestellt werden, dass Berechtigte bei der Wahrnehmung ihrer Rechte iR. einer Repräsentationsvereinbarung nicht schlechter gestellt sind als bei der unmittelbaren Rechtewahrnehmung durch ihre eigene Verwertungsgesellschaft.[9]

---

[1] → § 69 Rn. 1.
[2] Im Einzelnen → § 69 Rn. 1, I.1.c).
[3] Erwägungsgrund (46) S. 5 VG-RL.
[4] Erwägungsgrund (46) S. 6 VG-RL.
[5] Im Einzelnen → § 70 Rn. 1, I.1.b).
[6] → § 69 Rn. 2.
[7] → § 70 Rn. 2.
[8] → § 71 Rn. 2.
[9] AmtlBegr. BT-Drs. 18/7223, 94.

§ 73 Abs. 1 bestimmt, dass die beauftragte Verwertungsgesellschaft die Online-Rechte an den Musikwerken der beauftragenden Verwertungsgesellschaft **zu denselben Bedingungen wahrnehmen** muss wie die Online-Rechte ihrer eigenen Berechtigten.

Nach **§ 73 Abs. 2** muss die beauftragte Verwertungsgesellschaft die Musikwerke der beauftragenden Verwertungsgesellschaft **in alle Angebote aufnehmen,** die sie an die Anbieter von Online-Diensten richtet.

§ 73 Abs. 3 bestimmt, dass die **Verwaltungskosten** die Kosten nicht übersteigen dürfen, die der beauftragten Verwertungsgesellschaft „vernünftigerweise entstanden" sind.

II. Wahrnehmung bei Repräsentation

1. § 73 Abs. 1 – Wahrnehmungsbedingungen

3   § 73 Abs. 1 schreibt in Umsetzung von **Art. 30 Abs. 3 VG-RL** der beauftragten **Verwertungsgesellschaft**[10] vor, auf die **Wahrnehmung von Online-Rechten an Musikwerken** für die Berechtigten der beauftragenden Verwertungsgesellschaft **dieselben Bedingungen** anzuwenden wie für die Verwaltung ihres eigenen Repertoires, dh. das ihrer eigenen Berechtigten.[11] Damit sollen die Interessen der Berechtigten der Verwertungsgesellschaft geschützt werden, die den Auftrag erteilt hat, und auch kleinen und weniger bekannten Repertoires der Zugang zum EU-Binnenmarkt ermöglicht werden.[12]

Die Verpflichtung der beauftragten Verwertungsgesellschaft gem. **§ 73** besteht gegenüber den Berechtigten der beauftragenden Verwertungsgesellschaft, deren Rechte sie in ihrem Auftrag iR. einer Repräsentationsvereinbarung wahrnimmt. Die **Berechtigten** sind dabei die Rechtsinhaber, die in einem unmittelbaren Wahrnehmungsverhältnis zur (beauftragenden) Verwertungsgesellschaft stehen.[13]

Die Verpflichtung zur Anwendung derselben Wahrnehmungsbedingungen ist ein an die beauftragte Verwertungsgesellschaft gerichtetes **Diskriminierungsverbot,** bezogen auf die **gebietsübergreifende Vergabe**[14] von **Online-Rechten an Musikwerken**[15] iR. einer Repräsentationsvereinbarung. Dass die beauftragte Verwertungsgesellschaft bei der Wahrnehmung von Online-Rechten an Musikwerken im Auftrag einer anderen Verwertungsgesellschaft deren Rechtsinhaber nicht diskriminieren darf, ist allerdings ohnehin klar, denn iRv. Repräsentationsvereinbarungen gilt ein **allgemeines Diskriminierungsverbot:** Aus **§ 44** ergibt sich, dass die beauftragte Verwertungsgesellschaft die Rechtsinhaber, deren Rechte sie auf der Grundlage der Repräsentationsvereinbarung für die beauftragende Verwertungsgesellschaft wahrnimmt, nicht diskriminieren darf.[16] Dieses Diskriminierungsverbot findet auch auf Repräsentationsvereinbarungen zur gebietsübergreifenden Vergabe von Online-Rechten an Musikwerken Anwendung. Der Gesetzgeber hat daher auf eine gesonderte Umsetzung von Art. 29 Abs. 1 S. 2 VG-RL verzichtet, in dem dieses Diskriminierungsverbot noch einmal ausdrücklich, und zwar zusätzlich zum generellen Diskriminierungsverbot gem. Art. 14 VG-RL,[17] für Repräsentationsvereinbarungen zur Vergabe von Mehrgebietslizenzen statuiert wird.[18]

2. § 73 Abs. 2 – Pflicht zur Aufnahme in das Angebot

4   **§ 73 Abs. 2** verpflichtet die beauftragte Verwertungsgesellschaft[19] in Umsetzung von **Art. 30 Abs. 4 VG-RL,** die von der beauftragenden Verwertungsgesellschaft verwalteten Musikwerke **in alle Angebote aufzunehmen,** die sie an den Anbieter eines Online-Dienstes richtet. Die beauftragte Verwertungsgesellschaft muss demnach auch das Repertoire der beauftragenden Verwertungsgesellschaft neben ihrem eigenen in ihre Angebotslisten aufnehmen. Diese Verpflichtung ergibt sich auch bereits aus dem **Gebot,** zwischen eigenem Repertoire und eigenen Berechtigten auf der einen und dem Repertoire und den Berechtigten der beauftragenden Verwertungsgesellschaft auf der anderen Seite **nicht zu diskriminieren.**[20]

3. § 73 Abs. 3 – Höhe der Verwaltungskosten

5   Nach **§ 73 Abs. 3** dürfen die Verwaltungskosten der beauftragten Verwertungsgesellschaft[21] die Kosten nicht übersteigen, die ihr vernünftigerweise entstanden sind. Mit dieser Bestimmung wird **Art. 30 Abs. 5 VG-RL** umgesetzt.

---

[10] Zum hier gebrauchten Begriff der Verwertungsgesellschaft → § 59 Rn. 4.
[11] Vgl. Erwägungsgrund (46) S. 5 VG-RL.
[12] AmtlBegr. BT-Drs. 18/7223, 94.
[13] Zum Begriff des Berechtigten → § 6 Rn. 3 ff.
[14] Zum Begriff der „gebietsübergreifenden Vergabe" gem. § 59 Abs. 3 → § 59 Rn. 6.
[15] Zum Begriff der „Online-Rechte" gem. § 59 Abs. 2 → § 59 Rn. 5.
[16] Zum Inhalt des Diskriminierungsverbots → § 44 Rn. 5.
[17] → § 44 Rn. 1.
[18] AmtlBegr. BT-Drs. 18/7223, 93 (zu § 69).
[19] Zum hier gebrauchten Begriff der Verwertungsgesellschaft → Rn. 3.
[20] → Rn. 3.
[21] Zum hier gebrauchten Begriff der Verwertungsgesellschaft → Rn. 3.

Aus § 73 Abs. 3 geht hervor, dass die beauftragte Verwertungsgesellschaft der beauftragenden Gesellschaft Verwaltungskosten **in Rechnung stellen** und diese von den an die letztere gem. § 68 Abs. 2 weiterzuleitenden Einnahmen[22] abziehen kann.

Allerdings kann die beauftragte Verwertungsgesellschaft nur solche Kosten in Rechnung stellen, die ihr **vernünftigerweise entstanden** sind. Diese Formulierung entspricht derjenigen in Art. 30 Abs. 5 VG-RL.[23] Nach dem Richtlinienvorschlag der Kommission hatte die beauftragte Verwertungsgesellschaft noch berechtigt sein sollen, einen „angemessenen Kostenaufwand für die Verwaltung des Repertoires der anderen Verwertungsgesellschaft zuzüglich einer vertretbaren Gewinnmarge" in Rechnung zu stellen;[24] Art. 30 Abs. 5 VG-RL und § 73 Abs. 3 sind insoweit enger.

Nur wenn die Kosten demnach ein Maß nicht überschreiten, das **in angemessenem Verhältnis zu den zu erzielenden Einnahmen** steht und insbesondere gegenüber den Rechtsinhabern vertretbar ist, können sie der beauftragenden Verwertungsgesellschaft in Rechnung gestellt werden. Allerdings sind der beauftragten Verwertungsgesellschaft auch diejenigen Kosten „vernünftigerweise entstanden" und können daher von ihr in Rechnung gestellt werden, die von ihrem **Investitionsaufwand** und dem **Aufbau der komplexen Infrastruktur** herrühren, die für die Verwaltung von gebietsübergreifenden Online-Rechten erforderlich ist.[25] Nicht von § 73 Abs. 3 erfasst sind Abzüge für soziale oder kulturelle Zwecke iSv. § 32. Solche Abzüge sind iRv. Repräsentationsvereinbarungen nur mit Zustimmung der beauftragenden Verwertungsgesellschaft zulässig.[26]

§ 74 Ausnahme für Hörfunk- und Fernsehprogramme

Dieser Teil findet keine Anwendung, soweit die Verwertungsgesellschaft auf der Grundlage einer freiwilligen Bündelung der notwendigen Online-Rechte und unter Beachtung der Wettbewerbsregeln gemäß den Artikeln 101 und 102 des Vertrages über die Arbeitsweise der Europäischen Union gebietsübergreifend Online-Rechte an Musikwerken an Sendeunternehmen vergibt, die diese benötigen, um ihre Hörfunk- oder Fernsehprogramme zeitgleich mit der Sendung oder danach sowie sonstige Online-Inhalte, einschließlich Vorschauen, die ergänzend zur ersten Sendung von dem oder für das Sendeunternehmen produziert wurden, öffentlich wiederzugeben oder zugänglich zu machen.

Übersicht

I. Allgemeines

1. Die Vorgaben der VG-RL

a) Die Zielrichtung. Die Bestimmungen in Titel III der VG-RL (Art. 23 ff.) sollen sicherstellen, 1 dass für „Musikanbieter, die im Interesse der kulturellen Vielfalt und der Verbraucher ein möglichst großes Musikrepertoire für ganz Europa bereitstellen möchten, Musikrepertoires leicht zusammengeführt werden können".[1] Hierzu enthalten insbesondere die „Passport"-Regeln der **Art. 29 VG-RL** („Verträge zwischen Organisationen für die kollektive Rechtewahrnehmung zur Vergabe von Mehrgebietslizenzen") und **Art. 30 VG-RL** („Pflicht zur Repräsentation anderer Organisationen für die kollektive Rechtewahrnehmung bei der Mehrgebietslizenzierung") als zentrale Bestimmungen standardisierte Anforderungen an Verwertungsgesellschaften für die Vergabe von Mehrgebietslizenzen für Online-Rechte an Musikwerken. Der Zweck und der Inhalt von Art. 29 und 30 VG-RL wurden im Einzelnen im Zusammenhang mit § 69 dargelegt.[2]

---

[22] → § 68 Rn. 5.
[23] Art. 30 Abs. 5 VG-RL: „... die Kosten, ... die vernünftigerweise entstanden sind."; die englische Sprachfassung dieser Bestimmung lautet: „... the costs reasonably incurred ...".
[24] Art. 29 Abs. 2 S. 2 des Richtlinienvorschlags der Europäischen Kommission vom 11.7.2012, COM(2012) 372 final.
[25] AmtlBegr. BT-Drs. 18/7223, 94; ähnlich Erwägungsgrund (46) S. 5 VG-RL.
[26] → § 45 Rn. 4.
[1] So die Begründung des Vorschlags der Europäischen Kommission für die VG-RL, COM(2012) 372 final vom 11.7.2012, 3.4.3. (S. 12).
[2] → § 69 Rn. 1.

b) Art. 32 VG-RL. Sendeunternehmen machen ihre Programme und ergänzendes Material, wie Vorschauen und Wiederholungen, zunehmend auch online zugänglich. Anders als die Anbieter von reinen Online-Musikdiensten müssen Sendeunternehmen Musikrechte in diesem Fall umfassend, dh. sowohl für deren herkömmliche Verwendung in der Sendung als auch für die begleitende Online-Nutzung klären. Um Sendeunternehmen den **gebündelten Erwerb** von Online-Rechten für die zeitversetzte oder gleichzeitige Übertragung von Hörfunk- und Fernsehprogrammen im Internet zusammen mit den Senderechten **auf freiwilliger Basis zu erleichtern,** sind Verwertungsgesellschaften gem. **Art. 32 VG-RL** („Ausnahme für Online-Rechte an Musikwerken für Hörfunk- und Fernsehprogramme") von den Anforderungen des Titels III der VG-RL (Art. 23 ff. VG-RL) für die Vergabe von Mehrgebietslizenzen an Rundfunk- und Fernsehanstalten **ausgenommen,** die ihre Musikwerke enthaltenden Sendungen ins Netz stellen.[3]

Art. 32 VG-RL bestimmt, dass die Vorschriften in Titel III der VG-RL über die Vergabe von Mehrgebietslizenzen für Online-Rechte an Musikwerken durch Verwertungsgesellschaften (Art. 23 ff. VG-RL) auf solche Verwertungsgesellschaften **keine Anwendung** finden, die auf der Grundlage einer freiwilligen Bündelung der notwendigen Rechte Sendeunternehmen Mehrgebietslizenzen für Online-Rechte an Musikwerken erteilen, die diese benötigen, um ihre **Programme** „begleitend zur ersten Sendung oder danach sowie **sonstige Online-Inhalte,** einschließlich Vorschauen, die ergänzend zur ersten Sendung von dem oder für das Sendeunternehmen produziert wurden, öffentlich wiedergeben oder zugänglich machen zu können". Dabei wird ausdrücklich vorgeschrieben, dass die **Wettbewerbsregeln gem. Art. 101 und 102 AEUV** zu beachten sind. Hierzu wird im Erwägungsgrund hervorgehoben, dass die Ausnahmeregelung gem. Art. 32 VG-RL weder zu Wettbewerbsverzerrungen führen darf im Verhältnis zu anderen Diensten, die Verbrauchern einen Online-Zugriff auf einzelne Musik- oder audiovisuelle Werke verschaffen, noch zu wettbewerbswidrigen Absprachen über die Aufteilung von Markt- oder Kundensegmenten.[4]

Zum **Umfang der Ausnahmeregelung** gem. Art. 32 VG-RL wird im Erwägungsgrund betont, dass diese **nur so weit** gehen soll **wie unbedingt nötig,** um den Online-Zugang zu Sendeprogrammen sowie „zu Material zu ermöglichen, das in einem klaren und untergeordneten Verhältnis zu der ursprünglichen Sendung steht und die Funktion einer Ergänzung, einer Vorschau oder einer Wiederholung hat".[5]

2. § 74

2   Als abschließende Bestimmung von Teil 3 VGG (§§ 59 ff.) enthält § 74 eine Ausnahme von der Anwendung dieses Teils 3 auf die gebietsübergreifende Vergabe von Online-Rechten betreffend Musikwerke an Sendeunternehmen. § 74 setzt **Art. 32 VG-RL** um und stimmt mit diesem nahezu wörtlich überein.

II. Ausnahme für Hörfunk- und Fernsehprogramme

1. Inhalt und Zweck von § 74

3   § 74 bestimmt, dass Teil 3 **(§§ 59–73) keine Anwendung** findet, soweit die **Verwertungsgesellschaft**[6] auf der Grundlage einer freiwilligen Bündelung der notwendigen Online-Rechte an Musikwerken diese unter Beachtung der Art. 101 und 102 AEUV an Sendeunternehmen vergibt, die sie zur – im Verhältnis zur Sendung zeitgleichen oder zeitversetzten – **öffentlichen Wiedergabe oder Zugänglichmachung** ihrer **Hörfunk- oder Fernsehprogramme** sowie sonstiger Online-Inhalte benötigen, einschließlich Vorschauen, die ergänzend zur ersten Sendung von dem oder für das Sendeunternehmen produziert wurden. Verwertungsgesellschaften, die Sendeunternehmen gebietsübergreifende Online-Rechte an Musikwerken lizenzieren, unterliegen daher keinem Repräsentationszwang iSv. § 69, und auch § 72 (Rechteentzug) sowie die besonderen Anforderungen an die Bestimmbarkeit und Dokumentation des Repertoires gem. § 61 gelten für sie nicht.

§ 74 soll, wie bereits die Richtlinienvorgabe in **Art. 32 VG-RL,** dem Umstand Rechnung tragen, dass Sendeunternehmen ihre Programme und ergänzendes Material zunehmend auch online zugänglich machen.[7] Indem er Verwertungsgesellschaften wie beschrieben vom Anwendungsbereich der standardisierten Anforderungen des Teils 3 ausnimmt, soll § 74 einen **Anreiz** dafür schaffen, dass Verwertungsgesellschaften **über freiwillige Vereinbarungen** mit Sendeunternehmen an diese die für die Online-Nutzung erforderlichen **Rechte gemeinsam** mit den für die Sendung erforderlichen Rechten vergeben. Wenn Sendeunternehmen die Online-Rechte an Musikwerken nicht gemeinsam

---

[3] Erwägungsgrund (48) S. 4 VG-RL; vgl. auch die Begründung des Vorschlags der Europäischen Kommission für die VG-RL, COM(2012) 372 final vom 11.7.2012, 3.4.3. (S. 12); zu dieser Konstellation vgl. auch AmtlBegr. BT-Drs. 18/7223, 94.
[4] Erwägungsgrund (48) S. 6 VG-RL.
[5] Erwägungsgrund (48) S. 5 VG-RL.
[6] Zum hier gebrauchten Begriff der Verwertungsgesellschaft → § 59 Rn. 4.
[7] → Rn. 1.

mit den Senderechten aus einer Hand erhalten können, wird die Gefahr gesehen, dass sie womöglich insgesamt auf deren Nutzung verzichten könnten, dh. sowohl für die Sendung als auch online.[8]

2. Der Anwendungsbereich von § 74

Die Ausnahme gem. § 74 findet nur Anwendung auf die **gebietsübergreifende Vergabe**[9] von **4** **Online-Rechten an Musikwerken**[10] an **Sendeunternehmen** iSv. § 87 UrhG, die auch „im klassischen Sinne" senden. Auf Verwertungen im Wege des Webcasting ist § 74 daher nicht anzuwenden.[11] Ohnehin könnte der Anwendungsbereich der in § 74 enthaltenen Bereichsausnahme in Zukunft durch Art. 3 der SatKabel-ÄnderungsRL,[12] der die Anwendung des „Ursprungslandsprinzips" auf ergänzende Online-Dienste vorschreibt, begrenzt sein.

§ 74 gilt nur, um den Online-Zugang zu **Hörfunk- und Fernsehprogrammen** sowie zu **„sonstigen Inhalten"** zu ermöglichen oder zu erleichtern. Bei diesen „sonstigen Inhalten" handelt es sich um Material, das in einem klaren und untergeordneten Verhältnis zur ursprünglichen Sendung steht und die Funktion einer **Ergänzung,** einer **Vorschau** oder einer **Wiederholung** hat.[13]

Der ausdrückliche Hinweis auf die „Beachtung der **Wettbewerbsregeln** gemäß den Artikeln 101 und 102 des Vertrages über die Arbeitsweise der Europäischen Union" entspricht der Vorgabe in Art. 32 VG-RL und soll klarstellen, dass durch § 74 und die damit bezweckte Bündelung von Senderechten und Online-Rechten keine **Wettbewerbsverzerrungen** entstehen dürfen im Verhältnis zu anderen Online-Diensten, die Verbrauchern einen Online-Zugriff auf einzelne Musik- oder audiovisuelle Werke anbieten. Auch soll dies nicht zu **Absprachen** über die Aufteilung von Markt- und Kundensegmenten führen dürfen.[14]

---

[8] AmtlBegr. BT-Drs. 18/7223, 94.
[9] Zum Begriff der „gebietsübergreifenden Vergabe" gem. § 59 Abs. 3 → § 59 Rn. 6.
[10] Zum Begriff der „Online-Rechte" gem. § 59 Abs. 2 → § 59 Rn. 5.
[11] AmtlBegr. BT-Drs. 18/7223, 94.
[12] Richtline (EU) 2019/789 vom 17. April 2019 mit Vorschriften für die Ausübung von Urheberrechten und verwandten Schutzrechten in Bezug auf bestimmte Online-Übertragungen von Sendeunternehmen und die Weiterverbreitung von Fernseh- und Hörfunkprogrammen und zur Änderung der Richtlinie 93/83/EWG, ABl. L 130/82.
[13] AmtlBegr. BT-Drs. 18/7223, 94; Erwägungsgrund (48) S. 5 VG-RL.
[14] AmtlBegr. BT-Drs. 18/7223, 94; Erwägungsgrund (48) S. 6 VG-RL.

Teil 4. Aufsicht

Vorbemerkung

Schrifttum: *Häußer,* Praxis und Probleme der Aufsicht über Verwertungsgesellschaften, FuR 1980, 57; *Kling,* Gebietsübergreifende Vergabe von Online-Rechten an Musikwerken, 2018; *Peifer,* Umsetzung der EU-Richtlinie für Verwertungsgesellschaften in deutsches Recht – Umsetzungsbedarf aus wissenschaftlicher Sicht, ZUM 2014, 453; *Pfennig,* Umsetzung der EU-Richtlinie für Verwertungsgesellschaften in deutsches Recht – Umsetzungsbedarf aus Sicht der Urheber, ZUM 2014, 484; *Reinbothe,* Schlichtung im Urheberrecht, 1978; *ders.,* The EU Enforcement Directive 2004/48/EC as a Tool for Copyright Enforcement, in: Stamatoudi (Hrsg.), Copyright Enforcement and the Internet, 2010, 3; *Ruzicka,* Zur individualrechtlichen Konzeption des Gesetzes über die Wahrnehmung von Urheberrechten und verwandten Schutzrechten, FS Roeber (1982), S. 355; *Staats,* Die Aufsicht über ausländische Verwertungsgesellschaften, FS Schulze (2017), S. 331.

Übersicht

I. Allgemeines

1. Das Ziel der Aufsicht über Verwertungsgesellschaften

1   Seit langem ist anerkannt, dass Verwertungsgesellschaften für das Funktionieren der Urheberrechtsordnung unerlässlich und damit ein notwendiger Bestandteil des Urheberrechtsschutzes sind. Sie entlasten den Staat von einer Aufgabe, die an sich er selbst zur Bestandssicherung der Urheberrechte zu erfüllen hätte.[1] Dabei haben Verwertungsgesellschaften die Position eines Treuhänders mit recht weitgehenden Befugnissen, deren Ausübung sich nicht immer von allen Berechtigten lückenlos überwachen lässt. Zugleich wurde stets davon ausgegangen, dass Verwertungsgesellschaften idR. ihrem Wesen nach marktbeherrschend sind.[2] Eines der wesentlichen Motive für eine gesetzliche Regelung des Rechts der Verwertungsgesellschaften war es daher, möglichen Gefahren zu begegnen, die sich aus der treuhänderischen Betätigung der Verwertungsgesellschaften und ihrer faktischen Monopolstellung ergeben können,[3] und die Verwertungsgesellschaften einer **umfassenden staatlichen Aufsicht** zu unterwerfen.[4] Gegenüber den Berechtigten hat die Aufsicht eine besondere Fürsorgefunktion.[5]

2. Die Aufsicht über Verwertungsgesellschaften nach dem UrhWG

2   Entsprechend dieser Zielrichtung unterwarf das UrhWG in seinem Ersten Abschnitt („Erlaubnis zum Geschäftsbetrieb") Verwertungsgesellschaften einer Erlaubnispflicht: **§ 1 UrhWG** bestimmte die **Erlaubnispflicht** für Verwertungsgesellschaften, § 2 UrhWG regelte die Modalitäten der Erlaubniserteilung, die §§ 3 und 4 UrhWG enthielten Bestimmungen zur Versagung und zum Widerruf der Erlaubnis, und § 5 UrhWG schrieb die Bekanntmachung von Erlaubniserteilung und (wirksam gewordenem) Widerruf vor.

Der Dritte Abschnitt des UrhWG („Aufsicht über die Verwertungsgesellschaft") enthielt in den §§ 18–20 UrhWG Vorschriften über die **behördliche Aufsicht.** Hinsichtlich dieser Aufsicht wurde

---

[1] *Reinbothe* S. 4 mwN; *Ruzicka* FS Roeber, (1982), 355 (360).
[2] → Einl. VGG Rn. 10 ff.
[3] AmtlBegr. UrhWG BT-Drs. IV/271, 10, 19 f.
[4] *Reinbothe* S. 9 mwN.
[5] Vgl. Richtlinie des DPA für die Aufkommensverteilung und Verteilungsvereinbarung ZUM 1989, 506 (510).

ausdrücklich an die Vereinbarung angeknüpft, die am 10.1.1952 zwischen GEMA und Bundesministerium der Justiz (BMJ) geschlossen worden war; danach hatte die GEMA bis zum Inkrafttreten des UrhG und des UrhWG dem BMJ „jede gewünschte Auskunft über ihre Geschäftsführung und Organisation zu erteilen und einen Vertreter des Ministeriums zu den Sitzungen ihrer Gesellschaftsorgane einzuladen".[6] Der Präsident des Deutschen Patentamtes übte seinerzeit für das BMJ die Aufsichtsbefugnisse aus dieser Vereinbarung aus.

Die Aufsicht über die Verwertungsgesellschaften nach den §§ 18–20 UrhWG war der staatlichen Aufsicht über Banken und Versicherungen nachgebildet.[7] Ausgeübt wurde sie gem. § 18 Abs. 1 UrhWG durch das **Deutsche Patent- und Markenamt (DPMA).**[8]

Inhalt und Umfang der Aufsichtsbefugnisse ergaben sich aus den §§ 19 und 20 UrhWG. Danach war die Aufsichtsbehörde für die Erteilung der Erlaubnis zum Geschäftsbetrieb gem. den §§ 1 und 2 UrhWG sowie für die Versagung der Erlaubnis gem. § 3 UrhWG und deren Widerruf gem. § 4 UrhWG zuständig. Im Übrigen hatte die Aufsichtsbehörde zu gewährleisten, dass Verwertungsgesellschaften ihren Verpflichtungen gegenüber Berechtigten und Nutzern und ihrer Verantwortung gegenüber der Allgemeinheit nachkommen. Hierzu hatte sie neben einer **allgemeinen Überwachungspflicht** gem. § 19 Abs. 1 UrhWG **Eingriffsbefugnisse** gem. § 19 Abs. 2 UrhWG, **Auskunftsrechte** gem. § 19 Abs. 3 UrhWG, ein **Teilnahmerecht** gem. § 19 Abs. 4 UrhWG, sowie gem. § 19 Abs. 5 UrhWG das Recht, Vertretungsberechtigte der Verwertungsgesellschaft **abzuberufen.**[9]

3. Die Vorgaben der VG-RL

a) Das aufsichtsrechtliche Konzept. Die VG-RL enthält in den Art. 36–38 VG-RL insgesamt 3 nur sehr allgemein gefasste Vorgaben zur Aufsicht über Verwertungsgesellschaften. Angesichts unterschiedlicher einzelstaatlicher Konzepte gerade bei der Ausgestaltung der Aufsicht über Verwertungsgesellschaften dürfte sich eine weitergehende Harmonisierung in diesem Bereich auch als schwierig erwiesen haben. Die VG-RL belässt daher den Mitgliedstaaten erheblichen Gestaltungsspielraum, insbesondere bei der Wahl der zuständigen Aufsichtsbehörde und dem Inhalt ihrer Aufsichtsbefugnisse. Neben der Harmonisierung allgemeiner Grundsätze konzentriert sich die VG-RL auf die Kommunikation zwischen den Aufsichtsbehörden und mit der Europäischen Kommission, und damit auf die Effizienz der grenzüberschreitenden Aufsicht.

Im Übrigen ist die VG-RL primär am Funktionieren des EU-Binnenmarktes und an der Schaffung eines level playing fields der kollektiven Rechtewahrnehmung ausgerichtet. Dies kommt auch und vor allem im aufsichtsrechtlichen Konzept der VG-RL zum Ausdruck: Dass sich Verwertungsgesellschaften mit Sitz innerhalb der EU oder des EWR auch außerhalb ihres Sitzstaates in anderen Staaten der EU und des EWR betätigen können, ist bereits Ausfluss des allgemeinen Prinzips der **Dienstleistungsfreiheit** im EU-Binnenmarkt gem. Art. 56 AEUV.[10] Konkret lässt sich aus der VG-RL der Grundsatz ableiten, dass die Mitgliedstaaten die im Inland tätige, aber in einem anderen EU-Mitgliedstaat oder EWR-Vertragsstaat ansässige Verwertungsgesellschaften im Prinzip akzeptieren müssen und auf sie nicht ohne Weiteres dieselben oder vergleichbare Bestimmungen anwenden dürfen wie auf die im Inland ansässigen.[11] Die VG-RL statuiert denn auch keine Verpflichtung der Aufsicht über eine im Inland tätige, aber im Ausland ansässige Verwertungsgesellschaft; **Art. 36 Abs. 1 VG-RL** beschränkt sich auf die Verpflichtung der Mitgliedstaaten, die Einhaltung ihrer aufgrund der VG-RL erlassenen nationalen Vorschriften durch die in ihrem Hoheitsgebiet ansässigen Verwertungsgesellschaften zu überwachen. Hinsichtlich der Aufsicht folgt die VG-RL also grundsätzlich dem **Sitzstaatsprinzip.** Damit findet auf Verwertungsgesellschaften, die ihren Sitz innerhalb der EU oder des EWR haben, auch bei grenzüberschreitenden Tätigkeiten in dieser Region das Wahrnehmungsrecht ihres Sitzstaates Anwendung.[12] Die VG-RL enthält eine Reihe von Bestimmungen zur Aufsicht, die dieses Sitzstaatsprinzip flankieren und das level playing field auch bezogen auf die Aufsicht gewährleisten sollen.

b) Art. 36 VG-RL („Einhaltung"). Art. 36 Abs. 1 VG-RL gibt den Mitgliedstaaten auf, die 4 **Einhaltung** der aufgrund der VG-RL erlassenen Bestimmungen des nationalen Rechts durch Verwertungsgesellschaften durch „die zu diesem Zweck benannten **zuständigen Behörden**" überwachen zu lassen. Die **Wahl der Behörde** überlässt die VG-RL dem nationalen Recht; eine Verpflichtung, für die Aufsicht über Verwertungsgesellschaften eine neue zuständige Behörde einzurichten, ergibt sich daraus also nicht.[13]

---

[6] AmtlBegr. UrhWG BT-Drs. IV/271, 10.
[7] *Ulmer,* Urhebervertragsrecht, Rn. 33; *Häußer* FuR 1980, 57 (69).
[8] Die Bezeichnung DPMA gilt mit der Änderung des Patentgesetzes seit 1.11.1998, BGBl. I S. 1827.
[9] Vgl. zu diesen Befugnissen im Einzelnen → 5. Aufl. 2017, UrhWG § 19 Rn. 1 ff.
[10] Vgl. Erwägungsgrund (4) VG-RL.
[11] Dies lässt sich im Umkehrschluss aus Erwägungsgrund (10) VG-RL ableiten, der die Anwendung derselben oder vergleichbarer Bestimmungen (nur) zulässt auf Verwertungsgesellschaften, die „ihren Sitz außerhalb der Union haben".
[12] *Staats* FS Schulze (2017), 331; *Kling* S. 118, 251 f.
[13] Erwägungsgrund (50) S. 3 VG-RL.

Nach **Art. 36 Abs. 2 VG-RL** müssen Rechtsinhabern, Nutzern, Verwertungsgesellschaften und „sonstigen Beteiligten" **Verfahren zur Verfügung** gestellt werden, mit deren Hilfe sie die „zu diesem Zweck benannten zuständigen Behörden" **über Verstöße** gegen die aufgrund der VG-RL erlassenen Bestimmungen des nationalen Rechts **unterrichten** können.

Gem. **Art. 36 Abs. 3 S. 1 VG-RL** sollen die genannten Behörden bei Rechtsverstößen **Sanktionen** verhängen und **Maßnahmen** ergreifen können. Entscheidend ist, dass die Aufsichtsbehörde in der Lage ist, alle relevanten Vorgänge wirksam und zügig zu bearbeiten. Die Freiheit der Mitgliedstaaten bei der **Wahl der zuständigen Behörden** und der Entscheidung zwischen **ex-ante und ex-post-Verfahren** für die Aufsicht soll damit nicht eingeschränkt werden.[14] Art. 36 Abs. 3 VG-RL schreibt auch **keine besonderen Arten von Sanktionen und Maßnahmen** vor, sondern nur, dass diese **„wirksam, verhältnismäßig und abschreckend"** sein sollen. Diese Begriffe wurden übernommen von Art. 3 Abs. 2 der Enforcement-RL 2004/48/EG[15] und gehen zurück auf Art. 41 des WTO/TRIPs-Abkommens. Sie finden sich auch in Art. 8 Abs. 1 der InfoSoc-RL 2001/29/EG.[16] Als derartige geeignete Maßnahmen nennt die VG-RL beispielhaft „Anweisungen zur Entlassung nachlässiger Direktoren", Überprüfungen von Verwertungsgesellschaften vor Ort und den Entzug der für die Tätigkeit als Verwertungsgesellschaft erteilten Zulassung.[17]

Daraus ergibt sich zugleich, dass die VG-RL es zulässt, die Tätigkeit als Verwertungsgesellschaft von einer **vorherigen Zulassung durch die Aufsichtsbehörde** abhängig zu machen, soweit die Zulassungsbedingungen „neutral" bleiben, also diskriminierungsfrei, „mit dem Unionsrecht vereinbar sind und der uneingeschränkten Anwendung der Richtlinie nicht entgegenstehen".[18]

Gem. **Art. 36 Abs. 3 S. 2 VG-RL** müssen die Mitgliedstaaten der Kommission die bei ihnen **„zuständigen Behörden"** bekannt geben, und die Kommission ist verpflichtet, diese Angaben zu veröffentlichen.

5   **c) Art. 37 VG-RL („Informationsaustausch zwischen den zuständigen Behörden").** Art. 37 VG-RL enthält Bestimmungen zum Informationsaustausch zwischen den Aufsichtsbehörden der Mitgliedstaaten. Diese Bestimmungen sollen das Sitzstaatprinzip bei der Aufsicht ergänzen, um sicherzustellen, dass eine grenzüberschreitende Aufsicht über grenzüberschreitend tätige Verwertungsgesellschaften auch tatsächlich stattfindet.

Gem. **Art. 37 Abs. 1 VG-RL** muss die zuständige Aufsichtsbehörde des Sitzstaates der Verwertungsgesellschaft hinreichend begründete **Auskunftsersuchen** einer Aufsichtsbehörde eines anderen Mitgliedstaates zu Angelegenheiten im Zusammenhang mit der Anwendung der VG-RL, insbesondere betreffend die Tätigkeit einer in ihrem Hoheitsgebiet ansässigen Verwertungsgesellschaft, **unverzüglich beantworten.**

Art. 37 Abs. 2 S. 1 VG-RL bestimmt, dass eine Aufsichtsbehörde, die der Auffassung ist, dass eine in ihrem Hoheitsgebiet tätige, aber in einem anderen Mitgliedstaat ansässige Verwertungsgesellschaft möglicherweise gegen die nationalen Rechtsvorschriften ihres Sitzstaates verstößt, der Aufsichtsbehörde des Sitzstaates alle einschlägigen **Informationen übermitteln** und diese „gegebenenfalls"[19] **ersuchen kann,** im Rahmen ihrer Befugnisse geeignete **Maßnahmen zu ergreifen.** Gem. **Art. 37 Abs. 2 S. 2 VG-RL** ist die ersuchte Behörde verpflichtet, auf dieses Ersuchen innerhalb von drei Monaten mit einer **„begründeten Antwort"** zu reagieren.

Nach **Art. 37 Abs. 3 VG-RL** soll sich die ersuchende Behörde in den in Art. 37 Abs. 2 VG-RL genannten Fällen auch an die Sachverständigengruppe iSv. Art. 41 VG-RL wenden können.

6   **d) Art. 38 VG-RL („Zusammenarbeit bei der Entwicklung von Mehrgebietslizenzen").** Auch Art. 38 VG-RL bezieht sich auf die Aufsichtsbehörden und betrifft dabei die **Zusammenarbeit zwischen den Aufsichtsbehörden** und zwischen diesen und der Europäischen Kommission, hier beschränkt auf die Entwicklung von **Mehrgebietslizenzen.** Dabei enthält allerdings lediglich **Art. 38 Abs. 3 VG-RL Verpflichtungen für die Mitgliedstaaten,** die von diesen umgesetzt werden müssen. **Art. 38 Abs. 1, Abs. 2 und Abs. 4 VG-RL** enthalten dagegen nur **Verpflichtungen für die Europäische Kommission.**

Nach **Art. 38 Abs. 1 VG-RL** soll die **Kommission** den regelmäßigen **Informationsaustausch** zwischen den Aufsichtsbehörden und zwischen diesen und der Kommission über Stand und Entwicklung der Vergabe von Mehrgebietslizenzen **fördern.**

Art. 38 Abs. 2 VG-RL verpflichtet die **Kommission,** alle Beteiligten, also insbesondere Rechtsinhaber, Verwertungsgesellschaften, Nutzer und Verbraucher, regelmäßig über ihre **Erfahrungen mit**

---

[14] Erwägungsgrund (50) S. 2 VG-RL.

[15] Richtlinie 2004/48/EG vom 29.4.2004 zur Durchsetzung der Rechte des geistigen Eigentums, ABl. L 195/16.

[16] Richtlinie 2001/29/EG vom 2.5.2001 zur Harmonisierung bestimmter Aspekte des Urheberrechts und der verwandten Schutzrechte in der Informationsgesellschaft, ABl. L 167/10; *Reinbothe* in Stamatoudi (Hrsg.), Copyright Enforcement and the Internet, 2010, S. 3, 13.

[17] Erwägungsgrund (50) S. 7 VG-RL.

[18] Erwägungsgrund (50) S. 8 VG-RL; im Einzelnen zur Erlaubnispflicht im Lichte der VG-RL → § 77 Rn. 2.

[19] Statt des unscharfen Begriffs „gegebenenfalls" heißt es in der englischen Sprachfassung der VG-RL „where appropriate"; damit wird klarer betont, dass die geforderten Maßnahmen auch erforderlich und angemessen sein müssen.

der Anwendung des Titels III der VG-RL (Vergabe von Mehrgebietslizenzen für Online-Rechte, Art. 23–32 VG-RL) zu **befragen** und die aus diesen Befragungen resultierenden relevanten Informationen den (nationalen) Aufsichtsbehörden zu übermitteln.

Nach **Art. 38 Abs. 3 S. 1 VG-RL** sollen die **Aufsichtsbehörden** bis zum 10.10.2017 einen **Bericht über Stand und Entwicklung der Vergabe von Mehrgebietslizenzen** auf ihrem jeweiligen Hoheitsgebiet vorlegen, der gem. **Art. 38 Abs. 3 S. 2 VG-RL** insbesondere **Angaben** zur Verfügbarkeit solcher Lizenzen, zur Einhaltung der gesetzlichen Bestimmungen durch Verwertungsgesellschaften und zur Bewertung der Entwicklungen enthalten muss.

Art. 38 Abs. 4 VG-RL verpflichtet die **Kommission** zur Bewertung der Anwendung von Titel III der VG-RL auf der Grundlage der in Art. 38 Abs. 3 VG-RL genannten Berichte. Gegebenenfalls soll sie auch Maßnahmen zur Behebung „etwaiger Probleme" in Erwägung ziehen.

II. Die Aufsicht nach dem VGG

1. Der Inhalt der Aufsicht

a) Aufsichtsbehörde; Grundsätze der Aufsicht. Inhaltlich sind die meisten Bestimmungen in   7
Teil 4 des VGG („Aufsicht") zur Aufsicht über Verwertungsgesellschaften gem. den §§ 75–91 **eng an das UrhWG angelehnt.** Zahlreiche Bestimmungen des UrhWG wurden in diesem Teil sogar wörtlich übernommen.

Zur Umsetzung der VG-RL gehen die §§ 75–91 aber auch über die Bestimmungen des UrhWG hinaus und berücksichtigen ausdrücklich auch die grenzüberschreitende kollektive Rechtewahrnehmung; dies war zur Umsetzung der VG-RL erforderlich.[20]

Daraus ergibt sich eine Reihe von **im Vergleich zum UrhWG neuen Bestimmungen** in den §§ 75–91, die die grenzüberschreitende kollektive Rechtewahrnehmung im neuen harmonisierten Umfeld in Umsetzung des von der VG-RL vorgegebenen **Sitzstaatsprinzips**[21] erleichtern, zugleich aber sicherstellen sollen, dass die Aufsicht über Verwertungsgesellschaften EU-weit und im gesamten EWR auch effizient ist.[22]

Gleich in **§ 75 Abs. 1,** also in der ersten Vorschrift dieses Teils 4, wird das DPMA als zuständige **Aufsichtsbehörde** bestimmt (bisher geregelt in § 18 Abs. 1 UrhWG). Ebenfalls einleitend genannt werden in **§ 76 Abs. 1** die früher in § 19 Abs. 1 UrhWG enthaltenen **allgemeinen Grundsätze zum Inhalt der Aufsicht:** Die Aufsichtsbehörde hat darauf zu achten, dass die Verwertungsgesellschaft den ihr nach dem VGG obliegenden Verpflichtungen ordnungsgemäß nachkommt. Dabei ist die Aufsichtsbehörde zur **Zusammenarbeit** mit den zuständigen nationalen Aufsichtsbehörden verpflichtet (**§ 76 Abs. 3,** früher § 18 Abs. 2 UrhWG).

b) Erlaubnis- und Anzeigepflicht. Wesentliche Grundlage für die Aufsicht über Verwertungs-   8
gesellschaften ist nach wie vor die Erlaubnispflicht. Die **Erlaubnis der Verwertungsgesellschaft zum Geschäftsbetrieb** ist in den §§ 77–81, 83 und 84 geregelt.

§ 77 Abs. 1 enthält den Grundsatz der Erlaubnispflicht (früher § 1 Abs. 1 UrhWG). Der Erlaubnis bedürfen danach alle Verwertungsgesellschaften, die **Urheberrechte oder verwandte Schutzrechte** wahrnehmen, die sich **aus dem UrhG** ergeben, und ihren **Sitz im Inland** haben. Gesellschaften, die zwar im Inland ansässig sind, aber keine Rechte nach dem UrhG wahrnehmen, unterliegen nicht der Erlaubnispflicht. Die den derzeit in Deutschland tätigen Verwertungsgesellschaften nach dem UrhWG erteilte Erlaubnis behält gem. § 132 ihre Gültigkeit, muss also nicht erneut beantragt werden.[23]

§ 78 („Antrag auf Erlaubnis", weitgehend übereinstimmend mit § 2 UrhWG) regelt Modalitäten des Erlaubnisantrags; **§ 79** regelt die „Versagung der Erlaubnis" und stimmt größtenteils mit § 3 UrhWG überein; **§ 80** enthält, nahezu identisch mit § 4 UrhWG, Bestimmungen zum „Widerruf der Erlaubnis"; und **§ 81** („Zusammenarbeit bei Erlaubnis und Widerruf der Erlaubnis") regelt entsprechend § 18 Abs. 2 UrhWG die Zusammenarbeit von DPMA und Bundeskartellamt bei Erlaubniserteilung und Widerruf. Im Inland ansässige Verwertungsgesellschafen, die nicht im Inland, sondern in einem EU-Mitgliedstaat oder EWR-Vertragsstaat tätig sind, unterliegen dagegen keiner Erlaubnispflicht, sondern nur einer **Anzeigepflicht gem. § 82 Nr. 2.** § 83 regelt die „Bekanntmachung" in Bezug auf Erlaubnis, Widerruf und Anzeige und geht auf § 5 UrhWG zurück. § 84 („Wahrnehmungstätigkeit ohne Erlaubnis oder Anzeige"), der weitgehend mit § 1 Abs. 3 UrhWG übereinstimmt, nennt die Konsequenzen einer Wahrnehmungstätigkeit ohne die erforderliche Erlaubnis oder Anzeige.

c) Befugnisse der Aufsichtsbehörde. Die einzelnen „klassischen" **Befugnisse der Aufsichts-**   9
behörde sind in **§ 85** („Befugnisse der Aufsichtsbehörde", weitgehend entsprechend § 19 Abs. 2–5

---

[20] Vgl. im Einzelnen *Peifer* ZUM 2014, 453 (457); *Pfennig* ZUM 2014, 484 (487); Stellungnahme der GRUR zur Umsetzung der Richtlinie 2014/26/EU über die kollektive Wahrnehmung, GRUR 2014, 1067 (1069).
[21] AmtlBegr. BT-Drs. 18/7223, 63; → Rn. 3.
[22] Damit wird den Vorgaben in Erwägungsgrund (50) VG-RL entsprochen.
[23] → § 132 Rn. 3 ff.

UrhWG), und die darauf bezogenen Pflichten der Verwertungsgesellschaften in § 88 („Unterrichtungspflicht der Verwertungsgesellschaft", weitgehend entsprechend § 20 UrhWG) geregelt. § 89 („Anzuwendendes Verfahrensrecht") hat keinen Vorgänger im UrhWG und ist eine eher technische, die Ausführung der Aufsicht betreffende ergänzende Vorschrift.

2. Die Aufsicht über ausländische Verwertungsgesellschaften

10 **a) Außerhalb der EU/des EWR ansässige ausländische Verwertungsgesellschaften.** Auf Organisationen der kollektiven Rechtewahrnehmung, die weder in Deutschland noch in einem anderen EU-Mitgliedstaat oder EWR-Vertragsstaat und somit **in einem Drittland ansässig**, aber **in Deutschland tätig** sind, finden die aufsichtsrechtlichen Bestimmungen des VGG uneingeschränkt Anwendung, und zwar einschließlich der Erlaubnispflicht.[24] Dabei ist zu beachten, dass eine Tätigkeit im Inland bereits dann vorliegen soll, wenn die Verwertungsgesellschaft mit im Inland ansässigen Rechtsinhabern Wahrnehmungsverträge abgeschlossen hat.[25]

11 **b) Innerhalb der EU/des EWR ansässige ausländische Verwertungsgesellschaften.** Für Gesellschaften, die ihren **Sitz** außerhalb Deutschlands, aber **in einem anderen EU-Mitgliedstaat oder EWR-Vertragsstaat** haben und **in Deutschland tätig** sind, gelten bezüglich der Aufsicht besondere Regeln. Die Aufsicht über solche Gesellschaften soll als Folge der Anwendung des **Sitzstaatsprinzips** hauptsächlich in ihrem Sitzstaat stattfinden; die Aufsicht nach Teil 4 des VGG findet auf sie nur eingeschränkt Anwendung. So wird in **§ 76 Abs. 2** im Rahmen der allgemeinen Grundsätze zum Inhalt der Aufsicht klargestellt: Bei solchen Gesellschaften hat die Aufsichtsbehörde darauf zu achten, dass sie die **Bestimmungen,** die **in ihrem Sitzstaat** zur Umsetzung der VG-RL erlassen wurden, ordnungsgemäß einhalten.

Gem. **§ 77 Abs. 2** unterliegt eine solche Verwertungsgesellschaft nur einer eingeschränkten Erlaubnispflicht: Der **Erlaubnis zur Geschäftstätigkeit** bedarf sie gem. § 77 Abs. 2 nur dann, wenn sie gesetzliche Vergütungsansprüche iSv. § 49 Abs. 1, Rechte der Kabelweitersendung iSv § 50 oder Rechte an vergriffenen Werken iSv § 51 wahrnimmt. Für die Versagung und den Widerruf einer Erlaubnis iSv. § 77 Abs. 2 gelten gem. **§ 79 Abs. 2** und **§ 80 Abs. 2** bestimmte **Ausnahmeregeln.** Bedarf eine solche (ausländische) Verwertungsgesellschaft dagegen **keiner Erlaubnis** gem. § 77 Abs. 2, so ist sie gem. **§ 82** („Anzeige") verpflichtet, der Aufsichtsbehörde ihre Wahrnehmungstätigkeit in Deutschland unverzüglich **anzuzeigen.** Diese Bestimmung hat kein Vorbild im UrhWG.

Ebenfalls im Zusammenhang mit der besonderen Behandlung solcher (ausländischer) Gesellschaften sind **§ 86** („Befugnisse der Aufsichtsbehörde bei Verwertungsgesellschaften mit Sitz in einem anderen Mitgliedstaat …") und **§ 87** („Informationsaustausch mit Aufsichtsbehörden anderer Mitgliedstaaten …") zu sehen. Beide Bestimmungen resultieren aus der Umsetzung der VG-RL.

Für innerhalb der EU/des EWR ansässige Verwertungsgesellschaften, die **keiner Erlaubnis** bedürfen, gilt § 86 als ausschließliche Befugnisnorm: **§ 86 Abs. 1** gibt der Aufsichtsbehörde bei in Deutschland tätigen Verwertungsgesellschaften mit Sitz in einem anderen EU-Mitgliedstaat oder EWR-Vertragsstaat **Befugnisse gegenüber der dortigen Aufsichtsbehörde.** Diese Bestimmung ist nahezu inhaltsgleich mit Art. 37 Abs. 2 S. 1 VG-RL und setzt diesen um. In demselben Zusammenhang gibt **§ 86 Abs. 2** der Aufsichtsbehörde das Recht, sich an den gem. Art. 41 VG-RL gebildeten **Sachverständigenausschuss** zu richten; diese Bestimmung entspricht inhaltlich Art. 37 Abs. 3 VG-RL.

Soweit solche Gesellschaften dagegen gem. § 77 Abs. 2 **der Erlaubnispflicht unterliegen,** dürfte die Aufsichtsbehörde ihnen gegenüber die Befugnisse nach § 85 Abs. 1 (Ergreifen von zur Aufsicht erforderlichen Maßnahmen), Abs. 2 Nr. 1 (Untersagung des Geschäftsbetriebs bei Tätigkeit ohne Erlaubnis) und Abs. 6 (Verlangen von Auskünften und Unterlagen) haben.[26]

Auch **§ 87** geht auf die VG-RL zurück und betrifft die Zusammenarbeit zwischen Aufsichtsbehörden verschiedener EU-Mitgliedstaaten und EWR-Vertragsstaaten: **§ 87 Abs. 1** setzt Art. 37 Abs. 1 VG-RL um und verpflichtet die Aufsichtsbehörde, begründete **Auskunftsersuchen** einer anderen Aufsichtsbehörde unverzüglich zu beantworten. **§ 87 Abs. 2** setzt Art. 37 Abs. 2 S. 2 VG-RL um und verpflichtet die Aufsichtsbehörde, eine um **Maßnahmen** ersuchende andere Aufsichtsbehörde binnen drei Monaten mit einer **begründeten Antwort** zu versehen.

3. Die der Aufsicht unterworfenen Gesellschaften

12 Die Bestimmungen in Teil 4 des VGG zur Aufsicht über Verwertungsgesellschaften gem. den §§ 75–89 gelten für **Verwertungsgesellschaften** iSv. § 2,[27] und zwar **unabhängig von ihrer Rechtsform.**[28]

---

[24] *Staats* FS Schulze (2017), 331 (335).
[25] AmtlBegr. BT-Drs. 18/7223, 95.
[26] *Staats* FS Schulze (2017), 331 (339); zum Umfang der Aufsicht iRd. Erlaubnis iSv. § 77 Abs. 2 → § 77 Rn. 6.
[27] Zum Begriff der Verwertungsgesellschaft → § 2 Rn. 5 ff.
[28] Vgl. Erwägungsgrund (14) VG-RL.

Dagegen gelten für abhängige und unabhängige Verwertungseinrichtungen die besonderen Regeln des § 90 („**Aufsicht über abhängige Verwertungseinrichtungen**") und des § 91 („**Aufsicht über unabhängige Verwertungseinrichtungen**"), die auf die VG-RL zurückgehen.

§ 3 Abs. 2 S. 3 bestimmt, dass für die Aufsicht über **abhängige Verwertungseinrichtungen** iSv. § 3[29] allein § 90 maßgeblich ist. Danach bedürfen sie gem. **§ 90 Abs. 1** der **Erlaubnis** für ihre Tätigkeit nur dann, wenn sie die in § 77 Abs. 2 genannten Rechte aus § 49 Abs. 1 (gesetzliche Vergütungsansprüche), aus § 50 (Rechte aus Kabelweitersendung) oder aus § 51 (Rechte an vergriffenen Werken) wahrnehmen, können aber andernfalls gem. **§ 90 Abs. 2** unter den dort genannten Voraussetzungen einer **Anzeigepflicht** gegenüber der Aufsichtsbehörde unterliegen. Im Übrigen gelten für diese Einrichtungen gem. **§ 90 Abs. 3** die Bestimmungen der §§ 75–89 entsprechend.

Für die Aufsicht über **unabhängige Verwertungseinrichtungen** iSv. § 4[30] ist gem. § 4 Abs. 2 S. 2 allein § 91 maßgeblich. Gem. **§ 91 Abs. 1** sollen für die Aufsicht über diese Einrichtungen lediglich die §§ 75 (Aufsichtsbehörde), 76 (Inhalt der Aufsicht), 85 Abs. 1–3 (bestimmte Befugnisse der Aufsichtsbehörde) sowie § 86 (Befugnisse der Aufsichtsbehörde bei Verwertungsgesellschaften mit Sitz in einem anderen EU-Mitgliedstaat oder EWR-Vertragsstaat) und § 87 (Informationsaustausch mit Aufsichtsbehörden anderer EU-Mitgliedstaaten oder EWR-Vertragsstaaten) **entsprechend gelten,** nicht aber die anderen Bestimmungen dieses Teils 4. Unabhängige Verwertungseinrichtungen unterliegen damit offensichtlich **keiner Erlaubnispflicht** gem. § 77, sie sind aber gem. **§ 91 Abs. 2** unter den dort genannten Bedingungen (Sitz im Inland oder Wahrnehmung von Rechten aus dem UrhG) verpflichtet, ihre Tätigkeit der Aufsichtsbehörde unverzüglich schriftlich **anzuzeigen**.

§ 75 Aufsichtsbehörde

(1) **Aufsichtsbehörde ist das Deutsche Patent- und Markenamt.**

(2) **Die Aufsichtsbehörde nimmt ihre Aufgaben und Befugnisse nur im öffentlichen Interesse wahr.**

Schrifttum: *Arnold/Rehbinder,* Zur Rechtsnatur der Staatsaufsicht über die deutschen Verwertungsgesellschaften, UFITA 118 (1992), 203; *Fritsch,* Besteht ein subjektiv-öffentliches Recht auf ermessensfehlerfreie Ausübung der Staatsaufsicht über die Verwertungsgesellschaften?, GRUR 1984, 22; *Guibault,* Collective Rights Management Directive, in: Stamatoudi/Torremans (Hrsg.), EU Copyright Law, 2014, 696; *Guibault/van Gompel,* Collective Management in the European Union, in: Gervais (Hrsg.), Collective Management of Copyright and Related Rights, 3. Aufl. 2016, 139; *Häußer,* Praxis und Probleme der Aufsicht über Verwertungsgesellschaften, FuR 1980, 57; *ders.,* Aufsicht über Verwertungsgesellschaften und Vereinsautonomie, FS Roeber (1982), S. 113; *Himmelmann,* Die Aufsicht über die GEMA, in: Kreile/Becker/Riesenhuber (Hrsg.), Recht und Praxis der GEMA, 2. Aufl. 2008, 817; *Meyer,* Verwertungsgesellschaften und ihre Kontrolle nach dem Urheberrechtswahrnehmungsgesetz, 2001; *Ruzicka,* Zur individualrechtlichen Konzeption des Gesetzes über die Wahrnehmung von Urheberrechten und verwandten Schutzrechten, FS Roeber (1982), S. 355.

Übersicht

I. Allgemeines

1. Die Vorgaben der VG-RL

a) Die zuständige Aufsichtsbehörde. Die VG-RL überlässt es den Mitgliedstaaten festzulegen, **1** welche Behörden für die Aufsicht über Verwertungsgesellschaften zuständig sind. Während noch im Richtlinienvorschlag der Kommission lediglich vorgesehen war, den Mitgliedstaaten aufzugeben „festzulegen, welche Behörden für die Abwicklung der Beschwerdeverfahren und Sanktionen zuständig sind",[1] betont die VG-RL selbst ausdrücklich die Freiheit der Mitgliedstaaten bei der Wahl der zuständigen Behörden, zwischen Ex-ante- und Ex-post-Aufsichtsverfahren sowie bei der Entscheidung,

---

[29] Zum Begriff der abhängigen Verwertungseinrichtung → § 3 Rn. 3.

[30] Zum Begriff der unabhängigen Verwertungseinrichtung und den auf sie anwendbaren Bestimmungen des VGG → § 4 Rn. 3 ff.

[1] Richtlinienvorschlag der Kommission v. 11.7.2012, COM(2012) 372 final, Erwägungsgrund (37) S. 2.

ob überhaupt neue zuständige Behörden für die Aufsicht eingerichtet werden.[2] Die Flexibilität der VG-RL in diesem Punkt geht offenbar zurück auf einige Mitgliedstaaten, die ihre „de minimis"-Aufsichtssysteme beibehalten wollten.[3] Daher verpflichtet **Art. 36 Abs. 1 VG-RL** die Mitgliedstaaten lediglich dazu, für die Aufsicht über Verwertungsgesellschaften **zuständige Behörden zu „benennen"**, die sie gem. **Art. 36 Abs. 3 UAbs. 2 VG-RL** der Kommission bis zum 10.4.2016 bekanntgeben mussten.[4]

2 **b) Die von der Aufsicht Begünstigten.** Gem. **Art. 36 Abs. 2 VG-RL** sollen Mitglieder der Verwertungsgesellschaften, Rechtsinhaber, Nutzer, Verwertungsgesellschaften und sonstige Beteiligte in die Lage versetzt werden, die zuständige Aufsichtsbehörde über Rechtsverstöße **zu informieren.** Ein Recht, die Aufsichtsbehörde zum Einschreiten zu veranlassen, ergibt sich daraus aber nicht; zwar muss die Aufsichtsbehörde gem. Art. 36 Abs. 3 VG-RL **Sanktionen** verhängen und **Maßnahmen** ergreifen können, ist hierzu aber gegenüber den in Art. 36 Abs. 2 VG-RL Genannten **nicht verpflichtet.**

2. Bestimmungen des UrhWG

3 **a) Die zuständige Aufsichtsbehörde.** Zur Aufsicht über Verwertungsgesellschaften enthielt das UrhWG in seinem Ersten Abschnitt („Erlaubnis zum Geschäftsbetrieb", §§ 1–5 UrhWG) Bestimmungen über die Erlaubnispflicht für Verwertungsgesellschaften. Im Dritten Abschnitt des UrhWG („Aufsicht über die Verwertungsgesellschaft", §§ 18–20 UrhWG) war die behördliche Aufsicht geregelt. Ausgeübt wurde die Aufsicht gem. § 18 Abs. 1 UrhWG durch das **Deutsche Patent- und Markenamt (DPMA).**[5]

4 **b) Die von der Aufsicht Begünstigten.** Erklärter Zweck der Aufsicht nach den §§ 18–20 UrhWG war es zu gewährleisten, dass die Verwertungsgesellschaft ihren Verpflichtungen gegenüber Berechtigten und Nutzern und ihrer Verantwortung gegenüber der Allgemeinheit nachkommt.

Die Aufsichtsbehörde hatte zunächst einzelnen beschwerdeführenden Berechtigten ein subjektiv-öffentliches Recht auf Einschreiten der Aufsichtsbehörde und einen Anspruch auf ermessensfehlerfreie Ausübung der Aufsicht nicht zugebilligt; dies mit dem Argument, die Aufsicht verfolge nicht den Schutz von Einzelinteressen. Im Ergebnis waren daher Beschwerden über Verwertungsgesellschaften nur als Anregungen für eine Überprüfung von Amts wegen zu werten und nicht formell zu verbescheiden.[6] Nachdem jedoch der BGH seine frühere Rechtsprechung zum Schutzzweck der Aufsicht über Kreditinstitute[7] modifiziert und anerkannt hatte, dass der staatlichen Aufsicht in einzelnen Bereichen der Wirtschaft drittschützende Wirkung zukommt,[8] wurde auch im Rahmen der §§ 18 ff. UrhWG den Berechtigten ein **subjektiv-öffentliches Recht auf ermessensfehlerfreies Einschreiten der Aufsichtsbehörde** gegen die Verwertungsgesellschaft zugestanden[9] mit der Konsequenz, dass die Ausübung der Aufsicht auf Antrag der Berechtigten ggf. auch der gerichtlichen Kontrolle unterliegen sollte.[10]

3. § 75

5 § 75 ist die einleitende Vorschrift in Teil 4 des VGG („Aufsicht").

§ 75 Abs. 1 benennt das Deutsche Patent- und Markenamt (DPMA) als Aufsichtsbehörde und setzt damit Art. 36 Abs. 1 VG-RL um. § 75 Abs. 1 entspricht dem früheren § 18 Abs. 1 UrhWG.

§ 75 Abs. 2 stellt klar, das die Aufsichtsbehörde ihre Aufgaben und Befugnisse „nur im öffentlichen Interesse" wahrnimmt. Eine solche Bestimmung war im UrhWG nicht enthalten.

---

[2] Erwägungsgrund (50) S. 2 und 3 VG-RL.
[3] *Guibault/van Gompel* in Gervais (Hrsg.), Collective Management of Copyright and Related Rights, 3. Aufl. 2016, S. 157; *Guibault* in Stamatoudi/Torremans (Hrsg.), EU Copyright Law, 2014, Anm. 14.76 f. (S. 784 f.).
[4] → Vor §§ 75 ff. Rn. 4.
[5] → Vor §§ 75 ff. Rn. 2.
[6] DPA GEMA-Nachr. 1978 Nr. 108 S. 74 ff. mwN; vgl. BGHZ 58, 93 (98) mwN zur Vereinsaufsicht; *Häußer* FuR 1980, 57 (69); *Mestmäcker/Schulze* UrhWG § 18 Anm. 1; *Himmelmann* in Kreile/Becker/Riesenhuber (Hrsg.), Recht und Praxis der GEMA, 817 (885 f.).
[7] BGHZ 58, 93 (98) mwN.
[8] BGH NJW 1979, 1354; BGH NJW 1979, 1879.
[9] So *Ruzicka* FS Roeber (1982), 355 (357, 360); *Fritsch* GRUR 1984, 22 (26); dahin tendierend auch *Häußer* FuR 1980, 57 (70); *Meyer* S. 128 ff.; aA Loewenheim/*Melichar* § 50 Rn. 21 f.
[10] *Ruzicka* FS Roeber (1982), 355 (357, 360); *Fritsch* GRUR 1984, 22 (27); *Arnold/Rehbinder* UFITA 118 (1992), 203 (213 f.); Fromm/Nordemann/*W. Nordemann/Wirtz*, 11. Aufl., UrhWG § 19 Rn. 3; zum Ganzen → 5. Aufl. 2017, UrhWG § 18 Rn. 2 mwN.

II. Aufsichtsbehörde

1. § 75 Abs. 1 – Zuständige Aufsichtsbehörde

§ 75 Abs. 1 bestimmt als Aufsichtsbehörde iSd. VGG wie bisher nach dem UrhWG das **Deut-** 6
sche Patent- und Markenamt (DPMA).[11] Diese Zuweisung liegt nahe, da das Bundesministerium
der Justiz und für Verbraucherschutz (BMJV), zu dessen Geschäftsbereich das DPMA gehört, für das
Urheberrecht innerhalb der Bundesregierung federführend zuständig ist und das DPMA schon seit
1952 Aufsichtsbefugnisse über Verwertungsgesellschaften wahrnimmt.[12]

Damit ist zugleich klar, dass das DPMA die **„zuständige Behörde"** iSd. Art. 36–38 VG-RL ist.

2. § 75 Abs. 2 – Aufsicht nur im öffentlichen Interesse

§ 75 Abs. 2 bestimmt, dass das DPMA als Aufsichtsbehörde seine Aufgaben und Befugnisse **nur** 7
im öffentlichen Interesse wahrnimmt.

Zu den **Aufgaben und Befugnissen der Aufsichtsbehörde** nach dem VGG gehören etwa die
Erteilung der Erlaubnis zum Geschäftsbetrieb sowie deren Versagung und Widerruf, aber auch die
Überwachung der Einhaltung der Verpflichtungen der Verwertungsgesellschaften (§ 76 Abs. 1), wie
der Erlaubnis- und Anzeigepflicht (§§ 77, 82) oder der Unterrichtungspflichten iSv. § 88 sowie die
allgemeine Aufsicht und die dazu erforderlichen Maßnahmen (85), der Informationsaustausch mit den
Aufsichtsbehörden anderer EU-Mitgliedstaaten oder EWR-Vertragsstaaten gem. § 87 oder die Berichtspflicht gegenüber der Europäischen Kommission gem. Art. 38 Abs. 3 VG-RL.

Daneben findet auch eine Aufsicht über Verwertungsgesellschaften aufgrund anderer Vorschriften
außerhalb des VGG statt.[13]

Zwar kann die Aufsichtstätigkeit des DPMA auch einzelnen Personen oder Institutionen zugutekommen oder diese begünstigen; auch hat die Aufsicht eine besondere Fürsorgefunktion gegenüber
den Berechtigten.[14] § 75 Abs. 2 stellt aber klar, dass dies ein bloßer Reflex ist; bei der Tätigkeit der
Aufsichtsbehörde werden daher **Amtspflichten** gegenüber solchen begünstigten und nur mittelbar
geschützten Personen und Unternehmen oder ein **subjektiv-öffentliches Recht** auf ermessensfehlerfreies Einschreiten der Aufsichtsbehörde, wie dies noch iRv. § 18 UrhWG angenommen wurde,[15]
nicht begründet.

§ 75 Abs. 2 entspricht damit in seiner Zielsetzung § 81 Abs. 1 S. 3 des Versicherungsaufsichtsgesetzes (VAG), § 4 Abs. 4 des Finanzdienstleistungsaufsichtsgesetzes (FinDAG) und § 4 Abs. 2 des Wert-
papiererwerbs- und Übernahmegesetzes (WpÜG).[16]

§ 76 Inhalt der Aufsicht

(1) **Die Aufsichtsbehörde achtet darauf, dass die Verwertungsgesellschaft den ihr nach diesem
Gesetz obliegenden Verpflichtungen ordnungsgemäß nachkommt.**

(2) **Hat die Verwertungsgesellschaft ihren Sitz in einem anderen Mitgliedstaat der Europäischen Union oder anderen Vertragsstaat des Abkommens über den Europäischen Wirtschaftsraum und ist sie im Inland tätig, so achtet die Aufsichtsbehörde darauf, dass die Verwertungsgesellschaft die Vorschriften dieses anderen Mitgliedstaates oder Vertragsstaates zur Umsetzung
der Richtlinie 2014/26/EU des Europäischen Parlaments und des Rates vom 26. Februar 2014
über die kollektive Wahrnehmung von Urheber- und verwandten Schutzrechten und die Vergabe von Mehrgebietslizenzen für Rechte an Musikwerken für die Online-Nutzung im Binnenmarkt (ABl. L 84 vom 20.3.2014, S. 72) ordnungsgemäß einhält.**

(3) [1]**Soweit eine Aufsicht über die Verwertungsgesellschaft aufgrund anderer gesetzlicher Vorschriften ausgeübt wird, ist sie im Benehmen mit der Aufsichtsbehörde nach § 75 Absatz 1
auszuüben.** [2]**Die Unabhängigkeit der für den Datenschutz zuständigen Aufsichtsbehörden
bleibt unberührt.**

Schrifttum: *Arnold/Rehbinder,* Zur Rechtsnatur der Staatsaufsicht über die deutschen Verwertungsgesellschaften,
UFITA 118 (1992), 203; *Häußer,* Praxis und Probleme der Aufsicht über Verwertungsgesellschaften, FuR 1980, 57;
ders., Aufsicht über Verwertungsgesellschaften und Vereinsautonomie, FS Roeber (1982), S. 113; *Himmelmann,* Die
Aufsicht über die GEMA, in: Kreile/Becker/Riesenhuber (Hrsg.), Recht und Praxis der GEMA, 2. Aufl. 2008,
817; *Horzenek,* Die Staatsaufsicht der Verwertungsgesellschaften – eine Aufgabe der Urheberrechtsabteilung, FS
Haertel (1975), S. 67; *Hübner/Stern,* Zur Zulässigkeit der Aufsicht des Deutschen Patentamtes über die Verwertungsgesellschaften nach dem Urheberrechtswahrnehmungsgesetz, GEMA-Nachr. 1978 Nr. 108 S. 85; *Kreile,* Kein

---

[11] DPMA, Zweibrückenstr. 12, 80297 München; die Bezeichnung DPMA gilt mit der Änderung des Patentgesetzes seit 1.11.1998, BGBl. I S. 1827.
[12] → Vor § 75 ff. Rn. 2.
[13] Hierzu und zur Zusammenarbeit der Aufsichtsbehörden → § 76 Rn. 9; → § 81 Rn. 3 ff.
[14] → Vor §§ 75 ff. Rn. 1.
[15] → Rn. 4.
[16] AmtlBegr. BT-Drs. 18/7223, 94.

Freibrief – Inhalt und Grenzen der Staatsaufsicht über Verwertungsgesellschaften, ZUM 2018, 13; *Melichar,* Die Wahrnehmung von Urheberrechten durch Verwertungsgesellschaften, 1983; *Menzel,* Die Aufsicht über die GEMA durch das Deutsche Patentamt, 1986; *Reinbothe,* Schlichtung im Urheberrecht, 1978; *Reischl,* Zum Umfang der Staatsaufsicht nach dem Urheberrechtswahrnehmungsgesetz, GEMA-Nachr. 1978 Nr. 108 S. 79; *Ruzicka,* Zur individualrechtlichen Konzeption des Gesetzes über die Wahrnehmung von Urheberrechten und verwandten Schutzrechten, FS Roeber (1982), S. 355; *Sandberger/Treeck,* Fachaufsicht und Kartellaufsicht nach dem Gesetz über die Wahrnehmung von Urheberrechten und verwandten Schutzrechten, UFITA 47 (1966), 165; *Staats,* Die Aufsicht über ausländische Verwertungsgesellschaften, FS Schulze (2017), S. 331; *Strittmatter,* Tarife vor der urheberrechtlichen Schiedsstelle, 1994; *Vogel,* Wahrnehmungsrecht und Verwertungsgesellschaften in der Bundesrepublik Deutschland – Eine Bestandsaufnahme im Hinblick auf die Harmonisierung des Urheberrechts in der Europäischen Gemeinschaft, GRUR 1993, 513.

Übersicht

I. Allgemeines

1. Die Vorgaben der VG-RL

1 Die Vorgaben der VG-RL zum **Inhalt der Aufsicht** beschränken sich auf allgemeine Regeln. **Art. 36 Abs. 1 VG-RL** gibt dem nationalen Gesetzgeber auf sicherzustellen, dass „die **Einhaltung**" der aufgrund der VG-RL erlassenen nationalen Vorschriften durch die in ihrem Hoheitsgebiet ansässigen Verwertungsgesellschaften von den (zu diesem Zweck benannten zuständigen) nationalen Behörden „**überwacht** wird". Wenn sie mögliche **Verstöße** einer in ihrem Hoheitsgebiet tätigen aber nicht hier ansässigen Verwertungsgesellschaft **gegen das Recht ihres Sitzstaates** feststellt, gibt **Art. 37 Abs. 2 VG-RL** der Aufsichtsbehörde ergänzend die Möglichkeit, die Aufsichtsbehörde des Sitzstaates zu informieren und diese um geeignete Maßnahmen zu ersuchen.[1]

Die Wahl der zuständigen Aufsichtsbehörden überläßt die VG-RL den Mitgliedstaaten.[2] Hinsichtlich der Aufsichtsbefugnisse bestimmt **Art. 36 Abs. 3 VG-RL**, dass die Aufsichtsbehörde befugt sein muss, „**geeignete Sanktionen**" zu verhängen und „**geeignete Maßnahmen**" zu ergreifen, die jeweils „wirksam, verhältnismäßig und abschreckend" sein müssen;[3] weiterreichende inhaltliche Vorgaben enthält die VG-RL insoweit nicht.

2. Bestimmungen des UrhWG

2 Zum Inhalt der Aufsicht über Verwertungsgesellschaften enthielt **§ 19 Abs. 1 UrhWG** eine Art **Generalklausel** in Form einer allgemeinen Überwachungspflicht: Die Aufsichtsbehörde hatte darauf zu achten, dass die Verwertungsgesellschaft „den ihr nach diesem Gesetz obliegenden Verpflichtungen ordnungsgemäß nachkommt".

Einzelne Befugnisse der Aufsichtsbehörde zur Ausübung der Aufsicht waren in **§ 19 Abs. 2–5 UrhWG** aufgeführt. Umfang und Wirkung dieser Aufsichtsbefugnisse ergaben sich im Übrigen aus den Vorschriften, deren Einhaltung die Aufsichtsbehörde zu überwachen hatte, wie etwa die Überprüfung der Wahrnehmungsbedingungen, der Tarife oder des Kontrahierungszwangs in bestimmtem Umfang.[4]

Wie erwähnt, wurde die Aufsicht über Verwertungsgesellschaften gem. § 18 Abs. 1 UrhWG durch das Deutsche Patent- und Markenamt (DPMA) ausgeübt.[5] Für den Fall, dass eine Verwertungsgesellschaft neben der kartellrechtlichen Aufsicht und der Aufsicht nach den §§ 18 ff. UrhWG auch aufgrund **anderer gesetzlicher Bestimmungen** der **Aufsicht von Behörden** unterworfen war, regelte **§ 18 Abs. 2 UrhWG,** dass die betreffende Behörde diese Aufsicht **im Benehmen** mit dem DPMA auszuüben hatte.[6]

---

[1] → Vor §§ 75 ff. Rn. 5.
[2] → § 75 Rn. 1.
[3] → Vor §§ 75 ff. Rn. 4 mwN.
[4] Vgl. im Einzelnen → 5. Aufl. 2017, UrhWG § 19 Rn. 2.
[5] → § 75 Rn. 3.
[6] → 5. Aufl. 2017, UrhWG § 18 Rn. 4.

3. § 76

Unter dem Titel „Inhalt der Aufsicht" (so auch der Titel des bisherigen § 19 UrhWG) enthält § 76 **3** drei Bestimmungen.

§ 76 Abs. 1 übernimmt nahezu wörtlich die bisher in § 19 Abs. 1 UrhWG enthaltene **allgemeine Überwachungspflicht** und setzt damit Art. 36 Abs. 1 VG-RL um.

Nach **§ 76 Abs. 2** ist die Aufsichtsbehörde verpflichtet, darauf zu achten, dass eine in einem anderen EU-Mitgliedstaat oder EWR-Vertragsstaat ansässige, aber in Deutschland tätige Verwertungsgesellschaft die auf der VG-RL beruhenden **Bestimmungen ihres Sitzstaates** ordnungsgemäß einhält. Diese Bestimmung hat kein Vorbild im UrhWG. Auch die VG-RL enthält keine Verpflichtung der Aufsichtsbehörde, Verstöße einer im Inland tätigen aber nicht hier ansässigen Verwertungsgesellschaft gegen das Recht ihres Sitzstaates zu überwachen. Damit geht § 76 Abs. 2 zwar über die Vorgaben der VG-RL hinaus, hängt allerdings mit der in **Art. 37 Abs. 2 VG-RL** genannten Möglichkeit der Aufsichtsbehörde zusammen, die andere Aufsichtsbehörde über Rechtsverstöße im Inland zu informieren und sie um Abhilfemaßnahmen zu ersuchen.[7]

§ 76 Abs. 3 S. 1 beruht nicht auf der VG-RL, sondern übernimmt nahezu wortgleich die Bestimmung des bisherigen **§ 18 Abs. 2 UrhWG** zum Verhältnis der Aufsicht aufgrund **anderer gesetzlicher Bestimmungen** zur wahrnehmungsrechtlichen Aufsicht nach Teil 4 des VGG.[8]

In demselben Zusammenhang statuiert **§ 76 Abs. 3 S. 2** die Unabhängigkeit der **Aufsicht durch die Datenschutzbehörden**. Diese Bestimmung hat allerdings kein Vorbild im UrhWG, sondern beruht auf den allgemeinen unionsrechtlichen Vorgaben, die in der VG-RL erwähnt sind.[9]

II. Inhalt der Aufsicht

1. § 76 Abs. 1 – Allgemeine Überwachungspflicht

a) Der Gegenstand der Aufsicht. Der Aufsicht nach § 76 Abs. 1 sind grundsätzlich alle **Verwertungsgesellschaften** iSv. § 2[10] unterworfen, und zwar unabhängig von ihrer Rechtsform.[11] § 76 **4** Abs. 1 gilt gem. § 90 Abs. 3 auch für die Aufsicht über **abhängige Verwertungseinrichtungen** iSv. § 3,[12] sowie gem. § 91 Abs. 1 für die Aufsicht über **unabhängige Verwertungseinrichtungen** iSv. § 4[13] entsprechend.[14]

Alle diese Gesellschaften (Verwertungsgesellschaften, abhängige und unabhängige Verwertungseinrichtungen) unterfallen der Aufsicht iSv. § 76 Abs. 1, wenn sie **(1) im Inland ansässig und tätig** sind.

Im Inland tätig und damit der Aufsicht gem. § 76 Abs. 1 unterworfen ist eine Verwertungsgesellschaft bereits dann, wenn sie Wahrnehmungsverträge mit im Inland ansässigen Rechtsinhabern abschließt.[15]

Der Aufsicht iSv. § 76 Abs. 1 unterfallen aber auch solche Gesellschaften, die **(2) im Inland tätig**, aber weder hier noch in einem anderen EU-Mitgliedstaat oder EWR-Vertragsstaat, sondern **in einem Drittland ansässig** sind.[16]

Verwertungsgesellschaften, die **(3) im Inland tätig, aber in einem anderen EU-Mitgliedstaat oder EWR-Vertragsstaat ansässig** sind, unterliegen ebenfalls der laufenden Aufsicht gem. § 76 Abs. 1. Entsprechend dem in der VG-RL angelegten **Sitzstaatsprinzip** sind sie aber primär der Aufsicht in ihrem Sitzstaat unterworfen, und es gelten für sie bestimmte Sonderregeln, wie etwa Ausnahmen von der Erlaubnispflicht gem. § 77 Abs. 1 (außer in den in § 77 Abs. 2 genannten Fällen der Geltendmachung bestimmter gesetzlicher Vergütungsansprüche) oder von der Unterrichtspflicht gem. § 88 Abs. 3, flankiert durch die Beachtung der Regeln ihres Sitzstaates durch die Aufsichtsbehörde gem. § 76 Abs. 2.[17]

Der Aufsicht gem. § 76 Abs. 1 unterworfen sind auch Verwertungsgesellschaften, die **(4) im Inland ansässig, aber im Ausland tätig** sind. Dass § 76 Abs. 1 auch für im Inland ansässige Verwertungsgesellschaften gilt, die ausschließlich im Ausland tätig sind, folgt aus der weiten Definition des Begriffs der Verwertungsgesellschaft in § 2, wonach eine Organisation immer dann als Verwertungsgesellschaft zu qualifizieren ist, wenn sie beliebige Urheberrechte und verwandte Schutzrechte wahrnimmt; die bisher in § 1 Abs. 1 UrhWG enthaltene Beschränkung der Definition auf die Wahrneh-

---

[7] → Rn. 1; → Vor §§ 75 ff. Rn. 5.
[8] → Rn. 2.
[9] Art. 42 iVm Erwägungsgrund (52) VG-RL.
[10] Zum Begriff der Verwertungsgesellschaft → § 2 Rn. 5 ff.
[11] → § 2 Rn. 9; vgl. Erwägungsgrund (14) VG-RL; AmtlBegr. BT-Drs. 18/7223, 90 (zu § 58).
[12] Zum Begriff der abhängigen Verwertungseinrichtung → § 3 Rn. 3.
[13] Zum Begriff der unabhängigen Verwertungseinrichtung und den auf sie anwendbaren Bestimmungen des VGG → § 4 Rn. 3 ff.
[14] → Vor §§ 75 ff. Rn. 12.
[15] AmtlBegr. BT-Drs. 18/7223, 95; *Staats* FS Schulze (2017), 331 (333).
[16] → Vor §§ 75 ff. Rn. 10.
[17] Zu § 76 Abs. 2 → Rn. 8.

mung von Urheberrechten und verwandten Schutzrechten, die sich aus dem deutschen Urheberrechtsgesetz ergeben, ist in § 2 entfallen.[18]

5   **b) Der Umfang der Aufsicht.** Inhaltlich übernimmt **§ 76 Abs. 1** die bisherige Regelung in § 19 Abs. 1 UrhWG als eine Art Generalklausel der Aufsicht und normiert eine **allgemeine Überwachungspflicht der Aufsichtsbehörde.** Sie bezieht sich auf alle der Verwertungsgesellschaft nach dem VGG **„obliegenden Verpflichtungen",** also diejenigen, die die Verwertungsgesellschaft danach gegenüber ihren Mitgliedern und von ihr betreuten Berechtigten, gegenüber den Nutzern und Nutzervereinigungen sowie gegenüber der Allgemeinheit hat.

Nicht erfasst sind anderweitige Verpflichtungen, etwa aus Miet- oder Arbeitsverträgen. Ferner bezieht sich die Aufsicht nicht auf die Einhaltung der im VGG aufgeführten **Soll-Vorschriften** (§ 32 Abs. 1, Förderung kulturell bedeutender Werke und Leistungen; § 32 Abs. 2, Schaffung von Vorsorge- und Unterstützungseinrichtungen; § 39 Abs. 1 und Abs. 3, Berechnung und Gestaltung der Tarife); bei der Überwachung von Soll-Vorschriften kann die Aufsichtsbehörde daher allenfalls nicht erzwingbare Empfehlungen aussprechen.[19]

Verpflichtungen, deren Einhaltung die Aufsichtsbehörde zu überwachen hat, sind solche, die die Verwertungsgesellschaft **gegenüber Rechtsinhabern** hat, wie insbesondere die Einhaltung von § 9 (Kontrahierungszwang und Angemessenheitsgebot gegenüber Rechtsinhabern, Mitgliedern und Berechtigten, als Ausfluss einer gewissen „Fürsorgepflicht"),[20] und von § 27 (Willkürverbot bei der Einnahmenverteilung).[21] Aber auch die Einhaltung von Verpflichtungen **gegenüber Nutzern** hat die Aufsichtsbehörde gem. § 76 Abs. 1 zu überwachen, zumal wenn diese einen zivilrechtlichen Anspruch statuieren, wie in den §§ 34 (Abschlusszwang) und 35 (Gesamtverträge). Von der Aufsichtsbehörde zu überwachen sind auch die Pflichten zur Aufstellung, inhaltlichen Ausgestaltung und Veröffentlichung von Tarifen nach § 38, § 39 Abs. 2 und § 56 Abs. 1 Nr. 4. Auch die Einhaltung der Verpflichtungen der Verwertungsgesellschaften gem. § 40 hinsichtlich der Tarife für Geräte und Speichermedien im Rahmen der Vergütungspflicht nach den §§ 54 ff. UrhG dürfte von der Aufsichtsbehörde zu überwachen sein, denn der Gesetzgeber hatte bereits im Zusammenhang mit der Vorgängerbestimmung § 13a UrhWG betont, dass es sich insoweit um „Verpflichtungen" der Verwertungsgesellschaften handelt.[22]

Verpflichtungen der Verwertungsgesellschaften, die der Aufsicht unterliegen, bestehen nicht nur gegenüber den unmittelbar Beteiligten, sondern auch **im Interesse der Allgemeinheit,** wie etwa die Pflichten aus den §§ 57 (Jahresabschluss und Lagebericht) und 58 (Jährlicher Transparenzbericht). Ebenfalls der Aufsicht unterliegen die **Informationspflichten** der Verwertungsgesellschaften nach den §§ 53 ff.; hier wird die Aufsichtsbehörde zumindest darauf zu achten haben, dass die Verwertungsgesellschaft diese dem Grunde nach erfüllt.[23]

Der Aufsicht nach § 76 Abs. 1 unterliegen auch die Verpflichtungen der Verwertungsgesellschaften nach **Teil 3 des VGG (§§ 59–74)** im Zusammenhang mit der grenzüberschreitenden Vergabe von Online-Rechten an Musikwerken; dabei ist zu beachten, dass diese Verpflichtungen für unabhängige Verwertungseinrichtungen iSv. § 4 nicht gelten.[24]

Verpflichtungen der Verwertungsgesellschaft iSv. § 76 Abs. 1 sind ferner die **Gründe,** die die Aufsichtsbehörde gem. § 79 **zur Versagung der Erlaubnis** zum Geschäftsbetrieb nach § 77 Abs. 1 berechtigen. Im Übrigen erstreckt sich die Aufsicht auch auf die Überwachung der Einhaltung von Schiedsstellenentscheidungen und -vergleichen sowie gerichtlicher Entscheidungen.[25]

6   **c) Die Befugnisse der Aufsicht. Einzelne Befugnisse** der Aufsichtsbehörde zur Durchführung der Aufsicht sind in **§ 85** aufgeführt. Welchen Umfang die Aufsichtsbefugnisse haben, ergibt sich im Übrigen aus den Vorschriften, deren Einhaltung die Aufsichtsbehörde zu überwachen hat. Da sie zB. Wahrnehmungsbedingungen und Tarife[26] auf ihre Angemessenheit hin zu überprüfen hat[27] und auch die wirtschaftliche Grundlage der Verwertungsgesellschaft überwachen muss,[28] sind **Maßstab** für die Ausübung der Aufsicht nicht nur die **Rechtmäßigkeit** des Handelns der Verwertungsgesellschaft,

---

[18] → § 2 Rn. 5.

[19] Wie hier Dreier/Schulze/*Schulze* § 76 Rn. 8; *Strittmatter* S. 89 (bezogen auf die entsprechenden Bestimmungen des UrhWG); weitergehend Fromm/Nordemann/*W. Nordemann/Wirtz*, 11. Aufl., UrhWG § 19 Rn. 2; Wandtke/Bullinger/*Staats* § 76 Rn. 8.

[20] Vgl. (bezogen auf § 6 UrhWG) Richtlinie des DPA für die Aufkommensverteilung und Verteilungsvereinbarung ZUM 1989, 506 (510).

[21] DPA (bezogen auf die Vorgängerbestimmung § 7 UrhWG) UFITA 81 (1978), 348 (356).

[22] AmtlBegr. BT-Drs. 16/1828, 75; Beschlussempfehlung und Bericht des Rechtsausschusses BT-Drs. 16/5939, 85.

[23] AmtlBegr. BT-Drs. 18/7223, 95.

[24] → § 59 Rn. 4.

[25] Wandtke/Bullinger/*Staats* § 76 Rn. 10.

[26] Letztere zumindest allgemein; → § 38 Rn. 7.

[27] Die Überprüfung der Angemessenheit der Tarife durch die Aufsichtsbehörde wird sich allerdings idR. auf eine Evidenzkontrolle beschränken; zu einer vertieften Überprüfung ist die Aufsichtsbehörde insoweit nicht verpflichtet; → § 39 Rn. 10 mwN; vgl. schon (iRd. UrhWG) *Horzenek* FS Haertel (1975), 67 (73).

[28] Vgl. § 79 Abs. 1 Nr. 3; bezogen auf die entsprechende Vorgängerbestimmung § 3 Abs. 1 Nr. 3 UrhWG DPA UFITA 81 (1978), 348 (356).

sondern auch **Zweckmäßigkeitsüberlegungen.**[29] Dabei wird der Verwertungsgesellschaft ein gewisser Ermessensspielraum bei der Erfüllung ihrer Verpflichtungen zugebilligt.[30]

Wenn eine Verwertungsgesellschaft der Erlaubnispflicht iSv. § 77 unterliegt, sind die wirksamsten **förmlichen Einwirkungsmöglichkeiten** der Aufsichtsbehörde bei der Aufsicht über die Einhaltung zwingender Vorschriften des VGG durch die Verwertungsgesellschaft das Mittel der **Abmahnung (§ 80 Abs. 1 Nr. 2)** und – bei erfolgloser Abmahnung und wiederholter Zuwiderhandlung – der **Widerruf der Erlaubnis** zum Geschäftsbetrieb nach **§ 80 Abs. 1.**

Unabhängig davon kann die Aufsichtsbehörde gem. **§ 85 Abs. 1** auch **andere geeignete Maßnahmen** ergreifen, um die Verwertungsgesellschaften zur Einhaltung ihrer Verpflichtungen anzuhalten.[31] Eine unmittelbare Einwirkungsmöglichkeit, zB. durch eigenmächtige Abänderung von Tarifen, Kündigung unangemessen erscheinender Gesamtverträge oder die Einberufung der Mitgliederversammlung, dürfte der Aufsichtsbehörde hieraus aber nicht zustehen; sie kann die **beanstandeten Maßnahmen** der Verwertungsgesellschaft **nicht durch eigene ersetzen.**[32]

Auf Abmahnung, Widerruf und andere **Verwaltungsakte** finden im Übrigen gem. **§ 89** die Vorschriften des Verwaltungsverfahrensgesetzes sowie des Verwaltungsvollstreckungsgesetzes Anwendung.[33]

Neben diesen förmlichen Eingriffsmöglichkeiten kann die Aufsichtsbehörde auch **formlos auf Pflichtwidrigkeiten hinweisen.** In der Praxis sind solche formlosen Hinweise üblich und meist erfolgreich.[34] Beanstandet die Aufsichtsbehörde Fehler der Verwertungsgesellschaft bei der Einhaltung von Soll-Vorschriften,[35] so kann sie ohnehin allenfalls Empfehlungen aussprechen.[36]

Allgemein gilt für Maßnahmen der Aufsichtsbehörde, dass sie die Grundsätze der **Verhältnismäßigkeit der Mittel** und des **Übermaßverbots** zu beachten hat.[37] So kann es gegenüber einer erlaubnispflichtigen Verwertungsgesellschaft geboten sein, ihr vor der ultima ratio des Widerrufs der Erlaubnis zum Geschäftsbetrieb gem. § 80 Abs. 1 Nr. 2 andere Maßnahmen aufzugeben.[38] Im Übrigen muss sich die Aufsichtsbehörde auch bei Aufsichtsmaßnahmen an Gesetz und Recht halten. Dies gilt für die Vorschriften des VGG wie des UrhG, insbesondere aber auch für die Bestimmungen des EU-Rechts und der auf Grund dessen ergangenen Entscheidungen: Akte der EU beruhen auf vorrangigem Gemeinschaftsrecht und sind damit verbindliche Entscheidungen, deren Beachtung zur Rechtspflicht der Verwertungsgesellschaften gehört.

d) Das Wesen der Aufsicht. Umstritten war über längere Zeit das Wesen der Aufsicht, die Frage nämlich, ob es sich bei der Aufsicht über Verwertungsgesellschaften nach § 19 Abs. 1 UrhWG, dem § 76 Abs. 1 VGG weitgehend entspricht, um **Rechtsaufsicht** (die auf die Beanstandung von Rechtsverletzungen beschränkt ist), um **Fachaufsicht** (die auch die Ausübung des Ermessens auf Zweckmäßigkeit kontrolliert) oder um eine Mischform handelte. Dass es sich um eine Rechtsaufsicht handelte, wurde nur vereinzelt vertreten[39] Wo die Aufsicht als Fachaufsicht bezeichnet und dies überhaupt näher begründet wurde,[40] wurde darauf hingewiesen, dass nicht nur die Rechtmäßigkeit, sondern auch die Zweckmäßigkeit des Handelns der Verwertungsgesellschaft überprüft werden.[41] 7

Nach überwiegender Auffassung handelt es sich bei der wahrnehmungsrechtlichen Aufsicht über Verwertungsgesellschaften weder um Rechtsaufsicht noch um Fachaufsicht im verwaltungsrechtlichen Sinne, sondern um eine **Mischform**, eine **Aufsicht sui generis**, die der Fachaufsicht nähersteht als der Rechtsaufsicht.[42] Dies erscheint zutreffend. Ohnehin passen die Begriffe Rechtsaufsicht und Fachaufsicht, die im Verwaltungsrecht für die Definition der staatlichen Aufsicht über juristische Per-

[29] Bezogen auf das UrhWG DPA UFITA 81 (1978), 348 (356); *Mestmäcker/Schulze* UrhWG § 19 Anm. 2.

[30] *Häußer* FuR 1980, 57 (62); *Himmelmann* in Kreile/Becker/Riesenhuber (Hrsg.), Recht und Praxis der GEMA, 817 (882).

[31] → § 85 Rn. 3.

[32] *Melichar* S. 53; *Häußer* FuR 1980, 57 (62); *Häußer* FS Roeber (1982), 113 (127); *Arnold/Rehbinder* UFITA 118 (1992), 203 (212); *Himmelmann* in Kreile/Becker/Riesenhuber (Hrsg.), Recht und Praxis der GEMA, 817 (882).

[33] → § 89 Rn. 4 ff.

[34] *Arnold/Rehbinder* UFITA 118 (1992), 203 (211); *Vogel* GRUR 1993, 513 (530).

[35] → Rn. 5.

[36] Amtl.Begr. UrhWG BT-Drs. IV/271, 20; *Strittmatter* S. 89 (bezogen auf das UrhWG).

[37] Vgl. *Menzel* S. 74 f.

[38] *Himmelmann* in Kreile/Becker/Riesenhuber (Hrsg.), Recht und Praxis der GEMA, 817 (835); → § 80 Rn. 7.

[39] *Hübner/Stern* GEMA-Nachr. 1978 Nr. 108 S. 85 (88); so aber in jüngerer Zeit offenbar auch Fromm/Nordemann/*W. Nordemann/Wirtz*, 11. Aufl., UrhWG § 18 Rn. 1; allerdings lässt sich dies aus der dort zitierten Entscheidung des VGH München nicht ableiten, da in dieser lediglich festgestellt wird, dass die Aufsicht des DPMA gem. § 19 UrhWG weder als Regulierung noch als Wettbewerbsaufsicht iSd. IFG anzusehen ist; VGH München ZUM-RD 2013, 86 – Informationszugangsrecht zum Deutschen Patent- und Markenamt.

[40] Bericht des Rechtsausschusses zu BT-Drs. IV/3402, 2 (ohne Begründung); *Reinbothe* S. 12; *Horzenek* FS Haertel (1975), 67 (68).

[41] DPA UFITA 81 (1978), 348 (356); *Ruzicka* FS Roeber (1982), 355 (359); vgl. *Sandberger/Treeck* UFITA 47 (1966), 165 (169 ff.); *Ulmer*, Urheber- und Verlagsrecht, § 99 I 1, 2.

[42] HM; *Häußer* FuR 1980, 57 (63); *Häußer* FS Roeber (1982), 113 (115, 127); *Melichar* S. 53; *Menzel* S. 30 ff.; Fromm/Nordemann/*W. Nordemann/Wirtz*, 11. Aufl., UrhWG § 19 Rn. 2; *Arnold/Rehbinder* UFITA 118 (1992), 203 (212); *Vogel* GRUR 1993, 513 (529); *Schack* Rn. 1329; Wandtke/Bullinger/*Staats* § 76 Rn. 12; Dreier/Schulze/*Schulze* § 76 Rn. 2; vgl. auch *Mestmäcker/Schulze* UrhWG § 19 Rn. 2; *Reischl* GEMA-Nachr. 1978 Nr. 108 S. 79 (80); *Haertel* zit. bei Roeber FuR 1980, 98 (100); *Kreile* ZUM 2018, 13 (14 f.).

sonen des öffentlichen Rechts und Träger öffentlicher Verwaltungsaufgaben verwendet werden, nicht auf die Aufsicht über die (privatrechtlich organisierten) Verwertungsgesellschaften.[43] Verwendet man diese Begriffe dennoch, so weist die Aufsicht nach § 76 Abs. 1, entsprechend § 19 Abs. 1 UrhWG, mehr Elemente der Fachaufsicht als der Rechtsaufsicht auf, ist aber eingeschränkter als eine reine Fachaufsicht; denn ein Selbsteintrittsrecht der Aufsichtsbehörde besteht nicht,[44] obwohl sie ständig die Einhaltung der gesetzlichen Vorschriften, die wirtschaftlichen Grundlagen der Verwertungsgesellschaft und die Zuverlässigkeit der vertretungsberechtigten Personen zu überprüfen hat, und zwar auch nach Zweckmäßigkeitsgesichtspunkten.

2. § 76 Abs. 2 – Einhaltung der Bestimmungen des Sitzstaates

8   § 76 Abs. 2 enthält als **Sonderregel** zur Aufsicht über Verwertungsgesellschaften eine besondere Verpflichtung der Aufsichtsbehörde für den Fall, dass eine Verwertungsgesellschaft zwar im Inland tätig, aber in einem anderen EU-Mitgliedstaat oder EWR-Vertragsstaat ansässig ist.

Dem Konzept der VG-RL, dass die Aufsicht über in der EU oder im EWR ansässige Verwertungsgesellschaften grundsätzlich in ihrem Sitzstaat ausgeübt wird, trägt Teil 4 des VGG in den §§ 74–91 dadurch Rechnung, dass er in der EU oder im EWR und nicht im Inland ansässige, aber hier tätige Verwertungsgesellschaften nur einer **eingeschränkten Aufsicht** unterwirft, für sie insbesondere nur in bestimmten Fällen eine Erlaubnis zum Geschäftsbetrieb gem. § 77[45] verlangt und sie von der Unterrichtungspflicht gem. § 88[46] ausnimmt.[47]

Im Gegenzug und als Korrelat zu dieser eingeschränkten Aufsicht verpflichtet § 76 Abs. 2 die Aufsichtsbehörde, die Tätigkeit einer im Inland tätigen, aber nicht hier, sondern anderswo in der EU oder im EWR ansässigen Verwertungsgesellschaft daraufhin zu überwachen, ob sie das **Recht ihres Sitzstaates „ordnungsgemäß einhält".** Dabei sind ausschließlich diejenigen Bestimmungen des nationalen Rechts des Sitzstaates der Verwertungsgesellschaft als Maßstab heranzuziehen, die dort **zur Umsetzung der VG-RL** erlassen wurden.[48]

Mit dieser Verpflichtung geht § 76 Abs. 2 bewusst über die ausdrückliche Verpflichtung zur Überwachung von im Inland ansässigen Verwertungsgesellschaften gem. Art. 36 Abs. 1 VG-RL hinaus. Zugleich aber respektiert er das Sitzstaats-Konzept der VG-RL und hält sich damit in dem von der VG-RL vorgegebenen Rahmen, in Bezug auf Maßnahmen für die Aufsicht „neutral" bleiben zu wollen, „sofern diese mit dem Unionsrecht vereinbar sind und der uneingeschränkten Anwendung der VG-RL nicht entgegenstehen".[49]

Im Übrigen erscheint § 76 Abs. 2 als sinnvolle Ergänzung der Informationsübermittlung zwischen Aufsichtsbehörden, die in Art. 37 Abs. 2 VG-RL als Möglichkeit vorgesehen ist und in den §§ 86 und 88 umgesetzt wird.

§ 76 Abs. 2 ergänzt und erleichtert somit die eingeschränkte Aufsicht über in einem anderen EU-Mitgliedstaat oder EWR-Vertragsstaat ansässige aber im Inland tätige Verwertungsgesellschaften. Wenn solche Verwertungsgesellschaften dagegen die in § 77 Abs. 2 Nr. 1, 2 oder 3 genannten Vergütungsansprüche wahrnehmen, bedürfen sie gem. § 77 Abs. 2 einer Erlaubnis und unterliegen damit insoweit der Aufsicht nach dem VGG;[50] auch wenn gem. § 80 Abs. 2 ein Widerruf der Erlaubnis nur unter bestimmten Voraussetzungen möglich ist.[51]

3. § 76 Abs. 3 – Koordinierung unter den Aufsichtsbehörden

9   § 76 Abs. 3 S. 1 betrifft den Fall, dass eine Verwertungsgesellschaft neben der Aufsicht nach Teil 4 des VGG (§§ 75 ff.) auf Grund anderer gesetzlicher Bestimmungen der Aufsicht von Behörden unterworfen ist, und regelt hierfür die Ausübung der Aufsichtsbefugnisse. Bei der erwähnten Aufsicht **„auf Grund anderer gesetzlicher Vorschriften"** ist, wie bereits bei der Vorgängerbestimmung § 18 Abs. 1 UrhWG, hauptsächlich an die vereinsrechtliche Aufsicht nach den §§ 22, 33 Abs. 2, 56 ff. BGB gedacht,[52] der zurzeit die GEMA, die VG Wort, die VG Bild-Kunst und die VG Musikedition als wirtschaftliche Vereine unterliegen. Auch die Gewerbeaufsicht fällt darunter.

Die betreffende Behörde muss sich mit dem DPMA lediglich ins **„Benehmen"** setzen, es also über ihre Maßnahmen informieren und anhören; ein Mitspracherecht hat das DPMA nicht. Damit soll eine Mischverwaltung zwischen Bund und Ländern – das DPMA ist Bundesbehörde nach §§ 26 ff. PatG, dagegen zB. die Vereinsaufsicht Ländersache – vermieden werden.[53]

---

[43] Vgl. *Häußer* FuR 1980, 57 (63); *Menzel* S. 31 f.
[44] → Rn. 6.
[45] § 77 Abs. 2; → § 77 Rn. 5 f.
[46] § 88 Abs. 3; → § 88 Rn. 7.
[47] → Vor §§ 75 ff. Rn. 11.
[48] AmtlBegr. BT-Drs. 18/7223, 95.
[49] Erwägungsgrund (50) S. 8 VG-RL.
[50] Zur Notwendigkeit der „direkten" Aufsicht in diesem Bereich vgl. Dreier/Schulze/*Schulze* § 76 Rn. 12.
[51] → § 80 Rn. 10.
[52] AmtlBegr. UrhWG BT-Drs. IV/271, 20.
[53] AmtlBegr. UrhWG BT-Drs. IV/271, 20.

Das DPMA seinerseits muss sich bei der Ausübung seiner Aufsicht mit dem **Bundeskartellamt** ins Benehmen setzen. Nur im Einvernehmen mit dem Bundeskartellamt entscheiden kann das DPMA gem. § 81 lediglich über Anträge auf Erteilung der Erlaubnis iSv. §§ 78 und 79 und über den Widerruf der Erlaubnis gem. § 80.[54]

§ 76 Abs. 3 S. 2 stellt klar, dass die unionsrechtlich vorgegebene Unabhängigkeit der für den Datenschutz zuständigen Aufsichtsbehörden von der Aufsicht über Verwertungsgesellschaftern durch das DPMA unberührt bleibt.[55]

§ 77 Erlaubnis

(1) **Eine Verwertungsgesellschaft bedarf der Erlaubnis, wenn sie Urheberrechte oder verwandte Schutzrechte wahrnimmt, die sich aus dem Urheberrechtsgesetz ergeben.**

(2) **Eine Verwertungsgesellschaft mit Sitz in einem anderen Mitgliedstaat der Europäischen Union oder anderen Vertragsstaat des Abkommens über den Europäischen Wirtschaftsraum bedarf abweichend von Absatz 1 einer Erlaubnis nur für die Wahrnehmung**

1. der in § 49 Absatz 1 genannten Vergütungsansprüche,
2. des in § 50 genannten Rechts oder
3. der in § 51 genannten Rechte an vergriffenen Werken.

Schrifttum: *Bing,* Die Verwertung von Urheberrechten, 2002; *Dördelmann,* Gedanken zur Zukunft der Staatsaufsicht über Verwertungsgesellschaften, GRUR 1999, 890; *Heine/Eisenberg,* Verwertungsgesellschaften im Binnenmarkt. Die kollektive Wahrnehmung von Urheberrechten nach der Dienstleistungsrichtlinie, GRUR-Int 2009, 277; *Meyer,* Verwertungsgesellschaften und ihre Kontrolle nach dem Urheberrechtswahrnehmungsgesetz, 2001; *Riesenhuber,* Die Verwertungsgesellschaft i. S. v. § 1 UrhWahrnG, ZUM 2008, 625; *Staats,* Die Aufsicht des DPMA über ausländische Verwertungsgesellschaften, FS Schulze (2017), 331.

Übersicht

I. Allgemeines

1. Die Erlaubnispflicht im UrhWG

Als zentrale und erste Vorschrift des UrhWG bestimmte § 1 UrhWG, dass, wer urheberrechtliche **1** Verwertungsrechte mehrerer Urheber zur gemeinsamen Auswertung im eigenen oder im fremden Namen wahrnehmen wollte, dazu der **behördlichen Erlaubnis** bedurfte. Diese Erlaubnispflicht stellte eine **Vorabkontrolle** dar, die unabhängig von ihrer Staatsangehörigkeit für alle galt, die in dieser Weise Rechte in Deutschland wahrnehmen wollten, und auch unabhängig davon, ob sie in Deutschland niedergelassen waren.[1] Sie war Konsequenz der vom UrhWG gewollten Zulassungsbeschränkung für Verwertungsgesellschaften.[2]

Die Erlaubnispflicht gem. § 1 UrhWG knüpfte an die treuhänderische kollektive Rechtewahrnehmung für Rechnung mehrerer Urheber oder Inhaber verwandter Schutzrechte an und bestand im Wesentlichen aufgrund dieser **Treuhandstellung:**[3] Das besondere Bedürfnis für die Erlaubnispflicht und damit für die Vorabkontrolle von Verwertungsgesellschaften wurde daraus abgeleitet, dass die Rechtsinhaber der Verwertungsgesellschaft mit ihren Rechten einen wesentlichen Teil ihres Vermögens anvertrauen, mit dem diese im Interesse und auf Kosten der Rechtsinhaber wirtschaftet.[4]

Die Erlaubnispflicht gem. § 1 UrhWG galt für Verwertungsgesellschaften (definiert in § 1 Abs. 1 und 4 UrhWG als juristische Personen oder Personengemeinschaften, die Rechte nach dem UrhG für Rechnung mehrerer Urheber oder Inhaber verwandter Schutzrechte zur gemeinsamen Auswertung in

---

[54] → § 81 Rn. 3 ff.
[55] AmtlBegr. BT-Drs. 18/7223, 95.
[1] Vgl. *Dördelmann* GRUR 1999, 890 (893); *Meyer* S. 42 ff.; *Riesenhuber* ZUM 2008, 625 (627).
[2] → 5. Aufl. 2017, UrhWG Vor §§ 1 ff. Rn. 7.
[3] → 5. Aufl. 2017, UrhWG Vor §§ 1 ff. Rn. 6 und UrhWG → § 6 Rn. 4.
[4] *Riesenhuber* ZUM 2008, 625 (627).

eigenem oder fremdem Namen wahrnehmen), aber auch für natürliche Personen, die die genannten Tätigkeiten ausübten.[5]

War die Erlaubnis iSv. § 1 UrhWG erteilt, so galt der Wahrnehmende, sofern er juristische Person oder Personengemeinschaft war, als Verwertungsgesellschaft iSd. UrhWG oder wurde – wenn er natürliche Person war – so behandelt: Die Wahrnehmungstätigkeit war den Regeln des UrhWG, und damit auch der permanenten Aufsicht gem. den §§ 18–20 UrhWG, unterworfen. In den §§ 1–5 UrhWG waren die Zulassungsvoraussetzungen, bzw. die Kriterien und die Durchführungsregeln für Erteilung und Widerruf der Erlaubnis zum Geschäftsbetrieb als Verwertungsgesellschaft enthalten.

2. Die Erlaubnispflicht im Lichte der VG-RL

2   Vereinzelt wurde schon iRv. § 1 UrhWG die Auffassung vertreten, dass die Erlaubnispflicht eine ökonomisch nicht gerechtfertigte **Marktzutrittsschranke** darstelle.[6] Auch die Europäische Kommission stand einer Erlaubnispflicht für Verwertungsgesellschaften aufgrund von Bestimmungen des nationalen Rechts zunächst skeptisch gegenüber: Nach ihrer Meinung sollte die Dienstleistungsrichtlinie[7] uneingeschränkt auf die Tätigkeit von Verwertungsgesellschaften Anwendung finden mit der Folge, dass ein Erlaubniserfordernis nach nationalem Recht zumindest auf Verwertungsgesellschaften, die im Ausland niedergelassen sind, nicht sollte angewandt werden können.[8] Dem wurde entgegengehalten, dass die kollektive Rechtewahrnehmung durch Verwertungsgesellschaften im Treuhandverhältnis erfolgt, zur Durchsetzung der Urheberrechte, die gem. Art. 17 Abs. 11 der Dienstleistungsrichtlinie mit gutem Grund von deren Anwendung ausgenommen sind, unerlässlich ist und daher nicht ohne weiteres anderen, rein ökonomisch begründeten Dienstleistungen gleichgesetzt werden kann.[9] Diese Auffassung wurde vom EuGH bestätigt.[10]

Nach der VG-RL ist es den Mitgliedstaaten nicht grundsätzlich untersagt, die Tätigkeit von Verwertungsgesellschaften einer Erlaubnispflicht zu unterwerfen. Die VG-RL verpflichtet die Mitgliedstaaten nur allgemein zur Aufsicht über im Inland ansässige Verwertungsgesellschaften (Art. 36 Abs. 1 VG-RL) und verlangt hierfür geeignete Sanktionen und Maßnahmen (Art. 36 Abs. 3 VG-RL); eine Erlaubnispflicht sieht die VG-RL selbst nicht vor. Da die VG-RL lediglich eine **Mindestharmonisierung** bezweckt, kann aber das nationale Recht über ihre Vorgaben hinausgehen und im Prinzip auch eine Erlaubnispflicht vorsehen.[11]

Vor allem aber nennt die VG-RL selbst den „**Entzug der Zulassung**" als Beispiel für eine wirksame, verhältnismäßige und abschreckende Sanktion, um Verstöße gegen die aufgrund der VG-RL erlassenen nationalen Rechtsvorschriften zu ahnden.[12] Implizit geht somit auch die VG-RL davon aus, dass die Tätigkeit einer Verwertungsgesellschaft von der vorherigen Zulassung abhängig gemacht werden kann.

Dabei steht eine Erlaubnispflicht nach nationalem Recht allerdings unter dem Vorbehalt, dass sie „**mit dem Unionsrecht vereinbar**" ist und der „uneingeschränkten Anwendung der Richtlinie" nicht entgegensteht.[13] Als Maßstab des Unionsrechts ist aber hier nicht die Dienstleistungsrichtlinie einschlägig, da die VG-RL – anders als noch im Richtlinienvorschlag der Kommission vorgesehen – dieser vorgeht;[14] vielmehr ist auch iRd. Umsetzung der VG-RL das allgemeine Prinzip der **Dienstleistungsfreiheit im EU-Binnenmarkt gem. Art. 56 AEUV** zu beachten.[15] Für die Erlaubnispflicht folgt daraus der Grundsatz, dass die Mitgliedstaaten auf im Inland tätige, aber in einem anderen EU-Mitgliedstaat oder EWR-Vertragsstaat ansässige Verwertungsgesellschaften nicht ohne Weiteres dieselben oder vergleichbare Bestimmungen anwenden dürfen wie auf die im Inland ansässigen.[16]

3. § 77

3   **§ 77 Abs. 1** schreibt die **Erlaubnispflicht** für Verwertungsgesellschaften vor und greift damit das schon in § 1 Abs. 1 UrhWG enthaltene Instrument der Erlaubnis auf. Der Erlaubnispflicht unterliegen nur solche Verwertungsgesellschaften, die Urheber- oder verwandte Schutzrechte wahrnehmen, die sich aus dem UrhG ergeben.

---

[5] Zu den Voraussetzungen für die Erlaubnispflicht gem. § 1 UrhWG im Einzelnen → 5. Aufl. 2017, UrhWG § 1 Rn. 3 ff.
[6] *Bing* S. 226 ff.
[7] Richtlinie 2006/1234/EG vom 12.12.2006 über Dienstleistungen im Binnenmarkt, ABl. L 376/36.
[8] Europäische Kommission, Handbuch zur Umsetzung der Dienstleistungsrichtlinie, 2007; s. auch Richtlinien-Vorschlag der Kommission vom 11.7.2012, COM(2012) 372 final, Erwägungsgrund (3) und Begründung, Nr. 1.4 (S. 5).
[9] Vgl. *Heine/Eisenberg* GRUR-Int 2009, 277 (279 ff.) mwN.
[10] EuGH GRUR 2014, 396 Rn. 64 f. – OSA.
[11] Erwägungsgrund (9) S. 2 VG-RL.
[12] Erwägungsgrund (50) S. 7 VG-RL.
[13] Erwägungsgründe (9) S. 2 und (50) S. 8 VG-RL.
[14] → Einl. VGG Rn. 31.
[15] Erwägungsgrund (4) VG-RL.
[16] Dies lässt sich im Umkehrschluss aus Erwägungsgrund (10) VG-RL ableiten, der die Anwendung derselben oder vergleichbarer Bestimmungen (nur) zulässt auf Verwertungsgesellschaften, die „ihren Sitz außerhalb der Union haben".

§ 77 Abs. 2 enthält eine **Ausnahme von der Erlaubnispflicht** für Verwertungsgesellschaften, die im Inland tätig, aber **in einem anderen EU-Mitgliedstaat oder EWR-Vertragsstaat ansässig** sind. Solche Verwertungsgesellschaften bedürfen einer Erlaubnis iSv § 77 Abs. 1 grundsätzlich nicht, sondern nur dann, wenn sie gem. **§ 77 Abs. 2 Nr. 1** die in § 49 Abs. 1 genannten gesetzlichen Vergütungsansprüche, gem. **§ 77 Abs. 2 Nr. 2** das in § 50 genannte Recht der Außenseiter bei Kabelweitersendung oder gem. **§ 77 Abs. 2 Nr. 3** die in § 51 genannten Rechte an vergriffenen Werken wahrnehmen.

§ 77 betrifft **Verwertungsgesellschaften iSv. § 2.**[17]

Gem. **§ 90 Abs. 1** unterliegen **abhängige Verwertungseinrichtungen** iSv. § 3[18] grundsätzlich nicht einer Erlaubnispflicht iSd. § 77 Abs. 1. Für diese Einrichtungen kann eine Erlaubnispflicht nur in den in § 77 Abs. 2 genannten Fällen und unter den dort genannten Voraussetzungen bestehen.[19]

Aus **§ 91 Abs. 1** ergibt sich, dass **unabhängige Verwertungseinrichtungen** iSv. § 4[20] ebenfalls nicht der Erlaubnispflicht gem. § 77 unterliegen, auch wenn andere die Aufsicht betreffende Vorschriften auf sie entsprechende Anwendung finden.[21]

Bestimmungen betreffend den **Antrag** auf Erlaubnis sind in § 78 enthalten (bisher § 2 UrhWG), die Bedingungen für die **Versagung der Erlaubnis** sind in § 79 (bisher § 3 UrhWG), und die Voraussetzungen für den **Widerruf der Erlaubnis** sind in § 80 (bisher § 4 UrhWG) genannt. Gem. § 83 (bisher § 5 UrhWG) ist die Aufsichtsbehörde verpflichtet, die Erlaubnis und einen unanfechtbar gewordenen Widerruf im Bundesanzeiger **bekanntzumachen.**

Bestimmungen über die Zusammenarbeit der Aufsichtsbehörde mit dem Bundeskartellamt bei Erteilung und Widerruf der Erlaubnis enthält § 81 (bisher § 18 Abs. 3 UrhWG). Die Rechtsfolgen einer Wahrnehmungstätigkeit ohne die erforderliche Erlaubnis sind in § 84 (weitgehend entsprechend dem bisherigen § 1 Abs. 3 UrhWG) genannt.

Zurzeit verfügen dreizehn Verwertungsgesellschaften über die Erlaubnis nach § 77.[22]

II. Erlaubnis

1. § 77 Abs. 1 – Erlaubnispflicht

§ 77 Abs. 1 statuiert die Erlaubnispflicht für Verwertungsgesellschaften als Basis für deren Vorab- **4** kontrolle. Mit dem bewährten Instrument der Erlaubnispflicht soll sichergestellt werden, dass sich nur solche Verwertungsgesellschaften mit der kollektiven Rechtewahrnehmung befassen, die dazu effektiv, wirtschaftlich, zuverlässig und unter angemessener Beteiligung der Berechtigten in der Lage sind.[23]

Inhaltlich beruht § 77 Abs. 1 auf § 1 UrhWG, folgt aber der Struktur des VGG. So gilt gem. § 77 Abs. 1 die Erlaubnispflicht für **Verwertungsgesellschaften** iSv. § 2, und zwar unabhängig von ihrer Rechtsform;[24] die einzelnen Bedingungen für die Qualifizierung als Verwertungsgesellschaft brauchten in § 77 Abs. 1 nicht genannt zu werden: Der Begriff der Verwertungsgesellschaft wird in § 2 gesondert definiert und zwar im Wesentlichen auf der Grundlage derselben Elemente, die bisher in § 1 Abs. 1, Abs. 2 und Abs. 4 S. 1 UrhWG enthalten waren. Wesentliche Elemente der Definition als Verwertungsgesellschaft sind insbesondere die kollektive Rechtewahrnehmung für Rechnung mehrerer Rechtsinhaber und zu deren kollektivem Nutzen als hauptsächlicher Zweck der Verwertungsgesellschaft.[25]

Wie im bisherigen § 1 Abs. 1 UrhWG besteht eine Erlaubnispflicht gem. § 77 Abs. 1 nur dann, wenn die Verwertungsgesellschaft „**Urheberrechte oder verwandte Schutzrechte** wahrnimmt, **die sich aus dem Urheberrechtsgesetz** ergeben". Dieser ausdrückliche Zusatz in § 77 Abs. 1 war erforderlich, da die Definition der Verwertungsgesellschaft gem. § 2, insoweit abweichend von § 1 Abs. 1 und Abs. 4 S. 1 UrhWG, auch solche Gesellschaften umfasst, die in anderen EU-Mitgliedstaaten oder EWR-Vertragsstaaten geltende Rechte wahrnehmen.[26]

Der Erlaubnispflicht gem. § 77 Abs. 1 unterliegen alle Verwertungsgesellschaften, die Rechte aus dem UrhG wahrnehmen sowie **im Inland ansässig und tätig** sind. Im Inland tätig und damit der Erlaubnispflicht gem. § 77 Abs. 1 unterworfen ist eine Verwertungsgesellschaft bereits dann, wenn sie Wahrnehmungsverträge mit im Inland ansässigen Rechtsinhabern abschließt.[27]

Auch Verwertungsgesellschaften die **im Inland ansässig, aber im Ausland tätig** sind, können der Erlaubnispflicht gem. § 77 Abs. 1 unterliegen; dies allerdings – wie oben ausgeführt – nur dann,

---

[17] Zum Begriff der Verwertungsgesellschaft → § 2 Rn. 5 ff.
[18] Zum Begriff der abhängigen Verwertungseinrichtung → § 3 Rn. 3.
[19] → Vor §§ 75 ff. Rn. 12; im Einzelnen → § 90 Rn. 3.
[20] Zum Begriff der unabhängigen Verwertungseinrichtung und der auf sie anwendbaren Bestimmungen des VGG → § 4 Rn. 3 ff.
[21] → Vor §§ 75 ff. Rn. 12; im Einzelnen → § 91 Rn. 3 ff.
[22] → Einl. VGG Rn. 40.
[23] AmtlBegr. BT-Drs. 18/7223, 95.
[24] → § 2 Rn. 9; vgl. Erwägungsgrund (14) VG-RL.
[25] Zu diesen Elementen der Definition einer Verwertungsgesellschaft → § 2 Rn. 5 ff.
[26] → § 2 Rn. 4.
[27] AmtlBegr. BT-Drs. 18/7223, 95.

wenn sie im Ausland Rechte wahrnehmen, die sich aus dem (deutschen) **Urheberrechtsgesetz** ergeben.

Keine Anwendung findet § 77 Abs. 1 dagegen auf Verwertungsgesellschaften, die **im Inland tätig aber im Ausland innerhalb der EU oder des EWR ansässig** sind. Für solche Verwertungsgesellschaften ist **§ 77 Abs. 2 lex specialis** gegenüber § 77 Abs. 1; sie bedürfen daher grundsätzlich keiner Erlaubnis. Ausnahmsweise unterliegen sie der Erlaubnispflicht nur in den in § 77 Abs. 2 Nr. 1, 2 und 3 genannten Fällen.[28] Diese Sonderregel gilt nicht für Verwertungsgesellschaften, die im Ausland außerhalb der EU oder des EWR ansässig sind. Sie sind wie inländische Verwertungsgesellschaften gem. § 77 Abs. 1 erlaubnispflichtig.[29]

2. § 77 Abs. 2 – Sonderregelung für Verwertungsgesellschaften aus einem anderen EU-Mitgliedstaat/EWR-Vertragsstaat

5   **a) Die Regel: Keine Erlaubnispflicht.** Aus **§ 77 Abs. 2** ergibt sich zunächst, dass Verwertungsgesellschaften, die **in einem anderen EU-Mitgliedstaat oder EWR-Vertragsstaat ansässig** sind, **grundsätzlich keiner Erlaubnis** iSv. § 77 Abs. 1 bedürfen, auch wenn sie im Inland tätig sind und Rechte aus dem UrhG wahrnehmen. Dies entspricht den Vorgaben der VG-RL.[30] Statt der Erlaubnispflicht besteht für solche Gesellschaften aber gem. **§ 82 Nr. 1** eine **Anzeigepflicht.**[31] Im Übrigen unterliegen sie, auch wenn sie keiner Erlaubnis für ihre Geschäftstätigkeit im Inland bedürfen, der laufenden Aufsicht der Aufsichtsbehörde gem. **§ 76 Abs. 1.**[32]

6   **b) Die Ausnahme: Erlaubnispflicht in drei besonderen Fällen (Nr. 1–3).** Als Ausnahme von diesem Grundsatz bestimmt **§ 77 Abs. 2**, dass im Inland tätige, aber in einem anderen EU-Mitgliedstaat oder EWR-Vertragsstaat ansässige **Verwertungsgesellschaften** in den drei in **Nr. 1–3** genannten Fällen, dh. wenn sie die in **§ 49 Abs. 1** (gesetzliche Vergütungsansprüche), **§ 50 Abs. 1 S. 1** (Rechte aus Kabelweitersendung) oder **§ 51 Abs. 1** (Rechte an vergriffenen Werken) genannten Ansprüche und Rechte wahrnehmen, einer **Erlaubnis** bedürfen. Dies gilt auch für abhängige Verwertungseinrichtungen iSv. § 3,[33] allerdings nur unter den in § 90 Abs. 1 genannten Voraussetzungen.[34]

Diese auf bestimmte, eng eingegrenzte Fälle der kollektiven Rechtewahrnehmung beschränkte Erlaubnispflicht erscheint gerechtfertigt und steht mit den Vorgaben der VG-RL im Einklang. Denn Hintergrund für diese besondere Bestimmung ist die Überlegung, dass in den drei genannten Vorschriften **Vermutungsregeln** oder **Berechtigungsfiktionen** enthalten sind, deren Wirkungen eine Erlaubnispflicht der beteiligten Verwertungsgesellschaften erfordern, um eine effektive kollektive Rechtewahrnehmung gewährleisten zu können. Diesem Gesichtspunkt wird nicht nur bei der Geltendmachung der Geräte- und Speichermedienvergütung iRv. § 49 besondere Bedeutung beigemessen, sondern auch im Zusammenhang mit der Berechtigungsfiktion gem. § 50 Abs. 1 S. 2 betreffend Außenseiter bei Kabelweitersendung und bei der gemeinsamen Wahrnehmung der Rechte an vergriffenen Werken gem. § 51 Abs. 3.

Insbesondere die Überprüfung der **hinreichenden wirtschaftlichen Grundlage** für die kollektive Rechtewahrnehmung iSv. **§ 79 Abs. 1 Nr. 3** im Rahmen der Erlaubniserteilung erscheint in diesen Fällen besonders relevant und sollte einer Fragmentierung der betreffenden Rechte entgegenwirken; denn in einem anderen EU-Mitgliedstaat oder EWR-Vertragsstaat ansässige Verwertungsgesellschaften sollten eine Erlaubnis gem. § 77 Abs. 2 nur dann erhalten, wenn sie über ein hinreichendes Repertoire verfügen, und damit eine wirksame Rechtewahrnehmung erwartet werden kann.[35]

Allerdings gelten iRd. Erlaubnis nach § 77 Abs. 2 **Besonderheiten**: Bei der Erlaubniserteilung ist gem. **§ 79 Abs. 2** nicht zu überprüfen, ob das Statut der Verwertungsgesellschaft den Vorschriften des VGG entspricht (§ 79 Abs. 1 Nr. 1); ebenso wenig wird die Zuverlässigkeit der vertretungsberechtigten Personen überprüft (§ 79 Abs. 1 Nr. 2). Außerdem kann gem. **§ 80 Abs. 2** ein Widerruf der Erlaubnis iSv. § 77 Abs. 2 nicht auf die wiederholte Pflichtverletzung trotz Abmahnung (§ 80 Abs. 1 Nr. 2) gegründet werden.[36]

Im Übrigen stehen der Aufsichtsbehörde aber auch gegenüber innerhalb der EU oder des EWR ansässigen Verwertungsgesellschaften iRv. § 77 Abs. 2 die Befugnisse nach § 85 Abs. 1, (allgemeine Aufsicht) Abs. 2 Nr. (Untersagung der Geschäftstätigkeit bei Fehlen der erforderlichen Erlaubnis) und Abs. 6 (Auskünfte und Herausgabe von Unterlagen) zu.[37]

---

[28] → Rn. 5 f.
[29] Vgl. → Vor §§ 75 ff. Rn. 10, 11.
[30] → Rn. 2.
[31] Zur Anzeigepflicht → § 82 Rn. 4 ff.
[32] → § 76 Rn. 4 ff.; *Staats* FS Schulze (2017), 331 (335 f.).
[33] Zum Begriff der abhängigen Verwertungseinrichtung → § 3 Rn. 3.
[34] → Vor §§ 75 ff. Rn. 12; im Einzelnen → § 90 Rn. 3.
[35] AmtlBegr. BT-Drs. 18/7223, 95.
[36] → § 80 Rn. 10.
[37] *Staats* FS Schulze (2017), 331 (339).

3. Rechtsfolgen

Aus § 84 ergibt sich, welche Rechtsfolge die Aufnahme einer Wahrnehmungstätigkeit ohne die er- **7** forderliche Erlaubnis iSv. § 77 hat: Ohne eine solche Erlaubnis kann die Verwertungsgesellschaft die Rechte, die sich aus dem UrhG ergeben (§ 77 Abs. 1), bzw. die **Rechte und Ansprüche** aus § 49 Abs. 1, § 50 oder § 51 (§ 77 Abs. 2) **nicht geltend machen**. Auch steht ihr ein **Strafantragsrecht** nach § 109 UrhG **nicht** zu.[38]

Für Verwertungsgesellschaften und abhängige Verwertungseinrichtungen, die bei Inkrafttreten des VGG am 1.6.2016 erstmalig einer Erlaubnis gem. § 77 bedurften, gewährte § 132 Abs. 2 unter den dort genannten Bedingungen eine Übergangsfrist für die Fortsetzung ihrer Wahrnehmungstätigkeit.[39]

§ 78 Antrag auf Erlaubnis

Die Erlaubnis wird auf schriftlichen Antrag der Verwertungsgesellschaft von der Aufsichtsbehörde erteilt. Dem Antrag sind beizufügen:

1. **das Statut der Verwertungsgesellschaft,**
2. **Namen und Anschrift der nach Gesetz oder Statut zur Vertretung der Verwertungsgesellschaft berechtigten Personen,**
3. **eine Erklärung über die Zahl der Berechtigten sowie über Zahl und wirtschaftliche Bedeutung der der Verwertungsgesellschaft zur Wahrnehmung anvertrauten Rechte, und**
4. **ein tragfähiger Geschäftsplan für die ersten drei vollen Geschäftsjahre nach Aufnahme des Geschäftsbetriebs, aus dem insbesondere die erwarteten Einnahmen und Ausgaben sowie der organisatorische Aufbau der Verwertungsgesellschaft hervorgehen.**

Schrifttum: *Himmelmann,* Die Aufsicht über die GEMA, in: Kreile/Becker/Riesenhuber (Hrsg.), Recht und Praxis der GEMA, 2. Aufl. 2008, 817; *Sandberger/Treeck,* Fachaufsicht und Kartellaufsicht nach dem Gesetz über die Wahrnehmung von Urheberrechten und verwandten Schutzrechten, UFITA 47 (1966), 165.

Übersicht

I. Allgemeines

1. Die Antragsvoraussetzungen nach § 2 UrhWG („Erteilung der Erlaubnis")

In den §§ 1–5 UrhWG waren die Zulassungsvoraussetzungen, bzw. die Kriterien und die Durch- **1** führungsregeln für Erteilung und Widerruf der Erlaubnis zum Geschäftsbetrieb als Verwertungsgesellschaft enthalten. § 2 UrhWG regelte die Voraussetzungen für den Antrag auf Erteilung einer Erlaubnis iSv. § 1 UrhWG.

2. § 78

Die VG-RL verbietet es den Mitgliedstaaten nicht, die Tätigkeit von Verwertungsgesellschaften von **2** einer Erlaubnis abhängig zu machen, enthält aber selbst keine Vorgaben zur Erlaubnis oder den Modalitäten ihrer Erteilung.[1]

§ 78 regelt die **formellen Voraussetzungen für die Erteilung der Erlaubnis** zur regelmäßigen Geschäftstätigkeit iSv. § 77 Abs. 1, dh. das Verfahren bei der Einreichung des Erlaubnisgesuchs durch den Antragsteller und zur Erteilung der Erlaubnis durch die Aufsichtsbehörde.

§ 78 S. 1 bestimmt, dass die Erlaubnis iSv. § 77 auf schriftlichen Antrag von der Aufsichtsbehörde erteilt wird.

---

[38] → § 84 Rn. 3.
[39] → § 132 Rn. 5.
[1] → § 77 Rn. 2.

In **§ 78 S. 2 Nr. 1–4** sind die Unterlagen und Informationen aufgeführt, die dem Antrag beigefügt werden müssen, nämlich das Statut der Verwertungsgesellschaft (§ 78 S. 2 Nr. 1), Namen und Anschrift der zu ihrer Vertretung berechtigten Personen (§ 78 S. 2 Nr. 2), eine Erklärung über die Zahl der Berechtigten und der wahrgenommenen Rechte sowie über die wirtschaftliche Bedeutung dieser Rechte (§ 78 S. 2 Nr. 3), und ein tragfähiger Geschäftsplan für die ersten drei vollen Geschäftsjahre der Verwertungsgesellschaft (§ 78 S. 2 Nr. 4).

Bis auf die neue Bestimmung des § 78 S. 2 Nr. 4 betreffend die Vorlage des Geschäftsplans entspricht § 78 im Wesentlichen § 2 UrhWG und stimmt teilweise wörtlich damit überein.

Die **materiellen Kriterien für Erteilung und Versagung der Erlaubnis** enthält **§ 79,** weitgehend entsprechend dem bisherigen § 3 UrhWG. Unberührt von § 78 bleiben Genehmigungspflichten, denen Verwertungsgesellschaften auf Grund anderer gesetzlicher Bestimmungen unterliegen und die von ihrer Organisationsform abhängen.[2]

§ 78 gilt auch für einen **Antrag auf Erlaubnis** einer in einem anderen EU-Mitgliedstaat oder EWR-Vertragsstaat ansässigen Verwertungsgesellschaft **nach § 77 Abs. 2** zur Wahrnehmung der dort genannten Rechte und Ansprüche. Grundsätzlich müssen also auch solchen Erlaubnisanträgen alle der in § 78 genannten Unterlagen beigefügt werden. Allerdings überprüft die Aufsichtsbehörde iR. eines Antrags auf Erlaubnis nach § 77 Abs. 2 bei einer solchen Gesellschaft nicht alle diese Angaben, sondern nur die wirtschaftliche Grundlage der antragstellenden Gesellschaft zur wirksamen Wahrnehmung der Rechte.[3]

II. Antrag auf Erlaubnis

1. § 78 S. 1 – Schriftlicher Antrag auf Erlaubniserteilung

3   **a) Antragsteller.** Gem. § 78 S. 1 kann der Antrag auf Erlaubnis von einer **Verwertungsgesellschaft iSv. § 2**[4] gestellt werden.

Soweit **abhängige Verwertungseinrichtungen** iSv. § 3[5] gem. § 90 Abs. 1 der Erlaubnispflicht iSv. § 77 unterliegen – nämlich nur in den in § 77 Abs. 2 genannten Fällen –,[6] findet § 78 auch auf sie Anwendung.

Dagegen unterliegen **unabhängige Verwertungseinrichtungen** iSv. § 4[7] gem. § 91 Abs. 1 nicht der Erlaubnispflicht gem. § 77; auf sie findet § 78 daher keine Anwendung.[8]

4   **b) Antrag.** Der **Antrag** auf Erlaubniserteilung kann formlos, muss gem. § 78 S. 1 in jedem Fall aber **schriftlich** an die Aufsichtsbehörde gestellt werden. Die Schriftform verlangt gem. § 126 Abs. 1 BGB grundsätzlich die eigenhändige Unterschrift der für die beantragte Verwertungsgesellschaft vertretungsberechtigten Person. Da das VGG auch an anderen Stellen die elektronische Kommunikation bevorzugt oder sogar vorschreibt[9] und sich aus dem VGG insoweit nichts Gegenteiliges ergibt, dürfte es gem. § 3a VwVfG, das gem. § 89 Abs. 1 auch für die Verwaltungstätigkeit der Aufsichtsbehörde gilt, unter den dort genannten Voraussetzungen (wie elektronisch eröffneter Zugang, elektronische Signatur, elektronisches Formular) auch zulässig sein, den Antrag **in elektronischer Form** zu stellen.

Der Antrag auf Erlaubniserteilung ist bei der **Aufsichtsbehörde** einzureichen; dies ist gem. § 75 Abs. 1 das Deutsche Patent- und Markenamt (DPMA).[10] Der Antrag muss nicht begründet werden, allerdings muss er die in § 78 S. 2 genannten Unterlagen und Angaben enthalten.

2. § 78 S. 2 – Dem Antrag beizufügende Unterlagen

5   Dem Antrag müssen gem. § 78 S. 2 bestimmte **Unterlagen und Angaben** beigefügt werden, die die Aufsichtsbehörde in die Lage versetzen, die Erlaubnispflicht (§ 77) und das Vorliegen der Voraussetzungen für die Erlaubniserteilung (§ 79) zu beurteilen.

a) § 78 S. 2 Nr. 1: Gem. § 78 S. 2 Nr. 1 ist dem Antrag das **Statut** der Verwertungsgesellschaft beizufügen. Der Begriff des Statuts, den die VG-RL in Art. 3 Buchst. e) VG-RL definiert, ist dort wie in § 78 S. 1 Nr. 1 untechnisch zu verstehen, da Verwertungsgesellschaften ja nicht als Verein organisiert sein müssen.[11] Entsprechend der Legaldefinition in § 13 umfasst der Begriff des Statuts daher,

---

[2] Staatliche Verleihung bei wirtschaftlichen Vereinen wie der GEMA, § 22 BGB; Gewerbeerlaubnis nach § 14 GewO für Handelsgesellschaften; oder Registereintragungspflichten.
[3] → § 79 Rn. 7.
[4] Zum Begriff der Verwertungsgesellschaft → § 2 Rn. 5 ff.
[5] Zum Begriff der abhängigen Verwertungseinrichtung → § 3 Rn. 3.
[6] → Vor § 75 ff. Rn. 12; im Einzelnen → § 90 Rn. 3.
[7] Zum Begriff der unabhängigen Verwertungseinrichtung und der auf sie anwendbaren Bestimmungen des VGG → § 4 Rn. 3 ff.
[8] → Vor §§ 75 ff. Rn. 12; im Einzelnen → § 91 Rn. 3 ff.
[9] → § 14 Rn. 3 f.; → § 43 Rn. 3 ff.; → § 47 Rn. 3; → § 64 Rn. 3 f.; → § 66 Rn. 3.
[10] Zweibrückenstr. 12, 80297 München.
[11] Entsprechend zum im früheren § 2 UrhWG enthaltenen Begriff der „Satzung“: AmtlBegr. UrhWG BT-Drs. IV/271, 16.

je nach der Organisationsform der Verwertungsgesellschaft, das Statut, die Satzung, den Gesellschaftsvertrag oder sonstige Gründungsbestimmungen.[12] Gesellschaften, die nicht die Organisationsform des Vereins gewählt haben, müssen deshalb nach § 78 S. 2 Nr. 1 ihre der Vereinssatzung entsprechende Organisationsgrundlage einreichen (bei der GmbH also den Gesellschaftsvertrag).

b) § 78 S. 2 Nr. 2: Gem. § 78 S. 2 Nr. 2 sind dem Antrag auf Erlaubniserteilung außerdem An   **6** gaben zur **Person der Vertretungsberechtigten** beizufügen, die für die Prüfung der in § 79 Abs. 1 Nr. 2 genannten Versagungsgründe relevant sind; und zwar die Namen und die Anschriften der nach dem Gesetz oder dem Statut[13] der Verwertungsgesellschaft vertretungsberechtigten Personen. Dagegen sind Angaben zur Staatsangehörigkeit dieser Personen, anders als bisher in § 2 S. 2 Nr. 2 UrhWG verlangt, nicht erforderlich.[14]

c) § 78 S. 2 Nr. 3: Gem. § 78 S. 2 Nr. 3 muss dem Antrag auch eine Erklärung über die Zahl der   **7** Berechtigten sowie über Zahl und wirtschaftliche Bedeutung der Rechte beigefügt werden, die der Verwertungsgesellschaft anvertraut wurden. Diese Erklärung zu **Geschäftsumfang und wirtschaftlicher Bedeutung** muss erkennen lassen, ob die beantragende Verwertungsgesellschaft insbesondere bezüglich der Zahl und wirtschaftlichen Bedeutung der von ihr wahrzunehmenden Rechte über eine wirtschaftlich tragfähige Geschäftsgrundlage iSv § 79 Abs. 1 Nr. 3 verfügt.[15]

d) § 78 S. 2 Nr. 4: Gem. § 78 S. 2 Nr. 4 ist dem Antrag auf Erlaubniserteilung auch ein **tragfä**   **8** **higer Geschäftsplan** für die ersten drei vollen Geschäftsjahre der Verwertungsgesellschaft beizufügen. Dieser Geschäftsplan bezieht sich also auf die Geschäftsjahre nach erteilter Erlaubnis und Aufnahme des Geschäftsbetriebs.

Eine solche Bestimmung war bisher in § 2 S. 2 UrhWG nicht enthalten. § 78 S. 2 Nr. 4 ist angelehnt an § 32 Abs. 1 S. 2 Nr. 5 des Kreditwesengesetzes. Im Geschäftsplan sind insbesondere Angaben zum organisatorischen Aufbau der Verwertungsgesellschaft, zu ihren **Gründungskosten** und deren **Finanzierung** sowie zu den Einnahmen und Ausgaben zu machen, die die Verwertungsgesellschaft in den ersten drei vollen Geschäftsjahren ihrer Tätigkeit erwartet. Mit diesen Angaben soll es der Aufsichtsbehörde ermöglicht werden, die **wirtschaftliche Grundlage der Verwertungsgesellschaft** – und damit ein gem. § 79 Abs. 1 Nr. 3 wichtiges Kriterium für die Erlaubniserteilung – zu beurteilen. Darüber hinaus wird erwartet, dass der Geschäftsplan Informationen über das geplante **Organisations- und Kontrollsystem** der Verwertungsgesellschaft enthält und darlegt, wie sie die zu ihrem Tätigkeitsbereich gehörenden Rechte durchsetzen und ihre Nutzung kontrollieren will.[16]

Damit überschneidet sich die Verpflichtung zur Vorlage des Geschäftsplans gem. § 78 S. 2 Nr. 4 zwar teilweise mit der gem. § 78 S. 2 Nr. 3 verlangten Erklärung zur wirtschaftlichen Bedeutung der wahrzunehmenden Rechte, geht aber inhaltlich weit über diese hinaus.

3. Erlaubniserteilung

Nach § 78 S. 1 wird die **Erlaubnis** erteilt von der Aufsichtsbehörde, dem Deutschen Patent- und   **9** Markenamt, DPMA (§ 75 Abs. 1). Die Entscheidung der Aufsichtsbehörde – Erteilung der Erlaubnis gem. § 78 S. 1 oder deren Versagung gem. § 79 Abs. 1 – ist ein Verwaltungsakt.[17] Auf das anzuwendende Verfahrensrecht verweist § 89.

Die Erlaubniserteilung wird auf die Wahrnehmungstätigkeit beschränkt werden, für die die Zulassungsvoraussetzungen vorliegen.[18] In den Fällen, in denen gem. § 77 Abs. 2 eine Verwertungsgesellschaft oder eine abhängige Verwertungseinrichtung einer Erlaubnis nur für die Wahrnehmung bestimmter Rechte bedarf[19] und sie nur für diese beantragt, ist auch die Erlaubniserteilung darauf beschränkt.

Die Aufsichtsbehörde hat im Einvernehmen mit dem Bundeskartellamt zu entscheiden **(§ 81)**. Die als Einvernehmen bezeichnete Zustimmung des Bundeskartellamtes ist Wirksamkeitsvoraussetzung für die Erteilung der Geschäftserlaubnis durch das DPMA.[20]

Gem. § 83 ist die Erlaubniserteilung im Bundesanzeiger bekanntzumachen.

---

[12] Zum Begriff des Statuts → § 13 Rn. 4; zur Rechtsform einer Verwertungsgesellschaft → § 2 Rn. 9.

[13] Zum Begriff des Statuts, der auch hier untechnisch zu verstehen ist, → Rn. 5.

[14] AmtlBegr. BT-Drs. 18/7223, 95.

[15] So zum bisherigen § 2 S. 2 Nr. 3 UrhWG *Himmelmann* in Kreile/Becker/Riesenhuber (Hrsg.), Recht und Praxis der GEMA, 817 (832).

[16] AmtlBegr. BT-Drs. 18/7223, 96.

[17] → § 89 Rn. 4; zum Rechtsweg gegen die Versagung der Erlaubnis → § 79 Rn. 8.

[18] So schon iRd. bisherigen Vorschrift § 2 UrhWG: Richtlinie des Deutschen Patentamts für die Aufkommensverteilung und Verteilungsvereinbarung ZUM 1989, 506.

[19] → § 77 Rn. 6.

[20] Vgl. → § 81 Rn. 4; zur bisherigen Vorschrift § 18 Abs. 3 UrhWG *Sandberger/Treeck* UFITA 47 (1966), 165 (207).

§ 79 Versagung der Erlaubnis

(1) **Die Erlaubnis nach § 77 Absatz 1 darf nur versagt werden, wenn**

1. **das Statut der Verwertungsgesellschaft nicht den Vorschriften dieses Gesetzes entspricht,**
2. **Tatsachen die Annahme rechtfertigen, dass eine nach Gesetz oder Statut zur Vertretung der Verwertungsgesellschaft berechtigte Person die für die Ausübung ihrer Tätigkeit erforderliche Zuverlässigkeit nicht besitzt, oder**
3. **die wirtschaftliche Grundlage der Verwertungsgesellschaft eine wirksame Wahrnehmung der Rechte nicht erwarten lässt.**

(2) **Für die Erlaubnis nach § 77 Absatz 2 gilt Absatz 1 entsprechend; die Versagungsgründe nach Absatz 1 Nummer 1 und 2 sind nicht anzuwenden.**

Schrifttum: *Alich,* Neue Entwicklungen auf dem Gebiet der Lizenzierung von Musikrechten durch Verwertungsgesellschaften in Europa, GRUR-Int 2008, 996; *Häußer,* Aufsicht über Verwertungsgesellschaften und Vereinsautonomie, FS Roeber (1982), S. 113; *Himmelmann,* Die Aufsicht über die GEMA, in: Kreile/Becker/Riesenhuber (Hrsg.), Recht und Praxis der GEMA, 2. Aufl. 2008, 817; *Menzel,* Die Aufsicht über die GEMA durch das Deutsche Patentamt, 1986; *Sandberger/Treeck,* Fachaufsicht und Kartellaufsicht nach dem Gesetz über die Wahrnehmung von Urheberrechten und verwandten Schutzrechten, UFITA 47 (1966), 165; *Vogel,* Wahrnehmungsrecht und Verwertungsgesellschaften in der Bundesrepublik Deutschland – Eine Bestandsaufnahme im Hinblick auf die Harmonisierung des Urheberrechts in der Europäischen Gemeinschaft, GRUR 1993, 513.

Übersicht

I. Allgemeines

1. Die Versagung der Erlaubnis nach § 3 UrhWG

1   In den §§ 1–5 UrhWG waren die Zulassungsvoraussetzungen, bzw. die Kriterien und die Durchführungsregeln für Erteilung und Widerruf der Erlaubnis zum Geschäftsbetrieb als Verwertungsgesellschaft enthalten.

§ 3 Abs. 1 UrhWG („Versagung der Erlaubnis") enthielt in **Nr. 1–3** eine abschließende Liste von Gründen, aufgrund derer die Erlaubnis iSv. § 1 UrhWG versagt werden konnte.

§ 3 Abs. 2 UrhWG bestimmte, dass die Versagung der Erlaubnis begründet und der Verwertungsgesellschaft zugestellt werden musste.

2. § 79

2   **a) § 79 im Vergleich zu § 3 UrhWG.** Inhaltlich entspricht **§ 79 Abs. 1** weitgehend der bisherigen Regelung in § 3 Abs. 1 UrhWG. Allerdings wurde § 3 Abs. 2 UrhWG betreffend die Begründung der Versagung und deren Zustellung an die Verwertungsgesellschaft nicht in § 79 übernommen; die Begründungs- und Bekanntmachungsanforderungen richten sich gem. § 89 Abs. 1 nach dem Verwaltungsverfahrensgesetz.[1]

Neu im Vergleich zu § 3 UrhWG ist **§ 79 Abs. 2,** der sich auf die besonderen Fälle der Erlaubnis gem. § 77 Abs. 2 bezieht und hierfür entsprechend dem in der VG-RL angelegten Sitzstaatsprinzip Ausnahmen von der Anwendung bestimmter in § 79 Abs. 1 genannter Versagungsgründe vorsieht: Danach sind die in § 79 Abs. 1 Nr. 1 (Statut) und Nr. 2 (erforderliche Zuverlässigkeit) aufgeführten Versagungsgründe auf die Erlaubnis gem. § 77 Abs. 2 nicht anzuwenden.

3   **b) Inhalt und Funktion von § 79.** § 79 findet ebenso wie § 78 Anwendung auf erlaubnispflichtige Verwertungsgesellschaften iSv. § 2 und auf gem. § 77 Abs. 2 erlaubnispflichtige abhängige Verwertungseinrichtungen.[2] § 79 führt die **materiellen Voraussetzungen** auf, unter denen die Erlaubnis zum Geschäftsbetrieb als Verwertungsgesellschaft iSv. § 77 versagt werden kann. Damit enthält er zugleich e contrario die Voraussetzungen für die Erteilung der Erlaubnis. Das Nichtvorliegen der Versagungsgründe nach § 79 Abs. 1 Nr. 1–3 ist materielle Zulassungsvoraussetzung.

---

[1] → § 89 Rn. 4; → Rn. 8.
[2] → § 78 Rn. 3.

Der Katalog der Versagungsgründe in § 79 Abs. 1 Nr. 1–3 ist abschließend: Die Verweigerung der Zulassung aus anderen als den hier genannten Gründen ist der Aufsichtsbehörde[3] nicht möglich. Liegt keiner der in § 79 Abs. 1 genannten Versagungstatbestände vor, so besteht ein materieller Anspruch auf Erlaubnis.[4]

Da § 79 lediglich **Kriterien für die Zulassung** als Verwertungsgesellschaft aufstellt, findet diese Vorschrift für die Tätigkeit der Verwertungsgesellschaft nach Erlaubniserteilung keine Anwendung mehr; nach Erlaubniserteilung sind insbesondere § 85 und § 88 einschlägig, die sicherstellen sollen, dass die Aufsichtsbehörde das Weiterbestehen der einmal vorhandenen Zulassungsvoraussetzungen iSv. § 79 kontrollieren und erforderlichenfalls mit einem Widerruf der Erlaubnis gem. § 80 reagieren kann. Dabei nimmt § 80 Abs. 1 Nr. 1 auf die Versagungsgründe gem. § 79 Abs. 1 Bezug.[5]

Ihrem Wesen nach sind die Zulassungsvoraussetzungen in § 79 Abs. 1 **öffentlich-rechtlichen Erlaubnisvorschriften**[6] **nachgebildet,** wie sie gesetzlich auch für andere wirtschaftlich – und insbesondere als Treuhänder – tätige Unternehmen vorgesehen sind.[7] Wie der bisherige § 3 UrhWG begründet § 79 Abs. 1 subjektive Berufszulassungsvoraussetzungen, die zum Schutz besonders wichtiger Gemeinschaftsgüter verfassungsrechtlich zulässig sind, soweit die Verhältnismäßigkeit gewahrt ist.[8]

II. Versagung der Erlaubnis

1. § 79 Abs. 1 – Gründe für die Versagung der Erlaubnis

a) § 79 Abs. 1 Nr. 1, Statut. Nach **§ 79 Abs. 1 Nr. 1** kann die Erlaubnis versagt werden, wenn 4 das nach § 78 S. 1 Nr. 1 der Aufsichtsbehörde eingereichte **Statut** nicht den Vorschriften des VGG entspricht.[9] Die Aufsichtsbehörde hat nur die Übereinstimmung des Statuts mit den Anforderungen zu überprüfen, die das VGG an die Verwertungsgesellschaften stellt; zu einer allgemeinen Überprüfung des Statuts fehlt ihr die Befugnis. Die Verwertungsgesellschaften sind daher in den vom VGG und ggf. – je nach ihrer Organisationsform – von anderen gesetzlichen Vorschriften gezogenen Grenzen in der Gestaltung ihres Statuts frei.

Das Statut entspricht den Vorschriften des VGG zunächst dann, wenn es den vom VGG in einzelnen Punkten aufgestellten konkreten Anforderungen an das Statut einer Verwertungsgesellschaft nachkommt, diese also ausdrücklich erwähnt. Solche **konkreten Anforderungen an den Inhalt des Statuts** enthalten zB. § 13 Abs. 1 (Bedingungen für die Aufnahme von Berechtigten als Mitglieder), § 17 Abs. 1 (allgemeine Befugnisse der Mitgliederhauptversammlung) oder § 20 Abs. 2 (Vertretung der nicht als Mitglieder aufgenommenen Wahrnehmungsberechtigten in der Verwertungsgesellschaft). Dagegen müssen die Grundsätze des Verteilungsplans iSv. § 27, anders als bisher in § 7 S. 3 UrhWG bestimmt, nicht Bestandteil des Statuts sein.[10]

Andere Verpflichtungen oder Anforderungen, denen Verwertungsgesellschaften nach dem VGG nachkommen müssen – ohne die gesetzlich festgelegte Pflicht, diese in das Statut aufzunehmen –, wie etwa der Wahrnehmungszwang (§ 9), die Pflicht zur Vorlage von Jahresabschluss, Lagebericht (§ 57) und jährlicher Transparenzbericht (§ 58), die Informationspflichten (§§ 53 ff.), der Abschlusszwang (§§ 34, 35), die Pflicht zur Aufstellung von Tarifen (§ 38) und zur Auskunftserteilung (§ 85 Abs. 3), Unterrichtungspflichten (§ 88), aber auch die besonderen Anforderungen an Verwertungsgesellschaften im Zusammenhang mit der gebietsübergreifenden Vergabe von Online-Rechten an Musikwerken (§§ 59 ff.), muss das Statut nicht ausdrücklich erwähnen. Das Statut darf diesen Verpflichtungen aber nicht widersprechen oder gegen sie verstoßen und muss insbesondere ermöglichen, dass die Verwertungsgesellschaft ihnen nachkommen kann.

b) § 79 Abs. 1 Nr. 2, Zuverlässigkeit der vertretungsberechtigten Personen. Nach § 79 5 **Abs. 1 Nr. 2** muss die zur Vertretung der Verwertungsgesellschaft berechtigte Person die hierzu erforderliche Zuverlässigkeit besitzen. Was unter **persönlicher Zuverlässigkeit** zu verstehen ist, definiert das Gesetz nicht. Die Vorschrift, die fast wörtlich dem früheren § 3 Abs. 1 Nr. 2 UrhWG entspricht, ist wie dieser an § 33 Abs. 1 Nr. 2 KWG und – im Wortlaut noch ähnlicher – an die Bestimmungen in den §§ 30 ff. GewO angelehnt. Deshalb gilt hier ebenso wie dort, dass die Zuverlässigkeit dann zu verneinen ist, wenn Mängel vorliegen, die speziell für die angestrebte Tätigkeit relevant sind. Ein derartiges Hindernis für die Zuverlässigkeit iSv. § 79 Abs. 1 Nr. 2 werden zB. Vorstrafen wegen Vermögensdelikten sein, nachgewiesene Verstöße gegen die Unternehmensführung betreffende Verwaltungsvorschriften und andere Indizien, die gegen die Fähigkeit zur Führung eines Unternehmens sprechen.

---

[3] Gem. § 75 Abs. 1 das Deutsche Patent- und Markenamt (DPMA); → § 75 Rn. 6.
[4] So für § 3 UrhWG VGH München BlPMZ 1978, 261 (262).
[5] → § 80 Rn. 4 ff.
[6] AmtlBegr. UrhWG BT-Drs. IV/271, 14 (bezogen auf § 3 UrhWG).
[7] § 33 KWG für die Zulassung als Kreditinstitut; vgl. auch §§ 30 ff., 35 GewO.
[8] Zu § 3 UrhWG *Häußer* FS Roeber (1982), 113 (124 f.).
[9] Der Begriff des Statuts (in § 3 UrhWG noch „Satzung") ist untechnisch zu verstehen; → § 78 Rn. 5.
[10] → § 27 Rn. 3.

Bei den die Zuverlässigkeit begründenden Umständen muss es sich um **Tatsachen** handeln; diese müssen als solche also objektiv erkennbar und nachprüfbar sein. Bloße Vermutungen genügen nicht.

Bei der Beurteilung der Frage, ob diese Tatsachen im konkreten Fall die Unzuverlässigkeit des Vertretungsberechtigten begründen, ist der Aufsichtsbehörde allerdings **Ermessen** eingeräumt: Es genügt, dass nach – begründbarer – Auffassung der Aufsichtsbehörde die **Annahme der Unzuverlässigkeit** aufgrund der objektiv festgestellten, relevanten Tatsachen **gerechtfertigt** ist. Wo der Gesetzgeber einen solchen Ermessensspielraum nicht gewollt, sondern den Nachweis der Kausalität zwischen den besagten Tatsachen und der Unzuverlässigkeit im Einzelfall strikter verlangt hat, hat er konsequent auch einen engeren Wortlaut gewählt.[11] In § 79 Abs. 1 Nr. 2 muss die Annahme der Unzuverlässigkeit also zwar gerechtfertigt, sie braucht aber nicht zwingend zu sein, um die Erlaubnis versagen zu können.

6   **c) § 79 Abs. 1 Nr. 3, wirtschaftliche Grundlage.** Ein Grund für die Versagung der Erlaubnis ist es nach **§ 79 Abs. 1 Nr. 3** auch, wenn nach der **wirtschaftlichen Grundlage der Verwertungsgesellschaft** eine wirksame Rechtewahrnehmung nicht zu erwarten ist. Diese Bestimmung, die nahezu wörtlich mit dem bisherigen § 3 Abs. 1 Nr. 3 UrhWG übereinstimmt, ist der in der aufsichtsrechtlichen Praxis wohl wichtigste Versagungsgrund.[12]

Was in diesem Zusammenhang unter wirtschaftlicher Grundlage einer Verwertungsgesellschaft zu verstehen ist, erschließt sich aus dem Zweck der Vorschrift. Sie bezweckt den Schutz der Urheber und Leistungsschutzberechtigten,[13] die die Leistungsfähigkeit der Verwertungsgesellschaft kaum beurteilen können, und soll verhindern, dass einer Gesellschaft Rechte und Ansprüche anvertraut werden, die sie nicht umfassend und wirksam genug weiter vermitteln und damit wirtschaftlich nutzen kann. Entscheidend ist somit die **Leistungsfähigkeit** der Verwertungsgesellschaft. Kriterien hierfür sollen ihr Kontrollsystem zur Überwachung der Nutzung und ihre Verbindungen sein. Dabei wurde iRd. UrhWG stets besonderer Wert darauf gelegt, dass auch Gegenseitigkeitsvereinbarungen mit ausländischen Partner-Verwertungsgesellschaften bestehen und somit Nutzungsbewilligungen im Interesse einer möglichst umfassenden Nutzung der anvertrauten Werke auch für das Ausland erteilt werden können.[14] Dieser Gesichtspunkt dürfte für die Bewertung der Leistungsfähigkeit iRd. VGG nach wie vor von Bedeutung sein, zumal entsprechend den Vorgaben der VG-RL die gebietsübergreifende kollektive Rechtewahrnehmung begünstigt werden soll.[15]

Ein wesentlicher Faktor für die Leistungsfähigkeit einer Verwertungsgesellschaft ist auch der Umfang des von ihr wahrgenommenen **Repertoires.** Grundsätzlich gilt: Je weniger **Wettbewerb** eine Verwertungsgesellschaft ausgesetzt ist, desto umfangreicher ist ihr Repertoire und desto tragfähiger sind ihre wirtschaftlichen Grundlagen. § 3 Abs. 1 Nr. 3 UrhWG bot allerdings kaum eine Handhabe für die Aufsichtsbehörde, das Entstehen von Wettbewerb unter Verwertungsgesellschaften zu verhindern.[16] Zwar erscheint die Frage, ob Wettbewerb unter Verwertungsgesellschaften überhaupt grundsätzlich wünschenswert ist und nicht vielmehr deren Leistungsfähigkeit beeinträchtigt, angesichts der Vorgaben der VG-RL und des darin offenbar verfolgten (wettbewerbsoffenen) Ansatzes in neuem Licht. Das VGG bleibt wettbewerbsneutral, lässt in Umsetzung der VG-RL die grenzüberschreitende kollektive Rechtewahrnehmung zu, behält aber ausdrücklich die schon im UrhWG bewährten Grundsätze und Wertungen bei: § 79 Abs. 1 Nr. 3 übernimmt von § 3 Abs. 1 Nr. 3 UrhWG das Prinzip, dass das Fehlen einer wirtschaftlichen Grundlage der Verwertungsgesellschaft für die wirksame Wahrnehmung der Rechte ein Grund für die Versagung der Erlaubnis sein kann, und wendet insoweit auch dieselben Kriterien an.[17]

Da § 79 Abs. 1 Nr. 3 eine Beschränkung der Berufswahlfreiheit darstellt, sind die Grundsätze von **Notwendigkeit** und **Verhältnismäßigkeit** bei der Auslegung dieser Vorschrift besonders zu beachten. Daraus den Schluss zu ziehen, § 79 Abs. 1 Nr. 3 dürfe nicht „allzu streng" gehandhabt werden,[18] erscheint jedoch nicht gerechtfertigt; denn die Berufswahlfreiheit des Antragstellers kann nicht höher bewertet werden als der Schutz der ihm anvertrauten Berechtigten.[19] Im Übrigen sollte die gesonderte Überprüfung der wirtschaftlichen Grundlage selbst dann nicht weniger streng ausfallen oder sogar

---

[11] Vgl. § 30 Abs. 1 S. 1 Nr. 1 GewO, § 35 Abs. 1 S. 1 GewO: „Tatsachen vorliegen, die … dartun"; § 33 Abs. 1 S. 1 Nr. 2 KWG: „Tatsachen vorliegen, aus denen sich ergibt".

[12] *Himmelmann* in Kreile/Becker/Riesenhuber (Hrsg.), Recht und Praxis der GEMA, 817 (831).

[13] Zum gleichlautenden Begriff im bisherigen § 3 UrhWG AmtlBegr. UrhWG BT-Drs. IV/271, 14 f.

[14] AmtlBegr. UrhWG BT-Drs. IV/271, 15.

[15] Vgl. Erwägungsgründe (2) S. 3, 11 ff. VG-RL.

[16] AA offenbar das DP(M)A; Richtlinie des Deutschen Patentamts für die Aufkommensverteilung und Verteilungsvereinbarung ZUM 1989, 506 (509); *Vogel* GRUR 1993, 513 (516) sprach von „sachfremder Konkurrenz", die es zu verhindern gelte; ähnlich Fromm/Nordemann/*W. Nordemann*/*Wirtz*, 11. Aufl., UrhWG § 3 Rn. 6, die einen möglichen Versagungsgrund nach § 3 Abs. 1 Nr. 3 UrhWG dann sahen, wenn ein Nebeneinander mehrerer Verwertungsgesellschaften die Wirtschaftlichkeit beeinträchtigt; ähnlich, und allgemein skeptisch zum Nutzen einer Konkurrenz unter Verwertungsgesellschaften, Dreier/Schulze/*Schulze* § 79 Rn. 5.

[17] AmtlBegr. BT-Drs. 18/7223, 55 ff., 96.

[18] So für § 3 UrhWG VGH München BlPMZ 1978, 261 (263).

[19] Vgl. für § 3 UrhWG *Häußer* FS Roeber (1982), 113 (125).

ganz entfallen, wenn diese bei einer ausländischen Verwertungsgesellschaft etwa schon in deren Herkunftsland hinreichend überprüft wurde.[20]

Da die Verwertungsgesellschaft iRv. § 79 ja gerade erst um Erlaubnis für ihre Tätigkeit nachsucht, ihre Leistungsfähigkeit also noch nicht praktisch unter Beweis stellen konnte, beurteilt sich ihre Leistungsfähigkeit und damit ihre wirtschaftliche Grundlage danach, wie die **Tätigkeit für die Zukunft** angelegt ist. Maßstab dafür sind zB. das Statut, ein Organisationsplan mit Angabe des Betätigungsfeldes und der bestehenden In- und Auslandskontakte sowie ein Finanzplan. Diese Angaben müssen auch aus dem **tragfähigen Geschäftsplan** hervorgehen, den die Verwertungsgesellschaft nunmehr gem. § 78 S. 2 Nr. 4 ihrem Antrag auf Erlaubnis stets hinzufügen muss.[21] Danach wird die Aufsichtsbehörde insbesondere auch zu prüfen haben, ob zu erwarten ist, dass sich die Verwaltungskosten in einem vertretbaren Rahmen halten werden.[22] Da § 79 Abs. 1 Nr. 3 mit § 78 S. 2 Nr. 3 sowie mit dem im Vergleich zu § 2 Abs. 1 UrhWG zusätzlichen § 78 S. 2 Nr. 4 korrespondiert, wird eine hinreichende wirtschaftliche Grundlage für die wirksame Wahrnehmung von Rechten und Ansprüchen auch dann zu verneinen sein, wenn in dem Erlaubnisantrag keine hinreichende Zahl von Auftraggebern oder keine ausreichend bedeutsamen Aufträge angegeben sind.[23] De facto dürfte damit die Wahrnehmung gleicher Rechte durch mehrere Verwertungsgesellschaften nur in Ausnahmefällen wirtschaftlich zu vertreten sein.[24]

Dagegen kann es für die Beurteilung der wirtschaftlichen Grundlage und ihrer Tragfähigkeit nicht entscheidend sein, ob die Verwertungsgesellschaft schon im Zeitpunkt des Antrages auf Erlaubniserteilung über eine wesentliche **materielle Grundlage** verfügt. Selbst wenn sie schon vor oder bei Aufnahme ihrer Tätigkeit genügend finanzielle Mittel hat, entscheidet letztlich nicht dieser Umstand über ihre – dauerhafte – Leistungsfähigkeit, sondern nur die Effektivität ihres **Organisations- und Kontrollsystems**, und damit ihre Tätigkeit selbst.[25] Wie oben ausgeführt, müssen diese Konzepte bereits aus dem **tragfähigen Geschäftsplan** hervorgehen, den die Verwertungsgesellschaft gem. § 78 S. 2 Nr. 4 ihrem Antrag auf Erlaubnis stets hinzufügen muss.[26] Zwar wird eine gewisse finanzielle und büromäßige Mindestausstattung schon zur Aufnahme des Geschäftsbetriebs notwendig sein und verlangt werden müssen.[27] Das Startkapital wird man aber auch schon deshalb als Kriterium für die Erlaubniserteilung nicht überbewerten dürfen, weil sonst neu gegründeten und erst in der Entstehung begriffenen Verwertungsgesellschaften der Zugang zur Tätigkeit wesentlich erschwert würde; denn sie verfügen meist über noch wenige Mitglieder und damit notwendigerweise über eine dünne Kapitaldecke.

2. § 79 Abs. 2 – Sonderregel für die Erlaubnis nach § 77 Abs. 2

Hinsichtlich der Erlaubnis gilt als **Sonderregel** für in einem **anderen EU-Mitgliedstaat oder** 7 **EWR-Vertragsstaat ansässige** Verwertungsgesellschaften, dass diese gem. § 77 Abs. 2 nur dann der Erlaubnispflicht unterworfen sind, wenn sie die in dieser Bestimmung genannten Rechte wahrnehmen.[28]

Während auch für Erlaubnisanträge iRv. § 77 Abs. 2 die in § 78 genannten Bedingungen gelten,[29] sind die in § 79 Abs. 1 aufgeführten Versagungsgründe, und damit die Kriterien für die Erteilung der Erlaubnis, gem. § 79 Abs. 2 hierfür eingeschränkt. Demnach wird von der Aufsichtsbehörde bei Erlaubnisanträgen von in einem anderen EU-Mitgliedstaat oder EWR-Vertragsstaat ansässigen Verwertungsgesellschaften iSv. § 77 Abs. 2 **nicht überprüft**, ob ihr Statut den Anforderungen des VGG entspricht (**§ 79 Abs. 1 Nr. 1**) oder ob die zu ihrer Vertretung berechtigten Personen die **erforderliche Zuverlässigkeit** besitzen (**§ 79 Abs. 1 Nr. 2**). Diese Kriterien sollen vielmehr, entsprechend dem in der VG-RL angelegten Sitzstaatprinzip, allein von der Aufsichtsbehörde des jeweiligen Sitzstaates anhand der dort geltenden Bestimmungen überprüft werden.[30]

Gleichwohl behält **§ 79 Abs. 1 Nr. 3** auch in diesen Fällen Geltung. Das DPMA als Aufsichtsbehörde hat daher vor Erteilung der Erlaubnis zu überprüfen, ob die **wirtschaftliche Grundlage** der beantragenden Verwertungsgesellschaft eine wirksame Wahrnehmung der Rechte erwarten lässt und kann die Erlaubnis aus diesem Grund auch versagen.[31]

---

[20] AA, bezogen allerdings auf § 3 Abs. 1 Nr. 3 UrhWG, *Alich* GRUR-Int 2008, 996 (1004) mwN; die Anwendung der in § 79 Abs. 1 genannten Kriterien auf Verwertungsgesellschaften mit Sitz in einem anderen EU-Mitgliedstaat oder EWR-Vertragsstaat betrifft ohnehin nur die Erlaubnis iSv. § 77 Abs. 2 und ist gem. § 79 Abs. 2 beschränkt (→ Rn. 7).

[21] → § 78 Rn. 8.

[22] So schon zur bisherigen Rechtslage nach dem UrhWG: Richtlinie des Deutschen Patentamts für die Aufkommensverteilung und Verteilungsvereinbarung ZUM 1989, 506 (509).

[23] So für § 3 UrhWG VGH München BlPMZ 1978, 261 (261).

[24] Fromm/Nordemann/*W. Nordemann/Wirtz*, 11. Aufl., UrhWG § 3 Rn. 6.

[25] Vgl. *Menzel* S. 71 f.; Fromm/Nordemann/*W. Nordemann/Wirtz*, 11. Aufl., UrhWG § 3 Rn. 4.

[26] → § 78 Rn. 8.

[27] So für § 3 UrhWG VGH München BlPMZ 1978, 261 (263).

[28] → § 77 Rn. 5 f.

[29] → § 78 Rn. 2.

[30] AmtlBegr. BT-Drs. 18/7223, 96.

[31] Zu den Kriterien für die Bemessung der wirtschaftlichen Grundlage → Rn. 6.

3. Verfahren

8   Die Versagung der Erlaubnis nach § 79 ist ebenso wie die Erlaubniserteilung ein **Verwaltungsakt der Aufsichtsbehörde** (§ 75 Abs. 1). Auf das anzuwendende Verfahrensrecht verweist **§ 89.**

Obwohl die entsprechende ausdrückliche Regelung in § 3 Abs. 3 UrhWG weggefallen ist, ergibt sich schon aus allgemeinem Verfahrensrecht, dass die Erlaubnisversagung zu **begründen** ist. Dabei hat die Aufsichtsbehörde schriftlich anzugeben, welcher der in § 79 Abs. 1 genannten Versagungsgründe im konkreten Fall vorgelegen hat und warum. Der Versagungsbescheid ist mit Begründung der antragstellenden Verwertungsgesellschaft zuzustellen. Zuvor muss der Antragsteller vom DPMA angehört werden.[32] Die Modalitäten der Zustellung richten sich nach dem Verwaltungszustellungsgesetz (VwZG).[33]

Gegen die Versagung steht der **Verwaltungsrechtsweg** offen (§ 40 VwGO). Da das Deutsche Patent- und Markenamt (DPMA) als erlassende Behörde nicht die Voraussetzungen von § 68 Abs. 1 S. 2 VwGO erfüllt – insbesondere ist es, da dem Bundesministerium der Justiz und für Verbraucherschutz (BMJV) unterstellt, nicht oberste Bundesbehörde –, muss der Antragsteller, der den Rechtsweg beschreiten will, zunächst gegen die Versagung nach § 68 Abs. 1 S. 1 VwGO beim DPMA Widerspruch einlegen. Die Notwendigkeit zur Durchführung des Widerspruchsverfahrens vor Klageerhebung entfällt auch dann nicht, wenn das nach § 81 vorgeschriebene Einvernehmen zwischen BKartA und DPMA durch eine Weisung des BMJV ersetzt wird, § 81 S. 2.[34] Denn auch in diesem Fall bleibt das DPMA entscheidende Behörde; die Versagung der Erlaubnis wird nicht etwa vom BMJV unmittelbar ausgesprochen iSv. § 68 Abs. 1 S. 2 Nr. 1 VwGO.[35]

Die Widerspruchsfrist beträgt einen Monat nach Zustellung des Versagungsbescheides (§§ 70, 57 VwGO). Über den Widerspruch entscheidet das DPMA selbst: Hält es ihn für begründet, so hilft es ihm mit Kostenentscheidung ab (§ 72 VwGO); andernfalls erlässt es einen Widerspruchsbescheid, der wiederum begründet sein muss (§ 73 VwGO). Gegen den Widerspruchsbescheid kann innerhalb eines Monats nach Zustellung Klage beim Verwaltungsgericht in München erhoben werden (§ 74 VwGO), das nach § 52 VwGO örtlich zuständig ist. Gegen dessen Entscheidung ist nach § 124 VwGO Berufung möglich an den Bayerischen Verwaltungsgerichtshof in München. Für die Versagung der Erlaubnis besteht keine Bekanntmachungspflicht iSv. § 83.[36]

§ 80 Widerruf der Erlaubnis

(1) **Die Aufsichtsbehörde kann die Erlaubnis nach § 77 Absatz 1 widerrufen, wenn**

1. **einer der Versagungsgründe des § 79 Absatz 1 bei Erteilung der Erlaubnis der Aufsichtsbehörde nicht bekannt war oder nachträglich eingetreten ist und dem Mangel nicht innerhalb einer von der Aufsichtsbehörde zu setzenden Frist abgeholfen wird oder**
2. **die Verwertungsgesellschaft einer der ihr nach diesem Gesetz obliegenden Verpflichtungen trotz Abmahnung durch die Aufsichtsbehörde wiederholt zuwiderhandelt.**

(2) **Die Erlaubnis nach § 77 Absatz 2 kann die Aufsichtsbehörde nicht nach Absatz 1 Nummer 2 widerrufen.**

Schrifttum: *Arnold/Rehbinder,* Zur Rechtsnatur der Staatsaufsicht über die deutschen Verwertungsgesellschaften, UFITA 118 (1992), 203; *Häußer,* Aufsicht über Verwertungsgesellschaften und Vereinsautonomie, FS Roeber (1982), S. 113; *Himmelmann,* Die Aufsicht über die GEMA, in: Kreile/Becker/Riesenhuber (Hrsg.), Recht und Praxis der GEMA, 2. Aufl. 2008, 817; *Hübner/Stern,* Zur Zulässigkeit der Aufsicht des Deutschen Patentamtes über die Verwertungsgesellschaften nach dem Urheberrechtswahrnehmungsgesetz, GEMA-Nachr. 1978 Nr. 108 S. 85; *Melichar,* Die Wahrnehmung von Urheberrechten durch Verwertungsgesellschaften, 1983; *Sandberger/Treeck,* Fachaufsicht und Kartellaufsicht nach dem Gesetz über die Wahrnehmung von Urheberrechten und verwandten Schutzrechten, UFITA 47 (1966), 165; *Staats,* Die Aufsicht über ausländische Verwertungsgesellschaften, FS Schulze (2017), S. 331; *Vogel,* Wahrnehmungs- und Verwertungsgesellschaften in der Bundesrepublik Deutschland – Eine Bestandsaufnahme im Hinblick auf die Harmonisierung des Urheberrechts in der Europäischen Gemeinschaft, GRUR 1993, 513.

Übersicht

---

[32] § 28 Abs. 1 VerwVfG; vgl. Wandtke/Bullinger/*Staats* § 79 Rn. 10.
[33] VwZG vom 12.8.2005, BGBl. I S. 2354.
[34] So aber iRv. § 3 UrhWG *Mestmäcker/Schulze* UrhWG § 3 Anm. 5 aE; § 81 entspricht inhaltlich dem bisherigen § 18 Abs. 3 UrhWG; → § 81 Rn. 2.
[35] Vgl. *Sandberger/Treeck* UFITA 47 (1966), 165 (208); Wandtke/Bullinger/*Staats* § 79 Rn. 11.
[36] → § 83 Rn. 3.

I. Allgemeines

1. Der Widerruf der Erlaubnis nach § 4 UrhWG

Die bisherigen §§ 1–5 UrhWG enthielten die Zulassungsvoraussetzungen, bzw. die Kriterien und **1** die Durchführungsregeln für die Erteilung und den Widerruf der Erlaubnis zum Geschäftsbetrieb als Verwertungsgesellschaft.

§ 4 Abs. 1 UrhWG („Widerruf der Erlaubnis") enthielt in **Nr. 1** und **Nr. 2** zwei Gründe, aus denen die Aufsichtsbehörde die Erlaubnis nachträglich widerrufen musste. Dabei knüpfte § 4 Abs. 1 Nr. 1 UrhWG an die in § 3 Abs. 1 Nr. 1–3 UrhWG genannten Versagungsgründe an (bezogen auf die Satzung gem. Nr. 1, auf die persönliche Zuverlässigkeit der Vertretungsberechtigten gem. Nr. 2 oder die wirtschaftliche Grundlage der Verwertungsgesellschaft gem. Nr. 3). Gem. § 4 Abs. 1 UrhWG war die Aufsichtsbehörde **verpflichtet, die Erlaubnis zu widerrufen**, wenn entweder einer der in § 3 Abs. 1 Nr. 1–3 UrhWG genannten **Versagungsgründe** bei Erteilung der Erlaubnis der Aufsichtsbehörde **nicht bekannt** oder **nachträglich eingetreten** war (**§ 4 Abs. 1 Nr. 1 UrhWG**) oder die Verwertungsgesellschaft einer der ihr nach dem UrhWG obliegenden **Verpflichtungen** trotz Abmahnung wiederholt zuwidergehandelt hatte (**§ 4 Abs. 1 Nr. 2 UrhWG**).

§ 4 Abs. 2 S. 1 UrhWG bestimmte, dass der Widerruf der Erlaubnis begründet und der Verwertungsgesellschaft zugestellt werden musste.

Gem. **§ 4 Abs. 2 S. 2 UrhWG** wurde die Wirksamkeit des Widerrufs festgesetzt auf einen Zeitpunkt von drei Monaten, nachdem er unanfechtbar geworden war, falls im Widerrufsbescheid kein späterer Zeitpunkt festgelegt war.

2. § 80

a) § 80 im Vergleich zu § 4 UrhWG. Der Widerruf der Erlaubnis zum Geschäftsbetrieb als **2** Verwertungsgesellschaft gem. **§ 80 Abs. 1** ist, wie schon seine Vorgängerbestimmung § 4 UrhWG, ein wichtiger Teil der Aufsicht. Er entspricht damit zugleich der Vorgabe nach **Art. 36 Abs. 3 UAbs. 1 VG-RL**, bei Rechtsverstößen „geeignete **Sanktionen**" zu verhängen.[1]

Inhaltlich übernimmt § 80 Abs. 1 zwar weitgehend § 4 Abs. 1 UrhWG. Abweichend von § 4 Abs. 1 UrhWG („Die Erlaubnis ist zu widerrufen") enthält § 80 Abs. 1 aber **keine Verpflichtung** der Aufsichtsbehörde, sondern räumt ihr **Ermessen beim Widerruf** ein („die Aufsichtsbehörde kann die Erlaubnis nach § 77 Absatz 1 widerrufen").

Eine weitere Änderung gegenüber § 4 UrhWG besteht darin, dass **§ 4 Abs. 2 UrhWG** (betreffend die Begründung, die Zustellung und das Wirksamwerden des Widerrufs) **nicht in § 80 übernommen** wurde: Für die Begründung, die Zustellung und das Wirksamwerden des Widerrufs iRv. § 80 gilt gem. § 89 Abs. 1 das Verwaltungsverfahrensgesetz.[2] Zu beachten ist, dass damit der dreimonatige Aufschub für das Wirksamwerden des Widerrufs gem. § 4 Abs. 2 S. 2 UrhWG nicht mehr gilt, der Widerruf also wirksam wird, sobald er unanfechtbar geworden ist.[3]

Neu im Vergleich zu § 4 UrhWG ist **§ 80 Abs. 2**, der sich auf die besonderen Fälle der Erlaubnis nach § 77 Abs. 2 bezieht und hierfür entsprechend dem in der VG-RL angelegten Sitzstaatprinzip die Anwendung des in § 80 Abs. 1 Nr. 2 genannten Widerrufsgrundes (wiederholte Zuwiderhandlung der Verwertungsgesellschaft gegen eine ihr nach dem VGG obliegenden Verpflichtung) ausschließt.

b) Inhalt und Funktion von § 80. § 80 enthält die Gründe für den nachträglichen **Widerruf** **3** einer nach § 77 Abs. 1 erteilten Erlaubnis nach Aufnahme der – erlaubten – Tätigkeit als Verwertungsgesellschaft iSv. § 2.[4] § 80 gibt also der Aufsichtsbehörde[5] die Möglichkeit, der Verwertungsgesellschaft eine bereits nach § 78 erteilte Erlaubnis wieder zu entziehen. Unter bestimmten Voraussetzungen kann danach die Tätigkeit einer schon zugelassenen Verwertungsgesellschaft, die – zumindest aus der Sicht der Aufsichtsbehörde – zum Zeitpunkt der Erlaubniserteilung die Bedingungen des § 79 erfüllt hat, wieder verboten werden.

---

[1] Erwägungsgrund (50) S. 7 VG-RL nennt den „Entzug" der Zulassung sogar ausdrücklich als Beispiel für eine geeignete Sanktion.
[2] → § 89 Rn. 4; → Rn. 11.
[3] Zu den Auswirkungen auf die Bekanntmachung des Widerrufs → § 83 Rn. 2.
[4] Zu den der Erlaubnispflicht unterworfenen Gesellschaften → § 78 Rn. 3; → Vor §§ 75 ff. Rn. 12.
[5] Gem. § 75 Abs. 1 das Deutsche Patent- und Markenamt (DPMA).

Wenn die in § 80 Abs. 1 Nr. 1 oder Nr. 2 genannten Voraussetzungen vorliegen, „kann" von der Aufsichtsbehörde die Erlaubnis zur Tätigkeit als Verwertungsgesellschaft widerrufen werden; insoweit kann die Aufsichtsbehörde also **nach pflichtgemäßem Ermessen** entscheiden.

§ 80 ist daher die Ermächtigungsgrundlage für den Widerruf der Erlaubnis sowie für die vorausgehenden Verfügungen der Fristsetzung (§ 80 Abs. 1 Nr. 1) bzw. der Abmahnung (§ 80 Abs. 1 Nr. 2) durch die Aufsichtsbehörde. Dagegen ist die Eingriffsbefugnis der Aufsichtsbehörde gegen eine ohne Genehmigung tätige Verwertungsgesellschaft in § 85 Abs. 2 Nr. 1 geregelt. Vor einem Widerruf der Erlaubnis gem. § 80 hat die Aufsichtsbehörde aber auch andere Eingriffsmöglichkeiten, um sicherzustellen, dass die Verwertungsgesellschaft ihren Verpflichtungen nachkommt; diese Maßnahmen sind in § 85 Abs. 1–5 aufgeführt. Dazu gehört jetzt zB auch die Befugnis der Aufsichtsbehörde, der Verwertungsgesellschaft bei wiederholten Pflichtverstößen gem. § 85 Abs. 2 Nr. 2 die Fortsetzung ihrer Geschäftstätigkeit zu untersagen.[6]

§ 80 Abs. 2 enthält eine Sonderregel für den Widerruf einer gem. § 77 Abs. 2 erteilten Erlaubnis betreffend im EU- oder EWR-Ausland ansässige Verwertungsgesellschaften oder abhängige Verwertungseinrichtungen.

II. Widerruf der Erlaubnis

1. § 80 Abs. 1 – Gründe für den Widerruf einer nach § 77 Abs. 1 erteilten Erlaubnis

4   **a) § 80 Abs. 1 Nr. 1, nachträglich eingetretener oder bekannt gewordener Versagungsgrund. Widerrufsgründe: § 80 Abs. 1 Nr. 1** knüpft an § 79 Abs. 1 Nr. 1–3 an und besagt, dass die dort für die Versagung der Erlaubnis genannten Gründe dann **Gründe für den Widerruf der Erlaubnis** sind, wenn sie der Aufsichtsbehörde erst nachträglich – also nach Erlaubniserteilung – **bekannt geworden** oder überhaupt erst zu einem Zeitpunkt **eingetreten** sind.

5   **Sonderfall der fälschlichen Erlaubniserteilung:** Der **Sonderfall**, dass der **Versagungsgrund** der Aufsichtsbehörde **bei Erlaubniserteilung zwar bekannt** war, von ihr aber – fälschlich – **nicht beachtet** wurde, so dass unter Verstoß gegen § 79 die Erlaubnis erteilt wurde, regelt sich nach § 80 Abs. 1 Nr. 2.[7] Diesen Fall nicht entsprechend § 80 Abs. 1 Nr. 2 sondern gem. § 48 VwVfG als Rücknahme eines rechtswidrigen Verwaltungsaktes zu behandeln,[8] erschiene insoweit als unbillig, als dann der aufgrund des Fehlers der Aufsichtsbehörde möglicherweise bereits tätigen Verwertungsgesellschaft nicht die Bedingung der Abmahnung bei wiederholter Zuwiderhandlung und die Gelegenheit zur Abhilfe gem. § 80 Abs. 1 Nr. 2 zugutekommen würden.[9]

6   **Fristsetzung:** Bei Vorliegen jeder der Alternativen von § 80 Abs. 1 Nr. 1 – nachträglich bekannt gewordener oder nachträglich eingetretener Versagungsgrund – gilt stets, dass die Aufsichtsbehörde vor Ausspruch des Widerrufs der Verwertungsgesellschaft Gelegenheit zur Behebung des Mangels geben muss.[10] Hierzu muss sie der Verwertungsgesellschaft eine **Frist** setzen. Die Setzung dieser Frist ist ein **Verwaltungsakt** der Aufsichtsbehörde. Gegen die Fristsetzung steht also der Verwaltungsrechtsweg (§ 40 VwGO) offen mit der Folge, dass dagegen innerhalb eines Monats Widerspruch eingelegt werden kann.[11] Widerspruch und Klage gegen die Fristsetzung haben grundsätzlich aufschiebende Wirkung (§ 80 VwGO). Deshalb kann die Aufsichtsbehörde den Widerruf der Erlaubnis jedenfalls nicht aussprechen, bevor der Verwaltungsakt der Fristsetzung unanfechtbar geworden ist. In den Fällen, in denen der Gesetzgeber eine derartige aufschiebende Wirkung der Anfechtung vermeiden wollte, hat er dies auch im VGG ausdrücklich klargestellt.[12]

Länge der gesetzten Frist: Die Frist nach § 80 Abs. 1 Nr. 1 muss **angemessen** sein,[13] also so lang bemessen, dass der konkrete Mangel behoben werden kann, und so kurz, dass den von der Verwertungsgesellschaft abhängigen Rechtsinhabern und den Nutzern möglichst geringer Schaden entsteht durch die vorübergehende Aufrechterhaltung des rechtswidrigen Zustandes. Die Länge der Frist muss sich stets am Einzelfall orientieren, da sich die Versagungsgründe nach § 79, und damit auch die Art und Weise der Behebung des betreffenden Mangels – erforderlich kann zB. eine Änderung des Statuts oder der Austausch von mit der Geschäftsführung betrauten Personen gem. § 85 Abs. 5 S. 1[14] sein – unterschiedlichen zeitlichen Aufwand beansprucht. Da die Fristsetzung ihrerseits ein Verwaltungsakt und damit ohnehin innerhalb eines Monats (§ 70, § 57 VwGO) anfechtbar ist, wird aber die von der Aufsichtsbehörde zu setzende Frist zur Behebung des Mangels nicht kürzer als ein Monat bemessen

---

[6] Zur allgemeinen Eingriffsbefugnis der Aufsichtsbehörde gem. § 85 Abs. 1 und zum früheren Streit über die anwendbare Eingriffsnorm für die Untersagung des Geschäftsbetriebs einer nicht genehmigten Verwertungsgesellschaft → § 85 Rn. 7; vgl. *Arnold/Rehbinder* UFITA 118 (1992), 203 (210), bezogen auf das UrhWG.
[7] → Rn. 7.
[8] So noch Wandtke/Bullinger/*Gerlach*, 4. Aufl., UrhWG § 4 Rn. 3.
[9] So auch ausdrücklich AmtlBegr. BT-Drs. 18/7223, 96; Wandtke/Bullinger/*Staats* § 80 Rn. 4.
[10] Zu § 4 UrhWG AmtlBegr. UrhWG BT-Drs. IV/271, 15.
[11] Zum weiteren Gang des Verfahrens → § 79 Rn. 8 entsprechend.
[12] Vgl. § 85 Abs. 5 S. 2; → § 85 Rn. 10.
[13] Zum insoweit gleichlautenden § 4 UrhWG AmtlBegr. UrhWG BT-Drs. IV/271, 15.
[14] → § 85 Rn. 10.

sein können;[15] denn der Widerruf der Erlaubnis kann, wie erwähnt, nicht erfolgen, bevor die Fristsetzung unanfechtbar geworden ist.

b) § 80 Abs. 1 Nr. 2, wiederholte Zuwiderhandlung. § 80 Abs. 1 Nr. 2 behandelt den bis- 7
her offenbar noch nie eingetretenen „seltenen Ausnahmefall"[16] des Widerrufs der Erlaubnis zur Tätigkeit bei hartnäckiger Missachtung der gesetzlichen Verpflichtungen durch die Verwertungsgesellschaft.

Verstoß gegen gesetzliche Verpflichtungen: Voraussetzung ist zunächst der Verstoß gegen die **gesetzlichen Verpflichtungen**, die das VGG den Verwertungsgesellschaften auferlegt. Unerheblich ist, ob gegen die gesetzlichen Verpflichtungen aktiv oder durch Unterlassen verstoßen wurde. Der Begriff des Zuwiderhandelns umfasst seinem Sinn und Zweck nach auch die Unterlassung einer gesetzlichen Verpflichtung zu aktivem Tun.[17]

Teilweise wurden **geringfügige Gesetzesverstöße** einer Verwertungsgesellschaft nicht als ausreichend für die einschneidende Rechtsfolge des Erlaubniswiderrufs angesehen.[18] Das Gesetz macht jedoch keinen Unterschied zwischen schwerwiegenden und geringfügigen Gesetzesverstößen. Generell soll der Widerruf der Erlaubnis nach § 80 die ultima ratio bei Verstößen jeglicher Art gegen die gesetzlichen Verpflichtungen der Verwertungsgesellschaften aus dem VGG sein.[19] Der Grundsatz der Verhältnismäßigkeit ist dadurch gewahrt, dass der Widerruf stets nur bei wiederholten Verstößen gegen ein und dieselbe Verpflichtung und nach erfolgloser Abmahnung ausgesprochen werden kann.[20]

Die Verwertungsgesellschaft hat es damit selbst in der Hand, diese Rechtsfolge abzuwenden. Tut sie dies nicht, so sind Zweifel daran begründet, ob sie die ihr übertragenen Rechte noch zuverlässig wahrnehmen kann. Für die Aufsichtsbehörde besteht jedenfalls keine Veranlassung, auch noch so geringe Gesetzesverstöße zu dulden.[21] Im Rahmen des § 80 Abs. 1 Nr. 2 spielt es im Gegensatz zu Nr. 1 keine Rolle, ob der **Verstoß** gegen die gesetzlichen Verpflichtungen etwa schon **zum Zeitpunkt der Erlaubniserteilung,** also schon bei Aufnahme des Geschäftsbetriebs als zugelassene Verwertungsgesellschaft, vorlag und **der Aufsichtsbehörde bekannt** war; denn § 80 Abs. 1 Nr. 2 ist Konsequenz der – permanenten – Aufsichtspflicht der Aufsichtsbehörde nach § 76 Abs. 1 und sieht generell, und lediglich an die Bedingung der Abmahnung geknüpft, bei wiederholten Zuwiderhandlungen gegen gesetzliche Verpflichtungen die Möglichkeit des Widerruf der Geschäftserlaubnis vor. Soweit iR. der Vorgängerbestimmung § 4 UrhWG argumentiert wurde, eine Verwertungsgesellschaft müsse in ihrem Vertrauen darauf geschützt werden, dass eine bei Erlaubniserteilung von der Aufsichtsbehörde trotz ihrer Gesetzwidrigkeit nicht beanstandete Satzungsbestimmung Bestand hat und nicht – gewissermaßen nachträglich – nach § 4 Abs. 1 Nr. 2 UrhWG (heute § 80 Abs. 1 Nr. 2) beanstandet werden kann,[22] steht dem der unverändert klare Gesetzeswortlaut von § 80 Abs. 1 entgegen. Zudem können die **Kontrollpflichten der Aufsichtsbehörde,** die im Interesse der Nutzer und der Berechtigten gleichermaßen bestehen und die Einhaltung der gesetzlichen Bestimmungen sicherstellen sollen, nicht durch Vertrauensschutzgesichtspunkte zugunsten der Verwertungsgesellschaft aufgehoben werden oder leerlaufen.[23] § 80 Abs. 1 Nr. 2 ist somit Auffangtatbestand für die Handhabung jeglicher Verstöße von (erlaubnispflichtigen) Verwertungsgesellschaften gegen das VGG und ist im Vergleich zu § 80 Abs. 1 Nr. 1 allgemeinere Vorschrift.[24] Dem Grundsatz der Verhältnismäßigkeit wird in der Praxis erfolgreich dadurch Rechnung getragen, dass die Aufsichtsbehörde die Verwertungsgesellschaften auf der Grundlage von § 85 Abs. 1 regelmäßig formlos auf Pflichtwidrigkeiten hinweist, bevor sie eine Abmahnung ausspricht. Der **Widerruf der Erlaubnis** wird somit immer nur **das letzte Mittel** nach erfolgloser Abmahnung und ggf. Anwendung anderer Maßnahmen darstellen.[25]

Wiederholte Zuwiderhandlungen: Es müssen wiederholte Zuwiderhandlungen vorliegen; ein 8
und derselbe Gesetzesverstoß muss also mindestens zweimal vorgekommen sein. Bei der Auslegung des unbestimmten Rechtsbegriffs „wiederholt" wird die Aufsichtsbehörde in besonderer Weise den Grundsatz der **Verhältnismäßigkeit** zu beachten haben.

---

[15] Vgl. bezogen auf den gleichlautenden § 4 UrhWG Fromm/Nordemann/*W. Nordemann/Wirtz,* 11. Aufl., UrhWG § 4 Rn. 2.

[16] So schon seinerzeit zum gleichlautenden § 4 UrhWG AmtlBegr. UrhWG BT-Drs. IV/271, 20.

[17] ZB. die Verpflichtung zur Aufstellung von Tarifen gem. § 38.

[18] *Melichar* S. 54.

[19] Wie hier iRv. § 4 UrhWG *Arnold/Rehbinder* UFITA 118 (1992), 203 (209, 211); *Vogel* GRUR 1993, 513 (530).

[20] Dazu → Rn. 8.

[21] IRv. § 4 UrhWG vgl. *Häußer* FS Roeber (1982), 113 (128 f.), der für die Schaffung einer milderen Eingriffsmöglichkeit für solche Fälle durch die Aufsicht plädierte.

[22] *Hübner/Stern* GEMA-Nachr. 1978 Nr. 108 S. 85 (88).

[23] HM iRv § 4 UrhWG; Fromm/Nordemann/*W. Nordemann/Wirtz,* 11. Aufl., UrhWG § 4 Rn. 6.

[24] Der mit § 80 Abs. 1 Nr. 1 gleichlautende § 4 Abs. 1 Nr. 1 UrhWG wurde daher von *Arnold/Rehbinder* UFITA 118 (1992), 203 (209) als „lex specialis" zu § 4 Abs. 1 Nr. 2 UrhWG (der identisch ist mit § 80 Abs. 1 Nr. 2) bezeichnet.

[25] Zur weitgehend entsprechenden Konstellation des UrhWG vgl. *Arnold/Rehbinder* UFITA 118 (1992), 203 (211); *Vogel* GRUR 1993, 513 (530); *Loewenheim/Melichar* § 50 Rn. 20; *Himmelmann* in Kreile/Becker/Riesenhuber (Hrsg.), Recht und Praxis der GEMA, 817 (835).

Dem Widerruf wegen wiederholter Zuwiderhandlung gegen die Verpflichtungen des VGG muss stets mindestens eine **Abmahnung** vorausgehen. Die erfolglose Abmahnung ist Voraussetzung für die Rechtmäßigkeit des Widerrufs der Erlaubnis. Wegen ihrer Rechtswirkungen ist auch schon die Abmahnung für sich Einzelfallregelung und damit ein Verwaltungsakt; ähnlich wie die Fristsetzung nach § 80 Abs. 1 Nr. 1 mit vollstreckbarem Inhalt.[26] Auch gegen die Abmahnung kann deshalb Rechtsmittel im Verwaltungsrechtsweg eingelegt werden.[27]

9   **c) Rechtsfolge.** Beide in § 80 Abs. 1 alternativ genannten Fallkonstellationen können den Widerruf der Erlaubnis durch die Aufsichtsbehörde nach sich ziehen. Wird dem Mangel, der bei Erteilung der Erlaubnis der Aufsichtsbehörde nicht bekannt war oder nachträglich eingetreten ist, nicht innerhalb der von der Aufsichtsbehörde gesetzten Frist abgeholfen (**§ 80 Abs. 1 Nr. 1**) oder handelt die Verwertungsgesellschaft einer der ihr nach dem VGG obliegenden Verpflichtungen trotz Abmahnung durch die Aufsichtsbehörde wiederholt zuwider (**§ 80 Abs. 1 Nr. 2**): In beiden Fällen **kann** die Aufsichtsbehörde **die Erlaubnis widerrufen**; sie ist hierzu aber im Unterschied zum bisherigen § 4 Abs. 1 UrhWG nicht verpflichtet. Die Aufsichtsbehörde kann also nach **pflichtgemäßem Ermessen** anstelle des Widerrufs auch entscheiden, ob Verstöße im Einzelfall **mit milderen Mitteln als dem Widerruf** der Erlaubnis geahndet werden können.[28] Entscheidend ist dabei stets, ob die gewählte Maßnahme hinreichend **„wirksam, verhältnismäßig und abschreckend"** ist und damit auch eine „geeignete" Sanktion entsprechend der Vorgabe der VG-RL darstellt.[29]

2. § 80 Abs. 2 – Widerruf einer nach § 77 Abs. 2 erteilten Erlaubnis

10   Hinsichtlich der Erlaubnis gilt als **Sonderregel** für in einem **anderen EU-Mitgliedstaat oder EWR-Vertragsstaat ansässige** Verwertungsgesellschaften, dass diese gem. § 77 Abs. 2 nur dann der Erlaubnispflicht unterworfen sind, wenn sie die in dieser Bestimmung genannten Rechte wahrnehmen.[30]

Während auch für Erlaubnisanträge iRv. § 77 Abs. 2 grundsätzlich die in § 78 genannten Bedingungen gelten,[31] sind die in § 79 Abs. 1 aufgeführten Versagungsgründe, und damit die Kriterien für die Erteilung der Erlaubnis, gem. § 79 Abs. 2 hierfür eingeschränkt: Die Aufsichtsbehörde überprüft bei der Erlaubniserteilung iRv. § 77 Abs. 2 nur die wirtschaftliche Grundlage der Verwertungsgesellschaft gem. § 79 Abs. 1 Nr. 3, während die Überprüfung des Statuts und der erforderlichen Zuverlässigkeit der vertretungsberechtigten Personen der Aufsichtsbehörde des jeweiligen Sitzstaates überlassen bleibt, § 79 Abs. 1 Nr. 1 und 2 bei der Erlaubniserteilung also nicht zur Anwendung kommen.[32]

§ 80 Abs. 2 ist ebenfalls eine Konsequenz der Sonderbehandlung bei der Erlaubnispflicht von Verwertungsgesellschaften mit Sitz in einem anderen EU-Mitgliedstaat oder EWR-Vertragsstaat. § 80 Abs. 2 bestimmt, dass die Erlaubnis für eine solche Verwertungsgesellschaft nicht deswegen widerrufen werden kann, weil sie einer der ihr nach dem VGG obliegenden Verpflichtungen trotz Abmahnung durch die Aufsichtsbehörde wiederholt zuwidergehandelt hat; der in **§ 80 Abs. 1 Nr. 2** genannte Widerrufsgrund findet auf sie also **keine Anwendung.**

Ob die betreffende Verwertungsgesellschaft gegen die gesetzlichen Vorschriften ihres Sitzstaates zur Umsetzung der VG-RL verstößt, soll also allein von der **Aufsichtsbehörde des Sitzstaates** überprüft werden. Die Befugnisse des DPMA als deutsche Aufsichtsbehörde beschränken sich darauf, gem. § 86 alle insoweit einschlägigen Informationen an die Aufsichtsbehörde des Sitzstaates zu übermitteln und diese zu ersuchen, Maßnahmen gegen die Verwertungsgesellschaft zu ergreifen.

§ 80 Abs. 1 Nr. 1 bleibt dagegen auf Verwertungsgesellschaften mit Sitz im EU- oder EWR-Ausland weiterhin **anwendbar.**[33] Die Aufsichtsbehörde kann somit die Erlaubnis einer solchen Verwertungsgesellschaft widerrufen, wenn sie einem Versagungsgrund gem. § 79 Abs. 1, der bei Erteilung der Erlaubnis der Aufsichtsbehörde nicht bekannt war oder nachträglich eingetreten ist, nicht innerhalb der von der Aufsichtsbehörde gesetzten Frist abgeholfen hat. Da aber, wie oben dargelegt, gem. § 79 Abs. 2 für diese Verwertungsgesellschaften § 79 Abs. 1 Nr. 1 und 2 bei der Erlaubniserteilung nicht relevant sind, kann ihre Erlaubnis zum Geschäftsbetrieb nur aus dem in § 79 Abs. 1 Nr. 3 genannten Versagungsgrund der fehlenden wirtschaftlichen Grundlage widerrufen werden.

Die Sonderregel des § 80 Abs. 2 gilt nur für den Widerruf einer nach § 77 Abs. 2 erteilten Erlaubnis als aufsichtsrechtliche Maßnahme. Die allgemeinen Befugnisse der Aufsichtsbehörde nach § 85 Abs. 1, Abs. 2 Nr. 1 und Abs. 6 bleiben davon unberührt.[34]

---

[26] Zu § 4 Abs. 1 Nr. 2 UrhWG *Arnold/Rehbinder* UFITA 118 (1992), 203 (209).
[27] Zum Verfahren vgl. → § 79 Rn. 8; → Rn. 11.
[28] AmtlBegr. BT-Drs. 18/7223, 96.
[29] Vgl. Art. 36 Abs. 3 UAbs. 1 S. 2 VG-RL iVm. Erwägungsgrund (5) S. 6 VG-RL.
[30] → § 77 Rn. 5 f.
[31] → § 78 Rn. 2.
[32] Im Einzelnen → § 79 Rn. 7.
[33] AmtlBegr. BT-Drs. 18/7223, 96.
[34] *Staats* FS Schulze (2017), 331 (339); → § 77 Rn. 6.

3. Verfahren

Der **Widerruf der Erlaubnis** ist wie die Erlaubniserteilung und die Erlaubnisversagung ein **Ver-** **11** waltungsakt der Aufsichtsbehörde. Auf das anzuwendende Verfahrensrecht verweist **§ 89.**

Obwohl die entsprechende ausdrückliche Regelung in § 4 Abs. 2 S. 1 UrhWG weggefallen ist, ergibt sich schon aus allgemeinem Verfahrensrecht, dass der Widerruf zu **begründen** und der Verwertungsgesellschaft **zuzustellen** ist. Für Begründung und Zustellung des Widerrufs gilt das im Zusammenhang mit der Versagung der Erlaubnis Gesagte entsprechend.[35]

Der Widerruf der Erlaubnis wirkt in jedem Fall **ex nunc** und nicht rückwirkend. Vor diesem Zeitpunkt liegende Handlungen der Verwertungsgesellschaft zur Wahrnehmung von Rechten und Ansprüchen behalten also ihre Wirksamkeit.

Der Zeitpunkt, ab dem der Widerruf wirksam wird, war außerdem nach § 4 Abs. 2 S. 2 UrhWG auf mindestens drei Monate nach Rechtskraft (Unanfechtbarkeit) des Widerrufs hinausgeschoben. Da diese Bestimmung nicht in § 80 übernommen wurde, wird der Widerruf iSv. § 80 wirksam, sobald er unanfechtbar geworden ist, also Rechtskraft erlangt hat.

Als Verwaltungsakt ist der Widerruf – ebenso wie die Fristsetzung nach § 80 Abs. 1 Nr. 1 und die Abmahnung nach § 80 Abs. 1 Nr. 2 – unanfechtbar, wenn die Rechtsmittelfristen für Widerspruch und Klage verstrichen oder die Rechtsmittel ausgeschöpft sind. Fristsetzung und Abmahnung müssen ohnehin vorausgegangen und ihrerseits unanfechtbar geworden sein.

Gem. § 83 ist die Aufsichtsbehörde verpflichtet, den unanfechtbar gewordenen Widerruf der Erlaubnis im Bundesanzeiger **bekanntzumachen.**

§ 81 Zusammenarbeit bei Erlaubnis und Widerruf der Erlaubnis

Über Anträge auf Erteilung der Erlaubnis und über den Widerruf der Erlaubnis entscheidet die Aufsichtsbehörde im Einvernehmen mit dem Bundeskartellamt. Gelingt es nicht, Einvernehmen herzustellen, so legt die Aufsichtsbehörde die Sache dem Bundesministerium der Justiz und für Verbraucherschutz vor; dessen Weisungen, die im Benehmen mit dem Bundesministerium für Wirtschaft und Energie erteilt werden, ersetzen das Einvernehmen.

Schrifttum: *Himmelmann,* Die Aufsicht über die GEMA, in: Kreile/Becker/Riesenhuber (Hrsg.), Recht und Praxis der GEMA, 2. Aufl. 2008, 817; *Menzel,* Die Aufsicht über die GEMA durch das Deutsche Patentamt, 1986; *Mestmäcker,* Zur Anwendung von Kartellaufsicht und Fachaufsicht auf urheberrechtliche Verwertungsgesellschaften und ihre Mitglieder, FS Lukes (1989), S. 445; *Sandberger/Treeck,* Fachaufsicht und Kartellaufsicht nach dem Gesetz über die Wahrnehmung von Urheberrechten und verwandten Schutzrechten, UFITA 47 (1966), 165.

Übersicht

I. Allgemeines

1. Die Zusammenarbeit der Aufsichtsbehörden im UrhWG

Im UrhWG waren die Bestimmungen über die Erlaubnis, deren Erteilung, Versagung und Wider- **1** ruf gleich zu Beginn des Gesetzes geregelt, und zwar in den §§ 1–5 UrhWG.

Dagegen waren die Vorschriften über die Aufsichtsbehörde, gem. § 18 Abs. 1 UrhWG das Deutsche Patent- und Markenamt **(DPMA),**[1] und ihr **Zusammenwirken mit anderen Aufsichtsbehörden** im Dritten Abschnitt des UrhWG enthalten.

§ 18 Abs. 2 UrhWG bestimmte, dass für den Fall, dass eine Verwertungsgesellschaft neben der kartellrechtlichen Aufsicht und der Aufsicht nach den §§ 18 ff. UrhWG auch aufgrund **anderer gesetzlicher Bestimmungen** der **Aufsicht von Behörden** unterworfen war, die betreffende (andere) Behörde diese Aufsicht **im Benehmen** mit dem DPMA auszuüben hatte.[2]

Eine besondere Regel enthielt **§ 18 Abs. 3 UrhWG** für das Zusammnenwirken der Aufsichtsbehörde iSv. § 18 Abs. 1 UrhWG bei Entscheidungen über die Erteilung der Erlaubnis zum Geschäftsbetrieb (§ 2 UrhWG) und den Widerruf der Erlaubnis (§ 4 UrhWG) mit dem **Bundeskartellamt.**

---

[35] → § 79 Rn. 8.
[1] → § 75 Rn. 3.
[2] → 5. Aufl. 2017, UrhWG § 18 Rn. 4.

Gem. **§ 18 Abs. 3 S. 1 UrhWG** war das DPMA als Aufsichtsbehörde verpflichtet, diese Entscheidungen **im Einvernehmen** mit dem Bundeskartellamt zu treffen. Gelang es nicht, dieses Einvernehmen herzustellen, so musste das DPMA die Sache dem Bundesministerium der Justiz und für Verbraucherschutz (BMJV) vorlegen, dessen Weisungen – erteilt jeweils im Benehmen mit dem Bundesministerium für Wirtschaft und Technologie – das Einvernehmen zwischen DPMA und Bundeskartellamt ersetzten.

2. § 81

2 In Teil 4 des VGG sind die Bestimmungen über die Erlaubnispflicht (§§ 77–84) in diejenigen über die Ausübung der Aufsicht (§§ 75, 76, 85–91) integriert.

Die Zusammenarbeit des DPMA im Allgemeinen mit Aufsichtsbehörden, die Verwertungsgesellschaften aufgrund anderer gesetzlichen Vorschriften beaufsichtigen, ist in § 76 Abs. 3 geregelt; inhaltlich entspricht § 76 Abs. 3 dem bisherigen § 18 Abs. 2 UrhWG.[3]

Dagegen ist die **Zusammenarbeit zwischen dem DPMA und dem Bundeskartellamt** bei der Erteilung und dem Widerruf der Erlaubnis in § 81 geregelt, und damit nicht nur in sachlichem, sondern in engem räumlichen Zusammenhang mit Erlaubniserteilung (§ 78 S. 1) und Widerruf (§ 80). Inhaltlich entspricht § 81 weitgehend § 18 Abs. 3 UrhWG; nur einige begriffliche Anpassungen wurden vorgenommen.

Gem. **§ 81 S. 1** entscheidet demnach das DPMA als Aufsichtsbehörde im **Einvernehmen** mit dem **Bundeskartellamt** über Anträge auf Erteilung der Erlaubnis und über den Widerruf der Erlaubnis. **§ 81 S. 2** regelt den Fall, dass dieses Einvernehmen nicht hergestellt werden kann, über die Weisung des BMJV im Benehmen mit dem Bundesministerium für Wirtschaft und Energie.

II. Zusammenarbeit bei Erlaubnis und Widerruf der Erlaubnis

1. Wahrnehmungsrechtliche Aufsicht und Kartellaufsicht

3 § 81 regelt das **Verhältnis zur Kartellaufsicht.** Grundsätzlich bestehen die wahrnehmungsrechtliche Aufsicht durch das DPMA und die Kartellaufsicht durch das Bundeskartellamt nebeneinander; dabei kommen aber nur dem DPMA „abstrakte" Kontrollbefugnisse zu.[4]

2. § 81 S. 1 – Einvernehmen

4 Gem. **§ 81 S. 1** kann das DPMA seine einschneidendsten Aufsichtsmaßnahmen, die Erlaubniserteilung nach § 78 S. 1 und den Widerruf der Geschäftserlaubnis nach § 80, nur „im **Einvernehmen** mit dem **Bundeskartellamt**" treffen. Damit soll die Beachtung des Kartellrechts gewährleistet werden.[5] Die als Einvernehmen bezeichnete Zustimmung des Bundeskartellamtes ist **Wirksamkeitsvoraussetzung** für die Erteilung und den Widerruf der Geschäftserlaubnis durch das DPMA. Das DPMA kann daher nach § 81 S. 1 ohne die Zustimmung des Bundeskartellamtes nicht entscheiden und ist insoweit von ihm abhängig.[6] Dagegen ist kein Einvernehmen mit dem Bundeskartellamt erforderlich, wenn die Erlaubnis zum Geschäftsbetrieb versagt wird.[7]

3. § 81 S. 2 – Vorgehen bei mangelndem Einvernehmen

5 Kommt das Einvernehmen nicht zustande, so ist die Aufsichtsbehörde (das DPMA) gem. **§ 81 S. 2** zur **Vorlage** „der Sache" an die gegenüber dem DPMA weisungsbefugte Behörde, das Bundesministeriums der Justiz und für Verbraucherschutz (BMJV), verpflichtet. Das BMJV ersetzt anschließend das fehlende Einvernehmen durch seine **Weisung.** Zur Erteilung dieser Weisung muss sich das BMJ seinerseits mit dem Bundesministerium für Wirtschaft und Energie (bisher in § 18 Abs. 3 S. 2 UrhWG: Bundesministerium für Wirtschaft und Technologie) ins **Benehmen** setzen.

§ 82 Anzeige

Bedarf die Verwertungsgesellschaft keiner Erlaubnis nach § 77, so zeigt sie der Aufsichtsbehörde die Aufnahme einer Wahrnehmungstätigkeit unverzüglich schriftlich an, wenn sie

1. ihren Sitz in einem anderen Mitgliedstaat der Europäischen Union oder anderen Vertragsstaat des Abkommens über den Europäischen Wirtschaftsraum hat und Urheberrechte oder verwandte Schutzrechte wahrnimmt, die sich aus dem Urheberrechtsgesetz ergeben oder

---

[3] → § 76 Rn. 9.
[4] Jeweils zu § 18 Abs. 3 UrhWG: BGH ZUM 1989, 80 (82, 84) – GEMA-Wertungsverfahren; vgl. *Mestmäcker* FS Lukes (1989), 445.
[5] Zur kartellrechtlichen Beurteilung von Verwertungsgesellschaften nach dem GWB → Einl. VGG Rn. 44.
[6] Jeweils zu § 18 Abs. 3 UrhWG: *Sandberger/Treeck* UFITA 47 (1966), 165 (207); *Menzel* S. 77 ff.; *Himmelmann* in Kreile/Becker/Riesenhuber (Hrsg.), Recht und Praxis der GEMA, 817 (892).
[7] *Menzel* S. 83.

2. ihren Sitz im Inland hat und in einem anderen Mitgliedstaat der Europäischen Union oder anderen Vertragsstaat des Abkommens über den Europäischen Wirtschaftsraum tätig ist.

Übersicht

I. Allgemeines

1. Die Vorgaben der VG-RL

a) Zur Aufsicht über nicht in ihrem Sitzstaat tätige Verwertungsgesellschaften. Die Vor- **1** gaben der VG-RL zur Aufsicht über Verwertungsgesellschaften beschränken sich auf allgemeine Regeln. Ihr Kern ist die Verpflichtung der Mitgliedstaaten gem. **Art. 36 VG-RL** sicherzustellen, dass ihre nationalen Behörden die Einhaltung der aufgrund der VG-RL erlassenen nationalen Vorschriften durch die **in ihrem Hoheitsgebiet ansässigen Verwertungsgesellschaften** überwachen und bei Gesetzesverstößen geeignete Sanktionen verhängen und Maßnahmen ergreifen können.

Eine Verpflichtung der Aufsicht über **im Inland tätige**, aber **im EU- oder EWR-Ausland ansässige Verwertungsgesellschaften** statuiert die VG-RL dagegen nicht. Hinzu kommt, dass sich aus der VG-RL der Grundsatz ableiten lässt, dass die Mitgliedstaaten solche Verwertungsgesellschaften nicht nur im Prinzip akzeptieren müssen, sondern auf sie nicht ohne Weiteres dieselben oder vergleichbare Bestimmungen anwenden dürfen wie auf die im Inland ansässigen. Hinsichtlich der Aufsicht folgt die VG-RL also grundsätzlich dem **Sitzstaatsprinzip.**[1]

Flankierend zu dieser Konzeption, und um dennoch ein Mindestmaß an Harmonisierung und **Effizienz der grenzüberschreitenden Aufsicht** zu gewährleisten, sieht die VG-RL vor, dass sich die nationalen Aufsichtsbehörden in diesen Fällen gegenseitig informieren und **grenzüberschreitend Aufsichtsmaßnahmen** einleiten können. Hierzu enthält **Art. 37 VG-RL** Bestimmungen über den Informationsaustausch und die Zusammenarbeit zwischen den Aufsichtsbehörden: **Auskunftsersuchen** einer Aufsichtsbehörde an die Aufsichtsbehörde des Sitzstaates muss diese unverzüglich beantworten **(Art. 37 Abs. 1 VG-RL);** Aufsichtsbehörden können der Aufsichtsbehörden des Sitzstaates **Informationen übermitteln** und diese ersuchen, **Maßnahmen** gegenüber der betreffenden Verwertungsgesellschaft zu ergreifen **(Art. 37 Abs. 2 S. 1 VG-RL);** die ersuchte Aufsichtsbehörde muss innerhalb von drei Monaten mit einer begründeten Antwort **reagieren (Art. 37 Abs. 2 S. 2 VG-RL);** die ersuchende Aufsichtsbehörde kann sich ggf. auch an die **Sachverständigengruppe** iSv. Art. 41 VG-RL wenden **(Art. 37 Abs. 3 VG-RL).**[2]

Zur Zusammenarbeit zwischen Aufsichtsbehörden im Bereich der **Mehrgebietslizenzen** enthält **Art. 38 VG-RL** weitere Regeln.[3]

b) Zur Erlaubnispflicht. Die VG-RL überlässt es den Mitgliedstaaten, ob sie die Tätigkeit von **2** Verwertungsgesellschaften einer Erlaubnispflicht unterwerfen wollen. Als wirksames Mittel der Vorabkontrolle wird die Erlaubnispflicht von der VG-RL aber grundsätzlich anerkannt.[4] Eine Erlaubnispflicht nach nationalem Recht steht allerdings unter dem Vorbehalt, dass sie „**mit dem Unionsrecht vereinbar**" ist und der „uneingeschränkten Anwendung der Richtlinie" nicht entgegensteht.[5] Als Maßstab des Unionsrechts ist dabei iR. der Umsetzung der VG-RL das allgemeine Prinzip der **Dienstleistungsfreiheit im EU-Binnenmarkt gem. Art. 56 AEUV** zu beachten.[6]

Auch für die Erlaubnispflicht folgt daraus der Grundsatz, dass die Mitgliedstaaten auf im Inland tätige, aber in einem anderen EU-Mitgliedstaat oder EWR-Vertragsstaat ansässige Verwertungsgesellschaften nicht ohne Weiteres dieselben oder vergleichbare Bestimmungen anwenden dürfen wie auf die im Inland ansässigen.[7]

---

[1] → § 76 Rn. 8 mwN.
[2] Im Einzelnen zu Art. 37 VG-RL → Vor §§ 75 ff. Rn. 5.
[3] Im Einzelnen zu Art. 38 VG-RL → Vor §§ 75 ff. Rn. 6.
[4] → § 77 Rn. 2.
[5] Erwägungsgründe (9) S. 2 und (50) S. 8 VG-RL.
[6] Erwägungsgrund (4) VG-RL.
[7] → Rn. 1.

2. § 82

3   Das VGG trägt diesen Vorgaben der VG-RL mit den Bestimmungen zur Erlaubnispflicht (§ 77) und zur Anzeigepflicht (§ 82) Rechnung.

Hinsichtlich der **Erlaubnispflicht** wird in § 77 differenziert: Gem. **§ 77 Abs. 1** unterliegen Verwertungsgesellschaften zwar grundsätzlich der Erlaubnispflicht, wenn sie Rechte aus dem UrhG wahrnehmen. Dies gilt aber nicht für Verwertungsgesellschaften, die in einem anderen EU-Mitgliedstaat oder EWR-Vertragsstaat ansässig sind. Sie bedürfen gem. **§ 77 Abs. 2** grundsätzlich keiner Erlaubnis zum Geschäftsbetrieb iSv. § 77 Abs. 1; sie unterliegen ausnahmsweise nur dann der Erlaubnispflicht, wenn sie die in § 77 Abs. 2 Nr. 1–3 genannten Rechte und Ansprüche wahrnehmen.[8]

§ 82 statuiert eine **Anzeigepflicht** und knüpft damit ausdrücklich an § 77 an. Nach § 82 sind Verwertungsgesellschaften, die keiner Erlaubnis gem. § 77 Abs. 1 bedürfen, **in zwei Fällen** verpflichtet, die Aufnahme einer Wahrnehmungstätigkeit der Aufsichtsbehörde schriftlich anzuzeigen: Die **Anzeigepflicht** trifft solche Verwertungsgesellschaften, die entweder (1) **in einem anderen** EU-Mitgliedstaat oder EWR-Vertragsstaat **ansässig** sind und sich aus dem UrhG ergebende Urheberrechte oder verwandte Schutzrechte wahrnehmen (**§ 82 Nr. 1**), oder die (2) zwar **im Inland ansässig**, aber **in einem anderen** EU-Mitgliedstaat oder EWR-Vertragsstaat **tätig** sind (**§ 82 Nr. 2**). Im Ausland ansässige Verwertungsgesellschaften, die dort ausländische Urheberrechte wahrnehmen, unterliegen damit keiner Anzeigepflicht, selbst wenn sie für deutsche Rechtsinhaber tätig werden.[9]

II. Anzeigepflicht

1. Zweck und Geltungsbereich von § 82

4   Die **Anzeigepflicht** gem. **§ 82** stellt gewissermaßen die **Alternative zur Erlaubnispflicht** iSv. § 77 Abs. 1 dar. Die Anzeigepflicht gem. § 82 betrifft Verwertungsgesellschaften, die grenzüberschreitend innerhalb der EU oder des EWR tätig werden – sei es, dass sie im Inland Rechte aus dem UrhG wahrnehmen, aber im EU- oder EWR-Ausland ansässig sind, oder dass sie im Inland ansässig, aber im EU- oder EWR-Ausland tätig sind – und keiner Erlaubnis bedürfen. In diesen Fällen soll die Aufsichtsbehörde mit Hilfe der Anzeigepflicht über die Tätigkeit der Verwertungsgesellschaft informiert werden, diese Tätigkeit für die Aufsichtsbehörde **transparent** und ihr die Aufsicht insgesamt erleichtert werden. Die Anzeigepflicht dient damit zugleich als Grundlage für die Umsetzung der Vorgaben der VG-RL zum **Informationsaustausch** zwischen den zuständigen Aufsichtsbehörden und die Ausübung der grenzüberschreitenden Aufsicht über Verwertungsgesellschaften gem. Art. 37 VG-RL.

Unter den in § 82 Nr. 1 und 2 genannten Bedingungen gilt die Anzeigepflicht gem. § 82 für **Verwertungsgesellschaften** iSv. § 2.[10]

Für eine etwaige Anzeigepflicht von **abhängigen Verwertungseinrichtungen** iSv. § 3[11] gilt nicht § 82, sondern § 90 Abs. 2 als lex specialis. Solche Gesellschaften können zwar auch der Anzeigepflicht unterliegen, aber nur unter den in § 90 Abs. 2 genannten Bedingungen (keine Erlaubnispflicht, aber Wahrnehmung von Rechten aus dem UrhG, oder Sitz im Inland, aber Tätigkeit im EU- oder EWR-Ausland).[12]

Auch für **unabhängige Verwertungseinrichtungen** iSv. § 4[13] gilt § 82 nicht. Für sie ist § 91 Abs. 2 lex specialis. Danach unterliegen sie der Anzeigepflicht nur unter den dort genannten Bedingungen (Sitz im Inland oder Wahrnehmung von Rechten aus dem UrhG).[14]

Die **Anzeige** der Aufnahme der Wahrnehmungstätigkeit gem. § 82 kann formlos, muss in jedem Fall aber **schriftlich** an die Aufsichtsbehörde gerichtet werden. Die Schriftform verlangt gem. § 126 Abs. 1 BGB grundsätzlich die eigenhändige Unterschrift der für die beantragende Verwertungsgesellschaft vertretungsberechtigten Person. Da das VGG auch an anderen Stellen die elektronische Kommunikation bevorzugt oder sogar vorschreibt[15] und sich aus dem VGG insoweit nichts Gegenteiliges ergibt, dürfte es gem. § 3a VwVfG, der gem. § 89 Abs. 1 auch für die Verwaltungstätigkeit der Aufsichtsbehörde gilt, unter den dort genannten Voraussetzungen auch zulässig sein, die Anzeige in elektronischer Form zu übermitteln. Insofern kann nichts anderes gelten als für den Antrag auf Erlaubniserteilung.[16]

Gem. § 82 muss die Verwertungsgesellschaft ihre Wahrnehmungstätigkeit **unverzüglich** nach deren Aufnahme anzeigen, also ohne schuldhaftes Zögern ihrerseits. Eine Anzeigepflicht vor Aufnahme der Wahrnehmungstätigkeit ergibt sich aus § 82 dagegen nicht.

---

[8] → § 77 Rn. 6.
[9] Wandtke/Bullinger/*Staats* § 82 Rn. 10.
[10] Zum Begriff der Verwertungsgesellschaft → § 2 Rn. 5 ff.
[11] Zum Begriff der abhängigen Verwertungseinrichtung → § 3 Rn. 3.
[12] Im Einzelnen → § 90 Rn. 5 f.
[13] Zum Begriff der unabhängigen Verwertungseinrichtung und den auf sie anwendbaren Bestimmungen des VGG → § 4 Rn. 3 ff.
[14] Im Einzelnen → § 91 Rn. 4 ff.
[15] → § 14 Rn. 3 f.; → § 43 Rn. 3 ff.; → § 47 Rn. 3; → § 64 Rn. 3 f.; → § 66 Rn. 3.
[16] → § 78 Rn. 4.

Die Anzeige der Aufnahme der Wahrnehmungstätigkeit gem. § 82 ist bei der **Aufsichtsbehörde** einzureichen; dies ist gem. § 75 Abs. 1 das Deutsche Patent- und Markenamt (DPMA).[17] Die Anzeige muss nicht begründet werden. Die Aufsichtsbehörde ihrerseits ist gem. § 83 verpflichtet, die Anzeige im Bundesanzeiger **bekanntzumachen.**[18]

Die **Anzeigepflicht gem. § 82** besteht aber nur, wenn **einer der beiden in § 82 Nr. 1 und Nr. 2 genannten Fälle** vorliegt.

2. § 82 Nr. 1 – Im Inland tätige, aber im EU- oder EWR-Ausland ansässige Gesellschaften

Nach **§ 82 Nr. 1** besteht die Anzeigepflicht unter **zwei Bedingungen:** (1) Eine Verwertungsge- 5 sellschaft ist nicht im Inland, sondern **in einem anderen EU-Mitgliedstaat oder EWR-Vertragsstaat ansässig;** und (2) ihre kollektive Rechtewahrnehmung bezieht sich auf Rechte, die sich aus dem **UrhG** ergeben.

Nicht im Inland ansässige, aber hier tätige Verwertungsgesellschaften aus der EU oder aus dem EWR sind nur einer **eingeschränkten Aufsicht** unterworfen. Zwar unterliegen auch sie einer allgemeinen laufenden Aufsicht,[19] für sie wird aber gem. § 77 Abs. 2 nur in bestimmten Fällen eine Erlaubnis zum Geschäftsbetrieb[20] verlangt, und sie sind von der Unterrichtungspflicht gem. § 88[21] ausgenommen. Im Gegenzug und als Korrelat zu dieser eingeschränkten Aufsicht verpflichtet **§ 76 Abs. 2** die Aufsichtsbehörde, solche Verwertungsgesellschaften daraufhin zu überwachen, ob sie das **Recht ihres Sitzstaates** ordnungsgemäß einhalten.[22] Darüber hinaus kann die Aufsichtsbehörde gem. § 86 auch die Aufsichtsbehörde des Sitzstaates der Verwertungsgesellschaft über deren Gesetzesverstöße informieren und um Maßnahmen ersuchen.

Voraussetzung für die Aufsicht über solche Verwertungsgesellschaften, insbesondere für die besondere Aufsichtspflicht gem. § 76 Abs. 2 und die Ausübung der Befugnisse gem. § 86 ist aber, dass die Aufsichtsbehörde überhaupt **Kenntnis** davon hat, dass eine Verwertungsgesellschaft, die keiner Erlaubnis bedarf, Urheberrechte oder verwandte Schutzrechte wahrnimmt, die sich aus dem UrhG ergeben.

Die Anzeigepflicht gem. § 82 Nr. 1 setzt voraus, dass die betreffende im EU- oder EWR-Ausland ansässige Verwertungsgesellschaft im Inland die kollektive Wahrnehmung von Urheber- oder Leistungsschutzrechten betreibt, die sich aus dem UrhG ergeben. In dieser Konstellation kommt der grenzüberschreitenden **Zusammenarbeit der Aufsichtsbehörden** besondere Bedeutung zu. Die Anzeigepflicht gem. § 82 Nr. 1 ist damit vor allem eine notwendige Ergänzung von § 76 Abs. 2 und § 86.[23]

3. § 82 Nr. 2 – Im Inland ansässige, aber im EU- oder EWR-Ausland tätige Gesellschaften

Als zweiten Fall und damit Bedingung für eine Anzeigepflicht nennt **§ 82 Nr. 2** die Tätigkeit einer 6 **im Inland ansässigen** Verwertungsgesellschaft **in einem anderen EU-Mitgliedstaat oder EWR-Vertragsstaat** zur Wahrnehmung **dort geltender Urheber- oder verwandter Schutzrechte.**

Auch solche Verwertungsgesellschaften bedürfen keiner Erlaubnis für ihre Geschäftstätigkeit gem. § 77, da sie weder die in § 77 Abs. 1 genannte Bedingung (Wahrnehmung von Urheberrechten oder verwandten Schutzrechten, „die sich aus dem Urheberrechtsgesetz ergeben"), noch die Voraussetzungen von § 77 Abs. 2 (Wahrnehmung der dort genannten Rechte und Ansprüche) erfüllen.

Andererseits unterliegen sie der allgemeinen laufenden Aufsicht gem. **§ 76 Abs. 1.**[24]

Außerdem können sie auch der **Aufsicht im Land ihrer Tätigkeit** unterliegen. Die dort zuständige Aufsichtsbehörde muss gem. Art. 37 Abs. 2 S. 1 VG-RL auch die Möglichkeit haben, dem DPMA als der Aufsichtsbehörde des Sitzstaates der Verwertungsgesellschaft **Informationen** zu übermitteln und das DPMA zu ersuchen, **Maßnahmen** gegenüber der betreffenden Verwertungsgesellschaft zu ergreifen. Das DPMA seinerseits ist gem. **§ 87 Abs. 2** verpflichtet, auf derartige Ersuchen innerhalb von drei Monaten mit einer begründeten Antwort zu **reagieren.**

Damit ist es bei einer solchen Konstellation für die Funktion der Aufsicht gem. § 76 Abs. 1, aber auch für die Erfüllung der Pflichten aus § 87 Abs. 2 erforderlich, dass das DPMA als Aufsichtsbehörde von der Verwertungsgesellschaft **über die Aufnahme ihrer Tätigkeit informiert** wird.

Die Anzeigepflicht gem. § 82 Nr. 2 ergänzt somit insbesondere **§ 87 Abs. 2** und stellt sicher, dass die Aufsichtsbehörde zeitnah und sachgerecht reagieren kann, wenn eine im Inland ansässige, aber im EU- oder EWR-Ausland tätige Verwertungsgesellschaft gegen gesetzliche Vorschriften verstößt.[25]

---

[17] Zweibrückenstr. 12, 80297 München.
[18] → § 83 Rn. 3.
[19] → § 76 Rn. 4.
[20] → § 77 Rn. 6.
[21] § 88 Abs. 3; → § 88 Rn. 7.
[22] Im Einzelnen → § 76 Rn. 8.
[23] AmtlBegr. BT-Drs. 18/7223, 96.
[24] → § 76 Rn. 4 ff.
[25] AmtlBegr. BT-Drs. 18/7223, 96.

4. Rechtsfolge

7 Aus § 84 ergibt sich, welche Rechtsfolge die Aufnahme einer **Wahrnehmungstätigkeit ohne die erforderliche Anzeige** bei der Aufsichtsbehörde in Fällen des § 82 Nr. 1 hat: Ohne eine solche Anzeige kann die Verwertungsgesellschaft die **Rechte,** die sich aus dem UrhG ergeben, **nicht geltend machen.** Auch steht ihr ein **Strafantragsrecht** nach § 109 UrhG **nicht** zu.[26]

§ 83 Bekanntmachung

Die Erteilung der Erlaubnis und ein unanfechtbar gewordener Widerruf der Erlaubnis sowie Anzeigen nach § 82 sind im Bundesanzeiger bekanntzumachen.

Übersicht

I. Allgemeines

1. Die Bekanntmachungspflicht in § 5 UrhWG

1 In den §§ 1–5 UrhWG waren die Zulassungsvoraussetzungen, bzw. die Kriterien und die Durchführungsregeln für Erteilung und Widerruf der Erlaubnis zum Geschäftsbetrieb als Verwertungsgesellschaft enthalten.

§ 5 UrhWG („Bekanntmachung") bestimmte, dass die **Erteilung der Erlaubnis** und ein **wirksam gewordener Widerruf der Erlaubnis** im Bundesanzeiger bekanntzumachen waren. Wirksam wurde der Widerruf gem. § 4 Abs. 2 S. 2 UrhWG drei Monate, nachdem er unanfechtbar geworden war, falls im Widerspruchsbescheid kein späteres Datum festgesetzt war.[1]

2. § 83

2 Die Bestimmungen zur Erlaubnispflicht in den §§ 77–81 und in den §§ 83 und 84 entsprechen in wesentlichen Teilen den Regelungen in den §§ 1–5 UrhWG zur Erlaubnispflicht.

§ 83 entspricht inhaltlich weitgehend § 5 **UrhWG.** Allerdings weicht § 83 in zwei Punkten von § 5 UrhWG ab: Über die in § 5 UrhWG enthaltene Regelung hinaus umfasst die Bekanntmachungspflicht nach § 83 nicht nur die Erteilung einer Erlaubnis und einen unanfechtbar gewordenen Widerruf der Erlaubnis, sondern auch **Anzeigen nach § 82.** Außerdem wurde der dreimonatige Aufschub für das Wirksamwerden des Widerrufs gem. § 5 UrhWG iVm. § 4 Abs. 2 S. 2 UrhWG nicht in § 83 übernommen. Der Widerruf ist somit gem. § 83 bekanntzumachen, sobald er formelle Bestandskraft erlangt hat.[2]

II. Bekanntmachung

3 Nach § 83 sind die Erteilung der **Erlaubnis zum Geschäftsbetrieb** (§ 78 S. 1), ein **unanfechtbar gewordener Widerruf der Erlaubnis** (§ 80) sowie **Anzeigen** (§ 82) jeweils im Bundesanzeiger bekanntzumachen. Diese Bekanntmachungspflicht gilt für die Erteilung und den Widerruf der Erlaubnis sowie für Anzeigen von **Verwertungsgesellschaften iSv. § 2,**[3] **abhängigen Verwertungseinrichtungen iSv. § 3**[4] und **unabhängigen Verwertungseinrichtungen iSv. § 4,**[5] soweit sie jeweils der Erlaubnis- oder Anzeigepflicht unterliegen.[6]

Grund für diese Bekanntmachungspflicht ist, dass diese Entscheidungen von besonderem **Interesse für die Öffentlichkeit** sind.[7] Die Veröffentlichung im Bundesanzeiger soll allgemein der Transparenz

---

[26] → § 84 Rn. 3.
[1] Vgl. → § 80 Rn. 11.
[2] AmtlBegr. BT-Drs. 18/7223, 96 f.
[3] Zum Begriff der Verwertungsgesellschaft → § 2 Rn. 5 ff.
[4] Zum Begriff der abhängigen Verwertungseinrichtung → § 3 Rn. 3.
[5] Zum Begriff der unabhängigen Verwertungseinrichtung und den auf sie anwendbaren Bestimmungen des VGG → § 4 Rn. 3 ff.
[6] Zur Anzeigepflicht → § 82 Rn. 4; zur Erlaubnispflicht → Vor §§ 75 ff. Rn. 12; → § 77 Rn. 3; dies dürfte auch für die Anzeige unabhängiger Verwertungseinrichtungen gelten, obwohl in § 91, anders als in § 90 für abhängige Verwertungseinrichtungen, nicht auf § 83 verwiesen wird; Wandtke/Bullinger/*Staats* § 83 Rn. 10 vermuten hier ein Redaktionsversehen.
[7] Zu § 5 UrhWG AmtlBegr. UrhWG BT-Drs. IV/271, 15.

dienen und insbesondere dazu, dass sich Rechtsinhaber, Nutzer und andere Beteiligte darüber informieren können, ob die betreffende Gesellschaft etwa nach § 84 daran gehindert ist, Rechte durchzusetzen.[8]

Insbesondere die Bekanntmachung der Erlaubnis, aber auch die der Anzeige der Aufnahme der Wahrnehmungstätigkeit, ist aber auch von Nutzen für die betroffene Gesellschaft, denn sie macht deren **Legitimation** offenkundig.[9] Für die Versagung der Erlaubnis (§ 79) gelten diese Erwägungen nicht; sie ist daher nicht bekanntzumachen.[10]

Die Pflicht zur Bekanntmachung im Bundesanzeiger trifft die Aufsichtsbehörde iSv. § 75 Abs. 1, das Deutsche Patent- und Markenamt (DPMA).[11]

Im Falle eines **Erlaubniswiderrufs (§ 80)** setzt die Bekanntmachungspflicht voraus, dass der Widerruf wirksam, dh. **unanfechtbar** geworden ist.[12] Auch vor formeller Bestandskraft des Widerrufs der Erlaubnis kann die Aufsichtsbehörde aber gem. § 89 Abs. 5 auf ihrer Internetseite über entsprechende Entscheidungen informieren.[13]

§ 84 Wahrnehmungstätigkeit ohne Erlaubnis oder Anzeige

[1] **Wird eine Verwertungsgesellschaft ohne die erforderliche Erlaubnis oder Anzeige tätig, so kann sie die von ihr wahrgenommenen Urheberrechte und verwandten Schutzrechte, die sich aus dem Urheberrechtsgesetz ergeben, nicht geltend machen.** [2] **Das Strafantragsrecht (§ 109 des Urheberrechtsgesetzes) steht ihr nicht zu.**

Übersicht

I. Allgemeines

1. Die Bestimmungen des UrhWG

In den §§ 1–5 UrhWG waren die Zulassungsvoraussetzungen, bzw. die Kriterien und die Durch- **1** führungsregeln für die Erteilung und den Widerruf der Erlaubnis zum Geschäftsbetrieb als Verwertungsgesellschaft enthalten.

§ 1 UrhWG enthielt die Grundlagen und Bedingungen der Erlaubnispflicht. Die **Rechtsfolgen** einer **Tätigkeit ohne erforderliche Erlaubnis** waren in § 1 Abs. 3 UrhWG geregelt. **§ 1 Abs. 3 S. 1 UrhWG** bestimmte, dass, wer ohne eine solche Erlaubnis als Verwertungsgesellschaft tätig wurde, die ihm zur Wahrnehmung anvertrauten Rechte oder Ansprüche nicht geltend machen konnte. Dementsprechend statuierte **§ 1 Abs. 3 S. 2 UrhWG**, dass ihm auch das Antragsrecht nach § 109 UrhG (Strafantragsrecht bezogen auf die Fälle der §§ 106–108 und des § 108b UrhG) nicht zustand.

2. § 84

Die Bestimmungen zur Erlaubnispflicht in den §§ 77–81 und in den §§ 83 und 84 entsprechen in **2** wesentlichen Teilen den Regelungen in den §§ 1–5 UrhWG zur Erlaubnispflicht.

§ 84 entspricht inhaltlich weitgehend **§ 1 Abs. 3 UrhWG.** Eine Änderung im Vergleich zu § 1 Abs. 3 UrhWG ergibt sich zunächst daraus, dass § 84 ausdrücklich auf Verwertungsgesellschaften iSv. § 2[1] Bezug nimmt; § 1 Abs. 3 UrhWG war insofern weiter gefasst („Wer"), da die Erlaubnispflicht gem. § 1 UrhWG auch für natürliche Personen galt.[2]

§ 84 bestimmt nicht nur wie der bisherige § 1 Abs. 3 UrhWG die **Rechtsfolgen** einer **Tätigkeit ohne erforderliche Erlaubnis,** sondern auch die **Rechtsfolgen** einer **Tätigkeit ohne Anzeige.** Eine Anzeigepflicht gab es im UrhWG nicht; sie wurde erst mit § 82 eingeführt.

---

[8] AmtlBegr. BT-Drs. 18/7223, 97; → § 84 Rn. 3.
[9] Zu § 5 UrhWG vgl. VGH München ZUM 2003, 78 (79).
[10] Vgl. VGH München NVwZ-RR 2003, 121 (122).
[11] → § 75 Rn. 6.
[12] Zum Zeitpunkt, in dem der Widerruf wirksam wird, → § 80 Rn. 11.
[13] → § 89 Rn. 8.
[1] Zum Begriff der Verwertungsgesellschaft → § 2 Rn. 5 ff.
[2] Vgl. → 5. Aufl. 2017, UrhWG § 1 Rn. 14.

II. Wahrnehmungstätigkeit ohne Erlaubnis oder Anzeige

3   Ob eine **Erlaubnis** für die Wahrnehmungstätigkeit eingeholt werden muss, ergibt sich für Verwertungsgesellschaften aus § 77 und für abhängige Verwertungseinrichtungen aus § 90 Abs. 1. Unabhängige Verwertungseinrichtungen unterliegen nicht der Erlaubnispflicht.[3] Die **Anzeigepflicht** ergibt sich für Verwertungsgesellschaften iSv. § 2 aus § 82, für abhängige Verwertungseinrichtungen iSv. § 3[4] aus § 90 Abs. 2, und für unabhängige Verwertungseinrichtungen iSv. § 4[5] aus § 91 Abs. 2.[6]

Nach **§ 84 S. 1** ist **Rechtsfolge** einer Wahrnehmungstätigkeit, die nach § 77 Abs. 1 erlaubnispflichtig ist, für die aber **keine Erlaubnis** iSv § 77 eingeholt wurde, der Verlust aller urheberrechtlichen Ansprüche der erlaubnispflichtigen Gesellschaft aus den ihr zur Wahrnehmung übertragenen Rechten. Dieselbe **Rechtsfolge** trifft die Wahrnehmungstätigkeit von Verwertungsgesellschaften, abhängigen und unabhängigen Verwertungseinrichtungen, die der **Anzeigepflicht** unterliegen, die Aufnahme ihrer Tätigkeit der Aufsichtsbehörde aber **nicht angezeigt** haben. Für unabhängige Verwertungseinrichtungen ist diese Rechtsfolge sogar ausdrücklich in § 91 Abs. 2 S. 2 erwähnt.

Nach **§ 84 S. 2** steht den betreffenden Verwertungsgesellschaften in diesen Fällen auch das Recht, nach **§ 109 UrhG Strafantrag bei Urheberrechtsverletzungen** zu stellen, nicht zu.

Es ist aber nicht die Übertragung der Rechte und Ansprüche vom Urheber oder Leistungsschutzberechtigten auf die Gesellschaft selbst unwirksam; lediglich die **Geltendmachung** der Rechte und Ansprüche ist nicht möglich,[7] da die materiellen (urheberrechtlichen) Ansprüche für sie nicht bestehen.

Im Übrigen kann die **Geschäftstätigkeit ohne erforderliche Erlaubnis** iSv. § 77 von der Aufsichtsbehörde gem. **§ 85 Abs. 2 Nr. 1** untersagt werden.[8] Außerdem kann die Fortsetzung der Geschäftstätigkeit gem. **§ 85 Abs. 2 Nr. 2** untersagt werden, wenn eine Verwertungsgesellschaft, eine abhängige oder eine unabhängige Verwertungseinrichtung ihrer **Anzeigepflicht** gem. § 82 bzw. § 90 Abs. 2 oder § 91 Abs. 2 trotz Abmahnung **wiederholt nicht nachgekommen** ist.[9]

§ 85 Befugnisse der Aufsichtsbehörde

(1) **Die Aufsichtsbehörde kann alle erforderlichen Maßnahmen ergreifen, um sicherzustellen, dass die Verwertungsgesellschaft die ihr nach diesem Gesetz obliegenden Verpflichtungen ordnungsgemäß erfüllt.**

(2) **Die Aufsichtsbehörde kann einer Verwertungsgesellschaft die Fortsetzung des Geschäftsbetriebs untersagen, wenn die Verwertungsgesellschaft**

1. ohne Erlaubnis tätig wird oder

2. einer der ihr nach diesem Gesetz obliegenden Verpflichtungen trotz Abmahnung durch die Aufsichtsbehörde wiederholt zuwiderhandelt.

(3) **Die Aufsichtsbehörde kann von der Verwertungsgesellschaft jederzeit Auskunft über alle die Geschäftsführung betreffenden Angelegenheiten sowie die Vorlage der Geschäftsbücher und anderer geschäftlicher Unterlagen verlangen.**

(4) **[1]Die Aufsichtsbehörde ist berechtigt, durch Beauftragte an der Mitgliederhauptversammlung sowie den Sitzungen des Aufsichtsrats, des Verwaltungsrats, des Aufsichtsgremiums, der Vertretung der Delegierten (§ 20) sowie aller Ausschüsse dieser Gremien teilzunehmen. [2]Die Verwertungsgesellschaft hat die Aufsichtsbehörde rechtzeitig über Termine nach Satz 1 zu informieren.**

(5) **[1]Rechtfertigen Tatsachen die Annahme, dass ein nach Gesetz oder Statut zur Vertretung der Verwertungsgesellschaft Berechtigter die für die Ausübung seiner Tätigkeit erforderliche Zuverlässigkeit nicht besitzt, so setzt die Aufsichtsbehörde der Verwertungsgesellschaft eine Frist zu seiner Abberufung. [2]Die Aufsichtsbehörde kann ihm bis zum Ablauf dieser Frist die weitere Ausübung seiner Tätigkeit untersagen, wenn dies zur Abwendung schwerer Nachteile erforderlich ist.**

(6) **Liegen Anhaltspunkte dafür vor, dass eine Organisation einer Erlaubnis nach § 77 bedarf, so kann die Aufsichtsbehörde von ihr die zur Prüfung der Erlaubnispflichtigkeit erforderlichen Auskünfte und Unterlagen verlangen.**

Schrifttum: *Arnold/Rehbinder,* Zur Rechtsnatur der Staatsaufsicht über die deutschen Verwertungsgesellschaften, UFITA 118 (1992), 203; *Häußer,* Praxis und Probleme der Aufsicht über Verwertungsgesellschaften, FuR 1980, 57;

---

[3] → § 77 Rn. 3.

[4] Zum Begriff der abhängigen Verwertungseinrichtung → § 3 Rn. 3.

[5] Zum Begriff der unabhängigen Verwertungseinrichtung und den auf sie anwendbaren Bestimmungen des VGG → § 4 Rn. 3 ff.

[6] → Vor §§ 75 ff. Rn. 12.

[7] Zu § 1 Abs. 3 UrhWG Fromm/Nordemann/*W. Nordemann*/*Wirtz,* 11. Aufl., UrhWG § 1 Rn. 7; Wandtke/Bullinger/*Staats* § 84 Rn. 2; aA Dreier/Schulze/*Schulze* § 84 Rn. 2.

[8] → § 85 Rn. 6.

[9] → § 85 Rn. 7.

ders., Aufsicht über Verwertungsgesellschaften und Vereinsautonomie, FS Roeber (1982), S. 113; *Himmelmann,* Die Aufsicht über die GEMA, in: Kreile/Becker/Riesenhuber (Hrsg.), Recht und Praxis der GEMA, 2. Aufl. 2008, 817; *Katzenberger,* Elektronische Pressespiegel aus der Sicht des urheberrechtlichen Konventionsrechts, GRUR-Int 2004, 739; *Löhr,* Die Aufsicht über Verwertungsgesellschaften, 1992; *Melichar,* Die Wahrnehmung von Urheberrechten durch Verwertungsgesellschaften, 1983; *Menzel,* Die Aufsicht über die GEMA durch das Deutsche Patentamt, 1986; *Staats,* Die Aufsicht über ausländische Verwertungsgesellschaften, FS Schulze (2017), S. 331.

Übersicht

I. Allgemeines

1. Die Vorgaben der VG-RL

Die Vorgaben der VG-RL zur Aufsicht über Verwertungsgesellschaften und den Befugnissen der **1** Aufsichtsbehörde sind auf allgemeine Regeln beschränkt. Die grundlegenden Bestimmungen hierzu sind in Art. 36 Abs. 1 und Abs. 3 VG-RL enthalten.

Art. 36 Abs. 1 VG-RL gibt dem nationalen Gesetzgeber auf sicherzustellen, dass „die **Einhaltung**" der aufgrund der VG-RL erlassenen nationalen Vorschriften durch die in ihrem Hoheitsgebiet ansässigen Verwertungsgesellschaften von den zuständigen nationalen Behörden „**überwacht** wird". Die Wahl der zuständigen Aufsichtsbehörden überlässt die VG-RL den Mitgliedstaaten.[1]

Hinsichtlich der Aufsichtsbefugnisse bestimmt **Art. 36 Abs. 3 VG-RL,** dass die Aufsichtsbehörde befugt sein muss, „**geeignete Sanktionen**" zu verhängen und „**geeignete Maßnahmen**" zu ergreifen, die jeweils „wirksam, verhältnismäßig und abschreckend" sein müssen.[2] Weitergehende inhaltliche Vorgaben enthält die VG-RL insoweit aber nicht.

2. Bestimmungen des UrhWG

Die Bestimmungen zum „**Inhalt der Aufsicht**" über Verwertungsgesellschaften waren in § 19 **2** UrhWG enthalten. Hierzu enthielt **§ 19 Abs. 1 UrhWG** eine Art **Generalklausel** in Form einer allgemeinen Überwachungspflicht: Die Aufsichtsbehörde hatte darauf zu achten, dass die Verwertungsgesellschaft „den ihr nach diesem Gesetz obliegenden Verpflichtungen ordnungsgemäß nachkommt". Die für die Aufsicht über Verwertungsgesellschaften zuständige Behörde war gem. § 18 Abs. 1 UrhWG das Deutsche Patent- und Markenamt (DPMA).[3]

Einzelne Befugnisse der Aufsichtsbehörde zur Ausübung der Aufsicht waren in **§ 19 Abs. 2–5 UrhWG** aufgeführt.

Da Verwertungsgesellschaften gem. § 1 UrhWG generell der Erlaubnispflicht unterworfen waren, bestimmte **§ 19 Abs. 2 S. 1 UrhWG,** dass die Aufsichtsbehörde Verwertungsgesellschaften, die ohne die Erlaubnis nach § 1 Abs. 1 UrhWG tätig waren, die **Fortsetzung ihres Geschäftsbetriebs untersagen** konnte.

Gem. **§ 19 Abs. 2 S. 2 UrhWG** konnte die Aufsichtsbehörde **alle erforderlichen Maßnahmen** ergreifen, um sicherzustellen, dass eine Verwertungsgesellschaft die „sonstigen ihr obliegenden Verpflichtungen ordnungsgemäß erfüllt".

§ 19 Abs. 3 UrhWG gab der Aufsichtsbehörde das Recht, von Verwertungsgesellschaften **Auskunft über Angelegenheiten der Geschäftsführung** und die Vorlage von Geschäftsbüchern und anderen geschäftlichen Unterlagen zu verlangen.

Nach **§ 19 Abs. 4 UrhWG** hatte die Aufsichtsbehörde das Recht, an den Sitzungen der Mitgliederversammlung bzw. des Aufsichtsrates oder des Beirates von Verwertungsgesellschaften durch einen Beauftragten **teilzunehmen.**

Gem. **§ 19 Abs. 5 S. 1 UrhWG** konnte die Aufsichtsbehörde der Verwertungsgesellschaft eine **Frist zur Abberufung eines Vertretungsberechtigten** setzen, wenn Tatsachen die Annahme

---

[1] → § 75 Rn. 1.
[2] → Vor §§ 75 ff. Rn. 4.
[3] → § 75 Rn. 3.

rechtfertigten, dass dieser die zur Ausübung seiner Tätigkeit erforderliche Zuverlässigkeit nicht besaß; dies „zur Vermeidung des Widerrufs der Erlaubnis" gem. § 4 Abs. 1 Nr. 1 UrhWG. Die Aufsichtsbehörde konnte ihm gem. **§ 19 Abs. 5 S. 2 UrhWG** bis zum Ablauf dieser Frist die weitere Ausübung seiner Tätigkeit untersagen, falls dies zur Abwendung schwerer Nachteile erforderlich war.

Umfang und Wirkung dieser Aufsichtsbefugnisse ergaben sich im Übrigen aus den Vorschriften, deren Einhaltung die Aufsichtsbehörde zu überwachen hatte, wie etwa die Überprüfung der Wahrnehmungsbedingungen, der Tarife oder, in bestimmtem Umfang, des Kontrahierungszwangs.[4]

3. § 85

3 Die bisher in § 19 Abs. 1 UrhWG enthaltene Generalklausel der **allgemeinen Überwachungspflicht** durch die Aufsichtsbehörde findet sich nunmehr in **§ 76 Abs. 1.**[5] Die **einzelnen Befugnisse** der Aufsichtsbehörde zur Durchführung der Aufsicht, bisher in § 19 Abs. 2–5 UrhWG aufgeführt, wurden mit weitgehend gleichem Inhalt, wenn auch etwas anderer Struktur, in **§ 85** übernommen. Zugleich setzt § 85 die Vorgaben in Art. 36 Abs. 1 und 3 VG-RL um.

§ 85 Abs. 1, wonach die Aufsichtsbehörde **alle erforderlichen Maßnahmen** ergreifen kann, um sicherzustellen, dass die Verwertungsgesellschaft die „ihr nach diesem Gesetz obliegenden Verpflichtungen ordnungsgemäß erfüllt", entspricht nahezu wörtlich dem bisherigen § 19 Abs. 2 S. 2 UrhWG.

§ 85 Abs. 2 Nr. 1 entspricht dem bisherigen § 19 Abs. 2 S. 1 UrhWG und gibt der Aufsichtsbehörde die Möglichkeit, einer Verwertungsgesellschaft die **Fortsetzung ihres Geschäftsbetriebs zu untersagen,** wenn sie **ohne die erforderliche Erlaubnis** tätig wird.

§ 85 Abs. 2 Nr. 2 gibt der Aufsichtsbehörde die Möglichkeit, einer Verwertungsgesellschaft die **Fortsetzung ihres Geschäftsbetriebs zu untersagen,** wenn sie einer der ihr nach dem VGG obliegenden **Verpflichtungen** trotz Abmahnung durch die Aufsichtsbehörde wiederholt **zuwiderhandelt;** und zwar auch dann, wenn die Verwertungsgesellschaft keiner Erlaubnispflicht unterliegt. Diese Möglichkeit war bisher nicht in § 19 UrhWG enthalten, sondern nur im Zusammenhang mit der Erlaubnis als Grund für deren Widerruf in § 4 Abs. 1 Nr. 2 UrhWG genannt.

Das **Auskunftsrecht** der Aufsichtsbehörde in **§ 85 Abs. 3** über geschäftliche Unterlagen der Verwertungsgesellschaft entspricht inhaltlich § 19 Abs. 3 UrhWG.

Das **Teilnahmerecht** der Aufsichtsbehörde an Sitzungen der Verwertungsgesellschaft gem. **§ 85 Abs. 4 S. 1** übernimmt inhaltlich § 19 Abs. 4 UrhWG, geht aber darüber hinaus: Das Teilnahmerecht besteht künftig auch für die Vertretung der Delegierten (§ 20) und für alle Ausschüsse der in § 85 Abs. 4 S. 1 genannten Gremien. Neu im Vergleich zu § 19 Abs. 4 UrhWG ist auch die Bestimmung in **§ 85 Abs. 4 S. 2,** wonach die Verwertungsgesellschaft die Aufsichtsbehörde rechtzeitig über Sitzungstermine der Gremien und Ausschüsse iSv. § 85 Abs. 4 S. 1 informieren muss.

§ 85 Abs. 5 S. 1 gibt der Aufsichtsbehörde die Möglichkeit der **Fristsetzung zur Abberufung eines Vertretungsberechtigten** der Verwertungsgesellschaft, der die erforderliche Zuverlässigkeit nicht besitzt. Diese Bestimmung entspricht nahezu wörtlich dem bisherigen § 19 Abs. 5 S. 1 UrhWG, enthält aber anders als dieser nicht den Hinweis „zur Vermeidung des Widerrufs der Erlaubnis", ist also nicht mit der Erlaubnispflicht verknüpft. **§ 85 Abs. 5 S. 2,** wonach die Aufsichtsbehörde dem Vertretungsberechtigten bis zum Ablauf dieser Frist die weitere **Ausübung seiner Tätigkeit untersagen** kann, falls dies zur Abwendung schwerer Nachteile erforderlich ist, entspricht dem bisherigen § 19 Abs. 5 S. 2 UrhWG.

§ 85 Abs. 6 hat kein Vorbild im UrhWG. Diese Bestimmung statuiert ein weiteres **Auskunftsrecht der Aufsichtsbehörde** gegenüber einer Verwertungsgesellschaft, wenn es Anhaltspunkte dafür gibt, dass die betreffende Verwertungsgesellschaft einer Erlaubnis nach § 77 bedarf. In diesem Fall kann die Aufsichtsbehörde die **zur Prüfung der Erlaubnispflichtigkeit** erforderlichen Auskünfte und Unterlagen verlangen.

II. Befugnisse der Aufsichtsbehörde

1. Die Reichweite von § 85

4 Die Aufsichtsbefugnisse gem. § 85 gelten grundsätzlich gegenüber allen **Verwertungsgesellschaften** iSv. § 2,[6] und zwar unabhängig von ihrer Rechtsform.[7] § 85 gilt gem. § 90 Abs. 3 auch für Aufsichtsmaßnahmen gegenüber **abhängigen Verwertungseinrichtungen** iSv. § 3,[8] und die Aufsichtsbefugnisse gem. § 85 Abs. 1–3 gelten gem. § 91 Abs. 1 gegenüber **unabhängigen Verwertungseinrichtungen** iSv. § 4[9] entsprechend.[10]

---

[4] Vgl. im Einzelnen → 5. Aufl. 2017, UrhWG § 19 Rn. 1 f.
[5] → § 76 Rn. 4 ff.
[6] Zum Begriff der Verwertungsgesellschaft → § 2 Rn. 5 ff.
[7] → § 2 Rn. 9; vgl. Erwägungsgrund (14) VG-RL.
[8] Zum Begriff der abhängigen Verwertungseinrichtung → § 3 Rn. 3.
[9] Zum Begriff der unabhängigen Verwertungseinrichtung und den auf sie anwendbaren Bestimmungen des VGG → § 4 Rn. 3 ff.
[10] → Vor §§ 75 ff. Rn. 12.

Alle diese Gesellschaften (Verwertungsgesellschaften, abhängige und unabhängige Verwertungseinrichtungen) können Adressaten von Aufsichtsmaßnahmen iSv. § 85 Abs. 1 sein, wenn sie entweder (1) **im Inland ansässig und tätig,** wenn sie (2) **im Inland ansässig, aber im Ausland tätig** sind, oder wenn sie (3) **im Inland tätig,** aber **in einem Drittland** außerhalb der EU und des EWR **ansässig** sind.[11]

Für Gesellschaften, die (4) **im Inland tätig aber im EU- oder EWR-Ausland ansässig** sind, soll dagegen nicht die Befugnisnorm des § 85, sondern § 86 als Sonderregel gelten.[12] In der Tat sind solche Verwertungsgesellschaften entsprechend dem in der VG-RL angelegten Sitzstaatsprinzip primär der Aufsicht in ihrem Sitzstaat unterworfen, und es gelten für sie bestimmte Sonderregeln, wie etwa Ausnahmen von der Erlaubnispflicht gem. § 77 Abs. 2 oder von der Unterrichtungspflicht gem. § 88 Abs. 3, flankiert durch die Beachtung der Regeln ihres Sitzstaates durch die Aufsichtsbehörde gem. § 76 Abs. 2.[13] Im Ergebnis dürfte daher die Befugnisnorm des § 85 nur insoweit auf solche Verwertungsgesellschaften Anwendung finden, als für sie Verpflichtungen des VGG gelten, wie etwa die Erlaubnispflicht unter den in § 77 Abs. 2 genannten Bedingungen oder die Anzeigepflicht gem. § 82 bzw. § 90 Abs. 2 oder § 91 Abs. 2.[14] Soweit solche Gesellschaften daher gem. § 77 Abs. 2 der Erlaubnispflicht unterliegen, dürften die Aufsichtsbehörden ihnen gegenüber die Befugnisse nach § 85 Abs. 1, Abs. 2 Nr. 1 und Abs. 6 haben.[15]

2. § 85 Abs. 1 – Befugnis zu erforderlichen Maßnahmen

§ 85 Abs. 1 gibt der Aufsichtsbehörde[16] die allgemeine Befugnis, alle erforderlichen Maßnahmen 5 zu ergreifen, um sicherzustellen, dass die Verwertungsgesellschaften ihre Verpflichtungen ordnungsgemäß erfüllen. Diese Bestimmung ist als **Generalklausel** zu verstehen. Sie ergänzt die allgemeine Überwachungspflicht der Aufsichtsbehörde nach § 76 Abs. 1 über die Einhaltung zwingender Vorschriften des VGG um eine **förmliche Befugnisnorm** und tritt neben die anderen ausdrücklich normierten Befugnisse der Aufsichtsbehörde gem. § 85 Abs. 2–6.

Die Maßnahmen der Aufsichtsbehörde, die sie gem. § 85 Abs. 1 ergreifen kann, sollen die Einhaltung der der Verwertungsgesellschaft nach dem VGG obliegenden Verpflichtungen gewährleisten. Dieser Begriff (der **„ihr nach diesem Gesetz obliegenden Verpflichtungen"**) wird auch in § 76 Abs. 1 iR. der dort normierten allgemeinen Überwachungspflicht der Aufsichtsbehörde benutzt. Gemeint sind damit jeweils alle Verpflichtungen, die Verwertungsgesellschaften nach dem VGG gegenüber Rechtsinhabern, Nutzern, anderen Verwertungsgesellschaften oder der Allgemeinheit haben. Von § 85 Abs. 1 nicht erfasst ist die Einhaltung der im VGG genannten Soll-Vorschriften sowie die Einhaltung von Verpflichtungen aus anderen gesetzlichen Vorschriften oder privatrechtlichen Vereinbarungen.[17] Der Umfang der Aufsichtsbefugnisse ergibt sich aus den Bestimmungen, deren Einhaltung die Aufsichtsbehörde zu überwachen hat.

Welche Maßnahmen im Einzelfall **erforderlich** sind, um die Einhaltung der betreffenden Bestimmungen durch die Verwertungsgesellschaft sicherzustellen, hat die Aufsichtsbehörde jeweils abzuwägen. Dabei hat sie die ihr durch § 85 Abs. 1 erteilten Befugnisse nach **pflichtgemäßem Ermessen**[18] und unter Berücksichtigung der allgemeinen verwaltungsrechtlichen Grundsätze der Verhältnismäßigkeit und des Übermaßverbots auszuüben.[19] In diesem Rahmen dürfte dem DPMA daher keine unmittelbare Einwirkungsmöglichkeit zukommen, es ihm also nicht zustehen, Tarife eigenmächtig abzuändern, ihm unangemessen erscheinende Gesamtverträge zu kündigen oder beanstandete Maßnahmen einer Verwertungsgesellschaft durch eigene zu ersetzen.[20] Häufigstes Mittel der Aufsicht wird auch iRv. § 85 Abs. 1 der formlose Hinweis bleiben.

Soweit das DPMA aufgrund von § 85 Abs. 1 Verwaltungsakte erlässt, ist das Verwaltungsverfahrensgesetz zu beachten.[21]

3. § 85 Abs. 2 – Untersagung der Fortsetzung des Geschäftsbetriebs

a) § 85 Abs. 2 Nr. 1, Tätigkeit ohne Erlaubnis. Nach § 1 Abs. 1 UrhWG bedurften Verwer- 6 tungsgesellschaften für ihre Tätigkeit stets einer Erlaubnis zum Geschäftsbetrieb. Zwar bestimmte § 1 Abs. 3 UrhWG, dass wer **ohne Erlaubnis** tätig wurde, die ihm zur Wahrnehmung anvertrauten

---

[11] Zu den Bedingungen vgl. im Einzelnen → § 76 Rn. 4.
[12] AmtlBegr. BT-Drs. 18/7223, 97.
[13] → § 76 Rn. 8.
[14] Zur Anwendung der entsprechenden aufsichtsrechtlichen Generalklausel gem. § 76 Abs. 1, → § 76 Rn. 4.
[15] *Staats* FS Schulze (2017), 331 (339); → § 77 Rn. 6.
[16] Gem. § 75 Abs. 1 das Deutsche Patent- und Markenamt (DPMA); → § 75 Rn. 6.
[17] Zu den von der Aufsicht erfassten Verpflichtungen → § 76 Rn. 5.
[18] Zum Ermessensspielraum iRv. § 19 UrhWG *Häußer* FuR 1980, 57 (62); *Himmelmann* in Kreile/Becker/ Riesenhuber (Hrsg.), Recht und Praxis der GEMA, 817 (882).
[19] Vgl. *Menzel* S. 74 f.; → § 76 Rn. 6.
[20] So im Zusammenhang mit § 19 UrhWG *Melichar* S. 53; *Häußer* FuR 1980, 57 (62); *Häußer* FS Roeber (1982), 113 (127); *Arnold/Rehbinder* UFITA 118 (1992), 203 (212); *Himmelmann* in Kreile/Becker/Riesenhuber (Hrsg.), Recht und Praxis der GEMA, 817 (882); → § 76 Rn. 6.
[21] Vgl. §§ 35 ff. VerwVfG; → § 89 Rn. 4 ff.

Rechte und Ansprüche nicht geltend machen konnte und ihm das Antragsrecht gem. § 109 UrhG nicht zustand. Eine ausdrückliche Eingriffsnorm zugunsten der Aufsichtsbehörde für den Fall, dass eine Verwertungsgesellschaft iSv. § 1 Abs. 1 UrhWG ohne die gem. § 1 UrhWG erforderliche Erlaubnis zum Geschäftsbetrieb tätig wurde, gab es dagegen im UrhWG zunächst nicht.[22] Erst nach 2003 wurde mit § 19 Abs. 2 S. 1 UrhWG eine **ausdrückliche Befugnisnorm** in das UrhWG aufgenommen, mit deren Hilfe die Aufsichtsbehörde unerlaubt tätigen Verwertungsgesellschaften die Fortsetzung des Geschäftsbetriebs untersagen konnte.[23]

Auch nach dem VGG bedürfen Verwertungsgesellschaften, die Urheberrechte oder verwandte Schutzrechte wahrnehmen, die sich aus dem UrhG ergeben, sofern sie nicht unter die Ausnahme in § 77 Abs. 2 fallen, hierzu grundsätzlich gem. § 77 Abs. 1 der Erlaubnis. Entsprechend dem bisherigen § 1 Abs. 3 UrhWG bestimmt **§ 84,** dass Verwertungsgesellschaften, die **ohne die erforderliche Erlaubnis** tätig werden, die ihnen zur Wahrnehmung anvertrauten Rechte und Ansprüche nicht geltend machen können und ihnen das Strafantragsrecht gem. § 109 UrhG nicht zusteht.[24]

Unabhängig von diesen Rechtsfolgen einer Wahrnehmungstätigkeit ohne erforderliche Erlaubnis gibt § **85 Abs. 2 Nr. 1** der Aufsichtsbehörde die Befugnis, einer ohne die zum § 77 Abs. 1 erforderliche Erlaubnis tätigen Verwertungsgesellschaft die **Fortsetzung ihres Geschäftsbetriebs** zu **untersagen.** Damit übernimmt § **85 Abs. 2 Nr. 1** die Regelung des bisherigen § 19 Abs. 2 S. 1 UrhWG.

Die Untersagungsbefugnis gem. § 85 Abs. 2 Nr. 1 erfasst alle **drei Fälle des unerlaubten Geschäftsbetriebs** einer Verwertungsgesellschaft: Die Aufnahme des Geschäftsbetriebs, ohne dass eine Erlaubnis eingeholt (§ 77 Abs. 1 oder Abs. 2) oder obwohl sie versagt wurde (§ 79), sowie die Fortsetzung des Geschäftsbetriebs nach dem Widerruf der Erlaubnis (§ 80).

7 **b) § 85 Abs. 2 Nr. 2, Wiederholte Zuwiderhandlung.** Nach § 85 Abs. 2 Nr. 2 kann die Aufsichtsbehörde einer Verwertungsgesellschaft die **Fortsetzung ihres Geschäftsbetriebs** ferner dann **untersagen,** wenn sie einer der ihr nach dem VGG obliegenden **Verpflichtungen** trotz Abmahnung **wiederholt zuwiderhandelt.** Eine solche Befugnisnorm gab es im UrhWG nicht; sie geht darauf zurück, dass gem. § 77 – anders als noch im UrhWG – nicht alle Verwertungsgesellschaften einer Erlaubnis bedürfen, sie aber dennoch der laufenden Aufsicht unterliegen. Dementsprechend wird erwartet, dass diese Befugnis der Aufsichtsbehörde insbesondere für solche Verwertungsgesellschaften in Betracht kommt, die keiner Erlaubnis bedürfen.[25] Diese Befugnis der Aufsichtsbehörde wird insbesondere in den Fällen zum Tragen kommen, in denen der Anzeigepflicht gem. § 82, § 90 Abs. 2 oder § 91 Abs. 2 trotz Abmahnung nicht nachgekommen wurde.

Inhaltlich entspricht die Untersagungsbefugnis gem. § 85 Abs. 2 Nr. 2 den in § 80 Abs. 1 Nr. 2 aufgeführten **Bedingungen für den Widerruf der Erlaubnis** zum Geschäftsbetrieb: Voraussetzung für die Untersagung des Geschäftsbetriebs ist also stets eine **wiederholte Zuwiderhandlung** der Verwertungsgesellschaft gegen die ihr nach dem VGG **obliegenden Verpflichtungen,** und dies trotz **Abmahnung** durch die Aufsichtsbehörde. Die für § 80 Abs. 1 Nr. 2 geltenden Maßstäbe sind daher auch auf § 85 Abs. 2 Nr. 2 anwendbar.[26]

Bei der Anwendung der Aufsichtsbefugnisse steht der Aufsichtsbehörde im Übrigen ein **Auswahlermessen** zu.[27]

4. § 85 Abs. 3 – Auskunft über geschäftliche Unterlagen

8 § 85 Abs. 3 entspricht dem bisherigen § 19 Abs. 3 UrhWG.[28] § 85 Abs. 3 gibt der Aufsichtsbehörde das zur Ausübung der Aufsicht erforderliche Recht, von der Verwertungsgesellschaft bestimmte **Auskünfte** zu verlangen.

Die **Verpflichtung** der Verwertungsgesellschaft nach § 85 Abs. 3 zur Erteilung von Auskünften und zur Vorlage von Unterlagen trifft jeweils die entsprechend der Organisationsform der Verwertungsgesellschaft vertretungsberechtigten Personen.

Der **Umfang des Auskunftsrechts** der Aufsichtsbehörde bestimmt sich danach, ob und inwieweit die Auskünfte jeweils **zur Ausübung der Aufsicht erforderlich** sind. Die Auskunft über Angelegenheiten der Geschäftsführung umfasst daher alles, was die Tätigkeit der Verwertungsgesellschaft nach außen (gegenüber den Nutzern und Nutzervereinigungen) und nach innen (gegenüber Mitgliedern und Berechtigten) angeht[29] und nicht offensichtlich Vorgänge betrifft, die nicht Gegenstand der Aufsicht sind. Dasselbe gilt für den **Umfang der Vorlagepflicht** hinsichtlich des Begriffs der „geschäftlichen Unterlagen".

---

[22] VGH München ZUM 2003, 78 (79); zu den Hintergründen dieses Verfahrens vgl. *Katzenberger* GRUR-Int 2004, 739 (741 f.); *Himmelmann* in Kreile/Becker/Riesenhuber (Hrsg.), Recht und Praxis der GEMA, 817 (880 f.).
[23] Zur Begründung Beschlussempfehlung des Rechtsausschusses BT-Drs. 15/837, 85 f.
[24] → § 84 Rn. 3.
[25] AmtlBegr. BT-Drs. 18/7223, 97.
[26] → § 80 Rn. 7 f.
[27] AmtlBegr. BT-Drs. 18/7223, 97.
[28] Vgl. zur ursprünglich vorgesehenen (weiteren) Fassung von § 19 Abs. 3 UrhWG → 5. Aufl. 2017, UrhWG § 19 Rn. 5 mwN.
[29] Enger zu § 19 Abs. 3 UrhWG noch *Mestmäcker/Schulze* UrhWG § 19 Anm. 3b.

Eine Pflicht der Aufsichtsbehörde zur Begründung ihres Auskunfts- oder Vorlageverlangens gegenüber der Verwertungsgesellschaft ist in § 85 Abs. 3 nicht vorgesehen. Die weite Fassung des Gesetzeswortlauts („jederzeit", „alle") weist vielmehr darauf hin, dass die Aufsichtsbehörde auch **ohne Angabe von Gründen** oder Zweck Auskunft und Vorlage verlangen kann.[30]

Ein Recht auf Verweigerung der Auskunft oder der Vorlage besteht grundsätzlich nicht. § 383 Abs. 1 Nr. 1–3 ZPO dürfte aber entsprechend anwendbar sein.[31]

5. § 85 Abs. 4 – Teilnahmerecht der Aufsichtsbehörde

§ 85 Abs. 4 S. 1 übernimmt von § 19 Abs. 4 UrhWG ein **Teilnahmerecht der Aufsichtsbehörde.** § 85 Abs. 4 S. 1 gibt der Aufsichtsbehörde das Recht, selbst oder durch einen Beauftragten an der **Mitgliederversammlung** der Verwertungsgesellschaft und an Sitzungen der entsprechend der Organisationsform bestehenden **Aufsichtsgremien** teilzunehmen. Während aber § 19 Abs. 4 UrhWG der Aufsichtsbehörde nicht das Recht gab, an den Sitzungen anderer Organe der Verwertungsgesellschaft (Ausschüsse) teilzunehmen, kann sie dies nach § 85 Abs. 4 S. 1 künftig auch tun; ausdrücklich genannt werden die **Vertretung der Delegierten** iSv § 20[32] sowie **„alle Ausschüsse"** der in § 85 Abs. 4 S. 1 genannten Gremien, nämlich der Mitgliederhauptversammlung,[33] des Aufsichtsrats, des Verwaltungsrats,[34] des Aufsichtsgremiums[35] und der Vertretung der Delegierten. 9

Dieses gegenüber dem UrhWG **erweiterte Teilnahmerecht** der Aufsichtsbehörde soll der Effizienz der Aufsicht dienen. Es soll der Tatsache Rechnung tragen, dass die Aufsichtsbehörde in jedem der in § 85 Abs. 4 S. 1 genannten Gremien, insbesondere in den Beratungen und Diskussionen in vorbereitenden Ausschusssitzungen, Hinweise auf mögliche aufsichtsrechtlich relevante Entwicklungen erlangen kann.[36]

Aus dem Teilnahmerecht folgt an sich schon von selbst die Pflicht der Verwertungsgesellschaft, die Aufsichtsbehörde über die betreffenden Sitzungen **vorab zu informieren,** um ihr die Teilnahme überhaupt zu ermöglichen. In **§ 85 Abs. 4 S. 2** ist nun auch ausdrücklich festgelegt, dass die Verwertungsgesellschaft die Aufsichtsbehörde rechtzeitig über Sitzungstermine iSv § 85 Abs. 4 S. 1 informieren muss.

Das Recht auf Teilnahme umfasst nur ein **Präsenzrecht,** nicht aber ein Recht auf aktive Mitwirkung an den Versammlungen und Sitzungen. Andererseits kann die Aufsichtsbehörde ihr Teilnahmerecht aber auch **ohne (physische) Anwesenheit vor Ort** wahrnehmen, also in gleicher Weise, wie Mitglieder an der Mitgliederhauptversammlung im Wege der elektronischen Kommunikation teilnehmen können.[37]

Soweit ein Beauftragter teilnimmt, wird dieser von der Aufsichtsbehörde bestellt, muss ihr aber nicht angehören.

6. § 85 Abs. 5 – Abberufung wegen Unzuverlässigkeit

Das Recht der Aufsichtsbehörde gem. **§ 85 Abs. 5,** mit Fristsetzung die **Abberufung eines unzuverlässigen Vertretungsberechtigten** zu verlangen (**§ 85 Abs. 5 S. 1),** und ihm bis zum Ablauf dieser Frist die weitere Ausübung seiner Tätigkeit zu untersagen (**§ 85 Abs. 5 S. 2)** entspricht inhaltlich § 19 Abs. 5 S. 1 und 2 UrhWG und ist, wie diese Vorgängerbestimmung, § 36 Kreditwesengesetz nachgebildet. Der einzige Unterschied zwischen den Bestimmungen besteht darin, dass in § 19 Abs. 5 S. 1 UrhWG das Verlangen der Abberufung ausdrücklich als im Vergleich zu einem Widerruf der Geschäftserlaubnis – der nach dem UrhWG alle Verwertungsgesellschaften bedurften – milderer Eingriff und sozusagen dessen Vorstufe konzipiert war.[38] Die Befugnisnorm in § 85 Abs. 5 S. 1 ist dagegen von der Erlaubnispflicht unabhängig. 10

Inhaltlich stimmt das für **§ 85 Abs. 5 S. 1** entscheidende Kriterium der **„für die Ausübung der Tätigkeit erforderlichen Zuverlässigkeit"** mit § 79 Abs. 1 Nr. 2 überein und ist daher entsprechend auszulegen.[39]

Nach **§ 85 Abs. 5 S. 2,** der § 19 Abs. 5 S. 2 UrhWG wörtlich übernimmt, kann die Aufsichtsbehörde dem unzuverlässigen Vertretungsberechtigten die Ausübung seiner Tätigkeit auch schon **mit sofortiger Wirkung** und bis zum Ablauf der nach § 85 Abs. 5 S. 1 gesetzten Frist untersagen. Voraussetzung ist, dass dies **zur Abwendung schwerer Nachteile** (zwingend) erforderlich ist, die Nachteile also nicht durch andere Maßnahmen abgewendet werden können. Dabei kann es sich um Nachteile handeln, die der Verwertungsgesellschaft selbst, ihren Mitgliedern oder Berechtigten, oder

---

[30] Enger zu § 19 Abs. 3 UrhWG *Mestmäcker/Schulze* UrhWG § 19 Anm. 3a.
[31] Vgl. *Mestmäcker/Schulze* UrhWG § 19 Anm. 3d.
[32] → § 20 Rn. 5 f.
[33] Zum Begriff der Mitgliederhauptversammlung → § 17 Rn. 3.
[34] Zu den Begriffen Aufsichtsrat und Verwaltungsrat → § 18 Rn. 4.
[35] Zum Begriff des Aufsichtsgremiums → § 22 Rn. 3.
[36] AmtlBegr. BT-Drs. 18/7223, 97.
[37] AmtlBegr. BT-Drs. 18/7223, 97; → § 19 Rn. 5.
[38] → 5. Aufl. 2017, UrhWG § 19 Rn. 7.
[39] Zum Begriff der Zuverlässigkeit → § 79 Rn. 5; zur Frist vgl. → § 80 Rn. 6.

anderen Beteiligten (Nutzern, Nutzervereinigungen, der Allgemeinheit) entstehen. Ist die von der Untersagung betroffene Person der einzige Vertretungsberechtigte, so ist ein Notvorstand zu bestellen.[40]

7. § 85 Abs. 6 – Überprüfung von Anhaltspunkten für eine Erlaubnispflichtigkeit

11 § 85 Abs. 6, der kein Vorbild im UrhWG hat, ergänzt die Befugnisse der Aufsichtsbehörde um ein weiteres **Auskunftsrecht** gegenüber der Verwertungsgesellschaft. Damit soll es der Aufsichtsbehörde ermöglicht werden, von einer Verwertungsgesellschaft auch dann schon Informationen und Unterlagen zu erlangen, wenn ihre Eigenschaft als Verwertungsgesellschaft noch nicht sicher festgestellt wurde und noch nicht geklärt ist, ob sie der Erlaubnispflicht unterliegt.[41]

Gleichwohl gibt § 85 Abs. 6 der Aufsichtsbehörde **kein generelles Auskunftsrecht**. Die Aufsichtsbehörde kann gem. § 85 Abs. 6 von der Verwertungsgesellschaft nur **die zur Prüfung der Erlaubnispflichtigkeit nach § 77 Abs. 1 oder Abs. 2 erforderlichen Auskünfte und Unterlagen** verlangen. Dazu gehören insbesondere Informationen darüber, ob es sich um eine Verwertungsgesellschaft iSv. § 2 handelt oder um eine abhängige Verwertungseinrichtung, die die in § 77 Abs. 2 genannten Rechte wahrnimmt, ob die Gesellschaft Rechte wahrnimmt, die sich aus dem UrhG ergeben, wo die Gesellschaft tätig und wo sie ansässig ist.[42]

Außerdem müssen der Aufsichtsbehörde bereits **konkrete Anhaltspunkte** dafür vorliegen, dass die Gesellschaft einer Erlaubnis nach § 77 bedarf; die bereits vorliegenden Informationen zu den oben genannten Merkmalen der Gesellschaft müssen also darauf hindeuten. Das Vorliegen eines Antrags auf Erlaubniserteilung gem. § 78 Abs. 1 ist dagegen nicht Voraussetzung für die Befugnisse der Aufsichtsbehörde gem. § 85 Abs. 6.

Ausdrücklich räumt § 85 Abs. 6 der Aufsichtsbehörde nur Auskunftsrechte zur Prüfung der Erlaubnispflichtigkeit iSv. § 77 ein. Mit derselben Logik sollte es aber der Aufsichtsbehörde möglich sein, von Gesellschaften entsprechende Auskünfte und Unterlagen zur **Überprüfung der Anzeigepflicht** gem. § 82 verlangen zu können.

§ 86 Befugnisse der Aufsichtsbehörde bei Verwertungsgesellschaften mit Sitz in einem anderen Mitgliedstaat der Europäischen Union oder anderen Vertragsstaat des Abkommens über den Europäischen Wirtschaftsraum

(1) [1]**Verstößt eine Verwertungsgesellschaft, die ihren Sitz in einem anderen Mitgliedstaat der Europäischen Union oder anderen Vertragsstaat des Abkommens über den Europäischen Wirtschaftsraum hat, bei ihrer Tätigkeit im Inland gegen eine in Umsetzung der Richtlinie 2014/26/EU erlassene Vorschrift dieses anderen Mitgliedstaates oder anderen Vertragsstaates, kann die Aufsichtsbehörde alle einschlägigen Informationen an die Aufsichtsbehörde dieses Mitgliedstaates oder Vertragsstaates übermitteln.** [2]**Sie kann die Aufsichtsbehörde dieses Mitgliedstaates oder Vertragsstaates ersuchen, im Rahmen ihrer Befugnisse Maßnahmen zu ergreifen.**

(2) **Die Aufsichtsbehörde kann sich in den Fällen des Absatzes 1 auch an die gemäß Artikel 41 der Richtlinie 2014/26/EU eingerichtete Sachverständigengruppe wenden.**

Übersicht

I. Allgemeines

1. Die Vorgaben der VG-RL

1 Entsprechend dem in der VG-RL angelegten **Sitzstaatsprinzip** konzentrieren sich die Vorgaben der VG-RL auf die Verpflichtung der Mitgliedstaaten zur Aufsicht darüber, dass die **in ihrem Ho-**

---

[40] Vgl. § 29 BGB für Vereine.
[41] AmtlBegr. BT-Drs. 18/7223, 97.
[42] Zu den Kriterien für die Erlaubnispflicht gem. § 77 → § 77 Rn. 4 ff.

heitsgebiet ansässigen Verwertungsgesellschaften die aufgrund der VG-RL erlassenen Bestimmungen des nationalen Rechts einhalten **(Art. 36 Abs. 1 VG-RL)**, und verlangen bei Verstößen geeignete Sanktionen und Maßnahmen, die jeweils „wirksam, verhältnismäßig und abschreckend" sein müssen **(Art. 36 Abs. 3 VG-RL)**.[1] Die Wahl der zuständigen Aufsichtsbehörden überlässt die VG-RL den Mitgliedstaaten.[2]

Flankierend zu **Art. 36 VG-RL** betreffend den **Inhalt der Aufsicht** enthält **Art. 37 VG-RL** Bestimmungen zum **Informationsaustausch zwischen den Aufsichtsbehörden** und verpflichtet diese zur Zusammenarbeit betreffend die Aufsicht über Verwertungsgesellschaften, die in einem EU-Mitgliedstaat oder EWR-Vertragsstaat ansässig, aber in einem anderen tätig sind. Damit soll sichergestellt werden, dass solche grenzüberschreitend tätigen Verwertungsgesellschaften auch von einer Art von **grenzüberschreitender Aufsicht** erfasst sind und somit im Ergebnis ebenfalls effizient beaufsichtigt werden.

Nach **Art. 37 Abs. 1 VG-RL** muss hierzu die zuständige **Aufsichtsbehörde des Sitzstaates** der Verwertungsgesellschaft hinreichend begründete **Auskunftsersuchen** einer Aufsichtsbehörde eines anderen EU-Mitgliedstaates oder EWR-Vertragsstaates zu Angelegenheiten im Zusammenhang mit der Anwendung der VG-RL, insbesondere betreffend die Tätigkeit einer in ihrem Hoheitsgebiet ansässigen Verwertungsgesellschaft, **unverzüglich beantworten.**

Art. 37 Abs. 2 S. 1 VG-RL bestimmt, dass eine Aufsichtsbehörde, die der Auffassung ist, dass eine in ihrem Hoheitsgebiet tätige, aber in einem anderen EU-Mitgliedstaat oder EWR-Vertragsstaat ansässige Verwertungsgesellschaft möglicherweise gegen die nationalen Rechtsvorschriften ihres Sitzstaates des Sitzstaates verstößt, der Aufsichtsbehörde des Sitzstaates alle einschlägigen **Informationen übermitteln** und diese „gegebenenfalls"[3] **ersuchen kann,** im Rahmen ihrer Befugnisse geeignete **Maßnahmen zu ergreifen.** Gem. **Art. 37 Abs. 2 S. 2 VG-RL** ist die ersuchte Behörde verpflichtet, auf dieses Ersuchen innerhalb von drei Monaten mit einer **„begründeten Antwort"** zu reagieren.

Nach **Art. 37 Abs. 3 VG-RL** soll sich die ersuchende Behörde in den in Art. 37 Abs. 2 VG-RL genannten Fällen **„auch"** an die **Sachverständigengruppe** iSv. **Art. 41 VG-RL** wenden können.

2. § 86

Entsprechend den Vorgaben der VG-RL unterwirft das VGG Verwertungsgesellschaften, die **im Inland tätig aber in einem anderen EU-Mitgliedstaat oder EWR-Vertragsstaat ansässig** sind, nur einer **eingeschränkten Aufsicht.** Zwar unterliegen auch sie einer allgemeinen laufenden Aufsicht[4] und idR. einer Anzeigepflicht,[5] und auch ihnen gegenüber hat das **DPMA als Aufsichtsbehörde**[6] bestimmte Aufsichtsbefugnisse.[7] Andererseits wird für diese Verwertungsgesellschaften gem. § 77 Abs. 2 nur in bestimmten Fällen eine Erlaubnis zum Geschäftsbetrieb[8] verlangt, und sie sind von der Unterrichtungspflicht gem. § 88[9] ausgenommen.

Im Gegenzug und als Korrelat zu dieser eingeschränkten Aufsicht setzt das VGG die in Art. 37 VG-RL enthaltenen Vorgaben der VG-RL zur Zusammenarbeit zwischen den Aufsichtsbehörden um.

Nach **§ 76 Abs. 2** muss das DPMA als Aufsichtsbehörde im EU- oder EWR-Ausland ansässige aber im Inland tätige Verwertungsgesellschaften daraufhin überwachen, ob sie das **Recht ihres Sitzstaates** ordnungsgemäß einhalten.[10]

§ 86 betrifft die Zusammenarbeit zwischen den Aufsichtsbehörden bei der Aufsicht über im EU- oder EWR-Ausland ansässige aber im Inland tätige Verwertungsgesellschaften. § 86 dient der Umsetzung von Art. 37 Abs. 2 S. 1 und Abs. 3 VG-RL und regelt die **aktiven Befugnisse der Aufsichtsbehörde:**

§ 86 Abs. 1 entspricht inhaltlich Art. 37 Abs. 2 S. 1 VG-RL, ist aber sprachlich straffer gefasst und in zwei Sätze unterteilt. **§ 86 Abs. 1 S. 1** bestimmt, dass die Aufsichtsbehörde, wenn eine im Inland tätige aber im EU- oder EWR-Ausland ansässige Verwertungsgesellschaft bei ihrer Tätigkeit im Inland gegen eine in Umsetzung der VG-RL erlassene Rechtsvorschrift ihres Sitzstaates verstößt, **alle einschlägigen Informationen** an die Aufsichtsbehörde dieses Sitzstaates **übermitteln** kann. Gem. **§ 86 Abs. 1 S. 2** kann die Aufsichtsbehörde, über diese Übermittlung von Informationen hinaus, die Aufsichtsbehörde des Sitzstaates der Verwertungsgesellschaft **ersuchen,** im Rahmen ihrer Befugnisse **Maßnahmen zu ergreifen.**

---

[1] → Vor §§ 75 ff. Rn. 4.

[2] → § 75 Rn. 1.

[3] Statt des unscharfen Begriffs „gegebenenfalls" heißt es in der englischen Sprachfassung der VG-RL „where appropriate"; damit wird etwas klarer, dass ein solches Ersuchen auch erforderlich und angemessen sein muss.

[4] → § 76 Rn. 4.

[5] Zu den Voraussetzungen → § 82 Rn. 6.

[6] → § 75 Rn. 6.

[7] → § 85 Rn. 4.

[8] → § 77 Rn. 6.

[9] § 88 Abs. 3; → § 88 Rn. 7.

[10] Im Einzelnen → § 76 Rn. 8.

§ 86 Abs. 2 setzt Art. 37 Abs. 3 VG-RL, wörtlich mit diesem nahezu übereinstimmend, um. Danach kann sich die Aufsichtsbehörde in den in § 86 Abs. 1 genannten Fällen auch an die Sachverständigengruppe iSv. Art. 41 VG-RL wenden.

Während § 86 die aktiven Befugnisse des DPMA als Aufsichtsbehörde iR. der Zusammenarbeit mit Aufsichtsbehörden anderer EU-Mitgliedstaaten und EWR-Vertragsstaaten zur Umsetzung von Art. 37 VG-RL regelt, enthält **§ 87** in demselben Rahmen die **Verpflichtungen der Aufsichtsbehörde** gegenüber der Aufsichtsbehörde des Sitzstaates.[11]

Da für die Verwaltungstätigkeit des DPMA als Aufsichtsbehörde gem. § 89 Abs. 1 das Verwaltungsverfahrensgesetz gilt, kommen bei der Durchführung dieser Zusammenarbeit von Seiten des DPMA die §§ 8a ff. VwVfG zur Anwendung.

II. Befugnisse der Aufsichtsbehörde bei Verwertungsgesellschaften mit Sitz in einem anderen Mitgliedstaat der Europäischen Union oder anderen Vertragsstaat des Abkommens über den Europäischen Wirtschaftsraum

1. Der Anwendungsbereich von § 86

3   **§ 86** betrifft grundsätzlich alle im Inland tätigen, aber im EU- oder EWR-Ausland ansässigen **Verwertungsgesellschaften** iSv. § 2,[12] und zwar unabhängig von ihrer Rechtsform.[13] § 86 gilt gem. § 90 Abs. 3 auch für die Aufsicht über **abhängige Verwertungseinrichtungen** iSv. § 3,[14] sowie gem. § 91 Abs. 1 für die Aufsicht über **unabhängige Verwertungseinrichtungen** iSv. § 4[15] entsprechend.[16]

§ 86 knüpft insgesamt an die Verpflichtung des DPMA als Aufsichtsbehörde gem. **§ 76 Abs. 2** an, im EU- oder EWR-Ausland ansässige aber im Inland tätige Verwertungsgesellschaften daraufhin zu überwachen, ob sie das **Recht ihres Sitzstaates** ordnungsgemäß einhalten.[17]

Dabei sind ausschließlich diejenigen Bestimmungen des nationalen Rechts des Sitzstaates der Verwertungsgesellschaft als Maßstab heranzuziehen, die dort **zur Umsetzung der VG-RL** erlassen wurden.[18]

Für die Anwendung von § 86 ist es unerheblich, ob die betreffende Gesellschaft bei ihrer Tätigkeit im Inland Urheberrechte oder verwandte Schutzrechte wahrnimmt, die sich aus dem UrhG ergeben. Ist dies aber der (wohl Normal-) Fall, so ist die Anwendung von § 86 allerdings erheblich erleichtert; denn dann unterliegt die Verwertungsgesellschaft[19] gem. **§ 82 Nr. 1** der **Anzeigepflicht,** so dass die Aufsichtsbehörde offiziell von ihrer Tätigkeit Kenntnis erlangt. Damit wird die Anzeigepflicht zur notwendigen Ergänzung von § 86.[20]

2. § 86 Abs. 1 – Informationsübermittlung und Ersuchen an die Aufsichtsbehörde des Sitzstaates

4   **a) § 86 Abs. 1 S. 1, Informationsübermittlung.** Hat das DPMA als Aufsichtsbehörde Verstöße der betreffenden Verwertungsgesellschaft gegen in Umsetzung der VG-RL erlassene Rechtsvorschriften ihres Sitzstaates festgestellt, so gibt ihm **§ 86 Abs. 1 S. 1** die **Befugnis,** die einschlägigen Informationen an die Aufsichtsbehörde des Sitzstaates zu übermitteln. Verpflichtet ist das DPMA hierzu nicht; ob es dies tut, steht also in seinem **Ermessen.** Bei der Ausübung des Ermessens wird das DPMA die Interessen aller Beteiligten, wie der Rechtsinhaber, Nutzer, anderer Verwertungsgesellschaften, aber auch das Interesse der Allgemeinheit an einem reibungslosen Ablauf der kollektiven Rechtewahrnehmung zu berücksichtigen haben.

Die Aufsichtsbehörde ist nur befugt, die **einschlägigen Informationen** zu übermitteln. Informationen, die für den konkret ermittelten Rechtsverstoß nicht relevant[21] sind, können daher nicht übermittelt werden. Im Übrigen sind auch Gesichtspunkte des Datenschutzes zu beachten.[22]

5   **b) § 86 Abs. 1 S. 2, Ersuchen um Maßnahmen.** Gem. **§ 86 Abs. 1 S. 2** ist das DPMA als Aufsichtsbehörde, über die Übermittlung von Informationen an die Aufsichtsbehörde des Sitzstaates

---

[11] → § 87 Rn. 3 ff.
[12] Zum Begriff der Verwertungsgesellschaft → § 2 Rn. 5 ff.
[13] → § 2 Rn. 9; vgl. Erwägungsgrund (14) VG-RL.
[14] Zum Begriff der abhängigen Verwertungseinrichtung → § 3 Rn. 3.
[15] Zum Begriff der unabhängigen Verwertungseinrichtung und den auf sie anwendbaren Bestimmungen des VGG → § 4 Rn. 3 ff.
[16] → Vor §§ 75 ff. Rn. 12.
[17] → Rn. 2.
[18] AmtlBegr. BT-Drs. 18/7223, 95.
[19] Zur Geltung der Anzeigepflicht iSv. § 82 für abhängige und unabhängige Verwertungseinrichtungen → § 82 Rn. 4.
[20] AmtlBegr. BT-Drs. 18/7223, 96; → § 82 Rn. 5.
[21] In der englischen Sprachfassung von Art. 37 Abs. 2 VG-RL wird für „einschlägig" der Begriff „relevant" benutzt.
[22] Zur Zusammenarbeit des DPMA als Aufsichtsbehörde mit den Datenschutzbehörden vgl. → § 76 Rn. 9.

hinaus, befugt, diese zu ersuchen, im Rahmen ihrer Befugnisse Maßnahmen zu ergreifen. Auch ein solches Ersuchen setzt stets voraus, dass das DPMA **Verstöße** der betreffenden Verwertungsgesellschaft **gegen das Recht ihres Sitzstaates** festgestellt hat iSv. § 86 Abs. 1 S. 1.

Das DPMA kann die andere Aufsichtsbehörde nur um solche Aufsichtsmaßnahmen ersuchen, zu denen diese auch gesetzlich befugt ist (**„im Rahmen ihrer Befugnisse").**[23]

Zwar greift § 86 Abs. 1 S. 2 die Formulierung von Art. 37 Abs. 2 S. 1 VG-RL („geeignete" **Maßnahmen**) nicht auf. Im Ergebnis versteht es sich aber von selbst, dass die ersuchte Aufsichtsbehörde nicht um das Ergreifen ungeeigneter Maßnahmen ersucht werden kann, sondern nur um eine im Einzelfall geeignete und angemessene Maßnahme.[24] Ohnehin wird die ersuchte Aufsichtsbehörde, ebenso wie dem DPMA bei der Wahl seiner Aufsichtsmaßnahmen Auswahlermessen zukommt,[25] die aus ihrer Sicht geeignete Aufsichtsmaßnahme nach pflichtgemäßem Ermessen auswählen können.

3. § 86 Abs. 2 – Anrufung der Sachverständigengruppe

§ 86 Abs. 2 bestimmt, dass sich das DPMA als Aufsichtsbehörde in den in § 86 Abs. 1 genannten 6
Fällen – also der Übermittlung von Informationen und dem Ersuchen um Aufsichtsmaßnahmen – nicht nur an die Aufsichtsbehörde des Sitzstaates der Verwertungsgesellschaft wenden kann, sondern auch an die **Sachverständigengruppe gem. Art. 41 VG-RL.** § 86 Abs. 2 stimmt nahezu wörtlich mit Art. 37 Abs. 3 VG-RL überein

Diese Sachverständigengruppe wurde unmittelbar durch die VG-RL begründet. Im Richtlinienvorschlag der Kommission[26] war sie noch nicht vorgesehen. Unter Vorsitz eines Vertreters der Europäischen Kommission soll die Sachverständigengruppe die **Auswirkungen der Umsetzung der VG-RL** prüfen (Art. 41 S. 3a) VG-RL), **Konsultationen** zu allen mit der Anwendung der VG-RL zusammenhängenden Fragen durchführen (Art. 41 S. 3b) VG-RL) und den **Informationsaustausch** über Entwicklungen in der Gesetzgebung und Rechtsprechung erleichtern (Art. 41 S. 3c) VG-RL).

Da der Sachverständigengruppe somit eher eine allgemeine rechtspolitische und koordinierende Funktion zukommt, dürfte es sich für das DPMA nur dann anbieten, sie mit Rechtsverstößen iSv. § 86 Abs. 1 zu befassen, und zwar zusätzlich zur Aufsichtsbehörde des Sitzstaates der betreffenden Gesellschaft, wenn diese Rechtsverstöße im Einzelfall potenziell Auswirkungen auf die Funktionsweise der VG-RL und das Funktionieren des Europäischen Binnenmarktes haben.

§ 87 Informationsaustausch mit Aufsichtsbehörden anderer Mitgliedstaaten der Europäischen Union oder anderer Vertragsstaaten des Abkommens über den Europäischen Wirtschaftsraum

(1) **Die Aufsichtsbehörde beantwortet ein begründetes Auskunftsersuchen der Aufsichtsbehörde eines anderen Mitgliedstaates der Europäischen Union oder anderen Vertragsstaates des Abkommens über den Europäischen Wirtschaftsraum, das im Zusammenhang mit einer in Umsetzung der Richtlinie 2014/26/EU erlassenen Vorschrift dieses Gesetzes steht, unverzüglich.**

(2) **Die Aufsichtsbehörde reagiert auf ein Ersuchen der Aufsichtsbehörde eines anderen Mitgliedstaates der Europäischen Union oder anderen Vertragsstaates des Abkommens über den Europäischen Wirtschaftsraum, Maßnahmen gegen eine im Inland ansässige Verwertungsgesellschaft wegen ihrer Tätigkeit in diesem Mitgliedstaat oder Vertragsstaat zu ergreifen, binnen drei Monaten mit einer begründeten Antwort.**

Übersicht

---

[23] Der Begriff „ im Rahmen ihrer Befugnisse" wurde wörtlich von Art. 37 Abs. 2 S. 1 VG-RL übernommen; in der englischen Sprachfassung: „within its competence".
[24] Dementsprechend verwendet die englische Sprachfassung von Art. 37 Abs. 2 S. 1 VG-RL hier den Begriff der „appropriate action".
[25] Vgl. → § 85 Rn. 5.
[26] Richtlinienvorschlag vom 11.7.2012, COM(2012) 372 final.

I. Allgemeines

1. Die Vorgaben der VG-RL

1   **Art. 36 VG-RL** macht den Mitgliedstaaten nur allgemein gefasste inhaltliche Vorgaben zum Inhalt der Aufsicht über **in ihrem Hoheitsgebiet ansässige** Verwertungsgesellschaften.[1] Die Wahl der zuständigen Aufsichtsbehörden überlässt die VG-RL den Mitgliedstaaten.[2]

Art. 37 VG-RL enthält flankierend hierzu Bestimmungen zum **Informationsaustausch zwischen den Aufsichtsbehörden** und verpflichtet diese zur Zusammenarbeit betreffend Verwertungsgesellschaften, die **in einem EU-Mitgliedstaat oder EWR-Vertragsstaat tätig, aber in einem anderen ansässig** sind. Damit soll sichergestellt werden, dass auch solche grenzüberschreitend tätigen Verwertungsgesellschaften von einer Art von **grenzüberschreitender Aufsicht** erfasst sind und somit im Ergebnis ebenfalls effizient beaufsichtigt werden.[3]

2. § 87

2   Entsprechend den Vorgaben der VG-RL unterwirft das VGG Verwertungsgesellschaften, die **im Inland tätig aber in einem anderen EU-Mitgliedstaat oder EWR-Vertragsstaat ansässig** sind, nur einer **eingeschränkten Aufsicht.** Zwar unterliegen auch sie einer allgemeinen laufenden Aufsicht[4] und idR. einer Anzeigepflicht,[5] und auch ihnen gegenüber hat das **DPMA als Aufsichtsbehörde**[6] bestimmte Aufsichtsbefugnisse.[7] Andererseits wird für diese Verwertungsgesellschaften gem. § 77 Abs. 2 nur in bestimmten Fällen eine Erlaubnis zum Geschäftsbetrieb[8] verlangt, und sie sind von der Unterrichtungspflicht gem. § 88[9] ausgenommen.

Im Gegenzug und als Korrelat zu dieser eingeschränkten Aufsicht setzt das VGG die in Art. 37 VG-RL enthaltenen Vorgaben der VG-RL zur Zusammenarbeit zwischen den Aufsichtsbehörden um.

Nach § 76 Abs. 2 muss das DPMA als Aufsichtsbehörde im EU- oder EWR-Ausland ansässige aber im Inland tätige Verwertungsgesellschaften darauhin überwachen, ob sie das **Recht ihres Sitzstaates** ordnungsgemäß einhalten.[10]

§ 86 dient der Umsetzung von Art. 37 Abs. 2 S. 1 und Abs. 3 VG-RL und regelt die **aktiven Befugnisse der Aufsichtsbehörde** (des DPMA), wenn sie bei der Aufsicht über im EU- oder EWR-Ausland ansässige aber im Inland tätige Verwertungsgesellschaften mit der Aufsichtsbehörde des Sitzstaates zusammenarbeitet.[11]

§ 87 enthält in demselben Rahmen, und sozusagen spiegelbildlich, die **Verpflichtungen des DPMA als Aufsichtsbehörde** gegenüber den Aufsichtsbehörden eines anderen EU-Mitgliedstaats oder EWR-Vertragsstaates in Bezug auf dort tätige aber im Inland ansässige Verwertungsgesellschaften:

Gem. **§ 87 Abs. 1,** der inhaltlich Art. 37 Abs. 1 VG-RL entspricht und diesen umsetzt, ist das DPMA als Aufsichtsbehörde verpflichtet, ein **begründetes Auskunftsersuchen** der Aufsichtsbehörde eines anderen EU-Mitgliedstaates oder EWR-Vertragsstaates, das im Zusammenhang mit einer in Umsetzung der VG-RL erlassenen Vorschrift des VGG steht, **unverzüglich zu beantworten.**

§ 87 Abs. 2 verpflichtet das DPMA als Aufsichtsbehörde, auf das **Ersuchen** der Aufsichtsbehörde eines anderen EU-Mitgliedstaats oder EWR-Vertragsstaates, Maßnahmen gegen eine dort tätige aber im Inland ansässige Verwertungsgesellschaft zu ergreifen, **binnen drei Monaten** mit einer **begründeten Antwort** zu reagieren. § 87 Abs. 2 setzt Art. 37 Abs. 2 S. 2 VG-RL um und entspricht dieser Bestimmung nahezu wörtlich.

Da für die Verwaltungstätigkeit des DPMA als Aufsichtsbehörde gem. § 89 Abs. 1 das Verwaltungsverfahrensgesetz gilt, kommen bei der Durchführung dieser Zusammenarbeit von Seiten des DPMA die §§ 8 a ff. VwVfG zur Anwendung.

---

[1] → Vor §§ 75 ff. Rn. 4.
[2] → § 75 Rn. 1.
[3] Zu Art. 37 VG-RL im Einzelnen → § 86 Rn. 1.
[4] → § 76 Rn. 4.
[5] Zu den Voraussetzungen → § 82 Rn. 6.
[6] → § 75 Rn. 6.
[7] → § 85 Rn. 4.
[8] → § 77 Rn. 6.
[9] § 88 Abs. 3; → § 88 Rn. 7.
[10] Im Einzelnen → § 76 Rn. 8.
[11] Im Einzelnen → § 86 Rn. 2.

II. Informationsaustausch mit Aufsichtsbehörden anderer Mitgliedstaaten der Europäischen Union oder anderer Vertragsstaaten des Abkommens über den Europäischen Wirtschaftsraum

1. Der Anwendungsbereich von § 87

§ 87 betrifft grundsätzlich alle im Inland ansässigen, aber im EU- oder EWR-Ausland tätigen **Ver-** **3** **wertungsgesellschaften** iSv. § 2,[12] und zwar unabhängig von ihrer Rechtsform.[13] § 87 gilt gem. § 90 Abs. 3 auch für die Aufsicht über **abhängige Verwertungseinrichtungen** iSv. § 3,[14] sowie gem. § 91 Abs. 1 für die Aufsicht über **unabhängige Verwertungseinrichtungen** iSv. § 4[15] entsprechend.[16]

§ 87 knüpft spiegelbildlich an die **Befugnis** aller Aufsichtsbehörden an, der Aufsichtsbehörde eines anderen EU-Mitgliedstaats oder EWR-Vertragsstaates in Bezug auf eine im Inland tätige, aber dort ansässige Verwertungsgesellschaft Informationen zu übermitteln und sie um Auskunft oder um Maßnahmen der Aufsicht zu ersuchen. Eine solche Befugnis hat das DPMA als Aufsichtsbehörde gem. § 86. Gewissermaßen als Kehrseite dieser Befugnis enthält § 87 die **Verpflichtung** für das DPMA, seinerseits auf entsprechende Ersuchen anderer Aufsichtsbehörden zu reagieren. Dabei bezieht sich **§ 87 Abs. 1** auf **Auskunftsersuchen** und **§ 87 Abs. 2** auf das Ersuchen, **Maßnahmen** gegen die im Inland ansässige Verwertungsgesellschaft zu ergreifen.

Die Verpflichtung gem. § 87 gilt für das Ersuchen um Auskunft (§ 87 Abs. 1) und Maßnahmen (§ 87 Abs. 2) grundsätzlich im Zusammenhang mit denjenigen Bestimmungen des VGG, die **zur Umsetzung der VG-RL** erlassen wurden.[17]

Dem DPMA als Aufsichtsbehörde dürfte die Erfüllung der in § 87 genannten Pflichten durch das Konzept des VGG erleichtert werden: Entweder unterliegen im Inland ansässige Verwertungsgesellschaften gem. § 77 Abs. 1 der **Erlaubnispflicht,** wenn sie zumindest auch im Inland tätig sind und dabei Urheberrechte oder verwandte Schutzrechte wahrnehmen, die sich aus dem UrhG ergeben;[18] oder sie[19] unterliegen gem. **§ 82 Nr. 2** der **Anzeigepflicht,** so dass das DPMA als Aufsichtsbehörde zumindest offiziell von ihrer Tätigkeit Kenntnis erlangt. Damit wird die Anzeigepflicht auch zur notwendigen Ergänzung von § 87.[20]

2. § 87 Abs. 1 – Beantwortung eines begründeten Auskunftsersuchens

Gem. **§ 87 Abs. 1** ist das DPMA als Aufsichtsbehörde verpflichtet, auf Auskunftsersuchen einer **4** **Aufsichtsbehörde eines anderen EU-Mitgliedstaats oder EWR-Vertragsstaates** zu reagieren, nicht aber auf Auskunftsersuchen von Aufsichtsbehörden aus Drittstaaten.

Das Auskunftsersuchen muss ferner **im Zusammenhang** mit einer Vorschrift des VGG stehen, die in Umsetzung der VG-RL erlassen wurde. Obwohl zahlreiche Bestimmungen des VGG aus dem UrhWG übernommen wurden, also nicht notwendigerweise im Zusammenhang mit der Umsetzung der VG-RL stehen, sollte dieser Begriff weit ausgelegt werden. Entsprechend Art. 37 Abs. 1 VG-RL dürfte es iRv. § 87 Abs. 1 ausreichend sein, wenn das Auskunftsersuchen allgemein im Zusammenhang mit der Anwendung der VG-RL steht und sich auf die Tätigkeit einer Verwertungsgesellschaft bezieht.

Dass nur auf **hinreichend begründete** Anfragen reagiert werden muss, ergibt sich ebenfalls aus Art. 37 Abs. 1 VG-RL. Auch diese Bestimmung dürfte aber nicht allzu eng auszulegen sein, da von einer ausländischen Aufsichtsbehörde nicht erwartet werden kann, dass sie über Detailkenntnisse des VGG oder der Struktur der betreffenden Verwertungsgesellschaft verfügt.

Sind diese Voraussetzungen erfüllt, muss das DPMA als Aufsichtsbehörde auf das Auskunftsersuchen **unverzüglich reagieren,** also ohne schuldhaftes Zögern seinerseits.

3. § 87 Abs. 2 – Reaktion auf Ersuchen um Maßnahmen

§ 87 Abs. 2 verpflichtet das DPMA als Aufsichtsbehörde, auf das Ersuchen einer **Aufsichtsbe-** **5** **hörde eines anderen EU-Mitgliedstaats oder EWR-Vertragsstaates** auf das Ergreifen von Maßnahmen zu reagieren, nicht aber auf entsprechende Ersuchen von Aufsichtsbehörden aus Drittstaaten.

---

[12] Zum Begriff der Verwertungsgesellschaft → § 2 Rn. 5 ff.
[13] → § 2 Rn. 9; vgl. Erwägungsgrund (14) VG-RL.
[14] Zum Begriff der abhängigen Verwertungseinrichtung → § 3 Rn. 3.
[15] Zum Begriff der unabhängigen Verwertungseinrichtung und den auf sie anwendbaren Bestimmungen des VGG → § 4 Rn. 3 ff.
[16] → Vor §§ 75 ff. Rn. 12.
[17] AmtlBegr. BT-Drs. 18/7223, 97.
[18] Zur Geltung der Erlaubnispflicht iSv. § 77 für abhängige und unabhängige Verwertungseinrichtungen → § 77 Rn. 3.
[19] Zur Geltung der Anzeigepflicht iSv. § 82 für abhängige und unabhängige Verwertungseinrichtungen → § 82 Rn. 4.
[20] AmtlBegr. BT-Drs. 18/7223, 96; → § 82 Rn. 6.

Auf nur solche Ersuchen muss das DPMA reagieren, die sich auf Maßnahmen gegen eine **im Inland ansässige** Verwertungsgesellschaft **wegen ihrer Tätigkeit** im Land der ersuchenden Aufsichtsbehörde beziehen.

In **Art. 37 Abs. 2 S. 1 VG-RL** ist als weitere Voraussetzung genannt, dass die ersuchende Aufsichtsbehörde möglicherweise einen Verstoß der Verwertungsgesellschaft gegen die aufgrund der VG-RL erlassenen Vorschriften ihres Sitzstaates festgestellt hat. Diese Voraussetzung ist in § 87 Abs. 2 aber nicht genannt, so dass das DPMA unabhängig davon, ob ein möglicher Verstoß festgestellt wurde, auf das Ersuchen reagieren muss; auch wenn das DPMA seinerseits bei seinen eigenen Ersuchen um Maßnahmen diese Voraussetzung gem. § 86 Abs. 1 zu beachten hat.

Gem. § 87 Abs. 2 ist das DPMA verpflichtet, auf derartige Ersuchen um Aufsichtsmaßnahmen **binnen drei Monaten** mit einer **begründeten Antwort** zu reagieren. Diese Reaktion muss demnach eine **Begründung** entweder dafür enthalten, welche Maßnahmen ergriffen werden, oder gegebenenfalls begründen, warum keine Maßnahmen vorgesehen sind.

Bei der Entscheidung, ob und ggf. **welche Maßnahme** es im Einzelfall für geeignet und angemessen hält,[21] kommt dem DPMA ohnehin Auswahlermessen zu,[22] es kann also die aus seiner Sicht geeignete Aufsichtsmaßnahme nach pflichtgemäßem Ermessen auswählen.

§ 88 Unterrichtungspflicht der Verwertungsgesellschaft

(1) Die Verwertungsgesellschaft, die Urheberrechte oder verwandte Schutzrechte wahrnimmt, die sich aus dem Urheberrechtsgesetz ergeben, zeigt der Aufsichtsbehörde unverzüglich jeden Wechsel der nach Gesetz oder Statut zu ihrer Vertretung berechtigten Personen an.

(2) Die Verwertungsgesellschaft, die Urheberrechte oder verwandte Schutzrechte wahrnimmt, die sich aus dem Urheberrechtsgesetz ergeben, übermittelt der Aufsichtsbehörde unverzüglich abschriftlich

1. das Statut und dessen Änderung,
2. die Tarife, die Standardvergütungssätze und die Standardnutzungsverträge sowie deren Änderung,
3. die Gesamtverträge und deren Änderung,
4. die Repräsentationsvereinbarungen und deren Änderung,
5. die Beschlüsse der Mitgliederhauptversammlung, des Aufsichtsrats, des Verwaltungsrats, des Aufsichtsgremiums sowie des Gremiums, in dem die Berechtigten, die nicht Mitglied sind, gemäß § 20 Absatz 2 Nummer 4 stimmberechtigt mitwirken, und aller Ausschüsse dieser Gremien,
6. die Anlagerichtlinie und deren Änderung sowie die Bestätigung des Wirtschaftsprüfers oder der Wirtschaftsprüfervereinigung gemäß § 25 Absatz 3,
7. den Jahresabschluss, den Lagebericht, den Prüfungsbericht und den jährlichen Transparenzbericht sowie
8. die Entscheidungen in gerichtlichen oder behördlichen Verfahren, in denen die Verwertungsgesellschaft Partei ist, soweit die Aufsichtsbehörde dies verlangt.

(3) Die Absätze 1 und 2 gelten nicht für eine Verwertungsgesellschaft mit Sitz in einem anderen Mitgliedstaat der Europäischen Union oder anderen Vertragsstaat des Abkommens über den Europäischen Wirtschaftsraum.

Übersicht

---

[21] Nach Art. 37 Abs. 2 S. 1 VG-RL soll die ersuchende Behörde um „geeignete Maßnahmen" ersuchen können; in der englischen Sprachfassung von Art. 37 Abs. 2 S. 1 VG-RL: „appropriate action".
[22] Vgl. → § 85 Rn. 5.

I. Allgemeines

1. Die Vorgaben der VG-RL

Die Vorgaben der VG-RL zur Aufsicht über Verwertungsgesellschaften und den Befugnissen der **1** Aufsichtsbehörde beschränken sich auf allgemeine Regeln, die in den Art. 36 und 37 VG-RL enthalten sind.

Art. 36 VG-RL macht den Mitgliedstaaten allgemein gefasste inhaltliche Vorgaben zum Inhalt der Aufsicht über **in ihrem Hoheitsgebiet ansässige** Verwertungsgesellschaften.[1]

Art. 37 VG-RL enthält flankierend hierzu Bestimmungen zum **Informationsaustausch zwischen den Aufsichtsbehörden** und verpflichtet diese zur Zusammenarbeit insbesondere betreffend Verwertungsgesellschaften, die **in einem EU-Mitgliedstaat oder EWR-Vertragsstaat tätig, aber in einem anderen ansässig,** also grenzüberschreitend tätig sind.

Die Wahl der zuständigen Aufsichtsbehörden überlässt die VG-RL den Mitgliedstaaten.[2]

Weitergehende inhaltliche Vorgaben über die Ausgestaltung der Aufsicht, die Befugnisse der Aufsichtsbehörden oder die Verpflichtungen der Verwertungsgesellschaften ihnen gegenüber enthält die VG-RL nicht.

2. Die Bestimmungen des UrhWG

Neben der allgemeinen Erlaubnispflicht für Verwertungsgesellschaften gem. den §§ 1–5 UrhWG **2** waren Vorschriften betreffend die Aufsicht über Verwertungsgesellschaften im Dritten Abschnitt des UrhWG („Aufsicht über die Verwertungsgesellschaft", §§ 18–20 UrhWG) enthalten.

Die für die Aufsicht über Verwertungsgesellschaften zuständige Behörde war gem. **§ 18 UrhWG** („Aufsichtsbehörde") das Deutsche Patent- und Markenamt (DPMA).[3]

In **§ 19 UrhWG** („Inhalt der Aufsicht") waren die Pflichten und Eingriffsbefugnisse der Aufsichtsbehörde, einschließlich ihrer Auskunftsansprüche gegenüber Verwertungsgesellschaften, geregelt.

Nach **§ 20 UrhWG** („Unterrichtungspflichten") trafen die Verwertungsgesellschaft gegenüber der Aufsichtsbehörde bestimmte Unterrichtungspflichten. So hatten Verwertungsgesellschaften der Aufsichtsbehörde jeden Wechsel der vertretungsberechtigten Personen anzuzeigen (**§ 20 S. 1 UrhWG**), und sie mussten ihr gem. **§ 20 S. 2 Nr. 1–7 UrhWG** unverzüglich eine Reihe von Unterlagen übermitteln, nämlich die Satzung (Nr. 1), die Tarife und jede Tarifänderung (Nr. 2), die Gesamtverträge (Nr. 3), die Vereinbarungen mit ausländischen Verwertungsgesellschaften (Nr. 4), die Beschlüsse der Mitgliederversammlung, des Aufsichtsrats oder Beirats und aller Ausschüsse (Nr. 5), den Jahresabschluss, den Lagebericht und den Prüfungsbericht (Nr. 6),[4] sowie auf Verlangen der Aufsichtsbehörde Entscheidungen in gerichtlichen oder behördlichen Verfahren, in denen die Verwertungsgesellschaft Partei war (Nr. 7).

3. § 88

Während sich die in den §§ 18 und 19 UrhWG enthaltenen Bestimmungen des UrhWG zur Aufsicht über Verwertungsgesellschaften größtenteils in § 75 Abs. 1, § 76 Abs. 1 und 3 sowie in § 85 wiederfinden, wurden die **Unterrichtungspflichten** der Verwertungsgesellschaften gem. § 20 S. 1 UrhWG in **§ 88 Abs. 1** weitgehend übernommen.

§ 88 Abs. 2 Nr. 1–5, 7 und **8** beruhen auf § 20 S. 2 Nr. 1–7 UrhWG; gegenüber den Vorgängerbestimmungen des UrhWG wurden einige Ergänzungen und Anpassungen der Terminologie vorgenommen. **§ 88 Abs. 2 Nr. 6** ist dagegen neu; eine derartige Bestimmung war weder in § 20 S. 2 UrhWG noch im RegE des VGG enthalten. Nach § 88 Abs. 2 Nr. 6 umfasst die Unterrichtungspflicht der Verwertungsgesellschaft auch die Übermittlung ihrer **Anlagerichtlinie** iSv. § 25 und von deren Änderungen. Diese Bestimmung ist eine Folgeänderung zur Änderung des § 25 und wurde ebenso wie dieser erst im Gesetzgebungsverfahren eingefügt.[5]

Auch **§ 88 Abs. 3** ist eine im Vergleich zu § 20 UrhWG neue Bestimmung. § 88 Abs. 3 steht im Zusammenhang mit der grenzüberschreitenden Aufsicht und dem hierfür geltenden Sitzstaatsprinzip[6] und stellt klar, dass die Unterrichtungspflicht gem. § 88 Abs. 1 und 2 **nicht gilt** für Verwertungsgesellschaften, die ihren **Sitz nicht im Inland** haben, sondern in einem anderen EU-Mitgliedstaat oder EWR-Vertragsstaat.

---

[1] → Vor §§ 75 ff. Rn. 4.

[2] → § 75 Rn. 1.

[3] → § 75 Rn. 3.

[4] In § 20 S. 2 Nr. 6 UrhWG wurde seinerzeit durch das Bilanzrichtliniengesetz vom 19.12.1985 (BGBl. I S. 2355) der früher verwendete Begriff „Geschäftsbericht" durch den Begriff „Lagebericht" ersetzt; vgl. → 5. Aufl. 2017, UrhWG § 9 Rn. 1, 2.

[5] Vgl. Beschlussempfehlung und Bericht des Ausschusses für Recht und Verbraucherschutz (6. Ausschuss), BT-Drs. 18/8268, 4, 12.

[6] → Vor §§ 75 ff. Rn. 11.

II. Unterrichtungspflicht der Verwertungsgesellschaft

1. Der Anwendungsbereich von § 88

4   § 88 gilt grundsätzlich für alle **Verwertungsgesellschaften** iSv. § 2,[7] und zwar unabhängig von ihrer Rechtsform.[8] Bedingung ist gem. § 88 Abs. 1 und Abs. 2, dass sie Urheberrechte oder verwandte Schutzrechte wahrnehmen, die sich aus dem UrhG ergeben, also **im Inland aufgrund von Bestimmungen des UrhG tätig** sind. Diese Bedingung (Wahrnehmung von Rechten aus dem UrhG) musste in § 88 gesondert aufgeführt werden, da der Begriff der Verwertungsgesellschaft in § 2 weiter definiert wird als in § 1 UrhWG. § 88 gilt für Verwertungsgesellschaften, die **im Inland**, aber auch für solche, die außerhalb der EU oder des EWR, also in einem **Drittland, ansässig** sind. Für im EU- oder EWR-Ausland ansässige Verwertungsgesellschaften gilt § 88 dagegen gem. § 88 Abs. 3 nicht.[9]

Unter diesen Voraussetzungen gilt § 88 gem. § 90 Abs. 3 auch für **abhängige Verwertungseinrichtungen** iSv. § 3,[10] nicht dagegen für **unabhängige Verwertungseinrichtungen** iSv. § 4,[11] da § 91 nicht auf § 88 Bezug nimmt.

Die **Unterrichtungspflichten** gem. § 88 Abs. 1 und 2 treten neben das Auskunfts- und Vorlagerecht der Aufsichtsbehörde nach § 85 Abs. 3 und dienen wie dieses dazu, die effektive Durchführung der Aufsicht zu ermöglichen.

2. § 88 Abs. 1 – Anzeige eines Wechsels der vertretungsberechtigten Person

5   Nach § 88 Abs. 1 hat die Urheber- oder verwandte Schutzrechte nach dem UrhG wahrnehmende Verwertungsgesellschaft der Aufsichtsbehörde den **Wechsel von vertretungsberechtigten Personen anzuzeigen;** und zwar **unverzüglich,** dh. ohne schuldhaftes Zögern von Seiten der Verwertungsgesellschaft. Dieses Merkmal („unverzüglich") war im bisherigen § 20 S. 1 UrhWG nicht enthalten, wohl aber in § 20 S. 2 UrhWG, und wurde daher offenbar aus Gründen der Kohärenz auch für die Anzeigepflicht nach § 88 Abs. 1 übernommen.

Einer Aufforderung der Aufsichtsbehörde bedarf es nicht, die Verwertungsgesellschaft muss den Wechsel also **unaufgefordert**[12] anzeigen.

Wer **vertretungsberechtigt** ist, richtet sich nach der Organisationsform der Verwertungsgesellschaft. Ist sie als Verein, Genossenschaft oder Aktiengesellschaft organisiert, so ist vertretungsberechtigt iSd. § 88 Abs. 1 der Vorstand; ist sie GmbH, so ist es der Geschäftsführer.

3. § 88 Abs. 2 – Übermittlung von Dokumenten

6   Auch die in § 88 Abs. 2 aufgeführten **Unterlagen** hat die Verwertungsgesellschaft der Aufsichtsbehörde grundsätzlich **unaufgefordert** zu übermitteln.[13] Dies gilt allerdings nicht für die in § 88 Abs. 2 Nr. 8 genannten Entscheidungen.[14] Außerdem müssen die genannten Unterlagen **unverzüglich,** also ohne schuldhaftes Zögern von Seiten der Verwertungsgesellschaft, vorgelegt werden. Dabei genügen **Abschriften,** Originale sind also nicht erforderlich.

§ 88 Abs. 2 Nr. 1–4 entsprechen inhaltlich weitgehend § 20 S. 2 Nr. 1–4 UrhWG. Allerdings wird nun auch in **§ 88 Abs. 2 Nr. 1 (Statut), Nr. 3 (Gesamtverträge)** und **Nr. 4 (Repräsentationsvereinbarungen)** klargestellt, dass nicht nur die dort genannten Unterlagen, sondern auch **jede ihrer Änderungen** der Aufsichtsbehörde übermittelt werden muss. Nur was **§ 88 Abs. 2 Nr. 2 (Tarife)** angeht, so war dies auch bisher schon gem. § 20 S. 2 Nr. 2 UrhWG der Fall.

In **§ 88 Abs. 2 Nr. 1 (Statut)** wird der Begriff des **Statuts** verwendet (statt, wie in § 20 S. 2 Nr. 1 UrhWG, „Satzung"). Dieser Begriff ist auch hier untechnisch zu verstehen, entsprechend der Organisationsform der Gesellschaft.[15]

Gem. **§ 88 Abs. 2 Nr. 2 (Tarife)** müssen nunmehr, anders als bisher gem. § 20 S. 2 Nr. 2 UrhWG, auch die **Standardvergütungssätze iSv. § 56 Abs. 1 Nr. 4** und die **Standardnutzungsverträge** der Aufsichtsbehörde übermittelt werden. Diese Bestimmung ergänzt und flankiert zugleich § 60 Abs. 2, denn sie stellt sicher, dass die Verwertungsgesellschaft auch iR. der gebietsübergreifenden Vergabe von Online-Rechten an Musikwerken den Transparenzanforderungen entspricht.[16]

§ 88 Abs. 2 Nr. 3 (Gesamtverträge) bezieht sich auf Gesamtverträge iSv. § 35.[17]

---

[7] Zum Begriff der Verwertungsgesellschaft → § 2 Rn. 5 ff.
[8] → § 2 Rn. 9; vgl. Erwägungsgrund (14) VG-RL.
[9] → Rn. 7.
[10] Zum Begriff der abhängigen Verwertungseinrichtung → § 3 Rn. 3.
[11] Zum Begriff der unabhängigen Verwertungseinrichtung und den auf sie anwendbaren Bestimmungen des VGG → § 4 Rn. 3 ff.
[12] Vgl. zu § 20 UrhWG AmtlBegr. UrhWG BT-Drs. IV/271, 21.
[13] → Rn. 5.
[14] → § 88 Rn 6.
[15] → § 78 Rn. 5.
[16] → § 56 Rn. 4; AmtlBegr. BT-Drs. 18/7223, 98.
[17] Zum Begriff der Gesamtverträge → § 35 Rn. 3.

In **§ 88 Abs. 2 Nr. 4 (Repräsentationsvereinbarungen)** wurde der im VGG gebrauchte Begriff der Repräsentationsvereinbarung iSv. § 44[18] übernommen.[19]

Gem. **§ 88 Abs. 2 Nr. 5 (Beschlüsse von Kontrollgremien)** sind Verwertungsgesellschaften auch verpflichtet, der Aufsichtsbehörde **Beschlüsse** der Mitgliederhauptversammlung und anderer Kontrollgremien vorzulegen. Einige der hier genannten Gremien waren bereits in § 20 S. 2 Nr. 5 UrhWG aufgeführt. § 88 Abs. 2 Nr. 5 erweitert diesen Kreis der Gremien, deren Beschlüsse der Aufsichtsbehörde unaufgefordert vorzulegen sind, und nennt über die Vorgängerbestimmung im UrhWG hinaus auch den **Verwaltungsrat** und das **Aufsichtsgremium iSv. § 22.**[20] Beschlüsse des Vorstands oder der Geschäftsführung muss die Verwertungsgesellschaft zwar nicht nach § 88 Abs. 2 Nr. 5 unaufgefordert vorlegen, da es sich hierbei nicht um Kontrollgremien handelt; die Vorlage der Beschlüsse von Vorstand oder Geschäftsführung kann die Aufsichtsbehörde aber nach § 85 Abs. 3 verlangen.[21]

§ 88 Abs. 2 Nr. 6 (Anlagerichtlinie) wurde erst im Gesetzgebungsverfahren in § 88 Abs. 2 eingefügt. Nach dieser Bestimmung müssen Verwertungsgesellschaften auch die **Anlagerichtlinie** und deren **Änderung** sowie die **Bestätigung des Wirtschaftsprüfers** bzw. der Wirtschaftsprüfervereinigung gem. § 25 Abs. 3 unaufgefordert und unverzüglich der Aufsichtsbehörde vorlegen. Der Zweck dieser Verpflichtung folgt aus den Überlegungen, die der Neufassung von § 25 im Gesetzgebungsverfahren zugrunde lagen: Nach Auffassung des Gesetzgebers trifft die Verwertungsgesellschaften bei der Anlage von Einnahmen aus den Rechten eine besondere Verantwortung, die der des Vormunds bei der Sorge für das Vermögen des Mündels entspricht. Zum Zwecke der Anlage haben Verwertungsgesellschaften daher gem. § 25 Abs. 1 S. 2 eine Anlagerichtlinie aufzustellen und zu beachten,[22] deren Inhalt von einem Wirtschaftsprüfer oder einer Wirtschaftsprüfervereinigung gem. § 25 Abs. 3 überprüft werden muss. Die Pflicht der Verwertungsgesellschaften zur unaufgeforderten Vorlage der Anlagerichtlinie und der Prüfungsbestätigung an die Aufsichtsbehörde gem. § 88 Abs. 2 Nr. 6 ist daher eine Konsequenz aus § 25 und soll insoweit eine effektive Aufsicht gewährleisten.[23]

Gem. **§ 88 Abs. 2 Nr. 7 (Abschlussberichte)** hat die Verwertungsgesellschaft der Aufsichtsbehörde auch ihren **Jahresabschluss,**[24] ihren **Lagebericht**[25] und den **Prüfungsbericht**[26] unaufgefordert der Aufsichtsbehörde vorzulegen. Eine entsprechende Verpflichtung zur Vorlage dieser drei Dokumente war auch in § 20 S. 2 Nr. 6 UrhWG enthalten. Darüber hinaus enthält § 88 Abs. 2 Nr. 7 die Verpflichtung, der Aufsichtsbehörde auch den **Jährlichen Transparenzbericht** vorzulegen. Diese Verpflichtung ist Korrelat der erweiterten Rechenschaftspflichten der Verwertungsgesellschaften gem. § 58 iVm. der Anlage „Inhalt des jährlichen Transparenzberichts".[27]

§ 88 Abs. 2 Nr. 8 (Entscheidungen) stimmt wörtlich mit der Vorgängerbestimmung § 20 S. 2 Nr. 7 UrhWG überein. Die hier genannten Unterlagen (Entscheidungen in gerichtlichen oder behördlichen Verfahren, in denen die Verwertungsgesellschaft Partei ist), sind **der Aufsichtsbehörde nur auf deren Verlangen** zu übergeben. Daraus folgt jedoch die Pflicht der Verwertungsgesellschaft, die Aufsichtsbehörde darüber zu informieren, dass eine Entscheidung im Sinne von § 88 Abs. 2 Nr. 8 überhaupt ergangen ist. Einigungsvorschläge der Schiedsstelle hat diese selbst gem. § 105 Abs. 2 S. 4 der Aufsichtsbehörde in Abschrift zu übermitteln.

4. § 88 Abs. 3 – Ausnahme für Gesellschaften mit Sitz in einem anderen EU-Mitgliedstaat oder EWR-Vertragsstaat

Die in **§ 88 Abs. 1** genannte Anzeigepflicht und die Vorlagepflichten nach **§ 88 Abs. 2 gelten nicht** gem. § 88 Abs. 3 für Verwertungsgesellschaften, die ihren **Sitz nicht im Inland** haben, sondern in einem anderen EU-Mitgliedstaat oder EWR-Vertragsstaat.   7

Dies entspricht dem Konzept des VGG: Entsprechend den Vorgaben der VG-RL unterwirft das VGG Verwertungsgesellschaften, die **im Inland tätig aber in einem anderen EU-Mitgliedstaat oder EWR-Vertragsstaat ansässig** sind, nur einer **eingeschränkten Aufsicht.** Zwar unterliegen auch sie einer allgemeinen laufenden Aufsicht[28] und gem. § 82 Nr. 1 einer Anzeigepflicht,[29] und auch

---

[18] Zum Begriff der Repräsentationsvereinbarung → § 44 Rn. 3 f.

[19] § 20 S. 1 Nr. 4 UrhWG enthielt den weiteren Begriff der „Vereinbarungen mit ausländischen Verwertungsgesellschaften".

[20] Zum Begriff des Aufsichtsgremiums → § 22 Rn. 3.

[21] AmtlBegr. BT-Drs. 18/7223, 98; → § 85 Rn. 8.

[22] Beschlussempfehlung und Bericht des Ausschusses für Recht und Verbraucherschutz (6. Ausschuss), BT-Drs. 18/8268, 11.

[23] Beschlussempfehlung und Bericht des Ausschusses für Recht und Verbraucherschutz (6. Ausschuss), BT-Drs. 18/8268, 12.

[24] Zum Begriff des Jahresabschlusses → § 57 Rn. 6.

[25] Zum Begriff des Lageberichts → § 57 Rn. 7.

[26] Zum Prüfungsbericht → § 57 Rn. 8 ff.

[27] Zum Inhalt des Jährlichen Transparenzberichts → § 58 Rn. 11.

[28] → § 76 Rn. 4.

[29] Zu den Voraussetzungen → § 82 Rn. 5; zur Anzeigepflicht für abhängige Verwertungseinrichtungen → § 90 Rn. 4 f.; für unabhängige Verwertungseinrichtungen → § 91 Rn. 4 ff.

ihnen gegenüber hat das **DPMA als Aufsichtsbehörde**[30] bestimmte Aufsichtsbefugnisse.[31] Andererseits wird für diese Verwertungsgesellschaften gem. § 77 Abs. 2 nur in bestimmten Fällen eine Erlaubnis zum Geschäftsbetrieb[32] verlangt. Es ist daher konsequent, dass gem. § 88 Abs. 3 auch die Anzeige- und Unterrichtungspflichten iSv. § 88 Abs. 1 und 2 für sie nicht gelten. Allerdings kann die Aufsichtsbehörde die entsprechenden Informationen im Rahmen ihres Informationsaustausches mit der Aufsichtsbehörde des Sitzstaates der Verwertungsgesellschaft erlangen.[33]

§ 89 Anzuwendendes Verfahrensrecht

(1) **Für die Verwaltungstätigkeit der Aufsichtsbehörde gilt, soweit in diesem Gesetz nichts anderes bestimmt ist, das Verwaltungsverfahrensgesetz.**

(2) **Jedermann kann die Aufsichtsbehörde darüber informieren, dass die Verwertungsgesellschaft seiner Ansicht nach gegen eine ihr nach diesem Gesetz obliegende Verpflichtung verstößt.**

(3) **Auf die Vollstreckung von Verwaltungsakten, die aufgrund dieses Gesetzes erlassen werden, findet das Verwaltungs-Vollstreckungsgesetz mit der Maßgabe Anwendung, dass die Höhe des Zwangsgeldes bis zu einhunderttausend Euro betragen kann.**

(4) **Soweit ein berechtigtes Interesse besteht, kann die Aufsichtsbehörde einen Verstoß gegen dieses Gesetz auch feststellen, nachdem dieser beendet ist.**

(5) **¹Die Aufsichtsbehörde kann Entscheidungen über Maßnahmen nach diesem Gesetz einschließlich Entscheidungen, denen gemäß im Einzelfall kein Anlass für Maßnahmen besteht, auf ihrer Internetseite veröffentlichen. ²Dies gilt auch für die Begründung dieser Maßnahmen und Entscheidungen.**

Schrifttum: *Dördelmann*, Gedanken zur Zukunft der Staatsaufsicht über Verwertungsgesellschaften, GRUR 1999, 890.

Übersicht

I. Allgemeines

1. Die Vorgaben der VG-RL

1   Die Bestimmungen der VG-RL betreffend die Aufsicht über Verwertungsgesellschaften gem. Art. 36 und Art. 37 VG-RL konzentrieren sich auf allgemeine Vorgaben zur **Überwachung der Einhaltung** der nationalen Vorschriften (Art. 36 Abs. 1 und 3 VG-RL) und zur **Zusammenarbeit zwischen den Aufsichtsbehörden,** insbesondere bei der grenzüberschreitenden Aufsicht (Art. 37 VG-RL). Weitergehende inhaltliche Vorgaben über die Ausgestaltung der Aufsicht, die Befugnisse der Aufsichtsbehörden oder die Verpflichtungen der Verwertungsgesellschaften ihnen gegenüber enthält die VG-RL nicht.

Daneben enthält **Art. 36 Abs. 2 VG-RL** allerdings eine besondere **Verfahrensregel:** Mitgliedern der Verwertungsgesellschaft, Rechtsinhabern, Nutzern, Verwertungsgesellschaften und „sonstigen Beteiligten" muss danach das nationale Recht **Verfahren** zur Verfügung stellen, mit denen sie die Aufsichtsbehörde von „Tätigkeiten oder Umständen", die ihrer Ansicht nach **Rechtsverstöße** darstellen, **in Kenntnis setzen** können.

Der Kreis der **Mitteilungsberechtigten** iSv. Art. 36 Abs. 2 VG-RL soll offenbar weit gefasst sein, wobei aber wohl ein gewisses rechtliches Interesse gefordert werden kann.[1]

---

[30] → § 75 Rn. 6.
[31] → § 85 Rn. 4.
[32] → § 77 Rn. 6.
[33] AmtlBegr. BT-Drs. 18/7223, 98; zu den Befugnissen der Aufsichtsbehörde im Rahmen der grenzüberschreitenden Aufsicht → § 86 Rn. 3 ff.
[1] *Walter*, Urheber- und Verwertungsgesellschaftenrecht '15, VG-RL Art. 36 Anm. 1.

Auch die **Rechtsverstöße,** die gem. Art. 36 Abs. 2 VG-RL der Aufsichtsbehörde gemeldet werden können, umfassen ein breites Spektrum: Nicht nur Rechtsverstöße von **Verwertungsgesellschaften**, sondern auch Rechtsverstöße von **Nutzern** sollen zur Meldung berechtigen.[2]

2. Die Bestimmungen des UrhWG

Neben der allgemeinen Erlaubnispflicht für Verwertungsgesellschaften gem. den §§ 1–5 UrhWG   2
waren Vorschriften betreffend die Aufsicht über Verwertungsgesellschaften im Dritten Abschnitt des UrhWG („Aufsicht über die Verwertungsgesellschaft", §§ 18–20 UrhWG) enthalten.

Verfahrensrechtliche Vorschriften betreffend die Aufsicht über Verwertungsgesellschaften enthielt das UrhWG nur vereinzelt, und zwar im Zusammenhang mit der Versagung und dem Widerruf der Erlaubnis zum Geschäftsbetrieb als Verwertungsgesellschaft in **§ 3 Abs. 2** bzw. **§ 4 Abs. 2 UrhWG.** Im Übrigen galt allgemeines Verfahrensrecht.[3]

Außerdem bestimmte **§ 21 UrhWG** („Zwangsgeld") im Vierten Abschnitt des UrhWG („Übergangs- und Schlußbestimmungen"), dass auf die Vollstreckung von nach dem UrhWG erlassenen Verwaltungsakten das Verwaltungs-Vollstreckungsgesetz (VwVG) Anwendung fand mit der Maßgabe, dass die Höhe des Zwangsgeldes „bis hunderttausend Euro" betragen konnte.

Dieser Betrag war das Ergebnis verschiedener Gesetzesänderungen. Denn zunächst war die Höhe des Zwangsgeldes nach § 11 Abs. 3 VwVG auf 2000,– DM begrenzt. Dies hielt der Gesetzgeber des UrhWG von 1965 angesichts der hohen Einnahmen der Verwertungsgesellschaften für zu gering und damit wirkungslos.[4] § 21 aF UrhWG bestimmte daher seinerzeit, also 1965, als **Obergrenze für das Zwangsgeld** bei der Vollstreckung von Verwaltungsakten aufgrund des UrhWG abweichend von § 11 Abs. 3 VwVG 10 000 DM.

Auch dieser Betrag erwies sich aber als unangemessen, hätte er doch im Ernstfall von einer Verwertungsgesellschaft sozusagen „aus der Portokasse" bezahlt werden können und damit kein wirksames Druckmittel dargestellt.[5] Die Obergrenze wurde daher durch das Gesetz zur Regelung des Urheberrechts in der Informationsgesellschaft vom 10.9.2003 (BGBl. I S. 1774), mit dem die InfoSoc-RL 2001/29/EG in deutsches Recht umgesetzt wurde, auf 100 000 Euro angehoben.[6]

3. § 89

§ 89 ist die zentrale Bestimmung zum von der Aufsichtsbehörde anzuwendenden **Verfahrens-**   3
recht. Hierzu kombiniert § 89 die Vorgaben der VG-RL und des UrhWG und nimmt außerdem Anleihen bei der Patentanwaltsordnung (PAO) und beim Gesetz gegen Wettbewerbsbeschränkungen (GWB).

§ 89 Abs. 1 ordnet die **Anwendung des Verwaltungsverfahrensgesetzes** auf die Verwaltungstätigkeit der Aufsichtsbehörde an. Diese Bestimmung entspricht inhaltlich § 30 Abs. 1 S. 1 PAO.[7]

§ 89 Abs. 2 bestimmt, dass **„jedermann" die Aufsichtsbehörde** darüber **informieren** kann, dass die Verwertungsgesellschaft nach seiner Ansicht gegen eine ihr nach dem VGG obliegende Verpflichtung verstößt. Damit wird Art. 36 Abs. 2 VG-RL umgesetzt.

§ 89 Abs. 3 ordnet für die **Vollstreckung** von aufgrund des VGG erlassenen Verwaltungsakten die Anwendung des Verwaltungs-Vollstreckungsgesetzes an und bestimmt, dass die **Höhe des Zwangsgeldes** „bis zu einhunderttausend Euro" betragen kann. Diese Bestimmung übernimmt nahezu wortgleich § 21 UrhWG.

§ 89 Abs. 4 stellt klar, dass die Aufsichtsbehörde einen **Verstoß** gegen die Bestimmungen des VGG auch dann **feststellen kann, nachdem dieser beendet ist.** Diese Vorschrift entspricht § 32 Abs. 3 GWB.[8]

Nach **§ 89 Abs. 5 S. 1** ist die Aufsichtsbehörde berechtigt, ihre **Entscheidungen** über Maßnahmen und andere Entscheidungen auf ihrer Internetseite zu **veröffentlichen.** Gem. **§ 89 Abs. 5 S. 2** erstreckt sich diese Ermächtigung zur Veröffentlichung auch auf die **Begründung** der jeweiligen Entscheidung. Diese Bestimmung geht weder auf das UrhWG noch auf die VG-RL zurück.

Gem. § 138 waren Verfahren der Aufsichtsbehörde, die bei Inkrafttreten des VGG am 1.6.2016 nicht abgeschlossen waren, nach den Bestimmungen des VGG, und insbesondere § 89, fortzuführen.

---

[2] Vgl. Erwägungsgrund (50) S. 4 VG-RL.
[3] Vgl. → 5. Aufl. 2017, UrhWG § 3 Rn. 14; → 5. Aufl. 2017, UrhWG § 4 Rn. 8 f.
[4] AmtlBegr. UrhWG BT-Drs. IV/271, 21.
[5] *Dördelmann* GRUR 1999, 890 (894).
[6] Vgl. AmtlBegr. UrhInfoSocG BT-Drs. 15/38, 30.
[7] § 30 Abs. 1 S. 1 PAO lautet: „Für Verwaltungsverfahren nach diesem Gesetz oder nach einer auf Grund dieses Gesetzes erlassenen Rechtsverordnung gilt, soweit nichts anderes bestimmt ist, das Verwaltungsverfahrensgesetz."
[8] § 32 Abs. 3 GWB lautet: „Soweit ein berechtigtes Interesse besteht, kann die Kartellbehörde auch eine Zuwiderhandlung feststellen, nachdem diese beendet ist."

II. Anzuwendendes Verfahrensrecht

1. § 89 Abs. 1 – Anwendung des Verwaltungsverfahrensgesetzes

4   **§ 89 Abs. 1** bezieht sich auf die **Verwaltungstätigkeit** der Aufsichtsbehörde[9] und ordnet hierfür die Anwendung des Verwaltungsverfahrensgesetzes (VwVfG) an. Da das VwVfG gem. § 1 VwVfG ohnehin auf die Tätigkeit der Aufsichtsbehörde Anwendung findet, hat § 89 Abs. 1 nur eine klarstellende Funktion. Das UrhWG enthielt keine entsprechende Bestimmung.

Die Verwaltungstätigkeit der Aufsichtsbehörde besteht in der Überwachung der Erfüllung der Pflichten und der Wahrnehmung der Befugnisse, die die Aufsichtsbehörde nach dem VGG hat: Gem. § 76 Abs. 1 hat die Aufsichtsbehörde eine allgemeine **Überwachungspflicht.** § 85 enthält **einzelne Befugnisse** der Aufsichtsbehörde zur Durchführung ihrer Aufsicht. Außerdem ist die Aufsichtsbehörde für die **Erteilung der Erlaubnis** gem. § 78 S. 1, für deren **Versagung** iSv § 79 und für den **Widerruf der Erlaubnis** gem. § 80 zuständig.

Viele dieser Entscheidungen, insbesondere die in den §§ 78, 79, 80, 85 Abs. 2 und 85 Abs. 5 genannten, sind **Verwaltungsakte.** Es gelten daher die für **Verwaltungsverfahren** iSv § 9 VwVfG geltenden Bestimmungen. Andere Maßnahmen der Aufsichtsbehörde, wie etwa ein Auskunftsersuchen gem. § 85 Abs. 3, die Bekanntmachung gem. § 83 oder die Reaktion auf ein Ersuchen einer anderen Aufsichtsbehörde gem. § 87, dürften dagegen nicht als Maßnahmen iR. eines Verwaltungsverfahrens, sondern als **nichtförmliche Maßnahmen** einzustufen sein, die gem. § 10 VwVfG von der Aufsichtsbehörde „einfach, zweckmäßig und zügig" durchzuführen sind.

Gem. § 89 Abs. 1 findet das VwVfG demnach auf alle diese Maßnahmen und Entscheidungen der Aufsichtsbehörde Anwendung, unabhängig davon, ob es sich dabei um Verwaltungsakte handelt; für letztere sind allerdings besondere Regeln zu beachten.[10]

2. § 89 Abs. 2 – Information über Rechtsverstöße

5   **§ 89 Abs. 2** gibt „jedermann" das Recht, die Aufsichtsbehörde über angenommene Rechtsverstöße zu informieren.

Nach dem Wortlaut von § 89 Abs. 2 gilt dies nur für angenommene **Rechtsverstöße einer Verwertungsgesellschaft;** der Anwendungsbereich von Art. 36 Abs. 2 VG-RL, dessen Umsetzung § 89 Abs. 2 dient, ist weiter und erfasst auch **Rechtsverstöße durch Nutzer.**[11] Allerdings hat dieser Unterschied keine praktischen Auswirkungen: Nach §§ 41 und 42 treffen Nutzer entsprechend Art. 17 VG-RL zwar bestimmte Auskunfts- und Meldepflichten. Diese sind aber von den Aufsichtspflichten und -befugnissen der Aufsichtsbehörde nicht erfasst.

Weiter gefasst als Art. 36 Abs. 2 VG-RL ist § 89 Abs. 2 dagegen beim Kreis derjenigen, die die Aufsichtsbehörde über Rechtsverstöße informieren können. § 89 Abs. 2 gibt **„jedermann"** dieses Recht, somit unabhängig von ein (glaubhaft gemachten) rechtlichen Interesse, wie es wohl in Art. 36 Abs. 2 VG-RL aufgrund des dort gewählten Begriffs der „Beteiligten" vorausgesetzt wird. Im Interesse einer effektiven Aufsicht durfte es aber dem VGG-Gesetzgeber unbenommen sein, insoweit über die Vorgaben der VG-RL hinauszugehen.

Aus § 89 Abs. 2 ergibt sich dagegen **keine Verpflichtung der Aufsichtsbehörde,** aufgrund der Information tätig zu werden. Die Aufsichtsbehörde hat stets selbst zu prüfen, ob und gegebenenfalls zu welchen Aufsichtsmaßnahmen sie befugt ist und welche im Einzelfall angemessen sind.

3. § 89 Abs. 3 – Anwendung des Verwaltungsvollstreckungsgesetzes

6   **§ 89 Abs. 3** stimmt mit dem bisherigen § 21 UrhWG überein.

Grundsätzlich findet auf die Vollstreckung von Verwaltungsakten, die die Aufsichtsbehörde – insbesondere gegenüber den Verwertungsgesellschaften zur Durchführung von Aufsichtsmaßnahmen – erlässt, das **Verwaltungsvollstreckungsgesetz (VwVG)** Anwendung. Dabei wird von den im VwVG vorgesehenen Vollstreckungsmaßnahmen[12] regelmäßig nur das Zwangsgeld anwendbar sein.[13]

Auch die Höhe des festzusetzenden Zwangsgeldes (in Abweichung von § 11 Abs. 3 VwVG, der bis zu 25 000 Euro Zwangsgeld zulässt, 100 000 Euro) wurde unverändert von § 21 UrhWG übernommen.[14] Zu beachten ist, dass es sich hierbei um die **Obergrenze** handelt („bis zu"). Die Aufsichtsbehörde kann nach pflichtgemäßem Ermessen auch ein niedrigeres Zwangsgeld festlegen.

---

[9] Gem. § 75 Abs. 1 das Deutsche Patent- und Markenamt (DPMA); → § 75 Rn. 6.
[10] Zum Verfahren bei der Versagung oder dem Widerruf der Erlaubnis vgl. → § 79 Rn. 8, → § 80 Rn. 11.
[11] → Rn. 1.
[12] Ersatzvornahme gem. § 10 VwVG; Zwangsgeld gem. § 11 VwVG; unmittelbarer Zwang gem. § 12 VwVG.
[13] AmtlBegr. UrhWG BT-Drs. IV/271, 21.
[14] Zum historischen Hintergrund für diesen Betrag → Rn. 2.

4. § 89 Abs. 4 – Feststellung des Gesetzesverstoßes nach dessen Beendigung

In Abweichung von dem generellen Grundsatz, dass von einer Aufsichtsbehörde ein Gesetzesver- 7
stoß nicht mehr festgestellt werden kann, nachdem dieser beendet worden ist, bestimmt **§ 89 Abs. 4**,
dass das DPMA als Aufsichtsbehörde dies dennoch tun kann, wenn hierfür ein berechtigtes Interesse
besteht. Auch diese Bestimmung soll lediglich der **Klarstellung** dienen.[15]
Wie in § 32 Abs. 3 GWB, dessen Inhalt von § 89 Abs. 4 übernommen wurde, für Fragen des
Wettbewerbsrechts, besteht die Rechtfertigung für diese Regelung darin, dass **größtmögliche
Transparenz** bei der Behandlung von Rechtsverstößen durch Verwertungsgesellschaften im öffentlichen Interesse liegt. Dies gilt jedenfalls dann, wenn der Rechtsverstoß wegen seiner Bedeutung potenziell die Öffentlichkeit oder andere Marktteilnehmer tangiert und mithin ein **berechtigtes Interesse** an seiner, gewissermaßen nachträglichen, Feststellung besteht.

5. § 89 Abs. 5 – Recht zur Veröffentlichung

§ 89 Abs. 5 ermächtigt die Aufsichtsbehörde, die Öffentlichkeit über ihre Tätigkeit zu unterrich- 8
ten. Dazu kann sie ihre Aufsichtsentscheidungen nach pflichtgemäßem Ermessen auf ihrer Internetseite veröffentlichen.
Erfasst von dieser Befugnis gem. **§ 89 Abs. 5 S. 1** sind sowohl Entscheidungen über **Aufsichtsmaßnahmen** – wie etwa die Untersagung der Forstsetzung des Geschäftsbetriebs gem. § 85 Abs. 2 –
als auch andere **Entscheidungen,** die im Einzelfall nicht zu Aufsichtsmaßnahmen führen oder geführt haben, wie etwa ein Auskunftsersuchen gem. § 85 Abs. 3 oder ein Ersuchen um Maßnahmen
an eine andere Aufsichtsbehörde iRv. § 87. Auch über einen noch nicht unanfechtbar gewordenen
Widerruf der Erlaubnis zum Geschäftsbetrieb iSv. § 80 kann die Aufsichtsbehörde auf ihrer Internetseite informieren.
Die Befugnis zur Veröffentlichung erstreckt sich gem. **§ 89 Abs. 5 S. 2** auch auf die **Begründung**
der betreffenden Maßnahme und Entscheidung.
§ 89 Abs. 5 begründet **keinen Anspruch auf Zugang** der Öffentlichkeit oder von beteiligten
Kreisen zu den hier genannten Informationen. Die alleinige Rechtsgrundlage für einen Anspruch auf
einen solchen Zugang ist das Informationsfreiheitsgesetz (IFG). Im Übrigen bleibt die Berechtigung
der Aufsichtsbehörde zur sonstigen Informations- und Öffentlichkeitsarbeit nach Maßgabe der rechtlichen Vorgaben für staatliches Informationshandeln[16] unberührt.[17]

§ 90 Aufsicht über abhängige Verwertungseinrichtungen

(1) [1]Eine abhängige Verwertungseinrichtung (§ 3) bedarf der Erlaubnis nur, wenn sie die in
§ 77 Absatz 2 genannten Rechte wahrnimmt. [2]Das gilt nicht, wenn alle Verwertungsgesellschaften, die Anteile an dieser Einrichtung halten oder sie beherrschen, über eine Erlaubnis verfügen.

(2) Die abhängige Verwertungseinrichtung hat der Aufsichtsbehörde die Aufnahme einer
Wahrnehmungstätigkeit unverzüglich schriftlich anzuzeigen, wenn sie keiner Erlaubnis bedarf
und

1. Urheberrechte oder verwandte Schutzrechte wahrnimmt, die sich aus dem Urheberrechtsgesetz ergeben oder
2. ihren Sitz im Inland hat und in einem anderen Mitgliedstaat der Europäischen Union oder
anderen Vertragsstaat des Abkommens über den Europäischen Wirtschaftsraum tätig ist.

(3) Im Übrigen gelten für die abhängige Verwertungseinrichtung die Vorschriften dieses Teils
entsprechend.

---

[15] AmtlBegr. BT-Drs. 18/7223, 98.
[16] Vgl. BVerfGE 105, 252–279.
[17] AmtlBegr. BT-Drs. 18/7223, 98.

I. Allgemeines

1. Die Vorgaben der VG-RL

1   Der Begriff der abhängigen Verwertungseinrichtung wird in der VG-RL zwar nicht ausdrücklich erwähnt; er ist auch nicht in der Liste der Begriffsbestimmungen in Art. 3 VG-RL aufgeführt. Wohl aber enthält Art. 3 Abs. 3 VG-RL für abhängige Verwertungseinrichtungen eine besondere Regelung: **Art. 2 Abs. 3 VG-RL** bestimmt, dass die Richtlinie, neben den eigentlichen Organisationen der kollektiven Rechtewahrnehmung (den Verwertungsgesellschaften), auch auf solche Einrichtungen Anwendung findet, die sich im Eigentum einer Organisation der kollektiven Rechtewahrnehmung befinden oder von ihr beherrscht werden; dies aber nur, sofern diese von einer Verwertungsgesellschaft abhängigen Verwertungseinrichtungen selbst eine Tätigkeit der kollektiven Rechtewahrnehmung ausüben, die, „würde sie von einer Organisation der kollektiven Rechtewahrnehmung ausgeführt, den Bestimmungen dieser Richtlinie unterläge".

Wie **Erwägungsgrund (17) VG-RL** erläutert, geht es hierbei um Tochtergesellschaften von Verwertungsgesellschaften oder andere von ihnen kontrollierte Einrichtungen, die von der Verwertungsgesellschaft mit der Ausführung bestimmter Tätigkeiten, wie der „Fakturierung oder der Verteilung der Einnahmen" beauftragt wurden, also deren Aufgaben in ihrem Auftrag wahrnehmen. Auf diese Einrichtungen sollen demnach die Bestimmungen der VG-RL Anwendung finden, die auf die Verwertungsgesellschaft anwendbar wären, würde diese die betreffende Tätigkeit selbst ausüben.[1]

2. § 90

2   Art. 2 Abs. 3 VG-RL wird in § 3 und, was die Aufsicht betrifft, in § 90 umgesetzt.[2] Die in Art. 2 Abs. 3 VG-RL genannten Einrichtungen werden im VGG als „abhängige Verwertungseinrichtung" bezeichnet und in § 3 Abs. 1 definiert.[3] § 3 Abs. 2 bestimmt, in welchem Umfang das VGG auf solche abhängigen Verwertungseinrichtungen Anwendung findet.[4] Außerdem bestimmt § 3 Abs. 2 S. 3 ausdrücklich, dass für die **Aufsicht über abhängige Verwertungseinrichtungen § 90** maßgeblich und somit **lex specialis** ist zur allgemeinen Regelung in § 3 Abs. 2.

§ 90 Abs. 1 enthält Bestimmungen dazu, unter welchen Bedingungen eine abhängige Verwertungseinrichtung der **Erlaubnis** iSv. § 77 bedarf.

§ 90 Abs. 2 bestimmt, dass eine abhängige Verwertungseinrichtung, die keiner Erlaubnis iSv. § 77 bedarf, unter den in § 90 Abs. 2 Nr. 1 (Wahrnehmung von Rechten und Ansprüchen aus dem UrhG) und Nr. 2 (im EU- oder EWR-Ausland tätige Einrichtung mit Sitz im Inland) genannten Voraussetzungen der **Anzeigepflicht** iSv. § 82 unterliegt.

Nach § **90 Abs. 3** gelten im Übrigen für die Aufsicht über eine abhängige Verwertungseinrichtung die Vorschriften von Teil 4 („Aufsicht", §§ 75–89) entsprechend.

II. Aufsicht über abhängige Verwertungseinrichtungen

1. § 90 Abs. 1 – Voraussetzungen für die Erlaubnispflicht einer abhängigen Verwertungseinrichtung

3   § **90 Abs. 1 S. 1** bestimmt, dass die Tätigkeit einer abhängigen Verwertungseinrichtung iSv. § 3 grundsätzlich nicht einer Erlaubnispflicht iSd. § 77 Abs. 1 unterliegt. Einer **Erlaubnispflicht** unterliegt sie nur **in den in § 77 Abs. 2 genannten Fällen**, also zur Wahrnehmung der in § 49 Abs. 1 genannten Vergütungsansprüche (§ 77 Abs. 2 Nr. 1), des in § 50 genannten Rechts der Kabelweitersendung (§ 77 Abs. 2 Nr. 2), oder der in § 51 genannten Rechte an vergriffenen Werken (§ 77 Abs. 2 Nr. 3). Zur Wahrnehmung der hier genannten Rechte erfordern die Wirkungen der darin enthaltenen **Vermutungsregeln** oder **Berechtigungsfiktionen** eine Erlaubnispflicht aller beteiligten Verwertungsgesellschaften, um eine effektive kollektive Rechtewahrnehmung gewährleisten zu können.[5] Aus demselben Grund sich die Erlaubnispflicht in gleichem Maße auch auf abhängige Verwertungseinrichtungen erstrecken, wenn sie diese Rechte wahrnehmen.[6]

Ist eine Erlaubnis erforderlich, so gelten für den Erlaubnisantrag und die Erteilung der Erlaubnis die Bestimmungen der §§ 78 ff.

Entsprechend dem genannten Schutzzweck der Erlaubnispflicht iSv. § 77 Abs. 2 bestimmt § **90 Abs. 1 S. 2,** dass eine abhängige Verwertungseinrichtung, selbst wenn sie die in § 77 Abs. 2 genannten Rechte wahrnimmt, **ausnahmsweise** dann **keiner Erlaubnis** gem. § 77 Abs. 2 bedarf, wenn

---

[1] Im Einzelnen → § 3 Rn. 1.
[2] Zum Regelungszweck von § 3 → § 3 Rn. 2.
[3] Zur Definition der abhängigen Verwertungseinrichtung und zur Abgrenzung zu Zusammenschlüssen von Verwertungsgesellschaften → § 3 Rn. 3; → Einl. VGG Rn. 41.
[4] → § 3 Rn. 4 f.
[5] Zu den § 77 Abs. 2 zugrundeliegenden Überlegungen → § 77 Rn. 6.
[6] AmtlBegr. BT-Drs. 18/7223, 98.

bereits alle Verwertungsgesellschaften, von denen die abhängige Verwertungseinrichtung beherrscht wird oder in deren Eigentum sie sich befindet, über eine Erlaubnis zur Geschäftstätigkeit verfügen; denn in diesem Fall besteht kein Bedarf mehr für eine zusätzliche ex ante-Kontrolle der abhängigen Verwertungseinrichtung durch eine gesonderte Erlaubnispflicht für ihre Tätigkeit.[7]

2. § 90 Abs. 2 – Anzeigepflicht

a) Die Anzeigepflicht für abhängige Verwertungseinrichtungen. § 90 Abs. 2 bestimmt, **4** dass eine abhängige Verwertungseinrichtung, die gem. § 90 Abs. 1 keiner Erlaubnis bedarf, stattdessen einer **Anzeigepflicht** unterliegt, wenn auch nur **unter bestimmten Bedingungen.** Einer allgemeinen Anzeigepflicht gem. § 82 unterliegen abhängige Verwertungseinrichtungen dagegen nicht.

Allgemein ist Grundlage für die Anzeigepflicht die Überlegung, dass in den Fällen, in denen keine Erlaubnispflicht besteht, die Aufsichtsbehörde mit Hilfe der **Anzeigepflicht** über die Tätigkeit der abhängigen Verwertungseinrichtung informiert, diese Tätigkeit für die Aufsichtsbehörde damit **transparent** und ihr die Aufsicht insgesamt erleichtert werden soll.

Außerdem dient die Anzeigepflicht generell als Grundlage für die Umsetzung der Vorgaben der VG-RL gem. Art. 37 VG-RL zum **Informationsaustausch** zwischen den zuständigen Aufsichtsbehörden und die Ausübung der grenzüberschreitenden Aufsicht über mit der kollektiven Rechtewahrnehmung befasste Gesellschaften.

Die **Anzeige** der Aufnahme der Wahrnehmungstätigkeit kann iRv. § 90 Abs. 2 – wie iRv. § 82 – formlos, muss in jedem Fall aber **schriftlich** an die Aufsichtsbehörde gerichtet werden. Die Schriftform verlangt gem. § 126 Abs. 1 BGB grundsätzlich die eigenhändige Unterschrift der für die beantragende abhängige Verwertungseinrichtung vertretungsberechtigten Person. Da das VGG auch an anderen Stellen die elektronische Kommunikation bevorzugt oder sogar vorschreibt[8] und sich aus dem VGG insoweit nichts Gegenteiliges ergibt, dürfte es gem. § 126 Abs. 3 BGB bzw. § 3a VwVfG, der gem. § 89 Abs. 1 auch für die Verwaltungstätigkeit der Aufsichtsbehörde gilt, unter den dort genannten Voraussetzungen auch zulässig sein, die Anzeige in elektronischer Form zu übermitteln. Insofern kann nichts anderes gelten als für einen Antrag auf Erlaubniserteilung.[9]

Gem. § 90 Abs. 2 muss die abhängige Verwertungseinrichtung ihre Wahrnehmungstätigkeit **unverzüglich** nach deren Aufnahme anzeigen, also ohne schuldhaftes Zögern ihrerseits. Eine Anzeigepflicht vor Aufnahme der Wahrnehmungstätigkeit ergibt sich dagegen weder aus § 90 Abs. 2, noch aus dem entsprechend formulierten § 82.

Die Anzeige der Aufnahme der Wahrnehmungstätigkeit gem. § 90 Abs. 2 ist bei der **Aufsichtsbehörde** einzureichen; dies ist gem. § 75 Abs. 1 das Deutsche Patent- und Markenamt (DPMA).[10] Die Anzeige muss nicht begründet werden.

Eine **Anzeigepflicht gem. § 90 Abs. 2** besteht aber nur, wenn **einer der beiden in § 90 Abs. 2 Nr. 1 und Nr. 2 genannten Fälle** vorliegt.

b) § 90 Abs. 2 Nr. 1, Wahrnehmung von Rechten und Ansprüchen aus dem UrhG. 5 Gem. **§ 90 Abs. 2 Nr. 1** unterliegt eine abhängige Verwertungseinrichtung dann einer Anzeigepflicht, wenn sie „**Urheberrechte oder verwandte Schutzrechte** wahrnimmt, **die sich aus dem Urheberrechtsgesetz** ergeben". Dieser ausdrückliche Zusatz in § 90 Abs. 2 Nr. 1 war – entsprechend dem Zusatz in § 77 Abs. 1 – erforderlich, da die Definition der abhängigen Verwertungseinrichtung gem. § 3 Abs. 1, ebenso wie die Definition der Verwertungsgesellschaft in § 2 (insoweit abweichend von § 1 Abs. 1 und Abs. 4 S. 1 UrhWG) auch solche Gesellschaften umfasst, die in anderen EU-Mitgliedstaaten oder EWR-Vertragsstaaten geltende Rechte wahrnehmen.[11] Im Umkehrschluss unterliegt eine abhängige Verwertungseinrichtung also grundsätzlich nicht der Anzeigepflicht gem. § 90 Abs. 2 Nr. 1, wenn sie Rechte außerhalb des UrhG wahrnimmt. Gleichwohl kann auch in diesem Fall eine Anzeigepflicht aus § 90 Abs. 2 Nr. 2 abgeleitet werden.

c) § 90 Abs. 2 Nr. 2, Tätigkeit im EU- oder EWR-Ausland bei Sitz im Inland. Als **6** zweiten Fall und damit alternative Bedingung für eine Anzeigepflicht einer abhängigen Verwertungseinrichtung nennt **§ 90 Abs. 2 Nr. 2** die Tätigkeit einer **im Inland ansässigen** abhängigen Verwertungseinrichtung **in einem anderen EU-Mitgliedstaat oder EWR-Vertragsstaat** zur Wahrnehmung **dort geltender Urheber- oder verwandter Schutzrechte.**

Solche abhängigen Verwertungseinrichtungen bedürfen keiner Erlaubnis für ihre Geschäftstätigkeit gem. § 77 Abs. 1, sie unterliegen gem. § 90 Abs. 2 Nr. 1 aber auch nicht der Anzeigepflicht gem. § 90 Abs. 1, da sie die dort genannte Bedingung (Wahrnehmung von Urheberrechten oder verwandten Schutzrechten, „die sich aus dem Urheberrechtsgesetz ergeben") nicht erfüllen.

Andererseits können sie gem. § 90 Abs. 3 der allgemeinen laufenden Aufsicht gem. **§ 76 Abs. 1** unterliegen.[12]

---

[7] AmtlBegr. BT-Drs. 18/7223, 98.
[8] → § 14 Rn. 3 f.; → § 43 Rn. 3 ff.; → § 47 Rn. 3; → § 64 Rn. 3 f.; → § 66 Rn. 3.
[9] → § 78 Rn. 4.
[10] Zweibrückenstr. 12, 80297 München.
[11] → § 3 Rn. 3; vgl. → § 2 Rn. 4.
[12] → § 76 Rn. 4 f.

Außerdem können sie auch der **Aufsicht im Land ihrer Tätigkeit** unterliegen. Die dort zuständige Aufsichtsbehörde muss gem. Art. 37 Abs. 2 S. 1 VG-RL auch die Möglichkeit haben, dem DPMA als der Aufsichtsbehörde des Sitzstaates der Gesellschaft **Informationen** zu übermitteln und das DPMA zu ersuchen, **Maßnahmen** gegenüber der betreffenden abhängigen Verwertungseinrichtung zu ergreifen. Das DPMA seinerseits ist gem. **§ 87 Abs. 2** verpflichtet, auf derartige Ersuchen innerhalb von drei Monaten mit einer begründeten Antwort zu **reagieren.**

Damit ist es bei einer solchen Konstellation für die Funktion der Aufsicht gem. § 76 Abs. 1, aber auch für die Erfüllung der Pflichten aus § 87 Abs. 2 erforderlich, dass das DPMA als Aufsichtsbehörde auch von einer im Inland ansässigen, aber im EU- oder EWR-Ausland tätigen abhängigen Verwertungseinrichtung, die wie eine Verwertungsgesellschaft mit der kollektiven Rechtewahrnehmung befasst ist, **über die Aufnahme ihrer Tätigkeit informiert** wird.

Die Anzeigepflicht gem. § 90 Abs. 2 Nr. 2 ergänzt somit insbesondere **§ 87 Abs. 2** und stellt sicher, dass die Aufsichtsbehörde zeitnah und sachgerecht reagieren kann, wenn eine im Inland ansässige, aber im EU- oder EWR-Ausland tätige abhängige Verwertungseinrichtung gegen gesetzliche Vorschriften verstößt.[13]

3. § 90 Abs. 3 – Entsprechende Anwendung von Teil 4

7   **§ 90 Abs. 3** stellt klar, dass im Übrigen die für Verwertungsgesellschaften geltenden Vorschriften über die Aufsicht gem. den §§ 75 ff. entsprechend auch für abhängige Verwertungseinrichtungen gelten.

Damit gelten zwar für abhängige Verwertungseinrichtungen **besondere Regelungen** betreffend die **Erlaubnispflicht** gem. § 90 Abs. 1 und betreffend die **Anzeigepflicht** gem. § 90 Abs. 2. Daneben finden aber die **allgemeinen Bestimmungen zur Aufsicht über Verwertungsgesellschaften**, wie etwa zum Inhalt der Aufsicht (§ 76), zu den Modalitäten einer etwaigen Erlaubnis (§§ 77 ff.), zu den Konsequenzen einer Tätigkeit ohne die erforderliche Erlaubnis oder Anzeige (§ 84), zu den Befugnissen der Aufsichtsbehörde (§ 85), zum Informationsaustausch zwischen den Aufsichtsbehörden (§§ 86 f.), zur Unterrichtungspflicht (§ 88) oder zum anzuwendenden Verfahrensrecht (§ 89), **entsprechend** auch auf abhängige Verwertungseinrichtungen **Anwendung.**

§ 91 Aufsicht über unabhängige Verwertungseinrichtungen

(1) **Für unabhängige Verwertungseinrichtungen (§ 4) gelten die §§ 75, 76, 85 Absatz 1 bis 3 sowie die §§ 86 und 87 entsprechend.**

(2) **Die unabhängige Verwertungseinrichtung, die ihren Sitz im Inland hat oder die solche Urheberrechte oder verwandten Schutzrechte wahrnimmt, die sich aus dem Urheberrechtsgesetz ergeben, zeigt der Aufsichtsbehörde die Aufnahme der Wahrnehmungstätigkeit unverzüglich schriftlich an. § 84 gilt entsprechend.**

Übersicht

I. Allgemeines

1. Die Vorgaben der VG-RL

1   Die VG-RL führt neben dem Begriff der Verwertungsgesellschaft („Organisation für die kollektive Rechtewahrnehmung", Art. 3 Buchst. a) VG-RL) auch den Begriff der **„unabhängige Verwertungseinrichtung"** ein und definiert ihn in **Art. 3 Buchst. b) VG-RL.** Danach handelt es sich bei den unabhängigen Verwertungseinrichtungen um Organisationen, die dieselbe Tätigkeit ausüben wie Verwertungsgesellschaften, aber im Gegensatz zu diesen **rein kommerziell ausgerichtet** sind **(Art. 3 Buchst. b) ii VG-RL)** und **nicht von den Rechtsinhabern kontrolliert** werden, also

---

[13] Vgl. AmtlBegr. BT-Drs. 18/7223, 96, bezogen auf Verwertungsgesellschaften.

weder in deren Eigentum stehen noch von diesen beherrscht werden (**Art. 3 Buchst. b) i VG-RL).**[1]

In **Art. 2 Abs. 4 VG-RL** ist aufgeführt, welche Vorschriften der VG-RL auf diese unabhängigen Verwertungseinrichtungen Anwendung finden sollen. Dies sind im Wesentlichen **Informationspflichten,** und zwar Vorschriften über die Lizenzvergabe (Art. 16 Abs. 1 VG-RL), die Informationspflichten gegenüber Rechtsinhabern über die Wahrnehmung von Rechten (Art. 18 VG-RL), gegenüber Rechtsinhabern, anderen Organisationen für die kollektive Rechtewahrnehmung und Nutzern auf Anfrage (Art. 20 VG-RL), und gegenüber der Öffentlichkeit (Art. 21 Abs. 1 Buchst. a), b), c), e), f) und g) VG-RL), die Aufsicht (Art. 36 VG-RL), sowie Bestimmungen über den Schutz personenbezogener Daten (Art. 42 VG-RL). Zur Begründung für die Anwendung dieser Bestimmungen auch auf unabhängige Verwertungseinrichtungen wird darauf hingewiesen, dass derartige Einrichtungen die gleichen Tätigkeiten der kollektiven Rechtewahrnehmung ausüben wie Verwertungsgesellschaften und daher wie diese verpflichtet sein sollen, den von ihnen vertretenen Rechtsinhabern, den Nutzern und der Öffentlichkeit bestimmte Informationen zur Verfügung zu stellen.[2]

2. § 91

Art. 2 Abs. 4 VG-RL wird in § 4 und, was die Aufsicht betrifft, in § **91** umgesetzt. Die in Art. 2 Abs. 4 VG-RL genannten und in Art. 3 Buchst. b) VG-RL definierten Einrichtungen werden auch im VGG als „unabhängige Verwertungseinrichtung" bezeichnet und in § 4 Abs. 1 definiert.[3] § 4 Abs. 2 S. 1 bestimmt, in welchem Umfang das VGG auf solche unabhängigen Verwertungseinrichtungen Anwendung findet.[4] Außerdem bestimmt § 4 Abs. 2 S. 2 ausdrücklich, dass für die **Aufsicht über unabhängige Verwertungseinrichtungen** § **91** maßgeblich und somit **lex specialis** ist zur allgemeinen Regelung in § 4 Abs. 2 S. 1.

§ **91 Abs. 1** bestimmt, dass für unabhängige Verwertungseinrichtungen iSv. § 4 die §§ **75** (Aufsichtsbehörde), **76** (Inhalt der Aufsicht), **85 Abs. 1–3** (Befugnisse der Aufsichtsbehörde) sowie §§ **86** (Befugnisse der Aufsichtsbehörde bei Gesellschaften mit Sitz in EU- oder EWR-Ausland) und **87** (Informationsaustausch zwischen Aufsichtsbehörden) **entsprechend gelten.**

§ **91 Abs. 2 S. 1** verpflichtet eine unabhängige Verwertungseinrichtung dazu, ihre Tätigkeit der Aufsichtsbehörde **unverzüglich schriftlich anzuzeigen,** wenn sie ihren **Sitz im Inland** hat oder Urheberrechte oder verwandte Schutzrechte wahrnimmt, die sich **aus dem UrhG** ergeben.

Nach § **90 Abs. 2 S. 2** gilt § **84** (Wahrnehmungstätigkeit ohne Erlaubnis oder Anzeige) für unabhängige Verwertungseinrichtungen entsprechend.

II. Aufsicht über unabhängige Verwertungseinrichtungen

1. § 91 Abs. 1 – Entsprechende Anwendung bestimmter Vorschriften von Teil 4

§ **91 Abs. 1** nennt die aufsichtsrechtlichen Vorschriften in Teil 4 des VGG („Aufsicht"), die auf die Tätigkeit einer unabhängigen Verwertungseinrichtung iSv. § 4 entsprechende Anwendung finden.

Auf § **75** („Aufsichtsbehörde") wird verwiesen, um klarzustellen, dass auch für unabhängige Verwertungseinrichtungen das Deutsche Patent- und Markenamt (DPMA) **Aufsichtsbehörde** ist.[5]

Auch § **76** („Inhalt der Aufsicht") wird für auf unabhängige Verwertungseinrichtungen entsprechend anwendbar erklärt mit der Folge, dass die Aufsichtsbehörde auch ihnen gegenüber eine **allgemeine Aufsichtspflicht** hat (§ 76 Abs. 1), dass die Aufsichtsbehörde, wenn die betreffende Einrichtung im EU- oder EWR-Ausland ansässig aber im Inland tätig ist, darauf achten muss, ob sie die **Vorschriften ihres Sitzstaates** einhält (§ 76 Abs. 2), und dass die **Aufsicht aufgrund anderer Vorschriften** im Benehmen mit dem DPMA auszuüben ist (§ 76 Abs. 3).[6]

Die entsprechende Anwendung von § **85 Abs. 1–3** („Befugnisse der Aufsichtsbehörde") auf unabhängige Verwertungseinrichtungen bewirkt, dass die Aufsichtsbehörde auch ihnen gegenüber **allgemeine Aufsichtsbefugnisse** besitzt (§ 85 Abs. 1), sie ihnen in bestimmten Fällen (§ 85 Abs. 2 Nr. 1: Tätigkeit ohne erforderliche Erlaubnis; § 85 Abs. 2 Nr. 2: wiederholter Gesetzesverstoß trotz Abmahnung) die **Fortsetzung des Geschäftsbetriebs untersagen** kann (§ 85 Abs. 2) und dass die Aufsichtsbehörde von ihnen jederzeit **Auskunft über Angelegenheiten der Geschäftsführung** sowie die Vorlage entsprechender Unterlagen verlangen kann (§ 85 Abs. 3).[7]

Auch § **86** („Befugnisse der Aufsichtsbehörde bei Verwertungsgesellschaften mit Sitz in einem anderen Mitgliedstaat der Europäischen Union oder anderen Vertragsstaat des Abkommens über den

---

[1] Vgl. Erwägungsgrund (15) S. 1 VG-RL; zur Abgrenzung der unabhängigen Verwertungseinrichtung zu Verlegern und Produzenten → § 4 Rn. 1.
[2] Erwägungsgrund (15) S. 2 VG-RL.
[3] Zur Definition der unabhängigen Verwertungseinrichtung → § 4 Rn. 3 ff.
[4] → § 4 Rn. 6.
[5] → § 75 Rn. 6.
[6] → § 76 Rn. 4 ff.
[7] → § 85 Rn. 5–8.

Right margin marginal numbers: 1, 2, 3

Europäischen Wirtschaftsraum") ist auf unabhängige Verwertungseinrichtungen entsprechend anwendbar: Wenn diese ihren Sitz im EU- oder EWR-Ausland haben, aber im Inland tätig sind, kann das DPMA als Aufsichtsbehörde also einschlägige **Informationen über Gesetzesverstöße** der Einrichtung in ihrem Sitzstaat der dortigen Aufsichtsbehörde und/oder der Sachverständigengruppe übermitteln und diese Aufsichtsbehörde gegebenenfalls ersuchen, **Maßnahmen** zu ergreifen.[8]

Und schließlich gilt auch § 87 („Informationsaustausch mit Aufsichtsbehörden anderer Mitgliedstaaten der Europäischen Union oder anderer Vertragsstaaten des Abkommens über den Europäischen Wirtschaftsraum") für unabhängige Verwertungseinrichtungen entsprechend. Das DPMA als Aufsichtsbehörde ist also verpflichtet, auf **Auskunftsersuchen** und das **Ersuchen um Maßnahmen** von Seiten anderer Aufsichtsbehörden aus dem EU- oder EWR-Ausland auch dann zu reagieren, wenn diese unabhängige Verwertungseinrichtungen betreffen.[9]

Dagegen finden **andere aufsichtsrechtliche Bestimmungen,** wie etwa die Erlaubnispflicht (§§ 77 ff.), die allgemeine Anzeigepflicht (§ 82), die Befugnis der Aufsichtsbehörde zur Teilnahme an Sitzungen von Kontrollgremien (§ 85 Abs. 4) und zur Fristsetzung zur Abberufung von unzuverlässigen Vertretungsberechtigten (§ 85 Abs. 5), oder die Unterrichtungspflichten gem. § 88 auf unabhängige Verwertungseinrichtungen **keine Anwendung.**

Dass unabhängige Verwertungseinrichtungen somit nur einem eingeschränkten Pflichtenkreis unterliegen, muss die Aufsichtsbehörde, wenn ihr bei ihren Aufsichtsmaßnahmen ein Ermessen zusteht, im Rahmen der **Ermessensausübung** berücksichtigen.[10]

2. § 91 Abs. 2 – Anzeigepflicht

4   **a) Die Anzeigepflicht für unabhängige Verwertungseinrichtungen.** Unabhängige Verwertungseinrichtungen bedürfen gem. § 91 Abs. 1 keiner Erlaubnis für ihre Geschäftstätigkeit gem. § 77 Abs. 1. Sie unterliegen gem. § 91 Abs. 1 aber auch nicht der allgemeinen Anzeigepflicht iSv. § 82, da diese Bestimmung hier nicht für auf sie entsprechend anwendbar erklärt wird. Allerdings unterwirft sie § 91 **Abs. 2 S. 1** einer **Anzeigepflicht,** wenn auch nur unter bestimmten Bedingungen.

Allgemein ist Grundlage für die **Anzeigepflicht** die Überlegung, dass in den Fällen, in denen keine Erlaubnispflicht besteht, die Aufsichtsbehörde mit Hilfe der Anzeigepflicht über die Tätigkeit der abhängigen Verwertungseinrichtung informiert, diese Tätigkeit damit für die Aufsichtsbehörde **transparent** und ihr die **Aufsicht insgesamt erleichtert** werden soll.

Außerdem ist die Anzeigepflicht eine wesentliche Grundlage für die Umsetzung der Vorgaben der VG-RL gem. Art. 37 VG-RL zum **Informationsaustausch** zwischen den zuständigen Aufsichtsbehörden und die Ausübung der grenzüberschreitenden Aufsicht über mit der kollektiven Rechtewahrnehmung befasste Gesellschaften.

Die **Anzeige** der Aufnahme der Wahrnehmungstätigkeit kann – iRv. § 91 wie iRv. § 82 – formlos, muss in jedem Fall aber **schriftlich** an die Aufsichtsbehörde gerichtet werden. Die Schriftform verlangt gem. § 126 Abs. 1 BGB grundsätzlich die eigenhändige Unterschrift der für die beantragende unabhängige Verwertungseinrichtung vertretungsberechtigten Person. Da das VGG auch an anderen Stellen die elektronische Kommunikation bevorzugt oder sogar vorschreibt[11] und sich aus dem VGG insoweit nichts Gegenteiliges ergibt, dürfte es gem. § 126 Abs. 3 BGB bzw. § 3a VwVfG, der gem. § 89 Abs. 1 auch für die Verwaltungstätigkeit der Aufsichtsbehörde gilt, unter den dort genannten Voraussetzungen auch zulässig sein, die Anzeige in elektronischer Form zu übermitteln. Insofern kann nichts anderes gelten als für einen Antrag auf Erlaubniserteilung.[12]

Gem. § 91 Abs. 2 S. 1 muss die unabhängige Verwertungseinrichtung ihre Wahrnehmungstätigkeit **unverzüglich** nach deren Aufnahme anzeigen, also ohne schuldhaftes Zögern ihrerseits. Eine Anzeigepflicht vor Aufnahme der Wahrnehmungstätigkeit ergibt sich dagegen weder aus § 91 Abs. 2 S. 1, noch aus dem entsprechend formulierten § 82.

Die Anzeige der Aufnahme der Wahrnehmungstätigkeit gem. § 91 Abs. 2 S. 1 ist bei der **Aufsichtsbehörde** einzureichen; dies ist gem. § 75 Abs. 1 das Deutsche Patent- und Markenamt (DPMA).[13] Die Anzeige muss nicht begründet werden.

5   **b) Bedingung für die Anzeigepflicht: Sitz im Inland.** Eine **Anzeigepflicht gem. § 91 Abs. 2 S. 1** besteht aber nur, wenn **einer der beiden in § 91 Abs. 2 S. 1 genannten Fälle** vorliegt.

Der Anzeigepflicht unterliegen danach zunächst alle unabhängigen Verwertungseinrichtungen, die **ihren Sitz im Inland** haben, und zwar unabhängig davon, ob sie im Inland, in einem anderen EU-Mitgliedstaat oder EWR-Vertragsstaat oder in einem Drittland zur Wahrnehmung dort geltender Urheber- oder verwandter Schutzrechte tätig sind.

Obwohl unabhängige Verwertungseinrichtungen weder einer Erlaubnispflicht gem. § 77, noch einer allgemeinen Anzeigepflicht gem. § 82 unterliegen, sind sie gem. § 91 Abs. 1 Gegenstand der

---

[8] → § 86 Rn. 4 ff.
[9] → § 87 Rn. 4 f.
[10] AmtlBegr. BT-Drs. 18/7223, 98.
[11] → § 14 Rn. 3 f.; → § 43 Rn. 3 ff.; → § 47 Rn. 3; → § 64 Rn. 3 f.; → § 66 Rn. 3.
[12] → § 78 Rn. 4.
[13] → Rn. 3.

allgemeinen laufenden Aufsicht gem. **§ 76 Abs. 1,**[14] und auch andere aufsichtsrechtliche Vorschriften finden auf sie entsprechend Anwendung.[15]

Hinzu kommt, dass im Inland ansässige unabhängige Verwertungseinrichtungen auch grenzüberschreitend in einem anderen EU-Mitgliedstaat oder EWR-Vertragsstaat tätig sein können. In diesem Fall kommt dem Informationsaustausch gem. den §§ 86 und 87, die in § 91 Abs. 1 für auf unabhängige Verwertungseinrichtungen entsprechend anwendbar erklärt werden, besondere Bedeutung zu.

Damit ist es für die Funktion der Aufsicht gem. § 76 und nach den anderen in § 91 Abs. 1 genannten aufsichtsrechtlichen Bestimmungen, einschließlich der Erfüllung der Pflichten aus § 87 erforderlich, dass das DPMA als Aufsichtsbehörde auch von einer **im Inland ansässigen unabhängigen Verwertungseinrichtung,** die wie eine Verwertungsgesellschaft mit der kollektiven Rechtewahrnehmung befasst ist, durch die Anzeigepflicht **über die Aufnahme ihrer Tätigkeit Kenntnis erlangt.**

Insgesamt stellt die Anzeigepflicht gem. § 91 Abs. 2 S. 1 somit sicher, dass die Aufsichtsbehörde ihre Aufsicht über alle im Inland ansässigen unabhängigen Verwertungseinrichtungen wirksam und sachgerecht ausüben kann.[16]

c) Bedingung für die Anzeigepflicht: Wahrnehmung von Rechten und Ansprüchen aus 6 **dem UrhG.** Diese Überlegung hat auch Gültigkeit für die **zweite als Alternative genannte Bedingung** für die Anzeigepflicht einer unabhängigen Verwertungseinrichtung:

Gem. **§ 91 Abs. 2 S. 1** unterliegt eine abhängige Verwertungseinrichtung immer dann einer Anzeigepflicht, wenn sie „**Urheberrechte oder verwandte Schutzrechte** wahrnimmt, **die sich aus dem Urheberrechtsgesetz** ergeben", und zwar unabhängig davon, ob sie im Inland ansässig ist. Dieser ausdrückliche Zusatz in § 91 Abs. 2 S. 1 war – entsprechend dem Zusatz in § 77 Abs. 1 – erforderlich, da die Definition der unabhängigen Verwertungseinrichtung gem. § 4 Abs. 1, ebenso wie die Definition der Verwertungsgesellschaft in § 2 (insoweit abweichend von § 1 Abs. 1 und Abs. 4 S. 1 UrhWG) auch solche Einrichtungen umfasst, die in anderen EU-Mitgliedstaaten oder EWR-Vertragsstaaten geltende Rechte wahrnehmen.[17] Im Umkehrschluss unterliegt eine unabhängige Verwertungseinrichtung, die nicht Rechte aufgrund des UrhG wahrnimmt, nur dann der Anzeigepflicht gem. § 91 Abs. 2 S. 1, wenn sie im Inland ansässig ist.

d) § 91 Abs. 2 S. 2, Entsprechende Geltung von § 84. § 91 Abs. 2 S. 2 bestimmt, dass auf 7 eine Verletzung der Anzeigepflicht nach § 91 Abs. 2 S. 1, und damit auf eine Wahrnehmungstätigkeit ohne erforderliche Anzeige, die **Rechtsfolge des § 84** entsprechend anwendbar ist. Damit führt das Unterlassen der Anzeige gem. § 91 Abs. 2 S. 1 zum **Verlust aller urheberrechtlichen Ansprüche** der unabhängigen Verwertungseinrichtung aus den ihr zur Wahrnehmung übertragenen Rechten.[18]

Da § 85 Abs. 2 gem. § 91 Abs. 1 auf unabhängige Verwertungseinrichtungen entsprechend anwendbar ist, hat die Aufsichtsbehörde im Übrigen gem. **§ 85 Abs. 2 Nr. 2** unter den dort genannten Voraussetzungen auch die Befugnis, einer solchen Einrichtung die **Fortsetzung ihres Geschäftsbetriebs zu untersagen,** wenn sie der Anzeigepflicht trotz Abmahnung nicht nachkommt.[19]

Die Bekanntmachung der Anzeige der Geschäftstätigkeit betreffend unabhängige Verwertungseinrichtungen ist zwar im Gesetz nicht vorgesehen, da § 91, anders als § 90 Abs. 3 für abhängige Verwertungseinrichtungen, nicht auf § 83 verweist; trotzdem sollte § 83 entsprechend dem Regelungszweck auch auf unabhängige Verwertungseinrichtungen Anwendung finden, die Anzeige ihrer Geschäftstätigkeit also ebenfalls bekanntgemacht werden.[20]

---

[14] → § 76 Rn. 4 ff.
[15] → Rn. 3.
[16] AmtlBegr. BT-Drs. 18/7223, 98 f.
[17] → § 4 Rn. 3; vgl. → § 2 Rn. 4.
[18] Im Einzelnen → § 84 Rn. 3.
[19] → § 85 Rn. 7.
[20] → § 83 Rn. 3; Wandtke/Bullinger/*Staats* § 83 Rn. 3 vermutet hier ein Redaktionsversehen.

Teil 5. Schiedsstelle und gerichtliche Geltendmachung

Vorbemerkung

Schrifttum: *Melichar,* Die Wahrnehmung von Urheberrechten durch Verwertungsgesellschaften, 1983; *Möller,* Die Urheberrechtsnovelle '85: Entstehungsgeschichte und verfassungsrechtliche Grundlagen, 1986; *Reimer,* Schiedsstellen im Urheberrecht, GRUR-Int 1982, 215; *Reinbothe,* Schlichtung im Urheberrecht, 1978; *Schulze,* Stellungnahme zum deutschen Referentenentwurf für eine Urheberrechtsnovelle, FuR 1981, 25; *Seifert,* Das Schiedsstellenverfahren als Prozeßvoraussetzung im Urheberrechtsstreit, FS Kreile (1994), S. 627; *Strittmatter,* Tarife vor der urheberrechtlichen Schiedsstelle, 1994; *v. Ungern-Sternberg,* Zur Durchführung des Verfahrens vor der Schiedsstelle nach dem Urheberrechtswahrnehmungsgesetz, FS Schricker (2005), S. 567.

Übersicht

I. Zum Inhalt von Teil 5

Teil 5 des VGG (§§ 92–131) enthält in Abschnitt 1 (§§ 92–127) Bestimmungen über die Schiedsstelle. In vier Unterabschnitten sind hier Allgemeine (Unterabschnitt 1) und Besondere (Unterabschnitt 2) Verfahrensvorschriften, Vorschriften über Kosten sowie Entschädigung und Vergütung Dritter (Unterabschnitt 3) und über Organisation und Beschlussfassung der Schiedsstelle (Unterabschnitt 4) aufgeführt.

Abschnitt 2 (§§ 128–131) regelt die gerichtliche Geltendmachung, und damit das Verhältnis zwischen dem Schiedsstellenverfahren und dem Verfahren vor den ordentlichen Gerichten, einschließlich des Rechtsweges, der Gerichtsbarkeit und des Gerichtsstandes.

II. Die Schiedsstelle

1. Schlichtung im Urheberrecht: Die Anfänge

Verfahren der urheberrechtlichen Streitschlichtung oder Vertragshilfe, die einen sachkundigen Aus- **1** gleich zwischen den schutzwürdigen Belangen der Urheber und Leistungsschutzberechtigten am wirtschaftlichen Ertrag ihrer Werke einerseits und dem Interesse der Allgemeinheit an der möglichst ungehinderten Nutzung andererseits erleichtern sollten,[1] haben im deutschen Urheberrecht eine lange Tradition. Modelle der **Vertragshilfe** waren schon seit geraumer Zeit Teil des urheberrechtlichen Gesamtkonzepts. So waren bereits im alten Recht (§ 49 LUG, § 46 KUG) sog. Sachverständigenkammern vorgesehen, bei denen die Gerichte in urheberrechtlichen Fragen Gutachten einholen konnten. Da die Anrufung dieser Kammern fakultativ war, kam ihnen jedoch keine große praktische Bedeutung zu.

Die STAGMA-Gesetzgebung von 1933/34 enthielt eine Bestimmung über die Errichtung einer „paritätisch zusammengesetzten Schiedsstelle", die über „Art und Höhe der Tarife" zu bestimmen hatte, wenn sich Verwertungsgesellschaft und Musikveranstalterverband darauf nicht einigen konnten.[2]

2. Die Schiedsstelle der Urheberrechtsreform von 1965

Mit der Urheberrechtsreform von 1965 wurde in ausdrücklicher Anlehnung an die Schiedsstellen- **2** Regelung der STAGMA-Gesetzgebung durch § 14 UrhWG aF iVm. der nach § 14 Abs. 7 UrhWG aF ergangenen Verordnung ein **justizförmig ausgestaltetes Schlichtungsverfahren** vor einer Schiedsstelle geschaffen, die beim Deutschen Patentamt[3] gebildet wurde. Diese Schiedsstelle war ein paritätisch zusammengesetztes Kollegial-Verwaltungsorgan. In bestimmten Fällen konnte es durch Verwaltungsakt[4] ein **Vertragsdiktat für die Beteiligten** schaffen, das kraft Gesetzes zwischen ihnen wie ein Schuldverhältnis wirkte.[5]

In den 1980er Jahren setzte sich die Auffassung durch, dass sich dieses Schiedsstellenverfahren in der vom Gesetzgeber von 1965 vorgesehenen Form insgesamt **nicht bewährt** hatte und der Neuordnung bedurfte.[6] Bemängelt wurden insbesondere die häufig lange Verfahrensdauer als Folge von Verfahrensmängeln, die nicht hinreichend bestimmten Entscheidungs- und Verfahrensmaßstäbe, die als ungeeignet empfundene Besetzung mit einem von der Aufsichtsbehörde auf zwei Jahre berufenen Vorsitzenden und je einem von den beiden Verfahrensbeteiligten benannten Beisitzer sowie die geringe, dem Wert der Streitsachen nicht angemessene Entschädigung für die Beisitzer.

3. Die Novellierungen des Schiedsstellenverfahrens im UrhWG

a) Die Novellierung von 1985. Mit der Novellierung des Urheberrechts 1985 wurde die **3** Schiedsstelle ausdrücklich anerkannt als „sinnvolles Instrument der Vertragshilfe",[7] in Zusammensetzung und Verfahren aber grundlegend umgestaltet. Ihrem Wesen nach blieb sie ein bei der Aufsichtsbehörde gebildetes **Verwaltungsorgan**,[8] das keine Rechtsprechung ausübt. Die Änderungen gegenüber der vor 1985 geltenden Regelung betrafen zum einen die Zusammensetzung der Schiedsstelle und Verfahrensvorschriften. Außerdem erhielt die Schiedsstelle einen erweiterten Tätigkeitsbereich. Dagegen wurde ihre **Entscheidungskompetenz beschränkt:** Während sie nach der früheren Regelung ein privatrechtsgestaltendes Vertragsdiktat durch Verwaltungsakt erließ, erschöpfte sich ihre Tätigkeit seit 1985 nach erfolglos versuchter gütlicher Streitbeilegung auf die Vorlage eines unverbindlichen Einigungsvorschlags.[9]

b) Spätere Novellierungen. Spätere Novellierungen der Schiedsstellenregelung im UrhWG be- **4** trafen 1998 die Erweiterung der Zuständigkeit der Schiedsstelle um Streitigkeiten über Rechte der Kabelweitersendung zwischen Sendeunternehmen und Kabelunternehmen, die nach § 87 Abs. 5 UrhG zum Vertragsabschluss zu angemessenen Bedingungen verpflichtet sind.[10]

Weitere umfangreiche Änderungen des Schiedsstellenverfahrens enthielt der sog. „Zweite Korb" von 2007.[11] Hervorzuheben sind hier die Erweiterung der Zuständigkeit der Schiedsstelle auf **Streitfälle über die Vergütungspflicht** gem. §§ 54 oder 54c UrhG für Vervielfältigungen iSv. § 53 Abs. 1–3 UrhG; die Bestimmungen über die Berufung der Mitglieder der Schiedsstelle; sowie die

---

[1] *Reimer* GRUR-Int 1982, 215.
[2] Zur STAGMA-Gesetzgebung → Einl. VGG Rn. 4f.
[3] Heute: Deutsches Patent- und Markenamt (DPMA); → § 75 Rn. 6.
[4] *Reinbothe* S. 104.
[5] *Reinbothe* S. 53; zum Wesen dieser Schiedsstelle, ihrer Entscheidungskompetenz und Struktur *Reinbothe* mwN; *Strittmatter* S. 17 ff.; → 5. Aufl. 2017, UrhWG Vor §§ 14ff. Rn. 2.
[6] *Melichar* S. 51f.; *Schulze* FuR 1981, 25 (26, 27); *Reinbothe* S. 181; *Möller* S. 59; *Strittmatter* S. 22 ff.
[7] AmtlBegr. UrhWG-Novellierung BT-Drs. 10/837, 12.
[8] AmtlBegr. UrhWG-Novellierung BT-Drs. 10/837, 24.
[9] Im Einzelnen → 5. Aufl. 2017, UrhWG Vor §§ 14ff. Rn. 3 f.
[10] 4. UrhGÄndG vom 8.5.1998 (BGBl. I S. 902); → Einl. VGG Rn. 17.
[11] Zweites Gesetz zur Regelung des Urheberrechts in der Informationsgesellschaft vom 26.10.2007 (BGBl. I S. 2513); → Einl. VGG Rn. 20.

(damals erstmalig eingeführte) Verpflichtung der Schiedsstelle, die nach § 54a Abs. 1 UrhG maßgebliche Nutzung iRv. Gesamtverträgen durch **empirische Untersuchungen** zu ermitteln und hierzu **Verbraucherverbände zu konsultieren**.[12]

4. Die Zuständigkeit und Struktur der Schiedsstelle im UrhWG

Die **Zuständigkeit der Schiedsstelle** und das **Schiedsstellenverfahren** waren in den **§§ 14–14e** und **15 UrhWG** iVm. der **UrhSchiedsV**[13] geregelt.

5   **a) Die Zuständigkeitsbereiche der Schiedsstelle.** Nach § 14 Abs. 1 Nr. 1 UrhWG war die Schiedsstelle **zuständig** für folgende Streitfälle, an denen eine **Verwertungsgesellschaft beteiligt** war:
– Streitfälle über die **Nutzung** von nach dem UrhG geschützten Werken oder Leistungen (§ 14 Abs. 1 Nr. 1 lit. a UrhWG);
– Streitfälle über die **Vergütungspflicht** nach § 54 UrhG (Geräte- und Speichermedien) oder § 54c UrhG (Betreiberabgabe) (§ 14 Abs. 1 Nr. 1 lit. b UrhWG); sowie
– Streitfälle über den Abschluss oder die Änderung eines **Gesamtvertrages** (§ 14 Abs. 1 Nr. 1 lit. c UrhWG).

Nach **§ 14 Abs. 1 Nr. 2 UrhWG** war die Schiedsstelle außerdem zuständig für Streitfälle **zwischen einem Sendeunternehmen und einem Kabelunternehmen** über die Verpflichtung zum Abschluss eines Vertrages über die **Kabelweitersendung.**

6   **b) Die Zusammensetzung der Schiedsstelle.** Gem. § 14 Abs. 2 S. 1 UrhWG war die Schiedsstelle bei der Aufsichtsbehörde iSv. § 18 Abs. 1 UrhWG, dem Deutschen Pastent- und Markenamt **(DPMA),**[14] gebildet. Sie bestand gem. § 14 Abs. 2 S. 2 aus dem Vorsitzenden oder seinem Vertreter und zwei Beisitzern, die jeweils die Befähigung zum Richteramt nach dem deutschen Richtergesetz haben mussten (§ 14 Abs. 2 S. 3 UrhWG). Die **Mitglieder der Schiedsstelle** wurden vom Bundesministerium der Justiz (BMJ), seit 2013 Bundesministerium der Justiz und für Verbraucherschutz (BMJV), für einen bestimmten Zeitraum, der mindestens ein Jahr betrug, berufen; ihre Wiederberufung war zulässig (§ 14 Abs. 2 S. 4 UrhWG).

Bei der Schiedsstelle konnten gem. § 14 Abs. 3 S. 1 UrhWG mehrere **Kammern** gebildet werden, für deren Besetzung dieselben Regeln galten (§ 14 Abs. 3 S. 2 UrhWG), und deren **Geschäftsverteilung** gem. § 14 Abs. 3 S. 3 UrhWG durch den Präsidenten der Aufsichtsbehörde (des DPMA) geregelt wurde.

In § 14 Abs. 4 UrhWG war bestimmt, dass die Mitglieder der Schiedsstelle unabhängig, also **nicht an Weisungen gebunden** waren.

7   **c) Die Entscheidungskompetenz der Schiedsstelle.** Gem. § 14 Abs. 6 UrhWG hatte die Schiedsstelle auf eine **gütliche Beilegung** des Streitfalles, also auf eine Einigung durch Vergleich, hinzuwirken. Nach § 14a UrhWG musste sie den Beteiligten innerhalb eines Jahres nach ihrer Anrufung einen **begründeten Einigungsvorschlag** machen, zu dessen Annahme die Beteiligten nicht verpflichtet waren. In Streitfällen über die Vergütungspflicht nach § 14 Abs. 1 Nr. 1 lit. b UrhWG konnte sich die Schiedsstelle gem. § 14b UrhWG in ihrem Einigungsvorschlag auf eine **Stellungnahme zur Anwendbarkeit oder Angemessenheit des Tarifs** beschränken. In Streitfällen über Gesamtverträge iSv. § 14 Abs. 1 lit. c UrhWG oder über Kabelweitersendungsverträge iSv. § 14 Abs. 1 Nr. 2 UrhWG hatte der Einigungsvorschlag der Schiedsstelle gem. § 14c UrhWG den **Inhalt des Gesamtvertrages** bzw. nach § 14d UrhWG den **Inhalt des Kabelweitersendungsvertrages** zu enthalten.

8   **d) Das Verfahren vor der Schiedsstelle.** Einzelne Bestimmungen zum Schiedsstellenverfahren waren im UrhWG enthalten; so in § 14 Abs. 5 UrhWG zum **Verfahrensantrag,** in § 14 Abs. 5a UrhWG zur Durchführung einer **empirischen Untersuchung** iRd. Schiedsstellenverfahrens zur Bestimmung der Vergütungspflicht nach § 54a UrhG iVm. Gesamtverträgen, in § 14 Abs. 5b UrhWG zur **Beteiligung der Verbraucherverbände** in Streitfällen über die Vergütungspflicht nach § 54 UrhG, oder in § 14e UrhWG zur **Aussetzung des Verfahrens.**

Im Übrigen enthielt **§ 15 UrhWG** die Ermächtigung zum Erlass der Schiedsstellen(Verfahrens)Verordnung **(UrhSchiedsV).**[15] In dieser UrhSchiedsV waren die Einzelheiten des Verfahrens vor der Schiedsstelle geregelt, einschließlich der Beweisführung und der Kosten.[16]

9   **e) Schiedsstellenverfahren und Verfahren vor den ordentlichen Gerichten.** Zum Verhältnis zwischen dem Schiedsstellenverfahren und dem **Verfahren vor den ordentlichen Gerichten** sowie

---

[12] Näheres → 5. Aufl. 2017, UrhWG Vor §§ 14 ff. Rn. 5.
[13] Verordnung über die Schiedsstelle für Urheberrechtsstreitfälle (Urheberrechtsschiedsstellenverordnung – UrhSchiedsV) vom 20.12.1985 (BGBl. I S. 2543), zuletzt geändert durch Gesetz vom 31.8.2015 (BGBl. I S. 1474).
[14] → § 75 Rn. 3.
[15] Verordnung über die Schiedsstelle für Urheberrechtsstreitfälle (Urheberrechtsschiedsstellenverordnung – UrhSchiedsV) vom 20.12.1985 (BGBl. I S. 2543), zuletzt geändert durch Gesetz vom 31.8.2015 (BGBl. I S. 1474).
[16] Zum Verfahren vor der Schiedsstelle iRd. UrhSchiedsV → 5. Aufl. 2017, UrhWG § 14a Rn. 2 ff.

zum **Rechtsweg** für Klagen auf Abschluss oder Änderung von Gesamtverträgen enthielt § 16 **UrhWG** besondere Regelungen.

Gem. den §§ 14 ff. UrhWG galt, dass die Zuständigkeit für Streitigkeiten über die Nutzung, über Vergütungsansprüche gem. § 54 oder § 54c UrhG, über den Abschluss oder die Änderung von Gesamtverträgen und über Rechte der Kabelweitersendung gem. § 87 Abs. 5 UrhG zwar grundsätzlich bei den Gerichten verblieb, das Vertragshilfeverfahren vor der Schiedsstelle jedoch in diesen Fällen dann der Klage vorausgegangen sein musste, also **Prozessvoraussetzung** war, wenn bei Einzelnutzungsstreitigkeiten iSv. § 14 Abs. 1 lit. a UrhWG Anwendbarkeit oder Angemessenheit des Tarifs im Streit waren oder es sich um Streitigkeiten über die Vergütungspflicht gem. den §§ 54 oder 54c UrhG, über Änderung oder Abschluss von Gesamtverträgen oder über Kabelweitersendungsrechte handelte; es sei denn, das Schiedsstellenverfahren wurde nicht innerhalb des in § 14a Abs. 2 S. 1 und 2 UrhWG bestimmten Zeitraums abgeschlossen. Stellte sich erst im Laufe des schon begonnenen Rechtsstreits über Einzelnutzungsvorgänge nach § 14 Abs. 1 Nr. 1 lit. a UrhWG heraus, dass die Tarife im Streit sind, so wurde die Einleitung des Vertragshilfeverfahrens vor der Schiedsstelle noch in diesem Stadium ermöglicht.[17]

Im Übrigen unterlag der Rechtsweg für Streitigkeiten zwischen Verwertungsgesellschaften und Nutzern im UrhWG keinerlei Besonderheiten. Dies galt auch für Streitigkeiten über Gesamtverträge, über Kabelweitersendungsverträge und über die Vergütungspflicht gem. § 54 oder § 54c UrhG, allerdings mit der Maßgabe, dass insoweit das **OLG München im ersten Rechtszug** entschied und gem. § 16 Abs. 4 UrhWG auch die Revision grundsätzlich offen stand.

f) Schiedsstellenverfahren und private Schiedsgerichte. Der allgemeine Grundsatz, dass die   **10** Beteiligten für die Beilegung von urheberrechtlichen Streitigkeiten in Abweichung von der Zuständigkeit der Schiedsstelle und der ordentlichen Gerichte die Zuständigkeit eines **privaten Schiedsgerichts** vereinbaren können, und zwar im konkreten Einzelfall wie auch generell für die Zukunft, wurde vom UrhWG zwar nicht in Frage gestellt.

Dieser Grundsatz sollte nach **§ 14 Abs. 7 UrhWG** jedoch **nicht für Streitigkeiten über Abschluss oder Änderung von Gesamtverträgen** gelten. Eine private Vereinbarung, die insoweit für die Zukunft, dh. für zukünftige Gesamtvertrags-Streitfälle iSv. § 14 Abs. 1 Nr. 1 lit. c UrhWG, die Zuständigkeit der Schiedsstelle und der ordentlichen Gerichte zugunsten der Zuständigkeit eines privaten Schiedsgerichts gänzlich ausschloss, war deshalb nichtig. Hier musste jedem Beteiligten das Recht verbleiben, in zukünftigen Einzelfällen Schiedsstelle oder Gericht anzurufen. Zulässig war es dagegen, auch bei Streitigkeiten über Gesamtverträge iSv. § 14 Abs. 1 Nr. 1 lit. c UrhWG aus Anlass eines konkreten Einzelfalls und nur für diesen die Zuständigkeit eines privaten Schiedsgerichts zu vereinbaren. Eine solche Vereinbarung konnte man konkludent schon in der rügelosen Einlassung zur Hauptsache vor dem Schiedsgericht sehen.[18]

g) Verfahren der freiwilligen Schlichtung. Neben der Befassung der Schiedsstelle gab es seit   **11** 2008 iRd. UrhWG auch die Möglichkeit, Streitfälle über die Vergütungspflicht nach § 54 UrhG auf Wunsch der Beteiligten anstelle der Schiedsstelle einer **freiwilligen Schlichtung** zuzuführen. Die Voraussetzungen, der Ablauf und die Merkmale dieses fakultativen, nicht formalisierten Schlichtungsverfahrens waren in **§ 17a UrhWG** geregelt.[19]

h) Bewertung. Während sich die Zuständigkeit der Schiedsstelle zur Vertragshilfe zunächst auf   **12** die Überprüfung von Anwendbarkeit und Angemessenheit der Tarife konzentrierte und sie damit auch wesentlich dem Schutz der oft wirtschaftlich schwächeren Nutzer diente,[20] hat sich ihre Funktion im Laufe der Jahre darüber hinaus ausgeweitet. Wie vom Gesetzgeber insbesondere im Hinblick auf die durch die Urheberrechtsnovelle erweiterten Vergütungsansprüche erwartet worden war,[21] hat die Schiedsstelle mit ihrer **sachkundigen Beurteilung** als **unabhängige Kontrollinstanz** im Ergebnis für eine Vereinheitlichung der Tarifanwendung gesorgt und häufig auch Verfahren vor den Gerichten erübrigt.[22] Die Schiedsstelle des UrhWG hatte sich damit als Vertragshilfeinstrument bewährt und zahlreiche Klarstellungen im Verhältnis zwischen Verwertungsgesellschaften und Nutzern bewirkt.[23]

---

[17] Näheres → 5. Aufl. 2017, UrhWG Vor §§ 14 ff. Rn. 6.

[18] Vgl. Wandtke/Bullinger/*Gerlach*, 3. Aufl., UrhWG § 14 Rn. 19.

[19] Vgl. → 5. Aufl. 2017, UrhWG § 17a Rn. 1 ff.; zur Diskussion über diese Änderung des UrhWG im Vorfeld der Verabschiedung des „Zweiten Korbs" vgl. *Melichar* ZUM 2005, 119; *Oly* AfP 2004, 500 (504); *Pakuscher* ZUM 2005, 127 (128).

[20] Vgl. *v. Ungern-Sternberg* FS Schricker (2005), 567 (569).

[21] AmtlBegr. UrhWG-Novellierung BT-Drs. 10/837, 12; vgl. schon *Reimer* GRUR-Int 1982, 215 (216); *Möller* S. 60.

[22] AmtlBegr. UrhWG-Novellierung BT-Drs. 10/837, 24; BGH GRUR 2000, 872 (874) – Schiedsstellenanrufung; BGH GRUR 2018, 1277 Rn. 26 – PC mit Festplatte III.

[23] *Seifert* FS Kreile (1994), 627 (629); Loewenheim/*Melichar* § 49 Rn. 2; Heidelberger Kommentar/*Zeisberg* UrhWG vor §§ 14 ff. Rn. 8.

III. Die Schiedsstelle im VGG

1. Die Vorgaben der VG-RL

13   **a) Regelungen im Richtlinienvorschlag.** Dass sich die Schiedsstelle als nützliches Streitschlichtungsorgan im UrhWG bewährt hatte, dürfte auch den EU-Gesetzgeber inspiriert haben: Bereits im Richtlinienvorschlag der Europäischen Kommission[24] waren Mechanismen der Schlichtung für Streitfälle iRd. kollektiven Rechtewahrnehmung vorgesehen. Nach **Art. 35 Abs. 1** dieses Richtlinienvorschlags sollten die Mitgliedstaaten verpflichtet werden, Streitbeilegungsverfahren für **Streitigkeiten zwischen Verwertungsgesellschaften und Nutzern** über geltende oder vorgeschlagene Lizenzbedingungen, Tarife und die Ablehnung von Lizenzanträgen vorzusehen, und hiermit „ein Gericht oder gegebenenfalls eine unabhängige, unparteiische Streitbeilegungsstelle" zu betrauen.

Nach **Art. 36 Abs. 1** des Richtlinienvorschlags sollten die Mitgliedstaaten außerdem verpflichtet sein, für bestimmte Streitigkeiten einer Verwertungsgesellschaft im Zusammenhang mit der **Vergabe von Mehrgebietslizenzen** für die Online-Nutzung eine unabhängige, unparteiische Stelle zur alternativen Streitbeilegung zur Verfügung zu stellen.

Für diese beiden Fälle der Schlichtung war in Art. 35 Abs. 2 und Art. 36 Abs. 3 des Vorschlags vorgesehen, dass auch bei Befassung der Streitschlichtungsorgane der **Rechtsweg** für die Beteiligten stets **offenstehen** sollte.

14   **b) Die allgemeinen Vorgaben der VG-RL zur Streitschlichtung.** Die VG-RL hat die Vorschläge des Richtlinienvorschlags der Kommission zu alternativen Streitschlichtungsverfahren im Wesentlichen unverändert übernommen, aber im Einzelnen noch näher spezifiziert. Dabei gibt die VG-RL weder die **Form** solcher Verfahren vor, noch die genaue **Art der Einrichtung**, die dafür zuständig sein soll. Es kann sich daher um Mediationsverfahren, Schiedsgerichte oder Schiedsstellen handeln.[25] Vorgeschrieben ist lediglich, dass Schlichtungseinrichtungen, deren Aufgaben in Art. 34 und Art. 35 VG-RL näher beschrieben werden, **unabhängig** und **unparteiisch** sein sollen, es sich also um Einrichtungen handeln muss, die die richterlichen Qualifikationen iSv. Art. 6 EMRK erfüllen müssen.[26]

Außerdem wird zumindest in Art. 34 Abs. 1 VG-RL darauf hingewiesen, dass derartige Streitschlichtungsorgane für eine „rasche" **Streitschlichtung**[27] sorgen sollen. Und im Rahmen von Art. 35 Abs. 1 VG-RL wird von der Streitbeilegungsstelle erwartet, dass es sich dabei um eine Stelle **„mit einschlägigen Kenntnissen des Rechts des geistigen Eigentums"** handelt.

Im Übrigen stellt **Art. 35 Abs. 2 VG-RL** klar, dass alle der in Art. 33, 34 und 35 Abs. 1 VG-RL möglichen bzw. vorgeschriebenen alternativen Streitbeilegungsverfahren das Recht der streitenden Parteien, ihre Rechte **gerichtlich geltend zu machen**, unberührt lassen müssen.

Streitbeilegungsverfahren sieht die VG-RL in drei, gem. Art. 34 Abs. 1 und 2 VG-RL und gem. Art. 35 VG-RL näher umschriebenen Fällen vor.

15   **c) Art. 34 Abs. 1 VG-RL (Streitfälle über nationale Rechtsvorschriften).** Nach **Art. 34 Abs. 1 VG-RL können** die Mitgliedstaaten bei **Streitigkeiten** zwischen Verwertungsgesellschaften, ihren Mitgliedern, Rechtsinhabern oder Nutzern **über die zur Umsetzung der VG-RL erlassenen nationalen Rechtsvorschriften** ein „rasches, unabhängiges und unparteiisches alternatives Streitbeilegungsverfahren" vorsehen. In dieser Bestimmung, die **fakultativ,** für die Mitgliedstaaten also nicht verpflichtend ist, geht es somit um Streitigkeiten über die (korrekte) Anwendung der VG-RL.[28]

16   **d) Art. 34 Abs. 2 VG-RL (Streitfälle über Mehrgebietslizenzen).** Nach **Art. 34 Abs. 2 VG-RL** ist es den Mitgliedstaaten dagegen **zwingend vorgeschrieben,** ein „unabhängiges, unparteiisches alternatives Streitbeilegungsverfahren" zur Verfügung zu stellen für **Streitigkeiten** einer **im Inland ansässigen Verwertungsgesellschaft,** die **Mehrgebietslizenzen für Online-Rechte an Musikwerken** vergibt oder anbietet.

In **Art. 34 Abs. 2 Buchst. a)–c) VG-RL** ist im Einzelnen aufgeführt, **für welche Streitfälle** von Verwertungsgesellschaften, die die genannten Voraussetzungen erfüllen (im Inland ansässig, mit der Vergabe von Mehrgebietslizenzen befasst), ein solches Verfahren zur Verfügung stehen muss. Die Aufstellung der Streitfälle ist aufgeschlüsselt nach den jeweils am Streitfall mit der Verwertungsgesellschaft Beteiligten:

– Gem. **Art. 34 Abs. 2 Buchst. a) VG-RL – Streitigkeiten mit einem tatsächlichen oder potenziellen Anbieter eines Online-Dienstes** über die Anwendung der Art. 16 VG-RL **(Lizenzvergabe),** 25 VG-RL **(Transparenz von Informationen** über gebietsübergreifende Repertoires), 26 VG-RL **(Korrektheit der Informationen** über gebietsübergreifende Repertoires) und 27 VG-RL (korrekte und zügige **Meldung** und **Rechnungsstellung**).

---

[24] Richtlinienvorschlag der Europäischen Kommission vom 11.7.2012, COM(2012) 372 final.
[25] Vgl. Erwägungsgrund (49) S. 6 VG-RL.
[26] *Walter,* Urheber- und Verwertungsgesellschaftenrecht '15, VG-RL Art. 34 Anm. 3.
[27] Im Englischen: „rapid ... dispute resolution procedure".
[28] Vgl. Erwägungsgrund (49) S. 4 VG-RL.

– Gem. **Art. 34 Abs. 2 Buchst. b) VG-RL** – **Streitigkeiten mit einem oder mehreren Rechtsinhabern** über die Anwendung der Artikel 25 VG-RL (**Transparenz von Informationen** über gebietsübergreifende Repertoires), 26 VG-RL (**Korrektheit** der Informationen über gebietsübergreifende Repertoires), 27 VG-RL (korrekte und zügige **Meldung** und **Rechnungsstellung**), 28 VG-RL (ordnungsgemäße und unverzügliche **Ausschüttung** an die Rechtsinhaber), 29 VG-RL (**Verträge zwischen Organisationen** für die kollektive Rechtewahrnehmung zur Vergabe von Mehrgebietslizenzen), 30 VG-RL (**Pflicht zur Repräsentation** anderer Organisationen für die kollektive Rechtewahrnehmung bei der Mehrgebietslizenzierung) und 31 VG-RL (**Zugang** zur Mehrgebietslizenzierung).

– Gem. **Art. 34 Abs. 2 Buchst. c) VG-RL** – **Streitigkeiten mit einer anderen Organisation für die kollektive Rechtewahrnehmung** über die Anwendung der Art. 25 VG-RL (**Transparenz von Informationen** über gebietsübergreifende Repertoires), 26 VG-RL (**Korrektheit der** Informationen über gebietsübergreifende Repertoires), 27 VG-RL (korrekte und zügige **Meldung** und **Rechnungsstellung**), 28 VG-RL (ordnungsgemäße und unverzügliche **Ausschüttung** an die Rechtsinhaber), 29 VG-RL (**Verträge zwischen Organisationen** für die kollektive Rechtewahrnehmung zur Vergabe von Mehrgebietslizenzen) und 30 VG-RL (**Pflicht zur Repräsentation** anderer Organisationen für die kollektive Rechtewahrnehmung bei der Mehrgebietslizenzierung).

e) Art. 35 VG-RL (Streitfälle mit Nutzern). Art. 35 VG-RL, der weitgehend Art. 35 des **17** Kommissionsvorschlags entspricht, enthält Bestimmungen zum „klassischen" Fall der Streitschlichtung zwischen Verwertungsgesellschaften und Nutzern. Nach **Art. 35 Abs. 1 VG-RL** sind die Mitgliedstaaten **verpflichtet** vorzusehen, dass **Streitigkeiten zwischen Verwertungsgesellschaften und Nutzern** „über bestehende und angebotene Lizenzbedingungen oder Vertragsverletzungen vor **Gericht** oder gegebenenfalls vor eine andere **unabhängige, unparteiische Streitbeilegungsstelle** mit **einschlägigen Kenntnissen des Rechts des geistigen Eigentums** gebracht werden können".

2. Die Änderungen gegenüber UrhWG und UrhSchiedsV im Überblick

Die Bestimmungen über die Zuständigkeit und die Struktur der Schiedsstelle sowie über das Verfahren vor der Schiedsstelle umfassen die §§ 92–127 in Teil 5 („Schiedsstelle und gerichtliche Geltendmachung"), Abschnitt 1 („Schiedsstelle") des VGG. In Abschnitt 2 („Gerichtliche Geltendmachung", §§ 128–131) sind besondere Regeln zum Rechtsweg und zur Zuständigkeit der Gerichte enthalten.

Die Bestimmungen über die Schiedsstelle in Abschnitt 1 von Teil 5 des VGG sind eng an diejenige in den bisherigen §§ 14 ff. UrhWG angelehnt. Die bewährten Bestimmungen des UrhWG wurden im Wesentlichen beibehalten und, wo dies geboten war, richtlinienkonform ausgestaltet.[29]

a) Die Änderung der Struktur. Im VGG haben die Regelungen über die Zuständigkeit der **18** Schiedsstelle, über den Inhalt und die Wirkung ihrer Entscheidung sowie über das Verfahren vor der Schiedsstelle eine **neue Struktur** erhalten.

Abschnitt 1 („Schiedsstelle") von Teil 5 ist nunmehr in **vier Unterabschnitte** unterteilt: **„Allgemeine Verfahrensvorschriften"**, einschließlich der Bestimmungen zur Zuständigkeit der Schiedsstelle, sind in Unterabschnitt 1 (§§ 92–105) enthalten. In Unterabschnitt 2 (**„Besondere Verfahrensvorschriften"**, §§ 106–116) sind weitere Verfahrensvorschriften mit besonderem Bezug zu einzelnen Zuständigkeitsbereichen der Schiedsstelle aufgeführt. Unterabschnitt 3 (§§ 117–123) regelt die **„Kosten sowie Entschädigung und Vergütung Dritter"** Und schließlich sind Bestimmungen zur **„Organisation und Beschlussfassung der Schiedsstelle"** in Unterabschnitt 4 (§§ 124–127) enthalten.

In diesen Unterabschnitten wurden somit die Bestimmungen betreffend die **Zuständigkeit** der Schiedsstelle sowie alle **Verfahrensvorschriften**, die bisher im **UrhWG** und in der **UrhSchiedsV** enthalten waren, zusammengefasst und „behutsam" weiterentwickelt.[30] Die **UrhSchiedsV**[31] ist damit **entfallen.**

b) Die wesentlichen inhaltlichen Änderungen. Inhaltliche Änderungen im Vergleich zum **19** UrhWG enthalten die §§ 92 ff. hinsichtlich der **Zuständigkeit der Schiedsstelle.** Als Teil der Bemühungen des Gesetzgebers, die Verhandlungen und Streitigkeiten über die Höhe der Geräte- und Speichermedienvergütung schneller und effizienter zu gestalten, ist die Schiedsstelle gem. **§ 93** zuständig für ein **neues, selbständiges Schiedsstellenverfahren** zur **Durchführung empirischer Untersuchungen** zur Ermittlung der für die Vergütungspflicht nach § 54 UrhG iVm § 54a Abs. 1 UrhG maßgeblichen Nutzung.

---

[29] AmtlBegr. BT-Drs. 18/7223, 55.
[30] AmtlBegr. BT-Drs. 18/7223, 56; Abschnitt 2 von Teil 5 regelt die „Gerichtliche Geltendmachung" (§§ 128–131) und entspricht größtenteils den bisherigen §§ 16 und 17 UrhWG; → Rn. 29.
[31] Verordnung über die Schiedsstelle für Urheberrechtsstreitfälle (Urheberrechtsschiedsstellenverordnung – UrhSchiedsV) vom 20.12.1985 (BGBl. I S. 2543), zuletzt geändert durch Gesetz vom 31.8.2015 (BGBl. I S. 1474).

Neu im Vergleich zum UrhWG ist auch die Zuständigkeit der Schiedsstelle gem. **§ 94** für **Streitfälle über die gebietsübergreifende Vergabe von Online-Rechten an Musikwerken.** Damit wird die Vorgabe in **Art. 34 Abs. 2 VG-RL** umgesetzt.

Ebenfalls neu ist die Befugnis der Schiedsstelle gem. **§ 107,** als Maßnahme des einstweiligen Rechtsschutzes anzuordnen, dass der **Schuldner einer Vergütung** für Geräte oder Speichermedien nach § 54 UrhG unter bestimmten Bedingungen **Sicherheit zu leisten** hat.[32]

Entfallen ist dagegen die bisher gem. **§ 17a UrhWG** vorgesehene **freiwillige Schlichtung** in Streitfällen über die Vergütungspflicht gem. § 54 UrhG.[33] Von dem in § 17a UrhWG vorgesehenen Verfahren wurde seit seiner Einführung im Jahre 2008 kein Gebrauch gemacht, so dass angenommen werden kann, dass für eine derartige freiwillige Schlichtung anstelle des Verfahrens vor der Schiedsstelle kein praktisches Bedürfnis besteht.[34]

Nicht mehr im VGG enthalten ist auch die Regelung des bisherigen **§ 14 Abs. 7 UrhWG,** wonach private Vereinbarungen, die für zukünftige Streitfälle über den Abschluss oder die Änderung von Gesamtverträgen die Zuständigkeit der Schiedsstelle und der ordentlichen Gerichte zugunsten der Zuständigkeit eines privaten Schiedsgerichts gänzlich ausschlossen, nichtig waren.[35] Im Ergebnis unterliegt daher die Möglichkeit, für die Beilegung von urheberrechtlichen Streitigkeiten in Abweichung von der Zuständigkeit der Schiedsstelle und der ordentlichen Gerichte die **Zuständigkeit eines privaten Schiedsgerichts** zu vereinbaren, keiner Einschränkung nach dem VGG.

3. Funktion und Status der Schiedsstelle

20   Die Regelungen im VGG zur **Funktion**, zur **Zusammensetzung** und zum **Status** der Schiedsstelle wurden im Wesentlichen unverändert **vom UrhWG übernommen.**[36] Entsprechend den bisherigen Bestimmungen in § 14 Abs. 2, 3 und 4 UrhWG sind Aufbau und Besetzung der Schiedsstelle, die Befähigung zum Richteramt ihrer Mitglieder sowie deren Unabhängigkeit in den §§ 124 und 125 geregelt. Ihre Entscheidungskompetenz gem. den §§ 105, 106 und 109–111 entspricht ebenfalls größtenteils den Regelungen der bisherigen §§ 14a ff. UrhWG.

Auch die Schiedsstelle des VGG bleibt also das neutrale Schlichtungsorgan, das seit langem den Beteiligten seine Sachkenntnis aufgrund eines justizförmig ausgestalteten Schlichtungsverfahrens zur Verfügung stellt. Ihrem Wesen nach ist also die Schiedsstelle nach wie vor ein bei der Aufsichtsbehörde gebildetes Verwaltungsorgan,[37] das zwar ein eigenständiger Spruchkörper ist, aber keine Rechtsprechung ausübt.

Zugleich erfüllt die Schiedsstelle damit die Anforderungen der VG-RL an ein (rasches) „**unabhängiges, unparteiisches alternatives Streitbeilegungsverfahren**" für Streitigkeiten zwischen Verwertungsgesellschaften und anderen Beteiligten gem. **Art. 34** und **Art. 35 Abs. 1 VG-RL.** Dass sie über die gem. **Art. 35 Abs. 1 VG-RL** verlangten „**einschlägigen Kenntnisse** des Rechts des geistigen Eigentums" verfügt, kann auch nicht bezweifelt werden.

4. Die Zuständigkeitsbereiche der Schiedsstelle

21   **a) § 92 – Einzelnutzung, Vergütungspflichten, Gesamtverträge, Kabelweitersendung.** Nach **§ 92 Abs. 1** ist die Schiedsstelle **zuständig** für folgende Streitfälle, an denen eine **Verwertungsgesellschaft beteiligt** ist:
– Streitfälle über die **Nutzung** von nach dem UrhG geschützten Werken oder Leistungen (§ 92 Abs. 1 Nr. 1);
– Streitfälle über die **Vergütungspflicht** nach § 54 UrhG (Geräte- und Speichermedien) oder § 54c UrhG (Betreiberabgabe) (§ 92 Abs. 1 Nr. 2); sowie
– Streitfälle über den Abschluss oder die Änderung eines **Gesamtvertrags** (§ 92 Abs. 1 Nr. 3).

Nach **§ 92 Abs. 2** ist die Schiedsstelle außerdem zuständig für Streitfälle **zwischen einem Sendeunternehmen und einem Kabelunternehmen** über die Verpflichtung gem. § 87 Abs. 5 UrhG zum Abschluss eines Vertrages über die **Kabelweitersendung.**

Hinsichtlich dieser Zuständigkeitsbereiche besteht inhaltlich kein Unterschied zwischen § 92 einerseits und § 14 Abs. 1 UrhWG andererseits.[38]

22   **b) § 93 – Durchführung empirischer Untersuchungen.** Darüber hinaus ist die Schiedsstelle jetzt gem. **§ 93** auch zuständig für die **Durchführung selbständiger empirischer Untersuchungen** zur Ermittlung des für die Höhe der Geräte- und Speichermedienvergütung nach § 54a Abs. 1 UrhG maßgeblichen Nutzungsumfangs. Die Möglichkeit, die Schiedsstelle zur Durchführung einer

---

[32] AmtlBegr. BT-Drs. 18/7223, 66.
[33] → Rn. 11.
[34] AmtlBegr. BT-Drs. 18/7223, 99.
[35] → Rn. 10.
[36] → Rn. 6 f.
[37] Vgl. AmtlBegr. UrhWG-Novelle BT-Drs. 10/837, 24; DPMA-Jb. 2016, S. 44.
[38] → Rn. 5; zu einem Unterschied zwischen § 16 Abs. 2 S. 1 UrhWG und § 128 Abs. 2 S. 1 hinsichtlich der Befassung der Schiedsstelle als Prozessvoraussetzung → § 92 Rn. 13.

derartigen empirischen Untersuchung anzurufen, besteht unabhängig vom Abschluss oder der Änderung von Gesamtverträgen.[39]

c) § 94 – Online-Rechte an Musikwerken. Neu hinzugekommen im Vergleich zum UrhWG   **23**
ist auch die Zuständigkeit der Schiedsstelle gem. **§ 94** für Streitfälle, an denen eine im Inland ansässige
Verwertungsgesellschaft beteiligt ist, über die **gebietsübergreifende Vergabe von Online-Rechten an Musikwerken.** Die Zuständigkeit der Schiedsstelle gem. § 94 flankiert die Erfüllung der in
Teil 3 (§§ 59–74) genannten Bedingungen und Verpflichtungen für die gebietsübergreifende kollektive Rechtewahrnehmung in diesem Bereich und setzt zugleich Art. 34 Abs. 2 VG-RL um.[40]

d) Am Schiedsstellenverfahren beteiligte Verwertungsgesellschaften. Soweit die Zuständig-   **24**
keit der Schiedsstelle in den §§ 92 ff. daran anknüpft, dass eine Verwertungsgesellschaft am Streitfall
beteiligt ist, erfasst sie Streitigkeiten von **Verwertungsgesellschaften** iSv. § 2,[41] und zwar unabhängig von ihrer Rechtsform.[42]

Erfasst sind auch Streitfälle, an denen **abhängige Verwertungseinrichtungen** iSv. § 3[43] beteiligt
sind, soweit diese gem. § 3 Abs. 2 S. 1 die Tätigkeit einer Verwertungsgesellschaft ausüben, nicht dagegen solche, an denen **unabhängige Verwertungseinrichtungen** iSv. § 4[44] beteiligt sind, da § 4
Abs. 2 nicht auf die §§ 92 ff. Bezug nimmt.

5. Regelungen zum Verfahren vor der Schiedsstelle

Umfangreichen Raum nehmen die **Bestimmungen zum Verfahren vor der Schiedsstelle** ein.
Inhaltlich gehen sie auf die Bestimmungen des UrhWG und der UrhSchiedsV zurück, gehen aber
stellenweise darüber hinaus.

a) „Allgemeine Verfahrensvorschriften" (Unterabschnitt 1). Abweichend vom Titel dieses   **25**
ersten Unterabschnitts (§§ 92–105) sind in den §§ 92–94 zunächst Bestimmungen über die Zuständigkeit der Schiedsstelle enthalten.[45]

Erst die darauffolgenden Vorschriften regeln die **allgemeinen Grundsätze des Verfahrens vor
der Schiedsstelle,** die im Prinzip für alle der in den §§ 92–94 genannten Zuständigkeitsbereiche der
Schiedsstelle gelten. Dies sind Grundsätze zu **allgemeinen Verfahrensregeln (§ 95),** zur **Berechnung von Fristen (§ 96)** zum **verfahrenseinleitenden Antrag (§§ 97, 98),** zu **schriftlichem
Verfahren** und **mündlicher Verhandlung (§§ 99, 100, 101)** zum **Vergleich (§ 102),** zur **Aussetzung des Verfahrens (§ 103)** sowie zur **Aufklärung des Sachverhalts** und zur **Beweiserhebung
(§ 104).** Die meisten dieser Vorschriften gehen auf die UrhSchiedsV zurück. Einige andere, wie § 97
Abs. 1 S. 1 und § 102, fanden sich bisher in § 14 Abs. 5 UrhWG bzw. § 14 Abs. 6 UrhWG.

Einzelheiten zum **Einigungsvorschlag der Schiedsstelle,** insbesondere zu seiner Form und den
Fristen, enthält **§ 105,** der inhaltlich weitgehend mit § 14a Abs. 2–4 UrhWG übereinstimmt.[46]

Zu beachten ist, dass **auf Streitverfahren zugeschnittene allgemeine Verfahrensvorschriften,**
wie insbesondere die §§ 99–103 und § 105, auf das Verfahren zur Durchführung einer empirischen
Untersuchung nicht passen. Für solche Verfahren enthalten die §§ 112–114 besondere Regeln.

b) „Besondere Verfahrensvorschriften" (Unterabschnitt 2). Im zweiten Unterabschnitt   **26**
(§§ 106–116) sind „Besondere Verfahrensvorschriften" aufgeführt, die auf die verschiedenen Zustän-
digkeitsbereiche der Schiedsstelle zugeschnitten sind. Von diesen Bestimmungen fanden sich einige
bereits im UrhWG. **§ 106 („Einstweilige Regelungen")** geht auf den bisherigen § 14c Abs. 2
UrhWG zurück und gilt für alle Zuständigkeitsbereiche der Schiedsstelle in Streitfällen; mit **§ 109
(„Beschränkung des Einigungsvorschlags; Absehen vom Einigungsvorschlag"),** der für
Streitfälle über die Nutzung nach § 92 Abs. 1 Nr. 1 oder über die Vergütungspflicht nach § 92 Abs. 1
Nr. 2 gilt, wird § 14b UrhWG aufgegriffen, aber in seinem Anwendungsbereich erweitert; **§ 110
(„Streitfälle über Gesamtverträge")** gilt für Streitfälle nach § 92 Abs. 1 Nr. 3 und entspricht weit-
gehend § 14c Abs. 1 und 3 UrhWG; **§ 111 („Streitfälle über Rechte der Kabelweitersendung")** ist inhaltsgleich mit dem früheren § 14d UrhWG und betrifft Streitfälle nach § 92 Abs. 2;
und **§ 116 („Beteiligung von Verbraucherverbänden")** beruht auf § 14 Abs. 5b UrhWG und ist
für Streitfälle nach § 92 Abs. 1 Nr. 2 und 3 und nach § 93 einschlägig.

Dagegen sind die Bestimmungen in den §§ 107, 108, sowie 112–115 neu im Vergleich zum
UrhWG.

---

[39] Näheres → § 93 Rn. 4.
[40] → § 94 Rn. 3 ff.
[41] Zum Begriff der Verwertungsgesellschaft → § 2 Rn. 5 ff.
[42] → § 2 Rn. 9; vgl. Erwägungsgrund (14) VG-RL.
[43] Zum Begriff der abhängigen Verwertungseinrichtung → § 3 Rn. 3.
[44] Zum Begriff der unabhängigen Verwertungseinrichtung und den auf sie anwendbaren Bestimmungen des
VGG → § 4 Rn. 3 ff.
[45] → Rn. 21 ff.
[46] Dagegen wurde § 14a Abs. 1 UrhWG, betreffend die Stimmenmehrheit bei der Beschlussfassung der Schiedsstelle, in § 126 übernommen, der zu Unterabschnitt 4 („Organisation und Beschlussfassung der Schiedsstelle")
gehört; → Rn. 28.

Die §§ 107 und 108 haben gemeinsam, dass sie auf die Vergütungspflicht für Geräte und Speichermedien und darauf bezogene Verfahren nach § 92 Abs. 1 Nr. 2 iVm § 54 UrhG Anwendung finden. Obwohl mit verschiedenen Bestimmungen des VGG – insbesondere in den §§ 40, 92 Abs. 1 Nr. 2 und 93 – die Feststellung der Höhe der Vergütung für Geräte und Speichermedien erleichtert und beschleunigt werden soll, wird offenbar nicht ausgeschlossen, dass dies, auch wegen der Komplexität der Sachverhalte, im Einzelfall einige Zeit beanspruchen kann. Darauf soll mit der neu eingeführten **Befugnis der Schiedsstelle gem.** § 107 reagiert werden.[47] Nach § 107 kann die Schiedsstelle auf Antrag der Verwertungsgesellschaft anordnen, dass der beteiligte **Vergütungsschuldner** für die Erfüllung des Anspruchs aus § 54 Abs. 1 UrhG **Sicherheit zu leisten** hat. Allerdings ist die Verwertungsgesellschaft gem. § 108 schadensersatzpflichtig, wenn sich ihr Antrag als von Anfang an ungerechtfertigt erwiesen hat.

Die §§ 112–115 enthalten **Verfahrensvorschriften flankierend zur mit § 93 neu eingeführten Zuständigkeit der Schiedsstelle** für selbständige empirische Untersuchungen: § 112 regelt Formalitäten betreffend den Antrag im Verfahren nach § 93. § 113 enthält weitere Modalitäten der Durchführung der empirischen Untersuchung gem. § 93, und § 114 bestimmt, wie die Schiedsstelle mit dem Ergebnis der empirischen Untersuchung umzugehen hat.

Ergänzend bestimmt § 115, dass die **Ergebnisse** einer derartigen empirischen Untersuchung iSv. § 93 auch **verwertbar** sind zur Sachverhaltsaufklärung in Verfahren vor der Schiedsstelle über die Geräte- und Speichermedienvergütung oder die Betreibervergütung und den Abschluss oder die Änderung von Gesamtverträgen.

27   c) „Kosten sowie Entschädigung und Vergütung Dritter" (Unterabschnitt 3). Im dritten Unterabschnitt (§§ 117–123) sind Bestimmungen zu den Kosten des Schiedsstellenverfahrens und der Entschädigung und Vergütung Dritter (von Sachverständigen und Zeugen) enthalten.

Mit nur wenigen Abänderungen, Streichungen oder Ergänzungen wurden alle diese Bestimmungen aus der bisherigen UrhSchiedsV übernommen. So entspricht § 117 Abs. 1, 2 und 5 („Kosten des Verfahrens") inhaltlich den bisherigen § 13 Abs. 1–3 und 5 UrhSchiedsV. § 118 („Fälligkeit und Vorschuss") wurde von § 13 Abs. 6 und Abs. 7 S. 1 UrhSchiedsV übernommen. § 119 („Entsprechende Anwendung des Gerichtskostengesetzes") entspricht inhaltlich dem bisherigen § 13 Abs. 8 UrhSchiedsV. § 120 („Entscheidung über Einwendungen") stimmt weitgehend mit dem bisherigen § 13 Abs. 9 UrhSchiedsV überein. § 121 („Entscheidung über die Kostenpflicht") entspricht größtenteils dem bisherigen § 14 UrhSchiedsV. § 122 („Festsetzung der Kosten") stimmt weitgehend mit dem bisherigen § 15 UrhSchiedsV überein. Und § 123 („Entschädigung von Zeugen und Vergütung für Sachverständige") entspricht größtenteils dem bisherigen § 12 UrhSchiedsV.

28   d) „Organisation und Beschlussfassung der Schiedsstelle" (Unterabschnitt 4). Unterabschnitt 4 (§§ 124–127) enthält Bestimmungen zur Organisation und zur Beschlussfassung der Schiedsstelle. Bis auf § 127 („Ausschließung und Ablehnung von Mitgliedern der Schiedsstelle"), der eher eine Verfahrensregelung darstellt und inhaltlich dem bisherigen § 9 UrhSchiedsV entspricht, fanden sich diese Bestimmungen bisher im UrhWG. So ist § 124 („Aufbau und Besetzung der Schiedsstelle") weitgehend inhaltsgleich mit § 14 Abs. 2 und 3 UrhWG. In § 125 („Aufsicht") finden sich Regelungen zur Weisungsfreiheit der Schiedsstellenmitglieder und zur Dienstaufsicht, die § 14 Abs. 4 UrhWG entsprechen, und § 126 („Beschlussfassung der Schiedsstelle") zur erforderlichen Mehrheit bei der Beschlussfassung entspricht dem bisherigen § 14a Abs. 1 UrhWG.

IV. Gerichtliche Geltendmachung

1. Schiedsstellenverfahren und Verfahren vor den ordentlichen Gerichten

29   Das Verhältnis zwischen dem Schiedsstellenverfahren und dem Verfahren vor den ordentlichen Gerichten, einschließlich des **Rechtswegs,** der **Gerichtsbarkeit** und des **Gerichtsstandes** ist in Abschnitt 2 von Teil 5 (§§ 128 ff.) geregelt. Diese Bestimmungen entsprechen größtenteils den bisherigen §§ 16 und 17 UrhWG. Ihnen liegt der generelle Grundsatz zugrunde, dass das **Schiedsstellenverfahren den Rechtsweg nicht ausschließt.** Damit wird auch der Vorgabe in **Art. 35 Abs. 2 VG-RL** entsprochen.

Aus den §§ 128 ff. ergibt sich, dass die Zuständigkeit für Streitigkeiten über die Nutzung, über Vergütungsansprüche gem. § 54 oder § 54c UrhG, über den Abschluss oder die Änderung von Gesamtverträgen, über Rechte der Kabelweitersendung gem. § 87 Abs. 5 UrhG und über die gebietsübergreifende Vergabe von Online-Rechten an Musikwerken grundsätzlich bei den Gerichten verbleibt. Allerdings muss das Vertragshilfeverfahren vor der **Schiedsstelle** der Klage vorausgegangen sein, ist also **Prozessvoraussetzung,** in vier Fällen:

(1) bei Einzelnutzungsstreitigkeiten nach § 92 Abs. 1 Nr. 1;
(2) bei Streitigkeiten nach § 92 Abs. 1 Nr. 2 über die Vergütungspflicht gem. den §§ 54 oder 54c UrhG;

---

[47] AmtlBegr. BT-Drs. 18/7223, 66.

(3) bei Streitigkeiten über die Änderung oder den Abschluss von Gesamtverträgen nach § 92 Abs. 1 Nr. 3; oder

(4) bei Streitigkeiten über Kabelweitersendungsrechte nach § 92 Abs. 2.

In den beiden ersten Fällen gilt dies gem. § 128 Abs. 2 aber nur dann, wenn die Anwendbarkeit oder Angemessenheit des Tarifs im Streit ist. Nach dem bisherigen § 16 Abs. 2 S. 1 UrhWG war diese Einschränkung der Anwendung des Schiedsstellenverfahrens nur für Einzelnutzungsstreitigkeiten vorgesehen.[48]

In den genannten Streitfällen hat das angerufene Gericht jeweils gem. § 128 Abs. 1 S. 1 zu prüfen, ob das **Schiedsstellenverfahren vorausgegangen** ist und **abgeschlossen** wurde. Zum Abschluss kommt das Verfahren vor der Schiedsstelle durch Vorlage eines Einigungsvorschlags der Schiedsstelle iSv. § 105 Abs. 1, und zwar förmlich spätestens nach Ablauf der Widerspruchsfrist gem. § 105 Abs. 3, oder wenn die Schiedsstelle nach § 109 Abs. 2 von einem Einigungsvorschlag angesehen hat.[49]

Im Übrigen unterliegt der **Rechtsweg** für Streitigkeiten zwischen Verwertungsgesellschaften und Nutzern keinen Besonderheiten. Dies gilt auch für Streitigkeiten über Gesamtverträge, über Kabelweitersendungsverträge, über die Vergütungspflicht gem. § 54 oder § 54c UrhG und über die gebietsübergreifende Vergabe von Online-Rechten an Musikwerken, allerdings mit der Maßgabe, dass in diesen Streitfällen das **OLG München im ersten Rechtszug** entscheidet und gem. **§ 129 Abs. 3** auch die Revision grundsätzlich offensteht.[50]

2. Übergangsvorschriften

Übergangsvorschriften für Verfahren nach dem VGG, die zum Zeitpunkt des Inkrafttretens des VGG am 1.6.2016 bei der Schiedsstelle oder bei einem Gericht anhängig waren, sind in **§ 139 Abs. 1** (für Schiedsstellenverfahren) und **§ 139 Abs. 3** (für Gerichtsverfahren) enthalten.[51]   30

Abschnitt 1. Schiedsstelle

Unterabschnitt 1. Allgemeine Verfahrensvorschriften

§ 92 Zuständigkeit für Streitfälle nach dem Urheberrechtsgesetz und für Gesamtverträge

(1) **Die Schiedsstelle (§ 124) kann von jedem Beteiligten bei einem Streitfall angerufen werden, an dem eine Verwertungsgesellschaft beteiligt ist und der eine der folgenden Angelegenheiten betrifft:**

1. die Nutzung von Werken oder Leistungen, die nach dem Urheberrechtsgesetz geschützt sind,
2. die Vergütungspflicht für Geräte und Speichermedien nach § 54 des Urheberrechtsgesetzes oder die Betreibervergütung nach § 54c des Urheberrechtsgesetzes,
3. den Abschluss oder die Änderung eines Gesamtvertrags.

(2) **Die Schiedsstelle kann von jedem Beteiligten auch bei einem Streitfall angerufen werden, an dem ein Sendeunternehmen und ein Kabelunternehmen beteiligt sind, wenn der Streit die Verpflichtung zum Abschluss eines Vertrages über die Kabelweitersendung betrifft (§ 87 Absatz 5 des Urheberrechtsgesetzes).**

Schrifttum: *Seifert,* Das Schiedsstellenverfahren als Prozeßvoraussetzung im Urheberrechtsstreit, FS Kreile (1994), S. 627; *Strittmatter,* Tarife vor der urheberrechtlichen Schiedsstelle, 1994.

Übersicht

---

[48] Näheres→ § 128 Rn. 6 f.
[49] → § 128 Rn. 5.
[50] → § 129 Rn. 6.
[51] → § 139 Rn. 2 ff.

I. Allgemeines

1. Die Vorgaben der VG-RL zu alternativen Streitbeilegungsverfahren

1   Die VG-RL enthält zur alternativen Streitschlichtung vor unparteiischen Schiedsstellen **zwei Verpflichtungen** der Mitgliedstaaten:[1]

Nach **Art. 34 Abs. 2 VG-RL** muss „ein **unabhängiges, unparteiisches alternatives Streitbeilegungsverfahren**" zur Verfügung gestellt werden für Streitigkeiten einer im Inland ansässigen Verwertungsgesellschaft, die **Mehrgebietslizenzen für Online-Rechte an Musikwerken** vergibt oder anbietet, mit Anbietern von Online-Diensten, Rechtsinhabern oder anderen Verwertungsgesellschaften.

Gem. **Art. 35 Abs. 1 VG-RL** müssen **Streitigkeiten zwischen Verwertungsgesellschaften und Nutzern** vor Gericht oder gegebenenfalls vor eine sachkundige unabhängige, unparteiische Streitbeilegungsstelle gebracht werden können.

Dagegen enthält **Art. 34 Abs. 1 VG-RL** lediglich eine **fakultative Regelung.** Danach steht es den Mitgliedstaaten frei, für **Streitigkeiten** zwischen Verwertungsgesellschaften, ihren Mitgliedern, Rechtsinhabern oder Nutzern über die zur Umsetzung der VG-RL erlassenen **nationalen Rechtsvorschriften** „ein rasches, unabhängiges und unparteiisches alternatives Streitbeilegungsverfahren" zur Verfügung zu stellen.

In jedem Fall muss gem. **Art. 35 Abs. 2 VG-RL** auch iRd. alternativen Streitschlichtung die gerichtliche Geltendmachung von Rechten möglich bleiben.

2. Die Schiedsstelle im UrhWG

2   **a) Die Zuständigkeit der Schiedsstelle.** Die **Zuständigkeit der Schiedsstelle** war in § 14 Abs. 1 UrhWG geregelt.

Nach **§ 14 Abs. 1 Nr. 1 UrhWG** war die Schiedsstelle **zuständig** für folgende Streitfälle, an denen eine **Verwertungsgesellschaft beteiligt** war:
– Streitfälle über die **Nutzung** von nach dem UrhG geschützten Werken oder Leistungen (§ 14 Abs. 1 Nr. 1 lit. a UrhWG);
– Streitfälle über die **Vergütungspflicht** nach § 54 UrhG (Geräte- und Speichermedien) oder § 54c UrhG (Betreiberabgabe) (§ 14 Abs. 1 Nr. 1 lit. b UrhWG); sowie
– Streitfälle über den Abschluss oder die Änderung eines **Gesamtvertrages** (§ 14 Abs. 1 Nr. 1 lit. c UrhWG).

Nach **§ 14 Abs. 1 Nr. 2 UrhWG** war die Schiedsstelle außerdem zuständig für Streitfälle **zwischen einem Sendeunternehmen und einem Kabelunternehmen** über die Verpflichtung zum Abschluss eines Vertrages über die **Kabelweitersendung.**

b) Zusammensetzung der Schiedsstelle, Entscheidungskompetenz, Verfahren. Die **Zusammensetzung** und die **Entscheidungskompetenz** der Schiedsstelle waren bisher in den **§§ 14–14d UrhWG** geregelt. Bestimmungen über das **Schiedsstellenverfahren** waren in den **§§ 14–14e** und **15 UrhWG** iVm. der **UrhSchiedsV**[2] enthalten.[3]

3. § 92

3   § 92 bestimmt dieselben vier Zuständigkeitsbereiche, die die Schiedsstelle schon nach dem UrhWG innehatte (Streitigkeiten über die Einzelnutzung, bestimmte gesetzliche Vergütungsansprüche, Gesamtverträge und Kabelweitersendungsverträge). Inhaltlich entspricht **§ 92 Abs. 1** bis auf redaktionelle Änderungen dem bisherigen § 14 Abs. 1 Nr. 1 UrhWG, und **§ 92 Abs. 2** dem bisherigen § 14 Abs. 1 Nr. 2 UrhWG.

Zugleich wird mit § 92 Abs. 1 die Verpflichtung gem. **Art. 35 Abs. 1 VG-RL**, für die Streitbeilegung zwischen Verwertungsgesellschaften und Nutzern neben den Gerichten eine andere **unabhängige, unparteiische und sachkundige Streitbeilegungsstelle** zur Verfügung zu stellen, umge-

---

[1] Im Einzelnen zu den Vorgaben der VG-RL → Vor §§ 92 ff. Rn. 13–17.
[2] Verordnung über die Schiedsstelle für Urheberrechtsstreitfälle (Urheberrechtsschiedsstellenverordnung – UrhSchiedsV) vom 20.12.1985 (BGBl. I S. 2543), zuletzt geändert durch Gesetz vom 31.8.2015 (BGBl. I S. 1474).
[3] Näheres → Vor §§ 92 ff. Rn. 6–8.

setzt. Denn die Schiedsstelle erfüllt aufgrund ihrer Struktur und ihrer langjährigen Erfahrung die in Art. 35 Abs. 1 VG-RL genannten Kriterien.[4] Da es für die nicht von § 92 erfassten Streitigkeiten ohnehin bei der **Zuständigkeit der Gerichte** bleibt und den Beteiligten auch iRd. Schiedsstellen-verfahrens grundsätzlich der Rechtsweg offen steht,[5] ist auch die Vorgabe gem. **Art. 35 Abs. 2 VG-RL** erfüllt.[6]

§ 92 Abs. 2 setzt, wie schon der bisherige § 14 Abs. 1 Nr. 2 UrhWG, **Art. 11 der SatKabelRL** um.[7]

II. Zuständigkeit für Streitfälle nach dem Urheberrechtsgesetz und für Gesamtverträge

1. § 92 Abs. 1 – Zuständigkeitsbereiche Einzelnutzung, Vergütungspflicht, Gesamtverträge

a) Der Anwendungsbereich von § 92 Abs. 1. Nach **§ 92 Abs. 1** ist die Schiedsstelle[8] zustän- **4** dig für folgende urheberrechtlichen Streitigkeiten, an denen eine **Verwertungsgesellschaft beteiligt** ist:

– Streitfälle über die **Nutzung** von nach dem UrhG geschützten Werken oder Leistungen (§ 92 Abs. 1 Nr. 1);
– Streitfälle über die **Vergütungspflicht** nach § 54 UrhG (Geräte- und Speichermedien) oder § 54c UrhG (Betreiberabgabe) (§ 92 Abs. 1 Nr. 2); sowie
– Streitfälle über den Abschluss oder die Änderung eines **Gesamtvertrags** (§ 92 Abs. 1 Nr. 3).[9]

Erfasst von § 92 Abs. 1, wie schon bisher von § 14 Abs. 1 Nr. 1 UrhWG, sind somit **urheberrechtliche Streitigkeiten** aller Art, also solche über die Einräumung von Nutzungsrechten (§ 34) und über Abschluss oder Änderung von Gesamtverträgen (§ 35) ebenso wie reine Vergütungsansprüche, Schadensersatz- oder Bereicherungsansprüche.[10] Systematisch gesehen dient damit § 92 Abs. 1 Nr. 2, wonach die Schiedsstelle auch für Streitigkeiten im Zusammenhang mit der Vergütungspflicht für Privatkopien und Ablichtungen gem. §§ 54 oder 54c UrhG zuständig ist, lediglich der Klarstellung.[11]

Unerheblich für die Zuständigkeit der Schiedsstelle nach § 92 Abs. 1 ist es auch, ob die Anwendbarkeit und Angemessenheit von Tarifen im Streit ist[12] oder (auch oder stattdessen) der Anspruchsgrund, die Verletzung von Urheberrechten, die Vergütungspflicht oder etwa die Aktivlegitimation der Verwertungsgesellschaft. Auch in diesen Fällen kann die Schiedsstelle angerufen werden.

Die Möglichkeit der Anrufung der Schiedsstelle ändert allerdings nichts an dem Grundsatz, dass **ungekündigte, dh. wirksame Verträge** Bestand haben.[13] Das Schiedsstellenverfahren dient in der Regel nicht der Angemessenheitsprüfung im Rahmen bestehender Nutzungsverträge. Selbst wenn die Schiedsstelle einen vereinbarten Tarif für unanwendbar oder unangemessen hält, kann sie durch ihre Stellungnahme nicht in bestehende Vertragsverhältnisse eingreifen.[14] Hält etwa ein Nutzer die vertraglich vereinbarte Vergütungsregelung für unangemessen, so kann er den Vertrag kündigen, die Nutzung gegen Zahlung bzw. Zahlung unter Vorbehalt oder Hinterlegung gem. § 37 fortsetzen und dabei, uU. auch schon vorab, die Schiedsstelle zur Angemessenheitsprüfung anrufen.[15] In solchen Fällen kann die Schiedsstelle gem. § 93 auch mit der Durchführung einer empirischen Untersuchung beauftragt werden; antragsberechtigt ist insoweit aber nur eine Verwertungsgesellschaft, und die Schiedsstelle ist zur Durchführung einer solchen Untersuchung nicht verpflichtet.[16]

b) Verfahrensbeteiligte im Verfahren vor der Schiedsstelle nach § 92 Abs. 1. Vorausset- **5** zung für die Zuständigkeit der Schiedsstelle nach § 92 Abs. 1 ist stets, dass eine Verwertungsgesellschaft am Streitfall beteiligt, also Partei ist. § 92 Abs. 1 betrifft somit Streitigkeiten von **Verwertungsgesellschaften** iSv. § 2,[17] und zwar unabhängig von ihrer Rechtsform.[18]

---

[4] → Vor §§ 92 ff. Rn. 20.
[5] → Vor §§ 92 ff. Rn. 29.
[6] Vgl. AmtlBegr. BT-Drs. 18/7223, 99.
[7] Richtlinie 93/83/EWG vom 27.9.1993 (SatKabelRL); → § 50 Rn. 2.
[8] Zum Begriff der Schiedsstelle verweist § 92 Abs. 1 in der ersten Zeile auf § 124; → Vor §§ 92 ff. Rn. 20, 28.
[9] Zu Gesamtverträgen → § 35 Rn. 3 ff.; zu § 14 UrhWG vgl. schon Beschluss der Schiedsstelle ZUM 1987, 187 (188); Einigungsvorschlag der Schiedsstelle ZUM 2005, 670.
[10] AmtlBegr. UrhWG-Novellierung BT-Drs. 10/837, 23.
[11] Dasselbe galt für den mit § 92 Abs. 1 Nr. 2 identischen bisherigen § 14 Abs. 1 Nr. 1 lit. b UrhWG, der im Zuge der Novellierung des Urheberrechts durch den sog. „Zweiten Korb" (Zweites Gesetz zur Regelung des Urheberrechts in der Informationsgesellschaft vom 26.10.2007, BGBl. I S. 2513) in das UrhWG eingefügt wurde; AmtlBegr. BT-Drs. 16/1828, 76.
[12] Vgl. Beschluss der Schiedsstelle ZUM 1987, 187 (188).
[13] → § 34 Rn. 6; Möhring/Nicolini/*Freudenberg* § 92 Rn. 8; bezogen auf § 14 UrhWG *Seifert* FS Kreile (1994), 627 (632); Fromm/Nordemann/*W. Nordemann/Wirtz*, 11. Aufl., UrhWG § 14 Rn. 5.
[14] Vgl. BGH GRUR 2000, 872 (873) – Schiedsstellenanrufung; LG Frankfurt a. M. ZUM 2006, 949 (950) – jeweils bezogen auf § 14 UrhWG.
[15] Vgl. BGH GRUR 2000, 872 (873) – Schiedsstellenanrufung.
[16] → § 93 Rn. 4.
[17] Zum Begriff der Verwertungsgesellschaft → § 2 Rn. 5 ff.
[18] → § 2 Rn. 9; vgl. Erwägungsgrund (14) VG-RL.

§ 92 Abs. 1 gilt auch für Streitfälle, an denen **abhängige Verwertungseinrichtungen** iSv. § 3[19] beteiligt sind, soweit sie gem. § 3 Abs. 2 S. 1 die Tätigkeit einer Verwertungsgesellschaft ausüben, nicht dagegen für solche, an denen **unabhängige Verwertungseinrichtungen** iSv. § 4[20] beteiligt sind, da § 4 Abs. 2 nicht auf § 92 Bezug nimmt.

Gegner der Verwertungsgesellschaft im Verfahren vor der Schiedsstelle werden in der Regel Einzelnutzer (§ 92 Abs. 1 Nr. 1),[21] anderweitig zur Zahlung einer Vergütung Verpflichtete (§ 92 Abs. 1 Nr. 2) oder Vereinigungen von Nutzern oder von zur Zahlung einer Vergütung Verpflichteten (§ 92 Abs. 1 Nr. 3) sein. Die Schiedsstelle ist nicht gehindert, über Anträge von Mitgliedern einer Nutzervereinigung zu entscheiden, mit der ein Gesamtvertrag besteht, da der Gesamtvertrag keine Rechtswirkungen zu Lasten dieser Mitglieder entfaltet.[22] Auch kann die Schiedsstelle angerufen werden bei Streitigkeiten über Tarife, die bereits früher überprüft wurden.[23]

Dagegen fallen Streitigkeiten zwischen Verwertungsgesellschaften und **Berechtigten** – etwa über die Wahrnehmungspflicht der Verwertungsgesellschaft gem. § 9 – nicht unter § 92 Abs. 1, sind also dem Schiedsstellenverfahren nicht zugänglich, da dieses nicht die Wahrnehmungs- sondern die Nutzungs- und Vergütungsbedingungen zu beurteilen hat.[24]

6   **c) Antragsberechtigung.** Antragsberechtigt zur Anrufung der Schiedsstelle nach § 92 Abs. 1 ist **jeder Beteiligte**, dh. die beteiligte **Verwertungsgesellschaft** oder abhängige Verwertungseinrichtung sowie der oder die Beteiligten auf der **Nutzerseite** bzw. – bei Streitigkeiten über die Vergütungspflicht nach §§ 54 oder 54c UrhG – auf der Seite der **zur Zahlung der Vergütung Verpflichteten.** Die formalen Erfordernisse der **Antragstellung** sind in den §§ 97 und 98 genannt.

In Streitfällen gem. § 92 Abs. 1 Nr. 3 (Abschluss oder Änderung eines Gesamtvertrages) ist zu beachten, dass die Verwertungsgesellschaft keinen Anspruch auf Abschluss eines Gesamtvertrages hat.[25] Die betroffene Nutzervereinigung kann also die Durchführung eines solchen Schiedsstellenverfahrens ablehnen mit der Folge, dass es nicht durchgeführt wird. Lässt sich dagegen die Nutzervereinigung auf das Verfahren ein oder ist sie selbst Antragsteller, so kann jeder Beteiligte, also auch die Verwertungsgesellschaft, gem. § 128 iVm. § 130 vor dem OLG München Klage auf Festsetzung eines Gesamtvertrages erheben.[26]

7   **d) Verfahren und Kosten.** Auf die **Durchführung des Verfahrens** vor der Schiedsstelle in den in § 92 Abs. 1 genannten Zuständigkeitsbereichen finden grundsätzlich die **allgemeinen Verfahrensvorschriften** zum Schiedsstellenverfahren (§§ 95–105) Anwendung,[27] die größtenteils auf die §§ 14ff. UrhWG und die UrhSchiedsV zurückgehen.[28]

Darüber hinaus sind auch einige der im zweiten Unterabschnitt (§§ 106–116) aufgeführten besonderen Verfahrensvorschriften für diese Streitfälle einschlägig.

Für **Einzelnutzungsstreitigkeiten** vor der Schiedsstelle iSv. **§ 92 Abs. 1 Nr. 1** gelten **§ 106** (wonach die Schiedsstelle auf Antrag der Beteiligten eine **einstweilige Regelung** vorschlagen kann) und **§ 109** (wonach sich die Schiedsstelle in ihrem Entscheidungsvorschlag auf eine **Stellungnahme zur Anwendbarkeit** oder **Angemessenheit des Tarifs** beschränken kann, wenn diese bestritten sind).

Für **Streitfälle über die Vergütungspflicht** nach § 54 UrhG oder § 54c UrhG iSv. **§ 92 Abs. 1 Nr. 2** gelten **§ 106** (wonach die Schiedsstelle auf Antrag der Beteiligten eine **einstweilige Regelung** vorschlagen kann); **§ 107** und **§ 108** (wonach die Schiedsstelle auf Antrag der Verwertungsgesellschaft anordnen kann, dass der beteiligte **Vergütungsschuldner** für die Erfüllung des Anspruchs aus § 54 Abs. 1 UrhG **Sicherheit leisten** muss); **§ 109** (wonach sich die Schiedsstelle in ihrem Entscheidungsvorschlag auf eine **Stellungnahme zur Anwendbarkeit** oder **Angemessenheit des Tarifs** beschränken kann, wenn diese bestritten sind); **§ 115** (wonach im Verfahren das **Ergebnis einer empirischen Untersuchung**, das aus einem Verfahren nach § 93 stammt, herangezogen werden kann); und **§ 116** (wonach die Schiedsstelle den dort näher bezeichneten **Verbraucherverbänden** Gelegenheit zur schriftlichen Stellungnahme geben muss).

Für **Streitfälle über den Abschluss oder die Änderung eines Gesamtvertrages** iSv. **§ 92 Abs. 1 Nr. 3** gelten **§ 106** (wonach die Schiedsstelle auf Antrag der Beteiligten eine **einstweilige Regelung** vorschlagen kann); **§ 110** (wonach der Einigungsvorschlag der Schiedsstelle den **Inhalt**

---

[19] Zum Begriff der abhängigen Verwertungseinrichtung → § 3 Rn. 3.
[20] Zum Begriff der unabhängigen Verwertungseinrichtung und den auf sie anwendbaren Bestimmungen des VGG → § 4 Rn. 3ff.
[21] Auch Sendeunternehmen sind Einzelnutzer; vgl. zur früheren Fassung von § 14 UrhWG → 5. Aufl. 2017, UrhWG § 14 Rn. 1 mwN.
[22] Schiedsstelle ZUM 1988, 351 (352); Schiedsstelle ZUM 1988, 471 (477); vgl. → § 35 Rn. 4; *Strittmatter* S. 37ff.
[23] Schiedsstelle ZUM 1988, 351 (352); *Strittmatter* S. 109; zur Frage, ob in solchen Fällen die Befassung der Schiedsstelle Prozessvoraussetzung ist, → Rn. 13 und → § 128 Rn. 6.
[24] AmtlBegr. UrhWG-Novellierung BT-Drs. 10/837, 23.
[25] → § 35 Rn. 2.
[26] BGH GRUR 2017, 694 Rn. 28 – Gesamtvertrag PCs.
[27] Zur Übersicht → Vor §§ 92ff. Rn. 25.
[28] Zu den bisherigen Bestimmungen der §§ 14a–14e UrhWG und der UrhSchiedsV ausführlich *Strittmatter* S. 50ff.

des Gesamtvertrages enthält); **§ 115** (wonach im Verfahren das **Ergebnis einer empirischen Untersuchung,** das aus einem Verfahren nach § 93 stammt, herangezogen werden kann); und **§ 116** (wonach die Schiedsstelle den dort näher bezeichneten **Verbraucherverbänden** Gelegenheit zur schriftlichen Stellungnahme geben muss).

Für die **Kosten des Verfahrens vor der Schiedsstelle** gelten die §§ 117–123. Nach § 117 Abs. 3 wird für Verfahren nach **§ 92 Abs. 1 Nr. 2 und 3** (Vergütungspflicht, Gesamtverträge) eine Gebühr mit einem Gebührensatz von 3,0 erhoben; sie ermäßigt sich auf einen Gebührensatz von 1,0, wenn das Schiedsstellenverfahren anders als durch einen Einigungsvorschlag der Schiedsstelle beendet wird, oder wenn die Beteiligten den Einigungsvorschlag der Schiedsstelle annehmen. Für Verfahren nach **§ 92 Abs. 1 Nr. 1** (Einzelnutzungsstreitigkeiten) wird gem. § 117 Abs. 4 eine Gebühr mit einem Gebührensatz von 1,0 erhoben. Die Fälligkeit der Gebühr ergibt sich aus § 118 Abs. 1, und für den Kostenvorschuss gilt § 118 Abs. 2.

2. § 92 Abs. 2 – Zuständigkeitsbereich Kabelweitersendung

a) Der Anwendungsbereich von § 92 Abs. 2. § 92 Abs. 2 bestimmt die Zuständigkeit der **8** Schiedsstelle für **Streitigkeiten zwischen einem Sendeunternehmen und einem Kabelunternehmen,** also für Streitigkeiten zwischen einzelnen Rechtsinhabern und Nutzern.

Gem. **§ 92 Abs. 2** kann daher die Schiedsstelle auch dann zur Vertragshilfe angerufen werden, wenn bei einer Streitigkeit über Kabelweitersendungsrechte gem. § 20b Abs. 1 S. 2 UrhG **auf der Rechtsinhaberseite** keine Verwertungsgesellschaft, sondern ein **Sendeunternehmen beteiligt** ist. Sendeunternehmen und Kabelunternehmen sind nach **§ 87 Abs. 5 UrhG** gegenseitig verpflichtet, einen Vertrag über die Kabelweitersendung zu angemessenen Bedingungen abzuschließen. § 92 Abs. 2 stellt für Streitigkeiten betreffend den Abschluss derartiger Verträge das Vertragshilfeverfahren der Schiedsstelle zur Verfügung.

b) § 92 Abs. 2 als Umsetzung der SatKabelRL. Mit **§ 92 Abs. 2** wird **Art. 11 der Satelli- 9 ten- und Kabelrichtlinie**[29] umgesetzt, wonach sich Sendeunternehmen, die ihre originären und vertraglich erworbenen Rechte der Kabelweitersendung gem. § 20b Abs. 1 S. 2 UrhG nicht in eine Verwertungsgesellschaft einbringen müssen und damit nicht dem VGG unterliegen, bei Streitigkeiten mit Kabelunternehmen einem Vermittlungsverfahren stellen müssen.

Seit jeher erfüllt die Schiedsstelle als Schlichtungsorgan auch die in Art. 11 der SatKabelRL genannten Voraussetzungen für dieses Vermittlungsverfahren:[30] Die Weisungsfreiheit ihrer Mitglieder gem. § 125 Abs. 1[31] entspricht Art. 11 Abs. 4 SatKabelRL; Art. 11 Abs. 2 und 3 SatKabelRL fordern nicht bindende Einigungsvorschläge,[32] die gem. § 105 Abs. 2 S. 3 förmlich zuzustellen sind, den Vertragsabschluss aber nicht ersetzen.

c) Abgrenzung zu anderen Streitfällen. Die von § 92 Abs. 2 erfassten Streitfälle werden idR. **10 Pauschalverträge** zwischen Sendeunternehmen und Kabelunternehmen betreffen, wie sie üblicherweise abgeschlossen werden. Solche Pauschalverträge sind nach Auffassung des Gesetzgebers **Gesamtverträgen ähnlich.**[33] Auch hier kann die Schiedsstelle daher – entsprechend den in § 92 Abs. 1 Nr. 3 genannten Streitigkeiten – von jedem am Kabelweitersendungsvertrag Beteiligten angerufen werden bei diesen Vertrag betreffenden urheberrechtlichen Streitigkeiten aller Art. Das oben zu § 92 Abs. 1 Gesagte gilt entsprechend.[34]

Wenn dagegen die Streitigkeit zwischen Sendeunternehmen und Kabelunternehmen **nicht die Verpflichtung zum Abschluss eines Vertrages über die Kabelweitersendung oder die Vertragsbedingungen** betrifft, so ist § 92 Abs. 2 schon seinem Wortlaut nach nicht anwendbar. So bedarf es nicht der besonderen Sachkunde der Schiedsstelle, und sind auch die anderen dem Schiedsstellenverfahren zugrunde liegenden Erwägungen[35] nicht einschlägig für die Geltendmachung von Unterlassungsansprüchen im Zusammenhang mit einem Streit über die Befugnis zur Kabelweitersendung.[36]

d) Antragsberechtigung. Antragsberechtigt zur Anrufung der Schiedsstelle nach § 92 Abs. 2 sind **11** das beteiligte **Sendeunternehmen** auf der **Rechtsinhaberseite** sowie das **Kabelunternehmen** auf der **Nutzerseite.** Die formalen Erfordernisse der **Antragstellung** sind in den §§ 97 und 98 genannt.

e) Verfahren und Kosten. Auf die **Durchführung des Verfahrens** vor der Schiedsstelle in den **12** in § 92 Abs. 2 genannten Zuständigkeitsbereichen finden grundsätzlich die **allgemeinen Verfahrensvorschriften** zum Schiedsstellenverfahren **(§§ 95–105)** Anwendung,[37] die größtenteils auf die §§ 14 ff. UrhWG und die UrhSchiedsV zurückgehen.[38]

---

[29] Richtlinie 93/83/EWG vom 27.9.1993 (SatKabelRL); → § 50 Rn. 2.
[30] Vgl. AmtlBegr. BT-Drs. 13/4796, 16 f. zur Schiedsstelle nach § 14 UrhWG.
[31] → § 125 Rn. 3.
[32] Vgl. § 102 Abs. 1, § 105, § 109.
[33] → § 111 Rn. 3; AmtlBegr. BT-Drs. 13/4796, 17 (bezogen auf das UrhWG).
[34] → Rn. 4.
[35] → Vor §§ 92 ff. Rn. 12.
[36] OLG Dresden GRUR 2003, 601 (602 f.) – Kontrahierungszwang.
[37] Zur Übersicht → Vor §§ 92 ff. Rn. 25.
[38] Zu den bisherigen Bestimmungen der §§ 14a–14e UrhWG und der UrhSchiedsV ausführlich *Strittmatter* S. 50 ff.

Darüber hinaus sind auch einige der im zweiten Unterabschnitt (§§ 106–116) aufgeführten **besonderen Verfahrensvorschriften** für diese Streitfälle einschlägig:

Für Streitfälle betreffend den Abschluss eines Vertrages über die Kabelweitersendung iSv. § 92 Abs. 2 gelten **§ 106** (wonach die Schiedsstelle auf Antrag der Beteiligten eine **einstweilige Regelung** vorschlagen kann); und **§ 110 iVm. § 111** (wonach der Einigungsvorschlag der Schiedsstelle den **Inhalt des Kabelweitersendungsvertrages** enthält).

Für die **Kosten des Verfahrens vor der Schiedsstelle** gelten die §§ 117–123. Nach § 117 Abs. 3 wird für Verfahren nach **§ 92 Abs. 2** (Kabelweitersendungsverträge) eine Gebühr mit einem Gebührensatz von 3,0 erhoben; sie ermäßigt sich auf einen Gebührensatz von 1,0, wenn das Schiedsstellenverfahren anders als durch einen Einigungsvorschlag der Schiedsstelle beendet wird, oder wenn die Beteiligten den Einigungsvorschlag der Schiedsstelle annehmen. Die Fälligkeit der Gebühr ergibt sich aus § 118 Abs. 1, und für den Kostenvorschuss gilt § 118 Abs. 2.

3. Schiedsstellenverfahren und Verfahren vor den ordentlichen Gerichten

13   Wie sich aus den §§ 128 ff. ergibt, **verbleibt die Zuständigkeit** für Streitigkeiten über die Nutzung, über Vergütungsansprüche gem. § 54 oder § 54c UrhG, über den Abschluss oder die Änderung von Gesamtverträgen und über Rechte der Kabelweitersendung gem. § 87 Abs. 5 UrhG **grundsätzlich bei den Gerichten.**[39]

Die Anrufung der Schiedsstelle in den in § 92 Abs. 1 und 2 genannten Fällen ist **grundsätzlich fakultativ**. Die Schiedsstelle **muss** allerdings **angerufen werden** als **Prozessvoraussetzung** der gerichtlichen Geltendmachung von Ansprüchen vor den ordentlichen Gerichten, wenn bei Streitfällen nach § 92 Abs. 1 Nr. 1 (Einzelnutzungsstreitigkeiten) oder bei Streitigkeiten gem. § 92 Abs. 1 Nr. 2 (Vergütungspflicht nach §§ 54 oder 54c UrhG) die **Anwendbarkeit oder die Angemessenheit des Tarifs bestritten** wird,[40] oder wenn es sich um Streitfälle nach § 92 Abs. 1 Nr. 3 (Gesamtverträge) oder um solche nach § 92 Abs. 2 (Verträge zwischen Sendeunternehmen und Kabelunternehmen) handelt, § 128 Abs. 1, Abs. 2 S. 1.[41] Daraus folgt zugleich, dass die Anrufung der Schiedsstelle nicht erforderlich ist bei der Verfolgung vertraglicher Zahlungsansprüche.[42]

Im Übrigen unterliegt der **Rechtsweg** für Streitigkeiten zwischen Verwertungsgesellschaften und Nutzern keinen Besonderheiten. Dies gilt auch für Streitigkeiten über die **Vergütungspflicht** gem. § 54 oder § 54c UrhG (§ 92 Abs. 1 Nr. 2), über **Gesamtverträge** (§ 92 Abs. 1 Nr. 3) oder über **Kabelweitersendungsverträge** (§ 92 Abs. 2), allerdings mit der Maßgabe, dass in diesen Streitfällen das **OLG München im ersten Rechtszug** entscheidet und gem. **§ 129 Abs. 3** auch die Revision grundsätzlich offensteht.[43]

§ 93 Zuständigkeit für empirische Untersuchungen

Verwertungsgesellschaften können die Schiedsstelle anrufen, um eine selbständige empirische Untersuchung zur Ermittlung der nach § 54a Absatz 1 des Urheberrechtsgesetzes maßgeblichen Nutzung durchführen zu lassen.

Übersicht

---

[39] Zur Vorgabe von Art. 35 Abs. 2 VG-RL → Vor §§ 92 ff. Rn. 29.

[40] Gegenüber dem bisherigen § 16 Abs. 2 S. 1 UrhWG wurde der Anwendungsbereich erweitert; vgl. AmtlBegr. BT-Drs. 18/7223, 105; → § 128 Rn. 6 f.

[41] Entscheidend ist, dass der Anspruch gerichtlich geltend gemacht wird, also im Wege der Klage oder der Einrede; vgl. zu den entsprechenden bisherigen Bestimmungen des UrhWG BGH GRUR 2013, 618 Rn. 47 – Internet-Videorecorder II; → § 128 Rn. 4 ff.

[42] LG Frankfurt a. M. ZUM 2006, 949 (950).

[43] → § 129 Rn. 6.

I. Allgemeines

1. Die Vorgaben der VG-RL

Die VG-RL enthält in den Art. 34 und 35 VG-RL Vorgaben an die Mitgliedstaaten zur alternati- **1** ven Streitschlichtung vor unparteiischen Schiedsstellen[1]

Für **Streitigkeiten zwischen Verwertungsgesellschaften und Nutzern,** einschließlich solcher über Lizenzbedingungen und Tarife,[2] bestimmt **Art. 35 Abs. 1 VG-RL,** dass diese vor Gericht oder gegebenenfalls vor eine sachkundige unparteiische Streitbeilegungsstelle müssen gebracht werden können.

Vorgaben enthält die VG-RL auch zum **Inhalt der Tarife** von Verwertungsgesellschaften. Sie beschränken sich auf **allgemeine Grundsätze,** die auch auf Tarife für Vergütungsansprüche, einschließlich der Vergütung für Geräte und Speichermedien, Anwendung finden.[3]

Diese Vorgaben sind, obwohl nur sehr allgemein gehalten, auch einschlägig für die Ausgestaltung des für die Aufstellung der Vergütungstarife für Geräte und Speichermedien vorgesehenen Verfahrens vor der Schiedsstelle.

2. Die Tarifgestaltung für Geräte und Speichermedien im UrhWG

Gem. **§ 13a Abs. 1 S. 1 UrhWG** bestimmte sich die **Berechnung der Höhe der Tarife** für die **2** Geräte- und Speichermedienvergütung nach § 54a UrhG. Zur Festlegung der Vergütung waren die Verwertungsgesellschaften gem. **§ 13a Abs. 1 S. 2 UrhWG** verpflichtet, mit den betroffenen Verbänden der Vergütungsschuldner **Verhandlungen** über die angemessene Vergütungshöhe und den **Abschluss von Gesamtverträgen** zu führen.[4] Bei Zustandekommen eines Gesamtvertrages galten die darin vereinbarten Vergütungssätze gem. § 13 Abs. 1 S. 2 UrhWG als Tarife.

Scheiterten dagegen die Gesamtvertragsverhandlungen, so war die Verwertungsgesellschaft nach **§ 13a Abs. 1 S. 3 UrhWG** verpflichtet, ein Gesamtvertragsverfahren vor der Schiedsstelle einzuleiten und in diesem Rahmen eine **empirische Untersuchung** gem. **§ 14 Abs. 5a UrhWG über die maßgebliche Nutzung** der jeweiligen Kategorie von Geräten oder Speichermedien durchführen zu lassen, die Feststellungen dazu enthielt, in welchem Umfang das betreffende Gerät oder Speichermedium zur Anfertigung vergütungspflichtiger Vervielfältigungen verwendet wurde.[5] Erst wenn im Schiedsstellenverfahren keine Einigung zwischen der Verwertungsgesellschaft und dem Verband der Vergütungsschuldner erzielt wurde, konnte die Verwertungsgesellschaft (einseitig) einen **Tarif für die Geräte- und Speichermedienvergütung** aufstellen und hierfür die **Ergebnisse der empirischen Untersuchung** aus dem Schiedsstellenverfahren heranziehen.[6]

3. § 93

§ 93 ist ein wesentliches Element des Reformkonzepts[7] zur Neuregelung der Gestaltung der Tarife **3** für Geräte und Speichermedien und steht in engem Zusammenhang mit § 40. Nach § 40 können Verwertungsgesellschaften **Tarife für die Geräte- und Speichermedienvergütung** nur unter der **Bedingung** aufstellen, dass eine **empirische Untersuchung** zur Ermittlung der für die Vergütungspflicht nach § 54 UrhG iVm. § 54a Abs. 1 UrhG maßgeblichen Nutzung durchgeführt wurde. Hierzu verweist § 40 auf § 93, der die neue Zuständigkeit der Schiedsstelle für das Verfahren zur Durchführung dieser empirischen Untersuchung begründet.

Das **Verfahren** gem. § 93 kann nur von einer **Verwertungsgesellschaft** eingeleitet werden. Es ist neu und **selbständig** insofern, als es – anders als noch nach der bisherigen Regelung gem. § 13a Abs. 1 iVm. § 14 Abs. 5a UrhWG – unabhängig von einem Verfahren zum Abschluss oder der Änderung eines Gesamtvertrages ist.

Der Begriff der **empirischen Untersuchung** selbst ist dagegen nicht neu. Er wurde bereits mit der Neuregelung des Verfahrens zur Bestimmung der Geräte- und Speichermedienvergütung durch den sogenannten „Zweiten Korb"[8] zum 1.1.2008 in **§ 14 Abs. 5a UrhWG** eingeführt. § 93 übernimmt diesen Begriff.

Als Element der Tarifgestaltung unter Mithilfe der sachkundigen Schiedsstelle entspricht das Verfahren gem. § 93 im Übrigen auch den Vorgaben der VG-RL.[9]

---

[1] Im Einzelnen → Vor §§ 92 ff. Rn. 14 ff.
[2] Vgl. Erwägungsgrund (49) S. 8 VG-RL.
[3] → § 40 Rn. 1.
[4] → § 40 Rn. 2 ff.
[5] Zu den Voraussetzungen und Einzelheiten dieses Verfahrens → 5. Aufl. 2017, UrhWG § 13a Rn. 5.
[6] Im Einzelnen → § 40 Rn. 3.
[7] Zur Notwendigkeit und Ausgestaltung dieser Reform → § 40 Rn. 4 f.
[8] Zweites Gesetz zur Regelung des Urheberrechts in der Informationsgesellschaft vom 26.10.2007 (BGBl. I S. 2513).
[9] → Rn. 1.

II. Zuständigkeit für empirische Untersuchungen

1. Der Anwendungsbereich von § 93

4   Während die Zuständigkeit der Schiedsstelle gem. § 92 für Einzelnutzungsstreitigkeiten, Streitfälle über die Vergütungspflicht für Geräte und Speichermedien und über den Abschluss oder die Änderung von Gesamtverträgen gegenüber den bisherigen Regelungen in § 14 Abs. 1 UrhWG unverändert blieb, hat die **Schiedsstelle mit § 93** einen **neuen Zuständigkeitsbereich** erhalten.

Diese Zuständigkeit der Schiedsstelle für die Durchführung empirischer Untersuchungen gem. § 93 kommt in dem Fall zum Tragen, dass Gesamtvertragsverhandlungen über die Vergütung für Geräte und Speichermedien iSv. § 54a Abs. 1 UrhG nicht erfolgreich zum Abschluss gebracht wurden und eine **Verwertungsgesellschaft**, entsprechend ihrer **Verpflichtung gem. § 40,** in diesem Bereich (einseitig) Tarife aufstellt. Denn **Bedingung** für eine solche **Aufstellung von Tarifen** ist gem. § 40 Abs. 1 S. 2 die Anrufung der Schiedsstelle zur Durchführung einer selbständigen empirischen Untersuchung.

Das Schiedsstellenverfahren nach § 93 steht also grundsätzlich (nur) für die Durchführung einer **selbständigen empirischen Untersuchung** iR. der (einseitigen) **Tarifaufstellung gem. § 40** zur Verfügung und ist hierfür die **Voraussetzung.** Denn anders als noch im UrhWG bestimmt, sind sowohl das Schiedsstellenverfahren gem. § 93 als auch die dort vorgesehene empirische Untersuchung **selbständig** und nur auf die Aufstellung von Tarifen bezogen, also unabhängig von Streitigkeiten über Einzelnutzungsverträge oder Gesamtverträge.

Anders als die Verfahren gem. §§ 92 und 94 ist das Schiedsstellenverfahren gem. § 93 also kein Streitverfahren (zur Lösung eines Streitfalles). Diesem Umstand tragen besondere Verfahrensvorschriften in den §§ 112 ff. Rechnung.[10]

Allerdings können die Ergebnisse einer iR. eines Verfahrens gem. § 93 durchgeführten empirischen Untersuchung **auch iR. von Streitigkeiten** zwischen einer Verwertungsgesellschaft und nicht gesamtvertragsfähigen Herstellern oder Herstellerverbänden von Geräten und Speichermedien über die Vergütungspflicht gem. **§ 92 Abs. 1 Nr. 2** oder über den Abschluss oder die Änderung eines Gesamtvertrages gem. **§ 92 Abs. 1 Nr. 3** nützlich sein. In § 115 ist daher ausdrücklich vorgesehen, dass das Ergebnis einer solchen empirischen Untersuchung auch in diesen Verfahren zur Sachverhaltsaufklärung iSv. § 104 herangezogen werden kann.[11]

2. Antragsberechtigung

5   **Antragsberechtigt** im Verfahren gem. **§ 93** sind **Verwertungsgesellschaften,** denn sie trifft die Verpflichtung zur Aufstellung von Tarifen im Allgemeinen und für die Geräte- und Speichermedienvergütung im Besonderen sowie die Bedingung, vor der Aufstellung dieser besonderen Tarife gem. § 40 Abs. 1 S. 2 eine empirische Untersuchung durchführen zu lassen.[12]

Die Antragsberechtigung nach § 93 gilt demnach für **Verwertungsgesellschaften** iSv. § 2,[13] und zwar unabhängig von ihrer Rechtsform.[14] Außerdem sind antragsberechtigt auch **abhängige Verwertungseinrichtungen** iSv. § 3,[15] die gem. § 3 Abs. 2 S. 1 die Tätigkeit einer Verwertungsgesellschaft ausüben, nicht dagegen **unabhängige Verwertungseinrichtungen** iSv. § 4,[16] da sie keiner Tarifaufstellungspflicht unterliegen und § 4 Abs. 2 nicht auf die §§ 92 ff., einschließlich § 93, Bezug nimmt.

3. Antrag, Beteiligte, Verfahren, Kosten

6   Auf die **Durchführung des Verfahrens** vor der Schiedsstelle nach § 93 finden grundsätzlich die **allgemeinen Verfahrensvorschriften** zum Schiedsstellenverfahren (**§§ 95–105**) Anwendung; allerdings nur, sofern diese nicht auf Streitverfahren zugeschnitten sind. So sind insbesondere die Bestimmungen in den §§ 99–103 und § 105 auf Verfahren nach § 93 nicht anwendbar.[17] Außerdem sind für das Schiedsstellenverfahren nach § 93 die **besonderen,** speziell auf dieses Verfahren zugeschnittenen **Bestimmungen** der **§§ 112–114** zu beachten.

§ 112 Abs. 1 gibt der antragstellenden Verwertungsgesellschaft im Verfahren nach § 93 auf, dem **Antrag** eine **Auflistung** der ihr bekannten Verbände der betroffenen Hersteller, Importeure und Händler beizufügen.

§ 112 Abs. 2 enthält Bestimmungen zur **Beteiligung** der im Antrag gem. § 112 Abs. 1 aufgelisteten **Verbände.** Zwar liegt es in der Natur des Verfahrens vor der Schiedsstelle *nach* § 93, dass es,

---

[10] → § 112 Rn. 1.
[11] → § 115 Rn. 3.
[12] Vgl. AmtlBegr. BT-Drs. 18/7223, 99.
[13] Zum Begriff der Verwertungsgesellschaft → § 2 Rn. 5 ff.
[14] → § 2 Rn. 9; vgl. Erwägungsgrund (14) VG-RL.
[15] Zum Begriff der abhängigen Verwertungseinrichtung → § 3 Rn. 3.
[16] Zum Begriff der unabhängigen Verwertungseinrichtung und den auf sie anwendbaren Bestimmungen des VGG → § 4 Rn. 3 ff.
[17] Zur Übersicht → Vor §§ 92 ff. Rn. 25.

anders als in den Verfahren nach § 92, a priori nicht andere Verfahrensbeteiligte gibt als die antragstellende Verwertungsgesellschaft. Nach Maßgabe des § 112 Abs. 2 muss die Schiedsstelle aber den Verbänden der Geräte- und Speichermedienunternehmen, auch wenn sie in Verfahren nach § 93 nicht antragsberechtigt sind, Gelegenheit geben, sich **am Verfahren zu beteiligen.**[18]

Gem. **§ 116,** im Wesentlichen entsprechend der bisherigen Regelung in § 14 Abs. 5b UrhWG,[19] ist auch eine angemessene **Beteiligung der Verbraucherverbände** am Schiedsstellenverfahren gem. § 93 vorgesehen; dies mit der Begründung, dass die Verbraucher als Endabnehmer die Geräte und Speichermedien für erlaubte Vervielfältigungen nutzen und die Vergütung mittelbar durch einen Aufschlag auf die Endkundenpreise auch finanzieren, sie also ein besonderes berechtigtes Interesse am Ausgang einer empirischen Untersuchung haben.[20]

§ 113 betrifft die **Durchführung der empirischen Untersuchung** durch die Schiedsstelle. Gem. **§ 113 S. 1** gilt § 104 für das **Verfahren,** etwa für die Beweiserhebung und die Ladung von Zeugen und Sachverständigen, aber auch der Grundsatz, dass die Schiedsstelle einen Antrag auf Durchführung des Verfahrens nach § 93 nicht ablehnen kann. Die **Schiedsstelle** ist also **zur Durchführung des Verfahrens verpflichtet.** Aus **§ 113 S. 2** geht implizit hervor, dass die Schiedsstelle die **empirische Untersuchung** nicht selbst durchführt, sondern **(von sachverständigen Dritten)**[21] durchführen lässt; denn hier ist bestimmt, dass die Schiedsstelle den entsprechenden „Auftrag" erst erteilen soll, wenn die Verwertungsgesellschaft „einen Vorschuss" gezahlt hat. Und dementsprechend schreibt **§ 113 S. 3** der Schiedsstelle vor, (beim Durchführer der Untersuchung) „darauf hinzuwirken", dass das Ergebnis der empirischen Untersuchung spätestens ein Jahr nach Eingang des Antrags der Verwertungsgesellschaft vorliegt.[22]

§ 114 schreibt der Schiedsstelle vor, dass sie das **Ergebnis der empirischen Untersuchung** auf die Anforderungen von § 40 hin zu überprüfen, gegebenenfalls auf eine Ergänzung oder Änderung hinzuwirken und es schließlich – wenn es den Anforderungen entspricht – den Beteiligten zuzustellen und es zu veröffentlichen hat.[23] Eine Einigung der Beteiligten auf das Ergebnis der empirischen Untersuchung ist nicht erforderlich; auch kann dagegen nicht Widerspruch eingelegt werden: Gem. **§ 114 Abs. 2 S. 2** ist der auf Einigungsvorschläge der Schiedsstelle bezogene § 105 im Verfahren gem. § 93 nicht anwendbar.

Für die **Kosten des Verfahrens** gelten die §§ 117 ff.; nach § 117 Abs. 4 wird für das Verfahren nach § 93 eine Gebühr mit einem Gebührensatz von 1,0 erhoben.[24] Gem. § 118 Abs. 2 hat die Schiedsstelle die Zustellung des verfahrenseinleitenden Antrags an den Antragsgegner von der Zahlung eines Vorschusses abhängig zu machen. Anders als in Verfahren gem. § 92 und § 94 ist § 118 Abs. 2 in Verfahren gem. § 93 aber offensichtlich nicht anwendbar, da es hier keinen Antragsgegner iSv. § 97 Abs. 2 gibt, und demnach die **Zahlung eines Vorschusses** nicht Voraussetzung für die Zustellung des verfahrenseinleitenden Antrags an die Verbände iSv. § 112 Abs. 2 sein kann; denn Verbände sind nicht automatisch, sondern nur dann am Verfahren beteiligt, wenn sie ihre Beteiligung schriftlich erklären. Gem. § 113 S. 2 soll die Schiedsstelle aber auch in Verfahren gem. § 93 einen Vorschuss von der verfahrenseinleitenden Verwertungsgesellschaft verlangen, allerdings erst bevor sie den Auftrag zur Durchführung der empirischen Untersuchung erteilt.

4. Empirische Untersuchung: Hintergrund und Begriff

Aus § 40 Abs. 1 S. 2 ergibt sich, dass eine Verwertungsgesellschaft erst dann Tarife über die Vergütung nach § 54a UrhG aufstellen kann, wenn eine empirische Untersuchung durch die Schiedsstelle gem. § 93 vorliegt, und auch nur auf deren Grundlage.

7

Der **Begriff der empirischen Untersuchung** wurde erstmalig in § 14 Abs. 5a UrWG eingeführt. Diese Bestimmung ging zurück auf § 13a Abs. 1 S. 3 des Regierungsentwurfs zur Novellierung des UrhWG durch den sogenannten „Zweiten Korb",[25] der darauf angelegt war, die Tarife der Vergütung für Geräte und Speichermedien gem. §§ 54 ff. UrhG transparenter zu gestalten und durch eine **möglichst objektive Festsetzung der Vergütungshöhe** im Interesse aller Beteiligten die Akzeptanz der Tarife zu erhöhen. Hierzu hatte der Regierungsentwurf vorgeschlagen, die Verwertungsgesellschaften zu verpflichten, empirische Untersuchungen über die nach § 54a Abs. 1 UrhG (Höhe der Vergütung für Geräte und Speichermedien) maßgebliche Nutzung anzustellen und diese zu veröffentlichen.[26] Im Gesetzgebungsverfahren wurde zwar die Grundidee der empirischen Untersuchungen bejaht, diese aber auf **Gesamtverträge** konzentriert, und das Konzept des Regierungsentwurfs abgeändert, um zu verhindern, dass es in Streitfällen zu einer zeit- und ressourcenintensiven Serie von

---

[18] Im Einzelnen zu § 112 → § 112 Rn. 4.
[19] Zum Hintergrund vgl. → 5. Aufl. 2017, UrhWG § 14 Rn. 11 mwN.
[20] AmtlBegr. BT-Drs. 18/7223, 66; im Einzelnen → § 116 Rn. 3 ff.
[21] Dazu → Rn. 7.
[22] Im Einzelnen zu § 113 → § 113 Rn. 4.
[23] Im Einzelnen zu § 114 → § 114 Rn. 2 f.
[24] → § 117 Rn. 7.
[25] Zweites Gesetz zur Regelung des Urheberrechts in der Informationsgesellschaft vom 26.10.2007 (BGBl. I S. 2513).
[26] AmtlBegr. zur Novellierung des UrhWG BT-Drs. 16/1828, 75.

Gutachten und Gegengutachten der Parteien – Verwertungsgesellschaften auf der einen und Hersteller(-verbände) auf der anderen Seite – kommt, die letztendlich doch durch eigene Erhebungen der Schiedsstelle bzw. des zuständigen Gerichts hätte ersetzt werden müssen. Auf Vorschlag der Parteien wurde daher die **Erhebung der empirischen Gutachten** sogleich **bei der Schiedsstelle konzentriert.** Da die Vergütungshöhe für Geräte und Speichermedien nach der Vorstellung des Gesetzgebers vorzugsweise und als Normalfall iRv. Gesamtverträgen festgelegt wurde,[27] führte der Weg in den genannten Streitfällen seinerzeit ohnehin über die Schiedsstelle.[28]

§ 93 übernimmt Begriff und Grundidee der empirischen Untersuchung von § 14 Abs. 5a UrhWG, sieht aber für deren Durchführung ein **selbständiges Verfahren** vor: Nach § 93 ist die Schiedsstelle verpflichtet, auf Antrag einer Verwertungsgesellschaft die nach § 54a Abs. 1 UrhG maßgebliche Nutzung durch empirische Untersuchungen zu ermitteln.

Empirische Untersuchungen sind Gutachten der Marktforschung, die den Tarifen zu mehr Transparenz und Akzeptanz verhelfen sollen,[29] werden also durch die Schiedsstelle von Dritten eingeholt. Die empirischen Untersuchungen haben die **maßgebliche Nutzung** iSv. § 54a Abs. 1 UrhG festzustellen und müssen daher empirisch, dh. **durch repräsentative Erhebungen** ermitteln, (1) ob die betreffenden „Geräte und Speichermedien als Typen tatsächlich für Vervielfältigungen nach § 53 Abs. 1 bis 3 UrhG genutzt werden" und (2) „inwieweit technische Schutzmaßnahmen nach § 95a UrhG auf die betreffenden Werke angewendet werden". Dabei müssen die empirischen Untersuchungen so angelegt sein, dass sie eine **objektive sachliche Grundlage für das Ausmaß der tatsächlichen Nutzung** bilden, an der die Angemessenheit der Vergütung iR. der Tarife ausgerichtet werden kann.[30]

§ 94 Zuständigkeit für Streitfälle über die gebietsübergreifende Vergabe von Online-Rechten an Musikwerken

Die Schiedsstelle kann von jedem Beteiligten angerufen werden in Streitfällen zwischen einer im Inland ansässigen Verwertungsgesellschaft, die gebietsübergreifend Online-Rechte an Musikwerken vergibt, und Anbietern von Online-Diensten, Rechtsinhabern oder anderen Verwertungsgesellschaften, soweit Rechte und Pflichten der Beteiligten nach Teil 3 oder nach § 34 Absatz 1 Satz 2, Absatz 2, § 36, § 39 oder § 43 betroffen sind.

Übersicht

I. Allgemeines

1. Die Vorgaben der VG-RL

1 Titel III der VG-RL („Vergabe von Mehrgebietslizenzen für Online-Rechte an Musikwerken durch Organisationen für die kollektive Rechtewahrnehmung", **Art. 23–32 VG-RL**) enthält mit seinen elf Artikeln einen **umfangreichen Regelungsrahmen** für die Vergabe von Mehrgebietslizenzen durch Verwertungsgesellschaften. Danach müssen Verwertungsgesellschaften, die mit der Vergabe von Mehrgebietslizenzen befasst sind, besondere Voraussetzungen erfüllen. Außerdem werden ihnen gegenüber den Anbietern von Online-Diensten, gegenüber den Rechtsinhabern und gegenüber anderen Verwertungsgesellschaften besondere Pflichten auferlegt.[1]

Ergänzt werden diese Bestimmungen in Teil III der VG-RL – neben den Bestimmungen gem. Art. 38 VG-RL zur Zusammenarbeit der Behörden der Mitgliedstaaten und der Europäischen Kom-

---

[27] → Rn. 2 mwN.
[28] *Beschlussempfehlung und Bericht des Rechtsausschusses zur Novellierung des UrhWG* BT-Drs. 16/5939, 85 f.
[29] Bezogen auf § 14 Abs. 5a UrhWG AmtlBegr. BT-Drs. 16/1828, 75.
[30] Bezogen auf § 14 Abs. 5a UrhWG und die Angemessenheit der Vergütung iRv. Gesamtverträgen: Beschlussempfehlung und Bericht des Rechtsausschusses BT-Drs. 16/5939, 86.
[1] Näheres → Vor §§ 59 ff. Rn. 6.

mission – insbesondere durch **Art. 34 Abs. 2 VG-RL** zur **alternativen Streitschlichtung** von in diesem Bereich auftretenden Streitfällen vor unparteiischen Schiedsstellen.

Nach **Art. 34 Abs. 2 VG-RL** ist es den Mitgliedstaaten **zwingend vorgeschrieben**, ein „**unabhängiges, unparteiisches alternatives Streitbeilegungsverfahren**" zur Verfügung zu stellen für **Streitigkeiten** einer **im Inland ansässigen Verwertungsgesellschaft**, die **Mehrgebietslizenzen für Online-Rechte an Musikwerken** vergibt oder anbietet. In diesen Fällen sollen alternative Streitbeilegungsverfahren, etwa in Gestalt einer Mediation oder eines Schiedsgerichtsverfahrens,[2] dazu dienen, die Streitigkeiten schnell und effizient zu lösen.[3]

In **Art. 34 Abs. 2 Buchst. a)–c) VG-RL** ist im Einzelnen aufgeführt, **für welche Streitfälle** von Verwertungsgesellschaften, die die genannten Voraussetzungen erfüllen (im Inland ansässig, mit der Vergabe von Mehrgebietslizenzen befasst), ein solches Verfahren zur Verfügung stehen muss.[4]

Art. 35 Abs. 2 VG-RL bestimmt im Übrigen, dass auch im Rahmen der alternativen Streitschlichtung gem. Art. 34 Abs. 2 VG-RL die **gerichtliche Geltendmachung** von Rechten möglich bleiben muss.

2. § 94

Mit **§ 94** wird die Zuständigkeit der Schiedsstelle, im Vergleich zu ihrer Zuständigkeit nach dem UrhWG, um einen dritten Bereich erweitert. Der erste Zuständigkeitsbereich der Schiedsstelle nach § 92 entspricht im Wesentlichen ihrem bisherigen gem. § 14 Abs. 1 UrhWG.[5] § 93 hat einen neuen zweiten Zuständigkeitsbereich, nämlich für die Durchführung selbständiger empirischer Untersuchungen, eingeführt.[6] Als dritter Zuständigkeitsbereich ebenfalls neu hinzugekommen ist die Zuständigkeit der Schiedsstelle gem. **§ 94** für Streitfälle über die **gebietsübergreifende Vergabe von Online-Rechten an Musikwerken**, an denen eine **im Inland ansässige Verwertungsgesellschaft** beteiligt ist. 2

§ 94 setzt **Art. 34 Abs. 2 VG-RL** um und entspricht den dort genannten Vorgaben. Insbesondere erfüllt das Schiedsstellenverfahren aufgrund seiner Struktur die in **Art. 34 Abs. 2 VG-RL** genannten Kriterien eines **unabhängigen, unparteiischen alternativen Streitbeilegungsverfahrens**.[7]

Gem. **§ 94** ist die Schiedsstelle zuständig für Streitfälle über die „**Rechte und Pflichten der Beteiligten nach Teil 3**". Damit werden bereits fast alle der in **Art. 34 Abs. 2 Buchst. a)–c) VG-RL** einzeln aufgeführten Streitfälle erfasst.

Um auch die in Art. 34 Abs. 2 Buchst. a) VG-RL genannte Zuständigkeit für Streitfälle betreffend Art. 16 VG-RL („Lizenzvergabe") zu erfassen, verweist **§ 94** außerdem auch auf Streitfälle betreffend die **Rechte und Pflichten nach § 34 Abs. 1 S. 2 und Abs. 2** (Abschlusszwang zu angemessenen und nichtdiskriminierenden Bedingungen), **§ 36** (Verhandlungen über Gesamtverträge), **§ 39** (Tarifgestaltung, Inhalt der Tarifbemessung) und **§ 43** (Verpflichtung der Verwertungsgesellschaft, allen Nutzern den Zugang zur elektronischen Kommunikation zu ermöglichen).[8]

Da den Beteiligten grundsätzlich auch neben dem Schiedsstellenverfahren gem. § 94 der **Rechtsweg** offen steht,[9] ist die Vorgabe nach **Art. 35 Abs. 2 VG-RL** ebenfalls erfüllt.

II. Zuständigkeit für Streitfälle über die gebietsübergreifende Vergabe von Online-Rechten an Musikwerken

1. Der Anwendungsbereich von § 94

§ 94 schafft einen **neuen Zuständigkeitsbereich** der Schiedsstelle für Streitfälle im Zusammenhang mit der in Teil 3 (§§ 59–74) geregelten gebietsübergreifenden Vergabe von Online-Rechten an Musikwerken. Ebenso wie dieser Teil 3 auf die Bestimmungen der VG-RL in deren Titel III (Art. 23–32 VG-RL) zurückgeht und mit ihrer Struktur und ihrem Inhalt weitgehend identisch ist,[10] folgt **§ 94** inhaltlich Art. 34 Abs. 2 VG-RL. Das **Schiedsstellenverfahren gem. § 94** ist damit das **Korrelat** für die Erfüllung der in den **§§ 59–74** genannten Bedingungen und Verpflichtungen. 3

Die an Streitfällen iSv. § 94 Beteiligten können gleichwohl **auch ein Verfahren vor der Schiedsstelle gem. § 92** einleiten, wenn die dafür dort genannten Voraussetzungen erfüllt sind. Die Durchführung eines solchen Schiedsstellenverfahrens kann in diesen Fällen gegebenenfalls Prozessvoraussetzung sein.[11]

---

[2] Erwägungsgrund (49) S. 6 VG-RL.
[3] Erwägungsgrund (49) S. 5 VG-RL.
[4] Im Einzelnen → Vor §§ 92 ff. Rn. 16.
[5] → § 92 Rn. 3.
[6] → § 93 Rn. 3.
[7] → Vor §§ 92 ff. Rn. 20.
[8] Vgl. AmtlBegr. BT-Drs. 18/7223, 99.
[9] → Vor §§ 92 ff. Rn. 29.
[10] → Vor §§ 59 ff. Rn. 7 f.
[11] → § 92 Rn. 4.

2. Verfahrensbeteiligte

4   **Beteiligte** am Verfahren vor der Schiedsstelle gem. **§ 94** können grundsätzlich alle diejenigen sein, die von den in Teil 3 (§§ 59–74) enthaltenen besonderen Bestimmungen betroffen sind.

Mögliche Beteiligte sind vor allem **Verwertungsgesellschaften** iSv. § 2,[12] aber auch **abhängige Verwertungseinrichtungen** iSv. § 3,[13] soweit diese gem. § 3 Abs. 2 S. 1 die Tätigkeit einer Verwertungsgesellschaft ausüben. Dies gilt jeweils **unabhängig von der Rechtsform** der Verwertungsgesellschaft oder abhängigen Verwertungseinrichtung.[14] Dagegen können **unabhängige Verwertungseinrichtungen** iSv. § 4[15] nicht am Verfahren nach § 94 beteiligt sein, da § 4 Abs. 2 nicht auf die §§ 59 ff. verweist.[16]

Verwertungsgesellschaften können am Schiedsstellenverfahren gem. § 94 auf zwei Seiten beteiligt sein:

Auf der einen Seite sind dies solche Verwertungsgesellschaften oder abhängige Verwertungseinrichtungen, die **gebietsübergreifend**[17] **Online-Rechte an Musikwerken**[18] **vergeben**. Voraussetzung für ihre Beteiligung am Verfahren vor der Schiedsstelle gem. § 94 ist ferner, dass diese Verwertungsgesellschaften oder abhängigen Verwertungseinrichtungen **im Inland ansässig** sind. **Auf dieser Seite des Schiedsstellenverfahrens** gem. § 94 können also, anders als am Verfahren nach § 92, nicht im Inland ansässige Gesellschaften nicht beteiligt sein, selbst wenn sie gebietsübergreifend Online-Rechte an Musikwerken vergeben.

Auf der anderen Seite des Verfahrens können aber auch **andere Verwertungsgesellschaften** oder abhängige Verwertungseinrichtungen von den Bestimmungen der §§ 59 ff. betroffen und somit Verfahrensbeteiligte iRv. § 94 sein. Der Begriff der „anderen" Verwertungsgesellschaften wird sowohl in der VG-RL als auch in den §§ 59 ff. zur Bezeichnung solcher Verwertungsgesellschaften verwendet, die nicht selbst gebietsübergreifend Online-Rechte an Musikwerken vergeben, sondern eine damit befasste Verwertungsgesellschaft beauftragen, ihre Rechte für sie wahrzunehmen.[19] Um am Verfahren nach § 94 – eben sozusagen auf der anderen Seite – beteiligt zu sein, braucht die beauftragende Verwertungsgesellschaft daher nicht im Inland ansässig zu sein.

Andere Beteiligte am Schiedsstellenverfahren nach § 94 sind die **Anbieter von Online-Diensten**, dh. die Nutzer.[20] Aber auch **Berechtigte**[21] und **Rechtsinhaber**[22] können Beteiligte an einem solchen Verfahren sein.

3. Streitgegenstand

5   **a) Rechte und Pflichten nach Teil 3. Streitgegenstand** im Rahmen des Schiedsstellenverfahrens nach § 94 können **„Rechte und Pflichten der Beteiligten nach Teil 3"** sein. Mit dieser Formulierung sollen alle möglichen Streitfälle erfasst werden, die sich aus der Anwendung von Teil 3 des VGG (§§ 59–74) ergeben. Bewusst verzichtet der Gesetzgeber darauf, diese Streitfälle aufgeschlüsselt nach Verfahrensbeteiligten aufzulisten wie in Art. 34 Abs. 2 VG-RL,[23] ist damit aber im Ergebnis nicht weniger vollständig als dessen Vorgabe.[24]

Demnach kann das Verfahren vor der Schiedsstelle gem. § 94 insbesondere für die folgenden Streitfälle genutzt werden, die **Verpflichtungen der Verwertungsgesellschaft** gegenüber einzelnen oder mehreren der oben genannten Verfahrensbeteiligten betreffen können:

Dies sind **Streitfälle** über

(1) die Verpflichtung der Verwertungsgesellschaft gem. **§ 62**, den Anbietern von Online-Diensten, Berechtigten und anderen Rechtsinhabern auf deren Anfrage hin korrekte und vollständige **Informationen zu übermitteln** über die repräsentierten Werke und Rechte und die umfassten Lizenzgebiete;

(2) die Verpflichtung gem. **§ 63**, diese Informationen gegebenenfalls zu **berichtigen**;

(3) die Verpflichtungen gem. den **§§ 64–67**, die **elektronische Übermittlung** von Informationen und Nutzungsmeldungen zu ermöglichen, die **Nutzung** von Musikwerken **zu überwachen** und gegenüber dem Anbieter eines Online-Dienstes unverzüglich **abzurechnen**;

(4) die Verpflichtung gem. **§ 68** zur **Verteilung der Einnahmen** aus den Rechten und zur Information der Berechtigten; und

---

[12] Zum Begriff der Verwertungsgesellschaft → § 2 Rn. 5 ff.
[13] Zum Begriff der abhängigen Verwertungseinrichtung → § 3 Rn. 3.
[14] → § 2 Rn. 9; vgl. Erwägungsgrund (14) VG-RL.
[15] Zum Begriff der unabhängigen Verwertungseinrichtung und den auf sie anwendbaren Bestimmungen des VGG → § 4 Rn. 3 ff.
[16] → § 4 Rn. 6.
[17] Zum Begriff der gebietsübergreifenden Vergabe → § 59 Rn. 6.
[18] Zum Begriff der Online-Rechte an Musikwerken → § 59 Rn. 5.
[19] Vgl. → § 69 Rn. 3.
[20] Zum Begriff der Nutzer → § 8 Rn. 4 ff.
[21] Berechtigte sind Rechtsinhaber, die in einem unmittelbaren Wahrnehmungsverhältnis zur Verwertungsgesellschaft stehen; → § 6 Rn. 3 ff.
[22] Der Begriff des Rechtsinhabers ist im VGG weit gefasst; → § 5 Rn. 3 ff.
[23] Vgl. AmtlBegr. BT-Drs. 18/7223, 99.
[24] Zur ergänzenden Auflistung einzelner Bestimmungen → Rn. 6.

(5) die Verpflichtungen gem. den **§§ 69–73,** unter bestimmten Voraussetzungen **Repräsentationsvereinbarungen** abzuschließen, anderen Verwertungsgesellschaften und den Berechtigten **darauf bezogene Informationen** zur Verfügung zu stellen und als **beauftragte Verwertungsgesellschaft** bestimmte **Regeln** zu beachten.

b) Rechte und Pflichten im Zusammenhang mit Verträgen oder Tarifen. Über den Hinweis auf „Rechte und Pflichten der Beteiligten nach Teil 3" hinaus werden in § 94 als mögliche **Streitgegenstände** des Schiedsstellenverfahrens die **Rechte und Pflichten „nach § 34 Absatz 1 Satz 2, Absatz 2, § 36, § 39 oder § 43"** genannt. Damit wird sichergestellt, dass auch solche Rechte und Pflichten der Beteiligten Streitgegenstand im Schiedsstellenverfahren nach § 94 sein können, die sich nicht aus Teil 3 des VGG (§§ 59–74) ergeben, wohl aber in Art. 34 Abs. 2 Buchst. a) VG-RL genannt sind. 6

In der Tat wurden die in Art. 34 Abs. 2 Buchst. a) VG-RL iVm. Art. 16 VG-RL genannten **Verpflichtungen der Verwertungsgesellschaften** gegenüber den **Anbietern von Online-Diensten** nicht in Teil 3 des VGG umgesetzt. Vielmehr sind sie als Teil der Verpflichtungen der Verwertungsgesellschaften gegenüber (allen) **Nutzern** in Teil 2 („Rechte und Pflichten der Verwertungsgesellschaft"), Abschnitt 2 („Außenverhältnis") enthalten.

Streitgegenstand im Verfahren vor der Schiedsstelle nach § 94 können deshalb auch die Verpflichtung der Verwertungsgesellschaft sein,

(1) gem. **§ 34 Abs. 1 S. 2 und Abs. 2** den Anbietern von Online-Diensten **objektive** und **nichtdiskriminierende Nutzungsbedingungen** einzuräumen und dafür eine **angemessene Vergütung** vorzusehen;

(2) gem. **§ 36** mit Anbietern von Online-Diensten oder deren Vereinigungen nach Treu und Glauben über die wahrgenommenen Rechte zu **verhandeln** und ihnen alle **relevanten Informationen** zur Verfügung zu stellen;

(3) gem. **§ 39** bei der **Gestaltung der Tarife** bestimmte Grundsätze zu beachten; und

(4) gem. **§ 43** auch den Anbietern von Online-Diensten den **Zugang zur elektronischen Kommunikation** zu ermöglichen, und zwar sowohl im Allgemeinen als auch im Besonderen für die Meldung über die Nutzung der Rechte.

4. Antragsberechtigung

Im Verfahren nach § 94 kann die Schiedsstelle **von jedem Beteiligten** angerufen werden. Antragsberechtigt zur Anrufung der Schiedsstelle gem. § 94 sind damit die beteiligten **Verwertungsgesellschaften** und **abhängigen Verwertungseinrichtungen** – und zwar auf beiden Seiten, dh. sowohl als beauftragte wie als beauftragende Gesellschaft –, die Anbieter von Online-Diensten oder deren Vereinigungen auf der **Nutzerseite** sowie **Rechtsinhaber** und **Berechtigte.**[25] 7

5. Verfahren, Kosten

Auf die **Durchführung des Verfahrens** vor der Schiedsstelle nach § 94 finden grundsätzlich die **allgemeinen Verfahrensvorschriften** zum Schiedsstellenverfahren **(§§ 95–105)** Anwendung.[26] Von den **besonderen Verfahrensvorschriften** (§§ 106–116) ist nur **§ 106** betreffend **einstweilige Regelungen** auf das Verfahren nach § 94 anwendbar. 8

Für die **Kosten des Verfahrens** gelten die §§ 117–123; nach § 117 Abs. 3 wird für das Verfahren nach § 94 eine Gebühr mit einem Gebührensatz von 3,0 erhoben; sie ermäßigt sich auf einen Gebührensatz von 1,0, wenn das Schiedsstellenverfahren anders als durch einen Einigungsvorschlag der Schiedsstelle beendet wird, oder wenn die Beteiligten den Einigungsvorschlag der Schiedsstelle annehmen.[27] Die Fälligkeit der Gebühr ergibt sich aus § 118 Abs. 1, und für den Kostenvorschuss gilt § 118 Abs. 2.[28]

6. Rechtsweg

In den in § 94 genannten Fällen „kann" die Schiedsstelle angerufen werden, ihre **Anrufung** ist also für die Beteiligten **fakultativ.** Daneben steht den Beteiligten auch unbeschränkt der Rechtsweg offen; die **Anrufung der Schiedsstelle** ist also, anders als in den in § 92 genannten Fällen,[29] iRv. **§ 94 nicht Prozessvoraussetzung.** 9

Dennoch geht der Gesetzgeber offenbar davon aus, dass die Durchführung eines Schiedsstellenverfahrens bei Streitfällen im Zusammenhang mit der gebietsübergreifenden Vergabe von Online-Rechten an Musikwerken die Regel sein wird; denn nur so lässt sich die Sonderregel für den Rechtsweg erklären: Für den **Rechtsweg** bei Streitfällen nach § 94 gilt, dass gem. § 129 Abs. 1 hier-

---

[25] Zu diesen Begriffen → Rn. 4.
[26] Zur Übersicht → Vor §§ 92 ff. Rn. 25.
[27] Im Einzelnen → § 117 Rn. 6.
[28] → § 118 Rn. 5.
[29] → § 92 Rn. 13.

für ausschließlich das **OLG München** als das für den Sitz der Schiedsstelle zuständige Oberlandesgericht **im ersten Rechtszug zuständig** ist.[30]

§ 95 Allgemeine Verfahrensregeln

(1) [1]Soweit dieses Gesetz keine abweichenden Regelungen enthält, bestimmt die Schiedsstelle das Verfahren nach billigem Ermessen. [2]Sie wirkt jederzeit auf eine sachgerechte Beschleunigung des Verfahrens hin.

(2) Die Beteiligten sind gleichzubehandeln. Jedem Beteiligten ist rechtliches Gehör zu gewähren.

Übersicht

I. Allgemeines

1. Die Vorgaben der VG-RL

1   In der VG-RL werden weder die **Form** und das **Verfahren** der in den Art. 34 und 35 VG-RL genannten alternativen Schlichtungsmechanismen[1] bestimmt, noch wird genau vorgegeben, welche **Art der Einrichtung** dafür zuständig sein soll. Vorgeschrieben ist, dass die Schlichtungseinrichtungen, deren Aufgaben in Art. 34 und 35 VG-RL näher beschrieben werden, **unabhängig** und **unparteiisch** sein sollen, es sich also um Einrichtungen handeln muss, die die richterlichen Qualifikationen iSv. Art. 6 EMRK erfüllen müssen.[2] Auch wird zumindest in Art. 34 Abs. 1 VG-RL darauf hingewiesen, dass derartige Schlichtungsorgane für eine „rasche"[3] und damit **effiziente Streitschlichtung** sorgen müssen.

2. Allgemeine Verfahrensregelungen im UrhWG und in der UrhSchiedsV

2   **Allgemeine Vorschriften zum Verfahren** vor der Schiedsstelle waren bisher im **UrhWG** enthalten, so etwa in § 14 Abs. 5 UrhWG zum verfahrenseinleitenden Antrag, in § 14 Abs. 6 UrhWG zum Vergleich und in § 14a UrhWG zum Einigungsvorschlag.

Besondere Verfahrensvorschriften enthielten § 14b UrhWG (zur Beschränkung des Einigungsvorschlags bei Einzelnutzungsstreitigkeiten), § 14c UrhWG (zu Streitfällen über Gesamtverträge), oder § 14 Abs. 5b UrhWG (zur Beteiligung von Verbraucherverbänden in Streitfällen über die Vergütungspflicht für Geräte und Speichermedien).

Allgemeine Verfahrensgrundsätze und -vorschriften waren aber vor allem in der **UrhSchiedsV**[4] enthalten – von Bestimmungen über die Einleitung des Verfahrens vor der Schiedsstelle (§§ 1, 2 UrhSchiedsV) und über dessen Durchführung (§§ 3ff. UrhSchiedsV) bis zu Vorschriften über die Kosten des Verfahrens (§§ 13ff. UrhSchiedsV).

Nach dem bisherigen **§ 10 S. 1 UrhSchiedsV** hatte die Schiedsstelle **nach billigem Ermessen** zu verfahren. Gem. **§ 10 S. 2 UrhSchiedsV** sollte sie sich dabei an die **Vorschriften der ZPO** anlehnen. Keine besonderen Bestimmungen enthielt die UrhSchiedsV zur **Beschleunigung des Verfahrens,** zur **Gleichbehandlung** der Verfahrensbeteiligten oder zum Gebot, den Beteiligten **rechtliches Gehör** zu gewähren. Allerdings ließen sich diese Grundsätze aus dem bisherigen Recht oder aus der ZPO ableiten, wie etwa betreffend den Grundsatz des rechtlichen Gehörs aus § 8 Abs. 1 S. 3 UrhSchiedsV, und aus den §§ 136–139, 579 Abs. 3 und 1041 Abs. 1 Nr. 4 ZPO.

---

[30] → § 129 Rn. 3.

[1] Im Einzelnen → Vor §§ 92 ff. Rn. 14 ff.

[2] Vgl. Erwägungsgrund (49) S. 4, 7 VG-RL; *Walter,* Urheber- und Verwertungsgesellschaftenrecht '15, VG-RL Art. 34 Anm. 3.

[3] Im Englischen: „rapid".

[4] Verordnung über die Schiedsstelle für Urheberrechtsstreitfälle (Urheberrechtsschiedsstellenverordnung – UrhSchiedsV) vom 20.12.1985 (BGBl. I S. 2543), zuletzt geändert durch Gesetz vom 31.8.2015 (BGBl. I S. 1474).

3. § 95

§ 95 folgt unmittelbar auf die Bestimmungen über die drei Zuständigkeitsbereiche der Schiedsstelle **3** in den §§ 92, 93 und 94. § 95 enthält in diesem Unterabschnitt 1 (§§ 92–105) über „Allgemeine Verfahrensvorschriften" die **allgemeinen Grundsätze**, die für alle Verfahren vor der Schiedsstelle in den genannten drei Zuständigkeitsbereichen gelten.

§ 95 Abs. 1 S. 1 ist im Wesentlichen inhaltsgleich mit dem bisherigen § 10 S. 1 UrhSchiedsV und schreibt vor, dass die Schiedsstelle das **Verfahren nach billigem Ermessen** bestimmt – jedenfalls grundsätzlich, dh. soweit im VGG keine abweichenden Regeln enthalten sind. Der im bisherigen § 10 S. 2 UrhSchiedsV enthaltene Grundsatz, dass sich die Schiedsstelle dabei (also beim Verfahren nach billigem Ermessen) an die **Vorschriften der ZPO** anlehnen soll, wurde nicht in § 95 übernommen. Zur Begründung wird angegeben, diese Formulierung habe zu Unklarheiten geführt, da sie offenlasse, welche Verfahrensregeln der ZPO jeweils im Schiedsstellenverfahren maßgeblich sein sollen.[5] Im Übrigen soll sich die Schiedsstelle im Einzelfall aber auch an den Regelungen der ZPO orientieren können, soweit dies sachdienlich ist.

§ 95 Abs. 1 S. 2 bestimmt, dass die Schiedsstelle jederzeit auf eine **sachgerechte Beschleunigung des Verfahrens** hinzuwirken hat. Dies war in den bisherigen Regelungen des UrhWG und der UrhSchiedsV nicht ausdrücklich bestimmt.

Nach **§ 95 Abs. 2 S. 1** hat die Schiedsstelle alle Verfahrensbeteiligten **gleichzubehandeln**, und nach **§ 95 Abs. 2 S. 2** hat sie jedem Beteiligten **rechtliches Gehör** zu gewähren. Auch diese allgemeinen Verfahrensmaxime waren so ausdrücklich und allgemein weder im UrhWG noch in der UrhSchiedsV enthalten.[6]

II. Allgemeine Verfahrensregeln

1. Anwendungsbereich

Die in § 95 enthaltenen **allgemeinen Verfahrensgrundsätze** gelten grundsätzlich für **alle drei** **4** **Zuständigkeitsbereiche** der Schiedsstelle gem. § 92 (Streitfälle nach dem UrhG und für Gesamtverträge), § 93 (empirische Untersuchungen) und § 94 (gebietsübergreifende Vergabe von Online-Rechten an Musikwerken). Zwar ist das Verfahren nach § 93 kein Streitverfahren, sondern dient der selbständigen Durchführung einer empirischen Untersuchung,[7] so dass grundsätzlich nicht alle Verfahrensmaxime des § 95 im Verfahren nach § 93 relevant sind. Allerdings kann es auch hier neben der antragstellenden Verwertungsgesellschaft andere Beteiligte geben;[8] in diesem Fall können insoweit auch die auf Verfahrensbeteiligte bezogenen in § 95 enthaltenen Grundsätze zum Tragen kommen.

2. § 95 Abs. 1 – Bestimmung des Verfahrens

a) § 95 Abs. 1 S. 1, billiges Ermessen. Nach § 95 Abs. 1 S. 1 bestimmt die Schiedsstelle das **5** Verfahren **nach billigem Ermessen.** Dies soll ihr den notwendigen Spielraum für einen zweckmäßigen und effizienten Verfahrensablauf gewähren.

Diesen Spielraum hat die Schiedsstelle immer dann, wenn sie nach dem Gesetz bestimmte **Entscheidungen treffen kann, hierzu aber nicht verpflichtet** ist. Beispiele hierfür sind die Möglichkeit der Schiedsstelle, eine mündliche Verhandlung anzuberaumen, wenn sie dies zur Aufklärung des Sachverhalts oder zur gütlichen Beilegung des Streitfalls für zweckmäßig hält (§ 99 Abs. 2); Bevollmächtigten oder Beiständen, die nicht Rechtsanwälte sind, unter bestimmten Voraussetzungen den weiteren Vortrag zu untersagen (§ 100 Abs. 3); bei Nichterscheinen des Antragsgegners in der mündlichen Verhandlung einen Entscheidungsvorschlag nach Lage der Akten zu unterbreiten (§ 101 Abs. 2); das Verfahren unter bestimmten Bedingungen auszusetzen (§ 103 Abs. 1); die erforderlichen Beweise in geeigneter Form zu erheben (§ 104 Abs. 1 S. 1); oder die Ladung von Zeugen und den Beweis durch Sachverständige von der Zahlung eines Vorschusses abhängig zu machen (§ 104 Abs. 2).

Das der Schiedsstelle eingeräumte „**billige Ermessen**" bezieht sich iRv. § 95 nicht auf den Inhalt ihres Einigungsvorschlags, sondern auf die **Bestimmung des Verfahrens.** Bei ihren Ermessensentscheidungen iRd. Verfahrensbestimmung hat die Schiedsstelle demnach den ihr vom Gesetz eingeräumten Spielraum so auszuschöpfen, dass sie die **berechtigten Interessen** aller am Verfahren Beteiligter berücksichtigt, vor allem aber **zielorientiert** vorgeht, ihre (Verfahrens-)Entscheidung also so trifft, dass sie zeitnah zu Einigungsvorschlägen gelangt, die möglichst zu einer Beendigung des Streitfalls führen.[9]

Diese Möglichkeit der **Ermessensentscheidung** besteht dagegen **nicht,** soweit das VGG **abweichende Regelungen** enthält. Solche abweichenden Regelungen liegen dann vor, wenn der Schieds-

---

[5] AmtlBegr. BT-Drs. 18/7223, 99.
[6] → Rn. 2.
[7] → § 93 Rn. 4.
[8] → § 93 Rn. 6.
[9] Vgl. AmtlBegr. BT-Drs. 18/7223, 99.

stelle ein **bestimmtes Verhalten vorgeschrieben** ist. Beispiele hierfür sind die Verpflichtung der Schiedsstelle, die Beteiligten zur mündlichen Verhandlung zu laden (§ 100 Abs. 1); die Beteiligten in der Ladung zur mündlichen Verhandlung auf die Folgen ihres Nichterscheinens hinzuweisen (§ 101 Abs. 4); die Beteiligten zu einem Vergleichsversuch ohne Zuziehung der Beisitzer zu laden, wenn beide Beteiligte dies beantragen (§ 102 Abs. 3 S. 2); oder den Beteiligten innerhalb einer bestimmten Frist einen begründeten Einigungsvorschlag zu unterbreiten (§ 105 Abs. 1 und 2).

6 **b) § 95 Abs. 1 S. 2, sachgerechte Beschleunigung des Verfahrens.** Auch die Verpflichtung der Schiedsstelle gem. **§ 95 Abs. 1 S. 2** zur **sachgerechten Beschleunigung des Verfahrens** zielt darauf ab, den Streitfall möglichst zeitnah erfolgreich zum Abschluss zu bringen. Hier klingt die Vorgabe in Art. 34 Abs. 1 VG-RL an, Streitbeilegungsverfahren „rasch", und damit zügig durchzuführen. Da für die Vorlage des Einigungsvorschlags der Schiedsstelle ohnehin die in § 105 Abs. 1 bestimmte Frist gilt,[10] dürfte der in § 95 Abs. 1 S. 2 genannte Grundsatz so zu verstehen sein, dass er so die Schiedsstelle anhält, das Verfahren möglichst **zügig und effizient** zu führen, also etwa die Beteiligten möglichst rasch zur mündlichen Verhandlung zu laden (§ 101 Abs. 1 S. 1), über Verfahrensanträge (wie gem. § 101 Abs. 1 S. 3, Antrag auf Wiedereinsetzung in den vorigen Stand bei Nichterscheinen in der Verhandlung) schnell zu entscheiden, und auch bei der Aufklärung des Sachverhalts gem. § 104 zügig vorzugehen.

Dabei muss die Schiedsstelle aber stets **„sachgerecht"** verfahren, also immer den inhaltlich erfolgreichen Abschluss des Verfahrens im Auge behalten und ihre Maßnahmen darauf abstellen.

3. § 95 Abs. 2 – Gleichbehandlung; rechtliches Gehör

7 **a) Beteiligte. § 95 Abs. 2** enthält allgemeine Grundsätze, die die Schiedsstelle gegenüber den **Beteiligten** zu beachten hat. Wer am Verfahren vor der Schiedsstelle beteiligt ist, hängt von der Art des Verfahrens ab. In Schiedsstellenverfahren nach **§ 92 Abs. 1** sind Beteiligte neben der Verwertungsgesellschaft Nutzer, Nutzervereinigungen, Geräte- oder Speichermedienhersteller oder deren Verbände.[11] In den Schiedsstellenverfahren gem. **§ 92 Abs. 2** sind Sendeunternehmen und Kabelunternehmen Beteiligte.[12] In Verfahren nach **§ 93** können neben der antragsstellenden Verwertungsgesellschaft Verbände der Geräte- und Speichermedienhersteller Beteiligte sein.[13] In Verfahren gem. **§ 94** sind Beteiligte die im Inland ansässige Verwertungsgesellschaft, Anbieter von Online-Diensten, Rechtsinhaber und/oder andere Verwertungsgesellschaften.[14]

8 **b) § 95 Abs. 2 S. 1, Gleichbehandlung. § 95 Abs. 2 S. 1** bestimmt, dass die Schiedsstelle die Beteiligten des Verfahrens **gleichzubehandeln** hat. Dieser Grundsatz entspricht dem an sich selbstverständlichen Gebot, dass die Schiedsstelle neutral und **unparteiisch** zu sein hat. Dies hätte an sich keiner ausdrücklichen Erwähnung bedurft, zumal die Schiedsstelle seit jeher die Funktion und den Status eines neutralen Schlichtungsorgans hat,[15] ist aber wohl der Vorgabe der Art. 34 und 35 VG-RL geschuldet, dass Streitbeilegungsmechanismen „unparteiisch" sein müssen.[16] Der Grundsatz findet seine konkrete Umsetzung im Übrigen auch darin, dass gem. **§ 127,** entsprechend dem bisherigen § 9 UrhSchiedsV, Beteiligte die Möglichkeit haben, Mitglieder der Schiedsstelle bei deren Befangenheit auszuschließen oder abzulehnen.[17]

9 **c) § 95 Abs. 2 S. 2, rechtliches Gehör.** Gem. **§ 95 Abs. 2 S. 2** muss die Schiedsstelle jedem Beteiligten **rechtliches Gehör** gewähren. Auch dies ist eine grundlegende Verfahrensmaxime, die die Schiedsstelle bei allen ihren Handlungen zu beachten hat. Sie war bisher weder im UrhWG noch in der UrhSchiedsV ausdrücklich erwähnt, und auch die Erwähnung im VGG wäre nicht unbedingt erforderlich gewesen, zumal das Gebot des rechtlichen Gehörs (vor Gericht) bereits in Art. 103 Abs. 1 GG festgeschrieben ist und sich aus den §§ 136–139 ZPO ableiten lässt.

Ohnehin hat die Verpflichtung der Schiedsstelle, dieses Gebot zu beachten, auch in einzelnen Bestimmungen von Unterabschnitt 1 konkret seinen Niederschlag gefunden: So ergibt sich bereits aus § 97 Abs. 2 und § 104 Abs. 3, dass den Beteiligten in allen Phasen des Schiedsstellenverfahrens rechtliches Gehör zu gewähren ist.

§ 96 Berechnung von Fristen

Auf die Berechnung der Fristen dieses Abschnitts ist § 222 Absatz 1 und 2 der Zivilprozessordnung entsprechend anzuwenden.

---

[10] → § 105 Rn. 3.
[11] → § 92 Rn. 5.
[12] → § 92 Rn. 7.
[13] → § 93 Rn. 6.
[14] → § 94 Rn. 4.
[15] → Vor §§ 92 ff. Rn. 20; zum Aufbau und zur Struktur der Schiedsstelle → § 124 Rn. 6 ff., → § 125 Rn. 3.
[16] → Rn. 1.
[17] Zu den Voraussetzungen → § 127 Rn. 3 ff.

I. Allgemeines

Auf die VG-RL geht **§ 96** zur Berechnung von Fristen nicht zurück: Die Vorgaben an die Mit- **1** gliedstaaten zur alternativen Streitschlichtung vor unparteiischen Schiedsstellen in den Art. 34 und 35 VG-RL sind sehr allgemein gefasst. Bestimmungen über die **Form** und das **Verfahren** der dort genannten alternativen Schlichtungsmechanismen sind in der VG-RL nicht enthalten.[1]

§ 96 hat aber auch keine Vorgänger im UrhWG oder in der UrhSchiedsV. Über die Berechnung der Fristen war dort nichts gesagt. Allenfalls konnte man **§ 10 S. 2 UrhSchiedsV** dahin verstehen, dass sich die Schiedsstelle auch bei der Berechnung von Fristen „an die Vorschriften der Zivilprozeßordnung anlehnen" sollte.

§ 96 bestimmt, dass auf die Berechnung der Fristen in Abschnitt 1 von Teil 5 des VGG § 222 Abs. 1 und 2 ZPO entsprechend anzuwenden ist. § 96 ist somit eine **verfahrenstechnische Vorschrift** und dient der Klarstellung: Da die Schiedsstelle nicht die Entscheidungskompetenz eines Gerichts hat, das Verfahren aber justizförmig ausgestaltet ist, muss jeweils gesetzlich bestimmt werden, wann die Vorschriften der ZPO auf das Schiedsstellenverfahren entsprechend anzuwenden sind.

II. Berechnung von Fristen

1. Der Anwendungsbereich von § 96

§ 96 gilt für die Berechnung der Fristen **„in diesem Abschnitt"**, d.h im gesamten Abschnitt 1 **2** („Schiedsstelle", §§ 92–127) von Teil 5.

In Unterabschnitt 1 dieses Abschnitts („Allgemeine Verfahrensvorschriften") sind Fristen enthalten in **§ 97 Abs. 2** für die Äußerung des Antragsgegners zum verfahrenseinleitenden Antrag (**„innerhalb eines Monats"**); in **§ 100 Abs. 1** für die Ladungsfrist (**„mindestens zwei Wochen"**); in **§ 105 Abs. 1** für den Einigungsvorschlags der Schiedsstelle (**„innerhalb eines Jahres"**, **„um ein halbes Jahr"**) und in **§ 105 Abs. 3** für den Widerspruch gegen den Einigungsvorschlag der Schiedsstelle (**„innerhalb eines Monats"**, **„drei Monate"**).

In Unterabschnitt 2 dieses Abschnitts („Besondere Verfahrensvorschriften") sind Fristen enthalten in **§ 112 Abs. 2** für die Erklärung der am Verfahren zur Durchführung der empirischen Untersuchung gem. § 93 beteiligten Verbände (**„binnen eines Monats"**); und in **§ 113 S. 2** für die Vorlage des Ergebnisses der empirischen Untersuchung (**„ein Jahr nach Eingang des Antrags"**).

In Unterabschnitt 3 dieses Abschnitts („Kosten sowie Entschädigung und Vergütung Dritter") ist eine Frist enthalten in **§ 122 Abs. 2 S. 1** für die Beantragung der Kosten und Auslagen (**„zwei Wochen nach der Zustellung der gerichtlichen Festsetzung"**).

Bei dem in § 124 Abs. 2 S. 2 (in Unterabschnitt 4 dieses Abschnitts, „Organisation und Beschlussfassung der Schiedsstelle") genannten Zeitraum für die Berufung der Mitglieder der Schiedsstelle (**„mindestens ein Jahr"**) handelt es sich dagegen nicht um eine Frist iSv. § 96, sondern um einen Zeitraum iSv. § 191 BGB.

2. Die entsprechende Anwendung von § 222 Abs. 1 und 2 ZPO

Für die Berechnung dieser Fristen ordnet § 96 die entsprechende Anwendung von § 222 Abs. 1 **3** und Abs. 2 ZPO an.

Damit gelten gem. **§ 222 Abs. 1** für die Fristberechnung die **§§ 187–190 BGB**. Auf den **Fristbeginn** findet jeweils § 187 BGB Anwendung, auf den **Fristablauf** § 188 BGB. § 189 BGB ist einschlägig für die in § 105 Abs. 1 S. 2 genannte **Halbjahresfrist:** Nach § 189 BGB ist darunter eine Frist von sechs Monaten zu verstehen. § 190 BGB betrifft die **Berechnung einer Fristverlängerung**, wie sie in § 105 Abs. 1 S. 2 vorgesehen ist.

§ 222 Abs. 2 ZPO ist relevant, wenn der **Fristablauf** auf einen **Sonntag**, einen **allgemeinen Feiertag** oder einen **Samstag** fällt, und bestimmt, dass in diesem Fall die Frist mit Ablauf des nächsten Werktages endet.

---

[1] → Vor §§ 92 ff. Rn. 14 ff.

§ 97 Verfahrenseinleitender Antrag

(1) ¹Die Schiedsstelle wird durch schriftlichen Antrag angerufen. ²Er muss zumindest den Namen und die Anschrift des Antragsgegners sowie eine Darstellung des Sachverhalts enthalten. ³Er soll in zwei Exemplaren eingereicht werden.

(2) Die Schiedsstelle stellt dem Antragsgegner den Antrag mit der Aufforderung zu, sich innerhalb eines Monats schriftlich zu äußern.

Schrifttum: *Reinbothe,* Schlichtung im Urheberrecht, 1978; *Schulze,* Das Schiedsstellenverfahren, in: Heker/Riesenhuber (Hrsg.), Recht und Praxis der GEMA, 3. Aufl. 2018, 670; *Strittmatter,* Tarife vor der urheberrechtlichen Schiedsstelle, 1994.

Übersicht

I. Allgemeines

1. Keine Vorgaben in der VG-RL

1   Zu verfahrenstechnischen Bestimmungen, wie dem verfahrenseinleitenden Antrag im Schiedsstellenverfahren, enthält die VG-RL keinerlei Vorgaben, da sie die **Form** und das **Verfahren** der in Art. 34 und 35 VG-RL genannten alternativen Schlichtungsmechanismen den Mitgliedstaaten überlässt.[1]

2. Die Bestimmungen des UrhWG und der UrhSchiedsV

2   **a) § 14 Abs. 5 UrhWG; § 1 Abs. 1 und 2 UrhSchiedsV.** Bestimmungen zum verfahrenseinleitenden Antrag waren sowohl im UrhWG als auch in der UrhSchiedsV enthalten.

Gem. **§ 14 Abs. 5 UrhWG** musste der Antrag zur **Einleitung des Vertragshilfeverfahrens** vor der Schiedsstelle schriftlich eingereicht werden. Nach **§ 1 Abs. 1 UrhSchiedsV** war der (schriftliche) Antrag in zweifacher Ausfertigung („in zwei Stücken") bei der Schiedsstelle einzureichen; er musste Namen und Anschrift des Antragsgegners sowie eine Darstellung des Sachverhalts enthalten.

Gem. **§ 1 Abs. 2 UrhSchiedsV** musste die Schiedsstelle den Antrag dem Antragsgegner zustellen mit der Aufforderung, sich innerhalb eines Monats schriftlich zu äußern.

Die **Rücknahme des Antrags** war nach Maßgabe von **§ 2 UrhSchiedsV** möglich.[2]

3   **b) § 1 Abs. 3 UrhSchiedsV, Sonderregel für Gesamtverträge.** Besonderheiten galten nach **§ 1 Abs. 3 UrhSchiedsV,** wenn eine Verwertungsgesellschaft den **Abschluss eines Gesamtvertrages** beantragte. In diesem Fall musste die Schiedsstelle den Antragsgegner – die Nutzervereinigung – darüber belehren, dass das Verfahren eingestellt wird, wenn er durch Erklärung den Abschluss eines Gesamtvertrages ausdrücklich ablehnte oder sich innerhalb eines Monats hierzu nicht erklärte. Wurde die Belehrung erteilt und erklärte sich der Antragsgegner hierzu innerhalb eines Monats nicht, oder erklärte er ausdrücklich, dass er zum Abschluss des Gesamtvertrages nicht bereit ist, so musste die Schiedsstelle gem. § 1 Abs. 3 S. 2 UrhSchiedsV das Verfahren durch Einstellung beenden. Das Verfahren konnte also erst anlaufen, wenn insoweit eine positive Erklärung des Antragsgegners vorlag.[3] § 1 Abs. 3 UrhSchiedsV sollte sicherstellen, dass die Verfahrenseinstellung vom Antragsgegner nur zu Beginn des Verfahrens erzwungen werden konnte, und zugleich der Tatsache Rechnung tragen, dass Verwertungsgesellschaften zwar nach dem bisherigen § 12 UrhWG (dem heutigen § 35 VGG) dem Abschlusszwang für Gesamtverträge unterlagen, ihrerseits aber keinen Rechtsanspruch auf Abschluss eines Gesamtvertrages hatten. Im Übrigen galt § 1 Abs. 3 UrhSchiedsV nicht für die Abänderung von Gesamtverträgen oder für andere urheberrechtliche Streitigkeiten und schränkte den Weg zu den

---

[1] → Vor §§ 92 ff. Rn. 14 ff.
[2] → § 98 Rn. 1 ff.
[3] Näheres → 5. Aufl. 2017, UrhWG § 14 Rn. 9 mwN.

ordentlichen Gerichten generell nicht ein.[4] Die praktische Bedeutung dieser Vorschrift ist allerdings wohl gering geblieben.[5]

c) § 14 Abs. 8 UrhWG, Verjährungshemmung. Der bisherige **§ 14 Abs. 8 UrhWG** be- 4 stimmte, dass durch die Anrufung der Schiedsstelle die **Verjährung** in gleicher Weise gehemmt wurde wie durch Klageerhebung. Da das Verfahren vor der Schiedsstelle nach dem UrhWG kein Gerichtsverfahren war, bedurfte es dieser ausdrücklichen Bestimmung in § 14 Abs. 8 UrhWG, um klarzustellen, dass die Anrufung der Schiedsstelle die Verjährung wie die Erhebung einer Klage durch Rechtsverfolgung hemmte (§ 204 Abs. 1 BGB). Die **Verjährungshemmung** endete sechs Monate nach Beendigung des Verfahrens vor der Schiedsstelle. Das Verfahren vor der Schiedsstelle war beendet durch rechtskräftige Entscheidung, Ablauf der einmonatigen bzw. dreimonatigen Widerspruchsfrist gem. § 14a Abs. 3 UrhWG nach Vorlage eines Einigungsvorschlags, durch Vergleich (§ 204 Abs. 2 BGB) oder bei Rücknahme des Antrags (§ 2 Abs. 1 UrhSchiedsV). Auch der Stillstand des Verfahrens beendete die Hemmung der Verjährung nach sechs Monaten (§ 204 Abs. 2 S. 2 BGB); wurde das Schiedsstellenverfahren erneut betrieben, trat wieder Hemmung ein. Die Hemmung der Verjährung gem. § 14 Abs. 8 UrhWG betraf jeweils nur die streitgegenständlichen Ansprüche.[6]

3. § 97

§ 97 Abs. 1 S. 1, wonach die Schiedsstelle durch **schriftlichen Antrag** angerufen wird, ent- 5 spricht dem bisherigen § 14 Abs. 5 UrhWG. **§ 97 Abs. 1 S. 2,** der Bestimmungen zum **Inhalt des verfahrenseinleitenden Antrags** enthält (Angabe von Namen und Anschrift des Antragsgegners sowie Sachverhaltsdarstellung), ist inhaltsgleich mit dem bisherigen § 1 Abs. 1 S. 1 UrhSchiedsV. Nach **§ 97 Abs. 1 S. 3** soll der Antrag **in zwei Exemplaren** eingereicht werden; dies entspricht inhaltlich dem bisherigen § 1 Abs. 1 S. 2 UrhSchiedsV.

§ 97 Abs. 2 schreibt der Schiedsstelle vor, den Antrag auf Einleitung des Schiedsstellenverfahrens **dem Antragsgegner zuzustellen** mit der Aufforderung, sich dazu innerhalb eines Monats schriftlich zu äußern. Diese Bestimmung entspricht inhaltlich dem bisherigen § 1 Abs. 2 UrhSchiedsV.

Nicht übernommen in § 97 wurde dagegen die besondere Regelung im bisherigen § 1 Abs. 3 UrhSchiedsV betreffend den Antrag einer Verwertungsgesellschaft auf Einleitung eines Schiedsstellenverfahrens auf **Abschluss eines Gesamtvertrages.** Offenbar wurde kein Bedarf für eine derartige Regelung in § 97 gesehen, da Verwertungsgesellschaften gegenüber einer Nutzervereinigung ohnehin nicht auf dem Abschluss eines Gesamtvertrages bestehen können und § 1 Abs. 3 UrhSchiedsV daher auch keine praktische Bedeutung erlangt hat.[7]

Ebenfalls nicht übernommen in § 97 wurde die Vorschrift im bisherigen § 14 Abs. 8 UrhWG betreffend die **Verjährungshemmung.**[8] Dabei besteht durchaus ein Bedürfnis für eine solche ausdrückliche Regelung, denn auch das Verfahren vor der Schiedsstelle gem. den §§ 92 ff. ist kein Gerichtsverfahren, und es muss hier, wie bisher im UrhWG, klargestellt werden, dass die Anrufung der Schiedsstelle die Verjährung wie die Erhebung einer Klage durch Rechtsverfolgung hemmt (§ 204 Abs. 1 BGB). Tatsächlich ist auch keine inhaltliche Änderung beabsichtigt. Vielmehr erfasst die neue allgemeine Regelung gem. **§ 204 Abs. 1 Nr. 4 Buchst. a BGB**[9] auch das Verfahren vor der Schiedsstelle und bewirkt damit die Hemmung der Verjährung entsprechend dem bisherigen § 14 Abs. 8 UrhWG; eine besondere Regelung im VGG war damit entbehrlich.[10]

II. Verfahrenseinleitender Antrag

1. § 97 Abs. 1 – Form und Inhalt des Antrags

a) § 97 Abs. 1 S. 1, schriftlicher Antrag. Gem. **§ 97 Abs. 1 S. 1** muss das Verfahren vor der 6 Schiedsstelle durch **schriftlichen Antrag** eingeleitet werden. Der Antrag an § 97 kann formlos, muss in jedem Fall aber schriftlich an die Schiedsstelle gerichtet werden. Die **Schriftform** verlangt gem. § 126 Abs. 1 BGB grundsätzlich die eigenhändige Unterschrift der für den Antragsteller vertretungsberechtigten Person. Da das VGG auch an anderen Stellen die elektronische Kommunikation bevorzugt oder sogar vorschreibt[11] und sich aus dem VGG insoweit nichts Gegenteiliges ergibt, dürfte es gem. § 3a VwVfG, der gem. § 89 Abs. 1 auch für die Verwaltungstätigkeit der Aufsichtsbehörde gilt, unter den dort genannten Voraussetzungen auch zulässig sein, den verfahrenseinleitenden Antrag

---

[4] Vgl. *Reinbothe* S. 36 f. zu § 2 Abs. 3 UrhSchiedsV aF.

[5] *Strittmatter* S. 55 f.

[6] → 5. Aufl. 2017, UrhWG § 14 Rn. 15.

[7] → Rn. 3.

[8] → Rn. 4.

[9] Eingefügt durch das Gesetz zur Umsetzung der Richtlinie über alternative Streitbeilegung in Verbraucherangelegenheiten und zur Durchführung der Verordnung über Online-Streitbeilegung in Verbraucherangelegenheiten vom 19.2.2016 (BGBl. I S. 254), in Kraft getreten am 26.2.2016.

[10] AmtlBegr. BT-Drs. 18/7223, 100.

[11] → § 14 Rn. 3 f.; → § 43 Rn. 3 ff.; → § 47 Rn. 3; → § 64 Rn. 3 f.; → § 66 Rn. 3.

in elektronischer Form zu übermitteln. Insofern sollte nichts anderes gelten als für den Antrag auf Erlaubniserteilung gem. § 77 oder die Anzeige der Wahrnehmungstätigkeit gem. § 82.[12]

Antragsteller kann iRv. Verfahren nach § 92 Abs. 1 und Abs. 2 und nach § 94 jeder am Verfahren Beteiligte sein, im Verfahren gem. § 93 nur eine Verwertungsgesellschaft.[13]

Die **Rücknahme des Antrags** ist nach Maßgabe von § 98 möglich.[14]

7   **b) § 97 Abs. 1 S. 2, Inhalt des Antrags.** Zum **Inhalt des Antrags** bestimmt **§ 97 Abs. 1 S. 2**, dass der Antragsteller „zumindest" den Namen und die Anschrift des **Antragsgegners** angeben und den **Sachverhalt darstellen** muss. Diese Informationen müssen so umfassend und inhaltlich so hinreichend bestimmt sein, dass aus dem Antrag klar hervorgeht, was der Streitgegenstand ist und worüber die Schiedsstelle entscheiden soll. So sollten etwa in Gesamtvertragsverfahren die vom Antragsteller angestrebten Eckwerte des Gesamtvertrages hinreichend bestimmt sein, damit sich die Schiedsstelle auf die streitigen Fragen, wie insbesondere der Angemessenheit der Vergütung, konzentrieren kann.[15] Denn auch wenn die Schiedsstelle gem. § 104 Abs. 1 bei ihrer Beweiserhebung weitgehenden Spielraum hat, ist doch ihr Einigungsvorschlag gem. § 105 auf das von den Beteiligten Begehrte beschränkt. Der **Grundsatz ne ultra petita**[16] gilt also auch im Schiedsstellenverfahren.[17]

Der Begriff des **„Antragsgegners"** wurde vom bisherigen § 1 Abs. 1 S. 1 UrhSchiedsV übernommen. Antragsgegner sind in Verfahren gem. § 92 und § 94 jeweils die anderen neben dem Antragsteller am Verfahren Beteiligten. Zu beachten ist aber, dass es im neuen Verfahren zur Durchführung einer **empirischen Untersuchung** nach § 93 keinen Antragsgegner gibt, ein solcher also im verfahrenseinleitenden Antrag der Verwertungsgesellschaft auch nicht angegeben werden kann. Stattdessen muss die Verwertungsgesellschaft hier gem. **§ 112 Abs. 1** ihrem Antrag eine **Auflistung** der ihr bekannten **Verbände** der betroffenen Hersteller, Importeure und Händler beifügen.[18] Insoweit ist also § 112 Abs. 1 für Verfahren gem. § 93 lex specialis zu § 97 Abs. 1 S. 2.[19]

8   **c) § 97 Abs. 1 S. 3, „in zwei Exemplaren".** In § 97 Abs. 1 S. 3 ist ferner bestimmt, dass der verfahrenseinleitende Antrag in **zwei Exemplaren** eingereicht werden soll. Dies könnte entgegen dem oben Gesagten als Hinweis darauf verstanden werden, dass der verfahrenseinleitende Antrag nicht elektronisch, sondern nur auf Papier gestellt werden kann. Aber „Exemplare" können eben auch elektronische Kopien sein; möglicherweise ist das der Grund dafür, dass der im bisherigen § 1 Abs. 1 S. 2 UrhSchiedsV gebrauchte, eindeutig mehr an materiellen Kopien orientierte Begriff der „zwei Stücke" nicht in § 97 übernommen wurde.

9   **d) Hemmung der Verjährung.** Gem. **§ 204 Abs. 1 Nr. 4 Buchst. a BGB**[20] wird durch die Anrufung der Schiedsstelle die **Verjährung** in gleicher Weise gehemmt wie durch Klageerhebung (§ 204 Abs. 1 BGB). Die **Verjährungshemmung** endet sechs Monate nach Beendigung des Verfahrens vor der Schiedsstelle. Das Verfahren vor der Schiedsstelle wird beendet durch rechtskräftige Entscheidung, Ablauf der einmonatigen bzw. dreimonatigen Widerspruchsfrist gem. § 105 Abs. 3 nach Vorlage eines Einigungsvorschlags, durch Vergleich (§ 204 Abs. 2 BGB) oder bei Rücknahme des Antrags (§ 98 Abs. 1). Auch der Stillstand des Verfahrens beendet die Hemmung der Verjährung nach sechs Monaten (§ 204 Abs. 2 S. 2 BGB); wird das Schiedsstellenverfahren erneut betrieben, tritt wieder Hemmung ein. Die Hemmung der Verjährung gem. § 204 BGB betrifft jeweils nur die streitgegenständlichen Ansprüche.

2. § 97 Abs. 2 – Zustellung des Antrags

10   Gem. **§ 97 Abs. 2** muss die Schiedsstelle, als erstes nach Eingang des Antrags auf Einleitung des Verfahrens, den Antrag **dem Antragsgegner zustellen** mit der Aufforderung, sich innerhalb eines Monats schriftlich zu äußern. Auch diese Äußerung kann formlos, muss in jedem Fall aber schriftlich an die Schiedsstelle gerichtet werden Das für die Form des verfahrenseinleitenden Antrags Gesagte gilt entsprechend.[21]

Im **Verfahren nach § 93** zur Durchführung einer **empirischen Untersuchung** kann die Schiedsstelle den Antrag keinem Antragsgegner zustellen, da es einen solchen nicht gibt. Stattdessen muss sie den Antrag in diesem Verfahren gem. **§ 112 Abs. 2** den im Antrag der Verwertungsgesellschaft gem. **§ 112 Abs. 1** benannten **Verbänden zustellen** mit der Aufforderung, binnen eines Mo-

---

[12] Vgl. → § 78 Rn. 4; → § 82 Rn. 4.
[13] → § 93 Rn. 5.
[14] → § 98 Rn. 2.
[15] Vgl. Möhring/Nicolini/*Freudenberg* § 97 Rn. 8.
[16] Vgl. § 308 Abs. 1 ZPO; § 88 VwGO.
[17] BGH GRUR 2016, 792 Rn. 97 – Gesamtvertrag Unterhaltungselektronik; BGH GRUR 2017, 161 Rn. 97 – Gesamtvertrag Speichermedien; Dreier/Schulze/*Schulze* § 97 Rn. 4; *Strittmatter* S. 126 f. (bezogen auf das UrhWG); differenzierend (keine strikte Bindung an die Parteianträge iSv § 308 ZPO) *Schulze* in Heker/Riesenhuber (Hrsg.), Recht und Praxis der GEMA, 670 (688); aA Wandtke/Bullinger/*Staats* § 97 Rn. 2; → § 105 Rn. 4.
[18] → § 93 Rn. 6.
[19] → § 112 Rn. 3.
[20] → Rn. 5; → Fn. 9.
[21] → Rn. 6.

nats schriftlich zu erklären, ob sie sich am Verfahren beteiligen wollen. Insoweit ist also § 112 Abs. 2 für Verfahren gem. § 93 lex specialis zu § 97 Abs. 2.[22]

Die **Frist von einem Monat** zur Äußerung gem. § 97 Abs. 2 bzw. zur Erklärung gem. § 112 Abs. 2 soll dazu dienen, das Verfahren zügig zu beginnen und Verzögerungen in der Anfangsphase des Verfahrens zu vermeiden. Eine **Verlängerung** dieser Monatsfrist ist daher **nicht vorgesehen.** Dadurch dürfte den Antragsgegnern aber kein Nachteil entstehen, denn die erste Erwiderung wird regelmäßig nicht die letzte sein, zumal die Schiedsstelle gehalten ist, auch im weiteren Verlauf des Verfahrens allen Beteiligten gem. § 95 Abs. 2 S. 2 rechtliches Gehör zu gewähren und gem. § 104 Abs. 3 Gelegenheit zu geben, sich zu den Ermittlungs- und Beweisergebnissen zu äußern.[23] Auch im Falle des Verfahrens nach § 93 ist eine rasche Rückäußerung der benannten Verbände wichtig und diesen auch zuzumuten, denn davon hängt es ab, wer neben der Verwertungsgesellschaft am Verfahren beteiligt ist.

Für die **Berechnung der Monatsfrist** gilt § 96.

Gem. **§ 118 Abs. 2** soll die Schiedsstelle den verfahrenseinleitenden Antrag iRv. § 97 Abs. 2 an den Antragsgegner **erst zustellen, nachdem** der Antragsteller einen **Vorschuss** in Höhe eines Drittels der Gebühr[24] geleistet hat. Die im bisherigen § 13 Abs. 7 UrhSchiedsV enthaltene Sonderregel betreffend den Kostenvorschuss für Gesamtvertragsstreitigkeiten[25] ist entfallen. Dagegen ist in Verfahren nach § 93 zur Durchführung einer empirischen Untersuchung die Zahlung eines Vorschusses offensichtlich nicht Voraussetzung für die Zustellung des verfahrenseinleitenden Antrags an die Verbände iRv. § 112 Abs. 2. In diesem Verfahren soll die Schiedsstelle aber von der antragstellenden Verwertungsgesellschaft einen (der Höhe nach im Gesetz nicht bestimmten) Vorschuss verlangen, bevor sie den Auftrag zur Durchführung einer solchen Untersuchung erteilt.[26] Im Übrigen kann die Schiedsstelle auch gem. § 119 iVm. § 17 GKG ihre Handlungen von der Zahlung eines Auslagenvorschusses abhängig machen.[27]

§ 98 Zurücknahme des Antrags

(1) **Der Antragsteller kann den Antrag zurücknehmen, ohne Einwilligung des Antragsgegners in Verfahren mit mündlicher Verhandlung jedoch nur bis zu deren Beginn.**

(2) **Wird der Antrag zurückgenommen, so trägt der Antragsteller die Kosten des Verfahrens und die notwendigen Auslagen des Antragsgegners.**

Übersicht

I. Allgemeines

Das UrhWG und die UrhSchiedsV enthielten Bestimmungen sowohl zum verfahrenseinleitenden Antrag[1] als auch zur Zurücknahme dieses Antrags. **1**

§ 98 entspricht inhaltlich dem bisherigen **§ 2 UrhSchiedsV.**

Gem. **§ 98 Abs. 1** kann der Antragsteller den Antrag zurücknehmen, in Verfahren mit mündlicher Verhandlung jedoch nur bis zu deren Beginn.

§ 98 Abs. 2 bestimmt die Kostenfolge der Zurücknahme des Antrags für den Antragsteller.

II. Zurücknahme des Antrags

1. § 98 Abs. 1 – Zeitpunkt der Zurücknahme des Antrags

§ 98 Abs. 1 bestimmt, dass der **Antragsteller**[2] den verfahrenseinleitenden Antrag zurückziehen **2** kann; insoweit ist die Bestimmung präziser gefasst als der bisherige § 2 Abs. 1 UrhSchiedsV.

---

[22] → § 112 Rn. 4.
[23] Vgl. Dreier/Schulze/*Schulze* § 97 Rn. 7.
[24] Zu den insoweit für die Verfahren vor der Schiedsstelle geltenden Gebührensätzen → § 92 Rn. 7 und 12, → § 94 Rn. 8.
[25] → Rn. 3.
[26] → § 113 Rn. 3.
[27] → § 119 Rn. 4.
[1] → § 97 Rn. 2.
[2] Zum Begriff des Antragstellers → § 97 Rn. 6.

Zum **Zeitpunkt der Zurücknahme** des verfahrenseinleitenden Antrags ergibt sich aus § 98 Abs. 1, dass der Antrag in der Regel **jederzeit** zurückgenommen werden kann, und zwar **im schriftlichen Schiedsstellenverfahren** auch ohne Einwilligung des Antragsgegners; denn die schriftliche Durchführung des Schiedsstellenverfahrens ist gem. § 99 Abs. 1 der Regelfall.[3]

Findet das Schiedsstellenverfahren ausnahmsweise und unter den in § 99 Abs. 2 genannten Voraussetzungen **im mündlichen Verfahren** statt, so ist die Zurücknahme des Antrags mit Einwilligung des Antragsgegners ebenfalls jederzeit möglich, **ohne** seine **Einwilligung** aber gem. § 98 Abs. 1 nur **bis zum Beginn der mündlichen Verhandlung.**

2. § 98 Abs. 2 – Kostenfolge der Zurücknahme des Antrags

3   Gem. **§ 98 Abs. 2** trägt der Antragsteller, der den Antrag zurückgenommen hat, die Kosten des Verfahrens und die notwendigen Auslagen des Antragsgegners.

Kosten des Verfahrens sind alle Kosten, die der Schiedsstelle bis zur Zurücknahme des Antrags zur **Durchführung des Verfahrens** entstanden sind. Aber selbst wenn das eigentliche Verfahren vor der Schiedsstelle zum Zeitpunkt der Zurücknahme des Antrags noch nicht begonnen hat, sind dies in Verfahren nach den §§ 92 und 94 insbesondere die für die **Zustellung** des verfahrenseinleitenden Antrags an den Antragsgegner gem. § 97 Abs. 2 entstandenen Kosten, und in Verfahren nach § 93 (zur Durchführung einer empirischen Untersuchung) die Kosten für die **Veröffentlichung** und **Zustellung** des verfahrenseinleitenden Antrags an die betroffenen Verbände gem. § 112 Abs. 2. In Verfahren nach § 93 können weitere Kosten bereits ab dem Zeitpunkt entstanden sein, in dem die Schiedsstelle den Auftrag zur Durchführung der empirischen Untersuchung erteilt hat.

Auch die notwendigen **Auslagen des Antragsgegners,** die ihm bis zur Zurücknahme des Antrags entstanden sind, muss der Antragsteller gem. § 98 Abs. 2 erstatten. Antragsgegner sind in Verfahren nach § 92 und nach § 94 jeweils die anderen neben dem Antragsteller am Verfahren Beteiligten.[4] In Verfahren nach § 93 gibt es keine Antragsgegner, sondern nur gegebenenfalls am Verfahren beteiligte Verbände iSv. § 112 Abs. 2. Eine Erstattung von etwaigen ihnen entstandenen Auslagen im Falle der Zurücknahme des Antrags im Verfahren nach § 93 ist nicht vorgesehen.

Im Rahmen von § 98 Abs. 2 trifft die Schiedsstelle gem. § 121 Abs. 1 nach **billigem Ermessen** die Entscheidung darüber, ob die Auslagen des Antragsgegners „notwendig" waren und vom Antragsteller zu tragen sind.

Zur Erstattung der Kosten des Verfahrens und der als notwendig anerkannten Auslagen des Antragsgegners iRv. § 98 Abs. 2 wird der vom Antragsteller bei Antragstellung geleistete Vorschuss[5] herangezogen.

§ 99 Schriftliches Verfahren und mündliche Verhandlung

(1) **Das Verfahren wird vorbehaltlich des Absatzes 2 schriftlich durchgeführt.**

(2) **Die Schiedsstelle beraumt eine mündliche Verhandlung an, wenn einer der Beteiligten dies beantragt und die anderen Beteiligten zustimmen, oder wenn sie dies zur Aufklärung des Sachverhalts oder zur gütlichen Beilegung des Streitfalls für zweckmäßig hält.**

Übersicht

I. Allgemeines

1. Die Vorgängerbestimmungen: §§ 3 und 4 UrhSchiedsV

1   Die Einzelheiten betreffend die Durchführung des Verfahrens vor der Schiedsstelle waren bisher in der UrhSchiedsV geregelt. Nach dem bisherigen **§ 3 UrhSchiedsV („Mündliche Verhandlung")** war die Schiedsstelle verpflichtet, bei Streitfällen über den Abschluss oder die Änderung von **Ge-**

---

[3] → § 99 Rn. 3.
[4] → § 97 Rn. 7.
[5] → § 97 Rn. 10.

samtverträgen (iSd. bisherigen § 14 Abs. 1 Nr. 2 UrhWG, der dem heutigen § 92 Abs. 1 Nr. 3 entsprach) auf Grund **mündlicher Verhandlung** zu entscheiden (§ 3 S. 1 UrhSchiedsV); sie konnte davon gem. § 3 S. 2 UrhSchiedsV nur mit Einverständnis der Beteiligten absehen.

Dagegen bestimmte **§ 4 S. 1 UrhSchiedsV ("Schriftliches Verfahren"),** dass die Schiedsstelle bei Streitfällen nach dem bisherigen § 14 Abs. 1 Nr. 1 UrhWG (Einzelnutzungsstreitigkeiten, Streitigkeiten über die Vergütungspflicht gem. § 54 oder § 54c UrhG und Streitigkeiten über den Abschluss oder die Änderung von Gesamtverträgen, entsprechend dem heutigen § 92 Abs. 1 Nr. 1–3) **im schriftlichen Verfahren** zu entscheiden hatte. In diesen Fällen entschied die Schiedsstelle gem. **§ 4 S. 2 UrhSchiedsV** aber dann doch auf Grund mündlicher Verhandlung, wenn einer der Beteiligten dies beantragte und der andere zustimmte oder wenn die Schiedsstelle selbst dies „ausnahmsweise" zur Aufklärung des Sachverhalts für erforderlich hielt. Bei Streitigkeiten gem. dem bisherigen § 14 Abs. 1 Nr. 2 UrhWG (zwischen Sendeunternehmen und Kabelunternehmen über Kabelweitersendungsverträge, entsprechend dem heutigen § 92 Abs. 2) galt diese Verpflichtung zur schriftlichen Durchführung des Verfahrens nicht.

Diese Regelungen der §§ 3 und 4 UrhSchiedsV haben in Bezug auf Gesamtvertragsverfahren vor der Schiedsstelle zu Unklarheiten geführt, da § 3 UrhSchiedsV hierfür grundsätzlich die mündliche Verhandlung anordnete, während § 4 UrhSchiedsV die Schiedsstelle verpflichtete, auch bei solchen Streitfällen grundsätzlich im schriftlichen Verfahren zu entscheiden.[1]

2. § 99

§ 99 ersetzt die bisherigen §§ 3 und 4 UrhSchiedsV und beseitigt die oben beschriebenen Unklarheiten.   **2**

Nach **§ 99 Abs. 1** gilt als **Regel,** dass künftig sämtliche Arten von Schiedsstellenverfahren grundsätzlich **im schriftlichen Verfahren** und ohne mündliche Verhandlung durchgeführt werden.

§ 99 Abs. 2 bestimmt als **Ausnahme** von dieser Regel des schriftlichen Verfahrens, dass die Schiedsstelle in zwei Fällen eine **mündliche Verhandlung** anberaumt: (1) Wenn einer der Beteiligten dies beantragt und die anderen Beteiligten zustimmen; oder (2) wenn die Schiedsstelle dies „zur Aufklärung des Sachverhalts oder zur gütlichen Beilegung des Streitfalls für zweckmäßig hält".

II. Schriftliches Verfahren und mündliche Verhandlung

1. § 99 Abs. 1 – Schriftliches Verfahren als Regel

Gem. **§ 99 Abs. 1** wird „das Verfahren" schriftlich durchgeführt. Damit muss die Schiedsstelle **alle**   **3** **Verfahren in ihren Zuständigkeitsbereichen** – also nach § 92 Einzelnutzungsstreitigkeiten, Streitigkeiten über die Vergütungspflicht oder die Betreibervergütung, oder über den Abschluss oder die Änderung eines Gesamtvertrags, oder über Kabelweitersendungsverträge; nach § 93 Verfahren zur Durchführung einer empirischen Untersuchung; sowie gem. § 94 Streitfälle über Online-Rechte an Musikwerken – **grundsätzlich schriftlich** durchführen.

Dies gilt auch für Streitigkeiten über den Abschluss oder die Änderung eines Gesamtvertrags, für die der Schiedsstelle gem. dem bisherigen § 3 UrhSchiedsV eine Entscheidung auf Grund mündlicher Verhandlung vorgeschrieben war.

§ 99 Abs. 1 orientiert sich damit an der Bestimmung des bisherigen § 4 S. 1 UrhSchiedsV, die bisher auf bestimmte Streitfälle beschränkt war,[2] und erhebt sie zur Regel für alle Streitverfahren vor der Schiedsstelle.

2. § 99 Abs. 2 – Mündliche Verhandlung als Ausnahme

a) Mündliche Verhandlung auf Antrag eines Beteiligten. Gem. **§ 99 Abs. 2** muss die   **4** Schiedsstelle aber, abweichend von der Regel des § 99 Abs. 1, eine **mündliche Verhandlung** anberaumen **auf Antrag eines Beteiligten.** Der Antrag kann nicht nur von demjenigen gestellt werden, der durch seinen Antrag iSv. § 97 das Schiedsstellenverfahren eingeleitet hat, sondern auch von jedem anderen Verfahrensbeteiligten.

Die Schiedsstelle muss dem Antrag aber nur entsprechen, wenn **die anderen Beteiligten** ihm auch **zustimmen.** Dabei genügt es nicht, wenn dem Antrag nur ein anderer Verfahrensbeteiligter zustimmt,[3] sondern gem. § 99 Abs. 2 müssen (alle) anderen Beteiligten mit der Durchführung der mündlichen Verhandlung einverstanden sein.

Wenn diese Voraussetzungen vorliegen, muss die Schiedsstelle dem Antrag entsprechen, hat also insoweit keinen Ermessensspielraum.

---

[1] Vgl. AmtlBegr. BT-Drs. 18/7223, 100.
[2] → Rn. 1.
[3] So wohl noch der bisherige § 4 S. 2 UrhSchiedsV: „… und der andere zustimmt …".

5   **b) Mündliche Verhandlung auf Initiative der Schiedsstelle.** Gem. § 99 Abs. 2 kann die
Schiedsstelle aber auch ohne den entsprechenden Antrag eines Verfahrensbeteiligten aus eigener Initiative eine mündliche Verhandlung anberaumen. Hierfür bestehen alternativ zwei Voraussetzungen:
– Entweder hält die Schiedsstelle eine mündliche Verhandlung **zur Aufklärung des Sachverhalts**
   für zweckmäßig. Insoweit hat sich der Beurteilungsspielraum der Schiedsstelle gegenüber dem
   bisherigen § 4 S. 2 UrhSchiedsV erweitert: Dort war Voraussetzung, dass die Schiedsstelle die
   mündliche Verhandlung zur Aufklärung des Sachverhalts „für erforderlich" hielt, während § 99
   Abs. 2 nur darauf abstellt, dass dies aus ihrer Sicht „zweckmäßig" ist. Außerdem ist der Hinweis im
   bisherigen § 4 S. 2 UrhSchiedsV, dass die Schiedsstelle nur „ausnahmsweise" von dieser Möglichkeit
   Gebrauch machen soll, in § 99 Abs. 2 nicht mehr enthalten.
– Alternativ kann die Schiedsstelle aber auch dann aus eigener Initiative eine mündliche Verhandlung
   anberaumen, wenn sie dies **zur gütlichen Beilegung des Streitfalls** für **zweckmäßig** hält. Auch
   dies schafft einen größeren Beurteilungsspielraum für die Schiedsstelle. Mit dieser gegenüber § 4
   S. 2 UrhSchiedsV erweiterten Möglichkeit zur mündlichen Verhandlung soll das Verfahren in diesem Punkt flexibler ausgestaltet werden.[4]

   Ob diese in **§ 99 Abs. 2** genannten Voraussetzungen für die Anberaumung einer mündlichen Verhandlung auf Grund ihrer eigener Initiative gegeben sind, hat die Schiedsstelle nach **billigem Er-**
messen[5] zu beurteilen. Dabei dürfte die Überlegung maßgeblich sein, ob die Durchführung einer
mündlichen Verhandlung für eine zügige und sachlich erfolgreiche Beendigung des Verfahrens zielführend ist. Dies kann etwa dann der Fall sein, wenn die Anwesenheit der Beteiligten eine gütliche
Beilegung des Streitfalls erleichtern kann, wenn Einzelheiten gemeinsam abzustimmen sind, oder
wenn eine mündliche Verhandlung zur Erläuterung komplexer Sachverhalte oder zur Anhörung von
Sachverständigen sinnvoll ist.[6]

6   **c) Durchführung der mündlichen Verhandlung.** Für das **Verfahren** bei mündlicher Verhandlung, einschließlich der Ladungsfrist, der Vertretung, dem Nichterscheinen von geladenen Beteiligten
oder der Öffentlichkeit, gelten die **§§ 100 und 101.**

§ 100 Verfahren bei mündlicher Verhandlung

(1) **Zu der mündlichen Verhandlung sind die Beteiligten zu laden. Die Ladungsfrist beträgt
mindestens zwei Wochen.**

(2) [1]**Die mündliche Verhandlung vor der Schiedsstelle ist nicht öffentlich.** [2]**Beauftragte des
Bundesministeriums der Justiz und für Verbraucherschutz, der Aufsichtsbehörde und des Bundeskartellamts sind zur Teilnahme befugt.**

(3) **Die Schiedsstelle kann Bevollmächtigten oder Beiständen, die nicht Rechtsanwälte sind,
den weiteren Vortrag untersagen, wenn sie nicht in der Lage sind, das Sach- und Streitverhältnis sachgerecht darzustellen.**

(4) **Über die Verhandlung ist eine Niederschrift zu fertigen, die vom Vorsitzenden und vom
Schriftführer zu unterzeichnen ist.**

Übersicht

I. Allgemeines

1. Die Regelungen in der UrhSchiedsV

1   Die Einzelheiten betreffend die Durchführung des Verfahrens vor der Schiedsstelle waren bisher in
der UrhSchiedsV geregelt Auf die mündliche Verhandlung im Schiedsstellenverfahren bezogen sich
die §§ 3 und 4 UrhSchiedsV, auf deren Durchführung die §§ 5–7 UrhSchiedsV.

   Nach **§ 4 S. 1 UrhSchiedsV** entschied die Schiedsstelle grundsätzlich im **schriftlichen Verfahren.** Zur Durchführung einer **mündlichen Verhandlung** war sie grundsätzlich gem. dem bisherigen
§ 3 UrhSchiedsV bei Streitfällen über den Abschluss oder die Änderung von Gesamtverträgen ver-

---

[4] AmtlBegr. BT-Drs. 18/7223, 100.
[5] Zum Umfang und zu den Maßstäben des Ermessensspielraums → § 95 Rn. 5.
[6] Vgl. Dreier/Schulze/*Schulze* § 99 Rn. 2.

pflichtet sowie gem. **§ 4 S. 2 UrhSchiedsV** dann, wenn in anderen Streitfällen einer der Beteiligten dies beantragte und der andere zustimmte, oder wenn die Schiedsstelle selbst dies „ausnahmsweise" zur Aufklärung des Sachverhalts für erforderlich hielt.[1]

Grundlegende Bestimmungen zum Verfahren im Falle der mündlichen Verhandlung waren in **§ 6 UrhSchiedsV („Verfahren bei mündlicher Verhandlung")** enthalten, insbesondere betreffend die Ladung und die Ladungsfrist (§ 6 Abs. 1 UrhSchiedsV), Teilnahmerechte von Behörden (§ 6 Abs. 2 UrhSchiedsV), die Untersagung des Vortrags (§ 6 Abs. 3 UrhSchiedsV), die Niederschrift (§ 6 Abs. 4 UrhSchiedsV) sowie dazu, dass der Einigungsvorschlag der Schiedsstelle den Beteiligten nicht mündlich verkündet zu werden brauchte (§ 6 Abs. 5 UrhSchiedsV).

2. § 100

§ 99 Abs. 1 bestimmt als Regel, dass sämtliche Arten des Schiedsstellenverfahrens grundsätzlich im **2** schriftlichen Verfahren durchgeführt werden. Zur mündlichen Verhandlung kommt es gem. § 99 Abs. 2 ausnahmsweise nur auf Antrag eines Beteiligten oder unter bestimmten Voraussetzungen auf Initiative der Schiedsstelle.[2]

§ 100 enthält für diesen Fall **Verfahrensregeln zur Durchführung der mündlichen Verhandlung**. Inhaltlich ist § 100 weitgehend identisch mit dem bisherigen § 6 UrhSchiedsV. Allerdings wurde die bisher in § 6 Abs. 5 UrhSchiedsV enthaltene Bestimmung, dass der Einigungsvorschlag den Beteiligten nicht mündlich verkündet zu werden braucht, nicht in § 100 übernommen. Denn in § 105 Abs. 2 ist entsprechend dem bisherigen § 14a Abs. 2 S. 3 und 5 UrhWG festgelegt, dass der Einigungsvorschlag von allen Mitgliedern der Schiedsstelle zu unterschreiben und den Beteiligten zuzustellen ist. Eine mündliche Verkündung kann die Zustellung also ohnehin nicht ersetzen.[3]

II. Verfahren bei mündlicher Verhandlung

1. § 100 Abs. 1 – Ladung der Beteiligten

Gem. **§ 100 Abs. 1 S. 1** muss die Schiedsstelle die Beteiligten zur mündlichen Verhandlung **la-** **3** **den.** Sie muss ihnen dabei jeweils den Ort, den Zeitpunkt und den Zweck des Termins zur mündlichen Verhandlung mitteilen. Außerdem muss sie in der Ladung auf die Folgen des Nichterscheinens hinweisen, § 101 Abs. 4.[4]

Gem. **§ 100 Abs. 1 S. 2** muss die **Ladungsfrist mindestens zwei Wochen** betragen.[5]

2. § 100 Abs. 2 – Teilnahme an der mündlichen Verhandlung

§ 100 Abs. 2 S. 1 bestimmt, dass die mündliche Verhandlung vor der Schiedsstelle **nicht öffent-** **4** **lich** ist. Dies entspricht dem bisherigen § 6 Abs. 2 S. 1 UrhSchiedsV; denn die Schiedsstelle ist kein Gericht iSd. § 169 GVG.

Gem. **§ 100 Abs. 2 S. 2,** auch insoweit übereinstimmend mit dem bisherigen § 6 Abs. 2 S. 2 UrhSchiedsV, dürfen Beauftragte des Bundesministeriums der Justiz und für Verbraucherschutz (BMJV), der Aufsichtsbehörde (des Deutschen Patent- und Markenamtes, DPMA) und des Bundeskartellamts an der mündlichen Verhandlung vor der Schiedsstelle **teilnehmen.** Dies korrespondiert mit der auch andernorts geregelten Pflicht, diese Behörden zu unterrichten oder an Sitzungen teilnehmen zu lassen.[6]

3. § 100 Abs. 3 – Untersagung des weiteren mündlichen Vortrags

Gem. **§ 100 Abs. 3** kann die Schiedsstelle Bevollmächtigten oder Beiständen, die nicht Rechtsan- **5** wälte sind, den **weiteren Vortrag** in der mündlichen Verhandlung **untersagen,** wenn sie zur sachgerechten Darstellung des Sach- und Streitverhältnisses nicht in der Lage sind. Diese Bestimmung entspricht dem bisherigen § 6 Abs. 3 UrhSchiedsV.[7]

Für die mündliche Verhandlung vor der Schiedsstelle besteht **kein Anwaltszwang.** Die Beteiligten können sich also selbst vertreten. Grundsätzlich ist es ihnen auch nicht verwehrt, sich von Bevollmächtigten oder Beiständen vertreten zu lassen, die Rechtsanwälte sind. Da eine mündliche Verhandlung ohnehin nur ausnahmsweise und vor allem zur Erläuterung komplexer Sachverhalte durchgeführt wird, muss die Schiedsstelle solchen Beiständen im Interesse einer zügigen Durchfüh-

---

[1] → § 99 Rn. 1.
[2] → § 99 Rn. 4, 5.
[3] AmtlBegr. BT-Drs. 18/7223, 100.
[4] → § 101 Rn. 6.
[5] Zur Berechnung dieser Ladungsfrist → § 96 Rn. 3.
[6] Vgl. § 85 Abs. 3 und 4; § 110 Abs. 2; § 111.
[7] § 6 Abs. 3 wurde in die UrhSchiedsV eingefügt durch Art. 19 Abs. 6 des Gesetzes zur Neuregelung des Rechtsberatungsrechts vom 12.12.2007 (BGBl. I S. 2840); vgl. auch die ähnlichen Regelungen in § 97 Abs. 3 PatentG, § 81 Abs. 3 MarkenG und § 79 Abs. 3 S. 3 ZPO.

rung des Verfahrens unter den in § 100 Abs. 3 genannten Voraussetzungen das Wort entziehen können. Im Allgemeinen dürfte es für die Beteiligten ohnehin zweckdienlicher sein, sich in Verfahren vor der Schiedsstelle von Rechtsanwälten vertreten zu lassen.[8]

4. § 100 Abs. 4 – Niederschrift

6   § 100 Abs. 4 verpflichtet die Schiedsstelle, von der mündlichen Verhandlung eine **Niederschrift** zu fertigen, die vom Vorsitzenden und vom Schriftführer **unterzeichnet** werden muss. Diese Bestimmung entspricht wörtlich dem bisherigen § 6 Abs. 4 UrhSchiedsV.

§ 101 Nichterscheinen in der mündlichen Verhandlung

(1) [1]Erscheint der Antragsteller nicht zur mündlichen Verhandlung, so gilt der Antrag als zurückgenommen. [2]War der Antragsteller ohne sein Verschulden verhindert, zur mündlichen Verhandlung zu erscheinen, so ist ihm auf Antrag Wiedereinsetzung in den vorigen Stand zu gewähren. [3]Über den Antrag entscheidet die Schiedsstelle, ihre Entscheidung ist unanfechtbar. [4]Im Übrigen sind die Vorschriften der Zivilprozessordnung über die Wiedereinsetzung in den vorigen Stand entsprechend anzuwenden.

(2) Erscheint der Antragsgegner nicht zur mündlichen Verhandlung, so kann die Schiedsstelle einen Einigungsvorschlag nach Lage der Akten unterbreiten.

(3) Unentschuldigt nicht erschienene Beteiligte tragen die durch ihr Nichterscheinen verursachten Kosten.

(4) Die Beteiligten sind in der Ladung zur mündlichen Verhandlung auf die Folgen ihres Nichterscheinens hinzuweisen.

Übersicht

I. Allgemeines

1. Die Regelungen in der UrhSchiedsV

1   Die Einzelheiten betreffend die Durchführung des Verfahrens vor der Schiedsstelle waren bisher in der UrhSchiedsV geregelt. Auf die mündliche Verhandlung im Schiedsstellenverfahren bezogen sich die §§ 3 und 4 UrhSchiedsV, auf deren Durchführung die §§ 5–7 UrhSchiedsV.

Nach **§ 4 S. 1 UrhSchiedsV** entschied die Schiedsstelle grundsätzlich im **schriftlichen Verfahren.** Zur Durchführung einer **mündlichen Verhandlung** war sie gem. dem bisherigen **§ 3 UrhSchiedsV** bei Streitfällen über den Abschluss oder die Änderung von Gesamtverträgen verpflichtet sowie gem. **§ 4 S. 2 UrhSchiedsV** dann, wenn in anderen Streitfällen einer der Beteiligten dies beantragte und der andere zustimmte, oder wenn die Schiedsstelle selbst dies „ausnahmsweise" zur Aufklärung des Sachverhalts für erforderlich hielt.[1]

Neben § 6 UrhSchiedsV, der allgemeine Bestimmungen zum Verfahren im Falle der mündlichen Verhandlung enthielt,[2] regelte **§ 7 UrhSchiedsV („Ausbleiben in der mündlichen Verhandlung")** die Rechtsfolgen einer Abwesenheit von der mündlichen Verhandlung für die Beteiligten. Gem. § 7 Abs. 1 S. 1 UrhSchiedsV galt bei **Abwesenheit des Antragstellers** sein Antrag als zurückgenommen; nach Maßgabe von § 7 Abs. 1 S. 2 UrhSchiedsV konnte er allerdings Wiedereinsetzung in den vorigen Stand beantragen. Bei **Nichterscheinen des Antragsgegners** konnte die Schiedsstelle gem. § 7 Abs. 2 UrhSchiedsV nach Lage der Akten entscheiden. Gem. § 7 Abs. 3 UrhSchiedsV hatten nicht erschienene Beteiligte die durch ihr Nichterscheinen verursachten **Kosten** zu tragen. § 7 Abs. 4 UrhSchiedsV bestimmte, dass die Schiedsstelle die Beteiligten in der Ladung zur mündlichen Verhandlung auf die Folgen ihres Nichterscheinens zur mündlichen Verhandlung hinweisen musste.

---

[8] Vgl. Dreier/Schulze/*Schulze* § 100 Rn. 4.
[1] → § 99 Rn. 1.
[2] → § 100 Rn. 1.

2. § 101

§ 101 regelt für den Fall, dass es gem. § 99 Abs. 2 ausnahmsweise auf Antrag eines Beteiligten oder **2** unter bestimmten Voraussetzungen auf Initiative der Schiedsstelle zur mündlichen Verhandlung kommt,[3] die **Folgen des Nichterscheinens in der mündlichen Verhandlung.** Bedingung für die Anwendung von § 101 ist demnach, dass gem. § 99 Abs. 2 eine mündliche Verhandlung anberaumt und die Parteien gem. § 100 hierzu ordnungsgemäß geladen wurden.

Inhaltlich stimmt § 101 weitgehend mit dem bisherigen § 7 UrhSchiedsV überein. Davon abweichend ist allerdings nunmehr in § 101 Abs. 1 S. 2 und 3 ausdrücklich bestimmt, dass die **Schiedsstelle** über einen Antrag des nicht erschienenen Antragstellers auf **Wiedereinsetzung** in den vorigen Stand entscheidet und ihre Entscheidung unanfechtbar ist.[4]

II. Nichterscheinen in der mündlichen Verhandlung

1. § 101 Abs. 1 – Nichterscheinen des Antragstellers: Behandlung des Antrags; Wiedereinsetzung in den vorigen Stand

§ 101 Abs. 1 S. 1 bestimmt, dass bei **Nichterscheinen des Antragstellers** sein Antrag als zu- **3** rückgenommen gilt. Anders als nach den allgemeinen Regeln für den Zivilprozess in den §§ 330 (Versäumnisurteil auf Antrag), 251a (Entscheidung nach Lage der Akten) und 251 ZPO (Ruhen des Verfahrens auf Antrag) wird in diesem Fall die Zurücknahme des Antrags ohne entsprechenden Antrag des Antragsgegners fingiert. Der Schiedsstelle kommt also insoweit kein Ermessen zu.

Der Antragsteller kann hiergegen jedoch gem. **§ 101 Abs. 1 S. 2 Wiedereinsetzung in den vorigen Stand** beantragen. Wenn der Antragsteller unverschuldet nicht zur mündlichen Verhandlung erschienen ist, so muss ihm die Wiedereinsetzung in den vorigen Stand gewährt werden („so ist ihm … zu gewähren").

Über den Antrag auf Wiedereinsetzung in den vorigen Stand entscheidet gem. **§ 101 Abs. 1 S. 3** die **Schiedsstelle;** dies abweichend von der Regel für den Zivilprozess in § 237 ZPO (Zuständigkeit des Gerichts, dem die Entscheidung über die nachgeordnete Prozesshandlung zusteht). Der Antrag ist daher an die Schiedsstelle zu richten; sie ist es auch, die über den Antrag befindet und zu beurteilen hat, ob der Antragsteller **ohne sein Verschulden** verhindert war, an der mündlichen Verhandlung teilzunehmen. Wenn die genannten Voraussetzungen vorliegen (unverschuldetes Fernbleiben von der mündlichen Verhandlung), muss die Schiedsstelle dem Antrag stattgeben; auch insoweit hat sie also keinen Ermessensspielraum.

Die Entscheidung der Schiedsstelle über die Gewährung oder Ablehnung der Wiedereinsetzung ist **unanfechtbar** (nach § 238 Abs. 3 ZPO gilt die Unanfechtbarkeit im Zivilprozess nur für die Gewährung der Wiedereinsetzung).

Die Vorschriften der ZPO über die Wiedereinsetzung in den vorigen Stand **(§§ 233 ff. ZPO)** finden im Übrigen gem. **§ 101 Abs. 1 S. 4** auch auf den Antrag nach § 101 Abs. 1 S. 2 entsprechend Anwendung, soweit nicht die Bestimmungen des § 101 Abs. 1 Sonderregeln enthalten. So wird gem. § 233 S. 2 ZPO fehlendes Verschulden bei Nichterscheinen vermutet, wenn die Belehrung gem. § 101 Abs. 4 über die Folgen des Nichterscheinens in der mündlichen Verhandlung unterblieben ist. Für den Antrag auf Wiedereinsetzung gilt gem. § 234 Abs. 1 S. 1 ZPO eine Frist von zwei Wochen; sie beginnt gem. § 234 Abs. 2 ZPO an dem Tag, an dem das Hindernis behoben ist. Gem. § 234 Abs. 3 ZPO kann eine Wiedereinsetzung nicht mehr beantragt werden nach Ablauf eines Jahres seit dem Ende der versäumten Frist. Gem. § 236 Abs. 2 S. 1 ZPO muss der Antrag auf Wiedereinsetzung die die Wiedereinsetzung begründenden Tatsachen enthalten.

2. § 101 Abs. 2 – Nichterscheinen des Antragsgegners: Einigungsvorschlag nach Lage der Akten

Gem. **§ 101 Abs. 2** kann die Schiedsstelle bei **Nichterscheinen des Antragsgegners** zur münd- **4** lichen Verhandlung einen **Einigungsvorschlag nach Lage der Akten** unterbreiten. Für Inhalt und Form des Einigungsvorschlags gilt § 105. Die Schiedsstelle kann also so entscheiden, wie sie ohne mündliche Verhandlung im schriftlichen Verfahren entschieden hätte. Verpflichtet ist sie hierzu aber nicht, kann also von dem ihr nach § 95 Abs. 1 eingeräumten **Ermessensspielraum** Gebrauch machen, etwa indem sie noch weitere Ermittlungen vornimmt.[5]

Die Möglichkeit eines Antrags auf Wiedereinsetzung in den vorigen Stand ist für den Antragsgegner im Falle seines unverschuldeten Nichterscheinens in der mündlichen Verhandlung nicht vorgesehen. Eine solche Möglichkeit dürfte auch entbehrlich sein, da der Antragsgegner einem nach Lage der Akten unterbreiteten Einigungsvorschlag ohnehin nach § 105 Abs. 3 widersprechen kann.

---

[3] → § 99 Rn. 4, 5.
[4] AmtlBegr. BT-Drs. 18/7223, 100.
[5] → § 95 Rn. 5.

3. § 101 Abs. 3 – Nichterscheinen: Kostenfolge

5   **§ 101 Abs. 3** enthält eine Sonderregelung betreffend die durch das Nichterscheinen eines Beteiligten verursachten Kosten. Unbeschadet der allgemeinen Grundsätze für die Kosten des Schiedsstellenverfahrens gem. den §§ 117 ff. gilt danach, dass **unentschuldigt nicht erschienene Beteiligte** die **durch ihr Nichterscheinen verursachten Kosten** zu tragen haben.

    Diese Regel bezieht sich also nur auf die durch das Nichterscheinen verursachten (zusätzlichen) Kosten, und sie greift nicht, wenn das Nichterscheinen unverschuldet war. Dies kann zu unterschiedlichen Ergebnissen führen, abhängig davon, welcher Beteiligte unentschuldigt nicht zur mündlichen Verhandlung erschienen ist. Gilt etwa bei vom **Antragsteller** verschuldetem Nichterscheinen in der mündlichen Verhandlung der Antrag gem. § 101 Abs. 1 S. 1 als zurückgenommen, so trifft ihn die Kostenfolge des § 98 Abs. 2 (Kostenfolge bei Zurücknahme des Antrags).[6] Bleibt dagegen der **Antragsgegner** der mündlichen Verhandlung durch sein Verschulden fern, und unterbreitet die Schiedsstelle als Konsequenz gem. § 101 Abs. 2 einen Einigungsvorschlag nach Aktenlage, so können dem Antragsgegner die durch die möglicherweise unnötige Anberaumung der mündlichen Verhandlung entstandenen Kosten auferlegt werden.

4. § 101 Abs. 4 – Belehrung in der Ladung

6   Gem. **§ 101 Abs. 4** muss die Schiedsstelle die Beteiligten bereits in ihrer **Ladung** zur mündlichen Verhandlung nach § 100 Abs. 1[7] auf die Konsequenzen ihres Nichterscheinens hinweisen, und zwar den **Antragsteller** für sein Nichterscheinen auf die Folgen aus **§ 101 Abs. 1,** den **Antragsgegner** für sein Nichterscheinen auf die Folge aus **§ 101 Abs. 2,** und generell auf die **Kostenfolge** gem. **§ 101 Abs. 3**. Fehlt ein solcher Hinweis, so wird gem. § 233 S. 2 ZPO bei Nichterscheinen des Antragstellers in der mündlichen Verhandlung sein Nichtverschulden vermutet.[8]

§ 102 Gütliche Streitbeilegung; Vergleich

(1) **Die Schiedsstelle wirkt auf eine gütliche Beilegung des Streitfalles hin.**

(2) **Kommt ein Vergleich zustande, so muss er in einem besonderen Schriftstück niedergelegt und unter Angabe des Tages seines Zustandekommens von dem Vorsitzenden und den Beteiligten unterschrieben werden. Aus einem vor der Schiedsstelle geschlossenen Vergleich findet die Zwangsvollstreckung statt; § 797a der Zivilprozessordnung gilt entsprechend.**

(3) **Der Vorsitzende kann die Beteiligten mit ihrem Einverständnis zu einem Vergleichsversuch ohne Zuziehung der Beisitzer laden. Er ist dazu verpflichtet, wenn beide Beteiligte dies beantragen.**

Übersicht

I. Allgemeines

1. Die Bestimmungen des UrhWG und der UrhSchiedsV

1   Bestimmungen zur gütlichen Streitbeilegung und zum Abschluss eines Vergleichs vor der Schiedsstelle fanden sich sowohl im bisherigen § 14 Abs. 6 UrhWG als auch in § 5 UrhSchiedsV.

    Nach **§ 14 Abs. 6 S. 1 UrhWG** hatte die Schiedsstelle auf eine **gütliche Beilegung** des Streitfalles hinzuwirken. Außerdem bestimmte **§ 14 Abs. 6 S. 2 UrhWG**, dass aus einem vor der Schiedsstelle geschlossenen Vergleich die **Zwangsvollstreckung** stattfand, „wenn er unter Angabe des Tages des Zustandekommens von dem Vorsitzenden und den Parteien unterschrieben ist", und erklärte § 797a ZPO (Erteilung der Vollstreckungsklausel bei Gütestellenvergleichen) für entsprechend anwendbar.

    Gem. **§ 5 S. 1 UrhSchiedsV** konnte der Vorsitzende bei Streitfällen, die den Abschluss oder die Änderung eines Gesamtvertrages betrafen, die Beteiligten mit ihrem Einverständnis vor der mündlichen Verhandlung zu einem **Vergleichsversuch ohne Zuziehung der Beisitzer** laden. Nach **§ 5 S. 2 UrhSchiedsV** war er dazu sogar **verpflichtet,** wenn beide Beteiligten es beantragten.

---

[6] → § 98 Rn. 3.
[7] → § 100 Rn. 3.
[8] → Rn. 3.

2. § 102

Nach **§ 102 Abs. 1** ist die Schiedsstelle verpflichtet, auf eine gütliche Beilegung des Streitfalles 2
hinzuwirken. Diese Bestimmung entspricht inhaltlich dem bisherigen § 14 Abs. 6 S. 1 UrhWG.

§ 102 Abs. 2 ist inhaltsgleich mit dem bisherigen § 14 Abs. 6 S. 2 UrhWG, allerdings präziser gefasst: In **§ 102 Abs. 2 S. 1** werden die **formellen Erfordernisse** aufgeführt, denen ein vor der
Schiedsstelle geschlossener Vergleich genügen muss (Niederlegung in einem besonderen Schriftstück,
Unterschrift mit Datumsangabe). In **§ 102 Abs. 2 S. 2** ist bestimmt, dass aus einem solchen Vergleich
die **Zwangsvollstreckung** stattfindet und § 797a ZPO entsprechend gilt.

§ 102 Abs. 3 S. 1 ersetzt den bisherigen § 5 S. 1 UrhSchiedsV, geht aber weiter als dieser: In allen
Arten des Schiedsstellenverfahrens, und nicht mehr wie bisher gem. § 5 S. 1 UrhSchiedsV nur bei
Gesamtvertragsstreitigkeiten, hat der Vorsitzende die Möglichkeit, die Beteiligten zu einem **Vergleichsversuch ohne Zuziehung der Beisitzer** zu laden.[1] Gem. **§ 102 Abs. 3 S. 2,** der insoweit
dem bisherigen § 5 S. 2 UrhSchiedsV entspricht, ist er dazu auf Antrag beider Beteiligten **verpflichtet.**

II. Gütliche Streitbeilegung; Vergleich

1. § 102 Abs. 1 – Hinwirken auf gütliche Streitbeilegung

Nach **§ 102 Abs. 1** wirkt die Schiedsstelle auf eine „gütliche Beilegung des Streitfalles" hin. 3
Dass die Schiedsstelle bestrebt sein sollte, eine gütliche Einigung herbeizuführen, ist an sich selbstverständlich und hätte im Gesetz nicht erwähnt werden müssen, da Zweck des Schiedsstellenverfahrens nicht die Streitentscheidung, sondern die **Streitschlichtung** ist; dies kommt auch darin zum
Ausdruck, dass der Gesetzgeber das Verfahren vor der Schiedsstelle nur wenig formalisiert und sich
hierzu in den §§ 95 ff. auf allgemeine Regeln beschränkt hat.

Nach § 102 Abs. 1 ist das Hinwirken auf eine gütliche Einigung für die Schiedsstelle aber ausdrücklich als **Pflicht** statuiert, verlangt also von der Schiedsstelle ein aktives Bemühen und geht somit
entsprechend dem schlichtenden Charakter des Schiedsstellenverfahrens über die Sollvorschrift hinaus,
wie sie gem. § 278 ZPO für Gerichtsverfahren besteht.

Das **Bemühen um einen Vergleich** hat daher stets der Entscheidung der Schiedsstelle zur Vorlage eines Einigungsvorschlags iSv. § 105 vorauszugehen. Dies dient der Verfahrensökonomie mit dem
Ziel, einen mit erheblichem Aufwand verbundenen förmlichen Einigungsvorschlag der Schiedsstelle
möglichst entbehrlich zu machen.[2]

2. § 102 Abs. 2 – Vergleich: Formerfordernisse; Vollstreckungstitel

§ 102 Abs. 2 S. 1 enthält die **Formerfordernisse** eines vor der Schiedsstelle geschlossenen Ver- 4
gleichs: Jeder Vergleich muss in einem besonderen Schriftstück niedergelegt und vom Vorsitzenden
der Schiedsstelle sowie von den am Verfahren Beteiligten[3] unter Angabe des Datums, an dem er zustande gekommen ist, unterschrieben werden. Diese Klausel war insoweit ursprünglich, dh. im bisherigen § 14 Abs. 6 S. 2 UrhWG, § 1044a Abs. 1 S. 2 aF ZPO nachgebildet; die Niederlegung des Vergleichs bei der Geschäftsstelle des zuständigen Gerichts und eine besondere Vollstreckbarerklärung
sind aber nun nicht mehr erforderlich.

Diese Formvorschriften in § 102 Abs. 2 S. 1 regeln nur die **Voraussetzungen für die Vollstreckbarkeit des Vergleichs,** nicht aber für seine materielle Wirksamkeit. Auch ein Vergleich, der
diesen Formvorschriften nicht entspricht, kann deshalb gleichwohl als materiell-rechtliche Vereinbarung wirksam sein; denn an die Form einer solchen Vereinbarung sind keine strengeren Anforderungen zu stellen als an einen Schiedsvergleich iSv. § 1053 ZPO;[4] eine inhaltliche Änderung gegenüber
dem bisherigen § 14 Abs. 6 UrhWG, wo die Formerfordernisse noch ausdrücklich als Bedingung für
die Vollstreckbarkeit formuliert waren („wenn"), erscheint insoweit nicht beabsichtigt.

§ 102 Abs. 2 S. 2 Hs. 1 bestimmt, dass aus einem solchen vor der Schiedsstelle geschlossenen
Vergleich iSv. § 102 Abs. 1, der die Formvorschriften nach § 102 Abs. 2 S. 1 erfüllt, **vollstreckt** wer-
den kann. Der Vergleich ist also ein Vollstreckungstitel iSv. § 794 Abs. 1 Nr. 1 ZPO. Damit soll die
Durchsetzung einer durch Vergleich vor der Schiedsstelle erreichten Einigung erleichtert werden.[6]

Nach **§ 102 Abs. 2 S. 2 Hs. 2** wird § 797a ZPO für entsprechend anwendbar erklärt. Dies hat
zur Folge, dass gem. § 102 Abs. 2 S. 2 iVm. § 797a ZPO die Vollstreckungsklausel wie bei Vergleichen vor Gütestellen vom Urkundsbeamten der Geschäftsstelle des zuständigen Amtsgerichts (gem.

---

[1] AmtlBegr. BT-Drs. 18/7223, 100.
[2] Zum Verfahren bei der Vorlage des Einigungsvorschlags → § 105 Rn. 3 ff.
[3] Zu den am Verfahren Beteiligten → § 92 Rn. 5, 8; → § 94 Rn. 4.
[4] Vgl. Dreier/Schulze/*Schulze* § 102 Rn. 2; vgl. zu § 14 Abs. 6 UrhWG Stellungnahme des Bundesrates, BT-
Drs. 10/837, 34.
[5] Vgl. AmtlBegr. BT-Drs. 18/7223, 100.
[6] Bezogen auf § 14 Abs. 6 UrhWG AmtlBegr. BT-Drs. 10/837, 23.

§ 797a Abs. 1 ZPO das **Amtsgericht München,** da die Schiedsstelle ihren Sitz in München hat) erteilt wird.

3. § 102 Abs. 3 – Ladung zum Vergleichsversuch

5   Gem. **§ 102 Abs. 3 S. 1** kann der Vorsitzende der Schiedsstelle die Beteiligten mit ihrem Einverständnis zu **Vergleichsverhandlungen ohne die Beisitzer** laden. Er hat diese Möglichkeit **jederzeit,** also vor oder auch während, dh. am Rande der mündlichen Verhandlung.[7] Die Möglichkeit besteht **bei allen Arten des (streitigen) Schiedsstellenverfahrens** gem. den §§ 92 und 94,[8] wo immer sie zur gütlichen Beilegung des Streitfalles zielführend erscheint.[9]

Allerdings hat der Vorsitzende diese Möglichkeit nur, wenn alle am Verfahren Beteiligten[10] damit **einverstanden** sind.

Grundsätzlich liegt es im **Ermessen des Vorsitzenden,** ob er von der Möglichkeit des Vergleichsversuchs iSv. § 102 Abs. 3 S. 1 Gebrauch macht.[11] Gem. **§ 102 Abs. 3 S. 2** ist er dazu aber **verpflichtet,** wenn beide Beteiligten dies beantragen.

§ 103 Aussetzung des Verfahrens

(1) **Die Schiedsstelle kann ein Verfahren aussetzen, wenn zu erwarten ist, dass ein anderes bei ihr anhängiges Verfahren von Bedeutung für den Ausgang des Verfahrens sein wird.**

(2) **Während der Aussetzung ist die Frist zur Unterbreitung eines Einigungsvorschlags nach § 105 Absatz 1 gehemmt.**

Übersicht

I. Allgemeines

1. Die Aussetzung des Schiedsstellenverfahrens gem. § 14e UrhWG

1   Die Möglichkeit, das Schiedsstellenverfahren in bestimten Fällen auszusetzen, war im bisherigen **§ 14e UrhWG** durch das Zweite Gesetz zur Regelung des Urheberrechts in der Informationsgesellschaft vom 26.10.2007[1] in das UrhWG eingefügt worden. Hintergrund für diese Bestimmung waren insbesondere die seinerzeit ebenfalls neu eingefügte Klarstellung im bisherigen § 14 Abs. 1 lit. b UrhWG, dass die Schiedsstelle auch für Streitfälle über die Vergütungspflicht nach §§ 54 oder 54c UrhG zuständig war, sowie der **Vorrang,** den der Gesetzgeber in diesem Zusammenhang **Gesamtverträgen** zwischen Verwertungsgesellschaften und den Verbänden der Hersteller von Geräten und Speichermedien einräumte.[2]

§ 14e UrhWG betraf den Fall, dass vor der Schiedsstelle gleichzeitig ein Verfahren über Abschluss oder Änderung eines Gesamtvertrages gem. § 14 Abs. 1 Nr. 1 lit. c UrhWG einerseits und andererseits ein Einzelnutzungsstreitfall iSv. § 14 Abs. 1 Nr. 1 lit. a UrhWG oder ein (Einzel-)Verfahren iSv. § 14 Abs. 1 Nr. 1 lit. b UrhWG über die Vergütungspflicht der Hersteller von Geräten und Speichermedien (§ 54 UrhG) oder der Betreiber von Ablichtungsgeräten (§ 54c UrhG) anhängig war. Wenn es in beiden parallel anhängigen Verfahren um die Vergütung von **Nutzungen gleicher Art** oder die Vergütung für **Geräte und Speichermedien der gleichen Art** ging, konnte die Schiedsstelle gem. **§ 14e S. 1 UrhWG** das die Einzelnutzung oder Einzelvergütung betreffende Verfahren aussetzen, bis sie im Gesamtvertragsverfahren einen Einigungsvorschlag zum Gesamtvertrag vorgelegt hatte.

Die Schiedsstelle hatte dabei darauf zu achten, dass sie, wenn in gleicher Sache auf zwei unterschiedlichen Ebenen parallel im Rahmen zweier Schiedsstellenverfahren gestritten wurde, der „höhe-

---

[7] Der einschränkende Zusatz „vor der mündlichen Verhandlung" im bisherigen § 5 S. 1 UrhSchiedsV wurde nicht in § 102 Abs. 3 übernommen.
[8] Im bisherigen § 5 S. 1 UrhSchiedsV war diese Möglichkeit auf Streitigkeiten beschränkt, die den Abschluss oder die Änderung eines Gesamtvertrages betrafen.
[9] Vgl. AmtlBegr. BT-Drs. 18/7223, 100.
[10] Zu den am Verfahren Beteiligten → § 92 Rn. 5, 8; → § 94 Rn. 4.
[11] Zur Ausübung des Ermessens vgl. → § 95 Rn. 5.
[1] BGBl. I S. 2513.
[2] Vgl. → 5. Aufl. 2017, UrhWG § 13a Rn. 3.

ren Ebene" des Gesamtvertrages Vorrang gab; und dies aus verfahrensökonomischen Gründen und vor allem mit dem Ziel der **einheitlichen Bemessung der Vergütung.**[3]

2. § 103

§ 103 Abs. 1 knüpft an den bisherigen § 14e S. 1 UrhWG an, erweitert aber die dort vorgesehene 2 Möglichkeit der Aussetzung des Schiedsstellenverfahrens: Diese Möglichkeit ist nach § 103 nicht mehr von einem laufenden Gesamtvertragsverfahren abhängig. Gem. § 103 Abs. 1 kann die Schiedsstelle demnach ein Verfahren immer dann **aussetzen,** wenn zu erwarten ist, dass **ein anderes** bei ihr anhängiges **Verfahren,** und zwar egal welcher Art, **von Bedeutung** für den Ausgang des Verfahrens sein wird.

Mit dieser Bestimmung soll der Schiedsstelle **zusätzlicher Spielraum bei der Ausgestaltung des Verfahrens** eingeräumt werden. Damit, dass die Aussetzung des Verfahrens gem. § 103 an jedes andere der in den §§ 92–94 genannten Verfahren und nicht mehr nur an ein laufendes Gesamtvertragsverfahren anknüpfen kann, soll der Erwartung Rechnung getragen werden, dass Gesamtvertragsverfahren für die Tarifaufstellung im Bereich der Geräte- und Speichermedienvergütung durch die Neuregelung in § 40 und insbesondere durch die Durchführung der selbständigen empirischen Untersuchung gem. § 93 an Bedeutung verlieren werden.[4]

§ 103 Abs. 2 entspricht dagegen inhaltlich dem bisherigen § 14e S. 2 UrhWG und bestimmt, dass die **Frist zur Unterbreitung des Einigungsvorschlags** gem. § 105 Abs. 1 während der Aussetzung **gehemmt** ist.

II. Aussetzung des Verfahrens

1. § 103 Abs. 1 – Möglichkeit der Aussetzung des Schiedsstellenverfahrens

Nach **§ 103 Abs. 1** hat die Schiedsstelle die Möglichkeit, das Verfahren auszusetzen, wenn für sei- 3 nen Ausgang ein anderes bei ihr anhängiges Verfahren voraussichtlich „von Bedeutung" ist.

Diese Möglichkeit besteht unabhängig vom Typ des anderen anhängigen Verfahrens, kann also sowohl einen der in § 92 und § 94 genannten Streitfälle zum Anlass für die Aussetzung nehmen, als auch ein Verfahren zur Durchführung empirischer Untersuchungen gem. **§ 93.**

Über die Aussetzung des Verfahrens entscheidet die Schiedsstelle nach pflichtgemäßem **Ermessen** iSv. § 95 Abs. 1. Die Zustimmung der Beteiligten ist nicht erforderlich.[5] Bei ihrer Entscheidung über die Aussetzung wird sich die Schiedsstelle von dem Bestreben leiten lassen, zu einer möglichst **einheitlichen Beurteilung von Rechtsfragen** und insbesondere zu **einheitlichen Vergütungssätzen** zu gelangen. Zugleich sind **verfahrensökonomische Erwägungen** entscheidend sowie das Ziel, die Verfahren zeitnah einem erfolgreichen Abschluss zuzuführen.[6]

Wenn es also in mehreren gleichzeitig bei der Schiedsstelle anhängigen Verfahren um **dieselbe Rechtsfrage** oder um die **Gestaltung gleicher Tarife** geht, kann es demnach unter diesen Gesichtspunkten zweckmäßig sein, diese Rechtsfrage oder diese Tarife zunächst in einem Verfahren zu entscheiden und die anderen Verfahren bis zu dieser Entscheidung zurückzustellen.[7] So kann etwa das Ergebnis einer empirischen Untersuchung iSv. § 93 **„von Bedeutung"** für eine Einzelnutzungsstreitigkeit iSv. § 92 Abs. 1 Nr. 1 oder für Streitigkeiten über die Vergütungspflicht für Geräte und Speichermedien iSv. § 92 Abs. 1 Nr. 2 und ein Grund für die Aussetzung der darauf bezogenen Verfahren sein, bis dieses Ergebnis vorliegt.

2. § 103 Abs. 2 – Hemmung der Frist zur Vorlage des Einigungsvorschlags

§ 103 Abs. 2 bestimmt, dass, wenn die Schiedsstelle von der Möglichkeit nach § 103 Abs. 1 Ge- 4 brauch macht, ein Verfahren zugunsten eines anderen Verfahrens, das für das erstere „von Bedeutung" ist, auszusetzen, der **Ablauf der Jahresfrist** gem. § 105 Abs. 1 S. 1 zur Unterbreitung des Einigungsvorschlags im ersteren Verfahren während der Aussetzung **gehemmt** wird. Anders als gem. § 249 ZPO, wonach bei der Aussetzung der Ablauf der Frist aufhört, und nach Beendigung der Aussetzung die volle Frist von neuem zu laufen beginnt, bewirkt § 103 Abs. 2 lediglich eine Hemmung der Frist: Der Zeitraum, in dem das Verfahren ausgesetzt ist, bleibt entsprechend § 209 BGB für die Berechnung der in § 105 Abs. 1 S. 1 bestimmten Jahresfrist außer Betracht; der am Tag des Aussetzungsbeschlusses noch nicht abgelaufene Teil der Jahresfrist läuft also an dem Tag der Fortsetzung des Verfahrens folgenden Tag weiter.[8] Entsprechendes gilt für die Frist zur gerichtlichen Geltendmachung gem. § 128 Abs. 1, wo ausdrücklich auf § 103 Abs. 2 verwiesen wird.[9]

---

[3] AmtlBegr. BT-Drs. 16/1828, 77; im Einzelnen → 5. Aufl. 2017, UrhWG § 14e Rn. 2.
[4] AmtlBegr. BT-Drs. 18/7223, 100 f.; vgl. → § 40 Rn. 5.
[5] Vgl. § 148 ZPO (Aussetzung bei Vorgreiflichkeit).
[6] Zu den Maßstäben für die Ausübung des Ermessens → § 95 Rn. 5.
[7] AmtlBegr. BT-Drs. 18/7223, 101.
[8] Dreier/Schulze/*Schulze* § 103 Rn. 2.
[9] → § 128 Rn. 5.

Die Hemmung der Jahresfrist bewirkt, dass die Parteien, solange das Schiedsstellenverfahren ausgesetzt ist, weiterhin **kein gerichtliches Verfahren** beginnen können, soweit die Durchführung des Schiedsstellenverfahrens Prozessvoraussetzung ist.[10]

Dagegen bleibt die (Jahres-)Frist zur Unterbreitung des Einigungsvorschlags in dem (Haupt-)Verfahren, zu dessen Gunsten das Verfahren ausgesetzt wurde, unberührt. Sobald die Schiedsstelle in diesem (Haupt-)Verfahren einen Einigungsvorschlag unterbreitet hat, hebt sie die Aussetzung des Verfahrens gem. § 150 ZPO wieder auf, und der noch nicht abgelaufene Teil der Jahresfrist für dieses letztere Verfahren läuft weiter.

§ 104 Aufklärung des Sachverhalts

(1) ¹**Die Schiedsstelle kann erforderliche Beweise in geeigneter Form erheben. ²Sie ist an Beweisanträge nicht gebunden.**

(2) **Sie kann die Ladung von Zeugen und den Beweis durch Sachverständige von der Zahlung eines hinreichenden Vorschusses zur Deckung der Auslagen abhängig machen.**

(3) **Den Beteiligten ist Gelegenheit zu geben, sich zu den Ermittlungs- und Beweisergebnissen zu äußern.**

(4) **Die §§ 1050 und 1062 Absatz 4 der Zivilprozessordnung sind entsprechend anzuwenden.**

Übersicht

I. Allgemeines

1. Die Regelung in § 8 UrhSchiedsV

1 § 8 UrhSchiedsV („Ermittlung von Amts wegen") enthielt Bestimmungen zur Ermittlung des Sachverhalts durch die Schiedsstelle. Für die Schiedsstelle galt danach der Amtsermittlungsgrundsatz.

Nach **§ 8 Abs. 1 S. 1 UrhSchiedsV** war die Schiedsstelle **an Beweisanträge nicht gebunden.** Gem. **§ 8 Abs. 1 S. 2 UrhSchiedsV** hatte sie **von Amts wegen zu ermitteln** und die erforderlichen und geeignet erscheinenden Beweise selbst zu erheben. Gem. **§ 8 Abs. 1 S. 3 UrhSchiedsV** musste sie den Beteiligten **Gelegenheit geben**, sich zu den Ermittlungs- und Beweisergebnissen **zu äußern.**

Nach **§ 8 Abs. 2 UrhSchiedsV** konnte die Schiedsstelle Beteiligte und Zeugen vernehmen, Gutachten erstatten lassen sowie Nutzervereinigungen und Verwertungsgesellschaften, die nicht Beteiligte des Verfahrens waren, anhören.

§ 8 Abs. 3 UrhSchiedsV betraf den Fall, dass Zeugen oder Sachverständige ihr Erscheinen, ihre Aussage oder die Erstattung eines Gutachtens verweigerten, oder dass Beeidigungen vorgenommen werden mussten. Für solche **Vernehmungen und Beeidigungen** war auf Ersuchen der Schiedsstelle das **Amtsgericht München** zuständig.

Im Übrigen bestimmte **§ 8 Abs. 4 UrhSchiedsV,** dass die Vorschriften des **GVG,** insbesondere über die Rechtshilfe, und der **ZPO entsprechend anzuwenden** waren. Damit war etwa die Vernehmung von Zeugen auch durch den beauftragten oder ersuchten Richter gem. § 375 ZPO möglich.

2. § 104

2 **§ 104** knüpft zwar an den bisherigen § 8 UrhSchiedsV an, enthält demgegenüber aber einige Änderungen.

Vor allem ist in **§ 104 Abs. 1 S. 1** eine Pflicht zur Amtsermittlung nicht mehr vorgesehen, sondern stattdessen bestimmt, dass die Schiedsstelle **„erforderliche Beweise in geeigneter Form"** erheben **kann.** Damit soll ihr zusätzlicher Spielraum bei der Beweiserhebung eröffnet und der Auffassung Rechnung getragen werden, dass eine umfassende Ermittlung des Sachverhalts durch die Schiedsstelle wegen des hohen Zeitaufwandes unter verfahrensökonomischen Gesichtspunkten für

---

[10] → § 128 Rn. 4 ff.

nicht sinnvoll gehalten wird.[1] Zugleich dürften damit auch die bisher in § 8 Abs. 2 UrhSchiedsV genannten, ausdrücklich zugelassenen Beweismittel mit erfasst sein.

§ 104 Abs. 1 S. 2, wonach die Schiedsstelle **an Beweisanträge nicht gebunden** ist, entspricht dagegen wörtlich dem bisherigen § 8 Abs. 1 S. 1 UrhSchiedsV.

Gem. **§ 104 Abs. 2** kann die Schiedsstelle die Ladung von Zeugen und den Beweis durch Sachverständige von der Zahlung eines an der Deckung der Auslagen zu bemessenden **Kostenvorschusses** abhängig machen. In der UrhSchiedsV war eine solche Bestimmung nicht enthalten.

§ 104 Abs. 3 entspricht wörtlich dem bisherigen § 8 Abs. 1 S. 3 UrhSchiedsV und gibt der Schiedsstelle vor, den Beteiligten **Gelegenheit zur Äußerung** zu den Ermittlungs- und Beweisergebnissen zu geben.

§ 104 Abs. 4 erklärt die Vorschriften über die gerichtliche Unterstützung bei der Beweisaufnahme aus dem schiedsrichterlichen Verfahren nach der ZPO **(§§ 1050 und 1062 Abs. 4 ZPO)** für entsprechend anwendbar. Im Ergebnis hat diese Bestimmung denselben Inhalt wie der bisherige § 8 Abs. 4 UrhSchiedsV. Zugleich deckt sie den Anwendungsbereich des bisherigen § 8 Abs. 3 UrhSchiedsV (Vernehmung von Zeugen und Sachverständigen) ab.

II. Aufklärung des Sachverhalts

1. § 104 Abs. 1 – Beweiserhebung in geeigneter Form

§ 104 Abs. 1 S. 1 gibt der Schiedsstelle die Möglichkeit („kann"), erforderliche Beweise in geeig-   3
neter Form zu erheben. Verpflichtet ist sie dazu also streng genommen nicht, denn der im bisherigen § 8 Abs. 1 S. 2 UrhSchiedsV ausdrücklich festgelegte Amtsermittlungsgrundsatz wurde nicht in § 104 übernommen. Allerdings muss die Schiedsstelle die ihr in § 104 Abs. 1 S. 1 eingeräumte Möglichkeit der **Beweiserhebung nach pflichtgemäßem Ermessen** iSv. § 95 Abs. 1 ausüben. Da die Schiedsstelle dabei stets zielorientiert vorgehen und bestrebt sein muss, das Verfahren zeitnah erfolgreich zu beenden,[2] ist sie also gehalten, die als erforderlich erkannten Beweise von sich aus zu erheben. Dies dürfte idR. im Ergebnis auf dasselbe hinauslaufen wie eine Pflicht zur Amtsermittlung.

§ 104 Abs. 1 S. 2 bestätigt dies durch die Feststellung, dass die Schiedsstelle **nicht an Beweisanträge gebunden** ist. Sie ist also im Rahmen ihres pflichtgemäßen Ermessens nicht verpflichtet, Beweisanträgen der Beteiligten stattzugeben. Andererseits kann sie von Amts wegen alle Beweise erheben, die sie für geeignet, also zielführend hält, um sich ein umfassendes Bild machen zu können. Dazu gehören, wie im bisherigen § 8 Abs. 2 UrhSchiedsV noch ausdrücklich bestimmt war, die Vernehmung von Zeugen und von am Verfahren Beteiligten, die Einholung von Gutachten, aber auch die Anhörung von Nutzervereinigungen und Verwertungsgesellschaften, selbst wenn diese nicht am Verfahren beteiligt sind.[3] Dabei wird die Schiedsstelle aber auch darauf zu achten haben, dass die mit der Beweiserhebung von Amts wegen verbundenen Kosten in einem angemessenen Verhältnis stehen zu deren Nutzen.[4]

Im Übrigen ergibt sich bereits aus **§ 99 Abs. 2,** dass die Schiedsstelle auch ohne den entsprechenden Antrag eines Verfahrensbeteiligten eine **mündliche Verhandlung** anberaumen kann, wenn sie dies zur Aufklärung des Sachverhalts für zweckmäßig hält.[5]

2. § 104 Abs. 2 – Auslagenvorschuss

Nach **§ 104 Abs. 2** kann die Schiedsstelle für die Ladung von Zeugen und den Sachverständigen-   4
beweis einen **Kostenvorschuss** verlangen und die Ladung von dessen Zahlung abhängig machen; verpflichtet ist sie hierzu aber nicht. Auch hier handelt die Schiedsstelle im pflichtgemäßen Ermessen iSv. § 95 Abs. 1 S. 1.

§ 104 Abs. 2 gilt unabhängig davon, ob der Beweis durch Zeugenvernehmung oder Sachverständige von einem Beteiligten beantragt oder von der Schiedsstelle selbst erhoben wurde.[6] In der Regel wird es sachgerecht sein, einen solchen Kostenvorschuss zunächst nur **von einem Beteiligten** zu verlangen; dies wird im ersten Fall der Beteiligte sein, der den Beweisantrag gestellt hat.[7]

Wenn die Schiedsstelle einen Kostenvorschuss verlangt, muss dieser so bemessen sein, dass er **hinreichend** ist **zur Deckung der Auslagen.**[8] Dabei geht es nur um die Auslagen, die voraussichtlich für den jeweiligen Beweis entstehen.[9]

---

[1] AmtlBegr. BT-Drs. 18/7223, 101.
[2] → § 95 Rn. 5.
[3] Vgl. Dreier/Schulze/*Schulze* § 104 Rn. 2.
[4] Vgl. Möhring/Nicolini/*Freudenberg* § 104 Rn. 5.
[5] → § 99 Rn. 5.
[6] Vgl. § 17 Abs. 3 GKG zu von Amts wegen vorgenommenen Handlungen.
[7] Vgl. AmtlBegr. BT-Drs. 18/7223, 101.
[8] Vgl. § 17 Abs. 1 GKG: „… einen zur Deckung der Auslagen hinreichenden Vorschuss …"; zu den Kosten einer Beweiserhebung von Amts wegen → Rn. 3.
[9] Zu anderen Kostenvorschüssen vgl. § 118 Abs. 2 (Zahlung eines Kostenvorschusses vor Zustellung des verfahrenseinleitenden Antrags); § 119.

3. § 104 Abs. 3 – Gelegenheit zur Äußerung der Beteiligten

5   Die Verpflichtung der Schiedsstelle gem. **§ 104 Abs. 3,** den Beteiligten Gelegenheit zu geben, sich zu den Ermittlungs- und Beweisergebnissen zu äußern, ist Ausfluss der grundlegenden Verfahrensmaxime des rechtlichen Gehörs, das jedem Beteiligten gem. § 95 Abs. 2 S. 2 in allen Phasen des Schiedsstellenverfahrens zu gewähren ist.[10]

Diese Verpflichtung gilt allgemein, und zwar gleichermaßen im schriftlichen wie im mündlichen Schiedsstellenverfahren. Den Beteiligten sind daher ggf. Sachverständigengutachten oder Protokolle gerichtlicher Zeugenvernehmungen, die iRv. § 104 Abs. 4 vorgenommen wurden, zur Kenntnis zu geben.[11]

4. § 104 Abs. 4 – Entsprechende Anwendbarkeit von Vorschriften der ZPO

6   § 104 Abs. 4 erklärt die §§ 1050 und 1062 Abs. 4 ZPO für entsprechend anwendbar.

In entsprechender Anwendung von **§ 1050 S. 1 ZPO** kann damit die Schiedsstelle oder ein Beteiligter mit Zustimmung der Schiedsstelle bei **Gericht als Rechtshilfe** Unterstützung bei der Beweisaufnahme oder die Vornahme sonstiger richterlicher Handlungen beantragen, zu denen die Schiedsstelle nicht befugt ist. Dazu gehören insbesondere die Vereidigung oder die Vernehmung von Zeugen, die die Aussage verweigern. Die Mitglieder der Schiedsstelle sind entsprechend **§ 1050 S. 3 ZPO** berechtigt, an der gerichtlichen Beweisaufnahme **teilzunehmen** und Fragen zu stellen.

In entsprechender Anwendung von § 1062 Abs. 4 ZPO ist für die genannten Handlungen der Rechtshilfe das **Amtsgericht München** zuständig als das Gericht, in dessen Bezirk die jeweilige richterliche Handlung vorzunehmen ist.

§ 105 Einigungsvorschlag der Schiedsstelle; Widerspruch

(1) [1]Die Schiedsstelle unterbreitet den Beteiligten innerhalb eines Jahres nach Zustellung des Antrags einen Einigungsvorschlag. [2]Die Frist kann mit Zustimmung aller Beteiligten um jeweils ein halbes Jahr verlängert werden.

(2) [1]Der Einigungsvorschlag ist zu begründen und von sämtlichen für den Streitfall zuständigen Mitgliedern der Schiedsstelle zu unterschreiben. [2]In dem Einigungsvorschlag ist auf die Möglichkeit des Widerspruchs und auf die Folgen bei Versäumung der Widerspruchsfrist hinzuweisen. [3]Der Einigungsvorschlag ist den Beteiligten zuzustellen. [4]Zugleich ist der Aufsichtsbehörde eine Abschrift des Einigungsvorschlags zu übermitteln.

(3) [1]Der Einigungsvorschlag gilt als angenommen und eine dem Inhalt des Vorschlags entsprechende Vereinbarung als zustande gekommen, wenn nicht innerhalb eines Monats nach Zustellung des Vorschlags ein schriftlicher Widerspruch bei der Schiedsstelle eingeht. [2]Betrifft der Streitfall die Einräumung oder Übertragung von Nutzungsrechten der Kabelweitersendung, so beträgt die Frist drei Monate.

(4) [1]War einer der Beteiligten ohne sein Verschulden gehindert, den Widerspruch rechtzeitig einzulegen, so ist ihm auf Antrag Wiedereinsetzung in den vorigen Stand zu gewähren. [2]Über den Wiedereinsetzungsantrag entscheidet die Schiedsstelle. [3]Gegen die ablehnende Entscheidung der Schiedsstelle ist die sofortige Beschwerde an das für den Sitz des Antragstellers zuständige Landgericht möglich. [4]Die Vorschriften der Zivilprozessordnung über die Wiedereinsetzung in den vorigen Stand und die sofortige Beschwerde sind entsprechend anzuwenden.

(5) [1]Aus dem angenommenen Einigungsvorschlag findet die Zwangsvollstreckung statt. [2]§ 797a der Zivilprozessordnung gilt entsprechend.

Schrifttum: *Kaube/Volz,* Die Schiedsstelle nach dem Gesetz über Arbeitnehmererfindungen beim Deutschen Patentamt, RdA 1981, 213; *Reimer,* Schiedsstellen im Urheberrecht, GRUR-Int 1982, 215; *Reinbothe,* Schlichtung im Urheberrecht, 1978; *Schulze,* Das Schiedsstellenverfahren, in: Heker/Riesenhuber (Hrsg.), Recht und Praxis der GEMA, 3. Aufl. 2018, 670; *Strittmatter,* Tarife vor der urheberrechtlichen Schiedsstelle, 1994.

Übersicht

---

[10] → § 95 Rn. 9.
[11] Vgl. Dreier/Schulze/*Schulze* § 104 Rn. 4.

I. Allgemeines

1. Die Bestimmungen in § 14a UrhWG

Nach **§ 14a UrhWG** („Einigungsvorschlag der Schiedsstelle") fand das Schiedsstellenverfahren sei- **1** nen Abschluss durch einen **Einigungsvorschlag der Schiedsstelle.** Dieses Konzept ersetzte das früher nach § 14 Abs. 4 und Abs. 5 UrhWG idF vor 1985 vorgesehene Vertragsdiktat. Inhaltlich war § 14a UrhWG an § 34 des Gesetzes über Arbeitnehmererfindungen angelehnt. Trotz seiner **nicht bindenden Wirkung** sollte der Einigungsvorschlag der Schiedsstelle nach Erwartung des Gesetzgebers in einer Vielzahl von Fällen akzeptiert und so auch eine gewisse Entlastung der Gerichte bewirkt werden.[1] Trotz der oft recht langen Dauer des Schiedsstellenverfahrens hatte sich diese Erwartung auch weitgehend erfüllt.[2]

§ 14a Abs. 2–4 UrhWG enthielt die grundlegenden Bestimmungen zum Einigungsvorschlag der Schiedsstelle, einschließlich seiner Form, seines Inhalts und seiner Wirkung.

Gem. **§ 14a Abs. 2 S. 1 UrhWG** musste die Schiedsstelle den Beteiligten innerhalb einer **Frist von einem Jahr** nach Anrufung einen Einigungsvorschlag machen. Diese Frist zur Vorlage des Einigungsvorschlags war durch das Zweite Gesetz zur Regelung des Urheberrechts in der Informationsgesellschaft vom 26.10.2007[3] eingeführt worden. Nach Ablauf dieser Frist konnte das Schiedsstellenverfahren gem. **§ 14a Abs. 2 S. 2 UrhWG** nur mit Zustimmung aller Beteiligten um jeweils ein halbes Jahr **verlängert** werden. Die Einführung dieser Fristen sollte der zeitlichen Straffung des Verfahrens vor der Schiedsstelle dienen und dem Wunsch aller Beteiligten nach einer effektiven Verfahrensbeschleunigung entgegenkommen.[4]

Gem. **§ 14a Abs. 2 S. 3 UrhWG** musste die Schiedsstelle den Einigungsvorschlag **begründen,** und er musste von allen ihren Mitgliedern unterschrieben werden. Nach **§ 14a Abs. 2 S. 4 UrhWG** musste sie im Einigungsvorschlag auf die **Möglichkeit des Widerspruchs** und die Folgen der Versäumung der Widerspruchsfrist hinweisen. Und gem. **§ 14a Abs. 2 S. 5 UrhWG** musste der Einigungsvorschlag **den Parteien zugestellt** werden.

Nach **§ 14a Abs. 3 S. 1 UrhWG** galten der Einigungsvorschlag und eine seinem Inhalt entsprechende Vereinbarung als **angenommen,** wenn ihm nicht **innerhalb eines Monats** nach Zustellung schriftlich widersprochen wurde, bzw. gem. **§ 14a Abs. 3 S. 2 UrhWG** innerhalb von **drei Monaten** bei Streitigkeiten über die Einräumung oder Übertragung von Nutzungsrechten der Kabelweitersendung.

§ 14a Abs. 4 UrhWG bestimmte, dass aus dem angenommenen Einigungsvorschlag die **Zwangsvollstreckung** stattfand, und erklärte § 797a ZPO für entsprechend anwendbar.

2. § 105

§ 105 übernimmt weitgehend die Bestimmungen des bisherigen § 14a Abs. 2–4 UrhWG. Inhalt- **2** lich relevante Abweichungen finden sich in § 105 Abs. 1 S. 1, Ergänzungen in § 105 Abs. 2 S. 4 und § 105 Abs. 4.

§ 105 Abs. 1 S. 1 verpflichtet die Schiedsstelle, den Beteiligten **innerhalb eines Jahres ab Zustellung des Antrags** einen Einigungsvorschlag zu machen. Diese Frist wurde vom bisherigen § 14a Abs. 2 S. 1 UrhWG übernommen. Allerdings wurde der noch im bisherigen § 14a Abs. 2 S. 1 UrhWG vorgesehene Zeitpunkt des Fristbeginns mit der Anrufung der Schiedsstelle bewusst auf die Zustellung des verfahrenseinleitenden Antrags geändert, um Schwierigkeiten und Verzögerungen Rechnung zu tragen, die insbesondere mit der Zustellung des Einigungsvorschlags im Ausland verbunden sein können.[5]

§ 105 Abs. 1 S. 2 mit der Möglichkeit der **Fristverlängerung** mit Zustimmung aller Beteiligten um jeweils ein halbes Jahr entspricht inhaltlich dem bisherigen § 14a Abs. 2 S. 2 UrhWG, auch wenn dies dort nicht als eine Verlängerung der Frist, sondern als die Fortsetzung des Verfahrens bezeichnet wurde.

§ 105 Abs. 2 S. 1 zur **Begründung und Zeichnung** des Einigungsvorschlags entspricht wörtlich dem bisherigen § 14a Abs. 2 S. 3 UrhWG. **§ 105 Abs. 2 S. 2 (Hinweis auf die Möglichkeit des Widerspruchs** und die Folgen der Versäumung der Widerspruchsfrist) ist inhaltsgleich mit dem bisherigen § 14a Abs. 2 S. 4 UrhWG. **§ 105 Abs. 2 S. 3,** der die Schiedsstelle zur **Zustellung des Einigungsvorschlags** an die Beteiligten verpflichtet, entspricht dem bisherigen § 14a Abs. 2 S. 5

---

[1] AmtlBegr. UrhWG-Novellierung BT-Drs. 10/837, 23.
[2] Vgl. → Vor §§ 92 ff. Rn. 12.
[3] BGBl. I S. 2513.
[4] AmtlBegr. UrhWG-Novellierung BT-Drs. 16/1828, 77; Näheres → 5. Aufl. 2017, UrhWG § 14a Rn. 8 ff.
[5] AmtlBegr. BT-Drs. 18/7223, 101.

UrhWG, der allerdings nicht den Begriff der „Beteiligten" benutzte, sondern den der „Parteien". Neu ist dagegen **§ 105 Abs. 2 S. 4,** wonach die Schiedsstelle der **Aufsichtsbehörde** eine Abschrift des Einigungsvorschlags übermitteln muss. Zur Begründung für diese Verpflichtung wird angegeben, dass die Kenntnis aktueller Einigungsvorschläge für die Arbeit der Aufsichtsbehörde von Bedeutung sei.[6]

§ 105 Abs. 3 S. 1 (**Fiktion der Annahme** des Einigungsvorschlags und einer dem Inhalt des Vorschlags entsprechenden Vereinbarung **bei fehlendem Widerspruch innerhalb eines Monats** nach Zustellung) ist wortgleich mt dem bisherigen § 14a Abs. 3 S. 1 UrhWG. Ebenso ist **§ 105 Abs. 3 S. 1,** wonach die Widerspruchsfrist bei Streitigkeiten über die Einräumung oder Übertragung von Nutzungsrechten der Kabelweitersendung **drei Monate** beträgt, identisch mit dem bisherigen § 14a Abs. 3 S. 2 UrhWG.

§ 105 Abs. 4 sieht bei unverschuldeter Versäumnis der in § 105 Abs. 3 genannten Widerspruchsfrist die Möglichkeit einer **Wiedereinsetzung in den vorigen Stand** vor. Eine solche Bestimmung gab es bisher im UrhWG nicht. Damit soll dem Interesse des Beteiligten Rechnung getragen werden, in solchen Fällen nicht an den Einigungsvorschlag gebunden zu sein, aus dem nach § 105 Abs. 5 die Zwangsvollstreckung betrieben werden kann.[7]

§ 105 Abs. 5 wiederum sieht entsprechend dem bisherigen § 14a Abs. 4 UrhWG vor, dass aus dem angenommenen Einigungsvorschlag die **Zwangsvollstreckung** stattfindet (**§ 105 Abs. 5 S. 1**) und **§ 797a ZPO** (betreffend die Erteilung der Vollstreckungsklausel bei Gütestellenvergleichen) **entsprechend anwendbar** ist (**§ 105 Abs. 5 S. 2**).

II. Einigungsvorschlag der Schiedsstelle; Widerspruch

1. § 105 Abs. 1 – Einigungsvorschlag: Frist und Inhalt

3   **a) Der Einigungsvorschlag.** Nach **§ 105 Abs. 1** ist die Schiedsstelle grundsätzlich verpflichtet, den Beteiligten einen Einigungsvorschlag zu machen.[8] Dies setzt zunächst den erfolglosen Versuch einer gütlichen Einigung iRv. § 102 voraus und ist damit der zweite und **letzte Schritt des Schiedsstellenverfahrens in Streitfällen gem. den §§ 92 und 94.** Mit Vorlage des Einigungsvorschlages findet das Schiedsstellenverfahren in diesen Fällen seinen Abschluss unabhängig davon, ob er von den Parteien angenommen wird oder nicht.

Gem. **§ 105 Abs. 1 S. 1** muss die Schiedsstelle den Einigungsvorschlag **innerhalb eines Jahres nach Zustellung des Antrags** vorlegen. Die Frist beginnt also nicht bereits mit dem Datum der Anrufung der Schiedsstelle, wie dies noch im bisherigen § 14a Abs. 2 S. 1 UrhWG vorgesehen war, sondern erst mit der **Zustellung des verfahrensleitenden Antrags an den Verfahrensgegner** iSv. § 97 Abs. 2.[9] Die Frist als solche wurde von § 14a Abs. 2 S. 1 UrhWG übernommen, die seit dem 1.1.2008 galt und zusammen mit anderen damals neu in das UrhWG eingefügten Elementen, wie insbesondere die Bildung von Kammern bei der Schiedsstelle gem. § 14 Abs. 3 UrhWG,[10] auf die Beschleunigung des Schiedsstellenverfahrens angelegt war.[11]

Gem. **§ 105 Abs. 1 S. 2** kann diese Frist zwar **um jeweils ein halbes Jahr** – also möglicherweise auch mehrmals – verlängert werden, allerdings nur **mit Zustimmung aller Beteiligten.**

Hat die Schiedsstelle innerhalb des in § 105 Abs. 1 S. 1 genannten Jahreszeitraums noch keinen Einigungsvorschlag vorgelegt, so gibt es demnach zwei mögliche Konsequenzen:

– (1) Entweder es einigen sich alle Beteiligten, dh. beide Parteien des Verfahrens vor der Schiedsstelle, darauf, das Verfahren zunächst für ein weiteres halbes Jahr, das einvernehmlich um weitere Halbjahreszeiträume **verlängert** werden kann, fortzusetzen, wie dies in § 105 Abs. 1 S. 2 vorgesehen ist.

– (2) Andernfalls, dh. wenn über die Verlängerung des Verfahrens keine Einigkeit besteht, bleibt die Schiedsstelle zwar weiterhin verpflichtet, einen Einigungsvorschlag zu unterbreiten, allerdings gilt, dass die Parteien ab Fristablauf die Ansprüche aus Streitfällen iSv. § 92 Abs. 1 (Streitigkeiten über Einzelnutzung, die Vergütungspflicht nach §§ 54 oder 54c UrhG oder den Abschluss oder die Änderung von Gesamtverträgen) oder § 92 Abs. 2 (Streitfälle über den Abschluss eines Kabelweitersendungsvertrages) auch ohne einen Einigungsvorschlag der Schiedsstelle **gerichtlich geltend machen** können.[12]

Dabei ist allerdings zu beachten, dass der Ablauf der Jahresfrist unter bestimmten Voraussetzungen durch Aussetzung des Verfahrens gem. § 103 Abs. 2 gehemmt wird.[13]

---

[6] AmtlBegr. BT-Drs. 18/7223, 101.
[7] AmtlBegr. BT-Drs. 18/7223, 101.
[8] Zu den Ausnahmen von der Pflicht zur Vorlage eines Einigungsvorschlags → § 109 Rn. 3 ff.
[9] AmtlBegr. BT-Drs. 18/7223, 101; zur Zustellung des verfahrenseinleitenden Antrags → § 97 Rn. 10.
[10] S. § 124 Abs. 8.
[11] → Rn. 1.
[12] AmtlBegr. UrhWG-Novelle BT-Drs. 16/1828, 77; *Schulze* in Heker/Riesenhuber (Hrsg.), Recht und Praxis der GEMA, 670 (700).
[13] → § 103 Rn. 4.

Ob die der Schiedsstelle gesetzte Jahresfrist tatsächlich schon für sich genommen eine **Straffung des Schiedsstellenverfahrens** bewirkt, kann bezweifelt werden. Zu bedenken ist, dass die Schiedsstelle zunächst auf eine gütliche Einigung hinzuwirken (§ 103), in bestimmten Fällen Verbraucherverbände zu konsultieren hat (§ 116), und schließlich den Einigungsvorschlag abfassen und begründen muss. Dies wird innerhalb eines Jahreszeitraums oft nicht möglich sein. Es wird daher im Interesse aller Beteiligten liegen, der Schiedsstelle genügend Zeit zu lassen, ihren Sachverstand einzubringen, und ggf. von der **Möglichkeit der einvernehmlichen Fristverlängerung** Gebrauch zu machen.[14]

b) Zum Inhalt des Einigungsvorschlags. Maßstäbe für den Inhalt des Einigungsvorschlags sind **4** im Gesetz nicht ausdrücklich vorgegeben. Objektiv muss der Einigungsvorschlag **rechtmäßig** sein, dh. die Schiedsstelle ist bei ihrer Entscheidung an Gesetz und Recht gebunden. Als zwingendes Recht, das die Schiedsstelle dabei zu beachten hat, kommen neben den Vorschriften des UrhG und des VGG insbesondere wettbewerbsrechtliche Vorschriften in Betracht.[15] Daneben muss die von der Schiedsstelle vorgeschlagene Vereinbarung gerecht und angemessen sein, also konkret dem Gebot der **angemessenen Bedingungen** iSd. §§ 34 und 35 entsprechen. Dabei wird auch und gerade die Schiedsstelle nicht davon ausgehen können, dass angemessen das Übliche und damit prima facie die von den Verwertungsgesellschaften geforderten oder angewandten Tarife sind. Ob die Vergütung angemessen ist, ist vielmehr anhand objektiver Kriterien zu ermitteln.[16]

Die Schiedsstelle trifft bei ihrem Einigungsvorschlag eine **Ermessensentscheidung.**[17] Dabei ist ihr Ermessensspielraum vor allem durch § 39 Abs. 1, durch § 40 iVm. § 54a UrhG und ggf. durch die Ergebnisse empirischer Untersuchungen gem. § 93 definiert, die iRv § 115 zur Sachverhaltsaufklärung herangezogen werden können.[18] Der Einigungsvorschlag muss die einzelnen Elemente der Vereinbarung oder des Nutzungsvorgangs in ihr ausgewogenes Verhältnis zueinander setzen. Vor allem angesichts der vielfältigen in einem Lizenz- oder Gesamtvertrag zu regelnden Punkte kann es dabei mehrere Gestaltungsmöglichkeiten geben. Der Einigungsvorschlag muss aus der Summe der einzelnen Elemente den gemeinsamen Nenner bilden.[19]

Für ihren Einigungsvorschlag ist die Schiedsstelle im Umfang auf das von den Beteiligten Begehrte beschränkt. Der **Grundsatz ne ultra petita**[20] gilt also auch im Schiedsstellenverfahren.[21] Die Schiedsstelle lässt sich allerdings bei ihrer Entscheidung neben der Sachdarstellung der Beteiligten auch von ihrer eigenen Bewertung der Ermittlungsergebnisse sowie ggf. von den Ergebnissen einer empirischen Untersuchung nach § 93 leiten.[22] Dem Verständnis der Schiedsstelle als sachkundiger Schlichtungsstelle mit dem Ziel der Vertragshilfe dürfte es entsprechen, dass sie nicht notwendig lediglich Kompromisse, also mittlere Lösungen, zwischen den Auffassungen der Beteiligten zu finden sucht; vielmehr hat sie sich bei ihrem Einigungsvorschlag von dem Bestreben leiten zu lassen, eine **objektiv angemessene Regelung des Streitfalles** zu finden.[23]

Der Einigungsvorschlag der Schiedsstelle zum Gesamtvertrag iR. eines Streitfalles gem. § 92 Abs. 1 Nr. 3 oder zum Kabelweitersendungsvertrag iR. eines Verfahrens gem. § 92 Abs. 2 muss gem. § 110 Abs. 1 bzw. § 111 dessen gesamten Inhalt enthalten.[24] Im Rahmen von Streitfällen gem. § 92 Abs. 1 Nr. 1 (Einzelnutzungsstreitigkeiten) und gem. § 92 Abs. 1 Nr. 2 (Vergütungspflicht für Geräte und Speichermedien) kann die Schiedsstelle gem. § 109 unter den dort genannten Voraussetzungen ihren Einigungsvorschlag inhaltlich beschränken oder ganz von einem Einigungsvorschlag absehen.[25]

2. § 105 Abs. 2 – Einigungsvorschlag: Form; Zustellung

Nach **§ 105 Abs. 2 S. 1** ist der Einigungsvorschlag formal nur dann ordnungsgemäß, wenn er **5** schriftlich abgefasst, mit einer **schriftlichen Begründung** versehen und von sämtlichen Mitgliedern der Schiedsstelle **unterschrieben** ist. Das im Gesetz nicht ausdrücklich erwähnte Erfordernis der

---

[14] Vgl. Wandtke/Bullinger/*Staats* § 105 Rn. 8.
[15] *Reinbothe* S. 40, 113; vgl. *Kaube/Volz* RdA 1981, 213 (217); *Strittmatter* S. 103.
[16] *Reimer* GRUR-Int 1982, 215 (217); *Reinbothe* S. 45 mwN; *Strittmatter* S. 103 ff.; → § 34 Rn. 5; → § 35 Rn. 6; → § 39 Rn. 4 ff.; → § 40 Rn. 8 ff.
[17] Vgl. Schiedsstelle ZUM 2005, 257 (261), die dies iRd. UrhWG und der UrhSchiedsV aus der analogen Anwendung von § 16 Abs. 4 S. 2 aF UrhWG und aus § 10 UrhSchiedsV iVm. § 287 Abs. 2 ZPO ableitete; Dreier/Schulze/*Schulze* § 105 Rn. 3; Wandtke/Bullinger/*Staats* § 105 Rn. 3.
[18] → § 115 Rn. 3.
[19] *Reinbothe* S. 50; *Strittmatter* S. 105 ff.; Dreier/Schulze/*Schulze* § 105 Rn. 3; enger („kann") offenbar Wandtke/Bullinger/*Staats* § 105 Rn. 3.
[20] Vgl. § 308 Abs. 1 ZPO; § 88 VwGO.
[21] BGH GRUR 2016, 792 Rn. 97 – Gesamtvertrag Unterhaltungselektronik; BGH GRUR 2017, 161 Rn. 97 – Gesamtvertrag Speichermedien; Dreier/Schulze/*Schulze* § 97 Rn. 4; *Strittmatter* S. 126 f. (bezogen auf das UrhWG); differenzierend (keine strikte Bindung an die Parteianträge iSv. § 308 ZPO) *Schulze* in Heker/Riesenhuber (Hrsg.), Recht und Praxis der GEMA, 670 (688); aA Wandtke/Bullinger/*Staats* § 97 Rn. 2; aA für die Schiedsstelle nach dem Gesetz über Arbeitnehmererfindungen *Kaube/Volz* RdA 1981, 213 (216).
[22] Zur Beweisermittlung → § 104 Rn. 3.
[23] Vgl. schon Kaube/*Volz* RdA 1981, 213 (217) zur Schlichtung nach dem Gesetz über Arbeitnehmererfindungen.
[24] → § 110 Rn. 3.
[25] → § 109 Rn. 3.

schriftlichen Form folgt schon aus dem Unterschriftserfordernis und der gem. § 105 Abs. 2 S. 3 ebenfalls vorgeschriebenen Zustellung.

Gem. **§ 105 Abs. 2 S. 2** muss der Einigungsvorschlag außerdem eine **ordnungsmäßige Belehrung** enthalten. Diese umfasst (1) den Hinweis darauf, dass gegen den Einigungsvorschlag Widerspruch möglich ist; (2) die Angabe, dass dieser Widerspruch schriftlich erhoben werden muss (§ 105 Abs. 3 S. 1); und (3) die Angabe der Widerspruchsfrist von einem Monat (§ 105 Abs. 3 S. 1) bzw. von drei Monaten (§ 105 Abs. 3 S. 2) ab Zustellung des Einigungsvorschlags sowie den Hinweis auf die in § 105 Abs. 3 beschriebenen Folgen einer Versäumung dieser Frist.

§ 105 Abs. 2 S. 3 bestimmt, dass der Einigungsvorschlag den Parteien zugestellt werden muss.[26]

§ 105 Abs. 2 S. 4 verpflichtet die Schiedsstelle außerdem ausdrücklich dazu, eine Abschrift ihres Einigungsvorschlags der Aufsichtsbehörde, also dem DPMA,[27] zu übermitteln. Eine derartige Bestimmung war in § 14a UrhWG nicht enthalten. Damit wird eine regelmäßige und lückenlose Übermittlung aller Einigungsvorschläge der Schiedsstelle an das DPMA gewährleistet. Dies wird ihm seine Arbeit erleichtern: Zwar ist die Schiedsstelle gem. § 125 Abs. 1 unabhängig und nicht an Weisungen gebunden, aber seit jeher begleitet das DPMA, ausweislich seiner Jahresberichte, die Arbeit der Schiedsstelle auch inhaltlich. Im Übrigen regelt es gem. § 124 Abs. 4 ihre Geschäftsverteilung und ist gem. § 125 Abs. 2 für ihre Dienstaufsicht zuständig.[28]

3. § 105 Abs. 3 – Einigungsvorschlag: Annahme; Widerspruch

6 **§ 105 Abs. 3** bewirkt entsprechend dem bisherigen § 14a Abs. 3 UrhWG die Annahme des Einigungsvorschlags bei ausbleibendem Widerspruch seitens der Beteiligten.

Gem. **§ 105 Abs. 3 S. 1** gilt der Einigungsvorschlag als angenommen, wenn bei der Schiedsstelle nicht **innerhalb eines Monats nach Zustellung** des Einigungsvorschlags iSv. § 105 Abs. 2 S. 3 ein **schriftlicher Widerspruch** von zumindest einer der Parteien eingeht. Gem. **§ 105 Abs. 3 S. 2** beträgt diese Frist bei Streitfällen über Kabelweitersendungsverträge iSv. § 92 Abs. 2[29] **drei Monate.** Der Widerspruch bedarf keiner schriftlichen Begründung, da er nicht zu einer weiteren sachlichen Überprüfung durch die Schiedsstelle führt, sondern lediglich das Wirksamwerden des Einigungsvorschlags verhindert.[30]

Wird kein Widerspruch erhoben, so wird kraft Gesetzes eine Vereinbarung zwischen den Parteien fingiert, die den Inhalt des Einigungsvorschlags der Schiedsstelle aufweist. Diese Vereinbarung ist inhaltlich und nach ihren Rechtsfolgen nicht anders zu beurteilen als ein **Vergleich;** die Besonderheit besteht darin, dass die Annahme der Vereinbarung stillschweigend erfolgt.

Diese **Annahmefiktion durch Stillschweigen,** die den Parteien die Annahme des Einigungsvorschlags erleichtern soll,[31] gilt für den Einigungsvorschlag in seiner Gesamtheit; es gibt nicht die Möglichkeit einer partiellen Annahme oder eines Teilwiderspruchs.[32] Die Annahmefiktion tritt aber nur ein, wenn der Einigungsvorschlag mit ordnungsgemäßer schriftlicher Belehrung iSv. § 105 Abs. 2 S. 2 versehen war.[33] Nur ein mit ordnungsgemäßer Belehrung versehener Einigungsvorschlag kann überhaupt stillschweigend angenommen werden.

Dagegen ist für das Eintreten der Annahmefiktion nicht Voraussetzung, dass der Einigungsvorschlag der Schiedsstelle inhaltlich rechtmäßig ist,[34] denn auch die Parteien selbst können durch ausdrückliche Vereinbarung oder Vergleich insoweit frei disponieren.

4. § 105 Abs. 4 – Einigungsvorschlag: Wiedereinsetzung in den vorigen Stand

7 **§ 105 Abs. 4** enthält eine neue Bestimmung, die noch nicht im bisherigen § 14a UrhWG enthalten war. Nach § 105 Abs. 3 gilt zwar der Einigungsvorschlag der Schiedsstelle, insoweit entsprechend der bisherigen Regelung im UrhWG, als angenommen, wenn nicht fristgerecht Widerspruch eingelegt wurde. Gem. **§ 105 Abs. 4 S. 1** kann jetzt jedoch ein Beteiligter, der gegen den Einigungsvorschlag Widerspruch iSd. § 105 Abs. 3 einlegen wollte, aber ohne sein Verschulden daran gehindert war, **Wiedereinsetzung in den vorigen Stand** beantragen.

Gem. **§ 105 Abs. 4 S. 2** entscheidet die **Schiedsstelle** über den Antrag auf Wiedereinsetzung in den vorigen Stand. Der Antrag ist daher an die Schiedsstelle zu richten; sie ist es auch, die über den Antrag befindet und zu beurteilen hat, ob der Antragsteller **ohne sein Verschulden** daran gehindert war, den **Widerspruch fristgerecht** einzulegen. Wenn die genannten Voraussetzungen vorliegen (unverschuldetes Versäumen der Widerspruchsfrist), muss die Schiedsstelle dem Antrag stattgeben und

---

[26] Vgl. §§ 166 ff. ZPO.
[27] Deutsches Patent- und Markenamt; → § 75 Rn. 6.
[28] AmtlBegr. BT-Drs. 18/7223, 101; vgl. DPMA, Jahresbericht 2018, S. 54 f.
[29] → § 92 Rn. 8 ff.
[30] Vgl. Möhring/Nicolini/*Freudenberg* § 105 Rn. 20.
[31] AmtlBegr. UrhWG-Novelle BT-Drs. 10/837, 23.
[32] Möhring/Nicolini/*Freudenberg* § 105 Rn. 22; Dreier/Schulze/*Schulze* § 105 Rn. 10; aA Strittmatter S. 65.
[33] → Rn. 5; Gegenäußerung der Bundesregierung iRd. UrhWG-Novelle BT-Drs. 10/837, 42.
[34] → Rn. 4.

die Wiedereinsetzung in den vorigen Stand gewähren („so ist ihm ... zu gewähren"); sie hat also insoweit keinen Ermessensspielraum.

Gem. **§ 105 Abs. 4 S. 3** steht dem Antragsteller gegen eine ablehnende Entscheidung der Schiedsstelle ein **Rechtsmittel** zur Verfügung: Lehnt die Schiedsstelle die Wiedereinsetzung in den vorigen Stand ab, so kann diese Entscheidung der Schiedsstelle angefochten werden durch **sofortige Beschwerde** an das für den Sitz des Antragstellers zuständige Landgericht.

Gem. **§ 105 Abs. 4 S. 4** finden im Übrigen die Vorschriften der ZPO über die Wiedereinsetzung in den vorigen Stand (**§§ 233 ff. ZPO**) und die sofortige Beschwerde (**§§ 576 ff. ZPO**) auch auf den Antrag nach § 105 Abs. 4 S. 1 entsprechend Anwendung.[35] So wird gem. § 233 S. 2 ZPO fehlendes Verschulden bei der Versäumung der Widerspruchsfrist vermutet, wenn die Belehrung gem. § 105 Abs. 2 über die Möglichkeit des Widerspruchs und die dafür geltenden Fristen unterblieben ist. Für den Antrag auf Wiedereinsetzung gilt gem. § 234 Abs. 1 S. 1 ZPO eine Frist von zwei Wochen; sie beginnt gem. § 234 Abs. 2 ZPO an dem Tag, an dem das Hindernis behoben ist. Gem. § 234 Abs. 3 ZPO kann eine Wiedereinsetzung nicht mehr beantragt werden nach Ablauf eines Jahres seit dem Ende der versäumten Frist. Gem. § 236 Abs. 2 S. 1 ZPO muss der Antrag auf Wiedereinsetzung die die Wiedereinsetzung begründenden Tatsachen angeben. Für die sofortige Beschwerde gilt § 569 ZPO: Danach ist die Beschwerdeschrift binnen einer Notfrist von zwei Wochen beim Landgericht einzulegen.

5. § 105 Abs. 5 – Angenommener Einigungsvorschlag: Vollstreckung

§ 105 Abs. 5 S. 1 bestimmt, dass aus einem angenommenen Einigungsvorschlag der Schiedsstelle　8 wie aus einem vor der Schiedsstelle geschlossenen Vergleich **vollstreckt** werden kann. Der angenommene Einigungsvorschlag der Schiedsstelle ist ein Vollstreckungstitel iSv. § 794 Abs. 1 Nr. 1 ZPO. Das in § 102 Abs. 2 S. 1 für Vergleiche vorgesehene Unterschriftserfordernis ist hier entbehrlich, da der Einigungsvorschlag bereits gem. § 105 Abs. 2 S. 1 unterschrieben ist.[36]

Nach **§ 105 Abs. 5 S. 2** gilt § 797a ZPO entsprechend. Danach wird die Vollstreckungsklausel vom Urkundsbeamten der Geschäftsstelle des zuständigen Amtsgerichts (gem. § 797a Abs. 1 ZPO das Amtsgericht München, da die Schiedsstelle ihren Sitz in München hat) erteilt.

Unterabschnitt 2. Besondere Verfahrensvorschriften

§ 106 Einstweilige Regelungen

[1] Auf Antrag eines Beteiligten kann die Schiedsstelle eine einstweilige Regelung vorschlagen. **§ 105 Absatz 2 und 3 Satz 1 ist anzuwenden.** [2] Die einstweilige Regelung gilt, wenn nichts anderes vereinbart wird, bis zum Abschluss des Verfahrens vor der Schiedsstelle.

Schrifttum: *Strittmatter,* Tarife vor der urheberrechtlichen Schiedsstelle, 1994.

Übersicht

I. Allgemeines

1. Die Regelung in § 14c UrhWG

Für das Verfahren bei Streitfällen, die den Abschluss oder die Änderung eines Gesamtvertrages betrafen, galten gem. § 14c UrhWG verschiedene Besonderheiten.[1]　　　　　　　　　　　　　　　　　1

Als eine dieser Besonderheiten bestimmte der frühere **§ 14c Abs. 2 S. 1 UrhWG,** dass die Schiedsstelle iRv. Gesamtvertragsstreitigkeiten auf Antrag eines Beteiligten einen **Vorschlag für eine einstweilige Regelung** machen konnte. Gem. **§ 14c Abs. 2 S. 2 UrhWG** fanden auf diesen Vorschlag die **für den Einigungsvorschlag geltenden Bestimmungen** des § 14a Abs. 2 S. 3–5 UrhWG (Begründung, Unterschrift, Belehrung und Zustellung) und § 14a Abs. 3 UrhWG (Annahmefiktion bei fehlendem Widerspruch) Anwendung.

---

[35] Vgl. Möhring/Nicolini/*Freudenberg* § 105 Rn. 24; Dreier/Schulze/*Schulze* § 105 Rn. 14.
[36] Vgl. → § 102 Rn. 4.
[1] → 5. Aufl. 2017, UrhWG § 14c Rn. 2 ff.

Gem. **§ 14c Abs. 2 S. 3 UrhWG** hatte eine derartige einstweilige Regelung **Geltung bis zum Abschluss des Schiedsstellenverfahrens,** wenn nichts anderes vereinbart wurde.

2. § 106

2   Nach **§ 106 S. 1** hat die Schiedsstelle die Möglichkeit, auf Antrag eines Beteiligten **eine einstweilige Regelung** vorzuschlagen. **§ 106** entspricht inhaltlich dem bisherigen § 14c Abs. 2 UrhWG, hat allerdings einen erweiterten Anwendungsbereich: Die Befugnis der Schiedsstelle ist nicht auf Gesamtvertragsstreitigkeiten iSv. § 92 Abs. 1 Nr. 3 beschränkt, sondern besteht **für alle der in den §§ 92 und 94 genannten Verfahrensarten.**[2]

Nach **§ 106 S. 2** finden auf einen solchen Vorschlag die **für den Einigungsvorschlag geltenden Bestimmungen** des § 105 Abs. 2 (Begründung, Unterschrift, Belehrung, Zustellung und Übermittlung an die Aufsichtsbehörde) und § 105 Abs. 3 S. 1 (Annahmefiktion bei fehlendem Widerspruch) Anwendung, nicht dagegen die für Streitigkeiten über Kabelweitersendungsverträge geltende längere Widerspruchsfrist gem. § 105 Abs. 3 S. 2. **§ 106 S. 3** bestimmt, dass eine einstweilige Regelung **Geltung bis zum Abschluss des Schiedsstellenverfahrens** hat, wenn nichts anderes vereinbart wird.

II. Einstweilige Regelungen

1. § 106 S. 1, Befugnis der Schiedsstelle

3   **§ 106 S. 1** gibt der Schiedsstelle die Möglichkeit, im Hinblick auf die häufig lange Dauer von Streitfällen der in den §§ 92 und 94 genannten Art vor dem endgültigen Einigungsvorschlag auch ohne Präjudiz für diesen den Parteien einen vorgezogenen **Vorschlag für eine einstweilige Regelung** vorzulegen. Voraussetzung hierfür ist der **Antrag** eines Verfahrensbeteiligten.

§ 106 S. 1 gibt der Schiedsstelle **keine Befugnis zum Erlass einstweiliger Verfügungen.** Diese Befugnis bleibt gem. § 128 Abs. 3 den Gerichten vorbehalten.

Zwar dürfte im Hinblick auf die Regelung in § 37 (Einräumung der Nutzungsrechte durch Hinterlegung oder Zahlung unter Vorbehalt) bezweifelt werden, ob iRv. Gesamtvertragsstreitigkeiten wirklich ein **Bedürfnis für die Vorschrift des § 106 S. 1** besteht; offenbar wurde die Vorgängerbestimmung des bisherigen § 14c Abs. 2 UrhWG bisher auch kaum angewandt.[3] Da aber eine § 37 entsprechende Regelung in Streitfällen anderer Art nicht zur Verfügung steht und § 106 S. 1 nunmehr auch auf diese Anwendung findet, könnten dort Vorschläge der Schiedsstelle für eine einstweilige Regelung an Bedeutung gewinnen.

2. § 106 S. 2, Anwendbarkeit von § 105 Abs. 2 und 3 S. 1

4   Gem. **§ 106 S. 2** gelten für den Vorschlag für eine einstweilige Regelung grundsätzlich dieselben Bedingungen wie für den Einigungsvorschlag.

Der Vorschlag für eine einstweilige Regelung ist also nicht etwa eine einstweilige Verfügung oder Anordnung iSd. §§ 935 ff. ZPO. Vielmehr ist der Vorschlag genauso wenig ohne Weiteres für die Parteien bindend wie der endgültige Einigungsvorschlag in der Hauptsache. Er wird ebenso wie dieser nur dann als Vereinbarung zwischen den Parteien wirksam, wenn er den **in § 105 Abs. 2 genannten Anforderungen** genügt (Pflicht zur **Begründung, Unterschrift,** ordnungsgemäße **Belehrung, Zustellung,** Übermittlung einer **Abschrift an die Aufsichtsbehörde**) und keiner der Beteiligten nach § 105 Abs. 3 Widerspruch eingelegt hat.[4] Auch die einstweilige Regelung kann daher nicht erzwungen werden. Verzögert etwa eine Nutzervereinigung das Verfahren iR. einer Gesamtvertragsstreitigkeit, bleibt die Verwertungsgesellschaft daher – ebenso, wie wenn die Nutzervereinigung den Abschluss eines Gesamtvertrages ablehnt – darauf verwiesen, deren Mitglieder einzeln auf Zahlung in Anspruch zu nehmen.[5]

Gem. **§ 106 S. 2** gilt auch für die Annahme eines Vorschlags der Schiedsstelle für eine einstweilige Regelung des Streitfalls die **Annahmefiktion:** Die Annahme wird fingiert, wenn dagegen nicht gem. § 105 Abs. 3 S. 1 **innerhalb eines Monats** nach seiner Zustellung **Widerspruch** eingelegt wird.[6] Diese einmonatige Widerspruchsfrist gilt auch für Streitfälle über Kabelweitersendungsverträge; die in § 105 Abs. 3 S. 2 vorgesehene längere Frist ist iRv. § 106 S. 2 nicht anwendbar.

Zu beachten ist, dass § 105 Abs. 4 (Möglichkeit der Wiedereinsetzung in den vorigen Stand bei unverschuldeter Versäumung der Widerspruchsfrist) auf einstweilige Regelungen gem. § 106 keine Anwendung findet; denn auf § 105 Abs. 4 wird in § 106 nicht Bezug genommen. Selbst bei unverschuldeter Versäumung der Widerspruchsfrist gegen die Anordnung der einstweiligen Regelung ent-

---

[2] AmtlBegr. BT-Drs. 18/7223, 101.
[3] *Strittmatter* S. 74 f.
[4] → § 105 Rn. 5 f.
[5] Vgl. AmtlBegr. UrhWG-Novelle BT-Drs. 10/837, 24.
[6] → § 105 Rn. 6.

sprechend iSv. § 105 Abs. 3 S. 1 kann daher **keine Wiedereinsetzung in den vorigen Stand** beantragt werden.[7]

Die **Zwangsvollstreckung** findet aus einem angenommenen Vorschlag für eine einstweilige Regelung iSv. § 106 **nicht** statt – anders als aus einem vor der Schiedsstelle geschlossenen Vergleich (§ 102 Abs. 2 S. 2) oder aus dem angenommenen Einigungsvorschlag selbst (§ 105 Abs. 5).

3. § 106 S. 3, Geltungsdauer der einstweiligen Regelung

Grundsätzlich kann die **Geltungsdauer der einstweiligen Regelung** unter den beteiligten Parteien auf der Grundlage des Vorschlags der Schiedsstelle frei vereinbart werden. Fehlt eine Vereinbarung, so gilt die einstweilige Regelung nach **§ 106 S. 3** so lange, bis das Schiedsstellenverfahren zum **Abschluss** kommt. Beendet ist das Verfahren vor der Schiedsstelle durch einen Vergleich iSv. § 102 Abs. 1, durch Vorlage eines Einigungsvorschlags der Schiedsstelle iSv. § 105 Abs. 1, und zwar förmlich spätestens nach Ablauf der Widerspruchsfrist gem. § 105 Abs. 3, oder wenn die Schiedsstelle nach § 109 Abs. 2 von einem Einigungsvorschlag absieht.

5

§ 107 Sicherheitsleistung

(1) ¹In Verfahren nach § 92 Absatz 1 Nummer 2 über die Vergütungspflicht für Geräte und Speichermedien kann die Schiedsstelle auf Antrag der Verwertungsgesellschaft anordnen, dass der beteiligte Hersteller, Importeur oder Händler für die Erfüllung des Anspruchs aus § 54 Absatz 1 des Urheberrechtsgesetzes Sicherheit zu leisten hat. ²Von der Anordnung nach Satz 1 hat sie abzusehen, wenn angemessene Teilleistungen erbracht sind.

(2) Der Antrag muss die Höhe der begehrten Sicherheit enthalten.

(3) ¹Über Art und Höhe der Sicherheitsleistung entscheidet die Schiedsstelle nach billigem Ermessen. ²Bei der Höhe der Sicherheit kann sie nicht über den Antrag hinausgehen.

(4) ¹Das zuständige Oberlandesgericht (§ 129 Absatz 1) kann auf Antrag der Verwertungsgesellschaft durch Beschluss die Vollziehung einer Anordnung nach Absatz 1 zulassen, sofern nicht schon eine entsprechende Maßnahme des einstweiligen Rechtsschutzes bei einem Gericht beantragt worden ist. ²Das zuständige Oberlandesgericht kann die Anordnung abweichend fassen, wenn dies zur Vollziehung notwendig ist.

(5) Auf Antrag kann das zuständige Oberlandesgericht den Beschluss nach Absatz 4 aufheben oder ändern.

Übersicht

I. Allgemeines

1. Der Hintergrund von § 107

Im Rahmen der „Besonderen Verfahrensvorschriften" in Abschnitt 1 („Schiedsstelle") Unterabschnitt 2 des VGG enthält **§ 107** besondere Bestimmungen für Verfahren nach § 92 Abs. 1 Nr. 2 (Vergütungspflicht für Geräte und Speichermedien).

1

§ 107 steht in engem Zusammenhang mit **§ 108**. Beide Bestimmungen sind neu, sie waren weder bisher im UrhWG noch sind sie in der UrhSchiedsV enthalten. Sie haben gemeinsam, dass sie auf die Vergütungspflicht für Geräte und Speichermedien und darauf bezogene **Verfahren nach § 92 Abs. 1 Nr. 2 iVm. § 54 UrhG** Anwendung finden, und sind Teil des Konzepts zur Reform der Tarifgestaltung für Geräte und Speichermedien im VGG.[1] Verschiedene Bestimmungen des VGG – insbesondere in den §§ 40, 92 Abs. 1 Nr. 2 und 93 – sollen die Feststellung der Höhe der Vergütung

---

[7] Zustimmend Wandtke/Bullinger/*Staats* § 106 Rn. 4 (wegen des geringeren Bedürfnisses für eine solche Regelung); Heine/Holzmüller/*Westermeier* § 106 Rn. 7; kritisch Möhring/Nicolini/*Freudenberg* § 106 Rn. 5, der hier ein Redaktionsversehen vermutet.

[1] → § 40 Rn. 5.

für Geräte und Speichermedien erleichtern und beschleunigen. Dennoch wird offenbar nicht ausgeschlossen, dass dies, auch wegen der Komplexität der Sachverhalte, im Einzelfall einige Zeit beanspruchen kann. Darauf hat der Gesetzgeber mit der neu eingeführten **Befugnis der Schiedsstelle gem. § 107,** auf Antrag der Verwertungsgesellschaft eine Sicherheitsleistung für die Erfüllung des Anspruchs aus § 54 Abs. 1 UrhG anzuordnen, reagiert.[2]

Den §§ 107 und 108 entsprechende Bestimmungen waren bereits im **Referentenentwurf** des BMJV vom 9.6.2015 zum VG-Richtlinie-Umsetzungsgesetz enthalten. Sie wurden nahezu unverändert in den Regierungsentwurf übernommen; nur die noch im Referentenentwurf für den Fall der Aussetzung des Verfahrens gem. § 103 Abs. 1 vorgesehene **Ausgestaltung von § 107 als Sollvorschrift** wurde gestrichen.[3]

In seiner endgültigen Form enthält § 107 nur eine Änderung gegenüber dem Regierungsentwurf: **§ 107 Abs. 1 S. 2,** wonach die Schiedsstelle nicht befugt ist, eine Sicherheitsleistung anzuordnen, wenn bereits angemessene Teilleistungen erbracht sind, wurde **im Gesetzgebungsverfahren hinzugefügt.**[4]

2. § 107

2 § 107 ist eine **Sonderregel für Verfahren nach § 92 Abs. 1 Nr. 2** über die Geräte- und Speichermedienvergütung. Während § 107 Abs. 1 die Voraussetzungen für die Anordnung einer Sicherheitsleistung regelt, enthalten § 107 Abs. 2–5 Einzelheiten des Verfahrens.

§ 107 Abs. 1 S. 1 bestimmt, dass die **Schiedsstelle** in Streitfällen gem. § 92 Abs. 1 Nr. 2 auf Antrag der beteiligten Verwertungsgesellschaft **anordnen kann,** dass der beteiligte Vergütungsschuldner für die Erfüllung des Vergütungsanspruchs **Sicherheit zu leisten** hat. Diese Befugnis der Schiedsstelle besteht neben der Möglichkeit, gem. § 106 eine einstweilige Regelung vorzuschlagen; diese ist als bloßer Vorschlag das schwächere Instrument.

Mit der Anordnung einer Sicherheitsleistung soll der Tatsache Rechnung getragen werden, dass zwischen dem Inverkehrbringen von Geräten und Speichermedien und der Zahlung der Vergütung regelmäßig erhebliche Zeit vergeht. Der Zahlungsanspruch gegen den Vergütungsschuldner soll mit der Sicherheitsleistung gesichert werden, um die **Nachteile auszugleichen,** die dem Gläubiger des Vergütungsanspruchs durch den möglicherweise erheblichen Zeitverlust bis zum Vorliegen eines akzeptierten und gegebenenfalls von der Schiedsstelle und von den Gerichten überprüften Tarifs entstehen.[5]

Gem. **§ 107 Abs. 1 S. 2** hat die Schiedsstelle aber **keine Möglichkeit,** eine Sicherheitsleistung anzuordnen, wenn bereits **angemessene Teilleistungen** erbracht sind.

Nach **§ 107 Abs. 2** muss der Antrag der Verwertungsgesellschaft die **Höhe der begehrten Sicherheit** angeben.

Gem. **§ 107 Abs. 3 S. 1** entscheidet die Schiedsstelle zwar über Art und Höhe der Sicherheitsleistung nach **billigem Ermessen,** kann aber gem. **§ 107 Abs. 3 S. 2** die Sicherheitsleistung nicht höher bestimmen als beantragt war.

Nach **§ 107 Abs. 4** kann das zuständige OLG auf Antrag der Verwertungsgesellschaft die Anordnung der Sicherheitsleistung durch Beschluss **für vollziehbar erklären** und damit die Voraussetzungen für ihre Durchsetzung schaffen.

§ 107 Abs. 5 ermöglicht es dem OLG, diesen Beschluss auf Antrag nachträglich aufzuheben oder zu ändern.

Im Übrigen ist die Verwertungsgesellschaft **gem. § 108 schadensersatzpflichtig,** wenn sich ihr Antrag nach § 107 Abs. 1 als von Anfang an ungerechtfertigt erwiesen hat.[6]

Für die Anordnung einer Sicherheitsleistung durch die Schiedsstelle gem. § 107 Abs. 1 in Verfahren nach § 92 Abs. 1 Nr. 2 wird keine zur Verfahrensgebühr gem. § 117 Abs. 3 zusätzliche Gebühr erhoben.[7]

II. Sicherheitsleistung

1. § 107 Abs. 1 – Sicherheitsleistung: Anordnung

3 a) **§ 107 Abs. 1 S. 1, Voraussetzungen. § 107 Abs. 1 S. 1** gibt der Schiedsstelle die Möglichkeit, im Hinblick auf die häufig lange Dauer von **Verfahren nach § 92 Abs. 1 Nr. 2 iVm. § 54 UrhG** über die Vergütungspflicht für Geräte und Speichermedien vom Vergütungsschuldner die Leistung einer Sicherheit anzuordnen. Voraussetzung ist, dass ein Verfahren über diese Vergütungspflicht

---

[2] AmtlBegr. BT-Drs. 18/7223, 56, 66.
[3] § 107 Abs. 1 S. 2 des Referentenentwurfs lautete: „Die Anordnung soll erfolgen, wenn die Schiedsstelle das Verfahren gemäß § 103 Absatz 1 aussetzt."
[4] Beschlussempfehlung und Bericht des Rechtsausschusses BT-Drs. 18/8268, 12 f.
[5] AmtlBegr. BT-Drs. 18/7223, 101 f.
[6] Zu § 108 → § 108 Rn. 3.
[7] AmtlBegr. BT-Drs. 18/7223, 103 f.

bei der Schiedsstelle anhängig ist. Auf Streitfälle über die Betreibervergütung nach § 54c UrhG ist § 107 nicht anwendbar.[8]

Die Anordnung erfolgt nur **auf Antrag.** Voraussetzung ist also stets ein Antrag der am Verfahren beteiligten **Verwertungsgesellschaft.**[9] Der Antrag kann während der gesamten Laufzeit des Schiedsstellenverfahrens, das mit der Zustellung des verfahrenseinleitenden Antrags an den Antragsgegner beginnt und mit der Annahme des Einigungsvorschlags, dem dagegen fristgerecht eingelegten Widerspruch oder mit einem Vergleich gem. § 102 endet, gestellt werden. Die Verwertungsgesellschaft kann ihren Antrag auch bis zur Anordnung der Sicherheitsleistung durch die Schiedsstelle jederzeit **zurücknehmen.**[10]

Adressat der Anordnung der Sicherheitsleistung ist der einzelne **Hersteller, Importeur oder Händler** von Geräten oder Speichermedien als der im Streitfall zur Erfüllung des Anspruchs aus § 54 Abs. 1 UrhG verpflichtete Vergütungsschuldner. Zwar kann auch die Betreibervergütung nach § 54c UrhG Gegenstand des Schiedsstellenverfahrens gem. § 92 Abs. 1 Nr. 2 sein, nicht aber Grundlage für die Anordnung einer Sicherheitsleistung iSv § 107 Abs. 1.

Die Anordnung einer Sicherheitsleistung nach § 107 Abs. 1 S. 1 steht **im Ermessen der Schiedsstelle** („kann … anordnen"), die Schiedsstelle ist hierzu also nicht verpflichtet. Neben den allgemeinen für die Ausübung ihres Ermessens geltenden Maßstäben[11] hat die Schiedsstelle darauf zu achten, dass die Anordnung der Sicherheitsleistung iRv. § 107 Abs. 1 S. 1 **verhältnismäßig** ist. In der Regel wird die Anordnung einer Sicherheitsleistung nur dann verhältnismäßig sein, wenn im konkreten Einzelfall ein besonderer Sicherungsbedarf besteht.[12] Die Schiedsstelle muss dabei die jeweiligen **Umstände des streitigen Einzelfalles** berücksichtigen. Entscheidend ist insbesondere, ob die Beteiligten **Interimsvereinbarungen** abgeschlossen haben, die bereits regeln, welche Verpflichtungen für die Zeit bis zu einer Einigung oder gerichtlichen Entscheidung gelten sollen, oder ob doch zumindest ein Angebot des Vergütungsschuldners auf Abschluss einer Interimsvereinbarung vorliegt; beides Gesichtspunkte, die gegen die Anordnung einer Sicherheitsleistung sprechen können. Dagegen wird es die Anordnung einer Sicherheitsleistung begünstigen, wenn die Umstände auf ein **besonderes Risiko für die Durchsetzung des Zahlungsanspruchs** hindeuten, oder das Schiedsstellenverfahren **nach § 103 ausgesetzt** ist und daraus zusätzliche Verzögerungen entstehen, die auf eine objektive Gefährdung der Realisierbarkeit des Vergütungsanspruchs hindeuten.[13]

Auch wird die Schiedsstelle zumindest vorläufig zu prüfen haben, ob der geltend gemachte Vergütungsanspruch überhaupt besteht: Die Anordnung einer Sicherheitsleistung wird dann nicht in Betracht kommen, wenn die Schiedsstelle den **Vergütungsanspruch** nach ihrer vorläufigen Einschätzung schon **dem Grunde nach** für nicht gegeben hält.

Im Übrigen kommt den allgemeinen Regelungen für das Schiedsstellenverfahren nach §§ 95 ff. iRd. Befugnis der Schiedsstelle gem. § 107, auf Antrag eine Sicherheitsleistung anzuordnen, besondere Bedeutung zu. Denn gerade für eine solche Entscheidung ist es wichtig, den Antragsgegnern **rechtliches Gehör** zu gewähren (§ 95 Abs. 2 S. 2), ggf. eine **mündliche Verhandlung** anzuberaumen (§ 99 Abs. 2) oder den Sachverhalt mit allen zur Verfügung stehenden Mitteln aufzuklären (§ 104).

b) § 107 Abs. 1 S. 2, Ausnahme bei bereits erbrachter angemessener Teilleistung. § 107 **4 Abs. 1 S. 2** schränkt den Ermessensspielraum der Schiedsstelle ein: Danach hat die Anordnung einer Sicherheitsleistung zu unterbleiben, wenn bereits **angemessene Teilleistungen** erbracht sind.

Beantragt also eine Verwertungsgesellschaft trotz einer erfolgten Teilleistung die Anordnung einer Sicherheitsleistung, so hat die Schiedsstelle zu prüfen, ob die Teilleistung **angemessen** war. Ist dies nach ihrer Einschätzung der Fall, so ist für die Anordnung einer (über die Teilleistung hinausgehenden) Sicherheitsleistung kein Raum, das **Sicherheitsbedürfnis des Vergütungsgläubigers** also entfallen. War dagegen die Teilleistung nach Einschätzung der Schiedsstelle **unangemessen niedrig,** so kann sie nach billigem Ermessen eine Sicherheitsleistung unter Berücksichtigung der erbrachten Teilleistung anordnen.

Anders liegt der Fall dagegen, wenn die erbrachte Teilleistung auf einer mit der Verwertungsgesellschaft abgeschlossenen **Interimsvereinbarung** beruht; denn dann dürfte von ihrer Angemessenheit auszugehen, für die Anordnung einer (darüber hinaus gehenden) Sicherheitsleistung also kein Raum sein. Dasselbe wird gelten, wenn in einer Interimsvereinbarung zwischen der Verwertungsgesellschaft und dem Vergütungsschuldner keine Teilleistungen vorgesehen sind.

Nach **§ 107 Abs. 1 S. 2** soll es somit in der Hand der Vergütungsgläubiger liegen, die Anordnung von Sicherheitsleistungen durch die Zahlung eines angemessenen Teils der Geräte- und Speichermedienvergütung bereits vor Abschluss des Verfahrens abzuwenden. Die Regelung zielt damit auf derar-

---

[8] Wandtke/Bullinger/*Staats* § 107 Rn. 7; Möhring/Nicolini/*Freudenberg* § 107 Rn. 4.
[9] Zum Begriff der am Verfahren beteiligten Verwertungsgesellschaft → § 92 Rn. 5.
[10] Wandtke/Bullinger/*Staats* § 107 Rn. 8; enger Möhring/Nicolini/*Freudenberg* § 107 Rn. 3 (entsprechend § 98 nur bis zu einer etwaigen mündlichen Verhandlung).
[11] → § 95 Rn. 5.
[12] Vgl. Möhring/Nicolini/*Freudenberg* § 107 Rn. 13.
[13] AmtlBegr. BT-Drs. 18/7223, 102; Möhring/Nicolini/*Freudenberg* § 107 Rn. 22.

tige **Teilzahlungen** und darauf ab, dass sich Vergütungsgläubiger und Vergütungsschuldner immer dann, wenn eine zeitnahe Einigung über Tarife nicht möglich erscheint, zumindest auf **Interimsvereinbarungen** verständigen. Diese werden als Grundlage für „faire, ständig fließende Teilleistungen bis zur endgültigen Klärung der Tarife" gesehen.[14]

2. § 107 Abs. 2 – Sicherheitsleistung: Bezifferung im Antrag

5   Gem. **§ 107 Abs. 2** muss die Verwertungsgesellschaft in ihrem Antrag auf Anordnung einer Sicherheitsleistung iSv. § 107 Abs. 1 S. 1 deren **begehrte Höhe beziffern.** Da die Schiedsstelle ihre Anordnung nur auf Antrag trifft, muss sie daher **unbezifferte Anträge,** die auch auf Nachfrage beim Antragsteller nicht beziffert bleiben, **ablehnen.** Daraus folgt auch, dass der Antrag auf Sicherheitsleistung auf eine bezifferbare Forderung im Hauptsacheverfahren zurückführbar sein muss.[15]

Der angegebene Betrag stellt für die Schiedsstelle die Höchstgrenze der Sicherheitsleistung dar, denn gem. § 107 Abs. 3 S. 2 darf sie über den Antrag nicht hinausgehen.[16] Bei der Angabe der begehrten Höhe der Sicherheitsleistung wird die Verwertungsgesellschaft im eigenen Interesse auch das Risiko einer Schadensersatzforderung nach § 108 zu berücksichtigen haben.[17]

3. § 107 Abs. 3 – Sicherheitsleistung: Ermessensentscheidung über Art und Höhe

6   Gem. **§ 107 Abs. 3 S. 1** entscheidet die Schiedsstelle über die **Art und Höhe** der beantragten Sicherheitsleistung **nach billigem Ermessen.** Für eine angemessene Art der Sicherheitsleistung wird eine schriftliche, unwiderrufliche, unbedingte und unbefristete **Bürgschaft** eines im Inland zum Geschäftsbetrieb befugten Kreditinstituts gehalten mit der Begründung, dass damit auf die Liquidität des Vergütungsschuldners, die insbesondere kleine und mittlere Unternehmen für ihren Geschäftsbetrieb benötigen, geschont und möglichen grundrechtlichen Bedenken gegen eine unbedingte Hinterlegungspflicht Rechnung getragen werde.[18] Allerdings fließen den Rechtsinhabern damit keine Zahlungen zu. Auch eine **Teilzahlung** in Höhe des unstrittigen Betrages der Vergütung oder die auch in § 37 vorgesehene **Zahlung unter Vorbehalt** oder **Hinterlegung** könnten im Einzelfall als angemessene Sicherheitsleistung in Frage kommen.

Gem. **§ 107 Abs. 3 S. 2** kann die Schiedsstelle in ihrer Entscheidung über die Höhe der Sicherheitsleistung **nicht über den Antrag** nach § 107 Abs. 2 **hinausgehen.** Sie kann jedoch, unter Anwendung billigen Ermessens, hinter dem Antrag zurückbleiben. Dabei hat sie alle für den Einzelfall relevanten Umstände zu berücksichtigen., wie insbesondere das Ergebnis einer schon vorliegenden **empirischen Untersuchung** iSv. § 93, das gem. § 115 zur Sachverhaltsaufklärung mit herangezogen werden kann, bestehende **Tarife** und **Gesamtverträge, gerichtliche Entscheidungen** und **frühere Einigungsvorschläge** der Schiedsstelle.[19]

4. § 107 Abs. 4 – Sicherheitsleistung: Vollziehung der Anordnung

7   Die Regelung in **§ 107 Abs. 4** orientiert sich an **§ 1041 Abs. 2 ZPO.**[20]

§ 107 Abs. 4 S. 1 bestimmt, dass das gem. § 129 Abs. 1 zuständige Oberlandesgericht die **Vollziehung** einer Anordnung auf Sicherheitsleistung nach § 107 Abs. 1 S. 1 **durch Beschluss zulassen** kann. Dies gilt nicht, sofern eine entsprechende Maßnahme des einstweiligen Rechtsschutzes bei einem Gericht beantragt wurde.

Voraussetzung für einen solchen Beschluss ist stets ein **Antrag** der am Verfahren beteiligten Verwertungsgesellschaft.[21] Zuständiges Oberlandesgericht ist gem. § 129 Abs. 1 das **OLG München.**

Gem. **§ 107 Abs. 4 S. 2** wird die Anordnung der Sicherheitsleistung vom OLG München sowohl dem Grunde als auch der Höhe nach **vollumfänglich überprüft** und kann, falls nötig, auch **abweichend gefasst** werden, wenn dies zur Vollziehung der Anordnung notwendig ist.

5. § 107 Abs. 5 – Sicherheitsleistung: Änderung und Aufhebung der Vollziehung

8   **§ 107 Abs. 5** entspricht inhaltlich **§ 1041 Abs. 3 ZPO.** Gem. **§ 107 Abs. 5** kann das gem. § 129 Abs. 1 zuständige OLG München den Vollziehungsbeschluss iSv. § 107 Abs. 4 aber auch **ändern oder ganz aufheben,** selbst wenn dies nicht zur Vollziehung der Anordnung notwendig ist – dies aber nur **auf Antrag** eines der am Verfahren Beteiligten. **Antragsberechtigt** iSv. § 107 Abs. 5 sind also sowohl die Verwertungsgesellschaft als auch ihr Verfahrensgegner. Damit besteht die Möglichkeit,

---

[14] Beschlussempfehlung und Bericht des Rechtsausschusses BT-Drs. 18/8268, 12 f.
[15] Zur Spruchpraxis der Schiedsstelle vgl. DPMA-Jahresbericht 2018, S. 54; Heine/Holzmüller/*Westermeier* § 107 Rn. 19.
[16] → Rn. 6.
[17] → § 108 Rn. 4.
[18] AmtlBegr. BT-Drs. 18/7223, 102.
[19] AmtlBegr. BT-Drs. 18/7223, 102.
[20] AmtlBegr. BT-Drs. 18/7223, 102.
[21] Zum Begriff der am Verfahren beteiligten Verwertungsgesellschaft → § 92 Rn. 5.

die Anordnung der Sicherheitsleistung bis zum Abschluss des Verfahrens vor der Schiedsstelle und ggf. vor den Gerichten fortlaufend zu überprüfen und dem Verhandlungsstand anzupassen.[22]

Über die in § 107 Abs. 4 und 5 genannten Anträge entscheidet das **OLG München** gem. § 129 Abs. 4 S. 1 nach vorheriger Anhörung des Gegners durch **unanfechtbaren Beschluss.**[23]

§ 108 Schadensersatz

Erweist sich die Anordnung einer Sicherheitsleistung nach § 107 Absatz 1 als von Anfang an ungerechtfertigt, so ist die Verwertungsgesellschaft, welche die Vollziehung der Anordnung erwirkt hat, verpflichtet, dem Antragsgegner den Schaden zu ersetzen, der ihm aus der Vollziehung entsteht.

Übersicht

I. Allgemeines

1. Zum Zusammenhang zwischen § 108 und § 107

§ 108 steht in engem Zusammenhang mit und ist ein **Zusatz zu § 107.** Beide Bestimmungen sind **1** neu, sie waren bisher weder im UrhWG noch in der UrhSchiedsV enthalten. Sie haben gemeinsam, dass sie auf die Vergütungspflicht für Geräte und Speichermedien und darauf bezogene Verfahren nach § 92 Abs. 1 Nr. 2 iVm. § 54 UrhG Anwendung finden, und sind Teil des Konzepts zur Reform der Tarifgestaltung für Geräte und Speichermedien im VGG.[1]

2. Der Inhalt von § 108

§ 108 enthält eine **Rechtsfolge der ungerechtfertigten Antragstellung** nach § 107 Abs. 1: **2** Wenn sich der Antrag der Verwertungsgesellschaft, die die Vollziehung der Anordnung der Sicherheitsleistung nach § 107 Abs. 1 erwirkt hat, als von Anfang an ungerechtfertigt erwiesen hat, so hat sie gem. § 108 dem Antragsgegner den **Schaden zu ersetzen,** der ihm **durch die Vollziehung** entsteht.

II. Schadensersatz

1. Orientierung an den ZPO-Vorschriften zum vorläufigen Rechtsschutz

§ 108 orientiert sich an den entsprechenden Vorschriften zum vorläufigen Rechtsschutz in den **3** **§§ 945 und 1041 Abs. 4 ZPO** und knüpft an § 107 Abs. 4 an, der seinerseits an § 1041 Abs. 2 orientiert ist.

2. Die Bedingungen für den Schadensersatzanspruch

§ 108 gibt dem Gegner einer gem. § 107 Abs. 4 vollzogenen Anordnung der Zahlung einer Si- **4** cherheitsleistung iSv. § 107 Abs. 1 S. 1 unter bestimmten Voraussetzungen einen Anspruch auf Schadensersatz gegen die antragstellende Verwertungsgesellschaft.

Voraussetzung ist, dass die Anordnung der Sicherheitsleistung **gem. § 107 Abs. 4 vollzogen** wurde, sich der Antrag aber im Nachhinein als **von Anfang an ungerechtfertigt** herausstellt. Dies ist dann der Fall, wenn es schon zu dem Zeitpunkt, als der Antrag gestellt wurde, an den tatsächlichen oder rechtlichen Voraussetzungen für die Anordnung einer Sicherheitsleistung fehlte, also etwa die Bedingungen von § 107 Abs. 1 S. 1 nicht erfüllt waren oder der Schiedsstelle gem. § 107 Abs. 1 S. 2 die Anordnung einer Sicherheitsleistung verwehrt war. Unerheblich ist, ob die antragstellende Verwertungsgesellschaft dies wusste oder hätte wissen müssen.[2] Da gem. § 107 Abs. 1 S. 1 nur die Verwertungsgesellschaft einen Antrag auf Sicherheitsleistung stellen kann, sie diesen aber stets der Höhe

---

[22] Vgl. Möhring/Nicolini/*Freudenberg* § 107 Rn. 41.
[23] → § 129 Rn. 7.
[1] → § 107 Rn. 1; → § 40 Rn. 5.
[2] Vgl. Thomas/Putzo/*Seiler* ZPO § 945 Rn. 2.

nach beziffern muss (§ 107 Abs. 2), ist sie in der Lage, ein etwaiges Regressrisiko aus § 108 der Höhe nach zu begrenzen.[3]

Anspruchsberechtigt ist der Antragsgegner,[4] gegen den die Zahlung einer Sicherheitsleistung angeordnet wurde. Zu ersetzen ist ihm der **Schaden,** der ihm aus der Vollziehung entstanden ist. Für die Bestimmung des Umfangs der Ersatzpflicht gelten die §§ 249 ff. BGB.[5]

Für die **Berechnung des Schadens,** der dem Antragsgegner aus der Vollziehung des ungerechtfertigten Antrags auf Sicherheitsleistung entstanden ist, gelten die allgemeinen Bestimmungen der §§ 249–255 BGB.

Ausschließlich zuständig für die gerichtliche Geltendmachung von Ansprüchen nach § 108 ist gem. § 129 Abs. 1 das **OLG München** im ersten Rechtszug.[6]

§ 109 Beschränkung des Einigungsvorschlags; Absehen vom Einigungsvorschlag

(1) **Sind bei Streitfällen nach § 92 Absatz 1 Nummer 1 und 2 die Anwendbarkeit oder die Angemessenheit eines Tarifs bestritten und ist der Sachverhalt auch im Übrigen streitig, so kann sich die Schiedsstelle in ihrem Einigungsvorschlag auf eine Stellungnahme zur Anwendbarkeit oder Angemessenheit des Tarifs beschränken.**

(2) **Sind bei Streitfällen nach § 92 Absatz 1 Nummer 1 und 2 die Anwendbarkeit und die Angemessenheit eines Tarifs nicht bestritten, so kann die Schiedsstelle von einem Einigungsvorschlag absehen.**

Schrifttum: *Bezzenberger/Riesenhuber,* Die Rechtsprechung zum „Binnenrecht" der Verwertungsgesellschaften – dargestellt am Beispiel der GEMA, GRUR 2003, 1005; *Strittmatter,* Tarife vor der urheberrechtlichen Schiedsstelle, 1994.

Übersicht

I. Allgemeines

1. Die Regelung in § 14b UrhWG

1 Für den Einigungsvorschlag der Schiedsstelle bei **Streitfällen** iSd. bisherigen § 14 Abs. 1 lit. a UrhWG, die die **Nutzung** von nach dem UrhG geschützten Werken oder Leistungen betrafen, galten gem. § 14b UrhWG Besonderheiten.

§ 14b Abs. 1 UrhWG bestimmte für Streitfälle dieser Art, dass sich die Schiedsstelle in ihrem **Einigungsvorschlag** auf eine **Stellungnahme zur Anwendbarkeit oder Angemessenheit des Tarifs** beschränken konnte, wenn diese bestritten, der Sachverhalt aber auch in anderen Punkten strittig war.

Nach **§ 14b Abs. 2 UrhWG** konnte die Schiedsstelle bei solchen Streitfällen ganz **von einem Einigungsvorschlag absehen,** wenn weder die Anwendbarkeit noch die Angemessenheit des Tarifs im Streit waren.

Dieser Regelung lag die Überlegung zugrunde, dass es der Schiedsstelle möglich sein sollte, ihre bewusst weit gefasste Zuständigkeit für Einzelnutzungsstreitigkeiten auf die Überprüfung der Anwendbarkeit und Angemessenheit der Vergütung zu konzentrieren.[1]

2. § 109

2 **§ 109** geht auf dieselbe Überlegung zurück wie der bisherige § 14b UrhWG und übernimmt dessen Inhalt. Allerdings wird der **Anwendungsbereich der Regelung erweitert** auf Streitigkeiten iSv. § 92 Abs. 1 Nr. 2 über die Vergütungspflicht für Geräte und Speichermedien nach § 54 oder § 54c UrhG.

Nach **§ 109 Abs. 1** gilt demnach, dass sich die Schiedsstelle sowohl in **Streitfällen iSv. § 92 Abs. 1 Nr. 1** über die Nutzung von nach dem UrhG geschützten Werken oder Leistungen als auch

---

[3] → § 107 Rn. 6.
[4] Zu den Antragsgegnern → § 107 Rn. 3.
[5] Im Einzelnen Thomas/Putzo/ *Seiler* ZPO § 945 Rn. 15.
[6] → § 129 Rn. 6.
[1] → 5. Aufl. 2017, UrhWG § 14b Rn. 1.

in **Streitfällen gem. § 92 Abs. 1 Nr. 2** über die Vergütungspflicht nach § 54 oder 54c UrhG in ihrem **Einigungsvorschlag** auf eine **Stellungnahme zur Anwendbarkeit oder Angemessenheit des Tarifs** beschränken kann, wenn diese bestritten, der Sachverhalt aber auch im Übrigen streitig ist.

§ 109 Abs. 2 erlaubt es der Schiedsstelle, in Streitfällen dieser beiden Arten ganz **von einem Einigungsvorschlag abzusehen**, wenn weder die Anwendbarkeit noch die Angemessenheit des Tarifs bestritten sind.

II. Beschränkung des Einigungsvorschlags; Absehen vom Einigungsvorschlag

1. Zum Anwendungsbereich von § 109

§ 109 enthält **Ausnahmen** von der Pflicht der Schiedsstelle zur **Vorlage eines Einigungsvorschlags** nach § 105 Abs. 1, soweit die Schiedsstelle mit urheberrechtlichen (Einzel-)Nutzungsstreitigkeiten iSv. § 92 Abs. 1 Nr. 1 oder mit Streitigkeiten iSv. § 92 Abs. 1 Nr. 2 betreffend die Vergütungspflicht nach §§ 54 oder 54c UrhG befasst ist. Auf Streitigkeiten betreffend den Abschluss oder die Änderung von Gesamtverträgen (§ 92 Abs. 1 Nr. 3 iVm. § 35) oder Kabelweitersendungsverträge (§ 92 Abs. 2) ist § 109 dagegen nicht anwendbar.   3

Vor allem in **§ 92 Abs. 1 Nr. 1** ist die Zuständigkeit der Schiedsstelle bewusst weit gefasst. Danach besteht bei urheberrechtlichen Streitigkeiten aller Art – also nicht nur über Anwendbarkeit oder Angemessenheit von Tarifen, sondern zB. auch über Schadensersatzansprüche oder Vergütungsansprüche selbst[2] – für die Beteiligten die Möglichkeit, die Schiedsstelle anzurufen. **Hauptzweck der Streitschlichtung** durch die Schiedsstelle sollte hier jedoch stets die **Überprüfung der Anwendbarkeit und Angemessenheit der Tarife** sein.[3]

Um sicherzustellen, dass sich die Schiedsstelle auf diese Aufgabe konzentriert, stellt das Gesetz klar, dass sie, wenn in einem Schiedsstellenverfahren Anwendbarkeit oder Angemessenheit von Tarifen im Streit sind, in Nutzung ihrer Sachkunde einen Einigungsvorschlag gem. § 105 Abs. 1 S. 1 vorlegen muss. Soweit nur oder auch **andere Fragen im Streit** sind, kann sie zwar ebenfalls einen Einigungsvorschlag machen; sie ist jedoch gem. § 109 Abs. 1 dazu nicht verpflichtet. Auf diese Weise soll die Schiedsstelle nicht überfordert und **nicht durch andere als Tarifüberprüfungsaufgaben überlastet** werden.[4]

Dieselbe Überlegung liegt nun auch der **Erweiterung des Anwendungsbereichs** dieser Regelung auf **Streitigkeiten iSv. § 92 Abs. 1 Nr. 2** über die Vergütungspflicht für Geräte und Speichermedien nach § 54 oder § 54c UrhG zugrunde. Im Rahmen von solchen Streitfällen wird zwar immer die Angemessenheit der Vergütung im Mittelpunkt stehen. Die Schiedsstelle wird hier aber stets den Gesamtzusammenhang unter Berücksichtigung von § 54a UrhG zu würdigen haben, und neben der Anwendbarkeit oder Angemessenheit des Tarifs kann zB. auch die Frage strittig sein, wie viele Geräte oder Speichermedien eines Typs in den Verkehr gebracht wurden. Auch in diesen Verfahren kann es daher für die Schiedsstelle sinnvoll sein, sich in ihrem **Einigungsvorschlag** auf eine Stellungnahme zur Anwendbarkeit oder Angemessenheit des Tarifs zu **beschränken**.[5]

2. § 109 Abs. 1 – Beschränkung des Einigungsvorschlags

§ 109 Abs. 1 betrifft den Fall, dass in Schiedsstellenverfahren über die Einzelnutzung iSv. § 92 Abs. 1 Nr. 1 oder über die Vergütungspflicht für Geräte und Speichermedien iSv. § 92 Abs. 1 Nr. 2 neben der Anwendbarkeit oder Angemessenheit eines Tarifs iSv. § 38 auch noch **andere Punkte im Streit** sind, wie etwa bei Einzelnutzungsstreitigkeiten der Anspruchsgrund oder die Verletzung von Urheberrechten, oder iRd. Vergütungspflicht die Anzahl der in den Verkehr gebrachten Geräte oder Speichermedien.   4

In diesen Fällen muss die Schiedsstelle zwar stets einen **Einigungsvorschlag über die Anwendbarkeit oder Angemessenheit des Tarifs** vorlegen; entsprechend ihrem Mandat, konstruktiv auf eine gütliche Beilegung des Tarifstreits hinzuwirken, ist sie dabei zur Vorlage eines konkreten Einigungsvorschlags verpflichtet, denn nur ein solcher ist auch vollstreckbar gem. § 105 Abs. 5.[6] Gem. **§ 109 Abs. 1** liegt es aber im **Ermessen der Schiedsstelle**, ob sie auch die **übrigen Punkte** in den Einigungsvorschlag aufnimmt oder davon absieht, etwa weil insoweit „umfangreiche und aufwendige Beweiserhebungen" erforderlich wären, die „einfacher und schneller von dem zuständigen ordentlichen Gericht durchgeführt werden können".[7]

Die Schiedsstelle hat sowohl ihren Entscheidungsvorschlag selbst gem. § 105 Abs. 2 S. 1 als auch ihre **Entscheidung zu dessen Beschränkung zu begründen**,[8] auch wenn in § 109 eine dem § 105 Abs. 2 S. 1 entsprechende ausdrückliche Vorschrift fehlt.

---

[2] → § 92 Rn. 4.
[3] Vgl. → Vor §§ 92 ff. Rn. 12.
[4] AmtlBegr. UrhWG-Novelle BT-Drs. 10/837, 24 (bezogen auf § 14b UrhWG).
[5] AmtlBegr. BT-Drs. 18/7223, 102.
[6] Vgl. bezogen auf § 14b UrhWG *Strittmatter* S. 119 ff. mwN.
[7] AmtlBegr. UrhWG-Novelle BT-Drs. 10/837, 24 (bezogen auf § 14b UrhWG).
[8] Bezogen auf § 14b UrhWG *Strittmatter* S. 65.

Wie gegen den Einigungsvorschlag selbst ist auch **kein Rechtsmittel** vorgesehen gegen dieses teilweise Absehen von der Aufnahme einzelner Streitpunkte in den Einigungsvorschlag.

3. § 109 Abs. 2 – Absehen vom Einigungsvorschlag

5   **§ 109 Abs. 2** betrifft den Fall, dass die Schiedsstelle entsprechend ihrer umfassenden Zuständigkeit in urheberrechtlichen Streitigkeiten iSv. § 92 Abs. 1 Nr. 1 oder § 92 Abs. 1 Nr. 2 angerufen wurde, in denen weder die Anwendbarkeit noch die Angemessenheit eines Tarifs **im Streit** ist, sondern **ausschließlich andere Punkte,** wie etwa die Frage, ob überhaupt ein Vergütungsanspruch besteht.[9] Es ist konsequente Folge von § 109 Abs. 1, dass die Schiedsstelle in Bezug auf diese anderen Streitpunkte ebenfalls nicht zur Vorlage eines Einigungsvorschlags verpflichtet ist, **von einem Einigungsvorschlag** also aus den dort genannten Gründen nach ihrem Ermessen hier **vollständig absehen** kann. Vieles spricht dafür, diese Vorschrift des § 109 Abs. 2, wie bereits den bisherigen § 14b Abs. 2 UrhWG, als Soll-Vorschrift auszulegen, da die Schiedsstelle nicht mit reinen Rechtsfragen befasst sein sollte.[10]

Ein **Rechtsmittel** gegen diese (ebenfalls zu begründende)[11] Entscheidung der Schiedsstelle ist **nicht vorgesehen.** Wenn die Schiedsstelle von der Vorlage eines Einigungsvorschlags abgesehen hat, weil Anwendbarkeit oder Angemessenheit des Tarifs nicht im Streit waren, sich aber später im Laufe eines Rechtsstreits in derselben Streitsache herausstellt, dass dies doch der Fall ist, ermöglicht das Gericht gem. **§ 128 Abs. 2 S. 2** eine erneute Anrufung der Schiedsstelle.[12]

§ 110 Streitfälle über Gesamtverträge

(1) ¹Bei Streitfällen nach § 92 Absatz 1 Nummer 3 enthält der Einigungsvorschlag den Inhalt des Gesamtvertrags. ²Die Schiedsstelle kann einen Gesamtvertrag nur mit Wirkung vom 1. Januar des Jahres vorschlagen, in dem der Antrag bei der Schiedsstelle gestellt wird.

(2) ¹Die Schiedsstelle unterrichtet das Bundeskartellamt über das Verfahren. ²§ 90 Absatz 1 Satz 4 und Absatz 2 des Gesetzes gegen Wettbewerbsbeschränkungen ist entsprechend anzuwenden.

Schrifttum: *Reimer,* Schiedsstellen im Urheberrecht, GRUR-Int 1982, 215; *Reinbothe,* Schlichtung im Urheberrecht, 1978; *Strittmatter,* Tarife vor der urheberrechtlichen Schiedsstelle, 1994.

Übersicht

I. Allgemeines

1. Die Regelungen in § 14c UrhWG

1   Nach § 14 UrhWG idF vor 1985 war die Feststellung von Gesamtverträgen fast ausschließlicher Zweck des Schiedsstellenverfahrens in seiner ursprünglichen Konzeption. In der Folge erweiterten zwar die Vorschriften der §§ 14 ff. UrhWG die Zuständigkeit der Schiedsstelle auch auf die Schlichtung anderer urheberrechtlicher Streitigkeiten allgemein und insbesondere auf Einigungsvorschläge zur Anwendbarkeit und Angemessenheit von Tarifen auch in Einzelnutzungsvereinbarungen. § 14c UrhWG trug aber der besonderen Bedeutung Rechnung, die der Streitschlichtung der Schiedsstelle für Gesamtverträge beigemessen wurde: Nach wie vor sollten Gesamtverträge als Ganzes Gegenstand des Verfahrens vor der Schiedsstelle sein, die im Wege der Vertragshilfe für deren Gesamtinhalt einen Einigungsvorschlag zu machen hatte.[1]

---

[9] Vgl. bezogen auf § 14b Abs. 2 UrhWG LG Hamburg ZUM 2001, 711; *Bezzenberger/Riesenhuber* GRUR 2003, 1005 (1007 ff.).

[10] *Strittmatter* S. 100 ff.; Wandtke/Bullinger/*Staats* § 109 Rn. 4; Dreier/Schulze/*Schulze* § 109 Rn. 3.

[11] → Rn. 4.

[12] → § 128 Rn. 7.

[1] AmtlBegr. UrhWG-Novellierung BT-Drs. 10/837, 24.

Dazu bestimmte **§ 14c Abs. 1 S. 1 UrhWG**, dass der Einigungsvorschlag der Schiedsstelle zum **Gesamtvertrag** dessen **gesamten Inhalt** enthalten musste.[2] Nach **§ 14c Abs. 1 S. 2 UrhWG** konnte die Schiedsstelle einen Gesamtvertrag nur mit **Wirkung vom 1.1.** des Jahres vorschlagen, in dem der Antrag gestellt worden war. **§ 14c Abs. 2 UrhWG** enthielt Bestimmungen zum Vorschlag der Schiedsstelle für eine **einstweilige Regelung** betreffend den Gesamtvertrag. Und in **§ 14c Abs. 3 S. 1 UrhWG** war bestimmt, dass die Schiedsstelle das **Bundeskartellamt** über das (Gesamtvertrags-)Verfahren zu **unterrichten** hatte. Gem. **§ 14c Abs. 3 S. 2 UrhWG** hatte die Schiedsstelle die **§§ 90 Abs. 1 S. 2 und Abs. 2 GWB**[3] entsprechend anzuwenden, allerdings mit der Maßgabe, dass der Präsident des Bundeskartellamts keinen Angehörigen der Aufsichtsbehörde iSv. § 18 Abs. 1 UrhWG (des DPMA) zum Vertreter bestellen konnte.

Außerdem galten noch weitere **Besonderheiten für das Verfahren** bei Streitfällen, die den Abschluss oder die Änderung von Gesamtverträgen betrafen.[4] Der Einigungsvorschlag der Schiedsstelle über den Inhalt des Gesamtvertrages musste der Klageerhebung vorausgehen. Das Schiedsstellenverfahren war gem. § 16 Abs. 1 UrhWG für Streitigkeiten über Gesamtverträge unabdingbare **Prozessvoraussetzung** unabhängig davon, ob die Anwendbarkeit oder Angemessenheit von Tarifen im Streit war. Einmal angerufen, musste die Schiedsstelle – wenn kein Vergleich zustande kam – das Verfahren mit einem Einigungsvorschlag abschließen; § 14b UrhWG, wonach die Schiedsstelle die Möglichkeit hatte, ihren Einigungsvorschlag auf die Anwendbarkeit und Angemessenheit der Vergütung zu beschränken, fand auf Gesamtvertrags-Streitigkeiten keine Anwendung.

Die Regelung des § 14c UrhWG fand gem. § 14d UrhWG auch auf **Streitfälle** über Pauschalverträge **zwischen Sendeunternehmen und Kabelunternehmen** entsprechend Anwendung.

2. § 110

§ 110 enthält **Sonderregeln** für den **Einigungsvorschlag** bei Streitfällen über Gesamtverträge 2 iSv. **§ 92 Abs. 1 Nr. 3,** die weitgehend mit dem bisherigen § 14c Abs. 1 und 3 UrhWG übereinstimmen.[5]

§ 110 Abs. 1 ist inhaltsgleich mit dem bisherigen § 14c Abs. 1 UrhWG. **§ 110 Abs. 1 S. 1** bestimmt, dass der **Einigungsvorschlag** der Schiedsstelle in diesen Streitfällen den **Inhalt des Gesamtvertrages** enthalten muss. Gem. **§ 110 Abs. 1 S. 2** kann die Schiedsstelle dabei den Gesamtvertrag nur **mit Wirkung vom 1.1.** des Jahres vorschlagen, in dem der Antrag bei der Schiedsstelle gestellt wird.

§ 110 Abs. 2 S. 1 übernimmt die im bisherigen § 14c Abs. 3 S. 1 UrhWG vorgesehene Pflicht der Schiedsstelle, das **Bundeskartellamt** über das Verfahren zu unterrichten.

Nach **§ 110 Abs. 2 S. 4** ist **§ 90 Abs. 1 S. 2 und Abs. 2 GWB** entsprechend anzuwenden.[6] Auch diese Bestimmung entspricht weitgehend dem bisherigen § 14c Abs. 3 S. 2 UrhWG. Allerdings ist die in § 14c Abs. 3 S. 2 UrhWG enthaltene Einschränkung, nach der kein Angehöriger der Aufsichtsbehörde zum Vertreter des Präsidenten des Bundeskartellamts bestellt werden konnte, entfallen, da § 90 Abs. 2 GWB die Möglichkeit einer derartigen Vertretung ohnehin nicht mehr vorsieht.[7]

Die Anwendbarkeit der in § 110 enthaltenen Sonderregeln auf Streitfälle über **Kabelweitersendungsverträge** ist entsprechend dem bisherigen § 14d UrhWG in **§ 111** geregelt.

II. Streitfälle über Gesamtverträge

1. § 110 Abs. 1 – Einigungsvorschläge zu Gesamtverträgen

a) § 110 Abs. 1 S. 1, Gesamtvertrag als Inhalt des Einigungsvorschlags. § 110 Abs. 1 S. 1 3 bestimmt, dass der Einigungsvorschlag der Schiedsstelle zum **Gesamtvertrag** dessen **gesamten Inhalt** enthalten muss.[8] Der Inhalt eines Gesamtvertrages muss billigem Ermessen und dem Gleichbehandlungsgrundsatz entsprechen. Hinsichtlich des Entscheidungsmaßstabs und der Annahme des Einigungsvorschlags gilt § 105.[9] Zwar ist danach die Schiedsstelle an die Anträge der Parteien gebunden, bei einem Gesamtvertrag kommt ihr aber im Hinblick auf die Komplexität der darin zu regelnden Elemente – neben der Höhe der Vergütung auch die Angemessenheit sämtlicher anderer Bedingungen – ein besonderer Ermessens- und Gestaltungsspielraum zu; schließlich ist gerade der Inhalt eines

---

[2] *Strittmatter* S. 122.
[3] Aus § 90 Abs. 1 S. 2 (heute S. 4) GWB ergab sich die Pflicht zur Unterrichtung des Bundeskartellamts bei kartellrechtsrelevanten Entscheidungen, und aus § 90 Abs. 2 GWB dessen aktives Teilnahmerecht am Schiedsstellenverfahren.
[4] → 5. Aufl. 2017, UrhWG § 14c Rn. 2.
[5] Die im bisherigen § 14c Abs. 2 UrhWG enthaltene Bestimmung betreffend den Vorschlag für eine einstweilige Regelung ist in § 106 enthalten und nicht mehr auf Gesamtvertragsverfahren beschränkt; → § 106 Rn. 2.
[6] Die Verweisung auf § 90 Abs. 1 S. 4 GWB (in der ursprünglichen Fassung von § 110 noch „§ 90 Abs. 1 S. 2") geht auf die 9. GWB-Novelle vom 1.6.2017 (BGBl. I S. 1416) zurück.
[7] AmtlBegr. BT-Drs. 18/7223, 102.
[8] *Strittmatter* S. 122.
[9] → § 105 Rn. 4 ff.

Gesamtvertrages am Maßstab von § 39 bzw. § 40 zu messen, da den Vergütungssätzen eines abgeschlossenen Gesamtvertrag gem. § 38 S. 2 Tarifwirkung zukommt.[10] Dabei können vergleichbare Regelungen in anderen Gesamtverträgen insbesondere dann einen gewichtigen Anhaltspunkt für die Billigkeit einer Regelung bieten, wenn diese Verträge zwischen den Parteien oder unter Beteiligung einer der Parteien geschlossen worden sind.[11]

Wird der Einigungsvorschlag über den Gesamtvertrag von den Parteien nach Maßgabe von § 105 Abs. 3 angenommen, so entsteht damit der Gesamtvertrag zwischen den Parteien als privatrechtliches Schuldverhältnis, und zwar ohne die Besonderheiten des Vertragsdiktats, wie es noch in § 14 Abs. 4 UrhWG id. Fassung vor 1985 vorgesehen war.[12]

4   **b) § 110 Abs. 1 S. 2, Geltungsbeginn des Gesamtvertrages. § 110 Abs. 1 S. 2** folgt, ebenso wie seine Vorgängerbestimmung § 14c Abs. 3 S. 2 UrhWG, nicht dem früher einmal gemachten Vorschlag, der Schiedsstelle auch die Befugnis zum Vorschlag eines Gesamtvertrages rückwirkend für den Zeitraum der (Gesamt-)vertragslosen Zeit zu verleihen.[13] Da auch die Verpflichtung der Verwertungsgesellschaften zum Abschluss eines Gesamtvertrages nach § 35 nicht rückwirkend gilt,[14] kann die Schiedsstelle in ihrem Einigungsvorschlag gem. § 110 Abs. 1 S. 2 den **Geltungsbeginn des Gesamtvertrages** erst **zum 1.1.** des Jahres vorsehen, an dem der Antrag auf Einleitung des Schiedsstellenverfahrens gem. § 97 gestellt wurde. Damit wird berücksichtigt, dass der Antragstellung meist ohnehin längere Gesamtvertragsverhandlungen zwischen den Parteien vorausgehen. Es soll ermöglicht werden, dass der von der Schiedsstelle vorgeschlagene Gesamtvertrag jeweils ein „Wirtschaftsjahr" erfassen kann.[15] Trotz des etwas missverständlichen Wortlauts wird die Schiedsstelle hierzu aber nicht verpflichtet sein. Sie kann daher auch einen **späteren Geltungsbeginn für den Gesamtvertrag** vorschlagen; auch insoweit ist sie an die Begehren der Parteien gebunden.[16] Ohnehin können die Parteien den Geltungsbeginn des Gesamtvertrages frei vereinbaren.

2. § 110 Abs. 2 – Beteiligung des Bundeskartellamts

5   **a) § 110 Abs. 2 S. 1, Unterrichtung des Bundeskartellamts.** Die in **§ 110 Abs. 2 S. 1** bestimmte Pflicht der Schiedsstelle, das **Bundeskartellamt** über das Verfahren zu **unterrichten,** ist auf solche Verfahren beschränkt, die Streitigkeiten über Gesamtverträge zum Gegenstand haben. Für Gesamtverträge sind die Bestimmungen des Kartellrechts seit jeher besonders beachtlich.[17] Die Unterrichtungspflicht des Bundeskartellamtes ist daher folgerichtig, um kartellrechtlichen Gesichtspunkten im Schiedsstellenverfahren Beachtung zu verschaffen.

6   **b) § 110 Abs. 1 S. 2, Teilnahmerechte des Bundeskartellamts. § 110 Abs. 2 S. 2** erklärt **§ 90 Abs. 1 S. 4 und Abs. 2 GWB („Benachrichtigung und Beteiligung der Kartellbehörden")** für entsprechend anwendbar. Daraus folgt, dass die Schiedsstelle das Bundeskartellamt über kartellrechtsrelevante Entscheidungen unterrichten muss und ihm auf Verlangen **Abschriften** von allen Schriftsätzen, Protokollen, Verfügungen und Entscheidungen zu übersenden hat. Ferner kann der Präsident des Bundeskartellamts, wenn er dies zur Wahrnehmung des öffentlichen Interesses als angemessen erachtet, aus den Mitgliedern des Bundeskartellamtes einen **Vertreter bestellen,** der befugt ist, auf Tatsachen und Beweismittel hinzuweisen, den Terminen beizuwohnen, in ihnen Ausführungen zu machen und Fragen zu stellen.

§ 111 Streitfälle über Rechte der Kabelweitersendung

Bei Streitfällen nach § 92 Absatz 2 gilt § 110 entsprechend.

Übersicht

---

[10] Dreier/Schulze/*Schulze* § 110 Rn. 2; → § 130 Rn. 4 zum entsprechenden Ermessensspielraum des OLG.
[11] BGH GRUR 2017, 694 Rn. 58 – Gesamtvertrag PCs.
[12] Vgl. *Reinbothe* S. 50 ff.
[13] *Reimer* GRUR-Int 1982, 215 (217).
[14] AmtlBegr. UrhWG-Novellierung BT-Drs. 10/837, 24 (bezogen auf § 14c Abs. 1 UrhWG).
[15] Bericht des Rechtsausschusses, BT-Drs. 10/3360, 21 (bezogen auf § 14c Abs. 1 UrhWG).
[16] Zu den Entscheidungsmaßstäben der Schiedsstelle und zum Grundsatz ne ultra petita → § 105 Rn. 4.
[17] *Reinbothe* S. 111 ff.

I. Allgemeines

1. Die Regelung in § 14d UrhWG

§ 14d UrhWG bestimmte, dass die für Streitfälle über Gesamtverträge geltende Sonderregel des **1**
§ 14d UrhWG auf Streitfällen über Kabelweitersendungsverträge (§ 14 Abs. 1 Nr. 2 UrhWG)
entsprechend anwendbar war.

§ 14d UrhWG wurde durch Art. 2 des 4. UrhGÄndG vom 8.5.1998[1] in das UrhWG eingefügt.
Die Vorschrift war Konsequenz der damaligen Erweiterung der Schiedsstellen-Zuständigkeit neben
Streitigkeiten über Einzelnutzungsverträge (§ 14 Abs. 1 Nr. 1 lit. a UrhWG) und Gesamtvertragsstreitigkeiten (§ 14 Abs. 1 Nr. 1 lit. c UrhWG), an denen jeweils Verwertungsgesellschaften beteiligt sind,
auf Streitigkeiten zwischen Sendeunternehmen und Kabelunternehmen über Kabelweitersendungsrechte (§ 14 Abs. 1 Nr. 2 UrhWG). Diese Erweiterung wurde in Umsetzung der Satelliten- und Kabel-RL vorgenommen.[2]

2. § 111

§ 111 entspricht inhaltlich dem bisherigen § 14d UrhWG. **2**

II. Streitfälle über Rechte der Kabelweitersendung

Nach Auffassung des Gesetzgebers, des UrhWG wie des VGG, sind **Verträge über Kabelweiter-** **3**
sendungsrechte iSv. § 92 Abs. 2 idR. **Pauschalverträge** und somit den Gesamtverträgen iSv. § 35
ähnlicher als Einzelnutzungsverträgen.[3] Streitigkeiten über Kabelweitersendungsverträge sind daher im
Verfahren vor der Schiedsstelle, was den Inhalt des Einigungsvorschlags der Schiedsstelle, den Geltungsbeginn des vorgeschlagenen Vertrages und die Beteiligung des Bundeskartellamts betrifft, wie
Gesamtvertragsstreitigkeiten zu behandeln.

§ 111 („Streitfälle über Rechte der Kabelweitersendung") erklärt für solche Streitigkeiten daher
§ 110 („Streitfälle über Gesamtverträge") für entsprechend anwendbar. Die Kommentierung zu § 110
gilt entsprechend.[4]

§ 112 Empirische Untersuchung zu Geräten und Speichermedien

(1) **In Verfahren nach § 93 muss der Antrag, mit dem die Schiedsstelle angerufen wird, eine**
Auflistung der Verbände der betroffenen Hersteller, Importeure und Händler enthalten, soweit
diese dem Antragsteller bekannt sind.

(2) **Die Schiedsstelle stellt den Antrag den darin benannten Verbänden mit der Aufforderung**
zu, binnen eines Monats schriftlich zu erklären, ob sie sich an dem Verfahren beteiligen wollen.
Gleichzeitig veröffentlicht die Schiedsstelle den Antrag in geeigneter Form, verbunden mit
dem Hinweis, dass sich betroffene Verbände von Herstellern, Importeuren und Händlern, de-
nen der Antrag nicht zugestellt worden ist, binnen eines Monats ab Veröffentlichung des An-
trags durch schriftliche Erklärung gegenüber der Schiedsstelle an dem Verfahren beteiligen
können.

Übersicht

I. Allgemeines

1. Der Hintergrund und Zusammenhang von § 112

Im Rahmen der „Besonderen Verfahrensvorschriften" in Unterabschnitt 2 von Abschnitt 1 **1**
(„Schiedsstelle") des VGG ist **§ 112** die erste von mehreren besonderen Bestimmungen für Verfahren

---

[1] BGBl. I S. 902.
[2] Richtlinie 93/83/EWG vom 27.9.1993; → § 92 Rn. 9.
[3] AmtlBegr. BT-Drs. 13/4796, 17 (bezogen auf § 14d UrhWG).
[4] → § 110 Rn. 3 ff.

nach § 93 betreffend die Durchführung empirischer Untersuchungen. Zusammen mit den §§ 113 und 114 regelt § 112 Einzelheiten des Verfahrens gem. § 93 und trägt damit dem Umstand Rechnung, dass diese **neu eingeführte Zuständigkeit der Schiedsstelle,** anders als die in den §§ 92 und 94 geregelten Verfahren, kein Streitverfahren zur Lösung eines Streitfalles, sondern ein selbständiges Verfahren ist.[1]

Dementsprechend regelt § 112 Besonderheiten betreffend den **Antrag im Verfahren nach § 93.** § 113 enthält weitere **Modalitäten der Durchführung** der empirischen Untersuchung gem. § 93, und § 114 bestimmt, wie die Schiedsstelle mit dem **Ergebnis der empirischen Untersuchung** zu verfahren hat.

Eine weitere besondere Verfahrensbestimmung, die auch (allerdings nicht nur) für Verfahren zur Durchführung einer empirischen Untersuchung gem. § 93 gilt, ist in **§ 116** zur **Beteiligung von Verbraucherverbänden** enthalten.

§ 115 ist dagegen keine besondere Verfahrensvorschrift für die Durchführung empirischer Untersuchungen nach § 93, sondern betrifft die Verwertbarkeit von deren Ergebnissen zur Sachverhaltsaufklärung in Verfahren vor der Schiedsstelle über die Geräte- und Speichermedienvergütung oder die Betreibervergütung und den Abschluss oder die Änderung von Gesamtverträgen.

2. § 112

2 Es liegt in der Natur des Verfahrens vor der Schiedsstelle nach § 93, dass es, anders als in den Verfahren nach § 92 und § 94, a priori nicht andere Verfahrensbeteiligte gibt als die antragstellende Verwertungsgesellschaft. Daher sollen es die besonderen Verfahrensregeln in § 112 den vom Verfahren zur Durchführung einer empirischen Untersuchung gem. § 93 betroffenen Verbänden der Hersteller, Importeure und Händler von Geräten und Speichermedien ermöglichen, sich daran zu beteiligen.

Dazu verpflichtet **§ 112 Abs. 1** die Verwertungsgesellschaft, in solchen Verfahren schon ihrem verfahrenseinleitenden Antrag eine **Auflistung der ihr bekannten Verbände** der betroffenen Hersteller, Importeure und Händler beizufügen.

Für Verfahren gem. § 93 ist daher **§ 112 Abs. 1** *lex specialis* zu § 97 Abs. 1 S. 2, wonach dem verfahrenseinleitenden Antrag auf Durchführung des Schiedsstellenverfahrens bei Streitfällen Namen und Anschrift des Antragsgegners beizufügen sind.

§ 112 Abs. 2 enthält Bestimmungen zur Beteiligung der im Antrag gem. § 112 Abs. 1 aufgelisteten Verbände:
– Gem. **§ 112 Abs. 2 S. 1** ist die Schiedsstelle verpflichtet, den Antrag den nach § 112 Abs. 1 benannten **Verbänden zuzustellen** mit der Aufforderung, binnen eines Monats schriftlich zu erklären, ob sie sich am Verfahren beteiligen wollen.
– Ergänzend bestimmt **§ 112 Abs. 2 S. 2,** dass die Schiedsstelle den Antrag **in geeigneter** Form **zu veröffentlichen** hat und dabei darauf hinweisen muss, dass sich die vom Verfahren betroffenen Verbände, denen der Antrag nicht zugestellt wurde, binnen eines Monats ab dieser Veröffentlichung durch schriftliche Erklärung gegenüber der Schiedsstelle am Verfahren beteiligen können.

Für Verfahren gem. § 93 ist daher **§ 112 Abs. 2** *lex specialis* zu § 97 Abs. 2, wonach die Schiedsstelle den verfahrenseinleitenden Antrag dem Antragsgegner zur Stellungnahme zuzuleiten hat.

II. Empirische Untersuchung zu Geräten und Speichermedien

1. § 112 Abs. 1 – Auflistung der Verbände im verfahrenseinleitenden Antrag

3 **§ 112 Abs. 1** enthält **Verpflichtungen der Verwertungsgesellschaft** iRv. Anträgen auf Einleitung eines Verfahrens zur Durchführung einer empirischen Untersuchung gem. § 93. Derartige Anträge können nur von einer **Verwertungsgesellschaft** oder von einer **abhängigen Verwertungseinrichtung,** die die Tätigkeiten einer Verwertungsgesellschaft ausübt, gestellt werden.[2] Für den verfahrenseinleitenden Antrag gilt auch iRv. solchen Verfahren § 97 Abs. 1 S. 1 und S. 3, wonach das Verfahren vor der Schiedsstelle durch **schriftlichen Antrag** eingeleitet wird,[3] der **in zwei Exemplaren** einzureichen ist.[4]

Dagegen gibt es im Verfahren zur Durchführung einer empirischen Untersuchung nach § 93, da es **kein Streitverfahren** ist, **keinen Antragsgegner,** wie er im verfahrenseinleitenden Antrag der Verwertungsgesellschaft gem. § 97 Abs. 1 S. 2 angegeben werden muss. Dementsprechend kann die Schiedsstelle in solchen Verfahren den Antrag auch keinem Antragsgegner gem. § 97 Abs. 2 zustellen mit der Aufforderung, sich innerhalb eines Monats zu äußern.

§ 112 Abs. 1 ersetzt gewissermaßen in Verfahren nach § 93 die Benennung des (hier nicht vorhandenen) Antragsgegners iSv. § 97 Abs. 1 S. 2 durch die Verpflichtung der antragstellenden Verwertungsgesellschaft, im Antrag **die vom Verfahren betroffenen Verbände** zu benennen. Da das

---

[1] → § 93 Rn. 4.
[2] → § 93 Rn. 5.
[3] → § 97 Rn. 6.
[4] → § 97 Rn. 8.

Schiedsstellenverfahren gem. § 93 nur der Ermittlung der von § 54a UrhG erfassten Nutzung von Geräten und Speichermedien dient, sind vom Verfahren betroffen und daher gem. § 112 Abs. 1 zu benennen alle diejenigen Verbände von Herstellern, Importeuren und Händlern solcher Geräte und Speichermedien, für die die Höhe der Vergütungspflicht relevant ist und **auf die der Tarif** der Verwertungsgesellschaft, der auf der Grundlage der empirischen Untersuchung iRv. § 40 ermittelt wird, **potenziell Anwendung** findet. Voraussetzung ist also, dass der betroffene Verband die Interessen solcher Hersteller, Importeure oder Händler vertritt.

Dabei muss (und kann) die Verwertungsgesellschaft naturgemäß nur **die ihr bekannten Verbände** benennen.

Die **Auflistung** ist nur dann vollständig, wenn sie nicht nur die Bezeichnung des Verbandes, sondern auch seine ladungsfähige Anschrift sowie Hinweise dazu enthält, inwieweit die Mitglieder des Verbandes vom Tarif und damit vom Ergebnis der empirischen Untersuchung betroffen sind.

2. § 112 Abs. 2 – Zustellung und Veröffentlichung des verfahrenseinleitenden Antrags durch die Schiedsstelle

§ 112 Abs. 2 enthält **Verpflichtungen der Schiedsstelle** iRv. Verfahren zur Durchführung einer **4** empirischen Untersuchung gem. § 93.

Während die Schiedsstelle in Verfahren nach § 92 und § 94 den verfahrenseinleitenden Antrag gem. § 97 Abs. 2 dem Antragsgegner zuzustellen hat, muss sie ihn gem. **§ 112 Abs. 2 S. 1** in Verfahren nach § 93, in dem es keinen Antragsgegner gibt, den von der Verwertungsgesellschaft gem. § 112 Abs. 1 benannten **Verbänden zustellen.**

Dabei muss sie diese Verbände auffordern, binnen eines Monats zu erklären, ob sie sich an dem Verfahren beteiligen wollen. Deren **Erklärung** kann formlos, muss aber schriftlich an die Schiedsstelle gerichtet werden. Die **Schriftform** verlangt gem. § 126 Abs. 1 BGB grundsätzlich die eigenhändige Unterschrift der für den erklärenden Verband vertretungsberechtigten Person. Da das VGG auch an anderen Stellen die elektronische Kommunikation bevorzugt oder sogar vorschreibt[5] und sich aus dem VGG insoweit nichts Gegenteiliges ergibt, dürfte es gem. § 3a VwVfG, der gem. § 89 Abs. 1 auch für die Verwaltungstätigkeit der Aufsichtsbehörde gilt, unter den dort genannten Voraussetzungen auch zulässig sein, die Erklärung gem. **§ 112 Abs. 2 S. 1** der Schiedsstelle in elektronischer Form zu übermitteln. Insofern sollte nichts anderes gelten als für die Äußerung des Antragsgegners zum verfahrenseinleitenden Antrag gem. § 97 Abs. 2.[6]

Die **Frist von einem Monat** zur Erklärung der Verbände gem. **§ 112 Abs. 2 S. 1** soll, entsprechend der Monatsfrist gem. § 97 Abs. 2 für die Äußerung des Antragsgegners in Streitverfahren vor der Schiedsstelle, dazu dienen, das Verfahren zügig zu beginnen und Verzögerungen zu Beginn des Verfahrens zu vermeiden. Eine rasche Rückäußerung der benannten Verbände ist wichtig und diesen auch zuzumuten, denn davon hängt es ab, wer neben der Verwertungsgesellschaft am Verfahren beteiligt ist. Eine **Verlängerung** dieser Monatsfrist ist daher **nicht vorgesehen.** Für die **Berechnung der Monatsfrist** gilt § 96.[7]

§ 112 Abs. 2 S. 2 sieht gleichzeitig eine **Veröffentlichungspflicht** des verfahrenseinleitenden Antrags **durch die Schiedsstelle** vor, um sicherzustellen, dass auch solche Verbände die Möglichkeit zur Beteiligung am Verfahren haben, die der Schiedsstelle nicht durch die antragstellende Verwertungsgesellschaft gem. § 112 Abs. 1 bekannt gemacht worden sind. Die Veröffentlichung muss **in geeigneter Form** erfolgen, zB durch das Einstellen in das Internet.[8]

In der Veröffentlichung muss die Schiedsstelle darauf hinweisen, dass sich **vom Verfahren betroffene Verbände,**[9] denen der Antrag nicht zugestellt worden ist, **binnen eines Monats** ab Veröffentlichung des Antrags durch **schriftliche Erklärung** gegenüber der Schiedsstelle am Verfahren beteiligen können. Zur Monatsfrist und zur Schriftform einer solchen Erklärung gilt das oben Gesagte.

Es ist nicht vorgesehen, dass die Schiedsstelle für die Zustellung des verfahrenseinleitenden Antrags an die betroffenen Verbände iRv. § 112 Abs. 2 von der antragstellenden Gesellschaft einen **Kostenvorschuss** verlangen kann; dies soll sie erst vor Erteilung des Auftrags zur Durchführung der empirischen Untersuchung tun.[10]

Darüber, wie sich die betroffenen Verbände, die ihre Beteiligung erklärt haben, **am Verfahren nach § 93 beteiligen** können, enthält das Gesetz, abgesehen von § 113, keine besonderen Regeln. In jedem Fall muss den Verbänden gem. § 113 iVm. § 104 Abs. 3 die Möglichkeit zur Stellungnahme gegeben werden. Im Übrigen spricht Vieles dafür, sie wie Nebenintervenienten iSd. §§ 66 ff. ZPO zu behandeln, sie also über die Verfahrenskorrespondenz und das Ergebnis der empirischen Untersuchung zu informieren.[11]

---

[5] → § 14 Rn. 3 f.; → § 43 Rn. 3 ff.; → § 47 Rn. 3; → § 64 Rn. 3 f.; → § 66 Rn. 3.
[6] → § 97 Rn. 10.
[7] → § 96 Rn. 2 f.
[8] AmtlBegr. BT-Drs. 18/7223, 103.
[9] Zu diesem Begriff → Rn. 3.
[10] → § 97 Rn. 10; → § 113 Rn. 3.
[11] → § 113 Rn. 2; → § 104 Rn. 5; Dreier/Schulze/*Schulze* § 112 Rn. 7; Möhring/Nicolini/*Freudenberg* § 112 Rn. 8; einschränkend Wandtke/Bullinger/*Staats* § 112 Rn. 4.

§ 113 Durchführung der empirischen Untersuchung

[1] Für die Durchführung der empirischen Untersuchung gemäß § 93 gilt § 104 mit der Maßgabe, dass die Schiedsstelle die Durchführung der empirischen Untersuchung nicht ablehnen kann. [2] Die Schiedsstelle soll den Auftrag zur Durchführung dieser Untersuchung erst erteilen, wenn die Verwertungsgesellschaft einen Vorschuss gezahlt hat. Sie soll darauf hinwirken, dass das Ergebnis der empirischen Untersuchung spätestens ein Jahr nach Eingang des Antrags nach § 112 Absatz 1 vorliegt.

Übersicht

I. Allgemeines

1   Auch **§ 113** enthält Sonderregeln für Verfahren nach § 93 betreffend die Durchführung empirischer Untersuchungen und trägt damit, zusammen mit den Bestimmungen in den §§ 112 und 114, dem Umstand Rechnung, dass diese **neu eingeführte Zuständigkeit der Schiedsstelle,** anders als die in den §§ 92 und 94 geregelten Verfahren, kein Streitverfahren zur Lösung eines Streitfalles, sondern ein selbständiges Verfahren ist.[1]

Die **Sonderregeln in § 113** betreffen einzelne **Modalitäten der Durchführung** der empirischen Untersuchung gem. § 93.

§ 113 S. 1 bestimmt, dass **§ 104** (betreffend die „Aufklärung des Sachverhalts" bei Streitverfahren) auf die Durchführung des Verfahrens nach § 93 Anwendung findet; allerdings kann die Schiedsstelle die Durchführung der empirischen Untersuchung **nicht ablehnen.**

Gem. **§ 113 S. 2** soll die Schiedsstelle den Auftrag zur Durchführung der empirischen Untersuchung iSv. § 93 von der **Zahlung eines Vorschusses** durch die Verwertungsgesellschaft abhängig machen. Dies stellt eine Sonderregel gegenüber § 118 Abs. 2 dar.

Gem. **§ 113 S. 3** soll die Schiedsstelle darauf hinwirken, dass das **Ergebnis** der empirischen Untersuchung **spätestens ein Jahr** nach Eingang des verfahrenseinleitenden Antrags nach § 112 Abs. 1 vorliegt. Dies ist eine Sonderregel gegenüber § 105 Abs. 1 S. 1, der ja nur auf Streitverfahren Anwendung findet.

II. Durchführung der empirischen Untersuchung

1. § 113 S. 1, Verfahren zur Durchführung der empirischen Untersuchung

2   **§ 113 S. 1** bestätigt, dass **§ 104** zur Ermittlung des Sachverhalts und von Beweisen durch die Schiedsstelle als Teil der Allgemeinen Verfahrensvorschriften im ersten Unterabschnitt von Abschnitt 1 („Schiedsstelle") grundsätzlich auf alle Verfahren vor der Schiedsstelle Anwendung findet, also auch auf solche zur Durchführung einer empirischen Untersuchung gem. § 93. Da dieses Verfahren insgesamt einen Spezialfall der Beweisaufnahme darstellt,[2] dürften hierfür insbesondere § 104 Abs. 1 S. 1 **(Beweiserhebung in geeigneter Form),** aber auch § 104 Abs. 3 zur **Äußerung der Beteiligten** zu den Ermittlungsergebnissen einschlägig sein.

Andererseits räumt § 104 Abs. 1 der Schiedsstelle bei der Beweiserhebung nicht nur Ermessen ein, sondern stellt in § 104 Abs. 1 S. 2 ausdrücklich fest, dass sie an Beweisanträge nicht gebunden, also nicht verpflichtet ist, diesen stattzugeben.[3]

§ 113 S. 1 stellt im Gegensatz dazu ausdrücklich klar, dass die Flexibilität der Schiedsstelle iRv. § 104 nicht so weit geht, dass sie etwa die Durchführung der empirischen Untersuchung ablehnen kann. Die Schiedsstelle ist also **verpflichtet, dem Antrag** zur Durchführung des Verfahrens gem. § 93 **stattzugeben.**

2. § 113 S. 2, Zahlung eines Vorschusses vor Erteilung des Auftrags

3   Anders als in Verfahren gem. § 92 oder § 94 ist § 118 Abs. 2 in Verfahren gem. § 93 zur Durchführung einer empirischen Untersuchung offenbar nicht anwendbar mit der Folge, dass die **Zahlung eines Vorschusses vor Zustellung** des verfahrenseinleitenden Antrags an die Verbände iRv. § 112 Abs. 2 nicht vorgesehen ist.[4]

---

[1] → § 93 Rn. 4; → § 112 Rn. 1.
[2] Vgl. AmtlBegr. BT-Drs. 18/7223, 103.
[3] → § 104 Rn. 3.
[4] → § 97 Rn. 10; → § 112 Rn. 4; → § 118 Rn. 6.

Gem. **§ 113 S. 2** soll die Schiedsstelle in Verfahren gem. § 93 stattdessen die **Zahlung eines Vorschusses vor Erteilung des Auftrags** zur Durchführung der empirischen Untersuchung verlangen; verpflichtet ist sie hierzu nicht. Da die Schiedsstelle die empirische Untersuchung nicht selbst durchführt, sondern einen sachverständigen Dritten mit deren Durchführung beauftragt,[5] soll sie den Vorschuss verlangen, bevor sie den entsprechenden Auftrag erteilt und daraus Zahlungsansprüche Dritter entstehen können.

Die **Höhe des Vorschusses** iSv. § 113 S. 2 ist zwar im Gesetz nicht bestimmt, entsprechend § 118 Abs. 2 dürfte aber ein Drittel der Gebühr, für die in Verfahren nach § 93 gem. § 117 Abs. 4 ein Gebührensatz von 1,0 gilt, angemessen sein.

Zahlungspflichtig für einen solchen von der Schiedsstelle verlangten Vorschuss iSv. § 113 S. 2 ist die **antragstellende Verwertungsgesellschaft** bzw. abhängige Verwertungseinrichtung.[6] Zu beachten ist, dass die Zahlung des Vorschusses keine Rückschlüsse auf die **Kostenpflicht** zulässt, über die die Schiedsstelle gem. **§ 121** nach billigem Ermessen gesondert entscheidet.[7]

3. § 113 S. 3, Jahresfrist für die empirische Untersuchung

§ 113 S. 3 trägt der Tatsache Rechnung, dass **§ 105** zum Einigungsvorschlag der Schiedsstelle, **4** auch wenn diese Bestimmung Teil der Allgemeinen Verfahrensvorschriften im ersten Unterabschnitt von Abschnitt 1 („Schiedsstelle") ist, auf Verfahren vor der Schiedsstelle zur Durchführung einer empirischen Untersuchung gem. § 93 **keine Anwendung** finden kann, denn Gegenstand und Ziel solcher Verfahren ist nicht die Vorlage eines Einigungsvorschlags.

§ 113 S. 3 greift den Gedanken der **Jahresfrist** für die Vorlage eines Einigungsvorschlags gem. § 105 Abs. 1 S. 1, die eine Straffung der Verfahren bewirken soll,[8] auf und passt ihn den Besonderheiten des Verfahrens nach § 93 an. Es liegt im Interesse aller Beteiligten, auch ein solches Verfahren möglichst zügig durchzuführen und das Ergebnis der empirischen Untersuchung so bald wie möglich zu erhalten. Darauf kann die Schiedsstelle zwar hinwirken, es liegt aber nicht allein in ihrer Hand, da sie die empirische Untersuchung ja nicht selbst durchführt, sondern einen sachverständigen Dritten mit deren Durchführung beauftragt.[9]

Gem. **§ 113 S. 3** kann und **soll die Schiedsstelle** daher lediglich **darauf hinwirken,** dass das Untersuchungsergebnis möglichst bald vorliegt. Dies kann sie in ihrer Rolle als Auftraggeber der empirischen Untersuchung dadurch tun, dass sie dem sachverständigen Dritten Fristen setzt und deren Beachtung überwacht. Soweit Anhörungen oder Vernehmungen unter Mitwirkung der Schiedsstelle erforderlich sind, kann sie auf deren zeitnahe Terminierung hinwirken.

Als zeitliches Ziel wird der Schiedsstelle dabei ein **Zeitraum von höchstens einem Jahr** vorgegeben, gerechnet ab dem Eingang des Antrags gem. § 112 Abs. 1 bei der Schiedsstelle.[10]

§ 114 Ergebnis der empirischen Untersuchung

(1) **Die Schiedsstelle stellt fest, dass das Ergebnis der empirischen Untersuchung den Anforderungen entspricht, die im Hinblick auf die Aufstellung eines Tarifes gemäß § 40 zu stellen sind. Andernfalls veranlasst sie seine Ergänzung oder Änderung.**

(2) **Sie stellt das den Anforderungen entsprechende Ergebnis den Beteiligten zu und veröffentlicht es in geeigneter Form. § 105 ist nicht anzuwenden.**

Übersicht

I. Allgemeines

Auch **§ 114** enthält Sonderregeln für Verfahren nach § 93 betreffend die Durchführung empirischer Untersuchungen und trägt damit, zusammen mit den Bestimmungen in den §§ 112 und 113, **1** dem Umstand Rechnung, dass diese **neu eingeführte Zuständigkeit der Schiedsstelle,** anders als

---

[5] → § 93 Rn. 6 f.
[6] → § 93 Rn. 5.
[7] Vgl. AmtlBegr. BT-Drs. 18/7223, 103; zur Kostenverteilung in Verfahren nach § 93 → § 121 Rn. 4.
[8] → § 105 Rn. 3.
[9] → Rn. 3.
[10] Zur Berechnung der Frist vgl. → § 96 Rn. 2 f.

die in den §§ 92 und 94 geregelten Verfahren, kein Streitverfahren zur Lösung eines Streitfalles, sondern ein selbständiges Verfahren ist.[1]

Die **Sonderregeln in § 114** bestimmen, wie die Schiedsstelle mit dem **Ergebnis der empirischen Untersuchung** iSv. § 93 zu verfahren hat.

Gem. **§ 114 Abs. 1 S. 1** hat die Schiedsstelle das **Ergebnis** der empirischen Untersuchung zu bewerten und darauf **zu überprüfen,** ob es den Anforderungen entspricht, die im Hinblick auf die Aufstellung eines Tarifs gem. § 40 zu stellen sind. Ist dies nicht der Fall, muss sie gem. **§ 114 Abs. 1 S. 2 Ergänzungen oder Änderungen** des Ergebnisses veranlassen.

§ 114 Abs. 2 S. 1 bestimmt, dass die Schiedsstelle das Ergebnis der empirischen Untersuchung, wenn es den Anforderungen entspricht, den Beteiligten **zustellen** und es **in geeigneter Form veröffentlichen** muss. Gem. **§ 114 Abs. 2 S. 2** findet der auf Streitverfahren zugeschnittene § 105 (Einigungsvorschlag der Schiedsstelle; Widerspruch) hier **keine Anwendung.**

II. Ergebnis der empirischen Untersuchung

1. § 114 Abs. 1 – Überprüfung des Ergebnisses der empirischen Untersuchung

2 Auch wenn die Schiedsstelle die empirische Untersuchung iRd. Verfahrens gem. § 93 nicht selbst durchführt, sondern einen sachverständigen Dritten mit deren Durchführung beauftragt,[2] leitet sie das Verfahren, bringt ihren Sachverstand in allen Phasen des Verfahrens ein und bewertet das Untersuchungsergebnis. **§ 114 Abs. 1** trägt dieser **Rolle der Schiedsstelle** Rechnung.

Nach **§ 114 Abs. 1 S. 1** muss die Schiedsstelle das **Ergebnis der empirischen Untersuchung** daraufhin **überprüfen,** ob es den im Hinblick auf die Aufstellung eines Tarifs gem. § 40 gestellten Anforderungen entspricht, also alle für die Ermittlung der Vergütungshöhe nach § 54a Abs. 1–3 UrhG wesentlichen Informationen enthält. Dazu gehört insbesondere die Feststellung, ob die betreffenden „Geräte und Speichermedien als Typen tatsächlich für Vervielfältigungen nach § 53 Abs. 1 bis 3 UrhG genutzt werden" und „inwieweit technische Schutzmaßnahmen nach § 95a UrhG auf die betreffenden Werke angewendet werden". Dabei muss das Untersuchungsergebnis so angelegt sein, dass es eine **objektive sachliche Grundlage für das Ausmaß der tatsächlichen Nutzung** bildet, an der die Angemessenheit der Vergütung iR. der Tarife ausgerichtet werden kann.[3]

Wenn dagegen das Ergebnis einer empirischen Untersuchung **Defizite** aufweist, ist die Schiedsstelle nach **§ 114 Abs. 1 S. 2** verpflichtet, eine **Ergänzung oder Änderung** dieses Ergebnisses zu veranlassen. Solche Ergänzungen oder Änderungen werden also nicht von der Schiedsstelle selbst, sondern auf deren Veranlassung von der mit der Untersuchung beauftragten Organisation vorgenommen. Welche Maßnahmen der Nachbesserung im Einzelfall erforderlich sind, entscheidet die Schiedsstelle nach pflichtgemäßem Ermessen.[4] Dabei ist **Prüfungsmaßstab für die Schiedsstelle** die Eignung des Ergebnisses für die Aufstellung eines Tarifs nach § 40. Dazu gehören insbesondere das tatsächliche Ausmaß der Nutzung von Geräten und Speichermedien als Typen für Vervielfältigungen, die Frage, inwieweit technische Schutzmaßnahmen iSv. § 95a UrhG auf die Werke angewandt werden iSv. § 54a Abs. 1 S. 2 UrhG oder ein funktionelles Zusammenwirken mit anderen Geräten oder Speichermedien vorliegt iSv. 54a Abs. 2 UrhG, aber auch deren Leistungsfähigkeit, Speicherkapazität und Mehrfachbeschreibbarkeit iSv. § 54a Abs. 3 UrhG.

Die Schiedsstelle ist nicht verpflichtet, iR. dieser Überprüfung die antragstellende Verwertungsgesellschaft oder die am Verfahren beteiligten Verbände zu **konsultieren.** Um zu einem tragfähigen Ergebnis zu gelangen, kann sie dies aber nach § 104 tun, wobei sie stets die Jahresfrist für die Vorlage der empirischen Untersuchung, § 113 S. 3 im Auge behalten sollte.

Nachdem die Schiedsstelle das Untersuchungsergebnis gem. § 114 Abs. 1 S. 1 **überprüft** und gegebenenfalls gem. § 114 Abs. 1 S. 2 hat **ergänzen oder ändern** lassen, hat sie gem. § 114 Abs. 1 S. 1 **festzustellen,** dass es den Anforderungen genügt.

2. § 114 Abs. 2 – Zustellung und Veröffentlichung des Ergebnisses der empirischen Untersuchung

3 **§ 114 Abs. 2** schreibt der Schiedsstelle vor, wie sie mit einem als den Anforderungen entsprechend festgestellten Untersuchungsergebnis zu verfahren hat.

Gem. **§ 114 Abs. 2 S. 1** hat sie es **den Beteiligten zuzustellen.** Beteiligte im Verfahren sind neben der antragstellenden Verwertungsgesellschaft alle diejenigen vom Verfahren betroffenen Verbände von Herstellern, Importeuren und Händlern, die sich iRv. § 112 Abs. 2 am Verfahren beteiligt haben.[5]

---

[1] → § 93 Rn. 4; → § 112 Rn. 1.
[2] → § 93 Rn. 6 f.
[3] → § 93 Rn. 7; bezogen auf § 14 Abs. 5a UrhWG und die Angemessenheit der Vergütung iRv. Gesamtverträgen: Beschlussempfehlung und Bericht des Rechtsausschusses BT-Drs. 16/5939, 86.
[4] Vgl. → § 95 Rn. 5.
[5] → § 112 Rn. 3 f.

§ 114 Abs. 2 S. 1 sieht gleichzeitig eine **Veröffentlichungspflicht** des Untersuchungsergebnisses **durch die Schiedsstelle** vor, um sicherzustellen, dass auch die Öffentlichkeit und solche (Fach-)Kreise davon Kenntnis erhalten, die am Verfahren nicht beteiligt waren. Die Veröffentlichung muss **in geeigneter Form** erfolgen, zB durch die Veröffentlichung im Bundesanzeiger oder durch das Einstellen in das Internet.[6]

§ 114 Abs. 2 S. 2 stellt ausdrücklich klar, dass § 105 nicht anzuwenden ist. Dieser Klarstellung hätte es kaum bedurft, denn auch wenn **§ 105** zum Einigungsvorschlag der Schiedsstelle Teil der Allgemeinen Verfahrensvorschriften im ersten Unterabschnitt von Abschnitt 1 („Schiedsstelle") ist, kann diese Bestimmung auf Verfahren vor der Schiedsstelle zur Durchführung einer empirischen Untersuchung gem. § 93 **keine Anwendung** finden. Gegenstand und Ziel dieses isolierten Verfahrens ist nicht die Vorlage eines Einigungsvorschlags durch die Schiedsstelle, sondern – als „Spezialfall der Beweisaufnahme" – ein Gutachten als Voraussetzung der Aufstellung eines Tarifs iSv. § 40.[7]

Dementsprechend ist auch kein Widerspruch gegen das Ergebnis der empirischen Untersuchung möglich. Die Überprüfung eines auf der Grundlage einer empirischen Untersuchung aufgestellten Tarifs iSv. § 40 bleibt iR. eines Schiedsstellenverfahrens gem. § 92 Abs. 1 Nr. 2 möglich.[8]

§ 115 Verwertung von Untersuchungsergebnissen

In Verfahren nach § 92 Absatz 1 Nummer 2 und 3 kann zur Sachverhaltsaufklärung (§ 104) das Ergebnis einer empirischen Untersuchung herangezogen werden, das aus einem Verfahren nach § 93 stammt.

Übersicht

I. Allgemeines

§ 115 enthält eine Sonderregelung für Streitfälle iSv. § 92 Abs. 1 Nr. 2 (über die Vergütungspflicht 1 nach § 54 UrhG oder § 54c UrhG) und für Streitfälle iSv. § 92 Abs. 1 Nr. 3 (über den Abschluss oder die Änderung eines Gesamtvertrags). Hintergrund für diese Sonderregelung sind **verfahrensökonomische Erwägungen:** Wenn die Ergebnisse einer in einem selbständigen Verfahren nach § 93 eingeholten empirischen Untersuchung auch in einem späteren Einzel- oder Gesamtvertragsverfahren einschlägig und verwertbar sind, soll dort darauf zurückgegriffen werden können, und es erübrigt sich möglicherweise eine neuerliche Beweisaufnahme.

Auf der Grundlage dieser Überlegung ist **§ 115** an die Schiedsstelle gerichtet und gibt ihr ausdrücklich die Möglichkeit, in Verfahren über die Geräte- und Speichermedienvergütung oder die Betreibervergütung und den Abschluss oder die Änderung von Gesamtverträgen die **Ergebnisse** einer bereits durchgeführten empirischen Untersuchung iSv. § 93 **zur Sachverhaltsaufklärung heranzuziehen.**

II. Verwertung von Untersuchungsergebnissen

1. § 115 als Klarstellung

Die Schiedsstelle kann nach **§ 104 Abs. 1** alle erforderlichen Beweise in geeigneter Form erheben. 2 Dabei ist sie in Ausübung ihres pflichtgemäßen Ermessens gehalten, die Beweiserhebung jeweils auf das zur Aufklärung des Sachverhalts Erforderliche zu konzentrieren mit dem Ziel, das Verfahren möglichst zeitnah und erfolgreich zu beenden.[1] In diesem Rahmen wird die Schiedsstelle bei ihrer Beweisermittlung die Ergebnisse einer separat bereits durchgeführten empirischen Untersuchung daher ohnehin berücksichtigen, wenn es im Verfahren um die nach § 54a UrhG maßgebliche Nutzung iR. der Vergütung für Geräte und Speichermedien geht.

§ 115 dient somit eigentlich nur der **Klarstellung.** Allerdings sind diese Klarstellung und der ausdrückliche Hinweis auf die Relevanz empirischer Untersuchungen bei der Beweisermittlung durchaus sinnvoll: Das separate Schiedsstellenverfahren nach § 93 zur Durchführung einer empirischen Untersuchung wurde erst mit dem VGG eingeführt, während die Durchführung einer solchen Untersu-

---

[6] AmtlBegr. BT-Drs. 18/7223, 103.
[7] → § 113 Rn. 4; AmtlBegr. BT-Drs. 18/7223, 103.
[8] → § 92 Rn. 4 ff.; vgl. Dreier/Schulze/*Schulze* § 114 Rn. 4.
[1] → § 104 Rn. 3.

chung gem. dem bisherigen § 14 Abs. 5a UrhWG nur bei Gesamtvertragsverfahren erforderlich und an diese gekoppelt war.[2] Im Rahmen von § 104 zur Beweisermittlung durch die Schiedsstelle haben daher die Ergebnisse empirischer Untersuchungen potenziell eine weit größere Tragweite als iR. der Vorgängerbestimmung des bisherigen § 8 UrhSchiedsV (Ermittlung von Amts wegen).

2. Ermessensentscheidung

3   § 115 findet auf Einzel- und Gesamtvertragsverfahren iSv. § 92 Abs. 1 Nr. 2 und Nr. 3 Anwendung. Im Rahmen solcher Verfahren kann die Schiedsstelle eine eigene neuerliche Untersuchung durch die Bezugnahme auf eine in einem selbständigen Verfahren gem. § 93 bereits eingeholte empirische Untersuchung ersetzen.

Die Entscheidung, ob auf die Ergebnisse einer bereits durchgeführten Untersuchung zurückgegriffen werden kann, oder ob doch eine neuerliche Beweisaufnahme durchgeführt werden muss, liegt **im pflichtgemäßen Ermessen** der Schiedsstelle[3] und steht im Zusammenhang mit ihrer Beweisermittlung zur Aufklärung des Sachverhalts gem. § 104.[4] In diesem Rahmen hat sie jeweils auch den am Verfahren Beteiligten Gelegenheit zur Stellungnahme zu geben. Bei ihrer Entscheidung wird die Schiedsstelle insbesondere das Alter der bereits vorliegenden Untersuchung zu berücksichtigen und deren Aktualität zu überprüfen haben. Außerdem wird entscheidend sein, ob die vorliegende Untersuchung, bezogen auf das neuere Verfahren, inhaltlich vollständig ist und alle dort relevanten Fragen hinreichend behandelt.[5]

§ 116 Beteiligung von Verbraucherverbänden

[1]In Verfahren nach § 92 Absatz 1 Nummer 2 und 3 und § 93 gibt die Schiedsstelle den bundesweiten Dachorganisationen der mit öffentlichen Mitteln geförderten Verbraucherverbände Gelegenheit zur schriftlichen Stellungnahme. [2]Im Fall einer Stellungnahme ist § 114 Absatz 2 Satz 1 entsprechend anwendbar.

Schrifttum: *Hucko,* „Zweiter Korb" – Das neue Urheberrecht in der Informationsgesellschaft, 2007.

Übersicht

I. Allgemeines

1. Die Konsultation der Verbraucherverbände gem. § 14 Abs. 5b UrhWG

1   Nach dem bisherigen § 14 Abs. 5b UrhWG war die Schiedsstelle verpflichtet, iRv. **Einzel- und Gesamtvertragsstreitigkeiten** über die Vergütung für Geräte und Speichermedien gem. § 54 UrhG den auf Bundesebene organisierten und mit öffentlichen Mitteln geförderten Verbraucherverbänden Gelegenheit zur schriftlichen Stellungnahme zu geben.

Diese Bestimmung war in das UrhWG eingefügt worden durch das Zweite Gesetz zur Regelung des Urheberrechts in der Informationsgesellschaft vom 26.10.2007.[1] Sie war Teil des Übergangs von den früher in der Anlage zu § 54d aF UrhG gesetzlich bestimmten Vergütungssätzen hin zu von den Betroffenen selbst verhandelten Tarifen für die Geräte- und Speichermedienvergütung. Denn obwohl die Vergütung auf die Verbraucherpreise umgelegt wurde und damit letztendlich von den Verbrauchern zu tragen war, wurde über die Tarife nicht mit diesen, sondern unter Dritten verhandelt. Der bisherige § 14 Abs. 5b UrhWG war damit Teil der Bemühungen, die Akzeptanz der Tarife für Geräte und Speichermedien gem. den §§ 54 ff. UrhG zu steigern. Die Bestimmung ging auf die berechtigte Forderung der Verbraucherverbände zurück, mehr **Einfluss auf die Vergütungshöhe** zu bekommen und die Sicht der Verbraucher in den diesbezüglichen Schiedsstellenverfahren aktenkundig zu machen.[2*]

---

[2] Vgl. → 5. Aufl. 2017, UrhWG § 14 Rn. 10; → § 93 Rn. 2.
[3] → § 95 Rn. 5.
[4] → Rn. 2.
[5] AmtlBegr. BT-Drs. 18/7223, 103.
[1] BGBl. I S. 2513.
[2] Vgl. *Hucko* S. 19 f.

2. § 116

§ 116 übernimmt im Wesentlichen die im bisherigen § 14 Abs. 5b UrhWG enthaltene Bestim- 2
mung, **erweitert** aber die Verpflichtung der Schiedsstelle zur Beteiligung von Verbraucherverbänden
auf Verfahren zur Durchführung einer empirischen Untersuchung gem. § 93. Darüber hinaus sind
nun auch Streitverfahren über die Betreibervergütung gem. § 54c UrhG von der Verpflichtung zur
Beteiligung von Verbraucherverbänden erfasst, sowie alle Arten von Gesamtvertragsstreitigkeiten.

Nach **§ 116 S. 1** ist die Schiedsstelle demnach verpflichtet, in Verfahren nach **§ 92 Abs. 1 Nr. 2**
(Einzelstreitigkeiten über die Vergütung für Geräte und Speichermedien sowie die Betreibervergütung) und **Nr. 3** (Gesamtvertragsstreitigkeiten), aber auch in solchen nach **§ 93** (empirische Untersuchungen) „den bundesweiten Dachorganisationen der mit öffentlichen Mitteln geförderten Verbraucherverbände **Gelegenheit zur schriftlichen Stellungnahme**" zu geben. Diese Terminologie
stimmt wörtlich mit dem bisherigen § 14 Abs. 5b UrhWG überein.

Gem. **§ 116 S. 2** ist § 114 Abs. 2 S. 1 entsprechend anwendbar. Die Schiedsstelle muss daher
schriftliche Stellungnahmen der betreffenden Verbraucherverbände den am Verfahren Beteiligten
zustellen und **in geeigneter Form veröffentlichen.** Eine solche Bestimmung war im UrhWG
nicht enthalten.

II. Beteiligung von Verbraucherverbänden

1. § 116 S. 1, Gelegenheit zur Stellungnahme für Verbraucherverbände

a) Zur Stellungnahme qualifizierte Verbände. **§ 116 S. 1** enthält eine Verpflichtung der 3
Schiedsstelle gegenüber bestimmten Verbraucherverbänden, und zwar nur gegenüber solchen, die auf
Bundesebene organisiert sind („Dachverbände") und mit öffentlichen Mitteln gefördert werden. Die
Beschränkung auf Dachverbände trägt dem Umstand Rechnung, dass Schiedsstellenverfahren
nach § 105 Abs. 1 bzw. § 113 Abs. 3 grundsätzlich innerhalb eines Jahres zum Abschluss kommen sollen;
diesem Ziel kommt eine Bündelung der Stellungnahmen auf Bundesebene entgegen, dagegen wäre
eine Konsultation zahlreicher, auch regionaler Verbraucherverbände insoweit kontraproduktiv. Es
sollen also nur solche Verbraucherverbände zur Stellungnahme berechtigt sein, die Verbraucherinteressen auch hinreichend repräsentativ vertreten.

Außerdem muss die Schiedsstelle nur solchen Verbänden Gelegenheit zur Stellungnahme geben,
die **mit öffentlichen Mitteln gefördert** werden und damit ein gewisses Maß an objektiver Anerkennung genießen. Damit soll gewährleistet sein, dass nicht einseitig ausgerichtete Interessengruppen
die Schiedsstelle mit Stellungnahmen überziehen.

b) Betroffene Schiedsstellenverfahren. Gem. **§ 116 S. 1** ist die Schiedsstelle verpflichtet, den 4
genannten Verbänden in Streitfällen gem. **§ 92 Abs. 1 Nr. 2** über die **Vergütungspflicht für Geräte und Speichermedien** gem. § 54 UrhG oder die **Betreibervergütung** gem. § 54c UrhG und
in Streitigkeiten über **Gesamtverträge** gem. **§ 92 Abs. 1 Nr. 3** Gelegenheit zur schriftlichen Stellungnahme zu geben. Besondere Relevanz wird die Meinung der Verbände in diesem Zusammenhang haben für die Angemessenheit der Vergütung, die überwiegende Nutzung der Geräte und Speichermedien oder das Verhältnis der Vergütung zum Gerätepreis.[3]

Zwar wird bezweifelt, ob eine Stellungnahme von Verbraucherverbänden bei Streitigkeiten über
die Betreibervergütung gem. § 92 Abs. 1 Nr. 2 iVm. § 54c UrhG oder über Gesamtverträge gem.
§ 92 Abs. 1 Nr. 3 außerhalb der Geräte- und Speichermedienvergütung überhaupt sinnvoll ist. Der
Gesetzeswortlaut lässt aber für eine etwaige teleologische Reduktion des Anwendungsbereichs von
§ 116 keinen Raum, und es ist davon auszugehen, dass Verbraucherverbände auch in diesen Fällen
Gelegenheit zur Stellungnahme erhalten sollen; zur Stellungnahme verpflichtet sind sie ohnehin
nicht.[4]

Die Pflicht zur Konsultation der genannten Verbände gilt aber auch im Rahmen von Verfahren zur
Durchführung einer empirischen Untersuchung gem. § 93. Damit soll der Tatsache Rechnung
getragen werden, dass die Geräte- und Speichermedienabgabe, um deren Höhe und Tarifbestimmung
es ja auch im Verfahren nach § 93 iVm. § 40 geht, von den zahlungspflichtigen Herstellern, Importeuren und Händlern im Ergebnis auf ihre Endkunden umgelegt wird, Verbraucher also vonÄnde-
rungen bei der Vergütung regelmäßig zumindest mittelbar betroffen sein werden.[5]

c) Form und Zeitpunkt der Stellungnahme. Die Schiedsstelle ist nur verpflichtet, den besag- 5
ten Verbänden **Gelegenheit zur schriftlichen Stellungnahme** zu geben. Gelegenheit zur mündlichen Stellungnahme muss sie ihnen nicht geben, denn ohnehin sind Streitverfahren auch bei Durchführung einer mündlichen Verhandlung gem. § 100 Abs. 2 S. 1 nicht öffentlich, und die Verbraucherverbände sind nicht daran Beteiligte. Entsprechendes gilt für Verfahren gem. § 93 zur Durchführung

---

[3] § 54 Abs. 1, § 54a Abs. 4 UrhG.
[4] Vgl. BGH GRUR 2015, 1251 Rn. 9ff. – Schiedsstellenanrufung II; *Möhring/Nicolini/Freudenberg* § 116
Rn. 3; kritisch *Dreier/Schulze/Schulze* § 116 Rn. 2; *Wandtke/Bullinger/Staats* § 116 Rn. 3.
[5] AmtlBegr. BT-Drs. 18/7223, 103.

einer empirischen Untersuchung, in denen es ohnehin keine mündliche Verhandlung iSv. § 99 gibt und Verbraucherverbände nicht zu den Beteiligten gehören. Andererseits ist die Schiedsstelle gem. § 104 in ihrer Beweiserhebung im Rahmen ihres pflichtgemäßen Ermessens frei und kann daher in Streitverfahren ebenso anordnen, Vertreter von Verbraucherverbänden anzuhören, wie Zeugen oder Sachverständige; verpflichtet ist sie hierzu aber nicht.

Zu welchem **Zeitpunkt** des jeweiligen Schiedsstellenverfahrens die Verbraucherverbände konsultiert werden müssen, ist in § 116 S. 1 nicht bestimmt. Grundsätzlich müssen sie daher in jeder Phase des Verfahrens Gelegenheit zur (schriftlichen) Stellungnahme erhalten. Es dürfte aber im Interesse der Verbraucherverbände selbst liegen, ihre Stellungnahme erst dann abzugeben, wenn der Sachverhalt weitgehend geklärt ist und etwa die Ergebnisse einer empirischen Untersuchung vorliegen.

2. § 116 S. 2, Zustellung von Stellungnahmen

6   § 116 S. 2 schreibt der Schiedsstelle in entsprechender Anwendung von § 114 Abs. 2 S. 1 vor, wie sie mit einer schriftlichen Stellungnahme eines Verbraucherverbandes iSv § 116 S. 1 zu verfahren hat.

Gem. **§ 116 S. 2 iVm. § 114 Abs. 2 S. 1** hat sie die Stellungnahme **den Beteiligten zuzustellen**. Beteiligte im Verfahren sind neben dem Antragsteller (in Verfahren gem. § 93 immer eine Verwertungsgesellschaft bzw. abhängige Verwertungseinrichtung) der Antragsgegner in Streitverfahren gem. § 92 Abs. 1 Nr. 2 und 3, und in Verfahren zur Durchführung einer empirischen Untersuchung gem. § 93 alle diejenigen vom Verfahren betroffenen Verbände von Herstellern, Importeuren und Händlern, die sich iRv. § 112 Abs. 2 am Verfahren beteiligt haben.[6]

§ 116 S. 2 iVm. § 114 Abs. 2 S. 1 sieht gleichzeitig eine **Veröffentlichungspflicht** der schriftlichen Stellungnahme **durch die Schiedsstelle** vor, um sicherzustellen, dass auch die Öffentlichkeit und solche (Fach-)Kreise davon Kenntnis erhalten, die am Verfahren nicht beteiligt waren. Die Veröffentlichung muss **in geeigneter Form** erfolgen, zB. durch die Veröffentlichung im Bundesanzeiger oder durch das Einstellen in das Internet.[7]

Unterabschnitt 3. Kosten sowie Entschädigung und Vergütung Dritter

§ 117 Kosten des Verfahrens

(1) **Für das Verfahren vor der Schiedsstelle erhebt die Aufsichtsbehörde Gebühren und Auslagen (Kosten)**

(2) **[1] Die Gebühren richten sich nach dem Streitwert. Ihre Höhe bestimmt sich nach § 34 des Gerichtskostengesetzes. [2] Der Streitwert wird von der Schiedsstelle festgesetzt. [3] Er bemisst sich nach den Vorschriften, die für das Verfahren nach der Zivilprozessordnung vor den ordentlichen Gerichten gelten.**

(3) **[1] Für Verfahren nach § 92 Absatz 1 Nummer 2, 3 und Absatz 2 sowie nach § 94 wird eine Gebühr mit einem Gebührensatz von 3,0 erhoben. [2] Wird das Verfahren anders als durch einen Einigungsvorschlag der Schiedsstelle beendet, ermäßigt sich die Gebühr auf einen Gebührensatz von 1,0. [3] Dasselbe gilt, wenn die Beteiligten den Einigungsvorschlag der Schiedsstelle annehmen.**

(4) **Für Verfahren nach § 92 Absatz 1 Nummer 1 und § 93 wird eine Gebühr mit einem Gebührensatz von 1,0 erhoben.**

(5) **Auslagen werden in entsprechender Anwendung der Nummern 9000 bis 9009 und 9013 des Kostenverzeichnisses zum Gerichtskostengesetz erhoben.**

Schrifttum: *Schulze,* Das Schiedsstellenverfahren, in: Heker/Riesenhuber (Hrsg.), Recht und Praxis der GEMA, 3. Aufl. 2018, 670.

Übersicht

---

[6] → § 112 Rn. 3 f.
[7] AmtlBegr. BT-Drs. 18/7223, 103.

I. Allgemeines

1. Die Bestimmungen der UrhSchiedsV zu den Verfahrenskosten

Regelungen zu den **Kosten des Verfahrens vor der Schiedsstelle** waren in den bisherigen **1** §§ 13 („Kosten des Verfahrens"), 14 („Verteilung der Kosten") und 15 („Festsetzung der Kosten") UrhSchiedsV enthalten. Gem. § 15 UrhSchiedsV wurden die Kosten des Verfahrens von der Aufsichtsbehörde festgesetzt. Über die Kostenverteilung und den Streitwert entschied die Schiedsstelle gem. den §§ 14 Abs. 1 und 13 Abs. 3 UrhSchiedsV selbst.[1]

Zu den Kosten bestimmte § 13 Abs. 1 UrhSchiedsV einleitend, dass für das Verfahren vor der Schiedsstelle von der Aufsichtsbehörde „eine Gebühr und Auslagen **(Kosten)**" erhoben wurden. Nach § 13 Abs. 2 UrhSchiedsV richtete sich die **Gebühr** nach dem Streitwert, ihre Höhe bestimmte sich nach der Tabelle der Anlage 2 zum Gerichtskostengesetz, und für den Mindestbetrag der Gebühr galt § 34 Abs. 2 GKG entsprechend. Nach § 13 Abs. 3 UrhSchiedsV wurde der **Streitwert von der Schiedsstelle festgesetzt** und bestimmte sich nach den Vorschriften der ZPO für das Verfahren vor den ordentlichen Gerichten. Gem. § 13 Abs. 4 UrhSchiedsV konnte die Gebühr in Gesamtvertragsverfahren und Einzelnutzungsstreitigkeiten unter bestimmten Voraussetzungen entfallen, ermäßigt oder herabgesetzt werden. § 13 Abs. 5 UrhSchiedsV enthielt Bestimmungen zur **Erhebung von Auslagen.** § 13 Abs. 6 UrhSchiedsV regelte die **Fälligkeit** von Gebühren und Auslagen. § 13 Abs. 7 UrhSchiedsV enthielt Bestimmungen zur **Zahlung eines Vorschusses** durch den Antragsteller. § 13 Abs. 8 UrhSchiedsV erklärte **Vorschriften des GKG** über die Kostenfreiheit, die Verjährung und Verzinsung der Kosten, den Auslagenvorschuss, die Nachforderung und die Nichterhebung der Kosten sowie den Kostenschuldner für im Schiedsstellenverfahren entsprechend anwendbar. § 13 Abs. 9 UrhSchiedsV enthielt Bestimmungen über den **Rechtsweg für Einwendungen** gegen Verwaltungsakte beim Vollzug der Kostenvorschriften.

2. Die Regelungen in Unterabschnitt 3 (§§ 117–123)

Im dritten Unterabschnitt („Kosten sowie Entschädigung und Vergütung Dritter", §§ 117–123) **2** von Teil 5 Abschnitt 1 des VGG zur „Schiedsstelle" sind Bestimmungen zu den Kosten des Schiedsstellenverfahrens und der Entschädigung und Vergütung Dritter (von Sachverständigen und Zeugen) enthalten. Mit nur wenigen Abänderungen, Streichungen oder Ergänzungen wurden alle diese Bestimmungen aus der bisherigen UrhSchiedsV übernommen.[2]

3. § 117

§ 117 entspricht inhaltlich in weiten Teilen § 13 UrhSchiedsV. **§ 117 Abs. 1**, wonach von der **3** Aufsichtsbehörde **Kosten** für das Schiedsstellenverfahren erhoben werden, entspricht nahezu wörtlich § 13 Abs. 1 UrhSchiedsV. **§ 117 Abs. 2 S. 1 (Bestimmung der Gebühren** nach dem Streitwert) stimmt mit § 13 Abs. 2 S. 1 UrhSchiedsV überein. **§ 117 Abs. 2 S. 2**, wonach sich die **Gebührenhöhe** nach § 34 GKG bestimmt, ist eine vereinfachte Fassung von § 13 Abs. 2 S. 2 und 3 UrhSchiedsV. **§ 117 Abs. 2 S. 3 (Streitwertfestsetzung** durch die Schiedsstelle) **und 4 (Streitwertbemessung** nach den Vorschriften der ZPO) sind wortgleich mit § 13 Abs. 3 UrhSchiedsV.

Abweichend von der UrhSchiedsV bestimmt **§ 117 Abs. 3 S. 1**, dass für Verfahren nach § 92 Abs. 1 Nr. 2, Nr. 3 und Abs. 2 sowie nach § 94 ein **Gebührensatz von 3,0** gilt. Dieser **Gebührensatz ermäßigt** sich gem. **§ 117 Abs. 3 S. 2 und 3** auf 1,0, wenn das Verfahren anders als durch einen Einigungsvorschlag beendet wird, oder wenn die Beteiligten den Einigungsvorschlag der Schiedsstelle annehmen. Nach **§ 117 Abs. 4** gilt für Verfahren betreffend Einzelnutzungsstreitigkeiten gem. § 92 Abs. 1 Nr. 1 immer ein **ermäßigter Gebührensatz von 1,0.**

§ 117 Abs. 5 wiederum entspricht mit dem Hinweis auf die Anwendung bestimmter **Nummern des Kostenverzeichnisses zum GKG** für die Erhebung von Auslagen weitgehend § 13 Abs. 5 UrhSchiedsV, nimmt dabei allerdings die im Schiedsstellenverfahren nicht relevanten Nummern 9010–9012 von der Aufzählung aus.

Die anderen bisher in § 13 Abs. 6, 7, 8 und 9 UrhSchiedsV enthaltenen Bestimmungen zu Fälligkeit und Vorschuss, zur entsprechenden Anwendung des GKG und zur Entscheidung über Einwendungen wurden dagegen in den **§§ 118–120** übernommen.

II. Kosten des Verfahrens

1. § 117 Abs. 1 – Grundsatz

Aus **§ 117 Abs. 1** ergibt sich der Grundsatz, dass Verfahren vor der Schiedsstelle **kostenpflichtig 4** sind. Als Kosten iSd. §§ 117 ff. werden Gebühren und Auslagen definiert. Die Höhe der Gebühr

---

[1] Loewenheim/*Melichar* § 49 Rn. 22 ff.; zur Entscheidung über Kosten und Streitwert und deren Anfechtung nach der UrhSchiedsV vgl. OLG München ZUM-RD 2003, 423.
[2] Zur Übersicht → Vor §§ 92 ff. Rn. 27.

bestimmt sich nach § 117 Abs. 2–4. Die Auslagen der Schiedsstelle werden in § 117 Abs. 5 gesondert geregelt. Von diesen Auslagen der Schiedsstelle zu unterscheiden sind die einem Beteiligten zu erstattenden (notwendigen) Kosten iSv. § 121 Abs. 1 S. 2. Zu den letzteren Kosten (von Beteiligten) können insbesondere Anwaltskosten gehören.[3]

Festgesetzt werden die Kosten von der Aufsichtsbehörde, dem DPMA.[4] Dieses erlässt gem. **§ 122 Abs. 1** auch den Kostenfestsetzungsbeschluss,[5] während die Schiedsstelle gem. **§ 121 Abs. 1** über die Verteilung der Kosten entscheidet.[6]

2. § 117 Abs. 2 – Bemessung der Gebühren am Streitwert

5   Wie bereits früher in der UrhSchiedsV sind die Bestimmungen des VGG zu den Kosten des Schiedsstellenverfahrens weitgehend an denjenigen für die Kosten gerichtlicher Verfahren ausgerichtet. Anders als in Verfahren vor den Gerichten fällt allerdings für das Schiedsstellenverfahren nur **eine Gebühr** an.[7] Diese Gebühr bestimmt sich gem. **§ 117 Abs. 2 S. 1** nach dem Streitwert.[8] Für die Anordnung einer Sicherheitsleistung gem. § 107 in Schiedsstellenverfahren nach § 92 Abs. 1 Nr. 2 fällt keine zusätzliche Gebühr an.[9]

Gem. **§ 117 Abs. 2 S. 2** findet auf die **Höhe der Gebühr** § 34 GKG Anwendung mit der Folge, dass für Streitwerte bis 500 000 Euro die Gebührentabelle in Anlage 2 zu § 34 Abs. 1 S. 3 GKG und im Übrigen § 34 Abs. 1 S. 2 GKG gilt. Der Gebührensatz bestimmt sich nach § 117 Abs. 3.[10]

Der demnach für die Höhe der Gebühr maßgebliche **Streitwert** wird gem. **§ 117 Abs. 2 S. 3** von der Schiedsstelle festgesetzt. Dabei hat die Schiedsstelle gem. **§ 117 Abs. 2 S. 4** bei der Bemessung des Streitwerts die Vorschriften der ZPO zu beachten, die für das Verfahren vor den ordentlichen Gerichten gelten; dies sind insbesondere die §§ 3 ff. ZPO, die Schiedsstelle wird den Streitwert also nach pflichtgemäßem Ermessen einschätzen können.[11]

3. § 117 Abs. 3 – Gebührensätze für Schiedsstellenverfahren nach § 92 Abs. 1 Nr. 2, 3, Abs. 2 und § 94

6   **§ 117 Abs. 3** enthält Vorschriften über die Gebührensätze. Der Text ist im Vergleich zum bisherigen § 13 Abs. 4 UrhSchiedsV klarer gefasst. Ein wesentlicher Unterschied zur bisherigen Regelung in § 13 Abs. 4 UrhSchiedsV besteht außerdem darin, dass für bestimmte Verfahrensarten der dort geltende (einfache) **Gebührensatz verdreifacht** wurde.

Nach **§ 117 Abs. 3 S. 1** gilt grundsätzlich ein **Gebührensatz von 3,0** für Schiedsstellenverfahren nach § 92 Abs. 1 Nr. 2 **(Vergütungspflicht für Geräte und Speichermedien, Betreibervergütung)**, Nr. 3 **(Abschluss oder Änderung eines Gesamtvertrags)** und Abs. 2 **(Kabelweitersendungsverträge)** sowie nach § 94 **(Online-Rechte an Musikwerken)**. Dieser Gebührensatz entspricht der Gebühr für ein gerichtliches Verfahren nach der ZPO entsprechend Nr. 1210 des KV GKG.[12] Da das Schiedsstellenverfahren in diesen Streitfällen regelmäßig mit hohem Aufwand verbunden ist, wird dieser Gebührensatz für sachgerecht gehalten.[13]

Entgegen dieser Regel eines Gebührensatzes von 3,0 gilt in den genannten Verfahren ein ermäßigter **Gebührensatz von 1,0** in zwei Fällen:

– (1) Gem. **§ 117 Abs. 3 S. 2** dann, wenn das Verfahren anders als durch einen Einigungsvorschlag beendet wurde, etwa weil der Antrag auf der Basis einer gütlichen Einigung zurückgenommen oder das Verfahren eingestellt wurde; in einem solchen Fall sollte im bisherigen § 13 Abs. 4 S. 1 UrhSchiedsV die Gebühr sogar ganz entfallen. Die Verminderung der Gebühr soll hier als Anreiz zur gütlichen Beilegung des Streits dienen.

– (2) Gem. **§ 117 Abs. 3 S. 3** gilt der ermäßigte Gebührensatz von 1,0 dann, wenn die Beteiligten den Einigungsvorschlag der Schiedsstelle annehmen. Auch in diesem Fall soll die geringere Gebühr ein Anreiz sein, und zwar zur Annahme des – seiner Natur nach nicht bindenden – Einigungsvorschlags.[14]

---

[3] → § 121 Rn. 6.
[4] Deutsches Patent- und Markenamt; → § 75 Rn. 6.
[5] Im Einzelnen → § 122 Rn. 3.
[6] Im Einzelnen → § 121 Rn. 3 ff.
[7] *Schulze* in Heker/Riesenhuber (Hrsg.), Recht und Praxis der GEMA, 670 (703).
[8] Dass § 117 Abs. 2 S. 1, anders als noch die Vorgängerbestimmung des § 13 Abs. 2 S. 1 UrhSchiedsV, den Plural verwendet („Gebühren"), erscheint daher irreführend, zumal in § 117 Abs. 3 und in § 118 Abs. 1 korrekterweise der Begriff „Gebühr" verwendet wird.
[9] AmtlBegr. BT-Drs. 18/7223, 103 f.
[10] → Rn. 6.
[11] Vgl. Thomas/Putzo/*Hüßtege* ZPO § 3 Rn. 2.
[12] Nummer 1210 des Kostenverzeichnisses zum Gerichtskostengesetz.
[13] AmtlBegr. BT-Drs. 18/7223, 103.
[14] AmtlBegr. BT-Drs. 18/7223, 103.

4. § 117 Abs. 4 – Gebührensätze für Schiedsstellenverfahren nach § 92 Abs. 1 Nr. 1 und 93

Der Regelgebührensatz von 3,0 gilt gem. § 117 Abs. 3 S. 1 nur für die dort genannten Verfahren. **7** Gem. **§ 117 Abs. 4** gilt dagegen in Schiedsstellenverfahren nach § 92 Abs. 1 Nr. 1 **(Einzelnutzungsstreitigkeiten)** sowie nach § 93 **(Durchführung einer selbständigen empirischen Untersuchung)** immer ein **Gebührensatz von 1,0.** Im Verfahren nach **§ 93** erscheint die geringere Gebühr sachgerecht, da die Schiedsstelle in diesem Verfahren keinen Einigungsvorschlag vorlegen muss, ihr (eigener) Aufwand also geringer ist als in Streitverfahren.

Für Verfahren über Einzelnutzungsstreitigkeiten nach **§ 92 Abs. 1 Nr. 1** soll es bei dem bereits im bisherigen § 13 UrhSchiedsV geltenden Gebührensatz von 1,0 aus einem anderen Grund bleiben: Für diese Streitigkeiten ist die Durchführung des Schiedsstellenverfahrens gem. § 128 grundsätzlich Prozessvoraussetzung. Zugleich gilt aber für solche Verfahren nicht der verkürzte Instanzenzug nach § 129 Abs. 1 mit der erstinstanzlichen Zuständigkeit des OLG. Die Anwendung des für andere Verfahren geltenden Regelgebührensatzes von 3,0 wird daher hier für unangemessen gehalten, da dies zu erschwerten Bedingungen für die Beteiligten führen würde.[15]

5. § 117 Abs. 5 – Auslagen

§ 117 Abs. 5 knüpft für die Auslagen im Schiedsstellenverfahren an die Nr. 9000–9009 und 9013 **8** KV GKG[16] an und erklärt diese für entsprechend anwendbar mit der Folge, dass zB Pauschalen für die Herstellung von Dokumenten, für die Zustellung von Urkunden oder für öffentliche Bekanntmachungen zu den Auslagen zählen. Dies war auch in § 13 Abs. 5 UrhSchiedsV bestimmt, allerdings mit dem Hinweis auf die Nr. „9000–9013". Die Aufzählung in § 117 Abs. 5 führt die in Nr. 9010– 9012 genannten Auslagenkategorien nicht mehr auf, da sie im Schiedsstellenverfahren nicht relevant sind.[17]

§ 118 Fälligkeit und Vorschuss

(1) **Die Gebühr wird mit der Beendigung des Verfahrens, Auslagen werden sofort nach ihrer Entstehung fällig.**

(2) **Die Zustellung des verfahrenseinleitenden Antrags soll von der Zahlung eines Vorschusses durch den Antragsteller in Höhe eines Drittels der Gebühr abhängig gemacht werden.**

Übersicht

I. Allgemeines

1. Die Bestimmungen der UrhSchiedsV

Regelungen zu den **Kosten des Verfahrens vor der Schiedsstelle** waren in den bisherigen **1** §§ 13 („Kosten des Verfahrens"), 14 („Verteilung der Kosten") und 15 („Festsetzung der Kosten") UrhSchiedsV enthalten. Gem. § 15 UrhSchiedsV wurden die Kosten des Verfahrens von der Aufsichtsbehörde festgesetzt. Über die Kostenverteilung und den Streitwert entschied die Schiedsstelle gem. den §§ 14 Abs. 1 und 13 Abs. 3 UrhSchiedsV selbst.[1]

In § 13 Abs. 1–5 UrhSchiedsV waren die Kostenpflichtigkeit des Schiedsstellenverfahrens, die Gebühren, die Feststellung des Streitwerts und die Erhebung von Auslagen geregelt.[2] **§ 13 Abs. 6 UrhSchiedsV** regelte die **Fälligkeit** von Gebühren und Auslagen. **§ 13 Abs. 7 UrhSchiedsV** enthielt Bestimmungen zur **Zahlung eines Vorschusses** durch den Antragsteller.

---

[15] AmtlBegr. BT-Drs. 18/7223, 104.

[16] Nummer 9000–9009 und Nummer 9013 des Kostenverzeichnisses zum Gerichtskostengesetz.

[17] Diese Nummern betreffen etwa die Kosten einer Zwangshaft oder einstweiligen Unterbringung; vgl. AmtlBegr. BT-Drs. 18/7223, 104.

[1] → § 117 Rn. 1.

[2] Zum Überblick über den Inhalt von § 13 UrhSchiedsV → § 117 Rn. 1.

2. Die Regelungen in Unterabschnitt 3 (§§ 117–123)

2   Im dritten Unterabschnitt („Kosten sowie Entschädigung und Vergütung Dritter", §§ 117–123) von Teil 5 Abschnitt 1 des VGG zur „Schiedsstelle" sind Bestimmungen zu den Kosten des Schiedsstellenverfahrens und der Entschädigung und Vergütung Dritter (von Sachverständigen und Zeugen) enthalten. Mit nur wenigen Abänderungen, Streichungen oder Ergänzungen wurden alle diese Bestimmungen aus der bisherigen UrhSchiedsV übernommen.[3]

3. § 118

3   Auch § 118 übernimmt weitgehend Vorschriften der UrhSchiedsV:

§ 118 Abs. 1, wonach die Gebühr mit der Beendigung des Verfahrens, und Auslagen sofort mit ihrer Entstehung fällig werden, entspricht wörtlich dem bisherigen § 13 Abs. 6 UrhSchiedsV.

§ 118 Abs. 2 bestimmt, dass die Zustellung des verfahrenseinleitenden Antrags von der Zahlung eines Vorschusses durch den Antragsteller in Höhe eines Drittels der Gebühr abhängig gemacht werden soll. Diese Bestimmung ist, bis auf eine Präzisierung im Text – eingefügt wurde das Wort „verfahrenseinleitenden" (Antrag) – identisch mit § 13 Abs. 7 S. 1 UrhSchiedsV. Nicht in § 118 Abs. 2 übernommen wurde § 13 Abs. 7 S. 2 UrhSchiedsV, wonach der Vorschuss in Verfahren zum Abschluss eines Gesamtvertrages erst angefordert werden sollte, wenn die Fortsetzung des Verfahrens feststand.

II. Fälligkeit und Vorschuss

1. § 118 Abs. 1 – Fälligkeit von Gebühr und Auslagen

4   Gem. **§ 118 Abs. 1 Hs. 1** wird die **Gebühr** für das Schiedsstellenverfahren, die sich aus § 34 GKG iVm. dem von der Schiedsstelle gem. § 117 Abs. 2 festgelegten Streitwert ergibt, erst mit der Beendigung des Verfahrens fällig. Bei Schiedsstellenverfahren in Streitfällen gem. **§ 92** und gem. **§ 94** tritt die **Beendigung des Verfahrens** ein durch einen von den Parteien endgültig angenommenen Einigungsvorschlag iSv. § 105 Abs. 3,[4] durch einen vor der Schiedsstelle geschlossenen Vergleich iSv. § 102 Abs. 2,[5] oder wenn die Beendigung ohne Einigungsvorschlag iRv. § 109 Abs. 2 festgestellt wird.[6] Die Gebühr wird zu diesem Zeitpunkt fällig.

Die Zurücknahme des verfahrenseinleitenden Antrags nach § 98 stellt dagegen keine Beendigung des Verfahrens dar. Hier werden etwaige Verfahrenskosten und Auslagen iSv. § 98 Abs. 2 mit der Zurücknahme fällig.[7]

Bei Schiedsstellenverfahren gem. **§ 93** zur Durchführung einer empirischen Untersuchung tritt die **Beendigung des Verfahrens** zu dem Zeitpunkt ein und wird die Gebühr demnach fällig, in dem die Schiedsstelle das den Anforderungen entsprechende Ergebnis der empirischen Untersuchung gem. § 114 Abs. 2 den Beteiligten zustellt.[8]

Gem. **§ 118 Abs. 1 Hs. 2** werden **Auslagen** dagegen sofort nach ihrer Entstehung fällig. Auslagen sind die in § 117 Abs. 5 genannten[9] sowie die einem Beteiligten zu erstattenden (notwendigen) Kosten iSv. § 121 Abs. 1 S. 2.[10]

2. § 118 Abs. 2 – Vorschuss

5   **a) Vorschuss in Streitfällen nach § 92 oder § 94.** In Streitfällen gem. § 92 und § 94 ist die Schiedsstelle nach § 97 Abs. 2 verpflichtet, den verfahrenseinleitenden Antrag dem Antragsgegner zuzustellen. Gem. **§ 118 Abs. 2** soll sie die Zustellung von der Zahlung eines **Vorschusses in Höhe eines Drittels der Gebühr** abhängig machen, die Zustellung also erst dann vornehmen, wenn der Antragsteller diesen Vorschuss gezahlt hat. Welche Gebühr im jeweiligen Verfahren gilt, ergibt sich aus § 117 Abs. 2–4.[11] Die Schiedsstelle soll einen solchen Vorschuss verlangen; verpflichtet ist sie hierzu aber nicht. Die Entscheidung darüber, ob im Einzelfall auf die Zahlung eines Vorschusses verzichtet werden kann, liegt im pflichtgemäßen Ermessen der Schiedsstelle.[12]

Zu beachten ist, dass die Zahlung des Vorschusses Rückschlüsse weder auf die **Kostenpflicht** zulässt, die das DPMA als Aufsichtsbehörde gem. § 122 festsetzt,[13] noch auf die **Verteilung der Kosten,** über die die Schiedsstelle gem. § 121 nach billigem Ermessen gesondert entscheidet.[14]

---

[3] Zur Übersicht → Vor §§ 92 ff. Rn. 27.
[4] Vgl. → § 105 Rn. 5 ff.
[5] Vgl. → § 102 Rn. 4.
[6] → § 109 Rn. 5.
[7] → § 98 Rn. 3.
[8] Vgl. → § 114 Rn. 2 f.
[9] → § 117 Rn. 8.
[10] → § 121 Rn. 3 ff.
[11] → § 117 Rn. 5 ff.
[12] Vgl. → § 95 Rn. 5.
[13] → § 122 Rn. 3.
[14] → § 121 Rn. 3 ff.

b) Vorschuss in Verfahren nach § 93. Anders als in Verfahren gem. § 92 oder § 94 ist **§ 118 6 Abs. 2** in Verfahren gem. **§ 93** zur Durchführung einer empirischen Untersuchung offenbar **nicht anwendbar:** In diesen Verfahren kommt die Zahlung eines Vorschusses vor Zustellung des verfahrenseinleitenden Antrags an den Antragsgegner nicht in Betracht, da es hier keinen Antragsgegner gibt. Aber auch die Zahlung eines Vorschusses vor Zustellung des verfahrenseinleitenden Antrags an die Verbände iRv. § 112 Abs. 2 ist nicht vorgesehen, zumal Verfahren nach § 93 auch ohne Beteiligung von betroffenen Verbänden durchgeführt werden können.[15]

Gem. **§ 113 S. 2** soll die Schiedsstelle in Verfahren gem. § 93 stattdessen von der antragstellenden Verwertungsgesellschaft die Zahlung eines **Vorschusses vor Erteilung des Auftrags** zur Durchführung der empirischen Untersuchung verlangen; verpflichtet ist sie hierzu nicht. Da die Schiedsstelle die empirische Untersuchung nicht selbst durchführt, sondern einen sachverständigen Dritten mit deren Durchführung beauftragt,[16] soll sie den Vorschuss verlangen, bevor sie den entsprechenden Auftrag erteilt und daraus Zahlungsansprüche Dritter entstehen können. Für die Bemessung der Höhe dieses Vorschusses wird man in entsprechender Anwendung von § 118 Abs. 2 davon ausgehen können, dass dieser ein Drittel der Gebühr beträgt.[17]

§ 119 Entsprechende Anwendung des Gerichtskostengesetzes

§ 2 Absatz 1, 3 und 5 des Gerichtskostengesetzes, soweit diese Vorschriften für Verfahren vor den ordentlichen Gerichten anzuwenden sind, die §§ 5, 17 Absatz 1 bis 3, die §§ 20, 21, 22 Absatz 1, § 28 Absatz 1 und 2, die §§ 29, 31 Absatz 1 und 2 und § 32 des Gerichtskostengesetzes über die Kostenfreiheit, die Verjährung und die Verzinsung der Kosten, die Abhängigmachung der Tätigkeit der Schiedsstelle von der Zahlung eines Auslagenvorschusses, die Nachforderung und die Nichterhebung der Kosten sowie den Kostenschuldner sind entsprechend anzuwenden.

Übersicht

I. Allgemeines

1. Die Bestimmungen der UrhSchiedsV

Regelungen zu den **Kosten des Verfahrens vor der Schiedsstelle** waren in den bisherigen §§ 13 **1** („Kosten des Verfahrens"), 14 („Verteilung der Kosten") und 15 („Festsetzung der Kosten") UrhSchiedsV enthalten. Gem. § 15 UrhSchiedsV wurden die Kosten des Verfahrens von der Aufsichtsbehörde festgesetzt. Über die Kostenverteilung und den Streitwert entschied die Schiedsstelle gem. den §§ 14 Abs. 1 und 13 Abs. 3 UrhSchiedsV selbst.[1]

In § 13 Abs. 1–7 UrhSchiedsV waren die Kostenpflichtigkeit des Schiedsstellenverfahrens, die Gebühren, die Feststellung des Streitwerts, die Erhebung von Auslagen, die Fälligkeit von Gebühren und Auslagen und die Zahlung eines Vorschusses geregelt.[2] **§ 13 Abs. 8 UrhSchiedsV** erklärte **Vorschriften des GKG** über die Kostenfreiheit, die Verjährung und Verzinsung der Kosten, den Auslagenvorschuss, die Nachforderung und die Nichterhebung der Kosten sowie den Kostenschuldner für entsprechend anwendbar.

2. Die Regelungen in Unterabschnitt 3 (§§ 117–123)

Im dritten Unterabschnitt („Kosten sowie Entschädigung und Vergütung Dritter", §§ 117–123) **2** von Teil 5 Abschnitt 1 des VGG zur „Schiedsstelle" sind Bestimmungen zu den Kosten des Schiedsstellenverfahrens und der Entschädigung und Vergütung Dritter (von Sachverständigen und Zeugen) enthalten. Mit nur wenigen Abänderungen, Streichungen oder Ergänzungen wurden alle diese Bestimmungen aus der bisherigen UrhSchiedsV übernommen.[3]

---

[15] → § 97 Rn. 10; aA (Anwendung von § 118 Abs. 2 in Verfahren nach § 93 bei Zustellung des verfahrenseinleitenden Antrags an die von der Verwertungsgesellschaft benannten Verbände) offenbar Möhring/Nicolini/*Freudenberg* § 113 Rn. 5.

[16] → § 93 Rn. 6f.

[17] Zur Zahlungspflicht der Verwertungsgesellschaft und zur Höhe dieses Vorschusses → § 113 Rn. 3.

[1] → § 117 Rn. 1.

[2] Zum Überblick über den Inhalt von § 13 UrhSchiedsV → § 117 Rn. 1.

[3] Zur Übersicht → Vor §§ 92 ff. Rn. 27.

3. § 119

3 **§ 119** listet zehn **Bestimmungen des GKG** auf und erklärt sie für im Verfahren vor der Schiedsstelle **entsprechend anwendbar.**

Abgesehen von einigen Ergänzungen und Klarstellungen im Text ist § 119 identisch mit § 13 Abs. 8 UrhSchiedsV. Im Vergleich zu § 13 Abs. 8 UrhSchiedsV präzisiert wurde die Verweisung auf § 2 Abs. 1, 3 und 5 GKG durch den Zusatz „soweit diese Vorschriften für Verfahren vor den ordentlichen Gerichten anzuwenden sind". Außerdem wurde die Verweisung auf die Vorschriften des GKG über „den Auslagenvorschuss" im bisherigen § 13 Abs. 8 UrhSchiedsV ersetzt durch die Verweisung auf „die Abhängigmachung der Tätigkeit der Schiedsstelle von der Zahlung eines Auslagenvorschusses".

II. Entsprechende Anwendung des Gerichtskostengesetzes

4 **§ 119** bestimmt, dass in Schiedsstellenverfahren bestimmte Vorschriften des GKG entsprechend anzuwenden sind. Grundsätzlich gilt § 119 für alle der in den §§ 92–94 genannten Verfahren vor der Schiedsstelle; die Verweisungen dürften aber nicht in allen Verfahren gleich relevant sein.

So sind **§ 2 Abs. 1 GKG** (Kostenfreiheit für öffentliche Stellen), **§ 2 Abs. 3 GKG** (Vorrang für bundes- und landesrechtliche sonstige Vorschriften) und **§ 2 Abs. 5 GKG** (ggf. Rückzahlung von zu Unrecht erhobenen Kosten) auf alle Verfahren vor der Schiedsstelle entsprechend anzuwenden, soweit diese Bestimmungen von Verfahren vor den ordentlichen Gerichten erfassen.

Dasselbe gilt für **§ 5 GKG** (vierjährige Verjährungsfrist und Verzinsung von Ansprüchen auf Zahlung von Kosten).

Auch **§ 17 Abs. 1 GKG** (vorgeschriebene[4] Abhängigmachung „einer Handlung, mit der Auslagen verbunden sind", von der Zahlung eines „zur Deckung der Auslagen hinreichenden" Vorschusses) und **§ 17 Abs. 3 GKG** (freigestellte[5] Erhebung eines Vorschusses zur Deckung der Auslagen bei „Handlungen, die von Amts wegen vorgenommen werden") dürften auf alle Schiedsstellenverfahren entsprechende Anwendung finden. Allerdings geht es hier immer nur um **Handlungen der Schiedsstelle,** die mit Auslagen verbunden sind, und nicht um die **Tätigkeit der Schiedsstelle** an sich; die entsprechende Formulierung in § 119 ist daher missverständlich. Was die Tätigkeit der Schiedsstelle als solche betrifft, so gilt vielmehr für die Zahlung eines Vorschusses vor der Zustellung des verfahrenseinleitenden Antrags in Verfahren nach § 92 und § 94 die besondere Regelung in § 118 Abs. 2, die als Sollvorschrift ausgestaltet ist.[6] In Verfahren nach § 93 gilt für die Zahlung eines Vorschusses vor der Erteilung des Auftrags für die Durchführung einer empirischen Untersuchung die besondere Regelung des § 113 S. 2;[7] auch hierbei handelt es sich um eine Sollvorschrift.

Gem. § 119 finden entsprechende Anwendung auf Schiedsstellenverfahren ferner die **§§ 20 (Nachforderung von Kosten), 21 (Kostenfreiheit), 22 Abs. 1 (Kostenschuldner in Streitverfahren), 28 Abs. 1 und 2 (Haftung für Dokumentenpauschale und Versendung von Akten), 29** (weitere **Fälle der Kostenhaftung), 31 Abs. 1 und 2 (Haftung mehrerer Kostenschuldner)** und **32 (Haftung von Streitgenossen und Beigeladenen) GKG.** Hier wird allerdings im Einzelfall zu prüfen sein, ob diese Bestimmungen des GKG auch auf alle Verfahren vor der Schiedsstelle passen. Dies dürfte insbesondere bei Verfahren nach § 93, bei denen es sich nicht um Streitverfahren handelt, nicht immer der Fall sein.

§ 120 Entscheidung über Einwendungen

[1]Über Einwendungen gegen Verwaltungsakte beim Vollzug der Kostenvorschriften entscheidet das Amtsgericht, in dessen Bezirk die Aufsichtsbehörde ihren Sitz hat. [2]Die Einwendungen sind bei der Schiedsstelle oder der Aufsichtsbehörde zu erheben. [3]§ 19 Absatz 5 und § 66 Absatz 5 Satz 1, 5 und Absatz 8 des Gerichtskostengesetzes sind entsprechend anzuwenden; über die Beschwerde entscheidet das im Rechtszug nächsthöhere Gericht. [4]Die Erhebung von Einwendungen und die Beschwerde haben keine aufschiebende Wirkung.

Übersicht

---

[4] „…, hat derjenige, der die Handlung beantragt hat, einen … Vorschuss zu zahlen."
[5] „kann … ein Vorschuss … erhoben werden."
[6] → § 118 Rn. 5.
[7] → § 113 Rn. 3.

I. Allgemeines

1. Die Bestimmungen der UrhSchiedsV

Regelungen zu den **Kosten des Verfahrens vor der Schiedsstelle** waren in den bisherigen **1** §§ 13 („Kosten des Verfahrens"), 14 („Verteilung der Kosten") und 15 („Festsetzung der Kosten") UrhSchiedsV enthalten. Gem. § 15 UrhSchiedsV wurden die Kosten des Verfahrens von der Aufsichtsbehörde festgesetzt. Über die Kostenverteilung und den Streitwert entschied die Schiedsstelle gem. den §§ 14 Abs. 1 und 13 Abs. 3 UrhSchiedsV selbst.[1]

In § 13 Abs. 1–8 UrhSchiedsV waren die Kostenpflichtigkeit des Schiedsstellenverfahrens, die Gebühren, die Feststellung des Streitwerts, die Erhebung von Auslagen, die Fälligkeit von Gebühren und Auslagen, die Zahlung eines Vorschusses und Verweisungen auf Vorschriften des GKG geregelt.[2] **§ 13 Abs. 9 UrhSchiedsV** enthielt Bestimmungen über **Einwendungen** und die **Beschwerde** gegen **Verwaltungsakte beim Vollzug der Kostenvorschriften.**

2. Die Regelungen in Unterabschnitt 3 (§§ 117–123)

Im dritten Unterabschnitt („Kosten sowie Entschädigung und Vergütung Dritter", §§ 117–123) **2** von Teil 5 Abschnitt 1 des VGG zur „Schiedsstelle" sind Bestimmungen zu den Kosten des Schiedsstellenverfahrens und der Entschädigung und Vergütung Dritter (von Sachverständigen und Zeugen) enthalten. Mit nur wenigen Abänderungen, Streichungen oder Ergänzungen wurden alle diese Bestimmungen aus der bisherigen UrhSchiedsV übernommen.[3]

3. § 120

§ 120 enthält Vorschriften zum **Rechtsweg** gegen **Verwaltungsakte beim Vollzug der Kosten- 3 vorschriften** und unterscheidet insoweit zwischen **Einwendungen** und der **Beschwerde.**

§ 120 entspricht weitgehend dem bisherigen § 13 Abs. 9 UrhSchiedsV. Eine inhaltliche Abweichung gibt es in § 120 S. 1 bei der Bestimmung, welches Gericht für die Entscheidung über Einwendungen gegen die genannten Verwaltungsakte zuständig ist.[4]

II. Entscheidung über Einwendungen

1. § 120 S. 1, Zuständigkeit für die Entscheidung über Einwendungen

§ 120 S. 1 betrifft **Einwendungen gegen Verwaltungsakte,** die beim Vollzug der Kostenvor- **4** schriften erlassen werden. Damit sind Verwaltungsakte gemeint, die etwa zum Kostenansatz oder zur Kostenhaftung in Gestalt der Festsetzung des Streitwertes oder von Zahlungsaufforderungen betreffend den Vorschuss oder Auslagen, ergehen; insoweit finden die entsprechenden Vorschriften des GKG gem. § 119 auf das Verfahren vor der Schiedsstelle entsprechend Anwendung.[5]

Davon zu unterscheiden sind die Entscheidung der Schiedsstelle über die Verteilung der Kosten gem. § 121 und die Entscheidung der Aufsichtsbehörde über die Festsetzung der Kosten gem. § 122. Der Rechtsweg gegen diese Entscheidungen ist in § 121 Abs. 2 bzw. § 122 Abs. 2 jeweils gesondert geregelt.

Nach **§ 120 S. 1** entscheidet über Einwendungen gegen zum Vollzug der Kostenvorschriften erlassene Verwaltungsakte **das Amtsgericht,** in dessen Bezirk die Aufsichtsbehörde ihren Sitz hat. Zuständig ist somit das AG München, da das DPMA[6] seinen Sitz in München hat. Die einheitliche Zuständigkeit des AG München gilt für Einwendungen gegen entsprechende Verwaltungsakte in allen Schiedsstellenverfahren. Die Sonderzuständigkeit des OLG, die hierfür nach dem bisherigen § 13 Abs. 9 S. 1 UrhSchiedsV in Gesamtvertragsverfahren bestand, wurde aufgehoben.[7]

2. § 120 S. 2, Erhebung von Einwendungen

§ 120 S. 2 entspricht dem bisherigen § 13 Abs. 9 S. 2 UrhSchiedsV. Danach können **Einwendun- 5 gen** gegen zum Vollzug der Kostenvorschriften erlassene Verwaltungsakte nur bei der **Schiedsstelle**

---

[1] → § 117 Rn. 1.
[2] Zum Überblick über den Inhalt von § 13 UrhSchiedsV → § 117 Rn. 1.
[3] Zur Übersicht → Vor §§ 92 ff. Rn. 27.
[4] → Rn. 4.
[5] → § 119 Rn. 4.
[6] Deutsches Patent- und Markenamt; → § 75 Rn. 6.
[7] AmtlBegr. BT-Drs. 18/7223, 104.

oder bei der **Aufsichtsbehörde** erhoben werden. Dass hier zwischen der Schiedsstelle und der Aufsichtsbehörde als Einwendungsadressaten die Wahl gelassen wird, erscheint konsequent, da die Aufsichtsbehörde ohnehin über § 117 Abs. 1 (Erhebung der Gebühren und Auslagen) oder § 122 Abs. 1 (Festsetzung der Kosten) mit den Kosten des Schiedsstellenverfahrens befasst ist.

3. § 120 S. 3, Berichtigung, Anträge und Beschwerde

6   Bis auf geänderte Verweisungen auf einzelne Vorschriften des GKG entspricht § 120 S. 3 dem bisherigen § 13 Abs. 9 S. 3 UrhSchiedsV.

     § 120 S. 3 Hs. 1 erklärt die folgenden Bestimmungen des GKG für **entsprechend anwendbar**: **§ 19 Abs. 5** (Berichtigung des Kostenansatzes im Verwaltungsweg), wonach die Aufsichtsbehörde der Einwendung abhelfen kann, **§ 66 Abs. 5 S. 1** (Einreichung von Anträgen und Erklärungen iVm. § 129a ZPO), **§ 66 Abs. 5 S. 5** (für die Einlegung der Beschwerde zuständiges Gericht) und **§ 66 Abs. 8** (Grundsatz der Gebühren- und Kostenfreiheit des Verfahrens) **GKG**.

     Nach **§ 120 S. 3 Hs. 2** entscheidet über die **Beschwerde** das **im Rechtszug** nach dem AG München[8] **nächsthöhere Gericht,** also das Landgericht München.

4. § 120 S. 4, Wirkung von Einwendungen und Beschwerde

7   Gem. **§ 120 S. 4** haben die Erhebung von Einwendungen und die Beschwerde **keine aufschiebende Wirkung.** Der betreffende kostenbezogene Verwaltungsakt kann also vollzogen werden. Inhaltlich entspricht diese Regelung dem bisherigen § 13 Abs. 9 S. 3 UrhSchiedsV, wo dies zwar nicht ausdrücklich bestimmt war, aber dieselbe Klarstellung durch eine Verweisung auf § 66 Abs. 7 S. 1 GKG („Erinnerung und Beschwerde haben keine aufschiebende Wirkung") bewirkt wurde.

§ 121 Entscheidung über die Kostenpflicht

(1) [1]Die Schiedsstelle entscheidet über die Verteilung der Kosten des Verfahrens nach billigem Ermessen, soweit nichts anderes bestimmt ist. [2]Die Schiedsstelle kann anordnen, dass die einem Beteiligten erwachsenen notwendigen Auslagen ganz oder teilweise von einem gegnerischen Beteiligten zu erstatten sind, wenn dies der Billigkeit entspricht.

(2) [1]Die Entscheidung über die Kosten kann durch Antrag auf gerichtliche Entscheidung angefochten werden, auch wenn der Einigungsvorschlag der Schiedsstelle angenommen wird. [2]Über den Antrag entscheidet das Amtsgericht, in dessen Bezirk die Schiedsstelle ihren Sitz hat.

Schrifttum: *Schulze,* Das Schiedsstellenverfahren, in: Heker/Riesenhuber (Hrsg.), Recht und Praxis der GEMA, 3. Aufl. 2018, 670; *Strittmatter,* Tarife vor der urheberrechtlichen Schiedsstelle, 1994.

Übersicht

I. Allgemeines

1. Die Bestimmungen der UrhSchiedsV

1   Regelungen zu den **Kosten des Verfahrens vor der Schiedsstelle** waren in den bisherigen §§ 13 („Kosten des Verfahrens"), 14 („Verteilung der Kosten") und 15 („Festsetzung der Kosten") UrhSchiedsV enthalten. Gem. § 15 UrhSchiedsV wurden die Kosten des Verfahrens von der Aufsichtsbehörde festgesetzt. Über den Streitwert und die Kostenverteilung entschied die Schiedsstelle gem. den §§ 13 Abs. 3 und 14 Abs. 1 UrhSchiedsV selbst.[1]

     Nach **§ 14 Abs. 1 S. 1 UrhSchiedsV** traf die Schiedsstelle ihre Entscheidung über die **Verteilung der Kosten** des Verfahrens grundsätzlich nach billigem Ermessen. Gem. **§ 14 Abs. 1 S. 2**

---

[8] → Rn. 4.
[1] → § 117 Rn. 1.

UrhSchiedsV konnte sie anordnen, dass die einem Beteiligten erwachsenen **notwendigen Auslagen** ganz oder teilweise von der Gegenseite zu erstatten waren, wenn dies der Billigkeit entsprach.

Nach **§ 14 Abs. 2 S. 1 UrhSchiedsV** konnte diese Kostenentscheidung der Schiedsstelle durch **Antrag auf gerichtliche Entscheidung** angefochten werden, und zwar auch dann, wenn der Einigungsvorschlag der Schiedsstelle angenommen worden war. Zuständig für die Entscheidung über diesen Antrag war gem. **§ 14 Abs. 2 S. 2 UrhSchiedsV** in Gesamtvertragsverfahren das OLG München, in allen anderen Verfahren das AG München (als die Gerichte, in deren Bezirk die Schiedsstelle ihren Sitz hat).

2. § 121

Mit nur wenigen Abänderungen, Streichungen oder Ergänzungen wurden die Bestimmungen über 2 die Kosten des Verfahrens vor der Schiedsstelle in den §§ 117–123 aus der bisherigen UrhSchiedsV übernommen.[2] Dies gilt auch für § 121.

§ 121 („Entscheidung über die Kostenpflicht") entspricht trotz seines anderslautenden Titels inhaltlich weitgehend dem bisherigen § 14 UrhSchiedsV („Verteilung der Kosten"). Die einzige inhaltliche Abweichung findet sich in § 121 Abs. 2 S. 2: Danach entscheidet das **AG München** in **allen Schiedsstellenverfahren** über die **Anfechtung der Entscheidung** der Schiedsstelle zur Verteilung der Kosten iSv. § 121 Abs. 1. Die bisherige Sonderzuständigkeit des OLG München für Gesamtvertragsverfahren[3] wurde gestrichen.

II. Entscheidung über die Kostenpflicht

1. § 121 Abs. 1 – Zuständigkeit der Schiedsstelle

a) Anwendungsbereich. § 121 Abs. 1 entspricht dem bisherigen § 14 Abs. 1 UrhSchiedsV. Da- 3 nach trifft die Schiedsstelle die Entscheidung über die **Verteilung der Verfahrenskosten auf die Beteiligten.** Kosten sind die im jeweiligen Verfahren angefallenen Gebühren und Auslagen.[4]

§ 121 Abs. 1 findet auf **alle Verfahren vor der Schiedsstelle** Anwendung, also auch auf die im Vergleich zum UrhWG neu hinzugekommenen Verfahren zur Durchführung einer selbständigen empirischen Untersuchung gem. § 93. Im Gegensatz zu den Verfahren gem. § 92 und § 94, in denen die Schiedsstelle über die Verteilung der Kosten auf die **Parteien** zu entscheiden hat, gibt es allerdings in Verfahren gem. § 93 keine (streitenden) Parteien, sondern nur die antragstellende **Verwertungsgesellschaft** und die **anderen Beteiligten** iSv. § 112 Abs. 2. In diesen Verfahren hat die Schiedsstelle also über die Verteilung der Kosten zwischen der Verwertungsgesellschaft und diesen anderen Beteiligten zu entscheiden.

§ 121 kommt nur dann zur Anwendung, wenn ein **Schiedsstellenverfahren durchgeführt** wurde. Bei einer Rücknahme des verfahrenseinleitenden Antrags erübrigt sich eine Entscheidung der Schiedsstelle über die Verteilung der Kosten, da diese gem. § 98 Abs. 2 vom Antragsteller zu tragen sind.[5]

b) Entscheidung nach billigem Ermessen. Gem. **§ 121 Abs. 1 S. 1** trifft die Schiedsstelle ihre 4 Entscheidung über die Verteilung der Verfahrenskosten nach **billigem Ermessen.** Bei ihrer Ermessensentscheidung zur Verteilung der Verfahrenskosten hat die Schiedsstelle den ihr vom Gesetz eingeräumten Spielraum so auszuschöpfen, dass sie die berechtigten Interessen aller am Verfahren Beteiligter berücksichtigt.

In **Streitverfahren** wird die Schiedsstelle dabei die **Rechtslage** zu beachten und zu berücksichtigen haben, welche Partei die unterlegene ist. Weitere Anhaltspunkte für die Ausübung des Ermessens können sich daraus ergeben, welche Seite mehr Kooperations- oder Kompromissbereitschaft bereits vor dem und im Verfahren gezeigt, oder welche Partei Vorleistungen erbracht hat. Bei Einzelnutzern iRv. Verfahren gem. § 92 Abs. 1 Nr. 1 mag bei der Kostenverteilung auch deren Unkundigkeit oder Unerfahrenheit in Betracht gezogen werden. Andererseits dürfen iRv. Verfahren gem. § 92 Abs. 1 oder § 94 die Kosten als Regel nicht allein Verwertungsgesellschaften aufgebürdet werden, zumal sie über den ihnen auferlegten Kontrahierungszwang nach den §§ 34 und 35 ohnehin Vorleistungen zu erbringen haben und ihrer Funktion als Treuhänder ihrer Berechtigten und Mitglieder gerecht werden müssen. In vielen Streitfällen, an denen Verwertungsgesellschaften beteiligt sind, dürfte es angemessen sein, Verwertungsgesellschaften und ihre Verfahrensgegner die Verfahrenskosten zu gleichen Teilen tragen zu lassen. Dies kann insbesondere bei Gesamtvertragsstreitigkeiten zutreffen.

In **Verfahren gem. § 93 zur Durchführung einer empirischen Untersuchung** ist die Aufteilung der Verfahrenskosten zwischen der Verwertungsgesellschaft und den anderen Beteiligten iSv. § 112 Abs. 2 zunächst weniger offensichtlich, da es sich hierbei nicht um Streitverfahren handelt. Aus der Tatsache, dass in diesen Verfahren allein Verwertungsgesellschaften bzw. abhängige Verwertungs-

---

[2] Zur Übersicht → Vor §§ 92 ff. Rn. 27.
[3] → Rn. 1.
[4] → § 117 Rn. 4 ff.
[5] → § 98 Rn. 3.

einrichtungen antragsberechtigt sind und nur sie gem. § 113 S. 2 vor der Durchführung der empirischen Untersuchung einen Vorschuss leisten sollen, kann aber **nicht** geschlossen werden, dass jeweils **nur die Verwertungsgesellschaft die Verfahrenskosten tragen** muss. Dies gilt umso mehr, als die Durchführung eines Verfahrens nach § 93 in vielen Fällen Voraussetzung für die Aufstellung von Tarifen ist, von der Verwertungsgesellschaft also nicht vermieden werden kann.[6] Auch werden die anderen am Verfahren Beteiligten iSv. § 112 Abs. 2 dort aktiv ihre Interessen vertreten und sind als zumindest potentielle Vergütungsschuldner von dessen Ausgang abhängig. Es erscheint daher naheliegend und billigem Ermessen entsprechend, dass die Schiedsstelle auch die Kosten derartiger Verfahren zu gleichen Teilen unter allen Beteiligten aufteilt.

5   **c) Zeitpunkt der Entscheidung.** Bei den Streitfällen gem. § 92 und § 94 wird die Schiedsstelle über die Verteilung der Kosten in aller Regel iR. ihres **Einigungsvorschlags** iSv. § 105 entscheiden. Wenn in solchen Streitfällen kein Einigungsvorschlag vorgelegt, sondern das Verfahren durch einen vor der Schiedsstelle geschlossenen Vergleich iSv. § 102 Abs. 2[7] oder etwa iRv. § 109 Abs. 2 ohne Einigungsvorschlag beendet wird, trifft die Schiedsstelle ihre Entscheidung über die Verteilung der Kosten mit der **Beendigung des Verfahrens.**

Bei Schiedsstellenverfahren gem. § 93 zur Durchführung einer empirischen Untersuchung wird die Schiedsstelle ihre Entscheidung über die Verteilung der Kosten dann treffen, wenn sie das den Anforderungen entsprechende Ergebnis der empirischen Untersuchung gem. § 114 Abs. 2 den Beteiligten zustellt;[8] denn zu diesem Zeitpunkt tritt auch die Beendigung des Verfahrens ein und werden die Kosten fällig.[9]

6   **d) Erstattung notwendiger Auslagen.** § 121 Abs. 1 S. 2 präzisiert die Entscheidungsbefugnis der Schiedsstelle über die Verteilung der Kosten in Bezug auf die einem Beteiligten erwachsenen **Auslagen,**[10] indem er der Schiedsstelle die Befugnis gibt, die vollständige oder teilweise Erstattung solcher Auslagen durch den gegnerischen Beteiligten anzuordnen; verpflichtet ist die Schiedsstelle hierzu aber nicht. § 121 Abs. 1 S. 2 weicht damit bewusst von den Kostentragungsregeln des § 91 ZPO ab.

Wie die gesamte Kostenentscheidung hat die Schiedsstelle auch die Anordnung gem. § 121 Abs. 1 S. 2 nach billigem Ermessen zu treffen.[11] Außerdem ist die Befugnis der Schiedsstelle zweifach eingeschränkt: Sie kann die Erstattung von Auslagen nur anordnen, wenn es sich (1) um **notwendige Auslagen** handelt, und (2) wenn dies der **Billigkeit** entspricht. Als „notwendige Auslagen" können, insoweit entsprechend der in der ZPO gebrauchten Terminologie, solche gelten, die objektiv als sachdienlich, erforderlich und geeignet angesehen werden können, das im Streit stehende Recht zu verfolgen und zu verteidigen.[12] In der Regel gehören dazu insbesondere die Anwaltskosten, da Verfahren vor der Schiedsstelle meist eine rechtlich komplexe Materie zum Gegenstand haben.[13]

In der **Praxis** hat die Schiedsstelle die § 121 Abs. 1 S. 2 entsprechende Vorgängerbestimmung des § 14 Abs. 1 S. 2 UrhSchiedsV meist so ausgelegt, dass **jede Partei** auch die notwendigen Auslagen, wie ihre Anwaltskosten, **selbst zu tragen** hatte.[14] Dies kann im Einzelfall unbillig sein, etwa dann, wenn das Schiedsstellenverfahren in rechtlich und tariflich eindeutig gelagerten Fällen dazu benutzt wird, um Zahlungen hinauszuschieben.[15]

§ 121 Abs. 1 S. 2 geht auf den bisherigen § 14 Abs. 1 S. 2 UrhSchiedsV zurück, der auf Streitverfahren angelegt war. Schon nach seinem Wortlaut, der auf den „gegnerischen Beteiligten" verweist, passt § 121 Abs. 1 S. 2 daher **nicht** auf **Verfahren zur Durchführung einer empirischen Untersuchung nach § 93.** Es kann daher in solchen Verfahren nicht in Betracht kommen, dass ein Beteiligter einem anderen dessen Auslagen erstattet.[16]

2. § 121 Abs. 2 – Anfechtung der Kostenentscheidung

7   **a) § 121 Abs. 2 S. 1, Zeitpunkt der Anfechtung.** § 121 Abs. 2 S. 1 entspricht dem bisherigen § 14 Abs. 2 S. 1 UrhSchiedsV. Die Kostenentscheidung der Schiedsstelle iSv. § 121 Abs. 1 kann danach durch Antrag auf gerichtliche Entscheidung gesondert angefochten werden, und zwar auch dann, wenn ihr Einigungsvorschlag selbst angenommen wird.

Die **Anfechtung der Kostenentscheidung** erfolgt durch Antrag auf gerichtliche Entscheidung. Eine **Frist für einen solchen Antrag** ist in § 121 Abs. 2 S. 1 nicht vorgesehen; auch der (gleichlautende) bisherige § 14 Abs. 2 S. 1 UrhSchiedsV sah hierfür keine Frist vor. Daher kann hier auch nicht

---

[6] Vgl. → § 40 Rn. 9.
[7] → § 102 Rn. 4.
[8] Vgl. → § 114 Rn. 2 f.
[9] → § 118 Rn. 4.
[10] Zu den Auslagen gehören insbesondere die Anwaltskosten; zum Begriff der Auslagen → § 117 Rn. 4.
[11] → Rn. 4.
[12] Vgl. Thomas/Putzo/*Hüßtege* ZPO § 91 Rn. 9 mwN.
[13] Zur Höhe der Gebühren für Rechtsanwälte vgl. *Schulze* in Heker/Riesenhuber (Hrsg.), Recht und Praxis der GEMA, 670 (703 f.).
[14] Kritisch *Strittmatter* S. 69 f.; Loewenheim/*Melichar* § 49 Rn. 24.
[15] Dreier/Schulze/*Schulze* § 121 Rn. 1.
[16] Zur Kostentragung in Verfahren gem. § 93 → Rn. 4.

die Zweiwochenfrist angewendet werden, die gem. § 122 Abs. 2 für die Beschwerde gegen den Kostenfestsetzungsbeschluss der Aufsichtsbehörde gilt.[17] Ebenso wenig kann für die Anfechtung iRv. § 121 Abs. 2 S. 1 die für den Widerspruch gegen den Einigungsvorschlag der Schiedsstelle gem. § 105 Abs. 3 geltende Monatsfrist herangezogen werden, denn nicht immer sind Einigungsvorschlag und Kostenentscheidung der Schiedsstelle miteinander verbunden: Selbst in Verfahren nach §§ 92 und 94 ergehen nicht alle Kostenentscheidungen im Rahmen eines Einigungsvorschlags, und in Verfahren nach § 93 gibt es ohnehin keinen Einigungsvorschlag.[18] Im Prinzip gilt damit **keine Frist für die Anfechtung** gem. § 121 Abs. 2 S. 1. Es dürfte aber im Interesse aller Beteiligten liegen, die Entscheidung der Schiedsstelle zeitnah, also innerhalb von zwei Wochen, anzufechten.[19]

b) § 121 Abs. 2 S. 2, Zuständigkeit für die Entscheidung über die Anfechtung. Nach 8 **§ 121 Abs. 2 S. 2** entscheidet über die Anfechtung der Kostenentscheidung der Schiedsstelle das Amtsgericht, in dessen Bezirk die Aufsichtsbehörde ihren Sitz hat. **Zuständig** ist somit das **AG München,** da das DPMA[20] seinen Sitz in München hat. Die einheitliche Zuständigkeit des AG München gilt für die Anfechtung der Kostenentscheidung in allen Schiedsstellenverfahren. Die bisherige Sonderzuständigkeit des OLG gem. § 14 Abs. 2 S. 2 UrhSchiedsV in Gesamtvertragsverfahren wurde abgeschafft.[21]

Überprüft wird im Verfahren vor dem AG München nur, ob die Schiedsstelle bei der Kostenentscheidung ihr **Ermessen fehlerfrei ausgeübt** hat. Dagegen sind nicht kostenbezogene Fragen, wie die Korrektheit des Einigungsvorschlags, sein Inhalt gem. § 109 Abs. 1 oder die Voraussetzungen für das Absehen von der Vorlage eines Einigungsvorschlags gem. § 109 Abs. 2, im Kostenverfahren vor dem AG München nicht überprüfbar.[22] Wurde die Kostenentscheidung der Schiedsstelle einmal für angemessen befunden, bleibt sie bestehen, auch wenn ein nächstinstanzliches Gerichtsverfahren in der Sache anders entschieden hat.[23]

Gegen die Entscheidung des AG München im Kostenverfahren gem. § 121 Abs. 2 S. 2 besteht **kein Rechtsmittel.**[24] Zwar ist generell gegen amtsgerichtliche Entscheidungen in Kostenfestsetzungsverfahren gem. § 104 Abs. 3 ZPO sofortige Beschwerde möglich; im Kostenverfahren gem. § 121 Abs. 2 S. 2 ist der Rechtsweg dagegen abschließend geregelt und sind die Vorschriften der ZPO nicht einschlägig: Anders als noch im bisherigen § 10 S. 2 UrhSchiedsV, wonach sich die Schiedsstelle im Verfahren an die Vorschriften der ZPO „anlehnen" sollte, ist im VGG jeweils ausdrücklich bestimmt, wenn Vorschriften der ZPO entsprechend anwendbar sind.[25] Für eine entsprechende Anwendung von § 104 Abs. 3 ZPO ist daher im Kostenverfahren nach § 121 Abs. 2 S. 2 kein Raum.[26]

§ 122 Festsetzung der Kosten

(1) [1]**Die Kosten des Verfahrens (§ 117) und die einem Beteiligten zu erstattenden notwendigen Auslagen (§ 121 Absatz 1 Satz 2) werden von der Aufsichtsbehörde festgesetzt.** [2]**Die Festsetzung ist dem Kostenschuldner und, wenn nach § 121 Absatz 1 Satz 2 zu erstattende notwendige Auslagen festgesetzt worden sind, auch dem Erstattungsberechtigten zuzustellen.**

(2) [1]**Jeder Berechtigte kann innerhalb einer Frist von zwei Wochen nach der Zustellung die gerichtliche Festsetzung der Kosten und der zu erstattenden notwendigen Auslagen beantragen.** [2]**Zuständig ist das Amtsgericht, in dessen Bezirk die Aufsichtsbehörde ihren Sitz hat.** [3]**Der Antrag ist bei der Aufsichtsbehörde einzureichen.** [4]**Die Aufsichtsbehörde kann dem Antrag abhelfen.**

(3) **Aus dem Kostenfestsetzungsbeschluss findet die Zwangsvollstreckung in entsprechender Anwendung der Zivilprozessordnung statt.**

Übersicht

---

[17] AG München ZUM-RD 2008, 574 (zu § 14 UrhSchiedsV).
[18] → Rn. 5.
[19] Vgl. Dreier/Schulze/*Schulze* § 121 Rn. 3; Wandtke/Bullinger/*Staats* §121 Rn. 7.
[20] Deutsches Patent- und Markenamt; → § 75 Rn. 6.
[21] AmtlBegr. BT-Drs. 18/7223, 104.
[22] AG München ZUM-RD 2008, 574f. (zu § 14 UrhSchiedsV).
[23] OLG München GRUR 2003, 788 – Schiedsstellenverfahren (zu § 14 UrhSchiedsV).
[24] Loewenheim/*Melichar* § 49 Rn. 24 mwN (zu § 14 UrhSchiedsV).
[25] Vgl. §§ 96, 101 Abs. 1 S. 4, 102 Abs. 2 S. 2, 104 Abs. 4, 105 Abs. 4 S. 4, 105 Abs. 5 S. 2, 122 Abs. 3.
[26] So im Ergebnis Wandtke/Bullinger/*Staats* § 121 Rn. 8; aA Dreier/Schulze/*Schulze* § 121 Rn. 3.

I. Allgemeines

1. Die Bestimmungen der UrhSchiedsV

1   Regelungen zu den **Kosten des Verfahrens vor der Schiedsstelle** waren in den bisherigen §§ 13 („Kosten des Verfahrens"), 14 („Verteilung der Kosten") und 15 („Festsetzung der Kosten") UrhSchiedsV enthalten. Über den Streitwert und die Kostenverteilung entschied die Schiedsstelle gem. den §§ 13 Abs. 3 und 14 Abs. 1 UrhSchiedsV selbst. § 15 UrhSchiedsV regelte die Festsetzung der Kosten des Verfahrens durch die Aufsichtsbehörde.

Nach **§ 15 Abs. 1 S. 1 UrhSchiedsV** wurden die Kosten des Schiedsstellenverfahrens und die einem Beteiligten zu erstattenden notwendigen Auslagen **von der Aufsichtsbehörde festgesetzt.** § **15 Abs. 1 S. 2 UrhSchiedsV** schrieb die **Zustellung** der Kostenfestsetzung an den Kostenschuldner und, falls zu erstattende Auslagen festgesetzt wurden, auch an den Erstattungsberechtigten vor.

Nach **§ 15 Abs. 2 S. 1 UrhSchiedsV** konnte jeder Betroffene innerhalb einer **Frist von zwei Wochen** nach der Zustellung des Kostenfestsetzungsbeschlusses den **Antrag auf gerichtliche Festsetzung** der darin genannten Kosten und Auslagen stellen. **Zuständig** für die gerichtliche Entscheidung war gem. § **15 Abs. 2 S. 2 UrhSchiedsV** in Gesamtvertragsverfahren das OLG München, in allen anderen Verfahren das AG München (als die Gerichte, in deren Bezirk die Schiedsstelle ihren Sitz hat). Gem. **§ 15 Abs. 2 S. 3** musste der Antrag bei der **Aufsichtsbehörde eingereicht** werden. § **15 Abs. 2 S. 4 UrhSchiedsV** bestimmte, dass die Aufsichtsbehörde **dem Antrag abhelfen** konnte.

Nach **§ 15 Abs. 3 UrhSchiedsV** fand aus den Kostenfestsetzungsbeschluss in entsprechender Anwendung der ZPO die **Zwangsvollstreckung** statt.

2. § 122

2   Mit nur wenigen Abänderungen, Streichungen oder Ergänzungen wurden die Bestimmungen über die Kosten des Verfahrens vor der Schiedsstelle in den §§ 117–123 aus der bisherigen UrhSchiedsV übernommen.[1] Dies gilt auch für § 122.

§ **122** (Festsetzung der Kosten) entspricht inhaltlich weitgehend dem bisherigen § 15 UrhSchiedsV und trägt auch denselben Titel wie dieser. Die einzige inhaltliche Abweichung findet sich in § 122 Abs. 2 S. 2: Danach entscheidet das **AG München** in **allen Schiedsstellenverfahren** über die **Anfechtung der Kostenfestsetzung** der Aufsichtsbehörde iSv. § 122 Abs. 1. Die bisherige Sonderzuständigkeit des OLG München für Gesamtvertragsverfahren[2] wurde abgeschafft.

II. Festsetzung der Kosten

1. § 122 Abs. 1 – Kostenfestsetzung durch die Aufsichtsbehörde

3   § **122 Abs. 1** entspricht dem bisherigen § 15 Abs. 1 UrhSchiedsV. Während die Schiedsstelle gem. § 121 über die Verteilung der Kosten des Verfahrens und über die Erstattung von einem Beteiligten entstandenen notwendigen Auslagen entscheidet, erlässt die Aufsichtsbehörde gem. § **122 Abs. 1 S. 1** den **Kostenfestsetzungsbeschluss.** Darin setzt das DPMA[3] als **Aufsichtsbehörde** die **Kosten des Verfahrens** iSv. § 117[4] fest. Außerdem enthält der Kostenfestsetzungsbeschluss die **Auslagen,** die von der Schiedsstelle als einem Beteiligten notwendig entstanden und damit erstattungsfähig anerkannt wurden iSv. § 121 Abs. 1 S. 2.[5] Der Kostenfestsetzungsbeschluss ergeht von Amts wegen; anders als im gerichtlichen Kostenfestsetzungsverfahren ist hierfür kein Antrag erforderlich, allerdings möglich.

Gem. **§ 122 Abs. 1 S. 2** muss das DPMA die Kostenfestsetzung „dem" **Kostenschuldner zustellen,** sowie ggf. dem Erstattungsberechtigten. In dem Fall, dass die Kosten aufgrund der Anordnung der Schiedsstelle nach § 121 Abs. 1 S. 1 von mehreren Beteiligten getragen werden müssen, es also mehrere Kostenschuldner gibt, muss der Kostenfestsetzungsbeschluss diesen allen zugestellt werden.

Wenn die Schiedsstelle gem. § 121 Abs. 1 S. 2 die Erstattung von Auslagen eines Beteiligten angeordnet hat, schreibt § 122 Abs. 1 S. 2 die **Zustellung** des Kostenfestsetzungsbeschlusses nicht nur an den **Auslagenschuldner,** sondern auch an den **Erstattungsberechtigten** vor.

---

[1] Zur Übersicht → Vor §§ 92 ff. Rn. 27.
[2] → Rn. 1.
[3] Deutsches Patent- und Markenamt; → § 75 Rn. 6.
[4] → § 117 Rn. 4 ff.
[5] → § 121 Rn. 6.

2. § 122 Abs. 2 – Gerichtliche Festsetzung der Kosten und Auslagen

§ 122 Abs. 2 stimmt weitgehend, bis auf zwei Änderungen, mit dem bisherigen § 15 Abs. 2 **4** UrhSchiedsV überein.

Nach **§ 122 Abs. 2 S. 1** kann **jeder Beteiligte** den Kostenfestsetzungsbeschluss der Aufsichtsbehörde durch **Antrag auf gerichtliche Festsetzung** der Kosten und Auslagen überprüfen lassen. Das Antragsrecht hat jeder am Verfahren Beteiligte.[6] Der Antrag muss innerhalb einer **Frist von zwei Wochen** ab Zustellung des Kostenfestsetzungsbeschlusses gestellt werden. Für die Berechnung dieser Frist gilt **§ 96**.

Nach **§ 122 Abs. 2 S. 2** entscheidet über die gerichtliche Überprüfung des Kostenfestsetzungsbeschlusses der Aufsichtsbehörde das Amtsgericht, in dessen Bezirk die Aufsichtsbehörde ihren Sitz hat. **Zuständig** ist somit das **AG München**, da das DPMA seinen Sitz in München hat. Die einheitliche Zuständigkeit des AG München gilt für die Anfechtung des Kostenfestsetzungsbeschlusses in allen Schiedsstellenverfahren. Die bisherige Sonderzuständigkeit des OLG für Gesamtvertragsverfahren gem. § 15 Abs. 2 S. 2 UrhSchiedsV wurde gestrichen.[7]

Gem. **§ 122 Abs. 2 S. 3** ist der **Antrag auf gerichtliche Festsetzung** iSv. § 122 Abs. 2 S. 1 aber nicht direkt beim AG München, sondern **bei der Aufsichtsbehörde** einzureichen. Damit soll der Aufsichtsbehörde Gelegenheit gegeben werden, ihren Kostenfestsetzungsbeschluss noch einmal zu überprüfen, ihn ggf. zu korrigieren und damit dem Antrag abzuhelfen; dies ist auch ausdrücklich in **§ 122 Abs. 2 S. 4** vorgesehen.

Kommt es zum Verfahren vor dem AG München, so wird dort nur **überprüft**, ob die Kostenfestsetzung durch die Aufsichtsbehörde alle Kosten korrekt berücksichtigt und auch der Entscheidung der Schiedsstelle gem. § 121 Abs. 1 Rechnung getragen hat. Dagegen sind nicht kosten- oder auslagenbezogene Fragen in diesem Verfahren nicht überprüfbar.

Ein **Rechtsmittel** gegen die Entscheidung des AG München im Kostenverfahren gem. § 122 Abs. 2 S. 2 ist nicht vorgesehen. Zwar ist generell gegen amtsgerichtliche Entscheidungen in Kostenfestsetzungsverfahren gem. § 104 Abs. 3 ZPO sofortige Beschwerde möglich; im Kostenverfahren gem. § 122 Abs. 2 ist der Rechtsweg dagegen abschließend geregelt. Die Vorschriften der ZPO sind hier insoweit nicht einschlägig.[8]

3. § 122 Abs. 3 – Kostenfestsetzungsbeschluss: Vollstreckung

§ 122 Abs. 3, der wörtlich dem bisherigen § 15 Abs. 3 UrhSchiedsV entspricht, bestimmt, dass **5** aus dem Kostenfestsetzungsbeschluss der Aufsichtsbehörde in entsprechender Anwendung der Vorschriften der ZPO vollstreckt werden kann. Einschlägig sind hier insbesondere die §§ 794 f. ZPO.[9] Ein gerichtlicher Kostenfestsetzungsbeschluss ist ohnehin gem. § 794 Abs. 1 Nr. 2 ZPO vollstreckbar.

§ 123 Entschädigung von Zeugen und Vergütung der Sachverständigen

(1) Zeugen erhalten eine Entschädigung und Sachverständige eine Vergütung nach Maßgabe der §§ 3, 5 bis 10, 12 und 19 bis 22 des Justizvergütungs- und -entschädigungsgesetzes; die §§ 2 und 13 Absatz 1 und 2 Satz 1 bis 3 des Justizvergütungs- und -entschädigungsgesetzes sind entsprechend anzuwenden.

(2) Die Aufsichtsbehörde setzt die Entschädigung fest.

(3) [1]Zeugen und Sachverständige können die gerichtliche Festsetzung beantragen. [2]Über den Antrag entscheidet das Amtsgericht, in dessen Bezirk die Schiedsstelle ihren Sitz hat. [3]Der Antrag ist bei der Aufsichtsbehörde einzureichen oder zu Protokoll der Geschäftsstelle des Amtsgerichts zu erklären. [4]Die Aufsichtsbehörde kann dem Antrag abhelfen. [5]Kosten werden nicht erstattet.

Übersicht

---

[6] Die im bisherigen § 15 Abs. 2 S. 1 UrhSchiedsV gebrauchte (unschärfere) Bezeichnung „jeder Betroffene" wurde nicht übernommen.
[7] AmtlBegr. BT-Drs. 18/7223, 104.
[8] Zum ähnlich gelagerten Fall des Verfahrens für die Anfechtung der Entscheidung der Schiedsstelle über die Erstattung von Auslagen nach § 121 Abs. 2 → § 121 Rn. 8.
[9] Vgl. Thomas/Putzo/*Seiler* ZPO § 794 Rn. 1.

I. Allgemeines

1. Die Bestimmungen der UrhSchiedsV

1   Regelungen zu den **Kosten des Verfahrens vor der Schiedsstelle** waren in den bisherigen §§ 13 („Kosten des Verfahrens"), 14 („Verteilung der Kosten") und 15 („Festsetzung der Kosten") UrhSchiedsV enthalten. Darüber hinaus enthielt die UrhSchiedsV auch Vorschriften zur Entschädigung ehrenamtlicher Mitglieder der Schiedsstelle (§ 11 UrhSchiedsV) und von Zeugen und Sachverständigen (§ 12 UrhSchiedsV). Auch wenn es sich bei diesen Bestimmungen nicht um Regelungen über die Verfahrenskosten handelte, standen sie doch damit in einem gewissen Zusammenhang, denn sie wirkten sich auch auf die Kosten des Verfahrens vor der Schiedsstelle aus.

Nach **§ 12 Abs. 1 UrhSchiedsV** erhielten **Zeugen und Sachverständige** im Schiedsstellenverfahren eine **Entschädigung oder Vergütung** nach Maßgabe oder in entsprechender Anwendung von Bestimmungen des JVEG.[1] Gem. **§ 12 Abs. 2 iVm. § 11 Abs. 2** UrhSchiedsV wurde die Entschädigung **von der Aufsichtsbehörde** festgesetzt.

Gem. **§ 12 Abs. 2 iVm. § 11 Abs. 3 UrhSchiedsV** konnten Zeugen und Sachverständige die **gerichtliche Festsetzung** ihrer Entschädigung oder Vergütung verlangen. Über den Antrag entschied das Amtsgericht München als am Sitz der Schiedsstelle zuständiges Gericht. Zuvor konnte die **Aufsichtsbehörde** dem Antrag, der bei ihr einzureichen oder zu Protokoll der Geschäftsstelle zu erklären war, allerdings auch **selbst abhelfen.** Ausdrücklich war bestimmt, dass Kosten dieses Verfahrens nicht erstattet wurden.

In **§ 12 Abs. 3 UrhSchiedsV** war bestimmt, dass die Festsetzung der Entschädigung oder Vergütung nicht zu Lasten des Kostenschuldners wirkte.

2. § 123

2   Mit nur wenigen Abänderungen, Streichungen oder Ergänzungen wurden die auf die Kosten des Verfahrens vor der Schiedsstelle bezogenen Bestimmungen in den §§ 117–123 aus der bisherigen UrhSchiedsV übernommen.[2] Dies gilt auch für § 123.

§ 123 (Entschädigung von Zeugen und Vergütung der Sachverständigen) entspricht inhaltlich weitgehend dem bisherigen § 12 UrhSchiedsV (Entschädigung von Zeugen und Sachverständigen). Abgesehen vom sprachlich klarer gefassten Titel und anderen redaktionellen Anpassungen enthält § 123 nur eine Änderung gegenüber der UrhSchiedsV: Der bisherige § 12 Abs. 3 UrhSchiedsV (keine Wirkung der Festsetzung zu Lasten des Kostenschuldners) wurde nicht übernommen mit der Begründung, dass auch bei der gerichtlichen Festsetzung nach § 4 JVEG die Entscheidung nicht gegen den Kostenschuldner wirke und lediglich das Verhältnis zwischen dem Betroffenen und dem Gericht oder der Behörde betreffe.[3]

II. Entschädigung von Zeugen und Vergütung der Sachverständigen

1. § 123 Abs. 1 – Anspruch auf Entschädigung und Vergütung

3   Gem. § 104 ist die Schiedsstelle bei der Beweiserhebung im Rahmen ihres pflichtgemäßen Ermessens weitgehend frei. Insbesondere kann sie zur Aufklärung des Sachverhalts, auch auf eigene Initiative, Zeugen laden und Beweis durch Sachverständige erheben.[4] Zeugen und Sachverständige können in Streitverfahren gem. §§ 92 und 94, aber auch im Verfahren nach § 93 zur Durchführung einer empirischen Untersuchung eine besondere Rolle spielen.

§ 123 Abs. 1 ist in diesem Zusammenhang zu sehen. Er regelt die Entschädigung von Zeugen und die Vergütung von Sachverständigen und verweist hierzu, nahezu wörtlich übereinstimmend mit dem bisherigen § 12 Abs. 1 UrhSchiedsV, auf Vorschriften des JVEG. Für **Zeugen und Sachverständige** gelten die §§ 3 (Vorschuss), 5 (Fahrtkostenersatz), 6 (Aufwandsentschädigung) und 7 (Ersatz für sonstige Aufwendungen) JVEG. **Sachverständige** haben Ansprüche nach den §§ 8 und 8a (Vergütung) sowie 9 und 10 (Honorar) JVEG. **Zeugen** können gem. den §§ 19–22 JVEG eine Entschädigung beanspruchen.

Außerdem findet § 2 JVEG auf die Geltendmachung, das Erlöschen und die Verjährung der Ansprüche von Sachverständigen und Zeugen entsprechende Anwendung. So müssen die Ansprüche gem. § 2 Abs. 1 JVEG binnen drei Monaten geltend gemacht werden. Entsprechend anwendbar ist auch § 13 Abs. 1 und Abs. 2 S. 1–3 JVEG, der den Fall betrifft, dass sich die am Verfahren Beteiligten auf eine von der gesetzlichen Regelung gem. § 9 JVEG abweichende Vergütung eines Sachverständigen geeinigt haben, und hierfür die Zahlung eines Vorschusses verlangt wird.

---

[1] Justizvergütungs- und -entschädigungsgesetz vom 5.5.2004 (BGBl. I S. 718 (776)).
[2] Zur Übersicht → Vor §§ 92 ff. Rn. 27.
[3] AmtlBegr. BT-Drs. 18/7223, 104.
[4] → § 104 Rn. 3.

2. § 123 Abs. 2 – Festsetzung durch die Aufsichtsbehörde

§ 123 Abs. 2 entspricht der bisherigen Regelung in § 12 Abs. 2 iVm. § 11 Abs. 2 UrhSchiedsV. **4** Ebenso wie der Kostenfestsetzungsbeschluss nach § 122 werden auch die Entschädigung von Zeugen und die Vergütung für Sachverständige **vom DPMA**[5] als der zuständigen Aufsichtsbehörde **festgesetzt.**[6]

3. § 123 Abs. 3 – Gerichtliche Festsetzung auf Antrag

§ 123 Abs. 3 entspricht der bisherigen Regelung in § 12 Abs. 2 iVm. § 11 Abs. 3 UrhSchiedsV. **5** Nach **§ 123 Abs. 3 S. 1** kann jeder Zeuge und Sachverständige den Festsetzungsbeschluss der Aufsichtsbehörde iSv. § 123 Abs. 2 durch **Antrag auf gerichtliche Festsetzung** überprüfen lassen. Eine Frist ist hierfür nicht vorgesehen.

Nach **§ 123 Abs. 3 S. 2** entscheidet über die gerichtliche Überprüfung des Festsetzungsbeschlusses der Aufsichtsbehörde das Amtsgericht, in dessen Bezirk die Aufsichtsbehörde ihren Sitz hat. **Zuständig** ist somit das **AG München**, da das DPMA seinen Sitz in München hat.

Gem. **§ 123 Abs. 3 S. 3** können der Zeuge oder Sachverständige diesen **Antrag auf gerichtliche Festsetzung** wahlweise **bei der Aufsichtsbehörde** oder zu Protokoll der **Geschäftsstelle des AG München** einreichen. Den Antrag bei der Aufsichtsbehörde einzureichen hat den Vorteil, dass diese damit Gelegenheit erhält, ihren Festsetzungsbeschluss noch einmal zu überprüfen, ihn ggf. zu korrigieren und damit dem Antrag abzuhelfen; dies ist auch ausdrücklich in **§ 123 Abs. 3 S. 4** vorgesehen.

§ 123 Abs. 3 S. 5 stellt klar, dass **Kosten** in diesem Anfechtungsverfahren nicht erstattet werden.

Ein **Rechtsmittel** gegen die Entscheidung des AG München im Anfechtungsverfahren gem. § 123 Abs. 3 ist nicht vorgesehen. Zwar ist generell gegen amtsgerichtliche Entscheidungen in Kostenfestsetzungsverfahren gem. § 104 Abs. 3 ZPO sofortige Beschwerde möglich; im Anfechtungsverfahren gem. § 123 Abs. 3 ist der Rechtsweg dagegen abschließend geregelt. Die Vorschriften der ZPO sind hier insoweit nicht einschlägig.[7]

Unterabschnitt 4. Organisation und Beschlussfassung der Schiedsstelle

§ 124 Aufbau und Besetzung der Schiedsstelle

(1) [1]**Die Schiedsstelle wird bei der Aufsichtsbehörde (§ 75) gebildet.** [2]**Sie besteht aus dem Vorsitzenden oder seinem Vertreter und zwei Beisitzern.**

(2) [1]**Die Mitglieder der Schiedsstelle müssen die Befähigung zum Richteramt nach dem Deutschen Richtergesetz besitzen.** [2]**Sie werden vom Bundesministerium der Justiz und für Verbraucherschutz für einen bestimmten Zeitraum, der mindestens ein Jahr beträgt, berufen; Wiederberufung ist zulässig.**

(3) [1]**Bei der Schiedsstelle können mehrere Kammern gebildet werden.** [2]**Die Besetzung der Kammern bestimmt sich nach Absatz 1 Satz 2 und Absatz 2.**

(4) **Die Geschäftsverteilung zwischen den Kammern wird durch den Präsidenten oder die Präsidentin des Deutschen Patent- und Markenamts geregelt.**

Schrifttum: *Hucko*, „Zweiter Korb" – Das neue Urheberrecht in der Informationsgesellschaft, 2007; *Kaube/Volz*, Die Schiedsstelle nach dem Gesetz über Arbeitnehmererfindungen beim Deutschen Patentamt, RdA 1981, 213; *Reimer*, Schiedsstellen im Urheberrecht, GRUR-Int 1982, 215; *Reinbothe*, Schlichtung im Urheberrecht, 1978; *Strittmatter*, Tarife vor der urheberrechtlichen Schiedsstelle, 1994.

Übersicht

[5] Deutsches Patent- und Markenamt; → § 75 Rn. 6.

[6] Dass die Aufsichtsbehörde auch die Vergütung für Sachverständige festsetzt, ergibt sich aus dem Sachzusammenhang, auch wenn § 123 Abs. 2 nur die „Entschädigung" erwähnt; vgl. Möhring/Nicolini/*Freudenberg* § 123 Rn. 3.

[7] Zum ähnlich gelagerten Fall des Verfahrens für die Anfechtung der Entscheidung der Schiedsstelle über die Erstattung von Auslagen nach § 121 Abs. 2 → § 121 Rn. 8.

I. Allgemeines

1. Die Organisation der Schiedsstelle im UrhWG und in der UrhSchiedsV

1   **a) Einschlägige Bestimmungen.** Im UrhWG waren Bestimmungen zur **Organisation und zur Beschlussfassung** der Schiedsstelle enthalten in § 14 Abs. 2 UrhWG (Bildung und Zusammensetzung der Schiedsstelle, Qualifikation und Berufungszeitraum ihrer Mitglieder), § 14 Abs. 3 UrhWG (Bildung und Besetzung der Kammern, Geschäftsverteilung), § 14 Abs. 4 UrhWG (Weisungsfreiheit der Mitglieder der Schiedsstelle) und § 14a Abs. 1 UrhWG (Beschlussfassung mit Stimmenmehrheit, Anwendung von § 196 Abs. 2 GVG). § 9 UrhSchiedsV enthielt Bestimmungen zur Ausschließung und zur Ablehnung von Mitgliedern der Schiedsstelle.

2   **b) Bildung der Schiedsstelle; Schiedsstellen-Mitglieder.** § 14 Abs. 2 S. 1 und 2 UrhWG bestimmte, dass die **Schiedsstelle bei der Aufsichtsbehörde** gebildet wurde und aus einem Vorsitzenden oder seinem Vertreter und zwei Beisitzern bestand. Nach **§ 14 Abs. 2 S. 3 UrhWG** mussten die Mitglieder der Schiedsstelle die **Befähigung zum Richteramt** haben. Diese Bestimmungen waren Teil der Urheberrechtsnovelle von 1985,[1] mit der die Schiedsstelle mit erweitertem Zuständigkeitsbereich und in geänderter Zusammensetzung zu einem im Vergleich zur ursprünglichen Regelung von 1965[2] neuen, an die Schiedsstelle nach dem Gesetz über Arbeitnehmererfindungen angelehnten Organ wurde. Die 1985 neu eingeführten Vorschriften sollten gewährleisten, dass sämtliche Mitglieder der Schiedsstelle eine richterähnliche Stellung innehatten[3] und vom Parteiinteresse unabhängig waren.[4]

3   **c) Ernennung der Schiedsstellen-Mitglieder; Amtszeit.** Die **Ernennung** der Mitglieder der Schiedsstelle war in **§ 14 Abs. 2 S. 4 UrhWG** geregelt: Die Mitglieder der Schiedsstelle wurden vom BMJV (Bundesministerium der Justiz und für Verbraucherschutz) ernannt „für einen bestimmten Zeitraum, der **mindestens ein Jahr** beträgt"; Wiederberufung war zulässig.

Bis zur Urheberrechtsnovelle von 1985 wurden der Vorsitzende der Schiedsstelle und sein Vertreter auf **zwei Jahre** von der Aufsichtsbehörde berufen; die Beisitzer wurden damals für jedes Verfahren von den Parteien bestimmt. Ab 1985 wurden alle drei Mitglieder der neuen Schiedsstelle (Vorsitzender oder sein Vertreter sowie zwei Beisitzer) auf **vier Jahre** vom Bundesminister der Justiz berufen; Wiederberufung war zulässig (§ 14 Abs. 2 S. 4 aF UrhWG). Der neue vierjährige Zeitraum für die Amtszeit der Schiedsstellenmitglieder sollte nicht nur deren Unabhängigkeit stärken, sondern auch für eine gewisse Kontinuität bürgen, die gerade bei der Tarifüberprüfung schon immer als wesentlich angesehen wurde;[5] daher war auch eine mehrfache Wiederberufung zulässig.[6] Die Verkürzung dieser Regelamtszeit von vier Jahren auf eine **Mindestamtszeit von einem Jahr** wurde zum 1.1.2008 durch das Zweite Gesetz zur Regelung des Urheberrechts in der Informationsgesellschaft vom 26.10. 2007[7] eingeführt. Dieser kurze (Mindest-)Amtszeitraum sollte es offenbar dem Bundesjustizministerium ermöglichen, auf Krankheit oder „sonstigen Leistungsabfall" von Schiedsstellenmitgliedern schnell zu reagieren, um eine Verzögerung der Verfahren zu verhindern.[8] Außerdem sollte dies, zusammen mit der gleichzeitig ebenfalls neu in das Gesetz eingefügten Frist für die Vorlage eines Einigungsvorschlags nach dem bisherigen § 14a Abs. 2 S. 1 UrhWG (heute § 105 Abs. 1 VGG)[9] offenbar dazu dienen, das Schiedsstellenverfahren zu beschleunigen und pragmatischer auszugestalten, um der steigenden Zahl unerledigter Anträge zu begegnen.[10]

4   **d) Bildung von Kammern.** Auch § 14 Abs. 3 UrhWG wurde in das UrhWG eingefügt durch den sog. „Zweiten Korb" vom 26.2.2007.[11] Gem. **§ 14 Abs. 3 S. 1 UrhWG** konnten bei der Schiedsstelle **mehrere Kammern** gebildet werden, deren **Besetzung** sich gem. **§ 14 Abs. 3 S. 2 UrhWG** nach den für die Mitglieder der Schiedsstelle geltenden Vorschriften richtete. Gem. § 14

---

[1] BGBl. I S. 1137.

[2] Zum früheren justizförmig ausgestalteten Schlichtungsverfahren vor der Schiedsstelle, in dem die Beisitzer gem. § 14 Abs. 2 S. 5 aF UrhWG für jedes Schiedsstellenverfahren von den Beteiligten benannt wurden, vgl. *Reinbothe* mwN; *Strittmatter* S. 17 ff.

[3] Dies war nach der Regelung im UrhWG vor 1985 nicht sichergestellt; vgl. *Reinbothe* S. 99 f. mwN.

[4] AmtlBegr. UrhWG-Novellierung BT-Drs. 10/837, 23.

[5] Vgl. schon *Reimer* GRUR-Int 1982, 215 (218).

[6] Vgl. seinerzeit zur Amtszeit des Vorsitzenden der Schiedsstelle nach dem Gesetz über Arbeitnehmererfindungen beim Deutschen Patentamt *Kaube/Volz* RdA 1981, 213 (216).

[7] Sog. „Zweiter Korb"; BGBl. I S. 2513.

[8] So *Hucko* S. 19.

[9] → § 105 Rn. 3.

[10] Zur Statistik der vergangenen Jahre vgl. DPMA Jahresbericht 2018, S. 57; zu früheren Überlegungen de lege ferenda *Strittmatter* S. 48 ff.

[11] → Rn. 3.

Abs. 3 S. 3 UrhWG regelte der Präsident des DPMA die **Geschäftsverteilung** zwischen den Kammern.

2. § 124

Die Bestimmungen in den §§ 124–127 in Unterabschnitt 4 von Teil 5 Abschnitt 1 des VGG zur **5** Organisation und Beschlussfassung der Schiedsstelle wurden mit nur wenigen Ergänzungen von § 14 Abs. 2, 3 und 4 sowie von § 14a Abs. 1 UrhWG bzw. (im Falle des § 127) von § 9 UrhSchiedsV übernommen.[12]

§ 124 („Aufbau und Besetzung der Schiedsstelle") entspricht fast wörtlich dem bisherigen § 14 Abs. 2 und 3 UrhWG. Lediglich redaktionelle Änderungen finden sich in § 124 Abs. 2 S. 1 („besitzen" statt „haben") und in § 124 Abs. 4, wo der Begriff des „Präsidenten" um den Zusatz „oder die Präsidentin" ergänzt wurde.

II. Aufbau und Besetzung der Schiedsstelle

1. § 124 Abs. 1 – Bildung der Schiedsstelle

§ 124 Abs. 1 entspricht dem bisherigen § 14 Abs. 2 S. 1 und 2 UrhWG. **6**

Nach **§ 124 Abs. 1 S. 1** wird die Schiedsstelle **bei der Aufsichtsbehörde** nach § 75 Abs. 1, also beim DPMA,[13] gebildet. Sie besteht dort im Prinzip als **ständige Institution.** Die Schiedsstelle ist damit nicht integrierter Teil der Aufsichtsbehörde. Nach außen hin ist die Aufsichtsbehörde aber Träger der Schiedsstelle und hat zu ihr durch Verfahrensvorschriften in den §§ 117 Abs. 1 (Erhebung von Gebühren), 120 S. 1 (als Adressat von Einwendungen gegen die Kostenentscheidung der Schiedsstelle), 122 (Festsetzung der Kosten) und 123 (Festsetzung von Entschädigungen und Vergütungen) auch organisatorische Verknüpfungen.[14]

Die Schiedsstelle ist ein bei der Aufsichtsbehörde gebildetes **Verwaltungsorgan.**[15] Daraus ergibt sich, dass sie, auch wenn sie nicht integrierter Teil der Aufsichtsbehörde und in ihren Entscheidungen als eigenständiger Spruchkörper weisungsunabhängig ist, der Dienstaufsicht des DPMA unterliegt. Dies ist nunmehr in § 125 Abs. 2 auch ausdrücklich festgelegt.[16]

Gem. **§ 124 Abs. 1 S. 2** besteht die Schiedsstelle aus **drei ständigen Mitgliedern:** Dem Vorsitzenden oder seinem Vertreter sowie zwei Beisitzern.

2. § 124 Abs. 2 – Qualifikation und Berufung der Schiedsstellen-Mitglieder

§ 124 Abs. 2 stimmt inhaltlich und nahezu wörtlich mit dem bisherigen § 14 Abs. 2 S. 3 und 4 **7** UrhWG überein.

Nach **§ 124 Abs. 2 S. 1** müssen alle drei Schiedsstellen-Mitglieder die **Befähigung zum Richteramt** nach dem Deutschen Richtergesetz besitzen, also Volljuristen sein, §§ 5 ff. DRiG.

§ 124 Abs. 2 S. 2 bestimmt, dass sämtliche Mitglieder der Schiedsstelle, also auch die Beisitzer, vom Bundesministerium der Justiz und für Verbraucherschutz (BMJV) für einen bestimmten Zeitraum, der mindestens ein Jahr beträgt, berufen werden; Wiederberufung ist gem. **§ 124 Abs. 2 S. 2 letzter Hs.** zulässig.

Sowohl dieser Berufungsmodus als auch der Mindestzeitraum für die Amtszeit aller Schiedsstellenmitglieder sollen, wie schon im UrhWG, die Unabhängigkeit der Schiedsstellen-Mitglieder aufgrund ihrer richterähnlichen Stellung gewährleisten.

Die in § 124 Abs. 2 S. 2 vorgesehene **Mindestamtszeit der Schiedsstellenmitglieder von einem Jahr** entspricht dem bisherigen § 14 Abs. 2 S. 4 UrhWG. Zu beachten ist, dass der Berufungszeitraum von einem Jahr ausdrücklich als Mindestzeit bezeichnet wird. Es ist fraglich, ob die Berufungszeit von nur einem Jahr dem schon vom Gesetzgeber von 1985 zu Recht verfolgten Zweck der **Kontinuität** und **Unabhängigkeit** der Schiedsstellenentscheidungen tatsächlich gerecht werden kann; denn es ist zweckmäßig, dass die Mitglieder der Schiedsstelle Überblick über mehrere Verfahren haben, und eine gewisse Einarbeitungszeit wird man ihnen auch zugestehen müssen. Nicht ohne Grund war die Mindestamtszeit von zwei Jahren für den Vorsitzenden der Schiedsstelle nach der Regelung von vor 1985 für zu kurz gehalten und vom Gesetzgeber von 1985 auf vier Jahre verlängert worden.[17]

Im Ergebnis erscheint es daher sinnvoll, die Mitglieder der Schiedsstelle auch iRv. § 124 Abs. 2 für jeweils mehr als ein Jahr zu berufen.

---

[12] Zur Übersicht → Vor §§ 92 ff. Rn. 28.
[13] Deutsches Patent- und Markenamt; → § 75 Rn. 6.
[14] Entsprechend den Regelungen im bisherigen UrhWG; vgl. *Reinbothe* S. 88 mwN.
[15] → Vor §§ 92 ff. Rn. 20.
[16] → § 125 Rn. 2.
[17] → Rn. 3; vgl. *Reinbothe* S. 100 mwN; Wandtke/Bullinger/*Staats* § 124 Rn. 3.

3. § 124 Abs. 3 – Einrichtung und Besetzung von Kammern

8 § 124 Abs. 3 erlaubt die **Einrichtung mehrerer Kammern** bei der Schiedsstelle. Diese Vorschrift entspricht dem bisherigen § 14 Abs. 3 S. 1 und 2 UrhWG, der in das Gesetz eingefügt wurde durch den sog. „Zweiten Korb" vom 26.10.2007.[18]

Hintergrund war seinerzeit die Überlegung, dass durch die Einrichtung mehrerer Kammern bei der Schiedsstelle die Verfahren beschleunigt und die Schiedsstelle in die Lage versetzt werden sollte, ihre Einigungsvorschläge innerhalb der (damals ebenfalls neu eingefügten) Jahresfrist des § 14a Abs. 2 S. 1 UrWG (heute § 105 Abs. 1 VGG)[19] zu unterbreiten.[20] Diese Überlegung dürfte umso mehr zutreffen, als der Schiedsstelle jetzt mit den §§ 93 (Zuständigkeit für empirische Untersuchungen) und 94 (Zuständigkeit für Streitfälle über die gebietsübergreifende Vergabe von Online-Rechten an Musikwerken) noch weitere Aufgaben übertragen wurden.

Gem. **§ 124 Abs. 3 S. 1** ist die Bildung von Schiedsstellenkammern **fakultativ.** Die Entscheidung darüber, ob und wie viele Kammern bei der Schiedsstelle eingerichtet werden, trifft das BMJV.

§ 124 Abs. 3 S. 2 verweist für die **Besetzung der Kammern** auf § 124 Abs. 1 S. 2 und Abs. 2. Danach besteht jede Kammer aus drei Mitgliedern (dem Vorsitzenden oder seinem Vertreter und zwei Beisitzern), die jeweils den Anforderungen des § 124 Abs. 2 S. 1 genügen müssen und vom BMJV für mindestens ein Jahr berufen werden. Dies bedeutet natürlich im Ergebnis, dass die Schiedsstelle insgesamt aus mehr als den in § 124 Abs. 1 S. 2 genannten drei Mitgliedern besteht, wenn Kammern eingerichtet werden.

4. § 124 Abs. 4 – Geschäftsverteilung zwischen den Kammern

9 § 124 Abs. 4 entspricht dem bisherigen § 14 Abs. 3 S. 3 UrhWG.

Während das BMJV gem. § 124 Abs. 3 über die Einrichtung der Kammern und ihre Besetzung entscheidet, regelt gem. § 124 Abs. 4 der Präsident oder, wie nun politisch korrekt ergänzt wurde, die Präsidentin des DPMA die **Geschäftsverteilung zwischen den Kammern.**[21] Zuständig ist hierfür also nicht das DPMA als Behörde, sondern dessen Präsident oder Präsidentin bzw. Angehörige des DPMA in deren Auftrag.

§ 125 Aufsicht

(1) **Die Mitglieder der Schiedsstelle sind nicht an Weisungen gebunden.**

(2) **Die Dienstaufsicht über die Schiedsstelle führt der Präsident oder die Präsidentin des Deutschen Patent- und Markenamts.**

Schrifttum: *Reinbothe,* Schlichtung im Urheberrecht, 1978.

Übersicht

I. Allgemeines

1. Die Bestimmungen des UrhWG

1 Bestimmungen zur **Organisation und zur Beschlussfassung** der Schiedsstelle waren in den bisherigen §§ 14 Abs. 2–4 und 14a Abs. 1 UrhWG, aber auch in § 9 UrhSchiedsV enthalten.[1]

§ 14 Abs. 4 UrhWG bestimmte, dass die Mitglieder der Schiedsstelle **nicht an Weisungen gebunden** waren.

Gleichwohl, und obwohl dies im UrhWG nicht ausdrücklich bestimmt war, unterlag die Schiedsstelle der **Dienstaufsicht** der Aufsichtsbehörde: Die Schiedsstelle war stets als Verwaltungsorgan einzustufen,[2] und sie wurde nach dem bisherigen § 14 Abs. 2 S. 1 UrhWG „bei der Aufsichtsbehörde gebildet", die damit also verwaltungsrechtlich gesehen ihr Träger war. Darüber hinaus bestanden

---

[18] → Rn. 3.
[19] → § 105 Rn. 3.
[20] AmtlBegr. UrhWG-Novellierung BT-Drs. 16/1828, 76.
[21] → Rn. 6 zur organisatorischen Verknüpfung der Schiedsstelle mit dem DPMA.
[1] → § 124 Rn. 1.
[2] Vgl. *Reinbothe* S. 98 ff. mwN.

durch die Verfahrensvorschriften des UrhWG und der UrhSchiedsV organisatorische Verknüpfungen zwischen Schiedsstelle und Aufsichtsbehörde.

2. § 125

Die Bestimmungen in den §§ 124–127 in Unterabschnitt 4 zur Organisation und Beschlussfassung **2** der Schiedsstelle wurden mit nur wenigen Ergänzungen von § 14 Abs. 2, 3 und 4 sowie von § 14a Abs. 1 UrhWG bzw. (im Falle des § 127) von § 9 UrhSchiedsV übernommen.[3]

§ 125 Abs. 1 entspricht wörtlich dem bisherigen § 14 Abs. 4 UrhWG.

§ 125 Abs. 2 dagegen ist neu und enthält erstmals eine **ausdrückliche Regelung zur Dienstaufsicht** über die Schiedsstelle.

II. Aufsicht

1. § 125 Abs. 1 – Weisungsfreiheit der Schiedsstellen-Mitglieder

Nach **§ 125 Abs. 1** sind die Mitglieder der Schiedsstelle **nicht an Weisungen gebunden.** Dieser **3** Grundsatz wird dadurch, dass er ausdrücklich im Gesetz festgeschrieben ist, besonders betont. Damit wird klargestellt, dass die Schiedsstellen-Mitglieder **neutral** und unabhängig wie Richter sind, obwohl die Schiedsstelle ein Verwaltungsorgan ist.[4]

2. § 125 Abs. 2 – Dienstaufsicht über die Schiedsstelle

§ 125 Abs. 2 bestimmt, dass die Schiedsstelle der **Dienstaufsicht** unterliegt. Dies ist in der Sache **4** nichts Neues,[5] aber in § 125 Abs. 2 erstmalig Gegenstand einer Regelung.[6] Da die Schiedsstelle nicht an Weisungen gebunden ist, können Gegenstand der Dienstaufsicht iSv. § 125 Abs. 2 nicht die inhaltlichen Entscheidungen der Dienststelle sein, wie etwa diejenigen gem. § 105 (Unterbreiten eines Einigungsvorschlags), gem. § 114 Abs. 1 (Beurteilung einer empirischen Untersuchung) oder gem. § 121 (Entscheidung über die Kostenpflicht), oder die verfahrensbezogenen Entscheidungen, die sie gem. § 95 Abs. 1 nach billigem Ermessen trifft. Die Dienstaufsicht bezieht sich vielmehr lediglich auf die Beobachtung, Anleitung und ggf. Beanstandung der **Geschäftstätigkeit** der Schiedsstelle, etwa bei der Zustellung von verfahrenseinleitenden Anträgen, und des Verhaltens ihrer Mitglieder, etwa bei Abrechnungen.

Die Dienstaufsicht wird **ausgeübt** durch den Präsidenten oder die Präsidentin des **DPMA.** Zuständig für die Dienstaufsicht über die Schiedsstelle ist also nicht das DPMA als Behörde, sondern dessen Präsident oder Präsidentin bzw. Angehörige des DPMA in deren Auftrag.

§ 126 Beschlussfassung der Schiedsstelle

Die Schiedsstelle fasst ihre Beschlüsse mit Stimmenmehrheit. § 196 Absatz 2 des Gerichtsverfassungsgesetzes ist anzuwenden.

Übersicht

I. Allgemeines

1. Die Bestimmungen des UrhWG

Bestimmungen zur **Organisation und zur Beschlussfassung** der Schiedsstelle waren in den bis- **1** herigen §§ 14 Abs. 2–4 und 14a Abs. 1 UrhWG, aber auch in § 9 UrhSchiedsV enthalten.[1]

Nach **§ 14a Abs. 1 S. 1 UrhWG** fasste die Schiedsstelle ihre **Beschlüsse mit Stimmenmehrheit. Gem. § 14a Abs. 1 S. 2 UrhWG** war **§ 196 Abs. 2 GVG** anzuwenden.

---

[3] Zur Übersicht → Vor §§ 92 ff. Rn. 28.
[4] → Vor §§ 92 ff. Rn. 20.
[5] → Rn. 1.
[6] AmtlBegr. BT-Drs. 18/7223, 104.
[1] → § 124 Rn. 1.

2. § 126

2 Die Bestimmungen in den §§ 124–127 in Unterabschnitt 4 zur Organisation und Beschlussfassung der Schiedsstelle wurden mit nur wenigen Ergänzungen von § 14 Abs. 2, 3 und 4 sowie von § 14a Abs. 1 UrhWG bzw. (im Falle des § 127) von § 9 UrhSchiedsV übernommen.[2]

§ 126 entspricht wörtlich dem bisherigen § 14a Abs. 1 UrhWG.

II. Beschlussfassung der Schiedsstelle

1. § 126 S. 1, Beschlussfassung mit Stimmenmehrheit

3 Nach **§ 126 S. 1** fasst die Schiedsstelle ihre **Beschlüsse** mit Stimmenmehrheit.

Beschlüsse der Schiedsstelle, für die dies gilt, sind nicht nur der Einigungsvorschlag iSv. § 105 Abs. 1, sondern auch sämtliche anderen Beschlüsse, die im Laufe des Verfahrens – zB. über Verfahrensfragen – getroffen werden. Dieses **Mehrheitsprinzip** bei Beschlüssen der Schiedsstelle entspricht dem Grundsatz in § 196 Abs. 1 GVG. Jedes Mitglied der Schiedsstelle hat eine (gleichberechtigte) Stimme.

2. § 126 S. 2, Anwendung von § 196 Abs. 2 GVG

4 Nach **§ 126 S. 2** ist § 196 Abs. 2 GVG (betreffend die Bildung der Meinungsmehrheit bei Summen) anzuwenden. In der Praxis wird dies bedeuten: Wenn sich über Summen, über die zu entscheiden ist (zB. bei der Höhe von Tarifen), in der Schiedsstelle keine Mehrheit bildet – also drei verschiedene Meinungen bestehen –, wird die zweithöchste vorgeschlagene Summe als Votum der Mehrheit angesehen.

§ 127 Ausschließung und Ablehnung von Mitgliedern der Schiedsstelle

[1]Über die Ausschließung und Ablehnung von Mitgliedern der Schiedsstelle entscheidet das Amtsgericht, in dessen Bezirk die Schiedsstelle ihren Sitz hat. [2]Das Ablehnungsgesuch ist bei der Schiedsstelle anzubringen. [3]Im Übrigen gelten die §§ 41 bis 48 der Zivilprozessordnung entsprechend.

Übersicht

I. Allgemeines

1. Die Bestimmungen der UrhSchiedsV

1 Bestimmungen zur **Organisation und zur Beschlussfassung** der Schiedsstelle waren in den bisherigen §§ 14 Abs. 2–4 und 14a Abs. 1 UrhWG enthalten.[1] Damit in engem Zusammenhang stand § 9 UrhSchiedsV, der die Ausschließung und Ablehnung von Schiedsstellenmitgliedern regelte.

Nach **§ 9 S. 1 UrhSchiedsV** entschied über die **Ausschließung und Ablehnung von Mitgliedern** der Schiedsstelle das **Amtsgericht München** als das am Sitz der Schiedsstelle zuständige Amtsgericht.

Gem. **§ 9 S. 2 UrhSchiedsV** war das **Ablehnungsgesuch** bei der Schiedsstelle anzubringen.

§ 9 S. 3 UrhSchiedsV bestimmte, dass die Vorschriften der **Zivilprozessordnung** entsprechend anzuwenden waren.

2. § 127

2 Die Bestimmungen in den §§ 124–127 in Unterabschnitt 4 zur Organisation und Beschlussfassung der Schiedsstelle wurden mit nur wenigen Ergänzungen von § 14 Abs. 2, 3 und 4 sowie von § 14a Abs. 1 UrhWG bzw. (im Falle des § 127) von § 9 UrhSchiedsV übernommen.[2]

---

[2] Zur Übersicht → Vor §§ 92 ff. Rn. 28.
[1] → § 124 Rn. 1.
[2] Zur Übersicht → Vor §§ 92 ff. Rn. 28.

§ 127 entspricht nahezu wörtlich dem bisherigen § 9 UrhSchiedsV. Lediglich in § 127 S. 3 wurde der Hinweis auf die entsprechend anzuwendenden Vorschriften der ZPO durch die ausdrückliche Nennung der §§ 41–48 ZPO präzisiert.

II. Ausschließung und Ablehnung von Mitgliedern der Schiedsstelle

1. § 127 S. 1, zuständiges Gericht

Nach **§ 127 S. 1** entscheidet über die Ausschließung und Ablehnung von Mitgliedern der Schieds- 3
stelle das Amtsgericht, in dessen Bezirk die Schiedsstelle ihren Sitz hat. **Zuständig** ist somit das **AG München,** da die Schiedsstelle als beim DPMA[3] eingerichtetes Verwaltungsorgan[4] ihren Sitz in München hat.

2. § 127 S. 2, Einreichen des Ausschließungs- oder Ablehnungsgesuchs

Gem. **§ 127 S. 2** muss der **Antrag** auf Ausschließung oder Ablehnung von Mitgliedern der 4
Schiedsstelle bei der Schiedsstelle eingereicht werden, die diesen an das AG München weiterleitet.

3. § 127 S. 3, entsprechende Anwendbarkeit von §§ 41–48 ZPO

§ 127 S. 3 erklärt die **§§ 41–48 ZPO** für im Übrigen entsprechend anwendbar. Damit wird auf 5
die einschlägigen Bestimmungen in Buch 1, Abschnitt 1, Titel 4 („Ausschließung und Ablehnung von Gerichtspersonen") der ZPO ausdrücklich Bezug genommen. Diese finden natürlich nur **„im Übrigen"** Anwendung, dh. soweit nicht § 127 besondere Regelungen enthält; eine solche besondere Regelung stellt § 127 S. 2 dar, wonach der Antrag bei der Schiedsstelle (und nicht, wie in § 44 Abs. 1 ZPO vorgesehen, beim Gericht) einzureichen ist.

Abschnitt 2. Gerichtliche Geltendmachung

§ 128 Gerichtliche Geltendmachung

(1) ¹Bei Streitfällen nach § 92 Absatz 1 und 2 ist die Erhebung der Klage erst zulässig, wenn ein Verfahren vor der Schiedsstelle vorausgegangen ist oder nicht innerhalb der Frist gemäß § 105 Absatz 1 abgeschlossen wurde. ²Auf die Frist ist § 103 Absatz 2 anzuwenden.

(2) ¹Bei Streitfällen nach § 92 Absatz 1 Nummer 1 und 2 ist Absatz 1 nur anzuwenden, wenn die Anwendbarkeit oder die Angemessenheit des Tarifs bestritten ist. ²Stellt sich erst nach Eintritt der Rechtshängigkeit heraus, dass die Anwendbarkeit oder die Angemessenheit des Tarifs bestritten ist, setzt das Gericht den Rechtsstreit durch Beschluss aus, um den Parteien die Anrufung der Schiedsstelle zu ermöglichen. ³Weist die Partei, die die Anwendbarkeit oder die Angemessenheit des Tarifs bestreitet, nicht innerhalb von zwei Monaten ab Verkündung oder Zustellung des Beschlusses über die Aussetzung nach, dass ein Antrag bei der Schiedsstelle gestellt ist, so wird der Rechtsstreit fortgesetzt; in diesem Fall gelten die Anwendbarkeit und die Angemessenheit des streitigen Tarifs als zugestanden.

(3) ¹Absatz 1 ist nicht anzuwenden auf Anträge auf Anordnung eines Arrests oder einer einstweiligen Verfügung. ²Nach Erlass eines Arrests oder einer einstweiligen Verfügung ist die Klage ohne die Beschränkung des Absatzes 1 zulässig, wenn der Partei nach den §§ 926 und 936 der Zivilprozessordnung eine Frist zur Erhebung der Klage bestimmt worden ist.

Schrifttum: *Seifert,* Das Schiedsstellenverfahren als Prozeßvoraussetzung im Urheberrechtsstreit, FS Kreile (1994), S. 627; *Strittmatter,* Tarife vor der urheberrechtlichen Schiedsstelle, 1994; *v. Ungern-Sternberg,* Zur Durchführung des Verfahrens vor der Schiedsstelle nach dem Urheberrechtswahrnehmungsgesetz, FS Schricker (2005), S. 567.

Übersicht

---

[3] Deutsches Patent- und Markenamt; → § 75 Rn. 6.
[4] → § 124 Rn. 6.

I. Allgemeines

1. Die Bestimmungen des UrhWG

1   Im UrhWG regelte der bisherige **§ 16 UrhWG** das Verhältnis die Streitschlichtung vor der Schiedsstelle zur **Geltendmachung urheberrechtlicher Ansprüche vor Gericht.**

Nach **§ 16 UrhWG** war die Erhebung einer Klage vor den ordentlichen Gerichten grundsätzlich auch in den Fällen nicht ausgeschlossen, in denen die Zuständigkeit der Schiedsstelle gem. § 14 Abs. 1 UrhWG begründet war. Allerdings bestimmte **§ 16 Abs. 1 UrhWG,** dass das Verfahren vor der Schiedsstelle in den in § 14 Abs. 1 UrhWG genannten Fällen – nämlich bei **Einzelnutzungs-streitigkeiten,** bei Streitigkeiten über die **Vergütungspflicht** nach den §§ 54 oder 54c UrhG, bei **Gesamtvertragsstreitigkeiten** und bei Streitigkeiten über Rechte der **Kabelweitersendung** – **dem Gerichtsverfahren vorangehen** oder ihm doch zumindest mit einem sachkundigen Votum zur Verfügung stehen musste: Die Ansprüche in solchen Streitverfahren konnten also erst im Wege der Klage geltend gemacht werden, nachdem ein Schiedsstellenverfahren „vorausgegangen" oder wenn es nicht innerhalb des in § 14a Abs. 2 S. 1 und 2 UrhWG genannten Zeitraums von einem Jahr „abgeschlossen" worden war. Dieser letztere Zusatz war durch das Zweite Gesetz zur Regelung des Urheberrechts in der Informationsgesellschaft vom 26.10.2007[1] in § 16 Abs. 1 UrhWG eingefügt worden und bewirkte, dass Ansprüche im Wege der Klage auch ohne einen Einigungsvorschlag der Schiedsstelle geltend gemacht werden konnten, wenn die der Schiedsstelle eingeräumte Jahresfrist zur Vorlage des Einigungsvorschlags verstrichen war.

Erklärtes Ziel dieser Regelung war es, die Sachkunde der Schiedsstelle vor und auch im Rahmen eines Gerichtsverfahrens insbesondere, aber nicht nur, zur Tarifgestaltung zu nutzen und die Gerichte soweit wie möglich zu entlasten.[2] Entsprechend dieser Zielsetzung sah **§ 16 Abs. 2 UrhWG** vor, dass bei **Einzelnutzungsstreitigkeiten** nur dann vor Erhebung der Klage ein Schiedsstellenverfahren durchgeführt werden musste, wenn die **Anwendbarkeit und Angemessenheit des Tarifs Streitgegenstand** waren (§ 16 Abs. 2 S. 1 UrhWG). Für den Fall, dass sich dies erst im Laufe des Gerichtsverfahrens herausstellte, hatte das Gericht den Rechtsstreit aber auszusetzen, um den Parteien Gelegenheit zur Durchführung eines Schiedsstellenverfahrens zu geben (§ 16 Abs. 2 S. 2 und 3 UrhWG).

Nach **§ 16 Abs. 3 UrhWG** war die vorherige Anrufung der Schiedsstelle außerdem nicht vorgeschrieben für Anträge auf gerichtliche Anordnung eines **Arrests** oder einer **einstweiligen Verfügung.** Auch nach Erlass einer solchen Anordnung war die Klage ohne vorherige Anrufung der Schiedsstelle zulässig, wenn gem. den §§ 926 oder 936 ZPO eine Frist zur Klageerhebung gesetzt worden war.

§ 16 Abs. 4 UrhWG schrieb die **erstinstanzliche Zuständigkeit des OLG** vor für Streitigkeiten über Gesamtverträge, Kabelweitersendungsverträge und die Vergütungspflicht nach den §§ 54 oder 54c UrhG.[3]

Darüber hinaus enthielt **§ 17 UrhWG** Bestimmungen zum ausschließlichen Gerichtsstand.[4]

2. Teil 5, Abschnitt 2 („Gerichtliche Geltendmachung", §§ 128–131)

2   Die Bestimmungen in Teil 5, Abschnitt 2 („Gerichtliche Geltendmachung") des VGG (§§ 128–131) entsprechen inhaltlich, abgesehen von einzelnen Ergänzungen, weitgehend den bisherigen §§ 16 und 17 UrhWG: § 128 ist größtenteils inhaltsgleich mit dem bisherigen § 16 Abs. 1–3 UrhWG; § 129 stimmt in weiten Teilen mit § 16 Abs. 4 S. 1, 2 und 6 UrhWG überein; § 130 entspricht dem bisherigen § 16 Abs. 4 S. 3–5 UrhWG; und § 131 hat denselben Inhalt wie der bisherige § 17 UrhWG.

3. § 128

3   Nach **§ 128 Abs. 1 S. 1,** der inhaltlich dem bisherigen § 16 Abs. 1 S. 1 UrhWG entspricht, ist in den in § 92 genannten Streitfällen die Erhebung einer Klage erst zulässig, wenn entweder
– (1) ein Verfahren vor der Schiedsstelle vorangegangen ist oder
– (2) ein Verfahren zwar eingeleitet, aber nicht innerhalb der in § 105 Abs. 1 gesetzten Jahresfrist abgeschlossen wurde.

Neu im Vergleich zu § 16 Abs. 1 UrhWG ist **§ 128 Abs. 1 S. 2,** der ergänzend klarstellt, dass die Hemmung dieser Jahresfrist gem. § 103 Abs. 2 während einer Aussetzung des Verfahrens auch für die

---

[1] Sog. „Zweiter Korb", BGBl. I S. 2513.
[2] AmtlBegr. UrhWG-Novellierung BT-Drs. 10/837, 24; → Vor §§ 92 ff. Rn. 12.
[3] → § 129 Rn. 1.
[4] → § 131 Rn. 1.

Voraussetzungen der Klageerhebung iRv. § 128 Abs. 1 relevant ist; eine solche Klarstellung war im UrhWG nicht enthalten.[5]

§ 128 Abs. 2 entspricht zwar inhaltlich dem bisherigen § 16 Abs. 2 UrhWG, **erweitert** aber gegenüber diesem den Anwendungsbereich der Bestimmung (bisher beschränkt auf Einzelnutzungsstreitigkeiten) ausdrücklich auf Streitfälle gem. § 92 Abs. 1 Nr. 2 (Vergütungspflicht): Nach **§ 128 Abs. 2 S. 1** ist bei Streitfällen über **Einzelnutzungsstreitigkeiten** (§ 92 Abs. 1 Nr. 1) und bei Streitigkeiten über die **Vergütungspflicht** nach den §§ 54 oder 54c UrhG (§ 92 Abs. 1 Nr. 2) § 128 Abs. 1 nur anwendbar, ein Schiedsstellenverfahren also nur dann Voraussetzung für die Klage, wenn die **Anwendbarkeit oder die Angemessenheit des Tarifs** bestritten ist. **§ 128 Abs. 2 S. 2** bestimmt (übereinstimmend mit dem bisherigen § 16 Abs. 2 S. 2 UrhWG), dass das Gericht den **Rechtsstreit** in solchen Verfahren durch Beschluss **aussetzt,** um den Parteien die Anrufung der Schiedsstelle zu ermöglichen, wenn sich nach Eintritt der Rechtshängigkeit herausstellt, dass die Anwendbarkeit oder die Angemessenheit des Tarifs bestritten ist. Sprachlich präziser als der bisherige § 16 Abs. 2 S. 3 UrhWG, aber inhaltlich identisch mit diesem, ordnet **§ 128 Abs. 2 S. 3** die **Fortsetzung des Gerichtsverfahrens** an, wenn die Partei, die die Anwendbarkeit oder die Angemessenheit des Tarifs bestreitet, nicht innerhalb von zwei Monaten ab Verkündung oder Zustellung des Aussetzungsbeschlusses nachweist, dass ein verfahrenseinleitender Antrag bei der Schiedsstelle gestellt ist; die Anwendbarkeit und die Angemessenheit des Tarifs gelten in diesem Fall als zugestanden.

§ 128 Abs. 3 stimmt inhaltlich mit § 16 Abs. 3 UrhWG überein. Nach **§ 128 Abs. 3 S. 1** ist die vorherige Anrufung der Schiedsstelle nicht erforderlich bei Anträgen auf Anordnung eines Arrests oder einer einstweiligen Verfügung. **§ 128 Abs. 3 S. 2** bestimmt, dass die Klage nach Erlass eines Arrests oder einer einstweiligen Verfügung ebenfalls ohne eine vorherige Anrufung der Schiedsstelle zulässig ist, wenn der Partei nach den §§ 926 und 936 ZPO (Anordnung der Klageerhebung) eine Frist zur Erhebung der Klage bestimmt worden ist.

II. Gerichtliche Geltendmachung

1. § 128 Abs. 1 – Schiedsstellenverfahren als Prozessvoraussetzung

a) Anwendungsbereich. Nach **§ 128 Abs. 1** ist die Durchführung eines Verfahrens vor der   4
Schiedsstelle Prozessvoraussetzung bei **allen Streitfällen iSv. § 92**, also bei **Einzelnutzungsstreitigkeiten** iSv. § 92 Abs. 1 Nr. 1, bei **Streitigkeiten über die Vergütungspflicht** der Hersteller von Geräten und Speichermedien und der Betreiber von Ablichtungsgeräten iSv. § 92 Abs. 1 Nr. 2, **über Abschluss oder Änderung von Gesamtverträgen** (§ 35) iSv. § 92 Abs. 1 Nr. 3 und **über Verträge betreffend die Kabelweitersendung** iSv. § 92 Abs. 2.

Dies gilt nicht für Streitverfahren iSv. § 94: In **Streitfällen über die gebietsübergreifende Vergabe von Online-Rechten an Musikwerken iSv. § 94** ist die Befassung der Schiedsstelle vor der Erhebung einer Klage nicht Prozessvoraussetzung. Gleichwohl können in Streitfällen mit diesem Verfahrensgegenstand auch Verfahren gem. § 92, etwa bei Einzelnutzungs- oder Gesamtvertragsstreitigkeiten, eingeleitet werden, wenn die dafür dort genannten Voraussetzungen erfüllt sind. In diesem Fall und in diesem Rahmen kann die Durchführung eines Schiedsstellenverfahrens gegebenenfalls Prozessvoraussetzung sein.[6]

Nach seinem Wortlaut betrifft § 128 Abs. 1 zwar lediglich die Zulässigkeit der **„Erhebung einer Klage",**[7] bestimmt also nur für diesen Fall, dass die Durchführung des Verfahrens vor der Schiedsstelle Prozessvoraussetzung ist. Entscheidend ist aber nach Sinn und Zweck der Bestimmung, ob ein **Anspruch gerichtlich geltend gemacht** wird; ob dies im Wege der Klage, der Widerklage oder etwa der Einrede geschieht, ist unerheblich, denn es geht in jedem Fall darum, vor einer gerichtlichen Auseinandersetzung vom Sachverstand der Schiedsstelle zu profitieren.[8] Andererseits ist ein separates Verfahren vor der Schiedsstelle nicht erforderlich, wenn die mit einer (Dritt-)Widerklage aufgeworfene Frage bereits Gegenstand des Schiedsstellenverfahrens war.[9]

Im Rahmen der genannten Streitfälle ist es für die Anwendung von § 128 Abs. 1 grundsätzlich unerheblich, **worauf sich die (Vertrags-)Streitigkeit bezieht,** also etwa auf den Tarif oder andere Nutzungsbedingungen.[10] Ebenso spielt es für die Notwendigkeit, vor Durchführung des gerichtlichen Verfahrens ein Schiedsstellenverfahren durchzuführen, keine Rolle, ob etwa eine Nutzervereinigung gegenüber der Verwertungsgesellschaft ihren Anspruch auf Abschluss eines Gesamtvertrags nach § 35

---

[5] Vgl. AmtlBegr. BT-Drs. 18/7223, 105.

[6] → § 94 Rn. 3.

[7] Im bisherigen § 16 Abs. 1 S. 1 UrhWG wurde auf die Geltendmachung von Ansprüchen „im Wege der Klage" abgestellt.

[8] BGH GRUR 2013, 618 Rn. 47 – Internet-Videorecorder II; BGH GRUR 2016, 71 Rn. 14 – Ramses; BGH ZUM-RD 2017, 641 Rn. 16 – Musik-Handys; BGH GRUR 2017, 684 Rn. 17 – externe Festplatten; BGH GRUR 2017, 1227 Rn. 26 – PC mit Festplatte III.

[9] BGH GRUR 2015, 61 Rn. 87 – Gesamtvertrag Tanzschulkurse.

[10] Zur für Streitfälle gem. § 92 Abs. 1 Nr. 1 und Nr. 2 geltenden Sonderregel für den Fall, dass die Anwendbarkeit oder Angemessenheit des Tarifs nicht bestritten ist, → Rn. 6.

geltend macht, oder ob es die Verwertungsgesellschaft ist, die zB. Ansprüche auf Abänderung eines Gesamtvertrages durchsetzen will.[11] Bei Streitigkeiten über die Vergütungspflicht gem. den §§ 54 oder 54c UrhG oder über Verträge zwischen Sendeunternehmen und Kabelunternehmen betreffend die Kabelweitersendung gilt Entsprechendes.[12] Die in § 128 enthaltene Prozessvoraussetzung ist mit den Vorgaben der VG-RL vereinbar, da das Recht auf gerichtliche Rechtsdurchsetzung gem. Art. 35 Abs. 2 VG-RL gewahrt bleibt.[13] Der Durchführung eines Schiedsstellenverfahrens iRv. § 128 steht auch nicht entgegen, dass im Einzelfall Bestimmungen des Kartellrechts, etwa eine ungleiche Behandlung von Gruppen von Herstellern bei der Geräteabgabe, geltend gemacht werden. Zwar kann die Schiedsstelle spezifische kartellrechtliche Fragen nicht prüfen; ihre sachkundige Stellungnahme zu urheberrechtlichen Fragen kann aber für die kartellrechtliche Beurteilung des Falles von Bedeutung sein.[14]

5 **b) Vorausgegangenes oder abgeschlossenes Schiedsstellenverfahren.** Das angerufene Gericht hat in den genannten Streitfällen von Amts wegen[15] als **positive Prozessvoraussetzung** zu berücksichtigen, ob ein Verfahren vor der Schiedsstelle der Klage bzw. der gerichtlichen Geltendmachung „**vorausgegangen**" ist oder nicht innerhalb der in § 105 Abs. 1 genannten Frist durch einen Einigungsvorschlag „**abgeschlossen**" wurde. Ohne Vorliegen dieser Prozessvoraussetzung ist die Klage/gerichtliche Geltendmachung grundsätzlich unzulässig.

Entscheidend ist in diesem Zusammenhang, ob das Schiedsstellenverfahren durchgeführt wurde, die Schiedsstelle also mit dem Streitgegenstand befasst war und hierzu ihren Sachverstand einbringen konnte. Dies ist dann der Fall, wenn das Verfahren vollständig durchgeführt wurde, und zwar entweder einschließlich der Vorlage eines Einigungsvorschlags iSv. § 105 Abs. 1 oder ohne einen solchen unter den Voraussetzungen von § 109 Abs. 2.[16] Ein Verfahren vor der Schiedsstelle wurde dagegen (noch) nicht durchgeführt, wenn die Verhandlungen noch andauern oder das Verfahren nach § 103 Abs. 1 ausgesetzt ist.

§ 128 Abs. 1 S. 1 Hs. 2 enthält eine **Ausnahme** von dem Grundsatz, dass der Erhebung einer Klage in den genannten Fällen ein Verfahren vor der Schiedsstelle vorausgegangen sein muss: Ausdrücklich **gleichgestellt mit der vollständigen Durchführung eines Schiedsstellenverfahrens** ist danach der Fall, dass das Verfahren vor der Schiedsstelle zwar eingeleitet wurde, die Schiedsstelle den Einigungsvorschlag aber nicht innerhalb der Jahresfrist des § 105 Abs. 1 S. 1, einschließlich etwaiger mit den Parteien vereinbarter Verlängerungszeiträume gem. § 105 Abs. 1 S. 2, vorgelegt hat, diese **Frist(en)** also **verstrichen** ist (sind).[17] Gem. **§ 128 Abs. 1 S. 2** ist bei der Berechnung dieser Fristen auch eine etwaige Fristenhemmung nach § 103 Abs. 2 iRd. Aussetzung des Verfahrens zu berücksichtigen.

2. § 128 Abs. 2 – Sonderregel bei unstreitiger Anwendbarkeit oder Angemessenheit des Tarifs

6 **a) Anwendbarkeit oder Angemessenheit des Tarifs als Streitgegenstand.** Bei **Einzelnutzungsstreitigkeiten iSv. § 92 Abs. 1 Nr. 1** und **Streitigkeiten über die Vergütungspflicht iSv. § 92 Abs. 1 Nr. 2** ist zu unterscheiden:

Ist im Rahmen einer solchen Streitigkeit die **Anwendbarkeit oder die Angemessenheit des Tarifs (§§ 38 ff.) im Streit**, so ist die Durchführung eines mit Einigungsvorschlag (§ 105 Abs. 1) abgeschlossenen (oder noch anhängigen bei Ablauf der Jahresfrist gem. § 105 Abs. 1) Verfahrens vor der Schiedsstelle grundsätzlich ebenso von Amts wegen vom Gericht zu berücksichtigende Prozessvoraussetzung wie bei Gesamtvertragsstreitigkeiten oder Streitigkeiten über Kabelweitersendungsverträge (**§ 128 Abs. 1**).[18] Eine Klage ohne vorherige Durchführung des Schiedsstellenverfahrens ist in solchen Fällen also unzulässig. Ist die Angemessenheit des Tarifs bereits unter Beteiligung derselben Schiedsparteien von der Schiedsstelle überprüft worden, so muss aber kein erneutes Schiedsstellenverfahren eingeleitet werden.[19] Dagegen kann auf das Schiedsstellenverfahren nicht nur deshalb verzichtet werden, weil der Tarif in einem Verfahren mit anderen Beteiligten bereits Gegenstand der Überprüfung durch die Schiedsstelle war.[20]

Nach **§ 128 Abs. 2 S. 1** ist dagegen bei **Einzelnutzungsstreitigkeiten iSv. § 92 Abs. 1 Nr. 1** und bei **Streitigkeiten über die Vergütungspflicht iSv. § 92 Abs. 1 Nr. 2** ein Schiedsstellenverfahren vor Klageerhebung nicht erforderlich, wenn **weder die Anwendbarkeit noch die Ange-**

---

[11] Vgl. → § 97 Rn. 5 zu dem Fall, dass eine Verwertungsgesellschaft den Abschluss eines Gesamtvertrages verlangt.

[12] Zum Mandat der Schiedsstelle in den Streitfällen über Kabelweitersendungsverträge vgl. → § 92 Rn. 8 ff.

[13] BGH GRUR 2018, 1227 Rn. 34 f. – PC mit Festplatte III; → Vor §§ 92 ff. Rn. 17.

[14] BGH GRUR 2018, 1227 Rn. 29 f. – PC mit Festplatte III.

[15] AmtlBegr UrhWG-Novellierung BT-Drs. 10/837, 24.

[16] → § 109 Rn. 5.

[17] → § 105 Rn. 3.

[18] → Rn. 4.

[19] LG Bielefeld ZUM 1995, 803 (804).

[20] OLG Karlsruhe ZUM 1993, 236 (237).

messenheit des Tarifs bestritten ist bzw. es darauf im konkreten Fall nicht ankommt.[21] Gegenüber dem Wortlaut des bisherigen § 16 Abs. 2 S. 1 UrhWG wurde der Anwendungsbereich von § 128 Abs. 2 ausdrücklich auf Streitfälle gem. § 92 Abs. 1 Nr. 2 erweitert mit der Begründung, auch in diesen Streitfällen sei denkbar, dass (zumindest zunächst) nur über tatsächliche Fragen, wie zB. die Anzahl der importierten Geräte oder Speichermedien gestritten werde und sich erst im Laufe des Rechtsstreits herausstelle, dass auch die Anwendbarkeit oder Angemessenheit des Tarifs selbst streitig ist.[22]

Mit diesen beiden Arten von Streitigkeiten muss die Schiedsstelle also nur dann befasst werden, wenn im konkreten Fall die Anwendbarkeit oder Angemessenheit des Tarifs auch tatsächlich entscheidend ist, also **tarifgestützte Ansprüche im Streit** sind.[23] Eine Anrufung der Schiedsstelle vor Klageerhebung ist daher zB. nicht erforderlich für **Unterlassungsansprüche,**[24] für solche **Auskunftsansprüche,** die ganz unzweifelhaft nicht tarifgestützt sind,[25] bei **auf Vertrag gestützten Zahlungsklagen,** bei Streit über die Wahrnehmungsbefugnis und das **Bestehen von Zahlungsansprüchen**[26] sowie bei solchen **Ansprüchen auf Zahlung oder Hinterlegung gem. § 37,** bei denen es auf die Anwendbarkeit oder die Angemessenheit des Tarifs eindeutig nicht ankommt; denn in solchen Fällen ist die Hilfestellung der Schiedsstelle bei der sachkundigen Beurteilung der Anwendbarkeit oder Angemessenheit der Tarife nicht erforderlich.[27] Die Durchführung des Schiedsstellenverfahrens ist in den genannten Fällen nicht Prozessvoraussetzung für eine Klage, wohl aber freiwillig möglich. Damit wird der Zwang zur Anrufung der Schiedsstelle vor Klageerhebung, ebenso wie der notwendige Inhalt der Schiedsstellenentscheidung selbst,[28] auf die Tarifüberprüfung beschränkt.

Auch bei **Schadensersatzklagen** im Rahmen von Einzelnutzungsstreitigkeiten oder Streitigkeiten über die Vergütungspflicht ist grundsätzlich die vorherige Durchführung des Schiedsstellenverfahrens Prozessvoraussetzung; denn § 128 Abs. 1 erfasst alle Streitfälle nach § 92. Zwar gilt die in § 128 Abs. 2 S. 1 statuierte Ausnahme auch für Schadensersatzklagen, dürfte aber hier in der Praxis eine geringe Rolle spielen, da die Anwendbarkeit oder Angemessenheit eines Tarifs bei Schadensersatzklagen meist im Streit sein werden. Dies gilt selbst dann, wenn der Antrag der Schadensersatzklage nur auf Zahlung unter Vorbehalt der Nachprüfung durch die Schiedsstelle oder auf Hinterlegung gem. § 37 gerichtet ist.[29]

b) Nachträgliche Befassung der Schiedsstelle/Aussetzung, § 128 Abs. 2 S. 2, 3. Nach § 128 Abs. 2 S. 1 kann also bei Einzelnutzungsstreitigkeiten iSv. § 92 Abs. 1 Nr. 1 und bei Streitigkeiten über die Vergütungspflicht iSv. § 92 Abs. 1 Nr. 2 auch ohne vorherige Durchführung eines Schiedsstellenverfahrens Klage erhoben werden, wenn weder die Anwendbarkeit noch die Angemessenheit des Tarifs (§§ 38 ff.) im Streit ist. 7

§ 128 Abs. 2 S. 2, 3 regeln den Fall, dass sich **erst im Laufe eines** solchen unmittelbar, also ohne Vorschaltung der Schiedsstelle eingeleiteten **Gerichtsverfahrens herausstellt,** dass doch eine der Parteien die Anwendbarkeit oder Angemessenheit des Tarifs bestreitet. Dabei ist für die Angemessenheitsrüge ein substantiiertes und tatsachenorientiertes Bestreiten erforderlich; pauschalierte Einwendungen gegen den Tarif genügen nicht.[30] Außerdem darf über die Angemessenheit des Tarifs nicht schon vorher, also etwa in vorprozessualer Korrespondenz, Streit bestanden haben.[31] Liegen diese Voraussetzungen vor, so muss nach **§ 128 Abs. 2 S. 2** das Gericht **von Amts wegen** – ein Antrag der den Tarif bestreitenden Partei ist nicht erforderlich – den **Rechtsstreit aussetzen,** um die Beteiligung der sachkundigen Schiedsstelle noch nachträglich zu ermöglichen.[32] Durch gerichtliche Anordnung wird damit der Stillstand des Verfahrens bewirkt (vgl. § 249 ZPO).

Die Aussetzung gibt die Möglichkeit zur Anrufung der Schiedsstelle, verpflichtet hierzu aber nicht. Wenn die Partei, welche die Anwendbarkeit oder Angemessenheit des Tarifs (§§ 38 ff.) bestreitet, nicht innerhalb einer **Frist von zwei Monaten** ab Aussetzung des Verfahrens nachweist, dass sie die Schiedsstelle (durch schriftlichen Antrag, § 97 Abs. 1) angerufen hat, so wird gem. **§ 128 Abs. 2 S. 3** die **Aussetzung** vom Gericht durch Fortsetzung des Rechtsstreits **aufgehoben.** Es gilt dann der von

---

[21] Vgl. OLG Hamburg ZUM-RD 1997, 19 (21).
[22] AmtlBegr. BT-Drs. 18/7223, 105.
[23] Vgl. BGH GRUR 2000, 872 (873) – Schiedsstellenanrufung.
[24] OLG Naumburg ZUM 2004, 847 (848 f.).
[25] *Strittmatter* S. 83 ff. mwN; aA OLG Hamburg Schulze OLGZ 303, 5 f.; einschränkend *v. Ungern-Sternberg* FS Schricker (2005), 567 (574) mit der Begründung, dass der Umfang der geschuldeten Auskunft vom Inhalt des Leistungsanspruchs abhänge.
[26] LG Hamburg ZUM 2001, 711.
[27] OLG Hamburg ZUM-RD 2004, 847 (848); aA bezüglich vertraglicher Zahlungsansprüche *v. Ungern-Sternberg* FS Schricker (2005), 567 (575 ff.).
[28] → § 109 Rn. 3.
[29] BGH GRUR 2000, 872 (874) – Schiedsstellenanrufung; *v. Ungern-Sternberg* FS Schricker (2005), 567 (574 f.); Heidelberger Kommentar/*Zeisberg* UrhWG § 16 Rn. 13; aA Loewenheim/*Melichar* § 49 Rn. 7; Wandtke/Bullinger/*Staats* § 128 Rn. 22; Dreier/Schulze/*Schulze* § 128 Rn. 22; Möhring/Nicolini/*Freudenberg* § 128 Rn. 15; *Seifert* FS Kreile (1994), 627 (633, 635).
[30] *Seifert* FS Kreile (1994), 627 (630 f.); *Strittmatter* S. 82 f.
[31] OLG Karlsruhe ZUM 1993, 236 (237).
[32] AmtlBegr. UrhWG-Novellierung BT-Drs. 10/837, 25.

der Verwertungsgesellschaft dem Nutzungsverhältnis zugrunde gelegte bzw. angewendete **Tarif** gem. **§ 128 Abs. 2 S. 3 letzter Hs.** als **zugestanden;** das versäumte Anrufen der Schiedsstelle geht damit im Ergebnis zu Lasten der Partei, die die Unanwendbarkeit oder Unangemessenheit des Tarifs geltend gemacht hatte.[33]

3. § 128 Abs. 3 – Anträge auf Anordnung von Arrest oder einstweiliger Verfügung

8   § 128 Abs. 3 entspricht inhaltlich der Regelung im bisherigen § 16 Abs. 3 UrhWG. Abweichend von der Regel gem. § 128 Abs. 1 ist auch bei den dort genannten Streitfällen gem. **§ 128 Abs. 3 S. 1** die Durchführung des Schiedsstellenverfahrens generell nicht erforderlich im **gerichtlichen Verfahren zur Erwirkung eines Arrestes oder einer einstweiligen Verfügung.** Die Schiedsstelle selbst kann Arrest oder einstweilige Verfügung (§§ 916 ff. ZPO) nicht erlassen;[34] bei Anträgen auf Arrest oder einstweilige Verfügung vor Gericht aber würde die vorherige Durchführung eines Schiedsstellenverfahrens zur Abgabe eines Einigungsvorschlags dem Interesse der Parteien auf schnelle gerichtliche Entscheidung zuwiderlaufen. Da der Erlass von Arrest oder einstweiliger Verfügung strengen Voraussetzungen unterliegt, ist eine missbräuchliche Umgehung des Schiedsstellenverfahrens insoweit nicht zu befürchten.[35]

Hat das Gericht nach Erlass eines Arrests oder einer einstweiligen Verfügung angeordnet, dass innerhalb einer **Frist** Klage in der Hauptsache zu erheben ist (§§ 926, 936 ZPO), so kann nach **§ 128 Abs. 3 S. 2** selbst diese Klage abweichend von § 128 Abs. 1 ebenfalls ohne vorherige Anrufung der Schiedsstelle erhoben werden. Allerdings hat das Gericht in solchen Hauptklageverfahren nach Fristsetzung das Verfahren gegebenenfalls nach § 128 Abs. 2 S. 2 auszusetzen; denn nach § 128 Abs. 3 S. 2 ist nur die Anwendbarkeit von § 128 Abs. 1 ausgeschlossen.[36]

Wenn keine Frist für die Klage in der Hauptsache gesetzt wurde, finden die allgemeinen Regeln nach § 128 Abs. 1 bzw. Abs. 2 S. 2 Anwendung mit der Folge, dass ein Schiedsstellenverfahren bei Vorliegen der dort genannten Voraussetzungen vorab durchzuführen ist.

§ 129 Zuständigkeit des Oberlandesgerichts

(1) **In Streitfällen nach § 92 Absatz 1 Nummer 2 und 3 sowie Absatz 2, nach § 94 sowie über Ansprüche nach § 108 entscheidet ausschließlich das für den Sitz der Schiedsstelle zuständige Oberlandesgericht im ersten Rechtszug.**

(2) **[1]Für das Verfahren gilt der Erste Abschnitt des Zweiten Buchs der Zivilprozessordnung entsprechend. [2]§ 411a der Zivilprozessordnung ist mit der Maßgabe anwendbar, dass die schriftliche Begutachtung auch durch das Ergebnis einer empirischen Untersuchung aus einem Verfahren nach § 93 ersetzt werden kann.**

(3) **Gegen die von dem Oberlandesgericht erlassenen Endurteile findet die Revision nach Maßgabe der Zivilprozessordnung statt.**

(4) **[1]In den Fällen des § 107 Absatz 4 und 5 entscheidet das für den Sitz der Schiedsstelle zuständige Oberlandesgericht durch unanfechtbaren Beschluss. [2]Vor der Entscheidung ist der Gegner zu hören.**

Schrifttum: *Wandtke,* Anmerkung zu BGH, Urteile vom 18. Juni 2014 – I ZR 214/12, I ZR 215/12 – Gesamtvertrag Tanzschulkurse, ZUM 2015, 152.

Übersicht

---

[33] AmtlBegr. UrhWG-Novellierung BT-Drs. 10/837, 25.
[34] Nach gem. § 106 kann die Schiedsstelle lediglich eine einstweilige Regelung vorschlagen, diese aber nicht selbst anordnen; → § 106 Rn. 3.
[35] AmtlBegr. UrhWG-Novellierung BT-Drs. 10/837, 25.
[36] Vgl. Fromm/Nordemann/*W. Nordemann/Wirtz,* 11. Aufl., UrhWG §§ 14–16 Rn. 16.

I. Allgemeines

1. Die Bestimmungen des UrhWG

Bestimmungen zum Verhältnis der Streitschlichtung vor der Schiedsstelle zur **Geltendmachung** **1** **urheberrechtlicher Ansprüche vor Gericht** waren in **§ 16 UrhWG** („Gerichtliche Geltendmachung") enthalten. Daneben enthielt **§ 17 UrhWG** („Ausschließlicher Gerichtsstand") besondere Regelungen zum Gerichtsstand in bestimmten urheberrechtlichen Streitigkeiten.[1]

Für den Rechtsweg bei Einzelnutzungsstreitigkeiten gab das UrhWG, abgesehen von § 17 Urh-WG, keine Besonderheiten an. Dagegen bestimmte **§ 16 Abs. 4 S. 1 UrhWG,** dass bei **Gesamt-vertragsstreitigkeiten, Streitigkeiten über Rechte der Kabelweitersendung** und – seit dem 1.1.2008[2] – auch bei **Streitfällen über die Vergütungspflicht** nach den §§ 54 oder 54c UrhG das **Oberlandesgericht München**[3] **im ersten Rechtszug** ausschließlich zuständig war. Da bei diesen Streitfällen vor Erhebung einer Klage stets die Durchführung des Verfahrens vor der Schiedsstelle, die den Inhalt des Vertrages als Einigungsvorschlag vorlegte bzw. einen Einigungsvorschlag über die Vergütungspflicht nach §§ 54 oder 54c UrhG machte, zwingend vorgeschrieben war, somit regelmäßig eine ausführliche Entscheidung der Schiedsstelle vorlag, hielt der Gesetzgeber es für ausreichend, das Oberlandesgericht in erster und letzter Tatsacheninstanz entscheiden zu lassen.[4]

Gem. **§ 16 Abs. 4 S. 2 UrhWG** galt für das Verfahren der Erste Abschnitt des Zweiten Buchs der ZPO (**Verfahren vor den Landgerichten,** §§ 253 ff. ZPO) entsprechend.

§ 16 Abs. 4 S. 6 UrhWG bestimmte, dass gegen die Endurteile des OLG die **Revision** nach Maßgabe der ZPO stattfand.

2. § 129

Die Bestimmungen in Teil 5, Abschnitt 2 („Gerichtliche Geltendmachung") des VGG (§§ 128– **2** 131) entsprechen, abgesehen von einigen Ergänzungen, inhaltlich weitgehend den bisherigen §§ 16 und 17 UrhWG.[5] **§ 129** greift Regelungen in § 16 Abs. 4 S. 1, 2 und 6 UrhWG auf. § 129 gilt demnach nicht für Streitigkeiten unter Verwertungsgesellschaften.[6]

§ 129 Abs. 1 bestimmt, insoweit übereinstimmend mit dem bisherigen § 16 Abs. 4 S. 1 UrhWG, dass bei allen Streitfällen, die gem. § 92 Gegenstand des Verfahrens vor der Schiedsstelle sind, mit Ausnahme von Einzelnutzungsstreitigkeiten das **Oberlandesgericht München im ersten Rechts-zug** ausschließlich zuständig ist. Im Vergleich zum bisherigen § 16 Abs. 4 S. 1 UrhWG **neu hinzu-gefügt** wurde, dass dies auch für Streitfälle über die **gebietsübergreifende Vergabe von Online-Rechten an Musikwerken** (§ 94) gelten soll sowie für **Ansprüche auf Schadensersatz** bei ungerechtfertigter Anordnung einer Sicherheitsleistung (§ 108).

§ 129 Abs. 2 S. 1 stimmt wörtlich mit dem bisherigen § 16 Abs. 4 S. 2 UrhWG überein. Danach ist auf das Verfahren vor dem OLG der Erste Abschnitt des Zweiten Buchs der ZPO (**Verfahren vor den Landgerichten,** §§ 253 ff. ZPO) entsprechend anzuwenden.

§ 129 Abs. 2 S. 2 ist dagegen **neu** und erweitert im Ergebnis den **Anwendungsbereich von § 411a ZPO** („Verwertung von Sachverständigengutachten aus anderen Verfahren") im Verfahren vor dem OLG auf **empirische Untersuchungen** iSv. § 93.

§ 129 Abs. 3 entspricht inhaltlich dem bisherigen § 16 Abs. 4 S. 6 UrhWG und bestimmt, dass gegen die Endurteile des OLG die **Revision** nach Maßgabe der ZPO stattfindet.

Die gegenüber dem UrhWG neue Bestimmung des **§ 129 Abs. 4** hängt zusammen mit der ebenfalls neuen Befugnis der Schiedsstelle zur **Anordnung einer Sicherheitsleistung** gem. § 107 und bestimmt, dass das **Oberlandesgericht München**[7] in den Fällen des § 107 Abs. 4 (Zulassung der Vollziehung einer Anordnung) und Abs. 5 (Aufhebung oder Änderung einer solchen Zulassungsan-ordnung) durch unanfechtbaren Beschluss entscheidet. Gem. **§ 129 Abs. 4 S. 2** ist der Gegner vor der Entscheidung zu **hören**.

II. Zuständigkeit des Oberlandesgerichts

1. § 129 Abs. 1 – Ausschließliche Zuständigkeit des OLG München

a) **Zuständigkeit des OLG bei Streitfällen.** Nach **§ 129 Abs. 1** ist das OLG ausschließlich zu- **3** ständige Instanz im ersten Rechtszug bei folgenden Streitigkeiten: bei **Streitfällen über die Vergü-**

---

[1] → § 128 Rn. 1.
[2] Zweites Gesetz zur Regelung des Urheberrechts in der Informationsgesellschaft vom 26.10.2007, sog. „Zweiter Korb" (BGBl. I S. 2513).
[3] Als das „für den Sitz der Schiedsstelle zuständige Oberlandesgericht".
[4] AmtlBegr. UrhWG-Novellierung BT-Drs. 10/837, 25.
[5] → § 128 Rn. 2; zur Übersicht → Vor §§ 92 ff. Rn. 29.
[6] Vgl. LG München ZUM 2018, 299 Rn. 17.
[7] Als das „für den Sitz der Schiedsstelle zuständige Oberlandesgericht".

tungspflicht nach den §§ 54 oder 54c UrhG (§ 92 Abs. 1 Nr. 2), bei **Gesamtvertragsstreitigkeiten** (§ 92 Abs. 1 Nr. 3), bei Streitigkeiten **über Rechte der Kabelweitersendung** (§ 92 Abs. 2) und – neu hinzugekommen – bei Streitfällen über die **gebietsübergreifende Vergabe von Online-Rechten an Musikwerken** (§ 94). Bei **Einzelnutzungsstreitigkeiten** (iSv. 92 Abs. 1 Nr. 1) gilt dies also nicht; insoweit gelten für den Rechtsweg keine Besonderheiten.

Bewusst hat der Gesetzgeber auf eine Neuordnung dieser Zuständigkeit im VGG verzichtet, etwa durch eine **Herausnahme bestimmter Verfahren** aus der Zuständigkeit des OLG, in denen es nur um tatsächliche Fragen und nicht um die Anwendbarkeit oder Angemessenheit der Vergütung geht. Denn es wurde befürchtet, dass eine derartige Herausnahme zu Problemen hätte führen können, zB. wenn sich erst im Laufe eines bei einem anderen Gericht anhängigen Rechtsstreits herausgestellt hätte, dass auch die Angemessenheit des Tarifs im Streit ist.[8]

Örtlich ausschließlich zuständig ist, wie schon bisher im UrhWG, das für den Sitz der Schiedsstelle zuständige Oberlandesgericht München. Damit sollen die Verfahren in den genannten Streitfällen auf ein sachkundiges und erfahrenes Oberlandesgericht konzentriert werden.[9] Daher erklärt sich die ausschließliche Zuständigkeit des OLG München in den genannten Fällen daraus, dass diese einerseits meist **überregionale Bedeutung** haben und das am Sitz der Schiedsstelle zuständige OLG besondere **Sachnähe** zur Tätigkeit der Schiedsstelle haben dürfte, es aber andererseits auch ausreichen sollte, eben dieses OLG auf der Grundlage von Schiedsstellenentscheidungen in erster und letzter Tatsacheninstanz entscheiden zu lassen.[10] Daraus, dass das Oberlandesgericht „im ersten Rechtszug" entscheidet, folgt zugleich, dass es nicht Rechtsmittelinstanz für das Schiedsstellenverfahren ist und weder jenes Verfahren noch seine sachlichen Ergebnisse überprüft.[11]

4   **b) Zuständigkeit des OLG für Ansprüche gem. § 108.** Auf denselben Überlegungen, insbesondere auf der besonderen Sachnähe des am Sitz der Schiedsstelle zuständigen OLG, beruht es, dass die ausschließliche Zuständigkeit des OLG gem. § 129 Abs. 1 auch für die **Entscheidung über Schadensersatzansprüche** bei ungerechtfertigter Anordnung einer Sicherheitsleistung iSv. **§ 108** gilt. Diese Zuständigkeit des OLG nach § 129 Abs. 1 ist ebenso wie die §§ 107 (Sicherheitsleistung) und 108 (Schadensersatz) neu im Vergleich zum UrhWG.

Für die ausschließliche Zuständigkeit des OLG in diesem Bereich spricht auch, dass dasselbe OLG bereits iRd. Anordnung einer Sicherheitsleistung gem. § 107 Abs. 4 und 5 iVm. § 129 Abs. 4 mit Beschlüssen über deren Vollziehung und deren Aufhebung oder Änderung befasst ist.[12]

2. § 129 Abs. 2 – Entsprechende Anwendung von Bestimmungen der ZPO

5   Nach **§ 129 Abs. 2 S. 1**, wörtlich übereinstimmend mit dem bisherigen § 16 Abs. 4 S. 2 UrhWG, gelten für das **Verfahren vor dem OLG München** die das Verfahren vor dem Landgericht regelnden §§ 253–494a ZPO entsprechend. Da das OLG München danach uneingeschränkte Tatsacheninstanz ohne die Begrenzungen gem. § 529 ZPO ist, gelten auch die §§ 282 ff. ZPO über das Vorbringen von Tatsachen sowie die §§ 355 ff. ZPO über Beweismittel. Geklagt werden muss jeweils mit konkreten Anträgen, so zB. iRv. Gesamtvertragsstreitigkeiten mit Antrag auf den Abschluss eines konkreten Gesamtvertrages mit konkreten Angaben zu dessen Inhalt.[13]

§ 129 Abs. 2 S. 2 ist eine gegenüber dem bisherigen § 16 Abs. 4 UrhWG **neue Vorschrift.** Sie geht auf die mit § 93 eingeführte Zuständigkeit der Schiedsstelle für die Durchführung **empirischer Untersuchungen** zurück. Nach § 129 Abs. 2 S. 2 ist **§ 411a ZPO** („Verwertung von Sachverständigengutachten aus anderen Verfahren") mit der Maßgabe anwendbar, dass die schriftliche Begutachtung iS. dieser Vorschrift auch durch das Ergebnis einer empirischen Untersuchung aus einem Verfahren nach § 93 ersetzt werden kann. Da erwartet wird, dass solche in einem Verfahren nach § 93 durch die Schiedsstelle eingeholten empirischen Untersuchungen in der Regel eine besonders hohe Qualität aufweisen, sollen sie wie Beweisergebnisse in einem gerichtlichen Verfahren iSv. § 411a ZPO behandelt werden können.[14]

3. § 129 Abs. 3 – Revision

6   **§ 129 Abs. 3** entspricht wörtlich dem bisherigen § 16 Abs. 4 S. 6 UrhWG. Die Bestimmung stellt ausdrücklich klar, dass gegen die Entscheidung des OLG **grundsätzlich Revision** möglich ist. Allerdings konzentriert sich die Revision darauf zu überprüfen – abgesehen von gerügten Verfahrensverstößen –, ob die gesetzlichen Grenzen des Ermessens überschritten, vom Ermessen in einer dem Zweck der Ermächtigung nicht entsprechenden Weise Gebrauch gemacht, rechtlich unzutreffende Maßstäbe angewandt, oder nicht alle für die Bemessung bedeutsamen Tatsachen berücksichtigt wur-

---

[8] AmtlBegr. BT-Drs. 18/7223, 105; kritisch Möhring/Nicolini/*Freudenberg* § 129 Rn. 9.
[9] Vgl. Stellungnahme des Bundesrates zur UrhWG-Novellierung BT-Drs. 10/837, 35.
[10] Zu den Überlegungen iRd. bisherigen § 16 Abs. 4 UrhWG → Rn. 1.
[11] Vgl. OLG München ZUM-RD 2003, 423.
[12] → Rn. 7.
[13] Vgl. → § 130 Rn. 3f.
[14] AmtlBegr. BT-Drs. 18/7223, 105.

den.[15] Die Begründung der festsetzenden Entscheidung muss dem Revisionsgericht eine solche (eingeschränkte) Überprüfung ermöglichen.[16]

Damit steht bei Streitigkeiten über den Abschluss oder die Änderung von Gesamtverträgen und über Kabelweitersendungsverträge, bei Streitigkeiten über die Vergütungspflicht nach §§ 54 oder 54c UrhG und bei Streitfällen über die gebietsübergreifende Vergabe von Online-Rechten an Musikwerken zwar nur **eine gerichtliche Tatsacheninstanz** zur Verfügung; der Rechtszug endet jedoch im Gegensatz zur früheren Regelung[17] nicht beim OLG, sondern kann – wie Streitigkeiten mit Einzelnutzern auch – bis zum Bundesgerichtshof getragen werden. Für die Voraussetzungen der Revision gelten die §§ 542 ff. ZPO mit der Konsequenz, dass auch eine Revision gegen das gem. § 129 Abs. 1 S. 1 erlassene Endurteil des OLG der Zulassung bedarf; denn die erstinstanzliche Zuständigkeit des OLG beruht allein auf der Erwägung, dass das vorangegangene ausführliche Schiedsstellenverfahren eine zweite gerichtliche Tatsacheninstanz entbehrlich erscheinen lässt.[18]

Gegenstand der Revision ist die Überprüfung von rechtlichen Fragen, wie Verfahrensverstöße, die Überschreitung der gesetzlichen Grenzen des Ermessens, oder auch, ob das OLG seine Entscheidung zur Angemessenheit der Vergütung nachvollziehbar begründet hat.[19]

4. § 129 Abs. 4 – Zuständigkeit des OLG München in den Fällen von § 107 Abs. 4 und 5

§ 129 Abs. 4 ist eine im Vergleich zu § 16 Abs. 4 UrhWG **neue Vorschrift**. Sie betrifft die in   7 § 107 neu geregelten Maßnahmen des einstweiligen Rechtsschutzes in Gestalt der **Anordnung einer Sicherheitsleistung** durch die Schiedsstelle. In den Fällen des § 107 Abs. 4 (Zulassung der Vollziehung einer Anordnung) und Abs. 5 (Aufhebung oder Änderung einer solchen Vollziehungszulassung) entscheidet das **Oberlandesgericht München**[20] gem. **§ 129 Abs. 4 S. 1**. Wegen der besonderen Sachnähe des OLG München zur Tätigkeit der Schiedsstelle erschien es sachgerecht, ihm auch die auf § 107 Abs. 4 und 5 bezogenen Entscheidungen zuzuweisen.[21] Der Beschluss des OLG ist **nicht anfechtbar**.

§ 129 Abs. 4 S. 2 bestimmt ausdrücklich, dass das OLG vor seiner Entscheidung **den Gegner hören** muss. Gemeint ist hier der Gegner des jeweiligen Antrags auf Zulassung der Vollziehung einer Anordnung der Schiedsstelle zur Sicherheitsleistung gem. § 107 Abs. 4[22] oder auf Aufhebung oder Änderung eines solchen Antrags gem. § 107 Abs. 5.[23]

§ 130 Entscheidung über Gesamtverträge

[1]**Das Oberlandesgericht setzt den Inhalt der Gesamtverträge, insbesondere Art und Höhe der Vergütung, nach billigem Ermessen fest.** [2]**Die Festsetzung ersetzt die entsprechende Vereinbarung der Beteiligten.** [3]**Die Festsetzung eines Vertrags ist nur mit Wirkung vom 1. Januar des Jahres an möglich, in dem der Antrag bei der Schiedsstelle gestellt wird.**

Schrifttum: *Reinbothe,* Schlichtung im Urheberrecht, 1978; *Spindler,* Die Einspeisung von Rundfunkprogrammen in Kabelnetze – Rechtsfragen der urheberrechtlichen Vergütung und vertragsrechtlichen Gestaltung, MMR Beilage 2/2003, 1; *Strittmatter,* Tarife vor der urheberrechtlichen Schiedsstelle, 1994; *Wandtke,* Anmerkung zu BGH, Urteile vom 18. Juni 2014 – I ZR 214/12, I ZR 215/12 – Gesamtvertrag Tanzschulkurse, ZUM 2015, 152; *Weisser/Höppener,* Kabelweitersendung und urheberrechtlicher Kontrahierungszwang, ZUM 2003, 597.

Übersicht

---

[15] BGH GRUR 2011, 720 Rn. 30 – Multimediashow; BGH GRUR 2012, 711 Rn. 16 – Barmen Live; BGH GRUR 2012, 715 Rn. 20 – Bochumer Weihnachtsmarkt; BGH GRUR 2013, 717 Rn. 17 – Covermount; BGH GRUR 2015, 61 Rn. 31, 78 – Gesamtvertrag Tanzschulkurse m. kritischer Anm. *Wandtke* ZUM 2015, 152 (154).

[16] BGH GRUR 2001, 1139 (1142) – Gesamtvertrag privater Rundfunk; BGH GRUR 2013, 1220 Rn. 19 – Gesamtvertrag Hochschul-Intranet.

[17] § 15 Abs. 1 S. 2 UrhWG idF vor 1985.

[18] BGH GRUR 2013, 1173 – Zulassungsrevision bei Festsetzung von Gesamtverträgen; BGH GRUR 2015, 61 Rn. 23 – Gesamtvertrag Tanzschulkurse.

[19] Vgl. BGH GRUR 2016, 792 Rn. 22 ff. – Gesamtvertrag Unterhaltungselektronik; BGH GRUR 2017, 161 Rn. 32, 50 ff. – Gesamtvertrag Speichermedien; BGH GRUR 2017, 694 Rn. 30 – externe Festplatten; BGH GRUR 2017, 161 Rn. 32 – Gesamtvertrag Speichermedien; BGH GRUR 2017, 694 Rn. 30 – Gesamtvertrag PCs.

[20] Als das „für den Sitz der Schiedsstelle zuständige Oberlandesgericht".

[21] AmtlBegr. BT-Drs. 18/7223, 105.

[22] → § 107 Rn. 7.

[23] → § 107 Rn. 8.

I. Allgemeines

1. Die Bestimmungen des UrhWG

1 Bestimmungen zum Verhältnis der Streitschlichtung vor der Schiedsstelle zur **Geltendmachung urheberrechtlicher Ansprüche vor Gericht** waren im bisherigen **§ 16 UrhWG** („Gerichtliche Geltendmachung") enthalten. Daneben enthielt **§ 17 UrhWG** („Ausschließlicher Gerichtsstand") besondere Bestimmungen zum Gerichtsstand in urheberrechtlichen Streitigkeiten.[1]

Für den Rechtsweg bestimmte § 16 Abs. 4 S. 1 und 2 UrhWG, dass für bestimmte Streitfälle das **Oberlandesgericht München**[2] **im ersten Rechtszug** ausschließlich zuständig war und auf das Verfahren die §§ 253 ff. ZPO (Verfahren vor den Landgerichten) entsprechend Anwendung fanden.[3]

Für den Fall, dass Gesamtverträge Streitgegenstand waren, enthielt § 16 Abs. 4 S. 3–5 UrhWG besondere Regelungen: Nach **§ 16 Abs. 4 S. 3 UrhWG** hatte das OLG den **Inhalt des Gesamtvertrages**,[4] insbesondere Art und Höhe der Vergütung, nach billigem Ermessen festzusetzen. Gem. **§ 16 Abs. 4 S. 4 UrhWG** ersetzte die **Festsetzung** die entsprechende Vereinbarung der Beteiligten. Nach **§ 16 Abs. 4 S. 5 UrhWG** war die Festsetzung eines Vertrages nur mit **Wirkung vom 1.1.** des Jahres an möglich, in dem der Antrag gestellt wurde.

2. § 130

2 Die Bestimmungen in Teil 5, Abschnitt 2 („Gerichtliche Geltendmachung") des VGG (§§ 128–131) entsprechen, abgesehen von einigen Ergänzungen, inhaltlich weitgehend den bisherigen §§ 16 und 17 UrhWG.[5] **§ 130** ist nahezu identisch mit dem bisherigen § 16 Abs. 4 S. 3–5 UrhWG.

Nach **§ 130 S. 1** hat das OLG den Inhalt des Gesamtvertrages, insbesondere Art und Höhe der Vergütung, nach billigem Ermessen festzusetzen. **§ 130 S. 2** bestimmt, dass die Festsetzung die entsprechende Vereinbarung der Beteiligten ersetzt. Und nach **§ 130 S. 3** ist die Festsetzung nur mit **Wirkung vom 1.1.** des Jahres an möglich, in dem der Antrag gestellt wurde – und zwar „bei der Schiedsstelle"; diese Präzisierung war bisher in § 16 Abs. 4 S. 5 UrhWG nicht enthalten.

II. Entscheidung über Gesamtverträge

1. § 130 S. 1 und 2, Festsetzung des Gesamtvertrages durch das OLG

3 **a) Festsetzung des Vertrages.** Nach **§ 130 S. 1 und 2** ersetzt die Entscheidung des **OLG München** als des am Sitz der Schiedsstelle zuständigen Oberlandesgerichts iSv. § 129 Abs. 1[6] in Gesamtvertragsstreitigkeiten die entsprechende Vereinbarung der Beteiligten, indem es den Inhalt der Verträge – insbesondere Art und Höhe der Vergütung – festsetzt; und zwar ähnlich, wie der Einigungsvorschlag der Schiedsstelle in Verfahren nach § 92 Abs. 1 Nr. 3 gem. § 110 Abs. 1 den Inhalt des Gesamtvertrages enthält.

Auch wenn in § 130 S. 1 nur **Gesamtverträge** erwähnt sind, findet § 130 wie bereits der bisherige § 16 Abs. 4 UrhWG[7] auch auf **Kabelweitersendungsverträge** Anwendung. Dies ergibt sich aus der Natur solcher Verträge und der Behandlung von darauf bezogenen Streitfällen durch die Schiedsstelle: Verträge über Kabelweitersendungsrechte sind idR. Pauschalverträge und damit Gesamtverträgen ähnlicher als Einzelnutzungsverträgen. Dementsprechend sind Streitigkeiten über Kabelweitersendungsverträge iSv. § 92 Abs. 2 bereits im Verfahren vor der Schiedsstelle, was den Inhalt des Einigungsvorschlags der Schiedsstelle, den Geltungsbeginn des vorgeschlagenen Vertrages und die Beteiligung des Bundeskartellamts betrifft, gem. § 111 wie Gesamtvertragsstreitigkeiten zu behandeln.[8]

Mit der Festsetzung des Vertrages schafft das OLG ein **Schuldverhältnis**, das **kraft Gesetzes** zwischen den Parteien wie ein Vertrag wirkt, trifft also eine rechtsgestaltende Entscheidung, vergleichbar der Leistungsbestimmung nach § 315 Abs. 3 S. 2 BGB.[9]

---

[1] → § 128 Rn. 1.

[2] Als das „für den Sitz der Schiedsstelle zuständige Oberlandesgericht".

[3] Im Einzelnen → § 129 Rn. 1.

[4] Auch wenn hier nur Gesamtverträge erwähnt waren, fand § 16 Abs. 4 UrhWG in seiner Gesamtheit auch auf Kabelweitersendungsverträge Anwendung; vgl. → 5. Aufl. 2017, UrhWG § 16 Rn. 6.

[5] → § 128 Rn. 2; zur Übersicht → Vor §§ 92 ff. Rn. 29.

[6] → § 129 Rn. 3.

[7] → Rn. 1.

[8] → § 111 Rn. 3.

[9] Vgl. *Reinbothe* S. 50 ff.; BGH GRUR 2001, 1139 (1142) – Gesamtvertrag privater Rundfunk; dazu Anm. *Hillig Schulze* RzU BGHZ 498, 22.

b) Entscheidung nach billigem Ermessen. Bei der Vertragsfestsetzung ist dem Gericht aus- 4
drücklich **Ermessen** eingeräumt. Damit wird berücksichtigt, dass es insbesondere angesichts der vielfältigen in Gesamt- oder Kabelweitersendungsverträgen zu regelnden Punkte mehrere Möglichkeiten
der Vertragsgestaltung geben kann. Im Ergebnis muss aber auch der vom OLG „nach billigem Ermessen" festgesetzte Pauschalvertrag aus der Summe der einzelnen Vertragselemente den **angemessenen
gemeinsamen Nenner** bilden.[10] Bei seiner Ermessensentscheidung hat das Gericht entsprechend
§ 39 Abs. 1 S. 1 in der Regel die **geldwerten Vorteile** zu berücksichtigen, die durch die Verwertung
erzielt werden. Dabei hat es sich an den Vereinbarungen zu orientieren, die ggf. zwischen den Parteien
gegolten haben oder sich in anderen, vergleichbaren gesamtvertraglichen Regelungen finden: Vergleichbare Regelungen in anderen Gesamtverträgen können insbesondere einen gewichtigen
Anhaltspunkt für die Billigkeit einer Regelung bieten, wenn diese Verträge zwischen den Parteien
oder unter Beteiligung einer der Parteien geschlossen worden sind; wer die Unangemessenheit eines
seit langem geltenden und angewandten Gesamtvertrages behauptet, trägt hierfür die Darlegungs- und
Beweislast.[11] Auch spricht für einen überzeugend begründeten Einigungsvorschlag der Schiedsstelle
eine gewisse **Vermutung der Angemessenheit.**[12] Daher muss das OLG seinerseits seine festsetzen-
de Entscheidung überzeugend begründen und insbesondere ausführlich darlegen, warum es ggf. von
vergleichbaren Regelungen in Gesamtverträgen abgewichen oder den Vorschlägen der Schiedsstelle
nicht gefolgt ist.

Außerdem ist im Rahmen der Festsetzung eines Gesamtvertrages über die Vergütung für Geräte
und Speichermedien § 40 Abs. 1 S. 1 zu beachten, der als lex specialis § 39 Abs. 1 vorgeht und für die
Bemessung der Vergütung auf § 54a UrhG verweist.[13] In diesem Zusammenhang wird auch das OLG,
ähnlich wie die Schiedsstelle gem. § 115, das Ergebnis von **empirischen Untersuchungen** iSv. § 93
zu berücksichtigen haben.[14]

2. § 130 S. 3, zeitliche Wirkung der Festsetzung des Gesamtvertrages

Nach § 130 S. 3 kann das Gericht den Vertrag **frühestens** mit Wirkung **ab dem 1.1. des Jahres** 5
der Antragstellung festsetzen. Die Vorschrift stellt nunmehr ausdrücklich klar, dass damit das Jahr
der Antragstellung bei der Schiedsstelle gemeint ist.[15] § 130 S. 3 knüpft somit an die Behandlung von
Gesamtverträgen durch die Schiedsstelle nach § 110 an.

Mit dieser Regelung wird einerseits eine rückwirkende Geltung des Vertrages vermieden und berücksichtigt, dass auch die Verpflichtung der Verwertungsgesellschaften zum Abschluss von Gesamtverträgen nach § 35 nicht rückwirkend gilt.[16] Andererseits wird damit das Vakuum eines gesamtver-
tragslosen Zeitraumes vermieden und ermöglicht, dass ein von der Schiedsstelle vorgeschlagener und
vom OLG festgesetzter Gesamtvertrag jeweils **ein Wirtschaftsjahr** erfassen kann.[17]

Dem steht aber im Einklang mit § 110 Abs. 1 die Festsetzung des Vertrages **mit späterer Wirkung,** etwa dem Zeitpunkt der Klageerhebung, nicht entgegen.[18]

§ 131 Ausschließlicher Gerichtsstand

(1) [1]Für Rechtsstreitigkeiten über Ansprüche einer Verwertungsgesellschaft wegen Verletzung
eines von ihr wahrgenommenen Nutzungsrechts oder Einwilligungsrechts ist das Gericht ausschließlich zuständig, in dessen Bezirk die Verletzungshandlung begangen worden ist oder der
Verletzer seinen allgemeinen Gerichtsstand hat. [2]§ 105 des Urheberrechtsgesetzes bleibt unberührt.

---

[10] Vgl. zum Inhalt des Einigungsvorschlags der Schiedsstelle → § 105 Rn. 4; *Reinbothe* S. 50; Fromm/Norde-
mann/*W. Nordemann/Wirtz,* 11. Aufl., UrhWG §§ 14–16 Rn. 17; *Strittmatter* S. 105 ff.

[11] Vgl. Schiedsstelle ZUM 2005, 670 (680); BGH GRUR 2013, 1220 Rn. 20 – Gesamtvertrag Hochschul-
Intranet; BGH GRUR 2015, 61 Rn. 34 f. – Gesamtvertrag Tanzschulkurse mAnm *Wandtke* ZUM 2015, 152;
BGH GRUR 2017, 694 Rn. 58 – Gesamtvertrag PCs; BGH ZUM 2017, 839 Rn. 38 – externe DVD-Brenner.

[12] BGH GRUR 2001, 1139 (1142) – Gesamtvertrag privater Rundfunk; BGH GRUR 2012, 711 Rn. 18 –
Barmen Live; BGH GRUR 2012, 715 Rn. 22 – Bochumer Weihnachtsmarkt; BGH GRUR 2013, 717 Rn. 18 –
Covermount; BGH GRUR 2013, 1220 Rn. 21, 65 – Gesamtvertrag Hochschul-Intranet; OLG München ZUM
2003, 319 (322); Anm. *Hillig* Schulze RzU BGHZ 498, 22; zu angemessenen Bedingungen in Kabelweitersendungsverträgen → UrhG § 87 Rn. 117, 118; *Spindler* MMR Beilage 2/2003, 1 (8 ff.); *Weisser/Höppener* ZUM
2003, 597 (606).

[13] → § 40 Rn. 7 ff.

[14] → § 93 Rn. 7; vgl. → § 115 Rn. 3.

[15] Vgl. BGH GRUR 2017, 161 Rn. 94 – Gesamtvertrag Speichermedien.

[16] Vgl. AmtlBegr. UrhWG-Novellierung BT-Drs. 10/837, 24 (bezogen auf § 14c Abs. 1 UrhWG); für Kabelweitersendungsverträgen → UrhG § 87 Rn. 113 ff.

[17] Vgl. Bericht des Rechtsausschusses zur UrhWG-Novellierung BT-Drs. 10/3360, 21 (bezogen auf § 14c Abs. 1
UrhWG).

[18] BGH GRUR 2013, 1220 Rn. 85 – Gesamtvertrag Hochschul-Intranet; BGH GRUR 2015, 61 Rn. 79 – Ge-
samtvertrag Tanzschulkurse; Fromm/Nordemann/*W. Nordemann/Wirtz,* 11. Aufl., UrhWG §§ 14–16 Rn. 17;
Strittmatter S. 124 f.; vgl. aber OLG München ZUM 1990, 584; Schiedsstelle ZUM 1989, 314; OLG München
ZUM-RD 2003, 464 (471); vgl. auch → § 110 Rn. 4.

(2) **Sind nach Absatz 1 Satz 1 für mehrere Rechtsstreitigkeiten gegen denselben Verletzer verschiedene Gerichte zuständig, so kann die Verwertungsgesellschaft alle Ansprüche bei einem dieser Gerichte geltend machen.**

Übersicht

I. Allgemeines

1. Die Bestimmungen des UrhWG

1   Neben den Bestimmungen von § 16 UrhWG („Gerichtliche Geltendmachung") zum Verhältnis der Streitschlichtung vor der Schiedsstelle zur Geltendmachung urheberrechtlicher Ansprüche vor Gericht enthielt **§ 17 UrhWG** („Ausschließlicher Gerichtsstand") Vorschriften über den **Gerichtsstand** in bestimmten urheberrechtlichen Streitigkeiten.[1]

Nach **§ 17 Abs. 1 S. 1 UrhWG** war für Rechtsstreitigkeiten einer Verwertungsgesellschaft wegen Verletzung eines von ihr wahrgenommenen Nutzungs- oder Einwilligungsrechts wahlweise das Gericht ausschließlich zuständig, in dessen Bezirk die Verletzungshandlung vorgenommen worden war oder der Verletzer seinen allgemeinen Gerichtsstand hatte. Nach **§ 17 Abs. 1 S. 2 UrhWG** blieb § 105 UrhG unberührt.

Diese ausschließliche Gerichtsstandsregelung in § 17 UrhWG war eine **Reaktion des Gesetzgebers** auf die frühere Rechtsprechung der Berliner Gerichte, wonach bei Urheberrechtsstreitigkeiten wegen unerlaubter Musikaufführung stets der Sitz der GEMA als Gerichtsstand nach § 32 ZPO angesehen wurde, weil der Vermögensschaden der Urheberrechtsverletzungshandlung hier eintrat und der Nutzungsvertrag hier hätte abgeschlossen werden müssen.[2] Da dies für die Veranstalter zu Benachteiligungen (Anwaltskosten, Reisekosten, Versäumnisurteile) führte, sollte § 17 UrhWG bewirken, dass die Verletzungshandlung bei Urheberrechtsverletzungen nicht als am Sitz der Verwertungsgesellschaft begangen galt.[3]

§ 17 Abs. 2 UrhWG bestimmte eine Ausnahme von dieser Regel des § 17 Abs. 1 UrhWG: In dem Fall, dass für mehrere Rechtsstreitigkeiten gegen denselben Verletzer mehrere Gerichte zuständig waren, konnte die Verwertungsgesellschaft alle Ansprüche bei einem dieser Gerichte geltend machen. Dies sollte der Verwertungsgesellschaft die Rechtsverfolgung erleichtern, wenn „ein von Ort zu Ort ziehender Veranstalter" wiederholt Rechtsverletzungen an verschiedenen Orten beging.[4]

2. § 131

2   Bis auf eine rein redaktionelle Änderung[5] ist § 131 identisch mit dem bisherigen § 17 UrhWG.[6]

II. Ausschließlicher Gerichtsstand

1. § 131 Abs. 1 – Ausschließlich zuständiges Gericht

3   **a) Anwendungsbereich von § 131.** Die Gerichtsstandsregel des § 131 gilt nur für **Klagen einer Verwertungsgesellschaft** gegen Rechtsverletzer. § 131 kommt unabhängig davon zur Anwendung, auf welche gesetzliche Bestimmung sich der Anspruch der Verwertungsgesellschaft aus der Rechtsverletzung gründet.[7] Ist die Verwertungsgesellschaft Beklagte, findet § 131 keine Anwendung.[8]

4   **b) Wahl des Gerichtsstands.** **§ 131 Abs. 1 S. 1** erklärt für Klagen einer Verwertungsgesellschaft gegen den Verletzer eines von ihr wahrgenommenen Nutzungs- oder Einwilligungsrechts **wahlweise**

---

[1] Zur Übersicht → § 128 Rn. 1.

[2] LG Berlin GRUR 1955, 552 (553) mwN; LG Berlin Schulze LGZ 47, 5f.

[3] AmtlBegr. UrhWG BT-Drs. IV/271, 19.

[4] AmtlBegr. UrhWG BT-Drs. IV/271, 19.

[5] In § 131 Abs. 1 S. 1 wird im Zusammenhang mit der Rechtsverletzung statt des in § 17 Abs. 1 S. 1 UrhWG gebrauchten Begriffs „vorgenommen" nun der Ausdruck „begangen" verwendet.

[6] Zu Zweck und Inhalt von § 17 UrhWG → Rn. 1.

[7] AmtlBegr. UrhWG BT-Drs. IV/271, 19 (zu § 17 UrhWG).

[8] Die Verwertungsgesellschaft muss daher nach den allgemeinen Regeln an ihrem Sitz verklagt werden; vgl. LG Hamburg Schulze LGZ 112; LG Hamburg Schulze LGZ 114; LG München I Schulze LGZ 115.

den **allgemeinen Gerichtsstand** des Verletzers (§ 13 ZPO, Wohnsitz) oder den **besonderen Gerichtsstand** des Ortes der Verletzungshandlung (Ort der unerlaubten Handlung, § 32 ZPO) für **ausschließlich**. Die Begründung der Zuständigkeit eines anderen Gerichts durch freie Parteivereinbarung ist damit nicht möglich.

§ 131 Abs. 1 S. 1 lässt der Verwertungsgesellschaft nach seinem Wortlaut (nur) die Wahl zwischen dem Gerichtsstand des Ortes der Verletzungshandlung und dem allgemeinen Gerichtsstand des Verletzers. Die Absicht des Gesetzgebers der mit § 131 Abs. 1 gleichlautenden Vorgängerbestimmung (§ 17 Abs. 1 UrhWG), dass der Sitz der Verwertungsgesellschaft nicht mehr gem. § 32 ZPO als Gerichtsstand angesehen werden soll,[9] wird damit vom Wortlaut der Vorschrift allein nicht verwirklicht. Die **Rechtsprechung** hat daher den bisherigen § 17 Abs. 1 UrhWG unter Hinzuziehung der Gesetzesmaterialien dahingehend ausgelegt, dass die Verletzungshandlung nicht als am Sitz der Verwertungsgesellschaft begangen galt, eine Zuständigkeit der Gerichte dort also nicht begründet war, wenn der Rechtsverletzer (Beklagter) weder seinen Wohnsitz dort hatte, noch dort tätig geworden war.[10] Diese Grundsätze behalten ihre Geltung auch für § 131 Abs. 1 S. 1.

c) § 105 UrhG. Nach **§ 131 Abs. 1 S. 2** bleibt **§ 105 UrhG** unberührt. Soweit die Bundesländer 5 also durch Rechtsverordnung Urheberrechtsstreitsachen bei bestimmten Amtsgerichten und Landgerichten konzentriert haben, bleibt deren Zuständigkeit bestehen. Damit soll dem Interesse an einer gewissen Einheit der Rechtsprechung Rechnung getragen werden.

2. § 131 Abs. 2 – Mehrere Rechtsstreitigkeiten gegen denselben Verletzer

§ 131 Abs. 2 enthält, entsprechend dem bisherigen § 17 Abs. 2 UrhWG, eine besondere Rege- 6 lung für den Fall, dass „ein von Ort zu Ort ziehender Veranstalter" wiederholt **an mehreren Orten Rechtsverletzungen** begeht und deshalb nach der Grundregel des § 131 Abs. 1 an sich bei verschiedenen Gerichten verklagt werden müsste;[11] dies würde allerdings nur bei der Anwendung des § 131 Abs. 1 entsprechend der von der Rechtsprechung gefundenen Interpretation[12] zutreffen.

§ 131 Abs. 2 erleichtert daher der Verwertungsgesellschaft die Rechtsverfolgung, indem er es ihr ermöglicht, für die Klage **eines der Gerichte auszuwählen,** in deren Bezirk die Verletzungshandlungen begangen worden sind. Stattdessen kann sie aber auch den allgemeinen Gerichtsstand des Verletzers wählen.

---

[9] → Rn. 1.
[10] BGHZ 52, 108 (111 f.); einhellige Ansicht: Fromm/Nordemann/*W. Nordemann/Wirtz,* 11. Aufl., UrhWG § 17 Rn. 1; *Mestmäcker/Schulze* UrhWG § 17 Anm. 1; vgl. aber Schulze Anm. bei Schulze BGHZ 164, 10.
[11] AmtlBegr. UrhWG BT-Drs. IV/271, 19 (bezogen auf den gleichlautenden § 17 Abs. 2 UrhWG); Wandtke/Bullinger/*Staats* § 131 Rn. 5: „umherziehender Veranstalter".
[12] → Rn. 4.

Teil 6. Übergangs- und Schlussvorschriften

Vorbemerkung

1   **Teil 6** des VGG (§§ 132–139) enthält Übergangs- und Schlussvorschriften zur Anwendung des VGG und trägt damit der Notwendigkeit Rechnung, die bisher auf der Grundlage des UrhWG und der UrhSchiedsV bewährte Praxis der kollektiven Rechtewahrnehmung und der Aufsicht zu erhalten und den Beteiligten für den **Übergang zum VGG** eine ausreichende Zeitspanne zur Verfügung zu stellen.

2   § 132 enthält dazu Übergangsregelungen für die **Erlaubnispflicht iSv. § 77.** Gem. § 133 mussten Gesellschaften, die einer **Anzeigepflicht** nach § 82, § 90 oder § 91 unterliegen, dieser bis spätestens zum 1.12.2016 nachkommen. Nach § 134 waren die **internen Regelungen der Gesellschaften** (Statut, Wahrnehmungsbedingungen und Verteilungsplan) spätestens zum 31.12.2016 an die Vorgaben des VGG anzupassen. Nach § 135 Abs. 1 mussten die Gesellschaften ihre **Berechtigten** spätestens am 1.12.2016 über die ihnen nach den §§ 9–12 zustehenden Rechte informiert haben. Die **Informationsverpflichtungen** nach den §§ 47 und 54 waren gem. § 135 Abs. 2 erstmals auf Geschäftsjahre anzuwenden, die nach dem 31.12.2015 begannen. § 136 bestimmt, dass die **Erklärungen der Geschäftsführung und des Aufsichtsgremiums** gem. §§ 21 und 22 erstmals für Geschäftsjahre abzugeben waren, die nach dem 31.12.2015 begannen. § 137 bestimmt, dass die §§ 57 und 58 betreffend die **Rechnungslegung** (Jahresabschluss und Lagebericht) und den **Jährlichen Transparenzbericht** erstmals auf Geschäftsjahre anzuwenden waren, die nach dem 31.12.2015 begannen, und dass auf die Rechnungslegung und Prüfung für Geschäftsjahre, die vor dem 1.1.2016 endeten, weiterhin § 9 UrhWG anzuwenden war.

3   Gem. § 138 waren **Verfahren vor der Aufsichtsbehörde,** die bei Inkrafttreten des VGG am 1.6.2016 nicht abgeschlossen waren, nach den Bestimmungen des VGG fortzuführen. § 139 Abs. 1 enthält Übergangsvorschriften für **Verfahren vor der Schiedsstelle,** die am 1.6.2016 anhängig waren. § 139 Abs. 2 bestimmte, dass Gesellschaften unter bestimmten Voraussetzungen Tarife auch auf der Grundlage der **Ergebnisse empirischer Untersuchungen** aufstellen konnten, die bereits vor dem 1.6.2016 in einem Verfahren vor der Schiedsstelle durchgeführt wurden. Nach § 139 Abs. 3 sollten auf **Gerichtsverfahren,** die bereits am 1.6.2016 anhängig waren, die Bestimmungen des UrhWG weiter Anwendung finden.

§ 132 Übergangsvorschrift für Erlaubnisse

(1) **Verwertungsgesellschaften, denen bei Inkrafttreten dieses Gesetzes bereits eine Erlaubnis nach dem ersten Abschnitt des Urheberrechtswahrnehmungsgesetzes in der bis zum 31 Mai 2016 geltenden Fassung erteilt ist, gilt die Erlaubnis nach § 77 als erteilt.**

(2) **Organisationen, die bei Inkrafttreten dieses Gesetzes bereits Urheberrechte und verwandte Schutzrechte wahrnehmen und die nach § 77 erstmalig einer Erlaubnis bedürfen, sind berechtigt, ihre Wahrnehmungstätigkeit ohne die erforderliche Erlaubnis bis zur Rechtskraft der Entscheidung über den Antrag auf Erteilung der Erlaubnis fortsetzen, wenn sie**

1. der Aufsichtsbehörde die Wahrnehmungstätigkeit unverzüglich schriftlich anzeigen und
2. bis spätestens 31. Dezember 2016 einen Antrag auf Erteilung der Erlaubnis (§ 78) stellen.

Übersicht

I. Allgemeines

1. Übergangsvorschriften für die Erlaubnis im UrhWG

1   Eine Erlaubnispflicht für Verwertungsgesellschaften wurde erstmalig iRd. Urheberrechtsnovelle von 1965 durch § 1 UrhWG eingeführt. Zur Wahrung der Kontinuität und zum Schutz der damals bereits bestehenden Verwertungsgesellschaften enthielt § 23 UrhWG hierfür Übergangsregelungen. Bereits vor 1965 bestehende Verwertungsgesellschaften durften demnach gem. **§ 23 Abs. 1 UrhWG** ihre **Tätigkeit im bisherigen Umfang ohne die gem. § 1 UrhWG erforderliche Erlaubnis fortsetzen** bis zum Ablauf eines Jahres nach Inkrafttreten des UrhWG am 1.1.1966,[1] also bis zum 1.1.1967.

Außerdem konnte die Aufsichtsbehörde solche Verwertungsgesellschaften gem. **§ 23 Abs. 2 UrhWG** auf deren Antrag hin innerhalb desselben Zeitraums, also bis zum 1.1.1967, **von einzelnen ihnen nach dem UrhWG obliegenden Verpflichtungen befreien.** Diese Frist konnte gem. **§ 23 Abs. 3 UrhWG** von der Aufsichtsbehörde auf Antrag der Verwertungsgesellschaft auch einmal oder mehrmals, längstens aber bis zum 31.12.1969 verlängert werden.

Die Relevanz der in § 23 UrhWG enthaltenen Übergangsvorschriften betreffend die Erlaubnispflicht für bestehende Verwertungsgesellschaften war demnach auf einige Jahre nach dem Inkrafttreten des UrhWG beschränkt. Nach dem 1.1.1966 mussten alle Verwertungsgesellschaften iSv. § 1 Abs. 4 UrhWG eine Erlaubnis zum Geschäftsbetrieb einholen.

2. § 132

Auch § 132 enthält Übergangsregelungen für Verwertungsgesellschaften betreffend die Erlaubnispflicht, ist aber auf eine andere Situation zugeschnitten als der frühere § 23 UrhWG und betrifft zwei Gruppen von Organisationen: Die etablierten, bei Inkrafttreten des VGG bestehenden Verwertungsgesellschaften verfügten bei Inkrafttreten des VGG, also am 1.6.2016,[2] bereits über eine Erlaubnis zum Geschäftsbetrieb nach dem bisherigen § 1 UrhWG. Für diese Verwertungsgesellschaften gilt gem. **§ 132 Abs. 1** die **Erlaubnis** auch gem. **§ 77** als **bereits erteilt,** wirkt also fort.   2

Für andere Organisationen, die zwar bereits bei Inkrafttreten des VGG eine Tätigkeit der kollektiven Rechtewahrnehmung ausübten, aber **erstmalig gem. § 77 der Erlaubnis bedürfen,** bestimmt **§ 132 Abs. 2,** dass sie diese Tätigkeit unter bestimmten Voraussetzungen bis zur Rechtskraft der Entscheidung über den Erlaubnisantrag fortsetzen können.

Keine Anwendung findet die Übergangsregelung des § 132 auf Verwertungsgesellschaften oder andere Organisationen, die erst nach dem 1.6.2016 eine Wahrnehmungstätigkeit aufnehmen,

II. Übergangsvorschrift für Erlaubnisse

1. § 132 Abs. 1 – Verwertungsgesellschaften mit bereits erteilter Erlaubnis

Gem. **§ 132 Abs. 1** gilt für Verwertungsgesellschaften, denen bereits nach dem ersten Abschnitt des UrhWG ("Erlaubnis zum Geschäftsbetrieb", §§ 1–5 UrhWG) eine Erlaubnis erteilt wurde, die **Erlaubnis auch nach § 77 als erteilt.** Verwertungsgesellschaften, die bei Inkrafttreten des VGG am 1.6.2016 über eine gültige Erlaubnis zum Geschäftsbetrieb verfügten, mussten daher keinen neuen Antrag iSv. § 77 stellen und konnten ihre Wahrnehmungstätigkeit wie bisher fortsetzen.   3

Dies traf auf alle dreizehn zu diesem Zeitpunkt bestehenden (inländischen) Verwertungsgesellschaften zu.[3]

2. § 132 Abs. 2 – Erlaubnispflichtige Verwertungsgesellschaften ohne Erlaubnis

a) Der Anwendungsbereich von § 132 Abs. 2. § 132 Abs. 2 betrifft Organisationen, die bei Inkrafttreten des VGG am 1.6.2016 bereits Urheberrechte oder verwandte Schutzrechte kollektiv wahrnahmen, als **Verwertungsgesellschaft iSv. § 2**[4] oder als **abhängige Verwertungseinrichtung iSv. § 3**[5] anzusehen sind und gem. § 77 Abs. 1 oder Abs. 2 (erstmalig) der Erlaubnispflicht unterliegen, aber bisher zu diesem Zeitpunkt noch nicht über eine gültige Erlaubnis zum Geschäftsbetrieb verfügten.   4

Hinsichtlich der **Verwertungsgesellschaften** iSv. § 2 gilt, dass alle inländischen Verwertungsgesellschaften, die im Inland Rechte aus dem deutschen UrhG wahrnehmen und gem. § 77 Abs. 1 erlaubnispflichtig sind, am 1.6.2016 bereits gem. § 132 Abs. 1 über eine gültige Erlaubnis verfügten. Ebenfalls erlaubnispflichtig gem. § 77 Abs. 1 sind solche Verwertungsgesellschaften, die im Inland Rechte aus dem UrhG wahrnehmen, aber im Ausland außerhalb der EU oder des EWR ansässig sind.

Erstmalig verpflichtet zur Einholung einer Erlaubnis nach § 77, und damit von § 132 Abs. 2 erfasst, waren dagegen
– **(1)** gem. **§ 77 Abs. 1** solche Verwertungsgesellschaften, die am 1.6.2016 **in Deutschland ansässig** und **nur im Ausland tätig** waren und dort Rechte wahrnahmen, die sich aus dem deutschen UrhG ergeben.[6]

---

[1] Gem. § 28 Abs. 2 UrhWG trat das UrhWG vom 9.9.1965 (BGBl. I S. 1294) am 1.1.1966 in Kraft.
[2] Gem. Art. 7 des Gesetzes vom 24.5.2016 (BGBl. I S. 1190).
[3] Vgl. DPMA-Jahresbericht 2016, S. 39; → Einl. VGG Rn. 40.
[4] Zum Begriff der Verwertungsgesellschaft → § 2 Rn. 5 ff.
[5] Zum Begriff der abhängigen Verwertungseinrichtung → § 3 Rn. 3.
[6] → § 77 Rn. 4.

– **(2)** Außerdem waren gem. **§ 77 Abs. 2** auch solche Verwertungsgesellschaften erstmalig zur Einholung einer Erlaubnis verpflichtet und von § 132 Abs. 2 erfasst, die am 1.6.2016 in Deutschland tätig, aber im Ausland innerhalb der EU oder des EWR ansässig waren, falls sie die in **§ 77 Abs. 2 Nr. 1–3** genannten Rechte (Vergütungsansprüche gem. § 49 Abs. 1, Rechte nach § 50 oder § 51) wahrnahmen.[7]

Abhängige Verwertungseinrichtungen iSv. § 3 waren gem. § 90 Abs. 1 erstmalig, aber stets nur dann zur Einholung einer Erlaubnis nach § 77 verpflichtet und damit von § 132 Abs. 2 erfasst, wenn sie am 1.6.2016 die in **§ 77 Abs. 2 Nr. 1–3** genannten Rechte wahrnahmen.[8]

5   **b) Fortsetzung der Wahrnehmungstätigkeit.** Soweit die genannten, bereits als Verwertungsgesellschaft oder abhängige Verwertungseinrichtung tätigen Organisationen nach Inkrafttreten des VGG erstmalig gem. § 77 einer Erlaubnis für ihre Wahrnehmungstätigkeit bedurften und eine Erlaubnis gem. § 78 beantragen mussten, gilt gem. § 132 Abs. 2 die folgende Übergangsregelung: **Bis zur Rechtskraft der Entscheidung über den Erlaubnisantrag** (in Form der Erteilung der Erlaubnis gem. § 78 Abs. 1 S. 1 oder der Versagung der Erlaubnis gem. § 79) gestattet es § 132 Abs. 2 solchen Organisationen, ihre **Wahrnehmungstätigkeit fortzusetzen.** Mit dieser Regelung sollte insbesondere verhindert werden, dass die von § 132 Abs. 2 erfassten Organisationen bei ihrer Tätigkeit einem Einwand von Nutzern nach § 84 (keine Geltendmachung von Ansprüchen ohne Erlaubnis) ausgesetzt sind.[9]

Die Fortsetzung der Wahrnehmungstätigkeit war aber nur dann gestattet, wenn **zwei Bedingungen, kumulativ** erfüllt waren:

(1) Gem. **§ 132 Abs. 2 Nr. 1** musste die Organisation ihre Wahrnehmungstätigkeit dem DPMA als Aufsichtsbehörde iSv. § 75 Abs. 1[10] anzeigen. Diese **Anzeige** konnte formlos, musste in jedem Fall aber **schriftlich** an die Aufsichtsbehörde gerichtet werden. Die Schriftform verlangt gem. § 126 Abs. 1 BGB grundsätzlich die eigenhändige Unterschrift der für die beantragende Verwertungsgesellschaft vertretungsberechtigten Person. Da das VGG auch an anderen Stellen die elektronische Kommunikation bevorzugt oder sogar vorschreibt[11] und sich aus dem VGG insoweit nichts Gegenteiliges ergibt, dürfte es gem. § 3a VwVfG, das gem. § 89 Abs. 1 auch für die Verwaltungstätigkeit der Aufsichtsbehörde gilt, unter den dort genannten Voraussetzungen auch zulässig sein, die **Anzeige in elektronischer Form** zu übermitteln. Insofern kann auch iRv. § 132 Abs. 2 nichts anderes gelten als für den Antrag auf Erlaubniserteilung oder die Anzeigepflicht iRv. § 82.[12]

Außerdem musste die Anzeige **unverzüglich** nach dem 1.6.2016 erfolgen, also nach deutschem Rechtsverständnis ohne schuldhaftes Zögern der anzeigenden Organisation.

(2) Gem. **§ 132 Abs. 2 Nr. 2** musste ferner der Antrag auf Erlaubnis gem. 78 spätestens am 31.12.2016 gestellt werden.

Einer Verwertungsgesellschaft oder abhängigen Verwertungseinrichtung, die sich nicht an diese Vorgaben nach § 132 Abs. 2 hält, die Wahrnehmungstätigkeit aber dennoch ohne Erlaubnis fortsetzt, kann die Rechtewahrnehmung gem. § 85 Abs. 2 untersagt werden.

§ 133 Anzeigefrist

Ist eine Organisation gemäß den §§ 82, 90 oder 91 verpflichtet, die Aufnahme einer Wahrnehmungstätigkeit anzuzeigen, so zeigt sie dies der Aufsichtsbehörde spätestens am 1. Dezember 2016 an.

Übersicht

---

[7] → § 77 Rn. 6.
[8] → § 77 Rn. 4; → § 90 Rn. 3.
[9] AmtlBegr. BT-Drs. 18/7223, 105.
[10] → § 75 Rn. 6.
[11] → § 14 Rn. 3 f.; → § 43 Rn. 3 ff.; → § 47 Rn. 3; → § 64 Rn. 3 f.; → § 66 Rn. 3.
[12] → § 78 Rn. 4.

I. Allgemeines

Während bereits nach dem UrhWG eine Erlaubnispflicht für Verwertungsgesellschaften bestand, **1** wurde eine gesonderte **Pflicht zur Anzeige der Wahrnehmungstätigkeit** an die Aufsichtsbehörde (Anzeigepflicht) erstmalig durch das VGG eingeführt. § 133 enthält eine **Übergangsregelung** für solche Organisationen, die zum Zeitpunkt des Inkrafttretens des VGG bereits eine iSv. § 82, § 90 oder § 91 anzeigepflichtige Wahrnehmungstätigkeit ausübten. Für ihre (erstmalige) Anzeige der Wahrnehmungstätigkeit gewährt ihnen § 133 eine Frist von bis zu sechs Monaten.

II. Anzeigepflicht

1. Von der Anzeigepflicht betroffene Organisationen

a) Verwertungsgesellschaften. Eine Pflicht, die Aufnahme ihrer Wahrnehmungstätigkeit der **2** Aufsichtsbehörde anzuzeigen, besteht gem. § 82 für **Verwertungsgesellschaften iSv. § 2,**[1] die keiner Erlaubnis nach § 77 bedürfen. Dies sind entweder Verwertungsgesellschaften, die in einem anderen EU-Mitgliedstaat oder EWR-Vertragsstaat ansässig sind und Rechte wahrnehmen, die sich aus dem UrhG ergeben (§ 82 Nr. 1),[2] oder solche, die im Inland ansässig sind, aber in einem anderen EU-Mitgliedstaat oder EWR-Vertragsstaat dort geltende Urheber- oder verwandte Schutzrechte wahrnehmen. (§ 82 Nr. 2).[3] Verwertungsgesellschaften, die die in § 49 Abs. 1 genannten Vergütungsansprüche oder die in den §§ 50 oder 51 genannten Rechte wahrnehmen, bedürfen dagegen gem.§ 77 Abs. 2 der Erlaubnis zur Wahrnehmungstätigkeit, auch wenn sie nicht im Inland ansässig sind.[4]

b) Abhängige Verwertungseinrichtungen. Eine Anzeigepflicht besteht gem. § 90 auch für **ab-** **3** **hängige Verwertungseinrichtungen iSv. § 3,**[5] die keiner Erlaubnis nach § 77 bedürfen. Dies sind abhängige Verwertungseinrichtungen, die ohne Erlaubnis tätig werden können, da sie nicht die in § 77 Abs. 2 genannten (Vergütungsansprüche gem. § 49 Abs. 1 oder die Rechte gem. §§ 50 oder 51), sondern andere Rechte wahrnehmen, die sich aus dem UrhG ergeben (§ 90 Abs. 2 Nr. 1),[6] oder die im Inland ansässig sind, aber in einem anderen EU-Mitgliedstaat oder EWR-Vertragsstaat dort geltende Urheber- oder verwandte Schutzrechte wahrnehmen (§ 90 Abs. 2 Nr. 2).[7]

c) Unabhängige Verwertungseinrichtungen. Auch für **unabhängige Verwertungseinrich-** **4** **tungen iSv. § 4**[8] besteht gem. § 91 eine Anzeigepflicht, wenn sie ihren Sitz im Inland haben oder Rechte wahrnehmen, die sich aus dem UrhG ergeben (§ 91 Abs. 2 S. 1).[9]

2. Verlängerte Anzeigefrist für bereits tätige Organisationen

In allen drei genannten Fällen der Anzeigepflicht gem. § 82, § 90 oder § 91 muss die **Wahrneh- 5 mungstätigkeit unverzüglich nach deren Aufnahme** schriftlich dem DPMA als Aufsichtsbehörde iSv. § 75 Abs. 1[10] angezeigt werden. Organisationen, die bereits zum Zeitpunkt des Inkrafttretens des VGG am 1.6.2016 eine anzeigepflichtige Wahrnehmungstätigkeit ausübten, mussten diese daher dem DPMA grundsätzlich unverzüglich, also ohne schuldhaftes Zögern, und damit unmittelbar nach dem 1.6.2016 anzeigen.

§ 133 enthält eine Übergangsregelung zur Anzeigefrist für Organisationen, die zum Zeitpunkt des Inkrafttretens des VGG am 1.6.2016 bereits eine iSv. § 82, § 90 oder § 91 anzeigepflichtige Wahrnehmungstätigkeit ausübten: Zwar musste die Anzeige grundsätzlich „unverzüglich" erfolgen, es genügte aber, wenn sie **spätestens am 1.12.2016,** also sechs Monate nach Inkrafttreten des VGG, gemacht wurde. Auch mit dieser **einmaligen Übergangsregelung** sollte das DPMA in der Lage sein, seinen Aufsichtspflichten ordnungsgemäß nachzukommen.[11]

Gegenüber einer Verwertungsgesellschaft, abhängigen oder unabhängigen Verwertungseinrichtung, die ihre Wahrnehmungstätigkeit entgegen diesen Vorgaben auch nach dem 1.12.2016 ohne Anzeige fortsetzte, kamen die aufsichtsrechtlichen Befugnisse der Aufsichtsbehörde gem. § 85 zur Anwendung.

---

[1] Zum Begriff der Verwertungsgesellschaft → § 2 Rn. 5 ff.
[2] → § 82 Rn. 5.
[3] → § 82 Rn. 6.
[4] → § 77 Rn. 6.
[5] Zum Begriff der abhängigen Verwertungseinrichtung → § 3 Rn. 3.
[6] → § 90 Rn. 5.
[7] → § 90 Rn. 6.
[8] Zum Begriff der unabhängigen Verwertungseinrichtung → § 4 Rn. 3 ff.
[9] → § 91 Rn. 5 f.
[10] → § 75 Rn. 6.
[11] AmtlBegr. BT-Drs. 18/7223, 105.

§ 134 Übergangsvorschrift zur Anpassung des Statuts an die Vorgaben dieses Gesetzes

Die Verwertungsgesellschaft passt das Statut, die Wahrnehmungsbedingungen und den Verteilungsplan unverzüglich, spätestens am 31. Dezember 2016, an die Vorgaben dieses Gesetzes an.

Übersicht

I. Allgemeines

1   Bereits im UrhWG waren mehrere Anforderungen an Verwertungsgesellschaften hinsichtlich ihrer Satzung, der Wahrnehmungsbedingungen und des Verteilungsplans enthalten, etwa in den §§ 6 Abs. 1 (Wahrnehmung zu angemessenen Bedingungen), 6 Abs. 2 (Vertretung der Berechtigten) oder 7 (Verteilungsplan). Die im VGG enthaltenen **Anforderungen an Verwertungsgesellschaften** knüpfen an die Bestimmungen des UrhWG an, sind aber entsprechend den Vorgaben der VG-RL sehr viel detaillierter und geben den Verwertungsgesellschaften auch noch weiter gehende ausdrückliche Verpflichtungen auf. Dabei nehmen die **Pflichten der Verwertungsgesellschaften im Innenverhältnis** gegenüber den Rechtsinhabern, Berechtigten und Mitgliedern besonders breiten Raum ein.[1]

Grundsätzlich mussten Verwertungsgesellschaften auch diesen ihren Verpflichtungen im Innenverhältnis, die sich aus dem VGG ergeben, ab dessen Geltung, also ab dem 1.6.2016, nachkommen. **§ 134** bestimmt, dass Verwertungsgesellschaften die erforderlichen Anpassungen an die Vorgaben des VGG in ihren Statuten, in den Wahrnehmungsbedingungen und im Verteilungsplan unverzüglich vorzunehmen hatten, spätestens aber bis zum 31.12.2016. Damit ergänzt § 134 das rein deklaratorische Gebot der unverzüglichen Anpassung um eine im Ergebnis **siebenmonatige Übergangsfrist** zur Anpassung dieser drei Elemente.

Eine weitere, im Wesentlichen das Innenverhältnis betreffende Übergangsfrist enthält § 135 betreffend die Informationspflichten der Verwertungsgesellschaften.

II. Übergangsvorschrift zur Anpassung des Statuts an die Vorgaben dieses Gesetzes

1. Die Frist zur Umsetzung der Vorgaben des VGG

2   Das VGG enthält zahlreiche Bestimmungen dazu, was das Statut[2] einer Verwertungsgesellschaft enthalten muss, etwa betreffend die Befugnisse, die Beschlussfassung und die Durchführung der Mitgliederhauptversammlung (§§ 17–20), die Vertretungsbefugnis (§§ 21 f.) oder die Verteilung der Einnahmen aus den Rechten (§§ 23 ff.). Diese das **Innenverhältnis gegenüber den Rechtsinhabern, Berechtigten und Mitgliedern** betreffenden, aber auch alle anderen Vorgaben des VGG, mussten Verwertungsgesellschaften grundsätzlich bei Inkrafttreten des VGG, also am 1.6.2016,[3] umsetzen.[4]

2. Die Übergangsfrist gem. § 134

3   § 134 gilt nach seinem Wortlaut für **Verwertungsgesellschaften iSv. § 2,**[5] darüber hinaus aber auch für **abhängige Verwertungseinrichtungen iSv. § 3,**[6] soweit diese Tätigkeiten einer Verwertungsgesellschaft ausüben.[7]

Nach dem oben Gesagten ist der erste Teil von § 134, wonach die Verwertungsgesellschaft verpflichtet ist, die Vorgaben des VGG „**unverzüglich**", also ohne schuldhaftes Zögern, und damit unmittelbar nach dem 1.6.2016, umzusetzen, an sich überflüssig, zumal darin ausdrücklich nur das Statut, die Wahrnehmungsbedingungen und der Verteilungsplan angesprochen werden. Der operationelle Gehalt von § 134 ergibt sich erst aus dem Einschub, wonach die Umsetzung bezüglich dieser drei Elemente „**spätestens am 31. Dezember 2016**" zu erfolgen hatte.

Im Ergebnis wurde den Verwertungsgesellschaften und den entsprechend tätigen abhängigen Verwertungseinrichtungen daher gem. § 134 zur Umsetzung derjenigen Vorgaben des VGG, die sich auf

---

[1] Vgl. nur die in den §§ 9 ff. und 53 ff. aufgeführten Verpflichtungen.

[2] „Statut" wird im VGG gem. § 13 Abs. 1 S. 1 als Sammelbegriff für die Satzung, den Gesellschaftsvertrag und die sonstigen Gründungsbestimmungen einer Verwertungsgesellschaft verwendet; → § 13 Rn. 4.

[3] Gem. Art. 7 des Gesetzes vom 24.5.2016 (BGBl. I S. 1190).

[4] Zu den Übergangsfristen für die Informationspflichten der Verwertungsgesellschaften gegenüber ihren Berechtigten → § 135 Rn. 1 ff.

[5] Zum Begriff der Verwertungsgesellschaft → § 2 Rn. 5 ff.

[6] Zum Begriff der abhängigen Verwertungseinrichtung → § 3 Rn. 3.

[7] Vgl. § 3 Abs. 2 S. 1; → § 3 Rn. 4 f.

das Statut, die Wahrnehmungsbedingungen und den Verteilungsplan beziehen, eine **Übergangsfrist** eingeräumt, die am 31.12.2016 endete. Damit sollte wohl der Tatsache Rechnung getragen werden, dass die Änderung des Statuts, für die gem. § 17 Abs. 1 Nr. 1 die Mitgliederhauptversammlung zuständig ist, stets mit einigem Zeitaufwand verbunden ist.

§ 135 Informationspflichten der Verwertungsgesellschaft bei Inkrafttreten dieses Gesetzes

(1) **Die Verwertungsgesellschaft informiert ihre Berechtigten spätestens am 1. Dezember 2016 über die Rechte, die ihnen nach den §§ 9 bis 12 zustehen, einschließlich der in § 11 genannten Bedingungen.**

(2) **Die §§ 47 und 54 sind erstmals auf Geschäftsjahre anzuwenden, die nach dem 31. Dezember 2015 beginnen.**

Übersicht

I. Allgemeines

Die umfangreichen **Informationspflichten** der Verwertungsgesellschaften im Innenverhältnis gegenüber ihren Rechtsinhabern, Berechtigten und Mitgliedern gem. den §§ 53 ff. und gegenüber beauftragenden Verwertungsgesellschaften gem. § 47 sind ein Novum gegenüber dem UrhWG und gehen auf die **Vorgaben der VG-RL** zurück. Diesen Informationspflichten, die sich aus dem VGG ergeben, mussten Verwertungsgesellschaften grundsätzlich ab dessen Geltung, also ab dem 1.6.2016,[1] nachkommen. Dieser Grundsatz wird durch § 135 konkretisiert:

Gem. **§ 135 Abs. 1** mussten Verwertungsgesellschaften ihre **Berechtigten** über die Rechte, die ihnen nach den §§ 9–12 zustehen, **spätestens am 1.12.2016** informieren.

§ 135 Abs. 2 bestimmt, dass die auf Geschäftsjahre bezogenen Informationspflichten gegenüber anderen (beauftragenden) Verwertungsgesellschaften gem. § 47 und gegenüber Berechtigten gem. § 54 erstmals für solche **Geschäftsjahre** galten, die **nach dem 31.12.2015** begannen.

II. Informationspflichten der Verwertungsgesellschaft bei Inkrafttreten dieses Gesetzes

1. § 135 Abs. 1 – Informationen über den Berechtigten zustehende Rechte

§ 135 gilt nach seinem Wortlaut für **Verwertungsgesellschaften iSv. § 2**,[2] darüber hinaus aber auch für **abhängige Verwertungseinrichtungen iSv. § 3**,[3] soweit diese Tätigkeiten einer Verwertungsgesellschaft ausüben.[4]

§ 135 Abs. 1 knüpft an die **den Berechtigten nach den §§ 9–12 zustehenden Rechte und Bedingungen**[5] an. Die meisten dieser Regelungen waren so ausdrücklich nicht im UrhWG enthalten; sie entsprechen der Umsetzung von Art. 5 Abs. 1–7 VG-RL. Die darauf bezogenen umfangreichen Informationspflichten der Verwertungsgesellschaften gem. den §§ 53 ff., die auf Art. 5 Abs. 8 VG-RL zurückgehen, sollen gewährleisten, dass die Berechtigten in Kenntnis dieser Rechte und Bedingungen von den ihnen im VGG eingeräumten **Wahlmöglichkeiten** Gebrauch machen können.[6]

Grundsätzlich muss die Verwertungsgesellschaft gem. § 53 Abs. 1 die Berechtigten über diese Rechte und Bedingungen informieren, bevor sie deren Zustimmung zur Rechtewahrnehmung einholt. Gem. **§ 135 Abs. 1** wurde Verwertungsgesellschaften aber eine sechsmonatige **Frist bis zum 1.12.2016** eingeräumt, um diesen Informationspflichten nachzukommen. Damit wurde dem Umstand Rechnung getragen, dass es sich um größtenteils neue Rechte und Bedingungen handelte, die etablierten Verwertungsgesellschaften zum Zeitpunkt des Inkrafttretens des VGG bereits über Wahrnehmungsmandate einer Vielzahl von Berechtigten verfügten, und deren Information über die besagten Rechte erheblichen Zeitaufwand erfordern kann.

§ 135 Abs. 1 erfasst die Information über alle in den §§ 9–12 aufgeführten Rechte und Bedingungen. Dass die in **§ 11** (Nutzungen für nicht kommerzielle Zwecke) genannten Bedingungen im Ge-

---

[1] Gem. Art. 7 des Gesetzes vom 24.5.2016 (BGBl. I S. 1190).
[2] Zum Begriff der Verwertungsgesellschaft → § 2 Rn. 5 ff.
[3] Zum Begriff der abhängigen Verwertungseinrichtung → § 3 Rn. 3.
[4] Vgl. § 3 Abs. 2 S. 1; → § 3 Rn. 4 f.
[5] § 9: Wahrnehmungszwang; § 10: Zustimmung zur Rechtewahrnehmung; § 11: Nutzungen für nicht kommerzielle Zwecke; § 12: Beendigung der Rechtewahrnehmung; Entzug von Rechten.
[6] → § 53 Rn. 3.

setz gesondert hervorgehoben werden, geht wohl darauf zurück, dass dies auch in Art. 5 Abs. 8 Hs. 2 VG-RL der Fall ist.

2. § 135 Abs. 2 – Informationspflichten gem. §§ 47 und 54

3   § 135 Abs. 2 knüpft an zwei andere Gruppen von Informationspflichten der Verwertungsgesellschaften an, die sich jeweils auf Einnahmen in einem abgelaufenen Geschäftsjahr beziehen: Im Rahmen einer Repräsentationsvereinbarung[7] ist die beauftragte Verwertungsgesellschaft nach **§ 47** verpflichtet, die **beauftragende Verwertungsgesellschaft** spätestens zwölf Monate nach Ablauf eines jeden Geschäftsjahres über die in diesem Geschäftsjahr erzielten Einnahmen und die darauf bezogene Abzüge zu informieren. Gem. **§ 54** muss eine Verwertungsgesellschaft spätestens zwölf Monate nach Ablauf eines jeden Geschäftsjahres ihre **Berechtigten** über die in diesem Geschäftsjahr erzielten Einnahmen und die darauf bezogene Abzüge informieren.

Auch diese Informationspflichten sind neu im Vergleich zum UrhWG; sie gehen auf Vorgaben der VG-RL in den Art. 19 bzw. 18 VG-RL zurück[8] und gelten daher erstmalig seit dem 1.6.2016, dem Zeitpunkt des Inkrafttretens des VGG.

§ 135 Abs. 2 bestimmt, dass die in den §§ 47 und 54 enthaltenen Informationspflichten **erstmals auf Geschäftsjahre anzuwenden** sind, die **nach dem 31.12.2015** beginnen. In der Praxis der Verwertungsgesellschaften entspricht das Geschäftsjahr idR. dem Kalenderjahr.[9] Die in § 135 Abs. 2 enthaltene Regelung stellt damit sicher, dass die genannten Informationspflichten erstmalig für das Geschäfts-/Kalenderjahr 2016 galten, nicht aber für davor liegende Geschäftsjahre, die vor dem Inkrafttreten des VGG abgeschlossen wurden.

§ 136 Übergangsvorschrift für Erklärungen der Geschäftsführung und des Aufsichtsgremiums

Erklärungen nach den §§ 21 und 22 sind erstmals für Geschäftsjahre abzugeben, die nach dem 31. Dezember 2015 beginnen.

Übersicht

I. Allgemeines

1   Auch die nach den §§ 21 und 22 vorgeschriebenen, jährlich gegenüber der Mitgliederhauptversammlung abzugebenden Erklärungen der Geschäftsführung bzw. der Mitglieder des Aufsichtsgremiums sind ein Novum gegenüber dem UrhWG und gehen auf die **Vorgaben der VG-RL** zurück. Diesen Verpflichtungen mussten Verwertungsgesellschaften grundsätzlich ab Geltung des VGG, also ab dem 1.6.2016,[1] nachkommen.

§ 136 passt diesen Grundsatz an die Praxis der Verwertungsgesellschaften an und bestimmt, dass die besagten Erklärungen erstmals für **Geschäftsjahre** abzugeben waren, die **nach dem 31.12.2015** begannen.

II. Übergangsvorschrift für Erklärungen der Geschäftsführung und des Aufsichtsgremiums

2   **§ 136** bezieht sich auf die in den §§ 21 und 22 genannten Erklärungen und betrifft **Verwertungsgesellschaften iSv. § 2**[2] sowie **abhängige Verwertungseinrichtungen iSv. § 3,**[3] soweit diese Tätigkeiten einer Verwertungsgesellschaft ausüben.[4]

Nach **§ 21 Abs. 3** haben Geschäftsführer mindestens einmal pro Jahr gegenüber der Mitgliederhauptversammlung eine persönliche Erklärung abzugeben, die über bestimmte persönliche Verhältnisse mit Bezug zur vertretenen Gesellschaft Auskunft gibt.[5]

---

[7] Zum Begriff → § 44 Rn. 3 f.
[8] → § 47 Rn. 1 f.; → § 54 Rn. 1 f.
[9] Vgl. § 4 der Satzung der GEMA (bei *Hillig*, Urheber- und Verlagsrecht, Beck'sche Textausgabe, 18. Aufl. 2019, Nr. 16); § 16 der Satzung der VG Wort (bei *Hillig*, Urheber- und Verlagsrecht, Beck'sche Textausgabe, 18. Aufl. 2019, Nr. 17).
[1] Gem. Art. 7 des Gesetzes vom 24.5.2016 (BGBl. I S. 1190).
[2] Zum Begriff der Verwertungsgesellschaft → § 2 Rn. 5 ff.
[3] Zum Begriff der abhängigen Verwertungseinrichtung → § 3 Rn. 3.
[4] Vgl. § 3 Abs. 2 S. 1; → § 3 Rn. 4 f.
[5] → § 21 Rn. 6.

Gem. **§ 22 Abs. 5 S. 1** sind auch die Mitglieder des Aufsichtsgremiums dazu verpflichtet, mindestens einmal pro Jahr gegenüber der Mitgliederhauptversammlung eine § 21 Abs. 3 entsprechende Erklärung abzugeben.[6]

Im Vergleich zum UrhWG sind diese Erklärungspflichten neu; sie gehen auf Vorgaben der VG-RL in den Art. 10 Abs. 2 UAbs. 2 bzw. Art. 9 Abs. 3 VG-RL zurück[7] und gelten daher erstmalig seit dem 1.6.2016, dem Zeitpunkt des Inkrafttretens des VGG.

§ 136 bestimmt, dass die von den §§ 21 und 22 vorgeschriebenen Erklärungen **erstmals für Geschäftsjahre abzugeben** sind, die **nach dem 31.12.2015** beginnen. In der Praxis der Verwertungsgesellschaften entspricht das Geschäftsjahr idR. dem Kalenderjahr.[8] Die in § 136 enthaltene Regelung stellt damit sicher, dass die besagten Erklärungen erstmals (schon) für das Geschäfts-/Kalenderjahr 2016 abgegeben werden mussten, nicht aber etwa für davor liegende Geschäftsjahre, die vor dem Inkrafttreten des VGG abgeschlossen wurden.

§ 137 Übergangsvorschrift für Rechnungslegung und Transparenzbericht

(1) **Die §§ 57 und 58 über die Rechnungslegung und den jährlichen Transparenzbericht sind erstmals auf Geschäftsjahre anzuwenden, die nach dem 31. Dezember 2015 beginnen.**

(2) **Für die Rechnungslegung und Prüfung für Geschäftsjahre, die vor dem 1. Januar 2016 enden, ist § 9 des Urheberrechtswahrnehmungsgesetzes in der bis zum 31. Mai 2016 geltenden Fassung weiterhin anzuwenden.**

Übersicht

I. Allgemeines

§ 137 enthält **Übergangsregelungen** für die zeitliche Anwendbarkeit der Bestimmungen betreffend die Rechnungslegung im **Jahresabschluss** und im **Lagebericht (§ 57)** sowie im jährlichen **Transparenzbericht (§ 58)**.   1

§ 57 entspricht weitgehend dem bisherigen § 9 UrhWG, der Verwertungsgesellschaften zur Vorlage eines Jahresabschlusses und eines Lageberichts verpflichtete, ergänzt um einige Elemente von Art. 22 VG-RL.[1]

§ 58 enthält demgegenüber die Verpflichtung zur Aufstellung und Veröffentlichung eines jährlichen Transparenzberichts iVm. einem Anhang, der detaillierte Vorgaben zu dessen Inhalt enthält. Damit dient vor allem § 58 der Umsetzung von Art. 22 VG-RL und dem Anhang zur VG-RL;[2] eine entsprechende Verpflichtung (zur Aufstellung eines solchen Transparenzberichts) war bisher im UrhWG nicht enthalten.[3]

Im **Ergebnis** kamen nach § 137 die neuen Vorschriften des VGG zur Rechnungslegung und zum Transparenzbericht erst für Geschäftsjahre zur Anwendung, die nach dem 31.12.2015 begannen, während für davor liegende Geschäftsjahre § 9 UrhWG weiterhin anzuwenden war.

II. Übergangsvorschrift für Rechnungslegung und Transparenzbericht

1. § 137 Abs. 1 – Nach dem 31.12.2015 beginnende Geschäftsjahre

§ 137 Abs. 1 bestimmt, dass die nach den **§§ 57 und 58** vorgeschriebene Rechnungslegung im Jahresabschluss, im Lagebericht und im jährlichen Transparenzbericht **erstmals für Geschäftsjahre** zu erfolgen hatte, die **nach dem 31.12.2015** begannen. In der Praxis der Verwertungsgesellschaften entspricht das Geschäftsjahr idR. dem Kalenderjahr.[4] Die in § 137 Abs. 1 enthaltene Übergangsrege-   2

---

[6] → § 22 Rn. 7.

[7] → § 21 Rn. 3; → § 22 Rn. 2.

[8] Vgl. § 4 der Satzung der GEMA (bei *Hillig,* Urheber- und Verlagsrecht, Beck'sche Textausgabe, 18. Aufl. 2019, Nr. 16); § 16 der Satzung der VG Wort (bei *Hillig,* Urheber- und Verlagsrecht, Beck'sche Textausgabe, 18. Aufl. 2019, Nr. 17).

[1] → § 57 Rn. 4.

[2] Im Einzelnen → § 58 Rn. 9 ff.

[3] AmtlBegr. BT-Drs. 18/7223, 90.

[4] Vgl. § 4 der Satzung der GEMA (bei *Hillig,* Urheber- und Verlagsrecht, Beck'sche Textausgabe, 18. Aufl. 2019, Nr. 16); § 16 der Satzung der VG Wort (bei *Hillig,* Urheber- und Verlagsrecht, Beck'sche Textausgabe, 18. Aufl. 2019, Nr. 17).

lung stellt damit sicher, dass die Rechnungslegung nach den Bestimmungen des VGG erstmals (schon) für das Geschäfts-/Kalenderjahr 2016 vorgelegt werden musste, nicht aber etwa für davor liegende Geschäftsjahre, die vor dem Inkrafttreten des VGG abgeschlossen wurden.

2. § 137 Abs. 2 – Vor dem 1.1.2016 endende Geschäftsjahre

3　　Nach § 137 Abs. 2 war für die Rechnungslegung und Prüfung betreffend **davor liegende Geschäftsjahre,** die also vor dem 1.1.2016 geendet haben, § 9 UrhWG („Rechnungslegung und Prüfung") weiterhin anzuwenden mit der Folge, dass unter den Voraussetzungen dieser Bestimmung Rechnung zu legen war.

§ 138 Übergangsvorschrift für Verfahren der Aufsichtsbehörde

Verfahren der Aufsichtsbehörde, die bei Inkrafttreten dieses Gesetzes nicht abgeschlossen sind, sind nach den Bestimmungen dieses Gesetzes weiterzuführen.

Übersicht

I. Allgemeines

1　　§ 138 enthält eine **Übergangsvorschrift** für **Verfahren vor der Aufsichtsbehörde,**[1] die bereits am 1.6.2016 bei dieser anhängig waren, und bestimmt, dass die Bestimmungen des VGG auch auf solche Verfahren anzuwenden sind.

II. Übergangsvorschrift für Verfahren der Aufsichtsbehörde

1. Bestimmungen des UrhWG zum Verfahren vor der Aufsichtsbehörde

2　　Für Verfahren vor der Aufsichtsbehörde waren besondere Vorschriften im bisherigen § 19 UrhWG („Inhalt der Aufsicht") enthalten. Daneben galten nach den bisherigen §§ 3 Abs. 2 und 4 Abs. 2 UrhWG besondere verfahrensrechtliche Vorschriften im Zusammenhang mit der Versagung und dem Widerruf der Erlaubnis zum Geschäftsbetrieb als Verwertungsgesellschaft. Im Übrigen galt **allgemeines Verfahrensrecht.**[2]

2. Die einschlägigen Bestimmungen des VGG

3　　Hinsichtlich der einzelnen Befugnisse der Aufsichtsbehörde wurden die Bestimmungen des bisherigen § 19 UrhWG weitgehend in **§ 85** übernommen.[3] Außerdem enthält jetzt **§ 89** mit seinem ausdrücklichen Verweis auf das Verwaltungsverfahrensgesetz eine zentrale Vorschrift zum von der Aufsichtsbehörde anzuwendenden Verfahrensrecht, in der Vorgaben der VG-RL und des UrhWG kombiniert und um Anleihen aus der Patentanwaltsordnung (PAO) und aus dem Gesetz gegen Wettbewerbsbeschränkungen (GWB) ergänzt wurden.[4]

3. § 138

4　　Grundsätzlich gelten die auf das Verfahren vor der Aufsichtsbehörde anzuwendenden Bestimmungen des VGG (erst) ab dessen Geltung, also ab dem 1.6.2016.[5] Für Verfahren, die zu diesem Zeitpunkt bereits bei der Aufsichtsbehörde **anhängig** waren, gilt **§ 138:** Danach waren solche Verfahren nach den Bestimmungen des VGG, also insbesondere unter Geltung des Verwaltungsverfahrensgesetzes gem. § 89 Abs. 1, fortzuführen.[6]

---

[1] Zuständige Aufsichtsbehörde ist das DPMA; → § 75 Rn. 6.
[2] Vgl. → § 89 Rn. 2.
[3] Im Einzelnen → § 85 Rn. 3.
[4] Zum Überblick → § 89 Rn. 3.
[5] Gem. Art. 7 des Gesetzes vom 24.5.2016 (BGBl. I S. 1190).
[6] AmtlBegr. BT-Drs. 18/7223, 106.

§ 139 Übergangsvorschrift für Verfahren vor der Schiedsstelle und für die gerichtliche Geltendmachung

(1) Die §§ 92 bis 127 sind auf Verfahren, die am 1. Juni 2016 bei der Schiedsstelle anhängig sind, nicht anzuwenden; für diese Verfahren sind die §§ 14 bis 15 des Urheberrechtswahrnehmungsgesetzes und die Urheberrechtsschiedsstellenverordnung, jeweils in der bis zum 31. Mai 2016 geltenden Fassung, weiter anzuwenden.

(2) [1] Abweichend von § 40 Absatz 1 Satz 2 können die Verwertungsgesellschaften Tarife auch auf Grundlage einer empirischen Untersuchung aufstellen, die bereits vor dem 1. Juni 2016 in einem Verfahren vor der Schiedsstelle durchgeführt worden ist, sofern das Untersuchungsergebnis den Anforderungen des § 114 Absatz 1 Satz 1 entspricht. [2] Gleiches gilt für empirische Untersuchungen, die in einem Verfahren durchgeführt werden, das gemäß Absatz 1 noch auf Grundlage des bisherigen Rechts durchgeführt wird.

(3) Die §§ 128 bis 131 sind auf Verfahren, die am 1. Juni 2016 bei einem Gericht anhängig sind, nicht anzuwenden; für diese Verfahren sind die §§ 16 bis 17 und 27 Absatz 3 des Urheberrechtswahrnehmungsgesetzes in der bis zum 31. Mai 2016 geltenden Fassung weiter anzuwenden.

Übersicht

I. Allgemeines

§ 139 Abs. 1 und 3 enthalten **Übergangsvorschriften** für Verfahren vor der Schiedsstelle und **1** vor den Gerichten, die bereits am 1.6.2016, also am Tag des Inkrafttretens des VGG,[1] anhängig waren, und bestimmen, dass solche Verfahren grundsätzlich nach dem bisherigen Recht des UrhWG abzuschließen waren.

Die Übergangsvorschrift des **§ 139 Abs. 2** stellt – als Ausnahme von § 40 Abs. 1 S. 2 – sicher, dass die Ergebnisse empirischer Untersuchungen, die vor dem 1.6.2016 durchgeführt wurden oder anhängig waren, unter bestimmten Voraussetzungen auch weiterhin für die Aufstellung von Tarifen verwertbar sind.

II. Übergangsvorschrift für Verfahren vor der Schiedsstelle und für die gerichtliche Geltendmachung

1. § 139 Abs. 1 – Vor dem 1.6.2016 anhängige Schiedsstellenverfahren

§ 139 Abs. 1 enthält Übergangsvorschriften für am 1.6.2016 **bei der Schiedsstelle anhängige 2 Verfahren.** Danach sind die Bestimmungen der §§ 92–127, also der gesamte Abschnitt 1 von Teil 5 des VGG, auf solche Verfahren nicht anzuwenden; sie waren vielmehr nach **den §§ 14–15 UrhWG** und der **UrhSchiedsV** fortzuführen und abzuschließen. So sollten Unklarheiten und Abgrenzungsprobleme, die möglicherweise aufgrund der Anwendung des VGG auf diese Verfahren aufgetreten wären, vermieden werden.[2]

Die Bestimmungen über die Zuständigkeit und die Struktur der Schiedsstelle sowie über das Schiedsstellenverfahren in den §§ 92–127 sind eng an diejenigen in den bisherigen §§ 14 ff. UrhWG und an die bisherige UrhSchiedsV angelehnt. Inhaltliche Änderungen im Vergleich zum UrhWG ergeben sich insbesondere aus § 93 (neues, selbständiges Schiedsstellenverfahren zur Durchführung empirischer Untersuchungen), § 94 (neue Zuständigkeit der Schiedsstelle für Streitfälle über die gebietsübergreifende Vergabe von Online-Rechten an Musikwerken) und § 107 (Möglichkeit der Anordnung einer Sicherheitsleistung durch den Schuldner einer Vergütung für Geräte und Speichermedien).[3] Durch die Anwendung der §§ 14–15 UrhWG und der UrhSchiedsV auf bei der Schiedsstelle am 1.6.2016 anhängige Verfahren dürften daher keine Nachteile für die Beteiligten entstanden sein.

---

[1] Gem. Art. 7 des Gesetzes vom 24.5.2016 (BGBl. I S. 1190).
[2] AmtlBegr. BT-Drs. 18/7223, 106.
[3] → Vor §§ 92 ff. Rn. 18 f.

2. § 139 Abs. 2 – Verwendung der Ergebnisse von nach altem Recht durchgeführten empirischen Untersuchungen

3   § 139 Abs. 2 betrifft die Verwendung der **Ergebnisse empirischer Untersuchungen,** die vor dem 1.6.2016 im Rahmen eines Verfahrens vor der Schiedsstelle nach bisherigem Recht eingeholt wurden.

    § 40 Abs. 1 iVm. § 38 S. 1 verpflichtet die Verwertungsgesellschaften zur Aufstellung von Tarifen über die Höhe der Vergütung für Geräte und Speichermedien; insoweit ist die Bestimmung inhaltsgleich mit dem bisherigen § 13a Abs. 1 S. 2 UrhWG iVm. § 13 Abs. 1 S. 1 UrhWG. Abweichend von der bisherigen Regelung im UrhWG verpflichtet **§ 40 Abs. 1 S. 2** die Verwertungsgesellschaft, vor der Aufstellung von Tarifen für die Höhe dieser Vergütung gem. § 93 eine **empirische Untersuchung durch die Schiedsstelle** zur Ermittlung der nach § 54a UrhG maßgeblichen Nutzung durchführen zu lassen.[4]

    Gem. **§ 139 Abs. 2 S. 1** kann aus Gründen der Verfahrensökonomie von dieser Verpflichtung, eine empirische Untersuchung durchzuführen, unter bestimmten Voraussetzungen abgesehen werden: Falls **geeignete empirische Untersuchungen vorliegen,** die vor dem 1.6.2016, also vor dem Inkrafttreten des VGG, in einem Verfahren vor der Schiedsstelle eingeholt worden sind, sollen diese weiterhin verwendet werden können, also abweichend von § 40 Abs. 1 S. 2 **keine neue Untersuchung erforderlich** sein; damit sollen Verfahrensverzögerungen vermieden werden, die entstünden, wenn für sämtliche Geräte und Speichermedien neue empirische Untersuchungen gem. § 40 Abs. 1 S. 2 durchgeführt werden müssten, obwohl insoweit bereits brauchbare Ergebnisse vorliegen.[5]

    Voraussetzung für eine derartige **Brauchbarkeit des Untersuchungsergebnisses** ist, dass es den **Anforderungen des § 114 Abs. 1 S. 1** entspricht, also geeignet ist, als Grundlage für die Tarifaufstellung zu dienen. Das ist dann der Fall, wenn das Untersuchungsergebnis alle für die Ermittlung der Vergütungshöhe nach § 54a Abs. 1–3 UrhG wesentlichen Informationen enthält und damit insbesondere eine objektive sachliche Grundlage für das Ausmaß der tatsächlichen Nutzung bildet, an der die Angemessenheit der Vergütung iR. der Tarife ausgerichtet werden kann.[6]

    Gem. **§ 139 Abs. 2 S. 2** ist § 40 Abs. 1 S. 2 aber auch dann nicht anwendbar, also **keine neue empirische Untersuchung erforderlich,** wenn zwar am 1.6.2016 noch kein Untersuchungsergebnis vorlag, aber iR. eines am 1.6.2016 bei der Schiedsstelle anhängigen Verfahrens eine **empirische Untersuchung** gem. § 139 Abs. 1 **noch nach altem Recht** durchgeführt wird. Auch ein in einem solchen Verfahren vorgelegtes Untersuchungsergebnis ist demnach aus verfahrensökonomischen Gründen verwendbar, allerdings stets unter der Voraussetzung, dass es den **Anforderungen des § 114 Abs. 1 S. 1** entspricht.

3. § 139 Abs. 3 – Vor dem 1.6.2016 anhängige Gerichtsverfahren

4   § 139 Abs. 3 bestimmt die Verfahrensregeln für bereits am 1.6.2016 **anhängige Gerichtsverfahren.**

    Die Bestimmungen in Teil 5 Abschnitt 2 („Gerichtliche Geltendmachung") des VGG (§§ 128–131) entsprechen inhaltlich zwar weitgehend den bisherigen §§ 16 und 17 UrhWG, enthalten aber einige abweichende Regelungen und Ergänzungen.[7] Um Abgrenzungsprobleme und Unklarheiten zu vermeiden,[8] bestimmt **§ 139 Abs. 3,** dass auf Verfahren, die zum Zeitpunkt des Inkrafttretens des VGG **am 1.6.2016 bereits bei einem Gericht anhängig** waren, nicht die Bestimmungen des VGG, sondern nur die (bewährten) Regelungen der bisherigen **§§ 16, 17 und 27 Abs. 3 UrhWG** in der bis zum 31.5.2016 geltenden Fassung[9] anzuwenden sind.[10]

---

[4] Im Einzelnen → § 40 Rn. 6.

[5] AmtlBegr. BT-Drs. 18/7223, 106.

[6] → § 114 Rn. 2.

[7] → § 128 Rn. 3; → § 129 Rn. 2.

[8] AmtlBegr. BT-Drs. 18/7223, 106.

[9] § 27 Abs. 3 UrhWG enthielt eine Ausnahme von der ausschließlichen Zuständigkeit des am Sitz der Schiedsstelle zuständigen OLG im ersten Rechtszug gem. § 16 Abs. 4 S. 1 UrhWG für bereits am 1.1.2008 vor dem Landgericht anhängige Verfahren; vgl. → 5. Aufl. 2017, UrhWG § 27 Rn. 1.

[10] Vgl. BGH GRUR 2018, 1277 Rn. 22 – PC mit Festplatte III.

Sachverzeichnis

Die **fett** gedruckten Zahlen bezeichnen die Paragraphen,
die mager gedruckten Zahlen die Randnummern.
Entscheidungsstichworte sind mit der Bezeichnung des jeweiligen Gerichts in
Klammern gekennzeichnet.

Sachverzeichnis

Sachverzeichnis

Sachverzeichnis

Sachverzeichnis

Sachverzeichnis

Sachverzeichnis

Sachverzeichnis

Sachverzeichnis

halbfette Zahlen = Paragraphen

Sachverzeichnis

Sachverzeichnis

Sachverzeichnis

Sachverzeichnis

Sachverzeichnis

Sachverzeichnis

Sachverzeichnis

Sachverzeichnis

Sachverzeichnis

Sachverzeichnis

Sachverzeichnis

Sachverzeichnis

Sachverzeichnis

Sachverzeichnis

Sachverzeichnis

Sachverzeichnis

Sachverzeichnis

Sachverzeichnis

Sachverzeichnis

Sachverzeichnis

Sachverzeichnis